FAR EAST NEW COLLEGIATE ENGLISH-CHINESE DICTIONARY
新世紀英漢辭典

主編　林　連　祥
編譯　陳紹鵬　梁郭謙
詹明朝　施冰心
徐漢斌　陳光輝
黃翠娥

黃帝圖書公司出版
遠東圖書公司發行

譯 序

早在 1970 年前，遠東編審委員會曾收集英、美、日所出版之各種辭典，並就各辭典內容詳加分析，何者適合國人在學習英語時較為便捷易學，且將研究結果送請「遠東英漢大辭典」主編梁實秋先生參考。經梁先生研究結果認為日本研究社出版之 ***New Collegiate English-Japanese Dictionary*** 及 ***New Approach English-Japanese Dictionary*** 兩種辭典在編輯內容以及體例上確有獨到之優點，可供我國中學、大學及一般讀者修習英語之用。後經董事長浦家麟先生數度與研究社社長植田虎雄先生洽購中文翻譯及出版權事宜，並於 1984 年初簽訂授權合約，後嗣經亞東關係協會東京辦事處公證有案。研究社合約既已簽訂，筆者秉承恩師梁實秋教授之囑㈠由紀秋郎兄主持編譯 ***New Approach English-Japanese Dictionary.*** ㈡由本人主持編譯 ***New Collegiate English-Japanese Dictionary.*** 在此期間，由於秋郎兄應美國大學之邀，赴美講學一年，遂致譯述工作中斷，於是將二組編譯人員集中，以資配合。其後秋郎兄雖期滿返國而本人適亦獲新加坡大學之邀來星講學兩年。故二書之翻譯工作時斷時續，遂致出版時間遲後數年，在此謹對讀者致深切之歉意。

本辭典藍本 ***New Collegiate English-Japanese Dictionary*** 第五版係由日本東京研究社於 1985 年出版，為本公司繼 ***New Approach English-Japanese Dictionary*** 即為“新知識英漢辭典”出版後之第二本本系列之英漢辭典。這本辭典最大的特色是新字多、定義多、片語多、例句多、插圖多，並且在句型方面鉅細靡遺的分析與定義、例句的相互對應，使讀者在學習英文和運用技巧上得以突破，得心應手。在內容方面除承襲“新知識英漢辭典”的精華，在英語和文化背景所作的有趣之字源與說明外，更加以融會貫通，並增列同義字的比較、音標重音節的轉移、片語加注重音、片語動詞的詞類分析：精簡中肯，易記易學，非常適合我國高中、大專學生及社會人士修習英語之用。

一本辭典的編譯無論在編輯或查證上都是十分艱鉅的。如果沒有精通中、英、日文的多位專家學者積極的參與和熱誠的奉獻，這本辭典便難以和讀者見面。參與這項工作的專家學者有：師範大學的陳紹鵬教授、梁郭謙教授、淡江大學的徐漢斌教授、作家詹明朝先生、施冰心女士及陳光輝先生、黃翠娥女士。在編譯過程中，除了因應國情，曾作小部分更改外，還增補了不少的新字、新詞和新義。陸國強教授並作最後審核。編輯部同仁對稿件的整理與校對，更是不辭辛勞，全力以赴，其敬業精神十分令人感佩。參加此項工作者有：張人驥、李忠慜、曾潤琛、魏榮萬、葛麗雪、吳麗英、吳淑惠、張月珠、秦禕民、張英國、孫德金、廖修玉、邱碧環、蕭永進、李俊育、陳慈如、張和穎、王凱玲、邱淑文、周明琴、林靜蕙、詹淑儀、簡秀娟、余椒雪、簡淑惠、吳麗仁、何財碧、陳玉枝等數十位，謹在此一併致謝。

編輯辭典工作浩繁艱鉅，疏漏之處在所難免，尚祈海內外學者專家及讀者不吝指正為幸。

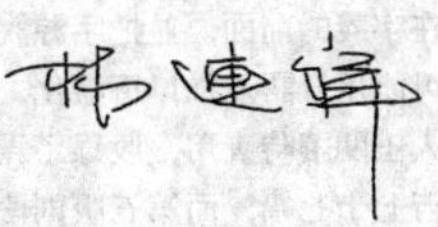

于新加坡大學
一九九〇年十二月

原　序

這部辭典第一版(1967 年)在已故岩崎民平先生主持下，由小稻義男、山川喜久男、和已故山下雅巳、竹林滋諸位先生編纂完成，出版後幸獲佳評而持續出版到現在。這次修訂完成的第五版距第一版已歷經十八年，距第四版也有八年。

十八年來這部通用(英語)辭典兼高級學習用辭典，每次加印新版時都多方加以改進，以適應時代進步的需要。然而，有鑑於近來英語教育界的種種變化和英美與我國辭典編纂的動向，我們迫切感到現在這部辭典也需要澈底改革。

因此我們決定回到「什麼才是日本人所需要的英日辭典？」的根本問題進行全面的大修訂。編者方面除了自第一版以來原有的諸位先生之外，新聘請吉川道夫先生參與，並且聘請精通日語的美籍 David P. Dutcher 和英籍 Stephen A. C. Boyd 兩位先生爲編輯委員，而得以達成(1)在編纂上保持鉅細靡遺的一貫性，(2)在修訂上對英日語間的微妙差異也細緻入微不稍疏忽的兩大目標。深信做爲學習者和一般社會人士日常放在身邊使用的中型辭典而言，經過這次修訂的第五版已成爲一部眞正有用而能夠信賴的辭典。

以下是這次修訂的特色：

1. 對第一版到第四版所收錄的字彙加以全面的過濾，去除被認爲不必要的字，而在篇幅所能容許的範圍之內盡量追加了被認爲對於英語學習者和一般讀者不可缺少的字。現在的收錄字數總計約爲七萬五千字。

2. 根據各種新資料對收錄的字彙進行總查核而選定英語學習基本字彙七千餘字，並以套色印刷：初中程度基本字彙約一千字、高中程度基本字彙約一千字、大學入學考試及大學程度基本字彙約二千字，分別以***、**、*的記號標示，以及其他一般常用基本字彙約三千字。

3. 字義經過有系統的整理和細分。不論是重要字或一般字，除了從最常用的字義依次分爲 1、2、3…之外，字義較多、較複雜時，在分爲 1、2、3…之前先粗分爲 A、B、C…，再把 1、2、3…細分爲 a、b、c…，重要字義則使用粗體排印，使得內容和形式煥然一新。

4. 句型的表示是這部辭典自第一版以來的一大特色。這次爲讀者的方便著想，使各句型與相對字義、例句相互對應，以便句型更易了解使用。

5. 大量增列成語部分，並且對「片語動詞」特別加以詳細說明。

6. 舊版對單純的可數名詞沒有附加Ⓒ的標示，但在第五版中則一律予以標明Ⓒ。此外第五版也儘量避免使用含糊不清的ⒸⓊ，ⓊⒸ圖解式標示，而用一定的格式說明理由，以謀求實用方便。

7. 隨處設□欄以提供「說明」、「關聯事項」、「同義字」、「用法」、「英日語之比較」、「語句的由來」等十一項解說服務。

8. 參考英美當地的最新資料，自第一版以來首次全面改注音標。特別爲正確標示美式發音，決定採用 [ɚ] 音標，同時重新研討成語的重音，使發音標示更趨精確。

9. 把字源的說明放在字義的前面，並把字源說明改用日語。同時爲考慮學習者的立場，內容也力求易解有趣。

10. 詞類等的標示盡可能用日語並加以符號化，使初學者也能辨認熟悉。

11. 爲便於一般社會人士閱讀時查用，收錄了爲數可觀的俚語，並且也收錄了一般常見的鄙俗用語。

12. 舊版插圖共有七百七十七幅，而第五版則使用插圖七百三十一幅，照片一百七十九幀。

最後，這次改訂工作能順利完成，我們深深地感謝諸位編輯先生，尤其是對新參與的吉川道夫先生在這次修訂當中所做的貢獻和努力深表感激。我們也向擔任編輯委員或負責撰寫工作而幫我們很多忙的諸位先生謹致由衷的謝意。此外我們也承蒙筑波大學教授金子稔先生以日本人的觀點說明同義字，並且在內容方面承蒙早稻田大學教授小島義郎先生和東京家政學院短期大學副教授廣瀨和清先生協助，謹此致謝。在研究社編輯部方面由逸見一好、長井寬三兩位同仁負責這次的修訂工作，並在最後階段又有白崎政男、篠田達美兩位同仁加入合力完成。

爲了配合上述諸位先生在這次修訂期間長年累月的辛勞幫忙，研究社內部同仁也盡了最大的努力以期達到盡善盡美，但因人謀不臧而引起的疏漏和錯誤恐怕還是難免，我們只有殷切希望各位讀者隨時指正，使這部辭典得以不斷成長，更臻完美。

一九八五年八月

研究社社長　植田虎雄

本辭典使用法

I 本辭典中的詞條

1. 學習基本字彙說明

本辭典收錄的詞彙約十餘萬。爲便於學習，基本字冠以不同數目的星號（*），並以套色印刷，如：

⁑**school**《⁑爲中學程度的基本字，約有 1,000 字》

⁑**fear**《⁑爲高中程度的基本字，約有 1,000 字》

***com·mit**《*爲高中聯考至大學程度的基本字，約有 2,000 字》

2. 音節的劃分

(1)音節的劃分（syllabication）以中間的圓點（·）表示，與實際用連字號（-）連接的複合字有所區別。再者，因發音而有不同的音節劃分時，則根據最先的發音作音節的劃分，如：

coun·try·side

(2)如果詞條爲兩個字以上的複合字，而各字的發音已在他處標示時，則僅在字與字間以圓點表示，如：

cánnon·bàll

3. 拼字

(1)美國與英國有不同拼法時，美國拼法排在前面，如：

***fa·vor** [ˋfevɚ; ˈfeivə] *n.*, ... *v.t.* ...

⁑**fa·vour** [ˋfevɚ; ˈfeivə] *n.*, *v.*《英》＝favor.

(2)外來語中外語色彩濃厚者，則考慮其在英語句中出現時的形態，而以斜體（*italic*）表示，如：

au re·voir

4. 排列

(1)拼字相同而字源不同者，列成另一詞條，並在右上角附以號碼，如：

⁂**lie**[1] [laɪ; lai] *v.i.* ... **1** 臥，躺…

⁑**lie**[2] [laɪ; lai] *n.* **1** Ⓒ（故意想欺騙他人而說的）謊言…

(2)列入詞條末尾部分的衍生字，其排列與詞條的字順無關。其表示法是使用連字號（-）代替詞條中的部分拼字，並以波形符號（～）代替整個詞條，尤其 **～·ly**, **～·ness** 等則表示該詞條分別轉變爲副詞（形容詞）或名詞，如：

***a·vail·a·ble** [əˋveləbl̩; əˈveiləbl] *adj.* ... **-a·bly** [-ləblɪ; -ləbli] *adv.*《**-a·bly** 爲 **a·vail·a·bly** *adv.*》

fruit·ful [ˋfrutfəl; ˈfru:tful] *adj.* ... **～·ly** [-fəlɪ; -fuli] *adv.* **～·ness** *n.*《**～·ly** 爲 **fruit·ful·ly** *adv.*, **～·ness** 爲 **fruit·ful·ness** *n.*》

(3)字義中的（又作…）表示用以代替詞條，如：

bit·ter [ˋbɪtɚ; ˈbitə] ... *n.* ... **2**《英》…（又作 **bítter béer**）…《bitter 2 又作 bitter beer，而不另列 bitter beer 詞條》。

(4)詞條的一部分爲數字時，表示該詞條所排列的位置係以英文字母換唸該數字的字順處理，如：

cárbon 14《排列於 carbon fourteen 的字順處》。

(5)代替部分詞條用［ ］，省略部分詞條用（ ）符號，如：

Láke Dìstrict ［**Còuntry**］《表示 **Láke Dìstrict** 或 **Láke Còuntry** 的意思》。

blond(e)《表示 **blond** 或 **blonde** 的意思》。

II 發音

1. 發音符號

(1)發音採用兩種國際音標，K.K. 音標在前，D.J. 音標在後，置於緊接在詞條後的［ ］方括弧內，如：

⁂**there** [ðɛr; ðɛə]《[ðɛr] 爲 K.K. 音標，[ðɛə] 爲 D.J. 音標》。

(2)有兩種以上的發音時，共同部分以連字號（-）表示，如：

di·rect [dəˋrɛkt, daɪ-; diˈrekt, dai-]《表示有 [dəˋrɛkt; diˈrekt] 與 [daɪˋrɛkt; daiˈrekt] 兩種發音》。

(3)D.J. 音標可省略的發音部分以斜體（*italic*）符號表示，如：

grand·fa·ther [ˋgrænˏfɑðɚ, ˋgrænd-; ˈgræn*d*ˌfɑ:ðə]《表示可發 [ˋgrænˏfɑðɚ; ˈgrænˌfɑ:ðə] 或 [ˋgrændˏfɑðɚ; ˈgrændˌfɑ:ðə]》.

(4)發音有輕讀與重讀時，以（ ）表示，如：

⁂**at** [（輕讀）ət, ɪt; ət;（重讀）æt; æt] *prep.* ...

(5)外來語的發音以近似的英語表示，如：

au re·voir [ˏorəˋvɔr; ˌourəˈvwɑ:]

2. 重音

(1)主重音兩種音標皆加在音節之前上方，K.K. 的符號爲“ˋ”，D.J. 的符號爲“ˈ”；次重音兩種音標皆加在音節之前下方，K.K. 的符號爲“ˏ”，D.J. 的符號爲“ˌ”。如：

in·de·pend·ent [ˏɪndɪˋpɛndənt; ˌindiˈpendənt]

詞條母音字母上的［ ´ ］表示主重音，［ ` ］爲次重音，如：

bìo·chémistry

(2)由兩個字以上構成的詞條，如各字已分別列爲獨立詞條，則只在字上標出重音，不另標出發音，如：

blóod gròup

(3)沒有獨立成爲詞條或容易混淆的字，則只標出其中一部分發音，如：

léad pòisoning [ˋlɛd-; ˌled-]

(4)對於成語、片語動詞也標出重音，如：

be at déath's dóor

gèt báck

(5)發音相同而僅重音不同時，以連字號(－)表示各音節，標出不同的重音位置，如：

óut·cròp *n.* ... **—**[ˏ— ˊ—] *v.i.* ...《表示名詞發音爲 [ˋaʊtˏkrɑp; ˈautkrɔp]，動詞爲 [ˏaʊtˋkrɑp; ˌautˈkrɔp]，兩者重音位置不同》。

(6)對於有重音轉移情形的字，則在音標之後，以ˋ符號表示(⇨附錄發音說明 13)，如：

‡Jap·a·nese [ˏdʒæpəˋniz; ˌdʒæpəˈni:zˋ]

III 字源

字源的記述著重於提供有助於瞭解字義與對學習有啓示作用的字源資料，以中文簡述於«　»或輔以【字源】加框作進一步的說明，有時也標明與外來語相對的英語，如：

ed hoc [ˋædˋhɑk; ˌædˈhɔkˋ] «源自拉丁文 'for this' 之義»**—***adv.*

‡Jan·u·ar·y [ˋdʒænjuˏɛrɪ; ˈdʒænjuəri] «源自拉丁文「門神(Janus)之月」之義»**—***n.* ...

> 【字源】此字的意思是獻給羅馬神話中的堅納斯(Janus)之月。堅納斯是天國之門的守護神，因其有兩副面孔，一看前、一看後，所以被認爲適合於送舊年、迎新年的第一個月之名；cf. December【字源】

IV 說明

凡與文化、歷史、風俗習慣、日常生活相關之用詞、單字或有關資料皆視情況輔以【說明】加框詳述，有時亦簡述於星號(★)之後，如：

caf·e·te·ri·a [ˏkæfəˋtɪrɪə; ˌkæfiˈtiəriə] ... **—***n.* Ⓒ自助餐廳[館]。

> 【說明】自己取喜歡的菜放到餐盤上，付完帳後拿到餐桌上吃的自助式飯館；膳後有 bus boy [girl] 收拾桌子，不必給小費。

‡may [me; mei] *aux.* ... "*M*~ I smoke here?"—"Yes, you ~(smoke)."「我可以在這裡抽煙嗎？」「可以(抽)。」《★"Yes, you ~." 是上對下的用語，顯得冷淡，含有「是可以抽，可是最好別抽」的意思。一般都用 "Yes, certainly [please]." 或 "Sure."》

V 同義字

字義類似之同義字皆加框以【同義字】處理，如：

***mean**² [min; mi:n] ... *adj.* ...**1 a** 〈人、行爲〉卑鄙的，…

> 【同義字】mean 指品行惡劣，而 low 意思比 mean 强，指「粗鄙，墮落，卑劣的」。

VI 詞類

本辭典中的詞類使用以下略語：

n.	名詞	*v.t.*	及物動詞
pron.	代名詞	*v.i.*	不及物動詞
adj.	形容詞	*prep.*	介系詞
adv.	副詞	*conj.*	連接詞
aux.	助動詞	*interj.*	感歎詞
v.	動詞		

VII 字形變化

本辭典以(　)表示名詞、代名詞、形容詞、副詞、動詞、助動詞的字形變化。

1. 名詞的複數形

(1)有不規則變化者以(*pl.* ...)表示，規則變化者略去，如：

‡knife [naɪf; naif] *n.* (*pl.* **knives** [naɪvz; naivz])

‡sheep [ʃip; ʃi:p] *n.* (*pl.* ~)

(2)字尾爲 -o 者均標明其複數形，如：

‡pi·an·o¹ [pɪˋæno; piˈænou] ... *n.* (*pl.* ~s)

‡po·ta·to [pəˋteto; pəˈteitou] *n.* (*pl.* ~es)

(3)複合字的複數變化非爲單純的 -(e)s，而其前部分(或後部分)有變化時均予以列出，如：

bróther-in-làw *n.* Ⓒ(*pl.* **brothers-in-law**)

cóurt-mártial *n.* Ⓒ(*pl.* **courts-martial**, ~s)

2. 形容詞、副詞之比較級與最高級變化

(1)附有星號(‡⁑*)的學習基本字有比較級與最高級變化者，均在詞類標示後以( )表示，如：

‡kind[1] [kaɪnd; kaind] ... *adj.* (**~·er; ~·est**)

‡beau·ti·ful [ˋbjutəfəl; ˈbju:təful] ... *adj.* (**more ~; most ~**)

(2)無星號的字，單音節字的變化為有規則的(~·er; ~·est)，兩個音節以上的字為(more ~; most ~)者，不予列出，而只列出例外的情形者。

3.(無比較級、最高級)

有的形容詞、副詞的字、字義通常沒有比較級的變化，本辭典為考慮學習上的方便，僅對於有星號(‡⁑*)的基本字標以(無比較級、最高級)，如：

‡ju·nior [ˋdʒunjɚ; ˈdʒu:njə] ... *adj.* (無比較級、最高級) **1** 年少的…

***ar·tis·tic** [ɑrˋtɪstɪk; ɑ:ˈtistik] ... *adj.* (**more ~; most ~**) **1 藝術的**…。**2** (無比較級、最高級)藝術的，美術的…

‡al·ways [ˋɔlwɪz, -wəz, -wez; ˈɔ:lweiz, -wəz, -wiz] *adv.* (無比較級、最高級) **1 經常，總是**…

4.動詞的字形變化

(1)只列出不規則變化者，過去式與過去分詞(以及現在分詞)之間用分號(；)分開，各動詞變化的異體字則以逗號(，)表示，如：

‡take [tek; teik] (**took** [tʊk; tuk]；**tak·en** [ˋtekən; ˈteikən]) *v.t.*

‡run [rʌn; rʌn] (**ran** [ræn; ræn]；**run**；**run·ning**) *v.i.*

‡for·get [fɚˋgɛt; fəˈget] (**for·got** [-ˋgɑt; -ˈgɔt]；**for·got·ten** [-ˋgɑtn̩; -ˈgɔtn]，《美》**for·got**) *v.t.*

(2)規則動詞中需要特別注意者(如子音重疊或字尾為 -c 者)均予以列出，如：

***sin** [sɪn; sin] ... *v.i.* (**sinned; sin·ning**)

frol·ic [ˋfrɑlɪk; ˈfrɔlik] ... *v.i.* (**frol·icked**；**-ick·ing**)

VIII 字義

1.本辭典根據編輯方針及為便於使用者查閱而著重於字義的整理，因此一般的分類用 **1, 2, 3** ...，更細的分類則用 **a, b, c** ...，如：

dome [dom; doum] 《源自義大利語「大教堂」之義》**—***n.* Ⓒ **1** (半球形的)**圓屋頂，圓天花板**。**2 a** 圓屋頂狀的東西：the ~ of the sky 天頂，蒼穹。**b** (山等的)圓頂。**c** 半球形的建築物。**d** 鐘形覆蓋物。**e**《美口語》頭。

2.一個字有多種意義而這些意義又可分為若干範圍，或一個字有特殊的字義時，為幫助使用者把握及查字義，在 **1, 2, 3** ... 之上使用 **A, B, C...** 的分類，如：

‡fly[1] [flaɪ; flai] *v.i.* **A** (**flew** [flu; flu:]；**flown** [flon; floun]) **1** (利用翼或機器)**飛，飛行**…。**2** … **3** … **4** …

—B (**fled** [flɛd; fled]) **1 a** 逃，逃走…。**2** …

—C (**flied**)〖棒球〗**1** 打高飛球。**2** …

‡cus·tom [ˋkʌstəm; ˈkʌstəm] ...*n.* **A 1** Ⓒ[集合稱為Ⓤ] **a** (已建立的社會)**習慣**…。**2** …

—B **1** [~s] **關稅**…。**2** …

3.星號(‡⁑*)詞條有特別重要的字義時，為使其重要性一目瞭然，皆以**粗體字**表示，如：

‡fun [fʌn; fʌn] *n.* Ⓤ **1 嬉戲，玩笑**…

IX [用在名詞前][不用在名詞前]

形容詞通常有置於名詞、代名詞之前用以直接修飾名詞的修飾用法(Attributive use)與用作動詞補語的敍述用法(Predicative use). 本辭典對通常限用於修飾用法的形容詞以[用在名詞前]表示，而通常限用於敍述用法的形容詞，則以[不用在名詞前]表示，如：

‡fond [fɑnd; fɔnd] ... *adj.* **1** [不用在名詞前]〔十介十(代)名〕**a 喜歡**[愛好，喜愛]〔…〕的〔*of*〕…

‡whole [hol, hʊl; houl] ...*adj.* (無比較級、最高級) **1** [用在名詞前] **a** [**the ~, one's ~**]**全部的**…

X ⓊⒸ

名詞(包括名詞片語)中有的字義可以數，其單數附有不定冠詞 a, an, 也有複數形，這種名詞稱為「可數名詞」(Countable)，略作Ⓒ；有時不能數，既不帶不定冠詞也沒有複數形，這種名詞則稱為「不可數名詞」(Uncountable)，略作Ⓤ. 把這兩種觀念當作瞭解字義與用字的指針，本辭典以學習上的立場為前提，在可能的範圍內，作適當的標示。

專有名詞(普通名詞化者例外)與用於稱呼的名詞以及特定之物則沒有ⓊⒸ的標示。此外ⓊⒸ也非絕對的，而只是為了瞭解字義與增進學習效果的一種方法。

僅有ⓊⒸ字義的區別仍然不清楚時，則酌加Ⓒ[當作菜名時為Ⓤ]，[**a ~**]，[用單數]等補充說明。

***de·moc·ra·cy** [dəˋmɑkrəsɪ; diˈmɔkrəsi] ... *n.* **1** Ⓤ**民主主義**… **3** Ⓒ**民主國家**…

***high school** [ˋhaɪˏskul; ˈhaisku:l] *n.* Ⓤ [指設施時為Ⓒ] (美國的)**中等學校，高級中學**…

hán·ker·ing [-kərɪŋ, -krɪŋ; -kəriŋ] *n.* Ⓒ [常 **a ~**]《口語》**1**〔對得不到之物之〕切望，渴望…

XI 符號

1.〈 〉主要用於下列情形：

(1)表示動詞的主詞、受詞。

***fas·ten** [ˋfæsn̩; ˈfɑ:sn] *v.t.* **1 a**〔十受〕把〈東西〉**牢牢固定，綁住**：~ a rope 把繩子固定…

—*v.i.* **1** 〈門等〉**關住**；〈鎖等〉鎖上，固定：This window [clasp] will not ~. 這個窗子[鉤子]關[鉤]不緊…

(2)表示動詞的補語。

‡**feel** [fil; fi:l] ...*v.i.* **1 a** 〔十補〕〈人〉**感到**〈…〉，覺得〈…〉，有〈…的〉感覺〔心情〕…

(3)表示形容詞等的選擇限制。

fluent ... *adj.* **1 a** 〈說話〉流暢的，善辯的，滔滔不絕的；〈文筆〉流暢的：a ∼ speaker 口若懸河的演說家…。**2** 〈言語〉流利的，流暢的： speak ∼ English 說流利的英文。

(4)表示介系詞的受詞。

put on [《vi prep》 ∼ on...] (9)《英》給〈人〉添麻煩。

(5)表示與句型相對的種種因素(⇨XIV).

‡**find** [faɪnd; faind] ... *v.t.* ... **4** ... **d** 〔＋(*that*)__〕知道，發覺〈…事〉…

‡**a·ble** [ˋebḷ; ˈeibl] *adj.* ... **1** [不用在名詞前]〔＋*to* do〕能〈做…〉的，能夠的…

ac·knowl·edge [əkˋnɑlɪdʒ; əkˈnɔlidʒ] *v.t.* **1** ... **b** 〔＋do*ing*〕承認〈做(了)…〉，招認，供認…

‡**start** [stɑrt; stɑ:t] ...*v.t.* **1** ... **d** 〔＋do*ing*〕開始〈做…〉…

2.〔 〕用以表示介系詞(⇨XIV).

‡**de·pend** [dɪˋpɛnd; diˈpend] ... *v.i.* ... **2 a** 〔十介十(代)名〕〈人〉**信賴，信任**〔…〕〔*on, upon*〕...

de·pen·dence [dɪˋpɛndəns; diˈpendəns] ... *n.* Ⓤ **1** 〔對…的〕依賴；依存〔*on, upon*〕...

3.[ ]主要用於下列情形：

(1)用於可替換的情形。

不相上下的[地]《表示「不相上下的」與「不相上下地」之意》。

a merchant ship [vessel] 商船《表示 a merchant ship 與 a merchant vessel 同爲「商船」之意》。

(2)用於對應的關係。

This window [clasp] will not fasten. 這個窗子[鈎子]關[鈎]不緊。

(3)用以指示語法、用法及注意事項。

‡**ear**[1] [ɪr; iə] *n.* ... **2 a** Ⓒ[常用單數]**聽覺**，聽力：a keen [nice] ∼ 敏銳的聽力…

4.( )用於以下的情形：

(1)譯文的補充說明。

‡**field** [fild; fi:ld] *n.* **1** Ⓒ[常 ∼s] **a** (森林、無建築物的)**原野，曠野**…

(2)表示可省略之處。

小神仙(似)的《表示「小神仙的」與「小神仙似的」之意》。

5.《 》用於譯文的說明以及與【同義字】或【字源】相仿的解釋。

Fin·land [ˋfɪnlənd; ˈfinlənd] *n.* 芬蘭《介於瑞典與蘇聯之間的一個共和國；首都赫爾辛基 (Helsinki)》.

cock[1] [kɑk; kɔk] ... *n.* A ... **4** Ⓤ《英俚》廢話，胡說《★源自 cock-and-bull story》...

6.關於∼的用法

與詞條拼字相同的部分用波浪形符號(∼)表示，若詞條有部分改變，則不變的部分以短的波浪形符號(~)表示。

‡**best** [bɛst; best] ... *n.* **1** [**the** ∼]**至上，首善，最佳，最好**：*the* next [second] ∼ 次好(之物)…

leg·horn [ˋlɛgən, ˋlɛgˏhɔrn; leˈgɔ:n, liˈgɔ:n] ... *n.* [有時 **L**∼] Ⓒ來亨鷄…

7.其他符號

(1)cf. 是「參照」的意思，表示在該部分有相關的敍述。

(2)⇨是「看箭頭所指部分」的意思，表示在該處有主要的敍述。

(3)＝是「與對方相同」的意思，表示符號(＝)前面的敍述與等號後面相同(查閱後者即可知前者)。

(4)←→用以表示「反義字，相對字」。

(5)★用以表示注意事項，又爲引起特別注意，在★後有以長方形框起的[相關用語]，[用法]，[比較]，[語形]，[拼法]，[讀法]，[變換]，[發音]等各種符號。

8.有關詞條的語言標示根據本辭典的編輯方針，採下列分類：

《美》	主要用於美國	《印度》	印度英語
《英》	主要用於英國	《加拿大》	加拿大英語
《蘇格蘭》	蘇格蘭方言	《口語》	日常會話中的通俗用語
《愛爾蘭》	愛爾蘭方言	《文語》	文學作品或較拘泥的表達用語
《澳》	澳洲英語	《方言》	地方性的獨特語言
《俚》	非正式且較通俗的話	《罕》	罕用語
《學生俚》	用於學生間的俚語	《古》	現在已不用的古語
《兒語》	主要爲幼兒或兒童用語	《鄙》	不宜在人前說的粗鄙話
《詩》	詩語		

9.本辭典中的專業用語以〖 〗符號標示，在〖 〗中列出其分類名稱或簡稱。

〖醫〗	醫學	〖獵〗	狩獵	〖銀行〗	銀行學
〖藥〗	藥學	〖礦〗	礦物	〖芭蕾〗	芭蕾舞
〖政〗	政治	〖工〗	工學	〖占星〗	占星術
〖軍〗	軍事	〖攝〗	攝影	〖修辭〗	修辭學
〖鳥〗	鳥類	〖邏輯〗	邏輯學	〖太空〗	太空科學
〖貝〗	貝類	〖紋章〗	紋章學	〖古生物〗	古代生物
〖哲〗	哲學	〖生物〗	生物學	〖電算〗	電子計算機

〔農〕	農業	〔航空〕	航空學	〔韻律〕	英詩韻律學
〔紡〕	紡織	〔天文〕	天文學	〔電子〕	電子(工程)學
〔史〕	歷史	〔人類〕	人類學	〔英國國教〕	英國國教會
〔商〕	商業	〔無線〕	無線電		

XII 成語

1. 成語按英文字母順序排列於各詞類字義的敍述之後，並附以重音符號。「動詞＋名詞」的成語，原則上列於名詞詞條下，但是如「名詞＋介系詞＋名詞」有兩個以上的名詞時，則將該成語列於第一個名詞詞條下。若有難查的成語，除了主要定義之敍述外，另酌加⇨符號指示參照的字，如：

   be at déath's dóor 瀕臨死亡，垂死。
   be on the dóor 做(剪票等)管理出入的工作。
   by the báck dóor 秘密地，偷偷地。

2. 中空箭頭(⇨)的參照符號表示「請參看…」，亦即參看箭頭所指詞條項下的成語，如：

   ‡**long**[1]：**in the lóng rún** ⇨ run *n.*
   ‡**run**：**in the lóng rùn** 以長遠的眼光看來，終究，最後…

3. 等號(＝)表示與等號後小號大寫字母(SMALL CAPITAL)所標示之字項下的成語同義，如：

   ‡**few: but féw** 《文語》＝ only a FEW.
   ònly a féw 僅僅少數的，只有幾個的…

XIII 片語動詞

本辭典着重由動詞與副詞或介系詞組合而成的片語動詞，並依照下列形式標明其構成要素，附以標準的重音符號，排列於成語欄。

1. 與副詞連用者均以《*vi adv*》《*vt adv*》標明，如：

   gèt báck 《*vi adv*》(1)回到〈家等〉；回(到原來)…
   tàke ín 《*vt adv*》(1)收進，容納〈物〉…

2. 一個片語動詞的後部分要素如可用作副詞、介系詞兩者時，則以《*vi adv*》《*vi prep*》《*vt adv*》《*vt prep*》方式分別標明。在這種情況下，用作副詞與介系詞時的重音位置不同，因此在粗體字的成語上不予以標明，而在［ ］中標明上述各要素後再標示各重音，如：

   get in [《*vi adv*》 ∼ ín] (1)進入(裏面)… —[《*vi prep*》 ∼ in...] (8)進入…(之中)… —[《*vt adv*》 ∼ ín] (9)將…放入(之中)… —[《*vt prep*》 ∼ ...in...] (16)使…進入…

3. 在《*vt adv*》的結構中，及物動詞的受詞位置固定者，以下列方式區別：

   (1)［∼＋受＋*adv.*］... 受詞爲名詞或代名詞時，通常置於動詞與副詞之間，如：
   get over ... —[《*vt adv*》 ∼ óver] ... (12)［∼＋受＋over］完成，處理掉〈討厭的工作等〉：Let's ∼ the job *over* quickly. 讓我們很快地把工作做完。

   (2)［∼＋*adv.*＋*n.*］... 受詞爲名詞時置於動詞、副詞之後；但若爲代名詞時，則排列成動詞・受詞・副詞的順序，如：
   pùt úp 《*vt adv*》 ... (6)［∼＋up＋*n.*］表示〈抵抗等〉；繼續〈作戰〉：∼ *up* opposition 唱反調，提出異議/They have ∼ *up* a long hard fight against poverty. 他們已經和貧困做了長期的苦鬥…

XIV 句型

提到句型，大家最熟悉的是動詞的五種基本句型。本辭典使用句型的目的，在幫助使用者瞭解字義與用法，因此不僅是動詞，亦將形容詞、名詞、部分副詞用於句型。

對於動詞，本辭典一方面使用表示受詞［＋受］與表示補語［＋補］的機能要素，一方面又加入其他的形態要素，成爲獨特的句型標示，幫助使用者瞭解字義、句型、使用例子的有機性關聯(請參看表示介系詞的〔 〕或表示副詞等的〈 〉)，作爲瞭解字義、用法的一個指標。

從與字義的關聯可產生許多句型(請參看下頁的句型表)。關於動詞，在及物動詞與不及物動詞兩大類別中，有句型 1，句型 2，句型 3，句型 4，句型 5，句型 6，句型 7 七種基本句型，但是其中若將句型 2 併入句型 1，又將句型 5 併入句型 4，則與傳統上的五種句型符合。

以下是有關句型應注意的事項：

〔＋受〕	與受詞連用
〔＋補〕	與補語連用
〔＋受＋受〕	與間接受詞及直接受詞連用
〔＋受＋補〕	與受詞及補語連用
〔＋*to* do〕	與帶 to 的不定詞連用
〔＋原形〕	與不帶 to 的不定詞連用
〔＋do*ing*〕	與 ∼ing 連用
〔＋過分〕	與過去分詞連用
〔＋*that*__〕	與 *that* 子句連用
〔＋*wh.*__〕	與 *wh.* 子句連用《*wh.* 子句指 what, who (whose, whom), which, when, where, how, why 以及 whether (或與 whether 同義的 if) 所引導的子句》
〔＋*wh.*＋*to* do〕	與*wh.* 疑問詞《what, who, which, when, where, how 等》以及帶 to 的不定詞連用

〔＋*as if*__〕	與由 as if, as though 引導的子句連用
〔＋介＋(代)名〕	與特定的介系詞所引導的片語連用
〔＋副〕	與特定的副詞連用
〔＋副詞(片語・子句)〕	與副詞(副詞片語或副詞子句)連用
〔＋引句〕	與直接引句連用

*〔＋受〕的標示見於有星號（***）的學習基本用字；沒有星號的詞條中若在一個字義下有 a, b, c... 等不同句型者，便以〔＋受〕標示以句型對照之用，其他情形則不標示。

如〔＋受(＋介＋(代)名)〕，〔＋(*that*)__〕句型中有（ ）的符號，則表示（ ）內的部分有時會被省略。

句 型 表

動詞型　第 1 句型《完全不及物動詞的句型》

1：〔動〕*《*本辭典不標示》	The sun shines brightly.
2：〔動(＋副)〕	The pain has gone (***away***) now.
3：〔動(＋副詞(片語・子句))〕	The kids were skipping (*about*) in the park.
4：〔動(＋介＋(代)名)〕	He graduated ***from*** Yale in 1933.
5：〔＋*to* do〕	We stopped *to* talk.
6：〔＋*for*＋(代)名＋*to* do〕	He was waiting *for* the bus *to* come.
7：〔＋do*ing*〕	My father often goes fish*ing* in the river.

第 2 句型《不及物動詞與副詞・片語・子句連用的句型》

1：〔＋介＋(代)名〕	Their marriage ended ***in*** divorce.
2：〔(＋副)＋介＋(代)名〕	The coffee has slopped (***over***) ***into*** the saucer.
3：〔＋副〕	Debts piled ***up***.
4：〔＋副詞(片語・子句)〕	He will remain *here* [*at* the hotel] three more days.
5：〔＋*to* do〕	He seems *to* know everything about it.
6：〔＋介＋(代)名＋*to* do〕	She motioned ***to*** him *to* go out.
7：〔＋*that*__〕	Just because he is poor, it does not follow *that* he is unhappy.
8：〔＋介＋(代)名＋*that*__〕	You may depend ***on*** it *that* he will go with you.
9：〔(＋介＋(代)名)＋*that*__〕	It seems ***to*** me *that* you are not really interested in learning.
10：〔＋*as if*__〕	It doesn't look *as if* we shall succeed.

第 3 句型《不及物動詞與補語連用的句型》

1：〔＋補〕	He is a good doctor.
2：〔＋過分〕	They got marri*ed* last month.
3：〔＋*as* 補〕	He acted *as* interpreter.
4：〔＋(*to be*) 補〕	He appears (*to be*) rich.
5：〔＋*to* do〕	To live is *to* fight.
6：〔＋do*ing*〕	Seeing is believ*ing*. / The child kept cry*ing*.
7：〔＋*that*__〕	The trouble is *that* she does not like it.
8：〔＋*wh.*__〕	What matters is *how* they live.
9：〔＋*wh.*＋*to* do〕	The question is not *what to* do but *how to* do it.
10：〔＋*as if*__〕	He looked *as if* he hadn't heard.

第 4 句型《及物動詞與受詞連用的句型》

1：〔＋受〕	Most childern love ice cream.
2：〔＋受(＋副)〕	He shouted (***out***) his orders.
3：〔＋受(＋介＋(代)名)〕	He played a practical joke (***on*** me).
4：〔＋受(＋副詞(片語・子句))〕	She swept the dust *out* (the door).
5：〔＋*to* do〕	I want *to* go to France.
6：〔＋原形〕	Go and help wash up at the sink.
7：〔＋do*ing*〕	It has stopped rain*ing*.
8：〔＋所有格＋do*ing*〕	Pardon my contradict*ing* you.
9：〔＋受(＋介)＋do*ing*〕	She spends too much time (***in***) dress*ing* herself.
10：〔＋*that*__〕	She said *that* she lived alone with her mother.
11：〔＋*wh.*__〕	Please let us know *when* you are coming.
12：〔＋*wh.*＋*to* do〕	I just didn't know *which* way *to* turn.
13：〔＋引句〕	"Get out of the room!" he shouted.

第 5 句型《及物動詞與受詞及副詞・片語・子句連用的句型》

1：〔＋受＋副〕	I can't wash this stain ***out***.
2：〔＋受＋介＋(代)名〕	They scattered gravel *on* the road. / They scattered the road ***with*** gravel.
3：〔＋受＋介＋名〕	He hit me ***on*** the head [***in*** the face].
4：〔＋受＋介＋do*ing*〕	We prevented the fire ***from*** spread*ing*.
5：〔＋受＋副詞(片語・子句)〕	He led us *to* the hotel.

第 6 句型《及物動詞與間接受詞及直接受詞連用的句型》

1：〔＋受＋受〕	He sent me a letter of appreciation.
2：〔＋受＋*that*＿〕	He told me *that* he liked baseball.
3：〔＋受＋*wh.*＿〕	He asked her *where* she had been.
4：〔＋受＋*wh.*＋*to* do〕	She showed me *how to* make a knot.
5：〔＋受＋*to* do〕	I promised him *to* be there at one.

第 7 句型《及物動詞與補語連用的句型》

1：〔＋受＋補〕	My answer made him angry.
2：〔＋受＋*as* 補〕	I regard the situation *as* serious.
3：〔＋受＋(*to be*)補〕	I think him (*to be*) a charming person.
4：〔＋受＋過分〕	I had my composition correct*ed* by our teacher.
5：〔＋受＋*to* do〕	I cannot allow you *to* behave like that.
6：〔＋受＋原形〕	He won't let anyone enter the room.
7：〔＋受＋do*ing*〕	I can see some little fish swim*ming* about in the water.

形容詞型

1：〔＋介＋(代)名〕	She is fond ***of*** children [play*ing* the piano].
2：〔＋*of*＋(代)名(＋*to* do)〕	It is very kind ***of*** you (*to* lend me the book).
3：〔＋*for*＋(代)名＋*to* do〕	On the bed I saw a new dress ready *for* me *to* put on.
4：〔＋*to* do〕	He is apt *to* forget people's names.
5：〔＋*that*＿〕	I'm happy *that* you have come to our party.
6：〔(＋介)＋*wh.* 子句・片語〕	He was anxious (***about***) *how* you were getting on.

名詞型

1：〔＋*to* do〕	He has the ability *to* make a good plan.
2：〔＋*for*＋(代)名＋*to* do〕	There is no need *for* you *to* apologize.
3：〔＋*that*＿〕	I have an idea *that* he is still living somewhere.
4：〔(＋介)＋do*ing*〕	Did you have much trouble ***in*** find*ing* my house?
5：〔(＋介)＋*wh.* 子句・片語〕	You don't have the slightest idea (***of***) *how* much she has missed you.

A a **A a** *A a*

a[1], **A**[1] [e; ei] *n.* (*pl.* **a's, as, A's, As** [~z; ~z]) **1** Ⓤ Ⓒ A《英文字母的第一個字母；cf. alpha》. **2** Ⓤ (一序列事物的)第一個。

【說明】英美學校學生的成績分成三等時用 A、B、C, 分成五等時用 A、B、C、D、E. A 到 D 算及格, E 是有條件的及格或不及格。E 有時被誤爲優秀(excellent), 所以往往以 F 取代 E. 如果用 F, 則表示不及格(failure).

from Á to Ź 從頭到尾, 完全地：learn a subject *from A to* Z 從頭到尾學習某學科。

a[2] [e; ei] *n.* Ⓒ (*pl.* **a's, as** [~z; ~z]) [常寫作 *a*]《數學》第一已知數 (cf. b^2, c^2；x^2, y^2, z^2).

A[2] [e; ei] *n.* (*pl.* **A's, As** [~z; ~z]) **1** Ⓒ A 字形(之物)。**2** Ⓤ Ⓒ (五個等第中的)甲(等), A (cf. grade 3)：all [straight] *A*'s 全部甲等/He got an *A in* English. 他英語考了甲(等)。**3** Ⓤ (ABO 式血型的) A型。**4** Ⓤ《音樂》**a** A 音, la 音《(固定唱法)C 大調音階中的第六音》：*A* flat [sharp] 降[升] A 音。**b** A 調：*A* major [minor] A大調[小調]。

—*adj.* 最高級的, 第一流的：⇨ A one.

‡**a**[3] [(輕讀)ə; ə; (重讀)e; ei] «源自古英語 'one' 之義；*a* 是 *an* 在子音之前脫落 n 而成»— 《不定冠詞》《★用法(1) [e; ei] 只在特別强調時或在換氣發音時使用；(2)用作冠詞時在子音之前用 a, 母音之前用 an；不看後面接的是什麼字母, 而看後面所接的發音是母音或是子音(⇨ an 用法)：*a* cow, *an* ox；*a* horse, *an* hour [ˈauə; ˈauə]；*an* uncle, *a* unit [ˈjunɪt; ˈjuːnit]；*an* office girl, *a* one-act [ˈwʌnˌækt; ˈwʌnækt] play；*a* u, *an* s；(3)單數的可數名詞帶有形容詞時, 通常字序成"a(n) (+ *adv.*) + *adj.* + *n.*" (如 *a* fine day/*a* very fine day)；與文語的 many, such, 感歎詞的 what 等連用時, a(n) 必須放在這些字之後；與 half, quite, rather 連用時, 亦常置於其後(如 *many a* boy/*such a* thing/*What a* pity !/*half an* hour/*quite a* young lady/*rather an* idle boy)；a(n) 與前面有 as, so, too 的形容詞連用時, 字序成"as [so, too] + *adj.* + a(n) + *n.*" (如 *as* [*so, too*] heavy *a* burden)；(4)a(n) 不能與 this, that, some 等限定詞或 my, his 等所有格並列使用(如 *a this* girl, *this a* girl, *a my* daughter, *my a* daughter 均屬錯誤；cf. *a* daughter of mine ⇨ mine[1] 2 用法)；(5)"no such [比較級形容詞] + *n.*" 之句型不可加 a(n) (如 *no such a* disaster, *no greater an* honor 均屬錯誤)；(6)呼喚對方時無冠詞：Hello, friend！(7)用作補語之名詞表示官銜、地位、職務等時無冠詞：She was elected chairperson. 她被選爲主席》。

1 a [置於單數可數名詞前] (含糊地指)**某一個**《★用法帶有輕微的 one 之意, 通常不譯出》：There is *a* book on the desk. 桌子上有(一本)書/I want *a* book. 我要一本書/*A* student came to see me. 有(一個)學生來看我/It's not a good job, but it's *a* [ˈe; ˈei] job. 那不是好工作, 但總算是一份工作/She has *a* [ˈe; ˈei] (= such *a* wonderful [terrible *etc.*]) voice. 她有(一副)美妙的[很糟的(等)]嗓子[她聲音美妙[很糟(等)]]/*a* poet and novelist 一個詩人兼小說家《指同一人》(★比較 *a* poet and *a* novelist 通常指「一個詩人與一個小說家《分指二人》」之意；但强調一個人的兩種活動或性質時, 雙方均加冠詞：He was *an* actor and *a* playwright. (他是演員又是劇作家)》/*a* watch and chain 一個帶有錶鏈的錶《★視 and 爲 with 之意, 而錶與錶鏈爲一體之物》。

b (單獨)**一個**, (僅只)**一…**：Rome was not built in *a* day.《諺》羅馬非一日建成《大事業非一蹴可幾》/in *a* word 一言以蔽之, 簡而言之/to *a* man 全部, 一人不剩《一律、一致地》/⇨ to an HOUR/I never said *a* word. 我一句話也沒說/*a* day or two 一兩天/I said *a* [ˈe; ˈei] book, not *a* [ˈe; ˈei] magazine. 我是說一本書, 而不是一本雜誌。**c** [常用於可數之名詞前]**一片…, 一塊…；…之一例；一份, 一次份, 一種…；…的結果(所造成之物)**：*a* stone 一塊石頭《★比較 stone Ⓤ 石材》/*a* fire 篝火, 火災, 暖爐的火(等)《★比較 fire Ⓤ 火》/*a* murder 一件兇殺案/*a* kindness 一份好意/*a* beer [coffee, whiskey and soda] 一杯啤酒[咖啡, 威士忌蘇打]/*an* aspirin 一片阿司匹靈藥片/have *a* sleep 睡一覺/*an* invention 一種發明物《★比較 invention Ⓤ 發明》/*a* building 一幢建築物《★比較 building Ⓤ 建築》。

2 a 某一(程度的)《★用法表示微弱的 some, a certain 之意》：in *a* sense 在某種意義上[就某方面而言]/I have *a* knowledge of astronomy. (雖然不是專家)我多少懂一點天文學[具備某程度的天文學知識]。**b**《文語》[用於專有名詞前]**一位名字叫做…的人**(⇨ certain B 2)：*a* Mr. Smith 一位史密斯先生。**c** [用於專有名詞前]一位…家族的人：*a* Stuart 一位斯圖亞特王室的人。**d** [用於專有名詞前]…的作品[製品]：*a* Picasso 一件畢卡索的作品/*a* Ford 一輛福特(公司製造的)汽車。

3 a [用於專有名詞前]**像…般的人[東西]**：*a* Newton 一位像牛頓一樣的大科學家。**b** [...**of a**...]像…般的…(cf. of A 5 b)：an angel *of a* boy(像天使般)非常可愛的男孩。**c**《文語》[用於專有名詞前；表示人的新面貌或已往所未爲人所知之一面]：*a* vengeful Peter Baron 抱著復仇心的彼得・巴隆。

4 [統稱]凡是…, 全部…《★用法帶有輕微的any 之意, 通常不譯出》：*A* dog is faithful. 狗是忠實的《★用法在複數構句中亦不用 some, any (cf. the B 1 a)：Dogs are faithful.》.

5 [用於單位名詞前]**每一…** (per)《★用法有介系詞的功用；cf. the B 5》：once *a* day 每日一次/5 dollars *a* yard 每碼五美元。

6《罕》同一的, 一樣的《★用法通常以 of a... 的形式使用》：They are all *of a* mind [*a* size]. 他們全體一條心[同一尺寸]/be *of an* age〈二人以上〉同一年齡/birds *of a* feather 羽毛相同的鳥；同類。

7 [用於表示數量的形容詞或數詞前當習慣用法用] ⇨ few *adj.* 2, *pron.* 2, little *adj.* B 2, *adv.* B 2, many 2, a good [great] MANY.

a[4] [ə; ə] *aux.*《口語・方言》= have[2]：You must *a* [mustə] done it. = You must have done it.

a[5] [ə; ə] *prep.*《口語・方言》= of《★用法常用以附加於其前之名詞的字尾》：kind*a* = KIND[2] of/sort*a* = SORT of.

@ [æt; ət] «將拉丁文 *ad* (= at) 之鋼筆字體符號化而成»—《符號》《商》以單價…：@ $ 100 a doz. 以每打單價一百美元。

A《略》ampere；《物理》angstrom；answer；《符號》《化學》argon.

Å《符號》《物理》angstrom.

a.《略》about；acre(s)；act(ing)；adjective；age(d)；alto；ampere；answer；are[2]；assist(s)《棒球》助殺；at.

A.《略》absolute (temperature)；Academician；Academy；Airplane；America(n)；April；Army；Artillery.

a-[1] [ə-; ə-] 字首 **1** [用於名詞前構成形容詞、副詞]表示「向…」「往…」「在…」之意《★用法附加此 a- 的字僅作敍述形容詞用》：*a*shore 向岸邊, 在岸上/*a*bed《古》= in bed/⇨ afoot. **2** [用於動名詞前]《古・方言》「…著」「在…中」：fall *a*-cry*ing* 哭起來/go (*a*-)fish*ing* 去釣魚/The house is (*a*-)build*ing*. 房屋正在興建中《★比較現在一般用 ...is being built.》/set the bell (*a*-)ring*ing* 開始鳴鐘《★a- 現在通常被省略, 因此 -ing 形也可視爲現在分詞》.

a-[2] [e-, æ-, ə-; ei-, æ-, ə-] 字首 表示「非…」「無…」：*a*moral, *a*theist.

AA《略》Alcoholics Anonymous；《信號》Antiaircraft；Automobile Association (英國的)汽車協會《爲汽車駕駛人之團體, 從事路上故障修理等服務》。

AAA American Automobile Association 美國汽車協會。

A.A.A.S. American Association for the Advancement of Science 美國科學促進會。

aard·vark [ˈɑrdˌvɑrk; ˈɑːdvɑːk] *n.* Ⓒ《動物》土豚《南非所產的土豚科食蟻獸；性怯懦, 夜出覓食》。

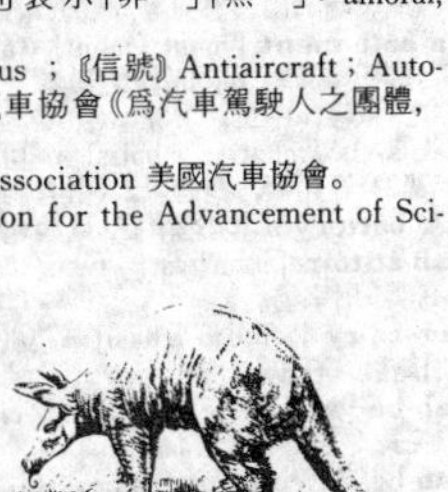

aardvark

Aar·on [ˈɛrən, ˈærən, ˈerən; ˈɛərən] *n.*《聖經》亞倫《摩西(Moses)之兄, 希伯來人的第一個祭司長》。

AB *n.* Ⓤ (ABO 式血型的) AB 型。

A.B.《略》able-bodied seaman；Bachelor of Arts.

ab- [æb-, əb-; æb-, əb-] 字首 表示「分離」「脫離」之意(cf. abs-)：*ab*normal, *ab*duct, *ab*use.

ab·a·cá [ˌɑbəˈkɑ; ɑːbəˈkɑː] *n.* Ⓤ《植物》蕉麻《又稱馬尼拉麻；芭蕉科草本植物, 從其葉柄中抽取纖維, 用以製繩》。

ab·a·ci *n.* abacus 的複數。

a·back [əˈbæk; əˈbæk] *adv.*《古》向後地。

be tàken abáck〈人〉〔被…〕驚嚇住, 〔爲…所〕愣住〔*by, at*〕.

ab·a·cus [ˈæbəkəs; ˈæbəkəs] «源自希臘文「板」之義；從前撒沙在板上寫數字»—*n.* Ⓒ (*pl.* ~**·es, -ci** [-ˌsaɪ; -sai]) **1 a** (用以教小

A

孩計算的)西洋珠串《在數根桿上裝有珠子》。b (東方的)算盤。2《建築》(圓柱頂端的)柱頭板(⇨ capital² 插圖)。

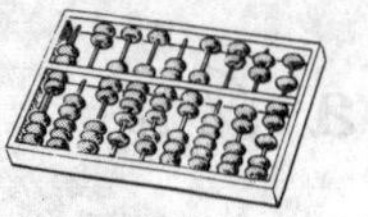

abacus 1 a

a·baft [ə'bæft; ə'bɑ:ft]《航海》*adv.* 向[往]船尾。**—*prep.*** 比…更靠近船尾, 在…之後:～ the mainmast 在主桅之後。

ab·a·lo·ne [ˌæbə'lonɪ; ˌæbə'louni] *n.*
1 Ⓒ《貝》石決明《即鮑魚, 又稱鮑螺;石決明屬貝類的統稱, 肉可食用, 殼可製成鈕扣、裝飾品》。2 Ⓤ鮑螺肉。

***a·ban·don** [ə'bændən; ə'bændən] *v.t.* **1** 〔十受〕**放棄**, 遺棄, 拋棄, 背棄〈人、物、地位等〉:～ a friend 背棄朋友/*A*～ ship! 棄船《船上的人員等放棄即將下沉的船隻而逃生》。**2 a** 〔十受〕(中途)停止, 棄絕, 放棄〈計畫、習慣等〉《★ 比較 give up 較爲口語化》:～ one's work 放棄工作/～ alcohol 戒酒。**b** 〔十受十介十(代)名〕捨棄…〔代以…〕〔*for*〕:～ law *for* art 放棄法律從事藝術。**3** 〔十受十介十(代)名〕**a** 將〈物〉委託〔給…〕;將〈所有物〉交〔給敵人等〕〔*to*〕:～ an affair *to* the control of a person 把某件事委託某人管理/～ a castle *to* the enemy 丟下城堡任敵人佔領。**b** 〔～ one*self*〕恣情, 縱情, 耽溺;自暴自棄〔於…〕〔*to*〕:He ～*ed himself to* pleasure(s) [grief]. 他耽溺於逸樂[悲傷逾恒]。
—*n.* Ⓤ (自由)奔放, 放縱, 隨心所欲, 放肆:with [in] ～ 隨心所欲地, 盡情地, 放任地。

a·bán·doned *adj.* **1** [用在名詞前]被遺棄[拋棄, 捨棄]的:an ～ car 被丟棄的汽車/an ～ child 被遺棄的孩子。**2** 《罕·委婉語》放蕩的, 不知恥的。

a·ban·don·ee [əˌbændə'ni; əˌbændə'ni:] *n.* Ⓒ《法律》受委付者《通常指保險業者》。

a·bán·don·ment [-mənt; -mənt] 《abandon 的名詞》**—*n.*** Ⓤ **1** 放棄。**2 a** 自暴自棄。**b** (自由)奔放, 放縱, 隨心所欲。

a·base [ə'bes; ə'beis] *v.t.* **1** 貶低〈人〉之地位[品格等];降低〈物〉的價值。**2** [～ one*self*]貶低自己的品格。

a·báse·ment [-mənt; -mənt] 《abase 的名詞》**—*n.*** Ⓤ [又作 **an** ～](地位等的)喪失, 貶抑, 降低;屈辱:(the) ～ of the law 法律威信之喪失。

a·bash [ə'bæʃ; ə'bæʃ] *v.t.* 使〈人〉羞愧, 使…侷促不安《★常以過去分詞當形容詞用;⇨ abashed》。

a·báshed *adj.* [不用在名詞前] **1** (在人前)感覺羞愧的, 侷促不安的, 困窘的:be [feel] ～ 感到侷促不安[困窘]。
2 〔十介十(代)名〕〔因…〕侷促不安的, 困窘的〔*at, by*〕:The girl was [felt] ～ *at* the sight of the room filled with strangers. 那女孩看到房間擠滿了陌生人感到侷促不安。

a·básh·ment [-mənt; -mənt] *n.* Ⓤ羞赧;侷促不安, 困窘。

a·bate [ə'bet; ə'beit] *v.t.* 〔十受〕 **1** 《文語》**a** 減少…的數[量, 程度等];減低〈價格〉, 減輕〈賦稅〉。**b** 減弱〈勁頭〉, 減輕〈痛苦等〉。**2** 《法律》消除〈障礙〉;中止, 撤銷〈訴訟〉;減免〈債款〉:～ a nuisance 除去妨擾《如砍斷由鄰家越牆伸入之樹枝等》。**—*v.i.*** 〈風、暴風雨、怒氣等〉減弱, 緩和;〈洪水、發燒〉消退。

a·báte·ment [-mənt; -mənt] 《abate 的名詞》**—*n.*** **1 a** Ⓤ減少;減退;減額。**b** Ⓒ減少之數額;(尤指)減稅額。**2** Ⓤ《法律》(妨擾之)減輕, 中止, 廢除;(索賠之)撤銷。

ab·a·tis ['æbətɪs; 'æbətis] *n.* Ⓒ (*pl.* ～·**es**, ～ [-tiz; -ti:z]) **1** (城寨的)鹿角柵, 鹿砦。**2** (由有刺鐵絲做成的)鐵絲網。

A bàttery *n.* Ⓒ《電學》A 電池《真空管等燈絲用之電池》。

ab·at·toir [ˌæbə'twɑr, -'twɔr; 'æbətwɑ:] 《源自法語》**—*n.*** Ⓒ 《英》屠宰場。

ab·ba·cy ['æbəsɪ; 'æbəsi] *n.* ⓊⒸ男修道院院長(abbot)之職務[轄區, 任期]。

ab·bé ['æbe, æ'be; 'æbei] 《源自法語》**—*n.*** Ⓒ (法國的)修道院院長;方丈;長老;神父。

ab·bess ['æbɪs, -bɛs; 'æbes, -bis] *n.* Ⓒ [也用於稱呼]女修道院院長;尼庵住持。

ab·bey ['æbɪ; 'æbi] *n.* **1 a** Ⓒ (尤指從前由 abbot 或 abbess 所管理之)大修道院。**b** [常 A～] Ⓒ (曾爲大修道院或尼庵之)大教堂[宅邸]。**c** [**the** A～]＝Westminster Abbey.
2 Ⓤ [**the** ～;集合稱]修道院的修士[修女]《★ 用法 視爲一整體時當單數用, 指個別成員時當複數用》。

ab·bot ['æbət; 'æbət] *n.* Ⓒ大修道院院長;方丈;住持。

abbr(ev). 《略》abbreviated;abbreviation(s).

ab·bre·vi·ate [ə'brivɪˌet; ə'bri:vieit] 《源自拉丁文「弄短」之義》**—*v.t.*** **1 a** 〔十受〕將〈單字、片語〉縮寫, 簡寫, 簡縮:～ a word 將字縮寫。**b** 〔十受十介十(代)名〕將〈字、片語〉縮寫[簡寫, 簡縮]〔成…〕〔*to*〕:"United Nations" is usually ～*d to* "UN." United Nations (聯合國)通常縮寫成 UN. **c** 〔十受十 *as* 補〕將〈字、片語〉縮寫[簡寫, 簡縮]〈作…〉:Noun phrase is ～*d as* NP. Noun phrase (名詞片語)縮寫成 NP. **2** 〔十受〕縮短〈談話、訪問時間等〉:～ a novel for young readers 縮短小說以適合年輕讀者。**3** 〔十受〕《謔》將〈衣服等〉弄[改](得極)短。

ab·bre·vi·a·tion [əˌbrivɪ'eʃən; əˌbri:vi'eiʃn] 《abbreviate 的名詞》**—*n.*** **1** Ⓤ簡略, 縮短。**2** Ⓒ縮寫體(字), 簡寫字;簡略語〔*for, of*〕:'TV' is an ～ *for* [*of*] 'television.' TV 是 television 的縮寫字[簡略語]。
語法 字的縮寫法(1)用 period [.] 表示:Jan. (＜January)/cf. (＜confer). (2)通常保留字尾時也用同樣方式, 但以首尾的字母縮寫時, 有時不用[.]:Mr. *or* Mr (＜Mister) / Ltd. *or* Ltd (＜Limited). (3)常用的術語或頭字語(acronym)往往不用[.]:OE *or* O.E. (＜Old English)/SE (＜South-East)/UNESCO (＜United Nations Educational, Scientific, and Cultural Organization). (4)由縮寫而產生的新字不必用[.]:bus (＜omnibus), ad (＜advertisement), Unesco, etc.

ABC ['eˌbi'si; ˌeibi:'si:] *n.* (*pl.* ～**'s**, ～**s** [～z; ～z]) **1** Ⓤ [《美》Ⓒ 常 ～**'s**;常 **one's** [**the**] ～(**'s**)]字母(表);讀寫的初步:learn one's [*the*] ～(*'s*) 學字母;學讀寫的初步[初學讀寫]。**2** Ⓒ [《美》常 ～**'s**;常 **the** ～(**'s**)] (任何知識、學科的)初步, 入門, 基礎〔*of*〕:*the* ～(*'s*) *of* economics 經濟學入門。
(**as**) **éasy as ÁBC** 非常容易。

ABC 《略》American Broadcasting Company 美國廣播公司《與哥倫比亞廣播系統(Columbia Broadcasting System, 簡稱 CBS)和國家廣播公司(National Broadcasting Company, 簡稱 NBC)同爲美國三大電視廣播網之一》。

ÁBĆ wéapons *n. pl.* 核生化武器《ABC 爲 atomic, biological and chemical 的縮寫》。

ab·di·cate ['æbdəˌket; 'æbdikeit] *v.t.* **1** 放棄, 讓, 退〈王位等〉:～ the crown [throne] 讓王位, 退位。**2** 《文語》放棄, 拋棄〈權利、責任等〉。
—*v.i.* 〔動(十介十(代)名)〕〔從王位等〕退位, 讓位;辭職〔*from*〕:～ *from* the throne 退[遜]位。

ab·di·ca·tion [ˌæbdə'keʃən; ˌæbdi'keiʃn] 《abdicate 的名詞》**—*n.*** ⓊⒸ **1** 退位。**2** (權利等的)放棄, 棄權。

áb·di·cà·tor [-tɚ; -tə] *n.* Ⓒ **1** 退[遜]位者。**2** 放棄者。

ab·do·men ['æbdəmən, æb'do-; 'æbdəmen, æb'dou-] *n.* Ⓒ (*pl.* ～**s**, **-dom·i·na** [æb'dɑmənə; æb'dɔminə]) **1** (人類、哺乳動物的)腹(部) (⇨ body 插圖)。**2** (昆蟲、甲殼類的)腹部。

ab·dom·i·nal [æb'dɑmənl; æb'dɔminl] 《abdomen 的形容詞》**—*adj.*** 腹部的:～ breathing 腹式呼吸/an ～ operation 剖腹手術。

ab·duct [æb'dʌkt; æb'dʌkt] *v.t.* (以暴力)誘拐, 綁架, 綁走, 拐走〈婦孺〉。

ab·duc·tion [æb'dʌkʃən; æb'dʌkʃn] *n.* ⓊⒸ誘拐, 綁架。

ab·dúc·tor [-tɚ; -tə] *n.* Ⓒ誘拐者, 綁架者。

Abe [eb; eib] *n.* 亞伯《男子名;Abraham 的暱稱》。

a·beam [ə'bim; ə'bi:m] *adv.* 《航海》(在船的)正橫[正舷]方位, 舷向《與船的龍骨成垂直正橫的方向》。

a·be·ce·dar·i·an [ˌebɪsɪ'dɛrɪən; ˌeibi:si:'dɛəriən] *n.* Ⓒ **1** 學習字母者;初學者。**2** 教授字母或基本入門知識的人;啓蒙教師。
—*adj.* **1** 字母的。**2** 基本的;初步的。**3** 按字母次序的。

a·bed [ə'bɛd; ə'bed] *adj.* [不用在名詞前]《古》在牀上的:lie ～ 躺在牀上。

A·bel ['ebl; 'eibəl] *n.* 《聖經》亞伯《亞當(Adam)之次子, 被其兄該隱(Cain)所殺害》。

ab·er·rant [æb'ɛrənt; æ'berənt⁻] *adj.* **1** 脫離正途的;偏離常軌的。**2** 《生物》異常的。

ab·er·ra·tion [ˌæbə'reʃən; ˌæbə'reiʃn] *n.* ⓊⒸ **1** 脫離正途[常軌];反常(行爲), 越軌(行爲)。**2** 《病理》(一時的)精神異常, 錯亂。**3** 《生物》變型, 畸變。**4** 《光學》像差。**5** 《天文》光行差。

a·bet [ə'bɛt; ə'bet] *v.t.* (**a·bet·ted**;**a·bet·ting**) **1** 慫恿, 煽動, 教唆〈壞事、犯罪〉。**2** 〔十受十介十(代)名〕煽動, 教唆〈人〉〔從事壞事、犯罪〕〔*in*〕:～ a person *in* a crime 教唆某人犯罪。**áid and abét** ⇨ aid.

a·bét·ment [-mənt; -mənt] *n.* Ⓤ煽動, 教唆。

a·bét·tor, a·bét·ter [-tɚ; -tə] *n.* Ⓒ教唆者, 煽動者。

a·bey·ance [ə'beəns; ə'beiəns] *n.* Ⓤ《文語》(暫時的)中止, 停止:be *in* ～ 暫停中, 停止中/hold [leave] ...*in* ～ 擱置…/fall *into* ～ 中止, 暫時停止。

ab·hor [əb'hɔr; əb'hɔ:] *v.t.* (**ab·horred**;**ab·hor·ring**) 〔十受〕極端厭惡, 憎惡, 痛恨…:I ～ violence [snakes]. 我很討厭暴力[蛇]。
～·rer [-'hɔrɚ; -'hɔ:rə] *n.*

ab·hor·rence [əb'hɔrəns; əb'hɔrəns] 《abhor, abhorrent 的名詞》**—*n.*** **1** Ⓤ [又作 **an** ～]憎惡, 厭惡, 嫌惡, 痛恨:hold...in ～ ＝have *an* ～ of... 極度地厭惡…。**2** Ⓒ痛恨的事物。

ab·hor·rent [əb'hɔrənt; əb'hɔrənt] *adj.* **1 a** 〈行爲等〉可惡的, 令人憎恨的, 可恨的。**b** [不用在名詞前]〔十介十(代)名〕〔對於人等〕討厭的, 可憎的〔*to*〕:Hypocrisy is ～ *to* them. 他們痛恨僞善。

2 [不用在名詞前]〔十介十(代)名〕〔與…〕相悖[不相容，不投合，相反]的〔*to*〕：Such an act is ~ ***to*** my sense of right. 這種行爲是我的正義感所不能容忍的[與我的正義感相抵觸]。

a·bide [əˋbaɪd; əˈbaid]（**a·bode** [əˋbod; əˈboud], **a·bid·ed**）*v.i.* 〔十介十(代)名〕《文語·古》**1** 停留，滯留[於某處]〔*in, at*〕；[與人]同住〔*with*〕：~ ***in*** the same place 停留在同一個地方/*A~* ***with*** me. 與我同在《★出自讚美詩》。**2** 居住，逗留[於…]〔*at, in*〕.
—*v.t.* **1** [用於否定句、疑問句] **a** 〔十受〕忍受，容忍…：A good housekeeper can*not* ~ dirt. 好主婦無法容忍(家裏)髒。**b** 〔十 *to* do/ 十 do*ing*〕忍受〈做…〉：He can*not* ~ *to* stay [stay*ing*] in one position for long. 他無法忍受長久留在同一個職位。**2** 〔十受〕《古·詩》等待…。
abíde by... ⑴遵守〈規則、法令、決定等〉：You must ~ *by* your promise. 你必須遵守諾言。⑵甘心接受〈結果等〉；依從〈決定等〉：Do your best and ~ *by* the event. 盡己所能，順其結果。

a·bíd·ing *adj.* [用在名詞前]持久的，永恆的：an ~ friendship 歷久不渝的友誼。

‡a·bil·i·ty [əˋbɪlətɪ; əˈbiliti]《able 的名詞》**—***n.* **1** Ⓤ〔十 *to* do〕〈做…的〉本領，本事：He has the ~ *to* make a good plan. 他有擬定好計畫的本領。**2 a** Ⓤ能力，技巧，潛力〔*in, at, for*〕：He has unusual ~ *in* English. 他具有不凡的英語表達能力/the ~ of apes *for* imitation 猿的模仿能力/to the best of one's ~ 盡己所能，盡力，竭力。

【同義字】ability 指與生俱來或經努力獲得的善爲某事的體能或智能；faculty 指先天的或後天的某種才能；talent 尤指藝術領域的天賦；genius 指科學、藝術等的創造性的非凡才能；gift 指與生俱來而不靠努力自然發揮的天賦。

b Ⓤ[常 **abilities**]才能，才幹：a man of ~ [*abilities*] 有才能的人，能幹的人/natural *abilities* 天生的才能。

-a·bil·i·ty [-əbɪlətɪ; -əbiləti] 字尾 [名詞字尾]表示與 -able 相對的名詞字尾：cap*ability*, accept*ability*.

ab in·i·ti·o [ˋæbɪˋnɪʃɪˏo; ˌæbiˈniʃiou]《源自拉丁文 "from the beginning" 之義》**—***adv.* 從開始。

ab·ject [ˋæbdʒɛkt; ˈæbdʒekt] *adj.* **1** 〈生活、狀況等〉不幸的，悲慘的，落魄潦倒的。**2** 〈人、行爲等〉卑鄙的；卑屈的；下賤的，下流的：make an ~ apology 卑屈地道歉[告饒]。
~·ly *adv.*

ab·jec·tion [æbˋdʒɛkʃən; æbˈdʒekʃn]《abject 的名詞》**—***n.* Ⓤ **1** 落魄，低賤。**2** 卑屈；卑鄙。

ab·ju·ra·tion [ˌæbdʒuˋreʃən; ˌæbdʒuˈreiʃn]《abjure 的名詞》**—***n.* ⓊⒸ宣誓放棄，誓絕；放棄(祖國、國籍)。

ab·jure [əbˋdʒur, æb-; əbˈdʒuə, æb-] *v.t.* **1** 宣誓放棄〈權利、忠誠等〉。**2** 正式取消[放棄]〈意見、信仰等〉。

abl. ablative.

ab·la·tive [ˋæblətɪv; ˈæblətiv]《文法》*adj.* 奪格的：the ~ case 奪格。
—*n.* **1** [the ~]奪格《屈折語言名詞表示「自…」之意的格；於拉丁文名詞又表示場所，手段，原因，行爲者等》。**2** Ⓒ奪格語(形)。

ab·laut [ˋɑblaut, ˋæb-; ˈæblaut]《源自德語》**—***n.* Ⓤ《語言》母音交換(cf. umlaut)《如 sing—sang—sung》.

a·blaze [əˋblez; əˈbleiz] *adj.* [不用在名詞前] **1** 燃燒著的：set... ~ 縱火使…燃起。**2** 〔十介十(代)名〕**a** 〈物〉[因光等而]閃耀的，光輝明亮的〔*with*〕：~ ***with*** light 燈火通明。**b** 〈人〉[因憤怒、熱情等而]激動[激昂]的〔*with*〕：He was ~ ***with*** anger. 他氣得滿臉通紅。

‡a·ble [ˋebl; ˈeibl] *adj.* (**a·bler**; **a·bl·est**) **1** [不用在名詞前]〔十 *to* do〕能〈做…〉的，能夠〈做…〉的《★用法 ⑴通常用於主詞爲生物時；⑵用以代替 can, 尤因 can 無未來式及完成式，故以 will [shall] be able to, have [has, had] been able to 表達；can 雖有過去式 could, 因 could 除敍述過去事實之外，又表示現在或未來之假說等，易產生混淆，故敍述過去之事實時，不宜用 could 而宜用 was [were] able to；⑶表達此意時之比較級爲 better [more] able to...than...》：I am ~ *to* solve the riddle. 我能解這謎語/You will be ~ *to* leave (《美》the) hospital tomorrow. 你明天將能出院。**2** (做事)能幹的，能力强的：an ~ teacher 一個能幹的教師。

【同義字】able 指人具備對於做事所需要的才能或卓越的才幹(＝能幹)；capable 指人或物具有能滿足普通要求的能力(＝勝任)；competent 指具有能夠滿足要求做好某種工作或職務的能力(＝稱職)，不一定是稱讚。

-a·ble [-əbl; -əbl] 字尾 [形容詞字尾] **1** [附於及物動詞後]可…的，適合…的，足可…的：us*able*, eat*able*, lov*able*. **2** [附於名詞後]適合…的，愛好…的：marriage*able*, peace*able*.

áble-bódied *adj.* **1** (身體)强壯的。**2** 〈水手〉一等的，熟練的。

áble(-bòdied) séaman *n.* Ⓒ (*pl.* **-men**)《航海》一等水手[兵]；A.B. 級的船員，熟練的船員《略作 A.B.》.

áble-mínded *adj.* 有才幹的，能力强的，聰慧的。

a·bloom [əˋblum; əˈbluːm] *adj.* [不用在名詞前]開花的。

ab·lu·tion [æbˋluʃən, əb-; əˈbluːʃn] *n.* **1** ⓊⒸ (尤指宗教性的)沐浴，淨身。
2 Ⓒ [常 ~**s**]齋戒沐浴；《謔》洗澡[臉，手]：perform [make] one's ~*s* 齋戒沐浴；《謔》洗澡[手，臉]。

a·bly [ˋeblɪ; ˈeibli] *adv.* 能幹地；巧妙地。

-a·bly [-əblɪ; -əbli] 字尾 [副詞字尾]以便能…：demonstr*ably*, pleasur*ably*.

ABM 《略》antiballistic missile.

ab·ne·gate [ˋæbnɪˏget; ˈæbnigeit] *v.t.* **1** 戒絕，拒絕〈縱樂〉。**2** 放棄〈信仰、權利〉。
-gà·tor [-tɚ; -tə] *n.*

ab·ne·ga·tion [ˏæbnɪˋgeʃən; ˌæbniˈgeiʃn]《abnegate 的名詞》**—***n.* Ⓤ **1** 拒絕；棄權。**2** 克己，自制。

ab·nor·mal [æbˋnɔrml; æbˈnɔːml˝] *adj.* (**more** ~; **most** ~)(通常含有不好的意思)不正常的，反常的；不正規的；畸形的；變態的，病態的(↔ normal)：an ~ child 畸形兒/~ psychology 變態心理(學)/Her behavior is ~ for a girl of three (years old). 以三歲女孩而言她的行爲是反常的。
~·ly [-mlɪ; -məli] *adv.*

ab·nor·mal·i·ty [ˏæbnɔrˋmælətɪ; ˌæbnɔːˈmæləti]《abnormal 的名詞》**—***n.* **1** Ⓤ異常，反常，變態。**2** Ⓒ反常之事[物]；變態之事[物]，畸形。

***a·board** [əˋbord, əˋbɔrd; əˈbɔːd] *adv.* (無比較級、最高級)到[在]船[飛機，火車，公共汽車]上：go ~ 乘船[車]/have... ~ 載[裝]著…/take... ~ 載[裝]上…/All ~！[促請船、火車乘客注意之用語]請各位上船[車]，要開動了/Welcome ~！歡迎搭乘《★隨船[車]人員對乘客表示歡迎的用語》。
—*prep.* 在〈船、火車、公共汽車、飛機〉上：come [go] ~ a ship 上船。

a·bode [əˋbod; əˈboud] *v.* **abide** 的過去式·過去分詞。
—*n.* Ⓒ《古·文語》住所，住處：take up one's ~ 居住，定居/of [with] no fixed ~《法律》〈人〉無固定住處。

a·boil [əˋbɔɪl; əˈbɔil] *adj.* &*adv.* 沸騰的[地]。

a·bol·ish [əˋbɑlɪʃ; əˈbɔliʃ] *v.t.* 〔十受〕廢止，廢除〈制度、法律、習慣〉。

ab·o·li·tion [ˏæbəˋlɪʃən; ˌæbəˈliʃn]《abolish 的名詞》**—***n.* Ⓤ **1** 廢止，廢除：the ~ of control 統制的廢止[解除控制]。**2** [有時 A~]《美》廢止奴隸制度。

àb·o·lí·tion·ism [-ʃənˏɪzəm; -ʃənizəm] *n.* Ⓤ(奴隸制度)廢止論。

àb·o·lí·tion·ist [-ʃənɪst; -ʃənist] *n.* Ⓒ(尤指美國的奴隸制度)廢止論者。

ab·o·ma·sum [ˏæbəˋmesəm; ˌæbəˈmeisəm] *n.* Ⓒ (*pl.* **-ma·sa** [-sə; -sə])皺胃《反芻動物之第四胃》。

Á-bòmb *n.* Ⓒ《口語》原子炸彈，原子彈(atomic bomb).

a·bom·i·na·ble [əˋbɑmnəbl, -mən-; əˈbɔminəbl]《abominate 的形容詞》**—***adj.* **1** 令人憎惡的，可惡的：an ~ crime 窮凶極惡的罪行。**2** 《口語》〈人、行爲、天氣等〉令人不快的，惡劣的：~ behavior 惡劣的[令人不快的]態度[行爲]/The weather in winter is ~. 冬天的天氣惡劣。

Abóminable Snówman *n.* Ⓒ (*pl.* **-men**) [有時 **a~ s~**]《口語》雪人(yeti)《據說住在喜馬拉雅山上的怪獸》。

a·bóm·i·na·bly [-nəblɪ; -nəbli] *adv.* **1** 令人憎惡地，可惡地。**2** 《口語》惡劣地，令人不快地。

a·bom·i·nate [əˋbɑməˏnet; əˈbɔmineit]《源自拉丁文「視爲不吉祥之物」之義》**—***v.t.* **1** 《文語》痛恨，憎惡：~ a crime 憎惡犯罪。**2** 《口語》**a** 〔十受〕討厭，厭惡：I ~ snakes. 我很討厭蛇。**b** 〔十 do*ing*〕討厭〈做…〉：I ~ danc*ing*. 我討厭跳舞。

a·bom·i·na·tion [əˏbɑməˋneʃən; əˌbɔmiˈneiʃn]《abominate 的名詞》**—***n.* **1** Ⓤ憎惡，痛恨；厭惡：hold...in ~ 厭惡…。**2** Ⓒ [對…而言是]厭惡的事[行爲]，痛恨的事〔*to*〕.

ab·o·rig·i·nal [ˏæbəˋrɪdʒənl; ˌæbəˈridʒənl˝] *adj.* **1** 土生的，土著的，原始的：~ races [fauna, flora] 原始之種族[動物，植物]。**2** 土著的：~ languages 土著語言。**3** 澳洲土著的。**—***n.* ＝ aborigine.
~·ly [-nlɪ; -nəli] *adv.*

ab·o·rig·i·ne [ˏæbəˋrɪdʒəni; ˌæbəˈridʒiniː] *n.* Ⓒ **1** 原始之居民，土著，土人。**2** [常 A~] (澳洲的)原始居民[土著]。

a·born·ing [əˋbɔrnɪŋ; əˈbɔːniŋ] *adv.* 在生產過程中；尚未實施地。

a·bort [əˋbɔrt; əˈbɔːt] *v.i.* **1** 流產，小產，墮胎。**2** 《生物》〈動植物、器官等〉發育不全；退化。**3 a** 〈計畫等〉受挫，中途失敗。**b** 《軍》〈飛彈發射等〉(因故障等而)中止。
—*v.t.* **1 a** 打〈胎〉，使…墮胎。**b** 使〈孕婦〉流產。**2 a** 使〈計畫等〉中止。**b** 《軍》使〈飛彈之發射等〉中斷[中止]：Blast-off has been

A

~*ed.*（飛彈的）發射中止了。

a·bor·tion [ə'bɔrʃən; ə'bɔːʃn] *n.* **1** Ⓤⓒ小產，墮胎；流產：get [have, procure] an ~ 使墮胎，流產，小產。
2 ⓒ **a** 流產的胎兒；不足月的[早產]嬰兒。**b** 殘障(者)。
3 ⓒ失敗[挫折](之物[計畫(等)])。
4 Ⓤ《生物》(器官的)停止發育，發育不全。

a·bór·tion·ist [-nɪst; -nist] *n.* ⓒ施墮胎術者；非法爲人打胎者。

a·bor·tive [ə'bɔrtɪv; ə'bɔːtiv] *adj.* **1** 早產的；發育不全的，未成熟的。**2** 不成功的，失敗的：an ~ enterprise 失敗的事業/His efforts proved ~. 他的努力終歸失敗。~**·ly** *adv.*

a·bound [ə'baund; ə'baund] *v.i.* 〔十介十(代)名〕**1**〈生物、東西等〉**充滿**，大量存在[於地方]〔*in, on*〕：Fish ~ ***in*** this river. 這條河有很多魚(cf. 2)/Coyote used to ~ ***on*** the Plains.（北美的）大草原從前常有很多土狼。**2**〈地方〉**富**〔於生物、物質等〕，有許多〔…〕〔*in, with*〕：This river ~*s* ***in*** [***with***] fish. 這條河有很多魚(cf. 1)。

‡about [ə'baut; ə'baut] *prep.* **1** [表示關係、從事] **a 關於…(的)，就…(的)**《★比較on 用於內容較爲專門性之物，about 用於內容較爲一般性之物》：a book ~ gardening 有關園藝的書/There was a quarrel ~ money. 爲金錢的問題發生了一場爭論/I know all ~ it. 我知道有關它的一切/What is the book ~? 這本書寫的是什麼/What is this fuss all ~? 幹嘛這樣大驚小怪？/He was anxious (~) how you were getting on. 他掛念你過得怎麼樣《★用法*wh*. 子句、片語前的 about 在口語中常省略》/How ~ ...? ⇨ how *adv.* /What ~ ...? ⇨ what *pron.* **b 對於…**：She is crazy [mad] ~ Robert. 她對羅伯特着迷。**c 從事著…，做著，忙於**：while I am [you are] ~ it 當我[你]在做這件事的時候/What is he ~? 他在做什麼？/Be quick ~ it.＝Don't be long ~ it. 別拖拖拉拉的，快做！
2 [表示周圍] **a**《英》**在…附近**，在…的近處，離…不遠(《美》around)：~ here 在這附近/stand ~ the door 站在門附近。**b**《英》**在[向]…四處**，在[向]…到處(《美》around)：There are trees dotted ~ the field. 原野四處有樹木點綴/travel ~ the country 在國內到處旅行/walk ~ the room 在房間裏到處走來走去。**c**《文語》在…周圍，繞於…，在…四周：the trees ~ the pond 池塘周圍的樹木。**d**（在）…左右[前後]，大約[大概]…，近於[接近]…，差不多…《★用法數詞之前的 about 視爲副詞；⇨ *adv.* 1 a)：~ the end of May 五月底前後/He is ~ my size. 他的身材跟我差不多。
3 [表示身邊、手頭](cf. on *prep.* 2, with *prep.* C 4 b) **a** [常以 there is... ~ 的構句表示人、物所具有的氣質、氣氛等]**在…的身邊**：*There is* something noble ~ him. 他有種高貴的氣質/*There is* something strange ~ his behavior. 他的行爲舉止有點奇怪。**b**《罕》在…的身體周圍，手頭上[身邊]有…：all he had ~ him 他帶在身邊[隨身持有]的一切東西。

go about ... ⇨ go.　**set about** ... ⇨ set.

—*adv.* (無比較級、最高級) **1 a** [與數詞連用] …**左右**[上下]，約…(⇨ *prep.* 2 d 用法)：~ four miles 大約四哩/It's ~ five (o'clock). 五點左右《★用法有人認爲 *at* ~ five o'clock 的語法是不對的，但實際上常有人用》。

> **【同義字】**使用 about 時不考慮有無達到所示之數或量的問題，而在大致接近時使用；almost, nearly 則在即將達到所示之數或量時使用；almost 較 nearly 更明確地表示接近所示之數或量。

b《口語》將近，大致，大體上，差不多：~ right [finished] 大致正確[完成]/It's ~ time to start. 差不多是出發的時候了。**c**《諷刺》相當，頗：I'm ~ tired of his talk. 對於他的談話我相當[夠]膩了。
2《英》**a 在近處**，在附近，在眼前，在手頭上(《美》around)：There is nobody ~. 附近都沒有人/Is he anywhere ~? 他在不在附近？**b** [常與動作動詞連用] **到處地**，四處地(《美》around)：carry a lot of money ~ 帶著很多錢到處走/follow a person ~ 跟著人到處走/go [move] ~ 四處走[移動]/look ~ 環顧四周/move things ~ 把東西搬來搬去。**c** [常與動詞連用] 遍於附近，到處亂…(《美》around)：The tools lay ~. 工具散置四處/drop things ~ 到處亂丟東西。**d** [常與動詞連用]到處(晃蕩、蹓躂)(《美》around)：fool ~ ⇨ fool[1] *v.i.* 3/idle ~ ⇨ idle *v.i.* 1.
3 a 繞著；圍著：all ~ 繞著周圍/go a long way ~ 繞遠路，繞道。**b** 轉變方向，朝相反的位置[方向]：the wrong way ~ 倒轉地，相反地/face ~〖軍〗向後轉；轉過身來/*A*~ face [turn]! 向後轉！
4 依次地：take turns ~ (依次)輪流《★用法《美》通常不加 about》/⇨ TURN (and turn) about *n.*

—*adj.* [不用在名詞前] (無比較級、最高級) **1** [十 *to* do] **a 即將**〈做…〉的，正打算〈做…〉的《★用法be *about to* do 較 be *going to* do 更能明確地表示 'be on the point of doing'[即將做…]之意，因此不用 tomorrow 等副詞片語》：Something unusual was ~ *to* happen. 某種不尋常的事即將發生/I was ~ *to* go out when he called on me. 當他來訪時，我正要外出。**b** [用於否定句]《美口語》全然無意〈做…〉的，不打算〈做…〉的：I'm *not* ~ *to* pay ten dollars for it. 我(根本)不打算爲它付十美元。**2 a**（不在坐、臥而）四處走動著的，活動著的：⇨ OUT and about, UP and about. **b**〈病〉流行著的：Measles is ~. 痲疹正在流行。

abóut-fáce *n.* ⓒ[常用單數]《美》**1** 向後轉；往回走。**2**（主義、態度等的）一百八十度轉向。**—***v.i.* **1** 向後轉。**2** 改變主義[態度]，改弦易轍。

abóut-túrn *n.*《英》＝about-face.

‡a·bove [ə'bʌv; ə'bʌv] *prep.* **1** [表示方向、位置等] **a 在…之上(方)**，高於…；高過…之上(↔ below)：fly ~ the trees 在樹的上方飛翔/The peak rises ~ the clouds. 那山峯聳入雲霄/~ the trees 在樹木的上方。

> **【同義字】**above 指在某物的上方，但並不表示在其正上方；over 指在某物的正上方或覆蓋著某物；on 指和物體接觸的情況而不一定在「上」。

b 在…的上游：a waterfall ~ the bridge 在橋上方的瀑布。**c 在…的那一邊**；在…之北方：He lives five doors ~ the school. 他住在學校的那一邊第五家。**2** [表示數量、程度等] **a**〈數量等〉**超過…**，…以上(cf. beyond 3)：~ a hundred 一百以上/speeds ~ thirty miles an hour 每小時三十哩以上的速度/men ~ 20 (years old) 二十歲以上的人們。**b**（地位、身分等）**高於…，優於…**：He is ~ me in rank. 他階級[級別]比我高/Don't live ~ your income. 不要過入不敷出的生活。**c 甚於…**，勝過…：I value honor ~ life. 我重視名譽甚於生命。**3** [常當 be 動詞之補語用] **a 爲…(能力等)所不及**：The book is ~ me [my understanding]. 這本書非我的理解能力所及[超過我的理解能力]。**b**（好得）**超越…**：You are ~ selfishness. 你不是自私自利的人[你不致於會做出損人利己的事]/His bravery is ~ all praise. 他的英勇讚揚不盡。**c** [以 do*ing* 爲受詞]〈人〉(清高得)**不會做出**〈…之事〉，不屑〈做…〉，以〈做…〉爲恥：He is ~ tell*ing* lies. 他不是會說謊的人[他不會說謊]/I am not ~ ask*ing* questions. 我不恥於發問[不以發問爲恥]。

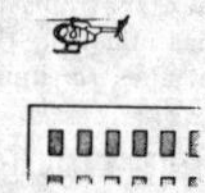

above

on

over

abòve áll＝abòve àll thíngs 特別，尤其，最重要的是。
abóve and beyónd...＝óver and abóve ... ⇨ over *prep.*
be abóve onesèlf (1)自命不凡，自傲，趾高氣揚。(2)興高采烈。
gèt abóve onesèlf 自命不凡。

—*adv.* (無比較級、最高級)(↔ below) **1 a 在[往]上**；在樓上：the room ~ 樓上的房間。**b** 在天上，在空中：in heaven ~ 在天空中/the stars ~ 天上的星星/soar ~ 飛上天空。**c** 在(河川的)上游。
2 a（地位、身分)**在上級**：appeal to the court ~（向上級法院）上訴。**b**（數量）在…以上，多[大]於…：persons of fifty and ~ 五十和五十歲以上的人們。
3 a 在(書等的)前文；在(書頁的)上方：as (stated [mentioned]) ~ 如上所述。**b** [構成複合字]在上面：⇨ above-mentioned.

abóve and beyónd＝óver and abóve ⇨ over *adv.*
from abóve 來自上方(的)，來自上司[級](的)，來自上蒼[神明](的)。

—*adj.* (無比較級、最高級)上述的，上舉的，上列的，上面的：the ~ instance 上例/the ~ facts 上述之事實。

—*n.* [the ~；集合稱]《文語》上述，以上；上述[以上]之事[物]《★用法視爲一整體時當單數用，指全部個體時當複數用》：*The* ~ proves.... 以上所述證明…/*The* ~ are the facts which he has collected. 以上是他所收集的事實。

abóve·bóard 《源自「在板子上」之義；因玩紙牌時若將手置於板檯上即無法作弊》**—***adv.* & *adj.* 光明正大地[的]；光明磊落地[的]，坦誠地[的](↔ underhand).

abóve-cìted *adj.* 上文所引用的。

abóve·gròund *adj.* 在地上的；在世的，活著的；《美》公開的。

abóve-méntioned *adj.* [用在名詞前]上述的，前述的：the ~ facts 上述之事實。

Abp. archbishop.

abr.《略》abridge(d)；abridgment.

ab·ra·ca·dab·ra [ˌæbrəkə'dæbrə; ˌæbrəkə'dæbrə] *n.* Ⓤⓒ **1**（施魔法[變魔術]等時所唸的)咒語；驅病符，護符，符籙。

【說明】曾有人相信把一些字母寫在羊皮紙上(如下圖)，用線掛在脖子上則可驅除疾病或惡魔。現今用在玩魔術時的咒文。字源已不可考。

2 莫名其妙的話，胡言亂語，囈語。

ABRACADABRA
ABRACADABR
ABRACADAB
ABRACADA
ABRACAD
ABRACA
ABRAC
ABRA
ABR
AB
A

abracadabra 1

a·brade [ə'bred; ə'breid] *v.t.* **1** 擦破〈皮膚〉。**2** 磨損〈岩石〉。**—*v.i.*** 〈皮膚〉擦破。

A·bra·ham ['ebrə͵hæm; 'eibrəhæm] *n.* **1** 亞伯拉罕《男子名；暱稱 Abe》。**2** 《聖經》亞伯拉罕《猶太人的祖先》：⇨DAUGHTER of Abraham.

in Ábraham's bósom 在亞伯拉罕的懷中；在天國(安眠)；處於極樂之境《★出自聖經「路加福音」》。

a·bra·sion [ə'breʒən; ə'breiʒn] «abrade 的名詞»**—*n.*** **1 a** Ⓤ(皮膚的)擦傷，擦破。**b** Ⓒ擦傷處。**2 a** Ⓤ(岩石的)剝蝕；(機械的)磨損。**b** Ⓒ磨損處。

a·bra·sive [ə'bresɪv; ə'breisiv] *adj.* **1** 會擦破的，有磨損[剝蝕]作用的。**2** 〈聲音等〉刺耳的，令人焦躁的。**3** 傷人感情的；生硬粗暴的。**—*n.*** Ⓤ[指產品個體或種類時爲Ⓒ]研磨劑，研磨粉，磨礎物。

a·breast [ə'brɛst; ə'brest] *adv.* 並列地，並排地：three ~ 三人並排地。**be [kèep] abréast of [with]...** 不落在…之後地，與…並駕齊驅地：*be ~ of [with]* the times＝*keep ~ of* the times 與時代並進，不落伍。

a·bridge [ə'brɪdʒ; ə'bridʒ] *v.t.* **1** 摘錄〈文章或話〉，刪節〈故事〉：an *~d* edition 刪節版。**2** 縮短〈時間〉。

a·brídg·ment, 《英》 **a·brídge·ment** [-mənt; -mənt] «abridge 的名詞»**—*n.*** **1** Ⓤ刪節，摘錄，縮短，節略。**2** Ⓒ刪節之物，刪節[摘錄]本，書摘。

‡a·broad [ə'brɔd; ə'brɔ:d] *adv.* (無比較級、最高級) **1** 往[在]國外，往[在]海外(↔ at home)：at home and ~ 在國內外/live ~ 居住國外/go ~ 到國外去/travel ~ 到海外旅行，到國外旅行。**2 a** 〈傳聞等〉四播地，四處傳開：The news got ~. 那消息傳播開來了。**b** 廣泛四散。**3** 《古》在[到]戶外：walk ~ 出外散步。

from abróad 來自國外(的)：news *from* ~ 國外消息/return *from* ~ 自國外歸來[回國]。

ab·ro·gate ['æbrə͵get; 'æbrəgeit] *v.t.* 《文語》廢除，廢棄〈法律、習慣〉。**ab·ro·gation** [͵æbrə'geʃən; ͵æbrə'geiʃn] *n.*

a·brupt [ə'brʌpt; ə'brʌpt] «源自拉丁文「斷離」之義»**—*adj.*** (**more ~；most ~**) **1** 意外的，突然的，出其不意的：an ~ end [change] 突然的結局[變化]/come to an ~ stop 突然停止。**2** 〈態度、言詞等〉莽撞的，粗魯的：in an ~ manner 莽撞地，粗魯地。**3** 〈道路等〉陡峭的；〈演說、寫作〉不連貫的：an ~ turn in the road 道路的一處急轉彎。**~·ness** *n.*

a·brupt·ly [ə'brʌptlɪ; ə'brʌptli] *adv.* (**more ~；most ~**) **1** 不意地，突然，忽然："Why?" she asked ~.「爲什麼？」她忽然問道。**2** 莽撞地，粗魯地。

abs- [æbs-, əbs-; æbs-, əbs-] 字首 (在 c, t 之前的) ab- 的變體：*abs*cess, *abs*tract.

Ab·sa·lom ['æbsələm; 'æbsələm] *n.* 《聖經》押沙龍《猶太王大衛(David)之第三子；後因背叛其父而被殺》。

ab·scess ['æb͵sɛs, -sɪs; 'æbses, -sis] *n.* Ⓒ《醫》膿瘡，膿腫，潰瘍。

áb·scessed *adj.* 《醫》有膿瘡[膿腫]的。

ab·scis·sa [æb'sɪsə; æb'sisə] *n.* Ⓒ《幾何》橫座標(↔ ordinate).

ab·scond [æb'skɑnd, əb-; əb'skɔnd, æb-] *v.i.* **1** (做壞事而突然)潛逃，逃匿。**2** 〔十介十(代)名〕 **a** 〔從某處〕潛逃〔*from*〕：~ *from* a place 從某處潛逃。**b** 〔帶著錢等〕潛逃〔*with*〕：He *~ed with* the money. 他捲款潛逃。

‡ab·sence ['æbsn̩s; 'æbsns] «absent 的名詞»**—*n.*** **1** ⓊⒸ不在，離開；缺席，未上班，缺勤，曠職：~ *from* home 離家/several *~s from* school [class] 缺課數次/mark the *~s* 記缺席/a long ~ 長期缺席[缺課，不上班]/an ~ of five days 缺席[缺課，缺勤，曠職，不在]五天/after ten year's ~ 在離開十年之後。**2** Ⓤ[又作 **an ~**]沒有，缺乏〔*of*〕：the ~ *of* light 無光(狀態)/There was *an ~ of* time. (那時候)沒有時間。

ábsence of mínd 發呆，心不在焉。

in a person's ábsence (1)某人不在時《★ 比較 during a person's absence較爲普遍》：A gentleman called *in* your ~, sir. 先生，你不在的時候有位男士來訪。(2)背地裏：Don't speak ill of a person *in* his ~. 不要在背後說別人壞話。

in the ábsence of... …不存在時；(因)…缺乏[不在]：*In the ~ of* the principal, the assistant principal executes business for him. 校長不在時教務主任代他執行職務/*In the ~ of* firm evidence the prisoner was set free. 因缺乏確證，被告被釋放了。

‡ab·sent ['æbsn̩t; 'æbsnt] «源自拉丁文「離某事」之義»**—*adj.*** (無比較級、最高級) **1 a** 不在的，離開的；缺席的，未上班的，缺勤[曠職]的(↔ present)：be ~ in Hong Kong 到香港去了，不在此地/~ without leave 曠課，曠職，《軍》不假外出，擅離職守(cf. AWOL)/Long ~, soon forgotten.《諺》久疏必忘。**b** [不用在名詞前]〔十介十(代)名〕不在〔…〕的，缺〔課，勤，席〕的〔*from*〕：be ~ *from* home [school, the office] 不在家[缺課，缺勤]。**2** 缺乏的，無的：Calcium is ~ *from* his diet. 他的飲食中缺乏鈣質。**3** [用在名詞前]心不在焉的，茫然的：(with) an ~ air (帶著)茫然的神態/in an ~ sort of way 有些茫然地。

— [æb'sɛnt; æb'sent] *v.t.* 〔十受(十介十(代)名)〕[~ *oneself*]《文語》〔從…〕缺席，缺課，缺勤，曠職，蹺課，蹺班〔*from*〕《★ 比較 口語一般用 be absent (from...)》：He often *~s himself from* the meetings. 他時常不參加那些會議。

ab·sen·tee [͵æbsn̩'ti; ͵æbsn'ti:] *n.* Ⓒ **1** 不參加者，缺席者，未到者，缺勤者：How many *~s* are there today? 今天有幾個人沒到[缺席]？**2** 不在者，不在地主；缺席投票者。

—*adj.* [用在名詞前]不在者的；缺席投票人的：an ~ landlord 不在地主/an ~ ballot 缺席票/an ~ vote 缺席投票。

àb·sen·tée·ism [-'tiɪzəm; -'ti:izəm] *n.* Ⓤ **1** 地主之不在，不在[在外]地主制度。**2** 長期缺席；(工人有計畫的)曠工。

áb·sent·ly *adv.* 心不在焉[茫然]地。

ábsent-mínded *adj.* **1** 茫然[心不在焉]的，神不守舍的。**2** 記性差[易忘]的。**~·ly** *adv.* **~·ness** *n.*

ab·sinth(e) ['æbsɪnθ, æb'sɪnθ; 'æbsinθ] *n.* Ⓤ[指個體時爲Ⓒ]苦艾酒《以苦艾(wormwood)調味的一種飯後甜味烈酒(liqueur)》.

***ab·so·lute** ['æbsə͵lut; 'æbsəlu:t] *adj.* (無比較級、最高級) **1** (在比較、相對之外而)絕對的(↔ relative, comparative)：the ~ being 上帝/an ~ principle 絕對原理。**2 a** 完全的，徹頭徹尾的：~ honesty 絕對誠實可靠。**b** 純粹的：~ alcohol 純酒精。**c** 無條件的，無限制的：an ~ promise 無條件的承諾/give ~ freedom to... 給與…無限制的自由。**d** 專制的，獨裁的：an ~ monarch 專制君主。**e** [用在名詞前]《口語》不折不扣的：an ~ fool 一個不折不扣的傻瓜/ ~ nonsense 荒謬透頂。**3** 無疑的，明白的，確定的，斷然的：an ~ denial 斷然的否定/ ~ proof (絕對)確實的證據。**4** 《文法》獨立的，分離的；單獨的：an ~ construction 獨立結構/an ~ infinitive 獨立不定詞《如 *To begin with,* ....》/an ~ participle 獨立分詞《如 The sun *having set,* we went home.》/the ~ use of a transitive verb 及物動詞的獨立用法(省略受詞)《如 He neither *drinks* nor *smokes.* 的 drinks, smokes 等；★在本辭典中通常當不及物動詞用》。

—*n.* **1** [**the ~**]絕對之事物；《哲》絕對。**2** [**the A~**]絕對者，神。**~·ness** *n.*

ábsolute áltitùde *n.* ⓊⒸ《航空》絕對高度《從飛機到地面或水面的垂直距離》。

ábsolute céiling *n.* Ⓒ《航空》絕對升限[航高]《飛機或升空飛彈在大氣層中可維持正常水平飛行的最大高度》。

***ab·so·lute·ly** ['æbsə͵lutlɪ; 'æbsəlu:tli] *adv.* (無比較級、最高級) **1** 絕對地，無條件地；斷然：I refused his offer ~. 我斷然拒絕了他的提議。**2** 完全地，純然：It is ~ impossible. 那是完全不可能的/Your answer is ~ wrong. 你的答案完全錯了。**3** [强調否定]全然[完全，斷然](不…)：I know ~ *nothing* about that. 我對那件事一無所知。**4** [͵æbsə'lutlɪ; æbsə'lu:tli] [對於對方所說的話表示同意]《口語》對極了，正是如此，當然(yes)："Are you sure?"—"*A~.*"「確定嗎？」「當然(確定)。」**5** 《文法》獨立地，分離地；單獨地《如 The *blind* cannot *see.* 中，blind 爲省略其所形容之名詞的獨立形容詞，see 爲省略其受詞的獨立動詞》。

ábsolute majórity *n.* Ⓒ絕對多數，過半數。

ábsolute músic *n.* Ⓤ《音樂》絕對音樂《不藉歌詞或標題而純粹憑音的組合具備其自足價值的音樂；↔ program music》.

ábsolute pítch *n.* ⓊⒸ《音樂》絕對音高。

ábsolute témperature *n.* Ⓒ[常 **the ~**]《物理》絕對溫度〔*of*〕.

ábsolute válue *n.* Ⓒ《數》絕對值。

ábsolute zéro *n.* Ⓤ《物理》絕對零度《約 −273.16°C 或 −459.69°F》.

ab·so·lu·tion [͵æbsə'luʃən; ͵æbsə'lu:ʃn] «absolve 的名詞»**—*n.*** **1** Ⓤ《法律》免除；免責，赦免〔*from*〕：seek [ask for] ~ 請求免除[赦免]。**2** 《基督教》 **a** Ⓤ赦免〔*from, of*〕：~ *from* [*of*] sins 赦罪，免罪。**b** Ⓤ罪惡消滅《經宗教儀式由神父或牧師代神授與懺悔者》。**c** Ⓒ赦罪文；罪惡消滅的宣言。

ab·so·lut·ism ['æbsəlut͵ɪzəm; 'æbsəlu:tizəm] *n.* Ⓤ **1** 《哲》絕對論[主義]。**2** 《政》專制[獨裁]政治[主義]。

ab·so·lut·ist ['æbsə͵lutɪst; 'æbsəlu:tist] *n., adj.*

A

ab·solve [əb'sɑlv, əb-; əb'zɔlv] *v.t.* **1** 〔十受十介十(代)名〕免除，解除〈人〉〔義務、責任等〕〔*from*〕：～ a person ***from*** an obligation 免除某人的義務。
2 a 〔十受〕〈神父等〉向〈人〉宣布赦罪。**b** 〔十受〕赦免〈罪〉。**c** 〔十受十介十(代)名〕赦免〈人〉〔罪〕〔*of*〕：～ a person ***of*** a sin 赦免某人的罪惡。

***ab·sorb** [əb'sɔrb; əb'sɔ:b, -'zɔ:b] «源自拉丁文「分離」和「吸入」之義» **—*v.t.* 1** 〔十受〕 **a 吸收**，吸上[入]〈水分、熱、光等〉：A sponge ～*s* water. 海綿(會)吸水。**b** 消〈音〉，緩(和)〈衝(擊)〉：～ shock 緩和衝擊。**2 a** 〔十受〕採納，吸收，同化〈思想、學問〉。**b** 〔十受〕吸收合併〈公司、村鎮等〉。**c** 〔十受十介十(代)名〕將〈公司、村鎮等〉合併[併吞]〔成…〕〔*into*〕：Those small states were ～*ed into* the empire. 那些小國被這帝國併吞了。**3** 〔十受〕 **a** 吸引〈注意力〉；剝奪〈時間〉：The task ～*ed* all my time. 那工作佔去了我全部時間。**b** 使…熱中，使…著迷，使…全神貫注《★常以過去分詞當形容詞用；⇨ absorbed 2》。

ab·sorb·a·ble [əb'sɔrbəbl; əb'sɔ:bəbl, -'zɔ:b-] *adj.* 可[易]被吸收的，吸收性的。

ab·sórbed *adj.* **1** [用在名詞前]熱中的，專注的：read with ～ interest 津津有味[專注]地讀。**2** [不用在名詞前]〔十介十(代)名〕〈人〉熱中〔於…〕的，專注〔於…〕的，埋首〔於…〕的〔*in*〕：He was ～ ***in*** deep thought. 他陷於深思。

ab·sórb·ed·ly [-bɪdlɪ; -bidli] *adv.* 熱中地，專心致志地，專注地。

ab·sor·bent [əb'sɔrbənt; əb'sɔ:bənt, -'zɔ:b-] *adj.* 吸收性的，有吸收力的。
—*n.* Ⓤ[指產品個體或種類時爲Ⓒ]吸收劑。

absórbent cótton *n.* Ⓤ《美》脫脂棉(《英》cotton wool)。

ab·sorb·er [əb'sɔrbɚ; əb'sɔ:bə] *n.* Ⓒ **1** 吸收物，吸收體，吸收器：a shock ～ (汽車的)避震器；(飛行器的)緩衝器。**2** 移人心神之人[事物]。

ab·sórb·ing *adj.* **1** 會吸收的。**2** 令人神往[熱中，專注]的，極有趣的：an ～ book 極有趣的書。

ab·sorp·tion [əb'sɔrpʃən; əb'sɔ:pʃn, -'zɔ:p-] «absorb 的名詞» **—*n.*** Ⓤ **1 吸收**，吸收作用。
2 合併，併入〔*into*〕。
3 熱中，專注，專心〔*in*〕：～ *in* one's studies 對於研究工作[學習]的專注。

ab·sorp·tive [əb'sɔrptɪv; əb'sɔ:ptiv, -'zɔ:-] «absorb 的形容詞» **—*adj.*** 會吸收的，有吸收力的，吸收性的：～ power 吸收力。

ab·stain [əb'sten; əb'stein] *v.i.* 〔十介十(代)名〕 **1** 抑制，節制，戒〔酒等〕〔*from*〕(⇨ refrain[1] 【同義字】)：Athletes usually ～ ***from*** smoking [alcohol]. 運動員通常戒絕煙[酒]/～ *from* food 禁食。**2** 放棄〔投票〕〔*from*〕：～ ***from*** voting 放棄投票。

ab·stáin·er *n.* Ⓒ禁戒者，節制者，戒酒者：a total ～ 絕對戒酒者。

ab·ste·mi·ous [æb'stimɪəs; æb'sti:miəs] *adj.* **1 a** 〈人、習慣、生活、飲食等〉有節制的，有分寸的：an ～ diet 有節度的飲食。**b** [不用在名詞前]〔十介十(代)名〕節制〔…〕的〔*in*〕：be ～ ***in*** drinking 節制飲酒。**2** 〈飲食等〉簡樸的。
～·ly *adv.* **～·ness** *n.*

ab·sten·tion [æb'stɛnʃən; æb'stenʃn] «abstain 的名詞» **—*n.* 1** Ⓤ抑制，戒除〔*from*〕：～ *from* drink 戒酒。**2** ⓊⒸ(投票的)棄權〔*from*〕：～ *from* voting 棄權/There were three ～*s.* 有三票棄權。

ab·sti·nence ['æbstənəns; 'æbstinəns] «abstain, abstinent 的名詞» **—*n.*** Ⓤ禁戒，節制，禁慾；戒酒〔*from*〕：～ *from* food 禁食/～ *from* pleasure 戒絕享樂/total ～ 絕對戒酒。

ab·sti·nent ['æbstənənt; 'æbstinənt] *adj.* 有節制的，禁慾的。
～·ly *adv.*

ab·stract** [æb'strækt; 'æbstrækt] «源自拉丁文「分離而提出」之義» **—*adj. (**more** ～; **most** ～) **1 a** (無比較級、最高級)**抽象的**(↔ concrete)：an ～ noun《文法》抽象名詞。**b** [**the** ～；當名詞用]抽象，抽象的思考。**2** 理論上的；觀念上的(↔ practical)。**3** 玄奧的，難解的。**4** 《美術》抽象派的，抽象的(↔ representational)：～ art 抽象藝術。
in the abstráct 從抽象方面看，在理論上。
— ['æbstrækt; 'æbstrækt] *n.* Ⓒ **1** 摘要，摘錄，選粹：make an ～ of a book 做一本書的摘要。**2** 《美術》＝abstraction 4 b.
— [æb'strækt; æb'strækt] *v.t.* **1** 〔十受(十介十(代)名)〕〔自…〕提出，提煉，抽出〈物〉；使〈概念等〉抽象化〔*from*〕：～ an essence ***from*** the bark of a tree 從樹皮提煉[抽出]精油/Rubber is ～*ed from* trees. 橡膠是從樹中提取的。**2** 〔十受(十介十(代)名)〕《委婉語》〔自…〕竊取，扒，偷〈物〉〔*from*〕：In the crowd a thief ～*ed* my purse ***from*** my pocket. 在人羣中小偷從我的口袋裏偷走了錢包。**3** ['æbstrækt; 'æbstrækt] 〔十受〕摘錄，節錄…。
～·ness *n.*

ab·stráct·ed *adj.* **1** 抽象化了的；抽出來的，被分離的。**2** 心不在焉的，發呆的：with an ～ air 發呆地，茫然地。
～·ly *adv.* **～·ness** *n.*

ab·strac·tion [æb'strækʃən; æb'strækʃn] «abstract 的名詞» **—*n.* 1 a** Ⓤ抽象(概念的形成)。**b** Ⓒ抽象的概念。**2** Ⓤ《委婉語》竊取，抽取，扒取。**3** Ⓤ心不在焉，出神：with an air of ～ 茫然地，心不在焉地。**4** 《美術》 **a** Ⓤ抽象。**b** Ⓒ抽象派作品，抽象藝術作品。**5** Ⓤ《化學》提煉，抽出。

ab·strác·tion·ism [-ʃən,ɪzəm; -ʃənizəm] *n.* Ⓤ抽象主義。

ab·strác·tion·ist [-ʃənɪst; -ʃnist] *n.* Ⓒ抽象派畫家[藝術家]。

ab·strac·tive [æb'stræktɪv; æb'stræktiv] *adj.* **1** 有抽象力的。**2** 抽象的。**3** 摘要式的，梗概式的。

ab·stract·ly [æb'stræktlɪ; 'æbstræktli] *adv.* 抽象地(↔ concretely)。

ábstract númber *n.* Ⓒ《數學》不名數(cf. concrete number)。

ab·struse [æb'strus; æb'stru:s] *adj.* 難解的，深奧的；玄妙的。
～·ly *adv.* **～·ness** *n.*

ab·surd [əb'sɝd; əb'sə:d] «源自拉丁文「完全聾」之義» **—*adj.*** (**more** ～; **most** ～) **1** 不合理的，悖理的，妄誕的，荒謬的，荒唐的：the ～ drama＝drama of the ～ 荒謬劇/It is ～ to argue from these premises. 憑這些前提議論是不合理的。**2 a** 愚蠢的，可笑的：an ～ hat 可笑的帽子/It is ～ to call him a fanatic. 稱他爲狂熱信徒是可笑的。**b** [不用在名詞前]〔十 *of*十(代)名(十 *to* do)/十 *to* do〕〔人〕〈做…〉(實在是)愚蠢的；〈人〉(實在是)愚蠢的〈居然…〉：It was ～ ***of*** me [I was ～] ***to*** think that you loved me. 我眞蠢，居然以爲你愛我。**～·ly** *adv.* **～·ness** *n.*

ab·surd·i·ty [əb'sɝdətɪ; əb'sə:diti] «absurd 的名詞» **—*n.* 1** Ⓤ Ⓒ不合理，悖理；妄誕，荒謬，荒唐。**2 a** Ⓤ愚蠢：the height of ～ 愚蠢透頂。**b** Ⓒ荒謬的事物[言行]。

a·bun·dance [ə'bʌndəns; ə'bʌndəns] «abundant 的名詞» **—*n.* 1 a** Ⓤ**豐富**，充裕：a year of ～ 豐年/There was beer *in* ～. 有充裕[喝不完]的啤酒。**b** [**an** ～ **of…**]多數(的)，多量(的)：*an* ～ *of* examples [waterpower] 豐富的例子[水力]。**2** Ⓤ富裕：live *in* ～ 過富裕的生活。

a·bun·dant [ə'bʌndənt; ə'bʌndənt] «abound 的形容詞» **—*adj.*** (**more** ～; **most** ～) **1** (用之不盡)**豐富的**：an ～ harvest 豐收。**2** [不用在名詞前]〔十介十(代)名〕富〔於…〕的，〔…〕豐富的，富有〔…〕的〔*in*〕：The district is ～ ***in*** minerals. 這地區礦產豐富。
～·ly *adv.*

a·bus·age [ə'bjusɪdʒ; ə'bju:sidʒ] *n.* ⓊⒸ(語言、文法等的)濫用，誤用；不合習慣[文法]的語文。

a·buse [ə'bjuz; ə'bju:z] *v.t.* 〔十受〕 **1 a 妄用**，濫用〈地位、特權、才能等〉：～ one's authority 濫用職權。**b** 辜負〈信賴等〉：I cannot ～ their trust. 我不能辜負他們的信任。**2** 辱罵，汚衊。**3** 虐待，苛待，任意驅使；(不愛惜而)胡亂使用〈物〉。
— [ə'bjus; ə'bju:s] *n.* **1** ⓊⒸ**亂用**，濫用，誤用，妄用：～ *of* power 濫用權力/the [an] ～ *of* language 語言的誤用。**2** Ⓤ虐待，苛待；(東西等的)亂用。**3** Ⓤ惡言，謾罵，辱罵，刻薄的話：personal ～ 人身攻擊/a term of ～ 辱罵之詞/heap [shower] ～ on [upon] a person 痛罵某人。**4** Ⓒ[常 ～*s*]陋習，弊端，惡習：election ～*s* 選舉的弊端《收買、賄選等》。

a·bu·sive [ə'bjusɪv; ə'bju:siv] «abuse 的形容詞» **—*adj.* 1** 辱罵的，口出惡言的，惡言相向的，詛咒的：～ language 罵人的話，辱[謾]罵的文字/an ～ letter 謾罵的信。**2** 濫用的，妄用的，誤用的。**～·ly** *adv.* **～·ness** *n.*

a·but [ə'bʌt; ə'bʌt] *v.i.* (**a·but·ted**; **a·but·ting**) 〔十介十(代)名〕 **1** 〈房屋、土地等〉鄰接，毗連〔在…旁〕〔*on, upon*〕：His land ～*s* ***on*** [***upon***] mine. 他的土地和我的土地相毗連/The sidewalk *abutted on* the river. 人行道緊挨著河川。**2** 〈建築物等〉緊靠〔…〕〔*against*〕：The stable ～*s* ***against*** the main house. 馬廄緊靠著主屋。

a·bút·ment [-mənt; -mənt] «abut 的名詞» **—*n.* 1** Ⓤ鄰接。**2** Ⓒ **a** 《建築》橋座，橋臺《撐托拱門兩端的部分》。**b** 接合點。

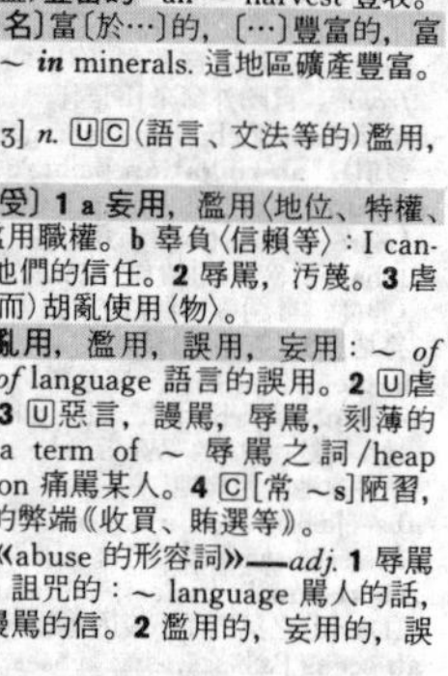

abutment 2 a

a·bys·mal [ə'bɪzml; ə'bizml] *adj.* **1** 深淵的；地獄的。**2** 《口語》極度惡劣[悲慘]的；深不可測的，無底的：～ ignorance 極度的無知。
～·ly [-mlɪ; -məli] *adv.*

a·byss [ə'bɪs; ə'bis] «源自希臘文「無底的」之義» **—*n.* 1** Ⓒ深淵，無底洞。**2** Ⓒ深底，混沌：an ～ of disgrace 恥辱的深淵，莫大的恥辱/the ～ of time 永恆。**3** [**the** ～]地獄，陰間。

Ab·ys·sin·i·a [,æbə'sɪnɪə; ,æbi'sinjə] *n.* 阿比西尼亞《衣索比亞(Ethiopia)的別稱》。

A

Ab·ys·sin·i·an [ˌæbəˋsɪnɪən; æbiˈsiniən] *n.* **1** Ⓒ阿比西尼亞人。**2** Ⓤ阿比西尼亞語。
—*adj.* 阿比西尼亞(人，語)的。

Ac 《符號》《化學》actinium.

AC, A.C., a.c. 《略》《電學》alternating current.

ac- [æk-; æk-] 字首 (附加於 c, q, k 之前) ad- 的變體：*ac*cede.

a·ca·cia [əˋkeʃə; əˈkeiʃə] *n.* Ⓒ《植物》**1** 相思樹《豆科相思樹屬喬木的統稱》。**2** 《英》阿拉伯橡膠樹。

ac·a·dem·ic** [ˌækəˋdɛmɪk; ˌækəˈdemik] 《academy 的形容詞》**—*adj. (**more** ~；**most** ~) **1** (無比較級、最高級) **a** 學院的，大學的：~ costume 大學禮服《附方帽，依學位而異》/an ~ curriculum 大學課程/an ~ degree 學位。**b** 《美》(大學的) 人文學科的，一般教養的 (liberal)：~ subjects 人文學科。**2** 學究式的，學院派的：~ interest 學究式的興趣。**3** 理論上的，觀念上的，學術性[上]的，非實用的：of purely ~ interest 〈事物〉僅具有純理論性趣味的。**4** 〈藝術等〉受傳統之拘束的，墨守成規的。
—*n.* Ⓒ大學生，大學教師；學究(氣的人)。

àc·a·dém·i·cal [-mɪkl; -mikl] *adj.* ＝academic. **—*n.*** [~s] 大學禮服。~**·ly** [-klɪ; -kəli] *adv.*

ácademic fréedom *n.* Ⓤ(大學等的) 學術(研究)自由。

ac·a·de·mi·cian [əˌkædəˋmɪʃən; əˌkædəˈmiʃn] *n.* Ⓒ學會[學士院，美術院]會員，院士。

àc·a·dém·i·cìsm [-məˌsɪzəm; -misizəm] *n.* Ⓤ(學術、藝術的) 傳統主義，墨守成規[傳統]；形式主義。

ácademic yéar *n.* Ⓒ《教育》學年 (school year) 《在英美兩國一般從九月到六月》。

a·cád·e·mìsm [-mˌɪzəm; -mizəm] *n.* ＝academicism.

a·cad·e·my [əˋkædəmɪ; əˈkædəmi] *n.* Ⓒ **1** [常 A~，用於名稱] 學校，學院《通常指僅次於 university 的高等學府》。

【字源】古希臘雅典 (Athens) 附近有一森林稱爲「阿卡迪米亞」(*Akadēmeia*). 因爲蘇格拉底 (Socrates) 的弟子柏拉圖 (Plato) 曾於此開設學園，「阿卡迪米亞」便具有「學園」(academy) 之義。現在的文化事業團體或教育機關常用此字爲名。

2 專科學校：an ~ of music 音樂專科學校 / ⇨ military academy, naval academy. **3** (學術、文藝、美術的) 協會，學會，學士院，藝術院：⇨ Royal Academy.

Acádemy Awárd *n.* Ⓒ奧斯卡金像獎《每年由美國電影藝術科學院頒獎；⇨ Oscar 2》。

a·can·thus [əˋkænθəs; əˈkænθəs] *n.* Ⓒ (*pl.* ~**·es**, **-thi** [-θaɪ; -θai]) **1** 《植物》爵牀《地中海一帶所產爵牀屬植物的通稱》。**2** 《建築》(希臘考林辛式圓柱 (Corinthian column) 柱頭等的) 爵牀葉飾。

ac·a·rol·o·gy [ˌækəˋrɑlədʒɪ; ˌækəˈrɔlədʒi] *n.* Ⓤ蜱蟎學。

acc. 《略》accepted；accompanied (by)；according (to)；account(ant)；accusative.

ac·cede [ækˋsid; ækˈsiːd] 《源自拉丁文「去…，依從…」之義》**—*v.i.*** [十介十(代)名] 《文語》**1** 同意，應允，贊成，接受〈提案、要求等〉[*to*] 《★可用被動語態》：~ *to* an offer [a demand] 依從提議[要求]。**2** 繼承，即位，繼任〈高位、高官〉[*to*] 《★可用被動語態》：~ *to* an office 就任/~ *to* the throne 繼承王位。**3** 加入〈盟約、黨派〉[*to*] 《★可用被動語態》：~ *to* a treaty 加入盟約。

accel. 《略》accelerando.

ac·ce·le·ran·do [ækˌsɛləˋrændo; ækˌseləˈrændou] 《源自義大利語 'accelerate' 之義》**—**《音樂》*adj.* & *adv.* 漸快的[地] 《略作 accel.》.
—*n.* Ⓒ (*pl.* ~**s**) 漸快(的樂章)，漸速音。

ac·cel·er·ate [ækˋsɛləˌret; əkˈseləreit] *v.t.* **1 a** 加快〈車等〉的速度，使…加速《★比較 作此義解時一般用 *v.i.*》(↔ decelerate)：~ a car 加快車速。**b** 促進：~ economic recovery 加速經濟復蘇。**2** 提前，提早〈事情〉的時機；加快〈學習速度〉，使〈學生〉跳級：~ one's departure 提前出發。
—*v.i.* 加速，變快，加快。

ac·cel·er·a·tion [ækˌsɛləˋreʃən; əkˌseləˈreiʃn] 《accelerate 的名詞》**—*n.*** Ⓤ **1 a** 加速。**b** 促進。**2** 加速度 (↔ deceleration)：positive [negative] ~ 正[負]加速度。

ac·cel·er·a·tive [ækˋsɛləˌretɪv; əkˈselərətiv] *adj.* 加速的；促進的。

ac·cél·er·à·tor [-tɚ; -tə] *n.* Ⓒ **1** 加速者。**2** (汽車等的) 加速裝置，油門：step on the ~ 踩油門。**3** 《化學》加速劑，促進劑；《攝影》顯影促進劑。**4** 《物理》(粒子) 加速器。

ac·cel·er·a·to·ry [ækˋsɛlərəˌtorɪ, -ˌtɔrɪ; əkˈselərətəri] *adj.* ＝accelerative.

ac·cel·er·om·e·ter [ækˌsɛləˋrɑmɪtɚ; ækˌseləˈrɔmitə] *n.* Ⓒ加速計；測震儀。

‡ac·cent [ˋæksɛnt; ˈæksent] 《源自拉丁文「附加於…的歌」之義》**—*n.*** **1** 《語音》**a** ⓊⒸ重音：the primary [secondary] ~ 主[次]重音/"Where does the ~ fall [Where is the ~] in 'politics'?"—"It falls [is] on the first syllable." 「politics的重音在哪裏？」「在第一音節。」**b** Ⓒ重音符號 (⇨ acute 6, grave[2] 4, circumflex). **2** Ⓒ强調 [*on*]：put the ~ *on* beauty 强調美。**3** Ⓒ **a** (地方、外國) 口音，腔調：speak English with a strong ~ [a foreign ~] 說英語帶著一種很重的[外國的] 口音。**b** [常 ~s] (獨特的) 語法，措詞，語調：in tender ~*s* 以溫柔的語調。**4** Ⓒ《韻律》重音。**—** [ˋæksɛnt, ækˋsɛnt; ækˈsent] *v.t.* [十受] **1** 將〈字、音節〉以重音讀出，重讀…；將…注以重音符號：an ~*ed* syllable 有重音的音節。**2** 强調…。

ac·cen·tu·al [ækˋsɛntʃʊəl; ækˈsentjuəl] *adj.* **1** (有) 重音的。**2** 《韻律》《韻脚》以重音爲節奏的。

ac·cen·tu·ate [ækˋsɛntʃʊˌet; ækˈsentjueit] *v.t.* **1 a** 强調，極力主張。**b** 使〈色彩、音色等〉更爲活現，使…明顯。**2** ＝accent 1.

ac·cen·tu·a·tion [ækˌsɛntʃʊˋeʃən; ækˌsentjuˈeiʃn] 《accentuate 的名詞》**—*n.*** **1** Ⓤ音調抑揚法；重音標示法。**2** ⓊⒸ强調，力陳；着重。

‡ac·cept [əkˋsɛpt, æk-; əkˈsept] 《源自拉丁文「…地接受」之義》**—*v.t.*** **1** [十受] **a** (主動地) 接受，收納〈禮物等〉(⇨ receive 【同義字】)：~ a gift [present] 接受禮物。**b** 接受，答允，答應，領受〈招待、提議、任命等〉：I'll ~ your offer. 我會接受你的提議。**c** 〈女方〉答應〈男方〉的求婚：She ~*ed* him [her suitor]. 她答應了他[求婚者] 的求婚。**d** 勉强接受，甘心忍受〈事態等〉：~ things as they are 甘心忍受現狀。
2 a [十受] 採納，採用，接納，接受〈說明、學說等〉：No scientific theory has been ~*ed* without opposition. 沒有一種科學理論是不曾遭遇反對就被採納的。**b** [十受十*as* 補] 認定〈說明、學說等〉〈爲…〉，視…〈爲…〉：You may ~ the explanation *as* true [*as* a fact]. 你可以把此項說明看作是眞實的[一項事實]。**c** [十(*that*)_] 《文語》同意，認可，相信〈…之事〉：I ~ *that* the evidence is unsatisfactory. 我同意[承認] 證據不充足。
3 [十受] 領會〈字句〉的涵義，理解…：an ~*ed* meaning 衆所公認的意義。
4 [十受] 《商》承兌，認付〈票據〉。
—*v.i.* 接受(招待、提議等)。

ac·cept·a·bil·i·ty [əkˌsɛptəˋbɪlətɪ, æk-; əkˌseptəˈbiləti] 《acceptable 的名詞》**—*n.*** Ⓤ可接受性，可承諾性；滿意；可容忍的程度。

***ac·cept·a·ble** [əkˋsɛptəbḷ; əkˈseptəbl] *adj.* (**more** ~；**most** ~) **1 a** 〈提議、贈品等〉可接受的。**b** 差强人意的，可以的，受歡迎的。**2** 〈語法、行爲等〉尚可的，可容忍的：socially ~ behavior 社會上所能容忍的行爲。**-a·bly** [-təblɪ; -təbli] *adv.*

ac·cep·tance [əkˋsɛptəns; əkˈseptəns] 《accept 的名詞》**—*n.*** ⓊⒸ **1** 接受，受理，接納，採納。**2** 承認，認可：find [gain, win] general ~ 廣被接受，廣受歡迎。**3** 《商》(票據的) 承兌。

ac·cep·ta·tion [ˌæksɛpˋteʃən; ˌæksepˈteiʃn] 《accept 3 的名詞》**—*n.*** Ⓒ(爲一般所公認的) (字、句的) 意義，通義。

ac·cépt·ed *adj.* 爲一般所接納[認可] 的。
~**·ly** *adv.*

ac·cépt·er *n.* Ⓒ **1** 接受者，承諾者。**2** ＝acceptor 1.

ac·cép·tor [-tɚ; -tə] *n.* Ⓒ **1** 《商》票據承兌人。**2** 《通信》接收器。**3** 《化學》受動質，受容器。**4** 《電子》受主，受體，接受器。**5** ＝accepter 1.

ac·cess [ˋæksɛs; ˈækses] *n.* **1** Ⓤ **a** [向場所、人等的] 接近，進入；[資料等的] 取得，利用 [*to*]：easy [hard, difficult] of ~ 容易[不易] 接近/within easy ~ of New York 容易到達紐約的地方/It is easy [difficult] to get ~ *to* him. 要接近他挺容易的[不容易]/Few men have direct ~ *to* the president. 很少人能直接接近總統。**b** 接近[取得] 的方法，門路，門徑，使用[參加] 的權利 [*to*]：gain [obtain] ~ *to*... 得以接近[進入，會見]…/give ~ *to*... 使能接近…/I have ~ *to* his library. 我可以進出他的圖書室。**2** Ⓒ通路，入口 [*to*]：an ~ *to* the airport 往機場的通路[通往機場的路]。**3** Ⓒ《文語．古》發作：an ~ *of* anger [fever] 動怒[發燒]。

ac·ces·sa·ry [ækˋsɛsərɪ; əkˈsesəri] *n., adj.* ＝accessory 2.

ac·ces·si·bil·i·ty [ækˌsɛsəˋbɪlətɪ; əkˌsesəˈbiləti] 《accessible 的名詞》**—*n.*** Ⓤ **1** 可接近，易接近。**2** 易爲所動，易受影響。

***ac·ces·si·ble** [ækˋsɛsəbl; ækˈsesəbl] *adj.* (**more** ~；**most** ~) **1 a** 〈地點、人等〉易接近的，容易到達的：His house is not ~ by car. 他的家車子無法通達。**b** [不用在名詞前] [十介十(代)名] [從…] 容易到達的 [*from*]：The shopping district is easily ~ *from* our house. 從我們家到那商店區挺容易[方便] 的。**c** [不用在名詞前] [十介十(代)名] [對於某人] 容易接近的 [*to*]：He is not ~ *to* strangers. 陌生人無法接近他。**2 a** 〈物等〉容易取得的，可利用的；容易瞭解的。**b** [不用在名詞前] [十介十(代)名] [對於某人] 容易取得的；容易瞭解的 [*to*]：a book ~ *to* the common

A

reader 一般讀者容易瞭解的書/Guns are easily ~ *to* Americans. 美國人很容易就能弄到槍。**3** [不用在名詞前]〔十介十(代)名〕〈人、心〉〔爲…〕所動的〔*to*〕：~ *to* pity 易動憐憫之心的/~ *to* reason 通情達理的。**-bly** [-səblɪ; -səbli] *adv.*

ac·ces·sion [æk'sɛʃən; æk'seʃn, ək-] «accede 的名詞»—*n.* **1** Ⓤ **a**〔對某種狀態的〕到達，接近〔*to*〕. **b**〔高職位、高官階的〕就任；即位；繼承〔*to*〕. **2** Ⓤ〔對條約、黨派的〕加入〔*to*〕. **3 a** Ⓤ增加，追加。**b** Ⓒ增加物，獲得物；〔圖書館等的〕新添的圖書〔*to*〕：new ~*s to* a library 圖書館新增的書籍。**4** ⓊⒸ〔對於要求、計畫等的〕同意，承認〔*to*〕.

ac·ces·so·ry [æk'sɛsərɪ; æk'sesəri, ək-] *n.* Ⓒ **1** [常 **accessories**] 附屬品，附件；服飾品：auto *accessories* 汽車的附件。

【說明】爲裝飾、安全、方便等的附屬品，可以包括各種服飾品，腳踏車的鈴，照相機的護鏡蓋，以及汽車中的收音機或冷氣機等。在正式場合使用的服飾品，依年齡有詳細的規則。

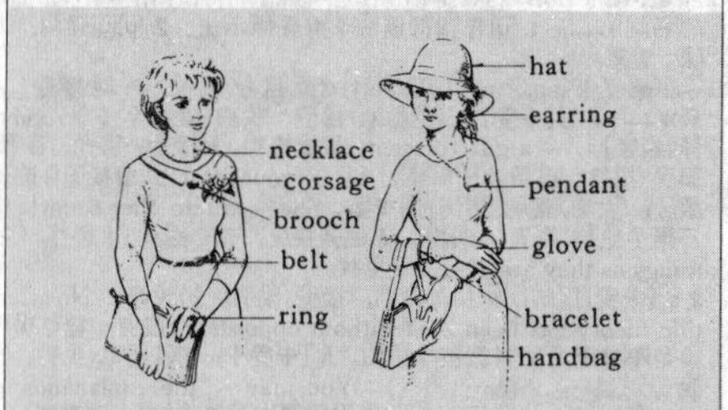

accessories 1

2《法律》從犯：an ~ after [before] the fact 事後[事前]協助罪犯的從犯。

—*adj.* **1** 補助性的，附屬的，副的，附帶的。**2**《法律》**a** 從犯的：be ~ after [before] the fact 爲事後[事前]的從犯。**b** [不用在名詞前]〔十介十(代)名〕〔爲…的〕從犯的〔*to*〕：He was made ~ *to* the crime. 他被利用同謀犯罪。

ac·ci·dence ['æksədəns; 'æksidəns] *n.* Ⓤ《文法》語形變化之規則。

‡**ac·ci·dent** ['æksədənt; 'æksidənt] «源自拉丁文「落到身上，發生在身上」之義»—*n.* **1** Ⓒ(偶然或意外的不幸)**事件，事故**，災難(⇨ incident【同義字】)：an inevitable ~《法律》不可避免的事故，不可抗力之災害/have [meet with] an ~ 遭遇意外事故/There was a railroad [traffic] ~. 發生了一起鐵路事故[車禍]/He was killed *in* an airplane ~. 他死於飛機失事/*Accidents* will ['wɪl; 'wil] happen.《諺》發生意外在所難免；天有不測風雲，人有旦夕禍福/without ~ 安然無恙地(★無冠詞)。

2 a Ⓤ偶然性：by ~ 偶然地/by ~ of... 因…的偶然。**b** Ⓒ意外事件，偶發事件：~*s* of birth 出生(富貴、貧賤等)的偶然性[無可預料，選擇]/⇨ CHAPTER of accidents.

3 Ⓒ附帶的事情[性質]。

ac·ci·den·tal [ˌæksə'dɛntl; ˌæksi'dentl] «accident 的形容詞»—*adj.* (**more** ~；**most** ~) **1** 偶然的，無意中的：an ~ death 意外死亡/an ~ meeting 偶然的相遇，邂逅/~ war 偶發戰爭/~ error《數學》偶然誤差/an ~ fire 失火。**2** 非本質的，附帶的，非必要的：~ color《物理》偶生色，補色殘像。**3** (無比較級、最高級)《音樂》臨時變化的：~ notation《音樂》臨時符號。

—*n.* Ⓒ **1** 偶發事物；非本質的事物。**2**《音樂》臨時音[符號]。

àc·ci·dén·tal·ly [-tlɪ; -təli] *adv.* **1** 偶然地，忽然：~ on purpose《口語》假裝偶然而其實故意地。**2** [修飾整句]偶然，意外地，無意中地。

áccident-pròne *adj.* 〈人、車等〉(比一般)易闖禍[遭遇意外]的。~·**ness** *n.*

ac·claim [ə'klem; ə'kleim] *v.t.* **1** 對〈人〉報以喝采。**2**〔十受十(*as*)補〕稱讚〈某人〉〈爲…〉；以歡呼同意〈某人〉〈爲…〉：The newspapers ~*ed* her *as* a great actress. 報上讚揚她是個偉大的女演員/The people ~*ed* him king. 人民歡呼擁立他爲國王。

—*n.* Ⓤ喝采，歡呼；讚賞：win critical ~ 贏得批評家的稱讚。

ac·cla·ma·tion [ˌæklə'meʃən; ˌæklə'meiʃn] «acclaim 的名詞»—*n.* **1 a** Ⓤ(表示稱讚、贊成的)喝采。**b** Ⓒ[常~**s**]歡呼：amidst loud ~*s* 在如雷的歡呼聲中/hail... *with* ~*s* 以歡呼來迎接…。**2** Ⓤ(以喝采、拍手表示贊同的)口頭表決：carry [elect] ... *by* ~ 以口頭表決通過〈議案等〉。

ac·cli·mate [ə'klaɪmɪt; ə'klaimit] *v.t.*〔十受(十介十(代)名)〕**1** 使〈動植物、人等〉習慣〔於新的水土〕，使…適應〔新環境〕〔*to*〕：~ a plant *to* a new environment 使植物適應新的水土[環境]/Have you become ~*d to* Japan yet? 你已適應日本(的環境)了嗎？**2** [~ one*self*] 習慣〔於新的水土〕，適應〔新環境〕〔*to*〕：~ *oneself to* new surroundings 使自己適應新環境。

—*v.i.*〔動(十介十(代)名)〕適應〔新的水土〕〔*to*〕.

ac·cli·ma·tion [ˌæklə'meʃən; ˌæklai'meiʃn] «acclimate 的名詞»—*n.* Ⓤ **1** 對新環境或氣候水土的適應。**2**《生物》服水土。

ac·cli·ma·ti·za·tion [əˌklaɪmətə'zeʃən, -aɪ'z-; əˌklaimətai'zeiʃn] *n.* ＝acclimation.

ac·cli·ma·tize [ə'klaɪməˌtaɪz; ə'klaimətaiz] *v.* ＝acclimate.

ac·cliv·i·ty [ə'klɪvətɪ; ə'kliviti] *n.* Ⓒ《罕》上斜，上坡，(向上的)傾斜(↔ declivity).

ac·co·lade [ˌækə'led; 'ækəleid, ˌækə'leid] *n.* Ⓒ **1**《古》武士(knight)爵位授與(儀式)《由國王以劍面輕拍下跪的受封者肩部，並吻兩頰》：receive the ~ 被封爲武士。**2** 榮譽，稱讚。

ac·com·mo·date [ə'kɑməˌdet; ə'kɔmədeit] «源自拉丁文「使適合…」之義»—*v.t.*《文語》**1**〔十受〕**a**〈設施、交通工具等〉**容納**〈人〉，裝載〈乘客〉，收容〈病人〉：This hotel ~*s* 1000 guests. 這家旅館可容納一千名客人。**b**〈人〉留宿〈客人等〉，供給…住宿：We can ~ him for the night. 我們能供他住一夜。

2 a〔十受〕給與〈人〉方便，提供〈人〉服務，幫助…；順應，迎合，答應〈人的請求〉：~ a person's wishes 順應某人的請求。**b**〔十受十介十(代)名〕供給，融通〈人〉〔需要之物〕〔*with*〕：~ a person *with* money 給某人錢使其通融一下。

3〔十受十介十(代)名〕**a** 使…適應〔…〕，使…配合〔…〕〔*to*〕：~ facts *to* theory 使事實配合理論。**b** [~ one*self*] 適應〔環境、境遇等〕〔*to*〕：You will soon ~ *yourself to* the new surroundings. 你會很快就適應新環境/The eye can ~ *itself to* different distances. 眼睛能自行調適(觀看)各種不同距離(之物)。

4〔十受〕調停〈糾紛、對立等〉，使…和解。

ac·cóm·mo·dàt·ing *adj.* 親切的，肯幫忙的，肯通融的，好施惠的；爽快的。~·**ly** *adv.*

ac·com·mo·da·tion [əˌkɑmə'deʃən; əˌkɔmə'deiʃn] «accommodate 的名詞»—*n.* **1** Ⓤ [《美》~**s**] **a** (旅館、船等的)**住宿設備**：phone a hotel for ~*s* [《英》~] 打電話到旅館訂房間/This hotel has ~(*s*) *for* 1000 guests. 這家旅館可以容納一千人住宿。**b** (火車、飛機等的)座位。**2 a** ⓊⒸ便利，助益(之物)：for your ~ 爲你的方便。**b** Ⓤ融通，融資，貸款；貸款的錢。**3** Ⓤ **a** 適應，調和；調節〔*to*〕. **b**《生理》(自動的)視力調整。**4** ⓊⒸ和解，調停：reach [come to] an ~ 達成和解。

accommodátion bill *n.* Ⓒ《商》融通票據，空頭票據。

accommodátion làdder *n.* Ⓒ《航海》舷梯。

accommodátion tràin *n.* Ⓒ《美》(各站都停的)普通列車(local train).

ac·com·mo·da·tor [ə'kɑməˌdetə; ə'kɔmədeitə] *n.* Ⓒ適應者；調節者；貸款人；肯通融的人，予人方便的人；調節器。

ac·com·pa·ni·ment [ə'kʌmpənɪmənt; ə'kʌmpənimənt] «accompany 的名詞»—*n.* Ⓒ **1** 附屬物，伴隨物；附加物〔*of, to*〕：Destruction is an ~ *of* war. 破壞會隨著戰爭而來，有戰爭就有破壞。**2**《音樂》伴奏；伴奏部分：the piano ~ *to* a song 一首歌曲的鋼琴伴奏部分/*to* the ~ *of*... 在〈樂器〉伴奏之下，隨著〈樂器〉伴奏/without ~ 無伴奏地[的](★無冠詞)。

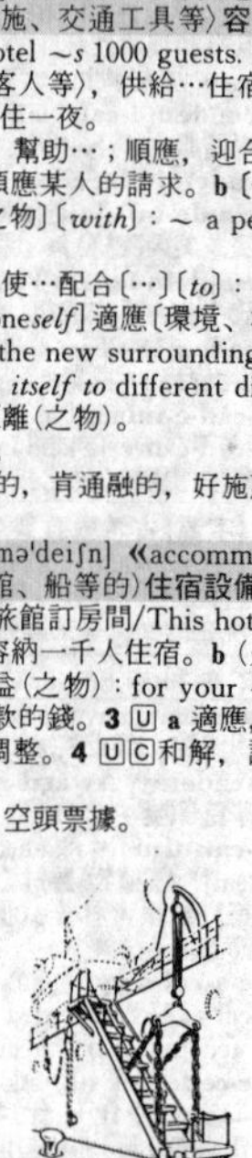

accommodation ladder

ac·cóm·pa·nist [-nɪst; -nist], **ac·cóm·pa·ny·ist** [-nɪɪst; -niist] *n.* Ⓒ伴奏者。

***ac·com·pa·ny** [ə'kʌmpənɪ; ə'kʌmpəni] «源自古法語「對伙伴」之義»—*v.t.* **1 a**〔十受〕〈人〉**隨行，伴，陪，跟隨**〈他人〉：He was *accompanied* by his wife. 他由太太陪伴著(★用法此句爲 His wife accompanied him. 之被動語態，但譯作「他的太太陪伴了他」則不妥)。**b**〔十受十介十(代)名〕隨[陪]〈人〉〔至…〕〔*to*〕：She *accompanied* the guests *to* the door. 她陪客人到門口[她送客人到門口]。

2 a〔十受〕〈事物〉**與…一起來；與…同時發生**：Rising prices may be *accompanied by* high unemployment. 隨著物價的上漲失業率也可能增高。**b**〔十受十介十(代)名〕伴…〔以…〕，給…添加〔…〕〔*with*〕：~ a speech *with* gestures 演講時附帶手勢/~ one's angry words *with* a blow 怒罵同時打人。

3 a〔十受〕**爲…伴奏**：~ a singer 爲歌者伴奏。**b**〔十受十介十(代)名〕〔以…〕爲…伴奏〔*with, on, at*〕：~ a song [singer] *with* a flute [*on* [*at*] the piano] 以長笛[鋼琴]爲一首歌[爲一名歌唱者]伴奏。

ac·com·plice [ə'kɑmplɪs; ə'kɔmplis] *n.* Ⓒ共犯，從犯，同謀者〔*in, of*〕：an ~ *in* a crime 一項罪行的共犯/the ~ *of* the burglar 那竊盜的共犯。

***ac·com·plish** [ə'kɑmplɪʃ; ə'kʌmpliʃ, -'kɔm-] *v.t.*〔十受〕完成，

達成，成就，貫徹〈任務等〉：～ a task 完成任務。

【同義字】accomplish 指經過努力而完成或達成某工作、目標；attain 指在努力之後達到難達成的目標；achieve 指憑技術、能力、努力等而達成某目標。

ac·cóm·plished *adj.* **1** **a** 〈任務等〉已達成的，完成的：an ～ task 完成的任務。**b** 〈事實〉既成的：an ～ fact 既成的事實。**2** **a** (雖非專業但)精通的，熟練的；技術高超的：an ～ golf player 球技高超的打高爾夫球者。**b** [不用在名詞前]〔十介十(代)名〕〈人〉〔對某種技藝等〕熟練的，擅長的，有才能的，有專長的〔*in, at*〕：He is ～ ***in*** music. 他擅長音樂。**3** 〈婦女〉有教養的，優雅的。

ac·cóm·plish·ment «accomplish 的名詞» —*n.* **1** Ⓤ完成，成就，實行，達到：The ～ of this task took many years. 這項工作的完成花費了好幾年。**2** Ⓒ成果，業績。**3** Ⓒ (淑女的)教養，修養；技藝；(社交等方面的)才藝：a woman of many ～*s* 多才多藝的女人。

ac·cord [əˈkɔrd; əˈkɔːd] «源自拉丁文「同心合意」之義» —*v.i.* [常用於否定句] **1** 〈兩件事〉一致，相合，符合：His words and actions do *not* ～. 他言行不一致。**2** 〔十介十(代)名〕〔與…〕一致，相合，符合〔*with*〕：That does *not* ～ ***with*** what you said yesterday. 那跟你昨天說的不一致。

—*v.t.* 〔十受十受/十受十介十(代)名〕《文語》給與〈人〉〈許可、稱讚等〉；給與〔人〕〈許可、稱讚等〉〔*to*〕《★比較 一般用 give》：*A*～ him praise for good work. 稱讚他工作做得好/They ～*ed* a warm welcome ***to*** the traveler. 他們給與那位旅客熱烈的歡迎。

—*n.* **1** Ⓤ一致，符合；調和，協調：be in [out of] ～ with... 與…符合[不符合]，與〈主義等〉一致[不一致]。**2** Ⓒ (國際間的)協定，條約；和解〔*with, between*〕。**3** Ⓤ《音樂》和音 (↔ discord)。

of its ówn accórd 自動地，自然地。

of one's ówn accórd 自動地，出於自願。

with óne accórd 一致地，同心[同聲]一致："We're hungry," they cried *with one* ～. 他們同聲一致喊道「我們餓啦」。

ac·cor·dance [əˈkɔrdn̩s; əˈkɔːdəns] «accord 的名詞» —*n.* Ⓤ **1** 一致，符合；調和，和諧。**2** 賦與：the ～ of a privilege 特權之賦與。

in accórdance with... 依照…，與…一致：*in* ～ *with* your orders 依照你的命令。

ac·cor·dant [əˈkɔrdn̩t; əˈkɔːdənt] *adj.* [不用在名詞前]〔十介十(代)名〕〔與…〕一致[符合，調和]的〔*with, to*〕：His opinion is ～ ***to*** reason. 他的意見合乎道理。

‡**ac·cord·ing** [əˈkɔrdɪŋ; əˈkɔːdiŋ] *adv.* ★常用於下列片語。**accórding as...** 《文語》[當連接詞用]依照…，根據…，配合…，視…：You can go or stay, ～ ***as*** you decide. 你可去可留，隨你決定。

accórding to... [當介系詞用] (1)根據…《★用法 according to me 是錯誤的語法》：*A*～ ***to*** the Bible [the papers].... 根據聖經[報紙](所說)…。(2)依照…，視…而定：arrangement ～ ***to*** authors 按照作者的順序排列/～ ***to*** circumstances 視情況而定。

ac·cord·ing·ly [əˈkɔrdɪŋlɪ; əˈkɔːdiŋli] *adv.* (無比較級、最高級) **1** [當連接副詞用]因此，由於，所以。**2** 如前所說；適當地，相應地。

ac·cor·di·on [əˈkɔrdɪən; əˈkɔːdiən] *n.* Ⓒ手風琴。

accordion

accórdion dóor *n.* Ⓒ摺門《似手風琴風箱之蛇腹，可伸縮自如調整寬窄；可用以隔間》。

ac·cór·di·on·ist [-nɪst; -nist] *n.* Ⓒ手風琴師。

accórdion pléats *n. pl.* 百褶裙《婦女穿的有細小褶皺的裙子》。

ac·cost [əˈkɔst; əˈkɔst] *v.t.* **1** 向〈陌生人〉搭話[搭訕]，招呼…。**2** 〈乞丐、娼妓等〉向〈人〉招攬，出聲拉〈客〉。

‡**ac·count** [əˈkaunt; əˈkaunt] *n.* **A** **1** Ⓒ (金錢上的)計算；帳(單)，帳目：balance ～*s* (*with...*) (與…)結清帳目/keep ～*s* 記帳/send (in) an ～ 送上帳單(請求未付之款項)，送上(未付款項的)帳[請款]單/settle [square] an ～ *with...* 結清與…之帳；向…報復[找…算帳]。

accordion door

2 Ⓒ **a** (與銀行等的)財務往來；帳戶，戶頭；存款(額)：close an ～ *with...* 與…結束財務往來，取消〈銀行〉的戶頭，與〈銀行〉停止財務[帳目]來往/have an ～ *with* [*at*]... 與…有帳目往來，在〈銀行〉設有戶頭/open [start] an ～ *with* [*at*]... 與…開始帳目往來，在〈銀行〉開戶頭。**b** 賒帳：charge...to a person's ～ 將…記在某人帳上/put...(down) to a person's ～ 將…記在某人帳上/Short ～*s* make long friends. 《諺》帳目常清才能長保友誼[親兄弟明算帳]。

3 Ⓤ **a** 評價，考慮：take ～ of...＝take...into ～ 對…加以考慮；斟酌…/take no ～ of...＝leave...out of ～ 忽視…/hold...in [of] great ～ 非常重視…/hold...in [of] no [low] ～ 輕視…/make much [little, no] ～ of...重視[不重視]…。**b** 《文語》重要(性)：*of* much [no] ～ 重要的[不重要的]。

4 Ⓤ利益，益處：turn...to (good) ～ 善加利用[活用]…，有效地運用…。

—**B** **1** Ⓒ (事件等的)報告，記事；(依事情的先後順序做的詳細)敍述：give an ～ of... 敍述…的始末 (cf. B 2)/*Accounts* differ. 說法因人而異。**2** Ⓒ (有關金錢、責任的處理經過的)報告(書)；答辯，辯明，說明：bring [call] a person to ～ 要求〈人〉解釋；責問〈人〉/give an ～ of... 說明[答辯]…，說明…的經過 (cf. B 1)。**3** ⓊⒸ原因，理由：on that [this] ～ 因為那個[這個]理由。

by [from] áll accóunts 人人[到處]都這麼說，據聞。

give a góod accóunt of onesèlf 《口語》(競賽時)表現出色，表現得好；充分證明自己有理。

in accóunt with... 與…有帳目往來。

móney of accóunt ⇨ money.

nòt...on ány accóunt ＝on no ACCOUNT.

on accóunt (1)做為暫付款或定金：money paid *on* ～ 定金，暫付款；部分支付的款項；分期支付的款項。(2)賒帳，掛帳；以分期付款。

on a person's accóunt (1)以某人的帳[費用]。(2)為了某人：I did it *on* yóur ～. 我為你做了這件事。

on accóunt of... 因為…，為…的緣故：I was absent from school *on* ～ *of* illness. 我因病而沒去上學。

on áll accóunts ＝**on évery accóunt** 無論如何，不管怎樣；務必 (by all means)。

on nó accóunt 不論任何理由決不…，切莫：*On no* ～ forget to lock the door. 千萬別忘了鎖門。

on one's ówn accóunt (1)獨自地，自行。(2)自行負責。(3)為了自己(的利益)打算。

—*v.t.* 〔十受十(*to be*)補〕把…認為〈…〉，視…〈為…〉：They ～*ed* themselves happy. 他們以為自己幸福/By law a man is ～*ed* (*to be*) innocent until he is proved guilty. 在法律上一個人在被證明有罪之前仍被認為是無辜的。

—*v.i.* 〔十介十(代)名〕**1** 〔就託付款項等的開銷[處置]情形〕〔向人〕說明[報告，報帳]〔*to*〕〔*for*〕《★可用被動語態》：I am to ～ ***to*** my parents ***for*** my monthly allowance. 我得向我的父母報告每月零用錢的開銷情形。

2 **a** 〈人〉〔就…的理由〕說明，解釋〔*for*〕《★可用被動語態》：The alteration is quite easy to ～ ***for***. 變更的理由很容易說明/There is no ～*ing for* tastes. 《諺》人各有所好[各人的嗜好是無法解釋的]。**b** 〈事實〉(足以)說明〔…〕，〈事實〉成為〔…的〕說明[原因]〔*for*〕《★可用被動語態》：That ～*s* ***for*** his absence. 那說明了他為何缺席。

3 〔為行為等〕負責〔*for*〕《★可用被動語態》：We ask you to ～ ***for*** your conduct. 我們要求你為你的行為負責。

4 打死，殺死〔獵物、敵人等〕〔*for*〕《★可用被動語態》：He ～*ed* ***for*** two of the enemy. 他打死了其中的兩名敵人。

ac·count·a·bil·i·ty [ə͵kauntəˈbɪlətɪ; əkauntəˈbiləti] «accountable 的名詞» —*n.* Ⓤ (負有)責任或義務。

ac·count·a·ble [əˈkauntəbl̩; əˈkauntəbl] *adj.* **1** [不用在名詞前]〔十介十(代)名〕有義務〔向人〕〔就…〕加以說明的，應就〔…〕加以解釋的；〔因…事〕〔對某人〕有責任的〔*to*〕〔*for*〕：You are ～ (***to*** me) ***for*** what you have done. 你應對自己的所做所為(向我)負責[說明]。**2** 可說明的：His excitement is easily ～ (for). 他激動的理由是容易解釋的。**-a·bly** [-təblɪ; -təbli] *adv.*

ac·coun·tan·cy [əˈkauntənsɪ; əˈkauntənsi] *n.* Ⓤ會計或會計師之職業[職務，事務]。

ac·coun·tant [əˈkauntənt; əˈkauntənt] *n.* Ⓒ會計(師)，主計，出納：⇨ certified public accountant.

accóunt bòok *n.* Ⓒ會計簿，出納簿，帳簿，收支簿。

accóunt cúrrent *n.* ＝current account.

accóunt dày *n.* Ⓒ[常 **the** ～]結帳日；付款日。

ac·cóunt·ing *n.* Ⓤ會計(學)；會計決算，計算；商業會計法，會計理論；記帳，清理帳務。

ac·cou·ter [əˈkutɚ; əˈkuːtə] *v.t.* 以(特殊的)服裝供給〈人〉；裝備〈士兵等〉《★常用被動語態》。

ac·cóu·ter·ments [-mənts; -mənts] *n. pl.* **1** 服裝，裝束。**2** 《軍》(武器、軍服以外的)配備。

ac·cou·tre [əˈkutɚ; əˈkuːtə] *v.* 《英》＝accouter.

ac·cóu·tre·ments [-mənts; -mənts] *n. pl.* 《英》＝accouterments.

ac·cred·it [əˈkrɛdɪt; əˈkredit] *v.t.* **1** 〔十受十介十(代)名〕視〔某

A

事〕爲〈某人〉所爲；將〔…〕歸功[歸因]於〈人〉〔*with*〕《★常用被動語態》：He *is ~ed with* the invention of the machine. 他被認爲是發明這種機器的人[人們把這種機器的發明歸功於他]/He *is ~ed with* hav*ing* done it. 人們認爲這件事是他幹的。**2 a** 〔十受〕授與〈人〉信用狀。**b** 〔十受十介十(代)名〕授與〈大使等〉信任狀[國書]並派遣〔至某國〕〔*to, at*〕：He was *~ed to* Washington. 他奉派到華盛頓(爲駐美大使)。

ac·créd·it·ed *adj.* **1** 〈大學、醫院等〉被認定合格的，經備案[立案]的；〈牛奶、奶粉等〉品質被認可的。**2** 〈學說等〉爲一般所承認[接受]的。

ac·cre·tion [ə'kriʃən; ə'kri:ʃn] *n.* 《文語》**1** Ⓤ(由於發育或外來附著物等的)生長，增大；附著；黏連；合生；癒合。**2** Ⓒ增加[附著]物；生長部分；合生物。

ac·cru·al [ə'kruəl; ə'kru:əl] *n.* **1** Ⓤ增加，增殖。**2** Ⓒ增加物，增加額。

ac·crue [ə'kru; ə'kru:] *v.i.* **1 a** 〈利益等〉自然增加；〈利息〉自然增值。**b** 〔十介十(代)名〕〈責任、義務〉〔由於…〕產生〔於人〕〔*to*〕〔*from*〕：Certain responsibilities ~ *to* us *from* our use of public facilities. 我們因使用公共設施而應該承擔某些責任。**2** 《法律》(權利)生出，產生。

acct. 《略》account；accountant.

ac·cul·tur·a·tion [ə,kʌltʃə'reʃən; ə,kʌltʃə'reiʃn] *n.* Ⓤ **1** 《社會學》(由於各種不同文化相接觸而產生的一種)混合型文化，涵化，文化之攝取，文化交流。**2** 《心理》文化適應《於成長期對社會的適應》。

ac·cu·mu·late [ə'kjumjə,let; ə'kju:mjuleit] *v.t.* 〔十受〕(長期地)積聚，累積，堆積；積蓄…：He *~d* a fortune by hard work. 他靠努力工作積蓄了一筆財富。

—*v.i.* 積聚，累積，堆積；儲蓄，攢錢。

ac·cu·mu·la·tion [ə,kjumjə'leʃən; ə,kju:mju'leiʃn] 《accumulate 的名詞》**—*n.*** **1** Ⓤ堆積，積聚，累積；積蓄。**2** Ⓒ堆積物，積聚物；累積物；積蓄的錢。

ac·cu·mu·la·tive [ə'kjumjə,letɪv; ə'kju:mjulətiv] *adj.* **1** 積聚的，累積的。**2** 好貯蓄的。

ac·cú·mu·là·tor [-tɚ; -tə] *n.* Ⓒ **1** 積聚者，積蓄者；蓄財者。**2** 《英》蓄電池(storage battery). **3** 《電算》累加器，累積器《在演算裝置內，用以儲存將成爲演算處理之對象的資料及演算結果的暫存器(register)》.

ac·cu·ra·cy ['ækjərəsɪ; 'ækjurəsi] 《accurate 的名詞》**—*n.*** Ⓤ正確性，精確性，準確性：with ~ 準確地，正確地。

ac·cu·rate** ['ækjərɪt; 'ækjurət] 《源自拉丁文「注意」之義》**—*adj. (more ~; most ~) **1 正確的，準確的**；精確的，精密的(⇨ correct【同義字】)：an ~ measurement 精確的尺寸。**2** [不用在名詞前]〔十介十(代)名〕〈人〉〔在…方面〕準確的，正確的，精確的〔*in, at*〕：He is ~ *at* figures. 他做計算準確/He is ~ *in* what he says and does. 他言如其行[言行一致]；他言行均注意其正確性。

to be áccurate 正確地說，精確地說：He'll come on Thursday night, or, *to be* ~, on the 10 p.m. flight from New York. 他將於星期四晚上來；說得精確一些，他是搭午後十時從紐約起飛的班機來。**~·ly** *adv.*

ac·curs·ed [ə'kɝsɪd; ə'kə:sid] *adj.* **1** 被詛咒的，倒楣的，不幸的。**2** 可厭的，可惡的。**~·ly** [-sɪdlɪ; -sidli] *adv.*

ac·curst [ə'kɝst; ə'kə:st] *adj.* =accursed.

accus. 《略》accusative.

ac·cu·sa·tion [,ækjə'zeʃən; ækju'zeiʃn] 《accuse 的名詞》**—*n.*** ⓊⒸ **1 a** 《法律》控訴，告發，控告：bring [lay] an ~ against... 告發[起訴，控告]…。**b** 罪狀，罪名：(a) false ~ 誣告，不實的指控。**2 a** 非難，譴責。**b** 〔十 *that*__〕〈…一事的〉非難，譴責：The ~ *that* I stole the money is false. 說我偷了錢的指控是不實的。

ùnder an accusátion of... (1)被控以…之罪。(2)因…被譴責[非難]。

ac·cu·sa·tive [ə'kjuzətɪv; ə'kju:zətiv] 《文法》*adj.* (希臘文、拉丁文、德語等的)受格的《相當於英語的直接受格；cf. objective 4》：the ~ case 直接受格。

—*n.* **1** [the ~]直接受格。**2** Ⓒ直接受格的字；直接受格形。

ac·cu·sa·to·ry [ə'kjuzə,torɪ, -,tɔrɪ; ə'kju:zətəri] *adj.* **1** 控訴的，告發的，起訴的。**2** 非難的，詰問的。

***ac·cuse** [ə'kjuz; ə'kju:z] *v.t.* **1** 《法律》**a** 〔十受〕**告發，控訴〈人〉**：The police *~d* him. 警方告發了他。**b** 〔十受十介十(代)名〕〔以…理由〕告發，控告〈人〉〔*of*〕：~ a person *of* theft 控告某人偷竊/She *~d* him *of* steal*ing* her car. 她控告他偷竊她的車子。**c** 〔十受十 *as* 補〕指控，控告，控訴〈人〉〈爲…〉：He was *~d as* an accomplice. 他被控告爲共犯。**2 a** 〔十受〕**非難，譴責**；歸咎於〈人、事〉：~ the times 歸咎於時代。**b** 〔十受十介十(代)名〕〔以…理由〕**非難，譴責〈人、事〉**〔*of*〕：He was *~d of* cowardice. 他因怯懦而受到指責[人們指責他怯懦]。

ac·cúsed *adj.* **1** 〈人〉被問罪的，被告發的。**2** [the ~；當名詞用]《刑事訴訟的》被告(們)，嫌犯(↔ accuser)《★用法視爲一整體時當單數用，指個別成員時當複數用》。

ac·cús·er *n.* Ⓒ控訴者，原告；非難者(↔ the accused).

ac·cús·ing *adj.* 非難的，譴責的，歸咎的：with an ~ eye 以譴責的眼光。**~·ly** *adv.*

***ac·cus·tom** [ə'kʌstəm; ə'kʌstəm] *v.t.* 〔十受十介十(代)名〕**1 使〈人、動物等〉習慣〔於…〕**〔*to*〕：~ a hunting dog *to* the noise of a gun 使獵犬習慣於槍聲。**2** 〔~ one*self*〕習慣〔於…〕〔*to*〕《★也以過去分詞當形容詞用；⇨ accustomed 2》：*A~ yourself to* get*ting* up early. 你要使自己習慣於早起。

ac·cús·tomed *adj.* (無比較級、最高級) **1** [用在名詞前]**已習慣的**；通常的，慣例的：her ~ silence 她(那)慣常的沈默。**2** [不用在名詞前] **a** 〔十介十(代)名〕習慣〔於…〕的〔*to*〕(cf. accustom 2)：I am not ~ *to* walk*ing* long distances. 我不習慣於長距離的步行/The young man soon became ~ *to* hard work. 那青年很快就習慣於辛苦的工作了。**b** 〔十 *to* do〕習慣〈做…〉的《★比較《口語》一般用 used to...》：He was ~ *to* sleep for an hour after his lunch. 他習慣於在午餐後睡一個小時。

AC/DC **1** 《電學》交流或直流的。**2** 《俚》=bisexual *adj.* 2.

ace [es; eis] *n.* Ⓒ **1** (紙牌戲、骰子的)A(牌)，么點；么點牌。

> **【字源】**原來指骰子的么點，後來兼指紙牌的么點牌。又因爲么點牌是該組牌中最强的一張，所以衍生出「頂尖的人才」「一流的人物」之義。

2 a 《網球・羽毛球等》發球得分(service ace)《令對手無法接住或返打的發球》。**b** (發球使對方無法順利返打)所得的一分。

aces 1

3 a 《口語》第一流的人[物]；王牌；頂尖的人才；最優秀的選手：an ~ of the pitching staff 投手羣中的頭號投手。**b** 《軍》(在美軍爲擊落五架以上，在英軍爲擊落十架以上敵人飛機的)空戰英雄：an ~ of ~s 無以倫比的空戰英雄，超羣出衆的空中英雄。

an [one's] áce in the hóle 《口語》保留著用於最後關頭而足以反敗爲勝的事物，殺手鐧，最後出奇致勝的手段，最後的王牌《★出自紙牌戲》。

hàve an áce ùp one's **sléeve** 《口語》持有最後的王牌[殺手鐧]，掌握重要消息或論據。

ace 1

within an áce of... 差一點…，險些…，瀕於…：He was [came] *within an ~ of* death [be*ing* killed]. 他險些喪命[被殺]，他死裏逃生。

—*adj.* [用在名詞前]最優秀的，一流的，王牌的，頂尖的：an ~ pitcher [pilot] 最優秀的投手[飛行員]。

a·cen·tric [e'sɛntrɪk, æ-; æ'sentrik] *adj.* 無中心的；離心的：~ motion 離心運動。

acer·bic [ə'sɝbɪk; ə'sə:bik] *adj.* 〈言語、態度、性情等〉尖刻的，刻薄的，苛刻的，嚴苛的：~ wit 尖刻的妙語。

a·cer·bi·ty [ə'sɝbətɪ; ə'sə:bəti] 《acerbic 的名詞》**—*n.*** 《文語》**1** Ⓤ苦味，澀味，酸味。**2 a** Ⓤ(性情、態度、言語等的)激烈，嚴苛，苛刻。**b** Ⓒ苛刻的言語[態度(等)]。

ac·e·tate ['æsə,tet; 'æsiteit] *n.* Ⓤ **1** 《化學》醋酸鹽。**2** 醋酸人造絲[纖維]。

a·ce·tic [ə'sitɪk, ə'sɛtɪk; ə'si:tik] *adj.* (會產生)醋的；酸的。

acétic ácid *n.* Ⓤ《化學》醋酸《乙酸的俗名》。

a·ce·ti·fy [ə'sɛtə,faɪ; ə'setifai] *v.t.* 使…成醋；使…發酸。

—*v.i.* 醋化，發酸。

ac·e·tone ['æsə,ton; 'æsitoun] *n.* Ⓤ《化學》丙酮《無色、揮發性的可燃液體，作爲溶劑用於油漆等》。

ac·e·tous ['æsɪtəs, ə'sitəs; 'æsitəs] *adj.* **1** 含醋酸的；產生醋酸的。**2** 似醋的；酸的。

a·ce·tyl ['æsə,tɪl; 'æsitil] *n.* Ⓤ《化學》乙醯基；醋酸基。

a·cet·y·lene [ə'sɛtḷ,in; ə'setili:n] *n.* Ⓤ《化學》乙炔，電石氣《無色氣體，燃燒時有明亮火焰，用於電石氣燈及鎔接或切斷金屬》：the ~ series《化學》乙炔系列/an ~ torch 乙炔吹管，乙炔炬《鎔接或切斷金屬用》。

***ache** [ek; eik] *v.i.* **1 a** 〈牙齒、頭、心等〉(持續地)**疼痛，隱隱作痛**：My head ~s. 我頭痛/After the fall, I *~d* all over. 跌倒後，我全身疼痛。**b** 〔十介十(代)名〕〔因…而〕疼痛〔*from, with*〕；〔爲…而〕心痛〔*for*〕：My arm *~s from* writing. 我的手臂因寫字而疼痛/Her heart *~d for* the homeless boy. 她爲這個無家可歸的男孩感到心痛。

2 《口語》**a** 〔十介十(代)名〕懷念，惦念〔…〕〔*for*〕：Her heart *~d for* him. 她心裏一直惦念著他。**b** 〔十 *to* do〕渴望〈做…〉：She *~s to* see you again. 她渴望再見到你。

—*n.* Ⓒ[常構成複合字；ⓊⒸ參閱各詞條]**疼痛，酸疼**；苦痛（⇨ pain【同義字】）：have ～*s* and pains（身體）到處疼痛/an ～ *in* the [one's] knee 膝蓋痛/⇨ backache, headache, heartache, stomachache, toothache.

Ach·er·on [ˋækəˏrɑn; ˈækərɔn] *n.* **1**《希臘・羅馬神話》冥河（cf. Styx）. **2** Ⓤ地獄，冥府；黃泉。

a·chiev·a·ble [əˋtʃivəbl; əˈtʃi:vəbl] *adj.* 可完成的，可達成的。

***a·chieve** [əˋtʃiv; əˈtʃi:v] «源自古法語「達到頂點[終了]」之義»—*v.t.* 〔十受〕**1** **達成，完成，成就，實現**〈任務等〉（⇨ accomplish【同義字】）：～ a task 完成工作[任務]/All this cannot be ～*d* in a day. 這無法在一天之內全部完成.

2 **達到**〈目的〉，**樹立**〈功績〉，**博得**〈聲譽〉：～ one's purpose [success] 達到目的[獲得成功]/～ distinction in mathematics 在數學方面博得名聲[獲得殊榮]/～ independence 獲得獨立。

—*v.i.* **1**《罕》達成目的；獲得預期的結果。**2**《美》（在學業方面）達到一定的水平。

a·chieve·ment [əˋtʃivmənt; əˈtʃi:vmənt] «achieve 的名詞» —*n.* **1** Ⓤ**達成，成就，成功**。**2** Ⓒ**事功**；**成績**；功績，偉業：a list of his ～*s* 他的學業成績單。

achíevement àge *n.* Ⓒ《心理》成就年齡，成績年齡。

achíevement quòtient *n.* Ⓒ《心理》成績商數《以實際年齡除教育年齡所得的商數；略作 AQ, A.Q.》。

achíevement tèst *n.* Ⓒ《心理》成績測驗；教學成就測驗。

A·chil·les [əˋkɪliz; əˈkili:z] *n.* 阿奇里斯《荷馬（Homer）的史詩伊里亞特（*Iliad*）中的希臘英雄》。

【插圖說明】Thetis 正把 Achilles 浸於 Styx 河水中。

Achílles(ʼ) héel *n.* Ⓒ唯一的弱點，致命處，要害。

> 【字源】Achilles 的母親塞諦斯（Thetis）因爲聽說冥河（Styx）之水可以使人變成刀槍不入之身，所以把幼小的他浸泡其中。當時他的踵部因由他的母親抓著，未能浸到冥河水而成爲他唯一的弱點，後因被箭射中此處而死。

Achílles(ʼ) téndon *n.* Ⓒ《解剖》阿奇里斯腱，跟腱《連接小腿肌肉和踵骨的腱》。

a·choo [ɑˋtʃu; əˈtʃu:] *interj.*《美》＝atchoo.

ach·ro·mat·ic [ˏækrəˋmætɪk; ˏækrəˈmætik] *adj.*《光學》消色差的，消色的；無色的；《生物》非染色性的：an ～ lens 消色差透鏡/～ vision 全色盲。

a·chro·ma·tism [eˋkroməˏtɪzəm; əˈkroumətizəm] *n.* Ⓤ《光學》無色；（透鏡等的）消色差性。

a·chro·ma·tize [eˋkroməˏtaɪz; əˈkroumətaiz] *v.t.* 使…無色，使…消色。

***ac·id** [ˋæsɪd; ˈæsid] *adj.* (**more** ～；**most** ～) **1** **酸的，有酸味的**：an ～ taste [fruit] 酸味[水果]《★指未成熟水果等的酸味；對於令人覺得「好吃」的酸味用 sour 而不用 acid》.**2**〈性情、表情、言語〉**尖酸刻薄的，嘲諷的，諷刺的**。**3**《化學》**酸（性）的**（↔ alkaline）：an ～ reaction 酸性反應。

—*n.* **1** Ⓤ有酸味之物[液體]。**2** ⓊⒸ《化學》酸。**3**《俚》＝LSD.

ácid-hèad *n.* Ⓒ《俚》嗜用迷幻藥 LSD 的人。

a·cid·ic [əˋsɪdɪk, æˋsɪdɪk; əˈsidik] *adj.* **1** 含有大量矽酸的；酸性的。**2** 在化學反應中產生酸的；酸基性的。

a·cid·i·fi·ca·tion [əˏsɪdəfɪˋkeʃən; əˏsidifiˈkeiʃn] «acidify 的名詞»—*n.* Ⓤ酸化（作用）；發酸。

a·cid·i·fy [əˋsɪdəˏfaɪ; əˈsidifai] *v.t.* 使…變酸；《化學》使…酸化，使…變酸性。

—*v.i.* 變酸；成酸性。

a·cid·i·ty [əˋsɪdətɪ; əˈsiditi] *n.* Ⓤ酸味；酸性；酸度；酸量過多。

ac·i·do·sis [ˏæsɪˋdosɪs; ˏæsiˈdousis] *n.* Ⓤ《醫》酸中毒，酸血症，酸毒症。

ácid ráin *n.* Ⓤ酸雨。

ácid ròck *n.* Ⓤ 引起吸毒幻覺般的瘋狂搖滾樂，迷幻搖滾樂。

ácid tést «因從前試金使用硝酸»—*n.* Ⓒ **1** 酸性試驗。

2 [常 **the** ～]嚴密的檢查；（足以證明某事物之價值的）決定性的考驗。

ácid trìp *n.* Ⓒ《俚》因服用迷幻藥而產生的迷幻經驗，迷幻遊。

a·cid·u·late [əˋsɪdʒəˏlet; əˈsidjuleit] *v.t.* 加酸味於…，使…有酸味。

a·cíd·u·làt·ed *adj.*〈飲料、水果糖等〉加了酸味的，帶有酸味的。

a·cid·u·lous [əˋsɪdʒələs; əˈsidjuləs] *adj.* **1** 微酸的，有酸味的。

2〈言語、態度等〉尖酸刻薄的；嚴苛的。

ack-ack [ˋækˏæk; ˏækˈæk] «源自 AA（＝*a*nti*a*ircraft）的信號用讀法»—*n.* Ⓤ[有時 ～s]高射砲（射擊）。

ac·knowl·edge [əkˋnɑlɪdʒ; əkˈnɔlidʒ] *v.t.* **1** **承認**：**a** 〔十受〕承認…的事實[存在]，承認…的眞實性，承認…爲眞實：He ～*d* the truth of it. 他承認它爲眞實/He ～*d* his faults. 他承認自己的錯誤。**b** 〔十 do*ing*〕承認，招認，供認〈做（了）…〉：He ～*d* hav*ing* broken the law. 他供認違反了法律。**c** 〔(十介十(代)名)十（*that*)＿〕〔向人〕承認，招認，供認〈…之事〉〔*to*〕：He ～*d* (*to* me) *that* he had broken the law. 他(向我)供認他違反了法律。**d** 〔十受十(*to be*)補/十受十*as* 補〕承認，招認，供認…〈爲…〉：He ～*d* it *as* true. 他承認它是眞實的/He is ～*d to be* the highest authority on the subject. 他被公認爲這門學科的最高權威。

2 〔十受〕函覆[通知]已收到〈信件等〉；函謝，領謝…：I ～ (receipt of) your letter. 來函敬悉/*A*～ the gift at once. 你要立即函謝贈禮。

3 〔十受十介十(代)名〕〔以姿態、表情、點頭等〕示意注意到…，向…打招呼〔*by, with*〕：He ～*d* my presence ***with*** a nod. 他以點頭示意注意到我已到場。

4 〔十受〕爲…表示感謝，向…道謝：～ a favor 答謝所受的關照[幫助]。

5 〔十受〕《法律》（正式地）承認〈證書等〉：Do you ～ this signature？你承認這是你的簽字嗎？《這確實是你的簽字嗎？》

ac·knówl·edged *adj.* 被認可的，公認的，已有定評的。

ac·knowl·edg·ment,《英》**ac·knowl·edge·ment** [əkˋnɑlɪdʒmənt; əkˈnɔlidʒmənt] «acknowledge 的名詞»—*n.* **1** Ⓤ承認，供認，招認，自白〔*of*〕. **2** Ⓒ回報；回執；收悉通知，收條；藉以表示已收到之物；謝函：an ～ *of* his letter 收到他的信之回報通知。

> 【說明】受到讚美時，英美人士通常會直率地說 "Thank you."（謝謝）來表示感謝。尤其本人收到禮物時，通常當場打開欣賞並致謝；從不十分熟悉的人或郵寄得到禮物時，應於一週內去謝函。

3 a Ⓤ感謝，答謝，申謝：in thankful ～ 領謝地，感謝地/in ～ of... 藉以感謝…。**b** Ⓒ謝禮；回禮；藉以表示感謝之物：bow one's ～*s* of...〈對於喝采等〉表示感謝（頻頻）鞠躬。**c** [～s]（作者對協助者的）謝意，感謝詞：I record here my warmest ～*s to* him *for* his permission. 承他許可，在此謹誌衷心的謝意。

ac·me [ˋækmɪ, ˋækmi; ˈækmi] *n.* [**the** ～]頂點；極點，極致；全盛期，登峯造極〔*of*〕：*the* ～ *of* beauty 美的極致。

ac·ne [ˋæknɪ, ˋækni; ˈækni] *n.* Ⓤ《醫》痤瘡《面皰（pimple）等皮膚病》。

ac·o·lyte [ˋækəˏlaɪt; ˈækəlait] *n.* Ⓒ **1**《天主教》**a** 侍僧《下級神職人員之一》。**b** 輔祭《舉行儀式時的助手，通常由 altar boy 擔任》。**2** 助手，隨員。

Ac·on·ca·gua [ˏakɔŋˋkagwa; ˏɑ:kɔŋˈkɑ:gwə] *n.* 阿空卡瓜峯《南美安地斯山脈（the Andes）中的一峯，爲西半球最高峯》。

ac·o·nite [ˋækəˏnaɪt; ˈækənait] *n.* **1** Ⓤ[指個體或種類時爲Ⓒ]《植物》烏頭《毛茛科烏頭屬草本植物的統稱；其根與葉可提煉生物鹼，供藥用》。**2** Ⓤ烏頭鹼《用作鎮痛劑》。

a·corn [ˋekərn, ˋekɔrn; ˈeikɔ:n] *n.* Ⓒ橡實，槲果，橡子《櫟屬喬木（oak）的有殼斗的果實》。

ácorn cùp *n.* Ⓒ殼斗，杯形托《殼斗科植物雌花的總苞》。

a·cous·tic [əˋkustɪk; əˈku:stik] *adj.* **1 a** 聽覺的：～ aids 助聽器/～ education 音感教育/an ～ image 聽覺形像/the ～ nerve 聽神經。**b** 音響（上）的；音響學的：～ phonetics 聲波語音學；音響儀器語音學。

2〈樂器〉不用電傳聲的，原聲的：an ～ guitar 原聲吉他《指不用電傳聲而用原聲的普通吉他》。

a·cóus·ti·cal·ly [-klɪ; -kəli] *adv.*

acóustic guitár *n.* Ⓒ原聲吉他，普通吉他。

a·cous·tics [əˋkustɪks; əˈku:stiks] *n.* **1** Ⓤ音響學；聲學。**2** [當複數用]（禮堂等的）音響效果[狀態]。

ac·quaint [əˋkwent; əˈkweint] *v.t.* 〔十受十介十(代)名〕**1** 使〈人〉知道〔…〕，告知〈人〉〔…〕〔*with*〕：*A*～ him ***with*** your intention. 使他知道你的意向/Let me ～ you *with* the facts of the case. 我來告訴你這事件的眞相。**2** [～ one*self*]**熟悉**〔…〕，精通〔…〕〔*with*〕《★常以過去分詞當形容詞用；⇨ acquainted 1》：You must ～ ***yourself with*** your new job. 你必須熟悉你的新工作。

ac·quain·tance [əˋkwentəns; əˈkweintəns] «acquaint 的名詞»—*n.* **1 a** Ⓒ**相識的人，熟人**《★用法 指並不像朋友般親密而由於工作等之關係而互相認識的人》：He is not a friend, only an ～. 他不是朋友，只是相識。**b** [用單數；集合稱]熟人們《★現在用於下列片語》：have *a* wide ～ 交遊廣闊；交際圈廣。

2 Ⓤ[又作 **an** ～]**所知，認識，熟悉，知曉**；知識〔*with*〕：have personal ～ *with*... 與某人有私交/have *a* slight [*an* intimate]

A

～ *with*... 對…稍有[十分]知悉[瞭解]/gain ～ *with*... 得以認識…/cut [drop] one's ～ *with*... 與…絕交/cultivate a person's ～ 設法與某人互相更熟悉/make [seek] the ～ of a person＝make [seek] a person's ～ 結識某人[設法結識某人]。

hàve a nódding [bówing] acquáintance with... ⇨ nodding acquaintance, bowing acquaintance.

ac·quáin·tance·shìp [-təns,ʃɪp; -tənsʃip] *n.* Ⓤ[又作 **an** ～] **1** 相識，認識，熟悉〔*with*〕. **2** 交友關係，交際〔*with, among*〕: have *a* wide ～ *among*... 在…之間有很多熟人。

ac·quáint·ed *adj.* [不用在名詞前] **1** 〔十介十(代)名〕精通〔…〕的〔*with*〕(cf. acquaint 2)：He is (well) ～ ***with*** French. 他精通法語。

2 **a** (與人)相識的：Are you (two) ～? 你們(兩位)相識嗎? **b** 〔十介十(代)名〕〔與人〕相識的〔*with*〕: I am [got, became] ～ ***with*** him. 我跟他相識[結識了他]/She and I have been long ～ *with* each other. 她和我相識已久《交往已久》。

gèt a person **acquáinted** 《美》使〈人〉結識人，向〈人〉介紹人。

màke a person **acquáinted with** a thing [person] 使〈人〉知悉某事[結識某人]。

ac·qui·esce [,ækwɪ'ɛs; ,ækwi'es] *v.i.* **1** 勉強同意，默從，默許，默認：He is so independent that he will never ～. 他很有主見，所以絕不會勉强順從[同意]。

2 〔十介十(代)名〕〔對…〕默許〔*in*〕《★可用被動語態》：They ～*d* ***in*** our proposal. 他們勉强同意了我們的提議。

ac·qui·es·cence [,ækwɪ'ɛsṇs; ,ækwi'esns] «acquiesce 的名詞»—*n.* Ⓤ勉强的同意，默從，默認，默許。

ac·qui·es·cent [,ækwɪ'ɛsṇt; ,ækwi'esnt] *adj.* 勉强同意的，順從的，默從的，默認的，默許的。～**·ly** *adv.*

***ac·quire** [ə'kwaɪr; ə'kwaiə] «源自拉丁文「求之於…」之義»—*v.t.* 〔十受〕 **1** **a** (經由努力或實際行動而)獲得，學得〈知識、學問等〉(⇨ get *v.t.* A 2【同義字】)：～ a foreign language 學會一種外國語言。**b** 養成〈習慣等〉：～ a habit 養成一種習慣[習性]。

2 取得，獲得〈財產、權利等〉：～ land 獲得土地/～ industrial secrets (非法地)取得產業祕密。

3 (用雷達等)捕捉住〈目標等〉：～ a target by radar 用雷達捕捉目標。

ac·quíred *adj.* **1** 獲得的，既得的。**2** 學習得來的；後天養成的(↔ hereditary, innate)：an ～ characteristic [character]《生物》後天性，獲得性/an ～ taste 經學習而逐漸喜歡上的嗜好《如煙、酒等》；學得[後天養成]的嗜好〔*for*〕.

ac·quíre·ment «acquire 的名詞»—*n.* **1** Ⓤ取得，獲得；習得(能力)〔*of*〕《★比較一般用 acquisition》. **2** Ⓒ[常 ～**s**]學得之物；(尤指)學識，技能，藝能，才藝。

ac·qui·si·tion [,ækwə'zɪʃən; ,ækwi'ziʃn] «acquire 的名詞»—*n.* **1** Ⓤ獲得，學得，習得〔*of*〕. **2** Ⓒ獲得之物，所獲，收穫；偶然得到的珍品《人才》；增添之圖書：recent ～*s* to the library 圖書館新購的圖書。

ac·quis·i·tive [ə'kwɪzətɪv; ə'kwizitiv] «acquire 的形容詞»—*adj.* **1** 想獲得的；貪得的，覬覦的：an ～ mind 好學之心；利慾心/～ instinct 獲取的本能，貪婪的本性。**2** [不用在名詞前]〔十介十(代)名〕好求〔…〕的；貪〔…〕的〔*of*〕: be ～ ***of*** money 貪財的/be ～ *of* knowledge 有求知慾[好求知識]的。

～**·ly** *adv.* ～**·ness** *n.*

ac·quit [ə'kwɪt; ə'kwit] *v.t.* (**ac·quit·ted**; **ac·quit·ting**) **1** **a** 〔十受〕無罪開釋，免罪釋放〈人〉：～ a prisoner 釋放(刑事訴訟之)被告。**b** 〔十受十介十(代)名〕〔就嫌疑、罪〕對〈人〉宣告無罪，判…無罪〔*of*〕: The jury *acquitted* her ***of*** the crime. 陪審團宣告她無罪/be *acquitted of* a charge 被宣告無罪釋放。**c** 〔十受十介十(代)名〕免[解]除〈某人〉〔責任等〕〔*of*〕: ～ a person ***of*** his duty 卸除某人的義務。**2** [～ one*self*] **a** 〔十受〕[與 well 等狀態副詞連用]行動，表現；扮演(得…)：～ *oneself* well [badly] 表現良好[不佳]；扮演得成功[拙劣]。**b** 〔十受十介十(代)名〕履行，盡〔責任〕；清償，償還〔債務等〕〔*of*〕: ～ *oneself **of*** one's duty 善盡職責。

ac·quit·tal [ə'kwɪtḷ; ə'kwitl] «acquit 的名詞»—*n.* ⓊⒸ **1** 無罪開釋，釋放：win ～ 獲得無罪釋放。**2** 償還債務，責任[義務]的卸除。

ac·quit·tance [ə'kwɪtṇs; ə'kwitns] *n.* **1** ⓊⒸ宣告無罪。**2** ⓊⒸ免除責任；解除；債務清償；償債。**3** Ⓒ償債收據；解除債務證明書。

***a·cre** ['ekə; 'eikə] «源自古英語「田地」之義»—*n.* **1** Ⓒ噉，英畝《面積的單位；等於 4840 平方碼，約 4047 平方公尺；略作 a.》.

2 [～**s**]土地，地：broad ～*s* 廣大的土地。

3 [～**s**]《口語》大量，多數〔*of*〕: ～*s of* room 寬廣的空間。

Gód's ácre ⇨ God's acre.

a·cre·age ['ekərɪdʒ; 'eikəridʒ] *n.* Ⓤ[又作 **an** ～] 噉數；以噉計算的面積：What is the ～ of the farm? 這農場面積有幾噉?/The farm has *a* considerable ～. 這農場有相當多噉數的面積。

ac·rid ['ækrɪd; 'ækrid] *adj.* **1** (味道、氣味等)辛辣的，刺激的，苦的：～ fumes [smoke] 嗆人的氣味[煙霧]。**2** 〈言語、態度等〉尖酸刻薄的，惡毒的。

ac·rid·i·ty [æ'krɪdətɪ; æ'kridəti] «acrid 的名詞»—*n.* Ⓤ **1** (味道、氣味等的)刺激；辛辣，苦辣。**2** (言語、態度等的)尖刻，惡毒。

ac·ri·mo·ni·ous [,ækrə'monɪəs; ,ækri'mouniəs] «acrimony 的形容詞»—*adj.* 〈言語、態度等〉嚴厲的，尖酸刻薄的，惡毒的。

～**·ly** *adv.*

ac·ri·mo·ny ['ækrə,monɪ; 'ækriməni] *n.* Ⓤ(言語、態度等的)暴烈，嚴厲，尖酸刻薄，惡毒。

ac·ro·bat ['ækrə,bæt; 'ækrəbæt] «源自希臘文「蹺著脚走路的人」之義»—*n.* Ⓒ特技表演者；賣藝者；(突然改變意見、立場等的)善變者，善於變卦的人。

ac·ro·bat·ic [,ækrə'bætɪk; ,ækrə'bætik] *adj.* 特技表演(似)的；賣藝(似)的：an ～ dance 特技舞蹈/～ feats 特技，雜技。

àc·ro·bát·i·cal·ly [-klɪ; -kəli] *adv.*

ac·ro·bat·ics [,ækrə'bætɪks; ,ækrə'bætiks] *n.* **1** [當複數用]特技；特技般的技藝；體操(gymnastics)；(單輪自行車、機車、馬等的)巧騎：aerial ～ 空中[飛行]特技。**2** Ⓤ特技的功夫[技巧]。

acrobatics

ac·ro·nym ['ækrənɪm; 'ækrənim] *n.* Ⓒ頭字語《如 UNESCO < *U*nited *N*ations *E*ducational, *S*cientific, and *C*ultural *O*rganization; cf. initial word》.

ac·ro·pho·bi·a [,ækrə'fobɪə; ,ækrə'foubiə] *n.* Ⓤ《心理》懼高症，高處恐懼症。

a·crop·o·lis [ə'krɑpəlɪs; ə'krɔpəlis] *n.* **1** Ⓒ(古希臘城市之)衛城。**2** [**the A～**](雅典的)衛城《巴特農(Parthenon)神殿之所在地，爲古希臘藝術精粹匯集之地》。

the Acropolis

‡a·cross [ə'krɔs; ə'krɔs] *prep.* **1** 橫過…，橫渡…，橫越…；在[向]…的另一邊：a bridge (laid) ～ the river 橫架河上的橋/go ～ the road 穿越馬路/help children ～ the road 幫助孩子們越過馬路。**2** 在橫過…之處；在…的那一邊[對面]：He lives (just) ～ the road (*from* us). 他住在我們馬路的對面。**3** 與…交叉，與…成十字形：lay two sticks ～ each other 把兩根棍子交叉地[成十字地]放着/with a rifle ～ one's shoulder 肩上扛著來復槍。

—*adv.* (無比較級、最高級) **1** 橫越(到對面)，橫過：get [go] ～ 渡過到對面；橫越到對面/hurry ～ *to* [*from*] the other side of the street 急忙地橫越街道到對面[從街的另一邊過來]/a river with no bridges ～ 河上沒有橫跨的橋。**2** (橫越)到對面：We were ～ at last. 我們終於到達對面了。**3** 寬(…)，直徑(…)：a lake 5 miles ～ 直徑五哩的湖。**4** 《罕》(成十字地)交叉著：with one's arms [legs] ～ 兩臂[腿]交叉著。

acróss from... 《美》在…的對面：The store is ～ *from* the station. 那家店鋪在車站的對面。

acróss-the-bóard *adj.* [用在名詞前] **1** 全面的，全盤的(cf. across the BOARD)：a ～ raise in the wage scale 工資的全面提高。**2** 《美》《賽馬》包括第一名、第二名、第三名之全部的，賭第一名到第三名全部的〈賭金〉。

a·cros·tic [ə'krɔstɪk; ə'krɔstik] *n.* Ⓒ離合詩句《各行的起首或末尾或任何其他特定處之字母可聯合湊成字或詞的詩》。

—*adj.* (似)離合詩句的：an ～ puzzle 離合詩(式的)謎。

a·cryl·ic [ə'krɪlɪk; ə'krilik] *adj.* 壓克力的：～ fiber 壓克力纖維。

‡act [ækt; ækt] *n.* **1** **a** Ⓒ行爲，舉動：a foolish [heroic] ～ 愚蠢[英勇]的行爲/an ～ *of* kindness [cruelty] 好心[殘酷]的行爲/an ～ *of* grace (不是出於法律、事務、契約上的需要而是)出於好意的行爲/an ～ of God《法律》天災，不可抗力。

【同義字】act 指短時間的(個別)行爲；action 通常指在某一期間內逐步完成的行爲；⇨ conduct【同義字】

b [**the** ~] 行動(中)，當場《★ 用法 通常 in the (very) ~ (of do*ing*)》：He was caught *in the* ~ (*of* steal*ing*). 他(在行竊時)當場被捕/She was *in the very* ~ *of* leav*ing* home when her husband arrived. 她正要出門時丈夫到家了。**2** Ⓒ **a** [常 A~]《戲劇》幕 (cf. scene 4)：a one-*act* play 獨幕劇/*in A*~ I, Scene ii 在第一幕第二景。**b** (表演、馬戲等) 節目中的一項，節目。**c**《口語》裝模作樣，樣子，「戲」(《★常用於下列片語》)：put on an ~ 假裝，裝樣子；「演戲」。**3** Ⓒ **a** [常 A~] 法令，條例：an *A*~ of Congress [Parliament] ⇨ congress 1 a, parliament 2 a. **b** [常 **the Acts**] (法庭、議會的) 決議(書) (*of*).

gèt ín on [**gèt ínto**] **the** [a person's] **áct**《口語》加入行動[參與某人的行動]。

the Ácts of the Apóstles [當單數用]《聖經》使徒行傳《聖經新約中一書；主要記述保羅(Paul)與彼得(Peter)傳道的事蹟；又單稱 the Acts；略作 Acts》.

—*v.i.* **1 a** 採取行動；充任。**b** (十介十(代)名) (根據…)行動，奉[遵]行(…) (*on, upon*) 《★可用被動語態》：He often ~*s* **on** impulse. 他常憑衝動行事/She ~*ed* **on** my advice [suggestion, instructions]. 她遵照我的勸告[提議，指示]行事。**c** (十介十(代)名) 代理(…) (*for*)；(爲…)代行職務 (*for, on behalf of*)：Dick ~*ed* **for** the teacher. 狄克替那位教師代課/The solicitor was ~*ing* **for** [**on behalf of**] his client. 該律師爲他的委託人[客戶]代理事務。**d** (十*as* 補) 充當〈…〉《★ 用法 as 後面之名詞常無冠詞》：~ *as* guide [interpreter] 充當嚮導[譯員]/Adjectives sometimes ~ *as* noun. 形容詞有時可作名詞用。

2 a [與狀態副詞(片語)連用] 舉止，表現，行爲(得…)：~ politely 舉止有禮貌/~ like a gentleman 表現得像紳士。**b** (十 *as if*___) 行爲[表現]〈像[宛如]…(似的)〉：She ~*ed as if* she were a queen. 她行爲像女王似的。**c** (十補)《美》表現得，顯得〈…〉：~ foolish 表現得愚蠢。

3 a 〈機械等〉(正常地)運轉：The machine is ~*ing* smoothly. 機器運轉良好/His brain ~*s* quickly. 他的腦筋轉得快。**b** (十介十(代)名) 〈藥等〉(對…)有效 (*on, upon*)：This drug ~*s* **on** the stomach. 這藥對胃有效。

4 a 表演，演出：She ~*ed* well. 她演得好。**b** 假裝，裝扮：He is only *acting* to get your sympathy. 他只是在裝模作樣以博取你的同情《不是當眞的》。

5 [與 well 等狀態副詞連用] 〈戲劇、角色〉適合上演：This writer's plays ~ well. 這位作家的劇本適合上演。

—*v.t.* (十受) **1 a** 扮演…的角色：He is ~*ing* Hamlet. 他正扮演哈姆雷特的角色。**b** 上演〈戲劇〉：They are ~*ing Hamlet.* 他們在上演「哈姆雷特」。**2** [常以 the 十單數名詞爲受詞] 表現得像…，裝…的樣子：~ *the* child 表現得像孩子/~ *the* man of the world 表現得像熟悉世故的人/⇨ act one's AGE/~ *the* fool ⇨ fool[1] *n.* 2.

áct óut 《*vt adv*》(1)演出〈故事、角色等〉。(2)將〈慾望等〉付諸實行，實踐〈希望〉。(3)《精神分析》將〈抑制的感情等〉表面化《以行爲表現出來》。—《*vi adv*》(4)《精神分析》(將抑制的感情)表面化。

áct úp 《*vi adv*》(1)《口語》胡鬧，行爲不正經；舉止粗魯[無禮]；調皮搗蛋；耍脾氣：The children always ~ *up* when the teacher is away. 老師不在時孩子們總是調皮搗蛋。(2)〈機器等〉出毛病；〈症狀等〉(又)惡化，變疼痛：The TV is ~*ing up* again. 電視機又出毛病了。

áct úp to... 實行，遵行〈主義等〉：~ *up to* moral principles 遵行道義。

áct·ing *adj.* [用在名詞前] 代理事務的；代理的；代行的：an *A*~ Minister 代理公使[部長]。—*n.* **1** Ⓤ實地演出，演出(法)；演技，舉止；動作：good [bad] ~ 好的[壞的]演技。**2** [當形容詞用] 演出用的：an ~ copy (經過修改以適合演出的)演出用的劇本。

ac·tin·ic [æk'tɪnɪk; æk'tinik˝] *adj.* 化學線(作用)的，光化性(作用)的：~ rays 化學線《紫外線》。

ac·ti·nism ['æktɪnˌɪzəm; 'æktinizəm] *n.* Ⓤ化學線作用。

ac·tin·i·um [æk'tɪnɪəm; æk'tiniəm] *n.* Ⓤ《化學》錒《符號 Ac》.

ac·ti·no·ther·a·py [ækˌtɪno'θɛrəpɪ; ækˌtinou'θerəpi] *n.* Ⓤ射線治療法《包含放射線、紫外線等》。

‡ac·tion ['ækʃən; 'ækʃn] *n.* **1 a** Ⓤ行動，動作，活動，實際行動：~ of the mind=mental ~ 心理活動/a man of ~ 行動家《與學者、思想家、理論家等相對者，指政治家、軍人、探險家等》。**b** Ⓒ(具體的)行動，行爲(⇨ act【同義字】)：a kind [noble] ~ 親切的[高尚的]行爲。**c** [~s] (平常的)行爲，表現，舉措：*Actions* speak louder than words. 《諺》行動勝於空談。

2 a Ⓤ(演員的)動作，演技：*A*~！《電影》開演！**b** Ⓤ(電影等)令人緊張之演技、動作(多的場面)：He likes movies with lots of ~. 他喜歡緊張又富有刺激性場面的電影；他喜歡情節曲折離奇的影片。**c** Ⓒ[常用單數] (運動選手、馬等的)身體的動作[姿勢]：That horse has a graceful ~. 那匹馬動作優雅。

3 Ⓒ[常用單數] **a** (機械的)運作；(機械、裝置、槍等的)機能；運作裝置，(鋼琴、風琴等鍵盤樂器的鍵和發音部分連動的)機械裝置。**b** (身體、器官的)功能；(尤指)排便：~ of the bowels 排便。**c** (自然力、藥品等的)作用 (*on*)：~ and reaction 作用和反作用/the ~ *of* acid *on* metals 酸對金屬的作用。

4 Ⓤ措施，步驟：Prompt ~ is needed. 緊急措施是需要的/take ~ to improve the situation 採取措施[行動]以改善情勢/A mediator's job is to take ~ to reconcile [*in* reconcil*ing*] differences. 調停者的工作就是採取措施調解分歧[紛爭]。

5 a Ⓤ交戰：see ~ 參加戰鬥；體驗實地的戰爭。**b** Ⓒ戰鬥。

6 Ⓤ **a** (小說、戲劇等的)情節：a love story with little ~ 沒有什麼情節的愛情故事。**b** (畫中人物等的)動作。

7 Ⓒ《法律》訴訟：bring an ~ *against* a person 對某人提起訴訟。

8 Ⓤ《美》決定，判決，決議。

9 [**the** ~]《俚》有趣或刺激的活動：go where *the* ~ is 到鬧市去吧。

brìng [**còme**] **ínto áction** (1)發揮；實行；開始活動。(2)參加戰鬥。

in áction (1)活動中；在實行：⇨ put...in ACTION. (2)〈機器等〉在運轉中，在動。(3)在交戰中，在戰鬥中：missing *in* ~ 戰鬥中失蹤的(兵員)(cf. MIA)/be killed *in* ~ 陣亡。(4)在競賽中的[地]，在比賽中地[的]。

òut of áction (1)〈機器等〉(因故障等而)不能動的；〈人〉(因傷、病等而)無法活動的。(2)〈軍艦、戰鬥機等〉失去戰鬥力的。

pùt...in [**into**] **áction** (1)開動…。(2)將…付諸實行。

pùt...òut of áction (1)使〈機器〉停止運轉；〈傷、疾病等〉使〈人〉無法活動。(2)使〈軍艦等〉喪失戰鬥力。

ac·tion·a·ble ['ækʃənəbl; 'ækʃənəbl] *adj.* 可控告的。

áction pàinting *n.* ⓊⒸ《美術》動態美術《在美國興起的一種前衛派繪畫；從製作作品之行爲中尋求藝術價值而較不著重所描繪出來之結果；藉潑灑或扔、澆顏料等方式表現》。

ac·ti·vate ['æktəˌvet; 'æktiveit] *v.t.* **1** 使…活潑，使…活動起來。**2**《物理》使…具有放射能。**3**《化學》使…活性化；促進…的反應。**4** 淨化〈污水〉。

ác·ti·vàt·ed *adj.* 被活性化的：~ carbon 活性碳《吸收力強，防毒面具用》/~ sludge 活化淤泥。

ac·ti·va·tion [ˌæktə'veʃən; ˌækti'veiʃn] *n.* Ⓤ **1** 激活，活性化。**2**《化學》活化作用。

ác·ti·và·tor [-tɚ; -tə] *n.* Ⓒ **1** 使活潑的人。**2**《化學》催化劑。

‡ac·tive ['æktɪv; 'æktiv] «act, action 的形容詞»—*adj.* (**more** ~；**most** ~) **1 a** 活動的，活潑的，敏捷的，主動的(↔ passive)：an ~ life 活躍的生活。**b** 積極的，熱情的：take an ~ interest in... 對…發生濃厚的興趣/get ~ in... 積極參與…。

2 〈商情等〉活絡的，旺盛的，興隆的：The market is ~. 市況活躍。

3 目前在活動中的：an ~ volcano 活火山。

4 〈法律等〉有效的，有效力的。

5 (無比較級、最高級)《軍》現役的：on ~ service [duty] 正服現役；服役中/on the ~ list 現役的。

6 (無比較級、最高級)《文法》主動的(↔ passive)：the ~ voice 主動語態。

—*n.* Ⓤ[常 **the** ~]《文法》主動語態。

ác·tive·ly *adv.* **1** 活躍地，活潑地；積極地。**2**《文法》以主動語態；作爲主動語態。

ác·tiv·ìsm [-vˌɪzəm; -vizəm] *n.* Ⓤ行動[實踐]主義。

ác·tiv·ist [-vɪst; -vist] *n.* Ⓒ行動[實踐]主義者，行動家；活躍的人：a student ~ 搞活動的學生。

‡ac·tiv·i·ty [æk'tɪvətɪ; æk'tiviti] «active 的名詞»—*n.* **1** Ⓤ活潑，敏捷。**2** Ⓤ(市況等的)旺盛，好景氣，興隆，活絡。**3** Ⓤ活動，活躍：The volcano is *in* ~. 這座火山在活動中。**4** Ⓒ[常 **activities**] (種種的)活動《社交、體育運動、學生的課外活動等》：political *activities* 政治活動/classroom [outside, extracurricular] *activities* 課內[室外，課外]活動。

ac·tiv·ize ['æktəˌvaɪz; 'æktəvaiz] *v.t.* 使…活動，使…活潑。

***ac·tor** ['æktɚ; 'æktə] *n.* Ⓒ **1** (舞台劇或電影的)男演員(↔ actress)：a film [movie] ~ 電影演員。**2 a** (事件的)角色；有關人物。**b** 行爲者。

***ac·tress** ['æktrɪs; 'æktris] *n.* Ⓒ女演員(↔ actor).

Acts [ækts; ækts] *n. pl.* [**the** ~；當單數用]＝the Acts of the Apostles ⇨ act *n.* 成語。

‡ac·tu·al ['æktʃuəl; 'æktʃuəl] *adj.* [用在名詞前] (無比較級、最高級) **1** 實在的，實際(上)的，現實的，眞實的(⇨ real[1] 2【同義字】)：an ~ example 實例/~ life 實際生活。

2 現在的，現行的：the ~ state [condition] 實際狀況。

in áctual fáct 實際上。

A

ac·tu·al·i·ty [ˌæktʃʊˋælətɪ; ˌæktʃuˈæliti] «actual 的名詞»——*n.* **1** Ⓤ現實(性)，現存；眞實，實在：*in* ~ 實際上[地]。**2** Ⓒ[常 actualities]實際情形。

ac·tu·al·ize [ˋæktʃʊəlˌaɪz; ˈæktʃuəlaiz] *v.t.* 實現〈構想、計畫等〉；使…成爲事實。

ac·tu·al·i·za·tion [ˌæktʃʊəlɪˋzeʃən; ˌæktjuəlaiˈzeiʃn] *n.*

‡**ac·tu·al·ly** [ˋæktʃʊəlɪ; ˈæktʃuəli] *adv.* (無比較級、最高級) **1 實際上，事實上，實際地**：He looks unpleasant, but ~ he is very kind. 他看起來板著面孔，但事實上很和藹/He didn't ~ steal the money. 他實際上沒偸那筆錢。**2** (這樣說也許令人難以置信，不過)眞地，竟然，居然：He ~ refused! 他竟然拒絕了！

ac·tu·ar·i·al [ˌæktʃʊˋɛrɪəl; ˌæktjuˈɛəriəl] *adj.* [用在名詞前]保險公司計算員的；保險統計的。

ac·tu·ar·y [ˋæktʃʊˌɛrɪ; ˈæktjuəri] *n.* Ⓒ保險公司計算員；(從前)法庭的記錄(員)，書記。

ac·tu·ate [ˋæktʃʊˌet; ˈæktʃueit] *v.t.* **1** 使〈人〉行動，激勵…《★常用被動語態》：He *was* ~*d* by love for his mother. 他爲愛母之情所激勵。**2** 開動〈機器等〉，使…運作[運轉]：~ a time bomb 開動定時炸彈。

ac·tu·a·tion [ˌæktʃʊˋeʃən; ˌæktjuˈeiʃn] *n.* Ⓤ發動；激勵(作用)。

a·cu·i·ty [əˋkjuətɪ; əˈkjuːəti] «acute 的名詞»——*n.* Ⓤ《文語》**1** (針等的)尖銳，銳利。**2** (疾病的)劇烈，急劇；急性。**3** (智慧的)敏銳。

a·cu·men [əˋkjumɪn, -mən; əˈkjuːmen, ˈækju-] *n.* Ⓤ《文語》敏銳，洞察力，靈敏：critical ~ 銳利的批評眼光/business ~ 經商的才能。

a·cu·mi·nate [əˋkjumənɪt, -ˌnet; əˈkjuːminit] *adj.* 《植物》〈葉子〉尖形的，漸尖的。

ac·u·punc·ture [ˋækjʊˌpʌŋktʃɚ; ˈækjupʌŋktʃə] *n.* Ⓤ針灸(術)，針刺(療法)。

a·cute [əˋkjut; əˈkjuːt] *adj.* (**a·cut·er, a·cut·est**; **more** ~, **most** ~) **1 a** (角)**尖銳的**，末端尖細的：an ~ leaf 末端尖細的樹葉。**b** 《數學》銳角的(↔ obtuse)：an ~ angle 銳角。**2** 〈傷痛、感情等〉**劇烈的**：(an) ~ pain 劇痛。**3** 〈感覺、才智等〉**敏銳的**：an ~ critic 敏銳的批評家。**4** 〈情況〉嚴重的。**5** 〈疾病〉急性的(↔ chronic)。**6** (無比較級、最高級)《語音》有尖音符(ˊ)的，尖的(cf. accent *n.* 1 b)：an ~ accent 尖重音。

~**·ly** *adv.* ~**·ness** *n.*

ACV 《略》air cushion vehicle 氣墊船(Hovercraft).

-a·cy [-əsɪ; -əsi] 字尾 表示「性質」「狀態」「職位」的名詞字尾：accurate > accur*acy*；celibate > celib*acy*；magistrate > magistr*acy*.

***ad**[1] [æd; æd] «advertisement 之略»——*n.* Ⓒ《口語》**廣告**。

ad[2] [æd; æd] 《略》*n.* 《美》《網球》＝advantage 3.

ad. 《略》adverb；advertisement.

***A.D., A.D.** [ˋeˋdi, ˋænoˋdɑməˌnaɪ; ˌeiˈdiː, ˈænouˈdɔminai] «拉丁文 *A*nno *D*omini (＝in the year of our Lord)之略»——**基督紀元[西元]…年**(cf. B.C.)《★用法 正式之用法爲置於年代之前，但在美國語法中又可置於年代之後，通常用小型大寫字母(small capital)，如 A.D. 92, 92 A.D. (紀元九十二年)；但 the 5th century A.D. (五世紀)等經常置於年代之後》。

ad- [æd-, əd-; æd-, əd-] 字首 表示「往…」「向…」之意《★「移動」「方向」「變化」「完成」「近似」「附加」「增加」「開始」之意，也僅用於加重語氣》。

A·da [ˋedə; ˈeidə] *n.* 艾妲《女子名；暱稱 Addie》.

ad·age [ˋædɪdʒ; ˈædidʒ] *n.* Ⓒ箴言，格言，諺語(proverb)：an old ~ 古諺語。

ád·àgent *n.* Ⓒ《美》廣告代理人。

a·da·gio [əˋdɑdʒo, əˋdɑdʒɪˌo; əˈdɑːdʒiou] «源自義大利語»——《音樂》*adj.* & *adv.* 慢板的[地]《介於最緩板(largo)與行板(andante)之間的速度》。

——*n.* Ⓒ(*pl.* ~**s**)緩慢的拍子[樂章]，慢板；慢板的曲子。

Ad·am [ˋædəm; ˈædəm] *n.* 《聖經》亞當。

> 【說明】據聖經舊約「創世記」的記載，上帝創造天地時於第六日依照自己的形象用泥土塑造了人，然後從鼻孔中吹進生氣，讓他居住在伊甸園(Eden)中。「亞當」在希伯來文中義爲「人」；cf. Eve, Eden【說明】

Ádam's ále [**wíne**] 《謔》水。

(as) óld as Ádam 始自太古的。

nòt knów a person **from Ádam** 全然不認識[從未見過]〈某人〉。

the óld Ádam 人性的弱點[原罪]。

ad·a·mant [ˋædəˌmænt; ˈædəmənt] «源自希臘文「最硬的金屬」之義»——*n.* Ⓤ **1** (傳說中的)硬石，金剛石。**2** 堅硬無比的東西：a will of ~ (像硬石一般)堅定的意志。

(as) hárd as ádamant 堅硬無比的。

——*adj.* 《文語》**1** 〈人、態度等〉堅定不移的；牢不可破的；堅硬的。**2** [不用在名詞前] **a** 〔＋介＋(代)名〕不輸〔給…〕的〔*to*〕；〔對…〕堅不退讓的，堅決的；固執〔於…〕的〔*in, on, about*〕：be ~ *to* temptation 不爲誘惑所動/He was ~ *in* his refusal. 他拒絕之意極堅定。**b** 〔＋*that*__〕堅決主張〈…一事〉的，堅持〈…〉的：He was ~ *that* he should go. 他堅持他去。

ad·a·man·tine [ˌædəˋmæntɪn, -taɪn; ˌædəˈmæntain] *adj.* **1** 像金剛石一般(堅硬)的。**2** 堅定不移的；不屈不撓的：~ courage 剛勇。

Ádam's ápple *n.* Ⓒ喉結(cf. body 插圖)。

> 【字源】據傳說亞當在吃上帝禁止他吃的蘋果時，因爲一時性急想大口吞下；其中一塊卡在喉裏因而形成「喉結」。

***a·dapt** [əˋdæpt; əˈdæpt] *v.t.* 〔＋受＋介＋(代)名〕**1 a** (加以修正改變而)使〈言行、習慣等〉適合〔…〕，使…適應〔…〕〔*to, for*〕：You must ~ methods *to* circumstances. 你必須使方法適合客觀情況。

> 【同義字】adapt 指適應新狀況而不勉强的輕微改變；adjust 指藉技術或計算、判斷而調節兩者之間較小之差異。

b [~ *oneself*]適應，順應，習慣[新環境等]〔*to*〕：You will soon ~ *yourself to* this new life [environment]. 你會很快就適應這新的生活[環境]。**2 a** 〔配合用途〕改造〈機器等〉，改建〈房屋〉〔*for*〕：They ~*ed* the barn *for* use as a garage. 他們改建穀倉供做車庫之用。**b** 〔爲適合…而〕改寫，改編〈小說、戲劇〉〔*for, to*〕；〔由…〕改編…〔*from*〕《★常以過去分詞當形容詞用；⇨ adapted 1》：The book has *been* ~*ed to* the needs of children [*for* children]. 這書已應兒童之需要而改寫/The play *was* ~*ed from* a novel. 這齣劇是由小說改編而成的。——*v.i.* 〔＋介＋(代)名〕適應〔環境等〕〔*to*〕《★可用被動語態》：Young animals ~ quickly *to* a new environment. 幼小動物很快就適應新的環境。

a·dapt·a·bil·i·ty [əˌdæptəˋbɪlətɪ; əˌdæptəˈbiləti] «adaptable 的名詞»——*n.* Ⓤ適應性[力]，順應性，融通性〔*to*〕.

a·dapt·a·ble [əˋdæptəbl; əˈdæptəbl] *adj.* **1 a** 〈動植物等〉能適應的；〈人、性情〉可通融的。**b** [不用在名詞前]〔＋介＋(代)名〕能適應〔…〕的〔*to, for*〕：Living creatures must be ~ *to* environmental change. 生物必須能適應環境的變化。**2** 可改造的；可改裝的；可改建的；可改編[改寫]的。

ad·ap·ta·tion [ˌædəpˋteʃən; ˌædæpˈteiʃn] «adapt 的名詞»——*n.* **1** Ⓤ適合，適應，順應。**2** ⓊⒸ改造，改裝，改建；改編(本)，改寫(物)〔*for, from*〕：~*s for* the screen 爲拍電影而改編的作品/~*s from* literary works 自文學作品改編而成的東西[作品]《如舞臺劇本、廣播[電視]劇脚本等》。

a·dápt·ed *adj.* **1** 改造的，改裝的，改建的；改寫[改編]的：an ~ story *for* children 爲兒童改寫的故事/~ tales *from* Shakespeare 從莎士比亞作品改寫的故事。**2** [不用在名詞前]〔＋介＋(代)名〕適合〔…〕的〔*for, to*〕：The book is not ~ *for* children. 此書不適合孩童閱讀。

a·dápt·er *n.* Ⓒ **1** 改編者。**2** 《電學》轉接器。

a·dapt·ive [əˋdæptɪv; əˈdæptiv] *adj.* (有)適應性的。~**·ly** *adv.*

a·dáp·tor [-tɚ; -tə] *n.* ＝adapter.

A.D.C. 《略》aide-de-camp.

‡**add** [æd; æd] *v.t.* **1 a** 〔＋受〕(給他物)加…，添加[附加]…(於他物)：*A*~ a little [a pinch of] salt. 加一點[一撮]鹽。**b** 〔＋受＋介＋(代)名〕〔給他物〕加…，添加[附加]…〔於他物〕〔*to*〕：~ salt *to* a dish 給菜餚加[放]鹽/~ a name *to* a list 在名單上添加一個名字。

2 a 〔＋受(＋副)〕將〈二個(以上的)數目〉**加起來，合計**…〈*up, together*〉：*A*~ 4 and 3 and you have 7. 四加三等於七/*A*~ *up* [*together*] these figures. ＝*A*~ these figures *up* [*together*]. 把這些數字加起來。**b** 〔受＋介＋(代)名〕加〈數目〉〔於某數目〕〔*to*〕：Three ~*ed to* four makes seven. 四加三等於七。

3 a 〔＋受〕**補充地說，附言，再言**〈話〉：~ a few words 補充(說)兩三句話。**b** 〔＋(*that*)__〕補充地說，附言〈…之事〉：He said good-bye and ~*ed that* he had had a pleasant visit. 他道別並說他來訪感到愉快。**c** 〔＋引句〕補充地說，附言…：“I've had a wonderful time,” he ~*ed*. 他補充說道：「我玩得快活極了。」

——*v.i.* **1 將數目加起來，作加法演算。**

2 〔＋介＋(代)名〕增加〔…〕〔*to*〕《★可用被動語態》：The fine day ~*ed to* our pleasure. 晴朗的天氣增添了我們的樂趣。

ádd úp 《*vt adv*》(1)⇨ *v.t.* 2 a. ——《*vi adv*》(2)合計；符合預期的數目。(3)《口語》合理，有道理：This doesn't ~ *up*. 這不合情理[說不通]。

ádd úp to... (1)(加起來)總計爲…：The figures ~ *up to* 594. 這些數字總計爲五百九十四。(2)《口語》總而言之就是…，其含義是…，等於…：His statements all ~ *up to* an admission of guilt. 他的陳述等於認罪。

to ádd to... [常用於句首]除…之外(加上)。

ad·dax [ˋædæks; ˈædæks] *n.* Ⓒ(*pl.* **~·es, ~**)《動物》旋[弓]角羚《產於北非及阿拉伯，角呈扭曲狀的大型羚羊》。

ad·dend [ˋædɛnd, əˋdɛnd; əˈdend] *n.* Ⓒ《數學》加數(↔ augend).

ad·den·dum [əˋdɛndəm; əˈdendəm] *n.* Ⓒ(*pl.* **-da** [-də; -də])追加；補遺，附錄。

add·er[1] [ˋædɚ; ˈædə] *n.* **1** Ⓒ 加者，計算者。**2** = adding machine.

ad·der[2] [ˋædɚ; ˈædə] *n.* Ⓒ《動物》**1** 尤紋蝰《產於亞、歐兩洲之一種毒蛇；體長達兩呎》。
2 豬鼻蛇《一種產於北美洲的無毒蛇》。
3 蠑蛙《一種產於非洲的大毒蛇》。

ad·dict [əˋdɪkt; əˈdikt] *v.t.* **1** 〔十受十介十(代)名〕使…嗜好〔麻藥〕，使…染上〔…〕毒癮；使…耽溺〔於…〕〔*to*〕《★常以過去分詞當形容詞用；⇨ addicted》。**2** 使〈人〉吸毒成癮[染上毒癮]。
— [ˋædɪkt; ˈædikt] *n.* Ⓒ **1** (嗎啡等的)嗜好者；有(毒)癮的人：a drug ~ 吸毒成癮者。**2** 熱中者，狂熱愛好者，…迷：an opera ~ 歌劇迷。

ad·díct·ed *adj.* [不用在名詞前]〔十介十(代)名〕嗜好〔麻醉藥等〕的，〔對…〕中毒的，〔對…〕上癮的；耽溺〔於…〕的〔*to*〕(cf. addict *v.* 1)：He is ~ *to* drink*ing* [watch*ing* TV]. 他飲酒成癮[耽溺於看電視]。

ad·dic·tion [əˋdɪkʃən; əˈdikʃn] 《addict 的名詞》**—***n.* Ⓤ Ⓒ 耽溺；熱中，癖好；上癮；專心〔*to*〕.

ad·dic·tive [əˋdɪktɪv; əˈdiktiv] *adj.* 〈藥物等〉(使人)上癮的；會成習慣的，習慣性的：Morphine is highly ~. 嗎啡容易使人上癮。

Ad·die [ˋædɪ; ˈædi] *n.* 艾蒂《女子名；Ada 的暱稱》。

ádd·ing machìne *n.* Ⓒ加算機，計算機。

Ad·dis A·ba·ba [ˋædɪsˋɑbəbə; ˌædisˈæbəbə] *n.* 阿迪斯阿貝巴《衣索匹亞 (Ethiopia) 的首都》。

Ad·di·son [ˋædəsn̩; ˈædisn], **Joseph** *n.* 阿狄生《1672–1719；英國散文家及詩人》。

Áddison's disèase 《源自發現此種疾病的英國醫師名》**—***n.* Ⓤ 阿狄孫氏病《腎上腺皮質機能不足而引起無力、低血壓、皮膚變褐色等症狀的一種疾病》。

*** ad·di·tion** [əˋdɪʃən; əˈdiʃn] 《add 的名詞》**—***n.* **1** Ⓤ附加，追加。**2** Ⓤ Ⓒ加法，加算(↔ subtraction)：learn ~ 學加算/easy ~*s* 容易的加法(計算題)。**3** Ⓒ **a** 附加物：make an ~ (*to*...)添加(於…)，(將…)增大/have an ~ *to* one's family 某人家裡多了一口。**b** 增建(物)；增加的土地。
in addition 加上，還有，另外。
in addítion to... 除…外又，加於…上：*In* ~ *to* a thick fog, there was a heavy swell. 除濃霧之外又有滾滾大浪。

*** ad·di·tion·al** [əˋdɪʃənl̩; əˈdiʃənl] *adj.* (無比較級、最高級)添加的，追加的，附加的，額外的：an ~ charge 額外的費用/an ~ tax 附加稅。

ad·dí·tion·al·ly [-ʃənl̩ɪ; -ʃənəli] *adv.* 添加地；附加地，附帶地，此外。

ad·di·tive [ˋædətɪv; ˈæditiv] *adj.* 附加的。
—*n.* Ⓒ(食品、汽油等的)添加物，添加劑。

ad·dle [ˋædl̩; ˈædl] *v.t.* **1** 使〈蛋〉腐敗。**2** 《口語》使〈頭腦〉混亂。
—*v.i.* **1** 〈蛋〉腐敗。**2** 《口語》〈頭腦〉混亂。
—*adj.* **1** 〈蛋〉腐敗的。**2** [常構成複合字]〈頭腦〉混亂的。

áddle·bráined *adj.* 昏頭昏腦的，笨的。

áddle·héaded *adj.* =addlebrained.

áddle·páted *adj.* =addlebrained.

‡ad·dress [əˋdrɛs, ˋædrɛs; əˈdres] 《源自拉丁文「指向…」之義》**—***n.* **A** **1** Ⓒ(向聽衆正式的)致詞；演說，演講(⇨ speech【同義字】)：give the opening [closing, welcome] ~ 致開會[閉會，歡迎]詞/deliver an ~ of thanks 致謝詞/a funeral ~ 悼詞。
2 Ⓤ(尤指談話等的)應對態度，言行，舉止，談吐：a man of good [winning] ~ 應對談吐得體的人。
3 Ⓤ辦事的手腕，技巧：with ~ 靈巧地。
4 [**the A~**] **a** 《美》總統的國情咨文。**b** 《英》議會答詞。
5 [**~es**] 求婚，求愛：pay one's ~*es to* a lady 向女士示愛[求婚]。
6 Ⓤ[又作 **an ~**]《高爾夫》擊球準備。
—B Ⓒ **1** 地址，住址，住所：What is your ~? 你的地址在哪兒？/ one's business [home, private] ~ 某人的營業[住宅]地址/John Smith, of no fixed ~ 無固定住址的約翰・史密斯。**2** (信件、包裹上的)地址。**3** 《電算》位址《用來將資訊輸往記憶裝置之特定處所的標記；通常以數字代表》。
fórm of addréss ⇨ form.
— [əˋdrɛs; əˈdres] *v.t.* **A** **1** 〔十受〕向〈人〉講話：~ an audience 對聽衆演說[演講，致詞]。
2 **a** 〔十受十 *as* 補〕(以正式的叫法、尊稱)稱呼〈人〉〈爲…〉：Ambassadors are usually ~*ed as* 'Your Excellency.' 大使通常被稱呼爲「閣下」。**b** 〔十受十副詞(片語)〕(以…的方式)稱呼…：*How* should one ~ the Mayor? 對市長應該如何稱呼[尊稱]呢？
3 〔十受十介十(代)名〕**a** 〔向…〕提出〈抗議等〉；〔對…〕說…〔*to*〕：~ a warning *to* one's friend 向友人提出警告/~ a message *to* Congress《美》〈總統〉向國會提出咨文。**b** 〔~ one*self*〕〔向…〕講話〔*to*〕：I ~*ed myself to* the chairperson. 我對主席說話。
4 〔十受十介十(代)名〕[~ one*self*]《文語》認眞[熱心]地著手〔工作等〕〔*to*〕：She ~*ed herself to* the task of doing her homework. 她認眞地開始做功課。
5 〔十受〕處理，辦理〈問題等〉。
6 〔十受〕《高爾夫》準備擊〈球〉。
—B **1** 〔十受〕寫(收件人之)姓名地址於〈信封、包裹等〉之上：~ a parcel 在包裹上寫(收件人之)姓名地址。**2** 〔十受十介十(代)名〕寄〈信、包裹等〉〔給某人〕〔*to*〕：I ~*ed* the letter *to* John. 我把那封信寄給約翰。

addréss bòok *n.* Ⓒ通訊錄。

ad·dress·ee [ˌædrɛsˋi; ˌædreˈsiː] *n.* Ⓒ收信人，收件人。

ad·dréss·er, ad·drés·sor [-sɚ; -sə] *n.* Ⓒ **1** 發信人《★比較 一般用 sender》。**2** 發言人，陳述者；署名者。

addréssing machìne *n.* Ⓒ姓名住址印刷機。

ad·duce [əˋdus, əˋdjus; əˈdjuːs] *v.t.* 舉出，引證，引用…(做爲例證)：~ reasons [evidence]舉出理由[證據]。

ad·duc·tion [əˋdʌkʃən; əˈdʌkʃn] *n.*

-ade [-ed; -eid] 字尾 表示「動作」「正在行動之人們」「由…水果製成之飲料」等之意的名詞字尾：promen*ade*, cavalc*ade*, lemon*ade*.

Ad·e·laide [ˋædl̩ˌed; ˈædəleid] *n.* **1** 艾德蕾德《女子名》。**2** 阿得雷德《澳洲南部之一城市》。

Ad·e·line [ˋædəˌlaɪn, -ˌlin; ˈædiliːn] *n.* 愛德琳《女子名》。

A·den [ˋedn̩, ˋɑdn̩; ˈeidn] *n.* 亞丁《葉門 (Yemen) 民主人民共和國的首都、海港；原爲英國屬地》。

ad·e·noids [ˋædn̩ˌɔɪdz; ˈædinɔidz] *n. pl.* 《醫》腺樣增殖(體)。
ad·e·noid [ˋædn̩ˌɔɪd; ˈædinɔid], **ad·e·noi·dal** [ˌædn̩ˋɔɪdl̩; ˌædiˈnɔidl] *adj.*

a·dept [əˋdɛpt; əˈdept, ˈædept] *adj.* **1** 熟練的，老練的：an ~ mechanic 老練的機械工。
2 [不用在名詞前]〔十介十(代)名〕擅長〔…〕的，善於〔…〕的，精通〔…〕的〔*at, in*〕：be ~ *at* [*in*] (teach*ing*) music 擅長(教)音樂。
— [ˋædɛpt, əˋdɛpt; ˈædept, əˈdept] *n.* Ⓒ高手，專家，名家〔*in, at*〕：an ~ *at* [*in*] chess 西洋棋的名家。

ad·e·qua·cy [ˋædəkwəsɪ; ˈædikwəsi] 《adequate 的名詞》**—***n.* Ⓤ恰當；足夠〔*for, at*〕.

*** ad·e·quate** [ˋædəkwɪt; ˈædikwit] 《源自拉丁文「使相等」之義》**—***adj.* (無比較級、最高級) **1** **a** (對達成某種目的)足夠的，適合需要之量的，充分的(⇨ enough【同義字】)：an ~ income 足敷需要之收入/Is the water supply ~? 水的供應量足夠嗎？**b** 〔十介十(代)名〕足夠〔…〕的，〔對…〕充分的〔*for*〕：We had ~ food *for* a week's journey. 我們有足夠的食物可以做一星期的旅行。**c** [不用在名詞前]〔十 *to* do〕足夠〈做…〉的，力足〈做…〉的：I want a salary ~ *to* support my family. 我要一份足夠養家的薪水。
2 [不用在名詞前]〔十介十(代)名〕〔對於…〕適當的，勝任的〔*to, for*〕：He is ~ *to* the job. 他能勝任這個職務。
3 還過得去的，勉強合格的：The leading actor was (only) ~. 主角表現(只是)平平。

ád·e·quate·ly *adv.* **1** 適當地；充分地。**2** 平平地，尙可地。

A.D.F. 《略》automatic direction finder.

ad·here [ədˋhɪr; ədˈhiə] *v.i.* **1** **a** 〈兩個面〉(互相緊緊地)附著，黏著。**b** 〔十介十(代)名〕附著，黏著〔於…〕〔*to*〕：Mud ~*d to* his shoes. 泥土黏在他的鞋子上。
2 〔十介十(代)名〕《文語》堅持，固執〔於…〕；皈依，信奉〔…〕〔*to*〕《★可用被動語態》：~ *to* a plan 堅持一項計畫/Many people ~ *to* the church of their parents. 許多人皈依他們父母所屬的教派。

ad·her·ence [ədˋhɪrəns; ədˈhiərəns] 《adhere 的名詞》**—***n.* **1** Ⓤ 堅守，墨守；忠實，皈依〔*to*〕. **2** =adhesion 1.

ad·her·ent [ədˋhɪrənt; ədˈhiərənt] 《adhere 的形容詞》**—***adj.* 會黏的，有附著力的，附著的。**—***n.* Ⓒ擁護者，支持者；黨徒，信徒〔*of, to*〕：an ~ *of* Buddhism 佛教徒/He won [gained] numerous ~*s to* his cause. 他爭取到許多人支持他的事業[主張]，他的事業贏得了許多人的支持。**~·ly** *adv.*

ad·he·sion [ədˋhiʒən; ədˈhiːʒn] 《adhere 的名詞》**—***n.* **1** Ⓤ附[黏]著(力)〔*to*〕. **2** 《醫》**a** Ⓤ黏連。**b** Ⓒ黏連物。

ad·he·sive [ədˋhisɪv; ədˈhiːsiv] 《adhere 的形容詞》**—***adj.* 有黏性的；黏著的：an ~ envelope 封口塗有膠水的信封/ ~ plas-

ter 膠布，橡皮膏/～ tape 膠布，膠帶。
—*n.* Ⓒ有黏著性的東西；接合劑；膠帶，膠布。～**·ly** *adv.*

ad hoc [ˋædˋhɑk; ˌæd'hɔk ˉ] 《源自拉丁文 'for this' 之義》
—*adv.* 特別安排地；特別地。
—*adj.* 只限當時的；特別的；爲某一特定目的的：an ～ committee 特別委員會。

a·dieu [əˋdu, əˋdju; ə'dju:] 《源自法語 'to God' 之義》—*interj.* 《古·文語》再會，一路平安。
—*n.* 《文語》Ⓒ(*pl.* ～**s**, ～**x** [～z; ～z])辭行，告別：bid ～ to=make [take] one's ～ to... 向…告別。

ad inf. ad infinitum.

ad in·fi·ni·tum [ˋædˌɪnfəˋnaɪtəm; ˌædinfi'naitəm] 《源自拉丁文 'to infinity' 之義》 —*adv.* 無限地，永久地。

a·di·os [ˌadɪˋos; ɑ:'djous] 《源自西班牙語 'to God' 之義》
—*interj.* 再見。

ad·i·pose [ˋædəˌpos; 'ædipous] *n.* Ⓤ(動物性)脂肪。—*adj.* 脂肪(多)的：～ tissue 脂肪組織。

ad·i·pos·i·ty [ˌædəˋpɑsətɪ; ˌædi'pɔsiti] 《adipose 的名詞》 —*n.* Ⓤ《醫》肥胖症；肥胖。

ad·it [ˋædɪt; 'ædit] *n.* Ⓒ **1** 入口，通路。**2** (礦坑的)橫坑。

adj. 《略》adjacent；adjective；adjunct.

ad·ja·cen·cy [əˋdʒesn̩sɪ; ə'dʒeisnsi] 《adjacent 的名詞》—*n.* **1** Ⓤ毗隣，隣近，隣接〔*of*〕。**2** Ⓒ[常 **adjacencies**]隣接處[物]。

ad·ja·cent [əˋdʒesn̩t; ə'dʒeisənt] 《源自拉丁文「躺在附近的」之義》—*adj.* **1** 隣近的，毗隣的，附近的：～ houses 毗隣的房屋/～ angles《幾何》隣角。**2** [不用在名詞前]〔十介十(代)名〕〔與…〕隣近的，接近的；〔與…〕隣接的，毗連的〔*to*〕：a park ～ *to* the castle 與城堡隣接的公園。～**·ly** *adv.*

ad·jec·ti·val [ˌædʒɪkˋtaɪvl̩, ˋædʒɪktɪvl̩; ˌædʒek'taivl ˉ] 《文法》*adj.* 形容詞(似)的；有形容詞功能的：the ～ usage of a noun 名詞的形容詞用法。
—*n.* Ⓒ形容詞片語《形容詞與當形容詞用的片語》。
～**·ly** [-vlɪ; -vəli] *adv.*

‡**ad·jec·tive** [ˋædʒɪktɪv; 'ædʒiktiv] 《源自拉丁文「被附加(於名詞)的」之義》—《文法》*n.* Ⓒ形容詞《★在本辭典中用 *adj.* 符號表示》。
—*adj.* 形容詞的；有形容詞性質[功能]的：an ～ phrase [clause]形容詞片語[子句]。
～**·ly** *adv.*

ad·join [əˋdʒɔɪn; ə'dʒɔin] *v.t.* 隣接，毗連，隣近：Canada ～*s* the U.S. 加拿大隣接美國。
—*v.i.* (二物)相毗連，鄰接：The two countries ～. 這兩個國家相毗隣。

ad·jóin·ing *adj.* 毗隣的；鄰近的：～ rooms 相隣接的房間。

ad·journ [əˋdʒɝn; ə'dʒə:n] 《源自拉丁文「(移)到(指定的)日子」之義》—*v.t.* **1** 〔十受〕將〈會議等〉延期；使…延期開會，使…休會，使…散會：The court is ～*ed*. 本庭到此休庭《★法官所說的話》。**2** 〔十受十介十(代)名〕使〈會等〉延期[休會，散會]〔到…〕〔*till, until*〕；使…延期〔…之久〕〔*for*〕：The members of the club voted to ～ the meeting ***until*** the following day. 俱樂部的會員投票決定將會議延期到次日舉行/The court will be ～*ed* ***for*** an hour. 法庭將休庭一小時。**3** 〔十受〕延期討論〈提案等〉。
—*v.i.* **1** 〔動(十介十(代)名)〕〔自…〕〔至…〕(暫時)休會[延期開會]〔*from*〕〔*to, until*〕：The court ～*ed* ***from*** Friday ***until*** Monday. 法庭自星期五休庭至星期一。**2** 〔十介十(代)名〕移席〔至…〕〔*to*〕：When the discussion was over, they ～*ed* ***to*** the dining room. 討論結束後，他們轉往飯廳。

ad·jóurn·ment [-mənt; -mənt] 《adjourn 的名詞》—*n.* ⓊⒸ延期；延期開會，散會，休會(期間)。

ad·judge [əˋdʒʌdʒ; ə'dʒʌdʒ] *v.t.* 《文語》 **1 a** 〔十受十(*to be*)補〕判決〈人〉〈爲…〉(cf. 1 b)：They ～*d* him (*to be*) guilty. 他們判他有罪。**b** 〔十 *that*__〕判決，宣告〈…一事〉(cf. 1 a)：They ～*d that* he was guilty. 他們判決他有罪。
2 〔十受十介十(代)名〕(依法律的裁定)將〈財產等〉判歸〔合法之所有人〕；(經審查而)將〈獎賞等〉判歸〔…〕，將…裁定頒給〔…〕〔*to*〕：～ a prize *to* a victor 將獎判歸優勝者。

ad·júdg(e)·ment [-mənt; -mənt] *n.*

ad·ju·di·cate [əˋdʒudɪˌket; ə'dʒu:dikeit] *v.t.* **1** 〈法官、法院〉判決；裁定，宣判〈訟案〉。**2** 〔十受十(*to be*)補〕判決[裁定，宣告]〈人〉〈爲…〉：～ a person (*to be*) bankrupt 宣告某人破產。
—*v.i.* 〔動(十介十(代)名)〕(在演講比賽等)擔任評審(委)員，裁判，評判，評審；判決〔案件等〕，審斷，審判，宣判〔*on, upon*〕：The court ～*d* ***on*** [***upon***] the case. 法院宣判了該案件。

ad·jú·di·ca·tor [-tɚ; -tə] *n.*

ad·ju·di·ca·tion [əˌdʒudɪˋkeʃən; əˌdʒu:di'keiʃn] 《adjudicate 的名詞》—*n.* Ⓤ裁判，裁定；判決，裁決。

ad·junct [ˋædʒʌŋkt; 'ædʒʌŋkt] *n.* Ⓒ **1** 附加物，附屬物〔*to, of*〕。**2** 《文法》附屬語，修飾語。—*adj.* 附屬的，輔助的。

ad·junc·tive [əˋdʒʌŋktɪv; ə'dʒʌŋktiv] *adj.*

ad·ju·ra·tion [ˌædʒʊˋreʃən; ˌædʒuə'reiʃn] 《adjure 的名詞》
—*n.* ⓊⒸ **1** 嚴格的命令。**2** 懇求，懇請。

ad·jure [əˋdʒʊr; ə'dʒuə] *v.t.* 〔十受十 *to* do〕《文語》 **1** 嚴命〈人〉〈做…〉：I ～ you *to* speak the truth. 我命令你對我說實話。**2** 懇求[請求]〈人〉〈做…〉：I ～ you *to* spare him. 我懇求你饒恕他。

***ad·just** [əˋdʒʌst; ə'dʒʌst] 《源自拉丁文「使與…符合」之義》
—*v.t.* **1 a** 〔十受〕調節，校準…(⇨ adapt【同義字】)：～ a radio (dial) 調準收音機的選臺指針/～ color on a TV 調整電視的色彩/～ one's tie in a mirror 照鏡子整理領帶。**b** 〔十受十介十(代)名〕使…適合〔於…〕〔*to*〕：～ a telescope ***to*** one's eye 調節望遠鏡使之適合眼睛觀看。
2 〔十受〕調整〈機器〉：～ a clock 調準時鐘。
3 〔十受〕調停〈爭端〉；調和〈意見等〉：～ differences of opinion 調解意見分歧。
4 〔十受十介十(代)名〕[～ one*self*] 使自己適應，順應〔新環境等〕〔*to*〕：The body ～*s* ***itself to*** changes of temperature. 身體會(自行)適應溫度的變化/You must ～ ***yourself to*** new conditions. 你必須(使自己)適應新的環境。
—*v.i.* **1** 〈機器〉被調整。**2** 〔十介十(代)名〕適應〔…〕〔*to*〕《★可用被動語態》：He soon ～*ed* ***to*** army life. 他很快就適應了軍隊生活。

ad·just·a·ble [əˋdʒʌstəbl̩; ə'dʒʌstəbl] *adj.* 可調整的，可調節的；可適應的。

ad·júst·er *n.* Ⓒ **1** 調整者。**2** 調整裝置《如電燈的上下活動吊鉤等》。**3** 《保險》(海損)理賠人。

ad·just·ment [əˋdʒʌstmənt; ə'dʒʌstmənt] 《adjust 的名詞》
—*n.* ⓊⒸ **1** 調整，調節，修整，整理：make an ～ 加以調整。**2** (爭議等的)調停。

ad·jús·tor [-tɚ; -tə] *n.* =adjuster.

ad·ju·tan·cy [ˋædʒətənsɪ; 'ædʒutənsi] *n.* Ⓤ副官之職位。

ad·ju·tant [ˋædʒətənt; 'ædʒutənt] *n.* Ⓒ **1** 《軍》(附屬於部隊的)副官(cf. aide-de-camp). **2** (又作 **ádjutant bird**)《鳥》禿鸛《東印度產的一種大型鸛鳥；因其直立不動之姿勢像副官，故俗名副官鳥》。

adjutant 2

ad lib [ædˋlɪb, ˋæd-; ˌæd'lib] 《拉丁文 'ad libitum' (=at pleasure) 之略》—*adv.* 隨意地；即興地，隨興之所至地。
—*n.* Ⓒ(*pl.* **ad libs**)即興的演奏[臺詞]。

ad-lib [ædˋlɪb; ˌæd'lib ˉ] 《口語》(**ad-libbed**；**ad-lib·bing**) *v.t.* **1** 在演出時臨時穿插〈腳本中沒有的臺詞〉。**2** 即興地唱[演奏]〈樂譜中沒有的樂曲〉。—*v.i.* 即興地做[唱，演奏]。
—*adj.* 即興的。

Adm. 《略》Admiral；Admiralty.

ád·màn *n.* Ⓒ(*pl.* **-men**)《口語》廣告業者，廣告部門的職員。

ad·mass [ˋædmæs; 'ædmæs] *n.* Ⓤ《英口語·罕》**1** (對社會有不良影響的)大衆傳播廣告。**2** (會受大衆傳播廣告之影響的)社會大衆。

ad·min·is·ter [ədˋmɪnəstɚ; əd'ministə] *v.t.* **1** 〔十受〕**a** 管理〈業務等〉：The Secretary of State ～*s* foreign affairs. 國務卿掌理外交事務。**b** 治理，統治，管理，處理〈國家、社會、家庭等〉：～ a country 治理國家。
2 〔十受〕**a** 施行，執行〈法律、規則等〉：～ laws 執行法律。**b** 主持〈宗教儀式、典禮〉：～ the Sacrament 主持聖禮。
3 〔十受十介十(代)名〕**a** 〔對人〕施行，執行…〔*to*〕：～ justice ***to*** a person 審判某人。**b** 供給，施與〈藥等〉〔給某人〕；〔爲某人〕塗抹〈藥等〉〔*to*〕：The doctor ～*ed* some medicine ***to*** the girl. 醫生爲女孩配了些藥。
4 〔十受十受/十受十介十(代)名〕給〈人等〉〈打擊等〉；將〈打擊等〉加諸〔人等〕〔*to*〕：He ～*ed* me a box on the ear. 他摑了我一記耳光/We ～*ed* a drubbing ***to*** the enemy. 我們給予敵軍痛擊《★比較 表示此意時，一般用 gave 而不用 administered》。
5 〔十受十介十(代)名〕〔使人〕立〈誓〉〔*to*〕：The judge ～*ed* the oath ***to*** the witness. 法官要證人宣誓。—*v.i.* 《法律》管理遺產。

ad·min·is·trate [ədˋmɪnəˌstret; əd'ministreit] *v.t.* =administer.

***ad·min·is·tra·tion** [ədˌmɪnəˋstreʃən; ədˌmini'streiʃn] 《administer 的名詞》—*n.* **1** Ⓤ **a** 管理，經營。**b** 統治，行政，施政：military ～ 軍政。
2 Ⓒ[常 **the** ～；集合稱] **a** 資方。**b** (大學等的)行政部門，局。
3 a Ⓒ[常 **the A**～；集合稱](主要指美國的)政府；內閣(cf. government 3)：*the* Kennedy *A*～ 甘迺迪政府。**b** Ⓤ(行政官、主管等的)任期：during the Reagan *A*～《美》在雷根總統的任期中。

4 Ⓤ a 《法律等的》施行，執行〔*of*〕：the ~ *of* a new law 新法律的施行/the ~ *of* justice 審判；處罰。b 《宗教儀式、典禮等的》舉行，執行，主持〔*of*〕.

5 Ⓤ《藥等的》給與，給藥，下藥。

ad·min·is·tra·tive [əd'mɪnə͵stretɪv; əd'ministrətiv] 《administer 的形容詞》—*adj.* 《無比較級、最高級》**1 管理的**，經營上的。**2 行政上的**：~ ability 行政手腕/an ~ district 行政區域/~ readjustments 行政上的重新調整。~·**ly** *adv.*

ad·mín·is·trà·tor [-tɚ; -tə] *n.* Ⓒ **1 a 管理者**；理事。b 行政官，主管。c 行政專家，有行政手腕的人。**2** 《法律》遺產管理人。

ad·mi·ra·ble ['ædmərəbl; 'ædmərəbl] 《admire 的形容詞》—*adj.* **1** 值得稱讚的；可欽佩的；令人驚嘆的。**2 a** 極佳的；出色的，美妙的：an ~ essay 出色的小品文。**b** 〔當感嘆詞用〕好！很好！

ád·mi·ra·bly [-rəblɪ; -rəbli] *adv.* 極佳地，美妙地，可讚賞地。

ad·mi·ral ['ædmərəl; 'ædmərəl] 《源自阿拉伯語「(海的)統治者」之義》—*n.* Ⓒ〔也用於稱呼〕**海軍上將**；海軍將領；艦隊司令 (cf. general)《略作 Adm., Adml.》：a fleet ~《美》=《英》an ~ of the fleet 海軍元帥/an [a full] ~ 海軍上將/a vice ~ 海軍中將/a rear ~ 海軍少將。

ádmiral·shìp *n.* Ⓤ海軍上將〔將領〕的職位〔官階〕。

Ád·mi·ral·ty ['ædmərəltɪ; 'ædmərəlti] *n.* [the ~]《英》《從前的》海軍部《辦公大樓》《1964 年成爲國防部之一部門；略作 Adm., Adml.》。

***ad·mi·ra·tion** [͵ædmə'reʃən; ͵ædmə'reiʃn] 《admire 的名詞》—*n.* **1** Ⓤ**讚嘆，欽佩，讚賞**；憧憬，羨慕〔*of, for*〕：feel [have] ~ *for*... 欽佩〔佩服〕…/in ~ *of*... 讚賞…/with ~ 讚賞〔欽佩〕地。**2** [the ~] 衆人讚賞之對象〔*of*〕：She is *the* ~ *of* her students. 她是學生們欽慕的對象。

to admirátion 完美地；美滿地：She acted the part *to* ~. 她把那個角色扮演得完美極了。

‡**ad·mire** [əd'maɪr; əd'maiə] *v.t.* **1 a** 〔十受〕**讚賞，欽佩，佩服**…(⇨ respect【同義字】)：Visitors to Japan always ~ Mt. Fuji. 到日本的觀光客總會讚嘆富士山。**b** 〔十受十介十(代)名〕〔因…而〕**讚賞…，佩服…**〔的…〕〔*for*〕：I ~ him *for* his courage. 我佩服他的勇氣。**c** 〔十受〕以讚賞的眼光看…：She ~*d* the roses in the garden. 她欣賞庭園裏的玫瑰花。**d** 〔十受〕〔當反語用〕欽佩…；對…感到驚訝〔愕然〕：I ~ his impudence. 我佩服他的厚臉皮。

2 〔十受〕《口語》《恭維地》讚美，誇讚《人等》。

ad·mír·er [-'maɪrɚ; -'maiərə] *n.* Ⓒ **1** 讚美者；欽慕者〔*of*〕；討《女人》歡心的男人。**2** 《對女性的》愛慕者；求婚者。

ad·mír·ing [-'maɪrɪŋ; -'maiəriŋ] *adj.* 〔用在名詞前〕佩服的；讚賞的：~ glances 讚賞的眼光。~·**ly** *adv.*

ad·mis·si·ble [əd'mɪsəbl; əd'misəbl] *adj.* **1** 《想法、計畫、證據等》可採納的，可容許的，可接受的。**2** 〔不用在名詞前〕〔十介十(代)名〕有權利〔資格〕〔就任某職位〕的；可進入〔…〕的〔*to*〕.

***ad·mis·sion** [əd'mɪʃən; əd'miʃn] 《admit 的名詞》—*n.* **1** ⓊⒸ《學校、場所、會等之》**允許進入**；入學(許可)，入場(許可)，入會(許可)〔*to, into*〕(⇨ admittance 用法)：~ by ticket 憑票入場/~ free 免費入場/~ *to* [*into*] a society 入會/gain [obtain] ~ 獲准入場/give free ~ *to*... 准予…自由進入；准予…免費入場/There are 200 ~*s to* the school every year. 該校每年有兩百名學生入學。

2 Ⓤ〔又作 **an** ~〕入場費，入會費(等)：charge *an* ~ 收入場費〔門票〕。

3 Ⓒ **a** 〔罪過、缺點等的〕承認，供認，招認〔*of*〕：make an ~ *of* the fact to a person 向某人供認事實。**b** 〔十 *that*__〕《對…一事之》承認〔供認〕：His ~ *that* he was to blame kept the others from being punished. 他承認自己有責任〔錯〕而使其餘的人免於受罰。

admíssion fèe *n.* Ⓒ入場費，入會〔入學〕費。

‡**ad·mit** [əd'mɪt; əd'mit] 《源自拉丁文「送往…」之義》—(**ad·mit·ted**; **ad·mit·ting**) *v.t.* **1 a** 〔十受〕《人、物》**容納**，容許《人》進入(⇨receive【同義字】)：The servant opened the door and *admitted* me. 傭人開門讓我進入/This ticket ~*s* two persons. 這張票容許兩個人入場。**b** 〔十受十介十(代)名〕《人、物》容許《人、物》進入〔…〕〔*to, into*〕：~ aliens *into* a country 許可外國人入境/~ a person *to* [*into*] a club 許可某人加入俱樂部/~ a student *to* the third-year class [《美》third grade] 許可某學生插班三年級/⇨ be admitted to the BAR[1]/This window doesn't ~ enough sunlight *to* my room. 這扇窗不能使足夠的陽光進入我房間裏〔我的房間因窗戶擋住了陽光而顯得採光不足〕。**2** 〔十受〕**a** 《場所》能收容，能容納《人》：The harbor ~*s* four ships. 此港可容納四艘船。**b** 〔常用於否定句〕《事實等》有…的餘地，容許…：The facts ~ *no* other interpretation. 這些事實不容有其他解釋。**3 a** 〔十受〕**承認，採信，認可**《辯解、證據等》：~ the truth of the story 承認這說法爲眞實。**b** 〔十 do*ing*〕承認《做(了)…》：He *admitted* hav*ing* stolen the money. 他承認偷了那筆錢。**c** 〔十 *that*__〕承認《…一事》《★用法此句型最常用》：I ~ *that* it is true. 我承認這件事是眞的/*Admitting that* the rumors about you are true, you may still be assured of our trust in you. 就算有關你的傳聞是眞的，我們還是信任你，你儘管放心。**d** [I~, 與主要子句並列或當插入語用] 我承認(，不過…)；的確：This, *I* ~, is true. 這一點的確是眞的。**e** 〔十受十(*to be*)補〕承認…《爲…》《★用法〔十受十 *to* do〕係屬錯誤》：He ~*s* the report *to be* wrong. 他承認那報告是錯的。

—*v.i.* 〔十介十(代)名〕**1** 〔常用於否定句〕《事實等》有〔…的〕餘地，容許〔…〕〔*of*〕《★用法不可以「人」作主詞》：This ~*s of no* doubt. 此事不容置疑。

2 通往，通向〔某處〕〔*to*〕：The door *admitted to* a bystreet. 那道門通往一條小巷子。

3 承認，供認〔…〕〔*to*〕《★可用被動語態》：He *admitted to* his fears. 他承認自己擔心/I must ~ *to* feel*ing* ashamed. 我得承認我感到慚愧《★用法有人認爲後面接 do*ing* 的用法是不對的》。

ad·mit·tance [əd'mɪtn̩s; əd'mitəns] 《admit *v.t.* 2 的名詞》—*n.* Ⓤ入場，入場許可《★用法admittance 僅用以指進入某一場所之權，並不含其連帶之目的或其他權益；admission 用以指進入某一場所或某一組織、職業等，同時强調與「進入之權利」連帶相關之目的、權益及責任等》：grant [refuse] a person ~ *to*... 准許〔拒絕〕某人進入…/No ~ (except on business). 《告示》非公莫入，閒人莫入。

ad·mít·ted *adj.* 〔用在名詞前〕被公認的：an ~ fact 公認的〔明白的〕事實。

ad·mít·ted·ly *adv.* 〔常修飾整句〕公認〔無可否認〕地；明白地，確實地；誠然：an ~ severe punishment 公認嚴酷的刑罰/*A*~, it was difficult, but it wasn't impossible. 無可否認地它是很難，但並非不可能。

ad·mix [æd'mɪks, əd-; æd'miks, əd-] *v.t.* **1** 混合，羼合《不同之物》。**2** 〔十受十介十(代)名〕將…〔與…〕混合〔*with*〕.

—*v.i.* 〔動(十介十(代)名)〕〔與…〕混合〔*with*〕.

ad·mix·ture [æd'mɪkstʃɚ; æd'mikstʃə] 《admix 的名詞》—*n.* **1** Ⓤ混合。**2** Ⓒ混合物；攙入物，羼雜物：an ~ *of* truth and falsehood 眞僞攙混之物。

Adml. 《略》Admiral；Admiralty.

ad·mon·ish [əd'mɑnɪʃ; əd'mɔniʃ] 《源自拉丁文「向…警告」之義》—*v.t.* 《文語》**1 a** 〔十受〕《和藹地》**訓誡**，告誡，婉言警告，輕責，忠告，勸告《人》：The teacher ~*ed* his pupils. 老師訓誡學生。**b** 〔十受十介十(代)名〕告誡《人》〔勿…〕〔*against*〕；〔爲…而〕訓誡《人》〔*for*〕：The teacher ~*ed* the boys *against* be*ing* late. 老師告誡學生們不可遲到(cf. 1 c, 1 d)/His father ~*ed* him *for* carelessness [be*ing* careless]. 他父親告誡他不要粗心。**c** 〔十受十 *to* do〕警告，告誡《人》《要…》：The teacher ~*ed* the boys not *to* be late. 老師告誡學生們不可遲到(cf. 1 b, 1 c)。**d** 〔十受十 *that*__〕告誡《人》《…事》：The teacher ~*ed* the boys *that* they should not be late. 老師告誡學生們不可遲到(cf. 1 b, 1 c)。**2** 〔十受十介十(代)名〕警告，提醒《人》〔某事〕〔*of*〕：I ~*ed* him *of* the need for silence. 我提醒他緘默的必要。

ad·món·ish·ment [-mənt; -mənt] *n.* =admonition.

ad·mo·ni·tion [͵ædmə'nɪʃən; ͵ædmə'niʃn] 《admonish 的名詞》—*n.* ⒸⓊ勸諫，訓誡；警告；告誡。

ad·mon·i·tor [əd'mɑnətɚ; əd'mɔnitə] *n.* Ⓒ勸告者，訓誡者，勸諫者。

ad·mon·i·to·ry [əd'mɑnə͵torɪ, -͵tɔrɪ; əd'mɔnitəri] 《admonish 的形容詞》—*adj.* 《文語》告誡的，勸告的；警告的；訓誡的。

ad nau·se·am ['æd'nɔʃɪ͵æm, -'nɔz-; ͵æd'nɔ:ziæm] 《源自拉丁文 'to nausea' 之義》—*adv.* …得令人厭煩；…得令人作嘔：He repeats himself ~. 他一再重複同樣的話令人厭煩。

a·do [ə'du; ə'du:] *n.* Ⓤ〔常 **much** [**more, further**] ~〕騷擾；費力，麻煩；騷動；困難：We need not make so *much* ~ about it. 我們不必爲此事而如此麻煩/We had *much* ~. 我們被搞得手忙腳亂/*much* ~ about nothing 大驚小怪，小題大作，無事自擾《★出自莎士比亞戲劇「無事自擾 (*Much Ado About Nothing*)」》/with *much* ~ 經過一陣忙亂；煞費苦心，費九牛二虎之力/without *more* [*further*] ~ 不再費力地/We had *much* ~ to get home safely. 《文語》我們費盡心力才安抵家門。

a·do·be [ə'dobɪ; ə'doubi] *n.* **1** Ⓤ《太陽曬乾的》泥磚；土坯。**2** Ⓒ用泥磚砌成的房屋；土坯屋《多見於美國西南部及墨西哥；cf. pueblo》.

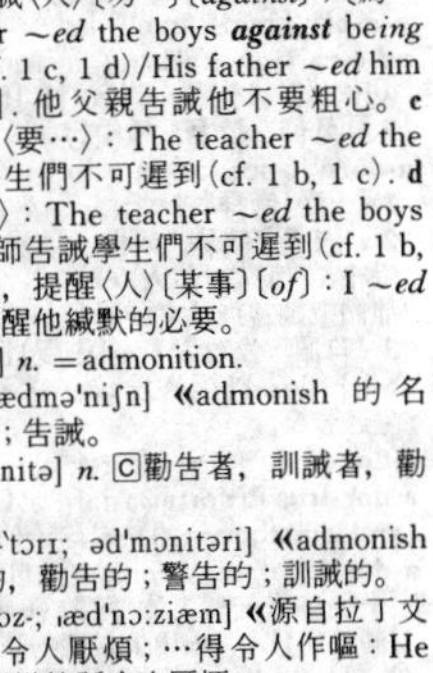

adobe 1

A

—*adj.* [用在名詞前]用泥磚砌成的：an ～ house 用泥磚砌成的房屋。

ad·o·les·cence [ˌædlˋɛsn̩s; ˌædəˈlesns] «adolescent 的名詞» —*n.* **1** Ⓤ[又作 **an** ～] **a** 青少年期《從十二、十三歲到十八歲左右》。**b** 青春期，思[懷]春期；青少年期的發育成長。**2** Ⓤ年輕，年少；青春，活力，朝氣。

ad·o·les·cent [ˌædlˋɛsn̩t; ˌædəˈlesnt] «源自拉丁文「長成(大人)」之義» —*adj.* **1** 青少年期的，青春(期)的：～ problems 青少年期的諸項問題。**2** 有青春活力的，朝氣蓬勃的，年輕的；未成熟的，不穩定的。

—*n.* Ⓒ青少年，年輕人，青春期的男女。

A·dolph, Ad·olf [ˋædɑlf; ˈædɔlf], **A·dol·phus** [əˋdɑlfəs; əˈdɔlfəs] *n.* 亞道夫《男子名》。

A·don·is [əˋdonɪs; əˈdounis] *n.* **1** 《希臘神話》阿多尼斯《女神愛芙羅黛蒂(Aphrodite)所愛的美少年》。**2** Ⓒ美少年，美男子。

Adonis 1

***a·dopt** [əˋdɑpt; əˈdɔpt] «源自拉丁文「選(給自己)」之義» —*v.t.* **1** [十受] **a** 採用，採納〈意見、方針等〉：～ the customs of a country 採納某國的風俗習慣。**b** (於會議中)採納〈議案、報告等〉；正式通過，批准〈提案〉：The committee ～*ed* the motion. 委員會通過[採納]了那項提案。

2 a [十受]收養〈人〉爲子女：～ an orphan 收養孤兒。**b** [十受十 *as* 補]收養〈人〉〈爲…〉：They ～*ed* the child *as* their heir. 他們收養那孩子爲他們的後嗣。**c** [十受十介十(代)名]收養〈人〉[到…] [*into*]：He was ～*ed* ***into*** our family. 他被收養到我們家裏[他被我們家收養]。

a·dópt·ed *adj.* [用在名詞前]收養的，過繼的：one's ～ son [daughter]某人的養子[女]。

a·dópt·er *n.* Ⓒ **1** 採用者。**2** 養父母。

a·dop·tion [əˋdɑpʃən; əˈdɔpʃn] «adopt 的名詞» —*n.* ⓊⒸ **1** 採用，採納，採取[*of*]：the ～ *of* a plan 計畫的採用。**2** 過繼，過房；收養。

a·dop·tive [əˋdɑptɪv; əˈdɔptiv] «adopt 的形容詞» —*adj.* **1** 採用的，採取的。**2** 《文語》收養的，具有收養關係的：his ～ mother [parents]他的養母[父母]。

a·dor·a·ble [əˋdorəbl̩, əˋdɔr-; əˈdɔːrəbl] *adj.* **1** 可崇敬[崇拜]的；值得敬慕的。**2** 《口語》可愛的；迷人的《★主要爲女性用語》：What an ～ hat she is wearing！她戴的帽子好可愛哦！

-a·bly [-rəblɪ; -rəbli] *adv.* **～·ness** *n.*

ad·o·ra·tion [ˌædəˋreʃən; ˌædəˈreiʃn] «adore 的名詞» —*n.* **1 a** Ⓤ(對神的)崇拜，崇敬。**b** [**the A～**] (對嬰兒基督的)禮拜(圖)。**2** Ⓤ景仰，敬慕，鍾愛[*for*]。

a·dore [əˋdor, əˋdɔr; əˈdɔː] «源自拉丁文「用祈禱說」之義» —*v.t.* **1** [十受]崇拜〈神〉。

2 a [十受]敬慕，景仰，敬愛〈人〉(⇨ worship【同義字】)。**b** [十受十*as* 補]崇拜〈人〉〈爲…〉：They ～*d* her *as* a living goddess. 他們把她當作活女神崇拜。

3 《口語·女性語》**a** [十受]極喜愛：I ～ baseball. 我熱愛棒球。**b** [十 do*ing*]極喜愛〈做…〉：He ～*s* listen*ing* to music. 他極喜愛聽音樂。

a·dor·er [əˋdorɚ, əˋdɔrɚ; əˈdɔːrə] *n.* Ⓒ **1** 崇拜者。**2** 熱愛者。

a·dor·ing [əˋdorɪŋ, əˋdɔr-; əˈdɔːriŋ] *adj.* **1** 崇拜[敬慕，熱愛]的：an ～ mother 一個熱愛孩子的母親。**2** 令人喜愛的。**～·ly** *adv.*

a·dorn [əˋdɔrn; əˈdɔːn] «源自拉丁文「裝備於…」之義» —*v.t.* **1 a** [十受] (用美麗之物)裝飾〈(原本即美麗之)人、物〉(⇨ decorate【同義字】)：～ a bride 裝扮新娘。**b** [十受十介十(代)名][用…]裝飾…，使…佩戴[珠寶等] [*with*]：She ～*ed* herself ***with*** pearls. 她佩戴珍珠打扮自己。**2** [十受]襯托…的美，增加…的美，使…具魅力。

a·dórn·ment [-mənt; -mənt] «adorn 的名詞» —*n.* **1** Ⓤ裝飾。**2** Ⓒ裝飾品：personal ～*s* 佩戴物；身上的飾物。

a·down [əˋdaun; əˈdaun] *adv.*, *prep.* 《詩》＝down.

ADP 《略》automatic data processing《電算》自動資料處理。

ad·re·nal [ædˋrinl; ədˈriːnl]《解剖》*adj.* **1** 在腎臟附近[腎臟上]的。**2** 副腎的；由副腎產生的：the ～ glands 副腎，腎上腺。

—*n.* Ⓒ副腎，腎上腺。

ad·ren·a·line [ædˋrɛnl̩ɪn; əˈdrenəlin] *n.* Ⓤ《生化》腎上腺素；副腎素《由副腎產生的荷爾蒙》。

A·dri·an [ˋedrɪən; ˈeidriən] *n.* 亞得利安《男子名》。

A·dri·át·ic (Séa) [ˌedrɪˋætɪk-; ˌeidriˈætik-] *n.* [**the** ～]亞得里亞海《義大利和巴爾幹半島間的內海》。

a·drift [əˋdrɪft; əˈdrift] *adv.* & *adj.* [不用在名詞前] **1** 〈船〉隨風浪漂流地[的]；漂泊地[的]：get ～ 〈船〉開始漂流；漂失/set a boat ～ 使船漂流/When we awoke, we were ～ on the open sea. 醒過來的時候，我們在大海上漂流著。

2 〈人〉(漫無目標地)漂泊[流浪]地[的]；茫然失措[迷失方向]地[的]；失常地[的]。

3 偏離地[的]；鬆地[的]。

cùt adríft (1)使〈船〉漂流。(2)使…[與…]分開[*from*]。

gò adríft (1)漂流。(2)脫離[主題][*from*]. (3)《口語》〈物〉[自…]失去，丟失，被偷走[*from*]. (4)《口語》〈水兵等〉(不假)離船，逃船。

tùrn a person **adríft** 逐出某人；使某人漂泊無依；解雇某人。

a·droit [əˋdrɔɪt; əˈdrɔit] «源自法語「向右地，筆直地」之義» —*adj.* **1** 靈巧的；機敏的，巧妙的，熟練的：an ～ answer 巧妙的回答。**2** [不用在名詞前] [十介十(代)名]善於[…]的，巧妙[於…]的[*at, in*]：He is ～ ***at*** [***in***] mak*ing* excuses. 他善於找藉口[辯白]。**～·ly** *adv.* **～·ness** *n.*

ad·sorb [ædˋsɔrb; ædˈsɔːb] *v.t.* 《化學》吸附；聚集。

ad·sorb·ent [ædˋsɔrbənt; ædˈsɔːbənt]《化學》*adj.* 吸附性的。

—*n.* Ⓤ[指產品個體或種類時爲Ⓒ]吸附劑。

ad·sorp·tion [ædˋsɔrpʃən; ædˈsɔːpʃn] «adsorb 的名詞» —*n.* Ⓤ吸附(作用)。

ad·sorp·tive [ædˋsɔrptɪv; ædˈsɔːptiv] *adj.* 有吸附性[作用]的。

ad·u·late [ˋædʒəˌlet; ˈædjuleit] *v.t.* 諂媚，奉承，逢迎，恭維，阿諛〈人〉。**ád·u·là·tor** [-tɚ; -tə] *n.*

ad·u·la·tion [ˌædʒəˋleʃən; ˌædjuˈleiʃn] «adulate 的名詞» —*n.* Ⓤ奉承，逢迎，恭維，諂媚，阿諛。

ad·u·la·to·ry [ˋædʒələˌtorɪ, -ˌtɔrɪ; ˈædjuleitəri] *adj.* 諂媚的，阿諛的，奉承的，逢迎的，恭維的。

***a·dult** [əˋdʌlt, ˋædʌlt; əˈdʌlt, ˈædʌlt] «源自拉丁文「已成長的」之義» —*n.* Ⓒ **1** 成年人，成熟的人，大人；《法律》成年者。

2 《生物》成體，成蟲。

—*adj.* 發育成熟的，成年者的；像成年人的；適合成年人的：～ education 成人教育/～ movies 成人電影。

a·dul·ter·ant [əˋdʌltərənt, -trənt; əˈdʌltərənt] *n.* Ⓒ攙雜[混合]物《如牛奶中攙水等》。

—*adj.* 攙雜的；混合的。

a·dul·ter·ate [əˋdʌltəˌret; əˈdʌltəreit] *v.t.* **1 a** [十受]攙雜…。**b** [十受十介十(代)名][以…]攙混於… [*with*] (cf. dilute)：～ milk ***with*** water 在牛奶中攙水。**2** (攙混雜物而)降低…的品質，使…不純。

— [əˋdʌltərɪt, -ˌret; əˈdʌltəreit] *adj.* **1** 攙有雜物的，不純的，(攙有雜物以致)品質低劣的。**2** ＝adulterous.

a·dul·ter·a·tion [əˌdʌltəˋreʃən; əˌdʌltəˈreiʃn] «adulterate 的名詞» —*n.* **1** Ⓤ攙混劣質物；(攙混雜物)降低品質。**2** Ⓒ粗劣品；成分不純的低劣品。

a·dúl·ter·à·tor [-tɚ; -tə] *n.* Ⓒ(攙雜物)粗劣品的製造者。

a·dul·ter·er [əˋdʌltərɚ; əˈdʌltərə] *n.* Ⓒ姦夫，男性私通者。

a·dúl·ter·ess [-tərɪs, -trɪs; -təris] *n.* Ⓒ姦婦，淫婦，女性私通者。

a·dul·ter·ous [əˋdʌltərəs, -trəs; əˈdʌltərəs] *adj.* 私通的，不貞的。

a·dul·ter·y [əˋdʌltərɪ; əˈdʌltəri] *n.* Ⓤ私通，不貞；姦情：commit ～ 通姦。

adúlt·hòod *n.* Ⓤ成年(時期)。

ad·um·brate [ædˋʌmbret, ˋædəmˌbret; ˈædʌmbreit] *v.t.* 《文語》**1** 略示…的輪廓[概況]；輕描淡寫地勾畫〈理論、想法等〉。**2** 預示〈未來〉。**3** 使…晦暗，蔭蔽…。

ad·um·bra·tion [ˌædəmˋbreʃən, ˌædʌm-; ˌædʌmˈbreiʃn] *n.*

adv. 《略》adverb；adverbial(ly)；advertisement.

ad va·lor·em [ˌædvəˋlorəm, -ˋlɔrəm; ˌædvəˈlɔːrem] «源自拉丁文'according to the value'之義» —*adv.* & *adj.* 依照價格的比例地[的]《略作 ad val.》：an ～ duty [tax] 從價稅。

ad·vance** [ədˋvæns; ədˈvɑːns] «源自拉丁文「從以前」之義» —*v.t.* **1** [十受(十介十(代)名)]推進…；使…前進[至…] [*to*]：～ the minute hand 5 minutes 把(鐘錶的)長針向前撥五分鐘/The general ～*d* the troops ***to the front. 將軍使軍隊推進到前線。

2 [十受(十介十(代)名)]使〈人〉[從…]晉陞[到…] [*from*] [*to*]：He was ～*d* ***from*** (first) lieutenant ***to*** captain. 他從中尉晉陞爲上尉。

3 [十受]促進，推進〈事〉：～ growth 促進成長/～ a scheme 推進計畫。

4 [十受(十介十(代)名)]把〈時間、日期〉[從…]提前[提早][到…] [*from*] [*to*]：～ the time of the meeting ***from*** 3 o'clock ***to*** 1 o'clock 將開會時間自三點鐘提前至一點鐘。

5 [十受十受/十受十介十(代)名]預付，預支，借貸，墊付〈人〉〈金錢〉；預付，預支，借貸，墊付[某人]〈金錢〉[*to*]：Will you ～ me a month's salary？您可以預支給我一個月薪水嗎？/The farmers were ～*d* money for the purchase of cattle. 農戶獲得了買牛隻的貸款/They seldom ～ wages ***to*** any of the workers. 他們很少預支工資給員工。

6 [十受]提出〈意見等〉：Allow me to ～ another reason for my

choice. 請容我提出做這種選擇的另一個理由。

7 〔十受〕《罕》提高〈價格〉：~ the price of milk 提高牛奶的價格。

—*v.i.* **1** 〔動(十介十(代)名)〕〔朝…〕前進，推進〔*to, toward(s), on, upon, against*〕：She ~*d* ***to*** [***toward(s)***] the table. 她走到[走向]桌子旁邊《★用因用 to 時表示到達之意》/The troops ~*d* ***against*** the enemy. 部隊向敵軍進攻 /He ~*d* ***on*** me threateningly. 他迫近我。

2 a 〈夜、季節〉加深：as the night ~*s* 隨著夜深。**b** 〔十介十(代)名〕增高〔年事〕〔*in*〕：They were *advancing* ***in*** years. 他們(當時)年事漸高。

3 a 〈研究等〉(順利)進展：His studies are *advancing* apace. 他的研究[學業]正迅速進展。**b** 〔十介十(代)名〕〈人〉[在知識、研究、地位等方面]長進，進步，上進〔*in*〕：~ ***in*** life [*in* the world] 發跡，在社會上成功，出頭。**c** 〔十介十(代)名〕晉陞〔到…〕〔*to*〕：He ~*d* ***to*** (the position of) manager. 他晉陞爲經理。

4 《罕》〈價格〉上漲：Prices are *advancing.* 物價在上漲。

—*n.* **1** Ⓒ〔常用單數〕前進，進軍。

2 ⓊⒸ進步，長進；(交涉、工作等的)進展；增進(⇨progress 2【同義字】)：make some ~(*s*) *in* one's studies 學業有所進步/an ~ *in* a task 工作的進展/an ~ *in* health 健康的增進/*A*~ *in* science is continuous. 科學的進步是不斷的[科學不斷地在進步]/Electronics has made remarkable ~*s* lately. 電子學近來已有顯著的進展。

3 ⓊⒸ(時間的)移行；推進：the ~ *of* evening 夜深，夜闌/the ~ *of* old age 邁入老境，上年紀，年邁。

4 Ⓒ〔常用單數〕晉陞，提陞；發跡〔*in*〕.

5 Ⓒ預付，預支；定金；墊付款；借貸款：an ~ *on* royalties 預付的版稅/make an ~ *on* wages 預付工資。

6 Ⓒ〔常 ~**s**〕討好，巴結，接近；(對女人的)慇懃，求愛，示意：make ~*s* to a woman 對女人獻慇懃[求愛]。

7 Ⓒ《罕》(物價)騰貴，上漲。

in advánce (1)在前面：Please go *in* ~. 請走在前面。(2)預先：I'll let you know *in* ~. 我會預先通知你。(3)以預付[墊付]方式：Can you give me some money *in* ~？你能預付我一點錢嗎？

in advánce of... (1)在…之前：pay a few days *in* ~ *of* the end of the month 在月底的前二、三天支付。(2)優於〈人等〉，比…進步。

—*adj.* [用在名詞前] **1** 前進的，先發的，在前的：an ~ party 先遣部隊。**2** 預先的：~ notice 預告，預先通知 /~ sheets (書本的)樣張 /~ booking《英》(旅館、劇場等的)預訂 /⇨ advance copy. **3** 定金的，預付的：an ~ payment 預付(款)，定金。

advánce cópy *n.* Ⓒ (發售前贈給專家或批評家之)新書樣本。

ad·vanced [əd'vænst; əd'vɑ:nst] *adj.* (**more** ~；**most** ~) **1** 進步的，高等的，高深的；前進的(⇨progressive 2 b【同義字】)：an ~ course 高級課程/an ~ country 先進國家/~ studies 高深的研究/~ ideas 進步的思想。**2 a** 〈時間〉已有一陣子的；〈夜〉深的：The night was far ~. 夜很深了。**b** 〈年齡〉邁入老境的，老的，〈年事〉高的：an ~ age 高齡。**c** [不用在名詞前]〔十介十(代)名〕《文語》〔在年齡上〕已老的〔*in*〕：He is ~ ***in*** years. 他年紀已老[年事已高]。

advánced lèvel *n.* Ⓤ《英》(一般教育檢定證書(G.C.E.)考試的)高級課程《又簡稱 A level》：take French *at* ~ 參加高級課程的法語考試。

advánce guárd *n.* Ⓒ〔軍〕前衛。

advánce màn *n.* Ⓒ(*pl.* ~ **men**)先遣宣傳員《戲劇、電影、馬戲等在某地上演前到達的宣傳員》。

ad·vánce·ment [-mənt; -mənt] 《advance 的名詞》**—***n.* Ⓤ **1** 進步，發達；增進，促進，助長：the ~ of learning [science] 學問[科學]的進步。

2 晉陞，陞級：personal ~ 個人的榮達[飛黃騰達]/~ *in* life [one's career] 發跡，成功，發達。

‡ad·van·tage [əd'væntɪdʒ; əd'vɑ:ntidʒ] 《源自拉丁文「…之前的狀態」「優勢」之義》**—***n.* **1** Ⓤ (較其他之)有利，好處，益處；(有利立場所造成的)利益(⇨benefit【同義字】)：*of* great [no] ~ *to...* 對…大有[毫無]益處。**2** Ⓒ優點，有利條件，優勢，强處〔*of*〕：the ~*s of* birth, wealth, and good health 出身、財富、健康等方面的優勢 /gain [win] an ~ over a person 勝過某人；凌駕某人，比某人佔上風[優勢]。**3** Ⓤ〔網球〕局末平分[盤末平局]後佔先《《美》又作 ad,《英》又作 van》：~ in 發球佔先《在平手後由發球者(server)所先得一分》/~ out 接球佔先《在平手後由接球者(receiver)所先得一分》。

hàve the advántage of... 佔有…的便宜[優勢]：He *has the* ~ *of* good health. 他佔身體健康的優勢/We *had the* ~ *of* know*ing* him. 我們認識他，這一點對我們有利。

tàke advántage of... (1)利用〈好機會、某事等〉：We *took* ~ *of* the good weather *to* go on a hike. 我們乘著好天氣去遠足。(2)利用〈無知等〉，欺騙〈人〉；誘騙〈女人〉：Don't *take* ~ *of* his innocence *to* deceive him. 別利用他的天眞而欺騙他。

tàke a person **at advántage** 乘人之不備；使人措手不及。

to advántage (1)有利地：He used the opportunity *to* ~. 他利用那個機會獲得利益。(2)顯眼地，有效地。

to one's **advántage** = **to the advántage of...** (以便)對…有利[有助，方便]。

tùrn...to (one's) **advántage** 利用…；以…獲益：He *turned* the disaster *to* (his) ~. 他反而利用了那災禍[化禍爲福]。

You hàve the advántage of me. 《英》《罕》你是哪一位？《★直譯爲「你比我强」，委婉地表示「你認識我，但我不認識你」之意》。

with advántage 有利地，有效地〔*to*〕：You could spend more time on English *with* ~. 你可以把更多時間有效地花在(學)英語上。

—*v.t.* 〔十受〕對…有裨益；對…有利；對…有益。

ad·van·taged [əd'væntɪdʒd; əd'vɑ:ntidʒd] *adj.* 佔較優地位的，處於有利地位的。

ad·van·ta·geous [ˌædvən'tedʒəs, -væn-; ˌædvən'teidʒəs,-vɑ:n-] 《advantage 的形容詞》**—***adj.* (**more** ~；**most** ~) **1** 有利的，有益的；便利的；有助的：an ~ offer 有利的提議。**2** [不用在名詞前]〔十介十(代)名〕〔對…〕有利的〔*to*〕：The trade agreements will be ~ ***to*** both countries. 這些貿易協定將對兩國都有利。~·**ly** *adv.* ~·**ness** *n.*

ad·vent ['ædvent; 'ædvənt, -vənt] 《源自拉丁文「(…之)來臨…」之義》**—***n.* **1** [**the** ~]〔重要人物、事物等的〕來臨，到來，出現〔*of*〕：*the* ~ *of* a new age 新時代的到來。

2 [**the A**~] **a** 耶穌的降臨；耶穌降臨期間；〔天主教〕降臨節《耶誕節前的約四個星期期間》。**b** 耶穌的再臨。

Ád·vent·ist [-tɪst; -tist] *n.* Ⓒ 耶穌再臨已近論者，耶穌再生論者。

ad·ven·ti·tious [ˌædvɛn'tɪʃəs, -vən-; ˌædven'tiʃəs,-vən-] *adj.* **1** 偶然的；外來的。**2** 〔醫〕偶發的：an ~ disease 偶發病《後天性的疾病》。~·**ly** *adv.*

Ádvent Súnday *n.* 降臨節中之第一個星期日。

‡ad·ven·ture [əd'vɛntʃɚ; əd'ventʃə] 《源自拉丁文「即將發生之事」之義》**—***n.* **1** Ⓤ 冒險；冒險精神：a spirit of ~ 冒險精神 /a story of ~ 冒險故事 /He is fond of ~. 他喜愛冒險。**2** Ⓒ **a** 冒險(的行爲)；(偶然發生的)奇異事件，奇異的經驗，奇遇：a strange ~ 一次奇遇 /have an ~ 經歷冒險；有奇異的經歷 /What an ~！眞夠刺激！多冒險啊！**b** [常 ~**s**]冒險故事；歷險記：the *adventures* of Robinson Crusoe 魯濱遜漂流記。**3** ⓊⒸ〔商〕投機，短期投機買賣。

—*v.i.* **1** 冒險《★比較 一般用 venture》. **2** 〔十介十(代)名〕**a** 大膽地嘗試〔事〕，毅然著手〔…〕〔*on, upon*〕：~ ***on*** an enterprise 大膽着手冒險性事業。**b** 踏入〔危險的地方〕〔*on, upon, into*〕：~ ***on*** unknown seas 冒險駛入陌生的海域。

ad·vén·tur·er [-tʃərɚ; -tʃərə] *n.* Ⓒ **1** 冒險家。**2** 投機分子。**3** 爲求名利地位不擇手段者。

ad·ven·ture·some [əd'vɛntʃɚsəm; əd'ventʃəsəm] *adj.* = adventurous.

ad·ven·tur·ess [əd'vɛntʃərɪs, -tʃrɪs; əd'ventʃəris] *n.* Ⓒ 女性的 adventurer.

ad·vén·tur·ism [-tʃərɪzəm; -tʃərizəm] *n.* Ⓤ (政治、外交上的)冒險主義。

ad·ven·tur·ous [əd'vɛntʃərəs, -tʃrəs; əd'ventʃərəs] 《adventure 的形容詞》**—***adj.* **1** 愛冒險的；膽大的：an ~ explorer 喜歡冒險的探險家。**2 a** 有冒險性的，危險的：an ~ undertaking 一項危險的工作。**b** 新穎的，新奇的：This essay is not very ~. 這小品文不大新穎。

~·**ly** *adv.* ~·**ness** *n.*

‡ad·verb ['ædvɝb; 'ædvə:b] *n.* Ⓒ〔文法〕副詞《★在本辭典中用 *adv.* 符號表示》：an ~ of manner 狀態副詞《★well, carefully, fast, so, how 等》。

—*adj.* = adverbial.

ad·ver·bi·al [əd'vɝbɪəl, æd-; əd'və:bjəl, æd-] *adj.* 副詞的，作副詞用的，有副詞性質的：an ~ phrase [clause] 副詞片語[子句]。

ad·vér·bi·al·ly [-əlɪ; -əli] *adv.* 作爲副詞地，當副詞地。

ad ver·bum [æd'vɝbəm; æd'və:bəm] 《源自拉丁文'word for word'之義》**—***adv.* 逐字地，一字不差地。

ad·ver·sary ['ædvɚˌsɛrɪ; 'ædvəsəri] 《源自拉丁文「向…的人」之義》**—***n.* **1** Ⓒ 反對的人，敵手；(比賽或競賽等的)對手，對方。**2** [**the A**~]魔鬼，撒旦(Satan).

ad·ver·sa·tive [əd'vɝsətɪv, æd-; əd'və:sətiv, æd-] *adj.* 意義相反的，反意的。

ad·verse [əd'vɝs, æd-, 'ædvɝs; 'ædvə:s] 《源自拉丁文「逆向…的」之義》**—***adj.* 《文語》**1 a** 相逆的，反對的：an ~ wind [current] 逆風[流]。**b** [不用在名詞前]〔十介十(代)名〕反對〔…〕

的，違背〔…〕的，〔與…〕相反的〔*to*〕：a theory ~ ***to*** the facts 與事實相反的理論/He is ~ *to* violence. 他反對暴力。**2 a** 不利的，不幸的：~ circumstances 逆境/~ fate 不幸；厄運/have an ~ effect on... 對…產生反效果，對…有不利的影響。**b** [不用在名詞前]〔+介+(代)名〕不利〔於…〕的〔*to*〕：be ~ *to* one's interests 有悖某人的利益。

ad·vérse·ly *adv.* **1** 相反地，反對地。**2** 不利地，不幸地。

ad·ver·si·ty [əd\`vɝsətɪ; əd'və:səti] *n.* **1** [U] **逆境**，不幸，厄運：overcome ~ 克服逆境。**2** [C] [常 **adversities**] 不幸的事件，災難。

ad·vert[1] [əd\`vɝt, æd-; əd'və:t, æd-] *v.i.* 〔+介+(代)名〕《文語》留意；言及，論及，提到〔…〕〔*to*〕：He only *~ed* ***to*** the main points of my argument. 他只提到我議論的要點。

ad·vert[2] [\`ædvɚt; 'ædvə:t] 《略》 *n.* 《英口語》 = advertisement 2.

ad·ver·tence [əd\`vɝtn̩s, æd-; əd'və:təns] «advert[1] 的名詞» —*n.* [U] [C] 注意，留心；談及。

ad·vér·tency [-tn̩sɪ; -tənsi] *n.* = advertence.

ad·vert·ent [-tn̩t; -tənt] *adj.* 留心的，注意的。

ad·ver·tise** [\`ædvɚ͵taɪz, ͵ædvɚ\`taiz; 'ædvətaiz] «源自中古法語「使注意」之義» —*v.t.* **a** 〔+受〕**爲…做廣告**，登…的廣告：~ a house for sale 爲售屋做廣告。**b** 〔+受+介+(代)名〕〔在…〕登…的廣告〔*in*〕：It has been *~d* ***in the newspaper. 此事已在報上登了廣告。**c** 〔+受+ *as*補〕[~ one*self*] 自我宣傳〈爲…〉：~ *oneself as* an expert in economics 自我宣傳爲經濟學專家，以經濟學家自居。

—*v.i.* **1** 廣告：It pays to ~. 登廣告是值得[划得來]的。**2** 〔+介+(代)名〕登廣告〔徵求…〕〔*for*〕《★可用被動語態》：~ ***for*** a servant [a job] 登廣告徵求傭工[求職]。

***ad·ver·tise·ment** [͵ædvɚ\`taɪzmənt, əd\`vɝtɪz-, -tɪs-; əd'və:tismənt, -tizm-] «advertise 的名詞» —*n.* **1** [U] **廣告**(的行爲)，宣傳(cf. propaganda). **2** [C] (具體的各件) **廣告**；宣傳《略作 ad., adv., advt.》：an ~ *for* a situation 求職廣告/put [insert] an ~ in a newspaper 在報上刊登廣告。

advertísement cólumn *n.* [C] 廣告欄。

ád·ver·tìs·er *n.* **1** [C] 刊登廣告者，廣告客戶。**2** [A~；用於以廣告爲主之報紙名稱]…新聞。

ad·ver·tis·ing [\`ædvɚ͵taɪzɪŋ; 'ædvətaiziŋ] *n.* **1** [U] 廣告業，廣告術[學]。**2 a** [U] [集合稱] 廣告。**b** [當形容詞用] (有關)廣告的：an ~ agency 廣告公司；廣告代理商 /an ~ agent 廣告業者，廣告經紀人。

***ad·ver·tize** [\`ædvɚ͵taɪz, ͵ædvɚ\`taɪz; 'ædvətaiz] *v.* = advertise.

***ad·ver·tize·ment** [͵ædvɚ\`taɪzmənt, əd\`vɝtɪz-; əd'və:tismənt, -tiz-] *n.* = advertisement.

ád·ver·tìz·er *n.* = advertiser.

ád·ver·tìz·ing [-͵taɪzɪŋ; -taiziŋ] *n.* = advertising.

‡**ad·vice** [əd\`vaɪs; əd'vais] «advise 的名詞» —*n.* **1** [U] **a 忠告，**勸告；勸導〔*on, of, about*〕《★ [用法] 表示「一個忠告」時，用 an advice 是錯誤的語法，應用 a piece [bit, word] of advice 或 some advice》：according to a person's ~ 依照某人的忠告 /act on [against] a person's ~ 依照[違反]某人的忠告行事 /follow [take] a person's ~ 聽從某人的勸告，接受某人的忠告 /He wanted my ~ *on* the matter. 他就這個問題徵求我的忠告[意見]/Let me give you a piece [bit, word] *of* ~. 容我勸你(一句)。**b** (醫師的) 診斷，意見；(律師的) 鑑定，指教：seek medical [the doctor's] ~ 求醫師的指點，就診於醫師。**2** [C] [常 ~**s**]《文語》(外交、政治上等的) 報告；《商》(業務上的) 通知(書，函)：*~s* from the battle front 來自前線的消息/shipping *~s* 發貨通知。

ad·vis·a·bil·i·ty [əd͵vaɪzə\`bɪlətɪ; əd͵vaizə'biləti] «advisable 的名詞» —*n.* [U] **1** 可勸告性；適當，合理。**2** (政策、方案等的) 得當與否。

ad·vis·a·ble [əd\`vaɪzəbl̩; əd'vaizəbl] *adj.* [不用在名詞前] 得當的；可勸的；合理的；有意接受勸告的；明智的：It is ~ *for* you to start early in the morning. = It is ~ that you should start early in the morning. 你清早動身是明智的。

ad·vís·a·bly [-zəblɪ; -zəbli] *adv.* [常修飾整句] 得當地；明智地：You may ~ walk slowly. 你慢慢走較好《★ [比較] 一般用 advisable *adj.* 或 advise *v.t.* 1d 的被動語態》。

‡**ad·vise** [əd\`vaɪz; əd'vaiz] «源自拉丁文「朝…向」之義» —*v.t.* **1** 忠告：**a** 〔+受〕忠告；指點；建議〈人〉：There is no one to ~ me. 沒有人給我指點[勸告我]。**b** 〔+ do*ing*〕勸告，忠告〈做…〉：I ~ read*ing* the letter carefully before answering it. 我奉勸[建議]先仔細讀過來信之後才回覆。**c** 〔+受+介+(代)名〕〔就…而〕忠告〈人〉〔*on*〕；忠告〈人〉〔避免…〕〔*against*〕：Let me ~ you ***on*** technical matters. 我來向你提供有關技術問題的意見/They *~d* me ***against*** *going* abroad. 他們勸我不要出國。**d** 〔+受+ *to* do〕勸[忠告]〈人〉〈做…〉《★ [變換] 可換寫成義 1 e》：A~ him *to* be cautious. 勸他要愼重/He *~d* his daughter not *to* marry in a hurry. 他勸女兒不要急著結婚 /You would be *~d* *to* walk more slowly. 你最好走得慢一點。**e** 〔+ *that*__〕勸告〈…一事〉《★ [變換] 可換寫成義 1 d》：I ~ *that* you (should) start at once. 我勸你馬上出發[開始]《★ [用法]《口語》多半不用 should》. **f** 〔+受+ *wh.*__/+受+ *wh.*+ *to* do〕指點〈人〉〈是否該…〉；勸[忠告]〈人〉〈…〉：Mother could not ~ me *what to* do. 母親無法勸告[囑咐]我該做什麼/Please ~ me *whether* I should adopt the plan. 請指點[賜教]我是否該採用那計畫。

2 〔+受〕勸：The doctor *~d* a change of air. 醫師勸易地療養。

3 《文語》 **a** 〔+受+介+(代)名〕通知[報知]〈人〉〔…〕〔*of*〕《★ [用法] 此用法尤常見於商業書信》：Please ~ us ***of*** the date. 請通告我們日期/We were *~d of* the danger. 有人將此危險通知我們。**b** 〔+受+ *that*__〕通知〈人〉〈…之事〉：We were *~d that* they could not accept our offer. 我們被告知[得悉]他們無法接受我們的提議。

—*v.i.* **1** 〔動(+介+(代)名)〕〔就…〕提出勸告〔*on*〕《★可用被動語態》：I shall act as you ~. 我會依你的忠告去做/He is qualified to ~ ***on*** economic issues. 他有資格就經濟問題提供意見。

2 〔+介+(代)名〕《美》〔與人〕商量〔*with*〕：~ ***with*** a person on a situation 與某人商量某狀況，就某事態請教某人。

ad·vísed *adj.* [常構成複合字] 經過考慮的，仔細想過的：⇨ill-advised.

ad·vís·ed·ly [-zɪdlɪ; -zidli] *adv.* 經仔細考慮之後，愼重地；故意地；有意地。

ad·vis·ee [əd͵vaɪ\`zi, ædvaɪ\`zi; əd͵vai'zi:, ͵ædvai'zi:] *n.* [C]《教育》接受選課指導的學生。

ad·víse·ment [-mənt; -mənt] *n.* [U]《美》深思熟慮《★主要用於下列片語》：take the matter under ~ 仔細考慮這件事情。

ad·vis·er, ad·vi·sor [əd\`vaɪzɚ; əd'vaizə] *n.* [C] **1 a** 忠告者。**b** 提供意見[諮詢]者；顧問〔*to*〕：a legal ~ 法律顧問 /a presidential ~ 總統顧問。**2** 《美》(大學等的) 新生指導教師；指導教授。

ad·vis·o·ry [əd\`vaɪzərɪ; əd'vaizəri] «advise 的形容詞» —*adj.* 給予忠告的；提供勸告[諮詢]的；有權進言的；顧問[諮詢]的：an ~ committee 諮詢委員會 /an ~ group 顧問團/serve in an ~ capacity 以顧問的資格供職[服務]。—*n.* [C] 《美》(氣象等的) 狀況報告。

ad·vo·ca·cy [\`ædvəkəsɪ; 'ædvəkəsi] «advocate 的名詞» —*n.* [U] 辯護，支持，擁護；主張，鼓吹，提倡，倡導〔*of*〕：the ~ *of* peace 和平的提倡。

ad·vo·cate [\`ædvəkɪt, -͵ket; 'ædvəkət] «源自拉丁文「向…呼叫」之義» —*n.* [C] **1 提倡者**，倡導者，鼓吹者；擁護者〔*of*〕：an ~ *of* disarmament 倡導裁軍者。**2 a** 替人說情者。**b** 《蘇格蘭》(可在高等法院出庭辯護的) 律師(barrister)：⇨judge advocate.

— [\`ædvə͵ket; 'ædvəkeit] *v.t.* **1** 〔+受〕擁護；提倡…：~ peace 提倡和平。**2** 〔+ do*ing*〕主張〈做…〉：Many people ~ build*ing* more schools. 許多人主張增設學校。

ád·vo·cà·tor [-tɚ; -tə] *n.* [C] 提倡者，鼓吹者，主張者；(主義、學說、主張等的) 擁護者。

advt. 《略》advertisement.

advtg. advantage.

adz, adze [ædz; ædz] *n.* [C] (粗略地修削木材用的) 小斧頭；錛子，橫口斧；手斧。

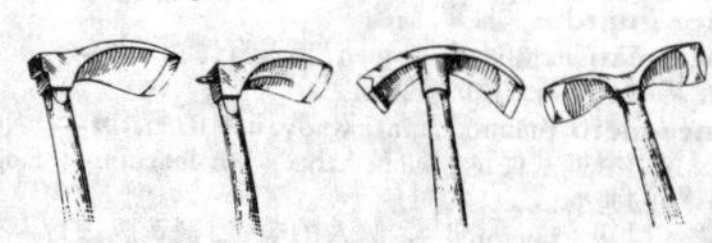

adzes

A.E. and P. Ambassador Extraordinary and Plenipotentiary 特命全權大使。

AEC 《略》 Atomic Energy Commission.

Ae·gé·an Íslands [i\`dʒiən-; i:'dʒi:ən-] *n. pl.* [**the** ~] 愛琴羣島。

Aegéan (Séa) *n.* [**the** ~] 愛琴海《希臘和土耳其間的海》。

ae·gis [\`idʒɪs; 'i:dʒis] *n.* [**the** ~] **1** 《希臘神話》(相傳奧林帕斯山主神宙斯(Zeus)授與女神雅典娜(Athena)的) 神盾。**2** 保護，庇護；支持；主辦，贊助《★主要用於下列片語》：under the ~ of... 在…的保護[支持]下。

Ae·ne·as [ɪ\`niəs; i'ni:æs] *n.* 《希臘・羅馬神話》伊尼亞斯《安凱西斯(Anchises)與維納斯(Venus)之子，爲特洛伊(Troy)的一名英雄，古羅馬的創建者》。

Ae·ne·id [ɪ\`niɪd, i\`niɪd; 'i:niid, -njid] *n.* 伊尼伊德《羅馬詩人魏吉爾(Virgil)所著之史詩，敍述特洛伊(Troy)陷落後伊尼亞斯(Aeneas)之冒險事蹟》。

Ae·o·li·an [iʹolɪən; iːˈouljən] *adj.* 風神Aeolus 的。

aeólian hárp [lýre] *n.* Ⓒ 風奏琴《有等長之弦，因風之吹動而鳴響之琴》。

Ae·o·lus [ʹiələs; ˈiːələs] *n.* 〖希臘神話〗伊歐勒斯《風神》。

ae·on [ʹiən; ˈiːən] *n.* = eon.

aer·ate [ʹeə,ret; ˈeiəreit] *v.t.* **1** 將…暴露於空氣中。**2** 藉呼吸供給〈血液〉氧。**3** 充碳酸氣於〈液體〉中：～*d* water(s) 《英》碳酸水。**aer·a·tion** [,eəʹreʃən; eiəˈreiʃn] *n.*

ae·ri·al [eʹɪrɪəl, ʹɛrɪəl; ˈɛəriəl] «air 的形容詞»—*adj.* (無比較級、最高級) **1** [用在名詞前]空氣的，大氣的；氣體的；由空氣形[造]成的：an ～ current 氣流。

2 **a** 似空氣的；稀薄的，淡薄的。**b** 虛幻的，如夢的；靈妙[超俗]的。

3 [用在名詞前] **a** (懸在)空中的：an ～ act 空中特技《如空中盪鞦韆、走繩索等》/an ～ cable 空中纜索/an ～ ropeway 空中索道/an ～ wire 〖無線〗天線。**b** 飛機的：an ～ attack 空襲/an ～ beacon 航空標識/an ～ chart 航空圖/～ insurance 航空保險/an ～ lighthouse 航空燈塔/～ navigation 航空；航空術/an ～ navigator 飛行家/～ transport 航空運輸。

4 在空(氣)中生長的；氣生的：an ～ plant 氣生植物/～ roots 氣根。

—*n.* Ⓒ 天線。～**·ly** [-ɪlɪ; -əli] *adv.*

áerial bòmb *n.* Ⓒ (飛機)空投的炸彈。

áerial làdder *n.* Ⓒ 《美》(消防用的)雲梯(《英》turntable ladder)。

áerial ráilway *n.* Ⓒ 空中索道(ropeway)。

ae·rie [ʹɛrɪ, ʹɪrɪ; ˈɛəri, ˈiəri] *n.* Ⓒ **1** (鷹等猛禽築於高處的)鳥巢。**2** (山頂等的)建築在高處的房子[城堡]。

aerie 1

aer·o [ʹɛro; ˈɛərou] *adj.* 航空的；飛行器的。

aer·o- [ɛro-; ɛərou-] [複合用詞]表示「空氣，空中，航空，飛行，氣體」：*aero*bics.

aer·o·bat·ic [,ɛrəʹbætɪk; ˌɛərəˈbætik˝] *adj.* 特技飛行(術)的：an ～ flight 特技飛行。

aer·o·bat·ics [,ɛrəʹbætɪks; ˌɛərəˈbætiks] *n.* **1** Ⓤ 特技飛行術。**2** [當複數用](飛機的一連串)特技飛行表演。

aerobatics

aer·obe [ʹɛrob; ˈɛəroub] *n.* Ⓒ 〖生物〗好氧性生物；(尤指)好氧性細菌或微生物。

aer·o·bee [ʹɛrə,bi; ˈɛərəbiː] *n.* Ⓒ 空蜂火箭《高空探測初期所用的一種火箭》。

aer·o·bic [,eəʹrobɪk, ɛʹrobɪk; ɛəˈroubik˝] *adj.* **1** 〖生物〗**a** 〈細菌等〉好氧性的，生存於氧氣中的。**b** (起因於)好氧性細菌的。**2** 有氧的：～ exercises 有氧體操。

aer·o·bics [,eəʹrobɪks, ɛʹrobɪks; ɛəˈroubiks] *n.* Ⓤ〖運動〗有氧運動《藉運動促進氧之消耗，而使心肺機能活潑的一種健身法》。

áero·bòat *n.* Ⓒ 水上飛機。

aer·o·drome [ʹɛrə,drom; ˈɛərədroum] *n.* Ⓒ 《英》(小型的)飛機場。

àero·dynámic *adj.* [用在名詞前]空氣動力學的，氣體力學的。**àero·dyná·mically** *adv.*

àero·dynámics *n.* Ⓤ 空氣動力學；氣體力學。

Ae·ro·flot [ʹɛrə,flɔt; ˈɛərəflɔːt] *n.* (蘇俄的)國營航空。

áero·fòil *n.* 《英》= airfoil.

aer·o·gram, ae·ro·gramme [ʹɛrə,græm; ˈɛərəgræm] *n.* = air letter 1.

aer·o·lite [ʹeərə,laɪt, ʹɛrə-; ˈɛərəlait], **-lith** [-,lɪθ; -liθ] *n.* Ⓒ 石質隕石。

aer·ól·o·gist [-dʒɪst; -dʒist] *n.* Ⓒ (高空)氣象學家；大氣學家。

aer·ol·o·gy [,eəʹrɑlədʒɪ; ɛəˈrɔlədʒi] *n.* Ⓤ (高空)氣象學；空氣學。

àero·mechánic *n.* Ⓒ 飛機修理技工。
—*adj.* 氣體力學的。

àero·mechánics *n.* Ⓤ 氣體力學。

àero·médical *adj.* 航空醫學的。

áero·médicine *n.* Ⓤ 航空醫學。

aer·o·me·te·or·o·graph [,ɛrəʹmitɪərə,græf; ˌɛərəmiːtiˈɔrəgrɑːf] *n.* Ⓒ高空氣象儀。

aer·o·naut [ʹɛrə,nɔt, ʹærə-; ˈɛərənɔːt] *n.* Ⓒ **1** 飛艇或輕氣球之駕駛員。**2** 飛艇之乘客。

aer·o·nau·tic [,ɛrəʹnɔtɪk, ,ærə-; ˌɛərəˈnɔːtik˝] *adj.* = aeronautical.

aer·o·nau·ti·cal [,ɛrəʹnɔtɪkl; ˌɛərəˈnɔːtikl˝] *adj.* 航空的；飛行術[學]的：an ～ chart 航空地圖。

aer·o·nau·tics [,ɛrəʹnɔtɪks; ˌɛərəˈnɔːtiks] *n.* Ⓤ 航空術，航空學。

aer·on·o·my [,eəʹrɑnəmɪ; ɛəˈrɔnəmi] *n.* Ⓤ 超高大氣學；高層大氣物理學。

aer·o·pho·bi·a [,ɛrəʹfobɪə; ˌɛərəˈfoubiə] *n.* Ⓤ 氣流恐懼；高空恐懼。

áero·phòne *n.* Ⓒ **1** 空中無線電話機。**2** (聾者用之)助聽器。**3** 聽音機《偵測接近之飛機者》。

àero·photógraphy *n.* Ⓤ 空中照像術。

‡aer·o·plane [ʹɛrə,plen; ˈɛərəplein] *n.* Ⓒ 《英》飛機(《美》airplane)：by ～ 搭飛機，乘飛機《★無冠詞》/take an ～ 乘坐飛機。

àero·pólitics *n.* Ⓤ 航空政策。

aer·o·sol [ʹɛrə,sɑl; ˈɛərəsɔl] *n.* **1** Ⓤ〖化學〗液化氣體；空氣中之懸浮微粒；噴霧劑。**2** Ⓒ裝液化氣體的罐子[小容器](=aerosol bomb [container])。

áero·spàce *n.* Ⓤ航空和宇宙航行空間；航空太空《包括地球大氣層內外》：～ research 航空太空之研究。

àero·státic, -ical *adj.* 氣體靜力學的；航空術的；航空的。

àero·státics *n.* Ⓤ 氣體靜力學；氣體航空學。

aer·tex [ʹɛrtɛks; ˈɛəteks] *n.* Ⓤ 製襯衫、內衣等用的粗質布料：an ～ shirt 用 aertex 製成的襯衫。

aer·y [ʹɛrɪ; ˈɛəri] *n.* = aerie.

Aes·chy·lus [ʹɛskələs; ˈiːskiləs] *n.* 哀斯奇勒斯《525–456 B.C.；希臘悲劇詩人》。

Aes·cu·la·pi·an [,ɛskjəʹlepɪən; ˌiːskjuˈleipjən] *adj.* **1** 醫神 Aesculapius 的。**2** 醫術的，醫藥的。

Aes·cu·la·pi·us [,ɛskjəʹlepɪəs; ˌiːskjuˈleipjəs] *n.* **1** 〖羅馬神話〗埃斯丘勒皮俄斯《醫神，相當於希臘神話中的 Asclepius》。**2** Ⓒ 醫生。

Ae·sop [ʹisəp, -sɑp; ˈiːsɔp] *n.* 伊索《619?– 564 B.C.；為希臘「伊索寓言」(*Aesop's Fables*)之作者》。

aes·thete [ʹɛsθit; ˈiːsθiːt, ˈes-] *n.* Ⓒ **1** 唯美主義者。**2** 審美家(《美》esthete)。

aes·thet·ic [ɛsʹθɛtɪk; iːsˈθetik, es-] *adj.* **1** (尤指藝術的)美的。**2** 美學的；審美的；藝術的。**aes·thét·i·cal·ly** [-klɪ; -kəli] *adv.*

aes·thét·i·cism [-tə,sɪzəm; -təsizəm] *n.* Ⓤ 唯美主義。

aes·thet·ics [ɛsʹθɛtɪks; iːsˈθetiks, es-] *n.* Ⓤ〖哲〗美學。

aes·ti·val [ʹɛstəvl, ɛsʹtaɪvl; iːˈstaivl] *adj.* = estival.

aes·ti·vate [ʹɛstə,vet; ˈiːstiveit] *v.i.* 《英》= estivate.

aes·ti·va·tion [,ɛstəʹveʃən; ˌiːstiˈveiʃn] *n.* 《英》= estivation.

ae·ta·tis [iʹtetɪs; iːˈteitis] «拉丁文 'aged' 之義» —*adj.* 年齡…歲的《略作 *aet.* [it; iːt], *aetat* [ʹitæt; ˈiːtæt]》：*aet.* 17 年齡十七歲的。

ae·ther [ʹiθə; ˈiːθə] *n.* = ether.

ae·ti·ol·o·gy [,itɪʹɑlədʒɪ; ˌiːtiˈɔlədʒi] *n.* 《英》= etiology.

Aet·na [ʹɛtnə; ˈetnə] *n.* = Etna.

AF, A.F. 《略》Anglo-French. **A.F.** 《略》Air Force；Allied Forces. **A.F., a.f., a-f** 《略》audio frequency.

af- 字首 (附加在 f 之前的)ad- 的變體：*af*firm, *af*flict.

a·far [əʹfɑr; əˈfɑː] *adv.* 《文語》遙遠地，在遠處《★比較 far 較為普遍》：～ off 在遠處，遙遠地。**from afár** 從遠處：I admired her *from* ～. 我遠遠地仰慕著她。

af·fa·bil·i·ty [,æfəʹbɪlətɪ; ˌæfəˈbiləti] «affable 的名詞» —*n.* Ⓤ 和藹可親，友善；溫柔；慇懃。

af·fa·ble [ʹæfəbl; ˈæfəbl] «源自拉丁文「向…搭話」之義»—*adj.* **1** **a** 〈人〉易與交談的，友善的，溫柔的，慇懃的。**b** [不用在名詞前][＋介＋(代)名]〔對下級或晚輩〕和藹可親的，慈祥的〔*to*〕：My teacher is ～ *to* us. 老師對我們和藹可親。

2 〈言語、態度等〉親切的，友善的，溫和的：an ～ smile 和藹可親的微笑 /an ～ nature 溫柔的性情。

áf·fa·bly [-fəblɪ; -fəbli] *adv.*

A

‡af·fair [əˈfɛr; əˈfɛə] 《源自拉丁文「應該做(得…)的事情」之義》 **—**n. **1** Ⓒ **a** (該做的)工作，事情：He has many ~s to look after. 他有許多事務要照料。**b** [常~s]事務，業務：family ~s 家務事 /human ~s 人事 /private [public] ~s 私事[公務] /~s of state 國務，政務 /⇨SETTLE[1] one's affairs. **c** [常 one's ~]個人的[個人關心的]問題：That's my [your] ~. 那是我[你]的事《與你[我]無關》。
2 Ⓒ **a** (泛指)事，事情，事件：an ~ of the heart (不正常的)韻事；戀愛事件/an ~ of honor 決鬥。**b** [常與形容詞連用]《口語》(泛指)事情；物件，東西：a laborious ~ 一件費力的事 /This chair is a badly made ~. 這張椅子是件粗製品。
3 [~s]狀況，形勢：current ~s 時事，時局《★ 比較 current events 較為普遍》/the state of ~s 事態，形勢/in a pretty state of ~s 處境困難，狀況困難。
4 Ⓒ(短暫而不正當的)戀愛，曖昧關係，外遇，韻事：have an ~ with... 與…發生一段不正當的戀愛[與…有染]。
5 Ⓒ[常與專有名詞連用]…事件，醜聞：the Watergate ~ (美國尼克森總統時期發生的)水門事件。

***af·fect**[1] [əˈfɛkt; əˈfekt] 《源自拉丁文「對…起作用」之義》 **—**v.t. **1** 〔十受〕 **a** 給予…影響，對…起作用：The end ~s the means. 目的會影響手段 /How will the decision ~ us? 這項決定會給我們什麼樣的影響呢？/Acids ~ iron. 酸會對鐵發生作用。**b** 給予…壞的影響：Smoking ~ed his health. 吸煙損害了他的健康 /The climate has ~ed his health. 氣候影響了他的健康。
2 〔十受〕使〈人〉受感動《★常用被動語態，介系詞用 *at, by*》：He *was* much ~ed *by* her words [*at* the news]. 她的話[那則消息]使他深受感動[大為震動]。
3 **a** 〔十受〕〈疾病〉侵襲〈人、身體的某部位〉《★常用被動語態，介系詞用 *with*》：The cancer has ~ed his stomach. 癌侵襲了他的胃 /His lungs *are* ~ed. 他的肺有病 /He *is* ~ed *with* rheumatism. 他患有風濕症。**b** 〔十受十介十(代)名〕〈疾病〉侵襲〈人〉〔身體部位〕〔*in*〕：He is ~ed *in* the lungs. 他的肺有病。
— [ˈæfɛkt; ˈæfekt] n. Ⓤ Ⓒ 《心理》情感，感情。

af·fect[2] [əˈfɛkt; əˈfekt] 《源自拉丁文「朝著…而努力」之義》 **—**v.t. **1** **a** 〔十受〕假裝，佯裝…：He ~s *the* poet. 他裝出詩人的樣子/She ~ed ignorance. 她假裝一無所知。**b** 〔十 *to* do〕假裝：He ~ed not *to* hear me. 他裝做沒聽見我的話。**2** 愛好，愛用，愛穿(等)：My father ~s old furniture. 我父親偏愛舊家具。**3** 成〈某形狀〉：Drops of water ~ a rounded shape. 水滴易成圓形。

af·fec·ta·tion [ˌæfɪkˈteʃən; ˌæfekˈteiʃn] 《affect[2] 1 的名詞》 **—**n. Ⓤ Ⓒ **1** 假裝的行為，矯飾：an ~ *of* kindness 假慈悲；假惺惺。**2** 虛飾；裝腔作態，做作，炫示：without ~ 不矯揉做作，坦率地，率直地/His ~ is intolerable. 他的做作令人受不了。

af·féct·ed[1] adj. **1** 受影響的；感染了(疾病等)的：the ~ part 患部/the ~ areas 受害地區，災區。**2** [與狀態副詞(片語)連用]懷有(好惡等之)感情的：How is he ~ toward(s) us? 他對我們感覺怎樣？《★ 比較 disposed 較為普遍》/well-[ill-] *affected* 懷有好[惡]感的。

af·féct·ed[2] adj. 裝模作樣的，不自然的，矯揉做作的，不真實的(↔ natural)：an ~ manner 虛飾的態度。
~·**ly** adv. ~·**ness** n.

af·féct·ing adj. 使人感動的，令人傷心的，可憐的，動人的：an ~ sight 動人的情景。~·**ly** adv.

af·fec·tion [əˈfɛkʃən; əˈfekʃn] 《affect[1] 的名詞》 **—**n. **1** **a** Ⓤ (如對子女、妻等的)愛，情愛〔*for, toward(s)*〕：his ~ *for* [*toward*] his wife 他對妻子的愛情[感情]。**b** Ⓤ [又作 ~s]愛慕，戀慕：the object of one's ~s 鍾愛的人[物]；意中人，心上人 /feel [have] ~ *for* [*toward*] a person 深愛著某人/win [gain] a person's ~(s) 贏得某人的愛。**2** Ⓒ疾病。

af·fec·tion·ate [əˈfɛkʃənɪt; əˈfekʃnət] 《affection 的形容詞》 **—**adj. **1** **a** 〈人〉情深的，摯愛的，慈愛的，親切的：an ~ mother 摯愛的母親。**b** [不用在名詞前]〔十介十(代)名〕〔對人〕慈愛的，親切的〔*to, toward*〕：His wife is ~ *to* [*toward*] her children. 他的太太對孩子慈愛。
2 〈言語、書信等〉充滿著愛情的：an ~ letter 一封充滿著愛情的信。

af·féc·tion·ate·ly adv. 情深地，深愛地《★ 用法 常用於親屬間或親密女人間的書信結尾》：Yours ~ = *A*~ (yours) 你親愛的…《★*A*~ yours 主要為美國語法》。

af·fec·tive [əˈfɛktɪv, æˈf-; əˈfektiv, æˈf-] adj. 感情的，情緒上的；情緒激動的；激起感情的。~·**ly** adv.

af·fi·ance [əˈfaɪəns; əˈfaiəns] 《文語》 n. Ⓤ 誓約；婚約。
—v.t. 使…訂婚《★常以過去分詞當形容詞用；⇨affianced》。

af·fi·anced adj. 《文語》 **1** 已訂婚的：one's ~ husband [wife] 某人的未婚夫[妻] /the ~ couple 未婚夫妻。
2 [不用在名詞前]〔十介十(代)名〕已〔與某人〕訂婚的〔*to*〕：He is ~ *to* her. 他已與她訂婚。

af·fi·da·vit [ˌæfəˈdevɪt; ˌæfiˈdeivit] n. Ⓒ 《法律》宣誓[口供]書：swear [《口語》 make, take] an ~ 〈證人〉宣誓不作偽證之口供書 /take (down) an ~ 〈法官〉取口供。

af·fil·i·ate [əˈfɪlɪˌet; əˈfilieit] 《源自拉丁文「收養為兒子」之義》 **—**v.t. 〈公司團體〉使…加入；使…合併《★常以過去分詞當形容詞用；⇨affiliated》。
—v.i. 〔十介十(代)名〕 **1** 〔與…〕結合，聯合〔…〕；加入，加盟〔…〕〔*with*〕：~ *with* an American firm 與美國公司聯合。**2** 《美》〔與…〕交往，親近〔*with*〕。
— [-lɪɪt, -lɪˌet; -lieit, -liit] n. Ⓒ **1** 關係[外圍]團體，附屬公司，子公司，分支機構，分會，分部，分公司：an ~ *of* the Red Cross 紅十字會的支[分]會。**2** 加入者，會員。

af·fíl·i·àt·ed adj. **1** 附屬的，系統下的，分支機構的；密切相關的：an ~ company 分公司，附屬公司 /~ societies 分部，分會 /~ schools 附屬學校；分校。
2 [不用在名詞前]〔十介十(代)名〕〈公司、團體〉加入〔…〕的；〔與…〕合併的，聯合的，在〔…之〕系統下的〔*with, to*〕：The two clubs are ~ *with* each other. 這兩個俱樂部互有關係/This hospital is ~ *to* our college. 這醫院是本校的附屬醫院。

af·fil·i·a·tion [əˌfɪlɪˈeʃən; əˌfiliˈeiʃn] 《affiliate 的名詞》 **—**n. Ⓤ Ⓒ **1** 加入，合併，附屬，聯合。**2** 《美》(尤指政治上的)友好關係，合作：party ~s 黨派關係。

af·fined [əˈfaɪnd; əˈfaind] adj. **1** 成為親戚的；姻親的。**2** 相結合的；同盟的。

af·fin·i·ty [əˈfɪnətɪ; əˈfinəti] n. **1** Ⓤ Ⓒ **a** (來自同一起源等的)密切關係，類似性[處]〔*between, with*〕：English has many *affinities with* German. 英語與德語有許多類似之處。**b** 姻親關係；聯繫關係。**2** Ⓒ [常 an ~]〔對…的〕喜愛；(男女間的)吸引力〔*for, to, between*〕：She feels *a* strong ~ *for* dogs. 她很喜歡狗/She and Tom have *an* ~ *for* [*to*] each other. 她和湯姆彼此情投意合。**3** Ⓤ Ⓒ 《化學》親和力。

af·firm [əˈfɝm; əˈfə:m] 《源自拉丁文「使…成為確定」之義》 **—**v.t. **1** **a** 〔十受〕(重複說或回答質問而)斷言，矢言…：~ the innocence of the accused 斷言被告清白。**b** 〔(十介十(代)名)十 *that*__〕〔對人〕斷言…，斷然主張〔*to*〕：He ~ed *that* the accused was innocent. 他斷言被告是無辜的。**2** 〔十受〕《邏輯》肯定。**3** 〔十受〕《法律》確認，確定，認定；批准，證實。
—v.i. 《法律》〈證人等〉嚴肅地聲明《代替對上帝或聖經之發誓》；證實。

af·firm·a·ble [əˈfɝməbḷ; əˈfə:məbl] adj. 可斷言[肯定]的。

af·fir·ma·tion [ˌæfəˈmeʃən; ˌæfəˈmeiʃn] 《affirm 的名詞》 **—**n. Ⓤ Ⓒ **1** 確定，確信。**2** 《邏輯》肯定(↔ negation)。**3** 《法律》保證。

af·firm·a·tive [əˈfɝmətɪv; əˈfə:mətiv] 《affirm 的形容詞》 **—**adj. **1** 確定的，肯定的。**2** 《邏輯》肯定的(↔ negative)。
—n. Ⓒ **1** 肯定語(句)，肯定的措詞：answer in the ~ 給予肯定的答覆。**2** 《邏輯》肯定，肯定命題。

af·fírm·a·tive·ly adv. **1** 肯定地：answer [speak] ~ 肯定地回答[說]，(回答)說是。**2** 斷言地，斬釘截鐵地。

affírmative séntence n. Ⓒ《文法》肯定句。

af·firm·a·to·ry [əˈfɝməˌtorɪ, -ˌtɔrɪ; əˈfə:mətəri] adj. = affirmative.

af·fix [əˈfɪks; əˈfiks] v.t. 〔十受十介十(代)名〕 **1** 將〈物〉貼上，黏上，附加〔…〕，使…固定〔於…〕〔*to, on*〕：~ a stamp *to* a letter 把郵票貼在信封上。
2 附加…〔於…〕，蓋〈印章〉〔於…〕〔*to*〕：~ one's signature *to* a contract 在契約上署名。
— [ˈæfɪks; ˈæfiks] n. Ⓒ **1** 附加(物)，添加(物)。**2** 《文法》(字首、字尾或插入字中的)詞綴，接添語。

af·fla·tus [əˈfletəs; əˈfleitəs] n. Ⓤ(藝術家、詩人等之)靈感，神靈感通。

af·flict [əˈflɪkt; əˈflikt] 《源自拉丁文「打擊」之義》 **—**v.t. 使〈人〉(在精神、肉體上)苦惱，使…痛苦《★常用被動語態，變成「〈人〉〔因…而〕受苦，苦惱」之意；介系詞用 *at, by, with*》：He *is* ~ed *with* debts [*with* asthma]. 他為債[氣喘]所苦/They *were* much ~ed *by* the heat. 他們深為暑熱所苦/We *were* [felt] greatly ~ed *at* the bloody sight. 看到那殘忍的情景我們感到很難過。

af·flict·ed adj. **1** 受苦的，苦惱的。**2** [the ~；當複數名詞用]受苦[苦惱]的人們。

af·flic·tion [əˈflɪkʃən; əˈflikʃn] 《afflict 的名詞》 **—**n. **1** Ⓤ(身心的)痛苦，苦惱；苦難，憂傷。**2** Ⓒ痛苦[苦惱，不幸]的原因〔*to*〕。

af·flict·ive [əˈflɪktɪv; əˈfliktiv] adj. 苦惱的，難受的，悲苦的。

af·flu·ence [ˈæfluəns; ˈæfluəns] 《affluent 的名詞》 **—**n. **1** Ⓤ豐富；富裕：live in ~ 生活富裕。**2** [an ~](人潮的)湧至，匯聚；注入〔*of*〕：*an* ~ *of* tourists 觀光客之湧至。

af·flu·ent [ˋæfluənt; ˈæfluənt] *adj.* **1** 富裕的，豐富的，富足的：an ~ society 富足的社會/live in ~ circumstances 生活在富裕的環境中。**2** [不用在名詞前]〔十介十(代)名〕〔…〕豐富的，豐饒的〔*in*〕：The land is ~ *in* natural resources. 該地天然資源豐富。~·**ly** *adv.*

af·flux [ˋæflʌks; ˈæflʌks] *n.* Ⓤ Ⓒ **1** 湧流；流注；(人潮的)湧至。**2**《醫》充血。

‡**af·ford** [əˋford, əˋfɔrd; əˈfɔ:d] «源自古英語「推進」之義»—*v.t.* **1** [常與 can, could, be able to 連用，用於否定句或疑問句] **a** 〔十受〕〈人〉**有足夠**[充分]〈金錢、時間等〉：I *can* ~ neither the time nor the money for a trip. 我沒有足夠的時間和錢去旅行/*Can* you ~ $5？你出得起五美元嗎？**b**〔十受〕〈人〉買得起〈東西〉；力足以享有〈休假等〉《★變換 可換寫成義 1 c》：We *cannot* ~ a car. 我們買不起一部車子/I *cannot* ~ a holiday. 我沒有餘力[暇]度假。**c**〔十 *to* do〕〈人〉有餘力〈做…〉《★變換 可換寫成義 1 b》：We *cannot* ~ *to* buy a car. 我們買不起一部車子/I *cannot* ~ *to* have a holiday. 我沒有餘力[暇]度假。**d**〔十 *to* do〕能堪…，…得起，能…：We *cannot* ~ *to* omit the president from the guest list. 我們不能從來賓名單上略去董事長(的名字)/We *cannot* ~ *to* ignore the lessons of the past. 我們不能忽視過去的教訓。

2《文語》**a**〔十受〕〈事物〉給予〈便利等〉；供給，供應，生產〈天然資源等〉：Some trees ~ resin. 有些樹產樹脂/Reading ~*s* pleasure. 閱讀予人快樂[給人樂趣]/History ~*s* several examples of this. 我們可以在歷史上看到此事的幾個例子。**b**〔十受十受/十受十介十(代)名〕〈物〉給與〈人、物〉…；將…給予〔人、物〕〔*to*〕：Your presence will ~ us great pleasure.＝Your presence will ~ great pleasure *to* us. 你的光臨將給與我們莫大的榮幸。

af·for·est [əˋfɔrɪst, əˋfɑr-; æˈfɔrist, əˈf-] *v.t.* 在〈土地〉上植林，改變〈土地〉成為森林區。

af·for·es·ta·tion [ə͵fɔrɪsˋteʃən, ə͵fɑr-; æ͵fɔriˈsteiʃn, ə͵f-] «afforest 的名詞»—*n.* Ⓤ 造林，植林。

af·fray [əˋfre; əˈfrei] *n.* Ⓒ《文語》(在公共場所的)打架《尤指小羣與小羣之間打羣架》；紛爭；滋擾，騷動。

af·fri·cate [ˋæfrɪkɪt; ˈæfrikət, -kit] *n.* Ⓒ《語音》爆擦音《即爆裂音(plosive)與摩擦音(fricative)之密合，如 church 中之 ch 爲[t]與[ʃ]密合而成之[tʃ]音》。

af·fric·a·tive [əˋfrɪkətɪv; æˈfrikətiv, əˈf-] *n.* Ⓒ《語音》爆擦音。—*adj.* 爆擦音的。

af·fright [əˋfraɪt; əˈfrait]《古》*v.t.* 使…害怕，驚嚇(frighten)。—*n.* Ⓤ 恐懼；驚嚇(fright)。

af·front [əˋfrʌnt; əˈfrʌnt] *v.t.* 公然[當面]侮辱〈人〉，將無禮的言行加於〈人〉《★常用被動語態》：He felt much ~*ed at* hav*ing* his presence disregarded. 他以自己在場卻被忽視而深感屈辱。
—*n.* Ⓒ (公然的、故意的)侮辱，無禮的言行〔*to*〕：a gross ~ 重大的侮辱/offer an ~ to a person＝put an ~ upon a person 侮辱某人/suffer an ~ (at the hands of a person) 受(某人的)侮辱。

Af·ghan [ˋæfgən, -gæn; ˈæfgæn] *n.* **1** Ⓒ 阿富汗人。**2** Ⓤ 阿富汗語。**3** ＝Afghan hound.
—*adj.* 阿富汗(人，語)的。

Áfghan hóund *n.* Ⓒ 阿富汗獵犬《一種體型高大，頭部細長的長毛獵犬》。

Afghan hound

af·ghan·i [æfˋgænɪ, -ˋgɑnɪ; æfˈgɑ:ni, -ˈgæni] *n.* Ⓒ 阿富汗尼《阿富汗之貨幣單位；符號 AF》。

Af·ghan·i·stan [æfˋgænə͵stæn; æfˈgænistæn] *n.* 阿富汗《亞洲西部高原上，印度西北方的一個立憲王國；首都喀布爾(Kabul)》。

a·fi·cio·na·do [ə͵fɪʃɪəˋnɑdo; ə͵fisjəˈnɑ:dou] «源自西班牙語»—*n.* Ⓒ (*pl.* ~**s**) (娛樂等的)熱愛[入迷]者：an ~ of films＝a film ~ 影迷。

a·field [əˋfild; əˈfi:ld] *adv.* **1**〈農夫〉在[至]田野[野外]；〈軍隊〉在[赴]戰場。**2** 向[在]遠處；離鄉背井；離譜地，偏離著《★常用於下列片語》：far ~ 遠離；太離譜，離題太遠。

a·fire [əˋfaɪr; əˈfaiə] *adv.* & *adj.* [不用在名詞前] **1** 著火地[的]，燃燒地[的]《★比較 on fire 較爲普遍》：The house was ~. 房屋著火了。**2** (感情等)激動地[的]：with heart ~ 熱血沸騰。

sèt afíre (1)使〈某物〉著火，燃燒。(2)使〈人〉激動，使…熱血沸騰《★比較 set...on fire 較爲普遍》。

a·flame [əˋflem; əˈfleim] *adv.* & *adj.* [不用在名詞前] **1** 燃燒地[的]；著火地[的]。**2** 紅似火焰地[的]。**3**〔因好奇心、熱忱等而〕熱血沸騰地[的]〔*with*〕. **sèt afláme** (1)使〈物〉熊熊燃燒。(2)使〈熱血〉沸騰，使…興奮。

a·fla·tox·in [͵æfləˋtɑksɪn; ͵æfləˈtɔksin] *n.* Ⓤ 黃麴毒素。

AFL-CIO《略》American Federation of Labor and Congress of Industrial Organizations 美國產業組織勞工聯盟。

a·float [əˋflot; əˈflout] *adv.* & *adj.* [不用在名詞前] [有時置於名詞後] **1** 在海上地[的]，在船[艦]上地[的]：life ~ 航海生涯，水手生涯/service ~ 海上[艦上]勤務/the largest battleship ~ 世界最大的戰艦。**2** (在水面、空中)漂浮地[的]；(隨風)飄揚地[的]：set a boat ~ 使船漂浮/The boat is not ~ yet. 船還沒浮在水上[下水]。**3**〈甲板、地板上等〉浸泡在水中地[的]。**4** 能支付地[的]；不致負債或破產地[的]。**5**〈傳說、謠言〉滿天飛地[的]，傳播開來地[的]：set a rumor ~ 散播謠言。

kèep aflóat (1)漂浮不沈。(2)不致負債，(在經濟上)維持下去。

a·flut·ter [əˋflʌtɚ; əˈflʌtə] *adj.* [不用在名詞前], *adv.* **1** 驚惶的[地]。**2** 飄動的[地]。**3** 充滿動盪東西的[地]。

a·foot [əˋfut; əˈfut] *adv.* & *adj.* [不用在名詞前] **1**〈事〉計畫中地[的]；進行中地[的]：set ~ 起〈事〉；進行〈計畫〉/A plot is ~. 陰謀在醞釀中。**2**《古》徒步地[的]：travel ~ 徒步旅行。

afore [əˋfor, əˋfɔr; əˈfɔ:] *adv.*, *prep.*, *conj.*《古・方言・航海》＝before.

afóre·cited *adj.* 上述的，前列的。

afóre·méntioned *adj.*《文語》前述的，上述的，前[上]面所提到的。—*n.* Ⓤ [**the** ~；集合稱] 前述的事項《★用法 視爲一整體時當單數用，指全部個體時當複數用》。

afóre·sáid *adj.*, *n.* ＝aforementioned.

afóre·thóught *adj.* [常置於名詞後]《法律》事先考慮過的；預謀的，蓄意的，故意的：with malice ~ ⇨ malice.

afóre·tìme *adv.*《古》從前，往昔。

a for·ti·o·ri [ˋeˌforʃɪˋoraɪ; ˈei͵fɔ:tiˈɔ:rai] «源自拉丁文 'with the stronger reason' 之義»—*adv.* 以更強而有力的理由，何況，更加。—*adj.* [用在名詞前] 會成爲更有力[確實]之理由的〈證據等〉。

a·foul [əˋfaul; əˈfaul] *adv.* & *adj.* [不用在名詞前] 糾纏地[的]；衝突地[的]。

rùn [**fàll**] **afóul of...** 和…發生衝突，碰撞；爲…所糾纏，陷於…困難中。

AFP《略》Agence France Presse 法國新聞社，法新社。

Afr.《略》Africa(n).

A.-Fr.《略》Anglo-French.

‡**a·fraid** [əˋfred; əˈfreid] «源自中古英語 'frightened' 之義»—*adj.* [不用在名詞前] (**more** ~；**most** ~) **1 a**〔十介十(代)名〕**害怕**〔…〕的，畏懼〔…〕的〔*of*〕：I am ~ *of* snakes. 我怕蛇《★比較 較 I fear snakes. 更常用》/Don't be ~ *of* me. 別怕我/He was ~ *of* be*ing* scolded. 他擔心挨罵。

【同義字】afraid 指心靈爲恐懼的情緒所控制，不論恐懼之原因是否眞正存在，也不論爲時之久暫，爲表示不安、恐懼時最廣泛使用的字；fearful 表示充滿恐懼或不安，但常僅表示預期危險、失敗或困難的憂慮，這種憂慮係起源於膽怯或主觀的擔心，而與外在的情況無甚關係。

b〔十 *to* do〕怕〈做…〉的，害怕的，畏懼的；沒有勇氣〈做…〉的，怕得無法〈做…〉的：She was ~ *to* walk through the wood(s). 她怕[不敢]走過樹林/Don't be ~ *to* ask me questions. 別怕[放心儘管]問我。**c**〔十 *that*__〕擔心…的，怕…的：She was ~ *that* he would beat her with the stick. 她擔心[怕]他會用棍棒打她。

2 a〔十介十(代)名〕**擔心**[掛念，怕，介意]〔…〕的〔*of*〕：Don't be ~ *of* mak*ing* mistakes. 別怕犯錯。**b**〔十(*that*)__〕擔心[擔憂]〈會…〉的，發愁〈會…〉的《★用法 可能發生不理想之事時使用》：I'm ~ (*that*) we shall be caught in the rain on the way. 我擔心我們在路上會遇到下雨/I was ~ *that* I might die. 我擔心我也許會死/I was ~ lest I should hurt her feelings. 我擔心[怕]會傷害她的感情《★用法 lest 用於文章用語》。

3 [**I'm** ~, **I am** ~, 用於表達不理想之事、擔憂之事或用於緩和語氣] (無比較級、最高級) **a**〔十(*that*)__〕(感覺遺憾)恐怕…的《★用法 一般用法是省略 that》：*I'm* ~ I cannot help you. 我(感到遺憾)恐怕無法助你一臂之力/"Is the bad news true？"—"*I'm* ~ so [it is]."「這壞消息是眞的嗎？」「恐怕是。」/"Is the good news true？"—"*I'm* ~ not [it isn't]."「這好消息是眞的嗎？」「恐怕不是。」**b** [與主要子句並列或當插入語用] 想：You're ill, *I'm* ~. 我想你是病了。

4 a〔十介十(代)名〕《口語》討厭〔…〕的，怕〔…〕的〔*of*〕：He's ~ *of* (even) a little work. 他一點事都不願做/He's ~ *of* formal dinners. 他討厭[怕](參加)正式的晚宴。**b**〔十 *to* do〕討厭[怕，不願意]〈做…〉的：He is ~ *to* pay money. 他不願意[怕]付錢。

語法 做爲強調 afraid 義 1, 2, 3 語意的副詞而言，much 是較拘泥的用語，通常，尤其在口語不用 much 而用 very；強調義 4 a

語意時，則用 very much.

af·reet [ˈæfrit; ˈæfri:t] *n.* Ⓒ《阿拉伯神話》惡魔。

a·fresh [əˈfrɛʃ; əˈfreʃ] *adv.* 重新，再：start ～ 重新開始。

Af·ric [ˈæfrɪk; ˈæfrik] *adj.* ＝African.

‡**Af·ri·ca** [ˈæfrɪkə; ˈæfrikə] *n.* 非洲。

*__Af·ri·can__ [ˈæfrɪkən; ˈæfrikən] 《Africa 的形容詞》—*adj.* **1** 非洲的。**2** 非洲人的，非洲黑人的。—*n.* Ⓒ非洲人，非洲黑人。

Áfrican víolet *n.* Ⓒ《植物》非洲堇《原產於非洲坦干伊喀 (Tanganyika) 的一種 saintpaulia 屬非洲熱帶植物》。

Afrik. 《略》Afrikaans.

Af·ri·kaans [ˌæfrɪˈkɑnz, -ˈkɑns; ˌæfriˈkɑ:ns] *n.* Ⓤ南非所用的荷蘭語《由荷蘭語演變而來，又稱作 Afrik. 或 the Taal》。

Af·ri·kan·er [ˌæfrɪˈkɑnɚ; ˌæfriˈkɑ:nə] *n.* Ⓒ（主要指荷蘭血統的）出生於南非的白人 (cf. Boer)。

af·rit [ˈæfrit; ˈæfri:t] *n.* ＝afreet.

Af·ro [ˈæfro; ˈæfrou] *n.* Ⓒ(*pl.* ～s)非洲髮型，爆炸頭《將捲髮作成蓬鬆的髮型》。

—*adj.* 〈頭髮爲〉非洲髮型的，蓬鬆髮型的。

Af·ro- [æfro-; æfrou-] [複合用詞] 表示「非洲(人)的」「非洲(人，語)與…(之間)的」：*Afro*-Asian.

Áfro-Américan *n.* Ⓒ美國黑人；非洲血統的美國人。

—*adj.* 美國黑人的；非洲血統的美國人的。

Áfro-Ásian *adj.* 非亞的，非亞人民的。

AFS. 《略》American Field Service.

aft [æft; ɑ:ft] *adv.* 《航海》在[向]船尾(⇨ ship 插圖)；《航空》在[向]（飛機）機尾(↔ fore)：right ～ 在(船的)正後方；靠近船[機]尾/⇨FORE and aft.

‡**af·ter** [ˈæftɚ; ˈɑ:ftə] *adv.* (無比較級、最高級) **1** [表示順序] 在後，隨後：go ～ 追隨，跟在後面/Jill came following ～. 姬兒隨後而來/wash one's hands before and ～ meals 在飯前飯後洗手。**2** [表示時間] 以後，之後，後來：I arrived ～ 2 days and Jim arrived 3 days ～. 我在(某事之)兩天後抵達，過三天之後，吉姆抵達《★用法 前面的 after 屬於 *prep.* 2 a 的用法，後面的 after 則表示 later 之意》/the day [week, year] ～ 次日[週，年]/long [soon] ～ 過後很久[隨後不久]/He was ill for months ～. 他隨後病了幾個月/They lived happily ever ～. ⇨ ever 2 a.

—*prep.* **1** [表示順序、位置] **a** 在…之後，跟隨…之後《★比較 表示位置時，一般用 behind》：follow ～ him 跟隨在他之後/*A*～ you, sir [madam]. 先生[夫人]，您先請[請先走]/*A*～ you *with* the butter. 請您先用奶油/Shut the door ～ you. 請隨手關門《★ Shut the door *behind* you. 亦可，但也表示「請關你背後的門」之意》；《口語》(從這房間)出去。**b** [在前後均使用同一名詞以表示連續反覆] …復一…，…又…《★用法 此用法中的名詞通常無冠詞》：read page ～ page 一頁接一頁地讀下去/Car ～ car passed by. 車子一輛又一輛地經過。**c** 在…之後；亞於，次於…：the greatest poet ～ Shakespeare (僅)次於莎士比亞的最偉大詩人《★也可解釋爲「莎士比亞以後最偉大的詩人」；cf. 2 a》。

2 [表示時間] **a** 比…晚，後於… (later than)《★用法 通常用 after 表示過去的「過了…之後」，用 in 表示未來的「再過…之後」之意，但兩者常無法區別》：～ dark 天黑後/～ dinner 晚飯後/～ school 放學後/the day ～ tomorrow 後天/～ a month過了一個月，一個月後/He often stays in the office ～ hours. 他常常在下班後留在辦公室。**b** [在前後均使用同一名詞以表示連續反覆] …復一…，…又…《★用法 此用法中的名詞通常無冠詞》：day ～ day 日復一日，天天/hour ～ hour 一小時又一小時地。**c** 《美》(…時)過(…分)（《英》past）：ten minutes ～ six 六時十分。

3 [表示目標、追求] 追趕…；追蹤…；追求…：The police are ～ the murderer. 警方正在追緝兇手/What is he ～ ? 他想得到[在追求]什麼？/Run ～ him！追他！/He seeks [yearns] ～ fame. 他在追求[想得到]名聲。

4 [表示模仿] 仿照，依照，按照…風格[作風]的：He paints ～ Rembrandt. 他模仿林布蘭的風格作畫/The mountain was named Everest ～ Sir George Everest. 那座山是依照喬治・埃弗勒斯爵士之名命名爲埃弗勒斯峯。

5 [表示關聯] 關於，有關…：inquire [ask] ～ a friend 問候朋友/look [see] ～ the boys 照顧[看管]小孩子們。

6 [表示因果關係] 由於，鑒於…：*A*～ all he has been through, he deserves a rest. 鑒於他以往的辛勞，他應該得到休息。

7 [與 all 等連用] 雖然，儘管 (in spite of) (cf. 6)《★注意 不可與 AFTER all 成語混淆》：*A*～ *all* my advice, the fool went out in the rain. 雖然我多方地勸告，那笨蛋還是冒雨出去/*A*～ *everything* he said, I forgot to take enough money. 儘管他一再地說過，我仍忘了帶足夠的錢。

àfter áll (1)[用於句首] 畢竟 (cf. 6, 7)：*A*～ *all*, we are friends. 畢竟我們是朋友。(2)[用於句尾] 究竟，終歸，終究：He had many things to do, but he decided to go to the concert ～ *all*. 他有許多事要做，但他終究決定去音樂會。

àfter hóurs ⇨ hour. **óne àfter anóther** ⇨ one *pron.* **óne àfter the óther** ⇨ one *pron.*

—*conj.* 在(做完…)之後，後於…：*A*～ he comes, I shall start. 他來之後我就要出發。

語法 after 當連接詞用時本身即明白地表示時間的先後關係，因此不必在它所引導之子句中使用完成式，但實際上屢見不鮮：I arrived there ～ she *had left* [～ she *left*]. 我在她(已)離開之後才到達那兒/I will go with you ～ I *have finished* (my) breakfast [～ I *finish* (my) breakfast]. 我吃完早餐後跟你一起去。

àfter áll is sáid and dóne 畢竟，總算，終歸：*A*～ *all is said and done*, it was my fault. 終歸是我的錯。

—*adj.* [用在名詞前] (無比較級、最高級) **1** 後來的，之後的，後面的 (later)：～ ages 後世/(in) ～ years (在)以後的幾年[歲月]，在晚年。**2** 《航海》船尾的，近船尾的：～ cabins 後艙。

áfter·bìrth *n.* Ⓤ[常 the ～]《醫》胞衣，胎盤。

áfter·bùrner *n.* Ⓒ(噴射引擎之)後燃器，再燃裝置，加力燃燒室；(汽車等)燃燒由內燃機排出的瓦斯裝置。

áfter·càre *n.* Ⓤ **1** 病後或產後的調養，療養。**2** (畢業後或服滿刑期後等的)(就業)輔導或安置[照顧]。

áfter·cròp *n.* Ⓒ(農作物的)第二次收穫。

áfter·dèck *n.* Ⓒ後甲板。

áfter-dínner *adj.* [用在名詞前] 正餐[晚餐]後的：an ～ speech (宴會後)餐後的演說[致詞]。

áfter·effèct *n.* Ⓒ[常 ～s] **1** 餘波，後遺症，後遺作用〔*of*〕：the ～*s of* an earthquake 地震的餘波。**2** 《醫》〔藥物等的〕後效；副作用〔*of*〕。

áfter·glòw *n.* Ⓒ[常用單數] **1** (日落後的)餘暉，晚霞，夕照。**2** (成功後的)快樂的感覺，(愉快玩樂後的)餘韻。

áfter-hóurs *adj.* [用在名詞前] 上班[營業]時間後的，公餘的：～ work 上班時間後[下班後]的工作，加班《★比較《美》一般用 overtime work》。

áfter·ìmage *n.* Ⓒ《心理》殘像；遺留感覺；餘音；餘味。

áfter·lìfe *n.* (*pl.* -lives [-ˌlaɪvz; -laivz]) **1** Ⓒ[常用單數] 來世，死後的生命。**2** Ⓤ晚年，餘生：*in* ～ 在晚年。

áfter·màrket *n.* Ⓤ修護零件市場《尤指購買汽車後更換零件、配件或維修之需求》。

af·ter·math [ˈæftɚˌmæθ; ˈɑ:ftəmæθ] *n.* Ⓒ[常用單數] **1** 割後再生的草。**2 a** (戰爭、災害等的)餘波，後果《尤指大災難》，餘果，餘殃：the ～ *of* war [an earthquake] 戰爭[地震]的餘波。**b** (戰爭等)剛結束後的時期〔*of*〕：in the ～ *of*... …剛結束之後，緊跟著…。

áfter·mòst *adj.* 《航海》靠近船尾的，船的最後頭部分的；最後頭的。

‡**af·ter·noon** [ˌæftɚˈnun; ˌɑ:ftəˈnu:n⁻] *n.* **1 a** Ⓤ[與修飾語連用時常爲Ⓒ] 下午《★指正午到日落》：*A*～ came. 到了午後/It is already ～. 現在已經是下午/It is a warm ～. 這是一個溫暖的下午/*in* [*during*] the ～ 在下午/*on* Monday [Christmas] ～ 在星期一[耶誕節]下午《★用法 附加星期…時無冠詞》/*on* the ～ of the 15th of April [April 15] 在四月十五日的下午《★用法 指某一日之下午時，介系詞用 *on*》。**b** [當副詞用] 在下午 (⇨ afternoons)：this [that] ～ (在)今天[那天]下午/tomorrow [yesterday] ～ (在)明天[昨天]下午。**2** [the ～]《文語》後半，後半期〔*of*〕：*the* ～ *of* life 晚年。

Gòod afternóon！ ⇨ good afternoon.

—*adj.* [用在名詞前] 下午的，在下午舉行的；午後用的：an ～ party 下午(舉行)的聚會/have an ～ sleep 睡午覺。

áfternoon dréss *n.* Ⓒ午後裝。

af·ter·noon·er [ˌæftɚˈnunɚ; ˌɑ:ftəˈnu:nə] *n.* Ⓒ《美俚》午後報；晚報。

af·ter·noons [ˌæftɚˈnunz; ˌɑftəˈnu:nz] *adv.* 《美口語》經常在下午：*A*～ I go fishing.＝I go fishing ～. 我下午經常去釣魚。

áfternoon téa *n.* ⓊⒸ《英》下午茶(會)。

> 【說明】英國人在午、晚餐之間，約下午四點至五點之時，一邊吃點心一邊喝咖啡或紅茶，也叫做 five o'clock tea 或簡稱 tea. 點心常是塗奶油的土司 (buttered toast)、奶油麵包 (bread and butter) 加果醬或餅乾 (biscuit) 等。對主婦們來說，這是社交的好機會。在歐洲及美國這種習慣已逐漸式微；cf. high tea, tea 3【說明】

af·ters [ˈæftɚz; ˈɑ:ftəz] *n. pl.* 《英口語》餐後的甜點 (dessert)。

áfter·sàle(s) *adj.* [用在名詞前] 售後的：～ service 售後服務。

áfter·shàve *adj.* [用在名詞前] 刮臉後搽的：an ～ lotion 刮臉後搽的化妝水。

—*n.* Ⓤ[指產品個體時爲Ⓒ] 刮臉後搽的化妝水。

áfter·shòck *n.* Ⓒ餘震。
áfter·tàste *n.* Ⓒ **1** 餘味，回味。**2** (不愉快的經驗等的)餘悸，餘恨；餘韻〔*of*〕.
áfter·thòught *n.* ⓊⒸ **1** 事後的想法或解釋，回想；追悔。**2 a** (原計畫或設計中所未列的)加添物。**b**《文法》(說完話、聲明後的)補充說明。
‡af·ter·ward [ˈæftɚwɚd; ˈɑ:ftəwəd] *adv.* (無比較級、最高級)以後，之後；後來《★比較《英》現在多用 afterwards》：They lived happily ever ~. 他們後來過著幸福快樂的生活《★常用於童話的結尾》。
‡af·ter·wards [ˈæftɚwɚdz; ˈɑ:ftəwədz] *adv.*《英》=afterward.
áfter·wòrd *n.* Ⓒ(書籍等的)跋文，結論，後記(cf. foreword).
áfter·wòrld *n.* Ⓒ來世。
áfter·yèars *n. pl.* 某一事件發生後若干年。
Ag《源自拉丁文 'argentum(銀)'》**—**《符號》《化學》silver. **Ag.**《略》August《★比較一般用 Aug.》.
ag- 字首(附加在 g 之前的)ad- 的變體：*ag*gression.
A.G.《略》Attorney General.
‡a·gain [əˈgɛn; əˈgen] *adv.* (無比較級、最高級)**1 再，又，復，重…**：never ~ 絕不再，永遠不再/once ~ 再一次/Do it ~. 再做一次/Try ~. 再試一下，再試一次/See you ~. 再見，再會/What's your name ~ ? 請再說一次你的名字。
2 返回；恢復原狀：come [go] back ~ 再回來[去]/come to life ~ 甦醒過來/get well ~ 病癒，康復/be one*self* ~ (在肉體上或精神上)恢復原狀[正常]。
3 再一倍，加一倍，多一倍：*as* large [many, much, old] ~ (*as*...) (…的)兩倍大[多，老]/half *as* large [many, much, old] ~ (*as*...) (…的)一倍半大[多，老]/My house is large, but his is as large ~ (as mine). 我的房子大，可是他的房子有我房子的兩倍大。
4 除此之外，此外，再者，而且：And, ~, it is not strictly legal. 再說，這不完全合法。
5 [常用於 and, and then, but then 之後]在另一方面，其他方面：It might rain, *and* ~ it might not. 可能下雨，也可能不下雨/There could be a war, *but then* ~ nothing might happen. 可能會有戰爭，但也可能什麼都不會發生。
6《罕》回覆，回答；(聲音)回聲[音]：answer ~ 還口，回嘴，還嘴/echo ~ 回響，回聲。
agáin and agáin 一再地，再三地。**(èvery) nów and agáin** ⇨now. **ónce and agáin** ⇨ once *adv.* **tíme and (tíme) agáin** ⇨ time.
‡a·gainst [əˈgɛnst; əˈgenst] *prep.* **1 a 反對，反抗…**(↔ for, in favor of；cf. with B 3)：fight ~ the enemy 與敵人作戰/an argument ~ the use of nuclear weapons 反對使用核子武器的議論/Are you for (it) or ~ it ? 你是贊成這件事還是反對？/vote ~ him 投票反對他。**b 逆…；違背…，違反…**：sail ~ the wind 逆風航行/swim ~ the current 逆流游泳/ ~ one's will [conscience] 違背自己的意願[意志，良心]/⇨ against all CHANCES. **c** 對…不利的，不利於…的：There is nothing ~ him. 沒有任何對他不利的事。
2 對著…打擊：throw a ball ~ the wall 對着牆壁擲球/dash ~ the post 撞上柱子。
3 依，靠；緊靠；接觸：lean ~ the door 倚靠著門/with one's back ~ the rail 以背靠著欄杆/stand an umbrella ~ the door 把雨傘豎靠在門上/Please push the desks ~ the wall. 請把書桌緊靠牆壁。
4 a 以…爲背景，在…襯托下：~ the evening sky 以夜晚的天空爲背景；在傍晚的天空襯托下。**b** 與…對照[對比，相映]：The white sail stands out ~ the dark sea. 在與漆黑的海相映之下，白帆顯得格外突出/by a [the] majority of 50 ~ 30 以五十票對三十票的多數。
5 防備，預防，以防…：Passengers are warned ~ pickpockets.《告示》請各位旅客愼防扒手/⇨ provide [save up] for [against] a RAINY day.
6《商》憑…抵付，以…換取：Please deliver this package ~ payment of cost. 請於收到貨款後交付這包裹。
as agàinst... 與…成對比，與…相對(立)的：reason *as* ~ emotion 與感情相對(立)的理智，理智對感情。
óver agàinst... ⇨ over *adv.*
Ag·a·mem·non [ˌægəˈmɛmnən, -nɑn; ˌægəˈmemnən] *n.*《希臘神話》阿加邁農《爲特洛伊戰爭(Trojan War)中之希臘軍統帥；後爲妻克萊登妮絲特拉(Clytemnestra)與其情夫所殺》。
a·gape [əˈgep, əˈgæp; əˈgeip] *adv. & adj.* [不用在名詞前]張口呆望地[的]；嚇得發呆地[的]，目瞪口呆地[的]。
a·gar [ˈegɑr, ˈegɚ, ˈɑgɑr; ˈeigɑ:, ˈeigə] *n.* Ⓤ海菜，燕菜，石花菜；含瓊脂之物。
ágar-ágar *n.* =agar.
ag·a·ric [ˈægərɪk, əˈgærɪk; ˈægərik, əˈgærik] *n.* Ⓒ《植物》平菇；磨菇；木耳。
ag·ate [ˈægɪt, ˈægət; ˈægət, ˈægit] *n.* **1** Ⓤ[指寶石個體時爲Ⓒ]《礦》瑪瑙(cf. onyx). **2** Ⓤ《美》《印刷》瑪瑙體活字(《英》ruby)《5 ½磅因(point)》.
Ag·a·tha [ˈægəθə; ˈægəθə] *n.* 艾格莎《女子名；暱稱 Aggie》.
a·ga·ve [əˈgevɪ; əˈgeivi] *n.* Ⓒ《植物》龍舌蘭《美洲熱帶地區產的植物；可採纖維，在墨西哥以其莖汁製造一種叫做德基拉(tequila)的烈酒；cf. century plant》.
a·gaze [əˈgez; əˈgeiz] *adj.* [不用在名詞前]凝視的。
‡age [edʒ; eidʒ] *n.* **A 1 a** Ⓤ[指個體時爲Ⓒ]**年齡**(cf. old *adj.* 2)：*at* the ~ of ten=at ~ ten 十歲的時候/He is ten years *of* ~. 他今年十歲《★比較一般用 He is ten years old.》/What's his ~ ? 他多大年紀？《★比較一般用 How old is he ?》/The ~*s* of the children are 7, 5, and 3. 這些孩子的年齡是七歲，五歲和三歲/the ~ of the old castle 那座古堡的年齡/He is young for his ~. 以他的年齡而言他是年輕的，他看起來比實際年齡年輕。**b** [當敍述形容詞用]…的年紀《★of one's age 省略 of 而成的形式》：He is just my ~. 他和我正同年紀，他和我年齡正相同/when I was your ~ 當我在你這般年紀時/a girl your ~ 像你這般年紀的女孩。
2 Ⓤ **a** (人生的)**某一時期，某一階段**：full ~ 成年/a man of middle [old] ~ 中年[老年]人《★比較一般說「中年人」時較常說 a middle-aged man；cf. aged B 1》.

> 【說明】人類的壽命自古以來被認定爲七十(聖經舊約「詩篇」90:10). 將此人生分爲七階段，稱爲「人生七期」：剛出生不久稱爲嬰兒(baby)，到七歲左右是幼兒(infant)，到十二歲左右是兒童(child)，到二十八歲左右爲青年(youth)，其後到四十歲是壯年(manhood)，到六十五歲是中年(middle age)，此後便是老年(old age)；cf. threescore.

b 成年《通常爲滿十八歲或二十一歲》：be [come] of ~ 已成年[達成年]/over [under] ~ 已過成年[未成年]。**c** (規定的)年齡：over [under] ~ 超過[未達]規定年齡/He cannot join the school yet；he is under ~. 他還不能進入學校就讀，因爲他沒達到入學年齡。**d** 年老，高齡：His eyes are dim with ~. 他的眼睛因年老而昏花。
3 Ⓤ壽命，一生：the ~ of man 人的壽命。
—B 1 Ⓒ[常 A~] **a** (代表歷史上某一人物或特徵的)**時代，時期，年代**(⇨ period【同義字】)；《地質》一世：in all ~*s* 在任何時代中，古今皆然/through the ~*s* 千百年來，經過許多年代/from ~ to ~ 世世代代《★無冠詞》/the spirit of an ~ 時代精神/the Victorian *A*~ 維多利亞女王時代(1837–1901)/the Middle *Ages* 中世紀(500–1450)/⇨ Golden Age, Silver Age/the Stone [Bronze, Iron] *A*~《考古》石器[青銅器，鐵器]時代《藉著人類生活用具之改變表示其進化的階段》。**b** …時代：the atomic [nuclear] ~ 原子[核子]時代/the Space *A*~ 太空時代。**2** Ⓒ[常 ~s]同時代的人們：for the ~*s* to come 爲了未來的人們/ ~*s* yet unborn 後世的人們。**3** Ⓒ[常 ~s]《口語》很長的時間，久：~*s* ago 很久很久以前/I haven't seen you for ~*s* [an ~]. = It's ~*s* since I saw you last. 好久不見了。
Áge befòre béauty !《諺》年長者比女士優先《★此句意指「女人必須禮讓老人」，是年輕女子等婉謝「女士優先」的好意而讓年長者優先等時所說的話》：“After you, young lady.”—“No, no. *A*~ *before* ~ !”「小姐，請先。」「不，不，你請先[年長者才比女士優先]！」**be [áct] one's áge** 依年齡行事，表現得與年齡相稱：*Act your* ~ ! 你的行爲要合你的年紀。**of áll áges** 所有不同年代[時代，年齡]的。**the áge of consént**《法律》承諾年齡《尤指⑴可以自由擇偶之最低年齡。⑵承諾與人通姦之最低年齡，小於此年齡時，即使自願，亦以强姦論》。**the áge of discrétion**《法律》解事年齡；責任年齡《依英美之法律通常爲十四歲》。
—*v.i.* (**aged；ag·ing, age·ing**) **1** 變老；變陳舊：He is *ag(e)ing* rapidly. 他老得快。**2** 〈葡萄酒、乾酪等〉變陳，成熟。
—*v.t.* [十受] **1** 使〈人〉變老；使〈東西〉變舊：Worry and illness ~ a man. 煩惱和疾病催人老。**2** 使〈葡萄酒、乾酪等〉變陳，使…成熟。
-age [-ɪdʒ; -idʒ] 字尾表示集合、狀態、動作的名詞字尾：bag*gage*, baron*age*, pass*age*.
aged *adj.* (**more ~；most ~**) **A** [edʒd; eidʒd] **1** [不用在名詞前] (無比較級、最高級) [置於數詞前]**有…歲數的**(⇨ old【同義字】)：a boy ~ 10 (years) 一個十歲的男孩/He died ~ 30. 他三十歲時去世。**2** 〈葡萄酒、乾酪等〉陳年的：~ wine 陳年老酒。
—B [ˈedʒɪd; ˈeidʒid] **1** [用在名詞前]**年老的，高齡的**(old)：an ~ man 一位老翁/~ wrinkles 老人的皺紋。**2** [**the ~**；集合稱；當複數名詞用]老人(們)。
~·ness *n.*
áge-gròup *n.* Ⓒ[集合稱]年齡相仿之一羣人《★用法視爲一整體時當單數用，指個別成員時當複數用》。
age·ing [ˈedʒɪŋ; ˈeidʒiŋ] *n.* =aging.

A

áge·ism [-dʒɪzəm; -dʒizəm] *n.* Ⓤ《美》年齡歧視；(尤指)對老年人的歧視。

áge·less *adj.* **1** 長生不老的，不會老的。**2** 永生的，永恆不滅的，永不凋謝的。

áge lìmit *n.* Ⓒ年齡限制，退休年齡：reach [retire under] the ～ 到達退休年齡[因年齡限制而退休]。

áge-lòng *adj.* 持續很久的。

***a·gen·cy** [ˈedʒənsɪ; ˈeidʒənsi] *n.* **1** Ⓤ仲介；經紀業(務)；代辦，經銷；代理行爲[業(務)]。

2 Ⓒ代理店，經銷店，特約商店：a general ～ 總代理店/a news ～ 新聞通訊社/⇨ travel agency.

3 Ⓤ媒介，斡旋，盡力。

4 Ⓤ(會帶來某種結果的)力量，作用，發動力；《哲》成因：human ～ 人力/the ～ of Providence 神力，神意/⇨ by [through] the AGENCY of (2).

5 [常 A～] Ⓒ《美》政府機構[關]，…署，局：a government ～ 政府機關，官署/the *A*～ for International Development (美國的)國際開發局[署]《略作 AID》.

by [through] the ágency of… (1)經…的居間盡力[斡旋]：*through the* ～ *of* my uncle 經我伯父從中斡旋。(2)藉…的作用[力量]。

a·gen·da [əˈdʒɛndə; əˈdʒendə] *n. pl.* (*sing.* **-dum** [-dəm; -dəm]；*pl.* ～s)《★語形 agenda 已漸固定被當單數用，故現在複數一般用～s》[常當單數用]議程，議事單；應辦之事：the first item *on* the ～ 議程上的第一項/The ～ has not yet been drawn up. 議程尚未擬妥。

***a·gent** [ˈedʒənt; ˈeidʒənt] «源自拉丁文「有所行爲」之義»—*n.* Ⓒ **1 a** 代理人，介紹人；經紀人，代辦人，委託人：a commission ～ 委託販賣商，批發商/⇨ estate agent/a forwarding ～ 運送者，運輸業者/a general ～ 總代理商/a house [land] ～ 房屋[地產]經紀人/a patent ～ 專利商標註册代辦人/a travel ～ 旅行業者。**b**《美口語》外務員，推銷員。**2 a** (政府機關的)主管，官員，事務官：a diplomatic ～ 外交官。**b** 間諜，特務：a secret [confidential] ～ 密探；地下工作人員，特務。**c** 調查[搜查]員。**3** 發動者，行爲人，行動者：a free ～ 行動自由者《能決定自己行爲的人》。**4 a** 成因，動因，原動力；(產生現象之)自然力：Rocks are worn away by natural ～*s* such as rain and wind. 岩石爲風雨之類的自然力所磨損。**b** 作用(藥)劑，藥劑：chemical ～*s* 化學藥品。**5**《文法》動作的主體，動作者，行爲者：the ～ of the passive 被動語態中的行爲者《在被動語態句中置於 by 之後者》。

agent·ive [ˈedʒəntɪv; ˈeidʒəntiv] *adj.* 表示行爲者的。—*n.* Ⓒ《文法》表示行爲者的接辭《如 defendant 中的 -ant》.

ágent nóun *n.* Ⓒ《文法》行爲者[動因]名詞《如 maker, actor, student》.

agent pro·vo·ca·teur [ˈedʒəntprəˌvɑkəˈtur; ˈæʒɑ:prəˌvɔkəˈtə:] «源自法語 'provoking agent' 之義»—*n.* Ⓒ (*pl.* ***a·gents pro·vo·ca·teurs*** [～])(被警方僱用以誘使嫌疑人犯罪並加以逮捕之)密探，線民。

áge-óld *adj.* 古老的，久遠的。

Ag·gie [ˈægɪ; ˈægi] *n.* 艾姬《女子名；Agatha, Agnes 的暱稱》。

ag·glom·er·ate [əˈglɑməˌret; əˈglɔməreit] *v.t.* 使…凝固，凝聚。—*v.i.* 凝固，凝聚。

— [-rɪt, -ˌret; -rət, -rit, -reit] *adj.* 凝固[聚結]成塊的；聚集的。

— [-rɪt, -ˌret; -rət, -rit, -reit] *n.* Ⓤ[又作 **an** ～]團塊，《地質》凝塊岩。

ag·glom·er·a·tion [əˌglɑməˈreʃən; əˌglɔməˈreiʃn] «agglomerate 的名詞»—*n.* **1** Ⓤ凝聚成塊，凝聚作用。**2** Ⓒ結塊，凝固體。

ag·glu·ti·nate [əˈglutṇˌet; əˈglu:tineit] *v.t.* 使…膠著[接合]，黏著，膠合。—*v.i.* 膠著，接合。— [-ṇɪt, -ṇˌet; -nət, -nit, -neit] *adj.* 膠合的，黏著的；有黏性的。

ag·glu·ti·na·tion [əˌglutṇˈeʃən; əˌglu:tiˈneiʃn] «agglutinate 的名詞»—*n.* Ⓤ **1** 膠著，接合。**2**《醫》(傷口之)癒合。**3**《語言》膠著語形；膠著語法《如土耳其語、日語、韓語等語言般結合幾個較固定不變的詞素(morpheme)而連綴形成複雜之結合語的方法，尤指給語根、語幹附加幾個詞綴而形成結合語的方法》。

ag·glu·ti·na·tive [əˈglutṇˌetɪv; əˈglu:tinətiv] *adj.* **1** 黏性的。**2**《語言》膠著法的，膠著語形的：an ～ language《語言》膠著語《如日語、韓語、土耳其語等》。

ag·gran·dize [ˈægrənˌdaɪz, əˈgræn-; əˈgrændaiz, ˈægrən-] *v.t.* **1** 加大，擴大。**2 a** 加强〈個人、國家等〉之地位[重要性]。**b** [～ *oneself*] 增强[增多]勢力[財富]：The king sought to ～ *himself.* 國王企圖增强自己的勢力。

ag·gran·dize·ment [əˈgrændɪzmənt; əˈgrændizmənt] «aggrandize 的名詞»—*n.* Ⓤ(財富、地位等的)增大，强化：personal ～ 個人的顯達，發達。

ag·gra·vate [ˈægrəˌvet; ˈægrəveit] «源自拉丁文「使變重」之義»—*v.t.* **1** 使…更惡化；加重〈負擔、罪等〉：His bad temper was ～*d* by the headache. 他的壞脾氣因頭痛而變本加厲。**2**《口語》惹怒〈人〉，使…惱怒：That ～*d* him beyond endurance. 那使他惱怒得無法忍受。

ág·gra·vat·ing *adj.* **1** 惡化的；加重的；劇增的。**2**《口語》惱人的，氣人的，可惱的：an ～ woman 可惱的女人/Oh, how ～！I've lost my umbrella again！哎呀，多氣人，我又丟雨傘啦！

ag·gra·va·tion [ˌægrəˈveʃən; ˌægrəˈveiʃn] «aggravate 的名詞»—*n.* **1 a** Ⓤ惡化；加重；劇增〔*of*〕. **b** Ⓒ使惡化的事物。**2**《口語》**a** Ⓤ氣憤，惱怒。**b** Ⓒ使惱怒的事物。

ag·gre·gate [ˈægrɪˌget; ˈægrigeit] «源自拉丁文「使成羣」之義»—*v.t.* 集合，聚集；使…成集團。—*v.i.* **1** 集合，召集。**2 a** [＋補]《罕》合計，總計，計達〈達…〉：The money collected will ～ $2000. 已收款合計將達兩千美元。**b** [＋介＋(代)名]合計，總計，計達[達…]〔*to*〕：The donation ～*d to* $10,000. 捐款合計達一萬美元。

— [-gɪt, -ˌget; -gət, -git, -geit] *adj.* [用在名詞前] **1** 集合的，集體的。**2** 總計的：～ tonnage(船的)總噸位。

— [-gɪt, -ˌget; -gət, -git, -geit] *n.* **1** ⓊⒸ《文語》集合(體)。**2** [用單數](製造混凝土用的)混凝料《沙、碎石等》。**3** [**the** ～]《文語》總計，總數，總額《★常用於下列片語》：*in the* ～ 全部，總共，總計；集在一起地。

ag·gre·ga·tion [ˌægrɪˈgeʃən; ˌægriˈgeiʃn] «aggregate 的名詞»—*n.* **1** Ⓤ集合，總合，集成；生物之集體生活；(動物之)羣集。**2** Ⓒ集合體，集成體，集團。

ag·gres·sion [əˈgrɛʃən; əˈgreʃn] *n.* ⓊⒸ侵略，侵犯；(無正當理由之)攻擊：an act of ～ 侵略行爲。

ag·gres·sive [əˈgrɛsɪv; əˈgresiv] «aggression 的形容詞»—*adj.* (**more** ～；**most** ～) **1 a** 侵略的，攻擊的；採取攻勢的(↔ defensive)：an ～ war 侵略戰爭。**b**〈武器〉攻擊用的：～ weapons 攻擊用武器。**c** [**the** ～；當單數名詞用]攻勢：assume [take] *the* ～ 採取攻勢，挑戰；尋釁，找碴兒。**2** 積極的，進取的，活潑的；有衝勁的：an ～ salesman 積極的推銷員。～**·ly** *adv.* ～**·ness** *n.*

ag·gres·sor [əˈgrɛsɚ; əˈgresə] *n.* Ⓒ侵略者[國]。

ag·grieve [əˈgriv; əˈgri:v] *v.t.* 使〈人〉苦惱；使〈人〉悲傷；迫害，侵害《★常用被動語態，介系詞用 *by, at*》：They *were* ～*d* **by** oppression and extortion. 他們遭受壓迫與勒索的痛苦/He *was* [felt] ～*d* **at** the insult from his friend. 他因受到朋友的侮辱而感到委屈/There is no need [You needn't] look so ～*d*. 你不必顯得如此悲傷。

ag·gro [ˈægro; ˈægrou] *n.* ⓊⒸ《英俚》爭執，糾紛；(尤指男孩的)羣鬥。

a·ghast [əˈgæst; əˈgɑ:st] *adj.* [不用在名詞前][＋介＋(代)名]〔被…〕驚駭的，嚇呆的〔*at*〕：He stood ～ **at** the scene of carnage. 他被大屠殺的情景給嚇呆了。

ag·ile [ˈædʒəl; ˈædʒail] *adj.* **1 a** (動作)敏捷的，活潑的，輕快的。**b** [不用在名詞前][＋介＋(代)名]〔於…〕敏捷的，活潑的〔*in*〕：He is ～ **in** his movements. 他動作敏捷。**2** 頭腦靈活的，機敏的，靈敏的。～**·ly** *adv.*

a·gil·i·ty [əˈdʒɪlətɪ; əˈdʒiliti] «agile 的名詞»—*n.* Ⓤ機敏，輕快，活潑，靈活。

ag·ing [ˈedʒɪŋ; ˈeidʒiŋ] *n.* Ⓤ **1** 增齡，老化：the ～ process 老化作用。**2** (葡萄酒等的)陳釀；(乾酪等的)熟化。

ag·i·tate [ˈædʒəˌtet; ˈædʒiteit] «源自拉丁文「不斷地使動」之義»—*v.t.* **1** [＋受] **a** 搖動；攪動〈液體〉。**b**〈風〉使〈水〉動盪。**2 a** [＋受]煽動〈人〉；使〈人〉心亂，使〈人〉動搖：They sent agents to ～ the local people. 他們派遣情報人員煽動當地的民衆/She was ～*d by* the news of her son's illness. 聽到她兒子生病的消息她感到心煩意亂。**b** [＋受＋介＋(代)名] [～ *oneself*]〔爲…而〕(獨自)焦慮[擔憂]〔*over*〕：Don't ～ *yourself over* it. 別爲這件事焦慮。**3** [＋受] (激烈)討論，辯論〈問題〉；(藉不斷討論)使…引人關心並獲支持。

—*v.i.* [＋介＋(代)名] **1**〔爲…而，支持…而〕遊說，煽動，鼓動從事〔…的〕(政治)運動，鼓吹〔…〕〔*for*〕《★可用被動語態》：The workers were *agitating* **for** higher wages. 工人們在鼓動加薪。**2**〔反對…而〕遊說，煽動，鼓動〔*against*〕：They were *agitating* **against** the reform. 他們在鼓動反對改革。

ág·i·tàt·ed *adj.* 動搖的，興奮的。～**·ly** *adv.*

ag·i·ta·tion [ˌædʒəˈteʃən; ˌædʒiˈteiʃn] «agitate 的名詞»—*n.* **1** Ⓤ劇烈的震動，攪動，攪拌。**2** Ⓤ(人心之)動搖，興奮；(社會或政治上的)不安，騷動：in great ～ (感情)激動的。**3** ⓊⒸ煽動，運動，鼓動：～ *for* a cause 爲某目標[主張]而鼓吹[倡導]。**4** Ⓤ熱烈討論，辯論。

ag·i·ta·to [ˌædʒəˈtɑto; ˌædʒiˈtɑ:tou] «源自義大利語»—*adj.*《音樂》激動的，興奮的。

ág·i·tà·tor [-tɚ; -tə] *n.* Ⓒ **1** (支持某社會或政治主張的)煽動者，

鼓動者：political ～s 政治煽動者。**2** 攪拌器。

A·gla·i·a [əˋgleə; æ'glaiə] *n.* 《希臘神話》亞格蕾亞《光之女神》。

a·gleam [əˋglim; ə'gli:m] *adv.* & *adj.* [不用在名詞前]〔十介十(代)名〕〔因…〕閃耀地[的]，光輝地[的]〔*with*〕.

a·glit·ter [əˋglɪtɚ; ə'glitə] *adj.* [不用在名詞前]，*adv.* 閃耀的[地]。

a·glow [əˋglo; ə'glou] *adv.* & *adj.* [不用在名詞前]〔十介十(代)名〕**1**〔因…〕發紅地[的]，發亮地[的]〔*with*〕. **2**〔因…〕興奮地[的]〔*with*〕.

ag·nate [ˋægnet; 'ægneit] *adj.* **1** 父系的，父方的。**2** 同系的，同種的。
—n. Ⓒ父系的親屬，男系親屬；同族之人。

Ag·nes [ˋægnɪs, -nəs; 'ægnis] *n.* 艾格妮斯《女子名；暱稱 Aggie》.

ag·nos·tic [ægˋnɑstɪk; æg'nɔstik⁻]《哲》*n.* Ⓒ不可知論者。
—adj. 不可知論(者)的。

ag·nós·ti·cism [-təˌsɪzəm; -tisizəm] *n.* Ⓤ《哲》不可知論《主張人無法知道感官經驗以外之事物》。

Ag·nus De·i [ˋægnəsˋdiaɪ; ˌɑ:gnus'deii:] 《源自拉丁文 'lamb of God' 之義》**—n.** **1** 神的羔羊《耶穌基督的別名》。**2** Ⓒ神的羔羊像《耶穌基督的象徵；畫成頭戴光環，持十字架旗幟的姿態》。**3 a** [the ～]《天主教》除免世罪的神羔誦《以 '*Agnus Dei*' 之句爲首的祈禱詞或其音樂》。**b** [the ～；有時 an ～]《英國國教》以 'O Lamb of God' 之句起首之讚美詩或音樂。

Agnus Dei 2

‡a·go [əˋgo; ə'gou] 《源自古英語「過去的」之義》**—adv.** **1** [置於表示時間的名詞(片語)後] (距今)…以前《★也有人認爲形容詞》：a short time [ten years] ～ 不久[十年]前/a long time ～ 很久以前，從前，往昔/two weeks ～ yesterday [last Monday] 兩週前的昨天[上上星期一]/That was years ～. 那是好幾年以前的事。**2** [置於 long 之後]以前：*long* ～ 許久以前，已久《★比較 一般用義 1 的 a long time ago 》/ *long, long* ～ 很久很久以前/not *long* ～ 不久以前。

語法 (1) ago 是以現在爲基準而指過去的說法，因此動詞用簡單過去式而不用過去完成式：I met him two months ～. 我兩個月以前遇見了他《cf. I *have* met him somewhere *before*. 我以前在某處遇見過他》。(2)以過去的某一時候爲基準而指其以前之事時，則不用 ago 而用 before；因此把直接敍述法改爲間接敍述法時，原來所使用的 ago 即變成 before：He said," I met her two months ～."→ He said that he had met her two months *before*. (3)在下面構句中使用 since 是錯誤的用法：*It was* five years ～ *that* [*when*] this journal was first published. 這本雜誌是在五年前創刊的《cf. *It is* five years *since* this journal was first published. 自從這本雜誌創刊以來已有五年了》。

a·gog [əˋgɑg; ə'gɔg] *adv.* & *adj.* [不用在名詞前] **1**〔十介十(代)名〕〔因期待、渴望、好奇而〕極度興奮地[的]，急切地[的]〔*with*〕：That set the whole town ～ *with* excitement. 那件事使全鎮的居民興奮不已。**2 a**〔十介十(代)名〕急著要〔…〕的〔*for*〕：The villagers were ～ *for* the news. 村民們很興奮地急於聽那消息 (cf. 2b). **b**〔十 *to* do〕很興奮地急著要〈做…〉的：The villagers were ～ *to* hear the news. 村民們很興奮地急著要聽那消息(cf. 2 a).

ag·o·nize [ˋægəˌnaɪz; 'ægənaiz] 《agony 的動詞》**—v.t.** **1** 使〈人〉苦悶。**2** [～ one*self*] 自我苦惱。**—v.i.** [動(十介十(代)名)]〔爲…之事〕痛苦，苦悶，苦惱；苦鬥，掙扎〔*over*〕：He ～*d over* the divorce. 他爲了離婚之事而煩悶。

ág·o·nìzed *adj.* 苦悶的，痛苦的：～ shrieks 苦悶的尖叫，痛苦的悲鳴。

ág·o·nìz·ing *adj.* 使痛苦的，引起苦悶的；苦悶的。～**·ly** *adv.*

ag·o·ny [ˋægənɪ; 'ægəni] 《源自希臘文「比賽」之義》**—n.** **1 a** Ⓤ(精神或肉體的)極大的痛苦，苦悶，苦惱：in ～ 痛苦地[的]，苦悶地[的]。**b** Ⓒ[常 agonies] 掙扎：in *agonies* [an ～] of pain 陷入極大的痛苦，極痛苦地。**2** Ⓒ(感情的)激動，(悲喜之)極端：in an ～ of joy 狂喜的[地]，大喜的[地]。

píle úp [ón] the ágony《口語》誇大描寫悲慘之事，把痛苦說得言過其實。

ágony àunt *n.* Ⓒ答讀者問[私事諮詢]專欄女作家《在報刊上專事回答讀者來信，就有關信中涉及的私事提出意見，供讀者參考》。

ágony còlumn *n.* Ⓒ[常 the ～]《謔》(報刊上爲回答讀者來信中提出的有關私事的問題而闢的)私事諮詢專欄，答讀者問專欄。

ag·o·ra [ˋægərə; 'ægərə] 《源自希臘文「市場」之義》**—n.** Ⓒ(*pl.* ～s, -rae [-ˌri; -ri:])(古希臘的)集會場所，市場；人民大會。

ag·o·ra·pho·bi·a [ˌægərəˋfobɪə; ˌægərə'foubjə] *n.* Ⓤ《精神醫學》廣場[曠野]恐懼症《討厭或害怕吵雜之廣場等的一種精神病》。

ag·o·ra·pho·bic [ˌægərəˋfobɪk; ˌægərə'foubik⁻] *adj.* 廣場[曠野]恐懼症的。**—n.** Ⓒ廣場[曠野]恐懼症的人。

a·grar·i·an [əˋgrɛrɪən; ə'greəriən] *adj.* 農地的；農業的：～ disputes 農地糾紛/an ～ reformer 農地[業]改革者。**—n.** Ⓒ主張平均地權者。

a·grár·i·an·ism [-nˌɪzəm; -nizəm] *n.* Ⓤ平均地權論[運動]：田地均分法。

‡a·gree [əˋgri; ə'gri:] 《源自古法語「欣然接受」之義》**—v.i.** **1** (進行討論等而)同意(⇨ consent【同義字】)：**a** 贊成：I ～. 我贊成 (cf. 2a). **b**〔十介十(代)名〕〔對提議等〕答應，贊成，同意〔*to*〕《★可用被動語態》：I ～*d to* the proposal. 我同意該提案/The terms have been ～*d to*. 那些條件已獲同意/His father ～*d to* his becom*ing* an engineer. 他父親同意他當工程師。**c**〔十介十(代)名〕(議論的結果)〔對於條件、意見等〕達成協議，互相同意〔*on, upon*〕(cf. 2b)《★可用被動語態》：We ～*d on* a date for the next meeting. 我們同意下次會議的日期/We ～*d on* start*ing* at once. 我們一致同意立即出發。

2 意見一致：**a** 有同感：I ～. 我有同感 (cf. 1a). **b**〔十介十(代)名〕〔與人〕意見一致；持著同樣的想法〔*with*〕；〔對於…〕意見一致〔*on, about*〕(cf. 1c)：I ～ *with* you in all your views. 我贊成你的一切意見/We ～ *on* that point. 對那點我們意見一致。**c** [(十介)十 *wh.*__/(十介)十 *wh.*十 *to* do]〔關於〕〈…一事〉意見一致〔*as to, about*〕：We could not ～ (*as to*) *where* we should go [*where to* go]. 關於我們去向的問題，大家意見無法一致。

3 a 〈二個以上的事物〉一致，相符，符合，相合：The figures don't ～. 數字不符(合)。**b**〔十介十(代)名〕〔與…〕一致，相符，相合〔*with*〕：The evidence ～*s with* the facts. 這證據與事實相符。**c**〔十介十(代)名〕《文法》〈語形〉(在人稱、性別、數、格方面)〔與…〕一致〔*with*〕：A verb must ～ *with* its subject in number and person. 在數和人稱方面動詞必須與其主詞一致。

4 a [動(十副)]〈人〉意氣相投，感情好，和好相處〈*together*〉：They don't ～ (*together*). 他們感情不好。**b**〔十介十(代)名〕〈人〉〔與…〕意氣相投，感情好，和好相處〔*with*〕：John and his wife do not ～ *with* each other. 約翰與他太太之間感情不好。

5〔十介十(代)名〕[常用於否定句、疑問句]〈食物、氣候等〉〔與人〕相宜〔*with*〕：This food does *not* ～ *with* me. 這食物對我不適合[不相宜]。

—v.t. **1 a**〔十受〕承認〈會計報告等〉。**b**〔十 *to* do〕同意〈做…〉，允諾，答應：He will ～ *to* come. 他會答應來/I ～ not *to* expect anything from you. 我答應不向你冀求任何東西。**c**〔十 *that*__〕承認：He ～*d that* my plan was better. 他承認我的計畫比較好。

2 a〔十 *to* do〕同意〈做…〉，〈對於做…〉意見一致：We ～*d to* start at once. 我們同意立即出發。**b**〔十 *that*__〕〈對於…一事〉意見一致，一致認爲…，同意…：We ～*d* [It was ～*d*] *that* we should travel first-class. 我們一致同意乘頭等(車、船)旅行。**c**〔十介十(代)名十 *that*__〕〈對於…一事〉〔與人〕意見一致，同意，〔與人〕一致認爲…〔*with*〕：I ～*d with* him *that* some active measure should be adopted. 我與他一致認爲應該採取某種積極措施。

agrée to díffer [disagrée] 互相容忍歧見：Let's ～ *to disagree* and part friends. 讓我們互相包涵彼此間不同的意見，而友善地分手吧。

a·gree·a·ble [əˋgriəbl; ə'griəbl] *adj.* (more ～；most ～) **1 a** 令人愉快的；宜人的，和藹可親的，悅人的，討人喜歡的：an ～ voice 悅人的聲音。**b** [不用在名詞前]〔十介十(代)名〕使〔…〕舒服的〔*to*〕：Her voice is ～ *to* the ear. 她的聲音悅耳[好聽]/make oneself ～ (*to...*) 使自己討(人)喜歡，迎合，配合(人)，(與…)協調一致。**2** [不用在名詞前]〔十介十(代)名〕〔對於…〕欣然同意的，贊成的〔*to*〕：I am quite ～ *to* the plan. 我完全贊成這計畫。

a·grée·a·bly [-əblɪ; -əbli] *adv.* 欣然，愉快地：I was ～ surprised. 我驚喜交加/He ～ consented to my wishes. 他欣然應允了我的要求。

a·gréed *adj.* **1** 一致的，達成協議的，經過協議的：at an ～ rate 以協定(匯)率[價格]，以議價。**2** [不用在名詞前] **a**〔十介十(代)名〕〔關於…〕意見一致的〔*on, about, as to*〕：We were ～ *on* that point. 關於那一點我們的意見一致/They were (all) ～ *as to* how to act. 關於如何行動，他們(大家)意見一致。**b**〔十 *to* do〕同意〈做…〉的，答應的，贊成的：We are ～ *to* accept the offer. 我們同意接受那提議。**c**〔十 *that*__〕一致認爲…的：They are all ～ *that* his argument is convincing. 他們一致認爲他的論據[議論]辯論令人信服。**3** [A～] [當感嘆詞用] **a** 對！好！："He is too young to get married."—"*A*～！"「他年紀太輕不能結婚。」「對！」**b** 明白了！好的！《★常附帶握手》："How about ¥4 million for 6 months?"—"*A*～！I'll send my lawyer to draw up the

A

contract."「六個月四百萬日圓如何？」「好，我會派我的律師去草擬契約書。」

‡**a·gree·ment** [ə'grimənt; ə'gri:mənt] «agree 的名詞»—*n.* **1** Ⓒ協定，協議；協約，條約；契約：a labor ～ 勞動[工]協約/arrive at [come to] an ～ 達成協議，商定，談妥/make an ～ with... 與…締結契約[訂立協定]。**2** Ⓤ一致；同意：by (mutual) ～ 經(雙方)同意/*in* ～ with... 與…一致，同意…/He nodded *in* ～. 他點頭同意[已首肯]。**3** Ⓤ《文法》(數、格、人稱、性別的)一致，相應。

a·gré·ment [ˌagre'mant; ˌɑ:grei'mɑ:nt] «源自法語 'agreement' 之義»—*n.* Ⓒ(*pl.* ～s[～; ～])正式承認，正式同意《派遣大使、公使時，向駐在國政府徵求之承認》：give [ask for] an ～ 給與[徵求]正式承認。

ag·ri·busi·ness ['ægrəˌbɪznɪs; 'ægriˌbiznis] «*agri*culture 和 *business* 的混合語»—*n.* Ⓤ農業綜合企業《業務包括農產品加工與運銷、農耕用具與肥料的生產等》。

agri(c). 《略》agricultural；agriculture.

ag·ri·cul·tur·al [ˌægrɪ'kʌltʃərəl; ˌægri'kʌltʃərəl‾] «agriculture 的形容詞»—*adj.* (無比較級、最高級)農業的；農藝的，農學(上)的：the *A*～ Age 農耕時代/～ chemistry 農藝化學/～ products 農產品/an ～ college 農學院/an ～ show 農藝展覽會。

àg·ri·cúl·tur·al·ist [-lɪst; -list] *n.* ＝agriculturist.

***ag·ri·cul·ture** ['ægrɪˌkʌltʃə; 'ægrikʌltʃə] «源自拉丁文「田地的耕作」之義»—*n.* Ⓤ農業；農藝，農學《★包括畜牧、林業》：the Ministry of *A*～, Fisheries and Food (英國的)農漁糧食部/the Department of *A*～(美國的)農業部。

ag·ri·cúl·tur·ist [-tʃərɪst; -tʃərist] *n.* Ⓒ **1** 農學家。**2** 農業家。**3** 農人；農場經營者。

ag·ro·bi·ol·o·gy [ˌægrobaɪ'ɑlədʒɪ; ˌægroubai'ɔlədʒi] *n.* Ⓤ土壤生物學；農業生物學。

a·grol·o·gy [ə'grɑlədʒɪ; ə'grɔlədʒi] *n.* Ⓤ農業土壤學。

ag·rón·o·mist [-mɪst; -mist] *n.* Ⓒ農業經濟學家；農藝學家。

ag·ron·o·my [ə'grɑnəmɪ; ə'grɔnəmi] *n.* Ⓤ農業經濟學；農藝學《不包括畜牧、林業的狹義農學》。

a·ground [ə'graund; ə'graund] *adv.* & *adj.* [不用在名詞前]觸礁地[的]，擱淺地[的]：go [run, strike] ～〈船〉觸礁/run a ship ～ 使船擱淺。

agt. 《略》agent.

a·gue ['egju; 'eigju:] *n.* Ⓤ **1** 《病理》瘧疾。**2** 惡寒。

a·gu·ish ['egjuɪʃ; 'eigju:iʃ] «ague 的形容詞»—*adj.* **1** (似)瘧疾的；患瘧疾的。**2** 發冷的，打冷顫的。

***ah** [ɑ; ɑ:] «擬聲語»—*interj.* [表示喜、悲、驚、痛苦、輕蔑、哀、嘆等所發出之聲]啊！哦：*Ah*, but... 啊，但是…/*Ah*, well, ... 啊，好吧《無奈》。

a·ha [ɑ'hɑ; ɑ:'hɑ:] *interj.* **1** [表示驚、喜、勝利、嘲諷等所發出之聲]啊哈！哈哈！嘿嘿！**2** [表示瞭解對方的語意、意思]吭！欸！

ah·choo [ɑ'tʃu; ɑ:'tʃu:] *interj.* 哈啾！《打噴嚏的聲音》。

‡**a·head** [ə'hɛd; ə'hed] *adv.* (**more** ～；**most** ～)《★用法 further ～；furthest ～ 較爲普遍》**1** [表示方向] **a** 在前面，向前方：look ～ and behind 看看前後；瞻前顧後/see another ship ～ 看見另一艘船在前方/Danger ～！前方有危險(物)！**b** [與表示移動的動詞連用]向前(進)，繼續向前：go ～ 向前進行(cf. go AHEAD)/Go straight ～. 一直往前走/run ～ 向前跑/move ～ 前進[進步]。

2 [表示時間] **a** (比某一時刻)往後，將來：Her wedding is three days ～. 她的婚禮再三天就要舉行/set [put] the clock ～ one hour [one hour ～]把時鐘撥快一小時。**b** 向未來，在今後：Plan ～！爲未來作計畫[打算]吧！《★常被用爲訓誡之語》。

3 [表示優越]領先，勝過：We are five points ～. 我們領先五分。

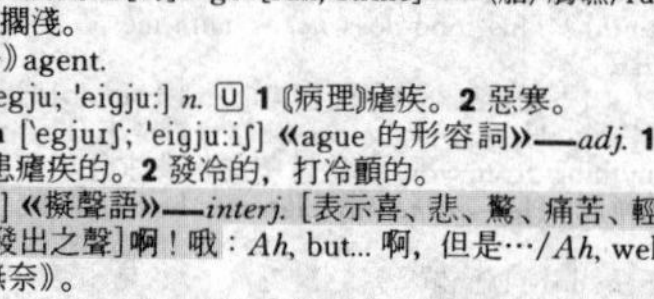

ahead of... (1)

【插圖說明】Tom is running *ahead of* me. (湯姆跑在我的前方) Jack is running behind. (傑克跑在我的後面)

ahéad of... (1)在…之前；領先…：There was a truck ～ *of* us. 有一輛卡車在我們前方行駛/Please go ～ *of* me. 請走在我的前面。(2)(在時間上)在…前：arrive ten minutes ～ *of* time 在預定[規定，約定]時間的十分鐘前到達，提前十分鐘到達。(3)勝過，超越：He is far [a long way] ～ *of* me in English. 他在英語方面遠勝過我/He was two years ～ *of* me at college. 他在大學裏高我兩年級[兩屆]。

gèt ahéad ⇨ get.

gò ahéad 《*vi adv*》(1)⇨ 1b. (2)〈事〉進行：The wedding is *going* ～ as planned. 結婚典禮正依計畫進行著。(3)(不猶豫地)進行〔談話、工作等〕〔*with*〕：*Go* ～ *with* your story. 請說下去。(4)[用祈使語氣]幹吧！衝吧！進行吧！(5)[用祈使語氣][催促對方]先請；[用以表示應允對方的請求]請，做吧：*Go* right ～ and do as you please. 你儘管[隨心所欲地]做吧/"May I borrow your car?"—"*Go* ～!"「我可以借用你的汽車嗎？」「可以，你儘管用吧！」(6)[用祈使語氣]《美》[用於電話]請說話。(7)[用祈使語氣]《航海》前進！

lóok ahéad ⇨ look. **thínk ahéad** ⇨ think.

a·hem [ə'hɛm; ə'hem] *interj.* [欲引人注意或表示懷疑、語塞等時所發出之聲]阿咳！啊哼！嗯。

a·hoy [ə'hɔɪ; ə'hɔi] *interj.* ★用於下列成語。**Ahóy there!** 《謔》喂——，老兄！《對遠處之人的呼叫聲》。**Shíp ahóy!** 《航海》喂——，船！《招呼遠方船隻的呼聲》。

aid** [ed; eid] *v.t.* **1** 幫助《★比較 較 help 爲拘泥的用語；⇨ help【同義字】》：**a** 〔十受〕援助，幫助…：～ a person's work 幫助某人的工作《★變換 用義 1b 做 aid a person *in* his work 亦可》/The Red Cross ～*ed* the flood victims. 紅十字會援助水災難民。**b** 〔十受十介十(代)名〕〔在…方面〕援助…〔*in*〕：I ～*ed* him ***in the enterprise. 我援助了他的事業/He ～*ed* the police *in* find*ing* the criminal. 他幫助警察搜尋罪犯(cf. 1c)。**c** 〔十受十 *to* do〕幫助〈人〉〈做(成)…〉《★通常含有所幫助之工作已完成之意》：He ～*ed* the police *to* find the criminal. 他幫助警察搜尋罪犯(cf. 1b)《★比較 He HELPED the police (to) find the criminal. 較爲普遍》。**d** 〔十受十介十(代)名〕〔以金錢等〕援助〈人〉〔*with*〕：He ～*ed* her ***with*** money and advice. 他以金錢和忠言幫助她。**2** 〔十受〕助成，促進…。—*v.i.* 援助，協助。

áid and abét a person 《法律》教唆〈人〉犯罪；夥同〈某人〉作案，與〈某人〉同謀。

—*n.* **1** Ⓤ幫助；援助，救援；扶助：⇨ first aid/seek medical ～ 求醫，看醫生/call in a person's ～ 求某人援助《★通常指專家的援助》/ask a person for ～ 向某人求援/come [go] to a person's ～ 來[去]援助某人。

2 Ⓒ援助者，幫助者，助手。

3 Ⓒ[常 ～s]補助器具：a hearing ～ 助聽器/audio-visual ～*s* 視聽教具。

Whàt's (áll) thís in áid òf? 《英口語》這是爲了什麼(目的[理由])？(你)這是什麼用意？這究竟是什麼意思？這到底是怎麼一回事？

AID 《略》Agency for International Development.

A.I.D., AID 《略》artificial insemination by donor 非配偶者間的人工授精。

aid-de-camp ['eddə'kæmp, -'kɑ̃; ˌeiddə'kɑ̃:, -'kɔŋ] *n.* ＝aide-de-camp.

aide [ed; eid] *n.* Ⓒ **1** ＝aide-de-camp. **2** 《美》幫助者，助手；近侍，副官，助理人員。

aide-de-camp ['eddə'kæmp, -'kɑ̃; ˌeiddə'kɑ̃:, -'kɔŋ] «源自法語 'assistant in the field' 之義»—*n.* Ⓒ(*pl.* **aides-de-camp** ['edz-; 'eidz-])《軍》(皇族、將官等的)副官〔*to*〕《略作 A.D.C.；cf. adjutant》：an ～ *to* His Majesty 皇上的侍從武官。

aid·man ['edˌmæn, -mən; 'eidmən] *n.* Ⓒ(*pl.* **-men**)《軍》救護兵；醫療隊隊員。

AIDS [edz; eidz] «*A*cquired *I*mmune *D*eficiency *S*yndrome 的頭字語»—*n.* Ⓤ《醫》後天免疫缺乏症候羣，愛滋病《從 1980 年前後開始以美國爲中心在世界各地流行的一種死亡率極高的疾病》。

áid stàtion *n.* Ⓒ《軍》救護站，急救站《設於靠近前線地區緊急救護傷患者》。

ai·grette, ai·gret ['egrɛt, e'grɛt; 'eigret, ei'gret] *n.* Ⓒ **1** 《鳥》(白)鷺，鷺鷥。**2** (帽子、頭盔等之)鷺羽毛飾，冠前飾毛。

ai·guille [e'gwil, 'egwil; 'eigwi:l, -wi:] *n.* Ⓒ **1** 針狀的岩石，尖峯。**2** 鑽孔器，錐子。

ail [el; eil] *v.t.* 《古》〈不明之事物〉(在肉體上或精神上)使〈人〉痛苦，使…煩惱《★常用於下列構句》：What ～*s* you? 你怎麼啦？你有什麼煩惱？什麼地方不舒服呢？

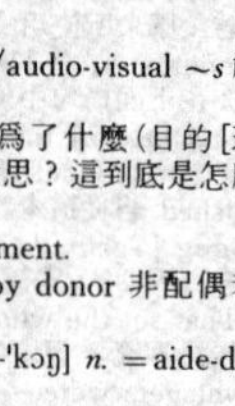

aigrette 2

—*v.i.* [常用於進行式]生病，微恙：He *is* ~*ing.* 他生病了。

ai·lan·thus [eˈlænθəs; eiˈlænθəs] *n.* Ⓒ《植物》臭椿，樗《雖然它的花有臭味，仍常被栽植作擋風用》。

ai·le·ron [ˈeləˌrɑn; ˈeilərɔn] *n.* Ⓒ《航空》(用以保持飛機平衡之)副翼。

áil·ing *adj.* 有病的，生病的；煩惱的：her ~ mother 她生病的母親。

áil·ment *n.* Ⓒ(通常指輕微或慢性的)疾病；(生理或心理的)失調：a slight ~ 微恙。

‡**aim** [em; eim] *v.t.* **1 a** 〔十受〕用〈槍〉瞄準：~ a gun 用槍瞄準。**b** 〔十受十介十(代)名〕用〈槍等〉瞄準〔目標〕〔*at*〕：He ~*ed* a revolver ***at*** me. 他用左輪手槍對準我。**2** 〔十受十介十(代)名〕把〈話、努力等〉針對〔指向〕〔…〕〔*at*〕：The President's speech was ~*ed* ***at*** the men in his own party. 總統之演說係針對其黨內人士而發的。

—*v.i.* **1 a** 瞄準：I fired without ~*ing.* 我沒瞄準就開了槍/~ high [low] 目標定得高[低]；胸懷[胸無]大志。**b** 〔十介十(代)名〕瞄準〔…〕〔*at*〕《★可用被動語態》：He ~*ed* ***at*** the target. 他瞄準靶[目標]。**c** 〔十介十(代)名〕針對〔…〕而言；意指〔…〕〔*at*〕《★可用被動語態》：What are you ~*ing* ***at***? 你指的是什麼意思[你想說什麼]?/I'm ~*ing at* prov*ing* his guilt. 我的言論是爲了證明他的罪行而發《★[用法]當作義 2a 而解釋成「我的目的在於證明他的罪行」亦可》。

2 a 〔十介十(代)名〕目的在於〔…〕，志在〔…〕；企圖〔…〕，意欲〔…〕〔*at, for*〕：~ ***for*** [***at***] fame 志在成名/I ~ *at* be*ing* friendly. 我想表示友好(cf. 2b)/This book ~*s at* giv*ing* a general outline of the subject. 本書的目的在於提出這主題的概要。**b** 〔十 *to* do〕立志〈做…〉；力求〈…〉，打算〈做…〉：I ~ *to* be friendly. 我想表示友好(cf. 2a)/He is ~*ing to* be a doctor. 他立志要成爲醫師。

—*n.* **1** Ⓤ**瞄準，對準，估計**：take (good, close) ~ (*at...*) (細心)瞄準(…)/miss one's ~ 瞄歪；錯失機會。**2** Ⓒ **a** 目的，志向：the ~ and end [object] 終極目的/achieve [attain] one's ~ 達到目的/have an [no] ~ in life 對人生抱持[毫無]目標/with the ~ of master*ing* English 抱著精通英語的目的/without ~ 漫無目的地《★無冠詞》/His ~ is to become a pilot. 他的目標是[他志在]成爲飛行員。**b** 〔十 *to* do〕〈想做…的〉志向，意向，意圖：His ~ *to* become a pilot was frustrated. 他想成爲飛行員的志向落空了。

áim·less *adj.* 無目的[目標]的。~**·ness** *n.*

áim·less·ly *adv.* 無目的地。

Ai·no [ˈaɪno; ˈainou] *n.* (*pl.* ~s), *adj.* =Ainu.

ain't [ent; eint] **1** ***am not*** 之略《★[用法]通常被認爲非標準用法，但疑問形(尤其附加疑問)的 ain't I? 常被使用》：I ~ ready. 我還沒準備好/I'm going too, ~ I? 我也會去吧?

2 are not, is not, has not, have not 之略《★非標準用法》：Things ~ what they used to be. 事情[情況]已不像從前那樣[已事過境遷]《★此爲習慣用法》/I ~ done it. 我沒做這件事。

Ai·nu [ˈaɪnu; ˈainuː] *n.* (*pl.* ~, ~s) **1** Ⓒ蝦夷人《日本北海道、庫頁島等地之土著》。**2** Ⓤ蝦夷語。—*adj.* 蝦夷(人，語)的。

‡**air** [ɛr, ær; ɛə] *n.* **A 1** Ⓤ**空氣**：fresh [foul] ~ 新鮮的[污濁的]空氣/go away for a change of ~ ⇨ change *n.* 2b/We should [would] die without ~. 若無空氣我們就會死。

2 a [*the* ~]大氣，天空，空中：the birds of *the* ~ 空中的飛鳥《★出自聖經「馬太福音」等》/in *the* open ~ 在戶外[野外]，露天地/expose a wet coat to *the* ~ 將溼外衣晾乾。**b** Ⓤ(做爲航空之場所的)天空，空中：command of the ~ 制空權/⇨ by AIR. **c** Ⓤ[常 the ~](做爲電波之導體的)大氣；(藉無線電[電視]的)播送，傳播：⇨ off the AIR.

3 Ⓒ《罕》微風：a slight ~ 微風。

4 Ⓒ《古》(簡單而易記的)曲調，旋律：sing an old ~ 唱一首老曲調。

—**B 1** Ⓒ**外表，樣子，風采，態度**：with a sad ~ 悲傷地，垂頭喪氣地/with an ~ of triumph 趾高氣揚地，得意地。**2** [~s] (尤指女人的)裝模作樣，作態：~*s* and graces 假扮高尚，附庸風雅，裝文雅，矯柔造作，裝腔作勢，矯飾/assume [put on] ~*s* =give oneself ~*s* 裝模作樣。

béat the áir 徒勞無功，白費力氣，撲空《★出自聖經「哥林多前書」》。

buíld cástles in the áir ⇨ castle.

by áir (1)乘飛機；以航空郵件。(2)用無線電。

cléar the áir (1)換新[通通](房間裏等的)空氣；淨化空氣。(2)消除疑慮[誤解，芥蒂等]。

dánce on áir ⇨ dance *v.*

fán the áir 《棒球俚》揮棒落空；三振出局《★源自「以球棒煽空氣」之意》。

in the áir (1)在空中。(2)〈氣氛等〉瀰漫著：Something mysterious is *in the* ~. 某種神祕的氣氛瀰漫著。(3)〈謠言等〉傳播，流傳，散布：It is *in the* ~ that he is going to resign. 傳說他將辭職。(4)〈計畫等〉未確定，懸擱著：Don't tell anybody about this plan. It is still *in the* ~. 別跟任何人談論這項計劃，這件事還沒有定案。

ìnto thín áir 無影無踪地，不留痕跡地：disappear [vanish] *into thin* ~ 無影無踪地[不留痕跡地]消失[消逝]《★出自莎士比亞戲劇「暴風雨(*The Tempest*)」》.

òff the áir 停止廣播，沒有廣播。

òn the áir 廣播中：go [be] *on the* ~ 在廣播中/put...*on the* ~ 廣播…。

òut of thín áir 無中生有地，無根據地；從某處：appear *out of thin* ~ 從某處出現/The conjurer produced a dove *out of thin* ~. 魔術家無中生有地變出一隻野鴿子。

tàke the áir 《文語》(爲了透透空氣)外出散步[兜風]。

tàke the áir òut of a person's **sáils** =take the WIND out of a person's sails.

tréad on áir =walk on AIR.

ùp in the áir (1)在空中。(2)《口語》非常幸福的，興高采烈的。(3)《口語》激動的，生氣的：go *up in the* ~ 激動，勃然大怒。(4)《口語》未定的，未解決的，渺茫的。

wálk on áir 《口語》興高采烈，揚揚得意：She passed the exam, and now she is *walking on* ~. 她考試及格了，所以現在興高采烈。

—*adj.* [用在名詞前] **1** (使用)空氣的：an ~ pillow 氣枕。**2** 天空的，空中的；搭飛機的：an ~ trip 搭飛機的旅行/an ~ accident 飛機事故，空難。

—*v.t.* 〔十受〕**1 a** 將〈衣物等〉晾曬，曬乾：You must ~ the mattress. 你必須晾曬牀墊。**b** 使〈房間〉通風。**c** [~ one*self*] 到戶外兜風，散步。

2 暴露，顯示：Don't ~ your troubles in front of her. 別在她面前露出你的煩惱。

3 《美口語》《廣播·電視》播送〈節目〉。

—*v.i.* 〈衣服等〉被晾曬；被晾曬乾。

áir alèrt *n.* Ⓒ **1** 對空戒備(的狀態)；對空戒備的信號。**2** 空襲警報。

áir àmbulance *n.* Ⓒ傷病者運輸機。

áir bàg *n.* Ⓒ《美》空氣袋《於汽車碰撞時會自動充氣膨脹而緩和乘客所受之衝擊的安全裝置》。

áir bàse *n.* Ⓒ空軍基地；航空基地。

áir bèd *n.* Ⓒ空氣墊。

áir blàdder *n.* Ⓒ **1** (魚)鰾。**2** 《植物》氣囊。

áir·bòrne *adj.* **1** 〈部隊〉空降的，空運的(cf. seaborne). **2** 〈飛機〉在空中的，飛行中的：become ~ 飛上空中。**3** 〈花粉、種子等〉空中傳播的，風媒的。

áir bràke *n.* Ⓒ[常~s]氣動煞車，空氣制動機，空氣煞車。

áir brìck *n.* Ⓒ通風[有孔]的花磚。

áir·brùsh *n.* Ⓒ噴霧器《修整照片或噴漆用》。—*v.t.* 用噴霧器修整[噴]。

áir bùbble *n.* Ⓒ氣泡。

áir·bùs *n.* Ⓒ空中巴士《中、短程距離用的大型客機》：by ~ 搭空中巴士《★無冠詞》。

áir càrgo *n.* ⓊⒸ空運貨物。

áir chàmber *n.* Ⓒ(幫浦的)氣室，氣囊。

áir chíef márshal *n.* Ⓒ《英空軍》上將。

áir còach *n.* Ⓒ《美》(票價較低廉的)經濟[普通]客機。

áir còck *n.* Ⓒ氣栓，氣嘴。

áir commànd *n.* Ⓒ《美》空軍指揮部。

áir cómmodore *n.* Ⓒ《英空軍》准將。

áir-condìtion *v.t.* 裝空氣調節機[冷(暖)氣機]於〈室內等〉。

áir-condìtioned *adj.* 裝有空氣調節機[冷(暖)氣機]的。

áir-condìtioner *n.* Ⓒ空氣調節機，冷(暖)氣機。

áir-condìtioning *n.* ⓊⒸ空氣調節(裝置)《室內空氣淨化、溫度濕度之調節》。

áir-cóoled *adj.* 氣冷式的：an ~ engine 氣冷式引擎。

áir-còoling *n.* ⓊⒸ空氣冷却法。

áir còrridor *n.* Ⓒ《航空》國際空中走廊《依據國際協定受到安全保障的特定航空路線，尤指東、西柏林間之航線》。

áir còver *n.* ⓊⒸ **1** 空中支援[掩護]。**2** 作空中支援[掩護]之空軍武力。

***air·craft** [ˈɛrˌkræft; ˈɛəkrɑːft] *n.* Ⓒ (*pl.* ~)**飛行器，航空器《飛機、飛船、氣球等的通稱，主要指飛機或輕型飛行器》**：by ~ 以[乘]飛行器《★無冠詞》。

áircraft càrrier *n.* Ⓒ航空母艦。

áircraft·man [-mən; -mən] *n.* Ⓒ (*pl.* **-men** [-mən; -mən])《英空軍》空軍二等兵《英空軍最下位的階級》。

áir·crèw *n.* Ⓒ[集合稱]空勤人員，機員，空勤組(員)《★[用法]視爲一整體時當單數用，指個別成員時當複數用》。

aircraft carrier

áir·crèw·man *n.* Ⓒ(*pl.* **-men**)機員，空勤組員。
áir cùrrent *n.* Ⓒ氣流。
áir cùrtain *n.* Ⓒ空氣幕《把壓縮空氣向下噴而形成之無形簾幕，其作用爲防止昆蟲飛入及保持室內溫度》。
áir cùshion *n.* Ⓒ **1** 氣墊，氣枕。**2** 〖機械〗空氣緩衝器。**3** (使氣墊船(Hovercraft)上浮的)噴射空氣。
áir cùshion vèhicle *n.* Ⓒ氣墊船。
áir divìsion *n.* Ⓒ《美》空軍師《由聯隊部和兩個聯隊(或以上)所組成》。
áir dòor *n.* ＝air curtain.
áir·dròme [-ˌdrom; -droum] *n.* Ⓒ《美》飛機場，航空站。
áir·dròp *n.* Ⓒ(利用降落傘的)空投。
—*v.t.* (**air·dropped**; **air·drop·ping**)〔十受十受/十受十介十(代)名〕空投〈食物等〉給…；空投〈食物〉〔給…〕〔*to*〕.
áir-dròp *v.t.* (**-dropped**; **-drop·ping**)空降〈部隊〉；以降落傘空投〈補給品等〉。
áir-drỳ *v.t.* 晾乾，風乾。—*adj.* 其乾燥程度在空氣中再無水分可蒸發的，晾乾的。
Aire·dale [ˈɛrˌdel; ˈɛədeil] *n.* (又作 **Áiredale tèrrier**)Ⓒ愛爾得兒犬《粗毛，棕色有黑斑點的大狗》。

Airedale

áir exprèss *n.* Ⓤ **1** 航空快遞(業)。**2** [集合稱]航空快遞郵件。
áir·fàre *n.* Ⓒ航空運費。
áir·fìeld *n.* Ⓒ **1** 飛機場。**2** (可供飛機起飛、降落，但無機場大廈、修護廠等設備的)小機場。
áir·flòw *n.* [用單數](飛機等所產生的)氣流。
áir·fòil *n.* Ⓒ〖航空〗翼面(《英》aerofoil)。
áir fòrce *n.* Ⓒ空軍《略作 A.F.》：the Royal [United States] *Air Force* 英國皇家[美國]空軍。
Áir Fòrce Òne *n.* 空軍一號《美國總統的座機》。
áir fràme *n.* Ⓒ(飛機除引擎外之)機身。
Àir Fránce *n.* 法航，法國航空公司。
áir·glòw *n.* Ⓒ〖氣象〗**1** 氣輝。**2** 夜光。
áir gùn *n.* Ⓒ **1** 空氣槍。**2** (用壓縮空氣的原理將油漆等以霧狀噴出的)噴漆裝置。
áir hòle *n.* **1** Ⓒ通風坑，通氣孔，氣窗。**2** Ⓒ(麪包等的)空洞。**3** ＝air pocket.
áir hòstess *n.* Ⓒ(客機的)女性服務員，空中小姐《★比較 stewardess 較爲普遍》。
air·i·ly [ˈɛrəlɪ; ˈɛərəli] *adv.* **1** 輕快地，輕鬆地。**2** 活潑地，快活地。**3** 洋洋得意地，裝模作樣地。
air·ing [ˈɛrɪŋ; ˈɛəriŋ] *n.* **1** ⓊⒸ **a** 晾乾，曬乾，吹風：give the clothes an ～ (爲避免潮濕)晾曬衣服/Regular ～ is recommended. 請定期晾曬《廠商之標示》。**b** (房間等的)通風。
2 Ⓒ[常用單數]戶外運動[散步，兜風]：take *an* ～ 作戶外運動/take the dogs *for an* ～ 去遛狗。
3 Ⓒ[常用單數](意見等的)公開，發表。
4 Ⓒ《美口語》(廣播、電視的)廣播。
áiring cùpboard *n.* Ⓒ《英》(附有加熱設備，可用以弄乾衣服、牀單等的)風乾橱。
áir jàcket *n.* Ⓒ **1** 機器上防止傳熱之空氣套。**2** 《英》充氣救生衣。
áir làne *n.* Ⓒ飛機航線，航道。
áir·less *adj.* **1** 無空氣的。**2** 通風不良的，不通風的。
áir lètter *n.* Ⓒ **1** 航空郵簡(aerogram). **2** 航空郵件(之信件)：by ～ 用航空郵件《★無冠詞》。
áir·lift *n.* Ⓒ空中補給，空運物質；(緊急的)空運。
—*v.t.* 〔十受(十介十(代)名)〕空運…〔至…〕〔*to*〕.
áir·lifting *n.* Ⓤ空運。
***air·line** [ˈɛrˌlaɪn; ˈɛəlain] *n.* Ⓒ **1 定期航線，定期航運。2** [常 ～s；當單數用；常 A～]航空公司(airways)《★又常寫作 Air Lines》：Japan *Air Lines* 日本航空公司，日航《略作 JAL》.

【說明】泛美(Pan Am)，英國航空(British Airways)，法國航空(又稱法航，Air France)，義大利航空(Alitalia)，荷蘭航空(又稱荷航，KLM)，德國航空(又稱德航，Lufthansa)，蘇聯航空(又稱蘇航，Aeroflot)，中華航空(又稱華航，China Airlines)等都是有名的航空公司。

3 (又作 **áir lìne**)《美》(連接兩點之)最短距離，直線。
áirline hòstess *n.* Ⓒ《美》空中小姐。
áir·lìner *n.* Ⓒ(大型)定期客機，班機。

airliner

áir lòck *n.* Ⓒ **1** 氣閘《設於加壓部與未加壓部間，做調節氣壓用之不透氣出入口》。**2** (太空船、潛水箱等之)不透氣之出入口或前室。**3** (形成於導管等之中阻礙液體之流通的)氣泡。
air·mail [ˈɛrˌmel; ˈɛəmeil] *n.* Ⓤ **1 航空郵政**：by ～ 以航空郵寄。**2** [集合稱]航空郵件。—*adj.* [用在名詞前]航空郵政的：an ～ stamp 航空郵票。—*adv.* 以航空郵寄。
—*v.t.* 〔十受〕以航空郵寄〈郵件〉。
áir·man [-mən; -mən] *n.* Ⓒ(*pl.* **-men** [-mən; -mən])飛行家；飛行員；空軍士兵：a civil(ian) ～ 民航機飛行員/an ～ first class《美空軍》空軍兵一等。
air·man·ship [ˈɛrmənˌʃɪp; ˈɛəmənʃip] *n.* Ⓤ飛行技術，導航技術。
áir màp *n.* Ⓒ(航)空圖，空照測繪地圖。
áir márshal *n.* Ⓒ《英》空軍中將。
áir màss *n.* Ⓒ〖氣象〗氣團。
áir màttress *n.* ＝air bed.
áir mechánic *n.* Ⓒ航空技工，飛機修理技士。
áir mèdal *n.* Ⓒ《美》飛行獎章。
áir-mínded *adj.* 喜歡搭乘飛機旅行的；熱心於航空的。
Áir Mìnistry *n.* [the ～]《英》航空部《掌管軍、民航空事宜》。
áir·pàrk *n.* Ⓒ小飛機場。
áir patròl *n.* **1** Ⓤ空中巡邏。**2** Ⓒ空中巡邏隊。
áir·pìracy *n.* ⓊⒸ空中劫持，劫機。
áir pìrate *n.* Ⓒ劫機者。
‡air·plane [ˈɛrˌplen; ˈɛəplein] *n.* Ⓒ《美》**飛機**(《英》aeroplane)：by ～ 以[乘]飛機《★無冠詞》。
áirplane clòth *n.* Ⓤ **1** 飛機用的棉布或麻布《最初用來做機翼》。**2** 類此的布《用作襯衫布料》。
áir plànt *n.* Ⓒ〖植物〗氣生植物。
áir pòcket *n.* Ⓒ〖航空〗氣潭，氣阱，氣穴《飛機陷入其中，即會因氣流之關係而急驟下降》：pass through [enter] an ～ 通過[進入]氣潭。
áir pollùtion *n.* Ⓤ大氣污染，空氣污染。
‡air·port [ˈɛrˌport, -ˌpɔrt; ˈɛəpɔːt] *n.* Ⓒ**機場，航空站**：an international ～ 國際機場/Kennedy International *A*～(美國紐約長島的)甘迺迪國際機場。

airport

áir·pòst *n.* ＝airmail.
áir pòwer *n.* Ⓤ(進行空戰中)一國之空軍力量，制空權。
áir prèssure *n.* Ⓤ氣壓。
áir-próof *adj.* ＝airtight 1.
áir pùmp *n.* Ⓒ空氣[排氣]泵浦，抽氣機，排氣喞筒。

áir ràid *n.* Ⓒ空襲。
áir-ràid *adj.* [用在名詞前]空襲的：an ~ shelter 防空洞[壕]，防空避難所/an ~ alarm 空襲警報。
áir ràider *n.* Ⓒ空襲者；空襲機；空襲兵。
áir-raid wàrden *n.* Ⓒ防空隊員《空襲時警告民衆、指揮交通、保護財產、急救等》。
áir resìstance *n.* Ⓤ空氣阻力。
áir rìfle *n.* Ⓒ空氣槍。
áir ròute *n.* Ⓒ航路，航線。
áir sàc *n.* Ⓒ **1** 〖動物〗(鳥的)氣囊。**2** 〖植物〗氣囊。
áir sàmpling *n.* Ⓤ空氣標本採集《作爲測定原子塵量等之用》。
áir·scàpe *n.* Ⓒ《美》**1** (自飛機上等往下看的)空中景象。**2** 空瞰[鳥瞰]圖，航空照片。
áir scòut *n.* Ⓒ偵察機；飛行偵察員。
áir·screw *n.* Ⓒ《英》(飛機的)螺旋槳，推進器。
áir-sèa réscue *n.* ⓊⒸ《英》海空救難作業；海空救援部隊。
áir sèrvice *n.* ⓊⒸ航空(業務)運輸。
áir shàft *n.* Ⓒ(礦山、隧道等的)通風管道。
áir·shìp *n.* Ⓒ《罕》飛船，飛艇：a rigid [nonrigid] ~ 硬式[軟式]飛艇/by ~ 以[乘]飛艇《★無冠詞》。

airship

áir·sìck *adj.* 航空病的，暈機的。
áir·sickness *n.* Ⓤ航空病《暈機等》。
áir·spàce *n.* Ⓤ領空，空域：controlled ~ 管制空域。
áir·spèed *n.* Ⓤ(由飛機與空氣間之關係所決定之)飛行速度(cf. ground speed)。
áir stàtion *n.* Ⓒ飛機場；航空站。
áir·strèam *n.* Ⓒ氣流；(尤指)高層氣流。
áir·strip *n.* Ⓒ〖航空〗臨時跑道；簡便機場，小型機場。
áir suppòrt *n.* Ⓤ〖軍〗空中支援。
áir tàxi *n.* Ⓒ短程用的不定期客機。
áir tèrminal *n.* Ⓒ機場，航空站《如飛機場的航站大厦或在市區載送旅客的機場巴士候車處》。
áir-tìght *adj.* **1** 密閉的，氣密的，不透氣的。**2** 無懈可擊的。
áir·tìme *n.* (又作 **áir tìme**)Ⓤ **1** 電視節目等開始的時間。**2** 播出時間《尤指電臺或電視臺之廣告播放時間》。
áir-to-áir *adj.* [用在名詞前]空對空的：~ refueling 空中加油/~ rockets [missiles] 空對空火箭[飛彈]。
áir-to-gròund *adj.* =air-to-surface.
áir-to-súrface *adj.* [用在名詞前]〖軍〗空對地的。
áir trànsport *n.* **1** Ⓤ空運業務。**2** Ⓒ運輸機。

áir tràp *n.* Ⓒ〖機械〗空穴。
áir tràvel *n.* Ⓤ空中旅行。
áir tùrbulence *n.* Ⓤ空氣擾[亂]流。
áir umbrèlla *n.* =air cover.
áir vàlve *n.* Ⓒ通氣管之活瓣。
áir vìce-márshal *n.* Ⓒ〖英空軍〗少將。
áir wàr *n.* Ⓒ空戰。
áir wàrden *n.* =air-raid warden.
áir·wày *n.* **1** Ⓒ航線，航空線。**2** [Airways；當單數用] **a** 航空公司(airlines)：British *Airways* 英國航空(公司)。**b** 電視臺之頻道；無線電臺之廣播頻率。**3** Ⓒ〖礦〗通風孔。
áirwày béacon *n.* Ⓒ航路信標。
áir wèll *n.* =air shaft.
áir-wìse *adj.* 熟習航空的；富有航空經驗的。
áir·wòman *n.* Ⓒ(*pl.* **-women** [-ˌwɪmɪn; -ˌwimin])《英》女飛行家，女飛行員。
áir·wòrthiness *n.* Ⓤ(飛機之)達於安全飛行之標準，適航性。
áir·wòrthy *adj.* (飛機)達於安全飛行之標準的，適航的。
air·y [ˈɛrɪ; ˈɛəri] «air 的形容詞» —*adj.* (**air·i·er**; **air·i·est**) **1 a** 空氣的；像空氣的。**b** 虛幻的，空虛的。**2 a** 〈步伐等〉輕快的；優美的。**b** 快活的。**3** 輕浮的，輕佻的。**4** 裝腔作勢的。**5** 通風(良好)的，空氣宜人的：an ~ room 通風良好的房間。
áir·i·ness *n.*
aisle [aɪl; ail] «源自拉丁文「翼」之義» —*n.* Ⓒ **1 a** (教堂的)側廊《本堂(nave)側面的走廊；通道⇨church 插圖》。**b** (教堂座椅中之縱直的)通道。**2** (劇院、火車、客機等的座椅中之縱直的)通道：Clear the ~*s*, please. 請讓開路。
róll in the áisles 《口語》〈劇院的觀衆〉捧腹大笑。
áisle sèat *n.* Ⓒ (火車、巴士等的)通道兩側的座位(cf. window seat 1)。
áisle-sìtter *n.* Ⓒ《美》坐在靠通道座位上的人《尤指劇評者》。
aitch [etʃ; eitʃ] *n.* Ⓒ 'H' 字母；H 字形(之物)。
dróp one's **áitches** ⇨h 成語。
áitch·bòne *n.* Ⓒ **1** (牛等的)臀骨(rumpbone)。**2** 附牛骨的臀肉，臀骨肉。
a·jar[1] [əˈdʒɑr; əˈdʒɑː] *adv.* & *adj.* [不用在名詞前]微開地[的]，半開地[的]：The door stood ~. 門微開著。
a·jar[2] [əˈdʒɑr; əˈdʒɑː] *adv.* & *adj.* [不用在名詞前]不和諧地[的]；不符合地[的]：set a person's nerves ~ 攪亂某人的神經。
A·jax [ˈedʒæks; ˈeidʒæks] *n.* 〖希臘神話〗亞傑克斯《特洛伊(Troy)之戰中的一名希臘勇士》。
AK 《略》〖美郵政〗Alaska.
aka, a.k.a. 《略》also known as《美》又名…《★用於警察之記錄等》。
a·kim·bo [əˈkɪmbo; əˈkimbou] *adv.* & *adj.* [不用在名詞前]〈兩手〉插腰地[的]《★常用於下列片

akimbo

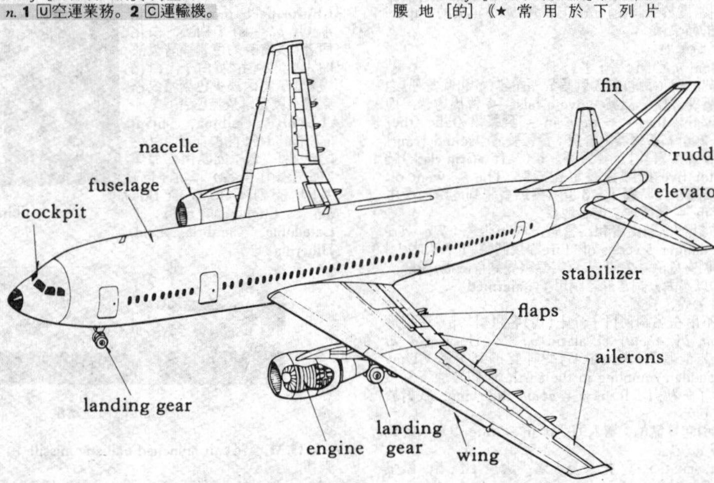

airplane

A

語；有時爲女人向對方挑戰之姿勢》：with one's arms ～ 兩手叉腰地/He stood (with his) arms ～ gazing at the moon. 他兩手插腰站著注視月亮。

a·kin [əˋkɪn; əˈkin] *adj.* [不用在名詞前]〔十介十(代)名〕**1**〔與…〕血親[同宗]的，同族的〔*to*〕. **2**〔與…〕同種的，類似的〔*to*〕：something ～ *to* anger 類似憤怒的情緒[語氣等]/Pity is ～ *to* love.《諺》憐憫近乎愛。

Al [æl; æl] *n.* 艾爾《男子名；Albert, Alfred 的暱稱》。

Al《符號》《化學》aluminum.

AL《略》《美郵政》Alabama.

al- 字首 (附加在 l 之前的) ad- 的變體：*al*lude.

-al [-əl, -l̩; -əl, -l] 字尾 **1** [形容詞字尾]表示「…的」「似…的」「適於…的」「有…性質的」：post*al*, sensation*al*. **2** [名詞字尾]用於將表示動作之動詞變成表示動作之名詞：arrive ＞ arriv*al*.

à la [ˋɑlə, ˋɑlɑ; ɑ:lɑ:] «源自法語'after the manner of'之義» **—*prep.*** **1** 按…式的[地]，依照…的[地]。**2**《口語》仿(照)…的[地]。**3**《烹飪》…式的，加有…的，帶著…的：⇨à la carte, à la mode.

Ala.《略》Alabama.

Al·a·bam·a [ˌæləˋbæmə; ˌæləˈbæmə] «源自北美印地安語「開闢茂密處」之義» **—*n.*** 阿拉巴馬州《美國東南部之一州；首府蒙哥馬利(Montgomery)；略作 Ala,《郵政》AL；俗稱 the Heart of Dixie, the Cotton State》.

al·a·bas·ter [ˋæləˌbæstɚ; ˈæləbɑ:stə] *n.* Ⓤ 雪花石膏。**—*adj.*** [用在名詞前] **1** 雪花石膏(製)的。**2** 白潤光滑的。

à la carte [ˌɑləˋkɑrt; ˌɑ:lɑ:ˈkɑ:t] «源自法語'by the bill of fare'之義» **—*adj.* & *adv.*** (不是客飯而是)依菜單[價目表]點菜的[地]，點菜式的[地] (cf. table d'hôte)：a dinner ～ ＝ an ～ dinner 點菜式的正餐/dine ～ 點菜用餐。

a·lack(·a·day) [əˋlæk(əˌde); əˈlæk(ədei)] *interj.*《古》[表示悲嘆、遺憾、驚恐等]嗚呼！哀哉！唉！哎呀！啊！(Alas!).

a·lac·ri·tous [əˋlækrətəs; əˈlækrətəs] *adj.* 快活的；活潑的；敏捷的。

a·lac·ri·ty [əˋlækrətɪ; əˈlækrəti] *n.* Ⓤ《文語》敏捷；快速；輕快：with ～ 敏捷地。

A·lad·din [əˋlædn̩, əˋlædn; əˈlædin] *n.* 阿拉丁《「天方夜譚」中的人物；發現神燈者》。

Aláddin's lámp «源自「天方夜譚」» **—*n.*** 阿拉丁神燈，如意神燈《能使持有者百事如願的東西》。

à la king [ˌæləˋkɪŋ, ˌɑl-; ˌɑ:ləˈkiŋ] «源自法語» **—*adj.*** 〈鷄丁、魚丁或肉丁等〉用乳酪濃汁及青椒、甘椒、蘑菇烹煮的。

Al·a·mo [ˋæləˌmo; ˈɑləmou, ˈæl-] *n.* [*the* ～] 阿拉摩《美國德克薩斯州(Texas)聖安東尼(San Antonio)市的天主教舊佈道所及城堡；1836 年許多人被墨西哥軍包圍，而全部死亡；cf. David CROCKETT》.

al·a·mode [ˋæləˌmod; ˈæləmoud] *n.* Ⓤ 一種光亮的薄絹《多作頭巾或圍巾用》。

à la mode, a la mode [ˌɑləˋmod, ˌæl-; ˌɑ:lɑ:ˈmoud, ˌæləˈmod] «源自法語'in the fashion'之義» **—*adj.*** **1** [不用在名詞前]流行的，時髦的。**2** [常置於名詞後]《烹飪》〈派等〉加冰淇淋的：apple pie ～ 加冰淇淋的蘋果派。

—*adv.* 流行地，時髦地。

Al·an [ˋælən; ˈælən] *n.* 亞蘭《男子名》。

a·larm** [əˋlɑrm; əˈlɑ:m] «源自義大利語'to arms'(拿起武器吧)之義» **—*n. **1** Ⓒ 警報，緊急訊號：give a false ～ 傳出虛報，虛發警報(使驚慌)/give the ～ ＝ raise an ～ 發警報/take (the) ～ 驚恐，警戒。**2** Ⓒ **a** 警報器，警鐘；警報裝置：sound [ring] the ～ 鳴警笛[警鐘，警鈴]，發警報。**b** (又作 **alárm clòck**)鬧鐘：set the ～ for five 把鬧鐘設定在五點/The ～ went off [rang] at five. 鬧鐘在五時響了。**3** Ⓤ (突然察覺到危險而產生的)不安，恐慌：in ～ 驚慌地，擔心地。

—*v.t.* 〔十受〕**1** 對〈人〉發出警報，警告，向…告急：We were ～*ed to* [*of*] our danger *by* cries of "Fire." 我們聽到「失火啦！」的叫聲才知道我們有危險。**2** 使〈人〉(突然察覺到危險而)驚駭，使〈人〉憂慮《★常以過去分詞當形容詞用；⇨alarmed》.

alárm bèll *n.* Ⓒ 警鈴，警鐘。

a·lármed *adj.* [不用在名詞前]〔十介十(代)名〕〔對於…〕感到驚駭的，憂慮的〔*at, by, about*〕(cf. alarm *v.t.* 2)：He was ～ *at* the cry of "Fire." 他聽到「失火啦！」的叫聲感到驚駭/They were ～ *by* the sudden rumbling in the earth. 他們被地下忽然傳來的隆隆聲嚇了一跳/I felt very ～ *about* the rumor. 我對於那傳聞感到非常不安。

a·lárm·ing *adj.* 引起驚慌的；驚人的：at an ～ rate 以驚人的比率[速度]。**～·ly** *adv.*

a·lárm·ist [-mɪst; -mist] *n.* Ⓒ 杞人憂天者，大驚小怪者，緊張大師。

alárm sìgnal *n.* Ⓒ 警報；警報器。

a·lar·um [əˋlærəm, -ˋlɛr-; əˈlɛərəm, -ˈlɑ:r-] *n., v.*《文語・古》＝ alarm.

a·las [əˋlæs; əˈlæs] *interj.* [表示悲嘆、憂慮等]唉！哎！呀！

Alas.《略》Alaska.

A·las·ka [əˋlæskə; əˈlæskə] «源自阿留特語(Aleut)「半島」之義» **—*n.*** 阿拉斯加州《美國西北部之一州；首府朱諾(Juneau [ˋdʒuno; ˈdʒu:nou])；略作 Alas.,《郵政》AK；俗稱 the Last Frontier》.

Aláska Híghway *n.* [*the* ～]阿拉斯加公路《阿拉斯加的費爾班克斯(Fairbanks [ˋfɛrˌbæŋks; ˈfɛəbæŋks])與加拿大的道生灣(Dawson Creek [ˋdɔsn̩ˋkrik; ˈdɔ:snˈkri:k])之間的道路》。

A·las·kan [əˋlæskən; əˈlæskən] «Alaska 的形容詞» **—*adj.*** 阿拉斯加(人)的。**—*n.*** Ⓒ 阿拉斯加人。

Aláska (Stándard) Tìme *n.* Ⓤ(美國的)阿拉斯加(標準)時間《較格林威治時間(G(M)T)晚十小時；⇨standard time【說明】》。

alb [ælb; ælb] *n.* Ⓒ《基督教》白麻布僧衣《僧侶於聖餐禮中穿著的長袍；cf. chasuble》.

Al·ba·ni·a [ælˋbenɪə; ælˈbeinjə] *n.* 阿爾巴尼亞《巴爾幹半島的一共和國；首都地拉那(Tirana [tɪˋrɑnə; tiˈrɑ:nə])》.

Al·ba·ni·an [ælˋbenɪən; ælˈbeinjən] «Albania 的形容詞» **—*adj.*** 阿爾巴尼亞(人，語)的。**—*n.*** **1** Ⓒ阿爾巴尼亞人。**2** Ⓤ阿爾巴尼亞語。

Al·ba·ny [ˋɔlbənɪ; ˈɔ:lbəni] *n.* 阿伯尼《美國紐約州(New York)的首府；略作 Alb.》.

al·ba·tross [ˋælbəˌtrɔs; ˈælbətrɔs] *n.* Ⓒ **1** (*pl.* ～·es, [集合稱]～)《鳥》信天翁《生長於南太平洋的一種大海鳥》。

【字源】原義爲「運水者，水桶」。因爲此鳥能在海上長時間飛行，有人相信它能在體內貯水，一邊喝水一邊飛行。

2 沉重的負擔，無法擺脫的苦惱；障礙。

albatross 1

al·be·it [ɔlˋbiɪt; ɔ:lˈbi:it] *conj.*《文語》縱令…，雖然…，雖則，即使，不論。

Al·bert [ˋælbɚt; ˈælbət] *n.* 阿伯特《男子名；暱稱 Al, Bert》.

Al·bert [ˋælbɚt; ˈælbət], **Prince** *n.* 阿伯特親王《1819–61；維多利亞(Victoria)女王之夫；又稱作 the Prince Consort》.

Al·ber·ta[1] [ælˋbɝtə; ælˈbə:tə] *n.* 亞伯達省《加拿大西部的一省；首府艾德蒙頓(Edmonton [ˋɛdməntən; ˈedməntən])》.

Al·ber·ta[2] [ælˋbɝtə; ælˈbə:tə] *n.* 亞柏妲《女子名》。

al·bi·nism [ˋælbəˌnɪzəm; ˈælbinizəm] *n.* Ⓤ白化病，白公病。

al·bi·no [ælˋbaɪno; ælˈbi:nou] *n.* Ⓒ (*pl.* ～s) **1** 白公，白化病者《皮膚等的色素顯著欠缺的人》。**2**《生物》白子，白化體《動植物因缺少色素體或色素體不發育以致無色者》。

albino 2

Al·bi·on [ˋælbɪən, -bjən; ˈælbjən] «源自拉丁文「白色的土地」之義；因其南部海岸之白堊斷崖得名» **—*n.*** 《詩》英國，不列顛《即 Great Britain, 爲 England 的舊稱；cf. Caledonia, Cambria, Erin, Hibernia》.

Albion 的白色斷崖

A.L.B.M.《略》air-launched ballistic missile 由空中發射的彈道飛彈。

al·bum [ˋælbəm; ˈælbəm] *n.* Ⓒ **1 a** 黏貼相片、郵票、字畫等或請人簽名、留念等的簿册：a photo(graph) ～ 相片簿。

【字源】源自義爲「白色的板子」的拉丁文。羅馬人在木材、金屬、象牙等的薄片上塗臘後在上面寫字。這些板子串在一起便成簿册。

b (簿册型的) 唱片套。**2** 成套的 LP 唱片，名曲選集：a double ~ 兩張一組的 LP 唱片。

al·bu·men [æl`bjumən; 'ælbjumin, æl'bju:-] «源自拉丁文「白色的」之義» —*n.* **1** Ⓤ蛋白(⇨ egg[1] 插圖)。**2** Ⓤ《植物》胚乳。**3** = albumin.

al·bu·min [æl`bjumɪn; 'ælbjumin, æl'bju:-] *n.* Ⓤ《生化》蛋白素，白朊《蛋白質 (protein) 之一種》。

al·bu·mi·nous [æl`bjumɪnəs; æl'bju:minəs] *adj.* 蛋白性的，含有蛋白質的，有胚乳的。

al·cal·de [æl`kældɪ; ɑ:l'kɑ:ldi] *n.* Ⓒ(西班牙、葡萄牙等國兼具行政權與司法權之) 市長，鎮長。

ál·che·mist [-mɪst; -mist] *n.* Ⓒ 煉金術士，煉丹家。

al·che·my [`ælkəmɪ; 'ælkimi] *n.* Ⓤ **1** 煉金術《中古時所做試圖將普通金屬變成黃金之硏究；爲 chemistry 之源》。**2** (將某物變成他物之)魔法，魔術。

ALCM 《略》air-launched cruise missile 空中發射的巡弋飛彈。

***al·co·hol** [`ælkə,hɔl, -,hal; 'ælkəhɔl] *n.* Ⓤ [指種類時爲Ⓒ] **1**《化學》酒精，醇。**2** 含酒精飲料，酒。

【字源】源自阿拉伯語 *al-kohl*；而 al (= the) 是阿拉伯語的定冠詞，kohl 是銻(antimony). 它的原義是像銻等的微細粉末，後來轉指抽取之物或精製品，更變爲現在「酒精」之義。銻的細粉在阿拉伯是化妝品；據說埃及女王克麗歐佩特拉(Cleopatra)也使用過它。

al·co·hol·ic [,ælkə`hɔlɪk, -`hal-; ,ælkə'hɔlik⁻] «alcohol 的形容詞» —*adj.* **1** 酒精(性)的, 含酒精的, 含醇的：~ drinks [liquors] (各種) 含酒精飲料 /an ~ party《謔》酒宴，聚飲。**2** 酒精中毒的；嗜酒如命的：~ poisoning 酒精中毒/an ~ old man 酒精中毒[嗜酒如命]的老人。—*n.* Ⓒ 酒精中毒(患)者。

Alcohólics Anónymous *n.* 協助酗酒者戒酒的一個民間組織。

ál·co·hol·ism [-l,ɪzəm; -lizəm] *n.* Ⓤ酗酒；酒精中毒，醇中毒。

álcohol làmp *n.* Ⓒ 酒精燈。

al·co·hol·om·e·ter [,ælkəhɔ`lamətə; ,ælkəhɔ'lɔmitə] *n.* Ⓒ 酒精比重計，酒精計。

al·co·me·ter [æl`kamɪtə; æl'kɔmitə] *n.* Ⓒ 酒醉計，測醉計。

Al·co·ran [,ælko`ran, -`ræn; ,ælkɔ'rɑ:n] *n.* = Alkoran.

Al·cott [`ɔlkət; 'ɔ:lkət], **Louisa May** *n.* 愛爾科特《1832–88；美國女作家》。

al·cove [`ælkov; 'ælkouv] *n.* Ⓒ **1** (牆壁等之)凹入處；壁龕。**2** 凹室《在大房間內凹入的小室；常用作餐室、臥室等》。**3** (花園、樹林中等的)小亭。

alcove 2

Ald. 《略》Alderman.

al·de·hyde [`ældə,haɪd; 'ældihaid] *n.* Ⓤ《化學》乙醛。

al·der [`ɔldə; 'ɔ:ldə] *n.* Ⓒ《植物》赤楊《生長於濕地的一種赤楊屬植物》。

al·der·man [`ɔldəmən; 'ɔ:ldəmən] «源自古英語「老資格的人」之義» —*n.* Ⓒ (*pl.* **-men** [-mən; -mən]) **1** 《美》市議員。**2** 《英》市[鎭]參議員，市府參事，市長助理。

al·der·man·ic [,ɔldə`mænɪk; ,ɔ:ldə'mænik⁻] *adj.*

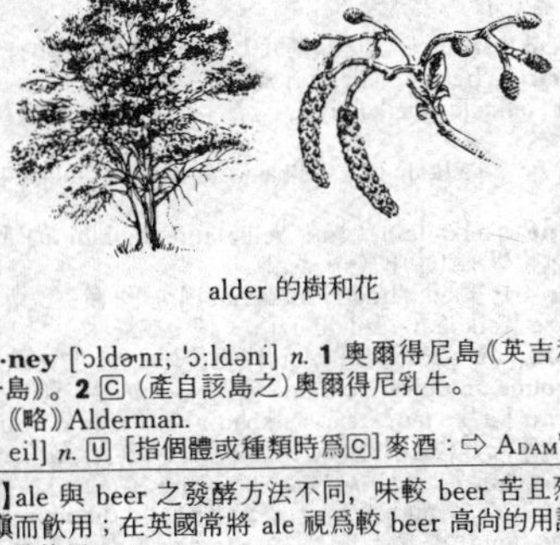

alder 的樹和花

Al·der·ney [`ɔldənɪ; 'ɔ:ldəni] *n.* **1** 奧爾得尼島《英吉利海峽羣島之一島》。**2** Ⓒ (產自該島之)奧爾得尼乳牛。

Aldm. 《略》Alderman.

ale [el; eil] *n.* Ⓤ [指個體或種類時爲Ⓒ] 麥酒：⇨ ADAM's ale.

【說明】ale 與 beer 之發酵方法不同, 味較 beer 苦且烈，通常不冰鎭而飲用；在英國常將 ale 視爲較 beer 高尚的用語而當作 beer之意使用。

Al·ec(k) [`ælɪk; 'ælik] *n.* 亞歷《男子名；Alexander 的暱稱》。

a·lee [ə`li; ə'li:] *adv.* 《航海》在[向]下風。

Hélm alée! 下風舵！

ále·hòuse *n.* Ⓒ 《古》啤酒店，啤酒館(pub).

a·lem·bic [ə`lɛmbɪk; ə'lembik] *n.* Ⓒ **1** (古之)蒸餾器。**2** 淨化[純化]用之物。

***a·lert** [ə`lɝt; ə'lə:t] «源自義大利語「監視著」之義» —*adj.* (**more** ~；**most** ~) **1** [不用在名詞前] 〔十介十(代)名〕(爲期隨時能採取行動而)〔對於危險〕留心的，警覺的〔*to*〕：You must be ~ *to* the coming danger. 你必須對於即將來臨的危險保持警覺。**2 a** 機敏的，機警的，敏捷的，機靈的：an ~ boy 機靈的男孩。**b** [不用在名詞前]〔十介十(代)名〕〔在做…方面〕機靈的, 敏捷的, 機警的〔*in*〕：He was very ~ *in* answer*ing* [*in* his replies]. 他回答得挺機靈的。

—*n.* Ⓒ **1** (尤指空襲的) 警報狀態(⟷ all clear). **2** (空襲等的)警報；警報發布期間：a smog ~ 煙霧警報。

on the alért 注意，留意，提防。

—*v.t.* **1** 〔十受〕向〈居民、地區等〉發布警報。**2** 〔十受〕使〈士兵等〉警戒。**3** 〔十受十介十(代)名〕〔就…之事〕警告，提醒〈人〉〔*to*〕：The doctor ~*ed* him *to* the danger of smoking. 醫生警告他吸烟的危險。~·**ly** *adv.* ~·**ness** *n.*

Al·e·ut [`ælɪ,ut; 'æliu:t] *n.* (*pl.* ~**s**, ~) **1 a** [**the** ~(s)] 阿留特族《居住在阿留申羣島與阿拉斯加之土著》。**b** Ⓒ阿留特族人。**2** Ⓤ阿留特語。

A·leu·tian [ə`luʃən; ə'lu:ʃjən] «Aleut 的形容詞» —*adj.* **1** 阿留申羣島的。**2** 阿留特[語]的。—*n.* **1** = Aleut 1. **2** [**the** ~**s**] = Aleutian Islands.

Aléutian Íslands *n. pl.* [**the** ~] 阿留申羣島《屬於美國阿拉斯加州(Alaska)》.

Á lèvel «*A*dvanced *level* 之略» —*n.* 《英》**1** Ⓤ 高級課程考試。**2** Ⓒ高級課程考試及格(cf. General Certificate of Education).

ále·wife *n.* Ⓒ (*pl.* **-wives**) alehouse 的老板娘。

Al·ex [`ælɪks; 'æliks] *n.* 亞歷克斯《男子名；Alexander 的暱稱》。

Al·ex·an·der [,ælɪg`zændə; ,ælig'zɑ:ndə, -'zæn-] *n.* 亞歷山大《男子名；暱稱 Alec(k), Alex》.

Alexánder the Gréat *n.* 亞歷山大大帝《356–323 B.C.；馬其頓國王》。

Al·ex·an·dra [,ælɪg`zændrə; ,ælig'zɑ:ndrə, -'zæn-] *n.* 愛麗珊黛《女子名；暱稱 Sandra, Sondra》.

Al·ex·an·dri·a [,ælɪg`zændrɪə; ,ælig'zɑ:ndriə, -'zæn-⁻] *n.* 亞力山卓港《位於埃及北部，尼羅河河口的海港；亞歷山大(Alexander)大帝所建設的古代貿易及學術中心》。

Al·ex·an·dri·an [,ælɪg`zændrɪən; ælig'zɑ:ndriən, -'zæn-⁻] *adj.* **1** 亞力山卓港(Alexandria)的。**2** 亞歷山大大帝(Alexander the Great)的。

Al·ex·an·drine [,ælɪg`zændrɪn, -draɪn; ,ælig'zɑ:ndrain, -'zæn-⁻] *adj.* 亞歷山大格式的。

—*n.* Ⓒ《韻律》亞歷山大格式的詩行《通常以抑揚格(iambic)六音步爲一行》。

al·ex·an·drite [,ælɪg`zændraɪt; ,ælig'zɑ:ndrait, -'zæn-] *n.* Ⓤ [指寶石個體時爲Ⓒ]《礦》亞歷山大石(⇨birthstone 表)。

Alf [ælf; ælf] *n.* 阿福《男子名；Alfred 的暱稱》。

al·fal·fa [æl`fælfə; æl'fælfə] *n.* Ⓤ《植物》《美》紫花苜蓿(《英》lucern(e))《一種豆科植物；爲牛、馬之重要飼料，又適作草肥》。

Al·fred [`ælfrɪd; 'ælfrid] *n.* 阿佛列《男子名；暱稱 Al, Alf》.

Álfred the Gréat *n.* 阿佛列大帝《849–899；中世紀英國威塞克斯(Wessex)王國的國王》。

al·fres·co, al fres·co [æl`fɛsko; æl'freskou] «源自義大利語'in the fresh (air)'之義» —*adv.* 在戶外。

—*adj.* [用在名詞前] 戶外的，露天的：an ~ meal 露天的餐食。

alg. 《略》algebra.

al·ga [`ælgə; 'ælgə] *n.* Ⓒ (*pl.* **-gae** [-dʒi; -dʒi:], ~**s**)《植物》海藻。

al·ge·bra [`ældʒəbrə; 'ældʒibrə] «源自阿拉伯語「再結合斷片」之義» —*n.* Ⓤ 代數(學)。

al·ge·bra·ic [,ældʒə`bre·ɪk; ,ældʒi'breiik⁻] «algebra 的形容詞» —*adj.* 代數的，代數學的。

àl·ge·brá·i·cal [-`bre·ɪkl; -'breiikl⁻] *adj.* = algebraic.

~·**ly** [-klɪ; -kəli] *adv.*

al·ge·bra·ist [`ældʒə,bre·ɪst; ,ældʒi'breiist] *n.* Ⓒ 代數學家。

Al·ge·ri·a [æl`dʒɪrɪə; æl'dʒiəriə] *n.* 阿爾及利亞《北非的一個共和國；1962 年脫離法國而獨立；首都阿爾及爾(Algiers [æl`dʒɪrz; æl'dʒiəz])》.

Al·ge·ri·an [æl`dʒɪrɪən; æl'dʒiəriən] «Algeria 的形容詞» —*adj.* 阿爾及利亞(人)的。—*n.* Ⓒ 阿爾及利亞人。

Al·giers [æl'dʒɪrz; æl'dʒiəz] *n.* 阿爾及爾《阿爾及利亞共和國的首都》。

ALGOL ['ælgɑl; 'ælgɔl] «*algo*rithmic *l*anguage 之略» —*n.* Ⓤ《電算》算法語言《主要指科學計算用的一種程式語言》。

Al·gon·ki(·a)n [æl'gɑŋkɪ(ə)n; æl'gɔŋki(ə)n] *adj.* = Algonqui(a)n.

Al·gon·qui(·a)n [æl'gɑŋkɪ(ə)n, -kwɪ(ə)n; æl'gɔŋkwi(ə)n, -ki(ə)n] *n.* (*pl.* ~, ~**s**) **1 a** [**the** ~(**s**)] 亞爾崗金族《居住於加拿大、美國東部的北美印地安人》。**b** Ⓒ亞爾崗金人。**2** Ⓤ亞爾崗金語。

al·go·rism ['ælgə͵rɪzəm; 'ælgərizəm] *n.* **1** Ⓤ (使用1, 2, 3...9, 0 的)阿拉伯數字計數法；阿拉伯數字演算法；算術(arithmetic). **2** =algorithm. **al·go·ris·mic** [͵ælgə'rɪzmɪk; ͵ælgə'rizmik⁻] *adj.*

al·go·rithm ['ælgə͵rɪðəm; 'ælgəriðm] *n.* Ⓤ 演算法[方式]，算法。 **al·go·rith·mic** [͵ælgə'rɪðmɪk; ͵ælgə'riðmik⁻] *adj.*

Al·ham·bra [æl'hæmbrə; æl'hæmbrə] *n.* [**the** ~] 阿爾漢布拉宮殿《位於西班牙格拉那達 (Granada [grə'nɑdə; grə'nɑ:də]) 附近，十三至十四世紀時，摩爾人 (Moor) 所建之王宮及古城；阿拉伯式建築之代表》。

Alhambra

a·li·as ['elɪəs; 'eiliæs] «源自拉丁文'at another time'之義» —*adv.* (尤指)〈罪犯〉(本名…)又名…，又稱…，化名…，假名…：Smith ~ Johnson 本名史密斯化名約翰森。
—*n.* Ⓒ 別名，假名，化名：under an ~ 以假名，冒名。

Al·i Ba·ba ['ælɪ'bæbə, 'ɑlɪ'bɑbə; ͵æli'bɑ:bə] *n.* 阿里巴巴《「天方夜譚」中「阿里巴巴與四十大盜」故事的主角》。

al·i·bi ['ælə͵baɪ; 'ælibai] «源自拉丁文「在別處」之義» —*n.* Ⓒ **1**《法律》以不在現場爲理由之申辯：set up [establish] an ~ 證實案發時不在現場/prove an ~ 證明案發時不在現場/He has a perfect ~. 他有案發時不在現場的充分證據[他有充分的證據可以證明案發時他不在現場]。**2**《口語》藉口，託辭(excuse).

Al·ice ['ælɪs; 'ælis] *n.* 愛麗絲《女子名；暱稱 Elsie》。

A·li·ci·a [ə'lɪʃɪə; ə'liʃiə] *n.* 愛麗莎《女子名；暱稱 Elsie》。

a·li·en ['eljən, 'elɪən; 'eiljən] «源自拉丁文「別的」之義» —*adj.* (**more** ~；**most** ~) **1** (無比較級、最高級) **a 外國的**：an ~ friend《法律》(居留國內的)友僑/an ~ enemy《法律》(居留國內的)敵僑/an ~ subject 外國的國民[老百姓]。**b** 外國人的：~ property 外僑財產。
2 [不用在名詞前]〔十介十(代)名〕**a**〔與…〕不同性質的，完全不同的，相反的〔*from*〕：It had an effect entirely ~ ***from*** the one intended. 其結果與所預期的完全相反。**b**〔與…〕不合的，不相容的，相悖的〔*to*〕：Luxury is quite ~ ***to*** my nature. 奢侈不合我的性格。
—*n.* Ⓒ **1 a 外國人**。**b** 外僑《★指居住某國而不具有該國國籍或公民權的人》。**2** 外星人。

a·li·en·a·ble ['eljənəbl, 'elɪən-; 'eiljənəbl] *adj.*《法律》〈財產等〉可轉讓[讓與]的。

a·li·en·ate ['eljən͵et, 'elɪən-; 'eiljəneit] *v.t.* **1 a** 〔十受〕使〈人、愛情等〉疏遠，使…避而遠之《★常以過去分詞當形容詞用》：His coolness has ~*d* his friends. 他的冷淡使他的朋友們疏遠他/The young feel very ~*d* in modern society. 年輕人在現代社會中有一種格格不入[疏離]之感。**b**〔十受十介十(代)名〕使〈人、愛情等〉〔與…〕疏遠，離間，失和〔*from*〕《★常以過去分詞當形容詞用》：He was ~*d* ***from*** his sister ***by*** his foolish behavior. 他因爲他的愚蠢行爲而同他的姊姊[妹妹]失和[不和]/The Romantic poets were ~*d from* society. 那些浪漫派的詩人們與社會疏遠[與世隔離]。**2**《法律》轉讓，讓與〈財產、權利等〉。

a·li·en·a·tion [͵eljən'eʃən, ͵elɪən-; ͵eiljə'neiʃn] «alienate 的名詞» —*n.* Ⓤ **1** 離間，疏遠；孤獨感。**2**《法律》轉讓，讓與。**3**《哲學》異化。

a·lien·ist ['eljənɪst, 'elɪən-; 'eiljənist] *n.* Ⓒ (供給法律證據之)精神病醫師，精神病學家。

a·light[1] [ə'laɪt; ə'lait] *v.i.* (~·**ed**, (有時) **alit** [ə'lɪt; ə'lit]) **1 a** 降，下：He ~*ed* on his feet. 他跳下後站穩。**b**〔十介十(代)名〕〔從…〕下來，下〔馬、車等〕〔*from*〕：~ ***from*** a horse 下馬。**2**〔十介十(代)名〕〈鳥〉飛落，棲息〔在樹枝上等〕〔*on, upon*〕：A sparrow ~*ed* ***on*** the branch. 一隻麻雀飛落在樹枝上。**3**〔十介十(代)名〕《文語・罕》遇見，偶遇，偶然發現〔…〕〔*on, upon*〕：He ~*ed* ***upon*** a rare plant. 他偶然發現一種珍貴植物。

a·light[2] [ə'laɪt; ə'lait] *adj.* [不用在名詞前] **1** 燃燒著的。**2**〔十介十(代)名〕**a** 點(燃)著〔…〕火[光]的〔*with*〕：The Christmas tree was ~ ***with*** candles. 那棵耶誕樹點著許多蠟燭。**b** 閃耀著〔喜悅等〕光彩的〔*with*〕：His face was ~ ***with*** joy. 他的臉上閃耀著欣喜的光彩。

a·lign [ə'laɪn; ə'lain] *v.t.* **1 a**〔十受〕使…成一直線；使…排成一列：~ the sights 對準(槍的)瞄準器。**b**〔十受十介十(代)名〕使…〔與…〕成一直線〔*with*〕.
2〔十受十介十(代)名〕**a** 使〈團體、國家等〉〔與…〕合作，結盟〔*with*〕：Germany was ~*ed* ***with*** Japan in World War Ⅱ. 德國於第二次世界大戰時與日本結盟。**b** [~ *oneself*]〔與…〕合作，結盟〔*with*〕：~ ***oneself with*** the liberals 與自由主義者合作。
—*v.i.* **1** 排成一列。**2**〔動(十介十(代)名)〕〔與…〕合作〔*with*〕.

a·lígn·ment [-mənt; -mənt] «align 的名詞» —*n.* **1 a** Ⓤ排成一直線[一列]：in ~ (*with*...) (與…)成一直線/out of ~ (*with*...) (與…)不成直線的。**b** Ⓒ (排列成的)一直線。**2 a** Ⓤ合作，結盟，聯盟。**b** Ⓒ合作[結盟]的團體。

‡**a·like** [ə'laɪk; ə'laik] *adj.* [不用在名詞前] (**more** ~；**most** ~) 〈複數之人、物〉**同樣的**，相等的，相似的：They are just [(very) much] ~. 他們完全[大致]相似/Their opinions are very ~. 他們的意見非常相似《★用法《口語》也用 very》。—*adv.* (**more** ~；**most** ~) **同樣地**：treat all men ~ 一視同仁/young and old ~ 不分老少，老少不拘。
sháre and sháre alíke 均等地，均分，平均分享。

al·i·ment ['æləmənt; 'ælimənt] *n.* ⓊⒸ《罕》**1** 營養品；食物。**2** 扶養，扶助。

al·i·men·tal [͵ælə'mɛntl; ͵æli'mentl] *adj.* 食物的；營養的，滋養的。

al·i·men·ta·ry [͵ælə'mɛntərɪ, -trɪ; ͵æli'mentəri⁻] *adj.* **1** 營養的。**2** 扶養的。

aliméntary canál *n.* Ⓒ (自口腔至肛門的)消化管。

al·i·men·ta·tion [͵æləmɛn'teʃən; ͵ælimen'teiʃn] *n.* Ⓤ **1** 營養，滋養。**2** 扶養。

al·i·mo·ny ['ælə͵monɪ; 'æliməni] *n.* Ⓤ [又作 **an** ~]《法律》(給分居或離婚之配偶的)扶養費，贍養費，生活費。

a·line [ə'laɪn; ə'lain] *v.* = align.

a·líne·ment [-mənt; -mənt] *n.* = alignment.

al·i·quant ['æləkwənt; 'ælikwənt] *adj.*《數學》不能整除的。
—*n.* Ⓒ 不能整除的數。

al·i·quot ['æləkwət; 'ælikwət] *adj.*《數學》能整除的。—*n.* Ⓒ 能整除之數。

a·lit *v.* alight[1] 的過去式・過去分詞。

‡**a·live** [ə'laɪv; ə'laiv] *adj.* [不用在名詞前] (**more** ~；**most** ~) **1** (無比較級、最高級) **a 活的，在世的，(生)存的**(↔ dead)：be buried ~ 被活埋/catch a lion ~ 活捉獅子/keep a person ~ 使某人繼續活著。**b** [用於最高級形容詞所修飾之名詞等之後，以強調該名詞等] (在)在世者(之中)的，當今的：the greatest scoundrel ~ 當今世上最大的惡棍/any man ~ 在世的任何人。
2 活動的，活潑的：keep the motion ~ 使動作繼續下去/keep one's interest ~ 使興趣保持不衰。**3** [不用在名詞前]〔十介十(代)名〕〈地方〉**〔有…〕成羣的，充滿〔…〕的**〔*with*〕：a pond ~ ***with*** fish 充滿魚的池塘/a river ~ ***with*** rowboats 小船來往頻繁的河川。**4** [不用在名詞前]〔十介十(代)名〕**〔對危險等〕有所察覺的，敏感的**〔*to*〕：He is ~ ***to*** his own interests. 他對自己的利益很敏感[關心]。**5**〈電氣、電話等〉**通電的，帶電的**：The microphone is ~. 這麥克風有電。
alíve and kicking《口語》精力充沛的，生氣蓬勃的，精神抖擻的。
(as) súre as I am alíve 確實，千眞萬確。
Lóok alíve!《口語》加油！趕快！
Mán [Héart, Sákes] alíve!《口語》喂，你想幹嗎！別開玩笑！哎呀，眞是！
mòre déad than alíve《口語》精疲力竭的，疲憊不堪的。

a·liz·a·rin [ə'lɪzərɪn; ə'lizərin] *n.* Ⓤ《化學》茜素。

al·ka·li ['ælkə͵laɪ; 'ælkəlai] *n.* (*pl.* ~**s**, ~**es**) Ⓤ [指種類時爲Ⓒ]《化學》鹼。

al·kal·i·fy ['ælkələ͵faɪ, æl'kæ-; 'ælkəlifai, æl'kæ-] *v.t.* = alkalize.

al·ka·line ['ælkə͵laɪn, -lɪn; 'ælkəlain] «alkali 的形容詞» —*adj.*《化學》鹼(性)的(↔ acid).

al·ka·lin·i·ty [͵ælkə'lɪnətɪ; ͵ælkə'linəti] *n.* Ⓤ 鹼性。

al·ka·lize ['ælkə͵laɪz; 'ælkəlaiz] *v.t.* 使…成鹼性。

al·ka·loid ['ælkə͵lɔɪd; 'ælkəlɔid]《化學》*n.* Ⓒ 生物鹼《植物鹼基；nicotine, morphine, cocaine 等》。—*adj.* 鹼基的，鹼性的。

Al·ko·ran [͵ælko'rɑn, -'ræn; ͵ælkɔ'rɑ:n] *n.*《古》= Koran.

‡**all** [ɔl; ɔ:l] *adj.* **1 全部的**：**a** [置於單數名詞前]全體的，全部的，全…的《★用法 常成爲副詞片語；⇨whole【同義字】》：~ China 全中國/~ day [night] (long) 終日[夜]/~ the morning = ~ morning (long) 整個上午 /~ yesterday 昨日一整天，整個昨天 /~ one's life 一輩子，終生，一生，畢生 /What have you

been doing ~ this time？你一直在做什麼？/*A*~ the world knows that. 全世界(的人)都知道這件事。**b** [置於複數名詞前] 所有的，一切的，全部的：~ men 所有的人，人人，凡是人/in ~ directions 向四面八方，向各方向[面] /in ~ respects (在)各方面/~ the pupils of this school 這學校[本校]的全體學生/~ his friends 他所有的朋友。

2 [用以修飾表性質、程度之抽象名詞] 所有一切的，最大的，最高的：with ~ speed 以最高速度/make ~ haste 儘快/in ~ truth 眞正地，千眞萬確地/in ~ sincerity 誠心誠意地。

3 只…的，僅…的(only)：~ words and no thought 只有空談而無思想 /This is ~ the money I have. 這是我所有的錢[我的錢只有這麼多] /These are ~ the books I have. 這些是我所有的書。

4 [修辭的强調語法；當補語或同位語用] **a** [修飾抽象名詞] 非常的：She is ~ kindness. 她非常親切/He is ~ attention. 他全神貫注。**b** [用以修飾表身體某一部位的名詞] 混身是…的，以全身爲…的：She was ~ ears [smiles]. 她聚精會神地傾聽[她滿臉笑容] /He is ~ arms and legs. 他手脚特別長/He was ~ skin and bones. 他瘦得皮包骨。

5 [用於表示否定語義之動詞或介系詞之後] 一切的，任何的(any)：I deny ~ connection with the crime. 我與此一罪行無任何關係 /beyond ~ doubt 毫無疑問。

[語法] (1)all 置於定冠詞、指示形容詞、所有格人稱代名詞之前：~ *the* world/~ *these* children/~ *her* life. (2)all 被用於否定句時，表示部分否定，但 all 和 not 未連接在一起時，有時表示全部否定：*Not* ~ men are wise. 人未必都有智慧 /*A*~ the people could *not* solve the problem. 所有的人都沒能解決那個問題《★[用法]但這句又可以解釋成爲部分否定的 *Not all* the people could solve.... 之意，因爲除了能藉音的輕重或抑揚加以區別的口語之外，全部否定宜做 *None* of the people could solve....》.

and áll thát《口語》(1)…什麼的，…等等，…及其他各物：He said the times were bad *and* ~ *that.* 他說是景氣不好什麼的 /He used to take drugs *and* ~ *that.* 他常服用痲醉藥和其他這類東西。(2)[附加於謝詞、祝詞等] 諸如此類：Very many happy returns of the day, *and* ~ *that.* 祝你(福如東海)壽比南山！《★生日之賀詞》。

for áll... ⇨for.

of áll...《口語》在衆多…中竟然…，有的是…却偏偏(要)…：They chose me, *of* ~ people. 有的是人，他們偏偏選上了我 /Why do you go to Iceland, *of* ~ countries？你爲什麼有那麼多國家不去而偏要去冰島？

—*pron.* 1 [當單數用] **a** 一切(事物)，萬事，萬物，全部：*A*~ is lost. 萬事皆休《一切都完了》/*A*~ was still. 萬物寂然無聲 /That's ~. 那就是全部[就是那樣而已] /*All's* well that ends well. ⇨well[1] *adj.* 2. **b** [用於關係子句之前] (所…的)一切《★[用法]通常省略關係代名詞》：*A*~ I said was this. 這就是我所說的全部 /*A*~ you have to do is (to) send out the letters. 你所必須做的就是把信寄出而已《★[用法]《口語》常省略不定詞的 to》. **c** [也當同位格用] 全部，統統：He ate ~ of it. = He ate it ~. 他把它全部吃了 /*A*~ the milk was spilt. = The milk was ~ spilt. 牛奶全溢出了。

2 [當複數用] **a** 大家，所有的人：*A*~ were happy. 大家都高興《★[比較] Everybody was happy. 較爲口語化》。**b** [也當同位格用] 全部的人，大家《★[用法]通常用於代名詞》：We ~ have to go. = *A*~ of us have to go. = We ~ of us have to go. 我們大家[全部的人]都必須去/They were ~ happy. = *A*~ of them were happy. 他們大家都幸福/I like them ~. 我喜歡他們大家[它們全部]。**c** [**all of the [these, those] ...**]《美》全部，全體，大家：~ *of* the boys 所有的男孩子們/~ *of* these books 所有的這些書。

[語法] (1)all 用於否定句時，表示部分否定：*A*~ is *not* gold that glitters.《諺》閃亮的東西不一定全部是黃金；金玉其外，敗絮其中《★that 爲代表 all 之關係代名詞》/We do *not* ~ go. 我們並不全都去。(2)但如 *A*~ that he says is *not* true. 可以解釋爲部分否定或全部否定，因此，若爲部分否定，宜爲 *Not* ~ that he says is true. 若爲全部否定，宜爲 *Nothing* that he says is true.

abòve áll ⇨above *prep.* **after áll** ⇨after *prep.* **áll but** ⇨but.

áll in áll (1)[常用於句首] 大體上，大致上，一般而言，概而言之：*A*~ *in* ~, it was a very satisfactory meeting. 就整體而言，這是一次非常令人滿意的集會。(2)全部，合計《★[比較]作此義解時，在美國語法一般用 in all》：He read the book three times(,) ~ *in* ~. 那本書他總共讀了三次。(3)最珍惜的，最愛的：She wished to be ~ *in* ~ to him. 她希望成爲他最心愛的人。

áll of... (1)⇨ *pron.* 1 c, 2 b. (2)⇨*pron.* 2 c. (3)《口語》完全…的狀態：~ *of a* muddle 完全混亂 /~ *of a* tremble 混身發抖。(4)完全地，足足地：He is ~ *of* six feet [foot] tall. 他足足有六呎高。

áll or nóthing (1)〈條件等〉不容妥協的，不許討價還價的，只許全部接受或全部不接受的，只許回答 Yes 或 No [可或不可]的。(2)不成功便成仁的，孤注一擲的。

Áll óut！《美》請大家(從車子裏下去)換車！(《英》All change！)

and áll (1)其他一切，等等，連…都：He ate it, bone *and* ~. 他把它連骨頭都吃了/There he sat, pipe *and* ~. 他坐在那兒，抽抽煙斗什麼的。(2)《口語》…還有其他等等《表示不滿的口氣》：Mother was sick with flu, *and* ~. 母親因流行性感冒與其他因素而病倒了。

and áll thát 以及此類的東西[事情]，等等：Very many happy returns of the day, ~ *all that*！祝千秋萬福《★生日、喜慶之賀詞》。

at áll (1) [用於否定句] 全然(不…)，一點也(不…)：I do*n't* know him *at* ~. 我完全不認識他/He is *not* ill *at* ~. 他一點病也沒有《★[比較] He is *not at* ~ ill. 則通常表示「沒有什麼病」之意》/"Thank you so much."—"*Not at* ~."「多謝。」「不謝[不客氣]。」(2)[用於疑問句] 到底，究竟：Do you believe it *at* ~？你究竟相信不相信？/I doubt whether it's true *at* ~. 我懷疑這件事究竟是否眞的。(3)[用於條件句] 假如，只要；即使，縱然：If you do it *at* ~, do it well. 假如你想幹，就好好幹 /He will eat little, if *at* ~. 他即使吃也吃很少。

in áll 全部，合計：That makes [comes to] $25 *in* ~. 那總共是二十五美元。

ónce (and) for áll ⇨once *adv.*

óne and áll 統統，大家，各個都，全都：Welcome, *one and* ~！歡迎各位[大家]光臨！

—*adv.* 1 完全，全然，全部，盡：be ~ covered with mud 全部爲泥濘所掩蓋/be dressed ~ in white 穿著一身白衣服。

2 單單地，專門地，都：He spends his money ~ on books. 他把錢都花在書上。

3 [用於"the +比較級"之前] 益加，反而：You'll be ~ *the better* for a rest. 你休息一下會更好。

4《運動》雙方均，雙方同爲：The score is one [fifteen] ~. 比數爲一比一[十五比十五]，雙方比數均爲一[十五]分。

àll alóng ⇨along. **áll at ónce** ⇨once *n.*

áll in《口語》疲憊不堪，精疲力盡(tired out).

áll óne 完全一樣的，沒有差別的：It's ~ *one* to me. 這對我而言都是一樣[無所謂]。

áll óut《口語》(1)全然；完全。(2)竭盡全力地；以全速，開足馬力地(cf. all-out)：go ~ *out to* do it 竭盡全力做這件事 /I'm going ~ *out for* the championship. 我準備全力爭取冠軍。(3)精疲力竭的。

áll óver (1)完畢，完全結束：Relax！It's ~ *over.* 放輕鬆吧，已經結束了！/It's ~ *over* with [《美》for] him. 他已不行了[無救，無望，力竭]。(2)遍及…，到處：~ *over* the world (=~ the world *over*) 全世界(到處)。(3)到處，處處。(4)全身，遍體：I feel hot ~ *over.* 我感到全身都熱。(5)完全，一模一樣，完全像：That's Harris ~ *over.* 那完全[正]是哈利斯的作風，哈利斯就是這個樣子。(6)[當介系詞用] 在整個…上：~ *over* the desk 整個桌上，滿桌上。

áll ríght ⇨right *adv.*

áll thát [置於形容詞等之前，用於否定句、疑問句]《口語》那般地，到那樣的地步：The problem is*n't* ~ *that* difficult. 這個問題沒有那麼難。

áll the sáme ⇨same. **áll the wáy** ⇨way[1].

áll togéther ⇨together 3 a. **áll tóld** ⇨tell.

áll tòo ⇨too.

áll úp《英口語》一切完了，萬事休了：It's ~ *up* with him. 他已完了[沒有希望了]。

áll vèry wéll [fíne] (, but...) [表示不滿] 固然很好，(但是…)，聽[看]起來很好(但實際上不然)：That's ~ *very fine, but* I will stand it no longer. 那固然很好，但我已無法再忍受。

—*n.* [one's ~] 全部，全部所有物：He lost his ~. 他失去了全部所有物 /It was my little ~. 它是我僅有的全部財產。

all- [ɔl-; ɔ:l-] [複合字] **1** 表示「純…製的，全由…而成的」：*all*-wool純毛的，百分之百羊毛的。**2** 表示「(代表)全…的」：⇨All-American. **3** 表示「爲一切…的」：⇨all-purpose.

Al·lah [ˈælə, ˈɑlə; ˈælə, ˈælɑ:] *n.* 阿拉《回教的唯一之神》。

Áll-Américan *adj.* **1** (代表)全美(國)的：the ~ team 全美代表隊。**2** 全由美國人而成的。**3** 〈人等〉眞正美國(人)的。

—*n.* [C] 全美代表選手。

Al·lan [ˈælən; ˈælən] *n.* 亞倫《男子名》。

áll-aróund *adj.* [用在名詞前]《美》全盤的，全面的；萬能的，多才的(《英》all-round)：an ~ cost 總經費/~ ability 多才藝的[多方面的]能力。

al·lay [əˈle; əˈlei] *v.t.* **1** 使〈興奮、憤怒等〉平靜(calm)：~ one's excitement 使某人興奮平靜。**2** 使〈憂慮、痛苦等〉緩和，消除，

A

減輕：Her fears were ~*ed* by the news of her husband's safety. 她丈夫平安的消息使她消除了憂慮。

áll cléar *n.* Ⓒ 空襲警報解除(信號)：The ~ was sounded. 解除警報響了。

áll-dáy *adj.* [用在名詞前] 一整天的，終日的：an ~ excursion 一整天的遠足。

al·le·ga·tion [ˌæləˈgeʃən; ˌæliˈgeiʃn] «allege 的名詞» —*n.* Ⓤ Ⓒ (無充分證據的)主張，辯解，辯證；斷言；推諉，託詞。

al·lege [əˈlɛdʒ; əˈledʒ] «源自中古英語「提出做證據」之義» —*v.t.* 《文語》 **1 a** 〔十受〕(無充分的證據而)**斷言**…；强力主張，宣稱，聲稱…：The newspaper ~*d* his involvement in the crime. 該報指稱他涉嫌該罪行。**b** 〔十(*that*)＿〕主張說…：She ~*s that* her handbag has been stolen. 她聲稱手提包被偷了。**c** 〔十受十 *to* do〕〈人〉堅稱…《★常以過去分詞當形容詞用；⇨ alleged 2》。

2 a 〔十受〕託言…(作爲理由、辯解)：~ illness 託言有病。**b** 〔十受十*as* 補〕託言…〈作爲…的理由〉，推諉：He ~*d* ill health *as* the reason for his not attending school. 他託言有病，作爲不上學的理由。**c** 〔十(*that*)＿〕諉稱…，託言…，辯稱…：He ~*d* *that* he was absent because of sickness. 他諉稱因病缺席。

al·leged [əˈlɛdʒd; əˈledʒd] *adj.* **1** [用在名詞前] 被聲稱的，所謂的，據稱的，謠傳的：the ~ murderer 被指爲兇手的人，兇嫌，疑兇。**2** [不用在名詞前] 〔十*to* do〕據稱〈做…〉的(cf. allege 1 c)：He is ~ *to* have done it. 據稱是他做了這件事。

al·lég·ed·ly [-dʒɪdlɪ; -dʒidli] *adv.* [修飾整句] (不論眞僞)據稱地，據傳聞地，依所申述地：He is ~ a police agent. 據傳他是警方的密探。

Al·le·ghe·nies [ˈæləˌgenɪz; ˈæligeniz] *n. pl.* [the ~] ＝ Allegheny Mountains.

Ál·le·ghe·ny Móuntains [ˈæləˌgenɪ-; ˈæligeni-] *n. pl.* [the ~] 阿利根尼山脈《美國東部的山脈；阿帕拉契山系(Appalachian)的支脈》。

al·le·giance [əˈlidʒəns; əˈli:dʒəns] *n.* Ⓤ Ⓒ [對君主、國家等的] 忠誠，歸順；(封建時代的)臣道，忠義〔*to*〕：an oath of ~ 效忠宣誓/pledge [swear] ~ *to* the king 向國王宣誓效忠。

al·le·gor·i·cal [ˌæləˈgɔrɪkl; ˌæliˈgɔrikl⁻] «allegory 的形容詞» —*adj.* 寓言的，寓言性的，寓意的，諷喻的。

~·**ly** [-klɪ; -kəli] *adv.*

al·le·go·rist [ˈæləˌgorɪst, -ˌgɔr-; ˈæligərist] *n.* Ⓒ 寓言作家，諷喻家。

al·le·go·rize [ˈæləgəˌraɪz; ˈæligəraiz] «allegory 的動詞» —*v.t.* 把…作成諷喻；以諷喻體敍述，以諷喻含義解釋。

—*v.i.* 使用[作]寓言。

al·le·go·ry [ˈæləˌgorɪ, -ˌgɔrɪ; ˈæligəri] «源自希臘文「以別的方式說某事」之義» —*n.* **1** Ⓒ 寓意故事，寓言。**2** Ⓤ 《修辭》諷喻。

al·le·gret·to [ˌæləˈgrɛto; ˌæliˈgretou] «源自義大利語» —《音樂》*adj.* & *adv.* 稍快的[地]《在行板(andante)與快板(allegro)的中間》。—*n.* Ⓒ (*pl.* ~s)稍快板。

al·le·gro [əˈlegro, -ˈlɛ-; əˈleigrou, -ˈle-] «源自義大利語「快活的」之義» —《音樂》*adj.* & *adv.* 快板的[地]《在稍快板(allegretto)與急板(presto)的中間；↔ lento》。

—*n.* Ⓒ (*pl.* ~s)快板。

al·le·lu·ia(h) [ˌæləˈlujə; ˌæliˈlu:jə] *interj.*, *n.* ＝hallelujah.

áll-embrácing *adj.* 包括一切的，概括全部的。

Al·len [ˈælɪn, -ən; ˈælən, -in] *n.* 艾倫《男子名》。

al·ler·gic [əˈlɝdʒɪk; əˈlə:dʒik] «allergy 的形容詞» —*adj.* **1 a** 過敏(性)的，(患)過敏症的：an ~ disease 過敏性疾病 /an ~ reaction 過敏性反應。**b** [不用在名詞前] 〔十介十(代)名〕〔對…〕起過敏性反應的〔*to*〕：She is ~ *to* pollen. 她對花粉有過敏反應。**2** [不用在名詞前] 〔十介十(代)名〕《口語》〔對…〕極討厭的，厭惡的，具有强烈反感的〔*to*〕：He's ~ *to* study [hav*ing* his picture taken]. 他極討厭讀書[照相]。

al·ler·gy [ˈælɚdʒɪ; ˈælədʒi] *n.* Ⓒ **1** 《病理》過敏症，變態反應性，變應性《對某種物質、食物等的異常反應》。

2 《口語》厭惡，討厭〔*to*〕：He has an ~ *to* books. 他極討厭書。

al·le·vi·ate [əˈlivɪˌet; əˈli:vieit] *v.t.* 減輕，緩和〈痛苦、苦惱〉：A cold compress often ~*s* pain. 冷敷常能減輕疼痛。

al·le·vi·a·tion [əˌlivɪˈeʃən; əˌli:viˈeiʃn] «alleviate 的名詞» —*n.* **1** Ⓤ減輕，緩和，慰藉：the ~ of tension(s) 緩和緊張。**2** Ⓒ解痛[緩和]物；鎮痛劑；慰藉物。

al·le·vi·a·tive [əˈlivɪˌetɪv; əˈli:viətiv] «alleviate 的形容詞» —*adj.* 減輕[緩和]的，安慰的。

—*n.* Ⓒ解痛[緩和，慰藉]物。

al·le·vi·a·tor [əˈlivɪˌetɚ; əˈli:vieitə] *n.* Ⓒ減輕者，緩和者；安慰者；緩和物；慰藉物。

áll-expénse *adj.* 包括一切費用的：an ~ vacation plan 包括一切費用的休假計畫。

al·ley [ˈælɪ; ˈæli] «源自古法語「去」之義» —*n.* Ⓒ (*pl.* ~s) **1 a** (在城市房屋之間的)小巷[衖]，小胡同(⇨ path【同義字】)；《美》(狹窄的)巷道。**b** (在花園、公園中兩側種有矮樹的)小徑。**2** 衖，巷道，小街。**3 a** (skittles, bowling 等的)球道(lane)。**b** 《美》(網球場)單打邊線與雙打邊線之間的狹長地帶。**c** [有時 ~s]保齡球場[館]。**4** 有狹長走廊[場地]之房間[房屋]。

úp [**dówn**] a person's **álley** 《俚》正合某人之所好[所長]：Football is right [just] *up* his ~. 足球正合他所好[正是他拿手的]。

alley 1 a

álley càt *n.* Ⓒ (城市中無人飼養而尋食於街巷間之)野貓。

álley·wày *n.* Ⓒ巷，衖；窄道，小過道。

Áll Fóols' Dày *n.* 愚人節《★四月一日；又稱 April Fools' Day；是日大家可以互相開些無傷大雅的玩笑，受愚弄的人稱作 April fool；萬聖節則稱作 All Saints' Day》。

áll fóurs *n. pl.* **1 a** (獸之)四足。**b** (人的)四肢。**2** [當單數用] 紙牌的一種玩法。**on áll fóurs** 四肢趴著地，手腳撐著身：get down *on* ~ 趴下(成手腳著地之姿勢)/go *on* ~ 用手腳爬行。

All·hal·lows [ˌɔlˈhæloz; ɔ:lˈhælouz] *n.* 《古》＝All Saints' Day.

al·li·ance [əˈlaɪəns; əˈlaiəns] «ally 的名詞» —*n.* **1** Ⓤ Ⓒ (爲相互利益等之)**聯盟**，同盟；同盟關係，結盟，締結同盟：form [enter into] an ~ with... 與…締結同盟[携手合作]；與…結親[聯婚]/in ~ with... 與…聯合著[結有聯盟，携手合作著]。**2** Ⓒ **a** 同盟國。**b** 《罕》聯姻〔*between*〕。**3** Ⓒ (性質等之)類似，共同點。

Al·lie, Al·ly [ˈælɪ; ˈæli] *n.* 愛麗《女子名；Alice 的暱稱》。

al·lied [əˈlaɪd; əˈlaid, ˈælaid] *adj.* **1 a** 同盟的。**b** [A~]聯盟國方的：the *A*~ Forces 盟軍，聯軍《略作 A.F.》。

2 [əˈlaɪd, ˈælaɪd; ˈælaid, əˈlaid] **a** 同類的，同屬的，類似的：an ~ species 同類的物種。**b** [不用在名詞前] 〔十介十(代)名〕〔與…〕類似的，同類的〔*to*〕：Dogs are ~ *to* wolves. 狗與狼是同類的。

Al·lies [ˈælaɪz, əˈlaɪz; ˈælaiz, əˈlaiz] *n. pl.* [the ~]⇨ ally *n.* 2.

al·li·ga·tor [ˈæləˌgetɚ; ˈæligeitə] *n.* **1** Ⓒ《動物》短吻鱷《一種產於美洲、中國之鱷魚；體型較 crocodile 小；cf. crocodile 1a》。**2** Ⓤ鱷魚皮。**3** Ⓒ《機械》鱷口鉗《一種狀似鱷魚口之工具，可調節齒距，用以鉗夾》。**4** Ⓒ搖擺爵士樂(swing jazz)之愛好者。

alligators 1

álligator pèar *n.* ＝avocado.

áll-impórtant *adj.* 最[極]重要的。

áll-ín *adj.* [用在名詞前] **1** 《英》全部包括在內的，合而爲一的，全部計入的(all-inclusive)：an ~ 5-day tour 包括全部費用在內的五日之旅。**2** 《角力》自由式的。

áll-inclúsive *adj.* 包括一切的，包括[總括]的。

áll-in-òne *n.* Ⓒ (胸罩與束腰連在一起的)女用緊身胸衣。

al·lit·er·ate [əˈlɪtəˌret; əˈlitəreit] «alliteration 的逆成字» —*v.i.* 押頭韻。—*v.t.* 用〈某音〉押頭韻，把〈某音〉用於頭韻。

al·lit·er·a·tion [əˌlɪtəˈreʃən; əˌlitəˈreiʃn] *n.* Ⓤ Ⓒ 《修辭》頭韻《如 *C*are *k*illed the *c*at./with *m*ight and *m*ain》。

al·lit·er·a·tive [əˈlɪtəˌretɪv; əˈlitərətiv] *adj.* 頭韻(體)的，押頭韻的。

al·li·um [ˈælɪəm; ˈæliəm] *n.* Ⓒ蔥屬植物。

áll-knówing *adj.* 全知的。

áll-níght *adj.* [用在名詞前] **1** 整夜的，徹夜的：(an) ~ (train) service (火車的)徹夜營運。**2** 整夜營業的：an ~ restaurant 整夜營業的餐廳。

al·lo·cate [ˈæləˌket; ˈæləkeit] «源自拉丁文「置於地方」之義» —*v.t.* **1 a** 〔十受〕分配，配給〈利益等〉：~ the benefit fairly 公平地分配利益。**b** 〔十受十介十(代)名〕〔在…之間〕分配〈利益等〉〔*among, between*〕：~ the money *among* the three 在三人之間分配那筆錢。**2** 〔十受十受/十受十介十(代)名〕分配〈人〉〈工作、任務等〉；分配〈工作、任務等〉〔給人〕〔*to*〕：He ~*d* his servants their duties.＝He ~*d* their duties *to* his servants. 他給傭人們分配任務。**3** 〔十受十介十(代)名〕〔爲…〕撥出，留下〈經費、場所等〉〔*for*〕：~ funds *for* housing 爲造房子撥出經費。

al·lo·ca·tion [ˌæləˈkeʃən; ˌæləˈkeiʃn] «allocate 的名詞» —*n.* **1** Ⓤ分配，配給；配置。**2** Ⓒ分配物；分配額。

al·lo·morph [ˋæləˏmɔrf; ˈæləmɔ:f] *n.* Ⓒ **1**《語言》語素變體，詞素變體。**2**《化學》同質異晶。

al·lop·a·thy [əˋlɑpəθɪ; əˈlɔpəθi] *n.* Ⓤ《醫》對抗[對徵]治療(←→ homeopathy). **al·lo·path·ic** [ˏæləˋpæθɪk; ˏæləˈpæθik⁻] *adj.*

al·lo·phone [ˋæləˏfon; ˈæləfoun] *n.* Ⓒ《語言》音位變體，音素變體，同位音。

al·lo·phon·ic [ˏæləˋfɑnɪk; ˏæləˈfɔnik] *adj.* 音位變體的，音素變體的，同位音的。

áll-or-nóthing *adj.* [用在名詞前]**1** 不容妥協的，不許討價還價的，只許全部接受或全部不接受的，只許回答 Yes 或 No[可或不可]的〈條件等〉: He wants an ～ answer. 他要 Yes 或 No [可或不可]的回答。**2** 孤注一擲的，不成功便成仁的: an ～ gamble [struggle] 孤注一擲的冒險[決定勝負的鬥爭]。

al·lot [əˋlɑt; əˈlɔt] «源自古法語「以籤(lot)分配」之義»—*v.* (**al·lot·ted**; **al·lot·ting**)＝allocate.

al·lót·ment [-mənt; -mənt] «allot 的名詞» —*n.* **1** Ⓤ配給，分配。**2** Ⓒ **a** 分配額；分攤額。**b**《美軍》薪餉撥付《如扣除眷屬贍養費、保險費等》。**3** Ⓒ《英》(作爲菜園等之公有地的)分配地，市民菜園。

al·lo·trope [ˋæləˏtrop; ˈælətroup] *n.* Ⓒ《化學》同素異形體。

al·lot·ro·py [əˋlɑtrəpɪ; əˈlɔtrəpi] *n.* Ⓤ《化學》同素異形。

áll-óut *adj.* [用在名詞前]《口語》盡全力的，全面的；完全的，全部的，徹底的: (an) ～ war 全面戰爭。

áll-óver *adj.* [用在名詞前]布滿全面的，完全的。

‡**al·low** [əˋlaʊ; əˈlau] *v.t.* **1** 允許(⇨ let¹【同義字】): **a** 〔＋受〕允許，准許，許可…；允許…進入: I cannot ～ such conduct. 我不能容許這種行爲/No dogs ～*ed*.《告示》禁止帶狗進入。**b** 〔＋do*ing*〕允許〈做…〉(《★用法 此種不帶受詞而單獨使用之動名詞可當作名詞；常用被動語態》): Smok*ing is* not ～*ed* here. 此處不准吸烟。**c** 〔＋受＋副詞(片語)〕允許〈人〉(往…之方向): The doorman ～*ed* me *in*.(在大廈等)管理員准許我入內/We are ～*ed into* the room. 我們被允許進入房間。**d** 〔＋受＋ *to* do〕允許，讓〈人、物〉〈做…〉(《★比較 一般用[let＋受＋原形]》): I cannot ～ you *to* behave like that. 我不能允許你那樣做/*A*～ me *to* introduce Mr. Smith to you. [做爲鄭重的介紹詞]讓我把史密斯先生介紹給您。**e** 〔＋受＋ *to* do〕使〈人〉能夠…: The money ～*ed* him *to* go abroad. 那筆錢使他能夠出國。

2 a 〔＋受＋受/＋受＋介＋(代)名〕給與〈人〉〈金錢、時間〉；給與[人]〈金錢、時間〉〔*to*〕: He ～*s* his son 30 pounds a month. ＝He ～*s* 30 pounds a month ***to*** his son. 他每個月給兒子三十英鎊。**b** 〔＋受＋受〕[～ one*self*]沉溺於，熱中，耽於…: He ～*ed himself* many luxuries. 他沉溺於奢侈/He doesn't ～ *himself* any cigarettes. 他在戒煙。**c** 〔＋受＋介＋(代)名〕[對存款]付〈利息〉〔*on*〕: What interest is ～*ed* ***on*** fixed deposits? 定期存款的利息是多少?

3 〔＋受＋介＋(代)名〕**a** 酌留〈費用、時間等〉〔供…〕〔*for*〕: ～ 30 pounds ***for*** expenses 酌留三十英鎊做爲經費/We must ～ an hour *for* get*ting* to the airport. 我們必須酌留一小時去到機場。**b** 〔給…〕扣除〈金額等〉，〔對…〕給予…折扣〔*for*〕: We can ～ (up to) 10 per cent ***for*** cash payment. 付現款我們可以打九折[少算百分之十]。

4 a 〔＋受〕承認，准許，同意〈要求、主張等〉(《★比較 作此義解時一般用 admit》): The judge ～*ed* his claim. 法官准許他的請求/The facts do not ～ such an interpretation. 這些事實不容作此種解釋。**b** 〔＋ *that*__〕承認〈…一事〉: We must ～ *that* it is true. 我們得承認那是真的(cf. 4 c). **c** 〔＋受＋*to be* 補〕承認…〈爲…〉: We must ～ it *to be* true. 我們必須承認其爲真實(cf. 4 b).

—*v.i.* **1 a** 〔＋介＋(代)名〕斟酌，考慮，體諒〔情形等〕〔*for*〕(《★可用被動語態》): We must ～ ***for*** delays caused by bad weather. 我們必須考慮到因壞天氣所造成的延誤/His youth should be ～*ed for*. 應該體諒他年輕。**b** 〔＋介＋(代)名＋ do*ing*〕考慮〔某人…〕〔*for*〕(《★用法〔(代)名〕爲受格或所有格》): We must ～ ***for*** him [his] be*ing* late. 我們必須考慮到他會遲到的可能性。

2 〔＋介＋(代)名〕〈事物〉容許〔…(的存在)〕，有〔…(的)〕餘地〔*of*〕(《★比較 作此義解時一般用 admit of》): The regulations ～ ***of*** several interpretations. 這些規則可以做幾種解釋。

al·low·a·ble [əˋlaʊəbl; əˈlauəbl] *adj.* 可容許的，可准許的，無妨的，不礙事的，不抵觸的。**-a·bly** [-əblɪ; -əbli] *adv.*

al·low·ance [əˋlaʊəns; əˈlauəns] «allow 的名詞» —*n.* **1** Ⓒ **a** (定期支給的)津貼，給與額，…費，零用錢: a clothing [family] ～ 製裝費[眷屬津貼]/an ～ for long service 年功俸。**b** 零用錢: a weekly [monthly] ～ 每週的[每月的]零用錢/Do your parents give [make] you an ～? 你的父母親給你零用錢嗎? **2** Ⓒ扣除，折扣，減價: make an ～ of 10 per cent *for* cash payment 付現款打九折[減價百分之十]。**3** Ⓤ [又作 ～s] (《★常用於下列成語》)。

màke [màke nó] allówance(s) for... 顧慮，留餘地，斟酌，體諒[不顧慮，不留餘地，不斟酌，不體諒]: You must *make* ～*s for* her youth and inexperience. 你必須體諒她年輕，沒有經驗。

al·low·ed·ly [əˋlaʊɪdlɪ; əˈlauidli] *adv.* **1** 經核准地，經承認地，經認可地。**2** [修飾整句]當然，明顯地: He is ～ the best player. 他顯然是[被公認爲]最優秀的選手。

al·loy [ˋælɔɪ, əˋlɔɪ; ˈælɔi, əˈlɔi] *n.* ⓊⒸ合金: Brass is an ～ of copper and zinc. 黃銅是銅和鋅的合金。

— [əˋlɔɪ; əˈlɔi] *v.t.* **1 a** 〔＋受〕使〈兩種以上的金屬〉混合成合金，合鑄，熔合。**b** 〔＋受＋介＋(代)名〕使〈金屬〉〔與其他金屬〕混合成合金，〔以劣質〕摻雜於…〔*with*〕: ～ silver ***with*** copper 將銀與銅混合成合金。**2** 〔＋受(＋介＋(代)名)〕《文語》〔以…〕使〈快樂等〉減低[打折扣]，使…變壞，貶低，減損〔*with*〕.

áll-pówerful *adj.* 全能的。

áll-púrpose *adj.* [用在名詞前]適用於多種目的的，萬用的；多用途的: an ～ tool 萬用工具。

‡**áll ríght** *adv.* & *adj.* ⇨ right 成語。

áll-róund *adj.*《英》＝all-around.

áll-róund·er *n.* Ⓒ《英》樣樣都(精)通的人，多才多藝的人；全能運動員。

Áll Sáints' Dày *n.* 萬聖節《十一月一日爲天國諸聖者祭靈之日；cf. Halloween》。

Áll Sóuls' Dày *n.*〔天主教〕萬靈節《十一月二日爲所有在煉獄中之死者靈魂祈禱之日》。

áll·spìce *n.* **1** Ⓒ《植物》甜辣椒《產於西印度羣島的一種喬木》；甜辣椒之果實。**2** Ⓤ甜辣椒所製成的香料。

áll-stàr *adj.* [用在名詞前]由明星演員或明星選手出場[組成]的: an ～ cast 全是名角的演員名單[陣容]/an ～ player 明星(球)隊的一員。

áll-terráin vèhicle *n.* Ⓒ全地形車輛《可在平坦地形、雪地行進及涉水的小型兩棲車輛》。

áll-tìme *adj.* [用在名詞前]前所未聞的，空前的: an ～ high [low]空前的最高[低]記錄/an ～ team 史上最優秀的隊伍/The Tokyo Dow is at an ～ high. 東京的股價平均指數創空前的最高點。

al·lude [əˋlud; əˈlu:d] *v.i.* 〔＋介＋(代)名〕(暗中、婉轉地)談及，提及〔…〕；暗指，暗示〔…〕〔*to*〕(《★可用被動語態；比較 表示直接言及時用 refer, mention；⇨ refer【同義字】》): You mustn't ～ ***to*** his wife's death when you meet him. 你遇見他時，不可提到他太太去世的事。

al·lure [əˋlʊr; əˈljuə, əˈluə] «源自古法語「邀往…」之義»—*v.t.* **1 a** 〔＋受〕(用誘餌)引誘，誘惑，勾引，吸引〈人〉。**b** 〔＋受＋介＋(代)名〕引誘〈人〉〔入場所等〕〔*into, to*〕: The sound of music ～*d* him ***into*** the place [party]. 音樂的聲音把他誘入那場所[聚會]。**c** 〔＋受＋ *to* do〕引誘，誘使〈人〉〈做…〉: The advertisement ～*d* people *to* buy the goods. 廣告引誘[誘使]人們購買商品。**2** 〔＋受〕迷惑〈人〉。—*n.* Ⓤ [又作 **an** ～]《文語》引誘(力)，誘惑(力)，魅力，魔力。

al·lúre·ment [-mənt; -mənt] *n.* **1** Ⓤ引誘，誘惑。**2** Ⓒ引誘[誘惑]物: the ～*s* of a big city 大城市的各種誘惑。

al·lur·ing [əˋlʊrɪŋ; əˈljuəriŋ, əˈluə-] *adj.* 誘惑的，迷人的，銷魂的，令人心蕩神馳的: an ～ dress 迷人的衣服/Circuses are very ～ to children. 馬戲對兒童很有誘惑力。～**·ly** *adv.*

al·lu·sion [əˋluʒən; əˈlu:ʒn, əˈlju:-] «allude 的名詞»—*n.* ⓊⒸ **1** 間接提及，略微提及，婉轉暗示，暗指，諷刺〔*to*〕: in ～ *to*... 暗指著…/make a distant ～ 繞著彎[委婉地]提及，暗示/She made an ～ *to* his misconduct. 她委婉地提到他行爲不檢。**2**《修辭》引喻，典故。

al·lu·sive [əˋlusɪv; əˈlu:siv] *adj.* **1 a** 諷刺的，委婉提及的；略微提及的，暗示的。**b** [不用在名詞前]〔＋介＋(代)名〕繞著彎暗示〔…〕的，委婉地提及〔…〕的〔*to*〕: a remark ～ ***to*** his conduct 委婉地提及他的行爲的話。**2**〈詩等〉使用引喻的，含有[富於]典故[引喻]的。～**·ly** *adv.* ～**·ness** *n.*

al·lu·vi·al [əˋluvɪəl; əˈlu:viəl] «alluvium 的形容詞»—*adj.*《地質》沖積的，堆積土沙的: the ～ epoch 沖積世/an ～ formation 沖積層/～ soil 沖積土。

allúvial góld *n.* Ⓤ沖積砂金。

al·lu·vi·um [əˋluvɪəm; əˈlu:viəm] *n.* (*pl.* **-vi·a** [-vɪə; -viə], ～**s**) ⓊⒸ《地質》沖積層，沖積物。

áll-wéather *adj.* 全天候(用)的，可用於[可經得起]任何天候的: an ～ coat 任何天候都可以穿的外套。

al·ly [əˋlaɪ; əˈlai, ˈælai] *v.t.* 〔＋受＋介＋(代)名〕**1** [～ one*self*]〔與…〕締結同盟，聯盟，聯合〔*with*〕(《★也用被動語態》): The United States *allied itself* ***with*** Japan. 美國與日本締結同盟/Great Britain *was allied with* the United States during World War II. 在第二次世界大戰中英國與美國締結同盟。**2** 使…結合，使…成爲同類，使…有關聯；使…聯姻(《★常以過去分詞當形容

詞用；⇨ allied 2 b)。

—*v.i.* 結盟，聯合；結親，聯姻：The two parties *allied* to defeat the bill. 這兩個黨聯合起來否決了該提案。

— [ˈælaɪ, əˈlaɪ; ˈælai, əˈlai] *n.* **1** Ⓒ同盟國，盟邦；同盟者，盟友，我方，同伙。**2** [**the Allies**] **a** (第一次世界大戰中的)協約國《與德國以及其他中歐諸國(the other Central Powers)作戰者》。**b** (第二次世界大戰中的)反軸心國《與德、義、日三國聯盟之軸心國(the Axis Powers)對抗者》。

Al·ly [ˈælɪ; ˈæli] *n.* ＝Allie.

áll-yèar *adj.* 全年度的，整年的。

al·ma ma·ter [ˈælməˈmetɚ; ˌælməˈmɑːtə, -ˈmeitə] «源自拉丁文 'fostering mother' 之義»**—*n.*** Ⓒ **1** 《文語・謔》母校。**2** 《美》(母校的)校歌。

al·ma·nac [ˈɔlməˌnæk; ˈɔːlmənæk] *n.* Ⓒ **1** 曆書。**2** 年鑑，年曆，日曆，年度行事曆(calendar)。

al·might·y [ɔlˈmaɪtɪ; ɔːlˈmaiti] *adj.* (**al·might·i·er**; **-i·est**) **1** (無比較級、最高級) **a** [常 A~]全能的：*A*~ God＝God *A*~ 全能的上帝《★用法God Almighty！常用作吃驚等時的咒罵感嘆詞；cf. God 3》/the ~ dollar 萬能的金錢《★用法常表輕蔑》。**b** [**the** A~；當名詞用]萬能之神，上帝(God)。**2** 《口語》非常的(great)：an ~ nuisance 極討厭的事。

—*adv.* (**al·might·i·er**; **-i·est**) 《俚》非常地，極爲(very)：be ~ glad 很高興。

al·mond [ˈɑmənd, ˈæmənd; ˈɑːmənd] *n.* **1** Ⓒ《植物》杏樹《似桃的落葉喬木》。**2** Ⓒ[當作食物時爲Ⓤ]杏仁《杏樹所結果實核中之仁；尾端尖之長橢圓形果實》。

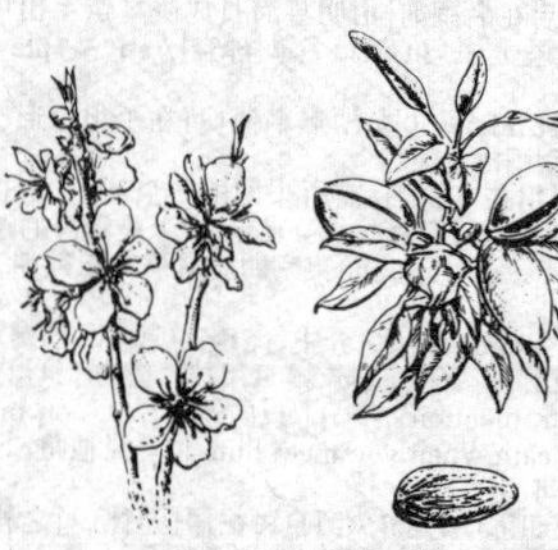

almond 的花和果實

álmond-éyed *adj.* 杏眼的，有(眼角上翹的)細長橢圓形眼的《爲蒙古人種之特徵；用於正面[好]之意》。

al·mo·ner [ˈælmənɚ, ˈɑmənɚ; ˈɑːmənə, ˈælmənə] *n.* Ⓒ **1** 《英》(附屬於醫院的)社會工作者(medical social worker)。**2** (教會、富戶等的)救濟品分發員。

‡al·most [ɔlˈmost, ˈɔlˌmost; ˈɔːlmoust] *adv.* (無比較級、最高級) **1 a** [表示時間等接近之狀態]幾乎，差不多，將近，快要(⇨ about【同義字】)：It's ~ three o'clock. 差不多快三點了/The movie has ~ reached the end. 電影快要演完了/It's ~ time to go to bed. 現在差不多是就寢的時刻了。**b** [置於 all, every, the whole [entire], always 等之前]大抵上，絕大部分，幾乎：*A*~ *all* the people came out. 幾乎所有的人都出來了《★用法almost (the) people 是錯誤的用法》/Fire destroyed ~ *the whole* forest. 火災將整座森林差點全燒光了/He is ~ *always* out. 他幾乎經常不在。**c** [修飾形容詞、副詞]大致上，大體上；(事實上不是，但)接近…地，差不多：Dinner is ~ ready. 晚餐準備得差不多了/Winter is ~ over. 冬天快要過去了/The parrot speaks in an ~ human voice. 那隻鸚鵡以近似[宛如]人的聲音講話。**d** [修飾動詞]差一點，幾乎，快要：He was ~ killed [drowned]. 他差一點死[淹死]了/I'd ~ forgotten that. 我幾乎忘了那件事/I ~ broke the cup. 我差一點打破杯子/The shack seemed ~ ready to collapse. 那小屋子好像是快要倒塌的樣子。**2** [置於 never, no, nothing 等之前]幾乎不[沒有]…(★變換通常可換寫成 hardly [scarcely] any, hardly ever 等》：*A*~ *no* one believed that he was dead. 幾乎沒有人相信他死了/It ~ *never* snows here. 此地幾乎從不下雪。**—*adj.*** (無比較級、最高級)《文語》幾近…的：his ~ impudence 他幾近厚顏無恥的態度。

alms [ɑmz; ɑːmz] *n.* Ⓒ(*pl.* ~)施捨(物)，賙濟；佈施，救濟金[品]：ask for (an) ~ 請求施捨[救濟]/give ~ to the poor 賙濟貧民/Your ~ are requested. 請您(慷慨解囊)賙濟。

álms chèst *n.* Ⓒ救濟箱，慈善捐款箱。

álms-gìver *n.* Ⓒ施捨者，賙濟者，慈善家。

álms-gìving *n.* Ⓤ施捨，救濟，賙濟，賑濟。

álms·hòuse *n.* Ⓒ《英》(從前的)私立救濟院，貧民院。

alms·man [ˈɑmzmən; ˈɑːmzmən] *n.* Ⓒ(*pl.* **-men** [-mən; -mən]) 受救濟之貧民。

al·oe [ˈælo; ˈælou] *n.* **1** Ⓒ《植物》蘆薈《一種百合科植物；南非原產；常作爲醫藥用、觀賞用》。**2** [~**s**，當單數用]蘆薈油《瀉藥》。**3** Ⓒ《植物》龍舌蘭。

a·loft [əˈlɔft; əˈlɔft] *adv.* **1** 在上(面)，在高處。**2** 《航海》在桅上，在桅桿高處(↔ alow)。

a·lo·ha [əˈloə, ɑˈlohɑ; əˈlouhə] «源自夏威夷語 'love' 之義»**—** 《夏威夷語》*interj.* 歡迎！喂！你好！再見！**—*n.*** Ⓒ問候，致意。

alóha shírt *n.* Ⓒ夏威夷襯衫。

Alóha Státe *n.* [**the** ~]美國夏威夷州的俗稱。

‡a·lone [əˈlon; əˈloun] «源自中古英語 'all one'»**—*adj.*** (**more** ~; **most** ~) [不用在名詞前] **1 a** 獨自的，孤獨的，單獨的：I was [We were] ~. 我[我們]獨處；只有我一個人[我們]/I found him all ~. 我看他獨自一個人/I want to be ~ with you. 我想跟你單獨在一起/I have never felt more ~. 我感到再孤獨不過了[我從未有過如此孤獨之感]。**b** (無比較級、最高級) [十介十(代)名]〔於…事上〕單獨的，孤立的〔*in*〕：I am not ~ ***in*** this opinion [*in* think*ing* so]. 持此見解(作如是想)者非獨我一人而已。**2** (無比較級、最高級) [用於名詞、代名詞之後修飾名詞、代名詞]只，僅，單…(only)：He ~ could solve the problem. 唯有他才能解決那個問題/Man shall not live by bread ~. 人的生存不僅是靠食物《★出自聖經「馬太福音」》。

lèt alóne [常用於否定句]至於…就更不必說了：He ca*n't* read, *let* ~ write. 他不會讀，更不用說會寫字。

lèt [léave]...alóne [常用祈使語氣]不理會〈人、物〉而聽其自然，任由…，不管…：*Leave* me ~！別管我[不要理我]！/*Let* him ~ so he can concentrate. 不要麻煩[打擾]他，讓他能夠集中精神。

lèt [lèave] wéll (enòugh) alóne (因安於現狀而)不多管其他的事，不做多餘的事：*Let well* (*enough*) ~. 《諺》要安於現狀，不要無事自找麻煩。

stànd alóne 〔在…方面〕無與倫比，舉世無雙〔*in*〕：He *stands* ~ *in* his surgical skill [*in* his skill as a surgeon]. 他的外科醫術[做爲外科醫師，他的技術]精湛。

—*adv.* (無比較級、最高級)單獨地，獨自：I said that I could go ~. 我說我能獨自一個人去/He did it all ~. 他獨力做完了那件工作。

gò it alóne ⇨ go.

nòt ... alóne, but (àlso) 《文語》不僅…，而且…《★變換可換寫成 not only...but (also)》。

‡a·long [əˈlɔŋ; əˈlɔŋ] *prep.* **1 a** 沿著…：go ~ the river [coast] 沿著河[海岸]走/There are stores ~ the street. 沿著街道商店林立。**b** 循著〈街道等〉(走)：walk ~ the street 沿著街道走。**2** 循著〈方針等〉：~ the following lines 循著下列方針。**3** 在〈街道等〉的路上；〈在旅行等〉的途中：I met him ~ the way to school. 我在上學的路上遇見他/Somewhere ~ the route he lost his key. 他在路途中的某處遺失了鑰匙。

alòng hére [thére] 往這[那]方向：Come ~ *here*. 往這兒來。

—*adv.* (無比較級、最高級) **1** [常 ~**by**]沿著：~ *by* the hedge 沿著樹籬。**2 a** [與表示動作的動詞連用，僅用以强調]往前，…進；向前：walk [run] ~ 向前走[跑]/He pulled her ~ by the arm. 他抓著她的手臂把她拉走了。**b** 從一個人到另一個人地，從一處到另一處地，逐一[逐處]地：pass news ~ 一個挨一個往下傳消息。**c** [常與 well, far 等連用]《口語》(時間)晚；(工作等)頗有進行地：The night was *well* ~. 夜已深。**3 a** 一起，帶著，連同：I took my sister ~. 我帶我妹妹同去/They brought their children ~. 他們帶著孩子一起來。**b** [十介十(代)名]〔與…〕一起，連同，伴隨，共同〔*with*〕：He went ~ ***with*** her. 他與她同往/I sent the book ~ *with* the other things. 我將書與其他東西一起寄了。**4** 《口語》往這裏[那裏]，過去，過來：He will be ~ in ten minutes. 他十分鐘後就會過來/Come ~ (with me). (跟我一起)來吧。**5** 《美口語》[常與 about 連用] (時間、年齡等)大概，將近，約…：~ *about* 5 o'clock 大約[近]五點鐘時。

àll alóng 自始至終，一直，始終：He knew it *all* ~. 他一開始就(一直)知道這件事。

gèt alóng ⇨ get. **gò alóng** ⇨ go.

alóng·shóre *adv.* 沿著海岸，靠著海岸。

a·long·side [əˈlɔŋˈsaɪd; əˈlɔŋˈsaid] *adv.* **1** 在…旁邊，並排地；一起。**2** 《航海》靠邊地。

alongside of... (1)與…並排地，與…一起(相毗鄰)。(2)與…比較。

—*prep.* 在…之側(旁)，與…並排；橫靠著…。

a·loof [əˈluf; əˈluːf] *adv.* (**more** ~; **most** ~) 離開地，遠離地〔*from*〕：stand ~ *from* others 不和別人站在一起。

—*adj.* (**more** ~; **most** ~)〈人、態度等〉冷漠的，疏遠的，不親密的。**~·ly** *adv.* **~·ness** *n.*

al·o·pe·ci·a [ˌæləˋpiʃɪə; ˌælə'pi:siə] *n.* Ⓤ《醫》脫毛(症), 禿頂(症)。

‡a·loud [əˋlaud; ə'laud] *adv.* (無比較級、最高級) **1 出聲地**, 高聲地: read ~ 朗讀, 誦讀/think ~ (無意識地)自言自語。**2** 大聲地《★常用於下列片語》: cry [shout] ~ 大聲喊[哭]叫。

a·low [əˋlo; ə'lou] *adv.* 《航海》在下方, 向下地, 在(船的)下方(⟷aloft).

alp [ælp; ælp] «Alps 的逆成字»——*n.* Ⓒ(尤指瑞士境內的)高山, 高峯。

al·pac·a [ælˋpækə; æl'pækə] *n.* **1** Ⓒ《動物》羊駝《南美秘魯產的一種駱駝科家畜》。**2 a** Ⓤ羊駝毛[呢絨]。**b** Ⓒ羊駝毛織品。

alpaca 1

al·pen·horn [ˋælpɪnˏhɔrn; 'ælpinhɔ:n] *n.* Ⓒ(瑞士牧人所用之)木製長角笛。

al·pen·stock [ˋælpɪnˏstɑk; 'ælpinstɔk] *n.* Ⓒ(有鐵尖端的)登山杖。

al·pha [ˋælfə; 'ælfə] *n.* **1** ⓊⒸ希臘字母的第一個字母 *A*, *α*《相當於英文字母的 A, a; ⇨ Greek alphabet 表》。
2 ⓊⒸ **a** (事物、順序等的)最初, 開端; (排名)第一(之物), 第一級。**b**《英》(學業成績)優: ~ plus《英》(學業成績)特優, 甲上, A⁺/get an *A~ for* mathematics 數學成績得 A.
3 [常 A~]《天文》主星, 阿爾發星《在星座中光度最强的恆星》。
the álpha and oméga (1)始終, 首尾。(2)最重要的特徵[部分]〔*of*〕.

***al·pha·bet** [ˋælfəˏbɛt; 'ælfəbit, -bet] «希臘文 *alpha* 和 *beta* 的混合語»——*n.* **1** Ⓒ**字母**(表): the Roman ~ 羅馬字母《為古羅馬人用以書寫拉丁文之字母》。
2 [the ~] 初步, 入門, 初階〔*of*〕: *the ~ of* mathematics 數學入門[基本知識]。

al·pha·bet·i·cal [ˏælfəˋbɛtɪkl; ˌælfə'betikl˜] «alphabet 的形容詞»——*adj.* (無比較級、最高級) **1 字母的**。**2** 依字母(表)順序的, 依 ABC 順序的: in ~ order 依字母順序地[的]。**~·ly** [-klɪ; -kəli] *adv.*

al·pha·bet·ize [ˋælfəbəˏtaɪz; 'ælfəbitaiz] «alphabet 的動詞»——*v.t.* **1** 依字母順序排列。**2** 以字母表示。

álpha pàrticle *n.* Ⓒ《物理》阿爾發粒子, 阿爾發質點《放射性物質所放出的氦原子核》, 甲粒子。

álpha rày *n.* Ⓒ[常 ~s]《物理》阿爾發射線, 甲射線。

álpha rhỳthm *n.* =alpha wave.

álpha tèst *n.* Ⓒ阿爾發測驗《第一次世界大戰時美國陸軍採用之讀寫能力測驗》。

álpha wàve *n.* Ⓒ《生理》(腦波的)阿爾發波律《每秒鐘約波動十下》。

字母表(alphabet)二十六個字母的起源及演變

A	據說原來是表示「牛」的形狀(倒過來看就是牛的角和臉)。太古時字形成橫臥狀, 到古希臘末期才寫成現在的直立狀。
B	據說原來表示「房屋」的形狀。最初屋頂只有一個, 而且在縱線的左側, 後來古代希臘人加上另一個屋頂並把方向由左改向右, 成為現在的形狀。
C	據說原來表示「駱駝」的形狀。古希臘時開口向左邊, 到古羅馬時轉向右邊, 大致和現在的形狀相同。古希臘時稱為「伽瑪」, 表示[g; g]的音。到古羅馬時, 最初表示[g; g], [k; k]兩個音, 後來就只用以表示[k;k]的音, 而造了別的字母表示[g; g]的音。
D	據說原來表示「門」。古時寫成三角形, 古希臘人稱此字為 *delta* (⇨ delta).
E	原來表示何物已不可考。此字母表示的音原為[h; h]. 到古希臘時表示[h; h]和[ɛ; e]兩個音, 但此時表示[h; h]音的字母另有[Θ; Θ], 所以後來就只表示[ɛ; e]音。古希臘初期, 此字寫法和現在的 E 左右相反。
F	原來和 Y 一樣, 據說是表示「掛鉤」的形狀。此字母在古希臘時分成表示[ʊ; u]音的 Y 和[w; w]音的 F 兩個字母。用 F 來表示[f; f]音是古希臘以後的事。
G	羅馬人原以 C 表示[g; g]和[k; k]兩個音; 因為容易混淆, 他們就在 C 上加以橫劃, 作成 G 以表示[g; g]音。
H	據說原來表示「柵、籬」的形狀。現在的 H 是希臘人創造的; 在此以前此字母的橫劃有兩個, 形狀像兩個四角形重疊在一起。
I	現在的 I 是古希臘人創造的。在此以前 I 左側的上方、中央、和右側的下方各有一橫劃。據說此形表示「手」。
J	古羅馬時 I 表示[ɪ; i]和[j; j]兩個音。但因為 I 是一個不醒目的字母, 到了中世紀便產生伸長 I 下端的字母 J, 用在字的前面。然而 I 和 J 兩者都表示[ɪ; i]和[j; j]兩個音, 這一點並未改變。到了十七世紀才用 I 表示母音, J 表示子音。
K	據說原來表示「手掌」; 在古希臘初期字形是左右相反的。
L	據說原來表示「趕家畜的棍子」或「曲棍」。在古希臘此字母寫成˥, 和現在的 L 左右上下都相反, 兩條直線的角度也較小, 後來古羅馬人才作成現在的 L.
M	據說原來表示「波浪」。此字母在古希臘時代便已經和現在的 M 幾乎一致。
N	有表示「魚」和表示「蛇」的兩種說法。在古希臘初期它的形狀就像現在的 N 上下顛倒。
O	據說原來表示「目」。它是自古以來便已定成和現在幾乎一樣的少數字母之一。
P	據說原來表示「口」。古代希臘人用的 P 形狀像阿拉伯數字 7 左右相反, 稱為 *pe.* 現在的 P 的形狀是古羅馬人創造的。
Q	自古以來幾乎未曾變形的少數字母之一。有人說它原來表示「猿」。古希臘時代表示[k; k]音的字母, 除此以外還有兩個(即相當於現在的 C 和 K), 所以此字母便廢棄不用, 到古羅馬便又用在 u 之前以表示[kw; kw]. 在英語中 Q 除用在 u 之前以外幾乎全不使用。
R	據說原來表示「頭」。最初是左右相反, 古希臘時代變成像 P 的大寫, 古羅馬時為了避免和 P 混淆而寫成 R 的形狀。
S	據說原來表示「齒」。在古代有時寫成 W 狀, 有時寫成 Z 狀; 到了古羅馬人的手裡才變成現在的形狀。
T	據說在古代是寫成像 X 的十字形, 用在貨物上作為符號。古希臘人把它變成現在的 T.
U	古希臘並沒有 U 這個字母, [ʊ; u]音則由類似現在 Y 的字母表示, 此字母曾有兩次被古羅馬人採用, 寫成和現在的 V 相似的形狀, 表示[ʊ; u]和[w; w]兩個音。到了中古, 除了 V 以外, 亦寫作下部圓的 U, 而大致上在字首用 V, 其他位置則用 U. 直到十七世紀才演變成各別由 U 表示[ʊ; u], V 表示[v; v]音。
V	V 在古羅馬時並不表示[v; v]音, 而是表示[ʊ; u]和[w; w]兩個音。這是因為古羅馬人並不用[v; v]這個音的緣故, 英語的[v; v]音在古代用 F 表示, 後來逐漸代由 U 和 V 來表示, 到十七世紀才分別由 U 表示[ʊ; u], V 表示[v; v]音。
W	在古羅馬 V 原來表示[ʊ; u]和[w; w]音, 後來變成由 U 表示[ʊ; u], V 表示[v; v]音。這樣一來便沒有字母可以表示[w; w]音, 所以把兩個 U 或 V 併用以表示[w; w]音。此後兩個併排的字母便演變成一個字母 W, 稱為 double u.
X	由古希臘人做出大體上和現在的 X 相同的字母。有人說這個字母在古希臘以前並不存在。
Y	據傳說此字母原來表示「掛鉤」。古希臘時代已演變成和現在大致相同的形狀, 表示[ʊ; u]的音。進入古羅馬時代此字母卻變成 V 的形狀 (cf. U); 換言之, 古羅馬的字母表中並沒有 Y. 後來為了書寫, 由希臘文借用某些字, 才開始使用 Y.
Z	羅馬人為了書寫希臘文的借用字而使用此字母, 並且也像希臘字母一樣稱為 *zeta.*

A

Al·pine [ˋælpaɪn, -pɪn; 'ælpain] «Alps 的形容詞»—*adj.* **1** 阿爾卑斯山的。**2** [有時 **a~**] 高山的，高山性的：an ~ club 山岳協會；登山俱樂部/an ~ plant 高山植物。

al·pin·ist [ˋælpɪnɪst; 'ælpinist] *n.* [常 **A~**] Ⓒ登高山者，登山家。

Alps [ælps; ælps] *n. pl.* [**the ~**] 阿爾卑斯山脈《橫跨法、義、瑞、奧；最高峯為白朗峯(Mont Blanc)(4,807 公尺)》。

the Alps

‡**al·read·y** [ɔlˋrɛdɪ; ɔ:l'redi] «*all* 和 *ready* 的混合語»—*adv.* (無比較級、最高級) **1** [用於肯定句] **已經**，早已，業經，業已《★用法 在疑問句、否定句中用 yet；cf. 2》：He is back ~. 他已經回來了《★比較 疑問句則為 Is he back *yet*? 他是否已經回來了？；cf. 2 a》/I have ~ seen him [have seen him ~]. 我已見過他了/They are ~ there. 他們已經在那兒了/It is ~ ten (o'clock). 現在已經十點了/When I called, he had ~ started. 當我去拜訪時，他已經出發了/I have been there ~. 我已經去過那兒了《★比較 I've been there *before*. 則為「我以前到過那兒(因此不必[不想]再去)」之意》。

2 [表示驚訝等] **a** [用於疑問句] (居然)已經，這麼早就(cf. yet 2)：Is he back ~? 他已經回來啦？《沒想到、出乎意外》。**b** [用於否定句] 這麼早就：She is*n't* up ~, is she? 她不會這麼早就起來了吧，是不是？

al·right [ɔlˋraɪt; ɔ:l'rait˝] *adv.* & *adj.* =all RIGHT.

Al·sace-Lor·raine [ˋæl,seslo'ren; 'ælsæslɔ'rein] *n.* 亞爾薩斯·洛林《法國東北部之一區，包括 Alsace 及 Lorraine；在 1871–1917 與 1940–44 年間一度屬於德國，此區常為德法爭佔之地》。

Al·sa·tian [ælˋseʃən; æl'seiʃjən] *adj.* 亞爾薩斯(Alsace)的。
—*n.* Ⓒ亞爾薩斯人。

‡**al·so** [ˋɔlso; 'ɔ:lsou] *adv.* (無比較級、最高級) **也**，亦，同樣地，並且，又，另外《★比較 較 too 或 as well 為拘泥的用語》：He ~ speaks French.＝He speaks French(,) ~. 他(另外)還講法語/He is stupid; he is ~ dangerous [he is dangerous(,) ~]. 他又笨又具危險性。

nòt ónly...but also ⇨ not.

—*conj.* 《口語》而且，也，亦，又(and also)。

álso-ràn *n.* Ⓒ **1** (賽馬中)落選的馬《指前三名以外》。**2** 《口語》**a** 榜上無名的人，失敗者；落選者。**b** 落伍者，無足輕重[無價值]之人[物]。

alt [ælt; ælt] *n.*, *adj.* =alto.

alt. 《略》alternate; altitude; alto.

Al·ta·ic [ælˋte·ɪk; æl'teiik˝] *adj.* **1** 阿爾泰山脈的。**2** 阿爾泰語系的。
—*n.* Ⓤ阿爾泰語系。

Al·tái Móuntains [ælˋtaɪ-; æl'tai-] *n. pl.* [**the ~**] 阿爾泰山脈《在蒙古、新疆及西伯利亞中南部境內》。

al·tar [ˋɔltə; 'ɔ:ltə] *n.* Ⓒ (教堂的)**祭壇**，經壇，神壇，聖餐台(⇨ church 插圖)。

léad a woman **to the áltar** 《文語》與〈某女〉結婚，娶〈某女〉。

áltar bòy *n.* Ⓒ《天主教》輔祭(acolyte)《舉行彌撒儀式時協助神父的男童》。

áltar·pìece *n.* Ⓒ (教堂中)祭壇背後與上部的飾物《繪畫、雕刻、屏風等；cf. reredos》。

áltar ràil *n.* Ⓒ圍繞祭壇之欄干。

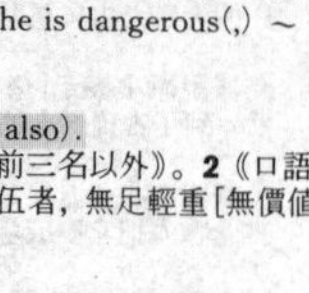

altar

***al·ter** [ˋɔltə; 'ɔ:ltə] «源自拉丁文「別的」之義»—*v.t.* [十受] **1** (部分地)**改變**，變更，更改〈意見、計畫等〉；改建〈房屋〉(⇨ change【同義字】)：~ an opinion 改變意見。**2** 修改〈衣服〉：I had the coat ~*ed* by a tailor to fit me. 我請裁縫師修改這件外套，使它能適合我的身材。**3** 為〈動物〉變性，為〈雄性動物〉去勢，為〈雌性動物〉割去卵巢。

—*v.i.* 變更，更改，改變。

al·ter·a·ble [ˋɔltərəbl; 'ɔ:ltərəbl] *adj.* 可變更的；可修改的。

al·ter·a·tion [,ɔltəˋreʃən; ,ɔ:ltə'reiʃn] «alter 的名詞»—*n.* ⓊⒸ **1** 變更，改變；改造：make an ~ to a building 改建一幢建築物。**2** 變化，變質。

al·ter·a·tive [ˋɔltə,retɪv; 'ɔ:ltərətiv] *adj.* **1** 引起改變的，變更的；改變體質的。**2** 《醫》使身體逐漸恢復健康的。—*n.* Ⓒ《醫》改善體質之藥品，變質藥；改善體質之療法。

al·ter·cate [ˋɔltə,ket; 'ɔ:ltəkeit] *v.i.* 〔動(十介十(代)名)〕〔與…〕口角[激辯]〔*with*〕.

al·ter·ca·tion [,ɔltəˋkeʃən; ,ɔ:ltə'keiʃn] «altercate 的名詞» —*n.* ⓊⒸ口角，激辯。

al·ter e·go [ˋæltəˋigo, -ˋɛgo; ,æltər'egou] «源自拉丁文 'other I' 之義»—*n.* Ⓒ(*pl.* **~s**) **1** 另一個自己，他我，個性中的另一面。**2** 密友，知己，至交，心腹：my ~ 我的莫逆之交。

al·ter·nate [ˋɔltənɪt; ɔ:l'tə:nət] *adj.* (無比較級、最高級) **1 交互的**，交替的，輪流的，更迭的：a week of ~ snow and rain 時而降雪，時而下雨的一週/~ hope and fear 時喜時憂。**2 隔一的**，間隔的：on ~ days [lines] 隔日[行]地，每隔一日[一行]。**3** 《植物》〈葉〉(沿著梗、莖)互生的：~ leaves 互生葉。

—*n.* Ⓒ《美》(會議等的)代理者；候補，替代者。

— [ˋɔltə,net; 'ɔ:ltəneit] *v.t.* **1** 〔十受〕**使**〈二者〉**交替**，使…交錯，使…交互，使…輪流：~ red and blue lines 使紅線與藍線相間。**2** 〔十受十介十(代)名〕使…〔與…〕交替〔*with*〕：He ~*s* kindness *with* severity. 他寬嚴相濟[恩威並施，時寬時嚴]。—*v.i.* **1 a** 〔動(十介十(代)名)〕〈二者〉**輪流**〔於…〕，輪流發生[出現，做]〔*in*〕：Kate and her sister will ~ *in* set*ting* the table. 凱蒂和她姊妹將輪流布置餐桌。**b** 〔十介十(代)名〕〔與…〕交互發生[出現，做]；交替，輪流〔*with*〕：Day ~*s* **with** night. 白晝與夜晚交替更迭。**c** 〔十介十(代)名〕來回[往返]，交互反覆〔於…之間〕〔*between*〕：~ **between** joy *and* grief 悲喜交加。**2** 〈電流〉交流。

ál·ter·nate·ly *adv.* 輪流地，交替地，交互地；交錯地，隔一地，相間地。

ál·ter·nàt·ing *adj.* 交互的，交流的，交替的。

álternating cúrrent *n.* ⓊⒸ《電學》交流(電)《略作 AC, A.C., a.c.；cf. direct current》。

al·ter·na·tion [,ɔltəˋneʃən; ,ɔ:ltə'neiʃn] «alternate 的名詞» —*n.* ⓊⒸ **1** 交互，輪流，交替；相間，交錯，間隔：the ~ of day and night 晝夜之交替/~ of generations 《生物》世代交替[更迭]。**2** 《數學》錯列。**3** 《電學》交變。

***al·ter·na·tive** [ɔlˋtɝnətɪv; ɔ:l'tə:nətiv] *adj.* (無比較級、最高級) **1** (二者之間)**只能選其一的**，二者任擇其一的《★有時亦有三者以上任擇其一之情形》：~ courses of death or life 或生或死的兩條路。

2 可用以替換的，代替的，另一可供選擇的，選擇性的；相反的；除此之外的：an ~ plan 代替方案/We have no ~ course. 我們毫無選擇的餘地[別無他法]。

—*n.* Ⓒ **1** [常 **the ~**] **二者之間的選擇**，二者選一《★有時亦有三者以上任擇其一之情形》：*the* ~ *of* death *or* submission 或死或屈服的選擇/You have *the* ~ *of* go*ing* with us *or* stay*ing* alone at home. 你要同我們去還是要一個人留在家裏任你選擇。**2** (二者間)**可選擇之事物**，**選擇之事物**：The ~*s* are death and submission. 或死或屈服只能擇其一[不要死就要投降]/We have only two ~*s*. 我們只有兩種選擇。**3** [替換…的](另外)**可採用的方法**，〔…的〕替換物〔*to*〕：The ~ *to* submission is death. 不屈服即死/There is no (other) ~. 別無他途，沒有選擇餘地/I had no ~ but to accept the offer. 我除了接受該項提議之外，別無選擇/That's the only ~. 那是唯一可採用的方法。

altérnative conjúnction *n.* Ⓒ《文法》選擇連接詞《如 It is black *or* white. 的 *or*; Please *either* come in *or* stay out. 的 *either...or* 等》。

al·tér·na·tive·ly *adv.* 二者擇一地，替換地，選擇地；或者：Come with us. *A*~, meet us there. 同我們一道去，或者在那兒與我們會合。

altérnative quéstion *n.* Ⓒ《文法》選擇疑問句《Is this a pen or a pencil? 等》。

ál·ter·nà·tor [-tə; -tə] *n.* Ⓒ《電學》交流發電機。

al·tho [ɔlˋðo; ɔ:l'ðou] *conj.* 《美》=although《★用法 不用於正式的文章中》。

alt·horn [ˋælt,hɔrn; 'ælthɔ:n] *n.* Ⓒ高音喇叭《一種裝有杯形吹嘴的有鍵銅管樂器；cf. saxhorn》。

‡**al·though** [ɔlˋðo; ɔ:l'ðou] *conj.* **雖然**，**縱然**，**雖則**，**儘管**，**縱使**：*A*~ he was not handsome, there was something agreeable in his manner. 他雖然並不英俊，舉止却有悅人之處。

語法 (1)一般而言 although 較 though 為拘泥，用以敍述事實多於表示假定；although 所引導的副詞子句通常置於主要子句之前。而 as *though*, even *though*, What *though*...? 等是慣用語，其中的 though 不能以 although 代替；並且，although 不能像 though 當副詞用於句尾。(2)although 所接的副詞子句與主要子句為同一主詞時，有時可省略副詞子句的主詞和 be 動詞，如 *Although old*, he is quite strong. 但這種省略，於 though 所引接的副詞子句較多，而於 although 所引接的副詞子句較少。(3)

although, though 所引接的子句在句首時，為加强其語氣，常在主要子句前加 yet：*Although* [*Though*] she could not study well because of sickness, *yet* she won good marks in the examination.(她雖然因病沒能好好用功，考試却得到好成績)；此 yet 於文章用語，尤其在句子過長時使用，以使從屬子句與主要子句之關係明確。

al·tim·e·ter [æl'tɪmətə, 'æltə,mitə; 'æltimi:tə] *n.* Ⓒ **1** 高度測量器。**2**《航空》高度計。

***al·ti·tude** ['æltə,tud, -,tjud; 'æltitju:d] «源自拉丁文「高」之義»—*n.* **1** Ⓤ[又作 **an** ～](山、飛機等距離地面或海面的)**高度**，海拔(⇨ height【同義字】)：at *an* [the] ～ of... 以…的高度，高度為…。**2** Ⓒ[常 ～s]高處，高地。**3** [用單數]《天文》(天體的)高度；地平緯度《指天體地平上的角距》。

áltitude flìght *n.* ⓊⒸ高空飛行。

áltitude rècord *n.* Ⓒ高度記錄。

áltitude sìckness *n.* Ⓤ高空病《因高處氧氣稀薄而導致的不適與疾病》。

al·to ['ælto; 'æltou] *n.* (*pl.* ～**s**)《音樂》**1 a** Ⓤ次高音《女聲的最低音；男聲的最高音；⇨ bass[1] [相關用語]》。**b** Ⓒalto 之聲。**2** Ⓒ alto 歌者[樂器]。

—*adj.* alto 的：an ～ solo alto 獨唱。

álto clèf *n.* Ⓒ《音樂》alto 譜號。

***al·to·geth·er** [,ɔltə'gɛðə; ,ɔ:ltə'geðə] «*all* 和 *together* 的混合語»—*adv.* (無比較級、最高級) **1 全部地**，完全地，全然，徹底地：It was ～ wonderful. 那確實很好/That is *not* ～ false. 那並非全是假的《★[用法]與 not 連用時成部分否定》。

2 一起，總共，總計：That comes to $150 ～.＝*A*～, that comes to $150. 那總共是一百五十美元/*A*～ now！現在大家一起(來)！

3 [置於句首，修飾整句]**總而言之**，總之：*A*～, it was a successful party. 總而言之，那是一次成功的聚會。

tàken altogéther 就整體而言，總而言之。

—*n.* [**the** ～]《口語·謔》全裸，一絲不掛《★常用於下列片語》：in *the* ～ 一絲不掛的。

álto hórn *n.* ＝althorn.

álto-re·líe·vo [-rɪ'livo; -ri'li:vou] *n.* (*pl.* ～**s**)Ⓤ[指個體時為Ⓒ]《雕刻》高凸浮雕(cf. bas-relief, mezzo-relievo)。

al·tru·ism ['æltrʊ,ɪzəm; 'æltruizəm] *n.* Ⓤ利他主義，愛他主義(←→ egoism)。

ál·tru·ist [-ɪst; -ist] *n.* Ⓒ利他[愛他]主義者(←→ egoist)。

al·tru·is·tic [,æltrʊ'ɪstɪk; ,æltru'istik] *adj.* 利他(主義)的，不自私的(←→ egoistic)。

àl·tru·ís·ti·cal·ly [-klɪ; -kəli] *adv.*

al·um ['æləm; 'æləm] *n.* Ⓤ《化學》明礬，白礬：burnt ～ 燒明礬。

a·lu·mi·na [ə'lumɪnə; ə'lju:minə] *n.* Ⓤ《化學》礬土。

al·u·min·i·um [,æljə'mɪnɪəm; ,ælju'minjəm] *n.* 《英》＝aluminum.

a·lu·mi·nous [ə'lumɪnəs; ə'lju:minəs] *adj.* 明礬的；礬土的；含有明礬的；含礬土的。

a·lu·mi·num [ə'lumɪnəm; ə'lu:minəm, ə'lju:-] *n.* Ⓤ《美》《化學》鋁《金屬元素；符號 Al》。

a·lum·na [ə'lʌmnə; ə'lʌmnə] *n.* Ⓒ(*pl.* **-nae** [-ni; -ni:])《美》女校友，女畢業生；女(同班)同學《女性的 alumnus》。

a·lum·ni [ə'lʌmnaɪ; ə'lʌmnai] *n.* **alumnus** 的複數。

alúmni assòciátion *n.* Ⓒ《美》校友會。

a·lum·nus [ə'lʌmnəs; ə'lʌmnəs] *n.* Ⓒ(*pl.* **-ni** [-naɪ; -nai])《美》男校友，男畢業生，男(同班)同學。

al·ve·o·lar [æl'viələ; æl'viələ] *adj.* 《解剖》蜂窩狀的；肺胞的；齒槽的：～ consonants《語音》齒槽音《t, n, l, s 等》。

al·ve·o·lus [æl'viələs; æl'viələs] *n.* Ⓒ(*pl.* **-li** [-,laɪ; -lai])《解剖》小窩；腺胞，肺胞；齒槽。

al·way ['ɔlwe; 'ɔ:lwei] *adv.* 《古·詩》＝always.

‡**al·ways** ['ɔlwɪz, -wəz, -wez; 'ɔ:lweiz, -wəz, -wɪz] *adv.* (無比較級、最高級) **1 經常，總是**：nearly [almost] ～ 幾乎經常[差不多無例外地]/He is ～ late. 他總是晚到/He ～ comes late. 他總是遲到。**2** [常與進行式連用]老是，一直，始終《★[用法]往往含有說話者的不滿、憤怒等感情》：He *is* ～ grumbl*ing*. 他老是發牢騷。**3** 永遠地：I will remember this day ～. 我會永遠記著這一天。

[語法]always 的位置通常在助動詞及 be 動詞之後，一般動詞之前，但如要强調助動詞或 be 動詞時可置於其前：He *always is* ['ɪz; 'iz] late./He *always does* ['dʌz; 'dʌz] come late.

álways excèpting... ⇨ excepting.

nòt álways [部分否定]未必…，不一定…(⇨ not 4)：A conservative is *not* ～ a reactionary. 保守主義者不一定就是反動份子。

‡**am** [(輕讀)əm, m; əm, m; (重讀)æm; æm] *v.* **be** 的第一人稱、單數、直說法、現在式(⇨ be)《★發音：I am... [aɪəm, 'aɪæm; aiəm, 'aiæm], I'm [aɪm; aim]；am not [m'nɑt, æm'nɑt; m'nɔt, æm'nɔt]》：I *am* an American girl. 我是個美國女孩。

Am《符號》《電子物理》americium. **Am.**《略》America(n).

AM, A.M.《略》《通信》amplitude modulation (cf. FM).

***a.m.** ['e'ɛm; ,ei'em] «拉丁文 *a*nte *m*eridiem (＝before noon)之略»—*adv.* & *adj.* **午前地**[的]，上午地[的] (←→ p.m.)《★[用法] a.m. 利用之外亦可寫成 A.M., A.M. 通常寫在表示時刻的數字之後，而不與 o'clock 連用；不可寫成 A.M. 8.00)》：at 7 *a.m.* 在上午七點時/the 8 *a.m.* train 上午八時的火車/Business hours, 10 *a.m.*－5 p.m. 營業時間自上午十時至下午五時《★[讀法]讀作 ten a.m. to five p.m.》。

A.M.《略》《美》*Artium Magister* (拉丁文＝Master of Arts) (cf. MA).

a·mah ['ɑmə, 'æmə; 'ɑ:mə] *n.* Ⓒ(東方各國等的)阿媽；老媽子；女傭；(尤指)奶媽。

a·main [ə'men; ə'mein] *adv.* 《古·詩》**1** 急速地。**2** 猛力地。**3** 極端地，非常地。

a·mal·gam [ə'mælgəm; ə'mælgəm] *n.* **1** Ⓤ [指種類時為Ⓒ]《冶金》汞合金，汞齊《水銀和其他金屬的合金》：gold [tin] ～ 金[錫]汞齊。**2** Ⓒ **a** 合成品。**b** (種種因素的)混合物：an ～ *of* hope and fear 希望與憂慮交織的心情。

a·mal·ga·mate [ə'mælgə,met; ə'mælgəmeit] *v.t.* **1** 合併，聯合〈公司等〉。**2** 混合，融和〈不同種族、思想等〉：In the U.S. a constant flow of immigrants is being ～*d*. 在美國不斷流入的移民正在融和中。**3**《冶金》使〈金屬〉與水銀化合成汞齊。—*v.i.* **1** 〈公司等〉合併，聯合。**2** 融合，混合。**3**《冶金》與水銀化合。

a·mal·ga·ma·tion [ə,mælgə'meʃən; ə,mælgə'meiʃn] «amalgamate 的名詞»—*n.* ⓊⒸ **1** 汞齊化，汞合，將礦與汞混合以提煉金屬之方法。**2** (公司等之)聯合，合併。**3** 融合，混合。

a·man·u·en·sis [ə,mænjʊ'ɛnsɪs; ə,mænju'ensis] *n.* Ⓒ (*pl.* **-en·ses** [-siz; -si:z])《謔》筆記者，抄錄者，書記，文書；祕書。

am·a·ranth ['æmə,rænθ; 'æmərænθ] «源自希臘文「不凋萎的」之義»—*n.* **1** Ⓒ《詩》(傳說中的)永世花，不凋花。**2** Ⓒ《植物》莧紫《莧科之觀賞植物》。**3** Ⓤ深紫紅色。**am·a·ran·thine** [,æmə'rænθɪn; ,æmə'rænθain] *adj.*

am·a·ryl·lis [,æmə'rɪlɪs; ,æmə'rilis] *n.* Ⓒ《植物》孤挺花《石蒜科的觀賞植物；源自魏吉爾(Virgil)等所作田園詩中美女的名字》。

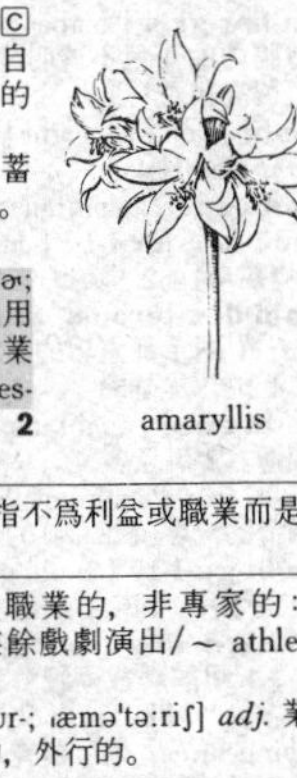

amaryllis

a·mass [ə'mæs; ə'mæs] *v.t.* **1** 積聚；蓄積，積蓄〈財富〉。**2** 大量地積聚〈物等〉。

—*v.i.*《詩》聚集，集合。

***am·a·teur** ['æmə,tʃʊr, -,tʊr, -tə, -tʃə; 'æmətə, -tjuə] *n.* Ⓒ **1 業餘愛好者**《利用業餘從事文學、藝術、運動等的人》，業餘技藝家，非專家 [*at, in*] (←→ professional)：an ～ *at* music 業餘音樂家。**2** 愛好者[*of*]。

【字源】源自拉丁文「愛好的人」之意。指不為利益或職業而是為個人愛好而從事某項活動的人。

—*adj.* **1** [用在名詞前]業餘的，非職業的，非專家的：～ gardening 業餘園藝/～ theatricals 業餘戲劇演出/～ athletics 業餘運動。**2** ＝amateurish.

am·a·teur·ish [,æmə'tɜɪʃ, -'tjʊrɪʃ, -'tʊr-; ,æmə'tə:riʃ] *adj.* 業餘的，非專門的，不熟練的；玩票性質的，外行的。

～**·ly** *adv.* ～**·ness** *n.*

am·a·teur·ism ['æmə,tɜɪzəm, -'tjʊr-, -'tʃʊr-; 'æmətə:rizəm] *n.* Ⓤ **1** 業餘活動；業餘性質；票友的身分。**2** (運動的)業餘資格[身份]。

am·a·to·ry ['æmə,torɪ, -,tɔrɪ; 'æmətəri] *adj.* 《文語》戀愛的，愛情的；色慾的，色情的：an ～ poem 情詩。

am·au·ro·sis [,æmɔ'rosɪs; ,æmɔ:'rousis] *n.* Ⓤ《醫》黑朦，黑內障。

a·maze [ə'mez; ə'meiz] *v.t.* [十受]**使〈人〉驚愕，使…大吃一驚**《★常以過去分詞當形容詞用；⇨ amazed 2；⇨ surprise【同義字】》：You ～ me！你使我大吃一驚[很驚異]。

a·mázed *adj.* **1** 大吃一驚的，大為驚異的，深為驚愕的：an ～ look 一副驚愕的神色。

2 [不用在名詞前] **a** [十介十(代)名][對…]深為驚愕[驚異]的，感到驚駭的[*at*] (cf. amaze)：He was ～ *at* the excellence of the boy's drawings. 他對那男孩子傑出的繪畫感到驚異。**b** [十*to* do]〈因…而〉深感驚訝的：She was ～ *to* find that she had won the prize. 她得知自己得獎而感到很驚訝。**c** [十(*that*)＿]〈對於…一事〉深感驚訝的：I'm ～ (*that*) he accepted it. 他接受了它，這使我感到很驚訝。

a·máz·ed·ly [-zɪdlɪ; -zidli] *adv.* 愕然，驚奇地，驚愕地，詫異地，吃驚地，驚嘆地。

A

a·maze·ment [ə'mezmənt; ə'meizmənt] «amaze 的名詞»—*n.* **1** Ⓤ大吃一驚，驚異，震驚，驚愕：in ~ 驚訝地/*to* one's ~ 令人吃驚的是，意外的是。**2** Ⓒ令人吃驚的事物[原因]。

***a·maz·ing** [ə'mezɪŋ; ə'meiziŋ] *adj.* (**more** ~；**most** ~)令人驚異的，驚人的，令人吃驚的，令人稱奇的，駭人的：an ~ discovery 一項令人驚異的發現/How ~！多麼令人吃驚呀！/It is ~ to find you here. (會)在這兒找到[碰上]你，實在是很令人驚訝。

a·máz·ing·ly *adv.* 令人驚異地，驚人地，絕頂地，出奇地，極度地，非常地：an ~ intelligent boy 絕頂聰明的男孩。

Am·a·zon ['æmə,zɑn; 'æməzən] «源自希臘文「無乳房的」之義；因有傳說謂古時亞馬遜女戰士們為拉弓射箭之便割除右乳房»—*n.* **1** [**the** ~]亞馬遜河《在南美洲，是世界最大河川》。**2** Ⓒ **a** 《希臘傳說》亞馬遜族女戰士中之一員《傳說居住在黑海邊》。**b** [常 **a**~]女中豪傑，魁梧而帶男子氣的女人；(高大強壯的)女性運動員《★稍含輕蔑》。

Ámazon ánt *n.* Ⓒ《昆蟲》亞馬遜蟻《歐洲與美洲之紅蟻，常襲他種蟻之巢，擄劫其幼蟻而使役之》。

Am·a·zo·ni·an [,æmə'zonɪən; ,æmə'zounjən⁻] «Amazon 的形容詞»—*adj.* **1** 亞馬遜河(流域)的。**2** [常 **a**~](如亞馬遜族女戰士般)勇猛的，勇猛強悍的，男性化的，巾幗不讓鬚眉的。

***am·bas·sa·dor** [æm'bæsədɚ; æm'bæsədə] *n.* Ⓒ **1 大使**〔*to*〕：an exchange of ~*s* (兩國間的)大使的交換[互派]/be appointed ~ *to* the U.S. 被任命為駐美大使《★指職務時無冠詞》/the Japanese ~ *to* Great Britain [*to* the Court of St. James's] 日本駐英大使/the British *A*~ *at* [*in*] Tokyo 駐東京的英國大使/an ~ at large 無任所大使；特使，巡迴大使/an ~ extraordinary and plenipotentiary 特命全權大使/a roving ~ 巡迴大使。**2** (正式或非正式的)專使，使節；代表：an ~ of peace 和平使節。
~·**ship** *n.*

am·bas·sa·do·ri·al [æm,bæsə'dorɪəl, -'dɔr-; æm,bæsə'dɔ:riəl⁻] «ambassador 的形容詞»—*adj.* **1** 大使的。**2** 使節的。

am·bas·sa·dress [æm'bæsədrɪs; æm'bæsədris] *n.* Ⓒ **1** 女大使[使節]。**2** 大使夫人。

am·ber ['æmbɚ; 'æmbə] *n.* Ⓤ **1** 琥珀。**2** 琥珀色，黃褐色。
—*adj.* **1** 琥珀(製)的。**2** 琥珀色的。

am·ber·gris ['æmbɚ,gris, -grɪs; 'æmbəgri:s] *n.* Ⓤ龍涎香《抹香鯨腸內的灰色不透明分泌物；排出之後常浮於海面或漂至海邊；可製高級香料》。

am·bi- [æmbɪ-; æmbi-] 字首 表示「雙方」「兩側」「周圍」「圍繞」等：*ambi*dextrous.

am·bi·ance ['æmbɪəns; 'æmbiəns] *n.* Ⓒ環境；氣氛(ambience).

àmbi·dex·tér·i·ty [-dɛks'tɛrətɪ; -dek'sterəti] *n.* Ⓤ **1** 兩手俱利[均靈巧]。**2** 卓越的靈巧。**3** 胸懷二心，詭詐。

àmbi·déx·terous, àmbi·déx·trous [-'dɛkstrəs; -'dekstrəs⁻] *adj.* **1** 兩手都靈巧的。**2** 非常靈巧的，極技巧的，熟練的。**3** 懷二心的，詭詐的。~·**ly** *adv.*

am·bi·ence ['æmbɪəns; 'æmbiəns] *n.* Ⓒ《文語》**1** 環境，周圍，周遭。**2** 氣氛。

am·bi·ent ['æmbɪənt; 'æmbiənt] *adj.* 《文語》包圍的，周圍的，周遭的，環繞(四周)的：(the) ~ air 周圍的空氣。

am·bi·gu·i·ty [,æmbɪ'gjuətɪ; ,æmbi'gju:iti] *n.* **1** Ⓤ含有兩種(以上)意義，曖昧，模稜兩可，含意模糊。**2** Ⓒ曖昧的措詞[語句]。

am·big·u·ous [æm'bɪgjuəs; æm'bigjuəs] *adj.* (**more** ~；**most** ~) **1 可解釋成兩種(以上)意思的；有多種意思的**(⇨ vague【同義字】)：'They are flying kites.' is an ~ sentence. 'They are flying kites.' 是可解釋成兩種意思的[語義含糊的]句子《★可解釋成「他們在放風箏」和「牠們是正在飛翔的鳶」兩種》。
2 曖昧的，含糊的，模稜兩可的，不分明的，不明確的。
~·**ly** *adv.* ~·**ness** *n.*

am·bit ['æmbɪt; 'æmbit] *n.* Ⓒ[常 ~**s**]《文語》**1** 界限，境界，範圍，領域(sphere).
2 (建築物之)周圍；境內，區域。

***am·bi·tion** [æm'bɪʃən; æm'biʃn] *n.* **1** ⓊⒸ **a** 〔對…的〕**雄心**，野心，弘願，抱負，大志，企圖心〔*for*〕《★可用於好意和壞意》：high ~*s* 雄心壯志，弘願/an ~ *for* political power 對政治權力的野心/fulfill one's ~*s* 實現弘願[抱負]，滿足野心。

> 【字源】源自拉丁文「到處走動」之意。古羅馬已有政府公職的民選制度；候選人為了獲得市民的支持而穿著白色服在街上四處奔走爭取選票因而轉義為「大志、野心」等意；cf. candidate【字源】

b 〔+ *to* do〕〈想做…的〉野心；雄心，抱負：He had a high ~ *to* be a great statesman. 他胸懷大志，想成為一個偉大的政治家。
2 Ⓒ希望達到的目標，抱負：The championship is his ~. 贏得冠軍是他的抱負。

***am·bi·tious** [æm'bɪʃəs; æm'biʃəs] «ambition 的形容詞»—*adj.* (**more** ~；**most** ~) **1 a 懷有大志[野心]的**：an ~ politician 有野心的政治家/Boys, be ~！孩子們，要有大志！**b** [不用在名詞前]〔+介+(代)名〕〔對…〕有野心的，熱望〔得到…〕的，懷有〔欲得到…之〕野心的〔*for, of*〕：He is ~ *for* [*of*] power. 他對權勢懷有野心。**c** [不用在名詞前]〔+ *to* do〕熱望〈做…〉的，有抱負〈想做…〉的：He is ~ *to* succeed in this enterprise. 他熱望能把這企業做成功。
2 〈計畫、作品等〉顯示出野心[抱負]的。
~·**ly** *adv.* ~·**ness** *n.*

am·biv·a·lence [æm'bɪvələns; ,æmbi'veiləns, æm'bivələns] «ambivalent 的名詞»—*n.* **1** Ⓤ《心理》矛盾情緒《對同一對象同時具有矛盾的兩種感情或價值的精神狀態》。
2 ⓊⒸ **a** 兩面價值；(兩種矛盾的)感情的交織《如又愛又恨》。**b** 搖擺不定，猶豫不決。

am·biv·a·lent [æm'bɪvələnt; æm'bivələnt] *adj.* **1** 《心理》〈人〉兩面價值的。
2 〔對…〕持矛盾的兩種感情[態度，意見，意義，價值]的；〈心理或感情〉矛盾的，搖擺不定的。~·**ly** *adv.*

am·ble ['æmbl; 'æmbl] *v.i.* 〔**動**(**+副**)〕**1** 〈馬〉同時並舉同側兩足而行，溜花蹄〈*along, about, around*〉.

amble 1

2 〈人〉徐行，緩行，慢行，溜達，漫步〈*along, about, around*〉.
—*n.* [**an** ~] **1** 《馬術》溜蹄《馬之同側兩足同時並舉而悠然前進之步調；cf. gait 2》. **2 a** 徐緩的步調。**b** 漫步，散步：Let's go for *an* ~ 我們去散步吧。

ám·bler *n.* Ⓒ **1** 溜蹄的馬。**2** 漫步的人。

am·bro·si·a [æm'broʒɪə, -ʒə; æm'brouzjə, -ʒiə] *n.* ⓊⒸ **1** 《希臘・羅馬神話》神(仙)之食物，神饌《傳說人食後可長生不老；cf. nectar 1》. **2** 《文語》美味[芳香]的食品。

am·bro·si·al [æm'broʒɪəl, -ʒəl; æm'brouzjəl, -ʒiəl] «ambrosia 的形容詞»—*adj.* **1** 天上諸神食用的；似神(仙)之食物的。**2** 極美味的；芬芳的；美妙的。

ambulance

***am·bu·lance** ['æmbjələns; 'æmbjuləns] *n.* (又作 **ámbulance càr**) Ⓒ**救護車**，用以運送傷病患者的運輸機[直升機，船(等)]：by ~ 以[乘]救護車《★無冠詞》。

> 【字源】此字和野心(ambition)一樣原義為「到處走動」。南丁格爾(Nightingale)所活躍的克里米亞戰爭(Crimean War, 1853–56)中，法軍曾稱戰場的醫院為「走動的醫院」。這是因為野戰醫院常隨戰場移動，以便收容傷病患之故。英語的 ambulance 是把「走動的醫院」中的「醫院」部分去掉而轉指到處移動運送傷患的救護車。
> 【說明】美國的救護車除屬於消防隊以外尚有附屬於醫院或民營者，車頭常以反面字標示其為救護車，以便行駛在前方之其他車輛駕駛人能在後視鏡中發現時迅速識別而讓救護車優先行駛。

am·bu·lant ['æmbjələnt; 'æmbjulənt] *adj.* **1** 巡行的，可移動的。
2 《醫》〈病人〉不必臥牀的，可走動的(ambulatory 3).

am·bu·late ['æmbjə,let; 'æmbjuleit] «源自拉丁文「步行」之義»—*v.i.* 步行；走動；移動。

am·bu·la·tion [,æmbjə'leʃən; ,æmbju'leiʃn] *n.* Ⓤ步行；移動。

am·bu·la·to·ry ['æmbjələ,torɪ, -,tɔrɪ; 'æmbjulətəri] *adj.* **1** 步行的；移步用的。
2 移動性的；暫時的。
3 《醫》〈患者〉不必臥牀的，可走動的。
4 《法律》可變更的，未確定的。
—*n.* Ⓒ(僧院等的)有屋頂的走廊[迴廊]。

am·bus·cade [,æmbəs'ked; ,æmbəs'keid] *n., v.t. & v.i.* = ambush.

am·bush ['æmbuʃ; 'æmbuʃ] «源自拉丁文「在 bush(叢林)中」之義»—*n.* **1** Ⓒ **a** 埋伏：an enemy ~ 敵人的埋伏/lie [hide] *in* ~ (*for*...)埋伏(以待…)《★in ~ 無冠詞》。**b** 埋伏襲擊，伏擊：fall into an ~ 陷入[遭遇]埋伏/be killed in an ~ 中伏喪生[被殺]/fight with an enemy *by* ~ 用埋伏與敵人戰鬥，伏擊敵人《★by ~ 無冠詞》/strike a blow *from* ~ 埋伏襲擊，伏擊，暗算《★from ~ 無冠詞》。**2** Ⓒ埋伏處。**3** Ⓒ[集合稱]伏兵：lay [make] an ~ 部署伏兵。

—*v.t.* 埋伏著等〈敵人等〉；埋伏突襲…：～ the enemy 伏擊敵人。—*v.i.* 埋伏。

a·me·ba [ə'mibə; ə'mi:bə] *n.* ＝amoeba.

a·me·bic [ə'mibɪk; ə'mi:bik] *adj.* ＝amoebic.

a·me·boid [ə'mibɔɪd; ə'mi:bɔid] *adj.* ＝amoeboid.

A·me·li·a [ə'miljə; ə'mi:ljə] *n.* 艾蜜莉亞《女子名》。

a·me·lio·ra·ble [ə'miljərəbl; ə'mi:ljərəbl] *adj.* 可改良的，可修正的。

a·me·lio·rate [ə'miljə,ret; ə'mi:ljəreit] «源自拉丁文「使更好」之義»—《文語》*v.t.* 改良，改善（↔ deteriorate）. —*v.i.* 改善，變好，進步，改良。

a·me·lio·ra·tion [ə,miljə'reʃən; ə,mi:ljə'reiʃn] «ameliorate 的名詞»—*n.* Ⓤ改良，改善，變好，進步，改進（↔ deterioration）.

a·me·lio·ra·tive [ə'miljə,retɪv; ə'mi:ljərətiv] *adj.* 改良的，改善的。

***a·men** ['e'mɛn, 'ɑ'mɛn; ɑ:'men, ,ei'men] «源自希伯來語「的確」之義»—*interj.* **1** 阿門《★基督教徒於祈禱後所說的話，表示 so be it（但願如是）之意》。**2**《口語》〔表示同意、贊成〕好，可以，同意；對。

—*n.* ⓊⒸ「阿門」之語。

sày amén (1)說阿門。(2)〔對…〕贊成〔*to*〕.

a·me·na·bil·i·ty [ə,minə'bɪlətɪ; ə,mi:nə'biləti] «amenable 的名詞»—*n.* Ⓤ服從，順從。

a·me·na·ble [ə'minəbl; ə'mi:nəbl] *adj.* [不用在名詞前]〔十介十(代)名〕**1**〈人〉〔對忠告、道理等〕願順從的，肯接受的；易受影響的；反應敏感的〔*to*〕：a person ～ *to* reason 通情達理的人。**2**〔對法律等〕有服從之義務的，應服從的；對〔法律〕負有責任的〔*to*〕：We are ～ *to* the law. 我們有服從法律的義務。**3**〈人、行為等〉〔對責難等〕應負責任的，有受〔責難等〕之餘地的〔*to*〕：His conduct is ～ *to* criticism. 他的行為易受批評。**4**〈事物〉經得起〔分析、檢驗等〕的，可〔以…〕檢查[處理]的〔*to*〕：data ～ *to* scientific analysis 經得起科學分析的資料。

a·mend [ə'mɛnd; ə'mend] «源自拉丁文「除去缺點」之義»—*v.t.*〔十受〕**1** 改善，改良，改正〈行為等〉：～ one's conduct 改變行為。**2** 修正〈法律、議案等〉：The constitution was ～*ed* so that women could vote. 憲法經過修改以使婦女擁有投票權。—*v.i.* 改過，悔改。～**·a·ble** [～əbl; ～əbl] *adj.*

a·mend·ment [ə'mɛndmənt; ə'mendmənt] «amend 的名詞» —*n.* **1** ⓊⒸ改正，修正(案)〔*to*〕. **2** ⓊⒸ改進，改良，改善。**3** [the Amendments]（美國憲法之）修正案（⇨ BILL[1] of rights (2)）.

a·mends [ə'mɛndz; ə'mendz] *n. pl.* [有時當單數用] 賠償，賠罪：make ～ (*to* a person) (*for*...)（為…）(向人) 賠罪[賠償]，彌補（人）(損失等)。

a·men·i·ty [ə'mɛnətɪ; ə'mi:nəti] *n.* **1** [the ～]〔場所、氣候等的〕適宜(性)，舒適(性)；〔為人等的〕和藹可親，溫文爾雅，爽快〔*of*〕. **2** Ⓒ[常 amenities] 舒適的設備[設施]，文化性的設備《如音樂會、圖書館等》：a hotel with all the *amenities* 設備齊全[各種設施一應俱全]的旅館。**3** Ⓒ[常 amenities] 禮節，情誼：exchange *amenities* 互相寒暄，互相禮貌致意。

Amer.《略》America；American.

Am·er·a·sian [,æmə'reʒən; ,æmə'reiʒən] «*American* 和 *Asian* 的混合字»—*n.* Ⓒ美亞混血兒《尤指父親為美國人者》。

a·merce [ə'mɝs; ə'mə:s] *v.t.* **1**〔以…罰金〕罰〈某人〉〔*in*〕. **2** 懲罰…。～**·ment** *n.*

‡**A·mer·i·ca** [ə'mɛrɪkə; ə'merikə] «取自從前咸信美洲為其所發現之義大利航海家 Amerigo Vespucci 之拉丁文名 *Americus Vespucius*» —*n.* **1** 美利堅合衆國，美國（the United States of America, the U.S.(A.), the States）《★[比較]美國人大都稱之為 the (United) States》. **2** 北美洲，北美（North America）. **3** 南美洲，南美（South America）. **4** 南、北美(洲)。**5** 南、北、中美(洲)，美洲《★地理上稱為美洲大陸》。

> 【字源】雖說哥倫布(Columbus)是發現美洲大陸的人，可是他並未察覺這是一個新大陸，而以為是印度的一部分。大約同時到達這大陸的義大利探險家阿美利哥・維斯浦奇(Amerigo Vespucci)則主張這是完全新的大陸，而不是亞洲大陸的一部分。因此新大陸取名為「美利堅」(America)；cf. Indian.

‡**A·mer·i·can** [ə'mɛrɪkən; ə'merikən] «America 的形容詞» —*adj.* **1** 美洲的；美利堅合衆國的，美國的；美國人的：the ～ language 美語。**2** 美國製的。

—*n.* **1** Ⓒ美洲人；美國人：an ～ 美國人(一人)/ten ～*s* 十名美國人/the ～*s* 美國人《全體》。**2** Ⓤ美國英語，美語。

> 【說明】(1)美國人是美利堅合衆國(the United States of America)的國民；由各色各樣的人種和民族所構成。除了土著美國印地安人(American Indian)以外，其他都是移民或被販賣過來的奴隸及其子孫。除了盎格魯撒克遜(Anglo-Saxon)、斯拉夫(Slav)、拉丁(Latin)、日耳曼(German)、猶太(Jew)等之外，還包括中國、泰國、緬甸、印度、日本等各民族的人，聚集在美國形成一個國家。然而統治階層卻以白人而且是盎格魯撒克遜系的新教徒(WASP, White Anglo-Saxon Protestant)佔大多數。在歷任總統中，像愛爾蘭系的天主教徒甘迺迪(John F. Kennedy)算是異數。
> (2)有關美國的「憲法」、林肯(Lincoln)的「蓋茨堡演說」、羅斯福(F. D. Roosevelt)的「四大自由」，「獨立宣言」請分別參照 the Constitution of the United States (⇨ constitution 3), fourscore, four freedoms, the DECLARATION of Independence, Gettysburg Address.

A·mer·i·can·a [ə,mɛrə'kenə, -'kænə, -'kɑnə; ə,meri'kɑ:nə] *n. pl.* 有關美國[美洲]的文獻[史料]，美國[美洲]的風景文物，美國[美洲]誌。

Américan áloe *n.* ＝century plant.

Américan Béauty *n.* Ⓒ美國產的一種一年四季都開花的紅薔薇。

Américan bíson [búffalo] *n.* Ⓒ《動物》美洲野牛《北美產之野牛；現已瀕臨絕種》。

Américan Dréam *n.* [the ～] 美國之夢《一種美國的社會理想，強調美國人民可在機會均等的前提下追求物質繁榮》。

Américan éagle *n.* ＝bald eagle.

Américan Énglish *n.* Ⓤ美國英語，美語。

Américan Fíeld Sèrvice *n.* Ⓤ辦理高中學生交換留學之國際文化交流財團《總部在美國；略作 AFS》.

Américan fóotball *n.* Ⓤ美式足球。

> 【說明】在美國最受歡迎的球類運動，自十月至二月為比賽季節，最著名的大比賽有在新奧爾良(New Orleans)舉行的職業冠軍賽 Super Bowl 及分別在帕沙第納(Pasadena)，新奧爾良(New Orleans)，達拉斯(Dallas)，邁阿密(Miami)舉行的 Rose Bowl, Sugar Bowl, Cotton Bowl, Orange Bowl 等大學橄欖球賽；在美國單稱 football.

American football

Américan Índian *n.* Ⓒ美國紅人，美洲印地安人《南北美洲除愛斯基摩人以外的土著》。

A·mér·i·can·ism [-,nɪzəm; -nizəm] *n.* **1** Ⓤ對美國的忠誠袒護，親美(主義)。**2** ⓊⒸ美國風格；美國作風，美國特有的性質，美國精神。**3** ⓊⒸ美國特有的用語[語法]《如 cookie, prairie, corn, store；cf. Briticism》.

A·mer·i·can·i·za·tion [ə,mɛrəkənə'zeʃən; ə,merikənai'zeiʃn] «Americanize 的名詞» —*n.* Ⓤ **1** 美國化。**2** 歸化美國。

A·mer·i·can·ize [ə'mɛrəkən,aɪz; ə'merikənaiz] *v.t.* **1** 使…美國化，把…美國化；使…成美國風格[式]。**2** 使〈人〉歸化美國。

—*v.i.* **1** 美國化，成為美國風格[式，作風]。**2** 歸化美國。

Américan Léague *n.* [the ～] 美國兩大職業棒球聯盟之一《另一為 National League；cf. major league》.

Américan Légion *n.* [the ～] 美國退伍軍人協會。

Américan órgan *n.* Ⓒ美式風琴。

Américan plàn *n.* [the ～] 美式旅館之供膳制《旅館費中包括膳食費用，即旅館提供住宿及膳食之方式；cf. European plan》.

Américan Revolútion *n.* [the ～]（美國）獨立戰爭。

> 【說明】指英國本土和北美殖民地之間的戰爭(1775–83)，東部十三個殖民地在此戰爭中於 1776 年 7 月 4 日宣布獨立，於宣言中明示自由、平等、民主的思想，並以喬治・華盛頓(George Washington)為總指揮官。獨立戰爭的勝利，給予法國革命重大的影響，並成為十九世紀自由主義運動的先聲；在英國稱此戰爭為 the War of (American) Independence.

am·er·ic·i·um [,æmə'rɪʃɪəm; ,æmə'risiəm] *n.* Ⓤ《核子物理》鋂《阿爾發 α 放射性元素；符號 Am》.

Am·er·in·di·an [,æmə'rɪndɪən; ,æmər'indjən] *n.* Ⓒ美國紅人，美洲印地安人。

—*adj.* 美國紅人[北美印地安人]（文化）的。

am·e·thyst ['æməθɪst; 'æmiθist] «源自希臘文「不醉」之義；因為從前人們相信紫水晶有防醉之力»—*n.* **1** Ⓤ[指寶石個體時為Ⓒ]《礦》紫水晶，紫晶（⇨ birthstone 表）。**2** Ⓤ紫色；藍紫色。

A

【圖片說明】描寫American Revolution的畫

am·e·thys·tine [ˌæmɪ'θɪstɪn, -taɪn; ˌæmi'θistain] *adj.* **1** 紫水晶製成的。
2 似紫水晶的。
3 含紫水晶的。

a·mi·a·bil·i·ty [ˌemɪə'bɪlətɪ; ˌeimiə'biləti] 《amiable 的名詞》—*n.* Ⓤ和藹可親，溫柔，友善，親切。

a·mi·a·ble ['emɪəbl; 'eimiəbl] *adj.* 〈人、性情等〉和藹可親的，溫柔的，親切的；悅人的；友善的，友好的：one's ~ manner 親切的態度/an ~ person 友善的人。
á·mi·a·bly [-əblɪ; -əbli] *adv.* **~·ness** *n.*

am·i·ca·bil·i·ty [ˌæmɪkə'bɪlətɪ; ˌæmikə'biləti] 《amicable 的名詞》—*n.* **1** Ⓤ友善，和平，和睦。
2 Ⓒ友善[友好]的行為。

am·i·ca·ble ['æmɪkəbl; 'æmikəbl] 《源自拉丁文「朋友」之義》—*adj.* 友好的，友善的；和平的：~ relations 友好關係/an ~ settlement 和解，圓滿解決。**ám·i·ca·bly** [-kəblɪ; -kəbli] *adv.* **~·ness** *n.*

am·ice ['æmɪs; 'æmis] *n.* Ⓒ **1** 披肩《天主教神父於做彌撒時披在肩上的長方形白麻布》。**2** 僧侶的頭巾。

a·mid [ə'mɪd; ə'mid] *prep.* 《文語》在…中，在…的正當中：~ shouts of dissent 在不贊成的叫囂聲中。

amid·ship(s) *adv.* 《航海》在船的中央。

a·midst [ə'mɪdst; ə'midst] *prep.* =amid.

a·mi·go [ə'migo; ə'mi:gou] 《源自西班牙語 'friend' 之義》—*n.* Ⓒ(*pl.* ~s)《美口語》朋友。

a·mí·no ácid [ə'mino-; ə'mi:nou-] *n.* Ⓒ《化學》氨基酸《構成蛋白質的有機化合物》。

a·mir [ə'mɪr; ə'miə] *n.* =emir.

a·mir·ate [ə'mɪrɪt, -ˌret; ə'mi:ərit, -reit] *n.* =emirate.

A·mish ['ɑmɪʃ, 'æm-; 'ɑ:miʃ, 'æm-] *n.* Ⓒ安曼派教徒《於十七世紀由基督教新教中瑞士孟諾派(Mennonites)所創，主要移居美國賓夕凡尼亞州(Pennsylvania)之一教派信徒；以嚴格之教義及樸素之生活方式著稱》。

a·miss [ə'mɪs; ə'mis] *adj.* [不用在名詞前]**1** 〔十介十(代)名〕〔於…〕不妥的；(情況)不佳的，故障的，有毛病的，錯誤的，有差錯的〔*with*〕：What's ~ *with* it？ 那有什麼不對嗎？/Something is ~ *with* the engine. 這引擎有點毛病。**2** [常用於否定句]不合時宜的，不適當的：A word of advice may *not* be ~ here. 在這裏奉勸一句大概沒什麼不妥吧。
—*adv.* 不妥地，不順當地；錯誤地；不合時宜地，不適當地：judge a matter ~ 錯誤地判斷某事/speak ~ 講錯話。
còme amíss [用於否定句]〈事〉不稱心；有妨礙：*Nothing comes* ~ to a hungry man. 《諺》飢不擇食。
dò amíss (1)做錯〈事〉。(2)犯錯誤。
gò amíss 〈事〉不順遂，不稱心如意，出差錯。
tàke...amíss (因誤會而)對…生氣；因…而見怪；對…非常在乎。

am·i·ty ['æmətɪ; 'æməti] *n.* ⓊⒸ和睦，友好(關係)，友善：a treaty of peace and ~ 和平友好條約。
in ámity (with...) (與…)友好的[地]。

A.M.M. 《略》antimissile missile 反飛彈飛彈。

Am·man [ɑ'mɑn; ə'mɑ:n] *n.* 安曼《約旦王國的首都》。

am·me·ter ['æmˌmitɚ, 'æˌmitɚ; 'æmitə] *n.* Ⓒ安培計，電表。

am·mo ['æmo; 'æmou] *n.* 《口語》=ammunition 1.

Am·mon ['æmən; 'æmən] *n.* 阿蒙《古埃及人之太陽神》。

am·mo·nia [ə'monjə; ə'mounjə] *n.* Ⓤ《化學》**1** 氨，阿摩尼亞《氣體》。**2** 氨水。

am·mo·ni·ac [ə'monɪˌæk; ə'mouniæk] *n.* Ⓤ氨樹膠《用作黏合劑、興奮劑等》。
—*adj.* =ammoniacal.

am·mo·ni·a·cal [ˌæmə'naɪəkl; ˌæmə'naiəkl⁻] *adj.* 氨的。

am·mo·nite ['æmənˌaɪt; 'æmənait] *n.* Ⓒ《古生物》鸚鵡螺之化石，菊石《頭足類的化石》。

am·mo·ni·um [ə'monɪəm; ə'mouniəm] *n.* Ⓤ《化學》銨《氨鹽基》：~ carbonate [chloride] 碳酸[氯化]銨/ ~ hydroxide 氫氧化銨/ ~ sulfate 硫酸銨，硫銨。

am·mu·ni·tion [ˌæmjə'nɪʃən; ˌæmju'niʃn] 《將法語 la munition (軍需品)誤寫做 l'amunition 而成》—*n.* Ⓤ **1** 〔軍〕[集合稱]彈藥，軍火。**2** 攻擊[防禦]手段。

ammunítion bòx[chèst] *n.* Ⓒ彈藥箱。

ammunítion wàgon *n.* Ⓒ彈藥車。

am·ne·sia [æm'niʒə; æm'ni:zjə] 《源自希臘文「未記憶」之義》—*n.* Ⓤ《醫》記憶喪失(症)，健忘症。

am·nes·ty ['æmˌnɛstɪ, 'æmnəstɪ; 'æmnisti] 《源自希臘文「遺忘」之義》—*n.* Ⓤ [又作 **an** ~] 大赦，特赦：under *an* ~ 獲得大赦/grant [give] (*an*) ~ (to offenders) (尤指對政治犯)施與大赦。
—*v.t.* 對〈人〉施行大赦，赦免。

am·ni·on ['æmnɪən; 'æmniən] *n.* (*pl.* ~s, **-ni·a** [-nɪə; -niə])《解剖》Ⓒ(胎兒之)羊膜，胞衣。

a·moe·ba [ə'mibə; ə'mi:bə] *n.* Ⓒ(*pl.* ~s, **-bae** [-bi; -bi:])《動物》阿米巴《極小的單細胞原生動物》，變形蟲。

a·moe·bic [ə'mibɪk; ə'mi:bik] *adj.* (似)阿米巴的：~ dysentery 阿米巴性痢疾。

a·moe·boid [ə'mibɔɪd; ə'mi:bɔid] *adj.* 《生物》似變形蟲的；時常變形的。

a·mok [ə'mʌk, ə'mɑk; ə'mɔk] *adv.* 〈人〉狂亂地，狂怒地。
rùn amók (1)發殺人狂，充滿殺機地狂亂。(2)失去自制心，變得不辨善惡[不分青紅皂白]。

A·mon ['ɑmən; 'ɑ:mən] *n.* =Ammon.

***a·mong** [ə'mʌŋ; ə'mʌŋ] *prep.* **1** 在…中間，在…之中，在…所圍繞之中《★用法通常用於三者以上，因此受詞為複數(代)名詞或集合名詞；cf. between》：She was sitting ~ the boys. 她坐在

男孩子們之中/He lives ~ the poor. 他生活在窮人之中/He moved ~ the crowd. 他在人羣之中走動。
2 a 為〈同夥、同類〉中之一：She is ~ the prize winners. 她是得獎人之一/New York is ~ the biggest cities in the world. 紐約是世界上最大城市之一。**b** 在〈同類〉之中的傑出者：He is one ~ a thousand. 他是在一千個當中才有一個的人才。
3 a 在…之間：He is popular ~ the students. 他深受學生的歡迎。**b** 在…之間(分配)：Divide the money ~ you. 把這錢在你們之間分配吧。**c** 在…之間(共同)：We finished the work ~ ourselves. 我們共同完成了那工作。**d** 在…之間互相：Don't quarrel ~ yourselves. 你們別互相爭吵。
amòng óthers [óther thìngs] 在衆多之中，其中；尤其，格外：*A~ others* there was Mr. A. A 先生也在其中。
from amòng... 從…之中：The chairman is chosen *from* ~ the members. 主席由會員中選出。

a·mongst [ə'mʌŋst; ə'mʌŋst] *prep.* =among.

a·mor·al [e'mɔrəl, -'mɑr-; ˌei'mɔrəl⁻] *adj.* **1** 與道德無關的。**2** 〈小孩等〉無辨別善惡之能力的，無道德意識的，無道德觀念的。
a·mor·al·i·ty [ˌemə'rælɪtɪ; ˌeimə'ræliti] *n.*

am·o·rous ['æmərəs; 'æmərəs] *adj.* **1 a** 好色的；色情的。**b** 〈眼神等〉妖豔的，妖嬈的；含情脈脈的：~ glances 秋波。**2 a** 戀愛的，表示愛情的：~ affairs 韻事，艷事。**b** [不用在名詞前]〔十介十(代)名〕〔對…〕戀慕的〔*of*〕. **~·ly** *adv.* **~·ness** *n.*

a·mor·phous [ə'mɔrfəs; ə'mɔ:fəs] *adj.* **1** 無定形的。**2** 無組織的。
~·ly *adv.* **~·ness** *n.*

a·mor·tize ['æmɚˌtaɪz, ə'mɔrtaɪz; ə'mɔ:taiz] *v.t.* (分期)償還〈債務〉，攤還…；攤提〈資產〉。

A·mos ['eməs; 'eimɔs] *n.* **1** 阿摩司《男子名》。**2** 《聖經》**a** 阿摩司《希伯來先知》。**b** 阿摩司《聖經舊約中一書》。

A

‡**a·mount** [əˋmaunt; əˈmaunt] *v.i.* 〔十介＋(代)名〕**1** 總計，共計，共達，計爲〔某一數字〕〔*to*〕: Damages from the flood ～ *to* ten million dollars. 水災所造成之損失共達一千萬美元。
2 相當於〔…〕，等於〔…〕〔*to*〕: This answer ～*s to* a refusal. 這回答等於拒絕/This does not ～ *to* much. 這沒什麼大不了，這沒什麼了不起/What he has done ～*s to* very little. 他的作爲無足輕重[他的作爲微不足道]/He'll never ～ *to* anything. 他絕不會成(大)器。
—*n.* 1 [the ～]總計，總額〔*of*〕(⇨ sum【同義字】): He paid *the* full ～ *of* the expenses. 他支付了費用的全額。
2 Ⓒ數量，額《★cf. number》: a large ～ *of* money 龐大的金額，鉅款/a small ～ *of* butter 少量的牛油/the ～ *of* people present 在場的人數/the ～ *of* weapons 武器的數量/Any ～ *of* money will do. 金額大小不拘。
3 [the ～]要旨，意義〔*of*〕.
in amóunt 在數量上；總計；總而言之。
to the amóunt of… 計達…，共達…: He has debts *to the* ～ *of* ten thousand dollars. 他的負債共達一萬美元。

a·mour [əˋmur; əˈmuə] «源自法語 'love' 之義»**—*n.*** Ⓒ《罕》**1** [常 ～*s*]韻事，戀情；姦情，私通，桃色事件。**2** 發生姦情的一方《尤指女方》。

A·moy [əˋmɔɪ; əˈmɔi] *n.* 廈門。

amp. 《略》amperage; ampere.

am·per·age [ˋæmˏpɪrɪdʒ, æmˋpɪrɪdʒ; ˈæmpɛəridʒ] *n.* Ⓤ[又作 an ～]《電學》安培數，電流量。

am·pere, am·père [ˋæmpɪr, æmˋpɪr; ˈæmpɛə] «源自法國物理學家之名»**—*n.*** Ⓒ《電學》安培《電流强度的基本單位；SI 單位之一；略作 a., A》.

ámpere-hóur *n.* Ⓒ安培小時。

ámpere·mèter *n.* ＝ammeter.

ámpere tùrn *n.* Ⓒ《電學》安培匝。

am·per·sand [ˋæmpɚsˏænd; ˈæmpəsænd] *n.* Ⓒ & (＝and) 符號之名稱《★用法主要用於商業信件與參考文獻等》。

am·phet·a·mine [æmˋfɛtəˏmin; æmˈfetəmi:n] *n.* Ⓤ[指產品個體時爲Ⓒ]《藥》安非他命《一種興奮劑》。

am·phi- [æmfɪ-; æmfi-] 字首表示「在兩側，在兩端」「兩種…」「在周圍」之意。

Am·phib·i·a [æmˋfɪbɪə; æmˈfibiə] *n. pl.* 《動物》兩棲類《青蛙、蠑螈等》。

am·phib·i·an [æmˋfɪbɪən; æmˈfibiən] *adj.* **1** 兩棲類的。
2 水陸兩用的: an ～ tank 水陸兩用坦克車[戰車]。
—*n.* Ⓒ **1** 兩棲動物。**2** 水陸兩用飛機，水陸兩用(戰)車(等)。

amphibian 2

am·phib·i·ous [æmˋfɪbɪəs; æmˈfibiəs] *adj.* **1** 水陸兩棲的。
2 a 水陸兩用的。**b** 〈作戰等〉陸海聯合的: ～ operations 陸海聯合作戰。
3 雙重性格[人格]的，具有雙重特性的。

am·phi·the·a·ter, 《英》**am·phi·the·a·tre** [ˋæmfəˏθiətɚ, -ˏθɪə-; ˈæmfiˏθiətə] *n.* Ⓒ **1** (古羅馬的)圓形露天劇場及競技場《在中央之鬥技場周圍有階梯式觀衆席》。**2** (劇場中比二樓正面特別座(dress circle)更高的)階梯式觀衆席；階段式觀衆席。

am·pho·ra [ˋæmfərə; ˈæmfərə] *n.* Ⓒ(*pl.* **-rae** [-ˏri; -ri:], ～**s**)(古希臘、羅馬的)雙耳長頸瓶。

am·ple [ˋæmpl; ˈæmpl] *adj.* (**am·pler**; **am·plest**) **1** 廣闊的，廣大的: ～ living quarters 寬敞的宿舍[住宅區]。
2 [用於不可數名詞或複數名詞前]充裕的，充足的，足夠的，豐富的: ～ means [funds] 充裕的資產[資金]/do ～ justice to a meal 把一頓餐食全部吃光。
～·ness *n.*

am·pli·fi·ca·tion [ˏæmpləfəˋkeʃən; ˏæmplifiˈkeiʃn] «amplify 的名詞»**—*n.*** Ⓤ[又作 an ～] **1** 擴大，擴張；擴大率，倍率。
2 《電學》增幅，擴大。
3 《修辭》擴充，鋪陳。

ám·pli·fi·er [-ˏfaɪɚ; -faiə] *n.* Ⓒ **1 a** 擴大者；擴展者。**b** 擴大之物；放大鏡。**2** 《電學》增幅器，擴音器，放大器。

am·pli·fy [ˋæmpləˏfaɪ; ˈæmplifai] «ample 的動詞»**—*v.t.* 1** 擴大，擴展；放大。
2 擴充，鋪陳，詳述〈話等〉: ～ a statement 詳說某項陳述。
3 《電學》增幅，增强〈電流〉。

am·pli·tude [ˋæmpləˏtud, -ˏtjud; ˈæmplitju:d] *n.* **1** Ⓤ廣闊，寬大。**2** Ⓤ充分，充足，豐富。**3** Ⓤ[又作 an ～]《物理》振幅。

ámplitude modulátion *n.* Ⓤ《通信》振幅調節，調幅《略作 AM, A.M.》.

am·ply [ˋæmplɪ; ˈæmpli] *adv.* **1** 充足[富足]地。**2** 廣大地，廣闊地。**3** 詳細地。

am·pul(e) [ˋæmpjul, -pul; ˈæmpju:l], **am·poule** [-pul; -pu:l] *n.* Ⓒ壺腹玻管《裝一次用量之注射液之密封小玻璃瓶》。

ampuls

am·pu·tate [ˋæmpjəˏtet; ˈæmpjuteit] *v.t.* (以外科手術)切除，切斷，鋸掉〈手、脚等身體之一部分〉。
—*v.i.* 以外科手術切除。

am·pu·ta·tion [ˏæmpjəˋteʃən; ˏæmpjuˈteiʃn] «amputate 的名詞»**—*n.*** ⓊⒸ切除(術)。

am·pu·tee [ˏæmpjuˋti; ˏæmpjuˈti:] *n.* Ⓒ被以外科切除術切斷手或足的人。

Am·ster·dam [ˋæmstɚˏdæm, ˏɑmstɚˋdɑm; ˏæmstəˈdæm] *n.* 阿姆斯特丹《荷蘭首都、海港》。

amt. 《略》amount.

Am·trak [ˋæmtræk; ˈæmtræk] *n.* 《美》美鐵《由美國政府聯合全美各地鐵路公司於 1970 年所成立之全美鐵路客運公司之暱稱；常被誤寫成 Amtrack》.

Amtrak 的車廂

a·muck [əˋmʌk; əˈmʌk] *adv.* ＝amok.

am·u·let [ˋæmjəlɪt; ˈæmjulit] *n.* Ⓒ護身符，驅邪符。

A·mund·sen [ˋɑmənsn̩, ˋɑmundsn̩; ˈɑ:mənsən, ˈɑ:mundsən], **Roald** [ˋroɑl; ˈrouɑ:l] *n.* 阿孟森《1872–1928；挪威探險家，1911 年最先到達南極》。

A·mur [ɑˋmur; əˈmuə] *n.* [the ～]黑龍江《中國東北部之一河流》。

‡**a·muse** [əˋmjuz; əˈmju:z] *v.t.* **1** 〔十受〕娛樂〈人〉，使…高興，使…發笑《★常以過去分詞當形容詞用；⇨ amused 1》: The joke ～*d* all of us. 那笑話使我們大家發笑。**2** 〔十受(十介＋(代)名)〕**a** 〔以…〕娛樂，逗樂〈(閒得無聊的)人〉〔*by, with*〕: ～ a baby *with* a toy 以玩具逗樂嬰兒/The baby-sitter ～*d* the children *with* [*by* tell*ing* them] a story. 那臨時保姆以講故事逗樂孩子們/While waiting, we were ～*d by* the antics of her children. 我們在等待時被她孩子們的滑稽動作逗得不亦樂乎。**b** [～ *oneself*]〔藉、以…〕消遣，取樂，自娛，解悶，玩〔*by, with*〕: How do you ～ *yourself* on a rainy day? 你下雨天作什麼消遣？/He ～*d himself with* a camera. 他以玩照相機自娛/While waiting, he ～*d himself with* [(*by*) read*ing*] a comic book. 他在等待時以翻看漫畫書作消遣。

a·músed *adj.* **1** 〈表情等〉(似)感興趣的；似好笑的。**2** [不用在名詞前] **a** 〔十介＋(代)名〕[對…]感到有趣的，〔被…〕娛樂[逗樂]的〔*at, with, by*〕(cf. amuse 1): The children were very [much] ～ *with* his tricks. 孩子們覺得他的把戲很好玩《★比較使用 much 者爲文章用語》/The audience was ～ *by* the comedian. 觀衆被那喜劇演員逗樂了。**b** 〔十 *to* do〕〈做…而〉感到有趣的(cf. amuse 1): I was ～ *to* find that he and I were born on the same day. 我發現我和他在同一天出生而感到有趣[令我覺得有趣的是，我發現他和我在同一天出生]。

a·mús·ed·ly [-zɪdlɪ; -zidli] *adv.* 感到興趣地，似有趣地；似好笑地。

a·muse·ment [əˋmjuzmənt; əˈmju:zmənt] «amuse 的名詞»**—*n.* 1** Ⓤ好玩，有趣；樂趣: a place of ～ 娛樂場/in ～ 感到好玩[有趣]地，笑著/for ～ 爲了娛樂[消遣]；半開玩笑地，安慰地，好玩地。**2** Ⓒ消遣，娛樂: one's favorite ～*s* 某人所最愛好的娛樂。

【說明】大衆娛樂在我國可能是桌球、羽毛球、電動玩具(video game)等，日本可能是撞球、保齡球最多，在美國是電動玩具、吃角子老虎(slot machine)，在英國是擲鏢(darts)或吃角子老虎(fruit machine)等。

amúsement arcàde *n.* Ⓒ《英》娛樂場[中心](《美》penny arcade).

amúsement cènter *n.* Ⓒ娛樂中心；娛樂街。

amúsement gròunds *n. pl.* ＝amusement park.

amúsement pàrk *n.* Ⓒ《美》遊樂場，遊樂園(《英》funfair).

amúsement tàx *n.* ⓊⒸ娛樂稅。

***a·mus·ing** [əˋmjuzɪŋ; əˈmju:ziŋ] *adj.* (**more** ～; **most** ～)好笑的，好玩的，滑稽的，有趣的；娛樂的(⇨ funny【同義字】):

His story was very ～ (*to* me). (我覺得)他的故事非常好玩。
～**·ly** *adv.*

A·my [ˋemɪ; ˈeimi] *n.* 愛美《女子名》。

am·yl [ˋæmɪl; ˈæmil] *n.* ⓊⒸ《化學》戊基，戊烷基。

am·y·lase [ˋæmɪ͵les; ˈæmileis] *n.* ⓊⒸ《生化》澱粉酶《使澱粉糖化的酵素》。

am·y·loid [ˋæmɪ͵lɔɪd; ˈæmilɔid] *n.* Ⓤ《化學》澱粉質食物，澱粉體。**—***adj.* 似澱粉的；含澱粉的。

am·y·lop·sin [͵æməˋlɑpsɪn; ͵æmiˈlɔpsin] *n.* Ⓤ《生化》胰澱粉酶《胰臟所分泌之分解澱粉之酵素》。

***an** [(輕讀) ən; ən; (重讀) æn; æn] 不定冠詞⇨ a³《★用法(1)以 h 音起首而非重音節時，其冠詞通常用 a，但(主要)在英國語法有時又用 an：*a* [*an*] historian；(2)在英國語法有時在發 [ju; ju:] 音之 u-, eu- 之前又用 an：*a* [*an*] union [European]》。

an- [æn-, ən-; æn-, ən-] 字首 (附加在 n 之前的) ad- 的變體：*an*nex, *an*nounce.

-an [-ən, -n̩; -ən, -n] 字尾 表示「…的」「…性質的」「…人」之意的形容詞及名詞字尾：Angli*an*, Indi*an*, reptili*an*, Republic*an*.

an·a- [ænə-; ɑ:nə-] 字首 表示「上」「後」「溯」「反」「再」：*ana*baptist.

an·a·bap·tist [͵ænəˋbæptɪst; ͵ænəˈbæptist] *n.* Ⓒ再洗禮派的教徒。

an·a·bol·ic [͵ænəˋbɑlɪk; ͵ænəˈbɔlik ˊ] *adj.* 《生物》同化作用的，養料之組成代謝作用的(↔ catabolic)。

a·nab·o·lism [əˋnæbl̩͵ɪzəm; əˈnæbəlizəm] *n.* Ⓤ《生物》同化作用，養料之組成代謝作用(↔ catabolism；cf. metabolism)。

a·nach·ro·nism [əˋnækrə͵nɪzəm; əˈnækrənizəm] *n.* **1** ⓊⒸ時代錯誤，年代誤植《所敍人事與時代不符的錯誤》。**2** Ⓒ過時或不合時宜之物[人]。

anachronism 1

a·nach·ro·nis·tic [ə͵nækrəˋnɪstɪk; ə͵nækrəˈnistik ˊ] *adj.* 時代錯誤的，年代誤植的；過時的，落伍的。

an·a·co·lu·thon [͵ænəkəˋluθɑn; ͵ænəkəˈlu:θɔn] *n.* (*pl.* **-tha** [-θə; -θə], ～**s**)《修辭》**1** Ⓤ破格文體。**2** Ⓒ破格構句之句子《如 Can I not make you understand *that* if you don't agree *what is to become of you*? 之從屬連接詞 that 之後接獨立的疑問句而成破格》。

an·a·con·da [͵ænəˋkɑndə; ͵ænəˈkɔndə] *n.* Ⓒ《動物》森蚺《產於巴西等之原始森林的無毒大蟒蛇》。

A·nac·re·on [əˋnækrɪən; əˈnækriən] *n.* 亞奈科雷昂《572？－488？B.C.；希臘抒情詩人》。

A·nac·re·on·tic [ə͵nækrɪˋɑntɪk; ə͵nækriˈɔntik] *adj.* **1** (希臘詩人)亞奈科雷昂的；有亞奈科雷昂之詩風的。**2** 酒色的；讚揚愛情與美酒的。**—***n.* Ⓒ亞奈科雷昂之詩。

a·nae·mi·a [əˋnimɪə; əˈni:miə] *n.* ＝anemia.

a·nae·mic [əˋnimɪk; əˈni:mik] *adj.* ＝anemic.

an·aes·the·sia [͵ænəsˋθiʒə; ͵ænisˈθi:zjə, -ʒə] *n.* ＝anesthesia.

an·aes·thet·ic [͵ænəsˋθɛtɪk; ͵ænisˈθetik ˊ] *adj., n.* ＝anesthetic.

an·aes·the·tist [əˋnɛsθətɪst; æˈni:sθətist, ə-] *n.* ＝anesthetist.

an·aes·the·ti·za·tion [æ͵nisθətɪˋzeʃən, -taɪ-; æ͵ni:sθitaiˈzeiʃn] *n.* ＝anesthetization.

an·aes·the·tize [əˋnɛsθə͵taɪz; æˈni:sθətaiz] *v.t.* ＝anesthetize.

an·a·gram [ˋænə͵græm; ˈænəgræm] *n.* **1** Ⓒ顛倒字母而成的字或短語《如live-*vile*；won-*now*》；反綴字。**2** [～s；當單數用]反綴字遊戲。

a·nal [ˋenl̩; ˈeinl] «anus 的形容詞»**—***adj.* 肛門的，近肛門的：an ～ fin(魚的)尾鰭/an ～ fistula 痔瘻。

an·a·lects [ˋænə͵lɛkts; ˈænəlekts] *n. pl.* 文選，語錄，選集：the *A*～ of Confucius 論語。

an·al·ge·si·a [͵ænælˋdʒizɪə, -sɪə; ͵ænælˈdʒi:zjə, -sjə] *n.* Ⓤ痛感缺失《一種喪失痛覺的狀態》；止痛法。

an·al·ge·sic [͵ænælˋdʒizɪk, -sɪk; ͵ænælˈdʒi:sik ˊ] *adj.* 無痛的，痛感缺失的，無感覺的。
—*n.* Ⓤ[指產品個體或種類時爲Ⓒ]鎮痛劑，止痛藥。

an·a·log [ˋænl̩͵ɔg, -͵ag; ˈænəlɔg] *n.* 《美》＝analogue.

ánalog compùter *n.* 《美》＝analogue computer.

an·a·log·i·cal [͵ænl̩ˋadʒɪkl̩; ͵ænəˈlɔdʒikl ˊ] *adj.* 類似的；類推的，類比的，推理的，推論的。～**·ly** [-kl̩ɪ; -kəli] *adv.*

a·nal·o·gize [əˋnælə͵dʒaɪz; əˈnælədʒaiz] «analogy 的動詞» **—***v.t.* 類推，類推地說明，推論，推理。**—***v.i.* **1** 類推。**2** 〔動(＋介＋(代)名)〕〔與…〕類似〔*to, with*〕。

a·nal·o·gous [əˋnæləgəs; əˈnæləgəs] *adj.* [不用在名詞前]〔＋介＋(代)名〕《文語》〔與…〕類似的，相似的〔*to, with*〕：The wings of an airplane are ～ *to* those of a bird. 飛機的機翼類似鳥的翅膀。

an·a·logue [ˋænl̩͵ɔg, -͵ag; ˈænəlɔg] *n.* Ⓒ **1** 類似物，相似體，相似物。**2** 《生物》相似器官。**—** *adj.* 有長短針的〈鐘錶〉(⇨ digital)：an ～ watch 有指針的錶。

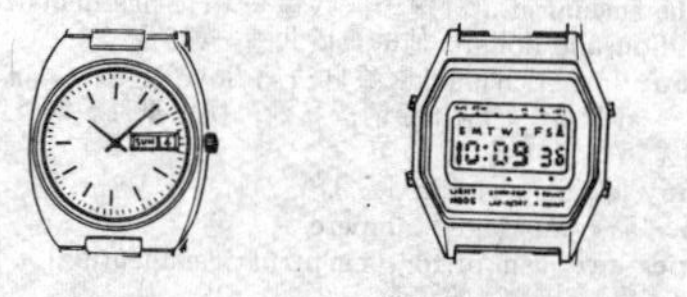

analogue watch digital watch

ánalogue compùter *n.* Ⓒ《電算》類比電子計算機《將數變換以長度等物理量進行運算的電子計算機》。

a·nal·o·gy [əˋnælədʒɪ; əˈnælədʒi] *n.* **1** ⒸⓊ類似，相似〔*between, to, with*〕：a forced ～ 牽强附會(的類比)/draw an ～ *between* two things 指出兩物間之相似處/have [bear] some ～ *with* [*to*]... 有幾分類似…。**2** Ⓤ類推，依類推方式的說明；類推法：by ～ 依類推/on the ～ of... 依…的類推。**3** Ⓤ《生物》類似關係(cf. homology 2)。**4** Ⓤ《哲學》類比。

an·a·lyse [ˋænl̩͵aɪz; ˈænəlaiz] *v.* 《英》＝analyze.

a·nal·y·sis** [əˋnæləsɪs; əˈnæləsis] «源自希臘文「解開」之義» **—n.* (*pl.* **-y·ses** [-͵siz; -si:z])ⓊⒸ **1 a** 分析；分解(↔ synthesis)。**b** 分析結果。**2 a** 分析的研究。**b** 《文法》(句子的)分析。**3** 《心理》精神分析。**4** 《化學》分析：qualitative [quantitative] ～ 定性[定量]分析。**5** 《數學》解析。
in the lást [fínal] análysis 總之，歸根結底。

an·a·lyst [ˋænl̩ɪst; ˈænəlist] *n.* Ⓒ **1** 分析者，分解者，解析者，化驗者。**2** 《美》精神分析(學)家(psychoanalyst)。

an·a·lyt·ic [͵ænl̩ˋɪtɪk; ͵ænəˈlitik ˊ] «analysis 的形容詞»**—***adj.* 分析的，分解的，解析的。

àn·a·lýt·i·cal [-tɪkl̩; -tikl ˊ] *adj.* ＝analytic.
～**·ly** [-kl̩ɪ; -kəli] *adv.*

ànalýtical chémistry *n.* Ⓤ分析化學。

ànalýtical psychólogy *n.* Ⓤ分析心理學。

analýtic geómetry *n.* Ⓤ解析幾何學。

an·a·lyt·ics [͵ænl̩ˋɪtɪks; ͵ænəˈlitiks] *n.* Ⓤ《數學》解析學；《邏輯》分析論。

an·a·lyze [ˋænl̩͵aɪz; ˈænəlaiz] «analysis 的動詞»**—***v.t.* **1 a** 〔＋受〕分析，分解〈物〉。**b** 〔＋受＋介＋(代)名〕將〈物〉分解，分析〔成構成要素〕〔*into*〕：Water can be ～*d into* oxygen and hydrogen. 水可分解成氧和氫。**2** 〔＋受〕分析研究…：～ the motives behind [for, of] a person's conduct 分析(研究)某人的行爲動機。**3** 〔＋受〕《文法》分析〈句〉。**4** 〔＋受〕《美》將〈人〉加以精神分析。**án·a·lỳz·a·ble** [-zəbl̩; -zəbl] *adj.*

án·a·lỳz·er *n.* Ⓒ **1 a** 分析者，分解者。**b** 分析研究者。**2 a** 分解器。**b** 《光學》檢光器，檢偏鏡，檢極鏡。

A·nam [əˋnæm; ænˈæm, ˈænæm] *n.* ＝Annam.

An·a·ni·as [͵ænəˋnaɪəs; ͵ænəˈnaiəs] *n.* **1** 《聖經》亞拿尼亞《把應獻給使徒的賣田地錢私藏了一部份者，後受彼得(Peter)指責而暴斃》。**2** Ⓒ《口語》撒謊的人。

an·a·paest [ˋænə͵pɛst; ˈænəpi:st, -pest] *n.* Ⓒ《詩學》**a** (英詩之)抑抑揚格《××ˊ；如 And the shéen | of their spéars | was like stárs | on the séa. (Byron)；cf. foot *n.* 6》。**b** (古典詩之)短短長格《⏑⏑—》。

an·a·paes·tic [͵ænəˋpɛstɪk; ͵ænəˈpi:stik, -ˈpest- ˊ] «anapaest 的形容詞»**—***adj.* (英詩之)抑抑揚格的；(古典詩之)短短長[兩短一長]格的。
—*n.* Ⓒ[常 ～s](英詩之)抑抑揚格詩(行)；(古典詩之)短短長[兩短一長]格詩(行)。

an·a·pest [ˋænə͵pɛst; ˈænəpest, -pi:st] *n.* ＝anapaest.

an·a·pes·tic [͵ænəˋpɛstɪk; ͵ænəˈpi:stik, -ˈpest- ˊ] *adj.* ＝anapaestic.

an·a·phor·ic [͵ænəˋfɔrɪk, -ˋfɑr-; ͵ænəˈfɔrik⌐] *adj.* 《文法》〈代名詞、定冠詞等〉(前方)照應(性)的，指前方已出現之字[語]的。

an·arch [ˋænɑrk; ˈænɑːk] *n.* Ⓒ無政府主義者。

an·ar·chic [ænˋɑrkɪk; æˈnɑːkik⌐] *adj.* **1** 無政府(狀態)的；無秩序的。**2** 無政府主義的。

an·ar·chi·cal [ænˋɑrkɪkḷ; æˈnɑːkikl⌐] *adj.* ＝anarchic.

～**·ly** [-klɪ; -kəli] *adv.*

an·ar·chism [ˋænɚ͵kɪzəm; ˈænəkizəm] *n.* Ⓤ無政府主義《否定一切權力而主張實現不拘束個人自由之社會》。

án·ar·chist [-kɪst; -kist] *n.* Ⓒ無政府主義者。

an·ar·chy [ˋænɚkɪ; ˈænəki] 《源自希臘文「無領導者」之義》**—***n.* Ⓤ **1 無政府狀態**：*A*～ reigned for many years. 無政府狀態持續了許多年。**2** 無秩序，混亂。

a·nath·e·ma [əˋnæθəmə; əˈnæθimə] *n.* **1 a** ⒸⓊ詛呪；呪逐。**b** Ⓤ《天主教》逐出教門。**2** Ⓒ被詛呪之物[人]。**3** Ⓤ[又作 **an** ～]遭人嫌惡之物[人]〔*to*〕：Alcohol is (*an*) ～ *to* me. 我對酒恨之入骨。

a·nath·e·ma·tize [əˋnæθəmə͵taɪz; əˈnæθəmətaiz] *v.t.* **1** 詛呪。**2** 將〈人〉逐出教門。

An·a·to·li·a [͵ænəˋtolɪə; ͵ænəˈtouljə] *n.* **1** 安那托利亞《小亞細亞之舊稱》。**2** 安那托利亞《指現在土耳其之亞洲部分》。

an·a·tom·ic [͵ænəˋtɑmɪk; ͵ænəˈtɔmik⌐] *adj.* ＝anatomical.

an·a·tom·i·cal [͵ænəˋtɑmɪkḷ; ͵ænəˈtɔmikl⌐] 《anatomy 的形容詞》**—***adj.* 解剖的，解剖(學)上的。～**·ly** [-klɪ; -kəli] *adv.*

a·nat·o·mist [əˋnætəmɪst; əˈnætəmist] *n.* Ⓒ解剖學家；解剖者。

a·nat·o·mize [əˋnætə͵maɪz; əˈnætəmaiz] 《anatomy 的動詞》**—***v.t.* **1** 解剖〈動物體〉(dissect). **2** 分析，分解。

a·nat·o·my [əˋnætəmɪ; əˈnætəmi] 《源自希臘文「完全切」之義》**—***n.* **1 a** Ⓤ解剖學；解剖術：special ～ 解剖學專論。**b** ⓊⒸ解剖(dissection). **2** Ⓒ[常用單數](詳細的)分析(analysis)〔*of*〕. **3** Ⓒ **a** (生物的)解剖學上的構造[組織]；人體。**b** 解剖圖[模型]。

anc. 《略》ancient；anciently.

-ance [-əns; -əns] 字尾 表示「行動、狀態、性質」等之名詞字尾：assist*ance*, brilli*ance*, dist*ance*.

an·ces·tor** [ˋænsɛstɚ; ˈænsestə] 《源自拉丁文「先行之人」之義》**—n.* Ⓒ **1 祖先**，祖宗(forefather)(cf. descendant)：You are descended from noble ～*s.* 你出身名門。**2** 先驅；前身；原型。**3** 《法律》被繼承人。

áncestor wòrship *n.* Ⓤ《人類學》祖先崇拜。

an·ces·tral [ænˋsɛstrəl; ænˈsestrəl⌐] 《ancestor 的形容詞》**—***adj.* 祖先的，祖先傳下的：～ privileges 祖先傳下的種種特權。

an·ces·tress [ˋænsɛstrɪs; ˈænsestris] *n.* Ⓒancestor 的女性。

an·ces·try [ˋænsɛstrɪ; ˈænsestri] *n.* Ⓤ **1** [集合稱]先祖，祖先，祖宗(ancestors). **2** [有時 **an** ～]家系；(名門)家世：Hawaiians of Japanese ～ 日裔夏威夷人/(born) of good ～ (出身)名門。

an·chor [ˋæŋkɚ; ˈæŋkə] *n.* Ⓒ **1 錨**：a foul ～ 纏鏈錨《鏈料纏在錨上》/drag (the) ～ (船因暴風雨等而)拖著錨。**2** 藉以安定或支持之物，依靠，精神支柱，靠山。**3 a** (拔河時之)最後面的人。**b** 《運動》(尤指接力賽隊之)最後一棒[泳者]。**c** 《美》＝anchorman 2.

anchor 1

be [**líe, ríde**] **at ánchor** 〈船〉碇泊著，拋著錨。

cást an ánchor to wíndward (1)《航海》在上風拋錨。(2)爲安全打算，爲安全採取預防措施，未雨綢繆。

cást [**dróp**] **ánchor** (1)拋錨。(2)(在某處)停留，安定下來。

còme to ánchor 停船下碇；碇泊。

héave ánchor 《航海》起錨，提錨。

wéigh ánchor (1)《航海》起錨。(2)出發，離去。

—*v.t.* **1** 〔十受〕以錨泊〈船〉，使…碇泊。**2** 〔十受十介十(代)名〕**a** 將〈物〉(牢牢地)固定，繫著，安裝，扣牢〔在…上〕〔*to*〕：～ a tent *to* the ground 把帳篷固定在地上。**b** 將〈希望〉寄託〔在…上〕〔*in, on*〕：～ one's hopes *in* [*on*] ... 把希望寄託在…上。**3** 〔十受〕《電視・廣播》主持〈節目〉：～ a news program 主持新聞節目。**—***v.i.* **1** 拋錨；〈船〉碇泊。**2** 〔十介十(代)名〕(牢牢)固定，扣牢〔在…上〕〔*to*〕.

an·chor·age [ˋæŋkərɪdʒ; ˈæŋkəridʒ] *n.* **1** Ⓤ拋錨，碇泊。**2** Ⓒ拋錨[碇泊]所。**3** Ⓤ[又作 **an** ～]碇泊費，靠港費。**4** ⓊⒸ依靠，安全之寄託。

An·chor·age [ˋæŋkərɪdʒ; ˈæŋkəridʒ] 《因從前補給船隻碇泊於此地》**—***n.* 安克利治《美國阿拉斯加州(Alaska)南部的海港；有機場》。

an·cho·ress [ˋæŋkərɪs; ˈæŋkəris] *n.* Ⓒanchorite 的女性。

an·cho·ret [ˋæŋkərɪt, -ɛt; ˈæŋkəret, -rit] *n.* ＝anchorite.

an·cho·rite [ˋæŋkə͵raɪt; ˈæŋkərait] *n.* Ⓒ隱士，隱居者，遁世者。

ánchor·màn *n.* **1** ＝anchor *n.* 3 b. **2** Ⓒ《廣播・電視》(新聞、體育等節目的)主持人，播報員。

ánchor·wòman *n.* Ⓒ《廣播・電視》(新聞、體育節目的)女主持人，女播報員。

an·cho·vy [ˋæn͵tʃovɪ, ˋæntʃovɪ, ænˋtʃovɪ; ˈæntʃəvi, ænˈtʃouvi] *n.* (*pl.* ～, **-vies**) Ⓒ[當作食物時爲Ⓤ]《魚》鯷類《常加鹽做成魚醬或魚汁》。

an·chy·lo·sis [͵æŋkəˋlosɪs; ͵æŋkaiˈlousis] *n.* ＝ankylosis.

an·cien ré·gime [ɑ̃sjæ̃·reˋʒim; ͵ɑːnsjenreiˈʒiːm] 《源自法語 'old order' 之義》**—***n.* Ⓒ (*pl.* ***an·ciens ré·gimes*** [ɑ̃sjæ̃·reˋʒim; ͵ɑːnsjenreiˈʒiːm]) 舊制度，舊體制《尤指 1789 年法國革命以前的政治及社會制度》。

‡**an·cient** [ˋenʃənt; ˈeinʃənt] *adj.* (**more** ～；**most** ～) **1 遠古的，古代的**：an ～ civilization 古代文明/ ～ relics 古代遺物。**2** 自古以來的，古來的，古老的：an ～ custom 古老習慣。**3 a** 《謔》舊式的；很舊的，很古老的。**b** 《古》老年的，高齡的：*The A～ Mariner*「古舟子之歌」《★柯爾雷基(Coleridge)所作詩名》。

—*n.* **1** Ⓒ古代人。**2** [**the** ～**s**] **a 古代文明人**《尤指古希臘、羅馬》。**b** 古典[古代]作家[藝術家]《尤指古希臘羅馬時期》。**3** Ⓒ《古》老人，老者。

～**·ly** *adv.*

áncient hístory *n.* Ⓤ **1** 古代史《紀元四七六年西羅馬帝國滅亡前之西洋歷史》。**2** 《口語》發生不久而爲衆人皆知或已不合時宜的消息或事件。

an·cil·lar·y [ˋænsə͵lɛrɪ, ænˋsɪlərɪ; ænˈsiləri] *adj.* **1** 輔助[附隨，附屬]的。**2** [不用在名詞前]〔十介十(代)名〕附隨〔於…〕的〔*to*〕.

—*n.* Ⓒ《英》輔助者；附屬物[品]。

an·con [ˋæŋkɑn; ˈæŋkɔn] *n.* (*pl.* **an·co·nes** [æŋˈkoniz; æŋˈkouniːz]) Ⓒ《建築》肘托，懸臂托梁。

anct. 《略》ancient.

-an·cy [-ənsɪ; -ənsi] 字尾 ＝-ance.

‡**and** [(輕讀)ənd, ɛnd, ɛn, ən; ənd, ən; (重讀)ænd; ænd] *conj.* 《對等連接詞》**1 a** [對等地連接文法上性質相同之字、片語、子句]…和…，及，並，兼，又：you ～ I 你和我《★用法 單數人稱代名詞之排列順序爲第二人稱在最前，第三人稱次之，第一人稱在最後》/In that room there were a chair, a table(,) ～ a bed. 在那房間裏面有一張椅子，一張桌子和一張牀《★用法 連接三個以上之字[片語、子句]時，原則上只在最後一個之前用 and，其餘用逗點(,)代替 and，有時 and 之前不加逗點》/She put my plate on the table ～ helped me to bread ～ molasses ～ a little bacon. 她把我的盤子放在桌上並爲我放上麪包，糖蜜和一點醃燻豬肉《★用法 此用法與前述者不同，爲强調各項，前面均用 and》/You must experiment, reason, think out new devices. 你們必須做實驗，推理，想出新方法《★用法 信口隨便擧各項時，有時不用 and》/He is a statesman ～ poet. 他是位政治家兼詩人(⇨ a^3 1 a)/The bridge connects Buda ～ Pest. 這座橋連結布達(鎮)和佩斯(鎮)。**b** [**between ... and ...**]在…和…之間：We must decide *between* A ～ B. 我們必須在 A 和 B 之間抉擇。**c** [**both ... and...**]…和…(都…)：*Both* (my) father ～ mother are dead. 我父親和母親都去世了。

2 a [表示同時](…)又，邊…著：eat ～ drink 又吃又喝/We walked ～ talked. 我們邊走邊談/You can't eat your cake ～ have it (too). ⇨ cake 1. **b** [表示先後關係]…然後，於是：She hesitated ～ walked on. 她躊躇了一下，然後繼續走/He took off his hat ～ bowed. 他脫帽，然後鞠躬。**c** [ən, n; ən, n] [用於 come, go, run, try 等之原形或祈使語氣之後]《口語》以便…《★用法 代替不定詞；在美國語法有時省略 come, go 後之 and》：Come (～) see me tomorrow. 明天來看我吧《★變換 可換寫成 Come to see....》/I will try ～ do it better next time. 我下一次要做得更好。**d** [連接兩個動詞，後面的動詞含有現在分詞之意]邊…著：He sat ～ looked at the picture for hours. 他坐了好幾個小時，盯著那幅畫看《★變換 可換寫成 He sat looking....》.

3 a [用於祈使句或其相當語句之後，含有假設之意]**如果…就…** (cf. or 3)：Stir [Another step], ～ you are a dead man！如果再動一下[走一步]你就沒命了！**b** [表示結果、理由]…結果，就，而：He spoke, ～ the hall fell still. 他開口講話，會堂就變得寂靜無聲了。

4 a [連接同一字，表示反覆、强調]…又…地：again ～ again 再三地/miles ～ miles 好多哩好多哩地/hours ～ hours 好幾個小時好幾個小時地/through ～ through 徹底地/She talked ～ talked. 她說個不停。**b** [與比較級連用]越來越…：The kite flew up higher ～ higher. 那風箏飛得越來越高/The wind blew more ～ more violently. 風越刮越猛。**c** [在 there are... 之中連接同一複數名詞]各式各樣的，形形色色的：There are books ～ books. 有各式各樣的書[書的種類形形色色]。

5 [ænd; ænd] **a** [表示對立的內容]…然而，却，而：He is rich, ～ he lives frugally. 他雖然很富有，但却過著儉樸的生活/He promised to come, ～ didn't. 他答應來却沒來/He is a student

A

～ not a teacher. 他是個學生而不是個教師《★[變換]可換寫成 He is not a teacher but a student. 但原句語氣較爲柔和》。 **b** [加以補充]並且，而且：He did it, ～ did it well. 他做了，而且做得很好。 **c** [表示非難]《口語》却，然而，(竟)還：A sailor, ～ afraid of the sea! 水手還怕海！

6 a [用於加算]…加…(plus)：Four ～ two make(s) [equal(s)] six. 四加二等於六。 **b** [連接數詞]：one hundred ～ twenty-one = 121《★[用法]同樣地在百位數之後加 and；在美國語法有時省略》/one thousand ～ one = 1001《★[用法]百位爲 0 時，一律在千位之後加 and，但年號、電話號碼等中不用 and》。 **c** [在基數 1 至 9 之後附加 20, 30 ... 90 等數字以表示十位數]：one ～ twenty《古》= twenty-one《★[用法]同樣地自 22 至 99 止；此爲一種强調形式，但不常用於大數目》。 **d** [表示不同單位之物]…(又)…《★[用法]and 常省略》：two dollars ～ twenty-five cents 兩美元(又)兩角五分/two pounds ～ fivepence 兩英鎊(又)五便士。

7 [ən, n; ən, n] **a** [表示密切之關係；當單數用]附有…的，摻…的：(a) whiskey ～ soda 一杯威士忌蘇打[摻蘇打水的威士忌]《★[用法]兩杯則爲 two whiskey and sodas；若說 two whiskeys and soda 則表示「兩杯威士忌另加蘇打水」》/bread ～ butter [ˈbrɛdnˋbʌtɚ; ˈbrednˈbʌtə] 塗上奶油的麪包/A carriage ～ four was passing by. 一輛由四匹馬拖的馬車通過/man ～ wife 夫妻《★[用法]複數之夫妻爲 men and wives》。 **b** [ænd; ænd] [用以稱呼由兩種配成之菜餚、食品等]《美俚》：ham [bacon] ～ = ham [bacon] ～ eggs 火腿[醃燻猪肉]加蛋/coffee ～ = coffee ～ doughnuts 咖啡附油炸圈餅。 **c** [與形容詞 nice, fine, good, rare 等連接當副詞用]《口語》…得(好)：nice ～ warm (= nicely warm) 溫暖得舒服，很暖和/good ～ hungry 餓極。

8 [連接兩條街道名稱，以表示其交叉點]《美》：at West 39th Street ～ Seventh Avenue (在紐約市的)西第三十九街和第七街的交叉點。

and áll ⇨ all *pron.* **and hów** ⇨ how. **ànd óthers** ⇨ other *pron.*

and só fòrth = and só òn... …等，等等：You must buy milk, eggs, butter, ～ *so forth* [*on*]. 你必須買牛奶、蛋、奶油等。

and thát ⇨ that *pron.* **and whát nòt** ⇨ what *pron.*

An·da·lu·sia [ˏændəˋluʒə, -ʃə; ˌændəˈlu:zjə, -ʒjə] *n.* 安達魯西亞《西班牙臨地中海與大西洋之一地區》。

An·da·lu·sian [ˏændəˋluʒən; ˌændəˈlu:zjən, -ʒjən] *adj.* 安達魯西亞(人)的。 **—*n.* 1** Ⓒ安達魯西亞人。 **2** Ⓤ安達魯西亞方言。

an·dan·te [ænˋdæntɪ, ɑnˋdɑntɪ; ænˈdænti] «源自義大利語»《音樂》**—*adj.* & *adv.*** 緩慢的[地]，慢板的[地]；行板的[地]《介於 adagio 與 allegretto 之中間》。

—*n.* Ⓒ慢板[行板](的樂章)。

an·dan·ti·no [ˏɑndɑnˋtino, ˏændæn-; ændænˈti:nou] «源自義大利語»《音樂》**—*adj.* & *adv.*** 微急的[地]，小行板的[地]，比行板稍快的[地]。

—*n.* Ⓒ(*pl.* ～s)小行板(的樂章)。

An·der·sen [ˋændɚsn; ˈændəsn], **Hans Chris·tian** *n.* 安徒生《1805–75；丹麥童話作家》。

An·des [ˋændiz; ˈændi:z] *n.* [the ～；當複數用]安地斯山脈《縱貫南美洲西部之大山脈》。

An·de·an [ænˋdiən, ˋændrən; ænˈdi:ən] *adj.*

and·i·ron [ˋændˏaɪɚn; ˈændaiən] *n.* Ⓒ[常 ～s]壁爐的柴架(⇨ fireplace 插圖)：a pair of ～*s* 一對柴架。

andirons

and/or [ˋændˋɔr; ˈændˈɔ:] *conj.* 及/或(both or either)《兩者均，或其任何一方》：Money *and/or* clothes are welcome. 錢和衣服兩者,或其中任何一種都歡迎[可以]。

An·dor·ra [ænˋdɔrə; ænˈdɔ:rə] *n.* 安道爾共和國《位於法國和西班牙交界之東庇里牛斯山中；首都安道爾(Andorra la Vella [ænˋdɔrə ləˋvɛlə; ænˈdɔ:rə ləˈvelə])》。

An·drew [ˋændru; ˈændru:] *n.* **1** 安德魯《男子名；暱稱 Andy》。 **2** [St. ～]《聖經》(聖)安得烈《耶穌十二使徒之一；爲蘇格蘭之守護聖人》。

St. Ándrew's cróss 聖安得烈十字《藍底白 X 形十字形；cf. Union Jack》。

an·dro·cen·tric [ˏændrəˋsɛntrɪk; ˌændrəˈsentrik] *adj.* 爲男性所控制的；以男性爲中心的。

An·dro·cles [ˋændrəˏkliz; ˈændrəkli:z] *n.* 安澤克利士《羅馬傳說的奴隸(僕)；據說他被置於鬥技場與一頭獅子搏鬥，但因曾爲該獅子拔除其脚上的刺而得以保全性命》。

an·drog·y·nous [ænˋdrɑdʒənəs; ænˈdrɔdʒinəs] *adj.* **1** 男女兩性的，半男半女的；雌雄同體的。 **2**《植物》(同一花序中)有雌雄兩花的。

an·droid [ˋændrɔɪd; ˈændrɔid] *n.* Ⓒ人造人；機器人。 **—*adj.*** 人造人[機器人]的。

An·drom·e·da [ænˋdrɑmɪdə; ænˈdrɔmidə] *n.* **1**《希臘神話》安若美達《爲救國家而以身做怪獸之祭禮，但被柏修斯(Perseus)解救而成爲其妻之美女》。 **2**《天文》仙女座。

An·dy [ˋændɪ; ˈændi] *n.* 安迪《男子名；Andrew 之暱稱》。

an·ec·dot·age [ˋænɪkˏdotɪdʒ; ˈænikdoutidʒ] *n.* Ⓤ **1** [集合稱]軼事。 **2**《謔》好談逸事[往事]的老年時代。

an·ec·dot·al [ˏænɪkˋdotl; ˌænekˈdoutl, -nik-] «anecdote 的形容詞» **—*adj.*** 逸話的；富於逸話[軼事]的。

an·ec·dote [ˋænɪkˏdot; ˈænikdout] «源自希臘文「未經發表的(趣)事」之義» **—*n.*** Ⓒ(有關某人、某事的)逸事[軼事]。

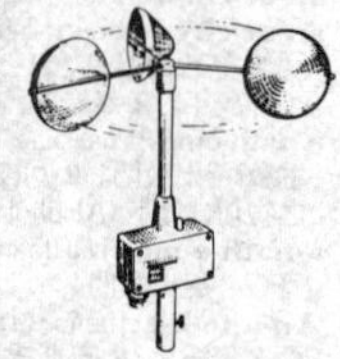

anemometer

a·ne·mi·a [əˋnimɪə; əˈni:miə] *n.* Ⓤ《醫》貧血，貧血症。

a·ne·mic [əˋnimɪk; əˈni:mik] *adj.*《醫》貧血(症)的。 **a·né·mi·cal·ly** [-mɪklɪ; -mikli] *adv.*

an·e·mom·e·ter [ˏænəˋmɑmətɚ; ˌæniˈmɔmitə] *n.* Ⓒ風力計，風速計。

a·nem·o·ne [əˋnɛməˏni; əˈneməni] «源自希臘文「風的女兒」之義» **—*n.*** Ⓒ **1**《植物》銀蓮花屬植物(windflower)。

> **【說明】**(1)自古以來被稱爲「女精靈之花」，也被認爲是大自然的晴雨計。傳說中風雨迫近時女精靈會合起她的花瓣。
> (2)anemone 的花語是 fading hope(逐漸渺茫的希望)。

2《動物》海葵(sea anemone)。

an·er·oid [ˋænəˏrɔɪd; ˈænərɔid] *adj.* 不用液體的：an ～ barometer 無液氣壓[晴雨]計。 **—*n.*** Ⓒ無液氣壓[晴雨]計。

anemone 1

an·es·the·sia [ˏænəsˋθiʒə; ˌænisˈθi:zjə, -ʒə] *n.* Ⓤ《醫》(因病而引起之局部或全身)麻木，知覺喪失；(以麻醉劑、催眠術或針刺法使之局部或全身)麻醉：local [general] ～ 局部[全身]麻醉/under ～ 〈患者〉在麻醉狀態下。

an·es·thet·ic [ˏænəsˋθɛtɪk; ˌænisˈθetik] «anesthesia 的形容詞» **—*adj.*** 無感覺的；麻醉的，麻木的。

—*n.* Ⓒ麻醉劑：administer [give] an ～ 給與[施與]麻醉劑。

àn·es·thét·i·cal·ly [-tɪklɪ; -tikli] *adv.*

an·es·the·tist [əˋnɛsθətɪst; æˈni:sθətist, ə-] *n.* Ⓒ麻醉師。

an·es·the·tize [əˋnɛsθəˏtaɪz; æˈni:sθətaiz, ə-] *v.t.*《醫》使〈人〉麻醉，對〈人〉施行麻醉。

an·es·the·ti·za·tion [əˏnɛsθətɪˋzeʃən; æˌni:sθətaiˈzeiʃn, ən-] *n.*

an·eu·rysm, -rism [ˋænjəˏrɪzəm; ˈænjuərizəm] *n.* Ⓒ《醫》動脈瘤。

a·new [əˋnu, əˋnju; əˈnju:] *adv.* 重(新)地，再(次)，另(外)，另行：start ～ 重新開始。

an·gel** [ˋendʒəl; ˈeindʒəl] «源自希臘文「使者」之義» **—*n. Ⓒ **1** 天使，(神的)使者，奉遣天使，安琪兒(★通常被畫成有翼穿白衣的人形；中世紀時將天使分爲九個階級，angel 爲其中第九階級之天使；cf. hierarchy 4)：a fallen [an evil] ～ 墮落天使，魔鬼 /Fools rush in where ～*s* fear to tread.《諺》天使裹足不前，愚人却橫衝直入[智者避之惟恐不及，愚者却輕舉妄動]《★源自波普(A. Pope)的詩》。

angel 1

2 天使般的人；(尤指)美麗而純潔善良的女人；乖巧可愛的小孩(等)：an ～ of a child (天使般)乖巧可愛的小孩/Be an ～ and sharpen my pencil. 做個好心人[乖孩子]幫我削鉛筆。 **3 a** 守護天使。 **b** 守護神：one's good ～ 守護神。 **4**《口語》(演戲、舉辦活動等的)金錢上的贊助者；後臺老板。 **5**《美俚》男同性戀者。

An·ge·la [ˋændʒələ; ˈændʒələ] *n.* 安吉拉《女子名》。

ángel càke *n.* ⓊⒸ一種白色海綿蛋糕《麪粉、糖、蛋白等做成》。

ángel dùst *n.* Ⓤ合成海洛英，(與大麻等混合吸用的)迷幻毒品《俗稱「天使粉」》。

An·ge·le·no [ˏændʒəˋlino; ˌændʒəˈli:nou] *n.* Ⓒ(*pl.* ～s)洛杉磯人。

ángel·fish *n.* Ⓒ (*pl.* ～, ～es)《魚》**1** 神仙魚《一種觀賞用熱帶

魚》。**2** 扁鮫《一種鯊魚》。

angelfish 1

an·gel·ic [æn`dʒɛlɪk; æn'dʒelik ˉ˜] 《angel 的形容詞》**—adj.** 天使(般)的，純潔[善良，可愛]的：an ~ smile 天使般天眞無邪的微笑。

an·gel·i·ca [æn`dʒɛlɪkə; æn'dʒelikə] *n.* Ⓤ[指個體時爲Ⓒ] **1**《植物》當歸，白芷。**2** 蜜餞的白芷莖。

àn·gél·i·cal [-lɪkl; -likl ˉ˜] *adj.* = angelic.

~·ly [-klɪ; -kəli] *adv.*

An·ge·lus [`ændʒələs; 'ændʒiləs] *n.* [**the** ~] **1**《天主教》三鐘經《爲紀念耶穌之降臨人世(Incarnation)而於早晨、中午、傍晚各行一次之祈禱》。**2** (又作 **Ángelus bèll**)三鐘經祈禱鐘《用以報奉告祈禱之時間》。

‡an·ger [`æŋgɚ; 'æŋgə] *n.* Ⓤ[又作 **an** ~]**憤怒**，忿怒，發怒，惱怒，生氣，光火：be moved *to* ~ 動怒 /*in* (great) ~ (非常)憤怒，(很)生氣。

—*v.t.* 〔十受〕使〈人〉發怒，激怒，觸怒〈某人〉《★常用被動語態，變成「〔對…〕生氣」之意；介系詞用 *by, at*》：The boy's disobedience *~ed* his father. 這男孩子的忤逆激怒了他的父親/He *was* greatly *~ed* ***at*** [***by***] her behavior. 他對她的行爲非常惱怒。

an·gi·na [æn`dʒaɪnə; æn'dʒainə] *n.* Ⓤ《醫》**1** 咽峽炎，喉頭炎。**2** (又作 **angína péc·to·ris** [-`pɛktərɪs; -'pektəris])心絞痛。

Ang·kor Wat [`æŋkɔr`wɑt, -vɑt; 'æŋkɔ:wɑ:t] *n.* 吳哥窟《在高棉(Cambodia)的石造大廟殿的遺跡》。

***an·gle**[1] [`æŋgl; 'æŋgl] 《源自希臘文「彎曲的」之義》**—n.** Ⓒ **1 角度**；《數學》角：an acute [obtuse] ~ 銳[鈍]角 /a right ~ 直角

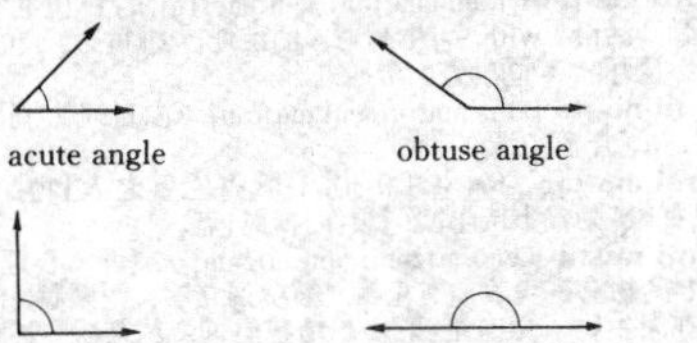

/a straight ~ 平角/an ~ *of* 90° 九十度，直角/at an ~ *with* [*to*]... 與[對]…成某一角度/meet [cross]...at right *~s* 與…成直角 /take the ~ 測量角度。

2 角，角落，隅(corner)。

3《口語》見地，立場，觀點；看法，角度；偏見，歪曲：from different *~s* 自(各種)不同角度/get a new ~ on... 對…有新的見解。

4《口語》詭計，陰謀：What's your ~, anyway？總之，你在懷什麼鬼計？

at an ángle 斜交成某角度地：The two streets meet *at an* ~. 這兩條街道斜向交叉。

—*v.t.* 〔十受〕**1** 將…弄彎(成某角度)。**2** 自某一觀點看〈報導等〉；歪曲…，使…傾向某一方面：~ the news 把消息歪曲地報導，使報導有某種傾向。

an·gle[2] [`æŋgl; 'æŋgl] 《源自古英語「釣魚鉤」之義》**—***v.i.* **1** [常 **angling**] 釣魚《★比較 一般用 fish》：go *angling* 去釣魚。**2** 〔十介十(代)名〕(使用各種手段以)圖謀獲得〔…〕〔*for*〕《★可用被動語態》：He is *angling for* her attention. 他在設法引起她的注意。

An·gle [`æŋgl; 'æŋgl] 《原爲德國 Schleswig [`ʃlɛswɪg; 'ʃlezwig] 地方名稱，因其地形似魚鉤(angle)狀故稱》**—n.** **1** [**the** ~**s**] 盎格魯族《條頓民族之一系；約在五世紀時與撒克遜民族(Saxons)及朱特族(Jutes)移住英國；爲現在英國人之祖先》。**2** Ⓒ盎格魯族之人，盎格魯人。

ángle bràcket *n.* Ⓒ **1** [常 ~**s**]《印刷》尖括弧《〈, 〉》. **2**《建築》(固定在牆上用以支撐擱板等之)角形托座，角鐵托；斜撐架。

ángle ìron *n.* Ⓒ L 字形鐵，角鐵。

ángle·pàrking *n.* Ⓤ (汽車的)側斜停放。

an·gler [`æŋglɚ; 'æŋglə] *n.* Ⓒ **1** 釣魚者(cf. fisherman). **2** 爲達目的不擇手段的人。**3** (又作 **ángler fish**)《魚》琵琶魚，黑鮟鱇。

An·gles [`æŋglz; 'æŋglz] *n. pl.* [**the** ~] 盎格魯族《條頓族的一系，約在五世紀時從 Holstein 移往英國》。

ángle·wòrm *n.* Ⓒ(用作釣餌之)蚯蚓。

An·gli·a [`æŋglɪə; 'æŋgliə] *n.* 盎格利亞《英格蘭(England)之拉丁文名稱》。

An·gli·an [`æŋglɪən; 'æŋgliən] 《Angle 的形容詞》**—adj.** 盎格魯族的。

—n. Ⓒ盎格魯人。

An·gli·can [`æŋglɪkən; 'æŋglikən] *adj.* 英國國教[聖公會]的。**—n.** Ⓒ英國國教徒。

Ánglican Chúrch *n.* [**the** ~] 英國國教，聖公會(the Church of England).

【說明】這是基督教新教的一派，爲英國的國教。英國皇家屬此教會。在加拿大、澳大利亞等大英國協以此名稱呼，但在英格蘭通常稱爲 the Church of England；在美國稱爲 Episcopal Church, 在中國及日本稱爲聖公會。

Ánglican Commúnion *n.* [**the** ~] 英國國教派。

Án·gli·can·ìsm [-nˏɪzəm; -nizəm] *n.* Ⓤ 英國國教[聖公會]教義。

An·gli·cism [`æŋgləˏsɪzəm; 'æŋglisizəm] *n.* **1** Ⓤ英國化[式]；英國特有之習慣[風格]。**2** ⒸⓊ **a** 英語特有的語法[語義]。**b** (在英語以外之語言中之)英語語句[語法]。

An·gli·cize [`æŋgləˏsaɪz; 'æŋglisaiz] *v.t.* **1** 使…英國化，使…變爲英國風格，使…變爲英國派。**2** 使〈某語言〉英語化。**—***v.i.* **1** 變成英國風格，變成英國派。**2** 〈語言〉英語化。

án·gling *n.* Ⓤ 釣魚，釣魚術(cf. angle[2] 1).

An·glo- [æŋglo-; æŋglou-] [複合用詞] 表示「英國，英語」之意。

Ánglo-Américan *adj.* **1** 英美的。**2** 祖籍英國之美國人的。**—n.** Ⓒ祖籍英國之美國人。

Ánglo-Cátholic *adj., n.* Ⓒ英國國教高教會派的(信徒)，英國國教高教會派的(人)(cf. High Church).

Ánglo-Cathólicism *n.* Ⓤ英國國教高教會派教義《强調其與羅馬天主教會之持續傳統；cf. High Church》.

Ánglo-Chínese *adj.* 中英兩國的，英華的。

Ánglo-Frénch *adj.* **1** 英法(間)的。**2** 英法語的。**—n.** Ⓤ英法語(Anglo-Norman)《自諾曼人征服英國(1066 年)後至中世紀末止，在英國使用之法國方言》。

Ánglo-Índian *adj.* **1** 英國與印度(間)的，英印的。**2** 英印混血兒的；居住印度之英國人的。**3** 印度英語的。**—n.** **1** Ⓒ英印混血兒；居住印度之英國人。**2** Ⓤ印度英語。

Ánglo-Japanése *adj.* 英國與日本的，日英的。

An·glo·ma·ni·a [ˏæŋglə`menɪə, -glo-; ˌæŋglou'meinjə] *n.* Ⓤ(外國人的)英國狂[迷，熱]《熱愛英國風俗、習慣、制度等》(↔ Anglophobia).

An·glo·ma·ni·ac [ˏæŋglo`menɪˏæk; ˌæŋglou'meiniæk] *n.* Ⓒ英國狂的人，醉心英國的人。

Ánglo-Nórman *adj.* **1** 諾曼人統治英國時代(1066–1154)的。**2** (征服英國後)定居英國之諾曼人的，諾曼裔英國人的。**3** 英法語的。

—n. **1** Ⓒ (征服英國後)在英國定居的諾曼人，諾曼裔英國人。**2** Ⓤ英法語(⇨ Anglo-French).

An·glo·phile [`æŋgləˏfaɪl, -glo-; 'æŋgloufail] *n.* Ⓒ親英派的人；偏愛英國的人。

An·glo·phobe [`æŋgləˏfob, -glo-; 'æŋgloufoub] *n.* Ⓒ憎惡英國(人)的人。

An·glo·pho·bi·a [ˏæŋglə`fobɪə, -glo-; ˌæŋglou'foubjə] *n.* Ⓤ恐懼或憎恨英國及其人民、習俗、勢力等；恐英病(↔ Anglomania).

An·glo·phone [`æŋgloˏfon; 'æŋgloufoun] *adj.* 說英語的。**—n.** Ⓒ以英語爲母語的人。

Ánglo-Sáxon *adj.* **1** 盎格魯撒克遜人的。**2** 盎格魯撒克遜語的。**—n.** **1 a** [**the** ~**s**] 盎格魯撒克遜民族《五世紀時移居英國的條頓族》。**b** Ⓒ盎格魯撒克遜人。

2 Ⓒ典型的英國人。

3 Ⓤ盎格魯撒克遜語(Old English).

An·go·la [æŋ`golə, æn-; æŋ'goulə] *n.* 安哥拉《西非洲之一共和國；首都羅安達(Luanda [lu`ændə; lu:'ændə])》.

An·go·ra [æŋ`gorə, æn-, -`gɔrə; æŋ'gɔ:rə] *n.* **1** Ⓒ《動物》**a** (又作 **Angóra cát**)安哥拉貓。**b** (又作 **Angóra góat**)安哥拉羊《自其身上採取毛海(mohair)》. **c** (又作 **Angóra rábbit**)安哥拉兔《安卡拉(Ankara)原產之白色長毛兔》。**2** (又作 **Angóra wóol**) Ⓤ安哥拉羊毛《安哥拉羊[兔]之毛》。

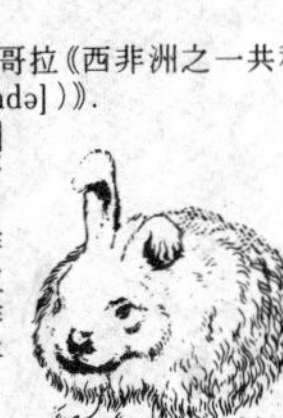

Angora rabbit

an·gos·tu·ra [ˏæŋgəs`turə, -`tjurə; ˌæŋgə'stjuərə] *n.* Ⓤ由一種南美樹木的堅硬外皮提煉出來的苦液(用以加味於酒類)。

‡an·gry [`æŋgrɪ; 'æŋgri] 《anger 的形容詞》**—adj.** (**an·gri·er**; **an·gri·est**) **1** [不用在名詞前] **a 怒的，憤怒的，惱怒的，生氣的**：get [become, grow] ~ 生氣，動怒，發怒/He looks ~. 他看起來像生氣的樣子。**b** 〔十介十(代)名〕〔對人〕生氣的〔*with*,《口語》*at*〕；〔對…事〕生氣的〔*at, about, over*〕：He was ~ ***with*** his son. 他對兒子發脾氣/We were ~ ***at*** the boys *for* be*ing* late. 我們因男孩子們遲到而惱怒/Any-

body would be ~ *at* be*ing* kept waiting so long. 任何人等這麼久都會生氣/She got ~ ***about*** the cheating. 她對那欺騙行為很氣憤/She was ~ *with* him *for* go*ing* without saying goodby. 她因他不告而別而生氣。**c** 〔十 *to* do〕〈做…而〉發怒的，生氣的：She was ~ *to* hear it. 她聽到這件事很生氣。**d** 〔十 *that*_〕〈因…一事而〉發怒的，生氣的：I was ~ *that* the door was locked. 我因門被鎖住而生氣。
2 [用在名詞前] **a** 憤怒的，因生氣而引起的；似生氣的：~ words 怒話，氣話/an ~ look [face]怒容。**b** 風雨交作的，氣象情況惡劣的〈天空、海洋等〉：an ~ sky 風雨交作的天際/~ waves 洶湧的波濤。
3 〈傷口〉發炎而疼痛的。

an·gri·ly [ˋæŋgrəlɪ; ˈæŋgrəli] *adv.*

Ángry Yòung Mén *n. pl.* (又作 **ángry yòung mén**)1950 年代其作品反映強烈的反傳統、反社會等不滿情緒的一羣英國作家。

angst [ɑŋst; æŋst] 《源自德語》**—***n.* Ⓤ不安，苦惱；恐懼。

ang·strom [ˋæŋstrəm; ˈæŋstrəm] 《源自瑞典物理學家之名》**—***n.* (又作 **ángstrom únit**)Ⓒ《物理》埃《用以表示光波波長之單位，等於一公分的一億分之一；略作 A.U., A, Å 等》。

an·guish [ˋæŋgwɪʃ; ˈæŋgwiʃ] *n.* Ⓤ(身心上的)**極度的痛苦**，苦悶，苦惱：in ~ 在極度的痛苦中。

án·guished *adj.* 苦惱的，痛苦的。

an·gu·lar [ˋæŋgjələ·; ˈæŋgjulə] 《angle[1] 的形容詞》**—***adj.* **1** 有(稜)角的，成角的。
2 角(度)的；以角度測量的：~ distance 角距。
3 〈人、臉形等〉骨瘦嶙嶙的，鳩形鵠面的，消瘦的，骨凸的。
4 〈性格〉不圓活的，古板不知變通的，固執的。**~·ly** *adv.*

an·gu·lar·i·ty [ˌæŋgjəˋlærətɪ; ˌæŋgjuˈlærəti] 《angular 的名詞》**—***n.* **1** Ⓤ有角，成角狀；瘦削；固執，頑強。
2 Ⓒ[常 **angularities**]角狀，方形，(有成)角的部分。

an·gu·late [ˋæŋgjəlɪt, -ˌlet; ˈæŋgjuleit, -lit] *adj.* 有角的；角狀的。

an·hy·dride [ænˋhaɪdraɪd, -drɪd; ænˈhaidraid], **-drid** [-drɪd; -drid] *n.* Ⓤ Ⓒ《化學》酐；脫水化合物。

an·il [ˋænɪl; ˈænil] *n.* **1** Ⓒ《植物》木藍。**2** Ⓤ藍；靛；青黛。

an·ile [ˋænaɪl, ˋenaɪl; ˈænail, ˈeinail] *adj.* 似老嫗的，衰老的。

an·i·lin [ˋænḷɪn; ˈænilin] *n.* =aniline.

an·i·line [ˋænḷˌin; ˈænili:n] *n.* Ⓤ《化學》苯胺《無色油狀的液體；用作染料、合成樹脂之原料》。

ániline dýe *n.* Ⓤ[指種類時爲Ⓒ]苯胺染料。

ániline prínting *n.* Ⓤ苯胺印刷，彈性凸版印刷。

a·nil·i·ty [əˋnɪlətɪ; æˈniləti] *n.* Ⓤ **1** 老弱，衰老。**2** 老嫗一般的動作、言談或思想。

anim. 《略》《音樂》animato.

an·i·ma [ˋænəmə; ˈænimə] 《源自拉丁文》**—***n.* **1** ⓊⒸ生命；靈魂。**2** [the ~]《心理》男性的女性意向(cf. animus 3).

an·i·mad·ver·sion [ˌænəmædˋvɝʒən, -ˋvɝʃ-; ˌænimædˈvə:ʃn] *n.* Ⓤ Ⓒ《文語》批評，指責，嚴評〔*on, upon*〕.

an·i·mad·vert [ˌænəmædˋvɝt; ænimædˈvə:t] *v.i.* 〔十介十(代)名〕〔對…〕(嚴厲地)批評，譴責，指摘，指責〔*on, upon*〕：~ ***on*** [***upon***] a person's conduct 指責某人的行爲。

‡**an·i·mal** [ˋænəml; ˈæniml] 《源自拉丁文「活的東西」之義》**—***n.* **1** Ⓒ **a** 動物。**b** (人以外的)動物，獸，四足獸：a wild [domestic] ~ 野獸[家畜]。**c** 哺乳動物。
2 Ⓒ野獸般的人，野蠻人；畜生般的人，衣冠禽獸。
3 [the ~]獸性：*the* ~ in man 人的獸性。
—*adj.* (無比較級、最高級) **1** 動物的；動物性的：~ food 動物性食物，獸肉/~ husbandry 《美》畜牧學；畜牧(業)/the ~ kingdom 動物界/~ life 動物生態；[集合稱]動物/~ matter 動物質/an ~ painter 動物畫家。
2 (與精神相對的)獸性的；肉體的：~ appetites [desires]獸慾/~ courage 蠻勇/~ spirits 精力，血氣。

an·i·mal·cule [ˌænəˋmælkjul; ˌæniˈmælkju:l] *n.* Ⓒ微生物；微小的動物。

án·i·mal·ìsm [-ḷˌɪzəm; -lizəm] *n.* Ⓤ **1** 獸行；獸性。**2** 獸慾主義。**3** 人類動物說，人類獸性主義《認爲人類只有獸性而無靈性》。

an·i·mal·is·tic [ˌænəmḷˋɪstɪk; ˌænəməˈlistik‾] *adj.*

an·i·mal·i·ty [ˌænəˋmælətɪ; ˌæniˈmæliti] *n.* Ⓤ **1** 動物的生命力，獸性。**2** 動物界。

an·i·mate [ˋænəˌmet; ˈænimeit] *v.t.* **1** 〔十受〕賦與…生命；使…有生命。**2 a** 〔十受〕使…有活力，使…變得生氣勃勃；鼓舞…。**b** 〔十受十介十(代)名〕〔以…〕使…有活力，使…有生氣，鼓舞…〔*by, with*〕：He was ~*d* ***by*** her words. 他聽了她的話深受鼓舞。**3** 〔十受〕將〈故事等〉動畫[卡通電影]化。
— [-mɪt; -mət, -mit, -meit] *adj.* **1** 〈動植物〉有生命的，活的；能活動的：~ nature 生物界，動植物界。**2** 有生氣的，有活力的，活潑的。

án·i·màt·ed *adj.* **1** 有生氣的，生氣勃勃的，氣力旺盛的；熱鬧的，熱烈的；栩栩如生的，生動的：an ~ discussion 熱烈的討論。**2** 動畫的，卡通電影的：an ~ film 卡通影片。
~·ly *adv.*

ánimated cartóon *n.* Ⓒ卡通電影。

an·i·ma·tion [ˌænəˋmeʃən; ˌæniˈmeiʃn] *n.* **1** Ⓤ生氣，活力；生動，活潑：with ~ 生動地，活潑地。**2** 《電影》**a** Ⓤ動畫[卡通電影]製作。**b** Ⓒ動畫，卡通電影。

a·ni·ma·to [ˌɑnəˋmɑto; ˌæniˈmɑ:tou] 《源自義大利語》**—***adj.* & *adv.* 《音樂》活潑的[地]。

án·i·mà·tor [-tə·; -tə] *n.* Ⓒ **1** 賦與生氣之人[物]；鼓舞者。**2** 《電影》動畫[卡通電影]製作[繪製]者。

an·i·mism [ˋænəˌmɪzəm; ˈænimizəm] *n.* 《哲・心理・人類學》Ⓤ **1** 萬物有靈魂論，有鬼論，靈魂獨立論，泛靈論《相信木、石等亦與生物一樣有靈魂》。**2** 精靈信仰，精靈說《主張人與物之活動全依靈力之說》。

án·i·mist [-mɪst; -mist] *n.* Ⓒ **1** 信仰靈魂學說者。**2** 精靈信仰者，靈魂論者，泛靈論者。

an·i·mis·tic [ˌænəˋmɪstɪk; ˌæniˈmistik‾] *adj.* (信仰)靈魂學說的。

an·i·mos·i·ty [ˌænəˋmɑsətɪ; ˌæniˈmɔsəti] *n.* ⓊⒸ敵意，憎惡；仇恨，怨恨〔*against, toward*；*between*〕：have [harbor] (an) ~ *against* one's enemies 對敵人懷仇恨。

an·i·mus [ˋænəməs; ˈæniməs] 《源自拉丁文「靈魂」之義》**—***n.* **1** Ⓤ[又作 **an ~**]敵意，憎惡，惡意〔*against*〕. **2** Ⓤ意旨，心意。**3** [the ~]《心理》女性的男性意向(cf. anima 2).

an·i·on [ˋænˌaɪən; ˈænaiən] *n.* Ⓒ《化學》陰離子，陽向離子(↔ cation).

a·nis [ˋænis; ˈæni:s] *n.* Ⓤ大茴香(子)酒《用大茴香(aniseed)調味的西班牙產甜酒(liqueur)》.

an·ise [ˋænɪs; ˈænis] *n.* Ⓒ《植物》大茴香(子)《產於地中海地區的

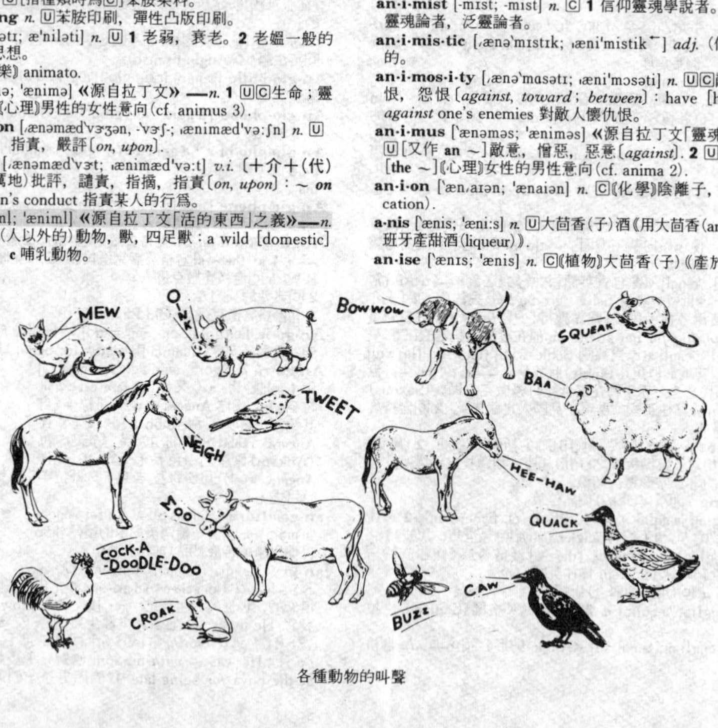

各種動物的叫聲

繖形花科植物；其子可做藥材及調味品用》。

an·i·seed [ˋænɪˏsid; ˈænisiːd] *n.* Ⓤ Ⓒ 大茴香子，八角《調味料》。

an·i·sette [ˏænɪˋsɛt, -ˋzɛt; ˌæniˈzet, -ˈset] *n.* Ⓤ [指個體時爲Ⓒ] 茴香酒《用大茴香子(aniseed)調味的甜酒(liqueur)》.

An·ka·ra [ˋæŋkərə; ˈæŋkərə] *n.* 安卡拉《土耳其(Turkey)共和國的首都》。

***an·kle** [ˋæŋkl; ˈæŋkl] *n.* Ⓒ **1 足踝**《連結 foot 和 leg 之部分；⇨ body 插圖》：twist [sprain] one's ～ 扭傷足踝。**2** 腳脖子，踝節部。

ánkle·bòne *n.* Ⓒ《解剖》踝骨，距骨。

ánkle-déep *adj.* & *adv.* 深及踝部的[地]。

ánkle sóck *n.* ＝anklet 2.

an·klet [ˋæŋklɪt; ˈæŋklit] *n.* Ⓒ **1 a** 足踝飾品。**b** 腳鐐。**2** (長僅及踝部的)短襪。

anklets 2

an·ky·lo·sis [ˏæŋkəˋlosɪs; ˌæŋkiˈlousis] *n.* Ⓤ《醫》關節黏連，關節僵硬。

Ann [æn; æn] *n.* 安《女子名；暱稱 Annie》.

an·na [ˋænə; ˈænə] *n.* Ⓒ 安那《印度及巴基斯坦之舊貨幣名》。

An·na [ˋænə; ˈænə] *n.* 安娜《女子名；暱稱 Annie, Nan, Nancy, Nanny》.

An·na·bel [ˋænəˏbɛl; ˈænəbel] *n.* 安娜貝爾《女子名》。

an·nal·ist [ˋænlɪst; ˈænəlist] *n.* Ⓒ 紀年表編者，編年史作者，年報編輯者。

an·nals [ˋænlz; ˈænlz] *n. pl.* **1** 紀年表，年鑑，編年史，年代記。**2** 史料，歷史記載[記錄]史學。**3** [有時當單數用]（學會等的）年報，年刊。

An·nam [əˋnæm; ænˈæm, ˈænæm] *n.* 安南《原爲中南半島東海岸之王國及法國之保護國，現爲越南之一部分》。

An·na·mese [ˏænəˋmiz, -ˋmis; ˌænəˈmiːz, -ˈmiːs] *adj.* 安南的；安南人[語]的。
—*n.* **1** Ⓒ (*pl.* ～)安南人。**2** Ⓤ安南語。

An·nap·o·lis [əˋnæplɪs; əˈnæpəlis] *n.* **1** 安那波利《美國馬里蘭州(Maryland)的首府》。**2** (設在 Annapolis 的)美國海軍官校(cf. West Point).

Anne [æn; æn] *n.* 安《女子名；暱稱 Annie, Nan, Nancy, Nanny》.

Anne [æn; æn], **Queen** *n.* ⇨ Queen Anne.

an·neal [əˋnil; əˈniːl] *v.t.* **1**《冶金》加熱以使〈鋼、玻璃等〉韌化；鍛鍊…。**2** 磨鍊，鍛鍊〈意志〉。

an·ne·lid [ˋænlɪd; ˈænəlid] *n.* Ⓒ《動物》環節動物《蚯蚓、水蛭等》。**—***adj.* 環節動物的。

an·nex [əˋnɛks; əˈneks] 《源自拉丁文「繫於…」之義》**—***v.t.* **1 a** 〔+受〕附加〈小東西〉：～ notes 附註。**b** 〔+受+介+(代)名〕附加，隨附〈小東西〉〔於…〕，使…附屬〔於…〕；加建，增建…〔於…〕〔*to*〕：A protocol has been ～*ed* ***to*** the treaty. 條約中附加了協議書。**2 a** 〔+受〕合併，兼併，併吞〈領土等〉：The United States ～*ed* Texas in 1845. 美國於 1845 年兼併德克薩斯州。**b** 〔+受+介+(代)名〕將〈領土、公司等〉合併〔於…〕〔*to*〕：The firm was ～*ed* ***to*** a large corporation. 該公司被合併於一家大公司。**3**《口語・謔》盜用，侵佔〈物〉(appropriate).
— [ˋænɛks; ˈæneks] *n.* Ⓒ **1** 附加物；附件。**2** 別館，附屬建築物，附屬物，增建建築物，附加建築物〔*to*〕.

an·nex·a·tion [ˏænɛksˋeʃən; ˌænekˈseiʃn] 《annex 的名詞》**—***n.* **1** Ⓤ合併，吞併。**2** Ⓒ合併之地[物]；附加物。

an·nex·a·tion·ist [ˏænɛkˋseʃənɪst; ˌænekˈseiʃənist] *n.* Ⓒ 兼併[併吞]主義者。

an·nexe [ˋænɛks; ˈæneks] *n.*《英》＝annex.

An·nie [ˋænɪ; ˈæni] *n.* 安妮《女子名；Ann, Anna, Anne 之暱稱》。

an·ni·hi·late [əˋnaɪəˏlet; əˈnaiəleit] 《源自拉丁文「使變爲無」之義》**—***v.t.* **1** 殲滅，徹底消滅，毀滅〈敵人等〉：～ the enemy's army [fleet] 殲滅敵軍[敵人艦隊]。**2** 使〈法律等〉變成無效；廢止，取消：～ a law 廢止法律。**3**《口語》徹底擊敗，擊潰，壓倒〈對手等〉：～ the visiting team 擊潰客隊。**4**《口語》使〈野心等〉破滅。

an·ni·hi·la·tion [əˏnaɪəˋleʃən; əˌnaiəˈleiʃn] 《annihilate 的名詞》**—** *n.* Ⓤ **1** 殲滅，毀滅，消滅。**2** 廢止，取消。

an·ni·hi·la·tor [əˋnaɪəˏletɚ; əˈnaiəleitə] *n.* Ⓒ消滅者，破壞者，摧毀者。

an·ni·ver·sa·ry** [ˏænəˋvɝsərɪ; ˌæniˈvəːsəri] 《源自拉丁文「每年回來」之義》**—n.* Ⓒ(周年)紀念日；…周年紀念：one's wedding ～ 結婚紀念日/the twentieth ～ of our wedding 我們結婚二十周年紀念日。**—***adj.* **1** 周年的，周年紀念的。**2** 年年的，每年的。

An·no Dom·i·ni [ˋænoˋdɑməˏnaɪ; ˌænouˈdɔminai] 《源自拉丁文 'in the year of our [the] Lord' 之義》**—***adv.* 耶穌紀元後，西元…，紀元…《★用法 通常略作 A.D.；⇨ A.D.》.

an·no·tate [ˋænoˏtet; ˈænouteit] *v.t.* 附加註釋，註解，評註於〈書〉。

an·no·ta·tion [ˏænoˋteʃən; ˌænouˈteiʃn] 《annotate 的名詞》**—***n.* **1** Ⓤ註記，加註解。**2** Ⓒ註釋，評註。

án·no·tà·tor [-tɚ; -tə] *n.* Ⓒ 註釋者。

an·nounce** [əˋnauns; əˈnauns] 《源自拉丁文「帶給…消息」之義》**—v.t.* **1** (正式)**發表**：**a** 〔+受〕通知〈事〉，通報，告知，預告…；公布，宣布，宣告…；顯示，顯露…；播〈音〉，播報…：They ～*d* the engagement of their daughter. 他們宣布女兒的訂婚。**b** 〔+受+介+(代)名〕〔對人〕通知…，發表…〔*to*〕：We have ～*d* her death ***to*** some friends only. 我們只向幾個朋友通報了她的死訊。**c** 〔+ *that*__〕宣布，宣稱，聲稱〈…一事〉：It has been ～*d that* the astronaut will visit this country in September. 據宣布太空人將於九月訪問本國。**d** 〔+引句〕宣布說…，說…："I'm going to marry him," she ～*d.* 她說：「我即將和他結婚。」**e** 〔+受+*as* 補〕宣布…〈爲…〉：Mr. Robert Brown was ～*d as* the sponsor. 羅勃特・布朗先生被宣布爲贊助人。**f** 〔+受+*as* 補〕[～ *oneself*] 自稱〈爲…〉：She ～*d herself* to me *as* my mother's friend. 她自稱是家母的朋友。
2 〔+受〕大聲報〈客人等〉來到；通知開〈飯〉：Dinner was ～*d.* 通知開飯了/The servant ～*d* Mr. and Mrs. Jones. 傭人傳報瓊斯夫婦來訪。
3 a 〔+受〕顯示，顯露…；爲…之先聲；預告，預示…：A shot ～*d* the presence of the enemy. 一聲槍響顯示有敵人在。**b** 〔+ *that*__〕報知，表示〈…一事〉：The crowing of cocks ～*d that* dawn was near. 雞啼表示天快亮了。
4 〔+受〕《廣播・電視》爲〈電台〉播報節目；播報〈節目〉。
—*v.i.* **1** 擔任播音員。**2** 〔+介+(代)名〕《美》宣布競選〔某職務〕〔*for*〕：～ ***for*** mayor 宣布競選市長。

an·nounce·ment [əˋnaunsmənt; əˈnaunsmənt] 《announce 的名詞》**—** *n.* Ⓤ Ⓒ **1 a 發表**，通告，宣布，告示，布告，預告，告知；聲明。**b** 〔+ *that*__〕〈…云的〉發表，告知；聲明，通告，宣布，告示，布告，預告：The ～ *that* taxes will be reduced at a fixed rate is very welcome news. 通告說將按固定比率減稅，這是非常受歡迎的消息。**2**《紙牌戲》叫牌。

an·nounc·er [əˋnaunsɚ; əˈnaunsə] *n.* Ⓒ **1 宣布者，發表者**。**2 播音員**。

an·noy** [əˋnɔɪ; əˈnɔi] 《源自拉丁文「憎惡的」之義》**—v.t.* **1 a** 〔+受〕(以可厭之事)**煩擾**，逗惱〈人等〉，使…生氣，使…厭煩《★常以過去分詞當形容詞用；⇨ annoyed 2；⇨ bother【同義字】》：That noise ～*s* me. 那噪音使我心煩。**b** 〔+受+介+(代)名〕〔以可厭之事〕困擾，煩擾，逗惱〈人等〉，使…生氣，使…厭煩，使…惱怒〔*by, with*〕：She ～*ed* us ***with*** her constant prattle. 她持續不斷的瞎聊使我們感到厭煩/The teacher ～*s* his pupils ***by*** ask*ing* difficult questions. 那位老師提出不少困難問題來困擾[刁難]學生。**2** 〔+受〕騷擾，干擾，妨害〈敵人等〉：I was ～*ed* by hecklers during the last half of my speech. 我在演講的後半段中受到詰問者的騷擾。

an·noy·ance [əˋnɔɪəns; əˈnɔiəns] 《annoy 的名詞》**—** *n.* **1** Ⓤ **困擾**，騷擾，煩擾，惱怒，煩惱；焦躁：put a person to ～ 使某人煩惱，爲難[困擾]某人 /to a person's ～ 令某人爲難[傷腦筋]的是。**2** Ⓒ 使人煩惱之事[物，人]，可厭的東西：That noise is a great ～ to me. 那噪音使我非常厭煩。

an·nóyed *adj.* **1** 心煩的，被惱怒的，煩惱的：an ～ look 煩惱的臉色。
2 a 〔+介+(代)名〕〔對人〕感到煩惱的〔*with*〕；〔對事物〕感到煩惱的〔*at, about*〕(cf. annoy 1)：I felt ～ ***with*** the girl *for* be*ing* so careless. 這女孩如此粗心使我很生氣/She was ～ ***about*** the whole thing. 她對這整件事情感到煩惱 /I was ～ ***at*** the interruption. 我因話被打斷而惱火。**b** 〔+ *to* do〕〈因…而〉厭煩[惱怒，煩惱]的：He was ～ *to* find that dinner was not ready. 他因發現晚飯還沒有準備好而惱怒。**c** 〔+ *that*__〕〈對…一事〉感到煩惱[苦惱]的：He was ～ *that* his son did not study harder. 他因兒子學習不夠努力而感到煩惱。

an·nóy·ing *adj.* 煩人的，困擾的，可厭的，令人煩惱[爲難]的，麻煩的："She kept tapping her pencil."—"How ～ !"「她一直敲著鉛筆。」「眞討厭！」/How ～ ! I've burned the eggs again. 好討厭[煩死人了]，我又把蛋燒焦了！**～·ly** *adv.*

***an·nu·al** [ˋænjuəl; ˈænjuəl] *adj.* (無比較級、最高級) **1 a 一年的**；年年的，每年的，年度的：an ～ income 年收入/～ expenditure [revenue] 歲出[入]。**b** 一年一次的，每年一次的：an ～ report (公司、機關等的)年報。**2**《植物》一年生的：an ～ plant 一年生植物。
—*n.* Ⓒ **1 a** 年刊，年報，年鑑。**b**《美》畢業紀念册(等)。**2** 一年生植物。

ánnual lèave *n.* Ⓤ Ⓒ每年一次的休假。

A

án·nu·al·ly [-əlɪ; -əli] *adv.* 每年；每年一次地。

ánnual mèeting *n.* Ⓒ(股東等之)年會。

ánnual ríng *n.* Ⓒ(樹木的)年輪。

an·nu·i·tant [ə'nuətənt, ə'nju-; ə'nju:itənt] *n.* Ⓒ領受年金[養老金]者。

an·nu·i·ty [ə'nuətɪ; ə'nju-; ə'nju:iti] *n.* Ⓒ **1** 年金，養老金：a life [terminable] ～ 終身[定期]年金 /an ～ certain《保險》確定年金。**2** (在一定期間)會生一定利息的投資。

an·nul [ə'nʌl; ə'nʌl] *v.t.* (**an·nulled**；**an·nul·ling**) 使[宣告]〈契約、婚姻等〉無效[作廢]；取消，廢除，廢止〈法律、命令等〉。

an·nu·lar ['ænjələ; 'ænjulə] *adj.*《文語》(有)環狀的；如環狀的。～**·ly** *adv.*

ánnular eclípse *n.* Ⓒ《天文》環蝕。

an·nu·let ['ænjəlɪt; 'ænjulet, -lit] *n.* Ⓒ小環。

an·núl·ment [-mənt; -mənt] «annul 的名詞»—*n.* ⓊⒸ **1** 取消，失效；作廢，廢棄，廢止。**2** (婚姻之)宣告無效。

an·nu·lus ['ænjələs; 'ænjuləs] «源自拉丁文»—*n.* Ⓒ(*pl.* **-li** [-,laɪ; -lai], ～**·es**) **1** 環，圈(ring)。**2**《數學》環形。**3**《天文》金環。**4**《動物》體環，環節，環帶。

an·num ['ænəm; 'ænəm] «源自拉丁文» — *n.* Ⓒ年：per ～ 每年。

an·nun·ci·ate [ə'nʌnʃɪ,et; ə'nʌnʃieit] *v.t.*《古》通知，通告，告示，告訴，預告〈事〉。

an·nun·ci·a·tion [ə,nʌnsɪ'eʃən; ə,nʌnsi'eiʃn] «annunciate 的名詞»—*n.* **1** ⓊⒸ《文語》通告，公布，告示，布告，預告。**2** [**the A～**]《基督教》**a** 天使報喜《指天使加百列(Gabriel)告訴聖母瑪利亞(Mary)，她已懷胎耶穌基督一事》。**b** (又作 **Annunciátion Dày**)天使報喜節(Lady Day)《三月二十五日》。

an·nún·ci·à·tor [-tə; -tə] *n.* Ⓒ **1** 通告者，預告者。**2** 信號器《用電光或蜂音器指示信號等之來源的裝置》。

an·ode ['ænod; 'ænoud] *n.* Ⓒ《電學》(←→ cathode) **1** (電解槽、電子管的)陽極，正極。**2** (蓄電池等的)陰極。

ánode rày *n.* Ⓒ《電學》陽極射線。

an·o·dyne ['ænə,daɪn; 'ænədain] *adj.* **1** 止痛的；鎮痛的。**2** 緩和情緒的。

—*n.* Ⓒ **1** 鎮痛劑。**2** 緩和情緒之物。

a·noint [ə'nɔɪnt; ə'nɔint] *v.t.* **1**《基督教》**a** 〔十受〕塗(聖)油於〈人、額頭等〉使神聖化；塗油於〈新國王、祭司等〉使神聖化：The archbishop ～*ed* the new king. 大主教爲新國王擦油使其神聖化[爲新國王登基舉行塗油儀式]。**b** 〔十受十補〕塗油聖化〈人〉爲〈王〉，膏〈人〉爲〈王〉：～ a person king 膏某人爲王。**2 a** 〔十受〕塗[抹，搽]油於〈傷口等〉。**b** 〔十受十介十(代)名〕(爲化妝等)〔以…〕塗[抹]於…，搽於…〔*with*〕：～ one's hand *with* cold cream 用冷霜塗在手上。

the (Lórd's) Anóinted (1)蒙主擦油者，耶穌，救世主。(2)神權國王，古猶太王。

～**·er** *n.*

a·nóint·ment [-mənt; -mənt] «anoint 的名詞»—*n.* ⓊⒸ **1 a** 塗油。**b** (藥劑等之)塗敷〔*with*〕。**2**《基督教》塗油儀式。

a·nom·a·lous [ə'nɑmələs; ə'nɔmələs] «anomaly 的形容詞»—*adj.* **1** 不規則的，反常的，異常的，破格的，例外的：Which word is ～ in the list：cat, salmon, mouse, horse？ 在這表中例外的是哪一字？——貓，鮭魚，老鼠，馬《★答案是「鮭魚」》。**2**《文法》變則的：an ～ verb 變則動詞《指不用助動詞 do 而能構成疑問句及否定句的動詞，如 must, ought 等》/⇨anomalous finite. ～**·ly** *adv.*

anómalous fínite *n.* Ⓒ《文法》變則有限式動詞《可用在 not 之前，亦可與主詞調換位置，如 is (am, are, was, were)；have (has, had)；do (does, did)；shall (should)；will (would)；can (could)；may (might)；must；ought；need；dare；used 等十二種(助)動詞，共有二十四個語形》。

a·nom·a·ly [ə'nɑməlɪ; ə'nɔməli] *n.* **1** ⓊⒸ變則，例外，異例；反常，異常，破格。**2** Ⓒ異常之人[事，物]。

a·non [ə'nɑn; ə'nɔn] *adv.*《古·詩》**1** 再…，他時，又(again)。**2 a** 立即。**b** 不久，未幾(soon)。

éver [nów] and anón《古·詩》不時地，經常。

anon.《略》anonymous.

an·o·nym ['ænə,nɪm; 'ænənim] *n.* Ⓒ **1 a** 匿名者，化名者。**b** 作者不詳的著作。**2**《罕》假名，化名《★比較 一般用 pseudonym》。

an·o·nym·i·ty [,ænə'nɪmətɪ; ,ænə'niməti] *n.* **1 a** Ⓤ [又作 **an ～**] 匿名；無名，作者不詳。**b** Ⓤ缺乏個性。**2** Ⓒ匿名者。

a·non·y·mous [ə'nɑnəməs; ə'nɔniməs] «anonym 的形容詞»—*adj.* **1** 匿名的，不具名的；〈書刊〉作者不詳的，〈歌〉作詞[曲]者不詳的：The donor remained ～. 那位捐贈者一直隱姓埋名[不披露姓名]。**2** 無特徵[個性]的。～**·ly** *adv.*

a·noph·e·les [ə'nɑfə,liz; ə'nɔfili:z] *n.* Ⓒ(*pl.* ～)《昆蟲》瘧蚊《一種傳播瘧疾之蚊》。

an·o·rak ['ɑnə,rɑk; 'ænəræk] *n.* Ⓒ連兜帽的防風夾克(⇨parka)。

an·o·rex·i·a [,ænə'rɛksɪə; ,ænə'reksiə] *n.* Ⓤ厭食，食慾缺乏。

‡an·oth·er [ə'nʌðə; ə'nʌðə] «中古英語 an 與 other 所構成的字»—*adj.* [用在名詞前](無比較級、最高級) **1** [直接修飾單數名詞] 又一[再一]的《★用法 (1)直接修飾複數名詞時用 other；(2)在 another 之前不用 the, no, any, some》：Have [Try] ～ (cup [glass]). 再喝一杯吧《★用法 省略 cup 或 glass 而把 another 當代名詞用較爲自然》/I shall be back in ～ six weeks. 我再過六週就回來《★用法 six weeks 總括起來視爲一個單位，因此用 another》/*A*～ five weeks is [are] required to complete the task. 完成這工作還需要五星期《★用法 five weeks 被視爲一個單位，因此可當單數用，但較常當複數用》/～ Solomon 第二位所羅門王[賢者] /in ～ moment 轉瞬間，忽然。**2 a** 另一的：I felt myself quite ～ man. 我感覺我完全是另一個人《變得判若兩人》/But that is ～ story. 但那是另一回事《現在暫時不談》/*A*～ book *than* this will suit you better. (與這不同的)另一本書會更適合你《★用法 用 than 較爲正式，但也有人用 from》. **b** [與 one 對照使用；cf. one *adj.* 3]《★用法 one...another 與 *pron.* 2b 同樣用於指對照之兩者；但不像 one...the other 一般指既定之兩者；⇨other *pron.* 2a》：*One* man's meat is ～ man's poison.《諺》甲的美食是乙的砒霜[各人所好不同；對甲有益的可能有害於乙]。

—*pron.* **1 a** 另一件東西，另一個人：distinguish one from ～ 把一件東西與另一件東西區分開來/He finished the beer and ordered ～. 他喝完了那杯啤酒又叫了一杯 (cf. *adj.* 1 用法 (2)) /The tray was passed (from) one to ～. 盤子一個人接著一個人傳遞。**b** 那種東西，同類的東西：“Liar！”—“You're ～！”「撒謊的傢伙！」「你才是(那種人)！」/You'll never see such ～. 你永遠看不到(另一個)像那樣的東西[人]。

2 a 別的東西[人]：I don't like this one. Show me ～. 我不喜歡這個，讓我看看別的。**b** [與 one 對照使用；⇨ *adj.* 2b 用法]：To know is *one* thing；to teach is quite ～. 知道是一回事，教又是另一回事；學者未必是良師。

óne àfter anóther ⇨one *pron.*

òne anóther ⇨one *pron.*

óne wày or anóther ⇨ way.

tàking [tàken] óne with anóther 總而言之，大體而言，平均說來，多方考慮之下，大體上(cf. ONE with another)：*Taking one with* ～, I decided not to go ahead with the plan. 多方考慮之下，我決定不進行那項計畫。

ans.《略》answer.

an·ser·ine ['ænsə,raɪn, -rɪn; 'ænsərain] *adj.* **1** 鵝科的。**2** 似鵝的。**3** 愚笨的，蠢的。

‡an·swer ['ænsə; 'ɑ:nsə] «源自古英語「對…發誓(swear)」之義»—*v.t.* **1** 答，答覆，回覆，回答。

> 【同義字】answer 是表示對質問、命令、招呼、要求等回答之意的最普通的字；reply 用在較正式之文體中，或表示較正式且經考慮之答覆；respond 表示對預期、訴求或想望者加以反應而作回答。

a 〔十受〕答覆，回答〈人、問題、信等〉：～ a question 回答問題 /～ a letter 回信 /Please ～ me at once. 請立刻回答我。**b** 〔十受(十介十(代)名)〕〔向人〕回答…〔*to*〕：He didn't ～ a word (*to* me). 他沒有回答(我)一句話《★變換 義 1c 可換寫成 He didn't ～ me a word.》. **c** 〔十受十受〕[常用祈使語氣] 回答〈人〉〈問題等〉《★用法 通常用 this 或 that 作直接受詞》：*A*～ me *this* [*that*] question. 回答我這個[那個]問題。**d** 〔(十受)十 *that*_〕回答〈人〉〈…一事〉《★用法 有時有間接受詞》：She ～*ed* (me) *that* she would be happy to come. 她回答我說她樂意來。**e** 〔十引句(十介十(代)名)〕〔向人〕回答說…〔*to*〕：“I'm fine, thank you,” she ～*ed*. 她回答說「我很好，謝謝你」/He ～*ed* “Yes,” *to* me. 他回答我說「是」。

2 〔十受〕應〈敲門聲、門鈴聲〉(開門)；接〈電話〉：～ the door 應敲門聲開門/～ the door bell [the ring at the door] 應門鈴聲開門/～ the telephone 接電話。

3 a 〔十受〕回報〈某人的微笑〉；報復〈攻擊〉；回敬，還報…：～ a person's smile 向某人回笑一下。**b** 〔十受十介十(代)名〕〔以…〕回報，報復，回敬，還…〔*with*〕：～ blows *with* blows 以拳還拳[以牙還牙，以眼還眼]，還擊/She ～*ed* my smile *with* a scowl. 她以怒視回報我的微笑[她對我的微笑報以怒視]。

4 〔十受〕**a** 答應，允許，准許〈要求、請求、願望等〉：My wishes were ～*ed*. 我如願以償了。**b** 適合，合乎，適應〈目的、條件等〉：I hope this will ～ your purpose. 我希望這會合乎你的目的[需要]。**c** 符合〈說明、人像畫、圖形等〉，與…一致：He ～*ed* the description of the murderer. 他與那兇手的相貌描述相符。

5 〔十受〕反駁，答辯，辯駁，駁斥〈議論、批評等〉：～ a charge

反駁指控。

—_v.i._ **1 a** 回答，回覆，答覆：_A_~ in a loud voice. 以大聲回答。**b** 應門；接電話：He telephoned but nobody ~_ed._ 他打了電話，但是沒人接。**c** 〔十介十(代)名〕〔以…〕回報，回敬，報復〔_with, by_〕：~ **_with_** a blow (不用嘴巴回答而)以毆打回敬 /He ~_ed_ **_by_** giv_ing_ me a black look. 他對我報以怒目相視。

2 〔十介十(代)名〕**a** 〔爲…事〕〔對人〕**負責**〔_to_〕〔_for_〕：The teacher must ~ (**_to_** the children's parents) **_for_** their safety. 教師必須(對家長們)負責確保學童的安全[爲學童的安全(對他們的家長)負責]。**b** 〔爲人品、品質等〕負責，〔爲…〕保證〔_for_〕：I can ~ **_for_** his innocence. 我可以保證他的淸白/"Will he do what he promised？"—"I'm afraid I can't ~ **_for_** that."「他會做他所承諾的事嗎？」「我(恐怕)不能擔保。」

3 a 〔動(十介十(代)名)〕合乎，適合〔於目的、條件、用途等〕〔_for_〕：A newspaper will ~ **_for_** a tablecloth. 一張報紙就可當塊桌布 /This box will ~ very well. 這個盒子將很合用。**b** 《罕》〈計畫等〉成功，令人滿意，順遂。

4 〔十介十(代)名〕符合〔於說明、相書等〕，〔與…〕一致，相符〔_to_〕：The man's features ~ **_to_** the description of the murderer. 該男子之面貌與兇手的相貌描述符合。

ánswer báck 《_vi adv_》(1)〈小孩等〉〔對父母等〕無禮地回答，還口，頂嘴〔_to_〕. **—**《_vt adv_》(2)〔~十受十back〕頂撞〈人〉，和…頂嘴：Don't ~ your father _back_ like that！不可那樣頂撞你父親！

—_n._ Ⓒ **1 a** 〔對於質問、信、要求等的〕(口頭或書面等的)**答覆**，回答，回音〔_to_〕：He gave a quick ~ **_to_** my question. 對我所提出的問題他很快地就作了回答/I've got an ~ **_to_** my letter. 我收到了回信。**b** (藉行爲的)反應，回答〔_to_〕：Her ~ **_to_** my greeting was a smile. 她以微笑回答我的問候。

2 a 〔問題等的〕解答，答案〔_to_〕：find an ~ **_to_** a question 找出問題的答案[解答]/The ~ **_to_** 7×19 is 133. 七乘十九的答案是一百三十三。**b** 對策，解決的對策〔_to_〕：an ~ **_to_** the population explosion 解決人口爆炸問題之對策。**c** **[an [the] ~ to a person's prayer(s)]** 《口語》(合乎願望的)理想之物[人]：_an_ [_the_] ~ **_to a_** maiden's _prayer_ 少女理想中的白馬王子。

3 a 〔對指責、批評等的〕反駁，駁斥，辯駁〔_to_〕. **b** 回報，報復〔_to_〕. **c** 《法律》答辯(書)。

in ánswer (to...) 應…而，回答…而，爲答覆…而：_in_ ~ **_to_** your query 爲答覆你的質疑。

knów áll the ánswers 《口語》無事不知，機警而博識：He thinks he _knows all the_ ~_s._ 他認爲他什麼都懂。

an·swer·a·ble [ˋænsərəbl; ˈɑːnsərəbl] _adj._ **1** 〈質問等〉可答覆的，能回答的。

2 [不用在名詞前]〔十介十(代)名〕〔對人〕有責任的，當負責的〔_to_〕；〔對行爲〕有責任的，當負責的〔_for_〕：He is ~ (**_to_** me) **_for_** his conduct. 他應爲他的行爲(對我)負責。

3 合比例的；相關的〔_to_〕.

4 符合的；適當的〔_to_〕.

án·swer·er [-sərɚ; -sərə] _n._ Ⓒ **1** 回答者，答覆者，解答者。**2** 《法律》答辯者。

án·swer·ing sèrvice _n._ Ⓒ《美》代客接聽電話服務站。

***ant** [ænt; ænt] _n._ Ⓒ《昆蟲》螞蟻《★ 相關用語 蟻王稱 queen ant，兵蟻稱 soldier ant，工蟻稱 worker ant，蟻塚[蟻丘]稱 anthill》.

hàve ánts in one's **pánts** 《口語》(因急著想做某事而)坐立不安；神不守舍。

ant. 《略》antiquary；antonym.

an't [ent; eint] 《方言·口語》＝ain't.

-ant [-ənt; -ənt] 字尾 **1** [形容詞字尾]表示「…性的」：malign**_ant_**；stimul**_ant._**

2 [名詞字尾]表示「做…之人[物]」：serv**_ant_**；stimul**_ant._**

ant·ac·id [æntˋæsɪd; ˌæntˈæsid] _adj._ 使酸中和的，抗酸的，制酸的。

—_n._ Ⓤ [指產品個體或種類時爲Ⓒ]使酸中和物；制酸劑，解酸劑，抗酸藥。

an·tag·o·nism [ænˋtægəˌnɪzəm; ænˈtægənizəm] _n._ ⓊⒸ反對，敵對(狀態)，敵意，敵[仇]視，對立，對抗〔_to, against, between, toward_〕：the ~ **_between_** A and B 甲乙兩者間的敵對 /come into ~ **_with..._** 與…鬧翻臉[交惡，反目]/in ~ **_with..._** 與…敵對[對立]著。

an·tag·o·nist [ænˋtægənɪst; ænˈtægənist] _n._ Ⓒ **1** (有敵意之)對立者，反對者，敵手，競爭者，對手。

2 《生理》對抗肌，反動肌。

an·tag·o·nis·tic [ænˌtægəˋnɪstɪk; ænˌtægəˈnistik↼] _adj._ **1** 反對的，敵對的；相反的；矛盾的，對立的，不相容的：~ views 對立的意見 /Don't be so ~. 別這樣反對，別鬧對立。**2** [不用在名詞前]〔十介十(代)名〕〔與…〕相反的，對立的，不相容的〔_to_〕：His policy is ~ **_to_** our interests. 他的政策與我們的利益相牴觸。

an·tàg·o·nís·ti·cal·ly [-klɪ; -kəli] _adv._

an·tag·o·nize [ænˋtægəˌnaɪz; ænˈtægənaiz] _v.t._ **1** 與〈某人〉爲敵；引起〈某人〉的反感。**2** 反對，反抗，對抗。**3** 使…產生相反作用，抵銷，使…中和[平衡]。

ant·arc·tic [æntˋɑrktɪk; æntˈɑːktik↼] 《源自希臘文「與北正相反的」之義》**—**_adj._ (無比較級、最高級) [有時 _A_~] **南極的，南極**地帶的，近南極的(↔ arctic)：the _A_~ Pole 南極。

—_n._ **[the A~] 1** 南極(地帶)。**2** 南冰洋，南極海。

Ant·arc·ti·ca [æntˋɑrktɪkə; æntˈɑːktikə↼] _n._ 南極洲。

Antarctica

Ántarctic Círcle _n._ **[the ~]** 南極圈《一條與赤道平行的假想線，距南極 23°27′ 之緯線》。

Ántarctic Cóntinent _n._ **[the ~]** ＝Antarctica.

Ántarctic Ócean _n._ **[the ~]** 南冰洋，南極海。

Ántarctic Póle _n._ **[the ~]** 南極(the South Pole).

Ántarctic Zóne _n._ **[the ~]** 南極區《從南極圈至南極的地區》。

ánt bèar _n._ Ⓒ《動物》大食蟻獸《南美洲產之一種貧齒類動物》。

ant bear

an·te [ˋæntɪ; ˈænti] _n._ Ⓒ [常用單數] **1** 《紙牌戲》每次發牌前所下的賭金。**2** 《美口語》(事業等之)分擔額，資金。

ráise [úp] the ánte 《口語》(1)提高分擔額[資金]。(2)加大賭注。

—_v.t._ **(an·ted；an·te·ing) 1** 預下〈賭注〉。**2** 〔十受十副〕《美口語》拿出〈錢、意見等〉；付〈分擔額〉〈_up_〉.

—_v.i._ 〔十副〕《美口語》付分擔額〈_up_〉.

an·te- [æntɪ-; ænti-] 字首 表示「前的」之意(↔ post-).

ánt·èater _n._ Ⓒ《動物》食蟻獸《南美洲產》。

anteater

an·te·bel·lum [ˌæntɪˋbɛləm; ˌæntiˈbeləm] _adj._ 戰前的；(尤指)美國南北戰爭之前的。

an·te·ced·ence [ˌæntəˋsidn̩s; ˌæntiˈsiːdəns] 《antecedent 的名詞》**—**_n._ Ⓤ **1** (時間、順序之)先行，居先。**2** 《天文》逆行。

an·te·ced·ent [ˌæntəˋsidn̩t; ˌæntiˈsiːdənt↼] 《源自拉丁文「先行」之義》**—**_adj._ (無比較級、最高級) **1 a** **在先的，在前的，先行的，**先前的：~ conditions 先決條件，前提。**b** [不用在名詞前]〔十介十(代)名〕居先〔於…〕的，在〔…之〕前的〔_to_〕：an event ~ **_to_** the war 在戰爭前發生的事件《★用因 通常表示該事件與戰爭有關聯》。**2** 《邏輯》推論的。

—_n._ **1** Ⓒ [常 ~s] 前事，前例，前行者，前況。

2 [~s] **a** 履歷，出身，經歷，身世：a woman of shady ~_s_ 一個來歷可疑的女人。**b** 祖先(ancestors). **3** Ⓒ《文法》(關係詞的)前述詞，先行詞《This is the house that Jack built.(這是傑克所建的房屋。)一句中，the house 爲 that 之前述詞》。**4** Ⓒ《邏輯》前件；前提。

~·ly _adv._

ánte·chàmber _n._ Ⓒ(後連正廳之)前堂，前廳，來賓接待室。

an·te·date [ˋæntɪˌdet, ˌæntɪˋdet; æntiˈdeit] _v.t._ **1** 〈事件等〉在時間上領先[早於]…，較…早發生[存在]，先於…發生[存在]：The rise of Buddhism ~_s_ that of Christianity by 500 years. 佛教之興起較基督教早五百年。**2** 填寫較實際日期爲早之日期在〈信函、支票等〉上，以較實際發生日期爲早的日期來記載〈事件等〉；倒填月日在…上。**3** 使…較早[提前]發生。

—_n._ Ⓒ(被填寫或記載之)比實際日期爲早的日期，倒填的日期。

an·te·di·lu·vi·an [ˌæntɪdɪˋluvɪən; ˌæntidiˈluːviən↼] _adj._ **1** (諾亞(Noah))大洪水(時代)以前的(cf. deluge 1 b). **2** 《謔》太古的；舊式的，時代落後的，過時的；古(舊)的，陳舊的。

—_n._ Ⓒ **1** 大洪水以前的人[動植物]。**2** 極老的人；老古董，守舊的人。

A

an·te·lope [ˈæntḷ͵op; ˈæntiloup] *n.* (*pl.* ～, ～s) **1** [C]《動物》羚羊。**2** [U]羚羊皮。

an·te me·rid·i·em [ˈæntɪməˈrɪdɪəm; ˌæntiməˈridiəm] «源自拉丁文 'before noon' 之義»**—***adv.* 午前，上午《★[用法]通常用 a.m., A.M., A.M. [ˈeˈɛm; ˌeiˈem]；⟷ post meridiem》.

ànte·nátal [͵æntɪˈnetḷ; ˌæntiˈneitl] *adj.* 出生前的，產前的。
—*n.* [C]《英》產前檢查(《美》prenatal checkup).

an·ten·na [ænˈtɛnə; ænˈtenə] «源自拉丁文「帆桁」之義»**—***n.* [C] **1** (*pl.* ～s)《美》天線《★[用法]《英》通常用 aerial》. **2** (*pl.* -nae [-ni; -niː], ～s)《動物》觸鬚，觸角，(蝸牛的)角；《植物》觸毛。

anténna circuit *n.* [C]天線電路。

an·te·nup·tial [͵æntɪˈnʌpʃəl; ˌæntiˈnʌpʃl] *adj.* 婚前的。

ànte·penúlt *n.* [C]《語音・詩學》倒數第三音節 (cf. ultima, penult).

an·te·pe·nul·ti·mate [͵æntɪpɪˈnʌltəmɪt; ˌæntipiˈnʌltəmət] *adj.* 倒數第三(個)的。
—*n.* **1** [C]倒數第三(個)。**2** ＝antepenult.

an·te·ri·or [ænˈtɪrɪɚ; ænˈtiəriə↼] «源自拉丁文「前面的」之義的比較級»**—***adj.* (⟷ posterior)《文語》**1 a** [用在名詞前] (時間)以前的，在先的：an ～ age 早期。**b** [不用在名詞前]〔＋介＋(代)名〕〔比…〕較早的，在〔…之〕前的〔*to*〕《★[用法]不用 than》：ages ～ *to* the Flood 諾亞洪水以前的時代。**2** (地點、位置)前方的，前部的：the ～ parts of the body 身體的前部。
～·ly *adv.*

ánte·ròom *n.* [C] **1** (通入正室之)較小的外室，前室。**2** 接待室。

an·them [ˈænθəm; ˈænθəm] *n.* [C] **1** 聖歌，讚美詩。**2**《文語》頌歌，讚美或歡樂的歌曲：⇨ national anthem.

an·ther [ˈænθɚ; ˈænθə] *n.* [C]《植物》花藥《雄蕊(stamen)末端之花粉囊》。

ánt·hìll *n.* [C]蟻塚，蟻丘。

an·thól·o·gist [-dʒɪst; -dʒist] *n.* [C]詩集[文選]之編輯者。

an·thol·o·gy [ænˈθɑlədʒɪ; ænˈθɔlədʒi] *n.* [C] **1** 詩[文]集，詩[文]選；(名文)選集，論集。**2** 名曲[畫]選集。

An·tho·ny [ˈænθənɪ, -tə-; ˈæntəni, -θə-] *n.* **1** 安東尼《男子名；暱稱 Tony》. **2** [St. ～] (聖)安東尼《250？－？355；牧豬人的守護神》。

An·tho·zo·a [͵ænθəˈzoə; ˌænθəˈzouə] *n. pl.*《動物》珊瑚類。

an·thra·cite [ˈænθrə͵saɪt; ˈænθrəsait] *n.* [U]無煙煤。

an·thrax [ˈænθræks; ˈænθræks] *n.* [U]《醫》癰，炭疽熱《家畜、人的傳染病》。

an·thro·po- [ænθrəpo-; ænθrəpou-] [複合用詞] 表示「人，人類，人類學」等之意。

an·thro·po·cen·tric [͵ænθrəpoˈsɛntrɪk; ˌænθrəpouˈsentrik] *adj.* **1** 認定人爲宇宙之中心的；人類中心主義的。**2** 以人類之經驗和價值爲標準以觀察、解釋宇宙萬物的。

an·thro·poid [ˈænθrə͵pɔɪd; ˈænθrəpɔid] *adj.* **1** 〈動物〉似人類的。**2**《口語》〈人〉似人猿的。
—*n.* [C] **1** (又作 **ánthropoid ápe**)類人猿《黑猩猩(chimpanzee)，大猩猩(gorilla)等》。**2** 似類人猿的人。

an·thro·po·log·ic [͵ænθrəpəˈlɑdʒɪk; ˌænθrəpəˈlɔdʒik↼] *adj.* ＝ anthropological.

an·thro·po·log·i·cal [͵ænθrəpəˈlɑdʒɪkḷ; ˌænθrəpəˈlɔdʒikl↼] *adj.* 人類學(上)的。**～·ly** [-kḷɪ; -kəli] *adv.*

àn·thro·pól·o·gist [-dʒɪst; -dʒist] *n.* [C]人類學家。

an·thro·pol·o·gy [͵ænθrəˈpɑlədʒɪ; ˌænθrəˈpɔlədʒi] *n.* [U]人類學：physical [cultural, social] ～ 自然[文化，社會]人類學。

an·thro·pom·e·try [͵ænθrəˈpɑmətrɪ; ˌænθrəˈpɔmitri] *n.* [U]人體測量學。**an·thro·po·met·ric** [͵ænθrəpoˈmɛtrɪk; ˌænθrəpouˈmetrik↼], **àn·thro·po·mét·ri·cal** [-ˈmɛtrɪkḷ; -ˈmetrikl↼] *adj.*

ànthropo·mór·phism [-ˈmɔrfɪzəm; -ˈmɔːfizəm] *n.* [U]神人同形[同性]論《認爲凡是神或動植物等萬物在形狀和性質上與人類相似的想法》。**ànthropo·mór·phic** [-ˈmɔrfɪk; -ˈmɔːfik↼] *adj.*

an·thro·poph·a·gous [͵ænθrəˈpɑfəgəs; ˌænθrəˈpɔfəgəs↼] *adj.* 食人肉的；食同類之肉的(cannibalistic).

an·thro·poph·a·gy [͵ænθrəˈpɑfədʒɪ; ˌænθrəˈpɔfədʒi] *n.* [U]食人肉(之習俗)；嗜食同類之肉(cannibalism).

an·ti [ˈæntaɪ, ˈæntɪ; ˈænti, ˈæntai]《口語》*n.* [C](*pl.* ～s)持反對論者，反對黨員(⟷ pro).
—*adj.* 反對的。

an·ti- [æntɪ-; ænti-] [字首]表示「反對，敵對，對抗，排斥」之意《★[語形]在專有名詞[形容詞]之前或在 i(有時在其他母音字母)之前要用(連字號 hyphen)》：*anti*-British/*anti*-imperialistic.

an·ti·a·bor·tion·ist [͵æntɪəˈbɔrʃənɪst; ˌæntiəˈbɔːʃənist] *n.* [C]反對墮胎者，反對墮胎合法化者。

ànti·áircraft *adj.* [用在名詞前]防空[對空](用)的：an ～ gun 高射砲。**—***n.* (*pl.* ～) **1** [C]高射砲；防[對]空武器。**2** [U]對空砲火[射擊]。

ànti-Américan *adj.* 反美的：～ feeling 反美情緒。

ánti·authoritárian *adj.* 反權威主義的。

ànti·ballístic *adj.* 反彈道的，反飛彈的：an ～ missile 反彈道飛彈《略作 ABM》.

an·ti·bi·ot·ic [͵æntɪbaɪˈɑtɪk; ˌæntibaiˈɔtik↼]《生化》*adj.* 抗生的，制菌的，抗菌的。
—*n.* [C]抗生素《盤尼西林(penicillin)，鏈黴素(streptomycin)等；以某種微生物所產生的物質殺滅病原菌並抑制其成長》。

an·ti·bod·y [ˈæntɪ͵bɑdɪ; ˈænti͵bɔdi] *n.* [C]《生理》抗體《血液中之抗菌物質》。

an·tic [ˈæntɪk; ˈæntik] *adj.*《文語》詼諧的，滑稽的，古怪的。
—*n.* [C][常 ～s]滑稽，古怪，怪誕；滑稽[古怪]的姿勢或動作：What are all these ～*s* for？幹嘛鬧這些玩笑？

ànti·cáncer *adj.* 抗癌的：～ drugs 抗癌劑。

ánti·chrìst *n.* **1** [C]反基督者，反基督教者。**2** [(the) A～]假基督《被認爲在耶穌再降世前使世上充滿邪惡之反基督者》。

ànti·chúrch *adj.* 反教會的。

an·tic·i·pant [ænˈtɪsəpənt; ænˈtisipənt] *adj.* [不用在名詞前]〔＋介＋(代)名〕預期〔…〕的，期待〔…〕的〔*of*〕.
—*n.* ＝anticipator.

an·tic·i·pate [ænˈtɪsə͵pet; ænˈtisipeit] «源自拉丁文「在前取」之義»**—***v.t.* **1** 預期，希望，預想《★[用法]用於好意和壞意；[比較]一般用 expect；⇨ want A 1【同義字】》：**a** 〔＋受〕盼望，期待，期望，祈望，指望，預期〈稱心之事〉；預料，預測，預先憂慮〈壞事〉：I ～*d* a quiet vacation in the mountains. 我期望在山中度個安靜的假期/He is always *anticipating* trouble. 他老是杞人憂天[預料會有麻煩]。**b** 〔＋do*ing*〕盼望，期盼〈做…〉《★[用法]expect 後面可接不定詞〔＋*to* do〕，但 anticipate 後面不能接不定詞而須接動名詞〔＋do*ing*〕》：I ～ pick*ing* up all the information while traveling. 我盼望在旅行中獲得各種知識。**c** 〔＋*that*__〕預料〈…一事〉：Nobody ～*d that* the war would last so long. 沒有人預料到戰爭會持續那麼久《★意指戰爭實際上持續了很久》。**2 a** 〔＋受〕爲…預先準備[處理]，搶先於…，佔…之先：She ～*d* his visit *by* prepar*ing* food and drink. 她備妥食品和飲料，預先爲他的來訪作準備/The nurse ～*d* all his wishes. 護士預先考慮到他的各種需要而準備妥了一切。**b** 〔＋*that*__〕預測〈…一事〉而採取對策：We ～*d that* the enemy would attack us frontally. 我們預測到敵人會從正面攻擊我們而採取了應變的措施。**c** 〔＋*wh.*__〕預測〈…人、事〉而採取對策：We ～*d when* the enemy would attack us. 我們預測到敵人何時會攻擊我們而預先採取行動。**d** 〔＋受〕預先說[寫]，先表白…：I must not ～ the end of the story. 我不可以(在講細節以前)先說故事的結局。
3 〔＋受〕先發制〈人〉，制〈人〉機先，佔…之先，先…一著；防…於未然：The enemy ～*d* our (every) move. 敵人每次行動總是搶在我們前面[先發制我，先我軍一著行動]。
4 〔＋受＋介＋(代)名〕〔於…事〕佔先〈對手〉，〔在…上〕先…一著〔*in*〕：Amundsen ～*d* Scott by a few days *in* reach*ing* the South Pole. 阿孟森比司各脫早兩三天抵達南極。
5 〔＋受〕預先用掉〈收入等〉：You should not ～ your income. 你不應該把(未到手的)收入先行花掉[你不應該寅收卯糧(預先借支)]。
6 〔＋受〕提前，提早，加速〈事情(的發生)〉：～ a person's ruin 加速某人的毀滅。
—*v.i.* 先說[寫]後面的事，預先說，先表白；〈症狀等〉較所預測的早出現(cf. *v.t.* 2 d).

an·tic·i·pa·tion [æn͵tɪsəˈpeʃən; æn͵tisiˈpeiʃn] «anticipate 的名詞»**—***n.* [U] **1** 預想，預期，預料，期待，期望，期盼，預測：in ～ of... 預料著…。**2** 佔先，搶先，捷足先登，先發制人；預感，預言；預先挪用，預支。**3** (症狀等的)提前出現。
in anticipátion 預先：Thanking you *in* ～. 謹預先致謝《★委託某事之信函的結尾語》。

an·tic·i·pa·tive [ænˈtɪsə͵petɪv; ænˈtisipeitiv] *adj.* 預期的；預料的；佔先著的，先發制人的。

an·tíc·i·pà·tor [-tɚ; -tə] *n.* [C] **1** 預言者，期待者。**2** 佔先者，先發制人者。

an·tic·i·pa·to·ry [ænˈtɪsəpə͵torɪ, -͵tɔrɪ; ænˈtisipeitəri] *adj.* **1** 預想[預期]的。**2** 佔先的，先發制人的。**3**《文法》先行的：an ～ subject《文法》先行主詞《如 *It* is wrong to tell lies. 的 it》.

ànti·clérical *adj.* 反對神職人員(在政治等方面之)權力的，反對教權的。

ànti·clímax *n.* **1** [U]《修辭》突降法《從高調的語氣降低的措詞方式；如 He is a philosopher—of trifles. (他是位哲學家——無聊瑣事的)；cf. climax》. **2** [C](重要性、興趣等的)突減，虎頭蛇尾；令人洩氣的轉變。

an·ti·cli·nal [͵æntɪˈklaɪnḷ; ˌæntiˈklainl↼] *adj.*《地質》背斜的。

an·ti·cline [ˈæntɪ͵klaɪn; ˈæntiklain] *n.* [C]《地質》背斜。

ànti·clóckwise *adj.* & *adv.* ＝counterclockwise.

an·ti·co·ag·u·lant [ˌæntɪkoˋægjələnt; ˌæntikouˈægjulənt] *adj.* 〖醫〗抗凝固的。
—*n.* Ⓒ〖醫〗抗凝劑；抗凝血劑。

ànti-Cómmunist *adj.* 反共的：an ~ policy 反共政策。

ànti-corrósive *adj.* 防蝕的；防腐的。
—*n.* Ⓒ防蝕劑；防腐劑。

ànti-cýclone *n.* Ⓒ〖氣象〗反氣旋(⟷ cyclone).

ànti-democrátic *adj.* 反民主的。

ànti-depréssant *adj.* 抗抑鬱的。
—*n.* Ⓒ抗抑鬱劑。

ànti-diabétic *adj.* 防止糖尿病的。

an·ti·dot·al [ˋæntɪˌdotl; ˈæntidoutl˞] *adj.* 解毒的。

an·ti·dote [ˋæntɪˌdot; ˈæntidout] *n.* Ⓒ **1** 解毒劑〔*to, for, against*〕. **2** 矯正手段，對策〔*to, for, against*〕: Can you think of an ~ *for* the students' loss of interest？對於學生喪失(學習)興趣你能想到對策嗎？/We need an ~ *against* overworking. 我們需要有預防工作過度的辦法。

ànti-énzyme *n.* Ⓒ〖化學〗抗酶，抗酵素。

ànti-estáblishment *adj.* 反體制的。

àn·ti-es·tàb·lish·men·tár·i·an [ˌæntɪˌɪstæblɪʃmənˋtɛrɪən; ˌæntiiˌstæbliʃmənˈtɛəriən] *n.* Ⓒ反現行制度者。
—*adj.* 反現行制度的。

ànti-fát *adj.* 防止肥胖的；減肥的。

ànti-fébrile *adj.* 解熱的，有解熱效果的，退燒的。
—*n.* Ⓒ解熱劑。

ánti-frèeze *n.* Ⓤ防凍劑[液]。

ànti-fríction *n.* Ⓤ Ⓒ抗[減少]磨損劑，潤滑劑。
—*adj.* [用在名詞前]抗[減少]磨擦(磨耗)的。

ànti-gás *adj.* 防毒的；防毒氣用的。

an·ti·gen [ˋæntədʒən; ˈæntidʒən] *n.* Ⓒ〖醫〗抗原《注射於活體後能使之產生抗體(antibody)的物質》。

An·ti·gua and Bar·bu·da [ænˋtigəənbærˋbudə; ænˈti:gəənbɑ:ˈbu:də] *n.* 安地卡及巴布達《加勒比海東部之一島國；首都聖約翰(St. Johns)》.

ánti-hèro *n.* Ⓒ(*pl.* ~es)〖文學〗反英雄《缺乏傳統英雄之氣質的男主角》。**ànti-heróic** *adj.*

ànti-hístamine *n.* Ⓤ[指產品個體或種類時爲Ⓒ]〖藥〗(用以治感冒、過敏症的)抗組織胺劑。

ànti-impérialism *n.* Ⓤ反帝國主義。

ànti-impérialist *n.* Ⓒ反帝國主義者。

ànti-intelléctual *n.* Ⓒ反知識者；反知識分子者。
—*adj.* 反知識的；反知識分子的。

ànti-intelléctualist *n.* =anti-intellectual.

ánti-knòck *n.* Ⓤ減震劑《加於燃料中以減低引擎爆音之物》。

An·til·les [ænˋtɪliz; ænˈtili:z] *n. pl.* [the ~]安地列斯羣島《西印度羣島中之列島》。

ànti-lógarithm *n.* Ⓒ〖數學〗反對數。

an·ti·ma·cas·sar [ˌæntɪməˋkæsɚ; ˌæntiməˈkæsə] *n.* Ⓒ椅背套[罩]《於十九世紀在英國爲防植物性髮油(macassar (oil))玷污椅子、沙發等背部或扶手而被使用》。

ànti-magnétic *adj.* 抗磁的；有防磁裝置的。

ánti-màtter *n.* Ⓤ〖物理〗反物質《由反陽子、反中性、反電子之反粒子所構成的物質》。

ànti-mílitarism *n.* Ⓤ反軍國主義，反黷武主義。

ànti-míssile *adj.* 反飛彈的。
—*n.* Ⓒ反飛彈飛彈。

àntimíssile míssile *n.* Ⓒ反飛彈飛彈《略作 A.M.M.》.

an·ti·mo·ny [ˋæntəˌmonɪ; ˈæntiməni] *n.* Ⓤ〖化學〗銻《金屬元素；符號 Sb》.

ànti-néutron *n.* Ⓒ〖物理〗反中子。

ànti-nòise *adj.* 防止噪音的，減少噪音的。

an·tin·o·my [ænˋtɪnəmɪ; ænˈtinəmi] *n.* Ⓤ〖哲〗二律相悖；二律背反，正反相背，矛盾。

ànti-núclear *adj.* 反(對)核(子武器)的；反對核子能的。

ánti-núcleòn *n.* Ⓒ〖物理〗反核子。

ànti-óxidant *n.* Ⓒ〖化學〗抗氧化劑。

an·ti·pa·thet·ic [ˌæntɪpəˋθɛtɪk; ænˌtipəˈθetik˞] 《antipathy 的形容詞》—*adj.* **1** 天生討厭的，天生相忌[剋]的，格格不入的，不相容的，不合性格的，引起反感的。
2 [不用在名詞前]〔十介十(代)名〕不合〔…的〕性格的，〔與…〕格格不入的，〔對…〕引起反感[感到嫌惡]的〔*to*〕: His attitude is ~ *to* me. 他的態度使我反感/He is ~ *to* snakes. 他很討厭蛇。

an·tip·a·thy [ænˋtɪpəθɪ; ænˈtipəθi] 《源自拉丁文「違反感情」之義》—*n.* **1** Ⓤ(根深蒂固的)反感，(一味的)憎惡，厭惡：feel ~ *to* [*toward*]... 對…感到厭惡。**2** Ⓒ被人憎惡之事[物]：I have an ~ *to* [*against*] snakes. 我討厭蛇。**3** Ⓤ[又作 **an ~**]不相容性，格格不入。

ànti-personnél *adj.* 〖軍〗〈炸彈等〉殺傷性的，(不是用以破壞建築物或工事等而是)用以殺傷人的；用以對付人員的：~ bombs 殺傷炸彈。

an·ti·phon [ˋæntəˌfɑn, -fən; ˈæntifən] *n.* Ⓒ **1** (應答輪唱的)唱合詩歌；交互輪唱的讚美詩。**2** 〖天主教〗應答輪唱(聖詩)。

an·tiph·o·nal [ænˋtɪfənl; ænˈtifənl] *adj.* (應答)輪唱的。
—*n.* Ⓒ〖天主教〗應答輪唱的(聖詩)集。

an·tip·o·dal [ænˋtɪpədl; ænˈtipədl˞] 《antipode 的形容詞》—*adj.* 對蹠的，在地球上的正反兩側的；正相反的。

an·ti·pode [ˋæntɪˌpod; ˈæntipoud] *n.* Ⓒ正相反之事物〔*of, to*〕.

an·tip·o·de·an [ænˌtɪpəˋdiən; ænˌtipəˈdi:ən] *adj.* =antipodal.

an·tip·o·des [ænˋtɪpəˌdiz; ænˈtipədi:z] *n. pl.* [the ~] **1** 對蹠之地《地球上正相反的兩個地區》。**2** [A~][當單數或複數用]《文語・謔》《英》澳洲(和紐西蘭)。**3** 恰恰相反之事[物]。

ànti-pollútion *adj.* 防止污染的，反污染的，反公害的：~ measures 反污染措施。

an·ti·pope [ˋæntɪˌpop; ˈæntipoup] *n.* Ⓒ僭稱的羅馬教皇，僞教皇。

ànti-póverty *adj.* 反貧窮的。

ànti-próton *n.* Ⓒ〖物理〗反質子(negative proton).

an·ti·py·ret·ic [ˌæntɪpaɪˋrɛtɪk; ˌæntipaiˈretik] *adj.* 〖醫〗解熱的，退熱的。
—*n.* Ⓒ〖醫〗解熱藥，退熱藥。

an·ti·py·rin(e) [ˌæntɪˋpaɪrɪn; ˌæntiˈpaiərin] *n.* Ⓤ[指產品個體時爲Ⓒ]〖藥〗安替比林《一種解熱、止痛藥》。

an·ti·quar·i·an [ˌæntɪˋkwɛrɪən; ˌæntiˈkwɛəriən˞] *adj.* **1** (研究[蒐集])古物的；好古者[博古家]的。**2** 買賣古書[珍書]的。
—*n.* Ⓒ **1** 研究[收藏，售賣]古物的人，古物蒐集家。**2** 古董商。

àn·ti·quár·i·an·ism [-nˌɪzəm; -nizəm] *n.* Ⓤ對古物的研究，蒐集古物之癖好，對古物的癖好《★[用法]有時用以蔑稱史學家之研究》。

an·ti·quar·y [ˋæntɪˌkwɛrɪ; ˈæntikwəri] *n.* Ⓒ **1** 好古之人，博古家，古物蒐集家。**2** 骨董商，古物商。

an·ti·quat·ed [ˋæntəˌkwetɪd; ˈæntikweitid] *adj.* **1** 陳舊的，變古(舊)的，舊式的，有古風的，已廢棄的，過時的；老朽的。
2 高齡的。

an·tique [ænˋtik; ænˈti:k˞] 《源自拉丁文「舊的」之義》—*adj.* (more ~; most ~) **1** 古風的，舊式的，過時的。**2** 古舊而有價值的，骨董的：an ~ car 骨董汽車。**3** (尤指希臘、羅馬等)古代的。
—*n.* **1** Ⓒ古物，古器，骨董《★在美國嚴格而言係指一百年以上之物》：collect ~*s* 蒐集[收藏]骨董。
2 Ⓤ[the ~] **a** 古代藝術風格。**b** (尤指古希臘、羅馬的時代)古代藝術品，古物。
3 Ⓤ一種筆畫粗之鉛字字體。
~·**ness** *n.*

ántique shòp *n.* Ⓒ骨董店。

an·tiq·ui·ty [ænˋtɪkwətɪ; ænˈtikwəti] 《antique 的名詞》—*n.* **1** Ⓤ古舊，古老：a castle of great [high] ~ 非常古老的城堡。**2** Ⓤ(尤指希臘、羅馬的)古代：in ~ 在古代。**3** Ⓒ[常 **antiquities**]古器；古代的遺物[文物]；古蹟；古代的生活及風俗[制度]。

an·tir·rhi·num [ˌæntɪˋraɪnəm; ˌæntiˈrainəm] *n.* Ⓒ〖植物〗金魚草。

ànti-rúst *adj.* 防鏽的。—*n.* Ⓒ防鏽劑。

ánti-scorbútic *adj.* 〖醫〗抗壞血症的。
—*n.* Ⓒ〖醫〗抗壞血症劑。

ànti-Sémite *n.* Ⓒ反猶太主義[人]者。

ànti-Semític *adj.* 反猶太主義[人]的。
—*n.* =anti-Semite.

ànti-Sémitism *n.* Ⓤ反猶太主義[運動，思想]。

an·ti·sep·sis [ˌæntəˋsɛpsɪs; ˌæntiˈsepsis] *n.* (*pl.* **-sep·ses** [-siz; -si:z])ⓊⒸ〖醫〗防腐法[處理]，消毒(法)。

an·ti·sep·tic [ˌæntəˋsɛptɪk; ˌæntiˈseptik˞] 《antisepsis 的形容詞》—〖醫〗*adj.* 防腐性的，殺菌的，有消毒力的(cf. aseptic)：~ surgery 防腐外科。
—*n.* ⓊⒸ防腐劑，消毒藥，殺菌劑。
àn·ti·sép·ti·cal·ly [-klɪ; -kəli] *adv.*

ànti-sérum *n.* (*pl.* **-serums, -sera**)ⓊⒸ抗毒血清，抗毒素。

ànti-slávery *n.* Ⓤ反奴隸制度。
—*adj.* [用在名詞前]反奴隸制度的。

ànti-smóg *adj.* 防止煙霧的。

ànti-sócial *adj.* **1 a** 反社會的，爲害社會的：~ behavior [activities]爲害社會的行爲[活動]。**b** 違反社會秩序[制度]的。
2 a 不擅社交的，不喜社交的。**b** 利己的，自私的。

ànti-Sóviet *adj.* 反蘇聯的。

ánti-spasmódic *adj.* 〖醫〗治痙攣的，鎮痙的。—*n.* Ⓒ鎮痙劑。

an·tis·tro·phe [ænˋtɪstrəfɪ; ænˈtistrəfi] *n.* Ⓒ **1** (古希臘歌詠舞

A

蹈隊的)右轉回舞；跳右轉回舞時所唱的回舞歌(cf. strophe). **2**《音樂》對照[對唱]樂節。

ànti·súbmarine *adj.* 反潛的，反潛艇的。

ánti·tánk *adj.* 反戰車的，反坦克的。

an·tith·e·sis [æn`tɪθəsɪs; æn'tiθisis] **《源自希臘文「倒置」之義》—** *n.* (*pl.* **-e·ses** [-ˌsiz; -si:z]) **1 a** Ⓤ**正相反**，(顯著的)對照〔*of, to* ; *between*〕. **b** Ⓒ正相反的事物，對照物〔*of*〕: Good is the ~ *of* evil. 善是惡的相反(面)。**2**《修辭》**a** Ⓤ對比法《如 Man proposes, God disposes.《諺》謀事在人，成事在天》。**b** Ⓒ對句，對偶。**3** Ⓒ《邏輯・哲》(黑格爾辯證法中的)反，反命題(cf. thesis).

an·ti·thet·ic [ˌæntɪ`θɛtɪk; ˌænti'θetik⁻] *adj.* =antithetical.

an·ti·thet·i·cal [ˌæntɪ`θɛtɪkḷ; ˌænti'θetikl⁻] **《antithesis 的形容詞》—** *adj.* **1** 〔與…〕正相反的，形成(顯著之)對照的〔*to*〕. **2** 對比法的。**~·ly** [-klɪ; -kəli] *adv.*

ànti·tóxin *n.* ⓊⒸ抗毒素《血液中中和毒素的物質》。

ànti·tóxic *adj.*

ánti·tràde *n.* Ⓒ[常 ~**s**]逆貿易風，反貿易風，反信風(cf. trade wind).

ànti·trúst *adj.*《美》《法律・商》反托辣斯的；反對資本兼併的；反壟斷的：the ~ laws 反壟斷法。

an·ti·trust·er [ˌæntɪ`trʌstɚ; ˌænti'trʌstə] *n.* Ⓒ贊成反托辣斯立法者。

ànti·wár *adj.* 反對戰爭的，反戰的：~ demonstrations 反戰示威運動。

ánti·wòrld *n.* Ⓒ[常 ~**s**]《物理》反世界《由假想中的反物質(antimatter)所構成的世界》。

ant·ler [`æntlɚ; 'æntlə] *n.* Ⓒ[常 ~**s**](鹿的)角；鹿角的叉枝：a deer's ~*s* 鹿角。

antlers

ánt lìon *n.* Ⓒ《昆蟲》**1** 蛟蜻蛉。**2** 蟻獅，沙挼子《蛟蜻蛉之幼蟲》。

An·toi·nette [ˌæntwɑ`nɛt; ˌæntwɑ:'net] *n.* ⇨ Marie Antoinette.

An·to·ny [`æntənɪ; 'æntəni] *n.* 安東尼《男子名；暱稱 Tony》.

Antony, Mark *n.* 安東尼《83？-30 B.C.；羅馬的將軍、政治家》。

an·to·nym [`æntəˌnɪm; 'æntənim] *n.* Ⓒ**反義字**，相反詞(↔ synonym)：'Hot' is the ~ *of* 'cold'. 'hot' 是 'cold' 的反義字。

ant·sy [`æntsɪ; 'æntsi] *adj.* [不用在名詞前]《美口語》心神不定的，忐忑不安的(nervous)：get ~ 變得忐忑不安[心神不定]。

Ant·werp [`æntwɝp; 'æntwə:p] *n.* 安特衛普《比利時(Belgium)北部的海港》。

Á nùmber óne, A number 1 *adj.* =A one.

a·nus [`enəs; 'einəs] **《源自拉丁文「環」之義》—** *n.* Ⓒ《解剖》肛門。

an·vil [`ænvɪl; 'ænvil] *n.* Ⓒ **1** 鐵砧。**2**《解剖》(耳內的)砧骨。

anvil 1

***anx·i·e·ty** [æŋ`zaɪətɪ; æŋ'zaiəti] **《anxious 的名詞》—** *n.* **1 a** Ⓤ**憂慮，擔心，掛念，不安**(⇨ care【同義字】)：her ~ *about* her child's health 她對孩子健康的掛念/be *in* (great) ~ (非常)擔心/wait *with* (great) ~ (非常)焦慮地[焦急地]等待/She is all ~. 她極擔心。**b** Ⓤ〔+ *that*＿〕〈對…一事的〉憂慮，不安，擔心，掛念：My ~ *that* my parents might leave me made it impossible (for me) to sleep. 父母親或許會離我而去的憂慮使我無法入睡。**c** Ⓒ令人擔憂的事：She was full of fears and *anxieties.* 她充滿著不安和憂慮。**d** Ⓒ擔憂的原因：Her son was an ~ to her. 她的兒子使她焦慮不安。

2 ⓊⒸ **a** 〔對…的〕**切望**，渴望〔*for*〕：His ~ *for* knowledge is to be praised. 他對知識的渴望[求知慾]應該受到稱讚。**b** 〔+ *to* do〕〈想做…的〉渴望：I went over to Brazil in my ~ *to* succeed. 我懷著要成功的渴望赴巴西。**c** 〔+ *that*＿〕〈對…一事的〉渴望：He expressed ~ *that* funds (should) be sent at once. 他表示出應立即寄款的切望《★用法《口語》多半不用 should》.

‡anx·ious [`æŋkʃəs, `æŋʃəs; 'æŋkʃəs] **《源自拉丁文「不安的」之義》—** *adj.* (**more** ~ ; **most** ~) **1 a** [不用在名詞前]〔+介+(代)名〕〔爲…〕**憂慮的，擔心的，掛念的，不安的**〔*about, for*〕: I am ~ ***about*** his health. 我爲他的健康擔憂/We were ~ ***for*** [*about*] his safety. 我們爲他的安全擔心。**b** [不用在名詞前]〔(+介)+ *wh.* (子句・片語)〕〔爲…一事〕憂慮的，擔心的，掛念的〔*about*〕《★用法 常省略介系詞》：He was ~ (***about***) *how* you were getting on. 他掛念著你過得如何。**c** [不用在名詞前]〔+ *lest*＿〕《文語》憂慮〈會…〉的，擔心〈會…〉的：I am ~ *lest* he (should) fail. 我擔心他會失敗《★用法《口語》多半不用 should；cf. 1 d》. **d** [不用在名詞前]〔+ *that*＿〕憂慮[擔心，掛念]〈…一事〉的：I am ~ *that* he may [might] fail. 我擔心他會失敗(cf. 1 c). **e** [用在名詞前]憂慮的，不安的〈心情等〉；顯得憂慮[不安]的〈表情等〉：an ~ feeling (一時的)不安的心情/an ~ mind 憂慮的心情/an ~ look 憂慮的神色。**f** 使人不安的，使人憂慮的，使人擔心的：an ~ day [matter] 使人擔心的日子[事情]。

2 [不用在名詞前] **a** 〔+介+(代)名〕〔對…〕**切望的，渴望的**〔*for*〕(⇨ eager【同義字】)：He is ~ ***for*** wealth. 他渴望致富。**b** 〔+ *to* do〕切望，渴望〈做…〉的：She is ~ *to* know the result. 她渴望知道結果[成績]。**c** 〔+ *that*＿〕切望，渴望〈…一事〉的：We were all ~ *that* you (should) return. 我們大家都渴望你回來《★用法《口語》多半不用 should》.

ánxious bènch [**sèat**] *n.* Ⓒ(在某些教徒集會中位於講臺近旁之懺悔者的)座位。

anx·ious·ly [`æŋkʃəslɪ, `æŋʃəslɪ; 'æŋkʃəsli] *adv.* (**more** ~ ; **most** ~) **1 焦慮地**，憂慮地，不安地：So she said ~. 她憂慮地那麼說了。**2** 切望地，渴望地，殷切地：She ~ awaited his arrival. 她殷切地等待他的到達。

‡an·y [`ɛnɪ; 'eni] *adj.* [用在名詞前](無比較級、最高級) **1** [用於肯定句，常用於單數名詞前以加重語氣] **a 任何一個的**，不論哪個的，不論哪位的，隨便哪個[位]的：*A~* boy can do it. 任何一個男孩都辦得到/*A~* book [time] will do. 隨便哪一本書[什麼時候]都可以/*A~* help is better than no help. 任何幫助都比沒有幫助好/Choose ~ flowers you like. 你喜歡什麼花，就挑什麼花/Tom is taller than ~ *other* boy in his class. 湯姆身材比班上(任何)其他的男孩都高《★變換 同種比較時用 any other..., 可換寫成 Tom is the tallest of all the boys in his class. 或 No other boy in his class is as [so] tall as Tom.》. **b** 〔~ **number** [**amount, length, quantity**] **of...**〕不論多少的，無限的：He has ~ *amount of* money. 他要多少錢就有多少錢《他有大量的錢》。

2 [(輕讀)ənɪ; əni; (重讀)`ɛnɪ; 'eni] [用於否定句的名詞之前] **a** [附加於可數名詞的複數形或不可數名詞之前](無)任何的，(沒有)什麼的，(沒有)一點[一些，絲毫]的：He does*n't* have ~ book*s* [money]. 他一本書[一點錢]也沒有《★變換 可換寫成 I have *no* book*s* [money].》/There is*n't* ~ sugar. 一點糖都沒有了《★變換 可換寫成 There's *no* sugar.》. **b** [附加於可數名詞的單數形之前](沒有)任何一個的，(沒有)任何一位的《★用法 用以代替 a(n)，但稍加重語氣》：He does*n't* have ~ book. 他一本書也沒有《★ 變換 可換寫成 He has *no* book.》/There is*n't* ~ beauty parlor near here. 這附近一家美容院也沒有《★變換 可換寫成 There's *no* beauty parlor....》/Friend？I *never* had ~ friend. 朋友？我不曾有過任何朋友。

語法 無關係代名詞等修飾之主語 any... 在否定時改用 No...：*No* man could solve the problem. 沒有人能解決這個問題《★比較 Any man could not solve the problem. 爲錯誤之語法》/*Any* man *who* tells a lie can*not* be trusted. 任何一個說謊的人都不能受到信賴。

3 [(輕讀)ənɪ; əni; (重讀)`ɛnɪ; 'eni] [用於疑問句、條件子句名詞之前] **a** [附加於可數名詞之複數形或不可數名詞]些許的，幾個的：*Do* you have ~ friend*s* in Taipei？你在臺北有一些個朋友嗎？/*Do* you have ~ match*es* [money] with you？你身上有火柴[錢]嗎？/Are there ~ shop*s* [store*s*] there? 那兒有(幾家)商店嗎？/If you have ~ pencil*s*, will you lend me one？如果你有鉛筆，借我一枝好嗎？**b** [附加於可數名詞之單數形]什麼的，任何的，哪一個的，哪一位的：*Is* there ~ school in this area？這地區有沒有什麼學校？/*Do* you have ~ sister？你可有姊姊或妹妹？/*If* you see ~ interesting book, buy *it* for me. 如果你看到什麼有趣的書，就替我買。

語法 請人用飲料或食品等時，用 some (⇨ some *adj.* 1 b)：Would you like *some* tea？請用茶。

ány òld... ⇨ old.

any one [`ɛnɪˌwʌn, -wən; 'eniwʌn, -wən] (1)[也當形容詞用]任何一個(的)，任何一位(的)，不論何人(的)：You may take ~ *one* of these. 你可以拿這些當中的任何一個/Take ~ *one* candy. 隨便拿一顆糖吧。(2)=anyone.

at ány móment ⇨ moment. **at ány price** ⇨ price. **at ány ràte** ⇨ rate. **(at) ány tìme** ⇨ time *n.* A 3 a.

nòt (jùst) ány... 不是普普通通的…，就是和一般的…不同《★此 any 屬義 1 a 之否定用法》：He is*n't just* ~ doctor. 他不是個普普通通的醫師/He does*n't* read *just* ~ books. 他不讀隨隨便便的書《並非隨便什麼書都讀》。

—*pron.* **1** [用於肯定句，以 any of... 的形式，或用以省略前面已出現過之名詞之形式使用]**任何一個[位]**，不論什麼(人)，不論哪一個，不論多少：He can do the work better than ~ before him. 這工作他能做得比前任的任何一位都好/*A*~ *of* these is long enough. 這些當中的任何一個都夠長。

2 [用於否定句，以 any of... 之形式，或用以省略前面已出現過之名詞之形式使用] (無) **任何物**，(無) 任何人；(無) 絲毫：I do*n't* want ~ (*of* these). 我不要 (這些當中的) 任何一個/It is*n't* known to ~. 這件事沒有任何人知道。

3 [用於疑問句、條件子句，以 any of... 之形式，或以省略前面已出現之名詞之形式使用] **任何一個** [位]，有何，有誰，些許，多少：Do you want ~ (*of* these books)？你想要 (這些書中的) 任何一本嗎？/*If* ~ *of* your friends are [is] coming, let me know. 如果你的朋友當中有誰即將要來，就通知我《★用法指人時通常當複數用；此外，of 以下爲兩個[兩人]時，不論是人或是物，any 均成爲 either》.

if ány ⇨ if.

nòt háving [táking] ány (1)《口語》絕對不要 (牽涉到某事或跟某人打交道等)，才不要，絕對不幹：She's too officious. I am *not having* ~. 她太好管閒事了，我才不要 (跟她打交道) 呢。(2)《美口語》[用以婉謝別人請用飲料或食品等] (謝謝你，) 不要 [不想] 吃了：Thank you, but I'm *not having any*. 謝謝你，我不想吃。

—*adv.* (無比較級、最高級) **1** [(重讀) 'ɛnɪ; 'eni; (輕讀) ənɪ; əni] [通常與比較級或 different, too 連用] **a** [用於否定句] **絲毫** (沒有…)，毫 (無 [不] …)，一點也 (不…)：He is *not* ~ *better*. 他一點也沒有好轉/The language he used wasn't ~ *too* strong. 他的措辭一點也不過火 [激烈]/His view is*n't* ~ *different* from mine. 他的見解跟我的毫無差異。**b** [用於疑問句、條件子句] 一些，些許，略微，稍微：Is he ~ *better*？他 (的…) 好些了嗎？/If he is ~ *better*, ... 如果他好些，…。

2 [修飾動詞]《美口語》一點，稍微，略微：That won't help us ~. 那對我們毫無幫助/Did you sleep ~ last night？你昨晚有沒有稍睡片刻？

àny lónger [用於疑問句、否定句] 再，再久一些：Can you wait ~ *longer*？你能再等一會兒嗎？/I wo*n't* go there ~ *longer*. 我不再到那兒去了《★比較比 I will go there *no* longer. 更口語化；此外在否定句中通常 not 在前，變成 not... ~ longer 之形式》。

ány (òld) hòw 《俚》馬馬虎虎地，草率地，潦潦草草地，隨便地 (anyhow)：Write neatly, not just ~ (*old*) *how*. 要寫得整潔，不要隨便。

‡an·y·bod·y ['ɛnɪ,bɑdɪ, -,bʌdɪ, -bədɪ; 'eni,bɔdi, -bədi] *pron.* **1** [用於肯定句] **任何人**《★比較anybody 較 anyone 稍微淺顯易懂；cf. nobody》：*A*~ knows what he likes. 任何人都知道自己之所好/*A*~ may go and see for himself. 任何人都可親自去看看/~'s game [race] 勝敗難預測 [任何人都有獲勝希望] 的競賽 [賽跑]/⇨ anybody's GUESS.

2 [用於否定句] **任何人**：I have*n't* seen ~. 我沒有看到任何人/I do*n't* like wearing ~ else's clothes. 我不喜歡穿別人的衣服。

3 [用於疑問句、條件子句] **誰**，哪一個人：Does ~ know？有誰 [(哪一個) 人] 知道 [認識] 嗎？/If you happen to meet ~ there, please bring him [them] along to me. 你若碰巧在那兒遇到任何人，請帶他到我這兒來。

語法(1)anybody 爲單數形，後面通常用 he [him, his] 代表，但也常用 they [them, their, *etc.*]：If ~ calls, tell *him* [*them*] I have gone out. (如果有人來訪，告訴他 (們) 我出去了)；有時 anyone 後面也用 they [them, their, *etc.*] 代表，但此種用法不像用 anybody 時常見。(2)在否定句中否定語之位置在 anybody 之前。因此，There was *nobody* there. (沒有人在那兒) 可換寫成 There wasn't ~ there. 但不能在否定句中用作主詞說 *A*~ did *not* come. 而應作 Nobody came.

—*n.* Ⓤ有點名氣的人，重要人物：Is he ~？他是重要人物嗎？/If you want to be ~, ... 你如果想成爲重要人物…/Everybody who is ~ (at all) was there. 凡是有點名氣的人都到了。

***an·y·how** ['ɛnɪ,haʊ; 'enihau] *adv.* (無比較級、最高級)《口語》**1 a** [用於肯定句] **以任何方法**，無論如何，不管如何《★比較作此義解時，一般用 somehow》：I must finish this work ~. 我無論如何必須做完這工作。**b** [用於否定句] 怎麼也 (不…)，就是 (不…)：I could*n't* get up ~. 我怎麼也 [就是] 起不來。

2 a [當連接詞用] 橫豎，總之，反正，好歹；至少《★用法於改變話題等時使用》：*A*~, let's begin. 好歹我們開始吧。**b** 儘管如此，無論如何：The weather wasn't as good as we had hoped, but we decided to go ~. 天氣不如我們原先所期望的好，但我們決定無論如何都要去。

3 a 隨便地，馬虎地，漫不經心地，草率地：He does his work ~. 他工作隨隨便便。**b** [有時 **all** ~ 當形容詞用] 隨隨便便的，馬虎的，草率的，敷衍了事的：Things are *all* ~. 事事都馬虎。

àny·móre *adv.* [用於否定句]《美》如今已 (不…)，再也 (不…)，(已不) 再 (any more)：He does*n't* live here ~. 他 (如今) 再也不住這兒了。

‡an·y·one ['ɛnɪ,wʌn, -wən; 'eniwʌn, -wən] *pron.* ＝anybody《★比較較 anybody 爲拘泥的用語》。

ány·plàce *adv.*《美口語》＝anywhere.

ány·ròad *adv.*《英》＝anyway《★非標準用語》。

‡an·y·thing ['ɛnɪ,θɪŋ; 'eniθiŋ] *pron.* **1** [用於肯定句] **任何東西**，什麼都：*A*~ will do. 什麼都行/You may take ~ you like. 你可以取任何你所喜歡的東西/She would have given ~ to leave the place. 她不惜任何代價想要離開那地方《★轉自「只要能離開那地方，她早就會把任何東西都給了」之意》。

2 [用於否定句] **任何東西都** (不…)，什麼也 (不…)：I do*n't* know ~ about it. 我對此事一無所知/I can*not* believe ~ he says. 他所說的話我都不能相信。

3 [用於疑問句、條件子句] **任何東西**，什麼 (東西)：Do you see ~？你看到什麼 [任何東西] 嗎？/If you know ~ about it, please let me know. 你如果知道有關它的任何事，請告知我。

語法(1)修飾 anything 之形容詞置於其後：Is there ~ *interesting* in today's paper？(今天報上有什麼有趣的新聞嗎？) (2)在否定句中不能用 anything 做主詞，因此說 *Nothing* that a man does can be perfect. (人做的事沒有一件可稱得上是完美無缺 [十全十美] 的) 而不說 *A*~ that a man does can*not* be perfect.

ánything but... (1)除…之外的任何東西：I will do ~ *but* that. 除了那件事以外，我什麼都願意做。(2)絕非，並非，絕不 (是)，並不 (是)：He is ~ *but* a scholar. 他絕不是個學者《他當什麼都可能，只有學者是例外》。

ánything like... ⇨ like[1] *adj.*

ánything of... (1)[用於否定句] 一點都 (不…)，絲毫 (不…)：I have*n't* seen ~ *of* Smith lately. 最近我全然未曾見到過史密斯。(2)[用於疑問句] 有幾分…，略微，些許："Is he ~ *of* a scholar？"—"Yes, he's said to be something of a scholar." 「他有任何像學者的地方嗎？」「是的，據說他有幾分學者的樣子。」

(as)...as ánything 《口語》極，非常：He is *as* proud *as* ~. 他很驕傲。

for ánything [用於否定句] 給什麼都 (不…)，無論如何 (絕不…)：I would *not* go *for* ~. 我說什麼也不願去 [無論給我什麼我都不去]。

for ánything I cáre 我才不在乎 [管不著]，與我無關《★比較《美》多半用 for all I CARE》。

for ánything I knów (我不很清楚，不過) 大概 [恐怕] (…吧)，據我所知《★比較《美》多半用 for all I KNOW》：He is dead, *for* ~ *I know*. 他恐怕 (已經) 死了。

if ánything ⇨ if. **like ánything** ⇨ like[1] *adv.*

—*adv.* (無比較級、最高級) 在任何程度內，約略，有一點：Is she ~ like her mother？她是不是有一點像她母親？

***an·y·way** ['ɛnɪ,we; 'eniwei] *adv.* (無比較級、最高級)《口語》**1** **不管怎樣**，**無論如何**；仍然，還是：He objected, but she went out ~. 他反對，但她還是出去了/*A*~, it's not fair. 不管怎樣，(就是) 不公平 [不應該]。

2 **以任何方法**，以任何方式《★拼法也寫作 any way》：You may do it ~ [*any way*] you like. 你可以用任何你喜歡的方式去做。

3 隨便地，馬虎地，草率地：Do it properly—not just ~. 要好好地做，不可馬虎。

‡an·y·where ['ɛnɪ,hwɛr, -,wɛr; 'eniwɛə, -hwɛə] *adv.* (無比較級、最高級) **1** [用於肯定句] **a** **任何地方**，無論何處：You can go ~. 你可以去任何地方。**b** [用於讓步句] (往) …的任何地方：Go ~ you like. 去你喜歡的任何地方吧 [你喜歡到哪兒就去哪兒吧]。

2 [用於否定句] **任何地方都** (不…)，無論何處均 (無…)，什麼地方也 (沒…)：I did *not* go ~ yesterday. 我昨天什麼地方也沒去。

3 [用於疑問句、條件子句] **任何地方**，哪兒，什麼地方：Did you go ~ yesterday？你昨天去過任何地方 [哪兒，什麼地方] 嗎？/Tell him so if you meet him ~. 如果你在哪兒遇見他，你就這樣告訴他吧。

ánywhere betwèen ... and ... ＝**anywhere from ... to ...** [表示數量、時間等之概略範圍] 約…至…：There were ~ *from* thirty *to* [*between* thirty *and*] forty students. 大約有三十至四十名學生。

ánywhere nèar [用於否定句、疑問句、條件子句]《口語》將近，幾乎：He is*n't* ~ *near* as smart [《英》clever] as his brother is. 他遠不如他哥哥聰明。

gèt ánywhere ⇨ get. **if ánywhere** ⇨ if.

or ánywhere [用於否定句、疑問句、條件子句] 或者類似的某地方：Do you want to go to Africa *or* ~？你想要去非洲或其他什麼地方嗎？

an·y·wise ['ɛnɪ,waɪz; 'eniwaiz] *adv.*《文語》無論如何，無論怎樣，無論那方面，決 (不)。

An·zac ['ænzæk; 'ænzæk] «*A*ustralian and *N*ew *Z*ealand *A*rmy *C*orps 的頭字語»**—*n.*** Ⓒ **1** (第一次世界大戰時) 澳洲與紐西蘭軍團之兵員。**2** 澳洲 [紐西蘭] 軍人。**3** 澳洲 [紐西蘭] 人。

ANZUS ['ænzʌs; 'ænzʌs] «*A*ustralian, *N*ew *Z*ealand and the

A

United States 的頭字語》—n. 澳大利亞、紐西蘭與美國在太平洋區的共同防禦組織。

A-OK [ˋeoˋke; ˌeiouˈkei] 《源自 All OK》 —*adj.* 《美口語》一切妥當的，完美的，完全(…)的。

Á óne *adj.* 《口語》一流的，優秀的《★[拼法]又寫作 A-1, A 1》：This car's in ~ shape. 這部車情況[性能]很棒。

a·o·rist [ˋeərɪst; ˈɛərist, ˈeiər-] *n.* [U][C]希臘文法中的不定過去式。—*adj.* 希臘文法中之不定過去的。

a·or·ta [eˋɔrtə; eiˈɔːtə] *n.* [C] (*pl.* ~s, **-tae** [-ti; -tiː])《解剖》大動脈，主動脈(main artery).

a·ór·tic [-tɪk; -tik] *adj.*

AP 《略》airplane ; Associated Press. **Ap.** 《略》Apostle ; April.

ap- [字首] (附加在 p 之前的) ad- 的變體：*ap*peal, *ap*pear.

a·pace [əˋpes; əˈpeis] *adv.* 《文語・古》**1** 急速地，快速地，迅速地：Ill news runs ~. 《諺》惡事傳千里。**2** [與…]並駕齊驅地，[與…]並進地 [*of, with*]：keep ~ *of* the times 保持與時代一起進步[不落後於時代]。

A·pach·e [əˋpætʃɪ; əˈpætʃi] *n.* (*pl.* ~, ~s) **1 a** [the ~(s)]阿帕契族《北美印地安人之一部落；在美國西南部》。**b** [C]阿帕契族人。**2** [U]阿帕契族的語言。

ap·a·nage [ˋæpənɪdʒ; ˈæpənidʒ] *n.* =appanage.

‡a·part [əˋpɑrt; əˈpɑːt] *adv.* (無比較級、最高級) **1 a** (在時間、空間上) **分離地**，別離地，離開地，相隔，分開地，個別地，拆開地：They live ~. 他們分開住[分居]/They were born two years ~. 他們相隔兩年出生/They planted the seeds six inches ~. 他們把種子相隔六吋播種/⇨ stand APART. **b** [十介十(代)名][與…]分離[別離，分開，相隔]地 [*from*]：He lives ~ *from* his family. 他與家屬分開住《分居著》。

2 離散地，分散地：tear a book ~ 把書扯散[拆開]/come ~ 〈物〉變成支離破碎[四零五散]；〈人〉(精神)崩潰，錯亂。

3 向一邊，向一旁；(爲某目的或用途)分開地，另外地：⇨ SET apart.

4 a 個別地，單獨地：Viewed ~, the problem becomes clearer. 如果單獨地看，這問題就變得更清楚了。**b** [置於(代)名詞、動名詞之後]撇開(…)，除去，且不考慮[不談]…：jesting [joking] ~ 且莫講笑話，說正經的/These problems ~, I'll go back to my original subject. 我想撇開這些問題，回到[再談]原來的話題。

apárt from... (1)⇨ 1 b. (2)除…之外，除開…：*A*~ *from* baseball, I don't watch TV. 除了(看)棒球(比賽的轉播)之外，我不看電視/Who will be there, ~ *from* your sister? 除了你妹妹之外還有誰去？

knów...apárt=téll...apárt 辨別出〈兩者〉：It is almost impossible to *tell* identical twins ~. 要辨別出同卵雙胞胎是幾乎不可能的。

stánd apárt (1)〈人、物〉[與…]隔開著，分開著 [*from*]. (2)〈人〉[與衆]隔離著，孤立著，超然獨處著 [*from*].

tàke apárt ⇨ take.

—*adj.* [不用在名詞前] **1** [十介十(代)名][與…]分開的，隔離的，單獨[於…之外]的 [*from*]：His room is ~ *from* the rest of the house. 他的房間與屋裏的其他房間不在一起。

2 (見解)不同的，相異的：They are friends but they are very far ~ in their views. 他們是朋友，但他們見解大不相同。

3 [置於名詞後](與衆)不同的，異於其他的：They are in a class ~. 他們形成與衆不同的一類《★ 通常含有優於其他之意》。

wórlds apàrt 《口語》相差很遠，大不相同：They are *worlds* ~ in their principles. 他們在學說[基本原理]方面有極大的分歧。

a·part·heid [əˋpɑrthet, -haɪt; əˈpɑːtheit, -eid, -ait] 《源自南非洲所用之荷蘭語 'apart' 之義》—*n.* [U]種族隔離制度[政策]《南非共和國之白人對黑人所採取之種族歧視制度[政策]；cf. segregation》.

***a·part·ment** [əˋpɑrtmənt; əˈpɑːtmənt] 《源自法語》—*n.* [C] **1** 《美》**a 公寓**(《英》flat)《★指在apartment house(公寓房屋)中分別住有一戶的各個獨立單位；租戶(tenant)按月付租金(rent)》：a three-room ~ 一間有三房的公寓住宅/*Apartments* for Rent 《廣告》公寓招租。**b** (又作 **apártment hòuse** [**building**])《美》公寓房屋，公共住宅(《英》block of flats)《★指有隔成數家 apartments 之整棟建築物；公寓的水準形形色色，有與旅館不相上下的高級公寓，也有未裝電梯，被稱爲 walk-up 的低廉公寓》。

2 [常 ~s] (在宮殿等之內，供某人或團體使用之)大房間。

3 《英》有家具設備齊全的豪華出租大套房《★一幢建築物中之一戶》。

apártment hotél *n.* [C]《美》公寓式旅館《★提供長期住宿之旅館，收費較一般旅館爲低廉》。

ap·a·thet·ic [ˌæpəˋθɛtɪk; ˌæpəˈθetik←] 《apathy 的形容詞》—*adj.* **1** 缺乏感情的，無動於衷的。

2 缺乏興趣的，冷淡的。

àp·a·thét·i·cal·ly [-klɪ; -kəli] *adv.*

ap·a·thy [ˋæpəθɪ; ˈæpəθi] *n.* [U] **1** 無動於衷，缺乏感情。**2** 漠不關心，冷淡，冷漠。

ape [ep; eip] *n.* [C] **1** 《動物》**a** 類人猿；大猩猩《直立步行之無尾猿，尤指黑猩猩(chimpanzee)，大猩猩(gorilla)，猩猩(orangutan)，長臂猿(gibbon)等；cf. monkey 1》. **b** 任何猴子。**2 a** 模仿他人者。**b** 醜陋笨拙的人，醜八怪。

grín like an ápe 露齒獨自[傻]笑。

—*adj.* ★常用於下列成語。

gò ápe 《美俚》(1)發瘋，極度激動。(2)[對…]傾心，熱中[於…]，沉溺[於…] [*over, for*]：He *went* ~ *over* her. 他爲她神魂顛倒/He *goes* ~ *over* hamburgers. 他迷上了漢堡《他對漢堡百吃不厭》。

—*v.t.* 模仿(mimic).

Ap·en·nines [ˋæpəˌnaɪnz; ˈæpinainz] *n. pl.* [the ~]亞平寧山脈《縱貫義大利半島的山脈》。

a·pe·ri·ent [əˋpɪrɪənt; əˈpiəriənt] 《醫》*adj.* 輕瀉的。

—*n.* [C][U]輕瀉藥(laxative).

a·pér·i·tif [əˌpɛrəˋtif; əˌperəˈtiːf] 《源自法語》—*n.* [C]飯前酒，開胃酒《爲促進食慾，在飯前喝的少量的酒》。

a·per·i·tive [əˋpɛrətɪv; əˈperətiv] *n.* = aperient.

ap·er·ture [ˋæpɚtʃɚ; ˈæpətjuə, -tʃuə] *n.* [C] **1** 開口，穴，孔，洞，間隙，隙縫。**2** (照相機、望遠鏡等可受光的)孔徑，開度；光圈。

a·pet·al·ous [eˋpɛtləs; eiˈpetələs] *adj.* 《植物》無花瓣的。

a·pex [ˋepɛks; ˈeipeks] *n.* [C] (*pl.* ~**·es**, **a·pi·ces** [ˋæpɪˌsiz, ˋe-; ˈeipisiːz, ˈæ-]) **1** (三角形、圓錐形、山等的)頂點(summit). **2** 極點，最高點，巔峯，極致(climax)：the ~ of one's career 人生的全盛時期[巔峯]。**3** 《天文》向點：the solar ~ 太陽向點。

a·pha·si·a [əˋfeʒə, -ʒɪə; əˈfeizjə, -ʒə] *n.* [U]《醫》失語症《語言能力之喪失》。

a·pha·sic [əˋfezɪk; əˈfeizik] *adj.* (患)失語症的。

—*n.* [C]失語症患者。

a·phe·li·on [æˋfilɪən; æˈfiːljən] *n.* [C] (*pl.* **-li·a** [-lɪə; -liə])《天文》遠日點《行星等離太陽最遠之點；↔ perihelion》.

a·phid [ˋefɪd, ˋæfɪd; ˈeifid] *n.* [C]《昆蟲》蚜蟲。

a·phis [ˋefɪs, ˋæfɪs; ˈeifis, ˈæf-] *n.* (*pl.* **a·phi·des** [ˋæfɪˌdiz; ˈeifidiːz, ˈæf-])=aphid.

aph·o·rism [ˋæfəˌrɪzəm; ˈæfərizəm] *n.* [C]警語；格言。

áph·o·rist [-rɪst; -rist] *n.* [C]警句家，格言作者。

aph·o·ris·tic [ˌæfəˋrɪstɪk; ˌæfəˈristik←] *adj.* (似[含有])格言[警句]的，喜撰造[引用]格言[警句]的；格言體的。

àph·o·rís·ti·cal·ly [-klɪ; -kəli] *adv.*

aph·ro·dis·i·ac [ˌæfrəˋdɪzɪˌæk; ˌæfrəˈdiziæk←] *adj.* 引起性慾的，催淫的。

—*n.* [U] [指產品個體或種類時爲[C]]催淫藥，春藥，壯陽劑，媚藥。

Aph·ro·di·te [ˌæfrəˋdaɪtɪ; ˌæfrəˈdaiti] *n.* 《希臘神話》愛芙羅黛蒂《愛與美之女神；相當於羅馬神話之維納斯(Venus)》.

a·pi·a·rist [ˋepɪərɪst; ˈeipjərist] *n.* [C]養蜂者。

a·pi·ar·y [ˋepɪˌɛrɪ; ˈeipjəri] *n.* [C]養蜂場，蜂房。

ap·i·cal [ˋæpɪkl, ˋe-; ˈæpikl, ˈei-] 《apex 的形容詞》—*adj.* **1** 頂點的，尖端的，頂上的。**2** 《語音》用舌尖發音的。

—*n.* [C]《語音》舌尖音《如[t, d, l]等》。

a·pi·ces *n.* apex 之複數。

a·pi·cul·ture [ˋepɪˌkʌltʃɚ; ˈeipikʌltʃə] *n.* [U]養蜂(業)。

a·pi·cul·tur·ist [ˌepɪˋkʌltʃərɪst; ˌeipiˈkʌltʃərist] *n.* =apiarist.

a·piece [əˋpis; əˈpiːs] *adv.* 各個，各自，每人：give five dollars ~ 給每人五美元。

ap·ish [ˋepɪʃ; ˈeipiʃ] *adj.* **1** 似猿的。**2** 喜模仿人的。**3** 愚蠢的；笨拙的，傻里傻氣地裝模作樣的。

a·plen·ty [əˋplɛntɪ; əˈplenti] *adv.* **1** 《美口語》充分地，豐富地。**2** 《美口語》非常地，很。—*adj.* [不用在名詞前][或置於名詞後]充分的，豐富的：There was food and drink ~. 有充分的食物和飲料。

a·plomb [əˋplɑm, əˋplɔm; əˈplɔm] 《源自法語 'according to the plumb' 之義》—*n.* [U]沈著，泰然自若，鎮定，冷靜：with ~ 沈著地/preserve one's ~ 保持冷靜。

APO 《略》Army Post Office(美國陸軍)軍郵局。

ap·o- [æpo-, æpə-; æpou-, æpə-] [字首] 表示「離開…」「向遠處」：*apo*gee, *apo*stle.

Apoc. 《略》Apocalypse ; Apocrypha ; Apocryphal.

a·poc·a·lypse [əˋpɑkəˌlɪps; əˈpɔkəlips] *n.* **1** [C] 天啓，啓示(revelation).

2 [the A~] (聖經新約之)啓示錄(the Revelation)《略作 Apoc.》.

3 [C] (世界之)大變動，大災難。

a·poc·a·lyp·tic [əˌpɑkəˋlɪptɪk; əˌpɔkəˈliptik←] 《apocalypse 的形容詞》—*adj.* **1** 啓示(錄)的。

2 a 預告未來之不幸[災禍]的。**b** (使人想到)世界末日的。

a·pòc·a·lýp·ti·cal·ly [-klɪ; -kəli] *adv.*

a·poc·o·pe [əˋpɑkəpɪ, -ˏpi; əˋpɔkəpi] *n.* Ⓤ©字尾省略；尾音省略《如 the 之略作 th'》.

A·poc·ry·pha [əˋpɑkrəfə; əˋpɔkrifə] *n. pl.* [常當單數用] **1** [the ~]偽經《聖經舊約中因爲典據不明而被刪除之十四篇；cf. canon 3 a》. **2** [a~] 典據[作者]可疑之著作品；僞書。

A·poc·ry·phal [əˋpɑkrəfəl; əˋpɔkrifəl] *adj.* **1** 僞經的。**2** [a~] 典據可疑的。

a·pod·o·sis [əˋpɑdəsɪs; əˋpɔdəsis] *n.* ©(*pl.* **-o·ses** [-ˏsiz; -si:z]) 《文法》(條件句的)結句(cf. protasis)《如 If I could, I would. 之 *I would*》.

ap·o·gee [ˋæpəˏdʒi; ˋæpədʒi:] *n.* ©[常用單數] **1**《天文》遠地點《月球或人造衛星在其軌道上離地球最遠的一點；⟷ perigee》. **2** [勢力、成功、人生等之]巔峯，極點，頂點[*of*].

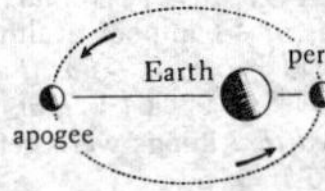

a·po·lit·i·cal [ˏepəˋlɪtɪkḷ; ˏeipəˋlitikl] *adj.* **1** 非政治性的，無政治之重要性的。**2** 與政治無關的，不關心政治的。

A·pol·lo [əˋpɑlo; əˋpɔlou] *n.*《希臘・羅馬神話》阿波羅《太陽神；司詩歌、音樂、預言等之神；cf. Helios, Sol》.

A·pol·lyon [əˋpɑljən; əˋpɔljən] *n.*《聖經》亞玻倫《無底坑的使者》。

a·pol·o·get·ic [əˏpɑləˋdʒɛtɪk; əˏpɔləˋdʒetik⁻] «apology 的形容詞» —*adj.* **1 a** 辯解的，謝罪的，賠罪的，道歉的：an ~ speech 道歉詞。**b** [不用在名詞前][十介十(代)名][爲…]道歉的，[對…]表示歉意的 [*for, about*]：He was very ~ ***for*** be*ing* late [***about*** his absence]. 他對遲到[缺席]深表歉意。**2** 〈態度等〉歉疚的：with an ~ smile 帶著歉疚的微笑。

—*n.* ©(正式的)辯白，辯護，辯解[*for*].

Apollo

a·pòl·o·gét·i·cal·ly [-klɪ; -kəli] *adv.*

a·pol·o·get·ics [əˏpɑləˋdʒɛtɪks; əˏpɔləˋdʒetiks] *n.* Ⓤ《神學》(基督教的)護教學。

ap·o·lo·gi·a [ˏæpəˋlodʒɪə; ˏæpəˋloudʒjə] *n.* ©(口頭或書面的)正式的辯護。

a·pol·o·gist [əˋpɑlədʒɪst; əˋpɔlədʒist] *n.* © **1** 辯解者，辯護士。**2** (基督教的)辯證者，護教者。

a·pol·o·gize [əˋpɑləˏdʒaɪz; əˋpɔlədʒaiz] «apology 的動詞» —*v.i.* **1 a** (以口頭或書面)**道歉**，賠罪，賠不是，認錯：I must ~. 我得道歉。**b** [十介十(代)名][向人][爲…事]道歉，賠罪，賠不是，認錯，謝罪[*to*][*for*]《★可用被動語態》：Harry ~*d* ***to*** his teacher ***for*** com*ing* to school late. 哈利爲上學遲到向老師認錯。**2** 辯白，辯解，辯護。

ap·o·logue [ˋæpəˏlɔg, -ˏlɑg; ˋæpəlɔg] *n.* ©教訓；寓言。

a·pol·o·gy [əˋpɑlədʒɪ; əˋpɔlədʒi] «源自希臘文「自我辯護地講」之義» —*n.* **1 a** ©**謝罪**，道歉[*for*]：a written ~ 道歉書/in ~ *for...* 爲…道歉《★無冠詞》/make [accept] an ~ 表示[接受]道歉。**b** Ⓤ謝罪，道歉：a note of ~ (簡單的)道歉書。**2** © **a** 辯解，辯明，申辯[*for*]：an ~ *for* one's bad behavior 對某人行爲不檢的辯白。**b** (正式的)辯護[*for*]：an ~ *for* poetry 爲詩所作的辯護/in ~ *for...* 爲…辯解《★無冠詞》。**3** ©《口語》權充[權宜]代替物，敷衍的東西，勉强湊合的代用品[*for*]：an ~ *for* a dinner 勉强充數的晚餐。

ap·o·phthegm [ˋæpəˏθɛm; ˋæpəθem] *n.* =apothegm.

ap·o·plec·tic [ˏæpəˋplɛktɪk; ˏæpəˋplektik⁻] «apoplexy 的形容詞» —*adj.* **1** 中風(性)的：an ~ fit [stroke]中風發作。**2** [不用在名詞前][十介十(代)名][因…]激昂的，激動的[*with*]：be ~ ***with*** rage 氣得火冒三丈。

—*n.* ©易中風的人；中風的人。

àp·o·pléc·ti·cal·ly [-klɪ; -kəli] *adv.*

ap·o·plex·y [ˋæpəˏplɛksɪ; ˋæpəpleksi] *n.* Ⓤ《醫》中風：be seized with ~ =have (a fit of) ~ = have a stroke (of ~)患[引起]中風。

a·port [əˋport, əˋpɔrt; əˋpɔ:t] *adv.*《航海》向左舷地。
Hárd apórt! 持舵滿向左舷！

a·pos·ta·sy [əˋpɑstəsɪ; əˋpɔstəsi] *n.* Ⓤ© **1** 背教，背信。**2** 變節，改變主張[主義]；脫黨。

a·pos·tate [əˋpɑstet, -tɪt; əˋpɔsteit, -tit] *n.* © **1** 背教者。**2** 變節者，改變主張[主義]者，脫黨者。

—*adj.* **1** 背教的。**2** 背信[變節]的。

a·pos·ta·tize [əˋpɑstəˏtaɪz; əˋpɔstətaiz] *v.i.* **1** 放棄信仰，背教。**2 a** 變節，脫黨。**b** [十介十(代)名]變節[脫黨]而[自…]投身[向…][*from*][*to*]：~ ***from*** one party ***to*** another 自一黨脫黨而加入他黨。

a pos·ter·i·o·ri [ˋepɑsˏtɪrɪˋoraɪ; ˋeipɔsˏteriˋɔ:rai] «源自拉丁文 'from what comes after' 之義» —*adv.* & *adj.* (⟷ a priori) **1** 《哲》後天地[的]，經驗地[的]。**2**《邏輯》歸納地[的]。

a·pos·tle [əˋpɑsl; əˋpɔsl] «源自拉丁文「被派遣之人，使者」之義» —*n.* **1 a** © [A~] 使徒《耶穌十二弟子之一》。**b** [the Apostles](耶穌之)十二使徒。
2 ©(某地方)最初之基督教傳教者。
3 ©(主義、信仰、政策等之)提倡者。
the Apóstle of Ireland =St. PATRICK.
the Apóstle of the Énglish =St. AUGUSTINE.
the Apóstles' Créed 使徒信經《祈禱書中的祈禱名稱；爲基督教之基本信條，被認爲由耶穌十二使徒所訂》。

a·pos·to·late [əˋpɑstḷɪt, -ˏet; əˋpɔstələt, -leit] *n.* Ⓤ **1** [常 the ~] 使徒之身分[職務]。**2**《天主教》教皇之職務。

ap·os·tol·ic [ˏæpəsˋtɑlɪk; ˏæpəˋstɔlik⁻] «apostle 的形容詞» —*adj.* **1** (十二)使徒的；使徒時代的。**2** [有時 A~] 羅馬教皇的(papal).

àp·os·tól·i·cal [-lɪkḷ; -likl⁻] *adj.* =apostolic.

a·pos·tro·phe [əˋpɑstrəfɪ; əˋpɔstrəfi] *n.* **1** ©《文法》**上標點**(')《★用法 用於下列情形：(1)省略符號：*can't, ne'er,* '85《★讀法 讀作 eightyfive》. (2)所有格符號：*boy's, boys', Jesus'.* (3)形成文字或數字複數之符號：two *M.P.'s,* two *l's,* three *7's*》. **2** Ⓤ©《修辭》頓呼(法)《敍述中忽然轉換話題或語氣而對不在場的人或物所作的直接呼語》。

a·pos·tro·phize [əˋpɑstrəˏfaɪz; əˋpɔstrəfaiz] *v.t.* 對〈人等〉用頓呼法稱呼。—*v.i.* 忽然轉換語氣而直接稱呼。

a·póth·e·car·ies' wèight [əˋpɑθəˏkɛrɪz-; əˋpɔθəkəriz-] *n.* Ⓤ藥劑用衡量法《用於藥品之衡量》；秤藥重量。

a·poth·e·car·y [əˋpɑθəˏkɛrɪ; əˋpɔθəkəri] *n.* ©《美・英古》藥商，賣藥者，藥劑師(druggist)《★從前在英國兼行醫治病》。

ap·o·thegm [ˋæpəˏθɛm; ˋæpəθem] *n.* ©《罕》箴言，格言，警句。

a·poth·e·o·sis [əˏpɑθɪˋosɪs; əˏpɔθiˋousis] *n.* (*pl.* **-o·ses** [-siz; -si:z]) [常 the ~] **1 a** Ⓤ(人的)神化，尊崇爲神；神聖化，成聖，崇拜。**b** ©神聖化之物。**2** ©理想，極致；化身，理想人物[*of*]：He was *the ~ of* generosity. 他是「寬宏大量」的化身[典範]。

a·poth·e·o·size [əˋpɑθɪoˏsaɪz; əˋpɔθiousaiz] *v.t.* **1** 把…尊崇爲神，把…奉爲神明；使…神聖化。**2** 頌揚。

app. 《略》appendix；appointed；approved；approximate.

ap·pal [əˋpɔl; əˋpɔ:l] *v.* =appall.

Ap·pa·la·chi·an [ˏæpəˋletʃɪən, -ˋlætʃ-; ˏæpəˋleitʃjən⁻] *adj.* 阿帕拉契山脈的。

—*n.* [the ~s] =Appalachian Mountains.

Áppalachian Móuntains *n. pl.* [the ~] 阿帕拉契山脈《沿北美洲東岸，自加拿大魁北克省(Quebec)西南部至美國阿拉巴馬州(Alabama)北部》。

ap·pall [əˋpɔl; əˋpɔ:l] «源自古法語「使成蒼白(pale)」之義» —*v.t.* 嚇唬〈人〉，使〈人〉驚駭，使…大驚失色《★常用被動語態，變成「(被…)嚇壞」之意；介系詞用 *at, by*》：The sight ~*ed* me. 那景象使我心驚膽戰/We *were* ~*ed* ***at*** the thought of another war. 一想到又有戰爭我們就膽寒。

ap·pall·ing [əˋpɔlɪŋ; əˋpɔ:liŋ] *adj.* **1** 駭人的，嚇人的，可怕的：an ~ war 可怕的戰爭。**2**《口語》過分的，太甚的，不像話的，很糟的，可怕的：~ weather 很糟的天氣/His handwriting is ~. 他的筆跡很糟《他所寫的字太不像話》。~**·ly** *adv.*

ap·pa·nage [ˋæpənɪdʒ; ˋæpənidʒ] *n.* © **1**《文語》**a** (身世、地位、身分等所附帶之)權利，利益。**b** (某物所自然具有之)特性，屬性。**2**《古》(王室撥給皇儲以外的王子等之)封地，采邑，食祿；屬地。

ap·pa·rat [ˏæpəˋræt, ˏɑpəˋrɑt; ˏæpəˋræt, ˏɑ:pɑ:ˋrɑ:t] *n.* ©(共產黨的)政治組織。

ap·pa·ra·tus [ˏæpəˋrætəs, -ˋretəs; ˏæpəˋreitəs] «源自拉丁文「準備」之義» —*n.* (*pl.* ~, ~**·es**)©[集合稱爲Ⓤ] **1** (用於某種目的之一套)**儀器**，器械，裝置；用具《★用法 比較少用複數形，通常用 pieces of ~》：a chemical ~ 化學儀器/a heating ~ 暖氣裝置/experimental ~ 實驗儀器[用具]/The photographer set up his ~. 這位攝影師安裝好了他的攝影器材。
2 a (爲達成某種目的所需的各種)工具。**b** (政治活動等的)機構，組織。**3**《生理》(一套)器官：the digestive [respiratory] ~ 消化[呼吸]器官。

ap·par·el [əˋpærəl; əˋpærəl] *v.t.* (**ap·par·eled,**《英》**-elled**；**ap·par·el·ing,**《英》**-el·ling**)《文語・詩》[十受(十介十(代)名)]使〈人〉穿著[華麗的衣服][*in*]《★常以過去分詞當形容詞用》：a gorgeously ~*ed* person 衣著華麗的人。

—*n.* Ⓤ **1** [常與修飾語連用]《美》衣服，裝飾：ready-to-wear ~ 成衣。**2**《文語》(華麗的)衣服，服裝。

A

ap·par·ent** [ə'pærənt, ə'pɛr-; ə'pærənt, ə'pɛər-] «appear 的形容詞»—*adj.* **1** (**more** ~ ; **most** ~) **a** (能一目瞭然地)**明顯的,** 顯然的, 顯而易見的(⇨ evident【同義字】): It is ~ (that) he is unwilling. 顯然他並不樂意/There was no ~ change. 沒有顯著的變化/⇨ heir apparent. **b** [不用在名詞前]〔十介十(代)名〕〔對…而言〕明顯的, 顯然的〔*to*〕: ~ ***to the naked eye 肉眼可見的/That must be ~ *to* everybody. 那一定是人人都明白的事。**2 外表上的, 表面上的, 似乎的**: His ~ meekness deceives everyone. 他表面上的柔順使人人受騙/The contradiction was only ~. 那矛盾只是表面上的。**3** (直系親屬之)絕對有權繼承王位、爵號或產業的: heir ~ 太子; 嗣子; 王儲。

***ap·par·ent·ly** [ə'pærəntlɪ, ə'pɛr-; ə'pærəntli, ə'pɛər-] *adv.* (無比較級、最高級) **1** (姑且不論實際如何)**表面上看來(好像…),** 似乎, 看上去: He has ~ forgotten it. 他似乎把它給忘了/*A*~, he is weak, but he has hidden strength. 表面上他看起來軟弱, 但他有隱藏的力氣/"The thief entered by the window?"—"*A*~ (not)."「小偷是從那窗子進去的嗎?」「好像是[不是]。」**2** 《罕》明顯地。

ap·pa·ri·tion [ˌæpə'rɪʃən; ˌæpə'riʃn] *n.* **1** Ⓒ (死者突然出現的)幻影, 幽靈, 妖怪。**2** Ⓤ〔幽靈等的〕出現〔*of*〕。

ap·peal** [ə'pil; ə'pi:l] «源自拉丁文「接近」之義»—*v.i.* **1 a** 〔十介十(代)名〕〔向人〕**懇求,** 懇請, 哀求〔協助、同情等〕〔*to*〕〔*for*〕《★可用被動語態》: They had no one to ~ ***to. 他們沒有人可懇求[求助無門]/He ~*ed* ***to*** us ***for*** support. 他懇求我們的支持。**b** 〔十介十(代)名十 *to* do〕請求, 拜託〔人〕〈做…〉〔*to*〕《★可用被動語態》: Let us ~ ***to*** the President *to* aid us. 讓我們懇求總統援助我們。

2 〔十介十(代)名〕**訴諸**〔法律、輿論、武力等〕〔*to*〕《★可用被動語態》: ~ ***to*** the sword 訴諸武力/~ ***to*** the law 訴之於法/⇨ appeal to the COUNTRY.

3 〔十介十(代)名〕 **a** 《法律》〔向法院〕控訴, 申訴〔*to*〕《★可用被動語態》; 〔對判決不服而〕上訴〔*against*〕: ~ ***to*** a higher court 向上級法院上訴/~ ***against*** the judge's decision 不服法官的判決而上訴。**b** 《運動》〔向裁判〕申訴, 抗議〔*to*〕《★可用被動語態》; 〔對判定不服而〕申訴〔*against*〕。

4 〔十介十(代)名〕〈人、事〉訴〔諸人心〕, 〔對人〕有吸引力, 有魅力, 投合〔某人〕, 引起〔某人〕興趣〔*to*〕: She ~*s* ***to*** young men. 她對年輕人有吸引力/Does this picture ~ *to* you? 你對這幅畫有興趣嗎?

—*v.t.* 〔十受(十介十(代)名)〕《法律》〔向法院〕控訴〈案件〉〔*to*〕: ~ a case (***to*** a higher court) (向上級法院)上訴案件。

—*n.* **1** ⓊⒸ**哀懇,** 懇求〔*for*〕: make an ~ ***for*** help 懇求援助。

2 ⓊⒸ**訴之**〔於輿論、武力等〕〔*to*〕: make an ~ ***to*** the country 《英》(解散國會)(將政策之決定)訴之於國民(的投票)/make an ~ *to* force 訴諸武力。

3 a ⓊⒸ《法律》上訴: a court of ~ 上訴法庭/a direct ~ 直接上訴/lodge [enter] an ~ 提出上訴。**b** Ⓒ《運動》〔對裁判的〕抗議〔*to*〕。

4 Ⓤ [又作 **an** ~]吸引力, 使人心動的力量, 魅力: sex ~ 性的魅力, 性感/This poem makes *an* ~ *to* the emotions. 這首詩有動人情感的力量[有感染力]/The plan has little ~ *for* [*to*] me. 這計畫對我沒有多大的吸引力。

ap·péal·ing *adj.* **1** 懇求的; 哀求的。**2** 令人心動的, 吸引人的, 迷人的: an ~ smile 迷人的微笑。~·**ly** *adv.*

‡ap·pear [ə'pɪr; ə'piə] «源自拉丁文「成爲可見」之義»—*v.i.* **1 出現**(↔ disappear): **a** 〈物〉現形, 出現, 顯現: One by one the stars ~*ed*. 星星一顆一顆地出現了。**b** 〈人〉(在集會等)到場, 出席: She finally ~*ed* at four o'clock. 她在四點鐘終於到場。**c** 〔動(十介十(代)名)〕〈演員等〉〔在…〕公開出現[出場, 演出]〔*on, in*〕: ~ ***on*** the stage 登臺演出/~ ***on*** a TV program 在電視節目中演出/~ ***in*** a concert 在演奏會出場。**d** 〔十介十(代)名〕〔在法庭等〕出面, 出庭〔*in*〕; 出庭〔在法官面前〕〔*before*〕: The prisoner ~*ed* ***in*** court. 囚犯出庭受審[應訊]/~ ***before*** the judge 到庭受審。**e** 〔十介十(代)名〕出庭〔爲…辯護〕〔*for*〕: Mr. Johnson ~*ed* ***for*** him in court. 詹森先生出庭爲他辯護。**f** 〈著作品等〉出版: Has his new book ~*ed* yet? 他的新書出版了嗎? **g** 〔十介十(代)名〕〈報導等〉〔在報上等〕發表, 刊出, 刊登〔*in*〕: An article about him ~*ed* ***in*** the paper. 一篇有關他的文章在報上發表。

2 顯得, 似乎: a 〔十(*to be*)補〕顯得〈…(的樣子)〉, 似乎, 好像〈是…〉(⇨ seem【同義字】): He ~*s* (*to be*) rich. 他好像很有錢/He ~*ed* (*to be*) rich. 他看來似乎很有錢/He ~*s to have been* rich. 他看來好像以前很富裕/The rumor is true, strange as it may ~. 這謠言雖然顯得奇怪, 卻是眞的/There ~*s to have been* an accident. 似乎曾發生了事故《★用法 若用複數形 accidents, 則通常成爲 There ~ ....》/He ~*ed* a little upset. 他顯得有一點慌張/The house ~*ed* deserted. 那房子似乎已無人居住/It ~*s to* me quite wrong. 依我看那似乎完全錯了《★有時像此例句, 有[*to* 十(代)名]的句型》/It ~*s* unlikely that our team will win. 看來我隊獲勝是不可能了。**b** 〔十 *to* do〕似乎〈做…〉: These stars ~ *to* move around the North Star. 這些星星似乎環繞著北極星轉。

3 [以 it 作主詞]: **a** 〔(十介十(代)名)十 *that*_〕〔對…〕似乎, 顯得, 好像〔*to*〕: *It* ~*s* (***to*** me) *that* you are all mistaken. (依我看)你們似乎都錯了/"He is her teacher."—"So *it* ~*s* [*It* ~*s* so]."「他是她的老師。」「好像是那樣。」《★用法 此 so 用於前句之內容後, 用以代替 *that* 子句》/"Has he come back?"—"No, *it* ~*s* not."「他回來了嗎?」「好像沒有。」《★用法 此 not 用於前句之內容後, 用以代替 *that* 子句》。**b** [當插入語用]好像…: He was, *it* ~*s*, in poor health. 他好像健康欠佳。**c** 〔十 *as if*_〕看起來〈似乎…〉: *It* ~*s as if* a war will break out. 看來一場戰爭似乎即將爆發。**d** 〔十 *that*_〕〈…一事〉(變得)明顯: *It* gradually ~*ed that* things were getting better after all. 事情終於顯得逐漸在好轉。

***ap·pear·ance** [ə'pɪrəns; ə'piərəns] «appear 的名詞»—*n.* **1** ⒸⓊ **a 出現**; (於集會等)到場, 出席: make [put in] an [one's] ~ at a party (禮貌上短暫地)在聚會上露面[出席]。**b** 公開出現, 演出, 出場: make one's first [last] ~ on the stage 首次[最後一次]登台演出。**c** 《法律》出庭, 應訊。**d** (書籍之)出版, 發刊。**e** (報導之)刊登, 刊載。**2 a** ⒸⓊ(人、物之)**外觀,** 外表; (人的)樣子, 風采: present a good [fine] ~ 儀表堂堂, 風度翩翩/judge by ~*s* 據外表判斷, 以貌取人/put on the ~ of innocence 假裝天眞[無知, 淸白]/*Appearances* are deceptive. 《諺》外表是靠不住的《凡事不可光看表面》。**b** [~s]面子, 外觀, 門面, 體面: keep up [save] ~*s* 保持體面, 撐場面, 虛飾外表。**c** [~s]情勢, 情況, 表面跡象: *Appearances* are against you [in your favor]. 情勢對你不利[有利]。

by áll appéarances =to all APPEARANCE(*s*).

for appéarance' sàke =**for the sàke of appéarance** 爲了體面; 爲了顧面子, 爲了要外表好看。

to áll appéarance(s) 顯然, 外表上看來, 不論誰[怎麼]看: The letter was *to all* ~(*s*) the same as the original one. 那封信外表上看來[不管怎麼看都]與原件相同。

ap·pease [ə'piz; ə'pi:z] «源自古法語「使至和平(peace)(狀態)」之義»—*v.t.* **1 a** (以答應要求或給與東西等)安撫, 撫慰〈人〉: ~ an angry man 安撫生氣的人。**b** 緩和, 平息〈憤怒、悲傷〉: The sight ~*d* his anger. 那情景使他的怒氣平息了下去。**2** 解〈渴〉; 滿足〈食慾、好奇心等〉; 充〈饑〉: A good dinner will ~ your hunger. 豐盛的晚餐將爲你充饑。

ap·péase·ment [-mənt; -mənt] «appease 的名詞»—*n.* **1** ⓊⒸ 安撫, 平息, 緩和, 讓步。**2** Ⓤ姑息。

ap·pel·lant [ə'pɛlənt; ə'pelənt] 《法律》*adj.* 上訴的, 控訴的。
—*n.* Ⓒ上訴[控訴]人。

ap·pel·late [ə'pɛlɪt; ə'pelət, -lit] *adj.* [用在名詞前]上訴[控訴]的, 處理上訴[控訴]的: an ~ court 上訴法院, 高等法院。

ap·pel·la·tion [ˌæpə'leʃən; ˌæpə'leiʃn] *n.* Ⓒ名稱, 稱呼。

ap·pel·la·tive [ə'pɛlətɪv; ə'pelətiv] *adj.* 命名的, 稱呼的。

ap·pel·lee [ˌæpə'li; ˌæpə'li:] *n.* Ⓒ《法律》被上訴人。

ap·pel·lor [ə'pɛlɔr, 'æpəˌlɔr; ə'pelə, 'æpəlɔ:] *n.* Ⓒ《英法律》上訴人。

ap·pend [ə'pɛnd; ə'pend] *v.t.* 〔十受十介十(代)名〕添加, 附加, 追加, 增補〈附錄等〉〔於…〕〔*to*〕: ~ notes ***to*** a book 給書籍加上注解。

ap·pend·age [ə'pɛndɪdʒ; ə'pendidʒ] «append 的名詞»—*n.* Ⓒ **1** (懸垂的)附加物, 附屬物〔*to*〕。**2** 《生物》附肢《如四肢等》。

ap·pend·ant [ə'pɛndənt; ə'pendənt] *adj.* **1** 添加的, 附屬的, 附加的。**2** 附帶之權利的。
—*n.* Ⓒ附屬物。

ap·pen·dec·to·my [ˌæpən'dɛktəmɪ; ˌæpen'dektəmi] *n.* ⓊⒸ《醫》闌尾(盲腸)切除(術)。

ap·pen·di·ces [ə'pɛndəˌsiz; ə'pendisi:z] *n.* **appendix** 的複數。

ap·pen·di·ci·tis [əˌpɛndə'saɪtɪs; əˌpendi'saitis] *n.* Ⓤ《醫》闌尾炎, (俗稱)盲腸炎。

ap·pen·dix [ə'pɛndɪks; ə'pendiks] *n.* Ⓒ (*pl.* ~**es**, **-di·ces** [-dəˌsiz; -disi:z]) **1 附加物, 附屬物**(⇨ supplement【同義字】); 附錄, 增補。**2** 《解剖》突起; (尤指)闌尾, 蚓突, (俗稱)盲腸: have one's ~ out 切除某人的盲腸。

ap·pen·tice [ə'pɛntɪs; ə'pentis] *n.* Ⓒ門前之遮簷; 窗前之雨篷。

ap·per·cep·tion [ˌæpə'sɛpʃən; ˌæpə'sepʃn] *n.* Ⓤ《心理》**1** 統覺。**2** 統覺作用。

ap·per·tain [ˌæpə'ten; ˌæpə'tein] *v.i.* 〔十介十(代)名〕隸屬〔於物〕(belong)〔*to*〕: The control of traffic ~*s* ***to*** the police. 指揮交通屬於警察的任務/the privileges ~*ing to* one's position 專屬於某人職位的特權。

ap·pe·tite [ˋæpə͵taɪt; ˈæpitait] **《源自拉丁文「追求」之義》—***n.* Ⓤ Ⓒ **1 食慾**：have a good [poor] ~ 食慾好[不好]/lose one's ~ 食慾不振/sharpen one's ~ 刺激某人的食慾/loss of ~ 食慾不振/with a good ~ 津津有味地/A good ~ is a good sauce. 《諺》好的胃口就是好的調味醬[饑不擇食]《比喻食慾旺盛時吃什麼都美味》。**2 慾望**；〔對知識等的〕渴求；興趣〔*for*〕：sexual [carnal] ~ 性慾/He has a great ~ *for* knowledge. 他有強烈的求知慾。

whét a person's **áppetite** (1)提起某人的胃口[興趣]。(2)越發助長某人〔對…〕的興趣[慾望]〔*for*〕.

ap·pe·tiz·er [ˋæpə͵taɪzə; ˈæpitaizə] *n.* Ⓒ增進食慾的食物，開胃的食物；(尤指)開胃菜(hors d'oeuvre).

ap·pe·tiz·ing [ˋæpə͵taɪzɪŋ; ˈæpitaiziŋ] *adj.* 促進食慾的，開胃的，令人垂涎的：an ~ dish 令人垂涎的菜餚。**~·ly** *adv.*

ap·plaud [əˋplɔd; əˈplɔ:d] **《源自拉丁文「向…拍手」之義》—***v.i.* **鼓掌，喝采，讚美，誇獎，稱讚**：The audience ~*ed* frantically. 聽眾瘋狂地鼓掌[喝采]。

—*v.t.* **1** 〔十受〕**對**〈人、演技等〉**鼓掌喝采**：The singer was ~*ed* by the audience. 那歌手受到聽眾的鼓掌喝采。**2 a** 〔十受〕誇獎，稱讚…：~ a person's courage 稱讚某人的勇氣。**b** 〔十受十介十(代)名〕〔爲…之事〕稱讚，讚許，讚佩〈人〉〔*for*〕：I ~ you *for* your decision. 我讚佩你的決心。

ap·plause [əˋplɔz; əˈplɔ:z] **《applaud 的名詞》—***n.* Ⓤ**鼓掌喝采；稱讚**：win general ~ 博得普遍的稱讚/He drew enthusiastic ~. 他博得熱烈的鼓掌[掌聲]。

‡ap·ple [ˋæpl; ˈæpl] *n.* Ⓒ **1 蘋果**。

> 【說明】(1)在基督教的聖經(the Bible)中蘋果是「智慧之樹的果實」；據說亞當(Adam)和夏娃(Eve)因爲冒犯上帝的禁令吃了這種果實而被逐出伊甸園(Eden). 花語是 temptation(誘惑)。
> (2)通常蘋果給予人的印象是紅色的，但黃色(yellow)的或綠色(green)的蘋果亦不少，因而也有 apple green(蘋果綠)的說法；蘋果是紐約市的象徵，所以紐約市又被稱作 the Big Apple.
> (3)美國的蘋果通常較歐洲的大些，而且顏色以紅的居多，在歐洲則黃的比較多。在西方有院子的家庭常種植蘋果樹，收成後除生吃以外還可以做蘋果派、蘋果醬等。主要產地在美國是華盛頓州(Washington)，在英國是索美塞得郡(Somerset)；cf. orange 1【說明】

2 (又作 **ápple trèe**)《植物》蘋果(樹)。

the ápple of díscord (1)《希臘神話》引起爭端的蘋果《相傳由艾瑞斯(Eris)投入婚禮席上，引起衆女神競相爭奪的金蘋果；爲特洛伊戰爭(Trojan War)的起因》。(2)不和的原因。

the ápple of a person's **éye** 《口語》極珍愛之物[人]，掌上明珠，心肝寶貝《★原指「瞳孔」，即表示「如眼珠般重要之物」之意》。

ápple brándy *n.* ＝applejack.

ápple bútter *n.* Ⓤ蘋果醬。

ápple·càrt *n.* Ⓒ搬運蘋果的手推車。

upsét the [a person's] **ápplecart** 破壞(某人的)計畫。

ápple·jàck *n.* Ⓤ蘋果白蘭地；蘋果酒。

ápple píe *n.* Ⓒ [當作點心名時爲Ⓤ] **蘋果派，蘋果餡餅**：(as) American as ~ 極爲[眞正]美國式的《指好的一面》。

> 【說明】美國的餐後點心中有許多種水果餡餅，而以蘋果派最受歡迎。家庭主婦從她母親那兒學會做蘋果派，每一個家庭都以其獨特的風味爲榮。對小孩來說，蘋果派的味道常和母親的形像緊密地連在一起。

ápple-píe bèd *n.* Ⓒ(惡作劇)故意將牀單舖短了的牀。

ápple-pìe órder *n.* Ⓤ《口語》井然有序，整齊：Everything was *in* ~. 一切井然有序。

> 【字源】有一種說法是法語「從頭到腳」(cap-a-pie)被誤用而成。另一說法是美國新英格蘭(New England)的一位主婦曾把一週所食用的蘋果派七個都烘好，很整齊地排列在架子上，因此引伸爲此義。

ápple-pòlish **《源自美國學童將擦亮的蘋果送給老師的風氣》—**《美口語》*v.t.* 討好，逢迎，巴結〈人〉。

—*v.i.* 討好，逢迎，巴結。

ápple pòlisher *n.* Ⓒ《美口語》逢迎者；奉承者《★源自一些美國學生常以擦得閃亮的蘋果來孝敬老師的行爲》。

ápple·sàuce *n.* Ⓤ **1** 蘋果醬《將蘋果細片煮爛而成》。**2** 《美俚》胡說；假意之恭維。

ápple·wìfe *n.* Ⓒ(*pl.* **-wives**)賣蘋果的女人。

ap·pli·ance [əˋplaɪəns; əˈplaiəns] **《源自 apply》—***n.* Ⓒ(尤指家庭用的)器具；裝備，設備；電器製品[用具]：household ~*s* 家庭用具/medical ~*s* 醫療器具/an ~ *for* cleaning bottles 洗瓶用具。

ap·pli·ca·bil·i·ty [͵æplɪkəˋbɪlətɪ; ͵æplikəˈbiləti] **《applicable 的名詞》—***n.* Ⓤ **1** 適直性，適用性。**2** 適當，適宜。

ap·pli·ca·ble [ˋæplɪkəbl; ˈæplikəbl] *adj.* **1** 適用的；合用的，適合的。**2** [不用在名詞前]〔十介十(代)名〕適用[適合，適宜]〔於…〕的〔*to*〕：The rule is ~ ***to*** this case. 這個規則適用於這個情況。

áp·pli·ca·bly [-blɪ; -bli] *adv.*

ap·pli·cant [ˋæpləkənt; ˈæplikənt] *n.* Ⓒ**申請人；請求者；應徵者，候補人**〔*for*〕：an ~ *for* admission to a school 申請入學者。

ap·pli·ca·tion** [͵æpləˋkeʃən; ͵æpliˈkeiʃn] **《apply 的名詞》—n.* **1 a** Ⓤ〔…之〕**施用**，應用〔於…〕〔*of*〕〔*to*〕：the ~ *of* a general rule *to* a particular case 一般規則之施用於某一特殊情況/the ~ *of* science *to* industry 科學在工業上之應用，科學之被應用於工業。**b** ⓊⒸ(規則等之)適用(性)；用途，用處：a rule of general ~ 適用於一般情形之規則，通則/a word of many ~*s* 用法繁多之字。

2 a ⓊⒸ**請求**；應徵；申請〔*to*〕〔*for*〕：an ~ *for* a loan 貸款之申請/on ~ *to*... 向…申請[函索]/make an ~ *to* the authorities *for* a visa 向當局申請簽證。**b** Ⓒ申請書：fill out [fill in] an ~ form [blank] 填寫申請表格/send in a written ~ 提出申請書。

3 a ⓊⒸ(藥、物等之)貼用，敷用〔於…〕〔*of*〕〔*to*〕：the ~ *of* an ointment *to* the shoulder 用軟膏敷在肩上。**b** Ⓒ外用藥，外敷藥，藥膏。

4 Ⓤ **a** 專心，專注，勤奮，用功，努力：a man of unstinting ~ 一個全力以赴勤奮努力的人/with great ~ 專心致志地。**b** 專心〔於…〕〔*to*〕：~ *to* one's studies 專心研究[讀書]。

ap·plíed *adj.* (實地)應用的，實用的：~ chemistry 應用化學/~ linguistics 應用語言學/~ science 應用科學。

ap·pli·qué [͵æplɪˋke; æˈpli:kei] **《源自法語 'applied' 之義》—***n.* Ⓤ貼花；縫飾；貼花或縫飾的細工。

—*v.t.* 飾…以貼花或縫飾。

ap·ply** [əˋplaɪ; əˈplai] **《源自拉丁文「裝配於…」之義》—v.t.* 〔十受(十介十(代)名)〕 **1 貼，敷，塗**〈物〉〔於…上〕；使…接觸〔…〕〔*to, on*〕：~ a plaster ***to*** a wound 在傷口上貼膏藥/~ varnish *to* a box 給盒子上洋漆/~ a second coat (of varnish) ***on*** top of the first 在清漆的底子上再塗一層。

2 將〈資金等〉**充用**，運用〔於某用途〕〔*to, for*〕：He *applied* the windfall ***to*** payment of his mortgage. 他把那筆意外的收入用於償付抵押。

3 將〈規則、原理等〉**應用**，施用〔於…〕〔*to*〕：~ the rule ***to*** the case 將這規則應用於此一情況/~ new technology *to* industry 將新科技應用於工業。

4 a 將〈精神、精力等〉傾注[專注]〔於工作等〕〔*to*〕：*A*~ your mind ***to*** your studies. 專心做學問。**b** 〔~ one*self*〕專心致力〔於…〕〔*to*〕：He *applied himself* ***to*** his new task [*to* learning French]. 他專心致力於新工作[學習法語]。

—*v.i.* **1** 〔十介十(代)名〕適用，適合〔於…〕〔*to*〕：This does not ~ ***to*** beginners. 這不適用於初學者/This rule *applies* very well *to* this case. 這條規則非常適用於這種情況。

2 a 申請：~ personally [by letter] 親往[通信，以書面]申請/*A*~ here. 請在此申請/Where (are) you ~*ing*? 你要申請到[報考]哪兒[哪所學校]？**b** 〔十介十(代)名〕〔向…〕申請，請求，詢問〔…〕〔*to*〕〔*for*〕《★可用被動語態》：***For*** particulars, ~ ***to*** the office. 詳情請洽辦事處/I *applied to* the Consul *for* a visa. 我向領事處申請簽證。

‡ap·point [əˋpɔɪnt; əˈpɔint] *v.t.* **1** 指派：**a** 〔十受〕指派，任命…：~ a professor 任命教授/~ a committee man 指派委員。**b** 〔十受十介十(代)名〕任命〈人〉〔任某〕〔*to*〕：He was ~*ed* ***to*** the professorship in 1960. 他於 1960 年被任命爲教授。**c** 〔十受十(*to be*)補〕指派，指定〈人〉〈爲…〉《★ 用法 做補語之職稱不加冠詞》：The Queen ~*ed* him (*to be*) Lord Chamberlain. 女王委任他爲侍從長/He has been ~*ed* chairman. 他被委任爲議長[主席，會長]。**d** 〔十受十*as* 補〕指派〈人〉〈做爲…〉：I ~*ed* Mr. White *as* my successor. 我指派懷特先生做我的接班人。**e** 〔十受十 *to* do〕指派〈人〉〈做…〉：My son was ~*ed to* reply to the speech. 我兒子被指派致答詞。

2 〔十受〕(選定委員而)(正式地)設立〈委員會〉。

3 《文語》**a** 〔十受〕定，指定，約定〈(…之)日期、時間、地點〉《★ 比較 名詞 appointment 較常用，但以動詞表示此意時，一般則用 fix》：We ~*ed* the place and time *for* the next meeting. 我們決定了下次集會的地點與時間。**b** 〔十受十*as* 補〕將〈某日、時、地點〉定，指定，決定，約定〈爲…〉：They ~*ed* ten o'clock *as* the time *for* the conference. 他們將會議時間定在十時。

4 〔十 *that*＿〕《罕》〈上帝、權威者等〉決定，命令，指定〈…一事〉。

ap·póint·ed *adj.* **1 a** 被指定的，約定的：at the ~ time [hour] 在約定的時間[時刻]。**b** 被訂定的：one's ~ task [rounds] 某人被指定的工作[巡邏區域]。**2** 被任命的：a newly ~ official 新被任命的官員。**3** [常與副詞連用構成複合字]裝飾的，布置陳

A

設的：⇨ well-appointed.

ap·poin·tee [əpɔɪn'ti, ˌæpɔɪn'ti; əpɔin'ti:, ˌæpɔin'ti:] *n.* Ⓒ被任命者，被指定者。

ap·point·er [ə'pɔɪntɚ; ə'pɔintə] *n.* Ⓒ任命者，指定者。

ap·point·ive [ə'pɔɪntɪv; ə'pɔintiv] *adj.* 〈官職等〉委派的，任命的(↔ elective).

***ap·point·ment** [ə'pɔɪntmənt; ə'pɔintmənt] «appoint 的名詞»—*n.* **1 a** Ⓤ(日期、時間、地點等之)約定，商定(⇨ promise【同義字】)：meet a person by ~ 約見某人。**b** Ⓒ(指定日期、時間、地點之聚會、訪問、診療等的)約會，預約：keep [break] one's ~ (*with*...) 守[爽](與某人之)約/make an ~ (*with*...) (與某人)約定[商定]聚會之日期[時間，地點]。

【說明】通常和醫師、牙醫師等都需要預先約定看病的時間，這就是 appointment, 在其他情形，例如拜訪朋友，也常常以電話或書信等事先取得 appointment. 請求約會可以說 Could I see you next Monday？(下星期一可以見到你嗎？)，而對於這種請求，如果難於應付便可以回答 I'm sorry, but I'm busy that day. (對不起，那一天我很忙。)或說 I'm sorry, but I already have several appointments. (對不起，我已經有好幾個約會了。)在英美等各地，遵守約定的時間是一項義務。

2 a Ⓤ**指派，任命，任用**〔*of*〕〔*to*〕〈*as*〉：the ~ *of* a teacher 教師的任命/the ~ *of* a person *to* the post 指派某人任該職/the ~ *of* a person *as* mayor 某人之被任命爲市長。**b** Ⓒ(經由任命的)職務，職位：take up an ~ 就職。**3** [~s] (無法輕易卸下之)設備：the interior ~*s* of a car 汽車的內部設備。

ap·poin·tor [ə'pɔɪntɚ, əpɔɪn'tɔr; ə'pɔintə] *n.* Ⓒ《法律》指定人《有權指定遺產等之受益者的人》。

ap·por·tion [ə'porʃən, ə'pɔr-; ə'pɔ:ʃn] *v.t.* 〔+受+介+(代)名〕(依一定規則)分配，分派，分攤〈物〉〔給…〕〔*to*〕；〔在…之間〕分配〈物〉〔*between, among*〕：I ~*ed* half the property ***to*** each of them. 我把財產的一半分配給他們各人/The farmer's property was ~*ed* ***among*** his sons after his death. 農夫死後財產爲兒子們所分。

ap·pór·tion·ment [-mənt; -mənt] «apportion 的名詞»—*n.* Ⓤ Ⓒ **1** 分配，分派，分攤。**2** 《美》(按人口比率而定的)議員人數的分配。

ap·pose [ə'poz, æ-; æ'pouz] *v.t.* 並置，並列〈二物〉；置…於附近。

ap·po·site ['æpəzɪt; 'æpəzit] *adj.* **1** 適當的，適切的，切合的，適合的：an ~ remark 適切的評語。**2** [不用在名詞前]〔+介+(代)名〕切合[適合]〔於…〕的；〔對…〕適切的〔*to, for*〕：That proverb is ~ ***to*** this case. 那諺語切合於這個情形。
~·ly *adv.* ~·ness *n.*

ap·po·si·tion [ˌæpə'zɪʃən; ˌæpə'ziʃn] *n.* Ⓤ **1** 並列，並置。**2** 《文法》同格[同位](關係)，同位〔*to, with*〕：a noun *in* ~ 同格[同位]名詞/in ~ *to* [*with*]... 與…同格。

àp·po·sí·tion·al [-ʃənl; -ʃənl] *adj.* 《文法》同格的，同位的。

ap·pos·i·tive [ə'pɑzətɪv; ə'pɔzitiv] 《文法》*adj.* 同格的，同位的。
—*n.* Ⓒ同格[同位]語。

ap·prais·al [ə'prezl; ə'preizl] «appraise 的名詞»—*n.* **1** ⓊⒸ估計，估價，評價；鑑定，品定。**2** Ⓒ估計價格，評估額。

ap·praise [ə'prez; ə'preiz] *v.t.* **1** 估價，評估，估計〈物品、財產等〉(⇨ estimate【同義字】)：Property is ~*d* for taxation. 爲課稅估計財產。**2** 品定，鑑定，評鑑，估量〈人、能力等〉：An employer should ~ the ability of his men. 雇主應該鑑定員工的能力。

ap·práis·er *n.* Ⓒ **1** 評價[鑑定]人。**2** 《美》海關估價官。

ap·práis·ing *adj.* [用在名詞前]評價似的，估價似的，批判似的：He gave her an ~ glance. 他品頭論足似地看了她一眼。
~·ly *adv.*

ap·pre·cia·ble [ə'priʃɪəbl, -ʃəbl; ə'pri:ʃəbl, -ʃjəbl] *adj.* 可看見的，可見到的；可覺察的，可感知的，有一點的；可估計的：an ~ change 可察覺到的變化/There is no ~ difference. 大致相同《沒有可感覺到的差異》。

ap·pré·cia·bly [-ʃɪəblɪ, -ʃəblɪ; -ʃəbli, -ʃjəbli] *adv.* 可感知地，可見到地；有一點，有幾分。

***ap·pre·ci·ate** [ə'priʃɪˌet; ə'pri:ʃieit] «源自拉丁文「估價…」之義»—*v.t.* **1** 〔+受〕**a** **辨識〈人、物〉之價值，認知…之眞價**；給與…很高的評價；賞識，重視，珍視…(⇨ understand【同義字】)：His genius was at last universally ~*d*. 他的天才終於普遍地受到賞識。**b** 鑑賞，欣賞，品味，玩味〈文學、藝術等〉：You cannot ~ English literature unless you understand the language. 你如果不懂英文，就無法欣賞英國文學。

2 a 〔+受〕(正確地)認識〈事物〉；察知〈事情之嚴重性等〉：~ an international situation 正確地認識國際情勢/He still doesn't ~ the urgency of the situation. 他仍未認淸情況之緊急。**b** 〔+受〕辨別〈微小的差別等〉：A musician can ~ small differences in sounds. 音樂家能辨別聲音中的微小差別。**c** 〔+ *that*__〕了解，知道，明白〈…一事〉：I fully ~ *that* you don't want to come, but I'm afraid it is your duty. 你不想來，我完全能理解，但我想那是你的義務。**d** 〔+ *wh.*__〕了解，知道，明白〈…〉：I don't ~ *why* it is necessary [*how* we are going to do it]. 我不知道爲什麼非要這樣不可[我們將如何去做這件事]。

3 a 〔+受〕**感激，感謝〈他人的好意等〉**：I greatly ~ your kindness. 我極感激你的厚意。**b** 〔+ do*ing*〕感激〈做…〉：I would very much ~ receiv*ing* a copy of the book. 如蒙賜贈該書，不勝感激。

—*v.i.* 〔動(+介+(代)名)〕〈財產、物品等〉〔在價格方面〕上漲，增值〔*in*〕(↔ depreciate).

ap·pre·ci·a·tion [əˌpriʃɪ'eʃən; əˌpri:ʃi'eiʃn] «appreciate 的名詞»—*n.* **1 a** Ⓤ**鑑識**，評價，估價。**b** Ⓤ[又作 **an** ~]**鑑賞**，欣賞，理解，欣賞力：~ of music 對音樂的欣賞(力)/He has *a* keen ~ of music. 他對音樂有敏銳的欣賞力。**c** Ⓒ(善意的)批評，評論：write an ~ of his poetry 寫一篇對他的詩的評論。

2 Ⓤ[又作 **an** ~]**感激**：*a* letter of ~ 謝函/in ~ *of*... 作爲對…的感謝，爲感謝…/I wish to express my ~ *for* your kindness. 我要對於你的厚意表示感激。

3 Ⓤ[又作 **an** ~]〔價格的〕上漲〔*in*〕.

ap·pre·cia·tive [ə'priʃɪˌetɪv; ə'pri:ʃjətiv] «appreciate, appreciation 的形容詞»—*adj.* **1** 鑑賞的；有欣賞能力的，有眼力的：an ~ audience 有欣賞能力的聽衆。**2 a** 感謝的：~ words 感謝的話。**b** [不用在名詞前]〔+介+(代)名〕〔對…〕感激的〔*of*〕：We are ~ ***of*** his help. 我們感激他的幫助。~·ly *adv.*

ap·pré·ci·a·tor [-tɚ; -tə] *n.* Ⓒ賞識者，瞭解眞正價値的人；評價者，鑑賞者。

ap·pre·hend [ˌæprɪ'hɛnd; ˌæpri'hend] «源自拉丁文「掌握」之義»—*v.t.* **1** 〔+受〕《文語》捕捉，逮捕〈犯人等〉《★比較 一般用 catch, seize, arrest》。**2** 〔+受〕《英罕》對〈危險等〉憂慮；疑慮；憂懼：A guilty man ~*s* danger in every sound. 犯了罪的人對每一個聲音都感到風聲鶴唳。**3** 《英古》**a** 〔+受〕了解，明白，明瞭〈意思〉：I ~ the word but cannot use it. 我了解這字的意義但不會使用。**b** 〔+ *that*__〕了解，明白，察覺〈…一事〉：I ~*ed* *that* the situation was serious. 我明瞭情況嚴重。

ap·pre·hen·si·ble [ˌæprɪ'hɛnsəbl; ˌæpri'hensəbl] *adj.* 可理解的。

ap·pre·hen·sion [ˌæprɪ'hɛnʃən; ˌæpri'henʃn] «apprehend 的名詞»—*n.* **1** Ⓤ[又作 ~s] **a** **憂慮**，掛念，憂懼〔*of, for, about*〕：have some ~(*s*) *of* failure 有點憂懼失敗/a mother's ~ *for* her son's welfare 母親對於兒子幸福的牽掛/There is not the least ~ *of* her com*ing*. 一點都不必擔心她會來。**b** 〔+ *that*__〕〈對…一事之〉憂慮，掛念，憂懼：She was under the ~ *that* she would fall back into poverty. 她擔心她會陷入貧窮的窘境。**2** Ⓤ[又作 **an** ~]《文語》**a** 了解，理解力：be quick [dull] of ~ 悟性敏銳[遲鈍]，理解力强[弱]/The matter is above my ~. 這件事我不能理解。**b** 判斷，意見，見解：in my ~ 以我的見解；我以爲。**3** ⓊⒸ《法律》拘提，逮捕。

ap·pre·hen·sive [ˌæprɪ'hɛnsɪv; ˌæpri'hensiv] *adj.* **1 a** 〈神色、表情等〉擔心的，憂慮的，憂懼的：an ~ look 憂慮的面容。**b** [不用在名詞前]〔+介+(代)名〕〔對…〕擔心的，憂慮的，憂懼的〔*of, for, about*〕：I am ~ ***for*** my sister's safety. 我爲妹妹的安全感到擔心/I was a little ~ ***about*** this enterprise. 對這企業我有一點憂慮/They were ~ *of* the enemy attack*ing* them. 他們擔心敵人來襲。**c** 〔+ *that*__〕擔心〈…一事〉的，憂慮〈…之事〉的：We were ~ *that* it might happen. 我們擔心這件事會發生。**2** 悟性好的。~·ly *adv.* ~·ness *n.*

ap·pren·tice [ə'prɛntɪs; ə'prentis] «源自古法語「學習」之義»—*n.* Ⓒ **1** (從前的)**學徒**：a carpenter's ~ = an ~ (*to* a) carpenter 木匠的學徒。**2** **初學者**；見習生。

—*v.t.* **1** 〔+受〕使〈人〉爲學徒。**2** 〔+受+介+(代)名〕**a** 送〈人〉〔到…處〕當學徒〔*to*〕：He was ~*d* ***to*** a printer. 他被送去當印刷業者的學徒。**b** [~ one*self*]〔到…處〕當學徒〔*to*〕.

ap·prén·tice·ship [-tɪsˌʃɪp; -tiʃip, -tisʃip] *n.* **1** ⓊⒸ學徒身分，學徒年限：serve (out) one's ~ *with* a carpenter [*at* a barber's] 跟木匠[在理髮店]當學徒期滿。**2** Ⓒ學徒[見習]期間。

ap·prise, ap·prize[1] [ə'praɪz; ə'praiz] *v.t.* 《文語》**1** 〔+受+介+(代)名〕報告，通知〈人〉〔…之事〕〔*of*〕《★常用被動語態》：He *was* ~*d* ***of*** the situation. 他已獲悉情況。**2** 〔+受+ *that*__〕報告，通知〈人〉〈…一事〉《★常用被動語態》：She came in to ~ me *that* my presence was required. 她進來通知我(有事)需要我出面。

ap·prize[2] [ə'praɪz; ə'praiz] *v.* 《古》=appraise.

ap·pro ['æpro; 'æprou] *n.* 《英口語》=approval.
on ápro =on APPROVAL.

***ap·proach** [ə'protʃ; ə'proutʃ] «源自拉丁文「更接近…」之義»

—v.t. 1〔十受〕**a**（在位置上、時間上）**接近**，行近，靠近，走近…：We *~ed* the city. 我們接近了那城市/The old man is *~ing* eighty. 這老人快八十歲了。**b**（於性質之狀態、數量等方面）接近，將近；近似…：~ completion [perfection] 接近完成/The total weight *~es* 100 pounds. 總重量將近一百磅。

2〔十受十介十(代)名〕向〈人〉接洽，提議，交涉〔…之事〕〔*about, on*〕：When is the best time to ~ him ***about*** borrow*ing* money？什麼時候向他接洽借錢最好？

3〔十受〕着手致力於，研究，探討，處理〈問題等〉：We should ~ this matter with great care. 我們應該非常愼重地處理這個問題。

—v.i. 1 接近，迫近：Spring is *~ing.* 春天即將來臨。

2〔十介十(代)名〕幾近，近乎，約等於〔…〕〔*to*〕：In places his prose *~es* ***to*** poetry. 在很多方面他的散文幾近於詩。

—n. 1 Ⓤ **a**（位置上、時間上的）**接近**，行近，靠近，走近；漸近：the ~ *of* winter 冬天的接近/With the ~ of Christmas the weather turned colder. 隨着耶誕節腳步的接近，天氣越來越寒冷/be easy [difficult] of ~〈人〉易於[難]接近；〈地方〉容易[不易]去。**b**（性質、程度等之）類似，接近，近似〔*to*〕：his nearest ~ *to* a smile 他那似笑非笑的表情[他勉强擠出的笑容]。

2 Ⓒ〔到某處之〕**接近路線**，進路，通路，入口〔*to*〕：the ~ *to* an airport 通往機場的路。

3 Ⓒ〔求學問等之〕**門徑**，**學習[研究]方法**，**手段**，**步驟**〔*to*〕：This book provides a good ~ *to* nuclear physics. 本書提供學習核子物理學的好方法/the best ~ *to* the learning of English 最好的英語學習法/the oral ~（外國語的）口頭教學法。

4 Ⓒ〔常 **~es**〕（意圖交涉而）〔對人的〕接近，謁見，打交道；〔對異性的〕親近〔*to*〕：make *~es to* a person 跟某人打交道[親近某人]。

5 Ⓒ **a**《航空》（着陸）進場：We are beginning our landing ~. 我們要開始着陸進場了《客機內的播音》。**b**（又作 **appróach shòt**）《高爾夫》接近球《擊打距離球洞區三十公尺以內的球》。

ap·proach·a·ble [əˋprotʃəbl; əˈproutʃəbl] *adj.* **1**〈地點等〉可接近的，可進入的，可到達的。**2**〈人〉可親近的，易親近的。

appróach lìght *n.* Ⓒ進場燈《飛機場跑道上之着陸指示燈》。

ap·pro·bate [ˋæprəˏbet; ˈæprəbeit] *v.t.* 通過；認可；許可；稱讚；嘉許；核准。

ap·pro·ba·tion [ˏæprəˋbeʃən; ˌæprəˈbeiʃn] *n.* Ⓤ **1** 稱讚，讚許，嘉許。**2** 許可，認可，核准，批准：meet with general ~ 博得普遍的贊同。

ap·pro·ba·tive [ˋæproˏbetɪv; ˈæproubeitiv] *adj.* 許可的；認可的；讚許的；嘉許的；核准的。

ap·pro·ba·to·ry [əˋprobəˏtorɪ, -ˏtɔrɪ; ˌæprouˈbeitəri] *adj.* = approbative.

ap·pro·pri·a·ble [əˋproprɪəbl; əˈproupriəbl] *adj.* 可作專用的；可供私用的。

ap·pro·pri·ate** [əˋproprɪˏet; əˈprouprieit] **《**源自拉丁文「使成爲自己的」之義**》—v.t. 1**〔十受十介十(代)名〕**撥**〈款等〉〔爲某種用途〕將…充當〔…〕之用〔*for, to*〕：Parliament *~d* two million pounds ***for flood control. 國會撥款兩百萬英鎊作爲防治水災之用/This room has been *~d* ***to*** reading. 這房間已撥作閱覽室。

2〔十受〕《委婉語》侵佔，佔用，挪用，盜用〈公用物品等〉；將…據爲己有：You should not ~ other people's belongings. 你不應該（擅自）把別人的所有物據爲己有。

— [əˋproprɪɪt; əˈproupriət] *adj.*（**more** ~；**most** ~）**1**（合乎目的而）**適當的**，適切的，合適的，相稱的（⇨ fit 1【同義字】）：~ words 適當的詞語/It is ~ that a retired player (should) be made president of the football club. 退休球員擔任這足球俱樂部的會長是合適的《★用因《口語》多半不用 should》。

2〔不用在名詞前〕〔十介十(代)名〕適合[適宜]〔於…〕的〔*to, for*〕：~ ***to*** the occasion 適合於該場合的/Plain clothes are ~ ***for*** school wear. 樸素的衣服適合於上學時穿著。

~·ly *adv.* **~·ness** *n.*

ap·pro·pri·a·tion [əˏproprɪˋeʃən; əˌproupriˈeiʃn] **《**appropriate *v.* 的名詞**》—n. 1 a** Ⓤ（專款等之）提撥，撥用，充用。**b** Ⓒ挪爲某種用途之物；（尤指）撥款；…費〔*for, of*〕：an ~ *for* defense 國防經費/make an ~ *of* ¥1,000,000 撥款一百萬日圓。**2** Ⓤ《委婉語》侵吞；據爲己有；挪用，佔用，盜用。

ap·pró·pri·à·tor [-tɚ; -tə] *n.* Ⓒ **1** 撥給者。**2**《委婉語》侵佔者；挪用者，擅用者，佔用者，盜用者。

ap·prov·a·ble [əˋpruvəbl; əˈpru:vəbl] *adj.* 可核准[贊成，同意]的。

***ap·prov·al** [əˋpruvl; əˈpru:vl] **《**approve 的名詞**》—n.** Ⓤ **1 贊成**，同意，贊同，肯定：for a person's ~ 請求[徵求]某人的贊成[同意，肯定]/meet with a person's ~ 得到某人的贊同/show one's ~ 表示贊成[同意]/with your ~ 如果你(們)贊成；若承蒙同意。**2**（正式的）承認，認可。

on appróval《英口語》以先看貨後再買[中意則買，不中意可退貨]的條件：send goods *on* ~ 以先看貨後滿意才買的條件出貨。

***ap·prove** [əˋpruv; əˈpru:v] *v.t.*〔十受〕**1** 同意，贊同，贊成，肯定〈計畫等〉：He *~d* the scheme. 他贊成該方案。**2**（正式地）承認[認可，核准，批准]…：The committee *~d* the budget. 委員會核准該預算案。

—v.i.〔十介十(代)名〕〔對…〕**贊成**，贊許，贊同，表示滿意〔*of*〕《★可用被動語態》：His father did not ~ ***of*** his son's choice. 他的父親不贊同他的選擇/I don't ~ ***of*** cousins marry*ing.* 我不贊成堂[表]兄妹[姊弟]聯姻。

ap·próved schóol *n.* Ⓤ[指設施時爲Ⓒ]《英》少年感化院（《美》reformatory）《從前收容並輔導不良少年等的機構(1933–69)；現稱作 community home》。

ap·próv·ing *adj.* 贊同的，認可的，贊許的，嘉許的；滿意的。

~·ly *adv.*

approx.《略》approximate(ly).

ap·prox·i·mate [əˋprɑksəmɪt; əˈprɔksimət] **《**源自拉丁文「(使)接近」之義**》—adj.**（無比較級、最高級）**大概的**，大致的，大約正確的，近乎準確的：an ~ estimate 大概的估計/an ~ value 概算價值；《數學》近似值。

— [əˋprɑksəˏmet; əˈprɔksimeit] *v.t.*〔十受〕**1**（在數量、程度、性質等方面）**近於**，接近，逼近…：The total income *~s* 10,000 dollars. 總收入近一萬美元。**2** 使〈物〉接近。

—v.i.〔十介十(代)名〕《口語》近，接近〔於…〕〔*to*〕：His account of what happened *~d* ***to*** the truth. 他就發生的事情所做的說明近於實情[基本屬實]。

***ap·prox·i·mate·ly** [əˋprɑksəmɪtlɪ; əˈprɔksimətli] *adv.*（無比較級、最高級）**大概**，近乎，大約：The area is ~ 100 square yards. 面積大概有一百平方碼。

ap·prox·i·ma·tion [əˏprɑksəˋmeʃən; əˌprɔksiˈmeiʃn] **《**approximate 的名詞**》—n. 1** ⓊⒸ接近，近似〔*to, of*〕：An ~ *to* the truth is not enough！(僅僅)接近實情是不夠的。**2** Ⓒ **a** 概算。**b**《數學》近似值，近似法。

ap·pur·te·nance [əˋpɝtnəns; əˈpə:tinəns] *n.* Ⓒ[常 **~s**]《法律》**1** 附屬品，附屬物。**2** 從屬物；從屬權利《附屬於財產之權利》。

ap·pur·te·nant [əˋpɝtnənt; əˈpə:tinənt] *adj.* **1** 附屬的。**2** [不用在名詞前]〔十介十(代)名〕從屬〔於…〕的〔*to*〕。**—n.** Ⓒ附屬物。

***Apr.**《略》April.

a·pri·cot [ˋæprɪˏkɑt, ˋep-; ˈeiprikɔt] *n.* **1** Ⓒ**a**《植物》杏，杏樹。**b** 杏的果實《食用》。**2** Ⓤ杏黃色，黃紅色。

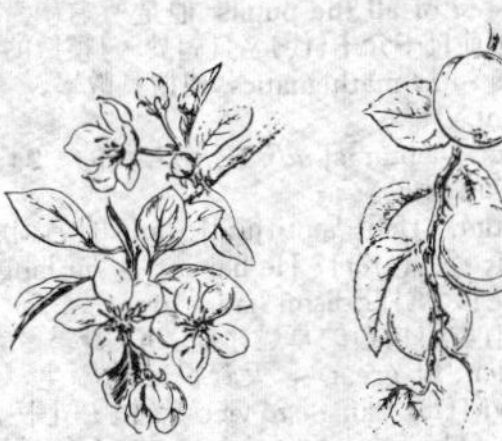

apricot 的花和果實

‡A·pril [ˋeprəl, ˋeprɪl; ˈeiprəl] *n.* 四月《略作 Ap., Apr.；★英國的四月多陣雨(April shower)，天氣善變》：*in* ~ 在四月/*on* ~ 2 = *on* 2 ~ = *on* the 2nd of ~ 在四月二日(⇨ January【說明】)。

> 【字源】源自義爲「開」的拉丁文。一說爲「萬物發育之門開啓之月」之義，另一說爲四月是年輕人感受情愛的月份，所以四月源自希臘神話中美與愛之女神「愛芙羅黛蒂(Aphrodite)之月」。

Ápril fóol *n.* Ⓒ四月愚人《在四月一日愚人節(All Fools' Day)惡作劇中受愚弄的人；在英國愚弄者會向受愚弄的人說 April fool！》。

Ápril Fóols' Dày *n.* 愚人節《四月一日》。

> 【說明】在這一天到中午時分爲止，大家可以互相揶揄，開些無傷大雅的玩笑。這種習俗的由來說法不一，但很可能是以前慶祝新年(在今陽曆三月二十五日至四月一日期間)活動的遺俗。

Ápril shòwer *n.* Ⓒ初春的陣雨。

Ápril wéather *n.* Ⓤ《英》忽陰忽晴的天氣。

a pri·o·ri [ˋepraɪˋoraɪ; ˈɑ:priˈɔ:ri:, ˈeipraiˈɔ:rai] **《**源自拉丁文 'from what is before' 之義**》—**(↔ a posteriori) *adv.* & *adj.* **1**《哲》先驗[先天]地[的]，自原因推及結果地[的]，由一般到具體的。**2**《邏輯》演繹地[的]。

***a·pron** [ˋeprən, ˋepən; ˈeiprən] *n.* Ⓒ **1 a** 圍巾，圍裙。

> 【字源】源自拉丁文「布」之義，原來是 napron，加不定冠詞後應是 a napron，却被誤拼成 an apron；cf. umpire【字源】

A

b (掛在馬車座位前的皮革製)護腿。c 英國國教主教法衣前面之圍巾狀部分。2 a《戲劇》前舞台《幕前的部分》。b =apron stage. c《拳擊》拳擊場地板伸出圍索外之部分。3《航空》停機坪《機場中用以裝卸貨物或讓旅客上下飛機而鋪有柏油或混凝土的廣場》。

ápron stàge *n.* Ⓒ《戲劇》突出於幕前的舞臺。

ápron strìng *n.* Ⓒ圍裙帶。

be tíed to one's **móther's** [**wífe's**] **ápron strìngs** 〈男孩子[丈夫]〉爲母親[妻]所支配。

【字源】從前妻子從娘家帶來的財產在妻子生存期間丈夫有加以利用的權利，被稱爲「圍裙帶所有權」(apron-string tenure)．妻子於是常提醒享受這種權利的丈夫，一旦離婚這種權利便會消失。享有這種權利的丈夫便是「被圍裙帶綁住的」丈夫，不得不聽任妻子爲所欲爲。後來這成語中的 wife 也可以 mother 取代，表示兒子與母親的類似關係。

ap·ro·pos [ˌæprəˈpo; ˈæprəpou, ˌæprəˈpou] «源自法語 'to the purpose' 之義»—*adj.* 適當的，恰好的，湊巧的。
—*adv.* 1 適當地，恰好地。2 順便地說，對了，還有，可是《突然轉變話題時使用》。

apropós of... 關於…，至於…，就…而論，說到…順便一提：~ *of* earthquakes 說到地震/ ~ *of* nothing 突然地，無緣無故地。

apse [æps; æps] *n.* Ⓒ (教堂之) 半圓形或多邊形的後殿《通常在教堂之東端，屋頂常呈拱圓形；⇨ church 插圖》。

apse

ap·sis [ˈæpsɪs; ˈæpsis] *n.* Ⓒ (*pl.* **ap·si·des** [ˈæpsɪˌdiz; æpˈsaidiːz])《天文》遠近點《月球或行星在橢圓形軌道上之近日點或遠日點》。

apt [æpt; æpt] *adj.* (~·er, ~·est; more ~, most ~) 1 [不用在名詞前]〔+*to* do〕a 有〈做…〉傾向的，易於〈…〉的，偏好〈…〉的，往往〈(會)…〉的：He is ~ *to* forget people's names. 他容易忘記人的名字/This kind of weather is ~ *to* occur in late July. 這種天氣往往在七月底出現。b 可能會…的：It is ~ *to* snow. 可能會降雪。2 〈言詞等〉適當的，恰當的，適合的，適宜的：an ~ quotation 適切的引用句。3 a 〈人〉靈敏的，聰明的：an ~ student 聰明的學生/He is the ~*est* of all the pupils. 他是所有學童中最伶俐的。b [不用在名詞前]〔+介+(代)名〕〔對於…〕靈敏的，聰明的，擅長的〔*at*〕：He is ~ *at* mathematics. 他擅長數學。

apt. 《略》apartment.

ap·ter·ous [ˈæptərəs; ˈæptərəs] *adj.* 1《鳥》無翼的。2《昆蟲》無翅的。3《植物》無膜質膨脹的。

ap·ti·tude [ˈæptəˌtud, -ˌtjud; ˈæptitjuːd] «apt 的名詞» —*n.* Ⓤ Ⓒ 1 a 才能，資質，天資〔*for*〕：He has an ~ *for* languages. 他有語言方面的才能[天賦]/Edison had a great ~ *for* invent*ing* things. 愛迪生具有發明創造的卓越才能。b (對學習等的)穎悟力，聰明：a student of great ~ 天資很高的學生。2《罕》a 〔對…的〕性向，傾向〔*to*〕：an ~ *to* vice 惡性。b〔+ *to* do〕〈做…的〉傾向，性質：Oil has an ~ *to* burn. 油有(易)燃燒的性質。3 適當，適切，適宜。

áptitude tèst *n.* Ⓒ性向[發展傾向]測驗。

ápt·ly *adv.* 適當地，合宜地：It has ~ been said that.... 所言…之事至爲允當。

ápt·ness *n.* Ⓤ 1 適合性〔*for*〕. 2 a 性情，性向。b〔+ *to* do〕〈做…的〉傾向。3 才能，資質〔*at*〕.

apts. 《略》apartments.

AQ, A.Q. 《略》achievement quotient (cf. IQ).

aq·ua [ˈækwə, ˈe-; ˈækwə] *n.* (*pl.* ~s, **-uae** [-wi; -wiː]) 1 Ⓤ Ⓒ 水；液體；溶液。2 Ⓤ淡綠青色。
—*adj.* 水色的。

aq·ua·cade [ˈækwəˌked; ˈækwəkeid] *n.* Ⓒ《美》水上技藝表演。

aq·ua·cul·ture [ˈækwəˌkʌltʃɚ; ˈækwəkʌltʃə] *n.* Ⓤ水產養殖；(植物的)溶液培養。

aq·ua·farm [ˈækwəˌfarm; ˈækwəfaːm] *n.* Ⓒ (近海的)養殖漁場。

aq·ua for·tis [ˈækwəˈfɔrtɪs; ˌækwəˈfɔːtis] «源自拉丁文»—*n.* Ⓤ《化學》硝酸。

aq·ua·lung [ˈækwəˌlʌŋ; ˈækwəlʌŋ] *n.* Ⓒ水肺《潛水者用的水中氧氣筒》。

aq·ua·ma·rine [ˌækwəməˈrin; ˌækwəməˈriːn] *n.* 1 Ⓤ [指寶石個體時爲Ⓒ]《礦》水藍寶石，藍晶，藍綠玉(⇨ birthstone 表)。2 Ⓤ藍綠色。

aq·ua·naut [ˈækwəˌnɔt; ˈækwənɔːt] *n.* Ⓒ 1 海底科學工作者《長期在深海潛水箱等設施中工作並提供海洋研究資料的深水操作人員》。2 =skin diver.

aq·ua·plane [ˈækwəˌplen; ˈækwəplein] *n.* Ⓒ滑水板《繫於艇後供人乘立之一種水上運動器具》。— *v.i.* 1 乘滑水板。2《英》〈汽車〉因路面有水而打滑(⇨ hydroplane).

aquaplane

aq·ua re·gi·a [ˈækwəˈridʒɪə, ˈe-; ˌækwəˈriːdʒjə] *n.* Ⓤ王水《濃硝酸與濃鹽酸之混合液》。

a·quar·i·um [əˈkwɛrɪəm; əˈkwɛəriəm] *n.* Ⓒ (*pl.* ~s, **-i·a** [-rɪə; -riə]) 1 水族館。2 (通常爲玻璃製的)養魚[水]槽。

A·quar·i·us [əˈkwɛrɪəs; əˈkwɛəriəs] *n.* 1《天文》寶瓶座(the Water Bearer)。2《占星》a 寶瓶宮《黃道帶之第十一宮》(cf. the signs of the ZODIAC). b Ⓒ屬寶瓶座的人，出生於寶瓶座時段的人。

a·quat·ic [əˈkwætɪk, əˈkwɑt-; əˈkwætik] *adj.* 1 水生的；水產的：~ birds [plants] 水鳥[草]/ ~ products 水產物。2 在水上[水中]舉行的：~ sports 水上運動。
—*n.* 1 Ⓒ a 水生動物。b 水生植物，水草。2 [~s；常當單數用] 水上運動。**a·quát·i·cal·ly** [-klɪ; -kəli] *adv.*

aq·ua·tint [ˈækwəˌtɪnt; ˈækwətint] *n.* 1 Ⓤ銅版蝕鏤法《蝕刻凹版之一種；可產生似水彩之效果》。2 Ⓒ蝕刻凹版；蝕刻凹版畫。

aq·ua vi·tae [ˈækwəˈvaɪtɪ; ˌækwəˈvaitiː] *n.* Ⓤ 1 酒精。2 烈酒《白蘭地、威士忌等》。

aq·ue·duct [ˈækwɪˌdʌkt; ˈækwidʌkt] *n.* Ⓒ 1 溝渠，水道，導水管。2 高架式水道，水道橋。

aqueduct 2

a·que·ous [ˈekwɪəs, ˈæk-; ˈeikwiəs, ˈæk-] *adj.* 1 (似)水的：the ~ humor《解剖》(眼球的)眼前房水。2《地質》水成的：~ rock 水成岩。

aq·ui·line [ˈækwəˌlaɪn, -lɪn; ˈækwilain] *adj.* 1 (似)鷹(eagle)的。2 〈鼻、臉型等〉(像鷹般)彎曲的，鉤狀的：an ~ nose 鷹鉤鼻(⇨ nose 插圖)。

A·qui·nas [əˈkwaɪnəs; əˈkwainæs, -nəs], Saint **Thomas** *n.* 阿奎奈《1225？–74；義大利哲學家；世稱 the Angelic Doctor；爲羅馬天主教堂之一重要神學家》。

A·qui·no [ɑˈkino; ɑːˈkiːnou], **Co·ra·zon** [ˈkɔrəˌzɑn; ˈkɔːrəzɔn] **C.** *n.* 柯拉蓉・艾奎諾《1933–；1986 年起任菲律賓總統》。

ar. 《略》arrival. **Ar** 《符號》《化學》argon. **Ar.** 《略》Arabian；Arabic. **AR** 《略》《美郵政》Arkansas.

ar- 字首 (附加在 r 之前的) ad- 的變體：*ar*range.

-ar [-ɚ; -ə] 字尾 1 [形容詞字尾] 表示「…性質的」：famili*ar*, muscul*ar*. 2 [名詞字尾]表示「…的人」：schol*ar*, li*ar*.

***Ar·ab** [ˈærəb; ˈærəb] *n.* 1 a [the ~s] 阿拉伯民族。b Ⓒ阿拉伯民族之人，阿拉伯人。2 Ⓒ阿拉伯馬。—*adj.* 阿拉伯人的。

Arab. 《略》Arabic.

Ar·a·bel [ˈærəˌbɛl; ˈærəbel] *n.* 阿拉貝《女子名；暱稱 Bel, Bella, Belle》.

Ar·a·bel·la [ˌærəˈbɛlə; ˌærəˈbelə] *n.* 阿拉貝拉《女子名；暱稱 Bel, Bella, Belle》.

ar·a·besque [ˌærəˈbɛsk; ˌærəˈbesk] *adj.* 1 阿拉伯式圖案的，阿拉伯花飾的，蔓藤花紋的。2 奇特的，與衆不同的，別出心裁的。
—*n.* Ⓒ 1 阿拉伯式圖案《由花草與幾何圖形等並用所構成的一種錯綜而精巧的圖飾》，蔓藤花紋：in ~ 呈蔓藤花紋《★無冠詞》。2 一種芭蕾舞姿《獨脚站立，同一邊之手前伸，另一邊之一手一脚向後伸》。3 a《音樂》阿拉伯風《指多少有些偶發性質的小曲；也指旋律的變形音、裝飾音》。b 極精緻的文學表達手法。

arabesque 1

A·ra·bi·a [əˈrebɪə; əˈreibə, -biə] *n.* 阿拉伯《介於紅海與波斯灣之間的一大半島》。

A·ra·bi·an [əˈrebɪən; əˈreibən, -biən] «Arabia 的形容詞» —*adj.* 1 阿拉伯的。2 阿拉伯人的。
—*n.* Ⓒ 1 阿拉伯人。2 阿拉伯馬。

Arábian cámel *n.* Ⓒ《動物》單峯駝《只有一個駝峯之駱駝；cf. Bactrian camel》.

Arábian Níghts' Entertáinments *n. pl.* [The ~]「天方夜譚」，「一千零一夜的故事」《★又稱 The Arabian Nights 或 The Thousand and One Nights》.

Arábian Península *n.* [the ~]阿拉伯半島。

Arábian Séa *n.* [the ~]阿拉伯海。

Ar·a·bic [ˋærəbɪk; ˈærəbik] *adj.* **1** 阿拉伯語文[字]的。**2** 阿拉伯(人)的。
—*n.* Ⓤ阿拉伯語《略作 Arab.》.

Árabic númerals [fígures] *n. pl.* 阿拉伯數字《如 0, 1, 2, 3 等；cf. Roman numerals》.

ar·a·ble [ˋærəbl̩; ˈærəbl] *adj.* 〈土地〉適於耕作的，可開墾的：~ land (可)耕地。
—*n.* Ⓤ(可)耕地。

Árab Léague *n.* [the ~]阿拉伯聯盟《成立於 1945 年；其會員國包括亞洲西南部及北非的阿拉伯國家》。

Ar·a·by [ˋærəbɪ; ˈærəbi] *n.* 《文語》=Arabia.

a·rach·nid [əˋræknɪd; əˈræknid] *n.* Ⓒ《動物》蜘蛛類之節肢動物《蜘蛛、扁蝨等》。

a·rach·noid [əˋræknɔɪd; əˈræknɔid] *adj.* **1** 似蜘蛛網的。**2** 節肢動物(arachnid)的。**3**〘解剖〙蜘蛛狀的；蛛網狀的。**4**〘植物〙蜘蛛狀的；蛛網狀的。
—*n.* Ⓒ **1** =arachnid. **2**〘解剖〙(蜘)蛛膜。

Ar·a·gon [ˋærə͵gɑn, -gən; ˈærəgən] *n.* 亞拉岡《西班牙東北部之一地區；從前為一王國》。

ar·ak [ˋærək; ˈærək] *n.* =arrack.

Ár·al Séa [ˋɛrəl-, ˋærəl-, ˋerəl-; ˈɑ:rəl-, ˈɛərəl-] *n.* [the ~]鹹海《位於蘇聯的西南境，裏海(Caspian Sea)之東》。

Aram. 《略》Aramaic.

Ar·a·ma·ic [͵ærəˋme·ɪk; ͵ærəˈmeiik] *n.* Ⓤ(閃族語系中之)阿拉姆語《約於紀元前三世紀後演變為敍利亞(Syria)、美索不達米亞(Mesopotamia)及巴勒斯坦(Palestine)語》。
—*adj.* 阿拉姆(語)的。

Ar·a·me·an [͵ærəˋmiən; ͵ærəˈmi:ən] *n.* **1** Ⓒ阿拉姆人。**2** =Aramaic.

ar·bi·ter [ˋɑrbɪtɚ; ˈɑ:bitə] *n.* Ⓒ **1 a** (命運等之)決定者，裁決者，主宰者〔*of*〕. **b** (流行、嗜好等之)權威人物〔*of*〕. **c**〘棒球〙裁判。**2** 仲裁人，調停人。

ar·bi·tra·ble [ˋɑrbətrəbl̩; ˈɑ:bitrəbl] *adj.* 可調停的，可仲裁的。

ar·bi·trage *n.* Ⓤ **1** [͵ɑrbəˋtrɑʒ, ˋɑrbətrɪdʒ; ͵ɑ:biˈtrɑ:ʒ, ˈɑ:bitridʒ]〘金融〙三角套匯。
2 [ˋɑrbətrɪdʒ; ˈɑ:bitridʒ]《古》=arbitration.

ar·bi·tral [ˋɑrbətrəl; ˈɑ:bitrəl] *adj.* 仲裁的：an ~ tribunal 仲裁法庭。

ar·bit·ra·ment [ɑrˋbɪtrəmənt; ɑ:ˈbitrəmənt] *n.* ⓊⒸ裁定，裁判，裁決；裁定權。

ar·bi·trar·i·ly [ˋɑrbə͵trɛrəlɪ; ˈɑ:bitrərəli] *adv.* **1** 隨意地，憑私意地。**2** 獨斷地，武斷地，專橫地，專制地。

ar·bi·trar·y [ˋɑrbə͵trɛrɪ; ˈɑ:bitrəri] «源自拉丁文「未定的」之義»—*adj.* (more ~；most ~) **1** 隨意的，憑私意的，任意的：in ~ order 依任意的順序。**2** 獨斷的，武斷的，專橫的，專制的：an ~ decision 武斷的決定/ ~ rule [monarchy] 專制統治[王國]。**ár·bi·tràr·i·ness** *n.*

ar·bi·trate [ˋɑrbə͵tret; ˈɑ:bitreit] «源自拉丁文「判定」之義»
—*v.i.* 〔動(+介+(代)名)〕〔在…之間〕作仲裁[調停]〔*between*〕：~ **between** the company and the union 在公司與公會之間作仲裁。
—*v.t.* 仲裁[調停]〈紛爭等〉；將…委諸仲裁：France was asked to ~ the dispute between the two nations. 法國受委託仲裁[調停]該兩國間的紛爭。

ar·bi·tra·tion [͵ɑrbəˋtreʃən; ͵ɑ:biˈtreiʃn] «arbitrate 的名詞»
—*n.* Ⓤ仲裁，調停，裁定；公斷裁決：a court of ~ 仲裁法庭/refer [submit] a dispute to ~ 將紛爭付諸[提請]仲裁。

ár·bi·tra·tor [-tɚ; -tə] *n.* Ⓒ仲裁者，調停者，公斷人。

ar·bi·tress [ˋɑrbətrɪs; ˈɑ:bitris] *n.* Ⓒ女仲裁者，女調停者，女公斷人。

ar·bor[1] [ˋɑrbɚ; ˈɑ:bə] «源自拉丁文「樹」之義»—*n.* Ⓒ **1** 藤架；(上面爬著蔓藤等的)涼亭。**2** (樹林中的)樹蔭處。

ar·bor[2] [ˋɑrbɚ; ˈɑ:bə] *n.* Ⓒ **1**〘機械〙心軸；銑刀心軸。**2**〘冶金〙心軸；柄軸。

Árbor Dày *n.* 植樹節《日期各國不同，概都定於四月底或五月初之一日》。

ar·bo·re·al [ɑrˋborɪəl, -ˋbɔr-; ɑ:ˈbɔ:riəl⁻] *adj.* **1** 樹木的，喬木的；木本的。**2** 〈動物〉生活在樹上[樹間]的，棲於樹上的。

ar·bo·res·cent [͵ɑrbəˋrɛsn̩t; ͵ɑ:bəˈresnt⁻] *adj.* **1** 樹狀的。**2** 樹枝狀的，有枝的。

ar·bo·re·tum [͵ɑrbəˋritəm; ͵ɑ:bəˈri:təm] *n.* Ⓒ (*pl.* **-ta** [-tə; -tə], ~s)樹園，植物園，樹林繁茂的公園。

ar·bor·vi·tae [ˋɑrbɚˋvaɪtɪ; ͵ɑ:bəˈvaiti] *n.* Ⓒ **1**〘植物〙側柏。**2**〘解剖〙小腦活樹。

ar·bour [ˋɑrbɚ; ˈɑ:bə] *n.* 《英》=arbor.

ar·bu·tus [ɑrˋbjutəs; ɑ:ˈbju:təs] *n.* Ⓒ〘植物〙**1** 楊梅《南歐原產之常綠灌木；因所結果實似草莓，故又稱 strawberry tree》. **2** 五月花《北美產常綠小灌木》。

arc [ɑrk; ɑ:k] *n.* Ⓒ **1** 弧，弧形，弓形：fly [move] in an ~ 成弧形飛行[移動]。**2**〘天文〙(天體所畫之)弧。**3**〘電學〙弧光，電弧。

ar·cade [ɑrˋked; ɑ:ˈkeid] *n.* Ⓒ **1** 有拱廊的街道《通常兩側有商店》。**2**〘建築〙拱廊《建築物側面由許多拱門(arch)排列成的走道，上有頂蓋》。

arcade 1

Ar·ca·di·a [ɑrˋkedɪə; ɑ:ˈkeidjə] *n.* **1** 阿爾卡笛亞《古希臘內陸之一風景優美的偏僻山區；相傳居民曾建立一理想鄉過着淳樸寧靜之生活》。**2** Ⓒ理想的田園；幽靜地，世外桃源。

Ar·ca·di·an [ɑrˋkedɪən; ɑ:ˈkeidjən] *adj.* **1** Arcadia 的。**2** 田園風格的，牧歌式的。
—*n.* Ⓒ **1** Arcadia 人。**2** 淳樸的鄉下人；過田園式恬淡生活的人。

ar·cane [ɑrˋken; ɑ:ˈkein⁻] *adj.* 《文語》祕密的，神秘的；難懂的。

ar·ca·num [ɑrˋkenəm; ɑ:ˈkeinəm] *n.* Ⓒ (*pl.* **-na** [-nə; -nə]) **1** [常 arcana]祕密，奧祕。**2** (中世紀鍊金術士夢想中所欲探索之)大自然的奧祕。**3** 祕方，祕藥。

árc fùrnace *n.* Ⓒ電弧爐《利用電弧產生熱的電爐》。

***arch**[1] [ɑrtʃ; ɑ:tʃ] «源自拉丁文「弓」之義»—*n.* Ⓒ **1 a**〘建築〙拱，拱形，弓形。**b** 拱(形)門；拱路《拱門下之通路》：a memorial [triumphal] ~ 紀念牌坊[凱旋門]。**2** 拱形之物，半圓形之物：the ~ of a foot 足弓《(人類)腳掌內側的穹窿》/the great ~ of the sky 大蒼穹。

arch 1 a

—*v.t.* 〔十受〕**1** 使…成拱[弓]形：The cat has ~*ed* its back. 貓拱着背/He ~*ed* his eyebrows. 他把眉毛向上彎成拱形[聳起雙眉]。**2** 拱蓋於…，用拱覆蓋…：The rainbow ~*es* the heavens. 彩虹呈拱形橫跨天空。
—*v.i.* 〔動(+介+(代)名)〕成拱[弓]形〔於…上〕〔*across, over*〕《★可用被動語態》：His eyebrows ~*ed*. 他聳起雙眉/Leafy branches ~***ed over*** the road. 葉子繁茂的樹枝成拱形垂覆路面。

arch[2] [ɑrtʃ; ɑ:tʃ] *adj.* **1 a** 〈女人、小孩的臉等〉淘氣的，頑皮的，嬉戲的：an ~ smile 頑皮的笑容。**b** 擺架子的，逞能的。**c** 詭詐的，滑頭的。
2 [用在名詞前]主要的，首要的，第一的；大…：one's ~ rival 某人的主要對手/an ~ villain 大惡棍《★用法 現多作 arch-, 用於字首》。**~·ness** *n.*

arch. 《略》archaic.

Arch. 《略》archbishop.

arch- [ɑrtʃ-; ɑ:tʃ-] 字首 表示「主要的…」「第一的」,「大…」之意(cf. arch[2] 2)：*arch*bishop, *arch*angel.

-arch [-ɑrk, -ɚk; -ɑ:k, -ək] 字尾 表示「統治者、帝王、君主」之意的名詞字尾：mon*arch*, olig*arch*.

archaeol. 《略》archaeological; archaeology.

ar·chae·o·log·i·cal [͵ɑrkɪəˋlɑdʒɪkl̩; ͵ɑ:kiəˈlɔdʒikl⁻] *adj.* 考古學的，考古學上的。**~·ly** [-klɪ; -kəli] *adv.*

àr·chae·ól·o·gist [-dʒɪst; -dʒist] *n.* Ⓒ考古學家。

ar·chae·ol·o·gy [͵ɑrkɪˋɑlədʒɪ; ͵ɑ:kiˈɔlədʒi] *n.* Ⓤ考古學。

ar·chae·op·ter·yx [͵ɑrkɪˋɑptərɪks; ͵ɑ:kiˈɔptəriks] *n.* Ⓒ〘古生物〙始祖鳥《鳥類的祖先》。

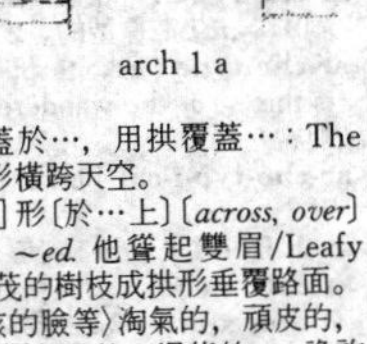
archaeopteryx

ar·cha·ic [ɑrˋke·ɪk; ɑ:ˈkeiik⁻] *adj.* **1** 古的，古代的，古式的：an ~ word 古字[語]。**2** 落伍的，已廢的，已不通用的。

ar·cha·ism [ˋɑrkɪ͵ɪzəm, ˋɑrke-; ˈɑ:keiizəm] *n.* **1** Ⓤ古語風格，古文體裁；古字[語]的使用[模仿]；擬古主義。**2** Ⓒ古字[語]，古體。

ar·cha·is·tic [͵ɑrkɪˋɪstɪk, ͵ɑrke-; ͵ɑ:keiˈistik] *adj.* 古風的；古體的；仿古的。

ar·cha·ize [ˋɑrkɪ͵aɪz, ˋɑrke-; ˈɑ:keiaiz] *v.t.* 使…有古風；使…古色古香。—*v.i.* 用古語[古體]，仿古。

A

arch·an·gel [ˈɑrkˋendʒəl, -ˏendʒəl; ˈɑ:kˌeindʒəl] *n.* Ⓒ總領天使，大天使，天使長《九天使中的第八位；cf. hierarchy 4》。

árch·bíshop *n.* Ⓒ《天主教》總主教；《新教》大監督；《英國國教》大主教《★僅坎特培里(Canterbury)與約克(York)各有一位大主教》。

archbishop

árch·bíshopric *n.* ⓊⒸ總主教[大監督，大主教]的職銜[轄區]。

árch dàm *n.* Ⓒ拱壩。

árch·déacon *n.* Ⓒ《天主教》副主教；《英國國教》副監督。

árch·déa·con·ry [-rɪ; -ri] *n.* ⓊⒸ副主教[副監督]的職銜[轄區，宅邸]。

árch·díocese *n.* Ⓒ總主教[大主教]之轄區。

árch·dúchess *n.* Ⓒ **1** 大公之妃。**2** 昔時奧國之公主。

árch·dúchy *n.* Ⓒ大公國；大公(尤指從前奧國皇太子)之領地。

árch·dúke *n.* Ⓒ大公(爵)《尤指 1918 年以前奧國皇太子的稱呼》。

àrch·dúcal *adj.*

arched [ɑrtʃt; ɑ:tʃt] *adj.* **1** 有拱門的。**2** 拱形的，弓形的；彎曲的：an ～ bridge 拱橋。

árch·énemy *n.* Ⓒ大敵，首敵：the ～ (of mankind) 人類的大敵，撒旦，魔王。

ar·che·o·log·i·cal [ˌɑrkɪəˈlɑdʒɪkḷ; ˌɑ:kiəˈlɔdʒikl ˉ] *adj.* ＝archaeological.

àr·che·ól·o·gist [-dʒɪst; -dʒist] *n.* ＝archaeologist.

ar·che·ol·o·gy [ˌɑrkɪˈɑlədʒɪ; ˌɑ:kiˈɔlədʒi] *n.* ＝archaeology.

Ar·che·o·zo·ic [ˌɑrkɪəˈzo·ɪk; ˌɑ:kiəˈzouikˉ] 《地質》*adj.* 太古代的：the ～ era 太古代《大約距今二十億年前》。
—*n.* [the ～] 太古代[層](之岩石)。

arch·er [ˈɑrtʃɚ; ˈɑ:tʃə] *n.* **1** Ⓒ弓箭手。**2** [the A～]《天文》射手座，人馬宮(Sagittarius)。

arch·er·y [ˈɑrtʃərɪ; ˈɑ:tʃəri] *n.* Ⓤ **1** 箭術，射藝。**2** [集合稱] 弓箭類；射箭用具。

ar·che·typ·al [ˌɑrkəˈtaɪpḷ; ˈɑ:kitaipl ˉ] 《archetype 的形容詞》**—*adj.*** **1** 原型的。**2** 典型的。

ar·che·type [ˈɑrkəˌtaɪp; ˈɑ:kitaip] *n.* Ⓒ **1** 原型〔*of*〕：Odysseus is the ～ *of* the wanderer. 奧地修斯是長途漫遊者的原型。**2** 典型。

ar·che·typ·i·cal [ˌɑrkəˈtɪpɪkḷ; ˌɑ:kiˈtipiklˉ] *adj.* ＝archetypal. **～·ly** *adv.*

àrch·fíend *n.* [the ～] 魔王，撒旦(Satan)。

ar·chi- [ɑrkɪ-; ɑ:ki-] 字首 **1** 表示「首位的」「主要的」：archi*tect*(ure)。**2** 《生物》表示「原…」之意(primitive, original)：archi*blast* 卵質，卵原生質。

Ar·chi·bald [ˈɑrtʃəˌbɔld; ˈɑ:tʃibɔ:ld] *n.* 阿契伯德《男子名》。

ar·chi·e·pis·co·pal [ˌɑrkɪəˈpɪskəpḷ; ˌɑ:kiiˈpiskəpl] *adj.* archbishop(之職位)的。

ar·chi·man·drite [ˌɑrkɪˈmændraɪt; ˌɑ:kiˈmændrait] *n.* Ⓒ《希臘正教》**1** 修道主教；修道院長《管轄一個或數個修道院者》。**2** 贈與傑出僧侶的頭銜。

Ar·chi·me·de·an [ˌɑrkɪˈmidɪən, -mɪˈdi-; ˌɑ:kiˈmi:djən] *adj.* **1** 阿基米德的。**2** 《數學》任何有序體的。

Ar·chi·me·des [ˌɑrkəˈmidiz; ˌɑ:kiˈmi:di:z] *n.* 阿基米德《287?–212B.C.；古希臘物理學家；發現 Archimedes' principle (阿基米德原理)》。

ar·chi·pel·a·go [ˌɑrkəˈpɛləˌgo; ˌɑ:kiˈpeligou] 《源自希臘文「主要的海」之義》**—*n.*** (*pl.* ～es, ～s) **1** Ⓒ羣島。**2 a** Ⓒ多島之海。**b** [the A～] (希臘附近的) 多島海《愛琴海(Aegean Sea)的舊名》。

ar·chi·tect** [ˈɑrkəˌtɛkt; ˈɑ:kitekt] 《源自希臘文「主要建築家」之義》**—*n. Ⓒ **1** 建築師。**2** 設計者，企劃者，創造者〔*of*〕：the ～ *of* one's own fortunes [*of* U.S. foreign policy] 創造自己命運的人[美國外交政策的制定者]。

the (Gréat) Árchitect 造物主，上帝(God)。

ar·chi·tec·ton·ic [ˌɑrkɪtɛkˈtɑnɪk; ˌɑ:kitekˈtɔnikˉ] *adj.* **1** 建築術的；建築家的。**2** 構造的，結構的。

ar·chi·tec·ton·ics [ˌɑrkɪtɛkˈtɑnɪks; ˌɑ:kitekˈtɔniks] *n.* Ⓤ **1** 建築學；結構設計。**2** 《哲》體系論。

ar·chi·tec·tur·al [ˌɑrkəˈtɛktʃərəl; ˌɑ:kiˈtektʃərəlˉ] 《architecture 的形容詞》**—*adj.*** **1** 建築術[學]的。**2** 建築上的。
～·ly [-rəlɪ; -rəli] *adv.*

ar·chi·tec·ture [ˈɑrkəˌtɛktʃɚ; ˈɑ:kitektʃə] *n.* **1** Ⓤ建築術，建築學：civil ～ (非軍事的) 民用建築/ecclesiastical ～ 寺院建築/naval ～ 造船學。**2** Ⓤ建築的式樣。**3 a** Ⓤ[集合稱] 建築物。**b** Ⓒ(個別的) 建築物。**4** Ⓤ構造，結構〔*of*〕。

ar·chi·trave [ˈɑrkəˌtrev; ˈɑ:kitreiv] *n.* Ⓒ《建築》**1** 柱頂過梁，下楣《柱頂盤(entablature)的最底部，相當於柱上梁的部分》。**2** 框緣；盤緣門框及窗等之嵌線。

ar·chi·val [ɑrˈkaɪvl; ɑ:ˈkaivlˉ] *adj.* **1** 舊文件的，公文的。**2** 檔案[記錄]保存處的。

ar·chives [ˈɑrkaɪvz; ˈɑ:kaivz] *n. pl.* **1** 檔案[記錄]保存處，檔案室。**2** 記錄，文件，檔案。

ar·chi·vist [ˈɑrkəvɪst; ˈɑ:kivist] *n.* Ⓒ記錄[檔案]保管人。

arch·ly *adv.* 淘氣地，頑皮地；詭詐地，滑頭地。

ar·chon [ˈɑrkɑn, -kən; ˈɑ:kən, -kɔn] *n.* Ⓒ **1** 古雅典之執政官。**2** 統治者。

árch·wày *n.* Ⓒ **1** 拱道《有拱門的通道》。**2** 有拱門之入口。

arch·wise [ˈɑrtʃˌwaɪz; ˈɑ:tʃwaiz] *adv.* 弓形地；成弧形地。

-ar·chy [-ɑrkɪ, -ɚkɪ; -ɑ:ki, -əki] 字尾 表示「…政體」之意的名詞字尾：mon*archy*.

árc làmp [lìght] *n.* Ⓒ弧光燈。

arc·tic [ˈɑrktɪk; ˈɑ:ktik] *adj.* (**more** ～; **most** ～) **1** (無比較級、最高級) [有時 A～] 北極的，北極地區的(⟷ antarctic)。

> 【字源】源自希臘文義爲「熊座的」「北方的」。天空的北方有大熊座(the Great Bear)和小熊座(the Little Bear)兩個星座，北極星(the North Star, the Polestar)是小熊座的一顆恆星。

2 極寒的，寒帶的：～ weather 嚴寒的天氣。
—*n.* [the A～] **1** 北極(地區)。**2** 北極海，北冰洋。

Árctic Círcle *n.* [the ～] 北極圈《由北極向南 23°27′ 之線；此線圈內爲寒帶》。

Árctic Ócean *n.* [the ～] 北極海，北冰洋。

Árctic Séa *n.* [the ～] ＝Arctic Ocean.

Árctic Zòne *n.* [the ～] 北極帶，北寒帶。

Arc·tu·rus [ɑrkˈturəs, -ˈtju-; ɑ:kˈtjuərəs] *n.* 《天文》大角星《牧夫座中最大之一等恆星》。

árc wèlding *n.* Ⓤ電弧焊接(術)。

-ard [-ɚd; -əd] 字尾 表示「極爲…的人」之意的名詞字尾《★多表責難之意》：dot*ard*, drunk*ard*.

Ar·den [ˈɑrdṇ; ˈɑ:dn], **Forest of** *n.* [the ～] 阿爾丁林地《位於英格蘭中部的瓦立克郡(Warwichshire)之北》。

ar·den·cy [ˈɑrdṇsɪ; ˈɑ:dnsi] *n.* Ⓤ熱心，熱情。

ar·dent [ˈɑrdṇt; ˈɑ:dnt] 《ardor 的形容詞》**—*adj.*** (**more** ～; **most** ～) 熱情的，熱烈的，熱心的：～ love 火熱的愛/ an ～ patriot 滿腔熱忱的愛國者。**～·ly** *adv.*

ar·dor, 《英》**ar·dour** [ˈɑrdɚ; ˈɑ:də] 《源自拉丁文「熱(度)」之義》**—*n.*** ⓊⒸ熱情，熱衷，熱心《★比較 一般用 passion》：with ～ 熱心地 /He shows great ～ *for* fame [victory]. 他對名譽[勝利]表示出熱切的渴望。

ar·du·ous [ˈɑrdʒuəs; ˈɑ:djuəs] *adj.* 《文語》**1** 〈工作等〉困難的，費力的：an ～ journey 艱苦的旅程。**2** 〈努力等〉堅忍的，奮發的，奮鬥的，辛勤的。**3** 〈路等〉陡峭的，難攀登的。**4** 〈冬天等〉嚴酷的，難以忍受的。**～·ly** *adv.*

‡**are**[1] [(弱) ɚ; ə; (强) ɑr; ɑ:] *v.* be 的第二人稱單數及各人稱的複數、直說法、現在式(⇨ be)：You ～ a schoolboy/We [You, They] ～ schoolboys.

are[2] [ɛr, ær, ɑr; ɑ:] 《源自法語 'area'》**—*n.*** Ⓒ一公畝《米突制之面積單位；等於 100 平方公尺；略作 a.》。

‡**ar·e·a** [ˈɛrɪə, ˈerɪə; ˈɛəriə] *n.* **1** ⓊⒸ面積：the ～ of a square [triangle] 正方形[三角形]之面積/It is 100 square miles in ～. 面積 100 平方哩。**2** Ⓒ地域，地方；地區，區域；(特定的) 地：a commercial ～ 商業地區 /an agricultural ～ 農業區/a parking ～ 停車區/a camping ～ 露營區。

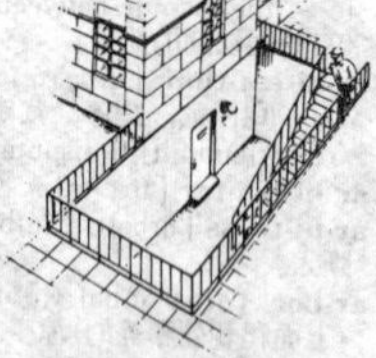
area 4

> 【同義字】area 不論面積大小，是表示一地域的最普通用語；region 指面積相當廣的地域，是具有文化、社會或地理上之特徵的地方；district 指行政上的區劃，或具有顯著特色的地方。

3 Ⓒ範圍，領域：an ～ of study 研究範圍。**4** Ⓒ《英》與地下室毗連的在地面以下的空地《供出入地下室或採光、通風用》(《美》areaway)。

área bòmbing *n.* Ⓤ區域轟炸《無特定目標，全區性之轟炸》。

área còde *n.* Ⓒ《美・加》(電話的) 區域號碼《由二個或三個阿拉伯數字所形成》。

área stùdy *n.* Ⓤ [指個體時爲Ⓒ] 區域研究, 區域學《對某一地區的地理、歷史、語言、文化等的綜合研究》。

área·wày *n.* Ⓒ《美》**1** =area 4. **2** (建築物之間的)通道。

ar·e·ca [ˋærɪkə, əˋrikə; ˈærikə, əˈri:kə] *n.* Ⓒ《植物》檳榔(樹)。

a·re·na [əˋrinə; əˈri:nə] **«**源自拉丁文「多沙之處」之義**»**—*n.* Ⓒ **1 a** (古羅馬圓形劇場(amphitheater)中央的)鬥技場。**b** 競技場, 比武場。
2 任何活動之舞臺或競爭之場所, …界: enter the ～ *of* politics =enter the political ～ 步入政界。

ar·e·na·ceous [ˌærɪˋneʃəs; ˌæriˈneiʃəs] *adj.* **1**《地質》〈岩石〉砂質的。**2**《植物》生長於砂中的。

aréna théater *n.* Ⓒ 圓形劇場《舞臺設於中央, 其四周爲觀衆席》。

‡**aren't** [ɑrnt; ɑ:nt] **1 are**[1] **not** 之略。**2**《英口語》[用於疑問句] **am not** 之略(cf. ain't): *A*～ I stupid? 我笨吧? /I'm stupid, ～ I? 我很笨, 不是嗎?

Ar·es [ˋɛriz; ˈɛəri:z] *n.*《希臘神話》愛力士《戰神; 相當於羅馬神話的馬爾斯(Mars)》。

a·rête [əˋret; æˈreit, əˈr-] **«**源自法語「魚骨」之義**»**—*n.* Ⓒ (主要因冰河侵蝕而形成的)峻嶺, 險峭山脊。

ar·gent [ˋɑrdʒənt; ˈɑ:dʒənt] *n.* Ⓤ《詩》**1** 銀(silver). **2** 銀色, 銀白色。
—*adj.* **1** 銀的。**2** 銀白色的。

Ar·gen·ti·na [ˌɑrdʒənˋtinə; ˌɑ:dʒənˈti:nə←] **«**源自西班牙語「銀(色)的」之義; 因其河川湖水秀麗**»**—*n.* 阿根廷《南美洲的一個共和國; 首都布宜諾斯艾利斯(Buenos Aires)》。

ar·gen·tine [ˋɑrdʒəntɪn, -ˌtaɪn; ˈɑ:dʒəntain] *adj.* (似)銀的; 銀色的。

Ar·gen·tine [ˋɑrdʒənˌtin, -ˌtaɪn; ˈɑ:dʒəntain, -ti:n] **«**Argentina 的形容詞**»**—*adj.* (南美洲)阿根廷的。
—*n.* **1** Ⓒ 阿根廷人。**2** [**the** ～ (**Republic**)] =Argentina.

ar·gil [ˋɑrdʒɪl; ˈɑ:dʒil] *n.* Ⓤ 黏土, (尤指)陶土。

Ar·give [ˋɑrdʒaɪv; ˈɑ:gaiv] *adj.* **1** 阿哥斯(Argos)的。**2** 希臘的。
—*n.* Ⓒ **1** 阿哥斯(Argos)人。**2** 希臘人。

Ar·go [ˋɑrgo; ˈɑ:gou] *n.* [**the** ～]《希臘神話》亞哥號《傑生(Jason)率人往科基斯(Colchis)尋找金羊毛所乘之船; ⇨ Argonaut》。

ar·gon [ˋɑrgɑn; ˈɑ:gɔn] *n.* Ⓤ《化學》氬《存在於空氣中的一種稀有氣體元素; 符號 Ar》。

Ar·go·naut [ˋɑrgəˌnɔt; ˈɑ:gənɔ:t] *n.* Ⓒ《希臘神話》亞哥號上的人員《與傑生(Jason)同乘亞哥號(the Argo)船前往科基斯(Colchis)尋找金羊毛(the Golden Fleece)之一行人》。

Ar·gos [ˋɑrgɑs, -gəs; ˈɑ:gɔs] *n.* 阿哥斯《希臘東南之一古城市》。

ar·go·sy [ˋɑrgəsɪ; ˈɑ:gəsi] *n.* Ⓒ《詩》**1** 大商船。**2** 大商船隊。

ar·got [ˋɑrgo, ˋɑrgət; ˈɑ:gou] *n.* ⓊⒸ (盜賊等所用的)暗語, 隱語, 黑話, 暗號。

ar·gu·a·ble [ˋɑrgjuəbl; ˈɑ:gjuəbl] *adj.* **1** 可提出論證加以證明的, 可論證的: It is ～ that the poverty of Portugal caused the discovery of India. 說印度之被發現是因葡萄牙貧窮所致亦無妨[可以說印度是因爲葡萄牙貧窮才被發現的]。**2** 有待辯論的, 可疑的, 可辯駁的: a highly ～ conclusion 大有疑問的結論。

ár·gu·a·bly [-əblɪ; -əbli] *adv.* [修飾整句] (充分)可以論證, 大概(不會錯): Penicillin is ～ the greatest medical discovery of the twentieth century. 盤尼西林大概是二十世紀醫學上最偉大的發現。

‡**ar·gue** [ˋɑrgju; ˈɑ:gju:] **«**源自拉丁文「弄清楚」之義**»**—*v.t.* **1** [十受]辯論, 討論, 爭論… (⇨discuss【同義字】): ～ a question 討論問題 /It is difficult to ～ the matter without hurting her feelings. 要討論這件事而不傷害她的感情實在困難。
2 a [十受] (提出理由等而)主張…: ～ one's position 堅持自己的立場。**b** [十 *that*__] 主張〈…一事〉; 提出理由(企圖)證明〈…〉: Columbus ～*d that* the earth must be round. 哥倫布堅持主張地球一定是圓的。
3 [十受十副詞(片語)] 說服, 勸告〈人〉(…): He wanted to go skiing, but I ～*d* him *out of* it. 他要去滑雪, 但我勸他不要去 /She ～*d* me *into* comply*ing* with her wishes. 她說服我依從她的願望 /He tried to ～ *away* his mistake. 他試圖用話把自己的錯誤搪塞過去。
4《文語》**a** [十受]〈事物〉顯示, 表明… (show): His behavior ～*s* selfishness in him. 他的行爲顯示他的自私。**b** [十受十(*to be*)補]〈事物〉顯示〈人〉〈爲…〉: His behavior ～*s* him (*to be*) selfish. 他的行爲顯示他自私。**c** [十 *that*__]〈事物〉顯示〈…一事〉: His behavior ～*s that* he is selfish. 他的行爲顯示他是自私的。
—*v.i.* **1** 辯論, 談論; 爭論: ～ in a circle 依循環論證法辯論 /Don't ～! 別爭論! /I ～*d* on her behalf. 我替她辯論。
2 [十介十(代)名] **a** [與人]討論; 議論, 爭論[有關…之事] [*with*] [*about, over*]《★可用被動語態》: He ～*d with* his friend *about* the best method. 他與朋友討論最好的方法 /Your father knows best. Don't ～ *with* him. 你爸知道得最清楚, 不要跟他辯《★母親規勸孩子時常說的話》。**b** [爲贊成…而]辯論, 辯護[*for, in favor of*]; [爲反對…而]辯論, 辯駁[*against*]: He ～*d* **for** [**against**] the passage of the bill. 他贊成[反對]通過這議案/I ～*d for* justice. 我爲正義辯論。

***ar·gu·ment** [ˋɑrgjəmənt; ˈɑ:gjumənt] **«**argue 的名詞**»**—*n.* **1** ⓊⒸ **a** (依據事實或邏輯進行的)辯論; 爭論, 論證[*about, over*]: for the sake of ～ 爲(進行)辯論的緣故/by ～ 藉辯論 /They wasted no time in ～ *about what to* do. 他們沒有把時間浪費在辯論該做何事上/We had an ～ *about* the plan. 我們就這個計畫辯論了一番。**b** [十 *that*__] 〈…等的〉議論; 論據; 主張: The ～ *that* poverty is a blessing has often been put forward. 貧窮是福的議論常有人提出/The ～ *that* smoking is injurious has become accepted. 吸煙有害(健康)的說法已被接受。
2 Ⓒ (表示贊成與否的)論點, 主張, 論據, 理由[*for, in favor of, against*]: a strong ～ *against* war 反對戰爭之有力論據 /There is a good ～ *for* dismiss*ing* him. 有個解雇他的充分理由/These are ～*s in favor of* this hypothesis. 這些就是支持這個假設的論據。
3 Ⓒ《文語》(主題的)要旨, (一本書的)摘要[梗概], (故事、劇本的)情節(plot)。

ar·gu·men·ta·tion [ˌɑrgjəmɛnˋteʃən; ˌɑ:gjumenˈteiʃn] *n.* ⓊⒸ **1** 立論; 論證, 論據。**2** 爭論, 討論, 辯論。

ar·gu·men·ta·tive [ˌɑrgjəˋmɛntətɪv; ˌɑ:gjuˈmentətiv←] *adj.* **1** 〈發言等〉似爭論的, 似辯論的。**2** 〈人〉好辯論的, 好講道理的。
～**·ly** *adv.* ～**·ness** *n.*

Ar·gus [ˋɑrgəs; ˈɑ:gəs] *n.* **1**《希臘神話》阿加斯《有一百隻眼睛, 睡覺時從不把眼睛全部閉上的機警巨人》。**2** Ⓒ 機警嚴密的看守人。

Árgus-éyed *adj.* 監視嚴密的, 眼光銳利的, 機警的。

ar·gy-bar·gy [ˌɑrdʒɪˋbɑrdʒɪ; ˌɑ:dʒiˈbɑ:dʒi] *n.* ⓊⒸ《英口語》爭論, 爭辯。

a·ri·a [ˋɑrɪə; ˈɑ:riə] **«**源自義大利語 'air' 之義**»** —*n.* Ⓒ 詠嘆調, 抒情調《歌劇及聖樂中有樂器伴奏的獨唱曲》。

Ar·i·an[1] [ˋɛrɪən; ˈɛəriən] *adj.* 阿萊亞斯(Arius)的; 阿萊亞斯派(Arianism)的。
—*n.* Ⓒ 阿萊亞斯派(Arianism)的信徒。

Ar·i·an[2] [ˋɛrɪən; ˈɛəriən] *adj., n.* =Aryan.

-ar·i·an [-ɛrɪən; -ɛəriən] 字尾 表示「…派之(人), …主義之(人), …歲之(人)」等之意的形容詞、名詞字尾。

Ar·i·an·ism [ˋɛrɪənˌɪzəm; ˈɛəriənizəm] *n.* Ⓤ《神學》阿萊亞斯派《認爲聖子與聖父非同一體》。

ar·id [ˋærɪd; ˈærid] *adj.* **1** 〈土地、空氣等〉乾燥的, 不毛的: an ～ climate 乾旱地區。**2** 〈頭腦、思想等〉貧乏的; 〈演說等〉呆板的, 枯燥無味的。～**·ly** *adv.*

a·rid·i·ty [əˋrɪdətɪ; æˈridəti, əˈr-] **«**arid 的名詞**»**—*n.* Ⓤ **1** 乾旱; 不毛。**2** 貧乏; 枯燥無味, 呆板。

ar·i·el [ˋɛrɪəl; ˈɛəriəl] *n.* (又作 **áriel gazélle**) Ⓒ《動物》(阿拉伯產之)瞪羚。

Ar·i·es [ˋɛriz, -rɪˌiz; ˈɛəri:z, -rii:z] **«**源自拉丁文 'ram' 之義**»**—*n.* **1**《天文》白羊座(the Ram)。**2**《占星》**a** 白羊宮《黃道帶之第一宮; cf. the signs of the ZODIAC》。**b** Ⓒ 屬白羊座的人, 出生於白羊座時段的人。

a·right [əˋraɪt; əˈrait] *adv.*《文語》正確地《★ 比較 一般用 rightly》: if I remember ～ 如果我沒記錯。

***a·rise** [əˋraɪz; əˈraiz] *v.i.* (**a·rose** [əˋroz; əˈrouz]; **a·ris·en** [əˋrɪzn; əˈrizn]) **1 a** 〈問題、困難等〉發生; 出現: A good idea *arose* in his mind. 他想出了一個好主意。**b** [十介十(代)名] [因…而]產生; 起源, 開始[於…] [*from, out of*]: Accidents ～ *from* carelessness. 意外事故起因於粗心大意。**2**《古・詩》**a** 起來, 起身, 起牀(get up)。**b** 起立(stand up)。**3**《罕》〈烟等〉升起, 冒起, 上昇。

***a·ris·en** [əˋrɪzn; əˈrizn] *v.* **arise** 的過去分詞。

ar·is·toc·ra·cy [ˌærəˋstɑkrəsɪ; ˌæriˈstɔkrəsi] **«**源自拉丁文「最好的公民的治理」之義**»**—*n.* **1 a** Ⓤ 貴族政治。**b** Ⓒ 貴族統治的國家。**2** Ⓒ [**the** ～; 集合稱] 貴族, 貴族社會; 上流[特權]階級《★ 用法 視爲一整體時當單數用, 指全部個體時當複數用》。**3** Ⓒ [集合稱] 第一流人物[*of*]《★ 用法 與義 2 同》: an ～ *of* talent [wealth] 第一流的人才[富豪]們。

a·ris·to·crat [əˋrɪstəˌkræt, ˋærɪs-; ˈæristəkræt, əˈris-] *n.* Ⓒ **1 a** 貴族。**b** 似貴族的人, 具有上流社會之嗜好、見解、態度等的人; 裝貴族派頭的人。**2** 主張貴族政治的人。**3** [某一羣體或類型中之]最佳者[*of*]。

a·ris·to·crat·ic [əˌrɪstəˋkrætɪk, ˌærɪs-; ˌæristəˈkrætik←] **«**aristocracy, aristocrat 的形容詞**»**—*adj.* (**more** ～; **most** ～) **1 a** 貴族的。**b** 有貴族氣派的; 貴族化的; 裝貴族派頭的。**2** 貴族政治的; 主張貴族統治的。**a·ris·to·crát·i·cal·ly** [-klɪ; -kəli] *adv.*

A

Ar·is·toph·a·nes [ˌærəˋstɑfəˌniz; ˌæri'stɔfəni:z] *n.* 阿里斯多芬尼斯《448?–385?B.C.；雅典喜劇作家》。

Ar·is·to·te·le·an [ˌærɪstəˋtilɪən; ˌæristɔ'ti:ljən ˉ] = Aristotelian.

Ar·is·to·te·li·an [ˌærɪstəˋtilɪən; ˌæristɔ'ti:ljən ˉ] 《Aristotle 的形容詞》—*adj.* 亞里斯多德(學派)的。
—*n.* Ⓒ亞里斯多德學派的門徒。

Ar·is·tot·le [ˋærəˌstɑtḷ; 'æristɔtl] *n.* 亞里斯多德《384–322B.C.；古希臘哲學家》。

arith. 《略》arithmetic；arithmetical.

***a·rith·me·tic** [əˋrɪθməˌtɪk; ə'riθmətik] 《源自希臘文「計算的(技術)」之義》—*n.* Ⓤ **1 算學，**算術：decimal ～ 十進算法/mental ～ 心算。**2** 算術的能力；計算。
— [ˌærɪθˋmɛtɪk; æriθ'metik ˉ] *adj.* =arithmetical.

ar·ith·met·i·cal [ˌærɪθˋmɛtɪkḷ; ˌæriθ'metikl ˉ] *adj.* 算術的，有關算術的。
～**·ly** [-kḷɪ; -kəli] *adv.*

arithmétical progréssion *n.* Ⓒ《數學》等差級數。

a·rith·me·ti·cian [əˌrɪθməˋtɪʃən, ˌær-; əˌriθmə'tiʃn, ˌær-] *n.* Ⓒ算術家；精於算術的人。

árithmétic méan *n.* Ⓒ《統計》等差中項，算術中項，算術平均。

A·ri·us [əˋraɪəs, ˋɛrɪəs; 'ɛəriəs, ə'raiəs] *n.* 阿萊亞斯《約 A.D. 250–336；希臘神學家，創阿萊亞斯派(Arianism)》.

Ariz. 《略》Arizona.

Ar·i·zo·na [ˌærəˋzonə; ˌæri'zounə ˉ] 《源自北美印地安語「小泉」之義》—*n.* 亞利桑那州《美國西南部的一州；首府鳳凰城(Phoenix)；略作 Ariz.,〖郵政〗AZ；俗稱 the Grand Canyon State》.

Ar·i·zo·nan [ˌærəˋzonən; ˌæri'zounən ˉ] 《Arizona 的形容詞》—*adj.* 亞利桑那州的。
—*n.* Ⓒ亞利桑那州人。

ark [ɑrk; ɑ:k] 《源自拉丁文「箱子」之義》—*n.* Ⓒ〖聖經〗(大洪水時諾亞(Noah)所乘而得以逃命的)方舟。

【說明】上帝悲痛邪惡已經蔓延到地上各處，即將以大洪水(the Flood 或 the Deluge)毀滅世上的生物時，却使虔誠的諾亞用大的方舟裝載自己和家屬以及生物各一對逃生。大水後這方舟據說停留在亞拉拉特山(Mount Ararat)上《聖經舊約「創世記」》；cf. Noah【說明】

the Árk of Téstimony [the Cóvenant] 〖猶太教〗約櫃，神龕《裝有摩西(Moses)的兩塊十誡碑的箱子；出自聖經「出埃及記」等》。

Ark. 《略》Arkansas.

Ar·kan·san [ɑrˋkænzən; ɑ:'kænzən] 《Arkansas 的形容詞》—*adj.* 阿肯色州的。
—*n.* Ⓒ阿肯色州的人。

Ar·kan·sas [ˋɑrkənˌsɔ; 'ɑ:kənsɔ:] 《源自北美印地安語「下游的人們」之義？》—*n.* 阿肯色州《美國中南部的一州；首府小岩城(Little Rock)；略作 Ark.,〖郵政〗AR；俗稱 the Land of Opportunity》.

Ark·wright [ˋɑrkˌraɪt; 'ɑ:krait], Sir **Richard** *n.* 阿克萊特《1732–92；英國人，紡織機發明者》。

Arles [ɑrlz; ɑ:lz] *n.* 亞耳《法國東南部之一城市，臨隆河(Rhone)》.

Ar·ling·ton [ˋɑrlɪŋtən; 'ɑ:liŋtən] *n.*阿靈頓《美國維吉尼亞州(Virginia)東北部之一郡，在華盛頓之郊區；該處有國家公墓(Arlington National Cemetery)；無名英雄墓(the Tomb of the Unknown Soldiers)和甘迺迪(Kennedy)總統之墓》。

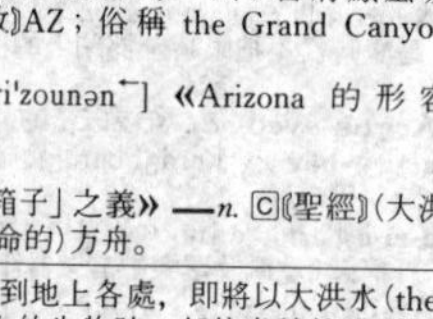

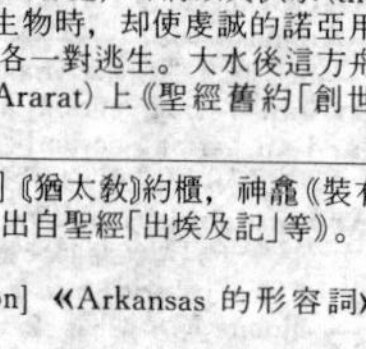

【照片說明】Arlington 公墓和在該地的甘迺迪(John F. Kennedy)之墓。

‡arm¹ [ɑrm; ɑ:m] *n.* Ⓒ **1 臂**(★肩與手腕之間的部分；自肩至肘爲 upper arm，自肘至手腕爲 forearm；⇨ body 插圖)：have a child *in* one's ～*s* 懷中抱著孩子 /a child [a babe] in ～*s* 需要人抱的孩子《尚不能步行之幼兒》/give [offer] one's ～(to...) (向婦孺等)伸出手臂(供其扶住) /within ～'s reach 在手臂所能伸及之處；在近旁/with one's ～*s* folded = with folded ～*s* 抱着胳膊，交臂；袖手旁觀 /throw one's ～*s* around a person's neck 以雙臂摟住某人的頸項/hold [carry] a package under one's ～ 腋下挾著一個包裹。
2 似臂之物：**a** (樹的)粗枝。**b** 桁架，托架。**c** (衣服的)袖子。**d** (椅子的)扶手。**e** (唱機的)唱臂。
3 力，權力：the (long) ～ of the law《謔》法律之力，公權力，警力。
4 (政府機關、組織等之)部門，分支機構：the military ～ of the Government 政府之軍事機構。
an árm of the séa 內海，海灣。
árm in árm (與某人)挽着臂[*with*].
at árm's léngth 在伸手可及處；保持一段距離；疏遠：keep [hold] a person *at* ～*'s length* 疏遠某人，不讓人接近。
one's **right árm** ⇨right arm.
pùt the árm on... 《美俚》(1)捉或收押〈人〉以採取法律手段。(2)向〈人〉勒索，强求[錢等][*for*].
twist a person's **árm** (1)扭某人之手臂。(2)强制某人，向某人施加壓力。
with ópen árms (1)伸開着雙臂。(2)熱烈地《歡迎等》。

‡arm² [ɑrm; ɑ:m] *n.* **1** Ⓒ [常 ～s] **兵器，**武器(⇨weapon【同義字】)：carry ～*s* 携帶武器，托槍；打仗 /change ～*s* 換肩托槍 /deeds of ～*s* 武功，軍功 /by (force of) ～*s* 以武力 /give up one's ～*s* 繳械投降/Order ～*s*！槍放下《成持槍立正姿勢》！/Pile ～*s*！架槍！/Port ～*s*！端槍！/Present ～*s*！舉槍敬禮！/Shoulder [Carry, Slope] ～*s*！托槍！/⇨side arm, small arms.
2 [～s] **a** 戰爭，戰鬥：suspension of ～*s* 休戰/appeal [go] to ～*s* 訴諸武力。**b** 兵役，軍職。
3 Ⓒ〖軍〗兵種，軍種《如步兵、騎兵、砲兵、工兵等》：the infantry ～ 步兵/the air ～ 空軍。
4 [～s] (從前武士用在盾或旗上的)徽章，飾章：⇨COAT of arms.
bèar árms (1)擁有[携帶]武器。(2)《文語》武裝起來；服兵役。
lày dówn one's **árms** (1)棄械。(2)投降。
tàke ùp árms (1)拿起武器，開戰[*against*]. (2)從軍，去當兵。
To árms! 準備戰鬥(之號令)。
ùnder árms 備戰。
ùp in árms 《口語》(1)舉兵；武裝反叛。(2)[對…]憤慨的[*about, over*].
—*v.t.* **1** [十受(十介十(代)名)] **a** [以…]武裝〈人〉，使〈人〉[以…]武裝起來，配備〈人〉[以武器][*with*]：～ peasants (***with*** guns)使農夫(以槍)武裝起來。**b** [～ one*self*][以…]武裝[*with*]《★常用被動語態，變成「武裝着」之意》：He ～*ed himself* ***with*** a gun. 他隨身帶著槍/He *is* ～*ed* to the teeth. 他全身武裝/I tell you I *am* well ～*ed.* 我告訴你，我武裝得很完備。
2 [十受十介十(代)名]給〈兵器等〉裝上[…][*with*]《★常用被動語態》：～ a missile ***with*** a nuclear warhead 給飛彈裝上核子彈頭/The carrier *is* ～*ed* ***with*** nuclear weapons. 那艘航空母艦配備有核子武器。
3 [十受十介十(代)名]供給〈人等〉[用具、知識等][*with*]《★常用被動語態》：～*ed* ***with*** rubber boots for a walk in the rain 爲在雨中步行而備有橡膠靴/I'*m* only ～*ed* ***with*** knowledge. 我只有知識可以依賴[我所具備的唯一依靠是知識]。
—*v.i.* 武裝起來；拿起武器準備作戰。

ar·ma·da [ɑrˋmɑdə, -ˋmedə; ɑ:'mɑ:də, -'meidə] 《源自西班牙語 'armed forces'之義》—*n.* **1** Ⓒ艦隊；軍用飛機機隊。
2 [the A～] (西班牙的)無敵艦隊(Invincible Armada).

ar·ma·dil·lo [ˌɑrməˋdɪlo; ˌɑ:mə'dilou] *n.* Ⓒ (*pl.* ～**s**)〖動物〗犰狳《產於南美洲的夜行性哺乳動物》。

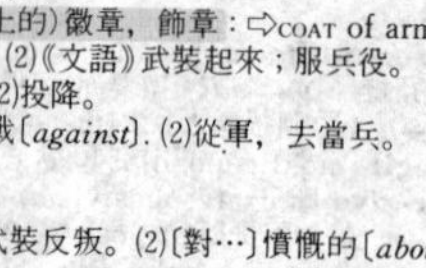

armadillo

Ar·ma·ged·don [ˌɑrməˋgɛdn; ˌɑ:mə'gedn] *n.* **1**〖聖經〗哈米吉多頓《世界末日時之善與惡的決戰場》。**2** Ⓒ (國際性的)大決戰(場)。

ar·ma·ment [ˋɑrməmənt; 'ɑ:məmənt] *n.* **1** Ⓒ [常 ～s] **a** (一國之)軍隊；軍事力量，軍備《包括兵員、武器、軍用物資、軍需工業等》：limitation [reduction] of ～*s* 軍備的限制[裁減]。**b** (陸、海軍的)武器：atomic ～*s* 原子武器。**c** (軍艦、軍用飛機等的)火砲，火力裝備：a warship with an ～ of 16 guns 裝備着十六門砲的軍艦。
2 Ⓤ裝備，武裝：atomic ～ 原子配備/the ～ of a country *with* nuclear weapons 以核子武器裝備一個國家[一個國家的核武軍備]。

ármaments expénditures *n. pl.* 軍事費用，軍費。

ármament(s) ráce *n.* Ⓒ (各國間之)軍備競賽《★比較 一般用 arms race》.

ar·ma·ture [ˋɑrmətʃɚ, -ˌtʃʊr; 'ɑ:mətjuə, -tʃə] *n.* Ⓒ **1**〖動物·植物〗防禦器官《牙、刺等》。**2**〖電學〗**a** (發電機的)磁舌，電樞。**b** (磁石之)接極子，銜鐵。**3**〖雕刻〗(支撐泥像之)骨架。**4**〖建

築》加强料。

árm·bànd *n.* Ⓒ臂章。

arm·chair [ˋarm͵tʃɛr, ˋarmˋtʃɛr; ͵ɑ:mˋtʃɛə, ˈɑ:mtʃɛə] *n.* Ⓒ**有靠臂的椅子**，扶椅，有扶手的椅子。

—*adj.* [用在名詞前](無比較級、最高級)不依據實際經驗而紙上談兵的，不切實際的：an ~ critic (無經驗而)不切實際的批評家/an ~ detective 無辦案經驗的偵探。

armchair

armed *adj.* 武裝的，有…之裝備的：(the) ~ forces [services] (陸、海、空)三軍部隊/~ neutrality 武裝中立/~ peace 武裝和平/an ~ robber 持械的强盜。

ármed róbbery *n.* ⓊⒸ持械搶劫。

Ar·me·ni·a [arˋminɪə; ɑ:ˈmi:njə] *n.* 亞美尼亞《在伊朗西北部，蘇聯之一共和國；首都葉勒凡(Yerevan [͵jɛrəˋvan; jerəˈva:n])》.

Ar·me·ni·an [arˋminɪən; ɑ:ˈmi:njən] 《Armenia 的形容詞》

—*adj.* 亞美尼亞(人，語)的。

—*n.* **1** Ⓒ亞美尼亞人。**2** Ⓤ亞美尼亞語。

arm·ful [ˋarm͵ful; ˈɑ:mful] *n.* Ⓒ(兩臂或單臂)一抱之量〔*of*〕：an ~ *of* books 滿懷的書本。

árm·hòle *n.* Ⓒ(衣服的)袖孔。

ar·mi·stice [ˋarməstɪs; ˈɑ:mistis] 《源自拉丁文「戰爭停止」之義》**—*n.*** Ⓒ休戰，停戰(truce)：declare an ~ 宣布停戰。

Ármistice Dày *n.* (原指第一次世界大戰之)休戰紀念日《十一月十一日；★美國於 1954 年(連同第二次世界大戰之休戰日)改稱為 Veterans Day, 英國則於 1946 年改稱為 Remembrance Sunday》.

arm·less [ˋarmlɪs; ˈɑ:mlis] *adj.* 無臂的；無武器的，無武裝的。

arm·let [ˋarmlɪt; ˈɑ:mlit] *n.* Ⓒ **1** 臂環，臂釧，臂鐲(bracelet). **2** 狹小海灣。

árm·lòad *n.* 《美方言》=armful.

ar·mor [ˋarmɚ; ˈɑ:mə] 《源自拉丁文「武裝起來」之義》**—*n.*** Ⓤ **1 盔甲，甲冑**：a suit of ~ 一副甲冑/in ~ 穿戴着甲冑。**2 a** (軍艦、戰車等的)裝甲(鋼板)。**b** 防身之物；護身具；潛水衣。**3** [集合稱]《軍》裝甲部隊。**4** 《生物》針刺《用以保衛自身之構造如毛、刺、針、螯等》。

—*v.t.* 〔十受〕**1** 給…穿上甲冑。**2** 為…裝鐵甲(⇨ armored).

armor 1

ármor-bèarer *n.* Ⓒ持甲冑者；武士之扈從。

ármor-clád *adj.* 穿着甲冑的；裝甲的：an ~ ship 裝甲艦。

ár·mored *adj.* 裝甲[武裝]的：an ~ battery 裝甲砲臺 /an ~ cable 有套皮的電纜 /an ~ car 裝甲車 /~ concrete 鋼筋水泥(《★[比較]一般用 ferroconcrete》).

ar·mor·er [ˋarmərɚ; ˈɑ:mərə] *n.* Ⓒ **1** (從前的)盔甲製造者；武器製造者。**2** (軍艦、部隊的)軍械士[員]。

ar·mo·ri·al [arˋmorɪəl, -ˋmɔr-; ɑ:ˈmɔ:riəl] *adj.* 紋章的，盾徽的：~ bearings 紋章。

ármor plàte *n.* Ⓒ(軍艦、戰車等的)裝甲(鋼)板。

ármor-pláted *adj.* 裝有鋼板的。

ar·mo·ry [ˋarmərɪ; ˈɑ:məri] *n.* Ⓒ **1 a** 兵工廠，軍械製造廠。**b** 軍械[軍火]庫(arsenal). **2** 《美》**a** 州部隊總部。**b** (州部隊總部之)室內教練場。

ar·mour [ˋarmɚ; ˈɑ:mə] *n.* 《英》=armor.

ár·moured *adj.* 《英》=armored.

ar·mour·er [ˋarmərɚ; ˈɑ:mərə] *n.* 《英》=armorer.

ar·mou·ry [ˋarmərɪ; ˈɑ:məri] *n.* 《英》=armory.

árm·pìt *n.* Ⓒ腋下，腋窩(⇨body 插圖)。

árm·rèst *n.* Ⓒ(椅子等的)扶手，靠臂。

‡arms [armz; ɑ:mz] *n. pl.* ⇨arm².

árms ràce *n.* Ⓒ(國與國之間的)軍備競賽：a nuclear ~ 核子武器軍備競賽。

árm wrèstling *n.* Ⓤ扳腕子，拗手腕。

‡ar·my [ˋarmɪ; ˈɑ:mi] *n.* **1** Ⓒ[常 the A~]**陸軍**(cf. navy)：be in *the* ~ 在陸軍服役中 /enter [join, go into] *the* ~ 入伍，從軍。**2** Ⓒ(陸軍的)**軍隊**：raise an ~ 招兵，募兵/serve in the ~ 服兵役。

【說明】陸軍之單位劃分通常如下：army《由兩個(以上)之軍(corps)所組成》——corps 軍《由兩個以上之師(divisions)所組成》——division 師《由三個或四個以上之旅(brigades)所組成》——brigade 旅《由兩個以上之團(regiments)所組成》——regiment 團《由兩個以上之營(battalions)所組成》——battalion 營《由兩個以上之連(companies)所組成》——company 連《由兩個以上之排(platoons)所組成》——platoon 排《由兩個以上之班(squads *or* sections)所組成》——squad 班《由中士、下士各一員及兵十員所組成》。

3 Ⓒ(軍隊組織式的)團體：the Salvation *A*~ 救世軍。

4 [**an ~ of**] 大羣：*an* ~ *of* ants 一大羣螞蟻/*an* ~ *of* demonstrators 一大羣示威者。

—*adj.* [用在名詞前]軍隊的：~ life 軍旅生活/an ~ chaplain 軍中牧師。

ármy ànt *n.* Ⓒ《動物》兵蟻《矛蟻亞科熱帶螞蟻的通稱》。

ármy còrps *n.* Ⓒ(*pl.* ~)[集合稱]軍《由兩個(以上)之師(divisions)及附屬部隊所組成；★[用法]視為一整體時當單數用，指個別成員時當複數用》。

ármy lìst *n.* 《英》=army register.

ármy règister *n.* Ⓒ《美》陸軍現役軍官名册。

ármy·wòrm *n.* Ⓒ黏蟲《常成羣結隊，毀壞農作物》。

ar·ni·ca [ˋarnɪkə; ˈɑ:nikə] *n.* **1** Ⓒ《植物》山金車《菊科植物》。**2** Ⓤ山金車油《用山金車花調製成用以醫療扭傷、瘀傷》。

Ar·nold [ˋarnḷd; ˈɑ:nld] *n.* 阿諾德《男子名》。

a·ro·ma [əˋromə; əˈroumə] 《源自希臘文「甜藥草」之義》**—*n.*** ⓊⒸ **1** 芳香，芬芳，香味：the ~ of fine coffee 好咖啡的香味/a savory ~ 可口的香味。**2** (藝術品等的)風格，意境，情趣，韻味。

ar·o·mat·ic [͵ærəˋmætɪk; ͵ærəˈmætik] 《aroma 的形容詞》

—*adj.* 〈飲料、食物〉芳香的，香氣濃的。

—*n.* Ⓒ芳香之物，香料；芳香植物。

***a·rose** [əˋroz; əˈrouz] *v.i.* arise 的過去式。

‡a·round [əˋraund; əˈraund] *adv.* (無比較級、最高級)**1 a 在周圍，在四面，在四周**：the scenery ~ 四周的景色/People gathered ~. 人們聚集在四周/He looked ~ in wonder. 他驚異地環顧周圍。**b** [置於與數詞連用的名詞後]《美》周長(…)(《英》round)：The tree is four feet [foot] ~. 這棵樹周長四呎。

2 《美》**a 環繞地，旋轉地**：fly ~ over a city 在城市上空盤旋飛行/The wheels went ~ (and ~). 車輪一直旋轉著。**b** 遍及地：Will you hand the papers ~? 請您把文件傳給大家好嗎？**c** 向相反方向地：turn ~ 轉過身，掉頭。

3 a 到處，四處：travel ~ 到處旅行/Waste paper was lying ~ everywhere. 到處都是紙屑。**b 在附近，在近處**：wait ~ for a person 在附近等人/He is ~ somewhere. = He is somewhere ~. 他在附近某地方。

4 a (季節、順序等)循環地：A new year has come ~. 新的一年又來到了。**b** 在整個…期間《★常用於下列片語》：(all) the year ~=all year ~ 整年地，一年到頭地。

5 繞遠路地，迂迴地：drive ~ by the lake 繞著湖畔駕車兜風。

6 [與數詞連用]…左右，大概，約…(⇨*prep.* 4)：~ two hundred years ago 約二百年以前/~ ten o'clock 十時左右(《★[用法]也有人說 at ~ ten o'clock，但通常不用 at》).

7 《口語》恢復正常狀態地；恢復意識：bring a person ~ 使某人甦醒過來/⇨COME around.

áll aróund 到處，四處；一一地：shake hands *all* ~ 一一與人「握手。」

have been aróund 《口語》(到處)見過世面；人生經驗豐富。

—*prep.* **1 在…周圍，圍着…**：with his friends ~ him 他被朋友們圍繞着/sit ~ the fire 圍著爐火坐。

2 《美》**a** 繞…：a trip ~ the world 環遊世界[環球]旅行。**b** 繞過…，在轉〈角〉處(《英》round)：There is a store ~ the corner. 繞過轉角的地方[在轉角處]有一家商店。**c** 環繞…之周圍：The earth goes ~ the sun. 地球環繞太陽運行。**d** 繞遠…，迂迴…；迴避〈障礙〉：go ~ the lake 繞過湖/We drove ~ the stalled car. 我們開車繞過那部拋錨的車子。

3 《美口語》**a 向[在]…四處**：look ~ the room 環顧室內。**b 在…附近**：The children were playing hide-and-seek ~ the house. 孩子們在房子附近玩捉迷藏。**c 到…四處，在…四處**：travel ~ the country 在國內到處旅行。

4 《口語》大約，差不多(《★[用法]數詞前之 around 視為副詞；⇨*adv.* 6》)：~ the end of the year 大約年底[年底前後]。

5 根據…，以…為中心：The story is written ~ her life. 那部小說是根據她的一生[以她的一生為中心]而寫的。

—*adj.* [不用在名詞前](無比較級、最高級)《口語》**1 a** 〈人〉到處走動的；(在某一特定地區或行業中)活躍而突出的：⇨ UP and around. **b** [常置於名詞後]存在的，生存中的：She is one of the best singers ~. 她是當今(在世的)最佳歌手之一。

2 〈物〉在大量出現，在上市，在風行；〈疾病〉在擴大：There are many new cars ~. 有大量新車上市。

aróund-the-clóck *adj.* [用在名詞前]《美》二十四小時不斷的

A

A

(《英》round-the-clock)：(in) ～ operation 日夜不休的作業。
aróund-the-wórld *adj.* [用在名詞前]《美》世界一周的，環繞世界的。

a·rouse [ə'rauz; ə'rauz] *v.t.* **1** 〔十受(十介十(代)名)〕把〈人〉〔從睡眠中〕**喚醒**，使〈人〉〔從睡眠中〕醒過來〔*from*〕：I ～*d* him *from* his sleep. 我把他從睡夢中喚醒。
2 〔十受〕**激起**，喚起〈感情、好奇心等〉：Their simplicity ～*s* our sympathy and respect. 他們的純樸激起我們的同情和敬意。
3 〔十受十介十(代)名〕(加以刺激而)驅使，激發，鼓勵〈人〉〔走向行動〕〔*to*〕：His speech ～*d* the people *to* revolt. 他的演說煽動人們叛亂。

ar·peg·gi·o [ɑr'pɛdʒɪˌo; ɑ:'pedʒiou] 《源自義大利語'play on a harp'之義》**—n.** Ⓒ(*pl.* ～**s** [～z; ～z])《音樂》琶音《和音之急速的連續演奏》。

ar·que·bus ['ɑrkwɪbəs; 'ɑ:kwibəs] *n.* ＝harquebus.

ar·rack ['ærək; 'ærək] *n.* Ⓤ [指個體時爲Ⓒ] 燒酒《尤指東方人所飲用之用米或糖蜜、椰子汁等製成之烈酒》。

ar·raign [ə'ren; ə'rein] *v.t.* **1**《法律》提審，傳訊，傳問〈被告〉《★常用被動語態》。**2** 控告[指責]〈人〉(accuse).

ar·ráign·ment [-mənt; -mənt] 《arraign 的名詞》**—n.** ⓊⒸ **1**《法律》(被告之)傳訊；到庭答覆控罪。**2** 責難。

***ar·range** [ə'rendʒ; ə'reindʒ] 《源自拉丁文「排列在…」之義》**—v.t. 1** 〔十受〕**a 整理**，排列，布置，整頓〈物〉：～ flowers 插花/～ the books on the shelves 整理書架上的書。**b** 安排，整理，處理〈工作等〉：～ one's affairs 處理自己的一些事務。
2 a 〔十受〕**預先準備**，籌備；備妥；計畫，商定，商妥〈事〉：～ a taxi 備妥計程車/～ a meeting 安排會議/ ～ a marriage 說妥一門親事/(an) ～*d* marriage 媒妁婚姻/at the hour ～*d* 在預定的時刻。**b** 〔十受十介十(代)名〕〔爲…〕籌備，備妥，安排…〔*for*〕：The tourist bureau has ～*d* everything *for* our trip to Europe. 那家旅行社爲我們的歐洲之行做好了一切準備[安排]。**c** 〔十 *that*__〕爲〈…(之事)〉做準備，安排〈…(之事)〉《★此構句之 arrange 又可視爲不及物動詞》：I ～*ed that* we (should) meet there. 我爲我們在那兒見面做好了準備[我安排我們在那兒見面]《★ 用法《口語》多半不用 should》/It is ～*d that* he will telephone me. 已商妥[安排好，約定]由他打電話給我。
3 〔十受〕調停，調解；處理，解決〈紛爭等〉：The chairman often had to ～ disputes between the two parties. 主席時常得調解兩黨之間的爭執。
4 〔十受十介十(代)名〕改編〈樂曲、小說、劇本〉〔以適合…〕，改寫…〔以供…〕，〔爲…〕改編[改寫]…〔*for*〕：～ a piece of music *for* the violin 改寫一首樂曲以供小提琴演奏[爲適合小提琴演奏改編一首樂曲]。
—v.i. 1 a 〔十介十(代)名〕〔爲…〕**做準備**；預備，籌備，計畫，安排，布置〔…〕〔*for*〕：We had to ～ *for* everything. 我們得籌備一切。**b** 〔十 *to* do〕安排，準備，計畫〈做…〉：Can you ～ *to* be here at five o'clock？你能安排在五點時到這裏來嗎？**c** 〔十 *for* 十(代)名十 *to* do〕安排[準備(等)]〔使人、物〕〈去做…〉：I'll ～ *for* a taxi *to* pick you up. 我會安排一部計程車去接你/We have ～*d for* another man *to* take his place. 我們已安排好另一個人取代他。**2 a** 〔十介十(代)名〕〔爲[關於]…事〕〔與人〕**協商**〔*with*〕〔*for, about*〕：I must ～ *with* him *about* a taxi [*for* the party]. 我必須與他協商計程車[聚會]的事。**b** 〔十介十(代)名十 *to* do〕〔與人〕協商[商定]〈做…〉〔*with*〕：I've ～*d with* her *to* meet at five. 我已與她商定五點鐘見面。

‡ar·range·ment [ə'rendʒmənt; ə'reindʒmənt] 《arrange 的名詞》**—n. 1** Ⓤ**整理**，整頓〔*of*〕：the ～ *of* books on a shelf 架上書籍的整理。
2 ⓊⒸ**排列**，布置；調配，搭配〔*of*〕：the ～ *of* colors (on a palette)(在調色板上的)顏料的調配 / I like the ～ *of* furniture in your apartment. 我喜歡你公寓內家具的布置/⇨ flower arrangement.
3 ⓊⒸ **a 協商**，約定，商定：We must come to some ～ *about* shar*ing* expenses. 我們必須就分攤費用之事商定某種辦法/Have you made any ～ *with* your bank？你可曾與銀行協商過？/I'll leave the ～ *of* time and place to you. 時間和地點悉聽尊便[我把時間和地點的安排託付給你]。**b** 〔十 *to* do〕〈做…的〉商定，約定：They made an ～ *to* meet at 3 p.m. 他們商定下午三點鐘見面[他們作了在下午三點時見面的約定]。
4 Ⓒ[常 ～**s**] **a 準備**，籌備，安排，計畫〔*for*〕：Let's make ～*s* *for* our trip [*for* get*ting* there on time]. 讓我們爲旅行[爲準時到達那兒]做準備吧。**b** 〔十 *to* do〕〈做…的〉準備，籌備，安排，計畫：He has made ～*s to* spend his holiday in Wales. 他已作好在威爾斯度假的準備[他已準備妥到威爾斯去度假]。
5 a Ⓤ改寫，改編；編曲。**b** Ⓒ〔爲適合…而〕經過改寫之樂曲[小說，劇本]〔*for*〕：an ～ *for* the piano 爲適合鋼琴演奏而改編的樂曲。

ar·rant ['ærənt; 'ærənt] *adj.* [用在名詞前]《文語》**1** 完全的，徹底的：an ～ fool [lie] 大傻瓜[謊言]。**2** 窮凶極惡的，滔[彌，漫]天的…，(…的)大…：an ～ thief 惡名昭彰的大盜賊。

ar·ras ['ærəs; 'ærəs] 《源自法國之產地名》**—n. 1** Ⓤ花氈《尤指有美麗圖樣的手織綿緞》。**2** Ⓒ(裝飾壁上的)花氈[掛氈]。

ar·ray [ə're; ə'rei] *v.t.*《文語》**1** 〔十受〕使〈軍隊〉**列陣**；部署，排列〈軍隊〉《★常用被動語態》：The troops *were* ～*ed for* the battle [*against* the enemy]. 軍隊已按戰鬥隊形部署好(準備攻擊敵人)。
2 〔十受十介十(代)名〕[～ one*self*]〔穿着…〕盛裝，裝飾，打扮〔*in*〕《★也用被動語態，變成「穿着盛裝」之意》：They all ～*ed themselves* [*were* all ～*ed*] *in* ceremonial robes. 他們都穿着禮服[盛裝]。
—n. 1 Ⓤ(軍隊的)整列，部署，列陣；集合的大軍：in battle ～ 列陣，成戰鬥隊形/set...in ～ 將…整列。
2 Ⓒ一長排(物品)，一大羣(人)：an ～ *of* umbrellas [fishing rods] 一長排[一大批]雨傘[釣竿]。
3 Ⓤ《文語》服裝，美麗服飾：bridal ～ 新娘禮服/*in* fine ～ 穿着美麗服裝，盛裝。

ar·rear [ə'rɪr; ə'riə] 《源自拉丁文「在後」之義》**—n.** [～*s*] **1** 〔工作、付款之〕遲滯，延誤〔*of*〕：～*s of* wages 工資之拖欠/fall *into* ～*s* 遲滯，延誤，耽擱/He is *in* ～*s with* his work. 他工作落後。**2** 拖欠之款，欠款；進度落後之工作。
in arréar of... 趕不上…。

ar·rear·age [ə'rɪrɪdʒ; ə'riəridʒ] *n.* **1** Ⓤ給付遲延；拖延；耽擱；遲滯。**2** [常 ～**s**]欠款；到期未付之款。**3** Ⓒ《古》保留物。

***ar·rest** [ə'rɛst; ə'rest] 《源自古法語「停止」之義》**—v.t. 1 a** 〔十受〕(依法)**逮捕**〈人〉：～ a thief 逮補盜賊。**b** 〔十受十介十(代)名〕〔以…罪〕逮捕，拘捕，拘留〈人〉〔*for*〕：He was ～*ed for* theft [*for* carry*ing* a weapon]. 他因偷竊[攜帶凶器]而被捕。
2 〔十受〕阻礙，阻擋，妨礙，阻止，抑制〈(事物之)進行、成長等〉：～ the spread of the fire 阻止火勢的蔓延/～ the deterioration of the natural environment 阻止自然環境惡化。
3 〔十受〕吸引〈注意、興趣等〉：His peculiar dress ～*ed* attention. 他的奇裝異服引人注意。
—n. ⓊⒸ **1 逮捕，拘捕，拘留**：⇨ house arrest/make an ～ 逮捕。**2**《醫》停止，遏制：cardiac ～ 心(跳)停止。
ùnder arrést 被逮捕：place [put] a person *under* ～ 拘留[拘禁]某人/You're *under* ～. 你被逮捕了[我要逮捕你]。

ar·rest·ee [əˌrɛs'ti; əˌres'ti:] *n.* Ⓒ被逮捕的人。

ar·rést·er *n.* Ⓒ **1** 逮捕者。**2 a** 制止裝置：an ～ hook (飛機機身下面的)停機鉤《飛機降落航空母艦甲板時，鉤住甲板上之制動纜以制止飛機繼續滑行之用》/～ wires (航空母艦甲板上等之)制動纜。**b** 避雷裝置。

ar·rést·ing *adj.* 引人注意的；醒目的；有趣的：an ～ sight 引人注目的景象。 **～·ly** *adv.*

ar·ris ['ærɪs; 'æris] *n.* Ⓒ《建築》尖脊；稜(角)。

***ar·riv·al** [ə'raɪvl; ə'raivl] 《arrive 的名詞》**—n. 1** ⓊⒸ **a 到達，抵達**〔*at, in*〕(↔ departure)：wait for the ～ of the guests 等候來賓的到達/the ～*s* and departures of trains 火車的到達和出發/cash *on* ～《商》貨到付款/On his ～ *at* the station, he called a taxi. 他一到車站就叫了計程車。**b** 〔結果、年齡等的〕達到，〔協議的〕達成，〔結論的〕獲得〔*at*〕：～ *at* a conclusion 獲得結論。**2** Ⓒ抵達之人[物]；《口語》出生，新生兒；新到貨：a new ～ 新到者[物，書]；新生兒/The new ～ is a girl. 新生兒是個女嬰。
—*adj.* [用在名詞前]抵達的；抵達者[物]的：an ～ list 到達旅客名單/an ～ platform 到站旅客下車的月台。

‡ar·rive [ə'raɪv; ə'raiv] 《源自古法語「(船)到岸」之義》**—v.i. 1 a 到**(某地方)，抵達；〈物品〉到達：He said,"I've just ～*d*." 他說：「我剛到。」/We ～*d* home in the evening. 我們在傍晚回到家。**b** 〔十介十(代)名〕到達，抵達〔地方〕〔*at, in, on*〕《★ 用法 表示到達較小之地方時用 at, 表示到達較廣闊之地方時用 in, 表示到達某大陸、島、現場等時用 on》：You should ～ *at* school before 8:30. 你應在八點半以前到校/We ～*d at* the town. 我們抵達那城鎮/We ～*d in* Boston a week ago. 我們在一星期前抵達波士頓/At last he ～*d on* the continent. 他終於到達(美洲[歐洲(等)])大陸。**2** 〔十介十(代)名〕達到〔年齡〕；獲得〔結論〕，達成〔協議〕〔*at*〕《★可用被動語態》：You must ～ *at* a decision soon. 你必須及早作決定。**3** 〈時間〉到：The time has ～*d* for you to start. 你出發的時候到了。**4**《口語》〈嬰兒〉出生。**5** [法語語法] **a** 〈人〉成功。**b** 〔十 *as* 補〕〈做爲…〉成名：He ～*d as* a writer. 他當作家成了名。

ar·ri·viste [ˌæri'vist; ˌæri:'vi:st] 《源自法語》**—n.** Ⓒ暴發戶；新貴《尤指以不光明手段得到財富或地位者》。

ar·ro·gance ['ærəgəns; 'ærəgəns] 《arrogant 的名詞》**—n.** Ⓤ傲慢自大，妄自尊大。

ár·ro·gan·cy [-gənsɪ; -gənsi] *n.* ＝arrogance.

ar·ro·gant [ˋærəgənt; ˈærəgənt] *adj.* (**more** ～; **most** ～)傲慢的，自大的，妄自尊大的。～**·ly** *adv.*

ar·ro·gate [ˋærəˏget; ˈærəgeit] *v.t.* **1** 〔十受(十介十(代)名)〕僭稱，冒稱〈稱號〉〔屬於自己〕；霸佔，擅取〈權利等〉；不當地將…歸〔於自己〕〔*to*〕《★囲困使用 one*self* 作爲 to 之受詞》：He ～*d* power *to himself.* 他擅取權力/He ～*d* (*to himself*) the chairmanship. 他冒稱自己是主席。

2 〔十受十介十(代)名〕不當地將〈動機、屬性等〉歸於〔人等〕〔*to*〕：～ an ulterior motive *to* a person 擅自認爲某人別有用心[居心叵測]。

ar·ro·ga·tion [ˏærəˋgeʃən; ˌærəˈgeiʃn] 《arrogate 的名詞》—*n.* Ⓤⓒ冒稱，僭稱，霸占，越權，僭越。

ar·ron·disse·ment [əˋrandɪsmənt, ˏærənˋdis-; ˌærənˈdiːsmənt] 《源自法語》—*n.* ⓒ **1** 郡《法國之行政區；次於 department》. **2** (巴黎等大城市之)區。

***ar·row** [ˋæro; ˈærou] 《源自古英語「屬於弓(bow)之物」之義》—*n.* ⓒ **1** 箭，矢。**2** 箭形之物；箭號《→等》：⇨ broad arrow.

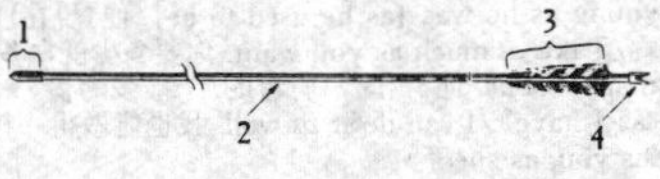

arrow 1
1 pile ; 2 shaft ; 3 feather ; 4 nock

árrow·hèad *n.* ⓒ **1** 箭頭，鏃(cf. broad arrow). **2** 《植物》慈菇《一種葉呈箭頭形的水生植物》。

árrow·hèaded *adj.* 箭頭狀的，鏃形的：～ characters 楔形文字。

árrow·ròot *n.* **1** ⓒ《植物》葛鬱金，竹芋《一種熱帶美洲、巴西產之植物；土著將其根研磨成粉用以治療毒箭之傷並可作食物》。**2** Ⓤ葛鬱金粉《磨葛鬱金之根莖而製成之粉；可食用》。

ar·row·y [ˋærəwɪ; ˈæroui] 《arrow 的形容詞》—*adj.* **1** 箭的；似箭的。**2** 筆直的；如箭般快速的。

ar·roy·o [əˋrɔɪo; əˈrɔiou] 《源自西班牙語》—*n.* ⓒ(*pl.* ～**s** [～z; ～z])乾涸的小谿谷。

ars [arz; ɑːz] 《源自拉丁文》—*n.* Ⓤ藝術。

arse [ars; ɑːs] 《英鄙》*n.* ⓒ **1** 臀部，屁股(cf. ass² 1). **2** 笨伯。—*v.i.* 〔十副〕遊手好閒，虛度光陰〈*around, about*〉.

ar·se·nal [ˋarsṇəl; ˈɑːsənl] *n.* ⓒ **1** 軍械[軍火]庫。**2** 兵工廠，軍需工廠。

ar·se·nate [ˋarsṇˏet, -ɪt; ˈɑːsənit] *n.* Ⓤ《化學》砷酸鹽。

ar·se·nic [ˋarsṇɪk; ˈɑːsnik] *n.* Ⓤ《化學》砷，砒素《符號 As.》.

— [arˋsenɪk; ɑːˈsenik] *adj.* ＝arsenical.

ar·sen·ic·al [arˋsenɪkl; ɑːˈsenikl] *adj.* 《化學》砷的，砒素的；含砒素的。

ar·se·ni·ous [arˋsinɪəs; ɑːˈsiːnjəs] *adj.* 《化學》**1** 亞砷的，含三價砷的。**2** 亞砷酸的。

ars lon·ga, vi·ta bre·vis [arzˋlɔŋgəˋvaɪtəˋbrivɪs; ɑːzˈlɔŋgə ˈvaitəˈbriːvis] 《源自拉丁文 'art (is) long, life (is) short' 之義》—學海無涯，人生苦短《★指要學的技藝很多，而歲月却短促，無法都學之意》。

ar·son [ˋarsṇ; ˈɑːsn] *n.* Ⓤ《法律》縱火(罪)。

ár·son·ist [-sṇɪst; -snist] *n.* ⓒ縱火犯。

‡art¹ [art; ɑːt] *n.* A **1** Ⓤ **a** 藝術：a work of ～ 藝術品/ ～ and letters 文藝/ ～ for ～'s sake 爲藝術而藝術《藝術至上主義》/ ～ for life's sake 爲人生而藝術。**b** [集合稱]藝術作品。

2 a Ⓤ[常 ～s]美術：a school of ～ 美術的派別/⇨ fine art 2/ ～*s* and crafts(美術)工藝。**b** ⓒ美術之一部門。**c** Ⓤ[集合稱]美術作品：a museum of modern ～ 現代美術館。

3 a ⓒ(專門的)技術，(特殊的)技藝：the healing ～ 醫術/industrial [useful] ～*s* 工藝/the ～ *of* building [war] 建築[戰]術。**b** Ⓤ做某事之技巧，巧術，技藝；方法，竅門：He has the ～ *of* mak*ing* friends. 他懂得交朋友的方法/There's no ～ in do*ing* it. 做這件事不需要技巧。

4 Ⓤ **a** 人工，人爲：nature and ～ 自然和人工/by ～ 藉人工。**b** 做作，裝模作樣：a smile without ～ 誠摯的微笑。

5 a Ⓤ奸詐，狡猾：by ～ 狡猾地。**b** ⓒ[常 ～s]詐術，詭計。

—B [～s] **1** (大學裏與自然學科(science)相對的)人文學科，文科：～*s* and sciences 文科和理科/a Bachelor [Master] of *Arts* 文學士[碩士]。**2** 《美》(大學的)文理科：liberal ～*s* ⇨ liberal 5.

—*adj.* [用在名詞前]藝術的，美術的：an ～ critic 美術批評[評論]家/ ～ history 美術史/an ～ historian 美術史家/an ～ school 美術學校。

art² [(輕讀) ət; ət; (重讀) art; ɑːt] *v.* 《古・詩》主詞爲第二人稱代名詞 thou 時 be 的直說法現在式：thou ～ ＝you are.

Art [art; ɑːt] *n.* 阿特《男子名；Arthur 的暱稱》。

art. 《略》article；artillery；artist.

árt déco [-ˋdeko, -ˋdeko; -ˈdekou, -ˈdeikou] *n.* Ⓤⓒ[常 A～ D～] 1920 年代和 1930 年代所流行的一種裝飾風格。

árt dirèctor *n.* ⓒ **1** 《電影・電視》美術監督。**2** (刊物等的)美術編輯。

árt èditor *n.* ＝art director 2.

ar·te·fact [ˋartɪˏfækt; ˈɑːtifækt] *n.* ＝artifact.

Ar·te·mis [ˋartəmɪs; ˈɑːtimis] *n.* 《希臘神話》阿特蜜絲《月亮與狩獵之女神；相當於羅馬神話之黛安娜(Diana)；cf. Luna, Phoebe》.

Artemis

ar·te·ri·al [arˋtɪrɪəl; ɑːˈtiəriəl ˉ] 《artery 的形容詞》—*adj.* [用在名詞前] **1** 《解剖》動脈的(↔ venous)：～ blood 動脈血。**2** 幹線的〈道路等〉：an ～ railroad 鐵路幹線/～ roads 幹道。

ar·tè·ri·o·sclerósis [arˋtɪrɪˏosklɪˋrosɪs; ɑːˌtiəriouskliəˈrousis] *n.* Ⓤ《醫》動脈硬化(症)。

ar·ter·y [ˋartərɪ; ˈɑːtəri] 《源自希臘文「氣管」之義》—*n.* ⓒ **1** 《解剖》動脈(↔ vein)：the main ～ 大動脈。**2** 幹道，主要道路[鐵路，河流]：a main ～ 主要幹道。

ar·té·sian wéll [arˋtiʒən-; ɑːˈtiːzjən-, -ʒn-] 《源自法國地名 Artois》—*n.* ⓒ(利用地下水水壓冒出的)噴水井，自流井；深水井。

art·ful [ˋartfəl; ˈɑːtful] *adj.* **1** 耍弄技巧的，詭詐的，欺人的，狡猾的(cunning). **2** 富於技巧的，巧妙的；機敏的。

～**·ly** *adv.* ～**·ness** *n.*

ar·thrit·ic [arˋθrɪtɪk; ɑːˈθritikˉ] *adj.* 關節炎的。

—*n.* ⓒ關節炎患者。

ar·thri·tis [arˋθraɪtɪs; ɑːˈθraitis] *n.* Ⓤ《醫》關節炎。

ar·thro·pod [ˋarθrəˏpad; ˈɑːθrəpɔd] *n.* ⓒ《動物》節足動物《蝦、蟹、蜘蛛、蜈蚣、昆蟲等》。

Ar·thur [ˋarθɚ; ˈɑːθə] *n.* 亞瑟《男子名；暱稱 Artie》.

Ar·thur, King *n.* 亞瑟王《傳說中的六世紀前後的英國國王》。

Ar·thu·ri·an [arˋθjʊrɪən, -ˋθʊr-; ɑːˈθjuəriənˉ] 《Arthur 的形容詞》—*adj.* (有關)亞瑟王的：the ～ legends 亞瑟王的傳說。

ar·ti·choke [ˋartɪˏtʃok; ˈɑːtitʃouk] *n.* 《植物》**1** ⓒ[當作食物時爲Ⓤ]朝鮮薊《其花可供食用》。**2** ＝Jerusalem artichoke.

‡ar·ti·cle [ˋartɪkl; ˈɑːtikl] 《源自拉丁文「接頭，關節」之義》—*n.* **1** ⓒ(報章、雜誌的)文章，論文：an ～ *on* China 有關中國的論文/a leading ～ 《英》社論《★比較《美》則用 editorial》.

2 a ⓒ(條約、契約等之)條目，條款(item)：*A*～ 9 [the 9th ～] of the Constitution 憲法第九條/～*s* of faith 信條/the ～ of association(公司社團的)章程。**b** [～s]雇用契約：in ～*s* 依雇用契約工作著。

3 ⓒ物品，物件，品目：～*s* of food 食品/toilet ～*s* 化粧品/domestic ～*s* 家庭用品。

4 ⓒ(同種東西的)一個，一件：an ～ of clothing 一件衣物/an ～ of furniture 一件家具。

5 ⓒ《文法》冠詞《a, an, the》：⇨ definite article, indefinite article.

—*v.t.* 〔十受(十介十(代)名)〕定學徒契約使〈人〉受雇〔於…〕；訂約將…收爲學徒〔*to, with*〕.

ár·ti·cled *adj.* 定有雇用契約的：an ～ clerk 依契約條款受雇的店員。

ar·tic·u·lar [arˋtɪkjəlɚ; ɑːˈtikjulə] *adj.* 關節的。

ar·tic·u·late [arˋtɪkjəˏlet; ɑːˈtikjuleit] 《源自拉丁文「分成幾個接頭」之義》—*v.t.* **1 a** 清晰地發出〈音節、字眼〉：*A*～ your words carefully [clearly]. 要用心地[清楚地]把話(一句一句)說清楚。**b** 清楚地[明白地，有效地]表達〈想法、感情等〉。

2 〔十受(十介十(代)名)〕以關節將〈骨〉〔與…〕連接〔*to, with*〕: This bone is ～*d* ***with*** another. 這根骨以關節與另一根骨相連。

—*v.i.* **1** 清晰地發音[說話]，字正腔圓[口齒清晰]地說話。**2** 明白地表達。

— [-lɪt; -lət, -lit] *adj.* **1 a** 〈話、發音等〉清晰的，清楚的。**b** 〈語音、言語〉音節分明的《各音節、單字劃分清楚》：～ speech 字音清晰的言語。

2 a 〈人〉能清楚地說出[表達]事物[想法]的。**b** 〈想法、論點等〉明確的，有條有理的。

3 《生物》有關節的。～**·ly** *adv.* ～**·ness** *n.*

ar·tic·u·la·tion [arˏtɪkjəˋleʃən; ɑːˌtikjuˈleiʃn] 《articulate 的名詞》—*n.* **1** Ⓤ **a** 清晰的[清楚的]發音。**b** 發音(的方式)。**2** Ⓤ(想法等之)明確的表達。**3** Ⓤ《語音》**a** 發音。**b** 語音；(尤指)子音。

4 Ⓤ《語言》發音分節。5《解剖》a Ⓤ關節的接合。b Ⓒ關節；(尤指植物的)節。

ar·tíc·u·là·tor [-tə; -tə] *n.* Ⓒ 1 發音清晰的人。2《語音》發音器官《舌、唇、聲帶等》。

ar·tic·u·la·to·ry [ɑrˋtɪkjələ͵torɪ, -͵tɔrɪ; ɑːˈtikjulətəri] *adj.* 1 發音清晰的；與發音有關的；有音節的。2 關節的；關節結合的。

Ar·tie [ˋɑrtɪ; ˈɑːti] *n.* 阿提《男子名；Arthur 的暱稱》。

ar·ti·fact [ˋɑrtɪ͵fækt; ˈɑːtifækt] *n.* Ⓒ 1 (與天然物相對而言的)人工製品，工藝品；藝術品。2《考古》(與自然遺物相對而言的)人工遺物，文化遺物。

ar·ti·fac·ti·tious [͵ɑrtəfækˋtɪʃəs; ͵ɑːtifækˈtiʃəs] *adj.* 人工製品的；加工的。

ar·ti·fice [ˋɑrtəfɪs; ˈɑːtifis] *n.* 1 a ⓊⒸ策略，巧計：by ~ 藉妙計。b Ⓤ詭詐，詭計多端，狡猾。2 Ⓒ巧妙的主意[點子]。

ar·tif·i·cer [ɑrˋtɪfəsɚ; ɑːˈtifisə] *n.* Ⓒ 1 a 技師；技工，巧匠，工匠。b 設計者；製造者。2《軍》技術兵。

the Gréat Artíficer 造物主《上帝》。

***ar·ti·fi·cial** [͵ɑrtəˋfɪʃəl; ͵ɑːtiˈfiʃl] «artifice 的形容詞»—*adj.* (more ~；most ~) 1 (無比較級、最高級)(與「自然的(natural)」相對而言的)人造的，人工的，人爲的；仿造的：~ daylight [sunlight] 人造日光，太陽燈/ ~ flowers 人造花/an ~ eye [limb, tooth] 義眼[肢，齒]/ ~ ice 人造冰/ ~ insemination 人工授精/ ~ leather 人造皮/ ~ rain 人造雨/an ~ satellite 人造衛星/ ~ selection 人爲選擇[淘汰]。2 a 不自然的，虛假的，假惺惺的：an ~ smile 不自然的微笑/ ~ tears 假哭，假慈悲。b 〈人、文章等〉做作的，故弄玄虛的：an ~ manner 做作的態度[舉止]。

artifícial intélligence *n.* Ⓤ《電算》人工智慧。

ar·ti·fi·ci·al·i·ty [͵ɑrtə͵fɪʃɪˋælətɪ; ͵ɑːtifiʃiˈæləti] *n.* 1 Ⓤ人爲；不自然，做作，故弄玄虛。2 Ⓒ人造之物，人爲之事物，不自然之事物。

ar·ti·fi·cial·ize [͵ɑrtəˋfɪʃə͵laɪz; ͵ɑːtiˈfiʃəlaiz] *v.t.* 使…變成人爲；使…人工化；奪去…的自然性。

àr·ti·fí·cial·ly [-ʃəlɪ; -ʃli] *adv.* 1 人工地，人爲地。2 不自然地，做作地。

ar·til·ler·ist [ɑrˋtɪlərɪst; ɑːˈtilərist] *n.* =artilleryman.

ar·til·ler·y [ɑrˋtɪlərɪ; ɑːˈtiləri] *n.* Ⓤ 1 [集合稱] a 砲，大砲。b 砲兵，砲隊。2 砲術；射擊術(gunnery).

ar·tíl·ler·y·man [-mən; -mən] *n.* Ⓒ (*pl.* -men [-mən; -mən])砲兵，砲手。

ar·ti·san [ˋɑrtəzn̩; ͵ɑːtiˈzæn, ˈɑːtizæn] *n.* Ⓒ工匠，手藝工，技工。

‡art·ist [ˋɑrtɪst; ˈɑːtist] *n.* Ⓒ 1 a 藝術家。b 美術家；(尤指)畫家(painter). 2 (某一方面的)高手，名家[*at, in*]. 3 =artiste.

ar·tiste [ɑrˋtist; ɑːˈtiːst] «源自法語»—*n.* Ⓒ藝人《演員、歌手、舞蹈家，有時爲理髮師、廚師等精於某一行業的人的自稱，常爲幽默或詼諧用語；有時用於稱呼他人》。

***ar·tis·tic** [ɑrˋtɪstɪk; ɑːˈtistik] «art, artist 的形容詞»—*adj.* (more ~；most ~) 1 藝術的，美術的；雅致的；有藝術技巧或鑑賞力的：~ effect 藝術效果。2 (無比較級、最高級)藝術[美術]家的。

àr·tís·ti·cal·ly [-klɪ; -kəli] *adv.* 1 以藝術[美術]的手法，美妙高雅地。2 [修飾整句]在藝術[美術]上。

ar·tist·ry [ˋɑrtɪstrɪ; ˈɑːtistri] *n.* Ⓤ 1 藝術技巧[才能，手藝]。2 藝術效果，藝術性。

árt·less *adj.* 1 a 無虛飾的，自然的。b 樸實無華的，天眞爛漫[無邪]的，不世故的。2 拙劣的，笨拙的。

~·ly *adv.* ~·ness *n.*

art·mo·bile [ˋɑrtmə͵bil; ˈɑːtməbiːl] *n.* Ⓒ《美》流動[巡廻]畫廊。

art nou·veau [͵ɑrtnuˋvo; ͵ɑːtnuːˈvou] «源自法語 'new art' 之義»—*n.* [常 A~ N~] Ⓤ《美術》新藝術派《自十九世紀末至二十世紀初風行於歐洲的一種美術工藝的樣式；以自然之曲線爲其特色》。

árt pàper *n.* Ⓤ《英》銅版紙，塗料紙(⇨ COATED paper).

árts and cráfts *n. pl.* 工藝美術。

árt sòng *n.* Ⓒ藝術歌曲。

art·sy-craft·sy [ˋɑrtsɪˋkræftsɪ; ͵ɑːtsiˈkrɑːftsi] *adj.*《美口語》= arty-crafty.

art·y [ˋɑrtɪ; ˈɑːti] *adj.*《口語》1 〈人〉自命藝術家的，冒充懂藝術的。2 〈物〉冒充藝術品的。

árty-cráfty *adj.*《口語》1 〈人〉自命藝術家的，冒充懂藝術的。2 〈家具等〉精緻而不實用的，華而不實的。

ar·um [ˋɛrəm; ˈɛərəm] *n.* (又作 **árum lily**) Ⓒ《植物》白星海芋《白星海芋屬》。

-ar·y [-ɛrɪ, -ərɪ; -əri] 字尾 1 [形容詞字尾]表示「…的；與…有關的」: milit*ary*. 2 [名詞字尾]表示「有關[屬於]…之人[物，場所]」: diction*ary*, gran*ary*.

Ar·y·an [ˋɛrɪən; ˈɛəriən] *adj.* 1《古》亞利安語系[民族]的。2 印度波斯[印歐]語系的。3 (納粹德國)亞利安人(種)的，猶太人以外之白種人的。

—*n.* 1 Ⓤ《古》亞利安[印歐]語《★比較現稱作 Indo-European [-Germanic] (印歐[日耳曼]語)》。2 Ⓤ印度波斯語。3 Ⓒ (納粹德國)亞利安人，猶太人以外之白種人。

‡as [(輕讀) əz, z; əz, z; (重讀) æz; æz] «古英語 all so 至中古英語成爲 also, 之後變爲更弱並失去 l 而成；因此與 so 亦有關»—*adv.* [常 as…as…, 置於形容詞、副詞前] (同…)一樣地，同樣地，相等地《★在 as…as… 中第一個 as 爲指示副詞；第二個 as 爲連接詞(⇨ *conj.* 1)》: He is *as* tall as you (are). 他和你一樣高/I love you *as* much as she (does). 我和她一樣愛你/I love you *as* much as I love her. 我愛你如同我愛她/I love you *as* much as her. 我愛你如同愛她；《口語》我和她一樣愛你/This is twice [three times] *as* large as that. 這個有那個的兩倍[三倍]大/Tom is not *as* honest as John. 湯姆不如約翰那樣誠實《★用法 as…as… 之否定用 not as [so]…as…, 而 not so…as… 給與人稍微拘泥之感覺；此外諸如 as busy as a bee, as strong as a horse 等明喻之慣用語通常不用否定之措辭(⇨ *conj.* 1)》/He is not *as* young as he was [as he used to be]. 他(現在)沒有從前那麼年輕/Take *as* much as you want. 你要多少就拿多少吧/He has *as* many books. 他有和我(所有的)一樣多的書《★books 後面省略 as I have》/I can do it *as* well. 我也能做得一樣好《★後面省略 as you, as she等》。

as…as ány 不亞於任何一個地…，像任何一個那樣…: He is *as* hardworking *as any.* 他用功不亞於任何人[他和任何人一樣地用功]。

as…as éver 依舊，如故…: He works *as* hard *as ever.* 他依舊用功[他勤勉如故]。

as…as one cán =**as…as póssible** 儘可能…，儘量…: *as* soon *as possible* 儘快/He ran *as* fast *as* he *could.* 他儘快跑。

as lòng as… ⇨ long *adv.* **as mány** ⇨ many.

as múch ⇨ much.

—*conj.* 1 a [as [so]…as… 表示同程度之比較]同…一樣地，像…，如…般(⇨ as *adv.* ★): He is as tall *as* I [me]. 他和我一樣高《★用法依文法爲 as I (am), 但也常使用受格》/Are you as good at English *as* him? 你像他那樣精通英語嗎? /It is not as [so] easy *as* you think. 這件事不如你所想的那麼容易(⇨ as *adv.* 用法)。b [(as)…as… 構成明喻之慣用語]…般地(非常，極)《★常押頭韻》: (as) busy *as* a bee (蜜蜂般地)非常忙碌/(as) cool *as* a cucumber (胡瓜般地)很冷靜/(as) black *as* a raven (烏鴉般地)烏黑。c [so [as]…as… 置於名詞後]…般地…的: A man *so* [*as*] clever *as* he (is) [him] cannot have made such a blunder. 像他那麼聰明的人不可能犯這樣的大錯。d [so…as *to* do]非常…以至於…，…得…，…到…的程度(⇨ so *adv.* A 6 b): He was *so* kind *as to* help me. 他非常友好以至於(主動)幫助我《「他友好到幫助我的地步」之意》。

2 [表示樣式、狀態] a 如…；照…，依…: Do *as* you like. 照你的意思做吧/Do in Rome *as* the Romans do. ⇨ Rome/Take things *as* they are. 接受現狀吧《面對事實吧》/Leave them *as* they are. 讓他[它]們保持現狀吧/*as* you know 如你(們)所知/England *as* she is 現在的英國/Liv*ing as* I do so remote from town, I rarely have visitors. 因爲我住得(像我現在住著般地)離城鎮這麼遠，所以罕有訪客《★用法doing as A does 爲分詞結構，表示「因爲 A 像現在這般地…著」之意》。b [as…so…相關地使用]如…一般地，像…一樣地: *As* rust eats (into) iron, *so* care eats (into) the heart. 憂慮會像銹腐蝕鐵一般地損耗心神；憂慮損耗心神，猶如銹腐蝕鐵。

3 a [表示兩種動作之同時進行]當…之時；正值…之時，邊…邊…《★用法表示同時性之語氣較 when 更重，用法與 while 略同》: He came up (to me) *as* I was speaking. 當我在說話時他走過來 /Just *as* he began to speak, there was a loud explosion. 正當他開始說話時，響起了很大的爆炸聲 /He trembled *as* he spoke. 他邊說邊發抖。b [as a child [children] 等省略主詞及述語之句型]兒時，小時候《★用法此種附加於同位語前之 as 又可視爲介系詞》: *As* a boy, he was a good swimmer. 小時候他很會游泳。

4 [表示比例]隨着…(越發…)，越…(越…): *As* we go up, the air grows colder. 我們越往上爬，空氣變得越冷 /Two is to three *as* four is to six. = *As* two is to three, four is to six. 二比三等於四比六。

5 [常用於句首表原因、理由] a 因爲，既然…《★用法because 用以明白表示直接理由，而 as 則用以稍微地陳述附帶理由，但因語意不明確，美國語法較常用 because, since》: *As* it was getting dark, we soon turned back. 因爲天色逐漸變黑，我們不久就折回去了/*As* you are sorry, I'll forgive you. 既然你有悔意，我就原諒你吧。b [形容詞[副詞]＋as…]因爲…(cf. 6 a): Young *as* he was, it is not strange that he should have acted

so foolishly. 因爲他年輕，難怪他舉動會那樣愚蠢。
6 [表示讓步]《文語》**a** [形容詞[副詞，無冠詞之名詞]＋as...]儘管，雖然，縱然…(cf. 5b)《★此句型由來於(*As*) young *as* he was, he...(像他那麼年輕而…)，young 本爲主要子句主詞 he 之同位補語》：Woman *as* she was, she was brave. 她雖然是女人，却很勇敢 /Young *as* he was, he passed with flying colors. 他雖然年輕，却成功地通過了(考試)。**b** [原形動詞＋as＋主詞＋may [might, will, would]] 不管怎樣…也，無論如何…也：Try *as* you *may*, you *will* find it impossible to solve the problem. 不管你怎麼努力，你會發覺要解決這個問題是不可能的。
7 [用以限定前面名詞之概念] **a** [引導形容詞子句]：The origin of universities *as* we know them is commonly traced back to the twelfth century. 據我們所知，大學之最早興辦一般可追溯到十二世紀。**b** [與形容詞、過去分詞、介系詞連用]《★參考成語》：Socrates' conversations *as* reported by Plato were full of a shrewd humor. 照柏拉圖所傳述的，蘇格拉底的談話充滿了慧黠的幽默。
as abóve 如上(所示)，照上。**as befóre** 如前。**as belów** 如下。**(as) compáred with [to]...** ⇨compare.
às for... [常用於句首]就…而言，說到…，至於…《★無 as to (2) 之用法》：*As for* the journey, we will decide that later. 至於旅行，我們以後再決定 /*As for* myself, I am not satisfied. (我不知道別人怎樣，不過)就我來說，我是不滿意的。
às from... 〈法律、契約等〉自…起《★用法用以表示實施、廢止之日期等》：The agreement is effective *as from* September 1. 本[此]協議自九月一日起生效《★常在文件中使用之詞句》。
as if (1)假若…，好像…似的，彷彿，宛如，猶如《★用法as if 子句中使用假設法，但口語也用直說法》：I feel *as if* I hadn't long to live. 我感覺彷彿我餘生無多/She looks *as if* she were [was, is] dying. 她看起來好像快要死了似的/He looked at her *as if* he had never seen her before. 他宛如從未見過她似地看著她。(2) [as if *to* do] 好像做…似地：He smiled *as if to* welcome her. 他微笑著，像是向她表示歡迎。(3) [**It seems [looks] as if....**] 顯得[看起來]…(《★用法與義(1)同》：*It seemed as if* the fight would never end. 看起來戰鬥永遠不會結束似的 / *It looks as if* it is going to snow. 看起來好像要下雪了。(4) [**It isn't as if** .... 或 **As if** ....] 又不是…(《★用法與義(1)同》：*It isn't as if* he were poor. 他又不窮《好像他貧窮似的》/ *It's not as if* he has no talent. 他又不是沒有才幹/*As if* you didn't [don't] know! 你又不是不知道(幹嘛裝得好像你不知道似的)!
as it is《★過去式爲 as it was》(1) [用於句首；常與表示假想之語句使用] (然而)事實上(與假想相反)，實際上：I would pay you if I could. But *as it is* I cannot. 假若我能，我願意付給你，但實際上我不能。(2) [用於句中、句尾] 照原樣，照現狀(已)：The situation is bad enough *as it is.* 形勢照現狀而言已經夠壞了 /Don't take on any more jobs. You have too many *as it is.* 別再承接工作了，你現在(的工作)已經太多了。
as it wére [當插入語用] 可謂，好比是：He is, *as it were,* an eternal boy. 他好像是個永遠年輕的小伙子。
às of... (1)〈某月某日〉現在的，到…時候爲止的：*as of* May 1 (到)五月一日現在(爲止)的 /*as of* today [yesterday] 到今天[昨天]爲止的，今天現在[昨天當時]的。(2) ＝AS from.
as oppósed to... ⇨opposed. **as thìngs áre** ⇨thing 5b. **as thóugh** ＝AS if.
às to... (1) [用於句首] ＝AS for. (2) [用於句中] 關於…，有關…《★用法疑問子句[片語]前之 as to 多半省略》：He said nothing *as to* the time. 他沒有提到關於時間的事 /They were quarreling *as to which* was the stronger. 他們在爭吵哪一個較强/He said nothing *as to when* he would come. 他沒有提到有關他什麼時候要來的事 /Nobody could decide (*as to*) *what* to do. 沒有人能夠決定(有關)該怎麼辦[該做什麼](的事)。(3)依，按，照…：classify butterflies *as to* size and color 把蝴蝶依大小和顏色分類。
as whó should sáy... ⇨who.
as yèt ⇨yet.
sò as to [sò as nót to] dó... 以便[以免]…《★用法so as (not) to＝in order (not) to, 但往往 so as (not) to 之後接無意志動詞，in order (not) to 之後接意志動詞》：We came early *so as to* have plenty of time. 我們早來以便有充裕的時間《★變換可換寫成 ...in order to have plenty of time.》/I got up early *so as to* be in time for the first train. 我早起以便及時趕上第一班火車《★變換可換寫成 ...in order to take the first train.》.
—*pron.* 《關係代名詞》**1** [與 such, the same 或 as 連用，用作限制性關係代名詞]…之類的：*such* food *as* we give the dog 像我們給狗吃的食物/*such* liquors *as* beer＝liquors *such as* beer 啤酒之類的飲料/*Such* men *as* heard him praised him. 聽了他演講的人們都稱讚他/This is *the same* watch *as* I have lost. 這和我所遺失的是同一種錶《★用法通常表示同一種類，但於口語有時與 the same watch that I have lost (我所遺失的同一隻錶)同樣地表示同一物》/He is *as* brave a man *as* ever breathed [there was]. 他是前所未有的勇敢的(男)人。**2** [以在其前或在其後之主要子句整體爲其先行詞，用作接續性關係代名詞]這，此事：He was a foreigner, *as* I knew from his accent. 從他的口音，我知道他是外國人/*As* might be expected, a knowledge of psychology is essential for successful advertising. 如一般所料的，心理學的知識對於成功的廣告是不可或缺的/*as* is the case (with him) 這(在他)是常有的事。
as fóllows ⇨follow.
às is 《口語》照原狀；以現貨：I bought the car *as is.* 我現貨買了這部車。
as regàrds ⇨regard *v.*
—*prep.* **1** 做爲，充任，擔任…：He lived *as* a saint. 他過著聖人(般)的生活/It can be used *as* a knife. 它可當刀子用/a position *as* a teacher of English (做爲)英語教師的職位/act *as* go-between充任居間人《★用法後接之名詞表示官銜、職務、資格、性質等抽象之概念時，不加冠詞；表示個人或個體時加 a [an]》.
2 [引導動詞之受詞] 爲…，作…《★用法有時後接形容詞或分詞而不僅限於名詞》：I regard him *as* a fool. 我視他爲笨蛋/They look up to him *as* their leader. 他們尊他爲領袖/He treats me *as* a child. 他把我當作小孩子看待/Children look upon middle-aged persons *as* extremely old. 小孩們總是把中年人看成很老。
3 例如…，像…《★比較一般用 such as》：Some animals, *as* the fox and squirrel, have bushy tails. 有些動物，像狐狸和松鼠，有濃密的尾巴。
as a (géneral) rúle ⇨ rule. **as a rúle** ⇨rule. **as sùch** ⇨ such *pron.*
As 《符號》《化學》arsenic.
AS, A.S. 《略》Anglo-Saxon.
as- 字首 (附加在 s 之前的) ad- 的變體：*as*similation.
ASA 《略》American Standards Association 美國標準規格協會《用以標示軟片之曝光指數》。
as·a·fet·i·da [ˌæsəˈfɛtɪdə, æsˈfɛt-; ˌæsəˈfetidə] *n.* Ⓤ《化學》阿魏《繖形科植物的根(莖)切斷後流出的膠脂；用作驅風藥、鎮靜藥等》。
ASAP 《略》(又作 **A.S.A.P., a.s.a.p.**) as soon as possible. 盡快。
as·bes·tos [æzˈbɛstəs; æzˈbestəs] *n.* Ⓤ石綿。
as·cend [əˈsɛnd; əˈsend] «源自拉丁文「攀登…」之義» **—*v.i.*** 《文語》(↔ descend) **1** [動(＋副詞(片語))] **a** 登(高)，登上，上升(⇨climb【同義字】)：He ~*ed to* the roof. 他爬上屋頂 /The airplane ~*ed into* the cloudy sky. 飛機上升到陰雲密布的天空中。**b** 〈煙等〉升起：Thick smoke ~*ed from* the burning plane. 濃煙從燃燒中的飛機升起。**c** 《音樂》由低音升至高音。
2 a [動(＋副詞(片語))] 〈路等〉升高：The path ~*s from* here. 小徑由此轉向上坡。**b** 〈物價〉上漲，上升。
3 [動(＋介＋(代)名)] (在地位上)升高[*to*]：~ **to** power 登上權力之寶座，掌權。
—*v.t.* [＋受] **1 a** 攀登〈山等〉；爬上〈樓梯〉：A small party was planning to ~ Mt. Everest. 一小隊人在計畫攀登聖母峯。**b** 逆〈河〉往上游；回溯。**2** 登上〈王位〉：That year he ~*ed* (to) the throne. 那一年他登上了王位。
as·cend·ance [əˈsɛndəns; əˈsendəns] *n.* ＝ascendancy.
as·cen·dan·cy [əˈsɛndənsɪ; əˈsendənsi] «ascendant, ascendent 的名詞» **—*n.*** Ⓤ權勢，優勢，主權[*over*]：gain [have] ~ *over*... 比…佔優勢，勝過[優於]…，佔…上風；支配…/He is completely under his wife's ~. 他完全受制於其妻[受其妻的指揮]。
as·cen·dant [əˈsɛndənt; əˈsendənt] *adj.* **1** 上升的，升起的(rising). **2** 〈地位、權勢等〉如旭日升天的，優越的，優勢的。**3 a** 《占星》東方地平線上的。**b** 《天文》向天頂上升的：an ~ star 向天頂上升的星。
—*n.* Ⓤ **1** 優越，優勢[*over*]. **2** 《占星》(人誕生時之)星位；運道。
in the ascéndant (1)〈人、勢力等〉在優越地位上的，如旭日升天的；權勢日隆的。(2)〈運道〉愈來愈好的，時來運轉的：His star was *in the* ~. 他鴻運高照[正在走運]。
as·cen·den·cy [əˈsɛndənsɪ; əˈsendənsi] *n.* ＝ascendancy.
as·cen·dent [əˈsɛndənt; əˈsendənt] *adj., n.* ＝ascendant.
as·cénd·ing *adj.* 向上的，上升的(↔ descending)：an ~ scale《音樂》上升音階。
as·cen·sion [əˈsɛnʃən; əˈsenʃn] «ascend 的名詞» **—*n.*** **1** Ⓤ升起，上升，升高《★比較一般用 ascent》. **2 a** [**the A~**] 耶穌的升天。**b** [**A~**] ＝Ascension Day.
Ascénsion Dày *n.* 耶穌升天節 (Holy Thursday)《復活節 (Easter) 後第四十日之星期四》。
as·cent [əˈsɛnt; əˈsent] «ascend 的名詞» **—*n.*** (↔ descent) **1** ⓊⒸ **a** 攀登，登高：make an ~ (*of* a mountain) 攀登(山峯)。

A

b 上升；向上，冒陞。**2** Ⓒ上坡[斜坡](路)：a gentle [rapid] ~ 緩[陡]坡。

as·cer·tain [͵æsɚ'ten; ͵æsə'tein] «源自古法語「使成 certain(確實)」之義»——*v.t.* **確定**：**a** 〔十受〕確定，探查，稽考〈事實等〉：We must ~ the public's wishes. 我們必須探查[弄清]大衆的希望。**b** 〔十 *that*__〕確定〈…之事〉：She wanted to ~ *that* her son was among the wounded. 她想要弄清兒子是受傷者之一。**c** 〔十 *wh.*__〕確定〈…何…〉：It is difficult to ~ *what* really happened. 事情眞相甚難查明/My purpose is to ~ *whether* you are interested or not. 我的目的是要弄清你是否感興趣。**d** 〔十受十 *to be* 補〕確定〈…〉〈爲…〉：I ~*ed* the disease *to be* diphtheria. 我確定該病爲白喉。

~·**ment** *n.* ~·**a·ble** [-nəbl; -nəbl] *adj.*

as·cet·ic [ə'sɛtɪk; ə'setik] *adj.* **1** 苦行的；禁慾的，禁慾生活的。**2** 〈相貌等〉似苦行者的。

——*n.* Ⓒ禁慾主義者；苦行者，修道僧，修行者。

as·cét·i·cal·ly [-klɪ; -kəli] *adv.*

as·cet·i·cism [ə'sɛtə͵sɪzəm; ə'setisizəm] *n.* Ⓤ **1** 禁慾主義。**2** 《基督教》苦行(生活)。**3** 《天主教》修德(主義)。

ASCII ['æski; 'æski:] 《略》American Standard Code for Information Interchange 美國資訊交換標準碼。

As·cle·pi·us [æs'klipɪəs; æs'kli:piəs] *n.* 《希臘神話》阿斯克勒庇俄斯《阿波羅(Apollo)之子；司醫藥與醫術之神；相當於羅馬神話中的埃斯丘勒皮俄斯(Aesculapius)》。

a·scór·bic ácid [ə'skɔrbɪk-; ə'skɔ:bik-] *n.* Ⓤ抗壞血酸《即維他命 C》。

As·cot ['æskət; 'æskət] *n.* **1 a** 阿斯科特賽馬場。**b** 阿斯科特賽馬。

ascot 2

【字源】Ascot 是位於英格蘭波克郡(Berkshire)的著名賽馬場，每年六月的第三個星期在此地舉行賽馬時有許多上流社會的人士聚集在此，可以看到服飾的最新款式。寬領巾(ascot(tie))便是從此地開始流行的。

2 [a~] (又作 **áscot tie**) Ⓒ阿斯科特式領帶《一種寬領帶》。

as·crib·a·ble [ə'skraɪbəbl; ə'skraibəbl] *adj.* 〔十介十(代)名〕可歸屬[於…]的，起因[於…]的〔*to*〕：Is his failure ~ *to* incompetence or *to* bad luck？他的失敗是因爲無能還是因爲運氣壞？

as·cribe [ə'skraɪb; əs'kraib] «源自拉丁文「記在…上」之義»——*v.t.* 〔十受十介十(代)名〕將〈原因、動機等〉**認爲屬**[於…]；將〈結果等〉歸因[歸功][於…]；把…歸罪[歸咎][於…]；認定〈作品等〉爲[…]所作〔*to*〕《★常用被動語態》：He ~*d* his failure *to* bad luck. 他把他的失敗歸於運氣不好/The alphabet *is* ~*d to* the Phoenicians. 字母被認定爲是腓尼基人所創的。

as·crip·tion [ə'skrɪpʃən; əs'kripʃn] «ascribe 的名詞»——*n.* Ⓤ 《文語》歸[因、功、罪、咎(等)][於…]，歸屬〔*of*〕〔*to*〕。

ASEAN, A.S.E.A.N. ['æsɪən; 'æsiən] «*A*ssociation of *S*outh*e*ast *A*sian *N*ations 的頭字語»——*n.* 東南亞國(家)協(會)，東協《1967 年成立於曼谷；會員國有印尼、馬來西亞、菲律賓、新加坡、泰國等五國》。

a·sep·sis [ə'sɛpsɪs, e-; æ'sepsis, ei-, ə-] *n.* Ⓤ《醫》**1** 無菌狀態。**2** 無菌法，防腐法。

a·sep·tic [ə'sɛptɪk; æ'septik, ə-ˈ] *adj.* 《醫》無菌的，滅菌的，無膿毒的；(經過)滅[殺]菌處理的(cf. antiseptic)：~ surgery 無菌外科手術。——*n.* Ⓒ防腐劑。

a·sép·ti·cal·ly [-klɪ; -kəli] *adv.*

a·sex·u·al [e'sɛkʃuəl, ə-; ei'sekʃuəlˈ] *adj.* **1** 《生物》無性(器官)的，無性別的：~ reproduction 無性生殖。**2** 與性無關的。

~·**ly** [-əlɪ; -əli] *adv.*

***ash**[1] [æʃ; æʃ] *n.* **1 a** Ⓤ[常 ~**es**] **灰，燒後剩下的渣滓**：Fuel oil leaves no ~. 燃料油(燒後)不會留下灰/Please clear the ~*es* from the fireplace. 請清除壁爐裏的灰/a heap of cigarette ~(*es*) 一堆烟灰。**b** [~**es**] (火災後的)灰燼：The house was burned to ~*es*. 那房屋被燒成灰燼。**c** Ⓤ《化學》灰：soda ~ 蘇打灰，炭酸鈉，鹼灰。

2 [~**es**] 骨灰；《詩》屍骨：His ~*es* repose in Westminster Abbey. 他的遺體下葬在[他長眠於]西敏寺/Peace to his ~*es*! 願他的靈魂安眠！

dúst and áshes ⇨dust.

ash[2] [æʃ; æʃ] *n.* **1** Ⓒ《植物》梣[白楊]樹。**2** Ⓤ梣[白楊]木《製滑雪屐、球棒等用之木材》。

***a·shamed** [ə'ʃemd; ə'ʃeimd] *adj.* [不用在名詞前] (**more** ~；**most** ~) **1 a** 〔十介十(代)名〕[爲…]**感到羞恥的；感到慚愧的；以[…]爲恥的**〔*of*〕：He is ~ *of* his behavior [*of* hav*ing* behaved so badly]. 他爲他的行爲[他表現得那樣惡劣]感到慚愧/She felt ~ *of* herself. 她自覺羞愧。**b** 〔十 *to* do〕〈爲做…〉感到羞愧的：You should be ~ *to* make a mistake like that. 你應該爲犯那樣的錯誤感到慚愧。**c** 〔十 *that*__〕〈爲…之事〉感到慚愧[羞愧，羞恥]的：I feel ~ *that* I put you to so much trouble. 我很慚愧，給你添了這麼多麻煩。

2 〔十介十(代)名〕[爲…]感到遺憾的〔*of*〕：You'll probably be ~ *of* me. 你大概會爲我感到遺憾吧。

3 〔十 *to* do〕恥於，不好意思〈(做)…〉的，不願〈…〉的：He was ~ *to* ask a favor. 他恥於求人/Old as he was, he was not ~ *to* learn. 他雖然年老，却不恥於學習。

a·shám·ed·ly [-mɪdlɪ; -midli] *adv.* **a·shám·ed·ness** [-mɪdnɪs; -midnis] *n.*

ásh bìn *n.* Ⓒ《英》垃圾箱。

ásh càn *n.* Ⓒ《美》**1** (裝灰燼、垃圾等的金屬製)垃圾桶。**2** 《俚》深水炸彈。**3** 《電影》裝在反射器內的一千瓦弧光燈。

ash·en[1] ['æʃən; 'æʃn] «ash[1] 的形容詞»——*adj.* (似)灰的；灰色的，灰白(色)的：turn ~ 〈臉(色)〉變灰白。

ash·en[2] ['æʃən; 'æʃn] «ash[2] 的形容詞»——*adj.* (似)梣[白楊]的；用梣[白楊]木做的。

ash·lar ['æʃlɚ; 'æʃlə] *n.* **1** Ⓒ[集合稱爲Ⓤ]建築用之方石。**2** Ⓤ砌方石的工程。

ash·ler ['æʃlɚ; 'æʃlə] *n.* ＝ashlar.

ash·man ['æʃmæn; 'æʃmæn] *n.* Ⓒ (*pl.* **-men** [-mɛn; -men]) 《美》清除垃圾之人(《英》dustman)《★比較 一般用 garbage collector》。

***a·shore** [ə'ʃor, ə'ʃɔr; ə'ʃɔ:] *adv.* (無比較級、最高級) **向岸地，岸上地；在陸上地**：life ~ 陸上生活/be driven ~ (因風或大浪等而)擱淺/run ~ (因操縱不當等人爲因素而)擱淺/go [come] ~ (從船上)上岸；〈游泳者〉(由水中)上岸。

ásh·pàn *n.* Ⓒ壁爐下盛灰之盤。

ásh·pìt *n.* Ⓒ壁爐下盛灰之坑。

ásh·trày *n.* Ⓒ煙灰缸。

Ásh Wédnesday *n.* Ⓤ聖灰星期三《在復活節(Easter)前基督教徒禁慾懺悔四十天之四旬齋(Lent)的第一日；天主教在此日以灰在信徒頭上撒成十字架之形狀以象徵懺悔》。

ash·y ['æʃɪ; 'æʃi] «ash[1] 的形容詞»——*adj.* (**ash·i·er**；**ash·i·est**) **1** 灰的；覆著灰的。**2** 灰色的，灰白(色)的。

‡**A·sia** ['eʒə, 'eʃə; 'eiʒə, 'eiʃə] *n.* **亞洲，亞細亞。**

Ásia Mínor *n.* 小亞細亞《黑海與地中海之間的巨大半島；爲土耳其領土的主要部分》。

‡**A·sian** ['eʒən, 'eʃən; 'eiʒn, -ʃn] «Asia 的形容詞»——*adj.* **亞洲(人)的**：the *Asian* Games 亞洲運動會，亞運。

——*n.* Ⓒ亞洲人《★(英)主要指在印度、巴基斯坦、斯里蘭卡、孟加拉等國出生之亞洲人》。

Àsian influénza *n.* Ⓤ亞洲型流行性感冒《1957 年首先發生在亞洲》。

A·si·at·ic [͵eʒɪ'ætɪk, ͵eʃ-; ͵eiʃi'ætik, ͵eiʒi-ˈ] *adj., n.* ＝Asian《★比較 尤其在指種族時常含有輕蔑之意，因此一般用 Asian》。

‡**a·side** [ə'saɪd; ə'said] *adv.* (無比較級、最高級) **1 a 向[在]旁地，在一邊地；[從…]離開地**〔*from*〕：turn ~ 轉向一邊，背過臉去/stand [step] ~ (*from* the others) (離開其餘的人而)站[讓開，靠]到一邊。**b** 《戲劇》面向一旁地；用旁白地：speak ~ 〈舞臺上的演員〉說(只給觀衆聽而不爲劇中其他人所知的)旁白。

2 (爲了某種用途而)儲存起來，保留著：She kept the book ~ for me. 她爲我留著那本書/⇨LAY aside, SET aside. **3 a** (拋)開地，(丢)到一邊地：He tried to put his troubles ~. 他試圖不去想煩惱事[把煩惱拋諸腦後，忘掉煩惱]。**b** [置於(動)名詞之後]暫時不管…，先擱置在一旁，且撇開…：Jok*ing* ~ .... 且先不說笑話…《先談正經事》。

aside from... 《美》且撇開…不談；除了…，除開…；除…之外加上。

tàke [dráw] a person asíde (爲談祕密等)把某人帶到一邊[引開]。

——*n.* Ⓒ **1 a** 《戲劇》旁白。**b** 竊語，悄悄話，私語。**2** 離題之話：He spoke *in* an ~ of his family. 他撇開本題談起他的家庭《★句中 of 本來用於 spoke 之後》。

as·i·nine ['æsṇ͵aɪn; 'æsinain] «ass的形容詞»——*adj.* **1** 《罕》(似)驢的。**2 a** 愚蠢的。**b** 頑固的。

as·i·nin·i·ty [͵æsə'nɪnətɪ; ͵æsi'ninəti] *n.* Ⓤ愚蠢，冥頑，倔強。

‡**ask** [æsk; ɑ:sk] *v.t.* **1 詢問，問**：**a** 〔十受〕問，詢問，質問〈人〉：~ a person rudely 不禮貌地問某人/if you ~ me 如果你要我說我的意見，依我的意見。

【同義字】ask 是表示「詢問」之意的最普通用語；inquire 是拘泥的說法；cf. question.

b 〔十受十介十(代)名〕問〈人〉[有關…的情形]〔*about*〕：I ~*ed*

her ***about*** her job. 我問她有關她工作的情形。**c** 〔十受〕問〈事物〉: ~ the way 問路。**d** 〔十 *wh.*__/十*wh.*十*to* do〕問〈何…〉: I ~*ed where* he lived. 我問他住哪兒/*A*~ *how to* do it. 問怎麼做法。**e** 〔十引句〕問道…: "Do you know her?" I ~*ed.* 「你認識她嗎?」我問道。**f** 〔十受十受/十受十介十(代)名〕問〈人〉〈問題〉, 向〈人〉問…; 《文語》〔向人〕發〈問〉, 〔向人〕問〈問題〉〔*of*〕: I ~*ed* him a question.＝I ~*ed* a question ***of*** him. 我問他一個問題/He ~*ed* me my name. 他問了我的名字。**g** 〔十受十 *wh.*__/十受十 *wh.*十*to* do〕問〈人〉〈何…〉: *A*~ him *whether* [*if*] he knows her. 問他是否認識她/He ~*ed* her *where* she had been. 他問她去了哪兒/She ~*ed* me *which to* choose. 她問我該選哪一個。

2 求, 請求, 祈求, 央求, 要求:a 〔十受〕請求〈援助、許可等〉: He ~*ed* our help. 他請求我們的援助。**b** 〔十受十介十(代)名〕〔自人〕求得〈援助、意見等〉, 〔向人〕求〈助〉〔*from*〕: We must ~ help ***from*** your father. 我們必須向令尊求助。**c** 〔十受十介十(代)名〕向〈人〉求〔助、意見等〕〔*for*〕: I ~*ed* him ***for*** help [advice]. 我向他求助[徵求意見]/Can I ~ you (*for*) a small favor? 我可以請你幫個小忙嗎?《★[用法]省略 for 之後仍表示相同之意, 但變成義 d 之〔十受十受〕構句》。**d** 〔十受十受/十受十介十(代)名〕請〈人〉〈幫忙〉; 〔向人〕央求〈幫忙〉〔*of*〕: I wish to ~ you a favor.＝I wish to ~ a favor ***of*** you. 我想請你幫個忙[我想拜託你一件事]《★[比較] I've a favor to ask you. 較口語化》。**e** 〔十受十 *to* do〕求〈人〉〈做…〉: He ~*ed* us *to* leave the room. 他要求我們離開房間/Please ~ the neighbors *not to* make so much noise. 請叫鄰居們不要這樣喧嘩。**f** 〔十 *to* do〕要求〈人〉〈准許做…〉, 〈向人〉請准〈做…〉: He ~*ed to* see the violin. 他要求准許看那把小提琴《★[變換]《文語》可換寫成 He ~*ed that* he might see the violin., 《口語》可換寫成 He ~*ed* if he could [might] see the violin.》。**g** 〔十 *that*__〕要求〈…一事〉: I ~*ed that* he (should) come at once. 我要求他立刻來《★[用法]《口語》多半不用 should》。

3 邀請:a 〔十受十介十(代)名〕邀請〈人〉〔到…〕〔*to, for*〕: ~ a person ***to*** the party [***for*** dinner] 邀請某人赴會[赴宴]。**b** 〔十受十副詞(片語)〕邀請〈人〉〈到…〉《★在副詞(片語)前附加 to come 則易瞭解》: Shall I ~ him *in*? 要我請他進來嗎?/I've been ~*ed out for* the evening. 我已應邀出去參加晚會(等)/I ~*ed* her *over to* my cottage [villa]. 我邀請她到我的別墅來。**c** 〔十受十 *to* do〕邀請[邀約]〈人〉〈做…〉: He ~*ed* me *to* dine with him at the club. 他邀我跟他在俱樂部吃飯。

4 索求, 要, 請求:a 〔十受〕索求〈價款〉: ~ a high price 索求高價/How much did he ~? 他索價多少?**b** 〔十受十介十(代)名〕〔就…〕索〈價款〉〔*for*〕: He ~*ed* $5 ***for*** it. 那東西他索價五美元/They are ~*ing* too much *for* the house. 這房屋他們索價過高。**c** 〔十受十受〕向〈人〉索〈價款〉: He ~*ed* me $5 *for* it. 那東西[件事]他向我要五美元。

5 a 〔十受〕〈事物〉需要…: Such research ~*s* much time and money. 這類的研究需要很多時間和金錢。**b** 〔十受十介十(代)名〕〈事物〉〔對人〕需求〈勞力、金錢等〉〔*of*〕: The study ~*ed* much money ***of*** him. 那項研究要花他很多錢。

6 〔十受〕《古》**a** 〈牧師〉公布〈婚事預告(banns)〉《★[比較]現在使用 put up》: ~ the banns 〈牧師〉公布婚事預告以防異議(cf. banns). **b** 公布〈人〉的婚事預告: They were ~*ed* in church. 他們的婚事預告在教會公布了。

—*v.i.* 1 a 詢問, 問, 查詢: *A*~ at the information desk. 在詢問櫃查詢吧。**b** 〔十副〕《美》四處問, 到處問〈*around*〉: If you don't know, you had better ~ ***around***. 如果你不知道, 最好到處問問。**c** 〔十介十(代)名〕詢問, 查詢〔有關…的情形〕〔*about*〕: I ~*ed* ***about*** his job. 我問了有關他的工作情形。**d** 〔十介十(代)名〕問候〔人〕〔*after*〕《★可用被動語態》: He ~*ed* ***after*** you [your health]. 他問候你。**2 a** 央求, 請求, 求(援助等): *A*~, and it shall be given you. 你們祈求, 就給你們《★出自聖經新約「馬太福音」》。**b** 〔十介十(代)名〕要求, 央求〔住宿、援助等〕〔*for*〕《★可用被動語態》: ~ ***for*** a cigarette 討一支香煙/He ~*ed for* a night's lodging. 他要求住一夜。**c** 〔十介十(代)名〕來[去]訪〔人〕; 求見〔人〕, 要求〔與人〕晤談〔*for*〕: I ~*ed* ***for*** the manager. 我要求會晤經理。

ásk for it 《口語》＝**ásk for tróuble** ⇨ trouble *n.*

a·skance [əˋskæns; əˈskæns] *adv.* 斜地; 懷疑地, 不贊許地; 斜視地, 側目地(★常用於下列片語): look ~ *at*... 側目[以懷疑眼光]看…, 瞧不起…。

a·skew [əˋskju; əˈskju:] *adv.* 斜地, 歪地, 側地; 不贊同地: look ~ *at*... 側目[以不屑的眼光]看…/He wore his hat ~. 他歪戴著帽子。**—*adj.*** [不用在名詞前] 斜的, 歪的, 側的: The letters were ~. 那些字母歪斜著。

ásk·ing *n.* Ⓤ探問; 請求。

for the ásking 只要索取, 如果你要(就免費): It's yours *for the* ~. 如果你要, 就給你[它就是你的了]。

ásking price *n.* Ⓒ[常用單數]開價, 索價, 要價。

a·slant [əˋslænt; əˈslɑ:nt] *adv.* & *adj.* [不用在名詞前] 斜地[的], 傾斜地[的]。

—*prep.* 《罕》斜過…, 在…斜對面。

‡a·sleep [əˋslip; əˈsli:p] *adj.* [不用在名詞前] (無比較級、最高級) **1 睡著的** (←→ awake) 《★[比較]修飾用法, 不用 asleep 而用 sleeping》: He is [lies] fast [sound] ~. 他睡得很熟。**2** 〈手腳〉麻木的, 痲痺的(numb): My leg is ~. 我的(一隻)腿發麻。

fàll asléep (1)入睡, 睡著。(2)《委婉語》永眠, 死。

a·slope [əˋslop; əˈsloup] *adv.*& *adj.* [不用在名詞前] 成斜坡狀地[的], 傾斜地[的]。

ASM 《略》air-to-surface missile 空對地飛彈。

a·so·cial [eˋsoʃəl; eiˈsouʃəl] *adj.* **1** 不善社交的。**2** 利己的。

asp[1] [æsp; æsp] *n.* Ⓒ《動物》角蝰《多產於非洲沙漠間之一種小毒蛇; 體長三寸餘, 有暗色斑紋, 地色青白; 兩眼上有一枚直立之銳刺》。

asp[1]

asp[2] [æsp; æsp] *n.*, *adj.* 《詩》＝aspen.

as·par·a·gus [əˋspærəgəs; əˈspærəgəs] *n.* (*pl.* ~) Ⓒ[當作食物時爲Ⓤ]《植物》蘆筍, 龍鬚菜《嫩莖可食用》。

***as·pect** [ˋæspɛkt; ˈæspekt] 《源自拉丁文「看…」之義》**—*n.* 1** Ⓒ(事、物的) (某一)面, 外觀, 相; 形勢, 局面(⇨ phase【同義字】): the various ~*s* of life 人生的百態/The case has assumed [presented] a serious ~. 該案件已呈現出嚴重性。

2 Ⓒ(看問題的)**觀點, 角度, 方面**: consider a question in all its ~*s* 從一切[每一個]角度考慮問題/approach a problem from a different ~ 從另一面探討問題。

3 Ⓒ[與表示方向之修飾語連用](房屋等的)方向: His house has a southern ~. 他的房屋(坐北)朝南。

4 Ⓒ《文語》(人的)相貌, 容貌, 神態。

5 Ⓒ《占星》(被認爲影響人的諸事的)星相《天體之運行所形成的星與星彼此間之位置變化》。

6 ⓊⒸ《文法》時式, 時態, 時相《(俄語等中)用以表示繼續、完成、開始、終止、反覆等不同狀態之動詞變化》。

as·pec·tu·al [æˋspɛktʃuəl; æˈspektʃuəl] *adj.* 《文法》時式的, 時態的, 時相的。

as·pen [ˋæspən; ˈæspən] *n.* Ⓒ《植物》白楊(poplar).

—*adj.* [用在名詞前] 白楊的, 似白楊樹葉的; (如白楊樹葉般)顫抖的: tremble [quiver] like an ~ leaf 全身顫抖。

as·per·i·ty [æsˋpɛrətɪ, əˋspɛr-; æˈsperəti] *n.* 《文語》**1 a** Ⓤ(性情、語氣等之)粗暴; 刻薄: speak with ~ 粗暴地說。**b** Ⓒ[常 **asperities**]粗暴的話, 刻薄的話。**2** Ⓤ[又作 **asperities**](氣候之)嚴酷; (境遇之)痛苦。**3 a** Ⓤ粗糙, 凹凸不平。**b** Ⓒ凹凸不平[粗糙]之處。

as·perse [əˋspɝs; əˈspə:s] *v.t.* **1** 誹謗, 中傷〈人、人格、名譽等〉。**2** 《罕》《基督教》(洗禮時)對〈人〉灑聖水。

as·per·sion [əˋspɝʒən, -ʃən; əˈspə:ʃn] 《asperse 的名詞》**—*n.*** 《文語》**1** Ⓒ中傷, 誹謗, 詆毀(★常用於下列片語): cast ~*s on* a person's honor 中傷某人的名譽。**2** Ⓤ《基督教》(洗禮時的)灑聖水。

as·phalt [ˋæsfɔlt, -fælt; ˈæsfælt] *n.* Ⓤ**瀝青, 柏油。**

—*v.t.* 〔十受〕以柏油鋪〈路〉。

as·phal·tic [æsˋfɔltɪk, -ˋfæl-; æsˈfæltikˋ] *adj.*

ásphalt júngle *n.* **1** Ⓒ[常 the ~]高樓林立而生存競爭激烈的大都市(地區)。**2** ＝concrete jungle 1.

as·phal·tum [æsˋfæltəm; æsˈfæltəm] *n.* ＝asphalt.

as·pho·del [ˋæsfəˌdɛl; ˈæsfədel] *n.* Ⓒ《植物》**1** 阿福花《百合科日光蘭屬或阿福花屬植物的俗稱》。**2** 《詩》水仙花(daffodil).

as·phyx·i·a [æsˋfɪksɪə; æsˈfiksiə] *n.* Ⓤ《醫》窒息, 絕息。

as·phyx·i·ant [æsˋfɪksɪənt; əsˈfiksiənt] *adj.* 導致窒息的, 窒息性的。

—*n.* Ⓒ **1** 引起窒息的事物《如瓦斯等》。**2** 窒息狀態。

as·phyx·i·ate [æsˋfɪksɪˌet; əsˈfiksieit] 《文語》*v.t.* 使〈人〉窒息。**—*v.i.*** 窒息。

as·phyx·i·a·tion [æsˌfɪksɪˋeʃən; əsˌfiksiˈeiʃn] 《asphyxiate 的名詞》**—*n.*** Ⓤ窒息。

as·pic[1] [ˋæspɪk; ˈæspik] *n.* Ⓤ《烹飪》肉凍《由肉、魚、蛋、番茄等做成之凍子》。

as·pic[2] *n.* 《古》＝asp[1].

as·pi·dis·tra [ˌæspɪˋdɪstrə; ˌæspiˈdistrə] *n.* Ⓒ《植物》蜘蛛抱蛋屬植物《家庭所栽種之觀賞用植物; ★ 被視爲中產階級家庭因循守舊等之象徵》。

A

as·pir·ant [ˈæspərənt, əˈspaɪrənt; ˈæspirənt, əˈspaiərənt] *n.* Ⓒ 抱負不凡者；渴望〔名譽、地位等〕者〔*after, for*〕.

as·pi·rate [ˈæspərɪt; ˈæspərət]《語音》*n.* Ⓒ **1** 送氣音，[h]音；送氣音字《h 之字母》。**2** 帶氣音《[pʰ, kʰ, bʰ, dʰ]等音》。
—*adj.* 送氣音的。
— [ˈæspəˌret; ˈæspəreit] *v.t.* **1** 將…發成送氣音《使[h]音響亮或帶[h]音發聲》: 'P' is ~*d* in 'pin' but not in 'spin'. pin 字中的 p 要送氣發音，但 spin 字中的 p 不送氣發音。**2**《醫》抽吸，吸引〈氣等〉。

ás·pi·ràt·ed *adj.*《語音》氣音的，[h]音的。

as·pi·ra·tion [ˌæspəˈreʃən; ˌæspəˈreiʃn] «aspire 的名詞»**—*n.*** **1** ⓊⒸ **a** 熱望，渴望，願望，希望，宏願，心願〔*for, after*〕: I have no ~ *for* [*after*] fame. 我對名聲沒有什麼渴望[我不好名]。**b**〔+ *to* do〕〈想做…的〉熱望，宏願，渴望: He has an ~ *to* become a scholar. 他懷有要成爲學者的宏願[抱負]。**2** Ⓒ夢寐以求之事物，願望之對象: The generalship was his ~. 將官之職位是他夢寐以求的目標。**3**《語音》**a** Ⓤ送氣。**b** Ⓒ氣音。

ás·pi·râ·tor [-tɚ; -tə] *n.* Ⓒ **1** 吸氣機。**2**《醫》〈氣體、膿等之〉吸引器，抽吸器。

as·pire [əˈspaɪr; əˈspaiə] «源自拉丁文「對…呼氣」之義»**—*v.i.*** **1**〔+介+(代)名〕**渴望**，熱望〔…〕；〔對…〕抱大願，懷雄心壯志；追求〔…〕〔*after, to*〕: Scholars ~ ***after*** truth. 學者追求眞理/He ~*d* ***to*** high honors. 他渴望高的榮譽。**2**〔+ *to* do〕渴望〈要做…〉，一心〈要做…〉: Harry ~*d to* be captain of the team. 哈利一心要當隊長。

as·pi·rin [ˈæspərɪn, -prɪn; ˈæspərin] *n.* **1** Ⓤ《藥》阿斯匹靈。**2** Ⓒ阿斯匹靈片。

as·pír·ing [-ˈpaɪrɪŋ; -ˈspaiəriŋ] *adj.* 抱宏願的，有大志的，有雄心的。**~·ly** *adv.*

a·squint [əˈskwɪnt; əˈskwint] *adj.* & *adv.* 側目的[地]；睨視的[地]。

ass[1] [æs; æs] *n.* Ⓒ **1**《動物》驢。**2** [æs, ɑs; æs, ɑːs] **a** 笨蛋，傻瓜。**b** 頑固的人。
màke an áss of a person 愚弄〈人〉。
màke an áss of onesèlf 出洋相，做愚蠢之事而使自己受人嘲弄。

ass[2] [æs; æs] «源自 arse»**—*n.*《美鄙》** **1** Ⓒ屁股；肛門。**2** Ⓤ[**a bit of** ~] **a** 女子(girl)。**b** 性交。

as·sa·gai [ˈæsəˌgaɪ; ˈæsəgai] *n.*, *v.t.* = assegai.

as·sai [əˈsɑ·i; æˈsai] «源自義大利語 'very' 之義»**—*adv.*《音樂》** 極，很，甚。

as·sail [əˈsel; əˈseil] «源自拉丁文「躍向…」之義»**—*v.t.*《文語》** **1**〔+受(+介+(代)名)〕**a**〔以武力〕**猛烈攻擊**，痛擊〈人、陣地等〉〔*with*〕: They ~*ed* the fortress. 他們猛烈攻擊那要塞。**b**〔以詰問、責難等〕抨擊，**轟擊**〈人〉〔*with*〕: They ~*ed* the speaker ***with*** jeers. 他們對那講演者猛加嘲弄。
2〔+受〕毅然面對〈任務、困難等〉: ~ the difficulty 毅然面對困難。
3〔+受〕〈疑慮、恐懼等〉襲擊，困擾〈人、心〉《★常用被動語態，介系詞用 *by, with*》: Fear ~*ed* her. 她突然感到極度恐懼/He *was* ~*ed* ***with*** [*by*] doubts. 他被疑慮所困擾。
~·able [-ləbl; -ləbl] *adj.*

as·sail·ant [əˈselənt; əˈseilənt] *n.* Ⓒ攻擊者。

As·sam [æˈsæm, ˈæsæm; æˈsæm, ˈæsæm] *n.* 阿薩姆《印度東北部之一省；以產(紅)茶聞名》。

as·sas·sin [əˈsæsɪn; əˈsæsin] *n.* Ⓒ(刺殺著名政治家等之)暗殺者，刺客。

> 【字源】古時波斯(Persia)曾有回教的祕密組織不斷地施行暗殺陰謀而引起極大的恐慌。屬於這祕密組織的人須絕對服從首領的命令。年輕團員常先服用强烈的痲藥壯膽以後才執行暗殺的命令。assassin 是這種印度痲藥「哈西西」(hashish)經過拉丁語化以後轉入英語的名稱，原義爲「食印度大痲的人」。

as·sas·si·nate [əˈsæsn̩ˌet; əˈsæsineit] «assassin 的動詞»**—*v.t.*** 暗殺，行刺〈著名政治家等〉(⇨ kill【同義字】)。

as·sas·si·na·tion [əˌsæsnˈeʃən; əˌsæsiˈneiʃn] «assassinate 的名詞»**—*n.*** ⓊⒸ暗殺，行刺。

as·sás·si·nà·tor [-tɚ; -tə] *n.* Ⓒ暗殺者〔*of*〕(cf. assassin).

as·sault [əˈsɔlt; əˈsɔːlt] «源自拉丁文「躍向…」之義»**—*n.*** **1** Ⓒ **突襲**，襲擊，攻擊，猛襲，猛攻〔*on, upon*〕: carry [take] a fortress by ~ 攻佔要塞《★by ~ 無冠詞》/make an ~ *upon* [*on*] ...突襲…。**2** ⓊⒸ **a**《法律》毆打。**b**(對婦女)强姦，强暴。
assáult and báttery Ⓤ《法律》毆打(既遂)；强暴毆擊(罪)。
—*v.t.* 〔+受〕**1** 突襲，猛攻，猛襲〈人、陣地〉。**2 a**《法律》毆打，攻擊，對…行凶。**b** 强姦，强暴〈婦女〉。

as·say [əˈse; əˈsei] *v.t.* **1 a** 分析，化驗〈礦石〉《試所含金銀等之量》。**b** 分析(評估)…。**2**《文語》嘗試〈困難之工作等〉。
—*v.i.* 〔+補〕《美》經分析顯示含有〈某金屬量〉: This ore ~*s* high in gold. 此礦石經分析顯示含金量高。
— [əˈse, ˈæse; əˈsei] *n.* Ⓒ **1** 試金；分析評估，化驗；被分析[被化驗]之物；化驗[分析]結果詳示表。**2**《古》嘗試。

as·sáy·er *n.* Ⓒ分析者，試金者，試驗者；嘗試者。

as·se·gai [ˈæsəˌgaɪ; ˈæsigai] *n.* Ⓒ(*pl.* **~s** [-z; -z]) **1**(南非洲土人所用之)長矛。**2**(用以製此種長矛的)一種山茱萸科喬木。
—*v.t.* (**-gaied**, **~·ing**)用長矛刺殺。

as·sem·blage [əˈsɛmblɪdʒ; əˈsemblidʒ] «源自 assemble»**—*n.*** **1** Ⓒ[集合稱] **a** 聚集之人或物；(人之)聚集，集會。**b**(物之)聚集，收集，滙集。**2** Ⓤ(機器之)裝配，組合。

*__as·sem·ble__ [əˈsɛmbl; əˈsembl] «源自拉丁文「使成一起」之義»**—*v.t.*** **1**〔+受〕**a**(爲某種目的)**聚集**，集合，召集〈人〉: Many distinguished persons were ~*d* in the garden. 許多知名人士聚集在那花園裏。**b** 收集整理〈物〉。**2 a**〔+受〕裝配〈機器等〉: ~ a motorcar [an automobile] 裝配一輛汽車。**b**〔+受+介+(代)名〕裝配〈零件〉〔成…〕〔*into*〕: ~ parts ***into*** a machine 把零件裝配[組合]成一部機器。
—*v.i.* 集合，聚集。

*__as·sem·bly__ [əˈsɛmblɪ; əˈsembli] «源自 assemble»**—*n.*** **1 a** Ⓒ(社交、宗教等特別目的之)**集會**，聚集，集合；會議: summon an ~ 召開會議/the prefectural [city, municipal] ~ 縣[市]議會/⇨ General Assembly. **b** Ⓤ(學校等之)朝會，週會(等)。**c** Ⓤ集合，集會: freedom of ~ 集會之自由。**2** Ⓒ **a** [**the A~**](美國州議會之)下院。**b** [常 A~](立法)議會: a legislative ~ (某些國家)兩院制立法機構之下院/the National *A*~(中華民國之)國民代表大會；(法國大革命時之)國民議會。**3 a** Ⓤ(零件之)裝配。**b** Ⓒ裝配之成品[零件]。**4** Ⓤ Ⓒ《軍》集合號。

assémbly lìne *n.* Ⓒ裝配線，一貫作業。

as·sem·bly·man [-mən; -mən] *n.* Ⓒ(*pl.* **-men** [-mən; -mən])《美》議員；[A~](州議會之)下院議員。

assémbly plànt *n.* Ⓒ裝配(工)廠。

assémbly ròom *n.* Ⓒ[常 ~s]會議室；(舞會等之)會場。

as·sent [əˈsɛnt; əˈsent] «源自拉丁文「感覺」之義»**—*v.i.*** **1**〔+介+(代)名〕同意，贊成〔提案、意見等〕〔*to*〕《★可用被動語態》(⇨ consent【同義字】): He ~*ed* ***to*** the proposal. 他贊成[同意]那建議。**2**〔+ *to* do〕同意〈做…〉: He ~*ed to* listen to me. 他同意聽聽我的話。
—*n.* Ⓤ同意，贊同，贊成〔*to*〕: by common ~ 一致贊成地/with one ~《文語》一致贊成地，無異議地/give one's ~ (*to* a plan) 同意(某計畫)/give a nod of ~ = nod ~ 點頭表示同意。

as·sert [əˈsɝt; əˈsəːt] «源自拉丁文「參加…」之義»**—*v.t.*** **1 a**〔+受〕**斷言**，力陳，確說，主張，聲稱…: His friends ~*ed* his innocence. 他的朋友們聲稱他是清白的(cf. 1 b, 1 c). **b**〔+ *that* __〕斷言，主張〈…一事〉: His friends ~*ed that* he was innocent. 他的朋友們斷言他是清白的(cf. 1 a, 1 c). **c**〔+受+ *to be* 補〕斷言[主張]…〈爲…〉: His friends ~*ed* him *to be* innocent. 他的朋友們斷言他無罪(cf. 1 a, 1 b).
2〔+受〕維護，堅持〈權利等〉。
3〔+受〕[~ one*self*] **a** 維護自己之權利；固執己見；表現自己，出風頭: You should ~ *yourself* more. 你應該多表現自己[更加堅持自己的權利或意見]。**b**〈天分等〉顯露: Justice will ~ *itself*. 正義必將得到伸張。

as·ser·tion [əˈsɝʃən; əˈsəːʃn] «assert 的名詞»**—*n.*** ⓊⒸ **1** 斷言，斷定，主張，辯護，聲言，堅持: make an ~ 主張。**2**〔+ *that* __〕〈…云云之〉斷言，主張: His wife's ~ *that* he is innocent will (surely) be accepted. 他妻子堅稱他是清白的辯白(必)將被接受。

as·ser·tive [əˈsɝtɪv; əˈsəːtiv] *adj.* **1** 斷定的，斬釘截鐵的，肯定的，武斷的，獨斷的。**2**《文法》肯定式的《指肯定的平述句；cf. nonassertive》: an ~ sentence 肯定句，論斷句。
~·ly *adv.* **~·ness** *n.*

as·ser·tor, -sert·er [əˈsɝtɚ; əˈsəːtə] *n.* Ⓒ主張者；斷言者；固執者。

as·sess [əˈsɛs; əˈses] «源自拉丁文「在法院幫助」之義»**—*v.t.*** **1**〔+受+介+(代)名〕**a** 評估，估計〈財產、收入等〉〔爲…〕〔*at*〕. **b** 核定，評定〈稅額、罰款額等〉〔爲…〕〔*at*〕: ~ a tax ***at*** 10 pounds 核定稅額爲十英鎊。**2**〔+受+介+(代)名〕《罕》〔對人、物等〕課〈稅、捐等〉〔*on, upon*〕: ~ a tax ***on*** [***upon***] a person's property 對某人的財產課稅。**3** 評估〈人、物等〉之性質[價值]，評價，估價: ~ a statement at its true worth 評估某項陳述的眞正價值/How do you ~ your students? 你如何評估學生(們的成績)?

as·sess·a·ble [əˈsɛsəbl; əˈsesəbl] *adj.* 可課稅[評價，核定]的。

as·séss·ment [-mənt; -mənt] «assess 的名詞»**—*n.*** **1 a** Ⓤ(以課稅爲目的之)估定，核定。**b** Ⓒ核定額，稅額。**2** ⓊⒸ(人、物等之)評價，估價；判斷，評估〔*of*〕: ~ *of* a person's character

對某人性格之判斷/make an ~ *of* the new recruits 評估新來者/environmental ~ 環境影響評估。

as·sés·sor [ə'sɛsɚ; ə'sesə] *n.* Ⓒ **1** 稅額審查員(tax assessor). **2** 《法律》法官顧問[助理]；陪審員。

as·set ['æsɛt; 'æset] «源自拉丁文「充分地持有」之義»**—***n.* **1 a** Ⓒ資產《一項》。**b** [~s] (個人、公司團體之)財產，資產：personal [real] ~*s* 動[不動]產/ ~*s* and liabilities 資產與負債。**2** Ⓒ有利[有用，寶貴]之物[人] [*to, for*]：Sociability is a great ~ *to* a salesman. 善交際是推銷員的一大本錢。

as·sev·er·ate [ə'sɛvə͵ret; ə'sevəreit] *v.t.* 《文語》**1** 堅持，斷言，鄭重而言。**2** [+ *that*__] 斷言說，有力地聲稱，堅持說〈…事〉。

as·sev·er·a·tion [ə͵sɛvə'reʃən; ə͵sevə'reiʃn] «asseverate 的名詞»**—***n.* ⓊⒸ《文語》斷言，確言，矢言。

as·si·du·i·ty [͵æsə'djuətɪ, -'du-; ͵æsi'dju:əti] «assiduous 的名詞»**—***n.* **1** Ⓤ刻苦，勤勉：with ~ 勤勉地，孜孜不倦地。**2** Ⓒ[常 **assiduities**] (對人的)多方的關心，照顧，慇懃。

as·sid·u·ous [ə'sɪdʒuəs; ə'sidjuəs] *adj.* **1** 〈人〉孜孜不倦的，不懈的，勤勉的(diligent). **2** [用在名詞前]周到的，無微不至的〈用心等〉。**~·ly** *adv.* **~·ness** *n.*

as·sign** [ə'saɪn; ə'sain] *v.t.* **1 a** [+受] **分配**，分派，派給〈工作、物〉：Our teacher ~*s* homework everyday. 我們老師每天指定家庭作業。**b** [+受+受/+受+介+(代)名]分配，分派〈人〉〈工作、房間等〉；分配，分派[給人]〈工作、房間等〉[*to*]：He ~*ed* them tasks for the day.=He ~*ed* tasks for the day ***to them. 他分派給他們當天的工作。

2 a [+受+介+(代)名]指派；選派〈人〉[任務、工作場所等] [*for, to*]：She was ~***ed to*** the laboratory. 她被指派到實驗室工作。**b** [+受+ *to* do]任命〈人〉〈去做…〉：The captain ~*ed* two soldiers *to* guard the gate. 上尉任命兩名士兵去守衛大門。

3 [+受(+介+(代)名)] [爲…]指定〈日、時等〉[*for*]：The judge has ~*ed* a day ***for*** the trial. 法官已指定審判之日。

4 [+受+介+(代)名]將〈原因等〉歸[於…]，把…歸因[歸咎，歸屬][於…]；把〈事件之年月、地點等〉認(定)[爲…][*to*]：The birth of the Buddha has been ~***ed to*** 563 B.C. 佛陀的誕生被認定是紀元前五百六十三年。

5 [+受+受/+受+介+(代)名]《法律》將〈財產、權利等〉讓與〈人〉，過戶，轉讓；讓與〈財產、權利等〉[給人][*to*]：I'll ~ you my property.=I'll ~ my property ***to*** you. 我要把我的財產讓與你。

as·sign·a·ble [ə'saɪnəbl̩; ə'sainəbl] *adj.* **1 a** 可分派的，可分配的，可指定的。**b** (可)歸屬[於…]的，可認定[爲…]的[*to*]. **2** 可讓渡[轉讓，過戶，交割]的。

as·sig·na·tion [͵æsɪg'neʃən; ͵æsig'neiʃn] *n.* **1** Ⓒ《文語》(經指定時間及地點之)(祕密)約會；(男女之)幽會。**2** Ⓤ(財產、權利等之)讓與，過戶，轉讓。**3** Ⓤ(人、工作等之)分派，分配；(時間、地點等之)指定。

as·sign·ee [͵æsə'ni, ͵æsaɪ-; ͵æsi'ni:, ͵æsai-] *n.* Ⓒ《法律》受託人；財產受讓人；財產管理人。

as·sign·ment** [ə'saɪnmənt; ə'sainmənt] «assign 的名詞»**—n.* **1 a** Ⓤ**分派，分配，指派；任命**。**b** Ⓒ**被分配之工作；(被派任之)職務，職位**。**2** Ⓒ《美》(學生被指定之) **功課，作業課題** (⇨ homework 比較)：give an ~ 指定功課[作業]。**3** Ⓤ(日、時等之)指定。**4** Ⓤ《法律》(財產、權利等之)讓渡，轉讓，過戶，交割。

as·sign·or [əsaɪ'nɔr, ͵æsə-; əsai'nɔ:] *n.* Ⓒ《法律》讓與人；委託人《轉讓利益或權利給他人的人》。

as·sim·i·la·ble [ə'sɪml̩əbl̩; ə'siməlabl] *adj.* 可同化的，可吸收的。

as·sim·i·late [ə'sɪml̩͵et; ə'simileit] «源自拉丁文「使成類似(similar)之物」之義»**—***v.t.* **1 a** [+受] (經消化之後)吸收〈食物〉；消化〈食物〉：~ food 吸收食物。**b** [+受+介+(代)名]將〈食物〉吸收[消化][成…][*into*]：Food is ~***d into*** organic tissue. 食物被消化吸收成有機組織。

2 吸收，徹底瞭解〈知識等〉：Do you ~ all that you read? 你徹底瞭解你所閱讀的一切嗎？

3 [+受(+介+(代)名)] **a** 將〈事物〉同化[成爲…]，使…[與…]類似，使…變成[與…]一樣[*to, into, with*]：The opinion of the weaker person is easily ~***d to*** that of the stronger. 弱者的意見很容易被强者的意見所同化/People of different nationalities often take some time to be ~***d into*** a country. 不同國籍的人常要過一段時間才會爲某個國家所同化。**b** 《語音》使〈語音〉[與鄰接之語音]同化[*to*]：Consonants are frequently ~***d to*** the consonants which they precede. 子音常被其後所接之子音所同化《如 a*ds-* 成爲 *ass-* 等》。

4 同化，融合〈語言、民族等〉：The U.S.A. has ~*d* immigrants from various countries. 美國融合了來自各國的移民。

—*v.i.* **1** 〈食物〉被消化，被吸收：Does this food ~ easily? 這食物易被消化[吸收]嗎？**2 a** 〈移民等〉(在文化上)被同化：Northern Europeans ~ readily in America. 北歐人在美國容易受同化。**b** [+介+(代)名]被同化[成爲…]；變成[與…]同一性質，融合[入…中][*to, into*]：Immigrants rapidly ~***d into*** the American way of life. 移民們很快爲美國的生活方式所同化。

-la·tor *n.*

as·sim·i·la·tion [ə͵sɪml̩'eʃən; ə͵simi'leiʃn] «assimilate 的名詞»**—***n.* Ⓤ **1** 消化，吸收。**2** 同化(作用)；融合。**3** 《語音》同化。

as·sim·i·la·tive [ə'sɪml̩͵etɪv; ə'similətiv] *adj.* 有同化力的；同化(作用)的。

as·sim·i·la·to·ry [ə'sɪml̩ə͵torɪ, -͵tɔrɪ; ə'similətəri] *adj.* = assimilative.

as·sist** [ə'sɪst; ə'sist] «源自拉丁文「站在…(的旁邊)」之義» **—v.t.* **1 幫助，援助** (⇨ help【同義字】)：**a** [+受] **幫助，援助〈人〉**：~ a person materially [financially] 在物質上[在財務上]援助某人。**b** [+受+副詞(片語)] 幫助〈人〉(使之…)：He ~*ed* me *out* (*from* [*of*] the train). 他(從火車裏)扶我出來/He ~*ed* me *in* [*into* the room]. 他扶我進來[進入房間]。**c** [+受+介+(代)名] [以…]幫助〈人〉，幫助〈人〉[做…] [*in, with*]：She ~*s* him ***in*** his work [*in* edit*ing* the paper]. 她幫他工作[幫他編輯報紙]/She ~*s* her brother ***with*** his lesson. 她幫她弟弟做功課。**d** [+受+ *to* do] 幫助〈人〉〈做…〉《★ 比較 一般用 help》：She ~*ed* him *to* edit the paper. 她幫助他編輯報紙。

2 [+受] 幫助〈某人〉工作，當〈人〉的助手：~ an architect 當建築師的助手。

3 a [+受]〈物、事〉有助於，助長，促進…：Glasses ~ your eyes. 眼鏡有助於眼睛。**b** [+受+ *to* do] 幫助…〈做…〉：Good dictionaries will ~ you *to* understand English. 一本好辭典會幫助你瞭解英文。

—*v.i.* [+介+(代)名] 幫助，援助[…] [*in, with*]：I ~*ed* ***in*** do*ing* his homework [***with*** his homework]. 我幫助他做功課。

—*n.* Ⓒ **1** 援助。**2** 《棒球》助殺《幫助迫使打擊手或跑壘手出局之傳球等動作；略作 a.》. **3** (機器的)輔助裝置。

as·sis·tance** [ə'sɪstəns; ə'sistəns] «assist 的名詞»**—n.* Ⓤ **幫助，援助**：economic and technological ~ 經濟及技術援助/come to a person's ~ 援助某人/ give ~ (*to*...)援助(…)。

***as·sis·tant** [ə'sɪstənt; ə'sistənt] *n.* Ⓒ **1 a 助手，副手，助理**：She is ~ *to* the professor. 她是這位教授的助手[助教]《★ 用法 當補語用時無冠詞；⇨ professor【說明】》。**b** 《英》店員(shop assistant). **2** 輔助物。

—*adj.* [用在名詞前]輔助的，幫助的；副的，助理的：an ~ secretary 助理秘書/an ~ engineer 助理[副]工程師。

assístant proféssor *n.* Ⓒ《美》助理教授(⇨ professor【說明】)。

as·sist·ant·ship [ə'sɪstənt͵ʃɪp; ə'sistənt-ʃip] *n.* Ⓒ(大學的)研究生獎學金《獲獎之研究生得協助教授做學術上或實驗室方面的工作》。

as·size [ə'saɪz; ə'saiz] *n.* **1** Ⓒ[常 ~**s**]《英》**a** 巡迴裁判。

> 【說明】從前爲審理民事、刑事案件，定期由倫敦(London)派遣法官至英格蘭(England)及威爾斯(Wales)之各郡進行；1971年刑事改由國家法院(Crown Court)，民事則改由高等法院(High Court)承辦。

b 巡迴裁判開庭期[開庭地點]。**2** Ⓤ(陪審)裁判，審理。

assn., assoc. 《略》association.

as·so·ci·a·ble [ə'soʃɪəbl̩, -ʃəbl̩; ə'souʃjəbl] *adj.* 可聯想的，可聯合的。

as·so·ci·ate** [ə'soʃɪ͵et; ə'souʃieit] «源自拉丁文「入夥」之義» **—v.t.* [+受+介+(代)名] **1** 將〈物、人〉[與…]**聯想在一起**，由…聯想[到…] [*with*]：We ~ (the exchange of) presents ***with*** Christmas. 我們由(交換)禮物聯想到耶誕節[我們把(交換)禮物與耶誕節聯想在一起]/The name of Nero is ~*d with* cruelty. 尼祿的名字使人聯想到殘忍。

2 a 使〈人等〉[與…]有關係，使…[與…]聯合，使〈人等〉[與…]合夥，使…加入[…] [*with*]《★常用被動語態》：At the time, I *was* ~***d with*** him *in* a large law firm. 當時我跟他一起在某一大律師事務所工作/They *are* ~*d with* him *in* business. 他們在工作上與他有關係。**b** [~ one*self*] [與…]交往[爲伍]，結交[…] [*with*]《★ *v.i.* 1 之用法較爲普遍》：He ~*s himself **with*** gangsters. 他與歹徒爲伍。**c** [~ one*self*] 贊成[提議、意見、希望等]，贊同，支持[…] [*with*]：I don't ~ *myself **with*** his proposal. 我不贊成他的提議。

—*v.i.* [+介+(代)名] **1** [與人]**交往[爲伍]，結交**[*with*]：A man's character can be measured by the types of men ***with*** whom he ~*s*. 一個人的品格可按與他結交者的類型來衡量/I stopped *associating with* him. 我停止與他交往。

2 [與…]聯合，合夥，聯手，結合[*with*]；聯合從事，合作[於…] [*in*]：~ ***with*** other smaller companies〈小公司〉(爲組織企業團體而)與其他小公司合作[聯合]/~ ***in*** a common cause 爲共同之目標聯合[結合]。

A

— [ə'soʃɪɪt, -ˌet; ə'souʃiit] *n.* Ⓒ **1** (工作等之)同伴，夥伴；同事。**2 a** (團體、學會等之)準會員，準社員，準校友(cf. fellow 5). **b** 《美》(二年制專科學校畢業或修滿四年制大學短期專修班課程之)準學士。

—*adj.* [用在名詞前] (無比較級、最高級) **1** 聯合的，同夥的，同伴的，同事的。**2** 準的…：an ~ judge 陪審法官/an ~ member 準會員。**3** 《心理》聯想的。

As·só·ci·at·ed Préss *n.* [the ~] 美聯社，美國聯合通訊社《略作 AP；cf. United Press International》。

assóciate proféssor *n.* Ⓒ《美》副教授(⇨ professor【說明】)。

***as·so·ci·a·tion** [əˌsosɪ'eʃən, -ʃɪ-; əˌsousi'eiʃn] «associate 的名詞»—*n.* **1** Ⓤ**聯合，結合，合夥，合作；關聯**〔*with*〕：in ~ *with*... 與…聯合；與…有關聯。

2 Ⓒ**協會；**社團，會，團體，聯盟，學會：form an ~ *to* promote social welfare 成立一個促進社會福利的協會。

3 Ⓤ**交際，**交往〔*with*〕.

4 《心理》**a** Ⓤ(思想或觀念的)聯合，聯想。**b** Ⓒ聯想之事物。

5 (又作 **association fóotball**) Ⓤ《英》(指英式的)足球(soccer).

associátion bòok [**còpy**] *n.* Ⓒ因與名人有關而受珍視的書《如有作者本人簽字、加注，或曾爲名人所有等》。

as·so·ci·a·tive [ə'soʃɪˌetɪv; ə'souʃjətiv, -ʃieit-] *adj.* **1** 聯合的，連帶的。**2** 聯想的。

as·so·nance ['æsənəns; 'æsənəns] *n.* Ⓤ **1** 聲音的類似。**2** 《韻律》半韻，母韻，半諧音《僅母音相同而子音不同之韻；如 *brave—vain*》。

as·so·nant ['æsənənt; 'æsənənt] *adj.* **1** 協音的。**2** 半韻的。

as·sort [ə'sɔrt; ə'sɔ:t] *v.t.* **1** 將〈物〉分類[分等]。**2** 準備齊各種貨色於〈店裏〉。

—*v.i.* 〔十介十(代)名〕[與 well 等狀態副詞連用]〔與…〕相稱，相配，調和〔*with*〕：It ~*s* well [ill] *with* his character. 這與他的性格相合[不合]。

as·sórt·ed *adj.* **1** 經過分類的，分過等級的。**2** 〈餅乾等〉雜集的，什錦的，各色俱備的：a box of ~ chocolates 一盒什錦巧克力糖。**3** [與 well, ill 等副詞連用構成複合字]相稱的，相配的，合適的：a well-*assorted* couple 相配的一對(夫妻)。

as·sórt·ment [-mənt; -mənt] «assort 的名詞»—*n.* **1** Ⓤ分等，分配，類別，分類。**2** Ⓒ **a** 各色俱備之物，什錦〔*of*〕：Our store has a great ~ *of* candy. 本店糖果各色俱備。**b** 物[人]之雜集〔*of*〕：a strange ~ *of* people 一羣光怪陸離的人物。

asst., Asst. 《略》assistant.

as·suage [ə'swedʒ; ə'sweidʒ] *v.t.* 《文語》**1** 減輕〈痛苦等〉，緩和〈憂慮等〉，平息〈怒氣等〉，鎮靜，寬慰，安撫。

2 充〈飢〉，解〈渴〉。

as·suáge·ment [-mənt; -mənt] «assuage 的名詞»—*n.* **1** Ⓤ緩和，輕減，鎮靜，平息，寬慰。**2** Ⓒ緩和物。

as·sua·sive [ə'swesɪv; ə'sweisiv] *adj.* 減輕的，緩和的，平息的，鎮靜的，寬慰的。

as·sum·a·ble [ə'suməbl; ə'sju:məbl, ə'su:m-] *adj.* 可假定[設想]的；可以承擔的。

as·súm·a·bly [-məblɪ; -məbli] *adv.* 大概…，多半…。

***as·sume** [ə'sum, ə'sjum; ə'sju:m, ə'su:m] «源自拉丁文「採取…(態度)」之義»—*v.t.* **1** (雖無確定之根據)**假定，認…爲事實**：**a** 〔十受〕視…爲當然，認爲；假定，想像，以爲：You ~ his innocence. 你以爲他是清白的(cf. 1 b, 1 c). **b** 〔(十介十(代)名)十 *that*__〕[據…]認爲當然，認定，假定；推測想像〔*from*〕：You ~ *that* he is innocent. 你以爲他是清白的(cf. 1 a, 1 c)/We ~*d that* the train would be on time. 我們(自)以爲火車會準時到站/I ~ *from* your remarks *that* you are not going to help us. 我從你所說的話認定你是不打算幫助我們。**c** 〔十受十(*to be*)補〕認爲，假定，認定，斷定…〈是…〉：You ~ him (*to be*) innocent. 你認爲他是清白的(cf. 1 a, 1 b)/I ~*d* her (*to be*) able to speak English. 我以爲她會說英語。

2 [常 **assuming**] **a** 〔十 *that*__〕假定…(的話)：*Assuming that* it is true, what should we do now? 假定那是眞的，我們現在該怎麼辦？(cf. 2 b). **b** 〔十受十(*to be*)補〕假定…〈是…〉(的話)：*Assuming* it *to be* true, what should we do now? 假定這是眞的，我們現在該怎麼辦？(cf. 2 a).

3 〔十受〕**承擔，**擔任，擔負〈職責、任務、責任等〉：~ office 就任/~ the presidency 就任總統/You must also ~ your share of the responsibility. 你也必須承擔你的一份責任。

4 〔十受〕**a** 〈人〉擺出〈…樣子〉，採取〈某種態度〉：~ the offensive 採取攻勢/~ a friendly attitude 採取友善的態度。**b** 〈物〉帶有，呈現，現出〈某種性質、外觀等〉：Things have ~*d* a new aspect. 事態已呈現一個新的局面/His face ~*d* a look of anger. 他的臉上帶著怒氣。

5 〔十受〕假裝，佯作…：~ an air of cheerfulness 假裝高興的樣子。

6 〔十受〕僭取，擅用，霸佔，篡奪，攬〈權利等〉：~ power to oneself 僭取權力[攬權]。

as·súmed *adj.* **1** 假裝的，裝樣的：~ ignorance 假裝的無知/an ~ voice 假裝的聲調。**2** 假定的，假想的：an ~ cause 假想的原因。**3** 僭取的。

as·súm·ed·ly [-mɪdlɪ; -midli] *adv.* 大概，也許。

as·súm·ing *adj.* 傲慢的，過分自信的，僭越的。~**·ly** *adv.*

***as·sump·tion** [ə'sʌmpʃən; ə'sʌmpʃn] «assume 的名詞»—*n.* **1** Ⓒ **a** (無確實根據之)**認定，斷定；假定，假想，臆測**：a mere ~ 僅屬臆說。**b** 〔十 *that*__〕〈…等之〉假說，假定：His ~ *that* he would win proved wrong. 他假定自己會贏，結果錯了/*on* the ~ *that*... 在…的假定之下，假想…。

2 ⓊⒸ(任務、責任等之)承擔，擔負，擔任，就任：the ~ of office 就任。

3 ⓊⒸ僭取〔權利、權力〕，霸佔，篡奪〔*of*〕：his ~ *of* power 他的僭權[攬權]。

4 Ⓤ僭越，傲慢，越分。

5 [**the A~**]《天主教》聖母升天；聖母升天日《八月十五日》。

as·sump·tive [ə'sʌmptɪv; ə'sʌmptiv] *adj.* **1** 假定的，假設的，臆測的。**2** 僭越的，傲慢的，越分的。

as·sur·ance [ə'ʃurəns; ə'ʃuərəns] «assure 的名詞»—*n.* **1** Ⓒ **a 保證，擔保**〔*of*〕：She gave repeated ~*s of* your goodwill. 關於你的善意，她一而再地作出保證。**b** 〔十 *that*__〕〈…一事之〉保證，擔保：He gave me his ~ *that* the goods should be delivered tomorrow morning. 他向我保證貨在明天早上一定送到。**2** Ⓤ **a 確信，**信心，信念〔*of*〕：We have full ~ *of* the results. 我們對於其結果充滿著信心[信心十足]。**b** 〔十 *that*__〕〈…一事之〉確信，信心，信念：Nothing can shake our ~ *that* our team will win the game. 什麼也無法動搖我隊會獲勝的信念。**3** Ⓤ **a** 自信，把握：with ~ 懷著自信/an easy ~ of manner 從容自信的態度。**b** 厚顏，無恥，厚臉皮。**4** Ⓤ《英》(人壽)保險(《美》insurance).

màke assúrance dóubly [**dóuble**] **súre** 加倍小心《★出自莎士比亞(Shakespeare)之「馬克白(*Macbeth*)」》。

***as·sure** [ə'ʃur; ə'ʃuə] «源自拉丁文「(使)確定」之義»—*v.t.* **1 a** 〔十受十介十(代)名〕**向〈人〉保證，擔保〔…〕**〔*of*〕《★比較 一般用義 1 b》：I can ~ you *of* his sincerity. 我可以向你保證他的誠懇(cf. 1 b). **b** 〔十受十(*that*)__〕向〈人〉保證〈…一事〉，向〈人〉確告〈…等語〉：I can ~ you *that* he is sincere. 我可以向你保證他是誠懇的(cf. 1 a)/I ~ you I'll be back at three. 我(向你)擔保我三點一定回到這兒。**c** [I (can) ~ you, 與主要句子並列或當插入語用]保證，確實：This novel is very interesting, *I* (*can*) ~ *you.* 這部小說確實有趣。

2 a 〔十受〕使〈人〉安心[放心]，使…明白：The news ~*d* her. 那消息使她釋懷。**b** 〔十受十介十(代)名〕使〈人〉明白，相信[確信]〔…〕〔*of*〕：I was unable to ~ her *of* my feelings. 我沒能使她明白我的感情。**c** 〔十受十 *that*__〕使〈人〉明白[相信，確信]〈…一事〉：I was unable to ~ her *that* I loved her. 我無法使她相信我愛她。

3 [~ one*self*] **a** 〔十受十介十(代)名〕弄清楚，確信，查明，確定〔…〕〔*of*〕《★常以過去分詞當形容詞用；⇨ assured 3 a》：I ~*d myself of* his safety. 我確信他安然無恙(cf. 3 b). **b** 〔十受十 *that*__〕弄清楚，確信，查明，確定〈…一事〉《★常以過去分詞當形容詞用；⇨ assured 3 b》：I ~*d myself that* he was safe. 我確信他安然無恙(cf. 3 a)/He ~*d himself that* all the doors and windows were locked. 他確定所有門窗都上了鎖。

4 〔十受〕確保，使…確實[確定，穩定]，保障《★比較 一般用 ensure》：This ~*d* our safety. 這保障了我們的安全。

5 〔十受〕《英》保(壽)險(insure).

as·súred *adj.* **1** (似)有自信[把握]的，(似)確信[胸有成竹]的；大膽的，狂妄的，滿不在乎的：his ~ manner 他有自信的[滿不在乎的]態度/He always seems very ~. 他總是好像很有把握。

2 有保證的，確實的，可靠的：an ~ demand 確實的需求。**3** [不用在名詞前] **a** 〔十介十(代)名〕確信〔…〕的，確定〔…〕的，〔對…〕有把握的〔*of*〕(cf. assure 3 a)：I am not at all ~ *of* success. 我對成功毫無把握。**b** 〔十 *that*__〕確信，深信〈…一事〉(cf. assure 3 b)：I am ~ *that* his plan will succeed. 我深信他的計畫會成功/You may rest ~ *that* we shall do all we can. 你可以放心我們一定會盡力而爲。

—*n.* Ⓒ(*pl.* ~,《罕》~s) [**the** ~]《英》被保人(the insured).

~**·ness** *n.*

as·sur·ed·ly [ə'ʃurɪdlɪ; ə'ʃuəridli] *adv.* [修飾整句]的確，無疑地，確實地(surely)：*A*~ he didn't mean that. 確實他並沒有那個意思。

as·sur·er, -or [ə'ʃurə; ə'ʃuərə] *n.* Ⓒ保證人；保險業者。

as·sur·ing [ə'ʃurɪŋ; ə'ʃuəriŋ] *adj.* **1** 保證(似)的，確信的。**2** (似)使人有自信的，使人放心的。~**·ly** *adv.*

As·syr·i·a [əˋsɪrɪə; əˈsiriə] *n.* 亞述《亞洲西南部之一古代帝國；首都尼尼微(Nineveh [ˋnɪnəvə; ˈninivə])》.

As·syr·i·an [əˋsɪrɪən; əˈsiriən] «Assyria 的形容詞»—*adj.* 亞述(人，語)的。
—*n.* **1** Ⓒ亞述人(cf. Semite). **2** Ⓤ亞述語。

A.S.T. 《略》Atlantic Standard Time.

as·ta·tine [ˋæstə͵tin; ˈæstəti:n] *n.* Ⓤ《化學》砈《一種放射性元素；符號 At》.

as·ter [ˋæstɚ; ˈæstə] *n.* Ⓒ《植物》**1** 紫菀。**2** 翠菊。

-as·ter [-æstɚ; -æstə] 字尾 [表輕蔑之名詞字尾]「三流的…」「爛…」: poet*aster*.

as·ter·isk [ˋæstə͵rɪsk; ˈæstərisk] *n.* Ⓒ星號(*)《★用法附註時，表示省略、注意事項或不合文法之措詞等時使用》。
—*v.t.* 加星號於…。

as·ter·ism [ˋæstə͵rɪzəm; ˈæstərizəm] *n.* Ⓒ **1** 三星狀標記《⁂ 或 ⁂；★用法加在特別提醒人注意之文章前面等》。**2**《天文》星羣，星座。

a·stern [əˋstɝn; əˈstə:n] *adv.* 《航海》在船尾，向船尾：back ~《航海》使船後退，倒駛船/ ~ of... 在…之後/drop [fall] ~《航海》被(其他船)超越，落(在其他船之)後/go ~ 去船尾/Go ~!《口令》後退！

as·ter·oid [ˋæstə͵rɔɪd; ˈæstərɔid] *n.* Ⓒ **1**《天文》小行星(planetoid)《運行於火星和木星之間》。**2**《動物》海盤車(starfish).
—*adj.* 星狀的。

asth·ma [ˋæzmə, ˋæs-; ˈæsmə] *n.* Ⓤ《醫》氣喘。

asth·mat·ic [æzˋmætɪk, æs-; æsˈmætik⁻] *adj.* 氣喘的。
—*n.* Ⓒ氣喘病患者。
-i·cal·ly [-kl̩ɪ; -kəli] *adv.*

as·tig·mat·ic [͵æstɪgˋmætɪk; ͵æstigˈmætik⁻] *adj.* **1** 亂視[散光](眼)的。**2**《光學》像散的。

a·stig·ma·tism [əˋstɪgmə͵tɪzəm; æˈstigmətizəm] *n.* Ⓤ **1**《醫》亂視，散光。**2**《光學》(透鏡的)像散性。

a·stir [əˋstɝ; əˈstə:] *adv.* & *adj.* [不用在名詞前] **1** 活動地[的]；騷動地[的]，哄動地[的]：The town was ~ *with* the news. 鎮上因這個消息而哄動。
2 起牀：He is early ~. 他早起。

***as·ton·ish** [əˋstɑnɪʃ; əˈstɔniʃ] «源自拉丁文「變成被雷打了似的」之義»—*v.t.* **1** 〔十受〕使〈人〉驚異，驚駭，驚訝，驚愕《★常以過去分詞當形容詞用：⇨ astonished 2；⇨ surprise【同義字】》：The news ~*ed* her. 那消息使她驚駭。
2 〔十受十介十(代)名〕〔以…〕使〈人〉驚異[驚駭，驚訝，驚愕]〔*by, with*〕：He ~*ed* us ***with*** his strange idea. 他出怪點子使我們驚訝/He ~*ed* us ***by*** taking a stroll at midnight. 他午夜散步使我們驚異。

as·ton·ished** [əˋstɑnɪʃt; əˈstɔniʃt] *adj.* (**more** ~; **most** ~) **1** 感到驚異[驚駭，驚訝，驚愕]的：with an ~ look 帶着一副受驚嚇的神情/He looked ~. 他顯出驚異的樣子。**2** [不用在名詞前] **a** 〔十介十(代)名〕〔爲…〕感到驚異[驚駭(等)]的〔*at, by*〕(cf. astonish 1)：She was ~ ***at [***by***] the news. 那消息使她感到驚訝。**b** 〔十 *to* do〕〈做…而〉感到驚異[驚駭(等)]的：He was ~ *to* hear it. 他聽到這件事感到驚愕。**c** 〔十 *that*__〕〈爲…一事〉感到驚異[驚駭(等)]的：She was ~ *that* you had not come. 她因爲你沒有來感到驚愕。

as·ton·ish·ing [əˋstɑnɪʃɪŋ; əˈstɔniʃiŋ] *adj.* (**more** ~; **most** ~) 令人驚訝的，可驚的，驚人的：an ~ fact 驚人的事實/It was really ~ *to* me. 這件事實在令我驚訝。

as·tón·ish·ing·ly *adv.* **1** [修飾整句]令人驚訝的是。**2** 驚人地，可驚地。

as·ton·ish·ment [əˋstɑnɪʃmənt; əˈstɔniʃmənt] «astonish 的名詞»—*n.* **1** Ⓤ驚異，驚訝，驚駭，驚愕：*to* one's ~ 令人驚訝的是/His chin dropped *in* ~. 他驚訝得張開嘴巴/They watched *with* ~. 他們愕然注視。
2 Ⓒ使人驚異之事[物]。

as·tound [əˋstaund; əˈstaund] *v.t.* 使〈人〉震驚，使…大吃一驚，使…大爲驚駭《★常以過去分詞當形容詞用；⇨ astounded；⇨ surprise【同義字】》：Her elopement ~*ed* her parents. 她的私奔使她的父母大爲震驚。

as·tóund·ed *adj.* [不用在名詞前] **1** 〔十介十(代)名〕〔因…〕震驚的，大吃一驚的，驚駭的〔*at, by*〕：We were ~ ***at*** the news. 那消息使我們大爲震驚。
2 〔十 *to* do〕〈做…而〉震驚的：She was ~ *to* hear the news. 她聞訊大爲驚駭。

as·tóund·ing *adj.* 令人驚駭的，可驚的：an ~ news 令人驚駭的消息。~**·ly** *adv.*

a·strad·dle [əˋstrædl̩; əˈstrædl] *adv.* & *adj.* [不用在名詞前] = astride.

as·tra·gal [ˋæstrəgl̩; ˈæstrəgəl] *n.* Ⓒ **1**《建築》半圓飾；圓剖面小線腳。**2** 砲口突起的圈帶。

as·trag·a·lus [æˋstrægələs; æˈstrægələs] *n.* Ⓒ (*pl.* **-li** [-͵laɪ; -lai])《動物》踝骨，距骨《腳踝的關節骨》。

as·tra·khan [ˋæstrəkən; ͵æstrəˈkæn] «源自俄國的產地名»—*n.* Ⓤ **1** 俄國羔皮，小羊皮《俄國東南部阿斯特拉罕(Astrakhan)地方所產羔羊之卷毛黑皮》。**2** 倣俄國羔皮之織物，充羔皮：an ~ hat 充羔皮帽。

as·tral [ˋæstrəl; ˈæstrəl] *adj.* **1** (似)星的，星狀的；多星的。**2** 星之世界的。

ástral bódy *n.* Ⓒ **1**《天文》天體《如星、行星、恆星、彗星等》。
2 靈體《人死後仍繼續存在於肉體之外的奇妙之氣》。

a·stray [əˋstre; əˈstrei] *adv.* & *adj.* [不用在名詞前] (無比較級、最高級)《★用法以 further ~；furthest ~ 之形式表示比較級、最高級》**1** 迷路地[的]：go ~ 迷路，迷途，走入歧途。**2** 出正軌地[的]，墮落地[的]，走入歧途地[的]：⇨ LEAD astray.

a·stride [əˋstraɪd; əˈstraid] *adv.* & *adj.* [不用在名詞前]跨坐地[的]，跨騎地[的]：ride ~ 跨騎(馬)。
—*prep.* **1** 跨騎…：sit ~ a horse 跨騎著馬。**2**《罕》在…之兩側：~ the river 在河的兩邊。

as·trin·gen·cy [əˋstrɪndʒənsɪ; əˈstrindʒənsi] «astringent 的名詞»—*n.* Ⓤ **1** 收斂性。**2** 嚴酷，嚴厲。

as·trin·gent [əˋstrɪndʒənt; əˈstrindʒənt] *adj.* **1** 收斂性的：(an) ~ lotion 收斂性化妝水。**2** 嚴酷的，嚴厲的。
—*n.* Ⓤ[指產品個體時爲Ⓒ]收斂劑。~**·ly** *adv.*

as·tro- [æstro-, æstrə-; æstrə-] [複合用詞]表示「星」「太空」: *astro*physics, *astro*naut.

as·tro·dome [ˋæstro͵dom; ˈæstroudoum] *n.* **1** Ⓒ《航空》天文觀測窗《飛機上方之觀測天體用玻璃窗》。
2 [the A~] (在美國德克薩斯州(Texas)休斯頓(Houston)市之)圓頂棒球場。

as·tro·gate [ˋæstrə͵get; ˈæstrəgeit] *v.t.* & *v.i.* 航行太空。

as·tro·ga·tion [͵æstrəˋgeʃən; ͵æstrəˈgeiʃn] *n.* Ⓤ太空航行。

as·tro·ge·ol·o·gy [͵æstrodʒɪˋɑlədʒɪ; ͵æstroudʒiˈɔlədʒi] *n.* Ⓤ太空地質學《研究太陽系中行星及其他天體之地質者》。

astrol. 《略》astrologer；astrological；astrology.

as·tro·labe [ˋæstrə͵leb; ˈæstrəleib] *n.* Ⓒ星盤《古代之天文觀測儀》。

as·trol·o·ger [əˋstrɑlədʒɚ; əˈstrɔlədʒə] *n.* Ⓒ占星家。

as·tro·log·i·cal [͵æstrəˋlɑdʒɪkl̩; ͵æstrəˈlɔdʒikl⁻] *adj.* 占星的，占星學[占星術]的。~**·ly** [-kl̩ɪ; -kəli] *adv.*

as·trol·o·gy [əˋstrɑlədʒɪ; əˈstrɔlədʒi] *n.* Ⓤ占星學[術]《觀察星球之運行以判斷人之運道之占卜術》。

as·tro·me·te·or·ol·o·gy [͵æstro͵mitɪəˋrɑlədʒɪ; ˈæstrou͵mi:tjəˈrɔlədʒi] *n.* Ⓤ天體氣象學。

astron. 《略》astronomer；astronomical；astronomy.

as·tro·naut [ˋæstrə͵nɔt; ˈæstrənɔ:t] *n.* Ⓒ《美》**太空飛行員，太空人**《蘇聯之太空人稱爲 cosmonaut》.

【字源】相當於 astro「星」和 naut「船員」之義的兩個希臘字所構成；合起來便成爲「星際航行者」之義。

as·tro·nau·ti·cal [͵æstrəˋnɔtɪkl̩; ͵æstrəˈnɔ:tikl⁻] *adj.* 太空飛行的；太空飛行員的。

as·tro·naut·ics [͵æstrəˋnɔtɪks; ͵æstrəˈnɔ:tiks] *n.* Ⓤ太空學，太空航行[飛行]學。

as·tro·nav·i·ga·tion [͵æstro͵nævɪˋgeʃən; ͵æstrou͵næviˈgeiʃn] *n.* Ⓤ太空航行。

as·tron·o·mer [əˋstrɑnəmɚ; əˈstrɔnəmə] *n.* Ⓒ**天文學家**。

as·tro·nom·i·cal [͵æstrəˋnɑmɪkl̩; ͵æstrəˈnɔmikl⁻] «astronomy 的形容詞»—*adj.* **1** 天文學(上)的(cf. civil 6)：~ observation 天文觀測/an ~ observatory 天文臺/an ~ telescope 天文望遠鏡/ ~ time 天文時《自子夜零時起至次日子夜零時止之二十四小時爲一日之時間》/an ~ year=solar year. **2** 〈數字、距離等〉屬於天文學上的，天文的，龐大的：~ figures 天文[龐大無法估計的]數字。~**·ly** [-kl̩ɪ; -kəli] *adv.*

***as·tron·o·my** [əˋstrɑnəmɪ; əˈstrɔnəmi] «源自希臘文「星之法則(之研究)」之義»—*n.* Ⓤ**天文學**。

as·tro·pho·tog·ra·phy [͵æstrəfoˋtɑgrəfɪ; ͵æstrəfəˈtɔgrəfi] *n.* Ⓤ天體照相術。

àstro·phýsical *adj.* 天體物理學的。

àstro·phýsicist *n.* Ⓒ天體物理學家。

àstro·phýsics *n.* Ⓤ天體物理學。

as·tute [əˋstut, -ˋstjut; əˈstju:t] *adj.* **1** 機敏的，伶俐的，聰明的。**2 a** 狡猾的，精明的，狡黠的。**b** [不用在名詞前] 〔十介十(代)名〕〔於…方面〕狡黠[精明]的〔*in*〕：He is ~ ***in*** business. 他精於做生意。~**·ly** *adv.* ~**·ness** *n.*

A·sun·ci·ón [asunˋsjon; ə͵sunsiˈoun] *n.* 亞松森《南美巴拉圭(Paraguay)之首都》。

A

a·sun·der [əˋsʌndɚ; əˈsʌndə] *adv.* & *adj.* [不用在名詞前]《文語》**1** [主要與 break, cut, fall, rend 等動詞連用] (單一物體)(分)開地[的], (成)星散地[的], (折)斷地[的], (撕)碎地[的]: The cup broke ~. 杯子破成碎片。**2** (二個以上之個體)零散地[的]; 分散地[的]: fly ~ 飛散。**3** (二個以上之個體)相距地[的], 分離地[的]; 〈性格、性情等〉相異地[的]: ⇨ be POLES asunder.

As·wan [æsˋwɑn; æsˈwɑːn] *n.* 阿斯安《埃及東南部, 尼羅河 (Nile) 河畔之都市; 附近有阿斯安水庫(the Aswan Dam)及阿斯安高壩(the Aswan High Dam)》.

a·sy·lum [əˋsaɪləm; əˈsailəm] **《**源自希臘文「沒有捕捉之權利的(地方)」之義**》**—*n.* **1** [C] **a** (尤指痴呆者、精神失常者等之)**保護收容所**; **養育院**: ⇨ lunatic asylum. **b** 《罕》精神病院《★[比較]現在一般用 mental home [hospital, institution]》. **2** [C] **a** (昔時罪犯、負債者等之)逃匿處《主要爲寺院等》。**b** 隱匿處, 避難所。**3 a** [U] 避難, 亡命, 保護; 庇護: political ~ 政治避難[庇護] /grant ~ 給予庇護/give [seek, ask for] ~ 給予[尋求]庇護。**b** [C]《國際法》(政治犯等之)庇護[避難]所《外國大使館等》。

a·sym·met·ric [ˌesɪˋmɛtrɪk, ˌæ-; ˌæsiˈmetrik←] *adj.* **1** 不勻稱的, 不對稱的, 不均勻的。**2** 《植物》非對稱的。

a·sym·met·ri·cal [ˌesɪˋmɛtrɪkl, ˌæ-; ˌæsiˈmetrikl←] *adj.* = asymmetric. **~·ly** [-klɪ; -kəli] *adv.*

a·sym·me·try [eˋsɪmɪtrɪ, æ-; æˈsimətri] *n.* [U] **1** 不勻稱, 不對稱, 不均勻。**2** 《植物》非對稱。

‡at [(輕讀) ət, ɪt; ət; (重讀) æt; æt] *prep.* 《★ [æt; æt] 爲單獨使用、對照使用、或用於句尾時之發音》**1** [表示地點、位置]: **a** [表示一點] **在**, **於**…《★[用法]原則上, (在主觀)認爲是一個面或線上之一點時用 *at*, 認爲是較廣之場所時用 *in*; 通常表示國家或大都市時用 *in*, 如 *in* England, *in* London 等, 而較用 *in* 表示者爲小之都市、城鎮、村莊等則用 *at*, 如 *at* Bath 等, 但即使爲大都市, 若在主觀上認爲地圖上之一點, 則用 *at* 如 change *at* Chicago (在芝加哥改乘) 等; 相反地, 自己所居住之城鎮等雖小, 因自己對其內容熟悉而感覺相當廣闊, 在此種情形之下亦可用 *in*, There are two stations *in* Peitou (北投)》: *at* a point 在一點上/*at* the center 在中心/*at* a distance 在隔一段距離處, 隔著一段距離/*at* the foot [top] of a hill 在山腳[山頂]/Open your book *at* page 30. 翻開書的第三十頁《★[用法]《美》不用 at 而用 to》/He bought it *at* the store over there. 他在那邊的商店買了它/He was educated *at* Oxford. 他在牛津大學受教育《★[用法]表示大學名稱時用 at, 但表示大學所在地之地名時用 in》/He is a student *at* Yale. 他是耶魯大學的學生《★[用法]比較少用 *of* Yale》/He lives *at* 32 Westway. 他住在西道三十二號《★[用法]表示地址時用 at, 表示街道時用 in, on》. **b** [表示出入所經之點] **由**…: enter *at* the front door 由前門進入/look out *at* the window 在窗口往外看《★[用法]若僅表示「由窗口」時, 則不用 at 而用 out of》/Let's begin *at* Chapter Three. 我們從第三章開始吧。**c** [表示到達地點]: arrive *at* one's destination 到達目的地。**d** [表示出席、在場等] (出席[參加]) **在**…: *at* a meeting 在會上/*at* the theater 在劇院, 在觀賞戲劇/*at* a wedding 參加婚禮/He was *at* university from 1980 to 1984. 他在 1980 年到 1984 年間在大學讀書《★[用法]at university 爲英國語法, 美國語法則作 in college》.

2 [表示時、年齡]: **a** [表示時之一點、時刻、時節] **在**…: School begins *at* nine and ends *at* four. 學校在九時開始上課, 在四時下課《★[用法]不可作 begin *from* nine; 但可作 School is *from* nine *to* four. (學校上課時間從九時到四時)》/*at* noon 在正午/*at* dinner time 在正餐[晚餐]時/*at* present 目前, 現在/*at* that time 當時/*at* the beginning [end] of the month 在月初[月底]/*at* the same time 同時/*at* this time of (the) year 在這個季節, 在每年的這個時候/*at* Christmas 在耶誕節/*at* the weekend 《英》在週末。**b** [表示年齡] **在…歲時**: *at* (the age of) seven 在七歲時。

3 [表示順序、動作次數等之多寡]: **a** [表示順序] **在**…: *at* the second attempt 在第二次嘗試時/*at* first 最初/*at* last 最後; 終於。**b** [表示動作等次數之多寡]: *at* long [short] intervals 偶爾[時時]/*at* all times 總是, 經常/*at* times 有時, 間或。**c** [**at a** [**an, one**] ...] 一次[一口, 一飲(等)]地: *at a* time 一次/*at a* mouthful 一口/*at one* [*a*] gulp 一飲。

4 [表示方向、目標、目的] **對**(準)…, **向**…: look *at* the moon 向月亮看/aim *at* a target 瞄準靶子/What is he aiming *at*? 他的意圖[目的]是什麼? /guess *at*... 猜測…/hint *at*... 暗示…/laugh *at* a person (嘲)笑某人/He made an attempt *at* a solution of the problem. 他試圖解決那問題。

5 [表示感情之原因] **因接到**, **因見到**, **因聽到**, **因想到**, **對**…: tremble *at* the thought of... 想到…就發抖/wonder *at* the sight 因看到此景而感到驚訝/I was surprised *at* the number of people. 看到那麼多人我感到驚訝/He was pleased *at* Mary's present. 接到瑪麗的禮物他感到高興《★[用法]《英》不用 at 而用 with》.

6 [表示從事(之對象)]: **a** [表示正在從事當中] **正從事於**…, **做著**…《★慣用語通常無冠詞》: *at* breakfast 正在吃早餐/*at* church (在教堂)正在做禮拜/*at* school (在學校)正在上課/be *at* work [play] 正在工作[玩耍]/What are you *at* now? 你現在在做什麼? **b** [表示從事之對象] 從事, 把…: work *at* math(s) 努力學習數學/knock *at* the door 敲門。

7 [表示能力、性質之對象] **在…方面**, **於**…: He is good [poor] *at* drawing. 他擅[拙]於繪畫/They are quick [slow] *at* learning. 他們學起來快[慢]/He is a genius *at* music. 他是個音樂天才; 《口語》他很有音樂細胞。

8 [表示狀態、狀況]: **a** [at one's + 形容詞最高級; 表示極點] 正是: The storm was *at* its worst. 暴風雨正猛烈至極。**b** [表示和平、不和] 處於…, 正在…中: be *at* peace 處於和平狀態/be *at* war 正在交戰中。**c** [表示困境、立場] 處於…: *at* a loss 不知所措, 迷惑/a stag *at* bay 陷於困境之牡鹿。**d** [表示停止、休止狀態] 在…狀態: *at* a standstill 在靜止狀態/*at* anchor 停泊著/*at* rest 在休息。**e** [表示自由、隨意] …地: *at* will 隨心所欲地, 隨意地。**f** [表示條件]: *at* one's own risk 〈損失等〉由自己負責。

9 [表示度數、比率等] 以…(之比率): *at* 80° 在[以]八十度/*at* (the [a] rate of) 40 miles an hour 以時速四十哩/*at* full speed 以全速。

10 [表示數量、價格、費用] 以…; 爲…: *at* a good price 以好的價格/be employed *at* a high salary 以高薪受雇/buy [sell, be sold] *at* 10 pounds 以十鎊購買[出售, 賣出]/estimate a crowd *at* 2000 估計羣衆爲兩千人。

at abòut… 大約在…(⇨ about *adv.* 1 a [用法]): *at about* five o'clock [the same time] 大約在五時[同一時刻]/*at about* the same speed 以大致同一速度。

at áll ⇨ all.

át it 正在做, 正努力從事: They are *at it* again. 他們又來(那一套)了[又在搞了]/He is hard *at it.* 他正在賣力地工作/While we are *at it*, let's paint the kitchen, too. 趁我們正在做的當兒, 也把厨房油漆一下吧。

at thát ⇨ that A *pron.*

be át… 《口語》(1)(嘮嘮叨叨地)央求〈丈夫等〉: She *is at* her husband again *to* buy her a new dress. 她又在嘮嘮叨叨地央求丈夫買一件衣服給她。(2)攻擊, 意欲…: The cat *is at* the fish again. 那隻貓又在想弄到[抓]魚。(3)摸弄: He's *been at* my tools. 他又摸弄我的工具。

At 《符號》《化學》astatine. **at.** 《略》atmosphere; atomic.

A.T. 《略》Atlantic Time.

at- [字首] (附加在 t 之前的) ad- 的變體: *at*tend.

at·a·brine [ˋætəbrɪn, -ˌbrin; ˈætəbrin] *n.* [U]《藥·商標》阿滌平《一種預防或治療瘧疾的藥品》。

At·a·lan·ta [ˌætlˋæntə; ˌætəˈlæntə] *n.* 《希臘神話》阿妲蘭德《捷足善走之美麗少女》。

at·a·vism [ˋætəˌvɪzəm; ˈætəvizəm] *n.* **1** [U]《生物》隔代遺傳, 返祖(性)。**2** [C] 隔代遺傳[返祖]之例。

at·a·vis·tic [ˌætəˋvɪstɪk; ˌætəˈvistik←] *adj.* 隔代遺傳的, 返祖(性)的。**àt·a·vís·ti·cal·ly** [-klɪ; -kəli] *adv.*

a·tax·i·a [əˋtæksɪə; əˈtæksiə] *n.* [U] (四肢之)運動失調(症), 調節不能。

a·tax·y [əˋtæksɪ; əˈtæksi] *n.* = ataxia.

at bát *n.* [C] (*pl.* **~s**)《棒球·壘球》打擊次數《略作 a.b.》: make two hits *in* four **~s** 在四次打擊中擊出兩支安打。

A.T.C., ATC 《略》《航空》Air Traffic Control 航空交通管制; 《鐵路》automatic train control 自動控制火車裝置。

atch·oo [əˋtʃu; əˈtʃuː] *interj.* [表示打噴嚏的聲音] 哈啾!

‡ate [et; eit, et] *v.* **eat** 的過去式。

Ate [ˋetɪ, ˋeti; ˈɑːti, ˈeiti] *n.* 《希臘神話》阿忒《司騷亂戲謔之女神; 後被視爲司復仇之女神》。

-ate[1] [-ɪt, -ət, -et; -it, -ət, -eit] [字尾] 表示「有…的」之意的形容詞字尾: foli*ate.*

-ate[2] [-et; -eit] [在雙音節字中之發音通常爲 ˊ-et; ˊ-eit; 在三音節以上之字中之發音則爲 ˋ-ˏet; ˊ--eit] [字尾] 表示「使…」之意的動詞字尾: cre*ate*, transl*ate*; educ*ate*, separ*ate.*

-ate[3] [-ɪt, -ət, -et; -it, -ət, -eit] [字尾] **1** 表示「…之職務」之意的名詞字尾: consul*ate*, sen*ate.* **2** 《化學》表示「…酸鹽」之意的名詞字尾: carbon*ate*, sulf*ate.*

at·e·lier [ˋætlˌje; ˈætəljei, -liei] **《**源自法語**》**—*n.* [C] (尤指畫家或雕刻家之)工作室; 製作室, 畫室(studio).

a tem·po [ɑˋtɛmpo; ɑːˈtempou] **《**源自義大利語 'in time' 之義**》**—*adv.* & *adj.* 《音樂》以原來速度地[的]。

Ath·a·na·sian [ˌæθəˋneʒən; ˌæθəˈneiʃn] *adj.* 阿瑟內修斯的。
—*n.* [C]《神學》信奉阿瑟內修斯教派者。

Ath·a·na·sius [ˌæθəˋneʃəs; ˌæθəˈneiʃəs], St. *n.* 聖阿瑟內修斯《296? -373; 亞力山卓(Alexandria)之主教》。

a·the·ism [ˋeθɪ,ɪzəm; ˈeiθiizəm] *n.* Ⓤ **1** 無神論。**2** 不信神。
á·the·ist [-ɪst; -ist] *n.* Ⓒ無神論者，不信神者。
a·the·is·tic [,eθɪˋɪstɪk; ,eiθiˈistik˝] *adj.* 無神論(者)的。
a·the·is·ti·cal [,eθɪˋɪstɪkḷ; ,eiθiˈistikl˝] *adj.* ＝atheistic. **~·ly** [-kḷɪ; -kəli] *adv.*
A·the·na [əˋθinə; əˈθi:nə] *n.* 《希臘神話》雅典娜《雅典之守護女神；司智慧、技藝、戰爭等之女神；相當於羅馬神話中之米諾娃(Minerva)；cf. Pallas》.

Athena

Ath·e·n(a)e·um [,æθəˋniəm; ,æθiˈni:əm] *n.* (*pl.* **~s, -n(a)ea** [-ˋniə; -ˈni:ə]) **1** [**the** ~] 雅典娜女神廟《在古希臘雅典；爲羅馬皇帝哈德連(Hadrian)所建，後成爲詩人、學者集會討論之場所》。**2** [**a**~] Ⓒ **a** 文藝[學術]團體。**b** 圖書室，文庫。
A·the·ni·an [əˋθinɪən; əˈθi:niən] 《Athens 的形容詞》**—***adj.* 雅典(Athens)的。
—*n.* Ⓒ雅典人。
Ath·ens [ˋæθɪnz, -ənz; ˈæθinz] *n.* 雅典《希臘首都；古希臘文明之中心》。
ath·er·o·scle·ro·sis [,æθə,rosklə'rosɪs; ,æθərousklə'rousis] *n.* Ⓤ《醫》動脈硬化《其特徵爲血管脂肪化》。
a·thirst [əˋθɝst; əˈθə:st] *adj.* [不用在名詞前] **1** [十介十(代)名] 渴望[…]的[*for*]：be ~ ***for*** knowledge 渴望知識。**2** 《古・詩》口渴的。
ath·lete [ˋæθlit; ˈæθli:t] *n.* Ⓒ **1 a** 運動家，運動員，運動選手。**b** (由於訓練之結果)有像運動家般體格之人。**2** 《英》田徑運動員。
áthlete's fóot *n.* Ⓤ香港腳，腳濕氣，腳癬。
áthlete's héart *n.* (又作 **athletic héart**) Ⓒ《醫》運動員心臟病《因運動過度而引起的心臟擴大症》。
ath·let·ic** [æθˋlɛtɪk; æθˈletik˝] 《athlete 的形容詞》**—adj.* **1 a** (運動)競賽的；體育的：an ~ meet(ing) 運動會/an ~ event 競賽項目/ ~ equipment 體育用品[器材]。**b** 運動選手用的：an ~ supporter (固定男子運動員之下體使其不受到强烈震動之)鬆緊三角帶。**2** 《體格》似運動選手的，强壯靈活的：She has an ~ figure. 她有一副運動選手(般)的身材。
ath·lét·i·cal·ly [-kḷɪ; -kəli] *adv.*
ath·let·i·cism [æθˋlɛtə,sɪzəm; æθˈletisizəm] *n.* Ⓤ對運動、競賽之癖好；嗜好運動。
ath·let·ics [æθˋlɛtɪks; æθˈletiks] *n.* **1** [常當複數用] **a** (各種)運動，競賽。**b** 《英》田徑運動。**2** Ⓤ (做爲學科之)體育(技巧[理論])，體育原理，運動，運動法。
at-hóme, at hóme *n.* Ⓒ (約定時日之)家庭招待會[會客]《由主人決定日期及時間(通常爲午後)招待，客人隨意來訪相聚話家常；在英國現已罕見》。
—*adj.* 家用的，非正式的：~ clothes 家居服。
a·thwart [əˋθwɔrt; əˈθwɔ:t] *adv.* 《罕》橫穿過地；斜地；不順利地：Everything goes ~ (*with* me). (我)事事不如意。
—*prep.* 橫穿過…；逆…，反對…。
a·thwart·ships [əˋθwɔrt,ʃɪps; əˈθwɔ:t-ʃips] *adv.* 《航海》從船之一邊至另一邊；橫越地，橫向地；橫過船。
a·tilt [əˋtɪlt; əˈtilt] *adv.* & *adj.* [不用在名詞前]《古》**1** (於騎馬比武時)作舉槍衝刺狀地[的]，以挺槍之架勢地[的]：run [ride] ~ at... 向…挺槍衝刺。**2** 傾斜地[的] (tilted).
-a·tion [-eʃən; -eiʃn] 字尾 表示動作、結果、狀態等之名詞字尾：occup*ation*, civiliz*ation*.
a·tish·oo [əˋtɪʃu; əˈtiʃu:] *interj.* 《英》＝atchoo.
-a·tive [-ətɪv, -etɪv; -ətiv] 字尾 表示傾向、性質、關係等之形容詞字尾：decor*ative*, talk*ative*.
At·kins [ˋætkɪnz; ˈætkinz] *n.* Ⓒ(*pl.* ~)＝Tommy Atkins.
At·lan·ta [ətˋlæntə, æt-; ətˈlæntə] *n.* 亞特蘭大《美國喬治亞州(Georgia)之首府》。
At·lan·te·an [,ætlænˋtiən; ,ætlænˈti:ən] *adj.* **1** 巨人亞特拉斯(Atlas)的。**2** 有巨人亞特拉斯之力量的；力大無比的。**3** 亞特蘭提斯島(Atlantis)的。
‡**At·lan·tic** [ətˋlæntɪk; ətˈlæntik] *adj.* 大西洋的；大西洋沿岸(附近)的：~ islands 大西洋上之諸島嶼/the ~ states (美國之)大西洋沿岸各州，東部各州。
—*n.* [**the** ~] 大西洋：*the* North [South] ~ 北[南]大西洋。

【字源】希臘神話中的巨人亞特拉斯(Atlas)因爲背叛宙斯(Zeus)被罰去世界的西邊盡頭用雙肩扛着天。這西涯就是北非洲西海岸的亞特拉斯山脈(the Atlas Mountains)，而和這山脈隣接的海洋也就被命名爲 the Atlantic Ocean (大西洋)。柏拉圖(Plato)說這大西洋中曾有名爲亞特蘭提斯(Atlantis)的樂園；cf. Pacific【字源】

Atlántic Chárter *n.* [**the** ~] 大西洋憲章《美國總統羅斯福和英國首相邱吉爾於 1941 年 8 月 14 日發表的聯合宣言》。
Atlántic Cíty *n.* 大西洋城《美國新澤西州(New Jersey)東南部之一城市，爲一海濱勝地》。
‡**Atlántic Ócean** *n.* [**the** ~] 大西洋。
Atlántic (Stándard) Tìme *n.* Ⓤ (美國之)大西洋(標準)時間《較格林威治時間(G(M)T)遲四小時；略作 A.(S.)T.；⇨standard time【說明】》。
At·lan·tis [ətˋlæntɪs; ətˈlæntis] *n.* 亞特蘭提斯島《據說曾在直布羅陀(Gibraltar)海峽之西方但因受神罰而沉沒海底之一神秘島嶼》。
at·las [ˋætləs; ˈætləs] *n.* Ⓒ地圖集，地圖册，地圖《★將一張一張之地圖(map)集成册者》。

【字源】十六世紀的地理學家麥卡脫(Mercator)曾把希臘神話中因爲背叛主神宙斯(Zeus)而被罰以肩掮天的亞特拉斯(Atlas)的像放在他的地圖集上；此後一般人便稱「地圖集」爲 atlas.

At·las [ˋætləs; ˈætləs] *n.* 《希臘神話》亞特拉斯，擎天神《受罰雙肩掮天之巨人》。

Atlas

Átlas Móuntains *n. pl.* [**the** ~] 亞特拉斯山脈《在非洲西北部》。
ATM 《略》automated-teller machine.
atm. 《略》atmosphere；atmospheric.
at·mo·sphere** [ˋætməs,fɪr; ˈætməsfiə] 《源自希臘文「蒸汽所圍繞之處」之義》**—n.* **1** [**the** ~] (圍繞地球之)大氣，大氣層，氣圈。**2** [用單數] (某一場所等之)空氣(air)：a moist ~ 潮濕的空氣/The ~ was full of dust. 那周圍(的空氣)充滿着塵埃。**3** [用單數] **a** 氣氛，環境[*of*]：a tense ~ 緊張的氣氛/an ~ *of* friendliness 友好的氣氛/create a pleasant ~ 創造悅人的氣氛。**b** (藝術品等所給人的)氣氛，情調：a novel rich in ~ 富有感染力的小說。**4** Ⓒ《物理》氣壓(cf. atmospheric pressure)《略作 at., atm.》.
at·mo·spher·ic [,ætməsˋfɛrɪk; ,ætməsˈferik˝] 《atmosphere 的形容詞》**—***adj.* **1** 大氣(中)的，空氣的；大氣所致的：an ~ depression 低氣壓/an ~ discharge 大氣放電/~ electricity《物理》天電/~ pollution 大氣汚染。**2** (富於[產生])氣氛[情調]的：~ music 情調音樂。**àt·mos·phér·i·cal·ly** [-kḷɪ; -kəli] *adv.*
átmospheric préssure *n.* Ⓤ [又作 **an** ~]《氣象》氣壓：(*a*) high [low] ~ 高[低]氣壓。
at·mo·spher·ics [,ætməsˋfɛrɪks; ,ætməsˈferiks] *n. pl.* 《無線》**1** 天電《由大氣電產生之一種電波；使無線電通訊或收音機等發生雜音》。**2** (使無線電通訊等發生雜音之)天電干擾。
at. no. 《略》atomic number.
at·oll [ˋætɑl, əˋtɑl; ˈætɔl, əˈtɔl] *n.* Ⓒ環狀珊瑚島，環礁(cf. lagoon 2).

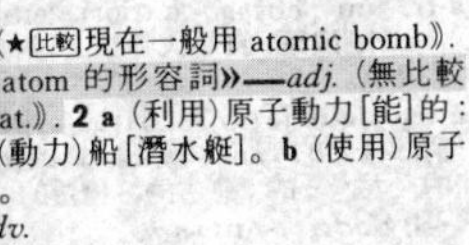

atoll

at·om** [ˋætəm; ˈætəm] 《源自希臘文「無法再分割之物」之義》**—n.* **1** Ⓒ《物理・化學》原子。**2 a** Ⓒ微粒；極少量之物；碎片：smash [break]...to ~*s* 將…砸成碎片。**b** [**an** ~ **of** ..., 用於否定句] 絲毫(不[沒有]…)：There is *not an* ~ *of* truth in the rumor. 那謠言毫無眞實性。
átom bòmb *n.* Ⓒ原子(炸)彈《★比較 現在一般用 atomic bomb》.
a·tom·ic** [əˋtɑmɪk; əˈtɔmik] 《atom 的形容詞》**—adj.* (無比較級、最高級) **1** 原子的《略作 at.》. **2 a** (利用)原子動力[能]的：an ~ ship [submarine] 原子(動力)船[潛水艇]。**b** (使用)原子(炸)彈的。**3** 微粒的，極小的。
a·tóm·i·cal·ly [-kḷɪ; -kəli] *adv.*
atómic áge *n.* [**the** ~] 原子時代。
atómic bómb *n.* Ⓒ原子(炸)彈(A-bomb).
atómic cárrier *n.* Ⓒ原子動力航空母艦。
atómic clóck *n.* Ⓒ原子鐘。
atómic clóud *n.* Ⓒ (原子(炸)彈爆炸時所造成之)原子雲。
atómic cócktail *n.* Ⓒ《醫》(爲治療或診斷某些癌症而服用之)放射性同位素溶液。
atómic énergy *n.* Ⓤ原子能。
Atómic Énergy Commíssion *n.* [**the** ~] (美國之)原子能委員會《略作 AEC》.
atómic físsion *n.* Ⓤ原子核分裂。
at·o·mic·i·ty [,ætəˋmɪsətɪ; ,ætəˈmisiti] *n.* Ⓤ《化學》**1** (氣體分子中之)原子數。**2** 原子價。

A

atómic númber *n.* Ⓒ《物理・化學》原子序(數)《略作 at. no.》.
atómic píle *n.* Ⓒ原子爐《★比較現在使用nuclear reactor》.
atómic pówer *n.* Ⓤ原子動力。
atómic pówer plànt [stàtion] *n.* Ⓒ原子(動力)發電廠(nuclear power plant [station]).
at·om·ics [əˈtɑmɪks; əˈtɔmiks] *n. pl.* [當單數用]《口語》原子學。
atómic strúcture *n.* Ⓤ原子結構。
atómic théory *n.* Ⓤ《物理・化學》原子說《所有物質均由原子組成之學說》。
atómic wárfàre *n.* Ⓤ原子戰爭。
atómic wárhèad *n.* Ⓒ原子彈頭，核彈頭。
atómic wéapon *n.* Ⓒ原子武器，核武器。
atómic wéight *n.* Ⓒ原子量《略作 at. wt.》.
at·om·ism [ˈætəmˌɪzəm; ˈætəmizəm] *n.* Ⓤ《哲》原子論《主張一切物質係由不可再分裂之微粒子所構成，而各微粒子相互間無必然之關係》。
at·o·mis·tic [ˌætəˈmɪstɪk; ˌætəˈmistik⁻] *adj.* 原子論[說]的；原子論式的：an ~ society 原子論的社會《由各自孤立的(個人主義的)個體所構成的社會》。
at·om·i·za·tion [ˌætəməˈzeʃən, -aɪˈz-; ˌætəmaiˈzeiʃn] 《atomize 的名詞》—*n.* Ⓤ **1** 原子化，分爲原子。**2** 噴霧作用。**3** 原子(炸)彈[武器]所造成之破壞。
at·om·ize [ˈætəmˌaɪz; ˈætəmaiz] 《atom 的動詞》—*v.t.* **1** 使…成爲原子，將…分爲原子。
2 使…粉化，使…成微粒。
3 使〈液體〉噴成霧狀。
4 用原子(炸彈)[武器]破壞。
át·om·iz·er *n.* Ⓒ噴霧器；香水噴霧器。

atomizers

átom smàsher *n.* Ⓒ《口語》原子核分裂加速器。
at·o·my [ˈætəmɪ; ˈætəmi] *n.* Ⓒ《古》**1** 原子；微粒子。**2** 矮人，侏儒(pygmy). **3** 骸骨；骨骼，骨架(skeleton).
a·ton·al [eˈtonl, æ-; eiˈtounl⁻] *adj.*《音樂》無調的。
a·to·nal·i·ty [ˌetoˈnælətɪ; ˌætouˈnæliti] 《atonal 的名詞》—*n.* Ⓤ《音樂》**1** 無調性。**2** (作曲上之)無調形式。
a·tone [əˈton; əˈtoun] 《源自中古英語 'at one'》—*v.i.* 〔十介十(代)名〕補償〔罪等〕，〔爲…〕贖罪，彌補〔…〕，賠償〔…〕〔*for*〕《★可用被動語態》：He wished to ~ *for* the wrong he had done. 他希望爲他從前所犯的過錯贖罪[彌補他以前所犯的過錯]。
a·tóne·ment [-mənt; -mənt] 《atone 的名詞》—*n.* **1** ⓊⒸ補償，彌補，贖罪〔*for*〕：make ~ *for*... 爲…贖罪，彌補…。**2**《基督教》**a** Ⓤ贖罪。**b** [**the A~**] 耶穌之贖罪《即耶穌爲拯救世人免罪而代替世人被釘死在十字架上之受難及死》。
at·o·ny [ˈætənɪ; ˈætəni] *n.* Ⓤ **1**《醫》(收縮性器官之)無緊張力，弛緩。**2**《語音》無重音。
a·top [əˈtɑp; əˈtɔp]《文語》*adv.* 在頂上地，在上地，在上面地：~ *of* a hill 在小山頂上。—*prep.* 在…頂上，在…上，在…上面：~ a hill 在小山頂上。
at·ra·bil·ious [ˌætrəˈbɪljəs; ˌætrəˈbiljəs⁻] *adj.* **1** 患憂鬱症的；憂鬱的，消沈的。**2** (繃着臉)悶聲不響的，難以取悅的。
a·tri·um [ˈetrɪəm; ˈɑːtriəm, ˈeit-] *n.* Ⓒ (*pl.* **a·tri·a** [-trɪə; -triə], ~s) **1**《建築》(羅馬式建築之)中庭。**2**《解剖》心房；(耳的)鼓室，內耳窩。
a·tro·cious [əˈtroʃəs; əˈtrouʃəs] *adj.* **1** 萬惡的，兇暴的，殘忍的，窮凶極惡的：an ~ crime 窮凶極惡的犯罪行爲。**2**《口語》太甚的，太過分的；惡劣的，糟透的：an ~ meal 很糟的一餐。
~**·ly** *adv.* ~**·ness** *n.*
a·troc·i·ty [əˈtrɑsətɪ; əˈtrɔsəti] 《atrocious 的名詞》—*n.* **1** Ⓤ暴虐無道，殘忍，窮凶極惡。**2** Ⓒ [常 **atrocities**] **a** 殘暴的行爲：commit *atrocities against* civilians 對老百姓施暴。**b**《口語》糟透的東西，很爛的東西，低級的東西；大失策，嚴重的錯誤。
at·ro·phy [ˈætrəfɪ; ˈætrəfi] *n.* Ⓤ [又作 **an** ~] **1**《醫》(因營養不良等所致之)萎縮(症)；虛脫，衰退。**2**《生物》機能之衰退。**3** (道德的)淪喪。
—*v.t.* 使…萎縮[衰退]。—*v.i.* 萎縮；衰退。
at·ro·pine [ˈætrəˌpin, -pɪn; ˈætrəpin] *n.* Ⓤ《藥》阿托品；顛茄素《一種白色有毒之植物鹼》。
At·ro·pos [ˈætrəˌpɑs; ˈætrəpɔs] *n.*《希臘神話》阿特羅波絲《司命運的三女神之一，負責切斷生命之線；⇨ fate 3》.
att.《略》attention；attorney.

at·ta·boy [ˈætəˌbɔɪ; ˈætəbɔi] 《源自 That's the boy！》—*interj.* [表示激賞、讚嘆]《美口語》好小子！(做得)好！眞行！
***at·tach** [əˈtætʃ; əˈtætʃ] 《源自古法語「綁到樁上」之義》—*v.t.* **1** **a** 〔十受(十介十(代)名)〕[給較大之物或主體]裝[結，縛，繫，附，貼，黏]上〈較小或附屬之物〉〔*to, on*〕《★用法介系詞以下之部分可由句子之前後關係明瞭其語意時常省略》：He ~*ed* the label *to* his trunk. 他給大皮箱繫上標籤/The clerk ~*ed* a price tag *to* each article. 店員給每一件商品繫上標價籤/He ~*ed* a stamp (*to* the letter). 他(給信)貼上郵票。**b** 〔十受十介十(代)名〕使〈設施等〉附屬〔於主體〕，使…歸屬〔於…〕〔*to*〕《★常用被動語態》：This hospital *is* ~*ed to* our medical department. 這所醫院附屬於我們醫學系。**c** 〔十受十介十(代)名〕[~ one*self*] 附〔於…〕，附着〔於…〕〔*to*〕：Shellfish usually ~ *themselves to* rocks. 貝類通常附着於岩石上。
2 〔十受十介十(代)名〕加[添]〈簽名、注釋等〉〔於…上〕〔*to*〕：~ one's signature *to* a document 在文件上簽名。
3 〔十受十介十(代)名〕**a** 使〈人〉屬〔於團體等〕，將〈軍人、部隊等〉配屬〔於…〕[分配[到…]]〔*to*〕《★常以過去分詞形容詞用；⇨ attached 3 a》。**b** [~ one*self*] 加入〔…〕〔*to*〕《★常以過去分詞當形容詞用；⇨ attached 3 b》：He first ~*ed himself to* the Liberals. 他起初加入了自由黨。
4 〔十受十介十(代)名〕**a** 認爲〔…〕有〈重要性等〉，將〈重要性等〉置〔於…上〕〔*to*〕：~ great [much] importance *to* politics 非常重視政治。**b** 將〈責任等〉歸〔於…〕〔*to*〕：No blame is ~*ed to* his behavior. 他的行爲無可指責。
5 〔十受十介十(代)名〕**a** 將〈人、動物〉(以愛情等)聯繫〔於…〕；使…愛慕〔…〕〔*to*〕：He has the gift of ~*ing* people *to* him. 他具有會使人愛慕他的天賦。**b** 使…〔對…〕產生愛慕之情，使…愛慕〔…〕〔*to*〕《★常以過去分詞當形容詞用；⇨ attached 4》。
6 〔十受〕《法律》逮捕〈人〉；查封〈物〉。
—*v.i.* 〔十介十(代)名〕《文語》〈物、事〉附着[連屬，附屬]〔於…〕，〔與…〕相連[相伴]〔*to*〕：No blame ~*es to* you. 你沒有什麼可譴責的。
at·ta·ché [ˌætəˈʃe, əˈtæʃe; əˈtæʃei] 《源自法語 'attached' 之義》—*n.* Ⓒ(大使、公使之)隨員，大使[公使]館館員：a commercial ~ 商務幫辦/ a military ~ 大使[公使]館之陸軍武官。
attaché càse [ˌætəˈʃe-, əˈtæʃe-; əˈtæʃei-, -ʃi-] *n.* Ⓒ(通常爲扁平之長方形)手提公文箱。

attaché case

at·táched *adj.* **1** 附[裝，縛，繫，貼]上的；加[添]上的。**2** 附屬的：an ~ school 附屬學校。**3** [不用在名詞前]〔十介十(代)名〕**a** (隸)屬〔於…〕的，被派〔至…〕的〔*to*〕(cf. attach 3 a)：He is ~ *to* the embassy. 他被派至大使館/an officer ~ *to* the General Staff. 屬於參謀本部的軍官。**b** 加入〔到…〕的〔*to*〕(cf. attach 3 b)：He is ~ *to* the Liberals. 他加入了自由黨。**4** [不用在名詞前]〔十介十(代)名〕愛慕着〔…〕的，〔對…〕懷有愛情的〔*to*〕(cf. attach 5 b)：He is deeply ~ *to* his father. 他深愛着他父親/I am very ~ *to* her sister. 我非常愛慕她的妹妹。**5** 已婚的，使君有婦[羅敷有夫]的，有固定之伴侶的。
at·tach·ment [əˈtætʃmənt; əˈtætʃmənt] 《attach 的名詞》—*n.* **1** **a** Ⓤ附着，連結〔*to*〕。**b** Ⓒ附屬物[品]，附件，附屬裝置，配件：a camera with a flash ~ 有附屬閃光裝置的照相機。**2** **a** ⓊⒸ愛慕，愛情，情感，依戀，迷戀〔*to, for*〕：His ~ *to* his old home is very great. 他對他的老家懷有深厚的感情[他非常依戀他的老家]/He showed no ~ *to* [had a strong ~ *for*] the lady. 他對那女人沒有顯示出一點愛情[懷有强烈的愛慕之情]。**b** Ⓒ [常 ~s]《口語》產生依戀[愛情]之對象。**3**《法律》**a** Ⓤ查封，扣押，逮捕；拘留。**b** Ⓒ查封[逮捕，拘提]令狀。
‡**at·tack** [əˈtæk; əˈtæk] *v.t.* 〔十受〕**1** **a** (以武力)攻擊，襲擊〈敵軍、敵陣等〉：~ the enemy [a fortress] 攻擊敵人[要塞]。**b** (以言詞、文章等)攻擊，辱罵，責難，抨擊〈人、行爲等〉：~ the government 抨擊政府。
2 着手，從事，投入〈工作〉；趕緊動手[開始]〈用餐、工作等〉：We ~*ed* the food at once. 我們立刻狼吞虎嚥地吃起東西來。
3 〈疾病〉侵襲〈人〉《★常用被動語態》：He *was* ~*ed* by fever. 他患熱病[發燒]。
4 襲擊，(企圖)强姦〈女人〉，對…施暴。
—*v.i.* 攻擊。
—*n.* **1** **a** ⓊⒸ(藉武力之)攻擊，襲擊：make [begin] an ~ 加以[開始]攻擊/be under ~ 受到攻擊/*A*~ is the best (form of) defense. 攻擊乃最佳之防禦。**b** Ⓒ(藉言詞、文章等之)攻擊，抨擊，譴責，辱罵，非難〔*on, upon*〕：make [deliver] an ~ *on*

the government 對政府加以抨擊。
2 Ⓒ(工作、用餐等之)開始，着手〔*on*〕：We'd better make an ～ *on* the work. 我們最好開始工作。
3 Ⓒ發病；(病之)發作〔*of*〕：He had an ～ *of* fever. 他患熱病[發燒]/⇨ heart attack/She is laid up with a nasty ～ of influenza. 她因感染嚴重的流行性感冒而臥病在牀。
4 ⓊⒸ《音樂》(器樂、聲樂之)起音[起唱](法)。
—*adj.* [用在名詞前]攻擊用[性]的：an ～ missile 攻擊性飛彈。

at·tain [ə'ten; ə'tein] 《源自拉丁文「觸…」之義》**—*v.t.*** 〔十受〕**1** (經努力)達成〈目標〉，遂〈願〉，成就，獲得，得到…(⇨ accomplish【同義字】)：He ～*ed* full success. 他獲得完全的成功。**2** 到達〈高處、高齡等〉：～ old age 到達高齡。**—*v.i.*** 〔十介十(代)名〕**1** (經努力)到達〔…〕〔*to*〕：～ ***to*** perfection 到達完美的境界/At last he ～*ed to* a position of great influence. 最後他得到一個具有極大影響力的地位。**2** (成長)到達〔…〕〔*to*〕：～ ***to*** a ripe old age 到達高齡。

at·tain·a·bil·i·ty [ə,tenə'bɪlətɪ; ə,teinə'biləti] 《attainable 的名詞》**—*n.*** Ⓤ可達(性)，可遂(性)，可及(性)，可得(性)。

at·tain·a·ble [ə'tenəbl; ə'teinəbl] *adj.* 可到達[達成，得到]的。

at·tain·der [ə'tendɚ; ə'teində] *n.* Ⓤ《英法律》《古》(由於被判死刑或放逐等所致之)褫奪公權。

at·táin·ment [-mənt; -mənt] 《attain 的名詞》**—*n.*** **1** Ⓤ到達，達成，成就。**2** Ⓒ **a** (經努力而達到之)造詣。**b** [常 ～*s*]學識，才能，技能(skill)：a man of varied ～*s* 博學多才之人。

at·taint [ə'tent; ə'teint] *v.t.* **1** 《法律》使…喪失公民權。**2** 羞辱，汚辱。**3** 《古》控告。
—*n.* Ⓤ **1** =attainder. **2** 《古》汚點；恥辱。

at·tar ['ætɚ; 'ætə] *n.* Ⓤ花油；(尤指)玫瑰油[精]：～ of roses 玫瑰油《用以製香料、香水》。

‡**at·tempt** [ə'tɛmpt; ə'tem*p*t] *v.t.* **嘗試**《★比較 爲較 try 更拘泥之用語；★用法 常含結果失敗之意；*n.* 亦同》：**a** 〔十受〕嘗試，企圖，試圖，覬覦…：They ～*ed* an attack by night. 他們企圖夜襲。**b** 〔十 *to* do〕(努力)試着[試圖，企圖]〈做…〉：The patient ～*ed to* rise but fell back. 那病人試着起身卻又倒下去了。**c** 〔十 do*ing*〕(努力)嘗試[企圖，試做]…：We ～*ed* break*ing* the lines of the enemy. 我們企圖突破敵人的防線。**d** 〔十受〕企圖[嘗試]征服〈危險之山峯等〉，向…挑戰：Let us ～ K2 [the Channel]. 讓我們嘗試攀登 K2 [游過英吉利海峽]吧《★變換 可換寫成 Let's ～ to climb K2 [swim the Channel]》。
—*n.* Ⓒ **1 a** **嘗試**，企圖〔*at*〕(★ ⇨ *v.* 用法)：a successful ～ 一項成功的嘗試/He made an ～ *at* a joke [*at* jok*ing*]. 他試圖說笑話。**b** 〔十 *to* do〕〈想做…的〉企圖，嘗試，努力：Sails were raised in an ～ *to* keep the vessel before the wind. 升起了船帆，以使船順風向航行。**2** 企圖奪取〔人命〕〔*on*〕：An ～ was made *on* his life. 有人企圖行刺[謀殺]他。**3** 襲擊，攻擊〔*on, upon*〕. **4** 《法律》未遂行爲。

at·témpt·ed *adj.* 意圖的，未遂的：～ burglary [murder]盜竊[謀殺]未遂(罪)。

‡**at·tend** [ə'tɛnd; ə'tend] 《源自拉丁文「伸向…」之義》**—*v.t.*** 〔十受〕**1 a** **出席**，**到**，**去**，**列席**〈會議等〉，**參加**〈**儀式**〉：～ a meeting [funeral]出席會議[參加葬禮]。**b** 上〈學、教堂〉《★比較 一般用 go to》：He ～*s* school regularly. 他一直按時上學。
2 a 〈僕人等〉**侍奉**[侍候，隨侍，伴隨]〈人〉：The bridesmaid ～*s* the bride. 女儐相[伴娘]陪伴新娘。**b** 〈醫師、護士等〉照料〈病患〉，看護[治療，護理]〈病患〉：She ～*ed* her sick mother. 她照料她生病的母親/The patient was ～*ed* by a doctor. 那病患由醫師照料。
3 《文語》(結果)隨…而至，伴隨《★常用被動語態，介系詞用 *with, by*》：Success often ～*s* hard work. 成功常隨辛勤而至/The enterprise *was* ～*ed* ***with*** much difficulty. 那事業做起來有很大的困難。
—*v.i.* **1 a** **注意**，留意，注意聽，傾聽：Please ～ carefully. 請注意聽/Most students were not ～*ing* in class. 大多數的學生在上課中沒有用心(聽課)。**b** 〔十介十(代)名〕注意〔某人之話等〕，注意聽，傾聽〔*to*〕：*A*～ ***to*** your teacher [what your teacher says]. 注意聽你老師所說的話。
2 〔十介十(代)名〕用心去做，專心，認眞〔工作等〕〔*to*〕：He ～*ed* ***to*** his business. 他專心於他的事業。
3 〔十介十(代)名〕《★可用被動語態》**a** 照料，照顧，服侍，招呼〔人等〕；聽候〔人〕差遣〔*to*〕：～ ***to*** children 照顧孩子們/Are you being ～*ed to,* ma'am? [店員對婦女顧客之問候語]夫人，(我們店裏)有人在招呼您嗎？**b** 〈醫師、護士等〉治療[護理，看護，照料]〔病人、傷等〕〔*to, on, upon*〕：Three doctors ～*ed* ***on*** the patient. 三位醫師治療那個病患。**c** 〈僕人等〉侍奉[隨侍，伴隨]〔人〕〔*on, upon*〕：She had three servants ～*ing* ***on*** [***upon***] her. 她有三個僕人在侍候她。**d** 附隨〔…〕，隨〔…〕而至〔*on, upon*〕：Many difficulties ～*ed* ***on*** [***upon***] his work. 他的工作遇到不少困難[他的工作做起來有許多困難]。
4 a 出席，參加：He ～*s* regularly. 他定期參加。**b** 〔十介十(代)名〕出席[參加]〔…〕〔*at*〕：He received an order to ～ ***at*** the police court. 他接到出席違警法庭的命令。

at·ten·dance [ə'tɛndəns; ə'tendəns] 《attend 的名詞；cf. attention》**—*n.*** **1** ⓊⒸ**出席**，到場，與會，參加，列席〔*at*〕：regular ～ 定期出席[出勤]/make ten ～*s* 出席十次。
2 [用單數]**出席者[參加]人數**；出席[參加，與會]者〔*at*〕：There was a large [small] ～ *at* the ceremony. 參加典禮的人數很多[少]。
3 Ⓤ**伴隨**，隨行，侍候，服侍，照料，看護〔*on*〕：medical ～ 醫療，治療/in ～ *on* a person 隨侍[服侍]某人。
dánce atténdance on a person (經常跟隨着)慇懃侍候[奉承]〈某人〉《★出自莎士比亞(Shakespeare)「亨利八世」(*The Life of King Henry the Eighth*)》.

atténdance àrea *n.* Ⓒ《美》《教育》(公立學校之)學區(cf. school district).

at·ten·dant [ə'tɛndənt; ə'tendənt] *adj.* (無比較級、最高級) **1 a** **伴隨的**，隨侍的，陪從的，隨行的；附帶的：an ～ nurse (隨侍某一病患之)特別護士/～ circumstances 附帶情況。**b** [不用在名詞前]〔十介十(代)名〕伴隨[附隨]〔…〕的，隨〔…〕而至的〔*on, upon*〕：Miseries are ～ ***on*** vice. 不幸常隨邪惡行爲而至；邪惡往往帶來種種不幸。**2** 出席的，列席的，與會的，到場的。
—*n.* Ⓒ **1** 侍者，陪從，隨從。**2 a** (旅館、停車場等之)侍役，服務生。**b** (美術館等之)服務員，接待員。**3** 出席者，列席者，參加者〔*at*〕.

at·tend·ee [ətɛn'di, ə'tɛndi, ,ætɛn'di; əten'di:, æ-] *n.* 《美》= attendant 3.

at·tend·ing [ə'tɛndɪŋ; ə'tendiŋ] *adj.* (醫師)主治的。

‡**at·ten·tion** [ə'tɛnʃən; ə'tenʃn] 《attend 的名詞；cf. attendance》**—*n.*** **1** Ⓤ**注意**，**留意**，**專心**，注目；注意力：attract [draw] ～ (*to*…) 引起(對…之)注意/call a person's ～ (*to*…) 促使某人注意…/devote one's ～ *to*… 專心於…，熱中於…/direct [turn] one's ～ *to*… 將注意力轉向…，留意…，專心研究…/give ～ *to*… 注意…，專注於…/pay ～ *to*… 留意…，傾聽某人(之言)/bring a matter to a person's ～ 促使某人注意某事/distract a person's ～ 轉移某人之注意力，使某人分心/He was all ～. 他全神貫注《聚精會神地傾聽着》。
2 Ⓤ (對人等之)關照，費神，照料，照顧：receive immediate ～ 受到立即的關照[照料]/Give more ～ to your manners. 要更加注意你的禮貌[規矩]。
3 Ⓤ [又作 ～*s*]《罕》親切；厚待；(尤指意圖博取女人歡心之)慇懃，示愛之懇摯舉止：pay (one's) ～*s to* a lady 對女人獻慇懃。
4 a Ⓤ立正之姿勢：stand (at[to]) ～ 採取立正姿勢(↔ stand at ease). **b** [當感嘆詞用] [ə,tɛn'ʃʌn; ə,ten'ʃʌn]：*A*～！《軍》《口令》立正！《★略作 'Shun [ʃʌn; ʃʌn]！；cf. at EASE (2)》.
Atténtion, plèase！ ⑴請各位注意《播音員、司儀等之用語》。⑵[用於嘈雜等時]請聽一下！

atténtion-gétting *adj.* 引人注意的。

at·ten·tive** [ə'tɛntɪv; ə'tentiv] 《attention 的形容詞》**—*adj. (**more** ～；**most** ～) **1 a** **注意的**，留意的，留心的；傾聽的，專注的：an ～ reader 用心的讀者/with ～ ear 專注地[傾耳以](聽)。**b** [不用在名詞前]〔十介十(代)名〕專心[專注]〔於…〕的；傾聽〔…〕的〔*to*〕：You must be more ～ ***to*** your work. 你必須更專心於你的工作。**2 a** (對別人之事)關懷的，親切的，體貼的，願幫助的；慇懃的，照顧周到的；有禮貌的：an ～ host 慇懃的男主人。**b** [不用在名詞前]〔十介十(代)名〕〔對…〕親切的，體貼的，有禮貌的〔*to*〕：He was always ～ ***to*** his wife. 他對妻子總是很體貼。**～·ness** *n.*

at·tén·tive·ly *adv.* **1** 留意地，專心地，專注地：Listen to me ～. 注意聽我講。**2** 親切地，體貼地，關懷地。

at·ten·u·ate [ə'tɛnju,et; ə'tenjueit] 《文語》*v.t.* **1** 使…變細，使…變瘦。**2** 使〈液體、氣體〉變稀薄，稀釋[沖淡]。**3** 減弱〈力量〉，使…變弱；減少〈價值等〉，使…變少。**4** 《醫》使〈病毒〉減弱。
—*v.i.* **1** 變細。**2** 變薄。**3** 變少；減弱，衰減。
— [ə'tɛnjuɪt; ə'tenjuit] *adj.* **1** 細的。**2** 薄的，稀薄的。

at·ten·u·a·tion [ə,tɛnju'eʃən; ə,tenju'eiʃn] 《attenuate 的名詞》**—*n.*** ⓊⒸ **1** 變細，變少，減弱。**2** 變薄，稀薄化；稀釋；稀釋度。**3** 《物理》衰減。

at·ten·u·a·tor [ə'tɛnju,etɚ; ə'tenjueitə] *n.* Ⓒ《電學》衰減器。

at·test [ə'tɛst; ə'test] *v.t.* 《文語》**1 a** 證明，證實…；爲…作證：～ the truth of it 證明這件事的眞實性(cf. 1 b). **b** 〔十 *that*_〕證明[證實]〈…一事〉，爲〈…一事〉作證：～ *that* it is true 證明這件事是眞實的(cf. 1 a). **c** 〔十 *wh.*_〕證明[證實]〈…何…〉，爲〈…何…〉作證：～ *where* the accident took place 證明該事故在何處發生。**2** 爲…之證據：The boy's good health ～*s* his mother's care. 這個男孩的良好健康是他母親悉心照料的明證。

A

3《法律》**a**（藉發誓等）證明…爲眞實：～ a signature 證明署名爲眞實。**b**（在法庭等）使〈人〉宣誓。**—*v.i.*** 〔十介十(代)名〕 **1** 〔爲…〕作證；證明，證實〔*to*〕：The handwriting expert ～*ed* ***to*** the genuineness of the signature. 筆跡專家證實該簽名爲眞蹟無訛。**2** 爲〔…之〕證據〔*to*〕：The boy's good health ～*s* ***to*** his mother's care. 這個男孩的良好健康就是他母親細心照顧的明證。

at·tes·ta·tion [ˌætɛsˈteʃən; ˌæteˈsteiʃn] «attest 的名詞» **—*n.*** **1** Ⓤ證明；證實。**2** Ⓒ證明書，證據。

at·tést·ed *adj.* 《英》〈牛、牛乳〉經證明爲無病[無菌]的。

at·tic [ˈætɪk; ˈætik] «源自法語；因昔日使用 Attic 款式之壁柱（pilaster）» **—*n.*** Ⓒ **1** （屋頂下之）**閣樓**，**頂樓**。**2** **閣樓**[**頂樓**]**房間**。

attic 2

【說明】通常指二樓住宅建築屋頂下的低矮房間；因爲天花板傾斜，窗子也會比較小，住起來並不舒適，所以常被利用爲小孩房間、儲藏室或傭人房。

At·tic [ˈætɪk; ˈætik] «Attica 的形容詞» **—*adj.*** **1** （希臘東南部地區）雅地加（Attica）的；（雅地加的首府）雅典（Athens）的。**2** [有時 **a**～] 雅典式[風格]的；古典(式)的，高雅的，古雅的。**3** 《建築》雅地加式的（cf. Attic order）。

At·ti·ca [ˈætɪkə; ˈætikə] *n.* 雅地加《希臘東南部地區，以雅典爲其中心，古時爲雅典所統治》。

Áttic fáith *n.* Ⓤ絕對的忠實。

Áttic órder *n.* [the ～]《建築》雅地加式《使用列柱建築的方式》。

Áttic sált [**wít**] *n.* Ⓤ文雅而機智的雋語[俏皮話]。

At·ti·la [ˈætlə; ˈætilə] *n.* 阿提拉《406？－453；於五世紀前半期由亞洲入侵歐洲的匈奴族（the Huns）之王》。

at·tire [əˈtaɪr; əˈtaiə] 《文語》 *v.t.* 〔十受十介十(代)名〕 [～ one*self*] 〔以…〕盛裝，穿着〔…〕〔*in*〕《★也用被動語態，變成「穿着」之意》：She ～*d herself* [was ～*ed*] ***in*** silk. 她穿着綢衣。**—*n.*** Ⓤ盛裝，美衣，服飾，服裝，衣服：a girl *in* male ～ 穿着男裝的女孩。

at·ti·tude** [ˈætəˌtud, -ˌtjud; ˈætitju:d] «源自拉丁文「適宜性」之義» **—*n. Ⓒ **1 a** 〔對人、事物等之〕**態度**，**心態**〔*to, toward*〕：one's ～ of mind 一個人心中的態度，心態/take [assume] a strong [cool, weak] ～ *toward* [*to*]... 對…採取强硬的[冷靜的，軟弱的] 態度。**b** 〔對事物之〕感覺，想法，看法，見解〔*to, toward*〕：What is your ～ *to* the problem？你對這問題的看法如何？/What is your ～ *to* cooking？你喜不喜歡烹調[你對烹調覺得如何]？**2 姿勢**，姿態：sit in a relaxed ～ 以放鬆的姿勢坐/strike an ～ 裝模作樣，矯飾。

at·ti·tu·di·nal [ˌætəˈtudənl, -ˈtjud-; ˌætiˈtju:dinl] «attitude 的形容詞» **—*adj.*** (有關)態度的。

at·ti·tu·di·nar·i·an [ˌætəˌtudəˈnɛrɪən, -ˌtjud-; ˌætitju:diˈnɛəriən] *n.* Ⓒ裝模作樣的人，愛擺架子的人。

at·ti·tu·di·nize [ˌætəˈtudnˌaɪz, -ˈtjud-; ˌætiˈtju:dinaiz] *v.i.* 擺架子，裝模作樣，矯飾；矯飾[矜持]地說[寫]。

***at·tor·ney** [əˈtɝnɪ; əˈtə:ni] *n.* Ⓒ **1** （以委任狀正式委託代理之）**代理人**。**2** 《美》律師，代辯人（⇨ lawyer【同義字】）。

by attórney 委託律師[代理人，代辯人]（↔ in person）.

létter [**wárrant**] **of attórney** 委任狀。

pówer(s) of attórney 委託權；委任[委託]書。

attórney-at-láw *n.* Ⓒ（*pl.* **attorneys-at-law**）《美》＝attorney 2.

attórney géneral *n.* Ⓒ（*pl.* **attorneys general**, ～s）《美》(聯邦政府之)司法部長；(各州之)首席檢察官，檢察長；《英》法務部長《略作 A.G. 或 Atty. Gen.》。

‡at·tract [əˈtrækt; əˈtrækt] «源自拉丁文「拉向…」之義» **—*v.t.*** **1** 〔十受〕**吸引**，**引起**〈注意、興趣等〉（↔ distract）：His poetry has begun to ～ notice. 他的詩開始引起(人們的)注意。

2 a 〔十受〕(以媚力等)吸引，引誘，誘惑，招引〈人等〉：Her beauty ～*ed* us. 她的美吸引了我們/He was ～*ed* by her charm. 他爲她的魅力所吸引。

【同義字】attract 着重於以磁性般之力吸引對方或以悅人之姿態引起對方之注意及喜愛；charm 着重於給予快慰之感而吸引人的注意及愛慕；captivate 着重於以有趣之事物吸引[迷惑住]他人之心[關心]，爲拘泥之用語。

b 〔十受十介十(代)名〕將〈人等〉吸引〔向…〕〔*to*〕：What ～*ed* you ***to*** this field of study？是什麼吸引你做這方面的研究？

3 (以磁力等)吸引〈物〉：A magnet ～*s* iron. 磁鐵吸引鐵。

at·tract·ant [əˈtræktənt; əˈtræktənt] *n.* Ⓒ引誘劑《具有吸引動物、昆蟲等特性的藥劑或物質》。

at·trac·tion [əˈtrækʃən; əˈtrækʃn] «attract 的名詞» **—*n.*** **1** Ⓤ **a** **吸引**；誘惑，引誘。**b** **魅力**：Do you feel any ～ *for* [*toward*] this book？你感覺這書有什麼吸引力嗎？《★ 變換 可換寫成 Does this book have any ～ for you？》. **c** 《物理》引力（↔ repulsion）：magnetic ～ 磁力/chemical ～ 《化學》親和力/the ～ of gravity 重力。

2 Ⓒ吸引人之物；受歡迎之物；誘惑物；叫座的節目；招牌名菜；吸引力；有魅力[有趣]之物：the chief ～ of the day 當天最吸引人之事物[最叫座之節目]/personal ～*s* 美貌，媚力。

3 Ⓤ《文法》形態同化《即數格等因受鄰近字語之影響而變化，如：[數、人稱] Each of us *have* done *our* best. 我們各自都盡了最大的努力/[格] an old woman *whom* I guessed was his mother 一個我猜是他母親的老婦人》。

at·trac·tive** [əˈtræktɪv; əˈtræktiv] «attract 的形容詞» **—*adj. (**more** ～；**most** ～) **1 吸引人的**，引人注目的，引人入勝的，誘惑人的，魅惑人的，嫵媚的，動人的（⇨ charming【同義字】）：an ～ woman [story, sight] 動人的女人[故事，景色]。**2** 有引力的：an ～ force 引力。**～·ly** *adv.* **～·ness** *n.*

attrib. 《略》attribute；attributive(ly).

at·trib·ut·a·ble [əˈtrɪbjutəbl; əˈtribjutəbl] *adj.* [不用在名詞前] 〈疾病等〉〔由…〕引起的，可歸因〔於…〕的〔*to*〕：His illness is ～ ***to*** overwork. 他的病是由於勞累過度而引起的。

at·trib·ute [əˈtrɪbjut; əˈtribju:t] *v.t.* 〔十受十介十(代)名〕 **1** 將〈結果〉**歸**〔**於**…〕，將…認爲是〔…〕的結果，將…歸因〔於…〕；認爲〈性質、屬性〉在[屬]〔於…〕，將〈性質、屬性〉歸屬〔於…〕〔*to*〕：She ～*d* her success ***to*** good luck. 她把自己的成功歸因於好運氣/No fault can be ～*d to* him. 不可把(過錯的)責任加在他身上。**2** 認爲〈作品等〉是〔…〕所作〔*to*〕《★通常用被動語態》：The drama *is* ～*d* ***to*** Shakespeare. 這戲劇被認爲是莎士比亞所作的。**—** [ˈætrəˌbjut; ˈætribju:t] *n.* Ⓒ **1** 屬性，特性，特質：Generosity is his first ～. 寬大是他最主要的特質。**2** (象徵人、地位等之)表徵，象徵，標誌：A crown is the ～ of a king. 皇冠是國王的象徵。**3** 《文法》表示屬性或性質之字語，屬性修飾語《如形容詞等》。

at·tri·bu·tion [ˌætrəˈbjuʃən; ˌætriˈbju:ʃn] «attribute 的名詞» **—*n.*** **1** ⓊⒸ歸因〔於…〕，歸屬〔於…〕〔*to*〕：*A*～ *of* her success solely *to* wealth is not fair. 把她的成功完全歸因於財富[認爲她的成功完全是因爲有財富]是不公平的。**2** Ⓒ(人、物之)屬性，特質。

at·trib·u·tive [əˈtrɪbjətɪv; əˈtribjutiv] *adj.* **1** 表示屬性的。**2** 《文法》修飾的，限定的《★在本辭典中形容詞之限定用法以[用在名詞前]表示》。
—*n.* Ⓒ《文法》屬性形容詞，修飾語。**～·ly** *adv.*

attríbutive úse *n.* Ⓤ《文法》修飾用法《爲形容詞直接用以修飾名詞的用法，例如 He is a *tall* boy.（他是高個子的男孩。）中的 tall 便是》。

at·tri·tion [əˈtrɪʃən; əˈtriʃn] *n.* Ⓤ **1** 摩擦。**2** 消磨，消耗，磨損：a war of ～ 消耗戰。**3** (數量等之)減少，縮減。

at·tune [əˈtun, əˈtjun; əˈtju:n] *v.t.* 〔十受十介十(代)名〕使…〔與…〕合調；使〈心情等〉〔與…〕一致，使…習慣〔於…〕，使…適應〔…〕〔*to*〕《★常以過去分詞當形容詞用》：My ears *are* not ～*d* ***to*** Japanese music yet. 我還不習慣聽日本音樂/It is difficult to get ～*d* ***to*** the way of thinking of the young. 要適應年輕人的想法是困難的。

Atty. 《略》Attorney.

Atty. Gen. 《略》Attorney General.

ATV 《略》all-terrain vehicle.

at. wt. 《略》atomic weight.

a·typ·i·cal [eˈtɪpɪkl; ˌeiˈtipikl] *adj.* 非典型的，不合型式的；不正常的，變態的；不規則的。**～·ly** *adv.*

Au «源自拉丁文 'aurum'» **—**《符號》《化學》gold.

A.U. 《略》《物理》angstrom unit.

au·bade [ˌoˈbad; ouˈba:d] *n.* Ⓒ《音樂》晨歌。

au·ber·gine [ˈobərˌʒin, -ˌdʒin; ˈoubəʒi:n, -dʒi:n] «源自法語» **—*n.*** **1 a** Ⓒ《英》《植物》茄子。**b** Ⓒ茄子的果實。**c** Ⓤ(作爲食物之)茄子。**2** Ⓤ茄子色，暗紫色。

au·burn [ˈɔbərn; ˈɔ:bən] *adj.* 〈毛髮等〉赤褐色的，赭色的。**—*n.*** Ⓤ赤褐色，赭色。

auc·tion [ˈɔkʃən; ˈɔ:kʃn] *n.* **1** ⓊⒸ**拍賣**，**競賣**：a public ～ 公開拍賣/sell a thing at [《英》by] ～ 拍賣某物/buy a thing at an ～ 在拍賣中買某物/put a thing up at [《英》to, for] ～ 將某物交付拍賣/⇨ Dutch auction. **2** (又作 **áuction bridge**) Ⓤ《紙牌戲》拍賣式橋牌，競叫橋牌《競相叫牌，由叫牌最高者決定王牌（trump card）》。
—*v.t.* 〔十受(十副)〕拍賣〈物〉〈*off*〉.

áuction blòck *n.* Ⓒ拍賣臺。

auc·tion·eer [ˌɔkʃənˈɪr; ɪɔ:kʃəˈniə] *n.* Ⓒ拍賣者，競賣者。

au·da·cious [ɔˈdeʃəs; ɔ:ˈdeiʃəs] *adj.* **1** 大膽的，無畏的，愚勇的。**2** 死皮賴臉的，厚顏無恥的，蠻橫無禮的：an ~ lie 厚顏無恥的謊言。~·**ly** *adv.* ~·**ness** *n.*

au·dac·i·ty [ɔˈdæsətɪ; ɔ:ˈdæsəti] «audacious 的名詞»—*n.* **1 a** Ⓤ大膽，大膽進取的精神，膽識；厚顏無恥，蠻橫無禮。**b** 〔+ *to* do〕[the ~]〈做…的〉膽子；膽敢〈做…〉：He had *the* ~ *to* question my honesty. 他膽敢懷疑我的誠實。**2** Ⓒ大膽的[厚顏無恥的]行爲。

au·di·bil·i·ty [ˌɔdəˈbɪlətɪ; ɪɔ:diˈbiləti] «audible 的名詞» —*n.* Ⓤ可聽見；能聽度，可聞度。

au·di·ble [ˈɔdəbl; ˈɔ:dəbl] *adj.* (**more** ~；**most** ~)可聽見的，聽得見的。

áu·di·bly [ˈɔdəblɪ; ˈɔ:dəbli] *adv.* 可聽見地，聽得見地。

***au·di·ence** [ˈɔdɪəns; ˈɔ:diəns] «源自拉丁文「聽」之義»—*n.* **1** Ⓒ[集合稱] **a** 聽衆；觀衆；讀者；(廣播之)收聽者；(電視之)收視者《★用法視爲一整體時當單數用，指個別成員時當複數用》：There *was* a large [small] ~. 聽衆[觀衆]很多[少]/The ~ *were* mostly young people. 聽衆大部分是年輕人/His ~ *is* falling off these days. 他的觀衆最近漸漸減少。**b** (藝術(家)、主義等之)支持者，愛好者，…迷《★用法與義 1 a 同》。
2 Ⓒ正式拜謁[拜會]，謁見：grant a person an ~ 准許某人謁見/be received [admitted] *in* ~ 蒙接見[召見]《★ in ~ 無冠詞》/have an ~ with... 謁見[拜謁]…。
3 Ⓤ《法律》(申訴、意見等之)聽取。

au·di·o [ˈɔdɪˌo; ˈɔ:diou] *adj.* [用在名詞前] **1** 《無線》成音頻率的，可聽見之音波頻率的。**2 a** 《電視・電影》成音的，產生聲音(部分)的。**b** 放音的，聲音再現的；(尤指)高度傳眞(high fidelity)音響的。—*n.* ⓊⒸ **1** 《電視・電影》產生聲音部分。**2** 音響機器。

au·di·o- [ɔdɪo-; ɔ:diou-] [複合用詞]表示「聽」：*audio*meter.

áudio frèquency *n.* Ⓒ《無線》成音頻率，可聽見之音波頻率，音頻《略作 A.F., a.f., a-f》.

au·di·o·gen·ic [ˌɔdɪəˈdʒɛnɪk; ɪɔ:diəˈdʒenik] *adj.* 由聲音引起的。

au·di·om·e·ter [ˌɔdɪˈɑmətɚ; ɪɔ:diˈɔmitə] *n.* Ⓒ聽力計，音波計。

au·di·o·phile [ˈɔdɪoˌfaɪl; ˈɔ:dioufail] *n.* Ⓒ音響迷，高度傳眞音響機器之愛好者。

áudio-vísual *adj.* 視聽的：~ aids 視聽教材[教具]《地圖、圖表、照片、幻燈機、錄放音[錄放影]機、收音機、電視機等》/~ education 視聽教育。

au·di·phone [ˈɔdəˌfon; ˈɔ:difoun] *n.* Ⓒ助聽器。

au·dit [ˈɔdɪt; ˈɔ:dit] «源自拉丁文「聽」之義»—*n.* ⒸⓊ **1** 會計稽核，(公司等之)查帳。**2** (問題之)審查。
—*v.t.* **1** 稽核，檢查〈帳目〉：~ the books 檢查帳簿。**2** 《美》旁聽〈某一課程〉。

au·di·tion [ɔˈdɪʃən; ɔ:ˈdiʃn] *n.* **1** Ⓒ(鑑定歌手、樂師、播音員、演員、唱片、錄音帶等之優劣所作之)試聽。**2** Ⓤ聽力，聽覺。
—*v.t.* 試聽〈歌手(應徵者)等〉。—*v.i.* **1** 進行試聽。**2** 〔動(+介+(代)名)〕〔爲…〕接受試聽〔*for*〕.

au·di·tor [ˈɔdɪtɚ; ˈɔ:ditə] *n.* Ⓒ **1** 查帳員，稽查員，審計員，稽核員。**2** 《罕》聽者；(廣播等之)收聽者。**3** 《美》(大學之)旁聽生。

au·di·to·ri·um [ˌɔdəˈtorɪəm, -ˈtɔr-; ɪɔ:diˈtɔ:riəm] *n.* Ⓒ (*pl.* ~s, -**ri·a** [-rɪə; -riə]) **1** (劇院等之)聽衆席，觀衆席(⇨ theater 插圖)。**2 a** (大)演講廳。**b** 禮堂，會堂(hall)。

au·di·to·ry [ˈɔdəˌtorɪ, -ˌtɔrɪ; ˈɔ:ditəri] *adj.* 耳的，聽覺的：the ~ canal 耳道/the ~ nerve 聽(覺)神經/~ sensation 聽覺/~ education 聽覺[音感]教育/the ~ type《心理》聽覺型。

áuditory túbe *n.* =eustachian tube.

Au·drey [ˈɔdrɪ; ˈɔ:dri] *n.* 奧黛麗《女子名》。

au fait [oˈfe; ɪouˈfei] «源自法語 'to the fact' 之義»—*adj.* [不用在名詞前]〔+介+(代)名〕**1** 精通[熟知]〔…〕的〔*with*〕：He is ~ *with* Japanese customs. 他熟知日本的習俗。**2** 熟諳〔…〕的〔*in, at*〕：He is ~ *at* chess. 他熟諳西洋棋[他下西洋棋下得很好]。

au fond [oˈfɔ̃; ɪouˈfɔ̃:] «源自法語 'at bottom' 之義»—*adv.* 根本地；實際上；徹底地。

auf Wie·der·seh·en [aʊˈvidɚˌzeən; aufˈvi:dəɪzeiən] «源自德語»—*interj.* 再見《暫別時之用語》。

Aug. 《略》August.

Au·ge·an [ɔˈdʒiən; ɔ:ˈdʒi:ən] *adj.* 《希臘神話》**1** 奧吉亞斯(Augeas)的；奧吉亞斯之牛圈的；污穢的。**2** 令人覺得困難及不愉快的。

Augéan stábles *n. pl.* **1** 《希臘神話》奧吉亞斯的牛圈《有牛三千頭，牛圈三十年未曾打掃過，後經海克力斯(Hercules)引進阿爾甫斯河(Alpheus)的河水一日間沖洗乾淨》。**2** 藏汚納垢的地方。

Au·ge·as [ˈɔdʒɪəs, ɔˈdʒiəs; ɔ:ˈdʒi:æs] *n.* 奧吉亞斯《厄利斯(Elis)的國王，也是亞哥號(Argo)上的英雄之一》。

au·gend [ˈɔdʒɛnd; ˈɔ:dʒend] *n.* Ⓒ《數學》被加數(↔ addend).

au·ger [ˈɔgɚ; ˈɔ:gə] *n.* Ⓒ (螺旋狀之)錐子，鑽孔器，鑽孔機，螺絲錐(cf. gimlet).

auger

aught[1] [ɔt; ɔ:t] *pron.* 《古》所有(權)，所有物；任何事物(anything).
for áught...knów ⇨know.

aught[2] [ɔt; ɔ:t] «a naught 被誤作 an aught 而成»—*n.* Ⓒ零，0 (naught).

aug·ment [ɔgˈmɛnt; ɔ:gˈment] «源自拉丁文「增加」之義»—《文語》*v.t.* 使…增加，使…增大。
—*v.i.* 增加，增大。

aug·men·ta·tion [ˌɔgmɛnˈteʃən; ɪɔ:gmenˈteiʃn] «augment 的名詞»—*n.* **1** Ⓤ **a** 增加，增大。**b** 增加率。**2** Ⓒ增加物，添加物。

aug·men·ta·tive [ɔgˈmɛntətɪv; ɔ:gˈmentətiv] *adj.* **1** 增大的，增加的，有增大[加強]作用的。
2 《文法》〈字語、字首或字尾等〉表示增大之意義的：an ~ suffix 表示增大之意義的字尾《ballo*on*, milli*on* 等；cf. diminutive》.
—*n.* Ⓒ《文法》增大語《表示程度或體積增大之字素，如 perdurable 中之字首 per-, eat up 中之 up 等》。

au gra·tin [oˈgrɑtn̩, oˈgrætn̩; ɪouˈgrætæŋ] «源自法語 'with a gratin' 之義»—*adj.* [置於名詞後]《烹飪》奶汁烤菜式的《表面塗撒一層奶油、乳酪、麪包屑而烤成的》：macaroni ~ 奶汁焦烤通心粉。

Augs·burg [ˈɔgzbɝg; ˈɔ:gzbə:g] *n.* 奧格斯堡《位於西德南部，巴伐利亞(Bavaria)的一個城市》。

Áugsburg Conféssion *n.* [the ~] 路德派信仰與教條之聲明《路德會新教徒的信仰告白文，1530 年由米蘭敦(Melanchthon)起草，於奧格斯堡議會中提出》。

au·gur [ˈɔgɚ; ˈɔ:gə] *n.* Ⓒ **1** 占兆官《古羅馬依鳥之動作等預卜吉凶之僧侶》。**2** 算命者，預言家，占卜師。
—*v.t.* **1** 占卜，預卜，預言。**2** 顯示…之前兆，預示：What does this news ~? 這新聞預示什麼？—*v.i.* 〔動(+介+(代)名)〕[常與 ill 或 well 連用]〔對…〕爲(…之)前兆〔*for*〕：It ~*s well* [*ill*] *for* me [the future]. 這件事對我[將來]是吉[凶]兆。

au·gu·ry [ˈɔgjərɪ; ˈɔ:gjuri] *n.* **1** ⓊⒸ占兆。**2** Ⓒ前兆，徵兆。

au·gust [ɔˈgʌst; ɔ:ˈgʌst] *adj.* (令人敬畏地)威嚴的，威風凜凜的，高貴的。~·**ly** *adv.* ~·**ness** *n.*

‡**Au·gust** [ˈɔgəst; ˈɔ:gəst] «源自 Augustus Caesar 之名；⇨ July, September»—*n.* 八月《略作 Aug.》：*in* ~ 在八月/*on* ~ 2 = *on* 2 ~ = *on* the 2nd of ~ 在八月二日(⇨ January【說明】)。

Au·gus·ta [ɔˈgʌstə, ə-; ɔ:ˈgʌstə] *n.* **1** 奧古絲妲《女子名》。**2** 奧古斯特《美國緬因州(Maine)首府》。

Au·gus·tan [ɔˈgʌstən, əˈgʌs-; ɔ:ˈgʌstən] *adj.* **1** 奧古斯都(Augustus)(時代)的。**2** 新古典主義時期的《尤指十八世紀的英國文學》。

Augústan áge *n.* [the ~] 奧古斯都大帝時代《也是拉丁文學的全盛時期》。

Au·gus·tine [ˈɔgəsˌtin, əˈgʌstɪn; ɔ:ˈgʌstin] *n.* **1** 奧古斯丁《男子名》。**2** [St. ~] (聖)奧古斯丁：**a** 早期基督教會之領袖(354–430)．**b** 向英國傳教之羅馬傳教士(？–604)，首任坎特伯里(Canterbury)大主教。

Au·gus·tin·i·an [ˌɔgəsˈtɪnɪən; ɪɔ:gəˈstiniən] *adj.* 早期基督教會領袖[教義]的。
—*n.* Ⓒ早期基督教會的信徒。

Au·gus·tus [ɔˈgʌstəs; ɔ:ˈgʌstəs] *n.* **1** 奧古斯都《男子名》。**2** 奧古斯都《63 B.C.–14 A.D.；羅馬帝國之首任皇帝；繼朱利亞斯・凱撒(Julius Caesar)之後統治羅馬帝國，未稱帝前名爲 Octavian；在位期間改革政治，獎勵學術，開創文學之黃金時代；cf. triumvirate》.

auk [ɔk; ɔ:k] *n.* Ⓒ《鳥》海雀《一種短翅、蹼足的北極海鳥》。

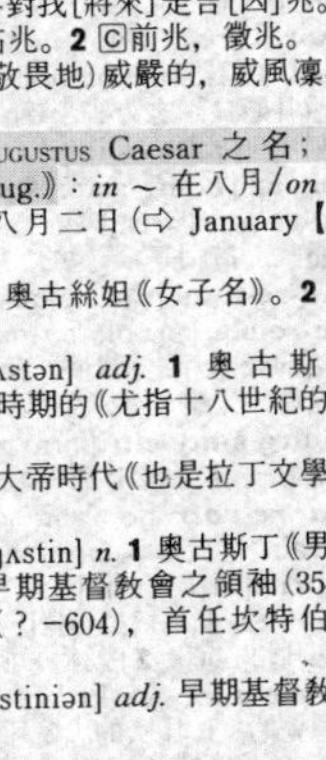
auk

auk·let [ˈɔklɪt; ˈɔ:klit] *n.* Ⓒ《鳥》小海雀。

au lait [oˈle; ouˈlei] «源自法語 'with milk' 之義»—*adj.* [置於名詞後]加有牛奶的：⇨ café au lait.

auld [ɔld; ɔ:ld] *adj.* 《蘇格蘭》=old.

auld lang syne [ˈɔldˈlæŋˈzaɪn, -ˈsaɪn; ɪɔ:ldlæŋˈsain] «源自蘇格蘭語 'old long since (=ago)' 之義»—*n.* Ⓤ **1** (令人懷念的)往日，往昔：Let's drink to ~. 讓我們爲令人懷念的往昔乾杯。**2** [A~ L~ S~] 驪歌《蘇格蘭詩人柏恩斯(Burns)所作的詩之標題；後爲此詩譜成之樂曲旋律在中、日等國分別加上其國語歌詞，成爲在畢業典禮時所唱之歌曲》。

A

‡**aunt** [ænt; ɑ:nt] *n.* **1 a** Ⓒ姨[姑，舅，伯，嬸]母(←→ uncle). **b** [A~；也用於稱呼]阿姨(等)《★用法在家族之間不加冠詞當專有名詞用》：*A~* is out. 姑媽[阿姨(等)]不在家。

【說明】"Aunt" 和"Uncle" 等稱呼近來已比較少人用，而用 first name 直呼其名，如"Mary" 或"Jim" 等以示親密。如果覺得敬意不夠，也可以叫 "Aunt Mary" 或"Uncle Jim" 等，不過使用的人不多。當然，用姓(last name)加上「先生」、「太太」成為"Mrs. Brown", "Mr. Smith" 就會顯得見外了；cf. father, mother【說明】

2 [A~]《口語》[也用以親暱稱呼熟悉之年長婦女]大媽《★用法在美國曾用以稱呼黑人老嫗；相當於在台灣常有人使用之日語譯音「歐巴桑」》。

aunt·ie [ˋæntɪ; ˈɑ:nti] *n.* Ⓒ [也用於稱呼]《兒語》姑姑[姨姨(等)]。

Áunt Sálly *n.* **1 a** Ⓤ莎莉姑媽《一種節日遊戲》。

【說明】在美國很早就有的一種擲棒擊落玩偶口中烟斗的遊戲。這玩偶就叫 Aunt Sally. 玩的人以棒子或球擲向她，以打中她的鼻子，或她口中啣的烟斗者獲勝。在十九世紀很流行。

b Ⓒ用於擊落烟斗遊戲中之木偶。**2** Ⓒ《英》**a** (為探查形勢而)被置於衆人攻擊[嘲笑(等)]之中代人受過者《人、議論等》。**b** 衆矢之的，衆人所攻擊[嘲笑]之對象。

aunt·y [ˋæntɪ; ˈɑ:nti] *n.* ＝auntie.

au pair [oˋpɛr; ˌouˈpɛə ˊ] 《源自法語 'on equal terms' 之義》—*n.* Ⓒ家庭打工留學生《為學習某一國之語言或生活方式等而在該國之家庭幫忙料理家事等以換取免費膳宿之外籍留學生》。
—*adv.* 做為家庭打工留學生：work ~ in England 在英國當家庭打工留學生。

au páir gìrl *n.* Ⓒ家庭打工女留學生。

au·ra [ˋɔrə; ˈɔ:rə] *n.* Ⓒ(*pl.* **~s, au·rae** [ˋɔri; ˈɔ:ri:])**1** (物體所發出之看不見的)氣味，氣息，發散物(emanation). **2** [常用單數](獨特的)氣氛，氛圍，韻味〔*of*〕：There is *an* ~ *of* divinity about him. 他有一股神聖不可侵犯的氣息。**3**《催眠術》(據稱有人能在人體四周看見其存在之)靈氣。

au·ral [ˋɔrəl; ˈɔ:rəl] *adj.* 耳的，聽覺[聽力]的(cf. oral 1)：an ~ aid 助聽器/the *aural*-oral approach (學習外語時少採目視而)着重耳聽口說之方法，聽說教學法。
~·ly [-rəlɪ; -rəli] *adv.*

au·rar [ˋɔɪrɑr; ˈaurɑ:, ˈɔ:rɑ:] *n.* **eyrir** 的複數。

au·re·ate [ˋɔrɪɪt, -ˌet; ˈɔ:riit, -eit] *adj.* **1** 金色[鍍金]的。**2** 〈文章體裁、措詞等〉華麗的；燦爛的。

Au·re·li·us [ɔˋrilɪəs; ɔ:ˈri:liəs] *n.* ⇨ Marcus Aurelius.

au·re·ole [ˋɔrɪˌol; ˈɔ:rioul] *n.* Ⓒ **1 a**《神學》(據稱上帝在天堂賜給殉教者等之)報償，榮冠，榮光。**b** (聖像頭部或身體四周之)光環，光輪(halo). **c** 光輝，榮光。**2**《天文》＝corona 1.

Au·re·o·my·cin [ˌɔrɪoˋmaɪsɪn; ˌɔ:riouˈmaisin] *n.* Ⓤ《商標》金黴素《一種抗生素口服藥》。

au re·voir [ˌorəˋvɔr; ˌourəˈvwɑ:] 《源自法語 'to the seeing again' 之義》—*interj.* 再見。

au·ric [ˋɔrɪk; ˈɔ:rik] *adj.* 金的，含金的；含有三價金的。

au·ri·cle [ˋɔrɪkl; ˈɔ:rikl] *n.* Ⓒ **1**《解剖》**a** 外耳，耳郭。**b** (心臟之)心耳，心室。**2**《動物·植物》耳狀物，耳狀部。

au·ric·u·lar [ɔˋrɪkjələ; ɔ:ˈrikjulə ˊ] *adj.* **1 a** 耳的；(藉、經由)聽覺的。**b** 耳狀的。**2** 耳語的，私語的：an ~ confession (對神父之)秘密懺悔。**3**《解剖》心耳的。

au·rif·er·ous [ɔˋrɪfərəs; ɔ:ˈrifərəs ˊ] *adj.* 產[含]金的。

au·ri·fy [ˋɔrəˌfaɪ; ˈɔ:rəfai] *v.t.* **1** 使…像金子，以金鍍…。**2** 使…變成金子。

au·rist [ˋɔrɪst; ˈɔ:rist] *n.* Ⓒ耳科醫生。

au·ro·ra [əˋrorə, -ˋrɔrə; əˈrɔ:rə] 《源自拉丁文「破曉」之義》—*n.* Ⓒ(*pl.* **~s, -ro·ri** [-ri; -ri:]) **1** 極光。**2**《詩》曙光，晨曦，黎明。

Au·ro·ra [əˋrorə, ɔ-, -ˋrɔrə; ɔ:ˈrɔ:rə, ə-] *n.* **1**《羅馬神話》奧羅拉《曙光女神；相當於希臘神話之伊奧斯(Eos)》。**2** 奧羅拉《女子名》。

auróra aus·trá·lis [-ɔsˋtrelɪs; -ɔ:sˈtreilis] *n.* [the ~]南極光。

auróra bo·re·ál·is [-ˌborɪˋælɪs,-ˌbɔrɪ-,-ˋelɪs; -bɔ:riˈeilis] *n.* [the ~]北極光。

au·ro·ral [ɔˋrorəl, ə-, -ˋrɔrəl; ɔ:ˈrɔ:rəl] 《aurora 的形容詞》—*adj.* (似)曙光[極光]的。

au·rum [ˋɔrəm; ˈɔ:rəm] *n.* Ⓤ《化學》金《金屬元素；符號 Au》.

aus·cul·ta·tion [ˌɔskəlˋteʃən; ˌɔ:skəlˈteiʃn] *n.* Ⓤ Ⓒ《醫》聽診(法)。

aus·cul·ta·tor [ˋɔskəlˌtetə; ˈɔ:skəlteitə] *n.* Ⓒ聽診者；聽診器。

aus·pice [ˋɔspɪs; ˈɔ:spis] 《源自拉丁文「觀鳥，占鳥」之義》—*n.* Ⓒ **1** [常 ~s]保護，援助，贊助(patronage)：*under* the ~*s* of the company＝*under* the company's ~*s* 由該公司贊助。**2** [常 ~s]前兆；吉兆：*under* favorable ~*s* 吉利地，吉祥地。

aus·pi·cious [ɔˋspɪʃəs; ɔ:sˈpiʃəs ˊ] 《auspice 的形容詞》—*adj.* **1** 前兆好的，好彩頭的。**2** 吉利的，吉祥的，吉兆的：an ~ sign 吉兆。**3** 幸運的，興盛的。**~·ly** *adv.* **~·ness** *n.*

Aus·sie [ˋɔsɪ; ˈɔsi, ˈɔzi] *n.* Ⓒ《俚》澳洲人(Australian).

Aus·ten [ˋɔstɪn; ˈɔstin], **Jane** *n.* 珍·奧斯汀《1775–1817；英國女小說家》。

aus·tere [ɔˋstɪr; ɔ:ˈstiə ˊ] *adj.* **1 a** 〈人、性格等〉(注重道德而)嚴峻的，嚴厲的，苛刻的；嚴肅不苟的。**b** 禁慾的，節慾的，苦行修道的：an ~ hermit 苦行修道的隱士/ ~ fare 齋食，素食；粗食。**2 a** 〈生活等〉刻苦耐勞的，節儉的。**b** 〈文章體裁、建築物等〉無裝飾的，樸實無華的。**~·ly** *adv.*

aus·ter·i·ty [ɔˋstɛrətɪ; ɔ:ˈsterəti] 《austere 的名詞》—*n.* **1** Ⓤ **a** 嚴格；嚴肅；嚴峻，嚴厲，苛刻。**b** 簡單樸素，質樸；苦澀，酸澀。**2** Ⓒ [常 **austerities**]苦行，禁慾生活；刻苦耐勞之生活。

Aus·ter·litz [ˋɔstəˌlɪts; ˈɔ:stəlits] *n.* 奧斯德立茲《捷克中部一城市，拿破崙於 1805 年在此擊潰俄奧聯軍》。

Aus·tin [ˋɔstɪn, -tən; ˈɔ:stin, ˈɔstin] *n.* **1** 奧斯丁《男子名；Augustine 的變形》。**2** 奧斯丁《美國德克薩斯州(Texas)的首府》。

aus·tral [ˋɔstrəl; ˈɔ:strəl] *adj.* **1** 南的，南方的。**2** [A~]＝Australian.

Aus·tra·la·sia [ˌɔstrəlˋeʒə, -ʃə; ˌɔstrəˈleiʒə, -ʃə] *n.* 澳大拉西亞《澳洲、紐西蘭及附近南太平洋諸島之總稱》。

Aus·tra·la·sian [ˌɔstrəlˋeʒən, -ʃən; ˌɔstrəˈleiʒn, -ʃn ˊ] *adj.* 澳大拉西亞的。
—*n.* Ⓒ澳大拉西亞人。

‡**Aus·tra·lia** [ɔˋstreljə; ɔ:ˈstreiljə, ɔˈs-] 《源自拉丁文「南方之國」之義》—*n.* 澳大利亞，澳洲《大英國協中之一獨立國；正式名稱為 the Commonwealth of Australia(澳大利亞聯邦)；首都坎培拉(Canberra)》.

‡**Aus·tra·lian** [ɔˋstreljən; ɔ:ˈstreiljən, ɔˈs-] 《Australia 的形容詞》—*adj.* 澳洲的，澳洲人的：~ English 澳洲英語。
—*n.* **1** Ⓒ澳洲人。**2** Ⓤ澳洲英語。

Austrálian Cápital Térritory *n.* [the ~]澳洲首都特別區《在新南威爾士州(New South Wales)內，有澳洲首都坎培拉(Canberra)》.

Aus·tri·a [ˋɔstrɪə; ˈɔ:striə, ˈɔs-] 《源自德語「東方之王國」之義》—*n.* 奧地利《歐洲中部之共和國；首都維也納(Vienna)》.

Áustria-Húngary *n.* 奧匈帝國《昔日歐洲中部之一王國(1867–1918)》.

Aus·tri·an [ˋɔstrɪən; ˈɔ:striən, ˈɔs-] 《Austria 的形容詞》—*adj.* 奧地利(人)的。
—*n.* Ⓒ奧地利人。

Aus·tro- [ɔstro-; ɔstrou-] [複合用詞]表「奧國的」之意：*Austro*-Hungarian 奧匈的。

Aus·tro·ne·sia [ˌɔstroˋniʒə, -ʃə; ˌɔstrouˈni:ʒə] *n.* 澳斯特羅尼西亞《中太平洋及南太平洋諸島之總稱》。

aut- [ɔt-; ɔ:t] (附加在母音之前的)auto- 的變體。

au·tar·chy [ˋɔtɑrkɪ; ˈɔ:tɑ:ki] *n.* **1 a** Ⓤ獨裁，專制。**b** Ⓒ專制國家，獨裁國家。**2** ＝autarky.

au·tar·ky [ˋɔtɑrkɪ; ˈɔ:tɑ:ki] *n.* **1** Ⓤ **a** 自給自足經濟，奧泰基。**b** 經濟獨立政策。**2** Ⓒ經濟獨立國家。

au·then·tic [ɔˋθɛntɪk; ɔ:ˈθentik] *adj.* (**more** ~；**most** ~) **1** 可信的，可靠的，確實的(reliable)：an ~ report 可信的報告。**2** 眞正的，眞實的：an ~ signature 親筆署名。
au·thén·ti·cal·ly [-klɪ; -kəli] *adv.*

au·then·ti·cate [ɔˋθɛntɪˌket; ɔ:ˈθentikeit] *v.t.* **1** 證明〈言論等〉之可靠性，證明…為確實。
2 鑑定〈筆跡、美術品等〉之眞實性，認證。
3 使…具有法律上的效力。

au·then·ti·ca·tion [ɔˌθɛntɪˋkeʃən; ɔ:ˌθentiˈkeiʃn] *n.*

au·then·tic·i·ty [ˌɔθɛnˋtɪsətɪ; ˌɔ:θenˈtisəti] 《authentic 的名詞》—*n.* Ⓤ **1 a** 可靠性，確實性。**b** 《口語》誠實。**2** 眞實，眞確。

***au·thor** [ˋɔθə; ˈɔ:θə] 《源自拉丁文「增大之人」之義》—*n.* Ⓒ **1** 著作人，作家《★通常包括女性》。**2** (某一作家之)著作，作品：a passage in an ~ 某人著作中之一節。**3 a** 創始者，創造者：God, the *A~* of our being 上帝，我們的創造者。**b** 發起人〔*of*〕：the ~ *of* the mischief 禍首。

au·thor·ess [ˋɔθərɪs; ˈɔ:θəris] *n.* Ⓒ《罕》女作家《★稍帶輕蔑之意；cf. author 1》.

au·tho·ri·al [ɔˋθorɪəl; ɔ:ˈθɔ:riəl ˊ] *adj.* 著作人的，作家的，創作者的。

au·tho·ri·sa·tion [ˌɔθərəˋzeʃən, -aɪˋz-; ˌɔ:θəraiˈzeiʃn] *n.* 《英》＝authorization.

au·tho·rise [ˋɔθəˌraɪz; ˈɔ:θəraiz] *v.* 《英》＝authorize.

au·thor·i·tar·i·an [əˌθɔrəˋtɛrɪən; ɔ:ˌθɔriˈtɛəriən ˊ] *adj.* 權威[獨裁]主義(者)的。—*n.* Ⓒ權威[獨裁]主義者。

A

au·thòr·i·tár·i·an·ìsm [-nˌɪzəm; -nizəm] *n.* Ⓤ權威[獨裁]主義。
au·thor·i·ta·tive [əˈθɔrəˌtetɪv; ɔːˈθɔritətiv] «authority 的形容詞»—*adj.* **1** 〈情報等〉有權威性的，可信的：an ~ report 可信的報告。**2** 官方的，當局的，來源可靠的。**3** 〈人、態度等〉命令式的，獨斷強制的，獨裁的。
au·thór·i·ta·tive·ly *adv.* 獨斷強制地，獨裁地，命令式地。
***au·thor·i·ty** [əˈθɔrətɪ; ɔːˈθɔrəti] «源自拉丁文「個人之影響力」之義»—*n.* **1** Ⓤ**權威**，權力；威信，權勢，威嚴：with ~ 憑威信，威嚴地/a [the] person *in* ~ 掌權者，當權者，握有權力之人/a man of great ~ 具有很大威信的人/under the ~ of... 在…支配[權力]之下/exercise [have] ~ over... 對…行使權力[具有權力]/I have no ~ over them. 我沒有權力指揮他們。**2** Ⓤ **a 權限**，職權；(掌權者所賦與之)許可，認可，自由裁量(權)〔*for*〕：on one's own ~ 憑一己之意，專斷妄為，擅自/by (the) ~ of... 得…之許可，以…之權力/He has no ~ *for* the act. 他無權這麼做/On whose ~ did you enter my house? 你是經什麼人的許可[憑什麼]進入我的房子？ **b** 〔+ *to* do〕〈做…之〉權限，職權：Who gave you (the) ~ *to* do this? 誰授權給你做這事？/He has no ~ *to* settle the question. 他無權解決這個問題。**3** Ⓒ **a** [常 **authorities**] 官方，當局：the proper *authorities* = the *authorities* concerned 有關當局[方面]/the civil [military] *authorities* 民政[軍事]當局。**b** 公共事業機關：⇨ Tennessee Valley Authority. **4 a** Ⓒ(有關某問題之)權威者，泰斗，大師〔*on*〕：He is an ~ *on* Shakespeare. 他是莎士比亞(研究)的權威。**b** Ⓤ Ⓒ根據，引證，憑證，可憑信[有權威]之著作：on the ~ of... 根據…，以…為依據/I have it *on* good ~. 我由可靠方面獲悉此事。
au·tho·ri·za·tion [ˌɔθərəˈzeʃən, -aɪˈz-; ˌɔːθəriˈzeiʃn, -rai-] «authorize 的名詞»—*n.* **1** Ⓤ **a** 授權，賦與權限，委任；公認，認可，核准。**b** 〔+ *to* do〕賦與〈做…之〉權限，授權〈做…〉，許可。**2** Ⓒ授權書，許可書。
au·tho·rize [ˈɔθəˌraɪz; ˈɔːθəraiz] «authority 的動詞»—*v.t.* **1** 〔+受+ *to* do〕**賦與**〈人〉〈做…之〉**權力[權限]**，授權：The President ~*d* him *to* do that. 總統授權他辦那件事。
2 〔+受〕正式批准，許可，認可〈行動、計畫、支出等〉：The committee ~*d* the payment of the money. 委員會批准該款之支付。
3 〔+受〕裁定…為正當，證明…無誤：The dictionary ~*s* the two spellings "honor" and "honour." honor 及 honour 兩種拼法在字典上都被認可。
áu·tho·rìzed *adj.* **1** 經認可的，經審定[裁定，認定]的；經核准[批准]的：an ~ textbook 經審定之教科書。**2** 經授權的：an ~ translation 取得原著版權所有人許可之翻譯[譯本]。
Áuthorized Vérsion *n.* [the ~] 欽定的聖經譯本《1611 年英王詹姆斯(James)一世核定編輯發行之英譯聖經；又稱 King James Version [Bible]；略作 A.V.；cf. Revised Version》.
au·thor·less [ˈɔθəlɪs; ˈɔːθəlis] *adj.* 作者不詳的，佚名的。
áuthor·shìp *n.* Ⓤ **1** 作家之身分[職業]，著作業。**2 a** 原作者(身分之歸屬)：a book of doubtful ~ 原作者(身分)不詳之書。**b** (傳聞等之)出處，根源。
au·tism [ˈɔtɪzəm; ˈɔːtizm] *n.* Ⓤ《心理》孤獨症，自閉症。
au·tis·tic [ɔˈtɪstɪk; ɔːˈtistik⁻] *adj.* 我向的，孤僻的，(患)自閉症的：an ~ child 患自閉症的小孩。—*n.* Ⓒ自閉症之人[患者]。
au·to [ˈɔto; ˈɔːtou] «*auto*mobile 之略»—*n.* Ⓒ(*pl.* ~**s**)《美口語》汽車，車《★比較 現在一般用 car》：by ~ 搭[乘]汽車《★無冠詞》。
au·to- [ɔto-; ɔːtou-] [複合用詞] **1** 表示「自身的」「獨自的」「自己的」：*auto*cracy. **2** 表示「汽車」：*auto*park 汽車停車場。
au·to·bahn [ˈɔtoˌbɑn, ˈɔtə-; ˈɔːtoubɑːn] «源自德語»—*n.* Ⓒ(德國之)高速公路。
au·to·bi·og·ra·pher [ˌɔtəbaɪˈɑgrəfə; ˌɔːtəbaiˈɔgrəfə] *n.* Ⓒ自傳作者。
au·to·bi·o·graph·ic [ˌɔtəˌbaɪəˈgræfɪk; ˈɔːtəˌbaiəˈgræfik⁻] *adj.* = autobiographical.
au·to·bi·o·graph·i·cal [ˌɔtəˌbaɪəˈgræfɪkl; ˈɔːtəˌbaiəˈgræfikl⁻] «autobiography 的形容詞»—*adj.* 自傳(體)的。
~·**ly** [-klɪ; -kəli] *adv.*
au·to·bi·og·ra·phy [ˌɔtəbaɪˈɑgrəfɪ, -bɪ-; ˌɔːtəbaiˈɔgrəfi] *n.* **1** Ⓒ自傳。**2** Ⓤ自傳文學。**3** Ⓤ自傳寫作。
áuto·càr *n.* Ⓒ《英古》汽車。
áuto-chànge *n.* = auto-changer.
áuto-chànger *n.* Ⓒ(唱機之)自動換唱片裝置。
au·toch·thon [ɔˈtɑkθən; ɔːˈtɔkθən] *n.* Ⓒ(*pl.* ~**s**, ~·**es** [-ˌiz; -iːz]) **1** 土著，原居民。**2** 土生土長的動[植]物。**3** 《地質》原地岩體。
au·toch·thon·al [-θən]; -θənl] *adj.* = autochthonous.
au·toch·tho·nous [ɔˈtɑkθənəs; ɔːˈtɔkθənəs] *adj.* **1** 本地的，土生的。**2** 《地質》原地(生成)的。
au·to·clave [ˈɔtəˌklev; ˈɔːtəkleiv] *n.* Ⓒ壓力[高壓]鍋。
áuto còurt *n.* 《美》= motel.
au·toc·ra·cy [ɔˈtɑkrəsɪ; ɔːˈtɔkrəsi] *n.* **1** Ⓤ獨裁權。**2 a** Ⓤ獨裁政治。**b** Ⓒ獨裁政府[國家]。
au·to·crat [ˈɔtəˌkræt; ˈɔːtəkræt] *n.* Ⓒ **1** 獨裁[專制]君主。**2** 獨裁者，專橫霸道的人。
au·to·crat·ic [ˌɔtəˈkrætɪk; ˌɔːtəˈkrætik⁻] «autocrat 的形容詞»—*adj.* **1** 獨裁的；獨裁式的。**2** 專橫的，專制的。
àu·to·crát·i·cal [-tɪkl; -tikl⁻] *adj.* = autocratic.
~·**ly** [-klɪ; -kəli] *adv.*
au·to-da-fé [ˌɔtodəˈfe; ˌɔːtoudɑːˈfei] «源自葡萄牙語 'act of faith' 之義»—*n.* Ⓒ(*pl.* **au·tos-** [ˌɔtoz-; ˌɔːtouz-])《基督教》**1** 宗教裁判所(Inquisition)對異教徒判決之宣告。**2** 前述判決之執行《尤指執行火刑》。
àuto·eróticism *n.* Ⓤ《心理》**1** 自體性慾，自體戀愛《即非由他人激發者》。**2** 自體性慾之行為《如手淫(masturbation, onanism)等》。
àuto·érotism *n.* = autoeroticism.
au·to·gen·e·sis [ˌɔtoˈdʒɛnəsɪs; ˌɔːtouˈdʒenisis] *n.* Ⓤ《生物》生物自然發生。
au·to·gi·ro [ˌɔtoˈdʒaɪro; ˌɔːtouˈdʒaiərou] *n.* Ⓒ(*pl.* ~**s**) 直昇飛機，旋翼機《用螺旋槳(propeller)推進並以旋轉翼(rotor)上昇之飛機，為直昇機(helicopter)之前身》。

autogiro

au·to·graph [ˈɔtəˌgræf; ˈɔːtəgrɑːf] *n.* Ⓒ **1** 親筆；手稿。**2** 親筆簽名《★比較 作家、演員或運動選手等簽在自己著作或照片上之簽名為 autograph；簽在書信、文件上之簽名為 signature》：write one's ~ 簽名/ask for a person's ~ 請某人簽名。—*v.t.* 親筆簽名於…。
áutograph álbum [bóok] *n.* Ⓒ簽名紀念冊。
au·to·graph·ic [ˌɔtəˈgræfɪk; ˌɔːtəˈgræfik⁻] *adj.* **1** 親筆的，眞跡的，親書的，親筆簽名的。**2** 〈儀器〉自動記錄的(self-recording)。
àu·to·gráph·i·cal [-fɪkl; -fikl⁻] *adj.* = autographic.
au·to·gy·ro [ˌɔtoˈdʒaɪro; ˌɔːtouˈdʒaiərou] *n.* (*pl.* ~**s**) = autogiro.
àuto·intoxicátion *n.* Ⓤ《醫》自體中毒。
áuto·màker *n.* Ⓒ汽車製造廠商。
au·to·mat [ˈɔtəˌmæt; ˈɔːtəmæt] *n.* Ⓒ **1** 自動販賣式餐廳，自助餐廳。**2** 自動販賣機。

> 【說明】automat 是速簡餐廳或自助餐廳(cafeteria)的一種，所有的飲食品完全用自動販賣機發售，並且二十四小時營業。規模較大的和一般的餐館(restaurant)一樣有收洗餐具的跑堂(busboy).

au·tom·a·ta *n.* **automaton** 的複數。
au·to·mate [ˈɔtəˌmet; ˈɔːtəmeit] «automation 的逆成字»—*v.t.* 以自動操作製造；使…自動化：a fully ~*d* factory (完全)自動化[自動操作的]工廠。—*v.i.* 自動化。
áu·to·mat·ed-téll·er machìne [ˈɔtəˌmetɪdˈtɛlə-; ˈɔːtəmeitidˈtelə-] *n.* Ⓒ自動櫃員機；自動提款機。
***au·to·mat·ic** [ˌɔtəˈmætɪk; ˌɔːtəˈmætik⁻] *adj.* (**more** ~; **most** ~) **1** 〈機械、裝置等〉自動的，自動式的；〈肌肉之運動等〉自動性的：~ operation 自動操作。**2 a** 〈行為、動作等〉不自覺的，無意識的；機械式的。**b** 自然發生的，必然性的。
—*n.* Ⓒ **1** 自動操作之機器[裝置]。**2** 小型自動武器《手槍等》。**3** 自動變速[排檔]車。
au·to·mat·i·cal·ly [ˌɔtəˈmætɪklɪ; ˌɔːtəˈmætikəli] *adv.* (**more** ~; **most** ~) 自動地；機械式地。
áutomàtic cálling *n.* Ⓤ自動呼叫。
áutomatic diréction finder *n.* Ⓒ(飛機之)自動定向器《略作 A.D.F.》.
áutomatic dríve *n.* Ⓤ(汽車等)自動駕駛。
áutomatic péncil *n.* Ⓒ《美》自動鉛筆《★比較 一般用 mechanical pencil》.
áutomatic pílot *n.* Ⓒ《航空・航海》自動駕駛儀：be (put) on ~ 以自動駕駛儀飛行中《★ on ~ 無冠詞》。
áutomatic pístol *n.* Ⓒ自動手槍。
áutomátic rífle *n.* Ⓒ自動步槍。
áutomàtic téléphòne *n.* Ⓒ自動電話。
áutomàtic trácking *n.* Ⓤ(雷達等的)自動追蹤。
automàtic transmíssion *n.* Ⓤ(汽車之)自動變速[排檔]裝置。
áutomàtic túning *n.* Ⓤ(收音機、電視的)自動調諧。

A

au·to·ma·tion [ˌɔtəˋmeʃən; ˌɔ:təˋmeiʃn] *n.* Ⓤ(機器、工廠等之)自動操作，自動化。

au·tom·a·tism [ɔˋtɑməˌtɪzəm; ɔ:ˋtɔmətizəm] *n.* Ⓤ **1 a** 自動，自動性，自動作用；自動力。**b** 機械式[無意識]的動作。**2**《生理》自動性《心臟之跳動、肌肉之反射運動等》。

au·tom·a·ton [ɔˋtɑməˌtɑn, -tən; ɔ:ˋtɔmətən] *n.* Ⓒ(*pl.* ~s, -ta [-tə; -tə]) **1 a** 自動機械裝置。**b** 機器人(robot). **2** 機械式地動作[工作]的人。

àuto·méchanism *n.* Ⓒ自動裝置。

***au·to·mo·bile** [ˋɔtəməˌbil, ˌɔtəˋmobil, ˌɔtəməˋbil; ˋɔ:təməbi:l, ˌɔ:təˋmoubi:l] *n.* Ⓒ《美》汽車《★比較 日常用語爲 car》：the ~ industry 汽車工業。

automóbile insùrance *n.* Ⓤ汽車保險。

àu·to·mo·bíl·ist [-lɪst; -list] *n.* Ⓒ《美》(常)駕駛汽車者《★比較 一般用 motorist》.

au·to·mo·tive [ˌɔtəˋmotɪv; ˌɔ:təˋmoutiv˜] *adj.* **1** 自動推進的。**2** 汽車的。

au·to·nom·ic [ˌɔtəˋnɑmɪk; ˌɔ:təˋnɔmik˜] *adj.* **1** 自治的。**2**《生理》自律的：the ~ nervous system 自律神經系統。

au·ton·o·mous [ɔˋtɑnəməs; ɔ:ˋtɔnəməs] *adj.* (有)自治(權)的；自主的：an ~ republic 自治共和國。

au·ton·o·my [ɔˋtɑnəmɪ; ɔ:ˋtɔnəmi] *n.* **1** Ⓤ自治(權)；自主性。**2** Ⓒ自治團體。

au·to·nym [ˋɔtənɪm; ˋɔ:tənim] *n.* Ⓒ **1** 眞名；本名(cf. pseudonym). **2** 署名之著作；以本名發表之作品。

áuto·pìlot *n.* ＝automatic pilot.

au·top·sy [ˋɔtɑpsɪ, ˋɔtəpsɪ; ˋɔ:təpsi] *n.* Ⓒ驗屍(解剖)。

áuto ràce *n.* Ⓒ賽車《★比較 一般用 car race》.

au·to·ra·di·o·gram [ˌɔtəˋredɪəˌgræm; ˌɔ:təˋreidiəˌgræm] *n.* ＝autoradiograph.

au·to·ra·di·o·graph [ˌɔtəˋredɪəˌgræf, -ˌgraf; ˌɔ:təˋreidiəgrɑ:f] *n.* Ⓒ自動放射照像。

áuto shòw *n.* Ⓒ汽車展示會。

au·to·stra·da [ˌɔtoˋstrɑdɑ; ˋɔ:təˌstrɑ:də] 《源自義大利語》—*n.* Ⓒ(義大利之)高速公路。

àuto·suggéstion *n.* Ⓤ自我暗示。

áuto·trùck *n.* Ⓒ運貨汽車，卡車(《英》(motor-)lorry)《★比較 一般用 truck》.

áuto·wòrker *n.* Ⓒ汽車製造廠工人。

‡au·tumn [ˋɔtəm; ˋɔ:təm] *n.* **1** ⓊⒸ[常在美國語法或特定時 the ~]秋，秋季《依一般習俗在北半球指九，十，十一月，在天文學上則爲自秋分起至冬至；★比較《美》autumn 爲較拘泥之用語，在日常生活中多半用 fall》：in (*the*) ~ 在秋季[秋天]/in *the* ~ of 1985 在 1985 年秋季/in (*the*) early [late] ~ 在初[晚]秋/They got married last ~. 他們在去年秋季結婚《★用法 不與介系詞連用而當副詞用》。**2** [the ~]成熟期；凋落期；(人生之)已過壯年之時期，中年期：in *the* ~ of life 在過了壯年的時期[在中年期]。

—*adj.* [用在名詞前]秋的：an ~ day 秋季的(某)一天/the ~ term 秋季學期《★在歐美爲第一學期》。

au·tum·nal [ɔˋtʌmnl; ɔ:ˋtʌmnəl˜] 《autumn 的形容詞》—*adj.* **1** (似)秋季[秋天]的，有秋天之特徵的：the ~ equinox《天文》秋分(cf. the VERNAL equinox)/~ tints 秋色，紅葉。**2** 已過壯年的，中年的，近衰老的。**3**《植物》在秋季開花[結實，成熟]的。

aux., auxil. 《略》auxiliary.

aux·il·ia·ry [ɔgˋzɪljərɪ; ɔ:gˋziljəri] 《源自拉丁文「附加」「輔助」之義》—*adj.* **1 a** 輔助的，補充的，協助的：an ~ engine 輔助引擎/~ coins 輔幣/an ~ language (國際)輔助語言《Esperanto (世界語)等》/an ~ note《音樂》輔助音/~ troops (來自外國之)援軍，救援部隊。**b** [不用在名詞前][十介十(代)名]輔助[…]的[*to*]：Science and technology are ~ *to* each other. 科學和技術是相輔相成的。**2** 備用的，預備的：an ~ (gasoline) tank 備用(汽油)油箱。**3** 副的。

—*n.* **1** Ⓒ **a** 輔助者，助手；輔助物。**b** 輔助團體，(俱樂部等之)婦女準會員團。**2** [auxiliaries](來自外國之)援軍，外籍輔助部隊。**3** Ⓒ《海軍》輔助艦艇。**4** Ⓒ《文法》助動詞。

auxíliary vérb *n.* Ⓒ《文法》助動詞《★在本辭典中用 *aux.* 符號標示》。

av. 《略》average；avoirdupois. **Av.** 《略》Avenue. **A.V.** 《略》Authorized Version.

a·vail [əˋvel; əˋveil] 《源自古法語「有價值」之義》—*v.i.* [用於否定句、疑問句]《文語》**有用，**有幫助，有利，有效，有益：**a** 〈事物〉有用，有幫助，有利，有效，有益：Talk will *not* ~ without work. 言而不行則無用。**b** [十介十(代)名][對…]有用，有幫助，有利，有效[*against*]：Courage could *not* ~ *against* the enemy fire. 英勇無助於對抗敵人的砲火。**c** [十 *to* do]有助於〈做…〉：*No* words ~*ed to* soften him. 說什麼都不能使他軟化。

—*v.t.* **1** [十受][用於否定句、疑問句]《文語》有用於，有助於，有利於，有益於，裨益於…：It will ~ you *little* [*nothing*]. 這對你幾無[毫無]用處。

2 [十受十介十(代)名][~ one*self*]利用[…]，趁[…][*of*]《★比較 一般用 make use of》[*of*]：We should ~ *ourselves of* this opportunity. 我們應該利用這機會。

—*n.* Ⓤ利益，收益，效用，效力《★現僅用於下列成語》。

be of aváil [用於否定句、疑問句]有用，有助益：*be of no* [*little*] ~ 毫無[幾無]用處[裨益]。

to nó aváil ＝**withòut aváil** 徒勞，枉然，無效，無益，無用。

a·vail·a·bil·i·ty [əˌveləˋbɪlətɪ; əˌveiləˋbiləti] 《available 的名詞》—*n.* Ⓤ可用；有效；可得到，近便。

***a·vail·a·ble** [əˋveləbl; əˋveiləbl] *adj.* (more ~；most ~) **1 a** (立即)可用的，可利用的，有用的：employ all [every] ~ means 用盡[使用一切]可用的方法。**b** [不用在名詞前][十介十(代)名][…](立即)可利用的[*to*]：These goods are ~ *to* members only. 這些商品只提供給會員使用。

2 a 〈物、消息、工作等〉**可得到的，**可取得的，可買到的：That book is not ~ in Japan. 這書在日本買不到/No suitable work was ~. 找不到適當的工作。**b** [不用在名詞前][十介十(代)名][…]可得到的，可取得的，可買到的[*to*]：These items are readily ~ *to* people with money. 這些貨品是有錢的人們可輕易得[買]到的。

3 [不用在名詞前][十介十(代)名] **a** 〈人〉(有空)可會見[可來參加][…]的[*for*]：She was not ~ *for* the party. 她沒能來參加聚會。**b** 有空(閒)的，不太忙的：Are you ~ this afternoon? 你下午有空嗎？

-a·bly [-ləblɪ; -ləbli] *adv.*

aváilable líght *n.* Ⓤ《攝影・美術》現有光，可用光。

av·a·lanche [ˋævlˌæntʃ; ˋævəlɑ:ntʃ] 《源自法語》—*n.* Ⓒ **1** 雪崩。**2** [常 an ~ of...](信件、不幸、質問等之)紛至沓來，蜂擁而至：*an* ~ *of* questions 連珠砲似的問題[質問]。

a·vant-garde [əˌvɑntˋgɑrd; ˌævɑ:ŋˋgɑ:d˜] 《源自法語 'vanguard' 之義》—*n.* Ⓤ[常 the ~；集合稱]前衛藝術家《★用法 視爲一整體時當單數用，指全部個體時當複數用》。

—*adj.* [用在名詞前]前衛的：~ pictures 前衛電影。

a·vant-gard·ism [əˌvɑntˋgɑrdɪzəm, əˋvænt-, ˌavant-; ˌævɑ̃:-ˋgɑ:dizəm] *n.* Ⓤ(文學、藝術的)前衛主義《主張揚棄傳統的藝術風格與形式，開創新藝術形式》。

av·a·rice [ˋævərɪs; ˋævəris] *n.* Ⓤ(對金錢之)貪婪，貪心，貪財。

av·a·ri·cious [ˌævəˋrɪʃəs; ˌævəˋriʃəs˜] 《avarice 的形容詞》—*adj.* 貪財的，貪心的，貪婪的(greedy). **~·ly** *adv.*

a·vast [əˋvæst; əˋvɑ:st] *interj.*《航海》停！

av·a·tar [ˌævəˋtɑr; ˌævəˋtɑ:] *n.* ⒸⓊ **1**《印度神話》神之下凡，神之化身。**2** 具體化，實體表現。

a·vaunt [əˋvɔnt, əˋvɑnt; əˋvɔ:nt] *interj.*《古》去！走開！

avdp. 《略》avoirdupois.

a·ve [ˋevɪ, ˋɑve; ˋɑ:vi] 《源自拉丁文 'hail'》—*interj.* **1** 歡迎(Welcome)！**2** 再見(Farewell)！—*n.* [A~]＝Ave Maria.

Ave. 《略》《美》Avenue.

A·ve Ma·ri·a [ˋɑvɪməˋriə; ˌɑ:viməˋri:ə] *n.* Ⓒ[當作名稱時用 the ~]追念聖母瑪利亞之祈禱，福哉瑪利亞。

> 【說明】獻給耶穌基督(Jesus Christ)的母親瑪利亞用拉丁文唱的禱告。最先兩個字就是 Ave Maria, 譯成英語爲 Hail Mary, 而 Hail 是「祝你幸福」之義，爲見面時祝福的話(語出聖經新約「路加福音」)。

a·venge [əˋvendʒ; əˋvendʒ] *v.t.* **1 a** [十受]**爲〈仇恨〉報復，報…之仇，爲…報仇**(⇨ revenge【同義字】)：She ~*d* the wrong she had suffered. 她爲她所受的冤屈報復/They swore to ~ their lord's death. 他們發誓爲他們領主之死報仇。**b** [十受十介十(代)名]爲〈仇恨〉[對人等]報復，[對人]報…之仇[*on*]：~ an insult *on* a person 對某人報侮辱之仇。

2 a [十受]爲〈人〉報仇，爲〈人〉雪恨[雪恥]，報〈人〉之仇：Hamlet planned to ~ his father. 哈姆雷特計謀爲父報仇。**b** [十受十介十(代)名][對…]報〈人〉之仇[*on, upon*]：He will ~ the people *on* their oppressor. 他將爲(受壓迫的)人民向壓迫者報仇[他將懲處壓迫者爲人民報仇]。

3 [十受十介十(代)名][~ one*self*][爲…事][向人]報仇，報復[*on, upon*][*for*]《★常用被動語態，語意不變》：He ~*d himself* [*was* ~*d*] *on* them (*for* the insult). 他(爲受辱)向他們進行報復。—*v.i.* 復仇，報仇，報復。

a·véng·er *n.* Ⓒ報仇者，復仇者。

a·ven·tu·rine [əˋventʃərɪn; əˋventjurin] *n.* Ⓤ 金星玻璃《含有金色細粒之不透明褐色玻璃》。

***av·e·nue** [ˋævəˌnu, -ˌnju; ˋævənju:] 《源自法語「來」之義》—*n.* Ⓒ **1** (城市之)**大街，**大道：⇨Fifth Avenue.

【說明】在美國之城市 Avenue 與 Street 常呈直角交叉，例如在紐約(New York)市，南北走向之大街名稱用 Avenue，而東西走向者則用 Street；略作Ave.

2 a 林蔭大道：an ~ of poplars 白楊樹的林蔭大道。**b**《英》(在鄉下由公路通往私人宅邸之)林蔭道路。**3**〔達到某目的之〕手段，途徑，方法，〔…之〕道〔*to, of*〕：explore every ~ 想盡辦法[手段]/Hard work is a sure ~ *to* success. 勤奮是可靠的成功之道。

a·ver [əˋvɝ; əˈvəː] *v.t.* (**a·verred**; **a·ver·ing**) **1**《文語》**a**〔十受〕斷言〈事〉之眞實性，宣告…爲確實：~ a fact [the contrary] 斷言某一事[其正相反]之眞實性。**b**〔十 *that*__〕斷言稱〈…事〉：In spite of all you say, I still ~ *that* his report is true. 不管你怎麼說，我還是斷言他的報告是眞實的。**2**〔十 *that*__〕《法律》主張，辯明，證明〈…事〉：He *averred that* I had spoken the truth. 他證明我說的是實話。

‡**av·er·age** [ˋævərɪdʒ; ˈævəridʒ] «源自阿拉伯語'damaged merchandise'之義；由於貨主平均分擔損失»—*n.* **1** Ⓒ[常用單數] **a 平均**：an arithmetical [geometrical] ~ 相加[相乘]平均數，算術[幾何]平均數/at an ~ of 50 kilometers an hour 以平均五十公里的時速/strike [take] an ~ 求平均。**b 平均數，平均值**：The ~ of 2, 7, and 9 is 6. 二，七，和九的平均數是六。

2 ⒸⓊ**一般標準，平均的標準**：(well) up *to* (the) ~ (充分)達到一般水準。

abóve [belów] (the) áverage 在一般水準以上[以下]。

on (an [the]) áverage 平均；一般而言：We made a loss today, but *on* ~ we make a profit. 我們今天虧損，但平均起來[通常]我們有盈餘/He is weak at English, but *on* ~ his marks are not bad. 他的英語差，但平均說來他的分數並不壞。

—*adj.* (無比較級、最高級) **1 平均的**：the ~ life span 平均壽命。**2 一般的，普通的**《★指質、量、數等平均而普遍》：an article of ~ quality 品質普通的物品/the ~ person 普通人《★比較 表示「普通的人們」時，不用 average people 而用 ordinary people》。

—*v.t.* 〔十受〕**1 將〈數〉平均，求〈數〉之平均值**：*A*~ 5, 7, and 15, and you'll get 9. 把五，七和十五平均，即得九。**2** 平均做[得到]《★不可用被動語態》：We ~ 8 hours' work a day. 我們平均一天工作八小時/The writer ~*s* three stories a month. 這作家平均一個月寫三篇故事。—*v.i.* 〔十補〕平均起來是〈…〉，平均爲〈…〉：My salary ~*s* 1500 dollars a month. 我的薪水平均是每月一千五百美元。**áverage óut** 《*vi adv*》《口語》〈事〉(最後)達到平均水平，達到平衡，達到平均數。

áverage deviátion *n.* Ⓤ Ⓒ《統計》平均差。

a·vér·ment [-mənt; -mənt] «aver 的名詞» —*n.* ⓊⒸ **1** 斷言，明言。**2**《法律》事實之主張[陳述]。

a·verse [əˋvɝs; əˈvəːs] *adj.* [不用在名詞前]〔十介十(代)名〕《文語・謔》〔對…〕嫌惡的，反對的，不樂意的，不願意的〔*to, from*〕《★用法 from 主要用於英國語法》：She is ~ ***to*** our plan. 她反對我們的計畫/I am ~ ***from*** any sort of fuss. 我討厭任何無謂的紛擾。 **~·ness** *n.*

a·ver·sion [əˋvɝʒən, -ʃən; əˈvəːʃn] «averse 的名詞»—*n.* **1** Ⓤ[又作 **an** ~]嫌惡，厭惡，反感〔*to*〕：She felt *an* ~ *to* him. 她討厭他/He has *an* ~ *to* (*seeing*) cockfights. 他討厭(看)鬥雞。**2** Ⓒ厭惡之物[人]《★常用於下列片語》：my pet ~ 我最討厭的東西。

a·vert [əˋvɝt; əˈvəːt] «源自拉丁文「轉」之義» —*v.t.* **1**〔十受(十介十(代)名)〕〔自…〕轉移，轉離，移開〈目光、思想等〉〔*from*〕：She ~*ed* her eyes ***from*** the terrible sight. 她把目光轉離那駭人的情景[景象]。**2** 避開，防止，避免〈打擊、危險等〉(prevent)：He narrowly ~*ed* an accident. 他勉强避免了一場事故《他險些兒在事故中遭殃》。

A·ves·ta [əˋvɛstə; əˈvestə] *n.* [**the** ~]火教經典，祆教之經典。

a·vi·an [ˋevɪən; ˈeiviən] *adj.* 鳥的；鳥類的。

a·vi·ar·y [ˋevɪˏɛrɪ; ˈeiviəri, ˈeivjəri] *n.* Ⓒ(動物園等之大型)鳥籠，鳥舍。

a·vi·a·tion [ˏevɪˋeʃən; ˌeiviˈeiʃn] *n.* Ⓤ **1 a** 飛行，航空。**b** 飛行[航空]術[學]。**2** [集合稱](尤指軍用之)飛機。**3** 飛機製造業。

aviátion bàdge *n.* Ⓒ航空徽章。

aviátion cadèt *n.* Ⓒ航空學員。

aviátion médicine *n.* Ⓤ航空醫學。

a·vi·a·tor [ˋevɪˏetɚ; ˈeivieitə] *n.* Ⓒ《古》飛行家，飛機駕駛員，飛行員。

a·vi·a·tress [ˋevɪˏetrɪs; ˈeivieitris] *n.* =aviatrix.

a·vi·a·trix [ˏevɪˋetrɪks; ˈeivieitriks] *n.* Ⓒ (*pl.* **~·es** [-ɪz; -iz], **-tri·ces** [-trɪˏsiz; -trisiːz])《古》女飛行家，女飛機駕駛員。

av·id [ˋævɪd; ˈævid] *adj.* **1** [用在名詞前]貪婪的；渴望的；熱心的：an ~ reader 廢寢忘食的讀者。**2** [不用在名詞前]〔十介十(代)名〕渴望〔…〕的，熱切地想要〔…〕的，貪圖〔…〕的〔*for, of*〕：He was ~ ***for*** [***of***] fame [glory]. 他渴望(得到)名聲[榮譽]。 **~·ly** *adv.*

a·vid·i·ty [əˋvɪdətɪ; əˈvidəti] «avid 的名詞» —*n.* Ⓤ(熱切的)慾望，熱望，渴望；饑渴；貪婪：with ~ 饑渴地，貪婪地。

A·vi·gnon [əˋvinjɔ̃, -njən; əˈviːnjɔ̃ː] *n.* 亞威農《法國東南部之一城市》。

a·vi·on·ics [ˏevɪˋɑnɪks; ˌeiviˈɔniks] «*avi*ation 和 electr*onics* 的混合語»—*n.* Ⓤ航空電子學。

av·o·ca·do [ˏævəˋkɑdo, ˏævə-; ˌævəˈkɑːdou] *n.* Ⓒ (*pl.* **~s**, **~es**) **1**《植物》鱷梨，酪梨(樹)《熱帶美洲產之一種植物》。**2** (又作 **avocádo pèar**)鱷梨，酪梨(之果實)《似梨；供生吃或做生菜》。

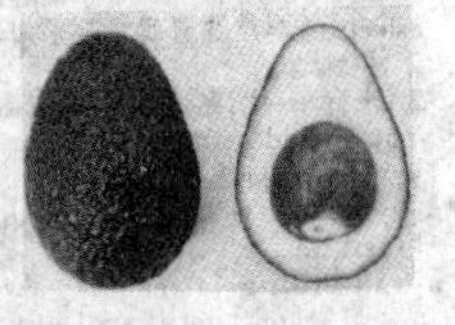

avocadoes

av·o·ca·tion [ˏævəˋkeʃən; ˌævəˈkeiʃn] *n.* Ⓒ **1** 副業，兼差，業餘工作；消遣，嗜好(hobby). **2**《口語》職業，本業。

av·o·cet [ˋævəˏsɛt; ˈævəset] *n.* Ⓒ《鳥》反嘴鷸。

‡**a·void** [əˋvɔɪd; əˈvɔid] «源自古法語「使空」之義»—*v.t.* **1 a**〔十受〕(有意識地或故意地)**避免，避開，迴避，逃避**；防止(⇨ escape【同義字】)：~ further useless bloodshed 避免進一步的無謂流血/No one can ~ his destiny. 沒有人能逃避命運。**b**〔十 do*ing*〕避免〈做…〉(★用法 不可用〔十 *to* do〕)：*A*~ cross*ing* this street at rush hours. 避免在交通擁擠時間穿越這條街道。**2**〔十受〕《法律》使…無效，宣布…無效；廢止，取消…。

a·void·a·ble [əˋvɔɪdəbl; əˈvɔidəbl] *adj.* 可避免的，可迴避的；可使無效的，可廢止的，可取消的。

a·vóid·a·bly [-dəblɪ; -dəbli] *adv.*

a·void·ance [əˋvɔɪdn̩s; əˈvɔidəns] «avoid 的名詞»—*n.* Ⓤ **1** 逃避，避免，迴避。**2**《法律》無效，取消，廢止。**3** (僧職之)出缺。

avoir. 《略》avoirdupois.

av·oir·du·pois [ˏævɚdəˋpɔɪz; ˌævədəˈpɔiz] *n.* Ⓤ **1** (又作 **avoirdupóis wèight**)常衡《用以稱量貴金屬、寶石、藥品以外之一般物品；以 16 盎司(ounces)(=7000 喱(grains))爲一磅(pound)；略作av., avdp., avoir.；cf. troy (weight)》. **2** (人之)體重；肥胖《★現已不常使用》：a woman of much ~ 胖女人。

—*adj.* [置於常衡數值之後]常衡制的：5 pounds [5 b] ~ [*av.*] 常衡五磅。

A·von [ˋevən; ˈeivən] *n.* **1** [**the** ~]阿文河《英格蘭中部之一條河；⇨Stratford-upon-Avon》. **2** 阿文郡《1974 年新設之英格蘭中部一郡；首府布里斯托(Bristol)》。

a·vouch [əˋvautʃ; əˈvautʃ] *v.t.* 《文語》**1 a**〔十受〕聲言[斷言]…之眞實(性)，公然主張…。**b**〔十 *that*__〕斷言，聲言〈…一事〉。**2 a**〔十受〕自認…，承認…。**b**〔十 *that*__〕承認〈…一事〉。**c**〔十受十(*as*)補〕[~ one*self*]承認〈自己〉〈爲…〉：~ *oneself* (*as*) a heretic 承認自己爲異教徒。**3** 保證。 **~·ment** [-mənt; -mənt] *n.*

a·vow [əˋvau; əˈvau] *v.t.* 《文語》**1 a**〔十受〕坦白承認，公開承認〈過失等〉：~ one's faults 坦白[公開]承認自己的過錯。**b**〔十 *that*__〕公開承認〈…一事〉：He ~*ed* openly [publicly] *that* he was divorced. 他坦白[公開]承認自己離了婚。**c**〔十受十(*to be*)補〕[~ one*self*](坦白)承認，供認，招認〈自己〉〈爲…〉，自白，自稱〈爲…〉：He ~*ed himself* (*to be*) an atheist. 他供認自己是無神論者。**2 a**〔十受〕公開宣布，公開說…：~ one's principles 公開談論自己信仰的主義。**b**〔十 *that*__〕公開宣稱〈…事〉。

a·vow·al [əˋvauəl; əˈvauəl] «avow 的名詞» —*n.* ⓊⒸ公開宣稱，自白，坦白承認，供認，招認：make an ~ 坦白承認/make (an) ~ of... 坦白[公開]承認…。

a·vówed *adj.* [用在名詞前]自認的；公開宣稱的，公然的。

a·vow·ed·ly [əˋvauɪdlɪ; əˈvauidli] *adv.* 公開地，公然；自認地。

a·vun·cu·lar [əˋvʌŋkjəlɚ; əˈvʌŋkjulə] *adj.* 伯[叔]父(uncle)的；似伯[叔]父的。

aw [ɔ; ɔː] *interj.* [表示抗議、厭惡、同情等]《美》噢！

a·wait [əˋwet; əˈweit] *v.t.* 〔十受〕**1**〈人〉等候，等待；期待…《★比較 一般用 wait for》：I am anxiously ~*ing* your reply. 我在急切地期待你的答覆。**2**〈事物〉備妥以待，等待着：Honors and wealth ~*ed* him. 榮譽和財富等待着他《他將獲得榮譽和財富》。

‡**a·wake** [əˋwek; əˈweik] *v.t.* (**a·woke** [əˋwok; əˈwouk], **a·waked**; **a·waked**, 《罕》**a·woke**, **a·wok·en** [əˋwekən; əˈweikən]) **1**〔十受〕**喚醒**〈睡眠中之人〉，使…醒，吵醒：The distant rumbling of guns *awoke* us. 遠處的砲聲隆隆吵醒了我們。

2 a〔十受(十介十(代)名)〕〔…〕喚起〔某人〕〈回憶、同情心等〉〔*in*〕：His voice *awoke* memories of childhood ***in*** me. 他的聲音喚起了我童年的回憶。**b**〔十受十介十(代)名〕使〈人〉自覺〔罪、責任等〕，使…覺悟〔…〕，使…領悟〔…〕；激起…〔…〕〔*to*〕：

A

His sermon *awoke* me **to** a sense of sin. 他的講道使我意識到自己的罪惡〔激起我的罪惡感〕《★[替換]可換寫成 His sermon awoke in me a sense of sin. cf. 2a》.

—*v.i.* **1 a** **醒**：～ at seven 在七點醒來/～ *from* sleep 從睡眠中醒來，睡醒。**b**〔＋ *to* do〕醒來〈做…〉：One morning I *awoke to* find myself famous. 一天早上我醒過來發現自己出了名。

2〔十介十(代)名〕察覺〔…〕，覺悟〔…〕，領悟〔…〕〔*to*〕：He at last *awoke* **to** the danger. 他終於察覺到那危險。

—*adj.* [不用在名詞前] **1** **醒的**，醒着的(↔ asleep)：～ or asleep 不論是醒着或是睡着/He was wide ～ all night. 他整夜未曾合眼。

2〔十介十(代)名〕察覺到，覺悟，覺醒，洞察，深知〔…〕的〔*to*〕：You should be more ～ **to** the danger of your position. 你應該更加意識到你處境的危險。

***a·wak·en** [ə'wekən; ə'weikən] *v.t.* & *v.i.* ＝awake《★[用法]主要用於比喻，多用作 *v.t.*》.

a·wák·en·ing [ə'wekənɪŋ; ə'weikniŋ] *n.* [U][C]喚醒；醒悟，覺醒；自覺〔*to*〕：get [have] a rude ～ 猛然覺醒。

—*adj.* [用在名詞前]喚醒的，覺醒的，醒悟的。

***a·ward** [ə'wɔrd; ə'wɔ:d] *v.t.*〔十受十受/十受十介十(代)名〕**1**〈經過裁判、慎重考慮之後〉以〈獎賞等〉授與〈人〉；頒發〈獎賞等〉〔予人〕，賞給〔某人〕〈獎賞等〉〔*to*〕(⇨ give【同義字】)：The teacher ～*ed* the boy a prize.＝The teacher ～*ed* a prize **to** the boy. 老師頒獎給那男孩/A medal was ～*ed* (*to*) him. 他獲頒獎章一枚。**2**〈於仲裁、裁判等〉將〈賠償金等〉判歸〈某人〉；裁定〈賠償金等〉〔給某人〕，給與〔某人〕…〔*to*〕：The court ～*ed* the mother custody of the child.＝The court ～*ed* custody of the child **to** the mother. 法院判定孩子的監護權歸那位母親。

—*n.* [C] **1** **獎**，獎品，獎賞：⇨Academy Award. **2**〈對大學生之〉獎學金。**3**〈損害賠償等之〉裁定額。

a·ward·ee [əˌwɔr'di; əˌwɔ:'di:] *n.* [C]得獎人；受獎者。

***a·ware** [ə'wɛr; ə'wɛə] *adj.* **1** [不用在名詞前] **知道的，注意到的，覺察的**：**a**〔十介十(代)名〕注意到〔…〕的，知道〔…〕的，覺察〔…〕的〔*of*〕：He was [became] ～ **of** the danger. 他知道[注意到]危險/I was ～ *of* what he was aiming at. 我知道他在打什麼主意[他的意圖是什麼我一清二楚]。**b**〔＋ *that*__〕知道〈…一事〉的：How can you make a fool ～ *that* he is a fool? 你怎麼能夠使一個傻瓜知道他是個傻瓜？**c**〔(十介)＋ *wh.*__〕知道〔…〕的〔*of*〕《★[用法]常省略介系詞》：Few of them were ～ (*of*) *what* an unpleasant person he really was. 他們當中很少人知道他實際上是個何等令人討厭的人。

2 [與表示活動領域之副詞連用]有(…之)認識[意識]的，詳知…的：He is politically [socially] ～. 他有政治[社會]意識。

3《口語》做事有板有眼的：an ～ person 做事有板有眼[不會馬虎]的人。

aware·ness *n.* [U] **1 a** 覺察〔…〕，認識〔…〕，意識〔…〕〔*of*〕：～ *of* one's ignorance 意識到自己的無知。**b**〔＋ *that*__〕覺察〈…一事〉，認識〈…一事〉，自覺：～ *that* one is ignorant 自知無知。

2 意識：political ～ 政治意識[覺悟]。

a·wash [ə'wɑʃ, ə'wɔʃ; ə'wɔʃ] *adv.* & *adj.* [不用在名詞前] **1**〈暗礁、沈船等〉和水面齊平地[的]；覆於水中地[的]，爲水所打濕地[的]。

2 被波浪沖打地[的]。

3〔十介十(代)名〕〈地方〉氾濫〔着…〕地[的]〔*with*〕：The street was ～ **with** ticker tape. 滿街都是(從高樓窗口拋下來以)表示歡迎的(彩色)紙帶。

‡a·way [ə'we; ə'wei] *adv.* (無比較級、最高級) **1** [表示位置]《★[用法]與 be 動詞連用時又可視爲 *adj.*》**a** **離去**，脫離，(移動)向那邊：far ～ 在遙遠處/miles ～ 在數哩之外/～ (to the) east 在東方遠處《★[用法]此用法之 away 表示有某一段距離；若改用 far 則成爲「遠在東方」之意》/She is ～ in the country [on a trip]. 她去鄉下[在旅行中]《★[比較]若是短暫的外出，則用 out, 如 She is out.（她出去了）》/I shall be ～ for the summer [weekend]. 我將離家去避暑[度週末]。**b**〔十介十(代)名〕(遠遠地)離開〔…〕的〔*from*〕：stay ～ **from**… 遠離…，不接近…/The station is two miles ～ *from* here. 車站離這兒兩哩。**c**〔十介十(代)名〕不在〔…〕的〔*from*〕：He is ～ **from** home [his office]. 他不在家[辦公室]。**d** 另外(收存，收拾)，在他處：store ～ fuel for the winter 爲過冬(另外)儲存燃料/put one's weapons ～ 把武器收起來《放到槍械庫等》。

2 [常與動詞連用，表示移動、方向] **向那邊**，離去：go ～ 走開，離去/*A*～！＝Go ～！走開！/Get ～ *from* here. 離開這裏。

3 [表示消失、除去] **失去**，掉，消失，除去：fade ～（顏色）褪掉/cut ～ 切除/wash ～ 沖洗掉。

4 [表示行爲之繼續] **a** 不斷地，一直：work ～ 不斷地[一直]工作[用功]/talk ～ 一直講(下去)。**b** [常用祈使語氣]不猶豫地，迅速地，趕快；到底，到完：Speak ～. 趕快講/Ask ～！(儘管)問下去！

5 [表示即時]立即，馬上《★常用於下列片語》：right [straight] ～ 馬上。

6 [置於其他副詞、介系詞之前，以表示强調]《美》遠遠地，遠…《★[拼法]略作'way, way》：The temperature is (*a*)*way below* the freezing point. 溫度遠在冰點以下。

awáy báck《美》早在以前：～ *back* in 1940 [before the war] 早在 1940 年[戰前]。

Awáy with…! [用祈使語氣]《文語》趕走…，拿掉…，除去…：*A*～ *with* him！把他帶[趕]走！/*A*～ *with* you！讓開！滾開！走開！

fár and awáy [常强調比較級、最高級]遠爲…，…得多，斷然：He is *far and* ～ the *best* student in the class. 他是班上最優秀的學生。

from awáy《美》自遠處。**gèt awáy with…** ⇨get. **óut and awáy** ＝far and AWAY.

Whère awáy? ⇨where.

—*adj.* **1** [用在名詞前]在對方之場地舉行的，在遠征地的〈運動比賽等〉(↔ home)：an ～ match [game] 客場比賽/an ～ win 客場比賽的勝利。**2** [不用在名詞前]《棒球》被判出局的(out)：The count is three and two with two ～ in the seventh. 現在是第七局，兩好球三壞球，兩人出局《★[比較]英語中先說壞球(ball)，後說好球(strike)》.

awe [ɔ; ɔ:] *n.* [U]**敬畏**《尊敬、害怕、驚嘆等混合在一起之情緒》：with ～ 敬畏地/be struck with ～ 凜然敬畏/hold [keep] a person in ～ 使某人敬畏[畏懼]/in ～ of…畏懼着…，敬畏着…/put a person in ～ (of…) 使某人(對…)產生畏懼之心。

—*v.t.* **1**〔十受〕使〈人〉畏懼，使…敬畏：be ～*d* by the majesty of a mountain. 對山嶽之雄偉心生敬畏。**2**〔十受十介十(代)名〕使〈人〉畏懼，威嚇，嚇倒〔成…狀態〕〔*into*〕：He was ～*d* **into** silence. 他被嚇得默不作聲。

a·wea·ry [ə'wɪrɪ; ə'wiəri] *adj.* [不用在名詞前]《詩》疲倦的。

a·weath·er [ə'wɛðər; ə'weðə] *adv.*《航海》在[向]迎風(↔ alee).

a·weigh [ə'we; ə'wei] *adj.* [不用在名詞前]《航海》〈錨〉拔起的，剛起離水底的。

áwe-inspìring *adj.* 令人敬畏的，令人肅然起敬的，有威嚴的：The Grand Canyon is an ～ sight. 大峽谷是令人敬畏的壯觀。

awe·some ['ɔsəm; 'ɔ:səm] *adj.* **1** 令人敬畏的，令人肅然起敬的，有威嚴的。**2** 表示敬畏的，感覺敬畏的，恭敬的。

～·ly *adv.* **～·ness** *n.*

áwe·strùck [-strìcken] *adj.* 敬畏的，充滿敬畏的。

***aw·ful** ['ɔful; 'ɔ:ful] *adj.* (**more** ～；**most** ～) **1**〈景象等〉**可怕的**，〈暴風雨等〉嚇人的，厲害的：an ～ earthquake 可怕的地震。

2 ['ɔfl; 'ɔ:fl]《口語》**a**〈禮節、失敗、感冒等〉**很糟的**，極壞的，嚴重的：an ～ error 很糟糕[嚴重]的錯誤。**b**〈程度〉異常的，非常的：an ～ bore 極使人生厭的人/～ nonsense 荒謬透頂。**3**《文語》令人敬畏[畏懼]的。

—*adv.* ['ɔfl; 'ɔ:fl] (**more** ～；**most** ～)《口語》很：He is ～ mad. 他很生氣。**～·ness** *n.*

aw·ful·ly *adv.* (**more** ～；**most** ～) **1** ['ɔflɪ; 'ɔ:fli]《口語》**非常地**，很，…得可怕，…得了不得(very)：It is ～ good of you. 你眞好。**2** ['ɔfulɪ; 'ɔ:fuli]《文語》令人畏懼[敬畏]地，威嚴地。

a·wheel [ə'hwil; ə'wi:l, ə'hwi:l] *adj.* & *adv.* 騎脚踏車的[地]，乘汽車的[地]。

a·while [ə'hwaɪl; ə'wail, ə'hwail] *adv.* **暫時**，片刻，少頃，一會兒《★[拼法]如 for [after] a while 做名詞片語時寫作 a while, 但在口語有時寫作 for [after] awhile》：Let's rest ～. 讓我們歇一會兒吧。

awk·ward** ['ɔkwəd; 'ɔ:kwəd] **«**源自古北歐語「被轉向後方的」之義**»—adj.* (～**·er**, ～**·est**) **1 a**〈人、動作等〉**笨拙的**，**不優美的**，不雅觀的；沒有技巧的，不熟練的，不靈巧的，拙劣的：an ～ workman 技術拙劣的工匠/an ～ expression 生硬的語句/an ～ way of walking 不雅觀的走路方式。**b** [不用在名詞前]〔十介十(代)名〕〔在…方面〕不雅觀[拙劣]的〔*at, in*〕：He is ～ **in** his gait [**at** pingpong]. 他的步態不雅觀[他的乒乓球技巧拙劣]/You were so very ～ *in* do*ing* it. 你把這件事做得糟透了。**c** [不用在名詞前]〔十介十(代)名〕〔對…〕感覺難爲情[窘]的，忸怩不安的，不自在的〔*with*〕：The child feels ～ **with** strangers. 這孩子在陌生人面前覺得不自在。**2**〈物〉用起來不順手的，難用的，不方便的：an ～ tool 難用的工具。**3 a**〈立場、問題等〉爲難的，棘手的，麻煩的，傷腦筋的：an ～ question 麻煩的問題/It is ～ that Tom is [should be] unable to play on our team this week. 湯姆本週不能[居然不能]參加我隊出賽，傷腦筋！**b**《英》〈時間等〉不合適的，不湊巧的：at an ～ hour 在不合適的時間。**c**〈沉默等〉令人尷尬的，令人困窘的：an ～ silence 令人困窘的沉默。**4**《英》〈人等〉難以應付的，難相處的，乖張的，彆扭的。**～·ly** *adv.* **～·ness** *n.*

A

áwkward àge *n.* [the ~] 青春期，懷春期，尷尬的年齡《情緒不穩，而言行偏促不安的年齡》。
áwkward cústomer *n.* Ⓒ《口語》麻煩的傢伙，難以應付的傢伙，難纏的對手。
awl [ɔl; ɔ:l] *n.* Ⓒ (鞋匠等用以鑽木頭或皮革等之)錐子，尖鑽。

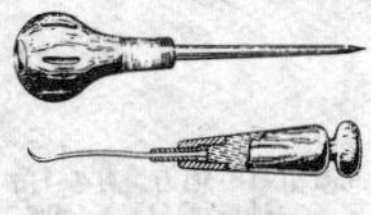
awls

A.W.L., a.w.l. 《略》〔軍〕 absent with leave 請假外出的 (cf. AWOL).
awl-shaped [ˋɔlˏʃept; ˈɔ:lʃeipt] *adj.* 尖鑽形的。
awn [ɔn; ɔ:n] *n.* Ⓒ (麥等之) 芒 (beard).
awn·ing [ˋɔnɪŋ; ˈɔ:niŋ] *n.* Ⓒ **1** 遮日篷，雨篷。**2** (輪船甲板上之)帆布篷。

awning

‡a·woke [əˋwok; əˈwouk] *v.* awake 的過去式・《罕》過去分詞。
‡a·wok·en [əˋwokən; əˈwoukən] *v.* awake 的過去分詞。
AWOL, A.W.O.L., awol, a.w.o.l. [ˋeˏwɔl; ˈeiwɔl] «*a*bsent *w*ithout *l*eave 的頭字語»—*adj.* [不用在名詞前]《口語》〔軍〕不假外出的，擅離職守的：go ~ 不假外出，擅離職守。—*n.* Ⓒ不假外出者，擅離職守者。
a·wry [əˋraɪ; əˈrai] *adv. & adj.* [不用在名詞前] **1** 歪地[的]，拗地[的]，彎曲地[的]，斜地[的]，扭曲地[的]：look ~ 斜視 /Your (neck)tie is all ~. 你的領帶歪了。**2** 脫離〈路線〉地[的]；〈事物、人之行動等〉錯誤地[的]，不順遂地[的]：go [run, tread] ~ 失敗，出岔子；挫折。
‡ax, 《英》**axe** [æks; æks] *n.* **1** Ⓒ斧，鉞，板斧；戰斧《★ 相關用語 短柄之小斧頭(short ax)稱作 hatchet；美洲印地安人所使用之戰斧則稱作 tomahawk》. **2** [the ~] **a** 斬首。**b** (經費、人員之)削減。
gèt the áx(e) 《口語》(1)被斬首。(2)被解雇。
hàve an áx(e) to grìnd 《口語》懷有自私的目的，別有企圖《★出自富蘭克林(Benjamin Franklin)所述其小時在上學途中被一名陌生人以花言巧語誘騙，受利用而爲其磨斧頭致曠課之故事》。
—*v.t.* 〔十受〕 **1** 用斧劈或砍〈某物〉。**2** 《口語》大刀闊斧地削減〈經費、人員等〉。
áxe·man [-mən; -mən] *n.* =axman.
ax·es [ˋæksiz; ˈæksi:z] *n.* axis 的複數。
ax·i·al [ˋæksɪəl; ˈæksiəl] «axis 的形容詞» —*adj.* 軸的，軸狀的，軸上的。
ax·il [ˋæksɪl; ˈæksil] *n.* Ⓒ〔植物〕葉腋，枝腋。
ax·il·la [ækˋsɪlə; ækˈsilə] *n.* Ⓒ (*pl.* **-lae** [-li; -li:], ~s) **1** 〔解剖〕腋下，腋窩(armpit). **2** 〔植物〕=axil.
ax·il·la·ry [ˋæksəˏlɛrɪ; ækˈsiləri] *adj.*
ax·i·om [ˋæksɪəm; ˈæksiəm] *n.* Ⓒ **1** 〔數學・邏輯〕公理 (cf. theorem 1). **2** 自明之理；原理，原則，通則。
ax·i·o·mat·ic [ˏæksɪəˋmætɪk; ˌæksiəˈmætik←] «axiom 的形容詞» —*adj.* **1** (似)公理的。**2** 其理自明的。
àx·i·o·mát·i·cal·ly [-klɪ; -kəli] *adv.*
ax·is [ˋæksɪs; ˈæksis] *n.* (*pl.* **ax·es** [-siz; -si:z]) **1** Ⓒ軸，軸線；〔天文〕地軸：The earth turns on its ~. 地球自轉。**2** Ⓒ(物之)中心線。**3** Ⓒ(運動、發展等之)主軸，中樞。**4** 〔政〕 **a** Ⓒ軸心《國家間之聯盟》。**b** [the A~] 軸心國《指第二次世界大戰前及大戰時之德、義、日三國之聯盟》。
—*adj.* [A~] (德、義、日)軸心國的。
ax·le [ˋæksl; ˈæksl] *n.* Ⓒ車軸，輪軸。
áxle·trèe *n.* Ⓒ車輪軸。
áx·man [-mən; -mən] *n.* Ⓒ(*pl.* **-men** [-mən; -mən])使用斧頭(伐木)的人。
Ax·min·ster [ˋæksˏmɪnstɚ; ˈæksminstə] *n.* (又作 **Áxminster cárpet**)Ⓒ一種以黃麻爲底之羊毛織花地毯《因英國原產地而得名》。
ax·o·lotl [ˋæksəˏlɑtl; ˌæksəˈlɔtl] *n.* Ⓒ〔動物〕美西螈《生長於墨西哥山地湖沼之一種鯢魚；長成後仍有外鰓》。

axolotl

a·ya·tol·lah [ˏaɪjəˋtolə, -toˋla, ˏajə-; ˌaijəˈtoulə, -touˈlɑ:, ˌɑ:jɑ:-] *n.* Ⓒ **1** 回教什葉派的領袖《兼教師、法官、行政之職》。**2** (很有權力或影響力的)領袖，權威。
aye[1], **ay**[1] [aɪ; ai] *adv., interj.* 是，好；贊成！(yes！)《表決時之回答》：*Ay(e), ay(e)*, sir！〔航海〕是，是，長官！《部下對命令之回答》。
—*n.* (*pl.* **ayes**) **1** Ⓤ肯定，贊成。**2** Ⓒ投贊成票者 (↔ no)：the *ayes* and noes 贊成與反對之雙方投票者/The *ayes* have it. 贊成者佔多數《★議會用語》。
aye[2], **ay**[2] [e; ei] *adv.* 《蘇格蘭・古・詩》永遠地，經常(always).
for (éver and) áye 永久地。
aye-aye [ˋaɪˏaɪ; ˈaiai] *n.* Ⓒ〔動物〕指猴《馬達加斯加島(Madagascar)產》。
Ayr·shire [ˋɛrʃɪr, -ʃɚ; ˈɛəʃə, -ʃiə] *n.* 亞爾郡《蘇格蘭西南部之舊郡；首府亞爾(Ayr [ɛr; ɛə])》。
a·yu [ˋɑju; ˈɑ:ju:] *n.* Ⓒ〔魚〕香魚。
AZ 《略》〔美郵政〕Arizona.
a·za·lea [əˋzeljə; əˈzeiljə] *n.* Ⓒ〔植物〕杜鵑花。
Az·er·bai·jan [ˏɑzɚbaɪˋdʒɑn, ˏæzɚ-; ˌæzəbaiˈdʒɑ:n] *n.* 亞塞拜然《在高加索(Caucasia)之一蘇維埃社會主義共和國；首都巴庫(Baku [bɑˋku; bɑ:ˈku:])》。
a·zid·o·thy·mi·dine [əˏzaɪdoˋθaɪməˏdin; əˌzaidouˈθaimədi:n] *n.* Ⓤ〔藥〕疊氮胸苷《一種用以治療愛滋病(AIDS)的抗濾過性病毒的藥》。
az·i·muth [ˋæzəməθ; ˈæziməθ] *n.* Ⓒ〔天文〕方位角；方位：an ~ circle 方位圈。
Az·ov [ˋɑzɑf, ˋezɑv; ˈɑ:zɔv] *n.* [the Sea of ~] 亞速海《位於黑海(Black Sea)東北部的一個內海》。
AZT 《略》azidothymidine.
Az·tec [ˋæztɛk; ˈæztek] *n.* **1 a** [the ~s] 阿茲特克族《西班牙入侵前之墨西哥中部土著印地安族；於十六世紀初滅亡》。**b** Ⓒ阿茲特克族人。**2** Ⓤ阿茲特克語。—*adj.* 阿茲特克人[語]的。
Az·tec·an [ˋæztɛkən; ˈæztekən] *adj.*
az·ure [ˋæʒɚ; ˈæʒə] *n.* **1** Ⓤ天藍色，天青色，淡青色。**2** [the ~] 《詩》碧空，藍天。
—*adj.* 天藍[天青]色的，藍天[碧空]的；蔚藍[碧藍]的：an ~ sky 蔚藍的天空，藍天。

B b **B b** *B b*

B

b¹, B¹ [bi; bi:] *n.* (*pl.* **b's, bs, B's, Bs** [~z; ~z]) **1** Ⓤⓒ英文字母的第二個字母(cf. beta). **2** Ⓤ(一序列事物的)第二個。

b² [bi; bi:] *n.* ⓒ(*pl.* **b's, bs** [~z; ~z])〔常寫作 *b*〕《數學》第二已知數(cf. a^2, c^2, x^2, y^2, z^2).

B² [bi; bi:] *n.* (*pl.* **B's, Bs** [~z; ~z]) **1** ⓒB 字形(之物)。**2** Ⓤⓒ(學校成績的)乙(cf. grade 3)：He got a B *in* English. 他英語成績得了乙。**3** Ⓤ(ABO 型血型的)B型。**4** Ⓤ《音樂》**a** B音，ti [si] 音《(固定唱法)C 大調音階中的第七音》：*B* flat 降 B 音。**b** B 調：*B* major [minor] B大[小]調。

—*adj.* 二流的，二級品的：a *B* movie 二流電影。

b 《略》breadth.

B 《略》《西洋棋》Bishop; black《表示鉛筆心的黑色濃度，如B, BB, BBB，B愈多的鉛筆筆心黑色濃度愈高；cf. H》.

B 《符號》《化學》boron.

b., b 《略》by.

b. 《略》book; born; 《板球》bowled (by).

b., B. 《略》bacillus；《棒球》base(man)；《音樂》bass; battery; brother.

B. 《略》Bachelor; Baron; Bay; Bible; British; Brotherhood.

ba [bæ:, bɑ:; bɑ:] *n.* ＝baa.

Ba 《符號》《化學》barium.

BA, B.A. 《略》Bachelor of Arts.

B.A. 《略》British Academy.

baa [bæ:, bɑ:; bɑ:] «擬聲語»**—*n.*** ⓒ咩，咩《羊的叫聲；⇨sheep 相關用語》。

—*v.i.* (**baa'd, baaed**)〈羊〉叫；作羊叫聲。

Ba·al [ˈbeəl, bel; ˈbeiəl] *n.* (*pl.* **~·im** [-lɪm; -lim], **~s**) **1** 古代腓尼基人信奉的太陽神《最高神》。**2** ⓒ〔有時**b~**〕邪神，偶像。

bab·bitt [ˈbæbɪt; ˈbæbit] «源自美國的發明家之名»**—*n.*** **1** Ⓤ巴氏合金。**2** Ⓤ巴氏合金的軸承。

—*adj.* 巴氏合金的。

—*v.t.* 以巴氏合金襯[澆，塡]…。

Bab·bitt [ˈbæbɪt; ˈbæbit] *n.* **1** [*B*~] 白璧德《美國小說家 Sinclair Lewis 的小說書名》。**2** ⓒ〔常 **b~**〕庸俗的商人或實業家。

Bab·bitt·ry [ˈbæbɪtrɪ; ˈbæbitri] *n.* Ⓤ庸俗之商人或實業家的行爲、態度或氣質；低級趣味；鄙俗；庸俗；市儈氣。

bab·ble [ˈbæbl; ˈbæbl] «擬聲語»**—*v.i.*** **1 a** 〈幼兒等〉**說話模糊不清，牙牙學語**；胡說。**b** 叨叨絮絮。**2** 〔動(十副)〕〈流水〉作潺潺聲〈*away, on*〉.

—*v.t.* **1** 〔十受〕喋喋不休地講，囉嗦，嘮叨…。**2** 〔十受(十副)〕隨口洩漏〈祕密〉〈*out*〉：~ (*out*) a secret 隨口洩漏祕密。

—*n.* Ⓤ〔又作**a ~**〕**1** (幼兒等的)不清楚的話；胡說；喋喋不休，嘮叨。**2 a** (羣衆的)嘈雜聲，潺潺流水聲。**b** (電話的)雜音。

báb·bler *n.* ⓒ **1 a** 牙牙學語的幼兒；說話模糊不清的人。**b** 喋喋不休[嘮叨]的人；胡說的人。**2** 洩漏祕密的人。**3** 《鳥》畫眉《畫眉鳥科鳴禽的統稱》。

bab·bling [ˈbæblɪŋ; ˈbæbliŋ] *n.* **1** Ⓤⓒ胡說。**2** ⓒ嬰兒發出的牙牙學語之聲。

—*adj.* 胡說的；喋喋不休的。

babe [beb; beib] *n.* ⓒ **1** 《文語・詩》**嬰孩**。**2** 〔常用於稱呼〕《美俚》(尤指漂亮的)女孩子；姑娘，小姐。

bábes [a bábe] in the wóod(s) 天眞而易受騙的人，不懂世故的人《★源自一首敍述一對兄妹孤兒被覬覦他們遺產的叔叔所唆使的歹徒丟棄於森林中在夜半死去的英國民歌》。

Babel 1

Ba·bel [ˈbebl, ˈbæbl; ˈbeibl] *n.* **1** 《聖經》巴別《巴比倫(Babylon)古城》。

【說明】古時巴比倫人企圖在此建一高達天庭的巴別塔 (the Tower of Babel) 以傳揚他們的名聲，上帝爲了責罰他們的狂妄，使人民的語言混亂，溝通上發生困難，以致建塔的計畫無法完成。後來語言的分歧據說由此而來。

2 〔常 **b~**〕**a** Ⓤ〔又作**a ~**〕語言[語音]的混亂，喧囂《說話聲》；混亂喧囂的地方：A *b~ of* voices came from the hall. 從會堂傳來了一陣喧囂聲。**b** ⓒ摩天樓，超高層建築物。**c** ⓒ空想的[不可能實現的]計畫；不可能建造的高塔或建築。

Ba·bel·ize [ˈbebəˌlaɪz; ˈbeibəlaiz] *v.t.* 〔有時**b~**〕使〈習慣、語言等〉混淆或混亂。

Ba·ber [ˈbɑbə; ˈbɑ:bə] *n.* 巴卑爾《1483–1530；印度蒙兀兒(Mogul)帝國建國者及其皇帝》。

ba·boon [bæˈbun, bəˈbun; bəˈbu:n] *n.* ⓒ **1** 《動物》狒狒《獼猴科大型猴子的統稱，羣居於非洲及阿拉伯》。**2** 《俚》粗野的人；醜陋[難看]的人。

baboons 1

ba·bu, baboo [ˈbɑbu; ˈbɑ:bu:] *n.* (*pl.* **~s**) **1** 先生《印度人對男子之尊稱，相當於 Sir, Mr., Esq.》。**2** ⓒ印度紳士。**3** ⓒ能寫英文之印度人書記。**4** ⓒ《輕蔑》對於英國文化一知半解之印度人。

ba·bush·ka [bəˈbuʃkə; bəˈbu:ʃkə] *n.* ⓒ **1** 兩端在顎下打結的女用頭巾。**2** 老祖母，老太婆《★源自俄語「老祖母」之義》。

babushka 1

‡ba·by [ˈbebɪ; ˈbeibi] «babe(嬰兒)與表示親愛之意的字尾 -y³ 構成的字» **—*n.*** ⓒ **1 a 嬰孩**，嬰兒，(小)寶寶《尤指未學會走路的幼兒；★用法 baby 或 child 在性別不詳或不特別考慮性別時，通常以 it 代表；但在已知性別時，以 he 或 she 代表；★用英語表示未滿兩周歲的嬰兒年齡時，通常以月數表示，如 eighteen months old (十八個月大)》：She is going to have a ~. 她即將生產/The ~ opened its eyes. 嬰兒睜開了眼睛。**b** [*B*~；也用於稱呼]寶寶《★在家族之間不加冠詞而當專有名詞用》：*B~* is crying. 寶寶在哭。**c** 幼小動物。**d** 小東西。

2 (在一家或一團體中)最幼小的人；老么：the ~ of a family 老么。

3 《輕蔑》稚氣未泯的人；有孩子氣的人：Don't be such a ~! 不要這樣孩子氣！

4 a 〔常用於稱呼〕姑娘，女郎；愛人，寶貝；傢伙；男孩子。**b** 〔常與修飾語連用〕人；東西：He's a tough ~. 他是個難纏[厲害]的傢伙。

5 〔**the ~, one's ~**〕《口語》棘手的任務[責任]，不受歡迎的[討厭的]差事：It's your ~. 那是你的工作[事情]/hold [carry] *the* ~ ＝be left holding *the* ~ 承擔棘手的任務[責任]，幹擺脫不掉的苦差使。

thrów the báby òut with the báth wàter 《口語》把重要的和無用的一起丟棄《★源自「把嬰孩和洗澡水一起倒掉」之意》。

—*adj.* 〔用在名詞前〕(**ba·bi·er**；**-bi·est**) **1** (無比較級、最高級)(似)嬰孩的；嬰孩用的：a ~ boy [girl] 男[女]嬰《★又稱 a boy [girl] baby》/a ~ brother 尚在襁褓中的弟弟/a ~ wife 孩子氣的太太/ ~ food 嬰兒食品/⇨ baby carriage [buggy], baby tooth. **2** 小的，小型的：a ~ car 小型汽車/⇨baby grand.

—*v.t.* (**ba·bied**；**ba·by·ing**)〔十受〕《口語》**1** 如嬰兒般地對待；縱容，嬌寵〈人〉。**2** 愛惜〈物〉。

báby bòom *n.* ⓒ嬰兒潮，生育高峯《出生率急劇上升的時期，如第二次世界大戰後美國的嬰兒潮》。

báby càrriage [bùggy] *n.* ⓒ《美》嬰兒車(《英》pram)《一般爲摺疊式，有篷》。

báby fàrm *n.* ⓒ《口語》**1** (收費的)育嬰院，托兒所。**2** (安排領養手續的)未婚媽媽之家。

báby gránd *n.* (又作**báby gránd piáno**) ⓒ小型三角鋼琴《長五至六呎》。

báby·hòod *n.* Ⓤ幼小時代，嬰兒時代，嬰兒時期，〔集合稱〕嬰兒。

bá·by·ish [-bɪɪʃ; -biiʃ] *adj.* **1** 嬰兒的，嬰孩的。**2** 孩子氣的，幼稚的，稚氣的；膽小的，無知的。**~·ly** *adv.*

Bab·y·lon [ˈbæblən; ˈbæbilən] *n.* **1** 巴比倫《古代巴比倫尼亞(Babylonia)的首都》。**2** ⓒ奢華和邪惡的城市。

Bab·y·lo·nia [ˌbæbḷˋonɪə; ˌbæbiˈlounjə] *n.* 巴比倫尼亞《古代在美索不達米亞的一個王國；紀元 538 年爲波斯所征服》。

Bab·y·lo·nian [ˌbæbḷˋonɪən; ˌbæbiˈlounjən⁻] «Babylonia 的形容詞»—*adj.* **1** 巴比倫尼亞的。**2 a** 巴比倫的。**b** 邪惡的，奢華的。
—*n.* **1** Ⓒ巴比倫人。**2** Ⓤ巴比倫語。

Babylónian captívity *n.* Ⓤ **1** 猶太人被流放到巴比倫的時期 (597–538 B.C.). **2** 教皇被流放在亞威農 (Avignon) 的時期 (1309–77).

báby-mìnder *n.* Ⓒ《英》在嬰兒父母外出期間代爲照顧嬰兒的人，(臨時)保姆。

báby-sìt (**baby-sat**; **-sit·ting**) *v.i.* (在嬰兒父母外出期間受僱)照顧嬰兒：～ *for* a neighbor 替鄰居照顧嬰兒/～ *with* a person's children 照顧某人的嬰兒。
—*v.t.* 照顧…的嬰兒，代人臨時照顧〈小孩等〉。～**·ting** *n.*

báby-sìt·ter *n.* Ⓒ 在嬰兒父母外出期間代爲照顧嬰兒的人，(臨時)保姆。

> 【說明】在英美國家，夫婦一同外出時，常把小孩留在家裡，這時請來看顧小孩的人便叫臨時保姆(baby-sitter). 週末假日或晚上，高中生或大學生，尤其是女孩子，常常替別人做臨時保姆的工作(baby-sitting). 在職務上除了看顧小孩外，也兼看家，有時還需料理餐點的事。不僱用臨時保姆而把小孩隨便丟在家裏的父母會被認爲沒有養育小孩的能力而受到別人的責難。

báby tàlk *n.* Ⓤ **1** (嬰)兒語；嬰兒牙牙學語之聲。**2** 成人對牙牙學語的嬰兒所說的話。

> 【說明】嬰兒或幼兒所說的稚氣的話，其詞彙等的形成雖有傳統上的約束，但可因國家或家族淵源的不同而小異《下列各字的發音，請參照各詞條》：pud (手)，tootsy (腳)，tummy (肚子)，birdie (小鳥)，piggy (豬)，doggie (狗)，pussy (貓咪)，geegee (馬)，moo-cow (牛)，ta (謝謝)，ta-ta (再見)，wee-wee (小便)，poo-poo (大便)，go ta-tas (邁步走)，teeny-weeny (很小的) 等，有許多由重覆的音或擬聲字構成，原則上避免困難的發音，並將一般的字縮短。

báby tòoth *n.* Ⓒ (*pl.* **baby teeth**)《美》乳齒(milk tooth).

bac·ca·lau·re·ate [ˌbækəˋlɔrɪɪt; ˌbækəˈlɔːriət, -riit] *n.* Ⓒ **1** 學士(Bachelor)學位。**2**《美》(大學畢業典禮中)對畢業生的臨別訓辭。

bac·ca·ra(t) [ˌbækəˋrɑ, ˋbækəˌrɑ; ˈbækərɑː, ˌbækəˈrɑː] «源自法語»—*n.* Ⓤ一種紙牌賭博遊戲。

bac·cha·nal [ˈbækənḷ; ˈbækənl] *adj.* =bacchanalian.
—*n.* Ⓒ **1 a** 古羅馬酒神(Bacchus)的崇拜者，酒徒。**b** 鬧酒狂飲的人。**2**《文語》喧鬧，鬧飲。**3** 讚頌 Bacchus 之歌或舞。

Bac·cha·na·lia [ˌbækəˋnelɪə, -ljə; ˌbækəˈneiljə] *n.* Ⓒ (*pl.* ～, ～s) **1** (古羅馬的)酒神(Bacchus)祭[節]。**2** [b～]鬧酒狂飲，暴飲，不顧禮節的鬧宴。

bac·cha·na·lian [ˌbækəˋnelɪən, -ljən; ˌbækəˈneiljən⁻] «Bacchanalia 的形容詞»—*adj.* 鬧酒狂飲的，狂飲作樂的；酒神節的。
—*n.* Ⓒ鬧酒狂飲者。

bac·chant [ˈbækənt; ˈbækənt] *n.* Ⓒ (*pl.* ～s, **bac·chan·tes** [bəˋkæntɪz, -ˋkænts; bəˈkæntiz, -ˈkænts]) **1** 古羅馬酒神的祭司[信徒]。**2** 鬧酒狂飲者，酒徒。
—*adj.* 嗜酒的；鬧飲的。

bac·chan·te [bəˋkæntɪ, -ˋkænt; bəˈkænti, -ˈkænt] *n.* Ⓒ **1** 古羅馬酒神的女祭司[女信徒]。**2** 嗜酒的女人，女酒徒。

Bac·chic [ˈbækɪk; ˈbækik] *adj.* **1** 古羅馬酒神巴克斯(Bacchus)的；崇拜古羅馬酒神的。**2** [b～]鬧飲的；醉酒的。

Bac·chus [ˈbækəs; ˈbækəs] *n.*《羅馬神話》巴克斯《酒(宴)神，即希臘神話中的戴奧耐索斯(Dionysus)》：a son of ～ 大酒徒。

Bacchus

bac·cy [ˈbækɪ; ˈbæki] «tobacco 之略»—*n.* Ⓤ《英俚·諧》菸草。

bach [bætʃ; bætʃ] «bachelor 之略»—《美俚》*n.* Ⓒ 單身漢，光棍。
—*v.i.* 打光棍，保持單身，過單身生活。
—*v.t.* [～ **it**]打光棍，過單身生活。

Bach [bɑk, bɑx; bɑːk, bɑːx], **Jo·hann** [joˋhɑn; jouˈhɑːn] **Se·bas·tian** [sɪˋbæstʃən; siˈbæstjən] *n.* 巴哈《1685–1750；德國風琴家及作曲家》。

bach·e·lor [ˈbætʃələ, ˈbætʃlə; ˈbætʃələ] «源自古法語「騎士之候選者」之義»—*n.* Ⓒ **1** 未婚男子，單身漢，光棍《★比較《口語》用 unmarried [single] man; cf. spinster 1 a》. **2** 學士(cf. master 5)：a *B*～ *of* Arts 文學士《略作 BA, B.A., A.B.》/a *B*～ *of* Medicine 醫學士《略作B.M.》/a *B*～ *of* Science 理學士《略作 B.S(c).》.
—*adj.* [用在名詞前](適合)單身漢的：a ～ apartment [flat] 單身(漢)公寓。

báchelor gìrl *n.* Ⓒ《委婉語》(尤指過獨立生活的)單身婦女[女子]。

báchelor·hòod *n.* Ⓤ單身，單身生活[時代]。

báchelor's degrèe *n.* Ⓒ學士學位。

bach·e·lor·ship [ˈbætʃələ-ˌʃɪp; ˈbætʃələʃip] *n.* Ⓤ **1** (男子的)獨身(狀態)。**2** 學士的資格。

bac·il·lar·y [ˈbæsḷˌɛrɪ; bəˈsiləri] «bacillus 的形容詞»—*adj.* **1** 桿狀的，桿狀體的。**2** 桿狀菌的；似桿狀菌的，桿狀菌性的；由桿狀菌引起的。

ba·cil·lus [bəˋsɪləs; bəˈsiləs] *n.* Ⓒ (*pl.* **-li** [-laɪ; -lai]) **1** 桿狀細菌，桿狀菌。**2** [**bacilli**]《口語》細菌(bacteria).

‡**back** [bæk; bæk] *n.* **1** 背：**a** Ⓒ(人、動物的)背，背部《有 backbone 的部分》：turn one's ～ *to*... 把背轉向…，背向…/have [carry] ...*on* one's ～ 背負著[馱運]〈行李等〉/fall [be, lie] *on* one's ～ 仰面倒下[躺臥] /lay a person *on* his ～ 使人仰面倒下/⇨ PAT¹ a person on the back. **b** Ⓒ脊背：break one's ～ 挫其脊背；使負擔過重而不能勝任。**c** Ⓒ(衣服的)背部。**d** Ⓤ(衣服的)裏襯，裏面。**e** Ⓒ(穿著衣服的)身：He has nothing *on* his ～. 他身上什麼也沒穿。
2 Ⓒ[常 **the** ～] **a** (對正面(front)而言的)**背面**，反面：⇨ at the BACK of. **b** (房屋等的)後面[後方]，後部。**c** 後院。**d** (舞臺深處的)背景《★比較 一般用 backdrop》. **e** (心)底；(事情的)眞相：at *the* ～ *of* one's mind 在心中[記憶]深處。
3 [**the** ～]背部：**a** (椅子的)靠背，椅背。**b** 手背：*the* ～ *of* one's hand 手背。**c** (山)脊。**d** (刀)背。**e** (書)背。**f** (船的)龍骨。**g** (浪)脊。
4 Ⓒ[指守備位置時爲Ⓤ]《足球·曲棍球等》後衛《除前鋒(forward)以外的全衛(fullback)，半衛(halfback)，四分衛(quarterback)等》。

at the báck of...=at a person's **báck** (1)在…的後面，在…的背後：There's a garden *at the* ～ *of* our house. 在我們家後面有花園 /There is something *at the* ～ (*of* it). 此事有內幕[裏面有文章]。(2)在幕後支持[支援]…：He has the Minister *at* his ～. 他有部長在幕後支持。(3)在後面追蹤…。(4)《口語》(通常指)對於〈不好的事情〉負責，在…的幕後賣力氣[挑大梁]。

báck to báck [與…]背靠背地[*with*].

báck to frónt 前後顚倒地：He put his sweater on ～ *to front.* 他把毛線衣前後反著穿。

behínd a person's **báck** 在某人背後，(背著某人)在暗中。

bréak a person's **báck** (1)使某人負擔過重而不堪負荷。(2)使某人失敗；挫敗某人。

bréak one's **báck** (1)⇨1b. (2)拼命地努力；努力地工作。

bréak the báck of... (1)=break a person's BACK. (2)完成〈工作〉的最困難部分[大部分]；度過…的艱苦時期，使…告一段落。

(**flát**)**on** one's **báck** (1)⇨1a. (2)臥病在牀：be (*flat*) *on* one's ～ 臥病在牀。(3)無計可施，勢窮力竭，完全被打垮。

gèt óff a person's **báck**《口語》(1)使某人獨處。(2)停止對某人的牢騷[責備，批評]。

gèt [**pùt, sèt**] one's [a person's] **báck úp** 生氣；觸怒某人《★因爲貓發怒時聳起背部》。

gìve a person **a báck** (在跳馬遊戲中)把背供〈某人〉跳過，當〈某人〉的跳臺[跳箱]。

gìve a person **the báck**《英》(1)轉過身背向某人；拋棄某人；不理睬某人。(2)忽視[輕視]某人。

in báck of...《美》=at the BACK of.

knów...like the báck of one's **hánd**《口語》熟知〈場所等〉。

màke a báck for a person=give a person a BACK.

on a person's **báck** (1)被某人背著。(2)(發牢騷)煩擾[困擾]某人。

pùt one's **báck ìnto...** 專心致力於…，孜孜不倦地做…。

sée the báck of...《英》趕走…，攆走…；除去…的麻煩：I shall be glad to *see the* ～ *of* him. 我巴不得他快走開。

sláp a person **on the báck** (表示友誼等而)輕拍〈某人〉的背(cf. backslap).

the báck of beyónd《英口語》偏遠之處。

túrn one's **báck on...** (1)轉過身背向…，拋棄[不理睬]…。(2)忽視[輕視]…。(3)逃離…。

with one's **báck to the wáll** 被衆敵逼入困境，被逼得走投無路；被迫背城借一。

—*adj.* [用在名詞前](無比較級、最高級；cf. backmost) **1** 背後的，後方的；後面的：a ～ alley 後巷 /a ～ page 書籍的左頁(↔ front page)/a ～ room 後房/a ～ street 後街 /seats in the ～ row 後排座位 /a ～ tooth 大牙，槽牙。
2 後退的，倒退的，逆行的：a ～ current 逆流。
3 偏遠的，深入內部的，偏僻的，未開發的。

4 已過的，以前的；以前出版的，過期的，舊的〈雜誌等〉：⇨ back number.
5 拖欠的，未付的，未繳的：～ pay 積欠的薪資。
6〖高爾夫〗(十八洞中)後半之九洞的。
7〖語音〗舌根的，在口腔的後部位置發音的(↔ front)：～ vowels [consonants]舌根母音[子音]。
—*adv.* (無比較級、最高級) **1 在[向，朝]後面**，向後方，向裏面；退後；離開(正面、前面)：look ～ 回頭看，回顧 / step ～ 退後，向後跨步 / ～ *from* the road 離馬路有一段距離。
2 a 回復，回原處[原狀]；返回，回頭，返還：*B*～！＝Go[Come] ～！回去！回來！/be ～ 已返回，回來/come [send] ～ 回來[寄回]/follow a person ～ (*to...*) 跟隨某人回(…)/get ～ (*from...*)(從…)返回。**b** 回報，還報：talk ～ 回嘴，頂嘴 /push ～ 推回。
3 壓制，隱匿：⇨KEEP back, HOLD[1] back.
4《口語》**a** 過去，昔時，從前，回溯，追溯：for some time ～ 前些時以來 /The French Revolution happened as far ～ as 1789. 法國大革命的發生回溯到 1789 年，法國大革命遠在 1789 年時發生。**b** (距今)…以前(ago)：two years ～ 兩年前。
5《口語》重複地，再一次：I'll call you ～. 我會回電話給你。
báck and fórth 來回地；往復地(to and fro)．
báck of...《美口語》(1)在…的後面(behind)：There's a garden ～ *of* the house. 屋子後面有座花園。(2)支援[支持]著…。
thére [to...] and báck 到某地的[往…的]來回，往返：a fare *to* Bath *and* ～ 到巴茲的來回車資。
—*v.t.* **1 a** [十受(十副)] (藉金錢、體力、精神的援助而)**支援**，支持〈人、計畫等〉〈*up*〉：Many of his friends ～*ed* his plan [～*ed* him ***up***]. 他朋友之中有許多人支持他的計畫[擁護他]。**b** [十受(十副)]具體地表示，證實〈意見、要求等〉〈*up*〉：There is no evidence to ～ that claim. 沒有證據證實那種說法。**c** [十受(十副)十介十(代)名][以…]證實，證明〈*up*〉[*with*]：*B*～ ***up*** your opinions ***with*** facts. 以事實證明你的見解吧。**d** [十受]背書〈票據等〉《★[比較] 一般用endorse》：～ a check [a bill] 在支票[匯票]上背書。
2 a [十受(十副)]使…後退[返回，折回，逆行，倒退]〈*up*〉：～ a car (***up***)使車倒退，倒車。**b** [十受十介十(代)名]使…後退[入…][*into*]：I slowly ～*ed* my car ***into*** the garage. 我慢慢地倒車開進車庫。
3 a [十受(十介十(代)名)][以…]加襯裏於…[*with*]《★常用被動語態》：～ a curtain ***with*** stiff material 以硬料子做窗帘的襯裏/a dress ～*ed with* silk 以綢做襯裏的衣服。**b** [十受]襯托…，形成…的背景：Our little farm is ～*ed* by woods. 我們的小農場後面有片樹林。
4 [十受]下賭注於〈競賽的馬等〉：～ a winner 下賭注於勝利的馬/⇨back the wrong HORSE.
5 [十受]〖音樂〗加伴奏於…，加…的伴奏。
—*v.i.* **1** [動(十副詞(片語))]後退，倒退，逆行：He ～*ed away from* the gun. 他見槍往後退了。
2 [十介十(代)名]〈地點、建築物〉[與…]背靠背，背鄰[…][*onto*]《★[用法]有時作 on to》：Their house ～*s* ***on to*** [***onto***] ours. 他們的房子跟我們的(房子)背靠著背。
3 〈風〉轉變方向成左旋《指北風變成西風，南風變成東風；cf. veer 3》．
báck awáy《*vi adv*》(1)⇨*v.i.* 1. (2)[從…]離開；退縮，躊躇不前[*from*].
báck dówn《*vi adv*》(1)(下樓梯般地)倒退而下。(2)退出〈辯論等〉，放棄(主張、意見等)，讓步。(3)取消[諾言、言詞等][*on*].
báck óff《*vi adv*》(1)退後，倒退；放棄。(2)《美》＝BACK down (2).
báck óut《*vi adv*》(1)[從企劃、契約等]縮手不幹，取消，放棄，打退堂鼓，退却[*of, from*]：～ *out of* business deal 取消[撒手不做]交易。(2)背信，食言，變卦，違約：He was to go with us, but ～*ed out* at the last moment. 他本來要跟我們一塊去，但在最後一刻變卦了。
báck úp《*vt adv*》(1)⇨*v.t.* 1. (2)⇨*v.t.* 2a. (3)《美》使〈交通等〉擁塞，堵塞：Traffic is ～*ed up* for three miles. 交通擁塞達三哩長。(4)〈污水等〉倒流〈水管〉。(5)〈障礙物、水壩等〉攔阻〈水〉。
—《*vi adv*》(6)〈污水等〉倒流。(7)《美》〈交通等〉擁塞。
báck wáter ⇨ water *n.* 成語。
báck·àche *n.* ⓊⒸ背痛；(尤指)腰痛。
báck-álley *adj.* 骯髒的，污穢的；惹人厭的；祕密的。
báck·bénch *n.* Ⓤ《英》[the ～；集合稱](英國國會下院的)後座議員，在政黨中不居領導地位而在下院開會時坐在後座的議員《★[用法]視為一整體時當單數用，指個別成員時當複數用》。
báck·bénch·er *n.* Ⓒ《英》(下院的)後座議員，在政黨中不居領導地位而在下院坐在後座的一般議員。
báck·bìte *v.i.* (**back·bit**；**-bit·ten, -bit**)背後誹謗人，背後說壞話，暗地裏罵。
báck·bìt·er *n.* **báck·bìt·ing** *n.*
báck·bòard *n.* Ⓒ **1** (貨車等的)後板，背板，靠背板。**2**〖籃球〗(籃球架的)籃板。**3**〖醫〗脊椎矯正板。
back·bone [ˋbæk͵bon; ˈbækboun] *n.* **1** [the ～]**背脊骨**。
2 [the ～]似背脊骨之物[*of*]：**a** 山脈，分水嶺。**b** 書背《★[比較] 一般用 spine》．**c** 中樞，中堅，主力：*the* ～ *of* the party 該黨的中堅[骨幹]。
3 Ⓤ骨氣：have ～ 有骨氣/lack ～ 沒有骨氣。
to the báckbone [置於所修飾名詞、形容詞之後]《口語》徹頭徹尾的[地]，純粹的[地]，道地的[地]：He was British *to the* ～. 他是一個道地的英國人。
báck·bòned *adj.* 有背脊骨的；有骨氣的。
báck·brèak·er *n.* Ⓒ艱苦的工作[任務]，非常辛勞的工作。
báck·brèak·ing *adj.* 〈工作、任務〉艱苦的，非常費力的：a ～ task 很費力的工作。**～·ly** *adv.*
báck·chàt *n.* Ⓤ《英》回嘴，頂嘴，打諢，惡言相向(《美》back talk)．
báck-clòth, báck·clòth *n.* 《英》＝back-drop 1.
báck·còmb *v.t.* 《英》逆梳〈頭髮〉使其蓬鬆(《美》tease)．
báck cóuntry *n.* ⓊⒸ **1** 人口稀疏的農村地帶，鄉下。**2**《澳》(大農[牧]場之)偏遠的未開發地區。
báck·còurt *n.* Ⓒ(網球、籃球等的)後場《於網球為發球線(service line)和底線(base line)之間；↔ forecourt》．
báck cràwl *n.* ＝backstroke 2.
báck·dàte *v.t.* **1** 將〈文書等〉的日期填早《如在五月十日發出的文件上記作四月三十日發文》。**2** 追溯〈文書〉以使生效。
báck dóor *n.* Ⓒ **1** 後門。**2** 祕密[不正當]手段。
gèt ín by [through] the báck dóor 用不正當手段獲得當選。
báck·dòor *adj.* **1** 後門的。**2** 祕密(手段)的，不正當(途徑)的；陰謀的：a ～ treaty 祕密條約。
báck·dròp *n.* Ⓒ **1**〖戲劇〗背景幕。**2** 背景。
backed *adj.* **1** [常構成複合字]有背的；背呈…的，…背的；有襯裏的；以…作背面的：a cane-*backed* chair 有籐靠背的椅子 /a straight-*backed* old lady 腰背挺直的老婦人。
2 有後援的，受到支持的。
3〖商〗有背書的。
báck·er *n.* Ⓒ **1** (演出等的)贊助人，支持者，援助者，後臺老闆。**2** (賽馬等的)賭客。**3 a** 支持物。**b** (打字機的)墊紙。
báck·field *n.* Ⓤ[集合稱]〖足球〗後衛《★[用法]視為一整體時當單數用，指個別成員時當複數用》。
báck·fìre *n.* Ⓒ **1**《美》迎火《預先將草原或森林中的一塊地燒光，以阻絕野火或林火蔓延》。**2** (槍砲的)後焰，膛炸。**3** (內燃機的)逆火《瓦斯使火焰向吸氣管等逆流而發出爆炸聲的現象》。
—*v.i.* **1**《美》(為防野火蔓延而)預先放火。**2** 〈槍砲〉發出後焰，膛炸。**3** 招致與所預期相反的結果，失敗：The scheme ～*d*. 這個計畫招來相反的結果[產生適得其反的結果]。**4**〖機械〗〈內燃機〉引起逆火。
báck-formàtion *n.* 〖語言〗**1** Ⓤ逆成(法)。**2** Ⓒ逆成字《typewrite＜typewriter, laze＜lazy, pea＜pease 等》。
back·gam·mon [ˋbæk͵gæmən, ͵bækˋgæmən; bækˈgæmən, ˈbæk͵gæmən] *n.* Ⓤ西洋雙陸棋戲。

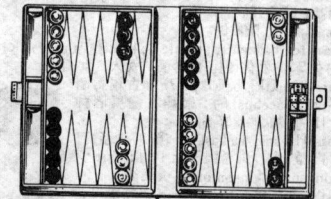

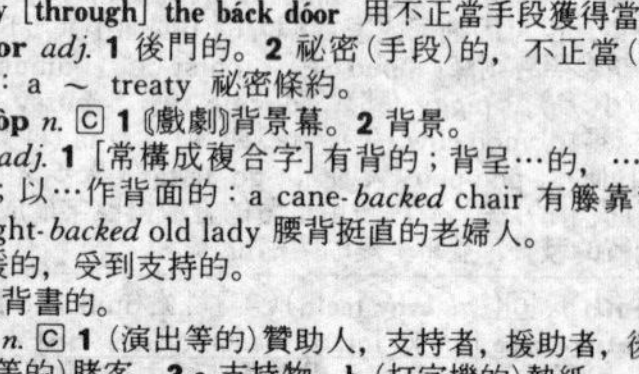

backgammon

【說明】在隔開成兩個盤(tables)的二十四個尖頭(points)上，雙方各持十五枚棋子(men)，擲兩個骰子並依其點數推進棋子。據說這種棋戲在歐洲古代至中古期間很盛行。

***back·ground** [ˋbæk͵graund; ˈbækgraund] *n.* **1** Ⓒ(風景、繪畫、照片等的)**背景**，遠景(cf. foreground 1, middle distance)：The skyscraper stood against a ～ of blue sky. 那摩天樓以藍色天空為背景矗立著。
2 a Ⓒ(事件等的)背景，背後原因，遠因[*of*]．**b** Ⓤ[又作**a** ～](人的)(生長)環境，成長過程，出身，門第，來歷，經歷：a man *of* (*a*) college [good family] ～ 大學畢業[家世良好]的人。**c** Ⓤ(對於瞭解問題所需要的)參考資料，預備知識，背景資料。
3 Ⓒ(布料等的)底色：a dress with pink flowers on a white ～

白底粉紅花的服裝。
4 Ⓒ不顯眼的地方，背地，幕後，暗中《★通常用於片語 in the background 中》：keep (one*self*) [stay, be] *in the* ~ 在幕後活動。
5 (又作 **báckground mùsic**) Ⓤ(電影、戲劇、餐廳等的)背景音樂；配樂。
—*adj.* [用在名詞前] 背景的，可作爲背景的：~ information 預備知識，參考[背景]資料/~ materials 參考資料[文獻]。

báck·gròund·er *n.* 《美》Ⓒ **1** (政府官員以不透露姓名爲協定，爲說明某政策或事件而舉行的)記者招待會，背景情況介紹會。**2** 說明某政策或事件背景之簡報。

báck·hànd *n.* Ⓒ **1 a** (網球等的)反手拍，反手抽擊(←→ forehand). **b** 《棒球》反手接球。**2** 向左傾斜的書法[字體]，逆寫。
—*adj.* =backhanded 1, 2.
—*adv.* **1** 以反手地：hit [catch] a ball ~ 以反手擊[接]球。**2** 向左傾斜地，以向左傾斜的書法[字體]，以逆寫：write ~ 寫成向左傾斜。
—*v.t.* 以反手擊[接]〈球〉。

báck·hánded *adj.* [用在名詞前] **1** 反手打擊的：a ~ drive (網球等的)反手抽球。**2** 向左傾斜的〈筆跡〉。**3 a** 間接的，混淆不清的，曖昧的。**b** 諷刺的，挖苦的，用心不良的：a ~ compliment 挖苦的恭維。
—*adv.* =backhand. **~·ly** *adv.*

báck·hànder *n.* Ⓒ **1** 逆打，反手抽打的一擊。**2** 《英口語》賄賂，回扣。

báck·hòuse *n.* Ⓒ **1** 主要建築物後面的附屬建築物。**2** 屋外廁所。

báck·ing *n.* **1 a** Ⓤ逆行，倒退，後退。**b** [當形容詞用]後退的，逆行的：a ~ signal 後退信號。**2** ⓊⒸ **a** (書籍等的)背襯，襯裏。**b** 底板，襯板，隔板。**3** Ⓤ背書，保證。**4** Ⓤ **a** 擁護，支援，支持(support)：get labor ~ 得到工會[勞工]的支持。**b** [又作 **a** ~；集合稱]支持者[贊助者](團體)。**5** ⓊⒸ(流行音樂的)伴奏。

báck·làsh *n.* Ⓒ **1 a** (激烈的)反撞，反彈，反應。**b** (對政治、改革的)激烈的反動[抗拒，強烈反應[反對]]，退回：a political ~ 政治上的強烈反應[抵制]。**2** 《機械》齒輪隙《齒輪或零件之間的鬆動》。**3** 《釣魚》捲軸上釣線的結頭。

back·less [ˈbæklɪs; ˈbæklis] *adj.* 無背的；無靠背的。

back·list [ˈbækˌlɪst; ˈbæklist] *n.* Ⓒ多年未絕版書書目，舊版書存貨目錄。
—*v.t.* 把…列入舊版書書目。

báck·lòg *n.* Ⓒ **1** 《美》(在壁爐中墊底長久燃燒的)大木頭。**2** [常用單數] **a** 〔商品等的〕存貨，預備用物，儲備〔*of*〕. **b** 〔未處理[未完成]的物品、工作、未交付的訂貨等的〕一大堆，累積；滯貨，未處理的事務〔*of*〕：a ~ *of* orders 一大堆積壓未交付的訂貨。

báck·mòst *adj.* [用在名詞前] 最後方的，最後面的。

báck númber *n.* Ⓒ **1** (雜誌等的)過期的出版物。**2** 過時之人[物]。

báck·pàck *n.* Ⓒ《美》**1 a** (露營登山等時用以裝物背負的)箱形背包《通常爲有鋁框的帆布袋》。**b** 背負的東西。**2** 背負在背上使用的裝置《如無線電話機》。
—*v.i.* 背著背包徒步旅行。
~·er *n.*

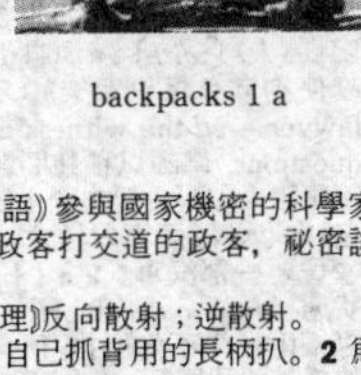
backpacks 1 a

báck pássage *n.* Ⓒ《委婉語》直腸(rectum).

báck·pèdal *v.i.* **1** (自行車煞車時)倒踩踏腳板。**2** 《口語》**a** 〔動(十介十(代)名)〕收回〔意見、主張、諾言等〕，變卦，食言，打退堂鼓〔*on, from*〕. **b** 採取與以前相反的行動[態度]。**3** 《拳擊》猛地後退(以閃避對方之拳)。

báck·ròom bòy *n.* Ⓒ[常 ~s]《英口語》參與國家機密的科學家或其他人員；《美口語》祕密與其他政客打交道的政客，祕密談判的使節。

báck·scàtter, -scàttering *n.* Ⓤ《物理》反向散射；逆散射。

báck scràtch·er [-tʃɚ; -tʃə] *n.* Ⓒ **1** 自己抓背用的長柄扒。**2** 爲彼此利益而互相標榜[幫忙]的人。

báck·séat *n.* Ⓒ **1** 後座。**2** 不顯眼的位置；不重要的地位《★常用於下列成語》。
tàke a báckséat 〔對…〕禮讓，屈居於〔…之〕下；〈事物〉成爲〔較…〕不重要〔*to*〕：I won't *take a ~ to* anyone. 我不願意屈居在任何人之下。

bácksеat dríver *n.* Ⓒ《口語》**1** 坐在汽車後座亂指揮駕駛的乘客。**2** 所居地位不重要而不負責任地亂出意見的人；不知謙虛而好管閒事的人。

báck·sèt *n.* Ⓒ《美方言》**1** 挫折；逆轉。**2** 逆流；渦流。

báck·sìde *n.* Ⓒ **1** [常 ~s]《俚》屁股，臀部。**2** 背部，背後。

báck slàng *n.* Ⓤ逆讀之俚語《將一字之發音或拼法予以逆轉的俚語，如 slop「警員」(<police)》.

báck·slàp *v.t.* (~ped；~·ping)《口語》(拍拍對方的背)對〈人〉表示親密。**~·per** *n.*

báck·slìde *v.i.* (**back·slid**；**back·slid, -slidden**) 〔動(十介十(代)名)〕 退步〔到從前的壞習慣〕；再犯〔錯誤〕，故態復萌；墮落〔*into*〕. **-slìder** *n.*

báck·spàce *n.* Ⓒ(打字機上使滾筒後退的)退格鍵。
—*v.i.* 按(打字機的)退格鍵。

báck·spìn *n.* Ⓒ《球戲》反旋轉；下旋球。

báck·stàb *v.t.* (~bed；~·bing)以卑鄙的手段陷害〈人〉。

báck·stàge *adv.* **1** 《戲劇》**a** 在[往]後臺；(尤指)在[往]化妝室。**b** 在[往]舞臺後方。**2** 背地裏，在幕後，祕密地。
—*adj.* [用在名詞前] **1** 後臺的，(戲院)化妝室的，幕後的。**2** (有關)演藝人員私生活的。**3** 隱藏的，祕密的：~ negotiations 祕密協商，暗盤交易。

báck·stáir(s) 《源自通往佣人房間的「後階梯的」之義》**—***adj.* [用在名詞前] **1** 祕密的；間接的：~ deals 暗地裏的[密秘的]交易。**2** 中傷的，陰險的：~ gossip 中傷性的竊竊私議，涉及某人隱私的議論。

báck·stày *n.* Ⓒ **1** 《機械》後撐條《彈簧、支柱等》。**2** [常 ~s]《航海》後支索《自桅頂至後方兩舷之支索》。

báck·stìtch *n.* Ⓒ倒針腳，倒縫。
—*v.t.* 用倒針腳縫…。
—*v.i.* 用倒針腳縫。

báck·stòp *n.* Ⓒ **1 a** (棒球場、網球場等的)擋球網《張設在棒球場之本壘或網球場之雙方球員後面》。**b** 《口語》《棒球》捕手。**2** 《口語》助理。

báck stréet *n.* Ⓒ比較不熱鬧的街道，後街。

báck·strètch *n.* Ⓒ(橢圓形徑賽跑道中)與終點直道平行並相對的跑道 (cf. homestretch 1).

báck·stròke *n.* **1** Ⓒ《網球》反手拍，反手抽擊。**2** Ⓤ[常**the** ~]《游泳》**a** 仰泳。**b** (作爲競賽項目的)仰泳。

báck tàlk *n.* Ⓤ《美口語》回嘴，頂嘴，反唇相譏(《英》backchat).

báck·tràck *v.i.* **1** 由原路退回。**2** =backpedal 2.

báck·ùp *n.* **1 a** Ⓤ支援，後援。**b** Ⓒ支援者[物]。**2** Ⓒ替代之人[物]，替角，後備者，候補。**3** Ⓒ(交通等的)擁塞，堵塞；(污水的)倒流，淤塞。
—*adj.* [用在名詞前] **1** 支持[支援]的。**2** 替代的，後備的，候補的：a ~ candidate 候補的候選人。

***back·ward** [ˈbækwɚd; ˈbækwəd] *adj.* (**more** ~；**most** ~) **1** [用在名詞前] (無比較級、最高級) **a** (向)後方的(←→ forward)：without a ~ glance 頭也不回看一下地。**b** 返回的：a ~ journey 回程。**c** 相反的：a ~ process 相反的程序。**2** [不用在名詞前]〔十介十(代)名〕羞怯〔於…〕的，猶疑的，畏縮的，遲疑的〔*in*〕：He is ~ *in* giv*ing* people his views. 他怯於向人表示意見。**3 a** 進步遲緩的；資質不高的；天賦差的：a ~ country [nation] 落後的國家《★比較 現在通常稱作 a developing country (開發中國家)》/a ~ child 智力發育較遲的孩子。**b** [不用在名詞前]〔十介十(代)名〕〔在…方面〕不發達的，落後的〔*in*〕：He is ~ *in* math. 他數學差。
—*adv.* 《★用法 尤用於美國語法；英國語法一般用 backwards》**1** 向後方；背向前，向著後面，向背後(←→ forward)：walk ~ 倒退著走 / fall ~ onto the sand 面朝天向後倒在沙上。**2** 退步：Our society is going ~. 我們的社會在倒退。**3** 相反地，逆著，顛倒地：say the alphabet ~ 倒唸字母。**4** 回溯(過去)，追溯。
báckward and fórward 往復地，上下地，來回地。
bénd [léan, fáll] óver báckward (1)矯枉過正〈做…〉〈*to do*〉. (2)拚命努力〈想做…〉〈*to do*〉.
knów...báckward (and fórward) 《口語》熟諳〈某事物〉。
~·ly *adv.* **~·ness** *n.*

***back·wards** [ˈbækwɚdz; ˈbækwədz] *adv.* =backward.

báck·wàsh *n.* [用單數；常**the** ~] **1 a** (湧到海岸又返回的)回潮，被(槳等)推向後面的回浪，(船的螺旋槳所引起的)逆流。**b** 《航空》被螺旋槳攪動而流向機身後方的氣流。**2** 《口語》(常指不理想的)結果，餘波：*the ~ of* [*from*] a business depression 不景氣的餘波，經濟蕭條造成的惡劣影響。

báck·wàter *n.* **1 a** Ⓤ逆水，逆流，水壩阻回的水。**b** Ⓒ淤[積]水處。**2** Ⓒ(精神的)停滯；文化僵固；窮鄉僻壤，荒僻之處。
—*v.i.* 逆划；使船倒退。

back·wind [ˈbækˌwɪnd; ˈbækwind] *v.t.* 《航海》**1** 使風轉向〈下風之帆〉。**2** 操〈帆〉使風向下風處。

báck·wóods *n. pl.* [**the** ~] **1** 遠離城鎮的森林地帶，內陸邊遠地區《★用法 視爲一整體時當單數用，指全部個體時當複數用》。**2** 僻地，僻壤，人口過疏之地。

báck·wóods·man [-mən; -mən] *n.* Ⓒ(*pl.* **-men** [-mən; -mən]) **1** 居於邊遠地區的人；窮鄉僻壤的居民。**2**《英・輕蔑》居於鄉下而絕少到國會出席的上院議員。**3** 隱居鄉間的人。**4** 粗笨的人。

báck·yárd *n.* Ⓒ(住宅的)後庭，後院。

【說明】在美國住宅的後院也鋪有草皮，供孩子們玩耍或曬衣服、烤肉等之用；在英國住宅的後院一般都加以鋪平；cf. front yard.

B

***ba·con** [ˈbekən; ˈbeikən] *n.* Ⓤ**醃薰豬肉**《尤用脊肋部分；cf. flitch》.

【字源】和 back「背，後」爲同系統的字，源自義爲「臀部、背部」的古法語。

bácon and éggs 醃薰豬肉加蛋《醃薰豬肉的薄片上放(兩個)煎單面的蛋；在英國常作爲早餐》。

brìng hóme the bácon《口語》(1)賺取生活費，謀生。(2)成功，順遂。

sáve one's **bácon**《英口語》倖免於難，死裏逃生。

Ba·con [ˈbekən; ˈbeikən], **Francis** *n.*培根《1561–1626；英國哲學家、作家、政治家》。

Bácon, Roger *n.* 培根《1214?–94?；英國哲學家、科學家》。

Ba·co·ni·an [beˈkonɪən, bə-; beiˈkounjən, bə-] *adj.* Francis Bacon 的，Francis Bacon 哲學的。**—*n.*** Ⓒ信仰 Francis Bacon 哲學的人。

bac·te·ri·a** [bækˈtɪrɪə; bækˈtiəriə] «源自拉丁文「小竿」之義，因用顯微鏡看之形狀似小竿» **—*n. pl. (*sing.* **-ri·um** [-rɪəm; -riəm])《★語形 單數是罕用語》**細菌**。

bac·te·ri·al [bækˈtɪrɪəl; bækˈtiəriəl] «bacteria 的形容詞» **—*adj.*** 細菌的，由細菌形成的，含有細菌的，因細菌而引起的。

bac·te·ri·cid·al [bækˌtɪrəˈsaɪdl; bækˌtiəriˈsaidl] *adj.* 殺菌的。

bac·te·ri·cide [bækˈtɪrəˌsaɪd; bækˈtiərisaid] *n.* Ⓤ[指產品個體或種類時爲Ⓒ]殺菌劑。

bac·te·ri·o·log·i·cal [bækˌtɪrɪəˈlɑdʒɪkl; bækˌtiəriəˈlɔdʒikl] «bacteriology 的形容詞» **—*adj.*** 細菌學(上)的：～ warfare 細菌戰。

bac·tè·ri·ól·o·gist [-dʒɪst; -dʒist] *n.* Ⓒ細菌學家。

bac·te·ri·ol·o·gy [bækˌtɪrɪˈɑlədʒɪ; bækˌtiəriˈɔlədʒi] *n.* Ⓤ細菌學。

bac·te·ri·um *n.* ⇨bacteria.

Bác·tri·an cámel [ˈbæktrɪən-; ˈbæktriən-] *n.* Ⓒ《動物》雙峯駝《駱駝屬動物，背部有兩個肉峯；產於中亞細亞；cf. Arabian camel》.

‡**bad**[1] [bæd; bæd] *adj.* (**worse** [wɝs; wəːs]; **worst** [wɝst; wəːst]) (↔ good) **1** 壞的。

【同義字】bad 是表示「壞的」之意的最廣泛用字；evil 所指的壞的程度甚於 bad，表示「在道德上壞」；wicked 所指的壞更甚於 evil，指「居心不正，邪惡，故意違反道德」之意。

a 〈天氣、氣候等〉壞的，惡劣的：～ weather 壞天氣 /The weather is ～ (*for* you) to go for a walk. 天氣太壞不適合(你)去散步。**b** 品質不佳的，劣質的；僞造的：a ～ diamond 劣質的鑽石 /～ food 粗劣的食物 /a ～ dollor 僞造的一美元幣。**c** 未達到水準的，不充足的：～ light 不充足的燈光 /～ heating 暖氣效果不良，不足的暖氣。**d** 錯誤的：～ grammar 錯誤的文法 /speak [write] ～ English 說[寫]不正確的英語[英文]。

2 a (道德上)**邪惡的**，不善良的，不正當的：～ behavior 品行不端/a ～ man 壞人(cf. badman)/a ～ son 不孝順[不肖]的兒子/a ～ woman 行爲不檢的女人/It's ～ to break your promise. 不遵守諾言是不好的。**b** [不用在名詞前]〔十*of*十(代)名(十 *to* do)/十*to* do〕[人]眞壞〈竟…〉的，可惡的，惡劣的，過分的：It's ～ ***of*** you *to* desert me.＝You are ～ *to* desert me. 你眞可惡，竟拋棄我。**c** [**the** ～；當複數名詞用]壞人。**d** 〈人〉不守規矩的，不乖的，頑皮的，不聽話的：a ～ boy 不守規矩的男孩 /The boy isn't as ～ as he looks. 這男孩貌似頑皮，實際上並不如此[並不像看上去那樣頑皮]。**e** 〈說話等〉下流的；粗野的，淫猥的：～ language 粗話/a ～ word 下流的字眼。

3 a [與行爲者名詞連用]**拙劣的**；技術差的，不能勝任的：a ～ worker 拙劣的工人/He is a ～ driver. 他的駕駛技術差。**b** [不用在名詞前]〔十介十(代)名〕不擅〔於…〕的，〔對…〕不在行的，不拿手的〔*at*〕：He is ～ ***at*** (play*ing*) baseball. 他不擅於(打)棒球[棒球打得不好]。

4 [不用在名詞前]〔十介十(代)名〕〔對…〕**有害的**〔*for*〕：Reading in the dark is ～ ***for*** the eyes. 在暗處閱讀對眼睛有害 /Smoking is ～ *for* your health.＝It's ～ *for* you to smoke. 吸烟有害於健康。

5 〈本來就不好的事物〉(更)**厲害的**，劇烈的，嚴重的：a ～ cold 重感冒/ a ～ mistake 嚴重的錯誤/a ～ crime [defeat] 滔天大罪[慘敗]。

6 a 不利的，不吉祥的；不愉快的；倒楣的：～ luck 厄運/～ news 噩耗/～ times 不景氣，苦難的時期/have a ～ time (of it) 遭遇很大的不幸，倒楣，過焦慮不安的生活 /That's [It's] a ～ business [job].《口語》那是件令人不快的事。**b** 不適當的，不巧的：She came at a ～ time. 她來得不巧[不是時候]。

7 a 〈味道、氣味等〉令人不舒服的，討厭的：a ～ smell 惡臭 /The taste is ～. 這味道很壞。**b** 〈食品、牙齒等〉壞掉的，腐敗的：a ～ egg 腐壞的蛋/a ～ tooth 蛀牙/In summer meat soon goes ～. 在夏天肉很快就會壞掉[容易變質]。

8 a 不適的；受傷的，病痛的：a ～ leg 會痛的[有毛病的]腿/I am [feel] ～ today. 我今天感覺不舒服/He was taken ～ while traveling. 他在旅行當中病倒了。**b** [不用在名詞前]〔十介十(代)名〕患著〔…〕的〔*with*〕：He is ～ ***with*** gout. 他患痛風。

9 [不用在名詞前]《口語》**a** [常**too** ～]可惜的，不巧的，不幸的，糟糕的：It's (*too*) ～ she's so sick. 她病得這麼厲害，太不幸了《★句中 ～ 之後省略that》/That's *too* ～. 那眞糟糕[可惜]。**b** 〔十介十(代)名〕〔對於…〕懊悔的，難過的，抱歉的，遺憾的；覺得不安的〔*about*〕：I feel ～ ***about*** the error. 我對這個錯誤感到抱歉。**c** 〔十 *that*__〕〈因…而〉懊悔的，難過的，抱歉的，遺憾的；不安的：She felt ～ *that* she had lost her doll. 她因丟掉玩偶而感到難過。

10 無效的(void)：a ～ debt 呆帳/a ～ check 無效的[空頭]支票。

in a bád wáy《口語》(1)健康情形很壞的，病重的。(2)非常不景氣的。(3)非常困苦的。

nòt (so [hálf]) bád《口語》(並)不(太)壞，不差，不錯，相當好(rather good)《★英語的含蓄說法之一》：The book is *not so* ～. 這書還不錯/"How are you？"—"*Not* ～." 「你好嗎？」「還好。」

—*adv.* 《美口語》＝badly.

—*n.* Ⓤ [**the** ～] 壞的事物；惡劣的狀態，厄運：take *the* ～ with the good 壞運和好運要一起接受，人生之苦樂均應承受。

gò from bád to wórse 每況愈下，愈來愈壞：Circumstances *went from* ～ *to worse.* 情況愈來愈壞。

gó to the bád 墮落；毀滅。

in bád《口語》(1)陷於困難之中。(2)《美》失寵〔於…〕〔*with*〕：He's *in* ～ *with* the boss. 他失去老闆的歡心。

to the bád 負債，虧欠(in debt)：I am $1000 *to the* ～. 我負債一千美元。

～·ness *n.*

bad[2] [bæd; bæd] *v.*《古》**bid** 的過去式。

bad[3] [bæd; bæd] *adj.* (**bad·der, bad·dest**)《俚》好的，棒的，了不起的。

bád blóod *n.* Ⓤ惡感，憎惡；怨恨，敵對情緒〔*between*〕：There was ～ *between* the two nations. 那兩個國家處於敵對的狀態中。

bad·die, bad·dy [ˈbædɪ; ˈbædi] *n.* Ⓒ《口語》(犯罪小說等中的)壞人，壞蛋，惡棍。

***bade** [bæd, bed; bæd, beid] *v.* **bid** 的過去式。

bád féeling *n.* ＝bad blood.

badge [bædʒ; bædʒ] *n.* Ⓒ **1 徽章，證章**：a ～ of rank (軍人的)階級[軍階]徽章/a good conduct ～ 善行徽章/a school ～ 學校徽章，校徽。**2** 標記，象徵。

bad·ger [ˈbædʒɚ; ˈbædʒə] *n.* **1** Ⓒ《動物》獾《獾亞科身驅短胖之食肉動物的統稱，如美洲獾、歐洲獾》。**2** Ⓤ獾的毛皮。**—*v.t.*** **1 a** 〔十受(十介十(代)名)〕〔以發問等〕困擾，欺負，困惱〈人〉〔*with*〕《★源自從前唆使狗欺負獾以取樂》：The lawyer ～*ed* the witness ***with*** questions. 律師以種種問題來困擾證人。**b** 〔十受十介十(代)名〕向〈人〉鬧著索求〔物〕〔*for*〕：～ one's father ***for*** a car 向父親吵著要一部汽車。**2 a** 〔十受十介十(代)名〕把〈人〉困惱〔成某種狀態〕〔*into, out of*〕：He ～*ed* the witness ***out of*** his wits. 他把證人困惱得不知所措/I ～*ed* him ***into*** com*ing* with me. 我鬧得他終於跟我同行。**b** 〔十受十 *to* do〕吵著要〈人〉〈做…〉：My wife ～*ed* me *to* take her to the department store. 我的妻子吵著要我帶她去百貨公司。

badger 1

bádger gàme *n.* Ⓤ《美》仙人跳，美人計。

Bádger Stàte *n.* [**the** ～]美國威斯康辛州(Wisconsin)的別稱。

bád-húmored *adj.* 情緒不好的；易生氣的。

ba·di·nage [ˈbædnɪdʒ, ˌbædɪˈnɑʒ; ˈbædinɑːʒ] «源自法語» **—*n.*** Ⓤ嘲弄，揶揄。

bád·lànds *n. pl.*《美》**1** 荒地，不毛之地區。**2** [**the B～, the Bad Lands**] 美國南達科塔州(South Dakota)西南部、內布拉斯

加州(Nebraska)西北部的荒地。

***bad·ly** [ˋbædlɪ; ˈbædli] *adv.* (**worse** [wɝs; wəːs]; **worst** [wɝst; wəːst]) **1 壞**，拙劣地，笨拙地，不正確地，惡劣地(⟷ well)：He did very ~ in school. 他在校表現很差/He saw ~ in the dark. 他在黑暗之中看得很不清楚/be ~ off ⇨ off *adv.* 6. **2 劇烈**，厲害，嚴重地：~ injured 受重傷/be ~ beaten 輸得很慘。**3** [用以修飾 want, need 等]**極**，很，非常，甚：He wants the rifle ~. 他很想要那枝來復槍/He is ~ in need of advice. =He needs advice ~. 他非常需要勸告[忠告]。

—*adj.* (**worse, worst**; **more ~, most ~**) [不用在名詞前]《口語》〔十介十(代)名〕〔對於…〕難過的，遺憾的，後悔的〔*about*〕《★[比較]通常用 bad；badly 爲通俗的說法》：He felt ~ ***about*** the spiteful remark. 他對這番惡毒的話感到難過。

bádly-óff *adj.* (**worse-off**; **worst-off**) [不用在名詞前] **1** 生活困難的，窮困的(⟷ well-off). **2** 景況不好的，缺少的。

bád·màn *n.* Ⓒ《美》**1** (西部拓荒時期的)歹徒，惡漢。

【說明】在十九世紀後半的惡名昭彰人物有傑西・詹姆斯(Jesse James)，比利小子(Billy the Kid)等；cf. Jesse James, Billy the Kid.

2 (電影、電視、戲劇等的)反派角色。

bad·min·ton [ˋbædmɪntən; ˈbædmintən] *n.* Ⓤ《運動》**羽毛球**《用羽毛球(shuttlecock)和球拍(racket)玩的一種戶外遊戲》。

【字源】發源於印度，在 1870 年代傳至英國。其名稱來自介紹此項運動者波福(Beaufort)公爵宅邸的名稱 Badminton House.

bád-mòuth *v.t.* 《美俚》謾罵，嚴厲批評；詆毀。

bád-témpered *adj.* 情緒壞的，脾氣壞的；心腸壞的；難取悅的。

Bae·de·ker [ˋbedəkɚ; ˈbeidikə] 《源自首創者德國出版商 K. Baedeker 之名》**—*n.*** Ⓒ **1** 貝的克旅行指南。**2** (一般的)旅行指南。

baf·fle [ˋbæfl; ˈbæfl] *v.t.* **1** 〔十受〕**使〈人〉困惑**，使…迷惑，使…爲難，使…張惶失措《★常用被動語態，變成「〈人〉困惑」之意；⇨ bewilder【同義字】》：This puzzle ~*s* me. 這個謎把我難倒了/He *was* ~*d* by the technical language. 他爲術語所困惑。**2 a** 〔十受〕**使〈計畫、努力等〉受挫**，挫敗：~ a person's plan 使某人的計畫受挫/Her beauty ~*d* description. 她的美麗令人無法形容。**b** 〔十受十介十(代)名〕使〈人〉〔在計畫、企圖上〕失敗，阻礙，使…受挫，挫敗〔*in*〕《★常用被動語態，變成「〈人〉失敗」之意》：They *were* ~*d in* their search. 他們的搜索失敗了。

—*n.* Ⓒ **1** (氣流、音響、流體等的)調節裝置，隔板，折流板，隔音板。**2** 《電學》喇叭箱用的低音用隔音板。

báf·fle·ment [-mənt; -mənt] 《baffle 的名詞》**—*n.*** Ⓤ迷惑，困惑。

báf·fling *adj.* 有阻礙作用的；會使人挫敗的；令人困惑的；令人費解的：a ~ wind 令人無法捉摸方向的風，方向不定的風。

~·ly *adv.*

baff·y [ˋbæfɪ; ˈbæfi] *n.* (又作 **báffy spòon**) Ⓒ《高爾夫》四號木質短球棒。

‡bag [bæg; bæg] *n.* **1** Ⓒ**a 袋**：a paper ~ 紙袋/⇨ carry bag, doggie bag, tote bag. **b** 獵物袋。**2** Ⓒ**a 提袋**；旅行袋，提包：a traveling ~ 旅行袋。

【同義字】trunk 是大型的旅行用皮箱或衣箱；suitcase 是可裝大約一套衣服的旅行用提箱；briefcase 是裝文件用的皮[塑膠皮]製扁平公事包；portfolio 是裝文件用的公事夾；satchel 是學生書包式的背包。

b 手提袋。

3 袋狀之物：**a** Ⓒ腫眼泡：He has ~*s* under his eyes. 他眼睛下面有腫眼泡[眼袋]。**b** [~s]《英俚》褲子：a pair of ~*s* 一條褲子。**c** Ⓒ(母牛的)乳房。**d** Ⓒ《美俚》陰囊。**e** Ⓒ《棒球》壘包(base)《★[比較]本壘稱作 home plate》.

4 Ⓒ **a 袋中之物，一袋之量**。**b** [常用單數；集合稱]獵獲物：make [secure] a good [poor] ~ 獵獲頗豐[貧乏]。**c** (人、物之)羣：a mixed ~ 形形色色的一羣人。

5 [~s]《英口語》很多，大量：~*s of* time [chances] 很多時間[機會]。

6 Ⓒ《口語》(某人所)感興趣之事，愛好，擅長，專長，看家本領：My ~ is playing tennis. 我的看家本領[專長]是打網球。

7 Ⓒ《俚》沒有魅力的女人，醜女人：an old ~ 醜老太婆。

a bág of bónes 骨瘦如柴的[瘦成皮包骨的]人[動物]。

a bág of nérves = a BUNDLE of nerves (⇨ bundle 3).

bág and bággage 《口語》帶著全部的所有物[家當]；整個地；完全地。

be léft hólding the bág 《口語》被弄得(獨自)負起全部責任，被迫代人受過，獨自背黑鍋。

gèt the bág 被解僱，被辭退。

gìve a person **the bág** 解僱〈某人〉，辭退〈某人〉。

in the bág 《口語》〈勝利、成功等〉確實無疑的；有如探囊取物的，十拿九穩的。

in the bóttom of the bág 作爲最後一手。

páck one's **bágs** 《口語》(因發生不愉快之事而)出走，捲鋪蓋，辭職他去；整裝待發。

the (whóle) bág of tricks 《口語》(1)(有效的)一切手段[法寶]。(2)所有的東西，一切。

—*v.t.* (**bagged**; **bag·ging**) 〔十受〕 **1** 將…裝入袋中。

2 使…膨脹。

3 a 獵捕〈獵物〉。**b** 《口語》(非存心偷而)私自取去〈他人之物〉，順手牽羊。**c** 佔，佔領〈座位等〉：She *bagged* the best seat. 她佔了最好的座位。

4 《英・兒語》(認爲自己有最先開口的權利而)要求《★通常作 Bags I.... 或 Bags.... 使用》：*Bags I* first innings! 第一局該我先(來)！

—*v.i.* 〔動(十副)〕 **1** 膨脹〈*out*〉. **2** (如空袋般)鬆弛垂下〈*out*〉：His trousers *bagged* (**out**) at the knees. 他的褲子膝蓋處鬆垂著。

bag·a·telle [ˌbægəˋtɛl; ˌbægəˈtel] *n.* **1** Ⓒ不重要之物；瑣事。**2** Ⓒ《音樂》短曲《通常是爲鋼琴演奏而寫的》。**3** Ⓤ撞球戲的一種。

Bag·dad [ˋbægdæd; ˌbægˈdæd] *n.* =Baghdad.

bag·ful [ˋbægˌfʊl; ˈbægful] *n.* Ⓒ(*pl.* **~s**, **bags·ful**)一滿袋(之量)。

bag·gage** [ˋbægɪdʒ; ˈbægidʒ] 《源自古法語「(一)件(行李)」之義》**—*n. **1** Ⓤ[集合稱] **a** 《美》**隨身行李**《★[比較]《英》通常用 luggage，但指坐船或飛機旅行的行李時則用 baggage》：a piece of ~ 一件行李。

【同義字】parcel 是爲了搬運、郵寄而包紮起來的包裹。

b 《陸軍》軍用行李，輜重。**c** 《口語》不合時代潮流的陋習，陳舊的想法，累贅，包袱。**2** Ⓒ **a** 《古・謔》野丫頭，頑皮女孩。**b** 妓女，娼妓。**c** 水性楊花的女人，淫亂的女人。**d** 《輕蔑》醜而笨的老婦人。

bággage càr *n.* Ⓒ《美》(列車的)行李車廂(《英》luggage van).

bággage chèck *n.* Ⓒ《美》行李票，旅客行李上之標籤。

bággage clàim *n.* Ⓒ(機場的)行李領取處。

bág·gage·man [-ˌmæn; -mæn] *n.* Ⓒ(*pl.* **-men** [-ˌmɛn; -men]) 行李夫，腳夫。

bággage òffice *n.* Ⓒ《美》行李房。

bággage ròom *n.* Ⓒ《美》(車站的)隨身行李臨時保管處(《英》left luggage office).

bagged *adj.* 《美俚》喝醉的：get ~ 喝醉。

bag·ger [ˋbægɚ; ˈbægə] *n.* Ⓒ **1** (將貨品)裝袋的人。**2** (附在動力除草機上裝被剪下之草的)布[塑膠]袋。

bag·ging [ˋbægɪŋ; ˈbægiŋ] *n.* Ⓤ **1** 袋布《製袋用的布料，如麻布》。**2** 裝袋，裝包。

bag·gy [ˋbægɪ; ˈbægi] *adj.* (**bag·gi·er**; **-gi·est**) (衣服等過於)寬鬆的，鬆弛垂落的；似袋子的；膨脹的：~ pants 又寬又大的褲子。

bág·gi·ness *n.*

Bagh·dad [ˋbægdæd; ˌbægˈdæd] *n.* 巴格達《伊拉克(Iraq)之首都》。

bág làdy *n.* Ⓒ(常攜購物袋、衣著不整)浪跡於大城市的婦女。

bág·man [-mən; -mən] *n.* Ⓒ(*pl.* **-men** [-mən; -mən]) **1** 《英》(出差至各地兜售貨物的)推銷員，行商。**2** 《美俚》替人收取或遞送賄款、綁票的贖金等非法取得之金錢的人。

bág·pìpe *n.* Ⓒ[常the ~s]風笛《蘇格蘭高地人所吹奏的一種皮袋製樂器，其聲音帶有悲調》：play *the* ~*s* 吹奏風笛。

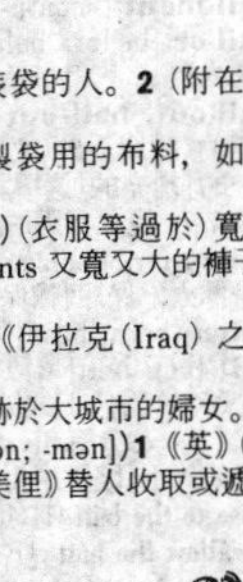

bagpipes

bág·pìp·er *n.* Ⓒ吹風笛者。

bág·wòrm *n.* Ⓒ《昆蟲》蓑蛾《又稱袋蛾；蓑蛾科昆蟲的統稱；其幼蟲常綴葉片、小枝、樹皮之碎屑爲袋狀外殼負之而行；幼蟲化蛹後爲蛾》。

bah [bɑ, bæ; bɑː] *interj.* [表輕蔑]哼！愚蠢！

Ba·há·ma Íslands [bəˋhemə; bəˈhɑːmə] *n. pl.* [**the** ~]巴哈馬羣島《佛羅里達州(Florida)與古巴(Cuba)之間的羣島》。

Ba·ha·mas [bəˋheməz; bəˈhɑːməz] *n.* **1** [**the** ~；當複數用]=Bahama Islands. **2** [當單數用]巴哈馬《由巴哈馬羣島(Bahama Islands)而成的一個獨立國家；首都拿索(Nassau [ˋnæsɔ; ˈnæsɔː])》.

Ba·ha·mi·an [bəˋhemɪən; bəˈhɑːmiən] *adj.* 巴哈馬(羣島)的，有關巴哈馬(羣島)的；巴哈馬人的。

—*n.* Ⓒ巴哈馬人。

Bah·rain, Bah·rein [bɑˋren; bɑːˈreinˉ] *n.* 巴林《由波斯灣內之

島嶼及以其爲主島之各島而成的一個獨立國家；原爲英國之保護地，於 1971 年獨立；首都麥納瑪（Manama [mə'næmə; mə'nɑ:mə]）》.

Bai·kal [baɪ'kɑl; bai'kɑ:l]，**Lake** *n.* 貝加爾湖《在西伯利亞南部的一個淡水湖；湖深 1,740 公尺，爲世界最深的湖泊》。

bail[1] [bel; beil] *n.* Ⓤ **1** 保釋：accept [allow, take] ~ 准予保釋[交保]/refuse ~ 不准保釋[交保]/admit a person to ~ 准許某人保釋[交保]/(out) on ~ 在保釋[交保]中。**2** 保釋金：give [offer] ~ 〈被告〉繳納保釋金。

gò báil for… 做…的保釋人，爲…做擔保；擔保[保證]…。

—*v.t.* **1** 〔十受十副〕**a** (繳納保釋金)保釋出〈人〉〈*out*〉：~ a person *out* 繳納保釋金把(獄中的)某人保釋出(獄)。**b** (給予金錢援助而自財務困難中)將〈公司、人等〉救出〈*out*〉. **2** 委託，託付〈物品〉。

bail[2] [bel; beil] *n.* Ⓒ **1**《板球》置於三柱門上的橫木。**2**《英》(馬廄的)柵欄。

bail[3] [bel; beil] *n.* Ⓒ(用以汲出船中(銹)水之)杓或戽斗，桶。

—*v.t.* **1 a** 〔十受十副〕用桶[戽斗，杓]汲[舀]出〈船中的(銹)水〉〈*out*〉：~ water *out* 汲出船中的水。**b** 〔十受十介十(代)名〕〔自船中〕汲出〈(銹)水〉〔*out of*〕：~ water *out of* a boat 從船中汲出(銹)水。**2** 〔十受十副〕將〈船〉中之(銹)水汲出〈*out*〉：~ *out* a boat 把船中的(銹)水汲[舀]出。

—*v.i.* **1 a** 〔十副〕汲出(銹)水〈*out*〉. **b** 〔十介十(代)名〕〔自船中〕汲出(銹)水〔*out of*〕. **2** 〔十副〕跳傘逃出。**~·er** *n.*

bail[4] [bel; beil] *n.* Ⓒ **1** (茶壺、桶、提桶等的)半圓形把手。**2** (打字機等的)壓紙桿。

bail·a·ble ['beləbl; 'beiləbl] *adj.* 〈罪、人等〉可保釋的，可交保的；可委託的。

báil bònd *n.* Ⓒ保釋書；保釋保證書。

bail·ee [be'li; ˌbei'li:] *n.* Ⓒ 受託人；被寄託人。

bai·ley ['belɪ; 'beili] *n.* Ⓒ **1** (中古時代城堡的)外壁。**2** (城郭外壁內的)中庭。

Báiley brìdge *n.* Ⓒ《軍》倍力橋《用螺栓固定鋼架而迅速架設的組合式活動便橋；多由工兵架設供軍事用途；由英國工程師 Sir Donald C. Bailey 發明》。

bai·liff ['belɪf; 'beilif] *n.* Ⓒ **1**《英》土地[農場]管理人。**2 a**《美》(負責法庭內雜務的)庭吏，司閽(《英》usher). **b**《英》(司法)執行官《爲州長(sheriff)之副手；掌管查封、逮捕罪犯、執行法院命令等》。

bai·li·wick ['beləˌwɪk; 'beiliwik] *n.* Ⓒ **1** bailiff 的管轄區域。**2** 個人之技能領域或興趣範圍；權力範圍；活動範圍。

báil·ment [-mənt; -mənt] *n.* Ⓤ委託；保釋。

bail·or [be'lɔr, 'belɚ; 'beilə] *n.* Ⓒ委託人《將個人財產委託他人的人》。

bail·out, bail-out ['belˌaut; 'beilaut] *n.* Ⓒ **1** (尤指爲避免墜機等的)跳傘。**2** (尤指財政上的)緊急援助，緊急融資。**3** 二者擇一的[補充的]選擇。

—*adj.* 挽救行動的。

bails·man ['belzmən; 'beilzmən] *n.* Ⓒ (*pl.* **-men** [-mən; -mən]) 保釋人，保證[擔保]人。

bairn [bɛrn; bɛən] *n.* Ⓒ《蘇格蘭·北英》幼兒，小孩。

bait [bet; beit] 《源自古北歐語「使咬」之義》**—*n.*** Ⓤ [又作 **a** ~] **1** (裝於釣鉤上或陷阱中的)餌：a piece of ~ 一塊餌/an artificial ~ 人造餌/live ~ 活餌/put ~ *on* a hook [*in* a trap] 裝餌於釣鉤上[陷阱中]。**2** 用以引誘之物，誘惑(lure).

rise to the báit (1)〈魚〉咬餌，上鉤。(2)〈人〉被引誘，被誘惑。

swállow the báit (1)〈魚〉咬餌，上鉤。(2)〈人〉落入圈套。

—*v.t.* **1** 〔十受(十介十(代)名)〕**a** 裝〔…之〕餌於〈鉤上、陷阱中〉〔*with*〕：~ a hook (*with* a shrimp) 把(小蝦)餌裝於鉤上。**b** 〔以…〕引誘，誘惑〈人〉〔*with*〕：~ a person (*with* a show of affection)(顯露情愛以)誘惑某人。**2 a** 〔十受(十介十(代)名)〕〔以狗〕逗弄〈被繫住的動物〉〔*with*〕：Men used to ~ bulls and bears (*with* dogs) for sport. 從前人們常(縱狗)逗弄牛和熊取樂/⇨ bearbaiting. **b** 〔十受〕欺凌，逗弄〈人〉；使…苦惱；故意惹怒…，故意使…惱怒。

baize [bez; beiz] *n.* Ⓤ厚羊毛氈《通常爲綠色的粗毛呢；做桌布、撞球檯面、帷帳用》。

‡**bake** [bek; beik] *v.t.* **1 a** 〔十受〕烤，烘，焙〈麪包、糕餅〉《★指用烤箱等，以不直接用火而藉傳熱之方式烘烤；⇨ cook【同義字】》：~ bread in an oven 用烤箱烤麪包。**b** 〔十受十補〕將〈麪包、糕餅等〉烤〈呈…〉：She ~*d* the cake hard. 她把餅烤硬。**2** 〔十受〕將〈磚等〉燒乾使硬。**3** 〔十受〕**a** 〈強烈的陽光〉把〈皮膚〉曬黑。**b** [~ *oneself*] (以強烈的陽光)曬黑皮膚。

—*v.i.* **1 a** 烤麪包[蛋糕]，烘，焙。**b** 〈麪包等〉烤成，烘成，焙成：Bread is *baking* in the oven. 麪包正在烤箱中烤。**2** 〈地面等〉曬乾變硬。**3 a** 曬黑皮膚：~ in the sun 在陽光下曬黑皮膚。**b**《口語》〈人〉變得很熱：I'm *baking.* 我熱得不得了。

—*n.* Ⓒ **1** 麪包的烘烤，一次烘烤(的分量)，一次出爐(的分量)。**2**《美》燒烤聚餐《當場烤製食物供應的聚餐》。

baked *adj.* 烤[烘，焙]過的：a ~ apple 烤蘋果/a ~ potato 烤馬鈴薯。

báke·hòuse *n.* Ⓒ烘製麪包的場所；麪包店。

Ba·ke·lite ['bekəˌlaɪt, 'beklaɪt; 'beikəlait] 《因發明者 Baekeland ['beklənd; 'beiklənd] (1863–1944) 而取的商標名》**—*n.*** Ⓤ《商標》Baekeland 所發明的一種合成樹脂，電木。

***bak·er** ['bekɚ; 'beikə] *n.* Ⓒ **1** 麪包師傅，麪包糕餅類製造業者：at the ~'s 在麪包[餅]店。**2**《美》(攜帶用的)小型烤爐。

báker's dózen *n.* [**a** ~]十三個，一打加一(cf. long dozen).

> 【字源】從前的麪包店曾爲偷斤減兩而風評不佳，也曾因此受到很重的罰款。無論如何，要把麪包一個個檢查確實是不可能的事。於是麪包商便習慣把十三個麪包當做一打賣給客人，以表示分量的充足。

bak·er·y ['bekərɪ; 'beikəri] *n.* Ⓒ麪包廠，麪包店；麪包糕餅類的製造廠[商店]。

> 【同義字】confectionery 則爲製造或販賣糖果、冰淇淋、甜點等的糖果店。

báke·shòp *n.*《美》＝bakery.

bák·ing *n.* **1 a** Ⓤ烤，烘，焙。**b** [當形容詞用]烤麪包用的。**2** Ⓒ一次烘烤(的量)。

—*adj.* **1** 烘烤般的：~ heat 灼熱。**2** [當副詞用]烘烤般地：~ hot 灼熱的。

báking pòwder *n.* Ⓤ醱粉。

báking sòda *n.* Ⓤ 碳酸氫鈉《俗稱小蘇打》(sodium bicarbonate).

bak·sheesh, bak·shish ['bækʃiʃ; 'bækʃi:ʃ] *n.* Ⓤ (近東及中東的)酒錢，小費。

—*v.i.* & *v.t.* 給(…)小費。

bal.《略》balance；balancing.

Ba·laam ['beləm; 'beilæm, -ləm] *n.* **1**《聖經》巴蘭《美索不達米亞(Mesopotamia)之一先知》。**2** [**b~**] Ⓒ《俚》(報章、雜誌等的)補白資料。

bal·a·cla·va [ˌbælə'klɑvə; ˌbælə'klɑ:və] 《源自蘇聯克里米亞半島(the Crimea)上之港市名》**—*n.*** (又作 **balacláva hélmet**) Ⓒ 長至肩部的一種頭巾《常爲登山者、軍人、滑雪者等所戴》。

bal·a·lai·ka [ˌbælə'laɪkə; ˌbælə'laikə] 《源自俄語》**—*n.*** Ⓒ俄式三弦琴《琴身爲三角形，略似吉他的一種俄國弦樂器》。

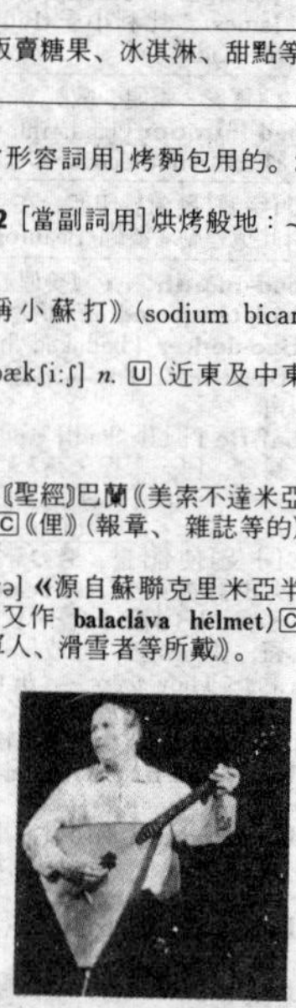

balalaika

‡**bal·ance** ['bæləns; 'bæləns] 《源自拉丁文「兩個秤盤」之義》**—*n.*** **1 a** Ⓒ 天平，秤：a pair of ~*s* 一架天平。

> 【說明】原指在秤桿(beam)兩端各懸一隻秤盤(scale)，在一秤盤中置秤坨(weight)，另一秤盤中置物體，而以秤桿之中央爲支點稱該物體重量之計量儀器，但現以「秤稱」之意泛指計量儀器。

b [**the B~**]《天文》天平座(Libra).

2 Ⓤ [又作 **a** ~] **a** 平衡；均衡；調和，均勢[均勻](之美)；(心情的)平靜，沉著(↔ imbalance, unbalance)：nutritional ~ 營養的調和[均衡]/the ~ of power (強國之間的)均勢/keep [lose] one's ~ 保持[失去]平衡[重心]；保持[失去]平靜/*a* ~ of mind and body 身心的平衡。**b**《體操·舞蹈》平衡運動。**3** Ⓒ [常用單數]《商》餘額，差額：the ~ at a bank 銀行存款的餘額/the ~ brought forward 餘額[差額]承前，上期差額結轉/the ~ carried forward 餘額[差額]移後，差額結轉下期/the ~ due [in hand] 收支平衡的不足額/the ~ of accounts 結帳的差額，對帳/the ~ of [after] clearing 票據交換餘額/The ~ of the account is against [for] me. 結帳的差額是我有赤字[盈餘]。**4** [**the** ~]《口語》餘數，餘額；找零的錢：*the* ~ *of* a meal 剩飯剩菜/You may keep *the* ~. 不用找了，剩餘的錢你留著吧。

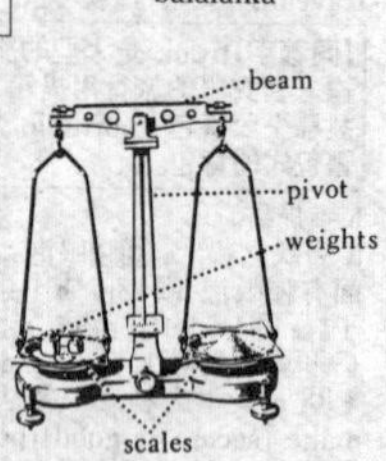

balance 1 a

bálance of (internátional) páyments [常 **the** ~] 國際收支平衡表《略作 BP》.

bálance of tráde 貿易差額：a favorable [an unfavorable] ~ *of*

trade 出[入]超。
hóld the bálance (of pówer) 掌握決定之權。
in the bálance 未決定的：hold the problem *in the* ～ 使這問題懸而未決/be [hang, tremble] *in the* ～ 處於不穩定[不明朗]狀態，處於未確定的狀態中。
òff [òut of] bálance 失去平衡，在不穩定的狀態中。
on bálance 兩抵，權衡一切(的結果)，斟酌一切(以觀之)，結果，總的說來。
strike a bálance (betwèen...) (1)結算(…兩者間的)帳目。(2)尋找(兩者間)公平的解決辦法；(兩者之間)妥協，採(兩者間的)中庸之道，折衷。
thrów a person **óff** (his) **bálance** (1)使〈某人〉失去平衡，使〈某人〉摔倒。(2)使〈某人〉慌亂。
—*v.t.* 1 〔十受(十介十(代)名)〕**a** 使…平衡，使…〔用…〕保持平衡[均衡]〔*on*〕：Can you ～ a coin *on* its edge？你能使硬幣豎著立起來嗎？**b** [～ one*self*]〔(爲防傾倒而)〔用…〕保持身體的平衡〔*on*〕：～ *oneself on* one leg 用單腿保持身體的平衡。**2 a** 〔十受(十介十(代)名)〕使…〔與…〕相平衡〔*with, by, against*〕：～ one thing ***with*** [***by, against***] another 使某物與另一物相平衡。**b** 〔十受〕與…相平衡，與…相稱；彌補；補償；抵消：His generosity ～*s* his rough behavior. 他的慷慨大方彌補了他行爲粗魯之缺陷。**3 a** 〔十受〕用秤稱…；比較…的重量。**b** 〔十受(十介十(代)名)〕將〈問題等〉〔與…〕比較考量；將〈一個論點等〉〔與…〕比較[權衡，對照]；斟酌〔*against, with*〕：～ one opinion ***against*** another 將某一個意見和另一個意見比較。**4** 〔十受〕《商》(扣除而)結算〈帳〉：～ one's accounts [the books] 結算帳目[帳簿上的借貸差額]。
—*v.i.* 1 〔動(十介十(代)名)〕〔與…〕相稱，平衡〔*with*〕：The income ～*s* ***with*** the expenditure. 收支平衡。**2 a** 保持平衡，均衡，穩定。**b** 〔動(十介十(代)名)〕〔以…〕保持身體的平衡〔*on*〕：～ ***on*** one leg 以單腿保持身體的平衡。**3** 〈計算、帳目〉符合，〈收支〉平衡：The accounts ～*d.* 收支平衡。
bálance bèam *n.* Ⓒ(體操的)平衡木。
bál·anced *adj.* [用在名詞前]平衡的，均衡的；調和的，和諧的；穩定的；有條不紊的：a ～ diet [ration] 含有維持健康所需各種營養的食物。
bál·anc·er *n.* Ⓒ **1** 保持平衡之人[物]；平衡器。**2** 走繩索者(acrobat)。
bálance shèet *n.* Ⓒ《商》資產負債表。
bálance whèel *n.* Ⓒ(鐘錶等之)平衡輪；輪擺。
ba·la·ta [ˈbælətə; bəˈlɑːtə] *n.* **1** Ⓒ《植物》巴拉塔橡膠樹《西印度產之橡膠樹》。**2** Ⓤ巴拉塔樹膠《用以製造機輪上的傳動帶、高爾夫球、電線之絕緣體、口香糖等》。
Bal·bo·a [balˈboa; bælˈbouə] *n.* **1** 巴波亞《巴拿馬運河太平洋出口處之海港》。**2** [b～] Ⓒ巴波亞《巴拿馬的銀幣及貨幣單位》。
Balboa, Vas·co Nú·ñez de [ˈvæskoˈnunjeθɛ; ˈvæskouˈnuːnjeiθðe] *n.* 巴波亞《1475？－1517；西班牙探險家，於 1513 年發現太平洋》。
bál·co·nied *adj.* 有陽臺[露臺，騎樓]的。
bal·co·ny [ˈbælkənɪ; ˈbælkəni] «源自義大利語「梁」之義»**—*n.*** Ⓒ **1** 陽臺《自樓上突出的露臺》。**2** 《戲劇》(一樓以外的)高出一段的座位，樓座；包廂《★《英》尤指 upper circle,《美》尤指 dresscircle》。

balcony 1

bald [bɔld; bɔːld] «源自古英語「白點」之義»**—*adj.*** (～·er；～·est) **1 a** 〈頭等〉禿的；禿頭的：be ～ on top 頭頂禿著/get [go] ～ 變禿/(as) ～ as an egg [a coot, a billiard ball] 光禿禿的。**b** 〈山等〉無草木的：a ～ mountain 無草木的山，童山。**2 a** 〈措詞等〉露骨的；無隱飾的，無掩飾的；明白的：a ～ lie 赤裸裸的謊言，睜著眼睛說瞎話。**b** 〈文體〉單調的。**3** 〈動物、鳥〉頭部禿的；頭部有白色羽毛[毛皮]的。
—*v.i.* 變禿，頭髮變稀疏。
～**·ness** *n.*
báld cóot *n.* Ⓒ **1** 《鳥》白頂鷸《秧雞科蹼雞屬鴨型水鳥；前額有裸露之白色角質，繁殖於舊大陸北部》。**2** 禿頭的人。
báld éagle *n.* Ⓒ《鳥》白頭鷹《又稱白頭鷲；鷲鷹科大型食肉猛禽，產於北美、加拿大；被美國用作國徽；cf. seal[1] 1b 插圖》。
bal·der·dash [ˈbɔldəˌdæʃ; ˈbɔːldədæʃ] *n.* Ⓤ《口語》胡言亂語，無意義的話。
bald-faced [ˈbɔldˌfest; ˈbɔːldfeist] *adj.* **1** 〈動物〉臉上有白斑的。**2** 無掩飾的；厚顏無恥的。

bald eagle

báld·hèad *n.* Ⓒ **1** 禿頭的人。**2** 頭頂有白色斑點的鳥。
báld-héad·ed *adj.* 禿頭的。
báld·ing *adj.* 逐漸變禿的：a ～ head 逐漸變禿[脫髮]的頭。
bald·ish [ˈbɔldɪʃ; ˈbɔːldiʃ] *adj.* 快禿的，略禿的。
báld·ly *adv.* 露骨地，(毫)不掩飾地，赤裸裸地，明白地；粗魯地，直率地：speak [write] ～ 直言不諱地說[寫]/to put it ～ 率直地說。
báld·pàte *n.* Ⓒ **1** 禿頭的人。**2** 《鳥》北美鳧(widgeon)《雁鴨科野鴨，產於美國、加拿大》。
bal·dric [ˈbɔldrɪk; ˈbɔːldrik] *n.* Ⓒ胸綬，佩帶《自一邊肩上經過胸、背向另一邊腰部佩戴，用以掛劍、號角等》。
Bald·win [ˈbɔldwɪn; ˈbɔːldwin] *n.* Ⓒ鮑德溫蘋果《美國東北部產的一種冬季成熟的紅皮蘋果》。
Báldwin, James *n.* 鮑德溫《1924–1987；美國黑人作家》。
bale[1] [bel; beil] «與 ball[1] (球)同字源»**—*n.*** Ⓒ(運輸貨物的)包，捆〔*of*〕：a ～ *of* cotton 一捆[一大包]棉花。
—*v.t.* 給…打包，將…包裝成捆。
bale[2] [bel; beil] *n.* Ⓤ《詩》災害，不幸；憂愁；痛苦。
bale[3] [bel; beil] *v.* ＝bail[3].
Bal·e·ár·ic Íslands [ˌbælɪˈærɪk-, bəˈlɪrɪk-; ˌbæliˈærik-] *n. pl.* [the ～] 巴利亞利羣島《在西地中海，屬西班牙；首府帕耳馬(Palma [ˈpɑlmɑ; ˈpɑːlmɑː])》.
ba·leen [bəˈlin; bəˈliːn] *n.* Ⓤ鯨鬚(whalebone).
bale·ful [ˈbelfəl; ˈbeilful] *adj.* **1 a** 爲害的，有害的。**b** 〈眼神、行爲等〉有惡意的，邪[兇]惡的。**2** 不祥的，悲慘的。
～**·ly** [-fəlɪ; -fuli] *adv.* ～**·ness** *n.*
Ba·li [ˈbɑlɪ; ˈbɑːli] *n.* 巴里島《在婆羅洲之南，爪哇之東的一個島嶼；屬印尼》。
Ba·li·nese [ˌbɑləˈniz；ˌbɑːliˈniːz] «Bali 的形容詞»**—*adj.* 1** 巴里島(居民)的。**2** 巴里語的。
—*n.* (*pl.* ～) **1** Ⓒ巴里島居民。**2** Ⓤ巴里語。
balk [bɔk; bɔːk] *v.i.* **1 a** 〈馬〉突然停止，停蹄不前，畏縮不前：～ *at* an obstacle 在障礙物前停蹄不動。**b** 〈人〉停止，站住，猶豫：～ in the middle of one's speech 在演說中途[話說到一半]突然停止。
2 〔動(十介十(代)名)〕〔對於…〕躊躇，遲疑，猶豫〔*at*〕：～ ***at*** mak*ing* a speech 臨演說時躊躇。
3 《棒球》投手對跑壘員做投球牽制的假動作，佯投。
—*v.t.* 1 a 〔十受〕阻止，妨礙，遏止〈人、行動〉；使…受挫，使…落空；使〈人〉失望：The police ～*ed* the robber's plans. 警方挫敗了強盜的計畫。**b** 〔十受十介十(代)名〕〔於…之事〕妨礙〈人〉〔*in*〕：He was ～*ed* ***in*** his purpose. 他的計畫受挫。**c** 〔十受十介十(代)名〕妨礙〈人〉使之得不到〔…〕〔*of*〕：～ a person ***of*** his prey 妨礙某人使他捕不到獵物。
2 規避〈義務、話題等〉。
3 錯過，失掉〈機會〉。
—*n.* Ⓒ **1** 障礙，妨礙，阻礙。**2** 《棒球》(壘上有人時)投手對跑壘員做的假裝投球牽制的犯規動作。**3** 《運動》在跳躍競賽中踏過起跳線之後中止跳躍的犯規動作。**4** 《建築》粗枋，梁木。
Bal·kan [ˈbɔlkən; ˈbɔːlkən] *adj.* 巴爾幹半島[各國，山脈]的。
Bálkan Península *n.* [the ～] 巴爾幹半島《在歐洲東南部》。
Bal·kans [ˈbɔlkənz; ˈbɔːlkənz] *n. pl.* [the ～] ＝Balkan States.
Bálkan Státes *n. pl.* [the ～] 巴爾幹各國《在巴爾幹半島的國家，即南斯拉夫、羅馬尼亞、保加利亞、阿爾巴尼亞、希臘及土耳其》。
bálk·lìne *n.* Ⓒ **1** 《運動》(田徑賽中的)起跑線；運動員踩上即犯規的線。**2** 《撞球》限線；限線比賽。
balk·y [ˈbɔkɪ; ˈbɔːki] «balk 的形容詞» **—*adj.*** (**balk·i·er**；**-i·est**) **1** 〈馬〉有突然停止之習慣的。**2** 〈人等〉頑固的，固執的。
‡ball[1] [bɔl; bɔːl] *n.* **1** Ⓒ **a** (運動、遊戲用的)球：hit a ～ 擊[打]球。**b** 球狀物，圓球：a ～ of wool 毛線球/crumple a piece of paper into a ～ 把紙揉成一團/⇨ golden balls. **c** (身體的)圓圓鼓起的部分：the ～ of the thumb [foot] 拇指根[腳掌近大拇趾根]部分。**d** [集合稱爲Ⓤ]彈丸(cf. cannon ball 1)；(尤指)槍彈《★從前除霰彈以外均爲球狀；現在後膛裝填式槍彈通常稱作 bullets》：powder and ～ 彈藥/loaded with ～ 裝有子彈的。
2 Ⓤ **a** 球技，球類運動。**b** 《美》棒球。
3 Ⓒ **a** 投球；投球的方式，球路：a fast ～ 快速球/a curve ～ 曲球。**b** 《棒球》壞球(↔ strike)(⇨ count[1] *n.* 5【說明】)。**c** 《板球》投手所投的一球。
4 [～s] 《鄙》**a** 睪丸。**b** 胡言亂語。**c** [當感歎詞用]胡說！
5 [～s] 《俚》勇氣，大膽。
báll and cháin 《美》(1)(從前的)鎖鍊上附有金屬球錘的腳鐐。(2)絆腳石，累贅，礙手礙腳的東西。
cárry the báll 《美口語》(於工作、行動)負起主要責任；率先做，領導《★源自美式足球》。
cátch [táke] the báll befòre the bóund 先發制人《★源自板球，在

球沒有落到地面彈起之前將其接住》。

gèt [stárt] the báll rólling 著手進行；開始(談話、工作)《★源自足球》。

hàve the báll at one's **féet [fóot]** ＝**hàve the báll before** one 機會就在眼前《★源自足球；指「球在脚下，一蹴即至」之意》。

kèep the báll rólling 使已進行的活動持續。

on the báll 《口語》(1)靈敏的，機警的《★因比賽中的球員睜眼保持警覺，故喩》。(2)有能力的：have something [nothing] *on the* ～ 有能[無能]力。(3)勤奮的，一心苦幹的。

pláy báll (1)玩球戲，打(棒)球。(2)[用祈使語氣]開始比賽！恢復比賽！(3)開始(工作等)。(4)《口語》〔與…〕合作〔*with*〕.

The báll is in yóur cóurt. ＝**The báll is with yóu.** 現在輪到你了《★源自網球》。

—*v.t.* **1** 〔十受(十副)〕將…弄成球狀；將…揉成團〈*up*〉：～ snow to make a snowman 將雪揉成團以作雪人。**2** 〔十受〕《鄙》與…性交。

—*v.i.* 〔動(十副)〕成球形；聚成團。

báll úp 《*vt adv*》(1) ⇨ *v.t.* 1. (2)《美俚》使…混亂，使…著慌，使…不知所措；把…糟蹋掉，毀掉(《英俚》balls up)：The computer program is all ～*ed up.* 這電腦程式完全搞亂了。

ball² [bɔl; bɔ:l] «源自拉丁文「跳舞」之義» **—***n.* Ⓒ **1** (盛大、正式的)舞會：give a ～ 舉行舞會/lead the ～ 開舞，帶頭跳第一場舞；開個頭。**2** 《俚》極美好的時光：have a ～ 過得快樂無比，盡情作樂。

ópen the báll (1)(舞會開始時)開舞。(2)帶頭做。

bal·lad [ˋbæləd; ˈbæləd] *n.* Ⓒ **1** 民歌，歌謠，民謠；通俗叙事詩歌。**2** (傷感的)情歌。

bal·lade [bəˋlɑd, bæ-; bæˈlɑ:d] *n.* Ⓒ **1** 〘韻律〙三節聯韻詩，三解韻格《在每節八或十行的三節之後附加四或五行的 envoi(結束一首詩的煞尾短節)而成的法國詩體；其各節最後一行和 envoi 最後一行相同》。**2** 〘音樂〙叙事歌[曲]。

bal·lad·ry [ˋbælədrɪ; ˈbælədri] *n.* Ⓤ **1** [集合稱]民歌，民謠；以民歌形式寫的詩。**2** 民謠編造術。

báll-and-sócket jòint *n.* Ⓒ **1** 〘機械〙球窩關節。**2** 〘解剖〙杵臼關節。

bal·last [ˋbæləst; ˈbæləst] *n.* Ⓤ **1 a** 〘航海〙(穩定船隻的)壓艙物《如鐵、石塊、沙等》。**b** (鎮定汽球或飛船的)沙袋。**c** (鐵路、道路用的)碎石。**2** 〈心理之〉穩定：have [lack] ～ 穩定[不穩定]。**3** 〘電學〙安全電阻。

in bállast 〈船〉只載著壓艙貨，沒有載貨。

—*v.t.* **1** 裝壓艙貨於〈船〉，供〈船〉以壓艙貨。**2** 鋪碎石於〈鐵路、道路〉。**3** 穩定〈人〉的心，使〈人〉鎮靜。

báll béaring *n.* Ⓒ〘機械〙**1** [集合稱]球軸承，滾球軸承(cf. roller bearing)。**2** 球軸承的(鋼)珠子。

báll bòy *n.* Ⓒ (網球比賽等的)球僮，撿球員《受僱撿球的男孩》。

báll còck *n.* Ⓒ浮球活栓《用以自動調節水槽、抽水馬桶等之水流》。

bal·le·ri·na [ˌbæləˋrinə; ˌbæləˈri:nə] «源自義大利語» **—***n.* Ⓒ芭蕾舞女。

bal·let** [ˋbæle, bæˋle, ˋbælɪ; ˈbælei, ˈbæli] «源自法語；⇨ ball²» **—n.* **1 a** Ⓒ芭蕾舞《舞劇》。**b** Ⓤ [常 the ～] 芭蕾舞《舞蹈》：a lesson in ～ 芭蕾舞的課[練習]。**c** Ⓒ芭蕾舞曲。**2** Ⓒ芭蕾舞團。

bállet dàncer *n.* Ⓒ芭蕾舞者。

ballét màster *n.* Ⓒ芭蕾舞師。

ballét mìstress *n.* Ⓒ女芭蕾舞師。

bállet slìpper [shòe] *n.* Ⓒ [常 ～s] 芭蕾舞鞋。

báll gàme *n.* Ⓒ **1** 球戲，球類運動；(尤指)棒球。**2** 《美口語》狀況，情況：a new ～ 新的狀況。**3** 《美俚》興趣[活動]中心。

Bal·liol [ˋbeljəl; ˈbeiljəl] *n.* 貝利爾學院《牛津大學(Oxford)中最古老學院之一；cf. college 2》.

bal·lis·tic [bæˋlɪstɪk, bə-; bəˈlistik] *adj.* 彈道(學)的；飛行物體的。

ballístic míssile *n.* Ⓒ彈道飛彈。

bal·lis·tics [bæˋlɪstɪks, bə-; bəˈlistiks] *n.* Ⓤ彈道學。

bal·locks [ˋbɑləks; ˈbɔləks] *n. pl.* ＝bollocks.

bal·lon d'es·sai [balɔ̃dɛˋsɛ; balɔ̃:deˈse] «源自法語» **—***n.* (*pl.* **bal·lons d'es·sai** [balɔ̃dɛˋsɛ; balɔ̃:deˈse]) ＝trial balloon 2.

bal·loon** [bəˋlun; bəˈlu:n] «源自義大利語「大的球(ball)」之義» **—n.* Ⓒ **1** 氣球，輕氣球，飛船：a captive [free] ～ 繫留[自由]氣球/a rigid [nonrigid] ～ 硬式[軟式]飛船。**2** (表示卡通漫畫中人物對白等時用的)氣球狀圓圈。

when the ballóon gòes úp 《口語》(危機、戰爭等)重大情況發生時，所懼怕的局面出現時。

—*v.i.* **1** 〔十副詞(片語)〕**a** 乘氣球飛行[升空]。**b** 〈球等〉以曲線軌跡飛高。**2** 〔動(十副)〕**a** 如氣球般鼓起[膨脹]〈*out, up*〉：Her skirt ～*ed* (*out*) in the wind. 她的裙子迎風而鼓起。**b** 遽增，驟漲，遽升〈*out, up*〉：～*ing* oil prices 驟漲的石油價格。**—***v.t.* 〔十受〕使…膨脹。

ballóon bàrrage *n.* Ⓒ氣球(阻塞)幕《用來阻止低飛飛機之攻擊者》。

ballóon·fìsh *n.* Ⓒ (*pl.* ～·es，[集合稱] ～)〘魚〙六斑刺魨《刺魨科刺魨屬海水魚；棲息於熱帶、亞熱帶水域》。

bal·lóon·ing *n.* Ⓤ氣球操縱，氣球駕駛。

bal·lóon·ist [-nɪst; -nist] *n.* Ⓒ乘氣球的人，操縱[駕駛]氣球的人。

ballóon tíre *n.* Ⓒ低壓輪胎《一種用於凹凸不平地形以緩和衝擊震盪的汽車寬幅軟輪胎》。

balloon 1

bal·lot** [ˋbælət; ˈbælət] «源自義大利語「小的球(ball)」之義；因從前表示贊成時把小白球投入投票箱，反對時則投小黑球» **—n.* **1** Ⓒ (無記名)投票用紙：cast a ～ (*for* [*against*] ...) 投票(贊成[反對]…)。**2 a** ⓊⒸ(無記名)投票；抽籤：elect [vote] by ～ 以投票選舉[表決]/take a ～ *on* ... 以投票表決…。**b** Ⓒ投票總數：The total ～ was 3000. 投票總數為三千。**3** [the ～] **a** 投票權。**b** 投票制度。

—*v.i.* **1 a** (以無記名)投票。**b** 〔十介十(代)名〕投票[贊成…]〔*for*〕；投票[反對…]〔*against*〕：～ *for* [*against*] the bill 投票贊成[反對]該法案。**c** 〔十介十(代)名〕投票選舉[人]〔*for*〕：～ *for* the new chairman 投票選新的議長。**2** 〔動(十介十(代)名)〕抽籤決定[…]〔*for*〕：～ *for* precedence 抽籤決定(下院中的發言等之)優先權。

balloon 2

bállot bòx *n.* Ⓒ投票箱。

bállot pàper *n.* Ⓒ投票用紙。

báll pàrk *n.* Ⓒ《美》(棒)球場。

in the báll pàrk 《美口語》(1)〈數量等〉大致正確。(2)〈估計等〉接近實際數字。

báll pén *n.* Ⓒ原子筆(ball-point (pen)).

báll·plàyer *n.* Ⓒ **1** 球員。**2** 《美》(職業)棒球員。

báll-pòint *n.* (又作 **báll-pòint pén**)Ⓒ原子筆(《英》Biro).

báll·ròom *n.* Ⓒ舞廳：～ dancing 交際舞《華爾滋、狐步等》。

bálls *v.t.* 〔十受十副〕《英俚》使…混亂；將…弄得亂七八糟，把…糟蹋掉〈*up*〉.

bal·ly·hoo [ˋbælɪˏhu; ˌbæliˈhu:] *n.* Ⓤ **1** 《口語》喧囂的低級宣傳，大吹大擂的廣告。**2** 喧囂。

—*v.t.* 大肆宣傳…。

balm [bɑm; bɑ:m] «源自拉丁文「香脂(balsam)」之義» **—***n.* **1** Ⓤ [指產品個體或種類時為Ⓒ]香脂，香膏；香味。**2** ⓊⒸ **a** 慰藉[安慰](物)；鎮痛劑。**b** (藥用)香脂草《唇形科芳香草本植物；葉芳香，可製香料、調味劑及發汗藥》。

bálm of Gil·e·ad [ˋgɪlɪəd; ˈgiliæd] (1)Ⓒ〘植物〙麥加香脂樹《橄欖科常綠喬木；可提取氣味芳香的樹脂》。(2)Ⓤ麥加香脂《自麥加香脂樹提取的黃、綠、赤褐色香脂，主要用以製造香料》。(3)＝balm 2a.

Bal·mor·al [bælˋmɔrəl, -ˋmɑr-; bælˈmɔrəl] *n.* Ⓒ **1** 一種厚毛呢襯裙。**2** [b～]一種有花邊的鞋。**3** (蘇格蘭的)一種無邊的圓形帽。

balm·y [ˋbɑmɪ; ˈbɑ:mi] «balm 的形容詞» **—***adj.* (**balm·i·er**；**-i·est**) **1 a** 似香油的；芳香的。**b** 清爽的，溫和的：～ air 清新宜人的空氣/the ～ days of June 六月的清爽日子。**2** 《美俚》精神失常的，愚蠢的(《英俚》barmy)：go ～ 精神失常。

bálm·i·ly [-mɪlɪ; -mili] *adv.* **-i·ness** *n.*

ba·lo·ney [bəˋlonɪ; bəˈlouni] *n.* **1** 《美口語》＝bologna sausage. **2** Ⓤ《俚》愚昧[誇大]之詞[行為]；荒謬的想法；胡扯。

bal·sa [ˋbɔlsə; ˈbɔ:lsə] *n.* **1 a** Ⓒ〘植物〙西印度白塞木《木棉科喬木，原產南美洲熱帶地區，木質特輕》。**b** Ⓤ輕木《上述樹的木材》。**2** Ⓒ用輕木製成的筏[浮標]。

bal·sam [ˋbɔlsəm; ˈbɔ:lsəm] *n.* **1 a** Ⓤ植物的香膠[香脂]《藥用、工業用》。**b** ＝balm 2 a. **2** Ⓒ〘植物〙**a** 鳳仙花《鳳仙花屬草本植物的統稱》。**b** (又作 **bálsam fír**)香脂冷杉《冷杉屬常綠喬木，原產北美，用作觀賞植物、耶誕樹等》。

Bal·tic [ˋbɔltɪk; ˈbɔ:ltik] *adj.* **1** 波羅的海的。**2** 波羅的海諸國的。**3** 波羅的語系的。

—*n.* Ⓤ波羅的語系《包括拉脫維亞語(Latvian)，立陶宛語(Lithuanian)等的印歐語族》。

Báltic Séa *n.* [the ～]波羅的海。

Báltic Státes *n. pl.* [the ～]波羅的海諸國《從前的愛沙尼亞

(Estonia)，拉脫維亞(Latvia)，立陶宛(Lithuania)三共和國；現屬蘇聯》。

Bal·ti·more [ˋbɔltəˌmor, -ˌmɔr; ˈbɔ:ltimɔ:] *n.* 巴爾的摩《美國馬里蘭州(Maryland)北部的一個港口》。

Báltimore óriole *n.* Ⓒ《鳥》巴爾的摩黃鸝《擬黃鸝屬橙腹鳴禽，原產於北美洲，其雄鳥之橘及黑色羽毛與 Lord Baltimore 僕從所著制服顏色相似故名》。

bal·us·ter [ˋbæləstɚ; ˈbæləstə] *n.* Ⓒ欄干的小支柱(⇨ balustrade 插圖)。

bal·us·trade [ˌbæləˋstred; ˌbæləˈstreid] *n.* Ⓒ有小支柱(baluster)支撐的欄干(cf. banister 1). **bál·us·tràd·ed** *adj.*

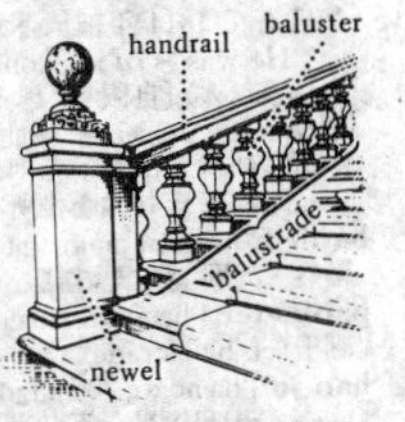

balustrade

Bal·zac [ˋbælzæk; ˈbælzæk], **Ho·no·ré de** [ɔnɔˋredə; ɔ:nɔ:ˈreidə] *n.* 巴爾札克《1799–1850；法國小說家》。

bam·bi·no [bæmˋbino; bæmˈbi:nou] 《源自義大利語 'baby' 之義》—*n.* Ⓒ (*pl.* ~s, -ni [-ni; -ni:]) **1** 小孩；嬰兒。**2** (*pl.* -ni) 基督幼時的像。

bam·boo [bæmˋbu; bæmˈbu:ˉ] *n.* (*pl.* ~s) **1** Ⓤ[指個體時爲Ⓒ]竹。**2 a** Ⓤ竹材。**b** Ⓒ竹竿，竹棍。
—*adj.* [用在名詞前] **1** 竹的：~ shoots [sprouts] 竹筍。**2** 竹製的：a ~ basket 竹製的籃子。

bámboo cúrtain *n.* [the ~；常 B~ C~] 竹幕《指中國大陸與西方世界在政治和意識形態上不同所形成的障礙；尤其在1949至1972年間》。

bámboo wàre *n.* Ⓤ (約在 1770 年代仿竹的英國) 威基伍 (Wedgwood) 陶瓷。

bam·boo·zle [bæmˋbuzl; bæmˈbu:zl] *v.t.* 《口語》 **1 a** 〔十受〕用花言巧語欺騙，哄騙〈人〉。**b** 〔十受十介十(代)名〕將〈人〉騙〔成某種狀態〕，哄騙〈人〉〔使…〕〔*into*〕：~ a person ***into*** believ*ing* it 把某人騙得對此信以爲眞[哄騙某人使之相信此事]。**c** 〔十受十介十(代)名〕欺騙〈人〉而取得〔物〕〔*out of*〕：~ a person ***out of*** money 騙取某人的錢。
2 使〈人〉困惑，使…迷惑。

ban [bæn; bæn] 《源自古英語「傳喚」之義》—*n.* Ⓒ **1** 禁令，禁制；禁止〔*on*〕：a press ~ 禁止刊載，禁止報導，新聞記事之查禁/There is a ~ *on* smoking here. 此處禁止吸烟/a total ~ *on* nuclear arms 核子武器的全面禁止/put a ~ on... (以法律)禁止…/lift [remove] the ~ *on*... 解除對…的禁令。**2** (輿論的)譴責，非難〔*on*〕。**3** 逐出教門。
—*v.t.* (**banned**；**ban·ning**) **1** 〔十受〕禁止…：Swimming is *banned* in this lake. 禁止在此湖中游泳。
2 〔十受十介十 do*ing*〕禁止〈人〉〔做…〕〔*from*〕：~ students ***from*** read*ing* dirty books 禁止學生閱讀猥褻的[色情]書刊。

ba·nal [ˋbenl, bəˋnæl; bəˈnɑ:l, ˈbeinl] *adj.* 陳腐的；平凡的；瑣屑的：a ~ joke [question] 陳腐的笑話[問題]。
~·ly [ˋbenlɪ, bəˋnælɪ; bəˈnɑ:li, ˈbeinli] *adv.*

ba·nal·i·ty [bəˋnælətɪ, be-; bəˈnæləti, bæ-] 《banal 的名詞》—*n.* **1** Ⓤ陳腐；平凡；瑣屑。**2** Ⓒ陳腐之事[言詞]，陳腔濫調。

ba·nal·ize [ˋbenlˌaɪz, bəˋnælaɪz; bəˈnɑ:laiz, ˈbeinlaiz] *v.t.* 使…庸俗；使…陳腐。

‡**ba·nan·a** [bəˋnænə; bəˈnɑ:nə] 《源自西非土著語言》—*n.* Ⓒ **1** 香蕉：a bunch [hand] of ~s 一串香蕉。**2** 《植物》香蕉樹《香蕉屬草本植物的統稱》。

banána repùblic *n.* Ⓒ《輕蔑》香蕉共和國《指政治不安定而經濟高度依賴水果之輸出、觀光事業及外資的中南美洲小國家》。

ba·nan·as [bəˋnænəz; bəˈnɑ:nəz] *adj.* 《俚》發瘋的，發狂的；入迷的；狂熱的：go ~ 發狂；變得狂熱；入迷。

banána splìt *n.* Ⓒ香蕉船《一種甜點，以香蕉墊底，上覆冰淇淋、水果、碎核仁等》。

‡**band**[1] [bænd; bænd] 《源自古北歐語「縛(bind)」之義》—*n.* Ⓒ **1** 用以縛之物：**a** 帶，繩。**b** (木、金屬、橡膠等的)條；絲；圈，環：a rubber ~ 橡皮圈。**c** (裝在鳥脚上的)標誌環。
2 薄條狀之物：**a** 帶，皮條帶(★比較 褲子的腰帶是 belt)：wear a ~ of ribbon around one's head 頭上紮絲帶。**b** (帽簷上包紮的)布條；纏頭布。**c** (書刊上附的)紙條《宣傳用》。**d** 半圓錐形的指環：a wedding ~ 結婚指環。
3 (顏色的)條紋(stripe).
4 帶狀的區域[部分]：the ~ of states running from Louisiana to South Carolina 從路易西安那州延伸到南卡羅來納州呈帶狀的各州。
5 《通信》波段，波帶。
—*v.t.* 〔十受〕 **1 a** 用帶綁…。**b** 裝標誌環於〈鳥(的脚)〉。
2 加條紋[帶狀之線條]於…。

‡**band**[2] [bænd; bænd] 《源自古法語「集團」之義》—*n.* Ⓒ **1 a** (人的)一隊，一夥，一組，一幫，一行(party)：a ~ of thieves 一夥盜賊。**b** 《美》(獸類的)一羣。**2** (管)樂隊；(爵士樂等的)樂隊[樂團]：a military ~ 軍樂隊/a jazz ~ 爵士樂隊/⇨ brass band.
to béat the bánd 《美口語》超羣地；非常地，…得厲害；大力地，精力充沛地，旺盛地；豐富地《★源自「聲音幾乎壓倒樂隊」之意》：She cried *to beat the* ~. 她哭得很厲害。
when the bánd begins to pláy 當情況變嚴重時。
—*v.t.* **1** 〔十受(十副)〕**a** 使〈人們〉團結，使…結合〈*together*〉：~ people ***together*** 使人們團結起來。**b** 〔~ one*self*〕團結〈*together*〉(★常用被動語態，變成「團結在一起」之意)：They *were* ~*ed* ***together***. 他們團結在一起。**2** 〔十受(十副)十介十(代)名〕**a** 使〈人們〉團結起來〔對抗…〕〈*together*〉〔*against*〕. **b** 〔~ one*self*〕團結起來〔對抗…〕〈*together*〉〔*against*〕(cf. 1 b★)：We ~*ed ourselves together* ***against*** the enemy. 我們團結抗敵。
—*v.i.* **1** 〔動(十副)〕團結〈*together*〉. **2** 〔十介十(代)名〕〔與…〕團結〔*with*〕.

ban·dage [ˋbændɪdʒ; ˈbændidʒ] 《源自法語「帶」之義》—*n.* Ⓒ **1** 繃帶：be in ~*s* 包紮著層層的繃帶/apply a ~ (to...) 把繃帶包紮…(於…)，用繃帶包紮(…)/roll ~*s* 捲繃帶。**2** 矇眼布。
—*v.t.* 〔十受(十副)〕用繃帶包紮…，給…包上繃帶〈*up*〉：~ (***up***) a person's leg 給某人的腿包上繃帶/a ~*d* hand 紮上繃帶的手。

Band-Aid [ˋbændˌed; ˈbændeid] *n.* **1** Ⓤ[指個體時爲Ⓒ]《商標》一種急救膠布，OK 繃《附上消毒紗布小片的包紮手指割傷等之外科用膠布；由美國 Johnson & Johnson 公司開發產銷》。
2 (**band-aid**) Ⓒ(問題、事件等的)表面上的解決，敷衍政策。

ban·dan·na, ban·dan·a [bænˋdænə; bænˈdænə] *n.* Ⓒ (有色印花的)大手帕《源自印度；現又用作頭巾或領巾》。

b and [&] b, B and [&] B 《源自 *b*ed *and b*reakfast》—*n.* Ⓤ《英口語》(家庭、旅館等所提供的)附早餐的住宿。

bed and breakfast

【說明】英國民間供應早餐的住宿(bed and breakfast)常見於鄉下的家庭或農家，所提供的服務是住宿，共用的浴室，和英國式的早餐。美國也有此種住宿分布在國內各地，但其稱呼除 b & b 以外因地而異。美國此種住宿多半在郊外，與英國所不同的是通常各客房都有浴室，及提供歐洲式簡單早餐。此外這種住宿也有供家庭度假用，大多只限住宿三夜。在英美兩國，此種住宿都很經濟實惠而具有家庭的氣氛，因此很受外籍觀光客的歡迎。

bánd·bòx *n.* Ⓒ(裝帽子、衣領等用的)薄板箱，紙盒。
lóok as if one had còme óut of a bándbox 樣子看來既乾淨又漂亮。

ban·deau [bænˋdo, ˋbændo; ˈbændou] 《源自法語 'band' 之義》—*n.* Ⓒ (*pl.* ~x [~z; ~z], ~s) **1** (女人用以紮頭髮或頭部的)細帶，束髮帶。**2** 窄奶罩。

ban·de·rol(e) [ˋbændəˌrol; ˈbændəroul] *n.* Ⓒ **1** (槍或桅頂端上的)小旗，飄帶。**2** 槍旗；葬旗，墓旗。

ban·dit [ˋbændɪt; ˈbændit] *n.* Ⓒ (*pl.* ~s, **ban·dit·ti** [bænˋdɪtɪ; bænˈditi]) **1** 强盜，土匪，劫匪：a mounted ~ 騎馬的土匪，馬賊/a set [gang] of ~*s* 一夥[幫]土匪。**2** 惡棍，歹徒；勒索者，敲詐者。**3** 《軍》敵機。

ban·dit·ry [ˋbændɪtrɪ; ˈbænditri] *n.* Ⓤ盜匪行爲。

bánd·màster *n.* Ⓒ(樂隊的)隊長，指揮。

ban·do·leer, ban·do·lier [ˌbændəˋlɪr; ˌbændəˈliə] *n.* Ⓒ(斜掛於肩膀至腰部的)子彈帶。

bánd sàw *n.* Ⓒ帶鋸。

bands·man [ˋbændzmən, ˋbænz-; ˈbændzmən] *n.* Ⓒ (*pl.* **-men** [-mən; -mən]) (樂隊的)樂手，樂隊隊員。

bánd·stànd *n.* Ⓒ音樂臺《通常有屋頂》。

bánd·wàgon *n.* Ⓒ(行進隊伍領頭的)樂隊車。
climb [gét, hóp, júmp] on [abóard] the bándwagon 《口語》加入獲勝或得勢的一方；順應潮流；趕時尚(★原指搭乘競選活動樂隊車之意)。

ban·dy [ˋbændɪ; ˈbændi] *v.t.* **1** (互相)來回地打[投]〈球等〉，把…打來打去，把…丟來丟去，往復投擲[打]…。**2** 〔十受(十介十(代)名)〕〔與人〕互說〈笑話等〉，交換，互換，互相授受〈意見等〉〔*with*〕：~ jokes ***with*** a friend 跟朋友互相說笑/It is no use ~*ing* words *with* them. 跟他們爭吵是沒有用的。**3** 〔十受

十副〕散布，傳播〈謠言等〉，議論…〈*about*〉《★常用被動語態》：～ a rumor ***about*** 散布謠言，流言蜚語/I don't like having my name *bandied about.* 我不喜歡遭人物議。

—*adj.* (**ban·di·er**；**-di·est**) **1** 〈腿〉向外彎曲的。**2** ＝bandy-legged.

bándy-légged [-ˋlɛgɪd, -ˋlɛgd; -legd] *adj.* 雙腿向外彎曲的。

bane [ben; bein] *n.* [**the** ～] 導致毀滅之人或物，禍根《★通常用於 the ～ of one's life [existence] 的片語》：Gambling was *the* ～ *of* his life [existence]. 賭博是他的致命傷[毀了他的一生]。

bane·ful [ˋbenfəl; ˋbeinful] *adj.* 有毒[有害]的：a ～ influence 不良影響。**～·ly** [-fəlɪ; -fuli] *adv.* **～·ness** *n.*

Banff [bænf; bænf] *n.* 班夫《在加拿大亞伯達省(Alberta)西南部落磯山(Rocky)山脈中的國家公園；爲觀光、休閒勝地》。

bang[1] [bæŋ; bæŋ] **《擬聲語》—*v.i.* 1 a** 〔十介十(代)名〕**砰然重擊**，猛擊〔…〕〔*on, at*〕：I heard someone ～*ing* ***on*** the door with his fist. 我聽到有人在用拳頭猛敲門。**b** 〔十副十介十(代)名〕〔向…〕砰砰地開槍〈*away*〉〔*at*〕：The hunters ～*ed* ***away at*** the wolves. 獵人們向狼砰砰地開槍。

2 a 〔十補〕〈門等〉發出砰的一聲〈呈…的狀態〉：The door ～*ed* shut [back]. 門砰地關上[關回去]。**b** 〔十副〕砰然[轟然]作響，發出巨響〈*away, about*〉：Their guns were ～*ing* ***away.*** 他們的槍砰砰地響著/The children were ～*ing* ***about*** noisily. 孩子們到處砰砰地弄出聲響。

3 〔十介十(代)名〕砰然撞上〔…〕〔*against, into*〕：～ ***into*** the wall 砰地一聲撞上圍牆。

—*v.t.* 1 a 〔十受〕**使〈門等〉砰然作響，將…砰然而關；砰然重擊，猛擊…**：He went out, ～*ing* the door behind him. 他砰地一聲關上門出去了/I tumbled and ～*ed* my buttocks. 我一屁股跌在地上。**b** 〔十受十介十(代)名〕〔以拳頭等〕砰然重擊〈桌面等〉〔*with*〕；以〈拳頭等〉砰然重擊〔在桌上等〕〔*on*〕：He ～*ed* the desk ***with*** his fist.＝He ～*ed* his fist ***on*** the desk. 他用拳頭在桌上砰地重擊。**c** 〔十受十介十(代)名〕[～ one*self*] 砰地撞上，猛撞上〔…〕〔*against*〕：The boy ～*ed himself* ***against*** a tree. 那個男孩砰地撞上一棵樹。**d** 〔十受十補〕使〈門等〉砰地一聲〈呈關閉狀態〉：The door was ～*ed* shut [to]. 門被砰地關上。**2** 〔十受〕砰地發射〈槍砲等〉。**3** 〔十受十介十(代)名〕將〈知識等〉灌輸〔入腦中〕，將…硬塞〔進…〕〔*into*〕：My father tried to ～ Latin grammar ***into*** my head. 我父親試圖要把拉丁文法硬塞進我腦袋裡。**4** 〔十受〕《鄙》〈男人〉與〈女人〉性交。

báng awáy 《*vi adv*》(1)⇨ *v.i.* 1 b. (2)⇨ *v.i.* 2 b. (3)《口語》拚命[專心]〔做工作等〕〔*at*〕. (4)《鄙》連續[一再地]性交。

báng óut 《*vt adv*》《口語》(1)大聲地演奏〈音樂〉。(2)以打字機等打出〈新聞等〉。

báng úp 《*vt adv*》《口語》(1)破壞〈物〉。(2)弄傷〈身體等〉：I ～*ed* ***up*** my knee skiing. 我滑雪時傷了膝蓋。

—*n.* Ⓒ **1** 重擊(聲)；撞擊；砰[轟]然巨響：He got a ～ on the head. 他腦袋挨了一記重擊[砰地撞到腦袋]。**2** 《美口語》刺激，興奮(kick)；享受，樂趣，快感：get a ～ *out of* music 從音樂得到興奮。**3** 《口語》元氣，活力。

with a báng (1)砰地一聲，砰然：shut the door *with a* ～ 砰然關門。(2)《口語》順利地，圓滿地，成功地：go over [《英》off] *with a* ～ 〈演出等〉獲得大成功。(3)《口語》忽然，驀地。(4)精力充沛地，帶勁地(cf. *n.* 3)：start things off *with a* ～ 鼓足幹勁開始做某事。

—*interj.* 砰！轟：*B*～！went the gun. 轟隆一聲，槍響了。

—*adv.* 1 砰然：go ～ 砰然作響[爆炸]。**2** 《口語》突然，驀地。**3** 《口語》恰恰，正巧：～ in the middle 在正當中，正好在中間，不偏不倚地；直接地；著著實實地/run ～ into a tree 正面撞上一棵樹。

bang[2] [bæŋ; bæŋ] *n.* Ⓒ[常 ～**s**] 前劉海，垂前髮。

—*v.t.* 將〈頭髮〉剪成劉海型：wear one's hair ～*ed* 留劉海髮型。

bang[3] [bæŋ; bæŋ] *n.* ＝bhang.

ban·ger [ˋbæŋɚ; ˋbæŋə] *n.* Ⓒ **1** 發出砰然巨響之人[物]。**2** 《英》**a** 《口語》香腸。**b** 鞭砲。

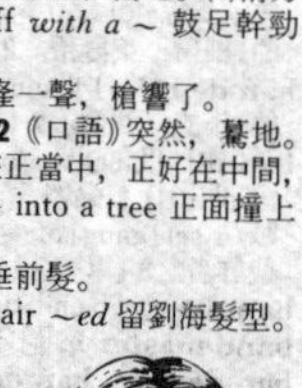

bangs²

Bang·kok [ˋbæŋkɑk, bæŋˋkɑk; ˌbæŋˋkɔk, ˋbæŋkɔk] *n.* 曼谷《泰國(Thailand)的首都》。

Bang·la·desh [ˋbæŋgləˋdɛʃ, ˋbɑŋ-; ˌbæŋgləˋdeʃ] *n.* 孟加拉(共和國)《1971 年獨立，爲大英國協內一共和國；原爲東巴基斯坦；首都達卡(Dacca [ˋdækə; ˋdækə])》.

ban·gle [ˋbæŋgl; ˋbæŋgl] *n.* Ⓒ **1** 手鐲；脚鐲《以金屬等硬質材料製成環形的女用裝飾物》。**2** (懸在手鐲、項鍊等上面的)環飾。

bàng-ón, bàng ón 《英口語》*adj.* 很棒的，極美妙的；正對的，絲毫不差的。

—*adv.* 絲毫不差地，恰恰。

báng-ùp *adj.* 《美俚》上等的，頂好的，一流的。

ban·ian [ˋbænjən; ˋbæniən] *n.* (又作 **bánian trèe**)＝banyan.

ban·ish** [ˋbænɪʃ; ˋbæniʃ] **《源自古英語「禁止」之義》—*v.t.* 1 將…放逐(到國外以作爲處罰)，驅逐出境**(⇨ expel 2【同義字】)：**a** 〔十受(十介十(代)名)〕〔以…罪〕放逐〈人〉〔*for*〕：～ a person ***for treason 以叛國罪放逐某人。**b** 〔十受十介十(代)名〕將〈人〉〔從國家〕逐出〔*from*〕；將〈人〉放逐〔到…〕〔*to*〕：～ a person ***from*** the country 把某人逐出國境/Napoleon was ～*ed* ***to*** Elba in 1814. 拿破崙在 1814 年被放逐到厄爾巴島。**c** 〔十受十受〕將〈人〉逐出…：He was ～*ed* the court. 他被逐出宮廷。**2** 〔十受十介十(代)名〕**a** 將〈人〉〔自眼前〕趕走，疏遠〔*from, out of*〕：～ a person ***from*** one's presence 當面把某人趕走。**b** 將〈煩惱等〉〔自…〕驅除，除去，排除；擯棄；忘却〔*from, out of*〕：*B*～ all troubles ***from*** your mind. 忘却你心中所有煩惱吧。

bán·ish·ment [-mənt; -mənt] **《banish 的名詞》—*n.*** Ⓤ 放逐，驅逐；流刑；擯棄；排除。

ban·is·ter [ˋbænɪstɚ; ˋbænistə] *n.* **1** Ⓒ[有時 ～**s**] (屋內樓梯的)欄干(cf. balustrade). **2** [～**s**] (樓梯欄干的)小支柱(cf. baluster).

ban·jo [ˋbændʒo; ˋbændʒou] *n.* Ⓒ (*pl.* ～**s**, ～**es**) 班究琴，五弦琴《用手指撥彈的一種弦樂器》。

banjo

bán·jo·ist [-ɪst; -ist] *n.* Ⓒ 彈奏班究琴的人，班究琴演奏家。

***bank**[1] [bæŋk; bæŋk] **《源自古北歐語「小丘」之義》—*n.* 1** Ⓒ **a** (河川、湖泊等的)**土堤，堤防**。**b** (形成小路、田野、菜園等之界線的)土堤，土堆《★在英國農村道路的兩側常爲呈斜坡的土堤，土堤上面植有山楂(hawthorn)等的樹籬笆，稱爲 hedgerow》：sit down against the ～ by the wayside 背對路旁的土堤坐下。**c** (小丘等的)斜坡。

2 Ⓒ **a** 河岸：the right ～ of a river (面向河川下游的)右岸。**b** [～**s**] 河的兩岸，河的沿岸：on the ～*s* of the Thames 在泰晤士河沿岸。

3 Ⓒ (像土堤般)堆積之物；一長堆，積層〔*of*〕：a ～ *of* snow 雪堆/a ～ *of* clouds 一堆雲，雲層。

4 Ⓒ (海洋中的)沙洲，淺灘：a sand ～ 沙洲/the ～*s* of Newfoundland 紐芬蘭的淺灘《漁場》。

5 a Ⓒ (道路、競賽跑道轉彎處的向內側的)傾斜面。**b** Ⓤ [又作 **a** ～]《航空》飛機轉彎時的傾斜：the angle of ～ 飛行中左右傾斜角。

—*v.t.* 1 〔十受〕築堤防於…，以堤圍…：～ a river 築堤防於河川。

2 〔十受(十副)〕將…堆積[重疊]起來〈*up*〉：～ snow (***up***) 把雪堆積起來。

3 〔十受(十副)〕(以灰)埋[覆蓋]〈火〉(以使其慢慢焚燒)；將灰[薪炭(等)]置於〈火〉上〈*up*〉.

4 〔十受〕**a** 作傾斜面於〈道路等的轉彎處〉。**b** (於轉彎時或改變方向時)使〈車身、機身(等)〉傾斜。

—*v.i.* 1 〔動(十副)〕堆積，成堆〈*up*〉：The sand had ～*ed* ***up.*** 沙已積成堆/Clouds are ～*ing* along the horizon. 雲在地平線上集結成堆。

2 〈汽車、飛機(等)〉(於轉彎等時)傾斜著行駛[飛行]。

‡bank[2] [bæŋk; bæŋk] **《源自義大利語「(兌換業者的)檯子」之義》—*n.* 1 a** Ⓒ **銀行**：a savings ～ 儲蓄銀行/a ～ of deposit [issue] 存款[發行]銀行。**b** [**the B**～]《英》＝BANK of England.

2 Ⓒ **a** [常構成複合字]儲藏[貯存]所，庫：⇨ blood bank, data bank. **b** 撲滿《★因多製成豬的外形，常稱作 piggy bank》. **3** [**the** ～] (賭博時)莊家的賭本：break *the* ～ 將莊家的錢贏光，賭垮莊家。

in the bánk 存於銀行的，存款的：It's money *in the* ～. 那是(好像存於銀行般)十分安全的投資。

the Bánk of Éngland 英國國家銀行《1694 年創立》。

—*v.t.* 〔十受〕存〈款〉於銀行：He ～*ed* the money under another name. 他將該款以另一名義存於銀行。

—*v.i.* 1 經營銀行業。**2** 〔十介十(代)名〕存款〔於銀行〕；〔與銀行〕往來〔*with, at*〕：Where do you ～？你存款於哪一家銀行？/Who(m) do you ～ ***with***？你與哪一家銀行往來？**3** (於賭博)當莊家，做莊。**4** 《口語》**a** 〔十介十(代)名〕指望，依靠〔…〕〔*on, upon*〕：You can ～ ***on*** me when you need money. 當你需要錢的時候可以找我幫忙。**b** 〔十介十(代)名十 *to* do〕指望〔人〕〈做…〉〔*on, upon*〕：She was ～*ing* ***on*** him *to* pay the expenses. 她在指望他支付這筆費用。

bank[3] [bæŋk; bæŋk] **《源自法語 'bench' 之義》—*n.*** Ⓒ **1** (物之)一排：**a** (鋼琴、打字機等的)鍵的一排，排鍵。**b** (古代 galley

船的)槳的一排。c (引擎的)汽缸的一排。2《新聞》副標題《一連數行標題的一部分》。3《電學》觸排《排列成能同時起動的開關或接頭》。

—*v.t.* 〔十受(十介十(代)名)〕將…〔以…〕排[布置]成行〔*with*〕：a drive which is ~*ed* ***with*** evergreen shrubs 兩邊常綠灌木成行的車道。

bánk accòunt *n.* Ⓒ銀行帳戶[存款]。

bánk bìll *n.* Ⓒ **1**《美》=bank note. **2** 銀行匯票。

bánk·bòok *n.* Ⓒ銀行存摺。

bánk càrd *n.* (又作 **bánk crédit càrd**)Ⓒ(銀行所發行的)信用卡(《英》banker's card)。

bánk clèrk *n.* Ⓒ銀行職員(cf. banker)。

bánk dràft *n.* Ⓒ(銀行與銀行之間的)銀行匯票《略作 B/D》。

bank·er [ˈbæŋkɚ; ˈbæŋkə] *n.* **1** Ⓒ *n.* **銀行家，**銀行業者《★指擁有或管理銀行的人；「銀行職員」則稱作 bank clerk》：Who are your ~*s*? 你利用哪家銀行？

2 Ⓒ(賭場的)莊家，頭家。

3《紙牌戲》**a** Ⓒ發牌者。**b** Ⓤ銀行遊戲：play ~ 玩銀行遊戲。

bánker's bìll *n.* Ⓒ銀行匯票。

bánker's órder *n.* =standing order 2.

bánk hóliday *n.* Ⓒ **1**《英》銀行休假日，(一般商店及公司的)公休日(《美》legal holiday)。

【說明】指銀行休業的假日；每年的日期不固定而大多定在某些月分的某星期一，故常與週末形成連續休假；在英格蘭(England)及威爾斯(Wales)是元旦(New Year's Day)，復活節昱日(Easter Monday)，五月初的銀行休假日(Early May Bank Holiday，五月的第一個星期一)，春季銀行休假日(Spring Bank Holiday，五月最後的星期一)，夏季銀行休假日(Summer Bank Holiday，八月最後一個星期一)及耶誕節次日的耶誕禮物日(Boxing Day)，一年共計六個銀行休假日；在蘇格蘭(Scotland)則分別爲元旦，耶穌受難日(Good Friday)，五月的第一個星期一，五月的最後一個星期一，八月的第一個星期一及耶誕節(Christmas Day)。

2《美》銀行休假日。

bánk·ing[1] 《源自 bank[2]》**—*n.*** Ⓤ銀行業，銀行業務，銀行學。

bánk·ing[2] 《源自 bank[1]》**—*n.*** Ⓤ **1** 築堤，堤防建設。**2**《航空》飛機轉彎時的傾斜。**3** (紐芬蘭的)近海漁業。

bánking accòunt *n.*《英》=bank account.

bánk ìnterest *n.* Ⓤ銀行利息。

bánk nòte *n.* Ⓒ鈔票，紙幣(《美》bank bill)。

bánk pàper *n.* Ⓤ **1** [集合稱]銀行匯票(等)。**2** 可在銀行辦理貼現的商業票據。

bank ràte *n.* Ⓒ[常 the ~](中央銀行所定的)貼現率。

bánk·ròll《口語》*n.* Ⓒ財源，(手邊擁有的)資金。

—*v.t.* 以金錢支持；對…融通資金。

bank·rupt [ˈbæŋkrʌpt, -rəpt; ˈbæŋkrʌpt, -rəpt] 《源自 bank(原義爲兌換業者的檯子)與 -rupt(被破壞)之義》**—*n.*** Ⓒ **1**《法律》**破產者，**無還債能力者《略作 bkpt.》。**2** 喪失智力(等)的人，(精神)崩潰者。

—*adj.* **1 破產的，**無還債能力的：go[become] ~ 破產。**2** (精神上)崩潰的，喪失智力(等)的，名譽[人格]掃地的。**3** [不用在名詞前]〔十介十(代)名〕喪失〔…〕的〔*in, of*〕：~ both ***in*** name and fortune 名聲和財產都喪失/He seems to be ~ ***of*** kindness. 他似乎喪失了好心腸[心腸變壞了]。

—*v.t.* 〔十受〕使…破產。

bank·rupt·cy [ˈbæŋkrʌptsɪ, -psɪ; ˈbæŋkrəptsi] *n.* **1** ⓊⒸ破產，倒閉：go into ~ 倒閉/a trustee in ~《法律》破產管理人。**2** Ⓤ[又作 **a** ~]〔名譽等的〕淪喪〔*of*〕；(性格、精神上的)崩潰。

ban·ner [ˈbænɚ; ˈbænə] *n.* Ⓒ **1 a** (寫上標語、口號等而用兩根柱子擧在遊行隊伍先頭的)**橫幅標語**(⇨ flag[1]【同義字】)。**b** (由高處垂掛的廣告、宣傳用)**大旗，**標幟，豎幅標語。**2 a**《文語》(國旗、軍旗、校旗等的)旗《★[比較]現在用 flag》：⇨ Star-Spangled Banner. **b** (從前的君主、諸侯等的)旗幟，幡幟；旗號；標誌，幌子。**3** 旗幟，表徵：fight under the ~ of freedom 在自由的旗幟下戰鬥。**4** (又作 **bánner hèadline**)(報紙上)橫貫全頁的大標題。

cárry the bánner for... 《口語》愛護，袒護，支持…；站在…的最前頭。

fóllow[**jóin**] **the bánner of...** 投入…的旗下，追隨…，成爲…的部下。

unfúrl one's **bánner** 表明態度。

—*adj.* [用在名詞前]《美》領先的，優越的，一流的：a ~ crop 豐收/a ~ year for sales 促銷成績輝煌的一年。

ban·ner·et(te) [ˌbænəˈrɛt; ˌbænəˈret] *n.* Ⓒ小旗。

ban·nock [ˈbænək; ˈbænək] *n.* Ⓒ一種薄餅《在英國北部、蘇格蘭一般家庭用燕麥烘製，在美國新英格蘭則用玉米製成》。

banns [bænz; bænz] *n. pl.* 在所屬教堂中的結婚預告《在教堂擧行結婚儀式前須連續於三個禮拜天預告三次，徵尋對該婚事有無異議》：ask[call, publish, put up]the ~ 在教堂預告婚事問人有無異議/forbid the ~ 對於教堂所預告的婚事提出異議 / have one's ~ called[asked]請教堂公布結婚預告。

ban·quet [ˈbæŋkwɪt, ˈbæn-; ˈbæŋkwit] 《源自義大利語「小(宴會用)餐桌」之義》**—*n.*** Ⓒ(衆多人參加，會中有致詞的)(正式)**宴會；**盛宴，酒宴：a wedding ~ (盛大的)結婚喜筵/give[hold]a ~ 擧行宴會。

—*v.t.* 〔十受〕宴請〈人〉。

—*v.i.* 參加宴會；宴飲。~·**er** *n.*

bánquet ròom *n.* Ⓒ(大飯店等中的)宴會廳。

ban·quette [bæŋˈkɛt; bæŋˈket] *n.* Ⓒ **1** (餐廳等的)沿牆放的長椅。**2**《美南部》(高出車道的)人行道。**3** (驛馬車頂層的)乘客座椅。**4** (胸牆內供士兵射擊時立足的)踏垜。

ban·shee, ban·shie [ˈbænʃi, bænˈʃi; bænˈʃi:, ˈbænʃi:] *n.* Ⓒ《愛爾蘭·蘇格蘭》民間傳說會大聲哭號以預報死亡凶信的女妖精。

ban·tam [ˈbæntəm; ˈbæntəm] *n.* Ⓒ **1** [常 B~](原產爪哇的一種矮小的)萬丹雞。**2** 矮小而好鬥的人。**3** =bantamweight.

—*adj.* [用在名詞前]**1** 小個子的；小型的。**2** 矮小而好鬥的。

bántam·wèight *n.* Ⓒ《拳擊》最輕量[輕丙]級拳擊手。

ban·ter [ˈbæntɚ; ˈbæntə] *n.* Ⓤ(無惡意的)戲謔，挖苦，嘲弄，揶揄，開玩笑。

—*v.t.* 嘲弄，戲謔，揶揄，挖苦〈人〉。

—*v.i.* 〔動(十介十(代)名)〕〔與人〕互開玩笑，戲謔〔*with*〕。

bán·ter·ing [-tərɪŋ; -təriŋ] *adj.* 開玩笑的，戲謔的。~·**ly** *adv.*

Ban·tu [ˈbænˈtu; ˌbænˈtu:] *n.* (*pl.* ~, ~s) **1 a** [**the** ~(s)]班圖族《居於非洲中南部諸部落的黑人，合稱班圖族；如卡非爾人(Kaffir)，史瓦希里人(Swahili)，祖魯族(Zulu)等是》。**b** Ⓒ班圖族的人。**2** Ⓤ班圖語(系)。

—*adj.* 班圖族[語]的。

ban·yan [ˈbænjən; ˈbæniən] *n.* (又作 **bányan trèe**)Ⓒ《植物》孟加拉榕樹《桑科榕屬喬木，自樹枝長出許多氣根，垂到地面即可生新根》。

banyan

ban·zai [ˈbɑnˈzɑ·i, ˈbɑnˈzaɪ; ˈbɑ:nˈzɑ:i ˈ] 《源自日語》

—*interj.* 萬歲！**—*n.*** Ⓒ萬歲(的呼聲)。

—*adj.* [用在名詞前]不怕死的，拼死的，自殺(式)的：a ~ attack[charge]自殺式的攻擊[衝鋒]《日本兵衝鋒時高呼「(天皇陛下)萬歲！」》。

baobab

bao·bab [ˈbeoˌbæb; ˈbeioubæb] *n.* (又作 **báobab trèe**)Ⓒ《植物》猢猻木《南非洲所產的木棉科喬木》。

Bap., Bapt.《略》Baptist.

bapt.《略》baptized.

bap·tism [ˈbæptɪzəm; ˈbæptizəm] 《源自希臘文「浸水」之義》**—*n.*** ⓊⒸ **1**《基督教》**洗禮，**浸禮(cf. sacrament 1)：~ by immersion[effusion]浸水[灑水]洗禮。

【說明】是成爲基督徒的儀式，洗禮的儀式以「我信我全能的天父(I believe in God the Father Almighty.)」的告白開始。通常在頭上淋水或灑水，有些教派則將身體浸入水中。天主教和英國國教在嬰兒洗禮時同時爲他取教名(first name)；這名字對姓(family name)而言便是洗禮名(Christian name 或 baptismal name)；cf. godfather【說明】

baptism 1

2 (類似洗禮儀式的)入會儀式；授名儀式。

báptism of fíre (1)砲火的洗禮《指初次上戰場》。(2)初次的考驗。

bap·tis·mal [bæpˈtɪzml; bæpˈtizml ˈ] 《baptism 的形容詞》

—*adj.* 洗禮的：a ~ name 洗禮名(⇨ name【說明】)。

~·**ly** [-mlɪ; -məli] *adv.*

Bap·tist [ˈbæptɪst; ˈbæptist] *n.* **1 a** Ⓒ施洗者；浸信會教友。**b** [**the** ~s]浸信會《反對嬰兒的洗禮和灑水洗禮，而主張只對長大

成人並經過信仰聲明的信教者施以全身浸水洗禮的一個新教派[會]〕。**2** [**the** ~]施洗者約翰(John the Baptist).

—adj. [用在名詞前]浸信教會的，浸信會教友的：the ~ Church 浸信會。

bap·tis·ter·y [ˋbæptɪstrɪ, -tərɪ; ˈbæptistəri], **bap·tis·try** [ˋbæptɪstrɪ; ˈbæptistri] *n.* Ⓒ **1** 浸禮所[堂]。**2** 浸禮池。

bap·tize [bæpˋtaɪz; bæpˈtaiz] «baptism 的動詞»**—v.t.** **1 a** 〔十受〕爲〈人〉施行洗[浸水]禮：The vicar ~*d* the baby. 牧師對嬰兒施洗禮。**b** 〔十受十介十(代)名〕爲〈人〉施行洗禮並接收〔入…教會〕〔*into*〕：He was ~*d* **into** the Catholic Church. 他受洗禮而入天主教。**c** 〔十受十補〕藉施行洗禮承認〈人〉〈爲…〉：He was ~*d* a Catholic. 他受洗成爲天主教徒。

Baptist 2

2 a 〔十受〕授〈人〉教名：He was ~*d* by the name of Thomas. 他被授教名爲湯瑪斯。**b** 〔十受十補〕給〈人〉命名[取名]〈爲…〉：He was ~*d* Thomas. 他被取名爲湯瑪斯。

3 (指在精神上)使…清靜，使…淨化。

—v.i. 施行洗禮。

‡**bar**[1] [bar; bɑː] «源自拉丁文「棒」之義»**—n.** Ⓒ **1 a** (固定在門窗上的木質或金屬)棒：the ~*s* of a jail 監獄的鐵窗/a toll ~ (從前將木棒橫在路上攔阻行人徵收過路費的)障礙物，稅卡門。

【同義字】stick 是稍爲細長的棒、條；rod 是細而直的竿、杖。

b (門、窗的)格，欞。**c** (門的)閂，橫木；柵欄。**d** (練習芭蕾舞用的)橫槓。

2 a 棒狀之物[結塊]：a ~ of chocolate 巧克力棒。**b** 金屬條：a ~ of gold 金條。**c** 橇杆，鐵橇棍。

3 a 擋牆，關卡；障礙，隔閡〔*to*〕：a ~ *to* happiness 幸福之障礙/There is no color ~. 沒有膚色的(種族)隔閡。**b** (在河口等形成航行上之障礙的)沙洲：⇨ sandbar.

4 細長的線：**a** (光、色等的)條紋。**b** (軍人的)線條徽章《用以表示兵種、階級等的細長刺繡、金屬棒》。**c** 《音樂》節線《用以劃分樂譜的小節》；小節：a single [double] ~ 單[複]節線。

bars 4 c

5 a (酒店、旅館內的)酒吧間，吧檯。**b** (坐在櫃檯前吃的)簡速[小吃]餐廳：⇨ milk bar.

6 a (在法庭上把旁聽席與推事、陪審團、檢察官等座席隔開的)欄干。**b** 法庭：at ~ 在法庭(公審中)《★無冠詞》/be tried at (the) *B*~ 〈被告〉在法庭受審。**c** 審判，制裁：the ~ of conscience [public opinion] 良心[輿論]的制裁。**d** [常 **the** ~, **the** B~；集合稱]法界，司法界，(屬於某地區或法院的)律師們；律師業(cf. bench 5b)《★用法視爲一整體時當單數用，指個別成員時當複數用》：be called to [before] *the* ~ = be admitted to *the* ~ 取得律師資格/be called within *the* ~ 《英》被任命爲欽選律師/practice at *the* ~ 開業當律師/a prisoner at *the* ~ 刑事被告/read [study] for *the* ~ 讀法律。

behìnd bárs 在囚禁中。

—v.t. (**barred**; **bar·ring**) **1** 〔十受〕上閂於〈門等〉；閂住…：~ a door 閂門/All exits are *barred*. 所有的出口都被關閉了。

2 a 〔十受〕阻塞，堵住〈路〉；阻礙，阻擋，妨礙〈通行〉：Fallen trees *barred* the way. 倒下的樹木阻塞了路。**b** 〔十受十介十do*ing*〕阻止，阻擋…〔做…〕〔*from*〕：Nothing *barred* him *from* go*ing*. 沒任何事阻止他去。

3 a 〔十受〕禁止…：~ the use of nuclear weapons 禁止使用核子武器/All talking is *barred* during a study period. 讀書時，禁止一切談話。**b** 〔十do*ing*〕禁止〈做…〉：Our teacher ~*s* play*ing* in the classroom. 老師禁止我們在教室裏玩。

4 〔十受十介十(代)名〕把…摒除[排擠]〔於…外〕〔*from*〕：They *barred* him *from* the contest. 他們不讓[不准]他參加比賽。

5 〔以…〕加條紋於…，將…〔用…條紋〕裝飾〔*with*〕《★常以過去分詞當形容詞用；⇨ barred 1 b》.

bár ín [**óut**] 《*vt adv*》將〈人〉關在裏面[外面]：She *barred* herself *in*. 她把自己關在裏面(不見人)。

bár úp 《*vt adv*》(插上門閂)將…關閉。

—prep. 《口語》除…之外(except)《★源自動詞之祈使語氣；cf. barring》：*B*~ fencing and boxing I had few athletic tastes. 除劍術和拳擊之外，其他運動我不太喜歡[我對運動不太感興趣]。

bàr nóne 無例外，斷然：the best living poet, ~ *none* 當今最好的詩人。

be áll over bàr the shóuting ⇨ shouting.

bar[2] [bar; bɑː] *n.* Ⓒ《物理》巴《壓力之單位》。

bar[3] [bar; bɑː] *n.* 《美》=mosquito net.

bar. 《略》barometer；barometric；barrel；barrister.

Ba·rab·bas [bəˋræbəs; bəˈræbəs] *n.* 《聖經》巴拉巴《耶穌被釘十字架以前，猶太人要求釋放的囚犯》。

barb [barb; bɑːb] «源自拉丁文「鬍鬚」之義»**—n.** Ⓒ **1 a** (鏃、魚鉤等的)倒鉤，倒鬚，倒尖；倒刺；(有刺鐵絲的)刺。**b** 帶刺[尖刻]的言詞。**2** 《動物》**a** (鯉魚、鯰魚等的)髭，觸鬚。**b** (鳥毛的)羽枝。

—v.t. 裝倒鉤[倒刺]於…，給…裝上倒鉤[倒刺](⇨ barbed).

barbs 1 a

Bar·ba·di·an [barˋbedɪən; bɑːˈbeidiən] «Barbados 的形容詞»**—adj.** 巴貝多的；巴貝多人的。

—n. Ⓒ巴貝多人。

Bar·ba·dos [barˋbedoz, ˋbarbə͵doz; bɑːˈbeidɔs] *n.* 巴貝多《西印度羣島東端的一個島；爲大英國協內的一個共和國；首都橋鎮(Bridgetown [ˋbrɪdʒ͵taun; ˈbridʒtaun])》.

Bar·ba·ra [ˋbarbərə, -brə; ˈbɑːbərə] *n.* 芭芭拉《女子名》。

bar·bar·i·an [barˋbɛrɪən; bɑːˈbɛəriən] *n.* Ⓒ **1** 野蠻人，蠻族，未開化的民族。

【字源】源自原義爲「外國人」的希臘文 barbaros. 對於無法瞭解的外國語，希臘人聽起來只是 bar-bar「巴巴」的聲音而已，因此外邦人便被稱爲 barbaros. 據說 babe, baby(嬰兒)也是由他們發出「巴巴」的無意義的聲音而來。嬰兒和野蠻人本來都是「嘴裡巴巴叫的傢伙」之義。

2 沒有教養[粗野]的人。**3** 異邦[異族]人《指與本人之語言、習俗不同者》。

—adj. (人)未開化的，野蠻的；無教養[粗野]的。

bar·bar·ic [barˋbærɪk; bɑːˈbærik] *adj.* **1 a** (像)野蠻人的；粗野[粗陋]的。**b** 〈文體等〉不精練的，粗俗的，不優雅[不精湛]的。**2** 殘忍的：a ~ punishment 殘忍的處罰。

bar·ba·rism [ˋbarbə͵rɪzəm; ˈbɑːbərizəm] *n.* **1** Ⓤ野蠻(的生活方式)，未開化(狀態)。**2** Ⓒ粗野[粗陋]的舉止[措詞]。**3** Ⓒ不合常規[語法，文法]的字[構句]，鄙語。

bar·bar·i·ty [barˋbærətɪ; bɑːˈbærəti] «barbarous 的名詞»**—n.** **1** Ⓤ野蠻，殘忍。**2** Ⓒ殘暴的行爲。**3** Ⓤ(文體、態度、舉止、趣味等的)不雅，下流，粗陋，粗野。

bar·ba·rize [ˋbarbə͵raɪz; ˈbɑːbəraiz] «barbarous 的動詞»**—v.t.** **1** 使…變野蠻，使…變粗野。**2** 使〈語言、文體等〉變得不純[蕪雜]。**—v.i.** 變野蠻，變粗野。

bar·ba·rous [ˋbarbərəs, -brəs; ˈbɑːbərəs] **—adj.** (**more** ~；**most** ~) **1 a** 野蠻的，未開化的，無文明的(↔ civilized). **b** 殘忍的，殘暴的。**2 a** 無教養的，不精練的，不優雅的，粗野的，下流的。**b** 〈語言、文體〉不合常規[語法，文法]的。~**·ly** *adv.* ~**·ness** *n.*

Bar·ba·ry [ˋbarbərɪ; ˈbɑːbəri] *n.* 巴巴利《非洲北部之一地區，從埃及西部延伸到大西洋，包括北非諸國(Barbary States)》.

Bárbary Státes *n. pl.* [**the** ~]北非諸國《指在十六至十九世紀時，包括仍爲海盜活動之中心的摩洛哥(Morocco)，阿爾及爾(Algier)，突尼斯(Tunis)及的黎波里(Tripoli)》.

bar·be·cue [ˋbarbɪ͵kju; ˈbɑːbikjuː] «源自海地語「烤肉用的木架」之義»**—n.** **1 a** Ⓒ[當作菜名時爲Ⓤ] (豬、牛等)炙烤的全牲；(魚、肉類)炙烤食物《★一般家庭於野宴或在自家後院的聚餐調製；美國的餐廳招牌又寫作 Bar-B-Q》. **b** Ⓒ(吃豬、牛等炙烤全牲的)大野宴；(在戶外)吃炙烤全牲的聚會。**2** Ⓒ炙烤(豬、牛等)全牲用的臺架；簡單的烤肉架。**3** Ⓒ專門作烤肉的餐廳。

—v.t. **1** 將〈豬、牛肉〉炙烤全牲；炙烤〈肉類〉，將…作成烤肉。**2** 加佐料烹調〈肉類等〉。

bárbecue pìt *n.* Ⓒ爲在戶外炙烤全牲而掘地作成的坑。

bárbecue sàuce *n.* Ⓤ烤肉醬《用番茄、香料等調製成的調味汁》。

barbed *adj.* **1** 〈魚鉤等〉有倒鉤[倒刺]的。**2** 〈言詞等〉帶諷刺的，尖刻的。

bárbed wíre *n.* Ⓤ有刺鐵絲。

bárbed-wíre *adj.* [用在名詞前]有刺鐵絲的：~ entanglements 有刺鐵絲網 / a ~ fence 有刺鐵絲柵欄。

bar·bel [ˋbarbl; ˈbɑːbl] *n.* Ⓒ **1** (魚唇之)觸鬚。**2** 巴魚《鯉科鲃屬淡水魚的統稱》。

bár·bèll *n.* Ⓒ槓鈴《一種雙手用舉重運動器材；cf. dumbbell》.

bar·ber** [ˋbɑrbɚ; ˈbɑːbə] **《源自拉丁文「刮鬍(barb)的人」之義》—*n. Ⓒ**理髮師**(《英》hairdresser):at a ~'s [《英》 ~'s shop] 在理髮店。

barbell

【說明】barber 是指以男性爲服務對象的理髮師。在英美，剪髮(haircut)，洗髮(shampoo)，刮臉(shave)各項服務分別計費，並另收小費(tip)。

bárber·shòp *n.* Ⓒ《美》理髮店。
bárber's ítch *n.* Ⓤ鬚瘡。
bárber('s) pòle *n.* Ⓒ理髮店招牌桿。

【說明】指理髮店前面紅白相間的螺旋紋轉桿，古時英國的理髮師兼外科醫師，常替身體不適的人放血，所以使用表示血的紅色和表示繃帶的白色兩色的組合圖案爲招牌標示。現在理髮店的招牌柱便是此一遺習。

bar·bi·can [ˋbɑrbɪkən; ˈbɑːbikən] *n.* Ⓒ(城堡等的)外堡，望樓，更樓。
bar·bi·tal [ˋbɑrbəˏtɔl; ˈbɑːbitɔːl] *n.* Ⓤ《藥》巴必妥《安眠藥、鎮靜劑；cf. Veronal》.
bar·bi·tone [ˋbɑrbɪˏton; ˈbɑːbitoun] *n.* 《主英》=barbital.
bar·bi·tu·rate [bɑrˋbɪtʃərɪt, -ˏret; bɑːˈbitjurət, -reit] *n.* ⒸⓊ《藥》巴必妥酸鹽《鎮靜劑、催眠劑》。
bárb·wíre *n.* 《美》=barbed wire.
bar·ca·rol(l)e [ˋbɑrkəˏrol; ˈbɑːkəroul] *n.* Ⓒ **1** 威尼斯運河上平底輕舟(gondola)船夫之櫂歌，船夫歌。**2** 船夫歌風格的歌曲。
Bar·ce·lo·na [ˏbɑrslˋonə; ˏbɑːsiˈlounə] *n.* 巴塞隆納《位於西班牙東北部，地中海沿岸之一港埠》。
bár còde *n.* Ⓒ(商品識別)條碼《廠商印在產品包裝上的粗細不同的一組條紋及阿拉伯數字號碼；超級市場等可用電腦掃描此條碼查知商品之號碼、庫存等資料，並可自動打出收據；cf. Universal Product Code》.
bard [bɑrd; bɑːd] *n.* Ⓒ **1** 塞爾特(Celt)族的流浪樂人；遊唱詩人，吟遊詩人；自編、自唱、自彈的人。**2** 《文語・詩》詩人。
the Bárd (of Ávon) 阿文河畔的詩人《意指莎士比亞(Shakespeare)》.
‡bare[1] [bɛr; bɛə] *adj.* (**bar·er**; **bar·est**) **1** (**應有而)沒有遮蓋的**：**a** (**身體)赤裸的，裸體的**：~ feet 赤腳/with ~ head 沒戴帽子，光著頭。**b** 〈山等〉(無草木而)顯露的，光禿的；〈樹木〉沒有樹葉的：~ branches 樹葉落光的樹枝/a ~ hillside 光禿的山腰。**c** 〈刀劍〉出鞘的，顯露刀刃的。**d** 空的，空虛的；〈屋內、室內〉無家具裝飾的，沒有陳設的：a ~ cupboard 空無一物的食品櫥/a ~ floor 沒有鋪地毯的地板/a ~ wall 沒有掛字畫等的牆。
2 [用在名詞前]赤裸裸的，據實的，無修飾的〈事實等〉：a ~ fact 赤裸裸的事實。
3 [不用在名詞前](十介+(代)名)沒有(…)的(*of*)：trees ~ ***of*** leaves 沒有樹葉的樹/The room is almost ~ *of* furniture. 那房間裏幾乎沒有家具。
4 [用在名詞前](無比較級、最高級)**a** 勉勉強強的，僅有的，最低限度的；極少的：a ~ majority 勉勉强强超過半數，勉强成多數/the ~ necessities of life 僅能維持生活的[最低限度的]必需品/escape with ~ life 勉强逃生，僅保住一命/The ~ sight of him thrilled me. 僅是看到他就叫我激動[一看到他我就激動]/I shudder at the ~ thought (of the scene). 一想到(那情景)，我就不寒而慄/She believes any man on his ~ word. 她只憑說詞就聽信任何人。**b** 赤手空拳的，徒手的：with (one's) ~ hands 以徒手。
5 〈布〉磨損的，用舊的。
lày...báre (1)顯露…，露出…：*lay* one's breast ~ 袒胸。(2)暴露，披露，表明；揭開；洩露：*lay* one's heart ~ 披露心事/*lay* one's plans ~ 洩露計畫。
—*v.t.* 〔十受〕**1** 使…赤裸；暴露，露出…：~ one's head〈男〉脫帽/The dog ~*d* its teeth at me. 那隻狗對我露出牙齒。**2** 表明〈心意〉：~ one's heart [soul] 剖白心事[訴衷情]。
~·ness *n.*
bare[2] [bɛr; bɛə] *v.* 《古》**bear** 的過去式。
báre·bàck(ed) *adj.* [用在名詞前]無鞍的。
—*adv.* 不用馬鞍地：ride ~ 不用馬鞍騎馬，騎沒有鞍[裸背]的馬。
báre·fáced *adj.* **1 a** 露著面(未帶面紗等)的。**b** 無鬚的。**2 a** 不隱藏的，公然的。**b** 厚顏無恥的：~ impudence 厚顏無恥。
báre·fáced·ly [-ˋfesɪdlɪ, -ˋfestlɪ; -feistli, -feisidli] *adv.* 厚著臉皮地，不害臊地，厚顏無恥地。
báre·físted *adj.* & *adv.* 赤手空拳的[地]。
báre·fòot, báre·fóoted *adj.* & *adv.* 赤足的[地]，光著腳的[地]。
báre·hánded *adj.* & *adv.* 未戴手套的[地]；赤手空拳的[地]，徒手的[地]。
báre·héaded, báre·hèad *adj.* & *adv.* 未戴帽[光著頭]的[地]。
báre infínitive *n.* Ⓒ《文法》原形不定詞《未加 to 的不定詞；如 I saw him run. 的 run》.
báre·légged [-ˋlɛgd, -ˋlɛgɪd; -ˈlegd, -ˈlegid⁻] *adj.* & *adv.* 露腿的[地]；未穿襪子的[地]。
***bare·ly** [ˋbɛrlɪ; ˈbɛəli] *adv.* (**more ~; most ~**) **1** (**無比較級、最高級)勉强地，僅，幾不能，總算，才**(⇨ hardly【同義字】)：He is ~ of age. 他才成年/He ~ escaped death. 他僅免於死。
2 (無比較級、最高級)幾乎不…：The old men ~ talked to each other. 那些老人幾乎沒有彼此交談。**3** 露骨地，公然，赤裸地；貧乏地：a ~ furnished room 沒什麼家具陳設[陳設簡陋]的房間。
bár·flỳ *n.* Ⓒ《美俚》常去酒吧的人。
bar·gain** [ˋbɑrgɪn; ˈbɑːgin] **《源自古法語「殺價」之義》—*n. Ⓒ **1 a 買賣契約，合同，協議；成交，交易**：strike a ~ (*with* a person) (與人)達成買賣的協議[訂買賣契約]/It's [That's] a ~. 就這樣[那樣]說定/A ~'s a ~. 《諺》契約終是契約(說定了就得遵守)。**b** 〔十 *to* do〕〈做…的〉契約，協定：The two camps made a ~ *to* cease fire. 雙方陣營訂了停火的協定。**c** 〔十 *that*__〕〈…的〉契約，協定：They made a ~ *that* they would not forsake each other. 他們訂下協議彼此不遺棄。**2 廉購**；廉售或廉購之物，特價品，廉價的買賣[交易]：make a good ~ 買得便宜，做一次合算的買賣/a bad [losing] ~ 買得貴，不合算的買賣/ ~*s in* clothes 衣服的特價品。
at a bárgain 以特價，廉價地：buy *at a* (good) ~ 廉價購買/I got this *at a* ~. 我廉價買了這個。
béat a bárgain 殺價。
dríve a (hárd) bárgain 《口語》〔與…〕訂下條件很有利於自己的協定，狠殺〔賣主等〕的價，〔與…〕做一次條件很有利於自己的交易，〔與…〕講一筆很合算的買賣〔*with*〕.
ìnto [in] the bárgain 而且，再加上，另外。
màke the bést of a bád bárgain ⇨ best *n.*
—*adj.* [用在名詞前]廉價的，特價的；便宜的：a ~ basement (百貨商場的)地下層廉售部/a ~ counter 特價品廉售專櫃/a ~ hunter 搜尋廉價貨的人/a ~ price 特價/a ~ sale 大廉售，大減價。
—*v.i.* **1** 〔動(十介+(代)名)〕**a** 〔與人〕〔就買賣之事〕討價還價，議價，講價〔*with*〕〔*about, over*〕：~ ***with*** the producer ***about*** the price of the article 與生產者講商品的價格。**b** 〔與人〕協議[訂約]〔以求…〕，〔爲求…〕〔與人〕討價還價〔*with*〕〔*for*〕：~ ***with*** the producer ***for*** a constant supply of the articles 與生產者訂約，要其經常供應貨品。**c** 〔以…的條件〕訂合約〔*on*〕：~ ***on*** a five-year term 以五年爲期的條件訂合約。**2** 〔十介+(代)名〕〔爲…〕殺價，討價還價〔*for*〕：~ ***for*** a car 討價還價欲買汽車。**3** 〔十介+(代)名〕**a** [常用於否定句或與 more than 連用]預料，預期〔…〕〔*for*, 《美》*on*〕：I did*n't* ~ ***for*** that. 那是我所沒有料到的/You'll get *more than* you ~ *for.* 你會得到比你所預料的更多/This bad weather is *more than* I ~*ed for.* 這種壞天氣是我始料未及的。**b** 指望，託靠〔…〕〔*on*〕：~ ***on*** a person's help 指望某人的援助。
—*v.t.* **1 a** 〔十受〕將…議價賣出。**b** 〔十 *that*__〕交涉〈說…〉，提出…的條件：We ~*ed that* we (should) have no work on Sundays. 我們提出條件說星期日不上班《★ 用法 《口語》多半不用 should》。**2** 〔十 (*that*) __〕保證，擔保〈…事〉：I ~ *that* he will come. 我保證他會來。
bárgain awáy 《*vt adv*》廉售〈土地等〉；輕易地放棄〈權利、自由等〉：~ *away* one's estate 廉售地產。
bár·gain·ing *n.* Ⓤ議價，討價還價，交易；交涉：collective ~ 集體交涉。
barge [bɑrdʒ; bɑːdʒ] *n.* Ⓒ **1** (行駛於運河、河川、港灣中等的)平底載貨船，駁船。**2** (儀式用)遊覽客船；《英》(自家用)船屋(houseboat). **3** 戰艦司令官的座艇。**4** 新英格蘭的雙座四輪馬車。
—*v.t.* 以駁船載運。
—*v.i.* **1** 〔十副詞(片語)〕(像駁船般)緩慢移動，蹣跚前進。**2** 〔十副詞(片語)〕《口語》亂衝，碰撞：~ *about* [*along*] 亂蹦亂跳/~ *into* [*against*] a person [thing] 撞上某人[物]。**3 a** 〔十介+(代)名〕《口語》闖〔入…〕，擠〔進…〕；干預〔…〕〔*into*〕：He didn't want to ~ ***into*** anyone's business. 他不想干預任何人的事。**b** 〔十副十介+(代)名〕〔在…時〕插嘴〈*in*〉〔*on*〕：Don't ~ ***in on*** our conversation. 在我們交談時別插嘴。
barg·ee [bɑrˋdʒi; bɑːˈdʒiː] *n.* 《英》=bargeman.
bárge·man [-mən; -mən] *n.* Ⓒ (*pl.* **-men** [-mən; -mən]) 《美》駁船[遊覽船]的船夫[船員] (《英》bargee).

B

bárge pòle *n.* Ⓒ(駁船用的)船篙。

I wòuldn't [wòn't] tóuch...with a bárge pòle. …使我噁心[討厭透了]《★原指「(甭說用手去碰,)就是用一根很長的船篙碰，我都不屑」之意，表示對某人或某物的厭惡》。

bár gìrl *n.* Ⓒ **1** 酒吧女侍。**2** 酒吧女郎，酒家女《爲酒吧、夜總會等所雇用以陪伴男性顧客者》。**3** 常到酒吧間找顧客的妓女。

bár gràph *n.* Ⓒ柱狀統計圖表。

bár·hòp *v.i.* (**-hopped**; **-hop·ping**)《美口語》一家又一家地易地喝酒(cf. pub-crawl)：go *barhopping* 一家又一家地換酒店喝酒。

bar·i·at·rics [ˌbærɪˋætrɪks; ˌbæriˈætriks] *n.* Ⓤ《醫》肥胖症治療學。

bar·ite [ˋbɛraɪt; ˈbɛərait] *n.* Ⓤ《礦》重晶石。

bar·i·tone [ˋbærəˌton; ˈbæritoun]《音樂》*n.* **1 a** Ⓤ男中音，上低音《介於男高音 (tenor) 和男低音 (bass) 之間者；⇨ bass[1] 相關用語》。**b** Ⓒ男中音[上低音]的聲音；男中音[上低音]聲部。**2** Ⓒ男中音[上低音]歌手；上低音樂器。

—*adj.* 男中音[上低音]的：a ~ voice 男中音[上低音]的聲音。

bar·i·um [ˋbɛrɪəm; ˈbɛəriəm] *n.* Ⓤ《化學》鋇《金屬元素；符號 Ba》。

bárium méal *n.* Ⓤ[指個體時爲Ⓒ]硫酸鋇液《於消化道 X 光攝影前，爲使內臟影像更清晰而使被攝影者飲下的檢查用造影劑，爲一無臭無味的白色細粉溶液》。

‡**bark**[1] [bark; bɑːk] *v.i.* **1** 〔動(+介+(代)名)〕**a** 〈狗、狐狸等〉〔對…〕吠，叫〔*at*〕：A ~*ing* dog seldom bites.《諺》善吠之犬不咬人《愛喧嘩者不一定會做事，沈默的人才可怕》/That dog always ~*s at* me. 那隻狗老是對我叫。

【同義字】howl 指長嗥；whine 指發低哀之鼻聲；yelp, yap 指小狗等以尖聲吠叫；growl 指作低沈的怒吠聲；snarl 指發怒咆哮，狺狺。

b 〔對…〕咆哮，吼叫〔*at*〕：He ~*ed at* me. 他對我咆哮。**2** 〈槍、砲〉轟隆地響。**3**《罕》咳嗽。**4**《美口語》(在店鋪、戲院前)招徠客人。

—*v.t.* 〔十受(十副)〕粗暴地說,吼叫,咆哮地說…〈*out*〉：~ (*out*) one's orders 吼叫地發布命令。

bárk úp the wróng trée《口語》[常用於進行式]認錯了目標，找錯了對象。

—*n.* Ⓒ **1** 吠聲，狗叫：give a ~ 發出吠聲。**2** 槍聲，砲聲；咳嗽聲，咆哮聲，吼叫聲：She gave a short ~ of laughter. 她大笑一聲。

His bárk is wórse than his bíte. 他的言語比行動嚇人[他動不動就發脾氣吼叫，但只是嘴巴凶，心不狠]；虛張聲勢《★轉借自 Our dog's *bark* is worse than his bite.(我們的狗愛叫但不會咬人)》。

bark[2] [bark; bɑːk] *n.* Ⓤ **1** 樹皮。**2 a** 金雞納樹皮 (cinchona bark). **b** 任何含有單寧酸的樹皮。**3**《俚》皮膚。

—*v.t.* 〔十受〕**1** 剝去〈樹〉的樹皮。**2** 以樹皮覆…。**3**《口語》擦破…的皮膚：~ one's shin *on*[*against*] a chair 碰到椅子擦破脛上的皮膚。

bark[3] [bark; bɑːk] «源自拉丁文「小船」之義；⇨ embark»—*n.* Ⓒ **1**《航海》多桅帆船《有三根(以上的)桅，除後桅爲縱帆，所有的桅均裝置以橫帆者》。**2**《詩・文語》(小)帆船。

bárk·kèep *n.*《美》=barkeeper.

bár·kèeper *n.* Ⓒ酒吧店主；酒保。

bark·en·tine [ˋbarkənˌtin; ˈbɑːkəntiːn] *n.* Ⓒ《航海》多桅帆船《有三根(以上的)桅，前桅裝以橫帆，其餘的桅則裝以縱帆者》。

bárk·er *n.* Ⓒ **1** 會吠的動物：Great ~*s* are no biters.《諺》善吠之犬不咬人。**2** (在店鋪、戲院前)招徠客人者。

bar·ley [ˋbarlɪ; ˈbɑːli] *n.* Ⓤ 大麥(的穀實) (⇨ wheat 2【同義字】)。

bárley·còrn *n.* Ⓒ大麥粒。

bárley sùgar *n.* Ⓤ[指個體時爲Ⓒ]《英》大麥糖《用溶砂糖製成螺旋棒等形狀的透明糖果；從前以加大麥汁製成》。

bárley wàter *n.* Ⓤ《英》大麥湯《大麥煎成的湯；常加檸檬等調味使小孩飲用以止瀉肚等》。

barm [barm; bɑːm] *n.* Ⓤ酵素，酵母；啤酒的泡沫。

bár·màid *n.* Ⓒ酒吧女，酒吧女侍。

bár·man [-mən; -mən] *n.* Ⓒ (*pl.* **-men** [-mən; -mən]) 酒吧服務生，酒保；酒吧店主《★比較《美》稱作 bartender》.

Bar·me·cide [ˋbarməˌsaɪd; ˈbɑːmisaid] *n.* 巴米賽德《在「天方夜譚(*The Arabian Night's Entertainments*)」中巴格達的一位波斯貴族；曾以空盤宴饗一乞丐》。

Barmecide('s) feast 以空盤饗客之宴會；虛假的慇懃或慷慨。

—*adj.* 虛假的；空想的。

bar mitz·vah [barˋmɪtsvə; ˌbɑːˈmitsvə] *n.* Ⓒ [常 B~ M~]《猶太教》**1** 受戒禮《十三歲猶太男孩在完成猶太教的研讀課程後所受的成人禮；通常於星期六早上在猶太教會堂內舉行》。**2** 參加受戒禮的男孩。

barm·y [ˋbarmɪ; ˈbɑːmi] «barm 的形容詞» —*adj.* (**barm·i·er**; **-i·est**) **1** 發酵中的；含酵母的；似啤酒泡沫的，有泡沫的。**2**《英俚》癡愚的；精神稍微錯亂的(《美俚》balmy)：go ~ 發癡；精神稍微錯亂。

***barn** [barn; bɑːn] «源自古英語「存放大麥 (barley) 的房屋」之義»—*n.* Ⓒ **1 a** (農家的)穀倉，倉庫。**b**《美》牛舍，馬廄，糧秣房。**2**《美》電車[公車]車房。**3** 空蕩蕩的房屋。**4**《物理》邦《原子核斷面積單位；10^{-24} cm^2》.

bar·na·cle [ˋbarnəkḷ; ˈbɑːnəkl] *n.* Ⓒ **1** 藤壺《蔓足亞綱海產甲殼動物，常附著於水面下之岩石、船底、樁基及海草上》。**2** (對職位等)戀棧的人；難以擺脫之人[物]，積習。

bárn dànce *n.* Ⓒ美國鄉間在穀倉舉行的舞會；此種舞會中所跳的一種方塊舞。

bárn dóor *n.* Ⓒ **1** 穀倉的大門《其寬度可容大馬車通過者》。**2** 大而容易打中的目標：He can't hit a ~. 他的槍法很差(連穀倉的大門都打不中)。

(as) bíg as a bárn dóor 非常大。

bárn-dòor fówl *n.* =barnyard fowl.

bárn òwl *n.* Ⓒ《鳥》倉鴞《草鴞屬猛禽，面似猴，常出沒倉廩捕鼠爲食；亞歐美三洲皆產》。

bárn·stòrm *v.i.* 在鄉間巡迴演出[《美》競選旅行]。

—*v.t.* 巡迴〈鄉間〉演出[《美》競選]。

bárn·stòrm·er *n.* Ⓒ **1** 在鄉間巡迴演出的演員；江湖藝人；次等的藝人。**2**《美》在鄉間巡迴的演說家。

bárn swàllow *n.* Ⓒ《鳥》家燕《歐美常見的燕子；喜歡在穀倉或類似穀倉之建築物築巢》。

bárn·yàrd *n.* Ⓒ穀場近旁的場地。

bárnyàrd fówl *n.* Ⓒ家禽。

bar·(o)- [bærə-; bærə-] [複合用詞]「氣壓」之義。

bar·o·gram [ˋbærəˌgræm; ˈbærəgræm] *n.* Ⓒ《氣象》(用氣壓記錄計(barograph)記錄的)氣壓記錄表。

bar·o·graph [ˋbærəˌgræf; ˈbærəgrɑːf] *n.* Ⓒ氣壓記錄計。

ba·rom·e·ter [bəˋrɑmətə; bəˈrɔmitə] *n.* Ⓒ **1** 氣壓計，晴雨表。**2** (輿論等的)指標，測量器；顯示變化的事物：Newspapers are often ~*s of* public opinion. 報紙常是反映輿論動態的指標。

bar·o·met·ric [ˌbærəˋmɛtrɪk; ˌbærəˈmetrik⁻] «barometer 的形容詞»—*adj.* 氣壓計的，氣壓計所示的：~ pressure 氣壓。

bàr·o·mét·ri·cal [-trɪkḷ; -trikl⁻] *adj.* =barometric.

bar·on [ˋbærən; ˈbærən] *n.* Ⓒ **1 a** 男爵《爲英國貴族中爵位最低者；以爵位與姓連用稱呼時，稱英國的男爵爲 Lord A，稱外國的男爵爲 Baron A；⇨ nobility 表》。**b** 外國的貴族。**2** (中古英國直接由國王封得采邑的)國王直屬臣下，(地方上的)豪族。**3** [常構成複合字]豪商，…王：an oil[a lumber] ~ 石油[木材]大王。

bar·on·age [ˋbærənɪdʒ; ˈbærənidʒ] *n.* **1** Ⓤ[集合稱]男爵；貴族。**2** Ⓒ男爵[貴族]的爵位[身分]。

bar·on·ess [ˋbærənɪs; ˈbærənis] *n.* Ⓒ **1** 男爵夫人[未亡人] (⇨ nobility 表)。**2** 有相當男爵位的貴婦人《★以爵位與姓連用稱呼時，稱獲有 Baroness 爵位的英國婦女爲 Lady A，稱獲有 Baroness 爵位的外國婦女爲 Baroness A》.

bar·on·et [ˋbærənɪt, -ˌnɛt; ˈbærənit, -net] *n.* Ⓒ從男爵。

【說明】英國最低的世襲爵位。在 baron(男爵)之下，knight(爵士)之上，但不是貴族。書寫時稱 Sir John Smith, Bart.(約翰・史密斯從男爵)，口頭稱呼爲 Sir John(約翰爵士)。書面稱呼其夫人爲 Dame Jane Smith(珍史密斯夫人)，口頭稱呼爲 Lady Smith(史密斯夫人)。

bar·on·et·age [ˋbærənɪtɪdʒ; ˈbærənitidʒ] *n.* **1** Ⓤ[集合稱]從男爵。**2** Ⓒ從男爵的爵位[身分]。

bar·on·et·cy [ˋbærənɪtsɪ; ˈbærənitsi] *n.* Ⓒ從男爵的地位[身分]。

ba·ro·ni·al [bəˋronɪəl; bəˈrouniəl] «baron 的形容詞»—*adj.* [用在名詞前] **1** 男爵的，男爵領有的；適於男爵的；像貴族的。**2** 豪華的，堂皇的〈房屋等〉。

bar·on·y [ˋbærənɪ; ˈbærəni] *n.* Ⓒ **1** 男爵的領地。**2** 男爵的地位[身分]。

ba·roque [bəˋrok; bəˈrɔk, -ˈrouk] «源自此款式之創始者，義大利畫家 Barocci» —*adj.* **1**《建築・美術・音樂》(十七世紀興起之歐洲、美國的)巴洛克式的。**2 a** 〈興趣等〉(極度)講究的。**b** 〈文體〉(過分)矯飾的。**3** 怪異的，奇異的，奇怪的。

—*n.* [the ~]《建築・美術・音樂》巴洛克式；怪異的愛好[興趣]。

bar·o·scope [ˋbærəˌskop; ˈbærəskoup] *n.* Ⓒ氣壓計。

ba·rouche [bəˋruʃ, bæ-; bəˈruːʃ, bæ-] *n.* Ⓒ (通常由兩匹馬拖行，可供四名客人乘坐的)一種有篷四輪馬車。

barque [bark; bɑːk] *n.* =bark[3].

bar·quen·tine [ˋbarkənˌtin; ˈbɑːkəntiːn] *n.* =barkentine.

bar·rack[1] [ˋbærək; ˈbærək] 《源自義大利語「木造小屋」之義》**—***n.* Ⓒ **1** [常 ～s；當單數或複數用]營房，兵營：a ～ room 兵營房間，兵舍。**2** 臨時工房；簡陋的大房舍。
—*v.t.* 供給〈軍隊〉營房，使…駐紮於兵營。
—*v.i.* 居於兵營。

bar·rack[2] [ˋbærək; ˈbærək] 《英・澳口語》*v.t.* 為〈出賽之選手等〉吶喊(加油或喝倒采)。
—*v.i.* 吶喊喝(倒)采。

bar·ra·cu·da [͵bærəˋkudə; ͵bærəˈku:də] *n.* Ⓒ (*pl.* ～, ～s)《魚》巴拉金梭魚《又稱大魣；魣科大型海魚的統稱》。

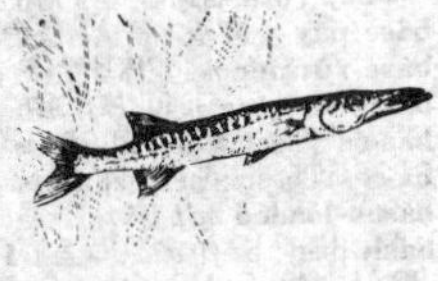
barracuda

bar·rage[1] [bəˋrɑʒ; ˈbærɑ:ʒ, bæˈrɑ:ʒ] *n.* Ⓒ **1** 《軍》彈幕，掩護砲火。**2** 〔打擊、發問等的〕連續，集中，傾瀉〔*of*〕：a ～ *of* questions 連珠砲似的問題[詰問]。
—*v.t.* **1** 對…布下彈幕。**2** 〔十受十介十(代)名〕〔以發問等〕連續施加於〈人〉〔*with*〕：～ a person *with* questions 連珠砲似地向人發問。

bar·rage[2] [ˋbɑrɪdʒ; ˈbærɑ:ʒ, -rɑ:dʒ] *n.* Ⓒ《土木》(河流等的)堰堤；堰壩。

barred *adj.* **1 a** 有條紋的。**b** [不用在名詞前]〔十介十(代)名〕〔以…〕劃了線條的〔*with*〕(cf. bar[1] *v.t.* 5)：The sky was ～ *with* gray clouds. 天空滿布著灰色的雲層。**2** 上門的，門住的，攔堵的。**3** 〈港口等〉有沙洲的。

‡bar·rel [ˋbærəl; ˈbærəl] *n.* Ⓒ **1** (中間鼓起的)大桶，琵琶桶。

【同義字】cask 是裝液體，尤其裝酒類的大木桶；keg 是小桶。

2 一桶(之量)(cf. firkin)：a ～ *of* beer 一桶啤酒。

【說明】實際容量依英美國別和所裝物品而有所不同；例如在美國啤酒是 31.5 加侖(gallons)(約 119 公升)一桶，石油是 42 加侖(約 159 公升)一桶；在英國啤酒是 36 加侖(約 146 公升)一桶，石油是 35 加侖(約 159 公升)一桶，魚肉則是 200 磅(pounds)(約 91 公斤)一桶。

3 (物之)體軀，身腔：**a** 槍管，砲管。**b** (機械的)圓筒，筒管。**c** (鐘錶的)發條匣。**d** (喞筒的)筒。**e** (自來水筆的)墨水管。**4** [常 ～s]《口語》許多(lot)〔*of*〕：a ～ *of* books 許多書/ ～*s of* money 許多錢/have a ～ *of* fun 玩得很痛快。
hàve a person òver a bárrel 《口語》使某人唯命是從[聽從自己的擺布]《★因從前常把溺水的人放在桶上使其吐水》。
òver a bárrel 《口語》(陷於)困難的[不利的]立場，不能還手的地步。
scrápe (the bóttom of) the bárrel 《口語》羅掘俱窮；使用[蒐集]殘餘之物；動用最後一點財力[物力]；使出最後一招。
—*v.t.* (**bar·reled**, 《英》**-relled**；**bar·rel·ing**, 《英》**-rel·ling**)〔十受〕將…裝入桶中。
—*v.i.* 《美俚》疾馳，開快車。

bárrel-hòuse 《源自整列的酒桶靠牆排放著之義》**—***n.* **1** Ⓒ《美俚》二十世紀初期在新奧爾良(New Orleans)的低級酒吧。**2** Ⓤ 於上述酒吧中演奏的一種爵士音樂。

bárrel òrgan *n.* Ⓒ (街頭樂師的)手搖風琴(cf. hand organ)。

barrel organ

bar·ren [ˋbærən; ˈbærən] *adj.* (**more** ～；**most** ～) **1** (無比較級、最高級) **a** 〈女人、雌性動物〉不(能)生育的，不孕的(cf. sterile 1)。**b** 〈樹木、植物〉不結實的：a ～ flower 不結實的花/a ～ stamen 不產生花粉的雄蕊。**2** 〈土地〉不毛的，不生產的，不生植物的，貧瘠的：a ～ desert 不生植物的沙漠。**3** [用在名詞前](精神上)空虛的，無趣味的，貧乏的；愚笨的；無益的，平凡的：a ～ discussion 無益的議論。**4** [不用在名詞前]〔十介十(代)名〕缺乏〔…〕的〔*of*〕：a hill ～ *of* trees 沒有樹木的小山。
—*n.* Ⓒ **1** 瘠地，不毛之地。**2** [常 ～s]《美・加》不毛之(沙)地，荒野。**～·ness** *n.*

bar·rette [bəˋrɛt; bəˈret] *n.* Ⓒ《美》(少女、婦女用的)髮夾(《英》hair slide)。

bar·ri·cade [͵bærəˋked, ˋbærə͵ked; ͵bæriˈkeid] 《源自法語「大桶(barrel)」之義；因以裝有土的大桶築成》**—***n.* **1** Ⓒ **a** 臨時構築的防禦工事，防寨，防柵。**b** 障礙物，路障。**2** [～s]爭辯[鬥爭]的地方：fight *on* the ～*s for* world peace 為世界和平而鬥爭。
—*v.t.* **1** 〔十受(十介十(代)名)〕〔以…〕構築防禦工事於…；〔以障礙物〕阻塞…；〔以…〕設柵於…〔*with*〕：～ a street 設路障於街道/The road was ～*d with* fallen trees. 道路被倒下的樹阻塞住了。**2** 〔十受十副詞(片語)〕[～ one*self*]構築臨時防禦工事自閉(於…之中)：～ *oneself in*[*into*] the castle 構築防寨自閉於城堡內/The soldiers ～*d themselves in*[*off*]. 士兵們構築防柵在裏面閉守。

bar·ri·er [ˋbærɪɚ; ˈbæriə] 《源自古法語「障礙物」之義；與 bar[1] 同字源》**—***n.* Ⓒ **1 a** 柵，擋牆。**b** 國境的碉堡，壁壘，關卡。**c** (車站的)剪票口：a ticket ～ 剪票口，檢票處。**d** 稅關的門。**e** (賽馬場的)起跑門欄。**2** 障礙(物)，阻礙，隔閡：a language ～ 語言障礙/tariff ～*s* 關稅壁壘/a ～ *to* progress 對進步的阻礙/cross the ～ *of*... 越過…的障礙，突破…的障礙/put a ～ between... 使…(兩者)之間產生隔閡，挑撥離間…。

bar·ring [ˋbɑrɪŋ; ˈbɑ:riŋ] *prep.* 除…以外；除非…(cf. bar[1] *prep.*)。

bar·ris·ter [ˋbærɪstɚ; ˈbæristə] *n.* Ⓒ **1** 《英》(出庭辯護的)律師《barrister-at-law 之略；★指有資格出庭處理訴訟案件的律師；處理財產等事務的律師稱為為委託人或客戶代辦製作契約書，處理財產等事務的律師稱為 solicitor；⇨ lawyer【同義字】》。**2** 《美口語》律師《★比較 一般用 lawyer》。

bár·ròom *n.* Ⓒ《美》(旅館等的)酒吧間，酒館。

bar·row[1] [ˋbæro; ˈbærou] *n.* Ⓒ **1 a** 前後各有二個把手的搬運器(handbarrow)。**b** 單輪手推車(wheelbarrow)。**c** (水果商等用的)雙輪手推車。**d** (車站之挑夫、旅館之侍者等用的)行李手推車(luggage-barrow)。**2** barrow(一輛手推車所裝載的)載運(物)。

bar·row[2] [ˋbæro; ˈbærou] *n.* Ⓒ **1** 《考古》塚，古墓。**2** 《主英》…山[丘]《有時在後面加名詞構成英國山名》。

bárrow bòy[màn] *n.* Ⓒ《英》(以手推車售貨的)少年[流動小販]。

bár sínister *n.* **1** 《俚》=bend sinister. **2** [**the** ～]《文語》庶出。

BART 《略》Bay Area Rapid Transit《美國舊金山(San Francisco)市通勤用捷運鐵路》。

Bart. 《略》Baronet.

bár·tènder *n.* Ⓒ《美》酒保，酒吧侍者(cf. barman)。

bar·ter [ˋbɑrtɚ; ˈbɑ:tə] *v.t.* **1** 〔十受(十介十(代)名)〕以〈貨〉易〔貨〕〔*for*〕：The colonists ～*ed* calico *for* Indian land. 殖民者以印花布交換印地安人的土地。
2 〔十受十副十介十(代)名〕(尤指因利令智昏而)〔為換取…〕出賣〈自由、地位等〉；〔為…〕將…廉價脫手，〔為…〕而喪失…〈*away*〉〔*for*〕：～ *away* one's rights *for* wealth 為貪圖財富而喪失[出賣]權利。
—*v.i.* 〔動(十介十(代)名)〕〔與人〕以物易〔物〕〔*with*〕〔*for*〕：They ～*ed with* the islanders (*for* rice). 他們與島上的居民以物易物(以換得米)。
—*n.* **1** Ⓤ以貨易貨，物物交換：exchange and ～ 物物交換，以貨易貨。**2** Ⓒ交換品，交易品。**～·er** *n.*

bárter sỳstem *n.* [**the** ～]《經濟》物物交換制度。

Bar·thol·o·mew [bɑrˋθɑlə͵mju; bɑ:ˈθɔləmju:] *n.* **1** 巴托羅繆《男子名》。**2** [**St.** ～]《聖經》聖・巴托羅繆《耶穌十二使徒之一》：⇨ the MASSACRE of St. Bartholomew.

bar·ti·zan [ˋbɑrtəzn̩; ˈbɑ:tizn] *n.* Ⓒ《建築》(凸出城牆外的)小吊樓[小塔]，小望臺。

bartizan

Bar·tók [ˋbɑrtok; ˈbɑ:tɔk], **Béla** [ˋbelə; ˈbeilə] *n.* 巴爾陶克《1881–1945；匈牙利作曲家》。

Bart's [bɑrts; bɑ:ts] *n.* 《英口語》(倫敦的)聖・巴托羅繆醫院(St. Bartholomew's Hospital)。

bar·y·on [ˋbærɪ͵ɑn, ˋbɛr-; ˈbæriɔn] *n.* Ⓒ《物理》重子。

ba·ry·ta [bəˋraɪtə; bəˈraitə] *n.* Ⓤ《化學》**1** 鋇氧，重土，氧化鋇。**2** 氫氧化鋇。

ba·ry·tes [bəˋraɪtiz; bəˈraiti:z] *n.* = barite.

bar·y·tone [ˋbærə͵ton; ˈbæritoun] *n.* =baritone.

bas·al [ˋbesḷ; ˈbeisl] 《base[1] 的形容詞》**—***adj.* **1** 底部的，基部的。**2** 基礎的，根本的，基本的。
～·ly [-slɪ; -sli] *adv.*

ba·salt [bəˋsɔlt, ˋbæsɔlt; bəˈsɔ:lt, ˈbæsɔ:lt] *n.* Ⓤ玄武岩，柱石岩《建築用》。**ba·salt·ic** [bəˋsɔltɪk; bəˈsɔ:ltik] *adj.*

bás·cule brìdge [ˋbæskjul-; ˈbæskju:l-] *n.* Ⓒ跳開式吊橋，上開橋《可以開闔以便船隻通過；如倫敦的倫敦塔橋等是》。

‡base[1] [bes; beis] 《源自拉丁文「基礎」之義；與 basis 同字源》**—***n.* Ⓒ **1** 根基，基礎，底部；地基；底座。

【同義字】base 依原義指「支撐物體的底座」之意，但 basis 則通常用於比喻。

2 a (事物的)基礎，根據。**b** (政治等的)支持基礎：the ~ *of* one's belief 信仰的基礎。

3 a (山)麓：at the ~ of the hill 在小山的山腳[山麓]。**b** (指、趾、鼻等的)近接合點部分：Her nose was broad at the ~. 她的鼻子(與臉的接觸面)寬大。

4 a (油漆等的)塗底；(化妝等的)最下面的一層。**b** (油漆等的)主要成分，基：a paint with an oil ~ 油基漆《以油爲主要成分的油漆》。

bascule bridge

5 a (行動、計畫等的)出發點，基點。**b**《軍》根據地，基地：a ~ of operations 作戰基地。**c**《運動》出發點，起跑點[線]。**d** [指防守之位置時爲Ⓤ]《棒球》壘：third ~ 三壘/a three-*base* hit 三壘打/The ~*s* are loaded. 滿壘了。

6 a《數學》底邊，底面。**b** (對數的)底，基數。

7《化學》鹽基，鹼。

8《測量》基線。

9《文法》字根，語幹《從字中除去字首、字尾等之語言中最小的意義單位；cf. root¹ 7 a, stem¹ 4》。

báse on bálls《棒球》四壞球上壘(walk)：an intentional ~ *on balls* 故意的四壞球保送上壘。

gét to[**máke, réach, tàke**] **fìrst báse** ⇨ first base.

òff báse (1)《棒球》未觸壘(↔ on base)。(2)《口語》〈推測等〉完全錯。(3)《美口語》出其不意地，突然：He was caught *off* ~ *with* the question. 他被那問題出其不意地問倒了。

on báse《棒球》占壘(↔ off base)：three runners *on* ~ 滿壘。

—*v.t.* 〔十受十介十(代)名〕**1** 使…〔以…〕爲基礎，〔以…〕爲根據〔…〕〔*on, upon*〕：This international language is ~*d* ***on*** [***upon***] the sounds of English. 這種國際語言以英語的語音爲基礎/*On* what do you ~ that statement? 你根據什麼說那種話的[你說那句話的根據何在]？**2** 使…〔以…〕爲根據地[基地]，將…的根據地[基地]置〔於…〕〔*in, at*〕：a journalist ~*d* ***in*** Paris 駐巴黎的新聞記者。

base² [bes; beis]《源自法語「低」之義；與 bass¹ 同字源》**—***adj.* (**bas·er**; **bas·est**) **1**《文語》〈人、行爲等〉卑鄙的，鄙劣的，下流的；自私的，怯懦的；下賤的(↔ noble)：a ~ action 卑鄙的行爲。

2 〈金屬〉下等的，劣質的，無價值的，低賤的(cf. noble 4)：~ coins 劣幣/~ metals 賤金屬《銅、鐵、鉛、錫等》。

~·ly *adv.* **~·ness** *n.*

‡base·ball [ˋbes͵bɔl; ˈbeisbɔ:l] *n.* **1** Ⓤ**棒球**：play ~ 打棒球/a ~ game[park, player] 棒球比賽[棒球場，棒球球員]。**2** Ⓒ打棒球用的球。

> **【說明】**在英語中棒球用語五花八門，常用的有 night game(夜間賽)/base on balls 或 walk(四壞球上壘)/The bases are full.(滿壘)/one ball and two strikes(二好球一壞球)/hit by a pitch(死球)/inside-the-park home run(場內全壘打)/exhibition game(表演賽)等。又「三成打擊率」稱作 three hundred hitter,「滿壘全壘打」是 grand slam,「他打擊四次中有兩支安打。」則爲 He had two hits in four at bats.,「比賽開始！」是 Play ball! 或 Batter up! 守備員在球飛過來而自己有把握接到球時說"I got it! I got it!"(我接到了！我接到了！)

báse·bòard *n.* Ⓒ《美》《建築》(牆壁底下的)護壁板，腳板(《英》skirting board)。

báse·bórn *adj.*《古》出身微賤的；私生的；卑下的，卑賤的。

báse càmp *n.* Ⓒ(登山隊等的)紮營基地。

based *adj.* [常構成複合字] **1** 以(…)爲基礎的。**2** 設基地[根據地](於…)的；以(…)爲根據地[地盤，基地]的：a New York-*based* journalist 駐紐約的新聞記者。

Bás·e·dow's disèase [ˋbɑzə͵doz-; ˈbɑ:zədouz-]《源自德國醫師之名》**—***n.* Ⓤ巴塞多氏病《凸眼性甲狀腺腫》。

báse hìt *n.* Ⓒ《棒球》安打。

báse·less *adj.* 無基礎的，無事實根據的；無緣無故的(groundless)。**~·ly** *adv.* **~·ness** *n.*

báse lìne *n.* Ⓒ **1** (測量等的)基(準)線。**2**《網球》底線《與網平行的球場界限》。**3**《棒球》壘線。

báse·man [-mən; -mən] *n.* Ⓒ(*pl.* **-men** [-mən; -mən]) [常與序數連用]《棒球》內野手，壘手：a first[second, third] ~ 一壘[二壘，三壘]手。

***base·ment** [ˋbesmənt; ˈbeismənt] *n.* Ⓒ **1** (建築物的)最下部分，基部。

2 地下樓，地下室，地下層。

> **【說明】**普通的住宅通常不作成完全的地下室，而是比路面低的「半地下室」。許多房子的地下室不但有窗及個別的出入口，另外在牆和人行道之間留有約兩公尺寬的空間，可由人行道和階梯直接出入。這一層可當儲藏室、(木工等)工作室、娛樂室等，也可作一般家庭用的廚房、餐廳、起居室等；cf. area 4 插圖。
> **【同義字】**cellar 是作倉庫或儲藏室用的地窖；shelter 是空襲等時避難之用者。

—*adj.* [用在名詞前]地下層的，地下室的。

báse páy *n.* Ⓤ基本薪給，底薪，本俸《不包括加班費、津貼等》。

báse rùnner *n.* Ⓒ《棒球》跑壘者。

báse rùnning *n.* Ⓤ《棒球》跑壘。

‡bas·es¹ [ˋbesɪz; ˈbeisiz] *n.* **base¹** 的複數。

***ba·ses²** [ˋbesiz; ˈbeisi:z] *n.* **basis** 的複數。

báses-lòaded *adj.*《棒球》滿壘的：a ~ homer 滿壘全壘打。

bash [bæʃ; bæʃ] *v.t.*《口語》**1 a** 〔十受(十副)〕重擊，重敲，猛擊〈人、物〉〈*up*〉：~ ***up*** a car 把車撞扁。**b** 〔十受十介十(代)名〕〔以…〕重擊，痛擊，敲壞〈人、物〉〔*with*〕：~ one's thumb ***with*** a hammer 用鐵鎚重重地敲到拇指。**2** 〔十受十副〕敲陷…〈*in*〉：~ ***in*** a hat 敲陷帽子。

básh ón [**ahéad**]《*vi adv*》《英俚》(頑固地)〔將…〕繼續做下去〔*with*〕。

—*n.* Ⓒ **1**《口語》重打，重敲，重擊，猛擊。**2**《美俚》熱鬧的交際性集會。

hàve a básh《英俚》試做〔…〕〔*at*〕。

bash·ful [ˋbæʃfəl; ˈbæʃful] *adj.* 害羞的，羞怯的，羞答答的，靦腆的。**~·ly** [-fəlɪ; -fuli] *adv.* **~·ness** *n.*

BASIC [ˋbesɪk; ˈbeisik]《*B*eginner's *A*ll-purpose *S*ymbolic *I*nstruction *C*ode 的頭字語》**—***n.* Ⓤ《電算》培基(程式語言)。

‡bas·ic [ˋbesɪk; ˈbeisik]《base¹, basis 的形容詞》**—***adj.* (**more** ~; **most** ~) **1** 基礎的，基本的，根本的：~ wages[salary] 基本工資[薪俸]，底薪/~ principles 基本原理。**2** (無比較級、最高級)《化學》鹽基[鹼]性的。

—*n.* [~s] 基礎，原理〔*of*〕：get[go] back to the ~*s* 回到起點[原點]；回復到基本原則[(教育方面的)基礎訓練]。

bás·i·cal·ly [-klɪ; -kəli] *adv.* 基本地，基本上；主要地。

Básic Ènglish《Basic 爲 *B*ritish, *A*merican, *S*cientific, *I*nternational, *C*ommercial 的頭字語，同時兼表 basic(基礎的)之義》**—***n.* Ⓤ基本英語《英國人歐格登(C.K. Ogden)所發明，於 1930 年發表的簡化英語；由 850 個最基本的單字所構成》。

ba·sil [ˋbæzl; ˈbæzl] *n.* Ⓤ《植物》羅勒《又稱零陵香；味香似薄荷的一種草本植物，常用於烹調；臺灣俗稱「九層塔」》。

ba·sil·i·ca [bəˋsɪlɪkə, -ˋzɪl-; bəˈsilikə, -ˈzil-] *n.* Ⓒ **1** (古羅馬的)會堂《審判或集會用的長方形建築物》。**2** (古羅馬會堂式的)(早期)基督教聖堂。**3**《天主教》(享有儀式上之特權的)(大)教堂。

bas·i·lisk [ˋbæsə͵lɪsk, ˋbæzə͵lɪsk; ˈbæzilisk] *n.* Ⓒ **1** (傳說中非洲沙漠的似龍、蛇等的)爬蟲怪物《人觸其目光或氣息則致命；cf. cockatrice》。**2**《動物》背鰭蜥蜴《熱帶美洲產的鬣鱗蜥科動物；全長約七十至九十公分，頭有冠，背有鰭，能爬樹，並能以後腳行走水面》。**—***adj.* [用在名詞前]似 basilisk(傳說中之非洲沙漠爬蟲怪物)的：a ~ glance [look] 令人毛骨悚然的眼色。

ba·sin** [ˋbesn̩; ˈbeisn]《源自拉丁文「盛水的容器」之義》**—n.* Ⓒ **1 a** (較 bowl 淺而開闊的)盆，水盆，洗臉盆。**b** (盛食物的)盤。**2** 一盆[一盤]的量〔*of*〕。**3 a** 貯水池，水窪。**b** 小灣，內灣。**c** 船塢；船渠：a tidal ~ 潮塢《漲潮時水滿》。**4**《地理》**a** (盤狀的)低窪地，盆地《積水時成海、池、湖等》。**b** 海盆地。**c** (河川的)流域，匯合地帶：the Thames ~ 泰晤士河流域。

ba·sis** [ˋbesɪs; ˈbeisis]《源自拉丁文「基礎」之義》**—n.* Ⓒ(*pl.* **ba·ses** [ˋbesiz; ˈbeisi:z]) **1** 基礎，根據；基本原理，基本原則，基準(⇨ base¹【同義字】)：*on* a commercial ~ 依商業的原則/*on* an equal ~ 平等地/*on* an individual ~ 個人[個別]地/*on* a five-day week ~ 以每週五日體制/*on* the ~ *of*... 以…爲基礎/be scored *on* a 1 to 10 ~ 以從一分到十分的基準被評分/the ~ *for* complaint 抱怨的根據。

2 (藥、混合物等的)主要成分，主藥。

bask [bæsk; bɑ:sk] *v.i.* **1** 〔十介十(代)名〕〔以陽光等〕取暖，曝日〔*in, before*〕：The cat was ~*ing* ***in*** the sun(shine) [***before*** the fire]. 那隻貓正在曬太陽取暖[在爐前取暖]。**2** 〔十介十(代)名〕蒙受〔恩惠等〕，沈浸〔於…中〕〔*in*〕：~ ***in*** a person's favor 蒙受某人的恩惠/~ *in* the love of one's family 享受著天倫之樂。

‡bas·ket [ˋbæskɪt; ˈbɑ:skit] *n.* Ⓒ **1 a** (以竹、柳枝等編製的)籃，筐，笊，簍，簍。**b** 一籃(所裝的量)〔*of*〕：a ~ *of* fruit 一籃水果。**2 a** 簍筐形的容器。**b** (輕氣球、纜車用的)吊籃。**3**《籃球》**a** 籃球架的籃。**b** 得分《通常爲二分》：shoot a ~《口語》(射籃)得分。

hàve[**pùt**] **áll** (one's) **éggs in óne básket** ⇨ egg.

‡básket·bàll *n.* **1** Ⓤ籃球(運動)。**2** Ⓒ籃球運動用的球。

básket càse *n.* Ⓒ《美俚》**1** (因手術等)被切除四肢的人。**2** 完全無能力之人[物]，喪失資格之人。**3** 精神極度緊張的人，精神瀕於崩潰的人。
bas·ket·ful [ˋbæskɪtˏful; ˈbɑːskitful] *n.* Ⓒ滿一籃的量〔*of*〕.
bas·ket·ry [ˋbæskɪtrɪ; ˈbɑːskitri] *n.* Ⓤ **1** 編籃技藝，編籃工藝。**2** [集合稱]簍筐類。
básket·wòrk *n.* Ⓤ籃工的編織(品)。
Basque [bæsk; bɑːsk] *n.* **1** Ⓒ巴斯克人《居住於庇里牛斯(Pyrenees)山脈西部的西班牙和法國境內》。**2** Ⓤ巴斯克語。
—*adj.* 巴斯克人[語]的。
bas-re·lief [ˋbɑːrɪˏlif, ˋbæs-; ˈbæsriˌliːf, ˈbɑːr-] 《源自法語》**—*n.*** Ⓤ [指個體時爲Ⓒ] 淺浮雕(low relief) (cf. alto-relievo, mezzo-relievo).
bass[1] [bes; beis] 《源自拉丁文「低」之義》**—*n.*** (*pl.* ~es)《音樂》**1 a** Ⓤ**低音部**，男低音，男聲最低音《★ 相關用語 由最低音依次升高之音域如下：bass(男低音)，baritone(男中音)，tenor(男高音)，alto(次高音)(女聲 contralto)，treble(高音部)(女聲 soprano)》. **b** Ⓒ男低音之聲，男低音部。
2 Ⓒ **a** 男低音歌手。**b** 低音樂器；低音提琴(double bass).
—*adj.* 低音的：a ~ voice(男)低音的聲音。
bass[2] [bæs; bæs] *n.* Ⓒ(*pl.* ~, ~·es)《魚》巴司魚《鱸形目鮨科、石鮨科、日鱸科食用魚的統稱》。
bass[3] [bæs; bæs] *n.* **1**《植物》Ⓒ北美菩提樹。**2** Ⓤ菩提樹之纖維質內皮。
báss clèf [ˋbes-; ˈbeis-] *n.* Ⓒ《音樂》低音譜號，F 譜號(⇨ clef 插圖)。
báss drúm [ˋbes-; ˈbeis-] *n.* Ⓒ(管弦樂隊用)大鼓。
basset [ˋbæsɪt; ˈbæsit] *n.* (又作 **básset hòund**) Ⓒ巴色特獵犬《一種腿短而身長的獵犬，原產於法國》。
báss hórn [ˋbes-; ˈbeis-] *n.* ＝tuba.
bas·si·net [ˏbæsəˋnɛt, ˋbæsəˏnɛt; ˌbæsiˈnet] *n.* Ⓒ有篷蓋的小兒搖籃[嬰兒車]。
bas·so [ˋbæso; ˈbæsou] *n.* Ⓒ(*pl.* ~s, -si [-si; -siː])《音樂》低音，低音部，低音提琴，低音歌手(bass).

basset hound

bas·soon [bəˋsun; bəˈsuːn] *n.* Ⓒ巴松管，低音管《低音木管樂器》。
bas·sóon·ist [-nɪst; -nist] *n.* Ⓒ吹奏巴松管[低音管]者。
bas·so-re·lie·vo [ˋbæsorɪˋlivo; ˈbæsouriˈliːvou] *n.* (*pl.* ~s)＝bas-relief.
bass viol [ˋbesˋvaɪəl; ˈbeisˈvaiəl] *n.* **1** ＝viola da gamba. **2**《美》＝double bass.
bass·wood [ˋbæsˏwud; ˈbæswud] *n.* **1** Ⓒ《植物》菩提樹。**2** Ⓤ菩提樹材。

bassinet

bast [bæst; bæst] *n.* (又作 **bást fiber**) Ⓤ韌皮纖維《可用以編製蓆、籃等》。
bas·tard [ˋbæstəd; ˈbɑːstəd, ˈbæs-] *n.* **1** Ⓒ庶子，私生子《★ 比較 bastard 常含輕蔑之意，因此宜用 illegitimate child》. **2** Ⓒ(動物的)雜種。**3** Ⓒ贋品；粗劣品。**4**《俚》**a** Ⓒ很糟糕[差]的人[東西]；混帳傢伙[東西]；倒楣傢伙；那個傢伙，那小子：a ~ of a storm 一場可惡的暴風雨/a lucky ~ 狗運亨通的傢伙/You ~！你這個王八蛋！/The poor ~ was killed in an accident. 那個可憐的傢伙在意外事件中死了。**b** [用於稱呼]老兄：Tom, *you* old ~. 湯姆，老兄。
—*adj.* [用在名詞前] **1** 庶出的，私生的。**2** 雜種的。**3** 假的，冒牌的，僞造的；類似的；擬似的；粗劣的。
bas·tard·ize [ˋbæstəˏdaɪz; ˈbæstədaiz] *v.t.* **1** 宣告〈孩子〉爲私生子，判…爲庶出。**2** 使…墮落。
bas·tard·y [ˋbæstədɪ; ˈbæstədi] *n.* Ⓤ **1** 庶出，私生。**2** 產私生子。

bassoon

baste[1] [best; beist] *v.t.* (用長針)假縫，稀疏地縫〈布、衣服等〉。**—*v.i.*** 作假縫。
baste[2] [best; beist] *v.t.*《俚》**1** (用棍子等)猛打，毆打，抽打。**2** 申斥，嚴厲叱責，猛烈責難。
baste[3] [best; beist] *v.t.* (爲防止烤焦)在〈烤肉〉上塗上油脂[調味醬]。
bas·til(l)e [bæsˋtil; bæsˈtiːl] *n.* **1** [the B~] (法國巴黎的)巴士底監獄《在 1789 年 7 月 14 日被羣衆所毀，成爲法國革命的發端》。**2** Ⓒ監獄。**3** Ⓒ城寨；堡塔。
Bastílle Dày *n.* 巴士底日，法國革命紀念日《7 月 14 日》。
bas·ti·na·do [ˏbæstəˋnedo; ˌbæstiˈneidou] 《源自西班牙語》**—*n.*** Ⓒ **1** 棍，棒。**2** 用棍棒打；笞蹠刑《笞打足心的一種東方刑罰》。**—*v.t.*** 用棍棒打，加笞蹠刑於…。
bas·tion [ˋbæstʃən, ˋbæstɪən; ˈbæstiən] *n.* Ⓒ **1**《築城》稜堡。**2** 要塞。**3** 堡壘；被視爲堡壘之物[人，場所]：a ~ of conservatism 保守主義的堡壘。
‡**bat**[1] [bæt; bæt] *n.* Ⓒ **1 a**《棒球・板球》**棒**。**b** 打擊(順序)：await one's turn at ~ 等候輪到自己的打擊《★at ~ 無冠詞》。**c** (常指一端較粗大的)棍棒(club).
2《板球》打擊手(batsman).
3 强棒。
4《美俚》(飲酒的)歡鬧(spree).
at bát《棒球》(1)⇨ 1 b. (2)就打擊位置，爲打擊手。
(at) fúll bát《英俚》以全速。
cárry one's bát (1)《板球》直到一局結束時仍保持未被判出局。(2)《英口語》堅持到底。
gò to bát for…《口語》助〈人、事物〉一臂之力。
òff one's ówn bát 靠自己力量，主動地，自動地。
(ríght) óff the bát《口語》即刻，馬上。
—*v.t.* (**bat·ted**；**-ting**)〔十受〕**1** 以棍棒毆[打]…。
2 (以球棒)擊…。
3 〔十受十副詞(片語)〕擊球使〈跑壘者〉跑壘：~ a runner *home* 擊球使跑壘者奔回本壘(得分)。
4 有…的打擊率：He ~*s* .330. 他有三成三的打擊率《★ 讀法 .330 讀作 three hundred thirty 或 three thirty》.
—*v.i.* 用棒擊球，輪到擊球。
bát aróund《俚》《*vi adv*》(1)(漫無目標地)到處溜達，遊歷。**—**《*vt adv*》(2)《美》自由地討論，多方考慮〈計畫等〉。
bát ín《*vt adv*》《棒球》(1)(擊出安打)得〈分〉。(2)(擊出安打)使〈跑壘者〉跑回本壘。
bát óut《*vt adv*》《美俚》(敲打字機)趕寫文稿；粗製濫造〈故事、報導等〉。
˙**bat**[2] [bæt; bæt] *n.* Ⓒ《動物》**蝙蝠**。
(as) blínd as a bát ⇨ blind 成語。
be [gò] báts《俚》神經不正常[變得不正常]。
hàve báts in the bélfry《口語》腦筋有問題，精神失常。
like a bát òut of héll《俚》以猛烈的速度。
bat[3] [bæt; bæt] *v.t.* (**bat·ted**；**bat·ting**)《口語》眨〈眼〉(wink).
nót bát an éyelid ⇨ eyelid.
Ba·ta·vi·a [bəˋtevɪə; bəˈteivjə] *n.* 巴達維亞《印尼首都雅加達(Jakarta)的舊名》。
bát bòy *n.* Ⓒ《棒球》棒球隊中管理球棒及其他裝備的少年。
batch [bætʃ; bætʃ] *n.* Ⓒ **1** 一次所烘[燒](的麪包、陶瓷等)，一次出爐的量〔*of*〕：a ~ *of* loaves 一次出爐的麪包。**2**《口語》一次的量，一批，一束，一宗；一羣，一團，一組〔*of*〕：a ~ *of* letters 一批信件/a ~ *of* men 一批人。
bate [bet; beit] *v.t.* **1** 減弱，屏〈息〉，壓制：with ~*d* breath 憋住氣，屏息。**2** 減少；減價。
‡**bath** [bæθ; bɑːθ] *n.* Ⓒ(*pl.* ~s [bæðz; bɑːðz]) **1 洗澡**，沐浴：a hot [cold] ~ 熱[冷]水浴/a ~ of sunshine 日光浴/take [《英》have] a ~ 洗澡。
2 a 浴；《英》浴缸：a steam [vapor] ~ 蒸氣浴/a Turkish ~ 土耳其浴/run a ~ 放水於浴缸。**b** 浴室：a private ~ 私人浴室/a room with a private ~ 有浴室的房間。**c** 澡堂：a public ~ 澡堂，公共浴室。**d** [常 ~s]浴場，溫[礦]泉浴場；[~s]溫泉：take the ~*s* 洗溫[礦]泉浴。
3 渾身是汗[血]的狀態：in a ~ of sweat 滿身大汗。
4 (浸洗用的)液體；盛液體作浸洗用的容器，電解槽：a hypo ~《攝影》低亞硫酸鈉定影劑[浸盤]/a stop ~《攝影》止住顯影作用的稀醋酸溶液。
the Órder of the Báth (英國的)巴斯勳位[勳章]。

> 【字源】因有在前夜舉行過沐浴儀式之後始授與勳位[勳章]之慣例，故稱。
> 【說明】有下列三階級：Knight Grand Cross of the Bath(巴斯勳位之一等勳爵士)《略作 G.C.B.》, Knight Commander of the Bath(二等勳爵士)《略作 K.C.B.》, Companion of the Bath(最下級勳爵士)《略作 C.B.》.

—《英》*v.t.* 〔十受〕爲〈幼兒、病人〉洗澡(《美》bathe). **—*v.i.*** 洗澡(《美》bathe).
Bath [bæθ; bɑːθ] *n.* 巴茲《英格蘭西南部阿文郡(Avon)的一個城市；以溫泉聞名》。
Báth cháir *n.* Ⓒ [常 **bath chair**] (病人用的有頂篷)輪椅(cf. wheelchair).
‡**bathe** [beð; beið] 《bath 的動詞》**—*v.t.*** **1** 〔十受〕**a**《美》給〈人〉洗澡，爲〈嬰兒等〉洗澡；爲…浸洗(《英》bath)：~ a baby 爲嬰兒洗澡。**b** [~ one*self*] 入浴，浸浴，洗澡。**c** 洗〈眼睛、患部等〉：~ one's eyes 洗眼睛。**d** 〈波浪〉沖洗[沖刷]〈岸等〉：The waves ~*d* the shore. 波浪沖刷海岸。**2** 〔十受十介十(代)名〕將

…浸[泡]〔於…中〕〔*in*〕：～ one's feet *in* water 把腳泡在水裏。**3**〔十受〕〈汗、眼淚等〉浸濕…；〈陽光等〉籠罩，傾注於…《★常用被動語態，表示「被〔汗、眼淚等〕所浸濕；沐浴〔陽光等〕」之意；介系詞用 *in*》：Her face *was ～d in* tears. 她淚流滿面[以淚洗面]/The man had his hands *～d in* blood. 這人雙手沾滿著血/The valley *was ～d in* sunshine. 山谷沐浴在陽光中[山谷中陽光普照]。

—*v.i.* **1**《美》入浴，沐浴，浸浴（《英》bath）. **2**《英》洗（海）水浴：go *bathing in* the sea 去洗海水浴。

—*n.* [**a** ～]《英口語》（河、海、游泳池等的）水浴：go for *a* ～ 去洗（海）水浴/have [take] *a* ～ 洗（海）水浴。

bath·er [ˈbeðɚ; ˈbeiðə] *n.* Ⓒ **1**《英》洗浴者，游泳者；海水浴者。**2** 浸浴者；洗溫泉浴者。

báth·hòuse *n.* Ⓒ **1**（公共）浴室，澡堂。**2**（海水浴場等的）更衣處《有多間更衣室》。

bath·ing [ˈbeðɪŋ; ˈbeiðiŋ] *n.* **1** Ⓤ沐浴，浸浴，洗澡，浸水，泡水，游泳。**2** [當形容詞用]沐浴用的：a ～ beach 海水浴用的海灘；《美》海水浴場。

báthing bèauty *n.* Ⓒ（選美比賽中的）泳裝佳麗。

báthing càp *n.* Ⓒ（橡皮等製的）游泳帽。

báthing còstume *n.*《英》＝bathing suit.

báthing machìne *n.* Ⓒ（英國海水浴場的）活動更衣室，更衣馬車《可拖到海灘上以便乘客更衣》。

báthing sùit *n.* Ⓒ游泳衣。

báth màt *n.* Ⓒ浴室內的踏腳墊。

ba·thom·e·ter [bəˈθɑmɪtɚ; bəˈθɔmitə] *n.* Ⓒ（測水深用的）深度計。

ba·thos [ˈbeθɑs; ˈbeiθɔs] *n.* Ⓤ **1**〖修辭〗突降法《由逐漸提升的莊重突然轉變爲滑稽之法》。**2** 平凡，陳腐。**3** 假悲憫，誇張的哀惻。

báth·ròbe *n.* Ⓒ **1**（洗澡前後所穿的）浴袍，浴衣。**2**《美》＝dressing gown.

***bath·room** [ˈbæθˌrum, -rʊm; ˈbɑ:θru:m, -rum] *n.* Ⓒ **1** 浴室（⇨本頁下方插圖）。**2**《委婉語》洗手間，化妝室，廁所：go to the ～ 上洗手間。

【說明】浴室（bathroom）通常在臥房（bedroom）的附近。通常進去洗澡時在剛放水的浴缸（bathtub）裏用肥皂洗淨身體。浴室裏除浴缸以外還有洗臉台（★《英》washbasin,《美》washbowl）和馬桶（toilet），所以在英美的家庭和旅館（hotel）等處常把廁所稱作 bathroom.

báth sàlts *n. pl.* 浴用鹽《加入洗澡水中使之芬芳或軟化者》。

Bath·she·ba [bæθˈʃibə, ˈbæθʃɪbə; bæθˈʃi:bə, ˈbæθʃibə] *n.*〖聖經〗拔示巴《在前夫烏利亞（Uriah）死後嫁與大衛（David）王，並生下所羅門（Solomon）王之女子》。

Báth [báth] stòne «源自產地名»**—***n.* Ⓤ巴茲石，奶色石《建築用的石灰岩石》。

báth tòwel *n.* Ⓒ浴巾。

báth·tùb *n.* Ⓒ浴缸。

bath·y·scaph(e) [ˈbæθɪˌskef, -ˌskæf; ˈbæθiskæf] *n.* Ⓒ一種深海探測用的潛水艇。

bath·y·sphere [ˈbæθɪˌsfɪr; ˈbæθiˌsfiə] *n.* Ⓒ潛水球《深海探測用的球形潛水器》。

ba·tik [ˈbætɪk; ˈbætik] *n.* Ⓤ **1** 蠟染《一種將圖案染於布上之方法；不染之處，以蠟塗之》。**2** 蠟染布。

—*adj.* [用在名詞前]蠟染的。

ba·tiste [bæˈtist, bə-; bæˈti:st, bə-] «源自法國發明者之名»**—***n.* Ⓤ上等布料《用自然或合成[人造]纖維織成》。

bat·man [ˈbætmən; ˈbætmən] *n.* Ⓒ（*pl.* **-men** [-mən; -mən]）《英》（服侍英國陸軍軍官的）勤務兵。

Bátman *n.* 蝙蝠俠《漫畫家 Bob Kane 筆下一個匡復正義的人物，常出現在電視等節目中，因其服飾動作均模仿蝙蝠，故名》。

bat·on [ˈbætn̩; ˈbætən] *n.* Ⓒ **1**（表示官職的）權杖，司令杖。**2**《英》（警察的）警棍（truncheon）.

3 a（（鼓）樂隊女隊長等所持的）指揮棒。**b**〖音樂〗指揮棒：under the ～ of… 在…的指揮下。

4〖運動〗（接力賽用的）接力棒。

báton twirler *n.* Ⓒ（鼓）樂隊女隊長[指揮]《手持指揮棒在樂隊前頭旋轉指揮棒指揮樂隊的吹奏和行進者》。

bats [bæts; bæts] *adj.* [不用在名詞前]《俚》瘋狂的。

bats·man [ˈbætsmən; ˈbætsmən] *n.* Ⓒ（*pl.* **-men** [-mən; -mən]）**1**〖板球〗打擊手。**2**（飛機的）降落導航系統。

batt.《略》battalion；battery.

bat·tal·ion [bəˈtæljən; bəˈtæljən] «源自義大利語「戰鬥」（battle）之義»**—***n.* Ⓒ **1 a**〖軍〗營，大隊，營部（⇨ army【說明】）。**b** 大部隊。**2** [常 ～**s**] 大羣〔*of*〕：～*s of* people 大羣的人。

bat·ten¹ [ˈbætn̩; ˈbætn] *v.i.*〔十介十（代）名〕《文語》〔靠他人的犧牲而〕養肥自己，〔損人以〕飽肥私囊，〔用他人的錢〕供自己揮霍〔*on, upon*〕.

bat·ten² [ˈbætn̩; ˈbætn] *n.* Ⓒ **1** 木板，板條，木條；小方材。**2**〖航海〗壓條。

—*v.t.* **1** 裝板條於…。**2**〔十受十副〕〖航海〗釘壓條於…〈*down*〉：～ *down* the hatches（暴風雨或火災等時）釘上壓條於艙口（以封牢）；防範困難的局面等。

bat·ter¹ [ˈbætɚ; ˈbætə] *n.* Ⓒ〖棒球〗打擊手（cf. hitter）：the ～'s box 打擊手的位置。

bat·ter² [ˈbætɚ; ˈbætə] *v.t.* **1 a** 連擊，猛搗[捶，打]〈人、物〉。**b**〈風、雨等〉猛吹[打]…。

2 a〔十受十副〕打壞，敲破，打扁，搗毀…〈*down, in*〉：～ a gate *down* 打破門。**b**〔十受十介十名〕將〈物〉敲壞〔成粉碎的狀態〕〔*to*〕：The rioters *～ed* the door *to* pieces [splinters]. 那些暴民把門搗碎。

3 抨擊，轟擊〈學說、人等〉；虐待…。

4 a（長久使用而）使〈帽子等〉變形：a *～ed* hat 變得七凸八凹[破舊不堪]的帽子。**b** 用壞〈機器等〉，磨損〈鉛字等〉。

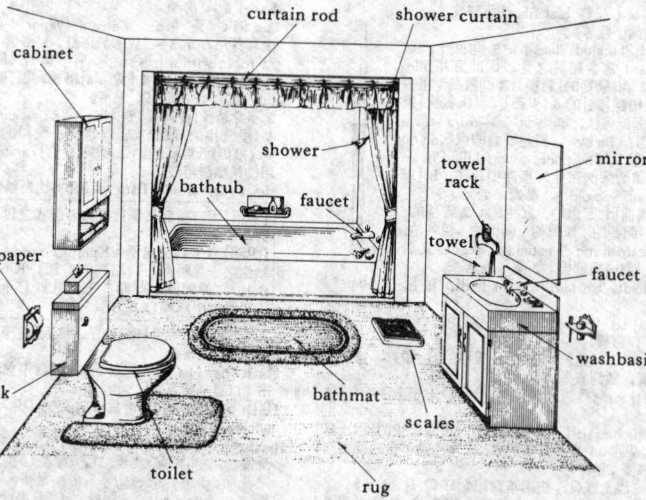

bathroom 1

—*v.i.* 〔(＋副)＋介＋(代)名〕連續[粗暴地]敲擊〈*away*〉〔*at, on*〕: They ～*ed* (*away*) *at* [*on*] the gate. 他們猛敲那個門。
—*n.* Ⓤ **1** 蛋、麪粉、水或牛奶和成的糊狀物《用以調製薄煎餅或油炸食物》。**2** (鉛字等的)磨損，毀損。

bat·tered [ˈbætə·d; ˈbætəd] *adj.* **1** 搞壞了的；打扁了的。**2** 用舊了的，破舊的。

bát·ter·ing ràm [-tərɪŋ-; -təriŋ-] *n.* Ⓒ**1** (古時攻城的)破城槌。**2** 任何用以破門撞牆等的大槌。

bat·ter·y [ˈbætərɪ; ˈbætəri] *n.* **1** Ⓒ[常用單數] **a** 〔用具等的〕一套，一組〔*of*〕: a cooking ～ 一組炊具/a ～ *of* boilers 一組鍋爐。**b** 〔同種東西的〕一組，一連串〔*of*〕: a ～ *of* questions 一連串的問題。**c** 〔人等的〕一大羣〔*of*〕: a ～ *of* reporters 一大羣採訪記者。
2 Ⓒ (由二個以上之 cell 所成的)電池，電瓶: a dry ～ 乾電池/a storage ～ 蓄電池。
3 Ⓒ《棒球》投手和捕手。
4 Ⓤ **a** 打擊，重擊。**b** 《法律》毆打: ⇨ ASSAULT and battery.
5 Ⓒ《軍》**a** 砲兵連，砲兵中隊。**b** 列砲，排砲；砲臺；砲架；(軍艦上的)砲組，砲塔: in ～ 〈大砲〉發射準備就緒。
6 Ⓒ《畜牧》育雛籠《飼養鷄等用的多層式鷄籠組》。

Bat·ter·y [ˈbætərɪ; ˈbætəri] *n.* (又作**Báttery Párk**) [**the** ～] 貝特瑞公園《紐約市曼哈坦(Manhattan)島南端之公園；前往參觀自由女神像之觀光客通常在此搭乘渡船》。

bát·ting *n.* **1 a** Ⓤ擊球，打擊。**b** [當形容詞用]打擊(用)的: a ～ average 打擊率/the ～ order 打擊順序。**2** Ⓤ棉胎，毛絮。

‡**bat·tle** [ˈbætl; ˈbætl] **«**源自拉丁文「重擊(batter[2])」之義**»**—*n.* **1 a** Ⓤ(在某一地區進行的長期性)作戰，戰役，戰鬥(⇨ war【同義字】): a field of ～ 戰場/a line of ～ 戰線/accept ～ 應戰，迎戰/do ～ (*with*...) (與…)作戰/fall [be killed] in ～ 戰死[陣亡]/give [offer] ～ 攻擊/join ～ (*with*...) (與…)開戰，交戰。
b Ⓒ(個別的)戰爭: a close (-pitched) [decisive] ～ 白刃[決]戰/a losing ～ 敗仗/a naval ～ 海戰/a soldier's ～ (較量戰技和體能、勇氣的)武力戰/fight a ～ 交戰，作戰/gain [lose] a ～ 打勝[敗]仗/⇨ battle royal.
2 Ⓒ鬥爭: a ～ *against* inflation 反通貨膨脹之戰/the ～ *for* existence 生存競爭/the ～ of life 人生的奮鬥/a ～ of words 論戰。
3 [**the** ～]勝利；成功: *The* ～ is not always to the rich. 勝利不一定都屬於富有者。
be hálf the báttle 《口語》〈事物〉爲勝利[成功]的一半: Youth *is half the* ～. 年輕是成功的一半[成功的重要條件]《年輕即是希望》。
tríal by báttle ⇨ trial.
—*v.i.* **1 a** 〔動(＋副)〕戰鬥〈*away, on*〉. **b** 〔＋介＋(代)名〕〔與…〕戰鬥，奮鬥〔*against, with*〕: ～ ***against*** adversity [the enemy] 與逆境奮鬥[與敵人戰鬥]/～ ***with*** the waves 與浪搏鬥。
2 〔＋介＋(代)名〕〔爲…而〕奮鬥〔*for*〕: ～ ***for*** freedom 爲自由而奮鬥。
—*v.t.* **1** 〔＋受〕《美》戰…，鬥…，與…鬥爭: ～ the enemy 與敵人戰鬥。
2 〔＋受＋副詞(片語)〕[～ one's way]奮鬥[辛苦地]前進，戰鬥[奮力]打開生路: ～ one's way *through* a crowd 在人羣中辛苦地前進。
báttle it óut 《口語》戰到底，奮鬥到底: ～ *it out for* first place 爲爭取第一而奮鬥到底。

báttle arrày *n.* Ⓤ戰鬥序列，陣形。

báttle-àx, 《英》**báttle-àxe** *n.* Ⓒ **1** (古時用以戰鬥的)戰斧。**2** 《口語》傲慢[專横]的(中年)女人。

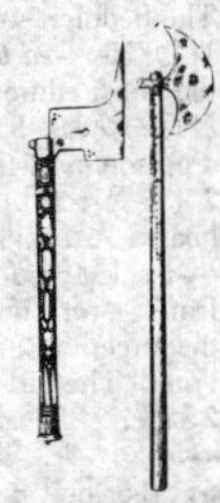
battle-axes 1

báttle crùiser *n.* Ⓒ巡洋戰艦，戰鬥巡洋艦。

báttle crỳ *n.* Ⓒ **1** (戰時助威的)喊殺聲，吶喊。**2** 標語，口號(slogan).

bat·tle·dore [ˈbætlˌdor, -ˌdɔr; ˈbætldɔː] *n.* **1** Ⓒ打毽板。**2** Ⓤ打毽遊戲。
pláy báttledore and shúttlecock 玩打毽遊戲。

báttle fatìgue *n.* ＝shell shock.

báttle·fìeld *n.* Ⓒ **1** 戰場: *on* the ～ 在戰場。**2** 鬥爭的場所；爭論點。

báttle·frònt *n.* Ⓒ戰線；前線。

báttle·gròund *n.* ＝battlefield.

báttle lìne *n.* Ⓒ戰線。

bat·tle·ment [ˈbætlmənt; ˈbætlmənt] *n.* Ⓒ [常～s；常**the** ～]設有堞口的城垛，鋸壁，雉堞(cf. parapet 2).

battlements

báttle-rèady *adj.* 作好戰鬥準備的。

báttle róyal *n.* Ⓒ (*pl.* **battles royal,** ～s) **1** 大混戰，激戰。**2** (激烈的)大論戰。

báttle-scàrred *adj.* **1** 因戰爭而受傷的，經戰鬥留下傷痕的；歷經戰爭而瘡痍滿目的。
2 〈軍艦等〉有戰爭痕跡的。

báttle·shìp *n.* Ⓒ主力艦，戰艦(⇨ 本頁下方插圖)。

bat·tle·wor·thy [ˈbætlˌwɝðɪ; ˈbætlˌwəːði] *adj.* 〈武器、裝備等〉堪作戰鬥之用的。

bat·ty [ˈbætɪ; ˈbæti] **«**bat[2] 的形容詞**»** —*adj.* (**bat·ti·er**; **-ti·est**) **1** 似蝙蝠的。**2** 《俚》瘋狂的；古怪的。

bau·ble [ˈbɔbl; ˈbɔːbl] *n.* Ⓒ **1** 美觀而無價值之物(trinket).
2 (古時丑角所持的)棒。

Bau·de·laire [ˌbodˈlɛr; boudˈlɛə], **Charles Pierre** [ʃarlpjɛr; ʃarlpjɛə] *n.* 波特萊爾《1821–67；法國詩人及批評家》。

baulk [bɔk; bɔːk] *v., n.* ＝balk.

Bau·mé [boˈme, ˈbome; bouˈmei] **«**源自法國化學家之名**»** —*adj.* 以波美(標)度表示[記錄]的；以波美度比重計測量的。

baux·ite [ˈbɔksaɪt; ˈbɔːksait] *n.* Ⓤ《礦》鐵鋁氧石，鐵礬土《鋁的原礦》。

Ba·var·i·a [bəˈvɛrɪə; bəˈvɛəriə] *n.* 巴伐利亞《西德南部之一省；昔時爲一獨立王國；首府慕尼黑(Munich)》.

bawd [bɔd; bɔːd] *n.* Ⓒ **1** 《文語》鴇母；經營妓院的婦女。**2** 妓女。

battleship

bawd·y [ˋbɔdɪ; ˈbɔ:di] *adj.* (**bawd·i·er**; **-i·est**)〈言詞、談話等〉淫穢的，下賤的：～ talk（帶有幽默的）猥褻之談。
—*n.* Ⓤ猥褻之談，卑猥的言詞。
báwdy·hòuse *n.* Ⓒ妓院；娼寮。
bawl [bɔl; bɔ:l] *v.t.* **1**〔十受(十副)〕**a** 叫，大叫，吼叫〈*out*〉：The peddler ～*ed* his wares in the street. 小販在街上大聲叫賣貨物/He ～*ed* **out** abuse. 他大聲叫罵/The boy was ～*ing* **out** the latest edition of the evening paper. 那個男孩大喊著那是剛發行的晚報。**b**《美口語》大聲責罵〈人〉，對〈人〉咆哮〈*out*〉：～ a person **out** 向某人咆哮。
2〔十受十補〕〔～ one*self*〕大喊〈而成…的狀態〉：～ *oneself* hoarse 大聲喊得聲音沙啞。
—*v.i.*〔動(十介十(代)名)〕**1 a**〔向著…〕吼叫，大叫〔*at, to*〕：Don't ～ **at** him. 不要對他吼叫/He ～*ed* **to** her (*from*) across the street. 他從街道的對面向她喊叫。**b**〔爲求…而〕喊叫，大叫〔*for*〕：The girl ～*ed* **for** help. 那個女孩大聲呼喊求救。
2 號哭，大聲哭泣。
—*n.* Ⓒ大叫，喊叫聲；哭叫。
***bay**[1] [be; bei] *n.* Ⓒ **1**〔專有名詞常 B～〕**灣，內灣**《★比較 通常比 gulf 小；cf. inlet 1》：the *B*～ of Tokyo＝Tokyo *B*～ 東京灣。**2** 山坳《三面環山的平地》。
bay[2] [be; bei] *n.* Ⓤ **1**（獵犬追捕獵物時的）吠叫聲；咆哮聲。**2** 被逼得走投無路的狀態；窮途末路；受遏制的狀況。
be [stànd] at báy (1)〈獵物〉被追逐圍困。(2)〈人〉處於窮途絕望[走投無路]之境。
brìng [dríve] ...to báy 圍困〈獵物、人〉；迫使…處於走投無路之境地。
hòld [hàve] ...at báy 困住〈獵物〉使不得逃脫。
kèep [hòld] ...at báy 阻止〈敵人、災難等〉不使接近。
tùrn [còme] to báy 被迫作困獸之鬥；陷於絕境。
—*v.i.*〔動(十介十(代)名)〕〈獵犬〉(追趕獵物)〔對…〕(不斷地)吠叫〔*at*〕：Dogs sometimes ～ **at** the moon. 狗有時向月亮(不斷地)吠叫。
—*v.t.* 向…(不斷地)吠叫。
báy (at) the móon (1)向月亮吠叫。(2)徒然吵嚷，徒勞。(3)《口語》不斷地發牢騷。
bay[3] [be; bei] *n.* **1**（又作 **báy trèe**）Ⓒ《植物》月桂樹《樟科月桂樹屬常綠灌木或喬木的統稱》。**2**〔～s〕(古代用以獎勵詩人、英雄和勝利者的)月桂冠；名聲；榮譽。

bay[3] 1

bay[4] [be; bei] *adj.*〈馬等〉紅棕色的，赤褐色的 (cf. sorrel[1])。
—*n.* **1** Ⓤ赤褐色。**2** Ⓒ紅棕色的馬。
bay[5] [be; bei] *n.* Ⓒ **1 a**《建築》(兩支柱之間凸出的)格間，(建築物的)翼。**b** ＝bay window 1.
2 隔間部分：**a**（飛機內的）放置某些貨物用的隔室：a bomb ～ 炸彈倉。**b**（船上的）病室《中甲板最前端部分》：⇨ sick bay.
3《英》(鐵路、公共汽車的)側線或月台《與主線分開作起站及終站》。
báy·berry [-ˌbɛrɪ, -bərɪ; -bəri] *n.* Ⓒ《植物》**1** 月桂果《月桂樹的果實》。
2 a 蠟楊梅《又稱賓夕凡尼亞楊梅；北美所產楊梅屬小喬木》。**b** 蠟楊梅果《蠟楊梅樹結的灰色蠟質漿果；煮後所得綠色脂肪可製蠟燭》。
3 香桂《桃金孃科常綠灌木，產於西印度羣島；以其葉製桂香水 (bay rum)》。
báy lèaf *n.* Ⓒ月桂樹之葉《可用爲做菜時之佐(香)料》。
bay·o·net [ˋbeənɪt; ˈbeiənit]《源自法國之製造地名稱》**—***n.* Ⓒ（裝在步槍槍口上的）刺刀。
—*v.t.* (～·ed, ～·ted；～·ing, ～·ting) **1** 用刺刀刺。
2〔十受十介十(代)名〕用武力使…〔成爲某種狀態〕〔*into*〕：～ people **into** submission 以武力迫使人們屈服。
—*v.i.* 使用刺刀。
bay·ou [ˋbaɪu, ˋbaɪju; ˈbaiju:] *n.* Ⓒ（美國南部之湖、河的）多沼澤的支流；緩流；灣流。

Bay·reuth [ˋbaɪrɔɪt, baɪˋrɔɪt; ˈbairɔit, baiˈrɔit] *n.* 白萊特《西德東南部巴伐利亞 (Bavaria) 省內之一城市；作曲家華格納 (Wagner) 所創之音樂節每年在此舉行》。
báy rúm *n.* Ⓤ桂香水《由香桂 (bayberry) 樹葉所含的桂油 (bay oil) 製成》。
Báy Stàte *n.*〔the ～〕美國麻薩諸塞州 (Massachusetts) 的別稱。
báy window《源自 bay[5]》**—***n.* Ⓒ **1**《建築》凸窗《建築物自一樓以上以凸出之三面形成窗戶；⇨ window 插圖》。
2《俚》羅漢肚。
ba·zaar [bəˋzɑr; bəˈzɑ:]《源自波斯語「市場」之義》**—***n.* Ⓒ **1**（東方國家的）商場，商店街，市場。
2 a（廉價的）小工藝品商店，雜貨店。**b** 貨品廉售處。
3 義賣(場)《教會、醫院等的慈善義賣(場)》。
ba·zoo·ka [bəˋzukə; bəˈzu:kə] *n.* Ⓒ《軍》火箭砲，火箭筒《用以對付戰車的輕便砲》。

bazooka

BB《略》double black（鉛筆的 2B)。
B.B.《略》bail bond；Blue Book；Bureau of the Budget《美》預算局。
B bàttery *n.* Ⓒ《電學》B 電池《用於眞空管回路板的高壓電池》。
BBB《略》treble black（鉛筆的 3B)。
BBC《略》Baseball Club；British Broadcasting Corporation 英國廣播公司。
BBC [ˋbiˌbiˋsi; ˌbi:bi:ˈsi:] *adj.* 英國廣播公司的：～ English [pronunciation] BBC 英語[發音]《英國廣播公司之播音員使用的英語[發音]，對英國英語有很大的影響力》。
bbl.《略》barrel(s).
bbls.《略》barrels.
***B.C., B.C.** [ˋbiˋsi; ˌbi:ˈsi:]《略》**紀元前**(*b*efore *C*hrist 之略；★用法 附加於數字之後，通常用小號的大寫字母 (small capital) 書寫；⇨ A.D. 用法)。
B.C.《略》British Columbia.
BCG (váccine)《略》Bacillus Calmette-Guérin [kælˋmɛtgeˋræ, -ˋræn; kælˈmetgeiˈræŋ] (vaccine) 卡介苗《一種取自牛體，可預防肺結核之疫苗》。
B.C.L. Bachelor of Civil Law 民法學士。
B/D《略》bank draft；brought down《簿記》結轉，承前。
bd.《略》(*pl.* **bds.**) board；bond；bound；bundle.
B.D.《略》Bachelor of Divinity 神學士。
bdl.《略》(*pl.* **bdls.**) bundle.
bds.《略》(bound in) boards《裝訂》用紙板正式裝訂成册的書籍。
‡**be** [(輕讀) bɪ; bi; (重讀) bi; bi:]《字形有變化的 am, is, are; was, were 源自別的字源》《★用法 (1) be 具字形變化；(2) be 是用於(a)助動詞之後，(b)不定詞，(c)祈使法，(d)假設法(⇨參照動詞 B 之項目或其他有關各項)，有關 be 動詞的共通用法參照下面的A》.
—*v.i.* **A 1**〔當連綴動詞用〕：**a**〔十補〕爲〈…〉，是〈…〉：He *is* a good doctor. 他是一位好醫師/Twice two *is* four. 二乘二是[爲]四/It'*s* me. 是我 (⇨ I[3] *pron.* 比較)/That'*s* what I wanted to say. 那正是我想要說的話/How *are* you? 你好嗎？/I *am* quite well [in good health]. 我很好/The situation *is* of utmost importance. 情況至爲重要/We *are* the same age. 我們是同年紀《★用法 在 the same age 之前，可以用 *of*，但現在一般都不用 *of*》/The house *was* on fire [in flames]. 那房屋著火了。**b**〔十 *to* do〕就是〈做…〉：To live *is to* fight. 人生就是戰鬥《人生如戰場》。**c**〔十 do*ing*〕就是〈…〉：Seeing *is* believ*ing*.《諺》「百聞不如一見」，「眼見爲信」。**d**〔十 *that*__〕就是〈…一事〉：The trouble *is that* she does not like it. 問題是[困難在於]她不喜歡它。**e**〔十 *wh*.__/十 *wh*.十 *to* do〕是〈如何…〉：What matters *is how* they live. 問題是他們如何生活/The question *is* not *what to* do but *how to* do it. 問題不是該做什麼，而是該如何去做。
語法 將 be 讀重音時是强調句中陳述的語態：It *is* [ˋɪz; ˈiz] wrong. 那的確是錯誤。
2 a〔十補〕〔與表示位置、時間副詞(片語)連用〕**在**〈何處〉；是〈什麼時候〉："Where *is* Tokyo?"—"It *is* in Japan."「東京在那裏？」「在日本。」/"When *is* your birthday?"—"It *is* on the 5th of May."「你的生日是什麼時候？」「是五月五日。」**b**〔十 *to* do〕是〈爲了做…〉，是〈爲做…者〉：This medal *is to* honor the winner. 這個獎牌是爲了表揚勝利者/This *is to* certify that.... 玆證明…《★證明書之詞句》。

3〔十補〕**a**［用以替代未來式］將成為〈…〉《★由於在副詞子句中不用未來式；⇨ B 1 a》: Come back before it *is* dark. 在天黑前要回來/I'll go if it *is* fine tomorrow. 假如明天天氣好我會去。**b**〈人〉須花費(時間)(⇨ B 1 b)：What a (long) time they *are*！他們實在費時太久了，慢吞吞的！

4 a［**there is**［**are**］**…**］有…(⇨ there B 1)：*There is* a book［*are* two books］on the desk. 在桌子上有一本書［有二本書］。**b**《文語》存在，生存，留存(exist)：God *is*. 上帝存在/Troy *is* no more. 特洛伊現已不存在/I think, therefore I *am*. 我思，故我在。**c** 發生(⇨ B 1 c)：The exam *was* last week. 考試在上週(舉行)。

—B 1［與助動詞連用］：**a**〔十補〕［表示未來］**將成為**〈…〉(⇨ A 3 a；become 語法(2))：He will *be* a doctor. 他將成為醫生/It will *be* dark before long. 不久天將變黑(暗)。**b**〔十補〕［表未來］〈人〉將(可能)花費(時間)(⇨ A 3 b)：Will you *be* long？你要花很長的時間嗎？**c**［表未來］將發生，將舉行(⇨ A 4 c)：When will the wedding *be*？婚禮將在什麼時候舉行？**d**〔十補〕［與未來式以外之助動詞連用］為〈…〉：That may *be* true. 那可能是真的。**e**［與 can, could 連用］存在：*Can* such things *be*？會有這種事嗎？

2［不定詞時］：**a**〔十補〕為〈…〉：Let it *be* so！但願如此。**b** 照原來的狀態而存在，持續，停留：Let him［it］*be*. 讓他［它］繼續那樣吧。**c**《文語》存在，生存，留存(⇨ A 4 b)：*To be*, or not *to be*：that is the question. 活下去或一死了之呢——這便是要考慮的問題《★出自莎士比亞(Shakespeare)的「哈姆雷特(*Hamlet*)」》。

3〔十補〕［用祈使語氣］要〈…〉：*Be* kind to old people. 對老年人要親切［有禮貌］/So *be* it！＝*Be* it so！但願如此/Do *be* quiet！請安靜！《★用法 表示強調時之 do 的用法》/Don't *be* silly！別做傻事［說傻話］。

4［用於假設法］：**a**［用於條件子句、讓步子句等之中］《文語・古》：If it *be* fine.... 假如好天氣的話…《★用法 現在通常用直說法；⇨ A 3 a》/⇨ if NEED be/*Be* it ever so humble, there's no place like home. 不論家是多麼簡陋，沒有地方比得上它/*Be* that as it may, ... 即使是如此…，儘管那樣…/*Be* the matter what it may, ... 不管事情會怎樣…。

b［用於表示要求、主張、提議等動詞後的 that 子句中］：I demanded *that* he *be* present. 我要求他出席《★用法《口語》多半不用 should》/Resolved (＝It has been resolved) *that* our salary *be* raised. 茲決議，吾等薪資應予提升。

—*aux.* 1［be＋及物動詞之過去分詞；構成被動語態；'be＋不及物動詞之過去分詞'表示動作或狀態之完成］：This magazine *is published* twice a month. 本雜誌每月發行兩次/Grammar *be hanged*！該死的文法！/He *is known* as a leading poet. 他以第一流的詩人而聞名［而著稱］。

2［be＋do*ing*；構成進行式］：**a 正在做…，正在…中**：She *is* sing*ing* now. 她現在正在唱歌。**b**［與 always, constantly, all day 等連用；常帶責難之意］老是［一天到晚］在做…：He *is always* smok*ing*. 他一天到晚吸煙。

c［表示不久之將來的事］想要做…，正在著手做…：He *is* com*ing* to see us this evening. 他今晚要來看我們/I must *be going*. 我必須走了/⇨ be GOING to do. **d**［be 動詞構成進行式］正在做…(的時候)《★用法 本來 be 表示靜態而不用進行式，但在強調一時的行為時使用》："*Be* serious！"—"I *am being* serious."「要認真！」「我(是很)認真啊。」/You *are being* too kind to him, aren't you？你對他太客氣了吧？

3［be＋*to* do］：**a**［表示預定］**將要做…，預定做…**：We *are to* meet at 5. 我們預定在五點鐘見面/He *was to* have arrived at 5. 他原定在五點鐘到達(但還沒有到)《★用法 使用完成式不定詞時，則表示未實現其預定》。**b**［表示義務、命令］**有義務做…，必須做…**：I *am to* inform you that.... 我謹通知你…/You *are* not *to* speak in this room. 你不可以在這個房間裏說話《★用法 否定句時表示禁止》。**c**［表示可能］**可以做…**《★用法 通常與 see, find 等之被動語態不定詞連用》：No one *was to be* seen. 一個人都看不見。**d**［表示命運］**注定…**《★用法 通常用過去式》：He *was* never *to* see his home again. 他(那時候就)注定再也見不到他的家鄉了。

4［were＋*to* do；表示不可能實現的假設］萬一…《★比較 表示不確實之意味較 should 更強；cf. should B 5 a》：If I *were to* die［*Were* I *to* die］tomorrow, what would my children do？萬一我明天死了，我的孩子們將怎麼辦呢？

5［be＋不及物動詞的過去分詞構成完成式］已…《★用法 表運動或變化的不及物動詞，如come, go, arrive, rise, set, fall, grow 等之完成式現在一律使用 'have＋過去分詞'；而以 'be＋過去分詞' 表動作結果之狀態，但除下面所舉的 go 的例子以外，均屬古語及詩語》：Winter *is gone*. 冬天已過《cf. He *has gone* out. 他已出去》/*Be gone*！滾開！走開！

Be《符號》《化學》beryllium.

be- [bɪ-, bə-; bi-] 字首 **1**［附加於及物動詞之前以加强語意］全面性地，全然，完全地，過分地：*be*daub, *be*set, *be*smear, *be*spatter.

2［附加於不及物動詞之前構成及物動詞］：*be*moan, *be*speak.

3［附加於形容詞、名詞之前構成及物動詞］使…成為…，稱為…，當作…：*be*fool, *be*foul, *be*friend.

4［附加於名詞之前構成及物動詞］圍以…，覆以…：*be*cloud.

5［附加於名詞之前並且附加字尾 -*ed* 構成形容詞］戴有…的，飾以…的，覆滿…的：*be*wigg*ed* 戴上假髮(wig)的/*be*jewel*ed* 飾以寶石(jewel)的。

‡beach [bitʃ; bi:tʃ] *n.* Ⓒ **1**(有沙、小石頭等之海、湖、河的)**灘，海濱，水濱**(⇨ shore[1]【同義字】)；海邊，湖岸，河邊；(海、湖、河的)岸邊：*on* the ～ 在海濱。**2** 海水浴場，(湖濱等的)游泳場。

òn the béach (1)⇨ 1. (2)〈船員〉上岸的；登上陸地的；辭職的。(3) 失業的。

—*v.t.* 〔十受〕將〈船〉開上［拖上］海濱。

—*v.i.* 〈船〉開上海濱。

béach bàll *n.* Ⓒ海灘球《海濱、游泳池用之大而輕的球》。

béach·bòy *n.* Ⓒ海濱服務員；海濱游泳指導員。

béach bùggy *n.* Ⓒ海灘車《有大輪胎的沙灘汽車》。

béach·còmber [-ˌkomɚ; -ˌkoumə] *n.* Ⓒ **1**(向海濱滾來的)巨浪。**2 a** 在海灘(從破船等)拾物的人。**b**(利用金屬探測器幫泳客)撿拾掉在海灘的東西之人。**3** 海濱或碼頭遊蕩者［流浪者］《尤指南太平洋諸島的白人》。

béach·hèad *n.* Ⓒ **1**《軍》灘頭陣地，灘頭堡(cf. bridgehead 1). **2** 出發點，立足點，據點。

béach umbrèlla *n.* Ⓒ(海濱或花園用的)太陽傘。

béach wàgon *n.*《美》＝station wagon.

béach·wèar *n.* Ⓤ海灘裝。

bea·con [ˈbikən; ˈbi:kən] **《源自古英語「信號」之義》—*n.*** Ⓒ **1**(在山崗、塔等上面燃燒東西以作為信號用的)烽火，狼煙。**2 a** 指向標。**b**(自遠處可看見的)記號［標記］《如山崗、森林等》。**c** 燈臺。**d**《英》信號塔。**e** 水路［航空，交通］標誌；無線標誌，無線電信標，導航臺。**f**《英》＝Belisha beacon. **3** 成為指南［警戒］之人［物］〔*to*〕。

—*v.t.* 1(有如烽火般地)照亮［出］…。**2 a**〔十受〕成為〈人〉之(思想上的)指路明燈［行動指南］。**b**〔十受十介十(代)名〕將…引導〔到…〕〔*to*〕. **3** 設標識於…。

—*v.i.* 1(如烽火般地)照耀。**2** 成為(思想或行動上的)指南。

bead [bid; bi:d] **《源自古英語「祈禱」之義；後來則源自表其次數之念珠之義》—*n.*** Ⓒ **1 a**(用線所串連的玻璃、小石、貝殼等的)**小珠，玻璃珠，念珠**：a string of ～*s* 一串小珠。**b**［～s］念珠，珠串(rosary). **c**［～s］首飾(necklace).

2 a〔露、汗、血的〕珠、滴〔*of*〕：～*s of* sweat 汗珠。**b**(清涼飲料的)泡沫。

3(槍的)準星。

4《建築》疊珠銲縫，串珠狀緣飾。

dráw a béad on...《美》(用槍)瞄準…，瞄定…。

téll［**cóunt, sáy**］one's **béads**(數念珠)禱告。

—*v.t.* 〔十受〕**1** 用珠裝飾…，把珠戴［掛］在…，把…聯成一串。**2**〈露、汗等〉如珠般地附於…《★用法 常用被動語態，介系詞用 *with*》：His face was ～*ed with* sweat. 他臉上掛著滴滴汗珠。

—*v.i.* 成為珠狀。

béad cùrtain *n.* Ⓒ珠簾。

béad·ed *adj.* **1**〈泡沫、汗等〉成珠的，珠狀的。**2** 飾以珠的；串珠狀緣飾的。

béad·ing *n.* Ⓤ［指個體時為Ⓒ］**1** 珠細工；串珠編織緣飾。**2**《建築》串珠狀緣飾。

bea·dle [ˈbidl; ˈbi:dl] *n.* Ⓒ《英》**1**(在英國大學持校長權杖做教職員及學生行列的)先導的屬員。**2**(從前做教會雜務的)教區小吏，雜役。

béad·wòrk *n.* Ⓤ **1** 珠飾細工。**2**《建築》珠緣，串珠緣飾。

bead·y [ˈbidɪ; ˈbi:di] **《bead 的形容詞》 —*adj.*** (**bead·i·er**；**-i·est**)圓小晶亮如珠的；飾有珠子的：～ eyes(充滿興致、慾望的)圓小晶亮的眼睛。

bea·gle [ˈbigl; ˈbi:gl] *n.* Ⓒ畢格爾獵犬《一種獵兔用的小獵犬》。

béa·gling *n.* Ⓤ帶畢格爾獵犬的獵兔活動。

***beak**[1] [bik; bi:k] *n.* Ⓒ **1 a**(彎曲的)**鳥嘴，喙**(cf. bill[2] 1). **b**(龜、章魚、昆蟲等的)嘴。**2** 鳥嘴狀之物：**a**《口語》鼻；(尤指)鉤形鼻。**b**(笛子的)嘴。**c**(水壺的)壺嘴，水口；(蒸餾器細長的)口。**d**《建築》排水口，突出部分。

beaked *adj.*

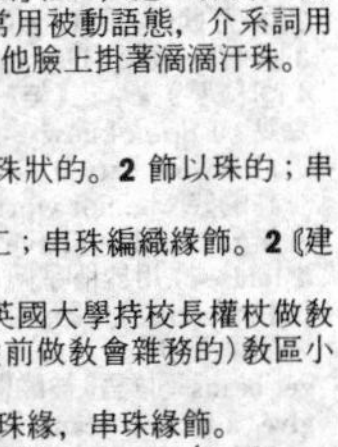

beagle

beak[2] [bik; bi:k] *n.* Ⓒ《英俚》**1** 治安法官。**2** 教師；(尤指)校長。

bea·ker [ˈbikɚ; ˈbi:kə] *n.* Ⓒ **1 a** 寬口而有底座的杯子，大杯。**b** 有傾口的燒杯《化學實驗用》。**2** beaker 一杯的量。

bé-àll *n.* [the ~]★用於下列成語。

the bé-all and (the) énd-all 最重要的因素，重要的事；至高[最終]的目標；要義，本體；全部；精髓〔*of*〕.

beak[1] 1 a

beam** [bim; bi:m]《源自古英語「樹」之義》**—n.* Ⓒ **1 a** 梁，橫梁，桁；方木。**b**〖航海〗(船的)橫梁。**c** (秤的)桿。**d** (鋤頭的)柄。

2 a 光線；〖物理〗光束：a ~ of light 一束光線。**b** 〔希望的〕光；〔臉、表情等的〕容光煥發，開顏〔*of*〕：a ~ *of* hope 一線希望/a ~ *of* delight 高興的微笑。

3 a (船的)船幅。**b**《口語》(人的)臀部(寬度)《★常用於下列片語》：be broad in the ~ 屁股大。

4 (擴音器、麥克風等的)有效範圍。

5〖無線〗無線電波，射束，指向波束《用以指引飛機或船隻》：on [off] the ~ 依指示方向或航線[離開指示方向或航線]/fly [ride] the ~ 依無線電波飛行，由無線電導航飛行。

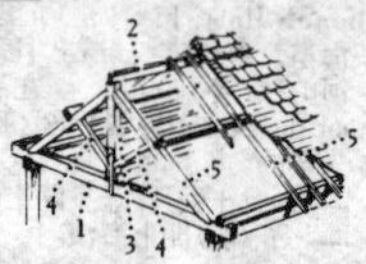

1 tie beam; 2 ridge; 3 king post; 4 strut; 5 rafter

beam 1 a

a béam in one's (ówn) éyes 自己不察覺的大缺點《★出自聖經「馬太福音」; cf. MOTE and beam》.

òff (the) béam (1)⇨ 5. (2)《口語》離正道；迷路。(3)《口語》錯誤的；不對頭：Your reasoning is *off the* ~. 你的推理是錯誤的。

òn the béam (1)⇨5. (2)《口語》依指示航線[方向]行進。(3)《口語》〈事情〉順利；正常。

—*v.i.* **1** 發出光[電波]，照耀。**2 a** 微笑：His face ~*ed.* 他笑容滿面。**b** 〔十介十(代)名〕〔向…〕微笑〔*on, upon, at*〕：He ~*ed* ***on*** his friends. 他向他的朋友微笑。

—*v.t.* **1** 〔十受〕發出〈光〉。**2** 〔十受〕以微笑表示〈喜悅等〉。**3** 〔十受(十介十(代)名)〕〖無線・廣播〗〔向…〕發出〈電波〉〔*to, at*〕：The programs will be ~*ed* ***to*** [***at***] Russia. 這些節目將對蘇聯播送。

béam còmpass *n.* Ⓒ長臂圓規《用以劃大圓，且大小可調整的「圓規」》。

beamed *adj.* 有梁的，有露出之梁或假梁的。

béam-ènds *n. pl.*〖航海〗梁端《船梁的末端》。

òn her [one's] béam-ends (1)〈船〉正要傾覆[翻覆]。(2)《口語》〈人、事業等〉經濟拮据，行將倒閉。

béam·ing *adj.* 照耀的，發光的；充滿喜悅的，愉快的：a ~ smile [face] 愉快的笑容[面容]。**~·ly** *adv.*

***bean** [bin; bi:n] *n.* **1** Ⓒ豆《豆科植物，尤指菜豆屬與蠶豆屬者及其種子的統稱》：broad ~*s* 蠶豆/soya ~*s* = soy ~*s* 大豆/kidney ~*s* 菜豆，四季豆/string ~*s* 青豆及未成熟可食用的豆莢。

【同義字】bean 指蠶豆、菜豆、大豆等；pea 指豌豆。

2 Ⓒ(豆狀的)果實：coffee ~*s* 咖啡豆。

3 Ⓒ《俚》頭腦：Use the old ~. 用用頭腦吧。

4 Ⓒ [《英》**a** ~,《美》常 ~**s**；常用於否定句] **a**《俚》少許，一點點：I do*n't* know ~*s* (about it). (有關那件事)我一點都不知道/I do *not* care *a* ~ [《美》~*s*]. 我一點也不在乎。**b**《口語》少許的錢：be not worth *a* ~ [《美》~*s*] 毫無價值；一文不名，身無分文/I do*n't* have [have*n't*] *a* ~. 我身無分文。

5 [old ~；用於稱呼]《英俚・罕》喂！老兄。

fúll of béans《口語》〈馬、人〉精力充沛的《★由於馬吃了許多豆才恢復活力》。

gèt béans《口語》被嚴厲地責罵[處罰]。

give a person béans《口語》嚴厲地責罵[處罰]〈人〉。

spill the béans《口語》(不小心)洩漏祕密[說溜嘴]。

béan·bàg *n.* **1** Ⓒ內裝豆子的小布袋《★除女孩玩扔子遊戲外，還有投進木板上之洞孔等玩法》。**2** Ⓤ小布袋(球)遊戲，扔子遊戲。

béan·bàll《源自 bean 3》**—***n.* Ⓒ〖棒球〗傷害投球，豆球《故意向打擊者之頭部(附近)投出的球》。

béan càke *n.* Ⓤ豆粕，豆餅(cf. oil cake).

béan cùrd [chèese] *n.* Ⓤ豆腐。

béan pòd *n.* Ⓒ豆莢。

béan·pòle *n.* Ⓒ **1** (給豆莖攀纏的)豆架。**2**《口語》瘦長的人。

béan spròuts *n. pl.* 豆芽。

béan·stàlk *n.* Ⓒ豆莖。

‡**bear**[1] [bɛr; bɛə]《源自古英語「搬運」之義》**—** (**bore** [bor, bɔr; bɔ:]; **borne** [born, bɔrn; bɔ:n], **born** [born, bɔrn; bɔ:n] ⇨ A 1 a) *v.t.* **A 1 a** 〔十受〕生〈兒女等〉《★用法 以被動語態表「被生」之意時，若後接 by... 則用 borne，除此以外，以過去分詞當形容詞用 born；因此後者無主動語態；⇨ born *adj.* 1 a》：She *bore* three children. 她生了三個小孩《★比較 一般用 She had three children.》/Cain was *borne* by Eve. 該隱爲夏娃所生。**b** 〔十受十受〕〈母親〉與〈某人〉生〈小孩〉：She has *borne* him three daughters. 她給他生了三個女兒。

2 〔十受〕開〈花〉；結〈實〉：This tree ~*s* fine apples. 這棵樹結了很好的蘋果/These schemes *bore* fruit. 這些計畫產生了效果。

3 〔十受〕生〈利息〉：How much interest will the bonds ~? 這些公債會生多少的利息呢？

—B 1 〔十受〕**a** 具有，帶有〈武器、標記、痕跡等〉：~ arms ⇨ arm[2] *n.* 成語/This letter ~*s* a British stamp. 這封信貼著英國郵票。**b** 記載有〈日期、簽名〉：verse ~*ing* the signature of Trewe 有特里威簽名的詩。

2 a 〔十受(十介十(代)名)〕把〈憎恨、愛憎等〉懷[記]〔在心裏〕〔*in*〕：*B*~ ***in*** mind what I say. 把我的話牢記在心。**b** 〔十受十受/十受十介十(代)名〕使〈人〉心懷〈怨恨、愛憎〉；對〔人〕心懷〈怨恨、愛憎〉〔*against, for, toward*〕：She ~*s* me no grudge [ill will]. 她對我沒有一點惡意/I ~ a grudge ***against*** him. 我對他懷恨在心/She *bore* a secret love ***for*** him. 她暗戀著他/I ~ no malice ***toward*** him. 我對他毫無惡意。

3 〔十受〕**a** 保持著〈關係等〉：~ some relation [resemblance] *to* ... 和…多少有關係[相似]/~ a part *in* something 與某事有關係，在某事中分擔一份。**b** 擁有〈稱號、名聲等〉：He ~*s* the name of John, the title of duke, and a reputation of courage. 他名叫約翰，擁有公爵的爵位和勇敢的聲譽。**c** 〈礦石〉含有〈…成份〉：This ore ~*s* gold. 這礦石含金。

4 a 〔十受十補〕將〈身體的某部位〉保持〈某種姿勢〉：~ one's head high 高擡起頭。**b** 〔十受〕[~ one*self*；與狀態副詞(片語)連用]舉止，處身：He *bore himself* well [with dignity]. 他舉止高尚[保持莊嚴的態度]/She ~*s herself* like a student. 她舉止有如一個學生。

5 〔十受(十介十(代)名)〕《文語》**a** 將〈物〉傳運，擡，攜帶〔到…〕〔*to*〕；〔乘著風等〕傳運〈物〉〔*on, upon*〕《★比較 作此義解時，一般用 carry》：~ one's bag (***to*** the hotel) 手拎提袋(到旅館)/A voice was *borne* to us ***on*** [***upon***] the wind. 人的聲音隨風傳來。**b** 把〈傳說等〉〔對…〕傳開，傳遞〔*to*〕：~ tales 把傳說傳開/~ good news (***to*** them) (給他們)帶來好消息。**c** 把〈證詞、援助等〉加諸〔於…〕〔*to*〕；提供〔對人不利的〕〈證詞〉〔*against*〕：~ testimony (***to***...) (對…)提供證詞/~ false witness (***against*** a person) 做(不利於他人的)僞證/~ a hand 幫助，協助。

6 〔十受(十副)〕支撐〈重量、物體〉〈*up*〉：The ice is thick enough to ~ your weight. 這塊冰厚得足以支撐你的重量。

7 〔十受〕負擔〈費用〉；擔負，分擔〈義務、責任等〉：Will you ~ the cost [responsibility]? 你願意負擔[承擔]這個費用[責任]嗎？

8 [常與 can, could 連用於否定句或疑問句] **a** 〔十受〕忍耐，忍受〈痛苦、不幸等〉(⇨ endure【同義字】)：~ pain 忍痛/The doubt is more than I *can* ~. 這種疑心使我難以忍受/I *couldn't* ~ the thought of being parted from him. 一想到要與他分手我就受不了/⇨ GRIN and bear it. **b** 〔十 *to* do/十 do*ing*〕忍耐〈做…〉《★變換 〔十to *do*〕和〔十do*ing*〕可互相改寫》：I *cannot* ~ *to* see [see*ing*] the children going hungry. 我不忍看見小孩們在挨餓/I *cannot* ~ *to* be [~ be*ing*] made a fool of. 我無法忍受被人愚弄。**c** 〔十受十 *to* do〕忍耐，忍受〈他人〉〈做…〉：He said he *could not* ~ me *to* be unhappy. 他說他不忍看到我不幸。

9 a 〔十受〕容許…，可有…：The accident ~*s* two explanations. 這意外事件可做兩種解釋。**b** 〔十 do*ing*〕適於，經得起，堪，耐得住〈做…〉《★在意義上 do*ing* 之受詞爲句中之主詞》：This cloth will ~ wash*ing*. 這種布料耐洗/The story does not ~ repeat*ing*. 這個故事不堪重述。

10 〔十受十副詞(片語)〕將…推，擠(往…) (push)：The crowd was *borne back(ward)* by the police. 人羣被警察擠得往後退。

—*v.i.* **1** 〔十介十(代)名〕**a** 壓迫〔…〕〔*on, upon*〕：The tax ~*s* heavily ***on*** the poor. 稅捐沈重地壓在窮人身上。**b** (建築物等)施加壓力，安放重量〔於支撐物上〕〔*against*〕：an arch ~*ing* ***against*** piers 加壓力於橋墩的橋拱。**c** 依靠〔拐杖等〕〔*on*〕《★比較 現在一般用 lean》：~ ***on*** one's crutch(es) 依靠拐杖。

2 〔十介十(代)名〕〔與…〕有關係，有影響 (relate)〔*on, upon*〕：His story does not ~ ***on*** the question. 他的故事和這個問題無關。

3 〔十副詞(片語)〕向〔某方向〕，轉彎〔至某方向〕《★比較《口語》一般用 turn》：The ship *bore north.* 船向北行駛[把行進路線轉向北方]/When you come to the end of the street, ~ *to* the left. 當你走到街道盡頭時，向左轉。

4 〔十副詞(片語)〕位於(某方向)：The land *bore* due *south* of the ship. 陸地在船正南方。

5 [與 well 等狀態副詞連用] 結果實：This tree ~*s* well. 這棵樹很會結果實。
6 a [十介十(代)名] 忍耐，忍受〔…〕〔*with*〕：She *bore with* her noisy children. 她忍受著吵鬧的孩子們 / *B~ with* me；I'm very tired. 我很累，請耐心等一會兒。b《罕》支持，耐，支撐，承載：The ice will not ~. 這冰踩上去會破[承受不住]。
béar awáy《*vt adv*》(1)拿走；贏得〈獎賞等〉：~ *away* the prize 獲獎，獲勝。(2)激〈人〉《★常用被動語態》：He *was borne away by* anger. 他被激怒了。**—**《*vi adv*》(3)《航海》向順風方向；啓帆，離去。
béar dówn《*vt adv*》(1)壓制〈敵人等〉。(2)(於議論) 打敗〈對方〉。**—**《*vi adv*》(3)勤奮，非常努力。(4)(女性生產時) 使勁，用力。
béar dówn on [upòn] ... (1)(由上) 壓，按…：~ *down on* one's pencil 使勁按著鉛筆寫。(2)〈敵人、災患等〉向…逼迫。(3)〈船、車等〉向…逼進[逼近]《★可用被動語態》。(4)〈責任、稅捐等〉壓在…上。(5)處罰，責罵〈人〉：Don't ~ *down* so heavily *on* him. 不要把他罵得這麼厲害。
béar óff《*vt adv*》(1)=BEAR¹ away (1). **—**《*vi adv*》(2)《航海》遠離；出發。
béar óut《*vt adv*》支持〈人〉的說法(等)；證實，支持〈所說的話、理論等〉：What she said ~*s out* my assumption. 她所說的證實了我的假定。
béar úp《*vt adv*》(1)⇨*v.t.* B 6. **—**《*vi adv*》(2)振奮，不頹喪，鼓起勇氣：He *bore up under* the misfortune. 他在不幸中仍奮發圖強 / *B~ up*! 振作起來！(3)(不折斷而) 支撐著，承載：The bridge *bore up under* the strain. 橋支撐住[經得住]那重壓。
be bórne ín upòn [on] ...〈某事〉逐漸被…確信[瞭解]，悟…：It *was borne in upon* me that.... 我逐漸確信…。
bring to béar 把〈砲火、精力等〉集中[於…之上]，施加〈壓力等〉[在…上]〔*on, upon*〕：We *brought* all our energies *to* ~ *upon* the task. 我們把全部精力集中在工作上。

‡bear² [bɛr; bɛə] *n.* **1** Ⓒ《動物》**a** 熊《熊科食肉動物的統稱》《★〔相關用語〕小熊爲 cub, 鳴叫爲 growl, 其動作「擁抱」爲 hug；bear 的形容詞爲 ursine；擬人形爲 Bruin》：⇨black bear, brown bear, polar bear.

> 【字源】和 brown (褐色) 同系統的字；原義是「褐色的動物」，後來以熊的顏色指熊本身。beaver (海狸) 也和 bear 源自 brown 這一個字。

b 似熊的動物 (⇨ koala). **2** Ⓒ粗暴的人；鹵莽的人：a regular ~ 不折不扣的鹵莽者。**3** [the B~]《天文》熊座：⇨ Great Bear, Little Bear. **4** Ⓒ《股票》空頭，股市看跌的人《尤指出售持股者》(↔ bull).
(as) cróss as a béar (with a sóre héad) = like a béar with a sóre héad ⇨cross *adj.*
—*adj.* [用在名詞前]《股票》跌勢的，看跌的 (↔ bull)：a ~ market 競相賣出之氣勢的行情，有賣壓的行情。

bear·a·ble [ˋbɛrəbl; ˈbɛərəbl] *adj.* 可忍受的，〈寒暑等〉忍得住的。
béar·bàit·ing *n.* Ⓤ犬熊相鬥戲《縱犬與鍊住之熊相鬥的遊戲；cf. bear garden》.
béar·bèrry [-ˌbɛrɪ, -bərɪ; -bəri] *n.* Ⓒ (*pl.* **-berries**)《植物》熊果《杜鵑花科常綠灌木，廣布於北美多岩石及砂土地帶》。
béar càt *n.* = lesser panda.
‡beard [bɪrd; biəd] *n.* Ⓒ **1 鬍鬚，下巴鬚**：grow [wear] a ~ 留鬍子。

> 【同義字】「上唇髭」爲 mustache,「臉頰鬚」爲 whiskers, 單稱「鬍子」時指 beard.

beard 1

2《植物》(麥等的) 芒 (awn). **3** (箭頭、釣鉤等的) 倒鉤 (barb).
láugh in one's **béard** 暗自歡喜，竊笑。
to a person's **béard** 當著某人的面，公然。
—*v.t.* [十受] 公然反對〈某人〉(defy).
béard the líon in his dén [láir] 太歲頭上動土，入虎穴取虎子，奮勇迫敵。
béard·ed *adj.* **1** 有鬍子的。**2** [構成複合字] 有(…的) 鬍子的：a gray-*bearded* man 留著灰色鬍子的男人。
béard·less *adj.* **1 a** 無[不長]鬍子的。**b** 乳臭未乾的。**2** 無芒的。
Beards·ley [ˋbɪrdzlɪ; ˈbiədzli], **Au·brey** [ˋɔbrɪ; ˈɔ:bri] **Vin·cent** *n.* 畢爾茲利《1872–98；英國插圖畫家》。
bear·er [ˋbɛrə; ˈbɛərə] *n.* Ⓒ **1 a** 搬運之人[物]：The tsetse fly is a ~ of sleeping sickness. 采采蠅爲傳染昏睡病的媒介。**b** 挑夫，扛夫。**c**《罕》擡棺者。**d** (印度人的) 傭人，服務生。
2 a《商》(支票的) 持票人：payable to ~ 支付給持票人《★省略 the》. **b** (信的) 送信人。
3 [與修飾語連用] 結實或開花的植物：a good [poor] ~ 結果實多的[不結果實的]樹。
béar gàrden *n.* Ⓒ **1** 犬熊相鬥的場地《從前表演犬熊相鬥 (bearbaiting) 給人觀賞的地方》。**2** 吵鬧喧囂的場所。
béar hùg *n.* Ⓒ **1**《角力》緊抱《從前面用兩手緊緊地抱住對方並使其身向上而達到制住對方的方法》。**2**《口語》(粗鹵地) 用力擁抱：give a person a ~ 把某人緊緊抱住。
bear·ing [ˋbɛrɪŋ; ˈbeəriŋ] *n.* **1** Ⓤ [又作 **a** ~] 態度；舉止，舉動 (⇨ manner 2【同義字】)：a man of lofty [gentlemanly] ~ 態度高尙的[紳士風度的]人 / *a* military ~ 軍人的儀態。
2 Ⓤ [又作 a ~] **a** 〔對其他的〕關係〔*on, upon*〕：His question has no ~ *on* the subject. 他的問題與主題無任何關係。**b** (在文句中之言詞的) 意義；旨趣：the ~ of a word in its context 某字在上下文中的意義。
3 a Ⓒ方向，方位，方面：consider [take] a question in all its ~*s* 從各方面考慮問題。**b** [~s] 對(自己所處的) 位置的認識；情勢的把握：bring a person to his ~*s* 使人領悟自己的立場；使人反省 / lose [be out of] one's ~*s* 迷失方向，迷路；不知所措 / get [take] one's ~*s* 確定自己所處的位置；觀察周圍的形勢。
4 Ⓤ忍受，忍耐(力)：beyond [past] all ~ 完全無法忍受。
5 Ⓤ **a** 生，出產：⇨ childbearing. **b** 結實 (期間)：The pear trees are in full ~. 這些梨樹果實纍纍。**c** 收穫。
6 Ⓒ [常 ~s]《機械》軸承：⇨ ball bearing.

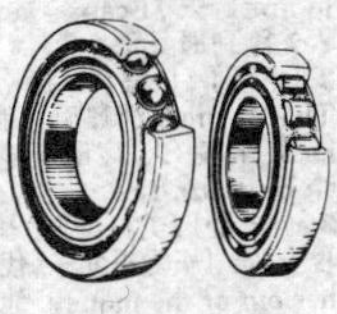
bearings 6

bear·ish [ˋbɛrɪʃ; ˈbɛəriʃ] *adj.* **1** 似熊的；粗暴的，鹵莽的，沒禮貌的。**2**《股票》起跌風的，看跌的 (↔ bullish). **~·ly** *adv.*
béar·skìn *n.* **1** Ⓤ [指個體時爲Ⓒ] 熊皮。**2** Ⓒ**a** 熊皮製品[服]。**b**《英》黑毛皮帽《主由英國禁衛軍等軍人所用》。**3** Ⓤ粗呢布《外衣用》。
***beast** [bist; bi:st] *n.* **1 a** Ⓒ《文語》動物；(尤指大的) 四足獸《★〔比較〕作此義解時一般用 animal；常用於寓言》：a wild ~ 野獸。**b** Ⓒ (對人類而言的) 獸，畜生。**c** [the ~] 獸性：*the* ~ in man 人的獸性。**2** Ⓒ家畜，牛馬。**3** Ⓒ殘酷的人；令人厭惡的人[傢伙]：Don't be a ~. 不要故意爲難《★用於拜託他人時等》/ make a ~ of oneself 做出禽獸般的事 / a ~ *of* a man 令人厭惡的男人 / You ~！你這混帳[畜生]！

bearskin 2 b

béast of búrden 役畜《用以搬運貨物的動物，如牛、馬、駱駝等》。
béast of dráft (拖貨車等) 用以牽引的動物《牛、馬等》。
béast of préy 猛獸《獅、虎等》。
béast·ly《beast 的形容詞》**—***adj.* **1** 似獸的，討厭的；殘忍的；淫亂的：~ pleasures 發洩獸性的作樂。**2** 令人不快的[惡心的]，討厭的。**3**《英口語》[語氣輕微] 惡劣的，討厭的，不合意的：a ~ headache 厲害的頭痛 / ~ weather 惡劣的天氣。
—*adv.*《英口語》非常地，…得厲害，可惡地：~ drunk 爛醉。
béast·li·ness *n.*
‡beat [bit; bi:t] (**beat**; **beat·en** [ˋbitn̩; ˈbi:tn], **beat**) *v.t.* **A 1** (連續) 打，擊 (⇨ strike【同義字】)：**a** [十受] (用手、棒等) 連打，擊，敲…：~ a drum 打鼓 / ~ one's breast [chest] (誇大地) 捶打胸部表示悲傷《★英美人悲傷時所做的動作》。**b** [十受十介十(代)名] 〔以手、棒等〕打…〔*with*〕：~ a boy *with* a stick. 用棒子打男孩子。**c** [十受十副] 擊敗，擊退〈敵人等〉〈*away, off*〉：~ flies *away* [*off*] 拍趕蒼蠅 / ~ *off* the enemy 擊退敵人。**d** [十受十介十(代)名] 把…〔從…〕打出〔*out of*〕：~ the dust *out of* a carpet 打出地毯上的灰塵。**e** [十受十介十(代)名] 把…打進〔…〕〔*into*〕：~ a stake *into* the ground 把樁打進地面。**f** [十受十介十(代)名] 把…打〔成…的狀態〕〔*to, into*〕：~ a dog *to* death 把狗打死。**g** [十受十補] 把…打〈成…的狀態〉：He was *beaten* black and blue. 他被打得青腫瘀血[青一塊紫一塊]。
2 a [十受]〈鳥〉拍動〈翅膀〉，鼓〈翼〉。**b** [十受(十介十(代)名)]〔配合音樂的節奏〕拍〈手等〉〔*to*〕：~ one's hands *to* a song 配合歌曲的節奏拍手[打拍子]。**c** [十受] 踩〈脚〉。**d** [十受]〈海浪〉衝擊〈海岸等〉：waves ~*ing* the shore 衝擊著岸的浪。
3 [十受] 用鼓演奏〈曲子等〉；用鼓打〈信號等〉：~ a march 用鼓演奏進行曲 / ~ an alarm 用鼓做警報，打鼓示警。
4 a [十受十副] 錘薄〈金屬〉〈*out*〉：~ *out* gold 錘薄金子。**b** [十受十補] 將…錘〈成…〉：~ iron flat 把鐵錘平。**c** [十受十介十(代)名] 將…錘〔成…〕〔*into*〕：~ iron *into* a thin plate 把鐵錘成薄片。

5 a 〔十受(十副)〕攪拌〈蛋等〉(使起泡)〈*up*〉：～ cream 攪拌乳脂(使起泡)/～ (**up**) eggs 攪拌蛋(使起泡)。**b** 〔十受十介十(代)名〕把〈某物〉攪拌〔成…〕〔*to*〕：～ flour and eggs ***to*** a paste 把麪粉和蛋攪拌成糊狀。

6 〔十受十介十(代)名〕**a** 〔爲尋找獵物〕打遍〈草叢等〉〔*for*〕：～ a thicket ***for*** hares 爲獵取野兔打遍灌木叢。**b** 〔爲尋找迷失的小孩〕找遍〈森林等〉〔*for*〕：～ the woods ***for*** [in search of] the lost child 爲了迷失的小孩找遍森林。

7 a 〔十受〕踏出〈路〉。**b** 〔十受十介十(代)名〕把…踏〔成…〕〔*into*〕；〔由…〕踏出〈路〉〔*through*〕：～ a path ***through*** the snow 在雪中踩出一條路 /The trail was *beaten* ***into*** a road. 小徑被踏成道路。**c** 〔十受〕[～ **one's way**] (勉强)前進；《美》以不正當的手段旅行。**d** 〔十受〕[～ it 常用祈使語氣]《口語》趕緊去；出去：*B*～ *it*! 快滾出去，快點去。

8 〔十受〕**a** 打〈拍子〉：～ time 打拍子。**b** 有規律的拍動[振動]出〈秒〉：The clock is ～*ing* seconds. 時鐘滴答計時。

—B 1 a 〔十受(十副)〕擊敗〈對方、敵人〉〈*out*〉：Our team ～ (***out***) theirs by a big score. 我隊以懸殊比分擊敗他們的隊 /He ～ me *at* chess. 他下棋贏了我。**b** 〔十受〕勝過…：Nothing can ～ yachting as a sport. 就運動而言，賽快艇勝過一切體育活動[沒有一種運動可與賽快艇相比]。**c** 〔十受〕比…搶先[先到達]；跑贏，超過〈對方〉：～ a traffic signal 在交通信號轉紅前之瞬間搶先走過去 /I can ～ any of you *to* the beach. 我能比你們任何人先跑到那海灘。

2 〔十受〕《口語》**a** 使〈人〉難倒，使…無法對付，使…認輸：That ～*s* me. 那難倒了我；不知道《★有時省略主詞寫作 Beats me.》。**b** 使〈人〉疲倦不堪《★常以 beat 的過去分詞當形容詞用；⇨ beat *adj.* 1》。

3 a 〔十受〕《美口語》欺騙〈人〉，詐取〈金錢〉：～ the taxes 詐取稅金。**b** 〔十受十介十(代)名〕欺騙〈人〉取得〔…〕〔*out of*〕：He ～ her ***out of*** the money. 他騙取她的錢。

—*v.i.* 1 〔十介十(代)名〕**a** 連打，敲〔…〕〔*at, on*〕：Stop ～*ing* ***at*** [***on***] the door. 別再一直敲門啦！**b** 〈雨、風、浪等〉(猛烈地)衝擊〔…〕，撞擊〔在…〕〔*against*〕：The rain is ～*ing* ***against*** the windows. 雨猛打著窗戶。

2 〔十副十介十(代)名〕〈陽光等〉照射〔在…之上〕；〈雨等〉傾注〔在…之上〕〈*down*〉〔*on, upon*〕：The sun ～ ***down on*** [***upon***] him. 太陽(火辣辣地)照在他頭頂上 /The rain was ～*ing* ***down on*** his umbrella. 雨水打在他的雨傘上。

3 a 〈鼓〉咚咚地響：We heard drums ～*ing*. 我們聽到鼓咚咚地響。**b** 〈心臟〉跳動：Her heart ～ fast with joy. 她高興得心臟快速跳動。**c** 〈翅膀〉連續拍動，鼓翼。

4 (尋找獵物)連打草叢，驅出獵物。

5 〈蛋、乳脂等〉攪得起泡沫，混合。

6 《口語》贏：I hope you'll ～. 我希望你會贏。

7 〔十副詞(片語)〕《航海》逆風循鋸齒狀路線行駛：The sailing ship ～ *about* [*along* the coast]. 帆船逆風循鋸齒狀路線[沿岸邊]行駛。

béat abóut 《*vi adv*》(1)遍尋，遍查〔…〕〔*for*〕. (2)⇨ *v.i.* 7.

béat aròund [《英》**abòut**] **the búsh** ⇨ bush.

béat báck 《*vt adv*》(1)擊退。(2)抑制住〈火勢等〉。

béat dówn 《*vt adv*》(1)打落[倒]：The wheat has been *beaten down* by the storm. 小麥被暴風雨刮[衝]倒。(2)《口語》將〈價格〉殺[壓低]〔到…〕〔*to*〕：We ～ *down* the price *to* five dollars. 我們(把價錢)殺到五美元。(3)《口語》使〈人〉降價〔到…〕〔*to*〕：We ～ him *down to* five dollars. 我們使他降價到五美元。**—**《*vi adv*》(4)⇨ *v.i.* 2.

béat ín 《*vt adv*》(1)砸碎〈物〉：～ the door *in* 把門砸碎。(2)打傷〈人〉。(3)灌輸〈思想等〉。

béat óut 《*vt adv*》(1)撲滅〈火〉。(2)⇨ *v.t.* A 4 a. (3)⇨ *v.t.* B 1 a. (4)敲(鼓等)出〈聲音〉。(5)⇨ *v.t.* A 7 a. (6)《棒球》擊出〈滾地球內野安打〉。

béat a person **tò it** 《口語》先發制〈人〉，比…搶先。

béat úp 《*vt adv*》(1)⇨ *v.t.* A 5 a. (2)痛打，毒打；出其不意地襲擊〈人〉。(3)《口語》(擊鼓)召集，徵集：～ *up* recruits 募集新兵。**—**《*vi adv*》(4)《航海》與逆風或逆流掙扎前進。

Can you béat it [**that**]**?** [**!**] 《俚》怪事！竟會有這種事！《★表示驚訝；原義爲「你能想像這件事嗎？」》。

—*n.* 1 Ⓒ(連續的)敲打，敲擊。

2 a [**the** ～](鼓等的)敲打聲，(浪等的)衝擊聲：listen to *the* ～ *of* the rain on the roof 聽屋頂上的雨打聲。**b** Ⓒ(心臟的)跳動；脈搏。**c** [**the** ～](蹄)聲：*the* ～ *of* a horse's hooves 馬蹄聲。

3 Ⓒ**a** (指揮棒等的)一揮(所表示的速度)。**b** 拍子；拍，(用手、腳的)打拍子。**c** (爵士樂、搖滾樂等的)强烈的節拍。

4 Ⓒ **a** 《詩學》强音。**b** 《物理》振動聲；波差。

5 Ⓒ(警察、守望者等的)巡邏[轄]區，巡邏路線：*on* the [one's] ～ 在(轄區)巡邏中。

6 Ⓒ(獵物的)趕出，搜尋。

7 [**the** ～]《美俚》較他物[他人]爲優之物[人]：I've never seen *the* ～ *of* it. 我從未見過超越它的事物。

8 Ⓒ《美新聞》獨家報導，獨家消息。

be in [**òut of, òff**] one's **béat** 《口語》本行[非本行]，屬[非]自己的專長。

òff (**the**) **béat** 不合拍子[節奏]，不規則。

—*adj.* 1 [不用在名詞前]疲乏的：I'm dead ～. 我累死了。**2** [用在名詞前]披頭族[士]的(cf. beat generation).

‡beat·en [ˈbitn; ˈbiːtn] *v.* beat 的過去分詞。

—*adj.* [用在名詞前] **1** (連續)被打的，被責打的。

2 a 被打敗的；垂頭喪氣的：a ～ army 敗軍。**b** 疲憊的。

3 鍛造的，被錘薄的：～ work 鍛造的工藝品 /～ gold [silver] 金[銀]箔。

4 久經踐踏的；走慣了的：a well-*beaten* path 久經踐踏的路，很多人走過的路；常道，常軌；習慣，慣例 /⇨ beaten track.

5 〈乳脂等〉經過攪拌的。

béaten tráck *n.* [**the** ～] **1** 人們走慣[常走]的路。**2** 一般的方法，社會上的常識[慣例]。

fóllow [**kéep to**] **the béaten tráck** (1)走很多人走過的路。(2)循常軌。

òff the béaten tráck ⇨track.

béat·er *n.* Ⓒ **1** 敲打的人。**2** 驅獵伕《狩獵時哄趕鳥獸供獵人射獵的人》。**3** [常構成複合字]打[攪拌]的器具：⇨ eggbeater 1.

béat generátion *n.* [**the** ～]披頭族[士](一代)《在1950–60 年代對當時的美國社會感到失望和不滿，而以奇裝異服和乖張行爲表現自我的一羣反社會的(年輕)人；cf. beatnik》。

be·a·tif·ic [ˌbiəˈtɪfɪk; ˌbiːəˈtifik, biə-ˊ] *adj.* **1** 《文語》祝福的，(能)帶來幸福的。**2** 幸福的，快樂的。

-i·cal·ly [-klɪ; -kəli] *adv.*

be·at·i·fi·ca·tion [bɪˌætəfəˈkeʃən; biːætifiˈkeiʃn, biˌæt-] 《beatify 的名詞》**—*n.*** ⓊⒸ **1** 賜福；享福，受福。**2** 《天主教》宣福禮。

be·at·i·fy [bɪˈætəˌfaɪ; biːˈætifai, biˈæt-] *v.t.* **1** 賜福給〈人〉。**2** 《天主教》爲〈死者〉行宣福禮《宣布死者加入受福者之列；cf. canonize》。

béat·ing *n.* **1 a** Ⓤ敲打，打，擊。**b** Ⓒ(爲懲罰而)痛打，笞打：give a boy a good ～ 把孩子痛打[懲罰]一頓。

2 Ⓒ **a** 《口語》打敗。**b** 敗北(defeat)：take [get] a terrible ～ 遭受慘敗。**c** 精神[物質]上的打擊，創傷，損害：He took [got] a ～ in the stock market. 他在股市上遭受慘重的損失。

3 Ⓤ鼓翼，振翅。

4 Ⓤ(心臟的)跳動，(脈的)搏動。

5 Ⓤ(金屬等的)錘薄，鍛打。

6 Ⓤ《游泳》雙脚交替打水面的動作。

be·at·i·tude [bɪˈætəˌtud, -ˌtjud; biːˈætitjuːd, biˈæ-] *n.* **1** Ⓤ全福，至福。**2** [**the Beatitudes**]《聖經》八福《耶穌在山上垂訓時所說的八種幸福》。

Bea·tles [ˈbitlz; ˈbiːtlz] *n. pl.* [**the** ～]披頭四，披頭四合唱團。

【說明】出身於英國利物浦(Liverpool)的著名搖滾樂(rock)團。1962 年首次登場，享有盛名，1970 年解散。團員是約翰·藍儂(John Lennon)，保羅·麥卡尼(Paul McCartney)，喬治·哈里遜(George Harrison)，和林哥·史塔(Ringo Starr)。1960 年代對世界各地的年輕人在音樂上以及生活習慣上(如蓄長髮、服飾等)的影響很大。

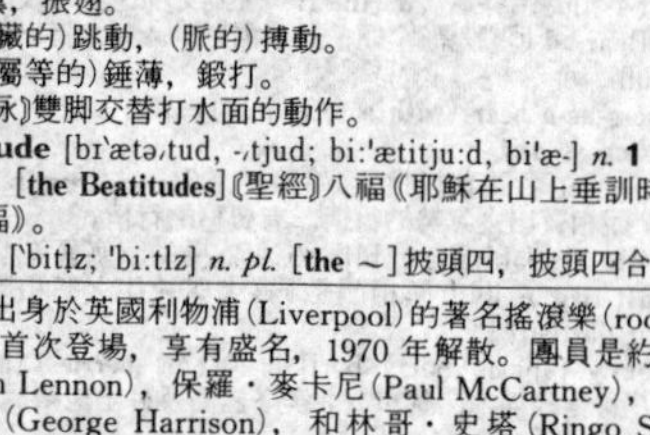

The Beatles

beat·nik [ˈbitnɪk; ˈbiːtnik] *n.* Ⓒ 披頭族的人 (⇨ beat generation).

Be·a·trice [ˈbiətrɪs; ˈbiətris] *n.* **1** 碧翠絲《女子名》。**2** 碧翠絲《但丁(Dante)於十歲時初遇後愛慕的心目中理想女人》。

béat-úp *adj.* [用在名詞前]《口語》用舊了的，破舊的：a ～ car 老爺車。

beau [bo; bou] 《源自法語「美的」的陽性形；cf. bell》**—***n.* Ⓒ (*pl.* ～x, ～s [～z; ～z]) **1** 《古・文語・謔》喜歡修飾的男人；紈袴子弟；婦女的護花使者，男伴。**2** 《古・方言》(婦女的)追求者，情郎，男朋友。

Béau·fort scále [ˋbofət-; ˈboufət-] *n.* [**the** ～] 蒲福風級(⇨ wind scale)．

beau geste [boˋʒɛst; bouˈʒest] 《源自法語》 **—***n.* Ⓒ (*pl.* **beaux gestes** [boˋʒɛst; bouˈʒest]) 漂亮的[優雅的]姿態[動作]《常爲無用的或爲達到某效果所作》。

beau ideal [ˋboarˋdiəl, -ˋdil; ˌbouaiˈdi:l] *n.* Ⓒ **1** (*pl.* **beaus ideal, beaux ideal**) 十全十美[至美]的觀念。**2** (*pl.* **beau ideals**) 優美之典範[典型]。

Beau·jo·lais [ˌboʒəˋle; ˈbouʒəlei] *n.* 博若萊《法國東部的一個地方，以產紅葡萄酒聞名》。

beau monde [boˋmand; bouˈmɔnd] 《源自法語 'beautiful world' 之義》**—***n.* (*pl.* ～s [-ˋmandz; -ˈmɔndz], **beaux mondes** [～]) [**the** ～] 社交界，上流社會。

beaut [bjut; bju:t] 《beauty 之略》**—**《美俚》*adj.* 很棒[帥]的。**—***n.* Ⓒ很棒的東西，很帥的人。

beau·te·ous [ˋbjutɪəs; ˈbju:tiəs] *adj.* 《詩》〈氣候、景色等〉美麗的。

beau·ti·cian [bjuˋtɪʃən; bju:ˈtiʃn] *n.* Ⓒ美容師，經營美容院的人。

‡**beau·ti·ful** [ˋbjutəfəl; ˈbju:təful, -tif-] 《beauty 的形容詞》**—***adj.* (**more** ～; **most** ～) **1** 美麗的，美觀的：a ～ flower 美麗的花/a ～ woman 美麗的女人/a ～ voice 美妙的聲音。

> **【同義字】** beautiful 是表示「美麗」之意的最廣泛用字；handsome 通常表示男人「面貌英俊」，用於女人時則表示「體型健壯而精神勃勃」；lovely 指激發情感，並取悅內心和感官之美；pretty 指看起來悅人可愛；good-looking 可用於男性和女性，所指之意與 handsome, pretty 大致相同。

2 a 完美的，完善的：a ～ character 完美的品格。**b** 很好的，美好的；漂亮的；高明的；很棒的：～ weather 晴朗宜人的天氣/a ～ swing (高爾夫等)漂亮的揮桿 /*B*～！棒！**3** [**the** ～；當名詞用] Ⓤ美；美麗的東西；[集合稱] 美人。～**·ly** [-fəlɪ; -fli] *adv.*

beau·ti·fy [ˋbjutəˌfaɪ; ˈbju:tifai] 《beauty 的動詞》**—***v.t.* 使…變得美麗，增加…的美麗，美化…；使…美好。**—***v.i.* 變得美麗。

beau·ti·fi·ca·tion [ˌbjutəfəˋkeʃən; ˌbju:tifiˈkeiʃn] *n.*

‡**beau·ty** [ˋbjutɪ; ˈbju:ti] *n.* **1** Ⓤ美；美貌：girlish ～ 少女的美 /manly [womanly] ～ 男性[女性]美 /*B*～ is but skin-deep.《諺》美貌只是膚淺的；判斷事物不可只看其表面；「貌美不如心田好」/*B*～ is in the eye of the beholder.《諺》「人各有所好」，「情人眼底出西施」。

2 Ⓒ好處，優點〔*of*〕：That's the ～ *of* it. 妙處就在這裏。

3 Ⓒ **a** [常當反語用] 美人；美的事物；了不起[很棒]的人：She was the ～ *of* the ball. 她是那舞會中最耀眼的美人 /She's a regular ～, isn't she？[反語] 她是十足的大美人《醜死了》！**b** 出類拔萃之物〔*of*〕：Here's a ～！就是這個最好[最妙]！/a ～ *of* a Winchester 一枝挺漂亮的文契斯特獵槍。

béauty cὸntest [**shὸw**] *n.* Ⓒ選美會。

béauty pὰrlor [**salὸn,** 《美》**shὸp**] *n.* Ⓒ美容院。

béauty quèen *n.* Ⓒ選美會優勝者，選美皇后。

béauty slèep 《因據說可保持健康和美容》**—***n.* [**one's** ～] 《謔》午夜前的睡眠；小睡，打盹：get one's ～ 在午夜前睡覺。

béauty spὸt *n.* Ⓒ **1** 面貼，美人斑《婦人用以襯托其皮膚白皙而貼於面頰等的黑色紙片或絲布小片》。**2** 皮膚上的斑點，痣 (mole)；美人痣，美人斑。**3** 美景，名勝；特別美麗的地方。

beaux *n.* **beau** 的複數。

beaux-arts [boˋzar; bouˈzɑ:] *n. pl.* 美術；藝術《如繪畫、音樂等》。

bea·ver[1] [ˋbivə; ˈbi:və] *n.* **1** Ⓒ《動物》海狸《海狸科兩棲哺乳動物的統稱》。

2 Ⓤ海狸的毛皮。

3 Ⓤ厚粗呢。

4 Ⓒ [常與 eager, busy 等形容詞連用]《口語》(幾乎搶同事的工作去做的)工作勤奮的人。

5 Ⓒ《美鄙》女性的生殖器。

wórk like a béaver 《口語》勤奮地工作。

—*v.i.* 〔十副(十介十(代)名)〕《英俚・謔》〔致力…而〕勤奮地[忙碌地]工作〈*away*〉〔*at*〕.

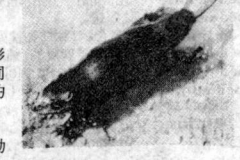

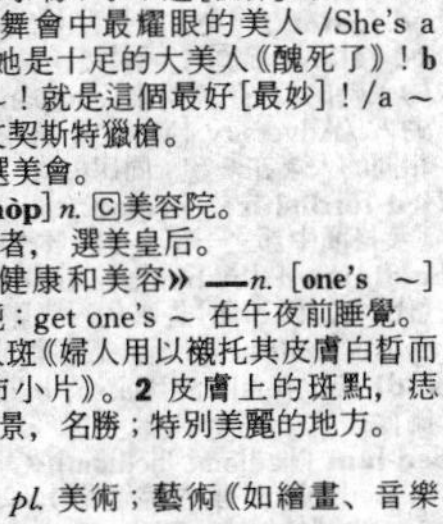

beaver[1] 1

bea·ver[2] [ˋbivə; ˈbi:və] *n.* Ⓒ(中世紀軍人所戴，連在頭盔上用以遮臉之下部的)半面甲；臉罩(⇨ visor 插圖)。

be·bop [ˋbiˌbap; ˈbi:bɔp] 《擬聲語》**—***n.* Ⓤ《音樂》波普 (bop)《1940 年代後期至 1950 年代初期的現代爵士樂最初期形式》。

be·calm [bɪˋkam; biˈkɑ:m] *v.t.* 風平靜下來而使〈帆船〉停駛《★常用被動語態》：The ship *was* ～*ed* for ten days. 船由於沒有風而停駛了十天。

‡**be·came** [bɪˋkem; biˈkeim] *v.* **become** 的過去式。

‡**be·cause** [bɪˋkɔz, bə-; biˈkɔz, bə-] 《源自中古英語「因理由(by cause)」之義》**—***conj.* **1** [用於對 Why 回答的答句句首] **因爲**："Why were you absent？"—"*B*～ I was sick in bed."「你爲什麼缺席？」「因爲我臥病在牀。」

2 a [because 之前有逗點時，常由句首譯] (那是)**因爲**…(之故)：I can't go, ～ I'm busy. 我無法去，因爲我忙。**b** [because 之前無逗點時，常由 because 之後先譯] **因爲**…：He succeeded ～ he did his very best in everything.＝*B*～ he did his very best in everything, he succeeded. 因爲他凡事都竭盡全力所以他成功了 /He gave up the plan chiefly ～ it was not supported by all of them. 他放棄那計畫主要是因爲未得到他們全體的支持《★用法 有時在 because 之前附加 partly, chiefly, only, merely, simply, just 等表示程度的副詞》。

3 [與否定句之主要子句一起使用] **不因…而(…)**《★用法 表示此意時不用逗點》：You should *not* despise a man simply ～ he is poor. 你不應該只因某人窮而瞧不起他 /He did*n't* accept it ～ he disliked it. 他並不是因爲不喜歡而沒接受它《★用法 此句又可作「他因爲不喜歡而沒接受它」，但表示此意時通常在 because 之前加逗點》。

4 [引導名詞子句] …這件事《★比較 一般用 that》：The reason (why) I can't go is ～ I'm busy. 我不能去的理由是我忙。

áll the móre becàuse… 因…而越發…[反而更…]。

becàuse of… [當介系詞用] **由於…，因爲…** (owing to)：I didn't go out ～ *of* the rain. 我因雨沒出去《★變換 可換寫成 I didn't go out because it was raining》。

nóne the léss becàuse… 儘管…還是[依然]…，不因…而少…：I like him *none the less* ～ he is too good-natured. 儘管他太過於和藹，我還是喜歡他[我不因他過分和藹而少喜歡他]。

be·chance [bɪˋtʃæns; biˈtʃɑ:ns] *v.* 《古》＝befall.

beck [bɛk; bek] *n.* Ⓒ點頭(示意)打招呼；命令；招手，招喚《★常用於下列成語》。

be at a person's **béck and cáll** 聽命於某人，受某人之指揮。

hàve a person **at** one's **béck and cáll** 隨心所欲地使喚〈某人〉。

Beck·et [ˋbɛkɪt; ˈbekit], **St. Thomas à** *n.* 貝克特《1118?–70；英國坎特培里(Canterbury)大主教；因反對亨利二世(Henry Ⅱ)對教會的政策而被謀殺》。

Beck·ett [ˋbɛkɪt; ˈbekit], **Samuel** *n.* 貝克特《1906–89；愛爾蘭劇作家、小說家；於 1969 年獲諾貝爾文學獎》。

beck·on [ˋbɛkən; ˈbekən] 《源自古英語「作信號」之義》**—***v.t.* **1 a** 〔十受十副詞(片語)〕**以手勢[點頭，比手畫腳(等)]向…示意，向…招手指揮，向…招手**：The man ～*ed* her *to* his house. 那個人(向她)招手要她到他家去 /He ～*ed* the waiter *for* their bill. 他招手要服務生拿他們的賬單給他/He ～*ed* me *forward* [*away, in*]. 他招手叫我向前[離開，進去]。**b** 〔十受十 *to* do〕招手叫〈人〉〈做…〉：I ～*ed* them *to* come nearer. 我招手叫他們走近些。**2** 〔十受〕引誘，招呼，召喚，呼喚〈人〉。

—*v.i.* **1** 〔動(十介十(代)名)〕〔向…〕招手，〔向…〕示意〔*to*〕. **2** 招呼，呼喚，誘惑，吸引：The blue sea ～*s*. 藍色的海在呼喚著。

Beck·y [ˋbɛkɪ; ˈbeki] *n.* 貝姬《女子名；Rebecca 的暱稱》。

be·cloud [bɪˋklaud; biˈklaud] *v.t.* **1** 將…遮暗。**2** 使〈眼睛、心等〉昏暗[蒙蔽]。**3** 使…模糊不清，使…混亂。

‡**be·come** [bɪˋkʌm; biˈkʌm, bə-] 《源自古英語「來」；相當於be-＋come》**—** (**be·came** [-ˋkem; -ˈkeim]；**be·come**) *v.i.* 〔十補〕**成爲，變爲，轉爲，變得〈…〉**：He *became* a dentist. 他成爲牙科醫師 /The days are *becoming* longer. 白晝變得越來越長 /The truth *became* known to us all. 我們大家(逐漸)知道了眞相《眞相成爲我們大家所知》。

語法 (1)後接名詞、形容詞、過去分詞等做補語，但不接片語。(2)表未來的「將成爲…」時，通常不用 become 而用 be(⇨ be B 1 a)(如 He will *be* a doctor. /He wants [intends] to *be* a doctor.). (3)become 之後不接不定詞(cf. come *v.i.* B 2).

—*v.t.* 〔十受〕**1** 〈物〉適合[適宜，適於]〈人〉《★無被動語態》：Her white dress *became* her very well. 白色衣服穿在她身上顯得很相配。**2** [常用於否定句] **與〈人、身分、環境等〉相稱，與…相當，與…相配**《★無被動語態》：It does *not* ～ you to complain. 發牢騷同你的身分可不大相稱[發牢騷不像是你的作風]。

becóme of… [以疑問詞 what(ever) 作主詞] …變成(怎麼樣)；…遭遇(如何) (happen to)：*What* has ～ *of* the house in which I lived in my childhood？我小時候住的房子後來不知變成怎樣？/I don't know *what* will ～ *of* the boy. 我不知道這孩子將有何遭遇。

be·com·ing [bɪˋkʌmɪŋ; biˈkʌmiŋ, bə-] *adj.*《文語》**1 a** 合適的：a ~ dress 合適的衣服。**b** [不用在名詞前]〔+介+(代)名〕〈衣服等〉適合〔…〕的〔*to*〕：The necklace is very ~ *to* her. 那項鍊很適合她。**2 a** 相稱的，適當的：her ~ modesty 與她相稱[她那種得體]的淑靜。**b** [不用在名詞前]〔+介+(代)名〕〔與…〕相稱的，相配的，適合的〔*to, in*〕：Such conduct is not ~ *to* [*in*] a gentleman. 這樣的行爲與一個紳士的身分是不相稱的。
~·ly *adv.* **~·ness** *n.*

Bec·que·rel rays [ˋbɛkˏrɛlˋrez; ˈbekərelˌreiz]《源自法國物理學家之名》**—***n. pl.* 白克瑞爾放射線。

‡**bed** [bɛd; bed]《源自拉丁文「挖洞」之義；因古時曾挖洞爲睡眠處》**—***n.* **1** Ⓒ牀，臥牀《★成語多半無冠詞》：a room with two single ~*s* [with a double ~]（旅館的）有兩張單人牀的[有一張雙人牀的]房間 /a ~ of sickness 病牀，病榻《★[比較]一般用 sickbed》/sit *on* the ~ 坐在牀上 /lie *on* one's ~（爲了睡午覺等而）躺臥在牀上 /get *out of* ~ 起牀，下牀 /be [lie] *in* ~ with influenza 因流行性感冒躺臥[病倒]在牀上/sit up *in* ~ 在牀上(從被窩裏)坐起來/You can have breakfast *in* ~. 你可以在牀上吃早餐/⇨ go to BED.

【說明】(1)古時候 bed 是很貴的東西，一個家庭中大都只有一個。據說倫敦郊外有一家客棧叫做 The Great Bed of Ware, 它裏面的一張牀可供十二人一起睡，許多人就爲了睡這牀而特地光顧。現在倫敦的維多利亞阿伯特博物館(Victoria & Albert Museum)仍然當作古董保存著它。
(2)牀(bed)是放在牀架(bedstead)上的牀墊(mattress)、毛毯(blankets)、牀單或被單(sheets)等的總稱。鋪牀時先在牀墊上鋪墊褥(pad)(或幾條毛毯)和牀單，然後再放被單和幾條毛毯，人就睡在牀單和被單之間。天氣寒冷時可以再加上棉被或羽毛被(quilt). 牀不用時，通常覆蓋裝飾用的牀罩(bedspread). 靠頭的一端叫牀頭(head)，靠脚的一端叫牀尾(foot).

2 Ⓤ就寢(時間)：one's usual hour for ~ 平常的就寢時間 /have a drink before ~ 在睡覺前喝一杯。
3 Ⓤ **a** 婚姻，夫妻關係。**b**《口語》性關係，性交。
4 Ⓒ **a** 住宿，就宿：get a ~ at an inn [a hotel] 在客棧[旅館]裏住宿。**b**《文語》墳墓：one's narrow ~（某）一個人的墳墓/a ~ of honor 陣亡將士之墓。
5 Ⓒ(牛馬的)鋪草窩：a ~ of hay 鋪乾草的窩。
6 Ⓒ **a** 底座，基座：a ~ of concrete 混凝土的基座。**b** 砲座。**c**（卡車的）裝貨臺。
7 Ⓒ[常構成複合字] **a** 苗牀，花壇，花圃：⇨ flower bed. **b**（牡蠣等的）養殖場：⇨ oyster bed.
8 Ⓒ河牀，礦牀，海底，湖底：⇨ riverbed.
9 Ⓒ地層；層：a ~ of clay 黏土層。
10 Ⓒ路基。

a béd of thórns [náils]《口語》針氈，痛苦的處境。
be bróught to béd《文語・古》生〔小孩〕〔*of*〕：*be brought to* ~ *of* a son 生男孩。
be confined to one's béd ＝keep (to) one's BED.
béd and bóard (1)住宿和餐食，食宿。(2)寢食與共，夫妻生活：separate ~ *and board*〈夫妻〉分居。
béd and bréakfast《英》＝b and [&] b.
béd of róses《口語》十分安樂的境地[生活]：repose on *a* ~ *of roses* 過奢侈的生活 /The life of a teacher is no ~ *of roses.* 教師的生活絕非安逸舒適的。
díe in (one's) béd《口語》病[老]死，壽終正寢。
gèt óut of béd on the wróng síde＝gèt óut of [gèt úp on] the wróng síde of the béd《口語》從早上開始終日心情不好《★古時候人們認爲早上起牀時如果從牀的左側下牀，就會整天不順遂》。
gò to béd (1)就寢。(2)〔與異性〕同牀(睡覺)，同衾，同房〔*with*〕.
kéep (to) one's béd 臥病在牀。
léave one's béd 下牀，起牀。
máke a [one's, the] béd（起牀後）整理[收拾]牀鋪；鋪牀：As you *make* your ~, so you must lie upon it.＝One must lie in [on] *the* ~ one has *made.*《諺》自作自受；自食其果。
màke úp a béd〔爲客人〕準備牀〔*for*〕.
pùt...to béd (1)使〈人〉睡，將〈嬰兒〉放到牀上使睡覺。(2)將〈排成的版〉放上印刷機準備印刷；將…付印。
tàke to one's béd 病倒，臥病。
wét the [one's, its] béd〈小孩等〉尿牀《★[語形] wet 之過去式及過去分詞在英國語法、美國語法均爲 wet 或爲 wetted》.
—*v.t.* (**bed·ded; bed·ding**) **1**〔+受〕供〈人〉牀鋪。
2〔+受〕**a** 使〈人〉睡。**b**《口語》(爲了性交)使〈人〉上牀。
3 a〔+受+副〕爲〈人〉鋪牀；爲〈馬等〉鋪草窩；使…臥[睡]〈*down*〉. **b**〔+受+副+介+(代)名〕爲〈馬等〉〔以稻草〕鋪草窩，使…臥[睡]〔在稻草上〕〈*down*〉〔*with*〕：The man *bedded down* his horse *with* straw. 那個人使馬臥在稻草上。
4 a〔+受(+副)〕將…移植於花壇[苗圃]內〈*out, in*〉：~ *out* geraniums 把天竺葵移植花壇內/~ seedlings (*in*)種苗木(於…中)。**b**〔+受+介+(代)名〕種…〔於…〕〔*in*〕：These tulips should be *bedded in* rich soil. 這些鬱金香應當種在肥沃的土壤裏。
5 a〔+受〕平放，砌，分層疊置〈石塊、磚瓦等〉。**b**〔+受+介+(代)名〕將…嵌入〔…中〕〔*in, behind*〕：Stones are *bedded in* mortar or concrete. 用灰泥或水泥砌石塊/The mikes were *bedded behind* the wallpaper. 麥克風裝在壁紙的背後。**c**〔+受+介+(代)名〕[~ one*self*]嵌，埋〔在…中〕〔*in*〕：The bullet has *bedded itself in* the wall. 子彈嵌在牆壁中。
—*v.i.* **1**〔動(+副)〕臥，睡〈*down*〉：Early to ~ and early to rise, makes a man healthy, wealthy and wise.《諺》早睡早起身體好，財滾滾，腦精明。
2《口語》〔(+副)+介+(代)名〕〔與異性〕同牀(睡覺)，同衾，同房〈*down*〉〔*with*〕.

be·dab·ble [bɪˋdæbl; biˈdæbl] *v.t.*〔+受(+介+(代)名)〕〔以水等〕濺汚[潑濕]…〔*with*〕.

be·daub [bɪˋdɔb; biˈdɔ:b] *v.t.*〔+受+介+(代)名〕**1**〔以…〕汚染[弄髒]…〔*with*〕. **2**〔以…〕塗敷[塗飾]…〔*with*〕.

be·daze [bɪˋdez; biˈdeiz] *v.t.* **1** 使…全然暈眩。**2** 使…恍惚，使…昏迷，使…茫然，使…昏亂。

be·daz·zle [bɪˋdæzl; biˈdæzl] *v.t.*〔+受+介+(代)名〕〔以…〕使〈人〉暈眩，〔以…〕使…困惑〔*with*〕.

béd·bùg *n.* Ⓒ《昆蟲》臭蟲《臭蟲科昆蟲的統稱，尤指吸食人血的溫帶[熱帶]臭蟲》。

béd·chàmber *n.*《古》＝bedroom.

béd·clòthes *n. pl.* 寢具，被褥《除牀墊以外之被單，毯，枕頭等》。

béd·còver *n.* ＝bedspread.

béd·ding *n.* Ⓤ **1** 寢具類，被褥。**2** 寢牀；(牛馬的)稻草窩。**3**《建築》基牀，底牀，基座。

Bede [bid; bi:d], St. *n.* 比得《673?–735；又稱 the Venerable Bede；英國僧侶、歷史家及神學家，著有最早期的英國史》。

be·deck [bɪˋdɛk; biˈdek] *v.t.*〔+受(+介+(代)名)〕〔以…〕裝飾…，〔以…〕點綴…〔*with*〕《★常用被動語態》：a window ~*ed with* flowers 用花裝飾的窗戶。

be·dev·il [bɪˋdɛvl; biˈdevl] *v.t.* (**be·dev·iled,**《英》**-dev·illed; be·dev·il·ing,**《英》**-dev·il·ling**) **1** 使〈人〉中魔，使…著魔《★常用被動語態》。**2** 使…混淆[迷惑]，蠱惑…《★常用被動語態》。**3** 使〈人〉苦惱，〈受…〉虐待《★常用被動語態》。
~·ment *n.*

be·dewed [bɪˋdud, -ˋdjud; biˈdju:d] *adj.* [不用在名詞前]〔+介+(代)名〕〔被露水、眼淚等〕沾濕的〔*with*〕：a face ~ *with* tears 被眼淚沾濕的臉。

béd·fàst *adj.*《美方言》臥牀不起的(bedridden).

béd·fèllow *n.* Ⓒ **1** 同牀者，枕邊人，共睡者。**2**（尤指爲了利益的一時的）夥伴，同事(companion)：an awkward ~ 難以相處的人 /Adversity [Misery] makes strange ~*s.*《諺》患難把很不相同的人湊在一起；同病相憐。

Bed·ford·shire [ˋbɛdfədˏʃɪr, -ʃɚ; ˈbedfədʃə, -ˌʃiə] *n.* 貝德福郡《英格蘭中部之一郡；首府貝德福(Bedford)；略作 Beds》.

be·dimmed [bɪˋdɪmd; biˈdimd] *adj.* [不用在名詞前]〔+介+(代)名〕〔因…而〕昏暗的，朦朧的，被蒙蔽的〔*with*〕：with her eyes ~ *with* tears 她淚眼朦朧地。

be·di·zen [bɪˋdɪzn, -ˋdaɪzn; biˈdaizn, -ˈdizn] *v.t.* 俗麗地穿著[裝飾]。

bed·lam [ˋbɛdləm; ˈbedləm]《源自昔時在 London 的 St. Mary of Bethlehem 瘋人院通稱》**—***n.* **1** Ⓤ[又作 a ~] **a** 騷亂的地方，吵鬧的地方：The office was ~. 辦公室喧擾不堪。**b** 喧擾，騷亂。**2** Ⓒ《古》瘋人院。
—*adj.* 瘋狂的，精神錯亂的；吵鬧的。

bed·la·mite [ˋbɛdləˏmaɪt; ˈbedləmait] *n.* Ⓒ狂人，瘋子(lunatic).

béd·làmp *n.* Ⓒ牀頭燈。

béd lìnen *n.* Ⓤ[集合稱]牀單和枕頭套。

béd·màking *n.* Ⓤ(爲了就寢的)鋪牀。

béd·màte *n.* **1** ＝bedfellow 1. **2** Ⓒ夫，妻；情人。

Bed·ou·in [ˋbɛduɪn; ˈbeduin] *n.* (*pl.* ~, ~s) **1 a** [the ~(s)] 貝多因族《阿拉伯、敍利亞及北非沙漠遊牧的阿拉伯人》。**b** Ⓒ貝多因族的人。**2** Ⓒ流浪者。
—*adj.* **1** (似)貝多因人的。**2** 遊牧(民族)的。

béd·pàn *n.* Ⓒ(病人牀上用的)便盆，便壺。

béd·pòst *n.* Ⓒ(尤指支撐舊式臥牀框架四隅的)牀柱。**betwèen yóu and mé and the bédpost** ⇨ between.

bed-quilt [ˋbɛdˏkwɪlt; ˈbedkwilt] *n.* Ⓒ棉被。

be·drag·gled [bɪˋdrægld; biˈdrægld] *adj.*〈衣服、頭髮等〉被拖髒的，被拖濕的，被拖皺的；變髒的；破爛的，破舊的。

béd·ràil *n.* Ⓒ牀旁的欄杆。

béd·rìdden *adj.* 久病不起的，纏綿病榻的：a ~ old man 一個纏綿病榻的老人。

béd·ròck *n.* Ⓤ **1**〖地質〗(最下層的)盤巖，巖牀。**2** 最低狀態，最低點。**3** 根底，基礎。

còme [gèt] dówn to bédrock (1)《口語》追根究柢，徹查眞相。(2)《美俚》到了底，用得一文不剩。

—*adj.* [用在名詞前] **1** 根底的：the ~ price 底價，最低價格。**2** 基本的，根本的(basic)：~ facts 基本的事實。

béd·ròll *n.* Ⓒ鋪蓋捲《爲攜帶而捲起的寢具》。

***bed·room** [ˈbɛdˌrum, -rum; ˈbedrum, -ruːm] *n.* Ⓒ臥房，臥室，寢室。

【說明】在兩層的住家裏，臥室(bedroom)通常在樓上，並多備有供訪客用的臥室；有時以臥室的數目表示房屋的大小；臥室旁邊有浴室(bathroom)，早晨起牀後先在浴室盥洗，然後下樓用餐。

—*adj.* [用在名詞前] **1 a** 臥室用的：~ slippers 臥室用的拖鞋。**b** 牀笫的，男女關係的，挑情的，性感的(sexy)：a ~ farce 香豔笑劇，閨房鬧劇 /a ~ scene 牀戲場面[鏡頭]。**2**《美》白天乘車到市區工作的人們所居住的，臥房城鎮的：a ~ town [community, suburb] 臥房城鎮[社區，郊區]《指白天在城裏工作，僅晚上回家就寢的人們所居住的大都市附近城鎮[社區，郊區]》。

Beds. 《略》Bedfordshire.

béd·shèet *n.* =sheet 1.

béd·sìde *n.* Ⓒ [常用單數] 牀邊；(病人的)枕邊：be at [by] a person's ~ 陪伴在某人的牀側。**—*adj.*** [用在名詞前] **1 a** (在)牀側的〈時鐘、電話等〉。**b** 適合在牀上閱讀的〈書等〉；輕鬆的〈談話等〉。**2** (病人的)枕邊的；臨牀的：⇨ bedside manner.

bédside mánner *n.* Ⓒ **1** (醫師)對病人的舉止[態度]。**2** 委婉圓滑[同情關懷]的態度[舉止]。

béd·sít *n.* 《英口語》=bedsitter.

béd·sítter *n.* Ⓒ《英》臥室、起居室兩用的房間(《美》studio apartment)《★常附帶家具和餐具等一併出租》。

béd·sítting ròom *n.* =bedsitter.

béd·sòre *n.* Ⓒ褥瘡《病人久臥病榻而引起》。

béd·sprèad *n.* Ⓒ(裝飾用的)牀單，牀罩。

béd·sprìng *n.* Ⓒ(安置在牀架上的)彈簧牀面。

béd·stèad *n.* Ⓒ牀架。

béd·stràw *n.* Ⓤ〖植物〗蓬子菜《茜草科豬殃殃屬多年生草本植物；用以凝結牛奶並使乾酪著色》。

béd·tìme *n.* Ⓤ 就寢時間。

bédtime stòry *n.* Ⓒ **1** 說給小孩們聽的睡前故事。**2** 有趣但不大可靠的話[解釋]。

béd-wètting *n.* Ⓤ 尿牀。

‡bee [bi; biː] *n.* Ⓒ **1**〖昆蟲〗**a** 蜜蜂《又作honeybee; cf. apiarist, apiary; ⇨wasp 插圖》：the queen [worker] ~ 女王[工]蜂(cf. drone¹ 1). **b** 蜂。**2** 工作勤奮的人。**3**《美》(以工作、比賽等爲目的之)鄰居或親朋好友等的聚集：⇨husking bee, spelling bee.

(as) búsy as a bée 像蜜蜂一樣忙[勤奮]。

hàve a bée in one's **bónnet [héad]** 《口語》(1)死心眼地只想一件事，想得入了迷。(2)(想法)有點瘋狂〔*about*〕《★因這樣的想法會像蜜蜂般螫痛腦袋》。

bée·brèad *n.* Ⓤ 花粉蜜《爲蜜蜂的食物》。

beech [bitʃ; biːtʃ] *n.* **1** (又作 **béech trèe**) Ⓒ〖植物〗山毛櫸《山毛櫸屬落葉喬木的統稱》。**2** Ⓤ青剛木《山毛櫸的木材，木質堅固，可供製鐵路枕木、家具及其他器具》。

beech·en [ˈbitʃən; ˈbiːtʃən] 《beech 的形容詞》 **—*adj.*** 青剛木[山毛櫸木]製的；山毛櫸的。

béech·màst *n.* Ⓤ [集合稱] 櫸實《山毛櫸的果實，尤指落於地面者，常用以餵豬》。

béech·nùt *n.* Ⓒ櫸果《山毛櫸所結的堅果，具三稜，味甜，通常有二粒包在帶刺的殼斗中》。

béech·wòod *n.* Ⓤ青剛木，山毛櫸木。

***beef** [bif; biːf] *n.* **1** Ⓤ牛肉《★ 相關用語 等級有四種：最上等肉爲 prime, 上等肉爲 choice, 中等肉爲 good, 其下爲 standard；⇨cow¹ 相關用語》：corned ~ 醃牛肉。

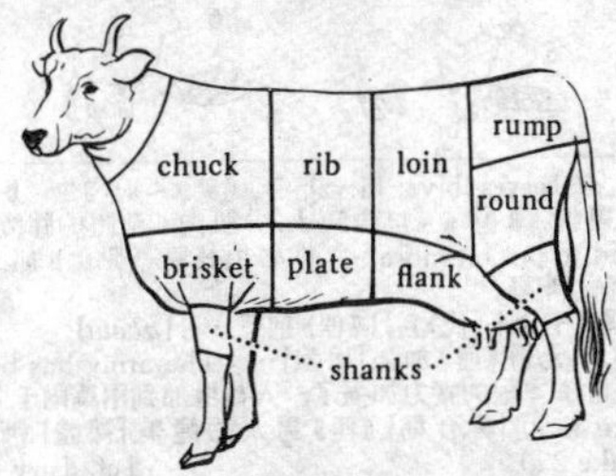

beef 1

【字源】beef 源自「牛」之義的法語。「牛」活著時英語稱作 ox, 變成食用肉時使用源自法語的 beef, 這是因爲在十一世紀時來自法國諾曼第(Normandy)的威廉一世(William Ⅰ)征服了英國，講法語的人們成爲社會的上流階級，飼養家畜的則是成爲下層階級的英國人，而食用者却多半是身爲征服者的法國人之故。

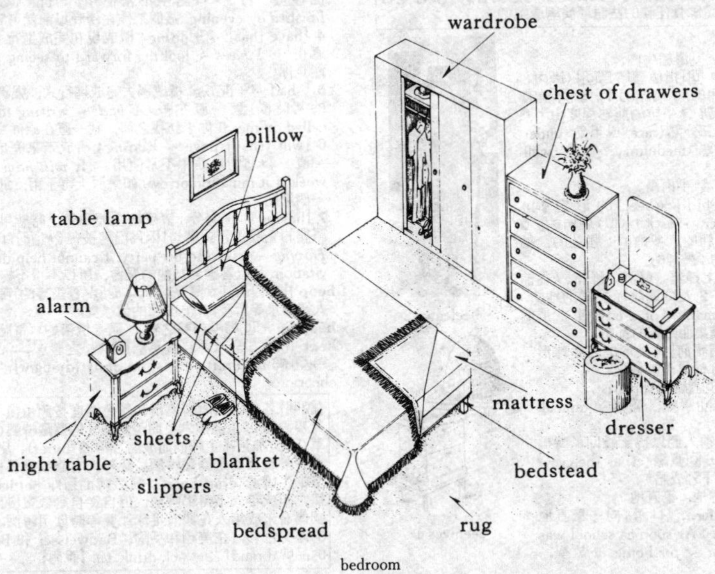

bedroom

同樣地 pig(豬)成爲 pork(豬肉)，sheep(羊)成爲 mutton(羊肉)等皆源自法語。
【說明】在英語中動物和它的肉在名稱上往往不一致，有很多動物的名稱爲英語，而其肉的稱呼却來自法語。

	動物	肉(meat)
1豬	pig, hog	pork
2牛	ox, bull, cow	beef
3小牛	calf	veal
4鷄	cock, hen, chicken	chicken
5羊	sheep	mutton
6小羊	lamb	lamb

2 Ⓒ **a** (*pl.* **beeves** [bivz; bi:vz], ~,《美》~**s**)肉牛。**b** (宰殺的肉牛的)軀體。**3** Ⓤ **a**《口語》(人的)肌肉；身體的胖瘦，體重：You need to put on more ~. 你必須長胖一點。**b** 肌力。**4** Ⓒ《俚》抱怨，牢騷。
—*v.i.* 〔動(十介十(代)名)〕《俚》抱怨〔…〕〔*about*〕.
béef úp《*vt adv*》《俚》加强[增强]…：The army has been ~*ed up* to 22,000. 軍隊的實力加强了，人員增加到兩萬兩千名。
béef·càke *n.* Ⓤ [集合稱]《俚》男人的健美[裸體](照片)(cf. cheesecake 2 a).
béef càttle *n.* [集合稱；當複數用]肉牛(《★此字無複數；cf. dairy cattle》).
béef·èater *n.* Ⓒ **1** 吃牛肉者；營養很好臉色紅潤的人。**2** [常B~] 英國國王的衛士(Yeoman of the Guard).

【說明】此義始於十五世紀亨利七世(Henry Ⅶ)登基時英國王室所僱用衛兵的稱呼，現在主要的任務是擔任倫敦塔(Tower of London)的守衛。其字源有兩種說法：其一是這些衛兵當時都獲得大塊厚牛肉的配給，另一說法是當時他們有試吃食品是否有毒的任務，這試食任務的法語便演變成這個字。

3《俚》英國人。
béef èxtract *n.* Ⓤ濃縮牛肉汁。
béef·stèak *n.* **1** Ⓤ [指個體時爲Ⓒ](烤肉、炙肉、煎肉等用的)牛肉厚切片。**2** Ⓒ[當作菜名時爲Ⓤ]牛排(《★牛排的煎熟程度由半熟到全熟依次爲三分熟(rare)或半熟(underdone)，五分熟(medium)，全熟(well-done)》).
béef téa *n.* Ⓤ(濃)牛肉湯。
beef·y ['bifɪ; 'bi:fi] 《beef 的形容詞》**—*adj.*** (**beef·i·er**；**-i·est**) **1** (似)牛肉的。**2**《口語》〈人〉肥胖的，多肉的；强壯的，結實的。**3** 沈重的；愚鈍的。
bée·hìve *n.* Ⓒ **1** 蜂巢，蜂窩，蜂箱(《★從前的呈半球形》)。**2** 人口麇集而熱鬧的地方：Tokyo is a human ~ of a city. 東京是個像蜂窩般人口麇集而熱鬧的都市。
—*adj.* [用在名詞前]蜂巢形的，半球形的：a ~ hairdo 蜂巢形的髮型。
bée·kèeper *n.* Ⓒ養蜂者(apiarist).
bée·kèeping *n.* Ⓤ 養蜂，養蜂業(apiculture).
bée·lìne 《因從前人們以爲蜜蜂回巢時循直線飛行》**—*n.*** Ⓒ直線(cf. as the CROW[2] flies)(《★常用於下列成語》).
in a béeline 直線地，筆直地。
màke a béeline for... 《口語》向…筆直地行進，向…直行：As soon as school was over, he *made a* ~ *for* home. 一放學，他就直往家走。

beefeater 2

beehives 1

Be·el·ze·bub [bɪ'ɛlzɪ,bʌb; bi:'elzibʌb] 《源自希伯來語「蒼蠅之王」之義》**—*n.*** **1**《聖經》魔王，魔鬼。
2 Ⓒ 惡魔。
3 (密爾頓(Milton)之「失樂園(*Paradise Lost*)」中的)墮落天使。
‡**been** [(輕讀) bɪn,bɛn; bin; (重讀) bin; bi:n] 《be 的過去分詞》**—*v.i.*** **1** [have [has] ~；構成現在完成式；⇨have[2] 1]：**a** [表示繼續]迄今一直…：He *has* ~ a teacher since 1960. 他自1960年以來一直擔任教師/Where *have* you ~ all this while? 這一陣子你在哪兒？/I *have* ~ upstairs. 我一直都在樓上。**b** [表示經驗]迄今曾待[到，來]過(《★用法(1)與 ever, often 等表示頻率的副詞連用，這一點和下面的 c 不同；(2)have gone [come] 表示動作已完成：He *has gone* to America. 他已經去美國《他現在不在這裏》/I *have* just *come* here. 我剛來這裏《現在在這裏》；(3)《美》的 have gone to... 又表示「曾到過…」之意》：*Has* she ever ~ at [in, to] Hawaii？她曾到過夏威夷嗎？/I *have* often ~ to America. 我常去美國/My mother *has* never ~ here. 我媽不曾到過這裡。**c** [表示往返的完成]**剛去過**〔…〕**回來**〔*to*〕：I *have* ~ *to* the station to see my friend off. 我剛去過車站爲一個朋友送行。**d** [表示來訪的動作已經完成]《英》(已經)來過，來訪過：The postman hasn't ~ yet. 郵差還沒來過。**e** [表示集會等的完成]《英》(已經)結束：The party *has* already ~. 聚會已經結束。
2 [had ~；構成過去完成式；⇨ have[2] 2]：**a** [表示繼續](迄至過去的某時候)**一直**…：I *had* ~ in business until that year. 直到那一年爲止，我一直做生意。**b** [表示經驗](迄至過去的某時候)**待[去，來]過**…：I *had* once ~ in England before that time. 我在那時候之前到過英國一次。**c** [表示動作的完成](過去的某時候)**剛去過**〔…〕〔*to*〕：I *had* just ~ *to* the station when you called on me. 當你來找我的時候我剛去過車站。**d** [表示過去的願望]假如當時…(就好了)：I wish I *had been* there. 那時候我在那兒就好了。
3 [having ~；表示較主要子句之時態早發生]：**a** [構成完成式分詞構句]因曾經…，經…之後(《★用法口語中不常使用》)：*Having* ~ a teacher myself, I know how difficult it is to teach. 因爲本身當過教師，我知道教書多麼困難。**b** [構成完成式動名詞]曾經…：I regret *having* ~ so careless. 我後悔曾經那麼不小心。
have béen and dóne《口語》[表示抗議、驚愕]居然…，竟然…：He *has been and* moved my papers. 他居然動過我的文件。
—*aux.* **1** [have [has] ~＋過分；構成現在完成式的被動語態]《★用法依 *v.i.* 1》：His aims have ~ attain*ed*. 他的目標已達到。
2 [had ~＋過分；構成過去完成式之被動語態]《★用法依 *v.i.* 2》：The door *had* already ~ close*d* when he came. 他來的時候門已經關上了。
3 [will [shall] have ~＋過分；構成未來完成式之被動語態]將已經被…了(《★口語中不常使用》)：The work *will have* ~ finish*ed* by evening. 這個工作在傍晚以前就可完成。
4 [have [has] ~＋do*ing*；構成現在完成進行式，强調繼續]一直在…：I *have* ~ look*ing* forward to seeing you. 我一直盼望能見你。
5 ['had ~＋do*ing*' 構成過去完成進行式，强調繼續](迄至過去的某時候)曾一直在…：I *had* ~ writ*ing* to you when you called on me. 在你來訪我之前，我一直在給你寫信。
6 [will [shall] have ~＋do*ing*；構成未來完成進行式]將已經一直…(《★用法口語中不常使用》)：It *will have* ~ rain*ing* for a week if it rains tomorrow. 如果明天再下雨，那就連續下了整整一個星期。
7 [having ~＋過分；表示較主要子句之時態早發生及表示被動語態的完成式分詞構句]因爲已經被…(《★用法口語中不常使用》)：*Having* ~ ask*ed* to his party, I cannot help declining your invitation. 我已答應參加他的聚會，所以不得不婉謝你的邀請。
beep [bip; bi:p] 《擬聲語》**—*n.*** Ⓒ(警笛等的)嗶嗶聲；(無線電、人造衛星等所發出的)嗶嗶的信號聲。
béep·er *n.* Ⓒ嗶嗶作聲之物；(隨身攜帶的)(電話)呼叫器。
beer** [bɪr; biə] 《源自古英語「飲料」之義》**—*n. **1** Ⓤ[指種類時爲Ⓒ]**啤酒**：draft ~＝~ on draft [draught] 生啤酒 /⇨small beer.

【說明】各種啤酒所含酒精和顏色濃度按照由淡而濃的順序依次是麥酒(ale)，儲藏六星期至六個月的儲藏啤酒(lager)，以蛇麻草(hop)加苦味生啤酒而成的苦啤酒(bitter)，及黑啤酒(stout). 其中最普遍的是儲藏啤酒。此外尚有釀成後裝桶不經殺菌即上市的生啤酒(draft beer). 瓶裝啤酒稱作 bottled beer. 依照法律，未成年人不得喝啤酒，但自從自動販賣機出現之後，在英國偶有未成年人在觀看足球比賽等時飲用啤酒。啤酒具有濃厚的地方色彩，在美國和英國，Budweisser 和 Bass 分別是著名的品牌(brand)之一；cf. drink *v.i.*【說明】

2 Ⓒ一杯[一瓶，一罐]啤酒：order a ~ 叫一杯[一瓶]啤酒 /Give me two ~*s.* 給我兩瓶啤酒。**3** Ⓤ[常與修飾語連用]（用植物的根、樹皮等所製成的）會起泡的飲料：⇨ginger beer, root beer.

not all béer and skittles 並非全是快樂的事：Life is *not all ~ and skittles.* 人生並非全都是享樂《人生並非只是喝啤酒玩擲柱戲而已》。

béer gàrden *n.* Ⓒ屋外酒店《在戶外、庭園等擺設桌椅販賣啤酒等飲料的地方》。

béer hàll *n.* Ⓒ啤酒館。

béer·hòuse *n.* Ⓒ《英》啤酒店《只賣啤酒的酒店》。

béer mòney *n.* Ⓤ《英》**1**（賞給僕役的）酒錢；小費。**2**（常指丈夫用以喝酒的）零用錢。

beer·y [ˋbɪrɪ; ˈbiəri]«beer 的形容詞»**—***adj.* (**beer·i·er**；**-i·est**) **1** (似)啤酒的，有啤酒味的。

2 喝啤酒而醉的。

bees·wax [ˋbiz͵wæks; ˈbi:zwæks] *n.* Ⓤ蜂蠟《蜜蜂分泌以築巢之蠟質物；可製造蠟燭、亮光劑等；從前常用作地板蠟》。

—*v.t.* 以蜂蠟擦[塗，處理]…。

bees·wing [ˋbiz͵wɪŋ; ˈbi:zwiŋ] *n.* Ⓒ陳年老酒表面上的薄膜，酒膜。

beet [bit; bi:t] *n.* **1** Ⓒ《植物》甜菜《藜科菾菜屬草本植物；根可作糖、飼料》：a red ~ 紅甜菜《作沙拉用》/a white ~ 白甜菜 /⇨sugar beet. **2** Ⓒ [當作食物時爲Ⓤ]《美》甜菜根（《英》beetroot)《呈紅色；作沙拉用》：(as) red as a ~ 像紅甜菜根般紅。

Bee·tho·ven [ˋbetovən, ˋbet·hovən; ˈbeithouvn], **Lud·wig van** [ˋlʌdwɪgvæn, ˋlud-; ˈlʌdwigvæn, ˈlud-] *n.* 貝多芬《1770–1827；德國作曲家》。**Bee·tho·ve·ni·an** [͵betoˋvinɪən; ͵beitouˈvi:niən], **Bee·tho·vi·an** [beˋtovɪən; beiˈtouviən] *adj.*

bee·tle[1] [ˋbitl; ˈbi:tl] *n.* Ⓒ甲蟲《鞘翅目昆蟲的統稱；前翅爲硬質鞘翅覆蓋在能飛的後翅上；⇨ insect【同義字】》：⇨water beetle.

(as) blínd as a béetle = béetle blínd ⇨ blind 成語。

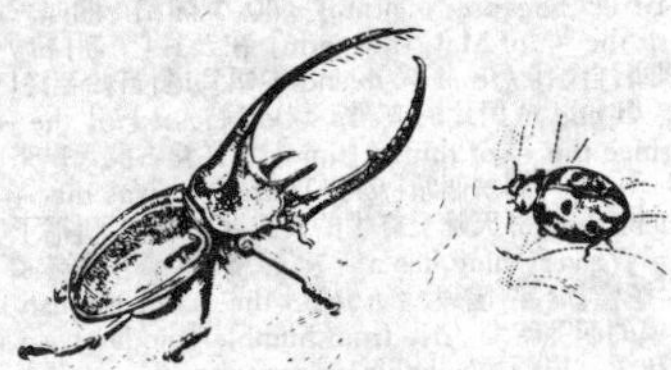

beetle[1]

—*v.i.* 〔十副〕《英俚》趕快，離去〈*off, away*〉：*B~ off*！快滾！

bee·tle[2] [ˋbitl; ˈbi:tl] *n.* Ⓒ **1** 大槌，槌。**2**《英》研磨棒。

—*v.t.* 用大槌撞打。

bee·tle[3] [ˋbitl; ˈbi:tl] *adj.* 〈眉毛、懸崖等〉突出的，凸出的：~ brows 突出的眉毛。

—*v.i.* 〈眉毛、懸崖等〉突出，凸出。

béetle-bròwed *adj.* 眉毛突出的，突額的；蹙額的，慍色的。

béet·ling *adj.* [用在名詞前]《文語》突出的，懸垂的〈懸崖、高樓大廈等〉。

béet·ròot *n.* 《英》= beet 2.

béet sùgar *n.* Ⓤ甜菜糖。

beeves *n.* beef 2 a 的複數。

B.E.F. 《略》British Expeditionary Force(s) 英國遠征軍。

be·fall [bɪˋfɔl; biˈfɔ:l] (**be·fell** [-ˋfɛl; -ˈfel]；**be·fall·en** [-ˋfɔlən; -ˈfɔ:lən]) 《文語》*v.t.* 〈不幸、災禍等〉降臨〈人、物〉，加於，發生在…上《★無被動語態》：A misfortune *befell* him. 他遭遇不幸。

—*v.i.* 〔十介十(代)名〕降臨，發生〔到…上〕〔*to*〕。

be·fit [bɪˋfɪt; biˈfit] *v.t.* (**be·fit·ted**；**be·fit·ting**) [常以 it 作主詞] 適合，適宜，合式《★無被動語態》：*It* ill ~*s* him *to do*.... 他不宜[不適合]…。

as befits... 適合…地，與…合適地。

be·fit·ting *adj.* **1** 適合的，相當的，適宜的；相配的，相稱的，得體的：in a ~ manner 以得體的態度，得體地。**2** [不用在名詞前]〔十介十(代)名〕〔對…〕適宜的，應當的，相當的〔*to*〕：in a manner ~ *to* a gentleman 以一個紳士應有的風度。

~·ly *adv.*

be·fog [bɪˋfag, -ˋfɔg; biˈfɔg] *v.t.* (**be·fogged**；**be·fog·ging**) **1** 以濃霧籠罩，將…罩入濃霧中。

2 使〈人〉困惑，迷惑，使…墜入五里霧中，使…滿頭霧水：His mind *was befogged.* 他的腦袋被搞得迷迷糊糊的。

3 使〈問題等〉曖昧，使…模稜兩可[不明確]。

be·fool [bɪˋful; biˈfu:l] *v.t.* **1** 愚弄〈人〉。

2 欺蒙〈人〉。

‡be·fore [bɪˋfor, bə-, -ˋfɔr; biˈfɔ:, bə-] «源自古英語「前(fore)」之義»**—***adv.* **1** [表示時間] **a** 以前，從前，曾經：I have met him ~. 我以前見過他。**b** [與過去式、過去完成式一起使用]在那時候以前，在那之前《★用法 (1)before 指從過去某時候所看的「從前」、「以前」，ago 則指從現在所看的「從前」、「以前」；因此，使用時須注意語法（⇨ago 語法）；⇨最後例句；(2)當 before 被單獨使用時，動詞可使用現在完成式、過去完成式或簡單過去式，但不是單獨而構成 the day before, two days before 等副詞片語時，動詞使用過去完成式》：I visited the temple (once) ~. 我以前去過那座廟 /I had been there ~. 我（在那時候）以前到過那兒/the day ~ 在那前一天 /two days ~ 在（那時候的）兩天前 /long ~ 很久以前 /He told me that he had met her the night ~ [three days ~]. 他告訴我他曾在那前一天晚上[在三天以前]見過她 (cf. He said to me, "I met her last night [three days ago].")。**c** 較（所定時間）早地，更早：I'll be there a few days ~. 我會早兩三天到那兒 /I'll pay tomorrow, *not* ~. 我明天付（錢），不會更早。

2 [表示位置]在[向]前，在[向]前方；在[向]前面《★用法 通常與 after 或 behind 成對地使用；除此之外爲罕用語》：~ and behind 在前面和後面/look ~ and after 瞻前顧後。

—*prep.* **1** [表示位置、地點等] **a 在…前面**；在…面前[眼前]《★用法 與 behind 相對；通常說「被傳喚在人的面前」時，使用 before, 但說「在建築物前面」時，使用 in front of》：stand ~ the King 站在國王面前 /problems ~ the meeting 提交會議討論的問題 /lay [put] the matter ~ a person 把事情在某人面前提出[向某人提出此事]。**b** 在…的前途上，在等待…：His whole life is ~ him. 他的一輩子[一生]才開始/The summer holidays were ~ the children. 孩子們即將放暑假。**c** 在〈…的威力〉之下，面對著〈…的威脅〉，在〈…的驅使〉之下：bow ~ authority 在權力之下低頭[俯首]，向權勢低頭屈服。

2 [表示時間] **a 在…之前，早於…**：Come ~ five o'clock. 請於五點以前來 /~ time 在所定的時刻以前 /~ air conditioning 在冷氣機尚未問世之時[在冷氣機問世以前] /the day ~ yesterday 前天《★用法 可用作名詞片語或副詞片語，在美國語法的副詞用法常省略 the》/Knock at [on] the door ~ entering the room. 請在進房間以前敲門。**b**《美》差（…分）(to)：It's five minutes ~ ten. 時間是差五分十點。

3 [表示順序、階級、優先、選擇等] **a 位在…之上[前]，比…優先**：Put conscience ~ profits. 把良心置於利益之上[把良心看得比利益重要]/I'll die ~ giving in. 寧死不屈。**b** [與 would 一起使用]與其…寧：I *would* do anything ~ that. 我寧願做任何事，就是不想做那件事。

befòre Christ 紀元前《略作 B.C.》.

befòre lóng ⇨ long[1] *n.* 成語。

—*conj.* **1 在…之前**，在〈做…〉以前，**在未…之前**：I had not waited long ~ he came. 我沒等多久他就來了 /I got up ~ the sun rose. 太陽還沒出來我就起牀了 /You must sow ~ you can reap. 《諺》須先播種而後才能收穫/~ he knew where he was 在一刹那間，在一瞬之間《在他弄清楚那是什麼地方之前》/It will be long ~ we meet again. 要隔很久的時間我們才能再見面《★用法 在 before 所引導的子句若是表示未來之動作或狀態，則使用簡單現在式的動詞》/Read the manual ~ you operate the machine. 你要在操作機器之前先讀使用手册。

2 [與 would [will] 一起使用]〈與其…〉寧可 (cf. *prep.* 3 b)：I *will* die ~ I give in. 我寧死不屈。

befóre·hànd *adv.* 事前，預先，事先：arrange things ~ 事先把一切安排好/Please let me know ~. 請預先[提前]告訴我。

—*adj.* [不用在名詞前]〔十介十(代)名〕**1**〈人〉〔對…〕事先準備好的，提前備妥〔…〕的〔*with*〕：be ~ *with* one's payment 預先[提前]付款 /be ~ *with* one's rent（未到期就）預付[提前付]租金。

2 搶先的，先發制人的〔*with*〕：be ~ *with* an enemy 先動手制服敵人。

3 太早〔…〕的，太快〔…〕的〔*in*〕：You are rather ~ *in* your suspicions. 你懷疑得太早。

befóre-mèntioned *adj.* 前述的，上述的。

befóre·tìme *adv.* 《古》往昔，從前 (formerly)。

be·foul [bɪˋfaul; biˈfaul] *v.t.* 《文語》**1** 汚染，汚穢：⇨befoul one's own NEST. **2** 誹謗。**3** 糾纏。

be·friend [bɪˋfrɛnd; biˈfrend] *v.t.* 待…如友，協助，照顧。

be·fud·dle [bɪˋfʌdl; biˈfʌdl] *v.t.* 〔十受十介十(代)名〕**1**〔以酒等〕使〈人〉昏迷〔*with*〕《★常用被動語態》：He *is ~d with* drink. 他喝酒喝昏了頭。**2**〔以…〕使〈人〉迷惑，使…昏亂〔*with*〕《★常用被動語態》。

‡**beg** [bɛg; beg] (**begged**; **beg·ging**) *v.t.* **1 a** 〔＋受〕求乞，乞討，乞求〈錢、食物等〉: The tramp *begged* food. 那流浪漢乞討食物。**b** 〔＋受＋介＋(代)名〕〔向人〕乞討〈錢、食物等〉〔*from*〕: He *begged* money ***from*** people passing by. 他向過路的人乞討錢。**2 a** 〔＋受〕懇求，請求，拜託〈寬恕、幫忙等〉: ～ forgiveness 懇求原諒 /⇨ I beg your PARDON. **b** 〔＋受＋介＋(代)名〕〔向人〕懇求，拜託，請求〈寬恕、幫忙等〉〔*of, from*〕: I have a favor to ～ *of* you.＝I ～ a favor *of* you. 我有事要拜託你。**c** 〔＋受＋介＋(代)名〕懇求〈人〉〔…〕〔*for*〕: He *begged* the king ***for*** his life. 他懇求國王饒命。**3 a** 〔＋受＋ *to* do〕請求，拜託〈人〉〈做…〉: I ～ you *to* be very attentive. 我請求你(們)多多留心。**b** 〔＋ *to* do〕拜託，請求〈做…〉: I ～ *to* be excused. 敬請多多包涵(我)〔請寬恕我〕。**c** 〔＋ *that*__〕懇求，拜託〈…事〉: He *begged that* he might not be interrupted. 他懇求不要打擾他。**d** 〔＋引句〕請求，央求，拜託…《★引用疑問句時，限用祈使語氣》: "Continue your story!" *begged* he. 「請你繼續講！」他央求道。**4** 〔＋ *to* do〕(恕冒昧)惠請〔謹請〕允許〈…〉: I ～ *to* differ (from you). ⇨ differ 2/I ～ *to* point out that your calculation is wrong. 請容許我冒昧地指出你的計算錯誤。**5** 〔＋受〕規避，躲避，避開〈問題〉: ⇨beg the QUESTION/Your argument ～*s* the point in dispute. 你的論證規避爭論點。

—*v.i.* **1 a** 求乞施捨，行乞: ～ from door to door 挨戶行乞 /⇨go BEGGING. **b** 〔＋介＋(代)名〕請求，懇求〔物、寬恕、准許等〕〔*for*〕: He *begged* ***for*** mercy [quarter]. 他懇求寬恕〔饒命〕。**2 a** 〔＋介＋(代)名＋ *to* do〕懇求，拜託〔人〕〈做…〉〔*of*〕《★[比較]使用 of 是較 *v.t.* 3a 爲拘泥的說法》: I ～ ***of*** you not *to* run any risks. 我求你不要冒任何風險。**b** 〔＋ *for*＋(代)名＋ *to* do〕《美》懇求，拜託〔人〕〈做…〉〔*for*〕《★[比較]一般用 *v.t.* 3 a, *v.i.* 2 a》: I ～ *for* you *to* come to me right away. 拜託你馬上到我這裏來。**3** 〈狗〉(舉起前脚，用後腿站立)拜拜。

bég óff 《*vi adv*》(1)對不能出席請求原諒。**—**《*vt adv*》(2)〔～＋受＋off〕懇求使〈人〉免〔於義務等〕〔*from*〕: I'll ～ you *off from* the duty. 我會請求免除你的(值)班。

gò bégging (1)去行乞〔當乞丐〕。(2)〈貨等〉無人問津，不爲人所接受，沒人要領取: If this cake is *going begging*, I'll have it. 如果沒人要吃這蛋糕，我來吃。

‡**be·gan** [bɪ'gæn; bi'gæn] *v.* begin 的過去式。

be·get [bɪ'gɛt; bi'get] *v.t.* (**be·got** [-'gɑt; -'gɔt], 《古》**be·gat** [-'gæt; -'gæt]; **be·got·ten** ['gɑtn̩; -'gɔtn]) **1** 《聖經》《古》〈父親〉生〈子〉《★[比較]母親時使用 bear[1]》: Abraham *begot* Isaac. 亞伯拉罕生以撒。**2** 《文語》招致，產生，引起: Money ～*s* money. 錢生錢。

beg·gar ['bɛgɚ; 'begə] *n.* Ⓒ **1** 乞丐，叫化子《★[相關用語]男乞丐稱作 beggar-man, 女乞丐稱作 beggar-woman》: a good ～ 善於討東西者《尤指寵物》，善於募捐者 /*Beggars* must not [can't] be choosers [《口語》choosey]. 《諺》受人施捨不能挑剔；乞丐沒有挑嘴的份。**2** 〔常與修飾語連用〕《謔》傢伙: a saucy ～ 冒失的傢伙/nice [cute] little ～*s* 可愛的小傢伙《★用以稱呼幼兒或小動物》/Poor ～! 可憐的傢伙！

díe a béggar 窮困致死。

—*v.t.* 〔＋受〕**1 a** 使〈人〉變窮，使…窮困潦倒，使…淪落: Your reckless spending will ～ your father. 你無度的揮霍將使你父親窮困潦倒。**b** 〔～ *oneself*〕變窮，淪落: ～ *oneself* by betting 因賭博而變得一無所有。**2** 〔以 description, compare, comparison 作受詞〕使〈形容、比較〉成爲不可能，使…不足: The scenery ～*s* (all) *description*. 那風景之優美難以用筆墨形容。

I'll be béggared if.... 《俚》我發誓絕不…。

bég·gar·ly 《beggar 的形容詞》**—***adj.* 〔用在名詞前〕**1** 像乞丐般的，一無所有的，赤貧的；很少的。**2** 貧乏的: We can only offer you a ～ five hundred pounds to start with. 一開始我們只能給你區區五百英鎊作爲酬金。**-li·ness** *n.*

béggar-my-néighbor *n.* ＝beggar-your-neighbor.

beg·gar·y ['bɛgərɪ; 'begəri] *n.* Ⓤ乞丐的境遇，極度的窮困；乞丐的身分；赤貧，一無所有。

béggar-your-néighbor *n.* Ⓤ《紙牌戲》搶鄰居《一種兒童玩的紙牌遊戲；用五十二張牌平分，最後收進所有牌者爲勝》。

bég·ging *n.* **1** Ⓤ討乞，乞丐生活，行乞。**2** 〔當形容詞用〕行乞的，求乞的: a ～ letter 乞求救濟的信。

‡**be·gin** [bɪ'gɪn; bi'gin] (**be·gan** [-'gæn; -'gæn]; **be·gun** [-'gʌn; -'gʌn]; **be·gin·ning**) *v.t.* **1** 開始: **a** 〔＋受〕開始，著手〈工作等〉《★[比較]start 較爲口語化》: Let's ～ our work. 我們開始工作吧 /I have just *begun* this book. 我剛著手〔開始讀，開始寫〕這本書 /He *began* his career as an apprentice. 他以當學徒開始他的職業生涯/Well *begun* is half done. 《諺》好的開始是成功的一半。**b** 〔＋受＋介＋(代)名〕〔以…〕開始…〔*with, by*〕《★[用法]do*ing* 時使用 *by*》: He *began* his lecture ***with*** a joke [***by*** crack*ing* a joke]. 他以一個笑話開始他的演說。**c** 〔＋ *to* do/＋do*ing*〕開始《★[用法]原則上，注重動作的開始時用 begin *to* do, 注重被開始的動作的繼續時用 begin do*ing*, 但實際上常無大差異；進行式時，如果主詞是物，則宜用〔＋to do〕》: It has *begun to* rain. 開始下雨 /I am *beginning to* remember it. 我開始想起來了 /He *began* walk*ing* along the sidewalk. 他開始沿人行道步行。**2** 〔＋ *to* do〕〔用於否定句〕決(不)可能〈做…〉: I ca*n't* ～ *to* tell you how much I appreciate this. 我眞不知道說什麼好來感謝你此番好意。

—*v.i.* **1 a** 開始: Has the meeting *begun* yet? 會議已經開始了嗎？**b** 〔＋介＋(代)名〕〔在〔從〕…時、日、月(等)〕開始〔*at, on, in*〕《★[用法]介系詞用from 係屬錯誤》: School ～*s* ***at*** eight o'clock [***on*** Monday, ***in*** April]. 學校在八時〔從星期一，從四月〕開始。**c** 〔＋介＋(代)名〕(順序上)〔以…〕開始〔*with*〕: The concert *began* ***with*** a piano solo. 音樂會以鋼琴獨奏曲拉開序幕。**2 a** 開始做，著手；開始從事(新工作)。**b** 〔＋介＋(代)名〕〔從某地方〕開始〔*at*〕《★[用法]介系詞用 from 係屬錯誤》: Let's ～ ***at*** page seven [*at* the beginning]. 讓我們從第七頁〔從頭〕開始。**c** 〔＋介＋(代)名〕〔以…〕開始(說)〔*with, by*〕《★[用法]do*ing* 時用 *by*》: He *began* ***with*** a joke [***by*** scold*ing* us]. 他一開始先說笑話〔罵我們〕。**d** 〔＋介＋(代)名〕開始，著手〔…〕〔*on, upon*〕: He *began* ***on*** a new book. 他著手〔開始讀，開始寫〕新書。**e** 〔＋介＋(代)名〕(順序上)〔從…〕開始〔*with*〕: Let's ～ ***with*** a simple subject. 我們從簡單的題目開始吧。

to begín with (1)〔通常用於句首當獨立片語用〕(逐一說明理由時等)首先第一點: *To* ～ *with*, I'll tell you about his character. 首先我想跟你談談他的性格。(2)最初，起初: They had lots of supplies *to* ～ *with*, but soon ran short of them. 最初他們的補給品相當充裕，但沒多久變得不夠了。

be·gin·ner [bɪ'gɪnɚ; bi'ginə] *n.* Ⓒ **1** 初學者；生手，無經驗者: ～'s luck 初次嘗試者的好運 /a ～'s dictionary 適合初學者的字典。**2** 〔團體等的〕創始者，開始者〔*of*〕。

‡**be·gin·ning** [bɪ'gɪnɪŋ; bi'giniŋ] *n.* Ⓒ **1** 開始；開頭，起初(←→ end): *at* the ～ *of* May [the term] 在五月〔學期〕初 /*from* the ～ 從開頭〔自始〕/*from* ～ *to* end 從頭到尾〔自始至終〕《★爲 beginning 與 end 成對比的成語，無冠詞》/*at* [*in*] the ～ 最初，首先 /since the ～ of things [time] 自從盤古開天以來 /make a ～ 著手；〔爲…〕開一個頭〔*for*〕/That night was the ～ of a lifelong friendship. 那天晚上終生的友誼開始確立了〔播下了終生友誼的種子〕/Everything has a ～. 《諺》凡事都有開端。**2** 〔常 ～*s*〕初期，搖籃〔萌芽〕階段，幼小時: the ～*s* of English literature 英國文學的萌芽時期 /rise from humble [modest] ～*s* 從寒微發跡。**3** 起源，根源: Nobody knows what the ～ of his trouble was. 沒人知道他憂慮的原因是什麼。

the begínning of the énd 最終結果的前兆。

—*adj.* 〔用在名詞前〕(無比較級、最高級)**1** 初期的，最初的。**2** 基礎的，供初學者使用的: a ～ dictionary 初級辭典。**3** 無經驗的，生手的: a ～ salesman 無經驗的推銷員。

be·gird [bɪ'gɝd; bi'gə:d] *v.t.* (**be·girt** [-'gɝt; -'gə:t], ～**·ed**) **1** 〔以帶〕捲繞，繫〔*with*〕《常用過去分詞》。**2** 〔被…〕包圍，圍繞〔*with*〕《常用過去分詞》。

be·girt *v.* begird 的過去式・過去分詞。

be·gone [bɪ'gɔn; bi'gɔn] *v.i.* 〔用祈使語氣或不定詞〕《詩・文語》去！走開！/Tell him to ～ at once. 叫他馬上離開。

be·go·nia [bɪ'gonjə; bi'gounjə] *n.* Ⓒ《植物》秋海棠《秋海棠屬觀賞植物的統稱》。

be·got *v.* beget 的過去式。

be·got·ten *v.* beget 的過去分詞。

be·grime [bɪ'graɪm; bi'graim] *v.t.* 〔＋受＋介＋(代)名〕〔以煤煙、灰塵等〕弄髒，沾汚〈手等〉〔*with*〕《★常用被動語態》: His hands *were* ～*d* ***with*** oil. 他的手沾滿了油汚。

be·grudge [bɪ'grʌdʒ; bi'grʌdʒ] *v.t.* **1 a** 〔＋受〕嫉妒，羨慕〈物等〉: ～ a person's good fortune 嫉妒某人的好運。**b** 〔＋受＋受〕嫉妒〈人〉〈東西等〉: He ～*d* his friend the award. 他嫉妒朋友的得獎。**2 a** 〔＋受〕吝惜，捨不得給〈物等〉。**b** 〔＋受＋受/＋受＋介＋(代)名〕捨不得把〈東西〉給〈人等〉，捨不得把〈東西〉給〔人等〕〔*to*〕: He ～*s* his dog a bone.＝He ～*s* a bone ***to*** his dog. 他捨不得給他的狗一根骨頭。**3** 〔＋ do*ing*〕不願意〈做…〉: No one ～*d* help*ing* him. 沒有人不願意幫助他。

be·grúdg·ing·ly *adv.* 不情願地，勉勉强强地；吝惜地。

be·guile [bɪ'gaɪl; bi'gail] *v.t.* **1 a** 〔＋受〕欺騙，詐欺〈人〉。**b** 〔＋受＋介＋(代)名〕誘騙〈人〉使〔…〕〔*into*〕: He ～*d* me ***into*** part*ing* with the gem. 他誘騙我把那枚寶石割愛。**c** 〔＋受＋介＋(代)名〕欺詐〈人〉而取得〔…〕，騙取〈人〉〔…〕〔*out of, of*〕: She was ～*d* ***of*** her pearl. 她被騙走了珍珠。**2** 〔＋受＋介＋(代)名〕**a** 〔以…〕娛樂，哄〈人〉〔*with, by*〕: ～ children ***with*** stories 以故事

哄孩子。b〔以…〕消遣〈時間等〉，解〈悶〉，排遣〈苦惱、飢餓等〉〔*with, by*〕：I ~*d* my long journey **by** read*ing* thrillers. 我藉著看緊張刺激的讀物來排遣漫長的旅途。3〈事物〉迷住〈人〉，使…著迷：Her beauty ~*d* him. 她的美貌迷住了他。

be·guile·ment [-mənt; -mənt] «beguile 的名詞» —*n.* **1** Ⓤ欺騙，誘騙。**2** Ⓒ排遣[消遣，解悶，散心](之因素或材料)。

be·guil·er *n.* Ⓒ欺騙者；(可資)排遣(的事物)。

be·guil·ing *adj.* 欺騙的；消遣(性)的，有趣的。

be·guine [bɪˋgin; biˈgi:n] *n.* **1** Ⓤ **a** 比津舞《西印度羣島的一種舞蹈》。**b** 根據西印度羣島之 beguine 舞而成的一種現代社交舞。**2** Ⓤ上述兩種舞步的音樂。

be·gum [ˋbigəm; ˈbeigəm, ˈbi:-] *n.* Ⓒ(印度回教徒之)公主，貴婦《尤指寡婦》。

‡**begun** [bɪˋgʌn; biˈgʌn] *v.* begin 的過去分詞。

be·half [bɪˋhæf; biˈhɑ:f] *n.* ★用於下列片語。

in behàlf of...＝in a person's beháf (1)爲了…(的利益)：She worked *in* ~ *of* the Community Chest. 她爲社會慈善基金工作/He spoke *in* her ~. 他爲她說話[辯護]。(2)＝on BEHALF of (1).

on behàlf of...＝on a person's beháf (1)代表…，作…的代表：The captain accepted the cup *on* ~ *of* the team. 隊長代表該隊接受獎杯/As my mother was ill, I wrote *on* her ~. 因家母生病，我代爲執筆。(2)＝in BEHALF of(1).

‡**be·have** [bɪˋhev; biˈheiv] *v.i.* **1 a**〔動(十介十(代)名)〕[與狀態副詞(片語)連用]〔對…〕行爲，表現，舉止(得…)〔*to, toward*〕：The child ~*d* well [badly] at school. 這孩子在校行爲良好[不佳]/He ~*d* like a gentleman. 他表現得像個紳士/He ~*s* respectfully **toward** his superiors. 他對上級[長輩]態度彬彬有禮。**b**〈小孩〉守規矩，講禮貌，舉止端莊：Did you ~ at the party today? 你今天在聚會上守規矩了嗎[乖不乖]？**2**〔十副詞(片語)〕**a**〈機器等〉開動，運轉(得…)：*How* is your new motor *behaving*? 你的新馬達運轉得怎樣？**b**〈物體、物質等〉(在某種狀態之下)發生作用，呈現反應[性質]：Water ~*s in* different ways when it is heated and when it is frozen. 水被加熱和冷凍時，所產生的作用[反應]不一樣。

—*v.t.*〔十受〕[~ *oneself*] **1** [與狀態副詞(片語)連用]行爲，舉止，表現(得…)：He ~*d himself* like a gentleman. 他表現得像個紳士/The soldiers ~*d themselves* well in battle. 士兵們在戰鬥中表現得很英勇。**2**〈小孩〉守規矩，講禮貌，舉止端莊，表現得乖：*B~ yourself*! 放規矩一點！要乖！

be·háved *adj.* [構成複合字]舉止…的，行爲…的：well-[ill-] *behaved* 守[不守]規矩的，舉止端莊[不端莊]的，行爲檢點[不檢點]的。

***be·hav·ior** [bɪˋhevjə; biˈheivjə] «behave 的名詞» —*n.* Ⓤ **1** 行爲，禮貌態度；表現，舉止；規矩，品行(⇨ conduct【同義字】)：her ~ *toward* me 她對我的態度。**2 a**《心理》(生物的)行爲；(生物的)習性。**b**(機器等的)運轉情況，開動情形。**c**(物體、物質在某種狀態之下所呈現的)性質，作用，反應。

be of góod behávior《法律》〈受刑人〉品行良好。

be on one's góod [bést] behávior 極度小心以表現良好的行爲，行爲[力求]檢點。

dùring góod behávior 只要規規矩矩《★出自美國憲法中之辭句》。

pùt a person on his góod [bést] behávior 勸誡〈某人〉以使其有良好之行爲；命〈人〉守規矩。

be·hav·ior·al [bɪˋhevjərəl; biˈheivjərəl] «behavior 的形容詞» —*adj.* [用在名詞前]行爲的，與行爲有關的。

behávioral scíence *n.* Ⓤ行爲科學《探究人類行爲法則的學問，如心理學、社會學、人類學等》。

be·háv·ior·ìsm [-vjəˌrɪzəm; -vjərizəm] *n.* Ⓤ《心理》行爲主義《研究對象僅限於能客觀觀察的人類或動物的行爲；cf. mentalism 2》.

be·háv·ior·ist [-vjərɪst; -vjərist] *n.* Ⓒ行爲主義者。—*adj.* 行爲主義(者)的。

be·hav·ior·is·tic [bɪˌhevjəˋrɪstɪk; biˌheivjəˈristik˝] *adj.* 行爲主義(者)的。

behávior pàttern *n.* Ⓒ《社會學》行爲模式《個體或羣體在某種特定的狀況之下經常或反覆採取的行爲方式[類型]》。

***be·hav·iour** [bɪˋhevjə; biˈheivjə] *n.*《英》＝behavior.

be·head [bɪˋhɛd; biˈhed] *v.t.* 砍〈人〉的頭，將…斬首。

be·held *v.t.* **behold** 的過去式・過去分詞。

be·he·moth [bɪˋhiməθ, ˋbiəməθ; biˈhi:mɔθ, ˈbi:himouθ] *n.* **1** [常 B~]巨獸《似河馬的巨獸；★出自聖經舊約「約伯記 40：15-24」》. **2** Ⓒ巨大[强大]之物[動物]。

be·hest [bɪˋhɛst; biˈhest] *n.* Ⓒ[常用單數]《文語》吩咐，命令；要求：at the ~ *of* a person 依某人的吩咐。

‡**be·hind** [bɪˋhaɪnd; biˈhaind, bə-] *adv.* **1** [表示地點] **a** 在[向]後：fall [drop] ~ 落後，落伍/look ~ 向後看；回顧。**b** [常與 leave, remain, stay 等一起使用]留在後面，留於身後：*remain* ~ 留在後面/⇨ LEAVE[1] behind. **c** 隱藏在後，在暗地裡[背後]：There is something ~. 背後有隱情。

2 [表示時間]後於，晚於：The train is ten minutes ~. 火車誤點十分鐘。

3 [工作、進度等]落後：He is ~ *in* [*with*] his work. 他的工作落後《未達到進度》。

—*prep.* **1** [表示地點] **a** 在…之後，在後面：Follow close ~ me. 緊跟在我的後面。**b**(隱藏)在…的背後：~ a person's back 在某人背後，暗地裡，背著某人/⇨behind the SCENES/The boy was hiding ~ a door. 那男孩躲在一扇門後面/I tried to get ~ his words. 我試圖探索(隱藏在)他話中的眞意。

2 [表示時間] **a** 在…之後，較…遲，晚於…：~ time 遲於(所定的)時間/~ the times 落伍，趕不上時代/⇨behind SCHEDULE. **b** [常與 leave, remain, stay 等一起使用]在〈人〉離去之後，留在後面《★比較一般用 *adv.* 1 b》：He *left* his umbrella ~ him. 他留下了[忘了帶走]雨傘/She *left* three children ~ her. 她身後留下三個孩子。**c** 對〈人〉說來成爲過去[已經結束]：All his difficulties are now ~ him. 他的一切勞苦現在都成爲過去。

3 不如…，劣於…，較…落後：He is ~ other students *in* English. 他的英語不如其他學生。

4 支持…，做…的後盾，在…的幕後：He has his friends ~ him. 他有一些朋友支持他/They are ~ his policy. 他們支持他的政策。

from behind... 從…後面：The moon came out *from* ~ the clouds. 月亮從雲層後面出現。

—*n.* Ⓒ《俚・委婉語》臀部，屁股(buttocks)：fall on one's ~ 屁股著地倒下。

behínd·hànd *adj.* [不用在名詞前]〔十介十(代)名〕**1** [時間、思想等]落伍的，落後的〔*in*〕：be ~ **in** one's ideas 思想落伍，觀念陳舊。**2** [工作、繳房租等]拖延的，拖欠的〔*with, in*〕：be ~ **with** one's rent [payment] 房租[支付款項]拖欠著。

behínd-the-scénes *adj.* **1** 觀衆看不見的，在幕後指揮的。**2** 秘密的，內幕的。**3**(舞台等之)幕後的。

be·hold [bɪˋhold; biˈhould]《文語・古》*v.t.* (**be·held** [-ˋhɛld; -ˈheld])看〈不尋常之物等〉《★無進行式》。

—*interj.* [用以引起對方注意]看啊！(Look!)：Lo and ~！⇨lo/*B~*, the man！⇨ecce homo. ~·**er** *n.*

be·hold·en [bɪˋholdən; biˈhouldən] *adj.* [不用在名詞前]〔十介十(代)名〕〔對人〕〔蒙受…而〕銘感的，蒙恩的，感激的，負有義務的〔*to*〕〔*for*〕《★拘泥的說法》：I am much ~ **to** you **for** your kindness. 承蒙厚愛，不勝銘感。

be·hoof [bɪˋhuf; biˈhu:f] *n.*《文語》★用於下列成語。

to [for, on] a person's behóof 爲某人之故。

be·hoove [bɪˋhuv; biˈhu:v],《英》**be·hove** [bɪˋhov; biˈhouv] *v.t.*《文語》[常用 it ~s ...*to* do 的句型]對〈人〉成爲義務[本分]；使〈人〉責無旁貸：*It ~s* public officials *to* do their duty. 盡職是公務員的義務[本分]/*It ~s* a child *to* obey his parents. 子女應當服從父母。

beige [beʒ; beiʒ] *n.* Ⓤ **1** 本色毛呢，嗶嘰。**2** 灰棕色，灰褐色。—*adj.* 灰棕色的。

Bei·jing [ˋbeˋdʒɪŋ; ˈbeiˈdʒiŋ] *n.* 北京(Peking).

‡**be·ing** [ˋbiɪŋ; ˈbi:iŋ] *v.i.* **1** [be 的現在分詞]：**a** [“am [are, is, was, were] ~＋過分”構成被動語態進行式]正在被…著《★用法《口語》不常使用》：The house *is* ~ *built.* 這房子正在建造中。**b** [構成分詞構句]因爲…《★用法《口語》不常使用》：*B~* busy, I stayed at home. 由於忙碌，所以我留在家裡。**2** [be 的動名詞]…的狀態，是…；被…：*B~* with you makes me happy. 與你在一起使我愉快/I hate ~ treated like a child. 我很討厭被當小孩看待。

béing as [that]...《方言・口語》既然…，因爲…。

—*adj.* ★用於下列成語。

for the tíme béing 目前，暫時。

—*n.* **1** Ⓤ存在；生存，生命(life). **2 a** Ⓒ(有形、無形之)物，實際存在之物；生物；(尤指)人：a human ~ 一個人。**b** [B~]神：the Supreme *B~* 上帝，神。**3** Ⓤ本質；體質，稟性〔*of*〕.

càll [brìng]...into béing 產生…，使…產生；使…成立。

còme into béing 出生，發生。

Bei·rut [ˋberut, beˋrut; ˌbeiˈru:t] *n.* 貝魯特《黎巴嫩首都，爲地中海濱一海港》。

be·je·sus [bɪˋdʒizəs; biˈdʒi:zəs] «源自 by Jesus 的變形» —*interj.* [用於表示沮喪、憤怒等的一種無特別意義的輕微咒語]啊呀呀！眞糟糕！

—*n.*《口語》[the ~]惡魔！畜生！(dickens).

be·jew·eled [bɪˋdʒuəld; biˈdʒu:əld] *adj.* **1** 被飾以珠寶的：a ~ blonde 一位妝飾得珠光寶氣的金髮女郎。**2** [不用在名詞前]〔十介十(代)名〕被〔以…〕裝飾的，被〔以…〕點綴的〔*with*〕：the sky ~ **with** stars 星星點綴著的天空。

bel [bɛl; bel] *n.* Ⓒ《電學・物理》貝耳《測定電力[音響]大小的單位；等於十分貝(decibels)》。

Bel [bɛl; bel] *n.* 蓓爾《女子名；Arabel, Arabella 等的暱稱》。

be·la·bor [bɪˋlebɚ; biˈleibə] *v.t.* **1** 冗長地討論，沒完沒了地談〈問題等〉。**2** (以言詞)攻擊，不斷地抨擊[辱罵，嘲弄]…。**3** 〔十受十介十(代)名〕《罕》〔以棍等〕痛打…〔*with*〕.

be·lat·ed [bɪˋletɪd; biˈleitid] *adj.* **1 a** 〈書信、報告等〉誤期的，來得太遲的。**b** 過時的，陳舊的，落伍的；為時已晚的，失去時機的。**2** 《古》〈旅客等〉日暮時尚在路途上的。

～**·ly** *adv.* ～**·ness** *n.*

be·lay [bɪˋle; biˈlei] *v.t.* 《航海》將〈繩〉以 8 字形繫繞於止索栓等。**—*v.i.*** **1** 《航海》繫繩。**2** [用祈使語氣]《口語》好啦！(Stop！)；夠(受)啦(Enough！)

be·láy·ing pìn *n.* Ⓒ《航海》止索栓。

belch [bɛltʃ; beltʃ] *v.i.* 打噎。**—*v.t.*** 〔十受(十副)〕**1** 噴出〈火焰、煙等〉〈*out, forth, up*〉：A volcano ～*es* (*out*) smoke and ashes. 火山噴出煙和灰燼。**2** 破口[衝口]說出〈粗暴的話〉〈*forth*〉.
—*n.* Ⓒ **1** 噎。**2** 噴出之物；噴火；爆發聲。

bel·dam(e) [ˋbɛldəm; ˈbeldəm] 《源自中古法語 bel(le) (美的)＋dam(e) (母)》**—*n.*** Ⓒ **1** 老太婆，(尤指)醜老太婆(hag).**2** 《古》祖母。

be·lea·guer [bɪˋligɚ; biˈli:gə] *v.t.* **1** 圍攻[包圍](besiege). **2** 纏住，困住，糾纏；使〈人〉煩惱，煩擾。

bel·es·prit [ˏbɛlɛsˋpri; ˌbelesˈpri:] 《源自法語》**—*n.*** Ⓒ (*pl.* **beaux-es·prits** [bozɛsˋpri; bouzesˈpri:])才子。

Bel·fast [ˋbɛlfæst, bɛlˋfæst; ˌbelˈfɑ:st, ˈbelfɑ:st] *n.* 貝爾發斯特《北愛爾蘭首府；為一海港及工業都市》。

bel·fry [ˋbɛlfrɪ; ˈbelfri] *n.* Ⓒ **1** 鐘塔，鐘樓《通常與教堂等相連；cf. campanile》. **2** (鐘樓中的)鐘室。

Belg. 《略》Belgian；Belgium.

Bel·gian [ˋbɛldʒɪən, -dʒən; ˈbeldʒən] 《Belgium 的形容詞》**—*adj.*** 比利時的；比利時人的。
—*n.* Ⓒ比利時人。

belfry 1

Bel·gium [ˋbɛldʒɪəm, -dʒəm; ˈbeldʒəm] *n.* 比利時《歐洲西北部的一個王國；首都布魯塞爾(Brussels)》。

Bel·grade [bɛlˋgred, ˋbɛlgred; ˌbelˈgreid] *n.* 貝爾格勒《南斯拉夫的首都》。

Bel·gra·vi·a [bɛlˋgrevɪə; belˈgreiviə] *n.* 貝爾葛蕾維亞《毗鄰倫敦(London)海德公園(Hyde Park)的高級住宅區》。

Be·li·al [ˋbilɪəl, -ljəl; ˈbi:ljəl] *n.* **1** 《神學》惡魔，撒旦。**2** 彼列《密爾頓(Milton)之「失樂園(*Paradise Lost*)」中的墮落天使之一》。

be·lie [bɪˋlaɪ; biˈlai] *v.t.* (～**d**；**be·ly·ing**) **1** 掩飾，誤表，使人誤會，給人…的假象[不實形象]，使人對…產生錯覺：His looks ～ his character. 他的外表掩飾[使人誤會]他的品格 /She has a trim figure that ～*s* her thirty-eight years. 她身材苗條，看不出已是三十八歲了。**2** 揭露…的虛假，顯示…之不實；與…矛盾[不合]：His acts ～ his words. 他的言行不一致 /Summer ～*s* its name. 夏天徒有虛名[雖然叫作夏天，有其名而無其實]。**3** 辜負〈期望等〉，使…失望：He stole again, and so ～*d* our hopes. 他又偷竊了，實在辜負了我們的期望。

‡**be·lief** [bəˋlif, bɪ-; biˈli:f, bə-] 《believe 的名詞》**—*n.*** **1** Ⓤ **a** [又作 **a** ～]信念，確信，意見：to the best of one's ～ 在某人相信的範圍內；某人深信 /She was beautiful beyond ～. 她漂亮得令人難以相信 /They cherish *a* ～ *in* ghosts. 他們相信鬼魂的存在 /That passes all ～. 那件事令人完全無法相信 /It was once *a* common ～ that the sun moved round the earth. 人們曾經普遍地認為太陽環繞地球運轉。**b** 〔十 *that*_〕〈…的〉信念，確信：He bought it in the full ～ *that* it was genuine. 他深信它是真貨而買了它。
2 Ⓤ信仰〔*in*〕：～ *in* Christianity 基督教的信仰。
3 Ⓤ [又作 **a** ～]信心，信任，信賴：I have no ～ *in* doctors. 我不信任醫生。

be·liev·a·ble [bəˋlivəbḷ, bɪ-; biˈli:vəbl, bə-] *adj.* 可信的，可信賴的：a ～ leader 可信賴的領導者。

‡**be·lieve** [bəˋliv, bɪ-; biˈli:v, bə-] *v.t.* **1** 〔十受〕相信〈人、物〉，相信〈人〉之言，認為…為正確[真實]：I ～ you. 我相信你(所說的話) /She ～*s* everything she hears. 她聽什麼都相信 /I don't ～ what she says. 我不相信她的話。
2 想，認為，相信《★比較感覺上語氣較 think 為重，但在口語中常使用；★無進行式》：**a** 〔十(*that*)_〕以為，想，相信〈…之事〉《★比較較 c 以下之句型為口語化》：I ～ (*that*) he is honest. 我認為他是誠實的/There is every reason to ～ *that*.... 有充分的理由使人相信… /It used to be ～*d* [People used to ～] *that* the world was flat. 從前人們相信地球是平的/"Will he be here tomorrow？"—"I ～ *so* [*not*]."「他明天會來這兒嗎？」「我想會[不會]。」《★用法句中的 so [not] 用於前句的內容之後，用以代替 *that* 子句》。**b** [I ～，與主要子句並列，或當插入語用]如果我沒記錯：He has, I ～, two children. 如果我沒記錯，他有兩個孩子。**c** 〔十受十(*to be*)補〕認為，相信〈人、物〉〈…〉：I ～ him *to be* honest. 我認為他誠實《★變換可換寫成 I believe (*that*) he is honest.》(cf. 2 a) /You should always do what you ～ *to be* right. 你應該經常做你認為對的事。**d** 〔十受十*to* do〕認為，相信〈人、物〉〈會…〉《★用法此種句型的用法受到限制，通常使用義 2 a 項的句型》：I ～ this plant *to* grow in Japan. 我認為這種植物會在日本生長。**e** 〔十 *how*_〕相信〈如何…〉：Nobody will ～ *how* difficult it was. 誰也不會相信這件事有多困難。
—*v.i.* **1** 信，相信；信仰：I quite ～！ 我完全相信《絕不會錯》。
2 〔十介十(代)名〕**a** 相信，信賴，信任〔…〕〔*in*〕：You should ～ **in** God. 你應該信上帝 /He ～*s* firmly *in* her innocence. 他堅信她是無辜的。**b** 相信〔…的〕存在[真實性]，〔對…〕信以為真〔*in*〕：The boy still ～*s* **in** Santa Claus. 這孩子仍舊相信聖誕老人真正存在。**c** 相信〔…的〕價值，信奉〔…〕，認為〔…〕有益〔*in*〕：Perhaps none of them ～*d* **in** the war. 也許他們之中沒有人認為那場戰爭有益處 /I ～ *in* travel*ing* light. 我認為輕裝旅行最好。

believe it or nót 《口語》信不信由你，信也好不信也好。

màke believe ⇨make.

be·líev·er *n.* Ⓒ 相信的人；信徒，信奉者：a ～ *in* Buddhism [fate] 佛教徒[宿命論者] /a ～ of gossip 聽信閒話的人 /a ～ *in* vegetarianism 素食主義(的信奉)者。

be·líev·ing *n.* Ⓤ相信，信：⇨SEEING is believing. **—*adj.*** 有信仰的。

Be·lí·sha béacon [bəˋliʃə-; biˈli:ʃə-] 《源自英國政治家之名》**—*n.*** Ⓒ (常見於英國城市的)橫越路線指示標《設於行人橫越馬路處，在柱子上端裝有黃燈之指示標；又單稱 Belisha 或 beacon》。

Belisha beacon

be·lit·tle [bɪˋlɪtḷ; biˈlitl] *v.t.* **1 a** 輕視，藐視，貶損。**b** [～ *oneself*] 看輕自己，自卑：Don't ～ *yourself*. 不可看輕自己。**2** 縮小，減少；使…顯得微小。

Be·lize [bɛˋliz; beˈli:z] *n.* 貝里斯《中美洲的一個國家；首都貝爾墨邦(Belmopan [ˏbɛlmoˋpæn; ˌbelmouˈpæn])》.

‡**bell**[1] [bɛl; bel] *n.* **1** Ⓒ鐘，吊鐘：a church ～ 教堂的鐘 /a chime [peal] of ～*s* (教堂的)一組樂鐘的聲音。

【說明】(1)bell 指鐘口部份(skirt)呈倒杯形的鐘；以吊在裏面的鐘舌(clapper)敲出聲，且有各種形狀和大小。古人相信 bell 可以驅除惡魔(evil spirits)或災害。歐洲的鐘多半發出華麗的響聲，與東方悠遠的韻味有所不同。
(2)鐘的響聲是 clang 或 dingdong.

2 Ⓒ (裝在門口等，以手按響的)鈴：an electric ～ 電鈴/a call ～ 呼人鈴/⇨handbell. **3** Ⓒ鐘聲；鈴聲：marriage ～*s* (教堂的)婚禮的鐘聲/a passing ～ 喪鐘/answer the ～ 應門；開門迎客/There's the ～！門鈴在響；有客人來了。**4 a** Ⓒ鐘形之物。**b** Ⓒ鐘形的花。**c** [～s]《口語》＝bell-bottoms. **5** Ⓒ[常 ～s]《航海》(輪船上的)報時鐘《每半小時擊鐘一次，至八擊為止，共四點鐘，然後周而復始。十二時半，四時半，八時半均為一擊，由值班者擊響》。

(as) cléar as a béll (1)〈聲音、水、酒等〉清澈。(2)〈事物〉完全清楚。

(as) sóund as a béll (1)〈人〉極為健康。(2)〈機器等〉情況完全良好。

ríng a béll 《口語》模糊憶起某事物：That *rings a* ～. 我好像記起來了。

sáved by the béll 《口語》偶然幸運地獲救《★拳擊手因回合終了之鐘聲響起而得以逃過被對方擊倒之厄運，故稱》。

—*v.t.* **1** 〔十受〕繫鈴於…：⇨bell the CAT. **2** 〔十受(十副)〕使…鼓起[張開]成鐘形〈*out*〉. **—*v.i.*** 〔動(十副)〕成鐘形〈*out*〉.

bell[2] [bɛl; bel] *n.* Ⓒ (交尾期中的)雄鹿的鳴叫聲。**—*v.i.*** 〈(交尾期中的)雄鹿〉鳴叫。

Bell [bɛl; bel] *n.* 貝兒《女子名；Isabel 的暱稱》。

Bell [bɛl; bel], **Alexander Graham** *n.* 貝爾《1847–1922；出生於蘇格蘭，發明電話的美國人》。

Bel·la [ˋbɛlə; ˈbelə] *n.* 貝拉《女子名；Arabel, Arabella, Isabella 的暱稱》。

bel·la·don·na [ˌbɛləˋdanə; ˌbeləˈdɔnə] *n.* **1** Ⓒ《植物》顛茄《茄科灌木狀的草本植物，開紫紅色花，結黑實；根與葉可製刺激心臟及呼吸之藥劑》。**2** Ⓤ顛茄素《由顛茄的葉和根提取的生物鹼，供製藥用》。

belladonna 1

béll-bòt·tom(ed) *adj.* 〈褲子〉喇叭褲型的。

béll-bòttoms *n. pl.* (水兵穿的)喇叭褲：a pair of ～ 一條喇叭褲。

béll·bòy *n.* Ⓒ《美》(旅館、俱樂部等中)爲客人作雜役的男侍(bellhop)。

béll bùoy *n.* Ⓒ帶有鈴的浮標《利用波浪的激動鳴鈴而使船隻知道淺灘等之位置的浮標》。

béll càptain *n.* Ⓒ《美》(旅館、俱樂部中的)男侍領班。

béll còw *n.* Ⓒ繫有鈴的母牛《尤指領羣者》。

belle [bɛl; bel] 《源自法語 'beautiful' 之意的陰性形；cf. beau》**—***n.* Ⓒ **1** 美人，美女，佳麗。
2 [the ～] 第一美女；最受歡迎的美女：*the* ～ *of* society 社交界之花[交際花]。

Belle [bɛl; bel] *n.* 貝兒《女子名；Arabel, Arabella, Isabella 的暱稱》。

belles-let·tres [bɛlˋlɛtrə, -tɚ; ˌbelˈletrə, -tə] 《源自法語 'fine letters' 之義》**—***n.* Ⓤ純文學，純文藝；小說，詩歌，戲劇等《別於專門技術或科學的寫作》。

béll·flòwer *n.* Ⓒ《植物》風鈴草《桔梗科風鈴草屬草本植物的統稱》。

béll glàss *n.* ＝bell jar.

béll·hòp *n.* ＝bellboy.

bel·li·cose [ˋbɛləˌkos; ˈbelikous] *adj.* 好戰的；喜打鬥的，好爭吵的。
～**·ly** *adv.*

bel·li·cos·i·ty [ˌbɛləˋkasətɪ; ˌbeliˈkɔsəti] 《bellicose 的名詞》**—***n.* Ⓤ好戰；好鬥。

bellflower

bél·lied [ˋbɛlɪd; ˈbelid] *adj.* [常構成複合字]有(…的)肚子的，肚子…的：pot-*bellied* 肚子鼓起的。

bel·lig·er·ence [bəˋlɪdʒərəns; biˈlidʒərəns] 《belligerent 的名詞》**—***n.* Ⓤ **1** 交戰(狀態)；好戰。**2** 戰爭。

bel·lig·er·en·cy [bəˋlɪdʒərənsɪ; biˈlidʒərənsi] *n.* Ⓤ **1** 交戰狀態；(國與國之間處於)交戰中。**2** ＝belligerence.

bel·lig·er·ent [bəˋlɪdʒərənt; biˈlidʒərənt] *adj.* **1** [用在名詞前]交戰中的；交戰國的：the ～ powers 交戰國。**2** 好戰[好鬥]的。
—*n.* Ⓒ交戰國[者]。
～**·ly** *adv.*

béll jàr *n.* Ⓒ鐘形的玻璃容器[玻璃罩]。

béll·man [-mən; -mən] *n.* Ⓒ(*pl.* **-men** [-mən; -mən]) **1 a** 鳴鐘的人。**b** (尤指從前在城鎮中)搖鈴宣布事件的人(town crier).
2 潛水夫的助手。
3 (旅館等處的)侍者，男聽差。

béll mètal *n.* Ⓤ鐘銅《用以鑄鐘之銅與錫的合金》。

Bel·lo·na [bəˋlonə; bəˈlounə] *n.* **1** 《羅馬神話》貝羅娜《司戰女神；cf. Mars 2 a》. **2** Ⓒ(像司戰女神般)儀表堂堂的女人，有朝氣的女人。

bel·low [ˋbɛlo; ˈbelou] *v.i.* **1** 〈牛〉大聲鳴叫，號叫。**2** 吼叫，咆哮(roar). **3 a** 〈大砲、雷聲等〉轟鳴，隆隆響。**b** 〈風〉呼嘯。
—*v.t.* 〔十受(十副)〕咆哮地說出，吼叫…〈*out*〉：～ abuse 大聲咒罵/～ (*out*) a song 吼叫似地唱歌。
—*n.* Ⓒ(似)牛的鳴叫聲；吼叫聲，咆哮聲；轟鳴，隆隆之聲；呼嘯聲。

bel·lows [ˋbɛloz; ˈbelouz] 《源自古英語「把風吹入的袋子」之義》**—***n.* Ⓒ(*pl.* ～)[常用複數] **1** 風箱《★用法 以雙手使用者通常作 a pair of ～, 固定在某處者作(the)～》. **2 a** (照相機等的)皮腔《自由伸縮的摺疊部分》。**b** (風琴的)風箱。

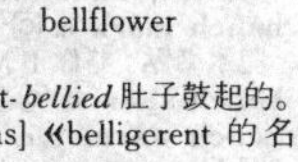

bellows 1

béll·pùll *n.* Ⓒ(鐘、鈴等的)拉索，鐘繩，鈴扣。

béll·pùsh *n.* Ⓒ(電鈴的)按鈕。

béll rìnger *n.* Ⓒ **1** (教堂之)鳴鐘者，搖鈴者。**2** 《美俚》挨家挨戶訪問的推銷員；地方上的政治家。

béll rìnging *n.* Ⓤ鳴鐘法；鳴鐘之職。

béll tènt *n.* Ⓒ鐘形帳篷。

béll tòwer *n.* Ⓒ(教堂等的)鐘塔，鐘樓。

béll·wèther *n.* Ⓒ **1** 繫鈴的雄羊《常爲羊羣的領隊》。**2** (叛亂、陰謀等的)魁首；領導者，首領。

bel·ly [ˋbɛlɪ; ˈbeli] 《源自古英語「袋子」之義》**—***n.* Ⓒ **1** (人、動物、魚的)腹，腹部《★比較 屬口語措辭，但宜用 stomach；專門用語稱作 abdomen》：have a ～《口語》腹部凸出[鼓起]。**2** 胃。**3** 鼓脹的部分，物體或動物身體的中間部分。**4** 食慾。
gò bélly úp《俚》(1)〈魚〉死蹺蹺《★因魚死時腹部翻上浮起》。(2)失敗；倒閉。
—*v.i.* 〔動(十副)〕鼓脹，脹起，鼓起〈*out*〉：The ship's sails *bellied* (*out*) in the wind. 船帆迎風鼓起。
—*v.t.* 〔十受(十副)〕使…鼓[脹]起〈*out*〉：The wind *bellied* (*out*) the sail. 風使船帆鼓起。
bélly ín《*vi adv*》〈飛機〉以機腹着陸。
bélly úp to…《美口語》直向…前進。

bélly·àche *n.* **1** Ⓤ《美》爲Ⓒ腹痛。**2** Ⓒ《俚》抱怨，牢騷。
—*v.i.* 〔十介十(代)名〕《俚》一直抱怨〔…事〕〔*about*〕.

bélly·bànd *n.* Ⓒ(馬的)腹帶。

bélly bùtton *n.* Ⓒ《口語》肚臍(navel).

bélly dànce *n.* Ⓒ肚皮舞《扭動腹部和腰部的舞蹈；源於東地中海地區》。**bélly dàncer** *n.*

bélly flòp《口語》*n.* Ⓒ(游泳時的)身體水平落水以腹部擊水面的(拙劣)跳水方式。
—*adv.* 以胸腹先著水的方式[姿勢]。

bel·ly·ful [ˋbɛlɪˌful; ˈbeliful] *n.* Ⓒ **1** 滿腹之量。**2** [常用單數]《俚》充分，十足〔*of*〕：have a ～ *of* beating 飽嘗老拳，飽受毆打 /I've had a ～ *of* training. 我已受夠了訓練。

bélly-lànd《口語》*v.i.* 〈飛機〉以機腹着陸。
—*v.t.* 使〈飛機〉以機腹着陸。

bélly lànding *n.* ⓊⒸ機腹着陸。

bélly làugh *n.* Ⓒ《口語》開心[縱情]大笑。

Bél·mont Stákes [ˋbɛlmant-; ˈbelmɔnt-] *n. pl.* [the ～；當單數用]貝爾蒙特賽馬《美國三大賽馬(Kentucky Derby, Preakness Stakes, Belmont Stakes)之一；cf. classic races》.

‡be·long [bəˋlɔŋ; biˈlɔŋ, bə-] *v.i.* **1** 〔十介十(代)名〕**a** (做爲所有物)**屬**〔於…〕，屬〔…〕所有〔*to*〕：This book ～*s* ***to*** me. 這本書是我的。**b** (做爲本來的性質、權限、會員等)屬〔於…〕，附屬〔於…〕；適合〔於…〕〔*to*〕：He ～*s* ***to*** a golf club. 他是高爾夫俱樂部的會員/It ～*s to* me to dictate to them. 我有指揮他們的權責。
2 〔十介十(代)名〕(分類上)**屬**〔於…〕，應歸入〔…〕〔*to, among, in, under, with*〕：Man ～*s* ***to*** the group of animals called "mammals." 人類屬於被稱爲哺乳類的動物羣/***Under*** what category do they ～? 它們應該歸屬[歸入]哪一類目？/He is a philosopher who ～*s* ***with*** the Kantians. 他是與康德學派同一派系的哲學家。
3 a 〔十副詞(片語)〕〈人、物〉該在(適當的位置)：These cups ～ *on* the shelf. 這些杯子應該放在架子上/Cheese ～*s with* salad as much as it does *with* wine. 乳酪和酒配得好，和沙拉也一樣配得好 /This table ～*s in* the next room. 這張桌子是隔壁房間的/He ～*s in* the movies. 他是一位電影界人士[他適合在電影圈中活動]/She doesn't ～ *here.* 她在這裏無所歸屬，格格不入；這裡不是適合她的地方。**b** (對某種環境)感到熟悉親切，喜歡接近人；愛交際：She doesn't ～. 她不喜歡和人交際[孤僻]。**c** 〔十副〕〈兩個以上的東西[人]〉互爲同類；(個性、想法等)合得來〈*together*〉.
語法 (1)belong 無進行式、祈使語氣。(2)belong to 無被動語態。

be·lóng·ing *n.* **1** [～s]所有物，財產；財物；附屬物。
2 [～s]《口語》家屬，親戚。
3 Ⓤ親密的關係：a sense of ～ 歸屬感，一體感。

be·lov·ed [bɪˋlʌvɪd, -ˋlʌvd; biˈlʌvid, -ˈlʌvd] *adj.* **1** [用在名詞前]深愛的，鍾愛的；心愛的：one's ～ homeland 深愛的祖國。
2 [-ˋlʌvd; -ˈlʌvd] [不用在名詞前]〔爲…〕所愛的〔*by,*《文語》*of*〕：He is ～ ***by*** [***of***] all. 他爲衆人所深愛。
—*n.* **1** [常**one's** ～]所愛的人：my ～ 我的愛人啊《對情人、夫、妻的稱呼》。
2 [用於稱呼教友]親愛的各位。

‡be·low [bəˋlo; biˈlou, bə-] *prep.* **1** [表示方向、地點等] **a** 在…下方，在…以下，低於…(↔ above)：～ one's eyes 在眼下 /～ sea level 在海平面下(的) /The sun sank ～ the horizon. 太陽已沈入地平線/Write your name ～ the line. 把你的姓名寫在線的下面。

【同義字】below 指「離…在下方」；under 指「在…的正下面」，「被覆在…的下面」；beneath 是與 under 大致同義的文章用語。

b 在…的下游；在…的下方：a few miles ～ the bridge 在橋的下游數哩處。
2 [表示數量、程度等] **a** (數量等)**未滿…(的)，不及…(的)，在…以下(的)**：～ (the) average 在平均以下/～ the freezing point 在冰點以下/She is not much ～ fifty (years of age). 她年近五十歲。**b** (地位、身分等)在…之下(的)，低於…

(的)：A major is ～ a colonel. 少校(官階)低於上校。
3 不值得…；與…不相稱；不適合…的品格《★[比較]作此義解時，一般用 beneath》：～ contempt 極爲可鄙。
—*adv.* (無比較級、最高級)(↔ above) **1 a** 在[向]…下方，在[向]較…低之處；在樓下：look ～ 往下看 /There's someone ～ who wants to see you. 樓下有人要見你。**b** 在地下；在地獄：the place ～ 地獄。**c**《航海》到下面的船艙：go ～ (値勤完了後)下船艙去；歇班(cf. on DECK¹ (1))。**d** 在(河川的)下游。
2 a (地位、身分等)在下(級)：in the court ～ 在下級法院。**b** (溫度)在零下：20 ～ 零下二十度。
3 在(書等的)下文，在末頁；在(書頁的)底下：See ～. 參照下文/See the list ～. 參照下表。
Belów thère！喂，下面的人！《★東西掉下等時叫人注意的喊聲》。
dówn belów (1)在下面；在地下[墳墓，地獄]。(2)在水底。(3)《航海》在船艙。
from belów 從下面。
‡belt [bɛlt; belt] «源自拉丁文「帶子」之義» —*n.* Ⓒ **1 a** (通常指紮在腰圍的)**腰帶**，帶子，皮帶：⇨cartridge belt, safety belt. **b** (座位上的)安全帶，扣帶。**c** (伯爵或爵士佩戴的)綬帶。**d** = champion belt. **e** (機器的)傳動帶，調帶：⇨fan belt.

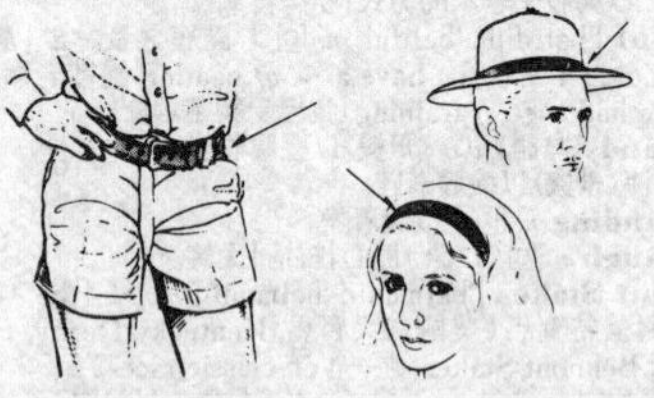

belt 1 a   bands

2 a 帶狀物；條紋，長條。**b** [常與修飾語連用]地帶(zone)：the commuter ～(大都市郊外的)白天乘車到市區工作的人們所居住的地區/⇨black belt, Cotton Belt, greenbelt.
3 a 環繞之物，圈〔*of*〕：a ～ *of* trees about the field 環繞田地的樹木。**b** 環狀線，環狀公路。
4《俚》抽打：give a ～ 打一頓。
5《英俚》駕車飛馳：go for a ～ 去駕車兜風。
hít [stríke] belòw the bélt (1)《拳擊》擊腰帶以下《犯規》。(2)用卑鄙手段，作不公平的攻擊，暗中傷人。
tíghten [púll ín] one's bélt (1)束緊腰帶忍飢挨餓。(2)《口語》過儉省的生活。
ùnder one's **bélt**《口語》(1)〈食物等〉在腹中，在肚裏：with a good deal *under* his ～ (他)把肚子塡得飽飽的。(2)擁有[經歷](値得誇耀之事物)：He had five years of courtroom practice *under* his ～. 他具有五年的法庭實地經驗。
—*v.t.* **1** 〔動(＋副)〕以帶圍繞…〈*up*〉.
2 〔＋受＋副〕用帶繫…〈*on*〉：～ one's sword *on* 用帶繫劍，佩劍。
3 〔＋受〕加條紋於…。
4 〔＋受〕〔以…〕圍繞…〔*with*〕.
5 〔＋受〕**a** (用皮帶)抽打〈人〉。**b**《口語》摑…，揍…。**c**《美俚》《棒球》擊出〈安打〉：～ a homer 擊出全壘打。
6 〔＋受＋副〕《口語》朝氣蓬勃地唱[奏]出…〈*out*〉.
—*v.i.* **1** 〔＋副詞(片語)〕《口語》衝(rush)：～ *along* the road 沿馬路疾奔。**2** 〔＋副〕[常用祈使語氣]《英俚》住口，閉口不出聲〈*up*〉.
bélt convèyor *n.* Ⓒ帶式輸送機；輸送帶《★[比較]一般用 conveyor belt》.
bélt·ed *adj.* [用在名詞前] **1** 裝有帶子的，束帶的；附有帶子的〈上衣等〉。**2** (有資格)佩戴綬帶的：a ～ knight 一位佩戴綬帶的爵士。**3** 有條紋的〈動物等〉。
bélt hìghway *n.* =beltway.
bélt·ing *n.* **1** Ⓤ**a** 帶布，製帶用的材料。**b** [集合稱]帶類。**c**《機械》調帶(裝置)。**2** Ⓒ《俚》(用皮帶等)打：give a person a good ～ 把某人痛打一頓。
bélt lìne *n.* Ⓒ《美》(交通設施的)環狀線，環行路《尤指鐵路》(cf. loop *n.* 3 a)。
bélt-tìghtening *n.* Ⓤ強制性的節約。
bélt·wày *n.* Ⓒ《美》(都市周圍的)環狀公路(《英》ring road)。
bel·ve·dere [ˌbɛlvəˈdɪr; ˈbelvidiə, ˌbelviˈdiə] *n.* Ⓒ **1** 望遠樓，瞭望臺，(屋頂上等的)眺望臺。**2** (設在庭園中高處等的)眺望亭。
be·mire [bɪˋmaɪr; biˈmaiə] *v.t.* **1** 汚，弄髒。**2** 使…陷於泥中。
be·moan [bɪˋmon; biˈmoun] *v.t.* 悲悼，爲…慟哭[悲嘆，嘆息]；惋惜：～ one's sad fate 自嘆命薄。
be·mock [bɪˋmak, -ˋmɔk; biˈmɔk] *v.t.* 嘲弄，譏笑〈人、事〉。
be·muse [bɪˋmjuz; biˈmjuːz] *v.t.* **1** 使〈人(頭腦)〉昏昏沉沉，使…獃，使…眩，使…困惑，使…茫然《★常用被動語態》。**2** 使〈人〉沉思；使…呆想；使…著迷《★常用被動語態》。
ben [bɛn; ben] *n.* Ⓒ《蘇格蘭·愛爾蘭》[常 B~, 用於山名]山：⇨Ben Nevis.
Ben [bɛn; ben] *n.* 班《男子名；Benjamin 的暱稱》。
Be·na·res [bəˋnarɪz; biˈnaːriz] *n.* 比納里斯《瓦拉納西(Varanasi)的舊稱》。
‡bench [bɛntʃ; bentʃ] *n.* **1** Ⓒ**長凳，長椅**《通常指可坐兩人以上的長椅子》：a park ～ 公園的長凳。
2 Ⓒ(划艇中的)槳手坐板。
3 Ⓒ(似長凳的)長臺，工作臺：a shoemaker's ～ 鞋匠的工作臺/⇨workbench.
4 Ⓒ **a** (畜犬評賽會等的)陳列臺。**b** 畜犬評賽[展覽]會。
5 [the ～；常 the B~] **a** 法官席；法庭。**b** Ⓤ[集合稱]法官；法官的職位《★[用法]視爲一整體時當單數用，指個別成員時當複數用；cf. bar¹ 6 d》：～ and bar 法官和律師。
6 Ⓒ《英議會》席位：⇨backbench, front bench, King's Bench.
7 [the ～] **a**《運動》選手席位。**b** Ⓤ[集合稱]候補選手《★[用法]視爲一整體時當單數用，指個別成員時當複數用》。
be [sít] on the bénch (1)在法院坐在法官的席位，在審理中。(2) =warm the BENCH.
be ráised [élevated] to the bénch (1)被晋陞爲法官。(2)《英》被晋陞爲主教。
wárm the bénch《美》《運動》當候補選手。
—*v.t.* 〔＋受〕**1** 供給…長凳。**2** (在畜犬評賽會等)將〈狗等〉陳列於臺上。**3** 使〈人〉就任法官[名譽職(等)]職位。**4** 使〈球員〉不參賽，使…退場。
bénch dòg *n.* Ⓒ參加畜犬評賽會前後被展覽的狗。
bénch·er *n.* Ⓒ **1 a** (法官等)坐長凳的人。**b**《英》(倫敦)四法學協會(Inns of Court)的資深會員。**c**《英》國會議員 (cf. backbencher, frontbencher). **2** (划艇的)槳手。
bénch màrk *n.* Ⓒ **1**《測量》水準基標《在已知標高之處所作的標記水準點；略作 B.M.》。**2** 基準。
bénch shôw *n.* Ⓒ畜犬展覽會(dog show).
bénch wàrmer *n.* Ⓒ《美》《運動》(難得有機會參加比賽的)候補選手。
bénch wàrrant *n.* Ⓒ《法律》法院拘票《別於治安機關所發者》。
‡bend¹ [bɛnd; bend] «源自古英語「綁」之義» —(**bent** [bɛnt; bent]) *v.t.* **1 使…曲，使…彎曲。**

【同義字】bend 是指用力使厚紙、板、金屬、手臂等較硬之物彎曲；fold 是指摺疊或折曲紙、布之類軟物；curve 是指使成曲線狀；twist 是將很難彎曲的東西用力扭歪。

a 〔＋受(＋副)〕使〈直的東西〉彎曲；使〈彎曲的東西〉變直〈*up, down, back*〉：～ the end of the wire ***up*** [***down, back***] 把鐵絲的末端向上[向下，向後]彎曲。**b** 〔＋受〕屈〈膝〉；俯〈首〉：～ the knee 屈膝，屈膝行禮[敬拜] /She *bent* her head *over* her needlework. 她低着頭做針線活。**c** 〔＋受〕皺〈眉〉：The old man *bent* his brows. 那老人皺了眉。**d** 〔＋受〕折〈照片、信封等〉：Don't ～ the photos. 不要折相片。**e** 〔＋受〕張〈弓〉：～ a bow 張弓。
2 a 〔＋受＋補〕將…彎[扳]〈成…〉：～ a piece of wire straight [double] 把一根鐵絲扳直[彎成兩條]。**b** 〔＋受＋介＋(代)名〕將…彎〔成…〕〔*into*〕：The acrobat *bent* himself ***into*** a hoop. 那特技表演者把身體彎成圈環。
3 〔＋受＋介＋(代)名〕使〈人、意志等〉〔向…〕屈服〔*to*〕：～ a person ***to*** one's will 使某人屈從自己的意思。
4 〔＋受〕**a**《口語》(爲自己的方便而)改變〈規則等〉，枉〈法〉。**b**《俚》濫用。
5 a 〔＋受＋副詞(片語)〕將〈眼睛、脚步〉轉向(…)：They *bent* their steps *homeward.* 他們轉身踏上歸途/All eyes were *bent on* her. 大家都在看她。**b** 〔＋受(＋介＋(代)名)〕將〈精神、努力等〉傾注，專注〔於…〕〔*to, toward, on*〕《★也以過去分詞當形容詞用；⇨ bent *adj.* 2 a》：～ an ear 傾耳以聽/She *bent* her mind ***to*** the new work. 她專心致志於新工作。
6 〔＋受(＋介＋(代)名)〕《航海》繫〈帆、繩索等〉〔於…〕〔*to*〕.
—*v.i.* **1 彎，墜彎，彎曲**：Better ～ than break.《諺》寧曲勿斷；委曲求全勝過剛强而受挫折 /The branch *bent* but did not break. 樹枝彎了但沒折斷。
2 a 〔動(＋副)〕**彎下身[腰]**〈*down*〉：Try to ～ ***down*** and touch your toes without ～*ing* your knees. 試着不屈膝而彎下腰摸到脚趾《★後者之 bend 屬 *v.t.* 1 b》。**b** 〔＋介＋(代)名〕俯身〔向…〕〔*to*〕；俯身〔在…上〕〔*over*〕《★[比較]「曲膝弓背」是 crouch, stoop》：I *bent* ***to*** the ground and picked up a stone. 我彎下身

子撿起一塊石頭/She sobbed, ~*ing over* her child. 她俯伏在她孩子身上啜泣。**c** 折疊照片[信封等]：Don't ~. 請勿折疊《信封等上面的附註》。

3 〔十副詞(片語)〕〈河川、路等〉轉向(…方)(turn)：The river [road] ~*s* (*to* the) right there. 這條河流[道路]在那兒折向右。

4 〔十介十(代)名〕〔向…〕屈服，順從(submit)〔*before, to*〕：He *bent before* the enemy. 他向敵人屈服/~ *to* a person's will 屈從某人之意志。

bénd óver báckward ⇨backward.

—*n.* 1 Ⓒ(使)彎：a ~ of the elbow 彎肘。**2** Ⓒ轉彎，彎曲(部位)；轉角：a sharp ~ *in* the road 道路的急轉彎。**3** Ⓒ《航海》繩上的結。**4** [**the ~s**；當單數或複數用]《醫》**a** 潛水夫病(caisson disease). **b** 航空病。

ròund [aròund] the bénd《口語・謔》發瘋的。

bend² [bɛnd; bend] *n.* Ⓒ《紋章》(盾牌徽章上的)對角斜線《從盾牌的右上角畫到左下方(由盾牌的對面面向盾牌看則爲從左上角到右下方)的帶狀斜線》：⇨bend sinister.

bénd·ed *adj.* ★用於下列成語。

on bénded knée(s)《文語》跪着；哀求着：He begged her hand *on ~ knee.* 他哀求她跟他結婚。

bend²

bénd·er *n.* Ⓒ **1 a** (使)彎曲之物。**b**《棒球》曲球。**2**《美俚》鬧飲：go on a ~ 飲酒歡鬧。

bénd sínister *n.* Ⓒ《紋章》(盾牌徽章上的)左對角斜線《從盾牌的左上角畫到右下方(由盾牌的對面面向盾牌看則爲從右上角到左下方)的帶狀斜線；表示庶出；cf. bend²》.

bend sinister

ben·e- [bɛnə-; beni-] **《源自拉丁文「好的」之義》—** [複合用詞] 表示「善、良」之意(↔ mal-, male-)：*bene*diction.

‡be·neath [bɪ'niθ; bi'ni:θ] *prep.* **1** [表示位置、地點等] **a** 在…下(⇨below【同義字】)：~ the surface 在表面下 /~ one's feet 在脚底下。**b** 在〈重量、統治、壓迫等〉之下，受着…：~ the Roman rule 在羅馬的統治之下。**2 a** (身分、地位)低於…(《★比較現在一般用 below》：marry ~ one 與身分較低的人結婚。**b** 不值得…；不配…；有失…之身分：~ contempt 極爲可鄙/~ notice 不值得注意/It is ~ him to grumble. 他發牢騷有失身分。

—*adv.* (緊接)在下，在底下，在下方。

Ben·e·dic·i·te [ˌbɛnə'dɪsətɪ; ˌbeni'daisiti, ˌbene'di:tʃiti] *n.* **1** [**the ~**]《基督教》萬物頌。**2** [**b~**] ⓊⒸ飯前或飯後的簡短感恩祈禱(grace).

Ben·e·dick ['bɛnəˌdɪk; 'benidik] *n.* **1** 班奈狄克《莎士比亞的「無事自擾(*Much Ado About Nothing*)」劇中之一獨身男子》。**2** [**b~**] Ⓒ(尤指曾長期獨身的)新婚男子。

Ben·e·dict ['bɛnəˌdɪkt; 'benidikt] *n.* **1** 本尼狄克《男子名》。**2** [**St. ~**] 聖本篤《480?–?547；創設本篤會的義大利修道士》。

Ben·e·dic·tine [ˌbɛnə'dɪktɪn; ˌbeni'diktin⁻] *n.* **1** Ⓒ《天主教》本篤會修道士《因身着黑衣，又稱 Black Monk》。**2 《因從前在 Benedict 修道院釀造》**[常**b~**] Ⓤ一種法國產的甜酒(liqueur).

—*adj.* 本篤會(修道士)的。

ben·e·dic·tion [ˌbɛnə'dɪkʃən; ˌbeni'dikʃn] *n.* ⓊⒸ **1 a** 祝福。**b** 祝禱《尤指禮拜結束時所作的祝禱》。**c** 感恩祈禱。**2** [**B~**]《天主教》**a** (聖禮)祝福儀式。**b** 聖別式。

ben·e·dic·to·ry [ˌbɛnə'dɪktərɪ; ˌbeni'diktəri⁻] *adj.* 祝福的。

Ben·e·dic·tus [ˌbɛnɪ'dɪktəs; ˌbeni'diktəs] *n.* [**the ~**]《基督教》**1** 天主教彌撒中所用的短讚美詩或其音樂。**2** 撒迦利亞頌《以 Benedictus Dominus 開始的讚美詩》。

ben·e·fac·tion [ˌbɛnə'fækʃən; ˌbeni'fækʃn] *n.* **1** Ⓤ善行，施惠，慈善。**2** Ⓒ施捨物，捐款。

ben·e·fac·tor ['bɛnəˌfæktɚ; 'benifæktə] *n.* Ⓒ施恩的人，恩人；施主；(學校、醫院等的)捐贈者，贊助者：a ~ *of* mankind 人類的恩人。

bén·e·fàc·tress [-trɪs; -tris] *n.* Ⓒ 女性的 benefactor.

ben·e·fice ['bɛnəfɪs; 'benifis] *n.* Ⓒ《基督教》**1** 僧侶之祿，聖俸《在英國國教爲 vicar 或 rector 之收入》。**2** 有聖俸的神職(任所)。

bén·e·ficed *adj.* [用在名詞前]有聖俸的。

be·nef·i·cence [bə'nɛfəsns; bi'nefisns] *n.* **1** Ⓤ善行，恩惠，慈善，德行，仁慈。**2** Ⓒ慈善行爲；施捨物(gift).

be·nef·i·cent [bə'nɛfəsnt; bi'nefisnt] *adj.* 〈人〉慈善的，仁慈的，行善的(↔ maleficent).

> **【同義字】** beneficent 指有樂善好施之實際行動；benevolent 指有樂善好施之心而對人親切。

~·ly *adv.*

ben·e·fi·cial [ˌbɛnə'fɪʃəl; ˌbeni'fiʃl⁻] **《benefit 的形容詞》—*adj.* 1** 〈物〉有益的，有利的：a ~ insect 益蟲。**2** [不用在名詞前]〔十介十(代)名〕〔對…〕有益的，有好處的〔*to*〕：Sunshine and moisture are ~ *to* plants. 陽光和水分有益於植物。

~·ly [-ʃəlɪ; -ʃəli] *adv.*

ben·e·fi·ci·ar·y [ˌbɛnə'fɪʃərɪ; ˌbeni'fiʃəri] *n.* Ⓒ **1 a** 受益者，受惠者。**b**《法律》信託受益人；(養老金、保險補償、遺產等的)受益人。**2** 受領聖俸(benefice)者。

***ben·e·fit** ['bɛnəfɪt; 'benifit] **《源自拉丁文「爲善」之義》—*n.* 1** ⓊⒸ 利益，有益之事[物]，裨益，益處，好處，恩惠：(a) public ~ 公益 /the ~*s* of education 教育的益處。

> **【同義字】** benefit 指關係個人或羣體之幸福[福利]的利益；profit 指物質或金錢上的盈利；advantage 指因處於較其他有利之立場、地位而產生的益處。

2 ⓊⒸ(保險公司或社會福利制度在生病、退休、失業或死亡時所給予的)給付，津貼，救濟金：a medical ~ 醫療補助費。**3** Ⓒ義演，義賽，義診：a ~ concert 慈善音樂會。**4** Ⓤ《美》稅捐的減免(《英》relief).

(be) of bénefit to... 有益於…：A good night's sleep will *be of ~ to* you. 晚上熟睡有益健康。

for the bénefit of... (1)爲…的利益(打算)：*for the ~ of* society 爲社會利益/The library is *for the ~ of* the students. 圖書館是爲學生(看書)而設立的。(2)[反語]爲懲戒…，爲諷刺…。

gìve a person **the bénefit of the dóubt** 對某人的懷疑作善意的解釋。

withòut bénefit of... 不藉…的幫助地：*without ~ of* search warrants 未持搜索狀。

—*v.t.* 〔十受〕〈某物〉裨益…，有益於…：The fresh air will ~ you. 新鮮空氣有益於你的健康。

—*v.i.* 〔十介十(代)名〕〔從[因]…〕獲利，得到好處，受益〔*by, from*〕：Who ~*s* **by** his death？他死了誰會得到好處呢？/The community will ~ ***from*** the new industry. 這個社區將因新工業而得到好處。

bénefit society [association] *n.* Ⓒ《美》(由會員籌足基金以幫助會員或其家屬治病、喪葬的)互助會(《英》friendly society).

Be·ne·lux ['bɛnəˌlʌks; 'benilʌks] **《*Be*lgium, the *Ne*therlands, *Lux*embourg 的頭字語》—*n.*** 比荷盧《比利時，荷蘭，盧森堡三國的總稱；比利時，荷蘭，盧森堡三國間(1948 年)所訂的關稅同盟》。

be·nev·o·lence [bə'nɛvələns; bi'nevələns] **《benevolent 的名詞》—*n.* 1** Ⓤ慈悲心，仁心，博愛。**2** Ⓒ慈善，善行，善舉，義行；捐助。**3** Ⓤ《英國史》(從前英國國王藉名獻金，向民間逼捐的)恩稅。

be·nev·o·lent [bə'nɛvələnt; bi'nevələnt] **《源自拉丁文「好意」之義》—*adj.* (more ~; most ~) 1 a** 〈人、行爲等〉仁慈的，仁愛的，和藹可親的，親切的(↔ malevolent)(⇨beneficent【同義字】)：a ~ ruler 仁慈的統治者/~ words 親切的話。**b** [不用在名詞前]〔十介十(代)名〕〔對…〕親切的，仁慈的〔*to, toward*〕：He is ~ ***to*** [***toward***] poor people. 他對窮人極爲親切。**2** [用在名詞前]以慈善爲目的的〈組織等〉：a ~ society 慈善團體。**3** [用在名詞前]好意的，善意的：~ neutrality 善意的中立。

~·ly *adv.*

Ben·gal [bɛn'gɔl, bɛŋ-; ˌbeŋ'gɔ:l, ben-⁻] *n.* 孟加拉《印度東北部的舊稱；現分爲印度共和國與孟加拉共和國》。

Ben·gal·ee [bɛn'gɔli, bɛŋ-; beŋ'gɔ:li:, ben-] *n.* =Bengali 1 a.

Ben·ga·lese [ˌbɛŋgə'liz, ˌbɛŋ-; ˌbeŋgə'li:z, ˌben-⁻] *adj.* 孟加拉(人，語)的。

—*n.* Ⓒ(*pl.* ~)孟加拉人。

Ben·gal·i [bɛn'gɔlɪ, bɛŋ-; beŋ'gɔ:li, ben-⁻] **《Bengal 的形容詞》—*adj.*** 孟加拉(人，語)的。

—*n.* 1 Ⓒ **a** 孟加拉人。**b** 孟加拉共和國人。**2** Ⓤ (現代的)孟加拉語。

be·night·ed [bɪ'naɪtɪd; bi'naitid] *adj.* **1**《古》〈旅人等〉到天黑還在路上(未及投宿)的。**2**《文語》未開化的，文明落後的；無知蒙昧的。

be·nign [bɪ'naɪn; bi'nain] *adj.* **1** 〈人、行爲等〉仁慈的，親切的，和藹的，慈祥的，寬厚的：a ~ smile 親切的微笑。

2 〈氣候等〉溫和的，良好的；有益健康的。

3《醫》良性的(↔ malignant)：a ~ tumor 良性腫瘤。

~·ly *adv.*

be·nig·nan·cy [bɪ'nɪgnənsɪ; bi'nignənsi] **《benignant 的名詞》—*n.*** Ⓤ **1** 仁慈；親切。**2** (氣候等的)溫和。**3**《醫》良性。

be·nig·nant [bɪ'nɪgnənt; bi'nignənt] *adj.* **1** 〈人、態度等〉(對晚輩、屬下)親切的，仁慈的，寬厚的：a ~ king 仁慈的國王 /a ~ smile 親切的微笑。**2** 有益的。**3**《醫》〈腫瘤等〉良性的。

~·ly *adv.*

be·nig·ni·ty [bɪˋnɪgnətɪ; biˈnignəti] **«benign 的名詞»—*n.*** Ⓤ **1** 仁慈，慈祥，親切；恩惠，寬厚。**2** (氣候等的)溫和。

Be·nin [bɛnˋɪn; beˈnin] *n.* 貝南《非洲西部的一個共和國；舊稱達荷美(Dahomey)；首都新港(Porto Novo [ˏpɔrtoˋnovo; ˈpɔ:touˈnouvou])》.

ben·i·son [ˋbɛnəzn̩; ˈbenizn] *n.* Ⓤ Ⓒ 祝福(benediction).

Ben·ja·min [ˋbɛndʒəmən; ˈbendʒəmin, -mən] *n.* 班傑明《男子名；暱稱 Ben, Benny》.

Ben·net(t) [ˋbɛnɪt; ˈbenit] *n.* 貝涅特《男子名》。

Ben Nev·is [bɛnˋnɛvɪs; ˌbenˈnevis] *n.* 朋尼維(山)《蘇格蘭(Scotland)中西部的一座山；不列顛羣島(British Isles)中最高峯；高 1343公尺》。

Ben·ny [ˋbɛnɪ; ˈbeni] *n.* 班尼《男子名；Benjamin 的暱稱》。

‡bent[1] [bɛnt; bent] *v.* **bend** 的過去式・過去分詞。

—*adj.* 1 彎曲的：a ~ stick 彎曲的手杖 /He is ~ with age. 他因年老而彎腰。

2 [不用在名詞前]〔十介十(代)名〕**a** 傾心〔於…〕的，專心〔於…〕的，熱心〔於…〕的〔*on, upon*〕：He is ~ ***on*** master*ing* French. 他一心一意想要精通法語/The boy was ~ *on* mischief. 那男孩只想調皮搗蛋。**b** 決心〔做…〕的〔*on, upon*〕：He seems ~ ***on*** becom*ing* a teacher. 他好像決心要做教師。

3《英俚》**a** 心不正的，不誠實的。**b** 變態的，同性戀的。**c** 精神失常的。**d** 有偷癖的。

4《美俚》**a** 喝醉的。**b** 生氣的。

5《俚》〈車子等〉偸來的：a ~ car 贓車。

—*n.* Ⓒ **1 嗜好，癖性，性向；素質，才能**〔*for*〕：follow one's ~ 隨自己的喜好，做自己感興趣的事/He has a ~ *for* art. 他有藝術才能/a man *with* [*of*] a literary ~ 愛好文學[有文學天份]的人。

2《土木》橋脚；排架；加强脚柱和橫梁連結部分的框架結構。

to the tóp of one's **bént** 盡情地；儘量，到忍耐力的極限。

bent[2] [bɛnt; bent] *n.* **1** ＝bent grass.

2 Ⓤ Ⓒ 剪股穎的莖。

3 Ⓤ Ⓒ《蘇格蘭・北英》(從前的)硬草，雜草。

4 Ⓤ Ⓒ《英方言》荒野，荒地。

bént gràss *n.* Ⓤ Ⓒ《植物》剪股穎。

Ben·tham [ˋbɛnθəm, -təm; ˈbentəm, -θəm], **Jeremy** *n.* 邊沁《1748–1832; 英國哲學家；主張功利主義(utilitarianism)》.

Bén·tham·ìsm [-mˏɪzəm; -mizəm] *n.* Ⓤ 邊沁學說，功利主義《邊沁(Bentham)所主張爲最大多數謀取最大幸福的學說》。

bént·wòod *adj.* [用在名詞前]彎木作成的：a ~ chair 彎木作成的椅子。

be·numb [bɪˋnʌm; biˈnʌm] *v.t.* **1**〔十受十介十(代)名〕〔以…〕使…麻痺；使…無感覺，使…僵〔*with, by*〕《★常用被動語態，變成「變得麻木，(凍)僵」之意》：My hands *are* ~*ed* ***with*** cold. 我的手凍僵了。**2** 使〈心智等〉麻木，使…遲鈍。

Ben·ze·drine [ˋbɛnzəˏdrin; ˈbenzədri:n] *n.* Ⓤ《商標》苯熱得靈《興奮劑安非他命(amphetamine)的商品名稱》。

ben·zene [ˋbɛnzin; ˈbenzi:n] *n.* Ⓤ《化學》苯《從煤焦油等提出之無色液體》。

bénzene nùcleus [rìng] *n.* Ⓒ《化學》苯核[環]。

ben·zine [ˋbɛnzin; ˈbenzi:n] *n.* Ⓤ《化學》輕油精，石油精《★爲與 benzene 區別，又稱 benzoline》：petroleum ~ 石油精。

ben·zo·ic [bɛnˋzo·ɪk; benˈzouik] *adj.*《化學》安息香(性)的。

ben·zo·in [ˋbɛnzo·ɪn; ˈbenzouin] *n.* Ⓤ《化學》安息香，苯基。

ben·zol [ˋbɛnzol, -zal; ˈbenzɔl], **ben·zole** [-zol; -zoul] *n.* Ⓤ《化學》安息油，(粗製)苯《工業用的粗製 benzene》.

ben·zo·line [ˋbɛnzəˏlin; ˈbenzəli:n] *n.* ＝benzine.

Be·o·wulf [ˋbeəˏwulf; ˈbeiəwulf] *n.* 貝奧武甫《八世紀初的一篇古英語史詩；該史詩中的主角》。

be·pow·der [bɪˋpaudɚ; biˈpaudə] *v.t.* 以粉撒在…上；以粉搽在…上。

be·queath [bɪˋkwið; biˈkwi:ð] **«源自古英語「敍述」之義»—*v.t.*** **1**〔十受十受/十受十介十(代)名〕《法律》立遺囑贈與〈人〉〈動產〉；立遺囑將〈動產〉贈與〔人〕〔*to*〕《★ 比較 贈與不動產時，使用 devise》：He ~*ed* his son a great fortune. ＝He ~*ed* a great fortune ***to*** his son. 他立遺囑贈與兒子鉅額的財產《★ 變換 被動語態爲 A great fortune *was* ~*ed to* his son. 美國語法又作 His son *was* ~*ed* a great fortune.》.

2〔十受十介十(代)名〕將〈作品、文明等〉遺留〔給後代〕，將…傳給〔…〕〔*to*〕：One age ~*s* its civilization ***to*** the next. 前一代將其文明傳給後一代。

be·quest [bɪˋkwɛst; biˈkwest] **«bequeath 的名詞»—*n.*** **1** Ⓤ 遺贈；遺傳，傳與。**2** Ⓒ 遺傳物，遺贈物，遺產，遺物。

be·rate [bɪˋret; biˈreit] *v.t.* 痛罵，嚴厲指責〈人〉。

Ber·ber [ˋbɝbɚ; ˈbə:bə] *n.* **1** Ⓒ 柏柏爾人《居住北非巴巴利(Barbary)、撒哈拉(Sahara)地帶的一回教土族土人》。**2** Ⓤ 柏柏爾語。

—*adj.* 柏柏爾人的；柏柏爾語的。

be·reave [bəˋriv; biˈri:v] *v.t.*《★ 語形 通常義 1 作 ~d [~d; ~d], 義 2 作 **be·reft** [-ˋrɛft; -ˈreft]》〔十受十介十(代)名〕**1**〈事故等〉從〈人〉奪去[剝奪]〔親屬等〕〔*of*〕：The accident ~*d* her ***of*** her son. 那次事故奪去了她的兒子。

2 使〈人〉喪失〔希望、喜悅、理性等〕〔*of*〕：He was *bereft* ***of*** all hope. 他失去了所有的希望。

be·réaved *adj.* **1** [用在名詞前]喪失親屬的，親屬死後被遺留下來的：the ~ family [husband] 遺族[喪妻的丈夫]。**2** [the ~; 當名詞用]死者身後遺留下來的人(們)，遺族《★ 用法 一人時當單數，二人以上時當複數用》：*The* ~ was [were] lost in sorrow. 遺族(們)[死難者的家屬]哀痛不已。

be·réave·ment [-mənt; -mənt] **«bereave 的名詞»—*n.*** Ⓤ Ⓒ (親人的)喪失，死別；喪親之痛：I sympathize with you in your ~. 我對你痛失親人表示同情/owing to a recent ~ 因最近有親人去世。

be·reft *v.* **bereave** 的過去式・過去分詞。

be·ret [bəˋre, ˋbɛrɪt; ˈberei, ˈberi, ˈberit] **«源自法語»—*n.*** Ⓒ 扁圓柔軟的小帽子。

beret

berg [bɝg; bə:g] **«iceberg 之略»—*n.*** Ⓒ 冰山。

ber·ga·mot [ˋbɝgəˏmat; ˈbə:gəmɔt] *n.* **1** Ⓒ《植物》貝加蜜柑《產於南歐，類似香櫞(citron)的一種柑橘》。**2** Ⓤ 香柑油《由貝加蜜柑的果皮提煉的香精油》。

Berg·son [ˋbɝgsn̩; ˈbə:gsn], **Hen·ri** [ˋhɛnrɪ; ˈhenri] *n.* 柏格森《1859–1941; 法國哲學家；主張創造的進化論；cf. elan vital》.

Berg·son·i·an [ˏbɝgˋsonɪən; ˌbə:gˈsouniən˜] **«Bergson 的形容詞»—*adj.*** 柏格森(哲學)的。

—*n.* Ⓒ 柏格森哲學的學者。

be·rib·boned [bɪˋrɪbənd; biˈribənd] *adj.* 飾之以帶的，有飾帶的。

ber·i·ber·i [ˋbɛrɪˋbɛrɪ; ˌberiˈberi] **«源自錫蘭語「軟弱」之義»—*n.*** Ⓤ《醫》脚氣。

Bé·ring Séa [ˋbɪrɪŋˋsi, ˋbɛr-; ˈberiŋˈsi:, ˈbiər-] *n.* [the ~]白令海《太平洋之最北部分；西伯利亞(Siberia)與阿拉斯加(Alaska)之間》。

Béring (Stándard) Tìme *n.* Ⓤ (美國的)白令(標準)時間《較格林威治標準時間(G(M)T)晚十一小時；⇨ standard time【說明】》。

Béring Stráit *n.* [the ~]白令海峽。

Berke·ley [ˋbɝklɪ; ˈbə:kli] *n.* 柏克萊《美國加利福尼亞州(California)都市；加州(California)大學所在地》。

berke·li·um [ˋbɝklɪəm; ˈbə:kliəm] *n.* Ⓤ《化學》鉳《超鈾元素；符號 Bk》.

Berks. [barks; ba:ks]《略》Berkshire.

Berk·shire [ˋbarkʃɪr, -ʃɚ; ˈba:kʃə, -ʃiə] *n.* **1** 波克郡《英格蘭南部的一郡；首府瑞丁(Reading [ˋrɛdɪŋ; ˈrediŋ])；略作 Berks.》. **2** Ⓒ 波克夏豬《原產於英國南部的一種有白色斑點的黑豬》。

Ber·lin [bɚˋlɪn; bə:ˈlin˜] *n.* **柏林**《德國的故都；位於東德境內，曾分爲 West Berlin(屬西德)和 East Berlin(東德首都)》。

Berlin

Ber·lin·er [bɚˋlɪnɚ; bə:ˈlinə] *n.* Ⓒ 柏林市民。

Ber·li·oz [ˋbɛrlɪˏoz; ˈbeəliouz], **Louis Hec·tor** [ˋluɪˋhɛktɚ; ˈlu:iˈhektə] *n.* 白遼士《1803–69; 法國作曲家》。

Ber·mu·da [bɚˋmjudə; bəˈmju:də] *n.* **1** 百慕達《英國屬地；由大西洋西部的羣島(the Bermudas)所構成；爲英美基地、觀光勝地》。**2** (又作 **Bermúda shórts**) [~s]《口語》百慕達短褲《長及膝蓋上面的男女用休閒短外褲》。

Bermuda shorts

Bermúda Tríangle *n.* [the ~] 百慕達三角海域《連結美國佛羅里達州、百慕達羣島、波多黎各的三角形海域；常發生空難及海難》。

Bern, Berne [bɝn; bə:n] *n.* 伯恩

《瑞士首都》。

Ber·nard [bə'nɑrd, 'bɝnəd; bə:'nɑ:d, 'bə:nəd] *n.* **1** 伯納《男子名；暱稱 Bernie》。**2** ⇨St. Bernard.

Ber·nese [bɝ'niz; ˌbə:'ni:z] *adj.* 伯恩(人，語)的。**—*n.*** Ⓒ伯恩人。

Ber·nie ['bɝnɪ; 'bə:ni] *n.* 伯尼《男子名；Bernard 的暱稱》。

***ber·ry** ['bɛrɪ; 'beri] *n.* Ⓒ **1** 《植物》漿果；莓《果肉軟、種子多的小果實；可食用》：⇨strawberry, blackberry, raspberry. **2** 小麥等的顆粒；曬乾的種子《咖啡豆等》。**3** (蟹、蝦等的)卵。

in bérry 〈蟹、蝦等〉正在懷卵的：a lobster *in* ～ 正在懷卵的蝦。

—*v.i.* **1** 〈樹〉結漿果。**2** 採漿果：go ～*ing* 去採漿果。

ber·serk ['bɝsɝk; bə'sə:k] *adj.* [不用在名詞前] 狂暴的，發狂的《★常用於下列片語》：go [run] ～ 發狂，變得狂暴 /send a person ～ 使人變得狂暴。

—*n.* =berserker.

ber·serk·er ['bɝsɝkɚ; bə'sə:kə] *n.* Ⓒ **1** 《北歐傳說》狂暴戰士《作戰前先使自己發狂以表現其強悍無敵的戰士》。**2** 狂暴[發狂]的人。

Bert [bɝt; bə:t] *n.* 伯特《男子名；Albert, Gilbert, Herbert, Bertrand 等的暱稱》。

berth [bɝθ; bə:θ] *n.* Ⓒ **1 a** (船、火車、飛機的)臥鋪，鋪位，艙位。**b** 投宿之處。**2** 《口語》職位，差事：find a sung ～ 找到輕鬆的差事。**3 a** 《航海》(為保持航行安全而在各碇泊中船隻和其他船隻或碼頭等之間保留以便船隻廻轉的)操船空間。**b** [a wide ～] 安全的距離[間隔]：give a person *a wide* ～ = give *a wide* ～ to a person = keep *a wide* ～ of a person 避開[遠避]某人，與某人保持距離。**4** 碇泊處，碇泊位置：a foul ～ 不妥的位置《有相撞之虞》/a ship on the ～ 碇泊中的一艘船 /take up a ～ 拋錨，停泊。

berths 1 a

—*v.t.* **1** 供給〈人〉臥鋪[艙位]：Six passengers can be ～*ed* amidships. 六位乘客可安置在船的中央部分。**2** 使〈船〉碇泊。

—*v.i.* **1** 住宿。**2** 碇泊。

ber·tha ['bɝθə; 'bə:θə] *n.* Ⓒ女上衣之及肩的寬領。

Ber·tha ['bɝθə; 'bə:θə] *n.* 貝莎《女子名；暱稱 Bertie》。

Ber·tie ['bɝtɪ; 'bə:ti] *n.* **1** 玻蒂《女子名；Bertha 的暱稱》。**2** 博迪《男子名；Herbert 的暱稱》。

Ber·trand ['bɝtrənd; 'bə:trənd] *n.* 伯臣《男子名；暱稱 Bert》。

ber·yl ['bɛrəl, -ɪl; 'beril] *n.* Ⓤ **1** [指寶石個體時為Ⓒ]《礦》綠寶石，綠柱石《翡翠等綠色的寶石》。**2** 淺藍色，海藍。

be·ryl·li·um [bə'rɪlɪəm; be'riljəm] *n.* Ⓤ《化學》鈹《一種金屬元素；符號 Be》。

be·seech [bɪ'sitʃ; bi'si:tʃ] (**be·sought** [-'sɔt; -'sɔ:t], ～**ed**)《文語》*v.t.* **1 a** [＋受＋介＋(代)名] 懇求，哀求，央求，請求〈人〉〔慈悲等〕〔*for*〕：The girl *besought* him *for* mercy. 那女孩懇求他發慈悲[開恩]。**b** [＋受＋ *to* do] 懇求〈人〉〈做…〉：They *besought* him *to* speak the truth. 他們懇求他說實話。**c** [＋受＋ *that_*] 懇求〈人〉〈…事〉：They *besought* (him) *that* he might stay with them. 他們懇求他留下來和他們暫住。**2 a** [＋受] 懇求〈慈悲等〉：I ～ your favor. 我懇求您幫忙。**b** [＋受＋介＋(代)名]〔向人〕求〈慈悲等〉〔*of*〕：I ～ a favor *of* you. 我有一事求您幫忙。**—*v.i.*** 懇求，哀求，央求。

be·séech·ing *adj.* [用在名詞前] 懇求(般)的，哀求(似)的：a ～ look 懇求的神情。～**·ly** *adv.*

be·seem [bɪ'sim; bi'si:m] *v.t.* [以 it 作主詞]《古》適合於〈人〉，對…適當：*It* ill ～*s* him to say such things. 他說出這種話是很不得當的。

be·set [bɪ'sɛt; bi'set] *v.t.* (**be·set**；**be·set·ting**) **1 a** [＋受＋介＋(代)名]〔以…〕包圍…，圍困…〔*with, by*〕：～ a town *with* an army 以軍隊包圍城鎮/We were ～ *by* the enemy. 我們為敵人所包圍。**b** [＋受] 堵塞，封鎖〈道路等〉。**2** [＋受]〈困難、誘惑等〉糾纏…，困擾…《★常用被動語態，介系詞用 *by, with*》：They *are* ～ *by* doubts and fears. 他們為疑慮和恐懼所纏擾/The matter *was* ～ *with* difficulties. 那件事困難重重。**3** [＋受＋介＋(代)名]〔以…〕裝飾…，〔用…〕鑲嵌…〔*with*〕《★常用被動語態》：a bracelet ～ *with* gems 用寶石鑲嵌的手鐲。

be·sét·ting *adj.* [用在名詞前] 不斷纏擾的〈壞事等〉；易犯的〈惡習等〉：a ～ temptation 不時纏擾人的誘惑。

be·shrew [bɪ'ʃru; bi'ʃru:] *v.t.* 《古》咒詛。

‡be·side [bɪ'saɪd; bi'said] «源自古英語「在…的旁邊 (by the side of)」之義» **—*prep.*** **1** 在…的旁邊，在…邊 (⇨by[1]【同義字】)：He sat ～ me. 他坐在我的旁邊。**2** 與…相比[相形之下]：*B*～ yours, my share seems very small. 跟你的比起來，我的一份好像很少。**3** 離〈題〉，與…無關：⇨beside the MARK, beside the POINT, beside the QUESTION. **4** =besides.

beside oneself ⇨oneself.

‡be·sides [bɪ'saɪdz; bi'saidz] *prep.* **1** 除…之外(還有)：*B*～ the mayor, many other people were present. 除市長之外還有許多其他人出席/Libraries offer various other services ～ lend*ing* books. 圖書館除了出借書籍之外還提供種種其他服務。**2** [用於否定句、疑問句] 除…外(沒有) (except)：*No* one knows it ～ me. 除了我以外沒有人知道這件事/*Who* ～ her would say that? 除了她以外還有誰會說那種話？

—*adv.* **1** 加上，並且(又)，還有：He has a wife and five children ～. 他有太太，還有五個孩子 /I don't want to go；(and) ～, it's raining. 我不想去，加上現在正下著雨。**2** 另外。

be·siege [bɪ'sidʒ; bi'si:dʒ] *v.t.* **1 a** 〈軍隊等〉包圍，圍攻〈城鎮、要塞等〉：The army ～*d* the town for many days. 軍隊圍攻那城鎮已有好多天了/the ～*d* [當複數名詞用] 被圍攻之守軍，(在要塞、城鎮中之)被圍攻者，被圍困者 (cf. besieger 2). **b** 〈羣眾等〉湧至，湧向，蜂擁而至 (crowd). **2** [＋受＋介＋(代)名]〔以請願、詢問等〕困惱，圍困，包圍〈人〉〔*with*〕：The lecturer was ～*d* *with* questions from his audience. 講演者為聽眾所提出的許多問題所困惱。**3** 〈疑慮、恐懼等〉侵襲，困惱〈人〉《★常用被動語態》：He *was* ～*d* by fear. 他突然感到恐懼。

be·siég·er *n.* **1** Ⓒ包圍者。**2** [～s] 圍攻軍：the ～*s* and the besieged 圍攻軍和被圍攻之守軍。

be·slav·er [bɪ'slævɚ; bi'slævə] *v.t.* **1** 以口涎汚涇。**2** 諂媚。

be·smear [bɪ'smɪr; bi'smiə] *v.t.* **1** [＋受＋介＋(代)名]〔以油等〕塗，搽，抹…；〔以…〕弄髒…〔*with*〕. **2** =besmirch 2.

be·smirch [bɪ'smɝtʃ; bi'smə:tʃ] *v.t.* **1** 弄髒，玷汚；使…變色。**2** 敗壞，糟蹋〈名譽、人格〉。

be·som ['bizəm; 'bi:zəm] *n.* Ⓒ **1** 箒。**2** 任何用以清除髒物之工具。**3** 《蘇格蘭》蕩婦。

—*v.t.* 以箒掃〈地等〉。

be·sot·ted [bɪ'sɑtɪd; bi'sɔtid] *adj.* **1 a** 醉昏的：a ～ drunkard 爛醉如泥的醉漢。**b** [不用在名詞前] [＋介＋(代)名]〔因酒而〕醉的〔*with*〕. **2** [不用在名詞前] [＋介＋(代)名]〔因愛情、權力等而〕昏了頭的〔*about, by, with*〕：He is ～ *with* love. 他被愛情沖昏了頭。**3** 昏愚的：a ～ fool 昏愚的蠢材。

be·sought *v.* **beseech** 的過去式・過去分詞。

be·span·gle [bɪ'spæŋgl; bi'spæŋgl] *v.t.* [＋受(＋介＋(代)名)]〔以閃爍發光之物〕撒在…上，布滿…，裝飾…，使…閃爍發光〔*with*〕《★常用被動語態》：The sky *was* ～*d* *with* stars. 滿天星星閃爍發光。

be·spat·ter [bɪ'spætɚ; bi'spætə] *v.t.* [＋受＋介＋(代)名] **1** 〔以泥漿等〕濺汚，玷汚…〔*with*〕《★常用被動語態》。**2** 〔以惡語等〕施加於，詆毀…〔*with*〕《★常用被動語態》。

be·speak [bɪ'spik; bi'spi:k] *v.t.* (**be·spoke** [-'spok; -'spouk]；**be·spo·ken** [-'spokən; -'spoukən], **-spoke**) **1** 《英》預約，預訂，定製；預先要求：～ a room in a hotel 預訂旅館房間。**2** 表示，顯示：His good manners *bespoke* the gentleman. 他的彬彬有禮顯示他是個紳士。

be·spec·ta·cled [bɪ'spɛktəkḷd; bi'spektəkld] *adj.* [用在名詞前] 戴眼鏡的：a ～ scholar 戴眼鏡的學者。

be·spoke [bɪ'spok; bi'spouk] *v.t.* **bespeak** 的過去式・過去分詞。**—*adj.*** [用在名詞前]《英》**1** 定製的〈衣服、鞋等〉(↔ ready-made). **2** 做[賣]定製物品的〈服裝店、鞋店等〉：a ～ tailor 專做定製衣服的裁縫。

be·spo·ken *v.t.* **bespeak** 的過去分詞。

be·spread [bɪ'sprɛd; bi'spred] *v.t.* (**be·spread**)〔以…〕鋪，蓋，廣被〔*with*〕.

be·sprin·kle [bɪ'sprɪŋkḷ; bi'spriŋkl] *v.t.* 〔以水、粉等〕灑布，遍布〔*with*〕.

Bess [bɛs; bes] *n.* 貝絲《女子名；Elizabeth 的暱稱》。

Bés·se·mer prócess ['bɛsəmɚ-; 'besimə-] *n.* [the ～]《冶金》柏思麥煉鋼法。

Bes·sie, Bes·sy ['bɛsɪ; 'besi] *n.* 貝茜《女子名；Elizabeth 的暱稱》。

‡best [bɛst; best] «good, well[1] 的最高級；與 good 屬不同字源；cf. better[1]；↔ worst» **—*adj.*** **1** [good 的最高級] 最好的，最優良的，最佳的，最理想的，至上的《★用法 用作修飾用法時通常作 the ～ 或 one's～，但用作敍述用法時常省略 the》：*the* ～ thing to do [you can do] 最宜做的[所能做的最好的]事 /*the* ～ movie I (have) ever seen 我所看過的最好的電影 /one's ～ days (一個人的)全盛時期 /one's ～ friend (一個人的)最好的朋友 /one's ～ girl《口語》(一個人的)最好的女朋友，(女性)愛人 /⇨best man/*the* ～ families 望族，名門 /*the* three ～ plays

B

最好的三部戲劇/It is ~ to start it now. 現在開始最好/Of all of them, he was (*the*) ~. 在他們之中他最好/The view is ~ in autumn. 那景色在秋天觀賞最迷人/Jane was *the* ~ singer of the two. 在兩人之中，珍唱歌唱得較好《★用法在比較二者時，正確用語是 better,《口語》又用 best》. **2** [不用在名詞前] [well[1] 的最高級] (身體狀況) **最佳的，最健康的**：I feel ~ in the fall. 我在秋天感覺身體最好。**3** [當反語用] 最壞的，最厲害的，徹頭徹尾的，最大的：He is the ~ liar in town. 他是鎮上最大的騙子。

the bést párt of... …的大部分，…的大半：They chatted *for the ~ part of* an hour. 他們聊了將近一小時。

—*adv.* [well[1] 的最高級] **1** (…得) **最好，最佳**《★*adv.* 時通常不加 the,《口語》有時加 the》：I like this (*the*) ~. 我最喜歡這個《★用法用原級修飾 like, love 時，不用 well 而一般用 very much》/I work ~ in the morning. 我在上午工作效率最佳/Who did it ~ (of all)? (在所有人之中) 誰做得最好？/That is ~ refused. 那件事以拒絕爲妙/Which would you like ~, tea or coffee?《口語》茶和咖啡你較喜歡哪一種？《★用法在比較二者時，正確用語是 better,《口語》又用 best》. **2** [常構成複合字] **最，極** (most)：the *best*-loved actress 最受喜愛的女演員。

as bést one **cán** [**máy**] 竭力，盡力；設法：I'll do it *as* ~ I *can*. 我會盡力而爲。

bést of áll [修飾整句] 最好的一點是；第一，首先：*B~ of all* he has experience. 最好的一點是他有經驗。

had bést **dó** ⇨ had.

—*n.* **1** [**the** ~] **至上，首善，最佳，最好**：*the* next [second] ~ 次好(之物)。

2 a [**the** ~；當單數用] **最佳之物** [**事，部分**]：extract *the* ~ of the joke 摘取那笑話中最妙的部分/bring out *the* ~ in a person 發揮某人的最大優點[長處]/The patient had *the* ~ of care. 病人受到最好的護理/Hope for *the* ~! 切莫悲觀；抱樂觀的態度；凡事往好處想/That is *the* ~ *of* learning English. 那就是學英語的最大好處/The brandy was *of the* ~. 那白蘭地是極品[上品]/*The* ~ of it is that.... 最好的是《★用法《口語》省略 that, 作 The best of it is, 有時以「最好的一點是」之意修飾整句》。**b** [**the** ~] 佼佼者：She is *the* ~ *of* wives. 她是妻子中的佼佼者/We are *the* ~ *of* friends. 我們是至交。

3 [**one's**~, **the** ~] (某人的) **最大的努力**：do one's (level) ~ 竭力，盡力/You should try your ~ in anything. 你做任何事都應該竭盡全力/I did do my ~ but failed. 我確盡了全力，但失敗了《★用法使用過去式或過去完成式常暗示沒有成功》。

4 [**one's** ~, **the** ~] (某人的) **最佳情況，巔峯狀態，全盛時期**：at its [one's] ~ 處於最佳[巔峯]狀態 /I am at my ~ in the morning. 我在上午情況最好/The cherry blossoms are at their ~ this week. 櫻花這個星期正在盛開 /in *the* ~ of health [temper] 處於健康[情緒]最好的狀態 /look one's ~ (健康、外表等)顯得最好[具魅力]。

5 [**one's** ~] (某人的) 最好的衣服：in one's (Sunday) ~ 穿著最好的衣服。

(áll) for the bést (1)出於好意：I did it (*all*) *for the* ~. 我是出於好意才做的。(2)終究會好轉；好運終會到來：It will be *all for the* ~. (表面上雖然不好)情況終得好轉/*All* (is) *for the* ~. 一切都是上天的安排《指「上帝的一切安排都是最好的」之意，是對某事想開時所說的話》。

Áll the bést! (1)[用於與人分手時或書信的結尾]祝你一切安好！(2)[用於乾杯時]祝萬事如意[順遂]！

at (the) bést (1)在最有利的條件[解釋]下。(2)至多，充其量《★用法《口語》通常不用 the; 但加强語氣時作 at the very ~》：He is *at* (*the*) ~ a second-rate writer. 他充其量是個二流作家。

(èven) at the bést of tímes 即使在最好[最順利]的時候。

gèt [**hàve**] **the bést of...** 贏，勝〈辯論、比賽等〉，在…中佔上風；擊敗〈人〉；將〈交易等〉做成功：*get* [*have*] *the* ~ *of* the fight 打贏架 /John *had the* ~ *of* his argument [fight] with Tom. 約翰在跟湯姆的辯論[打架]中佔了上風。

gèt [**hàve**] **the bést of it** (在辯論或比賽等)勝利，獲勝；(在交易等)取得優勢，佔上風：If you debate with him, you will *get the* ~ *of it*. 如果你跟他辯論，你會獲勝。

gíve a person **bést** 向某人認輸，承認輸某人。

make the bést of... **善用**，盡量利用《★用法通常以「不儘足夠[令人滿意]之物[人]」爲受詞；cf. make the MOST of》：He *made the* ~ *of* the time left. 他儘量利用所剩(不多)的時間。

màke the bést of a bád bárgain [**búsiness, jób**] ＝**màke the bést of it** [**thìngs, the mátter**] 盡量減低損失或不良影響，善處逆境。

to the bést of... 在…所能的範圍之內：*to the* ~ *of* my belief [knowledge, recollection] 在我所相信[知道，記得]的範圍之內 /*to the* ~ *of* one's ability [power] 盡某人能力[力量]之所及。

with the bést (of them) 不下於他人，不比他人差。

—*v.t.* [十受]《口語》勝過，打敗，擊敗〈人〉。

be·stead[1] [bɪˈstɛd; biˈsted] *v.t.* (~·**ed**；~·**ed,** ~) 幫助；有助[益]於。

be·stead[2] [bɪˈstɛd; biˈsted] **《源自中古英語》—*adj.*** 《古》處於(某種境遇)的《常指不幸或困難者》：be hard ~ 處境困難。

bes·tial [ˈbɛstʃəl, -tɪəl; ˈbestjəl, -tiəl] *adj.* **1** (似)野獸的，獸性的；淫慾的。**2** 殘忍的，殘暴的；野蠻的；下流的。

bes·ti·al·i·ty [ˌbɛstʃɪˈælətɪ, ˌbɛstɪ-; ˌbestiˈæləti] **《bestial 的名詞》—*n.*** **1** Ⓤ**a** 獸性；獸慾。**b** 獸姦。**2** Ⓒ殘忍[殘暴]的行爲。

bes·ti·ar·y [ˈbɛstɪˌɛrɪ; ˈbestiəri] *n.* Ⓒ (中古時代歐洲的)動物寓言集。

be·stir [bɪˈstɝ; biˈstəː] *v.t.* (**be·stirred; be·stir·ring**) [~ one*self*]《文語》**1** 振作，發奮。**2** [十受十 *to* do]打起精神〈做…〉。

bést-knówn *adj.* [well-known 的最高級] **最著名的**。

bést mán *n.* Ⓒ [常用單數] 男儐相 (⇨ groomsman; cf. bridesmaid)：be ~ at a wedding 在婚禮中當男儐相。

be·stow [bɪˈsto; biˈstou] *v.t.* [十受十介十(代)名] **1 授與，贈，給與** [人] 〈榮譽、頭銜等〉[*on, upon*] (⇨give【同義字】)：~ an honor [title] ***on*** a person 授與某人榮譽[頭銜]。**2** 奉獻〈時間、思想、愛情等〉[給…] [*on, upon*]：He did not ~ one thought ***on*** his dead father. 他毫不想念過世的父親。

be·stow·al [bɪˈstoəl; biˈstouəl] **《bestow 的名詞》—*n.*** Ⓤ贈與，授與。

be·strad·dle [bɪˈstrædl; biˈstrædl] *v.t.* ＝bestride.

be·strew [bɪˈstru; biˈstruː] *v.t.* (~**ed**；**be·strewn** [-ˈstrun; -ˈstruːn], ~**ed**) **1 a** [十受十介十(代)名] [以物]撒於；布滿；散置〈表面等〉[*with*]：The path was *bestrewn* ***with*** flowers. 小徑上撒滿著花。**b** [十受] 撒〈物〉。**2** 〈物〉散落在…上[左右]：Leaves ~*ed* the street. 枯葉散落滿街。

be·stride [bɪˈstraɪd; biˈstraid] *v.t.* (**be·strode** [-ˈstrod; -ˈstroud], **be·strid** [-ˈstrɪd; -ˈstrid]；**be·strid·den** [-ˈstrɪdn; -ˈstridn]) **1** 跨坐〈凳等〉，騎〈馬〉。**2** 〈彩虹等〉跨過，跨越；兩足分跨…而立。

bést séller *n.* Ⓒ暢銷書[唱片，錄音帶等]；暢銷書之作者，暢銷唱片樂曲之作曲者或演奏者：The book became an instant~. 那本書立即成爲暢銷書。

bést-séller *adj.* [用在名詞前] 暢銷書[唱片(等)]的：hit the ~ list 被列入暢銷書等目錄中，成爲暢銷書等。

bést-séll·ing *adj.* [用在名詞前] 暢銷的〈書、作者等〉：a ~ author 暢銷書的作者。

bet** [bɛt; bet] **《abet(唆使)字首消失的變體字？》—(bet, bet·ted; bet·ting)** 《★語形過去式、過去分詞用 bet, 而 betted 爲罕用語》*v.t.* **1 賭，**打賭《★無被動語態》：**a** [十受(十介十(代)名)] [對…]賭〈錢等〉，下〈注〉[*on*]：~ ten dollars ***on a horse [boxing match] 對一匹馬[一場拳賽]下注十美元。**b** [十受十介十(代)名] 與〈人〉[以…]賭[*on, upon*]：~ a person ***on*** [***upon***] the race 與人賭競賽。**c** [十受十受] 與〈人〉賭〈錢等〉：I ~ you £100. 我跟你賭一百英鎊。**d** [(十受)十(*that*)__] (跟〈人〉)打賭〈…事〉：We ~ three to one *that* he would win. 我們以三比一賭他會贏 (cf. 2 a)/I'll ~ (you) *that* this is genuine. 我可以跟你打賭這是眞的 (cf. 2 a, I BET (you).). **e** [十受十受十(*that*)__] 與〈人〉賭〈錢等〉〈說…〉《★bet 有三重受詞；cf. 2 b》：I'll ~ you a pound (*that*) he will win. 我可以跟你賭一英鎊說他會贏。**2 a** [(十受)十(*that*)__] (與〈人〉) (打賭)主張，斷定〈…事〉：I ~ (you) *that* she will come. 我(跟你)打賭斷定她會來 (cf. 1 d). **b** [十受十受十(*that*)__] 與〈人〉賭〈錢〉斷定〈…事〉《★bet 有三重受詞；cf. 1 e》：I ~ you a pound (*that*) he has forgotten. 我跟你賭一英鎊斷定他已忘了。

—*v.i.* [動(十介十(代)名)] 打賭，賭[…] [*on, against*]：~ both ways [《英》each way] 賽馬時賭第一和第二名之馬《七匹以內時》或第一至第三名之馬《八匹以上時》/I'll ~ ***on*** that horse. 我要賭那匹馬 /I ~ ***against*** the challenger. 我賭挑戰者會輸《拳賽等》/I'll ~ *against* your winning. 我打賭你不會贏。

bét one's **bóots** [**bóttom dóllar, shírt, life**]《口語》(1)孤注一擲。(2)確信[*on*]：You can ~ *your boots on* that. 你可以確信那件事。(3)[十(*that*)__]斷定，確信〈…事〉：You can ~ *your boots that* he will succeed. 你可以確信他會成功。

I bét (you). 《口語》(1)一定，沒問題，的確。(2)《諷》[表示疑問]恐怕有問題。

You bét (you)! (1)《口語》一定，的確，當然："Are you going to the seaside?"—"*You* ~!"「你要去海邊嗎？」「當然要！」(2)[回答別人對自己的道謝]不客氣，不敢當："Thanks a lot."—"*You* ~!"「眞謝謝你。」「不敢當。」

—*n.* Ⓒ **1 a** [對賽馬等的] **打賭** [*on*]：an even ~ 不分勝負[互無輸贏]的賭 /a heavy ~ 大賭 /win [lose] a ~ 賭贏[輸]/I will lay you a ~. 我和你打賭 /lay a ~ *on* a racehorse 對某一匹賽馬下賭 /cover [hedge] one's ~*s*《口語》(賭博或投資時)兩方下賭注以防損失；(把金錢投資於兩種以上的事業等以)分散風險

/take up a ～ 接受打賭。**b** 〔＋ *that*__〕〈說…等等的〉賭：He made a ～ *that* the horse would win the race. 他打賭說那匹馬會贏。**c** 賭金，下注之物，賭注；被打賭的對象。**2**《口語》**a** 選擇，決定：Your best ～ is to.... 你最好的選擇是…。**b** 推測：My ～ is (*that*) she won't come. 我想她不會來。

be·ta [ˈbetə, ˈbitə; ˈbiːtə] *n.* **1** ⓊⒸ希臘字母的第二個字母 *B, β*《相當於英語的 B, b；⇨Greek alphabet 表》。**2** Ⓒ[常B～]第二(之物)，第二級：～ plus [minus]《英》(學業成績爲)乙上[下]，B⁺ [B⁻]。**3** [常B～]《天文》β星《一個星座中亮度居次的星》。**4** [B～]《商標》錄放影機的一種型式(cf. VHS).

be·take [brˈtek; biˈteik] *v.t.* (**be·took** [-ˈtuk; -ˈtuk]；**be·tak·en** [-ˈtekən; -ˈteikən])〔＋受＋介＋(代)名〕[～ one*self*]《文語》**1** 去，赴〔…〕〔*to*〕：The queen *betook herself to* her residence in Scotland. 女王赴蘇格蘭御邸。**2** 致力，專心〔於…〕〔*to*〕：～ *oneself to* hard study 專心苦學。

be·tak·en *v.* **betake** 的過去分詞。

béta pàrticle *n.* Ⓒ《物理》β質點。

béta ràу *n.* Ⓒ[～s]《物理》β射線。

be·ta·tron [ˈbetəˌtran, ˈbi-; ˈbiːtətrɔn] *n.* Ⓒ《物理》電子廻旋加速器。

be·tel [ˈbitḷ; ˈbiːtl] *n.* Ⓤ《植物》蒟醬《又稱蔞藤；胡椒屬蔓藤植物；果實可製醬，葉可供藥用》；Ⓒ 蒟(醬)葉(cf. betel nut).

bétel nùt *n.* Ⓤ[指個體時爲Ⓒ]檳榔《檳榔樹(betel palm)的實；在東南亞包以蒟醬(betel)葉咀嚼之》。

bétel pàlm *n.* Ⓒ《植物》檳榔樹《熱帶亞洲產的棕櫚科常綠喬木；所結果實爲檳榔(betel nut)》.

bête noire [ˈbetˈnwar; ˌbeitˈnwaː] *n.* Ⓒ(*pl.* ***bêtes noires*** [～])爲人所厭惡[恐懼，躲避]之人[物]。

Beth [bɛθ; beθ] *n.* 貝絲《女子名；Elizabeth 的暱稱》。

beth·el [ˈbɛθəl; ˈbeθl] *n.* Ⓒ **1**《聖經》聖殿，聖所；聖地。**2 a**《英》非英國國教徒的禮拜堂。**b** [常 B～]《美》海員的陸上禮拜堂。

be·think [brˈθɪŋk; biˈθiŋk] *v.t.* (**be·thought** [-ˈθɔt; -ˈθɔːt])《文語·古》[～ one*self*] **1** 〔＋受＋介＋(代)名〕考慮，想；憶起，追憶，想到〔…〕〔*of*〕。**2 a** 〔＋受＋(*that*)__〕考慮，想；憶起〈…之事〉。**b** 〔＋受＋ *wh.*__〕考慮，想；憶起〈…〉。

Beth·le·hem [ˈbɛθlɪəm, ˈbɛθlɪˌhɛm; ˈbeθlihem] *n.* 伯利恆《巴勒斯坦(Palestine)之古都，爲耶穌降生地》。

be·tide [brˈtaɪd; biˈtaid]《文語》*v.i.* 發生：whatever may ～ 不論發生什麼事。
—*v.t.* 降臨〈人〉(★常用於下列片語)：Woe ～ him！願災禍降臨他[願天降禍於他]，(居然做這種事)他會得到報應(★用法通常只用於原形不定詞和假設語氣現在式)。

be·times [brˈtaɪmz; biˈtaimz] *adv.* **1**《文語·謔》適時，及時，及早，早。**2**《古》不久，未幾，旋即。

be·to·ken [brˈtokən; biˈtoukən] *v.t.* **1** 預示，顯示…的預兆：Those black clouds ～ rain. 那些烏雲預示即將下雨。**2** 表示：looks ～*ing* anger 表示憤怒的臉色。

be·took *v.* **betake** 的過去式。

be·tray [brˈtre; biˈtrei] *v.t.* **1** 〔＋受〕**a** 辜負〈人、信賴等〉；欺騙〈人〉(deceive)：I won't ～ her (trust). 我不會辜負她(的信賴)。**b** 不遵守〈諾言等〉：He ～*ed* his promises. 他沒遵守諾言。
2 〔＋受(＋介＋(代)名)〕出賣〈國家、伙伴等〉〔給敵人〕〔*to, into*〕：The traitor ～*ed* his country (*to* the enemy). 那叛徒出賣他的國家(給敵人)。
3 〔＋受(＋介＋(代)名)〕(背叛而)洩漏〈祕密〉〔給…〕〔*to*〕：She would not ～ his hiding place *to* me. 她不肯對我洩漏他的隱匿處。
4 a 〔＋受〕無意中暴露；顯示〈無知、弱點等〉(show)：Confusion ～*ed* his guilt. 他因形色慌張而罪行敗露[他的慌張顯示犯罪]/He ～*ed* no emotion. 他臉上沒有露出任何感情。**b** 〔＋ *that*__〕表示，顯示〈…事〉：His face ～*ed that* he was happy. 他臉上流露出愉快的神情。**c** 〔＋受＋(*to be*)補〕顯示…〈爲…〉：His dress ～*ed* him (*to be*) a foreigner. 他的服裝顯出他是個外國人。**d** 〔＋受〕[～ one*self*]無意中露出本性[祕密]，暴露底細[身分]。

be·tray·al [brˈtreəl; biˈtreiəl] «betray 的名詞»—*n.* **1** Ⓤ出賣，背信；告密，通敵。**2** Ⓒ出賣行爲，背信行爲。

be·tráy·er *n.* Ⓒ **1** 賣國賊(traitor)。**2** 背信者；出賣者，告密[通敵]者。

be·troth [brˈtrɔθ, -ˈtroð; biˈtrouð] *v.t.* **1** 〔＋受(＋介＋(代)名)〕將〈人〉許配[給人]，使〈人〉[與人]訂婚〔*to*〕(★也以過去分詞當形容詞用；⇨ betrothed *adj.* 2)：He ～*ed* his daughter *to* Mr. Jones. 他把女兒許配給瓊斯。**2** [～ one*self*]〈女子〉〔與…〕訂婚〔*to*〕.

be·troth·al [brˈtrɔθəl, -ˈtroð-; biˈtrouðəl] *n.*《文語》ⓊⒸ訂婚(儀式)，文定。

be·tróthed [brˈtrɔθt, -ˈtroðd; biˈtrouðd] *adj.* **1** [用在名詞前]已訂婚的，已許配[許嫁]的。**2** [不用在名詞前]〔＋介＋(代)名〕已〔與人〕訂婚的〔*to*〕(cf. betroth 1)：She was [became] ～ *to* Mr. Jones. 她已和瓊斯先生訂婚。
—*n.* **1** [one's ～]某人的未婚夫[妻](★比較屬陳舊的用語，通常稱未婚夫爲 fiancé，稱未婚妻爲 fiancée)。**2** [the ～；當複數用]未婚夫妻《二人》。

Bet·sy [ˈbɛtsɪ; ˈbetsi] *n.* 貝吉《女子名；Elizabeth 的暱稱》。

‡**bet·ter**[1] [ˈbɛtɚ; ˈbetə] «good, well[1] 的比較級；與 good 屬於不同字源；cf. best；↔ worse»—*adj.* (↔ worse) **1** [good 的比較級](比…)**更好的**；(在兩者中)較優的，較佳的：one's ～ feelings 人的本心，良心/⇨ better half/against one's ～ judgment 違心地；雖然以爲不妥；以爲不妥而仍…/It's ～ than nothing. 聊勝於無；總比沒有好/He has seen ～ days. 他(雖然現在落魄)曾經風光一時/So much the ～！這樣更好；這樣好極了/*B*～ late than never.《諺》遲做總比不做好，亡羊補牢不算晚/It is ～ to suffer than to lie. 寧可受苦不撒謊/Nothing could be ～.＝It couldn't be ～. 再好沒有了。
2 [不用在名詞前][well[1] 的比較級] **a** [常與 any, much, a little, no 等連用](病情、身體上的感覺等)(較…)**爲佳的**：I am *no* [*a little, much*] ～ today than yesterday. 我今天比昨天毫無好轉[稍微好些，好得多]/"Are you feeling ～ today？"—"Yes, *a bit* [*a little*] ～, thank you."「你今天感覺好些嗎？」「稍微好些了，謝謝。」**b** 〈人〉(在病後)康復的(★用法作此義解時，通常不用 than 或 much)：She is completely [quite] ～ now and can go out. 她現在已完全康復了，能夠外出。

be bétter than one's wórd ⇨ word *n.* 4 a.

be the bétter for... 因…反而更好[反而有利]：I'*m* none *the* ～ *for* it. 我並沒因此而好些[有所好轉]。

nò [líttle] bétter than... 簡直是…，與…無異，只不過是…：He is *no* ～ *than* a thief. 他與小偷無異[簡直是小偷]。

nò bétter than one should [ought to] be《古·委婉語》(尤指)〈女人〉行爲不檢的，淫蕩的。

nòt (àny) bétter than... 不比…更好，再好也只不過是…：He is*n't* ～ *than* a beggar. 他比乞丐好不了多少。

the bétter part of... …的大部分，…的大半：He spends *the* ～ *part of* his earnings on drink. 他把大部分收入花在飲酒上。

—*adv.* [well[1] 的比較級] **1** …得(比…)**更好，更好地**：He did it ～ than I. 他做得比我更好/They are ～ avoided. 最好避開他們[不與他們爲伍]/The sooner, the ～. 愈早愈好。
2 a …得更多，更多地，多過：I like this ～ than that. 與那個相比我更喜歡這個[喜歡這個甚於那個](★用法修飾 like, love 等時原級不用 well 而用 very much，比較級則通常用 better；修飾 love 時又用 more)/He is ～ known abroad than at home. 他在國外比在國內名氣更大。**b** [置於 able, aware, worth 等敍述形容詞之前，用作 well 的比較級](比…)更充分地，更完全地，更好地(cf. well[1] *adv.* 4 b)：You are ～ able to do it than I. 你能做得比我更好。
3 [～ than..., 後與數詞連用]多於…，超過…，…以上：～ *than* two miles 超過兩哩，兩哩多(★比較作此義解時，用 more than 較佳)。

(àll) the bétter for... 由於…(反而)更好[更多]：I like her (*all*) *the* ～ *for* it. 由於那樣，我反而更喜歡她。

be bétter óff 景況更佳，生活更富裕(cf. well-off).

had better [hədˈbɛtɚ; hədˈbetə] **dó...** ⇨ had.

knów bétter (than to dó) ⇨ know.

knów nò bétter ⇨ know.

—*n.* **1** [用單數]**較佳之事[物，情形]**：a change for the ～ (病、情況等的)好轉，改善；(人的)升遷/Can you think of a ～？你能想到更好的事嗎？**2** [one's ～；～s]勝於自己者：one's (elders and) ～*s* 長上，長輩/Be obedient to your ～*s.* 要聽從長上的話。

for bétter (or) for wórse＝for bétter or wórse 不論好運與惡運，不論是好是壞(★出自祈禱書中的婚禮宣誓文句「禍福與共」)：Einstein fathered the atomic age, *for* ～ *or for worse.* 不論是福是禍，愛因斯坦開創了原子時代。

gèt [hàve] the bétter of... 佔…的上風；勝過，擊敗〈人〉：Curiosity *got the* ～ *of* him. 他克制不住自己的好奇心。

—*v.t.* 〔＋受〕**1** 改良，改善，改進…(improve)：～ working conditions 改善工作條件。**2** 優於，勝過…(excel)：～ one's previous record 刷新先前的記錄。**3** [～ one*self*] **a** 獲得更佳職位[薪津]，晉陞；生活變得富裕。**b** 充實自己。
—*v.i.* 變得更好，獲得改良[改善，改進]。

bét·ter[2] [-tɚ; -tə] *n.* Ⓒ打賭的人。

bétter hálf *n.* [one's ～]《口語·謔》愛人，老件；(尤指)妻。

bét·ter·ment [-mənt; -mənt] «better[1] *v.* 的名詞»—*n.* **1** Ⓤ改善，改良，改進(improvement)〔*of*〕：for the ～ *of* society 爲改善社會。**2** Ⓒ[常 ～s]《法律》(房客對房產所作之)修繕《依法日後可以索償》。

bét·ting *n.* Ⓤ賭，打賭，賭博。
bét·tor [-tɚ; -tə] *n.* ＝better².
Bet·ty ['bɛtɪ; 'beti] *n.* 貝蒂《女子名；Elizabeth 的暱稱》。
‡be·tween [bə'twin; bi'twi:n, bə-] «源自古英語「在兩者之間」之義»—*prep.* **1** [表示地點、位置等]在〈兩者〉之間《★用法通常表示兩者之間時用 between，表示三者以上之間時用 among；因此，後接表示複數的一個受詞或以 and 連接的兩個受詞》：～ Tokyo *and* Yokohama 在東京和橫濱之間/the air service ～ London *and* New York 倫敦、紐約間的航空業務/～ the acts 在(戲劇的)幕和幕之間《★用法～ each act 亦被使用，雖然不是正確的用法》/The river runs ～ the two states. 這條河在兩州之間流過。
2 [表示時間、期間等]在…之間：～ Monday *and* Friday 在星期一和星期五之間[的]/The accident happened ～ three *and* four o'clock. 那事故發生在三點到四點之間《★between three *to* four o'clock 係屬錯誤》。
3 [表示數量、程度、性質等]在…的中間[的]，兼有…和…兩種性質的，…乃至…的：The parcel weighs ～ eight *and* ten pounds. 這包裹有八磅乃至十磅重/a color ～ blue *and* green 介於藍和綠之間的顏色/something ～ a chair *and* a sofa 像椅子又像沙發的東西。
4 [表示區別、選擇]在…之間，…的某一方《★用法有三者以上時亦使用》：the difference ～ good *and* evil 善與惡之分/choose ～ life *and* death [two courses] 選擇生和死[兩條路]的某一方《★比較between life *or* death 係屬錯誤》/There is nothing [little] to choose ～ the two [three]. 兩者[三者]之間無[幾無]差別《半斤八兩》。
5 [表示分配、共有、關係等]在…之間《★用法即使有三者以上，表示其中各兩者間之相互關係時，仍使用 between》：a treaty ～ three powers 三强之間的條約/The three children saved fifty pounds ～ them. 那三個孩子共同存了五十英鎊/Let's divide the sum ～ us. 讓我們兩人(平)分這筆錢/The job was completed ～ the two. 工作由這兩人共同完成。
6 [～...and..., 表示原因、理由]由於…和…，由於又是…又是…《★用法有三者以上時亦使用》：*B*～ astonishment *and* sorrow, she could not speak a word. 由於又驚愕又難過，她連一句話都說不出來。
betwèen oursélves＝betwèen yóu and mé＝betwèen yóu and mé and the gátepost [bédpost]《口語》(這是)我們之間的祕密，別對他人講，祕密地《★比較又有 between you and I 的說法，但正確的說法是用 me》.
cóme [stánd] betwèen... 成爲…之間的阻礙。
from betwèen... 從…之間：The man rushed out *from* ～ the trees. 那個人從樹林之間衝出。
—*adv.* (無比較級、最高級)在(兩者)之間；在其間：I can see nothing ～. 我看不見有什麼東西挾在其間/⇨ BETWIXT and between.
(féw and) fár betwéen ⇨ far *adv.*
in betwéen 在中間，被挾在中間；在空檔期間[餘暇]：*In* ～ was a lake. 中間有一面湖/He does gardening *in* ～. 空暇之餘，他從事園藝。
betwéen·màid *n.* Ⓒ《英》女傭助手(tweeny).
be·twixt [bə'twɪkst; bi'twikst] *prep., adv.*《古・詩・方言》＝between.
betwíxt and betwéen《口語》模稜兩可，非驢非馬，不三不四。
bev·a·tron ['bɛvə,trɑn; 'bevətrɔn] *n.* Ⓒ《物理》高能質子同步穩相加速器《迴旋加速器(cyclotron)的一種；cf.synchrotron》.
bev·el ['bɛvḷ; 'bevl] *n.* Ⓒ **1** 斜角；傾斜，斜面。**2** (又作 **bével squàre**)斜角規。
—*v.t.* (**bev·eled**,《英》**-elled**；**bev·el·ing**,《英》**-el·ling**) **1** 使…成斜角。**2** 將…切成斜角，斜截。
—*adj.* [用在名詞前]斜角的，成斜角的：a ～ edge 成斜角的邊緣。
bével gèar *n.* Ⓒ《機械》斜齒輪。
bével jòint *n.* Ⓒ《木工》斜面接頭。
bev·er·age ['bɛvrɪdʒ, -vər-; 'bevəridʒ] «源自法語「喝」之義» —*n.* Ⓒ(尤指水、藥、酒以外之)飲料：cooling ～*s* 清涼飲料/What ～*s* do you have? 您要喝什麼飲料？
Bév·er·ly Hills ['bɛvəlɪ-; 'bevəli-] *n.* 比佛利山《美國洛杉磯(Los Angeles)西邊的一個城市；爲電影圈名人聚居之高級住宅區》。
bev·y ['bɛvɪ; 'bevi] *n.* Ⓒ **1** [小鳥等的]一羣[*of*]. **2** [女孩、女人的]一羣[*of*].
be·wail [bɪ'wel; bi'weil] *v.t.* 哀悼，悲傷，嘆息(mourn)：～ one's fate 自嘆命苦。
be·ware [bɪ'wɛr; bi'wɛə] «源自 Be ware. (要小心)之義»—*v.i.* [十介十(代)名] [常用祈使語氣或不定詞]當心，小心，提防，注意[…][*of*]：*B*～ *of* pickpockets! 小心扒手！/You must ～ *of* strangers. 你得提防陌生人。
—*v.t.* [常用祈使語氣和不定詞] **1 a** [十(*that*)__]小心，當心，注意〈…事〉：*B*～ *that* you do not anger him. 小心不要惹他生氣。**b** [十 *wh*.__]注意，當心，小心〈…〉：We must ～ *how* we approach them. 我們必須小心注意怎樣去接近他們。**2** [十 *lest* __]小心〈以免[否則]…〉：I was told to ～ *lest* I (should) wake him. 有人關照我，要我小心別吵醒他《★用法《口語》多半省略should》。
be·wil·der [bɪ'wɪldɚ; bi'wildə] *v.t.* [十受]使〈人〉迷惑；使…慌亂，使…張惶失措；使…變糊塗《★常用被動語態，變成「迷惑」「張惶失措」之意》：The boy *was* so ～*ed* that he didn't know what to say. 這男孩慌張得不知說什麼才好。

【同義字】be embarrassed 指感到羞怯、侷促不安而迷惑；be puzzled 指因無法瞭解或無法回答而困惑；be baffled 指因張惶失措而被難住。

be·wíl·der·ing [-drɪŋ, -dərɪŋ; -dəriŋ] *adj.* 令人迷惑的；令人張惶失措的；使人變糊塗的。～**·ly** *adv.*
be·wíl·der·ment [-mənt; -mənt] «bewilder 的名詞»—*n.* Ⓤ迷惑；昏亂，張惶失措；糊塗：look around *in* ～ 不知所措地環顧四周。
be·witch [bɪ'wɪtʃ; bi'witʃ] *v.t.* **1** 施妖術於…，使…著魔；蠱惑，迷惑：She behaved very strangely as if she had been ～*ed*. 她行爲很怪異，好像是著了魔一樣。**2** 使〈人〉陶醉，使…銷魂，使…著迷。
be·witch·er·y [bɪ'wɪtʃərɪ; bi'witʃəri] *n.* ＝bewitchment.
be·wítch·ing *adj.* 使人著迷的，使人陶醉的，使人銷魂的。～**·ly** *adv.*
be·wítch·ment [-mənt; -mənt] «bewitch 的名詞»—*n.* **1** Ⓤ媚惑；蠱惑；被媚惑的狀態，銷魂，陶醉。**2** Ⓒ符咒(spell).
bey [be; bei] *n.* (*pl.* ～**s**) **1** Ⓒ(鄂圖曼帝國(Ottoman Empire)的)地方長官[省長]。**2** [置於人名後]…先生，…老爺《從前對土耳其高官顯貴者的尊稱》。
‡be·yond [bɪ'jɑnd, -'ɑnd; bi'jɔnd, -'ɔnd] *prep.* **1** [表示地方]在…的那一邊，越過…：～ the bridge 在橋的那一邊/go ～ the mountain 越過山/from ～ the sea 從(越過)海的那一邊。
2 [表示時間；常用於否定句]超過…，晚於…《★比較作此義解時，一般用 after》：Do*n't* stay here ～ the usual hour. 不要待在這兒超過平常的時刻。
3 [表示程度、範圍等]超過…的範圍；在…以上，…所不能及，出乎…之外(cf. above 2 a)：It's ～ me. 這事我無法了解[辦不到]/～ (one's) belief 無法相信/～ all praise 稱讚不盡的[地]/Such things are ～ my powers. 這種事是我力所不能及的。
4 [用於否定句、疑問句]除…以外：I know *nothing* ～ this. 除此以外我一無所知。
gò beyónd oneself (1)失態，忘形。(2)使出超過自己往常的力量。
—*adv.* (無比較級、最高級) **1** (遠)在那一邊，在遠處，更遠地：*B*～ was the blue sea. 更遠處就是碧海。**2** 此外，以外：The pamphlet provides the essentials but nothing ～. 除要點之外，這本小册子未提供其他什麼內容。
the life beyónd 來生，再世。
—*n.* [the ～]來生，再世。
the báck of beyónd ⇨ back.
Bey·routh ['berut, be'rut; ,bei'ru:t] *n.* ＝Beirut.
bez·ant ['bɛzṇt, bə'zænt; 'beznt] *n.* **1** Ⓒ(中世紀)拜占庭(Byzantine)帝國所發行的金幣。**2** Ⓒ(羅馬式建築中的)列圓飾。
bez·el ['bɛzḷ; 'bezl] *n.* Ⓒ **1** (利器的)刃角。**2 a** 呈斜面的槽《指環嵌寶石的座盤，錶面嵌玻璃的槽等》。**b** (寶石的)小面。
be·zique [bə'zik; bi'zi:k] *n.* Ⓤ《紙牌戲》比齊克牌《兩人或四人用六十四張牌玩的一種牌戲；cf. pinochle》.
bf, b.f.《略》《印刷》boldfaced (type).
bg.《略》background；bag.
B.H.《略》bill of health.
bhang [bæŋ; bæŋ] *n.* Ⓤ **1**《植物》印度大麻(hemp)《桑科草本植物；其種子可製麻醉劑》。**2** 大麻煙《弄乾的大麻葉和小枝、子囊；吸食、麻醉用；cf. hemp 2》.
Bhu·tan [bu'tan; bu:'tɑ:n] *n.* 不丹《印度東北部喜馬拉雅(Himalaya)山中的一個王國；首都辛布(Thimbu ['tɪmbu; 'θimbu:])》.
Bhu·tan·ese [,butə'niz; ,bu:tə'ni:z⁻] «Bhutan 的形容詞» —*adj.* 不丹(人，語)的。
—*n.* (*pl.* ～) **1** Ⓒ不丹人。**2** Ⓤ不丹語。
Bi《符號》《化學》bismuth.
bi- [baɪ-; bai-] 字首表示「二，雙，複，重」之意(cf. demi-, hemi-, semi-)：*bi*plane, *bi*cycle, *bi*ped.
bi·an·nu·al [baɪ'ænjuəl; bai'ænjuəl⁻] *adj.* 一年兩次的，每半年

的，半年一次的。

bi·ánnually *adv.* 每半年地，半年一次地。

bi·as [ˋbaɪəs; ˈbaiəs] «源自古法語「斜的」之義»**——***n.* Ⓤ Ⓒ **1 a** 〔…的〕**癖性**；傾向；成見，偏見，先入爲主的觀念〔*toward(s), to*〕：a man of literary ～ 偏愛文學的人/have [be under] a ～ *toward* socialism 有社會主義的傾向。**b** 〔對…的〕偏見，成見〔*for, against*〕(⇨ prejudice【同義字】)：a ～ *for* [*against*] the Chinese 對中國人的偏愛[成見]/be free from ～ 沒有偏見/without ～ and without favor 公平無私地/have a strong ～ in favor of the Tigers 對老虎隊有强烈的偏愛。

2 (草地保齡球戲等所用球的)模型的不正；使球斜進的力[重量]，偏重；偏向一邊的進路。

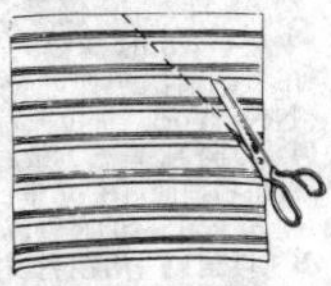

bias 3
(cut cloth on the bias)

3 《服飾》(布料的剪裁、縫合的)斜線，斜布條：cut cloth *on* the ～ 斜對角剪裁布料。

4 《通信》柵極偏電壓。

5 《統計》傾向統計值。

on the bías (1)⇨ 3. (2)斜斜地；歪斜地。

——*adj.* (無比較級、最高級) **1** 〈布料等〉斜裁[斜縫]的，對角的，斜的，傾斜的。**2** 《通信》柵極偏電壓的。

——*adv.* (無比較級、最高級)傾斜地，對角地，歪斜地：cut cloth ～ 斜對角剪裁布料。

——*v.t.* (**bi·ased,** 《英》**-assed**；**bi·as·ing,** 《英》**-as·sing**) **1** 〔十受〕使…偏向一方，使…傾向一方；使〈人〉存偏見：To theorize in advance of the facts ～*es* one's judgment. 如果未查明事實即先立論[推理]，判斷難免失之於偏頗。**2** 〔十受十介十(代)名〕使…偏愛[某人]，使〈人〉偏〔向…〕〔*toward, in favor of*〕；使〈人〉〔對…〕有偏見〔*against*〕(《★常用被動語態》：*be* ～*ed* ***against*** a person 對某人有偏見/*be* ～*ed* ***in favor of*** a person 對某人有偏心[偏愛]。

bías bìnding *n.* Ⓤ《服飾》斜裁布條。

bí·as(s)ed *adj.* 偏的：a ～ view 偏見。

bi·ath·lon [baɪˋæθlən; baiˈæθlən] *n.* Ⓤ《滑雪》越野射擊《持來福槍在全長 12.5 哩[20 公里]的越野滑雪中四度停下來射擊途中所設槍靶的一種混合滑雪和射擊的競賽》。

bi·ax·i·al [baɪˋæksɪəl; ˌbaiˈæksiəl] *adj.* **1** 有二軸的。**2** 《光學》有二光軸的。

bib [[bɪb; bib] «源自拉丁文「喝」之義»**——***n.* Ⓒ **1** 圍嘴，圍兜。**2** (圍裙等的)上部。**3** 《劍術》(護面具下的)護喉。

in one's bést bíb and túcker 《口語》穿著自己最好的衣服。

Bib. 《略》Bible；biblical.

bíb·ber *n.* Ⓒ貪飲者，酒徒(cf. winebibber).

bíb·còck *n.* Ⓒ(嘴管下彎的)水龍頭。

bi·be·lot [ˋbɪblo; ˈbiblou] «源自法語»**——***n.* Ⓒ(櫃架上陳設的)小珍品。

bibl. 《略》biblical；bibliographical；bibliography.

‡Bi·ble [ˋbaɪbl; ˈbaibl] *n.* **1 a** [the ～] (基督教的)**聖經** (cf. scripture 1). **b** Ⓒ(一本或某一版本的)聖經：an old ～ 一本舊的聖經。

> 【字源】Bible 源自義指「紙、書」的希臘文 *biblos*, 是一種生長在尼羅河岸的植物——紙草(papyrus)的內皮，曾被用以在上面寫字，因此後來變成「書」的意思，用以指對於西方人最重要的書——聖經。
>
> 【說明】聖經(the Bible, 希臘文的意思指小書的合集)由包含三十九書(books)的舊約(the Old Testament)和包含二十七書的新約(the New Testament)而成。前者原以希伯來文寫成，包括希伯來的律法、歷史和預言等，舊約也是猶太教的聖經；後者原用希臘文寫成，傳述救世主耶穌的言行，和以使徒保羅的書信爲中心的基督教福音。

2 Ⓒ**a** (任何宗教的)聖典。**b** [b～]〔…的〕有權威的書籍〔*of*〕：a seaman's *bible* 海員必讀之書/the *bible of* child care 育兒寶典。

kíss the Bíble 吻聖經宣誓。

Bíble bèlt *n.* [the ～]聖經地帶《尤指美國南部的原教旨主義(fundamentalism)信徒多的地方》。

Bíble clàss *n.* Ⓒ(聖經)查經班。

Bíble òath *n.* Ⓒ(手按聖經而作的)莊嚴的宣誓。

Bíble pàper *n.* Ⓤ聖經紙。

Bíble Society *n.* [the ～]聖經公會，聖經出版協會。

bib·li·cal [ˋbɪblɪkḷ; ˈbiblikl] «Bible 的形容詞»**——***adj.* [常 B～] 聖經的，有關聖經的，出自[引自]聖經的：～ style (尤指欽定譯本)聖經體裁/ ～ stories 聖經故事。～**·ly** [-klɪ; -kəli] *adv.*

bib·li·o- [bɪblɪə-; bibliə-] [複合用詞]表示「書」「聖經」：*biblio*mania, *biblio*phile.

bib·li·og·ra·pher [ˌbɪblɪˋɑgrəfɚ; ˌbibliˈɔgrəfə] *n.* Ⓒ **1** 書誌學家，目錄學家。**2** 書目編作人。

bib·li·o·graph·ic [ˌbɪblɪəˋgræfɪk; ˌbibliəˈgræfik ˊ] *adj.* 書誌(學)的；圖書目錄[書目]的。

bib·li·o·gráph·i·cal [-fɪkḷ; -fikl ˊ] *adj.* ＝bibliographic.

bib·li·og·ra·phy [ˌbɪblɪˋɑgrəfɪ; ˌbibliˈɔgrəfi] *n.* **1** Ⓤ書誌學。**2** Ⓒ(某作者、時代、主題等的)相關書目，書誌；著作目錄，參考書目[文獻]：a Tennyson ～ 但尼生文獻。

bib·li·ol·a·try [ˌbɪblɪˋɑlətrɪ; ˌbibliˈɔlətri] *n.* Ⓤ書籍崇拜；聖經崇拜。

biblio·mánia *n.* Ⓤ藏書癖；藏書狂《尤指收藏珍籍》。

biblio·mániac *adj.* 藏書癖的。

——*n.* Ⓒ有藏書癖的人；珍籍收藏家。

bíblio·phìle [-ˌfaɪl; -fail] *n.* Ⓒ珍愛書籍者，藏書家。

bib·u·lous [ˋbɪbjələs; ˈbibjuləs] *adj.* **1** 《謔》好飲酒的。**2** 吸水性强的，吸水[潮]的。

bi·cam·er·al [baɪˋkæmərəl; baiˈkæmərəl ˊ] *adj.* 〈議會〉(爲)上下兩院制的(cf. unicameral)：a ～ legislature 兩院制立法機關。

bi·carb [baɪˋkɑrb; baiˈkɑ:b] *n.* 《口語》＝bicarbonate 2.

bi·car·bon·ate [baɪˋkɑrbənɪt; baiˈkɑ:bənit] *n.* Ⓤ **1** 《化學》重碳酸鹽：～ of soda 小蘇打，碳酸氫鈉。**2** 小蘇打。

bi·cen·te·nar·y [baɪˋsɛntəˌnɛrɪ, ˌbaɪsɛnˋtɛnərɪ; ˌbaisenˈti:nəri, -ˈten-ˊ] *adj., n.* ＝bicentennial.

bi·cen·ten·ni·al [ˌbaɪsɛnˋtɛnɪəl; ˌbaisenˈteniəl ˊ] *adj.* 持續兩百年的；每兩百年發生一次的：a ～ anniversary 兩百周年紀念。

——*n.* Ⓒ兩百周年紀念(日)。

bi·ceps [ˋbaɪsɛps; ˈbaiseps] *n.* Ⓒ(*pl.* ～, ～**es**) [常用複數]《解剖》二頭肌：the ～ of the arm 上臂的雙頭肌。

bi·chlo·ride [baɪˋklɔraɪd, -rɪd; ˌbaiˈklɔ:raid] *n.* Ⓤ **1** 《化學》二氯化物(dichloride)：～ of mercury 二氯化汞。**2** 二氯化汞，昇汞。

bi·chro·mate [baɪˋkromɪt, -met; ˌbaiˈkroumeit, -mit] *n.* ＝dichromate.

bick·er [ˋbɪkɚ; ˈbikə] *v.i.* **1** 〔動(十介十(代)名)〕〔爲小事〕爭論[爭吵]〔*about, over*〕：They ～*ed* ***over*** [***about***] some unimportant thing. 他們爲芝麻小事爭吵。**2 a** 〈水〉潺潺作響。**b** 〈雨〉嘩啦嘩啦作響。**3 a** 〈光〉閃爍。**b** 〈燈火等〉一晃一晃地閃，顫動。

——*n.* Ⓒ **1** 爭論，爭吵。**2** 潺潺聲。

bick·er·ing [ˋbɪkərɪŋ; ˈbikəriŋ] *n.* Ⓤ爭吵，爭論。

bi·col·or(ed) [ˋbaɪˌkʌlɚ(d); ˈbaikʌlə(d)] *adj.* 二色的。

bi·con·cave [baɪˋkɑnkev; ˌbaiˈkɔnkeiv ˊ] *adj.* 兩面凹的(concavo-concave)：a ～ lens 雙凹鏡。

bi·con·vex [baɪˋkɑnvɛks; ˌbaiˈkɔnveks ˊ] *adj.* 兩面凸的(convexo-convex)：a ～ lens 雙凸鏡。

bi·cul·tur·al [baɪˋkʌltʃərəl; baiˈkʌltʃərəl ˊ] *adj.* 〈國家等〉兩種不同文化混合的，有兩種文化的，二元文化的。

‡bi·cy·cle [ˋbaɪˌsɪkl; ˈbaisikl] «bi-(兩個)與 cycle(輪)構成的字»**——***n.* Ⓒ**自行車，脚踏車，自由車**：ride (on) [mount] a ～ 騎自行車/get off [dismount (from)] a ～ 下自行車/go *by* ～ [*on* a ～]騎自行車去《★ by ～ 無冠詞》。

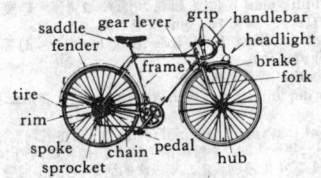

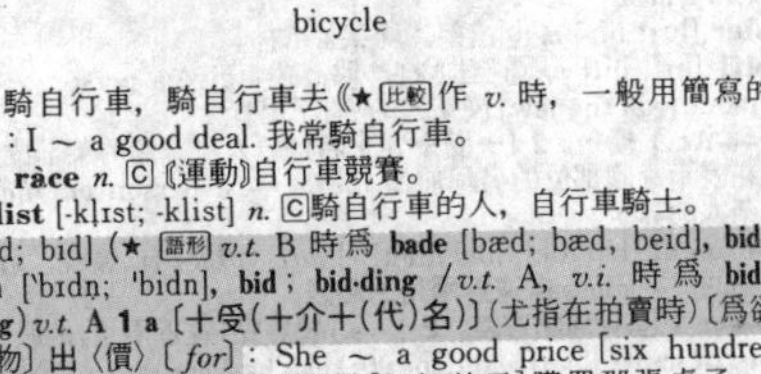

bicycle

——*v.i.* 騎自行車，騎自行車去《★比較 作 *v.* 時，一般用簡寫的 cycle》：I ～ a good deal. 我常騎自行車。

bícycle ràce *n.* Ⓒ《運動》自行車競賽。

bí·cy̆·clist [-klɪst; -klist] *n.* Ⓒ騎自行車的人，自行車騎士。

***bid** [bɪd; bid] (★ 語形 *v.t.* B 時爲 **bade** [bæd; bæd, beid], **bid**；**bid·den** [ˋbɪdn; ˈbidn], **bid**；**bid·ding** /*v.t.* A, *v.i.* 時爲 **bid**；**bid·ding**) *v.t.* A **1 a** 〔十受(十介十(代)名)〕(尤指在拍賣時)〔爲欲購之物〕出〈價〉〔*for*〕：She ～ a good price [six hundred dollars] *for* the table. 她出高價[六佰美元]購買那張桌子。**b** 〔十受十受(十介十(代)名)〕〔爲欲購之物〕向〈人〉出〈價〉〔*for*〕：I'll ～ you £100 (*for* this picture). 我願向你出價一百英鎊(買這幅畫)。

2 〔十受〕《紙牌戲》叫〈牌〉：～ one heart 叫一紅心。

——B **1** 《文語・古》**a** 〔十受〕命令，囑咐，吩咐，叫…：Do as I ～ you. 照我吩咐的去做。**b** 〔十受十原形〕命令[吩咐，囑咐，叫]

〈人〉〈做…〉《★[比較]一般用 tell, order；★[用法]被動語態時，原形之處成爲 *to* do》：He *bade* the servant call the boy into the room. 他吩咐傭人叫那男孩進房間裏/I was *bidden to* enter. 我被吩咐進去。
2〔十受十受/十受十介十(代)名〕《文語》向〈人〉致〈意〉，問〈好〉，道〈別〉，說〈再見(等)〉；〔向人〕致〈意〉，問〈好〉，道〈別〉，說〈再見(等)〉〔*to*〕《★[比較]較 wish, say 拘泥的說法》：He *bade* us good-bye[welcome]. 他向我們告別[表示歡迎]/I have come to ～ farewell *to* all my friends. 我來向我的全體朋友道別。
3 a〔十受〕《美口語》〈組織、會等〉接納〈人〉爲新會員，使…入會。**b**〔十受十介十(代)名〕《古》邀請〈人〉〔到…〕〔*to*〕.
—*v.i.* **1 a** 出價；投標：～ at auction 在拍賣中出價。**b**〔十介十(代)名〕投標爭取〔合約等〕〔*for, on*〕：Several companies will ～ *for* the contract. 數家公司要投標爭取合約/They ～ *on* the new building. 他們投標承包新樓房。
2〔十介十(代)名〕努力，設法〔以爭取支持、權力等〕〔*for*〕：He was *bidding for* popular support. 他在設法爭取大衆的支持。
bíd agàinst... 與…競相出高價投標：Several people ～ *against* me, but I outbid them. 數人出高價跟我競標，但我出價高過他們。
bíd fáir to dó... 十分可能…，可能…，有機會…：The plan ～*s fair to* succeed. 這計畫很可能成功。
bíd ín《*vt adv*》《美》〈物主〉在拍賣場中出高價使〈拍賣物〉落入自己手中，拍賣時出高價替物主買進。
bíd úp《*vt adv*》(拍賣時)出更高叫價哄擡…的價格：～ *up* an article beyond its real value 把某物品的價格哄擡得超過其實際價值。
—*n.* Ⓒ **1** (拍賣的)出價，投標：She made a ～ of ten dollars *on*[*for*] the table. 那張桌子她出價十美元/*Bids* were invited *for* building the bridge. 爲新橋的建造而進行招標。
2 a〔爲獲得地位、支持等而做的〕努力，努力爭取，嘗試〔*for*〕：She made a ～ *for* the votes of the women. 她積極地爭取婦女的選票。**b**〔十 *to* do〕〈試圖…之〉努力，嘗試：He made a ～ *to* restore peace. 他爲恢復和平而努力。
3《美口語》(對於加入團體等的)勸誘，邀請。
4《紙牌戲》**a** 叫牌；(叫牌時)所叫的數目：a two-spade ～ 二黑桃的叫牌。**b** 叫(牌)的輪到的順序：It's your ～. 輪到[該]你叫(牌)了。

bid·da·ble [ˈbɪdəbl; ˈbidəbl] *adj.* **1**〈人〉順從的。**2 a** (投標時)可出[叫]價的，值得出[叫]價的。**b**《紙牌戲》(手上拿到的一手牌)可叫牌的，有資格叫牌的。

***bid·den** [ˈbɪdn̩; ˈbidn] *v.* bid 的過去分詞。

bíd·der *n.* Ⓒ **1** 出價人，投標人，競[標]購人；(橋牌等的)叫牌者，開牌者：the highest[best] ～ 出[叫]價最高者，得標者；(對某人)估價最高的人；最識貨(而肯付最高價格)的人。**2** 命令者，吩咐的人。

bíd·ding *n.* Ⓤ **1** 投標，出價。**2** 命令，要求：*at* a person's ～ 在某人的要求[邀請]之下/*at* the ～ *of*... 按〈某人〉的吩咐，服從於…，聽命於…/do a person's ～ 服從某人。**3**《紙牌戲》叫牌。

bid·dy [ˈbɪdɪ; ˈbidi] *n.* Ⓒ **1** 母鷄；小雞。**2**《俚・輕蔑》(尤指年老嘮叨的)女人；女傭：an old ～ 老太婆。

bide [baɪd; baid] *v.t.* (～**d**, **bode** [bod; boud]；～**d**) 等待(wait)《★用於下列成語》。
bíde one's **tíme** 等待時機。

bi·det [biˈde; ˈbiːdei] «源自法語「小型的馬」之義»—*n.* Ⓒ臉盆狀澡盆。

bi·en·ni·al [baɪˈɛnɪəl; baiˈeniəl˝] *adj.* **1** [用在名詞前]二年一次的，每隔一年一次的。**2** 持續兩年的。**3**《植物》二年生的。
—*n.* Ⓒ **1** 二年生植物。**2** 二年一次的活動[考試，展覽會]。
～**·ly** *adv.*

bier [bɪr; biə] *n.* Ⓒ棺架，屍架；棺材。

biff [bɪf; bif] *n.* Ⓒ《俚》打，擊，揍：give a person a ～ *in* the mouth[*on* the jaw] 揍某人的嘴[下巴]。
—*v.t.* **1** 揍…。**2**〔十受十介十名〕揍〈人〉〔身體的某部位〕〔*on*〕《★在表示身體部位的名詞前加 the》：～ a person *on the* nose 揍某人的鼻子。

bi·fo·cal [baɪˈfokl; ˌbaiˈfoukl˝] *adj.*〈透鏡〉有(遠視、近視)雙焦點的：～ glasses 遠近兩用的眼鏡。
—*n.* **1** Ⓒ雙焦點透鏡。**2** [～**s**] 雙焦點[遠近兩用]的眼鏡。

bi·fur·cate [ˈbaɪfəˌket, baɪˈfɝket; ˈbaifəkeit] *v.i.*〈道路、樹枝、河流等〉分爲兩支，成叉。
—*v.t.* 將…分成兩支，使…成叉，使…分叉。
— [ˈbaɪfəˌket, baɪˈfɝkɪt; ˈbaifəkeit] *adj.* 分成兩支的，分叉的。

bi·fur·ca·tion [ˌbaɪfəˈkeʃən; ˌbaifəˈkeiʃn] «bifurcate 的名詞»—*n.* **1** Ⓤ分叉，分歧。**2** Ⓒ分歧點，分叉點，分枝處。

‡big [bɪg; big] *adj.* (**big·ger**；**big·gest**) **1** (形狀、數量、規模等)大的(↔ little, small)：a ～ man 彪形大漢(cf. 3 a)/a ～ voice 大聲，響亮的聲音/a ～ sum 一筆鉅款/ ～ pay 高薪/⇨ big toe.

【同義字】表示「大的」，big, large, great 字義大致相同，但 big 較爲口語化；又 large 用於數量，great 則含有「堂堂的，宏壯的」感情。

2 a〈人〉長成的：You're a ～ boy. 你現在是個大孩子了；你已經長大了。**b** 年長的(elder)：one's ～ brother[sister] 哥哥[姊姊]。
3《口語》**a** 偉大的，重要的，有力的：a ～ man 大人物，顯要(cf. 1)/a ～ game[match] 大比賽/the ～ tide 輿論的大潮流，大趨勢。**b** 自大的，擺架子的，傲慢的；自誇的：～ talk 說大話，吹牛/ ～ words 誇張的話；豪言壯語/look ～ 顯得神氣。**c** [不用在名詞前]《美俚》很受歡迎的：That pop singer is very ～ in New York. 那位流行歌曲演唱家在紐約很受歡迎。
4《口語》**a** 寬宏大量的，寬大的：a ～ heart 寬大的心胸。**b** [不用在名詞前]〔十*of*十(代)名(十 to *do*)〕〔人〕心胸寬大的：That's ～ *of* you. 你的心胸眞寬大[你眞寬宏大量]《★也常當反語用》。
5《口語》**a** [用在名詞前]突出的，不平凡的，非常的：a ～ eater 食量奇大的人/a ～ liar 大騙子/a ～ success 大成功。**b**〈風、暴風雨等〉猛烈的，强烈的：a ～ storm 猛烈的暴風雨/a ～ wind 强風。
6 [不用在名詞前]〔十介十(代)名〕充滿著〔…〕的，滿懷著〔…〕的〔*with*〕：a heart ～ *with* grief 充滿著憂傷的心/a war ～ *with* the fate of the nation 攸關國家命運之存亡的一次戰爭。
7 [不用在名詞前]〔十介十(代)名〕《口語》很喜歡〔…〕的，偏愛〔…〕的，熱中〔…〕的〔*on*〕：I am ～ *on* movies. 我很喜歡看電影。
8 [不用在名詞前] [常 ～ **with child**[**young**]]《文語》(即將臨盆而)挺著大肚子的，身懷六甲的：be ～ *with* child 已懷孕了，快生孩子了《★[比較]現在一般用 pregnant》.
be[**gèt, grów**] **tòo bíg for** one's **bóots**[**bréeches, tróusers,**《美》**pánts**]《口語》顯示分外的自豪，自大。
in a bíg wáy ⇨ way[1].
—*adv.* (**big·ger**；**big·gest**) **1**《口語》**a** 誇大：talk ～ 說大話。**b** 大大地，大事地，非常地：think ～ 有抱負；異想天開/win ～ 大勝/make it ～ 獲得巨大成功，飛黃騰達。
2《口語》很多，充分地：eat ～ 吃很多。
3《俚》順利，成功：go over[down] ～ 大大成功，大受歡迎。
—*n.* Ⓒ《口語》重要人物，大亨，鉅子：Mr. *B*～大亨，鉅子；幕後人。
～**·ness** *n.*

Big Ben

big·a·mist [ˈbɪgəmɪst; ˈbigəmist] *n.* Ⓒ重婚者。

big·a·mous [ˈbɪgəməs; ˈbigəməs] *adj.* 重婚(罪)的。～**·ly** *adv.*

big·a·my [ˈbɪgəmɪ; ˈbigəmi] *n.* Ⓤ重婚(罪)。

Bíg Ápple *n.* [the ～]《美俚》紐約市的綽號《俗稱「大蘋果城」》。

big·ar·reau [ˈbɪgəˌro, ˌbɪgəˈro; ˈbigərou, ˌbigəˈrou] *n.* Ⓒ《植物》比蒠柔櫻桃《甜櫻桃(樹)的一個變種；果圓形，肉硬，色淡紅》。

bíg bànd *n.* Ⓒ人數衆多的爵士樂隊[舞樂隊]。

bíg báng thèory *n.* [the ～]《天文》(宇宙起源的)大爆炸學說(cf. steady-state theory).

Bíg Bén *n.* 英國倫敦國會大廈鐘樓上的大鐘。

【說明】正確地說，Big Ben 是指安裝在倫敦英國國會大廈鐘塔(約 96 公尺高)上面的大時鐘，但通常指整個鐘塔。這個 $13\frac{1}{2}$ 噸重的大時鐘是於 1858 年製造，據說負責製造的賀爾爵士(Sir Benjamin Hall)身材高大，因此人們叫他 Big Ben, 後來這個人名就成爲這時鐘的名字。這個時鐘自從 1859 年 5 月 31 日開始鳴響，到今天仍舊正確地向人們報時。

Bíg Bróther «源自 G. Orwell 的小說「一九八四(*1984*)」»
—*n.* **1** (侵害個人隱私以達控制目的的)國家[組織]。**2** Ⓒ獨裁者。

bíg búsiness *n.* ⓊⒸ大企業，財閥；壟斷性或獨佔性企業。

bíg déal *n.* Ⓒ **1** 大生意，大交易。
2《美俚》**a** 非同小可之事，大事。**b** [帶著諷刺當感歎詞用]了不起！《眞意爲「有什麼了不起！」》。

Bíg Dípper *n.* [the ～]《美》《天文》北斗七星(《英》Charles's Wain)(⇨ dipper 4 a).

bíg ènd *n.* Ⓒ《機械》大端《引擎連接桿的較粗的一端》。

bíg-èyed *adj.* **1** 有大眼睛的。**2** 張大眼睛的，吃驚的，驚訝的。

Bíg Fíve *n.* [常 the ～] **1** 世界五强《指第一次世界大戰期間的美、英、法、義、日五國》。**2** 世界五强《指第二次世界大戰後的中、美、英、法、蘇五國》。
bíg gáme *n.* Ⓤ **1** [集合稱] 大的獵物《猛獸、大魚；cf. small game》：～ hunting 獵捕大獵物的狩獵。**2** (帶有危險性的) 大目標。
bíg·gish [-gɪʃ; -giʃ] *adj.* 稍大的。
bíg gún *n.* Ⓒ **1** 大砲。**2**《口語》有影響力的重要人物，要人。
bring úp [óut] one's bíg gúns (於辯論、競賽等) 使出最後的 [深藏不露的] 手段，使出王牌。
bíg·hèad *n.*《口語》**1**《美》Ⓤ自大，自滿。**2** Ⓒ自大的傢伙。
bíg-héaded *adj.* **1** 頭部大的。**2**《口語》自大的，裝腔作勢的。
bíg-héarted *adj.* 寬宏大量的，慷慨大方的。
bíg·hòrn *n.* Ⓒ (*pl.* ～, ～s)〔動物〕大角羊《北美洲落磯山脈中的野羊》。

bighorns

bíg hóuse *n.* Ⓒ [the ～] **1**《美俚》監獄；感化院。**2** 地方富豪之大邸宅。
bight [baɪt; bait] *n.* Ⓒ **1** 海岸 [河流] 的彎曲部分；海灣。**2 a** 兩端牢繫的繩索之中間垂下部分。**b** 繩索所繞成的圈。
bíg idéa *n.* Ⓒ《口語》**1** 鬼主意。**2** 目的，用意，意圖。
bíg léague *n.*〔棒球〕= major league.
bíg-léaguer *n.* Ⓒ **1**〔運動〕major league 之一球員。**2**《口語》爲屬於 major league 之組織工作的人。
bíg móuth *n.* Ⓒ《美俚》長舌者，多嘴的人。
bíg náme *n.* Ⓒ《口語》(影劇、演藝界等的) 名人，知名人士，聞人 (集團)。
bíg-náme *adj.* [用在名詞前]《口語》**1** 一流的，有名的。**2** 知名人士 (集團) 的。
big·no·ni·a [bɪgˋnonɪə; big'nouniə] *n.* Ⓒ〔植物〕紫葳藤《紫葳屬攀緣植物》。
big·ot [ˋbɪgət; 'bigət] *n.* Ⓒ (對於宗教、人種、政治等的) 頑固迷信者，盲信者；頑固者，執拗者；心地狹窄的人。
bíg·ot·ed *adj.* 固執已見的，信仰偏頗的，偏見的；心地狹窄的。～**·ly** *adv.*
big·ot·ry [ˋbɪgətrɪ; 'bigətri] *n.* Ⓤ **1** (對於宗教、人種、政治等的) 頑固的偏見；頑迷，頑固，執拗；心地狹窄《★在美國常指種族歧視》。**2** 頑迷 [固執] 的行動 [信仰]。
bíg shòt *n.*《俚》= bigwig.
bíg stíck *n.* [the ～] (政治上、軍事上的) 壓力，威迫；大棒政策 (武力政策)。
bíg-tícket *adj.* [用在名詞前] 附有高價標籤的，高價的。
bíg tíme *n.*《俚》**1** Ⓒ很愉快的時光：have a ～ 過得很愉快。**2** [the ～] (運動、演藝界的) 第一流：Now he is in *the* ～. 現在他是大牌 [第一流] 啦。
bíg-tíme *adj.*《俚》第一流的；大牌的：a ～ actor [player] 第一流的演員 [選手] /a ～ star 大紅星。
bíg-tìm·er *n.* Ⓒ《俚》**1** 第一流演員 [藝人]；重要人物；大企業家。**2**〔棒球〕美國大職業棒球聯盟球隊的球員。
bíg tóe *n.* Ⓒ拇趾 (great toe) (cf. thumb).
bíg tòp *n.*《口語》**1** Ⓒ (馬戲團的) 大帳篷。**2** [the ～] 馬戲 (業，生涯)。
bíg trèe *n.*《美》〔植物〕= giant sequoia.
bíg·wig *n.* Ⓒ《口語》權貴，大亨，要人。
bi·jou [ˋbiʒu, bɪˋʒu; 'bi:ʒu:] «源自法語» —*n.* Ⓒ (*pl.* **bi·joux** [～z; ～z]) 珠寶；飾物；小巧之珍物。—*adj.* [用在名詞前] 小巧玲瓏的〈房屋等〉。
***bike** [baɪk; baik] «源自 bicycle 之略» —《口語》*n.* Ⓒ **1** 自行車，腳踏車。**2** 機車，摩托車 (motorbike).
—*v.i.* 騎腳踏車 [摩托車]。
bik·er [ˋbaɪkə; 'baikə] *n.* Ⓒ **1** 騎腳踏車 [摩托車] 的人《尤指常騎或參加比賽的人》。**2**《口語》飛車黨的一員。
bíke·wày *n.* Ⓒ《美》腳踏車 (專用) 車道。
bi·ki·ni [bɪˋkinɪ; bi'ki:ni] «源自曾經舉行原子彈試爆的北太平洋中一珊瑚島名，以比喻其震撼效果» —*n.* Ⓒ比基尼泳裝《一種三點式女用泳裝》。
bi·la·bi·al [baɪˋlebɪəl; ˌbai'leibiəl˺]〔語音〕*adj.* 雙唇 (音) 的。
—*n.* Ⓒ雙唇音《[p], [b], [m] 等》。
bi·lat·er·al [baɪˋlætərəl; ˌbai'lætərəl˺] *adj.* [用在名詞前] **1** 兩邊的；在兩邊的；有兩邊的；〔解剖・植物〕左右兩邊對稱的：～ symmetry (生物身體之) 左右對稱。**2**〔法律〕雙邊的，兩方面的，對等的，互惠的 (cf. unilateral 2)：a ～ contract 雙邊 [對等] 契約。～**·ly** *adv.*

bil·ber·ry [ˋbɪlˌbɛrɪ, -bərɪ; 'bilbəri] *n.* Ⓒ **1**〔植物〕越橘《杜鵑花科越橘屬灌木的統稱；blueberry, whortleberry 等》。**2** 越橘《果實》。
bil·bo[1] [ˋbɪlbo; 'bilbou] *n.* Ⓒ [常 ～es] 一種防止囚犯逃走用的鐵製足械。
bil·bo[2] [ˋbɪlbo; 'bilbou] «源自西班牙產地名» —*n.* Ⓒ《古》畢爾包劍《一種精工冶製的寶劍》。
bile [baɪl; bail] *n.* Ⓤ **1**〔醫〕膽汁 (cf. black bile). **2** 壞脾氣，乖戾；憤怒：stir [rouse] a person's ～ 激怒某人，惹火某人。
bíle·stòne *n.* = gallstone.
bilge [bɪldʒ; bildʒ] *n.* **1** Ⓒ **a**〔航海〕(船底的) 彎曲部分《尤指船底和船側間的部分》。**b** 桶的腹部。**2** (又作 **bílge wàter**) Ⓤ〔航海〕聚在船底的污水。**3** Ⓤ《俚》無聊的話，傻話；無聊的文章。
—*v.t.*〔航海〕使〈船底〉破漏。
—*v.i.* **1**〔航海〕(船底) 破漏。**2** 膨脹。
bil·har·zi·a [bɪlˋhɑrzɪə; bil'hɑ:ziə] *n.* Ⓒ血蛭，吸血蟲。
bil·i·ar·y [ˋbɪlɪˌɛrɪ; 'biljəri] «bile 的形容詞» —*adj.* 膽汁的；輸送膽汁的；膽汁方面的：a ～ calculus 膽石。
bi·lin·gual [baɪˋlɪŋgwəl; bai'liŋgwəl˺] *adj.* 兩種語言的；能操兩種語言的 (cf. monolingual, multilingual, trilingual)：a ～ speaker 能說兩種語言的 [雙聲帶的] 人/a ～ dictionary 兩種語言對照的辭典《如英漢辭典等》。
—*n.* Ⓒ能說兩種語言的人。
bi·lín·gual·ism [-lˌɪzəm; -lizəm] *n.* Ⓤ習用兩種語言；能用兩種語言。
bil·ious [ˋbɪljəs; 'biljəs] «bile 的形容詞» —*adj.* **1 a** 膽汁的。**b** 因膽汁過多所致的；膽汁症的，患膽病的。**2**〈人〉膽汁質的；乖戾的，壞脾氣的；不悅的；令人厭惡的。
～**·ly** *adv.* ～**·ness** *n.*
bilk [bɪlk; bilk] *v.t.* **1 a** 賴，倒〈帳、債〉。**b** 對〈債主〉賴債，逃避還債給〈債主〉。**2 a** [十受] 詐騙〈人〉。**b** [十受十介十(代)名] 向〈人〉騙取 […] [*of, out of*]：～ a person (*out*) *of* money 騙取某人的錢。**3** 躲避，逃避。
—*n.* Ⓒ賴 [倒] 債者；騙子。
‡bill[1] [bɪl; bil] *n.* Ⓒ **1** 帳單，發票《★比較 在美國，飲食店的帳單稱作 check》：a grocer's ～ 雜貨店的帳單/collect a ～ 收帳/pay one's ～ 付帳/run up ～*s* 累積欠帳/*B*～, please. 請付帳《恕不賒帳》。

> 【字源】bill 源自拉丁文，它所指的意思最初是「泡沫」，後來被用做「圓形的小蠟塊」，繼而成「上有敕印的敕書 (bill[2])」，然後才成爲今天的「帳單、紙幣、海報」等各種意思。英語的 boil (沸騰) 原來也指「泡沫」，與 bill 有同源的關係。

2 招貼，傳單，海報，廣告；節目廣告單：a concert ～ 音樂會的 (節目) 廣告單/post (up) a ～ 張貼廣告/Post [Stick] No *Bills*.〔告示〕禁止招貼。
3 a 目錄，表，明細表；項目單；菜單：⇨BILL of fare. **b** (海關的) 申報單：a ～ of clearance 出港單，結關單/a ～ of entry 入關申報書，入港單。
4 a [與修飾語連用]《美》紙幣，鈔票 (《英》note)：a ten-dollar ～ 一張十美元紙幣。**b**《美俚》一百元鈔票。
5〔議會〕議案，法案《★通過之後 bill 即成爲 act (法令)》：introduce a ～ 提出議案/lay a ～ before Congress [Parliament, the Diet] 向國會提出議案/pass [reject] a ～ 通過 [否決] 法案。
6〔商〕證書，證明書，證券；匯票，票據，支票：a long [short] (-dated) ～ 長 [短] 期支票/a ～ of debt 期票/a ～ of dishonor 空頭支票/⇨BILL of exchange/a ～ of sale 賣據/a ～ payable [receivable] 應付 [應收] 票據/a ～ payable to bearer [order] 不指名 [指名] 票據/draw a ～ on a person 開票據給某人，開匯票給某人/take up a ～ 承兌票據。
7〔法律〕訴狀：ignore the ～〈大陪審團〉認爲訴狀之理由、證據不充足《不起訴》。
bíll of exchánge 匯票。
bíll of fáre (1) 菜單 (menu). (2)《口語》預定表，一覽表，目錄。
bíll of héalth (船員、乘客的) 健康證明書《略作 B.H.》：a clean ～ *of health*《口語》合格 [無疾] 健康診斷 [證明] 書；(由審查會等所開具的) 合格報告 [證明] 書/a foul ～ (*of health*) 傳染病流行地區出航證明書。
bíll of láding 裝貨證；《美》提單 (略作 B/L)：a clean ～ *of lading* 清潔載貨提單。
bíll of ríghts (1) 有關人民基本人權的宣言。(2) [**the Bill of Rights**]《英》權利法案《1689 年制定的法律》；《美》人權法案《1791 年附加於美國聯邦憲法的十條第一次修正案 (the Amendments)》。
fíll the bíll (1)《口語》(1) 符合要求，合乎條件。(2) 成爲心目中唯一的人選 [物]；出類拔萃，鶴立鷄羣，獨步衆望。
fít the bíll = fill the BILL[1].
fóot the bíll (1) 負擔 [付] 費用，付帳。(2) [爲…] 擔當責任 [*for*].

séll a person **a bíll of góods**《美口語》欺騙〈某人〉。
tóp [héad] the bíll《口語》〈演員〉領銜，掛頭牌；名字列在第一位，名列榜首。
—*v.t.* **1 a**〔十受〕將…記入帳。**b**〔十受(十介十(代)名)〕送給〈人〉〔…的〕帳單，〔將…〕記爲〈人〉的帳〔*for*〕。**2 a**〔十受〕用招貼〔傳單〕廣告〈節目等〉。**b**〔十受十*as* 補〕用招貼(等)廣告〈節目等〉〈爲…〉；用招貼公告〈演員〉〈爲…角色〉《★常用被動語態》：Gielgud *was ~ed as* Hamlet. 招貼上廣告說基爾古德將飾演哈姆雷特。**c**〔十受十 *to* do〕用招貼(等)宣傳〈人〉〈將做…〉；把…列入節目單，把…在節目單中宣傳《★常用被動語態》：He *was ~ed to* appear *as* Macbeth. 節目單上註明他將登臺飾演馬克白。**3**〔十受〕《美》張貼海報(等)遍及於…：~ the town 把海報貼滿鎭上。

bill^{2} [bɪl; bil] *n.* Ⓒ **1** (尤指細長扁平的)鳥嘴(cf. beak 1)。**2** 鳥嘴形之物：**a**《美口語》(帽)簷。**b**《美口語》(人的)鼻。**c** 錨鈎(fluke)的尖端。**3** (狹長的)岬：Portland *B~* 波特蘭岬《在英格蘭南部，多塞特郡(Dorsetshire)的岬》。
—*v.i.* 〈一對鴿子等〉觸嘴，親嘴。

bills^{2} 1

bill and cóo 〈男女〉接吻互相愛撫，親熱，調情。
bill^{3} [bɪl; bil] *n.* ＝billhook.
Bill [bɪl; bil] *n.* 比爾《男子名；暱稱 Billie, Billy；William 之暱稱》。
bíll·bòard *n.* Ⓒ《美》(通常爲屋外的大型)廣告招貼[告示]板(cf. hoarding^{2} 2)。
bíll bròker *n.* Ⓒ證券經紀人。
billed *adj.* [常構成複合字]有(…的)鳥嘴的。
bil·let^{1} [ˈbɪlɪt; ˈbilit] *n.* Ⓒ **1**〖軍〗**a** (對民房的)供軍事人員住宿命令。**b** (民房等)士兵住宿處，宿營。**2** 指定地點，目的地：Every bullet has its ~.《諺》中彈與否完全是命中註定；天命難違。**3**《口語》地位；工作，職位：a good ~ 待遇好的工作。
—*v.t.* **1**〔十受(十介十(代)名)〕分派〈士兵等〉住宿〔於…〕〔*in, at, on*〕：The soldiers were *~ed on* the villagers [*in* the houses of the village]. 士兵們被分派住宿於該村老百姓家中。**2** 提供住宿給〈人〉，供〈人〉住宿。
—*v.i.* 受命紮營；被分配住宿。
bil·let^{2} [ˈbɪlɪt; ˈbilit] *n.* Ⓒ **1** (粗)木棒，木棍；(尤指)作燃料用的小木條。**2**〖冶金〗鐵條，鋼條《通常爲四方形者》。
bil·let-doux [ˈbɪlɪˈdu; ˌbileiˈduː] «源自法語 'sweet note' 之義»—*n.* Ⓒ (*pl.* **bil·lets-doux** [~z; ~z])《謔・文語》情書。
bíll·fòld *n.* Ⓒ《美》置紙幣之皮夾(wallet)。
bíll·hòok *n.* Ⓒ (用以砍除樹枝的)鈎刀，鈎鐮。
bil·liard [ˈbɪljəd; ˈbiljəd] *adj.* [用在名詞前]撞球戲(用)的，彈子戲(用)的：a ~ ball 撞球戲的球/a ~ room 彈子房，撞球場/a ~ table 撞球檯。
bil·liards [ˈbɪljədz; ˈbiljədz] *n.* Ⓤ撞球戲，彈子戲：play ~ 玩撞球戲/have a game *at* ~ 打一場彈子[撞球]戲。
Bil·lie [ˈbɪlɪ; ˈbili] *n.* 比利《男子名》；碧莉《女子名》。
bíll·ing *n.* Ⓤ **1** (藉招貼、傳單等的)廣告，宣傳(cf. bill^{1} *v.t.* 2)：advance ~ 事前的宣傳；預先造成之轟動。**2** (招貼、節目單上的演員等的)排名：get top ~ (在宣傳上)掛頭牌，領銜。

billiards

bil·lings·gate [ˈbɪlɪŋzˌget, -gɪt; ˈbiliŋzgit] «源自倫敦一魚市場名；因其中之人多使用粗俗的言語»—*n.* Ⓤ鄙俗的言語；下流話。
***bil·lion** [ˈbɪljən; ˈbiljən] *n.* **1** [與數詞或數量形容詞連用時之複數爲 ~s，《美》~]Ⓒ**a**《美》十億，10^{9}。**b**《英》一兆，10^{12}《★用法《英》現在亦常作十億使用》。**2** [用複數]龐大的數目〔*of*〕。
—*adj.*《美》十億的；《英》一兆的。
bil·lion·aire [ˌbɪljənˈɛr; ˌbiljəˈnɛə] *n.* Ⓒ《美》億萬富翁。
bil·lionth [ˈbɪljənθ; ˈbiljənθ] *adj.* **1** 第十億[《英》第一兆]的。**2** 十億[《英》一兆]分之一的。
—*n.* Ⓒ **1** 第十億[《英》第一兆]。**2** 十億[《英》一兆]分之一。
bil·low [ˈbɪlo; ˈbilou] *n.* **1 a** Ⓒ《文語》巨浪(⇨ wave【同義字】)。**b** [the ~(s)]《詩》海。**2** Ⓒ (像巨浪般)翻滾[洶湧]之物，似巨浪之物〔*of*〕：*~s of* smoke 翻滾的煙。
—*v.i.* **1 a** 浪濤奔騰：the *~ing* sea 巨浪奔騰的海。**b** (像巨浪般)洶湧奔騰，翻滾：The smoke *~ed* over the field. 煙波濤般滾滾向前越過原野。**2**〔動(十副)〕〈帆等〉膨脹，鼓起〈*out*〉：Her skirt *~ed out* like a parachute. 她的裙子像降落傘般鼓起。
—*v.t.* 使…膨脹，使…鼓起。
bil·low·y [ˈbɪləwɪ; ˈbiloui] «billow 的形容詞»—*adj.* (**bil·low·i·er**; **-i·est**)巨浪的，波濤洶湧的，渦漩的。
bíll·pòster, bíll·stìcker *n.* Ⓒ以張貼廣告爲業者。
bil·ly^{1} [ˈbɪlɪ; ˈbili] *n.* Ⓒ **1** 小棍，棒。**2** (又作 **billy clùb**)《美口語》警棍。
bil·ly^{2} [ˈbɪlɪ; ˈbili] *n.* Ⓒ《英・澳》(於露營等時在野外燒茶用的)罐，壺。
Bil·ly [ˈbɪlɪ; ˈbili] *n.* 比利《男子名；cf. Bill》。
bílly·càn *n.* ＝billy^{2}.
bílly·còck *n.* (又作 **bíllycock hàt**)Ⓒ《主英・口語》圓頂高帽，類似圓頂高帽的帽子。
bílly gòat *n.* Ⓒ《兒語》雄山羊(⟷ nanny goat)。
bil·ly-o(h) [ˈbɪlɪˌo; ˈbiliou] *n.*《英俚》★用於下列成語。
like bílly-o(h) 非常地，猛烈地。
Bílly the Kíd *n.* 比利小子。

【說明】Billy the Kid 係美國西部一亡命之徒，本名 William H. Bonney (1859–81)，生於紐約。少年時代他就屢犯賭博、殺人等罪，後來成爲大規模搶奪家畜的匪幫首領，1880 年被捕判處死刑，後來越獄逃亡而被射殺。雖然他是個歹徒，但從某種意義來說，是個家喻戶曉的惡徒，常被當做歌曲和戲劇的人物。

bil·tong [ˈbɪlˌtɔŋ, -ˌtaŋ; ˈbiltɔŋ] *n.* Ⓤ (南非洲之)乾肉《風乾的長條型瘦肉》。
bi·met·al·lic [ˌbaɪməˈtælɪk; ˌbaimiˈtælik⁻] *adj.* **1** 複本位制的(cf. monometallic)。**2** 二種金屬的。
bi·met·al·lism [baɪˈmɛtlˌɪzəm; ˌbaiˈmetəlizəm] *n.* Ⓤ〖經濟〗(金銀)複本位制。
bì·mét·al·list [-lɪst; -list] *n.* Ⓒ〖經濟〗複本位制論者。
bi·month·ly [baɪˈmʌnθlɪ; ˌbaiˈmʌnθli⁻] *adj.* & *adv.* **1** 兩個月一回的[地]，每隔一個月的[地]。**2** 一個月兩回的[地]《★比較因易與義 1 混淆，通常用 semimonthly》。
—*n.* Ⓒ隔月發行的刊物[雜誌]，雙月刊。
bin [bɪn; bin] *n.* **1** Ⓒ**a** (有蓋的)大箱。**b** (貯藏煤、穀物、麪包等用的)箱或倉。**c** (地下室的)葡萄酒窖。**2** Ⓒ《英》(採[裝]蛇麻草用的)帆布袋。**3** [the ~]《俚》精神科醫院(loony bin)。
bi·na·ry [ˈbaɪnərɪ; ˈbainəri] *adj.* **1** 雙重的；由兩部分組成的：a ~ measure〖音樂〗二拍子。**2**〖化學〗兩種成分的，二元素的。**3**〖數學〗二進(法)的：the ~ scale 二進法/a ~ number 二進數《以二進法表示的數》。**4**〖天文〗雙子星的。
—*n.* Ⓒ **1** 二元體，雙體，複體；二個之一組，一雙。**2**〖數學〗二進數(cf. *adj.* 3)。**3**〖天文〗＝binary star.
bínary dígit *n.* Ⓒ〖數學〗二進數字《一般使用 0 和 1；cf. bit^{4}》。
bínary stár *n.* Ⓒ〖天文〗雙子星《在共同的重心周圍公轉》。
bi·nate [ˈbaɪnet; ˈbaineit] *adj.*〖植物〗雙生的，成對的。
bi·na·tion·al [baɪˈnæʃənl; baiˈnæʃənl⁻] *adj.* 由二國合成的：a ~ conference 二國間之會議。
bin·au·ral [bɪnˈɔrəl; ˌbainˈɔːrəl, bin-⁻] *adj.* **1** (用)雙耳的。**2** 〈唱片、收音機等〉立體迴音的。
‡**bind** [baɪnd; baind] «源自古英語「縛」之義»—(**bound** [baund; baund]) *v.t.* **1** 縛，綁，捆，紮，束：**a**〔十受(十介十(代)名)〕〔以…〕綁〈物〉〔*with*〕：They *bound* the man's hands behind him. 他們把那個人的雙手反綁在背後/ ~ a person hand and foot 綁某人的手腳/She was *bound* by a magic. 她被妖術懾住/She *bound* the package *with* a bright ribbon. 她用一條鮮艷的絲帶捆紮那件包裹。**b**〔十受十副〕將…綁在一起〈*together*〉：The burglar *bound* the shopman's legs ***together***. 强盜把店員的雙腿捆綁在一起。**c**〔十受十副〕將〈物〉綁(在身上等)〈*on*〉：~ a package ***on*** 把包裹綁在身上。**d**〔十受十介十(代)名〕將〈人、物〉綁〔在…〕〔*to*〕：~ a person ***to*** a tree 把某人綁在一棵樹上/We are *bound to* each other by a close friendship. 我們彼此由親密的友情連結在一起。**e**〔十受十介十(代)名〕〔以愛情、義務等〕連結…〔*in*〕：They are *bound in* marriage. 他們因婚姻而結合在一起。**f**〔十受十介十(代)名〕將〈物〉綁[捆]〔成…〕〔*in, into*〕：~ old letters ***into*** a bundle 把舊信捆成一束。
2 纏繞：**a**〔十受十介十(代)名〕將〈帶等〉纏繞，捲，紮〔於…〕〔*about, round, on*〕：~ a belt ***round*** [***about***] one's waist 把皮帶繫在腰間。**b**〔十受(十副)〕包紮…：~ (***up***) a wound 包紮傷口。**c**〔十受(十副)十介十(代)名〕〔以絲帶等〕裹…，包…〈*up*〉〔*with, in*〕：~ (***up***) a package ***with*** a ribbon 以絲帶束住[捆紮]包裹/She had her hair *bound up* ***in*** a neckerchief. 她把頭髮用圍巾包起來。
3 a〔十受十 *to* do〕使〈人〉承擔〈做…的〉義務《★常以過去分詞當形容詞用；⇨ bound^{1} 2》。**b**〔十受(十副)(十介十(代)名)〕〈將人〉(以法律、契約等)約束，束縛，拘束，限制；使…有義務〈*down*〉

[*in, to*]《★常用被動語態》：I *am bound* by oath. 我受誓約的約束/He *was bound* ***to*** secrecy. 他有義務守密。**c** [十受十介十(代)名] [~ *oneself*] [受…]束縛，約束[*by, in, to*]：~ *oneself* ***by*** an agreement 受合約的約束/~ *oneself* ***in*** marriage 受婚姻約束。**d** [十受十 *to* do] [~ *oneself*]允諾，許諾，保證，答應，發誓〈做…〉：I *bound myself to* deliver the goods by the end of this week. 我保證在本週末以前交貨。

4 a [十受]訂立，締結〈契約等〉：The agreement was *bound* by a handshake. (最後)以握手締結契約。**b** [十受(十副)十(*as*)補]使〈人〉立約〈爲學徒〉〈*over, out*〉《★常用被動語態》：He *was bound* (***over***) (*as* an) apprentice to a carpenter. 他立約去當木匠的學徒。**c** [十受(十副)十介十(代)名]送〈人〉去[…處]當學徒〈*out, over*〉[*to*]《★常用被動語態》：He *was bound* ***out to*** a carpenter. 他被送去當木匠的學徒。

5 a [十受]給…滾邊[鑲邊]：~ (the edge of) a carpet 給地毯滾邊。**b** [十受十介十(代)名] [以…]將…鑲邊[滾邊][*with*]：~ the cuffs ***with*** leather 用皮革給袖口鑲邊。

6 [十受(十副)十介十(代)名] **a** [以…]裝訂〈原稿等〉，裝訂〈書〉〈*up*〉[*in*]：The book is *bound* ***in*** leather [cloth, paper]. 這本書是用皮[布，紙]面裝訂的。**b** 將〈書〉裝訂[成…]〈*up*〉[*into*]：They *bound* ***up*** two volumes ***into*** one. 他們把兩卷書裝訂成一卷。

7 a [十受]〈冰、雪等〉使…凝固，使…凝結：Frost ~*s* sand. 霜使沙凝結。**b** [十受(十副)十介十(代)名] [以水泥等]使…凝固〈*together*〉[*with*]：~ stones (***together***) ***with*** cement 用水泥使石頭凝結(在一起)。**c** [十受]使…便秘：food that ~*s* the bowels 引起便秘的食物。

—*v.i.* **1** 縛，綁，束，捆，紮。

2 〈承諾等〉具有約束力。

3 〈泥沙、雪等〉凝結，凝固：Clay ~*s* when it is baked. 黏土一燒就會凝固。

4 a 〈衣服等〉太緊，繃緊身體：This coat ~*s at* the shoulders. 這件上裝肩膀處太緊。**b** 〈工具等〉(卡[鈎]住而)不動：The saw is ~*ing on* a knot. 鋸子卡在節瘤上而動不了。

5 [用於進行式]被裝訂：The new edition *is* ~*ing.* 新版本正在裝訂。

bínd óver 《*vt adv*》《英》《法律》(1)使〈人〉保證[具結]行爲要謹慎《★常用被動語態》。(2)[十 *to* do]依法使…宣誓〈做…〉《★常用被動語態》：He was *bound over to* keep the peace. 他(在法庭)依法宣誓維持治安。

I'll be bóund. ⇨ bound[1].

—*n.* **1** Ⓒ縛[綁]之物，線，索。**2** [常 **a bit of a** ~]《俚》討厭之事[物]，無聊之事。

in a bínd 《美口語》在困境中；進退兩難。

bínd·er *n.* **1** Ⓒ **a** 縛[綁]的人。**b** 裝訂者，滾邊者。

2 Ⓒ用以捆綁之物，包紮工具，包紮物：**a** 線，帶。**b** 繃帶；封帶，腰封。**c** 活頁紙的封面。

3 Ⓒ **a** (使稻穗成束的)收割機。**b** (縫級機等的)滾邊器。

4 Ⓤ [指產品個體或種類時爲Ⓒ] **a** 黏合[結合，接合]劑。**b** (烹調的)芡《太白粉、蛋等》。

bind·er·y [ˋbaɪndərɪ, -drɪ; ˈbaindəri] *n.* Ⓒ書籍裝訂廠。

bínd·ing *n.* **1 a** Ⓤ縛，綁，捆，紮，束。**b** Ⓒ用以縛[綁，捆，紮，束]之物。

2 a Ⓤ裝訂，裝幀：books *in* cloth ~ 用布面裝訂的書籍。**b** Ⓒ封面(cover)：a book *with* leather ~*s* 皮封面的書。

3 Ⓤ (衣服等的)滾邊材料，滾條。

4 Ⓒ滑雪板上的鞋子固定器。

—*adj.* **1 a** 有拘束力的，有束縛力的；應遵守的；有效力的：a ~ agreement 有拘束力的協定。**b** [不用在名詞前] [十介十(代)名] [對…]有拘束力的，[爲…所]應遵守的[*on, upon*]：This agreement is ~ ***on*** [***upon***] all parties. 此契約爲全部當事人所應履行的。

2 黏合[結合，接合]的，繫連的。

3 〈食物等〉引起便秘的。

~**·ly** *adv.*

bínding ènergy *n.* Ⓤ《物理》結合能《分離分子、原子(核)時所需要的能》。

bínd·wèed *n.* Ⓤ《植物》旋花蔓《旋花屬蔓生草本植物的統稱》。

bine [baɪn; bain] *n.* Ⓒ **1** (植物的)蔓，藤，葛；(尤指)蛇麻草的蔓藤。

2 =woodbine.

binge [bɪndʒ; bindʒ] *n.* Ⓒ《俚》狂飲作樂，歡鬧(spree)：go on the ~ =have a ~ 狂飲作樂/go on an eating ~ 去吃個痛快。

bin·gle [ˋbɪŋgl; ˈbiŋgl] *n.* Ⓒ《棒球》《俚》安打。

bin·go [ˋbɪŋgo; ˈbiŋgou] *n.* Ⓤ賓果遊戲《使用記有數目的牌所玩的一種彩票式賭博性遊戲；cf. jackpot 1 a》。

—*interj.* [表示意外的歡喜]嘿！好！

bin·na·cle [ˋbɪnəkl; ˈbinəkl] *n.* Ⓒ《航海》羅盤針箱《表面裝玻璃的臺架；內裝有夜間用的油燈和羅盤針》。

bin·oc·u·lar [baɪˋnɑkjələ, bɪ-; biˈnɔkjulə, ˌbai-] *adj.* **1** 雙眼並用的：a ~ telescope [microscope] 雙筒[雙目]望遠[顯微]鏡。**2** [用在名詞前]雙筒望遠[顯微]鏡(用)的。

—*n.* Ⓒ [常 ~**s**；當單數或複數用]雙筒望遠鏡：a pair of six-power ~*s* 一副六倍的雙筒望遠鏡/He watched the horse race through his ~*s.* 他用雙筒望遠鏡看賽馬。

bi·no·mi·al [baɪˋnomɪəl; ˌbaiˈnoumiəl] *adj.* **1**《數學》二項式的：the ~ theorem 二項式定理。**2**《生物》二種名稱的，重名的《由屬名和種名合成的》。

—*n.* Ⓒ **1**《數學》二項式。**2**《生物》動植物二名法。

bi·o [ˋbaɪo; ˈbaiou] 《biography 之略》**—*n.*** Ⓒ(*pl.* ~**s**)《口語》(尤指短的)傳記。

bi·o- [baɪo-; baiou-] [複合用詞]表示「生…」「生物…」「生物學的」之意。

bi·o·as·tro·nau·tics [ˌbaɪoˌæstrəˋnɔtɪks; ˌbaiouæstrəˈnɔ:tiks] *n. pl.* [當單數用]太空生物學《研究太空旅行對生命之影響的學科》。

bìo·chémical *adj.* 生物化學的。~**·ly** *adv.*

bìo·chémist *n.* Ⓒ生物化學家。

bìo·chémistry *n.* Ⓤ生物化學。

bi·o·cide [ˋbaɪəˌsaɪd; ˈbaiəsaid] *n.* Ⓒ生物殺滅劑《如殺蟲劑、除草劑等》。

bi·o·cli·mat·ic [ˌbaɪoklaɪˋmætɪk; ˌbaiouklaiˈmætik] *adj.* 生物氣候學的。

bi·o·cli·ma·tol·o·gy [ˌbaɪoˌklaɪməˋtɑlədʒɪ; ˌbaiouˌklaiməˈtɔlədʒi] *n.* Ⓤ生物氣候學《研究氣候對生物之影響的學科》。

bìo·degrádable *adj.* 微生物可分解[降解]的《指可藉細菌之作用分解成無害物質的》：~ wastes 可藉微生物分解的廢物。

bi·o·e·col·o·gy [ˌbaɪoiˋkɑlədʒɪ; ˌbaiouiːˈkɔlədʒi] *n.* Ⓤ生物生態學。

bìo·eléctric *adj.* 生物發電現象的；有關生物發電的。

bìo·electrónics *n.* Ⓤ生物電子學。

bìo·engineéring *n.* Ⓤ生物工程學。

bìo·éthics *n.* Ⓤ生物倫理學。

bi·o·feed·back [ˌbaɪoˋfidˌbæk; ˌbaiouˈfi:dbæk] *n.* Ⓤ生物反饋(法)《通常指藉由電子儀器以訓練個人之自主控制身體的過程或功能》。

biog. 《略》biographer；biographic；biography.

bìo·génesis *n.* Ⓤ《生物》生源論《主張一種生物係自他種生物演化而生，並非由無生物演變而成》。

bìo·geógraphy *n.* Ⓤ《生態》生物地理學。

bi·og·ra·phee [baɪˌɑgrəˋfi; baiˌɔgrəˈfi:] *n.* Ⓒ傳記之主人翁。

bi·og·ra·pher [baɪˋɑgrəfə; baiˈɔgrəfə] *n.* Ⓒ傳記作家。

bi·o·graph·ic [ˌbaɪəˋgræfɪk; ˌbaiəˈgræfik] *adj.* =biographical.

bi·o·graph·i·cal [ˌbaɪəˋgræfɪkl; ˌbaiəˈgræfikl] 《biography 的形容詞》**—*adj.*** 傳記(體)的，有關某人之一生的：a ~ dictionary 名人辭典/a ~ sketch 略傳。~**·ly** [-klɪ; -kəli] *adv.*

bi·og·ra·phy [baɪˋɑgrəfɪ; baiˈɔgrəfi] *n.* **1** Ⓒ傳記。**2** Ⓤ傳記文學。

bío·hàzard *n.* Ⓒ生物危害《對生命或健康的危害，尤指因生物實驗所造成者》。

—*adj.* 與生物危害(預防或控制)有關的。

bìo·instrumentátion *n.* Ⓤ生物儀器檢測《運用儀器以記錄或傳送生理資料，如對飛行中的太空人做檢測》。

bi·o·log·ic [ˌbaɪəˋlɑdʒɪk; ˌbaiəˈlɔdʒik] *adj.* =biological.

bi·o·log·i·cal [ˌbaɪəˋlɑdʒɪkl; ˌbaiəˈlɔdʒikl] *adj.* 生物(學)的，有關生物(學)的。~**·ly** [-klɪ; -kəli] *adv.*

bíological wárfare *n.* Ⓤ生物[細菌]戰。

bi·ól·o·gist [-dʒɪst; -dʒist] *n.* Ⓒ生物學家。

***bi·ol·o·gy** [baɪˋɑlədʒɪ; baiˈɔlədʒi] *n.* Ⓤ **1** 生物學。**2** (某一地區的)植物[動物]。

bi·o·lu·mi·nes·cence [ˌbaɪoˌluməˋnɛsṇs; ˌbaiouˌlu:miˈnesns] *n.* Ⓤ生物體之發光。

bío·màss *n.* Ⓤ《生物》(單位面積或體積內存在的)生物的數量。

bìo·matérial *n.* ⓊⒸ生物材料《合成或天然物質，用以替換生物體中的骨骼、組織等》。

bìo·mechánics *n.* Ⓤ《醫》[當單數用]生物力學。

bìo·médical *adj.* 生物醫學的。

biomédical engineéring *n.* =bioengineering.

bìo·médicine *n.* Ⓤ生物醫學。

bìo·mèteorólogy *n.* Ⓤ生物環境學；生物氣象學。

bìo·mét·rics [ˌbaɪəˋmɛtrɪks; ˌbaiəˈmetriks] *n.* Ⓤ生物測定[統計]學。

bi·om·e·try [baɪˋɑmətrɪ; baiˈɔmitri] *n.* Ⓤ **1** (人的)壽命測定(法)。**2** =biometrics.

bìo·mólecule *n.* Ⓒ《化學》生命分子；原生質的分子。

B

bi·on·ic [baɪˋɑnɪk; baiˈɔnikˉ] *adj.* **1** 生物工學的。**2**《口語》超人的，像部分生理機能由機器裝置代替以適應太空等特殊環境的人(cyborg)的。

bi·on·ics [baɪˋɑnɪks; baiˈɔniks] *n.* Ⓤ生物工學《藉電子工程學開發並利用生物體機能的學問》。

bìo·phýsics *n.* Ⓤ生物物理學。

bi·op·sy [baɪˋɑpsɪ; baiˈɔpsi] *n.* Ⓒ《醫》活體檢視；活組織檢查(法)。

bìo·rhýthm *n.* ⓊⒸ生物韻律[節奏]《生物體內的周期性現象》。

bìo·satellite *n.* Ⓒ生物衛星《運載生物的人造衛星》。

bío·science *n.* Ⓤ生物科學。

bío·sphère *n.* [the ~]《生物》生存範圍，生物圈《地球上生命可以存在的區域，包括水，空氣及地殼》。

bìo·technólogy *n.* Ⓤ生物工藝學《研究應用生物機能的工業技術，或將工業技術應用於生物體的技術》。

bìo·telémetry *n.* Ⓤ生物遙測《運用遙隔測定器在遠距離(如在太空船中)檢測動物、人類等的生理狀況或反應》。

bi·o·tite [ˋbaɪə,taɪt; ˈbaiətait] *n.* Ⓤ《礦》黑雲母。

bìo·trânsformátion *n.* ⓊⒸ生物轉化《生物體內化合物的轉化》。

bi·par·ti·san, bi·par·ti·zan [baɪˋpɑrtəzn̩; ˌbaipɑ:tiˈzænˉ] *adj.* 兩黨的，兩派的；由兩黨合作的，代表兩黨的：a ~ foreign policy 兩黨一致的外交政策。

bi·par·tite [baɪˋpɑrtaɪt; baiˈpɑ:taitˉ] *adj.* [用在名詞前] **1** 由兩者[雙方]分持[分擔，參加，同意]的，雙邊的：a ~ agreement 雙邊協定。**2**《植物》深裂爲二的〈葉〉。**3 a** 由兩部分構成的。**b** 一式兩分的。

bi·ped [ˋbaɪpɛd; ˈbaiped] *adj.* 兩足的。
—*n.* Ⓒ兩足動物《人、鳥等》。

bi·pet·al·ous [baɪˋpɛtl̩əs; baiˈpetələs] *adj.*《植物》具二花瓣的。

bi·pin·nate [baɪˋpɪnet; baiˈpineit] *adj.*《植物》二次羽狀的。

bi·plane [ˋbaɪ,plen; ˈbaiplein] *n.* Ⓒ雙翼飛機(cf. monoplane).

biplane

bi·po·lar [baɪˋpolɚ; baiˈpouləˉ] *adj.* **1** (陰、陽，正、負)雙極(式)的，有兩極的；(在)(南、北)兩極地區的。**2**〈兩者〉相反的，兩極端的。

bi·ra·cial [baɪˋreʃəl; baiˈreiʃlˉ] *adj.* 包括[代表]兩個種族的《尤指白人與黑人》。

birch [bɝtʃ; bə:tʃ] *n.* **1 a** Ⓒ《植物》樺樹《樺屬落葉喬木的統稱》：⇨ white birch. **b** Ⓤ樺木《樺樹之木材》。**2** Ⓒ(從前用以體罰學生的)樺條。—*adj.* [用在名詞前] 樺木的：a ~ rod 樺木笞，樺條。—*v.t.* 用(樺)木條鞭笞。

birch·en [ˋbɝtʃən; ˈbə:tʃən] *adj.* 樺樹的；樺木(製)的。

‡**bird** [bɝd; bə:d] *n.* **1** Ⓒ鳥：~*s* of a feather ⇨ feather 1/the ~ of wonder 不死鳥，長生鳥；(中國傳說中的)鳳凰(phoenix)/A ~ in the hand is worth two in the bush.《諺》一鳥在手勝於兩鳥在林《到手的東西才是可靠的》《★a bird in the hand 指「握在手中的鳥」之意，轉而表示「現實的利益」之意》/The ~ is[has] flown. 對方已經逃掉了《指欲逮捕之嫌犯等已逃走》。

【說明】(1)關於國鳥，英國於 1960 年依照國民的投票決定「歐鴝」(robin)爲國鳥。美國於 1782 年率先全世界經國會議決以「白頭鷹」(bald eagle)爲國鳥。日本以「雉雞」(pheasant)爲國鳥；澳大利亞以琴鳥(lyrebird)爲國鳥。美國各州有州鳥，例如：加利福尼亞州以「冠鶉」(California quail)爲州鳥；密蘇里州以「藍鶇」(bluebird)爲州鳥；「美洲紅雀」(cardinal)則爲印地安納、伊利諾、肯塔基、俄亥俄等州的州鳥。
(2)關於 bird 的諺語如下：The early *bird* catches[gets] the worm. 早起的鳥兒有蟲吃[捷足先登]/*Birds* of a feather flock together. 同樣羽毛的鳥聚在一起[物以類聚]。
(3)「風聞」或「我偶然聽說」在口語中爲：A little bird told me.《源自聖經舊約「傳道書」》。

2 Ⓒ常成狩獵目標的鳥《如鷓鴣、雉雞等》。
3 Ⓒ **a** [常與修飾語連用]《口語》人，傢伙：a dear old ~ 蠻不錯的人/a queer ~ 古怪的傢伙/a tough ~ 難纏的人[難對付的傢伙]/⇨ early bird, jailbird. **b**《英俚》少女，女孩：my ~ 我的姑娘，愛人。
4 Ⓒ《口語》飛彈；(載人)太空船；直昇機；飛機。
5 [the ~]《俚》(觀衆、聽衆的)噓聲，喝倒采，戲弄，奚落(jeer)：give a person *the* ~ 奚落某人，對某人喝倒采；把某人革職/get *the* ~ 被喝倒采；被革職。
6 Ⓤ《英俚》刑期《★常用於下列片語》：do ~ 服刑。

A líttle bírd tóld me.《口語》我聽說，我風聞，消息靈通的人告訴我《★隱藏消息來源的說法》。

bírd of íll ómen (1)不祥之鳥。(2)帶來壞消息的人，常說不吉利的事的人。

bírd of páradise《鳥》天堂鳥《新幾內亞產的一種美麗的鳥；古時這種鳥被切掉腳，由澳洲輸入英國，有人以爲是從天堂來的鳥，因此取了這名字》。

bird of paradise

bírd of pássage (1)候鳥。(2)《口語》流浪者；習於旅行的人。

bírd of préy 猛禽《食肉的鳥，如鷹、鷲、鴞等》。

éat like a bírd 食量極小，吃得很少。

kíll twó bírds with óne stóne《口語》一箭雙鵰，一舉兩得。

like a bírd《口語》(1)毫無困難地，輕輕鬆鬆地；快樂地；踴躍地；高高興興地：sing [work] *like a* ~ 快樂地歌唱[動快地工作]。(2)帶勁地，倏地。

(stríctly) for the bírds《美口語》無用的，沒價值的，無聊的：That's *for the ~s.* 那眞無聊。

the bírds and (the) bées《口語》有關性的基本常識，性教育的基本常識。

the bírd of fréedom 自由之鳥《如美國國徽上的白頭鷹(bald eagle)》。

the bírd of Jóve [Júno, Minérva] 鷹[孔雀，鴞]。

the bírd of níght 鴞。

the bírd of péace 鴿子。

—*v.i.* **1** 觀察野鳥。**2** 捕[射]鳥。

bírd·bàth *n.* Ⓒ水盤《供小鳥戲[飲]水之用》。

bírd·bràin *n.* Ⓒ《口語》傻瓜，蠢貨；輕浮的人。

bírd·bráined *adj.* 笨的，愚蠢的(silly)。

bírd·càge *n.* Ⓒ鳥籠。

bírd·càll *n.* Ⓒ **1** 鳥聲。**2** 似[仿]鳥鳴之聲。**3** 鳥笛《吹出似鳥聲的哨子；常用以引誘鳥》。

bírd dòg *n.* Ⓒ《美》**1** 獵鳥用的獵犬(gun dog). **2**《口語》搜羅人材的人。

bírd-èyed *adj.* **1** 似鳥之眼的；目光銳利的。**2**〈馬〉容易受驚嚇的。

bírd fàncier *n.* Ⓒ **1** 喜歡(養)鳥的人。**2** 賣鳥的人。

bírd·hòuse *n.* Ⓒ **1** 鳥屋。**2** 鳥舍；(展覽鳥的)大鳥籠。

bird·ie [ˋbɝdɪ; ˈbə:di] *n.* Ⓒ **1**《兒語》鳥兒，小鳥。**2**《高爾夫》低於標準桿(par)一桿進洞(⇨ par 3 相關用語)。

Wátch the bírdie. 眼睛看這邊！《★攝影師在按快門之前對被拍照者說的話》。

—*v.t.*《高爾夫》以低於標準桿一桿的成績打進〈洞〉。

bírd·lìke *adj.* **1**〈相貌、聲音等〉似鳥的。**2**〈動作〉敏捷的，輕快的。**3**〈體態〉輕盈苗條的。

bírd·lìme *n.* Ⓤ **1** (塗於樹枝上以捕鳥的)黏鳥膠。**2** 圈套，甜言蜜語。

bírd·man [-,mæn, -mən; -mæn] *n.* Ⓒ (*pl.* **-men** [-,mɛn, -mən; -men]) **1 a** 鳥類研究者。**b** (鳥類)標本製造師。**c** 捕鳥者。**2**《口語》飛行家。

bírd·sèed *n.* Ⓤ(餵家禽用的)鳥食《如黍、麻實之類》。

bírd's-èye *adj.* **1** 鳥瞰的，凌高俯視的：a ~ photo 鳥瞰照片。**2** 似鳥眼的，有似鳥眼之斑點的：~ maple 糖槭《其木材有似鳥眼之斑紋；爲作家具之材料》。
—*n.* **1** Ⓒ《植物》雪剜草類。**2 a** Ⓒ似鳥眼之斑點。**b** Ⓤ有似鳥眼之斑點的布料。

bírd's-eye víew *n.* Ⓒ **1 a** 鳥瞰圖〔*of*〕. **b** [常用單數] (自高處俯視之)全景〔*of*〕. **2**《口語》概觀，概要，概覽〔*of*〕：take a ~ *of* American history 概覽美國歷史。

bírd shòt *n.* Ⓒ射鳥用的小粒彈丸。

bírd's-nèst *v.i.* 搜鳥巢裏的蛋：go ~*ing* 去搜鳥巢裏的蛋。

bírd-wàtch *v.i.* 觀察野鳥(之外表、生活動態等)。

bírd-wàtcher *n.* Ⓒ野鳥觀察家，野鳥生態研究家，鳥類學家。

bírd-wàtching *n.* Ⓤ觀察野鳥。

【說明】有很多英美人士以觀察及研究野鳥生態爲嗜好，甚至孩子們也很喜愛這種活動。觀察野鳥可培養他們關心大自然與愛護野鳥。這是發自保護以鳥類爲首的大自然意識，美國全國普遍設有鳥類保護區(bird sanctuary)。

bi·ret·ta [bəˋrɛtə; biˈretə] *n.* Ⓒ《天主教》(神職人員所戴的)四角帽，法冠。

biretta

Bir·ming·ham [ˋbɝmɪŋəm; ˈbə:miŋəm] *n.* **1** 伯明罕《英格蘭西中部郡(West Midlands)的一個城市；爲工業中心》。
2 [ˋbɝmɪŋ,hæm, -ŋəm; ˈbə:miŋhæm, -ŋəm] 伯明罕《美國阿拉巴馬州(Alabama)中北部的一個城市》。

Bi·ro [ˋbaɪro; ˈbairou] «源自發明者之名»—*n.* Ⓒ(*pl.* ～s)[常 b～]《英》〖商標〗一種原子[圓珠]筆的商品名稱。

‡**birth** [bɝθ; bə:θ] «bear[1](生產), be born(出生)之意的名詞»—*n.* **1 a** ⓊⒸ出生，誕生：the date of one's ～ 出生年月日/news about ～*s* and deaths 有關誕生和死亡的消息/He was blind from (his) ～. 他天生失明。**b** Ⓤ[又作 **a** ～]生產，分娩：She had two at *a* ～. 她一胎生下兩個(嬰孩)/⇨ give BIRTH to.
2 Ⓤ出身，血統；(好)家世，身世，(高尚)門第：a man of low [humble] ～ 出身寒微的人/be of good [noble] ～ 出身良家[高貴]。
3 Ⓤ起源，發生，創始，誕生，出現〔*of*〕：the ～ *of* a new nation 一個新國家的誕生。
at birth 出生時。
by birth (1)生爲：She is (an) American *by* ～. 她生爲美國人。(2)天生的，道地的：a Londoner *by* ～ 道地的倫敦人。
give birth to... (1)生〈孩子〉。(2)〈事〉造成…，引起，產生。
in birth 論出身，於身世；出生時：He is noble *in* ～. 他出身高貴。
of birth 門第[家世]好：a man *of* ～ and breeding 出身於高尚門第且有教養的人。

bírth certìficate *n.* Ⓒ出生證明書。

bírth contròl *n.* Ⓤ節育，節制生育。

bírth·dàte *n.* Ⓒ出生年月日(cf. birthday)。

‡**birth·day** [ˋbɝθ,de; ˈbə:θdei] *n.* Ⓒ生日，誕辰：one's twentieth ～ 二十歲的生日/"When is your ～ ?"—"It's (on) May 5."「你生日是什麼時候？」「是五月五日。」/Happy ～ (to you)！祝你生日快樂！
—*adj.* [用在名詞前]生日的：⇨ birthday party/a ～ present 生日禮物。

bírthday càke *n.* Ⓒ生日蛋糕《在蛋糕上插與年齡同樣數目的蠟燭》。

bírthday hónours *n. pl.*《英》在國[女]王誕辰所舉行的授勳、敍爵。

bírthday pàrty *n.* Ⓒ慶生會，生日宴會。

【說明】(1)年紀小的時候通常在自己家裏舉行慶生會，但到高中時就不一定在自己家裏。時間通常是傍晚到九點半左右；除了禮物以外，大家都帶一些點心(snack)去。穿的是家常便服，在會中多半以聊天、跳舞作樂。在美國，二十一歲生日表示長大成人，通常舉行盛大的慶祝會。禮物在宴會開始前送給壽星，壽星可當場打開，也可以把打開禮物作爲慶生會的高潮。壽星對於拿到的禮物，禮貌上不僅要說"Thank you！"(謝謝你!)，還要說"This is just what I have wanted."(這正是我想要的。)等語，坦白表示自己欣喜之至。
(2)祝福壽星通常說"Happy birthday！"(祝你生日快樂！)，也可以說"(I wish you) Many happy returns (of the day)！"(祝你年年都有快樂的生日！)等。

bírthday sùit *n.* Ⓤ《謔》裸體：in one's ～ 光著身體地，一絲不掛地。

bírth·màrk *n.* Ⓒ胎記，胎痣。

【同義字】bruise 是因跌打等所造成的斑或瘀傷。

bírth pàng *n.* Ⓒ[常 ～s] **1** (生產時的)陣痛。**2** (社會的改變等所帶來的)混亂或困難。

bírth·plàce *n.* Ⓒ **1** 出生地。**2** 發源地，發祥地。

bírth·ràte *n.* Ⓒ出生率。

bírth·rìght *n.* Ⓒ[常用單數；by ～ 時爲Ⓤ]生得權，與生俱來的權利；長子繼承權。
séll one's bírthright for a méss of póttage 爲了一碗紅豆湯而賣掉名分，爲了一時的利益而放棄永久的利益，因小失大《★出自聖經「創世記 25:29–34」》。

bírth·stòne *n.* Ⓒ誕生石《象徵出生月分的寶石》。

一月	garnet	七月	ruby
二月	amethyst	八月	sardonyx
三月	bloodstone		*peridot
	*aquamarine	九月	sapphire
四月	diamond	十月	opal
五月	emerald		*tourmaline
六月	pearl	十一月	topaz
	*alexandrite	十二月	turquoise
	*moonstone		*zircon

*號表示至二十世紀追加者

birthstones

bis [bɪs; bis] «源自法語 'twice' 之義»—*adv.* **1** 二度，二次。**2** 〖音樂〗重複地《樂譜的指示》。
—*interj.* 再來一個！再來一曲！《聽衆要求之聲》。

Bis·cay [ˋbɪskɪ, -ke; ˈbiskei, -ki], **the Bay of** *n.* 比斯開灣《在法國西部及西班牙北部之間的海灣》。

***bis·cuit** [ˋbɪskɪt; ˈbiskit] *n.* (*pl.* ～s, ～) **1** Ⓒ **a**《英》餅乾(《美》cracker, cookie)。**b**《美》小甜麪包(《英》scone)。
2 Ⓤ餅乾色，灰棕色。
3 Ⓤ＝bisque[1].
tàke the bíscuit《英口語》＝take the CAKE.

【字源】原義是「烘烤兩次的東西」(拉丁文 bis 的意思是「兩次」，cuit 則和英語的 cook 有關連)；爲便於久存而開發的食品，是航海和行軍用的攜帶乾糧。據說在航行世界一周中途死亡的葡萄牙大航海家麥哲倫(Magellan, 1480？－1521)在出航時船上即載有大量餅乾。
【說明】英國的 biscuit 是不用發酵粉，只將牛奶、奶油等加入麪粉中烘烤而成者；有甜、不甜、硬、不硬等多種，中國的小甜餅乾、蘇打餅乾屬於此類。美國的 biscuit, 是加發酵粉不加糖，烤成蛋糕一樣的小麪包，出爐後趁熱塗奶油吃。

bíscuit wàre *n.* ＝bisque[1] 1.

bi·sect [baɪˋsɛkt; baiˈsekt] *v.t.* 將…分爲二(等)分。
—*v.i.* 〈路等〉分開爲二，分叉。

bi·sec·tion [baɪˋsɛkʃən; ˌbaiˈsekʃn] «bisect 的名詞»—*n.* ⓊⒸ二(等)分；分叉處；平分的兩部分之一。

bi·sec·tor [baɪˋsɛktɚ; baiˈsektə] *n.* Ⓒ〖數學〗二等分線，平分線。

bi·sex·u·al [baɪˋsɛkʃuəl; ˌbaiˈseksjuəl] *adj.* **1**〖生物〗兩性的；具有雌雄兩性器官的，雌雄同體的(cf. unisexual)。**2**〖心理〗〈人〉在性慾上受兩性吸引的。
—*n.* Ⓒ〖心理〗在性慾上受兩性吸引的人。～·**ly** *adv.*

bi·sex·u·al·i·ty [ˌbaɪsɛkʃuˋælətɪ; ˌbaiseksjuˈæləti] «bisexual 的名詞»—*n.* Ⓤ〖心理〗雌雄同體，兩性俱有；兩性愛。

bish·op [ˋbɪʃəp; ˈbiʃəp] «源自希臘文「監督」之義»—*n.* Ⓒ **1** [也用於稱呼][常 B～]〖天主教〗主教；〖新教〗監督，〖英國國教〗主教《★英國國教會將英格蘭(England)和威爾斯(Wales)兩地劃分爲四十個教區，各教區由一位 bishop 管轄》：the *B*～ of London 倫敦主教《主教駐於聖保羅大教堂(St. Paul's)》。**2**〖西洋棋〗主教(棋子)《★主教帽形的棋子，其功用相當於象棋中的「相」；略作 B》。

bish·op·ric [ˋbɪʃəprɪk; ˈbiʃəprik] *n.* Ⓒbishop 之職[管區]。

Bíshop's ríng «源自描述此現象的美國傳教士之名»—*n.* Ⓒ畢旭光環《因火山活動等，在太陽周圍所產生的紅褐色光環》。

Bis·marck [ˋbɪzmɑrk; ˈbizmɑ:k], **Ot·to von** [ˋɑto fən; ˈɔtou fən] *n.* 俾斯麥《1815–98；德國政治家，德意志帝國第一任首相(1871–90)》。

bis·muth [ˋbɪzməθ; ˈbizməθ] *n.* Ⓤ〖化學〗鉍《一種金屬元素；符號 Bi》。

bi·son [ˋbaɪsn, -zn; ˈbaisn] *n.* Ⓒ(*pl.* ～)〖動物〗美洲野牛；歐洲野牛(cf. buffalo)。

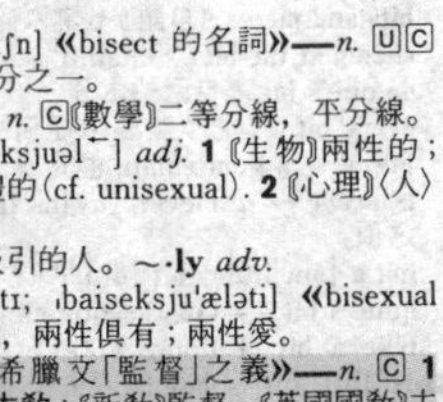

bisons

bisque[1] [bɪsk; bisk] *n.* Ⓤ **1** 素瓷，本色陶器。**2** 紅黃色。

bisque[2] [bɪsk; bisk] *n.* Ⓤ (用魚、蝦、蛤等調製的)一種奶油濃湯。

bis·sex·tile [bɪˋsɛkstɪl, -taɪl; biˈsekstail] *adj.* 閏(年)的。
—*n.* ＝leap year.

bi·state [ˋbaɪ,stet; ˈbaisteit] *adj.* (尤指美國)兩州的，代表兩州的。

bis·ter,《英》**bis·tre** [ˋbɪstɚ; ˈbistə] *n.* Ⓤ **1** (取自煤煙之)褐色顏料。**2** 褐色。

bis·tro [ˋbistro; ˈbi:strou] *n.* Ⓒ(*pl.* ～s)小型的酒館[餐廳，夜總會]。

***bit**[1] [bɪt; bit] «源自「咬取的部分，一口的分量」之義；與 bite 同字源»—*n.* **1 a** Ⓒ一小片，一小塊：a ～ of paper 紙片/ ～*s* of glass 玻璃碎片/come to ～*s* 破成碎片/cut [tear] a letter to ～*s* 把信剪[撕]成碎片。**b** [**a** ～ **of** ...當形容詞用]少許，一點點；

[用在 advice, luck 等名詞前]〈小小的〉一個，一塊：*a* ~ *of* land 一小塊土地/*a* ~ *of* hope 一點點希望/*a* ~ *of* advice [luck, news] 一點忠告[運氣，消息]/know a little ~ *of* everything 什麼事都懂一點點/⇨ a BIT of a. **c** [**a** ~ 當副詞用]《口語》稍微，有些，有點(兒)(a little)：*a* ~ difficult 稍難一點/I am *a* ~ tired. 我有點兒累/I don't feel *a* ~ sorry for him. 我一點也不爲他感到難過。**d** Ⓒ〈食物的〉一口，少量的食物：eat every ~ 全部吃光，吃得乾乾淨淨。

2 [**a** ~ 常當副詞用]《口語》一會兒，片刻，一下：for *a* ~ 一會兒，一下/after *a* ~ 稍後/Wait *a* ~.〈請〉稍候[等一會兒]。

3 Ⓒ《口語》**a**〈風景畫的〉小作品。**b**〈戲劇的〉一小段。**c**〈又作 **bít pàrt**〉〈戲劇、電影等中的〉小角色。

4 Ⓒ **a** [與修飾語連用]《英口語》小錢幣《舊幣制的三便士，六便士錢幣》：a sixpenny ~ 一枚六便士錢幣。**b**《美口語》[與二的倍數的數詞連用]一角二分半：two ~*s* 二角五分(a quarter).

5 Ⓒ [與 the, that 等連用]《美口語》那句話，那句老調，那件事，那回事(等)：*the* bribery ~ 那個紅包[行賄，受賄]事件/I can't accept *that* ~ *about* gambling being evil. 我不能接受賭博是惡行的說法。

a bít at a tíme =BIT by bit.

a bit of a...《口語》有點…，頗有幾分…(rather a...)：He is *a* ~ *of a* poet. 他有點像詩人《頗有幾分詩人的氣質》。

a bit (tòo) múch《口語》太過分：That's *a bit much.* 那太過分了。

a góod bít《口語》⑴相當長時間地，好久。⑵…得多：I'm *a good* ~ older than he. 我年紀比他大得多。

a líttle bít 一點點，少許。

a níce bít (of...)《口語》相當多(的…)：have *a nice* ~ *of* money 很有錢。

a (níce) bít of góods [stúff, flúff]《英俚》〈可愛的〉女孩。

bít by bít = by bíts《口語》一點一點地；逐漸地。

bíts and píeces《口語》七零八碎的東西。

chámp at the bít ⇨ champ¹.

dó one's **bít** 盡自己的本分。

évery bít《口語》無論由任何一點看，全然，徹頭徹尾：He is *every* ~ a gentleman. 他是一位名副其實[不折不扣]的紳士/He is *every* ~ *as* clever (*as* his father). 他也〈如他父親那樣〉精明透頂。

nòt a [óne líttle] bít (of it)《口語》一點也不，全然不；不敢當。

quìte a bít《美口語》=quite a LITTLE *pron.*

tàke a bít of dóing《口語》〈…做〉起來很費力。

‡bit² [bɪt; bit] *v.* bite 的過去式·過去分詞。

bit³ [bɪt; bit] «源自 bite(咬)»—*n.* Ⓒ **1 a** 馬嚼口，馬勒，馬銜《馬銜在口中的馬具；兩端有穿韁繩的環》。**b** 拘束物，控制物。

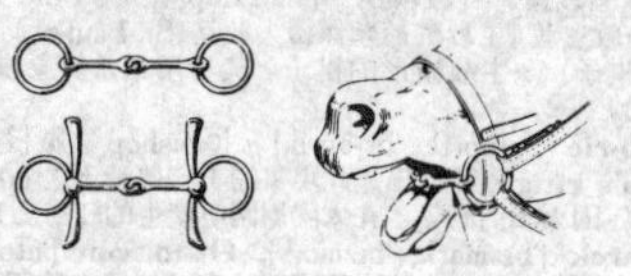

bits³ 1 a

2 a 〈錐的〉頭，尖(⇨ brace¹ *n.* 3). **b**〈鉋子的〉刃。**c**〔機械〕鑽頭《鑽孔機用的刃；⇨ brace¹ 3 插圖》。**d** 鑰匙的齒《能插入鎖中轉啟的部分》。

—*v.t.* (**bit·ted**; **bit·ting**)**1** 給〈馬〉帶嚼口，使〈馬〉慣於帶嚼口。

2 抑制，拘束。

a bráce and bít ⇨ brace¹ *n.* 3.

dráw bít ⑴拉緊韁繩勒住馬。⑵減緩速度。⑶節制，撙節。

óff the bít 放鬆韁繩，使馬緩慢地步行。

ón the bít 使馬快速奔馳。

tàke [hàve, gèt] the bít betwèen [in] its [one's] **téeth** ⑴〈馬〉掙扎欲脫羈絆，不服管。⑵〈人〉掙脫控制，不受約束。

bit⁴ [bɪt; bit] «*b*inary dig*it* 之略»—*n.* Ⓒ〔電算〕位元《資訊之最小單位》。

bitch [bɪtʃ; bitʃ] *n.* Ⓒ **1** 母狗；〈犬科動物之〉雌性(↔ dog)：a ~ fox 母狐。

2《俚》賤女，潑婦，淫婦，婊子：You ~! 你這婊子！

3《俚》非常討厭的[困難的]事。

són of a bítch ⇨ son.

—*v.i.* 〔動(十介十(代)名)〕《俚》**1** 抱怨，大發牢騷〔…之事〕〔*about*〕. **2** [向人]發牢騷，囉嗦〔*at*〕.

—*v.t.* 〔十受(十副)〕《俚》弄糟，糟蹋，弄壞了〈別人所做的事〉〔*up*〕.

bitch·er·y [ˈbɪtʃərɪ; ˈbitʃəri] *n.* Ⓤ《俚》賤女人的行爲；惡毒[欺騙、傲慢]的行爲。

bitch·y [ˈbɪtʃɪ; ˈbitʃi] «bitch 的形容詞» —*adj.* (**bitch·i·er**; **-i·est**)《俚》脾氣壞的，心眼壞的，懷著惡意的；〈適合〉賤女人的：a ~ remark 帶著惡意的話。

‡bite [baɪt; bait] (**bit** [bɪt; bit]; **bit·ten** [ˈbɪtn̩; ˈbitn], **bit**)《★語形 過去分詞通常用 bitten, 但有時也用 bit》*v.t.* **1** 咬。

【同義字】crunch 指嘎札嘎札地咀嚼[咬碎]；gnaw 指用前齒嚙啃；chew 指用臼齒嚼細。

【插圖說明】有關「嚼」「咬」的英語說法：bite 是「咬、嚼〈蘋果等〉，〈狗等〉咬」。gnaw 是「〈老鼠等〉咬、囓」。chew 是「嚼碎〈肉等〉」。nip 是「〈狗等〉咬住」。

a 〔十受〕咬；咬住，咬上〈某物〉：~ bread 咬麪包/ ~ one's fingernails〈神經質地〉咬指甲/ ~ one's lower lip 咬下唇/Once *bit(ten)*, twice shy.《諺》受過一次教訓之後，第二次起會小心，「一回被蛇咬，二回不鑽草」。**b** 〔十受〕《美口語》吃…。**c** 〔十受十介十名〕咬〈人〉〔身體的某部位〕〔*in, on*〕《★在表示身體部位的名詞前加 the》：The dog *bit* me **in** *the* left leg. 狗咬我的左腿。**d** 〔十受十副〕咬下，咬取，咬掉；咬斷…〈*off, away, through*〉：He *bit* **off** a piece of the cake. 他咬下一塊蛋糕/He *bit* the rope **through**. 他咬斷了繩子。**e** 〔十受十介十(代)名〕咬…〔致…〕〔*to*〕：The dog *bit* the hare **to** death. 狗咬死了野兔/He *bit* the bone **to** pieces. 他把骨頭咬成碎片。**f** 〔十受十介十(代)名〕〔在…上〕咬成〈洞等〉〔*in*〕：The dog *bit* a hole **in** the shoe. 狗在鞋上咬了一個洞。

2 〔十受〕〈蚊子、蚤等〉咬，叮，螫…；〈蛇〉咬…；〈蟹〉夾…：Take care not to be *bitten* by the mosquitoes. 小心別被蚊子咬。

3 〔十受〕**a**〈嚴寒等〉刺痛；〈霜〉凍傷〈身體的某部位〉：My fingers were *bitten* by frost. 我的手指被凍傷了。**b**〈胡椒、辣椒等〉刺激〈舌等〉：Mustard ~*s* the tongue. 芥末刺激舌頭。**c**〈酸等〉腐蝕〈金屬等〉：Acid ~*s* metal. 酸腐蝕金屬。

4 〔十受〕**a**〈齒輪〉卡緊在…：The wheels ~ the rails. 車輪卡緊在鐵軌上。**b**〈工具等〉吃進，切入…：The saw *bit* the wood. 鋸子鋸進木頭。**c**〈錨〉鉤住，抓緊〈地〉。

5 〔十受〕使〈人〉熱中，使…沈迷《★用法 常用被動語態變成「〈人〉熱中〔於…〕，沈迷，被沾染」之意；介系詞用 *by, with*；作此義解時不用主動語態》：He *was* completely *bitten* **with** the angling mania. 他十分熱中於釣魚。

6 〔十受〕欺騙〈人〉《★常用被動語態；cf. biter 2》：I got *bitten* in a mail order swindle. 我在一次郵購詐欺中受騙了。

7 〔十受〕《口語》使〈人〉苦惱，使…爲難；使…惱怒：What's *biting* you? 你爲什麼事煩惱？

—*v.i.* **1** 〔動(十介十(代)名)〕咬，咬住，咬上〔…〕；〈蚊子、蚤等〉咬[叮，螫]〔…〕；〈魚〉吃[吞]〔餌〕〔*at, into*〕：My dog never ~*s*. 我的狗從不咬人/The fish *bit* **at** the bait. 魚咬住了餌/He *bit* **into** a cake. 他一口咬住蛋糕。

2 a〈齒輪〉卡緊。**b**〈工具等〉切入：This saw is dull and doesn't ~ well. 這把鋸子不鋒利，使用起來不方便。

3 〔動(十介十(代)名)〕**a**〈酸〉腐蝕〔…〕；刺痛，刺激〔…〕〔*into*〕：Acids ~ **into** metals. 酸腐蝕金屬。**b**〈諷刺等〉傷〔…〕；〈政策等〉〔對…〕收效，有效〔*into*〕.

4 a〈魚〉上鉤[吃餌]：The fish are *biting* well today. 今天魚一來就上鉤[吃餌]。**b** 〔十介十(代)名〕〈人〉〔因花言巧語等而〕上當，上鉤，受騙；受誘惑〔*at*〕：He didn't ~ **at** our offer. 他不爲我們的提議所誘惑。**c** [**I'll** ~]《美》〈猜謎猜不出時〉承認失敗：*I'll* ~, what is it? 我認輸，答案是什麼？

bíte báck《*vt adv*》《口語》⑴抑制住〈呵欠等〉。⑵(咬住嘴唇)强忍不說出〈話〉，强忍不流出〈眼淚〉。

bíte óff móre than one **can chéw** 貪多而吃不下；從事自己能力所不能及之工作。

bíte on...《口語》⑴好好地考慮…：*B~ on* that！那件事你好好地考慮吧。⑵認眞地對付…。

bíte the hánd that féeds one ⇨ hand.

—*n.* **1** Ⓒ咬：at one ~ 一咬地，一口地。

2 a Ⓒ咬下的一塊，一小口；少量：a ~ of bread 咬下的一口麪包/He took a ~ out of his apple. 他咬了一口蘋果。**b** [a ~]《口語》食物；小吃，點心：have *a* ~ at the snack bar 在小吃店吃點心。

3 a Ⓒ咬傷，咬[叮，螫](痕)。**b** Ⓤ腐蝕(作用)。

4 Ⓤ[又作 **a** ~]尖刻；(食物的)刺激性，辛辣：the ~ of sarcasm 諷刺的尖刻/the keen ~ of the wind 寒風刺骨/curry with ~ to it 辣嘴的咖哩。

5 Ⓒ **a** (魚的)上鈎，吃[吞]餌。**b** 經不起誘惑；上當，受騙。

6 Ⓒ《美口語》(從薪資等)被扣除的金額《如稅捐等》。

7 Ⓤ **a**《機械》齧合；卡緊，卡住。

Néver màke [**tàke**] **twó bítes at** [**of**] **a chérry.** ⇨ cherry.

pùt the bíte on a person《美俚》企圖向〈某人〉借[勒索]錢。

bít·er *n.* Ⓒ **1 a** 咬之人[物]。**b** 會咬的動物《狗等》：Great barkers are no ~*s*. ⇨ barker 1. **c** 易吃餌[上鈎]之魚。**2**《古》詐欺者，騙子《★現在僅用於下列諺語》：The ~ (is) bit [bitten].《諺》企圖騙人反而被騙，「偷鷄不著蝕把米」。

bít·ing *adj.* **1** 會咬的；會咬住的。**2** 銳利的(sharp)；猛烈的；辛辣的，尖刻的：a ~ pain 劇痛/He has a ~ tongue. 他說話尖刻。**3 a** 〈寒風等〉刺骨的；刺痛的。**b** [當副詞用]刺骨似地：~ cold 嚴寒的，寒氣刺骨的。**4** 〈食物等〉有刺激性的，辣嘴的。

bít·ing·ly *adv.* 刺骨似地；尖刻地：a ~ cold morning 一個寒氣刺骨的早晨。

bitt [bɪt; bit] *n.* Ⓒ《航海》繫樁。

—*v.t.* 將〈纜繩〉捲繞在繫樁上。

‡bitten [ˋbɪtn̩; ˈbitn] *v.* bite 的過去分詞。

‡bit·ter [ˋbɪtɚ; ˈbitə] 《源自古英語「咬」之義》**—***adj.* (~·er；~·est) **1 苦的**，苦味的(↔ sweet)：This lemon is somewhat ~. 這個檸檬有點苦。**2 難受的，痛苦的**：a ~ experience 痛苦的經驗/~ grief 悲痛/~ tears 悲痛的眼淚。**3 a** 〈風、寒冷等〉**猛烈的，嚴酷的**：a ~ winter 嚴冬。**b** 〈言詞等〉辛辣的，尖刻的，**嚴厲的**：~ irony 尖刻的諷刺/~ criticism 嚴厲的批評。**4 a** 〈憎恨等〉强烈的；充滿憎恨[敵意]的，冷酷的：a ~ quarrel 激烈的爭吵/a ~ rival 死對頭[死敵]/a ~ hatred for imperialism 對帝國主義的强烈憎恨。**b** [不用在名詞前]〔十介十(代)名〕〔對…〕嚴酷的，刻薄的，心狠的；强烈反對〔…〕的〔*to, against*〕：He is ~ *against* his wife. 他對老婆刻薄。

to [**till, until**] **the bítter énd**《口語》(雖然不快或有困難，還是)…到底；…到死：fight *to the* ~ *end* 戰鬥到底。

—*adv.*(~·er；~·est)嚴酷地，劇烈地，刺骨地：~ cold 嚴寒的。

—*n.* **1** [**the** ~；常 ~**s**]痛苦，苦事：*the* ~*s of* life 人生的辛酸[痛苦]/take *the* ~ with the sweet 備嘗甘苦；既能享樂也能吃苦。**2**《英》(又作 **bítter béer**)Ⓤ[指個體時爲Ⓒ]苦啤酒《蛇麻草味强的一種生啤酒；⇨ beer【說明】》：a pint of ~ 一品脫苦啤酒。**3** [~**s**] **a** (鷄尾酒用的調味)配料：gin and ~*s* ＝pink gin. **b** 苦味劑；苦味酊劑。

bítter-énder *n.* Ⓒ 頑梗者；主張硬拚到底的人。

bit·ter·ish [ˋbɪtərɪʃ; ˈbitəriʃ] *adj.* 稍苦的；帶苦味的。

bít·ter·ly *adv.* **1** 猛烈地，…得厲害；冷酷地，嚴厲地，嚴酷地；辛辣地，尖刻地；慘痛地，痛苦地：cry ~ 痛哭/I was ~ hurt. 我傷得厲害。**2** 刺骨地：It was ~ cold. 天氣嚴寒刺骨。

bit·tern [ˋbɪtɚn; ˈbitən] *n.* **1** Ⓒ《鳥》小鷺《鷺科葦鳽屬及麻鳽屬小型涉禽的統稱》。**2** Ⓤ鹵汁。

bit·ter·ness [ˋbɪtɚnɪs; ˈbitənis] *n.* Ⓤ **1** 苦味。**2** 酷烈。**3** 痛苦，悲痛。**4** 諷刺。

bítter píll *n.* ★常用於下列片語。**a bitter pill to swallow** 恥辱；困惱；難以忍受之事。

bítter·swèet *adj.* **1** 半苦半甜的，苦樂參半的。**2** [用在名詞前]《美》幾乎沒加糖的〈巧克力等〉。

—*n.* **1** Ⓤ帶有苦味的甜，半苦半甜，苦樂參半。**2** Ⓒ《植物》(北美洲產的)南蛇藤；(歐、亞洲產的)苦甜藤。

bit·ty [ˋbɪtɪ; ˈbiti] *adj.* **1**《英》片斷的，零碎的。**2**《美》小小的：a little ~ doll 小玩偶。

bi·tu·men [bɪˋtumən, -ˋtju-, ˋbɪtʃumən; ˈbitjumin, -men, biˈtju:min] *n.* Ⓤ **1**《礦》瀝青《一種碳氫化合物；如鋪設道路用的asphalt(柏油)，tar(焦油)等》。**2** 黑褐色。**3**《澳俚》柏油路。

bi·tu·mi·nous [bɪˋtjumənəs; biˈtju:minəs] 《bitumen 的形容詞》**—***adj.* 瀝青(質)的，含瀝青的：~ coal 煙煤，生煤。

bi·va·lent [baɪˋvelənt; ˌbaiˈveilənt] *adj.* **1**《化學》二價的，有兩種原子價的。**2**《遺傳》二價(染色體)的。

bi·valve [ˋbaɪˏvælv; ˈbaivælv] *n.* Ⓒ雙殼貝類《如文蛤、蛤子、海瓜子、牡蠣等》。

—*adj.* 雙殼(貝類)的。

biv·ou·ac [ˋbɪvʊˏæk, ˋbɪvwæk; ˈbivuæk, ˈbivwæk] *n.* Ⓒ(軍隊的無帳篷的)露營(地)，野營。**—***v.i.* (**biv·ou·acked**；**-ack·ing**)(不用帳篷而)露營，露宿。

bi·week·ly [baɪˋwiklɪ; ˌbaiˈwi:kliˊ] *adj.* & *adv.* **1** 隔週的[地]，兩週一次的[地]《★用於刊物雜誌時，多指此意》。**2** 每週兩次的[地]《★比較 因易與義 1 混淆，通常用 semiweekly》.

—*n.* Ⓒ雙週出版物，雙週刊《報紙、雜誌等》。

bi·year·ly [baɪˋjɪrlɪ; baiˈjə:li, -ˈjiəliˊ] *adj.* & *adv.* **1** 隔年的[地]，兩年一次的[地]。**2** 每年兩次的[地]《★比較 因易與義 1 混淆，通常用 semiyearly》.

biz [bɪz; biz] 《business 之略》**—***n.* ⓊⒸ《俚》職業，行業，活：⇨ show biz.

Good biz！《英》幹得好！好極了！

bi·zarre [bɪˋzɑr; biˈzɑ:] *adj.* 奇怪的，古怪的，怪異的，奇異的；不尋常的：his ~ behavior 他稀奇古怪的行爲。

~·ly *adv.* **~·ness** *n.*

Bi·zet [bɪˋze; ˈbi:zei], **Georges** [ʒɔrʒ; ʒɔ:ʒ] *n.* 比才《1838–75；法國作曲家》。

bk.《略》bank²；block；book.

Bk《符號》《化學》berkelium.

bkg.《略》banking；bookkeeping；breakage.

bkpt.《略》bankrupt.

bks.《略》banks；barracks；books.

bl.《略》bale；barrel；black.

b.l., B/L《略》bill of lading.

B.L.《略》Bachelor of Laws 法學士。

blab [blæb; blæb] (**blabbed**；**blab·bing**) *v.t.* 〔十受(十副)〕洩漏〈祕密〉〈*out*〉：~ *out* a secret 洩漏祕密。

—*v.i.* 閒談，胡扯；洩漏祕密。

—*n.* **1** Ⓒ閒談者，胡扯者；洩漏祕密者。**2** Ⓤ閒談，胡扯；不愼之言。

blab·ber [ˋblæbɚ; ˈblæbə] *v.t.* & *v.i.* ＝blab. **—***n.* Ⓒ閒談者，胡扯者，多嘴的人；洩漏祕密的人；說話不謹愼的人。

blábber·mòuth *n.* Ⓒ《口語》(連他人的祕密都會說的)饒舌者，長舌者。

‡black [blæk; blæk] *adj.* (~·er；~·est) **1 a** 黑的，黑色的(↔ white)：(as) ~ as coal [ebony, ink, soot]漆黑的，烏黑的，墨黑的，黝黑的。

【說明】黑色在世界各國有共同的象徵，表示「不祥、死亡、絕望、邪惡、沈默」等。a *black* cat 象徵「黑暗、死亡」，a *black* sheep 表示「害羣之馬」，a *black* lie 的意思是「惡意的謊言」。用以比喻「黑」的事物，有 ebony(烏木，黑檀)，coal(煤炭)，ink(墨汁)，night(黑夜)，soot(煤煙)等。

b 〈手、布等〉髒(得變黑)的；〈天空〉黑暗無光的，〈深水等〉黑沈的(dark)：a ~ night 一個黑暗的夜晚。**c** (無比較級、最高級)〈咖啡〉不加牛奶[奶精]的：~ coffee 黑[不加牛奶的]咖啡/drink one's coffee ~ 喝咖啡不加牛奶[奶精]。

2 身穿黑衣的：a ~ knight 黑衣騎士/⇨Black Friar.

3 (無比較級、最高級)膚色黑的，黑人的：a ~ man 一個黑人/the ~ races 黑色人種/the ~ vote 黑人選票。

【說明】⑴佔美國人口百分之十一的黑人大部分是十七至十九世紀之間，從非洲西海岸被運來當作奴隸的非洲黑人後裔。這三個世紀以來，他們當奴隸、農場勞工、佃農等，支持著美國的農業，但他們的社會地位却一直很低。
⑵ black 這一個字曾帶有輕蔑的含意，但現在的黑人卻傾向於使用此一充滿種族自覺和自尊的字。1960 年代後半葉發起 "Black Is Beautiful."(黑就是美)的主張正表明了這種態度，此後 black 開始逐漸代替 Negro, 如今在報章雜誌上多用 black.

4 a 沒有光明的，暗淡的；憂鬱的；悲慘的：~ despair 深沈的絕望，極度的失望。**b** [用在名詞前]不吉祥的：a ~ augury 凶兆。

5 慍怒的，險惡的：~ in the face (因大怒、用力等而)臉色發紫的，滿臉怒氣的/He gave me a ~ look. 他對我怒目而視/look ~ 怒視〔…〕〔*at, on*〕；〈事態〉險惡。

6 [用在名詞前]心地陰險的，心黑的，昧良心的；兇惡的，惡劣的：a ~ heart 黑心，心腸狠毒/~ ingratitude 可惡之極的忘恩負義行爲/a ~ lie 惡毒的謊言/⇨ PAINT a person black.

7 [用在名詞前]黑色的，將悲劇性之事喜劇性地表現出的〈幽默等〉：⇨ black comedy, black humor.

8《會計》有盈餘的，黑字的：a ~ balance sheet 黑字借貸對照表，黑字資產負債表。

9 不名譽的，該受譴責的。

10〈在地圖上用黑色表示的〉荒蕪的。
11 故意的，有意的。
bláck and blúe〈被打得〉青一塊紫一塊的(cf. black-and-blue)：beat a person ~ *and blue* 把某人打得青一塊紫一塊的。
gò bláck〈昏厥而〉眼前變漆黑。
—*n.* 1 Ⓤ**a** [指種類時爲Ⓒ] 黑，黑色。**b** 黑暗，漆黑。
2 Ⓤ黑色顏料，黑色染料[墨水]；墨。
3 Ⓤ黑布；黑衣服；喪服：dressed *in* ~ 穿著喪服。
4 Ⓒ(黑)污點。
5 Ⓒ[常~s] [常B~] 黑人(Negro) (⇨ *adj.* 3【說明】)。
6 [the ~]《會計》盈餘。
bláck and whíte (1)[常**in ~ and white**] 書寫之物，印刷之物：I want this agreement *in ~ and white* 我要求以書面形式擬定這份合約。(2)黑白照片(monochrome)，黑白電視。
in the bláck〈生意等〉有盈餘的，賺錢的，呈黑字的(↔ in the red)：be [run] *in the* ~ 有[成爲有]盈餘。
ìnto the bláck 朝向黑字狀態，進入有盈餘的狀態：get *into the* ~ 成爲黑字，開始有盈餘。
swéar [**próve that**] **bláck is whíte** = **tálk bláck ìnto whíte** 把黑說成白，指鹿爲馬。
—*v.t.* 〔十受〕 **1 a** 使…變黑；弄髒，玷汚…。**b** 將〈(某人的)眼眶〉打黑。**2** 擦〈鞋〉；將〈暖爐等〉擦得黑亮。**3**《英》〈工會〉杯葛，抵制〈工作、商品等〉。**—*v.i.*** 變黑，變暗。
bláck óut《*vt adv*》(1)(藉燈火管制)使〈房屋、窗戶等〉變黑暗，關〈某處〉的燈。(2)使〈舞臺〉轉暗。(3)管制〈報導〉，封鎖〈新聞等〉。(4)(實施檢查)塗黑，刪除〈文章、報導(之一部分)〉；使〈報紙等〉停刊。(5)(因罷工等而)中止〈電視廣播〉。**—**《*vi adv*》(6)(實施燈火管制而)熄燈，變漆黑。(7)(因停電等而)變成漆黑。(8)熄滅舞臺上之全部燈光；〈舞臺燈光〉轉暗。(9)暫時昏厥。
~**·ness** *n.*

black·a·moor [ˈblækəˌmʊr; ˈblækəˌmuə] *n.* Ⓒ《古·謔》**1** 黑人(男子)；(尤指)非洲黑人(Negro). **2** 膚色黑的人。

bláck-and-blúe *adj.* (被打成)青一塊紫一塊的；(淤血而)呈紫黑色的。

bláck-and-whíte *adj.* **1 a** 黑與白的；墨畫的；白底上只有黑色的。**b**〈照片、電視等〉黑白的，無彩色的。**2**〈判斷等〉只分白與黑[善與惡]兩種的。

bláck árt *n.* [the ~；Ⓒ時常~s] 魔法，妖術(black magic).

bláck·bàll《源自古希臘投反對票使用的小黑球》**—*n.*** Ⓒ(投反對票用的)黑球；反對票。**—*v.t.* 1** (投黑球)以阻擋〈人〉入會，對…投反對票。**2** 摒棄，排斥，排擠…(於社交之外)。

bláck báss [-ˈbæs; -ˈbæs] *n.* Ⓒ(*pl.* ~, ~es)《魚》黑鱸《小口黑鱸屬 Micropterus 的美國產淡水魚之總稱；常成垂釣之對象》。

bláck bèar *n.* Ⓒ《動物》美洲黑熊。

bláck·bèetle *n.* Ⓒ蟑螂，油蟲。

bláck bèlt *n.* **1** [the ~；常B~ B~] (美國南部的)黑人地帶。**2** [the ~] (美國阿拉巴馬(Alabama)，密西西比(Mississippi)兩州的)沃土地帶。**3** [ˈˈ] Ⓒ(柔道、空手道等的)黑帶；上段者。

bláck·bèrry [ˈblækˌbɛrɪ, -bərɪ; ˈblækˌberi, -bəri] *n.* Ⓒ《植物》黑莓(的果實)。

bláck bíle *n.* Ⓤ《古生理》黑膽汁《人體四種體液中之一；有醫藥之父之稱的古希臘醫生希波克拉底(Hippocrates)視此爲腎臟或脾臟之分泌物，並認爲分泌過多則使人產生憂鬱症；⇨ humor 4b》。

bláck·bìrd *n.* Ⓒ《鳥》**1** 黑唱鶇《歐洲產之鶇科鳴禽；英國人喜好其鳴叫聲》。**2** 黑鸝《美洲擬黃鸝科鳴禽的統稱》。

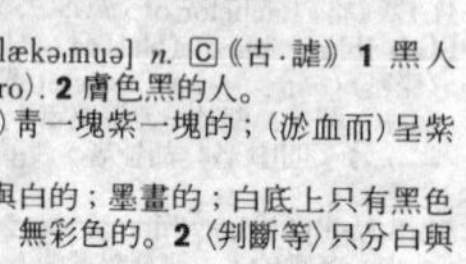

blackbird 1

‡black·board [ˈblækˌbord, -ˌbɔrd; ˈblækbɔːd] *n.* Ⓒ黑板《★綠色者亦如此稱呼》。

bláckboard júngle《仿 asphalt jungle 的型式而構成的字；並因美國的一本同名小說而盛行》**—*n.*** Ⓒ《口語》以無紀律和少年不良行爲爲特色的學校(制度)。

bláck bòok *n.* Ⓒ黑名單《記錄要加以警戒或處罰者等姓名之簿冊》。
be in a person's bláck bòoks 被某人視爲不受歡迎的人物，受某人的敵視。

bláck bóx *n.* Ⓒ黑盒子：**a** 構成大機械裝置的獨立電子[自動]儀器《如自動控制器、飛行記錄器(flight recorder)等》。**b** (尤指)裝在飛機上的飛行記錄器《常被當作失事原因之調查憑據》。**c** 功能明顯而構造不明的機器裝置。

bláck bréad *n.* Ⓤ(用裸麥作的)黑麪包(⇨ bread【說明】(1)).

bláck cáp *n.* Ⓒ《英》(從前法官宣告死刑時戴的)黑(絨)帽。

bláck·càp *n.* Ⓒ **1**《鳥》黑頂林鶯《歐洲產的鶯科鳴禽》。**2**《美》《植物》黑色懸鉤子。

bláck·còat *n.* Ⓒ **1**《輕蔑》牧師。**2**《英》從事勞心的職業者。

bláck-còated *adj.*《英》勞心的(white-collar).

bláck·còck *n.* Ⓒ黑色雄松雞(black grouse).

bláck cómedy *n.* ⓊⒸ黑色喜劇《使用黑色幽默(black humor)的手法製作的喜劇》。

Bláck Còuntry *n.* [the ~] (以英格蘭中部之伯明罕(Birmingham)爲中心的)大工業地區，黑鄉。

bláck·cúrrant *n.* Ⓒ **1**《植物》黑醋栗《虎耳草科醋栗屬灌木》。**2** 黑醋栗的果實《色黑，味甜；常用以製果醬》。

Bláck Cúrrent *n.* [the ~] = Black Stream.

Bláck Déath *n.* [the ~] 鼠疫，黑死病《十四世紀流行於歐洲、亞洲的傳染病，據估計全世界有四分之一的人口死於此病》。

bláck díamond *n.* **1** = carbonate. **2** [~s] = coal.

bláck dóg *n.* [the ~]《口語》意氣消沈，沮喪。

black·en [ˈblækən; ˈblækən]《black 的動詞》**—*v.t.* 1** 使…變黑[暗]，將…弄黑[暗]。**2** 玷汚，毀謗〈人格、風評、名聲〉：~ a person's name 損害某人名譽，中傷某人。
—*v.i.* 變黑[暗]。

Bláck Énglish *n.* Ⓤ(美國的)黑人英語。

> 【說明】美國黑人使用的英語最近多半說成 Black English；尤其從標準英語的觀點來說，它常用以指非標準黑人英語(Nonstandard Negro English)，爲黑人中勞工階級使用的英語，在發音、文法等方面受到非洲出生地語言的影響很大。

bláck éye *n.* Ⓒ **1** 黑眼睛。**2** (因眼睛周圍被毆瘀血而成的)黑眼圈：give a person a ~ 把某人打得眼圈瘀血。**3** [常**a** ~]《口語》恥辱，不名譽。

bláck-éyed *adj.* **1** 黑眼睛的。**2** 眼圈發黑[瘀血]的，黑眼圈的。

bláck-èyed Súsan *n.* Ⓒ《植物》黑眼松果菊《菊科金光菊屬，開黃花，中央部分呈黑色；爲馬里蘭州(Maryland)的州花》。

bláck·fàce *n.* **1 a** Ⓤ扮演黑人的化妝。**b** Ⓒ扮演黑人的演員。
2《印刷》= boldface.

bláck-fáced *adj.* **1** 黑面的；面帶憂色[愁容]的。**2**《印刷》= boldfaced.

bláck·fìsh *n.* Ⓒ**1**《動物》黑鯨《圓頭鯨屬哺乳動物的俗稱》。
2 任何黑色之魚《如黑鱸、黑隆魚等》；產過卵之鮭魚。

bláck flág *n.* [the ~] **1** 海盜用的骷髏旗(Jolly Roger). **2** (從前監獄表示死刑已執行的)黑旗。

bláck·flỳ *n.* (又作**búffalo gnàt**)Ⓒ《昆蟲》蚋《蚋科雙翅昆蟲的統稱，尤指水牛蚋；常侵害家畜》。

Bláck·fòot *n.* (*pl.* **-feet** [-ˌfit; -fiːt], ~) **1 a** [**the Blackfeet, the** ~] 黑腳族《北美印地安人之一族；居住於落磯山脈之東》。**b** Ⓒ黑腳族的人。**2** Ⓤ黑腳族的語言。

Bláck Fórest *n.* [the ~] 黑森林《西德西南部的森林山區》。

Bláck Fríar《因穿著黑衣》**—*n.*** Ⓒ《天主教》道明[多明我]教會的修士(Dominican).

bláck fróst *n.* Ⓤ《英》黑霜《因使植物之葉、芽變黑故稱》。

bláck gróuse *n.* Ⓒ《鳥》黑琴雞《歐、亞洲產之松雞科獵鳥；雄者體羽黑藍色，有白斑，尾羽向上彎曲如七弦琴》。

black·guard [ˈblægəd, -gard; ˈblægɑːd] *n.* Ⓒ惡棍，流氓，無賴：You ~！你這無賴！**—*v.t.*** 辱罵；以汚語罵。

black·guard·ly *adv.* 粗鄙地，低俗地。

bláck·hèad *n.* Ⓒ **1** (尖端變黑的)面皰，黑頭粉刺(cf. pimple 1).
2《鳥》頭部黑色的鳥類；(尤指)鈴鴨《美洲所產的一種黑頭白胸鴨》。

bláck-héarted *adj.* 惡毒的，壞心腸的(evil).

bláck hóle *n.* Ⓒ **1**《天文》黑洞《在假設上存在於太空中具有巨大引力的洞穴；恒星在其進化過程最後階段爆炸之後收縮而產生超大密度及超强引力，能吸住本身之光，使之無法向外射出，並能將附近的光、電波及一切物質吸入其中》。
2 (軍營中的)禁閉室，牢房。

bláck húmor *n.* Ⓤ黑色幽默。

> 【說明】爲了以顚倒的說法描寫人性受各種折磨與扭曲的現狀，而說出不該說的禁忌(如說出對死者、弱者的壞話等)，以製造一種病態、荒謬、恐怖等的笑料，尤指出現於小說、戲劇者。此類影片、戲劇稱爲黑色喜劇(black comedy)；cf. humor【說明】

bláck íce *n.* Ⓤ黑冰《顏色與路面顏色看起來相同；對於駕車有危險性》。

bláck·ing *n.* Ⓤ **1** 塗[擦，弄]黑。**2** 黑色塗料；黑蠟；黑色鞋油《★ 比較 現在一般用 shoe polish》.

bláck·ish [-kɪʃ; -kiʃ] *adj.* 稍黑的，帶黑色的。

bláck ívory *n.* Ⓤ **1** 一種由碳化的象牙製成的顏料。**2** [集合稱] (非洲奴隸買賣中被賣的)黑人奴隸，黑奴。

bláck·jàck *n.* Ⓒ **1** (從前用以喝啤酒的)大酒杯《用皮製成，通常塗焦油》。
2《美口語》(尖端裝有鉛等，以皮包紮而柄部柔軟有彈性的打鬥用)短棍。
3 =black flag 1.
bláck léad [-ˈlɛd; -ˈled] *n.* Ⓤ石墨，黑鉛(graphite).
bláck-léad [-ˈlɛd; -ˈled] *v.t.* 塗黑鉛於…，用黑鉛擦…。
bláck·lèg *n.* Ⓒ **1** (賽馬等的)詐欺者，詐賭的人。**2**《英》《輕蔑》罷工期中上工的人(strikebreaker).
—*v.t.*《英》反對〈罷工者〉而上工。
—*v.i.* 反對罷工者而上工。
bláck léopard *n.* Ⓒ《動物》黑豹。
bláck létter *n.* =Gothic 2 a.
bláck lìst *n.* Ⓒ黑名單《記錄要加以警戒或處罰者等姓名之名單》。
bláck-lìst *v.t.* 將…列入黑名單中。
bláck·ly *adv.* **1** 呈黑色地，呈暗色地；黑暗地；朦朧地。**2** 憂鬱地。**3**《文語》邪惡地。**4** 惱怒地。
bláck mágic *n.* Ⓤ魔法，妖術(black art).
bláck·màil *n.* Ⓤ **1** 敲詐，勒索。**2** 敲詐或勒索所得之錢財。
—*v.t.* **1 a** 〔十受〕敲詐〈人〉，向〈人〉勒索。**b** 〔十受十介十(代)名〕向〈人〉勒索〔…〕〔*for*〕：～ a person ***for*** money 向某人勒索錢。**2** 〔十受十介十(代)名〕威迫〈人〉〔做…〕〔*into*〕：～ a person ***into*** reveal*ing* secret information 恐嚇[威迫]某人洩露機密消息[情報]。～**·er** *n.*
Bláck Ma·rí·a [-məˈraɪə; -məˈraiə] *n.* Ⓒ《口語》囚車，運送囚犯的無窗卡車(patrol wagon).
bláck márk *n.* Ⓒ黑點，黑星號《表示某人表現不佳或表示懲罰的記號》。
bláck márket *n.* Ⓒ**1** 黑市《不按政府規定的價格、數量而從事非法交易的場所》。**2** [常用單數]黑市買賣。
bláck-márket *v.i.* 作黑市買賣。
—*v.t.* 在黑市上賣。
bláck màrketéer *n.* Ⓒ黑市商人。
bláck máss *n.* ⓊⒸ **1**《天主教》黑彌撒《司祭穿黑衣爲死者舉行的安魂彌撒》。**2** [B~ M~]惡魔彌撒《尤指十九世紀末的惡魔崇拜者嘲弄天主教之彌撒而模仿舉行者》。
Bláck Mónk 《因身著黑衣而得名》**—***n.* Ⓒ本篤會修士(Benedictine).
Bláck Múslim *n.* Ⓒ黑人[色]穆斯林《一急進之回教黑人團體的成員反對白人而主張由黑人統治黑人》。
bláck·òut *n.* Ⓒ **1** 停電；熄燈；燈火管制。
2 (新聞的)封鎖；(廣播等的)停止，中斷。
3《戲劇》舞臺上之全部熄燈。
4 a 暫時的昏厥或失去知[視]覺。**b** 暫時的喪失記憶。
Bláck Pánther *n.* Ⓒ黑豹黨黨員《黑豹黨(Black Panther Party)爲美國極左翼急進黑人團體，1966 年起展開黑人權力運動》。
bláck pépper *n.* Ⓤ黑胡椒《將未成熟的胡椒果實連殼磨細而成的粉末；cf. white pepper》。
Bláck Plágue *n.* [the ～]1665 年倫敦大流行的淋巴腺鼠疫(bubonic plague)《全市約百分之十五的人口死於此病》。
bláck pówder *n.* Ⓤ黑色火藥《由硝石、硫黃、木炭製成的火藥；主要用於烟火、舊式槍枝中》。
bláck pówer *n.* Ⓤ [常B~ P~]《美》黑人權力。

【說明】指在美國從 1960 年代起逐漸盛行的黑人急進派政治運動，希望以黑人的政治力量和經濟力量促進種族平等，目的在提高黑人的社會地位使與白人平等。這與學校等所推行的逐漸融入白人社會的廢除種族差別運動(integration)有所不同。

Bláck Prínce *n.* [the ～]黑王子《英王愛德華(Edward)三世之王子愛德華(Edward)(1330–76)》。
bláck púdding *n.*《英》=blood sausage.
bláck rát *n.* Ⓒ《動物》黑鼠《一種家鼠》。
Bláck Séa *n.* [the ～]黑海《在土耳其與蘇聯南部之間》。
bláck shéep *n.* Ⓒ(*pl.* ～)敗家子；污損全體之名譽者，害羣之馬。
Bláck·shìrt *n.* Ⓒ **1** 黑衫黨黨員《義大利法西斯黨員；cf. Fascist》。**2** 德國納粹黨黨員。
bláck·smìth 《因從事鐵或黑色金屬的工作》**—***n.* Ⓒ **1** 鐵匠(cf. whitesmith). **2** 馬蹄鐵匠。
bláck·snàke *n.* Ⓒ **1**《動物》黑蛇《尤指北美產之無毒的黑脊游蛇或繆導黑錦蛇》。**2**《美》大皮鞭《用革條編成，末端較細》。
bláck spót *n.* Ⓒ(道路的)危險地段，常發生車禍之路段。
Bláck Stréam *n.* [the ～]黑潮，日本海流《經臺灣及日本之東岸流向北方之暖流》。
bláck stúdies *n.* Ⓤ《美》黑人文化研究(課程)。
bláck swán *n.* Ⓒ《鳥》黑天鵝《澳洲產雁亞科水禽》。
bláck téa *n.* Ⓤ紅茶《★因在茶葉發酵後焙製，故呈黑色；cf. green tea》。
bláck·thòrn *n.* Ⓒ《植物》**1** 黑刺李《歐洲產薔薇科有刺灌木；在初春仍寒冷時開花；cf. hawthorn》：～ winter 黑刺李開花的冬天《常刮西北風的初春寒冷季節》。**2** 梨山楂《北美產薔薇科灌木》。
bláck tíe *n.* **1** Ⓒ黑色領結。**2** Ⓤ(男子的)半正式禮服[晚禮服]《無尾禮服(tuxedo)配黑領結；cf. white tie 2》。
bláck-tíe *adj.* 賓客需穿半正式禮服的：a ～ party 賓客需穿半正式禮服的聚會。
bláck·tòp *n.*《美》**1** Ⓤ(鋪路面用的)柏油。
2 Ⓒ柏油路。**—***v.t.* 以柏油鋪〈路面〉。
bláck wálnut *n.* **1** Ⓒ《植物》黑胡桃《胡桃科高大喬木，木材有經濟價值》。**2** Ⓒ黑胡桃的果實。**3** Ⓤ黑胡桃木(材)。
bláckwàter féver *n.* Ⓤ《醫》黑尿熱《多見於熱帶地方的瘧疾；病人的尿會變成暗褐色》。
bláck wídow *n.* Ⓒ《動物》寇蛛《俗稱黑寡婦；寇蛛屬毒蜘蛛，尤指殘食其配偶的雌寇蛛》。
black·y [ˈblækɪ; ˈblæki] *n.* Ⓒ《主英》黑人(Negro).
blad·der [ˈblædɚ; ˈblædə] *n.* Ⓒ **1**《解剖》膀胱；囊。**2 a** (海藻等的)氣囊。**b** (魚的)鰾。**3 a** 脹大之物。**b** (足球內部的橡皮球膽等)可充氣的囊袋。**c**《醫》燙[燒，水]腫，起泡。
bládder·wòrt *n.* Ⓒ《植物》狸藻《狸藻屬草本植物的統稱》。
*__blade__ [bled; bleid] 《源自古英語「葉」之義》**—***n.* **1 a** Ⓒ刃，刀身。

【同義字】blade 指刃的全部；edge 指刀口。

b [one's ～, the ～]刀，劍。**c** Ⓒ(安全剃刀的)刀片。**d** Ⓒ(溜冰鞋的)冰刀。**2** Ⓒ(稻科植物的)葉，葉身，葉片：a ～ of grass 一片草葉。**3** Ⓒ**a** 槳葉。**b** 螺旋槳葉；電風扇葉。**4** Ⓒ任何東西之扁平而廣闊的部分；肩胛骨(shoulder blade). **5** [the ～]《語音》舌之前葉。
in the bláde 仍在長葉子時；尚未吐穗。
blád·ed *adj.* [常構成複合字]有(…的)葉片[刀刃]的。
blae·ber·ry [ˈblebərɪ, -ˌbɛrɪ; ˈbleibəri] *n.*《蘇格蘭·北英》=whortleberry.
blah [blɑ; blɑ:]《俚》*interj.* 胡說！瞎說！廢話！**—***n.* Ⓤ無意義(的話等)，瞎說，胡言亂語《★常反覆使用》。
—*adj.* **1** 無聊的，枯燥無味的。**2** 不好吃的。
blahs [blɑz; blɑ:z] *n.* [the ～]《俚》厭煩；人生乏味的感覺。
blain [blen; blein] *n.* Ⓒ《醫》水疱；膿疱。
Blake [blek; bleik], **William** *n.* 布雷克《1757–1827；英國詩人及藝術家》。
blam·a·ble [ˈbleməbl; ˈbleiməbl] *adj.* 可責備的，該譴責的，有過失的。**-a·bly** [-məblɪ; -məbli] *adv.*
*‡__blame__ [blem; bleim] 《源自拉丁文「說不恭敬的話(blaspheme)」之義》**—***v.t.* **1** 〔十受(十介十(代)名)〕〔爲…之事而〕**譴責**，責難，責備，責怪〈人〉〔*for*〕：He will ～ you ***for*** negligence [neglect*ing* your duty]. 他會責備你怠忽職守/He has only himself to ～. 他只能怪自己[是他自己不好]。

【同義字】blame指責難錯誤、過失等而追究責任之意；criticize 表示指對人、事吹毛求疵並加以責難，批評之意；condemn 表示強烈地責難之意。

2 〔十受十介十(代)名〕**a** 〔將過失〕歸於〈人、事物〉；〔將…〕歸咎於〈人、事物〉〔*for*〕：He ～*d* me ***for*** the accident. 他把那意外事件歸咎於我。**b** 將〈過失(的責任)〉怪〔到人、事物上〕，把…歸因〔爲…〕〔*on*,《口語》*on to*〕：Don't ～ it ***on*** me. 別把這件事怪到我頭上。
3 〔十受〕[用祈使語氣]《美俚》咒…《★代替 damn 以表示輕微的咒罵》：*B*～ this rain！該死的雨！/*B*～ it！該死！/*B*～ me if I do [don't]. =(I'm) ～*d* if I do [don't]. 如果我…[不…]我該死！我決不[一定要]…！
be to bláme 〈人〉應〔爲…〕受譴責[負責任]〔*for*〕：Who *is to* ～ *for* the mistake？這個錯誤該由誰負責？
—*n.* Ⓤ **1** 非難，責難，譴責，責備：incur ～ *for...* 因…而招致譴責。**2** [常 the ～]〔…之〕過，咎；責任；罪〔*for*〕：bear [take] *the* ～ *for...* 代…受指責；對…承擔責任/lay [put, place] *the* ～ (*for...*) *on* a person 將(…之)罪推到某人身上。
blame·a·ble [ˈbleməbl; ˈbleiməbl] *adj.* =blamable.
blamed [blemd; bleimd]《口語》*adj.* 該死的，混蛋的。**—***adv.* 過分地，極度地。
blame·ful [ˈblemfəl; ˈbleimful] *adj.* **1** 應受責備的，該罵的。**2**《古》譴責的，歸咎的。～**·ly** [-fəlɪ; -fuli] *adv.*
bláme·less *adj.* 無可責難的；無過失[缺點]的，清白的。
～**·ly** *adv.* ～**·ness** *n.*
bláme·wòrthy *adj.* 該受非難的，可咎責的，應該挨罵的。

blanch [blæntʃ; blɑ:ntʃ] 《源自古法語「白的」之義；與 blank 同字源》**—***v.t.* **1 a** 使…變白，漂白(bleach). **b** (遮去陽光)使〈植物〉變白：～ celery 使芹菜變白嫩。**c** (浸在熱水中)使〈果實〉去皮，煮白：We ～ almonds by soaking off their skins in boiling water. 我們把杏仁泡在沸水裏去皮使之變白。**2** 〈恐懼、病等〉使〈臉色〉變蒼白。
—*v.i.* **1** 變白，變蒼白。**2 a** 〔動(十介十(代)名)〕〔因…而〕變蒼白〔*with, at*〕：～ ***with*** fear (臉色)因恐懼而變蒼白/～ ***at*** the news 聽到消息而變蒼白。**b** 〔十 *to* do〕〈人〉〈做…而〉變蒼白：～ *to* hear the news 聽到消息而變蒼白。

blanc·mange [blə'mɑnʒ, -'mɑndʒ; blə'mɑ:nʒ, -'mɔ:nʒ] 《源自法語「白色的食物」之義》**—***n.* Ⓒ〔當作點心名時爲Ⓤ〕(以牛乳及澱粉質調製成的)一種膠質狀甜點，牛乳凍。

bland [blænd; blænd] *adj.* **1** 〈人、態度等〉溫柔的，和藹的，安詳的；平靜的；慇懃的。**2 a** 〈氣候等〉溫和的。**b** 〈飲料、食物等〉無刺激性的。**3** 無精打采的；呆板的，乏味的：a ～ novel 乏味的小說。
～·ly *adv.* **～·ness** *n.*

blan·dish ['blændɪʃ; 'blændiʃ] *v.t.* 討好，諂媚，奉承；甘言勸誘〈人〉。

blán·dish·ment [-mənt; -mənt] 《blandish 的名詞》**—***n.* Ⓒ〔常 ～s〕奉承，諂媚，討好；甘言勸誘。

blank** [blæŋk; blæŋk] 《源自法語「白」之義；⇨ blanch》**—adj.* (～·er, ～·est) **1 a** **白紙的**；空白的(⇨ empty【同義字】)：a ～ sheet of paper 白紙/a ～ form 空白表格/a ～ (cassette) tape 空白卡帶。**b** 《商》空白的，不記名的：⇨ blank check.
2 a 〈空間〉空的，空虛的：a ～ space 空白；空地。**b** 〈壁等〉沒有窗或門的(cf. blind 5 c).
3 〈生活等〉空虛的，單調的，沒有內容的；虛度的。
4 〈臉等〉呆呆的，木然的，無表情的；茫然困惑的；漠然的：a ～ look 一副茫然若失的表情/in ～ surprise 驚呆著/look ～ 表情茫然。
5 全然的，完全的：～ terror 極爲恐怖/a ～ denial 斷然否認。
6 〔用以避免明指〕某…，某某…，×…，××…：the ～ regiment(軍隊的)第×團。
—*n.* Ⓒ **1** 空白，空欄，空白處：Fill in [《美》up] the ～*s.* 塡充(下列)空白。
2 a 白紙；(書的)空白頁。**b** 表格(用紙)(form)：《美》fill out [《英》fill in] an application ～ 塡寫申請表格。**c** 空白選票。
3 a (精神上的)空虛；空白的一段時間[期間，時期]：a ～ *in* one's memory 某人記憶中的一段空白[沒有記憶的一段期間]/My mind was a complete ～. 我的腦中完全空白《什麼都不記得》。**b** 空籤：⇨ draw a BLANK (1). **c** 空包彈。
4 〔用作破折號的讀法〕表示空白的破折號：Mr.—of—place 某地方的某先生(《★讀法 讀作 Mr. Blank of Blank place》/in 19– 在(西元)一千九百多年《★讀法 讀作 nineteen blank》。
5 a (靶)心《白點；cf. bull's-eye》. **b** 目標，對象。
dráw a blánk (1)抽到空籤。(2)《口語》〈人〉(於探索等)失敗；〈探索等〉終歸徒勞無功。
in blánk 空白著(待塡)。
～·ness *n.*

blánk chéck [《英》**chéque**] *n.* Ⓒ **1** (未塡寫金額的)空白支票。**2** 自由處理權；全權(carte blanche)：give a person a ～ (*to* do...) 允許某人全權處理(…)，給與某人自由處理(…)的權力。

blan·ket** ['blæŋkɪt; 'blæŋkit] 《源自古法語「作衣服用的白色毛料」之義》**—n.* **1** Ⓒ**氈**，毛毯：⇨ wet blanket. **2** [**a** ～ **of...**]任何如氈狀之覆蓋物：*a* ～ *of* snow 一大片雪。
be bórn on the wróng side of the blánket 《英・委婉語》生爲私生子。
—*adj.* 〔用在名詞前〕綜合性的，總括的，適用於全體的：a ～ ban 全面禁止/a ～ bill[clause]綜合議案[條款]/a ～ denial 全面的否定/a ～ policy 綜合[總括]保險單/a ～ visa (在停泊港由海關簽發的)總括簽證。
—*v.t.* **1** 〔十受〕**a** 掩蓋，覆蓋…(《★常用被動語態，介系詞用 *with, by*》)：The field *was* ～*ed* ***with*** snow. 原野上覆蓋著雪。**b** 〈管制等〉全面地遍及於〈某地區等〉。**2** 〔十受(十副)〕遮蔽〈事件、醜聞等〉；妨阻，妨害…；使〈電視等〉模糊不清〈*out*〉。

blan·ket·ing ['blæŋkɪtɪŋ; 'blæŋkitiŋ] *n.* Ⓤ **1** 〔集合稱〕氈類，毛毯類。**2** 《無線》干擾。

blánket ròll *n.* Ⓒ **1** 捲成圓筒狀的毛毯[睡袋]《在戶外使用，攜帶方便，爲軍人、徒步旅行者等常用；內常附帶有煮具、食物等》。**2** 在使用雙骰子的賭博(craps)中的一種欺騙方法《把骰子擲在毛毯等之上，使其只能順一方向滾動，而二個骰子中的四面數字沒有朝上的機會》。

blánk·ly *adv.* **1** 茫然，呆呆地。**2** 斷然；完全地。

blánk vérse *n.* Ⓤ《韻律》無韻詩《通常指英詩中以弱強五步格寫成者；cf. RHYMED verse, free verse》。

blánk wáll *n.* Ⓒ無窗[門]牆；無法克服的障礙；毫無進展的狀態。

blare [blɛr; blɛə] *v.i.* **1** 〔動(十副)〕〈號角等〉鳴響，高鳴〈*out*〉：The trumpet ～*d*, announcing the king's arrival. 喇叭高鳴，宣告國王之抵達。**2** 〈電視、收音機等〉大聲響。**3** 〈人〉大聲宣述；高聲宣布〈*out*〉.
—*v.t.* **1** 〔十受(十副)〕**a** 高聲鳴[吹]響…〈*out*〉：The band ～*d* ***out*** a march. 樂隊大聲演奏進行曲。**b** 吵鬧地[猛烈地]鳴〈汽車喇叭等〉〈*out*〉. **2** 大聲宣述[布]。
—*n.* 〔用單數〕**1** (喇叭等的)鳴響聲：a ～ *of* trumpets 喇叭聲。**2** 晃眼[耀眼]的光彩：a ～ *of* color 强烈的色彩。

blar·ney ['blɑrnɪ; 'blɑ:ni] *n.* Ⓤ奉承話，恭維話，諂媚之言：None of your ～. 少戴高帽了。
—*v.t.* 奉承，恭維，諂媚；甘言哄騙〈人〉。
—*v.i.* 奉承，恭維，諂媚。

Blárney Stòne *n.* [**the** ～]愛爾蘭科克(Cork)附近 Blarney 城堡中之一塊石頭《據傳吻之即能口齒伶俐動人》。
kíss the Blárney Stòne 口齒變得伶俐動人。

bla·sé [blɑ'ze, 'blaze; 'blɑ:zei] 《源自法語「厭倦」之義》**—***adj.* **1** (因過度享樂而)厭倦的。**2** 〔不用在名詞前〕〔十介十(代)名〕〔對於可喜之事〕冷漠的，無動於衷的〔*about*〕.

blas·pheme [blæs'fim; blæs'fi:m] 《源自希臘文「說壞話」之義》**—***v.i.* 〔動(十介十(代)名)〕〔對神、神聖之物〕出言褻瀆，說不恭敬的話；〔對…〕口出惡言〔*against*〕.
—*v.t.* 出言褻瀆〈神、神聖之物〉；咒罵，辱罵…：～ the name of God 褻瀆神之名。

blas·phém·er *n.*

blas·phe·mous ['blæsfɪməs; 'blæsfiməs] 《blasphemy 的形容詞》**—***adj.* **1** 〈人〉不敬的，不敬神的。**2** 〈言詞、內容等〉褻瀆神祇的，謾罵神的。**～·ly** *adv.*

blas·phe·my ['blæsfɪmɪ; 'blæsfimi] 《blaspheme 的名詞》**—***n.* **1** Ⓤ對神的不敬，褻瀆。**2** Ⓒ對神或神祇的褻瀆之言詞或行動。

blast [blæst; blɑ:st] *n.* Ⓒ **1 a** (喇叭等的)**一吹**。**b 一陣風**；一陣疾風。**c** (向爐中的)輸[吹]風，煽進。**2 a** (管樂器的)聲音。**b** (汽車等的)喇叭聲。**3 a** 爆破，爆炸；爆風。**b** (炸一次所用的)炸藥。**4** (憎恨等的)爆發；猛烈的責難[攻訐，抨擊]。**5 a** (使植物枯萎的)毒氣；稻瘟。**b** (疫病所引起的)災害，損害，毒害。**6** 《俚》**a** 熱鬧的一刻。**b** 狂歡的聚會，鬧宴。**7** 《棒球》强打，長打；全壘打。
at a blást 一口氣地。
(at) fúll blást ＝**(in) fúll blást** 在旺盛時，正値興盛，正達高潮時；全力進行中。
in[òut of] blást 〈煉爐〉正在輸風工作[不在輸風而停歇]著。
—*v.t.* **1 a** 〔十受〕吹〈喇叭〉，鼓〈風箱等〉。**b** 〔十受十副〕發出〈巨響、聲音等〉〈*out*〉.
2 a 〔十受〕引爆〈某物〉；炸毀，炸開，炸裂…。**b** 〔十受十副〕《俚》射擊…；射殺〈人〉〈*down, off*〉：～ ***down*** a person 把某人射倒/～ a person's hat ***off*** 射落某人的帽子。
3 〔十受〕**a** 《文語》〈酷暑、嚴寒等〉使…枯萎[凍死]；摧殘…：A disease has ～*ed* our grapes. 某種疾病使我們的葡萄枯萎。**b** 毀掉〈名譽〉；使〈希望〉破滅：My hopes were ～*ed.* 我的希望破滅了。
4 〔十受〕〔前面省略(May) God，用於輕微的詛咒句〕《委婉語》咒死…：*B*～ it [you, *etc.*]！該死的東西！去見閻羅王！
5 〔十受〕《俚》**a** 猛烈抨擊[譴責]〈人〉。**b** (於運動比賽)使〈對方〉慘敗。
6 〔十受〕《棒球》奮力把〈球〉打遠。
—*v.i.* **1** 發出巨響[大聲]。
2 a 引爆。**b** 《俚》(用槍等)射擊(shoot).
3 枯萎。
blást óff 《*vi adv*》(1)〈火箭、飛彈等〉發射升空；走開，走出，滾開。**—**《*vt adv*》(2)發射〈火箭、飛彈等〉；將〈太空人等〉用火箭送入太空。(3)〈爆炸時的風暴等〉吹跑…。(4)⇨ *v.t.* 2 b.
—*interj.* 《英俚》該死！可惡！(cf. *v.t.* 4).

blást·ed *adj.* 〔用在名詞前〕**1 a** 枯萎的；遭霜凍壞的。**b** 被炸毀的；遭雷擊的；破滅的〈希望等〉。**2** 《委婉語》被詛咒的；很糟的：this ～ weather 這惡劣的天氣。

blást fùrnace *n.* Ⓒ鼓風爐；高爐。

blásting pòwder *n.* Ⓤ爆破火藥《由硝酸鈉製成的黑色火藥；主要用於爆破岩石、礦石等》。

blást-òff *n.* Ⓒ(飛彈等的)發射。

blas·tu·la ['blæstʃʊlə; 'blæstjulə] *n.* Ⓒ(*pl.* **-lae** [-,li; -li:], ～**s**)《生物》囊胚。

blást wàve *n.* Ⓒ爆震波。

blat [blæt; blæt] *v.i.* (**blat·ted**; **blat·ting**) **1** 〈羊、小牛〉叫。**2** 《口語》〈人〉大聲地[不加思索地]說話。
—*v.t.* 大聲地[不加思索地]說…。

bla·tan·cy [ˈbletṇsɪ; ˈbleitənsi] «blatant 的名詞»—*n.* Ⓤ **1** 喧嘩。**2** 炫耀；俗麗；露骨。**3** 厚顏。

bla·tant [ˈbletṇt; ˈbleitənt] *adj.* **1** 喧嘩的，(囉嗦而)吵鬧的。**2** 炫耀的；俗麗的；明顯的，露骨的。**3** 厚顏的。～**·ly** *adv.*

blath·er [ˈblæðɚ; ˈblæðə] *n.* Ⓤ胡言亂語，胡扯；廢話。—*v.i.* 胡說；喋喋不休。

blat·ter [ˈblætɚ; ˈblætə] *v.t.* 喋喋不休地說。—*v.i.* 不停地講。—*n.* Ⓤ喋喋不休。

blaze[1] [blez; bleiz] «源自古英語「火把」「火」之義»—*n.* **1** Ⓒ[常用單數](明亮的)火焰(⇨ flicker【同義字】)；烈火：in a ～ 四面著火，在火焰之中。**2** Ⓒ[常用單數]**a** 閃光，强烈的光輝；火焰似的色彩[五彩繽紛]：a ～ *of* colors 火焰似的色彩/the ～ *of* noon 正午的光輝。**b** (名聲的)遠揚：the ～ *of* fame 名聲的遠揚。**3** Ⓒ[常用單數]〔感情等的〕激發，昂揚〔*of*〕：in a ～ *of* passion 盛怒之下。**4** [～s]《俚》**a** 地獄：Go to ～*s*！該死！下地獄去吧！**b** [**the** ～**s**；用於疑問詞後加强語氣]究竟，到底：What [Who] *the* ～*s* do you mean？你到底指什麼[誰]？

like blázes《俚》猛烈地。

—*v.i.* **1** 燃燒，冒火焰：When the fire engine arrived, the fire was *blazing.* 消防車到時，火正熾烈地燃燒著。**2 a** 〔十介十(代)名〕〔以…〕發光，放光，生輝〔*with*〕：On Christmas Eve the large house ～*d* **with** lights. 在耶誕節前夕那棟大房子燈火輝煌。**b** 〔十副〕〈太陽〉照射，熾熱地曬〈*down*〉：The sun ～*d* **down** *on* us. 陽光熾熱地直射在我們身上。**3** 〔十介十(代)名〕〔因怒等而〕激動，激昂；激怒〔*with*〕：He was *blazing* **with** anger. 他勃然大怒。

—*v.t.* 〔十受〕明顯地表示〈感情〉：Her eyes ～*d* hatred at him. 她憎恨地瞪著他。

bláze awáy《*vi adv*》⑴不斷地射擊。⑵喋喋不休地說。⑶不停地做〔工作等〕〔*at*〕：He ～*d away at* his work. 他不停地工作。⑷《口語》熱烈地談論〔…〕〔*about*〕：They kept *blazing away about* democracy. 他們熱烈地談論民主政治。—《*vt adv*》⑸射盡〈子彈〉。

bláze úp《*vi adv*》⑴突然起火。⑵突然發怒。

blaze[2] [blez; bleiz] *v.t.* 〔十受十副〕傳播；宣揚；宣布〈消息〉〈*abroad, about*〉.

blaze[3] [blez; bleiz] *n.* Ⓒ **1** (牛馬臉上的)白斑。**2** (剝去樹皮做指路記號的)樹上的白色刻痕。

—*v.t.* **1** 刻白色記號於〈樹木〉。**2** (在樹木上)刻記號以指〈路〉。

bláze a [**the**] **tráil** [**páth, wáy**] ⑴刻記號於森林中的樹皮，以標示道路。⑵作開路先鋒，領導。

blaz·er [ˈblezɚ; ˈbleizə] «源自 blaze[1]»—*n.* Ⓒ一種顏色鮮明的運動外衣。

bláz·ing *adj.* **1 a** 熾烈的；炎熱的；晃眼的，耀眼的。**b** [當副詞用]像燃燒似地：one ～ hot afternoon 一個炎熱的下午。**2** [用在名詞前]《口語》明顯的，明白的，露骨的；太甚的：a ～ lie 明顯的謊話，大謊言。

bla·zon [ˈblezṇ; ˈbleizn] *n.* Ⓒ **1 a** 徽章(coat of arms). **b** 徽章之描繪或解說。**2** (善行等之)誇示，炫示。

—*v.t.* **1** 〔十受十副〕(大肆)公開，宣揚，宣布〈事件等〉〈*forth, out, abroad*〉. **2** 〔十受十介十(代)名〕〔以…〕裝飾…〔*with*〕：The mountains were ～*ed* **with** autumnal color. 羣山處處點綴著秋色。**3** 炫耀，誇示。**4 a** 描繪徽章於〈盾上〉。**b** 用彩色描繪[畫]〈徽章〉。

bla·zon·ry [ˈblezṇrɪ; ˈbleizənri] *n.* Ⓤ **1** 徽章(描畫術)。**2** [又作 **a** ～]美飾，美觀〔*of*〕：the ～ *of* the big city 大都市之美[壯觀]。

bldg.《略》building.

bleach [blitʃ; bli:tʃ] *v.t.* 漂白：～ linen 漂白亞麻布。

—*v.i.* 被漂白；變白，變爲無色：I saw some bones ～*ing* on the battlefield. 我看見戰場上一些泛白的屍骨。

—*n.* Ⓤ[指產品個體或種類時爲Ⓒ]漂白(劑)。

bléach·er *n.* Ⓒ **1** 漂白工人；漂布業者；漂白器。**2** [常 ～s]《美》(球場等之)露天座位；外野席。

bléach·ing *n.* Ⓤ漂白法；漂白。

bléaching pòwder *n.* Ⓤ漂白粉。

bleak [blik; bli:k] *adj.* (～**·er**, ～**·est**) **1** 〈天氣、風等〉寒冷的，陰冷的：a ～ wind 寒風。**2** 〈場地等〉無遮蔽的，暴露於風雨中的，荒涼的，蕭瑟的。**3 a** 〈人、生活等〉嚴酷的，無情的(harsh). **b** 〈環境等〉悽涼的，悽楚的，陰森的。**c** 〈未來等〉暗淡的，無望的。～**·ly** *adv.* ～**·ness** *n.*

blear [blɪr; bliə] *adj.* 〈眼睛〉花的，爛眼的；朦朧的，模糊不清的；〈頭腦〉糊塗的。

—*v.t.* **1** 使〈眼睛〉花。**2** 使〈輪廓〉模糊不清。**3** 使〈鏡子〉朦朧。

bléar-éyed *adj.* **1** 花[爛]眼的。**2** 目光淺近的，眼光遲鈍的(dull)；睡眼惺忪的。

blear·y [ˈblɪrɪ; ˈbliəri] *adj.* (**blear·i·er**；**-i·est**) **1** 〈眼睛〉(因疲倦、睡意等而)看不清楚的。**2** 〈輪廓等〉模糊的。

bléary-éyed *adj.* ＝blear-eyed.

bleat [blit; bli:t] «擬聲語»—*v.i.* **1** 〈羊等〉咩地叫。**2** 作牛羊鳴聲。**3** 低聲訴苦[說廢話]。

—*v.t.* 〔十受十副〕喋喋地[抱怨地]說…〈*out*〉：～ (**out**) a complaint 以低微的聲音抱怨。

—*n.* Ⓒ[常用單數](像)羊等的鳴聲。

bleb [bleb; bleb] *n.* Ⓒ **1** 小皰，水皰。

【同義字】因灼傷等而起的大皰是 blister.

2 (水，玻璃中的)泡，氣泡。

‡**bled** [blɛd; bled] *v.* **bleed** 的過去式・過去分詞。

‡**bleed** [blid; bli:d] «blood 的動詞»—(**bled** [blɛd; bled]) *v.i.* **1 a** 流血：The cut is ～*ing.* 傷口在流血/He was ～*ing to* death. 他流血過多而瀕臨死亡。**b** 〔十介十(代)名〕〔(從)…〕流血〔*at, from*〕：He was ～*ing* **at** the nose. 他鼻子在流血[他在流鼻血]《★[變換]可換寫成 His nose was ～*ing.*》/ They were both ～*ing* **from** the nose and mouth. 他們兩人口鼻都在流血。**c** 〔十介十(代)名〕〔爲…〕受傷；死，陣亡〔*for*〕：They fought and *bled* **for** their country. 他們爲國家戰鬥而受傷[陣亡]。

2 〔動(十介十(代)名)〕〈心〉〔爲…〕悲痛，悲傷〔*for, at*〕：My heart ～*s* **for** them [**at** the sight]. 我的心爲他們[因看到那情景]而悲痛/My heart ～*s for* you. 我爲你傷心；《諷刺》我一點都不爲你感到難過。

3 a 〈樹木〉流汁，流出液汁。**b** 〈所塗的染料〉滲出，滲開。

4 〔十介十(代)名〕〔因…〕受到敲詐，被勒索〔*for*〕.

—*v.t.* **1** 〔十受〕爲〈人〉放血：Doctors used to ～ sick people. 從前醫生常爲病人放血。**2** 〔十受十介十(代)名〕從…抽出〔液體、氣體等〕〔*of*〕：～ a pipe **of** water 從管子抽水。**3** 〔十受〕榨取，敲詐〈人〉的錢財。

bléed a person **white** ⇨ white.

bléed·er *n.* **1** Ⓒ易出血者，血友病患者。**2** Ⓒ爲人放血的醫生。**3** Ⓒ《美口語》敲詐者，榨取金錢的人。**4**《英》Ⓒ[與限定詞連用]傢伙，…鬼；討厭鬼：a little ～ 小傢伙/You poor ～！你這個可憐蟲！**5** [**a** ～ **of a...** 當形容詞用]《英俚》很討厭的：*a* ～ *of a* rainfall 很討厭的雨。

bléed·ing *adj.* [用在名詞前] **1** 出血的。**2** 感覺或表現過度悲痛或同情的。**3** 沉痛[痛心]的。**4**《英俚》非常的，離譜的《★ bloody 的委婉語》：a ～ fool 一個大笨蛋。

—*n.* Ⓤ **1** 出血：internal ～ 內出血。**2** 放血。

bléeding héart *n.* Ⓒ **1**《植物》荷包牡丹《荷包牡丹屬觀賞植物的統稱，尤指日本荷包牡丹》。**2**《口語》(爲社會問題等對弱者)過度地表示同情的人。

bleep [blip; bli:p] *n.* Ⓒ **1** (無線電等所發出的)嗶的聲音。**2** (用以呼叫醫師等的)呼叫器，無線電呼叫器。

—*v.i.* 〔動(十介十(代)名)〕用無線電呼叫器呼叫〔醫師等〕〔*for*〕.

—*v.t.* 用無線電呼叫器呼叫〈醫師等〉。

bléep·er *n.* Ⓒ無線電呼叫器。

blem·ish [ˈblɛmɪʃ; ˈblemiʃ] *n.* Ⓒ(美中不足的)瑕疵，缺陷；汚點。

without blémish 完全的[地]。

—*v.t.* 損害…的美[完美]，損傷，沾汚。

blench [blɛntʃ; blentʃ] *v.i.* 退縮，畏縮。

***blend** [blɛnd; blend] (～**·ed**,《詩》**blent** [blɛnt; blent]) *v.t.* 混合，混雜《★[比較]較 mix 拘泥或專門的用語》：**a** 〔十受(十副)〕(均勻地)混合，攙混〈不同之物〉〈*together*〉：～ milk *and* cream (**together**)混合牛奶和奶油。**b** 〔十受十介十(代)名〕把…〔與他物〕混合〔*with*〕：～ mayonnaise **with** other ingredients 把蛋黃醬[美乃滋]與其他材料混合。**c** 〔十受〕(混合以)調製，配製〈茶、咖啡、酒、菸草等〉：I ～ tea(s) so as to obtain a nice flavor. 我把不同的茶混合調製以使味道美好。

—*v.i.* **1** 〔動(十介十(代)名)〕〔與…〕混和，調和〔*with*〕：The new curtains ～ well **with** the carpet. 新窗帘與地毯很搭調[相配]。**2** 〔十介十(代)名〕〈色彩〉〔與…〕融合；溶入〔…〕〔*with, into*〕：The colors of the rainbow ～ **into** one another. 彩虹各個不同的色彩交融調和。

blénd ín《*vi adv*》⑴〔與…〕調和[混合]〔*with*〕. —《*vt adv*》⑵將…〔與…〕混合；使…〔與…〕調和〔*with*〕：～ *in* a house *with* its background 使房屋與它的背景協調。

—*n.* Ⓒ **1 a** 混合(物)：That film is a ～ of animation and live action. 這部影片是卡通與實景混合交迭的作品。**b** (二種以上咖啡、煙草等的)混合製品：This coffee is a ～ of Java and mocha. 這種咖啡是爪哇和摩卡混合而成的。**c** 混紡〔*of*〕. **2**《語言》混合語《由兩個(以上的)字結合而成的字；如 *motel* < *mot*orists' ho*tel* / *smog* < *sm*oke ＋ f*og*》.

blende [blɛnd; blend] *n.* Ⓤ《礦》**1** 閃鋅礦。**2** 閃礦類。

blénd·ed *adj.* [用在名詞前] **1** 兩種以上混合的〈茶、煙草、酒、

咖啡等〉：～ whiskey[coffee]混合的威士忌[咖啡]。**2** 混紡的〈紡織品〉。

blénd·er *n.* Ⓒ **1** 混合[調配]東西之人。**2 a** 攪拌器。**b**《美》(廚房等用的)果汁機(《英》liquidizer)(⇨ mixer 2 b)。

blénd·ing *n.* **1** Ⓤ混合；融合；調和(法)。**2 a** Ⓤ《語言》(字、片語、構句等的)混合(法)(contamination)《如由 *different* from 和 other *than* 混合成爲 different than；由 *I am* friendly *with* him. 和 He and I are *friends.* 混合成爲 I am friends with him. 有關字的混合；⇨ blend 2》。**b** Ⓒ混合語[片語，句]。

Blen·heim [ˈblɛnəm; ˈblenim] *n.* 布倫亨《西德南部濱多瑙河(Danube)之一村落；1704 年英軍曾在此大勝法軍》。

blent *v.*《詩》**blend** 的過去式・過去分詞。

***bless** [blɛs; bles] **《源自古英語「用血淨化」之義》**——*v.t.* (～ed [-t; -t], **blest** [blɛst; blest]) **1** 〔十受〕**a** (畫十字)**祝福**〈人〉，爲〈人〉祈求上帝的恩惠：～ one's child(畫十字)祝福孩子/The priest ～*ed* the congregation. 祭司祝福會衆們。**b** 〔～ one*self*〕(從額頭到胸前畫十字)求上帝保祐；祝福自己；爲自己慶幸。

2 a 〔十受〕〈上帝〉**賜福於，降福於**〈人等〉：God ～ you！願上帝賜福於你(cf. 5)。**b** 〔十受十介十(代)名〕(作爲天惠)〔以…〕授與〈人等〉，使〈人等〉享有〔…〕〔*with*〕《★常用被動語態》：*be ～ed with* good children 有好子女眞福氣[有幸生了好子女]/God ～*ed* him **with** a daughter. 上帝賜他女兒/May this country always *be ～ed with* prosperity. 願上帝保祐這個國家永遠昌盛。

3 〔十受〕使…神聖；淨化〈食物等〉，淨化…以奉獻上帝；宣布…爲聖物：～ bread at the alter 把麵包奉獻於祭壇上。

4 a 〔十受〕**讚美，崇敬，頌揚**〈上帝〉；感謝〈保祐〉：*B*～ the Lord, O my soul.《聖經》我的靈魂啊，讚美主吧！**b** 〔十受〕感謝〈幸運、人等〉：～ one's stars 感謝上天保祐(使我此生吉星高照)/～ one's luck 慶幸自己運氣好。**c** 〔十受十介十(代)名〕〔爲…而〕感謝〈人〉〔*for*〕：I ～ him **for** his kindness. 我感謝他的好意。

5 〔十受〕[表示驚愕、喜悅、困惑等而當感歎詞用]《口語》〈上帝〉庇祐〈人〉：(God) ～ me！=(Lord) ～ my soul！=*B*～ my heart! =*B*～ your heart alive！=I'*m ～ed* [*blest*]! 哎呀！糟了！開玩笑！/(God) ～ you！哎呀！眞是！好可憐！保重！《★用於對方打噴嚏時說的話》(cf. 2 a)。

6 〔十受〕[與 *if* 子句連用當反語用表示輕微詛咒]詛咒〈人〉(curse)：(I'm) ～*ed* [*blest*] *if* I know！我知道才怪呢[如果我知道，我會遭詛咒]！/*B*～ me *if* it isn't true！此事千眞萬確[要是有半點虛假，我會遭天譴]！

bless·ed [ˈblɛsɪd; ˈblesid] *adj.* **1** 神聖的，淸淨的；受上帝祝福的：my father of ～ memory 先父[已故的父親]/the ～ (ones) 在天堂的聖徒們。**2** 受惠的，享福的，幸福的，有福的，幸運的：～ ignorance 幸福的無知《無知便是福》/*B*～ are the pure in heart. 淸心的人有福了《★出自聖經舊約「馬太福音」》。**3** [用在名詞前]快樂的，值得慶幸的，可喜的：a ～ time 一段快樂的時間。**4 a** [用在名詞前][當反語用]《俚》可惡的，討厭的，該受天罰的，受詛咒的。**b** [表示强調]一切的，所有的：every ～ book 所有的每一本書。

the Íslands of the Bléssed ⇨ island.

bléss·ed·ly [ˈblɛsɪd-; ˈblesid-] *adv.* 幸好，所幸(happily)。

bléss·ed·ness [ˈblɛsɪd-; ˈblesid-] *n.* Ⓤ幸運，幸福，福氣：(live in) single ～ (過)單身生活《★出自莎士比亞(Shakespeare)「仲夏夜之夢(*A Midsummer Night's Dream*)」》。

Bléssed Sácrament *n.* [the ～]《英國國教・天主教》聖餐用的聖化的麵包，聖體(⇨ sacrament 1)。

Bléssed Vírgin *n.* [the ～]聖母瑪利亞。

bless·ing [ˈblɛsɪŋ; ˈblesiŋ] *n.* **1** Ⓒ**a** (神賜的)**恩惠**，神恩，天惠，恩賜，恩典。**b** 祝福(之語)。**c** (飯前[飯後]的)祈禱：ask a ～ 做飯前[飯後]的祈禱。**2** Ⓒ幸事，幸運，福：a ～ in disguise 先前看似不幸，後來却變爲幸運之事；塞翁失馬《禍中得福》/count one's ～*s* 數數[想想]自己的福氣(安慰自己)。**3** Ⓤ《口語》贊同，同意，贊成：with my father's ～ 經我父親的同意。

***blest** [blɛst; blest] *v.* **bless** 的過去式・過去分詞。

——*adj.*《詩》=blessed.

bleth·er [ˈblɛðɚ; ˈbleðə] *v., n.* =blather.

‡**blew** [blu; blu:] *v.* **blow**[1,3] 的過去式。

blight [blaɪt; blait] *n.* **1** Ⓤ [又作 **a** ～] **a**《植物》枯萎病，病蟲害；招致植物病害的昆蟲、菌類。**b** (都市環境的)荒廢(狀態)；荒廢區域。**2** Ⓒ(使士氣崩潰、希望破滅等)任何招致毀滅或挫敗的原因；壞影響；陰影：cast[put] *a* ～ on[upon]... 使…籠罩上一層陰影。

——*v.t.* **1** 使〈植物〉枯萎。**2** 挫折；毀壞，摧殘，毀滅(ruin)：His reputation was ～*ed* by his misconduct. 他的名譽被他不檢點的行爲所毀。——*v.i.* 枯萎。

blight·er *n.* Ⓒ **1** 爲害之物[人]。**2**《英俚》**a** 討厭的傢伙，討厭鬼。**b** [與修飾語連用]傢伙：*You* poor ～！你這個可憐的傢伙[可憐蟲]！

bli·mey [ˈblaɪmɪ; ˈblaimi] *interj.*《英俚》哎呀！我的天哪！《表驚奇、驚訝的感歎詞》。

blimp [blɪmp; blimp] *n.* **1** Ⓒ小型軟式飛艇《★現爲廣告用語》。**2** [B～] = Colonel Blimp.

‡**blind** [blaɪnd; blaind] *adj.* (～er；～est) **1 a 眼睛看不見的，瞎的，失明的**：a ～ man 盲人/go[become] ～ 失明。**b** [不用在名詞前]〔十介十(代)名〕〔…〕瞎的〔*in*，《文語》*of*〕：be ～ *in* one eye=be ～ *of* an[one] eye 一隻眼睛瞎的/He is ～ *in* the right [left] eye. 他右[左]眼瞎了。**c** [the ～；當複數名詞用]盲人：a school for *the* ～ 盲人[啓明]學校。**d** [用在名詞前](無比較級、最高級)盲人(用)的：a ～ home 盲人之家[收容所]。

2 [不用在名詞前]〔十介十(代)名〕不能察覺〔缺點、優點、利害等〕的，〔對…〕缺乏眼光[判斷力]的，不懂〔…〕的〔*to*〕：He is ～ ***to*** the beauties of nature. 他不會欣賞自然之美/He is ～ *to* his own faults. 他不能察覺[無視於]自己的缺點。

3 a 盲目的；漫無計畫的，遇事現打主意的：～ obedience 盲從/a ～ purchase 盲目的購買/in one's ～ haste 在瞎慌急忙之中。**b** [不用在名詞前]〔十介十(代)名〕〔被…〕弄得眼花的；〔因…〕而失去理智的〔*with*〕：He is ～ ***with*** love[rage]. 他被愛情沖昏了頭[因憤怒而失去理智]。

4 (無比較級、最高級)**a** 無目的的；機械的：～ forces 盲目作用的力量。**b** 不靠肉眼的：～ flying (不靠肉眼)以儀表(導航)飛行。

5 [用在名詞前](無比較級、最高級)**a** 看不遠的；看不見的〈道路等〉：a ～ corner 看不見的轉角/⇨ blind spot 4. **b** 一端不通的：a ～ corridor 一端不通的走廊/⇨ blind alley. **c** 沒有出口[窗]的：a ～ door(無法開關的)只有形狀的假門/a ～ wall 沒有窗或門的牆壁。

6 a 失去知覺的。**b**《俚》爛醉如泥的。

7《園藝》不會開花[結果]的：a ～ bud 不會開花或結果的芽。

(as) blínd as a bát[**béetle, móle**] 眼睛完全看不見的。

gò blínd on it =go it BLIND (⇨*adv.* 成語)。

nòt a blínd bít of... 《英俚》一點也不…，完全不…：This knife is *not a* ～ *bit of* use. 這把小刀一點用也沒有。

——*adv.* (～·er；～·est) **1** 盲目地；漫無計劃地。**2** 到眼睛看不見的地步，…得很厲害：～ drunk 醉得很厲害[爛醉如泥]。**3** 不憑肉眼地，僅憑儀器地：fly ～ (不憑肉眼而)作儀表飛行。

gò it blínd 盲目地做，瞎搞。

——*v.t.* **1** 〔十受〕**a** 使…失明，使…變瞎：He was ～*ed* in the accident. 他在那次事故中失明。**b** 使〈人〉一時眼睛看不見，使…目眩：The bright lights ～*ed* me for a moment. 明亮的光使我一時目眩。**2** 〔十受〕蒙蔽〈人〉的眼目，使〈人〉失去判斷力，蠱惑〈人〉：He was ～*ed* by her beauty. 他被她的美所蠱惑。**3** 〔十受十介十(代)名〕**a** 使〈人〉〔對…〕失去覺察力[判斷力]〔*to*〕：His prejudice ～*ed* him ***to*** the defects in the argument. 他因有偏見而未能覺察論據中的缺失。**b** 〔～ one*self*〕〔對…〕視而不見；〔對…〕假裝看不見〔*to*〕：～ *oneself* ***to*** errors 對錯誤視而不見。

——*n.* Ⓒ **1** [常 ～*s*] **百葉窗，窗簾；障蔽物**(《美》shade)(⇨ window 插圖)：draw[pull down] the ～*s* 拉下百葉窗。**2** [常用單數]**a** 蒙蔽之物；掩飾；藉口〔*for*〕。**b** 囮子，誘餌。**3**《美》(獵人在狩獵時的)埋伏處。

blínd álley *n.* Ⓒ **1** 死巷子，死胡同，盡頭，絕路。**2** 困境；無前途[出路]之職業(等)：find one*self* in[up] a ～ (於議論)理屈辭窮。

blínd dáte *n.* Ⓒ《口語》**1** (別人代爲安排的)陌生男女的約會。**2** (經別人安排的)與陌生異性約會的男方或女方。

blínd·er *n.* Ⓒ **1** 蒙蔽者[物]，遮眼者[物]。**2** [常 ～s]《美》(馬的)眼罩(blinkers)。**3**《英俚》(板球、足球等的)使觀衆看得目眩的精彩絕技。

gò[**be**] **on a blínder** 《英俚》飲酒歡鬧。

blinders 2

blínd·fòld *v.t.* **1** 蒙起〈人、動物〉的眼睛；蒙住〈眼睛〉：walk ～*ed* 蒙住眼睛行走。**2** 擋住…的視線。**3** 蒙蔽…的眼光。**4** 使…思想不清；把…引入歧途；蠱惑。

——*n.* Ⓒ **1** 蒙眼布，遮眼之物。**2** 蒙蔽眼光之物，眩目之物。

——*adj.* & *adv.* 被蒙住眼睛的[地]；鹵莽的[地]。

blínd·ing *adj.* 使人目眩的；使盲的；使人昏聵的：～ snowstorm 使人目眩之[天昏地暗的]暴風雪/～ sheets of rain 擋人視線的傾盆大雨。～·**ly** *adv.*

blínd·ly *adv.* 盲目地，胡亂地，瞎摸地。

blíndmàn's búff *n.* Ⓤ蒙眼捉人遊戲。

【說明】buff 是 buffet(用手掌或拳頭打)的縮寫。玩法是蒙著眼睛的鬼(It)追抓四周的人，並猜出被抓者的名字。抓到人時鬼要被打三下，因而有此名稱。

blínd·ness *n.* Ⓤ **1** 盲目：⇨ color blindness, night blindness. **2** 無知；鹵莽。

blínd spòt *n.* Ⓒ **1**〖解剖〗(眼球網膜上的)盲點。**2** 自己所未察覺之處，「盲點」；(對某事的)遲鈍，無知；偏見。**3** (電視、廣播的)收視[收聽]不良地區。**4** (車輛駕駛者之)死角。

blínd·stòry *n.*〖建築〗Ⓒ暗樓，無窗樓層。

blínd·wòrm *n.* Ⓒ〖動物〗**1** 蛇蜥，盲缺肢蜥《歐洲產》。**2** 蚓螈《斯里蘭卡產》。

blink [blɪŋk; bliŋk] *v.i.* **1**〔動(＋介＋(代)名)〕〔對…〕眨眼，霎眼，瞬目〔*at*〕：She *~ed* ***at*** the sudden light. 突然照來的光線使她霎眼。

【同義字】wink 是爲了傳達意思而眨眼睛使眼色。

2〔＋介＋(代)名〕瞪目[以驚訝的眼光]看〔…〕，〔對…〕吃驚〔*at*〕：She *~ed* ***at*** the unexpected turn of affairs. 她對事情的意外演變感到驚愕。

3 〈燈光、星等〉閃亮，閃爍，閃光：The street lamps *~ed* suddenly on. 街燈突然閃亮。

4〔＋介＋(代)名〕假裝不見，漠視〔…〕，〔對…〕視而不見〔*at*〕《★比較 一般用 wink at》：He *~ed* ***at*** her mistake. 他對她的過失視而不見。

—*v.t.* **1 a**〔＋受〕眨，霎〈眼〉：~ one's eyes 眨眼。**b**〔＋受＋副〕眨眼擠掉〈眼淚、睡意等〉〈*away, back*〉：She *~ed* ***away*** [***back***] the tears. 她眨眼擠去眼淚。

2〔＋受〕使〈光〉忽明忽滅，使…閃爍：*B~* your headlights on and off. 用車前燈打閃光信號吧。

3〔＋受〕[常用於否定句]對…假裝看不見，對…視若無睹，忽視，漠視…：You can*not* ~ [There is *no ~ing*] the fact that there is a war. 你不能無視戰爭存在這一事實。

—*n.* Ⓒ **1 a** 眨眼，霎眼。**b** 瞬間：in a ~ 在一瞬之間。

2 閃爍，閃亮；忽明忽滅。

on the blínk《口語》〈人、機器等〉狀況不佳，有毛病。

blínk·er *n.* Ⓒ **1** 眨眼的人。**2 a** [常 ~s](馬的)眼罩(《美》blinders)。**b** [~s]《俚》護目鏡(goggles)。**3**《美》**a** 閃光信號燈《警戒燈》。**b** [常 ~s](汽車的)閃爍式方向燈(《英》winkers)(⇨ car 插圖)。

be [**rùn**] **in blínkers** 在不明周圍情形的狀況之下(行動)。

blínk·ing *adj.* [用在名詞前] **1** 眨眼的，霎眼的；忽明忽滅的。**2**《英口語》討厭的，可惡的，該死的，…透頂的《★bloody 的委婉語》：a ~ fool 大傻瓜。

—*adv.*《英口語》很，非常《★bloody 的委婉語》。

blip [blɪp; blip] *n.* Ⓒ **1** 雷達上顯示的映像《表示飛機、潛艇或其他目標的位置》；光點。**2**〖廣播．電視〗(錄影帶等被消音處所出現的「嗶」的)短聲響。

【同義字】報時的「嗶」是 pip.

***bliss** [blɪs; blis] *n.* Ⓤ極大的幸福；福祐，天賜的福。

bliss·ful [ˈblɪsfəl; ˈblisful] *adj.* 極大幸福的；幸福無比的，極快樂的。**~·ly** [-fəlɪ; -fuli] *adv.* **~·ness** *n.*

blis·ter [ˈblɪstə; ˈblistə] *n.* Ⓒ **1 a** (皮膚的)水泡《指因燙傷、摩擦而起者》，膿疱：get *~s* on one's hands 手起泡。

【同義字】corn 指趾上所生的雞眼。

b (植物、金屬或油漆面上起的)浮泡。**2**〖醫〗發泡藥《使起水泡的藥劑》。

—*v.t.* **1 a** 使…生水泡。**b** 使〈油漆〉起浮泡。**2** [用於諷刺等]辱罵〈人〉。

—*v.i.* 起水泡：I [His hands] ~ easily. 我[他的手]容易起泡。

blís·ter·ing [-tərɪŋ; -təriŋ] *adj.* **1 a** 會燙出泡似的：~ heat 酷熱，酷暑。**b** [當副詞用]會燙出泡般地：~ hot 會燙出泡般酷熱的。**2** 尖酸的，惡毒的，刻薄的：a ~ tongue 刻薄的話。**3** 猛烈的；極快的：at a ~ speed 以極快的速度。

blíster pàck *n.* ＝bubble pack.

blithe [blaɪð; blaið] *adj.* **1** 爽朗的，活潑的，快樂的。**2** 爽快的，無憂無慮的。**~·ly** *adv.* **~·ness** *n.*

blith·er [ˈblɪðə; ˈbliðə] *v.i.* 胡扯，嘮叨不休(blather).

blith·er·ing [ˈblɪðərɪŋ; ˈbliðəriŋ] *adj.* [用在名詞前]《俚》**1** 胡扯的，嘮叨不休的。

2 出奇的，絕頂的：a ~ idiot [fool] 大笨蛋[傻瓜]。

blithe·some [ˈblaɪðsəm; ˈblaiðsəm] *adj.*《文語》＝blithe 1.

blitz [blɪts; blits]《源自德語「閃電」之義》**—***n.* Ⓒ **1** 閃電式的襲擊；猛攻，毀滅性攻擊。**2**《俚》閃電式的(競選、廣告等)大活動。

—*adj.* [用在名詞前]閃電式的：~ tactics 閃擊戰術。

—*v.t.* 以閃電戰攻擊；猛攻。

blitz·krieg [ˈblɪtsˌkrig; ˈblitskriːg]《源自德語》**—***n.*, *v.t.* ＝ blitz.

bliz·zard [ˈblɪzəd; ˈblizəd] *n.* Ⓒ **1** 雪暴，暴風雪。**2** (事物的)突發；蜂擁而至，紛至沓來〔*of*〕：a ~ *of* gifts 蜂擁而至[紛至沓來]的禮物/a ~ *of* questions 連珠砲似的質問。

bloat[1] [blot; blout] *v.t.* 醃燻〈鯡魚等〉：a *~ed* herring 醃燻的鯡魚。

bloat[2] [blot; blout] *v.t.*〔＋受(＋介＋(代)名)〕**1** 使…〔因…而〕膨脹[臃腫，腫脹]〔*with*〕《★常以過去分詞當形容詞用；⇨ bloated 1》。

2 使…〔以…〕自負〔*with*〕《★常以過去分詞當形容詞用；⇨ bloated 2》。

blóat·ed *adj.* **1 a** 膨脹的；浮胖的，臃腫的：a ~ face 浮腫的臉。**b** [不用在名詞前]〔＋介＋(代)名〕〔因…而〕臃腫的，浮腫的〔*with, from*〕：~ ***with*** [***from***] overeating 因吃得太多而浮胖。**2 a** 自大的，驕傲的：a ~ politician 自大的政客。**b** [不用在名詞前]〔＋介＋(代)名〕〔自命不凡而〕自大的，驕傲的〔*with*〕：He is ~ ***with*** pride. 他狂妄自大。

blóat·er *n.* Ⓒ醃燻的鯡魚(cf. kipper).

blob [blɑb; blɔb] *n.* Ⓒ **1** (墨水等的)小斑點。**2** (球狀的)一小塊，一滴。**3** 形狀模糊或無(固定)形狀之物。

bloc [blɑk; blɔk]《源自法語 'block' 之義》**—***n.* Ⓒ **1** 陣營，集團《爲了政治、經濟上的特殊利益而攜手聯合的數個國家、團體等的集團》：the dollar ~ 美元集團《以美元進行貿易的地區》。

2《美》(超黨派的)議員集團。

—*adj.* [用在名詞前]集團的：~ economy 集團經濟。

‡**block** [blɑk; blɔk] *n.* Ⓒ **1 a** (木或石等的)一塊，片；木塊，木片。**b**《美》(玩具的)積木(cf. building block)：a box of *~s* 一盒積木。**c** (建築用)木[石，水泥]塊材料。

2 臺，臺座《如砧板、切肉或劈柴等用的墩或臺、上馬背時用的墊臺、斬首時使死囚擱頸部的斬首臺、造船臺、擦鞋用的腳墊、拍賣臺、(印刷用的)版墊等》。

3 滑車《將一個或一個以上之滑輪(pulley)裝在一個框中者》。

4 帽楦；(帽子的)模子。

5《俚》(人的)腦袋：⇨ knock a person's BLOCK off.

6 a 黏貼的帳。**b** (各種東西的)一組，一套，一批，一疊，一冊：a ~ *of* tickets 一疊票。

7 a《英》(一棟)大建築物：a ~ *of* flats 一棟公寓。**b**《美》(一大片連接的房屋四面由道路圍成的)街區(cf. square *n.* 3 a)：a building occupying an entire ~ 佔整個街區的一棟樓房。**c** 一條街《一街區任一邊長所形成的街段》(cf. square *n.* 3 b)：It's two *~s* away. 它離這兒隔兩條街。

8 a 障礙物，阻礙物。**b** (自來水管等的)壅塞物。**c** 阻塞(狀態)：a traffic ~ 交通阻塞/⇨ block system. **d**〖醫〗(神經、身體、思考等的)阻滯，阻斷，阻礙。**e**〖運動〗妨礙，阻擋。

blóck and táckle 滑車裝置，絞轆。

cút blócks with a rázor 用非其所《★原義爲「以剃刀砍木頭」》。

gô [**còme, be sént**] **to the blóck** (1)(上斬首臺)被斬首。(2)(上拍賣臺)被拍賣。

knóck a person's **blóck óff**《俚》揍某人的腦袋；把某人狠狠地修理一頓；給某人吃苦頭。

on the blóck《美》(在拍賣臺上)被拍賣中。

—*v.t.* **1 a**〔＋受(＋副)〕堵塞〈道路、管道等〉〈*up*〉：My nose is *~ed* (***up***). 我鼻子不通[鼻塞了]。**b**〔＋受(＋副)＋介＋(代)名〕〔以…〕堵塞，封閉，阻塞；封鎖〈路〉〈*up*〉〔*with*〕：The railroad was *~ed* by the snow. 鐵路爲雪所阻塞/~ (***up***) the road ***with*** a barricade 以路障封鎖道路/(Road) *Blocked*!《告示》此路不通。

2〔＋受〕阻礙，阻止，阻擋，妨礙〈進行、行動等〉；阻礙…的進行[行動]；阻擋〈議案〉的通過：His wife's sickness *~ed* his plans for the party. 妻子的病使他(舉行)派對[聚會]的計畫受阻。

3〔＋受〕〖運動〗妨礙[阻擋]〈對方〉。

4〔＋受〕(以木楦)楦〈帽〉；打〈衣服〉的草樣。

5〔＋受〕〖經濟〗封鎖…《★常以過去分詞當形容詞用》：*~ed* currency 凍結[受阻]通貨。

6〔＋受〕〖醫〗(用麻醉)阻斷〈神經〉的衝動。

—*v.i.*〖運動〗妨礙[阻擋]對方。

blóck ín《*vt adv*》(1)＝BLOCK up. (2)堵塞，阻塞…。(2)草畫〈圖畫等〉的略圖。

blóck óff《*vt adv*》堵塞，阻斷…。

blóck óut《*vt adv*》畫出…的輪廓；草擬…的概略計畫：~ ***out*** a stage performance 草擬舞臺演出的概略計畫。

blóck úp《*vt adv*》(1)⇨ *v.t.* 1. (2)將…封鎖在內：~ ***up*** ships in a harbor 把船隻封鎖在港內。

block·ade [blɑˈked; blɔˈkeid]《*block* 和 barric*ade* 的混合語》**—***n.* Ⓒ封鎖，堵塞，妨礙；(交通等的)阻斷；障礙[阻礙]物：break [lift, raise] a ~ 衝破[解除]封鎖/run a ~ 偷偷越過[穿過]封鎖線。

—*v.t.* 封鎖；阻擋，阻礙。

B

blockáde rùnner *n.* Ⓒ偷渡封鎖線的人[船]，偷渡者[船]。

block·age [ˈblɑkɪdʒ; ˈblɔkidʒ] *n.* Ⓒ **1** 妨礙，阻礙。**2** 障礙物；(管子等裡面的)堵塞物，壅塞物。

block·bust·er [ˈblɑk͵bʌstɚ; ˈblɔkbʌstə] *n.* Ⓒ **1** 一種具高度破壞力的巨型炸彈。**2**《口語》引起突然而壓倒性力量的人[事物]；一鳴驚人的人[事物]；耗費甚多且風靡一時的電影巨片：That movie is a ~. 那部電影是耗費巨資轟動一時的巨片。**3**《美口語》以手段使屋主廉價出售房屋(blockbusting)的房地產投機人。

block·bust·ing [ˈblɑk͵bʌstɪŋ; ˈblɔkbʌstiŋ] *n.* Ⓤ《美口語》在白人住宅區製造有色人種搬進與其爲隣之恐慌，以使白人屋主競相廉售房地產而遷移之手法。

blóck càpital *n.* Ⓒ[常 ~s]《印刷》方體字(block letter)的大寫字母。

block·er [ˈblɑkɚ; ˈblɔkə] *n.* Ⓒ **1** 阻擋的人[物]。**2**《足球》進行阻擋的球員。

blóck·hèad *n.* Ⓒ《口語》呆瓜，笨蛋《★通常用於男性之間》。

blóck·hòuse *n.* Ⓒ **1** 碉堡。**2** (從前的)圓木防舍，木堡。**3** (火箭發射臺旁等的)鋼骨混凝土小房《用以容納人員、儀器等，使其不受高熱、暴風、放射線等之害》。

blockhouse 2

blóck·ish [-kɪʃ; -kiʃ] *adj.* **1** 似木頭的。**2** 魯鈍的，頑固的。

blóck lètter *n.* Ⓒ[常 ~s]《印刷》木版字，方體字，筆畫沒有細尖裝飾的字體《如 T 等》：Please write your name in ~*s*. 請用方體字寫你的姓名。

blóck plàne *n.* Ⓒ《木工》鉋平木板兩端所用的短鉋。

blóck prìnt *n.* Ⓒ《美術》用木板印刷印的圖畫[圖案]。

blóck sìgnal *n.* Ⓒ **1**《鐵路》閉塞號誌《用以指示某一區段路軌上火車之通行的固定號誌》。
2《棒球》攻方教練對打擊手和跑壘手發出之指示信號《由站在一壘或三壘旁之教練以手觸帽子、臉部、衣服等表示不同區(block)之不同部位，暗示球員種種戰術》。

blóck sỳstem *n.* Ⓒ《鐵路》**1** 在一區段之路軌上一次只許通行一班火車之方式。
2 閉塞號誌系統《用以管制火車之通行，使一系列區段中任一區段路軌上一次只通行一班火車》。

block·y [ˈblɑkɪ; ˈblɔki] «block 的形容詞» —*adj.* (**block·i·er**; **-i·est**) **1** 〈身體等〉短而堅實的。**2** 易分裂成一塊塊的。**3** (木版印刷之)濃淡不勻的。

bloke [blok; blouk] *n.* Ⓒ《英口語》傢伙，(男)人。

***blond(e)** [blɑnd; blɔnd] «源自拉丁文「黃色的」之義» —(《★拼法 blonde 爲陰性；現在陽性及陰性多半都用 blond》*adj.* (**blond·er**; **-est**) **1** 〈人〉金髮的《常指白皙皮膚藍[灰色]眼睛者》。**2** 〈頭髮〉金色的；〈皮膚〉白皙的(cf. brunet(te), dark 2).
—*n.* Ⓒ金髮的(女)人：a blue-eyed ~ 金髮藍眼睛的(女)人。

****blood** [blʌd; blʌd] *n.* **1** Ⓤ **a** 血，血液：the circulation of the ~ 血液循環/a drop of ~ 一滴血/give ~ 捐血，提供血液/lose ~ 失血，大量出血。**b** (低等動物的)體液。**c** (樹木、果實等的)紅色汁液，紅色樹液[果汁]。
2 Ⓤ**a** (作爲生命之泉源的)血；性命：give one's ~ for one's country 爲國流血捐軀[犧牲性命]。**b** (作爲感情之泉源的)血性，血氣，激烈的情緒；脾氣；性情：a man of hot ~ 易激動的人，火爆性子的人/curdle [chill, freeze] a person's ~ 使某人心驚膽戰/make a person's ~ boil 使某人大怒/make a person's ~ run cold 使某人毛骨悚然/stir a person's [the] ~ 使某人激昂[熱血沸騰]/The thought of war makes the ~ creep. 想到戰爭就會心驚膽戰/When he heard the news, his ~ boiled [was up]. 他聽到那消息就震怒/⇨ bad blood/with ~ in one's eyes 眼中帶著血絲，殺氣騰騰地。
3 Ⓤ流血；殺人(罪)；犧牲：a man of ~ 冷血漢；兇手/deeds of ~ 殺人行爲。
4 a Ⓤ血統；血緣，血親；門第，家世，名門：fresh [new] ~ (加入舊血統等之)新血；[又當集合稱](團體等的)新血輪，新秀，新進人員(cf. young blood 2)/⇨ half blood, blue blood/Caprice runs in her ~. 她生性善變/Bravery is in his ~. =He has bravery in his [the] ~. 勇敢是他生來有之的特性/*B*~ is thicker than water.《諺》血濃於水；血親總比朋友親/*B*~ will tell. 血統是瞞不了的《事實不容爭辯》。**b** [the ~]王族，皇族(cf. blood royal)：a prince [princess] of *the* ~ 王子[公主]，皇太子[皇女]。

blóod and thúnder 流血和暴力；刺激而誇張的通俗劇(cf. blood-and-thunder)：a novel full of ~ *and thunder* 充滿暴力兇殺情節的小說。

cannòt gèt blóod from [òut of] a stóne 從石頭裏擠不出血來，不能從冷酷無情的人那裏得到同情。

flésh and blóod ⇨ flesh.

hàve a person's **blóod on** one's **héad [hánds]** 應對某人之死[不幸]負責。

in còld blóod 冷酷地；無動於衷地；蓄意地：commit murder *in cold* ~ (並不是因一時失去理智而是)蓄意殺人。

in hót blòod 憤怒(地)。

lèt blóod 放血(cf. bloodletting).

swéat blóod 《口語》(1)拚命地工作。(2)焦慮萬分。

táste blóod (1)〈獵犬、野獸等〉嘗到血的味道。(2)初次嘗到甜頭。

to the lást dróp of one's **blóod** 只要一息尚存。

—*v.t.* [十受] **1 a** 使〈獵犬〉初嘗血腥。**b** 使〈軍人〉對流血習以爲常。**2** 使〈人〉得到新的經驗《★常用被動語態》。**3** 爲〈初次參加獵狐的人〉舉行臉部塗狐血的儀式。

blóod-and-thúnder *adj.* [用在名詞前]充滿暴力兇殺等情節的，低俗的〈小說、電影等〉。

blóod bànk *n.* **1** Ⓒ血庫。**2** Ⓤ(血庫等的)儲藏血液。

blóod·bàth *n.* Ⓒ大屠殺。

blóod bróther *n.* Ⓒ **1** 親生兄弟。**2** 歃血爲盟的拜把兄弟。

blóod cèll [còrpuscle] *n.* Ⓒ血球：red [white] ~*s* 紅[白]血球。

blóod còunt *n.* Ⓒ(紅血球和白血球的)血球計數，血球數。

blóod·cùrdler *n.* Ⓒ令人毛骨悚然之物。

blóod·cùrdling *adj.* [用在名詞前]令人毛骨悚然的；令人心驚膽戰的。

blóod donàtion *n.* Ⓤ捐血。

blóod dònor *n.* Ⓒ捐[供]血者。

blóod·ed *adj.* **1** [常構成複合字]有…(某種)血的：⇨ cold-blooded, warm-blooded. **2**《美》純種的，純血統的：a ~ horse 純種馬，純血統的馬。

blóod fèud *n.* ⓊⒸ(二族間世代的)血海深仇，血仇。

blóod gròup *n.* Ⓒ血型(blood type).

blóod gròuping [tỳping] *n.* Ⓤ《生理》血液分屬法，血液分型法。

blóod·guilty *adj.* 殺人的，犯殺人罪的。

blóod hèat *n.* Ⓤ人體血溫《平均 37 ℃》.

blóod·hòund *n.* Ⓒ **1** 尋血警犬《英國產的一種偵探犬》。**2** 鍥而不捨的追踪者；偵探。

bloodhound 1

blóod·i·ly [-dlɪ; -dəli] *adv.* **1** 血淋淋地。**2** 殘酷地，殘忍地。

blóod·less *adj.* **1 a** 無血的，貧血的。**b** 蒼白的，沒有血色的。**2** 沒有流血暴力的：a ~ victory 不流血的勝利。**3 a** 冷血[無情]的。**b** 〈統計等〉無情的。**4** 沒有熱情[沒精打采]的。
~**·ly** *adv.* ~**·ness** *n.*

Blóodless Revolútion *n.* [the ~](英國的)不流血革命(⇨ English Revolution).

blóod·lètting *n.* Ⓤ **1** 放血(⇨ phlebotomy). **2** (戰爭等的)流血。

blóod·mo·bìle [-mə͵bil; -məbi:l] *n.* Ⓒ《美》(流動)捐血車《設有醫療儀器用以抽取捐血之車輛》。

blóod mòney *n.* Ⓤ **1** 把死刑罪犯交給警察或報警將其緝獲而得的賞金。**2** 付給被近親殺害者之家屬的撫恤金。**3** (教唆殺人者)付給兇手之酬金。

blóod plàsma *n.* Ⓤ血漿。

blóod pòisoning *n.* Ⓤ敗血症，血毒症，血中毒(septicemia).

blóod prèssure *n.* ⓊⒸ《醫》血壓：high [low] ~ 高[低]血壓。

blóod pùrge *n.* Ⓒ(尤指政府)對有叛國、煽動反叛等嫌疑之人的大屠殺，血腥整肅。

blóod·réd *adj.* **1** 血紅的。**2** 血染的。

blóod relátion [rélative] *n.* Ⓒ血親，骨肉。

blóod·ròot *n.* Ⓒ《植物》血根草《北美產的罌粟科草本植物，根狀莖含橙紅色汁液可提煉血根鹼，供作藥用》。

blóod róyal *n.* [the ~；集合稱]王族，皇家。

blóod sàusage *n.* Ⓤ[指個體時爲Ⓒ]《美》用血(尤指豬血)與硬脂肪所做的香腸(《英》black pudding).

blóod·shèd *n.* Ⓤ流血(事件)；殺害，虐殺：prevent ~ 防止流血。

blóod·shòt *adj.* 〈眼睛〉充血的，有血絲的。

blóod spòrt *n.* Ⓒ[常 ~s]會出現流血場面的運動或競技《如狩獵、鬥牛等》。

blóod·stàin *n.* Ⓒ血跡，血污。

blóod·stàined *adj.* **1** 有血跡的；沾滿血跡的，染著血的。**2** 犯殺人罪的，兇殺的。

blóod·stòck *n.* Ⓤ[集合稱]純種的馬《尤指賽馬用者》。

blóod·stòne *n.* Ⓤ[指寶石個體時爲Ⓒ]《礦》血石，血玉髓《尤指 heliotrope；⇨ birthstone 表》。
blóod·strèam *n.* Ⓤ[常 **the** ~, **one's** ~]〈循環體內的〉血流。
blóod·sùcker *n.* Ⓒ **1** 吸血動物；(尤指)水蛭(leech). **2** 吸血鬼，剝削別人的人；放高利貸者。
blóod sùgar *n.* Ⓤ《生化》血糖。
blóod tèst *n.* Ⓒ驗血。
blóod·thìrsty *adj.* **1** 嗜血的，嗜殺的，充滿殺機的；殘忍的。**2** **a**〈觀衆等〉喜看流血場面的。**b**〈電影等〉兇殺場面[鏡頭]多的。
-thìrstily *adv.* **-thìrsti·ness** *n.*
blóod transfùsion *n.* ⓊⒸ輸血。
blóod tỳpe *n.* =blood group.
blóod vèssel *n.* Ⓒ血管。
búrst a blóod vèssel (1)(因激動等而)使血管破裂。(2)極度激動[生氣]。
blood·y ['blʌdɪ; 'blʌdi] «blood 的形容詞» **—*adj.*** (**blood·i·er**；**-i·est**) **1** **a** 血的；與血有關的；含有血的；似血的，血一般的。**b** 血顏色的。**2** 在出血的；會出血的；血污的，沾[染]血的。**3** 血腥的，嗜血的，嗜殺的；殘忍的，殘酷的：~ work 慘殺。**4** [用在名詞前](無比較級、最高級)《英鄙》可惡的，討厭的，該死的；不得了的；鬼似的《★用法 常只用以加强語氣，且常顧忌其鄙俗避諱寫全字而寫成 b—dy》：a ~ liar 大騙子，大說謊者/a ~ fool 大傻瓜/a ~ genius 鬼才。
nót a blóody óne [强調否定]《英鄙》連一個都不…。
—*adv.* (無比較級、最高級)《英俚》…得不得了，太…(very)：~ cold 冷得不得了。
Nót blóody líkely! 《英俚》[常表憤怒] 豈有此理！
—*v.t.* [十受]使〈人的鼻等〉流血，使…沾滿血；以血弄污…。
Blóody Máry **1** Ⓤ[指個體時爲Ⓒ]用伏特加酒(vodka)和番茄汁等調製的一種鷄尾酒。**2** =Mary I.
blóody-mínded *adj.* **1** 冷酷的；嗜殺的；殘忍的，凶狠的。**2** 《英口語》故意阻撓的，故意作對的，有意不合作的；愛爭吵的。
~·ness *n.*
blóody shírt *n.* [**the** ~]《美》(從前用以激起羣衆復仇心的)染血的襯衫；煽動敵意之手段：wave *the* ~ 煽動(派系等之間的)敵意。
‡**bloom** [blum; blu:m] «源自古北歐語「花」之義；與 blossom, blow[3] 同字源» **—*n.*** **1** **a** Ⓒ(尤指觀賞用植物之)花(⇨ flower【同義字】)。**b** [**the** ~, **its** ~, **a** ~；集合稱](某植物、地方、季節的)花：*the* ~ *of* (the) tulips in the garden 花園裏鬱金香的花/have *a* heavy [light] ~ 花開得多[少]。
2 **a** Ⓤ開花(期)，花的盛開：⇨ in [out of] BLOOM. **b** [**the** ~]茂盛[壯盛]時期[*of*]：*the* ~ *of* youth 少年的壯盛時期，青春/a girl in *the* ~ *of* youth 正值荳蔻年華的少女。
3 Ⓤ **a** (面頰的)紅潤之色，光輝，容光煥發；有健美之色。**b** 新鮮感；清純：The ~'s off her youth. 她年紀輕輕的卻已失去了清純[她失去了青春健美的神采]。
4 Ⓤ(葡萄果實、康乃馨等之葉子表面所生的)粉衣，霜。
5 Ⓤ(葡萄酒的)香味(bouquet).
6 Ⓤ《礦》(在其他物質之表面形成一層粉末狀膜的某種礦物的)霜：cobalt ~ 鈷霜。
in [òut of] blóom (1)〈花〉正在開[已凋謝]。(2)正興旺[已過興旺時期]。
in fúll blóom 盛開：The roses are *in full* ~. 玫瑰花正在盛開。
tàke the blóom òff... 《口語》使…失去美[清純，新鮮感]；使…變不新鮮。
—*v.i.* **1** 開花(cf. blossom *v.i.* 1). **2** 繁盛，興旺；〈花〉盛開。**3** 〈女人〉有[…]健美之色[*with*]：She is ~*ing with* youth. 她顯露出青春健美的神采。
bloom·er[1] ['blumɚ; 'blu:mə] *n.* Ⓒ[常與修飾語連用] **1** 開花的植物：an early ~ 早開的花，早開花的植物。**2** 已成熟的人；有作爲的人：She was a late ~. 她大器晚成。
bloom·er[2] ['blumɚ; 'blu:mə] «源自 blooming error» **—*n.*** Ⓒ《英俚・謔》大錯，一大敗筆。
bloo·mer[3] ['blumɚ; 'blu:mə] «源自發明者 Amelia Jenks Bloomer 之名» **—*n.*** Ⓒ **1** [~s](十九世紀後半流行的)一種短裙加褲腳打褶長褲的女裝。**2** [~s] **a** 燈籠褲《(從前)婦女所穿的長及膝部的運動褲》：a pair of ~*s* 一條燈籠褲。**b** (與義 a 同樣的女童用)燈籠褲。
blóom·ing *adj.* **1** 開花的，盛開的。**2** **a** 花般的，青春的，年輕壯盛的。**b** 興旺的，繁盛的，繁榮的。**3** [用在名詞前]《英俚》可惡的，該死的；不得了的；鬼似的《★bloody 的委婉語》：a ~ fool 大傻瓜。**—*adv.*** 《英俚》…得不得了，太…。
~·ly *adv.*

bloomers[3] 1

bloom·y ['blumɪ; 'blu:mi] *adj.* **1** 盛開的；多花的。**2** 《植物》〈果實等〉有粉衣的。
‡**blos·som** ['blɑsəm; 'blɔsəm] *n.* **1** **a** Ⓒ(尤指果樹的)花(⇨ flower【同義字】)：apple ~*s* 蘋果花。**b** Ⓤ[又作 **a** ~；集合稱]花：a shower of ~ 一陣落花/The apricot ~ is fine this year. 今年杏花開得眞好。
2 **a** Ⓤ開花(的狀態)；花季：in ~ 在開花/come into ~ 進入花季[開始開花]/The cherry trees were in full ~. 櫻花正在盛開。**b** [**the** ~](成長、發育的)初期[*of*]：*the* ~ *of* youth 青春的初期。
—*v.i.* **1** [動(十副)]開花〈*out, forth*〉《★比較 通常 blossom 用於結果實的種子植物或果樹，而 bloom 則用於不結果實的植物；但在美國語法這兩個字無甚區別》：The peach trees ~ (**out**) in April. 桃樹在四月開花。
2 **a** 發展，繁榮。**b** [(十副)十介十(代)名]變[成…]〈*out*〉[*into*]：He ~*ed* (**out**) **into** a statesman. 他變成一個政治家。**c** [(十副)十*as* 補]成熟〈成…〉，發育[成熟]〈到…狀態〉〈*out*〉：~ **out** *as* an artist 成爲一個藝術家。
3 [動(十副)]變得快活，活潑起來〈*forth, out*〉.
blot [blɑt; blɔt] *n.* Ⓒ **1** (尤指墨水等的)汚痕，汚漬。**2** [名聲等的]瑕疵，汚點，汚名，缺點，恥辱[*on*]：a ~ *on* one's character [record] 一個人品行[經歷]上的汚點/He is a ~ *on* our profession. 他是我們同業的恥辱/⇨ a blot on the [one's] ESCUTCHEON.
—*v.t.* (**blot·ted**；**blot·ting**) [十受] **1** 沾墨水於…，使…有汚漬；弄髒，汚損，玷汚，玷辱…。
2 (用吸墨紙)吸乾〈書寫之物等〉。
—*v.i.* 弄上墨水漬[汚漬]；吸墨水；〈墨水〉潤，滲開。
blót óut 《*vt adv*》(1)塗掉，塗抹〈字、行、句〉：A whole line has been *blotted out* there. 那裏有一整行被塗掉了。(2)遮蓋，遮蔽，使…不被看到：A cloud *blotted out* the mountaintop. 雲遮蔽了山頂。(3)(完全)毀掉〈城市等〉。(4)殺盡，趕盡殺絕，殲滅〈敵人等〉：~ *out* the enemies 殲滅敵人。
blotch [blɑtʃ; blɔtʃ] *n.* Ⓒ **1** (墨水等的)大汚漬；斑點。**2** (皮膚上的)紅疤；疙瘩。
—*v.t.* 弄髒，使…沾上汚[斑]點。**~ed** *adj.*
blotch·y ['blɑtʃɪ; 'blɔtʃi] «blotch 的形容詞» **—*adj.*** (**blotch·i·er**；**-i·est**)滿是疙瘩[斑點]的：a ~ complexion 滿是斑點的面色。
blot·ter ['blɑtɚ; 'blɔtə] *n.* Ⓒ **1** 吸墨紙。**2** 吸墨具。**3** 《美》記事簿，記錄簿：a police ~ (警察局的)記事簿。
blót·ting pàper *n.* Ⓤ吸墨紙。
blot·to ['blɑto; 'blɔtou] *adj.* [不用在名詞前]《俚》大醉的，爛醉如泥的。
blouse [blaʊs, blaʊz; blauz] *n.* Ⓒ **1** (婦女或兒童的)短衫。**2** (似襯衫的寬鬆)工作衣。**3** (美軍軍服的)短上衣。

blotter 2

‡**blow**[1] [blo; blou] (**blew** [blu; blu:]；**blown** [blon; bloun]) 《★語形 *v.t.* 8 之過去分詞爲 blowed》 *v.i.* **1** [常以 it 作主詞] **a** [動(十副詞(片語))]〈風〉吹，刮：*It* is ~*ing* hard. 正在刮大風/There was a cold wind ~*ing in from* the sea. 一股冷風從海上吹(進)來。**b** [十補]〈風〉〈以…狀態〉吹：It was ~*ing* a gale [a storm]. 正在刮暴風/⇨ blow great GUNS.
2 **a** [動(十副詞(片語))]〈物〉被(風)吹動[吹走，吹散]：The papers *blew off* [*away*]. 文件被風吹走了/Dust *blew in through* the cracks. 灰塵從裂縫吹進來/Her long hair was ~*ing* (*in* the wind). 她的長髮隨風飄揚。**b** [十補]〈物〉被風吹〈成…狀態〉：The door has *blown* open [shut]. 門被風吹開[關]。
3 **a** 吹氣；〈電風扇等〉吹出風：*B*~ harder. 更用力吹。**b** [十介十(代)名]吹氣，哈氣，噓氣[於…][*on, upon, into*]：~ **on** a trumpet 吹小喇叭/He *blew on* his red hands. 他往發紅的雙手上哈氣/He was ~*ing* **into** the tube. 他把空氣吹入管中。**c** 〈鯨魚〉噴水(柱)：There she ~*s*! 鯨魚在噴水！《★船上水手喊的話》。
4 〈風琴、笛等〉響：The whistle ~*s* at noon. 汽笛在中午鳴響。
5 喘氣，喘息，氣喘吁吁：⇨ PUFF and blow.
6 [動(十副)] **a** 〈保險絲〉被燒斷〈*out*〉：The fuse has *blown* (**out**). 保險絲燒斷了。**b** 〈輪胎〉爆裂〈*out*〉. **c** 爆炸〈*out*〉.
7 [十副詞(片語)] **a** 《口語》偶然來訪，出其不意地出現：Jack *blew in* [*into* town]. 傑克偶然來訪[來城裏]。**b** 《俚》忽然離去，急急忙忙地逃走。
8 《美口語》吹牛，自誇，吹噓。
—*v.t.* **1** **a** [十受]吹…，使…飄揚，吹動…：The wind *blew* her long hair. 風吹動她的長髮。**b** [十受十副詞(片語)]吹走，吹掉…：He had his hat *blown off*. 他的帽子被風吹走了/The tent was *blown over* [*down*] by the wind. 帳篷被風吹倒/Two trees have been *blown down* by the storm. 兩棵樹被暴風雨刮

倒。c〔十受十受〕對〈人〉吹…《★此構句僅用於下列諺語》: It is an ill wind that ~s nobody (any) good.《諺》再怎麼壞的事，都會對某些人有利《直譯爲「吹起來對任何人都無益的風才是壞風」，但實際上不會有這種風，因而 It is... that ~. 變成爲「再怎麼…也會～」之意》。

2 a〔十受(十副)〕**吹氣於…；吹〈火〉**〈*up*〉: ~ a pair of bellows 給風箱送風/~ (***up***) the fire (用風箱等)把火吹旺/He *blew* the tea to cool it. 他吹茶使它變涼。**b**〔十受十副〕吹掉〈灰塵等〉〈*off*〉: He *blew* the dust ***off***. 他吹掉灰塵。**c**〔十受十介十(代)名〕將〈灰塵等〉吹〔離…〕〔*off*〕: He *blew* the dust ***off*** the table. 他吹掉桌上的灰塵。**d**〔十受十補〕將…吹〈成…狀態〉: He *blew* it dry. 他把它吹乾/He *blew* his pipe clear. 他把煙斗吹乾淨。

3〔十受〕**吹，吹奏，吹響〈笛、喇叭等〉**: ~ a horn [trumpet] 吹號角[小喇叭]/~ a whistle〈裁判〉吹哨子/⇨ blow the WHISTLE on, blow one's own TRUMPET.

4 a〔十受〕**吹出，吹成，吹製〈物〉**: ~ (soap) bubbles 吹出肥皂泡/~ a glass 吹製玻璃杯。**b**〔十受十受/十受十介十(代)名〕給〈人〉吹製〈物〉；〔給人〕吹製〈物〉〔*for*〕: He used to ~ us glass animals. = He used to ~ glass animals ***for*** us. 他以前常爲我們吹製玻璃動物。

5 a〔十受〕**擤〈鼻涕〉**: ~ one's nose 擤鼻涕。**b**〔十受十受/十受十介十(代)名〕(吹按在嘴唇上的手指尖)向〈人〉拋〈飛吻〉；〔向人〕拋〈飛吻〉〔*to*〕: She *blew* her friend a kiss. = She *blew* a kiss ***to*** her friend. 她向朋友拋飛吻。

6〔十受(十副)〕**a** 爆破，炸毀…〈*up*〉: The railroad was *blown* (***up***) with dynamite. 鐵路被炸藥炸毀。**b** 使〈輪胎〉爆裂；使〈保險絲〉燒斷〈*out*〉: That *blew* (***out***) the fuse. 那使保險絲燒斷。

7〔十受〕《俚》**a** 亂花，浪費〈錢〉: I *blew* most of my hard-earned money on the car. 我把辛苦賺得的大部分錢花費在那部汽車上。**b** 白白扔掉，斷送掉〈好機會〉。

8 (過去分詞爲 ~*ed*)〔十受〕[用新使語氣或被動語態]《俚》詛咒…: *B~* it! 無聊！眞可惡！/I'll *be ~ed* if.... = *Blowed* if.... 如果…我把腦袋給你，我絕不…/Well, I'*m ~ed*! 咦，眞沒想到[竟會有這種事]！

blów hót and cóld〔對於…〕(時而贊成時而反對)打不定主意〔*about, on*〕.

blów óff《*vi adv*》(1)⇨ *v.i.* 2 a. (2)〈蒸氣等〉噴出，放出。—《*vt adv*》(3)⇨ *v.t.* 1 b. (4)⇨ *v.t.* 2 b.

blów óut《*vt adv*》(1)吹熄〈燭火等〉: The candle was *blown out* by a gust of wind. 蠟燭被一陣風吹熄/He *blew out* the lamp [match]. 他吹熄了燈[火柴]。(2)[~ *itself out*]停止吹，停止刮: The wind has *blown itself out*. 風(猛吹之後終於)平息了。(3)將…吹到外面，吹出。(4)⇨ *v.t.* 6 b. —《*vi adv*》(5)〈燈火等〉熄滅。(6)爆破，炸毀。(7)⇨ *v.i.* 6 b.

blów óver《*vt adv*》(1)⇨ *v.t.* 1 b. —《*vi adv*》(2)〈颱風〉離去，停止，平息。(3)〈危機、傳聞〉消失；被遺忘。

blów tówn《美俚》(匆匆忙忙地)離開城鎮等。

blów úp《*vt adv*》(1)將…打氣，使…充氣: ~ *up* a tire 給輪胎充氣。(2)⇨ *v.t.* 6 a. (3)放大〈照片、地圖等〉(enlarge). (4)《口語》誇張〈傳聞等〉。(5)《英口語》斥罵，斥責〈人〉。—《*vi adv*》(6)〈輪胎、汽球等〉充滿氣而鼓起。(7)〈炸藥等〉爆炸。(8)〈颱風〉刮起，增強: A storm suddenly *blew up*. 突然刮起一陣暴風雨。(9)〈議論等〉沸騰。(10)《口語》〔對…〕生氣〔*at, over*〕.

—*n.* Ⓒ **1** 一吹，吹(氣)。**2** 擤鼻: give one's nose a good ~ 把鼻子擤乾淨。**3**《口語》一陣風；強風，暴風: have [go for] a ~ 去吹風，去納涼[乘涼]。

‡**blow**[2] [blo; blou] *n.* Ⓒ **1 打，毆打**: give a person a ~ 毆打某人/strike a ~ *at* a person = strike a person a ~ 給予某人一擊/The first ~ is half the battle.《諺》先下手爲強[先發制人]。**2** (精神上的)**打擊**，不幸: What a ~. 多麼不幸！

at [with] a (single) blów = at [with] óne blów (1)一擊，一拳。(2)一舉，一下子就；突然。

be at blóws 正在互毆[打鬥，打架]。

còme [fàll] to blóws〔爲…而〕互毆，打鬥，互相打起來〔*over*〕.

gèt a blów ín《口語》(1)成功地加以一擊。(2)(於辯論等)觸到對方的弱點。

stríke a blów for [agàinst] ... 支持[反抗]…，爲支持[反對]…而奮鬥: *strike a ~ for* clean elections 爲爭取公正的選舉而奮鬥。

withòut (stríking) a blów 不戰[不勞，不費吹灰之力]而…。

blow[3] [blo; blou] *v.i.* (**blew** [blu; blu:]; **blown** [blon; bloun])《文語》開花(bloom).

blów-by-blów *adj.* [用在名詞前](像報導拳擊手之一舉一動般)非常詳細的，詳盡入微的: a ~ account (of...) (有關…的)詳盡說明。

blów-drỳ «blow-dryer 的逆成字» —*v.t.* 用吹風機吹乾〈濕頭髮等〉。

blów-drỳer *n.* Ⓒ吹風機。

blów·er *n.* Ⓒ **1 a** 吹的人。**b** 吹玻璃工人。**2**《美口語》說大話的人(braggart). **3** 吹風機[裝置]。**4 a**《口語》傳聲筒，話筒。**b**《英口語》電話。

blów·flỳ *n.* Ⓒ《昆蟲》(產卵於腐肉、創口、排泄物等的)蒼蠅。

blów·gùn *n.* Ⓒ(南美印地安人等使用的)吹箭筒《筒身長達三公尺》。

blów·hàrd *n.* Ⓒ《口語》說大話的人。

blów·hòle *n.* Ⓒ **1** (鯨魚的)噴水孔。**2** (地下室的)通風孔。**3** (鯨魚、海豹等可游去該處呼吸的)冰的孔穴。**4** (噴起潮水的)海岸岩石的裂縫。**5** (由氣泡所造成的)鑄鐵等的瑕疵。

blów·làmp *n.* = blowtorch.

‡**blown**[1] [blon; bloun] *v.* **blow**[1] 的過去分詞。

—*adj.* **1** 鼓脹的。**2** 喘不過氣來的，呼吸困難的；疲憊已極的。**3** 被蒼蠅產卵其上的: ⇨ flyblown. **4**〈玻璃器具等〉吹製的。

blown[2] [blon; bloun] *v.* **blow**[3] 的過去分詞。

—*adj.* [用在名詞前]《文語》開了花的，盛開的〈花木〉: a full-*blown* rose 一株盛開的玫瑰。

blów·òut *n.* Ⓒ **1** 爆裂；(車輛的)爆胎。**2** (蒸氣、原油等的)噴出: a ~ of gases 瓦斯的噴出。**3**《俚》(又吃又喝的)熱鬧的派對[聚會]。**4**《電學》(保險絲的)燒斷。

blów·pìpe *n.* Ⓒ **1** 吹風管。**2** (吹造玻璃器具用的)吹管。**3** = blowgun.

blows·y [ˈblauzɪ; ˈblauzi] *adj.* = blowzy.

blów·tòrch *n.* Ⓒ(鉛管工等用以熔焊鉛管等的)(小型)噴燈。

blów·ùp *n.* Ⓒ **1** 爆裂，爆炸。**2** (照片的)放大；放大的照片。**3**《口語》發怒，震怒，火冒三丈。

blow·y [ˈblauɪ; ˈblaui] «blow[1] 的形容詞» —*adj.* (**blow·i·er**; **-i·est**)《口語》颳風的；有風的(windy).

blowz·y [ˈblauzɪ; ˈblauzi] *adj.* (**blowz·i·er**; **-i·est**) **1**〈女人〉相貌粗俗的；紅臉的；邋遢的，不整潔的。**2**〈頭髮〉蓬亂的。

bls.《略》bales; barrels.

BLT《略》bacon, lettuce, and tomato sandwich 夾醃燻豬肉、萵苣之類的青菜和番茄的三明治。

blub·ber[1] [ˈblʌbɚ; ˈblʌbə] *n.* Ⓤ **1** 鯨魚(等)的脂肪。**2** (人的)多餘的脂肪。

blub·ber[2] [ˈblʌbɚ; ˈblʌbə] *n.* Ⓤ [又作 a ~] 哭號；哭訴: be in *a* ~ 痛哭。

—*v.i.* 哇哇地出聲哭。—*v.t.* **1 a**〔十受十副〕且哭且訴…〈*out*〉. **b**〔十副十 *that*__〕且哭且訴說〈…事〉〈*out*〉. **c**〔十副十引句〕且哭且訴說…〈*out*〉. **2** 哭腫〈眼睛、臉〉。

blub·ber[3] [ˈblʌbɚ; ˈblʌbə] *adj.*〈嘴唇等〉厚的。

blúbber·hèad *n.* Ⓒ《俚》愚笨的人，笨蛋。

blub·ber·y [ˈblʌbərɪ; ˈblʌbəri] *adj.* **1** 多[似]鯨魚脂肪的；肥的；油膩的。**2** 膨脹的，腫脹的。

blud·geon [ˈblʌdʒən; ˈblʌdʒən] *n.* Ⓒ(打鬥用之)大頭棒。

—*v.t.* **1 a**〔十受〕用大頭棒打…。**b**〔十受十介十(代)名〕(用大頭棒等)將〈人〉打〔成…狀態〕〔*to*〕: ~ a person ***to*** death 把某人打死。**c**〔十受十補〕(用大頭棒等)將〈人〉打〈成…狀態〉: ~ a person senseless 把某人打昏。**2**〔十受十介十(代)名〕強迫，脅迫，恫嚇〈人〉〔做某事〕〔*into*〕: ~ a person ***into*** go*ing* along 強迫某人同行。

‡**blue** [blu; blu:] *adj.* (**blu·er**; **blu·est**) **1 a** **青色的，藍色的，天藍色的，蔚藍的，藏青色的**《★指天空或海洋的顏色》: the ~ sky 藍色的天空/the deep ~ sea 藍色的深海/~ water 汪洋大海。**b** 穿著藍色衣服的。

【說明】 blue 的正面象徵是「希望、幸福、誠實、沈著、睿智」等，負面的象徵是「陰鬱、失望、猥褻」等。

2 a (因寒冷、恐懼等而)**臉色發青的，蒼白的**: ~ in the face (沮喪得)臉色發青的/turn ~ *with* fear 害怕得(臉色)變蒼白。**b** (因跌倒受傷而)瘀血變青的。

3 [不用在名詞前]《口語》**a**〈人〉**憂鬱的，悲觀的，沮喪的**: look ~ 顯出悶悶不樂的樣子/I'm [I feel] ~. 我心裡鬱悶。**b**〈情況〉不樂觀的: Things are looking ~. 情況不容樂觀[不妙]。

4 (英國)保守黨(Tory)的。

5 嚴格的，嚴厲的；拘板的: ⇨ blue law.

6 猥褻的，黃色的，下流的: a ~ film 色情[春宮]影片/~ jokes 猥褻[黃色]的笑話。

7《音樂》布魯士曲調的。

crý [scréam, shóut] blúe múrder ⇨ murder.

drink till áll's blúe 喝到爛醉。

like blúe múrder ⇨ murder.

ónce in a blúe móon ⇨ moon.

till [until] one is blúe in the fáce 直到臉色發青，一直到底，徹底地: Drink *till* you *are* ~ *in the face*. 儘量地喝吧！/You can talk to him *until* you *are* ~ *in the face*, but no! 你對他費盡口舌也沒有用。

—*n.* **1** **a** Ⓤ[指種類時爲Ⓒ]青色，藍色，藏青色：dark ～ 深藍色/light ～ 淺藍色/pale ～ 淡藍色。**b** Ⓤ藍色的顏料，藍色的染料。**c** ＝bluing.
2 Ⓤ **a** 藍[青]色的衣服：be in ～ 穿著藍色衣服。**b**《美》(南北戰爭時北軍所穿的)藍色衣服(cf. gray *n.* 3 b)：⇨ the BLUE and the gray.
3 [the ～] **a** 藍色的海洋，碧海。**b** 藍天：⇨(like) a BOLT[1] from [out of] the blue. **c** 遙遠的那邊，遠處。
4 Ⓒ **a** (英國)保守黨黨員(Tory). **b**《英》(牛津大學、劍橋大學)選手的藍色標幟；選手：an Oxford ～ 牛津大學的選手/win [get] one's ～ *for* Oxford [Cambridge] 成爲牛津[劍橋](大學)的選手。

【說明】代表英國牛津大學(Oxford University)、哈洛學校(Harrow School)的顏色是 dark blue，而代表劍橋大學(Cambridge University)、伊頓中學(Eton College)的顏色是 light blue. 牛津大學、劍橋大學的正式運動選手都各穿代表其校色的藍色制服，戴藍色帽參加比賽，因此被稱爲 blue. 在大學時代爲"blue"的人，在英國社會上被認爲是一項殊榮。

5 [～s] ⇨ blues.
òut of the blúe《口語》突然(cf. (like) a BOLT[1] out of the blue)：appear *out of the* ～ 突然出現。
the blúe and the gráy (美國南北戰爭時的)北軍和南軍。
the mén [bóys] in blúe (1)巡警。(2)水兵。(3)(美國南北戰爭時的)北軍士兵。
—*v.t.* 〔十受〕**1** **a** 使…成藍色。**b** 漂藍〈浣洗物〉(cf. bluing).
2《英俚》亂花，揮霍〈金錢〉。

blúe bàby *n.* Ⓒ《醫》患先天性心臟病(如發紺病)的嬰兒。
Blúe·bèard *n.* **1** 藍鬍子。

【說明】十五世紀以來流傳於歐洲各地的傳說故事中的主角綽號。他先後娶了六個太太，一一把她們殺死後，將屍體藏在秘密的房間裡。但第七個妻子發現了他的殺妻陰謀。最後，他被她的兄弟們殺死。

2 Ⓒ任何無情、殘忍變態的丈夫；謀害妻妾的丈夫。
blúe·bèll *n.* Ⓒ《植物》**1** 藍鐘花《泛指在春天開鐘[鈴]形藍花的草本植物，如風鈴草、歐洲藍鐘等》。**2**《蘇格蘭・北英》藍鈴花(harebell).
blúe·bèrry [ˈbluˌbɛrɪ, -bərɪ; ˈbluːˌberi, -bəri] *n.* Ⓒ **1**《植物》藍莓《杜鵑花科越橘屬灌木》。**2** 藍莓的漿果《用以製果醬等》。
Blúe Bírd *n.* [the ～]「青鳥」《源自梅特林克(Maeterlinck)詩劇，象徵幸福》。
blúe·bìrd *n.* Ⓒ《鳥》藍鶇《北美產鶇科藍鶇屬鳴禽的統稱》。
blúe-bláck *adj.* 暗藍色。
blúe blóod *n.* **1** Ⓤ貴族血統。**2** **a** Ⓒ出身貴族[名門]的人。**b** [the ～] 貴族階級，名門。
blúe-blóoded *adj.* 出身貴族的，系出名門的。
blúe·bònnet *n.* Ⓒ **1**《植物》小藍帽《矢車菊的俗稱》。**2**《植物》開藍花的羽扇豆，(尤指)德克薩斯羽扇豆《開淡藍色帶白或黃點的穗狀花；爲德克薩斯州(Texas)的州花》。**3** 藍色羊毛製的寬平帽子《從前在蘇格蘭很流行》。**4** 戴藍色羊毛製之寬平帽子的蘇格蘭士兵。**5** 任何蘇格蘭人。

bluebird

blúe bòok *n.* Ⓒ **1** [常 B～ B～] 藍皮書《英國國會或政府的報告書，因書皮爲藍色，故稱；cf. white book》. **2**《美口語》美國政府官員錄。**3** 社會知名人士錄。**4**《美》**a** 若干大學所用供學生作試題答案之藍皮小册子。**b** 大學的考試。
blúe·bòttle *n.* Ⓒ **1**《植物》矢車菊《又稱藍芙蓉，菊科草本觀賞植物》。**2** (又作 **blúebottle flý**)《昆蟲》青蠅。
blúe chèese *n.* Ⓤ[指個體時爲Ⓒ]藍乳酪《帶有青霉條紋的乳酪》。
blúe chíp *n.* Ⓒ **1**《撲克牌》藍色籌碼《高面值的籌碼》。**2**《股票》(連續長期分配可觀之紅利的)優良股票，績優股；熱門的股票。**3** 始終成功的投機；一貫獲利的企業；極爲值錢的企業；貴重物品。
blúe-chíp *adj.* **1** 〈股票〉優良的，可靠的：a ～ stock 績優股。**2**《口語》傑出的，一流的。
blúe·còat *n.* Ⓒ穿著藍色制服者《美國的巡警；從前的陸海軍，尤指美國南北戰爭時的北軍》。
blúe-cóllar 《源自工作時所穿的藍色襯衫》 —*adj.* [用在名詞前]藍領階級的，勞力工作者的；穿藍領的(cf. white-collar)：～ jobs 適合勞力工作者的工作。
blúe-collar wórker *n.* Ⓒ藍領階級，勞力工作者(cf. white-collar worker).

Blúe Cróss *n.* (美國的)藍十字會《以保險制度支付住院費用給會員之非營利性保險團體》。
blúe dévils *n. pl.* **1** 憂鬱，沮喪。**2** ＝delirium tremens.
blúe·fìsh *n.* Ⓒ(*pl.* ～, ～es)《魚》**1** 鮭魚《美洲大西洋溫、熱帶海域產的鮭屬食用和游釣魚》。**2** 鮭科海產食用魚的統稱。
blúe flàg *n.* Ⓒ《植物》彩虹鳶尾《北美產》。
blúe·gràss *n.* **1** Ⓒ《植物》藍草《早熟禾屬牧草的統稱》。**2** Ⓤ一種由美國南部白人通俗音樂產生的鄉村音樂。
Blúegrass Règion *n.* [the ～] 美國肯塔基州(Kentucky)中部之一地區《以養馬場和藍草(bluegrass)聞名》。
blúe gùm *n.* ＝eucalyptus.
blúe hélmet *n.* Ⓒ(聯合國的)和平部隊隊員《因戴藍色頭盔故稱》。
blue·ing [ˈbluɪŋ; ˈbluːiŋ] *n.* ＝bluing.
blue·ish [ˈbluɪʃ; ˈbluːiʃ] *adj.* ＝bluish.
blúe·jàcket *n.* Ⓒ《口語》(與陸戰隊隊員不同的)水兵。
blúe jày *n.* Ⓒ《鳥》冠羽橿鳥《美國東部和加拿大產》。
blúe jèans *n. pl.* 藍色斜紋布縫製的牛仔褲[工作裝]。
blúe làw *n.* Ⓒ《美口語》嚴格的法律《禮拜日禁止工作或娛樂、跳舞、宴會等活動；尤指從前殖民地時代新英格蘭(New England)地方人們所遵守的法律》。
blúe móld *n.* Ⓤ青霉。
blúe Mónday *n.* Ⓒ《美口語》(因又要開始工作而令人感到沮喪的)憂鬱的星期一。

【說明】度過週末後的星期一，大家又要回到工作崗位，難免感到沮喪，因而有「憂鬱的星期一」的說法。反之，到了即將迎接週末的星期五，就有 TGIF [ˈtiˌdʒiˌaɪˈɛf; ˈtiːˌdʒiːˌaiˈef]《Thank God it's Friday(感謝老天，星期五到了)的字首》之說；cf. weekend.

blúe móon *n.* Ⓒ罕見的事物；極長的一段時間。
blue·ness [ˈblunɪs; ˈbluːnis] *n.* Ⓤ **1** 藍。**2** 憂鬱，沮喪。
Blúe Níle *n.* [the ～] (在蘇丹境內的)藍尼羅河(⇨ Nile).
blúe-nòse *n.* Ⓒ《美口語》(幾乎極端地)嚴謹得像清教徒的人。
blúe nòte *n.* Ⓒ《音樂》憂鬱音符《美國黑人音樂與爵士樂中常使用的降三度與降七度二音之別名》。
blúe-péncil *v.t.* 《口語》**1** 〈編輯等〉用藍鉛筆刪除[修改]〈原稿等〉。**2** 〈檢查員〉刪除[修改]〈出版物原稿等〉；檢查〈電影、報紙等〉(censor).
Blúe Péter *n.* [the ～；有時 b～ p～]《航海》出航旗《船隻出航時所掛的藍底中央有白色正方形的信號旗》。
blúe·pòint *n.* Ⓒ《貝》一種可生食的小蚵《產於長島(Long Island)之南岸》。
blúe·prìnt *n.* Ⓒ **1** 藍圖《白字藍底或藍字白底，用以複製建築物圖樣、地圖等》。**2** (詳細的)計畫。
—*v.t.* 製…的藍圖，詳細地計畫…。
blúe ríbbon *n.* Ⓒ **1** (英國最高勳章嘉德勳章(the Garter)的)藍帶，藍綬。**2** 特優獎；最高榮譽。**3** (戒酒會會員的)藍帶徽章。

【說明】英國的最高勳章是嘉德勳章，被授予此勳章的人佩藍帶作爲榮譽的標誌。後來由於這件事的普遍化，藍帶遂用以指各行業的最高榮譽及其獎賞。

blúe-ríbbon *adj.* 精選的，特選的，品質優秀的。
Blúe Rídge (Móuntains) *n.* [the ～] 藍嶺《在美國東部，自維吉尼亞州(Virginia)北部向西南延伸至喬治亞州(Georgia)北部；爲阿帕拉契山脈(Appalachian Mountains)的一部分》。
blues [bluz; bluːz] 《源自 blue *adj.* 3 a》 —*n.* Ⓤ **1** [the ～]《口語》沮喪，憂鬱：be in *the* ～ ＝have *the* ～ 沮喪，悶悶不樂。**2** [又作 **a** ～；集合稱] 布魯士，藍調《爵士音樂、歌及舞步之一種，其風格憂鬱而緩慢》《★用法 視爲一整體時當單數用，指全部個體時當複數用》：sing (*a*) ～ 唱布魯士歌曲/The ～ was [were] sung by a famous singer. 這些布魯士歌曲是一位著名歌手唱的。
—*adj.* [用在名詞前]布魯士的：a ～ singer 布魯士歌手。
blúe-ský *adj.* [用在名詞前] **1** 藍色天空的。**2**《美》不切實際的，沒有具體化的；無價值的：a ～ theory 不切實際的理論。**3** 不可靠的；財務不健全的。
blúe-ský làw *n.* Ⓒ管理有價證券、不動產等之銷售的法律《尤指爲防不實股票促銷而訂立者》。
blúe·stòcking *n.* Ⓒ《輕蔑》對於文學有興趣[素養]的女子；才女，女學者，女文學家；炫耀自身學識的女人。

【字源】十八世紀中葉，倫敦一個文藝協會在開會時，女會員不穿傳統的黑絲襪而穿藍色絨線(worsted)長襪出席，因此這協會被稱爲 Blue Stocking Society.

blúe·stòne *n.* Ⓤ青石《一種黏土質沙岩；用於建築、鋪石路等》。
blúe tít *n.* Ⓒ《鳥》藍冠山雀《亞洲及歐洲產的山雀科小鳥》。
blúe whàle *n.* Ⓒ《動物》藍鯨《一種帶有淡色斑點的藍灰色鬚鯨，爲已知動物中最大者，長達三十公尺，體重可達一百噸以上；呈藍色，背鰭小；分布於世界各海洋》。

bluff[1] [blʌf; blʌf] *adj.* (～·er；～·est) **1 a**〈海岸等〉呈絕壁的；陡峭的。**b**〈船頭〉寬闊而垂直的。**2** 粗率的；率直的，豪放的。
—*n.* Ⓒ(面臨河、海的廣闊的)峭壁，絕崖；陡峭的海角。
～·ly *adv.* ～·ness *n.*

bluff[2] [blʌf; blʌf] *v.t.* **1** 虛張聲勢以騙〈人〉。**2**〔十受十介十(代)名〕**a** 嚇唬[騙]〈人〉〔使其…〕〔*into*〕：～ a person **into** giv*ing* it up 嚇唬某人使其放棄它。**b** 嚇唬[騙]〈人〉〔使其放棄…〕〔*out of*〕：～ a person **out of** go*ing* 嚇唬某人使其不去。**3**〔十受十介十(代)名〕〔～ **one's way**〕(假裝鎮定)騙對方〔而逃離…〕〔*out of*〕：～ one's way **out of** trouble 藉欺騙[故弄玄虛]而逃過災難。
—*v.i.* 故弄玄虛，虛張聲勢。
blúff it óut《口語》繼續欺騙而脫離困境。
—*n.* Ⓤ[又作 **a** ～]虛張聲勢，裝威唬人；外强中乾：make *a* ～＝play a game of ～ 嚇唬，恫嚇。
cáll the [a person's] **blúff** (1)《紙牌戲》(於撲克牌戲中對方虛張聲勢，下極大賭注時，自己不中計認輸而亦下同額賭注以)使對方亮底牌。(2)(視其恫嚇爲虛張聲勢而)促使某人實行其所威脅要做之事；要某人攤牌；接受某人挑戰。

blu·ing [ˋbluɪŋ; ˈbluːiŋ] *n.* Ⓤ藍色漂白劑《洗衣等用》。

blu·ish [ˋbluɪʃ; ˈbluːiʃ] *adj.* 帶青色的，淺藍色的。

blun·der [ˋblʌndɚ; ˈblʌndə] **«**源自古北歐語「閉眼」之義**»**—*v.i.* **1** (因大意、精神混亂等而)犯(愚蠢的)**錯誤**，做錯，措施失當。**2 a**〔動(十副詞(片語))〕盲動，瞎闖亂走，跌跌撞撞，衝撞：The drunk ～*ed along*[*against* me]. 那醉漢踉踉蹌蹌地走過去[衝撞了我]。**b**〔十介十(代)名〕不愼闖〔入…〕〔*into, in*〕：～ **into** a wrong room 不小心進錯房間。**3**〔十介十(代)名〕無意中發現，偶然碰見〔…〕〔*on, upon*〕：The detective ～*ed* **on**[**upon**] the solution to the mystery. 那偵探無意中發現了揭開奧祕[破案]的方法。
—*v.t.* **1 a**〔十受〕做錯〈工作等〉。**b**〔十受十副〕不愼錯失〈好機會等〉〈*away*〉：～ **away** one's chance 不愼錯失好機會。**2**〔十受十副〕脫口說出…〈*out*〉：～ **out** a secret 脫口說出祕密，不愼洩密。
—*n.* Ⓒ(愚蠢的)錯誤，謬誤(⇨ error【同義字】)：make [commit] a ～ *in* one's work 在工作中犯大錯。

blun·der·buss [ˋblʌndɚ͵bʌs; ˈblʌndəbʌs] *n.* Ⓒ喇叭槍《十七至十八世紀槍口粗大的散彈短槍》。

blún·der·er [ˋblʌndərɚ; ˈblʌndərə] *n.* Ⓒ飯桶，冒失鬼：You ～! 你這個飯桶[冒失鬼]!

blún·der·ing [-dərɪŋ; -dəriŋ] *adj.* [用在名詞前]拙笨的；浮躁的；易犯錯的。

blunt [blʌnt; blʌnt] *adj.* (～·er；～·est) **1**〈刀鋒等〉**鈍的，不鋒利的，不尖的**(←→ sharp, keen)：a ～ instrument 鈍的器具。**2 a**〈人〉不客氣的，不和氣的。**b**〈理解力等〉遲鈍的，愚鈍的。**c**〈說話等〉粗魯的；過分直率的，直言不諱的。—*v.t.*〔十受〕**1** 使〈刀器等〉變鈍。**2** 使〈直覺等〉遲鈍。—*v.i.* 變鈍。
～·ly *adv.* ～·ness *n.*

blur [blɝ; bləː] *n.* **1** Ⓒ污跡，污點，污垢，污斑。**2 a** Ⓤ模糊，朦朧。**b** Ⓒ《攝影》模糊，不清晰。**c** [**a** ～]隱隱約約[朦朧]看不清楚的東西；(回憶等)模糊的東西：The racing cars passed in *a* ～. 競賽的汽車影綽不清地飛馳而過。
—*v.t.* (**blurred**；**blur·ring**) **1** 使〈情景、意識等〉模糊不清；使〈眼睛〉朦朧不清；使〈墨跡、字等〉滲開《★常用被動語態，變成「變模糊，變朦朧，有污漬」之意；介系詞用 *by, with*》：Smoke *blurred* the landscape. 風景[景色]在煙霧中迷濛不清/Tears *blurred* her eyes. 淚水使她眼睛模糊/The printing *is* somewhat *blurred*. 印刷有點模糊不清/The page has *been blurred* **with** ink in two places. 這頁有兩個地方有墨漬。**2** 玷污〈名聲、名譽等〉。
—*v.i.*〔動(十介十(代)名)〕〔因…而〕變得模糊；〈眼睛〉〔因…而〕模糊〔*with*〕：Her eyes *blurred* **with** tears. 她的眼睛因眼淚而模糊。

blurb [blɝb; bləːb] *n.*《口語》**1** Ⓒ誇大的廣告或介紹詞《印在書的封面上等》。**2** Ⓤ(推薦)廣告。

blur·ry [ˋblɝɪ; ˈbləːri] *adj.* 有污漬的，被弄髒的；模糊不清的。

blurt [blɝt; bləːt] *v.t.*〔十受(十副)〕突然說出…，脫口說出…〈*out*〉：In his anger he ～*ed* **out** the secret. 他在生氣之下脫口說出了祕密。

blush [blʌʃ; blʌʃ] **«**源自古英語「變紅」之義**»**—*v.i.* **1**〔動(十介十(代)名)〕〔因…而〕臉紅；〈臉〉〔因…而〕變紅〔*at, for, with*〕：～ **for**[**with**] shame 因羞愧而臉紅/She ～*ed* **at** the thought of it. 她想到這件事就臉紅。**2 a**〔十介十(代)名〕〔爲…而〕羞愧，慚愧；害臊〔*for*〕：I ～ **for** you. 我爲你(所做[說]的事)感到羞愧。**b**〔十 *to* do〕〈因做…而〉羞愧，羞愧〈做…〉：I ～ *to* own it. 我羞於承認此事。**c**〔十補〕羞愧〈得…〉：He ～*ed* fiery red. 他羞愧得滿臉通紅。**3**〈花蕾等〉變紅，呈現紅色。
—*n.* **1** Ⓒ赧顏，臉紅：put a person to the ～《古》使〈某人〉(窘得)臉紅，使〈某人〉沒面子。**2** Ⓤ(玫瑰花等的)紅色。
at [**on**] (**the**) **fírst blúsh**《文語》乍看時，初見；驟然看來。
spáre a person's **blúshes**《口語》不讓某人臉紅《指不說或不做會使某人下不了臺而臉紅的事，如不過分地誇讚某人》。

blus·ter [ˋblʌstɚ; ˈblʌstə] *v.i.* **1 a**〈風〉狂吹，〈浪〉洶湧。**b**〈人〉凶暴，狂暴。**2** 咆哮，叫囂；恫嚇。
—*v.t.* **1**〔十受十副〕嚷說，怒衝衝地說〈*out*〉：～ **out** threats 咆哮地說出威嚇的話。**2**〔十受十介十(代)名〕**a** 喝叱[威嚇]〈人〉使陷〔於…〕〔*into*〕：～ a person **into** go*ing* [obedience] 威嚇某人使其不得不去[順從]。**b** [～ one*self*]咆哮〔成…〕〔*into*〕：～ *oneself* **into** anger 嚷得發怒。
—*n.* Ⓤ **1** (風的)狂吹，(浪的)洶湧。**2** 咆哮；恫嚇之詞。
～·er *n.*

blus·ter·y [ˋblʌstərɪ; ˈblʌstəri] **«**bluster 的形容詞**»**—*adj.*〈天氣〉狂暴的，狂風暴雨的。

blvd.《略》boulevard.

BM《略》bowel movement.

B.M.《略》Bachelor of Medicine；《測量》bench mark.

bo [bo; bou] *interj., n.* ＝boo.

BO, bo《略》body odor.

bo·a [ˋboə; ˈbouə] *n.* Ⓒ **1** (又作 **bóa con·stríctor**)《動物》蟒，蚺《蟒科無毒大蛇，尤指巨蚺，能捲死獵物；長約一丈七八尺；產於南美洲》。**2** 女用毛皮或羽毛製圍巾。

boa 2

boar [bor, bɔr; bɔː] *n.* (*pl.* ～s, ～) **1** Ⓒ(未去勢之)雄猪(⇨ pig【相關用語】)。**2 a** Ⓒ(又作 **wíld bóar**)《動物》野猪。**b** Ⓤ野猪肉：～'s head 野猪頭《有喜事時的佳餚》。

‡**board** [bord, bɔrd; bɔːd] *n.* **1** Ⓒ**木板**：a ～ fence 木柵/lie on bare ～*s* (不鋪墊子等而)躺在板上。

【同義字】board 依專業規格是厚二吋半以下，寬六至十二吋的木板；plank 是厚二至六吋，寬八吋以上的厚木板；sheet 是薄板。

2 Ⓒ[常構成複合字] **a** 黑板。**b** 布告牌。**c** (如棋盤等遊戲用的)盤，枱，板：⇨ chessboard. **d** 揉[切]麵包的板子(breadboard). **e** ＝switchboard. **f** ＝surfboard.
3 a Ⓒ[指材質時爲Ⓤ]厚紙板，厚紙。**b** [～s]《裝訂》厚紙皮：in ～*s* 用厚紙皮/in cloth ～*s* 用硬布封面。
4 a Ⓒ(準備妥飯菜的)飯桌，餐桌。**b** Ⓤ膳食，伙食(費)：～ and lodging 膳宿，吃住/pay for one's room and ～ 付膳宿費。
5 Ⓒ **a** 會議桌；會議。**b** [常 B～；集合稱]理事會，董事會，委員會；評議員《★用法 視爲一整體時當單數用，指個別成員時當複數用》：a ～ of directors 董事會；理事會/a ～ of examiners 典試委員會。
6 Ⓒ[常 B～](政府中的)部會：a ～ of health《美》(地方的)衛生局/a ～ of trade《美》同業公會(businessmen's association)/the Federal Reserve *B*～(⇨ federal 2).
7 [**the** ～s]《古》舞台：go on[tread, walk] *the* ～*s* 登臺演戲，扮演一劇中的角色。
8 Ⓒ《航海》舷(側)；甲板。
abóve bóard 光明正大的[地]《★由於玩紙牌時手放在牌桌上》。
acróss the bóard 全面地，一律(cf. across-the-board)：apply a rule *across the* ～ 全面應用某一規則/Wages have been raised *across the* ～. 工資全面地提高了。
bóard of educátion《美》(在各州市鎮負責管理公立小學、中學的)教育委員會《經選舉或指派產生》。
cóme on bóard (船上之人員等上岸後再度)歸船，歸艦。
fáll [**rún**] **on bóard of...** (1)《航海》撞上〈他船〉。(2)攻擊〈人等〉。
gó by the bóard (1)《航海》〈船桅等〉斷落船外，從船側落出。(2)〈計畫等〉完全失敗。(3)〈風俗習慣等〉被棄，被忽略。
on bóard (1)往[在]船[飛機、車]上，在船[飛機、車]上的：go *on* ～ 上船[車(等)]/have...*on* ～ 載有…/help...*on* ～ 扶助…上船/take...*on* ～ 把…裝上(船)，搭載…。(2)[當介系詞用] *On* ～ the ship were several planes. 船上裝載著數架飛機。
swéep the bóard (1)(賭贏而)把賭桌上的賭注全部攫走。(2)獲大勝；贏得一切；獲得極大成功。
—*v.t.* **1**〔十受(十副)〕用木板蓋住，用木板圍[封閉]…〈*over, up*〉：～ **over** the floor 在地板上鋪木板/～ **up** a window[door] 用木板把窗[門]封死。
2〔十受〕供〈人〉伙食，供膳宿給…。
3〔十受〕上〈船、火車、飛機、巴士等〉。
—*v.i.*〔十介十(代)名〕〔在…〕搭伙，包飯，寄膳；寄宿〔*at, with*〕：She ～*s* **at** her uncle's[**with** her uncle]. 她寄宿在她叔父家裏。

bóard óut 《*vi adv*》(1)在外面(不在住處)吃飯。—《*vt adv*》(2)使〈人〉在外面(不在住處)吃飯；使〈子女等〉寄宿。(3)(軍隊等)准許〈病人〉在營外吃飯。

bóard·er *n.* Ⓒ(兼搭伙的)寄宿者，寄膳宿者，寄宿生；住校生(cf. day boy).

bóard fòot *n.* Ⓒ(*pl.* **board feet**)《美》板呎《木材度量單位；相當於厚一吋、面積一平方呎的木材》。

bóard gàme *n.* Ⓒ在盤上玩的遊戲《如西洋棋(chess)、西洋雙陸棋(backgammon)等》。

bóard·ing *n.* Ⓤ **1 a** 鋪板；圍板。**b** [集合稱] 木板(boards). **2** (供膳食的)寄宿，供膳宿。**3** 上船，上車，上飛機。

bóarding brìdge *n.* Ⓒ(客機的)登機橋。

bóarding càrd *n.* Ⓒ(旅客在上飛機時交的)登機證；登船證。

bóarding·hòuse *n.* Ⓒ(供膳食的)宿舍，公寓，寄宿舍(cf. lodging house).

bóarding lìst *n.* Ⓒ客機[輪船]的乘客名單。

bóarding pàss *n.* Ⓒ(客機的)免費搭乘票[券]；登機證[卡]。

bóarding schòol *n.* Ⓤ[指設備時爲Ⓒ]全部住校制的學校，寄宿學校《★大部分爲 high school，而英國之 public school(私立)亦大多屬寄宿學校；cf. day school》：send one's son to ～ 使兒子就讀寄宿學校。

bóard méasure *n.* Ⓒ板呎度量制《以板呎(board foot)爲單位度量木材體積的制度》。

bóard·ròom *n.* Ⓒ董事會會議室。

bóard·wàlk *n.* Ⓒ《美》**1** 木板鋪成之走道。**2** (海岸等之以木板鋪成的)散步道。**3** (工地的)步行板。

boast** [bost; boust] *v.i.* 〔十介十(代)名〕自誇，誇言〔…〕〔*of, about*〕《★可用被動語態》：He never ～*ed* ***of his success. 他未曾誇耀過自己的成功/She ～*ed* ***of*** winn*ing*[hav*ing* won] the prize. 她自誇得獎/He used to ～ ***to*** us ***about*** his rich uncle. 他常對我們誇耀他那富有的舅舅。—*v.t.* **1 a** 〔十(*that*)＿〕誇言，自誇〈…事〉：He ～*ed that* there was nobody he could not defeat. 他發豪語他能擊敗任何人。**b** 〔十受十(*to be*)補〕[～ *oneself*] 自誇，吹噓〈自己〉…：He ～*s himself* (*to be*) a good swimmer. 他自誇自己游泳高明。**2** 〔十受〕**a** 〈地方、物〉以擁有…而自豪，以…爲榮，自負有…：The village ～*s* [can ～] a fine castle. 那村莊以擁有一座很漂亮的城堡而自豪[擁有一座足以自豪的漂亮城堡]。**b** 《謔》擁有(have)…：The room ～*ed* only a broken chair. 那房間只有一張破椅子。
—*n.* Ⓒ自誇，誇言，吹噓；可誇耀的事物，令人自負的事物：make a ～ of... 誇耀…。

bóast·er *n.* Ⓒ自我吹噓者，自誇者。

boast·ful [ˈbostfəl; ˈboustful] *adj.* **1** 〈人〉自誇的；〈說話等〉自吹自擂的：in ～ terms 用自誇的言辭。**2** [不用在名詞前] 〔十介十(代)名〕〈人〉誇耀〔…〕的，〔以…〕自誇的〔*of, about*〕：He is ～ ***of*** [***about***] his house. 他誇耀他的房子。
～**·ly** [-fəlɪ; -fuli] *adv.* ～**·ness** *n.*

‡boat [bot; bout] *n.* Ⓒ **1 a** 小艇，小船；汽艇；帆船；《口語》(不分大小地指)船，汽船《★ 相關用語 boat 通常指無篷的小船；用槳滑進的划艇是 rowing boat, rowboat，此外還有 tugboat, sailboat, motorboat 等各種不同的 boat；⇨ ship【同義字】》：take a ～ for... 搭乘往…的船/by ～ 乘船《★無冠詞》。**b** [常構成複合字]船：⇨ ferryboat, lifeboat, steamboat. **2** 《美口語》汽車；形狀似船的交通工具：a flying ～ 飛船。**3** 船形的碗[盆]等容器。

be (áll) in the sáme bóat 同舟共濟，共患難，處同一境遇。

búrn one's bóats (behínd one) 《口語》破釜沉舟；自絕退路《★原意是登陸敵國時燒毀自己的船，所以只有擊敗敵人，不然就被敵人消滅》。

míss the bóat ＝miss the BUS.

púsh the bóat óut 《英口語》〔爲祝賀…而〕飲酒歡鬧〔*for*〕.

róck the bóat 《口語》(1)〈不滿分子等〉興風作浪，破壞現狀，搗亂。(2)(在重要的時候)壞事：Don't *rock the* ～. 別壞事[搗亂]。

táke to the bóats (1)(船遇海難時)換乘救生艇逃生。(2)突然放棄所進行的事業。

—*v.i.* (爲遊樂而)乘[划]船：go ～*ing* 去划船[泛舟]遊玩。

—*v.t.* 〔十受〕以舟載運…。

boa·tel [boˈtɛl; bouˈtel] 《*boat* 和 *hotel* 的混合語》—*n.* Ⓒ遊艇(遊客)旅館《建在海[湖]邊，可停靠遊艇的旅館》。

bóat·er *n.* Ⓒ **1** 乘船[舟]者。**2** 平頂硬草帽《★因從前英國人泛舟時戴此種帽》。

bóat hòok *n.* Ⓒ一端有鐵鉤之撐篙《用以將小舟等勾近或推離某處》。

bóat·hòuse *n.* Ⓒ艇庫；船庫《存放小舟的屋子》。

bóat·ing *n.* Ⓤ划船遊樂；使用小船的運輸業。

bóat·lòad *n.* Ⓒ一船所載之貨[乘客]；一船之載貨[載客]量〔*of*〕.

bóat·man [-mən; -mən] *n.* Ⓒ(*pl.* **-men** [-mən; -mən])[也用於稱呼]出租小船[遊艇]者；遊艇之管理人；船夫。

bóat pèople *n.* [集合稱；當複數用]海上難民《乘小船逃亡之難民；主要指逃往香港的越南和高棉難民》《★此字無複數》。

boat race [ˈbotˌres; ˈboutreis] *n.* **1** Ⓒ賽船，賽舟(cf. regatta). **2** [the B～ R～]牛津大學(Oxford)對劍橋大學(Cambridge)的划船對抗賽《每年於復活節前在泰晤士河(the Thames)舉行》。

boat·swain [ˈbosn̩; ˈbousn] *n.* Ⓒ《航海》(在商船上)(管理索具、錨、纜等的)水手長，掌帆長；(軍艦的)掌帆(士官)長，掌帆准尉。

bóat tràin *n.* Ⓒ(與船期銜接的)港口聯運火車。

boat·wright [ˈbotˌraɪt; ˈboutrait] *n.* Ⓒ造木船之工匠。

bóat·yàrd *n.* Ⓒ製造或修理小船的工場。

bob[1] [bɑb; bɔb] 《源自中古英語「簇」之義》—*n.* Ⓒ **1** (婦女、孩童的)短髮，截髮；束髮，髻，捲髮；鬈髮。**2** (狗、馬的)截短的尾巴。
—*v.t.* (**bobbed**；**bob·bing**) **1** 剪短〈頭髮〉：She wears her hair *bobbed*. 她留著短髮。**2** 剪短〈動物之尾〉。

bob[1] 1

bob[2] [bɑb; bɔb] *n.* Ⓒ **1** (上下的)疾動，迅速的一動。
2 鞠躬禮。
3 秤錘；繩鏈一端之懸垂物；風箏的懸垂尾。
4 釣竿線上的浮子；釣線上的蟲、碎布等。
5 ＝cherry bob.
6 (雪地中用的)連橇。
7 詩歌中的一個短節《尤指反覆之句子》。
—*v.i.* (**bobbed**；**bob·bing**) **1** 上下快速地移動[搖動，跳動]；猛然搖頭[身體(等)]：The fisherman's float *bobbed* on the waves. 漁夫釣魚線上的浮子在波浪上面上下跳動。**2** 〔十介十(代)名〕〈婦女〉(屈膝)〔向人〕行躬身禮〔*to, at*〕：～ ***to*** [***at***] a person 向某人行躬身禮。**3** 〔十介十(代)名〕(遊戲中)試著以口銜取〔懸掛著或浮在水上晃蕩著的櫻桃等水果〕〔*for*〕.
—*v.t.* **1** 〔十受(十副)〕使…上下[來回]疾動〈*up, down*〉：The bird *bobbed* its head ***up*** and ***down***. 那隻鳥急促地上下擺動牠的頭。**2** 〈婦女〉(屈膝)行〈躬身禮〉：～ a curtsy 行屈膝躬身禮。

bób úp 《*vi adv*》突然出現；再出現，又出現：That question ～*s up* at each meeting. 那個問題在每一次會議上都被提出來。

bób úp agáin (like a córk) 受極大打擊後仍不屈不撓振作起來，東山再起。

bob[3] [bɑb; bɔb] *n.* Ⓒ(*pl.* ～)《英俚》(舊幣制的)一先令(shilling)《現在的五便士》。

Bob [bɑb; bɔb] *n.* 鮑伯《男子名；又稱 Bobby, Bobbie；Robert 的暱稱》。

(and) Bób's your úncle [常與 if, when 子句連用]《口語》(即使[如果]…)一切不會有問題[萬事會順遂]。

bobbed *adj.* 截尾的；短髮的，截髮的：～ hair 短髮。

Bob·bie [ˈbɑbɪ; ˈbɔbi] *n.* **1** 巴比《男子名；⇨ Bob》. **2** 芭比《女子名；Barbara, Roberta 的暱稱》。

bob·bin [ˈbɑbɪn; ˈbɔbin] *n.* Ⓒ **1** (圓筒形的)線軸，繞線筒；細繩，線繩：～ lace 手織的花邊。**2** 《電學》(線圈的)軸心。

bob·bi·net [ˌbɑbəˈnɛt; ˌbɔbiˈnet] *n.* Ⓤ機織花邊。

bob·ble [ˈbɑbl̩; ˈbɔbl] *n.* Ⓒ **1** (輕微的)上下反覆搖蕩。**2** 《美口語》笨拙的失誤。**3** 《棒球》漏接(fumble).
—*v.i.* **1** (輕微地)上下反覆搖蕩。**2** 《美口語》犯笨拙的錯誤。**3** 《棒球》漏接球。

bob·by [ˈbɑbɪ; ˈbɔbi] *n.* Ⓒ《英口語》警察。

> 【字源】源自在威靈頓(Wellington)《擊敗拿破崙而聞名於世的英國將軍》內閣中任內政大臣時實施警察組織改革的羅伯‧皮爾爵士(Sir Robert Peel, 1788–1850)之名。鮑比(Bobby)是羅伯(Robert)的暱稱。從前愛爾蘭(Ireland)的警察被稱爲 peeler [ˈpilɚ; ˈpi:lə] 也起源於這位羅伯爵士，與他擔任愛爾蘭首相時改革愛爾蘭警察制度有關。

Bob·by [ˈbɑbɪ; ˈbɔbi] *n.* **1** 巴比《男子名；⇨ Bob》. **2** 芭比《女子名；Barbara, Roberta 的暱稱》。

bóbby pìn *n.* Ⓒ《美》(短髮用的)金屬製彈簧狀髮夾(《英》hairgrip).

bóbby sòcks [sòx] *n. pl.* 《口語》(少女用的)短襪。

bóbby·sòx·er [-ˌsɑksɚ; -ˌsɔksə] *n.* Ⓒ《口語》(穿短襪(bobby socks)的)十來歲少女《崇拜電影明星、歌星或追隨時尚的女孩》。

bób·càt *n.* Ⓒ(*pl.* ～**s**, [集合稱] ～)《動物》北美大山貓《又稱紅貓，分布於加拿大南部到墨西哥南部一帶》。

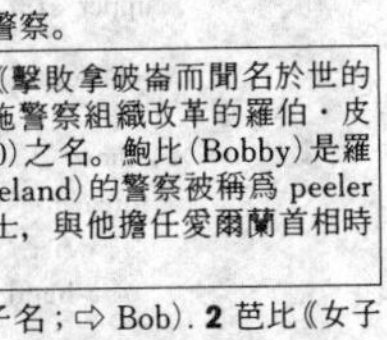
bobcat

bob·o·link [ˈbɑblˌɪŋk; ˈbɔbəliŋk] *n.* Ⓒ《鳥》長喇歌《俗稱稻雀，美洲產擬黃鸝科鳴禽》。

B

bób·slèd, bób·slèigh *n.* Ⓒ **1** 雪橇《有前後兩對滑板(runners)和操舵裝置，可乘二至四人的競賽用雪橇；時速可達130 公里以上》。**2** (從前連結兩部雪橇而成的)連橇；連橇中的任一部。
—*v.i.* (**bob·sled·ded**；**bob·sled·ding**)乘連橇，以連橇滑行。

bobsled 1

bob·sled·ding [ˋbabˏslɛdɪŋ; ˈbɔbsledɪŋ] *n.* Ⓤ 乘連橇；連橇競賽。
bób·stày *n.* Ⓒ《航海》艏斜桅拉條。
bób·tàil *n.* Ⓒ **1** 截尾的馬[狗]。**2** 截短之尾，短尾。
(the) rágtag and bóbtail ⇨ ragtag.
—*adj.* [用在名詞前]截尾的。
bob·tailed [ˋbabˋteld; ˈbɔbteild] *adj.* =bobtail.
bob·white [ˋbabˋhwaɪt; ˈbɔbˈwait, -ˈhwait] *n.* Ⓒ《鳥》山齒鶉《北美產林鶉亞科獵鳥》。
Boc·cac·ci·o [boˋkatʃɪˏo; bɔˈka:tʃiou], **Gio·van·ni** [dʒoˋvanɪ; dʒouˈva:ni] *n.* 薄伽邱《1313–75；義大利作家、詩人》。
Boche, boche [baʃ, bɔʃ, boʃ; bɔʃ] «源自法語»—*n.* Ⓒ (*pl.* ~, ~s [baʃ, bɔʃ, boʃ; bɔʃ])《輕蔑》(尤指第一次世界大戰時的)德國兵。
bock [bak; bɔk] *n.* (又作 **bóck bèer**) Ⓤ [指個體時爲Ⓒ]玻克啤酒《德國產的一種烈性黑啤酒；通常於秋季釀造，至次年春季上市》。
bod [bad; bɔd] «body 之略»—*n.* Ⓒ《口語》**1** =body. **2**《主英》人(person).
bode[1] [bod; boud] *v.t.*《文語》**1** 預報；預示《★不可用被動語態》：The crow's cry ~*s* rain. 烏鴉啼預示要下雨《★一般傳說》。**2** 〔十受十受〕〈物、事〉預示〈人〉…，對…成爲…的預兆《★不可用被動語態》：This ~*s* you no good. 這對你是不祥之兆。
—*v.i.* 〔十介十(代)名〕[與 well, ill 等狀態副詞連用]〔對…〕預兆，預示〔*for*〕：That ~*s* well [ill] *for* his future. 那預示他前途光明[暗淡]。
bode[2] [bod; boud] *v.* **bide** 的過去式。
bod·ice [ˋbadɪs; ˈbɔdis] *n.* Ⓒ **1** 女人穿的緊身胸衣。**2** (女裝的)上半之緊身部分《自肩膀至腰部》。

bodice 1

bód·ied *adj.* [常構成複合字] **1** 有身[軀]體[肉體]的；身體…的。**2** 有實體的，有形體的；有形的；〈飲料等〉濃郁的：⇨ full-bodied[1].
bód·i·less *adj.* **1** 無體[軀體]的。**2** 無形的，無形體的。

bod·i·ly [ˋbadɪlɪ; ˈbɔdili] *adj.* [用在名詞前] **1** 身體[肉體]上的；(對精神(上)而言的)肉體(上)的，身體(上)的：~ exercises 體操，體能活動/~ fear 怕危害到身體的恐懼。**2** 具體的，有形的；物質的。
—*adv.* **1** 整個地，完全(照原狀)地，全部地。**2** 具體[有形]地。**3** 親身，親自。
bod·ing [ˋbodɪŋ; ˈboudiŋ] *n.* ⓊⒸ預兆；惡兆。
—*adj.* 預兆的；不吉的，凶兆的。
bod·kin [ˋbadkɪn; ˈbɔdkin] *n.* Ⓒ **1 a** (穿線、絲帶或織花邊等用的)大針，粗針。**b** 錐子。**2** (長的)束髮別針。**3**《英》夾在兩人當中的人。
bod·y [ˋbadɪ; ˈbɔdi] «源自古英語「大木桶」之義»—*n.* **1** Ⓒ **a** (人的)身體(⇨ 本頁下方插圖)；(動物的)軀體；肉體：the human ~ 人體/the whole ~ 全身。**b** 屍體，遺骸。
2 Ⓒ **a** (除去四肢、頭部的)軀體，軀幹。**b** (衣服的)軀體部分。**c** (樹的)主幹。
3 Ⓒ(物之)主要部分：**a** 車身，船身，(飛機的)機身。**b** (建築物的)本體，主體。**c** (信件、演說的)本文，本題；(法律的)主文。**d** (樂器的)共鳴部分。
4 Ⓒ《口語》人；(尤指)女人：a good sort of ~ 一位好人。
5 Ⓒ **a** (軍隊等的)主力。**b** [集合稱]團體，組織《★用因視爲一整體時當單數用，指個別成員時當複數用》：a diplomatic ~ 外交團。
6 [常 **a ~ of...**] **a** 聚集：*a ~ of* water 水域《海、湖等》。**b** 一團，一羣；大羣，衆多，許多：*a ~ of* students 一羣學生/*a ~ of* laws 法典/*a ~ of* facts 一大堆事實。
7 [**the ~**]〔團體等的〕大部分〔*of*〕：*the ~ of* the population 人口的大部分。
8 Ⓤ [又作 **a ~**] **a** (物之)實質；(織物的)身骨《指厚薄、硬挺度等》；(酒等之)密度，濃度：a wine of full ~ 醇烈的葡萄酒/This paste [cloth] lacks ~. 這漿糊沒有黏勁[這塊布質地不好]。**b** (作品等的)實質：a play with little ~ 沒有什麼實質內容的戲劇。**c** (聲音等的)氣力，勁頭。**d** (油的)粘性。
9 Ⓒ《物理》物體，…體：a solid ~ 固體/a heavenly ~ 天體。
10 Ⓒ《幾何》立體：a regular ~ 正多面體。
11 Ⓤ (陶器類的)基本原料，胚子。
bódy and sóul (1)肉體和精神，身心：give ~ *and soul* to the work 把身心奉獻給[投入]工作/keep ~ *and soul* together 勉强維持生活，苟延殘喘。(2)[當同位語或副詞用]身心都，整個地，全心全意：work ~ *and soul* 全心全意地工作/own a person ~ *and soul* 完全地擁有某人。
héir of the [one's] **bódy** 直系繼承人。
in a bódy 全體，集體，整個：The Cabinet resigned *in a* ~. 內閣總辭了。
in bódy 親身，親自。
òver one's dèad bódy《口語》在還沒死之前絕(不准…)：*Over* my *dead* ~ you will! 在我沒死之前你休想！

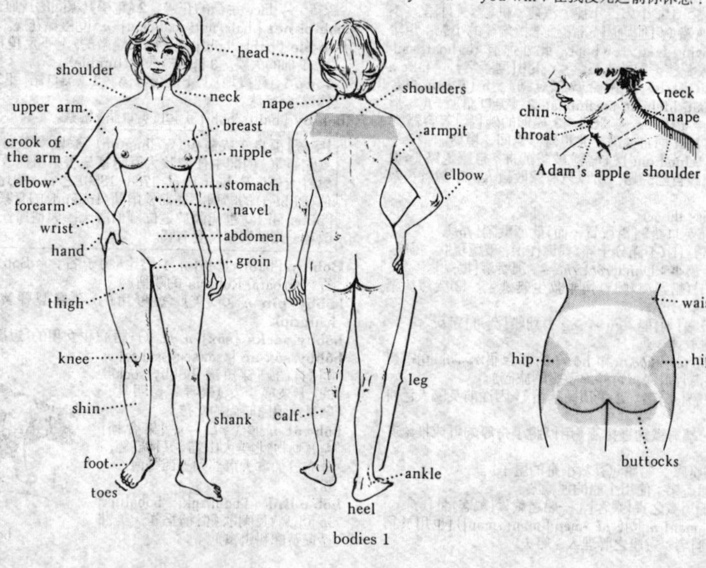

bodies 1

the bódy of Christ ⑴聖餐的麪包，聖體《代表耶穌的肉》。⑵教會。
—v.t. 〔十受〕使〈觀念〉具體化，賦…以形體。
bódy fórth《vt adv》⑴在心中描繪出。⑵具體地表示，賦…以實體。⑶爲…之象徵，象徵。

bódy blòw n. Ⓒ **1**《拳擊》向對手軀體上半身的一擊。**2** 大敗北；大挫折〔to〕.

bódy building n. Ⓤ强身法。

bódy córporate n. Ⓒ(pl. **bodies corporate**)《法律》法人(團體)。

bódy·guàrd n. Ⓒ **1** [集合稱]衛隊，扈從《★用法 視爲一整體時當單數用，指個別成員時當複數用》：The Premier's ~ *was* [*were*] waiting there. 首相的護衛人員在那兒等著。**2** 侍衛，保鑣。

bódy lánguage n. Ⓤ肢體語言《傳達意志或感情的(常爲無意識的)姿勢或表情、態度》。

bódy òdor n. Ⓤ [又作 **a** ~]體臭；狐臭(《略》BO, bo).

bódy pólitic n. [the ~]國家。

bódy snàtcher n. Ⓒ掘墓盜屍者《尤指挖掘墳墓盜屍售予人供其解剖者》。

bódy snàtching n. Ⓤ(尤指將盜屍出售供人解剖之)掘墓盜屍。

bódy stòcking n. Ⓒ從上身到腳尖連成一件的緊身(女用)內衣。

bódy·wòrk n. Ⓤ **1** (汽車的)車身。**2** 車身的打造[修理]。

Boe·o·tia [bɪ'oʃɪə, -ʃə; bi'ouʃjə, -ʃə] n. 比奧西亞《古希臘之一地區，在雅典的西北方；首府底比斯(Thebes)》.

Boe·o·tian [bɪ'oʃɪən, -ʃən; bi'ouʃjən, -ʃən] adj. **1** 比奧西亞(人)的。**2** 《源自雅典(Athens)人對務農的比奧西亞(Boetia)人的看法》笨拙的；遲鈍的；無教養的。
—n. Ⓒ **1** 比奧西亞人。**2** 笨漢；無教養的人。

Boer [bor, bʊr, bɔr; 'bouə, bɔ:] n. Ⓒ波爾人《有荷蘭血統之南非人；★比較 現在通常用 Afrikaner》. —adj. [用在名詞前]波爾人的。

Bóer Wàr n. [the ~]波爾戰爭《1899–1902；此役英軍擊敗南非波爾人》。

bof·fin ['bafɪn; 'bɔfin] n. Ⓒ《英口語》(尤指從事科技、軍事工業研究的)科學家。

bof·fo ['bafo; 'bɔfou]《美俚》adj. **1** 獲得大成功的；風靡一時的，極獲好評的。**2** 令人捧腹大笑的。—n. Ⓒ(pl. ~s, ~es) **1** (電影等)風靡一時的賣座片[戲]。**2** 高聲大笑。

bog [bag, bɔg; bɔg] n. **1** Ⓤ [指地域個體時爲Ⓒ] (排水不良且易使重物陷入的)濕地，沼澤。**2** Ⓒ《英俚》(屋外)廁所。
—v.i. (**bogged**; **bog·ging**)〔十副〕陷於泥淖；變得動彈不得[進退兩難]，進展困難，被纏住〈down〉.
—v.t. 〔十受十副〕使…陷於泥淖；使…動彈不得；使…進展困難〈down〉《★常用被動語態》：*be*[*get*] bogged **down** in detail 在細節上被纏得無法進展。

bo·gey[1] ['bogɪ; 'bougi] n. Ⓒ《高爾夫》**1**《英》標準桿數(par). **2** 高於標準桿數(par)一桿入洞(⇨ par 3 相關用語)。
—v.t. (~·ed; ~·ing)《高爾夫》以高於標準桿數一桿入〈洞〉：I ~*ed* the 2nd hole. 我以高於標準桿數一桿打入第二洞。

bo·gey[2] ['bogɪ; 'bougi] n. ＝bogy.

bo·gey·man ['bogɪ,mæn, 'bugɪ-, 'bʌgɪ-; 'bougimæn] n. Ⓒ(pl. **-men** [-mɛn; -men])(虛構而用以嚇唬小孩的)鬼怪。

bog·gle ['bagl; 'bɔgl] v.i. **1** 〔動(十介十(代)名)〕**a** (因害怕、吃驚而)〔對…〕心驚肉跳，膽怯，畏怯，張惶失措〔at〕：The [My] mind ~*s* **at** the thought of the patient's pain. 想到病人的痛苦，心[我]就會驚跳。**b** 〔對…〕猶豫，躊躇，畏縮不前〔at, about〕：He ~*d* **at** accept*ing* the offer. 對提議半推半就，舉棋不定。**2** 〔動(十介十(代)名)〕(動作笨拙而)亂搞，拙劣地做〔…事〕〔at〕：~ **at** a lock 笨手笨腳地亂開鎖。**3** 說推託話，搪塞。
—v.t. 使…受驚；使…張惶失措。
—n. Ⓒ退縮；進展不順；胡亂做的工作；失誤，失敗。

bog·gy ['bagɪ; 'bɔgi] 《bog 的形容詞》—adj. (**bog·gi·er**; **-gi·est**)似沼澤的；多沼澤的。

bo·gie ['bogɪ; 'bougi] n. Ⓒ **1** 低座堅固的貨車[卡車]。**2** (六輪卡車的四個)帶動後輪。**3**《英》《鐵路》轉向車，臺車《放在鐵路機車或車廂底下以助其轉彎的一組由四個或六個車輪構成的車輪底盤》。

bo·gle ['bogl; 'bougl] n. Ⓒ鬼怪，妖魔，妖怪。

bo·gus ['bogəs; 'bougəs] adj. 假的，僞造的：a ~ export permit 僞造的輸出許可證。

bo·gy ['bogɪ; 'bougi] n. Ⓒ **1**《兒語》鬼，妖怪。**2** 使人害怕之人或物；煩惱(之根源)。**3**《俚》國籍不明之飛機；敵機。**4**《兒語》鼻屎。

bógy·màn n. Ⓒ(pl. **-men**)＝bogeyman.

Bo·he·mi·a [bo'himɪə; bou'hi:mjə] n. **1** 波希米亞《位於捷克西部，原爲一王國；中心地爲布拉格(Prague)》. **2** [常 **b~**] Ⓒ自由奔放的社會[地區]。

Bo·he·mi·an [bo'himɪən; bou'hi:mjən] 《Bohemia 的形容詞》—adj. **1** 波希米亞的；波希米亞人[語]的。**2** [常 **b~**]狂放[放蕩]不羈的；不拘於傳統的，自由奔放的。
—n. **1** Ⓒ波希米亞人。**2** [常 **b~**] Ⓒ生活自由奔放的人《尤指藝術家》；吉普賽人。**3** Ⓤ波希米亞語。

Bo·hé·mi·an·ìsm [-n,ɪzəm; -nizəm] n. Ⓤ豪放不羈之作風[生活]；放任主義。

bo·hunk ['bo,hʌŋk; 'bouhʌŋk] 《*Bo*hemian 和 *Hun*garian 的混合語》—n. Ⓒ **1**《俚·輕蔑》無技術的工人《尤指來自歐洲中東部或東南部者》。**2** 粗野愚笨之人。

boil[1] [bɔɪl; bɔil] 《源自拉丁文「泡沫」之義》—v.t. **1** 〔十受〕使〈液體〉沸騰，煮沸，燒開；以煮沸消毒〈容器〉：~ water 燒開水。**2** **a** 〔十受〕煮；烹煮〈食物〉(⇨ cook【同義字】)：*B*~ the meat for some time. 把肉煮一段時間/a soft-*boiled* egg 煮得半熟的蛋。**b** 〔十受十補〕將…煮〈成…〉：She ~*ed* the eggs hard. 她把蛋煮硬。**c** 〔十受十受/十受十介十(代)名〕爲〈人〉煮…；〔爲人〕煮…〔for〕：She ~*ed* me an egg for breakfast.＝She ~*ed* an egg **for** me for breakfast. 她爲我煮一個蛋做早餐。
—v.i. **1** **a** 〈液體〉沸騰，開；〈容器〉沸騰；達到沸點；燒開：The water is ~*ing*. 水開了。**b** 〔十補〕煮〈得…〉：Don't let the kettle ~ dry. 不要讓茶壺裡面的水燒乾。**2** **a** 〈水等〉湧出，噴出：Water ~*ed* from the spring. 水從源泉湧出。**b**〈海〉洶湧。**3** 〔動(十介十(代)名)〕《口語》〔因憤怒等而〕激昂〔with〕：That makes my blood ~. 那事使我怒火中燒[熱血沸騰]/I was ~*ing* **with** rage. 我氣得火冒三丈。**4** 〔十副詞(片語)〕〈羣衆等〉突進，衝(rush)：The students ~*ed* **out of** the doorway. 學生們衝出門口。
bóil awáy《vi adv》⑴沸騰而蒸發，煮乾。⑵〈容器〉繼續沸騰〈成空〉。⑶〈興奮等〉減退，降低。—《vt adv》⑷使…蒸發。
bóil dówn《vi adv》⑴煮濃，熬稠，蒸濃；煮乾。⑵《口語》摘要，濃縮，縮短〔成…〕〔to〕：It ~*s* **down to** this. 問題的要點就在於此。—《vt adv》⑶煮濃，熬稠；煮乾…。⑷《口語》摘要，歸納，濃縮…〔〔成…〕〔to〕：~ **down** a story **to** a page or two 把故事濃縮成一、二頁。
bóil óver《vi adv》⑴因沸騰而溢出。⑵大發雷霆，勃然大怒。⑶〈局勢〉爆發〔而致…〕，〈爭等〉擴大〔成…〕〔in, into〕：~ **over into** armed conflict 擴大成武裝衝突。
bóil the pót＝màke the pót bóil ⇨ pot.
bóil úp《vi adv》⑴燒開，煮開。⑵《口語》〈紛爭等〉(在)醞釀。—《vt adv》⑶弄熱〈湯等〉。
kèep the pót bóiling ⇨ pot.
—n. **1** [**a** ~]沸騰，煮沸：give **a** ~ 煮。**2** [**the** ~]沸點：be on [at] **the** ~ 在沸騰/bring water to **the** ~ 使水沸騰/come to **the** ~ 開始沸騰。

boil[2] [bɔɪl; bɔil] n. Ⓒ疔，癤。

boiled adj. 煮[燒]開的，烹煮的：a ~ egg 煮熟的蛋。

bóiled shírt n. Ⓒ《美口語》禮服用硬胸襯衫。
(as) stíff as a bóiled shírt 拘泥形式的，古板的。

bóil·er n. Ⓒ **1** 煮沸者。**2** 煮器《釜、鍋等》；鍋爐。

bóiler sùit n. Ⓒ《英》(上下身接連的)工作服(overalls).

bóil·ing n. Ⓤ沸騰，煮沸；烹煮。
the whóle bóiling《俚》全部，全體。
—adj. [用在名詞前] **1** 煮沸的，沸騰的。**2** **a** 激動的，熱烈的。**b** 狂暴的，翻騰的〈海〉：the ~ waves 翻騰的波濤。**3** **a** 極熱的，炎熱的：a ~ sun 炎熱的太陽/~ sand 滾燙的沙。**b** [當副詞用]沸騰般地；極度地：~ hot 滾熱，極熱。**4** 激烈的，强烈的〈熱情等〉。

bóiling pòint n. **1** Ⓒ沸點《水在一氣壓(海平面)之沸點爲 100℃, 212°F》. **2** [**the** ~] **a** 脾氣爆發之時；興奮之極。**b** 下決定之時，重大的轉捩點。

bois·ter·ous ['bɔɪstərəs; 'bɔistərəs] adj. **1** **a** 〈人、行爲等〉狂暴的，粗暴的；吵鬧的。**b** (喧囂)歡鬧的，熱鬧的：~ laughter 喧鬧的笑聲/a ~ party 熱鬧的派對。**2** 〈風、浪等〉猛烈的，狂暴的，狂風暴雨的。~·ly adv. ~·ness n.

bok choy ['bak'tʃɔɪ, -'dʒɔɪ; 'bɔk'tʃɔi] 《源自中文「白菜」廣東話的發音》—n. Ⓤ白菜。

Bol. 《略》Bolivia.

bo·la(s) ['bolə(s); 'boulə(s)] n. Ⓒ繫有兩個以上鐵珠之捕獸用繩索《南美南部之土人或牛仔等用以擲向獵物或牛之腳以纏倒它》。

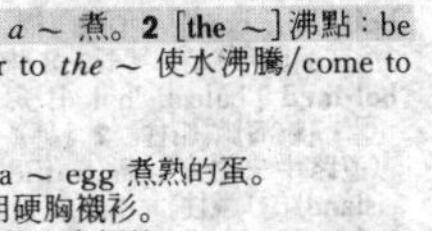

bold [bold; bould] adj. (~·er; ~·est) **1** **a** 大膽的，勇敢的，果敢的(⇨ courageous【同義字】)：a ~ explorer [act] 大膽的探險家[行爲]。**b** 〔十 *of* 十(代)名(十 *to* do)/十 *to* do〕〔人〕〈做…〉(眞是)大膽的，勇敢的；〈人〉大膽的，勇敢的〈竟…〉：It is ~ **of** you *to* do so.＝You are ~ *to* do so. 你膽子眞大，竟敢做這種事。

2（尤指）〈女人、女人的態度〉無禮的；不客氣的；鹵莽的；厚顏無恥的：a ～ hussy 厚顏無恥的賤女人。
3 顯著的，顯眼的；〈線條等〉粗的，清晰的：～ lines 粗線/in ～ relief 清晰凸現地/the ～ outline of a mountain 山的清晰輪廓/in ～ strokes 以粗的筆劃，以遒勁的筆觸。
4〈懸崖等〉險峻的，陡峭的（steep）：a ～ cliff 斷崖。
5〈描寫等〉富於想像力的，奔放的：a ～ description 富於想像力的描寫/～ imagination 奔放的想像力。
6（無比較級、最高級）《印刷》〈鉛字〉粗體的（boldfaced）.
be [màke] (so) bóld (as) to dó 冒昧地…，膽敢…：I *make* ～ [*make so* ～ *as*] *to* ask you. 恕我冒昧地問你《★對長輩或上司使用》。
màke bóld with... 擅自使用，隨意對待…《★比較 一般用 make FREE with...》.
pùt a bóld fáce on... ⇨ face.
～·ly *adv.*

bóld·fàce *n.* Ⓤ《印刷》粗體鉛字，黑體字（blackface）（↔ lightface）.
bóld·fáced *adj.* 1 厚顏的，莽撞的，冒昧的。2 a《印刷》〈鉛字〉粗體的，黑體字的（↔ lightfaced）. b〈文字等〉筆劃粗的。
bóld·hèarted *adj.* 大膽的；勇敢的。～·ly *adv.* ～·ness *n.*
bóld·ness *n.* Ⓤ 1 a 大膽；厚顏無恥；果敢，勇敢；冒昧，鹵莽：*with* ～ 大膽地。b〔＋*to* do〕[the ～] 大膽[厚臉皮]〈做…的〉：He had *the* ～ *to* ask for more money. 他居然腆著臉要更多錢。2 自由奔放。3 顯著。
bole [bol; boul] *n.* Ⓒ樹幹（trunk）.
bo·le·ro [boˈlɛro; bəˈlɛərou] *n.* Ⓒ（*pl.* ～s）1 a 波蕾若《一種四分之三拍子的輕快西班牙舞蹈》。b 波蕾若舞曲。2 [《英》boˈlɛro; ˈbɔlərou]（婦女用的）短上衣。

bolero 2

Bo·liv·i·a [bəˈlɪvɪə; bəˈliviə] *n.* 玻利維亞《南美洲中西部的一個共和國；憲法上之首都爲蘇克拉（Sucre [ˈsukre; ˈsu:krei]），行政上之首都爲拉巴斯（La Paz [ləˈpaz; la:ˈpæz]）》.
Bo·liv·i·an [bəˈlɪvɪən; bəˈliviən]《Bolivia 的形容詞》—*adj.* 玻利維亞的。
—*n.* Ⓒ玻利維亞人。
boll [bol; boul] *n.* Ⓒ 1（棉、亞麻等的卵圓形或橢圓形）莢；莢殼。2《植物》棉鈴《棉花子房所長成的蒴果》。
bol·lard [ˈbaləd; ˈbɔləd] *n.* Ⓒ 1《航海》繫船柱。2《英》（道路中央之安全島（traffic island）的）護柱。

bollard 1

bol·locks [ˈbaləks; ˈbɔləks]《英鄙》*n. pl.* 1 [也當感歎詞用] 無聊的事，胡扯（nonsense）. 2 睪丸。
—*v.t.*〔＋受＋副〕把…弄糟，做壞〈*up*〉.
bóll wéevil *n.* Ⓒ《昆蟲》棉鈴象鼻蟲《鞘翅目象甲科昆蟲，其幼蟲生活於棉鈴內，爲害甚大》。
bóll·wòrm *n.*《昆蟲》Ⓒ1 螟蛉的幼蟲。2 棉鈴蟲《夜蛾科昆蟲的幼蟲，常蛀藏於棉鈴、番茄、或玉米穗內》。
bo·lo [ˈbolo; ˈboulou] *n.* Ⓒ（*pl.* ～s）（菲律賓人及美軍砍伐用之）單刃大刀。
bo·lo·gna [bəˈlonə, -ˈlonjə; bəˈlounjə]《源自義大利北部一城市之名》—*n.*（又作 **bológna sàusage**）Ⓒ[當作菜名時爲Ⓤ] 波隆那香腸《一種內含牛、豬等雜様肉類之燻製臘腸》。
bo·lo·ney [bəˈlonɪ; bəˈlouni] *n.* ＝baloney.
bó·lo tìe [ˈbolo-; ˈboulou-] *n.* Ⓒ《美》脖樂帶《將一條兩端裝有金屬尖頭之精美帶子對折成兩條，並在中間裝上一枚可滑動調節高低之飾物而成的項鍊式（男用）領帶》。
Bol·she·vik [ˈbalʃəˌvɪk, ˈbol-; ˈbɔlʃivik]《源自俄語「較多之數」之義》—*n.*（*pl.* ～s, **Bol·she·vik·i** [-vɪkɪ; -viki]）1 a [the Bolsheviki] 布爾什維克《俄國社會民主黨之多數派、激進派；cf. Menshevik 1》. b Ⓒ布爾什維克之一員。2 Ⓒ共產黨員。3 [有時 b～] Ⓒ激進主義者。
—*adj.* 1 布爾什維克的。2 [有時 b～] 激進派的。
Bol·she·vism [ˈbalʃəˌvɪzəm, ˈbol-; ˈbɔlʃivizəm] *n.* Ⓤ 1 布爾什維克主義[思想]，共產主義[思想]。2 [有時 b～] 激進主義。
Ból·she·vist [-vɪst; -vist] *adj., n.* Ⓒ布爾什維克派黨員；政治上之極端激進主義者。
bol·shy [ˈbalʃɪ, ˈbol-; ˈbɔlʃi] *adj.*（**bol·shi·er**；**-shi·est**）《口語》激進派的，反抗現存體制的；愛大吵大鬧的；不合作的。
bol·ster [ˈbolstə; ˈboulstə] *n.* Ⓒ 1 長枕《爲墊高頭部，常置於褥單底下，上面再置枕頭（pillow）》. 2 墊物《枕梁、承材、承板等》。
—*v.t.* 1〔＋受＋副〕支撐；支持或增强〈主義、組織等〉〈*up*〉. 2 提起〈精神〉；鼓舞〈人、士氣〉〈*up*〉：～ *up* spirits [a person's spirits] 振作[使某人振作]起精神來/～ *up* a person 鼓舞某人。

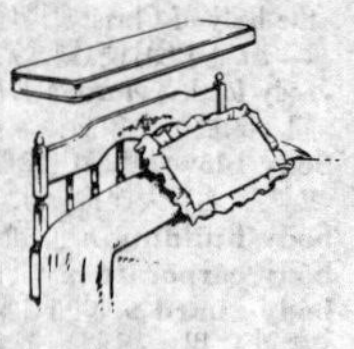
bolster 1

bolt[1] [bolt; boult]《源自古英語「箭」之義》—*n.* Ⓒ A 1 螺釘（cf. nut 2）. 2 a（鎖門窗用的）金屬門栓，門閂。b 鎖中可由鑰匙推動之簧。c（步槍之）槍機。3〔布、壁紙的〕一捲，一束〔*of*〕.

bolt[1] A 2 a

—B 1 a 霹靂；閃電（thunderbolt）. b〔水等的〕噴出〔*of*〕：a ～ *of* water 水的噴出[水柱]。2 急跑，逃走，逃亡：make a ～ (for...)（向…）急逃/make a ～ for it 急逃。3《美》脫黨；對其本黨政策[候選人]之拒絕支持。4（從前的弩（crossbow）用的）粗箭。
(like) a bólt from [òut of] the blúe (ský) 青天霹靂（般地）。
núts and bólts ⇨ nut.
shóot one's (lást) bólt 盡力而爲，使盡全力《★源自「射出最後的一枝粗箭」之意》：A fool's ～ is soon *shot*.《諺》愚蠢的人會很快就射（完）箭《喻愚蠢的人缺乏遠慮而易竭其智》。
—*adv.* [～ upright] 挺直地。
—*v.i.* 1〔（動（＋副詞（片語））〕奔[竄，逃，衝，跳]出[入]（…）；逃走；〈馬〉脫韁奔跑：I saw a man ～ *out of* [*into*] our garden. 我看到一個男人從我們家的花園竄出去[竄進我們家的花園]。
2《美》（對其本黨政策或候選人）拒絕支持；脫黨。
3 狼吞虎嚥《★比較 現在一般用 *v.t.* 2 之用法》。
4 可用螺釘[門栓]鎖[閂]住。
—*v.t.* 1〔＋受（＋副）〕a 用門栓閂住〈門〉〈*up*〉：～ the door (*up*) 用門栓閂住門。b（閂住門而）把〈人〉關在裡面〈*in*〉，將…關在外面（不讓進入）〈*out*〉. c 用螺絲栓合…〈*together*〉. d 用螺絲固定…〈*on*〉：～ *on* a tire 把輪胎用螺絲固定。
2〔＋受（＋副）〕囫圇吞下，狼吞虎嚥〈食物、飲料〉〈*down*〉.
3〔＋受（＋副）〕脫口[著慌而不愼]說出…〈*out*〉：～ *out* shallow excuses（慌亂之下）脫口說出膚淺的藉口。
4〔＋受〕《美》脫離〈政黨〉。
bolt[2] [bolt; boult] *v.t.* 篩，簸，篩選：Flour is ～*ed* to remove the bran. 麵粉經篩選去掉麥麩。
bólt·er[1]《源自 bolt[1]》—*n.* Ⓒ 1 脫韁之馬，逃走之馬；脫逃者。2《美》叛黨者；不支持自己所屬政黨之候選人者。
bólt·er[2]《源自 bolt[2]》—*n.* Ⓒ篩子（sieve）.
bólt-hòle *n.* Ⓒ安全的藏匿處，避難所。
bo·lus [ˈboləs; ˈbouləs] *n.* Ⓒ 1《藥・獸醫》巨丸，大藥丸《比普通藥丸（pill）大》。2 軟而圓的團[塊]，（尤指）食團。3 黏土。
‡**bomb** [bam; bɔm]《擬聲語》—*n.* 1 a Ⓒ炸彈：drop a ～ 投下炸彈/⇨ atomic bomb. b [the ～]（從政治觀點看的）原子[氫]彈，核子武器：the threat of *the* ～ 核子武器的威脅。
2 Ⓒ a（裝高壓瓦斯的）瓦斯筒。b（殺蟲劑、油漆等的）噴霧器。c（裝放射性物質用的）鉛質（內層的）容器。
3 Ⓒ[常用單數] a 驚人之事[人]；突發事件。b《美口語》（戲劇演出等的）大失敗，完全的失敗。
4 Ⓒ[常用單數]《俚》很多錢（a lot of money）：make [earn] a ～ 賺很多錢/spend a ～ 花費很多錢。「好評。」
gó like a bómb《英口語》⑴〈車輛〉疾駛。⑵獲得大成功，大獲
pùt a bómb ùnder a person《口語》催[督促]某人。
—*v.t.*〔＋受〕1 a 轟炸…。b 向…投炸彈；炸毀…。2《運動》完全擊敗〈某人〉。
—*v.i.* 1 投下炸彈。2《美口語》慘敗；〈演出等〉不賣座，不受歡迎。
bómb óut《vt adv》把〈人〉炸得無家可歸《★常以過去分詞當形容詞用》：～*ed out* people 被炸得無家可歸的人們/～*ed out* houses 在轟炸中被毀得不再有人居住的房屋。
bómb úp《vt adv》⑴將炸彈裝上〈飛機〉。—《vi adv》⑵〈飛機〉裝上炸彈。
bom·bard [bamˈbard; bɔmˈba:d] *v.t.* 1 砲轟，轟擊，轟炸：The artillery ～*ed* the enemy all day. 砲兵終日砲轟敵人。2〔＋受＋介＋（代）名〕〔以問題等〕質問[攻擊]〈人〉〔*with*〕：The lawyer ～*ed* the witness *with* one question after another. 律師接連不斷地提出問題質問證人。3《核子物理》以粒子撞擊〈原子等〉。
bom·bar·dier [ˌbambəˈdɪr; ˌbɔmbəˈdiə] *n.* Ⓒ 1（轟炸機上的）投彈手。2《英》砲兵下士。
bom·bárd·ment [-mənt; -mənt]《bombard 的名詞》—*n.* ⓊⒸ[常用單數] 1 砲轟，轟擊，轟炸。2《核子物理》撞擊。
bom·ba·sine [ˌbambəˈzin, ˈbambəˌzin; ˈbɔmbəsi:n, -əzi:n, ˌbɔmbəˈsi:n] *n.* ＝bombazine.

bom·bast [ˋbambæst; ˈbɔmbæst] *n.* ⒸⓊ豪言壯語，豪語，大話。
bom·bas·tic [bamˋbæstɪk; bɔmˈbæstik] *adj.* 誇大的，過甚其辭的。**-ti·cal·ly** [-klɪ; -kəli] *adv.*
Bom·bay [bamˋbe; ˌbɔmˈbei] *n.* 孟買《印度西部的一個都市、海港》。
Bom·bay duck [bamˋbeˋdʌk; bɔmˈbeiˈdʌk] *n.* Ⓒ《魚》龍頭魚《又稱印度鐮齒魚》。
bom·ba·zine [ˌbambəˋzin, ˋbambəˌzin; ˈbɔmbəˌzi:n, ˌbɔmbəˈzi:n] *n.* Ⓤ羽綢，羽緞。
bómb bày *n.* Ⓒ(飛機中的)炸彈艙。
bómb-dispòsal squàd *n.* Ⓒ未爆彈處理隊《★用法視爲一整體時當單數用，指個別成員時當複數用》。
bombed [bamd; bɔmd] *adj.* 《美俚》(因酒或麻醉藥而)醉的，昏頭昏腦的，頭昏眼花的。
bómbed-òut *adj.* (似)被炸彈摧毀[嚴重損壞]的；住處遭轟炸而無家可歸的。
bómb·er [-mɚ; -mə] *n.* Ⓒ **1** 轟炸機。**2** 轟炸員；投彈手；爆炸事件的犯人。
bómb·lòad *n.* Ⓒ飛機之載彈量。
bómb·pròof *adj.* 炸不破的，經得起爆炸的，〈建築物等〉不怕炸彈的：a ~ shelter 防空洞。**—*n.*** Ⓒ防空洞。
bómb·shèll *n.* Ⓒ **1** 炸彈；砲彈(shell)：like a ~ 突然。
2 [常用單數]《口語》令人震驚之事[人]；突發的驚人事件。
explóde a bómbshell《口語》口出驚人之語，令人震驚。
bómb shèlter *n.* Ⓒ空襲避難所，防空洞。
bómb·sìght *n.* Ⓒ《航空》投彈瞄準器。
bómb·sìte *n.* Ⓒ轟炸所造成的斷垣殘壁。
bo·na fi·de [ˋbonəˋfaɪdɪ; ˌbounəˈfaidi] 《源自拉丁文 'in good faith' 之義》**—*adj.*** **1** 誠實的，誠意的：a ~ offer(非故做姿態的)眞誠的提議。**2** 眞實的。
—*adv.* **1** 誠實地。**2** 眞實地。
bo·na fi·des [ˋbonəˋfaɪdiz; ˌbounəˈfaidi:z] 《源自拉丁文 'good faith' 之義》**—*n.*** Ⓤ[也當複數用]眞誠，忠誠；善意，誠意。
bo·nan·za [boˋnænzə; bouˈnænzə] *n.* Ⓒ《美》**1** (埋藏量)豐富的礦脈。

【字源】此字的拉丁文原義是「安靜的海」。西班牙船員曾用此字指暴風雨後的風平浪靜，後來演變成「幸運」之意。及至美國西部與阿拉斯加發現金礦，此字也用以指所發現的金礦。bon 在拉丁文是「好的」之義。bonus(紅利)也是和 bonanza 同一系統的字。

2 走鴻運，發財；致富之源；獲暴利之道：strike a ~ 走鴻運，大賺錢/in ~ 走鴻運《★無冠詞》。
—*adj.* [用在名詞前]走鴻運的，興盛的：a ~ farm 興盛的大農場/a ~ year 幸運的一年，豐收年。
Bo·na·parte [ˋbonəˌpart; ˈbounəpɑ:t] *n.* 邦那巴《拿破崙之姓》(⇨ Napoleon 1)。
bon·bon [ˋbanˌban; ˈbɔnbɔn] 《源自法語 'good' 之義》**—*n.*** Ⓒ夾心糖《尤指包奶油之巧克力糖》。
bon·bon·nière [ˌbanbəˋnɪr, -ˋnjɛr; ˌbɔnbɔnˈjɛə] 《源自法語》**—*n.*** Ⓒ **1** 糖果店；糖果商。**2** 糖果盒。
bond** [band; bɔnd] 《源自 band[1] 的變體》**—*n. **1** Ⓒ **a** 束縛[連結，連繫]物《細繩、繩、帶等》。**b** [~s]束縛，拘束；腳鐐；手銬：in ~*s* 被束縛著，被監禁[囚禁]著/break one's ~*s* 掙脫束縛。**c** [常 ~s] 結合[束縛]力；關係；關連：the ~(*s*) of friendship[affection, marriage]友情[愛情，婚姻]的關係。
2 Ⓒ約定，契約，盟約；同盟，聯盟：enter into a ~ with...與…訂契約。
3 a Ⓒ(借款)字據，證書；債券，公司債：a private ~ 借據/a public ~ 公債/⇨ treasury bond/call a ~ 發償還公債的通告/His word is as good as his ~. 他的話如同字據；他的承諾可信賴。**b** Ⓒ保證人，擔保人。**c** Ⓤ保證，擔保，保結。**d** Ⓤ保證[保釋，擔保]金。
4 Ⓒ《建築》接合，(石、磚等的)砌合；砌法。
5 a Ⓤ[指產品個體或種類時爲Ⓒ]接合劑，膠。**b** [**a** ~]接合(狀態)。
6 Ⓒ《化學》(一原子的)價標，鍵。
in bónd 已入保稅倉庫中。
òut of bónd 出保稅倉庫。
—*v.t.* **1** 〔十受〕將〈輸入品〉存入保稅倉庫(cf. bonded 3)。
2 〔十受〕**a** 抵押…：be heavily ~*ed*〈物件〉被高額抵押。**b** 將〈債〉轉爲債券。**c** 爲…擔保。
3 〔十受〕砌合，黏接〈石、磚〉。
4 a 〔十受(十副)〕接合〈兩個(以上之)東西〉〈*together*〉。**b** 〔十受十介十(代)名〕將…接合〔於…〕〔*to*〕：~ brick **to** stone 把磚黏接石頭。
—*v.i.* **1** 〔動(十副)〕〈兩個(以上之)東西〉接合，黏合〈*together*〉：Those plastics will not ~ ***together***. 那幾種塑膠不會黏在一起。**2** 〔十介十(代)名〕〈石、磚等〉黏接〔於…〕〔*to*〕.
bond·age [ˋbandɪdʒ; ˈbɔndidʒ] *n.* Ⓤ **1 a** (行動自由的)束縛，屈從。**b** 奴役，囚禁；奴隸的身分：*in* ~ 被囚禁，被奴役。**c** 〔爲習慣、情慾等的〕奴隸〔*to*〕：He is *in* ~ *to* passion. 他成爲情慾的奴隸。**2** 農奴的處境；賤役。
bónd·ed *adj.* **1** 用接合劑黏合的。**2** 以公債[債券]爲擔保的；附有擔保的：a ~ debt 公司[政府]等由發行債券所負的債。**3** 存入保稅倉庫(待完稅放行)的；保稅的：~ goods 保稅貨物/a ~ warehouse 保稅倉庫。
bónded whískey *n.* ⓊⒸ陳年威士忌《在裝瓶之前，至少在保稅倉庫中保存四年》。
bónd·hòlder *n.* Ⓒ債券持有人。
bónd·màid *n.* Ⓒ女奴。
bónd·man [-mən; -mən] *n.* Ⓒ(*pl.* **-men** [-mən; -mən])男奴；農奴(serf)。
bónd pàper *n.* Ⓤ良質的筆記紙；證券紙。
bónd·sèrvant *n.* Ⓒ奴僕，奴隸。
bonds·man [ˋbandzmən; ˈbɔndzmən] *n.* Ⓒ(*pl.* **-men** [-mən; -mən]) **1** =bondman. **2** 《法律》保證人，擔保人。
Bónd Strèet *n.* 龐德街《倫敦的一條繁華街名，有很多高級商店》。
bónd·wòman *n.* Ⓒ(*pl.* **-women**)女奴。
‡**bone** [bon; boun] *n.* **1 a** Ⓒ[集合稱爲Ⓤ]骨：dry ~*s* 乾枯的骨頭/a horse with plenty of ~ 骨格健壯的馬/Hard words break no ~*s*.《諺》難堪的話傷不了骨頭[笑罵由他，我不痛不癢]。**b** Ⓤ骨質。
2 a [~s]骨格；身體：(one's) old ~*s* 老骨頭；衰老的身體/keep one's ~*s* green 保持年輕。**b** [~s]屍骨，遺骸，遺骨：His ~*s* were laid in the churchyard. 他的遺骨被埋葬在教堂的墓地。**c** Ⓒ[常 ~s](談話等的)要點，(文學作品等的)架構。
3 Ⓒ**a** 骨狀之物《象牙、鯨骨等》。**b** 具骨骼功用之物《如傘骨、女用胸衣內之鯨骨等》。
4 Ⓒ稍帶肉的獸[禽]骨《作高湯用》。
5 a Ⓤ以骨頭或象牙等爲材料所製之物。**b** [~s]《口語》骰子；響板(castanets)。
6 [~s] **a** 骨柝《黑人樂團(minstrel group)中常使用的一種打擊樂器》。**b** [**Bones**；當單數用](黑人樂團等的)骨柝手《又作 Mr. Bones》。
a bóne of conténtion 爭執的起因《★源自狗爲得到一根骨頭而相爭》。
(áll) skín and bóne(s) ⇨ skin.
(as) drý as a bóne 乾如骨。
bréd in the bóne 〈觀念、性質〉根深柢固。
clóse to the bóne = near the BONE.
féel (it) in one's bónes 〔十 *that*_〕(直覺地)確信，(深深地)感覺到；預感到(…)。
hàve a bóne in one's **thróat** [**lég**] 喉嚨裏[腿上]有根刺《★表示「難於開口[無法成行]」時的藉口》。
hàve (gòt) a bóne to píck with...《口語》對〈某人〉有抱怨[牢騷，意見，異議]。
màke nó bónes abòut (dóing)... (1)坦白承認…，不隱瞞…。(2)對…毫無顧忌，毫不猶疑地做…。
néar the bóne (1)非常苛刻。(2)窮困，貧困。(3)〈話等〉猥褻的，下流的。
Nó bónes bróken! 不要緊！沒什麼事！
nót màke óld bónes 活不到老。
thrów a bóne to... 向〈罷工者等〉提議給予些微的加薪等以試圖安撫。
to the báre bónes = to the BONE (2).
to the bóne (1)及骨[入骨，刺骨]地：chilled [frozen] *to the* ~ 感到寒氣徹骨。(2)到極限，到極點；徹底地：cut *to the* ~ 將〈費用等〉削減到最低程度。
—*adv.* 《口語》完全，全然：~ idle 懶惰透了/I am ~ tired [hungry]. 我累[餓]死了。
—*v.t.* 〔十受〕**1** 將〈雞、魚等〉除去骨頭。**2** 裝鯨骨於〈女用胸衣等〉。**3** 《俚》偷…。
—*v.i.* 《口語》〔十副十介十(代)名〕苦讀，鑽研〔…〕〈*up*〉〔*on*〕《★可用被動語態》：~ ***up on*** a subject 用功研習某一學科；(爲應付考試而)溫習某一學科。
bóne àsh [**èarth**] *n.* Ⓤ骨灰。
bóne·blàck *n.* Ⓤ骨炭《作黑色顏料或漂白劑等用》。
bóne chína *n.* Ⓤ骨瓷《用瓷土與動物骨灰或磷酸鈣燒成的半透明瓷器》。
boned *adj.* **1** 〈魚等〉除去骨頭的。**2** (女用胸衣等)〈衣服〉裝有鯨骨等支撐物的。**3** [構成複合字]骨頭…的，有…骨頭的：big-[strong-] *boned* 骨頭粗的[强健的]。

B

bóne-drý *adj.* 極乾燥的，乾透的。

bóne·hèad *n.* Ⓒ《美俚》傻瓜，笨蛋，呆子。
—*adj.* [用在名詞前] 傻瓜的，笨的：a ~ play by the third baseman 三壘手的失誤。

bóne·less *adj.* 沒有骨頭的；無力量的，不堅定的。

bóne mèal *n.* Ⓤ骨粉《肥料、飼料用》。

bon·er [ˈbonɚ; ˈbounə] *n.* Ⓒ《美俚》(學生的) 愚蠢的錯誤 (cf. howler 3)：pull a ~ 犯愚蠢的錯誤。

bóne·sèt 《源自其被認為有治療骨折之特性》—*n.* Ⓒ〖植物〗澤蘭《俗稱接骨草；澤蘭屬草本植物的統稱》。

bóne·sètter *n.* Ⓒ(通常指無執照的) 接骨師。

bóne·sètting *n.* Ⓤ接骨(術)，正骨。

bóne·shàker *n.* Ⓒ **1** (沒裝橡皮輪胎的) 舊式自行車。**2**《口語》老爺汽車 (rattletrap).

bon·fire [ˈbanˌfaɪr; ˈbɔnˌfaiə] *n.* Ⓒ **1** (慶祝時所升的) 大營火。**2** 在戶外所升的火：make a ~ of fallen leaves 焚燒落葉。

bon·go [ˈbaŋgo, ˈbɔŋ-; ˈbɔŋgou] *n.* Ⓒ(*pl.* ~s, ~es [~z; ~z]) 拉丁小鼓《用於拉丁音樂，將兩個連成一組夾在兩腿間用手指敲打的小鼓中的一個》：play the ~*s* 敲拉丁小鼓。

bóngo drùm *n.* =bongo.

bon·ho·mie [ˌbanəˈmi, ˈbanəˌmi; ˈbɔnɔmi:] 《源自法語 'good nature' 之義》—*n.* Ⓤ好性情，溫和，和藹。

Bó·nin Íslands [ˈbonɪn-; ˈbounin-] *n. pl.* [the ~] 小笠原羣島《在北太平洋，日本的西南方；1945 至 1968 年曾由美國託管，現隸屬日本》。

bo·ni·to [bəˈnito; bəˈni:tou] *n.* Ⓒ(*pl.* ~, ~s)〖魚〗鰹《鯖科鰹屬海產食用魚的統稱》：a dried ~ 鰹魚乾，柴魚。

bon jour [bɔ̃ˈʒur; bɔ̃ˈʒu:ə] 《源自法語 'good day' 之義》—*interj.* 早安！日安！

bon·kers [ˈbaŋkɚz; ˈbɔŋkəz] *adj.* [不用在名詞前]《英俚》精神失常的；瘋狂的：be stark ~ 實在腦筋有問題/go ~ *over* soccer (瘋狂地)熱中於足球。

bon mot [bɔ̃ˈmo; bɔ̃ˈmou] 《源自法語 'good word' 之義》—*n.* Ⓒ(*pl.* **bons mots** [bɔ̃ˈmoz; bɔ̃ˈmouz]) 合適的話，聰明的話，雋語。

Bonn [ban; bɔn] *n.* 波昂《西德首都，1949–1990》。

bon·net [ˈbanɪt; ˈbɔnit] *n.* Ⓒ **1** 婦孺所戴的軟帽《將帶繫於頸下》。**2**《蘇格蘭》(男人用的) 無邊軟帽。**3 a** 任何為保護用之覆蓋物《如覆於船車烟囪以防火星之鐵絲網等》。**b**《英》(汽車的) 引擎蓋 (《美》hood)《引擎上的覆蓋物；cf. car 插圖》。
—*v.t.* 給…戴上帽子[加上覆蓋物]。

bonnet 1

bon·ny, bon·nie [ˈbanɪ; ˈbɔni] *adj.* (**bon·ni·er**; **-ni·est**) **1**《蘇格蘭》美麗的。**2**《英》健美的，顯得健康的。

bón·ni·ly [-nɪlɪ; -nili] *adv.*

bon·sai [ˈbonsaɪ, ˈban-; ˈbɔnsai] 《源自日語》—*n.* Ⓒ(*pl.* ~) 盆栽。

bon soir [bɔ̃ˈswar; bɔ̃ˈswa:] 《源自法語 'good evening' 之義》—*interj.* 晚安！

bo·nus [ˈbonəs; ˈbounəs] 《源自拉丁文 'good' 之義》—*n.* Ⓒ **1 a** 特別津貼，獎金《★個別發給對於提升營業額等特別有貢獻之從業人員者》。

> **【字源】** 源自拉丁文表示「好的」之義。英語、德語、法語(發音因國而異)都用作「分紅、紅利」之義。可見額外紅利是「好東西」的此一想法各國皆然；cf. bonanza【字源】

b (股票的) 額外分紅。**c**《英》紅利。**2 a** 獎金，獎賞物資。**b** 保險的餘利。**3** 額外(贈送)之物。

bon vi·vant [ˈbanvɪˈvant; ˌbɔnvi:ˈvɔnt] 《源自法語 'good liver' 之義》—*n.* Ⓒ講究飲食和生活品味的人。

bon voy·age [ˌbanvaɪˈaʒ; ˌbɔnvwˈja:dʒ, -ja:ʒ] 《源自法語 'good voyage' 之義》—*interj.* 祝一路順風！祝一路平安！

bon·y [ˈbonɪ; ˈbouni] 《bone 的形容詞》—*adj.* (**bon·i·er**; **-i·est**) **1** [用在名詞前] 骨質的；如骨的。**2** 多骨的〈魚〉。**3** 骨粗的，骨骼畢露的；骨瘦如柴的。

bonze [banz; bɔnz] 《源自日語》—*n.* Ⓒ(佛教的) 和尚，僧(侶)。

bon·zer [ˈbanzɚ; ˈbɔnzə] *adj.*《澳》特出的；美妙的；優異的。

boo [bu; bu:] 《擬聲語》—*interj.* [表示輕蔑、不贊成或叫囂] 呸！—*n.* Ⓒ(*pl.* ~s) 噓聲。

> **【說明】** 在美國，觀眾對於各種比賽，尤其對職業棒球比賽，如果發現有一隊打得不精采，動作緩慢，令人掃興時，即發出噓聲以表示譴責與不滿。一般而言，歐美觀[聽]眾較國人會作更明確的反應。但在音樂會、演講會上，這種行為違反禮節，通常都被禁止。

càn't [**còuldn't**] **sáy bóo to a góose**《口語》非常膽小[儒弱]。

—*v.t.* **1** 對〈人〉發噓聲，向〈人〉說「呸！」：~ a singer 向歌手發噓聲[喝倒采]。**2**〔十受十介十(代)名〕以噓聲將〈人〉驅〔離…〕〔*off*〕：The audience ~*ed* the singer ***off*** the stage. 聽眾把歌手噓下舞臺。
—*v.i.* 作噓聲；(作噓聲) 喝倒采。

boob [bub; bu:b] *n.* **1** Ⓒ《口語》失敗。**2** Ⓒ《俚》笨伯，呆子。**3** [~s]《口語》(女人的) 乳房。—*v.i.*《口語》失敗，弄糟。

boo-boo [ˈbuˌbu; ˈbu:bu:] *n.* Ⓒ(*pl.* ~s)《美》**1**《俚》失敗：make a ~ 搞糟，失敗。**2**《兒語》輕微的擦傷。

boob·y [ˈbubɪ; ˈbu:bi] *n.* Ⓒ **1** 笨伯，呆子。**2** 競賽或遊戲中之成績最劣的人[隊]。**3**〖鳥〗鰹鳥《鰹鳥科大型熱帶海鳥》。**4** [**boobies**] =boob 3.

bóoby hàtch *n.* Ⓒ《美俚》瘋人院。

bóoby prìze *n.* Ⓒ末名獎《頒給任何競賽倒數第一名之獎(品)；其意在開個無傷大雅的小玩笑》。

bóoby tràp *n.* Ⓒ **1** 置物於微開之門上以戲弄打開門者的惡作劇。**2**〖軍〗詭雷《使敵人誤觸以引爆之炸彈等》。

bóoby-tràp *v.t.* 裝設 booby trap 於…。

boo·dle [ˈbudl; ˈbu:dl] *n.*《美俚》**1** [the ~] 一夥，一羣，一組 (caboodle). **2** Ⓤ賄賂；(政治上的) 非法利益[捐款]。**3** Ⓤ **a** 鉅款。**b** 偽幣。

the whóle (**kít and**) **bóodle** 全部，整羣，整組。

boo·gie(**-woo·gie**) [ˈbugɪ(ˈwugɪ), ˈbugɪ(ˈwugɪ); ˈbu:gi(ˌwu:gi)] *n.* Ⓤ布基烏基《一種快節奏的爵士鋼琴樂曲；舞蹈》。

boo·hoo [ˌbuˈhu, ˈbuˌhu; ˈbu:hu:] *v.i.* 號哭。—*n.* Ⓒ號哭聲。

****book** [buk; buk] 《源自古英語「山毛櫸(beech)」之義；因古代北歐人刻 rune 文字於其樹上》—*n.* **1** Ⓒ **a** 書，書籍；著作：read [write] a ~ 讀[著]書/⇨ closed book, open book. **b** 知識[教訓]的泉源，(…之) 書：the ~ of Nature 自然之書。**2** [the (Good) B~] 聖經 (the Bible). **3** Ⓒ卷，編：*B~* I 第一卷 (★讀法 讀作 book one).

> **【同義字】** book 指內容，volume 指外形。

4 Ⓒ(歌劇的) 腳本，歌詞 (libretto)；(戲劇的) 腳本 (script). **5 a** Ⓒ帳簿；(郵票、支票等之) 訂成一本者：a ~ of tickets 一本回數票。**b** [~s] 名册，名簿：take a person's name off the ~*s* 把某人除名/on [off] the ~*s* 名册上有記載[已無記載]。**c** [~s] 帳册，帳簿，會計簿：keep ~*s* 記帳/shut the ~*s* 停止生意往來〔*on*〕. **d** [the ~]《英》電話簿。**6** [the ~] **a**《口語》規則，基準，規範：according to *the* ~ 依規則/⇨ by the BOOK (1). **b** (有關使用的) 說明書。**7** Ⓒ〖賽馬〗賭注帳册。

at one's bóoks 正在用功。

be in a person's góod [**bád, bláck**] **bóoks** 為某人所喜[所厭惡]，得寵[失寵]於某人。

bring [**càll**] **a person to bóok** (1)〔為…之事〕要求〈人〉解釋，斥責〈人〉〔*for*〕. (2)〔為…之事〕罰，教訓〈人〉〔*for, over, about*〕.

by the bóok (1)根據常規；以一般的方式：go *by the* ~ 照規矩做。(2)依照形式，正式地。

clóse the bóoks (1)(結帳時) 暫停記帳；結帳。(2)截止〔募捐〕〔*on*〕. (3)中止。

hít the [**one's**] **bóoks** 拚命地讀書。

in my bóok 依我的意見，依我看來。

in the bóok(**s**) (1)名簿上有記載。(2)《口語》已有記錄，存在著：know every trick *in the* ~ 懂得一切手法。

kíss the bóok =kiss the BIBLE.

like a bóok (1)十分地，充分地，完全地：know... *like a* ~ 熟知…/read a person *like a* ~ 看透某人的心思。(2)精確地；一絲不苟地，一板一眼地：speak [talk] *like a* ~ 文謅謅地[(小心而) 精確地]講話。

màke (**a**) **bóok** (1)(於賽馬)〈莊家〉收賭注。(2)〔對…〕下賭注〔*on*〕《★出自 *n.* 7 之意》；《美》保證〔…〕〔*on*〕：You can *make* ~ *on* it *that*.... 你可以保證…[你可以打賭…]。

óne for the bóok(**s**)《美口語》驚人[意外]之事[物]。

súit one's bóok [常用於否定句] 合乎目的[計畫，希望]《★出自 *n.* 7 之意》。

táke a léaf from [**òut of**] **a person's bóok** ⇨ leaf.

the Bóok of Bóoks 聖經《★源自「書中之書」之意》。

the bóok of lífe (列有能上天堂得永生者之名的) 生命册《★出自聖經新約「啓示錄」》。

thrów the bóok at... 嚴厲處罰或斥責〈人〉。

withòut bóok (1)無權地，無根據地，隨意地。(2)憑記憶。

—*v.t.* **1 a**〔十受〕登記〈姓名、訂貨等〉。**b**〔十受十介十(代)名〕(警察)〔因…〕把〈某人(的姓名)〉列入記錄〔*for*〕：He was ~*ed for* theft. 他因竊盜被警方登記有案。

2 a〔十受〕預訂〈房間、座位等〉；預購〈車、船等〉的票：~ seats [berths] 預訂座位[鋪位]/ ~ one's passage *to* New York 預購到紐約的船[車，機]票。**b**〔十受十受/十受十介十(代)名〕替〈人〉

預訂〈房間、座位等〉；〔替人〕預定〈房間、座位等〉〔*for*〕：～ a person a room at a hotel ＝ ～ a room *for* a person at a hotel 替某人在旅館訂房間。**c**〔十受十介十(代)名〕〔～ *oneself*〕預訂〔到…〕〔*to, for*〕：～ *oneself* (*on* a flight) *to* New York 預訂到紐約(的班機)。
3〔十受十介十(代)名〕**a** 預約〈人〉〔從事演出等〕，與〈人〉簽訂〔邀其演出等的〕契約〔*for*〕：She is *～ed for* every night of the week. 她本週每晚都有演出任務。**b**〔十受十介十(代)名〕〔爲…〕預定〈人〉〔*for*〕：～ a person *for* dinner 預定邀某人晚餐。**c**〔十受十 *to* do〕預定〈人〉〈做…〉：I am *～ed to* fly on Friday. 我預定星期五搭飛機出發。
4〔十受〕《英》託運〈行李〉。
—*v.i.*〔十副詞(片語)〕〈旅行者等〉預約；訂票，買票：Can I ～ *through to* Paris？我可以買直達巴黎的全程票嗎？
be bóoked úp (1)〈旅館、座位等〉被預訂一空。(2)〈人〉(因有約而)抽不出〔…〕空；有〔…之〕約在先〔*for*〕：We *are* all *～ed up for* the weekend. 這個週末我們都因有約而抽不出空來。
bóok in《英》《*vt adv*》(1)爲〈人〉〔在旅館〕預訂房間〔*at*〕。**—**《*vi adv*》(2)〔在旅館〕預訂房間〔*at*〕。(3)(在旅館等)登記(住進等)。(4)(上班)簽到。

book·a·ble [ˈbukəbl; ˈbukəbl] *adj.* 可預定的，可預約的。
bóok·bìnder *n.* Ⓒ **1** (書本)裝訂商，裝訂者。**2** (文件的)活頁夾。
bóok·bìndery *n.* **1** Ⓤ(書本)裝訂(術)。**2** Ⓒ裝訂廠。
bóok·bìnding *n.* Ⓤ裝訂；裝訂術[業]。
book·case [ˈbukˌkes; ˈbukkeis] *n.* Ⓒ**書櫃**，書櫥。
bóok clùb *n.* Ⓒ **1** 一種販賣書籍之組織《凡向該組織購書金額達到其規定者，可享減價優待》。**2** 讀書俱樂部《會員繳納會費，取得借閱書籍之權》。
bóok còver *n.* Ⓒ書籍的封面《★[比較]套在封面上的封皮[書皮]稱作 book jacket, dust jacket, wrapper》。
bóok·ènd *n.* Ⓒ[常～s]書夾；書靠。
book·ie [ˈbukɪ; ˈbuki] *n.*《口語》＝bookmaker 2.
bóok·ing *n.* ⓊⒸ **1 a** (座位等的)預約，預訂(cf. reservation 1)；售票。**b** (演出等的)契約。**2** (預約等的)登記。
bóoking àgent *n.* Ⓒ **1** 代訂機票、戲票等的人。**2** (演員等之)經紀人。
bóoking clèrk *n.* Ⓒ售票員；受理預約的人員。
bóoking òffice *n.* Ⓒ《英》(鐵路等的)售票房，售票處(ticket office)。
bóok·ish [-kɪʃ; -kiʃ] *adj.* **1** 與書籍有關的；書面語的，咬文嚼字的。**2** 熱衷於學問的；拘泥的，迂腐的，學究氣的：～ English 迂腐的英語。**～·ness** *n.*
bóok jàcket *n.* Ⓒ封皮，書皮(cf. book cover)。
bóok·kèeper *n.* Ⓒ簿記員，記帳員。
bóok·kèeping *n.* Ⓤ簿記：～ by single [double] entry 單式[複式]簿記。
bóok lèarning *n.* Ⓤ **1** 書本上的學問；學問。**2** 正規教育。
book·let [ˈbuklɪt; ˈbuklit] *n.* Ⓒ(通常用紙封面的)小冊子。
bóok lìst *n.* Ⓒ書單《尤指記載應讀之書者》。
bóok lòre *n.* ＝book learning.
bóok·lòver *n.* Ⓒ喜歡讀書的人；好書的人。
bóok·màker *n.* Ⓒ **1** (尤指爲錢而濫作的)著作家；出版商。**2**〖賽馬〗馬票商，以經營賭馬爲生的人。
bóok·màking *n.* Ⓤ **1** 編輯；著作；出版(業)，書籍製造(業)。**2**〖賽馬〗賭馬業。
bóok·man [-mən; -mən] *n.* Ⓒ(*pl.* **-men** [-mən; -mən]) **1** 讀書人，文人，學者。**2**《口語》書商，出版商。
bóok·màrk(er) *n.* Ⓒ書籤。
bóok màtch *n.* Ⓒ《美》書夾形紙火柴(matchbook)中的一根。
bóok·mo·bìle [-moˌbil; -mouˌbi:l] *n.* Ⓒ《美》(設在車上到處巡迴的)流動圖書館。
bóok nòtice *n.* Ⓒ新書介紹[書評]。
bóok·plàte *n.* Ⓒ書本標籤，書面上的貼頭(cf. ex libris)。
bóok·ràck *n.* Ⓒ **1** 書架。**2** 看書臺，閱覽架。
bóok·rèst *n.* Ⓒ(置於桌上的)閱書架。
bóok revìew *n.* ⓊⒸ(尤指新書)書評。
bóok revìewer *n.* Ⓒ(尤指新書)書評家。
bóok·sèller *n.* Ⓒ書商《特指書店老板或經營者》。
book·shelf [ˈbukˌʃɛlf; ˈbukʃelf] *n.* Ⓒ(*pl.* **-shelves**)**書櫥**，書架。
book·shop [ˈbukˌʃap; ˈbukʃɔp] *n.* Ⓒ《英》**書局**，**書店**(《美》bookstore)。
bóok·stàck *n.* [常～s]＝stack.
bóok·stàll *n.* Ⓒ **1** (賣舊書的)書攤。**2**《英》(車站等的)書報攤。
bóok·stànd *n.* Ⓒ **1 a** ＝bookrack 1. **b** (可以把大辭典等翻開著擺放的)看書臺，閱覽架。**2** 書報攤。
book·store [ˈbukˌstor, -ˌstɔr; ˈbukstɔ:] *n.* Ⓒ《美》**書局**，**書店**(《英》bookshop)。

bóok stràp *n.* Ⓒ綁書(橡)皮條《把書綁成十字交叉攜帶用》。
bóok tòken *n.* Ⓒ《英》購書券。
bóok vàlue *n.* Ⓤ《經濟》**1** 公司或股票之淨值。**2** 帳簿上之價值(↔ market value)。
bóok·wòrk *n.* Ⓤ **1** (對實驗、實習而言的)書本上的研讀[學習]。**2** (對報紙之印刷而言的)書本的印刷。
bóok·wòrm *n.* Ⓒ **1**〖昆蟲〗蠹魚，書蟲。**2** 讀書迷，一天到晚在看書的人。
boom[1] [bum; bu:m]《擬聲語》**—*n.*** Ⓒ **1** (蜂等的)**嗡嗡聲**；(砲、雷等的)隆隆聲；**轟轟聲**；(波濤的)澎湃聲。**2 a** 突然的好景氣；聲望之突然提高；繁榮(時期)(cf. slump)：a war ～ 戰爭所帶來的景氣[軍需的生意興隆]。**b** 遽增。
—*adj.* [用在名詞前]《口語》突然上漲的，忽然興旺起來的：a ～ industry 忽然興旺起來的工業/ ～ prices 一時的經濟景氣所帶來之物價上揚。
—*v.i.* 1〔動(十副)〕作隆隆[**轟轟**]聲；作嗡嗡聲；發出低沈之聲音〈*out*〉：His voice *～ed out* above the rest. 他的聲音低沈，壓過了其他的人。**2** 突然繁榮起來；忽然大得人心：Business is *～ing*. 工商業正日趨繁榮/Alaska *～ed with* the discovery of oil. 阿拉斯加因發現石油而突然繁榮起來。
—*v.t.* 1〔十受(十副)〕**a** 以隆隆[低沈]聲報知〈*out*〉：The clock *～ed out* the noon hour. 時鐘以低沈聲音報中午時刻。**b** 高聲朗讀〈*out*〉：He *～ed out* the poem. 他高聲朗讀了那首詩。**2 a**〔十受〕(以廣告等)大力捧紅…，爲…大肆宣傳：That record *～ed* the singer's popularity. 那唱片使歌手走紅。**b**〔十受十介十(代)名〕力捧，力促〈候選人〉〔競選…〕〔*for*〕：His friends were *～ing* him *for* senator. 他的朋友們大力捧[力促]他競選參議員。
boom[2] [bum; bu:m] *n.* Ⓒ **1**〖工程〗(起重機的)吊桿。**2**〖航海〗帆的下桁(⇨ sailboat 插圖)。**3** (港口)阻擋浮木漂走的欄木。**4** 麥克風[攝影機]吊桿。
lówer the bóom on a person《口語》嚴厲譴責[取締，教訓]〈人〉。
bóom-and-búst, bóom-or-búst *adj.* 經濟繁榮與蕭條之交替循環的。
boo·mer·ang [ˈbuməˌræŋ; ˈbu:məræŋ]《源自澳洲土著語》**—*n.*** Ⓒ **1** 回飛棒《澳洲土人所使用之曲形堅木武器；擲出後若未擊中目標，仍能飛回使用者處》。**2** 傷及原提案人之議論[攻擊]；自食惡果的行爲。

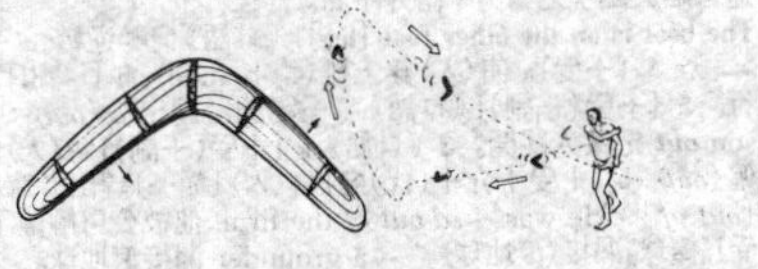

boomerang 1

—*v.i.* 1 擲出後仍回投擲者處。**2**〔動(十介十(代)名)〕(行動)反害及〔行動者本身〕，害人害〔己〕〔*on*〕。
bóom·ing *adj.* [用在名詞前] **1** 忽然繁榮[興隆]的，趨於繁榮的；暴漲的：～ toy sales 日趨興隆的玩具銷售。**2** 隆隆作響的。
bóom tòwn *n.* Ⓒ新興都市。
boom·y [ˈbumɪ; ˈbu:mi] *adj.* (**boom·i·er**；**-i·est**) **1** 非常[過度]響亮的。**2** 經濟景氣的；受經濟景氣影響的。
boon[1] [bun; bu:n] *n.* Ⓒ **1** 恩賜，恩物，恩惠，利益：be [prove] a great ～ to... (成)爲…之大恩物，對…極爲有用之物。**2**《古》請求：ask a ～ of a person 請求某人。
boon[2] [bun; bu:n] *adj.* 快樂的，歡樂的《★僅用於下面片語》：a ～ companion (吃喝玩樂的)夥伴，好朋友《★通常指男人》。
boon·docks [ˈbunˌdaks; ˈbu:ndɔks] *n. pl.* [**the** ～]《美口語》森林地帶；內陸偏僻地方；(偏僻的)鄉下：people out in *the* ～ 鄉下人。
boon·dog·gle [ˈbunˌdagl; ˈbu:ndɔgl]《美口語》*n.* Ⓒ **1 a** (童子軍繫於頸際之)皮繩帶。**b** 簡單的手工品。**2** 瑣碎或無益的工作。
—*v.i.* 做無益之事。
boor [bur; buə] *n.* Ⓒ **1** 鄉巴佬，土包子(rustic)。**2** 沒禮貌的人；粗野的人。
boor·ish [ˈburɪʃ; ˈbuəriʃ]《boor 的形容詞》**—*adj.* 1** 鄉巴佬的；土里土氣的；庸俗的。**2** 沒禮貌的；粗野的，粗魯的。
～·ly *adv.* **～·ness** *n.*
boost [bust; bu:st]《口語》*n.* Ⓒ **1** 向上推，推起，由後面推。**2** 幫助，促進；吹噓，吹捧；煽動買風，(商品的)大事宣傳[推銷]：give a person a ～ 捧[吹噓]某人。**3** (價格等之)哄擡；(產量等之)增加：a tax ～ 增稅/a ～ *in* pay 加薪。**4**《美俚》假裝顧客在商店偷商品的小偷。
—*v.t.* 1〔十受(十副)〕將…向上推〈*up*〉：～ a person (*up*) over the fence 把某人(向上)推越過圍牆。

2 a 〔十受(十副)〕力捧〈人〉；大事宣傳，鼓吹買…〈*up*〉：The firm is ~*ing* the new product. 該公司正在大事宣傳[推銷]新產品。**b** 〔十受十介十(代)名〕推舉[擁護]〈人〉就任〔…的職位〕〔*into*〕：~ a person ***into*** a good job 推舉某人就任好的工作。
3 a 提高，哄擡〈價格〉；增加〈產量〉：~ prices 提高物價/ ~ car production 增加汽車產量。**b** 振奮，振作，鼓起〈士氣、精神等〉：~ one's spirit 振奮精神。
4 《電學》昇高…的電壓。
5 《美俚》冒充顧客在商店盜取〈商品〉。

bóost·er *n.* Ⓒ **1** 熱心之擁護者；後援者。**2** 《電學》**a** 昇壓器[機]。**b** (提高廣播、電視天線接收力的)增幅器。**3** 《太空》增力[助升]火箭，推進器《在太空梭等發射升空之初用以加速之助力火箭；燃料用完行即脫落海中》：a ~ rocket 增力[助升]火箭《多節式火箭之發射用火箭》。**4** 《醫》**a** 加强劑《如在第一次注射之外，每隔一定時間再注射一次，以維持或加强藥效的藥劑》。**b** (又作 **bóoster shòt** [**injèction**])(疫苗的)第二次預防注射。

boost·er·ism [ˋbustə͵rɪzəm; ˈbu:stərizəm] *n.* Ⓤ熱心於改進城市[產品，生活方式](的政策)。

‡boot[1] [but; bu:t] *n.* Ⓒ **1** [常~s]長靴，長統鞋，半長統靴，高腰鞋《★ 匹較 長及膝部的稱作 wellingtons, wellington boots；cf. shoe 1》：a pair of ~*s* 一雙靴子/high ~*s* 長統靴/riding ~*s* 馬靴/pull on [off] one's ~*s* 把靴子用力拉著穿上[脫下]。
2 《英》**a** (從前的驛馬車前後的)裝行李部分。**b** (汽車的)行李箱(《美》trunk)(⇨ car 插圖)。
3 [~s] 《英》⇨ boots.
4 (穿著靴子的)一踢(kick)：get a ~ in one's belly 肚子被踢一腳/give a person a ~ 踢某人一腳。
5 [**the** ~] 《俚》解僱，革職，開革：get *the* ~ 被解僱/give a person *the* ~ 解僱某人。
6 《口語》刺激。
7 《美口語》新兵。
bét one's **bóots** 《美》⇨ bet.
be tòo bíg for one's **bóots** ⇨ big.
díe in one's **bóots** ＝**díe with** one's **bóots òn** ⇨ die[1].
líck a person's **bóots** 拍某人馬屁，諂媚。
Òver shóes, òver bóots. ⇨ shoe.
pùt the bóot ìn 《英口語》(1)用力踢(已經被打倒在地上的)人。(2)迫害陷於困境之對方；落井下石。
The bóot is on the óther fóot [**lég**]. 《口語》情勢逆轉。
—*v.t.* **1** 〔十受〕**a** 使〈人〉穿上靴(⇨ booted)。**b** [~ **it**]行走，步行。**2** 〔十受(十副)〕《口語》將…踢開，踢出去〈*out*〉：~ a person ***out*** 把某人踢開。**3** 《口語》**a** 〔十受(十副)〕將〈人〉趕出，解僱〈*out*〉。**b** 〔十受十介十(代)名〕將〈人〉〔從…〕趕出，解僱，開除〔*out of*〕：He was ~*ed* ***out of*** the firm. 他被公司解僱了。**4** 〔十受〕《棒球》漏接〈滾地球〉：~ a grounder 漏接滾地球。

boot[2] [but; bu:t] «源自古英語「利益」之義» **—***n.* ★用於下列成語。**to bóot** 另外，加之，而且。

boot[3] [but; bu:t] *n.* ⓊⒸ《古》戰利品；贓物。

bóot·blàck *n.* Ⓒ《罕》(街頭的)擦鞋者。

bóot càmp *n.* Ⓒ《美口語》新兵訓練營。

bóot·ed *adj.* 穿著靴子的。

boo·tee, boo·tie [buˋti; ˈbu:ti:, ͵bu:ˈti:] *n.* Ⓒ[常~s] **1** 婦女或孩童用的短靴。**2** [美 ˋbutɪ; ˈbu:ti] 用毛線編織的嬰兒用軟鞋。

Bo·ö·tes [boˋotiz; bouˈouti:z] *n.* 《天文》牧夫座(the Herdsman)《以大角星(Arcturus)爲主星》。

booth [buθ, buð; bu:ð] «源自古北歐語「住」之義» **—***n.* Ⓒ(*pl.* ~**s** [buðz; bu:ðz]) **1** (市場、祭典等的)攤子；攤棚，攤亭。
2 臨時搭成的小屋，搭棚。
3 [常構成複合字](隔成多間的)小房間：**a** 電話亭。**b** 放映室。**c** 隔開的座位；(酒吧、餐廳中)兩張高背沙發等夾一張桌子而與鄰座隔開的座位；隔房座；雅座。**d** (實驗室的)小隔間。**e** 選舉的隔離投票所。**f** (唱片等的)試聽室。

Booth [buθ, buð; bu:ð], **William** *n.* 布斯《1829–1912；又稱 General Booth；英國傳教士，救世軍(Salvation Army)的創設者》。

bóot·jàck *n.* Ⓒ脫靴器《V 字形》。

bootjack

bóot·làce *n.* Ⓒ[常~s] **1** 靴帶。
2 《英》鞋帶。

bóot·lèg «因從前把酒藏在長統鞋中走私» **—**《美》(**boot·legged**；**-leg·ging**)*v.t.* 走私[私售，私釀]〈酒〉。
—*v.i.* 走私酒。
—*n.* Ⓤ走私[私售，私釀]的酒。
—*adj.* [用在名詞前]走私[私售，私釀]的：~ whiskey 走私的威士忌。

bóot·lègger *n.* Ⓒ(尤指美國禁酒法時代的)酒類走私[私售，私釀]者。

bóot·less *adj.* 《文語》無益的，無用的(useless)。

bóot·lick 《口語》*v.t.* 對〈人〉諂媚，阿諛。
—*v.i.* 諂媚，阿諛。~**·er** *n.*

boots [buts; bu:ts] *n.* Ⓒ(*pl.* ~)[也用於稱呼]《英罕》(旅館的)擦鞋僕役《兼做搬運行李等工作》。

bóot·stràp *n.* Ⓒ[常~s]拔靴帶《靴筒後或兩旁之皮圈；穿靴時用以拉靴者》。
púll onesèlf úp [**líft onesèlf**] **by** one's (**ówn**) **bóotstraps** 《口語》靠自己力量出人頭地；自力更生。

bóot trèe *n.* Ⓒ鞋楦《爲防鞋變形，塞在脫下之鞋中》。

boo·ty [ˋbutɪ; ˈbu:ti] *n.* Ⓤ[集合稱]戰利品，俘獲物；獲得之有價值之物；獎品：I made ~ of a good book. 我得到一本好書。
pláy bóoty 與同夥共謀以詐騙對方，狼狽爲奸；雙方預先談妥誰輸誰贏之後做假比賽。

booze [buz; bu:z] 《俚》*v.i.* 痛飲，猛喝酒。
—*n.* **1** Ⓤ酒：on the ~ 痛飲；喝醉/off the ~ 戒酒。**2** Ⓒ酒宴。

bóoz·er *n.* Ⓒ《俚》**1** 豪飲者，酒鬼，嗜酒者。**2** 《英》酒館(pub)。

bóoze-ùp *n.* Ⓒ《主英》酒宴。

booz·y [ˋbuzɪ; ˈbu:zi] «booze 的形容詞» **—***adj.* (**booz·i·er**；**-i·est**)《口語》**1** 酒醉的(drunk)。
2 酗酒的；嗜酒的。

bop[1] [bɑp; bɔp] *n.* ＝bebop. **—***v.i.* (**bopped**；**bop·ping**)《口語》跳 bebop 舞。

bop[2] [bɑp; bɔp] 《美俚》*n.* Ⓒ毆打。**—***v.t.* (**bopped**；**bop·ping**)毆打，揍。

bo-peep [boˋpip; ͵bouˈpi:p] *n.* Ⓤ躲躲貓《反覆地從躲藏處忽然露出面孔說 Bo！逗小孩笑的遊戲；cf. peekaboo》：play ~ 玩躲躲貓。

bop·per [ˋbɑpɚ; ˈbɔpə] *n.* **1** Ⓒ波普(bebop)音樂家。**2** Ⓒ波普(bop[1])迷。**3** ＝ teenybopper. **4** Ⓒ《俚》聰明而自信的人。

bor. 《略》borough.

bo·rac·ic [boˋræsɪk; bəˈræsik, bɔ-] *adj.* ＝ boric.

bor·age [ˋbɝɪdʒ, ˋbɔrɪdʒ, ˋbɑrɪdʒ; ˈbɔridʒ] *n.* Ⓤ《植物》琉璃苣《歐洲和北美廣泛栽培的紫草科草本植物；稍具黃瓜香味，可作香料和沙拉》。

bo·rate [ˋboret, ˋbɔr-; ˈbɔ:reit] *n.* Ⓤ《化學》硼酸鹽。

bo·rax [ˋborəks, ˋbɔr-; ˈbɔ:ræks] *n.* Ⓤ《化學》硼砂。

Bor·deaux [bɔrˋdo; bɔ:ˈdou] «源自葡萄酒產地名» **—***n.* Ⓤ波爾多(葡萄酒)《法國西南部波爾多地方所產的紅[白]葡萄酒》。

Bordéaux mìxture *n.* Ⓤ波爾多混合劑《一種殺蟲藥，由石灰、硫酸銅、水等混合而成》。

bor·del·lo [bɔrˋdɛlo; bɔ:ˈdelou] *n.* Ⓒ(*pl.* ~**s**)妓院。

‡bor·der [ˋbɔrdɚ; ˈbɔ:də] *n.* **1** Ⓒ邊，緣，邊緣。
2 a Ⓒ國境，國界；邊界；《美》邊境：on the ~ 在國境(地帶)/over the ~ 越過國境。**b** [**the Border**(**s**)]《英》英格蘭和蘇格蘭的國境(地方)。**c** [**the** ~]《美》墨西哥[加拿大]和美國的國界。
3 Ⓒ[常~s]領土，領域；國境地帶：within [out of] ~*s* 在領土內[外]。
4 Ⓒ**a** (衣服、家具等的)滾邊或鑲邊(框)等裝飾。**b** 狹長的花壇：⇨ herbaceous border.
on the bórder of... (1)在…的邊緣上，鄰接著…。(2)將要…，正要…，瀕臨…：He is *on the* ~ *of* a great discovery. 他即將會有重大的發現。
—*adj.* [用在名詞前]國境[邊境]的：a ~ town 邊境的城鎮/a ~ army 邊防軍/a ~ clash 國境糾紛。
—*v.t.* **1** 〔十受〕鄰接，毗連；面臨〈地方等〉：My land ~*s* his. 我的土地毗連他的土地。**2** 〔十受十介十(代)名〕〔以…〕加邊於…，鑲邊於…〔*with*〕：~ a dress ***with*** lace 給衣服鑲花邊/The lawn was ~*ed* ***with*** shrubs. 那草坪邊緣種有矮樹。
—*v.i.* 〔十介十(代)名〕**1** 〔與…〕毗連，鄰接，接壤〔*on, upon*〕：Wales ~*s* ***on*** England. 威爾斯與英格蘭接壤。**2** 近似，接近〔…〕，幾乎〔是…的狀態〕〔*on, upon*〕：His humor ~*s* ***on*** [***upon***] the farcical. 他的幽默近於胡鬧。

bór·der·er [-dərɚ; -dərə] *n.* Ⓒ **1 a** 邊境居民。**b** 《英》英格蘭和蘇格蘭邊境的居民。**2** 鑲邊[加邊]的人。

bórder·lànd *n.* **1** Ⓒ邊界之地；紛爭之地。**2** [**the** ~]模糊含混之情境；意識朦朧之境〔*between*〕：the ~ *between* sleeping *and* waking 似睡似醒之混然情境。

bórder·lìne *n.* Ⓒ[常用單數]國境線，界線〔*between*〕。
—*adj.* [用在名詞前] **1** 國境(附近)的。**2** 在界線上的，邊境上的；介於兩者之間的，不明確的：a ~ case 不明確的情況[事例]；《心理》幾近精神失常[精神似失常似正常]的情況[病例]/a ~ joke 幾近猥褻[不雅]的笑話。

Bórder Stàtes *n. pl.* [**the** ~] **1** 《美國史》諸邊沿州《美國內戰期間有合法奴隸制度之州，與聯邦妥協而未脫離聯邦者，包括德拉威州(Delaware)、馬里蘭州(Maryland)、肯塔基州(Kentucky)和密蘇里州(Missouri)》. **2** 美國接壤加拿大之州。**3** 與蘇聯接壤的中、北歐諸國《如芬蘭(Finland)、波蘭(Poland)及被蘇聯併吞的愛沙尼亞(Estonia)、拉脫維亞(Latvia)和立陶宛(Lithuania)等》.

‡bore[1] [bor, bɔr; bɔ:] *v.* **bear**[1]的過去式。

bore**[2] [bor, bɔr; bɔ:] 《源自古英語「鑽孔」之義》**—v.t.* **1 a** 〔十受〕鑿；挖，鑽…：～ a well 鑿井/～ a board 鑽木板。**b** 〔十受十介十(代)名〕〔在…〕鑽〈孔〉，穿通〈山洞〉〔*in, into, through*〕：～ a hole *in* wood 在木頭裏鑽孔/A tunnel has been ～*d* ***through*** the mountain. 開鑿了一條穿山隧道。**2** 〔十受十副詞(片語)〕〔～ **one's way**〕鑽過[推開](…)前進：Moles ～ their way *under* our garden. 鼴鼠在我們花園底下挖地洞。

—*v.i.* **1** 〔動(十介十(代)名)〕挖洞，鑽孔，穿孔〔於…〕〔*into, through*〕；鑽孔〔尋…〕〔*for*〕：～ ***for*** oil 鑽孔探油。**2** 〔與狀態副詞連用〕鑽孔，穿孔：This board ～*s* easily. 這塊木板易於穿孔。**3** 〔十副詞(片語)〕推開(…)前進，擠進(…)：～ *in* 鑽入/～ *through* a crowd 穿過人羣中/A scholar must ～ *into* his subject. 一個學者必須深入鑽研自己的學科。

—*n.* Ⓒ **1 a** (用錐等鑽的)孔。**b** ＝borehole. **2** 鑽孔機。**3** 鎗膛；(鎗的)口徑。

bore**[3] [bor, bɔr; bɔ:] *v.t.* **1** 〔十受〕令〈人〉厭煩，使…厭倦：His lecture ～*d* me. 他的講演令我厭煩/I was ～*d* to death [tears]. 我煩死了。**b** 〔十受十介十(代)名〕〔以…〕令〈人〉厭煩，使…膩《★常用被動語態，變成「〔對…〕感到厭煩」之意；介系詞用 *with*》：He ～*s* me ***with his endless tales. 我對他沒完沒了的敍述感到厭倦了/We *were* ～*d with* listen*ing to* his reminiscences. 我們聽膩了他的往事。

—*n.* **1** 〔**a** ～〕令人厭煩的[乏味的]東西，令人厭煩的工作：That movie was really *a* ～. 那部電影實在乏味。**2** Ⓒ (以無聊的長話等)令人厭煩的人：She is a dreadful ～. 她令人煩死了。

bore[4] [bor, bɔr; bɔ:] *n.* Ⓒ (高漲的潮流湧至淺處或湧到三角形的河口時所出現的)海嘯，激潮。

bo·re·al [ˈborɪəl, ˈbɔr-; ˈbɔ:riəl] 《Boreas 的形容詞》**—***adj.* **1** 北風的。**2** 北(方)的。**3** 〈動植物〉亞寒帶的。

Bo·re·as [ˈborɪəs, ˈbɔr-; ˈbɔriæs, ˈbɔ:r-] *n.* **1** 《希臘神話》北風之神。**2** Ⓤ《詩》北風，朔風。

bored [bord, bɔrd; bɔ:d] *adj.* 厭倦的，厭煩的。

bóre·dom [-dəm; -dəm] 《bore[3] 的名詞》**—***n.* Ⓤ無聊，無趣，厭煩，厭倦。

bóre·hòle *n.* Ⓒ (爲探尋水、石油等而)試鑿的孔，試鑽孔；爲排出瓦斯、石油、水等或採取地層資料而鑿在地上的孔。

bor·er [ˈborɚ, ˈbɔrɚ; ˈbɔ:rə] *n.* Ⓒ **1** 鑽孔者；鑽孔器《錐，鑽頭，鑿等》。**2** 《昆蟲》鑽蛀蟲《會在果實、樹木、木材中鑽孔的昆蟲》。**3** 《貝》鑿木蟲[船蛆](shipworm)《常附著於木造船體或碼頭儲木場的木材上鑽孔的一種海產軟體動物》。

bore·some [ˈborsəm, ˈbɔr-; ˈbɔ:səm] *adj.* 單調的，乏味的，令人厭煩[厭倦]的。

bo·ric [ˈborɪk, ˈbɔr-; ˈbɔ:rik] 《boron 的形容詞》**—***adj.* (含)硼的：～ ointment 硼酸軟膏。

bóric ácid *n.* Ⓤ《化學》硼酸。

bor·ing[1] [ˈborɪŋ, ˈbɔr-; ˈbɔ:riŋ] 《源自 bore[3]》**—***adj.* 令人厭煩[厭倦，厭膩]的：a ～ job 令人厭倦的工作[差事]。

bor·ing[2] [ˈborɪŋ, ˈbɔr-; ˈbɔ:riŋ] 《源自 bore[2]》**—***n.* **1 a** Ⓤ穿孔，鑽孔；穿孔作業；《礦》鑽探。**b** Ⓒ所鑽成的孔。**c** 〔當形容詞用〕鑽孔用的；鑽探的，試鑽的。**2** 〔～**s**〕鑽屑。

‡born [bɔrn; bɔ:n] *v.* **bear**[1]「生」的過去分詞。**—***adj.* (無比較級、最高級) **1** 〔不用在名詞前〕**a** 〈人等〉出生的《★用法 原爲 bear[1] (A1a) 的被動語態，但不使用 by》：He was ～ *at* 7 in the morning. 他是在早晨七點出生的/He was ～ on January 7, 1932. 他出生於 1932 年 1 月 7 日/A baby son was ～ *to* them. 他們生了一個兒子/He was ～ *of* humble parentage. 他出生寒微/A new republic was ～ *in* 1976. 一個新的共和國於 1976 年誕生。**b** 〔十補〕生而〈爲…〉的，生〈得…〉的：He was ～ rich. 他生來即富/Everyone is ～ free and equal. 人人生而自由平等/I wasn't ～ yesterday. 我不是三歲小孩《我沒那麼笨》。**2** 〔用在名詞前〕天生的：He is a ～ athlete [liar]. 他是天生的運動家[說謊者]。**3** 〔常構成複合字〕(在…)出生的：an American-*born* lady 一位在美國出生的女士/⇨ firstborn.

bórn and bréd 土生土長的：a Parisian ～ *and bred* 土生土長的巴黎人。

in áll one's **bórn dáys** 《口語》[用於疑問句、否定句]有生以來，生平。

‡borne [born, bɔrn; bɔ:n] *v.* **bear**[1]的過去分詞。

Bor·ne·o [ˈbɔrnɪ,o, ˈbɔr-; ˈbɔ:niou] *n.* 婆羅洲《在馬來羣島(Malay Archipelago)中的世界第三大島》。

bo·ron [ˈborɑn, ˈbɔr-; ˈbɔ:rɔn] *n.* Ⓤ《化學》硼《一種非金屬元素；符號 B》.

bor·ough [ˈbɝo, ˈbɝə; ˈbʌrə] 《源自古英語「有城堡的地方[城鎮]」之義》**—***n.* Ⓒ **1** 《英》**a** (從前的)自治市鎮《依據勅許狀被賦與特權的市鎮；相當於美國的 city》. **b** (做爲國會議員選區的)市鎮：buy [own] a ～ 收買[擁有]某一個選區/⇨ rotten borough. **c** (大倫敦(Greater London)的)自治區。**2** 《美》**a** (某些州的)享有自治權的市鎮。**b** (紐約(New York)市的)行政區《共有曼哈坦島(Manhattan)，布隆克斯(the Bronx)，布魯克林(Brooklyn)，昆士(Queens)，斯坦頓島(Staten Island)等五區》。**c** (阿拉斯加州(Alaska)的)郡《相當於其他各州的 county；⇨ county 1b》. **3** (中古的)城市，市鎮。

‡bor·row [ˈbɔro, ˈbɑro; ˈbɔrou] 《源自古英語「貸與」之義》**—***v.t.* **1 a** 〔十受〕借，借用，借入〈錢、物等〉：May I ～ your dictionary？我可以借用你的字典嗎？

> 【同義字】borrow 指「以將來歸還爲前提，暫時借用可搬運[攜帶]之物」，lend, loan 指「將物貸與人一段時間」之意；《英》表示「付錢租衣服、舟艇等」用 hire, 租車用 rent 或 hire, 租房屋用 rent；《美》對以上的情況一律用 rent.

b 〔十受十介十(代)名〕〔由[向]…〕借…〔*from, of*〕：I have ～*ed* this bicycle ***from*** Harry. 我向哈利借用這輛自行車/He ～*ed* a large sum ***of*** the bank. 他向銀行借了一筆鉅款《★比較 現在介系詞一般用 from 而少用 of》. **2** 〔十受(十介十(代)名)〕擅自〔由…〕吸取，採用，採取〈思想、習慣等〉〔*from*〕：Rome ～*ed* many ideas ***from*** Greece. 羅馬由希臘吸取了許多思想。**3** 〔十受十介十(代)名〕《語言》〔由其他語言〕轉借〈文字等〉〔*from*〕：words ～*ed* ***from*** French 由法文轉借來的字。

—*v.i.* 〔動(十介十(代)名)〕〔向[由]…〕借，借款，借用〔*from*〕：He neither lends nor ～*s*. 他向來不貸給人也不向人借[向來不跟別人有借貸行爲]/～ ***from*** a bank 向銀行借錢。

líve on bórrowed tíme 〈老人、病人等〉還奇蹟般地活著。

bór·row·er *n.* Ⓒ借入的人，借用人：Neither a ～ nor a lender be. 不要向人借錢，也不要把錢借人《★出自莎士比亞(Shakespeare)「哈姆雷特(*Hamlet*)」》.

bór·row·ing *n.* **1** Ⓤ借(用)。**2** Ⓒ外來語；所借之物〔*of*〕.

borsch [bɔrʃ; bɔ:ʃ] 《源自俄語 'cow parsnip' 之義》**—***n.* Ⓤ羅宋湯《將番茄、紅甜菜、捲心菜、馬鈴薯等用肉湯(bouillon)煮成的一種俄式菜湯；通常待冷却之後與酸奶油(sour cream)一起食用》。

bors(c)ht [bɔrʃt; bɔ:ʃt] *n.* ＝borsch.

bor·stal [ˈbɔrstl; ˈbɔ:stl] 《源自英國一村莊名》**—***n.* (又作**bórstal institùtion**) Ⓤ Ⓒ (英國的)少年感化院。

bor·zoi [ˈbɔrzɔɪ; ˈbɔ:zɔi] *n.* Ⓒ伯若犬《俄國產的大型獵犬；用以獵狼》。

borzoi

bos·cage, bos·kage [ˈbɑskɪdʒ; ˈbɔskidʒ] *n.* Ⓒ密集之灌木；叢林。

bosh [bɑʃ; bɔʃ] 《口語》*n.* Ⓤ胡說，空言。**—***interj.* 胡說！

bosk [bɑsk; bɔsk] *n.* Ⓒ(小)樹林，樹叢。

bos·ket, bos·quet [ˈbɑskɪt; ˈbɔskit] *n.* Ⓒ小樹林，樹叢。

bosk·y [ˈbɑskɪ; ˈbɔski] *adj.* (**bosk·i·er**; **-i·est**) **1** 林木叢生的。**2** 蔭蔽的。

bo's'n [ˈbosn̩; ˈbousn] *n.* ＝boatswain.

Bos·ni·a [ˈbɑznɪə; ˈbɔzniə] *n.* 波士尼亞《南斯拉夫(Yugoslavia)中部之一地區；從前爲土耳其(Turkey)的一省》。

bos·om [ˈbʊzəm, ˈbuzəm; ˈbuzəm] *n.* Ⓒ **1 a** 《文語》胸；(女人的)乳房(⇨ chest 3a【同義字】)：press a person to one's ～ 把某人緊抱在懷中。**b** 心中，胸懷：keep something *in* one's ～ 把某事藏在心裏。**2 a** (衣服的)胸襟，胸部。**b** 《美》襯衫的胸部。**3** 《文語》**a** 內部，深處，中心，核心〔*of*〕：*in* the ～ *of* the earth 在地球的內部/*in* the ～ *of* one's family 在一家團聚中。**b** (海、湖水等的)表面〔*of*〕：*on* the ～ *of* the ocean 在海洋上。

of one's **bósom** 衷心信賴的，心腹的，心愛的：a friend *of* my ～ 我的密友[知交]/the wife *of* his ～ 他的愛妻。

táke…to one's **bósom** 娶…爲妻；視…爲知己。

—*adj.* [用在名詞前]心腹的，親密的，知己的：a ～ friend [pal] 知交[密友]。

bos·om·y [ˈbʊzəmɪ, ˈbuzəmɪ; ˈbuzəmi] 《bosom 的形容詞》**—***adj.* 《口語》〈女人〉胸部豐滿的。

Bos·po·rus [ˈbɑspərəs; ˈbɔspərəs] *n.* [**the** ～]博斯普魯斯海峽《連結黑海與瑪摩拉(Marmara)海》。

‡boss[1] [bɔs; bɔs] 《源自荷蘭語「師傅」之義》**—**《口語》*n.* Ⓒ [也用於稱呼] **1 a 老闆**，主人，師傅，工頭；董事長，總經理，所長，主任(等)《對女性亦可用，不含壞意》。**b** 有權勢的人物，實力

派人物，統治者，主宰。**2**《美》(政界等的)領袖，大人物，首腦人物。

—*adj.*《美》**1** [用在名詞前]管事的，主管的；首要的。**2**《俚》一流的；了不起的，極好的。

—*v.t.*《口語》**1**〔十受〕**a** 成〈某人〉的主人。**b** 掌管，主宰，監督，支配，指揮〈工作、人〉：～ one's husband 指揮自己的丈夫。**2**〔十受(十介十(代)名)〕[～ it]成為〔…的〕首領；〔對…〕作威作福，擺出上司[大亨]架子〔*over*〕.

—*v.i.* 成為首領；擺出上司[大亨]架子。

bóss a person **abóut** [**aróund**]《口語》對某人頤指氣使。

bóss the shów《口語》指揮，操縱；主持演出。

boss² [bɔs; bɔs] «源自古法語「突出之物」之義»**—*n.*** Ⓒ **1** (皮革、紙、金屬等上面裝飾性的)壓[敲]出的突起部分，突紋；(鉚釘狀)圓形突起物。**2**〖建築〗(作在教堂等建築物天花板彎梁交叉點的)浮凸飾物(⇨ Gothic 插圖)。

—*v.t.* 飾…以突起物《★常用被動語態》。

bos·sa no·va [ˋbɑsəˋnovə; ˌbɔsəˋnouvə] «源自葡萄牙語「新趨向」之義»**—*n.*** **1** Ⓤ〖音樂〗巴沙諾瓦樂《一種帶爵士樂風味的森巴(samba)樂曲，節奏輕快流暢》。**2** Ⓒ巴沙諾瓦舞。

bóss-éyed *adj.*《英俚》斜眼的。

bóss·ism [-sɪzəm; -sizəm] *n.* Ⓤ《美》由頭子統治、支配一切的制度《尤指政治方面》。

bóss shòt *n.* Ⓒ《英俚》沒有中的射擊；失誤，失敗：make [have] a ～ (*at*...) 沒有射中(…)[做錯(…)]。

boss·y¹ [ˋbɔsɪ; ˋbɔsi] «boss¹ 的形容詞» **—*adj.*** (**boss·i·er**; **-i·est**)《口語》擺出首領[上司]架子的，作威作福的，擅權的；專橫跋扈的。**bóss·i·ness** *n.*

boss·y² [ˋbɔsɪ, ˋbɑsɪ; ˋbɔsi] «boss² 的形容詞»**—*adj.*** 有浮凸之飾物的。

Bos·ton [ˋbɔstn; ˋbɔstn] *n.* 波士頓《美國麻薩諸塞州(Massachusetts)的首府》。

Bóston bàg *n.* Ⓒ波士頓手提包《★由波士頓的學生開始使用，而有此名稱》。

Bos·to·ni·an [bɔsˋtonɪən; bɔˋstounjən] «Boston 的形容詞»**—*adj.*** 波士頓的。

—*n.* Ⓒ波士頓市民，波士頓人。

Bóston Téa Pàrty *n.* [**the** ～](美國的)波士頓茶葉事件《1773 年北美殖民地人民抗議英國政府(對殖民地進口茶葉)的課稅而襲擊波士頓港內英國船，將船上茶葉投入海中的事件》。

Bóston térrier *n.* Ⓒ波士頓㹴《一種頭部似鬥牛犬，毛色呈黑白相間的小型獵犬》。

bo·sun, bo'sun [ˋbosn; ˋbousn] *n.* ＝ boatswain.

Bos·well [ˋbɑzwɛl, -wəl; ˋbɔzwəl, -wel] *n.* Ⓒ為友人作傳者；為名人詳細記述言行的人。

Boswell, James *n.* 包斯威爾《1740–95；蘇格蘭作家，曾為約翰生(S. Johnson)作傳》。

bot [bɑt; bɔt] *n.* **1** Ⓒ〖昆蟲〗馬(胃)蠅或羊鼻蠅(botfly)的幼蟲。**2** [**the** ～**s**]因馬(胃)蠅或羊鼻蠅的幼蟲寄生於胃或鼻內而引起的疾病。

bo·tan·i·cal [boˋtænɪkl; bəˋtænikl] «botany 的形容詞»**—*adj.*** [用在名詞前]**1** 植物的，有關植物的；植物學(上)的：the ～ garden(s) 植物園。**2** 採自植物的：a ～ drug 植物性藥物。

～**·ly** [-klɪ; -kəli] *adv.*

bot·a·nist [ˋbɑtnɪst; ˋbɔtənist] *n.* Ⓒ植物學家。

bot·a·nize [ˋbɑtn̩ˌaɪz; ˋbɔtənaiz] *v.i.* 採集植物，(實地)研究植物。

—*v.t.* 研究[採集]〈某地〉的植物。

bot·a·ny [ˋbɑtnɪ; ˋbɔtəni] *n.* Ⓤ **1** 植物學。**2** 一地方植物的總稱；植物的生態：geographical ～ 植物分布學。

Bótany Báy *n.* 植物灣《澳洲東南海岸之一海灣，在雪梨(Sydney)附近》。

botch [bɑtʃ; bɔtʃ] *n.* Ⓒ **1** 拙劣的補綴處。**2** 拙劣的工作[工藝]：make a ～ *of*... 因技術拙劣而弄壞[作壞]…。

—*v.t.*〔十受(十副)〕**1** 拙劣地補綴…〈*up*〉. **2** 弄壞，作壞〈工作等〉。**—*v.i.*** 拙笨地說[做]。

bótch-ùp *n.*《口語》＝botch.

botch·y [ˋbɑtʃɪ; ˋbɔtʃi] *adj.* (**botch·i·er**; **-i·est**)工作甚拙的；製作不精的。

bót·flỳ *n.* Ⓒ〖昆蟲〗馬(胃)蠅；羊鼻蠅。

‡**both** [boθ; bouθ] *adj.* (無比較級、最高級)**兩者的，雙方的，二者的，兩個的**：*B*～ (the) brothers are dead. 這兩個兄弟都死了《★用法 both 後之定冠詞通常被省略；cf. *pron.* 1,2》/I've lost ～ my gloves. 我把兩隻手套都弄丟了《★用法 both 置於指示形容詞或所有格代名詞等之前》/I do*n't* want ～ books. 我並不是兩本書都要《我只要一本》《★用法 both 之否定表示部分否定；⇨ not 4》/on ～ sides of the street 在街道的兩邊。

—*pron.* **1** [當複數用]**二者，兩者**：*B*～ are good. 兩個都好/*B*～ of the brothers are dead. 兄弟兩人都死了(cf. *pron.* 2, *adj.*)/*B*～ of us knew it. 我們兩個都知道這件事/I love ～ of them. 他[她]們兩個我都愛(cf. *pron.* 2)《★用法如 the both of us [them] 在 both 之前加 the, 是美國語法的不標準用法》/I do *not* know ～ of them. 他們兩位我並不是都認識《僅認識其中的一位；⇨ not 4》。

2 [用於同位格]**兩者都**《★用法有 as well as, equal, equally, alike, together 等時，因在語意上重復，故不使用 both》：The brothers are ～ dead. 兄弟兩人都死了(cf. *pron.* 1, *adj.*)/I love them ～. 他[她]們兩個我都愛(cf. *pron.* 1)/They ～ wanted to go abroad. 他們兩人都想出國。

—*adv.* (無比較級、最高級)[**both...and...** 當相關連接副詞用]…**和…(兩者)都；既…而又…**：*B*～ brother *and* sister are dead. 兄妹兩人都死了《★用法用作主語時，當複數用》/That actress is ～ skillful *and* beautiful. 那位女演員演技精湛且又長得漂亮/～ by day *and* by night 不分晝夜/～ in Britain *and* in America 在英美兩國都《★用法在 both 以下和 and 以下宜為同一詞類的字或片語，但也有時候作 both in Britain and America》。

‡**both·er** [ˋbɑðɚ; ˋbɔðə] *v.t.* **1 使…困惱，困擾，煩擾，攪擾，使…苦惱。**

> **【同義字】**bother 指打擾、添煩惱或添麻煩而擾亂對方的平靜；annoy 指以討厭、不愉快之事使對方焦躁；worry 指給與不安、憂慮、操心等而煩擾對方。

a〔十受〕〔以…〕使〈人等〉傷腦筋，困擾，攪擾，煩擾《★常用被動語態，介系詞用 *by, with*》：Don't ～ the dog while he is eating. 當狗在吃東西時，別去攪擾牠/The inhabitants *are* ～*ed* ***by*** [***with***] the noise of the planes. 居民為飛機的噪音所困擾。**b**〔十受十介十(代)名〕〔以…〕使〈人等〉傷腦筋，困擾，攪擾，煩擾〔*with, about*〕：Don't ～ me ***with*** such trifles. 不要拿這種芝麻小事來煩我/Stop ～*ing* your head ***about*** it. 別再為這件事而傷腦筋。**c**〔十受十介十(代)名〕[～ one*self*]〔為…而〕操心，傷腦筋〔*about*〕：Don't ～ *yourself* ***about*** such a trifle. 不要為這種小事操心[傷腦筋]；沒什麼事，別去管它。**d**〔十受十介十(代)名〕向〈人〉勒索，强求，纏著要〔…〕〔*for*〕：Bill ～*ed* his mother ***for*** candy. 比爾向他媽媽吵著要糖果。**e**〔十受十 *to* do〕强求〈人〉〈做…〉，纏著要〈人〉〈做…〉：His son ～*s* him *to* buy him a car. 他兒子纏著要他買一部汽車給他。

2〔十受〕[用於謙恭的說法]麻煩[勞煩]〈人〉：I'm sorry to ～ you, but would you do me a favor? 很抱歉麻煩你，你願意幫我一個忙嗎？/May I ～ you? I want to ask you a question. 可不可以打擾你一下？我想請教你一個問題。

3〔十受〕[用於輕微的咒罵]《英口語》詛咒：*B*～ the flies! 討厭的蒼蠅！/*B*～ you! (你真)討厭！/Oh, ～ it! 哼[呸]，討厭！可惡！

—*v.i.* **1**〔動(十介十(代)名)〕〔為…而〕苦惱，煩悶，煩惱〔*about, with*〕：I don't ～ ***about*** it. 我不為這件事苦惱/I've no time to ～ ***with*** such things. 我沒時間為這種事煩惱。

2〔十 *to* do/十do*ing*〕[用於否定句]費事，費勁〈做…〉《★比較〔十 *to* do〕較〔十 do*ing*〕更常使用》：Do*n't* ～ *to* answer this note. 不必費神回覆此函/Do*n't* ～ *to* knock. 不必敲門/Do*n't* ～ com*ing* to see me off. 不必特意來為我送行。

—*n.* **1** Ⓤ麻煩。

2 Ⓒ[常用單數]**a** 麻煩之事[物]；騷亂，糾紛：have a ～ *with* a person *about* a thing 因某事與某人發生糾紛/make a ～ *about*... 為…而吵鬧。**b** 令人討厭的[麻煩的]人：What a ～ he is! 他這個人真令人討厭！

3 Ⓤ《英俚》(不良少年等的)街頭毆鬥。

—*interj.* 討厭！麻煩！：*Oh*, ～！哎呀，討厭！

both·er·a·tion [ˌbɑðəˋreʃən; ˌbɔðəˋreiʃn] «bother 的名詞»**—**《口語》*n.* ⓊⒸ苦惱，煩惱，麻煩，困擾；焦急。

—*interj.* 可惡！討厭！

both·er·some [ˋbɑðɚsəm; ˋbɔðəsəm] *adj.* 討厭的，麻煩的，費事的。

bó trèe [ˋbo-; ˋbou-] *n.* Ⓒ〖植物〗菩提樹《原產於印度的桑科榕屬常綠喬木》。

Bot·swa·na [botˋswɑnə; bɔˋtswɑːnə] *n.* 波札那《非洲南部一共和國；原為英國保護地，於 1966 年獨立而成為大英國協之成員；首都嘉柏隆(Gaborone [ˌgɑbəˋron; ˌgɑːbəˋroun])》。

bott [bɑt; bɔt] *n.* ＝bot.

‡**bot·tle** [ˋbɑtl; ˋbɔtl] *n.* **1** Ⓒ**瓶**《一般瓶口細小的裝液體用容器；有蓋而無把手》：a milk [wine] ～ 牛奶[葡萄酒]瓶。**2** Ⓒ**一瓶之量**〔*of*〕：drink a ～ *of* wine 喝一瓶葡萄酒。**3** [**the** ～]酒；飲酒：be fond of *the* ～ 喜好酒；好飲酒/take to *the* ～ 開始嗜酒；沈溺於飲酒。**4 a** Ⓒ(餵嬰兒用的)奶瓶。**b** [**the** ～](裝在奶瓶中的)牛奶：bring up a child on *the* ～ 用牛奶餵養孩子。

hít the bóttle《俚》(1)酗酒，猛喝酒。(2)喝醉。

òver a [**the**] **bóttle** 一邊喝酒：We talked *over a* ～. 我們邊喝酒

邊談。

—v.t. 〔十受〕 **1** 把…裝入瓶中：～ milk 把牛奶裝入瓶中。**2** 《英》把〈水果等〉裝瓶[裝在瓶中保存]：～ fruit 把水果裝在瓶中。

bóttle úp 《*vt adv*》⑴抑制，隱藏〈憤怒〉。⑵封鎖〈敵人等〉：The enemy ships were ～*d up* in port. 敵艦被封鎖在港口裏。

bóttle bàby *n.* Ⓒ用奶瓶餵養的嬰兒。

bóttle càp *n.* Ⓒ瓶蓋。

bót·tled *adj.* 瓶裝的，裝在瓶中的：～ beer 瓶裝啤酒。

bóttled gás *n.* **1** Ⓤ用壓力裝於圓筒內的氣體；筒裝液化瓦斯。**2** ＝liquefied petroleum gas.

bóttle-fèd *adj.* [用在名詞前]以牛奶餵養的；人工餵養的。

bóttle-fèed *v.t.* (**bottle-fed** [-ˏfɛd; -fed])以牛奶[人工餵養]養育〈嬰兒等〉。

bottle·ful [ˈbatḷˏful; ˈbɔtlful] *n.* Ⓒ一瓶(之量)〔*of*〕.

bóttle gòurd *n.* Ⓒ《植物》葫蘆《葫蘆屬蔓藤植物的統稱及其果實》。

bóttle gréen *n.* Ⓤ深綠色。

bóttle·hèad *n.* ＝bottlednose 1.

bóttle·nèck *n.* Ⓒ **1** 瓶的頸部，瓶頸。**2** 隘路，狹窄的通路[通道]；交通易阻塞之處；難關：a ～ channel 狹長的水道。**3** (事物之)進行[活動]受阻礙的狀態；待突破的困難。

bóttle·nòse *n.* Ⓒ《動物》**1** 瓶鼻鯨《又稱長吻鯨》。**2** ＝bottled-nosed dolphin.

bóttle-nòsed dólphin *n.* Ⓒ《動物》瓶鼻海豚《瓶鼻海豚屬哺乳動物的統稱；多見於溫暖之海域》。

bóttle wàsher *n.* Ⓒ **1** 洗瓶工人[器]。**2** 《口語》雜役，打雜工人。

‡**bot·tom** [ˈbatəm; ˈbɔtəm] *n.* **1** Ⓒ底：**a** 底部，基部。**b** (椅子的)座面，椅墊。**c** 《口語》屁股，臀部。**d** (海等的)底：send a ship to the ～ 使船沈入水底/Some fish are found at the ～ of the sea. 有些魚可在海底見到。

2 [**the** ～] **a** 下端[最低]的部分；末席，末座，末尾，最後一名：He was *at the* ～ *of* the class. 他是班上的最後一名/He started *at the* ～ *of* the company. 他從公司的最基層幹起。**b** (山)麓；(樓梯的)下段：*at the* ～ *of* the stairs 在樓梯的下段。**c** (樹的)根幹。**d** (書頁的)下端，頁底：the first line but one from *the* ～ 從頁底倒數第二行。**e** [常～s]河邊的低地。

3 [**the** ～] **a** 根底，根本，基礎；眞相：get to *the* ～ of... 徹底查明…的眞相。**b** 心底，深處：from *the* ～ of one's heart 衷心，由衷。

4 [～s](睡衣的)褲子。

5 《英》[**the** ～](海灣、湖岔的)深處；(庭院等的)最裏面；(街道的)盡頭。

6 Ⓒ《航海》**a** 艙底；船舶，船隻。**b** 貨船：goods transported *in* foreign ～*s* 由外國(貨)船運輸的貨物。

7 Ⓒ《棒球》(一局中的)下半局(↔ top).

at bóttom ⑴在心底，內心裏；實際上，本質上：He is a good man *at* ～. 本質上他是個好人。⑵根本地，基本上。

at the bóttom of... ⑴⇨ 2a. ⑵⇨ 2b. ⑶…的眞正原因[主因]：Ignorance is *at the* ～ *of* the affair. 無知爲該事件之主因[這件事是由於無知而造成的]。⑷…的幕後策動者：Who is *at the* ～ *of* the scheme? 誰在幕後策劃此項陰謀活動？

Bóttoms úp! 《口語》乾杯！

bóttom úp [úpward] 上下顚倒地。

gét to the bóttom of... 徹底探討…的意思[理由]，徹底查明…的眞相。

gô to the bóttom ⑴沈，沈沒。⑵探究[查明]…。

knóck the bóttom òut of... 《口語》從根本上推翻，粉碎〈理論、證據、計畫、自信等〉。

síft...to the bóttom 徹底查究…，對…追根究柢。

stánd on one's **ówn bóttom** 獨[自]立。

stárt at the bóttom of the ládder 從基層開始(cf. 2a).

The bóttom fálls [dróps] òut of.... ⑴〈事物〉崩潰。⑵〈行市〉暴跌。

tóuch bóttom ⑴(脚尖)觸到水底：Here you can just *touch* ～. 在這兒你脚能碰到水底。⑵〈船〉擱淺。⑶〈精神、情緒等〉降到最低點。⑷〈物價、行市〉跌到谷底。

—*adj.* [用在名詞前] **1 a** 底的，底部的，最下層的，最低的：the ～ price 底價，最低價格/the ～ rung (樓梯的)最下段；(社會等的)最低階級。**b** 最後的：one's ～ dollar 《俚》僅剩的一點點錢。**2** 根本的：the ～ cause 根本原因。

bét one's **bóttom dóllar** ⇨ bet.

—*v.t.* **1** 〔十受〕加底於…；加墊[座面]於〈椅子等〉；給…打底；觸到…的底。**2** 〔十受〕查明…的眞相。**3** 〔十受十介十(代)名〕爲〈理論等〉提供[依據]，使…奠基[於…上]〔*on, upon*〕. **—***v.i.* **1** 〔十介十(代)名〕[以…]做基礎〔*on, upon*〕. **2** 觸到(海等的)底。

bóttom óut 《*vi adv*》⑴達到海[水]底：The submarine ～*ed out* at 200 meters. 潛水艇於(潛到)二百公尺深時達到了海底。⑵〈價格等〉降到最低價格；〈經濟等〉跌到谷底。

bóttom dráwer *n.* Ⓒ《英》**1** (衣櫥等的)最底層的抽屜(《美》hope chest)《★從前未婚女子用以收藏爲結婚準備的東西》。**2** 未婚女子爲結婚準備的東西《衣物、飾物等》：get together one's ～〈女子〉爲結婚做準備。

bóttom géar *n.* Ⓤ《英》《汽車》最低速排擋(《美》low gear).

bóttom lànd *n.* Ⓒ《美》(尤指)河邊的低地。

bóttom·less *adj.* **1 a** 無底的，深不可測的，極深的：the ～ pit 無底坑，地獄(《★出自聖經「啓示錄」》)。**b** 無法估計的；無窮的；深奧難解的：a ～ mystery 深奧難解的謎[秘密]。**2** 沒有座墊的：a ～ chair 沒有座墊的椅子。**3** 沒有穿褲子的，下空的；〈酒吧、表演等〉以下空爲號召的。～·**ly** *adv.* ～·**ness** *n.*

bóttom líne *n.* [**the** ～]《美》**1** (決算書的)最後一行；(總計的)純益。**2** 最後結果[決定]。**3** 要點，首要之事，基本要素：*The* ～ is that we (should) never give up. 最重要的是我們決不放棄。

bóttom·mòst *adj.* [用在名詞前] **1** 最下面的，最底下的；最低的。**2** 最基本的。

bot·tom·ry [ˈbatəmrɪ; ˈbɔtəmri] *n.* Ⓒ《航海》船舶貸款契約《如船舶損失時，則債務取消》。

bot·u·lism [ˈbatʃəˏlɪzəm; ˈbɔtjulizəm] *n.* Ⓤ《醫》臘腸毒菌病《常由臘腸、肉類罐頭所引起》。

bou·doir [buˈdwar; ˈbu:dwɑ:] 《源自法語「氣脹臉的房間」之義》**—***n.* Ⓒ婦女的私人房間，閨房。

bouf·fant [buˈfant; bu:ˈfɔnt] 《源自法語「膨脹的」之義》**—***adj.* 〈頭髮、衣服等〉蓬鬆的，膨鼓的。

bou·gain·vi·le·a, bou·gain·vil·lae·a [ˏbuganˈvɪlɪə; ˏbu:gənˈviliə] *n.* Ⓒ《植物》九重葛屬之任何一種植物；九重葛。

bough [bau; bau] 《源自古英語「肩」「臂」之義》**—***n.* Ⓒ(樹的)較粗大的樹枝(⇨ branch [同義字], tree 插圖)。

‡**bought** [bɔt; bɔ:t] *v.* **buy** 的過去式・過去分詞。

bought·en [ˈbɔtn; ˈbɔ:tn] *adj.* 《美方言》買來的，購進的。

bou·gie [ˈbudʒɪ; ˈbu:dʒi] *n.* Ⓒ **1** 《醫》**a** 探條，探子。**b** 栓劑。**2** 《源自阿爾及利亞(Algeria)一蠟業中心之鎭名》蠟燭。

bouil·la·baisse [ˏbuljəˈbes; ˈbu:ljəbes] 《源自法語 'boils and settles' 之義》**—***n.* Ⓒ[當作菜名時爲Ⓤ]魚羹《將數種魚、蝦、貝、番茄等加香料用橄欖油炒過後煮成的濃湯；爲法國馬賽(Marseilles)之名菜》。

bouil·lon [ˈbuljan; ˈbu:jɔ̃:] 《源自法語 'strong broth' 之義》**—***n.* Ⓤ **1** 肉湯《用牛肉，雞肉加香辣調味料煮成的肉湯》。**2** 用上述肉湯煮成的一種清湯。**3** 《生化》(製造細菌培養基用的)肉汁，肉羹。

boul·der [ˈboldə; ˈbouldə] *n.* Ⓒ(經風雨、河水、冰河等侵蝕作用後而成的)大圓石《在地質學上稱爲「巨礫」，直徑在 250 公釐以上》。

Boul·der Dam [ˈboldəˈdæm; ˈbouldəˈdæm] *n.* [**the** ～]頑石壩《位於美國科羅拉多河(Colorado)上；正式名稱爲胡佛水壩(Hoover Dam)》.

bou·le·vard [ˈbuləˏvard; ˈbu:lvɑ:, -vɑ:d] 《源自法語「城寨」之義》**—***n.* Ⓒ **1** 林蔭大道。**2** [常 B～ 用於街道名稱]《美》大道《略作 blvd.》：Sunset *B*～ 日落大道。

Bou·logne [buˈlon, -ˈlɔɪn; buˈlɔin, -ˈloun] *n.* 布倫《法國北部之一海港，臨英吉利海峽(English Channel)》.

bounce [bauns; bauns] 《源自古英語「砰地打擊」之義》**—***v.i.* **1 a** 〔動(十副詞(片語))〕〈球等〉彈回，反彈，跳回，跳起：～ *back* 彈回/The ball ～*d over* the net. 球反彈越過了網。**b** 〔十副詞(片語)〕〈人等〉彈起，跳起，躍起：Children like *bouncing up* and *down* on a sofa. 孩子們喜歡在沙發上蹦蹦跳跳/He ～*d out of* the bed. 他一躍下牀。**c** 〔十副詞(片語)〕蹦跳似地走；上下地跳著前進[跑]，跳彈著前進：The bus ～*d along* the road. 巴士沿著大路顚簸而行/The ball went *bouncing down* the stairs. 球跳彈著滾下樓梯。

2 〔十副詞(片語)〕急促地動：He ～*d into* [*out of*] the room with a springy step. 他以輕快的脚步跳進[跳出]房間/He ～*d out.* 他跳出去了。

3 《口語》〈支票〉遭退票，跳票。

—*v.t.* **1** 〔十受〕使〈球、孩子等〉彈跳，使…彈回，使…跳回，使…反彈：～ a ball 使球彈回；拍球/～ a child on one's knees 把小孩放在膝蓋上上下顚動著。

2 〔十受十介十(代)名〕《英口語》**a** 威脅〈人〉[使…]〔*into*〕：～ a person *into* do*ing* something 威脅某人使做某事。**b** 威脅〈人〉[而奪取…]〔*out of*〕：～ a person **out of** his right 威脅某人而奪其權利。

3 〔十受〕《美俚》解僱〈人〉。

4 〔十受〕用通訊衛星轉播〈通訊等〉。

5 〔十受〕因存款不足而拒絕兌現〈支票〉。

bóunce báck 《*vi adv*》⑴⇨ *v.i.* 1a. ⑵[從失敗、疾病中]復原

〔*from*〕：～ *back from* one's illness 從病中復原，康復。

—*n.* **1 a** Ⓤ Ⓒ 彈跳，彈回，反彈，跳回；跳起，彈起：catch a ball on the first ～ 在球第一次反彈時接住它。**b** Ⓤ 彈性。**2** Ⓤ《口語》活力，朝氣，生氣勃勃：be full of ～ 精力充沛，充滿活力。**3** 〔**the** ～〕《美俚》解僱：give 〔get〕 *the* ～ 解僱〔被解僱〕；開革〔被開革〕。

—*adv.* 像跳躍般地；猛然，突然。

bóunc·er *n.* Ⓒ **1** 跳躍之人〔物〕。**2** 巨大之人〔物〕。**3**《口語》(劇場、飲食店等的)保鏢。**4**《口語》愛吹噓的人。

bóunc·ing *adj.* 〔用在名詞前〕**1** 彈性好的；跳躍的。**2** 强健的，精神飽滿的，活力充沛的〈嬰兒等〉：a ～ baby 强健〔活蹦亂跳〕的嬰兒。**3** 巨大的；誇大的；嘈雜的。

bounc·y [ˋbaunsɪ; ˈbaunsi] 《bounce 的形容詞》**—*adj.*** (**bounc·i·er**；**-i·est**) **1** 彈性好的，有彈力的：a ～ ball 彈性好的球。**2** 有活力的，精神飽滿的，生氣勃勃的。

‡**bound**[1] [baund; baund] *v.* bind 的過去式・過去分詞。**—*adj.*** (無比較級、最高級) **1** 〔常構成複合字〕**a** **被綑綁的**；被束縛的：duty-*bound* 被義務束縛的，有義務的。**b** 被…封鎖的：fog-〔snow-〕*bound* 被濃霧〔雪〕所困的。

2 〔不用在名詞前〕〔+ *to* do〕**a** 〈人〉**有義務**〈做…〉**的** (cf. bind 3a)：I am not ～ *to* please you with my answers. 我沒有義務非得要回答得使你滿意不可/I was ～ in duty *to* obey him. 我有服從他的義務〔我非得服從他不可〕。**b** 一定〈會…〉的，必然〈會…〉的：Our team is ～ *to* win. 我隊一定會贏。**c**《口語》決心〈做…〉的，決意〈做…〉的：He was ～ *to* go. 他決意要去。

3 〈書〉裝訂好的；有封面的：～ *in* cloth 〔leather〕 布〔皮〕面裝的/half-*bound* 半皮〔布〕面裝訂的/whole-*bound* 全皮〔布〕面裝訂的。

4《文法》(只能與其他形式連用而)不能單獨成字的，限制形的，附著的。

5《化學》化合〔結合〕的。

bóund úp in... 埋頭於…，對…發生濃厚興趣：He was ～ *up in* his work. 他埋頭於工作。

bóund úp with... 與…有共同的利害；與…有密切關係：The employee's interests are ～ *up with* those of the company. 員工的利益與公司的利益息息相關。

I'll be bóund.《口語》我可以擔保，一定。

***bound**[2] [baund; baund] *v.i.* **1** 〔十副詞(片語)〕〈球等〉**跳**，反彈，彈回，回跳：The ball ～*ed back from* the wall. 球從牆壁上反彈回來。**2 a** 〔十副詞(片語)〕跳躍，跳起，躍起；跳躍著前進，精神飽滿地行走：～ *away* 跳躍著離去/The deer ～*ed through* the woods. 鹿在樹林中到處跳躍。**b** 〈心、浪等〉跳動，躍動：My heart ～*ed* with expectations. 我的心因期待而蹦蹦地跳。

—*n.* Ⓤ Ⓒ **1** (球等的)跳，彈跳，反彈，彈回，跳回：catch a ball on the ～ 在球反彈時接住它。**2** 跳起，躍起，跳躍；《詩》躍動：at a (single) ～ 一跳而…，一躍而…/with one ～ 一跳而…，一躍而…。

by léaps and bóunds ⇨ leap.

bound[3] [baund; baund] 《源自古法語「界限」之義》**—*n.*** 〔～**s**〕**1** 境界，界限(內)，界線；可進入之區域。**2** 限度，範圍；界線，極限：break ～*s* 逾限；越界；越軌/put 〔set〕 ～*s* to... 限制…/go beyond 〔outside〕 the ～*s of* possibility 逾越可能之範圍，不可能/keep one's hopes within ～*s* 不懷奢望/Her joy knew no ～*s.* 她的快樂無窮〔她欣喜若狂〕/pass the ～*s* of common sense 超越常識的範圍。

òut of áll bóunds 分外的〔地〕，過分的〔地〕。

òut of bóunds (1)(球戲時)〈球、人〉越界：The ball went *out of* ～*s.* 球出界了。(2)《英》禁止〔…〕入內，〔對…而言爲〕禁止進入(區域)〔*to*〕(《美》off limits)。

—*v.t.* 〔十受十介十(代)名〕〔在…〕形成…之界限〔*on*〕《★常用被動語態，變成「鄰接…，臨…，以…爲界」之意》：The United States *is* ～*ed* **on** the west *by* the Pacific. 美國西以太平洋爲界〔西臨太平洋〕。**—*v.i.*** 〔十介十(代)名〕接壤〔在…旁〕〔*on*〕：Canada ～*s* **on** the United States. 加拿大與美國接壤。

bound**[4] [baund; baund] 《源自古北歐語「準備」之義》**—*adj. (無比較級、最高級) **1** 〔不用在名詞前〕〔十副詞(片語)〕〈船、火車、飛機等〉**準備前往**(…)**的**；〈人〉準備要去(…)的，正在(往…之)途中的：Where is this steamer ～ (*for*)? 這艘輪船要駛往哪兒？/a train ～ *for* Paris 一列開往巴黎的火車/a plane ～ *from* Chicago *to* New York 由芝加哥飛往紐約之飛機/He is homeward ～.＝He is ～ *for* home. 他在返國〔家〕的途中/a bus ～ *for* the east 開往東部的巴士/a ship ～ east 往〔經〕東方的船。**2** 〔常構成複合字〕往…的：⇨ northbound, southbound, eastbound, westbound.

bound·a·ry** [ˋbaundərɪ; ˈbaundəri] 《源自bound[3]》**—*n. Ⓒ **1** **境界，界線，邊界**：a ～ line 分界線。**2** 界限，限度，極限；範圍，分野。**3**《板球》擊中或擊過邊界的球《得分球》。

bound·en [ˋbaundən; ˈbaundən] *adj.* 〔用在名詞前〕義務的，分內的，責無旁貸的；受〔感〕恩的《★常用於下列片語》：one's ～ duty 某人應盡之義務，本分。

bóund·er *n.* Ⓒ **1**《英口語》粗魯〔魯莽〕的人；服裝粗俗的人；行爲不端的人。**2**《棒球》彈跳得很高的滾地球。**3** 定境界〔置界標〕的人。

bóund fórm *n.* Ⓒ《語言》附著語式《只能與其他形式連用而不能獨立成字的部分，如英文之字首 un-, 字尾 -ness 等是；cf. free form》.

bóund·less *adj.* 無限的，無窮的，無量的，無止境的：the ～ future 無限的未來。～**·ly** *adv.* ～**·ness** *n.*

boun·te·ous [ˋbauntɪəs; ˈbauntiəs] *adj.*《詩》＝bountiful.

boun·ti·ful [ˋbauntəfəl; ˈbauntiful] *adj.* **1** 〈人〉慷慨的，大方的；寬宏大量的。**2** 〈物〉豐富的，充足的：a ～ harvest 豐收。～**·ly** [-fəlɪ; -fuli] *adv.* ～**·ness** *n.*

boun·ty [ˋbauntɪ; ˈbaunti] 《源自拉丁文「好東西」之義》**—*n.*** **1** Ⓤ 慷慨，好施，博愛，仁愛，寬大。**2** Ⓒ **a** 慷慨給與之物；施捨。**b** (政府的)獎勵〔補貼，輔助〕金：a ～ *on* exports 外銷輔助金。**c** (給與捕殺有害動物者等的)獎金〔*for*〕.

bóunty hùnter *n.* Ⓒ爲獎金而搜捕罪犯或追捕獵物者。

bou·quet [boˋke, buˋke; buˈkei, bouˈkei] 《源自法語「束」之義》**—*n.*** **1** Ⓒ 花束，花球。**2** Ⓒ 讚詞，恭維(話)：throw ～*s* 讚揚，讚美，恭維。**3** Ⓤ Ⓒ (葡萄酒等的特殊的)芳香：wine with a rich ～ 香醇的葡萄酒。

bour·bon [ˋburbən, ˋbɝ-; ˈbə:bən, ˈbuə-] 《源自美國 Kentucky 州的產地名稱》**—*n.*** (又作**bóurbon whìskey**) Ⓤ 〔指個體或種類時爲Ⓒ〕波旁威士忌《★一種用玉米和裸麥製成的美國威士忌；以肯塔基州(Kentucky)，田納西州(Tennessee)等爲主要產地；cf. corn whiskey》.

Bour·bon [ˋburbən; ˈbuəbən] *n.* **1** 〔**the** ～**s**〕(法國的)波旁皇室。**2** Ⓒ《美》極端保守主義者。

Bóur·bon·ism [-ˏɪzəm; -izəm] *n.* Ⓤ **1** 對波旁皇室之擁護。**2** (政治上之)極端保守主義。

bour·geois[1] [burˋʒwɑ, ˋburʒwɑ; ˈbuəʒwɑ:] 《源自拉丁文「都市居民」之義》**—*n.*** (*pl.* ～) **1** Ⓒ **a** 中產階級的人。**b** (對地主、農家、靠薪水生活者而言的)工商業者。**2** Ⓒ 有資產者，資本家 (↔ proletarian)。**3** 〔**the** ～；用複數〕＝bourgeoisie.

—*adj.* **1** 中產階級的，資產階級的；屬於中等階級的。**2 a** 資本主義的。**b** 有著中產〔資產〕階級稟性和意識的。**c** 平凡的，普通的。

bour·geois[2] [bəˋdʒɔɪs, bɝ-; bə:ˈdʒɔis] *n.* Ⓤ《印刷》一種九磅因(point)的活字。

bour·geoi·sie [ˏburʒwɑˋzi; ˌbuəʒwɑ:ˈzi:] *n.* Ⓤ 〔**the** ～〕**1** 中產〔工商業〕階級《★用法視爲一整體時當單數用，指個別成員時當複數用》。**2** 資產〔有產〕階級。

Bour·ki·na Fas·so [burˋkinəˋfæso; buəˈki:nəˈfæsou] *n.* 布吉納法索《非洲西部一獨立國，原名上伏塔(Upper Volta)；首都瓦加杜古(Ouagadougou [ˏwɑgəˋdugu; ˌwɑ:gəˈdu:gu:])》.

bourn[1], **bourne**[1] [born, burn; buən, bɔ:n] *n.* Ⓒ 〔主要用於地名〕《古》小河，小溪。

bourn[2], **bourne**[2] [born, burn; buən, bɔ:n] *n.* Ⓒ《古・詩》境界，界線。

Bourn·mouth [ˋbɔrnməθ, ˋburn-; ˈbɔ:nməθ, ˈbuən-] *n.* 波茅斯《英格蘭南部多塞特郡(Dorset)內之一都市》。

bourse [burs; buəs] 《源自法語》**—*n.*** Ⓒ (尤指歐洲的)商業交易中心；證券交易所。

bout [baut; baut] *n.* Ⓒ **1** (拳賽等的)一個回合；一場：have a ～ *with...* 與…比賽一場。**2** 一陣，一回：a ～ *of* work 一陣工作/a drinking ～ 一次狂飲。**3** (病的)發作：have a long ～ of illness 長久發病。

bou·tique [buˋtik; bu:ˈti:k] 《源自法語「店」之義》**—*n.*** Ⓒ 專售流行服飾、高級用品等的小時裝店或百貨公司內的櫃台。

bou·zou·ki [buˋzukɪ; buˈzu:ki] *n.* Ⓒ 一種形狀似曼陀林琴的希臘弦樂器。

bo·vine [ˋbovaɪn; ˈbouvain] *adj.* **1**《動物》牛的；似牛(ox)的。**2** 遲鈍的。

—*n.* Ⓒ《動物》牛《牛亞科動物的統稱》。

bov·ver [ˋbɑvɚ; ˈbɔvə] 《源自倫敦人(Cockney)讀 bother 的發音》**—*n.*** Ⓤ《英俚》(街頭幫派青年之)惹麻煩〔鬧鬧〕的行爲。

‡**bow**[1] [bau; bau] 《源自古英語「弄彎」之義》**—*v.i.*** **1 a** 〔動(十副)〕(爲致意、表示服從、膜拜等而)**鞠躬**，彎身，俯首〈*down*〉：She ～*ed* **down** upon her knees. 她跪拜。**b** 〔(十副)十介十(代)名〕〔向…〕鞠躬〈*down*〉〔*to, before*〕：He ～*ed* **to** the gentleman. 他向那位男士鞠躬/They ～*ed* **down** *to* false gods. 他們向邪神行禮〔膜拜〕/We ～*ed before* the King. 我們向國王鞠躬行禮。**2** 〔(十副)十介十(代)名〕〔向…〕投降，屈服，屈從〈*down*〉〔*to*〕：He ～*s* **to** nobody in fighting. 他打架不輸給任何人/～ *to* a person's opinion 屈從某人的意見/We must ～ *to* fate 〔necessi-

ty]. 我們不得不向命運[不可避免之事]屈服《聽天由命》/They refused to ～ (*down*) *to* power. 他們不肯屈從權力[不肯向權力低頭]。

—*v.t.* 1 a 〔十受〕彎〈腰、膝〉，俯〈首〉，低〈頭〉：～ one's head in prayer 低頭祈禱。**b** 〔十受十介十(代)名〕〔向…〕頷〈首〉，俯〈首〉，低〈頭〉〔*to, before*〕：⇨ bow the KNEE to [before], bow the NECK to. **2** 〔十受〕鞠躬表示〈謝意等〉：He ～*ed* his thanks. 他鞠躬表示謝意。**3** 〔十受十副詞(片語)〕**a** 鞠躬以迎[送]〈人〉：He ～*ed* her *in* [*out*]. 他鞠躬迎她入內[送她出去]/He ～*ed* her *into* [*out of*] the room. 他鞠躬迎她入室內[送她到室外]。**b** [～ one*self*] 鞠躬入內[出外]：I ～*ed myself in* [*out*]. 我鞠躬入內[退出]/I ～*ed myself into* [*out of*] the room. 我鞠躬入室內[出室外]。**4** 〔十受(十副)十介十(代)名〕〔以…〕弄彎〈人的身體、意志等〉；挫〈人〉的銳氣〈*down*〉〔*with*〕《★常用被動語態，變成「彎曲著」「消沈」等之意》：He *is* ～*ed* **with** age. 他因年老而腰彎了/She *was* ～*ed* (**down**) *with* [*by*] care. 她因操心而意氣消沈。

bów and scrápe (1)右脚後退而行鞠躬禮。(2)打拱作揖，奴顏婢膝，點頭哈腰。

bów óut 《*vt adv*》(1)⇨ *v.t.* 3a,b. —《*vi adv*》(2)(鞠躬)退場，退出。(3)辭職，辭任，下台。

bów óut of… 辭去…的職務，辭任，退出：～ *out of* one's candidacy 退出提名候選。

—*n.* Ⓒ**鞠躬**：with a low ～ 以一個深深的鞠躬。

bów and scrápe 右脚後退而行鞠躬禮(cf. BOW and scrape *v.*).

màke one's **bów** (1)〔向…〕行鞠躬禮〔*to*〕. (2)初次拜會〔…〕，初次登台〔對…〕演出〔*to*〕. (3)〈政治家、演員等〉隱退。

tàke a bów (在劇場等)上前鞠躬答謝喝采，謝幕；起立接受鼓掌。

bow² [bau; bau] *n.* Ⓒ《航海》**1** [常～s] 船首，艦首(↔ stern) (⇨ ship 插圖)：a lean [bold, bluff] ～ 傾斜的[陡而寬的]船首。**2** ＝bow oar.

bóws ón 船首直朝前地。

bóws únder (1)〈船〉(船首沒於浪中而)航行困難。(2)驚慌失措。

on the bów 〈物〉在船首之方向《由正面向左右各四十五度之角度以內》。

bow³** [bo; bou] 《源自古英語「被弄彎的東西」之義》**—*n. Ⓒ **1** 弓。**2** (小提琴等的)弓(⇨ violin 插圖)；弓的一拉。**3** 弓形(之物)：**a** 彩虹(rainbow). **b** (馬鞍的)前穹。**c** 《美》(眼鏡掛在兩耳上的)支架。**4 a** (絲帶等結成的)蝴蝶結。**b** 蝶形領結。**5** ＝bow window.

dráw a bów at a vénture 瞎猜而胡說，不加思索地亂說《★出自聖經「列王紀上」中「隨便開弓」》。

dráw [**bénd**] **the** [**a**] **lóng bów** 吹牛，說大話。

hàve twó stríngs [**anóther stríng**] **to** one's **bów** (即使一個行不通)準備有另一個替換的辦法，有一個以上的計畫。

—*v.t.* 〔十受〕**1** 把…弄彎成弓形。**2** 拉〈小提琴等〉。

—*v.i.* 1 彎曲成弓形。**2** 以弓奏弦樂器。

Bów bélls [ˈbo-; ˈbou-] *n. pl.* 聖瑪利教堂之鐘。

> 【說明】指位於英國倫敦(London)市中心的聖瑪利教堂(St. Mary-le-Bow；簡稱 Bow Church)之鐘；昔時，以出生在能耳聞此鐘聲之範圍內者爲純粹的倫敦人(Cockney)；英國廣播公司(BBC)之對海外廣播便是以此鐘聲開播。

within the sóund of Bów bélls 在倫敦(舊)市區(the City)內：be born *within the sound of* ～ 出生於倫敦(舊)市區的人《指眞正的倫敦人》。

bowd·ler·ize [ˈbaudləˌraɪz; ˈbaudləraiz] 《源自一名叫 T. Bowdler 的人從 Shakespeare 作品中刪除在道德上有問題的地方》**—*v.t.*** 刪除〈書等〉的不妥當[猥褻]部分。**—*v.i.*** (由書中)刪除不妥當的部分。

***bow·el** [ˈbauəl, baul; ˈbauəl, baul] 《源自拉丁文「香腸」之義》**—*n.* 1** Ⓒ**a** 《醫》腸(的一部分)。**b** [常 ～s]全部的腸，內臟：loosen [move] the ～*s* 使排便暢通/have loose ～*s* 瀉肚子，拉肚子/My ～*s* are open. 我排便暢通。**2** [～s] 〔大地等的〕內部，深處〔*of*〕：deep in the ～*s of* the earth 在地球內部深處。**3** [～s] 《文語》同情心、慈悲心所在之處：the ～*s* of mercy 慈悲心。

bówel mòvement *n.* Ⓒ通便《★委婉語略作 BM》.

bow·er¹ [ˈbauɚ; ˈbauə] *n.* Ⓒ **1** 樹蔭；樹蔭下陰涼的地方；涼亭：a shady ～ 有樹蔭的涼亭。**2** 《文語》＝boudoir. **3** 村舍。

bow·er² [ˈbauɚ; ˈbauə] *n.* (又作**bówer ànchor**) Ⓒ《航海》主錨《船首左右二錨之任一》。

bow·er³ [ˈbauɚ; ˈbauə] *n.* Ⓒ彎曲者；彎腰作揖者，鞠躬者。

bow·er⁴ [ˈboɚ; ˈbouə] *n.* Ⓒ《音樂》提琴演奏者。

bow·er·y¹ [ˈbauərɪ, ˈbaurɪ; ˈbauəri] *adj.* 有樹蔭的；有涼亭的。

bow·er·y² [ˈbauərɪ, ˈbaurɪ; ˈbauəri] *n.* **1** Ⓒ早期荷蘭人移民紐約時所辦的農場。**2** [the B～] 包利街《紐約之一街道名，其地多廉價之旅社、酒店等》。

bow·ie [ˈbo·ɪ, ˈbu·ɪ; ˈbaui] *n.* (又作 **bówie knífe**) Ⓒ 一種有鞘的鋼製單刃獵刀。

bowie

Bówie Stàte *n.* [the ～] 美國阿肯色州(Arkansas)的別名。

bow·ing [ˈbo·ɪŋ; ˈbouiŋ] 《源自 bow³》**—*n.*** Ⓤ(拉提琴之)弓法。

bówing acquáintance [ˈbauɪŋ-; ˈbauiŋ-] *n.* ＝nodding acquaintance.

bów·knòt [ˈbo-; ˈbou-] *n.* Ⓒ滑結，活結，蝴蝶結。

***bowl¹** [bol; boul] *n.* Ⓒ **1 a** (較 basin 深而較 cup 大的圓形)**碗，盌，鉢**：⇨ mixing bowl. **b** 一碗之量〔*of*〕：a ～ *of* rice 一碗飯。**2** 呈碗狀的凹處：**a** (匙的)凹處。**b** (煙斗的)凹處。**c** (抽水馬桶的)容器。**3 a** (形似碗鉢的)凹地。**b** 《美》(碗鉢形的)運動場，圓形競技場；圓形劇場[音樂廳]：⇨ Cotton Bowl, Orange Bowl, Rose Bowl, Sugar Bowl. **4** 《文語》**a** 大酒杯。**b** [**the** ～] 酒宴；酒：over *the* ～ 邊喝酒；在宴席上。

bowl² [bol; boul] *n.* **1** Ⓒ(遊戲用的)木球。**2** [～s；當單數用] **a** (一種在草坪上玩的)滾木球戲(lawn bowling). **b** (滾木球擊倒九根木柱的)九柱戲(ninepins). **c** (以球或其他物體擊倒九根木柱的)撞柱戲(skittles). **d** 十柱戲，保齡球(tenpins). **3** Ⓒ(球戲的)投球。

bowls 2 a

—*v.i.* 1 a 玩滾球遊戲[保齡球]：go ～*ing* 去打保齡球。**b** 《板球》投球。**2** 〔十副詞(片語)〕滑動(如球)：The car ～*ed along over* the street. 汽車在街道上輕快地行駛。

—*v.t.* 1 a 滾〈球〉。**b** 在保齡球戲中得…分。**2** 《板球》**a** 投〈球〉。**b** ＝ BOWL out.

bówl dówn 《*vt adv*》(1)《板球》用球擊倒〈三柱門(wicket)〉. (2)《英俚》打倒，打垮〈人〉。

bówl óff 《*vt adv*》《板球》擊落〈三柱門(wicket)上的橫木〉。

bówl óut 《*vt adv*》《板球》使〈打擊手〉出局：The first batsman was ～*ed out.* 第一棒打擊手被淘汰出局。

bówl óver 《*vt adv*》(1)(在九柱戲(ninepins)等中)擊倒〈球瓶〉。(2)撞倒〈人〉：He was ～*ed over* by a truck. 他被卡車撞倒。(3)《口語》〈好[壞]消息等〉使〈人〉震驚[狼狽，不知所措]：The news completely ～*ed* him *over.* 那消息使他完全不知所措。

bowl·der [ˈboldɚ; ˈbouldə] *n.* ＝boulder.

bów·lèg [ˈbo-; ˈbou-] *n.* Ⓒ[常～s] 向外彎曲之腿，弓形腿，O 形腿。

bow-legged [ˈboˈlɛgɪd, -ˈlɛgd; ˈboulegd, -ˌlegid] *adj.* 腿向外彎曲的，弓形腿的，O 形腿的。

bowl·er¹ [ˈbolɚ; ˈboulə] 《源自 bowl²》**—*n.*** Ⓒ **1** 玩[打]保齡球[木球戲]的人。**2** 《板球》投手。

bow·ler² [ˈbolɚ; ˈboulə] 《源自一位叫 Bowler 的倫敦帽商之名》**—*n.*** (又作 **bówler hát**) Ⓒ《英》圓頂硬禮帽(《美》derby).

bowl·ful [ˈbolˌful; ˈboulful] *n.* Ⓒ一碗[盌，鉢]之量。

bow·line [ˈbolɪn, -ˌlaɪn; ˈboulin] *n.* Ⓒ《航海》**1** 帆脚索。**2** (又作 **bówline knòt**) 單結套索結。**3** 不易鬆開的索環。

bowl·ing [ˈbolɪŋ; ˈbouliŋ] 《源自 bowl²》**—*n.*** Ⓤ **1** 滾球戲：**a** 保齡球(tenpins). **b** 滾木球戲(bowls). **c** 九柱戲(ninepins). **d** 撞柱戲(skittles). **2** 《板球》投球。

bówling àlley *n.* Ⓒ **1** (保齡球用)球道(lane). **2** 保齡球場。

bówling grèen *n.* Ⓒ玩滾木球戲用的草坪球場。

bow·man¹ [ˈbaumən; ˈbaumən] *n.* (*pl.* **-men** [-mən; -mən]) ＝ bow oar 2.

bow·man² [ˈbomən; ˈboumən] *n.* Ⓒ(*pl.* **-men** [-mən; -mən])弓箭手，射手，箭術家(archer).

bów òar [ˈbau-; ˈbau-] *n.* Ⓒ **1** (船的)頭槳，前槳。**2** 划頭槳者。

bow·ser [ˈbauzɚ; ˈbauzə] 《源自原製造汽油及石油貯存系統公司之名》**—*n.*** Ⓒ 《澳・紐西蘭》(加油站的)汽油泵[唧筒]。

bów·shòt [ˈbo-; ˈbou-] *n.* Ⓒ [常用單數] 《文語》一箭之遙；弓之射距《約爲三百公尺》：within a ～ of the school 在離學校不遠處。

bow·sprit [ˈbauˌsprɪt, ˈbo-; ˈbousprit] *n.* Ⓒ《航海》船首斜桅。

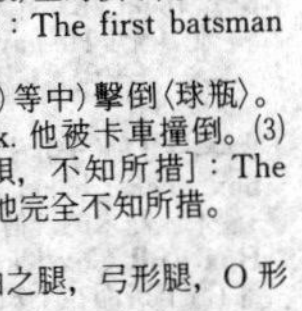

bowsprit

Bów Strèet [ˈbo-; ˈbou-] *n.* 玻街《倫敦市街名；爲倫敦違警法庭所在地》。

bów·strìng [ˈbo-; ˈbou-] *n.* Ⓒ弓弦；絞索。
—*v.t.* (用弓弦[絞索])絞殺〈人〉。

bów tíe [ˈbo-; ˈbou-] *n.* Ⓒ蝶形領結。

bów wíndow [ˈbo-; ˈbou-] *n.* Ⓒ弓形窗，凸窗(⇨ window 插圖)。

bow·wow [ˈbauˈwau; ˈbauwau] 〖擬聲語〗 —*interj.* **1** 汪汪！(⇨ dog 相關用語)。**2** 噢—噢—！《喝倒采聲》。
—*n.* Ⓒ **1** 犬吠聲。**2**《兒語》狗。

‡**box**[1] [baks; bɔks] «源自「用 boxwood (黃楊木) 作的容器」之義»—*n.* **1** Ⓒ **a** (通常指有蓋的長方形)**箱，盒，匣**。**b**《美》(郵政)信箱(post office box)。
2 Ⓒ一箱[盒，匣]之量〔*of*〕：a ～ *of* candy [matches] 一盒糖果[火柴]。
3 Ⓒ《英》裝於盒中的禮物(cf. Boxing Day)：⇨ Christmas box.
4 [the ～]錢箱(cf. strongbox)。
5 Ⓒ被隔成箱型之物：**a** (劇場等的)包廂，特別座。**b**《英》(法庭的)陪審席；證人席。**c** ＝box stall. **d**〖棒球〗投手[打擊]區。
6 Ⓒ箱形建築物：**a** 哨棚，警察等的崗亭。**b**《英》電話亭。**c** 告解室。**d**《英》(鐵路的)信號員小亭。**e**《英》獵人的小屋。
7 Ⓒ箱形之物：**a** (機器等的)箱型部分：⇨ gear box. **b** 收放取下之板窗框斗。**c** [the ～]《英口語》電視機：appear *on the* ～ 上電視。
8 Ⓒ (報紙、雜誌上用線圍成的)框子，花邊；加框[花邊]的文章，花邊新聞。
a bóx and néedle〖航海〗羅盤。
in a (tíght) bóx 處於窘境中。
in the sáme bóx 在同一處境[窘境]中。
in the wróng bóx (1)不得其所，弄錯地方。(2)處於困境。
—*v.t.* **1** 〔十受(十副)〕將〈物〉裝入箱中〈*up*〉：Shall I ～ it for you? 我來替你把它裝入盒子好嗎？/ ～ *up* the apples one has picked 把摘下的蘋果裝箱。**2 a** 〔十受十副〕把〈人〉圍挾(在狹窄的地方)〈*in, up*〉。**b** 〔十受十副十介十(代)名〕把〈人〉拘禁[禁閉，禁錮]〔在小空間〕〈*up*〉〔*in*〕：～ a person *up in* a small room 把某人關在斗室中。
bóx ín 《*vt adv*》(1)⇨ *v.t.* 2. (2)使…無法動彈：I feel ～*ed in.* 我感覺(像被拘禁似的)拘束[感到侷促壓抑]。
bóx óff 《*vt adv*》(1)分隔〈物〉。(2)將〈物、人〉〔從…〕隔開〔*from*〕。(3)將〈物〉分隔〔成…〕〔*into*〕。

box[2] [baks; bɔks] *n.* Ⓒ**掌摑，拳打**，(對耳朵或頰的)一摑，一掌，一記耳光：He gave me a ～ *on* the ear(s). 他摑了我一記耳光。
—*v.t.* 〔十受〕 **1** 用手掌[拳頭]打〈人的耳光〉。**2** 與〈人〉比賽拳擊[拳鬥]。
—*v.i.* 〔動(十介十(代)名)〕〔與人〕拳擊，拳鬥〔*with, against*〕。

box[3] [baks; bɔks] *n.* (*pl.* ～, ～es) **1** Ⓒ〖植物〗黃楊《黃楊屬常綠灌木或喬木的統稱》。**2** Ⓤ黃楊木(boxwood)。

Bóx and Cóx [-ˈkaks; -ˈkɔks] «源自一齣有關兩名分別在夜間及白晝上班而在不知情之下租用同一房間的陌生男子的喜劇»—*n.* 輪流扮演同一腳色的兩個人。—*v.i.* 二人輪流做。

bóx·bòard *n.* Ⓒ紙板。

bóx cámera *n.* Ⓒ一種構造簡單的箱形照相機。

bóx·càr *n.* Ⓒ《美》有頂貨車；貨車車廂。

bóx·er «源自 box[2]» —*n.* Ⓒ **1** 拳擊手，拳師。**2** 拳師狗《一種形狀似鬥牛犬(bulldog)的德國短尾中型狗》。

boxer 2

box·ful [ˈbaks,ful; ˈbɔksful] *n.* Ⓒ一箱(之量)〔*of*〕。

box·ing[1] [ˈbaksɪŋ; ˈbɔksiŋ] «源自 box[2]» —*n.* Ⓤ **拳擊**：a ～ match [ring] 拳擊比賽[場地]。

box·ing[2] [ˈbaksɪŋ; ˈbɔksiŋ] «源自 box[1]»—*n.* **1** Ⓤ裝箱(作業)；製箱材料。**2** Ⓒ窗框，(窗的)框斗。

Bóxing Dày «源自 box[1] *n.* 3»—*n.* 《英》(致贈員工、信差等的)耶誕節後第一個週日，耶誕禮物日《通常爲耶誕節的次日，即十二月二十六之公休日(bank holiday)，如遇星期日則順延一天》。

> 【說明】英國俗例常在這一天送所雇員工或郵差等一些禮物(Christmas box)或禮金，一說 Boxing Day 因此得名。另有一說則是源於以前教會常在這一天打開慈善捐款箱，把募捐得來的錢分配給窮人。傳說如果在這一天工作，會招致厄運。

bóxing glòve *n.* Ⓒ拳擊手套。

bóx kìte *n.* Ⓒ箱型風箏《從前也用以觀測氣象》。

bóx lùnch *n.* Ⓒ《美》(三明治等)盒裝的午餐，午餐飯盒：pack a ～ 裝飯盒。

bóx nùmber *n.* Ⓒ **1** (郵政)信箱號碼。**2** (報紙廣告上所用的)信箱號碼《用以代替住址》。

bóx òffice «源自 box[1] *n.* 5 a»—*n.* **1** Ⓒ (劇場、戲院等的)票房，售票處。**2** Ⓤ **a** 票房收入，售票收入，(演出的)進款(receipts)。**b** (演出、演員等)叫座的因素[演技(等)]；受歡迎，賣座；賣座的演出[演員(等)]，大成功，大轟動：It [She] is good ～. 它[她]很賣座。

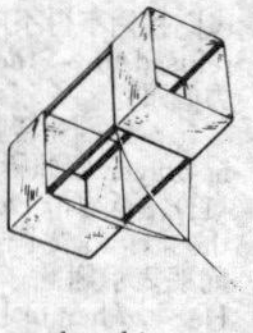
box kite

bóx-ôffice *adj.* [用在名詞前]很賣座的，受大衆歡迎的〈戲劇、電影等〉：a ～ hit [success, riot] 大成功，大轟動，風靡/～ value 票房價值。

bóx plèat [plàit] *n.* Ⓒ(衣物等之)複褶《兩緣折成交互相對的樣式》。

bóx scòre *n.* Ⓒ **1** 〖棒球〗(記錄各球員之守備、打擊等的)比賽記錄表。**2** 概要。

bóx séat *n.* Ⓒ **1** (馬車的)馭者座位。**2** (劇場等的)包廂內的座位。

bóx stàll *n.* Ⓒ《美》(馬廄、牛舍等的)方形大隔欄(《英》loosebox)。

bóx·wòod «源自 box[3]»—*n.* Ⓤ黃楊木。

‡**boy** [bɔɪ; bɔi] «源自中古英語「男僕」之義»—*n.* **1** Ⓒ[也用於稱呼] (↔ girl) **a 男孩，少年**《指十七、十八歲以下者》：a ～s' school 男子學校/*Boys* will [ˈwɪl; ˈwil] be ～*s.*《諺》男孩子就是男孩子；男孩子總是難免調皮/Got lost, ～? 小弟弟，迷路了是嗎？**b** (對大人而言的未成年的)青年，年輕人。
2 Ⓒ [常one's～] 《口語》**兒子**：This is my ～. 這是我兒子/He has two ～*s* and one girl. 他有二個兒子和一個女兒[他有兩男一女]。
3 Ⓒ男學生：college ～*s* 男大學生。
4 [the ～s] **a** 一家中的兒子。**b** 一羣男伙伴，一羣傢伙：*the* public relations ～*s* 公關(部門)的那羣傢伙/*the* ～*s* at the office 公司裏的男同事。
5 Ⓒ [常one's～] (男性)愛人，情郎，男朋友：Jane's ～ 珍的男朋友[愛人]。
6 Ⓒ男侍，茶房，男服務生《★常給人輕蔑的感覺；在餐廳一般用 waiter, 在旅館用 bellboy 或 bellhop》。
7 [～s] (尤指戰鬥部隊的)士兵們：the ～*s* at the front 在前線的士兵們。
8 a Ⓒ (男孩般未成熟或涉世不深的)(男)人。**b** [用於親暱地稱呼] 老兄《★用法現已不常使用；尤其白人對黑人使用被視爲嚴重的侮辱》：Thank you, my (dear) ～. 謝謝你啊，老兄。
9 Ⓒ [與修飾語連用]《美口語》(在某地出生的)(男)人：He's a local ～. 他是本地人。
(one's) **blúe-èyed bóy** ⇨ blue-eyed boy.
Thát's the bóy! 《口語》那樣才是個男子漢！《鼓舞、讚賞的用語》。
—*adj.* [用在名詞前] **男孩的**，(似)少年的：a ～ child 男童/a ～ student 男學生/a ～ husband 男孩般的年輕丈夫。
—*interj.* 《口語》[常與 oh 連用，以表示愉快、驚訝或諷刺等的感嘆詞] 好傢伙！咦！哇！眞是！當然！

bóy-and-gírl *adj.* [用在名詞前] 男孩和女孩的，年幼的〈愛情等〉。

boy·cott [ˈbɔɪ,kat; ˈbɔikɔt, -kət] *v.t.* **1** 聯合抵制[排斥]〈某人、公司、國家、商品等〉，聯合拒購[拒售]…；一致與…絕交；杯葛…。**2** 拒絕參加〈集會等〉。
—*n.* Ⓒ杯葛，聯合拒購[拒售]，聯合抵制[排斥]。

> 【字源】源自英國貴族，愛爾蘭的農場管理人波伊克特上尉(Captain Boycott)之名。他因爲拒絕農民降低地租的要求，農民便聯合起來提出抗議，拒絕勞動及供給他的家人任何食物，並斷絕和他的一切往來。

***boy·friend** [ˈbɔɪ,frɛnd; ˈbɔifrend] *n.* Ⓒ **1** (女人的)**男朋友**，愛人，情郎(cf. girlfriend)。**2** (男人的)男友。

boy·hood [ˈbɔɪhud; ˈbɔihud] *n.* **1** Ⓤ [又作a ～] **少年時代**，少年期：I had *a* happy ～ 我有過快樂的少年時代。**2** Ⓤ [集合稱] 少年輩；兒童輩。

bóy·ish [-ɪʃ; -iʃ] *adj.* **1** 少年的，少年時代的。**2** 似男孩的，男孩子氣的；天眞爛漫的。**3** 〈女孩〉像男孩的。
～**·ly** *adv.* ～**·ness** *n.*

bóy-mèets-gírl *adj.* [用在名詞前] 照例有男女愛情的；庸俗的，陳腐的〈故事等〉。

bóy scòut *n.* Ⓒ童子軍(cf. girl scout)。

> 【說明】此爲 1908 年在英國由貝登·保威爾(Sir Robert Baden-Powell)創設的少年組織，在美國則於 1910 年創立童子軍(the Boy Scouts)，年齡由十一至十四或十五歲。現在在世界上有一百多個國家設立了支部，常以露營、山地服務、野外生活爲主要活動，以培養自立、責任、服務等精神爲目的。

bo·zo [ˈbozo; ˈbouzou] *n.* Ⓒ(*pl.* ～s)《美俚》傢伙(fellow)；(尤指四肢發達頭腦簡單的)庸俗男人。

BP《略》balance of payments.

bp., Bp.《略》Bishop.

bpl.《略》birthplace.

Br《符號》《化學》bromin(e).

br.《略》branch；brig；brother；brown.

Br.《略》Britain；British.

B.R., BR《略》British Rail 英國國有鐵路。

bra [brɑ; brɑː]《brassière 之略》—*n.* Ⓒ胸罩，奶罩。

brace[1] [bres; breis]《源自希臘文「臂」之義》—*v.t.* **1**〔十受〕**a** 支撐…，使…固定，使…穩固。**b** 强化，增强，加强…。**2**〔十受(十副)〕**a** 繫緊，拉緊；張〈弓等〉〈*up*〉. **b** 用力叉開〈腿〉〈*up*〉：～ one's feet to keep from falling 用力叉開兩腿以免跌倒。**c** 使〈神經〉緊張，振作〈精神〉，鼓起〈勇氣〉〈*up*〉：He ～*d* every nerve for a supreme effort. 他振作精神準備全力以赴。**3**〔十受(十副)十介十(代)名〕[～ one*self*] **a**〔爲…而〕奮起，振作〈*up*〉〔*for*〕：～ *oneself up for* a task 打起精神以備工作。**b** 準備迎接〔困難、不愉快之事〕〔*for, against*〕：～ *oneself against* an enemy attack 準備迎戰敵人的攻擊/He ～*d himself for* the blow. 他沈住氣準備接受[防備]那打擊[一拳，一擊]。

—*v.i.*〔十副〕奮起，打起精神，振作，鼓起勇氣〈*up*〉.

—*n.* **1** Ⓒ(防止倒下的)支撐，支柱。**2** Ⓒ繫緊或支撐之物：**a** 扒釘；扣環，扣鉤。**b** 小鼓鬆緊線上的小皮片。**c**《航海》轉帆索。**3** Ⓒ曲柄：a ～ and bit 曲柄鑽孔器。**4** Ⓒ大括弧《{, |, —；cf. bracket 3》. **5** [～s]《英》(褲子的)吊帶(《美》suspenders)：a pair of ～*s* 一副褲子吊帶。**6** Ⓒ《醫》(骨科等使用的)夾板，夾木。**7** Ⓒ[常 ～s]《牙科》齒列矯正器。

brace[1] 3

brace[2] [bres; breis] *n.* Ⓒ(*pl.* ～)一雙，一對(pair)〔*of*〕：a ～ *of* dogs 一對狗/three ～ *of* ducks 三對鴨子。

brace·let [ˈbreslɪt; ˈbreislit]《源自古法語「小腕」之義》—*n.* **1** Ⓒ手鐲，臂鐲。**2** [～s]《口語・謔》手銬(handcuffs).

brac·er[1] [ˈbresɚ; ˈbreisə] *n.* Ⓒ **1** 支持[使穩固，使緊張]之物[人]；繫[拉，扣，拴]緊之物；索，帶，繩。**2**《口語》刺激性飲料；興奮劑；酒。

bra·cer[2] [ˈbresɚ; ˈbreisə] *n.* Ⓒ(劍術等所用的)護臂；(射箭時所用的)護腕帶《保護持弓之手免爲弓弦所傷》。

bracket 1

brác·ing *adj.* 增加氣力的，令人振奮的，提神的，使心神清爽的：～ mountain air 令人心神爽快的山中空氣。

—*n.* Ⓒ支架，支柱。

brack·en [ˈbrækən; ˈbrækən] *n.* Ⓤ《植物》蕨《又稱龍頭菜；其嫩葉可供食用》。

brack·et [ˈbrækɪt; ˈbrækit] *n.* Ⓒ **1**《建築》托座，角撐架，斗拱。**2** 牆上凸出的托架[瓦斯管，燈座]。**3** [常 ～s] **a** 方括弧《[,]》. **b** 圓括弧《(,)》. **c** 角括弧《〈 , 〉》.

【說明】在英語中使用的括弧有(　)，[　]，{　}，〈　〉；都可以稱作 bracket, 可是通常加用下列名稱加以區分：
(　) round brackets 或 parentheses
[　] square brackets 或簡稱 brackets
{　} braces
〈　〉 angle brackets

4 a 被視爲同屬一類者：the upper age ～ 老年層。**b** 納稅人按其收入的分類：the high [low] income ～ 高[低]收入階層。

—*v.t.* **1**〔十受〕用托架托住[撐住]…。**2**〔十受〕用(方)括弧括…。**3 a**〔十受(十副)〕把〈二個[二人]〉一併處理，同時提名，相提並論〈*together*〉：Tom and Jack were ～*ed together* for the first prize. 湯姆和傑克同被提名得一等獎。**b**〔十受十介十(代)名〕把…〔與…〕一併處理〔*with*〕：Tom was ～*ed with* Jack for the first prize. 湯姆和傑克一起被提名得一等獎。**4**〔十受(十副)〕**a** 用(方)括弧括…〈*off*〉. **b** 不把…列入考慮，不考慮…，把…除外〈*off*〉.

brack·ish [ˈbrækɪʃ; ˈbrækiʃ] *adj.* **1** 稍有鹹味的，略含有鹽分的：a ～ lake 鹹水湖。**2** 難吃的；可厭的，令人作嘔的。

～**·ness** *n.*

bract [brækt; brækt] *n.* Ⓒ《植物》苞。

brad [bræd; bræd] *n.* Ⓒ角釘，曲頭釘，無頭釘。

—*v.t.* (**brad·ded**；～**·ding**)用角釘[曲頭釘，無頭釘]釘牢。

brád·àwl *n.* Ⓒ《木工》打眼鑽。

brae [bre; brei] *n.* Ⓒ《蘇格蘭》山坡；斜坡，傾斜處。

brag [bræg; bræg] (**bragged**；**brag·ging**) *v.i.*〔動(十介十(代)名)〕自誇，誇耀，吹噓〔…〕〔*of, about*〕：He *bragged about* [*of*] his merits. 他自誇他的優點。—*v.t.*〔十(*that*)_〕自誇，誇口說〈…之事〉：He ～*s that* he has built the house. 他自誇蓋了那幢房子。

be nóthing to brág abòut《口語》沒什麼了不起，不過如此而已，並不怎麼樣(好)。

—*n.* **1** Ⓤ吹牛，自誇：make ～ of... 自誇…。**2** Ⓒ誇辭，自吹自擂之語，自誇之物。

brag·ga·do·ci·o [ˌbrægəˈdoʃɪˌo; ˌbrægəˈdoutʃiou]《源自 Spenser 作 *Faerie Queene* 中自誇者之名》—*n.* (*pl.* ～s) **1** Ⓒ自誇者，說大話的人。**2** Ⓤ自誇，吹牛。

brag·gart [ˈbrægɚt; ˈbrægət] *n.* Ⓒ自誇者，吹牛的人。

—*adj.* [用在名詞前]自誇的，吹牛的。

Brah·ma [ˈbrɑmə; ˈbrɑːmə] *n.*《印度教》梵天《三大神格之一，爲一切衆生之父；cf. Siva, Vishnu》.

Brah·man [ˈbrɑmən; ˈbrɑːmən] *n.* Ⓒ(*pl.* ～s)婆羅門《印度教四大階級中最高階者，即僧侶；cf. caste 1》.

Bráh·man·ìsm [-nˌɪzəm; -nizəm] *n.* Ⓤ婆羅門教《以古代印度經典吠陀(the Vedas)爲中心之正統派印度教組織》。

Brah·min [ˈbrɑmɪn; ˈbrɑːmin] *n.* Ⓒ **1** ＝Brahman. **2**《美輕蔑》極有學識、教養或社會地位的人，文人雅士《尤指出身新英格蘭(New England)世家之人》：Boston ～*s* 波士頓的文人雅士。

Brahms [brɑmz; brɑːmz], **Jo·han·nes** [joˈhænɪz; jouˈhænis] *n.* 布拉姆斯《1833－97；德國作曲家》。

braid [bred; breid] *n.* **1** Ⓒ線帶，穗帶，緶：a straw ～ 草緶。**2** Ⓤ總帶：gold [silver] ～ 金[銀]色總帶。**3** Ⓒ[常 ～s]辮子，髮辮：wear one's hair *in* ～*s* 把頭髮梳成辮子。

—*v.t.*〔十受〕**1**《美》編〈細帶、頭髮等〉；把〈頭髮〉梳成辮子(⇨ knit【同義字】)。**2** 以總帶裝飾…。

bráid·ed *adj.* 編織成的，梳成辮子的，編成緶的；束[飾]以辮帶的，飾以總帶的。

bráid·ing *n.* Ⓤ **1** [集合稱]辮帶類，緶類。**2** 穗帶裝飾：gold ～ 金色穗帶裝飾。

brail [brel; breil] *n.* Ⓒ **1**《航海》捲帆索，後索。**2** (綁住鳥的雙翼的)皮製品《以防止鳥飛走》。—*v.t.* **1**《航海》用捲帆索[後索]拉〈帆〉〈*up*〉. **2** 綁住〈鳥〉的雙翼。

Braille [brel; breil]《源自法國發明者之名》—*n.* [有時 b～] Ⓤ(盲人所用的)點字(法)：write in ～ 用點字寫。

—*v.t.* [b～]用點字寫…。

Bráille·wrìter *n.* Ⓒ[有時 b～]點字打字機。

‡brain [bren; brein] *n.* **1** Ⓒ[有時 ～s]腦，腦髓：blow one's ～*s* out 打破腦袋自殺。

2 ⒸⓊ[常～s](作爲知性中心的)頭腦，智慧，智力，腦力，腦筋：have (good) ～*s* [have no ～*s*]腦筋好[壞]/use one's ～*s* 用智慧，仔細地想/He doesn't have much (of a) ～. 他腦筋不大好。

3 Ⓒ《口語》**a** 頭腦好的人：He's a ～. 他頭腦好。**b** [**the** ～s]知識方面的指導者，專家，智囊人物：call in *the* best ～*s* 延聘一流專家[人才]。

4 Ⓒ(飛彈等內部所藏的電腦等的)中樞部分，控制[引導]裝置。

béat [**cúdgel, ráck**] one's **bráins** 絞腦汁，苦思〔*for*〕.

hàve...on the bráin《口語》腦中一直在想著…，專心貫注於…。

pick [**súck**] a person's **bráins** (自己不下功夫而)請教他人，抄襲他人的想法。

túrn a person's **bráin** (1)使某人腦筋失常，使某人昏了頭。(2)使某人自滿[得意忘形]。

—*v.t.*〔十受〕**1** 打破〈人〉的腦殼。**2**《口語》打〈人〉的腦袋。

bráin cèll *n.* Ⓒ《解剖》腦細胞。

bráin·chìld *n.* Ⓒ(*pl.* **-children**)《口語》新構想；腦力創造物《指計畫、概念、創作等》。

bráin dèath *n.* Ⓤ《醫》腦死(cerebral death).

bráin dràin *n.* Ⓒ人才外流，智囊枯竭。

brained *adj.* [常構成複合字]頭腦…的：feeble-*brained* 頭腦衰弱的，智力弱的。

bráin fèver *n.* Ⓤ《醫》腦膜炎。

bráin·less *adj.* 沒有頭腦的，愚笨的。～**·ly** *adv.*

bráin·pàn *n.* Ⓒ頭顱，腦殼。

bráin·pòwer *n.* Ⓤ **1** 腦力；智力。**2** [集合稱]智囊(團)。

bráin·stòrm *n.* Ⓒ **1** (短暫的突發性)精神錯亂。**2**《美口語》心血來潮，突然的靈感，突然想到的妙計[好辦法](《英》brain wave).

—*v.i.* 進行腦力激盪(brainstorming).

bráin·stòrm·ing *n.* Ⓤ《美》腦力激盪《其目的在於解決問題，產生新觀念，分析情報，或刺激創造性的思想等》。

bráins trùst *n.* Ⓒ《英》**1** (對問題即時回答或提供意見的)答詢專家羣。**2** ＝brain trust.

bráin sùrgery *n.* Ⓤ腦外科。
bráin trùst *n.* Ⓒ《美》智囊團；專門委員會[顧問團]。
bráin trùster *n.* Ⓒ《美》brain trust 之一員。
bráin·wàsh *v.t.* 對〈人〉實行洗腦。
—*n.* Ⓒ洗腦。
bráin·wàshing «源自中文「洗腦」的翻譯» **—*n.*** ⓊⒸ洗腦，(强制)思想改造。
bráin wàve *n.* Ⓒ **1** [~s]《醫》腦波。**2**《英口語》靈感，突然想到的妙計，(突然的)靈機(《美》brainstorm)。
bráin·wòrk *n.* Ⓤ勞心的工作。
bráin·wòrker *n.* Ⓒ勞心者。
brain·y [ˈbrenɪ; ˈbreini] «brain 的形容詞» **—*adj.*** (**brain·i·er**；**-i·est**)《口語》頭腦好的，聰明的。**bráin·i·ness** *n.*
braise [brez; breiz] *v.t.* 燉，蒸，燜，煨〈肉〉(⇨ cook【同義字】)。
brake[1] [brek; breik] *n.* Ⓒ **1** [常 ~s] 煞車，制動器：apply [put on] the ~*s* 使用煞車，煞住。**2** 抑制〔*on*〕：put a ~ *on* change 制止變更。**3** 用以分開苧蔴使成纖維的器具或機器；蔴梳。**4** 大耙。
—*v.t.* 〔十受〕**1** 用煞車止住…，用煞車使…減速；操縱…的煞車：~ an automobile 煞住汽車。**2** 用蔴梳梳〈蔴〉。**3** 用耙耙碎…。**—*v.i.*** **1** 〈人〉煞車。**2** 〈車〉煞住：The car ~*d to* a halt. 車子煞住了。
brake[2] [brek; breik] *n.* **1** Ⓒ叢林，矮叢。**2** Ⓤ [集合稱]《植物》蕨。
brake[3] [brek; breik] *v.*《古》**break** 的過去式。
bráke hórsepower *n.* Ⓤ制動馬力《以一煞車附著於傳動桿，連接一動力計以測定之》。
bráke·man [-mən; -mən] *n.* Ⓒ(*pl.* **-men** [-mən; -mən])**1** (從前火車上的)煞車員，軔手。**2** (現在客車上的)車掌助手。
bráke pèdal *n.* Ⓒ《汽車》煞車踏板。
brá·less *adj.* 不[沒]戴胸罩的。
bram·ble [ˈbræmbl̩; ˈbræmbl] *n.* Ⓒ《植物》**1** 野薔薇《開白色或粉紅色花朶，可栽培作樹籬》。**2** 懸鈎子屬植物《懸鈎子、黑莓等》。
bram·bling [ˈbræmblɪŋ; ˈbræmbliŋ] *n.* Ⓒ《鳥》花雀《又稱燕雀，雀科鳴禽；在北歐到日本的針葉樹和樺木林中繁殖，到南方過冬》。
bram·bly [ˈbræmblɪ; ˈbræmbli] «bramble 的形容詞» **—*adj.*** (**bram·bli·er**；**-bli·est**)多[似]野薔薇的。
bran [bræn; bræn] *n.* Ⓤ糠，穀皮；麥麩。
‡**branch** [bræntʃ; brɑːntʃ] «源自拉丁文「動物的脚」之義» **—*n.*** Ⓒ **1** (樹木的)枝：The highest ~ is not the safest roost.《諺》高枝非艮棲，「樹大招風」。

【同義字】branch 是從樹幹(trunk)長出的樹枝；bough 是大枝；twig 是小枝；spray 是附有葉或花的小枝。

2 枝狀物：**a** 支流。**b** (又作 **bránch lìne**)(鐵路、道路等的)支線。**c** (山的)支脈。**3 a** (家族的)支系。**b** (又作 **bránch òffice**)分公司，分行，分店；支部，支局，分局。**4** 部門：a ~ of study 一學科。
róot and bránch ⇨ root[1].
—*v.i.* **1** [動(十副詞(片語))]〈樹〉長出[伸長]枝：Their cherry has ~*ed out over* our garden. 他們的櫻樹樹枝長到我們花園來/The tree had ~*ed over* the gate. 那棵樹的枝子伸展到大門上。**2 a** [動(十副)]分岔，分歧〈*off, away, out*〉：The road ~*es* at the bottom of the hill. 這條道路在山麓分岔/The railroad tracks ~ *off* [*away*] in all directions. 鐵路向四面八方岔開。**b** [(十副)十介十(代)名]分歧，分出[成…]〈*out, off*〉〔*into, to*〕：The main road ~*es* ***out into*** a narrow lane. 大馬路分出一條窄巷。**3** 〔十介十(代)名〕〔自…〕枝生，出〔自…〕〔*from*〕：Apes ~*ed* ***from*** man's family tree. 猿出自人類族系。
bránch óff 《*vi adv*》(1)⇨*v.i.* 2 a. (2)〈人、車等〉偏向一旁，走入岔道；〈心思〉轉移，分心。
bránch óut 《*vi adv*》(1)⇨ *v.i.* 1. (2)⇨*v.i.* 2. (3)擴大(事業、生意)規模，(志趣)朝向多方面發展〔*into*〕.
bránch wàter *n.* Ⓤ《美》**1** 小溪水，引來的水。**2** (調威士忌等用的)水。
brand** [brænd; brænd] «源自古英語「火焰」之義» **—*n. Ⓒ **1** 一塊燃燒中[部分燒過]的木頭。
2 (打在商品上或牲畜身上的)烙印；打烙印的烙鐵。
3 a 商標，牌子。**b** 品質，品牌，品種。**c** (特別的)種類：I like his ~ *of* humor. 我喜歡他那種獨特的幽默。
4 (從前打在囚犯身上的)烙印，汚名(disgrace).
a bránd (snátched [plúcked]) from the búrning [fíre] 從火中抽出來的一根柴；從危難中被救出來的人[物]；放棄異教改信基督教者《★出自聖經「撒迦利亞書」》。
the bránd of Cáin 該隱的烙印，殺人者的標記《★出自聖經「創世記」；⇨Cain》.
—*v.t.* **1** 〔十受〕打烙印於〈囚犯、牲畜身上〉。
2 a 〔十受十介十(代)名〕〔以…〕玷辱，汚辱〈人〉；印〔…的〕商標於…〔*with*〕：~ a person ***with*** infamy 給某人玷上汚名。**b** 〔十受十(*as*)補〕指〈人〉〈爲…〉，給〈人〉加上〈…的〉汚名，給〈商品〉加上〈…的〉商標：They ~*ed* him (*as*) a traitor. 他們給他加上叛逆者的汚名。
3 a 〔十受〕〈不好的往事〉使〈人〉永難忘懷，把…銘記〔於心上〕。**b** 〔十受十介十(代)名〕〈不好的往事〉將〈某事〉烙印，銘刻〔在心上〕〔*on, upon*〕：The war has ~*ed* an unforgettable lesson ***on*** our minds. 戰爭在我們心上烙下了永誌難忘的教訓。
bránding ìron *n.* Ⓒ烙鐵；烙印。
bran·dish [ˈbrændɪʃ; ˈbrændiʃ] *v.t.* (威脅地或得意地)揮舞，揮動〈刀等〉。
bránd nàme *n.* Ⓒ **1** 商標。**2** 附有著名商標之產品。**3**《口語》(尤指在某一領域中)有名[著名]的人。
bránd-nàme *adj.* [用在名詞前]有(著名)商標名的，著名廠商的：~ goods 名牌貨。
brand-new [ˈbrænˈnu, ˈbrænd-, -ˈnju; ˌbrændˈnjuː: ˊ] *adj.* 全新的，嶄新的，簇新的；剛剛獲得的。
bran·dy [ˈbrændɪ; ˈbrændi] «源自荷蘭語「燃燒的[蒸餾的]葡萄酒」之義» **—*n.*** Ⓤ [指個體或種類時爲Ⓒ]白蘭地(酒)。
—*v.t.* **1** 用白蘭地醃藏〈水果等〉。**2** 用白蘭地在…調味。
brándy snàp *n.* Ⓒ以白蘭地調味的薑餅。
brant [brænt; brænt]，《英》**brent** [brɛnt; brent] *n.* (又作 **bránt [brént] gròose**)Ⓒ(*pl.* ~**s**，[集合稱] ~)《鳥》黑雁《繁殖於北極，向南越冬於北美或北歐》。
brash [bræʃ; bræʃ] *adj.* **1**《口語》**a** 性急的，倉促的，輕率[鹵莽]的。**b** 厚顏無恥的，無禮的(impudent). **2**《美》〈木材〉易斷的，脆弱的。**~·ly** *adv.* **~·ness** *n.*
Bra·sí·lia [brəˈzɪljə; brəˈziljə] *n.* 巴西利亞《1960 年以後巴西的首都；cf. Rio de Janeiro》.
***brass** [bræs; brɑːs] *n.* **1** Ⓤ黃銅。
2 Ⓒ **a** [常 ~**es**]黃銅器皿[製品]：clean [polish, do] the ~(*es*) 擦拭[擦亮]黃銅器。**b** (嵌入教堂地板或牆壁爲紀念死者的)黃銅紀念牌。
3《音樂》**a** Ⓒ銅管樂器。**b** [**the** ~；集合稱](樂團的)銅管樂器(部)《★用法 視爲一整體時當單數用，指全部個體時當複數用》。
4 Ⓤ黃銅色。
5 〔十 *to* do〕[**the** ~]《口語》厚顏無恥：He had *the* ~ *to* make a speech. 他居然厚顏無恥地[厚著臉皮]發表演講。
6 Ⓤ [**the** ~；集合稱] **a**《口語》高級軍官(cf. brass hat). **b** 高級官員。**c** (財界等的)大人物，袞袞諸公。
(as) bóld as bráss 厚顏至極。
—*adj.* [用在名詞前]**1** 黃銅(製)的；黃銅色的：a ~ instrument 銅管樂器 /a ~ plate 銅製招牌。**2** 銅管樂器的：a ~ player 銅管樂器演奏者。
dòn't cáre a bráss fárthing 《英》一點都不在乎。
—*v.t.* 〔十受〕以黃銅覆於…。
be brássed óff 《英俚》〔對…〕感到厭煩〔*with*〕.
bras·sard [ˈbræsɑrd; ˈbræsɑːd] *n.* Ⓒ **1** 臂章。**2** 臂鎧。
bras·sart [ˈbræsət; ˈbræsət] *n.* ＝brassard 2.
bráss bánd *n.* Ⓒ管樂隊，軍樂隊。
bras·se·rie [ˌbræsəˈri; ˈbræsəri] «源自法語» **—*n.*** Ⓒ餐廳，小酒店，(尤指)啤酒店。
bráss hát «源自軍帽上飾有金黃色的穗帶» **—*n.*** Ⓒ《俚》**1** 高級軍官(cf. brass *n.* 6 a). **2** 高級官員；(財經界等的)大人物，袞袞諸公。
bras·sie [ˈbræsɪ; ˈbrɑːsi] *n.* Ⓒ《高爾夫》撲拉西桿，銅頭球棍。
bras·sière [brəˈzɪr, ˌbræsɪˈɛr; ˈbræsiə, ˈbræziə] «源自法語 'little camisole' 之義» **—*n.*** Ⓒ 胸罩，奶罩。
bráss knúckles *n. pl.*《美》＝knuckle-duster.
bráss-mónkey *adj.* [用在名詞前]《英俚》很冷的〈天氣〉。
bráss tácks *n. pl.* 具體事實，要點《★常用於下列成語》。
gèt [còme] dówn to bráss tácks 《口語》(結束無直接關係的話題)直截了當地說，談實際問題，言歸正傳。
bráss·wàre *n.* Ⓤ [集合稱]黃銅製品，黃銅器。
bráss wínd *n.* Ⓒ銅管樂器。
brass·y [ˈbræsɪ; ˈbrɑːsi] «brass 的形容詞» **—*adj.*** (**brass·i·er**；**-i·est**) **1** 黃銅質的；黃銅製的。**2** 虛有其表的。**3**《口語》厚顏無恥的。**4** 黃銅色的。**5** (敲打黃銅般的)金屬聲音的；尖銳刺耳的。
bráss·i·ly [-səlɪ; -sili] *adv.* **-i·ness** *n.*
brat [bræt; bræt] *n.* Ⓒ《輕蔑》(難管教的)乳臭小兒，小鬼：a spoiled ~ 調皮搗蛋的小鬼；小壞蛋。
bra·va·do [brəˈvɑdo; brəˈvɑːdou] «源自西班牙語 'brave' 之義» **—*n.*** (*pl.* ~**s**，~**es**) **1** Ⓤ虛張聲勢，外强中乾：with ~ 故作勇武地，虛張聲勢地。**2** Ⓒ逞强的行動。
‡**brave** [brev; breiv] *adj.* (**brav·er**；**-est**) **1** 勇敢的，英勇的(↔ cowardly)(⇨courageous【同義字】)。**2** [用在名詞前]《文語》**a** 鮮艷的，華麗的，漂亮的。**b** 極好的，美好的：a ~ new world

美好的新世界《★出自莎士比亞(Shakespeare)「暴風雨(*The Tempest*)」》.

—*n.* Ⓒ **1** 勇士。**2** (北美印地安人的)戰士。**—*v.t.*** 〔十受〕勇敢地面對〈危險、死亡〉, 冒…之險, 對抗…; 不把…當一回事, 不把…放在眼裏, 毫不畏懼地面對…: He ~*d* the king's anger. 他沒把國王的憤怒當一回事。

bráve it óut 不畏懼地對抗(反對、譴責), 拚命幹下去。

~·ly *adv.*

brav·er·y [ˋbrevərɪ; ˈbreivəri] «brave 的名詞» **—*n.*** Ⓤ **1 勇敢**, 英勇。**2** 《文語》華麗, 華飾; 華麗的衣服; 美裝。

bra·vo[1] [ˋbrɑvo; ˌbrɑːˈvou] «源自義大利語「極好的」之義; 與 brave 同字源» **—*n.*** Ⓒ (*pl.* ~es, ~s) 喝采[叫好]聲。

—*interj.* 好! 《★用法 對女性使用 brava [ˋbrɑvɑ; ˈbrɑːvɑː]》.

bra·vo[2] [ˋbrɑvo, ˋbrevo; ˈbrɑːvou] «源自義大利語» **—*n.*** Ⓒ (*pl.* ~s, ~es) 受雇的刺客; 暴徒。

bra·vu·ra [brəˋvjʊrə; brəˈvuərə] «源自與 bravery 對應的義大利語» **—*n.*** Ⓤ (音樂、戲劇的)氣勢磅礴的演奏[演技, 演出]。

—*adj.* [用在名詞前]雄壯華麗的, 氣勢磅礴的。

brawl [brɔl; brɔːl] *n.* Ⓒ (常指街上等的喧囂的)爭吵, 打架(⇨ quarrel【同義字】)。

—*v.i.* **1** 打架, 爭吵。**2** 〈河水〉淙淙而流。**~·er** *n.*

brawn [brɔn; brɔːn] *n.* Ⓤ **1** 肌肉; 肌力, 膂力, 體力; 人力, 勞力。**2** 《英》(將豬或犢之頭、脚等切成碎片再煮成牛酪狀的)碎肉凍(《美》headcheese).

brawn·y [ˋbrɔnɪ; ˈbrɔːni] «brawn 的形容詞» **—*adj.*** (**brawn·i·er**; **-i·est**)肌肉結實的; 健壯的。**bráwn·i·ness** *n.*

bray[1] [bre; brei] *n.* Ⓒ **1** 驢的叫聲, 似驢叫的聲音。**2** 喧嘩。

—*v.i.* **1** 〈驢等〉叫。**2** 發出高而刺耳的聲音, 喧嚷。

—*v.t.* 〔十受(十副)〕以高而沙啞的聲音說出…〈*out*〉: ~ ***out*** one's grievances 以粗聲大聲訴苦。

bray[2] [bre; brei] *v.t.* **1** 搗碎, 擂碎, 把…搗成粉。**2** 《印刷》薄塗〈油墨〉。

Braz. 《略》Brazil(ian).

braze [brez; breiz] *v.t.* **1** 以銅製造…。**2** 以銅覆於…, 以銅飾於…。**3** 使…似銅。

bra·zen [ˋbrezn̩; ˈbreizn] «brass 的形容詞» **—*adj.*** **1** 《文語》黃銅(製)的。**2 a** 黃銅色的。**b** 響亮而刺耳的, 吵鬧的。**3** 厚顏無恥的。

—*v.t.* 〔十受十副〕厚著臉皮面對〈情勢、責難等〉〈*out*〉: ~ ***out*** a scolding 挨罵還恬不知恥。

brázen it óut 厚顏無恥地幹下去, 厚著臉皮繼續下去。

~·ly *adv.* **~·ness** *n.*

brázen-fáced *adj.* 臉皮厚的, 無恥的, 賴皮的。

bra·zier[1] [ˋbreʒɚ; ˈbreizjə, -ʒə] *n.* Ⓒ (黃)銅匠。

bra·zier[2] [ˋbreʒɚ; ˈbreizjə, -ʒə] *n.* Ⓒ **1** (燒煤用的金屬製)火盆, 炭盆(cf. charcoal burner). **2** (通常指簡單的戶外用)烤肉器。

Bra·zil [brəˋzɪl; brəˈzil] *n.* 巴西《南美洲最大的共和國; 首都巴西利亞(Brasília)》.

Bra·zil·ian [brəˋzɪljən; brəˈziljən] «Brazil 的形容詞» **—*adj.*** 巴西的。**—*n.*** Ⓒ巴西人。

Brazíl nùt *n.* Ⓒ 巴西栗《玉蕊科喬木及其堅果內的種子》。

Brazíl·wòod *n.* **1** Ⓒ《植物》巴西蘇木《南美產豆科雲實屬喬木》。**2** Ⓤ巴西蘇木樹的木材《用於提取深紅色和深紫色的染料, 或製造家具》。

Br. Col. 《略》British Columbia.

breach [britʃ; briːtʃ] «break 的名詞» **—*n.*** **1** ⓊⒸ〔法律、道德、承諾等的〕**違反**, 不履行, 侵害〔*of*〕: a ~ *of* contract 違反契約, 毀約, 背約, 違約 /a ~ *of* duty 失職, 玩忽職守行爲/a ~ *of* etiquette 違反禮俗/a ~ *of* faith 背信, 背約行爲/(a) ~ *of* promise 違約, 毀棄婚約/sue a person for ~ *of* promise 控告某人毀棄婚約《★用法 for ~ 時常不加冠詞》/a ~ *of* the peace 妨害治安/a ~ *of* privacy 侵害隱私/a ~ *of* trust 違反信託, 辜負信任/be in ~ *of*... 違反…。**2** ⓊⒸ絕交, 不和〔*between*〕: heal the ~ 彌合裂痕, 調停。**3** Ⓒ (城牆、堤防等的)裂縫, 裂罅, 破洞: make a ~ *in* the fence 在圍牆上挖洞。

fill the bréach =step into the BREACH.

stánd in the bréach 獨當難局。

stép [**thrów onesèlf**] **ínto the bréach** (緊急情況中)伸出救援之手, 救人於危難之境。

—*v.t.* 〔十受〕攻破, 突破〈城牆等〉。**—*v.i.*** 〈鯨魚〉躍出水面。

‡**bread** [brɛd; bred] *n.* Ⓤ **1 麪包**: a loaf [slice, piece] of ~ 一條[片]麪包。

【說明】(1)麪包係依其形狀或原料予以分類。通常烤成長條形約一斤重的大型麪包(bread loaf), 一長條麪包稱 a loaf of bread; 切成薄片的稱 sliced bread, 一片麪包稱 a slice of bread; 烤成拳頭般大小的稱小圓麪包(roll); 烤成新月形的稱新月形麪包(croissant); 用精製的麪粉做成的稱白麪包(white bread); 用沒有去麩的麪粉做成的, 稱作全麥麪包(brown bread); 用裸[黑]麥(rye)做成的, 則稱作裸麥麪包或黑麪包(rye bread 或 black bread).

bread

(2)西方人吃的麪包不一定是白麪包, 英美人士除了白麪包, 也吃全麥麪包或裸麥麪包。在店裏買三明治(sandwich)時, 店員會問你要那一種麪包? (What kind of bread?) 他的意思是問你要哪一種麪包(白麪包、全麥麪包或裸麥麪包)做的三明治。

(3)一般觀念上認爲英美人的主食是麪包, 而以肉當菜來吃。實際上, 肉才是他們的主食。meat 這個字的舊用法除了肉以外, 還有「餐」的意思, 由此可想而知了; cf. meat【說明】

2 (日常的)食物, 食糧; 生計: one's daily ~ 日用的飲食, 生計《★出自聖經「馬太福音」》/the ~ of life 生命的糧《★出自聖經「約翰福音」》/beg one's ~ 乞食, 討飯吃/earn [gain] one's ~ 餬口, 謀生。**3** 《俚》錢(money).

bréad and bútter (1)[當單數用]塗有奶油的麪包: a slice of ~ *and butter* 一片塗了奶油的麪包。(2)《口語》必需品; 生計; 謀生之路: quarrel with one's ~ *and butter* 抱怨自己的謀生之路, 厭棄自己的職業。

bréad and chéese (1)附乾酪的麪包。(2)簡單的餐食。

bréad and mílk 牛奶泡麪包《幼兒的食物》。

bréad and sált (象徵款待的)麪包和鹽。

bréad and scrápe 塗有一層薄奶油的麪包。

bréad and wáter 只有麪包和水的劣食, 簞食瓢飲。

bréad and wíne 聖餐(禮)。

bréad búttered on bóth sídes 極佳之境遇, 鴻運高照《★源自兩面均塗有奶油的麪包之意》。

bréak bréad (1)〔與人〕(共)用餐〔*with*〕. (2)領受聖餐。

cást [**thrów**] one's **bréad upòn the wáters** 爲善不圖報, 積陰德。

éat ídle bréad 吃閒飯, 好吃懶做。

éat the bréad of afflíction [**ídleness**] 過悲慘[遊手好閒]的生活。

knów (**on**) **which síde** one's **bréad is búttered** 知道自己的利益所在; 善爲個人利益謀算。

táke the bréad òut of a person's **móuth** (1)奪人之生計。(2)奪走他人正要享受的樂趣。

bréad-and-bútter *adj.* [用在名詞前] **1 a** 爲謀生計的。**b** 利益掛帥的, 功利主義的。**c** 靠得住的, 可指望的。**2** 平凡的; 日常的。**3** 感謝款待的: a ~ letter 感謝款待的信。**4** 《英》食慾正旺盛的, 正在發育的: a ~ miss 食慾正旺盛[發育中]的姑娘。

bréad·bàsket *n.* **1** Ⓒ麪包籃。**2** Ⓒ《俚》胃(stomach). **3** [**the** ~; 常用單數] (尤指美國中西部等的)產糧地, 產糧區, 穀倉地帶。

bréad·bòard *n.* Ⓒ揉麪糰或切麪包用的板子。

bréad crùmb *n.* Ⓒ **1** 麪包裏面的柔軟部分(cf. crust 1). **2** [常 ~s]麪包屑, 麪包粉。

bréad·ed *adj.* 〈肉、魚等〉上麪包粉烹製的。

bréad·frùit *n.* **1** (又作 **bréadfruit trèe**) Ⓒ《植物》麪包樹《南太平洋地區所產的桑科常綠喬木; 其果實質如麪包, 烤而食之, 有麪包味》。**2** Ⓒ [當作食物時爲Ⓤ] 麪包果《麪包樹之果實》。

breadfruit

bréad knìfe *n.* Ⓒ (刀刃呈鋸狀的)麪包刀。

bréad·lìne *n.* Ⓒ排隊等待分發(麪包等)救濟品的貧民、失業者、災民隊伍。

on the bréadline 非常貧窮的, 僅能維持生活的。

bréad·stìck *n.* Ⓒ棒形麪包。

bréad·stùff *n.* Ⓒ **1** [常 ~s] 製麪包的原料。**2** 麪包。

‡**breadth** [brɛdθ, brɛtθ; bredθ, bretθ] «broad 的名詞» **—*n.*** **1** Ⓤ Ⓒ寬(度), 闊; 橫寬: The cloth is five feet *in* ~. 這塊布寬五呎。**2** Ⓒ (紡織品等的)一定的寬度, 一幅。**3** Ⓒ (土地、水面等的)廣袤, 幅員。**4** Ⓤ**a** (見識等的)廣泛, (度量等的)寬大; 寬容:

~ of mind 寬宏的胸懷。**b**《藝術》雄渾。

bréadth·wàys *adv.* & *adj.* 橫地[的]，橫過地[的]。

bréadth·wìse *adv.* & *adj.* =breadthways.

bréad·wìnner *n.* Ⓒ[常 **the** ~] **1** 負擔家庭生計者。**2** 謀生的手段，職業；謀生用的工具[技術，手藝(等)]。

‡**break** [brek; breik] (**broke** [brok; brouk]；**bro·ken** [ˈbrokən; ˈbroukən]) *v.t.* **A 1** 切斷《★瞬間以强力加於有形之物而使其分裂成二個或二個以上部分》：**a**〔十受〕將〈物〉毀壞(成二個以上或細片)，打破，打碎，弄破：Who *broke* the window? 是誰打破了窗？/She *broke* the cup in two [into pieces]. 她把杯子打破成兩半[碎片]。**b**〔十受(十副詞(片語))〕折斷〈樹枝等〉，扯[揪，扭，擰]斷…：~ one's pencil 弄斷鉛筆心/He *broke* a branch *off* [*from* the tree]. 他扯斷[從樹上扯下]樹枝。**c**〔十受〕折斷〈骨〉，折斷…的骨，扭傷…的關節，使…的關節脫臼：~ one's leg [arm] 折斷腿[手臂]。**d**〔十受〕割破，割傷，劃破，擦破〈皮膚〉：~ the skin 擦破皮膚。**e**〔十受〕弄壞，損壞〈鐘、錶等〉；使…失靈。

2〔十受〕**a** 打破〈沈默、單調、有規則(之狀態)等〉，擾亂〈和平、安寧等〉：~ a person's sleep 擾亂某人的睡眠/The shot *broke* the peace of the morning. 槍聲打破了早晨的沈寂/Only the whir of the air conditioner *broke* the silence in the office. 打破辦公室內寂靜的，只有空氣調節機呼呼的轉動聲。**b** 使〈步伐等〉亂：~ step〈部隊〉(在行進中)走亂步伐/~ ranks 搞亂隊伍。

3〔十受〕中斷〈正在繼續之物〉，遮斷…：~ an electric current 切斷電流/~ diplomatic relations *with*... 與…斷絕外交關係/~ one's journey 中止旅程/~ a strike 破壞罷工，迫使罷工者結束罷工/He *broke* short the conversation. 他突然停止了談話。

4 a〔十受〕開闢〈道路〉：~ a trail [path] through the woods 在樹林中開出一條小徑。**b**〔十受〕開墾〈土地〉，耕〈地〉；破〈土〉：~ ground 耕地；破土。**c**〔十受〕開拓〈新領域等〉，打開〈局面等〉：~ new [fresh] ground (研究、事業等)啓步踏入新的領域，開闢新天地。**d**〔十受〕〈魚〉跳出〈水面〉：I saw a fish ~ the water of the pond. 我看到一條魚跳出池塘水面。**e**〔十受(十補)〕推開，打開，撬開〈物〉：~ a crate (open) 撬開板條箱/~ a door open 撬[打]開門。

5〔十受〕**a** 分開，拆散，分離，卸開〈整體之物、完整之物〉：~ a set 拆開成套之物(零售)。**b** 將〈大鈔〉換零(change)：~ a hundred dollar bill 把一百美元鈔票換成零錢。

6〔十受〕《口語》**a** 毀滅〈人〉。**b** 使〈人、銀行〉破產(cf. broke *adj.*)：This expense will ~ us. 這種開支會使我們破產。

—**B 1**〔十受〕違反，違背，未遵守；觸犯〈法律、規則、契約等〉：~ one's promise [word] 違約，違反諾言，食言/She *broke* her date with me. 她對我爽約了。

2〔十受〕破〈記錄〉：~ a world record 破世界記錄。

3 a〔十受(十副)〕戒除，破除；棄絕〈壞習慣等〉〈*off*〉：~ (**off**) the habit of smoking 戒除吸烟的習慣。**b**〔十受十介十(代)名〕使〈人〉戒除〔壞習慣等〕，使…棄絕〔…〕〔*of*〕：He *broke* his child **of** that bad habit. 他使他的孩子戒除了那壞習慣。**c**〔十受十介十(代)名〕[~ one*self*] 戒除，棄絕〔壞習慣〕〔*of*〕：He *broke* *himself* **of** that bad habit. 他戒除了那壞習慣。

4〔十受〕逃出，掙脫〈束縛等〉，突破〈包圍〉：~ jail 越獄/~ bounds 逾限，越軌。

5 a〔十受〕挫〈銳氣、自尊心等〉，傷害〈健康等〉：~ a person's heart 使人傷心，使人心碎，使人失戀/Such hard work will ~ your health. 這樣的辛苦工作會損害你的健康。**b**〔十受(十副)〕攻破〈敵陣〉，使…潰散，使…潰不成軍〈*down*〉.

6〔十受〕阻擋〈風〉，減弱〈風力、墜落的勢頭等〉；削減〈勢力〉：The trees ~ (the force of) the wind. 樹木可以擋風(力)/The dense bushes *broke* my fall from the ladder. 茂密灌木的阻擋減弱了我從梯上墜落的勢頭《有茂密灌木承托，我從梯子上摔下來，未受重傷》。

7〔十受(十介十(代)名)〕(巧妙地)〔向人〕透露，傳達，報知，洩露〈壞消息〉〔*to*〕：He gently *broke* the sad news **to** his wife. 他委婉地把那傷心的消息告訴他妻子。

8〔十受(十介十(代)名)〕使〈馬等〉習慣〔於馬具等〕，馴服…〔*to*〕：~ a wild horse (**to** the saddle) 馴服野馬(使習慣裝馬鞍)。

9〔十受〕**a** 破解〈密碼、暗號等〉：~ a secret code 破解密碼。**b** 解決〈事情、問題等〉；破〈案〉：The police *broke* the case. 警方破了該案。

10〔十受〕使〈軍官〉降級，使…免職，使…撤職：The Captain was *broken* for neglect of duty. 這上尉因玩忽職守而被降級。

—*v.i.* **1 a** 損壞，破碎，破裂；〈繩等〉斷：Crackers ~ easily. (蘇打)餅乾易破碎/The cup *broke* to [into] pieces. 杯子破成碎片。**b**〔十副詞(片語)〕折斷，拉斷：The doll's hand has *broken off.* 玩偶的手斷掉了。**c**〈泡沫〉破，消散；〈腫疱〉潰破。**d**〔動(十介十(代)名)〕〈波浪〉〔沖擊…而〕碎，散開〔*on, over, against*〕：The surf *broke* **on** the rocks. 海浪拍擊岩石浪花四下迸濺。**e**〔十補〕[~ **open**] 破[碎]開；解[鬆]開：The box fell on to the floor and *broke open.* 盒子掉到地板上裂開了/A seam *broke open* at the sleeve. 袖子上接縫處裂開了。

2 a〈人、健康、銳氣〉衰弱，衰退，減弱，挫傷：He *broke* under the strain of heavy work. 他在繁重工作的壓力之下累壞了/Her heart *broke* when her child died. 當她孩子死時，她悲痛欲絕/His health is ~*ing* fast. 他的健康迅速地衰退。**b**〈部隊、陣線等〉混亂，崩潰，瓦解；〈羣衆等〉四散：The enemy *broke* and fled. 敵人被打得潰不成軍，狼狽逃竄。

3 a〈霧〉消散，〈黑暗〉消失；〈雲〉散開；〈霜〉溶化：The clouds began to ~. 雲開始散開。**b**〈天氣〉(持續一段之後突然)轉變，停止：The spell of rainy weather has *broken.* 持續的雨天突然放晴了/The weather was about to ~. 天氣即將要轉變。

4 a〈暴風雨、呻吟、笑聲等〉突然發生，來臨：The storm *broke* soon. 暴風雨一下子突然大作/A gasp [sob] *broke* from her. 她突然發出一聲喘息[啜泣]/A happy smile *broke* over his face. 他臉上頓時露出幸福的微笑。**b**〈天〉破曉：Day was beginning to ~. 天將破曉。**c**〈嗓音〉突變：The boy's voice has *broken.* 這男孩的嗓音變了。

5〔(十副)十介十(代)名〕忽然成爲〔…的狀態〕，突然〔…〕〈*out*〉〔*into*〕：~ **into** tears [laughter] 突然放聲大哭[哄堂大笑]/The low rumble all at once *broke into* a loud peal of thunder. 低沉的隆隆聲突然變成大聲的雷鳴。

6〔十介十(代)名〕**a**〔爲…而〕休息，停止工作〔*for*〕：We *broke* **for** tea. 我們停下工作喝茶(cf. tea break)/School ~*s* **for** vacation on July 10th. 七月十日起停課放假。**b**〔與…〕斷絕(關係)，斷交，絕交〔*with*〕：~ **with** an old friend 跟老朋友絕交/~ *with* old habits 戒絕老習慣。**c** 妨礙，打擾〔…〕；打斷，插入〔話等〕〔*into*〕：~ **into** the conversation 插嘴/~ *into* a person's leisure 打擾某人的休閒時間。

7 a〔十介十(代)名〕掙脫，擺脫〔束縛等〕；〔自…〕脫逃，脫離〔*from, out of*〕：~ **out of** jail 越獄。**b**〔十補(十介十(代)名)〕[~ **free** [**loose**]] 脫離，掙脫〔…〕；〔自…〕脫逃，逃出〔*from*〕：Two prisoners *broke free* (**from** jail) last night. 兩名囚犯昨晚(越獄)逃走了/The horse has *broken loose.* 馬逃脫了。

8《口語》〈消息等〉刊出，透露出；傳開：The news [story] *broke* unexpectedly. 這個消息[傳聞]突然傳開了[不脛而走]。

9 破產，倒閉。

10《球戲》〈球〉轉向。

11《拳擊》[用祈使語氣]分開《★裁判對在比賽中扭抱在一起的拳擊手所下的命令》。

brèak awáy《*vi adv*》(1)〔從…〕逃走，脫逃，掙脫，逃離〔*from*〕：The cat *broke away from* the girl's arms. 貓從女孩的手臂中掙脫出來。(2)脫離，擺脫，離開，退出；革除；放棄〔…〕〔*from*〕：The state *broke away* and became independent. 該州脫離而獨立/She is beginning to ~ *away from* his influence. 她正開始擺脫他的影響。(3)〔從…〕突然改變〔*from*〕. —《*vt adv*》(4)〔從…〕拆除…〔*from*〕.

brèak dówn《*vt adv*》(1)破壞，打破，搗毀…：~ *down* a wall 把牆拆毀。(2)壓倒，鎮壓〈反對、敵人等〉：~ *down* all opposition [resistance] 鎮壓一切反抗[抵抗]。(3)將…分類[分析]〔成…〕〔*into*〕：Learn to ~ *down* large tasks *into* manageable units. 要學會把大任務細分成幾個易處理的單元。(4)(引起化學變化而)分解爲…。—《*vi adv*》(5)〈機器、引擎、汽車等〉損壞，發生故障：The car *broke down* on the highway. 汽車在公路上發生故障[抛錨]/The engine has *broken down.* 引擎壞了。(6)〈反抗、交涉、計畫等〉失敗：The negotiations *broke down.* 交涉[談判]失敗了。(7)〈健康〉(迅速)衰退，〈身體〉衰弱，〈精神〉崩潰：His health *broke down* from lack of sleep. 他因睡眠不足而健康(迅速)衰退。(8)〈風氣、道德〉墮落，衰落：The old morality has *broken down* since the end of the war. 戰後舊道德已淪喪[不起作用]。(9)〈人〉(抑制不住而)大哭起來：She *broke down* when she heard the sad news. 她聽到那傷心的消息就哇地一聲大哭起來。

bréak éven (於賭博等)毫無得失；(生意)不賺不賠；(球賽)不分勝負。

brèak fórth《*vi adv*》迸出，突然發出；(尤指)〈憤怒等〉爆發。

brèak ín《*vt adv*》(1)馴服〈馬等〉：~ a horse *in* 馴服馬。(2)使〈鞋、汽車等〉逐漸適合(自己)使用，逐漸用慣〈物〉：~ *in* a new pair of shoes 把一雙新鞋穿得逐漸舒適合腳/This car is pretty well *broken in.* 這部車經過使用已變得相當好開《不會像剛出廠的全新車那樣生硬不滑潤》。(3)使〈人〉習慣新工作；訓練，調教〈人〉。—《*vi adv*》(4)〈小偷等〉闖入。

brèak ín on [**upon**]... 打斷〈他人的談話〉，打岔，插嘴《★可用被動語態》：It is impolite to ~ *in on* a conversation. 打斷別人的談話是不禮貌的。

bréak ínto... (1)侵入[潛入]，破門而入…：Some burglars *broke*

into the shop last night. 昨晚有幾個竊賊潛入店裏。 ⑵⇨*v.i.* 5. ⑶⇨*v.i.* 6 c. ⑷侵佔〈時間〉: Don't let play ～ *into* study hours. 別讓玩耍佔用了讀書的時間。⑸(不樂意地)將〈大鈔〉換小鈔[換成零錢]使用《★可用被動語態》: I *broke into* a 20-pound note to pay the fare. 我爲了付車資把二十英鎊鈔票換成零錢。⑹動用〈爲緊急時而準備之儲蓄等〉《★可用被動語態》: We had to ～ *into* our emergency supplies of food and water. 我們不得不動用爲緊急需要備用之糧食和水。

brèak óff 《*vt adv*》 ⑴⇨*v.t.* A 1 b. ⑵⇨*v.t.* B 3 a. ⑶突然停止〈談話等〉; 斷絕〈關係〉: ～ *off* an engagement 解除婚約/She *broke off* her relationship with him. 她斷絕了跟他的關係/They *broke off* talk*ing* [their conversation]. 他們突然停止交談。—《*vi adv*》 ⑷⇨*v.i.* 1 b. ⑸(暫時)停止談話[工作(等)]: We *broke off* for a few minutes and had a rest. 我們歇手幾分鐘, 休息一下。⑹〔與…〕絕交, 斷交〔*with*〕: I *broke off with* my friend. 我與朋友絕交了。

brèak óut 《*vi adv*》 ⑴〈火災、戰爭、暴動、流行病等〉突然發生: A fire *broke out* in a neighboring store last night. 昨晚鄰近的一家商店發生了一場火災 /Flu has *broken out* all over the district. 流行性感冒已在整個地區蔓延開來 /Bloody fighting *broke out* in Lebanon last week. 上星期在黎巴嫩爆發了血腥的戰鬥。 ⑵〈疹子、汗等〉發出; 〈臉〉被〔疹子、汗等〕覆蓋〔*in, with*〕: Sweat *broke out* on his forehead. 他的前額出汗 /His face *broke out in* a rash. 他的臉上發出一片紅疹。⑶逃出, 逃走, 脫逃: They *broke out.* 他們脫逃了。 ⑷突然發出〔怒聲等〕, 突然開始〔…〕〔*into*〕: He *broke out into* curses. 他突然破口大罵。—《*vt adv*》 ⑸張開〈升起的旗子〉。⑹[～+out+名]《口語》(爲慶祝等)取出〈香檳酒、葡萄酒、雪茄煙等〉, 開〈酒等〉。

break through [《*vi prep*》 ∼ thróugh...] ⑴強行通過, 穿過, 突破《★可用被動語態》: The U.S. army succeeded in ～*ing through* the enemy's defense line. 美軍成功地突破敵軍的防線 /He *broke through* the crowd. 他穿過人羣。⑵〈陽光等〉自〈雲縫等〉照射出來: The sun is ～*ing through* the clouds. 太陽漸漸從雲層中鑽出來。⑶(藉新發現等而)克服〈障礙等〉; 打破〈矜持等〉《★可用被動語態》: I tried to ～ *through* her reserve. 我試著去打破她的拘謹[矜持]。—[《*vi adv*》 ∼ thróugh] ⑷突破。⑸〈陽光等〉(自雲縫中)照射出來: At last the sun *broke through.* 太陽終於(自雲端中)鑽出來了。⑹(藉新發現等而在開發上)重大突破。

brèak úp 《*vt adv*》 ⑴擊碎〈物〉; 使…解體, 拆散…: ～ *up* a box for firewood 把箱子拆散當柴燒/～ *up* an old ship 把舊船解體。⑵分解…〔成…〕〔*into*〕: ～ *up* a word *into* syllables 把一個字分成音節。⑶將…〔在…之間〕分配〔*among*〕: ～ *up* a piece of work *among* several persons 把工作分配給幾個人。⑷驅散…, 使…解散: The group of demonstrators was *broken up* by the police. 示威的羣衆被警方驅散。⑸解散, 結束〈集合等〉, 使…閉幕, 使…散會: It's time to ～ *up* the party. 該是結束聚會的時候了。⑹《口語》破壞〈男女〉間之關係, 拆散〈夫妻、情侶〉, 使…分離; 解除〈婚約等〉。⑺《口語》擾亂…的心, 使…驚慌, 使…慌亂: The sad news *broke* her *up*. 那傷心的消息使她慌亂。⑻《美口語》使〈人〉捧腹大笑: The story really *broke* us all *up*. 那話眞使我們大家捧腹大笑。—《*vi adv*》 ⑼變得零散; 解散, 散會, 閉幕, 落幕, 結束: The party *broke up* at ten. 聚會於十時結束了/In four years their marriage *broke up*. 他們的婚姻維持了四年後終告破裂[結束]。⑽〈學校等〉結業; 學期結束而開始〔放假〕〔*for*〕: School will ～ *up* next Saturday. 課業將於下星期六結束/Our school [We] *broke up for* the summer holidays at the end of the week. 《英》我們學校[我們]在那一週週末開始放暑假。⑾〈天氣〉轉變, 轉壞: The weather was ～*ing up*. 天氣正在轉壞。⑿《口語》〈夫妻〉離婚, 離異。⒀〈人〉衰弱, 衰老; 崩潰; 累壞, (累)垮; 沮喪, 頹喪: He'll soon ～ *up* under all this strain. 如果一直這樣緊張, 他會崩潰[累垮]的。⒁《美口語》捧腹大笑。

—*n.* Ⓒ **1** 裂口, 裂縫, 切口; 裂紋, 裂痕: a ～ in the wall 牆上的裂痕 /a ～ in the clouds 雲縫, 雲層中的縫隙。

2 (工作、課堂等之間的)小憩, 休息時間; (短期)休假: the afternoon ～ 午休時間/⇨coffee break, tea break/Can't you get away during your lunch ～? 你不能在午餐休息[午休]時間走開嗎? /My daughter is home for the Easter ～. 我女兒回家來過復活節假期。

3 中斷, 間斷: a ～ *in* conversation 交談的中斷 /without a ～ 不間斷地, 連續地/They established diplomatic relations with the country after a ～ of twenty-six years. 經過二十六年的中斷之後他們與該國建立了外交關係。

4 a (突然的)轉變: a ～ in the weather 天氣的轉變。**b** 破曉, 黎明, 天亮: at the ～ of day 在破曉時分。

5 逃脫, 逃跑, 逃出; (尤指)越獄: ⇨ make a BREAK for it.

6 a 斷絕, 絕交〔*with, from*〕: make a ～ *with* tradition 與傳統斷絕關係, 棄絕傳統。**b**〖電學〗(電路的)短路, 電流的切斷, 中斷(↔ make).

7 a 轉折點, 分歧點, 轉捩點: a ～ in one's life 人生的轉捩點。**b** (進行路線的)突然改變。**c** (行市的)暴跌。

8 《口語》(社交上的)失態, 愚蠢的錯誤, 失策, 出醜, 失言: make a (bad) ～ 失態, 說[犯]不應該說[犯]的話[錯誤], 舉止不當。

9 《口語》**a** 機會, 運氣; (尤指)幸運: a lucky ～ 幸運/a bad ～ 倒霉, 霉運。**b** 機會: Give me a ～. 請給我一個機會。

10 〖球戲〗變化球, 曲球。

11 〖網球〗破解對方的發球(局)。

12 〖撞球〗開球連續得分。

13 〖拳擊〗分開。

màke a bréak for it 《口語》企圖逃跑。

break·a·ble [ˈbrekəbl; ˈbreikəbl] *adj.* 可毀壞的, 可弄破的; 易破[易碎]的, 脆的。—*n.* [～s] 易破[易碎]之物。

break·age [ˈbrekɪdʒ; ˈbreikidʒ] «break 的名詞»—*n.* **1** Ⓤ 破損, 毀損, 破裂, 斷裂。**2** Ⓒ**a** 破損處, 裂口。**b** [常 ～s] 破損物, 破損估計[賠償]額; 破損量。

bréak·awày *n.* Ⓒ **1** 逃跑, 逃脫。**2** 切斷, 分離。**3** 《澳》離羣之(野)獸。**4** 脫離; 退出〔*from*〕: make a ～ *from*... 脫離[退出]…。**5** 〖運動〗(未鳴槍前之)過早出發, [偷跑, 偷跳]《賽跑、游泳比賽等時之犯規動作》。**6** 〖橄欖球〗(向對方球門所作的)帶球奔馳。

—*adj.* [用在名詞前]分離的, 獨立的: a ～ faction (政黨、宗教等的)分離的一派。

bréak·dàncing *n.* Ⓤ霹靂舞《一種起源於 1970 年代中期的特技舞藝, 動作變化多端, 十幾歲的青少年常配合拉普音樂(rap music)在街頭表演》。

bréak·dòwn *n.* Ⓒ **1 a** (機器、火車等的)毀損, 故障。**b** 崩潰, 沒落, 瓦解: the ～ of the family 這個家族的沒落。**2 a** (談判等的)破裂; 挫折。**b** (精神、肉體等的)衰退, 耗損, 不支, 衰弱: a nervous ～ 神經衰弱。**3 a** (資料等的)分析; 分類。**b** 細分, 明細(表); (經細分、分析等而變得易懂的)說明。

bréakdown lòrry [**vàn**] *n.* 《英》= wrecker 3.

bréak·er[1] *n.* Ⓒ **1** 弄破的人, 弄碎的人。**2 a** 軋碎機。**b**〖電學〗斷路器。**3** (打在岸上或礁上的)碎浪(⇨wave【同義字】)。**4** (動物的)馴服者, 馴獸師。

bréak·er[2] *n.* Ⓒ〖航海〗飲水桶《救生艇用》。

bréak-éven *adj.* 損益均衡的, 得失相當的。

—*n.* (又作 **bréak-éven pòint**)Ⓒ損益均衡點, 收支相抵點。

‡**break·fast** [ˈbrɛkfəst; ˈbrekfəst] *n.* **1** Ⓤ[與修飾語連用指種類時爲Ⓒ] 早餐: be at ～ 正在吃早餐 /At what time do you have ～? 你幾點吃早餐? /have a good ～ 吃一頓豐盛的早餐 /a ～ of oatmeal [porridge] (燕)麥片[麥片粥]的早餐。

> 【字源】此字由 break(中斷)+fast(斷食)而成。是「中斷斷食」之意。換句話說, 所謂早餐不外是中止前一天晚餐以後斷食狀態的第一餐。
>
> 【說明】典型的美國式早餐爲果汁 (fruit juice) 或葡萄柚 (grapefruit), 牛奶拌糖和麥片[玉米片(corn-flakes)]的穀類食物(cereal), 土司(toast), 咖啡等, 有時還有醃薰肉[火腿]加煎蛋; 英國式早餐(English breakfast)爲果汁, 穀類食品或麥片粥(porridge), 醃薰肉加煎蛋(bacon and eggs), 土司(加奶油或果醬(marmalade)), 紅茶(或咖啡)等; 至於歐洲式的早餐(continental breakfast)比起美式或英式早餐就簡單多了, 通常只有麵包和咖啡或紅茶, 麵包常爲兩個小圓麵包(roll)或新月形麵包(croissant), 塗上奶油或果醬。

2 Ⓒ當天的第一餐《與時間無關》: ⇨wedding breakfast.

—*v.i.* [動(+介+(代)名)]吃〔…作〕早餐〔*on*〕: ～ ***on*** coffee and rolls 吃咖啡和小圓麵包當早餐。

bréakfast cùp *n.* Ⓒ早餐時使用的大型咖啡[茶]杯。

bréakfast fòod *n.* Ⓒ早餐食用的穀類食物。

bréak-ìn *n.* Ⓒ **1** 强行進入, 闖入; (以竊盜爲目的的)侵入住宅。**2** 試演; 試車; 適配運轉。

bréak·ing *n.* ⓊⒸ〖語音〗母音分裂《單母音之雙母音化》。

bréak·ing and én·ter·ing *n.* Ⓤ〖法律〗非法入屋行竊(housebreaking); (警察的)强行進入(搜索)。

bréaking pòint *n.* [the ～] **1** (材料物質的)斷點, 破壞點; (張力等的)極限, 界限。**2** (體力、耐心等的)界限, 極限: He reached *the* ～. 他達到了極限。

bréak·nèck *adj.* [用在名詞前](會使脖子折斷般地)非常危險的: drive at (a) ～ speed 以極危險的速度疾駛。

bréak·òut *n.* Ⓒ **1** 〖軍〗突圍。**2** (結夥)越獄, 逃亡。**3** 發疹子, 皮疹。

bréak·thròugh *n.* Ⓒ **1 a** (障礙、難關的)突破, 解決(方案),

(難題的)釋明。b《軍》突破(作戰)。**2**〔科學等的〕一大進步，躍進，(重要的)新發現，完成，成功，一大成就〔*in*〕：a major ~ *in* computer technology 電腦技術上的一大突破。

bréak·ùp *n.* Ⓒ **1** 分散。**2 a** 崩潰，破壞。**b** (夫妻等的)失和，別離。**3 a** 解散，散會。**b** (學期終了的)結業。

bréak·wàter *n.* Ⓒ防波堤。

bream [brim; bri:m] *n.* Ⓒ(*pl.* ~, ~s)《魚》**1** 歐鯿《歐洲產的鯉科歐鯿屬淡水魚的統稱；其鱗用作製造人造珍珠的塗料》。**2** 眞鯛(sea bream)《鯛科眞鯛屬海魚》。

***breast** [brɛst; brest] *n.* Ⓒ **1 a 胸**，胸部(⇨chest 3【同義字】)：beat one's ~ (當衆誇張地)搥胸悲痛，作悲痛狀。**b** (衣服的)胸部。**c** (犢、鷄等的帶骨頭的)胸肉。**2** 心裏，內心；心情：a troubled ~ 煩亂的心緒。**3** 乳房(⇨body 插圖)：full ~*s* 豐滿的乳房/give the ~ to a child 餵嬰兒喝奶[哺乳]/suck the ~ 吸母奶。**4** 似胸部的部分：**a** (欄杆扶手等的)下側。**b** (器物的)側面。**c** (山)腹：the mountain's ~ 山腹。

màke a cléan bréast of... 將…完全說出，把…全盤托出。

—*v.t.* 〔十受〕**1** 〈賽跑冠軍〉以胸部觸〈線〉。**2** 〈船等〉破〈浪〉前進，冒著…前進：~ the waves 破浪前進。**3** 爬到〈山、坡道〉的盡頭。**4**《文語》毅然面對，奮勇抵抗，毫不畏懼〈困難等〉。

bréast·bòne *n.* Ⓒ《解剖》胸骨。

bréast-fèd *adj.* [用在名詞前] 以母奶養育的。

bréast-fèed *v.t.* (**-fed** [-ˌfɛd; -fed])以母奶餵養〈嬰兒〉。

bréast-hígh *adj.* & *adv.* 高及胸部的[地]。

bréast·pìn *n.* Ⓒ胸針。

bréast·plàte *n.* Ⓒ **1 a** (甲冑的)護胸甲。**b** (馬鞍的)胸革帶。**2** (龜的)腹甲。

breastplate 1 a

bréast·pòcket *n.* Ⓒ(上衣)胸部的口袋。

bréast·stròke *n.* Ⓤ[常 the ~]《游泳》蛙泳。

bréast wàll *n.* =retaining wall.

bréast·wòrk *n.* Ⓒ《軍》胸牆《臨時構築高及胸部之工事》。

‡breath [brɛθ; breθ] «源自古英語「發散，呼氣」之義»**—***n.* **1** Ⓤ**a 氣息**，呼吸：have bad [foul] ~ 呼吸有臭味，有口臭/draw (one's) ~ 呼吸；活著 /get one's ~ (back [again])恢復正常的呼吸，恢復正常 /give up [yield] one's ~ 斷氣，死 /hold one's ~ (因恐懼或興奮而)屏息 /lose one's ~ 喘息，喘不過氣來 /out of ~ 氣喘的，喘不過氣來/one's last [dying] ~ 臨終 /*with* the [one's] last ~ 臨終之際，斷氣之際。**b** 生命，生命力，活力：as long as I have ~ = while there is ~ *in* me 只要我一息尚存，只要我活著。

2 a [用單數]一呼吸；一呼吸之間，瞬間：at [in] a ~ 一口氣地 /take [draw] a deep [long] ~ 作深呼吸。**b** Ⓤ休息：take [draw, gather] ~ 喘一口氣，歇一口氣，稍事休息。

3 [a ~] **a** 微風，和風：There was not *a* ~ of air [wind]. 一點風都沒有。**b** [常用於否定句]微弱(的聲音)，些微：There is *not a* ~ of suspicion. 沒有一絲懷疑。

4 Ⓒ(在空氣中飄動的)香氣。

5 Ⓤ《語音》無聲音，氣音(cf. voice 5)。

abòve one's **bréath** 大聲地，出聲地。

belòw one's **bréath** 低聲地，小聲地：speak *below* one's ~ 低聲說。

cátch one's **bréath** (1)(因驚訝、恐懼等而)屏息。(2)(在運動等之後)喘一口氣；(在工作之後)休息一會兒。

fírst dráw bréath《文語》出生《★源自「第一次呼吸」之意》。

in óne bréath (1)一口氣地。(2)同時地。

in the sáme bréath (1)同時地：These two things cannot be mentioned *in the same* ~. 這兩件事不可相提並論。(2)緊接著又(相反地)：say yes and no *in the same* ~ 說了「是」緊接著又說「不是」。

kéep [sáve] one's **bréath to cóol** one's **pórridge** ⇨porridge.

knóck the bréath òut of a person 使某人大吃一驚。

sáve one's **bréath** 不白費唇舌，沈默。

tàke a person's **bréath (awáy)** 使某人大爲驚訝[感動]。

the bréath of lífe《文語》生氣，生命(力)，活力；(如生命般)重要之物《★出自聖經「創世記」》。

ùnder one's **bréath** =below one's BREATH.

wáste (one's) **bréath** 白費唇舌，浪費說話氣力。

with báted bréath 屏息地，焦急不安地。

breath·a·lyze,《英》**breath·a·lyse** [ˈbrɛθəlˌaɪz; ˈbreθəlaiz] *v.t.* (用體內酒精含量測定器)檢查〈汽車駕駛人〉的呼氣。

bréath·a·lỳz·er *n.* Ⓒ 體內酒精含量測定器，測醉器(drunkometer)《藉分析駕駛人呼氣中的酒精氣以檢查其飲酒量的機器》。

‡breathe [brið; bri:ð] «breath 的動詞»**—***v.i.* **1 a 呼吸**：~ hard 大口喘氣，呼吸困難/~ deeply 深呼吸。**b** 生存，活著：He is still *breathing.* 他還活著[沒斷氣]。

2 喘[歇]一口氣，休息一會：Let's ~ for a moment. 我們休息一會兒吧/Let me ~.《口語》(別囉嗦)讓我喘口氣吧。

3 〈風〉微微地吹，〈香氣〉飄動。

—*v.t.* **1** 〔十受(十副)〕呼吸…〈*in*〉：I walked in the garden, *breathing* (*in*) the smell of the flowers. 我在花園裏散步呼吸著花的香氣/He ~*d* a sigh of relief. 他安心地鬆了一口氣。

2 〔十受(十副)〕**a** 呼出〈空氣等〉；發出〈香氣等〉〈*out, forth*〉：The flowers were *breathing out* fragrance. 花兒散發出香氣。**b** 低聲說；說出，洩漏，透露；用强烈的語氣說出〈話〉〈*out*〉：~ *out* threats 說出恐嚇的話 /You mustn't ~ a word [syllable] of it. 這件事你不得洩漏隻字片語。

3 〔十受十介十(代)名〕〔給…〕注入〈生氣等〉，以…賦與〔…〕〔*into*〕：The captain ~*d* new life *into* his tired soldiers. 連長使疲憊的士兵們恢復了活力。

4 〔十受〕讓〈馬〉鬆一口氣，使…歇息。

5 〔十受〕**a** 使〈狗等〉運動。**b** 使…喘氣，使…疲憊。

6 〔十受〕《語音》用氣音發〈音〉。

As I líve and bréathe!《口語》[表示驚訝]哎呀！這可眞是！眞沒想到！

bréathe agáin [fréely, éasily] (緊張、憂慮、危險等消除之後)安下心，鬆一口氣。

bréathe ín《*vi adv*》(1)吸氣。**—**《*vt adv*》(2)⇨*v.t.* 1. (3)集中精神傾聽〈對方的話〉：~ *in* every word 用心傾聽每一個字。

bréathe one's **lást (bréath)**《文語》斷氣，死。

bréathe on [upòn]... (1)對…哈[吐]氣：~ *on* one's glasses 哈氣在眼鏡上。(2)弄髒…，使…失去光澤。(3)玷污，責難…。

bréathe óut《*vi adv*》呼[吐]氣。

breathed [brɛθt; breθt] *adj.*《語音》無聲(音)的(voiceless).

breath·er [ˈbriðɚ; ˈbri:ðə] *n.* Ⓒ **1** [常與修飾語連用]呼吸者，有氣息者；生者：a heavy ~ 呼吸重的人。**2** (會令人喘氣的)激烈的運動。**3**《口語》**a** 短暫的休息：have [take] a ~ 休息片刻，稍作休息。**b** 散步：go out for a ~ 出去散步。

bréath gròup *n.* Ⓒ《語音》呼吸羣，氣羣《在兩次吸入空氣之間發出的語音系列》。

breath·ing [ˈbriðɪŋ; ˈbri:ðiŋ] *n.* **1** Ⓤ[常與修飾語連用]呼吸(法)：deep ~ 深呼吸。**2** [a ~]喘一口氣的時間，片刻；歇息，休止。**3** Ⓤ(空氣的)微動，浮動；微風。**4** Ⓤ發言，言詞。

bréathing capàcity *n.* Ⓤ肺活量。

bréathing spàce [spèll] *n.* ⓊⒸ換[喘]氣的時間，歇息的機會；深思熟慮的機會。

bréath·less *adj.* **1 a** 氣喘吁吁的。**b** 斷氣的，死的。**2** 不呼吸[屏息]的：with ~ anxiety (因恐懼、緊張)屏息以待地，焦慮不安地 /with ~ interest 屏息聚精會神地。**3** 令人透不過氣來的：at a ~ speed 以令人透不過氣來的速度。**4** 沒有風的；空氣靜止[不流通]的。

~·ly *adv.* **~·ness** *n.*

bréath·tàking *adj.* **1** 令人緊張得屏住呼吸的，令人提心吊膽[膽戰心驚]的：a ~ race 令人膽戰心驚[緊張得透不過氣來]的競賽。**2** 令人驚嘆的：a ~ beauty 令人驚嘆的美人。**~·ly** *adv.*

breath·y [ˈbrɛθɪ; ˈbreθi] «breath 的形容詞»**—***adj.* (**breath·i·er**; **-i·est**)《語音》(帶有)氣音的。

bréath·i·ly [-θɪlɪ; -θili] *adv.* **-i·ness** *n.*

bred** [brɛd; bred] *v.* **breed** 的過去式・過去分詞。**—adj.* [常構成複合字]教養…的，具有…教養的：ill-[well-]*bred* 沒有[有良好]教養的。

breech [britʃ, brɪtʃ; bri:tʃ] *n.* Ⓒ **1** (槍砲之)後膛。**2** 臀部，尻，屁股。**3** (物之)後部。

breech·cloth [ˈbritʃˌklɔθ, ˈbrɪtʃ-; ˈbri:tʃklɔθ], **-clout** [-ˌklaʊt; -klaut] *n.* Ⓒ圍下體之布；短褲。

breech·es [ˈbrɪtʃɪz; ˈbritʃiz] *n. pl.* **1** (長及膝蓋的男用)半長褲，馬褲。**2**《口語・謔》褲子。

wéar the bréeches《口語》〈妻子〉欺壓丈夫，當家。

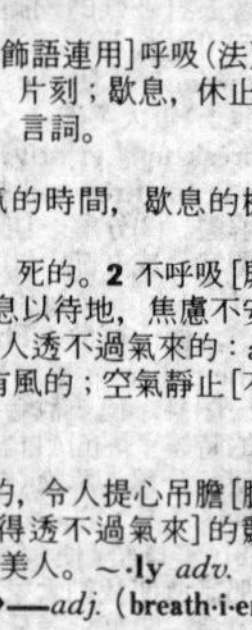

breeches 1

bréeches bùoy [ˈbrɪtʃɪz-; ˈbritʃiz-] *n.* Ⓒ《航海》(帆布製)短褲型救生具。

breech·ing [ˈbrɪtʃɪŋ, ˈbritʃɪŋ; ˈbritʃiŋ] *n.* Ⓒ(馬的)尻帶。

breech·less [ˈbritʃlɪs, ˈbrɪtʃ-; ˈbri:tʃlis] *adj.* **1** 〈槍砲等〉無後膛的。**2** 無褲的。

bréech·lòader [ˈbritʃˌlodɚ, ˈbrɪtʃ-; ˈbri:tʃˌloudə] *n.* Ⓒ後膛槍[砲]。

bréech·lòading *adj.* 〈槍、砲等〉後膛裝彈的，後裝式的。

***breed** [brid; bri:d] «源自古英語「抱」之義» **—**(**bred** [brɛd;

bred]) *v.t.* **1** 〔十受〕**a**〈動物〉生〈子〉。**b**〈鳥〉孵〈蛋〉。

2 a 〔十受(十副)〕養育〈人〉〈*up*〉：He was *bred* (*up*) in luxury. 他是在奢侈的生活環境中長大的。**b** 〔十受十介十(代)名〕使〈人〉受〔…的〕教育〔*to*〕：He was *bred* ***to*** the law. 他受過法律教育。**c** 〔十受十(*to be*)補〕將〈人〉教育〈成…〉《★補語只用名詞》：He was *bred* (*to be*) a gentleman. 他被教育成一個紳士。**d** 〔十受十*to* do〕教育〈人〉〈做…〉：Britain still ~*s* men *to* fight for her. 英國現仍教育人民為國而戰。**3** 〔十受十介十(代)名〕教，調教，訓練〔人〕〈禮節等〉〔*into*〕：~ good manners ***into*** children 教孩子們禮節[良好的舉止]《把良好的禮貌舉止灌輸給兒童》。

breeches buoy

4 〔十受〕**a** 繁殖，飼養…：These farmers try to ~ bigger sheep. 這些農人在設法繁殖較大品種的綿羊。**b** 培育〈新品種〉；改良〈品種〉。**5** 〔十受〕招致，引起〈不良之事物〉：Filth ~*s* disease and vermin. 汚穢引起疾病和害蟲。

—*v.i.* 〈動物〉產子；繁殖：Mice ~ in all seasons. 老鼠終年繁殖。

bórn and bréd ⇨born.

bréed ín (and ín) 同種繁殖；近親結婚生育。

bréed trúe to týpe 〈雜種〉變成固定的類型，繁殖純種。

what is bréd in the bóne 與生俱來的特質，生性，本性：*What is bred in the bone* will not (go) out of the flesh.《諺》本性難移。

—*n.* Ⓒ **1** (動植物的)品種，種(科)：a new ~ *of* pig 新品種的豬。**2** 種類，型：a different ~ *of* man (與其他人)不同類型的人。

bréed·er *n.* Ⓒ **1** 繁殖的動物[植物]；種畜，產子嗣之動物。**2** 飼育[栽培]者：a dog ~ 飼養狗的人。**3** (又作 **breeder reàctor**) 滋生(原子)反應器。

bréed·ing *n.* Ⓤ **1** 繁殖。**2** 飼育，飼養；育種。**3 a** 養育，訓育。**b** 教養；禮貌舉止：a man of fine ~ 很有教養的人。**4** 《核子物理》滋生(作用)。

bréeding gròund *n.* Ⓒ **1** (動物的)繁殖地。**2** 〔罪惡等的〕溫牀，滋生地〔*of*〕。

***breeze** [briz; bri:z] **《源自葡萄牙語「東北風」之義》—*n.* 1** ⓊⒸ**a** 微風，和風：There was not much (of a) ~. 沒有什麼微風。**b** 《氣象》微風(⇨wind scale)。**2** Ⓒ**a** 《英口語》騷動，風波，爭吵：kick up a ~ 引起騷動[風波]。**b** 《口語》流言。**3** Ⓒ《美口語》輕而易舉之事。

in a bréeze 《美口語》輕易地：pass an exam *in a* ~ 輕易地通過考試。

shóot the bréeze 《美俚》豪言壯語，吹牛，誇大；漫談，聊天。

—*v.i.* **1** [以 it 作主詞]吹微風，微風輕拂。**2** 〔十副詞(片語)〕《口語》飄然離去[出現，消失(等)]。**3** 〔十介十(代)名〕不費力地解決掉〔…〕〔*through*〕：~ ***through*** a task 輕易地做完工作。

bréeze·blòck *n.* Ⓒ《英》(建築用)煤渣混凝土空心磚，焦渣石。

bréeze·wày *n.* Ⓒ(住屋與車庫等之間的)有頂通道。

breez·y ['brizɪ; 'bri:zi] **《breeze 的形容詞》—*adj.*** (**breez·i·er**；**-i·est**) **1** 微風的；有微風的，通風良好的。**2** 活潑的，輕快的，輕鬆的。**bréez·i·ly** [-zəlɪ; -zili] *adv.* **-i·ness** *n.*

Bren [brɛn; bren] **《首創於捷克之地名 *Br*no 與在英國製造之地名 *En*field 所構成的字》—*n.*** (又作 **bren gun**) Ⓒ勃倫式輕機槍。

Bren·da ['brɛndə; 'brendə] *n.* 布蓮德《女子名》。

br'er [brɝ, brɛr; brə:, brɛə] *n.* 《美南部》=brother.

breth·ren ['brɛðrɪn, -rən; 'breðrən, -rin] **《brother 的特殊複數形》—*n. pl.*** [也用於稱呼]主內兄弟，信徒；伙伴，會員；同道《★比較 brothers 的舊式用法，現已不用作「兄弟」之義，主要指同教的教友》。

Bret·on ['brɛtn̩; 'bretn] *n.* **1** Ⓒ法國西北部不列塔尼(Brittany)地區的居民。**2** Ⓤ不列塔尼地區居民的語言。

—*adj.* 不列塔尼地區居民的；不列塔尼語的。

breve [briv; bri:v] *n.* Ⓒ **1** 《語音》(加在母音上面的)短音符《˘；如 ă, ĕ, ŏ；cf. macron》。**2** 《音樂》倍全音符《|○|；cf. crotchet 2》。

bre·vet [brə'vɛt, 'brɛvɪt; 'brevit] 《陸軍》 *n.* Ⓒ名譽晉升令。

by brevét 依名譽晉升令。

—*adj.* [用在名詞前](依)名譽晉升令的：a ~ rank 名譽階級 /a ~ colonel 名譽晉升的上校。

—*v.t.* (**bre·vet·ted, -vet·ed**；**bre·vet·ting, -vet·ing**) 以名譽晉升〈人〉。

bre·via·ry ['brivɪ,ɛrɪ; 'bri:vjəri] *n.* [常 B~] Ⓒ《天主教》簡本大日課經。

bre·vier [brə'vɪr; brə'viə] *n.* Ⓤ《印刷》八磅因(point)的活字。

brev·i·ty ['brɛvətɪ; 'brevəti] **《brief 的名詞》—*n.*** Ⓤ(時間的)短暫；簡潔：*B*~ is the soul of wit. 言貴簡潔《★出自莎士比亞(Shakespeare)「哈姆雷特(*Hamlet*)」》。

brew [bru; bru:] *v.t.* **1** 〔十受〕釀造〈啤酒等〉。**2** 〔十受(十副)〕泡，沏〈茶、咖啡〉〈*up*〉：~ ***up*** a pot of tea 泡一壺茶 /Tea is ~*ed* in hot water. 茶用熱水沖泡。**3** 〔十受(十副)〕**a** 醞釀，策劃〈陰謀等〉，圖謀〈不軌等〉〈*up*〉：~ mischief 策劃惡作劇。**b** 引起〈紛爭〉〈*up*〉。

—*v.i.* **1** 釀造。**2** 〈茶、咖啡〉泡(開)：This tea doesn't ~ very well. 這種茶不大泡得開[泡起來不大出味]。**3** [常用於進行式]**a** 〈陰謀等〉醞釀：There is trouble ~*ing.* 糾紛在醞釀中。**b** 〈暴風雨等〉即將來臨，正在形成：A storm *is* ~*ing.* 暴風雨正在醞釀中[即將來臨]。

—*n.* **1 a** Ⓤ(啤酒等的)釀造。**b** Ⓒ(啤酒等的一次的)釀造量；(茶葉等的)泡一次的分量。**c** Ⓒ(酒、茶等的)品質：a good ~ 好的品質。**2** Ⓒ(泡好的)茶，咖啡：the first ~ of tea (一壺茶的)頭一道[頭一泡]茶。

bréw·er *n.* Ⓒ **1** 釀造者。**2** 醞釀者，策劃者。

brew·er·y ['bruərɪ; 'bru:əri] *n.* Ⓒ(啤酒)釀造廠。

bréw·hòuse *n.* =brewery.

bréw·ing *n.* **1** Ⓤ(啤酒)釀造(業)。**2** Ⓒ(一次的)釀造量。

bréw·màster *n.* Ⓒ釀酒專家。

Bri·an ['braɪən; 'braiən] *n.* 布萊恩《男子名》。

bri·ar[1] ['braɪɚ; 'braiə] *n.* =brier[1].

bri·ar[2] ['braɪɚ; 'braiə] *n.* Ⓒ **1** 《植物》白石南(brier)《南歐產杜鵑花科石南屬灌木；其根部可製煙斗》。**2** 白石南煙斗。

brib·a·ble ['braɪbəbl̩; 'braibəbl] *adj.* 可賄賂的，可行賄的，可收買的。

bribe [braɪb; braib] **《源自古法語「(給了乞丐的)大塊麪包」之義》—*n.*** Ⓒ賄賂：offer [give] ~*s* 行賄 /accept [take] ~*s* 受賄。

—*v.t.* **1 a** 〔十受〕賄賂〈人〉，向〈人〉行賄，送賄賂給〈人〉。**b** 〔十受十介十(代)名〕〔以…〕收買〈人〉〔*with*〕：~ a person ***with*** money 用錢收買某人。**c** 〔十受十介十(代)名〕收買，賄賂〈人〉〔做…〕〔*into*〕：He tried to ~ the police ***into*** connivance [let*ting* him go]. 他企圖收買警察放他一馬。**d** 〔十受十 *to* do〕收買，賄賂〈人〉〈做…〉：He ~*d* them *to* vote for him. 他收買他們投票選他。**2** 〔十受十介十(代)名〕[~ one*self* 或 ~ **one's way**] 用賄賂獲得[地位等]〔*into*〕：He ~*d himself* [his way] ***into*** office. 他用賄賂在公家機構找到工作。

—*v.i.* 行賄。

bríb·er *n.* Ⓒ 行賄者，賄賂者。

brib·er·y ['braɪbərɪ; 'braibəri] *n.* Ⓤ 賄賂，行賄，受賄：commit ~ 行賄[受賄]。

bric-a-brac, bric-à-brac ['brɪkə,bræk; 'brikəbræk] **《源自法語'by hook or by crook'之義》—*n.*** Ⓤ[集合稱]小骨董，小古玩。

‡brick [brɪk; brik] *n.* **1** Ⓤ[集合稱；指個體時為Ⓒ]磚：lay ~*s* 砌磚 /The house was built of red ~(s). 那房子是用紅磚蓋的。**2** Ⓒ **a** 磚形物《如麪包等》：a ~ of cheese 磚形乾酪。**b** 《英》(玩具的)積木(《美》block)：a box of ~*s* 一盒積木。**3** Ⓒ《口語》可信賴的人，好人，慷慨[豪爽]的人。

(as) drý [hárd] as a bríck 很乾[硬]的。

béat [rún] one's **héad agàinst a bríck wáll** 《口語》試圖幹不可能成功的事；枉費心機，白費力氣；自找苦吃《★「用頭去撞磚牆」之意》。

dróp a bríck 《口語》出言不遜[行為鹵莽](而傷人感情)，失言。

hít the brícks 《美俚》⑴在外面走動；上街巡邏[挨戶地訪問]。⑵《囚犯》出獄。⑶罷工。

like a bríck=like (a tón of) brícks 猛烈地，帶勁地：come down on a person *like a ton of* ~*s* 大聲叱責某人。

màke brícks without stráw 作無米之炊《★出自聖經「出埃及記」》。

【字源】據聖經舊約記載，埃及(Egypt)王經常命令居住在埃及的以色列人(Israelites)做非常繁重的勞役。有一次以色列人被命令去做和平日所做一樣多的磚頭，但不供給他們必需的稻草，此成語是從這典故而來。

—*adj.* [用在名詞前] **1** 磚的；磚造的：a ~ house 磚屋，用磚蓋的房屋。**2** 磚色的：~ red 紅磚色。

—*v.t.* **1 a** 〔十受〕鋪磚於…。**b** 〔十受十副〕以磚覆於…之上〈*over*〉：~ ***over*** a well 用磚覆於水井之上。**2** 〔十受十副〕用磚圍[堵]…〈*up, in*〉：~ ***up*** a window [***in*** a hole] 用磚堵住窗[洞]。**3** 〔十受十副〕把〈人〉關進磚牆裏〈*up*〉。

bríck·bàt *n.* Ⓒ **1** 扔人的磚片。**2** 《口語》嚴厲的批評，非難。

bríck·fìeld *n.* Ⓒ《英》磚廠(《美》brickyard)。

bríck·kìln *n.* Ⓒ磚窰。

bríck·làyer *n.* Ⓒ磚瓦匠，泥水匠。

bríck·làying *n.* Ⓤ砌磚。

bríck·màker *n.* Ⓒ製磚工人[業者]。

bríck·màking *n.* Ⓤ製磚(業)。

bríck·wòrk *n.* Ⓤ砌磚(工程)。

bríck·yàrd *n.* Ⓒ《美》磚廠(《英》brickfield)。

brid·al [ˈbraɪdl; ˈbraidl] «源自古英語「結婚的酒宴」之義»**—***n.* Ⓒ婚禮，結婚儀式。
—*adj.* [用在名詞前]新娘的；婚禮的：a ~ march 結婚進行曲/a ~ shower ⇨ shower¹ *n.* 3.

***bride** [braɪd; braid] *n.* Ⓒ**新娘**(cf. bridegroom).

【說明】在英美，人們會對新郎說"Congratulations！"(恭喜)，但對新娘則說"I wish you every happiness！"(祝妳幸福)，而絕不說 Congratulations，因爲 Congratulations 是對拚命努力而達到目的者的賀詞，而英美人士認爲努力贏得對方的是男人，所以如果對新娘說"Congratulations！"就意味著她努力追求過新郎，對她是一種嚴重的侮辱。

bride·groom [ˈbraɪdˌgrum, -ˌgrum; ˈbraidgru:m, -grum] «源自古英語「新娘的男人」之義»**—***n.* Ⓒ**新郎**(cf. bride).

brídes·màid *n.* Ⓒ(在婚禮上伴隨新娘的)女儐相，伴娘《★通常有二人以上；cf. groomsman》：She was a ~ at the wedding. 她在婚禮上擔任女儐相。

bríde-to-bé *n.* Ⓒ(*pl.* **brides-to-be**)未來的新娘，準新娘。

bride·well [ˈbraɪdwɛl, -wəl; ˈbraidwəl, -wel] «源自從前設在倫敦附近的一所監獄名»**—***n.* Ⓒ《英》感化院；拘留所；(泛指)牢獄，監牢。

‡**bridge**¹ [brɪdʒ; bridʒ] *n.* Ⓒ **1 橋，橋梁**(⇨本頁下端插圖)：a ~ of boats(架在一排小船上的)船橋/build [throw] a ~ across [over] a river 在河上架橋/Don't cross the [your] ~ until [till, before] you come [get] to it.《諺》不要杞人憂天；不要爲未到之事而煩惱/A lot of water has flowed under the ~ (since then).(自從那時起)發生過許多事。
2 形狀似橋梁之物：**a** 鼻梁《指兩眼之間的部分》。**b** (眼鏡的)鼻梁架。**c** (弦樂器的)琴馬《提琴或胡琴上用以架高琴弦之小木片》(⇨violin 插圖)。
3 船橋，艦橋《橫架於兩舷的高座，爲船長等發號施令之處》。
4 《牙科》齒橋。
5 《撞球》(球)桿架，(撞球時，爲穩定球桿而用靠近球之手指作成的)桿托。
6 《電學》電橋。
7 《角力》橋形(撐)。
búrn one's **brídges** (**behìnd** one) = burn one's BOATS (behind one).
—*v.t.* **1** 〔十受〕架橋於〈河川、山谷等〉。
2 〔十受〕塡補〈空隙〉：~ a gap 塡補縫隙[懸隔]。
3 〔十受(十副)〕**a** 度過〈難關〉〈*over*〉：~ *over* many difficulties 度過許多難關。**b** 救〈人〉(於一時)〈*over*〉：The money will ~ him *over*. 這筆錢可幫他度過難關。

bridge¹ 3

bridge² [brɪdʒ; bridʒ] *n.* Ⓤ橋牌《一種紙牌戲》：⇨contract bridge.

brídge·hèad *n.* Ⓒ **1** 《軍》橋頭堡，灘頭陣地。**2** 用以向前推進的立足點。

brídge·wòrk *n.* Ⓤ **1** 架橋工程，造橋，橋梁工事。**2** 《牙科》架橋，橋工。

bri·dle [ˈbraɪdl; ˈbraidl] *n.* Ⓒ **1** 馬勒，韁轡《裝在馬頭部的馬籠頭，馬口銜及韁等的總稱》：give a horse the ~ = lay the ~ on a horse's neck 放鬆韁轡；讓馬自由活動。**2** 拘束(物)，抑制，束縛。
—*v.t.* **1** 繫韁轡於〈馬〉。**2** 抑制〈感情等〉：~ one's temper 控制脾氣。
—*v.i.* **1** 〔十副〕〈女人〉昂首《表示憤怒、傲慢或輕視》〈*up*〉：She ~*d* **up**. 她昂起了頭。**2** 〔(十副)十介十(代)名〕〔對…〕昂首表示憤怒[傲慢，輕視]〈*up*〉〔*at*〕：She ~*d* (**up**) **at** the insinuation. 她對那暗諷昂首表示輕視[大爲氣惱]。

bridle 1

brídle pàth [**ròad, tràil, wày**] *n.* Ⓒ供人騎馬之小路《不得行車的小徑》。

Brie [bri; bri:] «源自法國產地名»**—***n.* (又作 **Brie chéese**)Ⓤ一種白色的軟乾酪。

brief** [brif; bri:f] «源自拉丁文「短」之義» **—adj.* (~·**er**；~·**est**) **1 短時間的，短暫的**：a ~ life 短暫的一生。
2 a 簡潔的，簡短的：a ~ note 簡短的便條，短箋。**b** 冷淡的：a ~ welcome 冷淡的歡迎。
to be bríef 簡言之，簡單地說(in short).
—*n.* **1** Ⓒ **a** 摘要，概要；簡報，簡短的報告[發表]；綱要〔*of*〕. **b** (報紙等的)短文。**c** [常用單數](任務)內容之說明，指示〔*about, on*〕. **2** Ⓒ《法律》**a** 案情摘要。**b** 訴訟案件：take a ~ 接受訴訟案件/have plenty of ~*s*〈律師〉接受委託的案件多，業務興隆。
3 Ⓒ《天主教》(教皇的)敕書，訓諭《格式較 bull² 爲簡略者》。
4 [~s]貼身短內褲：a pair of ~*s* 一條貼身短內褲。
hóld a bríef for… (1)爲…而辯護。(2)[常用於否定句]支持…，贊同…：I *hold no* ~ *for* his behavior. 我不支持他的行爲。
in bríef (1)簡單地說，總之。(2)簡短地，簡單地：He gave his reasons *in* ~. 他簡單地說了理由。
—*v.t.* **1** 〔十受〕節略，概述…；作…的摘要。
2 〔十受〕《法律》《英》**a** 作〈訴訟案件〉的摘要。**b** 委託…辯護。
3 a 〔十受〕在出發前摘要地指示〈飛行員〉。**b** 〔十受十介十(代)名〕〔就…〕(簡短地)給與〈人〉指示[資訊]〔*on*〕：I ~*ed* him **on** the task. 我對他簡單地說明[交代]了任務。
~·**ness** *n.*

bríef·càse *n.* Ⓒ公事包(⇨bag 2a【同義字】)。

bríef·ing *n.* ⓊⒸ **1** 《空軍》(在起飛前向飛行員所做的)任務要略[提示]；簡明指示。**2** 簡短的報告，簡報(會)：at a ~ 在簡報會上。

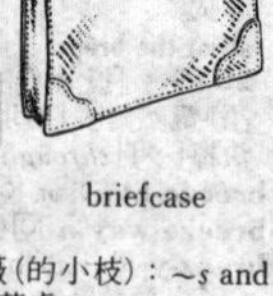
briefcase

brief·less [ˈbriflɪs; ˈbri:flis] *adj.* 〈律師等〉無人委託訴訟案件的。

***bríef·ly** *adv.* (**more** ~；**most** ~) **1 簡單地，簡短地**：to put it ~ 簡單地說，簡言之。**2** [修飾整句]簡言之，總之，要之。

bríef of títle *n.* Ⓒ《法律》所有權狀的證明摘要。

bri·er¹ [ˈbraɪɚ; ˈbraiə] *n.* **1** Ⓒ荊棘，野薔薇(的小枝)：~*s* and brambles 荊棘灌木叢。**2** Ⓤ[集合稱]荊棘繁茂處。

bri·er² [ˈbraɪɚ; ˈbraiə] *n.* **1** Ⓒ《植物》白石南《南歐洲產杜鵑花科石南屬常綠灌木(heath)之一種》。**2 a** Ⓤ白石南木《常指其根部；用以製煙斗》。**b** Ⓒ白石南煙斗(briar)《白石南根製成的煙斗》。

bríer·ròot *n.* Ⓒ白石南根。

cantilever bridge

drawbridge

pontoon bridge, floating bridge

suspension bridge

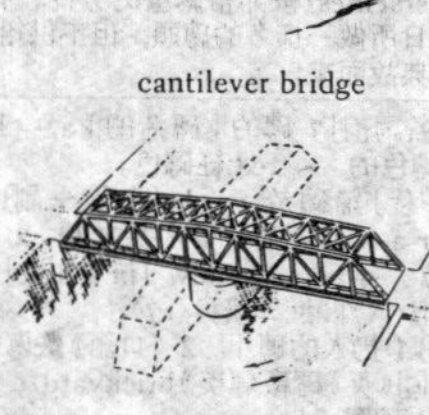
swing bridge

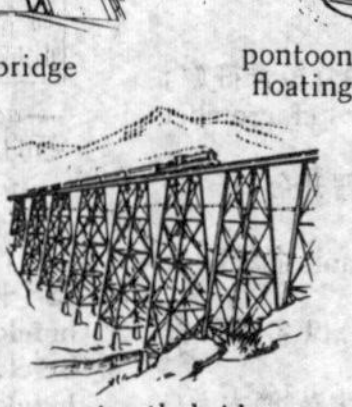
trestle bridge

truss bridge

bridges¹ 1

brier·wood n. Ⓤ白石南木《尤指根部》。

brig [brɪg; brig] n. Ⓒ《航海》**1** 雙桅帆船。**2**《美》(軍艦上之)禁閉室；監牢。

Brig.《略》Brigade; Brigadier.

brig 1

bri·gade [brɪˋged; briˈgeid] n. Ⓒ **1**〔軍〕旅《略作 Brig.；⇨army 2 a》：a ~ major 副旅長《略作 B.M.》/a mixed ~ 混合旅。**2**(軍隊式組織之)團體，隊，組：⇨fire brigade.

—v.t. 將…組成旅[隊，組(等)]。

brig·a·dier [ˏbrɪgəˋdɪr; ˌbrigəˈdiə] n. Ⓒ **1**〔英陸軍〕陸軍准將《位居上校與少將之間，受少將待遇；相當於海軍之 commodore；略作 Brig.》。**2**《美》＝brigadier general.

brigadier general n. Ⓒ(pl. ~s)《美陸軍・空軍・海軍陸戰隊》准將(cf. brigadier 1).

brig·and [ˋbrɪgənd; ˈbrigənd] n. Ⓒ土匪，山賊(bandit)；强盜。

brig·and·age [ˋbrɪgəndɪdʒ; ˈbrigəndidʒ] n. Ⓤ山賊行爲；搶劫。

brig·an·tine [ˋbrɪgənˏtin, -ˏtaɪn; ˈbrigəntain, -tiːn] n. Ⓒ《航海》雙桅帆船。

‡**bright** [braɪt; brait] adj. (~·er；~·est) **1**〈陽光等〉**光亮的，光明的**；〈星球等〉發光的，閃光的。

2 a〈臉色等〉**明朗的**；〈眼睛等〉明亮的，閃爍的：a ~ smile 明朗的微笑。**b**〈天氣〉晴朗的：~ and clear 晴朗明亮的。

3 a〈色彩〉**鮮麗的**，鮮明的(↔ dull)：~ red 鮮紅色。**b**〈液體等〉透明的，晶瑩的。

4 開朗的，活潑的，快樂的，有精神的。

5 a〈小孩等〉伶俐的，聰明的，乖巧的(⇨clever【同義字】)：a ~ boy 聰明的男孩。**b**［又用於諷刺］〈言詞等〉妙的，機靈的；〈想法等〉高明的，巧妙的：Whose ~ idea was this? 這是誰出的好主意？**c**〔＋*of*＋(代)名(＋*to* do)/＋*to* do〕〔人〕〈做…是〉聰明的；〈人〉〈做…是〉聰明的：It wasn't ~ *of* you *to* say that. ＝You weren't ~ *to* say that. 你說那種話是不聰明的。

6〈未來等〉光明的，有希望的；光榮的，輝煌的，燦爛的，光輝的：~ prospects [hope] 光明的前途[希望] /look on [at] the ~ side of things 看事物光明的一面，往樂觀方面看事物。

on the bright side of… ⇨ side.

bright and early (指時間十分充裕)一大早地。

—adv.［常與 shine 連用］明亮地：The sun *shines* ~. 陽光燦爛。

~·ness n.

bright·en [ˋbraɪtn; ˈbraitn] «bright 的動詞»**—v.t.**〔十受(＋副)〕**1 a 使…發亮**[生輝，光明，變亮]；使…明朗，使…歡樂〈*up*〉：Young faces ~ a home. 年輕人使家庭生活變得活潑愉快。**b** 擦亮〈銀等〉〈*up*〉.

2 使〈心情〉愉快；使〈前途〉光明，使…有希望〈*up*〉.

—v.i.〔動(＋副)〕**1** 變亮，生輝；放晴〈*up*〉：The sky ~*ed*. 天空放晴了。**2**〈人(的面孔)〉露出喜色，變得明朗，快活起來〈*up*〉：She ~*ed* (*up*). 她(忽然)快活[活躍]起來。

bright-eyed adj. 眼神明亮的。

‡**bright·ly** [ˋbraɪtlɪ; ˈbraitli] adv. (**more** ~；**most** ~) **1 明亮地**，光亮地；閃亮地：The moon was shining ~. 月光皎潔。

2 快活地，開朗地，明朗地，歡樂地：smile ~ 快活地微笑。

3 …得閃閃發光。

Brigh·ton [ˋbraɪtn; ˈbraitn] n. 布來頓《英國東南部的一個城市，爲濱海度假勝地》。

Bright's disease [ˋbraɪts-; ˈbraits-] «源自英國內科醫師 Richard Bright (1789–1858)之名»**—n.** Ⓤ《醫》布萊德氏病《兩側之瀰漫性腎病，以水腫和蛋白尿爲主徵》。

brill [brɪl; bril] n. Ⓒ(pl. ~, ~s)《魚》菱鮃《地中海、大西洋產鮃科大型食用魚》。

bril·liance [ˋbrɪljəns; ˈbriljəns] «brilliant 的名詞»**—n.** Ⓤ **1** 光輝；光明，光澤；光亮。**2** 煥發的才氣，才華，聰穎。

bril·lian·cy [-ljənsɪ; -ljənsi] n. ＝brilliance.

***bril·liant** [ˋbrɪljənt; ˈbriljənt] «源自法語「輝耀」之義»**—adj. 1 a**〈珠寶、陽光等〉**光輝的，燦爛奪目的，明亮的**。**b**〈寶石切割法〉閃爍效果最佳的：a ~ cut 閃爍效果最佳的切法《爲最常見的一種鑽石切法，其形狀如兩個底部相對的截頂金字塔，共有十八至一百零四個小切面》。

2〈色彩〉**鮮明的**，鮮艷的：a ~ yellow 鮮明的黃色。

3 a 漂亮的，輝煌的，華麗的，光彩的；〈演奏等〉(在技巧方面)精彩[出色]的：a ~ performance 精彩的演奏[演出]。**b**(在知性或才能方面)顯赫的，英明的，卓越的，有才能[才華，才氣]的，聰穎的：a ~ idea 絕妙的主意/a ~ mind 聰穎[才華橫溢]的頭腦。

—n. 1 Ⓒ《寶石》以閃爍效果最佳之切法切成的寶石《尤指鑽石》。

2 Ⓤ《印刷》最小型鉛字《約爲$3\frac{1}{2}$磅因(point)》.

bril·lian·tine [ˋbrɪljənˏtin; ˌbriljənˈtiːn] n. Ⓤ **1** 美髮油。

2 亮光薄呢《一種用山羊毛與棉紗織成之有光澤的織物》。

bril·liant·ly adv. **1** 閃亮地，閃爍地；明亮地，輝耀地，燦爛地。

2 鮮明地，鮮艷地；出色地，絕妙地，顯赫地。

brim [brɪm; brim] n. Ⓒ **1**(杯、盤等呈凹形器具的)**邊**：full to the ~ 充滿的，滿盈的。**2**(帽)緣(rim).

—v.t. (**brimmed**；**brim·ming**)〔十受〕盛滿〈容器等〉。

—v.i.〔(＋副)＋介＋(代)名〕〔以…〕滿，盈〈*over*〉〔*with*〕：Her eyes *brimmed* (*over*) *with* tears. 熱淚盈眶/He was *brimming* (*over*) *with* health and spirits. 他身體健康，精神飽滿。

brim·ful [ˋbrɪmˋful; ˌbrimˈful] adj. [不用在名詞前]〔十介＋(代)名〕盈滿〔…〕的〔*of*, *with*〕：~ ***of*** ideas 才華橫溢 /Her eyes were ~ ***with*** tears. 她熱淚盈眶。

~·ly [-ˋfulɪ; -ˈfuli] adv.

brim·less adj. 無邊的，沒有邊緣的。

brimmed adj. [常構成複合字] **1** 有(…的)邊[緣]的：a wide-*brimmed* hat 寬邊帽。**2** 滿到邊際的。

brim·mer [ˋbrɪmɚ; ˈbrimə] n. Ⓒ滿杯。

brim·stone [ˋbrɪmˏston; ˈbrimstən] n. Ⓤ《古》硫黃(sulphur)：a lake of fire burning with ~ 燃燒著硫黃的火湖《即地獄；★出自聖經「啓示錄」》/⇨FIRE and brimstone.

brin·dle [ˋbrɪndl; ˈbrindl] n. **1** Ⓤ斑紋。**2** Ⓒ有斑紋的動物《尤指貓、狗、牛》。

—adj. ＝brindled.

brin·dled [ˋbrɪndld; ˈbrindld] adj. 〈牛、貓等〉有斑紋的。

brine [braɪn; brain] n. **1** Ⓤ(爲保存食品而加入的)鹽水《★比較 通常稱鹽水等爲 saltwater》.

2 [the ~]《文語》海水，海：*the* foaming ~ 怒海。

—v.t. 將…浸泡於鹽水。

‡**bring** [brɪŋ; briŋ] v.t. (**brought** [brɔt; brɔːt]) **1 帶來(某處)，攜來。**

【同義字】fetch 是去取來；take 是自某處持[攜]往他處。

a〔十受＋受/＋受＋介＋(代)名〕帶〈東西〉來給〈人〉；帶〈東西〉來[給人]〔*to*, *for*〕：She *brought* me the flowers. ＝She *brought* the flowers ***to*** me. 她帶花來給我 /Please ~ me one. ＝Please ~ one ***for*** me. 請帶一個給我。

【插圖說明】

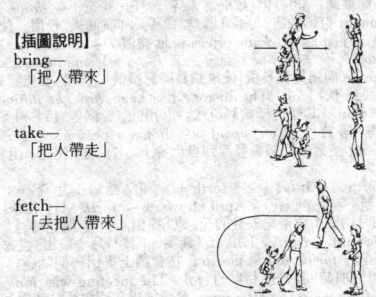

bring—
「把人帶來」

take—
「把人帶走」

fetch—
「去把人帶來」

b〔十受＋副詞(片語)〕帶〈人〉來(某地方)：He *brought* his wife *to* the party. 他帶太太來參加聚會 /*B*~ him *here with* you. 帶他一起來 /Pilate *brought* Jesus *out* before the people. 比拉多將耶穌帶到衆人前面來。

2 a〔十受〕**造成，引起，招致，帶來…**：The winter *brought* heavy snowfalls. 那年冬天帶來了[下了好幾場]大雪。**b**〔十受＋受/十受＋介＋(代)名〕給…招致[帶來，造成]…；〔給…〕招致[帶來，造成]…〔*to*〕：The benign weather *brought* North America a bumper crop. 溫和的氣候給北美帶來大豐收 /He ~*s* bad luck ***to*** anybody he comes in contact with. 凡是跟他接觸[交往]的人都會倒楣/The smoke *brought* tears ***to*** my eyes. 煙嗆得我眼淚直流。**c**〔十受＋介＋(代)名〕〔給…〕帶來[造成]…〔*into*, *on*, *upon*〕：The brisk walk *brought* a little color ***into*** her cheeks. 快步行走使得她的面頰微微泛紅/We must not ~ mass destruction ***on*** ourselves by waging an atomic world war. 我們千萬不要發動世界核子戰爭而自招集體毀滅。

3 a〔十受＋副詞(片語)〕〈事物〉引〈某人〉來(某處)：What ~*s* you *here*? 你來這裏有什麼事[什麼風把你吹來的]？/An hour's walk *brought* us *to* our destination. 走了一小時之後，我們到達了目的地。**b**〔十受＋do*ing*〕使〈人〉〈做…〉：The telephone call *brought* him hurry*ing to* the office. 電話使他急忙趕到辦公室[他接到電話，趕緊到辦公室]。

4 a 〔十受十介十(代)名〕使…〔至某種狀態〕〔*to, into*〕：⇨ bring...to LIFE /～ a car **to** a stop 把車子停下來 /～ a war *to* an end 結束戰爭/～ the police ***into*** the matter 使警方介入此事/～ business and government *into* a harmonious relationship 使官商關係和諧/⇨bring...into BEING, bring...into LINE[1]. **b** 〔十受十*to* do〕影響，說服〈人〉〈去做…〉，誘…〈致…〉，使…〈做…〉：He wondered what *brought* her *to* see him. 他想知道是什麼事使她想和他見面。**c** 〔十受十*to* do〕〔～ one*self*〕使自己〈做…〉：I could not ～ *myself to* believe it. 我無法使自己相信這件事。

5 〔十受十介十(代)名〕〔對…〕提起，興起，提出〈訴訟、控告等〉〔*against*〕：He *brought* a charge ***against*** me. 他控告我/She *brought* a slander suit *against* him. 她控告他誹謗。

6 a 〔十受〕〈物〉能產生〈收入、利益〉；能賣得，能換得〈多少錢〉：The products of her dairy were ～*ing* the highest prices in the market. 她的製酪場的產品在市場能賣最高價格。**b** 〔十受十受〕使〈人〉賺取〈收入〉，使…賺得…：His pictures ～ him £20,000 a year. 他的畫使他每年賺進兩萬英鎊的收入。

bring abóut 《*vt adv*》(1)引起，造成，招致，導致…：Nuclear weapons may ～ *about* the annihilation of man. 核子武器可能導致人類的滅亡。(2)《航海》使〈船〉轉向。

bring aróund 《*vt adv*》〔～十受十around〕(1)使〈人〉復蘇，使…清醒，使…恢復知覺[精神健康〈等〉]：The smelling salts *brought* her *around.* 嗅鹽使她蘇醒過來/A hot coffee will ～ you *around.* 熱咖啡會使你恢復精神。(2)說服〈人〉使其接受〔…的意見〕，使…信服〔…〕〔*to*〕：They tried to ～ me *around to* their point of view. 他們試圖說服我接受他們的觀點。(3)帶〈人、物〉來〔…〕〔*to*〕. (4)＝BRING about (2).

bring báck 《*vt adv*》(1)〔爲…〕帶[攜]回…；將…歸還〔給…〕〔*to*〕：I'll ～ you *back* the book tomorrow. ＝I'll ～ the book *back to* you tomorrow. 我明天會把書還給你。(2)〔使人〕記起，憶起，想起〈往事〉〔*to*〕：Your words ～ *back* many memories. 你所說的話令人想起許多往事/The letter *brought* it all *back to* her. 那封信使她想起了(那事的)全部情況。(3)使〈人〉恢復〔健康狀態〕〔*to*〕：The change of air *brought* him *back to* good health. 易地療養使他恢復了健康。

bring dówn 《*vt adv*》(1)卸下〈物〉。(2)擊落〈飛機等〉；打下〈鳥等〉；射倒〈獵物等〉：I *brought down* the lion at a shot. 我一槍射倒那隻雄獅。(3)打倒〈政府、人等〉，使…垮臺：～ *down* the government 打倒政府。(4)降低〈物價等〉；向〈商人〉殺價，使…降價〔到…〕〔*to*〕：～ *down* prices 降低物價 /～ unemployment *down to* 3% 使失業率降到百分之三 /～ a salesman *down to* a lower price 向銷貨員殺價[使推銷員同意減價]。(5)將〈歷史記錄〉延續〔到後代〕〔*to*〕：The history has been *brought down to* modern times. 其歷史延續到現代。(6)招惹〈災禍等〉〔到…〕；使〈怒氣等〉落於〔…〕〔*on, upon*〕：～ *down* a person's anger *on* one's head 使某人的怒氣發洩到自己身上。(7)《俚》使〈人〉沮喪，貶低…。

bring fórth 《*vt adv*》〔～＋forth＋*n.*〕《文語》(1)生產…；結〈果〉，萌〈芽〉，開〈花〉：April showers ～ *forth* May flowers. 《諺》四月的驟雨會帶來五月的花。(2)提出，引起〈問題等〉。

bring fórward 《*vt adv*》(1)提出〈議案、問題等〉；舉出〈證據〉：～ a matter *forward* at a meeting 在會議上提出一個問題。(2)將…的日期[時間]提前〔到…〕〔*to*〕：The meeting was *brought forward to* two in the afternoon. 會議被提前到午後二時舉行。(3)《簿記》將〈數字〉轉移至次頁。(4)將〈鐘錶〉撥快。

bring...hóme to a person ⇨home *adv.*

bring ín 《*vt adv*》(1)引進，採用〈新流行等〉。(2)提出〈議案等〉；邀請〈協助者、顧問〉參加：～ *in* some experts 邀請幾位專家參加。(3)〔(十受)十受〕使〈人〉賺進〈利益、利息〉；產生…：His lands ～ (him) *in* 100,000 pounds a year. 他的地每年(使他)賺進十萬英鎊 /This deposit account ～*s* (me) *in* 5½ per cent. 這種定期存款可(使我)賺得五分五厘的利息。(4)介紹〈新會員等〉〈入會〉。(5)收割，收穫〈農作物〉。(6)〈陪審團〉宣布，宣判〈判決〉：～ *in* a verdict of guilty [not guilty] 宣判有罪[無罪]。(7)逮捕，約談，拘提〈人〉。

bring óff 《*vt adv*》(1)(自遇難船等)拯救〈人〉：The climbers were *brought off* by the rescue party. 登山者被救難隊拯救[救出來]了。(2)《口語》圓滿地達成，成就，完成〈事業等〉(carry out)：The author has *brought off* a signal success with his latest book. 那位作者以他最新著作獲得大成功[因發表了最新著作而一舉成名]。(3)〈母鷄(等)〉孵〈小鷄(等)〉。

bring ón 《*vt adv*》(1)惹來，引起，導致〈疾病等〉。(2)使〈農作物等〉發育[成長]。(3)介紹〈演員等〉登場。(4)增進…的學力[技術]，促成〈進步等〉：More practice will ～ *on* your piano. ＝ More practice will ～ you *on in* piano. 如果勤加練習，你的鋼琴琴藝會進步。

bring óut 《*vt adv*》(1)將〈人、物〉帶出。(2)使〈顏色、性質等〉顯現，使…明顯：The dress ～*s out* the blue of her eyes. 那件衣服(的襯托)使她的藍眼睛更加顯眼。(3)發揮，引出，誘導〈眞正價值、特徵等〉：A crisis ～*s out* the finest in people. 危機使人們最好的潛能得以發揮；危急關頭能把人們最優長的品質發揮出來。(4)使〈花〉開：The warm weather has *brought out* the cherry blossoms. 溫和的天氣使櫻花開了。(5)使〈人〉不害羞[怕生]，使…不怯場；初次引薦〈女兒〉參加社交活動。(6)出版〈書籍〉：His new book will be *brought out* next week. 他的新書將在下週出版。(7)製造，推出，發售〈新產品等〉。(8)使〈勞工〉罷工。

bring óver 《*vt adv*》(1)將〈人、物〉(自遠處)帶來。(2)說服〈人〉轉向[不同意見、運動等]，使…改變〔立場、宗教等〕〔*to*〕：～ a person *over to* a cause 說服某人參加[贊同]某種運動[事業]。(3)《航海》將〈帆〉轉向。

bring róund ＝BRING around.

bring through [《*vt prep*》～...thròugh...] (1)使〈人〉度過[脫離]〈困難、疾病等〉：Patience *brought* them *through* the difficulty. 耐心使他們[他們憑耐心]度過了困難。—[《*vt adv*》～ thróugh](2)[～＋受＋through]救活〈病人〉，使〈病人〉獲救：He was *brought through* by his mother's patient nursing. 他靠他母親的耐心看護而獲救[保住了性命]。

bring tó 《*vt adv*》[～＋受＋to] (1)使〈人〉恢復知覺，使…復蘇。(2)《航海》使〈船隻〉停駛。

—《*vi adv*》(3)《航海》〈船隻〉停駛。

bring to béar ⇨bear[1].

bring a person **to bóok** ⇨book *n.*

bring togéther 《*vt adv*》[～＋受＋together]〈尤指〉撮合〈男女〉，使…成情侶：A mystic force *brought* them *together.* 一種神秘的力量使他們心心相印。

bring...to oneśelf (1)使〈人〉蘇醒，使…復蘇。(2)使〈人〉醒悟，使…恢復正常的心理狀態：Your affection should ～ him *to himself.* 你的關愛應該會使他醒悟。

bring under [《*vt adv*》～ únder] [～＋受＋under] (1)鎮壓，抑制，制服，降服…(subdue)：～ rebels [a rebellion] *under* 鎮壓反叛者[叛亂]。—[《*vt prep*》～...ùnder...] (2)分類在…之下，包括於…，歸納爲…：The findings can be *brought under* five heads. 調查結果可歸納爲五個項目。

bring úp 《*vt adv*》(1)養育，撫養；教養，訓育〈子女〉《★常用被動語態》：She *was brought up* to behave politely. 她被教養得舉止有禮貌。(2)提出〈問題等〉：They have decided to ～ *up* the question at the next session. 他們決定在下次開會時提出這問題。(3)派〈軍隊〉往前線。(4)將〈輕罪嫌犯〉帶到法庭。(5)《英口語》〔因…而〕嚴厲責罵〈人〉〈*for*〉. (6)《英》嘔吐〈物〉。(7)突然停止…《★常用被動語態》：He *was brought up* short by the sight. 看到那情景他突然停下來。(8)使〈合計〉達〔…〕〔*to*〕. (9)＝BRING to (2). —《*vi adv*》(10)＝BRING to (3).

bring...úp against... (1)使…遭遇〈不利之情事等〉《★常用被動語態》：We *were brought up against* great difficulties. 我們遇上了極大困難。(2)提出不利於…之〈證據等〉《★常用被動語態》：The evidence *was brought up against* him. 那證據提出來對他是不利的。

bríng·ing-úp *n.* Ⓤ養育，教養。

brink [brɪŋk; briŋk] *n.* **1** Ⓒ〔常用單數〕**a** (絕壁、懸崖等陡峭斜面的)**邊緣**(⇨ rim【同義字】)：the ～ *of* a cliff 懸崖邊緣。**b** 水邊。**2** [**the** ～]〈死亡、危險等的〉邊緣，緊要關頭(verge)〔*of*〕：be brought [driven, pushed] *to the* ～ *of* destruction 被逼到毀滅的邊緣[瀕臨毀滅的地步]。

on [at] the brínk of... 即將要…，在…的緊要關頭，瀕於〈死亡、毀滅等〉：be *on the* ～ *of* the grave [death] 瀕於死亡。

brink(s)·man [ˈbrɪŋk(s)mən; ˈbriŋk(s)mən] «brink(s)manship 的逆成字»—*n.* Ⓒ(*pl.* **-men** [-mən; -mən])(擅長於)採取冒險政策[戰爭邊緣政策]的人。

brink(s)·man·ship [ˈbrɪŋk(s)mən͵ʃɪp; ˈbriŋk(s)mənʃip] *n.* Ⓤ《口語》(將危險狀態推展到極限的)(外交)冒險政策；(戰爭)邊緣政策。

brin·y [ˈbraɪnɪ; ˈbraini] «brine 的形容詞» —*adj.* (**brin·i·er**；**-i·est**) **1** 鹽水的，海水的：the ～ deep 海。**2** 鹹的(salty)：a ～ taste 鹹味。—*n.* [**the** ～]《口語》海。

bri·oche [ˈbrioʃ, ˈbriɑʃ; briːˈɔʃ, ˈbriːɔʃ] «源自法語»—*n.* Ⓒ奶油蛋捲《加蛋、奶油等製成的一種甜捲麵包》。

bri·quette, bri·quet [brɪˈkɛt; briˈket] *n.* Ⓒ煤餅，煤球；類似煤球之物。

brisk [brɪsk; brisk] *adj.* (～·**er**；～·**est**) **1 a** 〈人、態度等〉**活潑的，**輕快的，敏捷的，生氣勃勃的；強烈的：a ～ walker 步履輕快的人/at a ～ pace 以輕快的步伐。**b** (生意)興隆的，活絡的(↔ dull). **2** 〈空氣等〉涼爽的，清新的：～ weather 涼爽的天氣。

—*v.t.* 〔十受十副〕使…趨於活潑[活躍]；使…興隆；使…敏捷〈*up*〉：～ ***up*** one's pace 加快步伐。
—*v.i.* 〔十副〕趨於活潑[活躍]；興隆；敏捷，快活，振奮〈*up*〉.
～**·ly** *adv.* ～**·ness** *n.*

bris·ket [ˈbrɪskɪt; ˈbriskit] *n.* Ⓤ[指個體時爲Ⓒ]（牛等的）胸肉；（獸類的）胸部（⇨ beef 插圖）。

bris·tle [ˈbrɪsl̩; ˈbrisl] *n.* Ⓒ **1**（動物，尤指豬的）剛毛，豬鬃；粗毛。**2** 剛毛狀之物；（毛刷等之）毛。
sèt úp one's [a person's] **bristles** 憤怒[激怒某人]。
—*v.i.* **1 a**〔動(十副)〕〈毛髮〉豎立，聳起；〈動物〉豎起毛〈*up*〉. **b**〔十介十(代)名〕〔因生氣等〕毛髮豎起，發怒〔*with*〕：He ～*d* ***with*** anger. 他氣得怒髮衝冠。**2**〔十介十(代)名〕充滿〔…〕，〔…〕林立，〔…〕叢生〔*with*〕：Our path ～*s* ***with*** difficulties.我們的路程困難重重。—*v.t.* 豎起〈毛、雞冠等〉。

brístle·tàil *n.* Ⓒ《昆蟲》纓尾蟲《纓尾目無翅昆蟲的統稱；包括衣魚、石蚤、木蠹等》。

bris·tly [ˈbrɪsl̩ɪ; ˈbrisli] «bristle 的形容詞» —*adj.* (**bris·tli·er**; **-tli·est**) **1** 剛毛質的；剛毛多的；叢生[林立，豎起]的。**2**〈人、性情〉易怒的，好吵的。

Bris·tol [ˈbrɪstl̩; ˈbristl] *n.* 布里斯托《英國西南部的一個城市，爲重要貿易港》。

Brístol bòard *n.* Ⓒ上等厚紙板，光澤紙板。

Brístol Chánnel *n.* [the ～] 布里斯托海峽《在威爾斯與英格蘭西南部之間》。

Brit [brɪt; brit] *n.* Ⓒ《英口語》英國人。

Brit.《略》Britain；Briticism；British；Briton.

‡**Brit·ain** [ˈbrɪtn̩; ˈbritn] *n.* 不列顛，英國《包括英格蘭(England)，蘇格蘭(Scotland)，威爾斯(Wales)；⇨ Great Britain》：⇨ North Britain.

Bri·tan·nia [brɪˈtænjə; briˈtænjə] *n.* 不列顛，英國。

Britannia

【說明】Britannia 是象徵大不列顛(Great Britain)或大英帝國(British Empire)的女性擬人稱，以戴頭盔，一手持盾，另一手持三叉矛的女子表示。這種人像見於英國的五十便士(penny)硬幣背面及英鎊紙幣上。

Británnia [británnia] mètal *n.* Ⓤ不列顛合金《一種製餐具的錫銻銅白色合金》。

Bri·tan·nic [brɪˈtænɪk; briˈtænik] *adj.* 大英帝國的，不列顛的(British)：His [Her] ～ Majesty 大英帝國國王[女王]陛下《略作 H. B. M.》.

britch·es [ˈbrɪtʃɪz; ˈbritʃiz] *n. pl.*《美》＝breeches.

Brit·i·cism [ˈbrɪtəˌsɪzəm; ˈbritisizəm] *n.* ⓊⒸ英國英語特用的詞[片語等]，英國語法(cf. Americanism 3)：'Lift' for 'elevator' is a ～. 表示電梯之意的 lift 是英國英語。

‡**Brit·ish** [ˈbrɪtɪʃ; ˈbritiʃ] «Britain 的形容詞» —*adj.* **1 a** 不列顛(人)的，英國(人)的。**b**（古代）不列顛族(the Britons)的。**2** [the ～；當複數名詞用]英國人民；英國兵。
—*n.* Ⓤ英國英語(British English).

Brítish Acádemy *n.* [the ～] 英國學士院《以研究、發展人文科學爲目的；略作 B.A.》.

Brítish Amér·ica *n.* ＝British North America.

Brítish Colúmbia *n.* 英屬哥倫比亞《加拿大西南部的一個省；首府維多利亞(Victoria)；略作 B.C.》.

Brítish Cómmonwealth (of Nátions) *n.* [the ～] 不列顛國協《大英國協(the COMMONWEALTH (of Nations))之舊稱》。

Brítish Cóuncil *n.* [the ～] 英國文化(振興)協會《1934 年創立，以對外介紹英國文化等爲目的；由英國政府援助》。

Brítish Empire *n.* [the ～] 大英帝國《包括英本國及其殖民地和自治領之舊稱》。

Brítish Énglish *n.* Ⓤ英國英語。

Brít·ish·er *n.* Ⓒ《美》英國人。

Brítish Guiána *n.* 英屬圭亞納《蓋亞納(Guyana)的舊稱》。

Brítish Índia *n.* 英屬印度《1947 年後分屬印度(India)，巴基斯坦(Pakistan)和孟加拉(Bangladesh)》.

Brítish Ísles *n. pl.* [the ～] 不列顛羣島《大不列顛(Great Britain)，愛爾蘭(Ireland)及其附近共約五百個島嶼》。

Brít·ish·ism [-ʃˌɪzəm; -ʃizəm] *n.* ＝Briticism.

Brítish Muséum *n.* [the ～] 大英博物館《在英國倫敦(London)的博物館；1753 年創設》。

Brítish Nòrth Amér·ica *n.* **1** 加拿大。**2** 英屬北美洲《北美洲屬大英國協的部分》。

the British Museum

Brítish Ópen *n.* [the ～]《高爾夫》英國公開賽《爲世界四大高爾夫球賽之一；於每年七月的第二星期在英國舉行》。

Brítish thérmal ùnit *n.* Ⓒ英國熱量單位《使一磅清水之溫度上升華氏一度所需要的熱量；略作 b.t.u., B.T.U., B.Th.U.》.

Brit·on [ˈbrɪtn̩; ˈbritn] *n.* **1 a** [the ～s] 不列顛族《約二千年前羅馬軍入侵時居住在英國南部的塞爾特(Celt)人》。**b** Ⓒ不列顛人。**2** Ⓒ《文語》英國人；(尤指)英格蘭人《★現在只用於新聞之標題等》。

Brit·ta·ny [ˈbrɪtn̩ɪ; ˈbritəni] *n.* 不列塔尼《法國西北部一半島》。

brit·tle [ˈbrɪtl̩; ˈbritl] *adj.* (**brit·tler**; **brit·tlest**) **1**〈玻璃、蛋殼等〉(堅硬但因無彈性而)易碎[破]的，脆的。**2**〈承諾等〉靠不住的；虛幻的。**3**〈人、性情〉喜怒無常的，難伺候的，易怒的。**4** 無人情味的，冷淡的。**5**〈笛等的音色〉尖銳的。
—*n.* Ⓤ酥糖：peanut ～ 花生糖。

bro.《略》brother.

broach [brotʃ; broutʃ] «源自拉丁文「有突出之齒的」之義» —*n.* Ⓒ **1** 末端尖銳之物：**a** 炙肉用的叉子《★比較 一般用 spit》. **b**（蠟燭臺上插蠟燭用的）錐釘。**2** 擴孔錐；螺旋鑽。
—*v.t.* **1** 鑽孔於〈桶等〉。**2**〔十受十介十(代)名〕〔對人〕談起，提起，提議〈話題〉〔*to, with*〕：He ～*ed* the subject ***to*** me. 他對我提起那話題。

bróach·er *n.* Ⓒ **1** 倡議者，提議者。**2** 鑽孔者，鑽孔器。

‡**broad** [brɔd; brɔːd] *adj.* (～**·er**; ～**·est**) **1 a** 寬的，闊的(↔ narrow)：a ～ street 寬的街道/～ shoulders 寬肩(cf. have broad SHOULDERS). **b** [置於表長度之數值之後]…寬：5 feet ～ 五呎寬。
2 a〈心胸等〉廣闊的，寬宏的，不拘束的，寬容的，寬大爲懷的：a ～ mind 寬宏大量/a ～ view 開明的見解[看法]。**b**〈知識、經驗等〉廣博的，廣大的，豐富的：a man of ～ experience 經驗豐富的人。
3 [用在名詞前]一般的；大略的，概略的，主要的：in a ～ sense 廣義而言/a ～ outline 大略的輪廓/in a ～ way 大體上，大致說來。
4 [用在名詞前]光明的，明亮的〈光等〉：in ～ daylight ⇨ daylight 1 b.
5 一目瞭然的，明白的，明顯的：a ～ distinction 明顯的差異。
6 口音重的：a ～ dialect 口音很重的方言/～ Scotch [Scots] 濃重的蘇格蘭腔。
7 a〈笑話、喜劇等〉下流的，露骨的，淫猥的；〈笑等〉不客氣的，粗野的：～ jests 粗鄙的笑話。**b**〈藝術的表現方式〉大膽的，自由奔放的，誇張的。
8《語音》**a**〈低舌位母音〉在舌之後部發音的，成開音的《如將 ask 等之母音發成 K.K. 音標之[ɑ]或 Jones 音標之[ɑː]；cf. flat[1] *adj.* 10》. **b**〈音標〉簡略的(cf. narrow *adj.* 6 a).
as bróad as it is lóng 反正[橫豎]都一樣，兩者結果都一樣《★原爲「長寬相同」之意》。
—*n.* **1** Ⓒ（手、脚、背等的）寬的部分。**2** [**the Broads**；當複數用]《英》(諾福克(Norfolk)或沙福克(Suffolk)之)湖沼地區《河川變寬而成》。**3** Ⓒ《美俚・輕蔑》女人，姑娘；愛情不專一的女人；妓女。
—*adv.* **1** 十分地，十足地，完全地《★常用於下列片語》：～ awake 完全醒過來。**2** 帶著口音地，方言口音濃重地：speak ～ 帶著濃重的方言口音講話。
～**·ness** *n.*

bróad árrow *n.* Ⓒ **1** 有倒刺鏃、寬箭頭的箭。**2** 鏃形記號《印於英國政府財產上；cf. arrowhead 1》.

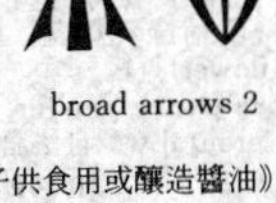
broad arrows 2

bróad·àx(e) *n.* Ⓒ **1**（伐木用的）斧。**2** 鉞《大斧，作戰斧(battleax(e))用》。

bróad·bànd *adj.*《通信》寬(頻)帶的。

bróad bèan *n.* Ⓒ《植物》蠶豆《豆科蠶豆屬草本植物的統稱；莖葉供家畜之飼料，種子供食用或釀造醬油》。

bróad·brìm *n.* Ⓒ **1** 寬邊帽。**2** [B~]《俚》教友派教徒(Quaker)。

*__broad·cast__ [ˈbrɔdˌkæst; ˈbrɔːdkɑːst] «源自「拋得寬」之義»—(~, ~·ed) *v.t.* 〔十受〕**1** 廣播，播送…：~ a concert 廣播一場演奏會/The President will ~ an important message this evening. 總統今晚將發表重要的電視[廣播]講話/That news was ~ [~*ed*] yesterday evening. 那消息是昨晚廣播的。**2** 撒播〈種子〉，播〈種〉。**3** 散布，傳播〈謠言等〉。

—*v.i.* 廣播，播送。

—*n.* Ⓒ **1** 廣播，播送，播音；廣播節目：a ~ *of* a baseball game 棒球比賽的廣播。**2**〈種子的〉撒播，播種。

—*adj.* [用在名詞前] **1** 廣播的，被廣播的。**2** 撒播的，播種的，散布的〈種子等〉。**3** 傳遍的，廣布的〈傳聞等〉。

—*adv.* 撒播著，用撒播法，廣布地：scatter [sow] ~ 用撒播法播種〈種子〉。

bróad·càst·er *n.* Ⓒ **1** 廣播者，廣播電臺[公司]；廣播設備。**2** 撒播器。

bróad·càst·ing *n.* Ⓤ(無線電、電視的)廣播：a ~ station 廣播電臺/radio ~ 無線電廣播。

Bróad Chúrch *n.* [the ~] 廣教會派《十九世紀後半英國國教會中主張自由主義的一派》。

bróad·clòth *n.* Ⓤ **1** 寬幅的紡織品。**2** 寬幅的黑色上等呢絨。**3** 上等寬幅府綢《作襯衫、女裝等之布料》。

broad·en [ˈbrɔdn̩; ˈbrɔːdn] «broad 的動詞» —*v.t.* **1** 使…變寬，加寬…。**2** 增廣〈知識、經驗等〉。

—*v.i.* **1** 〔(動(十副))〕變闊，變寬，加寬；變廣，伸廣〈*out*〉：The river ~*s* at its mouth. 河口處河面變寬。**2** 〔(十副)十介十(代)名〕變寬〔成…〕〈*out*〉〔*into*〕：The old man's face ~*ed* (**out**) **into** a grin. 老人咧嘴笑顏逐開。

bróad-gáuge(d) *adj.* **1**《鐵路》寬軌的。**2** 寬宏大量的(broad-minded)，無偏見的。

bróad jùmp *n.* [the ~]《美》跳遠(《英》long jump)：*the* running ~ 急行跳遠。

bróad-jùmp *v.i.* 跳遠。

bróad jùmper *n.* Ⓒ跳遠選手。

bróad·lòom *adj.* [用在名詞前] 寬幅的〈地毯〉。—*n.* Ⓒ寬幅地毯。

bróad·ly *adv.* **1** 寬廣地，廣布地。**2** 露骨地，不含蓄地，不客氣地。**3** 下流地，粗野地。**4** 以方言，以土腔。**5** 粗略地，概略地，概括地：~ speaking 大致說來，概括地說。

bróad-mínded *adj.* 寬宏大量的，氣量大的，無偏見的。

~·ly *adv.* ~·ness *n.*

bróad·shèet *n.* Ⓒ **1** 寬幅紙張；大幅的廣告印刷物《如通俗歌謠、廣告傳單等》。**2**《古》單面[雙面]印刷的大幅紙張。

bróad·side *n.* Ⓒ **1**《航海》(水線上的)舷側。**2 a** 舷側砲《能自艦上一側同時發射之砲》；舷側砲火之齊射。**b** (言詞等)(如砲火齊射似的)猛烈攻擊。**3** =broadsheet.

—*adv.* 〔十介十(代)名〕以舷側向〔某方向〕〔*on, to*〕.

bróad·swòrd *n.* Ⓒ《古·文語》闊劍，腰刀，大砍刀。

Broad·way [ˈbrɔdˌwe; ˈbrɔːdwei] *n.* **1** 百老匯：*on* ~ 在百老匯。

【說明】指從紐約曼哈坦島(Manhattan)南端向市中心延伸的一條南北走向的大街，尤指時報廣場(Times Square)附近劇場、戲院等聚集的戲院街。

2 Ⓤ [集合稱] (紐約市的)商業演藝[戲劇]界 (cf. off-Broadway, off-off-Broadway).

—*adj.* [用在名詞前] (仿)百老匯的：a ~ hit 賣座(的戲劇)。

bróad·wàys *adv.* 以較寬的一面為前，橫寬地。

bróad·wìse *adv.* =broadways.

Brob·ding·nag [ˈbrɑbdɪŋˌnæg; ˈbrɔbdiŋnæg] *n.* 大人國《★斯威夫特(Swift)所著諷刺小說「格利佛遊記」(*Gulliver's Travels*)第二部分之巨人國名》。

Brob·ding·nag·i·an [ˌbrɑbdɪŋˈnægɪən; ˌbrɔbdiŋˈnægiən ˉ] «Brobdingnag 的形容詞»—*adj.* [有時 **b**~] 巨大的(gigantic)：a ~ appetite 大得驚人的食慾。

—*n.* [有時 **b**~] Ⓒ巨人。

bro·cade [broˈked; brouˈkeid] *n.* Ⓤ [指種類時為Ⓒ] 織錦，錦緞。

—*v.t.* 將…織成浮花錦緞。

bro·cád·ed *adj.* 錦緞的，織成浮花錦緞的。

broc·co·li [ˈbrɑkəlɪ; ˈbrɔkəli] «源自義大利語 'sprouts' 之義»—*n.* Ⓒ [當作食物時為Ⓤ]《植物》花莖甘藍《俗稱綠花椰菜，與花椰菜(cauliflower)近緣》。

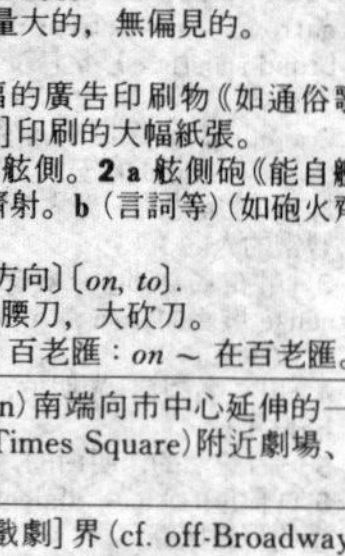
broccoli

bro·chure [broˈʃʊr, -ˈʃjʊr; brɔˈʃjuə, ˈbrouʃə] «源自法語「訂綴」之義»—*n.* Ⓒ小冊子 (pamphlet).

Brock·en [ˈbrɑkən, ˈbrɔk-; ˈbrɔkən] *n.* 布羅肯山《橫跨東、西德的一座山，為哈次山脈(Harz)之最高峯》。

brogue[1] [brog; broug] *n.* Ⓒ [常 ~s] **1** 生皮製成的粗陋結實的鞋《如從前愛爾蘭人或蘇格蘭高地人所穿者》。**2** 有裝飾性小洞的結實皮鞋《如高爾夫球鞋等》。

brogue[2] [brog; broug] *n.* Ⓒ [用單數] 愛爾蘭人說英語的腔調。

broid·er [ˈbrɔɪdɚ; ˈbrɔidə] *v.t.* 《古》=embroider.

broil[1] [brɔɪl; brɔil] «源自中古法語「火」之義»—*v.t.* **1 a** 炙，烤，燒，焙〈肉〉。**b**《美》以〈烤爐等的〉火烤〈肉〉(⇨ cook【同義字】)。**2**〈天氣〉炙熱。

—*v.i.* **1**〈肉〉烤，炙，焙。**2** [常用於進行式] 受炙熱：I *was* ~*ing* in the sun. 我在炎陽之下挨烤。

—*n.* Ⓤ **1** 烤，炙，焙。**2** 烤肉。

broil[2] [brɔɪl; brɔil] *n.* Ⓒ爭吵，口角，騷動。

—*v.i.* 大聲爭吵，大聲喧鬧。

bróil·er *n.* Ⓒ **1**《美》燒烤(肉等)的人；燒烤器。**2** 適於燒烤的嫩雞。**3**《口語》大熱天。

broiler 1, 2

bróil·ing *adj.* **1** 酷熱的：a ~ day 酷熱的一天。**2** [當副詞用] 炙烤般地：~ hot 酷熱的。

‡**broke** [brok; brouk] *v.* **break** 的過去式。—*adj.* [不用在名詞前]《口語》一文不名的；破產的 (cf. break *v.t.* A 6 b)：I'm ~. 我身無分文/dead [flat, stone, stony] ~ 一文不名，徹底破產的/go ~ 變得一文不名；破產。

gó for bróke《俚》〔對投機、事業等〕投入一切，孤注一擲，全力以赴〔*in*〕.

‡**bro·ken** [ˈbrokən; ˈbroukən] *v.* **break** 的過去分詞。

—*adj.* (無比較級、最高級) **1** 毀壞了的，損壞了的，破碎的，破裂的。

2 折斷了的；(骨)折斷的；(把皮膚)弄傷的，受傷的：a ~ leg 折斷的腿/a ~ head (因被打等而)受傷的頭部/⇨ broken reed.

3 (因病、悲傷等而)受挫的，沮喪的，頹喪的，衰弱的，被打垮的：a ~ man 精神頹喪的人/⇨ broken heart.

4〈承諾、契約等〉未被遵守的，被違背的：a ~ promise 未踐之約。

5 [用在名詞前] **a** 破產的：~ fortunes 破產。**b** 拆散了的，破碎的，破裂的〈家庭、婚姻等〉：a ~ marriage 破裂的婚姻/a ~ family 破碎[離散]的家庭/a ~ home (因離婚等而失去雙親或僅剩單親的)破裂的家庭。

6 a [用在名詞前] 間斷的；中斷的，斷斷續續的〈睡眠、說話等〉：a ~ line 虛線《---》/ ~ service 間斷的服務/a ~ sleep 被人打斷的[沒有連貫的]睡眠。**b** 不穩定的，陰晴不定的〈天氣等〉：~ weather 陰晴不定的天氣。**c** 凹凸不平的，崎嶇的〈土地等〉。

7 亂七八糟的，不按規則的，拙劣的：~ English 洋涇濱[不合文法的，蹩腳的]英語。

8 零碎的，零星的，不完整的，不完全的：~ money 零錢，小額的錢/a ~ set 不全的一套/a ~ amount (在股市交易單位以下的)零股。

9〈馬〉被馴服的。

bróken-dówn *adj.* **1** 打碎的，毀壞的，損壞的。**2** 身體衰弱的；健康衰退的。**3 a**〈馬〉累垮的，累得走不動的。**b**〈機器等〉故障的，不能動的。

bróken héart *n.* Ⓒ傷心，心碎，絕望；失戀：die of a ~ 傷心[心碎]而死。

bróken-héarted *adj.* 傷心的，心碎的，絕望的；失戀的。

bró·ken·ly *adv.* 斷斷續續地；不完全地，片斷地：speak ~ 斷斷續續地講。

bróken réed *n.* Ⓒ斷蘆葦《一旦危急時靠不住之人[物]》。

【字源】出自古代亞述(Assyria)王的使者在巴勒斯坦(Palestine)古代王國猶大(Judah)對猶大王說的話：「你妄想埃及來援助你，那無異用一根斷蘆葦當拐杖走路；它會刺傷你的手。」(聖經舊約「列王紀下」18:21)

bróken wínd *n.* Ⓤ《獸醫》馬氣喘。

bróken-wínded [-ˈwɪndɪd; -ˈwindidˉ] *adj.*〈馬等〉呼吸急迫的，喘息的(wind-broken).

bro·ker [ˈbrokɚ; ˈbroukə] «源自古英語「給葡萄酒桶開口的人」之義»—*n.* Ⓒ **1** 掮客，經紀人；(尤指)股票經紀人(stockbroker)：a ~ house 證券公司。**2** 代理商，中間人。**3**《英》(查封物之)拍賣者[官員]。**4**《英》舊貨商。

bro·ker·age [ˈbrokərɪdʒ; ˈbroukəridʒ] *n.* Ⓤ **1** 經紀人或掮客之業務。**2** 佣金，經紀費。

brol·ly [ˈbrɑlɪ; ˈbrɔli] «umbrella 之略»—*n.* Ⓒ《英口語》雨傘。

bro·mic [ˋbromɪk; ˈbroumik] *adj.*《化學》(含)溴的。

bro·mide [ˋbromaɪd; ˈbroumaid] *n.* **1** Ⓤ[指產品個體時爲Ⓒ] **a**《化學》溴化物。**b** (作爲鎮靜劑的)(一服)溴化物。**2** Ⓒ陳腐的想法，庸俗之事；平平凡凡的人。

brómide pàper *n.* Ⓤ《攝影》溴釉相紙《常用於放大照片的一種塗有溴化銀乳劑的感光紙》。

bro·mid·ic [broˋmɪdɪk; brouˈmidik] **«bromide 的形容詞»**—*adj.* 庸俗的，平凡的，陳腐的。

bro·mine [ˋbromin; ˈbroumiːn], **bro·min** [-mɪn; -min] *n.* Ⓤ《化學》溴《符號 Br》.

bron·chi [ˋbraŋkaɪ; ˈbrɔŋkai] *n.* **bronchus** 的複數。

bron·chi·al [ˋbraŋkɪəl; ˈbrɔŋkiəl] **«bronchus 的形容詞»**—*adj.* [用在名詞前]支氣管的：～ catarrh 支氣管炎/ ～ tubes 支氣管。

bron·chit·ic [branˋkɪtɪk, braŋ-; brɔŋˈkitik] **«bronchitis 的形容詞»**—*adj.* 支氣管炎的，患支氣管炎的。

bron·chi·tis [branˋkaɪtɪs, braŋ-; brɔŋˈkaitis] *n.* Ⓤ《醫》支氣管炎。

bron·cho [ˋbraŋko; ˈbrɔŋkou] *n.* (*pl.* ～s)＝bronco.

bron·chus [ˋbraŋkəs; ˈbrɔŋkəs] *n.* Ⓒ(*pl.* **-chi** [-kaɪ; -kai])《解剖》支氣管(bronchial tube).

bron·co [ˋbraŋko; ˈbrɔŋkou] **«源自西班牙語「粗野的」之義»**—*n.* Ⓒ(*pl.* ～s)《動物》北美野馬《產於北美洲西部》。

brónco·bùster *n.* Ⓒ《美口語》馴服北美野馬之牧童[牛仔]。

Bron·të [ˋbrantɪ; ˈbrɔnti], **Anne** *n.* 布朗蒂《1820-49；英國女小說家》。

Brontë, Charlotte *n.* 布朗蒂《1816-55；英國女小說家，Anne 之姊，「簡愛」(*Jane Eyre*)的作者》。

Brontë, Emily *n.* 布朗蒂《1818-48；英國女小說家，Anne 之妹，「咆哮山莊」(*Wuthering Heights*)的作者》。

bron·to·saur [ˏbrantəˋsɔr; ˌbrɔntəˈsɔː] **«源自拉丁文「雷蜥蜴」之義»**—*n.* Ⓒ《古生物》雷龍《恐龍之一種》。

Bronx [braŋks; brɔŋks] *n.* [**the** ～]布隆克斯區《美國紐約市北部的一個行政區(borough)》.

brontosaur

Brónx chéer *n.*《美俚》＝raspberry 2.

***bronze** [branz; brɔnz] *n.* **1** **a** Ⓤ青銅《銅與錫的合金》。**b** Ⓒ青銅的雕刻(等)。**2** Ⓤ青銅色。

—*adj.* [用在名詞前] **1** 青銅製的：a ～ statue 銅像。**2** 青[古]銅色的。

—*v.t.* 〔十受〕 **1** 使…成爲青[古]銅色：His face had been ～*d* by the sea wind. 他的臉被海風吹成古銅色。**2** 使〈顏色〉成褐色。

—*v.i.* (曬太陽而)成爲古銅色。

Brónze Áge *n.* [**the** ～] **1** [有時 **b**～ **a**～]《希臘·羅馬神話》青銅時代《傳說之四個時代中的第三個時代，介於石器時代與鐵器時代之間；其特徵爲戰爭與暴力；cf. Golden Age》。**2**《考古》青銅器時代。

brónze médal *n.* Ⓒ銅牌《競賽等的第三獎》。

brooch [brotʃ, brutʃ; broutʃ] **«broach 的變形»**—*n.* Ⓒ **1** (女用)胸針，領針。**2** (蘇格蘭軍人的)衣領下的飾物(⇨ kilt 插圖)。

brood [brud; bruːd] **«breed 的名詞»**—*n.* Ⓒ **1** [集合稱] **a 一窩幼雛**，一次產下的幼雛《★用法視爲一整體時當單數用，指個別成員時當複數用》：a ～ *of* chickens 一窩小雞。**b**《謔》(一家的)孩子們。**2** 種族，種類，品種〔*of*〕.

—*adj.* [用在名詞前]爲育種豢養的，繁殖用的，孵蛋的：a ～ hen 孵蛋的母雞。

—*v.i.* **1** 〈鳥〉孵蛋，抱窩：The hen is ～*ing*. 母雞正在抱窩。**2** 〔十介十(代)名〕〈雲、薄暮、陰影等〉籠罩，低覆〔在…上〕〔*over, above*〕：Dusk was ～*ing* **over**[**above**] the valley. 薄暮正籠罩著山谷。**3** 〔動(十介十(代)名)〕沈思，深思；憂思〔…〕〔*over, on, about*〕：sit ～*ing* all day 整天坐著沈思/He was ～*ing* **over** his bad luck. 他在那裡暗自思忖著自己的霉運/She ～*ed* **on** what to do if her son did not return from the war. 她默默想著如果兒子出征一去不還她該怎麼辦。—*v.t.* 〔十受〕 **1** 孵〈蛋〉。**2** 沈思，憂思…(《★比較一般用 *v.i.* 3》)。

bróod·er *n.* Ⓒ **1** 孵卵器。**2** 孵蛋的母雞。**3** 沈思的人，深思的人。

brood·y [ˋbrudɪ; ˈbruːdi] **«brood 的形容詞»**—*adj.* (**brood·i·er**；**-i·est**) **1** **a** 〈母雞〉要孵蛋[抱窩]的。**b** [不用在名詞前]《口語》〈女人〉想生孩子的。**2** 抑鬱的，沈思的。

brook[1] [brʊk; bruk] *n.* Ⓒ小河，溪流(⇨ river【同義字】)。

brook[2] [brʊk; bruk] *v.t.*《文語》[常用於否定句] **1** 忍受，容忍，忍耐，捱〈侮辱等〉：His pride would *not* ～ such insults. 他的自尊心無法忍受這樣的侮辱。**2** 〈事〉容許〈延遲〉：The matter ～*s no* delay. 此事刻不容緩。

brook·let [ˋbrʊklɪt; ˈbruklit] *n.* Ⓒ《文語》小溪，小河。

Brook·lyn [ˋbrʊklɪn; ˈbruklin] *n.* **布魯克林區**《美國紐約市(New York City)之一行政區(borough)；位於長島(Long Island)之西部》。

broom [brum, brʊm; bruːm, brum] *n.* Ⓒ **1 掃帚**：A new ～ sweeps clean.《諺》新官上任三把火[新掃帚掃得乾淨]。**2**《植物》金雀花《豆科金雀花屬常綠灌木；開金黃色蝶形花朵，頗美麗》。

bróom·stìck *n.* Ⓒ掃帚柄《傳說女巫(witch)騎之在空中飛行；⇨ witch 插圖》。

bros. [ˋbrʌðəz; ˈbrʌðəz]《略》brothers：Smith *Bros.* & Co. 史密斯兄弟公司。

broth [brɔθ; brɔːθ, brɔθ] *n.* (*pl.* ～s [brɔθs; brɔθs]) **1** Ⓤ(煮肉等的)湯汁，肉汁。**2** Ⓤ[指種類時爲Ⓒ](用肉汁加蔬菜等煮成的)清湯。

broth·el [ˋbrɔθəl, -ðəl; ˈbrɔθl] *n.* Ⓒ妓院。

‡broth·er [ˋbrʌðɚ; ˈbrʌðə] *n.* (*pl.* **～s**, 字義 3 通常作 **breth·ren** [ˋbrɛðrɪn, -rən; ˈbreðrin, -rən]) **1** Ⓒ**兄，弟，哥哥，弟弟**；(內)兄弟：the Wright ～*s* 萊特兄弟。

> **【說明】**(1)中文有區別「兄」「弟」的字，但英語只有表示「兄弟」的字。通常無論兄或弟，都是 brother, 特別要加以區別時，在美國「哥哥」是 one's older [big] brother,「弟弟」是 one's younger [little, kid] brother. 在英國稱「哥哥」爲 one's elder brother,「弟弟」爲 one's younger brother.
>
> (2)在英美，兄弟間不以「哥哥」「弟弟」相稱，而彼此直呼其名(first name)；cf. sister【說明】

2 **a** Ⓒ同一夥的男人，同道；同仁；同志；弟兄：～*s* in arms 戰友，軍中袍澤[弟兄]/a ～ of the brush [quill] 畫家[作家]同道。**b** Ⓒ同胞。**c** [用於稱呼陌生男子]《美俚》老兄，兄弟，朋友：Don't touch it, ～. 老兄，別碰它。

3 Ⓒ **a** 同一公會會員，同行，同業(等) (cf. brethren)：a ～ carpenter 木匠同業。**b** [也用於稱呼]《教會》主內兄弟，會友。

4 Ⓒ[也用於稱呼]《天主教》(沒當神父的)修士：a lay ～ 在俗修士，庶務修士《從事修道或勞動而不從事僧職者》。

—*interj.*《美俚》[常 **Oh, ～!**]哇，厲害！哇，嚇人！討厭！

bróther·hòod [ˋbrʌðɚˏhʊd; ˈbrʌðəhud] *n.* **1** Ⓤ兄弟關係；手足情誼；如同兄弟結合；同志，同道。**2** Ⓒ同業公會；協會；聯盟，團體。**3** Ⓒ[**the** ～；常與修飾語連用；常用單數]同業，同仁：*the* legal [medical] ～ 法界[醫療界]同仁。**4** Ⓒ(常指共同生活之)僧職者[修士]團。

bróther-in-làw *n.* Ⓒ(*pl.* **brothers-in-law**) **1** 配偶之兄弟。**2** 姊或妹之丈夫。**3** 連襟，配偶之姊或妹的丈夫。

Bróther Jónathan *n.*《英古》**1** 美國政府。**2** Ⓒ (典型的)美國人。

bróth·er·ly **«brother 的形容詞»**—*adj.* **1** 兄弟的，似兄弟的(fraternal)：～ affection 兄弟愛。**2** 情同手足的，懇摯的：～ love 手足之愛，兄弟(般)的愛。**-li·ness** *n.*

brough·am [ˋbruəm, brum; ˈbruːəm] **«源自首次使用此型馬車的十九世紀英國政治家 Lord Brougham 之名»**—*n.* Ⓒ **1** 一種由一匹馬拉的四輪箱型馬車。**2** 一種駕駛座在車外的舊式箱型汽車。

brougham 1

‡brought [brɔt; brɔːt] *v.* **bring** 的過去式·過去分詞。

brou·ha·ha [bruˋhaha; bruːˈhaːhaː] *n.* Ⓤ《口語》吵鬧；騷動；暴動。

brow [braʊ; brau] *n.* Ⓒ **1** [常 ～**s**] **眉**(毛)《★比較通常用 eyebrows》：knit [bend] one's ～*s* 皺眉頭，深鎖眉梢。**2 額**：⇨ high brow, middlebrow, lowbrow. **3**《詩》面容，表情：an angry ～ 凶狠的表情。**4** 峭壁的邊緣；陡峭的山頂：the ～ of a hill 陡峭的山頂。

brów·bèat *v.t.* (**brow·beat**；**-beat·en**) **1** (用神情、言詞)威嚇；嚴詞厲色地叱責。**2** 〔十受十介十(代)名〕**a** 威嚇〈人〉〔做…〕〔*into*〕：～ a person ***into*** work*ing* 威嚇某人工作。**b** 嚇阻，威逼〈人〉〔放棄…〕〔*out of*〕：～ a person ***out of*** go*ing* alone 嚇阻某人單獨去。

‡brown [braʊn; braun] *adj.* (～**·er**；～**·est**) **1 褐色的，棕色的**：～ hair [shoes] 棕色的頭髮[鞋]/ ～ sugar 紅糖。**2** (皮膚)呈褐色的；曬黑的：You are quite ～. 你曬得相當黑。

dò brówn (1)將〈麵包等〉烤成褐色。(2)《英俚》使〈人〉上當，欺騙。

dò úp brówn《美俚》把〈事〉做得徹底[完善，完美]。

—*n.* **1** Ⓤ[指種類時爲Ⓒ] **褐色，茶色，棕色**：light ～ 淡褐色/dark ～ 暗褐色/The door was a light [dark] ～. 那門是淡[深]褐色的。**2** Ⓤ褐色[棕色]顏料[染料]。**3** Ⓤ褐色的衣服[衣料]：

dressed in ～ 穿著褐色的衣服。

fire into the brówn《英》(1)(約略瞄準後)向(一羣烏黑的)飛鳥射擊。(2)不加以瞄準地向羣體(等)射擊。

—*v.t.*〔十受〕使…成褐色；將…烤成棕色：be [get] ～*ed* 被曬成褐色。

—*v.i.* 變成褐[棕]色；(曬太陽)成褐色。

brówn óff《*vt adv*》《英俚》使〈人〉厭煩；惹怒…，使…焦躁《★常用被動語態》。

brówn-bág *v.t.*《美口語》**1** 用(棕色牛皮)紙袋帶〈午餐〉去上班[上學]。**2** 將〈酒〉帶進餐館[俱樂部(等)]。

～**·ger** *n.*

brówn béar *n.* Ⓒ《動物》棕熊《又稱羆；原產於歐亞大陸北部》。

brown bear

brówn bréad *n.* Ⓤ全麥麵包《用沒去麩的麵粉製成；⇨ bread【說明】(1)》。

Brown·i·an movement [mótion] [ˋbraunɪən-; ˈbrauniən-]《源自首先觀察此現象的蘇格蘭植物學家 R. Brown 之名》—*n.* [the ～]《物理》布朗運動《懸浮在液體或氣體中之微粒體的不規則運動》。

brown·ie [ˋbraunɪ; ˈbrauni] *n.* Ⓒ **1**《蘇格蘭傳說》小精靈《據說在夜間悄悄出來幫助農家做事的小天使》。**2** [常 B~] **a**《英》幼年女童軍(Girl Guides)《年齡爲七歲半至十一歲》。**b**《美》女童軍(Girl Scouts)中的幼年團員《年齡約爲七至九歲》。**3**《美》一種內有乾果的巧克力糖。

Brow·ning [ˋbraunɪŋ; ˈbrauniŋ] *n.* Ⓒ白朗寧(公司製造的)槍《手槍[衝鋒槍，機關槍]等》。

Brow·ning [ˋbraunɪŋ; ˈbrauniŋ], **Robert** *n.* 白朗寧《1812–89；英國詩人》。

brówn·ish [-nɪʃ; -niʃ] *adj.* 略帶棕色的。

brówn·nòse *v.t.*《美俚》阿諛，奉承〈人〉，拍…馬屁。

brówn·òut *n.* Ⓤ節電，燈火管制《部分燈火熄滅或減弱》。

brówn páper *n.* Ⓤ(棕色的)包裝紙，牛皮紙。

brówn rát *n.* Ⓒ《動物》褐鼠。

brówn ríce *n.* Ⓤ糙米。

brówn·shìrt《源自其制服之顏色》—*n.* Ⓒ[常 B~] **1** 納粹黨員(Nazi). **2** 納粹德國的突擊隊員(storm trooper).

brówn·stòne *n.* **1** Ⓤ褐石《一種建築材料》。**2** Ⓒ用褐石建造的房屋《高級住宅》。

brówn stúdy《源自 brown 之原義「陰沈的」》—*n.* [**a** ～] 沈思，深思，幻想(reverie)：be in *a* ～ 在沈思中。

brówn súgar *n.* Ⓤ紅糖。

brówn tróut *n.* Ⓒ(*pl.* ～, ～s)[當作食物時爲Ⓤ]《魚》棕鱒《鮭科淡水魚；體黃褐色，散布淡色環狀黑斑，原產於歐洲》。

browse [brauz; brauz] *v.i.* **1**〈牛羊等〉吃嫩葉；齧嫩枝。**2 a** 翻閱(書等)，瀏覽：A number of people were *browsing* in the bookstore. 有一些人在書店裏翻閱著書/He often spends many hours *browsing* among his books. 他常花許多小時瀏覽羣書。**b** (在商店或攤位等)漫然地[隨意]觀看商品。

—*v.t.* **1**〈牛等〉吃，齧〈嫩葉、嫩枝〉。**2**〔十受(十介十(代)名)〕掃瞄〈書櫥等〉〔以尋找…〕；瀏覽〈書籍等〉〔找…〕〔*for*〕：～ the headlines ***for*** news 瀏覽大標題找消息。

—*n.* **1** Ⓤ**a** [集合稱](適合牛等吃的)嫩葉，嫩枝。**b** 吃[齧]嫩葉[嫩枝]：be at ～〈牛等〉在吃嫩葉。**2** Ⓤ[又作 **a** ～]瀏覽：at first ～ 最初瀏覽之下(若不加以細讀)/have *a* ～ through a book 從頭到尾瀏覽一本書。

Bruce [brus; bru:s] *n.* 布魯斯《男子名》。

Bruce, Robert (the) *n.* 布魯斯《1274–1329；蘇格蘭國王；1314 年在蘇格蘭中部擊敗英國軍隊而確保蘇格蘭之獨立》。

bru·cel·lo·sis [ˌbrusəˋlosɪs; ˌbru:səˈlousis] *n.* Ⓤ《醫·獸醫》布魯士菌病，布氏桿菌病《家畜均易感染，造成流產》。

Bru·in [ˋbruɪn; ˈbru:in]《源自荷蘭語「褐色」之義》—*n.* [也用於稱呼]《擬人語》熊先生，熊大哥《童話中的一隻褐熊；⇨ bear[2] 【相關用語】》。

bruise [bruz; bru:z] *n.* Ⓒ **1 打傷**；碰傷；撞傷；擦傷；瘀傷：a ～ *on* the arm 臂上的瘀傷。**2** (植物、水果等的)傷。**3** (感情上的)傷害，創傷。

—*v.t.*〔十受〕**1 a 使…受碰[撞、擦、瘀]傷**：He ～*d* his shin knocking against the chair. 他脛骨撞到椅子而受瘀傷。**b** 碰傷〈水果等〉；碰凹〈木材、金屬〉，損傷…：～*d* fruit 碰傷的水果。**2** 傷害〈感情等〉：～*d* feelings 受傷害的感情。**3** (用乳棒、乳鉢等)搗碎〈藥、食物〉。

—*v.i.*〔十副〕受傷：Peaches ～ *easily*. 桃子易碰傷。

brúis·er *n.* Ⓒ **1** (職業)拳擊手。**2**《口語》粗暴的人。

bruit [brut; bru:t] *v.t.*〔十受十副〕傳布〈謠言〉〈*about, abroad*〉.

brum·ma·gem [ˋbrʌmədʒəm; ˈbrʌmədʒəm]《源自十七世紀英國僞幣製造地 Birmingham 的變形》—*adj.* 僞造的；廉價而華麗炫目的。—*n.* Ⓒ廉價而炫麗之物《尤指仿製珠寶等》。

brunch [brʌntʃ; brʌntʃ]《*b*reakfast 和 l*unch* 的混合語》—《口語》*n.* Ⓤ[指種類或次數時爲Ⓒ] (早餐與午餐合爲一餐吃的)早午餐：have [take] ～ 吃早午餐。

—*v.i.* 吃早午餐。

Bru·nei [bruˋnaɪ; ˈbru:nai] *n.* 汶萊《婆羅州西北部之英國保護國；首都斯里巴卡旺 (Bandar Seri Begawan [ˋbʌndəˋsɛrɪbəˋgawən; ˈbʌndəˈseribəˈgɑ:wən])》.

bru·net(te) [bruˋnɛt; bru:ˈnet] 《源自法語「深褐色」之義》—《★【拼法】本來指男性時用 brunet，指女性時用 brunette，但美國語法現已不予以區別》*adj.*〈人〉有深褐色頭髮的《指白種人中之有深褐色頭髮(及眼睛、皮膚)者；cf. blond(e) 2, fair[1] B 1 a》.

—*n.* Ⓒ有深褐色頭髮(及眼睛、皮膚)的人。

brunt [brʌnt; brʌnt] *n.* [**the** ～] (攻擊等的)矛頭，衝擊或衝力的主要部分；衝擊，衝力。

béar the brúnt of... 在…面前[中間]首當其衝。

‡**brush**[1] [brʌʃ; brʌʃ] *n.* **1** Ⓒ **a** [常構成複合字]**刷子**，毛刷：⇨ toothbrush. **b** 用刷子的拂拭，一刷：with a ～ 一刷就，以一刷/Give the floor another ～. 把地板再刷一下。

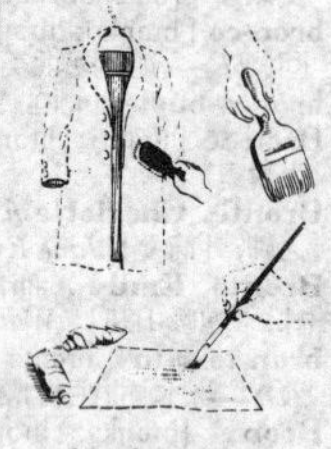

brushes 1 a, 2 a

2 a Ⓒ**毛筆，畫筆**。**b** [**the** ～, **one's** ～] 畫法，畫的風格：*the* ～ *of* Turner 泰納的作畫風格。

3 Ⓒ(尤指狐狸的)尾巴《獵狐狸者將其保存作爲紀念》。

4 Ⓒ **a** 輕擦，掠過：a close ～ *with* death 險些喪命。**b** 小衝突，小戰鬥：have a ～ *with*... 與…發生小衝突。

5 Ⓒ《電學》(電)刷。

at a brúsh 一舉地。

at the first brúsh 在最初的小衝突中；開頭時，在最初。

—*v.t.* **1 a**〔十受〕**刷，刷亮，拂拭**〈物〉：～ one's hat [hair] 刷帽子[頭髮]。**b**〔十受十補〕把…刷〈成…〉：I ～ my teeth clean every morning. 我每天早晨把牙齒刷洗乾淨。**2 a**〔十受十副〕用刷子[手]拂拭…(上的灰塵)〈*away, aside, off, out*〉：～ ***out*** a seat 拂拭座位。**b**〔十受(十副)十介十(代)名〕用刷子[手]將…〔自…上〕拂開〈*away, off, out*〉〔*from*〕：B~ ***away*** the fly ***from*** the baby's nose. 把蒼蠅從嬰兒鼻上趕走。**3**〔十受十副〕**a** 把〈門等〉輕輕地漆過，粉刷…〈*over*〉：～ the door ***over*** 把門整個兒刷一遍。**b** 用油漆等塗抹掉(廁所、牆壁等的)〈亂塗亂畫〉〈*over*〉：～ ***over*** graffiti 把(牆上的)亂塗亂畫塗抹掉。**4**〔十受〕掠過…：Something ～*ed* my face in the darkness. 在黑暗中有東西掠過我的臉。

—*v.i.* **1**〔十介十(代)名〕〔與…〕相擦而過〔*against*〕：He ～*ed* ***against*** me in the passage. 他在走廊上與我擦身而過。

2〔十副詞(片語)〕掠過，疾走：The car ～*ed past* [*by*] (him). 那輛車從(他身)旁掠過。

brúsh asíde [awáy]《*vt adv*》(1)⇨ *v.t.* 2. (2)漠視，不理會〈問題等〉。

brúsh báck《*vt adv*》(1)把〈頭髮〉向後梳。(2)《棒球》以幾乎擦到身體的內角球使〈打擊手〉向後仰身。

brúsh dówn《*vt adv*》(1)以刷子[手]刷[拂]下…上的灰塵。(2)把〈馬〉刷乾淨。

brúsh óff《*vt adv*》(1)⇨ *v.t.* 2. (2)《口語》漠視；冷淡地拒絕；解僱〈人〉；把…打發走。

—《*vi adv*》(3)刷掉，刷去：The mud will ～ *off* when it dries. 泥巴乾了就刷得掉。

brúsh úp《*vt adv*》(1)刷光，清潔；拂拭…：～ *up* the dust 拂拭灰塵。(2)重新學習[溫習、研習]…的技術[知識]《★【比較】brush up 不含「提升能力」之意》：～ *up* one's English 溫習(開始生疏的)英語。—《*vi adv*》(3)重新學習〔…〕〔*on*〕：～ *up* a bit *on* one's English 稍稍溫習一下(開始生疏的)英語。

brush[2] [brʌʃ; brʌʃ] *n.* **1** Ⓤ叢林，矮林，雜樹叢。**2** Ⓤ柴枝。**3** [**the** ～]《美》未開拓地(backwoods).

brúsh fìre *n.* Ⓒ **1** 灌木叢的火災。**2** (組織、部門、國家間等的)持續的小問題；突然爆發的(軍事)衝突。

brúsh·fìre《源自「灌木叢的火災」之義》—*adj.* [用在名詞前] (突發而)小規模的，局部的〈戰爭〉：a ～ war 局部的戰爭。

brúsh-òff *n.* [**the** ～]《俚》拒絕，《比喻》碰釘子：give a person *the* ～ 使某人碰釘子，嚴厲拒絕某人。

brúsh·ùp *n.* Ⓒ **1** 刷光；打扮：have a (wash and) ～ (洗好手、臉等並)打扮。**2** (開始生疏之學問等的)溫習；重新學習：give one's English a ～ 重新學習英語。

brúsh·wòod *n.* Ⓤ **1** 柴，砍下的樹枝。**2** (矮樹的)叢林，密集的

小樹叢。
brúsh·wòrk *n.* Ⓤ **1** 畫法，作畫的風格。**2** 繪畫。
brush·y[1] [ˈbrʌʃɪ; ˈbrʌʃi] «brush[1] 的形容詞»—*adj.* (**brush·i·er**; **-i·est**)如毛刷的；粗糙的。
brush·y[2] [ˈbrʌʃɪ; ˈbrʌʃi] «brush[2] 的形容詞»—*adj.* (**brush·i·er**; **-i·est**)多灌木的。
brusque, brusk [brʌsk, brusk; brʌsk, brusk] *adj.* 〈態度、言詞、人〉莽撞的，粗率的，無禮的，唐突的。
~**·ly** *adv.* ~**·ness** *n.*
Brus·sels [ˈbrʌsl̩z; ˈbrʌslz] *n.* 布魯塞爾《比利時的首都；歐洲共同組織(EC)之總部設於此》。
Brússels cárpet *n.* Ⓒ布魯塞爾地毯《用絨線織成有圖案的地毯》。
Brússels láce *n.* Ⓤ布魯塞爾花邊《一種有貼花鑲飾的精美花邊》。
brússels spróut *n.* Ⓒ[常 B~ s~；常 ~s]《植物》球芽甘藍《又稱抱子甘藍；原產於比利時，現廣泛栽培於歐美》。
bru·tal [ˈbrutl̩; ˈbru:tl] «brute 的形容詞»—*adj.* (**more** ~; **most** ~) **1** 冷酷的，殘忍的；粗暴的。**2** 〈天候等〉嚴酷的。**3** 〈眞實、事實〉確鑿的；無情的，殘酷的：face the ~ truth *that*... 面對…的殘酷事實。~**·ly** [-tl̩ɪ; -təli] *adv.*
bru·tal·i·ty [bruˈtælətɪ; bru:ˈtæləti] «brutal 的名詞»—*n.* **1** Ⓤ野蠻，殘忍，狠毒。**2** Ⓒ殘忍的行爲，野蠻的行爲，暴行，獸行。
bru·tal·ize [ˈbrutl̩ˌaɪz; ˈbru:təlaiz] «brutal 的動詞»—*v.t.* 使…具獸性，使…變得殘忍：War ~*s* many men. 戰爭使許多人變得殘忍。
—*v.i.* 變爲獸性，變得殘忍；做出殘忍的行爲。
bru·tal·i·za·tion [ˌbrutl̩əˈzeʃən, -aɪˈz-; ˌbru:təlaiˈzeiʃn] *n.*
brute [brut; bru:t] «源自拉丁文「拙笨的」之義»—*n.* **1** Ⓒ **a** 獸，畜生：the ~*s* 獸類。**b** 似禽獸[無人性，理性]的人，簡直不是人的人：that ~ *of* a husband 那個丈夫簡直不是人。**c** 《口語》可惡的傢伙[人，東西]，討厭的傢伙：You are a ~ *to* keep it from me. 你把這件事瞞著我，眞可惡。**2** [**the** ~]獸性；(尤指)獸慾：*the* ~ *in* man 人類具有的獸性。
—*adj.* [用在名詞前] **1** 無理性的：the ~ beasts＝the ~ creation 獸類，畜生。**2 a** 如野獸的，殘忍的，殘暴的：~ courage 蠻勇。**b** 不憑理性的〈動機等〉：(a) ~ instinct 動物的本能。**c** 只憑體力的〈力量〉：~ force 蠻力，暴力/by ~ strength 只憑蠻力。**3 a** 不具備知覺的：~ matter 無生物。**b** 物理的〈自然的力量等〉：the ~ force(s) of nature 大自然無情的力量。**4** 照實的，活生生的〈事實〉。
brút·ish [-tɪʃ; -tiʃ] *adj.* **1** 如野獸[畜生]的。**2 a** 野蠻的，殘忍的；愚蠢的。**b** 肉慾的，獸慾的。**c** 無感情的，無理性的。
~**·ly** *adv.* ~**·ness** *n.*
Bru·tus [ˈbrutəs; ˈbru:təs], **Mar·cus** [ˈmɑrkəs; ˈmɑ:kəs] *n.* 布魯特斯《85?–42 B.C.；羅馬政客；參與謀殺凱撒(Caesar)》。
bry·o·ny, bri·o·ny [ˈbraɪənɪ; ˈbraiəni] *n.* Ⓒ《植物》瀉根《葫蘆科瀉根屬攀緣植物的統稱；尤指白瀉根，其根粗壯，曾用作利尿劑及瀉劑》。
B/S., b.s. 《略》《商》balance sheet.
B.S., 《英》**B.Sc.** 《略》Bachelor of Science.
B side [ˈbiˌsaɪd; ˈbi:said] *n.* Ⓒ(唱片[磁碟片，錄音帶]的)B 面(樂曲)。
bt. 《略》boat；bought.
Bt. 《略》Baronet.
b.t.u., B.T.U., B.Th.U. 《略》British thermal unit(s).
bu. 《略》bureau；bushel(s).
bub·ble [ˈbʌbl̩; ˈbʌbl] «擬聲語»—*n.* **1** Ⓒ[常 ~s]泡，泡沫，氣泡：blow (soap) ~*s* 吹肥皂泡。
2 Ⓤ起泡；沸騰。
3 Ⓒ做夢似的計畫[野心]；詐欺：a ~ company 爲行騙而虛設的公司，詐騙集團《以吸收投資侵吞股款等詐欺行爲爲目的而虛設，在騙得錢之後即倒閉而人去樓空的冒牌公司》。
4 (又作 **búbble cànopy**)Ⓒ《航空》(駕駛座上面的透明的)圓頂。
búbble and squéak Ⓤ《英》炒馬鈴薯、肉和甘藍菜《★源自烹調時之聲音》；無足輕重者。
príck a búbble (1)刺破肥皂泡。(2)拆穿騙局，使現原形。(3)使幻想破滅。
—*v.i.* **1** 〔動(十副)〕**a** 起泡，沸騰：A pot of coffee was *bubbling* on the range. 一壺咖啡在爐上沸騰著。**b** 〈泉水等〉潺潺地湧出；噗噗地響〈*out, up*〉：Clear water *bubbled up* from among the rocks. 淸澈的水自岩石間潺潺地湧出。**c** 〈小河等〉潺潺而流。**2** 〔十介十(代)名〕洋溢〔喜、怒等〕；〔因…而〕興奮，興高采烈〔*with*〕：~ ***with*** laughter 興高采烈地歡笑。
búbble óver 《*vi adv*》(1)盈滿，洋溢。(2)(尤指)〈女人〉充滿著〔喜、怒等〕；〔因…而〕興奮，興高采烈，熱情洋溢〔*with*〕：She is *bubbling over with* joy. 她正興高采烈[歡喜異常]。(3)興高采烈地[興奮地]談〔…〕〔*about*〕.
búbble bàth *n.* **1** Ⓒ泡沫澡《水中加起泡洗澡粉的沐浴》。**2** Ⓤ起泡洗澡液[粉]。
búbble gùm *n.* Ⓤ **1** 泡泡糖。**2** 泡泡糖音樂《一再重複簡單歌詞的低俗搖滾樂；在(喜嚼泡泡糖之)少男少女間廣受歡迎》。
búbble pàck *n.* Ⓒ(透明而看得見所裝商品內容的)塑膠包裝。
búb·bler *n.* Ⓒ《美》(噴水式)飲水器[場](drinking fountain).
bub·bly [ˈbʌblɪ; ˈbʌbli] «bubble 的形容詞»—*adj.* (**bub·bli·er**; **-bli·est**) **1** 多泡沫的；起泡沫的。**2** 精神好的；快活的。
—*n.* Ⓤ《俚》香檳酒。
bu·bon·ic [bjuˈbɑnɪk; bju:ˈbɔnik] *adj.* 《醫》橫痃的，(患)淋巴腺紅腫的。
bu·bón·ic plágue [bjuˈbɑnɪk-; bju:ˈbɔnik-] *n.* Ⓤ《醫》(淋巴)腺鼠疫。
buc·cal [ˈbʌkl̩; ˈbʌkəl] *adj.* 《解剖》**1** 頰的。**2** 口的。
buc·ca·neer [ˌbʌkəˈnɪr; ˌbʌkəˈniə] *n.* Ⓒ **1** 海盜《尤指十七至十八世紀搶劫美洲大陸西班牙屬地沿岸的海盜》。**2** 不道德的政客[商人]。
Bu·cha·rest [ˌbukəˈrɛst, ˌbju-; ˌbju:kəˈrest] *n.* 布加勒斯特《羅馬尼亞首都》。
buck[1] [bʌk; bʌk] *n.* Ⓒ(*pl.* ~**s**, [集合稱] ~) **1 a** 公鹿(stag). **b** 雄性的馴鹿、羚羊、兔等(↔ doe). **c** 《動物》(南非)條紋羚《體兩側有豎列條紋或成排的斑點，雄者有角，直立呈螺旋形》。**2** 《美口語》**a** 男人。**b** 《輕蔑》男性黑人[印地安人]。**3** 鹿皮製品。**4** 《美俚》一美元《★因從前與印地安人交易時，用作交易單位》。
—*adj.* [用在名詞前] **1** 雄性的，公的：a ~ rabbit 雄兔。**2** 《美口語》男的：a ~ party 《美口語》只有男人參加的社交聚會《★比較 一般用 stag party》.
buck[2] [bʌk; bʌk] *v.i.* **1** 〈馬等〉(突然拱起背部欲使騎者摔下而)跳躍。**2** 〔十介十(代)名〕**a** 〈羊等〉(低下頭)〔向…〕衝刺〔*at, against*〕. **b** 頑强地抵抗〔…〕；〔向…〕挑戰〔*at, against*〕. **3** 《美口語》〈車等〉突然[嘎啦一下子]開動。**4** 〔十介十(代)名〕《美・澳俚》力爭〔晉升、地位等〕，〔爲得到…而〕努力〔*for*〕.
—*v.t.* **1** 〔十受(十副)〕〈馬〉把〈人〉摔下〈*off*〉. **2** 《美口語》**a** 用頭[角]衝刺；向…衝鋒，猛衝。**b** 奮戰，反抗，抵抗。**3** 《橄欖球・美式足球》帶球衝入〈敵陣〉。
búck úp 《口語》《*vt adv*》(1)使〈人〉振作，使…提起精神；鼓勵，鼓舞：The book review ~*ed* her *up.* 那書評使她精神抖擻起來。(2)(想)改進〈觀念、態度〉。—《*vi adv*》(3)振奮起來，快活起來；恢復活力。(4)[用祈使語氣]振作起來！加油！趕快！
—*n.* Ⓒ(馬的)拱[弓]背跳躍。
buck[3] [bʌk; bʌk] «sawbuck 之略»—*n.* Ⓒ **1** 《美》(以雙手鋸木用的)鋸木架，鋸臺。**2** (體操用的)木馬。**3** (金屬或木質的)門框。
—*v.t.* 用鋸臺鋸〈圓木等〉。
buck[4] [bʌk; bʌk] «因從前賭撲克牌(poker)時，將一把鹿角柄獵刀放在下一個莊家面前»—*n.* **1** Ⓒ《紙牌戲》(撲克牌局中)用以顯示下一個莊家之標誌。**2** [**the** ~]《口語》責任：pass *the* ~ (to a person) 把責任推卸給(某人)/*The* ~ stops here. 責任止於此，不會推卸責任《★杜魯門(Truman)總統之座右銘》。
—*v.t.* 〔十受十介十(代)名〕《美口語》推卸〈責任等〉〔給人〕〔*to, onto*〕.
Buck [bʌk; bʌk], **Pearl** *n.* 賽珍珠《1892– 1973；美國女小說家》。
buck·a·roo [ˈbʌkəˌru, ˌbʌkəˈru; ˈbʌkəru:] *n.* Ⓒ(*pl.* ~**s**)(美國西部的)牧童，牛仔(cowboy).
búck·bòard *n.* Ⓒ《美》(車體爲木板的)四輪載貨馬車。
‡**buck·et** [ˈbʌkɪt; ˈbʌkit] *n.* **1** Ⓒ **a** 水桶；提桶；吊桶。**b** (挖泥機、水車等的)戽斗。**2 a** Ⓒ一桶(之量)〔*of*〕. **b** [~**s**]《口語》大量〔*of*〕：~*s of* tears 如雨的淚水/The rain came down *in* ~*s.* 雨傾盆而下。
kíck the búcket 《口語・謔》死，翹辮子。

【字源】想自縊的人站在水桶上，將繩子繞在脖子上，最後用腳踢開水桶，因而有此說法。

—*v.t.* 〔十受〕**1** 《美》用提桶汲[運]〈水〉。**2** 《英口語》(不顧馬之死活地)使〈馬〉飛奔。—*v.i.* 《英口語》**1** 〔動(十副)〕[常以 it 作主詞]〈雨〉傾盆而下〈*down*〉. **2** 〔十副詞(片語)〕**a** (不顧馬之死活地)使馬飛奔。**b** 〈汽車等〉疾駛[轆轆前進]。**c** 猛划(船)。
búcket brigàde *n.* Ⓒ(爲救火而)排成長龍以接力方式傳水桶的一隊人。
buck·et·ful [ˈbʌkɪtˌful; ˈbʌkitful] *n.* Ⓒ一桶(之量)〔*of*〕：a ~ *of* water 一桶水。
búcket sèat *n.* Ⓒ(汽車或飛機上之)單人圓背摺椅。
búcket shòp «源自「廉價酒店」之義；可能因其店內之酒是摻雜著或以桶裝出售» —*n.* Ⓒ **1** 《股票》不健全[不道德]的經紀商店，(利用行情漲落等騙財的)野鷄證券交易所。**2** 《美俚》任何可疑[有問題]的商店。

búck·èye *n.* Ⓒ《植物》牛眼樹《七葉樹屬灌木或喬木的俗稱；原產於北美，尤指美國中部所產的光滑七葉樹，葉在秋季變爲橙色，開淡綠黃色花，結卵圓形蒴果》。
Búckeye Stàte *n.* [the ~]美國俄亥俄州(Ohio)的別稱。
búck·hòund *n.* Ⓒ獵鹿等用的獵犬。
Buck·ing·ham [ˈbʌkɪŋəm; ˈbʌkiŋəm] *n.* =Buckinghamshire.
Búck·ing·ham Pálace [ˈbʌkɪŋəm-; ˈbʌkiŋəm-] *n.* (倫敦的)白金漢宮殿。

Buckingham Palace

Buck·ing·ham·shire [ˈbʌkɪŋəm,ʃɪr, -ʃɚ; ˈbʌkiŋəm,ʃiə, -ʃə] *n.* 白金漢郡《英格蘭南部之一個郡；首府亞玆柏立(Aylesbury [ˈelzbərɪ; ˈeilzbəri])；略作 Bucks.》.
buck·le [ˈbʌkl; ˈbʌkl] 《源自古法語「盾上突起的圓形金屬裝飾」之義》**—*n.*** Ⓒ **1** (皮帶等的)扣子，帶扣；(鞋等的裝飾)扣環。**2** (金屬板、鋸等的)扭曲，彎曲，變形。

buckles 1

—*v.t.* **1** 〔十受(十副)〕用扣環扣住[扣緊]…〈*up, on*〉：~ (*up*) a belt 用扣環扣皮帶/~ *on* one's sword [armor] 用扣環掛上劍[甲冑]。**2** 扭曲〈車輪、鋸等〉，使…變形，使…彎曲。**3** 〔十受(十副)十介十(代)名〕[~ one*self*]努力從事〔…〕，〔對…〕全力以赴〈*down*〉〔*to*〕：~ *oneself* (*down*) *to* the work 全力去做那工作。
—*v.i.* **1** 〈鞋、皮帶等〉藉扣環扣住。**2** 〔動(十副)〕〈物〉彎曲，變形，扭曲〈*up*〉. **3 a** 〔動(十副)〕塌陷；崩潰〈*up*〉. **b** 〔十介十(代)名〕〔向攻擊、壓力等〕屈服，屈從〔*under*〕. **4** 〔(十副)十介十(代)名〕傾全力，努力從事〔於…〕〔*to*〕：~ *to* a task [writ*ing* a book] 努力從事工作[創作]。
búckle dówn to... 帶勁著手，專心於，埋頭…《★可用被動語態》：~ *down to* the job 埋頭工作。
buck·ler [ˈbʌklɚ; ˈbʌklə] *n.* Ⓒ **1** (左手所持的小型)圓盾。**2** 用以掩護或防衛的人或物。

bucklers 1

búck-pàssing *n.* Ⓤ推諉；委過。
buck·ram [ˈbʌkrəm; ˈbʌkrəm] *n.* Ⓤ膠硬的粗布《上了漿糊或膠的硬亞麻布；用以做領襯或裝訂書籍》。
mén in búckram=búckram mén 假想的人物《★出自莎士比亞(Shakespeare)「亨利四世(上)(*The First Part of King Henry the Fourth*)」》.
Bucks. [bʌks; bʌks] 《略》Buckinghamshire.
búck·sàw *n.* Ⓒ(一種呈 H 型框，用雙手鋸的)大鋸。
buck·shee [ˌbʌkˈʃi; ˌbʌkˈʃiː˝] *adj.* & *adv.* 《英俚》免費的[地]。
búck·shòt *n.* Ⓤ(用以獵鹿等大獸的)大型鉛彈。
búck·skìn *n.* **1** Ⓤ鹿皮；硝好的羊皮。**2** [~s]鹿皮褲[鞋]。
búck·thòrn *n.* Ⓒ《植物》鼠李《鼠李屬灌木或喬木的統稱》。
búck·tòoth *n.* Ⓒ(*pl.* **buck·teeth**)獠牙，齙牙。
búck·tóothed [-ˈtuθt, -ˈtuðd; -ˈtuːθt, -ˈtuːðd˝] *adj.* (有)齙牙的。

bucksaw

búck·whèat *n.* **1** Ⓤ《植物》蕎麥《蓼科草本植物；其種子也稱蕎麥》。
2 a (又作 **búckwheat flòur**)Ⓤ蕎麥粉《在美國爲早餐穀類食品(cereal)的原料》。**b** (又作 **búckwheat càke**)Ⓒ《美》蕎麥餅《用蕎麥粉烤製的薄餅》。
bu·col·ic [bjuˈkɑlɪk; bjuːˈkɔlik˝] 《源自希臘文「牧人」之義》**—*adj.*** **1** 牧人的；牧歌(式)的。**2** 鄉村的，田舍的，田園生活的。
—*n.* Ⓒ **1** [常 ~s]牧歌，田園詩。**2** 田園詩人。
-i·cal·ly [-kl̩ɪ; -kəli] *adv.*
bud[1] [bʌd; bʌd] *n.* Ⓒ **1** [常構成複合字]**芽**：put forth ~*s* 發芽，萌芽，生芽/⇨ flower bud.
2 [常構成複合字]**花蕾**：⇨ rosebud.
3 a 小孩，小女孩。**b** 《美》初入社交界的女孩。**c** 未成熟的人[東西]。
4 《動物・解剖》芽體。
in búd 正在發芽，正含苞待放。
in the búd (1)在萌芽期：⇨ NIP[1] in the bud. (2)在初期，未成熟：a physician *in the* ~ 初出茅廬的醫生，未成熟[未初道]的準醫生。
—*v.i.* (**bud·ded**；**bud·ding**) **1** 開花蕾，含苞，發芽。**2** (開始)發育，(開始)成長。
—*v.t.* 〔十受〕**1** 使…發芽。**2** 《園藝》將…接芽，移植。
bud[2] [bʌd; bʌd] 《略》 *n.* 《美口語》=buddy 2.
Bu·da·pest [ˌbudəˈpɛst, ˌbjudə-; ˌbjuːdəˈpest, ˌbuː-] *n.* 布達佩斯《匈牙利(Hungary)首都》。
búd·ded *adj.* **1** 發芽的，含苞的。**2** 接芽的。
Bud·dha [ˈbudə; ˈbudə] 《源自梵語「開悟的」之義》**—*n.*** **1** [the ~]佛，佛陀，浮屠《釋迦牟尼的尊稱》。**2** Ⓒ佛(陀)像。
Bud·dhism [ˈbudɪzəm; ˈbudizəm] *n.* Ⓤ佛教。
Búd·dhist [-dɪst; -dist] *n.* Ⓒ佛教徒。
—*adj.* =Buddhistic.
Bud·dhis·tic [budˈɪstɪk; buˈdistik˝] *adj.* 佛教(徒)的；佛陀的。
Bùd·dhís·ti·cal [-tɪkl; -tikəl˝] *adj.* =Buddhistic.
búd·ding *adj.* [用在名詞前] **1** 開始發芽的。**2** 開始顯現的，初露頭角的：a ~ beauty 如蓓蕾初放之美女/a ~ poet 才華初露的詩人/a ~ journalist 初出茅廬的新聞記者。
—*n.* Ⓤ **1** 發芽，生芽；萌芽。**2** 《園藝》接芽(法)。
bud·dy [ˈbʌdɪ; ˈbʌdi] *n.* **1** Ⓒ《口語》兄弟，同伴，夥伴。**2** [常在生氣時用於稱呼對方]《美口語》夥伴，喂。
búddy-búddy *adj.* 《口語》**1** 很親密的。**2** 因貪婪[共謀]之故而聯合的。
budge [bʌdʒ; bʌdʒ] [常用於否定句] *v.i.* **1** (稍微)移動：He would*n't* ~ an inch. 他紋絲兒不動。**2** 〔動(十介十(代)名)〕改變[意見]〔*from*〕：He would*n't* ~ *from* his opinion. 他絲毫不肯改變意見。
—*v.t.* **1** (稍微)移動：I ca*n't* ~ it. 我簡直無法移動它。**2** 使〈人〉改變意見。
*__bud·get__ [ˈbʌdʒɪt; ˈbʌdʒit] 《源自古法語「小皮袋」之義》**—*n.*** Ⓒ **1 a** (政府等的)**預算案**；預算表；預算(額)，經費：introduce [open] the ~ (向下院)提出預算案/an advertising ~ of $5000 五千美元的廣告預算/a defense ~ 國防預算。**b** 〔家庭等的〕預算，家計；生活費〔*for*〕：make a monthly ~ *for* a family 作每個月的家庭預算。**c** (爲某種目的之)預算：*on* a ~ 以有限的預算；預算有限的/within a ~ 在預算之內(的)。**2** 〔物之〕堆集，堆積，存積；〔書信、文件等的〕一堆〔*of*〕：a ~ *of* news 許多新聞。
bálance the búdget 使收支平衡。
—*adj.* [用在名詞前]《委婉語》買得便宜的，特價的：a ~ dress 特價的女裝。
—*v.i.* 〔十介十(代)名〕〔爲…〕編預算〔*for*〕《★可用被動語態》：~ *for* the coming year 爲下一年度編預算。
—*v.t.* 〔十受〕**1** 編…的預算。**2** 安排，預定〈時間等〉。
bud·get·ar·y [ˈbʌdʒɪˌtɛrɪ; ˈbʌdʒitəri] *adj.* (有關)預算的。
bud·ge·teer [ˌbʌdʒɪˈtɪr; ˌbʌdʒiˈtiə], **bud·get·er** [ˈbʌdʒɪtɚ; ˈbʌdʒitə] *n.* Ⓒ(尤指政府官員之)編列預算者。
búdget plàn *n.* Ⓒ分期付款制：*on* the ~ 以分期付款。
Bue·nos Ai·res [ˈbonəsˈɛriz, ˈbwenəsˈaɪrɪz; ˌbwenəsˈaiəriz] *n.* 布宜諾斯艾利斯《阿根廷(Argentina)首都》。
buff [bʌf; bʌf] *n.* **1** Ⓤ淺黃色之軟牛皮革。
2 Ⓒ(包以軟皮革等之)磨棒[輪]。
3 Ⓤ淺黃色，米色。
4 [the ~]《口語》赤裸：(all) in the ~ 一絲不掛/be stripped to the ~ 脫得一絲不掛。
5 Ⓒ[與修飾語連用]《口語》狂熱的愛好者，…迷，…狂(fan)：a film ~ 影迷。
—*adj.* **1** 淺黃色的，米色的。
2 軟皮革製的。
—*v.t.* **1** 用磨棒[輪]磨光〈金屬〉。
2 用軟皮革磨亮〈鏡片、指甲等〉.
buf·fa·lo [ˈbʌflˌo; ˈbʌfəlou] *n.* Ⓒ (*pl.* ~(e)s；[集合稱]~) **1 a** 水牛(water buffalo)《印度原產》。**b**

buffalo 1 b

非洲水牛。**2** 美洲野牛(bison)《北美產》。

—*v.t.*(~**ed**;~·**ing**)《美俚》使〈人〉驚慌失措，使…著慌。

Buf·fa·lo [ˈbʌfl,o; ˈbʌfəlou] *n.* 布法羅《美國紐約州(New York)西部的一個城市，臨伊利湖(Erie)》.

Búffalo Índian *n.* =Plains Indian.

buff·er[1] [ˈbʌfɚ; ˈbʌfə] *n.* Ⓒ **1** (鐵路車輛等的)緩衝器[裝置]。**2** 緩衝物。**3** 緩衝國。

—*v.t.* **1** 緩和〈衝擊等〉。**2 a** 〔十受〕使…所受衝擊減少。**b** 〔十受十介十(代)名〕保護〈孩子等〉〔免受…〕〔*from*〕.

buffers[1] 1

buff·er[2] [ˈbʌfɚ; ˈbʌfə] *n.* Ⓒ[常 **old** ~]《英口語》守舊或無能的人，老朽。

búffer stàte *n.* Ⓒ緩衝國。

búffer zòne *n.* Ⓒ緩衝地帶。

buf·fet[1] [ˈbʌfɪt; ˈbʌfit] **«**源自古法語「打」之義**»—***n.* Ⓒ **1** 打擊，掌打，拳擊；毆打。**2** (風波、命運等的)磨練；衝擊；折磨，虐待。

—*v.t.* **1** (用手)打，打倒。**2** 〔十受(十副)〕〈風波、不幸等〉折磨〈人〉；〈風、浪等〉衝擊〈船〉〈*about*〉: The boat was ~*ed* (**about**) by the waves. 船飽受浪濤的沖擊/She was ~*ed* by fate. 她飽受命運折磨。**3** 《文語》與〈波浪等〉搏鬥：~ the stormy waves 與怒濤搏鬥。

—*v.i.* 〔十介十(代)名〕《文語》〔與…〕搏鬥，掙扎〔*with*〕: ~ *with* the waves 與怒濤搏鬥。

buf·fet[2] [buˈfe, ˈbufe; ˈbufei] **«**源自法語「餐桌」之義**»—***n.* Ⓒ **1 a** 小吃櫃臺。**b** (車站、火車等的)小吃餐廳[餐車]；《英》速簡餐廳。**c** (酒會等的)擺放供人取食物的檯桌；自取食物(站著)吃的場所；(集市、園遊會、商展等的)食品攤亭。**d** 備妥食物供人自己取食的自助餐。**e** (又作 **buffét càr**)《英》(簡便)餐車。**2** = sideboard 1.

—*adj.* [用在名詞前]自助餐式的：a ~ lunch [supper] 自助午[晚]餐。

buf·foon [bʌˈfun; bəˈfu:n, bʌ-] *n.* Ⓒ **1** 丑角；滑稽劇演員。**2** 好講粗俗笑話的人：play the ~ 扮演小丑。

—*v.i.* 作滑稽行爲；插科打諢，講粗俗笑話。

buf·foon·er·y [bʌˈfunərɪ; bəˈfu:nəri, bʌ-] *n.* **1** Ⓤ滑稽；粗俗的笑話。**2** Ⓒ[常 **buffooneries**]滑稽行爲；鄙俗的滑稽言行。

***bug** [bʌg; bʌg] *n.* **1** Ⓒ **a** 《美》**昆蟲，蟲**《半翅目昆蟲的統稱》(cf. insect). **b** 《英》=bedbug.

2 Ⓒ《口語》細菌，微生物(germ)；濾過性微生物，病原體(virus)：pick up a ~ 感染疾病/I've caught a ~. 我感冒了。

3 a [**the** ~；與修飾語連用]《口語》熱中(craze)：be bitten by *the* travel ~ 熱中於旅行。**b** Ⓒ[與修飾語連用]…迷，…狂：a movie ~ 影迷。

4 Ⓒ《口語》(機器等的)故障，毛病，(計畫等的)缺陷，瑕疵：get the ~*s* out of... 自…除去缺陷[缺點]。

5 Ⓒ《俚》隱藏式麥克風，竊聽器；《美》防盜鈴(等)。

6 Ⓒ《電算》錯誤，故障。

—*v.t.* (**bugged**；**bug·ging**)〔十受〕**1** 《俚》裝置隱藏式麥克風[竊聽器，《美》防盜鈴]於…；竊聽…。

2 《美口語》使〈人〉煩惱，使…焦躁。

búg óff 《*vi adv*》[常用祈使語氣]《美俚》匆匆離開，滾開。

búg óut 《*vi adv*》《美俚》⑴趕緊逃走，逃竄。⑵突然撒手不管〔…〕〔*on*〕.

bug·a·boo [ˈbʌgə,bu; ˈbʌgəbu:] *n.* Ⓒ(*pl.* ~**s** [~z; ~z]) **1** 鬼怪，妖怪，嚇人的東西。**2** (常指)莫名的恐懼。

búg·bèar *n.* Ⓒ **1** (傳說會吃掉壞孩子的)鬼怪。**2** (實際存在或假想之)任何足以引起不必要恐懼的事物：the ~ *of* war 戰爭的恐怖[威脅]。

bug·ger [ˈbʌgɚ; ˈbʌgə] *n.* Ⓒ **1** 《鄙》男同性戀者，鷄姦者；獸姦者(sodomite). **2 a** 《鄙》可鄙之傢伙。**b** [常作幽默或親熱用語]《俚》傢伙，東西《指人或動物》。**3** 《俚》很令人頭痛的[困難的]事物。

—*v.t.* **1** 《鄙》鷄姦。

2 《英俚》使…變得不能用，使…故障：This tool's ~*ed.* 這工具已不能使用[壞了]。

3 《俚》使〈人〉筋疲力竭《★常用被動語態，變成「筋疲力竭」之意》: I'*m* ~*ed.* 我累死了。

búgger abóut [aróund] 《鄙》《*vt adv*》⑴[~ + 受 + about [around]]給〈人〉添麻煩，煩擾〈人〉；《英俚》到處追趕〈人〉。**—**《*vi adv*》⑵[對人]胡鬧[*with*].

Búgger it! [用祈使語氣常感歎詞用於咒罵]《俚》混賬！媽的！

búgger óff 《*vi adv*》[常用祈使語氣]《鄙》滾開，走開。

búgger úp 《*vt adv*》《鄙》糟蹋，弄壞。

bug·ger·y [ˈbʌgərɪ; ˈbʌgəri] *n.* Ⓤ《英鄙》男同性戀行爲，鷄姦；獸姦(sodomy).

bug·gy[1] [ˈbʌgɪ; ˈbʌgi] **«bug** 的形容詞**»** **—***adj.* (**bug·gi·er**；**-gi·est**) **1** 多蟲的，多臭蟲的。**2** 《美俚》**a** 精神失常的，頭腦有問題的。**b** [不用在名詞前]〔十介十(代)名〕熱中〔於…〕的〔*about*〕.

bug·gy[2] [ˈbʌgɪ; ˈbʌgi] *n.* Ⓒ **1 a** 《英》輕便單座雙輪馬車。**b** 《美》輕便單座四輪馬車。**2** 《美》嬰兒車(baby carriage).

buggy[2] 1 b

búg·hòuse *n.* Ⓒ《美俚》瘋人院。

bu·gle[1] [ˈbjugl; ˈbju:gl] **«**源自古法語「角」之義**»—***n.* Ⓒ(軍隊的)號角；喇叭。

【同義字】bugle 較 trumpet 小而沒有活栓。

—*v.i.* 吹號角。

—*v.t.* 吹號角指揮[召集]。

bu·gle[2] [ˈbjugl; ˈbju:gl] *n.* Ⓒ[常 ~**s**]玻璃等的長圓形珠《主要用作婦女衣服上之裝飾》。

bú·gler *n.* Ⓒ吹號角者，號兵，號手。

buhl [bul; bu:l] **«**源自法國製家具的細木工匠之名**»—***n.* Ⓤ[常 B~]布爾細工《木材、金屬、龜甲、象牙等的精細鑲嵌工作》。

‡**build** [bɪld; bild] (**built** [bɪlt; bilt]) *v.t.* **1 建**。

【同義字】build 通常指建造房屋、橋梁或建立帝國等大物；make 指造小物。

a 〔十受〕建設，建造，建築，造〈建築物、鐵路等〉: Huge dams have been *built across* the river. 橫跨大江建起了巨大的水壩/The house is *built of* brick. 這房子是磚造的。**b** 〔十受十受/十受十介十(代)名〕爲〈人〉興建〈房屋等〉；〔爲人〕興建〈房屋等〉〔*for*〕: He has *built* his parents a new house.=He has *built* a new house ***for*** his parents. 他爲父母親蓋了一棟新房子。

2 〔十受〕**a** 〈鳥〉築〈巢〉: ~ a nest *out of* twigs 用小樹枝築巢。**b** 生〈火〉: ~ a fire 生火。**c** 創設〈事業〉，建立〈財富〉。

3 〔十受十介十(代)名〕將〈希望、判斷等〉建立〔在…基礎上〕〔*on, upon*〕: ~ one's hopes ***on*** promises 將希望寄託於(某人的)承諾上。

4 〔十受十介十(代)名〕**a** 將…作[組合]〔成…〕；將…培養〔成…〕〔*into*〕: ~ stones ***into*** a wall 把石頭砌成一道牆/~ a girl *into* a lady 把女孩教養成淑女。**b** 將〈家具等〉固定裝置〔在…〕；使…成爲〔…的〕一部分，將…裝置〔在…中〕〔*into*〕《★常用被動語態》: Bookshelves *are built* ***into*** the wall. 書櫥嵌在牆內/The money *was built into* a subscription. 那筆錢成爲捐款的一部分。

—*v.i.* **1** 建築，建造，營造：He ~*s* for a living. 他以營造爲生。

2 〈鳥〉築巢。

3 〈行列等〉形成。

4 〔十介十(代)名〕**a** 依賴，基於〔…〕，〔以…〕做基礎〔*on*〕: He *built* ***on*** his father's fortune. 他以他父親的財產爲基礎[本錢]創造了財富[靠父親的遺產發跡]。**b** 《罕》指望〔…〕〔*on, upon*〕: ~ ***on*** a person's promise 指望某人的承諾。

buíld ín 《*vt adv*》⑴將〈建材〉嵌[插，安放]入；將〈家具等〉固定裝置。⑵以建築物[人]圍〈土地〉: The area is now *built in.* 那地區現在已被房屋圍繞起來[周圍已蓋滿了房子]。

buíld ón 《*vt adv*》擴建，增建：~ *on* an addition 擴建[增建]附加部分/~ an annexe *on* 擴建附屬建築物。

buíld óver 《*vt adv*》蓋滿建築物於〈荒地等〉《★常用被動語態》: The woods *are built over.* 那座森林現在已蓋滿了房屋。

buíld úp 《*vt adv*》⑴增進〈健康等〉；鍛鍊〈身體〉: ~ *up* one's health 增進健康。⑵建立〈財富、名聲、人格等〉，創設〈事業等〉；確立，樹立；提高〈士氣等〉；增强〈兵力〉: The firm has *built up* a wide reputation for fair dealing. 該公司以公平交易著稱，廣受好評/He *built up* a name for himself. 他爲自己建立了聲譽。⑶以建築物蓋滿〈土地〉《★常用被動語態》: The place *is* now *built up.* 那地方現在已蓋滿了房屋。⑷極力稱讚，大加讚揚；宣傳〈新產品、新進演員等〉；把〈人〉捧[宣傳]〔成…〕〔*into*〕: ~ *up* a pop singer [a pop singer *up*] ***into*** an actor 把流行歌手捧成演員。**—**《*vi adv*》⑸增加，累積。⑹〈雲〉形成。⑺〈交通〉開始阻塞。⑻〈壓力、緊張等〉增强。⑼〈天氣〉轉(壞)〔成…〕〔*for*〕: It's ~*ing up for* a storm. 天氣在變，暴風雨即將來臨。

—*n.* **1** Ⓤ(船等的)造型，構造。**2** ⓊⒸ體格：a man *of* sturdy ~ 體格健壯的人/*of* the same ~ 體型相同/He has a poor ~. 他體格差。

build·er [ˈbɪldɚ; ˈbildə] *n.* Ⓒ **1 建築(業)者**，營造商，建築師，營造師，建造者：⇨ master builder.

2 [常構成複合字]增進[增强](…之)物：a health ~ 健康增進劑。

‡**build·ing** [ˋbɪldɪŋ; ˈbildiŋ] *n.* **1** Ⓒ建築物；樓房。

【說明】house, school, church, factory, supermarket 等建築物均爲building；有時候「商業[辦公]大樓」宜稱作 office building.

2 a Ⓤ建築術；建築，建造：a ～ contractor 建築承包商。**b** [當形容詞用]建築(用)的：a ～ area 建坪/a ～ site 建築用地。

búilding and lóan associàtion *n.* Ⓒ《美》建屋互助協會。

búilding blòck *n.* Ⓒ **1 a** 建築用的木塊材料。**b** (玩具的)積木(《美》block,《英》brick). **2** 構成要素，成分〔*of*〕.

búilding lìne *n.* Ⓒ建築線《在此線內可合法興建房屋》。

búilding society *n.* Ⓒ《英》建屋合作社，建屋互助協會(《美》savings and loan association).

búilding tràdes *n. pl.* 木工、水泥工等與興建房屋有關的行業。

búild·ùp *n.* Ⓒ **1 a** (兵力、體力、產業等的)增强，增進，强化；(資源等的)儲備〔*of*〕. **b** (故事等的)引向高潮；渲染。**2** (交通的)阻塞。**3 a** (推出新產品或新演員等的)宣傳，廣告。**b** 吹噓。**c** (有意圖的)準備(工作)〔*for*〕.

‡**built** [bɪlt; bilt] *v.* **build** 的過去式・過去分詞。

—*adj.* [用在名詞前]**1** 組合的。**2** [常構成複合字]體格(…)的；(以…)建造的；造得(…)的：a well-*built* house[man]蓋得好的房屋[體格好的人]。

búilt-ín *adj.* [用在名詞前]**1** 裝置在結構裏的；安裝固定的〈書櫥等〉：a ～ range finder 內藏式距離調整器。**2** 與生俱有的，內在的〈性情等〉(inherent).

búilt-úp *adj.* [用在名詞前]**1** 組合的，拼成的。**2** 蓋滿房屋的〈地區〉：a ～ area 蓋滿房屋的地區。

bulb [bʌlb; bʌlb] «源自希臘文「洋葱」之義»—*n.* Ⓒ **1** (洋葱等的)球莖，鱗莖，球根。**2 a** 球狀之物。**b** 電燈泡。**c** (溫度計水銀柱等的)球。**d**《攝影》閃光燈泡。

bul·bous [ˋbʌlbəs; ˈbʌlbəs] «bulb 的形容詞»—*adj.* **1** [用在名詞前]球根的，球莖的；從球莖而生的：a ～ plant 球莖植物。**2** 呈圓形的，球莖狀的：a ～ nose 蒜頭鼻子，圓鼻子(⇨ nose 插圖)。

bul·bul [ˋbʊlbʊl; ˈbulbul] *n.* Ⓒ《鳥》鵯《鵯科鳴禽的統稱；分布於非洲和南亞》。

Bul·gar [ˋbʌlgɑr, ˋbʊl-; ˈbʌlgɑ:] *n.* ＝Bulgarian 1.

Bul·gar·i·a [bʌlˋgɛrɪə, bʊl-; bʌlˈgɛəriə] *n.* 保加利亞《歐洲東南部之共和國；首都索非亞 (Sofia [ˋsofɪə, ˌsoˋfiə; ˈsoufjə, ˈsoufiə])》.

Bul·gar·i·an [bʌlˋgɛrɪən, bʊl-; bʌlˈgɛəriən] «Bulgaria 的形容詞» —*adj.* 保加利亞(人，語)的。

—*n.* **1** Ⓒ保加利亞人。**2** Ⓤ保加利亞語。

bulge [bʌldʒ; bʌldʒ] «源自拉丁文「袋」之義»—*n.* Ⓒ **1 a** 鼓起，凸出。**b** (桶等的)腹部。**2** 〔數量等的〕(暫時的)增加，膨脹；《美口語》暴漲，急增〔*in*〕：a ～ *in* urban population 都市人口的急增。

gèt [**hàve**] **the búlge on...** 《美俚》對…占優勢，占…的上風，贏過…。

—*v.i.* **1** 〔動(十副)〕鼓起，凸出〈*out*〉：*bulging* eyes 凸眼/The wrestler's muscles ～*d* (*out*). 角力手的肌肉隆起。**2** 〔十介十(代)名〕〔因…而〕鼓起；裝滿〔…〕〔*with*〕：His pocket ～*d* ***with*** small coins. 他的口袋鼓鼓囊囊裝滿了小硬幣。

—*v.t.* **1** 使…鼓起，膨脹，凸出：The child ～*d* his cheeks. 那小孩鼓起面頰/The apple ～*d* his pocket. 那個蘋果使他的口袋鼓起。**2** 〔十受十介十(代)名〕〔以…〕使…鼓起〔*with*〕：He ～*d* his pocket ***with*** acorns. 他的口袋鼓鼓囊囊塞滿了橡子。

bulg·y [ˋbʌldʒɪ; ˈbʌldʒi] «bulge 的形容詞» —*adj.* (**bulg·i·er**; **-i·est**)鼓起的，膨脹的，凸出的。

bulk [bʌlk; bʌlk] «源自古北歐語「船貨」之義»—*n.* **1** Ⓤ大小，容積，體積：a ship of vast ～ 體積龐大的船。**2** [**the ～ of...**]大部分，大半：*The* ～ *of* the work has not been finished. 大部分的工作尚未完成。**3** Ⓒ龐然大物，巨軀，龐大的身軀。**4** Ⓤ(含有大量纖維質等的)粗糙食物(roughage).

in búlk (1)〈穀類等〉不加包裝地[的]；〈貨物等〉散裝地[的]。(2)大量地：buy *in* ～ 大量購買。

—*v.i.* **1** 〔動(十副)〕**a** 漲大，體積佔空間，湧起〈*up*〉. **b** 結成塊〈*up*〉. **2** 〔十補〕[常 ～ **large**]顯得巨大；顯得重要：The catastrophe ～*ed large.* 那場災禍帶來的損失顯然非常嚴重。

—*v.t.* 〔十受〕**1** 使…漲大，使…體積發脹。**2** 使〈物〉成一堆；總共達…。

búlk·hèad *n.* Ⓒ [常 ～*s*] **1** 船艙之隔壁《用以防止散裝之穀類、鐵沙等或因船殼受損而漏入之水散開船底各處，使船身失去重心而翻覆》。**2** 礦坑內之分壁。

búlk máil *n.* Ⓤ《美》大宗印刷品郵件《如公報、傳單等》。

bulk·y [ˋbʌlkɪ; ˈbʌlki] «bulk 的形容詞» —*adj.* (**bulk·i·er**; **-i·est**) **1** 龐大的；體積脹大的，(與重量相形之下)佔空間的；用粗毛線編織的；厚而大的：a ～ sweater 厚重的毛衣。**2** (因太大而)不好弄[搬動，處理，使用]的，笨重的。

búlk·i·ly [-kɪlɪ; -kili] *adv.* **-i·ness** *n.*

bull[1] [bʊl; bul] *n.* **1** Ⓒ (已成熟而未經閹割的)公牛(⇨ cow[1] 〔相關用語〕)。**2** Ⓒ雄性的犀牛[象，鯨魚，海豹，麋](等大型動物)。**3** Ⓒ (像公牛般)極高大强壯之男人，彪形大漢。**4** Ⓒ牛頭犬(bulldog). **5** Ⓒ《美俚》警察，刑警。**6** [**the B～**]《天文》金牛座(Taurus). **7** Ⓒ《股票》多頭，股市看漲的人，購買證券、股票等並圖抬高其行市以謀利者(⟷ bear).

a búll in a chína shòp 動輒闖禍者，粗人；粗心大意者《★源自「闖入瓷器店的公牛」之意》。

shóot the búll 《美俚》(1)自誇，自吹。(2)作無意義的談話，瞎扯。

tàke the búll by the hórns 勇敢地冒險犯難，大膽地對付困難[危險]《★源自「扳住牛角制伏牛」之意》。

—*adj.* [用在名詞前]**1** 雄[公]的；粗壯如牛的，(似)公牛的：a ～ whale 雄[公]鯨。**2**《股票》價格上漲的，多頭的，看漲的(⟷ bear)：a ～ market 看漲的行情；多頭市場。

—*v.t.* **1** 〔十受(十介十(代)名)〕**a**《美》硬使〈議案、要求等〉〔在…〕通過[被接受]〔*through*〕：～ a bill ***through*** a committee 硬使一項議案在委員會通過。**b** [～ **one's way**]〔從…〕擠過去〔*through*〕：～ one's way ***through*** a crowd 從人羣中擠過去。**2** 〔十受〕《股票》企圖哄抬…之行情。

bull[2] [bʊl; bul] «源自拉丁文「教皇璽」之義» —*n.* Ⓒ《天主教》教宗勅書或訓喩《上有教宗璽之正式勅書》：a Papal ～ 教宗勅書。

bull[3] [bʊl; bul] *n.* Ⓒ滑稽的矛盾。

【說明】愛爾蘭人往往會滿不在乎地說矛盾而滑稽的事，因此又稱作 Irish bull；如 "It was hereditary in his family to have no children."(他家世代相傳不生孩子)。

bull[4] [bʊl; bul] «bullshit 之略»—《俚》*n.* Ⓤ胡說八道；瞎扯：shoot[throw] the ～ 閒聊；吹牛。—*interj.* 胡扯！

búll·bàiting *n.* Ⓤ嗾犬逗牛(的遊戲)。

búll·dòg «bull[1] 與 dog 構成的字» —*n.* Ⓒ **1** 鬥牛犬。**2** 頑固[固執]的人。**3**《英口語》(牛津，劍橋大學的)訓導長助理。**4** (又作 **búlldog clìp**)一種强力的紙夾。

—*adj.* [用在名詞前]似牛頭犬的，勇猛而不屈不撓的：～ courage 猛勇/the ～ breed《俚》英國人。

—*v.t.*《美》握住牛角而扭倒〈小牛等〉。

bulldog 1

búll·dog edìtion *n.* Ⓒ《美》最早的早報《尤指午夜前已印好，以送至較遠或偏僻地區者》。

bull·doze [ˋbʊlˌdoz; ˈbuldouz] *v.t.* **1** 用推土機推[挖，搬運]。**2** 〔十受十副詞(片語)〕**a** 硬使〈議案等〉(在…)通過：～ an amendment *through* Congress 硬使修正案在國會通過。**b** [～ **one's way**]强行擠過。**3**《口語》**a** 〔十受〕恐嚇，威嚇〈人等〉。**b** 〔十受十介十(代)名〕脅迫〈人等〉〔做…〕〔*into*〕：～ a person ***into*** buy*ing* something 脅迫某人購物。

búll·dòz·er *n.* Ⓒ **1** (正鏟)推土機。**2**《口語》恐嚇者。

***bul·let** [ˋbʊlɪt; ˈbulit] «源自法語「小球」之義»—*n.* Ⓒ **1** (步槍、手槍等的)子彈，槍彈，彈頭：a stray ～ 流彈。

【同義字】shell 是會爆炸的砲彈；shot 是散彈。

2 a 小球。**b** (釣絲上的)鉛墜。

bíte (on) the búllet 强忍面對痛苦之情況，忍辱負重《★因從前在戰場施行手術時，口裏咬著子彈忍痛》。

stóp a búllet 《軍俚》中彈陣亡[負傷]。

búllet·hèad *n.* Ⓒ (子彈型的)圓頭(的人)。

búllet-héaded *adj.* 〈人〉圓頭的。

***bul·le·tin** [ˋbʊlətn, -tɪn; ˈbulitin] «源自 bull[2] 附加表示「小」之字尾之形式»—*n.* Ⓒ **1 a** 公報；報告；告示。**b** (學會等的)會刊。**c** (公司、機關、學校等發行的)雜誌，新聞。**2** (報紙、廣播、電視的)新聞快報，號外。**3** (醫生每日發表關於重要人物之)病情報告，病況簡報。

—*v.t.* 〔十受〕公告，公示…。

búlletin bòard *n.* Ⓒ《美》布告牌，布告板(《英》notice board).

búllet·próof *adj.* 防彈的：a ～ vest 防彈背心。

búll·fìght *n.* Ⓒ鬥牛。

búll·fìghter *n.* Ⓒ鬥牛士。

búll·fìghting *n.* Ⓤ鬥牛。

búll·fìnch *n.* Ⓒ《鳥》紅腹灰雀《歐洲產雀科鳴禽，善於模仿各種鳴聲，是人們喜愛的籠鳥》。

búll·fròg *n.* Ⓒ《動物》牛蛙《美國產大型水棲蛙，因其鳴聲大而得名；可供食用》。

búll·hèad *n.* Ⓒ **1** 鮰魚《北美產鮰科淡水魚的統稱》。**2** 愚頑之人。

búll·héaded *adj.* 愚梗的，頑固的。
～·**ly** *adv.* ～·**ness** *n.*

búll·hòrn *n.* Ⓒ《美》(手提式)擴聲[揚聲]器(《英》loudhailer).

bul·lion [ˈbʊljən; ˈbuljən] *n.* Ⓤ **1** 金塊，銀塊；純金[純銀]條。**2** 金或銀線所編的纓綫或花邊。

búll·ish [-lɪʃ; -liʃ] «bull[1] 的形容詞»—*adj.* **1** 似公牛的。**2** 頑固的；愚梗的。**3 a** 〖股票〗看漲的(↔ bearish)：a ～ market 行情看漲的市場。**b** 樂觀的(optimistic).

bullfinch

búll·nécked *adj.* 〈人〉(像公牛般)脖子粗短的。

bul·lock [ˈbʊlək; ˈbulək] *n.* Ⓒ **1** 閹牛。**2** 小公牛。

búll·pèn *n.* Ⓒ《美》**1** 牛欄。**2** 臨時拘留所。**3** 〖棒球〗救援投手練習投球之區域《在球場之一側》。

búll·rìng *n.* Ⓒ鬥牛場。

búll sèssion *n.* Ⓒ《美口語》(通常指在小團體間之)自由討論或談話；《英俚》做大掃除[洗刷工作等]的一段時間。

búll's-èye *n.* Ⓒ **1** 鵠的，靶心。**2 a** 射中靶心之箭[子彈]。**b** 中肯之言行；要點；中心目標。**3 a** 半球形透鏡。**b** (有半球形透鏡的)牛眼燈。**c** (採光用的)圓窗。**4** 《英》一種硬的圓形糖果。
hít the búll's-eye (1)射中靶心。(2)〈人、說話等〉擊中要點，一針見血。(3)《美口語》〈事物〉成功，順遂。

bull's-eye 1

búll·shìt 《鄙》*n.* Ⓤ胡說八道，瞎扯。
—*interj.* 胡說！亂講！廢話！

búll·térrier *n.* Ⓒ鬥牛犬與㹴交配所生之雜種犬。

bul·ly[1] [ˈbʊlɪ; ˈbuli] *n.* Ⓒ **1** (學校中)欺負弱者的學生；頑童頭。**2** 惡霸，暴徒，流氓。
pláy the búlly 逞威風，恃強凌弱。
—*v.t.* **1** 欺凌。**2** 〔＋受＋介＋(代)名〕**a** 威迫…〔做…〕〔*into*〕：He must be *bullied into* work*ing*. 他一定是被脅迫去工作的。**b** 威脅…〔停止…〕〔*out of*〕：She wanted to go, but he *bullied* her *out of* it. 她想去，可是他威脅她打消念頭。— *v.i.* 逞威風，恃強凌弱。
—*adj.* 《口語》頂好的，很棒的，絕妙的：a ～ idea 絕妙的主意/He is in ～ health. 他健康絕佳。—*interj.* 《口語》[常 B～ **for you**！也當反語用]好極了！表現得很好！妙極了！

bullterrier

bul·ly[2] [ˈbʊlɪ; ˈbuli] *v.i.* 〔＋副〕〖曲棍球〗開始比賽〈*off*〉.

bul·ly[3] [ˈbʊlɪ; ˈbuli] *n.* (又作 **búlly bèef**)Ⓤ罐頭[醃]牛肉。

búlly·bòy *n.* Ⓒ暴徒；保鑣；政治流氓。

búlly-ôff *n.* Ⓒ〖曲棍球〗比賽開始(cf. kickoff).

bul·rush [ˈbʊlˌrʌʃ; ˈbulrʌʃ] *n.* Ⓒ **1** 〖植物〗莞《莎草科莞屬草本植物的統稱如蒲草、水莞等》。**2** 紙草(papyrus).

bul·wark [ˈbʊlwək; ˈbulwək] *n.* Ⓒ **1** [常 ～s]壁壘，堡壘；防波堤。**2** 〔國家、主義等的〕保衛者[物]〔*of*〕：a ～ *of* liberty 自由的堡壘。**3** [常 ～s]甲板上之船舷。
—*v.t.* **1** 建堡壘以鞏固。**2** 擁護；保衛，防禦。

bulwarks 3

bum[1] [bʌm; bʌm] 《美口語》*n.* **1 a** Ⓒ 癟三，無業遊民，遊手好閒者，遊蕩者，懶鬼。**b** [**the** ～]遊蕩生活：go on *the* ～ 過遊蕩生活，做癟三。**2** Ⓒ**a** 熱中玩樂[縱飲]的人；…迷，…狂：a golf ～ 高爾夫球迷。**b** 拙笨的傢伙[運動選手]。
—*v.i.* (**bummed**；**bum·ming**) **1** 〔＋副〕遊手好閒度日；遊蕩〈*around, about*〉. **2** (不工作而)依人爲生；寄食，白吃。
—*v.t.* 〔＋受(＋介＋(代)名)〕〔向人〕乞討〈物〉〔*from, off*〕：Can I ～ a cigarette (*off* you)？我可以向你討一根香煙嗎？
bum along [(《*vi adv*》)～ alóng](1)(乘車)以一定的速度行進。
—[(《*vi prep*》)～ alòng...](2)(乘車)以一定的速度行進…。
—*adj.* [用在名詞前]**1** 劣質的，廉賤的。**2** 跛[酸痛]的〈腳等〉：a ～ leg 跛腳。**3** 錯誤的，假的：a ～ steer《美口語》錯誤的情報/a ～ rap 不虛之罪。

bum[2] [bʌm; bʌm] *n.* Ⓒ《英俚》屁股(buttocks).

bum·ble[1] [ˈbʌmbl̩; ˈbʌmbl] «擬聲語»—*v.i.* 〈蜂等〉嗡嗡地響。

bum·ble[2] [ˈbʌmbl̩; ˈbʌmbl] «b*ungle* 和 stu*mble* 的混合語»—*v.i.* **1** 失敗，搞糟。**2** 〔(＋副)＋介＋(代)名〕喃喃不清楚地說〔…之事〕〈*on*〉〔*about*〕.

búmble·bèe *n.* Ⓒ〖昆蟲〗熊蜂《蜜蜂科熊蜂屬昆蟲的統稱；體粗壯多毛，並帶黃色或橙色寬帶，嗡聲響亮》。

bumblebee

búm·bòat *n.* Ⓒ〖航海〗向停泊在港內或海岸外之大船賣雜貨及食物等之小舟。

bumf [bʌmf; bʌmf] *n.* Ⓤ《英俚》**1** 便紙，草紙。**2** [集合稱]令人乏味[無聊]的文件，拘泥形式[政府機關]的公文。

bum·mer [ˈbʌmɚ; ˈbʌmə] *n.* Ⓒ《美俚》**1** 討厭之事[狀況]；失望；失敗：It's a ～. 討厭；眞令人頹喪。**2** (吸毒等)非常不愉快的經歷[事件，局面]。

bump [bʌmp; bʌmp] «擬聲語»—*n.* Ⓒ **1** 衝突；砰，撲通：with a ～ 砰然一聲；忽然，突然。**2 a** 腫塊。**b** (路面等的)隆起部分：～*s* on [in] a road 路面隆起部分。**3 a** 頭蓋骨隆起的部份。**b** 才能，知覺力：have no ～ *of* music 沒有音樂天分。**4** 〖航空〗(使飛機簸動的)氣流。**5** 《美》降級，降格。**6** 《俚》(脫衣舞孃等)把腰部猛向前挺出的動作：～*s* and grinds 猛向前挺出，或轉動腰部的挑逗性動作。
—*adv.* 砰地，撲通地：run ～ into a tree 砰地撞到一棵樹。
—*v.t.* **1 a** 〔＋受〕撞，碰，擊…：The truck ～*ed* our car. 那輛卡車撞了我們的車子。**b** 〔＋受＋介＋(代)名〕使…碰[撞]〔到牆等〕〔*against, on*〕：He ～*ed* his head ***against*** the wall. 他腦袋撞到了牆。**2** 〔＋受＋介＋(代)名〕將…〔從…〕撞落〔*off*〕：～ a vase ***off*** the table 把花瓶從桌上撞落。**3** 〔＋受＋介＋(代)名〕《美口語》(利用地位、權勢等)把〈人〉〔自其訂妥的班機等〕排擠掉《意指搶走別人訂好的座位》〔*from*〕：He was ～*ed* ***from*** a flight to Washington. 他因機位被擠掉而未能搭上飛往華盛頓的班機。
—*v.i.* **1** 〔動(＋介＋(代)名)〕碰撞，衝撞〔上…〕〔*against, into, on*〕：He ～*ed* ***against*** the door. 他撞上了門/In my hurry I ～*ed* ***into*** a man. 我在急忙之中撞上了一個人。**2** 〔＋副詞(片語)〕〈車〉顛簸而行：The cart ～*ed along* the rough road. 運貨馬車沿著崎嶇不平的道路顛簸而行。
búmp into... (1)⇨ *v.i.* 1. (2)《口語》意外碰到…：I ～*ed into* an old friend on my way home. 我在回家路上意外碰到一個老朋友。
búmp óff 《*vt adv*》《俚》幹掉，殺死〈人〉。
búmp úp 《*vt adv*》《口語》(1)抬高，增加〈物價、工資等〉。(2)《美》使〈軍人等〉升級〔爲…〕〔*to*〕.

búmp·er[1] [ˈbʌmpɚ; ˈbʌmpə] *n.* Ⓒ **1** (汽車車身前後的)保險槓(⇨ car 插圖)。**2** 《美》(火車的)緩衝器。

bum·per[2] [ˈbʌmpɚ; ˈbʌmpə] *n.* Ⓒ **1** 滿杯。**2 a** 大客滿。**b** 《口語》特大之物。
—*adj.* [用在名詞前]《口語》特大的；豐富的：a ～ crop 豐收。

búmper sticker [ˈbʌmpɚˌstɪkɚ; ˈbʌmpəˌstikə] *n.* Ⓒ貼在汽車後保險槓上的長條形貼紙《常爲旅遊廣告、標語、笑話等》。

búmper-to-búmper *adj.* **1** 〈車輛〉一輛緊接一輛的。**2** 〈交通〉阻塞的。

bumph [bʌmf; bʌmf] *n.* ＝bumf.

bump·kin [ˈbʌmpkɪn; ˈbʌmpkin] *n.* Ⓒ鄉下人，鄉巴佬，土包子；粗魯的人。

bump·tious [ˈbʌmpʃəs; ˈbʌmpʃəs] *adj.* 傲慢的，自大的；唐突的。
～·**ly** *adv.* ～·**ness** *n.*

bump·y [ˈbʌmpɪ; ˈbʌmpi] «bump 的形容詞»—*adj.* (**bump·i·er**；**-i·est**) **1** 〈道路等〉崎嶇的，坑窪不平的：a ～ road 崎嶇不平的路。**2 a** 〈車、旅程等〉顛簸的：have a ～ ride 乘車顛簸而行。**b** 〈音樂、詩等〉抑揚不均勻的。**3** 〖航空〗氣流不穩定的。
búmp·i·ly [-pɪlɪ; -pili] *adv.* **-i·ness** *n.*

bun [bʌn; bʌn] *n.* Ⓒ **1** (通常內有葡萄乾等的)小甜圓麵包：⇨ cross bun. **2** (婦女挽在頭後呈 bun 狀的)圓髻，髮髻：wear one's hair in a ～ 把頭髮挽成了個圓髻。
háve a bún in the óven 《謔》〈女人〉帶球跑，身懷六甲《★男性用語》。

***bunch** [bʌntʃ; bʌntʃ] *n.* Ⓒ **1** (水果、鑰匙等的)串〔*of*〕：a ～ *of* grapes 一串葡萄。**2** (花等的)束，簇〔*of*〕(⇨ bundle【同義字】)：a ～ *of* flowers 一束花。**3** 《口語》夥伴；一夥[羣]；(牛[馬])羣〔*of*〕.
the bést of the búnch 《口語》精英，精華；精選之人[物]。
—*v.t.* 〔＋受(＋副)〕**1** 捆[紮]…成束[串，簇]〈*up, together*〉. **2** 將〈牛、馬等〉集攏成一團[羣]〈*up*〉. **3** 作褶於〈衣服〉〈*up*〉.
—*v.i.* 〔動(＋副)〕**1** 成串[簇，束]〈*up*〉. **2** 擠成一團[羣]〈*up*〉. **3** 起褶〈*up*〉.

bunch·y [ˈbʌntʃɪ; ˈbʌntʃi] «bunch 的形容詞»—*adj.* (**bunch·i·er**；**-i·est**)成串的，成簇的，簇狀的；穗狀的；腫塊狀的。

bun·co [ˈbʌŋko; ˈbʌŋkou] *n., v.t.* ＝bunko.

bun·combe [ˈbʌŋkəm; ˈbʌŋkəm] *n.* =bunkum.
bund [bʌnd; bʌnd] *n.* Ⓒ(亞洲國家的)堤岸，碼頭。
***bun·dle** [ˈbʌndl; ˈbʌndl] *n.* Ⓒ **1 a** 捆《通常捆紮中間部分》，束，紮，把〔*of*〕：a ~ *of* letters 一束信件。

【同義字】bunch 指花、鑰匙等的成束或成串；sheaf 指文件等的一束、一紮、一捆、一把。

b《植物》維管束。**c**《解剖》脈管束。**2** 包，包裹〔*of*〕：a ~ *of* clothes 一包衣服。**3** [常 **a** ~ **of** ...]《口語》一大堆，一團：It's *a* ~ *of* contradictions. (這件事)矛盾一大堆/He is *a* ~ *of* nerves. 他是個神經極度緊張的人。**4**《俚》巨款：cost a ~ 要花費很多錢。
—*v.t.* **1 a**〔十受十副〕捆起，包紮…〈*up*〉：We ~*d* everything ***up***. 我們把每樣東西包紮起來。**b**〔十受十副十介十(代)名〕[~ one*self*] 把〈自己〉〔用…〕裹暖〈*up*〉〔*in*〕《★也用被動語態，變成「(在…裏)裹暖」之意》：~ *oneself* ***up in*** a blanket 把自己裹在毛毯裏保暖。**2**〔十受十介十(代)名〕將…亂丟，亂塞〔進…裏〕〔*into*〕：She ~*d* everything ***into*** the drawers. 她把每樣東西胡亂塞進抽屜裏。**3**〔十受十副(十介十(代)名)〕將〈人〉匆匆趕〔往…〕，將…倉皇遣〔去…〕〈*off*〉〔*to*〕：They ~*d* him ***off*** (***to***(《美》the) hospital). 他們匆匆地把他送(到醫院)去。
—*v.i.*〔十副〕**1** 匆匆離去〈*off, out, away*〉：They ~*d* ***off*** [***out, away***] in anger. 他們氣憤地匆匆離去。**2** 穿著暖和衣服，裹暖〈*up*〉.
bung [bʌŋ; bʌŋ] *n.* Ⓒ(桶口等的)塞子。
—*v.t.* **1**〔十受(十副)〕**a** 用塞子塞〈桶口等〉〈*up*〉. **b** 使〈鼻、下水道等〉塞住，使…阻塞〈*up*〉. **2**《英俚》**a** 投，扔，擲；塞進。**b**〔十受十受〕扔〈物〉給〈人〉：*B*~ me a cigarette. 扔一支香煙給我。
bun·ga·low [ˈbʌŋgə͵lo; ˈbʌŋgəlou]《源自印度語「孟加拉(Bengal)的」之義》—*n.* Ⓒ單層小屋，別墅《★爲有陽臺的木造平房，構造簡單而整潔舒適，通常用作避暑別墅》。

bungalow

búng·hòle *n.* Ⓒ桶[瓶]口。
bun·gle [ˈbʌŋgl; ˈbʌŋgl] *v.t.* 拙劣地做…，做壞〈工作〉，搞砸〈事情〉。
—*v.i.* 把事情搞砸，把工作做得一團糟。
—*n.* Ⓒ笨拙；拙劣的工作；蠢事：make a ~ of... 把…搞得一團糟。**bún·gler** *n.*
bún·gling *adj.* [用在名詞前]笨拙的，拙劣的。
bun·ion [ˈbʌnjən; ˈbʌnjən] *n.* Ⓒ拇趾黏液囊腫大，拇囊腫。
bunk[1] [bʌŋk; bʌŋk]《bunker 之略》—*n.* Ⓒ **1 a** (船、火車的)倚壁而設的臥[牀]舖。**b**《口語》牀，一般的牀舖。**2** (又作 **búnk bèd**)(通常爲小孩用的)上下雙層牀。
—*v.i.*〔動(十副)〕《口語》**1** 睡在臥舖上〈*down*〉. **2** (尤指穿著衣服)躺臥；睡〈*down*〉：~ ***down with*** friends 與朋友同牀睡。
búnk úp《*vi adv*》《英俚》〔與…〕發生性關係〔*with*〕.

bunk[1] 2

bunk[2] [bʌŋk; bʌŋk]《bunkum 之略》—*n.* Ⓤ《俚》瞎吹，謊話(humbug).
bunk[3] [bʌŋk; bʌŋk]《英俚》*n.* Ⓒ逃走，逃跑：do a ~ 溜走，開小差。—*v.i.* 溜走，逃走。
bun·ker [ˈbʌŋkɚ; ˈbʌŋkə] *n.* Ⓒ **1 a** (放置於戶外儲存煤炭等的)大儲箱。

【同義字】coal-scuttle 與 scuttle 均爲放置於室內的小型煤炭箱。

b (船上的)煤倉，燃料倉。**2**《高爾夫》沙坑《球道上人工造成的障礙區域》。**3**《軍》**a** 掩蔽壕。**b** (發射火箭、實驗核子武器等的)觀測室《常構築在地下，有防護設施》。
—*v.t.* **1** 給〈船〉裝上燃料。**2**《高爾夫》**a** 把〈球〉擊入沙坑。**b** (把球擊入沙坑而)使〈人〉陷入困境《★常用被動語態，變成「〈人〉把球擊入沙坑而陷於困境」之意》：I *was* ~*ed*. 我把球擊入了沙坑(而陷入困境)。

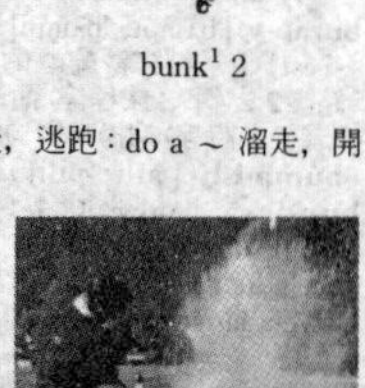

bunker 2

Bun·ker Hill [ˈbʌŋkɚˈhɪl; ˈbʌŋkəˈhil] *n.* 邦克山《在美國麻薩諸塞州東部的一個山丘；1775 年美國獨立戰爭(American Revolution)的首次主要戰役即在此展開》。
búnk·hòuse *n.* Ⓒ工寮。
bunk·mate [ˈbʌŋk͵met; ˈbʌŋkmeit] *n.* Ⓒ睡同一牀舖或鄰舖的人。
bun·ko [ˈbʌŋko; ˈbʌŋkou]《bunkum 之略》—《口語》*n.* ⓊⒸ (*pl.* ~s) **1** 欺詐，騙局。**2** 任何的誤傳；詐稱(misrepresentation).
—*v.t.* 設局詐騙，欺騙。
bun·kum [ˈbʌŋkəm; ˈbʌŋkəm] *n.* Ⓤ《口語》**1** 討好選民的演說。**2** 廢話，胡說，虛言空談。
búnk·ùp *n.* Ⓒ《英口語》(幫人向上攀登時的)扶上，推上：give a person a ~ 推[扶]某人一把。
bun·ny [ˈbʌnɪ; ˈbʌni] *n.* Ⓒ **1**《兒語》兔寶寶，小兔子(rabbit). **2** (又作 **búnny gìrl**)兔女郎《身穿兔形衣著的俱樂部性感女服務生》。
Bún·sen búrner [ˈbʌnsn-; ˈbʌnsn-]《源自發明者德國化學家 Bunsen 之名》—*n.* Ⓒ本生燈《實驗用煤氣燈》。
bunt [bʌnt; bʌnt] *v.t.* **1** 〈牛等〉(用頭或角)衝刺，牴撞。**2**《棒球》觸擊〈球〉。—*v.i.* **1** 〈牛等〉用頭[角]牴撞。**2**《棒球》觸擊(球)。
—*n.* Ⓒ **1** 牴撞。**2**《棒球》觸擊(球)。
bun·ting[1] [ˈbʌntɪŋ; ˈbʌntiŋ] *n.* Ⓤ **1** 製旗用之薄布。**2** [集合稱] **a** (慶祝等用之)旗幟，風旛，燕尾旗，幔幕：streets decorated with ~ 以旗幟裝飾的街道。**b** 旗(flags).
bun·ting[2] [ˈbʌntɪŋ; ˈbʌntiŋ] *n.* Ⓒ《美》(嬰兒用的)睡袋。
bun·ting[3] [ˈbʌntɪŋ; ˈbʌntiŋ] *n.* Ⓒ《鳥》鵐《雀科鵐屬鳴禽的統稱，如黃鵐，蘆鵐等》。
búnt·lìne *n.* Ⓒ《航海》帆脚索。
Bun·yan [ˈbʌnjən; ˈbʌnjən], **John** *n.* 班揚《1628–88；英國傳教士及作家；「天路歷程」(*The Pilgrim's Progress*)的作者》。
bu·oy [bɔɪ, ˈbu·ɪ; bɔi] *n.* Ⓒ **1** 浮筒，浮標。**2** 救生圈，救生衣，救生帶。—*v.t.* **1** 繫浮標於…；用浮標指示〈沈船之位置等〉。**2**〔十受(十副)〕使…浮起；支撐，支持，鼓勵…〈*up*〉《★常用被動語態，介系詞用 *with, by*》：The cheerful music ~*ed* her ***up***. 令人愉快的音樂使她精神振作起來/He *was* ~*ed* ***up with*** [***by***] new hope. 新希望給了他鼓勵。
buoy·an·cy [ˈbɔɪənsɪ; ˈbɔiənsi]《buoyant 的名詞》—*n.* Ⓤ [又作 **a** ~] **1** 浮力；浮性。**2** 樂天的性格；(對於打擊等的迅速的)恢復力，開朗。**3** 價格上漲的趨勢。
buoy·ant [ˈbɔɪənt; ˈbɔiənt] *adj.* **1** 有浮力[浮性]的，能漂浮的：~ force 浮力。**2** 有彈性[伸縮力]的；能迅速恢復元氣的；快活的，活潑的；樂天的。**3** 〈價格〉看漲的；〈市場〉買氣旺的。
~**·ly** *adv.*
bur [bɝ; bəː] *n.* Ⓒ **1** (栗、牛蒡等果實的)針毬。**2** (像針毬般)黏附著不離的東西：have a ~ in the throat 有東西哽[黏附]在喉嚨裏。
Bur·ber·ry [ˈbɝ͵bɛrɪ, -bərɪ; ˈbəːbəri] *n.*《商標》**1** Ⓤ一種防水布。**2** Ⓒ用 Burberry 防水布製的雨衣。
bur·ble [ˈbɝbl; ˈbəːbl] *v.i.* **1**〔動(十副)〕〈小河等〉潺潺而流〈*on*〉. **2 a**〔動(十副)〕滔滔不絕地說，喋喋不休地說〈*on, away*〉. **b** 〔(十副)十介十(代)名〕(興奮得像孩子般)喋喋不休地說〔…之事〕〈*on*〉〔*about*〕：She ~*d* ***on about*** her baby's health. 她喋喋不休地談她那嬰兒的健康(狀況)。**c** 格格地笑。
—*v.t.* 喋喋不休[滔滔不絕]地說。
***bur·den**[1] [ˈbɝdn̩; ˈbəːdn]《源自古英語「被搬運之物」之義》—*n.* **1 a** Ⓒ負荷；(尤指)重載(⇨ baggage【同義字】)：carry a ~ 搬運重物。**b** Ⓤ搬貨，運貨：⇨ BEAST of burden. **2** Ⓒ(義務、責任的)重累，負擔；(心裏、精神上的)負擔，重荷：be a ~ *to* [*on*] ... 成爲…的負擔[重擔]/The secretary took on the ~ *of* his work. 秘書承接了他工作的重擔/the ~ of proof《法律》舉證責任。**3** Ⓤ(船的)噸位，裝載[裝貨]量：a ship of 300 tons ~ 載重三百噸的船。
—*v.t.*〔十受十介十(代)名〕**1** 使…背負[擔子]〔*with*〕：~ a horse ***with*** many packages 使馬背負許多包裹。**2** 使〈人〉負[重擔]；〔以…〕使〈人〉苦惱，勞累〔*with*〕《★常用被動語態》：They *were* ~***ed with*** heavy taxes. 他們爲重稅所苦/I *was* ~***ed with*** debt. 我負債累累/She *was* ~***ed with*** three children. 她爲三個孩子所累。
bur·den[2] [ˈbɝdn̩; ˈbəːdn] *n.* **1** Ⓒ(歌的)重唱句，疊句《★比較 一般用 refrain》：like the ~ *of* a song (像歌的重唱句般)一再反覆地。**2** [**the** ~]〔議論、主張等的〕要旨，主旨〔*of*〕：*the* ~ *of* the story 故事的要旨。
bur·den·some [ˈbɝdn̩səm; ˈbəːdnsəm]《burden[1] 的形容詞》—*adj.* 難以負擔的，麻煩的，累人的，累贅的，沈重的：a ~ task 沈重的工作。
bur·dock [ˈbɝ͵dʌk; ˈbəːdɔk]《源自 bur (芒刺) 和 dock (酸模)》—*n.* Ⓒ《植物》牛蒡《菊科牛蒡屬草木植物；其果實有芒刺(bur)，根及嫩葉柄可供食用》。

***bu·reau** [ˋbjʊro; ˈbjuərou] «源自法語 'desk' 之義»—*n.* Ⓒ(*pl.* ~s, ~x [~z; ~z]) **1**《英》(附有開閉式木質蓋及抽屜的大型)**寫字檯，寫字桌。**
2《美》(有鏡子的)**臥房用衣櫃，梳妝檯。**
3《美》(政府機關的)**局**(《英》department)《略作 bu.》：the *B*~ of Standards (美國商業部之)標準局《從事度量衡、含量等之檢定》。
4 事務[編輯]部：a ~ of information《美》詢問處，新聞局。

bureau 1

bureau 2

bu·reau·cra·cy [bjʊˋrɑkrəsɪ; bjuəˈrɔkrəsi] *n.* **1** Ⓤ **a** 官僚制度。**b** 官僚政治[主義]。**c** (官僚式的)繁文褥節。**2** [the ~] **a** 官僚社會。**b** [集合稱]官僚，(公司等的)官僚作風的人們。
bu·reau·crat [ˋbjʊrəˏkræt; ˈbjuərəkræt] *n.* Ⓒ **1** 官僚；官僚作風的人。**2** 官僚主義者。
bu·reau·crat·ic [ˏbjʊrəˋkrætɪk; ˌbjuərəˈkrætik←] «bureaucracy, bureaucrat 的形容詞» —*adj.* 官僚政治的；官僚作風的。
-i·cal·ly [-klɪ; -kəli] *adv.*
bú·reau·crât·ism [-tɪzəm; -tizəm] *n.* Ⓤ官僚主義[作風]。
bu·reauc·ra·tize [bjʊˋrɑkrəˏtaɪz; bjuˈrɔkrətaiz] *v.t.* 使…官僚化。
***bu·reaux** [ˋbjʊroz; ˈbjuərouz] *n.* **bureau** 的複數。
bu·rette, bu·ret [bjʊˋrɛt; bjuəˈret] *n.* Ⓒ《化學》(有精密刻度，用以衡量小量液體之)滴(定)管，量管。
burg [bɝg; bə:g] «源自古英語「設防之城鎮」之義»—*n.* Ⓒ《美口語》城，鎮。
bur·gee [ˋbɝdʒi; ˈbə:dʒi:] «可能為 burgess flag→burgee's flag 之略；burgess 為法語「(船的)所有者」之義»—*n.* Ⓒ(船上的)三角旗，燕尾旗《作為確認船隻的旗子》。
bur·geon [ˋbɝdʒən; ˈbə:dʒən] *n.* Ⓒ芽，新芽，嫩枝。
—*v.i.* **1** 〔動(+副)〕萌芽，發芽〈*out, forth*〉。**2** 急速成長[發展]：the ~*ing* suburbs 急速發展的郊外。
burg·er [ˋbɝgɚ; ˈbə:gə] «hamburger 之略»—*n.* Ⓒ [當作菜名時為 Ⓤ] **1**《美口語》漢堡。**2** [常構成複合字] …漢堡：cheese*burger* 乾酪漢堡。
bur·gess [ˋbɝdʒɪs; ˈbə:dʒis] *n.* Ⓒ **1**《英》(自治都市的)市民；鎮民，公民。**2**《英》代表市鎮或大學的國會議員。**3**《美》美國獨立前維吉尼亞州(Virginia)及馬里蘭州(Maryland)兩州之議員。
burgh [bɝg; bə:g] «源自古英語「城市」之義；遺留於 Edin*burgh* (愛丁堡)等地名»—*n.* Ⓒ **1**《蘇格蘭》自治都市。**2** 城，鎮。
burgh·er [ˋbɝgɚ; ˈbə:gə] *n.* Ⓒ自治市鎮之公民；市民。
bur·glar [ˋbɝglɚ; ˈbə:glə] *n.* Ⓒ竊賊，闖入屋內的強盜《★從前指夜間潛入他人屋內行竊者，但現已不區別；⇨ thief【同義字】》。
búrglar alàrm *n.* Ⓒ防盜鈴。
bur·glar·i·ous [bɚˋglɛrɪəs; bə:ˈgleəriəs←] *adj.* 竊盜(罪)的。
~**·ly** *adv.*
bur·glar·ize [ˋbɝgləˏraɪz; ˈbə:gləraiz] *v.t.* 從〈某處〉偷竊。
—*v.i.* 行竊。
búrglar-próof *adj.* 防盜的。
—*v.t.* 使…防盜。
bur·gla·ry [ˋbɝglərɪ; ˈbə:gləri] *n.* ⓊⒸ竊盜(罪)：commit a ~ 行竊；犯竊盜罪。
bur·gle [ˋbɝgl; ˈbə:gl] «burglar 的逆成字» —《口語》*v.i.* 行竊。—*v.t.* 闖入…(行竊[搶劫])：~ a safe 撬竊保險箱[金庫]。
bur·go·mas·ter [ˋbɝgəˏmæstɚ; ˈbə:gəˌmɑ:stə] *n.* Ⓒ (荷蘭(Holland)、法蘭德斯(Flanders)、德國(Germany)、奧地利(Austria)等地的)市長；鎮長。
Bur·gun·di·an [bɚˋgʌndɪən; bəˈgʌndiən] *adj.* 勃艮地(人)的。—*n.* Ⓒ勃艮地人。
Bur·gun·dy [ˋbɝgəndɪ; ˈbə:gəndi] «源自葡萄酒產地名»—*n.* [常 b~] Ⓤ勃艮地(葡萄酒)《法國東南部勃艮地地方所產的(紅)葡萄酒》。
bur·i·al [ˋbɛrɪəl; ˈberiəl] «bury 的名詞» —*n.* **1** ⓊⒸ**埋葬**：~ at sea 水葬。**2** Ⓒ埋葬儀式：a ~ service 埋葬儀式。

【說明】英美在進入二十世紀後，火葬(cremation)逐漸增多，但因有人相信在「最後的審判」(the Last Judgment)時，死者會復活為永恒的生命，所以將遺體(remains)放入棺材中土葬的方式仍較火葬為多。

búrial gròund *n.* Ⓒ埋葬地，墓地。
bu·rin [ˋbjʊrɪn; ˈbjuərin] «源自義大利語» —*n.* Ⓒ **1** 雕刻刀《有圓形把手和菱形尖頭的工具；在金屬上刻畫溝線用》。**2** (大理石工匠所使用)類似雕刻刀的工具。**3** 尖頭或類似鑿子(chisel)的史前燧石(flint)工具。
burke [bɝk; bə:k] «源自 1829 年因謀殺罪於愛丁堡(Edinburgh)受絞刑的 W. Burke 之名» —*v.t.* **1** 悶死，窒殺。**2** 使…消滅於無形；扣壓〈議案等〉。
burl [bɝl; bə:l] *n.* Ⓒ **1** (絲或布的)**布結，線頭。2** (樹木的)「節，瘤。」
bur·lap [ˋbɝlæp; ˈbə:læp] *n.* Ⓤ(製袋用的)粗麻布。
—*adj.* [用在名詞前]粗麻布的。
bur·lesque [bɚˋlɛsk, bɝ-; bə:ˈlesk←] *n.* **1** Ⓒ(對文學作品、演說、行為等的)諷刺性或滑稽性的文字、圖畫或模仿《如打油詩、漫畫、滑稽劇等》：make a ~ of ... 滑稽[諷刺]地模仿…。**2** Ⓤ(以脫衣舞等作號召的)雜項表演，低級歌舞表演。
—*adj.* [用在名詞前] **1** 諷刺性[滑稽性]模仿的；詼諧或戲謔詩文的。**2** 低級粗野之歌舞表演的：a ~ show 低級粗野之歌舞表演[秀]。—*v.t.* 用文字[圖畫，模仿]諷刺…，使…滑稽化。
—*v.i.* 用文字[圖畫，模仿]諷刺，滑稽化。
bur·ly [ˋbɝlɪ; ˈbə:li] *adj.* (**bur·li·er**；**-li·est**)〈人〉魁梧的，强壯的；粗野的。**búr·li·ly** [-ləlɪ; -lili] *adv.*
Bur·ma [ˋbɝmə; ˈbə:mə] *n.* 緬甸《東南亞的一個共和國；首都仰光(Rangoon)》。
Bur·man [ˋbɝmən; ˈbə:mən] *n.* Ⓒ(*pl.* ~**s**)緬甸人(Burmese).
—*adj.* =Burmese.
Bur·mese [bɝˋmiz; ˌbə:ˈmi:z←] «Burma 的形容詞»—*adj.* 緬甸(人，語)的。—*n.* (*pl.* ~) **1** Ⓒ緬甸人。**2** Ⓤ緬甸語。
‡burn[1] [bɝn; bə:n] (~**ed** [~d; ~d], **burnt** [~t; ~t])《★語形 過去式、過去分詞《美》多用 burned，《英》多用 burnt；《英》在用作 *v.i.* 或比喻時，亦有用 burned 之趨勢，但用作形容詞時常用 burnt》—*v.i.* **1 燃燒：a**〈火、物〉燃燒；〈暖爐〉燃燒：Paper ~*s.* 紙會燃燒。**b**〔+補〕〈呈…〉燃燒；燃燒〈成…〉：~ red [blue] 燃燒成紅[藍]色/ ~ low〈火、燭火〉變小[減弱]。**c**〈皮膚、人〉曬黑：Her skin ~*s* easily. 她的皮膚容易曬黑。**d**〔動(+補)〕〈烹調中的菜等〉燒焦〈成…〉：~ black 燒得焦黑/The oatmeal is ~*ing.* 麥片粥燒焦了。**e**《化學》燃燒。
2 a〈燈火〉發光，發亮：Lights were ~*ing* in every room. 每一間房間裏燈火通明。**b**〔+補〕被太陽映照〈成…〉：The river ~*ed* crimson in the setting sun. 河流被落日映照成深紅色。**c**〔+介+(代)名〕〈眼睛〉〔因憤怒等而〕(如火般地)烱烱發光，《比喻》〔因…而〕發火〔*with*〕：His eyes ~*ed* ***with*** rage. 他氣得兩眼直冒火。
3 a〔動(+介+(代)名)〕〈頭、臉等〉〔因…而〕感覺發熱；〈舌、口〉感覺火辣[灼熱，刺痛]〔*with*〕：His angry words made my ears ~. 聽了他的氣話，教我耳朵發熱/My forehead ~*ed* ***with*** fever. 我的前額燒得發燙/My cheeks were ~*ing* ***with*** shame. 我羞得兩頰發燙。**b**〈藥品、飲料、食物〉引起火辣感覺[刺痛]：Iodine ~*s.* 碘(酒)會引起刺痛[灼熱感]。**c**〔動(+介+(代)名)〕〔因…而〕興奮；充滿〔…〕〔*with*〕：She ~*ed* ***with*** curiosity [love]. 她滿懷好奇[愛情]。
4 a〔+介+(代)名〕渴望，切望獲得〔…〕〔*for*〕：~ ***for*** wealth 熱切地追求財富。**b**〔+ *to* do〕熱切地想〈做…〉：She ~*ed to* see Paris. 她熱切地希望遊覽巴黎。
5 用於尋物、猜謎遊戲中接近答案時「快啦！」「快要找到[猜中]啦！」(cf. cold 5 b)：Now you are ~*ing*！現在你快要找到[猜中]啦！
6〔+介+(代)名〕〔在心中等〕留下(不可磨滅的印象)〔*in, into*〕：His face ~*ed* ***into*** my memory. 他的面孔在我的記憶裏留下了難以磨滅的印象(永誌難忘)。
7〔+介+(代)名〕〈酸〉腐蝕〔金屬〕〔*into*〕.
8《太空》〈火箭引擎〉燃燒而產生推力。
—*v.t.* **1**〔+受〕**燃燒；**點著，點燃〈瓦斯、蠟燭等〉：~ incense 燒香/This stove ~*s* oil. 這暖爐燒油/We still sometimes ~ candles at dinner. 我們仍偶爾在晚餐時點蠟燭。
2 a〔+受〕把…燒焦，烤焦：I ~*ed* the toast. 我把土司烤焦了。**b**〔+受+補〕把…燒[烤]〈成…〉：~ a piece of toast black [to a crisp] 把土司烤得焦黑[酥脆]。**c**〔+受+補〕〈太陽〉把…曬成〈…色〉：The grass has been ~*ed* brown by the sun. 草被陽光曬成褐色。
3〔+受〕**a** 燙傷，燒傷，灼傷…：He ~*ed* his hand *on* the hot iron. 他的手給熱熨斗燙傷了。**b**〔~ one*self*〕使〈自己〉受燙[燒，灼]傷，燙[燒，灼]傷〈自己〉《★也用被動語態》：She ~*ed herself*

badly. 她受了嚴重的燙[灼]傷/He *got ~ed on the* leg. 他腿被燙[灼]傷了。

4 〔十受十介十(代)名〕**a** 烙上〈烙印、作者名字等〉〔於…〕, 〔給…〕燒上…；〔把…〕燒出，燒成〈洞〉〔*in, into, on*〕：He ~*ed* a hole **in** the rug. 他在地毯上燒了個洞。**b** 〔在心中、給人〕留〈回憶等〉〔*in, into*〕《★常用被動語態》：The sight *was ~ed* **into** my mind. 那情景深刻地留在我心中。**c** 〔~ **its way**〕〈話等〉銘刻〔於心〕〔*in, into*〕.

B

5 a 〔十受〕燒製，焙燒〈磚瓦等〉：~ bricks [lime, charcoal] 焙燒磚瓦[石灰，木炭]。**b** 〔十受十介十(代)名〕把…燒〔成…〕〔*into*〕：~ clay **into** bricks 把黏土燒成磚[燒黏土作磚]。

6 a 〔十受〕把〈人〉處以火刑。**b** 〔十受十介十(代)名〕焚燒〈人〉〔致…〕〔*to*〕：Joan of Arc was ~*ed* **to** death. 貞德被焚致死[被處以火刑]。**c** 〔十受十補〕把〈人〉〈以…之狀態〉燒死：be ~*ed* alive 活活被燒死。

7 〈飲料、食物、藥品等〉予〈人〉火辣[灼熱]的感覺；使〈人〉感覺刺痛。

8 〔十受〕《美口語》欺騙〈某人〉《★常用被動語態》。

9 〔十受〕《太空》使〈火箭引擎〉燃燒。

10 〔十受〕《化學》使…燃燒，氧化。

11 〔十受〕《核子物理》使用〈鈾等〉的核能。

búrn (a hóle in) a person's pócket ⇨ pocket.

búrn awáy 《*vt adv*》(1)燒掉，燒完，燒盡。

—《*vi adv*》(2)繼續燃燒：The fire was still ~*ing away.* 火還在繼續燃燒。

búrn one's bóats (behìnd one) ⇨ boat.

búrn dówn 《*vi adv*》(1)〈房屋等〉全部焚毀，燒至地面。(2)〈火、燭(火)〉火勢漸微，火力減弱。(3)減弱〔成…〕〔*to*〕：The fire has ~*ed down to* nothing [coals]. 火燒完了[火勢減弱成炭火了]。—《*vt adv*》(4)把…全部焚毀[燒掉]；把…燒成灰燼《★常用被動語態》：The army ~*ed down* the village. 軍隊把那村莊焚毀/The house *was ~ed down.* 那房屋被燒成灰燼[燒掉了]。

búrn óff 《*vt adv*》(1)燒掉；(為開墾而)燒清〈樹墩、土地〉。(2)〈陽光〉使〈雲、霧〉消散。—《*vi adv*》(3)燒盡，燒完。(4)〈雲、霧〉(因陽光之溫度而)消散。

búrn óut 《*vt adv*》(1)燒盡，燒光；燒毀。(2)用火驅趕[迫使]出來《★常用被動語態》：They *were ~ed out* (*of* house and home). 他們遭受火災被燒得無家可歸。(3)[~ *oneself*]燒盡；耗盡精力：The fire ~*ed itself out.* 那場火熄滅了。—《*vi adv*》(4)燒斷：The light bulb has ~*ed out.* 燈泡(鎢絲)燒斷了。(5)〈引擎等〉燒壞。(6)〈火箭〉燃[用]完燃料。(7)〈熱忱、精力等〉耗盡；疲憊不堪。

búrn úp 《*vi adv*》(1)〈火〉(因添加燃料或風吹而)旺起來。(2)燒掉，燒盡，燒光：The old letters ~*ed up* in no time. 那些舊信件立刻就燒光了。(3)〈隕石、火箭〉(衝入大氣層而)燒毀。(4)《俚》以高速奔馳，(駕車)疾馳。(5)《美俚》發怒。—《*vt adv*》(6)燒盡，燒掉：~ *up* the dead leaves 把枯葉燒掉。(7)耗盡〈燃料〉：He eats a lot but ~*s* it all *up.* 他吃很多，而且把它全部(化為熱量)消耗掉。(8)《俚》以高速在〈路上〉奔馳，駕車在…疾馳：~ *up* the road (駕車)在路上疾馳。(9)《美俚》激怒〈人〉，使…生氣。(10)《美口語》責罵〈人〉。

hàve móney to búrn ⇨ money.

—*n.* **1** Ⓒ **a** (火、熱、輻射、化學品、電擊等所造成的)燒傷，灼傷，烙傷，燙傷〔*on*〕《★比較 熱水等所造成的燙傷稱作 scald》. **b** 嚴重的皮膚曬黑。**2** Ⓒ **a** 燒焦。**b** 燒痕。**3** Ⓒ(磚瓦等的)(一次)燒製；燒成。**4** [**a slow** ~]《口語》湧上心頭的怒火[焦躁]：do *a slow* ~ 怒火漸漸地湧上心頭，漸漸地生起氣來。

burn² [bɝn; bə:n] *n.* Ⓒ《蘇格蘭・北英》小河，小溪，小川。

búrned-óut *adj.* [用在名詞前] **1** 燒盡的，燒完的；被火逼出來的，遭遇火災而無家可歸的。**2** 燒壞的，燒斷的〈燈泡等〉。**3** 耗盡精力的，筋疲力竭的〈人〉。

búrn·er *n.* Ⓒ **1** [常構成複合字]燒(製)…的人：a charcoal ~ 燒(製)木炭的人。**2 a** 燃燒器[爐]，焚化爐；燃燒裝置；(瓦斯[電]爐，烤箱等的)發熱部分：a gas ~ 瓦斯爐。**b** (煤油燈、煤氣燈等的)噴火口。

búrn·ing *adj.* [用在名詞前] **1** 在燃燒的，燃燒著的。**2 a** 像燃燒似的；如火的，火熱的。**b** [當副詞用]如火燒似地，像火燒般地：~ hot 像火燒般地熱，酷熱。**3** 熱烈的，猛烈的，激烈的：a ~ thirst 非常的渴；極度的渴望。**4** 議論紛紛的；重大的；燃眉的，亟待解決的，炙手可熱的〈問題等〉：a ~ question 爭論不下的問題。**5** 不體面的，可恥的：a ~ disgrace 奇恥大辱。

búrning gláss *n.* Ⓒ火鏡《集中日光使之生熱之凸透鏡》。

bur·nish [ˈbɝnɪʃ; ˈbə:niʃ] *v.t.* 擦亮，磨光〈金屬〉，使…光滑(⇨ polish【同義字】)。

—*v.i.* [與 well 等狀態副詞連用]被擦亮，被磨光：Silver ~*es* well. 銀容易擦亮。

—*n.* Ⓤ光澤，亮光。

bur·noose, bur·nous [bəˈnus, ˈbɝnus; bə:ˈnu:s] 《源自法語「斗篷」之義》—*n.* Ⓒ (阿拉伯人所著)連有頭巾的外衣。

burnsides

búrn·òut *n.* Ⓒ **1** (電流超過負荷所致的電器)燒壞。**2** (火箭的)燃料耗竭，熄火。**3** (燒盡一切之)火災，大火。

Burns [bɝnz; bə:nz], **Robert** *n.* 柏恩斯《1759–96；蘇格蘭詩人》。

burn·sides [ˈbɝn͵saɪdz; ˈbə:nsaidz] *n. pl.* 《美》濃密的頰鬚《刮去下顎鬍鬚的連鬢鬍子》。

【字源】這個字是從美國南北戰爭時屬於北軍的一位將軍的名字 Ambrose Burnside (1824–81) 而來的。這位將軍當時兩頰留著非常好看的鬍鬚，所以後來就以他的名字稱呼這種鬍子。這種鬍型於十九世紀後半開始流行，最初稱為 burnsides, 但到後來變成 sideburns.

‡**burnt** [bɝnt; bə:nt] *v.* **burn** 的過去式・過去分詞。

—*adj.* **1** 燒了的，燒焦的：a ~ taste 燒焦味。**2** 燙[灼，燒]傷的：A ~ child dreads the fire. 《諺》遭灼傷的孩子怕火；「一朝被蛇咬，十年怕井繩」。

3 〈顏料等〉燒製成的：⇨ burnt ALUM, burnt SIENNA.

búrnt óffering *n.* Ⓒ **1** 燔祭，炙熟以祭神之牲體或果菜。**2** 《謔》(烹燒得過度而)燒焦的食物。

búrnt-óut *adj.* ＝burned-out.

burp [bɝp; bə:p] 《擬聲語》—《口語》*n.* Ⓒ打噎，打嗝，噯氣(belch).

—*v.i.* 打噎，打嗝，噯氣。

—*v.t.* (於餵奶後拍其背部)使〈嬰兒〉打噎。

burr¹ [bɝ; bə:] *n.* Ⓒ **1** (銅版雕刻用金屬或木材等鑽切處之)粗糙孔緣。**2** 鉸釘的墊圈。**3** 牙醫用之鑽孔器。

burr² [bɝ; bə:] *n.* Ⓒ **1** (機器快速旋轉時各部所發出的)轆轆聲。**2** 《語音》粗喉音《uvular *r*；符號為[ʀ]》：a Scottish ~ 蘇格蘭人所發之 *r* 音[ʀ].

—*v.i.* **1** 發轆轆聲。**2** 《語音》以粗喉音說話。

—*v.t.* 《語音》以粗喉音說…。

burr³ [bɝ; bə:] *n.* ＝bur.

bur·ro [ˈbɝo, ˈburo; ˈbʌrou] *n.* Ⓒ (*pl.* ~**s**)《美西南部》(馱貨用的)小毛驢。

bur·row [ˈbɝo; ˈbʌrou] *n.* Ⓒ **1** (狐狸、兔、鼹鼠等所掘的)地洞；洞穴。**2** 隱匿處。

—*v.t.* **1 a** 掘〈洞穴〉，鑽〈洞〉。**b** 〔十受十副詞(片語)〕[~ **one's way**]鑽〈洞〉前進：A mole ~*s* its way *through* the ground. 鼹鼠在地下鑽洞行進。**2** 〔十受十介十(代)名〕把〈身體〉〔往…〕貼近〔*into*〕：~ one's head **into** a person's shoulder 把頭緊貼在某人的肩膀上。

—*v.i.* **1 a** 掘洞穴，鑽洞；穴居。**b** 潛伏，隱匿。**c** (在地下)鑽洞行進。**2** 〔十介十(代)名〕深入調查[鑽研]，探索〔…〕〔*into, for*〕：~ **into** a mystery 探索神秘的事/He ~*ed into* reference books *for* research data. 他查閱[鑽研]參考書籍尋求研究資料。**3** 〔十介十(代)名〕〔往…〕貼近〔*against*〕.

~·**er** *n.*

bur·sar [ˈbɝsɚ; ˈbə:sə] *n.* Ⓒ **1** (大學內的)會計員，出納員。**2** 《英》領獎學金的學生。

bur·sa·ry [ˈbɝsərɪ; ˈbə:səri] *n.* Ⓒ **1** (大學內的)會計部門。**2** 《英》獎學金(scholarship).

‡**burst** [bɝst; bə:st] (**burst**) *v.i.* **1 a** 〈炸彈等〉**爆炸**：The bomb ~. 炸彈爆炸了。**b** 脹裂，脹破。**c** 〈水壩等〉潰決，決口。

2 a 〈門、鎖等〉突然[壞掉而]開。**b** 〔十補〕突然開《★補語通常用 open》：The window ~ open. 窗突然開了。

3 a 〈水泡、栗子等〉爆裂。**b** 〔十介十(代)名〕〈花苞、花蕾〉綻開〔成花〕；〈樹木〉突然開〔起花〕〔*into*〕：The trees ~ **into** bloom [blossom]. 那些樹木突然開起花來了。

4 a (因飽滿而)脹破：I ate until I was fit to ~. 我吃得肚子快要脹破了。**b** 〔十介十(代)名〕[常用於進行式]充滿〔…〕〔*with*〕：The barns *were ~ing* **with** grain. 那些穀倉裝滿了穀物/She *is ~ing with* vitality. 她充滿著活力。

5 〔十 *to* do〕[用於進行式]急著要，恨不得馬上〈做…〉：She *was ~ing to* tell us about what she had done during the vacation. 她急著要告訴我們她在放假期間所做的事。

6 〔十介十(代)名〕**a** 突然〔自…〕闖出，衝出；噴出，冒出〔*out of, from*〕：~ **out of** a room 從房間衝出/A scream ~ **from** her lips. 她突然發出一聲尖叫。**b** 突然闖〔入…〕，衝〔進…〕〔*into*〕：~ **into** a room 衝入房間。**c** 突然出現〔於…〕；襲擊〔…〕〔*on, upon, into*〕：The view of the sea ~ **into** my sight. 海景突然映入眼簾/The blare of the radio ~ **upon** our ears. 收音機的噪音突然傳進我們的耳中。**d** 突然〔變成…狀態〕，突然

〔…起來〕〔*into*〕：～ ***into*** laughter [tears] 突然大笑[嚎啕大哭]起來/ ～ *into* a run 突然跑了起來/The falling plane ～ *into* flames. 那架正在墜落的飛機忽然燒起來。**e** 衝〔破…〕，推〔開…〕〔*through*〕：The sun has ～ ***through*** the clouds. 太陽從雲層裏鑽出來了[破雲而出]。

—*v.t.* **1**〔十受〕使…破裂，爆炸。

2 a〔十受〕撕裂；擠破…：～ a blood vessel (因情緒激動而)使血管破裂；《美口語》大爲興奮/The river ～ its banks. 河水沖潰了堤岸。**b**〔十受十補〕[～ open] 猛然推開，衝開：They ～ the door open [～ open the door]. 他們猛然推開了門。

3〔十受〕[～ one*self*] 辛勞過度而損害身體。

búrst fórth 《*vi adv*》(1)〈太陽等〉突然出現。(2)衝出，噴出，瀉出。(3)突然發生。(4)〈花〉突然開。(5)突然開始〔…〕〔*into*〕：～ *forth into* song 突然開始唱起歌來。

búrst ín 《*vi adv*》(1)〈門〉猛然向內打開：The door ～ *in*. 門猛然向內開了。(2)打斷〔人的話、工作〕〔*on, upon*〕：～ *in on* [*upon*] a conversation 突然打斷交談/Excuse me ～*ing in on* you, but.... 我很抱歉突然打擾你，但…。(3)闖入〔某人處〕〔*on, upon*〕：～ *in on* [*upon*] a person 闖入某人處。

búrst óut 《*vi adv*》(1)〈戰爭、病、騷動等〉突然發生。(2)突然大聲〔…〕起來〔*into*〕：～ *out into* threats 開始大聲威嚇。(3)〔十do*ing*〕突然開始〔…〕：～ *out* cry*ing* [laugh*ing*] 突然嚎啕大哭[大聲笑]起來。

búrst one's **sídes with láughing** [**láughter**] 捧腹大笑，笑破肚皮。

búrst úp 《*vi adv*》(1)破裂。(2)《俚》破產《★ 比較 一般用 bust up》.

—*n.* Ⓒ **1 a** 破裂，爆炸(explosion). **b** 破裂處，破口。**2** 突發，猝發，爆發：a ～ of applause [laughter] 一陣喝采[(哄堂)大笑]/a ～ of thunder 一陣雷鳴。**3** 一鼓作氣，一口氣，一下子；(馬的)一陣奔馳：at a [one] ～ 一口氣，一舉；一股勁。**4**《口語》鬧飲。**5**《軍》集中射擊；(機槍等的)連放。

bur·then [ˈbɝðən; ˈbəːðn] *n., v.* 《古》＝burn[1].

bur·ton[1] [ˈbɝtn̩; ˈbəːtn] 《源自 Breton 或 Briton 的音位轉換?》 **—*n.*** Ⓒ(船上用的)小滑車(tackle).

bur·ton[2] [ˈbɝtn̩; ˈbəːtn] *n.* ★用於下列片語。

go for a burton 《英俚》(1)遺失的，失踪的；毀壞的。(2)死。

Bu·run·di [bʊˈrʊndɪ; buˈrundi] *n.* 蒲隆地《非洲東部的共和國；首都布松布拉(Bujumbura [ˌbudʒəmˈbʊrə; ˌbuːdʒəmˈburə])》.

‡**bur·y** [ˈbɛrɪ; ˈberi] *v.t.* **1**〔十受〕**a** 葬，埋葬…；〈教士、僧侶〉爲〈死者〉舉行葬儀：be dead and *buried* 長眠地下/He has *buried* his wife. 他已喪妻/Tennyson was *buried in* Westminster Abbey. 但尼生下葬在西敏寺/The sailor was *buried at* sea. 這名水手被海葬了。**b** 忘却…，(從記憶中)抹掉…，把…付之東流：They agreed to ～ the whole thing. 他們同意把整個事情忘掉[付之東流]。

2 a〔十受〕埋，埋藏〈物〉：～ treasure 埋藏財寶。**b**〔十受十補〕把…〈以…的狀態〉掩埋：He was *buried* alive. 他被活埋；他從社會上銷聲匿迹。**c**〔十受十副詞(片語)〕把…埋(在…)：The end of the post was *buried in* the ground. 柱子的末端埋在地下[土中]。

3〔十受十介十(代)名〕**a**〔以…〕隱藏，掩蔽，隱匿，遮蓋…〔*in, under*〕：She *buried* her face ***in*** her hands. 她以手掩面/The letter was *buried* ***under*** the papers. 那封信被文件所蓋沒。**b** [～ one*self*] 埋沒〔在…〕〔*under*〕；閉居，蟄居，隱居〔在…〕〔*in*〕《★也用被動語態，變成「隱埋」之意》：He *buried himself* ***in*** the country. 他隱居鄉間。**c** 把…插入〔…〕〔*in, into*〕：He *buried* his hands ***in*** his pockets. 他把雙手插在口袋裏。

4〔十受十介十(代)名〕[～ one*self*] 埋頭，專心〔於…〕〔*in*〕《★也用被動語態，變成「埋頭苦幹，專心致志」之意》：She *was buried* ***in*** thought [grief]. 她耽於冥想[憂傷]/I *buried myself in* my studies. 我埋頭研究[學習]。

búry one's **héad in the sánd** ⇨ head.

búry the hátchet [**tómahawk**] ⇨ hatchet.

búrying gròund *n.* Ⓒ墳場，墓地(burial ground).

‡**bus** [bʌs; bʌs] 《omnibus 之略》**—*n.*** Ⓒ(*pl.* ～·es, bus·ses)《★ 語形 複數 busses 主要用於美國語法》**1 公車**，公共汽車，巴士《★在英國和美國各有 coach, Greyhound 等，長程公車發達，因此也被利用於赴遠地的旅行；相關用語 sightseeing bus(觀光巴士，遊覽車)，minibus(小型巴士)，double-decker(雙層巴士)，limousine(往返機場接送旅客的小型巴士)》：go *by* ～ 搭公共汽車[巴士]去《★ by ～ 無冠詞》。**2**《口語》飛機；汽車。**3**《電學·電算》母線。

míss the bús 《口語》錯過公共汽車；錯過機會；失敗。

—*v.i.* (**bused** [～t; ～t], **bussed** [～t; ～t]; **bus·ing, bussing**) **1** 搭公共汽車[巴士]。**2**《美口語》(在餐館)當侍者的幫手。

—*v.t.* 〔十受〕**1** [～ it] 搭〈公共汽車，巴士〉。**2** 以巴士載運〈學童等〉。

bus. 《略》business.

bús·bòy *n.* Ⓒ《美》(餐館等)侍者的幫手，打雜男工。

bus·by [ˈbʌzbɪ; ˈbʌzbi] *n.* Ⓒ(英國輕騎兵等在閱兵時所戴的)毛皮高頂帽。

busby

bús condùctor *n.* Ⓒ公共汽車的收票員《通常由司機兼任》。

‡**bush** [bʊʃ; buʃ] *n.* **1** Ⓒ**a** (無主幹而從根長出許多枝的)**矮樹**，灌木；矮樹叢：trees and ～*es* 喬木和灌木/A bird in the hand is worth two in the ～. ⇨bird 1. **b** (像灌木般)蓬鬆之物：a ～ *of* hair 蓬髮。**2** Ⓤ[常 **the** ～] (澳洲、非洲等的)叢林(地)；未開墾之地，僻遠人烟罕至之地。

béat aròund [《英》**abòut**] **the búsh** (1)(打矮樹叢的周圍)把獵物驅趕出來。(2)旁敲側擊，說話轉彎抹角：Stop *beating around the* ～ and tell me what you want. 別再轉彎抹角，告訴我你要什麼。

béat the búshes 《美》(尤指未在通常可尋之處尋著而到較不平常處)尋覓[蒐羅]〔人材等〕，到處搜尋〔…〕〔*for*〕.

Bush [bʊʃ; buʃ], **George** *n.* 布希《1924- ；美國第四十一位總統》。

búsh bàby *n.* Ⓒ《動物》狟《又稱嬰猴；非洲森林中的狟屬樹棲嬰猴，其聲似嬰兒啼哭》。

bushed *adj.* [不用在名詞前] **1** 迷失方向的；不知所措的。**2**《口語》疲憊不堪的，筋疲力竭的。

bush·el[1] [ˈbʊʃəl; ˈbuʃl] *n.* Ⓒ **1** 蒲式耳《容量單位；等於 4 pecks；略作 bu.》：**a**《美》穀物等的容量單位；約等於 35 公升。**b**《英》液體及穀物的容量單位；約等於 36 公升。**2** 一蒲式耳的計量容器。**3** 多量，多數〔*of*〕：～*s of* books 許多書。

bush·el[2] [ˈbʊʃəl; ˈbuʃl] *v.t.* (**bush·eled**,《英》**-elled**; **bush·el·ing**,《英》**-el·ling**)修改，修補〈衣服等〉。

búshel·bàsket *n.* Ⓒ可裝一蒲式耳的籃子。

bush·el·ful [ˈbʊʃəlˌfʊl; ˈbuʃəlful] *n.* Ⓒ一蒲式耳之量。

búshel·màn *n.* Ⓒ(*pl.* **-men**)修改或修補衣服的人。

búsh·fìre *n.* Ⓒ矮林地之野火。

bu·shi·do, Bu·shi·do [ˈbuʃɪˌdo; ˈbuːʃidou] 《源自日語》 **—*n.*** Ⓤ(日本封建時代的)武士道。

bush·ing [ˈbʊʃɪŋ; ˈbuʃiŋ] *n.* Ⓒ **1**《機械》軸襯；襯套。**2**《電學》絕緣套。

búsh lèague *n.* 《俚》《棒球》＝minor league.

búsh-lèague *adj.* 第二流棒球隊的；次等的；外行的；平庸的。

búsh·man [-mən; -mən] *n.* (*pl.* **-men** [-mən; -mən]) **1** Ⓒ在森林裏居住謀生的人。**2** [B～] **a** Ⓒ布希人《居住於南非喀拉哈里(Kalahari)沙漠及其附近的一支矮小黑人狩獵民族》。**b** Ⓤ布希人之語言。**3** Ⓒ(澳洲之)墾荒者。

búsh pìlot *n.* Ⓒ(尤指沿未建立之航線)飛行於無人地帶的駕駛員。

búsh·rànger *n.* Ⓒ **1** 林居之人。**2**《澳》**a** 山賊。**b** 作買賣不誠實的人。

búsh tèlegraph *n.* Ⓤ **1** 深林中土人之任何通信方法《如以人傳遞、打鼓、烟火等》。**2**《澳》**a** 使潛伏深林之逃犯得知警方行動的任何通信方法。**b**《俚》謠言。

búsh wàrbler *n.* Ⓒ《鳥》黃鶯《鶯科鶯屬鳴禽，初春發悅耳叫聲，產於日本、菲律賓等地；cf. nightingale》.

búsh·whàck *v.i.* **1** 以鐮刀刈叢林。**2** (利用叢林)進行奇襲[偷襲]。～·**er** *n.*

bush·y [ˈbʊʃɪ; ˈbuʃi] 《bush 的形容詞》 **—*adj.*** (**bush·i·er**; **-i·est**) **1** 灌木叢生的，多樹叢的。**2** (毛、髮等)濃密的，多毛的。

bus·i·ly [ˈbɪzɪlɪ; ˈbizili] *adv.* 忙碌地；積極地：He is ～ engaged in writing a thesis. 他正忙著寫論文。

‡**busi·ness** [ˈbɪznɪs; ˈbiznis] 《源自 busy》 **—*n.*** **1** ⓊⒸ**職業**，行業《★尤指以營利爲目的者；⇨ occupation【同義字】》：the grocery ～ 食品雜貨業/⇨ show business/What ～ is he in? 他從事什麼職業？/out of ～ 失業[停業]的，沒有做生意的，倒閉[關門大吉]的/go out of ～ 歇業[停業]，結束營業，倒閉[關門大吉]。

2 Ⓤ**事務**，業務，工作；辦公；營業：a matter of ～ 業務上之事/a man of ～ 實業家/one's man of ～《法律》代理人，法律顧問/hours of ～ 辦公[營業]時間/a place [house] of ～ 營業處，事務所/*B*～ as usual 照常營業/come [get] to ～ 著手[開始]工作/get down to ～ (專心)著手工作。

3 Ⓤ**商業**，**實業**，**事業**，**企業**：go into ～ 踏入實業[工商]界/⇨ big business.

4 Ⓤ[又作《美》**a** ～] **生意**，交易，買賣；商情：be connected in ～ *with*... 與…在生意上有來往/do ～ 做生意/do ～ *with*... 與…交易[做生意]/do good ～ 生意興隆/do *a* great ～ 生意大爲興隆/*B*～ is ～. 生意歸生意[辦事歸辦事]，情義歸情義《辦事不能講情》/*B*～ is brisk. 生意興隆。

5 Ⓒ**商店**，公司，行號(等)；(商店、公司的)字號，經營權：close [set up, open] a ～ 歇業[開業]/sell one's ～ 出讓商店[經營權]/He has a ～ in New York. 他在紐約有一家店。
6 Ⓤ **a 事，事情，待處理之要務[要件，事項]**：What is your ～ here? ＝What ～ has brought you here? 你來這裏有什麼要事[貴幹]? **b** 議事日程(agenda)：the ～ of the day(議事)日程/proceed to [take up] ～ 著手議事日程。
7 Ⓤ **a** (應盡的)**職責**，分內的工作，職務，任務，本分(duty)：turn to one's own ～ 開始專心於自己的工作《不再管閒事》/*B*～ before pleasure.《諺》辦事要緊《辦事重於遊樂，正事做完才玩樂》/Éverybody's ～ is nóbody's ～.《諺》衆人之事無人負責/That's mý ～. 那是我的事/Mind your own ～. ⇨ mind *v.t.* 1 a. **b** [常用於否定句](干預[干涉]的)權利：That's *not* [*none* of] yóur ～. ＝That's *nó* ～ of yóurs. 那不干你的事《你管不著》/You have *no* ～ *to* interfere [*no* ～ interfer*ing*] in the matter. 你無權干涉此事。
8 [a ～] **a** 事情，事件；演變，結果；事體；(籠統地指)東西：*a* bad ～ 一件糟糕[傷腦筋]的事/*an* awkward ～ 一件令人困窘的[麻煩的]事/*a* strange [queer] ～ 一件怪事。**b**《口語》麻煩的事，難辦的事：What *a* ～ it is! 這眞是一件麻煩的事!
9 Ⓤ《戲劇》(對台詞而言的)動作，表情，舉止(action)。
dò a person's **búsiness for** him《英》處置某人，要某人的命。
gò abòut one's **búsiness** (1)去做自己(分內)的事。(2)[常用祈使語氣]出去，滾。
like nóbody's búsiness《口語》很快地；很好地，出色地《原意爲「不像是人做的事般地，神乎其技地」》。
màke a gréat búsiness of it 覺得對付不了[處理不了]，覺得非常棘手。
màke it one's **búsiness to...** 負起做…的責任，主動地負責做…；特別照料[處理]…。
màke the bést of a bád búsiness ⇨ best.
méan búsiness《口語》(不是開玩笑而是)認眞的；將一定採取行動。
on búsiness 因事務，因商務，因公，有事(←→ for pleasure)：go to town *on* ～ 因公[有事]進城/No admittance except *on* ～. 非公莫入。
sénd a person **abòut** his **búsiness** 打發〈某人〉走開，(責罵而)趕走〈某人〉；解僱〈某人〉。
tálk búsiness 談業務[生意]，談事情。
búsiness administràtion *n.* Ⓤ企業管理，工商管理，經營學。
búsiness càrd *n.* Ⓒ業務用名片。

> 【說明】習慣上，英美人士並不像國人那樣常用名片。與人初次見面時，介紹信(letter of introduction)比名片更受人重視。而將來有聯絡必要時彼此才會交換名片。一般而言，名片好像是推銷員或任職廣告公司等有必要爲自己工作宣傳者才使用；與 business card 類似的 visiting card 是贈送花束等時所附的名片。

búsiness còllege *n.* Ⓤ[指設備時爲Ⓒ]《美》商業學院《訓練速記、打字、簿記等》。
búsiness cỳcle *n.* Ⓒ《美》商業周期。
búsiness dày *n.* Ⓒ營業日。
búsiness educàtion *n.* Ⓤ **1** 商業教育。**2** 商業職業訓練《如打字、速記等》。
búsiness ènd *n.* [the ～]《口語》(工具或武器等前端非把手的)實用部分：*the* ～ *of* a tack 大頭釘的尖端。
búsiness Ènglish *n.* Ⓤ商業[用]英語。
búsiness hòurs *n. pl.* 辦公[營業]時間。
búsiness lètter *n.* Ⓒ商業書信。
búsiness-lìke *adj.* **1** 井然有序的；實事求是的(practical). **2** 有效率的；俐落的。
búsiness machìne *n.* Ⓒ商用機器《如計算機、複印機等》。
***búsiness-màn** [-ˌmæn; -mæn] *n.* Ⓒ(*pl.* **-men** [-ˌmɛn; -men]) **1** **實業家**；公司行號或工廠的經營者。**2** 從事工商業的人；商人。
búsiness òffice *n.* Ⓒ辦公室，辦事處。
búsiness pèrson *n.* Ⓒ《美》實業家。
búsiness schòol *n.* Ⓤ[指設備時爲Ⓒ] **1** 商業學院。**2** 企業[工商]管理學研究院。
búsiness sùit *n.* Ⓒ《美》(尤指公司職員等在日常工作時穿的)西裝(《英》lounge suit).
búsiness-wòman *n.* Ⓒ(*pl.* **-women**)女實業家(cf. business person).
bus·ing, bus·sing [ˈbʌsɪŋ; ˈbʌsiŋ] *n.* Ⓤ《美》搭校車(school bus)通學，用校車[公共汽車]接送。

> 【說明】在美國，由於黑人向都市集中，白人向市郊疏散，學校裏黑白隔離的傾向日趨明顯；因此，學校爲了消弭黑人與白人間的種族歧視並平均學校中黑人與白人的學生數，而採取强迫性以校車接送學生(busing)到居住區以外學校就讀的方法(如將黑人區的孩子送至白人區的學校就讀，將白人區的孩子送至黑人區的學校就讀)。由於部分家長强烈反對校車來往於黑、白人區，把雙方學生由居住地區載往遠處學校上學，因此有"No busing!"(反對校車接送!)的口號，白人的反對態度更是强烈；cf. segregation【說明】

busk [bʌsk; bʌsk] *v.i.*《主英》沿街賣藝。
busk·er [ˈbʌskɚ; ˈbʌskə] *n.* Ⓒ《英》街頭賣藝者[樂師]。
bus·kin [ˈbʌskɪn; ˈbʌskin] *n.* Ⓒ **1** [常 ～s]厚底靴《古希臘及羅馬悲劇演員所穿》。**2** [the ～]悲劇(tragedy)(cf. sock[1] 2 b).
pùt ón the búskins 寫[演]悲劇。

buskins 1

bús làne *n.* Ⓒ《英》(道路的)大型客車專用車道。
bus·load [ˈbʌsˌlod; ˈbʌsloud] *n.* Ⓒ公共汽車[巴士]之裝載量。
bús·man [-mən; -mən] *n.* Ⓒ(*pl.* **-men** [-mən; -mən])《英》公共汽車[巴士]的駕駛員。
búsman's hóliday «因公共汽車駕駛員於假日駕車去兜風»**—***n.* Ⓒ[常用單數]做類似平日工作的事而度過的假日，有名無實的假日：take a ～ 度過有名無實的假日。
buss [bʌs; bʌs] *n., v.* ＝kiss.
bús sèrvice *n.* Ⓒ公共汽車服務；公共汽車之便。
bus·ses [ˈbʌsɪz; ˈbʌsiz] *n.* bus 的複數。
bús shèlter *n.* Ⓒ《英》(設在路邊，有屋頂可避雨的)公共汽車[巴士]候車站。
***bus stop** [ˈbʌsˌstɑp; ˈbʌsstɔp] *n.* Ⓒ**公共汽車站**，巴士站。

> 【說明】在美國大街道的公共汽車站等處，常看到立有 No Standing 的告示牌，這並不是對乘客或行人指示「禁止站立」，而是對公共汽車以外的車輛指示「禁止停車」。standing 的意思是 motionless(靜止的，不動的)；cf. request stop【說明】

bust[1] [bʌst; bʌst] «源自拉丁文「墓」之義；因墓上立半身像»**—***n.* Ⓒ **1** 半身像。**2 a** 上半身；(尤指婦女的)胸部。**b** 胸部的尺寸，胸圍。
bust[2] [bʌst; bʌst] «burst 的變體»**—**(～ed, **bust**) *v.t.* **1**《口語》**a** 使…爆裂[爆炸]。**b** 使…破產[毀滅]。**2**《口語》**a** 毀壞，弄壞〈物〉，使…成無用。**b** 折斷〈腿等〉：～ one's leg 弄斷腿。
3《口語》拳打。**4**《美》馴服〈野馬等〉。**5**《美》把〈托辣斯[企業聯合](trust)〉分成小公司。**6** [十受(十介十(代)名)]《口語》把〈軍官、士官等〉降級[爲…][*to*]：be ～*ed to* private 被降級爲士兵。**7**《俚》**a** [十受(十介十(代)名)][因…之罪嫌]逮捕〈人〉[*for*]. **b**〈警察〉突然搜查〈有嫌疑之處〉，突襲抓〈賭等〉；闖入，强行進入〈他人之家等〉。**—***v.i.*《口語》[動(十副)] **1** 破裂〈*up*〉. **2** 破產〈*up*〉：The company ～ *up*. 這公司倒閉了。
búst óut《*vi adv*》《美》(1)突然開花[萌芽]。(2)《俚》脫逃，越獄。(3)＝BURST out (3). (4)留級，退學。**—**《*vt adv*》(5)將〈軍校學生〉予以留級[退學]。
búst úp《*vi adv*》《俚》(1)鬧翻，失和。(2)〈夫妻、親友等〉分離，分居，離異。(3)⇨ *v.i.* 1. (4)⇨*v.i.* 2. **—**《*vt adv*》(5)破壞，弄壞，糟蹋〈事，物〉。
—*n.* Ⓒ **1**《口語》破裂，爆炸。**2**《口語》(拳頭的)重擊。**3**《口語》**a** (演出、計畫等的)失敗。**b** 毀滅，破產。**c** (軍隊等的)降級。**d** 經濟之突然蕭條。**4**《口語》歡宴，鬧飲：have a ～ 鬧飲/*on* the ～ 酒醉歡鬧。**5**《俚》**a** 逮捕。**b** (警察的)突然搜查，突襲。
—*adj.*《口語》**1** ＝busted 1. **2** 破產了的；毀滅了的：go ～ 破產，倒閉，垮。
bus·tard [ˈbʌstɚd; ˈbʌstəd] *n.* Ⓒ《鳥》鴇《鴇科中型和大型涉禽的統稱；腿長，適於奔跑，大多數產於非洲及南歐》。
búst·ed *adj.*《口語》**1** 壞的；失敗的；破產的。**2** ＝bust[2] 2.
búst·er *n.*《口語》**1** Ⓒ破壞之人[物]：⇨ blockbuster. **2** Ⓒ《美》**a** 特別漂亮[棒]的東西。**b** 很能幹的人；健康的孩子。**3** ＝broncobuster. **4** [常B～；用於親暱地或輕蔑地稱呼男性]喂，老兄《尤指對添加自己麻煩之男人》。
bus·tle[1] [ˈbʌsl̩; ˈbʌsl] *v.i.* **1 a** [動(十副詞(片語))]**很忙碌似地移動**；忙碌地工作：She was *bustling about* preparing the dinner. 她在忙著準備晚餐/People were *bustling in* and *out* (*of* the building). 人們匆匆忙忙地出入(這座建築物)。**b** [十副]趕快〈*up*〉：We must ～ *up* a bit. 我們必須稍微快點兒。**2** [十介十(代)名][因…而]熙熙攘攘；擁擠[*with*]：The street was *bustling with* Christmas shoppers. 街道上擠滿了爲歡度耶誕節購物的人羣。**—***v.t.* [十受(十副)]使…忙亂；催促，催快…〈*off*〉：He ～*d* the maid *off on* an errand. 他催女傭趕快去辦差事。
—*n.* [用單數]嘈雜，喧噪，熙熙攘攘，緊張而喧擾的活動：be in a ～〈人〉忙亂；〈街上等〉熙攘喧鬧。
bus·tle[2] [ˈbʌsl̩; ˈbʌsl] *n.* Ⓒ(使裙子後面膨脹的)裙撐《襯墊或撐架》。

bús·tling *adj.* 忙碌的，忙亂的，嘈雜的，熙熙攘攘的。
～·ly *adv.*

búst·ùp *n.* Ⓒ **1**《口語》爆炸。**2**《美俚》吵架，打架。**3**《美俚》(婚姻、交情等的)破裂，分離，分手。**4** 嘈雜[喧鬧]的(社交)集會；盛大的(社交)集會。

bust·y [ˋbʌstɪ; ˈbʌsti] *adj.* (**bust·i·er**; **-i·est**)《口語》〈婦女〉大胸脯的。

‡**bus·y** [ˋbɪzɪ; ˈbizi] *adj.* (**bus·i·er**; **-i·est**) **1 a** 忙的，忙碌的：a ～ man 忙人/He keeps *himself* ～ to avoid thinking about her death. 他使自己保持忙碌以免想到她的去世。**b** [不用在名詞前] 沒有空閒的，騰不出工夫的：I'm ～ now. 我現在騰不出工夫來/get ～《口語》著手工作。**c** [不用在名詞前] [十介十(代)名] 忙[於…]的[*with, at, over*]：I was ～ ***with*** [***over***] my task. 我忙於工作。**d** [不用在名詞前] [(十介)十 do*ing*] 忙[於做…]的，忙著[做…]的[*in*]《★用法現在一般不用 in》：He was ～ (***in***) canvass*ing* for the election. 他奔走於拉票競選。**2 a** 熱鬧的，繁華的，繁盛的；〈時刻、季節等〉忙碌的，繁忙的，充滿活動的：a ～ street 繁華[熱鬧]的街道/a ～ day 忙碌的一天/Things are getting ～ now Christmas is near. (現在)耶誕節即將來臨[快到了]，事事變得繁忙起來。**b**〈圖樣等〉過分詳細的；繁雜的。**3** [不用在名詞前] [十介十(代)名] [對…]愛干涉的，好管[…閒事]的[*in*]：She is ～ ***in*** other people's affairs. 她喜歡管別人的閒事。**4**《美》〈電話線路〉被別人佔用中的，有人在講話中的：Line's ～.《美》電話線有人在使用中[電話佔線](《英》Number's engaged.)。
(as) búsy as a bée ⇨ bee.
—*v.t.* **1** [十受十介十(代)名] [～ one*self*] 忙[於…]，忙著[…事] [*with, about, at*]：She *busied herself* ***with*** household chores in the morning. 她上午忙著做家事/Mother *busied herself* ***about*** the house. 母親忙於家務。**2** [十受(十介)十 do*ing*] [～ one*self*] 忙[於做…]，忙著[做…] [*in*]《★用法現在一般不用 in》：I *busied myself* (***in***) keep*ing* books. 我忙於記帳。

búsy·bòdy *n.* Ⓒ好管閒事者；多嘴者。

bus·y·ness [ˋbɪzɪnɪs; ˈbizinis] *n.* Ⓤ忙碌，繁忙《★比較注意發音和字義均與 business 不同》：the ～ of a bee 蜜蜂的忙碌。

búsy·wòrk *n.* Ⓤ 徒勞無功的工作，白忙的工作。

‡**but** [(輕讀) bət; bət; (重讀) bʌt; bʌt] «源自古英語「在…之外，除去…的」之義» **—*conj.*** **A** (對等連接詞) **1 a** [引導與前面之字、片語、子句相反或相對的字、片語、子句] **但是，然而**：a young ～ wise man 一個年輕但聰明的人/He is poor ～ cheerful. 他雖窮但很快樂/I didn't go, ～ he did. 我沒去，但是他去了。**b** [用於含有(it is) true, of course, indeed, may 等的子句之後，表示讓步] (誠然…)但是：*Indeed* he is young, ～ he is wise. 誠然他年輕，但是他聰明/You *may* not believe it, ～ that's true. 你也許不相信這件事，但那是真的。
2 [與前面的否定語、片語、句子相照應] **(非…)而…**《★用法以 not A but B 表示「不是 A 而是 B」之意；B 在前時則成 B and not A》：It is *not* a pen, ～ a pencil. 那不是鋼筆而是鉛筆/He did*n't* go to school ～ stayed at home. 他沒去上學而留在家裏/*Not* that I disliked the work, ～ that I have no time. 我並不是討厭那個工作，而是沒有時間《★that 表示 because 之意》。
3 [用於表情感的字詞之後，僅當連接詞用而不含意思]：Heavens, ～ it rains! 天啊，下大雨了！/"Why didn't you go?"—"Oh [Ah], ～ I did."「你爲什麼沒去呢？」「噢，我去了啊。」/Excuse me, ～ will you show me the way to the museum? 對不起，請告訴我到博物館的路怎麼走法。
4 [常用於句首] **a** [表示異議、不滿] 可是："I'll tip you 10 pence."—"*B*～ that's not enough."「我給你十便士小費」「可是那不夠啊。」**b** [表示驚訝或意外] 哎呀："He has succeeded!"—"*B*～ that's great!"「他成功了！」「哎呀，那眞了不起！[太好了！]」
—B (從屬連接詞) **1 除…，除却…之外**《★用法此爲介系詞之轉用，若將例句中之 he, she 分別改成 him, her 則 but 成爲介系詞；cf. *prep.* 1 a》：All ～ he are present. 除他之外全部到了/Nobody ～ she knew it. 除了她之外沒人知道這件事。
2 [用於否定句後] **a** [常～that；與否定主要子句中之 so 或 such 相關地使用] **…到不能…之地步**《★用法此 but (that) 屬文章用語；一般用 that...not 以代之》：*No* man is *so* old ～ that he may learn. 沒有人老到不能學習《★變換可換寫成 No man is so old *that* he may *not* learn. 或 No man is too old to learn.》/He is *not such* a fool ～ he can tell that. 他還沒笨到連那個都搞不清楚《★變換可換寫成 He is not such a fool *that* he can*not* tell that.》。**b** [常 ～ that；與否定主要子句相對地引導條件子句] **若不…，如果不是…** (if ... not)《★用法(1)從前面譯則成「(若…)則必…」「(每…)必…」；(2) but 所引導出的子句中之動詞爲直說法》：It *never* rains ～ it pours.《諺》不雨則已，一雨傾盆；禍不單行《★通常用於壞事，但有時也用於好事》/*Scarcely* a day passed ～ I met her. 我幾乎沒有一日不遇到她《★比較 Hardly a day passed *without my meeting* her. 較爲普遍》。
3 a [常～that；用在否定或疑問句中之 doubt, deny 等之後引導名詞子句]《文語》…云[一事] (that)《★比較現在使用 that》：I don't doubt [There is ***no doubt***] ～ (*that*) you will succeed. 我不懷疑[堅信]你會成功。**b** [常～ **that** [《口語》**what**]；用在否定句或疑問句中之 say, know, believe, be sure 等之後引導名詞子句] 不[非]…云 (that...not)：Who knows *but that* he may be right? 誰知道他(說得)不對？《說不定他是對的[說得對]》。
but thén ⇨ then.
nót but that [**what**]... 並不是不…：I can't come, *not* ～ *that* I'd like to. 我是不能來，並不是不願意來《★現在 I can't come, not that I wouldn't like to. 較爲普遍》。
—*adv.* **1**《文語》**僅，**不過，只有；剛剛，才 (only)：He is ～ a child. 他不過是個小孩子/I have ～ just seen him. 我剛剛才見到他。**2** [用以加强語氣]《美俚》完全，眞地；絕對：Oh, ～ of course. 那當然/Go, ～ fast! 快去！
áll but... 殆，幾乎，簡直 (almost)：She is *all* ～ nude. 她幾乎是裸體/He *all* ～ died of his wounds. 他幾乎死於重傷。
but góod《美口語》非常地，完全，徹底地：We were defeated ～ *good*. 我們被徹底擊敗。
—*prep.* **1 a** [用於 no one, nobody, none, nothing, anything; all, every one; who 等疑問詞等之後] **除却…之外，除…** (except) (cf. *conj.* B 1)：⇨ NOTHING but, ANYTHING but, NONE but/*All* ～ him were drowned. 除他之外所有的人全都淹死了/*Nobody* has heard of it ～ me. 除我之外沒人聽到過這件事/It is *nothing* (*else*) ～ a joke. 那只是一個笑話。**b** [**the first** [**next, last**] ～ **one** [**two, three**]]《英》從頭算起[其後，倒數]第二[三，四]：the last house ～ one [two] 倒數第二[三]間房子。**2** [～ **that**] 若非…，要不是… (⇨ *conj.* B 2, 3)。
bùt for... 若無…，若非… (if it were not for)；假如沒有… (if it had not been for)：*B*～ *for* your help, I could not do it [I could not have done it]. 假如沒有你的幫忙，我就無法[不能夠]做[完成]這件事。
cannót but dó... ⇨ can[1].
cannót chóose but dó = **hàve nò (other) chóice but to dó...** 不得不…，只好…：I *had no choice* ～ *to* accept the offer. 我只好接受這提議。
dò nóthing but dó... 一味…，只顧…，光…：She *did nothing* ～ complain. 她光[只顧]抱怨。
—*pron.* (關係代名詞) [以否定之不定代名詞或 no ＋名詞爲先行詞]《古》不[非]…之(物，人) (that...not)：There is *no one* ～ knows it. 無人不知此事。
—*n.* [bʌt; bʌt] [常 ～**s**]「但是」，「不過」；反對，異議；條件；限制；保留；例外：ifs and ～*s* 條件和異議/There are no [No] ～*s* about it.《口語》關於這件事，毫無異議。
Bút me nó búts [**Nót so màny búts, plèase**]. 請別「但是」；別老對我說「但是，但是」了《★句首之 but 爲動詞用法，兩個 buts 均爲名詞用法》。

bu·ta·di·ene [ˌbjutəˋdaɪin, -daɪˋin; ˌbju:təˈdaii:n] *n.* Ⓤ《化學》丁二烯《用以製合成橡膠》。

bu·tane [ˋbjuten, bjuˋten; ˈbju:tein] *n.* Ⓤ《化學》丁烷《一種無色可燃性氣體碳化氫》。

butch [butʃ; butʃ]《俚》*n.* Ⓒ **1** 粗壯的男人，硬漢，老粗《★常用作綽號》。**2** 男性化的[男人似的]女人；女性同性戀中扮演男性角色者。**3** (又作 **bútch háircut** [**cút**])《美》短平頭(髮式)；(女人的)短髮(髮式)。
—*adj.* 〈女人〉男性化的，男人似的。

butch·er** [ˋbutʃɚ; ˈbutʃə] «源自法語「殺雄鹿 (buck[1]) 的人」之義» **—*n. Ⓒ **1 a 肉商**：a ～ [～'s] knife 肉商用以切割豬肉等的刀；屠刀/She bought them at the ～'s [～'s shop]. 她在肉店買到那些肉。**b** 屠夫，屠宰商。**2** 屠殺者，殘殺者；劊子手。**3**《美口語》(火車、球場等的)小販。
the bútcher, the báker, the cándlestick màker 各行各業的生意人。
—*v.t.* [十受] **1** 宰殺〈動物〉。**2** 殘殺…。**3** (因手法拙笨而)搞壞，糟蹋〈事物〉。

bútcher-bìrd *n.* Ⓒ《鳥》屠夫鳥《尤指伯勞 (shrike)；將其捕獲物刺穿在樹刺上或楔入裂縫，以便撕裂或貯藏》。

bútch·er·ly *adj.* **1** 如屠夫的。**2** 殘忍的。

bútcher shòp *n.* Ⓒ肉店。

butch·er·y [ˋbutʃərɪ; ˈbutʃəri] *n.* **1** Ⓤ屠殺。**2** Ⓤ屠宰業。**3** Ⓒ《英》屠宰場《★比較一般用 slaughterhouse》。

but·ler [ˋbʌtlɚ; ˈbʌtlə] *n.* Ⓒ司膳的人，僕役長《管理餐具、酒窖等的人；cf. housekeeper》：a ～'s pantry (廚房與餐廳之間的)餐具室。

butt[1] [bʌt; bʌt] *n.* Ⓒ **1** (武器、工具等的)較粗的一端：**a** (矛的)桿底部(包鑲的金屬帽)。**b** 槍托。**c** (釣竿的)竿頭手握部分。**2 a**

樹木的殘株，殘根，殘幹；葉柄的基部。**b** 原木的較粗[靠根]的一端。**3 a** 殘餘部分。**b**（香煙、雪茄煙的）煙蒂。**c**（蠟燭的）未燒完的部分。**4**《美口語》屁股(buttocks)。**5**《美俚》香煙。

butt² [bʌt; bʌt] *n.* **1** Ⓒ靶垛《靶後面的土堆》。**2 a** Ⓒ靶(target). **b** [the ~s] 靶場。**3** Ⓒ **a** [嘲笑等的]對象〔*of*〕. **b** 笑柄，笑料；批評[諷刺]的對象。

butt³ [bʌt; bʌt] *n.* **1** Ⓒ大酒桶。**2** Ⓤ大酒桶的容量《相當於 126 加侖》。

butt⁴ [bʌt; bʌt] *v.t.* **1** 以頭撞，以角牴，頂〈人、物等〉。**2**〔十受十介十名〕以頭撞，以角牴，頂〈人等〉〔身體某部位〕〔*in*〕《★在表示身體部位的名詞前加 the》：The goat *~ed* the man ***in the*** stomach. 那隻山羊用角牴撞那個人的腹部。**—*v.i.***〔十介十(代)名〕**1** 以頭撞，以角牴，頂〔…〕〔*at, against*〕. **2** 一頭衝撞，迎面撞上〔…〕〔*into, against*〕: In the dark I *~ed* ***into*** a man [***against*** the fence]. 在黑暗中我一頭撞上了一個人[一道圍牆]。**3** 干預[談話等]，插嘴[於…]〔*into*〕.

bútt ín《*vi adv*》《口語》插嘴，干預[談話等]〔*on*〕.

bútt óut《*vi adv*》《美口語》停止插嘴[管閒事]：*B~ out*！別再管閒事啦！

—*n.* Ⓒ頭撞，牴撞：give a person a ~ 用頭撞某人。

butte [bjut; bjuːt] *n.* Ⓒ《美》(周圍陡峭的)孤山，崗《分布於美國西部平原及加拿大；cf. mesa》.

bútt ènd *n.* ＝butt¹ 1, 2, 3.

‡**but·ter** [ˈbʌtɚ; ˈbʌtə] «源自希臘文「牛乳酪」之義»**—*n.*** Ⓤ **1** 奶油。**2** 似奶油之物：apple ~ 蘋果醬/peanut ~ 花生醬。**3**《口語》恭維話，奉承話。

lóok as if bútter would not mélt in one's **móuth** 裝一副忠厚善良的樣子。

spréad the bútter thíck ＝**láy ón the bútter**《美口語》過分誇獎，給…戴高帽，對…大加恭維。

—*v.t.* **1**〔十受〕塗奶油於…上，用奶油烹調…。**2**〔十受十副〕《口語》諂媚，阿諛，奉承〈人〉〈*up*〉.

bútter bèan *n.* Ⓒ《植物》**1** 青豆《四季豆的變種》。**2** 利馬豆(lima bean)《又稱雪豆，其種子爲綠白色》.

bútter·cùp *n.* Ⓒ《植物》毛茛《四至六月開黃、白、紅花；爲有毒之多年生草本植物》。

buttercup

bútter dìsh *n.* Ⓒ(餐桌上用的)奶油碟。

bút·tered *adj.* [用在名詞前] 塗有奶油的，加奶油的：~ bread [toast] 塗上奶油的麪包[土司]。

bútter·fàt *n.* Ⓤ乳脂《用離心分離法提取；爲奶油中之主要成分》。

bútter-fíngered *adj.*《口語》**1** 容易讓東西從手中滑掉的。**2** 笨手笨脚的，不小心的。

bútter·fìngers *n.* Ⓒ(*pl.* ~)《口語》**1 a** 容易讓東西從手中滑掉的人。**b** 不小心的[笨手笨脚的]人。**2** 常接不住球的球員《尤指內野手》。

bútter·fìsh *n.* Ⓒ(*pl.* ~, [集合稱] ~·es)《魚》白鯧《鯧科銀白色海產魚的統稱》。

but·ter·fly** [ˈbʌtɚ,flaɪ; ˈbʌtəflai] «源自「女妖會扮成蝴蝶偸奶油或牛奶」的迷信？»**—*n. **1** Ⓒ蝴蝶。**2** Ⓒ(像蝴蝶般)見異思遷的女人，(尤指)輕浮[水性楊花]的女人；遊手好閒的人；服裝鮮艷的人。**3** [butterflies](臨大事時等的)膽怯，緊張；焦躁，忐忑不安；噁心：have *butterflies* (in the [one's] stomach)(因擔心而)感到噁心[反胃]。**4**(又作 **bútterfly stròke**) Ⓤ [常the ~]《游泳》蝶泳。

—*adj.* [用在名詞前] **1** 形狀似蝴蝶的。**2** 剖開成兩葉(像蝴蝶翅膀狀)的〈肉、魚等〉：a ~ shrimp 剖開成兩葉的小蝦。

bútterfly tàble *n.* Ⓒ(桌面兩端可折下的)蝶式桌子。

bútter knìfe *n.* Ⓒ **1** 奶油刀《自奶油碟中切或刮取奶油的小刀；刀刃鈍厚，僅能用以塗敷奶油或果醬於麪包上而不能用以切割魚、肉等》。**2** ＝ butter spreader.

butterfly table

bútter·mìlk *n.* Ⓤ酪[酸]乳《提去奶油後的牛奶》。

bútter mùslin *n.*《主英》＝ cheesecloth.

bútter·nùt *n.* Ⓒ《植物》**1** 灰胡桃《北美產胡桃屬落葉喬木》。**2** 灰胡桃的堅果《可食用》。

bútter·scòtch *n.* Ⓤ **1** 奶油糖果《用奶油、糖(漿)製成》。**2** 黃褐色。

bútter sprèader *n.* Ⓒ塗敷奶油於麪包上用的小刀《刀刃鈍厚；cf. butter knife》.

but·ter·y¹ [ˈbʌtərɪ; ˈbʌtəri] «butter 的形容詞»**—*adj.*** **1** 似奶油的；含有奶油的；敷上很多奶油的。**2**《口語》諂媚的，奉承的。

but·ter·y² [ˈbʌtrɪ, -tərɪ; ˈbʌtəri] *n.* Ⓒ **1** 酒窖。**2** 食品貯藏室。

but·tock [ˈbʌtək; ˈbʌtək] *n.* Ⓒ [常 ~s] 屁股，臀部(⇨ body 插圖)。

‡**but·ton** [ˈbʌtn̩; ˈbʌtn] «源自法語「按，押」之義»**—*n.*** **1** Ⓒ(衣服等的)鈕扣。**2** Ⓒ似鈕扣之物：**a**(電鈴等的)按鈕。**b**《美》(圓形的)徽章。**c**(練劍術時裝在劍尖上的)皮製小扣《預防危險用》。**d**(照相機的)快門(按鈕)。**e**(按鍵式電話機上的)號碼鍵。**3** [**a** ~；用於否定句]《口語》無價值之物，微不足道(之物)：*not* worth *a* ~ 毫無價值/I do*n't* care *a* ~. 我毫不在乎。**4** ⇨ buttons.

hóld [**táke**] a person **by the bútton** 强留〈某人〉談話。

on the bútton《美口語》準時地，精確地，恰恰。

púsh [**préss, tóuch**] **the bútton** (1)按電鈕。(2)開始，開端，肇始。

—*v.t.* **1**〔十受(十副)〕**a** 把…扣上鈕扣〈*up*〉：~ one's blouse 把上衣扣上鈕扣[扣起上衣]/His coat has been *~ed* ***up*** to the chin. 他將外套鈕扣扣到下巴。**b** 緊閉〈嘴巴等〉〈*up*〉：⇨ button (up) one's LIP(*s*)/ ~ ***up*** one's purse 看緊荷包，不花錢，緊縮開支。**2**〔十受〕裝鈕扣於…。

—*v.i.* **1** 扣上鈕扣；用鈕扣扣住：This type of sport shirt doesn't ~. 這類運動衫不用扣鈕扣/This dress *~s* down the front [in front], but that one down (at) the back. 這件衣服的鈕扣是扣在前面的，但那一件是扣後面。**2**〔十副〕[常用祈使語氣]《口語》守口如瓶，閉嘴〈*up*〉：*B~* ***up***！閉嘴！住口！

bútton-dòwn *adj.* [用在名詞前] **1** 可用鈕扣扣在襯衫上的，活動的〈襯衫領子〉。**2** 領子可用鈕扣扣在襯衫上的，有活動衣領的〈襯衫〉。**3** 穿著一套樸素衣服的，穿著一成不變的服裝的〈人〉；缺乏獨創性和想像力的；保守的〈團體等〉《具有正面的意思》。

bútton·hòle¹ *n.* Ⓒ **1** 鈕扣孔。**2**《英》插在(上衣、外套翻領(lapel)上之)鈕扣孔上的花。**3** 小嘴巴，櫻桃小口。

—*v.t.* **1** 作鈕扣孔於…。**2** 以縫鈕孔的針脚縫…。

buttonhole¹ 1, 2

bútton·hòle² *v.t.* 强留〈人〉談話。

búttonhole stìtch *n.* Ⓒ《服飾》扣眼鑲邊的針脚，扣眼縫。

bútton·hòok *n.* Ⓒ扣鉤《牽引鈕扣穿過鈕孔者》。

bút·tons *n.* Ⓒ(*pl.* ~)《英口語・罕》(在旅館、俱樂部等中穿著金色鈕扣制服的)男侍者(bellboy).

bútton-thròugh *adj.*〈女裝等〉從上到下有鈕扣的。

bútton wòod *n.*《美方言》＝ sycamore 1.

but·ton·y [ˈbʌtn̩ɪ; ˈbʌtni] *adj.* **1** (似)鈕扣的。**2** 多鈕扣的。

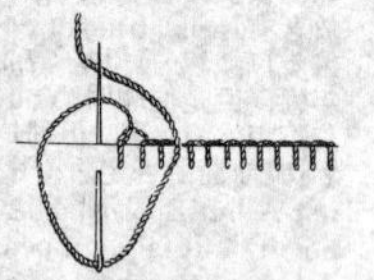

buttonhole stitch

but·tress [ˈbʌtrɪs; ˈbʌtris] *n.* Ⓒ **1**《建築》扶牆，拱壁(⇨ Gothic 插圖)：⇨ flying buttress. **2**〔…的〕支持物〔*of*〕. **—*v.t.*** **1 a**《建築》以扶牆支撐〈*up*〉. **b**〔十受(十副)十介十(代)名〕〔以…〕加强…〈*up*〉〔*with*〕. **2**〔十受(十副)〕支撐，加强〈物〉；鼓勵…〈*up*〉.

bu·týr·ic ácid [bjuˈtɪrɪk-; bjuːˈtirik-] *n.* Ⓤ《化學》丁酸，酪酸。

bux·om [ˈbʌksəm; ˈbʌksəm] *adj.* (~·er；~·est)(尤指女性胸部)豐滿的；健美活潑的。**~·ly** *adv.* **~·ness** *n.*

‡**buy** [baɪ; bai] (**bought** [bɔt; bɔːt]) *v.t.* **1** 買(↔ sell)：**a**〔十受〕購，買〈物〉：~ a book 買書/You cannot ~ happiness. 幸福是買不到的。**b**〔十受十介十(代)名〕[在場所]買〈東西〉〔*at*〕；[自…]買…，[從[向]…]買…〔*from*〕；[以…的價格]買…〔*at, for*〕：~ a thing ***at*** a store [***from*** a person] 在商店[向人]買東西/I *bought* this ball pen ***for*** two dollars. 我花二美元買了這支原子筆/She *bought* the apples ***at*** fifty cents each. 她以每個五角美元買了那些蘋果。**c**〔十受十補〕買〈東西〉〈買得…〉：~ a thing cheap 買東西買得便宜。**d**〔十受十受/十受十介十(代)名〕爲〈人〉買〈東西〉；買〈東西〉[給人]〔*for*〕：I *bought* her a new hat. ＝I *bought* a new hat ***for*** her. 我給她買了一頂新帽子/I must ~ myself a new dictionary. 我必須給自己買一本新字典。**e**〔十受十受十補〕給〈人〉買〈東西〉〈買得…〉：I *bought* him a car cheap. 我給他買汽車買得便宜[我便宜地給他買了汽車]。**2**〔十受〕〈錢〉有助於買，能買，買得到…：Money cannot ~ happiness. 金錢買不到幸福。**3**〔十受十受〕請〈人〉〈餐飲等〉：I'll ~ you lunch. 我請你吃午餐。**4**〔十受〕收買，籠絡，買通，賄賂〈人〉(bribe).**5**〔十受〕(付出代價)獲得…：Victory was dearly *bought.* 勝利是得付出很高的代價才能獲得的。**6**〔十受〕《俚》相信，接受…：I don't ~ it. 我不相信這件事。

—*v.i.* 買東西，購物。
búy báck《*vt adv*》把〈東西〉再買回。
búy ín《*vt adv*》⑴(行情看漲而)(大量)買進〈貨物〉。⑵(於拍賣上開價低或無人買時)〈賣主〉再買回〈拍賣品〉。
búy ìnto... ⑴大量買進〈公司〉的股票，成爲…的股東。⑵(花錢)成爲〈公司等〉之董監事。
búy it ⑴《英俚》(因無法解答猜謎、問題等而)放棄，撤手，認輸：I'll ～ *it.* 我服輸了。⑵《俚》被殺。
búy óff《*vt adv*》給錢打發走〈不正當的請求者、勒索者等〉；花錢擺平[擺脫]…，花錢消〈災〉。
búy óut《*vt adv*》收買〈人、公司等〉的股份[股權(等)]。
búy óver《*vt adv*》收買，買通〈人〉，向〈人〉行賄：We *bought* him *over* to our side. 我們收買他成爲我們的人。
búy úp《*vt adv*》⑴把〈東西〉全部買光。⑵買下〈公司等〉。
—*n.* Ⓒ《口語》**1** 買進，購買。**2 a** [常與修飾語連用]購買之物：a bad ～ 買得不便宜[不合算]的東西/a good ～ 買得便宜的東西，廉價品。**b** 廉價品，非常合算的交易(bargain)。
búy·er *n.* Ⓒ購買者，買方(↔ seller)；採購員；進貨員：a ～'s association 採購協會/a ～'s strike 消費羣(對某些價格不公道之商店或商品等)之聯合抵制[罷購]。
búyer's màrket *n.* Ⓒ[常用單數]買主市場《貨品供過於求而對購買者有利的商情；cf. seller's market》。
búying pòwer *n.* ＝purchasing power.
buzz [bʌz; bʌz]《擬聲語》—*v.i.* **1** 〔動(＋副)〕〈蜜蜂等〉作嗡嗡聲，〈機器〉作營營聲；發出嗡嗡聲地飛〈*about, around*〉：A bee was ～*ing* **about**. 一隻蜜蜂嗡嗡地到處飛。
2 〔＋副詞(片語)〕**a** 忙碌而緊張地活動：～ *about* [*around*] 忙碌而緊張地四處活動。**b**《口語》趕快去[離去]：～ *along* 趕忙去/*B～ off*！快去[滾]！
3 a 〈人〉嘰嘰喳喳地講，傳說，散布傳聞。**b** 〔＋介＋(代)名〕〈場所〉〔因…而〕嘈雜〔*with*〕：The place ～*ed* **with** excitement. 場內一片激動的嘈雜聲。
4 a 〔＋介＋(代)名〕用蜂音器呼叫〔人〕〔*for*〕：～ **for** one's secretary 用蜂音器叫祕書。**b** 〔＋介＋(代)名＋ *to* do〕用蜂音器通知〔人〕〈做…〉〔*for*〕：～ **for** one's secretary *to* come soon 用蜂音器通知祕書馬上來。
—*v.t.* **1** (嘰嘰喳喳地)謠傳。**2 a** 用蜂音器遞信號給[連絡]〈人〉，用蜂音器呼叫〈人〉。**b**《口語》打電話給〈人〉。**3**《航空》在…上空低飛，低空掠過：The plane ～*ed* the wood. 那架飛機低空掠過樹林。
búzz óff《*vi adv*》《口語》⑴⇨ *v.i.* 2 b. ⑵掛斷電話(ring off).
—*n.* **1** Ⓒ(蜜蜂等的)嗡嗡聲；(機器的)營營聲。**2** Ⓒ嘰嘰喳喳聲；謠傳，傳聞，流言。**3** [**a** ～]《口語》電話(聲)：I'll give him *a* ～. 我要打電話給他。
hàve a búzz ón《美俚》(因吸毒品、迷幻藥等而)醉，興奮。
buz·zard [ˋbʌzəd; ˈbʌzəd] *n.* Ⓒ《鳥》**1**《美》美洲兀鷹《尤指紅頭兀鷹》。**2**《英》鵟鵏《鷹科鵟屬猛禽》。
búzz bòmb *n.* Ⓒ《軍》嘯聲炸彈；噴射推進式飛彈。
búzz·er *n.* Ⓒ **1** 作嗡嗡聲之物《如昆蟲等》。**2** 汽笛；蜂音器。
búzz sàw《源自其聲音》—*n.* Ⓒ《美》圓鋸。
búzz·wòrd *n.* Ⓒ(實業家、政治家、學者等所使用的)專業術語，流行用語。

buzzard 2

B.V.《略》Blessed Virgin.
B.V.D. [ˋbiˏviˋdi; ˌbiːviːˈdiː] *n.* Ⓒ《商標》B.V.D. 牌之男用內衣褲。
B.V.M.《略》Blessed Virgin Mary 聖母瑪利亞。
bx.《略》(*pl.* **bxs.**)box.
‡by[1] [(重讀)baɪ; bai; (輕讀)bə; bi, bə] *prep.* **1** [表示地點、位置]在…近旁，在…之旁邊，在…身邊，靠近…：a house *by* the seaside 海濱的房屋/I haven't got it *by* me. 我身邊沒有這樣東西。

【同義字】beside 較 by 更明確地表示「旁邊」之意。

2 [表示通過、路線]**a** 由…的旁邊，經過…：go *by* me [the church] 從我[教堂]旁邊走過。**b** 通過〈路〉，沿著，順著…：drive *by* the highway 沿著公路駕車/pass *by* the river 經過河邊。**c** 經由，取道…(via)：travel *by* (way of) Italy 取道義大利旅遊。
3 [表示手段、方法、原因、工具]**a** [表示運輸、傳達之手段]用…，藉…，乘，搭〈交通工具〉《★用法 ⑴在 by 之後表示交通、通訊機關之名詞無冠詞，但表示某一特定時間時帶定冠詞；⑵帶所有格、不定冠詞時，用 on 或 in；如 *in* my car, *on* a bicycle》：*by* letter [wire]用書信[電報]/send *by* post 郵寄/go [travel] *by* bus [boat, bicycle, plane, rail(road), train, *etc.*] 搭乘巴士[船，自行車，飛機，火車(等)]去[旅行]/go *by* water [air] 由水路[搭飛機]去/*by* land [sea] 由陸路[水路]/go *by* the 9.00 p.m. train 搭下午九點的火車去。**b** [表示手段、工具]用，藉，以…：*by* hand [machine] 用手[機器](製的)/sell *by* auction 以拍賣出售/learn *by* heart 默記，背。**c** [以 do*ing* 作受詞]藉，以〈做…〉：Let's begin *by* review*ing* the last lesson. 我們先溫習上一課/We learn *by* listen*ing*. 我們以聽力訓練法學習。**d** [表示原因]因…：die *by* poison 中毒而死/*by* reason of... 由於，因爲…。
4 [表示行爲者]由…，被…《★用法用以表示被動語態》：America was discovered *by* Columbus. 美洲是由哥倫布發現的/Those locomotives are driven *by* electricity. 那些火車頭是電動的/be made [written] *by* John Smith 由約翰・史密斯製作[執筆]/a novel *by* Scott 司各脫(寫)的小說。
5 [表示時間、期間]**a** [表示期限]到…時已經，不晚於…，到…時爲止(not later than)：*by* the end of this month (最遲)到這個月底/finish *by* the evening 到傍晚完成/*By* the time we reached home, it was quite dark. 我們回到家時，天已經很黑了。**b** [表示時間之經過]在…時間內，在…期間(during)《★by 後面之名詞無冠詞》：I work *by* day and study *by* night. 我在日間工作，夜間讀書/He went home *by* daylight. 他在天還沒黑時回家了。
6 a [表示尺度、標準]按，依照，依據…：It's five o'clock *by* my watch. 依照我的錶，現在是五點/judge a person *by* appearances 以貌取人，根據外表判斷一個人。**b** [**by the...**；表示單位]以…爲單位，以…計，按…計算：board *by the* month 按月包飯[搭伙]/sell *by the* yard [gallon] 以碼[加侖]計價賣/pay a worker *by the* piece 按件計酬/*by the* hundred ＝ *by* (*the*) hundreds 好幾百地，數以百計/He used to read *by the* hour. 他從前常常一看書就是好幾個小時。
7 a [表示程度、比率]至於…程度；至(…之多)：*by* degrees 逐漸，漸次/miss *by* a minute 遲一分鐘，只差一點而錯過/win *by* a boat's length 以一船身之領先獲勝/He is taller than she (is) *by* five centimeters. 他比她高五公分/little *by* little＝bit *by* bit 一點一點地，逐漸/day *by* day 日復一日地/drop *by* drop 一滴一滴地/one *by* one 逐一/step *by* step 一步一步地，逐步/room *by* room 逐室，一個房間一個房間地。**b** [表示乘除、寬長尺寸]以…：multiply 8 *by* 2 以 2 乘 8/divide 8 *by* 2 八除以二/a room (of) 12 ft. *by* 15 (ft.) 十二呎寬十五呎長的房間/a 5-*by*-8 inch card 五吋寬八吋長的卡片/⇨ two-by-four.
8 [表示承受動作之身體、衣服部位]在，於(人、物之)…《★用法與 catch, hold, lead 等動詞一起使用，以「人、物」作受詞，而以 by 以下表示其部位；by 後之名詞前加定冠詞》：He held the boy *by the* collar. 他抓住那個男孩子的衣領/He led the old man *by the* hand. 他牽著那個老人的手走。
9 [表示關係]就…而言，論…，在…方面爲，…是《★用法by 後之名詞無冠詞》：*by* birth [name, trade] 出生[姓名，行業]爲/a Frenchman *by* birth 生爲法國人/They are cousins *by* blood. 他們是有血緣的堂[表]兄弟[姊妹]/He is Jones *by* name. 他名叫瓊斯/I know him *by* name. 我只知道他的名字(人倒是不認識)/It's O.K. *by* me.《美口語》我可以[沒有問題](至於別人，我可不知道)/⇨ by NATURE.
10 [表示方位]偏向…：North *by* East 北偏東《略作 NbE；介於北(N)與北北東(NNE)之間；⇨ the POINTS of the compass》。
11 a 由〈爲父[母]者〉所生：He had a child *by* his first wife. 他的第一任妻子爲他生了一個孩子。**b** 〈馬等〉以…爲其父：Justice *by* Rob Roy 以羅布・羅埃爲其父的佳斯帝斯。
12 對…(toward)：do one's duty *by* one's parents 對父母盡本分/Do (to others) as you would be done *by*. 己所欲，施於人。
13 [用於發誓、祈願]奉〈神〉之名，對〈神〉發誓：swear *by* God that... 對神發誓…。
(áll) by onesélf ⇨ oneself.
by fár ⇨ far *adv.*
—*adv.* **1** [表示位置]在旁，在旁邊，在附近，在側，在一邊：close [hard, near] *by* 在近旁/Nobody was *by* when the fire broke out. 起火時沒人在附近。**2 a** [常與動作動詞連用]由旁邊(通，經)過：pass *by* 由旁邊經過[走過，通過]/go *by* 過去，走過/Time goes *by*. 時光流逝/in days gone *by* 往日。**b** [常與 come, drop, stop 等連用]《美口語》到別人家：call [stop] *by* 順路訪問。**3** [常與 keep, lay, put 等連用]在旁邊，在側；在身邊：keep...*by* 把…放在手邊/put [lay]...*by* 收藏…，貯藏…。
bý and bý 不久，不一會(before long)：*By and by* you will understand. 不久以後你會了解的。
bý and lárge ⑴一般說來，就整個來說，大致上(on the whole)：Taking it *by and large*,... 就整個來看…；大致上…。⑵《航海》〈帆船〉時而吃風時而不吃風。

B

stánd bý ⇨ stand.
by² [baɪ; bai] *n.* ＝bye².
by- [baɪ-; bai-] 字首 **1** 表示「附帶性的，次要的」「離開本題的」：*by*-election, *by*path. **2** 表示「在旁，旁邊的」：*by*stander. **3** 表示「過去的」：*by*gone.
bý-and-bý *n.* [the ～] 未來，將來。
bý-blòw *n.* Ⓒ **1** 意外的打擊。**2** 私生子；庶子。
bye¹ [baɪ; bai] *n.* Ⓒ **1**〔板球〕球越過打擊手和三柱門守門員(wicketkeeper)時的得分。**2**〔運動〕(淘汰賽中因比賽者爲奇數而)不經比賽即晉級的人；不戰而勝，輪空：draw a ～ 抽到不賽而晉級的籤。**3**〔高爾夫〕勝者打完全部之洞而其對手未打完所剩餘之洞。
by the býe 啊，對了；還有(by the way)。
bye² [baɪ; bai]《good-bye 之略》**—*interj.***《口語》再見：*Bye* now!《美口語》好了，再見！
bye-bye [ˈbaɪˈbaɪ, ˈbaɪˌbaɪ; ˌbaiˈbai]《bye² 之重複》**—*interj.***《口語》再見！(good-bye!)《★用於小孩與父母間或親密的朋友之間；cf. so long》.
— [ˈbaɪˌbaɪ; ˈbaibai] *n.* Ⓒ《兒語》睡覺(sleep).
gò to býe-bye(s) 去睡覺。
—*adv.*《兒語》到外面，在外面：Baby wants to go ～. 寶寶想要到外面去。
býe·làw *n.* ＝bylaw.
bý-elèction *n.* Ⓒ (英國下院、美國國會、州議會等的)補選(cf. general election).
bý·gòne *adj.* [用在名詞前]過去的，已往的：～ days 往日。
—*n.* [～s] 過去(的事)：Let ～*s* be ～*s*.《諺》過去的事就讓它過去；既往不究。
bý·làw *n.* Ⓒ **1** (公司、團體等制定的)(內部的)規則；(法人的)章程，規章。**2** 附則，細則。**3**《英》(地方政府制定的)地方法。
bý·lìne *n.* Ⓒ (報章、雜誌文章題目下的)作者署名的一行。
by·lin·er [ˈbaɪˌlaɪnɚ; ˈbailainə] *n.* Ⓒ 在報刊文章上署名的作者或記者。
bý·nàme *n.* Ⓒ **1** 姓。**2** 別名；綽號。
B.Y.O.B.《略》bring your own booze [bottle] 請自携酒《同樂會等聚會請帖上所印的語句》。
bý·pàss *n.* Ⓒ **1** (用以使汽車等迂迴以疏散交通的)旁道，間道。**2** (瓦斯、自來水的)側管，輔助管，旁通管。**3**〔電學〕(電路中的)旁路。
—*v.t.* **1** 迂迴，繞道〈市鎮等〉。**2 a** 設旁路於〈市鎮等〉。**b** 使〈瓦斯、液體等〉通過側管。**3 a** 忽視〈規約等〉。**b** 規避〈問題等〉。**4 a** 越過…進行《越級報告等》。**b** 迂迴繞道先發制〈敵〉。
bý·pàth *n.* Ⓒ (*pl.* ～**s**)＝byway.
bý·plày *n.* Ⓒ (戲劇)與劇情無關的動作；配角的穿插動作；枝節。
bý·plòt *n.* Ⓒ 副情節(subplot)《戲劇或小說上之次要情節》。
bý·pròduct *n.* Ⓒ **1** 副產品〔*of*〕. **2** (意想不到的)附帶的結果。
Byrd [bɝd; bə:d], **Richard Evelyn** [ˈivlɪn; ˈi:vlin] *n.* 伯德《1888－1957；美國海軍少將及南極探險家》。
byre [baɪr; ˈbaiə] *n.* Ⓒ《英》牛棚，牛欄。
bý·ròad *n.* Ⓒ 旁道，間道。
By·ron [ˈbaɪrən; ˈbaiərən], **George Gordon** *n.* 拜倫《1788－1824；英國詩人；稱號 Lord [6th Baron] Byron》.
By·ron·ic [baɪˈrɑnɪk; baiˈrɔnik] *adj.* 英國詩人拜倫的；有拜倫風格的；拜倫式的。
bý·stànder *n.* Ⓒ 旁觀者，在場的人，看熱鬧的人，局外人。
bý·strèet *n.* Ⓒ 僻街，橫街，巷道。
bý·tàlk *n.* Ⓤ 離題之談話；多餘的話；閒話。
byte [baɪt; bait] *n.* Ⓒ〔電算〕位元組《通常由八位元(bit)構成，表示一個字母或數字等值的電子計算機資訊的單位》。
bý·wày *n.* Ⓒ **1** 旁道，間道；邊道。**2**〔研究等的〕次要或輔助部分，不引人注意的冷門〔*of*〕.
bý·wòrd *n.* Ⓒ **1** 俗諺(proverb). **2 a**〔壞的事物的〕榜樣，例子，典型〔*for*〕：a ～ *for* iniquity 邪惡的典型[代名詞]。**b** 笑柄〔*of*〕：the ～ *of* the town 鎮上的笑柄。
bý·wòrk *n.* Ⓤ 副業；兼職。
bý-your-léave *n.* Ⓒ 未徵詢許可而做某事時的道歉語。
By·zan·tine [bɪˈzæntɪn, ˈbɪzn̩ˌtaɪn, -ˌtin; biˈzæntain, ˈbizətain, -ti:n]《Byzantium 的形容詞》**—*adj.*** **1** 拜占庭(Byzantium)(式)的：～ architecture 拜占庭式建築《五至六世紀前後以拜占庭(Byzantium)爲中心盛極一時的建築式樣》/the ～ school《美術》拜占庭派/the ～ Church 希臘[東方]正教會《the Orthodox (Eastern) Church 之別稱》/the ～ Empire 拜占庭帝國《東羅馬帝國之別稱》。**2** [有時 **b～**] **a** (像迷宮般)複雜的：a *b～* turn of mind 複雜的氣質[性情]。**b** 詭計多端的，(善於)陰謀策劃的。
—*n.* Ⓒ 拜占庭[東羅馬帝國]的人；拜占庭派建築家[畫家]。
By·zan·ti·um [bɪˈzænʃɪəm, -ˈzæntɪəm; biˈzæntiəm, -ʃiəm] *n.* 拜占庭《古希臘之城市；君士坦丁堡(Constantinople)之舊名；今名伊斯坦堡(Istanbul)》.

Cc **Cc** *Cc*

c[1], **C**[1] [si; siː] *n.* (*pl.* **c's, cs, C's, Cs** [~z; ~z]) **1** [U][C]英文字母的第三個字母。**2** [U](一序列事物的)第三個。**3** [U](羅馬數字的)一百《★源自拉丁文 *centum*＝hundred》：CVI [*cvi*]＝106/*CC*[*cc*]＝200.

c[2] [si; siː] *n.* [C](*pl.* **c's, cs** [~z; ~z])[常寫作 *c*]〖數學〗第三個已知數(cf. a^2, b^2, x^2, y^2, z^2).

C[2] [si; siː] *n.* (*pl.* **C's, Cs** [~z; ~z]) **1** [C]C 字形(之物)：a *C* spring C字型彈簧。**2** [U][C](爲五段評分標準中的)中，丙(cf. grade 3)：He got a *C* in biology. 他生物學的成績得 C[丙]。**3** [U]〖音樂〗**a** C調《(固定唱法)C大調音階中的第一音》：*C* clef C調譜號/*C* flat 降 C 調。**b** C 調：*C* major [minor] C大調[小調]。**—*adj.*** 普通的，中等的，三流的。

C 《略》〖電學〗capacitance；《符號》〖化學〗carbon；〖電學〗coulomb.

© 《略》copyright.

¢ 《符號》cent(s)：¢3 三分錢。

c. 《略》candle；carat；〖棒球〗catcher；cent(s)；center；centigrade；century；chapter；circa；city；cloudy；commander；cost；cubic；current；《符號》centime.

C. 《略》Cape；Catholic；Celsius；Celtic；centigrade；curie；《符號》centime.

Ca 《符號》〖化學〗calcium. **ca.** 《略》〖電學〗cathode；centare；circa. **CA** 《略》〖美郵政〗California；chronological age〖心理〗實足年齡，實齡。**C.A.** 《略》Central America；Court of Appeal；chartered accountant. **C/A** 《略》capital account〖簿記〗資本帳，股本帳；credit account；current account.

Caa·ba [ˈkɑbə; ˈkɑːbə] *n.* ＝Kaaba.

cab** [kæb; kæb] 《義 1,2 是 cabriolet 之略，義 3 是 cabin 之略》**—*n. [C] **1 計程車**(⇨taxi【說明】)：take a ～＝go by ～ 搭計程車去(★by ～ 無冠詞)/⇨Yellow Cab. **2** (從前的)小馬車《通常是單匹馬的二輪或四輪出租馬車》。**3 a** (火車頭的)駕駛員室。**b** (卡車、牽引機的)駕駛室。**c** 〖航空〗(飛機場的)管制塔室。

—*v.i.* (**cabbed**；**cab·bing**)搭計程車[小馬車]。

—*v.t.* [十受][～ it]搭〈計程車〉。

ca·bal [kəˈbæl; kəˈbæl] *n.* [C][集合稱](通常指政治上的)陰謀集團，秘密組織；陰謀《★[用法]視爲一整體時當單數用，指個別成員時當複數用》。

cab·a·la [ˈkæbələ; kəˈbɑːlə] *n.* **1** [U]猶太教的神秘哲學。**2** [C]秘法，秘教。**cab·a·lis·tic** [ˌkæbəˈlɪstɪk; ˌkæbəˈlistik⁻] *adj.*

cab·al·le·ro [ˌkæbəˈljɛro, ˌkæbəˈlɛro; ˌkæbəˈljɛərou] 《源自西班牙語'cavalier'之義》**—*n.*** [C](*pl.* ～s) **1** (西班牙的)紳士；騎士。**2** 《美西南部》騎馬者。

ca·ban·a [kəˈbænə, -ˈbænjə; kəˈbɑːnə], **ca·bañ·a** [kaˈvanjɑ; kɑːˈvɑːnjɑː] 《源自西班牙語》**—*n.*** [C] **1** (海濱等處的)浴室。**2** 小屋。

cab·a·ret [ˈkæbəˌre; ˈkæbərei] 《源自法語》 **—*n.*** **1** [C]餐館，酒吧《有音樂或跳舞等表演供觀賞的飯館；通常是夜間營業；★[比較]《美》通常用 nightclub》. **2** [U][C](cabaret 的)表演節目，餘興節目。

cábaret tàx *n.* [U][C]娛樂稅。

cab·bage** [ˈkæbɪdʒ; ˈkæbidʒ] 《源自古法語「頭部」之義》**—*n. **1** [C][當作食物時爲[U]]**甘藍菜**，包心菜《★[相關用語]結球是 head》. **2** [U]《美俚》紙幣。**3** [C]《英口語》沒有魄力[漠不關心]的人，吊兒郎當的人；胸無大志的人。

cábbage bùtterfly *n.* [C]〖昆蟲〗紋白蝶。

cábbage pàlm *n.* [C]〖植物〗甘藍椰子《其嫩芽可供食用》。

cábbage·wòrm *n.* [C]〖昆蟲〗青蟲《紋白蝶的幼蟲；吃甘藍等菜葉的害蟲》。

cab·ba·la [ˈkæbələ, kəˈbɑ-; kəˈbɑːlə] *n.* ＝cabala.

cab·by, cab·bie [ˈkæbɪ; ˈkæbi] *n.* 《口語》＝cabdriver.

cáb·drìver *n.* [C] **1** ＝cabman. **2** (從前的)小馬車的駕馭者。

***cab·in** [ˈkæbɪn; ˈkæbin] *n.* [C] **1 小屋**(hut)：a log ～圓木小屋。**2 艙房**：**a** 船艙。**b** (飛機、太空船的)機艙《客艙、駕駛艙、貨艙、行李艙等》。**c** (拖車式活動房屋(trailer)的)居住部分。

—*v.i.* 蟄居於小屋(cabin)[狹小的地方]。

—*v.t.* [十受]把…關進(狹小的地方)《★常以過去分詞當形容詞用；⇨cabined》.

cábin bòy *n.* [C]船上服務員《侍候高級船員、客輪旅客》；(從前船上軍官室的)服務生。

cábin clàss *n.* [U](客輪的)二等艙《介於頭等艙(first class)與經濟艙(tourist class)之間》。

cabin 1

cábin-clàss *adj.* [用在名詞前]二等艙的〈客輪等〉。

—*adv.* 坐二等艙。

cábin crùiser *n.* ＝cruiser 2.

cáb·ined *adj.* **1** 被關進狹小地方的〈人等〉。**2** 〈思想、生活等〉狹窄的，拘束的。

cabin 2 b

cab·i·net** [ˈkæbənɪt; ˈkæbinit] 《源自 cabin＋-et(表「小」之義的字尾)》**—*n. [C] **1 a** (有玻璃窗戶的)**裝飾櫃**，陳列橱《用以放置或陳列貴重物品等》。**b** (電視、收音機的)外殼，(機)箱。**2** [集合稱]裝飾於櫃上的陳列品。**3 a** [常 **the C~**]內閣；《美》(由各州首長所組成的)總統顧問委員會：⇨shadow cabinet/form a (new) ～組織(新)內閣。**b** 《英》內閣會議。**c** [集合稱]全體閣員《★[用法]視爲一整體時當單數用，指個別成員時當複數用》。**4 a** 《美》(博物館等的)小陳列室。**b** (個人用的)小區域，小隔間《尤指浴室》。**c** 《古》小房間，私室。

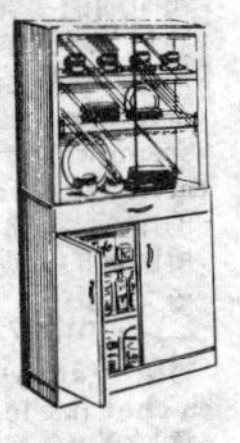

cabinet 1 a

—*adj.* [用在名詞前]**1** [《英》常 **C~**]內閣的：a ～ council 內閣會議/a *C~* member [officer]＝《英》a *C~* Minister 閣員/a *C~* crisis《英》內閣危機。**2** 適合裝飾橱櫃的。**3** 〖攝影〗框裝版的：a ～ photograph 六英寸照片。

cábinet·màker *n.* [C]製造精緻[高級]家具的木匠，細工木匠。

cábinet·màking *n.* [U]精細家具製造(業)。

cábinet·wòrk *n.* [U] **1** [集合稱]精細木工家具類。**2** 精細家具之製造；細木工。

cábin fèver *n.* [U]生活在偏僻的地方或狹窄的空間等所產生的極度情緒不安。

cábin pàssenger *n.* [C]住頭等[二等]艙房的旅客。

***ca·ble** [ˈkebḷ; ˈkeibl] *n.* **1** [U][指個體時爲[C]](用鐵絲或麻繩做成的)**粗索**，巨纜《★以粗麻製成者通常周長在十吋以上；⇨rope[相關用語]》：a (length of) ～ 一條粗索。**2 a** [U][指個體時爲[C]]**電纜**《架空或埋設於地下用以輸送電力》。**b** [U][指個體時爲[C]]海底電纜。**c** [C]《口語》海底電報：send a ～ 打(海底)電報/by ～ 用(海底)電報(★無冠詞)。**3** [C]〖航海〗**a** 錨鏈，錨索。**b** 《口語》＝cable('s) length.

—*v.t.* **1 a** [十受十介十(代)名/十受十受]用(海底)電報拍發〈聯絡事項〉[給某人][*to*]；用(海底)電報拍發〈聯絡事項〉給〈某人〉：I ～*d* the good news *to* her.＝I ～*d* her the good news. 我打電報告訴她這個好消息。**b** [十受十 *to* do]打電報要〈某人〉〈做…〉：I was ～*d to* start. 我收到叫我出發的電報。**c** [(十受)十 *that*＿]打電報通知〈某人〉〈某事〉：He ～*d* (me) *that* he would come back soon. 他打電報通知我他很快就會回來。**2** [十受]〖建築〗加鋼索裝飾於〈圓柱〉。**—*v.i.*** 打海底電報。

cáble càr *n.* [C]纜車，索車。

cáble·gràm *n.* [C]海底電報。

cáble ràilway *n.* [C]纜車道。

cáble('s) lèngth *n.* [C]〖航海〗鏈《航行的長度單位，通常爲 $^1/_{10}$

浬(約 185m)；cf. nautical mile》.

cáble télevision *n.* ＝cable TV.

cáble trànsfer *n.* Ⓒ國外電匯：by ～ 以國外電匯(的方式)《★無冠詞》。

cáble TV *n.* ＝community antenna television.

cáble·wày *n.* Ⓒ空中索道，吊車道(ropeway).

cáb·man [-mən; -mən] *n.* Ⓒ(*pl.* **-men** [-mən; -mən])計程車司機(cabdriver).

ca·boo·dle [kə'budḷ; kə'bu:dl] *n.* ★常用於下列片語。**the whóle kít(and cabóodle)**⇨ kit[1].

ca·boose [kə'bus; kə'bu:s] *n.* Ⓒ **1**《美》(鐵路貨車最後一節車廂的)守車(《英》guard's van). **2**《英》(商船甲板上的)廚房。

Cab·ot ['kæbət; 'kæbət], **John** *n.* 喀波特《1450?−98?；威尼斯航海家；北美之發現者》。

cab·o·tage ['kæbətɪdʒ; 'kæbətɑ:ʒ, -tidʒ] *n.* Ⓤ **1** 沿海航運；沿海貿易。**2**〖航空〗本國航空公司從事國內空運的法律限制。

cáb rànk *n.* ＝cabstand.

cab·ri·o·let [ˌkæbrɪə'le, ˌkæbrə'let; ˌkæbriə'lei] «源自法語» —*n.* Ⓒ篷式汽[馬]車：**a** 有折疊式車篷的舊式箱型雙人座雙門汽車。**b** (從前的)單馬雙人座的兩輪篷式馬車。

cabriolet b

cáb·stànd *n.* Ⓒ計程車的停車場。

ca'can·ny [kɑ'kænɪ, kɔ-; kɑ:'kæni, kɔ:-] «源自蘇格蘭英語「小心跑」之義»—《英》*v.i.*〈工人〉怠工。

—*n.* Ⓤ怠工(政策)；破壞活動《工人於勞資糾紛時，以破壞機器等方法妨害生產的活動》。

ca·ca·o [kə'keo, kə'kɑo; kə'kɑ:ou] «源自墨西哥印地安語「種子」之義»—*n.* Ⓒ(*pl.* ～s) **1** (又作 **cacáo bèan**)可可子《美洲熱帶地方所產可可樹的果實；主要當作可可和巧克力的原料》。**2** (又作 **cacáo trèe**)〖植物〗可可樹《一種原產於熱帶美洲的常綠樹》。

cach·a·lot ['kæʃəˌlɑt, -ˌlo; 'kæʃəlɔt] *n.* ＝sperm whale.

cache [kæʃ; kæʃ] *n.* Ⓒ **1** **a** (贓物、貴重物品的)隱藏處。**b** 貯藏所。**2** (隱藏處的)貯藏物；所隱藏的貴重物品。**màke a cáche of...** 貯藏…；隱藏…。

—*v.t.*〔十受(十副)〕把〈東西〉貯藏在隱藏處，隱藏…〈*away*〉.

ca·chet [kæ'ʃe, 'kæʃe; 'kæʃei] «源自法語「圖章」之義»—*n.* **1** Ⓒ(公文的)官印，封印。**2** **a** Ⓒ表示品質優良[眞正無僞，有信譽(等)]的東西[標記，特徵]。**b** Ⓤ威信，高貴的身分。**3** Ⓒ〖藥〗膠囊；糯米紙藥包(的藥)。

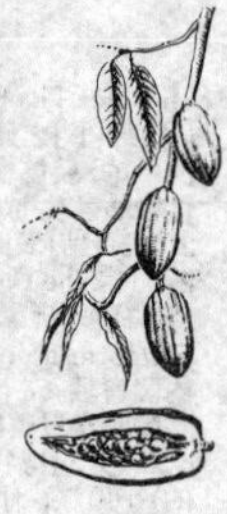

cacao

cach·in·nate ['kækəˌnet; 'kækineit] *v.i.* 放聲大笑。

ca·chou [kə'ʃu, kæ'ʃu; 'kæʃu:] «源自法語» —*n.* Ⓒ口香片《用以保持口氣芳香》。

cack·le ['kækḷ; 'kækl] «擬聲語»—*n.* **1**〔用單數形；常 the ～〕咯咯叫聲《母雞產卵後的啼叫聲》。**2** Ⓤ《口語》喋喋不休，廢話，閒聊。**3** Ⓒ呵呵的笑聲：break into a ～ *of* laughter 突然呵呵大笑起來。

cút the cáckle《英口語》停止閒聊；進入正題，言歸正傳。

—*v.i.* **1**〈母鷄〉咯咯啼叫。**2**〈人〉喋喋而談。**3** 呵呵笑；高聲談笑。—*v.t.*〔十受(十副)〕喋喋而談；叨叨絮絮地說…〈*out*〉.

cáck·ler [-klɚ; -klə] *n.*

ca·cog·ra·phy [kə'kɑgrəfɪ; kæ'kɔgrəfi] *n.* Ⓤ **1** 拙劣的書法，難看的字跡(↔ calligraphy). **2** 別字；錯誤的拼寫(↔ orthography).

ca·coph·o·nous [kæ'kɑfənəs, kə-; kæ'kɔfənəs] *adj.* 聲音不和諧的；刺耳的。

ca·coph·o·ny [kæ'kɑfənɪ, kə-; kæ'kɔfəni] *n.* ⓊⒸ不和諧的聲音；刺耳的聲音(↔ euphony).

cac·tus ['kæktəs; 'kæktəs] «源自希臘文「有刺的植物」之義»—*n.* Ⓒ(*pl.* ～·es, **cac·ti** [-taɪ; -tai])〖植物〗仙人掌。

ca·cu·mi·nal [kə'kjumənḷ; kæ'kju:minl]〖語音〗*adj.* 捲舌的。—*n.* Ⓒ捲舌音。

cad [kæd; kæd] *n.* Ⓒ下流的男人，鄙漢。

ca·dav·er [kə'dævɚ, -'devɚ; kə'deivə] *n.* Ⓒ(普通人的)屍體(corpse)《尤指解剖用者》。

ca·dav·er·ous [kə'dævərəs; kə'dævərəs] *adj.*

cactus

1 像屍體的，屍體般的。**2** **a** 蒼白的。**b** 消瘦的，憔悴的，枯槁的。

CAD/CAM ['kædˌkæm; 'kædˌkæm]《略》Computer-Aided Design / Computer-Aided Manufacturing〖電算〗電腦輔助設計和電腦輔助製造系統。

cad·die ['kædɪ; 'kædi] «源自蘇格蘭英語「跑差的少年」之義» —*n.* Ⓒ〖高爾夫〗**1** 球僮，桿弟《替人背球桿、撿球的人》。**2** (又作 **cáddie càrt**[**càr**])(裝運高爾夫球用具的)小型手推車。

—*v.i.* (**cad·died**；**cad·dy·ing**)〔動(十介十(代)名)〕當〔…的〕球僮〔*for*〕.

cad·dish ['kædɪʃ; 'kædiʃ] «cad 的形容詞» —*adj.* 卑鄙的，下流的，粗鄙的。～·**ly** *adv.*

cad·dy[1] ['kædɪ; 'kædi] *n.* ＝tea caddy.

cad·dy[2] ['kædɪ; 'kædi] *n.*, *v.* ＝caddie.

ca·dence ['kedṇs; 'keidns] *n.* **1** ⓊⒸ **a** (詩等的)韻律，節奏。**b** (朗讀等時的)抑揚頓挫。**2** Ⓒ〖音樂〗(樂章、樂曲的)結尾，終止式。

cá·denced *adj.* 有韻律的，有節奏的。

ca·den·za [kə'dɛnzə; kə'denzə] «源自義大利語»—*n.* Ⓒ〖音樂〗裝飾[華彩]樂段[曲]《協奏曲中近於樂章結尾時的技巧性獨奏[唱]部分》。

ca·det [kə'dɛt; kə'det] *n.* Ⓒ **1** **a** 陸軍[海軍]軍官學校的學生。

【字源】本來的意思是「長子以外的兒子」。古時長子繼承家業，次子或三子多半去當兵，以後 cadet 便有了「軍校學生」的意思。

b (陸、海、空、警察的)候補軍官[幹部]。**2** 長子以外的兒子。

—*adj.*〔用在名詞前〕**1** (長男以外的)兒子的，弟弟的：a ～ family [branch] 支系家族。**2**《美》見習[實習]生的：a ～ teacher 實習教師。

cadét còrps *n.* Ⓒ(*pl.* ～)《英》(中、小學的)軍事訓練隊[組織]。

cadge [kædʒ; kædʒ]《口語》*v.i.* **1** 行乞，乞求；到處(向人)行乞(過日子)。**2**〔十介十(代)名〕〔向人〕乞求[討]〔東西〕〔*on*〕〔*for*〕：～ *on* a person *for* a drink 向人討酒喝。

—*v.t.*〔十受(十介十(代)名)〕〔向人〕要；討得〈東西〉〔*from*〕：He ～*d* a cigarette *from* me. 他向我要了一支香煙。**cádg·er** *n.*

ca·di ['kɑdɪ, 'kedɪ; 'kɑ:di] *n.* Ⓒ(*pl.* ～s)(回教國家的)法官。

Cad·il·lac ['kædḷˌæk; 'kædilæk] *n.* Ⓒ〖商標〗凱迪拉克《美國製高級汽車》。

Cad·me·an [kæd'miən; kæd'miən] «Cadmus 的形容詞» —*adj.*〖希臘神話〗卡德馬斯的：a ～ victory 以巨大犧牲[昂貴代價]換得的勝利(cf. Pyrrhic victory).

cad·mi·um ['kædmɪəm; 'kædmiəm] *n.* Ⓤ〖化學〗鎘《金屬元素；符號 Cd》. **cad·mic** ['kædmɪk; 'kædmik] *adj.*

Cad·mus ['kædməs; 'kædməs] *n.*〖希臘神話〗卡德馬斯《斬龍除害，創建底比斯(Thebes)王國的腓尼基(Phoenicia)王子》。

cad·re ['kɑdɚ, 'kædrɪ; 'kɑ:də, 'kædri] *n.* Ⓒ **1**〔集合稱〕**a**〖軍〗(組織新部隊所必需的)幹部。**b** (政治、宗教團體等中的)核心人物；(共產黨的)分部。**2** 幹部[核心組織]中的一員。**3** (計畫等的)框架，骨架；綱要〔*of*〕.

ca·du·ce·us [kə'dusɪəs, -'dju-; kə'dju:siəs] *n.* Ⓒ(*pl.* **-ce·i** [-sɪˌaɪ; -siai])〖希臘・羅馬神話〗衆神的使者莫丘里[賀密士](Mercury [Hermes])的手杖《上有雙蛇交纏，杖頭有雙翼；象徵和平與醫術；在美國爲陸軍軍醫部隊的徽章》。

ca·du·cous [kə'dukəs, -'dju-; kə'dju:kəs] *adj.* **1** 易逝的；短暫的。**2**〖植物〗(葉子等)早期脫落的；凋落性的。**3**〖動物〗(皮、殼等)脫落性的。

caduceus

cae·cum ['sikəm; 'si:kəm] *n.* (*pl.* **-ca** [-kə; -kə]) ＝cecum.

Cae·sar ['sizɚ; 'si:zə] «源自凱撒(G.J. Caesar)»—*n.* **1**〔用於稱號〕羅馬皇帝。**2**〔常 c~〕Ⓒ帝王；專制君主，獨裁者。

Cae·sar ['sizɚ; 'si:zə], (**Gai·us**) **Julius** ['geəs-, 'gaɪəs-; 'gaiəs-] *n.* 凱撒《100−44 B.C.；羅馬的皇帝、將軍、政治家、歷史家；cf. triumvirate 3》.

【說明】凱撒生於七月；表示七月的 July 便是由他的名字 Julius 而來。

Câesar's wífe 不容有令人懷疑或物議的行爲者《★源自凱撒欲休掉有不貞之疑的妻子時所說的話》。

Cae·sar·e·an, Cae·sar·i·an [sɪ'zɛrɪən; si'zeəriən] «Caesar 的形容詞»—*adj.* **1** 凱撒的。**2** (羅馬)皇帝的；專制君主的。

—*n.* Ⓒ **1** 凱撒派的人；凱撒的崇拜者；(主張)專制主義者。**2** (又作 **Caesárean[Caesárian] section**)〖醫〗剖腹生產手術：be born by ～ 以剖腹(生產)的方式生的《★by ～ 無冠詞》。

【字源】凱撒大帝(Julius Caesar)出生時，據說由於難產，他母親不得不以剖腹的方式生產，因此這種手術便以他的名字命名。

Cáe·sar·ìsm [-zə͵rɪzəm; -zərizəm] *n.* Ⓤ專制政治；帝國主義；獨裁君主制。

Cáe·sar·ist [-rist; -rɪst] *n.* Ⓒ帝國[獨裁]主義者。

cae·si·um [ˈsizɪəm; ˈsi:ziəm] *n.* ＝cesium.

cae·su·ra [sɪˈʒurə, sɪˈzjurə; si:ˈzjuərə] *n.* Ⓒ (*pl.* ～s, -rae [-ri; -ri:]) **1** 休止，中斷。**2** 《韻律》詩行中間的停頓 (cf. pause 3)。**3** 《音樂》(樂節中的) 中間休止。

ca·fé, ca·fe [kəˈfe, kæˈfe; ˈkæfei, ˈkæfi] 《源自法語「咖啡，咖啡店」之義》—*n.* **1** Ⓒ **a** (歐洲等的) **飯館**。**b** 屋外餐館，露天咖啡屋。**c** 咖啡店；茶館。**d** 《美》速簡餐廳，小吃店。**e** 《英》(不供應酒的) 速簡餐廳。**2** Ⓒ《美》酒店，酒吧；夜總會，咖啡館。**3** Ⓤ咖啡。

café au lait [kəˈfe·oˈle, ͵kæfɪoˈle; kəˈfeiouˈlei] 《源自法語「攙有牛奶的咖啡」之義》—*n.* Ⓤ **1** 牛奶咖啡《以約等量的咖啡與牛奶沖調而成》。**2** 淺褐色。

café noir [kafeˈnwar; kafeiˈnwar] 《源自法語 'black coffee' 之義》—*n.* Ⓤ (不加牛奶、糖等的) 黑[純]咖啡。

caf·e·te·ri·a [͵kæfəˈtɪrɪə; ͵kæfiˈtiəriə] 《源自墨西哥西班牙語「咖啡店」之義》—*n.* Ⓒ**自助餐廳[館]**。

【說明】自己取喜歡的菜放到餐盤上，付完帳後拿到餐桌上吃的自助式飯館；膳後有 bus boy [girl] 收拾桌子，不必給小費。

caf·feine [ˈkæfiɪn, ˈkæfin; ˈkæfi:n, ˈkæfii:n] *n.* Ⓤ《化學》咖啡鹼，咖啡因《茶、咖啡等中所含呈弱酸性的結晶化合物；一種興奮劑》。

caf·tan [ˈkæftən, kɑfˈtɑn; ˈkæftən, kæfˈtɑ:n] *n.* Ⓒ **1** 土耳其式長袍《一種長袖、有束腰的寬鬆長袍》。**2** 土耳其式寬鬆的女用長衫。

caftan 1

‡cage [kedʒ; keidʒ] 《源自拉丁文「凹處」之義》—*n.* Ⓒ **1 a 鳥籠**，獸檻。**b** 俘虜營。**c** 《古》監牢。**2** 籠狀物：**a** 骨架，框架：a ～ *of* steel girders 鋼鐵橫梁的骨架。**b** (銀行的) 窗口。**c** (電梯的) 座廂。**d** (起重機的) 操作室。**3** 《棒球》**a** 捕手的面罩。**b** 用網圍繞的練球場。**4** 《籃球》球籃。**5** 《曲棍球》球門。

—*v.t.* 〔十受〕把〈動物〉關進[飼養在]籠子[獸檻]裏：a ～*d* bird 籠中鳥。

cáge ín (*vt adv*) 《★常用被動語態》(1)把〈動物等〉關起來，監禁。(2)限制[束縛]〈人〉的自由。

cáge bird *n.* Ⓒ養在籠中的鳥。

cage·ling [ˈkedʒlɪŋ; ˈkeidʒliŋ] *n.* Ⓒ籠中鳥。

ca·gey, ca·gy [ˈkedʒɪ; ˈkeidʒi] *adj.* (**ca·gi·er**; **-gi·est**) 《口語》**1** [不用在名詞前] 〔十介十(代)名〕〔對於…〕客氣的；不明說的〔*about*〕：He was ～ ***about*** speak*ing* of it. 他不太想說那件事。**2** 謹慎的，小心的；精明的，狡猾的：a ～ boxer 小心謹慎的拳擊手。

cá·gi·ly [-dʒɪlɪ; -dʒili] *adv.* **cá·gey·ness, cá·gi·ness** *n.*

ca·hoot [kəˈhut; kəˈhu:t] *n.* [～s] 《美俚》**1** 合夥。**2** 共謀。**gò (ìnto [in]) cahóots** 《美俚》〔與人〕共同 (工作等)，合夥〔*with*〕. **in cahóots** 《俚》〔與…〕共謀，合夥〔*with*〕.

CAI 《略》computer-assisted [-aided] instruction《電算》電腦輔助教學。

cai·man [ˈkemən; ˈkeimən] *n.* Ⓒ (*pl.* ～s, [集合稱] ～) 《動物》產於中南美洲的大鱷魚。

Cain [ken; kein] *n.* **1** 《聖經》該隱《亞當 (Adam) 與夏娃 (Eve) 的長子；殺死其弟亞伯 (Abel)》。**2** Ⓒ殺兄弟者；殺人者。

ráise Cáin 《口語》(1)引起騷亂；發怒而施暴。(2)大吵大鬧。

ca·ïque [kɑˈik; kaiˈi:k, kɑ:-] *n.* Ⓒ 輕舟：**a** 用於博斯普魯斯 (Bosporus) 海峽上的划槳輕舟。**b** 一種常見於地中海東部的小帆船。

cairn [kern; kɛən] *n.* Ⓒ **1** 石塚《作爲紀念碑、道路指標、墓碑等的圓錐形石堆》。**2** (又作 **cáirn térrier**) (蘇格蘭原產的) 小型㹴。

Cai·ro [ˈkaɪro; ˈkaiərou] *n.* 開羅《埃及的首都》。

cais·son [ˈkesn̩; ˈkeisən, kəˈsu:n, ˈkeisən] *n.* Ⓒ **1 a** 《工程》沉箱，潛水箱《密不透水的箱子；供人在水中施工時使用》。**b** 浮船箱《船塢用》。**c** ＝camel 3. **2** 《軍》彈藥箱[車]。

cáisson disèase *n.* Ⓤ潛水夫病《從高氣壓處到普通氣壓處所引起的神經麻痺等症狀》。

cai·tiff [ˈketɪf; ˈkeitif] *n.* Ⓒ《古》鄙漢；卑怯者。

—*adj.* 鄙下的；畏怯的。

ca·jole [kəˈdʒol; kəˈdʒoul] 《源自法語「奉承」之義》—*v.t.* **1 a** 〔十受〕用甜言蜜語引誘〈人〉。**b** 〔十受十介十(代)名〕用甜言蜜語誘使〈某人〉〔做某事〕〔*into*〕：～ a person ***into*** consent (用甜言蜜語) 哄騙使人同意。**c** 〔十受十介十(代)名〕用甜言蜜語誘使〈人〉〔停止[放棄]做某事〕〔*out of*〕：They tried to ～ their daughter ***out of*** marry*ing* him. 他們試圖用甜言蜜語誘使女兒打消跟他結婚的念頭。

2 〔十受(十副)十介十(代)名〕用花言巧語〔從某人處〕騙取〈東西〉〈*away*〉〔*out of, from*〕：He ～*d* the knife ***out of*** [***(away) from***] the child. 他以花言巧語騙取了那小孩的刀。

～**·ment** *n.*

ca·jol·er·y [kəˈdʒolərɪ; kəˈdʒouləri] 《cajole 的名詞》—*n.* ⓊⒸ甜言蜜語的誘騙；諂媚(話)。

Ca·jun, Ca·jan [ˈkedʒən; ˈkeidʒən] 《Acadian (＝Nova Scotian) 的變形；源自從 Nova Scotia 遷來》—*n.* **1** Ⓒ (住在與美國阿拉巴馬州 (Alabama) 西南部鄰接的密西西比州 (Mississippi) 的) 白人、印地安人、黑人的混血兒。**2** Ⓤ其使用的方言。

‡cake [kek; keik] 《源自「扁平麵包」之義》—*n.* **1** Ⓤ [指個體時爲Ⓒ] **蛋糕**，(糕) 餅《★用法 用刀切開來的蛋糕爲不可數名詞，使用 piece [slice] of ～ 的說法》：a piece [slice] of ～ (切開的) 一塊蛋糕/Bring us two fruit ～*s*. 請帶給我們兩塊水果蛋糕/You can't eat your ～ and have it (too). ＝You can't have your ～ and eat it (too). 《諺》你不能又要吃蛋糕又要保有蛋糕《蛋糕吃掉就沒有，魚與熊掌二者不可得兼》。

2 Ⓒ (薄扁的) 餅狀物，(固體的) 塊狀物：a ～ *of* soap [ice] 一塊肥皂[冰]。

a piece of cáke 《口語》(1)⇨1. (2)輕鬆[愉快]的事[工作]。

cákes and ále 人生的樂趣，浮生樂事《★出自莎士比亞 (Shakespeare) 的「第十二夜 (*Twelfth Night*)」》.

like hót càkes ⇨hot cake.

My cáke is dóugh. 《口語》我的計畫失敗了《★源自「我的蛋糕還是生麵團，未能烘烤成蛋糕」之意》。

tàke the cáke 《口語》(1)得頭獎[第一名]。(2)[常當反語用] 在其他方面勝過別人；相差懸殊《★源自賽跑時贏得勝利的糕餅(等)》：That *takes the* ～！眞叫人吃驚！那太過分！

—*v.t.* 〔十受十介十(代)名〕把〈某物〉厚厚地黏結〔於…〕〔*on*〕；〔以…〕厚厚地黏結於〈某物〉上〔*with*〕：His shoes were ～***d with*** mud.＝Mud was ～***d on*** his shoes. 他鞋子上黏著厚泥塊。

—*v.i.* 〔動(十副)〕凝固，結成塊〈*up*〉.

cáke·wàlk *n.* Ⓒ **1** (美國黑人所創的) 步態競賽《因最初是用蛋糕做獎品，故名》。**2** 步態舞《踢躂舞的一種》。**3** 易如反掌的事。

cal. 《略》calendar；caliber；calorie.

Cal. 《略》California；(great) calorie(s).

CAL 《略》China Airlines 中華航空公司。

cal·a·bash [ˈkælə͵bæʃ; ˈkæləbæʃ] *n.* Ⓒ **1** 《植物》**a** 葫蘆《熱帶美洲產的一種喬木》。**b** 葫蘆的果實《其殼可作容器》。**2** 葫蘆殼製品《杯、壺、煙斗等》。**3** 葫蘆《美國印地安人所用類似嘩啷棒的樂器》。

cal·a·boose [ˈkælə͵bus, ͵kæləˈbus; ˈkæləbu:s] *n.* Ⓒ《美俚》監獄，拘留所。

Ca·lais [ˈkælɪs, ˈkæle; ˈkælei] *n.* 加來《臨多佛 (Dover) 海峽；法國北部的港市》。

cal·a·mi *n.* calamus 的複數。

cal·a·mine [ˈkælə͵maɪn, -mɪn; ˈkæləmain] *n.* Ⓤ《藥》爐甘石，異極礦《製成軟膏或藥水 (lotion) 用以治療皮膚病》。

cálamine lótion *n.* Ⓤ爐甘石藥水《護膚用藥水；可用以減輕日曬後的疼痛》。

ca·lam·i·tous [kəˈlæmətəs; kəˈlæmitəs] 《calamity 的形容詞》—*adj.* 悲慘的，悲痛的；引起[帶來]災難[不幸]的。

ca·lam·i·ty [kəˈlæmətɪ; kəˈlæməti] *n.* **1** Ⓒ**大的不幸[災難]**，慘事 (⇨disaster【同義字】)："How was your holiday?"—"It was a ～."「休假過得如何？」「很(淒)慘。」**2** Ⓤ悲慘(的狀態)，災禍：the ～ of war 戰禍。

cal·a·mus [ˈkæləməs; ˈkæləməs] *n.* Ⓒ (*pl.* **-mi** [-͵maɪ; -mai]) **1** 《植物》菖蒲。**2** 菖蒲的根莖。

ca·lan·do [kɑˈlɑndo; kəˈlændou] 《源自義大利語》—*adj.* & *adv.* 《音樂》(速度) 漸慢而 (音量) 漸弱的[地]。

ca·lash [kəˈlæʃ; kəˈlæʃ] *n.* Ⓒ **1** 低輪有篷之輕便馬車。**2** 馬車車篷。**3** (十八世紀婦女所披戴的) 一種折篷式絲頭巾[軟帽]。

cal·car·e·ous, cal·car·i·ous [kælˈkerɪəs; kælˈkɛəriəs] *adj.* (碳酸) 鈣的，石灰(質)的，含石灰(質)的；像石灰(質)的；白堊質的：～ earth 白堊土。

cal·ces *n.* calx 的複數。

cal·cif·er·ous [kælˈsɪfərəs; kælˈsifərəs] *adj.* 含[產生] (碳酸) 鈣的。

cal·ci·fi·ca·tion [͵kælsəfəˈkeʃən; ͵kælsifiˈkeiʃn] 《calcify 的名詞》—*n.* Ⓤ **1** 石灰化。**2** 《生理》石灰性物質的沉澱，(體素等的) 鈣化。

cal·ci·fy [ˈkælsə͵faɪ; ˈkælsifai] *v.t.* & *v.i.* **1** (使) 石灰(質) 化，(使) 鈣化。**2** (使) 僵化。

cal·ci·mine [ˈkælsə͵maɪn, -mɪn; ˈkælsimain] *n.* Ⓤ (用以粉刷牆及天花板等之) 白粉溶液。

—*v.t.* 以白粉溶液粉刷…。

C

cal·ci·na·tion [ˌkælsəˈneʃən; ˌkælsiˈneiʃn] «calcine 的名詞» —*n.* Ⓤ **1**《化學》煆燒；(石灰的)燒成。**2**《冶金》燒礦法，氟化法。

cal·cine [ˈkælsaɪn; ˈkælsain] *v.t.* 把〈石灰〉燒成生石灰；將…煆燒；把…燒成灰[粉]：~*d* lime 生石灰／~*d* alum 燒明礬，枯礬。

—*v.i.* 燒成生石灰；燒成灰[粉]。

cal·cite [ˈkælsaɪt; ˈkælsait] *n.* Ⓤ《礦》方解石。

cal·ci·to·nin [ˌkælsɪˈtonɪn; ˌkælsiˈtounin] *n.* Ⓤ《生化》(可用以降低血中鈣質的)降鈣素。

cal·ci·um [ˈkælsɪəm; ˈkælsiəm] *n.* Ⓤ《化學》鈣《金屬元素；符號 Ca》.

C

cálcium cárbide *n.* Ⓤ《化學》碳化鈣。

cálcium cárbonate *n.* Ⓤ《化學》碳酸鈣。

cal·cu·la·ble [ˈkælkjələbḷ; ˈkælkjuləbl] *adj.* **1** 可計算[預測]的。**2** 可信賴的。**-la·bly** [-ləblɪ; -ləbli] *adv.*

***cal·cu·late** [ˈkælkjəˌlet; ˈkælkjuleit] «源自拉丁文「(用石頭)數」之義» —*v.t.* **1 a** 〔+受〕計算，推算，算出，估計〈費用等〉(⇨ count[1]【同義字】)：He ~*d* the cost of heating. 他估計了暖氣設備的費用。**b** 〔+ *that*__〕推算，估計〈會…〉：He ~*d that* it would cost him 100 dollars. 他估計那要花掉他一百美元。**c** 〔+ *wh.*__〕推算，估計〈…事〉：Scientists cannot yet ~ *when* there will be a major earthquake. 科學家們還無法預測[算出]何時會發生大地震。

2 a 〔+受〕(根據常識、經驗等)**推測**，判斷，評估〈事情〉：~ the merits and demerits of a project 評估計畫的優缺點。**b** 〔+ (*that*)__〕推測〈會…〉：~ *that* prices may go up again 推測物價或許會再上漲。**c** 〔+ *wh.*__〕推測〈…事〉：~ *what* will happen next 推測下次會發生什麼事。

3 a 〔+受+介+(代)名〕意圖，圖謀，打算〔…〕〔*for*〕《★常以過去分詞當形容詞用；⇨calculated 4a》. **b** 〔+受+ *to* do〕企圖使…〈做…〉《★常以過去分詞當形容詞用；⇨calculated 4b》.

4 a 〔+ (*that*)__〕《美口語》認爲[想]…，覺得…：I ~ it's a waste of time. 我想那是在浪費時間。**b** 〔+ *to* do〕《美北部》打算〈做…〉：I ~ *to* climb that mountain. 我打算爬那座山。

—*v.i.* **1** 估計，計算，算出。

2 〔+介+(代)名〕**a** 預測，預估，指望〔…〕〔*on, upon*〕：~ **on** a large profit 預估有很大的利益／I ~ **upon** earn*ing* 3000 pounds a year. 我預估一年可賺三千英鎊。**b** 預測[預料]〔事情〕而事先準備〔*on, upon, for*〕：~ **on** 〔*for*〕 a large outlay 預料有一筆龐大的支出而事先準備。

cál·cu·làt·ed *adj.* **1** [用在名詞前]計算後確定的。**2** [用在名詞前]經過預測[估量]的：a ~ risk 預計難以避免的危險，考慮後的下賭注。**3** [用在名詞前]有計畫的，故意的，蓄意的：a ~ lie 蓄意的謊言／a ~ crime 有預謀的犯罪。**4** [不用在名詞前] **a** 〔+介+(代)名〕事爲，適合〔…〕的〔*for*〕(cf. calculate *v.t.* 3a)：This movie is ~ **for** younger people. 這部電影是專爲青少年製作的。**b** 〔+ *to* do〕企圖[故意]〈做…〉的 (cf. calculate *v.t.* 3b)：That remark was ~ *to* hurt her feelings. 那種話是故意說來傷害她的感情的。

cál·cu·làt·ing *adj.* **1** [用在名詞前]計算(用)的，做計算的。**2** 慎重的，精明的。**3** 有算計的，工於心計的，狡猾的：a man of a ~ nature 一個天生[本性]工於心計的人。

cálculating machìne *n.* Ⓒ計算機，桌上型電子計算機。

cálculating tàble *n.* Ⓒ 計算表《如對數表等》。

cal·cu·la·tion [ˌkælkjəˈleʃən; ˌkælkjuˈleiʃn] «calculate 的名詞» —*n.* **1 a** ⓊⒸ計算：make a ~ 做計算。**b** Ⓒ計算(的結果)。**2** ⓊⒸ推斷，推測，估計；預測，猜想：According to my ~, he should be in Katmandu by now. 根據我的推測，他現在應該已經到加德滿都了。**3** Ⓤ深思熟慮。**4** Ⓤ算記，盤算。

cal·cu·la·tive [ˈkælkjəˌletɪv; ˈkælkjulətiv] «calculate 的形容詞» —*adj.* **1** 計算的。**2** 斤斤計較的，善於計算的，精打細算的；精明的。**3** 有計畫的。

cál·cu·là·tor [-tɚ; -tə] *n.* Ⓒ **1** 計算者。**2 a** = calculating machine. **b** =calculating table.

cal·cu·lus [ˈkælkjələs; ˈkælkjuləs] «源自拉丁文「(計算用的)石頭」之義» —*n.* (*pl.* **-li** [-ˌlaɪ; -lai], ~**-es**) **1** Ⓒ《醫》結石 (stone). **2** Ⓤ《數學》微積分學：⇨differential calculus, integral calculus.

Cal·cut·ta [kælˈkʌtə; kælˈkʌtə] *n.* 加爾各答《印度東北部的海港，爲孟加拉省 (West Bengal) 的首府》。

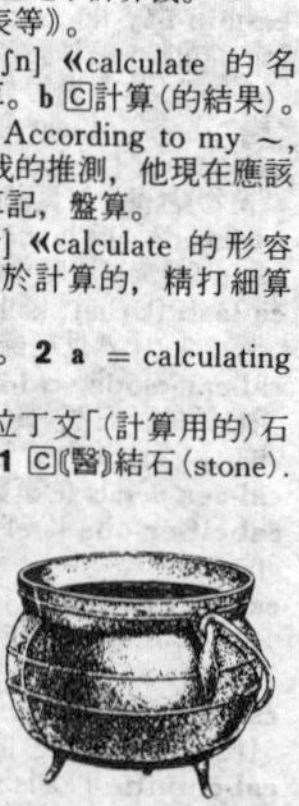

caldron

cal·de·ra [kælˈdɛrə; kælˈdɛərə] *n.* Ⓒ《地質》火山口《由於火山爆發或下陷所產生的大規模窪地》。

cal·dron [ˈkɔldrən; ˈkɔːldrən] *n.* Ⓒ 大鍋；大汽鍋。

Cal·e·do·nia [ˌkæləˈdonɪə; ˌkæliˈdouniə] *n.*《詩》加勒多尼亞《蘇格蘭 (Scotland) 的古名；cf. Albion》.

Cal·e·do·nian [ˌkæləˈdonɪən; ˌkæliˈdouniən] «Caledonia 的形容詞» —*adj.* **1** 古代蘇格蘭的。**2**《詩・謔》(現代)蘇格蘭的。

—*n.* Ⓒ **1** 古代蘇格蘭的人。**2**《詩・謔》(現代)蘇格蘭的人。

‡**cal·en·dar** [ˈkæləndɚ; ˈkælində] *n.* Ⓒ《★ 拼法 容易與研光機 (calender) 混淆，須注意》**1 曆法**：the solar [lunar] ~ 陽[陰]曆／⇨perpetual calendar, Gregorian Calendar, Julian Calendar.

> 【字源】源自義爲「利息簿、會計簿」的拉丁文。此字是拉丁文 *calends*「每月初一」的衍生字。這是因爲「初一」是古代羅馬支付借款利息的日子。而後由「顯示初一的表」逐漸變成「所有日子的表」，進而有「全年行事曆」「日曆」的意思。
> 【說明】凱撒大帝 (Julius Caesar) 曾訂定以三百六十五日又六小時爲一年，平年爲三百六十五日，每四年置一閏年的太陽曆，名爲儒略曆 (the Julian calendar). 1582 年改用現行的太陽曆，名爲格里高里曆 (the Gregorian calendar). 英國於 1752 年才改用這種新曆法。

2 日曆，月曆。

3 a 日程表，全年行事曆；年次目錄；一覽表。**b** 開庭日程表；《美》(議會的)議事日程：put a bill *on* the ~ 把議案列入日程中。

4《英》大學簡介 (《美》catalog).

—*v.t.* 〔+受〕**1** 把〈例行慶典等〉記於日曆[日程表]上。**2** (按照日期及內容)把〈文書〉作成一覽表[目錄]。

cálendar clòck [wàtch] *n.* Ⓒ曆鐘[錶]《除時間外還能顯示年、月、星期、日等》。

cálendar dáy [mónth, yéar] *n.* Ⓒ曆日[月，年]：for three *calendar months* [*years*] 整整三個月[年]。

cal·en·der [ˈkæləndɚ; ˈkælində] *n.* Ⓒ研光機《使布、紙產生光澤的滾壓機器》。

—*v.t.* 把〈紙、布等〉研光。

cal·ends [ˈkæləndz; ˈkælindz] *n. pl.* [當單數或複數用] (古代羅馬曆的)朔日(初一)。

on [at] the Gréek cálends 永遠都不會…(★因古代希臘曆中沒有 calends 這個名稱)。

ca·len·du·la [kəˈlɛndʒələ; kəˈlendjulə] *n.* Ⓒ《植物》金盞草。

***calf**[1] [kæf; kɑːf] *n.* (*pl.* **calves** [kævz; kɑːvz]) **1** Ⓒ小牛 (⇨cow[1] 相關用語)。**2** Ⓒ (河馬、犀牛、鯨魚、鹿、象、海豹等的)幼獸：⇨golden calf. **3** Ⓤ小牛皮，犢皮：bound in ~ (書籍)用小牛皮裝訂的。**4** Ⓒ《口語》傻頭傻腦的小伙子[年輕人]；呆子。

in [with] cálf 〈牛〉懷孕的。

kill the fátted cálf 準備款待〔…〕〔*for*〕《★出自聖經「路加福音」中一位父親宰殺小肥牛迎接浪子回家的故事》。

calf[2] [kæf; kɑːf] *n.* Ⓒ (*pl.* **calves** [kævz; kɑːvz]) 腓，小腿 (⇨body 插圖)。

cálf lòve *n.* Ⓤ (對年長異性的)幼戀；(少年男女間的)短暫的[未成熟的]戀愛 (puppy love).

cálf·skìn *n.* Ⓤ小牛皮；小牛皮的鞣皮革《裝訂書籍、製鞋用》。

cal·i·ber [ˈkæləbɚ; ˈkælibə] *n.* **1** Ⓒ **a** (槍砲等的)口徑：a pistol of small ~ 小口徑手槍《★of small ~ 無冠詞》／a .50-*caliber* machine gun 五十口徑的機關槍。**b** (子彈的)彈徑：a .32-*caliber* bullet 彈徑三十二的子彈。**c** (圓筒的)直徑；(尤指)內徑。**2** Ⓤ [又作 a ~] **a** (人的)度量；才幹：a man of (*an*) excellent ~ 才能卓越的人。**b** (東西的)品質，質地：tea of high ~ 上等茶。

cal·i·brate [ˈkæləˌbret; ˈkælibreit] *v.t.* **1** 測定〈槍砲〉的口徑[內徑]。**2** 規定[校準，調整]〈溫度計、測量器等〉的刻度。

cal·i·bra·tion [ˌkæləˈbreʃən; ˌkæliˈbreiʃn] *n.* **1** Ⓤ口徑[內徑，刻度]的測定。**2** [~s] 刻度：the ~*s on* a thermometer 溫度計上的刻度。

cál·i·brà·tor [-tɚ; -tə] *n.* Ⓒ口徑[內徑，刻度]測定器，校準器。

cal·i·bre [ˈkæləbɚ; ˈkælibə] *n.*《英》=caliber.

cal·i·co [ˈkæləˌko; ˈkælikou] «源自印度的原產地名» —*n.* (*pl.* ~**es**, ~**s**) Ⓤ [指種類時爲Ⓒ] **1**《美》印花布《印有各種花紋的平織棉布》。**2**《英》白洋布，白棉布《平織的白棉布》。

—*adj.* [用在名詞前] **1**《美》印花布的；《英》白洋布的。**2**《美》有斑點的：a ~ horse 有斑點的馬。

ca·lif [ˈkelɪf, ˈkæ-; ˈkeilif, ˈkæl-] *n.* =caliph.

Calif.《略》California.

Cal·i·for·nia [ˌkæləˈfɔrnjə; ˌkæliˈfɔːnjə, -niə] *n.* 加利福尼亞州《美國西海岸的一州，首府薩克拉門多 (Sacramento)；略作 Calif., Cal.,《郵政》CA; 俗稱 the Golden State》.

Cal·i·for·nian [ˌkæləˈfɔrnjən; ˌkæliˈfɔːnjən, -niən] «California 的形容詞» —*adj.* 加利福尼亞州[加州](人)的。

—*n.* Ⓒ加利福尼亞州[加州]的人。

Califórnia póppy *n.* Ⓒ《植物》金英花《美國加州 (California) 的州花》。

cal·i·for·ni·um [ˌkæləˈfɔrnɪəm; ˌkæliˈfɔːniəm] *n.* Ⓤ《化學》鉲《放射性元素；符號 Cf》.

cal·i·per [ˈkæləpɚ; ˈkælipə] *n.* Ⓒ [常 **~s** 或 **a pair of ~s**] 彎腳規，測徑器《測量圓筒內徑、外徑、厚度等用》。
—*v.t.* 以測徑器量〈內徑、外徑等〉。

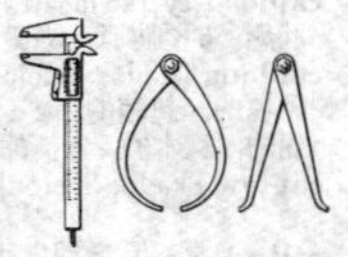

calipers

ca·liph [ˈkelɪf, ˈkælɪf; ˈkeilif, ˈkæ-] 《源自阿拉伯語「繼承者」之義》 **—*n.*** Ⓒ哈里發《即作爲穆罕默德(Mohammed)的後嗣及繼承者或對昔日身兼回教教主與土耳其國王(Sultan)者的稱號；今已廢止》。
ca·li·phate [ˈkæləˌfet, -fɪt; ˈkælifeit] *n.* ⓊⒸ哈里發(caliph)的地位［職權，轄區］。
cal·is·then·ic [ˌkæləsˈθɛnɪk; ˌkælisˈθenik˵] *adj.* ＝callisthenic.
cal·is·then·ics [ˌkæləsˈθɛnɪks; ˌkælisˈθeniks] *n.* ＝callisthenics.
calk[1] [kɔk; kɔːk] *n.* Ⓒ **1** (馬蹄鐵上防滑的)尖鐵。**2** 鞋底防滑的尖鐵。**—** *v.t.* 裝釘尖鐵於…。
calk[2] [kɔk; kɔːk] *v.* ＝caulk.
call [kɔl; kɔːl] *v.t.* **A 1** (大聲)**喊，叫，呼叫**：**a** ［＋受(＋副)］大聲呼叫…，向…召喚〈*out*〉：～ (**out**) a person's name 大聲呼叫某人的名字。**b** ［(＋副)＋引句］叫喊…〈*out*〉：He *～ed* (**out**), "Help!" 他叫喊：「救命呀！」**c** ［＋受］大聲讀出〈名册上的名字〉，點〈名〉：～ the roll 點名。**d** ［＋受］大聲傳達〈命令等〉：～ a halt 下令停止。**e** ［＋受］指示發動〈罷工等〉：～ a strike 指示發動罷工。**f** ［＋受］召喚，呼喚…：I felt the mountains *～ing* me. 我覺得山在召喚我。
2 叫出：**a** ［＋受(＋副詞(片語))］叫〈人、車等〉：～ the butler 叫喚男管家［僕役長］/～ the doctor 請醫生/～ a waitress *over* 叫來女服務生/He was *～ed home* [*in*]. 他被叫回家［叫進裏面］。**b** ［＋受＋介＋(代)名］叫，召請〈某人〉［到…］［*to, into*］：She *～ed* the boy ***into*** the room [***to*** supper]. 她叫那個男孩到房裏［吃晚餐］。**c** ［＋受＋受/＋受＋介＋(代)名］爲〈某人〉叫…；［爲某人］叫…［*for*］：*C～* me a taxi.＝*C～* a taxi ***for*** me. 替我叫一輛計程車。**d** ［＋受］以喝采聲叫〈演員、演奏家等〉到幕前：The singer was *～ed* back (on stage) three times. 那個歌手被喝采聲叫到幕前謝幕三次。
3 a ［＋受］**叫醒**〈某人〉：*C～* me at 7. 七點時叫醒我。**b** ［＋受＋介＋(代)名］把〈某人的注意〉引到［…］［*to*］：～ a person's attention ***to*** an oversight 把某人的注意力引到被其疏忽之處。**c** ［＋受＋介＋(代)名］［心中］想起…［*to*］：～ the scene ***to*** mind 想起那情景。
4 ［＋受(＋副)］**打電話給**〈人〉〈*up*〉：I was just about to ～ you. 我正要打電話給你/You can ～ me (***up***) anytime. 你隨時都可以打電話給我。
5 ［＋受］召開〈會議〉：～ a press conference 召開記者招待會/An emergency cabinet meeting was *～ed* for three o'clock. 緊急內閣會議在三點鐘召開。
6 a ［＋受＋介＋(代)名］使〈人〉就［職］；使〈人〉負起［義務等］［*to*］：be *～ed* ***to*** the bar ⇨bar[1] 6d. **b** ［＋受］召喚，傳喚〈某人〉：He was *～ed* to give evidence [to serve on the jury]. 他被傳喚作證［擔任陪審員］。**c** ［＋受＋介＋(代)名］〈神〉使〈人〉任［神職］［*to*］：He was *～ed* ***to*** the ministry. 他任牧師職。
7 ［＋受］《美口語》預言，預告…：～ a horse race 預言賽馬(的結果)。
8 ［＋受］請求償還，催促償付〈債券等〉。
9 ［＋受］《紙牌戲》請求〈攤牌、出牌〉。
10 《運動》**a** ［＋受］《美》(因天黑、下雨等)使〈比賽〉中止(cf. called game)：The game was *～ed*. 比賽停止了。**b** ［＋受＋補］〈裁判〉宣布，宣判…〈爲…〉：The umpire *～ed* the runner out [safe]. 裁判判定跑者出局［安全上壘］。
—B 1 命名，取名：**a** ［＋受＋補］將〈人〉命名［取名］〈爲…〉，稱…〈爲…〉：He *～ed* his child John. 他將他的兒子取名爲約翰/What do you ～ this flower? 這種花叫什麼名字？/Chaucer is *～ed* the Father of English Poetry. 喬塞被稱爲英詩之父/He had nothing that he could ～ his own. 他沒有任何可聲稱爲屬於他自己的東西［什麼也沒有；一無所長］/⇨call a person NAMES, call a SPADE[1] a spade. **b** ［＋受＋介＋(代)名］［以…名］稱呼，叫喚〈某人〉［*by*］：We ～ them ***by*** their nicknames. 我們以綽號叫他們。
2 ［＋受＋補］**a** 視，認爲…〈爲…〉：You cannot ～ the party a success. 這次聚會不能說是成功的/I ～ that mean. 我認爲那是卑鄙的/How can you ～ yourself my friend? 你怎麼能自稱是我的朋友？/*C～* it what you like. 隨你怎麼叫它都可以。**b** 《口語》(大略計算)視爲〈…數量〉，算作…：Let's ～ it £8. 我們就算它是八英鎊吧。
—*v.i.* 1 a (大聲)**呼叫**；叫喊：I heard somebody *～ing*. 我聽到有人在大聲叫喊。**b** ［(＋副)＋介＋(代)名］［向人］呼叫［要求…］〈*out*〉［*to*］［*for*］：She *～ed* (**out**) (***to*** him) ***for*** help. 她(向他)呼救。**c** ［＋介＋(代)名＋ *to* do］呼叫［某人］〈做…〉［*to*］：The policeman *～ed* ***to*** him *to* stop. 警察叫他停住。**d** 〈鳥等〉鳴叫：I heard birds *～ing* in the wood. 我聽到小鳥在樹林中啼叫。
2 a 〈人〉(短暫地)**拜訪，訪問，順便到**(某處)：A lady *～ed* when you were out. 你不在時有位女士來訪。**b** ［＋介＋(代)名］〈人〉拜訪，訪問［某人］［*on*］《★可用被動語態》；〈人〉拜訪，訪問［某人的家］［*at*］：I'll ～ ***on*** you on Sunday. 我星期天會去拜訪你/I *～ed* ***at*** Mr. Brown's yesterday. 昨天我去布朗先生家拜訪。**c** ［＋介＋(代)名］〈火車、輪船等〉在［某地］停靠［停泊］［*at*］：This train *～s* ***at*** Bath only. 這班列車只在巴兹站停靠。
3 〈推銷員、送貨員等〉(定期)前來…：The laundryman *～s* twice a week. 洗衣店的人每星期來兩次。
4 ［動(＋副)］打電話〈*up*〉：Who's *～ing*? ［用於電話］您是哪位？/I'll ～ (***up***) again later. 待會兒我再打電話來。
5 《紙牌戲》要求攤牌，叫牌。
cáll awáy 《*vt adv*》(從席位上)把〈某人〉叫走；叫〈某人〉離座退席《★常用被動語態》：In the middle of our conversation the doctor *was ～ed away* by an emergency. 在我們談話時，醫生因(要處理)緊急事故而被叫走。
cáll báck 《*vt adv*》(1)叫〈人〉回來。(2)取消［收回］〈前言〉。(3)再打電話給〈某人〉；回電話給〈某人〉：I'll ～ you *back* tomorrow. 明天我會回你電話。**—**《*vi adv*》(4)再度拜訪(訪問)。(5)再打電話；以電話回覆。
cáll bý 《*vi adv*》《口語》(路過)順便到［…］［*at*］：He *～ed by at* his friend's on the way to the station. 他在往車站途中順道到朋友家訪問。
cáll dówn 《*vt adv*》(1)祈求〈天降恩惠、災禍〉［於…］［*on, upon*］：～ *down* curses [a blessing] *on* a person's head 祈求天降災禍［天賜恩惠］於某人身上。(2)《美俚》嚴厲責備〈某人〉。(3)《俚》誹謗，嚴厲批評〈某人〉。
cáll for... 《*vi prep*》(1)⇨*v.i.* 1b. (2)去［來］拿，取…《★可用被動語態》：～ *for* orders 取訂貨單/(a parcel) to be left till *～ed for* 留待收件人親自領取(的包裹)。(3)去接〈某人〉《★可用被動語態》：We'll ～ *for* your daughter at six. 我們在六點時會去接你的女兒。(4)〈事物〉需要，要求…《★可用被動語態》：This *～s for* prompt action. 這件事需要立即採取行動。(5)〈言行〉得體，相稱，適宜《★可用被動語態》：Your rude behavior was not *～ed for*. 你粗魯的行爲是不適宜的。
cáll fórth 《*vt adv*》［～＋forth＋*n.*］(1)招致，引起…：The decision of the government *～ed forth* many protests. 政府的決定引起多方的抗議。(2)喚起〈勇氣等〉。
cáll ín 《*vt adv*》(1)⇨*v.t.* A 2a. (2)請〈醫生〉出診《★比較 send for 有禮的說法》。(3)請求，要求〈警察等的援助〉。(4)收回〈劣質品等〉；回收〈通貨、貸款〉。**—**《*vi adv*》(5)(短時間地)訪問［某人］［*on*］.
cáll óff 《*vt adv*》(1)把…叫開［走］：Please ～ your dog *off*. 請把你的狗叫走。(2)宣布［下令］停止〈罷工、比賽等〉。(3)取消〈約定等〉；〈從…〉撤出，退出；罷手。
cáll on... (1)⇨*v.i.* 2b. (2)向…要求［…］［*for*］：We *～ed on* God *for* help. 我們向神祈求保祐。(3)［＋*to* do］請求〈某人〉〈做…〉《★可用被動語態》：I will ～ *on* Mr. Smith *to* make a speech. 我將請史密斯先生發表演說/I feel *～ed on to* warn you that.... 我覺得我應該警告你…。(4)需要費〈力、錢等〉《★可用被動語態》：They *～ed on* all their resources to attain their goal. 他們需要用一切方法［手段］去達成目標。
cáll óut 《*vt adv*》(1)⇨*v.t.* A 1a, b. (2)召集〈軍隊等〉，使…出動：The National Guard was *～ed out* to deal with the riot. 出動國防軍去對付暴動。(3)下令〈工人、合作社人員〉罷工。(4)＝CALL forth. (5)向〈某人〉挑戰，找〈人〉打架。
cáll róund 《*vi adv*》拜訪，順路到［…的家］［*at*］.
cáll úp 《*vt adv*》(1)⇨*v.t.* A4. (2)想起：He *～ed up* memories of his childhood. 他想起他的童年時代。(3)召集，徵召〈某人〉(入伍，服兵役)：The reservists are ready to be *～ed up*. 後備軍人隨時可以應徵入伍。(4)召喚〈鬼靈等〉。(5)與〈無線電台〉通話。**—**《*vi adv*》(6)⇨*v.i.* 4. (7)(對無線電台)通話。
cáll upòn... ＝CALL on (2)(3)(4).
what is càlled ＝**whát we** [**you, they**] **càll** ⇨ what *pron.*
—*n.* Ⓒ **1 a 叫喊，呼叫聲**：We heard a ～ *for* help. 我們聽到呼救聲。**b** 點名。**c** (鳥獸的)叫聲。**d** (爲引誘鳥獸而仿其叫聲的)哨子［笛子］。**e** (由喇叭等所吹奏出的)號音。**2 打［通］電話**：make a (phone) ～ 打電話/give a person a ～ 打電話給某人/put a ～ through to... 把電話接到…/I had [received] a ～ from him. 我接到他打來的電話。**3 a** (短時間的)**拜訪**；(正式的)**訪問**：make [pay] a ～ (*on a person*) 拜訪(某人)/return a person's ～ 回拜某人。**b** (推銷員、送貨人等的)到來：The newspaper boy makes his ～ *at* our house about six every morning. 報童每天早晨大約六點時送報到我們家。**c** ［又作Ⓤ］(船

的)停泊；(火車的)停靠：a port of ～ 停靠港。**4 a** 召集，召喚，招致：They answered the ～ for blood donors. 他們響應號召加入捐血的行列。**b** 〔＋ *to* do〕〈做…的〉神的召喚，使命：He felt the ～ *to* be a missionary. 他感到神的意旨要他成爲傳教士。**5** [常 **the** ～]誘惑，魅力：He felt *the* ～ of the sea [the wild]. 他感受到海[野性]的魅力。**6** [常用於否定句] **a** 〈做…的〉必要，需要〔*for*〕：There is *no* ～ *for* shepherds nowadays. 現在已不需要牧羊人。**b** 〔＋ *to* do〕〈做…的〉必要；〈該做…的〉理由：You have *no* ～ *to* be frightened. 你沒有害怕的理由《你不必害怕》。**c** 〔＋*for*＋(代)名＋ *to* do〕〔某人〕〈做…的〉必要；〔某人〕〈該做…的〉理由：There is *no* ～ *for* you *to* be frightened. 你沒有害怕的理由《你不必害怕》。**7** 〔…的〕要求〔*on*〕：the ～ of nature 想上厠所，要解手/A busy man has many ～*s on* his time. 一個忙人有很多事佔去他的時間[需要他花時間去做]。**8** (方塊舞的)指示。**9**《商》(股款、公司債款等的)要求償付，催收。**10**《紙牌戲》**a** 叫牌：make one's ～ 叫牌。**b** 叫牌權；輪到叫牌；所叫的牌。**11**《運動》(裁判的)裁定。

at cáll ＝on CALL.

at a person's cáll 應聲(出現)，隨叫隨到，隨時待命：He has a number of servants *at* his ～. 他有很多可供隨時召喚的僕人。

on cáll (1)《商》隨要隨付的，索請即付的：money *on* ～＝call money. (2)隨時可用的；一呼即來的，隨時待命的：A company car is always *on* ～. 公司的車子總是隨叫隨到/Which doctor is *on* ～ tonight? 今天晚上是哪一位醫生在值班(待命)?

páy a cáll (1)⇨ 3a. (2)《委婉語》上厠所(urinate)(cf. 7).

within cáll 在聽得到呼叫聲的範圍內，在近處：Stay *within* ～, because supper is almost ready.留在聽得見叫聲的地方《不要走遠》，因爲晚飯快要好了。

cal·la [ˋkælə; ˈkælə] *n.* (又作 **cálla lily**) Ⓒ《植物》荷蘭海芋，水芋《觀賞用》。

call·a·ble [ˋkɔləbl; ˈkɔːləbl] *adj.* **1** 可召喚的。**2** 〈債券等〉未到期可先行償還的。**3** 〈貸款等〉請求即付(款)的。

cáll·bàck *n.* Ⓒ(製造商爲改良產品缺陷的)產品收回。

cáll bèll *n.* Ⓒ呼人鈴，電鈴。

cáll bìrd *n.* Ⓒ(用以引誘其他鳥類用的)媒鳥。

cáll-bòard *n.* Ⓒ 告示板《常用於戲院或停車場等地》。

cáll bòx *n.* Ⓒ **1**《美》(裝設在街頭等的)緊急用電話亭《聯絡警察局、火災報警用》。**2**《英》公共電話亭((tele)phone booth).

cáll·bòy *n.* Ⓒ **1** (喚演員按時出場的)呼喚員。**2** ＝page[2] 2.

cálled gáme *n.* Ⓒ《棒球》裁定勝負的比賽《因下雨或其他理由宣布中止比賽時就以停止比賽當時的得分決定勝負》。

cáll·er *n.* Ⓒ **1** (短時間的)訪問[來訪]者(⇨visitor【同義字】)。**2** 呼[叫]喚者；召集者。**3** 打電話的人。**4** (賓果(bingo)遊戲等)報數字的人。

cáll gìrl *n.* Ⓒ(用電話聯絡召喚的)妓女，應召女郎。

cáll hòuse *n.* Ⓒ《美》(介紹應召女郎的)應召站；妓女戶。

cal·lig·ra·pher [kəˋlɪgrəfɚ; kəˈligrəfə] *n.* Ⓒ書法家。

cal·li·graph·ic [ˏkæləˋgræfɪk; ˌkæliˈgræfik←] *adj.* (擅長)書法的。

cal·líg·ra·phist [-fɪst; -fist] *n.* ＝calligrapher.

cal·lig·ra·phy [kəˋlɪgrəfɪ; kəˈligrəfi] 《源自希臘文「漂亮的書法」之義》—*n.* Ⓤ **1** 善於書寫；擅長書法(↔ cacography). **2** 墨寶，書法。

cáll-ìn *n.* Ⓒ《美》(廣播、電視的)聽衆[觀衆]以通電話方式參與的節目(《英》phone-in).

cáll·ing *n.* **1** ⓊⒸ呼叫，叫，喊；點名；召集。**2** Ⓒ **a** 天職；(神的)召喚。**b** 職業(occupation)：by ～ 職業是…《★無冠詞》/betray one's ～ 洩露某人的職業[底細]。**3** Ⓒ **a** 〔對職業、義務、活動等的〕强烈衝動，慾望；性向〔*for*〕：have a ～ *for* the ministry 有從事神職的衝動。**b** 〔＋ *to* do〕〈想做…的〉强烈衝動，慾望：have a ～ *to* become a singer 有成爲歌手的慾望。**4** Ⓒ(母猫發情期的)叫聲。

cálling càrd *n.* **1**《美》＝visiting card. **2**《英》＝phonecard.

Cal·li·o·pe [kəˋlaɪəˏpi, -pɪ; kəˈlaiəpi] *n.* **1**《希臘神話》卡萊比《司雄辯與敍事詩的女神；爲繆斯九神(the Muses)之首》。**2** [**c**～] Ⓒ蒸氣[汽笛]風琴。

cal·li·per [ˋkæləpɚ; ˈkælipə] *n.*《英》＝caliper.

cal·lis·then·ic [ˏkæləsˋθenɪk; ˌkælisˈθenik←] *adj.* 健美[柔軟]體操的。

cal·lis·then·ics [ˏkæləsˋθenɪks; ˌkælisˈθeniks] *n.* **1** Ⓤ 健美[柔軟]體操法。**2** [當複數用]健美[柔軟]體操。

cáll lètters *n. pl.* (電台或電信局的)呼號(call sign).

cáll lòan *n.* Ⓒ《商》活期貸款，通知放款《主要爲銀行間資金的短期貸款，貸主可隨時要求借款人償還》。

cáll mòney *n.* Ⓤ《商》活期借款《主要爲銀行間資金的短期借款，借主可隨時要求支付》。

cáll nùmber [**màrk**] *n.* Ⓒ(圖書館圖書的)編目號碼。

cal·los·i·ty [kəˋlɑsətɪ, kæ-; kæˈlɔsəti] *n.* **1**《醫》**a** Ⓤ皮膚硬結的狀態。**b** Ⓒ胼胝，老繭。**2** Ⓤ無感覺，冷淡。

cal·lous [ˋkæləs; ˈkæləs] 《callus 的形容詞》—*adj.* **1** 〈皮膚〉結硬塊的，起繭的。**2 a** 無感覺的。**b** 〔＋介＋(代)名〕〔對…〕無感覺的，痲木的；無情的〔*to*〕. ～·**ly** *adv.* ～·**ness** *n.*

cal·low [ˋkælo; ˈkælou] *adj.* **1** 〈鳥〉尙未長羽毛的。**2** 年輕無經驗的。

cáll ràte *n.* Ⓤ活期貸款(call loan) 的利率。

cáll sìgn *n.* Ⓒ《無線》呼叫信號；呼號。

cáll slìp *n.* Ⓒ借書申請單。

cáll-ùp *n.* Ⓒ《英》**1** 徵兵[召集]令。**2** 召集人數。

cal·lus [ˋkæləs; ˈkæləs] *n.* Ⓒ **1**《醫》皮膚硬化的部分，胼胝，繭子。**2**《植物》癒合組織[體素]。～**ed** *adj.*

‡calm [kɑm; kɑːm] 《源自拉丁文「熱，白天的暑熱」之義；演變成「休息時間」之義》—*adj.* (～·**er**；～·**est**) **1** 〈海〉風平浪靜的，平靜的；〈天氣等〉無暴風雨的(↔ stormy).

2 〈心情等〉平靜的，心平氣和的，鎭定的：⇨ COOL, calm, and collected/They were ～ in the face of disaster. 他們面臨災難時很鎭定。

3《英口語》**a** 無恥的，厚臉皮的。**b** [不用在名詞前]〔＋*of*＋(代)名(＋ *to* do)/＋ *to* do〕〔某人〕〈做…是〉厚臉皮的；〈某人〉〈做…是〉厚臉皮的：It's ～ *of* you *to* expect his help. 你期望他幫助眞是厚臉皮。

—*v.t.* **1** 〔＋受(＋副)〕使…平靜[安靜]〈*down*〉：～ one's nerves 使神經鎭靜/She soon ～*ed* the baby (**down**). 她很快地使嬰兒安靜下來。**2** 〔＋受〕[～ one*self*]使〈心神〉鎭定[穩定]下來：C～ *yourself.* 請鎭定[別激動]。

—*v.i.* 〔動(＋副)〕安靜(鎭定)下來〈*down*〉：C～ **down**. 平靜下來/The crying baby [The sea] soon ～*ed down*. 哭叫的嬰兒[海]不久便安[平]靜下來了。

—*n.* **1** [用單數]無風無浪(狀態)，風平浪靜；平靜，安靜：a dead [flat] ～ 一片死寂/the ～ before the storm 暴風雨前的寧靜/A deep ～ filled the room. 房間裏一片寂靜。**2** Ⓒ《氣象》無風(⇨ wind scale)：the region of ～*s* (赤道附近的)無風帶。**3** Ⓤ **a** (社會上、政治上的)安定，穩定。**b** 平靜，鎭靜，冷靜。

～·**ly** *adv.* ～·**ness** *n.*

cal·o·mel [ˋkæləml, ˋkæləˏmɛl; ˈkæləmel] *n.* Ⓤ《化學》甘汞《氯化亞汞》。

Cál·or gàs [ˋkælɚ-; ˈkælə-] *n.* Ⓤ《商標》煤氣《家庭用的液化丁烷瓦斯》。

ca·lor·ic [kəˋlɔrɪk; kəˈlɔrik] *adj.* **1** 熱(量)的。**2** 卡(路里)的。

cal·o·rie [ˋkælərɪ; ˈkæləri] 《源自拉丁文「熱」之義》—*n.* Ⓒ《物理・化學》卡路里《熱量的單位》：**a** [又作 **smáll cálorie, grám cálorie**]使一公克的水升高攝氏一度所需的熱量。**b** [常 C～]使一千公克的水升高攝氏一度所需的熱量《通常用「千卡」表示此單位，以表示食物的營養價值》。

cal·o·rif·ic [ˏkæləˋrɪfɪk; ˌkæləˈrifik←] *adj.* [用在名詞前](產生)熱的；有關熱的。

cal·o·rim·e·ter [ˏkæləˋrɪmətɚ; ˌkæləˈrimitə] *n.* Ⓒ熱量計。

cal·o·ry [ˋkælərɪ; ˈkæləri] *n.* ＝calorie.

cal·u·met [ˋkæljuˏmɛt; ˈkæljumet] *n.* Ⓒ和平煙斗《北美印地安人所用的一種象徵和平與友情的長煙管》。

smóke the cálumet togéther 和睦相處。

calumet

ca·lum·ni·ate [kəˋlʌmnɪˏet; kəˈlʌmnieit] *v.t.* 誹謗，中傷〈某人〉(slander). **ca·lum·ni·a·tion** [kəˏlʌmnɪˋeʃən; kəˌlʌmniˈeiʃn] *n.*

ca·lúmni·à·tor [-tɚ; -tə] *n.*

ca·lum·ni·ous [kəˋlʌmnɪəs; kəˈlʌmniəs] *adj.* 誹謗的，中傷的。

cal·um·ny [ˋkæləmnɪ; ˈkæləmni] *n.* ⓊⒸ 誹謗；讒言，中傷(slander).

Cal·va·ry [ˋkælvərɪ; ˈkælvəri] 《源自拉丁文「髑髏」之義》—*n.* **1** 《聖經》髑髏岡《耶穌被釘於十字架之地；爲 Golgotha 一字的拉丁文翻譯》。**2** [**c**～] Ⓒ(通常指立於野外的)耶穌受難像。**3** [**c**～] Ⓒ受難；精神上的苦惱；考驗。

calve [kæv; kɑːv] 《源自 calf[1]》—*v.i.* & *v.t.* 〈牛、鹿、鯨等〉產(仔)。

***calves**[1] [kævz; kɑːvz] *n.* **calf**[1] 的複數。

calves[2] *n.* **calf**[2] 的複數。

Cal·vin [ˋkælvɪn; ˈkælvin] *n.* 喀爾文《男子名》。

Calvin, John *n.* 喀爾文《1509–64；生於法國的瑞士宗教改革家》。

Cál·vin·ìsm [-nˏɪzəm; -nizəm] *n.* Ⓤ喀爾文主義，喀爾文教派《强調神的絕對性、聖經的權威及神意的拯救等》。

Cál·vin·ist [-nɪst; -nist] *n.* Ⓒ喀爾文教派的教徒。
Cal·vin·is·tic [ˌkælvəˋnɪstɪk; ˌkælvi'nistik˝] *adj.* 喀爾文教派的。
Càl·vin·ís·ti·cal [-tɪkl; -tikl˝] *adj.* ＝Calvinistic.
calx [kælks; kælks] *n.* Ⓒ(*pl.* ～·**es**, **cal·ces** [ˋkælsiz; 'kælsi:z])金屬灰《金屬、礦物等燃燒後的殘渣》。
ca·ly·ces *n.* **calyx** 的複數。
ca·lyp·so [kəˋlɪpso; kə'lipsou] *n.* Ⓒ(*pl.* ～**s**, ～**es**)加力騷《由千里達(Trinidad)島上土著所興起的一種爵士調即興歌曲，具有民謠的風格》。
Ca·lyp·so [kəˋlɪpso; kə'lipsou] *n.* 《希臘傳說》卡里布索《荷馬史詩「奧德賽」裏的海上女神，曾把從特洛伊戰役後踏上歸途的奧地修斯(Odysseus)截留在其島上居住七年》。
ca·lyx [ˋkelɪks, ˋkæl-; 'keiliks] *n.* Ⓒ(*pl.* ～·**es**, **ca·ly·ces** [-ləˌsiz; -lisi:z])《植物》花萼(cf. sepal).
cam [kæm; kæm] *n.* Ⓒ《機械》凸輪；鏗《把圓周旋轉運動變爲上下或前後運動的裝置》。

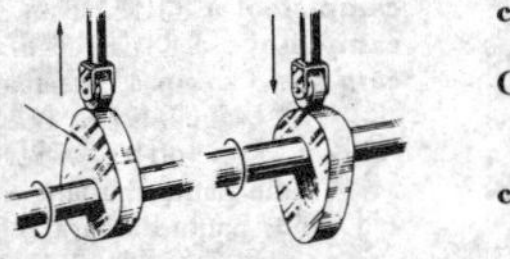
cams

ca·ma·ra·de·rie [ˌkaməˋradərɪ, -ˌri; ˌkæmə'rɑ:dəri]《源自法語》—*n.* Ⓤ(由同一工作場所、共同生活所產生的)友情，友愛，同志愛。
cam·ber [ˋkæmbɚ; 'kæmbə] *n.* ⓊⒸ **1** (道路、甲板等中央部分的)弧高，拱高；中凸形，拱勢。**2**《航空》(機翼上的)弓形彎曲。**3**《汽車》前輪的曲弧度《前輪上端較下端向外傾》。
—*v.t.* 使…向上彎曲[翹曲]，使…成弧形[拱勢]。
—*v.i.* 變成上翹，成弧形[拱勢]。
cam·bist [ˋkæmbɪst; 'kæmbist] *n.* Ⓒ **1** 匯票商。**2** 各國貨幣及度量衡便覽[手册]。
cam·bi·um [ˋkæmbɪəm, -bjəm; 'kæmbiəm] *n.* Ⓒ(*pl.* ～**s**, **-bi·a** [-bɪə; -biə])《植物》形成層；新生組織。
Cam·bo·di·a [kæmˋbodɪə; kæm'boudiə] *n.* 柬埔寨《中南半島南部的一國，1970 年改制爲共和國，更名高棉，首都金邊(Phnom Penh [ˋnamˋpɛn, pəˋnomˋpɛn; 'pnɔ:m'pen])》.
Cam·bri·a [ˋkæmbrɪə; 'kæmbriə] *n.* 《詩》坎布里亞《威爾斯(Wales)的拉丁文名稱；cf. Albion》.
Cam·bri·an [ˋkæmbrɪən; 'kæmbriən]《Cambria 的形容詞》—*adj.* **1** 威爾斯的。**2**《地質》寒武紀[系]的：the *C*～ period [system] 寒武紀[系]。
—*n.* **1** Ⓒ《詩》威爾斯人。**2** [**the** ～]《地質》寒武紀[系]。
cam·bric [ˋkembrɪk; 'keimbrik] *n.* Ⓤ麻紗白葛布《一種質料很薄的白麻布或棉布；做手帕等用》。
cámbric téa *n.* Ⓤ一種熱飲《含牛奶及糖，有時加少許茶》。
Cam·bridge [ˋkembrɪdʒ; 'keimbridʒ] *n.* **1 a** 劍橋《英格蘭劍橋郡(Cambridgeshire)的首府；劍橋大學所在地》。**b** (又作 **Cámbridge Univèrsity**)劍橋大學。

【說明】在英國是僅次於牛津大學(Oxford University)的一所古老大學。創設於十三世紀，由二十九個學院(college)構成大學的教師及學生的自治團體，其中三個爲女子學院，一切辦學方針與牛津大學略同。劍河(the Cam)流經的整個劍橋(Cambridge)市是個大學城。在泰晤士河(the Thames)舉辦的牛津大學對抗劍橋大學的賽舟(the Boat Race)相當有名。劍橋大學以淡藍色(light blue, 又作 Cambridge blue)爲校色，牛津大學以深藍色 (dark blue, 又作 Oxford blue) 爲校色；cf. Oxford 1 b.

2 劍橋《美國麻薩諸塞州(Massachusetts)的一個城市，在波士頓(Boston)市附近，爲哈佛大學(Harvard)、麻省理工學院(M.I.T.)兩所大學所在地》。
Cámbridge blúe *n.* Ⓤ《英》淺藍色(light blue)(cf. Oxford blue).
Cam·bridge·shire [ˋkembrɪdʒˌʃɪr, -ʃɚ; 'keimbridʒʃə, -ˌʃiə] *n.* 劍橋郡《英國東部的一郡；首府爲劍橋(Cambridge)；略作 Cambs.》.
Cambs. 《略》Cambridgeshire.
‡**came** [kem; keim] *v.* **come** 的過去式。
*__cam·el__ [ˋkæml; 'kæməl] *n.* **1** Ⓒ《動物》**駱駝**：the Arabian [Bactrian] ～ 單峯[雙峯]駱駝／(It is) the last straw (that) breaks the ～'s back. ⇨ straw 1. **2** Ⓤ駱駝色《淡黃褐色》。**3** Ⓒ《航海》浮箱(caisson)《用於打撈沈船或用作浮橋等》。
—*adj.* 駱駝色的。
cámel·bàck *n.* Ⓒ駱駝背《★常用於下列成語》。**on cámelback** 騎著駱駝。
cam·el·eer [ˌkæməˋlɪr; ˌkæmi'liə] *n.* Ⓒ **1** 趕駱駝的人。**2** 駱駝騎兵。
cámel hàir *n.* ＝camel's hair.
ca·mel·lia [kəˋmɛlɪə, -ˋmiljə; kə'mi:ljə]《源自最先將這種植物由日本帶回倫敦的傳教士、植物學家 G. J. Kamel 的拉丁文名字 Camellus》—*n.* Ⓒ《植物》山茶(花)。
ca·mel·o·pard [kəˋmɛləˌpard; 'kæmiləpɑ:d, kə'meləpɑ:d] *n.* 《古》＝giraffe.
Cam·e·lot [ˋkæməˌlat; 'kæmilɔt] *n.* 卡麥勒《傳說中英國亞瑟(Arthur)王宮廷所在的城鎮》。
cámel's hàir *n.* Ⓤ **1 a** 駱駝毛。**b** 駱駝毛製品。**2** 駱駝呢《用駱駝毛或長羊毛編織得鬆鬆的黃褐色毛織品》。
Cam·em·bert [ˋkæməmˌbɛr; 'kæməmbɛə]《源自法國的原產地名》—*n.* (又作 **Cámembert chéese**)Ⓤ鬆軟乾酪《一種柔軟味濃的法國製乾酪》。
cam·e·o [ˋkæmɪˌo; 'kæmiou]《源自義大利語》—*n.* Ⓒ(*pl.* ～**s**) **1 a** 刻有浮雕的寶石、瑪瑙、貝殼等。**b** 浮雕工藝(cf. intaglio 1 c)。**2** (將人物、場所、事件刻劃得入木三分的)精彩短片[描寫]，小品；著名場面。
‡**cam·er·a** [ˋkæmərə; 'kæmərə]《源自拉丁文「圓天花板」之義》—*n.* Ⓒ(*pl.* ～**s**；作義 2 解時又作 **-er·ae** [-məˌri; -məri:]) **1** 照相機，攝影機。**2** 法官的私人辦公室。
in cámera (1)《法律》在法官的私人辦公室裏。(2)秘密地。
on [òff] cámera 《電影・電視》被攝影機拍攝到，出現在電視上[沒有被攝影機拍攝到，沒有出現在電視上]。
cámera-èye *n.* Ⓒ(如照相機一般詳細客觀的)觀察或報導能力。
cámera lú·ci·da [-ˋlusɪdə; -'lu:sidə] *n.* Ⓒ(光學上的)投影描繪器；(描)畫鏡。
cámera·màn *n.* Ⓒ(*pl.* **-men**) **1** (電影、電視的)攝影師。**2** 相機販賣商[業者]。
cámera ob·scú·ra [-abˋskjurə; -əbs'kjuərə]《源自拉丁文 'dark chamber' 之義》—*n.* Ⓒ暗箱，暗室。
cámera-shỳ *adj.* 不喜歡照相的。
cámera tùbe *n.* Ⓒ《電視》影像管。
Cam·er·oon [ˌkæməˋrun; ˌkæmə'ru:n, 'kæməru:n] *n.* 喀麥隆《西非大西洋岸的一個共和國，原由法國託管，於 1960 年獨立；首都雅恩德(Yaoundé [jaunˋde; jɑ:u:n'dei])》.
Cam·er·oon·i·an [ˌkæməˋrunɪən; ˌkæmə'ru:niən˝]《Cameroon 的形容詞》—*adj.* 喀麥隆(人)的。—*n.* Ⓒ喀麥隆人。
cam·i·knick·ers [ˌkæmɪˋnɪkɚz; ˌkæmi'nikəz]《*cami*sole 和 *knickers* 的混合語》—*n. pl.* 《英》女用無袖緊身內衣《短褲及短襯衣連在一起的婦女內衣》。
cam·ion [ˋkæmɪən; 'kæmiən]《源自法語》—*n.* Ⓒ **1** 一種四輪載貨馬車；(無蓋)貨車。**2** 軍用卡車《尤指拖重砲者》。
cam·i·sole [ˋkæməˌsol; 'kæmisoul] *n.* Ⓒ **1** 婦女用的短化妝衣。**2**《古》飾有花邊的無袖女用胸衣《短襯裙式女內衣》。
cam·let [ˋkæmlɪt; 'kæmlit] *n.* **1** Ⓤ(中世紀東方所產之)駝毛或安哥拉羊毛所織的布。**2** Ⓤ羊毛和絲所織之布。**3** Ⓒ上述織品所製之衣服。
—*v.t.* (**-let·ted**；**-let·ting**)以大理石圖案裝飾於〈織物、書的邊緣等〉上。
cam·o·mile [ˋkæməˌmaɪl; 'kæməmail] *n.* Ⓒ《植物》春黃菊；甘菊《原產於歐洲，其乾燥的花可作健胃及興奮劑》：～ tea 甘菊茶。
cam·ou·flage [ˋkæməˌflaʒ; 'kæməflɑ:ʒ]《源自法語「僞裝」之義》—*n.* ⓊⒸ **1**《軍》掩飾，僞裝。**2** 欺瞞，幌子。
—*v.t.* 〔十受十介十(代)名〕**1**〔用…〕僞裝〈兵器等〉〔*with*〕. **2**〔用…〕掩飾〈感情等〉〔*with*〕：～ one's anger *with* a smile 用微笑掩飾憤怒。

camisole 2

‡**camp**[1] [kæmp; kæmp]《源自拉丁文「平原」之義》—*n.* **1** Ⓒ **a** (山上、海邊休閒用的)**露營場地**。**b** (軍隊、童子軍、探險隊、遊牧民族等的)營地；軍隊營地，兵營。**c** (伐木工人、礦工等的)工寮。**d** [常構成複合字](俘虜等的)收容所，俘虜營：⇨ concentration camp, prison camp. **2** Ⓒ **a** [又當集合稱用]**營帳**；(暫時居住的)臨時小屋：pitch [make] (a) ～ ＝set up a ～ 搭帳篷／strike [break (up)] (a) ～ (爲撤營而)收起帳篷，拔營。**b** [集合稱]野營隊；露營者。**3** Ⓤ **a** 野營(生活)；露營(生活)：be *in* ～ 露營中。**b** 軍隊生活，兵役。**4** Ⓒ **a** [集合稱](主義、主張、宗教等的)同志[夥伴]們，集團；陣營：be in the same [the

enemy's] ～ 在同一[敵方]陣營。**b** (主義、主張等的)立場，陣線。**5** Ⓒ《美》(退役軍人會等的)支部，分會。

—v.i. **1** 搭帳篷，紮營，野營，露營：go ～*ing* 去露營。**2 a** 〔十介十(代)名〕盤居，坐鎮〔於…〕〔*on, in*〕. **b** 〔十副〕落脚，定居下來〈*down*〉. **3** 〔十介十(代)名〕**a** 暫時寓居在〔…(地方)〕〔*in, with*〕：～ ***in*** an apartment house [***with*** one's parents] 暫時住在公寓[跟父母一起住]。**b** (在主義等方面)加入[擁護]〔…〕〔*with, on*〕：He ～*s* ***with*** the doves. 他擁護鴿派/He ～*ed* ***on*** the liberal side. 他加入自由主義的陣營。

—v.t. 〔十受〕**1** 使…野營[露營]。**2** 提供〈某人〉暫時住處：We ～*ed* her with relatives. 我們讓她暫住親戚家。

cámp óut 《*vi adv*》(1)在野外過夜，露營。(2)《英俚》暫時與〔…〕住一起〔*with*〕.

camp² [kæmp; kæmp] **«**源自方言「庸俗的人」之義**»—**《口語》*n.* **1** Ⓒ同性戀者。**2** Ⓤ(同性戀者所表現的)女性化的動作。**3** Ⓤ假裝的[誇大的，不調和的]東西[動作]：⇨ high camp, low camp.

—adj. **1 a** 同性戀的，同性戀者的。**b** 〈男人〉女性化的，娘娘腔的；軟弱的。**2** 〈舉止等〉做作的，誇大的；不調和的。

—v.i. 做作地[演戲般地]行動[說話]。

—v.t. 〔十受十副〕做作地[戲味十足地]演出〈戲劇等〉〈*up*〉.

cámp it úp 《口語》誇大[不自然]地行動[演出]。

***cam·paign** [kæm`pen; kæm'pein] *n.* Ⓒ **1** (一連串的)戰鬥，戰役，作戰：the Waterloo ～ 滑鐵盧戰役(⇨ Waterloo).

【字源】源自「廣大原野」之義的拉丁文。由於古羅馬時代的廣大原野爲大軍交戰的戰場，因此此字演變成具有「軍事行動」的意思，現在也用於指「社會運動」或「競選活動」之意。

2 a (社會、政治、選舉等)〔爲…目的的〕運動，慫恿，遊說，宣傳活動〔*for, against*〕：an advertising ～ (促銷的)廣告活動，大肆宣傳/an election ～ 競選活動/a political ～ 政治運動/a ～ *for* funds [*against* alcohol] 募款[禁酒]運動。**b** 〔十 *to* do〕〈做…的〉運動，宣傳活動：a ～ *to* combat crime 防止犯罪運動。

on campáign (1)從軍[出征]中。(2)從事宣傳活動。(3)從事競選活動。

—v.i. **1** 從軍：go ～*ing* 出征；從軍。**2** 〔十介十(代)名〕發起[從事]〔反對[推行]…的〕運動〔*against, for*〕：～ ***for*** abstinence 發起禁酒運動。

cam·páign·er *n.* Ⓒ **1** 從軍者；老兵(veteran)：an old ～ 老兵；老練者，老手。**2** (社會、政治等)運動的推行者。

campáign fùnd *n.* Ⓒ競選用專款。

campáign spèech *n.* Ⓒ競選演說。

cam·pa·ni·le [,kæmpə`nilɪ; ,kæmpə'ni:li] *n.* Ⓒ(*pl.* ～**s**, **-li** [-li; -li:])(通常與教堂分開而獨立的)鐘樓，鐘塔(cf. belfry 1).

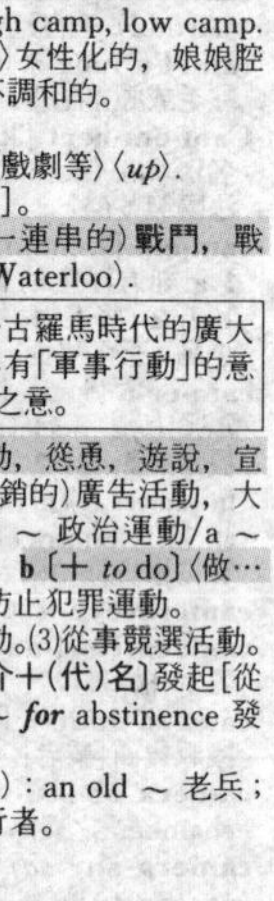

campanile

cam·pa·nol·o·gy [,kæmpə`nɑlədʒɪ; ,kæmpə'nɔlədʒi] *n.* Ⓤ **1** 鐘學；鑄鐘術。**2** 鳴鐘術[法]。

cam·pan·u·la [kæm`pænjələ; kəm'pænjulə] *n.* =bellflower.

cámp bèd *n.* Ⓒ(露營用的折疊式輕便)行軍床。

cámp chàir *n.* Ⓒ(輕便的露營用)摺椅。

cámp cóunselor *n.* Ⓒ《美》(以兒童爲對象的)夏令營輔導員。

cámp·er *n.* Ⓒ **1** 露營者。**2** 《美》露營用汽車。

cámp·fìre *n.* Ⓒ **1** 營火，野營的篝火[柴火]。**2** 《美》營火晚會。

cámpfire gìrl *n.* Ⓒ《美》美國露營少女團

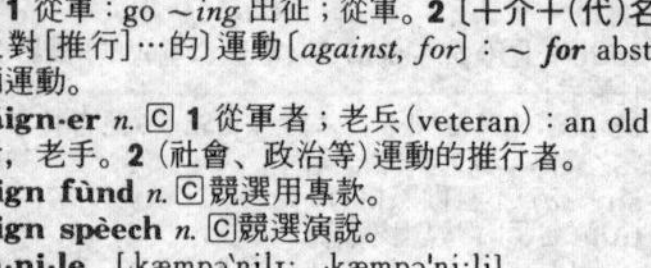

後面的車子是 camper 2

團員。

cámp fòllower *n.* Ⓒ **1** 軍隊的隨行者《商人、妓女等》。**2** 《輕蔑》(團體、主義等的)隨聲附和者，盲從者。**3** 只爲個人利益而參政的人[政治家]。

cámp·gròund *n.* Ⓒ《美》**1** (有設備的)露營場地[指定區域]，營地。**2** 野營佈道會場。

cam·phor [`kæmfɚ; 'kæmfə] *n.* Ⓤ《化學・藥》樟腦《用於興奮劑、防蟲劑等》。

cam·phor·ate [`kæmfə,ret; 'kæmfəreit] *v.t.* 加樟腦於…，使…與樟腦化合。

cam·phor·at·ed [`kæmfə,retɪd; 'kæmfəreitid] *adj.* 含有樟腦的：～ oil 樟腦油。

cámphor bàll *n.* Ⓒ樟腦丸《驅蟲用》。

cam·phor·ic [kæm`fɔrɪk; kæm'fɔrik] *adj.* 樟腦的；含樟腦的。

cámphor trèe *n.* Ⓒ《植物》樟腦樹《從樹脂提煉 camphor》.

cámp·ing gròund *n.* 《英》=campground 1.

cam·pi·on [`kæmpɪən; 'kæmpiən] *n.* Ⓒ《植物》冠軍花《石竹科剪秋羅屬及狗筋蔓屬植物》。

cámp mèeting *n.* Ⓒ《美》野營佈道大會《連續數日舉行傳道、祈禱等活動》。

camp·o·ree [,kæmpə`ri; ,kæmpə'ri:] *n.* Ⓒ《美》男[女]童子軍的地區性露營大會(cf. jamboree).

cámp-òut *n.* Ⓤ露營[帳篷]生活；野營。

cámp·sìte *n.* =campground 1.

cámp·stòol *n.* Ⓒ(便於攜帶之)摺凳。

cámp stòve *n.* Ⓒ(便於攜帶之)爐子；手提油爐。

cam·pus** [`kæmpəs; 'kæmpəs] **«**源自拉丁文「平原」之義**»—n.* Ⓒ **1** (大學等的)校內，校園：*on* (the) ～ 在校內/*off* (the) ～ 在校外《★on [off] ～ 無冠詞，口語的說法》。**2** 《美》(大學的)分校：the Santa Barbara ～ of the University of California 加州大學的 Santa Barbara 分校。

—adj. [用在名詞前]在校園[校內]的；大學[學校]的：a ～ riot 校園紛爭/～ life 學校生活。

camp·y [`kæmpɪ; 'kæmpi] **«**camp² 的形容詞**» —***adj.* (**camp·i·er**；**-i·est**)=camp².

cám·shàft *n.* Ⓒ《機械》凸輪軸。

Ca·mus [kæ`mu; ka'mju:], **Albert** *n.* 卡繆《1913–60；法國短篇小說家、劇作家及散文家；1957 年度諾貝爾文學獎得主》。

‡can¹ [(輕讀)kən, kn̩, kŋ̍; (重讀)kæn; kən, kn, kŋ; kæn] **«**源自古英語「知道」之義**»—***aux.* 《★用法 (1)否定式爲 **cannot**,《美》特別强調時用 **can not**,《口語》用 **can't**；(2)過去式爲 **could**；(3)未來式用 will [shall] be able to；(4)因爲沒有不定詞、動名詞、現在分詞及過去分詞的形式，所以用 be able to 代替》。

1 [表示能力] **a** 能(做)…：The child *can't* walk yet. 這個小孩還不會走路/I will do what I *can* ([`kæn; 'kæn]). 我會盡力而爲《★省略 can 後面的 do》/What ～ I do for you? 有何貴事? 我能爲你服務嗎?《★店員對顧客說的話》/*C*～ you speak English? 你會說英語嗎?《★比較 變成意在詢問對方的能力，所以一般用 *Do* you speak English?》. **b** 知道…的做法：I ～ swim. 我會游泳/*C*～ you play the piano? 你會彈鋼琴嗎? **c** [與感官動詞或 remember 連用]在…《★與進行式有相同之意》：I ～ remember it well. 那件事我記得很清楚/*C*～ you hear that noise? 你聽得見那喧鬧聲嗎?

2 [表示許可]可以…《★比較 在口語用法較 may 爲普遍》：You ～ go. 你可以走了；已經沒你的事了(cf. 3 a)/*C*～ I speak to you a moment? 我可以跟你講一下話嗎?

3 [表示輕微的命令] **a** [用於肯定句]…吧；…較好；務必要…：You ～ go. 你走吧！(cf. 2). **b** [用於否定句] (不)可以…《★比較 較 may not 爲普遍；表示强烈的禁止時用 must not》：You *can't* run here. 你不可以在這裏跑動[此處不准跑動]。

4 [表示可能性、推測] **a** [用於肯定句]有可能…，有時…：He ～ be very rude sometimes. 他有時非常粗暴/You ～ get a burn if you are not careful. 如果你不小心，你可能會灼傷。**b** [用於否定句] (不)可能…：It *cannot* be true. 那不可能是眞的。**c** [cannot have ＋過分]不可能做過…：She *cannot have done* such a thing. 她不可能做出那種事。**d** [用於疑問句]有可能…嗎?；究竟是…：*C*～ it be true? 那可能是眞的嗎? /How ～ we be so cruel? 我們怎麼可能那樣殘忍? /Who ～ he be? 他究竟是誰? /*C*～ he have killed her? 他有可能殺了她嗎?

5 [Can you...? 表示拜託、請求]你能(爲我做)…嗎?《★比較 Could you.... 是較有禮的說法》：*C*～ you give me a ride? 你能讓我搭個便車嗎?

as...as(...) can bé 至爲，極爲…：I am *as* happy *as* (happy) ～ *be.* 我極爲幸福[快樂]。

càn but dó 《文語》只能，只有…：We *can but* wait. 我們只有等待。

cannót but dó=cannót hélp dóing... 不禁，不能不，不得不，只得…(cf. help *v.t.* 5a)：I *could not but* laugh [*help* laugh*ing*]. 我不禁笑出來《★比較 上面兩種說法，以後者較口語；★用法《美口語》常用這兩者的混合形式 *cannot help but* do；文語用 *cannot* CHOOSE *but* do》.

cannòt...tóo... ⇨ too.

can²** [kæn; kæn] **«**源自古英語「玻璃杯」之義**»—n.* **1** Ⓒ **a** [常構成複合字] (通常指附蓋子的)罐子，洋鐵罐：a trash [a garbage] ～《美》(金屬製的)垃圾桶/a milk ～ 牛奶罐/a sprinkling [watering] ~ 噴壺；灑水壺。**b** 一罐(的量)〔*of*〕：a ~ *of* milk 一罐牛奶。**2** Ⓒ(金屬製的)飲水杯。**3** Ⓒ《美》**a** 洋鐵罐，(罐頭的)罐子(《英》tin)。**b** 一罐，罐裝〔*of*〕：a ~ *of* sardines 沙丁魚罐頭。**4** [**the** ~]《俚》拘留所，監獄；警察局：be thrown *in the* ~ 被關進拘留所/He did time *in the* ~. 他坐過牢。**5** [**the** ~]《美俚》廁所。**6** Ⓒ《美俚》屁股。

a cán of wórms 《口語》複雜的[麻煩的，棘手的]問題，複雜的事情。

cárry the cán 《英口語》〔代某人〕受責，承擔責任；〔爲某人〕背黑鍋〔*for*〕.

in the cán (1)⇨ *n.* 4. (2)《口語》〈電影〉已完成製片的，準備上映的。

—*v.t.* (**canned**；**can·ning**)〔十受〕**1**《美》把〈食品〉裝罐(《英》tin)：~ fruit [fish] 把水果[魚]裝罐貯存。**2**《口語》把〈音樂等〉錄成(錄音帶等)(cf. canned 2). **3**《美俚》**a** 把〈人〉撤職，開除：get *canned* 被開除。**b** 開除〈學生〉。**c** 停止〈說話等〉：Let's ~ the chatter. 我們停止說話吧！

Cán it！《俚》閉嘴！停止！

can. 《略》canon；canto. **Can.** 《略》Canada；Canadian.

Ca·naan [ˋkenən; ˈkeinən] *n.* **1**《聖經》迦南《古代約旦河(Jordan)與地中海之間的地方，大約相當於現在的巴勒斯坦(Palestine)；上帝答應賜給以色列人的土地》。**2** Ⓒ烏托邦，理想的地方，樂土。

Ca·naan·ite [ˋkenən͵aɪt; ˈkeinənait] *n.* Ⓒ(以色列人在 Canaan 定居以前的)迦南人。

‡**Can·a·da** [ˋkænədə; ˈkænədə] *n.* **加拿大**《在北美洲北部，爲大英國協內的一獨立國，由十個州與兩個準州所組成；以前是自治領(Dominion)；首都爲渥太華(Ottawa)》.

【字源】法國探險隊沿著聖羅倫斯河(the St. Lawrence)上溯，進入現在的加拿大，問當地土著該地方的名稱，土著以爲他們問的是「小屋」，因此以土著語表示「小屋」的複數形 canada 作答。據說這是加拿大(Canada)國名的由來。

Cánada góose *n.* Ⓒ(*pl.* **Canada geese**)《鳥》加拿大雁。

Ca·na·di·an** [kəˋnedɪən; kəˈneidiən] **«**Canada 的形容詞**»—** *adj.* 加拿大(人)的：~ English 加拿大英語。**—n.* Ⓒ**加拿大人**。

Canádian Frénch *n.* Ⓤ(尤指在魁北克省(Quebec)使用的)加拿大法語。

Ca·ná·di·an·ism [-nˏɪzəm; -nizəm] *n.* ⓊⒸ **1** 加拿大特有的風俗、習慣。**2** 加拿大特有的英語《語法、單字》。

Ca·na·di·an·ize [kəˋnedɪən͵aɪz; kəˈneidiənaiz] *v.t.* 使…加拿大化。

ca·naille [kəˋnel; kəˈneil] **«**源自法語**»—***n.* Ⓤ[**the** ~；集合稱]下等社會之人；暴民；愚民(riffraff).

ca·nal** [kəˋnæl; kəˈnæl] **«**源自拉丁文「水管」之義；原義爲「蘆葦」**»—n.* Ⓒ **1** **運河**；溝渠：the Suez *C*~ 蘇伊士運河。**2**《解剖・植物》(動植物體內的)(導)管。

—*v.t.* (**ca·naled,**《英》**-nalled**；**ca·nal·ing,**《英》**-nal·ling**)〔十受〕**1** 在〈陸地〉開鑿運河。**2** 將〈事物〉導向某方向，疏導…。

canál·bòat *n.* Ⓒ(行駛於運河上的)細長平底的載貨船。

can·al·ize [kəˋnælaɪz, ˋkænḷ͵aɪz; ˈkænəlaiz] *v.t.* **1** 在〈陸地〉開運河；把〈河川〉改造成運河。**2 a**〔十受〕給予〈水、感情等〉宣洩口。**b**〔十受十介十(代)名〕把〈感情、精力等〉疏導向〔…〕〔*into*〕.

can·al·i·za·tion [kə͵nælə'zeʃən, -aɪ'z-; ˌkænəlai'zeiʃn] *n.*

Canál Zòne *n.* [**the** ~]巴拿馬運河區《巴拿馬運河及兩岸各八公里的地區；該地區由美國向巴拿馬租用；預定於紀元 2000 年時歸還》。

can·a·pé [ˋkænəpɪ; ˈkænəpei] **«**源自法語**» —***n.* Ⓒ加有乾酪、魚子醬、肉等的薄麪包或脆餅《西餐中的一道飯前菜；cf. hors d'oeuvre》.

ca·nard [kəˋnɑrd; kəˈnɑːd] **«**源自法語「野鴨」之義**»—***n.* Ⓒ流言，謠言，虛報。

Ca·nar·ies [kəˋnɛrɪz; kəˈnɛəriz] *n. pl.* [**the** ~] = Canary Islands.

ca·nar·y [kəˋnɛrɪ; kəˈnɛəri] **«**因原產於 Canary Islands 而得名**»—***n.* **1** (又作 **canáry bird**) Ⓒ《鳥》**金絲雀**。**2** Ⓤ鮮黃色。**3** Ⓒ《美俚》(隨著樂團演奏歌唱的)流行歌曲[爵士樂]女歌手。**4** Ⓒ《俚》告密者。**—***adj.* 鮮黃色的。

Ca·nár·y Íslands [kəˋnɛrɪ-; kəˈnɛəri-] **«**源自拉丁文「犬之島」之義**»—***n. pl.* [**the** ~]加那利羣島《位於非洲西北岸附近；爲西班牙屬地》。

canáry yéllow *n.* Ⓤ鮮黃色。

ca·nas·ta [kəˋnæstə; kəˈnæstə] **«**源自西班牙語「籃，筐」之義**»—***n.* Ⓤ用兩副紙牌與四張丑角牌(Joker)一起玩， 類似 rummy 的一種紙牌戲。

Ca·nav·er·al [kəˋnævərəl; kəˈnævərəl], **Cape** *n.* ⇨ Cape Canaveral.

Can·ber·ra [ˋkænbərə; ˈkænbərə] *n.* 坎培拉《澳洲的首都，位於澳洲東南部的 Australian Capital Territory》.

cán bùoy *n.* Ⓒ浮筒。

can·can [ˋkæn͵kæn; ˈkænkæn] **«**源自法語**» —***n.* Ⓒ康康舞《一種法國舞蹈，跳時掀起有褶飾的裙襬，腳踢得很高》。

***can·cel** [ˋkænsḷ; ˈkænsl] **«**源自拉丁文「使成格子狀」→「把線畫成似格子狀」之義**» —**(**can·celed,**《英》**-celled**；**can·cel·ing,**《英》**-cel·ling**) *v.t.* **1**〔十受〕**a 取消**，撤消，解除〈預約、訂購等〉：~ an order for the book 撤銷該書定貨單。**b** 中止〈計畫、預定、比賽等〉：~ a trip [game] 中止旅行[比賽]。

2〔十受〕**a** 在〈郵票〉上蓋郵戳：a ~*ed* stamp 蓋有郵戳的郵票。**b** 在〈票〉上剪洞[打孔]。

3〔十受〕畫線註銷，刪除〈數字、文字等〉：~ one's name 劃線刪除某人的名字。

4〔十受(十副)〕使〈事物〉抵銷[均衡，中和]〈*out*〉：His weaknesses ~ *out* his virtues. 他的缺點抵銷了他的優點。

5〔十受十介十(代)名〕《數學》〔用…〕約去〈(方程式、分數等的)公約數[公約項]〉〔*by*〕.

—*v.i.* **1**〔十副〕抵銷，平衡〈*out*〉. **2**〔十介十(代)名〕《數學》能〔以…〕相約[相消]〔*by*〕.

—*n.* ⓊⒸ《印刷》刪除；抽換。

can·cel·la·tion [͵kænsḷˋeʃən; ˌkænsəˈleiʃn] **«**cancel 的名詞**»—** *n.* **1 a** Ⓤ取消，註銷。**b** Ⓒ被取消[註銷]的東西《房間、車票等》。**2** Ⓤ抵銷。**3** Ⓒ註銷(的東西)。

can·cer** [ˋkænsɚ; ˈkænsə] **«**源自拉丁文「螃蟹」之義；把癌的組織比作螃蟹的腳**»—n.* **1** ⓊⒸ**癌**；腫瘤；惡性腫瘤：die of ~ 死於癌症/breast ~ = ~ of the breast 乳癌/He has ~ *of* the stomach. 他得了胃癌。**2** Ⓤ〔社會的〕積弊，〔問題的〕癥結〔*in*〕. **3** [*C*~] Ⓤ《天文》巨蟹座(the Crab). **4**《占星》**a** Ⓤ巨蟹座，巨蟹宮(cf. the signs of the ZODIAC)：the Tropic of *C*~ ⇨ tropic 成語。**b** Ⓒ屬巨蟹座的人，出生於巨蟹座時段的人。

can·cered [ˋkænsɚd; ˈkænsəd] *adj.* 患毒瘤的；患癌症的。

can·cer·ous [ˋkænsərəs; ˈkænsərəs] *adj.* 癌症的，患癌症的；像癌症的。

cáncer stìck *n.* Ⓒ《俚》香煙。

can·de·la [kænˋdilə; kænˈdiːlə] **«**源自拉丁文「蠟燭(candle)」之義**»—***n.* Ⓒ《光學》燭光《光度的基本單位；SI 單位之一》。

can·de·la·brum [͵kændḷˋebrəm; ˌkændiˈlɑːbrəm] *n.* Ⓒ(*pl.* **-bra** [-brə; -brə], ~**s**)枝狀大燭臺。

candelabrum

can·des·cence [kænˋdɛsṇs; kænˈdesns] *n.* Ⓤ白熱。

can·des·cent [kænˋdɛsṇt; kænˈdesnt] *adj.* 白熱的。

c. & f. 《略》《商》cost and freight.

can·did [ˋkændɪd; ˈkændid] **«**源自拉丁文「發白光的」之義**»—***adj.* (**more** ~；**most** ~) **1 a 率直的，坦白的，坦率的**；不客氣的：in my ~ opinion 以我坦率之見。**b** 直言不諱的，毫不客氣地說的。**2** 公正的，無偏見的：a ~ decision [opinion] 公正的決定[意見]/Give me a ~ hearing. 請你心裏不要有任何偏見地聽我說。**3** [用在名詞前]不做作的，平實的〈照片等〉：a ~ photograph 生活照片，姿勢自然時拍下的照片。

to be (**quite** [**pérfectly**]) **cándid** (**with you**) [常用於句首]坦白(對你)說。

~·ness *n.*

can·di·da·cy [ˋkændɪdəsɪ; ˈkændidəsi] *n.* ⓊⒸ《美》〔…的〕候選(人)資格[身分]〔*for*〕.

***can·di·date** [ˋkændə͵det, -dɪt; ˈkændidət, -deit, -dit] *n.* Ⓒ **1 a** 〔…的〕**候補者，候選人**〔*for*〕：a presidential ~ =a ~ *for* president [the presidency] 總統候選人。

【字源】候選人(candidate)的拉丁文意思是「穿白衣服的人」。在古代羅馬官職選舉時，候選人爲表示本身的清白而着白衣，從事競選。從此以後，「穿白衣服的人」便有候選人的意思；cf. ambition【字源】

b 〔…的〕志願者〔*for*〕：a ~ *for* a school 申請入學者/a Ph. D. ~ =a ~ *for* the Ph. D. 攻讀博士學位的學生。**2** 很可能成爲〔…〕的人〔*for*〕：a ~ *for* fame 將來很可能成名的人/a ~ *for* death 瀕死的人。

can·di·da·ture [ˋkændɪdətʃɚ; ˈkændidətʃə] *n.* 《英》= candidacy.

cándid cámera *n.* Ⓒ(趁人不備偸拍鏡頭用的)小型快拍照相機。

cán·did·ly *adv.* **1** 率直地，坦率地，直言不諱地。**2** [修飾整句]直率地說。

C

can·died [ˈkændɪd; ˈkændid] *adj.* [用在名詞前] **1** 糖漬的，蜜餞的；凝結(成冰糖狀)的：～ plums 糖漬李子，蜜餞李子。**2**〈說話等〉好聽的；嘴甜的：～ words 甜言蜜語。

‡**can·dle** [ˈkændl; ˈkændl] 《源自拉丁文「發光」之義》—*n.* Ⓒ **1 a** 蠟燭：light a ～ 點蠟燭。**b** 蠟燭狀物：⇨ Roman candle. **2** 發光的東西，燈火；(尤指)星星。

búrn [líght] the cándle at bóth énds 《口語》過度浪費精力[金錢等]，勉強《★源自蠟燭不能從兩端點燃》。

cannót [be nót fít to] hóld a cándle to... 《口語》簡直不能與〈某人〉相比。

【字源】從前沒有煤氣燈，而令男童持火把，但這種工作被認爲低賤，因此「連蠟燭也不能拿」就有「什麼事都不會做，差勁」的意思。另一說法認爲與賭博有關，是由從前「連在賭場拿蠟燭做照明工作都不會」的說法而來。

híde one's **cándle ùnder a búshel** ＝hide one's LIGHT[1] under a bushel.

hóld a cándle to the dévil 助紂爲虐，爲虎作倀《★源自「提供照明給惡魔」之義》。

nót wórth the cándle 〈工作、企劃等〉不划算的，白費精神的，徒勞的《★從前在蠟燭光下玩紙牌賭錢，若所下賭注太少則不夠付蠟燭錢，因而有此說法》。

cándle·hòlder *n.* ＝candlestick.

cándle-lìght *adj.* [用在名詞前] 在燭光中進行的〈聚餐等〉：a ～ dinner 燭光晚餐。

cándle·lìght *n.* Ⓤ **1** 燭光：by ～ 藉著燭光。**2** 《文語》黃昏，傍晚：at ～ 在傍晚時。

cándle·màker *n.* Ⓒ製造蠟燭之工人。

Can·dle·mas [ˈkændlməs; ˈkændlməs] *n.* Ⓤ《天主教》聖燭節《二月二日，紀念聖母瑪利亞聖潔的節日；舉行擧燭遊行；在蘇格蘭爲四季結帳日(quarter day)之一，即春季結帳日》。

cándle·pìn *n.* 《美》 **1** Ⓒ(打保齡球用兩端較細的)燭狀球瓶。**2** [～s；當單數用]燭狀瓶保齡球《類似十瓶保齡球(tenpins)的一種保齡球戲》。

cándle·pòwer *n.* Ⓤ燭光《單位爲 candela；略作 c.p.》。

cándle·stànd *n.* Ⓒ燭臺架。

cándle·stìck *n.* Ⓒ燭臺。

cándle·wìck *n.* Ⓒ燭芯。

cán-dó *adj.* 《口語》熱心的，有幹勁的。

—*n.* Ⓤ熱心，有幹勁。

can·dor, 《英》 **can·dour** [ˈkændɚ; ˈkændə] 《candid 的名詞》—*n.* Ⓤ公正無私；坦率，率直；正直。

‡**can·dy** [ˈkændɪ; ˈkændi] 《源自阿拉伯語「砂糖」之義》—*n.* **1** Ⓤ [指個體或種類時爲Ⓒ]《美》糖果(《英》sweets)《水果糖、牛奶糖、太妃糖、巧克力之類》：a piece of ～ 一塊[顆，粒]糖果/mixed [assorted] *candies* 什錦糖果/Will you have a ～？你要不要吃顆糖？**2** 《英》 **a** Ⓤ冰糖(《美》rock candy)。**b** Ⓒ冰糖碎片。

—*v.t.* 〔十受〕 **1** 糖漬〈水果等〉；在…上灑上[覆以]砂糖：⇨ candied 1. **2** 使〈糖蜜〉凝固成冰糖狀。**3** 使〈說法等〉好聽，甜美。

—*v.i.* 被裹以砂糖；變成糖塊。

candlestick

cándy flòss *n.* Ⓤ [指個體時爲Ⓒ] 《英》棉花糖(《美》cotton candy)。

cándy stòre *n.* Ⓒ《美》糖果店(《英》sweetshop)。

cándy-strìped *adj.* 〈衣服等〉有(棒棒糖狀)紅白條紋的。

cándy strìper 《源自穿着條紋的制服》—*n.* Ⓒ《美》志願擔任護士助理(nurse's aid)的青少年。

can·dy·tuft [ˈkændɪˌtʌft; ˈkænditʌft] *n.* Ⓒ《植物》白屈菜《觀賞植物》。

***cane** [ken; kein] 《源自希臘文「蘆葦」之義》—*n.* **1 a** Ⓒ長而有節的莖《如籐(rattan)、竹、棕櫚、甘蔗等》。**b** Ⓤ(建材用的)籐料。**2 a** Ⓒ籐製的手杖；(輕巧細長的)拐杖。**b** Ⓒ(處罰用的)籐鞭[條]。**c** [the ～]用籐條鞭打的體罰：get [give] *the* ～ 挨鞭打[鞭打]。**3** ＝sugarcane.

—*v.t.* **1 a** 〔十受〕鞭打〈人等〉。**b** 〔十受十介十(代)名〕用籐鞭打使〔人〕〈學習課程〉〔*into*〕：～ a lesson ***into*** a boy 鞭打少年迫使其學習功課《★現在的學校教育禁止鞭打》。**2** 〔十受〕用籐做〈籠子等〉。

cáne·bràke *n.* Ⓒ《美》竹叢，籐叢。

cáne cháir *n.* Ⓒ籐椅。

cáne sùgar *n.* Ⓤ蔗糖。

cáne·wòrk *n.* Ⓤ籐製品，籐工藝品。

can·ful [ˈkænfʊl; ˈkænful] *n.* Ⓒ(*pl.* **～s, cansful**)一罐(的量)〔*of*〕：two ～*s* [*cansful*] *of* water 兩罐(量的)水。

ca·nine [ˈkenaɪn; ˈkeinain] 《源自拉丁文》—*adj.* 犬科的；似犬的，像狗的：a man with ～ features 容貌像狗樣的男人。

—*n.* Ⓒ **1 a** 犬科動物。**b** 《謔》狗。**2** ＝canine tooth.

cánine tòoth *n.* Ⓒ(*pl.* **cánine tèeth**)《解剖》犬齒。

cán·ing *n.* Ⓒ鞭笞：give a lazy boy a (good) ～ 把懶惰的男孩(狠狠地)鞭打一頓/get a ～ 挨鞭打。

Cá·nis Májor [ˈkenɪs-; ˈkeinis-] *n.* 《天文》大犬星座(the Great Dog)。

Cánis Mínor *n.* 《天文》小犬星座(the Little Dog)。

can·is·ter [ˈkænɪstɚ; ˈkænistə] *n.* Ⓒ **1** (裝茶葉、咖啡、香煙等有蓋的)金屬小罐：a tea ～ 茶罐。**2 a** (瓦斯彈等的)濾毒罐。**b** (又作 **cánister shòt**)(從前由大砲發射的)霰彈。

canister 1

can·ker [ˈkæŋkɚ; ˈkæŋkə] *n.* **1** ⓊⒸ《醫》口部潰瘍。**2** Ⓤ《獸醫》(馬的)蹄癌。**3** Ⓤ《植物》(果樹的)癌腫病；根瘤病。**4** Ⓒ腐敗，弊害；(盤居心中的)苦惱，煩惱。

—*v.t.* **1** 使…潰爛。**2** (在精神上)腐蝕〈人〉；慢慢地破壞…。

—*v.i.* 受 canker 之害。

can·kered [ˈkæŋkɚd; ˈkæŋkəd] *adj.* **1** 敗德的；墮落的。**2** 壞脾氣的；暴躁的。**3** 〈樹木等〉爲毛蟲所蛀壞的；有潰爛部分的。**4** 生潰瘡的。

can·ker·ous [ˈkæŋkərəs; ˈkæŋkərəs] *adj.* **1** 潰瘍(canker)(似)的；生潰瘍(canker)的。**2** 腐蝕心靈的。

cánker·wòrm *n.* Ⓒ《昆蟲》尺蠖《果樹的害蟲》。

can·na [ˈkænə; ˈkænə] *n.* Ⓒ《植物》美人蕉《產於熱帶》。

can·na·bis [ˈkænəbɪs; ˈkænəbis] *n.* Ⓤ **1** 《植物》麻，大麻(hemp)。**2** 大麻雌蕊《大麻乾燥的雌蕊，爲麻醉劑的原料》。

***canned** [kænd; kænd] *v.t.* **can**[2] 的過去式・過去分詞。

—*adj.* **1** 裝罐的(《英》tinned)：～ goods 罐頭(食品)/ ～ fruit 罐頭水果。**2** 《口語》(非現場實況，而在唱片、錄音帶等)錄音的(cf. live[2] 6)：～ music 唱片音樂/a ～ program 錄音[錄影]節目。**3 a** 《美口語》〈演說等〉預先準備好的。**b** 千篇一律的，刻板的，老套的。**4** [不用在名詞前]《俚》喝醉的，酩酊大醉的。

cánned héat *n.* ⓊⒸ小罐裝的化學燃料《多作野外烹飪用》。

can·nel [ˈkænl; ˈkænl] *n.* (又作 **cánnel còal**)Ⓒ燭煤；燭焰煤。

can·nel·lo·ni [ˌkænlˈonɪ; ˌkæniˈlouni] 《源自義大利語》—*n.* Ⓤ《烹飪》圓筒狀的大型洋麵，或用這種洋麵做的義大利菜。

cán·ner *n.* Ⓒ罐頭業者，罐頭製造商。

can·ner·y [ˈkænərɪ; ˈkænəri] *n.* Ⓒ(食品)罐頭工廠。

Cannes [kæn, kænz; kæn] *n.* 坎城《法國東南部的避寒地；每年在此擧行國際影展》。

can·ni·bal [ˈkænəbl; ˈkænibl] *n.* Ⓒ **1** 吃人肉者。**2** 吃同類動物者。

—*adj.* [用在名詞前] **1** 吃人的，有吃人習性的：a ～ tribe 食人族。**2** 同類相殘的，吃同類的。

cán·ni·bal·ìsm [-lˌɪzəm; -lizəm] *n.* Ⓤ **1** 吃人肉的習俗。**2** 同類相殘。**3** 殘忍，蠻行。

can·ni·bal·is·tic [ˌkænəblˈɪstɪk; ˌkænibəˈlistik←] *adj.* **1** 吃人(似)的。**2** 同類相殘的習性的。

can·ni·bal·ize [ˈkænəblˌaɪz; ˈkænibəlaiz] *v.t.* **1 a** 〔十受〕分解，解體〈老舊的[故障的]車子、機器等〉；利用〈解體後可用的零件〉裝配：～ an old radio to repair another 拆解舊收音機，用它的零件修理另一台收音機。**b** 〔十受十介十(代)名〕〔從舊汽車等〕拆下〈零件〉〔*from*〕：The parts for this radio were ～*ed* ***from*** two old ones. 這台收音機的零件是從兩台舊收音機上拆下來的。**2** 吃〈人肉〉；〈動物〉吃〈同類〉。—*v.i.* **1** 吃人肉；同類互食。**2** 拆下其他機器的零件來修理[組合]。

can·ni·kin [ˈkænəkɪn; ˈkænikin] *n.* Ⓒ小罐，小杯。

cán·ning *n.* Ⓤ罐頭製造業。

***can·non** [ˈkænən; ˈkænən] 《源自拉丁文「蘆葦」之義》—*n.* Ⓒ **1** (*pl.* ～s，[集合稱]～) **a** 大砲《★比較 現在通常用 gun》。**b** (裝載在飛機上的)機關砲。**2** 《英》《撞球》母球連撞兩球(《美》carom)《母球連撞兩個目標球》。**3** 《美俚》**a** 手槍。**b** 扒手。

—*v.i.* **1** 發射大砲，砲擊。**2 a** 《英》《撞球》擊出使母球連撞兩球的一擊。**b** 〔十介十(代)名〕猛撞到〔…〕，〔與…〕相撞〔*into, against*〕：～ ***into*** a man 撞到人。—*v.t.* 〔十受〕 **1** 砲轟〈敵陣等〉。**2** 《英》《撞球》使〈母球〉連撞兩球。

can·non·ade [ˌkænənˈed; ˌkænəˈneid] *n.* Ⓒ連續砲轟《★比較 現在通常用 bombardment》。

—*v.t.* 連續砲轟…(★比較 現在通常用 bombard)。

cánnon·bàll *n.* Ⓒ **1** (從前的球形)砲彈，彈丸。**2** 《美口語》特快列車。**3** 《網球》砲彈式快速發球。**4** 《跳水》砲彈式[抱膝]跳水《手抱雙膝、身體彎曲成圓形的跳水動作》：do a ～ 作砲彈式[抱膝]跳水。

—*adj.* [用在名詞前]快速的；敏捷的。
—*v.i.* (像砲彈般)快速移動[跑，飛行]。
cánnon bòne *n.* Ⓒ《動物》砲骨。
can·non·eer [ˌkænən`ɪr; ˌkænə'niə] *n.* Ⓒ砲手；砲兵。
cánnon fòdder «源自「砲灰」之義»**—***n.* Ⓤ[集合稱]《口語》士兵，砲灰；(用作批評或攻擊他人的)有用材料。
cánnon-próof *adj.* 能禦砲彈的；防彈的。
can·non·ry [`kænənrɪ; 'kænənri] *n.* ⓊⒸ **1** ＝artillery 1. **2** 砲擊；砲火。
cánnon shòt *n.* **1** Ⓒ砲彈。**2** Ⓒ砲擊。**3** Ⓤ砲的射程。
‡**can·not** [`kænɑt, kæ`nɑt, kə`nɑt, `kænət; 'kænɔt, -nət] ⇨ can¹.
can·ny [`kænɪ; 'kæni] *adj.* (**can·ni·er**；**-ni·est**) **1 a** 有先見之明的；聰明的；機警的：a ～ baseball player 機警的棒球選手。**b** 慎重的，謹慎的；(在金錢方面)精打細算的：a ～ stock investor 精打細算的股票投資人。**2** 節儉的。**3**《蘇格蘭》**a** 溫和的；穩定的。**b** 好的，漂亮的，吸引人的。**c** 幸運的，好運的。
cán·ni·ly [-nəlɪ; -nili] *adv.*
-ni·ness *n.*

canoe

ca·noe [kə`nu; kə'nu:] *n.* Ⓒ獨木舟《用 paddle 划行的小舟》：by ～ 搭[乘]獨木舟《★無冠詞》。

【字源】獨木舟(canoe)與馬鈴薯(potato)、煙草(tobacco)一樣，是來自南美土著的話，據說是哥倫布(Columbus)自西印度羣島(the West Indies)帶回來的，意思是船(boat)。

páddle one's **ówn canóe**《口語》獨立進行；獨立生活，自食其力。
—*v.i.* (**canoed**；～**·ing**)划獨木舟，乘獨木舟去。
—*v.t.* [十受]用獨木舟搬運〈人等〉。
ca·nóe·ist [-ɪst; -ist] *n.* Ⓒ划獨木舟的人。
can·on¹ [`kænən; 'kænən] «源自希臘文「測量用的竹竿」之義»**—***n.* **1** Ⓒ《基督教》教規；教會法。**2** Ⓒ[常 ～s](倫理、藝術上的)規範，基準，標準〔*of*〕. **3** [**the** ～] **a** (與宗教僞經(Apocrypha)相對的)聖典，正典。**b** 眞實作品(表)；眞本：the Books of *the C*～ 聖經的正經。**4** [**the** ～]《天主教》**a** (彌撒中的)感恩經《彌撒的主體》。**b** 聖人名册，聖徒名單。**5** Ⓒ《音樂》卡農，輪唱法[曲]《嚴格模仿先行部分的對位法》。
can·on² [`kænən; 'kænən] *n.* Ⓒ《基督教》教堂參事會會員(cf. chapter 4 a).
ca·ñon [`kænjən; 'kænjən] *n.* ＝canyon.
ca·non·i·cal [kə`nɑnɪkḷ; kə'nɔnikl] «canon¹ 的形容詞»**—***adj.* **1** (被認爲)正典的[聖典的]：the ～ books (of the Bible)(聖經的)正典，聖典/the ～ hours《天主教》每天七次的祈禱時間；《英》(在教會)舉行婚禮的時間《上午八時到下午六時》。**2** 根據教規的[教會法的]。**3** 規範的，標準的。
—*n.* [～s](儀式用的)神職禮服，法衣。
～**·ly** [-klɪ; -kəli] *adv.*
can·on·ic·i·ty [ˌkænən`ɪsətɪ; ˌkænə'nisiti] *n.* Ⓤ **1** 符合教規。**2** 合乎規範[基準]。
can·on·i·za·tion [ˌkænənə`zeʃən, -aɪ`z-; ˌkænəni'zeiʃn, -nai-] «canonize 的名詞»**—***n.* **1** Ⓤ列爲聖人。**2** Ⓒ列爲聖人的儀式。
can·on·ize [`kænənˌaɪz; 'kænənaiz] *v.t.* 把〈死者〉封[列]爲聖人(saints)，將…封爲聖人。
cánon láw *n.* Ⓤ教會法，教規。
ca·noo·dle [kə`nudḷ; kə'nu:dl] *v.i.*《英俚》〈男女〉互相擁抱，摟抱，撫愛。
cán òpener *n.* Ⓒ《美》開罐器(《英》tin-opener).
cán·o·pied *adj.* [用在名詞前]有罩蓋的，有天篷的：a ～ bed 遮有華蓋的牀。
can·o·py [`kænəpɪ; 'kænəpi] «源自希臘文「蚊帳」之義»**—***n.* **1** Ⓒ (罩在寶座、講台、床鋪等上面的)罩篷。**2 a** Ⓒ天篷狀覆蓋物：under a ～ *of* smoke 在煙幕籠罩下。**b** Ⓒ《建築》雨棚；華蓋。**c** [**the** ～]《詩》天空：*the* ～ *of* heaven(s)天空，蒼穹。**d** Ⓒ《航空》(飛機駕駛艙上面圓形透明的)座艙罩。**e** Ⓒ (森林中)遮蓋頭頂的厚密枝葉。
—*v.t.* 用罩篷[如天篷般]遮蓋〈東西〉。

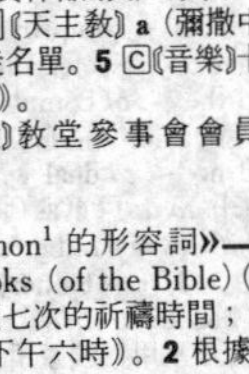
canopy 1

canst [(輕讀) kənst; kənst; (重讀) kænst; kænst] *aux.*《古》同 can¹，用於主詞爲第二人稱單數 thou 時的現在式：thou ～ ＝you CAN¹.
cant¹ [kænt; kænt] «源自拉丁文「唱歌」之義»**—***n.* Ⓤ **1** (道學者等)裝模作樣的[僞善的]言詞；(政黨等)空洞的口號。**2** 一時的時髦話。**3** (特殊階級、職業等的)黑話，行話，隱語：thieves' ～ 小偸的暗語。
—*v.i.* **1** 用僞善的[裝模作樣的]口吻說話。**2** 說隱語，講黑話。
cant² [kænt; kænt] «源自拉丁文「角，隅」之義»**—***n.* Ⓒ **1** (結晶體、堤防等的)斜面，傾斜。**2** (使東西傾斜(似)的)一推[一撞，一晃]。**3**《鐵路》轉彎處外側鐵軌高起的傾斜。**4** (建築物等的)屋隅；外角；有稜的木材。
—*adj.* [用在名詞前]切掉稜角[斜角]的；傾斜的。
—*v.t.* **1 a** [十受]使〈東西〉(突然)傾斜[傾側]。**b** [十受十副]把…翻轉〈*over*〉. **2** 把〈東西〉斜推[斜撞]。**3** 切掉〈東西〉的稜角，斜切…〈*off*〉.
—*v.i.* **1** 傾斜；位於傾斜處。**2** [十副]翻轉，傾覆〈*over*〉.
‡**can't** [kænt; kɑ:nt] **cannot** 之略《★《口語》用 mayn't 代替；⇨ can¹ 3 b》：*Can't* I go now? 我現在不可以走嗎？
can·ta·bi·le [kɑn`tɑbɪˌle; kæn'tɑ:bili] «源自義大利語»**—**《音樂》*adj.* & *adv.* 悅耳的[地]，歌唱似的[地]，流暢的[地]。
—*n.* **1** Ⓒ歌唱(的樂章)。**2** Ⓤ歌唱方式。
Can·ta·bri·gi·an [ˌkæntə`brɪdʒɪən; ˌkæntə'bridʒiən ←] «由 Cambridge 的拉丁文形變成的形容詞»**—***adj.* **1** (英國)劍橋的；劍橋大學的。**2** (美國麻薩諸塞州(Massachusetts))劍橋的；哈佛大學的。
—*n.* Ⓒ **1** (英國的)劍橋市民；劍橋大學學生[畢業生](cf. Oxonian 2). **2** (美國麻州)劍橋市民；哈佛大學學生[畢業生]。
can·ta·loupe, can·ta·loup [`kæntḷˌop; 'kæntəlu:p] *n.* Ⓒ[當作食物時爲Ⓤ]香瓜，哈密瓜《甜瓜(muskmelon)的一種；果肉爲橙色》。
can·tan·ker·ous [kæn`tæŋkərəs; kæn'tæŋkərəs] *adj.* **1** 心術不正的；性情乖戾的；愛吵架的。**2** 〈動物、東西等〉難駕馭的，難處理的。
～**·ly** *adv.*
can·ta·ta [kən`tɑtə; kæn'tɑ:tə] «源自義大利語»**—***n.* Ⓒ《音樂》清唱劇《巴羅克時期(Braccio)的一種集錦聲樂曲，通常由獨唱、二重唱、合唱所組成》。
can·teen [kæn`tin; kæn'ti:n] *n.* Ⓒ **1 a** 軍中福利社，兵營內的零售店《★比較 美軍現在稱作 post exchange(略作 PX)》：a dry [wet] ～ (兵營中)不賣酒[賣酒]的福利社。**b** (軍人的)娛樂場所，(民營的)俱樂部。**c** (義賣等的)攤位。**d** (災區的)食物供應處。**e** (公司、工廠等的)餐廳，小商店。**2 a** (軍人、徒步旅行者用的)水壺。**b** 飯盒；可隨身携帶的食器。**3 a** (家庭用)餐具箱。**b**《英》(六人或十二人份的)一套刀、叉及湯匙。
can·ter [`kæntɚ; 'kæntə] *n.* Ⓒ[常用單數]《馬術》慢跑步：at a ～ 〈馬〉以慢步小跑。

canter

wín at [**in**] **a cánter** 〈賽馬〉輕易獲勝。
—*v.i.* 〈馬、騎馬者〉以慢跑步前進。
—*v.t.* 使〈馬〉慢跑。
Can·ter·bur·y [`kæntɚˌbɛrɪ; 'kæntəbəri] «源自古英語「kent 鎭」之義»**—***n.* 坎特伯里《英國肯特郡(Kent)的一城市；爲英國國教總座堂(Canterbury Cathedral)所在地》。
Cánterbury bélls *n.* Ⓒ《植物》風鈴草，吊鐘花。
Cánterbury Tàles *n. pl.* [The ～]「坎特伯里故事集」《以中世紀英文寫成，爲英國大詩人喬塞(Geoffrey Chaucer)未完成的韻文故事集》。
cánt hòok *n.* Ⓒ滾木鉤《一端裝有活動鉤的木桿，用以鉤住木頭使其翻轉》。

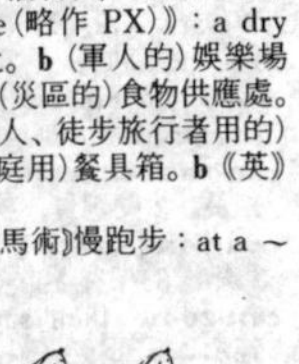
cant hook

can·ti·cle [`kæntɪkḷ; 'kæntikl] *n.* **1** Ⓒ (祈禱書中的)聖歌。**2** [**The Canticles** 或 **The Canticle of Canticles**；當單數用]《聖經》＝Song of Solomon (⇨ song 成語)。
can·ti·le·ver [`kæntḷˌɛvɚ, -ˌivɚ; 'kæntili:və] *n.* Ⓒ《建築》懸臂；懸桁。
cántilever bridge *n.* Ⓒ懸臂橋《由兩個懸臂結構所造的橋；⇨ bridge¹ 插圖》。
cant·ing [`kæntɪŋ; 'kæntiŋ] *adj.* 僞善的。
can·tle [`kæntḷ; 'kæntl] *n.* Ⓒ **1** 後鞍橋《鞍後的方形部分》。**2** 剪下的小片，碎片。
can·to [`kænto; 'kæntou] «源自拉丁文「歌」之義»**—***n.* Ⓒ(*pl.* ～**s**)(詩歌的)篇《相當於小說等的章(chapter)》.
can·ton [`kæntən, -tɑn; 'kæntɔn] *n.* Ⓒ (瑞士的)州。

Can·ton [kænˋtɑn; ˌkænˈtɔn] *n.* 廣州《中國東南部的一個海港；爲廣東省省會》。

Can·ton·ese [ˌkæntənˋiz; ˌkæntəˈniːz˜] 《Canton 的形容詞》——*adj.* (中國)廣東[廣州]的；廣東[廣州]話的。

——*n.* (*pl.* ～) **1** Ⓒ廣東[廣州]人。**2** Ⓤ廣東[廣州]話。

can·ton·ment [kænˋtɑnmənt, -ˋtun-, -ˋton-; kænˈtuːnmənt] *n.* Ⓒ〖軍〗軍營；軍隊駐紮地。

can·tor [ˋkæntor, -tɚ; ˈkæntɔː] *n.* Ⓒ(聖歌隊的)領唱者。

Ca·nuck [kəˋnʌk; kəˈnʌk] *n.* [在美國有輕蔑之意] **1** Ⓒ加拿大人；(尤指)法裔加拿大人。**2** Ⓤ加拿大法語。

——*adj.* 加拿大(人)的；(尤指)法裔加拿大人的。

Ca·nute [kəˋnut, -ˋnjut; kəˈnjuːt] *n.* 喀奴特《994？－1035；(1016－35)爲英國國王；並於(1018－35)兼丹麥國王，(1028－35)兼挪威國王》。

***can·vas**[1] [ˋkænvəs; ˈkænvəs] 《源自拉丁文「麻」之義》——*n.* **1 a** Ⓤ**帆布**《用於製造船帆、帳篷、書包等的粗厚麻[棉]布》。**b** [the ～] (鋪有帆布的)拳擊[摔角]賽場的地板：send an adversary to *the* ～ 把對手打倒在地板上。**2** Ⓤ[集合稱]帆：put on more ～ 張起更多的帆。**3 a** Ⓒ畫布。**b** Ⓒ(畫在畫布上的)油畫。**c** Ⓤ〔歷史、故事等的〕背景，舞台〔*of*〕：the ～ of a narrative 故事的背景。**4 a** Ⓒ帳篷。**b** Ⓤ[集合稱]聚集的帳篷。

on the cánvas (1)(在拳擊賽中)被擊倒的。(2)快要輸的。

ùnder cánvas (1)〈軍隊等〉掛起帳篷露營，在帳幕中。(2)〖航海〗〈船〉揚帆的；張帆的。

——*adj.* [用在名詞前]帆布製的：～ shoes 帆布鞋。

cánvas·bàck *n.* Ⓒ(*pl.* ～s, [集合稱]～)〖鳥〗(北美產的)灰背野鴨。

can·vass, can·vas[2] [ˋkænvəs; ˈkænvəs] *v.t.* **1 a** 〔十受〕向〈某地區(的人)〉拉票；推銷貨物。**b** 〔十受十介十(代)名〕向〈人〉推銷〔貨物〕；〔爲拉票而〕四處遊說，奔走拜託〈某地區(的人)〉〔*for*〕：The salesmen ～*ed* the whole city ***for*** subscriptions. 那些推銷員走遍全城尋找客戶。**2 a** 詳細調查；徹底討論〈事情〉：They ～*ed* the pros and cons of euthanasia. 他們徹底討論有關安樂死的正反兩方面的意見。**b** 《美》正式檢查〈選票〉。

——*v.i.* **1** 到處兜售(貨品)，招徠(顧客)；遊說。**2** 〔十介十(代)名〕拉〔票〕，〔爲某人、某黨〕助選〔*for*〕；到處去兜售〔商品〕〔*for*〕：We are ～*ing* ***for*** the Republican candidate. 我們在爲共和黨候選人拉票助選/～ *for* a new product 到處去兜售新產品。

——*n.* [常 **canvass**] Ⓒ慫恿；請託；助選活動；遊說：make a *canvass* of the neighborhood 在鄰近地區進行遊說。

cán·vass·er, cán·vas·er *n.* Ⓒ **1** (挨家挨戶拜訪的)遊說者，推銷員。**2** 助選員，挨家訪問的助選人。

***can·yon** [ˋkænjən; ˈkænjən] 《源自西班牙語》——*n.* Ⓒ**峽谷**《兩邊爲峭壁的深谷；⇨ valley【同義字】》：⇨ Grand Canyon.

can·zo·ne [kɑnˋtsonɛ; kænˈtsouni] 《源自義大利語「歌」之義》——*n.* Ⓒ(*pl.* **-ni** [-ni; -niː], ～)〖音樂〗短歌《一種民謠風格的抒情歌曲》。

can·zo·net [ˌkænzəˋnɛt; ˌkænzəˈnet] 《源自義大利語「歌」之義》——*n.* Ⓒ〖音樂〗一種短而輕快類似舞曲的聲樂曲。

caou·tchouc [ˋkutʃuk, kauˋtʃuk; ˈkautʃuk] *n.* ＝rubber[1] 1 a.

***‡cap** [kæp; kæp] 《源自拉丁文「頭」之義》——*n.* Ⓒ **1 a** **無邊帽**；(表示職業、階級等的)帽子《★也用以指無遮簷，但可以緊蓋住頭部者；⇨ hat【同義字】》：a baseball ～ 棒球帽/a nurse's ～ 護士帽《白色；cf. *v.t.* 1 b》/a work ～ 工作帽/a school(boy's) ～ 學生帽/⇨ hunting cap, liberty cap/Where is your ～ ？你忘記行禮了嗎？《提醒孩子注意禮貌》。**b** ＝mortarboard 2. **c** 《英》(校隊等有特殊色彩等的)運動帽：get [win] one's ～ 成爲選手。

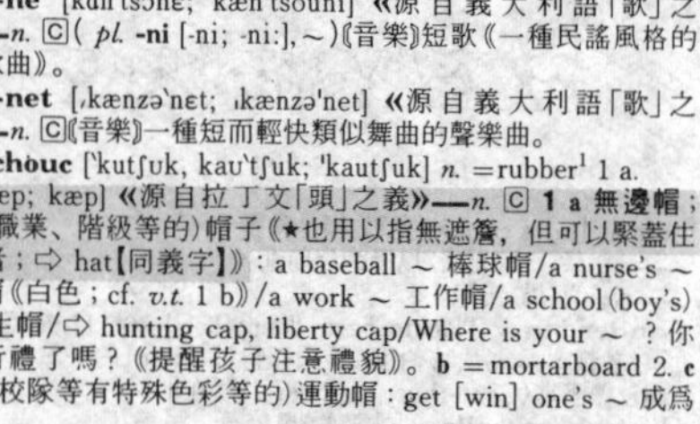

各式各樣的 caps 1

2 蓋在物品上的帽狀物：**a** 蓋子，(瓶子的)金屬蓋。**b** (鋼筆的)筆套；(相機鏡頭等的)蓋子。**c** (鞋)尖(套子)。**d** [常構成複合字]《英》子宮帽：⇨ Dutch cap. **3 a** 雷管：⇨ percussion cap 1. **b** (玩具槍的)火藥彈。**4** (蘑菇的)傘狀部。**5** 〖建築〗柱頭。**6** 〖航海〗桅頂。

(a) cáp and bélls (從前)小丑戴的繫鈴帽(cf. fool's cap 1).

cáp and gówn (學術界或法律界所穿戴的)正式服裝。

cáp in hánd 《口語》(1)手拿着帽子，脫帽地。(2)[常 **go** [**come**] ～ **in hand**] 恭敬有禮地，謙恭地《★用法主要爲祈求時的態度》。

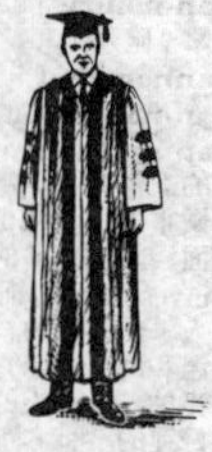

cap and gown

If the cáp fíts (, wéar it). 如果帽子合適(就戴上它)《如果評語有理，(就接受它)》。

pùt ón one's thínking cáp 《口語》仔細考慮，深思熟慮。

sénd [páss, tàke] the cáp róund (傳帽子)收集捐款。

sèt one's cáp at [for]... 《口語》〈女子〉想吸引〈男人〉的注意，挑逗…。

——*v.t.* (**capped**；**cap·ping**) 〔十受〕 **1 a** 給〈某人〉戴上帽子。**b** 使〈人〉戴上帽子《作爲名譽、地位、職業的象徵》：～ a nurse《美》授與護校畢業生護士帽(nurse's cap)，使有資格當護士。**c** 《蘇格蘭》授與〈人〉學位。**2** 給〈器具等〉蓋上[裝上]蓋子。**3 a** 競相提出〈軼事、引用句〉。**b** 凌駕，勝過〈他人〉；居於…的上風：His singing *capped* the others'. 他的歌唱勝過其他人。**4** 覆蓋在〈東西〉的頂上《★常用被動語態，介系詞用 *with*》：mountains *capped* ***with*** snow 覆蓋着雪的羣山。**5** 完成，做完〈事物〉：This speech ～*s* a month of canvassing. 這場演講結束了一個月來的(拉票)遊說活動。

cáp óff 《*vt adv*》〔以…〕把〈事物〉帶至高潮〔*with*〕：The pianist *capped off* his performance *with* three encores. 鋼琴演奏家以應觀衆要求再演奏三曲把演奏帶至高潮。

to cáp it áll 《口語》到了最後，更糟糕的是《★用法用以引導表示不艮後果的句子》。

cap. 《略》capacity；capital；capitalize；captain；*caput*(拉丁文＝chapter).

ca·pa·bil·i·ty [ˌkepəˋbɪlətɪ; ˌkeipəˈbiləti] 《capable 的名詞》——*n.* **1** Ⓤ **a** 〔…的〕能力，才能，手腕〔*for, in, of*〕：He showed some ～ *for* improvement. 他的表現顯示他有能力更進一步/ones' ～ *in* select*ing* the right thing 挑選正確東西的能力/He had the ～ *of* complet*ing* the job in the given time. 他有能力在規定的時間內完成工作。**b** 〔十 *to* do〕〈做…的〉能力[才能]：He had no ～ *to* deal with the matter. 他沒有能力處理那件事。**2** Ⓤ〔十 *to* do〕(東西所具有)〈做…的〉特性，性能，感應性：the ～ *of* the ray *to* be refracted by the prism 光線爲稜鏡所折射的特性。**3** [**capabilities**] (人、物所具有之)可發展的資質，潛能：He has *capabilities as* a diplomat. 他有當外交官的資質。**4** Ⓤ[與修飾語連用](國家所擁有的)戰鬥力，戰備狀況：nuclear ～ 核子能力。

ca·pa·ble** [ˋkepəbḷ; ˈkeipəbl] 《源自拉丁文「能掌握」之義》——*adj.* (**more** ～；**most** ～) **1** (就實際技術而言)**有能力的**，有才能的，能幹的(⇨ able 2【同義字】)：a ～ mechanic 能幹的技工/He is ～ *as* a mechanic. 就一名技工而言，他的技能是相當不錯的[他是一個熟練的技工]。**2** [不用在名詞前]〔十介十(代)名〕**a** 〈事情〉有可能〔…〕的，能忍受〔…〕的，容許〔…〕的〔*of*〕：The situation is ～ ***of improvement. 情況有改善的可能。**b** 〈人〉能做得出〔…〕的〔*of*〕：He is a man ～ ***of*** (do*ing*) anything. 他是一個什麼事都做得出來的人。**cá·pa·bly** [-pəblɪ; -pəbli] *adv.*

ca·pa·cious [kəˋpeʃəs; kəˈpeiʃəs] *adj.* **1** 〈櫥櫃、皮包等〉容量大的；大的：a ～ handbag 容量大的手提包。**2** 有包容力的：He has a ～ mind [memory]. 他心胸開闊[記憶力强]。

ca·pac·i·tance [kəˋpæsətəns; kəˈpæsitəns] *n.* Ⓤ〖電學〗靜電容量。

ca·pac·i·tate [kəˋpæsəˌtet; kəˈpæsiteit] *v.t.* **1** 〔十受十介十(代)名〕使〈人〉能〔做…事〕〔*for*〕：～ a person ***for*** (do*ing*) his task 使人能勝任他的工作。**2** 〔十受十 *to* do〕使〈人〉能〈做…〉：～ a person *to* pay his debts 使人能償還債務。

ca·pac·i·tor [kəˋpæsətɚ; kəˈpæsitə] *n.* ＝condenser 2.

***ca·pac·i·ty** [kəˋpæsətɪ; kəˈpæsəti] *n.* **1** Ⓤ[又作 **a** ～] **a** (建築物、交通工具等的)**容納力**；最大容量；客滿：The auditorium has *a* seating ～ *of* 800. 該禮堂可容納八百個人/be filled [crowded] *to* ～ 客滿，達飽和的容量。**b** 容積；容量：This can has *a* ～ *of* 4 quarts. 這個罐子的容量是四夸脫。**2 a** Ⓤ包容力，度量；才能：a man *of* great ～ 能力很强的人，才能横溢的人。**b** Ⓤ[又作 **a** ～]〔…的〕智力，理解力〔*for*〕：beyond one's ～ 非某人之能力所及，非某人所能理解/He has *a* great ～ *for* mathematics. 他有很强的數學才能[理解力]。**c** Ⓤ[又作 **a** ～]〔十

to do]〈做…的〉能力：one's ～ *to* organize a club 某人組織俱樂部的能力/have ～ *to* pay 有支付的能力。**d** Ⓤ[又作 **a** ～]〔對…的〕適應力，耐力；可能性，資質〔*for*〕：*a* ～ *for* resist*ing* heat 耐熱性/She has no ～ *for* progress. 她沒有進步的可能性。**3** Ⓤ(工廠等的)(最大)生產力：expand plant ～ 擴大工廠的生產力/The factory is running *at* (full) ～. 工廠正在全力生產。**4 a** Ⓒ資格，身分；立場：*in* an official ～ 以官方身分/*in* one's ～ *as* a critic 以評論家身分。**b** Ⓤ《法律》行為能力，法定資格。**5** ＝capacitance.

—*adj.* [用在名詞前]充其量的，最大限度的；客滿的：a ～ audience [crowd]客滿/a ～ house 客滿的會場/～ yield 最大生產量。

cap-a-pie, cap-à-pie [ˌkæpəˈpi; ˌkæpəˈpiː] «源自法語 'from head to foot' 之義» **—*adv.*** 從頭到腳，全身：be armed ～ 全副武裝。

ca·par·i·son [kəˈpærəsn̩; kəˈpærisn] *n.* **1** Ⓒ(從前馬、騎士等的)盛裝。**2** Ⓤ華麗的服裝：ladies in gay ～ 穿著華麗衣服的女士們。

—*v.t.* **1** 以馬衣遮蓋〈馬〉。**2** 《文語》以華服裝扮〈人〉《★常用被動語態》。

caparison 1

cape**[1] [kep; keip] «源自拉丁文「頭」之義» **—*n. **1** Ⓒ岬，海角。**2** [**the C～**] **a** 好望角(Cape of Good Hope). **b** 鱈魚角(Cape Cod).

cape[2] [kep; keip] «源自拉丁文「有頭巾的斗篷」之義» **—*n.*** Ⓒ(女裝的)披肩；(軍隊等的)披風。

Cápe Canáveral *n.* 卡納維爾角《美國佛羅里達州(Florida)東海岸的海角；為火箭、人造衛星的實驗基地；舊稱 Cape Kennedy (1963–73)》.

Cápe Cód *n.* 鱈魚角《美國麻薩諸塞州(Massachusetts)東南部的海角》。

Cápe Cólored *n.* Ⓒ歐非混血之南非人。

Cápe Hórn *n.* 合恩角《南美洲最南端的海角；為智利領土；也稱作 the Horn》.

cap·e·lin [ˈkæpəlɪn; ˈkæpəlin] *n.* Ⓒ《魚》毛鱗魚《香魚科之一種小海魚》。

ca·per[1] [ˈkepɚ; ˈkeipə] *v.i.* 〔動(十副)〕(快活地)跳躍〈*about*〉.

—*n.* Ⓒ **1** (快活的)跳躍，嬉戲。**2** 《口語》惡作劇，頑皮；狂態。**3** 《俚》犯罪[違法]行為。

cút cápers [a cáper] 《口語》(快活地)跳躍，雀躍；胡鬧。

ca·per[2] [ˈkepɚ; ˈkeipə] *n.* **1** Ⓒ《植物》續隨子《產於地中海沿岸》。**2** [～**s**]醋醃的續隨子花苞《用作醬油等的調味料》。

cap·er·cail·lie [ˌkæpɚˈkeljɪ; ˌkæpəˈkeilji], **cap·er·cail·zie** [-ˈkeljɪ, -ˈkelzɪ; -ˈkeilji, -ˈkeilzi] *n.* Ⓒ《鳥》大雷鳥《雷鳥(grouse)類中體型最大的鳥》。

Ca·per·na·um [kəˈpɝnɪəm; kəˈpəːnjəm] *n.* 卡伯寧《巴勒斯坦的古都；位於加利利湖(Galilee)西北岸；為耶穌基督在加利利地區的傳教中心》。

Cápe Tòwn, Cápe·tòwn *n.* 開普敦《南非共和國西南部的一港市，為立法機關所在地；cf. Pretoria》.

Cápe Vérde [ˈkepˈvɝd; ˈkeipˈvəːd] *n.* 維德角《由非洲西部大西洋上的羣島所組成的共和國；首都培亞(Praia [ˈpraɪə; ˈpraiaː])》.

cap·ful [ˈkæpˌful; ˈkæpful] *n.* Ⓒ **1** 一帽子[瓶蓋](的量)〔*of*〕：a ～ *of* medicine(藥瓶等的)一瓶蓋的藥。**2** 一陣(輕風)：a ～ *of* wind 一陣輕風。

cáp gùn *n.* ＝cap pistol.

cap·il·lar·i·ty [ˌkæplˈærətɪ; ˌkæpiˈlærəti] *n.* Ⓤ [又作 **a** ～]《物理》毛細管現象。

cap·il·lar·y [ˈkæplˌɛrɪ; kəˈpiləri] *adj.* [用在名詞前]毛狀的；毛細管(現象)的：～ action 毛細管作用[現象]/a ～ tube 毛細管/a ～ vessel 微血管。**—*n.*** Ⓒ **1** 毛細管。**2** 《解剖》微血管。

cápillary attráction *n.* Ⓤ毛細管引力《如油能升上燈蕊的作用》。

‡cap·i·tal[1] [ˈkæpətl̩; ˈkæpitl] «源自拉丁文「頭」之義» **—*n.*** **1** Ⓒ**a** 首都：the ～ of France 法國的首都。**b** (某種活動的)中心(地點)：the ～ of American finance 美國的金融中心。**2** Ⓒ大寫字母：*in* ～*s* 用大寫字母。**3 a** Ⓤ資本，資產：⇨ CIRCULATING capital, FLOATING capital, FIXED capital/foreign ～ 外資。**b** Ⓤ[又作 **a** ～]資金，資本，本金：～ and interest 本金與利息(本利)/pay 5% interest on ～ 對本金支付五分的利息/start a business on borrowed ～ [on *a* borrowed ～ of two million dollars]用借來的資金[兩百萬美元借款]創業。**c** Ⓤ力量[利益]的根源，源泉：This writer's ～ is his childhood. 這位作家的創作源泉是他的幼年時代。**4** Ⓤ[常 **C**～；集合稱]資本家(階級)：the relations between *C*～ and Labor 勞資關係。

màke cápital (òut) of... 利用…，趁…。

—*adj.* [用在名詞前](無比較級、最高級) **1 a** (影響、重要性)主要的，極重要的：a ～ ship 主力艦/an issue of ～ importance 非常重要的問題《★此情形不能以 problem 取代 issue》. **b** 首都的，政府所在地的〈都市等〉：a ～ city 首都，首府。**2 a** 大寫的〈文字〉：a ～ letter 大寫字母(↔ small letter). **b** [**with a ～ ...**，在…處加上所要强調的名詞的首字母大寫]眞正的，道道地地的，完全的：culture *with a* ～ C 道道地地的[純正的]文化。**3** 資本的：a ～ fund 資金/～ assets《會計》資本資產。**4** 極好的，絕妙的，很棒的《★《英》現在罕用》：a ～ book 一本非常好的書/a ～ dinner 盛餚/*C*～! 《英》好極了！《★用法 用於感嘆詞時是裝模作樣的說法》。**5 a** 可處死刑的，致命的〈罪等〉：a ～ crime 死罪/～ punishment 死刑，極刑/the ～ sentence 死刑的宣判。**b** 致命的，重大的，嚴重的〈失敗、過失等〉：a ～ mistake 一個嚴重的錯誤。

cap·i·tal[2] [ˈkæpətl̩; ˈkæpitl] *n.* Ⓒ《建築》柱頭。

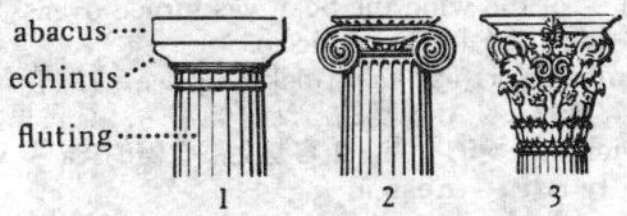

1 Doric; 2 Ionic; 3 Corinthian capitals[2]

cápital accóunt *n.* **1** Ⓒ固定資產帳戶；資本帳戶。**2** [～**s**]《會計》資本淨值。

cápital expénditure *n.* Ⓤ[又作 **a** ～]《會計》資本支出帳《對於土地、建築物等固定資產的支出》。

cápital gáins *n. pl.* 《經濟》資本利得[收益]《出售固定資產所得的利益》。

cápital góods *n. pl.* 《經濟》資本財《用以生產商品所需的生產資料；如機器類等；↔ consumer(s') goods》.

cápital-intènsive *adj.* 資本大量投資的，資本密集[集約]的。

cápital invéstment *n.* Ⓤ資本投資。

cap·i·tal·ism [ˈkæpətl̩ˌɪzəm; ˈkæpitəlizəm] *n.* Ⓤ資本主義。

cáp·i·tal·ist [-ɪst; -list] *n.* Ⓒ **1 a** 資本家。**b** 有錢人；富人。**2** 資本主義者。**—*adj.*** ＝capitalistic.

cap·i·tal·is·tic [ˌkæpɪtl̩ˈɪstɪk; ˌkæpitəˈlistik⁻] *adj.* **1** 資本主義的。**2** 資本主義者的，資本家的。**-ti·cal·ly** [-tɪklɪ; -tikəli] *adv.*

cap·i·ta·li·za·tion [ˌkæpətl̩əˈzeʃən, -aɪˈz-; ˌkæpitəlaiˈzeiʃn] «capitalize 的名詞» **—*n.*** **1** Ⓤ **a** 資本化。**b** 投資。**c** 現金化。**2** [**a** ～] **a** 資金。**b** 資本估計額，資本總額。**3** Ⓤ使用大寫字母。

cap·i·tal·ize [ˈkæpətl̩ˌaɪz; ˈkæpitəlaiz] *v.t.* **1 a** 把〈剩餘金〉變成資本，使…資本化。**b** 對〈企業〉供給資金，將…轉化為股本。**c** 把〈資產〉變成現金。**2** 核定〈公司〉的資本。**3** 利用〈事情〉：～ one's opportunities 利用機會。**4** 〈字〉以大寫字母開始；用大寫字母寫[印刷]〈文字〉。

—*v.i.* 〔十介十(代)名〕利用〔事情〕〔*on*〕：～ *on* another's mistake [weakness] 利用他人的錯誤[弱點]。

cápital lévy *n.* Ⓒ《經濟》資本稅《根據資本額而非根據收入所課的稅》。

cáp·i·tal·ly [-tl̩ɪ; -tli] *adv.* **1** 極好地，絕妙地《★《英》現在罕用》。**2** 以極刑，以死刑。

cápital stóck *n.* Ⓤ(公司發行的)股本帳，股本。

cápital súrplus *n.* Ⓒ資本盈利《一企業繳入資本部分而非列入股本者》。

cápital tránsfer tàx *n.* ⓊⒸ《英》贈與稅(《美》gift tax).

cap·i·ta·tion [ˌkæpəˈteʃən; ˌkæpiˈteiʃn] *n.* **1** Ⓤ按人數計算。**2** Ⓒ **a** 人頭稅(poll tax). **b** 按人數均攤的費用。

Cap·i·tol [ˈkæpətl̩; ˈkæpitl] *n.* **1** 《美》**a** [**the** ～]國會大廈《在華盛頓(Washington D.C.)》. **b** [常 **c**～]Ⓒ州議會會堂。**2** [**the** ～]古羅馬建於卡比托奈(Capitoline)山丘上的朱彼特(Jupiter)神殿。

Cápitol Híll *n.* **1** 美國國會大廈(Capitol)所在的小山丘。**2** Ⓤ美國議會(Congress).

Cáp·i·to·line (Híll) [ˈkæpətl̩ˌaɪn-; kəˈpitəlain-] *n.* [**the** ～]卡比托奈(山丘)《古羅馬城所在的七丘之一，山頂上有朱彼特(Jupiter)神殿(the Capitol)》.

ca·pit·u·late [kəˈpɪtʃəˌlet; kəˈpitjuleit] *v.i.* **1** 《軍》(有條件地)投降。**2** 停止抵抗，屈服。

ca·pit·u·la·tion [kəˌpɪtʃəˈleʃən; kəˌpitjuˈleiʃn] «capitulate 的名詞» **—*n.*** **1 a** ⓊⒸ(有條件的)投降。**b** Ⓒ投降條約[協定]；投

C

降書。c Ⓤ屈服〔*to*〕. **2** Ⓒ(政府間協定的)條款，同意事項。

cap·lin [ˈkæplɪn; ˈkæplin] *n.* =capelin.

Cap'n [ˈkæpn̩; ˈkæpn] *n.* =Captain.

ca·po [ˈkɑpo, ˈkæpo; ˈkɑ:pou, ˈkæpou] *n.* Ⓒ(*pl.* ~s)《美俚》(黑手黨或其他犯罪集團的)首領，頭目。

ca·pon [ˈkepɑn, ˈkepən; ˈkeipən] *n.* Ⓒ(養肥供食用的)閹雞。

ca·pote [kəˈpot; kəˈpout] 《源自法語》—*n.* Ⓒ **1** 連有兜帽的斗篷[外衣]。**2** 下顎處繫帶的女帽。**3** 鬥牛士的紅色斗篷。**4** 車蓋，車篷。

cáp pìstol *n.* Ⓒ一種玩具槍《槍口有蓋，發射即脫落而作響》。

cap·puc·ci·no [ˌkɑpəˈtʃɪno, ˌkæpə-; ˌkɑ:pəˈtʃi:nou] 《源自義大利語》—*n.* Ⓤ熱牛奶咖啡《有時撒有肉桂或巧克力粉》。

Ca·pri [ˈkɑpri; ˈkæpri:, kɑ:-] *n.* 卡布里島《位於義大利那不勒斯灣內，島上風光明媚》。

ca·pric·cio [kəˈpritʃɪˌo; kəˈpritʃiou] 《源自義大利語》—*n.* Ⓒ(*pl.* ~s)《音樂》隨想曲，幻想曲。

ca·price [kəˈpris; kəˈpri:s] 《源自拉丁文「山羊」之義；由於山羊受驚會突然跳出》—*n.* **1 a** ⓊⒸ反覆無常，善變；任性：from [out of] ~ 出於反覆無常。**b** Ⓒ難以預料[說明]的驟變：With a sudden ~ of the wind the boat was turned over. 船因風向突然改變而傾覆。**2**《音樂》=capriccio.

ca·pri·cious [kəˈprɪʃəs; kəˈpriʃəs] 《caprice 的形容詞》—*adj.* (**more** ~; **most** ~) **1 善變的**，反覆無常的，見異思遷的：her ~ behavior 她善變的行爲。**2** 容易突然改變的：a ~ wind 多變的風。~**·ly** *adv.* ~**·ness** *n.*

Cap·ri·corn [ˈkæprɪˌkɔrn; ˈkæprikɔ:n] *n.* **1** Ⓤ《天文》山羊座(the Goat)：the Tropic of ~ ⇨ tropic 成語。**2**《占星》**a** Ⓤ山羊座，磨羯座(cf. the signs of the ZODIAC). **b** Ⓒ屬山羊座的人，出生於山羊座時段的人。

cap·ri·ole [ˈkæprɪˌol; ˈkæprioul] *n.* Ⓒ **1** (跳舞等的)跳躍。**2**《馬術》垂直跳躍，騰躍。—*v.i.* 蹦蹦跳跳；〈馬〉騰躍。

Caprí pànts [kæˈpri-; kæˈpri:-] *n. pl.* (長及腳踝，褲管較細的)女用緊身褲。

Capri pants

Ca·pris [kæˈpriz; kæˈpri:z] *n. pl.* = Capri pants.

caps. 《略》capital letters；capsule.

cap·si·cum [ˈkæpsəkəm; ˈkæpsikəm] *n.* Ⓒ **1**《植物》番椒(pepper). **2** 番椒的果實。

cap·sid [ˈkæpsɪd; ˈkæpsid] *n.* Ⓒ《生化》(病毒的)衣殼，殼體。

cap·size [kæpˈsaɪz; kæpˈsaiz] *v.t.* 使〈船等〉翻覆[傾覆]。—*v.i.* 〈船等〉翻覆，傾覆。

cap·so·mer [ˈkæpsəmɚ; ˈkæpsəmə] *n.* Ⓒ《生化》(組成病毒殼體(capsid)的)殼微體，殼粒。

cap·so·mere [ˈkæpsəmɪr; ˈkæpsəmiə] *n.* = capsomer.

cap·stan [ˈkæpstən; ˈkæpstən] *n.* Ⓒ **1**《航海》起錨機，絞盤。**2** (錄音機中使錄音帶定速旋轉的)旋轉軸。

capstan 1

cáp·stòne *n.* Ⓒ **1** (石柱、石壁等的)頂石，冠石。**2** 最高點，頂點：the ~ *of* his political career 他政治生涯的巔峯。

cap·su·lar [ˈkæpsələ˞, -sjulɚ; ˈkæpsjulə] 《capsule 的形容詞》—*adj.* 膠囊(似)的。

cap·sule [ˈkæpsl̩, ˈkæpsjul; ˈkæpsju:l] 《源自拉丁文「小箱」之義》—*n.* Ⓒ **1** (用以裝入苦藥以便吞服的)**膠囊**。**2 a**《航空・太空》太空艙《載着太空人與測量儀器而能與飛機或火箭脫離的部分》。**b** =time capsule. **3** 要點，概要：He repeated his chief demands *in* ~. 他概略地重複了他的主要要求《★ in ~ 無冠詞》。**4**《解剖》被囊。**5**《植物》蒴，莢。

—*adj.* [用在名詞前] **1** 小型的。**2** 簡要的，扼要的。

—*v.t.* 〔十受〕**1** 把〈東西〉裝入膠囊中。**2** 節略，簡化〈新聞等〉。

Capt. 《略》Captain.

‡cap·tain [ˈkæptən; ˈkæptin] 《源自拉丁文「首領」之義》—*n.* Ⓒ **1** [也用於稱呼]…**長**：**a** 船[艦，艇]長；部隊長，指揮官。**b** (飛機的)機長《通常指正駕駛》。**c** (球隊的)隊長，主將；組長，團長，班長。**d**《美》(警察的)隊長，介於 lieutenant 與 deputy inspector 的警官；(⇨ police【說明】)。**e** (消防管區的)隊長。**f**《美》(旅館、飯店的)領班。**2 a** 大人物，重要人物；首領〔*of*〕：a ~ *of* industry 大企業家。**b** (從前的)名將，名指揮官。**3**《軍》陸軍上尉；海軍上校；空軍上尉。

—*v.t.* 〔十受〕擔任〈船、飛機、球隊等〉的船長[機長，主將(等)]；統率，率領…：Who will ~ the team? 誰率領這支球隊？《誰當這支球隊的主將？》

cap·tion [ˈkæpʃən; ˈkæpʃn] *n.* Ⓒ **1** (文章、評論等的)標題，題目；(章、節、頁等的)標題。**2** (報紙、雜誌等的)照片[插圖]的說明。**3** (電影、電視的)字幕(subtitle). **4**《法律》(文件的)提要，標示。

—*v.t.* 給〈文章、插圖等〉加上標題[說明]；給〈電影〉加上字幕。

cap·tious [ˈkæpʃəs; ˈkæpʃəs] *adj.* **1** 〈人〉吹毛求疵的，挑剔的。**2** 〈質問等〉使人爲難的，找碴的。~**·ly** *adv.*

cap·ti·vate [ˈkæptəˌvet; ˈkæptiveit] 《源自拉丁文「當作俘虜」之義》—*v.t.* 使〈人〉著迷，使…迷惑，使…出神《★常用被動語態；⇨ attract【同義字】》：The children *were* ~*d* by the story. 孩子們被那個故事迷住了。

cáp·ti·vàt·ing *adj.* 令人著迷的；令人神魂顛倒的。
~**·ly** *adv.*

cap·ti·va·tion [ˌkæptəˈveʃən; ˌkæptiˈveiʃn] 《captivate 的名詞》—*n.* Ⓤ **1** 迷惑；被蠱惑；魅力。**2** 被迷惑的狀態，出神的狀態。

cap·tive [ˈkæptɪv; ˈkæptiv] 《源自拉丁文「捕捉」之義》—*adj.* (**more** ~; **most** ~) **1** (無比較級、最高級) **a** (尤指在戰爭中)**成爲俘虜的**，被俘的；被監禁的：take [make] a person ~ 俘虜某人/hold a person ~ 拘押某人爲俘虜。**b** 〈東西〉被綁住的，被繫住的：a ~ balloon 繫留氣球/a ~ bird 籠中鳥。**2** (無比較級、最高級)〈人〉被迷住的，被迷惑的，被(美貌或愛)俘虜的：Her beauty held him ~. 她的美貌迷住了他。**3** 〈人〉被迫收聽[看](電視等的廣告或宣傳)的：a ~ audience 被迫收聽[看]的聽[觀]衆。**4** (無比較級、最高級) [不用在名詞前]〔十介十(代)名〕〈製造業者、商店等〉專屬於〔某企業〕的〔*to*〕：That parts manufacturer is ~ *to* X Motor Company. 那個零件製造業者是專屬於 X 汽車公司的。

—*n.* Ⓒ **1** 俘虜；被監禁的人(↔ captor). **2** (戀愛等的)被俘虜的人，被〔…〕迷住的人〔*to, of*〕：He became a ~ *to* her charms. 他被她的美色迷住了；他成爲她美色的俘虜。

cap·tiv·i·ty [kæpˈtɪvətɪ; kæpˈtivəti] 《captive 的名詞》—*n.* Ⓤ 俘虜的狀態；囚禁，監禁；束縛：in ~ 被監禁[束縛]，被捕。

cap·tor [ˈkæptɚ; ˈkæptə] *n.* Ⓒ捕捉者，擄掠者，逮捕者(↔ captive).

***cap·ture** [ˈkæptʃɚ; ˈkæptʃə] 《源自拉丁文「捕捉」之義》—*v.t.* 〔十受〕**1 a** (排除困難、抵抗)**逮捕**；擄獲，俘虜〈人等〉(⇨ catch【同義字】)：~ three of the enemy 俘虜敵軍三名/~ a

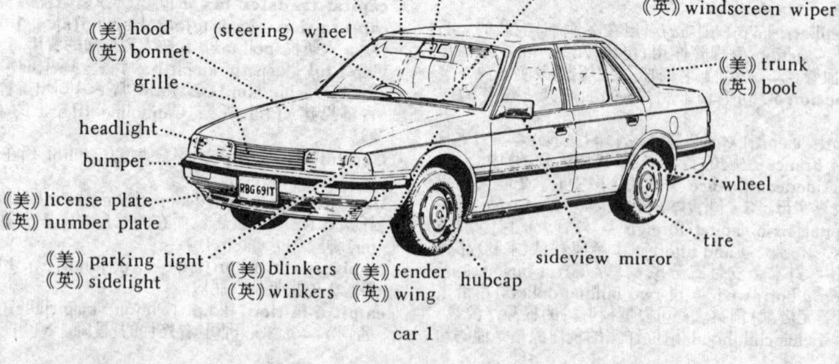

car 1

ship 掠獲一條船。**b** 佔領，攻下〈要塞、敵陣等〉。**2** 獲得，得到〈獎品等〉：～ a prize 獲得獎品。**3** 引起〈關心、注意〉；使〈人〉着迷：～ the whole school's attention 引起全校的注意。**4**（用畫像或言詞等形式）把〈東西〉保留，保存：～ the beauty of the Alps on canvas 把阿爾卑斯山的美景保留在畫布上。**5** 掌握〈事業等〉的管理權：～ the leadership of the automobile world 掌握汽車業界的領導權。

—*n.* **1** Ⓤ（被）捕獲，逮捕；擄獲；攻破。**2** Ⓒ戰利品；俘獲物。

Cap·u·chin [ˈkæpjʊˌtʃɪn, -ˌʃɪn; ˈkæpjuʃin, -tʃin] *n.* Ⓒ **1**（聖方濟修會的一派）卡布新（Capuchin）修會的修道士《使用長頭巾》。**2** [**c～**] 連有頭巾的女用斗篷。

capuchin 2

‡car [kɑr; kɑː] **《源自「四輪車」之義》—*n.*** Ⓒ **1** 汽車，車《★[比較]現在的日常用語中用 car 比用 motorcar, automobile 等普遍；公共汽車、卡車、計程車不叫做 car》：travel by ～ 坐汽車旅行《★ by ～ 無冠詞》/drive a ～ 開車/get into [out of] a ～ 上車[下車]。

【說明】(1)美國社會與車子有極爲密切的關係，這是西部拓荒時代，美國人騎馬隨意奔馳，崇尚自由精神的遺風，可以說車子取代了過去的馬；cf. driver's license【說明】
(2)在美國，車子靠路的右邊行駛，英國和日本都靠左。
(3)男女同坐一部汽車(car)時，美國人遵守以下的禮節(etiquette)：①上車時，男子必須爲女子開關車門。②下車時，不論男子是否在駕駛汽車，都必須爲女子開關車門，即使女子在駕車時也一樣。
(4)在英國，對行人鳴笛是違反禮節的行爲，即使有人闖紅燈，車子也不按喇叭，靜等紅燈轉爲綠燈。在美國也不太按喇叭。
(5)坐計程車等有司機的車子時，客人坐後座；而自己駕車時讓客人坐鄰座才合乎禮節。

2 [常構成複合字] **a**《美》(各種)鐵路車輛，客車，貨車；車廂：a 16-*car* train 十六個車廂相連的列車/a passenger ～ 客車/a subway ～ 地下火車/⇨ Pullman (car). **b**《英》(特殊用途的)車輛，…車《★ [相關用語]客車稱 carriage, 正式稱 coach；貨車用 wagon；行李搬運車用 van》：⇨ buffet car, restaurant car.
3 軌道車：⇨ streetcar, tramcar.
4 a (電梯的)機廂。**b** (飛艇、電纜車等的)吊籃。
5《詩》=chariot 2.

car·a·ba·o [ˌkɑrəˈbɑo; ˌkɑːrəˈbɑːou] *n.* Ⓒ (*pl.* ～, ～s) (菲律賓的)水牛。

car·a·bi·neer, car·a·bi·nier [ˌkærəbəˈnɪr; ˌkærəbiˈniə] *n.* Ⓒ (從前配備卡賓槍(carbine)的)輕騎兵。

Ca·ra·cas [kəˈrɑkəs; kəˈrækəs, -ˈrɑːk-] *n.* 卡拉卡斯《委內瑞拉(Venezuela)的首都》。

car·a·cole [ˈkærəˌkol; ˈkærəkoul] *n.* Ⓒ **1**《馬術》半旋轉。**2**《罕》螺旋梯。**—*v.i.*** 半旋轉；騎馬作半旋轉。

ca·rafe [kəˈræf; kəˈræf, -ˈrɑːf] *n.* Ⓒ (常指玻璃製的)水瓶；飲料瓶；葡萄酒瓶。

car·a·mel [ˈkærəml; ˈkærəmel] *n.* **1** Ⓤ焦糖《用作着色料或布丁等的調味料》。**2** Ⓒ牛奶糖。**3** Ⓤ焦糖色《淡褐色》。

car·a·pace [ˈkærəˌpes; ˈkærəpeis] *n.* Ⓒ《動物》**1** (龜類的)甲殼。**2** (蝦、蟹等的)外殼。

car·at [ˈkærət; ˈkærət] *n.* Ⓒ **1** 克拉《寶石的重量單位，一克拉約等於 200mg》. **2**《英》=karat 1《略作 ct.》.

carafe

car·a·van [ˈkærəˌvæn; ˈkærəvæn] *n.* Ⓒ **1** (沙漠地帶的)商隊，旅行隊。**2** (吉普賽人、馬戲團等用的)有篷馬車。**3**《英》(用汽車牽引的)活動房屋(《美》trailer).

—*v.i.* (**car·a·vanned,**《美》**-vaned；car·a·van·ning,**《美》**-van·ing**) **1** 參加旅行隊旅行，過旅行隊的生活。**2**《英》以用拖車拖曳的活動房屋旅行。

cáravan pàrk [sìte] *n.* Ⓒ《英》活動房屋用停車場(《美》trailer park).

caravan 1

car·a·van·sa·ry [ˌkærəˈvænsərɪ; ˌkærəˈvænsəri] *n.* Ⓒ **1** (有廣大庭院供商隊投宿的)商隊旅舍。**2** 旅館；商棧。

car·a·van·se·rai [ˌkærəˈvænsəˌraɪ; ˌkærəˈvænsərai] *n.* (*pl.* ～s, ～)=caravansary.

car·a·vel [ˈkærəˌvɛl; ˈkærəvel] *n.* Ⓒ (十五至十六世紀西班牙人、葡萄牙人等所用的)一種輕快帆船。

car·a·way [ˈkærəˌwe; ˈkærəwei] *n.* **1** Ⓒ《植物》葛縷子，香芹。**2** Ⓤ[集合稱]香芹籽《氣味芳香，用作調味料》。

cáraway sèed *n.* =caraway 2.

cár·bàrn *n.* Ⓒ《美》電車[公共汽車]的車庫。

cár bèd *n.* Ⓒ《美》(一種放在車後的)携帶式幼兒床。

car·bide [ˈkɑrbaɪd; ˈkɑːbaid] *n.* Ⓤ《化學》碳化物；碳化鈣(calcium carbide).

car·bine [ˈkɑrbaɪn; ˈkɑːbain] *n.* Ⓒ **1** (從前的)馬槍《槍身短》。**2**《美軍》卡賓槍《射程短》。

carbine 2

car·bo·hy·drate [ˌkɑrboˈhaɪdret; ˌkɑːbouˈhaidreit] *n.* Ⓒ **1**《化學》碳水化合物；醣。**2** [常 ～s] 含有多量碳水化合物的食品《攝取太多會發胖》。

car·bo·lat·ed [ˈkɑrbəˌletɪd; ˈkɑːbəleitid] *adj.* 含石炭酸鹽的。

car·bol·ic [kɑrˈbɑlɪk; kɑːˈbɔlik] *adj.*《化學》煤焦油的：～ acid 石炭酸。

car·bo·lize [ˈkɑrbəˌlaɪz; ˈkɑːbəlaiz] *v.t.* 以石炭酸處理；以石炭酸消毒；加石炭酸於…。

car·bon** [ˈkɑrbən; ˈkɑːbən] **《源自拉丁文「炭」之義》—*n. **1** Ⓤ《化學》碳《符號 C》. **2 a** Ⓤ [指個體時爲Ⓒ] 複寫紙。**b** =carbon copy 1. **3** Ⓒ《電學》碳棒。

car·bo·na·ceous [ˌkɑrbəˈneʃəs; ˌkɑːbəˈneiʃəs] *adj.* 碳質的；碳的；含碳的。

Car·bo·na·ri [ˌkɑrboˈnɑrɪ; ˌkɑːbəˈnɑːri] **《源自義大利語》—*n. pl.*** (*sing.* **-ro** [-ro; -rou])《史》燒炭黨《十九世紀時，分布於義大利、法國及西班牙之祕密政治組織，以倒王政建共和爲目的》。

car·bon·ate [ˈkɑrbənɪt, -ˌnet; ˈkɑːbənit] *n.* Ⓤ Ⓒ《化學》碳酸鹽。

cárbonate of líme [sóda] 碳酸石灰[蘇打]。

— [ˈkɑrbəˌnet; ˈkɑːbəneit] *v.t.* **1** 使…變爲碳酸鹽；使…碳化。**2** =aerate.

cár·bon·àt·ed *adj.* 使二氧化碳飽和(而具有發泡性)的：～ drinks 含有二氧化碳的飲料，碳酸飲料/～ water 蘇打水。

cárbon blàck *n.* Ⓤ《化學》炭黑，黑煙末《天然瓦斯沒有完全燃燒時所產生的黑色煤煙，爲印刷油墨等的原料》。

cárbon cópy *n.* Ⓒ **1** (文件等用複寫紙抄寫或打字的)副本，複寫本。**2** 一模一樣[極相像]的人[物] [*of*]：He is a ～ *of* his father. 他長得跟他父親一模一樣。

cárbon-dàte *v.t.* 以放射性碳年代測定法(carbon dating)測定…的年代。

cárbon dàt·ing *n.* Ⓤ《考古》(利用 carbon 14 的)放射性碳年代測定法。

cárbon dióxide *n.* Ⓤ《化學》二氧化碳。

cárbon 14 [-fɔrˈtin; -fɔːˈtiːn] *n.* Ⓤ《化學》碳 14《碳的放射性同位素；符號 C^{14}》.

car·bon·ic [kɑrˈbɑnɪk; kɑːˈbɔnik] *adj.*《化學》(含)碳的：～ acid 碳酸。

car·bon·if·er·ous [ˌkɑrbəˈnɪfərəs; ˌkɑːbəˈnifərəs] *adj.* **1** 產[含]碳的；產[含]煤的。**2** [**C～**]《地質》石炭紀的：the *C～* period [system] 石炭紀[系]。

—*n.* [**the C～**] 石炭紀[系]。

car·bon·ize [ˈkɑrbənˌaɪz; ˈkɑːbənaiz] *v.t.* **1** 使…碳化；把…燒成碳。**2** 使…含碳。**3** 在〈紙(的背面)〉塗黑煙末(carbon black).

—*v.i.* 碳化。

car·bon·i·za·tion [ˌkɑrbənɪˈzeʃən, -naɪ-; ˌkɑːbənaiˈzeiʃn] *n.*

cárbon monóxide *n.* Ⓤ《化學》一氧化碳。

cárbon pàper *n.* Ⓤ [指個體時爲Ⓒ] 複寫紙。

cárbon tetrachlóride *n.* Ⓤ《化學》四氯化碳《可用作滅火劑》。

Car·bo·run·dum [ˌkɑrbəˈrʌndəm; ˌkɑːbəˈrʌndəm] *n.* Ⓤ《商標》(用作研磨材料等的)金剛砂，碳化矽。

car·boy [ˈkɑrbɔɪ; ˈkɑːbɔi] *n.* Ⓒ圓形大玻璃瓶，(尤指)酸瓶《內裝酸性液體，外有木框或籐籃保護的玻璃瓶》。

car·bun·cle [ˈkɑrbʌŋkl; ˈkɑːbʌŋkl] *n.* Ⓒ **1**《醫》癰《發生於皮下組織的急性化膿性發炎症》。**2**《礦》頂部磨圓的石榴石[紅玉，紅寶石]。

car·bun·cu·lar [kɑrˈbʌŋkjələr; kɑːˈbʌŋkjulə] *adj.* **1** 癰的。**2** 似紅玉的；紅寶石的。

car·bu·ret [ˈkɑrbəˌrɛt, -bjə-; ˈkɑːbjuret] *v.t.* (**car·bu·ret·ed,**《英》

carboys

-ret·ted; car·bu·ret·ing, 《英》-ret·ting) **1** 使〈元素〉與碳化合。**2** 攙入碳化合物使〈煤氣〉變濃。

car·bu·re·tion [ˌkarbəˈrɛʃən, -bjə-; ˌkɑːbjuˈreʃn] *n.* Ⓤ (內燃機的)汽化。

cár·bu·rè·tor [-tɚ; -tə] *n.* Ⓒ (內燃機的)汽化器，(引擎的)化油器。

car·bu·ret·tor [ˈkarbəˌrɛtɚ, -bjəˌrɛtɚ; ˈkɑːbjuretə] *n.* 《英》= carburetor.

car·case [ˈkarkəs; ˈkɑːkəs] *n.* 《英》=carcass.

car·cass [ˈkarkəs; ˈkɑːkəs] *n.* Ⓒ **1 a** (動物的)屍體。**b** 《輕蔑·謔》(人的)屍體，(活人的)身體。**c** (可食動物屠宰後的)軀體。**2** 形骸；殘骸〔*of*〕. **3** (房屋、船舶等的)骨架。

car·cin·o·gen [karˈsɪnədʒən; kɑːˈsinədʒən] *n.* Ⓒ《醫》致癌物質。

car·ci·no·ge·nic [ˌkarsənoˈdʒɛnɪk; ˌkɑːsinouˈdʒenik] *adj.* 《醫》致癌的：a ~ substance 致癌物質。

car·ci·no·ma [ˌkarsəˈnomə; ˌkɑːsiˈnoumə] *n.* Ⓒ (*pl.* ~s, ~·ta [~tə; ~tə])《醫》癌，癌瘤(cancer).

cár còat *n.* Ⓒ短外套《尤指司機穿的七分長的外套》。

‡**card**[1] [kard; kɑːd] 《源自拉丁文「一葉紙草」之義》—*n.* **1** Ⓒ **a** 卡片；名片；厚紙片；票：a membership ~ 會員卡/an application ~ 申請卡/⇨ boarding card. **b** (印有圖畫、裝飾圖案的)問候卡，邀請卡，請帖，賀卡：a Christmas [birthday] ~ 耶誕[生日]卡/⇨ greeting card/No CARDS. **c** 菜單；酒單。**d** 《口語》名片《★比較正式用法《美》calling card, 《英》visiting card；英美人士除推銷員外不常用名片》：leave one's ~ at the door [with a person] 把名片留在門旁[留給某人]《表示來訪未遇》。**e** 名信片(postcard). **2 a** Ⓒ紙牌。

> 【說明】紙牌一副(pack, 《美》deck) 五十二張，另有小丑牌(joker). 梅花(club)與黑桃(spade)是黑色；方塊(diamond)與紅心(heart)是紅色。這四組牌各有十張點數牌，加上國王(king)、皇后(queen)、傑克(jack 或 knave)，同花色的一組牌(suit)共十三張，主要用來玩橋牌(bridge)或撲克牌(poker)；⇨ poker[2]【說明】

b [~s；當單數或複數用]紙牌(遊戲)：play ~*s* 玩紙牌/be *at* ~*s* 在玩紙牌/win *at* ~*s* 玩紙牌贏。**3** Ⓒ (運動的)程序表，(比賽的)節目單；(棒球比賽的)編組。**4** Ⓒ《美》(刊在報紙上的聲明、說明、委託等的)簡短廣告，通知。**5** Ⓒ《口語》**a** 詼諧[逗趣]的人；古怪的人。**b** [與修飾語連用]傢伙，人：a knowing [queer] ~ 精明[古怪]的傢伙。**6** Ⓒ [與修飾語連用]方法，手段，手法：play a doubtful [safe, sure] ~ 採用可疑的[安全的，可靠的]方法/play one's best [strongest] ~ 使出絕招[妙策]。**7** [the (correct) ~]《口語》恰當的[適當的]事[物]：That's *the* ~ for it. 那樣最好。**8** [~s]《英口語》(由雇主保留而於員工退職時歸還的)受雇者的文件：ask for one's ~*s* 提出辭職/get one's ~*s* 被解雇/give a person his ~*s* 解雇〈某人〉。

in the cárds 《美口語》很可能有[發生]的《★源自紙牌算命》。

màke a cárd 《紙牌戲》(以一張牌)打成一墩，取得一圈的點數(trick).

Nó cárds. [報上的訃聞啓事用語]謹此訃告，不另發訃聞。

on the cárds 《英口語》=in the CARDS.

pláy [hóld, kéep] one's cárds clóse to one's [the] chést 《口語》祕密行事，保密。

pláy one's cárds wéll [ríght, bádly] (1)(玩紙牌時)出牌很高明[適當，笨拙]。(2)《口語》處理事情高明[妥善，差勁]。

pút [láy] (áll) one's cárds on the táble (1)(玩紙牌時)把手中的牌攤開在桌上。(2)《口語》公開[公布]計畫[一切事實]。

shów one's cárds =show one's HAND.

spéak by the cárd 精確地說。

stáck the cárds agáinst a person [in a person's fávor] 《口語》置人於不利[有利]的立場《★常用被動語態》：*The ~s are (stacked) against* me. 情勢對我不利。

thrów [chúck, flíng] in one's cárds (1)(玩紙牌時)拋出手中的牌；停止玩牌。(2)放棄計畫；認輸。

—*v.t.* 〔十受〕**1 a** 把…寫在卡片上。**b** 備置卡片於〈東西〉上；用卡片標示〈東西〉。**2** (打高爾夫球時)把〈得分〉記在記分卡上。

card[2] [kard; kɑːd] *n.* Ⓒ **1** (梳理頭髮用的)鋼絲刷。**2** (刷布使起毛或梳理紡線等的)梳毛機。

—*v.t.* **1** 梳理〈羊毛等〉。**2** 使〈布〉起(絨)毛。

car·da·mom [ˈkardəməm; ˈkɑːdəməm] *n.* **1** Ⓒ《植物》小豆蔻《熱帶亞洲產的薑科植物》。**2 a** Ⓒ小豆蔻子《可作調味料、藥用》。**b** Ⓤ [指個體時為Ⓒ] 小豆蔻的種子。

card·board [ˈkardˌbord, -ˌbɔrd; ˈkɑːdbɔːd] *n.* Ⓤ紙板，厚紙《用以製卡片或紙箱；cf. millboard》.

—*adj.* **1** (像)紙板的：a ~ box 厚紙箱。**2** 徒具虛名的，不真實的；平凡的；膚淺的。

cárd-càrrying *adj.* [用在名詞前] **1** 持有黨員[會員]證的；正式的〈會員、黨員等〉。**2** 《口語》眞實的，眞正的；典型的：a ~ educator 眞正的教育家。

cárd càtalog *n.* 《美》=card index.

cárd·er *n.* Ⓒ **1** 梳頭髮[毛]者，梳[刷]毛工人。**2** 梳毛機，刷毛機。

cárd fìle *n.* 《美》=card index.

car·di- [kardɪ-; kɑːdi-] 字首 cardio- 在母音之前的變體。

car·di·ac [ˈkardɪˌæk; ˈkɑːdiæk] 《醫》 *adj.* [用在名詞前] **1** 心臟(病)的：~ arrest 心臟停跳/~ death 心臟的死亡/~ surgery 心臟外科。**2** (胃的)食道[食管](esophagus)的。

—*n.* Ⓒ心臟病患者。

Car·diff [ˈkardɪf; ˈkɑːdif] *n.* 卡地夫《位於威爾斯的東南部，為威爾斯的首府，海港及煤炭輸出港》。

car·di·gan [ˈkardɪgən; ˈkɑːdigən] *n.* Ⓒ (胸前開扣的)羊毛衫(cf. raglan).

> 【字源】此名稱源自愛穿胸前開扣毛衣的卡迪岡伯爵(Earl of Cardigan, 1797–1868)之名。卡迪岡伯爵是在克里米亞(Crimea)戰爭(1853–56)中大顯身手的著名英國軍人，其英勇的行爲爲人歌頌。當時的總司令爲拉格蘭勛爵(Lord Raglan). 卡迪岡伯爵與拉格蘭勛爵兩人的名字後來均成爲衣服的名稱，在服裝樣式上垂名後世。

cardigan

car·di·nal [ˈkardṇəl; ˈkɑːdinl] *adj.* **1** [用在名詞前]極重要的，基本的，主要的：a ~ principle 基本原則/of ~ importance 非常重要的。**2** 深紅色的，緋色的。

—*n.* **1** Ⓒ樞機[紅衣]主教《羅馬教宗(Pope)的最高顧問，可互選新教宗；穿紅衣，戴紅帽；也可用作稱號》。**2** Ⓤ (像樞機主教衣服一樣的)深紅色，緋色。**3** (又作 **cárdinal númber**) Ⓒ基數《one, two, three 等；cf. ordinal》. **4** (又作 **cárdinal bìrd**) Ⓒ《鳥》美洲紅雀。

cardinal 4

cárdinal flòwer *n.* Ⓒ《植物》(北美產的)紅花半邊蓮。

cárdinal póints *n. pl.* [the ~] (羅盤的)基本方位《★西式說法依序爲北南東西(NSEW)》.

cárdinal vírtues *n. pl.* [the ~]基本道德《在古代哲學中認爲最重要的道德項目應包括公正(justice)，審愼(prudence)，節制(temperance)，堅毅(fortitude)等四項；⇨ the seven cardinal VIRTUES》.

cárd ìndex *n.* Ⓒ卡片索引[目錄]。

cárd-ìndex *v.t.* **1** 製作〈資料、書籍等〉的卡片索引。**2** (有系統地)分類[分析]。

car·di·o- [kardɪo-, -ə-; kɑːdiou-, -ə-] 字首 表示「心臟」。

car·di·o·gram [ˈkardɪəˌgræm; ˈkɑːdiəgræm] *n.* = electrocardiogram.

car·di·o·graph [ˈkardɪəˌgræf; ˈkɑːdiəgrɑːf] *n.* = electrocardiograph.

car·di·ol·o·gy [ˌkardɪˈalədʒɪ; ˌkɑːdiˈɔlədʒi] *n.* Ⓤ心臟(病)學。

car·di·o·vas·cu·lar [ˌkardɪoˈvæskjələr; ˌkɑːdiouˈvæskjulə] *adj.* 《解剖》心與血管的。

car·di·tis [karˈdaɪtɪs; kɑːˈdaitis] *n.* Ⓤ《醫》心臟炎。

cárd·phòne *n.* Ⓒ《英》卡式電話《不必投硬幣而可用插入電話卡(phonecard)的方式打電話的電話機》。

cárd·plàyer *n.* Ⓒ玩紙牌的人。

cárd pùnch *n.* Ⓒ《電算》打卡機。

cárd pùncher *n.* Ⓒ打卡員。

cárd rèader *n.* Ⓒ《電算》讀卡機。

cárd shàrk *n.* Ⓒ **1** 玩紙牌的高手。**2** =cardsharp(er).

cárd·shàrp(er) *n.* Ⓒ以詐術賭紙牌爲生者。

cárd tàble *n.* Ⓒ賭桌，牌桌。

cárd vòte *n.* Ⓒ《英》卡式投票《在工會大選等時議員以明載所代

表工會會員數的卡片決定票數的投票》。

‡care [kɛr, kær; kɛə] 《源自古英語「悲傷，不安」之義》—*n.* **1 掛念**：**a** Ⓤ憂慮，擔心，不安：Few people are free of ~. 很少人是無憂無慮的/*C~* killed the [a] cat. 《諺》憂慮扼死九命貓；憂能傷人《★源自雖然據說貓有九條命，但憂愁也能使牠致死》。

【同義字】care 指因責任、恐懼等而產生的憂慮或擔心；concern 是關心或對於所愛事物的擔心，掛念；anxiety 是對於前途的不幸或災難等的擔心、憂慮；worry 是對於某問題的擔心、憂慮。

b Ⓒ[常 ~s] 憂慮的事；令人擔心[操心]的原因：He didn't have a ~ in the world. 他簡直沒有什麼煩惱/labor under a burden of ~s 爲種種憂慮的重壓而苦惱，憂心忡忡。**2 掛念，掛慮**：Ⓤ **a** (細心的)注意，照料，照顧：with ~ 小心地，謹慎地/Handle with ~! 小心搬運《★寫在貨物的標籤等上》/give ~ to... 注意[小心]…。**b** 照料，照顧，保護；管理，監督：My mother is *under* the doctor's ~. 我母親由醫師照顧/The boy was left *in* his aunt's ~. 那個男孩交由他的姑媽照料/His children were taken *into* ~ by the welfare committee. 他的孩子們托給福利委員會照顧。**3** Ⓒ所關心之事，負責之事：That shall be my ~. 那件事由我負責/My first ~ is to make a careful inspection of the factory. 我第一件該做[關心]的事就是仔細視察工廠。

càre of... [寫在郵件封面轉交者姓名之前]由…轉交《略作 c/o》：Please write to him ~ *of* me. 請你寫信給他，由我替你轉交。

hàve a cáre [常用祈使語氣]《口語》當心！小心！

hàve the cáre of... ＝take CARE of (1).

in càre of... 《美》＝CARE of.

tàke cáre 《★可用被動語態》(1)**注意**，小心：*Take* ~ when crossing the street. 過馬路時要小心/Special ~ should be *taken* in driving in winter. 冬天開車應該特別小心。(2)〔+ *to* do〕小心，注意〈做…〉：We *took* ~ not *to* be seen by anybody. 我們注意不被任何人看見。(3)〔+(*that*)__〕小心，注意〈…事〉：*Take* ~ *that* you don't break the eggs. 小心不要把蛋打破。(4)〔+ *wh.* __〕〈對於…〉要小心，注意：You must *take* special ~ *how* you drive your car along busy streets. 你必須特別加以注意，要怎麼開車通過熱鬧的街道。

tàke cáre of... 《★可用被動語態》(1)**照顧**[照料]…；留意，小心…：*Take* ~ *of* the baby, please. 請你照顧這個嬰兒/*Take* good ~ *of* yourself. 請多保重《★用法 通常對健康欠佳的人說》。(2)承擔…，負責…：I'll *take* ~ *of* buy*ing* the wine for the party. 我來負責買聚會用的酒。(3)《口語》處理〈人、事態〉；度過，克服…：The job must be *taken* ~ *of* today. 那件工作今天一定要處理。(4)[take care of one*self*]自己處理自己的事：The matter will *take* ~ *of itself*. 那個問題自會迎刃而解。(5)《俚》殺死，幹掉〈某人〉。

—*v.i.* **1** [常用於否定句、疑問句、條件句] **a 擔心**，操心，掛慮；關心，在乎，介意：Who ~*s*? 誰在乎？/I do*n't* ~ a pin [a damn, a fig, a straw, a farthing]. 《口語》我一點都不在乎《★用法 用 a pin 等無價值之物的說法是强調否定的副詞片語》/I do*n't* ~ if you go or not. 我不在乎你去或不去/I could*n't* ~ less. 我毫不介意；我一點也不在乎。**b** 〔+介+(代)名〕擔心〔…事〕，對〔…事〕感興趣〔*about*〕：She does*n't* much ~ [She ~*s* *nothing*] ***about*** be*ing* ladylike. 她並不很想[根本不想]擺出一副貴婦人的樣子《★ much, nothing 爲副詞》。**c** 〔(+介)+ *wh.*__〕在意〔…〕〔*about*〕：I did*n't* ~ (***about***) *what* anyboby thought. 不管他人怎麼想，我毫不在意《★用法《口語》通常省略 about》。**2** [用於否定句、疑問句、條件句] **a** 〔+介+(代)名〕**喜歡**，愛好，想要〔…〕〔*for*〕：I do*n't* ~ ***for*** fame. 我不求名/Would you ~ *for* some more coffee? 你想要再來一點咖啡嗎？**b** 〔+ *to* do〕想〈做…〉：I do*n't* ~ *to* see her. 我不想見她/You may come *if* you ~ *to*. 如果你想要來，你可以來《★比較 較 if you like [want to]更拘泥的說法》。**c** 〔+*for*+(代)名+ *to* do〕喜歡，想要〔某人〕〈做…〉：I should*n't* ~ *for* him *to* be my daughter's husband. 我不喜歡他做我女兒的丈夫《我不希望他成爲我的女婿》。**3** 〔+介+(代)名〕照顧，照料〔病人、小孩等〕〔*for*〕《★可用被動語態》：She ~*d* kindly ***for*** the shipwrecked men. 她親切地照料那些遭遇海難的人。

for áll [《古·文語》**áught**] **...cáre** (即使…也)不關…的事：He may die *for all* I ~. 即使他死了也不關我的事。

ca·reen [kə'rin; kə'ri:n] *v.i.* **1 a** 《航海》(由於風浪等)〈船〉傾斜。**b** 傾斜，傾側。**2** 〔+副詞(片語)〕《美》〈汽車等〉(左右搖晃着)行駛：The car ~*ed* (*along*) *down* the slope. 車子搖晃着衝下斜坡。—*v.t.* 《航海》**1** 〈風〉使〈船〉傾斜。**2 a** (爲了修船等而)把〈船〉傾倒。**b** 使〈船〉傾倒以便修理(等)。

***ca·reer** [kə'rɪr; kə'riə] 《源自拉丁文「車道」之義》—*n.* **1** Ⓒ**生涯**；經歷，履歷：follow [enter upon] a business [political] ~ 進入商[政]界；從商[政]/make a ~ *of* music 以音樂立身/start [set out on] one's ~ *as* a pilot 開始領航員的生涯，開始以領航爲業/His ~ is run. 他的生涯結束了。**2** Ⓒ **a** (需要特別訓練的)**職業**，一生的事業：~*s* open to women 提供給婦女的職業。**b** (職業上的)成功，發跡：make one's ~ 成功，發跡。**3** Ⓤ疾馳：in [at] full [mad] ~ 以全速疾馳。

—*adj.* [用在名詞前]職業性的，內行的，專業的：a ~ diplomat 專業的外交家/a ~ woman(擁有終身事業的)職業婦女。

—*v.i.* 〔+副詞(片語)〕疾馳：~ *along* 飛奔，疾馳，繼續向前奔跑/The horse ~*ed about*. 馬到處奔跑/The car ~*ed through* the streets. 車子疾馳過街。

caréer gìrl *n.* Ⓒ職業婦女；視事業重於一切的女性。

ca·réer·ism [-rɪr,ɪzəm; -riərizəm] *n.* Ⓤ立身第一主義，發跡主義。

ca·réer·ist [-rɪst; -rist] *n.* Ⓒ妄想發跡者，野心家。

cáre·frèe *adj.* **1** 無憂無慮的，快樂逍遙的，悠閒的。**2** [不用在名詞前]〔+介+(代)名〕〔對…〕無責任感的[不負責的]；不關心〔…〕的，不在乎〔…〕的〔*with*〕：She is ~ *with* money. 她對於(用)錢毫不在乎。

‡care·ful ['kɛrfəl; 'kɛəful] *adj.* (**more** ~；**most** ~) **1 a** 〈人〉小心的，愼重的，謹愼的：a ~ driver [observer]小心翼翼的駕駛員[觀察者]。

【同義字】careful 指小心注意以免發生錯誤等；cautious 指對於可能發生的危險等加以戒備、注意。

b [不用在名詞前]〔+介+(代)名〕〔對…〕小心的，謹愼的〔*in, with*〕：He is ~ ***in*** his speech [***with*** his words]. 他發言[措詞]謹愼。**2** [不用在名詞前] **a** [常與否定性的內容連用]〔+ *to* do〕小心[注意]〈不要〉〈做…〉**的**：Be ~ *not to* drop the vase. 注意不要把花瓶摔了(cf. 2 b)。**b** 〔+(*that*)__〕小心〈…事〉的，注意〈…事〉的《★用法 句中不用未來式》：Be ~ *that* you don't drop the vase. 注意不要把花瓶摔了(cf. 2 a)。**c** 〔(+介)+ *wh.* 子句·片語〕小心〔…事〕的，注意〔…事〕的〔*about, as to, of*〕《★用法 通常不用介系詞》：Be ~ (***of***) *what* you're saying. 小心你說的話/You must be ~ *how* you hold it. 你必須注意要怎麼拿它。**d** 〔(+介)+ do*ing*〕〔對…〕愼重的，小心的〔*in*〕《★用法 通常省略 in》：I shall be ~ (***in***) decid*ing* what to do. 我會愼重決定該做什麼。**e** 〔+介+(代)名〕小心〔…的使用，處理〕的，注意〔…〕的〔*with*〕：You should be ~ ***with*** that knife. 你要小心使用那把小刀。**f** 〔+介+(代)名〕注意〔…〕的，注重〔…〕的〔*of, about*〕：He is ~ ***about*** his appearance. 他很注重自己的外表/Be ~ ***of*** your health. 注意你的健康；請多保重。**3** [用在名詞前]**細心的**，仔細的，徹底的〈行爲、工作等〉：~ work [a ~ examination] 細心的工作[檢查]。**4** [不用在名詞前]〔+介+(代)名〕《英口語》〔對於金錢〕吝嗇的，小氣的〔*with*〕：She is ~ ***with*** her money. 她用錢總是精打細算。**~·ness** *n.*

***care·ful·ly** ['kɛrfəlɪ; 'kɛəfli] *adv.* (**more** ~；**most** ~) **1 小心地**，注意地，謹愼地，愼重地。**2** 仔細地，細心地，費心地。

care·less** ['kɛrlɪs; 'kɛəlis] *adj.* (**more** ~；**most** ~) **1 a** 〈人〉**不注意的**，不小心的，粗心的，草率的，大意的：a ~ driver 粗心大意的駕駛員。**b** [不用在名詞前]〔+介+(代)名〕〔對…〕不注意的，不小心的，大意的〔*about, in*〕：Don't be ~ ***about [***in***] your work. 對工作不可草率。**c** [不用在名詞前]〔+*of*+(代)名(+*to* do)/+*to* do〕〔某人〕〈做…是〉不小心的，粗心的，大意的；〔某人〕〈做…是〉不小心的，粗心的，大意的：It was ~ ***of*** you [You were ~] *to* lose my car keys. 你實在太粗心，把我的車鑰匙弄丟了。**2 a** 〈行爲、工作等〉**草率的**，敷衍的，馬虎的，不注意的，不小心的：~ work 草率的工作/That mistake was very ~. 那個錯誤眞是太粗心了。**b** [用在名詞前]無憂無慮的，安閒的，快活的，沒煩惱的〈生活等〉：a ~ life 無憂無慮的生活/~ days 安樂的日子。**c** [用在名詞前]不矯飾的，不做作的，眞實的，很自然的〈言行舉止等〉：~ grace 不矯飾的優雅。**3 a** 〈態度等〉漠不關心的，漫不經心的，不在乎的：a ~ attitude 漠不關心的態度。**b** [不用在名詞前]〔+介+(代)名〕不在乎[不重視，不講究]〔…〕的〔*of, about*〕：He is ~ ***of*** [***about***] his clothes. 他不講究[重視]衣著。

cáre·less·ly *adv.* **1** 不注意地，不小心地，粗心大意地。**2** 草率地。

ca·ress [kə'rɛs; kə'res] 《源自拉丁文「親愛的」之義》—*n.* Ⓒ**愛撫**《接吻、擁抱、撫摸等》。

—*v.t.* 〔+受〕**1 a 愛撫**，擁抱〈某人〉。**b** (愛撫般地)輕輕撫摸〈鬍鬚等〉。**2** 〈風等〉柔和地輕觸〈肌膚等〉；〈聲音〉悅耳地傳入〈耳中〉。**3** 親切[溫和]待〈人〉。

ca·réss·ing *adj.* [用在名詞前]撫愛(似)的，撫慰的，安撫的〈態度等〉。**~·ly** *adv.*

car·et ['kærət; 'kærət] *n.* Ⓒ(校對時用的)脫字符號，加字符號《∧》。

cáre·tàker *n.* Ⓒ **1** 看管人，照顧者；(房屋、地皮的)管理人，看守人。**2** 《英》(學校、公共設施等的)管理員(《美》janitor)。

cáretaker góvernment *n.* Ⓒ(新內閣未產生前的)看守內閣，過渡時期的政府。

cáre·wòrn *adj.* 飽經憂患的，操勞憔悴的。

cár·fàre *n.* Ⓤ《美》電車費，公共汽車費，交通費，車馬費。

cár fèrry *n.* Ⓒ車輛渡輪：**a** 運送火車、汽車等的渡輪。**b** 運送汽車飛越海洋等的運輸機。

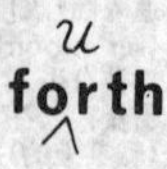

caret

car·ful [ˈkarful; ˈkɑːful] *n.* Ⓒ一車之量。

car·go** [ˈkargo; ˈkɑːgou] **《源自西班牙語「裝載貨物」之義》——n.* (*pl.* ~**es**, ~**s**)Ⓤ[指個體時爲Ⓒ]**船貨**；(裝載的)貨物：a ~ *of* coal 裝載的煤炭貨物/Does that ship carry much ~ [many ~*es*]？那艘船載貨多嗎 [載有多種貨物嗎]？

cárgo bòat *n.* Ⓒ貨船(freighter).

cár·hòp *n.* Ⓒ《美口語》汽車飯館的侍者《負責把食物端給車內的乘客者；主要爲女侍》。

Car·ib [ˈkærɪb; ˈkærib] *n.* (*pl.* ~, ~**s**) **1 a** [**the** ~(**s**)]加勒比族《西印度羣島上的土著》。**b** Ⓒ加勒比族的人。**2** Ⓤ加勒比語。

Car·ib·be·an [ˌkærəˈbiən, kəˈrɪbrən; ˌkæriˈbiːən, kəˈribiən] *adj.*

Caribbéan (**Séa**) *n.* [**the** ~]加勒比海《中美、南美和西印度羣島間的海域》。

car·i·bou [ˈkærəˌbu; ˈkæribuː] *n.* Ⓒ (*pl.* ~**s**, [集合稱]~)《動物》(產於北美北部的)馴鹿。

caribou

car·i·ca·ture [ˈkærɪkətʃɚ, -ˌtʃur; ˈkærikəˌtʃuə, -ˌtjuə] *n.* **1** Ⓒ漫畫，諷刺畫[文]，滑稽畫[的描述]《爲引起興趣而誇張地描繪[描述]人物特徵等的漫畫[文章]》。**2** Ⓒ笨拙的[滑稽的]模仿。**3** Ⓤ畫(諷刺)漫畫[滑稽畫](的技巧與方法)。

——*v.t.* 把…畫成漫畫，作畫諷刺…。

cár·i·ca·tùr·ist [-ˌtʃərɪst; -ˌtʃuərist, -ˌtjuərist] *n.* Ⓒ漫畫家，畫滑稽畫[諷刺畫]的人。

car·ies [ˈkɛriz, -rɪˌiz; ˈkɛəriiːz] *n.* Ⓤ《醫》骨疽，骨瘍《由於疾病而使硬組織受到侵蝕破壞》；(尤指)齲蛀：~ of the teeth 蛀牙。

car·il·lon [ˈkærəˌlɑn, kəˈrɪljən; ˈkæriljən, kəˈriljən] *n.* Ⓒ **1** 排鐘《教堂鐘樓中按音階排列的一組鐘》。**2** 排鐘所奏的曲子。

car·i·ole [ˈkærɪˌol, -ˌɔl; ˈkærioul] *n.* = carriole.

car·i·ous [ˈkɛrɪəs; ˈkɛəriəs] **《caries 的形容詞》——***adj.* **1**《醫》(罹患)骨瘍的。**2**〈牙齒〉蛀牙的，齲齒的。

caricature 1

cark·ing [ˈkarkɪŋ; ˈkɑːkiŋ] *adj.*《古》煩惱的；困苦的；悲傷的。

Carl [karl; kɑːl] *n.* 卡爾《男子名；★多見於美國》。

cár lìne *n.* =trolley line.

car·line, car·lin [ˈkarlɪn, ˈkɛr-; ˈkɑːlin, ˈkɛə-] *n.* Ⓒ《蘇格蘭》**1** 巫婆。**2** 老婦。

cár·lòad *n.* Ⓒ **1** 一貨車之量(的貨物)〔*of*〕. **2** 一輛汽車的裝載量〔*of*〕.

Car·lo·vin·gi·an [ˌkarləˈvɪndʒɪən; ˌkɑːləˈvindʒiən] *adj.*, *n.* = carolingian.

Car·lyle [karˈlaɪl; kɑːˈlail], **Thomas** *n.* 卡萊爾《1795–1881；蘇格蘭評論家及歷史學家》。

cár·màker *n.* Ⓒ汽車製造業者。

cár·man [-mən; -mən] *n.* Ⓒ(*pl.* **-men** [-mən; -mən]) **1**《美》(電車等的)隨車服務員。**2** (載貨馬車的)車夫，御者。

Car·mel·ite [ˈkarməˌlaɪt; ˈkɑːmilait] *n.* Ⓒ **1** 天主教加爾默羅聖母會修道士(White Friar)《身穿白衣》。**2** 天主教加爾默羅聖母會的修女。

car·min·a·tive [karˈmɪnətɪv; kɑːˈminətiv]《藥》*adj.* 通氣除腹脹的，驅風的。——*n.* Ⓒ驅風劑，排氣劑，通氣瀉藥。

car·mine [ˈkarmɪn, -maɪn; ˈkɑːmain] *n.* Ⓤ **1** 胭脂紅，洋紅《由墨西哥或中美洲一種昆蟲的乾骸(cochineal)製成的紅色色素》。**2** 洋紅色，胭脂色。——*adj.* 洋紅色的，胭脂色的。

car·nage [ˈkarnɪdʒ; ˈkɑːnidʒ] *n.* Ⓤ大屠殺：a scene of ~ 大屠殺的[殘殺的]場所；戰場。

car·nal [ˈkarnḷ; ˈkɑːnl] *adj.* [用在名詞前]**1** 肉體的。**2** 感官的；情[肉]慾的：~ desire [lust] 肉慾。**3** 現世的，世俗的，塵世的。~·**ly** [-nḷɪ; -nəli] *adv.*

car·na·tion [karˈneʃən; kɑːˈneiʃn] *n.* **1** Ⓒ《植物》麝香[荷蘭]石竹《俗稱康乃馨；⇨ Mother's Day【說明】》。**2** Ⓤ淡紅色(pink). ——*adj.* 淡紅色的。

Car·ne·gie [karˈnegɪ, kɚ-; kɑːˈneigi], **Andrew** *n.* 卡內基《1835–1919；生於蘇格蘭的美國鋼鐵工業家及慈善家》。

Cár·ne·gie Háll [ˈkarˌnegɪ-; ˈkɑːneigi-] *n.* 卡內基音樂廳《在美國紐約(New York)市的著名演奏會場》。

car·ne·lian [karˈniljən; kəˈniːljən] *n.* Ⓒ《礦》紅玉髓，肉紅玉髓。

car·ni·val [ˈkarnəvḷ; ˈkɑːnivl] **《源自拉丁文「禁絕肉食」之義》——***n.* **1** Ⓤ**嘉年華會**，狂歡節：at ~ 在嘉年華會[狂歡節]時。

> **【說明】**carnival 是天主教徒在慶祝四旬齋節(Lent)前數日期間的飲宴狂歡；由於教徒在四旬齋節時爲懷念在荒野中苦修的耶穌而吃齋，所以趁齋前吃肉飲宴；在美國以新奧爾良(New Orleans)地方舉行四旬齋前一日(Mardi Gras)的狂歡較爲著名。

2 Ⓒ狂歡，飲酒作樂；狂亂：For him life is a ~. 對他而言，人生就是狂歡作樂。**3** Ⓒ **a** (慶祝、比賽等的)各種表演活動；(運動的)表演會：a water ~ 水上活動比賽，水上運動表演會/a winter ~ 冬季活動比賽，冬之祭典。**b**《美》(巡迴旅行的)雜技表演；娛樂遊戲團。

Car·niv·o·ra [karˈnɪvərə; kɑːˈnivərə] *n. pl.*《動物》食肉類《包括犬、狼、貓、獅、虎、熊等》。

car·ni·vore [ˈkanəˌvor, -ˌvɔr; ˈkɑːnivɔː] *n.* Ⓒ **1**《動物》肉食動物，肉食獸。**2**《植物》食蟲植物。

car·niv·o·rous [karˈnɪvərəs; kɑːˈnivərəs] **《carnivore 的形容詞》——***adj.* **1 a**〈動物〉肉食性的(cf. herbivorous). **b**〈植物〉食蟲性的。**2 a** 肉食動物的。**b** 食蟲植物的。

car·ob [ˈkærəb; ˈkærəb] *n.* Ⓒ《植物》角豆樹。

car·ol [ˈkærəl; ˈkærəl] **《源自古法語「輪舞」之義》——***n.* Ⓒ **1** (宗教性的)祝頌歌；耶誕頌歌：⇨ CHRISTMAS carol. **2**《詩》(鳥的)啼囀[歌唱]。

——*v.t.* (**car·oled**,《英》**car·olled**；**car·ol·ing**,《英》**car·ol·ling**) **1** 快樂地唱，歡唱〈歌〉。**2** 唱歌祝賀[讚揚]〈某人等〉。

——*v.i.* **1** 唱頌歌；(尤指耶誕夜時的)到各處唱聖歌，報佳音。**2 a**〈人〉歡唱。**b**〈鳥〉啼囀。~·(**l**)**er** *n.*

Car·ol [ˈkærəl; ˈkærəl] *n.* 卡洛《女子名》。

Car·o·li·na [ˌkærəˈlaɪnə; ˌkærəˈlainə] **《源自英國國王 Charles (一世、二世)的拉丁文名字之陰性》——***n.* **1** 卡羅來納《在美國大西洋岸，原爲英國的一殖民地；1729 年分爲北卡羅來納(North Carolina)與南卡羅來納(South Carolina)兩州》。**2** [**the** ~**s**]北卡羅來納與南卡羅來納兩州。

Car·o·line [ˈkærəˌlaɪn, -lɪn; ˈkærəlain] *n.* 卡洛琳《女子名；暱稱 Carrie》. ——*adj.* 英王查理一世(Charles I)及二世(時代)的。

Cároline Íslands *n. pl.* [**the** ~]加羅林羣島《位於太平洋西部，由美國託管；共有五百多個島嶼》。

Car·o·lin·gi·an [ˌkærəˈlɪndʒɪən; ˌkærəˈlindʒiən] *adj.* (查理曼(Charlemagne)建立之)加洛林王朝的。

——*n.* Ⓒ加洛林王朝的人。

Car·o·lin·i·an [ˌkærəˈlɪnɪən; ˌkærəˈliniən] **《Carolina 的形容詞》——***adj.* 北[南]卡羅來納州的。

——*n.* Ⓒ 北[南]卡羅來納州的人。

car·om [ˈkærəm; ˈkærəm] *n.*, *v.*《美》《撞球》=cannon 2.

car·o·tene [ˈkærəˌtin; ˈkærətiːn] **《源自拉丁文「胡蘿蔔(carrot)」之義》——***n.* Ⓤ《生化》胡蘿蔔素，葉紅素《一種黃紅色的碳水化合物；含於胡蘿蔔等中》。

ca·rot·id [kəˈrɑtɪd; kəˈrɔtid]《解剖》*n.* Ⓒ頸動脈。

——*adj.* [用在名詞前]頸動脈的：the ~ arteries 頸動脈。

ca·rous·al [kəˈraʊzḷ; kəˈrauzl] *n.* ⓊⒸ《文語》喧鬧的大酒宴，狂歡的飲宴。

ca·rouse [kəˈraʊz; kəˈrauz]《文語》*v.i.* 痛飲；狂歡喧鬧。

——*n.* [**a** ~]酒宴，喧鬧的飲宴。

car·ou·sel [ˌkærəˈzɛl, ˌkærʊ-; ˌkæruˈzel] *n.* Ⓒ **1**《美》旋轉木馬(merry-go-round). **2** (機場裏爲旅客運送行李的)旋轉式輸送帶。

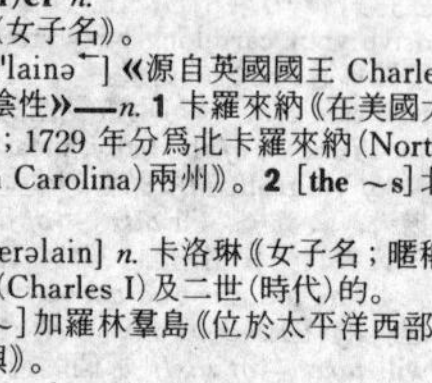

carousel 1

carp[1] [karp; kɑːp] *n.* Ⓒ (*pl.* ~, ~**s**)《魚》鯉魚《鯉科魚類的總稱》。

> **【說明】**鯉魚屬硬骨魚綱鯉科，呈側扁紡錘形，食水草、魚及介類，肉味鮮美。中、日等國人民以它象徵祥瑞，也把它視爲佳餚；英美人士却因其棲息處水質汚濁，身上鱗片顯明，常把它視爲「髒魚」(garbage fish)而丟掉。日本人喜愛飼養錦鯉，因其顏色鮮麗，頗有觀賞價值。

carp² [kɑrp; kɑːp] *v.i.* 〔動(+介+(代)名)〕挑剔〔…〕，找〔…的〕錯誤[毛病]，〔對…〕吹毛求疵〔*at*〕：You are always ～*ing at* my errors. 你總是在挑我的錯。

car·pal [ˋkɑrpl; ˋkɑːpl]《解剖》*adj.* 腕(骨)的。**—*n.*** Ⓒ腕骨。

cár pàrk *n.* Ⓒ《英》(汽車的)停車場(《美》parking lot)。

Car·pá·thi·an Móuntains [kɑrˋpeθɪən-; kɑːˋpeiθiən-] *n. pl.* [the ～]喀爾巴阡山脈《在歐洲中部；又稱 the Carpathians》。

car·pen·ter** [ˋkɑrpəntɚ; ˋkɑːpəntə] **《源自拉丁文「車匠」之義》—*n. Ⓒ **1** 木工；《美》木匠：a ～'s shop 木匠店/a ～'s square 勾尺，曲尺/the ～'s son 木匠之子《尤指拿撒勒的耶穌》。**2** (業餘的)木工，木匠：Father is a good ～. 我父親是個好木匠。

—*v.i.* 作木工，做木匠工作。

—*v.t.* 〔十受〕以木工製作〈東西〉。

car·pen·try [ˋkɑrpəntrɪ; ˋkɑːpəntri] *n.* Ⓤ木匠業；(總稱)木工；木匠的工作。

car·pet** [ˋkɑrpɪt; ˋkɑːpit] **《源自古法語「起毛的粗布」之義》—*n. **1 a** Ⓒ地毯；毛毯(cf. rug 1). **b** Ⓤ地毯狀的東西。**2** Ⓒ(花草等的)一大片〔*of*〕：a ～ *of* flowers [frost] 一大片的花[霜]。

on the cárpet (1)在審議[研討]中。(2)《口語》(爲責備而)叫來〈傭人、下屬等〉；挨〈上司等〉的嚴厲責罵(cf. on the MAT)：I was (called [put]) *on the* ～ *for* being late. 我因遲到而被(叫去)訓斥。

púll the cárpet (óut) from ùnder a person 突然停止對〈某人〉的援助[支持]。

swéep [púsh, brúsh]...ùnder [underneàth, benèath] the cárpet 《英口語》隱藏，不透露〈不妥的事[物]〉。

—*v.t.* 〔十受〕**1** 在〈地板等〉上鋪地毯：～ the stairs 在階梯上鋪地毯。

2 (如地毯般)覆蓋…《★常用被動語態，介系詞用 *with*》：Flowers ～ the garden.＝The garden *is* ～*ed with* flowers. 花園裏開滿了花。

3 《口語》把〈某人〉叫來罵，責罵〈某人〉。

cárpet·bàg *n.* Ⓒ(從前氈製的)旅行手提包。

cárpet·bàgger *n.* Ⓒ **1** 北部來的投機者《美國南北戰爭剛結束後打算到南部大撈一票，而把全部財產裝入 carpetbag 的由北方來到南方的人》。**2 a** (打算在無地緣關係的地方任公職的)投機政客，外來政客。**b** (尋求私利的)移民；流浪各地謀生的人。

cárpet-bòmb *v.t.* 全面猛炸〈一地區〉；對〈一地區〉作地毯式轟炸。

cárpet bòmbing *n.* Ⓤ地毯式轟炸《使目標區徹底摧毀之輪番轟炸》。

cár·pet·ing *n.* Ⓤ **1** 鋪地材料；毛毯料子。**2** [集合稱]鋪設物。

cárpet knìght *n.* Ⓒ《古・輕蔑》從未參加過作戰的騎士[軍人]。

cárpet slìpper *n.* Ⓒ[常 ～s]用氈製的室內男用拖鞋。

cárpet swèeper *n.* Ⓒ(用手操作的)掃毯器。

car·pi *n.* carpus 的複數。

cárp·ing **《源自 carp²》—*adj.*** 吹毛求疵的，挑剔的：a ～ tongue 刻薄的嘴。～**·ly** *adv.*

cár pòol *n.* Ⓒ《美》汽車合用組織《爲節省汽油費，鄰居們輪流開車，互相搭乘的乘車方式》。

cár·pòrt *n.* Ⓒ車棚《搭蓋在屋側之有屋頂無牆的車庫》。

car·pus [ˋkɑrpəs; ˋkɑːpəs] *n.* Ⓒ(*pl.* **-pi** [-paɪ; -pai])《解剖》手腕(wrist)；腕骨。

‡car·riage [ˋkærɪdʒ; ˋkæridʒ] **《源自 carry(原義爲「用車運送」)的名詞》—*n.*** **1** Ⓒ **a** 交通工具，車子；(尤指自用的)四輪馬車：a ～ and pair [four] 兩[四]匹馬拉的馬車。**b** 《美》嬰兒車(《英》pram). **c** 《英》《鐵路》(客車的)車廂；客車((passenger) car)：a railway ～ 鐵路客車。

2 Ⓒ **a** (機器的)臺架。**b** (打字機的)滑架。**c** (大砲的)砲架。

3 [ˋkærɪɪdʒ; ˋkæridʒ] Ⓤ **a** 搬運；運輸：～ *of* goods 貨物運輸/～ by sea 海運。**b** 運費：～ free 免付運費/the ～ *on* a parcel 包裹的運費/～ prepaid《美》＝《英》～ paid 運費已付。

4 Ⓤ[又作 a ～]姿態，儀態，舉止：She has *an* elegant ～. 她儀態優雅/He was tall with *a* neat, erect ～. 他個子高而腰背挺直。

cárriage drìve *n.* Ⓒ《英》(大宅邸內從大門口到屋門口的)車道；(公園等內的)馬車道。

cárriage fórward *adv.* 《英》《商》運費由收件人支付(《美》collect)(cf. C.O.D.).

cárriage·wày *n.* Ⓒ《英》**1** 車道。**2** 馬路：⇨ dual carriageway.

Car·rie [ˋkærɪ; ˋkæri] *n.* 卡莉《女子名；Caroline 的暱稱》。

car·ri·er [ˋkærɪɚ; ˋkæriə] *n.* Ⓒ **1 a** 運送人。**b** 《美》郵差；送報員。**c** 運輸業者；運輸的工具；運輸公司《包括鐵路、航空、貨車、公共汽車、輪船公司等》。**d** 使者，信差。**2** (腳踏車等的)載貨架。**3** 《醫》(傳染病的)媒介；帶菌者；帶基因者。**4** 排水溝，下水道。**5 a** 航空母艦(aircraft carrier). **b** 運輸機。**c** 運輸船。**6** (又作 **cárrier wàve**)《通信》載波。

cárrier bàg *n.* 《英》＝SHOPPING bag.

cárrier pìgeon *n.* Ⓒ信鴿。

car·ri·ole [ˋkærɪˏol, -ˏɔl; ˋkærioul] *n.* Ⓒ **1** 一匹馬拉的小馬車。**2** 有篷的貨車。

car·ri·on [ˋkærɪən; ˋkæriən] *n.* Ⓤ(動物的)腐肉；腐屍。

—*adj.* [用在名詞前] **1** (像)腐肉的。**2** 吃腐肉的。

cárrion cròw *n.* Ⓒ《鳥》**1** 鴉《又稱小嘴鳥，吃腐肉；⇨ crow²【說明】》。**2** 黑兀鷹《產於美國南部》。

Car·roll [ˋkærəl; ˋkærəl], **Lewis** *n.* 卡洛《1832–98；英國的數學家、童話作家；本名 Charles Lutwidge Dodgson [ˋlʌtwɪdʒˋdɑdʒsn; ˋlʌtwidʒˋdɔdʒsn]》。

car·rot [ˋkærət; ˋkærət] *n.* **1 a** Ⓒ《植物》胡蘿蔔，紅蘿蔔。**b** Ⓒ[當作食物時爲Ⓤ]胡蘿蔔《根部》：I'll have some more ～(*s*). 我還要一些紅蘿蔔。**2** [～s；當單數用]《俚》**a** 紅髮(的人)。**b** [Carrots]紅髮的人，「紅蘿蔔」《綽號》。**3** Ⓒ《口語》獎賞，獎品，報酬：dangle a ～ 以甜言蜜語吊胃口/hold out [offer] a ～ to a person 利誘某人，以甜言蜜語引誘某人。

cárrot and stíck 賞與罰，威脅利誘，軟硬兼施《★用馬愛吃的胡蘿蔔及討厭的鞭子控制馬》：use (the) ～ *and stick* 兼施威脅利誘。

cárrot-and-stíck *adj.* [用在名詞前]威脅利誘的，軟硬兼施的：～ diplomacy 軟硬兼施的外交。

car·rot·y [ˋkærətɪ; ˋkærəti] *adj.* (**car·rot·i·er**; **-i·est**) **1** 胡[紅]蘿蔔色的，黃紅色的。**2** 〈頭髮〉紅色的；〈人〉紅頭髮的。

car·rou·sel [ˏkærəˋzɛl, ˏkærʊ-; ˏkæruˋzel] *n.* ＝carousel.

‡car·ry [ˋkærɪ; ˋkæri] **《源自拉丁文「用車運送」之義》—*v.t.*** **A 1** 運送，搬運：**a** 〔十受〕(用手或背部)運送，搬運〈人、東西等〉：Please ～ this trunk *for* me. 請你替我搬這個大皮箱/I ran as fast as my legs could ～ me. 我儘量快跑/This bus *carries* 90 passengers. 這輛巴士載著九十名乘客。**b** 〔十受十介十(代)名〕運送，搬運，攜帶〈人、物等〉〔於…〕〔*on*, *in*〕：～ a box **on** one's back [shoulder] 把箱子揹[扛]在背[肩]上/～ a stick **in** one's hand 手裏拿著一根拐杖/～ a baby *in* one's arms 懷裏抱著嬰兒。**c** 〔十受十副詞(片語)〕載運〈人〉，搬運〈物等〉(到某處)：～ a bag *upstairs* [*downstairs*] 把皮箱搬到樓上[樓下]/A limousine *carried* us *to* the hotel. 一輛小型巴士載我們到旅館/*C*～ these dirty plates *back to* the kitchen. 把這些髒盤子拿回廚房。

2 a 〔十受(十介十(代)名)〕把〈消息、話等〉傳達，傳遞，轉告〔給…〕〔*to*〕：Helen *carried* the news **to** the class. 海倫把這消息傳達給班上同學。**b** 〔十受〕傳送，傳播〈聲音、疾病等〉：The wind *carries* sounds. 風傳送聲音/Some diseases are *carried* by flies. 有些疾病是由蒼蠅傳播的。

3 〔十受十介十(代)名〕〈動機、時間等〉使〈人〉去〔…〕〔*to*〕：Business *carried* him **to** London. 他因商務去倫敦。

4 〔十受十副詞(片語)〕**a** 延長…，使…擴張(至…)：The rail line was *carried under* the Tsugaru Strait (*to* Hokkaido). 鐵路線從(日本的)津輕海峽下面延伸(至北海道)。**b** 推進，驅策；進行…(至某種程度)：Hard work *carried* him *to* the top of his profession. 勤勞使他躋身於同業中的領導地位/She *carries* her kindnsses *to* excess. 她親切得過分/You *carried* the joke too *far*. 你的玩笑開得太過分了。

5 a 〔十受(十介十(代)名)〕貫徹〈主張〉；使〔議會〕通過〈動議〉〔*through*〕：～ one's point 說服別人贊同自己的觀點；達到目的/～ a bill **through** Parliament 使議會通過法案/The motion to adjourn the meeting was *carried* by seven votes. 休會的動議以七票贊成通過了。**b** 〔十受〕贏得〈選舉〉；使〈候選人〉當選。**c** 〔十受〕得到〈選區居民等〉的支持《★不可用被動語態》。

6 a 〔十受〕攻陷〈要塞等〉：Our troops failed to ～ the enemy's fort. 我軍未能攻陷敵人的要塞/⇨ carry the DAY. **b** 〔十受(十介十(代)名)〕〔以…〕吸引[感動]〈聽衆〉〔*with*〕：His acting *carried* the house. 他的演技博得滿堂的喝采/The lecturer *carried* his audience **with** him. 那位演講者引起了聽衆的共鳴。

7 〔十受〕使〈數字〉往上進一位。

—B 1 a 〔十受(十副)〕把〈東西〉(携在身上)帶走，攜帶…(在身上)〈*about*〉《★用法 如用 about 則在於强調「經常」,「無論到何處」之意》：She *carried* (*about*) a red leather handbag. 她(經常)帶著一個紅皮手提包/The suspect is believed to be ～*ing* a gun. 那個嫌疑犯被認爲帶有槍枝。**b** 〔十受(十副)十介十(代)名〕把〈東西〉帶在〔身上〕〈*about*〉〔*with*〕：He never *carries* much money (*about*) *with* him. 他身邊從不帶很多錢。

2 〔十受〕**a** 承擔〈責任〉，處理〈問題等〉：He had to ～ great responsibility [a lot of problems]. 他必須承擔重大的責任[處理很多的問題]。**b** 忍受，忍耐；克服…：She *carried* her handicap with courage. 她勇敢地克服了自己(身體[心理]上)的障礙。

3 〔十受〕**a** 留住〈記憶〉；將…留在記憶裏，記住…：～ memories 留住記憶/He managed to ～ all those names *in* his head.

他終於把那些名字全記在腦子裏。**b**〈女子、雌性動物〉懷〈子〉。

4 a〔十受〕〈說話等〉具有〈分量、說服力等〉；含有〈意義〉：His judgment *carries* great weight. 他的判斷非常有分量/Mr. White's voice *carried* great authority. 懷特先生的發言頗具權威性。**b**〔十受(十介十(代)名)〕〈結果〉附帶有…〔於…〕；生〈利息〉〔*with*〕：The bond *carries* 6 per cent interest. 該債券有百分之六的利息《★比較一般用 yield》/The crime *carries* a maximum 25-year sentence. 該罪最高可判處二十五年的徒刑/These privileges ～ great responsibilities ***with*** them. 這些特權本身附帶有重大的責任。

5〔十受〕《口語》把〈商品〉置於店中出售；出售，販賣〈物〉：This store *carries* clothing for men. 這家店賣男裝。

6〔十受〕〈報紙〉刊載〈新聞、消息〉；〈電視等〉報導〈消息〉：The news was *carried* on the major (TV) networks. 這個消息是由主要(電視)廣播網播報的。

—C〔十受〕**1 支撐，**支持〈重量〉《★無進行式；用於被動語態時介系詞用 *on*》：The bridge is *carried on* two massive columns. 這座橋由兩根巨大圓柱支撐著。

2［與表示狀態的副詞(片語)連用］**a** 使〈頭、身體等〉保持〈某種姿勢〉：He always *carried* his head high.（由於自信、自豪）他總是把頭抬得高高的。**b**［～ one*self*］舉止，舉動(…)《★不可用被動語態》：She *carries herself* gracefully [like a lady, with dignity]. 她舉止優雅[像個淑女，端莊]。

3《口語》對…提供財力援助；爲…謀方便：My uncle *carried* me until my sickness was over. 我叔叔資助我直到病好。

4《口語》喝〈酒〉不醉［保持清醒］：He drank more than he could decently ～. 他喝酒喝到不省人事的地步。

5 a〈農場等〉可飼養〈家畜〉：This ranch will ～ a thousand head of cattle. 這個農場可飼養一千頭牛。**b**〈土地〉生產〈農作物〉。

6 把〈年齡等〉妥善地隱瞞：She *carries* her age very well. 她一點也不顯得老[不見老]。

—*v.i.* 1 a〈聲音、子彈等〉**傳到，**到達，射及：My voice does not ～ well. 我的聲音不夠響亮。**b**〔十副詞(片語)〕〈聲音、子彈等〉傳到，到達(…)；〈槍砲〉有(…的)射程：His voice will ～ *across* [*to* the back of] the room. 他的聲音可傳到房間的對面[後面]/This gun will ～ a half mile. 這枝槍有半哩的射程。**2**〈法案等〉通過：The law *carried* by a small majority. 該法案以些微的多數通過。**3**〈雌性動物〉懷孕。

cárry áll [éverything] befòre one 所向無敵，大獲全勝；極爲成功。

cárry awáy《*vt adv*》(1)把…運走；沖走：The oars were *carried away* by the waves. 槳被浪沖走了。(2)使〈人〉陶醉[著迷，興奮]，使〈人〉沖昏頭腦《★常用被動語態》：The entire gathering *was carried away* by his fiery speech. 所有的羣衆都被他激昂的演說感動了/Don't get *carried away* with your success. 不要被你的成功沖昏了頭。

cárry báck《*vt adv*》(1)⇨ *v.t.* A 1 c. (2)[～＋受＋back]使〈人〉憶起，想起〔舊事〕〔*to*〕：The kitchen smells *carried* me *back to* my childhood. 那間廚房的氣味使我想起我的童年時代。

cárry fórward《*vt adv*》(1)使〈事業等〉進展。(2)《簿記》把〈帳目等〉歸入〈次頁〉，將〈數字〉轉記。

cárry óff《*vt adv*》[～＋off＋*n*.](1)强行帶走，掠去，劫持…。(2)〈疾病〉奪去〈生命等〉：Pneumonia *carried off* my grandmother. 肺炎奪走了我祖母的生命。(3)獲得〈獎賞、榮譽等〉：Dick *carried off* all the school prizes. 狄克贏得了學校所有的獎賞。(4)[常 ～ **it off**]《口語》順利擺脫；成功地應付[處理]〈困難的[不利的]事態等〉。

cárry ón《*vt adv*》[～＋on＋*n*.](1)〈尤指在中斷後，或不畏困難地〉**繼續**…：～ *on* a conversation 繼續談話。(2)〔＋ do*ing*〕繼續〈做…〉：Everyone *carried on* sing*ing* and drink*ing*. 大家都繼續唱歌、喝酒。(3)經營〈事業等〉：He has *carried on* his business as a builder for many years. 他經營建築業已有多年。**—**《*vi adv*》(4)繼續進行；被維持。(5)繼續〔…〕〔*with*〕：*C～ on with* your work. 繼續你的工作。(6)《口語》哭鬧，慌亂。(7)《口語》〈男女〉有曖昧關係；〔與異性〕調情，沉迷於戀愛〔*with*〕.

to cárry [to be cárrying] ón with《英》目前還混得過去，目前還可將就一下：I have enough money *to* ～ *on with*. 我目前有足夠的錢。

cárry óut《*vt adv*》[～＋out＋*n*.][～＋*n*.＋out]完成；實行，執行…：You should ～ *out* your first plan. 你應該實行你最先的計畫/The orders were not *carried out*. 那些命令沒有執行/～ *out* a funeral 舉行葬禮。

cárry óver《*vt adv*》(1)將…〔自…〕延續，遺留〔至…〕〔*from*〕〔*into*〕：We must ～ this discussion *over into* tomorrow. 我們必須把這個討論留到明天繼續進行。(2)＝CARRY forward (2). **—**《*vi adv*》(3)〔從…〕延續，持續〔到…〕〔*from*〕〔*to*〕：The effects of environmental pollution will ～ *over to* the next generation. 環境污染的影響會延續至下一代。

cárry thróugh《*vt adv*》(1)貫徹，完成〈工作等〉：You must ～ the task *through* to the end. 你必須把這個工作完成爲止。(2)[～＋受＋through]使〈人〉忍受[度過難關，撐到底]：Your encouragement will ～ her *through*. 你的鼓勵將會使她撐到底。

—*n*. 1 Ⓤ[又作 **a** ～]〈槍砲的〉射程；〈子彈等〉所能達到的距離。**2 a** Ⓤ[又作 **a** ～]兩條水道間的陸上搬運[運送]。**b** Ⓒ水陸聯運。**3** Ⓒ《軍》舉槍[掮槍]的姿勢。

cárry·àll[1] «源自 carriole；從 carry all (全搬) 聯想而來»**—*n*.** Ⓒ **1** 單馬拉的輕便馬車。**2**《美》兩側有相對座位的公共汽車[汽車]。

cárry·àll[2] «源自 carry all (全部搬運) 之義»**—*n*.** Ⓒ《美》大手提袋，裝雜物的大袋子(《英》holdall).

cárry bàg *n*.《美》＝SHOPPING bag.

cárry-còt *n*. Ⓒ《英》方便攜帶的箱形嬰兒床。

car·ry·ing [ˈkærɪɪŋ; ˈkæriiŋ] *adj*. [用在名詞前]響亮的〈聲音〉：a ～ voice 響亮的聲音。

cárrying capàcity *n*. Ⓤ **1 a** (火車、船舶、飛機的)載貨量，裝載量，輸送力。**b** (電纜的)荷電量。**2**《生態》(某一地區)容納動物的最大限量。

cárrying chàrge *n*. Ⓒ《美》**1**《金融》加計費用《分期付款所附加之利息；或儲置存貨所付之倉租、保險費等》；運送商品的各種費用。**2** 資產持有費用《稅金、保險費等》。

cárrying-ón *n*. Ⓒ(*pl*. **carryings-on**)[常 ～s]《口語》瘋狂的[愚蠢的，輕薄的]舉止；調情，調戲。

cárry-òn *n*. **1** Ⓒ(旅客帶入(機艙)內的)隨身手提行李。**2** [**a** ～]《英口語》＝carrying-on.

—*adj*. [用在名詞前]可隨身帶進機艙內的：～ baggage 可隨身帶進機艙內的行李。

cárry·òut *adj*. [用在名詞前]，*n*.《美口語》＝takeout.

cárry-òver *n*. **1** Ⓒ[常用單數]《簿記》轉記(於次欄[頁])的金額；結轉。**2** Ⓒ(農作物、商品等留至下期的)滯銷品，剩貨。

cár·sìck *adj*. 暈車的：get ～ 暈車。**～·ness** *n*.

***cart** [kart; kaːt] *n*. Ⓒ **1** (馬、驢、牛等拉的二輪或四輪)**貨車** (cf. wagon 1). **2** (單馬拉的雙輪)輕便馬車。**3** (二輪的)小型手推車《運送食品、雜貨、高爾夫球用具等》：⇨ golf cart.

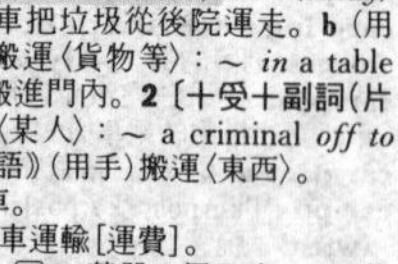

cart 1

in the cárt《英俚》陷入困境，處於爲難[不利]的立場。

pùt [sèt] the cárt befòre the hórse《口語》本末倒置，弄錯前後的順序。

—*v.t.* 1〔十受＋副詞(片語)〕**a** 用貨車載運〈物品〉：～ (*away*) rubbish *out of* the backyard 用貨車把垃圾從後院運走。**b** (用交通工具)載送〈人〉。**c** (辛苦地)搬運〈貨物等〉：～ *in* a table *through* the door (辛苦地)把桌子搬進門內。**2**〔十受＋副詞(片語)〕《口語》(粗暴地，强行)帶走〈某人〉：～ a criminal *off to* jail 把犯人關進監獄。**3**〔十受〕《口語》(用手)搬運〈東西〉。

—*v.i.* 1 駕(馬)車。**2**〈馬等〉拉貨車。

cart·age [ˈkartɪdʒ; ˈkaːtidʒ] *n*. Ⓤ貨車運輸[運費]。

carte [kart; kaːt] «源自法語»**—*n*.** Ⓒ **1** 菜單；價目表。**2**《蘇格蘭》紙牌。**3**《古》地圖；航海圖。

carte blanche [ˈkartˈblanʃ; ˌkaːtˈblaːnʃ] «源自法語「白紙」之義»**—*n*.** (*pl*. **cartes blanches** [ˈkarts-; ˌkaːts-]) **1** Ⓒ署名空白紙《允許當事人自由填寫條件》。**2** Ⓤ全權委任；自由處理權：give ～ to ... 把署名空白紙給…，全權委任[委託]〈某人〉。

car·tel [ˈkartl, karˈtɛl; kaːˈtel] «源自德語»**—*n*.** Ⓒ **1**《經濟》卡特爾(組織)，企業[同業]聯合 (cf. trust *n*. 8). **2**《政》(爲共同目的的)黨派聯盟。

car·tel·ize [karˈtelaɪz; kaːˈtelaiz] *v.t.* 把…組成企業聯盟[卡特爾]。**—*v.i.*** 組成企業聯盟[卡特爾]。

cárt·er *n*. Ⓒ運貨馬車夫。

Car·ter, James Earl, Jr. *n*. 卡特《1924 － ；美國第三十九位總統(1977–81)；世稱 Jimmy Carter》.

Car·te·sian [karˈtiʒən; kaːˈtiːzjən] «Descartes 的形容詞»**—*adj*.** 笛卡兒的。

—*n*. Ⓒ笛卡兒哲學的信奉者。

Car·thage [ˈkarθɪdʒ; ˈkaːθidʒ] *n*. 迦太基《非洲北岸的古國；紀元前 146 年被羅馬所滅》。**Car·tha·gin·ian** [ˌkarθəˈdʒɪnɪən; ˌkaːθəˈdʒiniən] *adj*., *n*.

cárt hòrse *n*. Ⓒ拖貨車的馬。

Car·thu·sian [karˈθjuʒən; kaːˈθjuːzjən] *n*. **1** [**the** ～s]嘉都西修會《十一世紀時創立於阿爾卑斯山中；提倡苦修冥想》。**2** Ⓒ嘉都西修會的修士[修女]。**—*adj*.** 嘉都西修會的。

car·ti·lage [ˋkartḷɪdʒ; ˈkɑ:tilidʒ] *n.* 《解剖》**1** Ⓒ軟骨。**2** Ⓤ軟骨組織。

cártilage bòne *n.* Ⓒ《解剖》(由硬骨軟化的)軟骨性骨。

car·ti·lag·i·nous [ˏkartḷˋædʒənəs; ˌkɑ:tiˈlædʒinəs˝] *adj.* **1** 《解剖》軟骨(性)的。**2** 《動物》〈魚〉骨骼由軟骨構成的。

cárt·lòad *n.* Ⓒ **1** 一貨車[馬車]的裝載量[*of*]. **2** 大量[*of*].

by the cártload 大量地《需用馬車搬運的程度》。

car·tog·ra·pher [karˋtagrəfɚ; kɑ:ˈtɔgrəfə] *n.* Ⓒ地圖製作者，製圖員，繪製地圖者。

car·tog·ra·phy [karˋtagrəfɪ; kɑ:ˈtɔgrəfi] *n.* Ⓤ地圖製作(法)；製圖法[學]。**car·to·graph·ic** [ˏkartəˋgræfɪk; ˌkɑ:təˈgræfik˝], **càr·to·gráph·i·cal** [-fɪkḷ; -fikəl˝] *adj.*

car·ton [ˋkartṇ; ˈkɑ:tən] **«**源自法語「紙」之義**»**—*n.* **1 a** Ⓒ(以厚紙做成，用以裝運貨物的)紙板盒，硬紙箱，厚紙箱；(裝牛奶等的)塗蠟的[塑膠]容器：a ～ *of* cigarettes 一紙盒[一條]香煙《十包裝》。**b** Ⓤ(製作硬紙箱用的)紙板，厚紙。**2** Ⓒ靶心；靶心(bull's-eye)中的白點。

car·toon [karˋtun; kɑ:ˈtu:n˝] *n.* Ⓒ **1 a** (政治或時事等的)諷刺漫畫。**b** 卡通影片。**c** (報紙等的)連載漫畫。**2** (壁畫等)與實物一般大的底圖，草圖。

—*v.t.* 把〈人等〉畫成漫畫，使…漫畫化。—*v.i.* 畫漫畫。

car·tóon·ist [-nɪst; -nist] *n.* Ⓒ漫畫家。

car·tridge [ˋkartrɪdʒ; ˈkɑ:tridʒ] *n.* Ⓒ **1 a** (槍的)彈藥筒；子彈《實心彈》；彈莢(彈殼)《空心彈》：a ball ～ 實心彈 /a blank ～ 空心彈。**b** (爆破用的)火藥筒。**2 a** 《攝影》(裝有軟片的)底片盒。**b** (電唱機裝唱針的)針匣。**c** 音樂匣《放匣式錄音帶的匣子；比卡式盒(cassette)大》。**d** (自來水筆中可換裝的)墨水管。

cártridge bèlt *n.* Ⓒ子彈帶。

cártridge clìp *n.* Ⓒ彈夾。

cártridge pàper *n.* Ⓤ《製紙》彈藥紙《厚而粗糙，用以製造彈藥筒、凸版印刷紙、圖畫紙》。

cárt ròad [tràck] *n.* Ⓒ載貨馬車的車道；凹凸不平的道路。

cárt·whèel *n.* Ⓒ **1** (貨車等的)車輪。**2** 《口語》大型硬幣，(美金)銀幣。**3** (特技表演者的)橫翻觔斗，側軟翻：turn ～*s* 橫翻觔斗，翻側身觔斗。

cartwheel 3

—*v.i.* **1** 車輪似地轉動。**2** 側翻觔斗。

cárt·wrìght [-ˏraɪt; -rait] *n.* Ⓒ車匠；修車工。

carve** [karv; kɑ:v] *v.t.* **1 a** [十受](在餐桌上)**切**〈肉〉，把〈肉〉切成薄片：～ a chicken 切雞肉。**b** [十受十受/十受十介十(代)名](在餐桌上)切〈肉〉分給〈客人等〉；切〈肉〉分給[客人等][*for*]：～ the guests some meat＝～ meat ***for the guests 切肉分給客人。

2 [十受十介十(代)名] **a** 刻〈文字、像等〉[於樹、石頭等上][*on, in*]：He ～*d* his name ***on*** the tree. 他把自己的名字刻在樹上/a Buddha ～*d* ***in*** wood 木雕的一尊佛像。**b** [用木頭、石頭等]刻成〈某種形狀〉，[將…]雕刻成〈像〉[*from, out of*]：～ a figure ***out of*** stone 用石頭刻成一座雕像/Statues are ～*d* ***from*** marble, stone, or wood. 雕像是由大理石、石頭或木頭刻成的。**c** 把〈木頭、石頭等〉雕刻[成…][*into*]：Marble is ～*d* ***into*** a statue. 大理石被刻成雕像。

3 a [十受(十副)]開闢〈前進的道路等〉；(努力)創造〈地位、名聲等〉〈*out*〉：～ one's way 開創自己的前程/～ (***out***) a career for oneself 爲自己開創事業，獨立謀生/～ *out* a name for oneself 爲自己贏得名聲。**b** [十受十受(十副)][～ one*self*]打開〈成功之路〉〈*out*〉：～ *oneself* (***out***) a career 爲自己開創事業。

—*v.i.* **1** 分切肉。**2** 雕刻。

cárve úp 《*vt adv*》⑴把〈肉〉切成小塊[片]。⑵《口語》(任意)分割〈領土等〉；(同夥間)瓜分〈錢、贓物等〉。⑶《英俚》(用刀等)亂砍〈某人〉。

car·vel [ˋkarvḷ; ˈkɑ:vl] *n.* ＝caravel.

carv·en [ˋkarvən; ˈkɑ:vən] *adj.* 《古》雕刻的。

cárv·er *n.* **1** Ⓒ雕刻者，雕刻師。**2** Ⓒ切肉者。**3 a** Ⓒ切肉刀。**b** [～s](餐桌上用的)切肉用具《切肉刀及大叉子等》。

cárv·ing *n.* **1 a** Ⓤ雕刻《尤指木雕及象牙雕刻》；雕刻術。**b** Ⓒ雕刻品，雕刻物。**2** Ⓤ切肉；(肉的)切片。

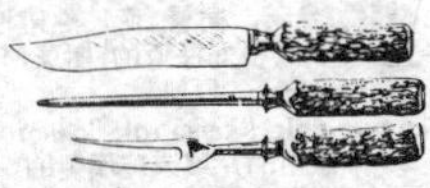

carvers 3 b

cárving fòrk *n.* Ⓒ切肉用的大叉子。

cárving knìfe *n.* Ⓒ(大的)切肉刀。

cár wàsh *n.* Ⓒ **1** (在加油站等的)洗車場；洗車機。**2** 洗車。

car·y·at·id [ˏkærɪˋætɪd; ˌkæriˈætid] *n.* Ⓒ (*pl.* ～**s**, **-at·i·des** [-ˋætɪdˏiz; -ˈætidi:z]) 《建築》雕成女像的柱子。

caryatid

ca·sa·ba [kəˋsabə; kəˈsɑ:bə] *n.* Ⓒ[當作食物時爲Ⓤ]卡薩巴《冬季甜瓜(winter melon)的一種，果皮呈黃色，果肉甜而多水分》。

Ca·sa·blan·ca [ˏkæsəˋblæŋkə, ˏkasəˋblaŋkə; ˌkæsəˈblæŋkə˝] *n.* 卡薩布蘭加《在摩洛哥(Morocco)西北岸的港市》。

cas·cade [kæsˋked; kæˈskeid] *n.* Ⓒ **1** 小瀑布(cf. cataract 1, waterfall 1)，大瀑布的分支；人工瀑布。**2 a** 像瀑布般垂下的波狀花邊(等)。**b** 《園藝》(菊花等的)懸垂花枝。**3** 《電學》串級，梯級。—*v.i.* 成瀑布落下；像瀑布般地落下。—*v.t.* 使…成瀑布狀落下。

Cascáde Ránge *n.* [the ～]喀斯開山脈《從美國的加州(California)延伸到加拿大的英屬哥倫比亞省(British Columbia)》.

cas·car·a [kæsˋkɛrə; kæˈskɑ:rə] *n.* **1** Ⓒ《植物》藥鼠李樹《鼠李屬的植物》。**2** Ⓤ藥鼠李樹的樹皮；用藥鼠李樹皮製成的緩瀉劑。

‡case[1] [kes; keis] **«**源自拉丁文「發生的事」之義**»**—*n.* **1** Ⓒ(某特定的)**情形，場合**；(具體的個別)事例：*in* such ～*s* 在如此的場合[情形] /in this ～ 在這種場合/⇨in that CASE[1]/in either ～ 在(兩者中的)任一種情形，兩種情形都/There are many ～*s* where the pen is mightier than the sword. 文勝於武的情形很多《★用法 關係詞也有用 when 的情形，但一般用 where》.

2 Ⓒ **a** (涉及道義、人生等的)**問題**：a ～ of conscience 良心上[道義上]的問題 /a ～ of life and death 生死問題。**b** (需要警察等介入、調查的)**事件**：put the ～ in the hands of the police 把那個案子交給警方處理 /a criminal [civil] ～ 刑事[民事]案件 /a murder ～ 殺人[謀殺]案件。

3 [the ～]**事實，眞相**；實情：That is [is not] *the* ～. 事實就是[並非]那樣 /It is always *the* ～ *with* him. 他總是如此/Such being *the* ～, I can't go. 情形既然如此，我就不能去了/It is *the* ～ that.... 事實[眞相]是…。

4 ⓊⒸ(某人的)狀況，立場，境遇：a sad ～ 可憐的情況。

5 Ⓒ(某種疾病的)病症，病例，病情；患者：a new [fresh] ～ of flu 流行性感冒的新病例/His ～ is hopeless. 他的病情很不樂觀。

6 Ⓒ[與修飾語連用](特定類型的)人，東西：a difficult ～ 難應付[難處理]的人/a hard ～ 難纏的人；慣犯。

7 Ⓒ **a** (支持訴訟者立場的)訴訟論據，主張；申述：lay one's ～ before the court 在法官面前陳述/state [make out] one's ～ 陳述[證明]自己的主張[立場]/have a good ～ 有(足以勝訴的)充分事實和證據。**b** [常用單數](能使人理解的)充分論據[主張]，可作爲辯護的理由[論點]：The ～ *for* conservatism is strong [weak]. 擁護[支持]保守主義的理由是充足[不充足]的。

8 Ⓒ《法律》訴訟(案件)；判例：bring a ～ *against*... 對…提出訴訟/drop a ～ 撤回訴訟/lose [win] one's ～ 敗訴[勝訴]。

9 Ⓤ[指個體時爲Ⓒ]《文法》格。

10 Ⓒ《美口語》怪人；奇人。

11 Ⓒ《俚》愛戀，愛慕：have a ～ *on* a person 愛戀某人。

as is óften the cáse (with...) (對…)是常有的事。

as the cáse may bé 看情形，隨機應變地。

cáse by cáse 隨各種不同場合[情況]，逐件地，個別地(cf. case-by-case)：judge the situation ～ *by* ～ 逐個地判斷情況。

cáse in póint ⇨ in POINT.

in ány càse 無論如何，不管怎樣，總之。

in cáse 《口語》⑴[常置於句尾]以防萬一：I'll wear a raincoat, (*just*) *in* ～. 我要穿雨衣，以備萬一(下雨)《★用法 ...*in* ～ it rains之略》。⑵[當連接詞用]以備…，以防…，預防…：Take an umbrella with you *in* ～ it rains [should rain]. 帶把傘以防下雨《★用法《口語》多半不用 should》/We'll keep this *just in* ～ we need it later. 我們保留這個以防以後需要它《★用法 just 置於前時語氣較弱》。⑶[當連接詞用]如果…，若是…：*In* ～ I forget, please remind me of [about] it. 如果我忘了那件事，請提醒我《★較 if 口語化》。

in cáse of... 在[遇到]…的時候；倘若[要是]…：*in* ～ *of* need [danger, emergency] 遇到需要[危險，緊急]的時候/*In* ～ *of* anything happening, call this number. 倘若發生什麼事，就打這個電話號碼。

in níne càses òut of tén 十之八九，多半。

in nó càse 絕不(做)…，在任何情況下決不…：You should *in no* ～ forget it. 你絕不可忘記那件事。

in thát càse 假如是那樣，如果有那樣的事。
júst in cáse (1)⇨in CASE¹ (1), (2). (2)[當連接詞用]《美》只限於[唯有]…的場合[情形] (only if)：P is true *just in* ~ the negation of p is not true. 只限於 P 的否定爲不眞時 P 才是眞的。
màke óut a [one's] cáse for [agàinst]... 擺明(自己)擁護[反對]…的立場。
pùt (the) cáse (that)... 假定…。

‡**case²** [kes; keis] «源自拉丁文「箱子」之義»—*n.* Ⓒ **1** **a** 〈運送、保管、整理用的〉**箱子**，盒子；容器：a packing ~ 包裝箱/a filing ~ 文件整理箱/⇨bookcase. **b** 一箱(的分量)〔*of*〕：a ~ *of* wine 一箱葡萄酒《★一打裝》。
2 [常構成複合字]覆蓋物，封面，(刀)鞘，筒，(鐘錶等的)殼，(書等的)套子：⇨pillow case.
3 (窗、門等的)框：a window ~ 窗框。
4 一組，一對，一副〔*of*〕：a ~ *of* pistols 一對手槍。
5 《印刷》活字盤，鉛字盤：⇨lower case, upper case.
—*v.t.* **1** 〔十受〕把…裝進箱子[鞘，袋子]裏。
2 **a** 〔十受〕在〈牆壁、柱子等〉表面上作最後的塗飾。**b** 〔十受十介十(代)名〕〔用…〕糊裱〈牆壁等〉，〔以…〕覆蓋於…〔*with*〕：a wall ~*d with* stone 嵌貼石材的牆壁。
3 〔十受〕《俚》(爲行竊而)預先勘察〈建築物、場所〉：~ the joint [job] 〈盜賊〉事先勘察作案目標(的建築物等)。
cáse·bòok *n.* Ⓒ個案記錄簿《收集法律、醫學、心理、經濟等的詳細具體案例以資研究參考的資料集》。
cáse-by-cáse *adj.* [用在名詞前]一件一件個別處理的，逐件的。
cáse èndìng *n.* Ⓒ《文法》所有格的字尾變化《如所有格的 's 等》。
cáse hàrden *v.t.* **1** 使〈鐵、鋼鐵〉的表面硬化，使…淬火。**2** 使〈人〉變成無感覺[感覺遲鈍]；使…冷漠，使…無情；使…厚顏無恥。
cáse hìstory *n.* Ⓒ **1** 個案歷史[記錄]《個人或團體的血統、背景等各種記錄；供社會學[社會事業]、精神醫學等參考用》。**2** 《醫》病歷。
ca·sein [ˋkesɪɪn; ˈkeisiːin] *n.* Ⓤ酪蛋白，乾酪素《牛奶中的蛋白質，爲製造乾乳酪的原料》。
cáse knìfe *n.* Ⓒ **1** 餐桌上用的小刀 (table knife). **2** (從前餐桌上用的)有鞘小刀 (sheath knife).
cáse làw *n.* Ⓤ《法律》判例法，案例法。
case·ment [ˋkesmənt; ˈkeismənt] *n.* Ⓒ **1** **a** (又作 **cásement wìndow**)(兩扇的)門式窗(⇨window 插圖)。**b** 門式窗的框，窗框。**2** 《詩》窗。**3** 框架；覆蓋物。
ca·se·ous [ˋkesɪəs; ˈkeisiəs] *adj.* 乾酪(狀，質)的。
ca·sern(e) [kəˋzɝn; kəˈzəːn] *n.* Ⓒ(要塞附近之)兵營；屯營。
cáse shòt *n.* =canister 2 b.
cáse stúdy *n.* Ⓒ **1** 《社會學》個案研究 (cf. casework). **2** =case history 2.
cáse·wòrk *n.* Ⓤ《社會學》社會福利工作《對於社會上身心有缺陷的人，調查其經歷與環境並加以輔導，使其能過正常生活的一項社會工作》。
cáse·wòrker *n.* Ⓒ社會工作者，從事社會福利工作(casework)的人員。

***cash¹** [kæʃ; kæʃ] «源自拉丁文「箱子」之義»—*n.* Ⓤ **1** **現金**，現款，錢《紙幣、硬幣等通貨》：be *in* [*out of*] ~ 有[無]現款/be short *of* [*on*] ~ 缺乏現款，現金不足。**2** (購物時的)現款支付，立即付款《★包括支票、票據》：pay in ~ 以現金支付/buy [sell] a thing *for* ~ 用現金買[賣]東西/⇨hard cash.
cásh and cárry =cash-and-carry.
cásh dówn 即期付款，即付現款。
cásh in [《美》**on**] **hánd** 手頭有的現款，現有金額。
cásh on delívery 《英》貨到收[付]款《略作 C.O.D.》.
cásh on the náil 現金，現款。
—*adj.* [用在名詞前]現金的；現金交易的；現金結帳的：a ~ payment [sale]現金支付[現銷]。
—*v.t.* **1** 〔十受〕把〈支票、票據等〉兌現：The bank will ~ your 50-dollar check. 銀行會將你的五十元美金支票兌現。
2 〔十受十受/十受十介十(代)名〕把〈支票、票據等〉兌現給〈某人〉；把〈支票、票據等〉兌現[給某人]〔*for*〕：Can you ~ me this check？=Can you ~ this check *for* me？你能將這張支票兌現給我嗎？
cash ín 《*vt adv*》(1)(在銀行)把〈支票等〉換成現金[兌現]。(2)把〈票據等〉繳入銀行。(3)(在賭場)把〈籌碼(chip)〉換成現金：⇨cash in one's CHIPS. —《*vi adv*》(4)《口語》〔用…〕賺(錢)〔*on*〕：~ *in on* one's investments 以投資賺錢。(5)《口語》利用〔…〕；趁〔…〕〔*on*〕《★可用被動語態》：~ *in on* one's experience 利用某人的經驗。(6)(在賭場)把籌碼換成現金；退出(賭博)。(7)《美》(商業交易時)清算，結帳；結束(事件等)，撤手。(8)《美俚》死。
cásh úp 《*vt adv*》(1)(商店)計算〈當天的售貨款〉。(2)《口語》支付〈必需的費用〉，付…錢。—《*vi adv*》(3)《口語》支付必需的費用。
cash² [kæʃ; kæʃ] *n.* Ⓒ(*pl.* ~)(古代中國、印度、日本等的)中央有孔的銅錢[小銅幣]。
cash·a·ble [ˋkæʃəbḷ; ˈkæʃəbl] *adj.* 〈票據等〉可換成現金的，可兌現的。
cásh-and-cárry *n.* **1** Ⓒ貨品以現金出售且由顧客自行運貨(的店)。**2** Ⓤ現金出售，運輸自理的原則。
—*adj.* [用在名詞前]現金購買自行運送的，現金售貨的〈商店、商品〉。
cásh·bòok *n.* Ⓒ現金收支簿。
cásh·bòx *n.* Ⓒ(存放現金的金屬製)錢箱[櫃]。
cásh càrd *n.* Ⓒ自動提款卡《持卡插入自動提款機 (cash dispenser) 中即可取款》。
cásh còw *n.* Ⓒ(企業的)財源；錢櫃，金庫；盈餘。
cásh cróp *n.* Ⓒ在市場上出售的農作物，商品農作物《香煙、棉花等；cf. subsistence crop》.
cásh dèsk *n.* Ⓒ《英》(商店的)櫃台《付款處》。
cásh díscount *n.* ⓊⒸ現金折扣。
cásh dispènser *n.* Ⓒ自動提款機。
cash·ew [ˋkæʃu, kəˋʃu; kæˈʃuː, kəˈʃuː] *n.* Ⓒ **1** 《植物》檟如樹《熱帶美洲原產的漆樹科常綠樹；可採取黏性橡膠，果實可食用》。**2** (又作 **cáshew nùt**)腰果《檟如樹的果仁；可以炒食》。

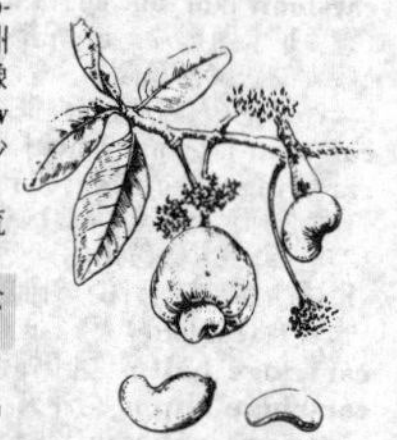

cashew 1, 2

cásh flòw *n.* [用單數]《會計》現金流通；現金流出量。
cash·ier¹ [kæˋʃɪr; kæˈʃiə] *n.* Ⓒ **1** (公司的)**出納員**，會計；(飯店、商店、超級市場等的)櫃台收帳員。**2** 《美》(銀行掌管現金運用的)財務經理，出納組長：a ~'s check 銀行本票。
cash·ier² [kæˋʃɪr; kəˈʃiə, kæˈʃiə] *v.t.* 罷免，革除〈軍人、官員等〉的職務。
cash·mere [ˋkæʃmɪr; kæʃˈmiə] *n.* **1** Ⓤ **a** 喀什米爾羊毛織品《印度喀什米爾 (Kashmir) 地方產羊毛織成的斜紋呢》。**b** 喀什米爾羊毛仿製品。**2** Ⓒ喀什米爾羊毛製的披肩。
cásh néxus *n.* [the ~](作爲人際關係基礎的)金錢上的結合；現金交易關係。
cash·o·mat [ˋkæʃə,mæt; ˈkæʃəmæt] «源自 cash 和 automat 的混合語»—*n.* Ⓒ自動提款機。
cásh prìce *n.* Ⓒ現金交易價，現金售價。
cásh règister *n.* Ⓒ現金收入記錄機；收銀機。
cás·ing *n.* **1** Ⓒ **a** 包裝《箱、袋、筒、鞘等的總稱》。**b** (汽車輪胎的)外胎，套管。**c** (做香腸用的)腸衣。**2** Ⓤ包裝材料。**3** Ⓒ **a** 柵欄，圍牆，罩子。**b** (門、窗的)框；畫框；鏡框。**c** (階梯的)加邊。
ca·si·no [kəˋsino; kəˈsiːnou] «源自義大利語「小房屋」之義»—*n.* Ⓒ(*pl.* ~s)(供表演、音樂演奏、賭博等的)俱樂部，娛樂場。

casino

cask [kæsk; kɑːsk] *n.* Ⓒ **1** (裝酒的)大酒桶，木桶(⇨barrel【同義字】)。**2** 一桶(的量)〔*of*〕.
cas·ket [ˋkæskɪt; ˈkɑːskit] *n.* Ⓒ **1** (裝寶石、貴重物品等的)小箱。**2** 《美》(有裝飾的)柩，棺材。
Cás·pi·an Séa [ˋkæspɪən-; ˈkæspiən-] *n.* [the ~]裏海《位於亞洲與歐洲之間，爲世界最大的鹹水湖》。
casque [ˋkæsk; ˈkæsk] *n.* Ⓒ(中世紀的)頭盔《無護面頰者》。
Cas·san·dra [kəˋsændrə; kəˈsændrə] *n.* **1** 《希臘神話》卡珊德拉《特洛伊 (Troy) 的女預言者》。**2** Ⓒ預言凶事而不爲人所信者。
cas·sa·tion [kæˋseʃən; kæˈseiʃn] *n.* **1** Ⓤ(案件、判決、選舉等的)撤銷；廢止；廢除。**2** Ⓒ《音樂》一種器樂曲式《盛行於十八世紀，爲室外演奏而設計》。
cas·sa·va [kəˋsɑvə; kəˈsɑːvə] *n.* **1** Ⓒ《植物》參茨，樹薯《產於熱帶地方》。**2** Ⓤ(從樹薯根部採取的)樹薯粉《木薯澱粉 (tapioca) 的原料》。

casserole 1

cas·se·role [ˋkæsə,rol; ˈkæsəroul] *n.* Ⓒ **1** (蒸煮用的瓦製或玻璃製的)砂鍋，蒸鍋。**2** (用砂鍋煮的)菜，砂鍋菜。**3** 《化學》勺皿，瓷勺《實驗用的有柄瓷皿》。

en [aŋ-; ɑːŋ-] **cásserole** 連砂鍋一起端出的，蒸煮的《★源自法語》。
—v.t. 用蒸鍋蒸煮[烹調]〈雞肉等材料〉。

***cas·sette** [kəˋsɛt; kəˈset] **《源自法語「小箱」之義》—n.** Ⓒ **1** (放寶石等的)**小箱**。**2** (錄音帶、錄影帶等的)**卡式匣**，盒子《用於錄放音、錄放影》。**3** 《攝影》(裝膠捲的)卡式匣，暗匣。

cassétte TV [**télevision**] *n.* Ⓒ卡式(錄影帶用的)電視機。

cas·sia [ˋkæʃə; ˈkæsiə] *n.* Ⓤ《植物》**1** (又作 **cássia bàrk**)肉桂，桂皮。**2** 莢果科肉桂屬植物的總稱。**3** (又作 **cássia pòds**)肉桂的莢果。**4** (又作 **cássia pùlp**)肉桂之莢果的果肉。

cas·si·no [kəˋsino; kəˈsiːnou] *n.* Ⓤ一種紙牌戲。

Cas·si·o·pe·ia [ˌkæsɪəˋpiə; ˌkæsiəˈpiːə] *n.* 《天文》仙后座。

cas·sock [ˋkæsək; ˈkæsək] *n.* **1** Ⓒ教士[牧師]的長袍《日常所穿長及腳踝的黑色衣服》。**2** [**the** ～]神職。

cassock 1

cas·so·war·y [ˋkæsəˌwɛrɪ; ˈkæsəwɛəri] *n.* Ⓒ《鳥》食火雞《澳洲產，不會飛；但善跑善游》。

cassowary

cast** [kæst; kɑːst] (**cast**) *v.t.* **A 1 投擲** (⇨throw【同義字】)：**a** 〔十受(十副詞(片語))〕投擲，拋，扔〈東西〉：～ a stone *against* a window 朝窗戶扔石頭/The boat was ～ *ashore.* 那隻小船被沖到岸上。**b** 〔十受〕擲〈骰子〉：The die is ～. ⇨die² 1 a. **c** 〔十受〕撒〈魚網〉；拋下〈釣線〉；拋〈錨〉：～ a fishing line 拋下釣線/*C*～ the net *into* the pond. 把魚網撒入池裏。**d** 〔十受〕投〈票〉：He ～ his vote *for* [*in favor of*] the reformist candidate. 他投票支持革新派的候選人。**e** 〔十受〕抽〈籤〉：～ lots 抽籤。**f** 〔十受(十介十(代)名)〕以…詛咒〔…〕〔*on, over*〕：～ a spell ***on [***over***] a person 詛咒某人。

2 a 〔十受十介十(代)名〕把〈視線〉**投**〔於某人身上〕〔*at*〕：He ～ a quick glance [look] ***at*** his friend. 他很快地瞥了他朋友一眼。**b** 〔十受十受〕投給…〈一瞥〉；看…〈一眼〉：He ～ her a glance. 他瞥了她一眼。

3 a 〔十受(十副詞(片語))〕〈眼睛〉**朝向**〈某方向〉：～ one's eyes *up to*... 仰視…/～ one's eyes *down* (*at* the floor) 俯視(地板)/～ one's eyes *aside* 把目光移開。**b** 〔十受十介十(代)名〕把〈光線、影子、疑惑、陰影等〉投〔於…〕〔*on, over*〕：That will ～ a new light ***on*** the subject. 那將提供該問題一個新的解決線索[解釋]/The moon ～ the shadow of a tree *on* the white wall. 月光把樹影投射在那道白牆上/The sad news ～ a (pall of) gloom ***over*** the meeting. 那令人悲傷的消息給那次聚會投下陰影。

4 a 〔十受(十副)〕拋棄〈不要的東西〉〈*off, away, aside*〉. **b** 〔十受(十副)〕脫掉〈衣服〉；〈蛇〉脫〈皮〉，蛻〈皮〉〈*off*〉. **c** 〔十受〕〈鳥〉掉〈羽毛〉；換〈毛〉；〈鹿〉換〈角〉。**d** 〔十受〕〈馬〉脫落〈蹄鐵〉。**e** 〔十受〕〈樹木〉掉〈葉子、果實等〉。

5 〔十受〕**a** 計算…。**b** (為觀測星運而)查閱〈天宮圖〉；推算，占卜〈命運〉：⇨cast a HOROSCOPE.

6 〔十受〕《編織》編織〈針眼〉。

—B 1 a 〔十受〕**鑄造**〈金屬〉：Metal is first melted and then ～. 金屬是先經熔化然後鑄造的。**b** 〔十受(十介十(代)名)〕〔用金屬〕鑄〈像〉〔*in*〕：a statue ～ ***in*** bronze 用青銅鑄成的像。

2 a 〔十受〕派給〈任務〉；分派〈戲劇、電影等〉的角色：The film was well ～. 那部電影的角色選派得很好。**b** 〔十受十介十(代)名〕派給〈演員〉〔…(的角色)〕〔*as, in, for*〕：He was ～ ***as*** a salesman [***in*** the part of Shylock]. 他被選派演推銷員[夏洛克]的角色。

—v.i. 1 a 投擲東西。**b** 撒網；拋釣線。**2** [與狀態副詞連用]〈金屬〉被鑄成…。

cást abóut [**aróund**] **for...** 四處尋找，尋求，搜尋…：～ *about for* a means of escape 尋找[盤算]逃脫的方法。

cást awáy 《*vt adv*》(1)⇨*v.t.* A 4 a. (2)(因船遇難而)使〈人〉漂流《★常用被動語態》：They *were* ～ *away* on an island. 他們漂流到一個島上。

cást dówn 《*vt adv*》(1)⇨*v.t.* A 3 a. (2)《文語》使〈人〉灰心，使…氣餒，使…沮喪，使…失望《★常用被動語態，變成「灰心，氣餒，沮喪，失望」之意》：She *was* ～ *down* by her husband's death. 她因丈夫的死而感到沮喪。

cást óff 《*vt adv*》(1)⇨*v.t.* A 4 a, b. (2)放棄，拋棄…。(3)《航海》解開纜繩放〈船〉。(4)《編織》收…的針。**—**《*vi adv*》(5)《航海》〈船〉解纜。(6)《編織》收針。(7)《舞蹈》(跳方塊舞時)與其他成對的舞者調換位置。

cást ón 《*vt vi adv*》《編織》起(…的)針。

cást óut 《*vt adv*》驅逐，逐出，放逐，趕出…《★常用被動語態》。

cást úp 《*vt adv*》(1)把…打上來。(2)合計，計算〈數字〉《★比較 現在一般用 add up》。

—n. A Ⓒ **1 a 投擲**，拋，扔。**b** 撒網，(釣線的)拋[垂]下。**c** 骰子的一擲；碰運氣：the last ～ 最後的一試。

2 a 投擲物；拋棄物；脫去物。**b** (蛇、蟲等的)蛻殼，蛻皮。**c** (蚯蚓等堆起於地上的)糞便。

3 [常用單數]《罕》(輕微的)斜視：have a ～ in one's left eye 左眼有點斜視。

—B 1 Ⓒ **a 鑄型**，模子：pour bronze into a ～ 把青銅注入模子中。**b** 鑄造物；模型。**c** 石膏繃紮：His broken leg was in a ～. 他折斷的腿用石膏綁紮著。

2 Ⓒ[集合稱]演員陣容；角色分派《★用法 視為一整體時當單數用，指個別成員時當複數用》：an all-star ～ 全是名角的演員陣容。

3 [用單數] **a** (容貌、性情等的)特質；外形，輪廓；傾向：He had a somewhat Slavic ～ of features. 他的容貌有些斯拉夫人的特徵/He had an inquiring ～ of mind. 他的個性有點愛追根究柢。**b** (淡的)色調，色澤：The glass was green with a yellowish ～. 那塊玻璃綠中帶黃。

cas·ta·net [ˌkæstəˋnɛt; ˌkæstəˈnet] *n.* Ⓒ[常 ～s]響板。

cást·away *adj.* **1 a** 被丟棄的，被拋棄的。**b** 被社會摒棄的。**2** 遇難[漂流]的。

—n. Ⓒ **1** 被(社會)遺棄的人；流氓；被父母拋棄的小孩。**2** 遭船難的人，漂流者。

caste [kæst; kɑːst] *n.* **1 a** Ⓒ卡斯德《印度世襲的社會階級；分為僧侶、士族、平民、奴隸四種階級》。**b** Ⓤ卡斯德制度。**2 a** Ⓒ排他性的[特權]階級。**b** Ⓤ封閉的社會制度。**3** Ⓤ社會地位：lose ～ 失去社會地位；喪失威信[信譽，面子]。

cas·tel·lan [ˋkæstələn; ˈkæstələn] *n.* Ⓒ城堡的監守；城主。

cas·tel·lat·ed [ˋkæstəˌletɪd; ˈkæstəleitid] *adj.* **1** 〈建築物、教會等〉具城堡風格的，構造如城堡的。**2** 多城堡的。

cást·er *n.* Ⓒ **1 a** 投擲者。**b** 投票者。**c** 計算者。**d** 分派角色者。**e** 鑄造者，鑄工。**2 a** 調味瓶。**b** 放調味瓶的架子。**3** (鋼琴、椅子等的)腳輪。

caster 3

cáster sùgar *n.* ＝castor sugar.

cas·ti·gate [ˋkæstəˌget; ˈkæstigeit] *v.t.* **1** 譴責；懲戒，鞭打〈某人〉。**2** 嚴厲批評〈某人、行為等〉。

cas·ti·ga·tion [ˌkæstəˋgeʃən; ˌkæstiˈgeiʃn] **《castigate 的名詞》—n.** ⓊⒸ **1** 鞭打，譴責，懲戒。**2** 嚴厲批評，苛評。

Cas·tile [kæsˋtil; kæˈstiːl] *n.* 卡斯提爾《西班牙中北部地方，古代建有王國》。

Castíle sóap **《源自製造地的地名》—n.** Ⓤ橄欖香皂。

Cas·til·ian [kæsˋtɪljən; kæˈstiliən] **《Castile 的形容詞》—** *adj.* 卡斯提爾的。

—n. 1 Ⓒ卡斯提爾人。**2** Ⓤ卡斯提爾語《標準西班牙語》。

cást·ing *n.* **1 a** Ⓤ鑄造。**b** Ⓒ鑄造物，鑄件：a bronze ～ 青銅鑄件。**2** Ⓤ釣線的拋下。**3** Ⓒ **a** 蛇蛻下的皮，空殼。**b** 蚯蚓(堆在地上的)糞便。**4** Ⓤ《戲劇》角色分派。

cásting nèt *n.* ＝cast net.

cásting vóte *n.* Ⓒ(贊成票與反對票相等時，主席所作的)決定性投票(decisive vote)。

cást íron *n.* Ⓤ鑄鐵。

cást-íron *adj.* **1** 生鐵[鑄鐵]製的。**2 a** 〈規則等〉嚴格的。**b** 〈胃等〉健康的，強壯的，結實的：a ～ stomach 健康的胃。**c** 〈證據等〉難以推翻的。

‡cas·tle [ˋkæsl; ˈkɑːsl] **《源自拉丁文「小城堡」之義》—n.** Ⓒ **1 城**，**城堡**：A man's [An Englishman's] house is his ～. 《諺》男人[英國人]的家就是他的城堡《不容許他人侵入》。**2** 大宅邸，公館(mansion). **3** 《西洋棋》城形棋子(⇨rook²).

build cástles [**a cástle**] **in the áir** [**in Spáin**] 築空中樓閣，沉迷於幻想，做白日夢。

castle 1

【字源】法語中有「西班牙城」、「亞洲城」的說法。對於從前的歐洲人來說，在空中、在古時候回教徒摩爾人(Moors)王國所在的西班牙、或在其他非基督徒所居住的遙遠的亞洲築城，當然都是「不可能的事、夢中事」，因而有「在空中[在西班牙]築城」的說法。

C

—*v.t.* 〔十受〕 **1** 以城堡圍住[防衛]…；把…置於城堡中。**2**《西洋棋》用城棋護〈王棋〉。—*v.i.*《西洋棋》用城棋防守。
cás·tled *adj.* 〈地區〉有城堡的。
cást nèt *n.* Ⓒ撒網。
cást-òff *adj.* [用在名詞前] **1** 脫下來的〈衣服等〉；(衣服穿舊而)被丟棄的。**2** 被遺棄的，被拋棄的〈人〉。
cást·òff *n.* Ⓒ **1** 被遺棄[拋棄]的人[物]。**2** [常 ～s] 舊衣服。
cas·tor[1] [ˋkæstɚ; ˈkɑːstə] *n.* **1** Ⓤ海狸香《藥品、香水的原料》。**2** Ⓒ海狸皮帽。
cás·tor[2] *n.* ＝caster 2, 3.
cástor bèan *n.*《美》Ⓒ **1** 蓖麻子。**2** ＝castor-oil plant.
cástor óil *n.* Ⓤ蓖麻油。
cástor-óil plànt *n.* Ⓒ《植物》蓖麻《可從其種子中採取蓖麻油》。
cástor sùgar 《由於裝在調味瓶中，可從頂蓋細孔灑出》—*n.* Ⓤ《英》細白砂糖。
cas·trate [ˋkæstret; ˈkæstreit, kæˈstreit] *v.t.* **1** 將〈男子、雄性動物〉去勢，閹割。**2 a** 去掉…的骨頭[魚刺]。**b** 刪改〈書籍等〉不好的部分。
cas·tra·tion [kæsˋtreʃən; kæˈstreiʃn] 《castrate 的名詞》—*n.* ⓊⒸ **1** 去勢，閹割。**2 a** 去骨頭[魚刺]。**b** 刪改(部分)。
cas·tra·to [kæˋstrɑto; kæˈstrɑːtou] 《源自義大利語》—*n.* Ⓒ (*pl.* **cas·tra·ti** [-ti; -tiː])《音樂》閹唱者，閹歌手《主要在十七至十八世紀的義大利，為保持其變聲前似女聲的高音而被閹割的男歌手》。
Cas·tro [ˋkæstro; ˈkæstrou], **Fi·del** [fɪˋdɛl; fiˈdel] *n.* 卡斯楚《1927－；古巴的改革及政治領袖；1959－76 期間為總理，自 1976 年後為總統》。
cást stéel *n.* Ⓤ鑄鋼。
***ca·su·al** [ˋkæʒuəl, -ʒul; ˈkæʒjuəl] 《源自拉丁文「發生之事的」之義》—*adj.* (more ～；most ～) **1 偶然的**，偶發的，意想不到的，突然的，意料之外的：a ～ meeting 偶然的相見/a ～ visitor 意想不到的訪客；不速之客。
2 [用在名詞前] **a** 即席的，臨時想起的；若無其事的(⇨ random【同義字】)：a ～ remark 臨時想到的話，信口而出的話。**b** 表面的，膚淺的，淡薄的〈交涉、友誼等〉：a ～ friendship 淡薄的友誼《泛泛之交》。
3 (無比較級、最高級) [用在名詞前] 非經常的，臨時的，不定期的：～ expenses 臨時開支，雜費/～ labor 臨時工作，零工/a ～ laborer 臨時工，散工。
4 〈人、態度等〉漫不經心的，不在乎的，隨便的；反覆無常的，馬馬虎虎的：a very ～ sort of person 非常反覆無常的人。
5 〈衣服等〉平常穿的，非正式的：～ wear 便服，便裝。
—*n.* **1 a** Ⓒ臨時工人，零工；流浪者。**b** [～s]《英》接受臨時救濟的人。**2** Ⓒ [常 ～s] **a** 便服。**b** 便鞋。
～·**ness** *n.*
cá·su·al·ly [-ʒuəlɪ, -ʒulɪ; -ʒjuəli] *adv.* **1** 偶然地；不在意地，漫不經心地。**2** 意料之外地，忽然地。**3** 臨時地。**4** 簡便地，平常地。
ca·su·al·ty [ˋkæʒuəltɪ, -ʒultɪ; ˈkæʒjuəlti] 《源自 casual 拉丁文的名詞》—*n.* Ⓒ **1** 意外的災難；橫禍；意外的傷害：～ insurance 意外保險。
2 a (意外事故造成的)死傷(者)：heavy [slight] *casualties* 慘重[輕微]的傷亡。**b**《軍》(戰時的)死傷人數。
ca·su·ist [ˋkæʒuɪst; ˈkæzjuist] *n.* Ⓒ **1** 決疑者(⇨casuistry 1)。**2** 詭辯家(sophist)。
ca·su·is·tic [ˌkæʒuˋɪstɪk; ˌkæzjuˈistik˝] *adj.* **1** 決疑(論)的，決疑者的。**2** ＝casuistical.
cà·su·is·ti·cal [-tɪkḷ; -tikl˝] *adj.* 詭辯的。～·**ly** *adv.*
ca·su·ist·ry [ˋkæʒuɪstrɪ; ˈkæzjuistri] *n.* Ⓤ **1**《哲》決疑論《按照社會的慣例或教會等的律法，判斷行為道德的正邪》。**2** 詭辯，牽強附會。
ca·sus bel·li [ˋkesəsˋbɛlaɪ; ˌkɑːsusˈbeliː, ˌkeisəsˈbelai] 《源自拉丁文 'case of war' 之義》—*n.* Ⓒ (*pl.* ～) 戰爭的原因；開戰的理由。
‡**cat** [kæt; kæt] *n.* **1** Ⓒ **a** 貓《★ 相關用語 公貓是 tomcat，母貓是 she-cat，斑貓是 tabby，花貓是 tortoiseshell cat；小貓是 kitten，暱稱 puss，兒語則為 kitty, pussy；貓叫聲為 mew 或 meow，交配期的叫春是 caterwaul，心情愉快地發出呼嚕呼嚕的喉頭聲是 purr，生氣時的吼叫聲是 spit》：There wasn't room to swing a ～ (in). ⇨swing *v.t.* 1 c/A ～ has nine lives. 貓有九條命/A ～ [Even a ～] may look at a king.《諺》貓也可以看國王《身分卑微者也有其該享有的權利》/Care killed the [a] ～.(⇨care *n.* 1)/Curiosity killed the ～.《諺》好奇心甚至會置貓於死地《別太好奇》/When the ～'s away, the mice will play.《諺》貓兒一走，老鼠造反《閻王不在，小鬼翻天》。

> 【說明】據中世紀的迷信，魔鬼喜愛黑貓，女巫也飼養著貓。但在古羅馬時代，貓是自由的象徵，據說牠是最反對受拘束的動物。在古代埃及，貓則是神聖的，象徵賦予生命之太陽熱的女神像，就有著貓頭。據說在當時，即使非故意的殺死貓，都會被處以死刑。而在英美，貓與狗是感情不睦的典型(cf. cat-and-dog)。

b《動物》貓科的動物《獅(lion)，虎(tiger)，山貓(lynx)等》。**2** Ⓒ壞心眼的女人。**3** Ⓒ《俚》**a** 爵士狂《人》。**b** 男子，傢伙。**c** ＝cat burglar. **4** [the ～]《口語》＝cat-o'-nine-tails. **5** Ⓒ六腳器《無論怎麼放置均有三腳著地；為爐邊用具》。**6**《口語》＝caterpillar 3 b. **7** ＝cathead; catboat.
béll the cát 在貓的脖子上掛鈴鐺；(為大家而)主動去做危險[不愉快]的事。

> 【字源】本片語源自伊索寓言(*Aesop's* Fables)，故事的大意是：老鼠為了要知道貓的接近，議決在貓的脖子上繫個鈴鐺，可是找不到任何勇者去執行這個任務。

enóugh to màke a cát láugh 〈事情〉非常可笑[滑稽]的：It's *enough to make a* ～ *laugh.* 那真可笑。
fíght like Kilkénny [kɪlˋkɛnɪ; kilˈkeni] **cáts** 雙方戰到死為止，死鬥，死拚。

> 【字源】源自一則故事說在愛爾蘭的基爾肯尼(Kilkenny)有人把兩隻貓的尾巴繫在一起，使牠們互鬥，後來為使牠們停戰而將尾巴剪開，不料雙方卻因此而開始打架互咬，最後吞食對方只剩下尾巴。

grín like a Chéshire cát ⇨Cheshire.
Hàs the cát gòt your tóngue?《口語》怎麼不說話了？《★用法 對因恐懼、膽怯而不出聲的對方(多半為小孩)說的話》。
It ráins [còmes dówn] cáts and dógs. [常用於進行式]《口語》大雨傾盆。

> 【字源】關於 cats and dogs 為什麼有「傾盆大雨」的意思，雖沒有一定的說法，但一般都認為受到北歐傳說的影響。北歐的傳說認為貓對天氣具有很大的影響力，乘大風雨而來的女巫就是化身為貓；狗和狼也同為颶風的前兆，而狗是「暴風雨之神」歐丁(Odin)的侍從。換句話說，貓被視為傾盆大雨的象徵，而狗則是暴風雨時颶強風的象徵。

lánd like a cát ＝land on one's feet (⇨foot 成語)。
lèt the cát òut (of the bág)《口語》(不小心)洩漏了祕密(cf. The CAT is out of the bag.)。

> 【字源】「袋中小豬」(a pig in a poke)這一句話是指自古在交易上就有的欺騙手法，企圖以貓代替未斷奶的小豬矇騙買主，因此，「自袋中取出非小豬的貓」就具有「無意中讓對方看到真相」的意思。

líke a cát on a hót tín róof《美》＝《英》**like a cát on hót bricks**《口語》像熱鍋上的螞蟻，坐立[焦躁]不安《★源自「好像熱鐵皮屋頂[熱磚]上的貓」之意》。
nót hàve a cát in héll's chánce 完全沒有機會。
pláy cát and móuse with a person 把〈某人〉當做玩物，愚弄[戲弄]〈某人〉《★源自「貓捉老鼠」的兒戲》。
pùt [sèt] the cát amòng the pígeons《口語》(將該保密的事洩漏等而)引起風波[騷動]《★源自「把貓放進鴿子中」之意》。
sée [wátch] whìch wáy the cát will júmp＝wáit for the cát to júmp《口語》觀望形勢，伺機而動。
The cát is òut of the bág. 祕密洩漏了(cf. let the CAT out (of the bag))。
—*v.t.* (**cat·ted**；**cat·ting**) 〔十受〕《航海》把〈錨〉自水面吊到錨架(cathead)上。
—*v.i.* 〔動(十副)〕《美俚》〈男人〉獵女人，嫖妓〈*around*〉。
cat. (略) catalog(ue)。
cat(·a)- [kæt(ə)-; kæt(ə)-] 字首 表示「向下」「反對…」「在整個…期間內」「完全」之意。
cat·a·bol·ic [ˌkætəˋbɑlɪk; ˌkætəˈbɔlik] *adj.*《生物》分解代謝[作用]的(↔ anabolic)。
ca·tab·o·lism [kəˋtæbḷˌɪzəm; kəˈtæbəlizəm] *n.* Ⓤ《生物》分解代謝，分解作用(↔ anabolism；cf. metabolism)。
cat·a·clysm [ˋkætəˌklɪzəm; ˈkætəklizəm] *n.* Ⓒ **1** (政治上、社會上的)大變動，劇變；大動亂，破壞(性的變化)《革命、戰爭等》。**2 a**《地質》(地殼的)劇變《地震等》。**b** 大洪水(deluge)。
cat·a·clys·mic [ˌkætəˋklɪzmɪk; ˌkætəˈklizmik˝] *adj.*
cat·a·comb [ˋkætəˌkom; ˈkætəkuːm, -koum] *n.* **1** Ⓒ [常 ～s] 地下墓地。**2** [the Catacombs] (羅馬的)地下墓穴《早期成為基督教徒避難處的地下墓地》。
cat·a·falque [ˋkætəˌfælk; ˈkætəfælk] *n.* Ⓒ **1** 靈柩台。**2** 無蓋的靈柩車(open hearse)。
Cat·a·lan [ˋkætḷən, -ḷˌæn; ˈkætələn, -læn] *adj.* **1** 加泰隆尼亞(地方)的(⇨Catalonia)。**2** 加泰隆尼亞人[語]的。
—*n.* **1** Ⓒ加泰隆尼亞人。**2** Ⓤ加泰隆尼亞語。

cat·a·lep·sy [ˋkætḷ͵ɛpsɪ; ˈkætəlepsi] *n.* Ⓤ〖醫〗強直性昏厥，僵強症。

cat·a·lep·tic [͵kætḷˋɛptɪk; ˌkætəˈleptik←] «catalepsy 的形容詞» —*adj.* 強直性昏厥的，僵強症的。

—*n.* Ⓒ強直性昏厥[僵強症]患者。

cat·a·log, cat·a·logue [ˋkætḷ͵ɔg, -͵ɑg; ˈkætəlɔg] «源自希臘文「全部列舉」→「名單」之義» —*n.* Ⓒ(★[語形]《美》多半用 catalog,《英》用 catalogue) **1 a** (商品、書籍等的)**目錄**，一覽表：a ~ *of* new books 新書目錄。**b**〖圖書館學〗圖書[藏書]目錄：a library ~ 圖書目錄/a card ~ index 卡式目錄索引。
2 列記的表，一覽表(list)：a ~ *of* gifts 贈品一覽表。
3《美》大學概況手冊，大學的學校周年大事表(《英》calendar).
—*v.t.* 〔十受〕製作…的目錄；把…編入目錄；把…編目分類；登記，記載…。
—*v.i.* 作目錄，編入目錄；分類。

cát·a·lòg(u)·er *n.* Ⓒ編目錄者。

Cat·a·lo·nia [͵kætḷˋonɪə; ˌkætəˈlounjə←] *n.* 加泰隆尼亞《西班牙東北部的一地區》。

Cat·a·lo·nian [͵kætḷˋonɪən; ˌkætəˈlounjən←] *adj., n.* ＝Catalan.

ca·tal·pa [kəˋtælpə; kəˈtælpə] *n.* Ⓒ〖植物〗梓樹屬的植物。

cat·a·lyse [ˋkætḷ͵aɪz; ˈkætəlaiz] *v.t.*《英》＝catalyze.

ca·tal·y·sis [kəˋtæləsɪs; kəˈtælisis] *n.* (*pl.* **-ses** [-͵siz; -si:z]) **1** Ⓤ〖化學〗觸媒作用，催化作用，接觸反應：by ~ 由於[藉著]催化[觸媒]作用。**2** Ⓒ誘因。

cat·a·lyt·ic [͵kætḷˋɪtɪk; ˌkætəˈlitik] *adj.*

cat·a·lyst [ˋkætḷɪst; ˈkætəlist] *n.* Ⓒ **1**〖化學〗觸媒。**2** 催化劑。**3** 激發對方的人。

cat·a·lyze [ˋkætḷ͵aɪz; ˈkætəlaiz] «catalysis 的動詞» —*v.t.* **1**〖化學〗使〈物質〉起觸媒作用[催化作用]。
2 a 促使…起化學反應。**b** (給予刺激而)促進〈事物〉。
3 (給予刺激而)使〈事物〉變更[改變]。

cat·a·ma·ran [͵kætəməˋræn; ˌkætəməˈræn] *n.* Ⓒ **1 a** (由數根圓木並列繫成的)木筏《用於印度及南美沿岸》。**b** (由兩艘小船並排連接成的)雙身船。**2**《口語》愛罵人的女人，潑婦。

catamaran 1 b

cat·a·mount [ˋkætə͵maunt; ˈkætəmaunt] *n.* Ⓒ〖動物〗貓科的野獸《山獅(mountain lion)等》；(尤指)美洲獅(cougar)，林狼[大山貓](lynx).

cat·a·moun·tain [͵kætəˋmauntən; ˌkætəˈmauntin] «源自 cat o' mountain 的變體» —*n.* Ⓒ〖動物〗山貓；豹。

cát-and-dóg *adj.* [用在名詞前] (像貓與狗一樣)不睦的，不和的；敵對的：lead a ~ life〈夫妻〉過經常吵架的生活/be on ~ terms 感情不睦，形同水火。

cát-and-móuse *adj.* [用在名詞前] **1** 一追一逃的；折磨人的。**2** 等待最好的攻擊機會的，伺機而動的。

cat·a·pult [ˋkætə͵pʌlt; ˈkætəpʌlt] *n.* Ⓒ **1** (中世紀用以射箭、投擲大石頭等的)石弩，弩炮。**2**《英》(玩具的)彈弓(《美》slingshot). **3**〖航空〗(從航空母艦上)發射飛機的彈射器。**4** 滑翔機彈射器。
—*v.t.* **1** 用石弩射…。**2**《英》用彈弓射擊；用彈弓發射〈石頭等〉。
3 〔十受十副詞(片語)〕把…彈[拋](出[入]…)：be ~*ed from* one's seat 從座位上被拋了出去/be ~*ed into* fame 一躍成名。**4** 用發射器射出〈飛機〉。

catapult 1

—*v.i.* **1** 〈飛機〉以發射器射出。**2** 〔十副詞(片語)〕(猛然)迅速地移動[飛，跳](進[出]…)：~ *into* the air 飛入空中/~ *into* a room 奔進房裏。

cat·a·ract [ˋkætə͵rækt; ˈkætərækt] «源自希臘文「向下摔」之義» —*n.* **1** Ⓒ(垂掛在斷崖上的)急瀑布，大瀑布(cf. cascade 1).
2 Ⓒ[常 ~s] (大河中起白泡的)急流。
3 Ⓒ豪雨；洪水。
4 ⓊⒸ〖醫〗白內障，內障。

ca·tarrh [kəˋtɑr; kəˈtɑ:] *n.* Ⓤ **1**〖醫〗卡他，黏膜炎《發生於鼻、喉等黏膜的炎症》。**2**《俚》感冒。

ca·tarrh·al [kəˋtɑrəl; kəˈtɑ:rəl] *adj.*

***ca·tas·tro·phe** [kəˋtæstrəfɪ; kəˈtæstrəfi] «源自希臘文「翻倒」之義» —*n.* Ⓒ **1 a** (驟然而來的)**慘事**；大災禍(⇨disaster【同義字】)。**b** 嚴重的不幸事件[厄運，災難]。
2 a 慘敗。**b** 毀滅；悲慘的結局。
3 (悲劇性的)結局，收場。
4〖地質〗(地殼等的)突然的大變動[劇變]。

ca·ta·stroph·ic [͵kætəˋstrɑfɪk; ˌkætəˈstrɔfik←] «catastrophe 的形容詞» —*adj.* **1** 大變動的；大災禍的，大災難的。**2** 最後結局的；毀滅(性)的；悲劇(性)的。

cà·ta·stróph·i·cal·ly [-fɪkḷɪ; -fikəli] *adv.*

cát·bìrd *n.* Ⓒ〖鳥〗貓嘲鶇《鶇屬，產於北美；鳴聲似貓》。

cátbird sèat *n.* Ⓒ《美口語》有利的立場：sit in the ~ 處於有利的立場。

cát·bòat *n.* Ⓒ單桅單帆的小帆船。

cát bùrglar *n.* Ⓒ(爬柱、水管等而)由屋頂潛入屋內的竊賊《俗稱飛賊》。

cát·càll *n.* Ⓒ(在聚會、劇場等)仿貓聲的喝倒采噓聲[尖銳的口哨聲]。
—*v.i.* 發出噓聲，喝倒采。

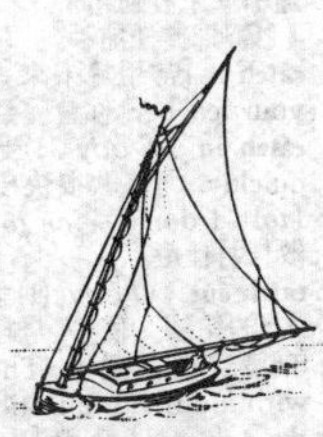

catboat

‡**catch** [kætʃ; kætʃ] (**caught** [kɔt; kɔ:t]) *v.t.* **1 a** 〔十受〕(追)捕，捕捉，逮捕…：~ a thief 逮捕小偷/Cats ~ mice. 貓捉老鼠/He has been *caught* several times for speeding. 他因超速已被抓了好幾次。

【同義字】catch 是表示捉人、物等之意的最普通用語；capture 是排除抵抗、困難後加以捕捉；trap 是利用陷阱[圈套]捕捉。

b 〔十受(十介十(代)名)〕〔用陷阱、網等〕捕捉…〔*in*〕：The rat was *caught in* a trap. 那隻老鼠被捕鼠器[陷阱]捉住了。
2 a 〔十受〕(在中途)**接住**〈被扔出的東西〉：~ a ball 接住球，接球。**b** 〔十受十副〕接住球使〈打擊者〉出局〈*out*〉。
3 a 〔十受〕(突然或用力地)**抓住**，握住〈手脚等〉：~ a person's arm 抓住某人的手臂。**b** 〔十受十介十名〕抓住〈某人〉〔手脚等〕〔*by*〕(《★[比較]較義 3 a 的說法普遍；★[用法]在表示身體部位的名詞前加 the》：~ a person *by the* arm 抓住某人的手臂/He *caught* me *by the* collar. 他抓住我的衣領。
4 a 〔十受 十do*ing*〕撞見〈某人〉〈在做…〉：I *caught* the boy steal*ing* fruit from our orchard. 我撞見那個男孩在偷我們果園裡的水果/⇨catch a person NAPPING (⇨nap[1] 成語)/You'll never ~ me do*ing* that!《美口語》你絕對看不到我做那種事！我決不做那種事！**b** 〔十受十副詞(片語・子句)〕發現〈某人〉〈在做…〉；〈某人〉〈在做…時〉突然被發現[撞見]：He was *caught in* the act. 他當場被捉住[是現行犯]/Mother *caught* me just as I was leaving the house. 我正要出門時正好被我母親撞見。
5 a 〔十受〕〈釘子、衣服等〉鉤住，纏住，絆住…：Her sleeve *caught* the coffee cup and knocked it to the floor. 她的衣袖絆到咖啡杯而把它打翻在地上。**b** 〔十受十介十(代)名〕使…掛在〔釘子上〕；使〈衣服等〉被〔…〕絆[纏]住，使…夾在〔二物之間〕〔*on, in, between*〕：She *caught* her coat *on* a hook. 她的外套給鉤子鉤住了/I *caught* my foot *on* a leg of the table. 我的脚被桌脚絆到了/He *caught* his fingers *in* the door. 他的手指被門夾到了/My bicycle got *caught* ***between*** two cars. 我的脚踏車被夾在兩輛汽車之間。
6 〔十受〕**a** 著〈火〉：Paper ~*es* fire easily. 紙容易著火。**b** 感染[罹患]〈疾病〉：~ (a) cold 感冒/~ a disease (因感染而)患病。
7 〔十受〕**a** 〈暴風雨等〉襲擊〈人〉(《★常用被動語態，介系詞用 *in, by*》：We *were caught in* a shower. 我們遇到驟雨[爲驟雨所困]。**b** 突襲…：~ the enemy unawares 冷不防地突襲敵人。
8 a 〔十受十介十名〕〈掉落物、打擊等〉擊中〈某人〉〔身體的某部位〕〔*on, in*〕(《★[用法]在表示身體部位的名詞前加 the》：A stone *caught* me *on the* nose. 石頭打中了我的鼻子/The bullet *caught* the captain *in the* throat. 子彈射中了隊長的喉嚨。**b** 〔十受十受/十受十介十(代)名〕給予〈某人〉〈打擊〉；給予〈某人〉〔打擊〕〔*with*〕：I *caught* him one *on* the jaw.＝I *caught* him on the jaw ***with*** an uppercut. 我以上鉤拳打了他的下巴一拳。
9 〔十受〕趕上…(↔ miss)：~ the train [bus] 趕上火車[公共汽車]/~ the mail [post] 趕上收郵件的時間。
10 〔十受〕**a** 引起〈人的注意等〉：Beauty ~*es* the eye. 漂亮的東西引人注目/The child tried to ~ my attention. 那個小孩想要引起我的注意。**b** 吸引〈視線〉：I couldn't ~ the waiter's eye for some time. 我等了好一會兒都無法吸引服務生的視線[我不能使服務生注意到我]。
11 〔十受〕**a** 聽懂，了解，領悟〈話等〉：I could not ~ what he said. 我聽不懂他說什麼。**b** 〈感覺〉感受到…：He *caught* the smell of something burning. 他聞到有東西燒焦的氣味/⇨catch GLIMPSE of.
—*v.i.* **1** 〔十介十(代)名〕**a** 想抓住〔…〕〔*at*〕：A drowning man will ~ ***at*** a straw.《諺》即將溺斃的人連一根草也想抓住《慌不擇路》。**b** (迫不及待地)抓住〔機會〕，接受〔提議〕〔*at*〕：~ ***at*** a good chance 抓住一個好機會。

2 a 〈鎖等〉鎖住：Did the lock [anchor] ～? 鎖[錨]鎖牢[鉤住]了嗎？**b** 〔十介十(代)名〕掛〔在…上〕；繞[絆，纏]住〔…〕〔*on, in*〕：My sleeve has *caught* ***on*** a nail [***in*** the door]. 我的袖子被釘子鉤住[被門夾住]了。

3 a 〈東西〉著火，〈火〉燒著：The fire has *caught.* 著火了/Tinder ～*es* easily. 火絨[火種]容易著火。**b** 〈引擎等〉起動，發動：It took several minutes before the engine *caught.* 隔了好幾分鐘引擎才發動起來。

4 《棒球》擔任捕手。

cátch it [常用於未來式]《口語》挨罵，受罰：You'*ll* ～ *it* from your teacher. 你會受到老師的責罵。

cátch ón 《*vi adv*》(1)受歡迎，流行，風行：The song *caught on* quickly. 那首歌很快受到歡迎。(2)明白〔…的〕意思，領會〔…〕〔*to*〕：I don't ～ *on to* what you're driving at. 我不明白你想要做[說]什麼。

cátch óut 《*vt adv*》(1)⇨*v.t.* 2b. (2)[～＋受＋ out] 看出[發覺]〈某人〉的錯誤，使〈人〉無法回答問題：John was *caught out.* 約翰的錯誤被發覺了/The examiner tried to ～ the students *out* with a difficult question. 考試官企圖以難題考倒學生們。(3)[～＋受＋ out] 識破[看出]〈某人〉〔虛僞，謊言等〕〔*in*〕：The teacher *caught* Jack *out in* a lie. 老師識破傑克的謊言。

cátch úp 《*vt adv*》(1)急忙拿[舉]起…：She *caught up* her purse and ran out. 她急忙拿起手提包跑出去。(2)追上〈某人〉：He has gone so far we cannot ～ him *up.* 他已走得那麼遠，我們追不上。(3)使〈人〉熱衷[於…]，使〈人〉〔對…〕入迷；使〈人〉受到〔…的〕感染《★常用被動語態》：We *were caught up in* the excitement of the crowd. 羣衆的激動情緒感染了我們。(4)把〈人〉捲入〔事件等〕〔*in*〕《★常用被動語態》：He *was* [*got*] *caught up in* a bribery scandal. 他被捲入受賄醜聞。—《*vi adv*》(5)追上，趕上〔…〕〔*with*〕：Go on ahead. I'll soon ～ *up* (*with* you). 你先走，我很快會趕上(你)/We cannot ～ *up with* fast increases in the cost of living. 我們無法趕上生活費用的飛速上漲。(6)趕[追]上〔落後的工作等〕〔*on*〕：I *caught up on* my reading during my vacation. 我在休假期間把落後的閱讀進度趕上了。

—*n.* **1 a** Ⓒ捕捉；接球：take a fine [nice] ～ 漂亮地接球/miss a ～ 漏接球。**b** Ⓤ接球練習：play ～ 玩接球遊戲。

2 Ⓒ捕獲物；漁獲量：(get) a good [fine, large] ～ (of fish) 捕獲大量(的魚)，漁獲量甚豐。

3 Ⓒ《口語》(結婚的)好對象；意外找到的好東西。

4 Ⓒ掛鉤，鎖環，把手：the ～ of the door 門的掛鉤/the ～ on a suitcase 旅行箱的鉤環。

5 Ⓒ(聲音)哽塞，哽噎：He spoke with a little ～ in his voice. 他有點哽塞地說。

6 Ⓒ《口語》(引人上當的)陷阱，圈套，詭計：There's a ～ to this question. 這個問題有詐[容易答錯]。

7 Ⓒ《音樂》輪唱(曲)；片段：～*es* of a song 一首歌的幾個片段。

—*adj.* [用在名詞前] **1** 有陷阱的[有詐的]〈問題等〉。**2** 引起興趣的：a ～ line 引人注意的宣傳詞句[標語]。

cátch·àll *n.* Ⓒ **1** 裝雜物的東西《袋子、箱子等》；存放雜物的地方《庫房、雜物房等》。**2** 總括性的東西。

—*adj.* [用在名詞前] 包含一切的，多用途的：a ～ term 總括性的字[片語]。

cátch-as-cátch-cán *n.* Ⓤ自由式摔角《各種抓法都可使用的蘭開夏式摔角》。

—*adj.* [用在名詞前] 隨便的，無章法的，無計畫的：in a ～ fashion 無計畫地。

cátch cròp *n.* Ⓒ《農》間作作物。

catch·er [ˈkætʃɚ; ˈkætʃə] *n.* Ⓒ **1 捕捉者[物]。2** 《棒球》**捕手。3** 捕鯨船。

cátch·flỳ *n.* Ⓒ《植物》捕蟲草；捕蟲植物《如瞿麥等》。

cátch·ing *adj.* **1** 〈疾病等〉有傳染性的，易於傳染的：Colds are ～. 感冒是有傳染性的。**2** 引人注目的，有魅力的，迷人的。

cátch·ment [-mənt; -mənt] *n.* **1 a** Ⓤ集水，蓄水，蓄貯的水。**b** Ⓒ集水[蓄水]量。**2** ＝catchment area 1.

cátchment àrea *n.* Ⓒ **1** 《地理》(蓄水地等的)集水區；(河川的)流域。**2** (學校、醫院、政府機關等的)管轄區域。

cátchment bàsin *n.* ＝catchment area 1.

cátch·pènny *adj.* [用在名詞前] **1** 花俏而不值錢的，迎合時尚的。**2** 僅著眼於賣錢的：a ～ book [show] 著眼於賣錢的[迎合大衆口味的]書籍[表演]。

—*n.* Ⓒ迎合時尚的商品，花俏而不值錢的東西。

cátch·phràse *n.* Ⓒ引人注目的新奇詞句，流行的口號；標語。

Cátch-22 [-ˌtwɛntɪˈtu; -ˌtwentiˈtu:] 《源自美國作家 J. Heller 的小說名》**—*n.*** Ⓒ (*pl.* ～'s, ～s)《口語》無可奈何的矛盾(狀態)，進退兩難的狀態；難以逾越的障礙。

catch·up [ˈkætʃəp; ˈkætʃəp] *n.* ＝catsup.

cátch·wòrd *n.* Ⓒ **1** 標語，口號。**2** 標題字，書眉《字典或目錄等頁上端之該頁的首字或末字》。**3** (台詞的)提示。

catch·y [ˈkætʃɪ; ˈkætʃi] *adj.* (**catch·i·er**; **-i·est**)《口語》**1 a** 〈標語等〉抓住人心的，吸引人注意的，使人產生興趣的，動人的。**b** 〈樂曲等〉(令人喜愛而)容易記的：a ～ song 容易記的歌。**2** 〈問題等〉容易使人上當[答錯]的。**3** 〈風等〉斷斷續續的，反覆不定的。

cat·e·chet·ic [ˌkætəˈkɛtɪk; ˌkætiˈketik⁻] *adj.* ＝catechetical.

cat·e·chet·i·cal [ˌkætəˈkɛtɪkl; ˌkætiˈketikl⁻] *adj.* **1** 問答式(教學法)的。**2** 《教會》教義問答的。

cat·e·chise [ˈkætəˌkaɪz; ˈkætikaiz] *v.* ＝catechize.

cat·e·chism [ˈkætəˌkɪzəm; ˈkætikizəm] *n.* **1** 《教會》**a** Ⓤ教義問答(cf. 2). **b** Ⓒ教義問答教本。**2** [**the C～**] **a** (英國國教的)公衆聚會問答《有關祈禱書(the Book of Common Prayer)中的信仰教義問答；供受堅信禮(confirmation)的青年男女學習用》。**b** 《天主教》公衆教義教科書。**3** Ⓤ問答式的教學(法)。**4** Ⓒ接二連三的質問，詳細盤問：put a person through a [his] ～ 連續質問某人。

cát·e·chist [-kɪst; -kist] *n.* Ⓒ傳道師；盤問者；採用問答式教學者。

cat·e·chize [ˈkætəˌkaɪz; ˈkætikaiz] *v.t.* **1** 以問答方式教〈人〉教義等。**2** 連續口試〈某人〉；仔細盤問〈某人〉。**cát·e·chiz·er** *n.*

cat·e·chu·men [ˌkætəˈkjumən; ˌkætiˈkju:men] *n.* Ⓒ **1** 接受基督教教義者，求道者，新信徒。**2** (學問等的)入門者，初學者。

cat·e·gor·i·cal [ˌkætəˈgɔrɪkl; ˌkætiˈgɔrikl⁻] 《category 的形容詞》**—*adj.*** **1** 範疇的，屬於[形成]某範疇的，分門別類的。**2** 絕對的；〈答覆、陳述等〉斷定的，明確的。**3** 《邏輯》斷言的，斷定的。

～·ly [-klɪ; -kəli] *adv.*

cat·e·go·rize [ˈkætəgəˌraɪz; ˈkætigəraiz] *v.t.* 把…分類；將…歸類。

cat·e·go·ry [ˈkætəˌgorɪ, -ˌgɔrɪ; ˈkætigəri] 《源自希臘文「責難，主張」之義》**—*n.*** Ⓒ **1** 《邏輯・語言》範疇，範圍：a grammatical ～ 文法範疇《性別、數、格、人稱等》。**2** 部門，分類，種類：They were put into [placed in] two *categories.* 他們被分成兩個部門[兩類]。

cat·e·nate [ˈkætnˌet; ˈkætineit] *v.t.* 使…(連接)成鎖狀。

cat·e·na·tion [ˌkætəˈneʃən; ˌkætiˈneiʃn] *n.*

ca·ter [ˈketɚ; ˈkeitə] *v.i.* 〔十介十(代)名〕**1** 承辦〔宴席等的〕酒菜[服務(等)]，〔爲…〕供應酒菜〔*for*〕《★可用被動語態》：Our hotel also ～*s* ***for*** weddings and parties. 本飯店也承辦婚禮、宴會。**2** 提供〔娛樂〕；滿足〔要求〕，迎合〔需求〕〔*to, for*〕：programs ～*ing* ***to*** the interests of boys 迎合[滿足]男孩興趣的節目。

—*v.t.* 提供〈宴席等〉的酒菜(與服務)。

cat·er-cor·ner, cat·er-cor·nered [ˈkætɚˌkɔrnɚ(d), -tɚ-; ˌkeitəˈkɔ:nə(d)⁻] 《美》*adj.* 成對角線的，斜的，歪的。

—*adv.* 成對角線地，斜地，歪地：walk ～ across the road 斜越馬路。

cá·ter·er [-tərɚ; -tərə] *n.* Ⓒ **1** 備辦(宴席的)酒菜者。**2** (旅館、飯館等)負責籌辦宴席的人。

cat·er·pil·lar [ˈkætɚˌpɪlɚ, -tɚ-; ˈkætəpilə] 《源自古法語「多毛的貓」之義》**—*n.*** Ⓒ **1 毛蟲**《蝴蝶、蛾的幼蟲》。**2** 履帶，鏈軌。**3 a** (又作 **cáterpillar tráctor**) 履帶牽引車。**b** 履帶車《戰車、推土機、壓路機等》。

> **【字源】** 自「多毛的貓」之義的法語變爲英語的字，是對毛蟲的印象而產生的名稱。前半的 cater 相當於英語的 cat，後半的 pillar 則等於英語的 hairy(多毛的)。

cat·er·waul [ˈkætɚˌwɔl; ˈkætəwɔ:l] *v.i.* **1** 〈交配期的貓〉叫春(⇨cat 相關用語)。**2 a** (像貓叫春似地)叫。**b** (像貓似地)互相咆哮，爭吵。

—*n.* Ⓒ **1** (貓的)叫春聲。**2** 互相咆哮[爭吵](的聲音)。

cát fight *n.* Ⓒ激烈的爭論。

cát·fish *n.* Ⓒ (*pl.* ～, ～**es**)《魚》鯰魚。

cát·fòot *v.i.* (如貓走路般)悄悄地移動。

cát·fòoted *adj.* **1** 貓足似的。**2** 〈走路〉悄悄的；偷偷摸摸的。

cát·gùt *n.* Ⓤ腸弦，腸線(gut)《由羊腸製成，用作弦樂器、球拍的弦線或外科手術的縫線等》。

Cath. 《略》Cathedral；Catherine；Catholic.

Cath·a·rine [ˈkæθrɪn, -θərɪn; ˈkæθərin] *n.* 凱莎琳《女子名》。

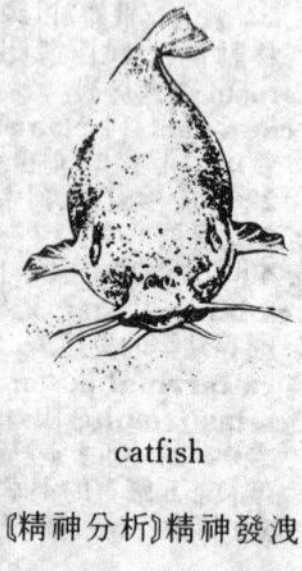
catfish

ca·thar·sis [kəˈθɑrsɪs; kəˈθɑ:sis] 《源自希臘文「淨化，排泄」之義》**—*n.*** (*pl.* **-thar·ses** [-siz; -si:z]) ⓊⒸ **1** 情感的淨化作用，精神發洩：**a** 《哲・美術》由觀賞悲劇等想像的經驗而獲得的情感淨化。**b** 《精神分析》精神發洩

[宣洩]療法《讓病患說出自己的苦惱，以消除造成苦惱的感情抑壓》。**2**〖醫〗(使用瀉劑的)導瀉，通便。

ca·thar·tic [kə'θɑrtɪk; kə'θɑ:tik] «catharsis 的形容詞»——*adj.* **1** (引起)情感的淨化作用的。**2** 排便的；瀉劑的。——*n.* Ⓒ瀉藥。

Ca·thay [kə'θe, kæ'θe; kæ'θei, kə'θei] *n.*《古・詩》中國(China).

cát·hèad *n.* Ⓒ〖航海〗(船頭兩側的)繫錨架。

ca·the·dra [kə'θidrə; kə'θi:drə] *n.* Ⓒ **1** (在教區內主要教堂中的)主教座。**2**〈大學教授等的〉講座；任何權威人士之座位。

ca·the·dral [kə'θidrəl; kə'θi:drəl] «源自拉丁文「有主教座位的(寺院)」之義»——*n.* Ⓒ **1** (天主教、英國國教等的)**大教堂**，主教座位教堂；總教堂。

> 【說明】英國國教教會、天主教教會把全國分成幾個教區(diocese)，有監督該教區主教(bishop)所在的教會，就是cathedral, 那裏有主教所坐的椅子(cathedra)，所以正式的稱呼該是主教座位教堂。

2 大聖堂，大會堂。

——*adj.* **1** [用在名詞前]有主教座位的。**2** [用在名詞前] **a** 有大教堂的：a ～ city有大教堂的都市。**b** 屬於大教堂的。**3** 有權威性的〈發言等〉。

Cath·er ['kæðɚ; 'kæðə], **Wil·la** (**Si·bert**) ['wɪlə('sibɚt); 'wilə('si:bət)] *n.* 加茲爾《1876–1947；美國女小說家》。

Cath·e·rine ['kæθrɪn, 'kæθərɪn; 'kæθərin] *n.* 凱莎琳《女子名；暱稱 Cathy, Kate, Kitty》。

Cátherine whèel «源自受此刑罰的女殉教者之名»——*n.* Ⓒ[有時 c～ w～] **1** =pinwheel 2. **2** 車輪形窗，玫瑰形窗。

cath·e·ter ['kæθətɚ; 'kæθitə] *n.* Ⓒ〖醫〗導管；(尤指)導尿管。

cath·ode ['kæθod; 'kæθoud] *n.* Ⓒ〖電學〗(↔ anode) **1** (電解槽、電子管的)陰極。**2** (蓄電池等的)陽極。

cáthode rày *n.* Ⓒ〖電學〗陰極射線。

cáthode-rày tùbe *n.* Ⓒ〖電子〗(電視等的)陰極射線管，電子射線管《★比較 Braun tube 的說法已不常用》。

***Cath·o·lic** ['kæθəlɪk, 'kæθlɪk; 'kæθəlik, 'kæθlik] ——*adj.* (more ～ ; most ～) **1** (無比較級、最高級) **a** (對新教(Protestant)而言的)(羅馬)**天主教教會的，舊教的**。

> 【字源】原義是「普遍的，與全體有關的」，並沒有宗教上的意義，但後來用作「全世界的人該相信的普遍性宗教」之義，稱以羅馬爲中心的西方教會爲(Roman) Catholic；以英國國教教會爲中心的，爲 Anglo-Catholic.

b (對希臘東方正教(Orthodox)教會而言的)西方教會(Western Church)的。**c** (分裂成東西教會前的)全基督教會的。**2** [c～] **a** 普遍的，一般性的；衆人關心的，衆人共同的。**b**〈了解、興趣等〉廣泛的，不偏於一方的。**c** [不用在名詞前]〔十介十(代)名〕〈人〉〔對…〕寬容的，度量大的，寬大的〔*in*〕: He is *c～ in* his tastes [studies]. 他的興趣[研究]很廣泛。

——*n.* Ⓒ(羅馬)天主教徒，舊教徒。

> 【說明】以羅馬教宗(Pope)爲首，擁有超過七億信徒的世界最大宗教組織。法國、義大利等國大多數爲天主教徒，在美國，約只佔 22%。英國的信徒很少，在教義與儀式方面與新教徒(Protestant)有種種差別，一般熟知的有：原則上禁止與其他宗教教徒結婚、離婚，聖職者不結婚，對節育採取否定態度，以自殺(suicide)爲罪惡(這一點與新教徒的教義相同)等；cf. Protestant【說明】

ca·thol·i·cal·ly [kə'θɑlɪklɪ; kə'θɔlikəli] *adv.*

Cátholic Chúrch *n.* [the ～](羅馬)天主教教會。

> 【說明】從廣義上來說，天主教教會從前指全部的基督教教會，但自從分裂爲東方教會與西方教會後，則指以羅馬爲中心的西方教會。英國國教教會主張正統性，有些教團自稱爲 Anglo-Catholic.

Cátholic Emancipátion Àct *n.* [the ～]〖英國史〗舊教解禁法案《英國議會於 1829 年所制定的法案，准許天主教徒任職於國會及從事其他以前被禁止的公務活動》。

Cátholic Epístles *n. pl.* [the ～]〖聖經〗(聖經新約中的)公函《雅各(James)，彼得(Peter)，猶大(Jude)及約翰(John)寫給一般信徒的七封信》。

Ca·thol·i·cism [kə'θɑlə,sɪzəm; kə'θɔlisizəm] *n.* Ⓤ天主教教義(的信仰)；天主教的主張[信條]。

cath·o·lic·i·ty [,kæθə'lɪsətɪ; ,kæθə'lisəti] *n.* Ⓤ **1 a** 普遍性。**b** (了解、興趣等的)廣泛性；寬宏大量，寬容。**2** [C～] =Catholicism.

Ca·thol·i·cize [kə'θɑlə,saɪz; kə'θɔlisaiz] *v.t.* 使…成爲天主教徒。——*v.i.* 成爲天主教徒。

Cath·y ['kæθɪ; 'kæθi] *n.* 凱西《女子名；Catherine 的暱稱》。

cat·i·on ['kæt,aɪən; 'kætaiən] *n.* Ⓒ〖化學〗陽離子，正離子(↔ anion).

cat·kin ['kætkɪn; 'kætkin] «源自荷蘭語「小貓」之義；由於形狀似尾巴»——*n.* Ⓒ〖植物〗(柳樹等的)穗狀花，葇荑花序。

cát·like *adj.* 像貓的；敏捷的；偷偷摸摸的。

cát·mìnt *n.* Ⓤ〖植物〗貓薄荷(《美》catnip).

cát·nàp *n.* Ⓒ假寐，小睡。——*v.i.* 假寐，小睡。

cát·nìp *n.*《美》=catmint.

Ca·to ['keto; 'keitou], **Mar·cus Por·ci·us** ['mɑrkəs'pɔrʃɪəs; 'mɑ:kəs'pɔ:ʃiəs] *n.* **1** 大加圖《234–149 B.C.；世稱 the Elder 或 the Censor；羅馬政治家、軍人及作家》。**2** 小加圖《95–46 B.C.；世稱 the Younger；羅馬政治家、軍人及斯多葛(Stoic)派哲學家》。

cat-o'-nine-tails

càt-o'-níne-tàils [,kætə-; ,kætə-] «源自「九尾貓」之義；由於鞭痕似貓的抓傷»——*n.* Ⓒ(*pl.* ～)(附有九條繩子的)九尾鞭《從前用於鞭撻犯人》。

cát's crádle *n.* Ⓤ翻線戲(的遊戲)：play ～ 玩翻線戲。

> 【字源】翻線戲爲什麼叫「貓的搖籃」(cat's cradle)雖不清楚，但據說，由於翻線戲的最先形狀近似「馬槽」(cratch)，而最後的形狀像「搖籃」(cradle)，所以據說，翻線戲從前稱作 cratchcradle, 後來 cratch 變成較常用的單字 cat.

cat's cradle

cát's-èye *n.* Ⓒ **1** (礦)貓眼石《寶石的一種》。**2** (道路的)夜間反射裝置《嵌入玻璃珠的道路，以反射汽車前燈》。

Cáts·kill Mòun·tains ['kæts,kɪl-; 'kætskil-] *n.* [the ～]卡茲奇山《在美國紐約州東部；爲避暑勝地》。

cát's-pàw *n.* Ⓒ **1** 被人用作工具[傀儡]的人，被人利用[愚弄]的人：make a ～ of... 利用…當傀儡[工具]。**2**〖航海〗貓爪風《使海面起微波的和風》。

cát sùit *n.*《主英》=jumpsuit.

cat·sup ['kætsəp, 'kɛtʃəp; 'kætsəp, 'ketʃəp] *n.* Ⓤ番茄醬(ketchup).

cát·tàil *n.* Ⓒ〖植物〗葇荑花序的花；香蒲。

cát·tish [-tɪʃ; -tiʃ] *adj.* =catty.

‡cat·tle ['kætl; 'kætl] *n.* [集合稱；當複數用]《★此字無複數》**1** 牛，家畜，牲口(⇨cow[1] 相關用語)：～ and sheep 牛羊/twenty (head of) ～ 二十頭牛/*Are* all the ～ in? 所有的牛都進欄了嗎？**2**〖輕蔑〗(罵人用語)畜生。

> 【字源】cattle 從前的意思是「所有物，財產」，後來變成指「家畜；(尤指)牛」。以前擁有牛，便意味着擁有財富；cf. fee, peculiar【字源】

cáttle càke *n.* Ⓤ《英》(製成餅狀的)牛飼料。

cáttle grìd *n.*《英》=cattle guard.

cáttle guàrd *n.* Ⓒ《美》防止家畜脫逃的溝道《在牧場中的道路挖溝以防牛等通過》。

cáttle·man [-mən; -mən] *n.* Ⓒ(*pl.* **-men** [-mən; -mən]) **1** 放[養]牛的人，牧牛者。**2**《美》(飼養肉牛的)牧場主人。

cáttle plàgue *n.* =rinderpest.

catt·ley·a ['kætlɪə; 'kætliə] «源自人名»——*n.* Ⓒ〖植物〗嘉德麗亞蘭《熱帶美洲產的一種洋蘭》。

cat·ty ['kætɪ; 'kæti] «cat 的形容詞»——*adj.* (**cat·ti·er**; **-ti·est**) **1** 像貓的。**2** (尤指)〈女子的言行〉壞心眼的，惡意[帶刺，尖酸]的。

CATV (略) community antenna television.

cát·wàlk *n.* Ⓒ **1** (機器房中的)狹窄甬道，(橋兩側的)步行小道。**2** (時裝展覽會場)伸出於觀衆席中的伸展台。

Cau·ca·sia [kɔ'keʒə, -'keʃə; kɔ:'keizjə, -ʒjə] *n.* 高加索《蘇聯在黑海與裏海間的地區》。

Cau·ca·sian [kɔ'keʒən, -'keʃən; kɔ:'keizjən, -ʒjən] «Caucasia 的形容詞»——*adj.* **1** 高加索地方[山脈]的。**2** 高加索人的；白色人種的。——*n.* Ⓒ高加索人；白種人。

Cau·ca·sus ['kɔkəsəs; 'kɔ:kəsəs] *n.* [the ～] **1** 高加索山脈《在蘇聯西南部，介於黑海(Black Sea)與裏海(Caspian Sea)間的山脈》。**2** =Caucasia.

cau·cus ['kɔkəs; 'kɔ:kəs] «源自印地安語「長老」之義»——*n.* Ⓒ[集合稱] **1**《美》(政黨的)幹部會議，協調會議《決定政策、候選人等的聚會；★用法視爲一整體時當單數用，指個體成員時當複數用》。**2** [輕蔑語]《英》(政黨的)地方委員會《★用法與義 1 相同》。——*v.i.*《美》召開幹部會議。

cau·dal ['kɔdl; 'kɔ:dl] *adj.*〖動物〗**1** 尾部的；尾狀的。**2** 在[近]尾部的，在[近](身體)後端的：a ～ fin 尾鰭。

～·ly [-dlɪ; -dli] *adv.*

cau·date(d) [ˈkɔdet(ɪd); ˈkɔ:deit(id)] *adj.* 〖動物〗有尾的；有尾狀之附屬物的。

‡**caught** [kɔt; kɔ:t] *v.* **catch** 的過去式・過去分詞。

caul [kɔl; kɔ:l] *n.* Ⓒ〖解剖〗大網膜，胎膜《★胎兒出生時有時覆蓋在頭部出現，爲羊膜的一部分》。

caul·dron [ˈkɔldrən; ˈkɔ:ldrən] *n.* =caldron.

cau·li·flow·er [ˈkɔləˌflauɚ; ˈkɔliˌflauə] 《源自拉丁文「甘藍菜花」之義》—*n.* **1** Ⓒ球花甘藍，花椰菜。**2** Ⓤ(食用的)菜花《球狀花的部分》。

cáuliflower éar *n.* Ⓒ菜花耳，耳血腫《摔角者、拳擊手等因多次受傷而變畸形的耳朵》。

caulk [kɔk; kɔ:k] *v.t.* 〖航海〗**1** 在〈船身〉的縫隙填塞麻絮(oakum). **2** (填塞麻絮後澆上瀝青)防止〈東西〉漏水。

caulk·er [ˈkɔkɚ; ˈkɔ:kə] *n.* Ⓒ **1** 塡塞船縫之人。**2** 塡塞船縫的工具。

cáulk·ing *n.* Ⓤ塡塞麻絮；防止漏水。

caus·a·ble [ˈkɔzəbḷ; ˈkɔ:zəbl] *adj.* 可致使發生的；可引起的；可惹起的。

caus·al [ˈkɔzḷ; ˈkɔ:zl] 《cause 的形容詞》—*adj.* **1** (成爲)原因的，因果關係的：a ~ force 構成原因的力量/a ~ relationship 因果關係。**2** 〖邏輯・文法〗表示原因的：~ conjunctions 表示原因的連接詞《because, as 等》。

~**·ly** [-zḷɪ; -zəli] *adv.*

cau·sal·i·ty [kɔˈzælətɪ; kɔ:ˈzæləti] 《causal 的名詞》—*n.* Ⓤ **1** 因果關係，因果律：the law of ~ 因果律。**2** 原因作用，起因。

cau·sa·tion [kɔˈzeʃən; kɔ:ˈzeiʃn] *n.* Ⓤ **1** 原因(作用)，造因。**2** 因果關係。

caus·a·tive [ˈkɔzətɪv; ˈkɔ:zətiv] *adj.* **1 a** 成爲原因的：a ~ agent 起因，動機。**b** [十介十(代)名]引起[…]的[*of*]：Slums are often ~ *of* crime. 貧民窟常是犯罪的溫床。**2** 〖文法〗表示原因的；使役的：~ verbs 使役動詞《make, let 等》。

—*n.* Ⓒ〖文法〗使役動詞。~**·ly** *adv.*

‡**cause** [kɔz; kɔ:z] *n.* **1** Ⓤ Ⓒ (產生結果的)**原因** (↔ effect, result)：~ and effect 原因和結果，因果/⇨first cause 1/the ~ *of* death 死因/Oil was the prime ~ *of* the price surge. 石油是物價上漲的主要原因。

【同義字】cause 是造成某種結果或引起某種行動的直接原因；reason是採取某種行動或產生某信念的理由。

2 Ⓤ **a 理由**，根據；正當[充分]的理由[*for*]：show ~ 〖法律〗提出正當的理由/There is no ~ *for* worry. 沒有可擔心的任何理由/You must not be absent from the meetings without (good) ~. 你必須參加那些會議，不得無故缺席。**b** [十 *to* do]〈做…的〉(正當)理由：have good ~ *to* do so 有充分的理由那樣做/I have no ~ *to* have a grudge against him. 我沒有懷恨他的理由。**3** Ⓒ **a 主張**，主義，…運動[*of*]：the temperance ~ 禁酒運動。**b** [由 in 或 for 引導][主義、主張、運動的]目的[*of*]：He worked *for* the ~ *of* the colonies. 他爲了殖民地的解放事業而工作/They were fighting *in* the ~ *of* justice. 他們正爲正義而戰。**4** Ⓒ訴訟(事件)，訴訟事由。

make cómmon cáuse with... (爲了主義而)與…合作；與…並肩作戰。

—*v.t.* **1** [十受]**成爲…的原因**；引起…，帶來…：Rainstorms ~ damage every year. 暴風雨每年都造成損害/His death was ~*d* by a high fever. 他的死亡是由高燒引起的。

2 [十受十受/十受十介十(代)名]帶給〈人〉〈麻煩等〉；[給人]帶來〈麻煩等〉[*to, for*]：The matter ~*d* her a great deal of trouble.=The matter ~*d* a great deal of trouble ***to*** [***for***] her. 那件事給她帶來很多麻煩。

3 [十受十 *to* do]使〈人、東西〉〈做…〉《★比較 一般用[make十受十原形]》：A half-moon ~*d* the rippling sea *to* glitter. 半月(的照耀)使微波的海面閃閃發亮。

(')cause [(輕讀)kəz; kəz; (重讀)kɔz, kʌz; kɔz] *conj.* 《口語》= because.

cause cé·lè·bre [ˈkɔzsəˈlɛbrə; ˌkouzseˈlebrə] 《源自法語 'celebrated case'之義》—*n.* Ⓒ (*pl.* **causes cé·lè·bres** [~; ~]) **1** 〖法律〗轟動一時的訟案[審判案件]。**2** 引起巨大反響的醜聞。

cáuse·less *adj.* 無原因的，無緣無故的：~ anger 無緣無故的生氣。~**·ly** *adv.*

cau·se·rie [ˌkozəˈri; ˈkouzəri:] 《源自法語》—*n.* Ⓒ **1** 閒談。**2** 隨筆；短評。

cause·way [ˈkɔzˌwe; ˈkɔ:zwei] *n.* Ⓒ **1** (在低濕地堆積土而成的)堤道。**2 a** (從前鋪設石子的)石子路。**b** 幹道；公路。

—*v.t.* **1** 在〈沼澤地、池旁〉砌堤道。**2** 在〈道路〉鋪設石子。

caus·tic [ˈkɔstɪk; ˈkɔ:stik] *n.* Ⓤ[指種類時爲Ⓒ]〖醫・化學〗腐蝕劑，苛性劑：lunar ~ (棒狀)硝酸銀。

—*adj.* **1** [用在名詞前]腐蝕性的，苛性的：~ alkali [soda] 苛性鹼[鈉]/~ lime 生石灰/~ potash 苛性鉀/~ silver 硝酸銀。**2** 嚴厲的，刻薄的：~ remarks 刻薄的批評[話]/a ~ tongue 刻薄的嘴。**cáus·ti·cal·ly** [-kḷɪ; -kəli] *adv.*

cau·ter·i·za·tion [ˌkɔtərəˈzeʃən, -raɪˈz-; ˌkɔ:tərai'zeiʃn] 《cauterize 的名詞》—*n.* Ⓤ〖醫〗燒灼，腐蝕(作用)。

cau·ter·ize [ˈkɔtəˌraɪz; ˈkɔ:təraiz] *v.t.* **1** 〖醫〗燒灼〈傷口等〉。**2** 使〈良心、感情等〉麻木。

cau·ter·y [ˈkɔtərɪ; ˈkɔ:təri] *n.* 〖醫〗**1** Ⓤ烙術；燒灼；灸。**2** Ⓒ烙器；燒灼器。

***cau·tion** [ˈkɔʃən; ˈkɔ:ʃn] 《源自拉丁文「注意，警戒」之義》—*n.* **1** Ⓤ小心，謹慎，愼重：exercise [use] ~ 小心，謹慎(行事)/with ~ 小心地，謹愼地。**2** Ⓒ告誡，訓誡，警告：The policeman gave him a ~ *for* speeding. 警察因他超速行駛向他提出警告/by way of ~ 爲愼重起見，作爲警告《★無冠詞》。**3** [a ~]《口語》古怪的[須警惕的，滑稽的，離譜的]東西[人]：Well, you're *a* ~！ 你這個需要提防的傢伙！我得留心你！《★現在已經很少用》。

—*v.t.* **1 a** [十受十 *to* do] [常與否定詞連用]**警告**[提醒]〈某人〉〈(不要)做…〉：The teacher ~*ed* me *not to* be late. 老師告誡我不要遲到。**b** [十受十介十(代)名]警告[提醒]〈某人〉[不要…][*against*]：I ~*ed* him ***against*** danger [tak*ing* risks]. 我告誡他不要冒險。**c** [(十受)十 *that*__]提醒[警告]〈某人〉〈…事〉：I must ~ (you) *that* you are trespassing. 我必須提醒你，你在侵犯別人(的權利)。**d** [(十受)十引句]提醒[警告]((〈某人〉))…：“You'd better not wear those jeans at the party.” he ~*ed* (me). 他提醒我說：「在宴會上最好不要穿那種牛仔褲。」

2 [十受十介十(代)名] **a** 提醒[警告]〈某人〉[…][*for*]：The doctor ~*ed* me ***for*** overwork*ing*. 醫生提醒我不要過度勞累。**b** 提醒〈某人〉注意[…事][*about*]：The conductor ~*ed* the passengers ***about*** smok*ing*. 車掌提醒乘客不要吸煙。

cau·tion·ar·y [ˈkɔʃənˌɛrɪ; ˈkɔ:ʃṇəri] 《caution 的形容詞》—*adj.* [用在名詞前]警戒的；訓誡的，告誡的。

cau·tious [ˈkɔʃəs; ˈkɔ:ʃəs] 《caution 的形容詞》—*adj.* (**more** ~; **most** ~) **1 a 小心的，謹愼的**，周密的，周到的(⇨careful【同義字】)：a ~ investor [driver] 謹愼的投資者[司機]。**b** [不用在名詞前][十介十(代)名][對…]小心的，謹愼的[*in*]：He was ~ ***in*** all his movements. 他對自己的一舉一動都很謹愼。

2 [不用在名詞前] **a** [十介十(代)名]小心[注意][…]的[*of, about*]《★用法 介系詞之後多半與 do*ing* 連用》：He is very ~ ***of*** [***about***] giv*ing* offense to others. 他很小心不冒犯別人。**b** [十 *to* do] [常與否定詞連用]小心[注意](不)〈做…〉的：She is ~ *not to* walk alone at night. 她很小心晚上不獨行。

~**·ness** *n.* ~**·ly** *adv.*

cav·al·cade [ˌkævḷˈked; ˌkævlˈkeid] *n.* Ⓒ **1** 騎馬隊[馬車隊]的行列。**2 a** 華麗的一隊人馬，遊行隊伍。**b** (按慣例舉辦的儀式、活動等的)連續[*of*].

cav·a·lier [ˌkævəˈlɪr; ˌkævəˈliə] 《源自拉丁文「騎士」之義》—*n.* Ⓒ **1** 對婦女獻慇懃[親切]的男士，護花使者。**2** 《古》騎士。**3** [C~] (英國十七世紀查理(Charles)一世時代的)保王黨黨員，騎士黨員(cf. Roundhead).

—*adj.* [用在名詞前] **1** 像騎士的；騎士風度的。**2** 磊落的，豪俠的，滿不在乎的〈人、態度、行爲等〉。**3** 傲慢的〈人、態度等〉。

~**·ly** *adv.*

cav·al·ry [ˈkævḷrɪ; ˈkævlri] 《源自拉丁文「馬」之義》—*n.* Ⓤ[集合稱] **1 騎兵隊**《★用法 視爲一整體時當單數用，指個別成員時當複數用》：heavy [light] ~ 重[輕]騎兵。**2** 《美》裝甲部隊《★用法 與義 1 相同》。

cávalry·man [-mən; -mən] *n.* Ⓒ (*pl.* **-men** [-mən; -mən])騎兵。

cav·a·ti·na [ˌkævəˈtinə; ˌkævəˈti:nə] 《源自義大利語》—*n.* Ⓒ (*pl.* **-ne** [-ne; -nɛ])〖音樂〗(尤指歌劇或聖樂中之)獨唱短曲；抒情短曲。

***cave**[1] [kev; keiv] 《源自拉丁文「凹陷」之義》—*n.* Ⓒ **1 洞穴**，洞窟；鐘乳[石灰]洞。**2** (土地的)下陷。

—*v.i.* **1** =CAVE[1] in (1), (2), (3). **2** 《口語》探查洞穴。

—*v.t.* [十受]在〈山腰等〉挖[鑿]洞穴。

cáve in 《*vi adv*》(1)〈屋頂、建築物〉倒塌；〈地基、道路、礦山等〉陷落；陷下，塌陷；〈帽子、牆壁、臉頰等〉凹陷。(2)《口語》〈人〉精疲力盡，累垮。(3)《口語》(停止反抗而)屈服[投降]。(4)《口語》〈事業〉破產，倒閉，垮臺。—《*vt adv*》(5)使〈地基、屋頂等〉塌陷；使〈帽子等〉凹入。(6)《口語》使〈人〉精疲力盡，累垮：I'm all ~*d in*. 我已精疲力盡。

ca·ve[2] [ˈkevɪ; ˈkeivi] 《源自拉丁文「注意」之義》—*interj.* 《英學生俚》注意！噓(老師來了)！

cáve àrt *n.* Ⓤ石器時代人類留於山洞中的壁畫。

ca·ve·at [ˈkevɪˌæt; ˈkæviæt] *n.* Ⓒ **1** 〖法律〗中止訴訟手續的申請[預先通知][*against*]：enter [file, put in] a ~ *against* ... 提出中止…的申請。**2** 警告，注意。

cá·veat émp·tor [-ˋɛmptɔr; -ˈemptɔ:] 《源自拉丁文'let the buyer beware'之義》—*n.* Ⓤ《商》購買人注意《貨物售出概不退換》。

cáve dwèller *n.* Ⓒ **1** =caveman 1. **2** 《口語》住(都市中)公寓的人。

cáve-in *n.* Ⓒ(道路、礦山等的)陷落[塌陷](之處)。

cáve·màn *n.* Ⓒ(*pl.* **-men** [-ˏmɛn; -men]) **1** (石器時代的)穴居人。**2** [用於規戒時等的稱呼]《口語》(尤指對婦女)粗野的男人；野蠻人。**3** 洞穴探險家(spelunker).

cav·ern [ˋkævən; ˈkævən] *n.* Ⓒ **1** (巨大的)洞穴。**2** 《醫》(產生於肺部等的)肺空洞。

cav·ern·ous [ˋkævənəs; ˈkævənəs] 《cavern 的形容詞》—*adj.* **1** 多洞穴的；多小坑窪的。**2 a** 似[使人聯想到]洞穴的：a ~ chamber 空洞的大房間。**b** 〈眼睛、臉頰等〉凹陷的，消瘦的。**3** 〈聲音等〉甕音的，沉濁音的。

cav·i·ar(e) [ˏkævɪˋar, ˋkævɪˏar; ˈkævia:, ˌkæviˈa:] *n.* Ⓤ 魚子醬《鱘魚(sturgeon)的魚卵醃製品》。

【說明】鱘魚(sturgeon)的魚子鹽醃而成的黑色魚子醬，放在薄片麵包與脆餅上，做成烤麵包(canapé). 一般都當作西餐的開胃菜，被視爲世界上的美味珍品。據說黑海所產，尤其是窩瓦河(Volga)附近產的魚子醬，顆粒略大，顏色淡，有黏性，品質最好。

cáviar to the géneral 過於高雅不爲大衆接受的東西，曲高和寡的事物，「對牛彈琴」《★出自莎士比亞(Shakespeare)的「哈姆雷特(*Hamlet*)」》.

cav·il [ˋkævḷ, -vɪl; ˈkævil, -vl] *v.i.* (**cav·iled**, 《英》**cav·illed**; **cav·il·ing**, 《英》**cav·il·ling**)〔十介十(代)名〕〔對雞毛蒜皮的事〕挑毛病，吹毛求疵，挑剔〔*at, about*〕.

—*n.* **1** Ⓒ吹毛求疵，故意挑毛病，找碴。**2** Ⓤ做吹毛求疵的事。

cav·i·ty [ˋkævətɪ; ˈkævəti] 《源自 cave[1] 的拉丁文名詞》—*n.* Ⓒ **1** 洞，窟窿。**2** 《解剖》腔：the mouth [oral] ~ 口腔/the nasal ~ 鼻腔。**3** 《牙科》蛀牙(的洞)：I have three *cavities.* 我有三顆蛀牙。

cávity wàll *n.* Ⓒ《建築》空心牆《有隔熱的效果》。

ca·vort [kəˋvɔrt; kəˈvɔ:t] *v.i.* 《口語》 **1** 〈馬〉跳躍，騰躍。**2** 〈人〉蹦跳，歡鬧〈*about*〉.

ca·vy [ˋkevɪ; ˈkeivi] *n.* Ⓒ《動物》天竺鼠，豚鼠。

caw [kɔ; kɔ:] 《擬聲語》—*n.* Ⓒ(烏鴉的)叫聲(⇨crow[2]【說明】)。—*v.i.* 〈烏鴉〉啞啞叫。

Cax·ton [ˋkækstən; ˈkækstən] 《源自英國第一位印刷家(1422？-91)之名》—*n.* **1** Ⓒ卡克斯頓版本《William Caxton 印刷的書籍》。**2** Ⓤ卡克斯頓活字體。

cay [ke, ki; ki:, kei] *n.* Ⓒ(尤爲西印度羣島用語)岩礁，沙洲，小島。

cay·enne [kaɪˋɛn, keˋɛn; keiˈen] *n.* (又作 **cáyenne pépper**) **1** Ⓤ(紅)辣椒(粉)《一種很辣的調味料》。**2** Ⓒ **a** 《植物》辣椒《尤指紅辣椒，所結果實爲辣椒粉的原料；如 hot pepper, red pepper 等》。**b** (紅)辣椒子。

cay·man [ˋkemən; ˈkeimən] *n.* (*pl.* ~**s**)=caiman.

Cb 《符號》《化學》columbium；《略》《氣象》cumulonimbus.

CB 《略》《通信》citizens' band. **C.B.** 《略》Companion (of the Order) of the Bath.

CBC 《略》Canadian Broadcasting Corporation 加拿大廣播公司。

CBS 《略》(以前的) Columbia Broadcasting System《美國三大廣播網之一；現在的正式名稱是 CBS Inc.》.

CBW chemical and biological warfare 化學生物戰。

cc, cc., c.c. 《略》carbon copy [copies]；cubic capacity；cubic centimeter(s). **cc.** 《略》centuries；chapters；copies. **C.C.** 《略》Chamber of Commerce；Circuit Court；County Council(lor)；cricket club.

CCTV 《略》closed-circuit television.

Cd 《符號》《化學》cadmium.

CD 《略》compact disc. **cd., cd** 《略》cord(s).

C.D. 《略》Civil Defense.

CDR, Cdr 《略》Commander.

Ce 《符號》《化學》cerium.

C.E. 《略》Chief Engineer；Church of England；Civil Engineer.

-ce 字尾 [名詞字尾]：diligen*ce*, intelligen*ce*. ★《美》也有拼作 -se 者：defen*se*, offen*se*, preten*se*.

***cease** [sis; si:s] 《源自拉丁文「拖拖拉拉」之義》—《文語》*v.i.* **1** 〈事情〉停止，終止，結束(⇨stop【同義字】)：The noise ~*d* at last. 噪音終於停止了。**2** 〔動(十介十(代)名)〕停止〔…〕，不再做〔…〕〔*from*〕：He has ~*d* **from** his wickedness. 他已不做壞事了。

—*v.t.* **1 a** 〔十受〕停止，中止…：~ work 停止工作/~ fire 停止開槍[射擊，戰鬥]；停火。**b** 〔十 do*ing*〕結束[停止，中止]〈做…〉(《★比較 cease do*ing* 與 stop do*ing* 同義》)：~ fir*ing* 停止射擊/He has ~*d* writ*ing.* 他已停止寫作了。**2** 〔十 *to* do〕(逐漸)不〈做…〉：~ *to* work 不再工作/The story has ~*d* *to* be novel. 那故事已不再是新鮮的了。

—*n.* ★用於下列成語。**without céase** 繼續不斷地，不停地。

céase-fíre *n.* Ⓒ **1** 《軍》「停止射擊」，「停火」的號令：The ~ was sounded. 停止射擊的喇叭聲響了。**2** 停戰，休戰。

céase·less *adj.* 不停的，不斷的：a ~ rain of leaves 不斷落下的樹葉。~**·ly** *adv.*

Cec·il [ˋsisḷ, ˋsɛsḷ; ˈsesl, ˈsisl] *n.* 塞梭《男子名》。

Ce·cile [sɪˋsil; ˈsesil] *n.* 莎茜爾《女子名》。

Ce·cil·ia [sɪˋsɪljə; siˈsiljə] *n.* 莎茜莉雅《女子名》。

ce·cum [ˋsikəm; ˈsi:kəm] *n.* Ⓒ(*pl.* **-ca** [-kə; -kə])《解剖・動物》盲腸，闌腸。

ce·dar [ˋsidɚ; ˈsi:də] *n.* **1** Ⓒ《植物》西洋杉《喜馬拉雅杉(Himalayan cedar)屬的樹木》：a Japan(ese) ~ 日本杉/a ~ of Lebanon=a Lebanon ~ 黎巴嫩雪松《類似喜馬拉雅杉的中東產針葉樹》。**2** (又作 **cédar·wòod**)Ⓤ杉木。

cede [sid; si:d] *v.t.* **1** 讓與〈權利等〉；割讓〈領土〉。**2** 〔十受十受/十受十介十(代)名〕把〈權利等〉讓給〈某人、他國〉，把〈權利等〉讓與〔某人、他國〕〔*to*〕；(戰敗而)把〈領土〉割讓給〈他國〉，把〈領土〉割讓〔給他國〕〔*to*〕：Spain ~*d* the Philippines **to** the United States. =Spain ~*d* the United States the Philippines. 西班牙把菲律賓羣島割讓給美國。

ce·dil·la [sɪˋdɪlə; siˈdilə] *n.* Ⓒ如法語字母「ç」，在 c 字下面加「¸」符號，表示該字母發[s]音《如 façade [fəˋsad; fəˈsɑ:d]》.

Ce·dric [ˋsɛdrɪk, ˋsidrɪk; ˈsi:drik, ˈsedrik] *n.* 席德力《男子名》。

ceil [sil; si:l] *v.t.* **1** 以木材、灰泥等覆蓋於〈天花板〉上。**2** 在…裝天花板。

‡ceil·ing [ˋsilɪŋ; ˈsi:liŋ] 《源自中古英語「覆蓋」之義》—*n.* Ⓒ **1** 天花板，頂板：a fly *on* the ~ 在天花板上的蒼蠅。**2 a** 天花板的木板。**b** (船的)內層隔板，墊板。**3** (價格、工資、費用等的)最高限度，上限：an 8% ~ *on* wage increases 8% 的工資提高上限。**4** 《航空》**a** (飛機的)上升限度。**b** 雲冪高，雲底高度《低層雲與地面間的距離》。

hít the céiling =hit the ROOF.

cel·an·dine [ˋsɛlənˏdaɪn; ˈseləndain] *n.* Ⓒ(*pl.* ~)《植物》白屈菜《罌粟科多年生草本植物》。

Cel·e·bes [ˋsɛləˏbiz, səˋlibiz; seˈli:biz] *n.* 西里伯島《東印度羣島中的一島，屬印尼領土》。

cel·e·brant [ˋsɛləbrənt; ˈselibrənt] *n.* Ⓒ **1** 主持(彌撒、聖餐式等的)神父，司儀神父。**2** 慶祝會[祭典，廟會等]的參加者，祝賀者。

***cel·e·brate** [ˋsɛləˏbret; ˈselibreit] 《源自拉丁文「給予名譽」之義》—*v.t.* **1** 〔十受〕**a** 舉行〈儀式、慶典〉：The priest ~*s* Mass in church. 神父在教堂內舉行彌撒。**b** (舉行儀式)慶祝〈節日、某事〉：~ a person's promotion 祝賀某人晉陞/~ Christmas 慶祝耶誕節。

2 〔十受(十介十(代)名)〕〔以文章、演說等〕讚頌〈勝利、勇士、功勳等〉〔*in*〕：The victory was ~*d* **in** many poems. 那次勝利在許多詩中受到讚頌。

—*v.i.* **1** 〈神父等〉舉行儀式。**2** 舉行典禮[慶典]。**3** 《口語》歡宴作樂，享受節日的慶祝氣氛。

cel·e·brat·ed [ˋsɛləˏbretɪd; ˈselibreitid] *adj.* (**more** ~；**most** ~) **1** 著名的，有名的：a ~ writer 著名的作家。**2** [不用在名詞前]〔十副十(代)名〕〔以…〕聞名[著名]的〔*for*〕；〔作爲…〕聞名的，著名的〔*as*〕：The place is ~ **for** its hot springs [**as** a hot spring resort]. 那個地方以溫泉[作爲溫泉休閒地]聞名。

***cel·e·bra·tion** [ˏsɛləˋbreʃən; ˌseliˈbreiʃn] 《celebrate 的名詞》—*n.* **1 a** Ⓤ慶祝；讚揚，稱讚：in ~ of... 爲慶祝…。**b** Ⓒ慶祝會，儀式：hold a ~ 舉行慶祝會。

2 Ⓤ(儀式，尤指彌撒等的)舉行。

cél·e·brà·tor [-tɚ; -tə] *n.* = celebrant.

ce·leb·ri·ty [səˋlɛbrətɪ; siˈlebrəti] *n.* **1** Ⓤ名聲，名譽。**2** Ⓒ名士，名人，知名之士。

ce·ler·i·ty [səˋlɛrətɪ; siˈlerəti] *n.* Ⓤ《文語》(行動的)敏捷，靈敏。

cel·er·y [ˋsɛlərɪ; ˈseləri] 《源自希臘文「野生荷蘭芹」之義》—*n.* Ⓤ芹菜《其葉柄可食用》：grow ~ 種植芹菜/a bunch of ~ 一把[束]芹菜/a head of ~ 一根芹菜。

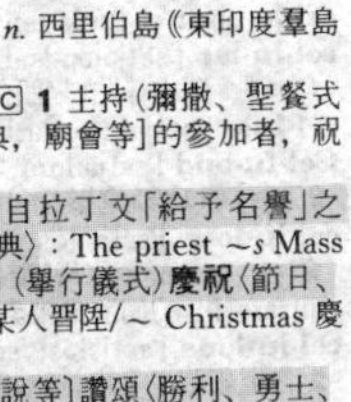
celery

ce·les·ta [səˋlɛstə; səˈlestə] *n.* Ⓒ鐘琴《類似鋼琴的樂器，音似鐘聲》。

C

ce·les·tial [sə'lɛstʃəl; si'lestjəl] 《源自拉丁文「天空的」之義》 **—adj.** (**more** ~ ; **most** ~) **1** [用在名詞前](無比較級、最高級)天的，天空的；天體的(cf. terrestrial 1)：a ~ body 天體/a ~ globe 星象儀，天球儀/a ~ sphere《天文》天體球《以觀測者爲中心所畫，半徑爲無限大的想像球體》/a ~ map 天體圖，星象圖/~ mechanics 天體力學/~ navigation《航海·航空》天體導航法。**2** 天國[天堂](似)的，神聖的，極好的，極佳的：~ beauty 絕佳之美/a ~ being 天人，神/~ bliss 至上的幸福/the *C*~ City 天堂，天國《耶路撒冷》。

—n. Ⓒ天堂的居民，天人，天使。

~**·ly** [-tʃəlɪ; -tjəli] *adv.*

celéstial equátor *n.* [**the** ~]《天文》天球體的赤道。

cel·i·ba·cy ['sɛləbəsɪ; 'selibəsi] *n.* Ⓤ(尤指修道者立下宗教誓約而遵守的)獨身，獨身生活；獨身主義；禁慾。

cel·i·bate ['sɛləbɪt; 'selibət] *adj.* (尤指基於宗教理由的)獨身(生活)的。

—n. Ⓒ(尤指基於宗教理由的)獨身者。

‡**cell** [sɛl; sel] 《源自拉丁文「貯藏室」之義》 **—n.** Ⓒ **1** 小室：**a** (附屬於修道院的)庵室，個人房，密室。**b** (監獄裏的)單人牢房，小囚房。**2** (共產黨等的政治組織或祕密組織等的)支部。**3** (蜂巢的)單個蜂窩[蜂房]。**4**《電學》電池：a dry ~ 乾電池《★由兩個以上的 cell 組合而成爲 battery》/⇨ solar cell. **5**《生物》細胞。

***cel·lar** ['sɛlɚ; 'selə] *n.* **1** Ⓒ **a** 地下室，地窖《通常用作食物的貯藏室，暖氣設備的集中安裝處》。**b** 地下(葡萄)酒窖。**2** Ⓒ(葡萄)酒的貯藏：keep a good ~ 貯藏有大量的(葡萄)酒/keep a small ~ 貯藏有少量的(葡萄)酒。**3** [**the** ~]《口語》(運動等名次的)最後一名，末名：be in *the* ~ 〈選手等〉居最後一名。

—v.t. 〔十受〕把〈(葡萄)酒等〉貯藏於地窖。

cel·lar·age ['sɛlərɪdʒ; 'seləridʒ] *n.* **1** Ⓤ[又作 **a** ~] **a** 地下室的總面積[容積]。**b** 地下室保管費。**2** Ⓤ[集合稱]地下室(cellars).

cel·lar·er ['sɛlərɚ; 'selərə] *n.* Ⓒ(修道院等中的)地窖看守人；管理食物者。

céllar·man *n.* Ⓒ(*pl.* **-men**)(旅館或飯店中)管理藏酒的店員。

céllar·wày *n.* Ⓒ出入地窖的通路。

celled [sɛld; seld] *adj.* [常構成複合字]有…細胞的：many-*celled* 有許多細胞的。

(')**cel·list** ['tʃɛlɪst; 'tʃelist] *n.* Ⓒ大提琴手(violoncellist).

(')**cel·lo** ['tʃɛlo; 'tʃelou] 《violoncello 之略》 **—n.** Ⓒ(*pl.* ~**s**)《音樂》大提琴；低音提琴。

cel·lo·phane ['sɛlə,fen; 'seləfein] *n.* Ⓤ玻璃紙。

cel·lu·lar ['sɛljələr; 'seljulə] *adj.* **1** 細胞的；細胞質[狀]的。**2** **a** 〈布料、襯衣等〉有網眼的。**b** 〈岩石等〉多孔的(porous).

cel·lule ['sɛljul; 'selju:l] *n.* Ⓒ《解剖》小細胞，小房，小室。

Cel·lu·loid ['sɛljə,lɔɪd, 'sɛlə-; 'seljulɔid] *n.* Ⓤ **1**《商標》賽璐珞。**2** [**c**~]《口語》電影(影片)：*on celluloid* 在電影裏，在影片上。

cel·lu·lose ['sɛljə,los; 'seljulous] *n.* Ⓤ《生化》細胞膜質，纖維素：~ acetate《化學》醋酸[乙酰]纖維素《用於照相底片等》/~ nitrate《化學》硝酸纖維素，硝化棉《炸藥用》。

cel·lu·lous ['sɛljələs; 'seljuləs] *adj.* **1** 充滿細胞的；多細胞的。**2** 含有細胞的；由細胞組成的。

céll wáll *n.* Ⓒ《生物》細胞壁。

Cel·si·us ['sɛlsɪəs; 'selsjəs] 《源自瑞典天文學家之名》 **—adj.** 攝氏的(⇨ Fahrenheit【說明】)。

Célsius thermómeter *n.* Ⓒ攝氏溫度計。

Celt [sɛlt, kɛlt; kelt] *n.* **1** [**the** ~**s**]塞爾特族《不列顛島上的原住民族[土著]；現散居於愛爾蘭(Ireland)、威爾斯(Wales)及蘇格蘭(Scotland)等高地》。**2** Ⓒ塞爾特人。

Celt. 《略》Celtic.

Celt·ic ['sɛltɪk, 'kɛltɪk; 'keltik] 《Celt 的形容詞》 **—adj.** **1** 塞爾特族的：the ~ fringe《輕蔑》賽爾特族外圍人口《構成英倫各島外圍的蘇格蘭人(Scots)，愛爾蘭人(Irish)，威爾斯人(Welsh)及康瓦耳(Cornwall)人，或這些種族所居住的地區》。**2** 塞爾特語的。

—n. Ⓤ塞爾特語《略作 Celt.》.

cel·tuce ['sɛltəs; 'seltəs] 《*cel*ery 和 let*tuce* 的混合語》 **—n.** Ⓤ《植物》萵苣的一種。

cem·ba·lo ['tʃɛmbə,lo; 'tʃembəlou] *n.* Ⓒ(*pl.* **-li** [-,li; -li:], ~**s**)《音樂》大鍵琴(harpsichord)《鋼琴的前身》。

***ce·ment** [sə'mɛnt; si'ment] 《源自拉丁文「粗石」之義》 **—n.** Ⓤ **1** 水泥；接合劑。**2** 接合，(友誼等的)結合。**3**《解剖》(牙齒的)白堊質。

—v.t. **1** **a** 〔十受〕塗水泥於〈地板等〉；(用水泥)使〈砂石等〉凝固。**b** 〔十受(十副)〕用水泥[接合劑]黏接…〈*together*〉. **2** 〔十受〕鞏固[加强]〈友誼〉，使〈團體等〉團結。

cemént mìxer *n.* =concrete mixer.

cem·e·ter·y ['sɛmə,tɛrɪ; 'semitri] 《源自希臘文「睡覺的地方」之義》 **—n.** Ⓒ(不屬於教會的)公墓(cf. churchyard, graveyard).

cen. 《略》central; century.

cen·o·bite ['sɛnə,baɪt; 'si:nəbait] *n.* Ⓒ(住在修道院的)修道士。

cen·o·taph ['sɛnə,tæf; 'senətɑ:f] *n.* **1** Ⓒ(在葬身處以外另爲紀念死者而建的)紀念碑(monument). **2** [**the C**~](在倫敦 Whitehall 街的)世界大戰陣亡將士紀念碑。

Ce·no·zo·ic [,sinə'zo·ɪk; ,si:nə'zouik⁻] 《地質》*adj.* 新生代的：the ~ era 新生代。

—n. [**the** ~]新生代(層)。

cen·ser ['sɛnsɚ; 'sensə] *n.* Ⓒ提吊式香爐《舉行宗教儀式時拿在手上搖晃》。

censer

cen·sor ['sɛnsɚ; 'sensə] 《源自拉丁文「核定」之義》 **—n.** **1** Ⓒ(出版物、電影、書信等的)審查員。**2** Ⓒ(古代羅馬負責調查戶口和檢查社會風紀的)監察官。**3** =censorship 3.

—v.t. **1** 審查〈出版物、電影、書信等〉。**2** 審查删除〈出版物等〉。

cen·so·ri·al [sɛn'sorɪəl, -'sɔr-; sen'sɔ:riəl⁻] *adj.* 監察(官)的，檢查(者)的，審查(員)的。

cen·so·ri·ous [sɛn'sorɪəs, -'sɔr-; sen'sɔ:riəs⁻] 《censor 的形容詞》 **—adj.** (像檢查員般)批判的；愛挑剔的，好吹毛求疵的。

~**·ly** *adv.* ~**·ness** *n.*

cénsor·shìp *n.* Ⓤ **1** 審查員的職務[職權，任期]。**2** 審查(制度)。**3**《精神分析》潛意識檢查《對於潛在意識的抑制力》。

cen·sur·a·ble ['sɛnʃərəbl; 'senʃərəbl] *adj.* 可[該]非難的，可[該]受譴責的。**-a·bly** [-rəblɪ; -rəbli] *adv.*

cen·sure ['sɛnʃɚ; 'senʃə] 《源自拉丁文「判斷」之義》 **—n.** Ⓤ非難，責難，譴責：pass a vote of ~ 通過不信任投票。

—v.t. 〔十受(十介十(代)名)〕〔因…事〕非難[譴責]〈某人〉：The government was ~*d for* its negligence. 政府因疏忽而受到非難。

cen·sus ['sɛnsəs; 'sensəs] 《源自拉丁文「財產評估[登記]」之義》 **—n.** Ⓒ人口[戶口]調查，國情普查：take a ~ (of the population)舉行人口普查。

cénsus tàker *n.* Ⓒ戶口調查員。

‡**cent** [sɛnt; sent] 《源自拉丁文「一百」之義》 **—n.** **1** Ⓒ **a** 分《美國、加拿大等國的貨幣單位；等於 1/100 dollar；符號 ¢》：5 ~*s* 五分錢。**b** 一分錢的硬幣。

2 Ⓒ[**a** ~；常用於否定句]《美》一文錢，一點點的錢：*not* care *a*(red) ~ 一點都不介意，毫不在乎(⇨ red cent).

3 Ⓤ(當作單位的)一百：per ~ 每一百中佔…，百分之…；…百分率(%) (⇨ percent).

cént per cént (1)百分之百(100%)，百分之百的利息。(2)無例外地。

féel lìke twó cénts《美口語》覺得難爲情[不好意思]。

pùt ín one's **twó cénts** (**wórth**)《美口語》(對於成爲話題的事)明白表示自己的意見。

cent. 《略》centered；centigrade；centimeter；central；century.

Cent. 《略》centigrade.

cent·are ['sɛntɛr; 'sentɛə] *n.* Ⓒ一平方公尺《等於 1/100 are；略作 ca.》.

cen·taur ['sɛntɔr; 'sentɔ:] *n.* **1** Ⓒ《希臘神話》半人半馬[人首馬身]的怪物。**2** [**the C**~]=Centaurus.

Cen·tau·rus [sɛn'tɔrəs; sen'tɔ:rəs] *n.*《天文》半人馬星座《在處女座南方的星座》。

centaur 1

cen·ta·vo [sɛn'tɑvo; sen'tɑ:vou] 《源自西班牙語 'cent' 之義》 **—n.** Ⓒ(*pl.* ~**s**)分，仙《墨西哥、菲律賓、古巴等國的貨幣單位；等於 1/100 peso》.

cen·te·nar·i·an [,sɛntə'nɛrɪən; ,senti'nɛəriən⁻] *adj.* **1** 一百歲(以上)的。**2** 一百年(紀念)的。

—n. Ⓒ一百歲(以上)的人。

cen·ten·a·ry ['sɛntə,nɛrɪ, sɛn'tɛnərɪ; sen'ti:nəri, -'ten-] *adj.* **1** 一百年(期間)的，每一百年一次的。**2** (一)百年紀念的。

—n. Ⓒ **1** 一百年間。**2** 一百年紀念。

cen·ten·ni·al [sɛn'tɛnɪəl; sen'tenjəl⁻] *adj.* [用在名詞前]每百年一次的；一百年間的；一百年紀念的：a ~ anniversary 一百周年紀念日[慶典]。**—n.** Ⓒ一百年紀念(的慶典)。

~**·ly** [-əlɪ; -əli] *adv.*

Centénnial Státe *n.* [**the** ~]美國科羅拉多州(Colorado)的俗稱。

‡**cen·ter** ['sɛntɚ; 'sentə] 《源自希臘文「畫圓的中心點」之義》 **—n.** **1** Ⓒ[常 **the** ~] **a** (圓、球、多角形的)中心；(旋轉的)中心點(⇨ middle【同義字】)：*the* ~ *of* a circle 圓的中心。**b**《物理》中心：

the ~ *of* attraction 引力的中心(cf. 3) / *the* ~ *of* gravity 重心 / *the* ~ of mass 質量的中心。**2** [**the** ~] (場所的) **中央** (**部分**) : stage ~ 舞台中央《★無冠詞》/ walk in *the* ~ *of* the path 走在路的中央 / in *the* ~ *of* a room 在房間的中央。**3** [**the** ~] 〔事件、活動、人緣、興趣等的〕**中樞**，核心，目的，焦點；中心[核心]人物〔*of*〕: *the* ~ *of* attraction 注目的焦點(cf. 1b) / He is *the* ~ *of* the project. 他是該計畫的中心人物。**4** Ⓒ **a** (活動等的) **中心地，集中地**；(設施、設備等的) 綜合地區[設施]，中心 : a trade ~ 貿易中心 / ⇨ amusement center / a medical ~ 醫療中心 / an operations ~ (指示各部署的) 指揮中心 / ⇨ shopping center. **b** Ⓒ [常與 urban 等形容詞連用] 人口集中的地區 : an *urban* ~ 都市人口稠密地區。**5** Ⓒ (水果的) 核，(糖果的) 中央部分 : a chocolate bar with a jam ~ 中間有果醬的巧克力棒。**6** Ⓒ《軍》中央部隊。**7** Ⓒ [指位置時用 **the** ~] (足球、曲棍球、棒球等的) 中鋒 : *the* ~ forward (曲棍球等的) 前衞中鋒 (cf. wing 5) / *the* ~ halfback 中衞中鋒 / a ~ fielder《棒球》中外野手 / He plays ~. 他担任中外野手；他守中外野《★play ~ 無冠詞》/ He is *the* ~. 他是中外野手。**8** [**the C**~]《政》中間[中堅]派，穩健派 (cf. left[1] 2, right B 2).

—*adj.* [用在名詞前] (最高級 **center·most**) **1** 中心的。**2** 中間[中堅]派的。

—*v.t.* **1** **a** 〔十受十介十(代)名〕把〈東西〉放在[移到]〔某處〕的中央〔*in, on*〕: ~ a table ***in*** the parlor 把桌子放在會客室的中央。**b** 〔十受〕佔據[裝飾]〈某處〉的中央部分 : A pond ~*s* the garden. 水池佔了庭園的中央部分。**2** 〔十受十介十(代)名〕使…集中〔在…〕〔*on, upon*〕: Our hopes were ~*ed* ***on*** him. 我們的希望都集中在他身上。**3** 〔十受〕(足球、曲棍球等) 把〈球〉踢[傳]給中鋒。

—*v.i.* 〔十介十(代)名〕集中〔於…〕〔*on, upon,* (*a*)*round*〕《★用法 非正式用法介系詞也可用 *about, in, at*》: The story ~*s* ***on*** [***upon***] a robbery. 該故事以一件搶劫案爲中心[主題] / His activities in London ~ ***around*** this spot. 他在倫敦的活動以這個地點爲中心。

cénter bìt *n.* Ⓒ轉柄[中心]鑽，打眼錐。

cénter·bòard *n.* Ⓒ《航海》活動船板，(船底中心的) 垂直升降板《遊艇等的活動式龍骨，用以使船身更加穩定》。

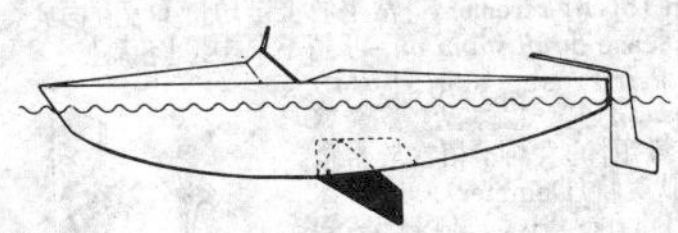

centerboard

cen·tered [ˋsɛntəd; ˈsentəd] *adj.* **1** 有圓心的。**2** 置於中心的。

cénter fíeld *n.* Ⓤ《棒球》中外野。

cénter fíelder *n.* Ⓒ《棒球》中外野手。

cénter·fòld *n.* =center spread.

cen·ter·ing [ˋsɛntərɪŋ, ˋsɛntrɪŋ; ˈsentəriŋ] *n.* Ⓒ《建築》(建築時暫時的) 拱架。

cénter·piece *n.* Ⓒ **1** (餐桌等) 中央部分的裝飾品《如鋪在桌子中央的編織品、花盆等》。**2** 在中央的東西。**3** (計畫、演說等) 最重要的部分，特別引人注目的事物。

cénter sprèad *n.* Ⓒ (雜誌等) 中心頁，跨頁版面；相對的兩頁形成同一內容的版面。

cen·tes·i·mal [sɛnˋtɛsəml; senˈtesiml˴] *adj.* **1** 百分法的，百進位的 (cf. decimal). **2** 百分之一的。

cen·tes·i·mo [sɛnˋtɛsə͵mo; senˈtesimou] *n.* Ⓒ (*pl.* **-mi** [-͵mi; -miː], ~**s** [-͵moz; -mouz]) **1** 先特西摩《義大利的貨幣單位；等於 1/100 lira》. **2** 先特西摩《烏拉圭的銅鎳合金錢幣；等於 1/100 peso》. **3** 先特西摩《巴拿馬銅幣；等於 1/100 balboa》.

cen·ti- [sɛntɪ-; senti-] 《源自拉丁文「一百」之義》— [複合用詞] **1** 一百。**2** 一百分之一 (⇨ metric system).

cen·ti·are [ˋsɛntɪ͵ɛr; ˈsentiɛə] *n.* =centare.

***cen·ti·grade** [ˋsɛntə͵gred; ˈsentigreid] *adj.* [常 **C**~] **攝氏的**《略作 C., c., Cent., cent.; cf. Celsius; ⇨ Fahrenheit【說明】》: 50° ~ [*C.*] 攝氏 50 度。

—*n.* (又作 **céntigrade thermómeter**) Ⓒ攝氏溫度計 (Celsius thermometer)《冰點 0°，沸點 100°》.

céntigrade thermómeter *n.* Ⓒ攝氏溫度計《正式用語爲 Celsius thermometer》.

cen·ti·gram, 《英》 **cen·ti·gramme** [ˋsɛntə͵græm; ˈsentigræm] *n.* Ⓒ公毫，甅《重量的單位；= 1/100 gram；略作 cg.》.

cen·ti·li·ter, 《英》 **cen·ti·li·tre** [ˋsɛntḷ͵itɚ; ˈsenti͵liːtə] *n.* Ⓒ公勺《容量的單位；= 1/100 liter；略作 cl.》.

cen·time [ˋsɑntim, sɑnˋtim; ˈsɔntiːm, ˈsɑːnt-] 《源自法語 'cent'》—*n.* Ⓒ **1** 生丁《法國的貨幣單位；= 1/100 franc；符號 c., C.》. **2** 一生丁的硬幣。

***cen·ti·me·ter,** 《英》 **cen·ti·me·tre** [ˋsɛntə͵mitɚ; ˈsenti͵miːtə] *n.* Ⓒ**公分，厘米**《長度單位；等於 1/100 meter；略作 cm.》.

cen·ti·mo [ˋsɛntə͵mo; ˈsentimou] *n.* Ⓒ (*pl.* ~**s**) **1** 分《西班牙語系國家的貨幣單位；爲 colon, peseta 等的 1/100》. **2** 一分錢 (centimo) 的硬幣。

cen·ti·pede [ˋsɛntə͵pid; ˈsentipiːd] *n.* Ⓒ《動物》蜈蚣。

【字源】前半的「cent」來自拉丁文的「一百」；後半的「pede」是「脚」的意思，合起來就是「一百隻脚」，指多節足動物的「蜈蚣」。

cénti·sècond *n.* Ⓒ百分之一秒。

CENTO [ˋsɛnto; ˈsentou] 《*Cen*tral *T*reaty *O*rganization 的頭字語》—*n.* 中央條約組織 (1959–79).

***cen·tral** [ˋsɛntrəl; ˈsentrəl] 《center 的形容詞》—*adj.* (**more** ~; **most** ~) **1** **a** [用在名詞前] (無比較級、最高級) **中心的，中央的，中樞的** : the ~ area of the city 城市的中心區，城中區。**b** 在 (城市等) 中心[中央] 的，中心部位的 : the ~ shopping district of a town 市鎮的購物中心區。

2 (無比較級、最高級) **a** [用在名詞前] **主要的，構成主流的** : the ~ figure of a play 戲劇的中心[主要]人物 / the ~ aim of this investigation 這項調查的主要目的 / the ~ post office 中央郵局。**b** [不用在名詞前] 〔十介十(代)名〕〔對…是〕中心的，核心的〔*to*〕: This theme is ~ ***to*** our study. 這個題目是我們研究的核心部分。

3 **a** 〈場所等〉便利的，方便的 : Choose a ~ location *for* your house. 把你的家選在一個便利的地方。**b** [不用在名詞前] 〔十介十(代)名〕〔對於去某處〕方便的，便利的〔*for*〕: My apartment house is very ~ ***for*** the supermarket. 我的公寓到超級市場很方便。

4 (無比較級、最高級) 集中方式的 : ⇨ central heating.

5 (無比較級、最高級)《政》走中間路線的，穩健的。

6 (無比較級、最高級)《語音》中舌音的。

7 (無比較級、最高級)《解剖》中樞神經的。

—*n.* Ⓒ **1** 本部，本店，總公司。**2** [通常無冠詞]《美》電話總機《★比較 現在用 (telephone) exchange》.

~**·ly** [-trəlɪ; -trəli] *adv.*

Céntral Áfrican Repúblic *n.* [**the** ~] 中非共和國《位於非洲中部，爲法蘭西邦協內的一共和國；首都班基 (Bangui [ˋbɑŋgɪ; ˈbɑːŋgi])》.

Céntral América *n.* 中美洲。

Céntral Américan *adj.* 中美洲的。

—*n.* Ⓒ中美洲人。

Céntral Ásia *n.* 中亞細亞《現爲蘇聯的領土；⇨ Soviet Central Asia》.

céntral bánk *n.* Ⓒ中央銀行。

céntral góvernment *n.* Ⓒ (對地方政府而言的) 中央政府。

céntral héating *n.* Ⓤ中央暖氣系統。

Céntral Intélligence Àgency *n.* [**the** ~] (美國的) 中央情報局《略作 CIA》.

【說明】指 1947 年所設立，屬於美國政府的秘密情報機構。從事包括國家安全在內的各種情報蒐集活動。近年來因涉及國外的破壞活動而受到非難；cf. FBI.

cén·tral·ism [-͵ɪzəm; -lizəm] *n.* Ⓤ中央集權主義。**cen·tral·is·tic** [͵sɛntrəˋlɪstɪk; ͵sentrəˈlistik˴] *adj.*

cen·tral·i·za·tion [͵sɛntrələˋzeʃən, -laɪˋz-; ͵sentrəlaiˈzeiʃn] 《centralize 的名詞》—*n.* Ⓤ集中(化)；中央集權(化)。

cen·tral·ize [ˋsɛntrəl͵aɪz; ˈsentrəlaiz] 《center 的動詞》—*v.t.* **1** **a** 〔十受〕把…集中在中央，使…集中[會合]於一點。**b** 〔十受十介十(代)名〕使…集中〔在…〕〔*in*〕. **2** 使〈國家等〉成爲中央集權制。

—*v.i.* **1** **a** 聚集[集中]在中心[中央]。**b** 〔十介十(代)名〕集中〔於…〕〔*in*〕. **2** 形成中央集權(化)。

céntral nérvous sỳstem *n.* [**the** ~]《解剖・生理》中樞神經系統。

Céntral Párk *n.* 中央公園《在美國紐約 (New York) 市曼哈坦島 (Manhattan) 區的一個大公園》。

Céntral Pówers *n. pl.* [**the** ~] (第一次世界大戰的) 同盟國《指德國 (Germany) 和奧匈帝國 (Austria-Hungary)，通常也包括土耳其 (Turkey) 和保加利亞 (Bulgaria)》.

céntral resèrve [**reservàtion**] *n.* 《英》=median strip.

Céntral (**Stándard**) **Tìme** *n.* Ⓤ (美國的) 中央標準時間《較格林威治時間 (G. (M.) T.) 慢六小時；略作 C. (S.) T.；⇨ standard time【說明】》。

‡**cen·tre** [ˋsɛntɚ; ˈsentə] *n., adj., v.* 《英》=center.

cen·tric [ˋsɛntrɪk; ˈsentrik] *adj.* 中心的；中央的；神經中樞的。

cén·tri·cal [-trɪkl; -trikl] *adj.* ＝centric.

cen·trif·u·gal [sɛn'trɪfjugl; sen'trifjugl ˉ] *adj.* (↔ centripetal) **1** 離心(力)的：～ force《物理》離心力。**2** 利用離心力的：a ～ machine 離心分離機。**3** 脫離中央集權的，地方分權的。

—*n.* Ⓒ《機械》離心分離機[筒]。

～·ly [-glɪ; -gəli] *adv.*

cen·tri·fuge ['sɛntrə,fjudʒ; 'sentrifju:dʒ] *n.* Ⓒ離心分離機。

cen·trip·e·tal [sɛn'trɪpətl; sen'tripitl ˉ] *adj.* (↔ centrifugal) **1** 向心(力)的：～ force《物理》向心力。**2** 利用向心力的。

～·ly [-tlɪ; -təli] *adv.*

cen·trism ['sɛntrɪzəm; 'sentrizəm] *n.* Ⓤ中間主義；溫和[穩健]主義。

cén·trist [-trɪst; -trist] *n.* Ⓒ **1**《政》在政治上走中間路線之人；中立派議員。**2** 穩健主義者。

—*adj.* **1** (政治上)溫和派的；中間路線的。**2** 穩健主義(者)的。

cen·tro·sphere ['sɛntrə,sfɪr; 'sentrəsfiə] *n.* Ⓒ **1**《生物》(細胞的)中心球。**2**《地質》地心圈。

cen·tu·ple ['sɛntupl, -tju-, sɛn'tupl, -'tju-; 'sentjupl] *adj.* 百倍的。

—*v.t.* 使…增加百倍；用百乘。

cen·tu·ri·on [sɛn'turɪən, -'tju-; sen'tjuəriən] *n.* Ⓒ(古羅馬的)百人隊(century)隊長，百夫長《古羅馬的軍官，指揮一百名士兵》。

‡cen·tu·ry ['sɛntʃərɪ; 'sentʃuri] **《源自拉丁文「百」之義；⇨ cent》—***n.* Ⓒ **1 一世紀**《一百年；★ the 20th ～ (二十世紀)自一九〇一年一月一日至二〇〇〇年十二月三十一日止》：in the last [19th] ～ 在上個[十九]世紀。

2 a 一百個。**b**《美口語》一百美元，一百美元紙鈔。

3 (古羅馬的)百人隊《從前以一百名步兵編成一隊，六十隊爲一團(legion)》。

4《板球》一百分(100 runs)。

céntury plànt *n.* Ⓒ《植物》龍舌蘭《被想像爲每一百年開一次花；cf. agave》。

CEO《略》chief executive officer 總裁《公司或機構的最高行政主管》。

ce·phal·ic [sə'fælɪk; ke'fælik, se'f-] *adj.* [用在名詞前]《解剖》頭蓋的，頭(部)的。

cephálic índex *n.* Ⓒ頭顱指數《頭部之最大寬度與最大長度所構成的百分比率》。

ceph·a·lo·pod ['sɛfələ,pɑd; 'sefələpɔd] *n.* Ⓒ《動物》頭足綱動物《烏賊、章魚等》。

ce·ram·ic [sə'ræmɪk; si'ræmik] *adj.* 陶器的，陶瓷的；製陶術的，窯業的；陶藝的：a ～ vase 陶製花瓶/a ～ tile 瓷磚/the ～ art 陶藝/the ～ industry 窯業。

—*n.* Ⓒ陶藝品，窯業製品。

ce·ram·ics [sə'ræmɪks; si'ræmiks] *n.* **1** Ⓤ製陶術，陶藝；窯業。**2** [當複數用]陶瓷器類：Japanese ～ are popular in America. 日本的陶瓷器(類)在美國很受歡迎。

ce·ram·ist ['sɛrə,mɪst, sə'ræmɪst; si'ræmist] *n.* Ⓒ陶藝家；窯業家。

Cer·ber·us ['sɝbərəs; 'sə:bərəs] *n.*《希臘・羅馬神話》西伯勒斯《冥府的看門狗，有三個頭，尾部爲蛇》。

Cerberus

give [thrów] a sóp to Cérberus 收買[賄賂]難應付的人。

【字源】據說在古代的希臘、羅馬，有讓死者手握點心的習慣，作爲安撫冥府看門狗西伯勒斯的食物，由此才產生了「行賄使人不說話」的意思。在古羅馬詩人魏吉爾(Virgil)作品「伊尼伊德(*Aeneid*)」中也提到當伊尼亞斯(Aeneas)訪問冥府時曾拿食物給西伯勒斯，等牠睡著後才走進冥府之門。

cere¹ [sɪr; siə] *n.* Ⓒ《鳥》(鳥喙上的)蠟膜。

cere² [sɪr; siə] *v.t.*《古》**1** 以蠟布[裹屍布]裹〈屍體等〉。**2** 給…上蠟。

ce·re·al** ['sɪrɪəl; 'siəriəl] **《源自豐收[穀類]女神 Ceres 的形容詞》—n.* **1** Ⓒ **a 穀類植物**《米、麥、玉米等》。**b** [常 ～s]穀物，穀類。**2** Ⓤ[指個體或種類時爲Ⓒ](用穀類爲原料的)食品，早餐食品《玉米片(cornflakes)及燕麥片(oatmeal)等》。

—*adj.* **1** 穀類[穀物]的，穀類植物的。**2** 用穀物作成的。

cer·e·bel·lum [,sɛrə'bɛləm; ,seri'beləm] *n.* Ⓒ (*pl.* ～s, **-bel·la** [-'bɛlə; -'belə])《解剖》小腦。

ce·re·bra *n.* **cerebrum** 的複數。

ce·re·bral ['sɛrəbrəl; 'seribrəl] **《cerebrum 的形容詞》—***adj.* **1**《解剖》大腦的；腦的：～ anemia [hemorrhage] 腦貧血[溢血]/～ death 腦死/～ palsy 腦性小兒痲痺。**2**〈作品、遊戲等〉訴諸理性的，知性的；〈人等〉(傾向於)理智的：a ～ poem [poet] 知性[觸動理智]的詩[詩人]。

cer·e·brate ['sɛrə,bret; 'serəbreit] **《cerebration 的逆成字》**

—*v.i.* **1** 用腦筋[頭腦]。**2** 思考。

cer·e·bra·tion [,sɛrə'breʃən; ,seri'breiʃn] *n.* Ⓤ **1** 大腦的作用[機能]。**2** 鄭重其事地考慮；思考。

ce·re·bro·spi·nal [,sɛrəbro'spaɪnl; ,serəbrou'spainl ˉ] *adj.*《解剖》**1** 腦脊髓的：～ meningitis 腦脊髓膜炎。**2** 中樞神經系統的。

ce·re·brum ['sɛrəbrəm; 'seribrəm] *n.* Ⓒ (*pl.* ～s, **-bra** [-brə; -brə])《解剖》大腦；腦。

cere·cloth ['sɪr,klɔθ; 'siəklɔθ] *n.* ⓊⒸ蠟布；裹屍布。

cere·ment ['sɪrmənt; 'siəmənt] *n.* Ⓒ[常～s] **1** 裹屍布。**2** 壽衣。

cer·e·mo·ni·al [,sɛrə'monɪəl; ,seri'mounjəl ˉ] **《ceremony 的形容詞》—***adj.* **1 a** 儀式上的，與禮儀有關的。**b** 儀式用的：a ～ costume [dress] 禮服。**2** 講究儀式的；正式的。

—*n.* **1** Ⓒ儀式，典禮。**2** Ⓤ儀式次序。

～·ly [-əlɪ; -əli] *adv.*

cèr·e·mó·ni·al·ìsm [-l,ɪzəm; -lizəm] *n.* Ⓤ拘泥禮節[形式]，講究儀式[形式]，形式主義。

cèr·e·mó·ni·al·ist [-lɪst; -list] *n.*

cer·e·mo·ni·ous [,sɛrə'monɪəs; ,seri'mounjəs ˉ] *adj.* 顯示儀式的，隆重的；講求儀式的，拘泥形式的；客氣的，禮貌的：～ politeness 虛禮，拘謹。**～·ly** *adv.*

cer·e·mo·ny** ['sɛrə,monɪ; 'seriməni] **《源自拉丁文「羅馬近郊 *Caere* 鎮的儀式」之義》—n.* **1** Ⓒ(宗教上或國家、社會的正式而莊嚴的)**儀式，典禮**：a religious ～ 宗教儀式/a wedding [marriage] ～ 結婚典禮/a funeral ～ 葬禮/the tea ～ (日本的)茶道；品茶會/have [hold, perform] a ～ 舉行儀式/with all *ceremonies* 彬彬有禮地，很隆重地/⇨ MASTER of ceremonies, a MISTRESS of ceremonies.

【同義字】ritual 主要爲宗教上的儀式。

2 Ⓤ(社交上的)虛禮，客套，客氣：without ～ 不拘形式[禮節]地，隨便地。

stánd on [upòn] céremony [常用於否定句]《口語》拘於禮節，講客套：Please do*n't stand on* ～. 請不要拘禮[客氣]。

Ce·res ['sɪriz, 'si-; 'siəri:z] **《⇨ cereal》—***n.*《羅馬神話》塞麗絲《豐收[穀類]的女神；相當於希臘神話的狄美特(Demeter)》。

ce·rise [sə'riz, -'ris; sə'ri:z, -'ri:s] **《源自法語「櫻桃(cherry)」之義》—***n.* Ⓤ櫻桃色，鮮紅色。

—*adj.* 櫻桃色的，鮮紅色的。

ce·ri·um ['sɪrɪəm; 'siəriəm] *n.* Ⓤ《化學》鈰《稀土類元素；符號 Ce》。

cert [sɝt; sə:t] **《certainty 之略》—***n.* Ⓒ《英俚》確實的事[結果]；一定會發生的事：a dead [an absolute] ～ 絕對會發生[確實]的事。

for a cért《英俚》＝ for a CERTAINTY.

Ceres

‡cer·tain ['sɝtn; 'sə:tn] **《源自拉丁文「斷然的，確實的」之義》—***adj.* A (**more** ～；**most** ～) **1** [不用在名詞前] **a** [＋介＋(代)名]**確信**[…]的，**確定**[…]的，[對…]**無疑的**[*of, about*] (⇨ sure【同義字】)：I am [feel] ～ ***of*** his success. 我對他的成功確信無疑。**b** [＋(*that*)__]確信〈…事〉的：She was ～ *that* the young man had gone mad. 她確信那個年輕人已經發瘋/She felt ～ she was right. 她相信自己是對的。**c** [＋ *wh.*子句・片語]確定〈…〉的，〈對…〉有把握的：He was not ～ *whether* he should obey her. 他沒有把握是否該聽從她的話/I am not ～ *what to* do. 我不知道該怎麼辦。**2 a**〈事情〉**確實的，可靠的，可信任的**：～ evidence 確鑿的證據/morally ～ ⇨ morally 2. **b** [不用在名詞前]〈…事〉確實的，不容置疑的：It is ～ that there are many ups and downs in our lives. 我們的一生中有諸多浮沈[盛衰]是必然的《我們一生中難免有得意時也有失意時》。**c** [不用在名詞前][＋ *to* do]〈人〉一定[必定]〈會做…〉的：They are ～ *to* need help. 他們肯定需要幫助(★[變換]也可用義 2 b 的句型換寫成 It is ～ that they will need help.)。**3** [不用在名詞前]《罕》〈技術、知識等〉無誤的，正確的。

—B (無比較級、最高級)[用在名詞前] **1** (某個)**固定的，一定的**：at a ～ place 在某個固定場所，在一定的地點。**2** (不知道或是知道而不明言)**某，某一**：I was told it by a ～ person. 某人告訴我那件事/a ～ Mr. Smith 一位叫史密斯先生的人(★[比較]

一般用 a Mr. Smith》/a lady of a ～ age 一位有相當年齡的女士《四、五十歲者》/a woman of a ～ description 某種類型的女人。**3** 若干的，某種程度的：to a ～ extent 到某種程度(爲止)/show a ～ hesitation 表露幾分猶豫。

for cértain [常置於 know, say 之後] 確定地，確實地：I don't *know for* ～. 我不確知/I can't *say for* ～. 我不能確定地說。

màke cértain (1)弄清楚；確保〔…〕〔*of*〕：I think so, but you'd better *make* ～. 我是這樣想，但你最好弄清楚/I'll go earlier and *make* ～ *of* our seats. 我要早點去(以便)確保我們有座位。(2)〔＋(*that*)＿〕弄清楚；確定〈…事〉：*Make* ～ (*that*) you know what time the film begins. 你要弄確實[弄清楚]那部片子在何時上映。

—*pron.* [與 "of＋複數(代)名詞" 連用；當複數用] (…之中的)某些[若干]，某些[若干]人《★[比較]some 較爲口語》：*C*～ *of* them [the boys] were honest enough to tell the truth. 他們[男孩們]中的某些人很誠實地說出眞相。

‡**cer·tain·ly** [ˈsɝtṇlɪ; ˈsə:tnli] *adv.* (**more** ～; **most** ～) **1** [修飾整句]確實無疑地，一定，必定：She will ～ become ill if she goes on working like that. 如果她繼續那樣工作下去，一定會生病的。**2** [用以回答對方的要求時代表全句]好，可以，當然，沒問題："Can you help me?"—"*C*～."「可不可以幫我個忙？」「當然可以。」

cer·tain·ty** [ˈsɝtṇtɪ; ˈsə:tnti] «certain 的名詞»**—n.* **1** Ⓤ **a** 確實；確信，把握〔*of*〕：He had no ～ *of* success. 他沒有成功的把握/I can say *with* ～ that this is true. 我可以很確定地說這是眞實的。**b** 〔＋*that*＿〕〈對…的〉確信[把握]：I borrowed the money in the ～ *that* I could repay it within a few months. 我確信二、三個月之內能還，才借那筆錢。**2** Ⓒ確實的事；必然的事物(⇨ probability【同義字】)：a moral ～ ⇨ moral *adj.* 5/bet on a ～ 有把握[十拿九穩]地下賭注/It is a ～ that prices will go up. 物價上漲是必然的事。

for [**to**] **a cértainty** 確實地，無疑地，一定。

cer·tes [ˈsɝtiz; ˈsə:tiz] *adv.* 《古》確然；當然。

cer·ti·fi·a·ble [ˈsɝtəˌfaɪəbl; ˌsə:tiˈfaiəbl] *adj.* **1** 可保證[證明]的。**2** 《英》〈人〉可以證明爲精神病患的；發瘋的。

cer·tif·i·cate [sɚˈtɪfəkɪt; səˈtifikət] «源自古法語「使確實」之義»**—***n.* Ⓒ **1 a** 證明書，證明：a birth [death] ～ 出生[死亡]證明書/a health ～ 健康證明書/a medical ～ 診斷書/a ～ of competency 資格證書；(船員的)執照/a ～ *of* efficiency [good conduct] 適任證書[品行優良獎狀]。**b** 〔＋*that*＿〕〈…的〉證明書：She holds a ～ *that* she worked here as a typist from 1960 to 1968. 她持有從 1960 到 1968 年在這裏當打字員的證明書。**c** (不授予學位課程的)結業[學習]證書，執照，許可證，檢定合格書：a teacher's [a teaching] ～ 教師檢定合格證書。**2** 證券；股票：a ～ of stock [share] 記名證券，股票。

— [səˈtɪfəˌket; səˈtifikeit] *v.t.* **1** 〔＋*that*＿〕(以證書)證明〈…事〉：I do hereby ～ *that*.... 茲證明…。**2** 〔＋受〕給予〈某人〉證明書[執照]；給予證明書而許可…《★常以過去分詞當形容詞用；⇨ certificated》。

cer·tíf·i·càted *adj.* [用在名詞前]《英》取得執照的，有資格的：a ～ teacher 檢定合格的教師《★[比較]現在一般用 a qualified teacher》。

cer·ti·fi·ca·tion [ˌsɝtəfəˈkeʃən; ˌsə:tifiˈkeiʃn] *n.* **1** Ⓤ證明，檢定，認可，保證，確認。**2** Ⓒ證明書。**3** Ⓤ《英》精神異常的證明。

cér·ti·fied *adj.* **1** 被保證[證明]的：a ～ check [cheque] 保付支票/～ milk (合於公定標準的)合格牛奶。**2** 《美》〈會計師等〉檢定合格的，有執照的。**3** 《英》〈人〉被證明是精神異常的。

cértified máil *n.* Ⓤ《美》掛號信(《英》recorded delivery)。

cértified públic accóuntant *n.* Ⓒ《美》有執照的合格會計師(《英》chartered accountant)《略作 CPA》。

cér·ti·fi·er *n.* Ⓒ證明者。

cer·ti·fy [ˈsɝtəˌfaɪ; ˈsə:tifai] «源自拉丁文「確定(certain)」之義»**—***v.t.* **1 a** 〔＋(*that*)＿〕(用簽名蓋章的文件)證明〈…事〉：I hereby ～ *that*....＝This is to ～ *that*.... 茲證明…無誤/I ～ (*that*) this is a true copy. 茲證明此文件爲眞正的謄本。**b** 〔＋受＋(*as*)補〕證明…〈是…〉：His report was *certified* (*as*) correct. 他的報告被證明是正確的。**c** 〔＋受〕認證〈事實、任命等〉。**2** 〈銀行等〉保證〈支票〉。**3** 發給〈某人〉證明書[執照，許可證]：～ a teacher 發給老師檢定合格證書。**4** 〈醫師〉證明〈某人〉爲精神異常。**—***v.i.* 〔＋介＋(代)名〕保證，證明〔事實等〕〔*to*〕：～ **to** a person's character 保證某人的人格[品德]。

cer·ti·tude [ˈsɝtəˌtud, -ˌtjud; ˈsə:titju:d] *n.* Ⓤ確信；確實性《★[比較]一般用 certainty》。

ce·ru·le·an [səˈrulɪən; siˈru:ljən] *adj.* 深藍色的，天藍色的。

ce·ru·men [səˈrumən; siˈru:men] *n.* Ⓤ耵聹；耳垢(earwax)。

Cer·van·tes [sɚˈvæntiz; sə:ˈvæntiz], **Miguel de** [mɪˈgɛldə; miˈgeldə] *n.* 塞凡提斯《1547–1616；西班牙作家；爲「唐・吉訶德傳(*Don Quixote*)」的作者》。

cer·vi·cal [ˈsɝvɪkl; sə:ˈvaikl] *adj.* 《解剖》(有關)頸(部)的；(尤指)子宮頸的：the ～ syndrome《醫》頸部症候羣，頭頸部的扭傷(cf. whiplash 2)。

cer·vi·ci·tis [ˌsɝvəˈsaɪtəs; ˌsə:viˈsaitəs] *n.* ⓊⒸ《醫》子宮頸炎。

cer·vine [ˈsɝvaɪn; ˈsə:vain] *adj.* **1** 如鹿的。**2** 鹿(科)的。**3** 鹿毛色的；深黃褐色的。

cer·vix [ˈsɝvɪks; ˈsə:viks] *n.* Ⓒ (*pl.* ～**es**, **cer·vi·ces** [-vəsiz, -ˈvaɪsiz; -visi:z])《解剖》**1** 頸(尤指後頸部)。**2** 頸部；子宮頸(部)；齒頸部。

Ce·sar·e·an, Ce·sar·i·an [sɪˈzɛrɪən; siˈzeəriən] *adj.*, *n.* 《美》＝Caesarean.

ce·si·um [ˈsizɪəm; ˈsi:ziəm] *n.* Ⓤ《化學》銫《金屬元素；符號 Cs》。

ces·sa·tion [sɛˈseʃən; seˈseiʃn] «cease 的名詞»**—***n.* ⓊⒸ中止，中斷；休止，停止：the ～ *of* hostilities [armed conflict] 休戰，停戰/continue without ～ 繼續不斷。

ces·sion [ˈsɛʃən; ˈseʃn] «cede 的名詞»**—***n.* **1** ⓊⒸ(領土的)割讓，(權利的)讓渡，(財產等的)讓與。**2** Ⓒ割讓的領土。

Cess·na [ˈsɛsnə; ˈsesnə] «源自製造公司創辦者的名字»**—***n.* Ⓒ塞斯納飛機《美國製的輕型飛機》。

cess·pit [ˈsɛsˌpɪt; ˈsespit] *n.* ＝cesspool.

cess·pool [ˈsɛsˌpul; ˈsespu:l] *n.* Ⓒ **1** (地下的)污水池，化糞池。**2** 污穢的場所〔*of*〕：a ～ *of* iniquity 罪惡的淵藪。

ces·tode [ˈsɛstod; ˈsestoud] *n.* Ⓒ《動物》多節條蟲亞綱動物《條蟲(tapeworm)等》。

ce·su·ra [sɪˈʒurə, sɪˈzjurə; siˈzjuərə] *n.* ＝caesura.

ce·ta·cean [sɪˈteʃən; siˈteiʃjən] *n.* Ⓒ《動物》鯨類的動物《鯨、海豚等》。

—*adj.* 《動物》鯨類的。

ce·ta·ceous [sɪˈteʃəs; siˈteiʃəs] *adj.* ＝cetacean.

ce·tane [ˈsiten; ˈsi:tein] *n.* Ⓒ《化學》鯨蠟烷，十六(碳)烷。

ce·te·ris pa·ri·bus [ˈsɛtərɪsˈpærəbəs; ˈsitərisˈpæribəs] «源自拉丁文 'other things being equal' 之義»其他情形相同；別無其他情形。

Cey·lon [sɪˈlɑn; siˈlɔn] *n.* **1** 錫蘭島《印度東南方印度洋上的一島；構成斯里蘭卡(Sri Lanka)共和國》。**2** 錫蘭《斯里蘭卡(Sri Lanka)的舊稱》。

Cey·lon·ese [ˌsiləˈniz; ˌseləˈni:z, ˌsi:-ˈ-] «Ceylon 的形容詞»**—***adj.* 錫蘭(島，人)的。**—***n.* Ⓒ (*pl.* ～)錫蘭(島)人。

Cé·zanne [sɪˈzæn; seiˈzæn, si-], **Paul** *n.* 塞尚《1839–1906；法國後期印象派畫家》。

Cf 《符號》《化學》californium.

cf. [ˈsiˈɛf, kəmˈpɛr, kənˈfɝ; ˌsi:ˈef, kəmˈpeə, kənˈfə:] «拉丁文 *con*f*er* (＝compare)之略»—《略》比較；參照…。

C.F.I., c.f.(&)i. 《略》cost, freight, and insurance《★通常作 C.I.F.》。

cg. 《略》centigram(s); centigramme(s).

C.G. Coast Guard; Commanding General《擔任司令官(commander)的將官》; Consul General.

C.G.S., c.g.s., cgs 《略》centimeter-gram-second《物理》CGS (單位)，厘米、公克、秒(制)《長度、質量、時間的基本單位；與科學技術有關者現用 SI unit》。

Ch., ch. 《略》chain; champion; chaplain; chapter; 《西洋棋》check; chemical; chemistry; chief; child; children; church.

Ch. 《略》Chaplain; Charles; China; Chinese; Christ.

C.H. 《略》courthouse; customhouse.

Cha·blis [ˈʃæblɪ, ʃæbˈli; ˈʃæbli:] *n.* Ⓤ沙百里葡萄酒《法國沙百里(Chablis)原產的無甜味白葡萄酒》。

cha-cha [ˈtʃɑˌtʃɑ; ˈtʃɑ:tʃɑ:] *n.* (又作 **cha-cha-cha** [ˈ-ˈ-ˈ-])Ⓒ恰恰舞《一種起源於西印度羣島，節奏分明的 2/4 拍子舞曲》。

—*v.i.* 跳恰恰舞。

Cha·co [ˈtʃɑko; ˈtʃɑ:kou] *n.* ＝Gran Chaco.

cha·conne [ʃæˈkɔn, -ˈkɑn; ʃəˈkɔn, ʃæ-] *n.* Ⓒ(*pl.* ～**s** [～z; ～z; *F*～]) **1** 夏康舞《起源於古西班牙 3/4 拍子的慢舞》。**2** 《音樂》夏康舞曲《由夏康舞產生的巴羅克(Baroque)時代變奏曲的一種曲式》。

Chad [tʃæd; tʃæd] *n.* 查德《位於非洲中北部，爲法蘭西邦協(French Community)內的一共和國；首都恩將納(N'Djamena [ɛnˈdʒɑmənə; nˈdʒɑ:menɑ:])》。

cha·dor [ˈtʃʌdɚ; ˈtʃʌdə] *n.* Ⓒ(印度及伊朗婦女用作面紗、披肩的)黑色四角布。

chafe [tʃef; tʃeif] «源自拉丁文「使變熱」之義»**—***v.t.* **1** 摩擦〈手等〉使之暖和：The boy ～*d* his cold hands. 那男孩搓著他冰冷的雙手(使其變暖)。**2** 擦傷，擦痛〈皮膚等〉：This stiff collar has ～*d* my neck. 這硬衣領擦傷了我的脖子。**3** 使〈人〉焦躁，使…發怒。**—***v.i.* **1** 〔＋介＋(代)名〕〈動物〉〔在獸欄等上〕摩擦身體〔*against, on*〕：The bear is *chafing* ***against*** [***on***] the bars. 那隻

C

熊在鐵柵上摩擦身體。**2** 擦傷，擦痛。**3 a** 焦躁，著急。**b**〔十介十(代)名〕〔對…〕感到焦躁，惱怒，發怒〔*at, under*〕：He ～*s* **at** rebuke. 他對於指責感到惱怒/She ～*d* **under** her brother's teasing. 她因哥哥的揶揄而發怒。
—*n.* Ⓒ **1** 擦傷(的痛)。**2** 焦躁：*in* a ～ 在焦躁中。
cha·fer [ˈtʃefɚ; ˈtʃeifə] *n.* Ⓒ《昆蟲》金龜子科的甲蟲《小金蟲(cockchafer)等》。
chaff[1] [tʃæf; tʃɑːf] *n.* Ⓤ **1** 穀實的皮殼。**2** 切短的稻草《作牛馬飼料》，秣。**3** 不值錢的東西，廢物。
be cáught with cháff 輕易地受騙[上當]。
óffer cháff for gráin 用仿冒品騙人，掛羊頭賣狗肉。
séparate (the) whéat from (the) cháff ⇨ wheat.
—*v.t.* 切〈稻草、秣等〉。
chaff[2] [tʃæf; tʃɑːf] *n.* Ⓤ(沒有惡意的)戲弄，揶揄。
—*v.t.*〔十受(十介十(代)名)〕〔就…事〕(心情輕鬆地)戲弄〈某人〉〔*about*〕：You are ～*ing* me. 你在戲弄我/The boys ～*ed* me ***about*** my mistakes in speaking English. 那些男孩揶揄我說英語時所犯的錯誤。
chaf·fer [ˈtʃæfɚ; ˈtʃɑːfə] *n.* Ⓤ 講價；錙銖計較。
—*v.i.* **1** 討價還價；斤斤計較。**2** 吵嘴；喋喋不休。—*v.t.* **1** (口角時)互交〈惡言〉。**2**《古》以…作爲交換物[交易，交換]。
chaf·finch [ˈtʃæˌfɪntʃ; ˈtʃæfintʃ] *n.* Ⓒ《鳥》蒼頭燕雀《歐洲產鳴禽》。

chaffinch

chaff·y [ˈtʃæfɪ; ˈtʃɑːfi] «chaff[1] 的形容詞» —*adj.* (**chaff·i·er**; **-i·est**) **1** 多穀殼[糠]的，穀殼似的；如糠的。**2** 無價值的。
cháf·ing dìsh [ˈtʃefɪŋ-; ˈtʃeifiŋ-] *n.* Ⓒ 餐桌上用的火鍋，附有酒精爐的保暖鍋。
Cha·gall [ʃəˈgal; ʃʌˈgɑːl], **Marc** [mɑrk; mɑːk] *n.* 夏格爾《1887–1985；居住在法國的俄國畫家》。
chag·rin [ʃəˈgrɪn; ˈʃægrin, ʃəˈgriːn] «源自法語「悲傷」之義» —*n.* Ⓤ 懊惱，悔恨：to a person's ～ 使人懊惱的是。
—*v.t.* 使〈人〉悔恨，懊惱《★常用被動語態，變成「〈人〉悔恨，懊惱」之意；介系詞用 *at, by*》：It ～*ed* me to be laughed at. 被人嘲笑使我覺得很懊惱/He *was* [felt] ～*ed* **at** his failure [*at* los*ing* his pen]. 他爲自己的失敗[遺失鋼筆]而感到懊惱。

chafing dish

‡**chain** [tʃen; tʃein] *n.* **1 a** Ⓤ[指個體時爲Ⓒ] **鎖鏈，鏈子**：a (length of) ～ 一條鏈子/Bulls are kept *on* a ～. 公牛被鏈子拴著。**b** Ⓒ項鍊，項圈；(當作官職的標誌而帶在頸上的)鏈子。**c** Ⓒ(腳踏車的)鏈條。**d** ＝door chain. **2** Ⓒ **a** [常 **a** ～ **of...**]一連串，一系列；(廣播的)廣播網：*a* ～ *of* mountains 山脈，山系/*a* ～ *of* islands 列島/*a* ～ *of* broadcasting stations 廣播電台的廣播網/*a* ～ *of* events 一連串的事件。**b** (連鎖經營的銀行、劇場、旅館等)連鎖店。**3** [常 ～*s*]手銬，腳鐐；束縛；羈絆；拘禁，桎梏：be in ～*s* 被鏈子拴著；被囚禁於牢房內；成爲奴隸/throw a person into ～*s* 用鏈子鎖住某人。**4** Ⓒ《測量》**a** 測鏈。**b** 一鏈《英美爲 66 呎》。**5** Ⓒ《化學》(原子的)連鎖(cf. chain reaction). **6** Ⓒ《細菌》連鎖。
—*v.t.* **1**〔十受十副〕**a** 用鏈子拴[繫]住〈動物等〉〈*up, together*〉：*C*～ ***up*** the dog. 把那一條狗拴起來/The prisoners were ～*ed* ***together***. 囚犯被鏈子鎖在一起。**b** 用鏈子鎖住〈動物等〉；用鏈子鎖[繫]住〈行李等〉〈*down*〉. **2**〔十受(十副)十介十(代)名〕用鏈子把〈動物等〉拴〔在…〕〈*down*〉〔*to*〕：The dog was ～*ed* ***to*** the wall. 那隻狗被用鏈子拴在牆上。**3**〔十受(十副)十介十(代)名〕〔用…〕束縛[限制]〈某人〉，將〈某人〉束縛[拴]〔在…〕〈*down*〉〔*to*〕：Mother is ～*ed* ***to*** the house all the time. 母親總是被束縛在家裏/I am ～*ed* ***down*** *to* my work. 我受制於我的工作[爲工作所困]。**4 a**〔十受〕(從門的內側)用鏈子鎖住〈門〉。**b**〔十受十補〕把〈入口處等〉用鏈子鎖住〈使成…狀態〉：The parking lot was ～*ed* shut. 那個停車場已上了鐵鏈關閉。
cháin ármor *n.* ＝chain mail.
cháin brìdge *n.* Ⓒ 鐵鏈吊橋。
cháin gàng *n.* Ⓒ 被一條鐵鏈鎖在一起做屋外勞役的一羣囚犯。
cháin lètter *n.* Ⓒ 連鎖信，幸運函《收信人須依順序再寄給數人》。
cháin máil *n.* Ⓤ 鎖子甲，連環甲《由鐵環串連而成，可彎曲的甲冑》。
cháin reàction *n.* Ⓒ **1**《物理》連鎖反應。**2** (事件等的)連鎖反應：set off [up] a ～〈事情〉引起連鎖反應。
cháin sàw *n.* Ⓒ 小型的動力鏈鋸。
cháin-smòke *v.i.* 一根接一根地吸煙。
—*v.t.* 連續不斷地吸〈煙〉。
cháin smóker *n.* Ⓒ 一根接一根吸煙的人。
cháin stìtch *n.* Ⓒ 鏈縫，鏈狀針眼的編織法。
cháin-stìtch *v.t.* & *v.i.* 用鏈狀針法縫(衣物)。
cháin stòre *n.* Ⓒ 連鎖店(《英》multiple shop [store]).
‡**chair** [tʃɛr; tʃɛə] «源自希臘文「座位」之義» —*n.* **1** Ⓒ **a** (常指單人坐，有靠背的)**椅子**：sit *on* a ～ 坐在(沒扶手的)椅子上/sit *in* a ～ 坐在(有扶手的)安樂椅上/Won't you take [have] a ～? 你不坐嗎？《請坐》。**b** ＝sedan chair. **2** [the ～]議長[主席]席位[職位]；會長席位[職位]；《英》市長的職位：C～！～！議長！議長！《要求維持議會會場秩序》/in *the* ～ 就議長[主席]席位，擔任議長[主席]/address [support] *the* ～ 向主席建議[支持主席]/appeal to *the* ～ 請求議長[主席]裁決/leave *the* ～ 離開議長[主席]席位；(開會時主席)結束會議/take *the* ～ 就任主席；(擔任會議主席而)開始主持會議。**3** Ⓒ講座；大學教授的職位：hold the *C*～ of History at Oxford University 在牛津大學擔任史學講座。**4** [the ～]《美》電椅(處死刑用)；坐電椅的死刑：send [go] to *the* ～ 被處死刑[坐電椅]。**5** Ⓒ《鐵路》軌座《將鐵軌固定於枕木的座鐵》。
—*v.t.*〔十受〕**1** 使〈人〉入座[就座]。**2** 使〈人〉就要職。**3** 擔任〈某會議〉的主席：He ～*s* the committee. 他擔任那個委員會的主席。**4**《英》用椅子抬著〈某人〉走，把〈某人〉抬在肩上走《對勝利者的舉動》。
cháir bèd *n.* Ⓒ(伸縮式或折疊式的)坐臥兩用床。
chair·borne [ˈtʃɛrˌborn, -ˌbɔrn; ˈtʃɛəbɔːn] *adj.* (軍人，尤指空軍人員)坐辦公桌的，擔任行政工作的。
cháir càr *n.* Ⓒ《美》**1** 有靠背可調整的座椅(reclining seat)的客車。**2** ＝parlor car.
cháir·làdy *n.* ＝chairwoman.
cháir lift *n.* Ⓒ 空中纜椅《把椅子吊掛於電纜，以載運乘客上下山者》。
***chair·man** [ˈtʃɛrmən; ˈtʃɛəmən] *n.* Ⓒ(*pl.* **-men** [-mən; -mən]) **1 a** 主席，議長，會長《★用法 用於稱呼時，稱男的爲 Mr. *C*～，女的爲 Madam *C*～；美國則傾向於用 chairperson》. **b** 委員長；社長，總裁：the *C*～ of the Board (of Directors) (公司等的)董事長。**c** (會議的)主席，(聚會等的)主持人。**2**《美》(某學科的)主任教授，系主任。**3 a** 替病人推病人專用車椅(bath chair)的人。**b** 抬轎子(sedan chair)的人，轎夫。
cháirman·shìp *n.* **1** Ⓤ chairman 的才能[本質]。**2** Ⓒ[常 **a**～] chairman 的地位[身分，任期]。
cháir·pèrson *n.* Ⓒ 議長，主席；主持人《★美國因女性解放運動，用 chairperson 有逐漸取代用 chairman, chairwoman 的趨勢》。
cháir·wòman *n.* Ⓒ(*pl.* **-women**)女議長[委員長，會長，董事長，主席，主持人]。
chaise [ʃez; ʃeiz] *n.* Ⓒ **1 a** 雙人坐的單馬二輪輕便馬車。**b** 四輪遊覽馬車。**c** ＝post chaise. **2** ＝chaise longue.

chaise 1 a

chaise longue [ˈʃezˈlɔŋ; ˌʃeizˈlɔŋ] *n.* Ⓒ (*pl.* ～**s**, **chaises longues** [～(z); ～(z)]) (座位細長，僅一端有靠背、扶手的)躺椅，長椅。
chal·ced·o·ny [kælˈsɛdnɪ, ˈkælsəˌdonɪ; kælˈsedəni] *n.* Ⓤ[指寶石個體時爲Ⓒ]《礦》玉髓。
chal·co·py·rite [ˌkælkəˈpaɪraɪt, -ˈpɪr-; ˌkælkəˈpaiərait] *n.* Ⓤ 黃銅礦。
Chal·de·a [kælˈdiə; kælˈdiːə] *n.* **1** 迦勒底《在古代巴比倫的南部，底格里斯河(Tigris)和幼發拉底河(Euphrates)的沿岸地區》。**2** ＝Babylonia.
Chal·de·an [kælˈdiən; kælˈdiːən] *n.* **1** Ⓒ(古代巴比倫的)迦勒底人；古代巴比倫人。**2** Ⓒ 占星者；預言者。**3** Ⓤ 迦勒底人用的閃族語。
—*adj.* **1** 迦勒底(人)的；迦勒底語的。**2** 占星術的。
cha·let [ʃæˈle, ˈʃælɪ; ˈʃælei, ˈʃæli] *n.* Ⓒ **1 a** (瑞士的)木造農舍《建於阿爾卑斯山山中，有陽臺且屋簷向上突出》。**b** 瑞士山地農舍式的房子[別墅]。**2** (露營地等的)小屋。

chalet 1 a

chal·ice [ˈtʃælɪs; ˈtʃælis] *n.* Ⓒ **1** a 杯子。b《基督教》聖杯，聖餐杯。**2**《植物》杯狀花。

‡chalk [tʃɔk; tʃɔ:k] **《源自拉丁文「石灰」之義》—*n.* 1** Ⓤ**白堊**《灰白色軟土質的石灰岩》。**2** Ⓤ [指種類時爲Ⓒ] **粉筆**，(蠟筆(crayon)畫用的)有色粉筆《★用法數粉筆時一般爲 a piece of ～, two pieces of ～ 等》：French [tailor's] ～ (裁剪布料時用的)粉筆，粉塊/three colored ～*s* 三枝有色粉筆。**3** Ⓒ a 用粉筆作的記號。b 賒賬的記錄。c《英》(比賽的)得分(score).
(as) different as chálk from chéese = **(as) líke as chálk and chéese**《口語》外觀相似但本質完全不同，似是而非。
by a lóng chálk = **by (lóng) chálks**《英口語》(1)(相差)很遠，懸殊《★源自用粉筆記載比賽的得分；a long ～ 是(得分)很多之意》。(2)[用於否定句]全不…，毫不…。
nót knów chálk from chéese 不能分辨善惡。
wálk a [the] chálk (màrk, lìne)《美口語》(1)筆直地走《表示未醉》。(2)循規蹈矩，服從命令，順從。
—*adj.* [用在名詞前] **1** 白堊質的。**2** 用粉筆寫的；白堊製的。
—*v.t.* 〔十受〕**1** a 用粉筆寫〈文字等〉。b 用粉筆在…上做記號。**2** 在〈撞球的球桿前端〉塗上白堊。
chálk óut《*vt adv*》(1)用粉筆描繪〈東西〉的輪廓。(2)訂…的計畫；敍述…的要點。
chálk úp《*vt adv*》《口語》(1)把…留在記錄上，做…的筆記[記錄]；獲得[得到]〈勝利、分數、利益〉。(2)把〈飲料費等〉記在〔某人〕的帳單上〔*to*〕：*C*～ it *up to* me. 把它記在我的帳單上。(3)把〈事情〉歸因[咎]〔於…〕〔*to*〕：He ～*ed up* his failure *to* our carelessness. 他把自己的失敗歸咎於我們的疏忽。

chálk·bòard *n.* Ⓒ(淺顏色的)黑板。

chálk tàlk *n.* Ⓒ以粉筆在黑板上畫圖或圖解來說明的演講。

chalk·y [ˈtʃɔkɪ; ˈtʃɔ:ki] **《chalk 的形容詞》—*adj.*** (**chalk·i·er; -i·est**) **1** 白堊質的；富含白堊的。**2** 白堊色的。**3**〈味道〉像白堊的；〈麵包〉多粉末的。

‡chal·lenge [ˈtʃælɪndʒ; ˈtʃælindʒ] **《源自拉丁文「中傷」之義》—*n.* 1** Ⓒ a **挑戰**，決鬥[比賽(等)]的邀請；挑戰書〔*to*〕：a ～ *to* violence 向暴力挑戰/a ～ *to* a duel 決鬥的要求/give [offer] a ～ 挑戰/accept [take up] a ～ 接受挑戰，應戰。b〔十 *to* do〕〈想做…的〉挑戰：accept [take up] a ～ *to* run a race 接受賽跑的挑戰。
2 Ⓒ a (哨兵喝令止步的)盤問，口令《如 "Halt! Who goes there?"「止步！那邊是誰？」》：give the ～〈哨兵〉盤問，喝問。b〔十 *to* do〕〈…的〉盤問，口令：He ignored the sentry's ～ *to* halt. 他不理睬哨兵喝令止步的盤問。
3 a Ⓤ努力[意願，興致(等)]的引起，激發，反應，起勁：a job with enough ～ 有充分挑戰性的工作。b Ⓒ(需要特別努力或投入的)艱鉅工作，難題：It's not enough of a ～. 那不算是什麼艱鉅的工作[難題]。
4 Ⓒ a 說明[證據]的要求；(要求說明、證據的)抗議，責難，非難〔*to*〕：a ～ *to* the chairman *to* explain the reason for it 要主席說明其理由的要求。b《美》(對投票(者)之有效性、資格等所表示的)異議。
5 Ⓒ《法律》(對任命前的陪審員的)要求迴避。
—*v.t.* 1 a〔十受〕向〈人〉**挑戰**：～ one's adversary 向敵人挑戰。b〔十受十介十(代)名〕要求〈某人〉〔辯論、比賽、決鬥等〕，向〈某人〉挑戰〔…〕〔*to*〕：He ～*d* me **to** another game of chess. 他向我挑戰[他要求我]再比賽一盤西洋棋。c〔十受十 *to* do〕向〈人〉挑戰，要求〈做…〉：He ～*d* anyone *to* beat him. 他向任何要打敗他的人挑戰。
2 a〔十受〕懷疑〈陳述、正當性、權利等〉，對…提出異議；〈事情〉使…持疑：I ～*d* his statement. 我對他所說的事提出異議[感到懷疑]。b〔十受十介十(代)名〕對〈人〉〔就…事〕提出異議[持疑]〔*about*〕：They ～*d* him ***about*** the fairness of his remarks. 他們對他評論的公正性持疑。
3 a〔十受〕〈事情〉理所當然地需要〈說明、稱讚等〉：The problem ～*s* explanation. 該問題理當需要說明《★暗示說明的困難》/The work ～*s* the admiration of all ages. 這件作品值得受各時代的讚賞。b〔十受十 *to* do〕〈事情〉需要〈人〉〈做…〉：The problem ～*s* us *to* use our intellect. 這個問題需要我們運用智力。c〔十受〕〈事情〉促請[喚起，激發]〈人的注意力、想像力等〉：This task ～*s* your further effort. 這個工作促使你作更進一步的努力。
4〔十受〕〈哨兵〉盤問〈人〉。
5〔十受〕《美》對〈投票(者)〉的有效性[資格等]提出異議。
6〔十受〕《法律》向〈陪審員等〉要求迴避，反對…。

chál·leng·er *n.* Ⓒ **1** 挑戰者(↔ defender). **2** 盤問者。**3**《法律》要求(陪審員)迴避者。

chál·leng·ing *adj.* **1**〈態度等〉挑戰性的。**2**〈事情〉挑起興趣的，令人深思的，刺激性的，值得做的：a ～ work of art 引起興趣的藝術作品。**3**〈人、個性等〉有魅力的。**～·ly** *adv.*

chal·lis, chal·lie [ˈʃælɪ; ˈʃæli] *n.* Ⓤ印花的輕質羊毛[棉(等)]織品。

cham [kæm; kæm] *n.*《古》= khan[1].

***cham·ber** [ˈtʃembɚ; ˈtʃeimbə] **《源自拉丁文「(有)拱形天花板(的房間)」之義》—*n.* 1** a Ⓒ《文語》(房子的)**房間**，私室；(尤指)寢室。b [～s]《英》出租的單身套房。**2** a Ⓒ(宮廷、王宮的)正式房間。b Ⓒ謁見室。c [～s](法院內的)法官私室；法官的辦公室。d [～s]《英》(尤指英國法學院(Inns of Court)內的)律師(barrister)辦公室[處]。**3** a [**the** ～](立法、司法機關的)議事廳；議院，議會：*the* lower [upper] ～ (議會的)下[上]議院。b Ⓒ會館，會議廳：a ～ of commerce 商會。**4** Ⓒ a 彈膛，藥室《槍砲的砲身或左輪槍的彈倉(cylinder)中裝彈藥的地方》。b (機器中的)室。**5** Ⓒ(生物體內的)窩，腔，穴，心室。
the Chámber of Hórrors 恐怖屋，令人戰慄的房間《塔索夫人蠟像館(Madame Tussaud's)中陳列犯罪者人像與刑具的地下室》。
—*adj.* [用在名詞前] 適合室內的；室內音樂的：⇨ chamber music.**—*v.t.*** 〔十受〕**1** 把〈人〉關[禁閉]在房間裏。**2** 設房間於〈某處〉。**3**〈槍砲〉可裝入〈某種砲[槍]彈〉。

chámber cὸncert *n.* Ⓒ室內樂演奏會。

chám·bered *adj.* [常構成複合字]有…室[藥室]的。

chámbered náutilus *n.* = nautilus 1.

cham·ber·lain [ˈtʃembɚlɪn; ˈtʃeimbəlin] **《源自古法語「房間管理人」之義》—*n.*** Ⓒ **1** (宮廷的)內臣，侍從：⇨ Lord Chamberlain. **2** (貴族的)管家。**3** (市鎮村的)會計員，財務管理人。

Cham·ber·lain [ˈtʃembɚlɪn; ˈtʃeimbəlin], **(Arthur) Neville** *n.* 張伯倫《1869–1940；英國首相，以與希特勒(Hitler)簽訂慕尼黑協定而著名》。

chámber·màid *n.* Ⓒ(旅館等的)房間女服務生，女僕(cf. housemaid).

chámber mùsic *n.* Ⓤ室內樂。

chámber òrchestra *n.* Ⓒ室內樂團。

chámber pòt *n.* Ⓒ夜壺，尿壺。

cham·bray [ˈʃæmbre; ˈʃæmbrei] *n.* Ⓤ一種柳條細布；青年布。

cha·me·leon [kəˈmilɪən; kəˈmi:ljən] **《源自希臘文「地上獅子」之義》—*n.*** Ⓒ **1**《動物》變色龍[蜥蜴]。**2** 善變的人，反覆無常的人。

chameleon 1

cha·me·le·on·ic [kəˌmilɪˈɑnɪk; kəˌmi:liˈɔnik⁻] *adj.* 像變色蜥蜴的；善變的，反覆無常的。

cham·fer [ˈtʃæmfɚ; ˈtʃæmfə] *v.t.* 削去〈木材、石材〉的稜角，在…上雕槽或刻溝。
—*n.* Ⓒ雕槽[刻溝]的面。

cham·my [ˈʃæmɪ; ˈʃæmi] *n.* = chamois 2.

cham·ois *n.* **1** [ˈʃæmɪ; ˈʃæmi, ˈʃæmwɑ:] Ⓒ (*pl.* ～ [～(z); ～(z)])《動物》歐洲山羚《南歐、西亞產的羚羊》。**2** [ˈʃæmɪ; ˈʃæmi] a Ⓤ羚羊皮，麂皮。b Ⓒ(用於擦拭[磨光]餐具等的)麂皮製抹布。

chamois 1

cham·o·mile [ˈkæməˌmaɪl; ˈkæməmail] *n.* = camomile.

champ[1] [tʃæmp; tʃæmp] **《擬聲語》—*v.t.* 1**〈馬〉格格地咬〈馬轡〉。**2** a〈馬〉大口地嚼〈乾草〉。b〈人〉咯吱咯吱地嚼〈硬物〉。
—*v.i.* 1 [動(十介十(代)名)] a〈馬〉格格地咬[馬轡]；〈馬〉大口地嚼[乾草]〔*at, on*〕. b〈人〉[因…而]咬牙切齒〔*with*〕：～ ***with*** anger 氣得咬牙切齒。**2**〔十 *to* do〕[常用於進行式]《口語》〈人〉〈想做…而〉焦躁，著急：They *are* ～*ing to* start at once. 他們急著想立刻動身。
chámp at the bít (1)〈馬〉咬住馬轡。(2)〔十 *to* do〕[常用於進行式]〈人〉急著〈要做…〉：They *were* ～*ing at the bit to* get into the baseball stadium. 他們急著要進入棒球場。

champ[2] [tʃæmp; tʃæmp] **《champion 之略》—*n.*** Ⓒ《口語》勇士，鬥士；冠軍，優勝者：a boxing ～ 拳擊的冠軍。

cham·pac [ˈtʃæmpæk, ˈtʃʌmpʌk; ˈtʃæmpæk] *n.* Ⓒ《植物》金香木《產於亞洲南部》。

cham·pagne [ʃæmˈpen; ˌʃæmˈpein⁻] **《源自法國的原產地名》—*n.* 1** Ⓤ [指個體時爲Ⓒ] 香檳酒《產於法國東部》。

【說明】香檳酒是白葡萄酒兩次發酵的飲料，主要在慶祝宴會時飲用。英美國家，喝香檳酒只限於快樂的慶祝場合，很少在酒館、酒吧喝，一般都在正式的宴會、餐廳、大飯店、家中喝。

2 Ⓤ香檳色《黃綠或黃褐色》。

cham·paign [ʃæm`pen, `tʃæmpen; tʃæm'pein] *n.* Ⓒ《文語》原野，平原。

cham·pi·gnon [ʃæm`pɪnjən; tʃæm'pinjən] **《源自法語》—** *n.* Ⓒ 香蕈《一種食用傘菌》。

***cham·pi·on** [`tʃæmpɪən; 'tʃæmpjən] **《源自拉丁文「比賽者，戰士」之義》—** *n.* Ⓒ **1**（爲主義、主張而奮鬥的）鬥士，擁護者：a ～ *of* peace 和平的鬥士[擁護者]。**2 a**（競賽的）冠軍保持人，優勝者：a world swimming ～ 世界游泳冠軍。**b**（評定會的）最優品。**3**《口語》優於其他者的人[動物]：a ～ *at* singing 善於歌唱的人。

—*adj.* **1** [用在名詞前] 優勝的：a ～ boxer 拳擊冠軍/the ～ dog（比賽中）獲得優勝[冠軍]的狗。**2**《口語》一流的；極好的，極優秀的：a ～ rodeo rider 一流的馬術騎士[牛仔]/That's ～！那太棒了！

—*adv.*《北英口語》至上地，最好地，最優地。

—*v.t.*〔十受〕**1** 擁護，支持〈主義、權利等〉：～ the cause of human rights 擁護人權運動。**2** 做〈某人〉的擁護者[鬥士]。

chámpion bèlt *n.* Ⓒ優勝帶，錦標帶。

chámpion·shìp *n.* **1** Ⓤ（對人、主義、主張、運動的）擁護，支持。**2** Ⓒ優勝者[冠軍]的地位：win [lose] a world swimming ～ 獲得[失去]世界游泳冠軍/the ～ flag [cup] 優勝錦旗[獎杯]。**3** Ⓒ [常 ～s] 錦標賽，冠軍賽：the world tennis ～ for 1985 1985 年世界網球錦標賽。

Champs Ely·sées [ʃɑ̃zeli`ze; ˌʃɑ:nze'li:zei] *n.* [**the** ～] 香舍麗榭大道《巴黎著名的一條熱鬧大街道》。

‡chance [tʃæns; tʃɑ:ns] **《源自拉丁文「掉落，發生」之義》—** *n.* **1** Ⓒ **a** **機會**，良機，時機（⇨ opportunity【同義字】）：the ～ of a lifetime 一生難得的良機/Now is your ～. 現在是你的機會/Give him another [a second] ～. 再給他一次機會（這次或許他會注意）/The ～ *of* his go*ing* abroad is lost. 他出國的機會沒有了；他失去出國的機會。**b**〔十 *to* do〕〈做…的〉機會：jump [grab] at the ～ *to* go abroad 抓住出國的機會。**c**〔十 *for*十（代）名十 *to* do〕〔…〕〈做…的〉機會：It is a good ～ *for* you *to* meet him. 這是你與他見面的好機會。**2 a** ⒸⓊ（可能的）希望，勝算，把握：have an even ～ 有一半的勝算/stand a good [fair] ～ (*of...*) 大有（…的）希望[可能]/stand no ～ *against...* 對…沒有勝算[無把握]/⇨ off chance/There is only a slim ～, if any, *for* his success. 他成功的希望即使有也渺茫/We have no [not much] ～ *of* winn*ing* [gain*ing*] the game. 我們贏得這場比賽的可能性不大/Not a ～.《口語》[回答對方的詢問]（那種事）行不通，絕不可能。**b** ⒸⓊ〔十 *to* do〕〈做…的〉希望，可能性，勝算：There is no ～ *to* escape. 沒有脫逃的希望（cf. 2 a）。**c** ⒸⓊ〔十 *for* 十（代）名十 *to* do〕〔某人〕〈做…的〉希望，可能性，勝算：Is there any ～ *for* her *to* recover？她有沒有復元的希望？**d** ⒸⓊ〔十 *that*＿〕〈…的〉希望，可能性，勝算：There is every ～ *that* he will succeed. 他成功的希望很大。**e** [～s]（可能性大的）希望；形勢，局勢：The ～*s* are against it. 形勢對那件事不利/⇨ The CHANCES are (that).... **f** [～s]〔十 *that*＿〕〈…的〉希望，可能性：The ～*s that* I will pass the exam are remote [slim]. 我通過考試的希望很渺茫。**3 a** Ⓤ**偶然**，**運氣**，**湊巧**：⇨ by CHANCE/ *by* ill ～ 倒楣地/try one's ～ 試試運氣，碰碰運氣/leave all to ～ 一切順其自然[聽天由命]/If ～ will have me king.... 如果我有機會當上國王…。**b** Ⓒ偶發事件，意外的事：a fortunate [lucky] ～ 好運/It was a mere ～ that I saw him. 我看到他只是件偶然的事。**4** Ⓒ危險，冒險：run a ～ of failure 冒失敗的危險/⇨ take a [one's] CHANCE/take the [one's] ～ (of...) 憑運氣去試（…）/Don't take ～*s.* 不要冒險；不要心存僥倖。**5** Ⓒ彩券，彩票。

agàinst áll chánces 以爲全無勝算[希望]却…：*Against all ～s,* he passed the exam. 以爲他全無希望，他却通過考試。

as chánce would háve it 偶然地；不湊巧。

by ány chánce 萬一，碰巧《★用法 常用於小事的請求等》：*By any* ～ do you have change for a dollar？你碰巧有一塊錢零錢（跟我換）嗎？

by chánce 偶然地：*by* some ～ (or other) 由於某種（偶然的）機會，不知爲什麼/*by* the merest ～ 很偶然地，極意外地/I met him *by* ～. 我偶然遇見他。

Chánces áre (that).... 大概，或許，恐怕：*Chances are* (*that*) he has already got there. 或許他已經到達那裏了。

give a person **a chánce** [常用於命令句]《口語》（不要强迫而）給〈某人〉一些時間，等〈某人〉一會兒；給〈某人〉改過的機會。

give oneself hálf a chánce《口語》再堅持一點，再撐一些時候。

hàve an éye to [on] the máin chánce ⇨ eye.

on the chánce 也許有可能（cf. on the OFF CHANCE）.

on the chánce of [that...] 期待[指望]…：I went *on the* ～ *of* find*ing* him in. 我是期待他在家才去的/I mention this *on the* ～ *that* it may be of some use. 我想這或許有用處才提的。

táke a [one's] chánce 碰碰運氣，好歹試試看：I *took a* ～ and applied to the university. 我試試運氣申請報考那一所大學/He *took a* ～ (by) send*ing* his manuscript to a publisher. 他把稿子寄到一家出版社去碰碰運氣。

The chánces áre (that)....《口語》很可能，或許…：*The ～s are* (ten [a hundred] to one) (*that*) the bill will be rejected. 該議案很可能（十之八九[百分之九十九]）會遭到否決。

—*adj.* [用在名詞前] 偶然的：a ～ hit 偶然[碰巧]的打中，歪打正著/a ～ encounter [meeting] 偶然的相遇，邂逅/a ～ customer 偶然路過的顧客，意外出現的顧客。

—*v.i.* **1** [以 it 作主詞]〔十 *that*＿〕偶然發生，碰巧《★比較 現在一般用 happen》：as *it* may ～ 視當時情況/*It ～d that* I was absent from the meeting that day. 碰巧我那一天未出席聚會。**2**〔十 *to* do〕偶然[碰巧]〈做…〉：I ～*d to* be passing when he got injured. 他受傷時我碰巧路過那裏。**3**〔十介十（代）名〕偶然遇見[發現]〔…〕〔*on, upon*〕《★比較 現在一般用 happen》：I ～*d on* Paul in the park yesterday. 我昨天偶然在公園遇見保羅。

—*v.t.*《口語》**1 a**〔十受〕冒險去試，碰碰看…：He failed, but ～*d* another attempt. 他失敗了，但又冒險去試一次。**b**〔十 do*ing*〕試做〈…事〉：He did not ～ swim*ming* far out. 他沒有試著游離岸邊很遠。**2**〔十受〕[～ it]（冒著失敗等的危險）碰運氣做，冒險一試…。

chan·cel [`tʃænsl; 'tʃɑ:nsl] *n.* Ⓒ（教堂內的）高壇《通常在教堂東側，聖壇的周圍，爲舉行禮拜儀式的地方；⇨ church 插圖》。

chan·cel·ler·y, chan·cel·lor·y [`tʃænsələrɪ; 'tʃɑ:nsələri] *n.* **1** Ⓤ chancellor（法官、大臣等）的職位。**2** Ⓒ chancellor 的公署[法庭，辦事處]。**3** Ⓒ **a** 大使館[領事館]辦事處。**b** [集合稱] 大使館[領事館]的辦事員，職員《★用法 視爲一整體時當單數用，指個別成員時當複數用》。

chan·cel·lor [`tʃænsələ˞; 'tʃɑ:nsələ] **《源自拉丁文「（法庭的）法警」之義》—** *n.* Ⓒ **1** [C～]《英》（財政）大臣、司法官的稱號。**2**《英》**a**（貴族、國王的）祕書。**b** 大使館一等祕書。**3**《美》衡平法院的首席法官。**4**（某些國家，如德國等的）總理。**5 a**《美》大學校長，學院院長《★大多稱 president》。**b**《英》大學校長《★爲名義上的校長，實際執行職務的校長稱爲 vice-chancellor》.

the Cháncellor of the Exchéquer（英國的）財政大臣。

the Lórd (Hígh) Cháncellor＝the Cháncellor of Éngland（英國的）大法官《閣員之一；議會開會期間擔任上院議長的最高司法官，負責保管國璽》。

chance-med·ley [`tʃænsˏmɛdlɪ; 'tʃɑ:nsˌmedli] *n.* Ⓤ《法律》過失傷害或殺人；因自衛而傷害或殺人。

chan·cer·y [`tʃænsərɪ; 'tʃɑ:nsəri] *n.* **1** [**the** C～]（原爲英國的）大法官法庭《以訴訟時間的拖長而聞名，現爲高等法院的一部分》。**2** Ⓒ（美國等的）衡平法院（cf. equity 2）. **3** Ⓒ公文保管處。**4** ＝ chancellery 3.

in cháncery ⑴《法律》〈案件〉在大法院訴訟中（cf. 1）. ⑵《拳擊．角力》頭被挾在對手腋下。⑶變成動彈不得[陷入一籌莫展]（的狀態）。

chanc·y [`tʃænsɪ; 'tʃɑ:nsi] **《chance 的形容詞》—** *adj.* (**chanc·i·er**；**-i·est**)《口語》**1**〈結果、預料等〉不確實的，靠不住的，不可信的。**2** 不穩當的，危險的：a ～ investment 危險的投資。

chan·de·lier [ˏʃændl`ɪr; ˌʃændə'liə] **《源自法語「蠟燭台」之義》—** *n.* Ⓒ**枝形吊燈**《豪華的懸掛式室內裝飾電燈》。

chan·dler [`tʃændlə˞; 'tʃɑ:ndlə] *n.* Ⓒ **1** 雜貨商《賣蠟燭、油、肥皂、油漆等》：⇨ ship chandler. **2**《古》蠟燭製造[販賣]商。

chan·dler·y [`tʃændlərɪ; 'tʃɑ:ndləri] *n.* **1** Ⓒ [常 **chandleries**]（蠟燭、肥皂、油類等的）雜貨。**2** Ⓤ雜貨商。

‡change [tʃendʒ; tʃeindʒ] **《源自拉丁文「交換」之義》—** *n.* **1 a** Ⓤ Ⓒ**變化**，變更，變遷：a ～ of seasons 季節的變化/the ～ of life（女性的）更年期/a ～ of life 人生的變化/a ～ of mind 主意[想法]的改變/the ～ of voice（青春期的）聲音的改變/⇨ change of HEART/a ～ *in* the weather 天氣的變化/make a ～ *for* the better [worse]〈事態[情況]等〉好轉[惡化]/There's little ～ in our daily routine. 每天的例行事少有變化。**b** Ⓒ變更，改變：a ～ of address 住址的變更。**c** [**the** ～]《口語》（女性的）更年期。**2** Ⓒ **a** **更換**，交替，替換；異動：a ～ of bandages 繃帶的更換/a ～ of one thing *for* another 某物與他物的交換/ ～(*s*) *in* personnel 職員的異動，人事的變動。**b** 改變心境，散心；換地方[環境]：go away *for* a ～ of air [climate] 遷地療養/*for* a ～ 爲了改變一下，爲改變心境。**c** 換乘其他交通工具：a ～ of buses [trains, planes] 換乘[改搭]公共汽車[火車，飛機]/make a ～ at the next station 在下一站換車。**d** 更換的衣服；更衣，換衣服：a ～ of clothes 一套替換的衣服[換衣服]/make a quick ～ 急忙更換衣服。**3** Ⓤ **a** **找的零錢**；兌換的零錢：give [《美》make] ～ 找零錢/Can you give me ～ *for* a £5 note？你能把我這張五英鎊鈔票換成零錢嗎？/Exact ～, please. 請自備零錢《恕不找錢》。**b** 零錢：in small ～ 用零錢。

【說明】在英美國家，找錢的方法與我國相反。在我國，拿一張十元鈔票買六元東西時，賣主一定用減法一算，找給顧客四元；但在美國，賣主把貨品當作六元，用加法，數出第七元、第八元、第九元、第十元，找給顧客。如果拿出十元美鈔買七毛錢東西，美國賣主同樣地把貨品當作七毛錢，然後逐一數出三個一毛錢，湊成一元，接著拿出四張一元鈔與一張五元鈔，由小鈔到大鈔加足爲十元，找給顧客；cf. money【說明】

4 [C~] Ⓤ《英》交易所《★用法常被誤作 Exchange 之略而寫成 'Change'》：on *C~* 在交易所。**5** Ⓒ[常 ~s]《音樂》轉調，換調《作各種順序變換的一組鐘(peal of bells)的鳴奏法》：⇨ ring the CHANGES.

a chánge of páce 《美》(1)換口味(cf. 2 b)：For *a ~ of pace* let's listen to some classical music. 爲了變換口味，我們來聽一些古典音樂吧。(2)=change-up.

gèt nó [líttle] chánge òut of a person《口語》從〈某人處〉打聽不出消息[得不到援助]《★源自「無法向某人拿到零錢」之意》。

gèt shórt chánge 遭到冷淡的對待。

give a person (his) **chánge** 《口語》爲某人盡力；向某人報復《★源自「給人零錢」之意》。

give a person **shórt chánge** 《口語》對某人冷淡[不客氣]。

ríng the chánges (1)使(教會的)一組鐘響出各種調子，打鐘打出各種調子。(2)用種種說法[做法]說明[處理]〔…事〕〔*on*〕：The lecturer *rang the ~s on* the subject of pollution. 演講者從各種角度來談汚染[公害]的問題。

—*v.t.* 1 改變，變動，變更。

【同義字】change 是將一部分或全部作本質上的改變；vary 指從同一物中的脫離，而使其緩慢或斷斷續續地變化；alter 是給予部分或外觀上的變化；modify 是指爲修正而變更；transform 指不僅改變外形，往往同時將性質及機能也完全予以改變。

a 〔十受〕改變〈部分〉〈形狀、內容等〉，使…變化：~ one's mind 改變主意，改變想法/⇨ change COLOR, change step (⇨ step 4 a). **b** 〔十受十介十(代)名〕將…(全面)改變[變更，更改]〔爲…〕〔*into, to*〕：Heat *~s* water ***into*** steam. 熱使水變成水蒸氣/The meeting has been *~d* ***to*** Saturday. 會議改(期)在星期六舉行。

2 〔十受(十介十(代)名)〕 **a** 把〈東西〉〔與同種或別種東西〕**交換**〔*with*〕《★用法同種東西時變成複數》：~ the subject 改變話題/~ lanes 變更行車路線/They *~d* seats (***with*** each other). 他們(彼此)換座位。**b** 改變〈地點、立場等〉；換〔往…的〕〈交通工具〉〔*for*〕：~ schools 轉學/He *~d* trains *at* [*in*] Chicago ***for*** the west coast. 他在芝加哥換乘往西海岸的火車。

3 a 〔十受(十介十(代)名)〕將〈錢幣〉**兌換**〔成…〕〔*into, to*〕；將〈鈔票等〉換成〔零錢〕〔*for*〕；將〈支票、滙票〉兌換成〔現金〕：~ a traveler's check 將旅行支票換成現金/~ one's yen ***into*** dollars 把日幣換成美元/He *~d* a dollar bill ***for*** ten dimes. 他把一美元紙幣換成十個一角硬幣。**b** 〔十受十受/十受十介十(代)名〕爲〈某人〉把〈紙幣等〉換成零錢；〔爲某人〕把〈紙鈔等〉換成零錢〔*for*〕：Can you ~ me this note? =Can you ~ this note ***for*** me? 請把我這張鈔票換成零錢好嗎？《★比較《美》用後者構句，《英》一般用前者構句》。

4 a 〔十受(十介十(代)名)〕把…換〔成…〕〔*for*〕：~ one's clothes 換衣服/I *~d* the dirty-clothes ***for*** clean ones. 我把髒衣服換成乾淨的衣服。**b** 〔十受〕更換〈床單，尿布(等)〉。

—*v.i.* 1 a 變化；〈月亮、潮水〉變化：The weather will ~. 天氣將會變/Times have *~d*. 時代改變了。**b** 〔十介十(代)名〕變成[變爲]〔…〕〔*into, to*〕：A caterpillar *~s* ***into*** a butterfly. 毛毛蟲會變成蝴蝶。**c** 〔十介十(代)名〕遷移〔到…〕〔*for, to*〕：The matter has *~d* ***for*** the better [worse]. 情況已經好轉了[惡化了]。

2 〔動(十介十(代)名)〕**換車**〔往…〕〔*for*〕：All ~! 大家換車！/*C~* at Reading [ˈrɛdɪŋ; ˈrediŋ] ***for*** Oxford. 在雷丁換車往牛津。

3 〔動(十介十(代)名)〕〔由…〕換〔成…〕衣服〔*from, out of*〕〔*into, for*〕：He *~d* ***into*** his flannels. 他換上法蘭絨的衣服/I *~d* ***from*** [***out of***] wet clothes. 我換下濕衣服/He is *changing* ***for*** dinner. 他在爲晚餐而換裝。**4** 〈聲音〉變低；變聲。

5 〔十副(十介十(代)名)〕變換(汽車)排擋，換擋〔成…〕(《美》shift)〈*up, down*〉〔*into, to*〕：~ ***down*** [***up***] (***into*** third)減速[加速](爲第三擋)。

chánge óff 《*vi adv*》《美口語》(1)〈兩人〉替換[輪流]〔工作等〕〔*at*〕：~ *off at* surfing 輪流衝浪。(2)〔與人〕交替，替換，輪流〔*with*〕.

chánge óver 《*vi adv*》(1)〔從…〕改變，變更，轉換〔爲…〕〔*from*〕〔*to*〕：~ *over from* gas *to* electricity 從瓦斯改爲用電。(2)〈機器裝置等〉(自動)〔從…〕轉變〔爲…〕〔*from*〕〔*to*〕. (3)〈兩人〉對調分派的職務[立場，位置(等)]。(4)《運動》〈選手、球隊〉換場地(等)。**—**《*vt adv*》(5)〈人〉將…〔從…〕變換[變更]〔爲…〕〔*from*〕〔*to*〕.

chánge róund 《*vi adv*》(1)〈風〉〔從…〕變更方向，轉向〔爲…〕〔*from*〕〔*to*〕：The wind *~d round from* south *to* west. 風從南轉向西。(2)=CHANGE over (3), (4). **—**《*vt adv*》(3)更換，變換〈項目等〉的順序。

change·a·bil·i·ty [ˌtʃendʒəˈbɪlətɪ; ˌtʃeindʒəˈbiləti] **《**changeable 的名詞**》—*n.*** Ⓤ易變的性質，可變性；不安定(的狀態)。

change·a·ble [ˈtʃendʒəbḷ; ˈtʃeindʒəbl] *adj.* **1** 〈天氣、價格等〉易變的：~ weather 易變的天氣。**2** 〈合約條款等〉可改變的。**3** 〈性情等〉善變的，反覆無常的。**4** 〈絲綢等〉(因光線、角度關係而)變色的，成閃光色的。

-a·bly [-dʒəblɪ; -dʒəbli] *adv.* **~·ness** *n.*

change·ful [ˈtʃendʒfəl; ˈtʃeindʒful] *adj.* 〈人生等〉富於變化的，易變的，不定的。**~·ly** [-fəlɪ; -fuli] *adv.*

chánge·less *adj.* 無變化的；不變的，確定的。**~·ly** *adv.*

change·ling [ˈtʃendʒlɪŋ; ˈtʃeindʒliŋ] *n.* Ⓒ **1** 被調換的小孩《傳說中由仙女們(fairies)偸走一個小孩後所留下來用以代替的醜小孩》。**2** 矮小而醜[愚蠢]的人[動物]。

chánge·màker *n.* Ⓒ換零錢機。

chánge·òver *n.* Ⓒ **1** (裝置等的)更換；(政策等的)轉變，變更。**2** (內閣等的)改組，更迭。**3** (形勢的)逆轉，惡化。

chang·er [ˈtʃendʒɚ; ˈtʃeindʒə] *n.* Ⓒ **1** 改變他物的人[物]。**2** =record changer.

chánge rìnging *n.* Ⓤ轉調鳴鐘(法) (cf. change *n.* 5).

chánge·ròom *n.* Ⓒ更衣室。

chánge·ùp *n.* Ⓒ《棒球》球速變化，慢球(change of pace)《投手爲擾亂打擊者的擊球時機，以投快速球的動作投出慢球》。

cháng·ing ròom *n.* Ⓒ《英》(運動場等的)更衣室。

***chan·nel** [ˈtʃænḷ; ˈtʃænl] **《**源自拉丁文「水道」之義**》—*n.* 1** Ⓒ **a 水路**，水道。**b** 航道，運河。**2** Ⓒ(陸地和島之間等的寬廣)**海峽**《★較 strait 大者》：the (English) *C~* 英吉利海峽。**3** Ⓒ **a** (道路的)水溝，渠；暗溝。**b** 水管，導管。**4 a** Ⓒ(思想、行動等的)方向，方針；(活動的)範圍、領域：a new ~ *for* his abilities [experiences] 能發揮他的能力[經驗]的新領域[途徑]。**b** [~s] (報導、貿易等的)途徑，(經過的)路線：*~s* of trade 貿易路線/through official [diplomatic, secret] *~s* 經由正式[外交，祕密]途徑。**5** Ⓒ河床，河底。**6** Ⓒ《通信》(電視、無線電廣播等的)頻道；(被分配的)波段。**7** Ⓒ《電算》電路，信道。

—*v.t.* (**chan·neled,** 《英》**-nelled**；**chan·nel·ing,** 《英》**-nel·ling**) **1 a** 〔十受〕在…開水道[鑿溝]：~ the street 在道路開鑿側溝。**b** 〔十受〕〈河川等〉形成[開]〈水道等〉：The river *~ed* a new bed during the spring flood. 那條河流在春季洪水期間形成新河床。**c** 〔十受十副詞(片語)(十副詞(片語))〕[~ **its way** [**course**]]〈河川等〉流(經…)：The river *~s* its way *through* a plain *into* the sea. 那條河流流過平原注入海洋。**2** 〔十受十介十(代)名〕 **a** 把〈情報、關心、努力等〉朝向[導向，流向]〔某方向〕〔*into*〕：~ one's efforts ***into*** a new project 把努力貫注於新計畫《朝新計畫努力》。**b** 用水道[水管]將〈水等〉引〔至…〕〔*into, to*〕：Water is *~ed* ***into*** the farm. 水被引進農場。**3** 〔十受十副〕 **a** 〈人〉將〈河水等〉的流向引至他處〈*off*〉. **b** 將〈資金等的一部分〉用於其他用途〈*off*〉.

Chánnel Íslands *n. pl.* [**the** ~] 海峽羣島《在英吉利海峽，屬英》。

chan·son [ˈʃænsən; ˈʃænsən] **《**源自法語「歌曲」之義**》—*n.*** Ⓒ香頌《法國的大衆化歌謠》。

chan·son·nier [ˌʃɑnsənˈje; ˌʃɔnsɔnˈjei] **《**源自法語**》 —*n.*** Ⓒ法國式抒情小調歌手[作曲家]。

chant [tʃænt; tʃɑːnt] **《**源自拉丁文「唱歌」之義**》—*n.*** Ⓒ **1** 歌；歌唱。**2** 聖歌；詠唱。**3** 詠唱調；單調的語調。**4** 反覆被提起的意見[詞句，口號]。

—*v.t.* 1 唱〈歌、聖歌〉。**2** (以詠唱成詩歌的方式)讚美。**3** 重覆〈讚詞〉；單調[反覆]地說…：He *~ed* his own praises in a droning voice. 他以單調的語調反覆地自誇。

—*v.i.* 1 詠唱；唱聖歌。**2** 以單調的語調[反覆地]說。

chánt·er *n.* Ⓒ **1** 詠唱者。**2 a** 聖歌隊的領唱者。**b** 聖歌隊員。

chan·te·relle [ˌʃæntəˈrɛl, ˌtʃæn-; ˌtʃæntəˈrel] *n.* Ⓒ《植物》雞油菌屬植物《尤指鷄油蕈》。

chan·tey [ˈʃæntɪ, ˈtʃæn-; ˈtʃɑːnti] **《**源自法語「唱歌」之義**》—*n.*** Ⓒ(*pl.* ~s)《航海》船夫曲，水手歌《水手在工作時配合工作節奏所唱的歌》。

chan·ti·cleer [ˈtʃæntɪˌklɪr; ˌtʃæntiˈkliə] *n.* Ⓒ公鷄(先生)《★用法 Chanticleer 係法國古代文學作品「列那狐的故事」中擬人化的公鷄，現用作 cock(公鷄)的擬人名》。

chan·try [ˈtʃæntrɪ; ˈtʃɑːntri] *n.* Ⓒ **1** (施主爲祈求冥福的)捐獻，捐款。**2 a** 用捐款建造的禮拜堂。**b** (附屬教會的)小禮拜堂。

chan·ty [ˈʃæntɪ, ˈtʃæn-; ˈtʃɑːnti] *n.* =chantey.

cha·os [ˈkeɑs; ˈkeiɔs] **《**源自希臘文「深淵」之義**》—*n.* 1** Ⓤ[又作 **a** ~] **無秩序，大混亂**(⇨ confusion【同義字】)：in utter ~ 在完

C

C

全的混亂中/bring order to ～ 整治混亂狀態。**2** [常 C～] Ⓤ (天地未形成之前的) 混沌狀態 (↔ cosmos).

cha·ot·ic [keˋɑtɪk; keiˈɔtik] «chaos 的形容詞»**—adj.** 混亂的, 混沌的; 無秩序的, 雜亂無章的 (↔ cosmic): the ～ economic situation 混亂的經濟狀態。**cha·ót·i·cal·ly** [-klɪ; -kəli] *adv.*

chap[1] [tʃæp; tʃæp] «chapman 之略»**—n.** Ⓒ《口語》[常與形容詞連用, 也用於稱呼] **傢伙**, 小伙子 (fellow): old ～ 《英》喂! 老兄!

chap[2] [tʃæp; tʃæp] «源自中古英語「切」之義»**—n.** Ⓒ [常 ～s] (皮膚、嘴唇等的) 乾裂, 皸裂, 凍傷。
—v.t. (**chapped**; **chap·ping**) 〈霜寒〉使…乾裂, 凍裂: The girl's hands were *chapped* by [with] the cold. 那個女孩的手因寒冷而凍裂。**—v.i.** 〈手等〉變粗糙, 乾裂, 凍裂。

chap[3] [tʃæp; tʃæp] *n.* ＝chop[2].

chap. 《略》chaplain; chapter.

cha·pa·ra·jos, cha·pa·re·jos [ˌtʃɑpəˋrɑhos; ˌtʃæpəˈrɑːhous] *n. pl.* 《墨西哥》＝chaps.

chap·ar·ral [ˌtʃæpəˋræl; ˌtʃæpəˈræl] *n.* 《美西南部》**1** Ⓤ灌木叢 [叢林]。**2** Ⓒ多灌木叢的地帶《夏涼而冬暖》。

cháp·bòok *n.* Ⓒ **1** 沿街兜售的書《從前沿街叫賣小販 (chapman) 所賣的小本故事書或歌謠集》。**2** (詩等的) 小冊子。

cha·peau [ʃæˋpo; ʃæˈpou] «源自法語»**—n.** Ⓒ (*pl.* ～s [～z; ～z], ～x [～(z); ～(z)]) 帽子。

chap·el [ˋtʃæpl; ˈtʃæpl] *n.* **1** Ⓒ **a** (學校、醫院、軍營、監獄、船舶等的) **禮拜堂**, 小教堂: a ～ royal 附屬於王宮的禮拜堂。**b** (教會的) 附屬禮拜堂: ⇨ Lady Chapel. **2** Ⓒ **a** (英國國教以外的) 教堂。**b** 《蘇格蘭》天主教的教會。**3** Ⓤ (在小教堂所做的) 禮拜 (cf. church 2): We go to ～ at nine. 我們在九點鐘上教堂/keep [miss] ～ 參加 [沒有參加] (在大學裡做的) 禮拜。**4** Ⓒ印刷工會。
—adj. [不用在名詞前]《英罕》非英國國教教徒的。

chápel·gòer *n.* Ⓒ常到小教堂做禮拜的人。

chap·er·on, chap·er·one [ˋʃæpəˌron; ˈʃæpəroun] *n.* Ⓒ女伴, 陪媼《伴護年輕女子參加宴會並監督其行爲的人; 大多爲中年或已婚婦女》。
—v.t. 陪伴〈年輕女子〉。**—v.i.** 擔任 (少女的) 伴護人, 做陪媼。

> **【說明】**年輕人出席宴會時, 陪伴的年長者之稱謂, 但這有兩種不同的意思。在社交場合, 陪伴未婚女子出席的已婚婦女稱 chaperon; 一羣十幾歲的年輕人在同伴家中舉行舞會時, 那一家的父母便成爲 chaperons, 負有監督年輕人行動的責任。參加舞會者在抵達及離開該家時, 必須向他們打招呼。

chap·er·on·age [ˋʃæpəˌronɪdʒ; ˈʃæpərounidʒ] *n.* Ⓤ陪媼的職守 [伴護]。

cháp·fàllen *adj.* 《口語》沮喪的, 垂頭喪氣的, 無精打采的。

chap·lain [ˋtʃæplɪn; ˈtʃæplin] *n.* Ⓒ **1 a** (屬於宮廷、大宅邸、陸海軍、學校、醫院等的禮拜堂的) 牧師。**b** 隨軍牧師。**c** (監獄中) 教誨服刑者的牧師。**2** 在聚會等祈禱的人。

chap·lain·cy [ˋtʃæplɪnsɪ; ˈtʃæplinsi] *n.* **1** Ⓤ chaplain 的職位 [任期]。**2** Ⓒ chaplain 的辦公處。

chap·let [ˋtʃæplɪt; ˈtʃæplit] *n.* Ⓒ **1** 花冠, 花圈。**2** (串珠的) 項鍊。**3** 《天主教》念珠, 數珠《玫瑰經念珠 (rosary) 長度的⅓, 有 55 個珠子; cf. rosary 1》. **～·ed** *adj.*

Chap·lin [ˋtʃæplɪn; ˈtʃæplin], Sir **Charles Spencer** *n.* 卓別林《1889–1977; 生於英國的喜劇電影演員、導演; 俗稱 Charlie Chaplin》.

Chap·lin·esque [ˌtʃæplɪnˋɛsk; ˌtʃæplinˈesk] *adj.* 卓別林式的, (尤指) 像卓別林主演的一個好心而笨拙又喜裝紳士儀態的窮浪人的。

chap·man [ˋtʃæpmən; ˈtʃæpmən] *n.* Ⓒ (*pl.* **-men** [-mən; -mən]) 《英》街頭小販, 沿街叫賣的商人 (pedlar).

chapped [tʃæpt; tʃæpt] *adj.* 裂開的; 有裂痕的。

chaps [tʃæps; tʃæps] *n. pl.* 《美》皮套褲《牛仔爲保護腿部而穿在普通褲子上, 無臀部而僅有褲管》。

chaps

cháp stìck *n.* Ⓒ《美》防止唇膚凍裂或乾燥的無色唇膏 (《英》lip-balm).

‡**chap·ter** [ˋtʃæptɚ; ˈtʃæptə] «源自拉丁文「頭」之義»**—n.** Ⓒ **1** (書籍、論文的) 章《略作 chap., ch., c.; cf. canto》: the first ～ ＝ ～ one 第一章。**2** (人生、歷史等可形成一章節的) 一重要段落 [部分]; 事件, 插話: in this ～ of his life 在他一生中的這個時期/That ～ is closed. 那件事 [問題] 已經結束《沒什麼可談的了》。**3 a** [集合稱] 集會, 總會, 大會《★[用法]視爲一整體時當單數用, 指個體成員時當複數用》。**b** 《美》(同學會、俱樂部、公會、協會的) 支部, 分會。**4** [集合稱] **a** 《基督教》(cathedral 或 collegiate church 的) (大教堂的) 教士會《其會員爲 canons, 由 dean 統轄; ★[用法]與義 3 a 相同》。**b** (修道院、騎士團等的) 總會《★[用法]與義 3 a 相同》。
chápter and vérse (1) (聖經的) 章節。(2) 正確的出處 [依據, 根據] [*for*]: give ～ *and verse for* one's statement 指明自己陳述的根據, 引經據典。(3) [當副詞用] 正確地; 詳細地。
chápter of áccidents 接踵而至 [一連串] 的意外事件。

chápter hòuse *n.* Ⓒ **1** 《基督教》教士 [牧師] 大會的會場, 會堂。**2** 《美》(大學同學會、俱樂部等的) 分會 [支部] 會館。

char[1] [tʃɑr; tʃɑː] «charcoal 的逆成字» **—(charred; char·ring)** *v.t.* 〈火〉把〈木材等〉燒成炭, 燒焦: the *charred* remains of a house 房子燒焦的遺跡。**—v.i.** 燒成炭, 燒焦, 變焦。
—n. 1 Ⓤ木炭; 骨炭《製糖用》。**2** Ⓒ燒焦的東西。

char[2] [tʃɑr; tʃɑː] «源自古英語「一時」之義»**—n. 1** 《英》**a** Ⓒ (家裏的) 雜務, 雜事《★[比較]現在一般用 chore》. **b** [～s] (女子的) 兼差性零工《打掃清潔等雜務》。**2** 《英口語》＝charwoman.
—v.i. (**charred**; **char·ring**) 〈女子〉(按日計酬) 替人做家裏的雜務。

char[3] [tʃɑr; tʃɑː] «中文「茶」的訛音»**—n.** Ⓤ《英俚》茶。

char·a·banc [ˋʃærəˌbæŋk, -ˌbæŋ; ˈʃærəbæŋ] *n.* Ⓒ《英》大型遊覽車。

‡**char·ac·ter** [ˋkærɪktɚ; ˈkærəktə] «源自拉丁文「刻印工具」→「刻印」→「象徵」之義»**—n.** A **1** ⓊⒸ **a** (個人、國民的) **性格**, 性情, 性質, 氣質, 脾氣: the ～ *of* the Americans 美國人的國民性/the ～*s of* different peoples 不同民族之民族性/different in ～ 性格 [性質] 不同/He has a weak ～. 他的個性軟弱。**b** (東西的) **特質, 特性, 特色**: the ～ *of* a district 某地方的特色/a face without any ～ 無特徵的臉/a tree of a peculiar ～ 一種奇特的樹/newspapers of a low ～ 低俗的報紙。**2** Ⓤ **a** **人格, 品性**: a man of fine [mean] ～ 品行高尚 [卑劣] 的人。

> **【同義字】**character 尤指在道德、倫理方面的個人性質; personality 是指在對人關係上成爲行爲、思考、感情基礎的身體的、精神的、感情的特徵; individuality 是指與別人有明顯區別而突出的個人特有性質; temperament 是指構成性格基礎, 主要爲感情上的性質。

b 清高, 正直, 德性: a man of ～ 有道德的人, 正直的人。**3** Ⓤ地位, 身分, 資格: in the ～ of [as] Ambassador 以大使的身分 [資格]。**4** Ⓒ **a** [與修飾語連用] (有名的) 人, 人物: a public ～ 有名之社會人士, 公衆人物/a historical ～ 歷史人物/an international ～ 國際性的人物, 名人《★[比較]以上三個例子用 figure 較 character 爲普遍》/a bad ～ 風評不好 [惡名昭彰] 的人。**b** 《口語》怪人: He is quite a ～. 他是一位相當怪異的人。**5 a** Ⓒ (小說等的) **人物**, (劇中的) **角色**: the leading ～ 主角。**b** Ⓤ《文學》性格描寫。**6** Ⓒ《英》(雇主寫給離職雇員的) 證明書, 推薦書: a secretary with a good ～ 持有優良推薦書的秘書。**7** Ⓒ《罕》風評, 名聲, 聲譽: a ～ *for* honesty 爲人誠實的風評/give a person a good [bad] ～ 稱讚 [貶低] 某人。**8** Ⓒ《遺傳》特性, 特質: an acquired [inherited] ～ 後天 [遺傳] 的特性 [特質]。
—B 1 Ⓒ **a** **記號, 符號**: a musical ～ 樂譜記號。**b** 暗號。**c** 《電算》字《文字、數字、特殊記號等電腦使用的符號》。**2** Ⓒ **a** **文字** (letter): a Chinese ～ 漢字, 中國字/German ～*s* 德國文字。**b** [集合稱] (成一體系的) 文字, 字母。**c** (印刷或筆記的) 字體: write in large [small] ～*s* 以大 [小] 寫字母書寫。
in [**òut of**] **cháracter** 合 [不合] 於 (某人) 個性的; 適合 [不適合] 某角色的, (與身分、性質、品格等) 相稱 [不相稱] 的: The work is *in* ～ *with* him. 那件工作適合他擔任《他的個性適合做那工作》/go *out of* ～ 做不合 (自己) 本性的事, 越分妄爲。

cháracter àctor [**àctress**] *n.* Ⓒ性格演員 [女演員]。

cháracter assassinàtion *n.* ⓊⒸ毀謗名譽。

*__char·ac·ter·is·tic__ [ˌkærɪktəˋrɪstɪk; ˌkærəktəˈristik⁻] «character 的形容詞»**—adj.** (**more** ～; **most** ～) **1** **有特質的, 獨特的, 有特徵的**。**2** [不用在名詞前] [十介十(代)名] [⋯] **特有的**; 表明 [⋯] 特徵的 [*of*]: the feeling ～ *of* mankind 人類特有的感情/His accents are ～ *of* Southern Americans. 他的口音是南部美國人特有的 (口音)/It is ～ *of* her *to* act that way. 那種做法是她的特色; 那就是她的作風。
—n. Ⓒ**特質, 特性, 特色**。

chàr·ac·ter·ís·ti·cal·ly [-klɪ; -kəli] *adv.* 特質上; 作爲特徵 [特色]; 個性上。

char·ac·ter·i·za·tion [ˌkærɪktərəˋzeʃən, -aɪˋz-; ˌkærəktəriˈzeiʃn, -tərai-] «characterize 的名詞»**—n. 1** ⓊⒸ特徵的明示; 特徵的賦予。**2** Ⓤ (戲劇或小說裏的) 人物的性格描寫。

char·ac·ter·ize [ˋkærɪktəˌraɪz; ˈkærəktəraiz] «character 的動詞»**—v.t. 1 a** [十受] 敍述〈人、物〉的特徵 [特性、特質]。**b** [十受十*as* 補] 把〈人、物〉視爲 [當作] 〈⋯〉: The editorial may be ～*d as* a personal attack on Mr. White. 那篇社論可視爲對懷特

先生的人身攻擊。**2**〈事物〉給予…特徵，成爲…的特色，表示…特點，以…爲特色[特性]：Mozart's music is ~*d* by its naïvety and clarity. 莫札特的音樂特色是純樸與(音色的)清澈。

cháracter·less *adj.* 沒個性[特徵]的，平凡的。

cháracter skètch *n.* Ⓒ人物短評；(簡短的)性格描寫。

cha·rade [ʃə'red; ʃə'rɑ:d] *n.* **1 a** [~s；當單數用]手勢猜字：play ~*s* 玩看手勢猜字的遊戲。

【說明】指由一個人用手勢動作暗示他心裏所想的單字或詞句，讓別人來猜的一種遊戲。例如分別用動作暗示 cock 和 tail, 讓別人猜出 cocktail 這個字。

b Ⓒ(上述遊戲的)手勢動作，此手勢所表示的字。**2** Ⓒ容易被人識破的模仿，不加掩飾的僞裝。

char·coal ['tʃɑr,kol; 'tʃɑ:koul] «源自中古英語「變成炭(coal)的樹」之義»**—***n.* **1** Ⓤ炭，木炭：a piece [bag] of ~ 一塊[袋]木炭。**2**(又作 **chárcoal dràwing**)Ⓒ木炭畫。

chárcoal bùrner *n.* Ⓒ **1** 燒製木炭者。**2** 木炭爐(cf. brazier[2]).

chárcoal gráy *n.* Ⓤ鐵灰色《近似黑色的深灰色》。

chard [tʃɑrd; tʃɑ:d] *n.* Ⓒ[當作食物時爲Ⓤ]《植物》恭菜，茄茉菜《莖、葉可食用》。

chare [tʃɛr, tʃær; tʃɛə] *n., v.* =char[2].

‡**charge** [tʃɑrdʒ; tʃɑ:dʒ] «源自拉丁文「裝貨於(車)上」之義»**—***v.t.* **A 1 a** 〔十受十介十(代)名〕索取〈某金額〉〔作爲…的價、費用〕〔*for*〕：How much do you ~ ***for*** a dozen eggs？蛋一打多少錢？/A toll is ~*d* ***for*** the use of the expressway. 在那條高速公路上行駛需付通行費。**b**〔十受十受〕向〈人〉索取〈某金額(的代價、費用)〉：He always ~*s* me too much ***for*** his goods. 他總是向我索取過高的貨價/She was ~*d* $200. 她被索取兩百美元。

2 a〔十受〕賒買〈貨物等〉：We can ~ the goods at this shop. 我們可以在這家商店賒買東西。**b**〔十受(十副)十介十(代)名〕把〈購物、費用等〉記在〔某人(的帳上)〕〈*up*〉〔*to*〕：C~ the cost ***to*** my account [***up to*** me]. 把那筆費用記在我的帳上[那筆費用算我的]。

3 a〔十受十介十(代)名〕〔以…罪名〕譴責[檢舉，告發]〈某人〉〔*with*〕：He was ~*d* ***with*** speed*ing* [tax evasion]. 他被指控超速[漏稅]。**b**〔十 *that*__〕譴責[告發]〈某事〉：He ~*d that* they had infringed his copyright. 他控告他們侵害他的版權。**c**〔十受十介十(代)名〕把〈罪過、過失等〉歸之〔於…〕，將…歸罪〔於…〕〔*to, on, upon*〕：Don't ~ the fault ***on*** me. 不要把過失歸罪於我/He ~*d* the failure ***to*** overconfidence. 他把失敗歸之於過分的自信。

4〔十受十介十(代)名〕**a** 使〈某人〉負起[承擔]〔義務、責任等〕，委予〈某人〉〔責任、義務等〕〔*with*〕：Society ~*s* the police ***with*** keep*ing* law and order. 社會委予警察維持法律與秩序的任務。**b** [~ one*self*]承擔〔義務、責任等〕〔*with*〕：He ~*d himself* ***with*** a heavy task. 他承擔一項重大的任務。

5〔十受十 *to* do〕(具有權威地)命令[吩咐，委派]〈某人〉〈做…〉：I ~ you *to* be silent. 我要你們肅靜(安靜)！

—B 1 a〔十受〕裝〈東西〉於〈容器〉；裝火藥於[填裝]〈槍砲〉；將〈蓄電池〉充電：~ a pipe 把煙草裝進烟斗/ ~ a camera 裝底片於相機內/ ~ a gun 把彈藥裝進大砲內/ ~ a car battery 將汽車的電瓶充電。**b**〔十受十介十(代)名〕裝〔東西〕於〈容器〉；裝〔火藥〕於〈槍砲〉〔*with*〕：~ one's pipe ***with*** tobacco 把煙草裝進烟斗/ ~ a gun *with* powder 把彈藥裝進大砲內。**2**〔十受〕**a** 裝滿，塡滿…；使…充滿《★常以過去分詞當形容詞用，變成「〈…〉充滿著，瀰漫著〔…〕」之意；介系詞用 *with*》：air ~*d* ***with*** moisture 充滿濕氣的空氣。**b** 使〈人、地方等〉充滿[瀰漫]著〔…〕《★常以過去分詞當形容詞用，變成「〈人、地方等〉瀰漫[充滿]著〔感情、氣氛等〕」之意；介系詞用 *with*》：The hall was ~*d* ***with*** intense excitement. 大廳瀰漫著熱烈而興奮的氣氛/He is ~*d with* vigor. 他充滿著活力。

—C〔十受〕**1** 襲擊，突擊，進攻…：They began to ~ the enemy. 他們開始突擊敵人。**2** 裝備〈武器〉：C~ bayonets！上刺刀！**3**《足球・美式足球》用身體撞〈人〉(⇨ *n.* B 3 b)。

—*v.i.* **1**〔十介十(代)名〕索取〔…的〕代價[費用]〔*for*〕《★可用被動語態》：The store does not ~ ***for*** delivery. 那家店不收取送貨費《免費運送》。**2**〔十介十(代)名〕〔向…〕突擊，進攻〔*at*〕《★可用被動語態》：The bear suddenly ~*d* ***at*** me. 那隻熊突然向我撲來。**3** 充電：This battery ~*s* quickly. 這種電池充電很快。

—*n.* **A 1** Ⓒ索價，代價，費用，花費，負擔，捐稅(⇨ price【同義字】)：the ~ *for* delivery [a telephone call] 送貨[(一次的)通話]費/*at* one's own ~ 以自費/free of ~ =without ~ 免費《★無冠詞》/No ~ for admission. [用於告示等]免費入場/at a ~ *of* $50 以五十美元的費用[價錢]/ ~*s* forward [paid] 各費先付[已付]。**2** Ⓒ譴責，控訴，責問，罪過，罪狀：make a ~ against... 譴責…/bring [place] a ~ *of* theft against a person 以竊盜罪控告某人/She was arrested on a ~ *of* aid*ing* in the murder of her husband. 她以協助謀殺親夫的罪名被逮捕。**3 a** Ⓤ保護，照顧，管理，擔任〔*of*〕：⇨ in CHARGE (of)/take ~ (*of*...) 照顧[擔任，監督](…)/I've got ~ *of* this class this school year. 這個學年我負責管理這個班級/The ward of the hospital is under the ~ *of* Dr. White. 這個病房由懷特醫生負責照顧。**b** Ⓤ義務，責任：Prevention of crime is the ~ of the police. 預防犯罪是警方的責任。**c** Ⓒ保管物，受照顧者：Those children are her ~*s*. 那些小孩是她照顧的/I don't wish to become a ~ *on* the public. 我不希望成爲公衆的負擔。**4** Ⓒ命令，指示，訓令：the judge's ~ to the jury 法官對陪審團的指示。

—B 1 ⓊⒸ **a** 裝塡彈藥。**b** 電荷；(蓄電池的)充電：(a) positive [negative] ~ 陽[陰]電荷，正[負]電荷。**2** Ⓒ[常用單數]《俚》激動，刺激，興奮：get a ~ out of dancing 因跳舞而興奮。**3** Ⓒ **a** 突擊，突襲，進擊：make a ~ (at...) (向…)突擊。**b**《足球・美式足球》撞人《用上身違規撞對方》。

gìve...in chárge《英》把〈賊等〉交給警察。

in a person's chárge 受某人照顧，由某人管理[保護]：The baby was put [left] *in* her ~. 那個嬰孩託付給她照顧。

in chárge (of...) 照顧[管理，擔任]…的：the nurse *in* ~ *of* the patient 照顧那個病人的護士/the teacher [priest] *in* ~ 負責照顧[管理]的老師[牧師]/A young doctor took her *in* ~. 一位年輕的醫生負責照顧她。

charge·a·ble ['tʃɑrdʒəbl; 'tʃɑ:dʒəbl] *adj.* [不用在名詞前]**1**〔十介十(代)名〕**a**〈責任、過錯、罪過等〉可歸咎於〔某人〕的〔*on*〕：The crime is ~ ***on*** him. 罪過可歸咎於他。**b**〈某人〉〔因罪而〕可能被控告[起訴]的〔*with*〕：He is ~ ***with*** the crime. 他因那件罪行而可能被指控。**2 a**〔十介十(代)名〕〈負擔、費用等〉該由〔某人〕負責的[可記在某人帳上的]〔*on, to*〕：The expense is ~ ***on*** [***to***] him [his account]. 那筆費用該由他負責[可記在他的帳上]。**b**〈購物等〉可以後付款的，可賒帳的：Purchases are ~. 可先購物後付款。**c**〔十介十(代)名〕〔某物〕該課以〈稅〉的〔*on*〕。**3**〔十介十(代)名〕〈人〉該受〔教區等〕照顧的〔*to*〕.

chárge accòunt *n.* Ⓒ《美・加》記帳戶頭《顧客在商店記帳購物，定時付款的戶頭》(《英》credit account)：buy a thing *on* one's ~ 記帳購物。

chárge càrd *n.* Ⓒ信用卡，記帳卡，簽帳卡《多爲小金屬片或塑膠牌製成，其上刻有顧客姓名地址及戶頭號碼》。

char·gé d'af·faires [ʃɑr'ʒedæ'fɛr; ˌʃɑ:ʒeidæ'fɛə] «源自法語 '(one) charged with affairs' 之義»**—***n.* Ⓒ(*pl.* **char·gés d'af·faires** [ʃɑr'ʒezdæ'fɛr; ˌʃɑ:ʒeizdæ'fɛə]) **1** 代理大使[公使]。**2** 公使代辦《設置於沒有大使[公使]的國家》。

chárg·er[1] *n.* Ⓒ **1** (軍官的)戰馬，軍馬。**2** 突襲者，衝鋒者。**3 a** 塡裝者。**b** 把礦石放進熔爐者。**4** 裝彈藥器。**5** 充電器。

chárg·er[2] *n.* Ⓒ《古》大淺盤。

chárge shèet *n.* Ⓒ《英》(警方的)案件記錄簿；犯罪者[拘留人犯]名簿。

char·i·ly ['tʃɛrəlɪ; 'tʃɛərili] *adv.* **1** 小心地，謹愼地。**2** 節儉地，吝嗇地。

Chár·ing Cróss ['tʃærɪŋ-; 'tʃæriŋ-] *n.* 在倫敦市中心，斯特蘭德街(Strand)西端的一繁華地區。

char·i·ot ['tʃærɪət; 'tʃæriət] «源自古法語「車」之義»**—***n.* Ⓒ **1** (古希臘、羅馬的)兩輪戰車《戰爭、凱旋、競賽等時用的馬車，車夫站在車上》。**2** (十八世紀的)四輪輕便馬車。

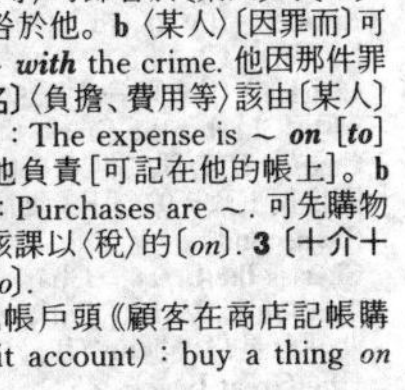

chariot 1

char·i·o·teer [ˌtʃærɪət'ɪr; ˌtʃæriə'tiə] *n.* Ⓒ駕馭二輪戰車者。**—***v.i.*《文語》駕馭 chariot. **—***v.t.*《文語》**1** 駕〈車〉。**2** 用車運送〈人〉。

cha·ris·ma [kə'rɪzmə; kə'rizmə] *n.* (*pl.* ~**·ta** [~tə; ~tə]) **1** Ⓒ《神學》神賜的特殊才能。**2** Ⓤ **a** (特定的人或地位所具有的)說服力，權威。**b** (使大衆信服的)領袖[教主]的魅力[領導能力]。**cha·ris·mat·ic** [ˌkærɪz'mætɪk; ˌkæriz'mætik] *adj.*

char·i·ta·ble ['tʃærətəbl; 'tʃærətəbl] *adj.* **1 a** 慈悲爲懷的；仁慈的，慈善的。**b** [不用在名詞前]〔十介十(代)名〕〔對…〕慈悲[仁慈]的〔*to, toward*〕：be ~ ***to*** [***toward***] the poor 對窮人仁慈。

2 富於博愛精神[基督教之愛]的。

3 a (對人評估時)寬大[寬容]的：~ treatment 寬容的對待/He is a ~ judge of character. 他對於個性的判斷很寬容。**b** [不用在名詞前]〔十介十(代)名〕〔對…〕寬大[寬容]的〔*to, toward*〕：be ~ ***to*** [***toward***] a person's actions 對某人的行爲寬容。

4 [用在名詞前](做)慈善的〈團體〉：a ~ institution 慈善機構。

chár·i·ta·bly [-təblɪ; -təbli] *adv.* **~·ness** *n.*

C

char·i·ty [ˋtʃærətı; ˈtʃærəti] **《源自拉丁文「愛」之義》——*n*. 1** Ⓤ **a** [又作 **a** ~] **慈愛**，慈悲心，同情：Christian ~ 基督教(徒)的博愛/in [out of] ~ (with...) 由於[出自](對…的)慈悲心，由於憐憫(…)/*C*~ begins at home.《諺》仁慈家爲先，仁愛始於家《★常被當作拒絕捐款時的藉口等》。**b** (聖經中所說的)愛；同胞愛，博愛。**2** Ⓤ**寬容，**寬大：treat a person with ~ 待人寬大。**3** Ⓤ **a 慈善心。b** 慈善(的行爲)；施捨物：~ *for* the poor 對窮人的慈善/give money to ~ 爲慈善事而捐錢/ask [beg] ~ 請[懇]求施捨/give one's ~ 施捨，賙濟。**c** (公共的)救濟：accept ~ 接受救濟。**4** [**charities**] 慈善事業。**5** Ⓒ慈善團體[機構]《如育幼院、慈善診療醫院等》。

(as) cóld as chárity 極冷淡的《★用以諷刺徒具形式的(公共)慈善事業》。

chárity schòol *n*. Ⓤ [指設施時爲Ⓒ]《英》(從前的)慈善學校《免費供貧民子女寄宿及受教育的學校》。

chárity shòw *n*. Ⓒ慈善義演。

chár·làdy *n*. =charwoman.

char·la·tan [ˋʃɑrlətn̩; ˈʃɑːlətən] *n*. Ⓒ (假裝具有專門知識的)騙子，假內行；(尤指)江湖郎中，庸醫。

chár·la·tan·ìsm [-tn̩ˏızəm; -tənizəm] *n*. Ⓤ吹牛；矇混，欺騙。

char·la·tan·ry [ˋʃɑrlətn̩rı; ˈʃɑːlətənri] *n*. =charlatanism.

Char·le·magne [ˋʃɑrləˏmen; ˈʃɑːləmein] *n*. 查理曼大帝《742–814；法蘭克王國的國王；後來成爲西羅馬帝國的皇帝；通稱 Charles the Great》.

Charles [tʃɑrlz; tʃɑːlz] *n*. 查理《男子名；暱稱 Charley, Charlie；略作 Ch.》.

Charles I (1)查理一世《1600–49；因內亂而被處死的英國國王；★讀法Charles the first》. (2)=Charlemagne.

Charles II 查理二世《1630–85；查理(Charles)一世之子，爲英國恢復王政後的國王；也稱 the Merry Monarch；★讀法Charles the second》.

Chárles the Gréat =Charlemagne.

Charles's Wain [ˋtʃɑrlzızˋwen; ˈtʃɑːlziz'wein] *n*.《英》《天文》**1** 北斗七星(《美》the (Big) Dipper) (⇨ dipper 4 a). **2** 大熊星座 (the Great Bear).

Charles·ton [ˋtʃɑrlztən; ˈtʃɑːlstən] *n*. 查理斯敦：**1** 美國西維吉尼亞(West Virginia)的首府。**2** 美國南卡羅來納州(South Carolina)的港市。**3** Ⓒ1920 年代流行於美國的舞蹈。

Char·ley, Char·lie [ˋtʃɑrlı; ˈtʃɑːli] *n*. **1** 查理《男子名；Charles 的暱稱》。**2** 查莉《女子名；Charlotte 的暱稱》。

chárley hòrse *n*. ⓊⒸ《美口語》(運動選手等由於過度的肌肉運動或受傷等所引起的手腳的)肌肉硬直 [*in*].

char·lock [ˋtʃɑrlək; ˈtʃɑːlɔk] *n*. Ⓒ (*pl*. ~)《植物》田芥菜，野白芥《芥菜類的雜草》。

char·lotte [ˋʃɑrlət; ˈʃɑːlət] *n*. Ⓒ [當作點心名稱時爲Ⓤ] 水果蛋糕《在海綿蛋糕底座中加入水果等做成的一種奶油巧克力點心》。

Char·lotte [ˋʃɑrlət; ˈʃɑːlət] *n*. 夏樂蒂《女子名；暱稱 Charley, Lottie, Lotty》.

chárlotte rússe [-ˋrus, -ˋruʃ; -ˈruːs] **《源自法語「俄國式的水果蛋糕」之義》——*n*.** Ⓒ [當作點心名稱時爲Ⓤ] 一種餐後點心《在海綿蛋糕底座中加入起泡的奶油或乳蛋糕(custard)製成》。

***charm** [tʃɑrm; tʃɑːm] **《源自拉丁文「(魔法之)歌」之義》——*n*. 1 a** ⓊⒸ**魅力，**吸引力，誘惑力：pastoral ~*s* 田園之美/the ~ *in* a woman 女人的魅力。**b** Ⓒ [常 ~**s**] (女人的)姿色，美色，嫵媚：a woman's ~*s* 女人的美色。**2** Ⓒ **a** (符咒的)**魔力，**魔法：the ~ of a leprechaun 妖精的魔力/be under a ~ 著魔。**b 護符，**避邪物，護身符：a ~ *against* evils 避邪的護身符/a good luck ~ 幸運符。**3** Ⓒ (附在手鐲、鐘錶的鏈子等上的)小裝飾品。**4** Ⓒ咒文，咒語：chant [recite] a ~ 唸咒。

like a chárm 《口語》著魔似地；不可思議地，神奇地；有效地：act [work] *like a* ~ 〈藥等〉有奇效；〈機器、計畫等〉有效地運轉[進行]。

——*v.t.* 1 〔十受〕使〈人〉陶醉，迷住(⇨ attract【同義字】)《★常用被動語態，介系詞用 *with, by*》：She *was* ~*ed* ***with*** [***by***] the beautiful scene. 她陶醉在美景中。**2 a** 〔十受十補〕迷惑〈某人〉[對〈某人〉施以魔力]〈使成…的狀態〉：~ a person asleep 用魔力使人入睡[對某人施催眠術]。**b** 〔十受十介十(代)名〕討好[說服]〈某人〉[使做…]〔*into*〕：~ a person ***into*** join*ing* the club 說服某人使其加入俱樂部。**c** 〔十受十介十(代)名〕用魔力[魅力][從…]引出[探出]〈祕密等〉〔*out of*〕：I ~*ed* the secret ***out of*** him. 我用魔力從他身上探出那個祕密；我巧妙地從他身上套出那個祕密。**d** 〔十受十副〕(用魔力[施魔術似地])消除〈憤怒〉，撫平〈悲傷〉〈*off, away*〉：Her laughter ~*ed* ***away*** his cares. 她的笑聲消除了他的煩惱。**3** 〔十受十介十(代)名〕用魔力[符咒]保護〈某人〉[免於…]〔*against*〕：be ~*ed* ***against*** evils 被符咒保護免受禍害。**4** 〔十受〕〈玩蛇者等〉耍，操縱〈蛇等〉。**——*v.i.* 1** 吸引[誘惑]人，有魅力。**2** 施咒[魔法]。**3** 〈藥等〉有神效。

charmed *adj*. **1** 著迷的，被迷惑的，被施以魔法或符咒的，被詛咒的。**2** 受魔法[符咒]保護的：a ~ circle 享有特權的小團體；對會員資格有嚴格限制的小團體/lead [bear, have] a ~ life 有鋼鐵般的身體，有不死之身《★出自莎士比亞(Shakespeare)的「馬克白(*Macbeth*)」》。**3** [不用在名詞前] 〔十 *to* do〕《口語》高興〈做…〉的《★比較一般用 pleased》：I shall be ~ *to* see you tomorrow. 我將很高興明天與你見面。

chárm·er *n*. Ⓒ **1** 迷人的人，誘惑者；施魔法的人：⇨ snake charmer. **2** 《謔》有魅力的人；(尤指)妖艷的女人，美女。

charm·ing [ˋtʃɑrmıŋ; ˈtʃɑːmiŋ] *adj*. (**more** ~ ; **most** ~) **1 a** 〈女子等〉(非常)**漂亮的，**很迷人的；〈小孩等〉很可愛的：a ~ lady 一位漂亮的女士。

【同義字】charming 指所具魅力足以令人陶醉[着迷]的；attractive 指美[漂亮]得吸引人心的，令人感到舒服的。

b 〈事物〉極美好的，很有趣[愉快]的。**2** 〈東西〉富於魅力的。

~·ly *adv*.

chárm schòol *n*. Ⓤ [指設施時爲Ⓒ] 美姿學校《教授女子美容方法、儀態及教養等；★現在常當諷刺用》。

char·nel [ˋtʃɑrnl̩; ˈtʃɑːnl] *n*. (又作 **chárnel hòuse**) Ⓒ停屍間；骨灰堂，藏骸所。

Char·on [ˋkerən; ˈkɛərən] *n*. **1** 《希臘神話》在往冥府的河(Styx)上引渡亡魂的船夫：~'s boat [ferry] 往冥府[陰間]的渡船；臨終。**2** Ⓒ《謔》渡船夫。

char·rette [ʃəˋret; ʃəˈret] *n*. Ⓒ (專家參與的)問題研討會，討論會。

***chart** [tʃɑrt; tʃɑːt] **《源自希臘文「紙片」之義》——*n*. 1** Ⓒ**航海圖，**水路圖；(航空用的)航線圖(⇨ map【同義字】)。

2 Ⓒ**圖，**(圖)表：a statistical ~ 統計表/a fever ~ 體溫表/a weather [physical] ~ 天氣[地勢]圖。

3 Ⓒ《醫》(病人用)病歷表。

4 [~**s**]《口語》(歌曲等的)熱門歌曲排行榜：His record made the ~*s*. 他的唱片登上熱門歌曲排行榜。

——*v.t.* 〔十受(十副)〕**1** 把〈海域、水路等〉記入海圖；將〈資料〉製成圖表〈*up*〉. **2** 《口語》計畫〈事情〉〈*up*〉.

char·ter [ˋtʃɑrtɚ; ˈtʃɑːtə] **《源自拉丁文「紙片」之義》——1** Ⓒ [常 *C*~] (敍述目的、綱領的)**憲章，**宣言：the Atlantic *C*~ 大西洋憲章/the *C*~ of the United Nations 聯合國憲章/the Great *C*~ (英國的)大憲章(Magna Charta)/the People's *C*~ (英國的)人民憲章/by ~ 根據憲章《★無冠詞》。**2** Ⓒ **a** (國王、國家對殖民團體、自治都市等保障其創立、權利等的)特許(狀)，認可(狀)：by ~ 根據特許狀《★無冠詞》。**b** (根據法律的)法人團體設立許可(證)；分部(會)設立許可(證)。**3** Ⓒ **a** (公認的)特權；(義務、責任等的)免除：A good education is a ~ *to* success. (受)良好教育是取得成功的(唯一)保證。**b** 〔十 *to* do〕〈做…的〉特權：a ~ *to* use the bus free 免費乘車的特權。**4 a** Ⓤ (交通工具的)包租(契約)：tankers *on* short-term ~ 短期包租的油輪/This plane is *under* ~ by B Co. to Singapore. 這架飛機由 B 公司包租飛往新加坡。**b** (又作 **chárter pàrty**) Ⓒ《航海》租船契約(書)《略作 c/p》：under a ~ 依據租船契約。

——*adj*. [用在名詞前] **1** 特許的；有特權的。**2** 租賃的，包租的〈交通工具等〉：a ~ flight 包機。

——*v.t*. 〔十受〕**1 a** 給予…特許狀[執照]。**b** 依據許可證[執照]成立〈公司等〉；特許，許可…。**2** 憑契約租[包]〈船〉，包租[租賃]〈飛機、公車、汽車等〉。**3** 給予…特權。

chár·tered *adj*. **1 a** 獲得特許的，許可的：⇨ chartered accountant/a ~ company《英》特許公司/ ~ rights 特許權。**b** (社會)公認的，世所公認的：a ~ libertine 世所公認的浪子；橫行天下，肆無忌憚的浪子《★出自莎士比亞(Shakespeare)的「亨利五世(*The Life of King Henry the Fifth*)」》. **2** 立租船契約的；包租的：travel in a ~ plane 坐包機旅行。

chártered accóuntant *n*. Ⓒ《英》特許會計師(《美》certified public accountant)《略作 C.A.》.

chárter mémber *n*. Ⓒ《美》(協會等的)創立委員，基本會員，發起人。

Char·tism [ˋtʃɑrtızəm; ˈtʃɑːtizəm] *n*. Ⓤ (英國的)憲章運動[主義]《1838–48 年發起要求民主、社會、政治之改革的人民憲章運動》。

Chár·tist [-tıst; -tist] *n*. Ⓒ人民憲章運動者，民權運動者[支持者]。**——*adj*.** 人民憲章運動(者)的，民權運動(者)的。

char·treuse [ʃɑrˋtrɜz; ʃɑːˈtrəːz] *n*. Ⓤ **1** [指個體時爲Ⓒ] (法國的)沙特拉玆酒《以白蘭地爲主的芳香而具甜味的烈酒；有綠色及黃色》。**2** 淡黃綠色。**——*adj*.** 淡黃綠色的。

chár·wòman *n*. Ⓒ (*pl*. **-women**)《英》(打掃房子、大廈等的)雜役女傭，清潔婦。

char·y [ˋtʃerı; ˈtʃɛəri] *adj*. (**char·i·er**; **-i·est**) **1 a** 謹慎的：with ~ look 表情謹慎地。**b** [不用在名詞前] 〔十介十(代)名〕〔對…〕

小心[謹慎]的，盡量避免〔…〕的，提防〔…〕的〔*of*〕：A cat is ～ ***of*** wet*ting* its paws. 貓盡量避免弄濕牠的腳掌。**2 a** 害羞的，靦腆的：a ～ girl 一個害羞的女孩。**b** [不用在名詞前]〔十介十(代)名〕〔對…〕感到害羞的，靦腆的〔*of*〕：She is ～ ***of*** strangers. 她見到陌生人會害羞。**3** [不用在名詞前]〔十介十(代)名〕吝於〔…的〕，〔對…〕節儉的〔*of*〕：He is ～ ***of*** praise [prais*ing* others]. 他吝於[不輕易]稱讚別人。**chár·i·ness** *n.*

Cha·ryb·dis [kəˈrɪbdɪs; kəˈribdis] *n.* **1** 西西里島(Sicily)外海的大漩渦。**2**《希臘神話》卡力布狄斯《女妖》。

betwèen Scýlla and Charýbdis ⇨Scylla.

Chas. 《略》Charles.

***chase**[1] [tʃes; tʃeis] «源自拉丁文「捕捉」之義»—*v.t.* **1** 〔十受〕**a** (爲抓〈人等〉而迅速)追趕，追捕，追擊…：The policeman is *chasing* the thief. 那名警察正在追捕小偷。**b** 追逐〈獵物〉：～ hares [foxes] 追逐野兔[狐狸]。**c** 《口語》(爲求好感、愛情而)追求，糾纏〈女子等〉：～ girls 追求女孩。

2 〔十受(十副)〕尋求，追尋…〈*down*〉：～ ***down*** the clues 尋求線索/He spent his life *chasing* dreams. 他追尋夢想度過一生；他一生沈湎於追逐虛無縹渺的事物。

3 a 〔十受十副詞(片語)〕把〈人、動物〉驅逐，趕走，趕出(…)：*C*～ this cat *out* (*of* the room). 把這隻貓趕出(房間)。**b** 〔十受〕[～ one*self*；常用祈使語氣]《口語》走開，離開：Go ～ *yourself.* 走開！

—*v.i.* **1** 〔十介十(代)名〕追趕〔…〕〔*after*〕：～ ***after*** a thief 追趕小偷。

2 〔十副詞(片語)〕《口語》跑，跑來跑去；匆忙地走：～ *about* (the house) (在房子周圍)跑來跑去/～ *round* town 在城裏東奔西跑/I ～*d around* all day looking for a job. 我奔波了一整天找工作。

cháse dówn 《*vt adv*》(1)⇨*v.t.* 2. (2)《口語》剛喝完〈烈酒〉後[喝〈烈酒〉中間]喝〔水等〕〔*with*〕：～ *down* whiskey *with* a glass of water 喝完威士忌後馬上喝一杯水。(3)《美口語》＝CHASE[1] up.

cháse úp 《*vt adv*》《英口語》追查〈人、物〉：I'm *chasing up* the exact dates of these incidents. 我正在追查這些事件發生的正確日期。

—*n.* **1** Ⓤ Ⓒ 追捕，追擊；(對於希求之物的)熱烈追求：the ～ of [for] honor 名譽的追求/give ～ (to...)追逐(…)，追捕[追擊](…)/in ～ of... 追趕著…/in (full) ～〈獵犬等〉(全力)追蹤。

2 Ⓒ **a** 被追逐的人[獸，船]。**b** 捕獲物，追求物，追逐物。

3 [the ～](當作運動的)狩獵：the spoils of *the* ～ 獵獲物。

4 Ⓒ(電影的)追蹤場面。

léad a person **a mérry cháse** 使〈追蹤者〉徒然追得團團轉：I *led* him *a merry* ～ round [around] the garden. 我使他徒然地繞着院子追我。

chase[2] [tʃes; tʃeis] «enchase 字首消失的變體字»—*v.t.* 在〈金屬〉上打出浮凸的花樣[圖樣]，雕鏤。

chás·er[1] *n.* Ⓒ **1** 追趕者；追求者；追擊者。**2** 獵人，狩獵者。**3** 《口語》(剛喝完烈酒後[喝烈酒當中])喝的水、啤酒等。**4 a**《航空》驅逐機。**b**《海軍》驅逐艦。**c** 追擊砲。

chás·er[2] *n.* Ⓒ **1** 金屬雕刻師；雕鏤匠；浮雕師。**2** 雕刻金屬用的工具；金屬雕鏨。**3** 螺旋鈑；刻螺線的工具。

chasm [ˈkæzəm; ˈkæzəm] «源自希臘文「坑窪」之義»—*n.* Ⓒ **1 a** (地面、岩石等的)寬深裂口，陷坑；深淵。**b** (牆壁、石牆的)裂罅，縫隙。

2 (連續物的)斷開處，中斷，空白，脫落〔*in*〕：a ～ *in* the manuscript 原稿的脫落部分。

3 (感情、意見的)隔閡，分歧，差異〔*between*〕：bridge over the ～ *between* capital and labor 在消除勞資雙方之間的意見分歧[隔閡]。

chas·sis [ˈʃæsɪ; ˈʃæsi] «源自法語»—*n.* Ⓒ (*pl.* **chas·sis** [-sɪz; -siz]) **1 a** (汽車等的)底盤。**b** 砲座。**c** (支撐飛機機身的)機架。**d** (收音機、電視機的)台架，底架。**2** 《俚・謔》(人、動物的)軀體；(尤指女子的)體態，姿態：a classy ～ 漂亮[苗條]的體態。

chaste [tʃest; tʃeist] «源自拉丁文「無缺點的，純潔的」之義»—*adj.* (**chast·er**；**-est**) **1** 〈女子〉(肉體上)**純潔的，貞潔的**。**2** 〈人〉(在思想、言行方面)正派的，純潔的。**3** 〈嗜好〉高雅的；〈文體等〉簡潔的，簡樸的。**～·ly** *adv.*

chas·ten [ˈtʃesn; ˈtʃeisn] «源自 chaste 的動詞»—*v.t.* **1 a** (爲矯正行爲而)懲罰〈人〉。**b** (給予折磨)鍛鍊[磨鍊]〈人〉。**2 a** 抑制〈熱情等〉；緩和〈脾氣等〉。**b** 使〈思想、文體等〉精練，使…簡潔；推敲[洗練，琢磨]〈作品等〉。

chás·tened *adj.* 〈人、態度等〉(受到懲戒而)變緩和[平靜]的：He was very ～. 他變得很乖了。

chas·tise [tʃæsˈtaɪz; tʃæsˈtaiz] *v.t.* **1** (以體罰)嚴懲，責打〈某人〉。**2** 嚴厲地譴責，責備〈人等〉。

chas·tise·ment [ˈtʃæstɪzmənt, tʃæsˈtaɪzmənt; ˈtʃæstizmənt] «chastise 的名詞»—*n.* Ⓤ Ⓒ 懲戒，懲罰。

chas·ti·ty [ˈtʃæstətɪ; ˈtʃæstəti] «chaste 的名詞»—*n.* Ⓤ **1** 純潔；貞節；性的禁慾。**2** (思想的)純正，(感情的)純潔。**3** (文體的)簡潔，樸素；(嗜好的)高雅。

chástity bèlt *n.* Ⓒ (昔時防女人私通用的)貞操帶。

chas·u·ble [ˈtʃæzjubl; ˈtʃæzjubl] *n.* Ⓒ《天主教》十字褡《神父在舉行彌撒時穿在僧衣(alb)上的無袖祭服》。

chasuble

***chat** [tʃæt; tʃæt] «chatter 之略»—*n.* **1** Ⓒ (輕鬆而親密的)**閒談**，閒聊，聊天《★比較 chatter 與 chat 不同，用於不好之意》：have a ～ with... 與…閒談[聊天]/drop in for a ～ 串門聊天。**2** Ⓤ 閒談，聊天。

—*v.i.* (**chat·ted**；**chat·ting**)〔動(十副)(十介十(代)名)〕(輕鬆地)閒談[閒聊]；〔與某人〕閒談[閒聊]〔…事〕〈*away*〉〔*with, to*〕〔*about, of, over*〕：We *chatted* ***away*** in the lobby. 我們在休息室盡情地聊天/I *chatted* ***with*** [*to*] my friends ***about*** [*of, over*] the affair. 我和朋友們閒談那件事。—*v.t.* 〔十受十副〕《英口語》對〈人〉說話，(尤指，開玩笑或輕佻地)跟〈女子〉攀談〈*up*〉：～ ***up*** a girl 跟一個女孩子攀談。

châ·teau [ʃæˈto; ˈʃætou] «源自法語 'castle' 之義»—*n.* Ⓒ (*pl.* ～s, ～x [～(z); ～(z)]) **1 a** 法國的城堡。**b** (法國貴族、大地主鄉下的)大別墅，大宅邸。**2** [C～]大莊園《法國波爾多(Bordeaux)地方有葡萄園和釀酒場的農園；★通常以 Château○○的形式表示某莊園製的葡萄酒名》。

château wine [ˊ–ˋ–] *n.* Ⓤ 法國波爾多(Bordeaux)地方產的葡萄酒。

chat·e·laine [ˈʃætlˌen; ˈʃætəlein] «源自法語»—*n.* Ⓒ **1 a** 城堡女主人；城堡主的夫人。**b** 大別墅的女主人。**2** 裝飾腰鍊《從前婦女繫在腰間，用以懸掛鑰匙或錶等》。

chat·tel [ˈtʃætl; ˈtʃætl] *n.* Ⓒ《法律》**1** [常 ～s] 有形財產《★常用於下列片語》：goods and ～*s* 個人的財產[一切所有物]。**2** 動產：～*s* personal 純粹動產《家具、汽車等》/～*s* real 不動產，無形動產《土地的定期租賃權(leasehold)等》。

chat·ter [ˈtʃætə; ˈtʃætə] «擬聲語»—*v.i.* **1 a 喋喋**，**饒舌**。**b** 〔動(十副)(十介十(代)名)〕喋喋不休地說〔無聊的事〕；嘮叨，說廢話〈*on, away*〉〔*on, about*〕：The girls were ～*ing* ***away*** over their needlework. 女孩子們一面做針線一面喋喋不休/～ ***on*** [***about***] various matters 喋喋不休地說各種事。

2 a 〈鳥〉啁啾；〈猴子〉吱吱叫：Monkeys ～. 猴子吱吱叫。**b** 〈牙齒、機器等〉震顫作響：My teeth ～*ed with* cold. 我的牙齒冷得震顫作響。

—*n.* Ⓤ **1** 喋喋不休，饒舌(⇨chat 比較)。**2 a** 啁啾聲，吱吱叫聲。**b** (機器、牙齒等的)碰觸聲，震顫聲。

chátter·bòx *n.* Ⓒ《口語》饒舌者；(尤指)喋喋不休的小孩[女人]。

chát·ter·er [-tərə; -tərə] *n.* Ⓒ **1** 喋喋不休者。**2** 一種不停鳴叫的小鳥，善鳴的小鳥。

chat·ty [ˈtʃætɪ; ˈtʃæti] «chat 的形容詞»—*adj.* (**chat·ti·er**；**-ti·est**) **1** 健談的，愛說話的：a ～ old lady 愛說話的老婦人。**2** 〈說話、信等〉聊天式的：a ～ letter 聊天式的信。

Chau·cer [ˈtʃɔsə; ˈtʃɔːsə], **Geoffrey** *n.* 喬塞《1340?–1400；英國詩人》。

Chau·ce·ri·an [tʃɔˈsɪrɪən; tʃɔːˈsiəriən˝] «Chaucer 的形容詞»—*adj.* 喬塞式[風格]的；與喬塞有關的。

—*n.* Ⓒ 研究喬塞(作品)的人。

chauf·fer [ˈtʃɔfə; ˈtʃɔːfə] *n.* Ⓒ 小爐；小炭盆。

chauf·feur [ˈʃofə, ʃoˈfɜ; ˈʃoufə] «源自法語»—*n.* Ⓒ (私人汽車的)司機：a *chauffeur*-driven limousine 由私人司機駕駛的大型高級轎車。

—*v.i.* 當(私家汽車)司機。—*v.t.* **1** 〔十受〕擔任〈某人、私人汽車〉司機。**2** 〔十受十副〕以私家汽車載〈某人〉到各處〈*around, about*〉.

chau·tau·qua [ʃəˈtɔkwə; ʃəˈtɔːkwə] «源自在紐約州的 Chautauqua 湖畔擁有大規模設施的 the Chautauqua Institute 在每年夏季學辦有數千人參加兼具教育與娛樂功能的暑期大學»—*n.* Ⓒ《美》(教育兼娛樂的)暑期大學，文化講習會。

chau·vin·ism [ˈʃovɪnˌɪzəm; ˈʃouvinizəm] «由崇拜拿破崙的士兵(Chauvin)名字加 -ism(主義)而形成»—*n.* Ⓤ **1** 盲目的愛國主義，愛國狂。**2** (鄙視不屬於同一民族、性別等的)沙文主義，大民族沙文主義；男[女]沙文主義。

cháu·vin·ist [-nɪst; -nist] *n.* Ⓒ 沙文主義者，盲目的愛國主義者。

chau·vin·is·tic [ˌʃovɪˈnɪstɪk; ˌʃouviˈnistik˝] *adj.* 盲目的愛國主義(者)的，沙文主義(者)的。**-is·ti·cal·ly** [-klɪ; -kəli] *adv.*

⁑cheap [tʃip; tʃiːp] «源自古英語「(好的)交易」之義»—*adj.* (～·er；～·est) **1 a** (較一般價格、實際價值)**便宜的**，廉價的(⇨inexpensive 比較)：a ～ car 便宜的車子/～ and nasty 價廉而質

劣的/～ labor 工資低廉的工作；不划算的工作。**b**（商店等）賣廉價品[便宜貨]的：a ～ store [shop] 廉價商店。**c**《英》打折的，減價的：a ～ ticket 特價票，優待票。**2 a** 不值錢的，低俗的，沒價值的：a ～ novel 無價值的小說，低級小說/～ flattery 言不由衷的奉承話。**b** 極卑劣的，令人輕視的：a ～ joke 低俗的玩笑。**3 a**〈錢〉低利的：～ money 低利的錢。**b**（因通貨膨脹等）〈貨幣〉貶值的：～ yen 貶值的日幣。**4**《美口語》吝嗇的，小氣的。**5** 不勞而獲的，可輕易到手的：a ～ victory 不費力氣[輕鬆]的勝利。

fèel chéap《口語》(1)〔對…〕感到慚愧，覺得羞恥〔*about*〕。(2)（身體）感到不舒服。

hòld...chéap 瞧不起，輕視…。

—*adv.* (～·**er**；～·**est**) **1** 便宜地（↔ dear）：buy [sell] things ～ 買[賣]得便宜，賤買[售]。**2** 低賤地：act ～ 舉止低賤。

—*n.* ★用於下列成語。

on the chéap《英口語》低廉地，廉價地，經濟地：travel *on the* ～ 以低廉的花費旅行。

～·**ness** *n.*

cheap·en [ˈtʃipən; ˈtʃiːpən] **«cheap 的動詞»—*v.t.*** **1** 使〈東西〉變得便宜，使…減價，使…降價。**2** 使〈東西〉變得沒價值；瞧不起，輕視…。**3** 使〈人〉變得低俗，使…庸俗[卑劣]，貶低…的身價：Constant complaining ～*s* you. 不斷的抱怨會貶損你的身價。**—*v.i.*** 變便宜，跌價。

chéap·jàck [**-jòhn**] *n.* Ⓒ（賣廉價品的）街頭小販。

—*adj.* [用在名詞前] **1** 不值錢的，品質低劣的〈物品〉。**2** 以販賣便宜貨獲利的〈人〉。

chéap·ly *adv.* **1** 便宜地，廉價地：live ～ 以低廉的生活費過日子。**2** 低劣地；低俗地，卑劣地：a ～ furnished room 家具擺設簡陋的房間。**3** 輕易地，毫不費力地：The victory was ～ bought. 那次勝利是輕易[未付多大代價]獲得的。

chéap shòt *n.* Ⓒ《俚》不當[卑劣]的言行。

chéap·skàte *n.* Ⓒ《俚》小氣鬼，吝嗇鬼。

***cheat** [tʃit; tʃiːt] *v.t.* **1 a**〔十受〕欺騙…：～ the customs 蒙騙海關。

> 【同義字】cheat 指爲了達到自己的利益或目的以不正當的手段欺騙對方；deceive 是以隱瞞或歪曲事實欺騙對方；trick 是運用計謀騙人。

b〔十受十介十(代)名〕欺騙〈某人〉獲取〔物品〕，騙取〈某人〉〔的…〕〔*of, out of*〕：He ～*ed* me (*out*) *of* my money. 他騙了我的錢。**c**〔十受十介十(代)名〕欺騙〈某人〉〔使…〕〔*into*〕：～ him *into* believ*ing* [the belief] that... 欺騙他使其相信…。**2**〔十受〕《文語》（因幸運或以詭計）順利地避開…：～ death 幸運地免於死亡。

—*v.i.* **1**〔動(十介十(代)名)〕〔在…〕行騙[作弊]〔*at, on, in*〕：～ *at* cards 玩牌使詐/～ *on* one's taxes 逃[漏]稅/～ *in* [*on*] an exam 考試作弊《★用法《美》用 on，《英》用 in》。**2**〔十介十(代)名〕《口語》〔瞞著配偶等〕拈花惹草[紅杏出牆]〔*on*〕：He ～*s on* his wife. 他瞞著太太在外面拈花惹草。

—*n.* **1** ⓊⒸ詐欺，欺騙，作弊。**2** Ⓒ滑頭；騙子；騙徒：a tax ～ 逃[漏]稅者。

chéat·er *n.* Ⓒ騙子，騙徒。

‡**check** [tʃɛk; tʃek] **«源自波斯語「王」→「(西洋棋的)王棋」之義»—*n.*** **1 a** Ⓒ（進行中突然的）停止；妨礙，阻止：put a ～ to a plan〈事情〉使計畫中止[停止]/come to a ～ 突然停止/meet with a ～ 遇到阻礙，受阻。**b** Ⓤ抑制，制止，防止：keep [hold, put] inflation *in* ～ 抑制通貨膨脹/have no ～ *over* a person 對某人無抑制力。**c** Ⓒ妨礙[阻礙]的人[東西]〔*on*〕。**d** Ⓒ制止物，壓制[抑制]器具。**2** Ⓤ**監督**，監視，管理，支配：*under* the ～ of a teacher 在老師的監督之下。**3** Ⓒ **a**（工作、實驗等成績、效果等的）**檢查**，觀察，試驗〔*on*〕：make [run] a ～ *on* a report 查驗報告的眞假。**b** 查對，核對，查核。**c**《美》查核的記號《∨》(《英》tick)。**4** Ⓒ **a**（保管物或核對用的）**存物牌**，對號牌，符證：a ～ *for* baggage 行李的對號牌[行李牌]。**b**《美・蘇格蘭》（商店、餐館等的）帳單；收據。**c**《美》（賭博用的）籌碼，賭牌。**5** Ⓒ《美》**支票**(《英》cheque)《★源自「阻止僞造物」之意》：draw [cash] a large ～ 開出[兌現]一張高額支票/pay [buy] by ～ 以支票付款[購買]《★by ～ 無冠詞》/⇨traveler's check/make a person a ～ *for* a hundred dollars 開給某人一張一百美元的支票。

> 【說明】在美國購物多半使用信用卡(credit card)，而不用現金，尤其購買高價物品時，常使用支票。一般而言，使用支票或信用卡表示銀行有帳戶，因此使用支票或信用卡的人，其信用要較使用現金的人員好。因住處不定或因其他種種理由而在銀行沒有帳戶的人，不得不用現金購買；cf. credit card, shopping【說明】

6 a Ⓒ方格花紋[圖案]，方格花樣。**b** Ⓤ方格花紋的紡織品，方格花布。**7** Ⓤ《西洋棋》攻王棋，將軍：in ～〈王棋〉處於被將軍的局面。

cásh [**hánd, páss**] **ín** one's **chécks** ＝cash in one's CHIPS.

chécks and bálances《政》（權力的）制衡《爲謀求政治的健全營運而設計的制度[原理]》。

kèep a chéck on... (1)（就眞假、正確與否等）查驗[核對]…；監視〈人等〉。(2)抑制，壓制…。

—*adj.* [用在名詞前] **1** 有助於阻止[調整，抑制]的：a ～ valve《機械》止回閥《防止逆流的活門》。**2** 查核用的，核對用的：a ～ mark 查訖記號，選擇記號《如 ∨》。**3** 方格花紋的，成方格花紋狀的：a ～ suit 方格花紋的套裝。

—*v.t.* **1 a**〔十受〕**突然停止**〈進行中的事物〉：～ one's steps 突然停止腳步。**b**〔十受〕[～ one*self*] 自制：She burst out laughing and then ～*ed herself*. 她突然爆笑起來，然後又突然止住。**c**〔十受〕抑制，阻礙，阻擋，阻止…：The police tried to ～ the demonstration parade. 警方企圖制止示威遊行。**d**〔十受十介十(代)名〕妨礙，阻止〈某人〉〔…〕〔*in*〕：He ～*ed* me *in* my work. 他阻礙了我的工作。**e**〔十受〕抑制〈感情等〉，制止〈活動等〉：～ one's anger [envy] 抑制憤怒[嫉妒]/～ exports [inflation] 抑制出口[通貨膨脹]/He ～*ed* the impulse to shout. 他抑制想喊叫的衝動。

2 a〔十受〕（爲確認而）**審查**，查驗，查核，檢查…的性能[安全性(等)]；對〈答案〉；給〈答案〉打分數，評分：～ a person's pockets 檢查某人的口袋/～ a person's body for weapons 檢查某人身上是否攜帶武器/～ the brakes 檢查煞車器/～ the test papers 檢查試卷。**b**〔十受十介十(代)名〕將〈答案、實驗等〉〔與標準答案、原文等〕核對，對照，查對〔*with, against*〕：*C*～ your answers *with* [*against*] mine. 把你的答案跟我的核對一下/I ～*ed* the matter *with* him. 我向他查詢過那件事/*C*～ your watch *with* the office clock. 把你的錶跟公司的鐘對一下。**c**〔十受十介十(代)名〕〔做…以〕確認，檢查，查對…〔*by*〕：I ～*ed* this statement *by* look*ing* up the data. 我翻查資料以核對這份報告書。**d**〔十受(十副)〕《美》在…上打核對記號(∨)〈*off*〉(《英》tick)：*C*～ (*off*) the books you've read before. 在以前唸過的書上打記號。**e**〔十 *that*__〕調查，審查，檢查〈…事〉：～ *that* the fire is out 檢查(確定)火熄滅了。

3《美》**a**〔十受〕（爲保管而）**寄放**〈隨身物品〉：I'll ～ my coat. 我要寄放外套。**b**〔十受十介十(代)名〕（爲保管而）寄放〈隨身攜帶品〉〔於…〕〔*at, with*〕：Have you ～*ed* your camera *with* the clerk [*at* the cloakroom]？你把照相機寄放在辦事員處[衣物保管處]了嗎？**c**〔十受〕將〈行李〉託運：～ one's baggage 將行李託運。**d**〔十受(十副)十介十(代)名〕把〈貨物〉託運〔到…〕〈*through*〉〔*to*〕：I'll ～ this suitcase (*through*) *to* Chicago. 我要把這個手提箱託運到芝加哥。

4〔十受〕印方格子花紋於〈布上〉。

5〔十受〕《西洋棋》將〈對方的王棋〉一軍，攻〈王棋〉。

—*v.i.* **1 a**〔(十副)十介十(代)名〕（爲確認眞假、性能等而）**調查**，檢查，確認〔…〕〈*up*〉〔*on, into, for*〕《★可用被動語態》：～ (*up*) *on* the report 檢查報告的眞假/～ *into* the firm's finance 調查該公司的財務狀況/～ *for* [*up on*] his whereabouts 調查他的下落/I'll ～ (*up*) to make sure. 我要調查以便確定[弄清情況]。**b**〔動(十副)(十介十(代)名)〕《美》（核對起來）〔與…〕符合，一致，核對無誤〈*out*〉〔*with*〕：This copy ～*s* (*out*) *with* my original in every detail. 這份副本與我的原本在每一細節上均吻合無誤/Her statement ～*s* (*out*) pretty well. 她的報告核對起來相當吻合。**2**〔十介十(代)名〕《美》**開支票**〔給某人〕，把支票轉入〔銀行戶頭〕〔*on, upon, against*〕：～ *on* a person [a person's account] for $300 開出三百美元的支票給某人[把三百美元的支票轉入某人的戶頭]。**3**（因障礙等）突然停止：The bus ～*ed* with a jolt. 公共汽車一蹦突然停下來。**4**《西洋棋》攻王棋，將軍：*C*～ (to your king)！將(你的)軍！

chéck ín《*vi adv*》(1)〔在旅館等〕辦理(投宿的)登記手續；〔在機場〕辦理登機手續〔*at*〕：～ *in at* a hotel 在旅館辦理(投宿的)登記手續。(2)《口語》〔在公司〕(打卡)上班，簽到〔*at*〕：～ *in at* the office [the convention] 在公司簽到上班[簽到出席會議]。**—**《*vt adv*》(3)《美》辦理〈書籍〉的歸還手續：～ *in* books at the library 在圖書館辦理還書手續。

chéck ínto... 在〈旅館等〉辦理登記手續；簽到，報到。

chéck óff《*vi adv*》(1)《英》（結束工作）下班。**—**《*vt adv*》(2)⇨ *v.t.* 2 d. (3)不再把〈事情〉考慮進去。(4)（從薪資中）先扣除〈工會會費等〉。

chéck óut《*vi adv*》(1)（結清帳）〔從旅館等〕離去，辦理退出(旅館等的)手續〔*from*〕：～ *out* (*from* a hotel) 結帳離開(旅館)。(2)《口語》（結束工作）下班；離去。(3)⇨*v.i.* 1b. (4)《俚》死亡。**—**《*vt adv*》(5)（在超級市場）〈收款員〉算〈帳〉；〈顧客〉結〈帳〉離去。(6)《美》詳細檢查…的性能[安全性(等)]：～ *out* the brakes 檢查煞車器。(7)《美》（在圖書館）辦理借〈書〉手續。

chéck out of... (結完帳)離開(旅館等)。
chéck óver 《*vt adv*》(仔細)調查[檢查]…(以確定無誤)：~ *over* the names 詳細檢查名字以便確定無誤。
chéck úp 《*vi adv*》(1)⇨*v.i.* 1a. (2)(就背景、實際關係、眞假等)調查〔人、物〕; 檢討，核對，查對，對照〔…〕〔*on*〕《★可用被動語態》。—《*vt adv*》(3)(對照着)檢查，核對…。(4)診斷〈某人〉的健康。
—*interj.* [*C~*]《美口語》對！就是那樣，好的，可以(OK).
chéck·bòok *n.* Ⓒ《美》支票簿(《英》chequebook).
chéck càrd *n.* Ⓒ《美》(銀行發行的)信用卡(bankcard).
checked *adj.* 方格花紋的：a ~ dress 一件方格花紋的女裝。
chéck·er[1] *n.* Ⓒ **1** 核對[檢查]者。**2**《美》**a** (隨身携帶物品的)臨時保管人。**b** (超級市場等的)收款員。
check·er[2] [ˈtʃɛkɚ; ˈtʃekə] *n.* **1** Ⓒ方格花紋。**2** [~s]⇨checkers.
—*v.t.* 使…成方格花紋；使…呈現各種顏色；使…有變化《★常用被動語態，介系詞用 *with, by*》：The lawn *was ~ed with* sunlight and shade. 草坪上光影交錯成方格圖案。
chécker·bòard *n.* Ⓒ《美》西洋棋盤(《英》chessboard)《★用法《美》用於西洋象棋(chess)時特別稱作 chessboard,《英》用於西洋棋(checker)時特別稱作 draughtboard》.

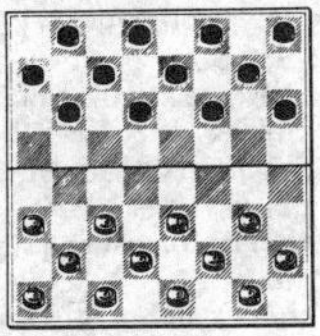
checkerboard

chéck·ered *adj.* **1** 方格花樣的；有各種顏色的：a ~ flag (在賽車終點揮動的)黑白方格旗。**2** 富於變化的，多浮沉的：a ~ career [life] 波折多變的人生(經歷)。
chéck·ers *n.* Ⓤ《美》西洋棋(《英》draughts)《棋盤上排紅、黑各十二個棋子，由兩人互吃對方棋子的一種遊戲》。
chéck-ìn *n.* Ⓤ(在旅館的)住宿登記手續；(在機場的)登機手續。
chéck·ing accòunt *n.* Ⓒ《美》活期存款戶頭。
chéck·lìst *n.* Ⓒ **1** 對照表，(核對用的)名單，名册。**2**《圖書館學》(便於雜誌、圖書等之查對、參照用的)書籍清單。
chéck màrk *n.* =check *n.* 3 c.
check·mate [ˈtʃɛkˌmet; ˈtʃekmeit] *n.* Ⓒ[指狀態時爲Ⓤ] **1**《西洋棋》攻王棋，將軍。**2** (計畫、事業等的)停頓，失敗，敗北。
—*interj.* [C~]《西洋棋》將軍！《★比較現在一般用 Mate！》
—*v.t.* **1**《西洋棋》圍攻〈對方的王棋〉(獲勝)。**2** 使〈人、計畫等〉陷入僵局；使…失敗[敗北]；阻止…。
chéck·òff *n.* Ⓤ從工資中先扣除工會費用的制度[辦法]。
chéck-òut *n.* **1** Ⓤ旅館的結帳(時間)，辦理退出房間：What time is ~? 退房時間是幾點？/*C~* is at noon. 退房時間是中午。**2 a** Ⓤ(超級市場等的)結帳。**b** (又作 **chéck-out cóunter**)Ⓒ付帳櫃台。**3** Ⓒ(機器、飛機等的)查驗，檢查。**4** Ⓒ《美》(圖書館的)借書手續：a ~ desk 辦理借書手續的桌子。
chéck·pòint *n.* Ⓒ(通行)檢查站，關卡《如設於國境等或汽車駕駛技術比賽用者》。
chéck·rèin *n.* Ⓒ(防止馬頭低下的)勒馬韁繩，制韁。
chéck·ròll *n.* =checklist.
chéck·ròom *n.* Ⓒ《美》**1** (旅館、劇場等的)衣物臨時寄放處(《英》cloakroom). **2** (車站等的)行李臨時寄存處(《英》left luggage office).
chéck·ùp *n.* Ⓒ **1** 核對，對照，查對；(工作效率、機器狀況等的)總查驗，檢查。**2** 健康檢查：a medical [physical] ~ 健康[身體]檢查/get [have] a ~ 接受健康檢查。
chéck vàlve *n.* Ⓒ止回閥《防水逆流之活門》。
chéck·wrìter *n.* Ⓒ支票數字打孔機《將支票上數字用小孔排成，以防篡改》。
Ched·dar [ˈtʃɛdɚ; ˈtʃedə] 《源自英國 Somerset 郡的原產地名》—*n.* (又作 **Chéddar chèese**)Ⓤ切德乾酪。
‡**cheek** [tʃik; tʃi:k] 《源自古英語「下巴，顎骨」之義》—*n.* **1** Ⓒ頰：rosy ~*s* 玫瑰色的臉頰/wear whiskers on one's ~*s* 留有頰鬚/She kissed him *on* the ~. 她親了他的臉頰。**2** [~s] (器具相當於臉頰部分的)側面《如老虎鉗的側面等》。**3** Ⓤ《口語》**a** 無禮的言語[態度]：give a person ~ 對某人說無禮[狂妄]的話/None of your ~! 別吹牛[狂妄]！/I like his ~. 我喜歡他的狂妄《★用法常當反語用，變成 I don't like his ~.「我不喜歡他的狂妄」之意》/What ~! 多麼厚顏無恥(眞是厚顏無恥)！**b** 〔+ *to* do〕[**the** ~] (居然)〈做…的〉厚臉皮：She had *the* ~ *to* ask me to lend her some more money. 她居然厚著臉皮要求我再多借一些錢給她。**4** Ⓒ[常 ~s]《口語》臀部。
chéek by jówl 〔與…〕緊貼[緊靠]著；〔與…〕極親密地〔*with*〕：Bookstores stand ~ *by jowl* in this street. 在這條路上書店櫛比鱗次/That political party is ~ *by jowl with* big business. 那個政黨和大企業密切勾結。
stíck [pùt] one's tóngue in one's chéek ⇨ tongue 1.
to one's ówn chéek 《英口語》自己專用地。
túrn the óther chéek (被人打了一個耳光)再轉過一邊給人打，(受到不當的對待也)不反抗，泰然忍受《★出自聖經「馬太福音」》。
—*v.t.* 《英口語》〔十受〕**1** 對〈人〉說[採取]無禮的話[態度]。**2** [~ it]厚著臉皮堅持下去。
chéek·bòne *n.* Ⓒ顴骨，頰骨。
-cheeked [-tʃikt; -tʃi:kt] *adj.* [常構成複合字]有…面頰的。
chéek tòoth *n.* Ⓒ(*pl.* **cheek teeth**)臼齒。
cheek·y [ˈtʃikɪ; ˈtʃi:ki] 《cheek *n.* 3 的形容詞》—*adj.* (**cheek·i·er**; **-i·est**)《口語》〈人、言行〉無禮的，狂妄的，厚顏的。
chéek·i·ly [-kɪlɪ; -kili] *adv.* **-i·ness** *n.*
cheep [tʃip; tʃi:p] 《擬聲語》—*n.* **1** Ⓒ(雛鳥、老鼠等的)吱吱叫聲。**2** [**a** ~; 常用於否定句]小聲，一句話：*Not a* ~ could be heard. 聽不到一句話。
—*v.i.* **1** 〈雛鳥、老鼠等〉吱吱叫。**2** [常用於否定句]發出小聲音；說一句話：He did*n't* even ~. 他一言不發[一聲不響]。
—*v.t.* 用吱吱聲說…。
chéep·er *n.* Ⓒ(鶉、松雞等的)雛鳥。
‡**cheer** [tʃɪr; tʃiə] 《源自希臘文「臉」之義；但現在之意則源自 good cheer》—*n.* **1** Ⓒ**a** 喝采，歡呼：give [raise] a ~ 給予喝采/(give) three ~*s* (*for...*)(向…)歡呼三聲，(爲…)歡呼三次。**b**《美》(啦啦隊的)加油(語句)，聲援。
2 [~s; 當感嘆詞用]《英口語》**a** 乾杯，祝身體健康。**b** 謝謝《★用以感謝對方輕微的美意》。**c** 再見，再會。
3 Ⓤ爽朗，快活；鼓勵；激勵：make ~ 歡樂，笑笑鬧鬧/words of ~ 激勵的話。
4 Ⓤ心情，情緒；精神：looks without ~ 一臉無精打采/be *in* good ~ 心情歡暢/Be *of* good ~! 《文語》打起精神來，振作起來，別灰心/What ~? 你好嗎？
5 Ⓤ食物，佳餚：Christmas ~ 耶誕節的佳餚/enjoy [make] good ~ 享用佳餚/The fewer the better ~. 《諺》享受佳餚，人愈少愈好。
—*v.t.* **1** 〔十受(十副)〕使〈人〉振作；鼓勵，激勵〈人〉〈*up, on*〉：Your solace will ~ him *up*. 你的安慰會使他振作起來/He was ~*ed* by the news. 那個消息使他振作起來。
2 a 〔十受〕對〈某人、某事〉歡呼[喝采]，爲…喝采[歡呼]：We ~*ed* the news that he was elected governor. 我們爲他當選州長的消息縱情歡呼。**b** 〔十受(十副)〕鼓舞，聲援〈某人〉〈*on*〉：We all ~*ed* our baseball team (*on*). 我們都爲自己的棒球隊加油[打氣]。**c** 〔十受十補〕[~ *oneself*]喝采[聲援]〈成…狀態〉：He ~*ed himself* hoarse. 他高聲喝采而使得聲音變沙啞了。
—*v.i.* **1 a** 歡呼：We ~*ed* wildly. 我們狂熱地歡呼。**b** 〔十介十(代)名〕〔爲…〕歡呼，喝采〔*for, over*〕：~ *for* the singer 向歌星喝采/~ *over* the victory 爲勝利歡呼。
2 a 〔十副(十介十(代)名)〕〔因…而〕振作[興奮]起來〈*up*〉〔*at*〕：We all ~*ed up* (*at* the news). 我們都(因那個消息而)振作起來。**b** 〔十副〕[用祈使語氣]振作起來〈*up*〉：*C~ up*! 振作精神！加油！
‡**cheer·ful** [ˈtʃɪrfəl; ˈtʃiəful] *adj.* (**more** ~; **most** ~) **1** 快活的，開朗的，有精神的(⇨happy【同義字】)。
2 a 充滿歡樂的；令人愉快的；快樂的；〈房間等〉明亮而舒適的。**b**《反語》討厭的，過分的：That's a ~ remark. 那是一句討人厭的話《不能置之不理》。
3 欣然[高興，樂意，主動]的(willing)：a ~ giver 樂意給人東西的人/~ obedience 心悅誠服，心甘情願的服從。
~**·ly** [-fəlɪ; -fuli] *adv.* ~**·ness** *n.*
cheer·ing [ˈtʃɪrɪŋ; ˈtʃiəriŋ] *adj.* **1** 能鼓舞人的，使人振作[高興]的：~ news 使人高興[可喜]的消息。**2** 喝采[歡呼]的：a ~ crowd 歡呼的羣衆。
cheer·i·o [ˈtʃɪrɪˌo; ˌtʃiəriˈou] *interj.* 《英口語》**1** 再見，再會《告別》。**2** 恭喜，乾杯！
chéer·lèader *n.* Ⓒ《美》啦啦隊隊長。

【說明】指在美國高中、大學的足球或籃球等對抗賽時，到場加油的學生。通常由女學生擔任啦啦隊隊長。她們穿著以白色爲主體的毛衣、稍短的裙子、手持穗球，作多采多姿而動人的聲援。打氣的三聲歡呼(three cheers)，由帶頭的人先喊 Hip [hɪp; hip], hip [hɪp; hip]！其他的人跟著齊喊 Hurrah [həˈrɑ, hʊ-; huˈrɑ:]！一唱一和，反覆三次。

chéer·less *adj.* 無歡樂的，陰沉的，無精打采的，淒涼的。
~**·ly** *adv.* ~**·ness** *n.*
cheer·y [ˈtʃɪrɪ; ˈtʃiəri] *adj.* (**cheer·i·er**; **-i·est**)心情愉快的；快活的，活潑的，有精神的。**cheer·i·ly** [-rəlɪ; -rəli] *adv.* **-i·ness** *n.*
‡**cheese**[1] [tʃiz; tʃi:z] *n.* **1 a** Ⓤ[指種類時爲Ⓒ]乳酪：a piece [slice] of ~ 一塊[片]乳酪/⇨BREAD and cheese. **b** Ⓒ(做成固定形狀的)乾酪：two ~*s* 兩塊乾酪。

【說明】比起荷蘭、瑞士製的乾酪，英美製的味道略嫌平淡而缺少風味，製法也粗糙，但卻是日常生活中不可缺的食品。如做奶汁烤菜(gratin)或餡餅(pie)，需用乾酪來增加風味，也當作用餐的最後食品，通常都把各式各樣的乾酪盛於籃中，置於餐桌上。食品店有巨大的乾酪塊，用線切成適當形狀出售。另外，捕鼠通常以乾酪爲餌。

2 Ⓒ(形狀、硬度、成分等)類似乾酪的東西。

hárd chéese 《英口語》倒楣，不順《★用法用以表示對方所遭遇的不順心、失敗等與自己無關》：*Hard* ～！那是你倒楣！

Sày chéese！笑一個！《★照相時，說 cheese 會出現笑容》。

cheese[2] [tʃiz; tʃi:z] *n.* 《俚》 **1** Ⓒ《輕蔑》偉大的人：the [a] big ～ 大人物，老闆。**2** [the ～]最恰當[合適]的東西，一流的東西：That's *the* ～. 就是那個，那最得當[合適]。**3** Ⓒ《美》有魅力的年輕女子。

chéese·bùrg·er [-ˌbɝgɚ; -ˌbə:gə] *n.* Ⓒ[當作菜名時爲Ⓤ]《美》起司漢堡《把乾酪塗在漢堡(hamburger)上，使其溶化而成者》。

chéese·càke *n.* **1** Ⓒ[當作菜名時爲Ⓤ]乾酪餅。**2** Ⓤ《俚》 **a** [又當集合稱用](雜誌等)顯示性感女子肉體美的照片(cf. beefcake). **b** 性感女子的魅力。

chéese·clòth 《由於從前用以包裹製乾酪的凝乳(curds)》—*n.* Ⓤ一種稀鬆的薄棉布。

cheesed *adj.* [不用在名詞前][十介十(代)名][常 ～ **off**]《英俚》〔對…〕感到厭煩的，煩膩的〔*with*〕：be ～ *off with*... 對…感到厭煩的。

chéese·pàring *adj.* 〈人〉吝嗇的，小氣的。—*n.* Ⓤ吝嗇，小氣。

chees·y [ˈtʃizɪ; ˈtʃi:zi] 《cheese 的形容詞》—*adj.* (**chees·i·er**; **-i·est**) **1** 乾酪似的，乾酪質的；有乾酪風味的。**2** 《俚》低劣的，無價值的，不值錢的。

chee·tah [ˈtʃitə; ˈtʃi:tə] *n.* Ⓒ《動物》獵豹《一種產於西南亞及非洲類似豹的動物》。

cheetah

chef [ʃɛf; ʃef] 《源自法語 'chief' 之義》—*n.* Ⓒ廚師；(尤指)(餐館等的)(男)主廚。

chef-d'oeu·vre [ʃeˈdœvrə; ˌʃeiˈdə:vrə] 《源自法語 'chief (piece) of work' 之義》—*n.* Ⓒ(*pl.* **chefs-d'oeu·vre** [～])傑作。

Che·khov [ˈtʃɛkɔf; ˈtʃekɔf], **An·ton** [ɑnˈton; ʌnˈtɔ:n] *n.* 柴可夫《1860–1904；俄國劇作家、短篇小說家》。

Che·khov·i·an [ˈtʃɛkɔfɪən; ˈtʃekɔfiən] *adj.* 柴可夫的；柴可夫風格的。

chem. 《略》chemical；chemist；chemistry.

chem- [kim-, kɛm-; kem-] 字首 chemo- 在母音之前的變體。

***chem·i·cal** [ˈkɛmɪkl; ˈkemikl] 《chemistry 的形容詞》—*adj.* (無比較級、最高級)**化學的**；化學上的，(由於)化學作用的：～ action 化學作用/～ analysis 化學分析/a ～ reaction 化學反應/～ engineering 化學工程/～ fiber 化學纖維/a ～ formula 化學式/～ weapons 化學武器。

—*n.* Ⓒ[常～s]化學製品[藥品]：agricultural ～*s* 農藥/fine ～*s* 精製藥品《少量使用的醫藥品、香料等》/heavy ～*s* 工業[粗製]藥品《大量使用的酸、鹼類等》。**～·ly** [-klɪ; -kəli] *adv.*

Chémical Máce *n.* ＝Mace.

che·min de fer [ʃəˌmændəˈfɛr; ʃəˌmændəˈfɛə] 《源自法語》—*n.* Ⓤ《紙牌戲》baccara(t)的一種。

che·mise [ʃəˈmiz; ʃəˈmi:z] 《源自法語》—*n.* Ⓒ **1** 女用內衣《有肩帶的上下連身式女用內衣》。**2** 腰部寬鬆的簡單式樣女裝。

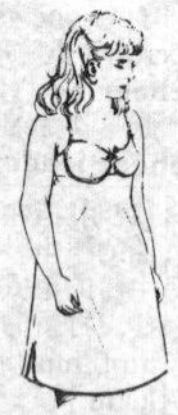

chemise 1

chem·ist [ˈkɛmɪst; ˈkemist] 《alchemist (煉金術士)字首消失的變體字》—*n.* Ⓒ **1** **化學家**。**2** 《英》**藥劑師**(《美》druggist)；化學藥品商，藥商：a ～'s (shop)藥房。

***chem·is·try** [ˈkɛmɪstrɪ; ˈkemistri] *n.* Ⓤ **1** **化學**：applied ～ 應用化學/organic [inorganic] ～ 有機[無機]化學。**2** 化學性質，化學現象[作用]。**3** (事物的)神奇功能[作用]。**4** 《口語》(與人的)個性的投合，緣份〔*between*〕：They have good [bad] ～. 他們很[不]投緣，他們個性合得來[合不來]。

chem·o- [kɛmo-, -ə-; kemou-] 字首 表示「化學(的)」。

chè·mo·thér·a·py [ˌkɛmo-; ˌkemou-] *n.* Ⓤ《醫》化學療法。

chem·ur·gy [ˈkɛmɝdʒɪ; ˈkemə:dʒi] *n.* Ⓤ農產化學。

che·nille [ʃəˈnil; ʃəˈni:l] *n.* Ⓤ雪尼爾花線，鬆絨線《像天鵝絨般起毛的裝飾線，用於刺繡、邊飾》。

cheong·sam [tʃɛˈɔŋˈsam; tʃeˈɔ:ŋˈsɑ:m] 《源自中國方言「長衫」的譯音》—*n.* Ⓒ(東方婦女穿的)旗袍。

‡cheque [tʃɛk; tʃek] *n.* Ⓒ《英》**支票**(《美》check).

chéque·bòok *n.* 《英》＝checkbook.

chéque càrd *n.* 《英》＝check card.

cheq·uer [ˈtʃɛkɚ; ˈtʃekə] *n.*, *v.* 《英》＝checker[2].

chéq·uers *n.* 《英》＝checkers.

cher·ish [ˈtʃɛrɪʃ; ˈtʃeriʃ] 《源自法語 'cher' (親愛的)之義》—*v.t.* 〔十受〕 **1** 珍愛，疼愛，細心撫育〈小孩〉：A mother ～*es* her baby. 母親疼愛她的嬰兒。**2** 懷念〈過去等〉；懷抱著〈希望、信仰、怨恨等〉：She ～*ed* the memory throughout her life. 她畢生懷念著那段回憶/～ a grudge *against* a person 懷恨某人。

Cher·o·kee [ˈtʃɛrəˌki, ˌtʃɛrəˈki; ˌtʃerəˈki:] *n.* (*pl.* ～, ～s) **1** **a** [the ～(s)]柴拉基族《北美印地安人的一部族；目前大部分住在俄克拉荷馬州(Oklahoma)》. **b** Ⓒ柴拉基族人。**2** Ⓤ柴拉基語。

che·root [ʃəˈrut; ʃəˈru:t] *n.* Ⓒ(兩端切平的)平頭雪茄煙。

‡cher·ry [ˈtʃɛrɪ; ˈtʃeri] *n.* **1** Ⓒ**櫻桃**。**2** (又作 **chérry trèe**)Ⓒ《植物》**櫻桃樹**。**3** (又作 **chérry wòod**)Ⓤ櫻桃木。**4** Ⓤ櫻桃色，鮮紅色。**5** Ⓒ[常用單數]《俚》處女膜；處女(狀態)：lose one's ～ 失去貞操。

Néver màke [tàke] twó bítes at [of] a chérry. 《諺》一個小櫻桃，不作兩回咬；一次可做完的事不要分兩次做；做事不要拖泥帶水。

—*adj.* **1** 櫻桃色的，鮮紅色的：～ lips 櫻桃色的嘴唇。**2** [用在名詞前]櫻桃木製的。

cherry blossom [ˈtʃɛrɪˈblɑsəm; ˈtʃeriˈblɔsəm] *n.* Ⓒ[常～s]**櫻花**。

chérry bòb *n.* Ⓒ《英》(兩個連在一起的)櫻桃串。

chérry brándy *n.* Ⓤ[指個體時爲Ⓒ]櫻桃白蘭地《將櫻桃浸在白蘭地中製成的酒；或是將櫻桃發酵蒸餾成的酒》。

chérry·stòne *n.* Ⓒ櫻桃核。

chert [tʃɝt; tʃə:t] *n.* Ⓤ《岩石》黑硅石；燧石《一種不含雜質的硅質堆積岩》。

cher·ub [ˈtʃɛrəb; ˈtʃerəb] 《源自希臘文》—*n.* Ⓒ(*pl.* ～**s**, **cher·u·bim** [-bɪm; -bim]) **1** 普智天使，基路伯《九級天使中的第二級天使；掌管知識，常以有翅的兒童姿態或其頭部表示；cf. hierarchy 4》。**2** **a** 《美術》普智天使的畫。**b** 圓胖的可愛小孩；漂亮天眞的人。

che·ru·bic [tʃəˈrubɪk; tʃeˈru:bik] 《cherub 的形容詞》—*adj.* 普智天使(似)的；天眞無邪的；〈臉部等〉圓胖的，豐滿的：～ innocence 天使般的天眞無邪。**che·rú·bi·cal·ly** [-klɪ; -kəli] *adv.*

cher·u·bim *n.* **cherub** 的複數。

cher·vil [ˈtʃɝvəl; ˈtʃə:vil] *n.* Ⓤ《植物》細葉芹屬《葉子類似荷蘭芹的芹科植物；作香料用》。

Ches. 《略》Cheshire.

Chesh·ire [ˈtʃɛʃɚ; ˈtʃeʃə] *n.* 赤郡《英格蘭西部的一郡；略作 Ches.；首府赤斯特(Chester [ˈtʃɛstɚ; ˈtʃestə])》。

grín like a Chéshire cát 像赤郡貓露齒嘻笑；無緣無故露齒而笑。

【字源】路易士・卡羅爾(Lewis Carroll)所著「愛麗絲夢遊仙境(*Alice's Adventures in Wonderland*)」中，少女愛麗絲與公爵夫人間有這樣的問答：「爲什麼你的貓會那樣嘻笑？」「因爲牠是赤郡貓。」因此這句話廣被使用。赤郡以產乾酪聞名，據說從前該地將乾酪製成笑貓形狀出售。

Chéshire chéese *n.* Ⓤ(英國)赤郡乾酪《類似切達乾酪(Cheddar)的堅硬餅狀乾酪》。

chess [tʃɛs; tʃes] *n.* Ⓤ**西洋棋**：play (*at*) ～ 玩西洋棋。

【說明】以黑白棋各十六個，共計三十二個，由兩人在棋盤上對弈的遊戲；西洋棋與「象棋」不同，被攻下一次的棋子不能再使用；西洋棋的棋子種類有國王(king)(1)，皇后(queen)(1)，城堡(rook)或castle(2)，主教(bishop)(2)，騎士(knight)(2)，兵卒(pawn)(8)；各棋的走法分別參照各項。

chéss·bòard *n.* Ⓒ西洋棋棋盤(⇨ checkerboard).

chessboard

chéss·màn *n.* Ⓒ(*pl.* **-men**)(西洋棋的)棋子。

‡chest [tʃɛst; tʃest] 《源自希臘文「箱子」之義》—*n.* Ⓒ **1** **a** (通常爲有蓋而堅固的大型)箱，櫃；(茶葉等的)運輸用包裝箱：a carpenter's ～ 木匠的工具箱/a ～ of tea 一箱的茶。**b** 衣櫥：a ～ of drawers (寢室、化粧室的)衣櫃/a ～ of clothes 一櫥櫃的衣服。**2** **a** (公家機構的)**金庫**。**b** 資金：⇨community chest, war chest. **3** **a** **胸**；胸腔：a cold *on* [*in*] the ～ 咳傷風/～ trouble 胸部的病痛/raise a hand to one's ～ 把手放在胸前《★對國旗表示尊敬、忠誠的動作》/throw [stick] one's ～ out 挺起胸膛《★自信、自滿的動作》/beat one's ～ 拍胸脯《★精神飽滿或虛張聲勢(bravado)的動作》。

【同義字】chest 指肋骨及胸骨所包圍的部分，爲心臟與肺所在之處；breast 指人體的肩膀[頸]與腹部間的部分，有時指女子的乳房；bosom 多用於比喻上的感情、愛情所在的心、胸之意。

b《口語》內心，胸中：have something on one's ～ 心裏有結[芥蒂]，有掛念的事/get something off one's ～ 傾吐心中的話[事]。

-chést·ed *adj.* [構成複合字]有(…)胸部的：broad-[flat-]*chested* 胸部寬大[扁平]的。

ches·ter·field [ˋtʃɛstɚ͵fild; ˈtʃestəfi:ld] *n.* Ⓒ **1** 男用長大衣《有單排或雙排暗釦的男用外套》。**2 a** 坐臥兩用沙發。**b**《加拿大‧英》睡椅，長沙發。

chest·nut [ˋtʃɛsnət, -͵nʌt; ˈtʃesnʌt] *n.* **1** Ⓒ栗子，板栗。**2** Ⓒ《植物》**a** (又作 **chéstnut trèe**)栗樹。**b** 七葉樹(horse chestnut)。**3** Ⓤ栗木。**4** Ⓤ栗[褐]色。**5** Ⓒ栗毛的馬。**6** Ⓒ《口語》陳腐的話[詼諧語]，濫調。

dróp...like a hót chéstnut ＝drop...like a HOT POTATO.

púll the [a person's] **chéstnuts òut of the fíre** 代某人火中取栗，爲救人而冒危險。

—*adj.* 栗[褐]色的；栗毛的：～ hair 栗色[褐色]的頭髮。

chést vòice *n.* Ⓒ《音樂》胸聲《出自胸腔的共鳴似的低聲；cf. head voice》。

chest·y [ˋtʃɛstɪ; ˈtʃesti] *adj.* (**chest·i·er**; **-i·est**) **1**《口語》胸部大[寬]的；(尤指)〈女子〉胸部豐滿的。**2**《英》**a**〈咳嗽、聲音等〉發自胸腔似的。**b** 易罹患胸部疾病的；胸部疾病的，有胸部疾病徵候的。**3**《美俚》逞威風的，擺架子的；自負的，驕傲的。

che·tah [ˋtʃitə; ˈtʃi:tə] *n.* ＝cheetah.

che·vál glàss [ʃəˋvæl-; ʃəˈvæl-] **《**源自框子的形狀像 cheval(馬)**》—***n.* Ⓒ穿衣鏡《可前後傾斜，能照到全身的高大立鏡》。

cheval glass

chev·a·lier [͵ʃɛvəˋlɪr; ʃevəˈliə] **《**源自法語「馬」之義**》 —***n.* Ⓒ **1** (中世紀的)騎士(knight)。**2** (法國)有勳位的人。**3** 俠義的人，豪俠之士。

chev·i·ot [ˋtʃɛvɪət, ˋtʃiv-; ˈtʃeviət] **《**源自英國 Cheviot Hills 的產地名**》—***n.* Ⓤ雪維特(Cheviot)羊毛織品。

Chév·i·ot Hílls [ˋtʃɛvɪət-, ˋtʃiv-; ˈtʃeviət-] *n. pl.* [the ～]雪維特丘陵《在英國與蘇格蘭之間的丘陵地帶》。

Chev·ro·let [͵ʃɛvrəˋle; ˈʃevrəlei, ͵ʃevrəˈlei] *n.* Ⓒ《商標》雪佛蘭《美國通用汽車(GM)公司製造的汽車》。

chev·ron [ˋʃɛvrən; ˈʃevrən] *n.* Ⓒ山形臂章《∧，∨；佩戴於軍服、警官制服等上》。

chevron

chev·y, chev·vy [ˋtʃɛvɪ; ˈtʃevi] *v., n.* ＝ chivy.

Chev·y [ˋtʃɛvɪ; ˈtʃevi] *n.* Ⓒ **1**《美口語》＝Chevrolet. **2**《商標》Chevrolet 的一車種。

*__chew__ [tʃu; tʃu:] *v.t.* **1** 〔十受〕(用臼齒)咀嚼〈食物、煙草等〉(⇨bite【同義字】)：You must ～ your food well before you swallow it. 你吞下食物以前必須要好好咀嚼。

2 〔十受十副〕**a** 仔細思考，熟慮…〈*over, on*〉：The judge ～*ed* the matter *over* before making a decision. 法官在判決前仔細考慮過此事。**b** 仔細商談；議論，討論〈某事〉〈*over*〉。**—***v.i.* **1** 〔動(十介十(代)名)〕咀嚼〔…〕〔*at*〕。

2《美口語》嚼煙草。

bíte óff móre than one **can chéw** ⇨bite.

chéw óut《*vt adv*》[～十受十out]《美口語》⑴〔因…事〕嚴厲責罵〈某人〉〔*for*〕：The teacher ～*ed* him *out for* be*ing* lazy. 老師因他怠惰而嚴厲責罵他。⑵狠狠地責難〈某人〉，把〈某人〉貶得一文不值。

chéw úp《*vt adv*》⑴咬碎[弄碎]〈食物等〉。⑵(徹底地)毀壞，破壞…。⑶《口語》嚴責〈某人〉。

—*n.* **1** [a ～]咀嚼；(尤指嚼煙草的)一口：have *a* ～ *at*... 好好咀嚼…。**2** Ⓒ需要咀嚼的糕點《糖果等》。

chewed *adj.* [不用在名詞前]〔十介十(代)名〕[～**up**]《英俚》〔因…事而〕苦惱的，擔心的〔*about*〕。

chew·ing gum [ˋtʃuɪŋ͵gʌm; ˈtʃu:iŋgʌm] *n.* Ⓤ口香糖，橡皮糖。

chew·y [ˋtʃuɪ; ˈtʃu:i] *adj.* (**chew·i·er**; **-i·est**)〈食物等〉不易咬碎的；〈糖果等〉需要咀嚼的。

Chey·enne [ʃaɪˋɛn; ʃaiˈæn, -ˈen] *n.* (*pl.* ～**s**, ～) **1 a** [the ～(s)]夏安族《美國印地安人的一族》。**b** Ⓒ夏安族的人。**2** Ⓤ夏安語。

chg.《略》change；charge.

chgd.《略》charged.

chi [kaɪ; kai] *n.* ⓊⒸ希臘文的第二十二個字母 *X*, *χ*《相當於英文的 ch；⇨ Greek alphabet 表》。

Chi·ang Kai-shek [tʃɪˋaŋˋkaɪˋʃɛk, ˋtʃjaŋ-; ˈtʃja:ŋkaiˈʃek, dʒiˈa:ŋ-] *n.* 蔣介石《1887–1975；即蔣中正；中國軍事家及政治家；中華民國總統(1948–75)》。

Chi·an·ti [kɪˋæntɪ; kiˈænti] *n.* Ⓤ[指個體時爲Ⓒ]基安帝葡萄酒《義大利基安帝(Chianti)山的塔斯卡尼(Tuscany)所產無甜味的紅葡萄酒；酒瓶外有一層稻草包裝》。

chia·ro·scu·ro [kɪ͵ɑrəˋskjuro; ki͵ɑ:rəˈskuərou] (*pl.* ～**s**) *n.* **1** Ⓤ(繪畫的)明暗的配合[對比]。**2** Ⓒ明暗對比的畫。

chic [ʃik; ʃi:k] **《**源自法語「熟練，技術」之義**》—***n.* Ⓤ高雅，別致，脫俗：She dresses *with* ～. 她穿著高雅。

—*adj.* (**chic·quer**; **-quest**)高雅的，別致的，脫俗的，時髦的。

Chi·ca·go [ʃɪˋkago; ʃiˈka:gou] *n.* 芝加哥《在美國伊利諾州(Illinois)東北部，臨密西根(Michigan)湖，爲美國第二大城》。

Chi·ca·go·an [ʃɪˋkagəwən, -goən; ʃiˈka:gouən] *n.* Ⓒ芝加哥市民。

chi·cane [ʃɪˋken; ʃiˈkein] *n.* **1** Ⓤ搪塞，狡辯；欺騙《★比較 一般用 chicanery》。**2** Ⓒ防超速障礙物《汽車比賽時放在跑道上的可移障礙物；用以防止超速》。**3**《紙牌戲》**a** Ⓒ(玩橋牌(bridge)時)全無王牌的一手牌。**b** Ⓤ一手全無王牌的狀態。

—*v.i.* 蒙騙，搪塞；使詐。

—*v.t.* **1** 欺騙〈人〉。**2** 〔十受十介十(代)名〕**a** 欺騙〈某人〉〔使做…〕〔*into*〕：He ～*d* her *into* marry*ing* [marriage]. 他使詐使她和他結婚。**b** 騙取〈某人〉〔某物〕〔*out of*〕：He ～*d* the widow *out of* her property. 他騙取了那個寡婦的財產。

chi·ca·ner·y [ʃɪˋkenərɪ; ʃiˈkeinəri] *n.* ⓊⒸ(政治、法律上的)遁詞，狡辯；矇騙。

Chi·ca·no [tʃɪˋkano; tʃiˈka:nou] *n.* Ⓒ(*pl.* ～**s**)墨西哥裔的美國人《★女性爲 **Chi·ca·na** [tʃɪˋkanə; tʃiˈka:nə]》.

—*adj.* 墨西哥裔美國人的。

chi-chi [ˋʃiʃi; ˈʃi:ʃi:] **《**源自法語**》—***adj.* **1** 〈服裝等〉精緻的，華麗的。**2** 時髦的，流行的。**3** 裝模作樣的。

chick [tʃɪk; tʃik] **《**chicken 之略**》—***n.* **1** Ⓒ **a** 小雞(⇨cock[1] 相關用語)。**b** 雛鳥。**2 a** Ⓒ[常用作暱稱]小寶寶。**b** [the ～s](一家的)孩子們。**3** Ⓒ《俚》年輕女子；少婦。

chick·a·dee [ˋtʃɪkə͵di; ˈtʃikədi:] **《**源自其鳴聲**》—***n.* Ⓒ《鳥》北美山雀。

‡**chick·en** [ˋtʃɪkɪn, -ən; ˈtʃikin] **《**源自古英語「小公雞」之義**》—***n.* **1** Ⓒ **a** 小雞(⇨cock[1] 相關用語)。**b** 雛，鳥，雞。**2** Ⓤ雞肉。**3** Ⓒ[常 **no** ～]《口語》小孩；(尤指)小女孩，少女：She is *no* (spring) ～. 她已經不是小孩了《不年輕，年紀不小了》。**4** Ⓒ《俚》膽小鬼。

cóunt one's **chíckens** (**befòre they are hátched**) [常用於否定的祈使語氣]《諺》打如意算盤《★源自「雞蛋未孵出前先(別)數小雞」之意》。

gò to béd with the chíckens《美口語》晚上早睡。

pláy cḱicken《美口語》⑴互相威脅恐嚇(以嚇退對方)。⑵(以極快速度開車到幾乎相撞才煞車)以試膽量。

—*adj.* (**more** ～; **most** ～) **1** [用在名詞前](無比較級、最高級)含有雞肉的〈食物等〉：～ soup 雞湯。**2** [用在名詞前](無比較級、最高級)小孩的，幼小的：a ～ lobster 小龍蝦。**3** [不用在名詞前]《俚》膽小的，怯懦的：He is ～. 他很膽小。

—*v.i.* 〔動(十副)(十介十(代)名)〕因膽怯而放棄〔行動、計畫〕〈*out*〉〔*out of, on*〕：～ *out on* the plan 因膽怯而退出[放棄]該計畫/～ *out of* jump*ing* 因害怕而停止跳。

chícken brèast *n.* ＝pigeon breast.

chícken còop *n.* Ⓒ雞舍。

chícken fèed *n.* Ⓤ《俚》零錢，小錢。

chícken-héarted *adj.* 膽小的，怯懦的。

chícken-lívered *adj.* ＝chickenhearted.

chícken pòx *n.* Ⓤ《醫》水痘。

chíck-pèa *n.* Ⓒ《植物》雞豆，鷹嘴豆《種子的豆子可食用》。

chíck·wèed *n.* Ⓤ《植物》蘩縷。

chi·cle [ˋtʃɪkl; ˈtʃikl] *n.* (又作 **chícle gúm**) Ⓤ糖膠樹膠《採自熱帶美洲產的人心果樹(sapodilla)上的樹膠，爲製口香糖的原料》。

chic·o·ry [ˋtʃɪkərɪ; ˈtʃikəri] *n.* Ⓤ《植物》菊苣《其葉可作生菜沙拉用；根磨成的粉爲咖啡的代用品》。

chide [tʃaɪd; tʃaid] (**chid** [tʃɪd; tʃid], 《美》**chided**; **chid·den** [ˋtʃɪdn; ˈtʃidn], **chid**, 《美》**chided**)《文語》*v.t.* 〔十受(十介十(代)名)〕(教育上溫和地)〔因…事〕規戒，責備〈小孩等〉〔*for*〕：She ～*d* her little daughter *for* get*ting* her clothes dirty. 她責備她的小女兒把衣服弄髒。

—*v.i.* 責備，申斥，規戒。

‡**chief** [tʃif; tʃi:f] **《**源自拉丁文「頭」之義**》 —***n.* Ⓒ **1** (組織、集團的)領袖，首領；長官，上司，局[部，課，所]長：a ～ of

police《美》警察局長(⇨police【說明】)/⇨fire chief/the ~ of staff 參謀長/the ~ of state(國家的)元首。**2** (種族的)酋長，族長：an Indian ~ 印地安的酋長。**3**《俚》頭子，頭目，老板(boss).
in chief (1)[置於名詞後]最高位的，長官的：⇨COMMANDER in chief. (2)《古・文語》主要；尤其。
—*adj.* [用在名詞前](無比較級、最高級)**1** 最高位的，(重要性)最大的(⇨main【同義字】)：a ~ officer [mate]《航海》大副/a ~ petty officer《美海軍》一等下士《下士官》/a ~ engineer 總工程師，(船上的)輪機長/the C~ Executive《美》總統/the C~ Justice⇨justice 4 b. **2** 主要的，最重要的：the ~ thing to do 當務之急。

C

chíef cónstable *n.* Ⓒ《英》(自治體[地方]的) 警察局長 (⇨police【說明】)。
chíef inspéctor *n.* Ⓒ《英》(警察的)巡官(⇨police【說明】)。
chief·ly [ˈtʃiflɪ; ˈtʃi:fli] *adv.* (無比較級、最高級)**1** 首先，第一；主要。**2** 大部分，幾乎，多半：be ~ made of wood 主要爲木製。
chíef superinténdant *n.* Ⓒ《英》(警察的)督察長(⇨police【說明】)。
chief·tain [ˈtʃiftɪn; ˈtʃi:ftən] *n.* Ⓒ **1** 指導者；(强盜[土匪]等的)首領。**2** (蘇格蘭高地氏族、印地安部族等的)族長，酋長。
chief·tain·cy [ˈtʃiftɪnsɪ; ˈtʃi:ftənsi] *n.* Ⓤ Ⓒ chieftain 的地位[職務]。
chíeftain·shìp *n.* =chieftaincy.
chif·fon [ʃɪˈfɑn, ˈʃɪfɑn; ˈʃifɔn] 《源自法語》**—*n.*** **1** Ⓤ一種透明的絲質薄紗，雪紡綢。**2** [~s](女裝的)裝飾花邊。
chif·fo(n)·nier [ˌʃɪfəˈnɪr; ˌʃifəˈniə] *n.* Ⓒ西洋衣櫃《較高，常附有鏡子》。

chiffo(n)nier

chig·ger [ˈtʃɪgɚ; ˈtʃigə] *n.* Ⓒ **1**《動物》恙蟎《恙蟲科的壁蝨幼蟲，吸取人及動物的淋巴液》。**2**《昆蟲》沙蝨(chigoe).
chi·gnon [ˈʃinjɑn; ˈʃi:njɔŋ] *n.* Ⓒ(頭髮梳攏於後腦部的一種女人)髮髻。
chi·goe [ˈtʃɪgo; ˈtʃigou] *n.* Ⓒ **1**《昆蟲》沙蝨《一種能侵入人、畜皮膚的寄生蟲》。**2**《動物》恙蟎。
chi·hua·hua [tʃɪˈwɑwɑ; tʃiˈwɑ:wɑ:] 《源自墨西哥的地名》**—*n.*** Ⓒ吉娃娃《一種墨西哥原產的小狗》。
chil·blain [ˈtʃɪlˌblen; ˈtʃilblein] *n.* Ⓒ[常 ~s]凍瘡《★比較 較 frostbite 輕微》。
chíl·blained *adj.* 長凍瘡的。

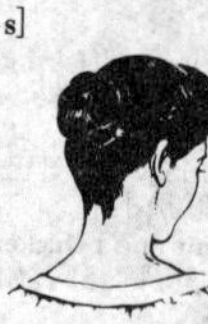
chignon

‡child [tʃaɪld; tʃaild] 《源自古英語「小孩、貴族子弟」之義》**—*n.*** Ⓒ (*pl.* **chil·dren** [ˈtʃɪldrən; ˈtʃildrən]) **1 a** [也用於稱呼](青年時期以前的)小孩，兒童《★有關用於此字後的人稱代名詞用法請參照⇨baby 1 a 用法》：as a ~ 在小時候/from a ~《英》從兒時開始/⇨child's play. **b** 嬰兒。**c** (腹中的)胎兒。**2** (對父母而言的)孩子《兒子、女兒》：the eldest [youngest] ~ 長[幼]子/He had no ~. 他沒有孩子《★比較 一般用 He had no children.》。**3 a** 孩子氣的人。**b** 無經驗的人，幼稚的人：When it comes to business dealings, he is still a ~. 提到商業交易，他還是一個沒經驗的人。**4** (先祖的)子孫：a ~ *of* Abraham 亞伯拉罕的子孫，猶太人。**5** 弟子，崇拜者[*of*]：a ~ *of* God 上帝之子《善人、信徒》/a ~ *of* the Devil 惡魔之子《惡人》。**6** [生於某種特殊種族、階層、環境的]人；[與某種特殊性質]有關連的人[*of*]：a ~ *of* fortune [the age] 命運[時代]的寵兒/a ~ *of* nature 自然之子，天眞無邪的人/a ~ *of* sin 罪之子，人類/a ~ *of* the Revolution 革命之子。**7** [思想、想像等的]產物，結果[*of*]：This invention is a ~ *of* his brain. 這個發明是他的智慧產物。

chihuahua

with chíld 懷孕(的)(pregnant)：be large *with* ~ 懷孕而大腹便便。
—*adj.* [用在名詞前]**1 a** 幼年[小孩](時代)的：one's ~ memories 孩提時代的回憶。**b** 小孩的：~ labor [welfare] 童工[兒童福利]。**2** 身爲兒童的：a ~ prodigy 神童，天才兒童/a ~ wife 年輕的妻子。
chíld·bèaring *n.* Ⓤ生產。
—*adj.* [用在名詞前]生產的；可能生產的。
chíld·bèd *n.* Ⓤ產褥；分娩。
chíld·bìrth *n.* ⓊⒸ生產，分娩：The mother died in ~. 那個母親死於分娩。
***child·hood** [ˈtʃaɪldˌhud; ˈtʃaildhud] *n.* ⓊⒸ **1** 童年時代，幼時；幼年：from (one's) ~ 從幼年時起/in one's ~ 在童年時代/a ~ fraught with hardship 充滿苦難的童年時代/⇨second childhood/C~ is blessed state. 童年時代是得天獨厚的。**2** 事物發展的初期階段：the ~ of science 科學的搖籃期。
child·ish [ˈtʃaɪldɪʃ; ˈtʃaildiʃ] *adj.* (**more** ~; **most** ~) **1** 小孩似的，兒童的。**2 a** (對大人而言)孩子氣的，幼稚的：a ~ argument 幼稚的爭論。**b** [不用在名詞前][+*of*+(代)名(+*to* do)/+*to* do][某人]〈做…是〉孩子氣的，幼稚的；〈某人〉〈做…是〉孩子氣的，幼稚的：It is ~ *of* you [You are ~] *to* say that. 你那樣說，眞是幼稚。~**·ly** *adv.* ~**·ness** *n.*
chíld·less *adj.* 無子女的。
chíld·lìke (孩子般)純眞的，天眞無邪的。
chíld-próof *adj.* 對小孩安全的，保護兒童安全的，使兒童無法打開的：~ caps (小孩打不開的)安全瓶蓋。
chíld psychólogy *n.* Ⓤ兒童心理學。
‡chil·dren [ˈtʃɪldrən; ˈtʃildrən] *n.* **child** 的複數。
Chíldren's Dày *n.* 兒童節《每年六月的第二個星期日，於 1868 年由美國基督教會所發起》。
chíld's plày *n.* Ⓤ **1**《口語》兒戲，輕而易擧的事：It's mere ~. 那是輕而易擧的事。**2** 微不足道的小事。
chil·e [ˈtʃɪlɪ; ˈtʃili] *n.* =chili.
Chil·e [ˈtʃɪlɪ; ˈtʃili] *n.* 智利《南美西南部太平洋岸的一共和國；首都聖地牙哥(Santiago [ˌsæntɪˈɑgo; ˌsæntiˈɑ:gou])》。
Chil·e·an [ˈtʃɪlɪən; ˈtʃiliən] 《Chile 的形容詞》**—*adj.*** 智利(人)的。**—*n.*** Ⓒ智利人。
Chíle saltpéter [níter] *n.* Ⓤ《礦》智利硝石。
chil·i [ˈtʃɪlɪ; ˈtʃili] *n.* (*pl.* ~**es**) **a** Ⓒ熱帶美洲產的紅番椒。**b** Ⓤ用辣椒子製成的香辣調味料《常用於墨西哥菜》。
chíli sàuce *n.* Ⓤ辣椒醬《攙入辣椒及其他調味料的番茄醬》。
chill [tʃɪl; tʃil] *n.* **1** Ⓒ[常用單數]冷，(空氣、水等的)冰涼；(使身體發抖的)寒意，刺骨的寒冷：the ~ of early dawn 黎明的寒意/a ~ in the air 空氣中的寒意。
2 Ⓒ **a** 發冷：take [catch] a ~ 受寒；感冒/have a ~ 渾身發冷；著了涼。**b** 顫慄，發抖：A ~ came over me. 我打起冷顫/send ~*s* [a ~] up the spine 使背脊打寒顫。
3 Ⓒ[常用單數]冷淡，冷漠；掃興，敗興，不愉快：cast a ~ *over* [*upon*]... 使…掃興，潑…冷水。
tàke the chíll òff... 把〈水、酒等〉溫一下。
—*adj.* (~**·er**, ~**·est**)《文語》**1** 感到寒意[冷]的：a ~ morning 寒冷的早晨/a ~ wind 冷(寒)風。**2** 打寒顫的；令人發冷的：serve hot coffee for the ~ workmen 爲打寒顫的工作者供應熱咖啡/feel ~ 感覺寒冷。**3** 冷淡的，冷漠的《★比較 現在一般用 chilly》：a ~ welcome 冷淡的接待。
—*v.t.* **1 a** [+受]使〈人等〉變冷；使〈人〉感覺冷：be ~*ed* to the bone [marrow] 寒冷徹骨。**b** [+受(+介+(代)名)][因恐懼等]使…打寒顫，使…寒心；使…寒慄[*with*]：It ~*ed* my blood to think of it. 想到那件事我就打寒顫[毛骨悚然]/I was ~*ed with* fear. 我怕得打冷顫。
2 [+受] **a** 冷藏〈食物〉：~ meat 把肉冷藏。**b** 使〈葡萄酒等〉冷却。
3 [+受]使…掃興；使…沮喪：The news ~*ed* the morale of the soldiers. 那消息使士兵們士氣低落。
4 [+受]《冶金》使〈熔化的金屬〉急速凝固。
—*v.i.* **1** 變冷。**2 a** 覺得冷。**b** 發冷。**3**《冶金》急速凝固。
chilled *adj.* **1** 冷却的；冷藏的：~ water [milk] 冰過的水[牛奶]/~ meat [beef] 冷凍肉[牛肉]。
2《冶金》〈鋼鐵等〉急速凝固的。
chíl·ler *n.* Ⓒ **1** 使變冷的東西[人]；負責冷凍工作的人，冷凍工人。**2**《口語》令人顫慄的故事[影片(等)]，恐怖小說，怪異小說。**3** 冷却[冷藏]設備。**4**《冶金》冷凝的金屬。
chil·li [ˈtʃɪlɪ; ˈtʃili] *n.* (*pl.* ~**es**)=chili.
chíl·li·ly [-lɪlɪ; -ləli] *adv.* =chilly.
chíl·li·ness *n.* Ⓤ寒冷，寒意；冷淡。
chill·y [ˈtʃɪlɪ; ˈtʃili] 《chill 的形容詞》**—*adj.*** (**chill·i·er**; **-i·est**) **1 a** 〈日子、天氣等〉寒冷的，有寒意的：a ~ morning 寒冷的早晨/It was rather ~ that day. 那一天的天氣頗冷。**b** 〈人〉覺得有寒意的：feel [be] ~ 感覺寒冷。**2** 〈態度等〉冷漠的，冷淡的：a ~ greeting [welcome] 冷淡的招呼[接待]。**3** 〈故事等〉令人打寒顫的，恐怖的。
—*adv.* 冷漠地。
chi·mae·ra [kəˈmɪrə, kaɪ-; kaiˈmiərə] *n.* =chimera.
chime [tʃaɪm; tʃaim] 《源自拉丁文「鐃鈸(cymbal)」之義》**—*n.*** **1** Ⓒ **a** (一組調準過音調的)管鐘。**b** [常~s]合奏的鐘聲，鐘樂。**c** [常 ~s]鐘琴《管弦樂用的樂器》。**2** Ⓒ **a** (門鈴、鐘等的)鳴聲(裝置)。**b** [常~s]門鈴聲，鐘聲。**3** Ⓤ和諧的調子，旋律。**4** Ⓤ《文語》[與…的]調和，一致[*with*]：fall *into* ~ *with*... 與…調和[一致]/keep ~ *with*... 與…步調[步驟]一致。

in chíme (1)〈聲音〉和諧地。(2)一致地，調和地。

—v.t. 1 〔十受〕**a** (爲奏鐘樂而)擊〈鐘〉。**b** (用鐘)奏〈鐘樂〉。**2** 〔十受〕〈鐘〉報〈時〉：The clock ~*d* six. 鐘報六點。**3** 〔十受十介十(代)名〕鳴鐘叫〈某人〉〔至…〕〔*to*〕：~ a congregation ***to*** church 鳴鐘通知會衆到教堂。**—v.i. 1** 門鈴[時鐘，一組鐘]鳴響。**2** 奏鐘樂。**3** 〔十介十(代)名〕〈東西〉〔與…〕調和，一致〔*with*〕：The music ~*d* ***with*** the mood. 這個音樂和氣氛很調和。

chíme ín 《*vi adv*》(1)配合，加入(唱歌等)。(2)〈事物〉〔與…〕調和，一致〔*with*〕：His views ~*d in with* mine. 他的想法和我的一致。(3)在談話中插嘴[附和]〔…〕〔*with*〕. (4)同意〔某人、話等〕〔*with*〕. —《*vt adv*》(5)〔十引句〕隨聲附和…："Of course," he ~*d in.* 他隨聲附和說：「當然。」

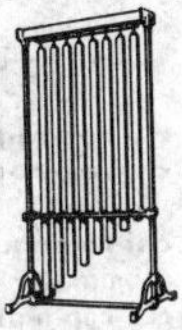

chime 1 c

chi·me·ra [kə'mɪrə, kaɪ-; kai'miərə] *n.* **1** [C~]《希臘神話》吐火獸《獅頭、羊身、蛇尾的吐火怪獸》。**2** Ⓒ奇怪的幻想，妄想。**3** Ⓒ《生物》嵌合體《由於突變、接枝等而具有兩種以上不同組織的生物體》。

Chimera 1

chi·mer·ic [kə'mɪrɪk, kaɪ-; kai'merik] *adj.* =chimerical.

chi·mer·i·cal [kə'mɪrɪkl, ˌkaɪ-; kai'merikl] *adj.* 怪物的；幻想的，荒誕不經的。**~·ly** [-klɪ; -kəli] *adv.*

‡**chim·ney** ['tʃɪmnɪ; 'tʃimni] 《源自拉丁文「壁爐」之義》**—n.** Ⓒ **1** 煙囪。**2** (油燈的)燈罩。**3** 煙囪狀的東西：**a** (火山的)噴煙口。**b**《登山》(岩面上可供人攀登的)直立裂口。

chímney brèast *n.* Ⓒ《英》壁爐兩旁突出於室內牆壁的部分。

chímney càp *n.* Ⓒ煙囪蓋。

chímney còrner *n.* Ⓒ **1** (從前大壁爐的)爐角《溫暖舒適的位置；通常爲一家之主的坐處》。**2** 爐邊。

chimney corner 1

chímney·pìece *n.* =mantelpiece.

chímney pòt *n.* Ⓒ煙囪管帽。

chímney stàck *n.* Ⓒ《英》**1** 組合煙囪(《美》stack)《有數個煙道(flue)，頂部有煙囪管帽(chimney pot)》。**2** (工場等的)高大煙囪(《美》smokestack).

chímney stàlk *n.* Ⓒ《英》(工場等之)高大煙囪。

chímney swàllow *n.* Ⓒ《鳥》**1** 家燕。**2**《美》烟囪刺尾雨燕(chimney swift).

chímney swèep [**swèeper**] *n.* Ⓒ掃煙囪的人《★從前都雇用小孩子做此工作》。

chímney swìft *n.* Ⓒ《鳥》一種北美產的雨燕。

1 chimney stack 1
2 chimney pots

chimp [tʃɪmp; tʃimp]《略》*n.*《口語》=chimpanzee.

chim·pan·zee [ˌtʃɪmpæn'zi; ˌtʃimpæn'zi:˗] *n.* Ⓒ《動物》黑猩猩《非洲產》。

***chin** [tʃɪn; tʃin] *n.* Ⓒ下巴；頦《下唇以下，下顎(lower jaw)的前方部分；⇨ body 插圖》：with (one's) ~ in (one's) hand 托著下巴/~ in the air 伸出的下巴/lift [thrust out] one's ~ 把頭抬高向後翹，伸出下巴《★表示傲慢的態度或挑戰之意的動作》。

Chín úp!《口語》打起精神！加油！

kèep one's **chín úp** [常用祈使語氣]《口語》不要氣餒，打起精神。

táke it on the chín《口語》(1)被痛宰，吃敗戰，徹底失敗，敗北。(2)忍受(逆境、失敗、痛苦等)，鼓起勇氣接受《★源自拳擊》。

úp to the [one's] **chín** (1)(深)及顎部。(2)深深陷〔入…〕，深入〔…〕〔*in*〕：He's *up to* his ~ *in* trouble [debt]. 他深陷困境中[債台高築]。

—v.t. (**chinned**; **chin·ning**)〔十受〕**1** [~ one*self*] (吊單槓時)做引體向上之動作(使下巴高過橫槓)。**2** 使〈小提琴等〉貼緊下顎的位置。**—v.i. 1** 引體向上。**2**《美俚》閒聊，空談。

Chin.《略》China；Chinese.

***chi·na** ['tʃaɪnə; 'tʃainə] *n.* Ⓤ **1** 瓷器。

【字源】起源於紀元前三世紀的秦朝。法語稱「秦」爲 Chine, 變成英語後稱作 China. 用小寫開頭的 china 則指「瓷器」，因爲西方人認爲中國就是瓷器的原產地。

2 [集合稱]**陶瓷器**：a piece of ~ 一件瓷器/glass and ~ 玻璃器與陶瓷器。

—adj. [用在名詞前](陶)瓷製的。

a búll in a chína shòp ⇨ bull.

‡**Chi·na** ['tʃaɪnə; 'tʃainə] *n.* **中國**。

—adj. [用在名詞前]中國(產)的。

chína cláy *n.* Ⓤ《礦》高嶺土，瓷土，陶土(kaolin).

chína clòset *n.* Ⓒ放置[陳列]陶瓷器的櫥櫃《通常嵌有玻璃》。

Chína crèpe *n.* =crepe de Chine.

Chína ìnk *n.* =India ink.

Chína·man [-mən; -mən] *n.* Ⓒ (*pl.* **-men** [-mən; -mən]) 中國人《★通常用於輕蔑語》。

Chína órange *n.* Ⓒ橙。

Chína Séa *n.* [**the** ~] 中國海《包括東海(East China Sea)與南海(South China Sea)》.

Chína Sỳndrome *n.* 中國徵候羣《假想美國核子反應爐爐心熔毀，下沈穿過地心到達地球另一邊的中國之情景》。

Chína·tòwn *n.* Ⓒ(在外國城市裏的)唐人街。

chína·wàre *n.* =china 2.

chin·chil·la [tʃɪn'tʃɪlə; tʃin'tʃilə] *n.* **1** Ⓒ《動物》絨鼠《南美產類似松鼠的小動物》。**2** Ⓤ絨鼠皮《銀灰色，柔軟的高級毛皮》。

chinchilla 1

chin-chin ['tʃɪnˌtʃɪn; 'tʃintʃin] 《源自中文「請請」的譯音》**—n.** Ⓒ **1** 客套話；寒暄。**2** 閒談(chitchat).

—v.i. (**chin-chinned**; **chin-chin·ning**) **1** 說客套話；寒暄。**2** 閒談。

—interj. 1 [用於招呼或送行時]請請。**2** [用於敬酒時]請請。

chine [tʃaɪn; tʃain] *n.* Ⓒ **1** (動物的)脊椎骨。**2** (做菜用的)脊肉，排骨肉。

‡**Chi·nese** [tʃaɪ'niz; ˌtʃai'ni:z] 《China 的形容詞》**—adj.** **中國(製，產，人，話)的**。

—n. (*pl.* ~) **1** Ⓒ中國人。**2** Ⓤ中文《略作 Chin., Ch.》.

Chínese bóxes *n. pl.* 母子盒[箱]《按照大小順序，小盒[箱]可套入大盒[箱]中的一套盒[箱]子》。

Chínese cháracter *n.* Ⓒ漢字。

Chínese chéckers [《英》**chéquers**] *n.* Ⓤ跳棋《一種二至六人玩的遊戲，在星狀棋盤上的六個陣地，比賽誰先將自己的十個棋子移到對方陣地的一種遊戲》。

Chínese ínk *n.* =India ink.

Chínese lántern *n.* Ⓒ(可摺起的)紙燈籠。

Chínese púzzle *n.* Ⓒ **1** 難解的謎。**2** 複雜難解的事；難題。

Chinése Revolútion *n.* [**the** ~] 中國辛亥革命。

Chínese Wáll *n.* [**the** ~] =Great Wall (of China).

Chínese whíte *n.* Ⓤ鋅白，氧化鋅；粉白(色)。

chink[1] [tʃɪŋk; tʃiŋk] *n.* Ⓒ **1** (細的)裂縫，罅裂；(漏出光、風等的)狹窄隙縫。**2** 從隙縫漏出的光線。**3** (法律等的)漏洞，弱點：a ~ *in* the law 法律的漏洞。

a [**the**] **chínk in** a person's **ármor**《口語》(防禦、擁護等方面的)弱點；缺點。

—v.t. 填塞…的裂縫[隙縫]。

chink[2] [tʃɪŋk; tʃiŋk] 《擬聲語》**—n.** [**a** ~] 叮噹聲《玻璃、金屬等的碰觸聲》。

—v.i. 叮噹響。**—v.t.** 使〈硬幣等〉叮噹作響。

Chink [tʃɪŋk; tʃiŋk] *n.* Ⓒ《俚·輕蔑》中國人。

chin·less ['tʃɪnlɪs; 'tʃinlis] *adj.* **1** 無下顎的。**2** 無決心的；無個性的。

Chi·no- [tʃaɪno-; tʃainou-] [複合用詞] 表示「中國」之意 (cf. Sino-)：*Chino*-Japanese 中日的。

Chi·nook [tʃɪ'nuk, -'nuk; tʃi'nuk] *n.* (*pl.* ~**s**, ~) **1 a** [**the** ~(**s**)] 欽諾克族《在哥倫比亞(Columbia)河口北岸一帶的北美印地安人》。**b** Ⓒ欽諾克族的人。**2** Ⓤ欽諾克語。**3** [**c**~] (又作 **chinook wind**)Ⓒ《氣象》欽諾克風《美國落磯(Rocky)山脈東側吹下的乾燥暖風；華盛頓(Washington)，俄勒岡(Oregon)兩州的太平洋沿岸地帶所吹的含有濕氣的西南暖風》。

chín·stràp *n.* Ⓒ帽帶。

chintz [tʃɪnts; tʃints] *n.* Ⓤ印花棉布《花樣華麗又富光澤的棉織品；做窗帘及家具罩子用》。

chintz·y ['tʃɪntsɪ; 'tʃintsi] 《chintz 的形容詞》**—adj.** (**chintz·i·er**, **-i·est**; **more** ~, **most** ~) **1** 印花棉布(似)的；飾以印花棉布(似)的。**2**《口語》廉價而劣質的；卑劣的；小氣的；庸俗的。

chín-ùp *n.* Ⓒ(單槓運動的)引體向上(直至下巴與槓平)。

chín-wàg *n.* Ⓒ《俚》閒聊，閒談。

C

chip [tʃɪp; tʃip] *n.* **1** Ⓒ **a** (玻璃、陶器、油漆等的)碎片，碎屑，(木材的)木屑，削片。**b** (做帽子、籃子等的)麥稈，薄木片，(撕成細條的)棕櫚葉。**c** (又作 **chíp bàsket**)用薄木片編成的籃子。
2 Ⓒ[常 ～s] **a** (食物的)小片；薄片：chocolate ～*s* 巧克力薄片。**b**《英》(梆子形的)油炸馬鈴薯片(《美》French fries)：⇨ FISH and chips. **c**《美・澳》油煎馬鈴薯片(《英》crisps).
3 Ⓒ(餐具、杯子、各種木板等上的)瑕疵，缺陷，缺口。
4 a Ⓒ(賭博時用以代替現金的)籌碼(《美》check). **b** [～s]《俚》錢：be in the ～*s* 有很多錢的，富裕的/be heavy with ～*s* 有錢的，富有的。
5 Ⓒ **a** 乾透的東西，無味的東西：(as) dry as a ～ 非常乾燥的。**b** 無價值的東西，瑣碎的事：I don't care [mind] a ～. 我一點都不介意[在乎]。
6 Ⓒ《電子》晶片《裝積體電路(integrated circuit)的半導體小矽片》。
7 ＝chip shot.
a chíp òff [of] the óld blóck (氣質等)酷似父親的兒子《★源自「舊木塊的碎片」之意》。
cásh [páss] ín one's **chíps** (1)(在賭場)把籌碼換成現金(cf. 4 a). (2)《美俚》死亡。
hàve [cárry] a chíp on one's **shóulder** (因不滿等而)氣沖沖，愛打架，脾氣大《★從前在美國，男孩子找人打架時，將碎木片放在肩膀上，讓對手擊落》。
hàve hád one's **chíps**《英口語》失敗，輸。
lèt the chíps fáll where they máy《口語》不管後果如何《★源自賭博「籌碼」(4 a)之意》。
when the chíps are dówn《口語》萬不得已時，緊急時《★源自賭博「籌碼」(4 a)之意》。
—*v.t.* (**chipped**; **chip·ping**) **1 a** 〔十受〕弄缺〈東西(的邊緣、角等)〉：～ (the edge of) a cup 弄缺杯子(的邊緣)。**b** 〔十受(十副)(十介十(代)名)〕〔從…〕削去，切掉〈刀刃、邊緣、角等〉〈*off*〉〔*from, out of, off*〕: The old paint was *chipped **off*** [*chipped **from*** the side of the ship]. 舊漆被刮掉[船舷的舊漆被刮掉]。
2 〔十受〕〈小鷄〉啄破〈蛋殼〉。
3 〔十受〕把〈馬鈴薯等〉切成薄片。
4 〔十受十介十(代)名〕**a** (用斧頭)〔將木頭〕劈成…，(用鑿刀)〔將石頭〕雕刻成…〔*out of*〕：～ a doll ***out of*** wood 把木頭雕成木偶。**b** 把〈石頭、木頭〉鑿[削]〔成…〕〔*into*〕：～ wood ***into*** a doll 把木頭刻成玩偶。
5 〔十受〕《英口語》揶揄〈某人〉。
6 〔十受〕《高爾夫・美式足球》以切擊[桶球](chip shot)方式擊[踢]球。
—*v.i.* **1** 〈石、陶器等〉出現缺口：This china ～*s* easily. 這種瓷器容易產生缺口。**2** 〈小鷄〉啄破蛋殼。**3**《高爾夫・美式足球》切擊[桶球]。
chíp awáy《*vt adv*》(1)將〈木、石等〉一點一點地削[切]去。—《*vi adv*》(2)一點一點地削去〔…〕〔*at*〕：Repeated failure *chipped away at* his determination. 屢次的失敗使他的決心逐漸瓦解。
chíp ín《口語》《*vi adv*》(1)捐助〔企業等〕；〔爲…〕出[湊]錢〔*to, for*〕：～ *in to* charity 捐助慈善事業/We each *chipped in* (with a dollar) *for* the gift. 我們(各出一美元)湊錢買那件禮物。(2)各自提出〔自己的想法等〕〔*with*〕：They *chipped in with* suggestions *for* the trip. 他們各爲旅行提出自己的想法。(3)(在議論、談話中)插嘴，加入〔意見等〕〔*with*〕：～ *in with* a complaint [remark]插嘴訴苦[批評]。—《*vt adv*》(4)插嘴說〈話〉：～ *in* a few words 插嘴說幾句話。(5)〔十 *that*__〕插嘴說〈…事〉：He *chipped in that* it was a tiresome movie. 他插嘴說那是一部沒趣的電影。(6)捐贈〈錢等〉，大家拿出〈錢、物等〉：～ 5 dollars *in* 捐贈五美元。
chíp·bòard *n.* Ⓤ用廢紙作成的硬紙板。
chip·munk [ˈtʃɪpmʌŋk; ˈtʃipmʌŋk] *n.* Ⓒ《動物》花栗鼠《北美產；習慣在地面上活動》。
Chip·pen·dale [ˈtʃɪpən͵del; ˈtʃipəndeil]《源自英國家具設計師之名》—*adj.* 齊本德耳式的《指多曲線而富於裝飾的家具式樣》：a ～ chair 齊本德耳式的椅子。
—*n.* Ⓤ[集合稱]齊本德耳式家具。

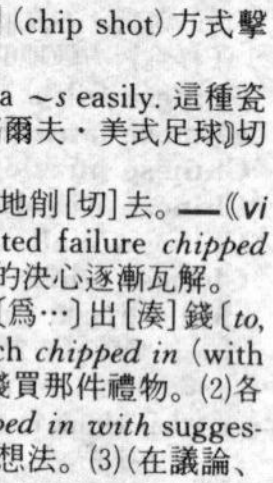
Chippendale chair

chip·per [ˈtʃɪpɚ; ˈtʃipə] *adj.*《美口語》精神飽滿的；愉快的；活潑的。
chíp·pings *n. pl.* (用斧、鑿刀等削下的)碎片，碎屑，斷片。
chíp·ping spàrrow *n.* Ⓒ《鳥》一種(頭部褐色的)黃道眉《北美產鵐[白頰鳥]科鳴禽》。
chip·py, chip·pie [ˈtʃɪpɪ; ˈtʃipi] *n.* **1** ＝chipping sparrow. **2** ＝chipmunk.
chíp shòt *n.* Ⓒ切擊[桶球]：**a**《高爾夫》朝著果嶺以手腕動作擊出的短打。**b**《美式足球》短距離的朝上踢(球)。

chirk [tʃɝk; tʃə:k]《美口語》*v.t.* 〔十受十副〕使〈人〉振作[快活]起來〈*up*〉.
—*v.i.* 〔十副〕高興[快活]起來〈*up*〉：*C*～ ***up***！打起精神，振作起來。
chi·rog·ra·pher [kaɪˈrɑgrəfɚ; ͵kaiəˈrɔgrəfə] *n.* Ⓒ書法家。
chi·rog·ra·phy [kaɪˈrɑgrəfɪ; ͵kaiəˈrɔgrəfi] *n.* Ⓤ **1** 筆跡；字體。**2** 書法。
chi·ro·man·cy [ˈkaɪro͵mænsɪ; ˈkaiəroumænsi] *n.* Ⓤ手相術(palmistry).
chi·róp·o·dist [-dɪst; -dist] *n.* Ⓒ《英》手足病醫生(《美》podiatrist)《尤指足科醫師》。
chi·rop·o·dy [kaɪˈrɑpədɪ; kiˈrɔpədi] *n.* Ⓤ《英》腳病學，腳病治療(《美》podiatry)《治療鷄眼、繭、趾甲等》。
chi·ro·prac·tic [͵kaɪrəˈpræktɪk; ͵kaiərəˈpræktik] *n.* Ⓤ(脊椎的)指壓療法。
chi·ro·prac·tor [ˈkaɪrə͵præktɚ; ˈkaiərə͵præktə] *n.* Ⓒ按摩療法醫生，脊椎指壓師。
chirp [tʃɝp; tʃə:p]《擬聲語》—*n.* Ⓒ吱喳，啁啾；唧唧《小鳥或昆蟲的叫聲》。
—*v.i.* **1** 吱喳[啁啾]地叫；唧唧地叫。**2 a** 以尖銳聲說話。**b** 嘰嘰喳喳地講話，愉快地說話。—*v.t.* 〔十受(十副)〕用尖銳的聲音說…〈*out*〉：～ (***out***) a hello 尖聲叫「喂」。
chirp·y [ˈtʃɝpɪ; ˈtʃə:pi]《chirp 的形容詞》—*adj.* (**chirp·i·er**; **-i·est**) **1** 〈小鳥等〉吱喳叫的。**2**《口語》快活的，愉快的，高興的。
chírp·i·ly [-pɪlɪ; -pili] *adv.* **-i·ness** *n.*
chirr [tʃɝ; tʃə:]《擬聲語》—*n.* Ⓒ唧唧，瑟瑟《蟋蟀、螽斯等的叫聲》。
—*v.i.* 唧唧[瑟瑟]叫。
chir·rup [ˈtʃɪrəp, ˈtʃɝəp; ˈtʃirəp] *n.* Ⓒ吱吱喳喳《小鳥的連續叫聲》，嘖嘖《逗嬰兒、策馬聲》。
—*v.i.* (爲催馬快跑而)嘖嘖咂嘴。
—*v.t.* 對〈馬等〉嘖嘖咂嘴，策〈馬〉快跑。
chis·el [ˈtʃɪzl; ˈtʃizl] *n.* **1** Ⓒ鑿子，鑿刀：⇨cold chisel. **2** [the ～]雕刻術。
—*v.t.* (**chis·eled**,《英》**-elled**; **chis·el·ing**,《英》**-el·ling**) **1 a** 〔十受〕(用鑿子)雕刻〈石頭、木頭等〉：～ marble 雕[刻]大理石。**b** 〔十受(十副)〕雕刻〈肖像等〉〈*out*〉：～ (***out***) a statue 雕像。**c** 〔十受十介十(代)名〕把〈石頭、木頭等〉雕[刻]〔成…〕〔*into*〕；〔從石頭、木頭等〕雕[刻]出…〔*out of*〕：～ a stone ***into*** a figure＝～ a figure ***out of*** a stone 把石頭刻成雕像，從石頭刻出雕像。**2**《俚》**a** 〔十受〕欺騙〈人〉。**b** 〔十受十介十(代)名〕〔從某人〕騙取〔某物〕〔*out of*〕；從〈某人〉騙取〔某物〕，詐取〈某人〉〔東西〕〔*out of*〕：～ money ***out of*** a person＝～ a person *out of* money 詐取某人的錢。
—*v.i.* **1** 雕刻。**2**《俚》做壞事，幹非法[不正當]的事：～ *for* good marks (*on* the exam) 爲拿高分而(考試)作弊。
chísel ín《*vi adv*》《美口語》〔對…〕插手；干涉〔…〕〔*on*〕：～ *in on* a person's profit 染指某人的利潤，對某人的獲利插手。

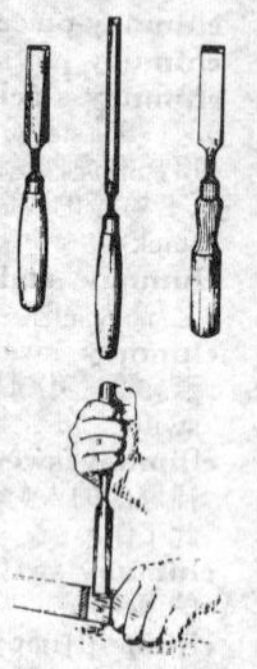
chisels 1

chísel·er, chísel·ler [-zlɚ; -zlə] *n.* Ⓒ **1** 雕刻家。**2**《口語》做壞事的人，騙子。
chit[1] [tʃɪt; tʃit] *n.* Ⓒ **1** 幼兒，小孩。**2**《輕蔑》小女孩，小姑娘：a ～ of a girl 黃毛丫頭。
chit[2] [tʃɪt; tʃit] *n.* Ⓒ **1** (經客人簽名的飲食等的小額)帳單。**2** (受雇者的)推薦書，保證書。**3** 短信；字條。
chit·chat [ˈtʃɪt͵tʃæt; ˈtʃittʃæt] *n.* Ⓤ閒話；聊天；閒談。
—*v.i.* 閒談，聊天。
chit·ter·lings [ˈtʃɪtɚlɪŋz; ˈtʃitəliŋz] *n. pl.* (猪、小牛等的)小腸。
chi·val·ric [ˈʃɪvlrɪk, ʃɪˈvælrɪk; ˈʃivlrik]《chivalry 的形容詞》—*adj.* 有騎士[武士]風範的，騎士時代的；俠義的，騎士的。
chiv·al·rous [ˈʃɪvl̩rəs; ˈʃivlrəs]《chivalry 的形容詞》—*adj.* **1** 騎士時代[制度]的。**2** 有騎士風範的；勇敢而有禮的；(對敵人、弱者)寬大的，俠義的；(對婦女)敬重的。
～·ly *adv.*
chiv·al·ry [ˈʃɪvl̩rɪ; ˈʃivlri]《源自法語「馬」之義》—*n.* **1** Ⓤ **a** (中世紀的)騎士風範，騎士精神：the Age of *C*～騎士時代《第十至十四世紀前後》。

【說明】指中世紀興起於歐洲的騎士(knight)特有的風範，以勇敢、有禮、忠誠、仁愛爲信條，扶助弱者，敬重婦女。這對後來的英國紳士風度有重大影響。

b (中世紀的)騎士制度。**2** [集合稱；當複數用]《古》騎士團(knights)《★用法此字義無複數》。

chive [tʃaɪv; tʃaiv] *n.* Ⓒ **1**《植物》細香葱，蝦夷葱。**2**［常 ～s］細香葱葉《用作調味料》。

chiv·y, chiv·vy [ˈtʃɪvɪ; ˈtʃivi] *v.t.* **1**《口語》追趕〈人等〉。**2 a**〔十受(十副)〕(因某事)催促〈某人〉，向〈某人〉嘮叨〈*along, up*〉. **b**〔十受十介十(代)名〕催促〈某人〉〔使…〕〔*into*〕.
—*n.* Ⓒ追逐；狩獵。

chlo·ral [ˈklorəl, ˈklɔr-; ˈklɔːrəl] *n.* Ⓤ《化學》**1** 三氯乙醛。**2** ＝chloral hydrate.

chlóral hýdrate *n.* Ⓤ《化學》水合三氯乙醛《麻醉劑》。

chló·ral·ìsm [-lˌɪzəm; -lizəm] *n.* Ⓤ三氯乙醛中毒。

chlo·rate [ˈklorɪt, ˈklɔr-; ˈklɔːreit] *n.* Ⓤ Ⓒ《化學》氯酸鹽。

chlo·rel·la [kloˈrɛlə, klɔ-; klɔːˈrelə] *n.* Ⓤ［指種類時爲Ⓒ］《植物》產於淡水的單細胞綠藻植物《繁殖力强，富於蛋白質，用作家畜飼料及食品》。

chlo·ric [ˈklorɪk, ˈklɔr-; ˈklɔːrik] *adj.*《化學》氯酸的，(含)氯的：～ acid 氯酸。

chlo·ride [ˈkloraɪd, ˈklɔr-, -rɪd; ˈklɔːraid] *n.*《化學》**1** Ⓤ氯化物：～ of lime 漂白粉《★也單稱 chloride》. **2** Ⓒ氯化化合物。

chlo·ri·nate [ˈklorɪˌnet, ˈklɔr-; ˈklɔːrineit] *v.t.*《化學》以氯處理[消毒]〈水等〉。

chlo·ri·na·tion [ˌklorɪˈneʃən, ˌklɔrɪ-; ˌklɔːriˈneiʃn] *n.*

chlo·rine [ˈklorin, ˈklɔr-, -rɪn; ˈklɔːriːn] *n.* Ⓤ《化學》氯《符號 Cl》.

chlórine wàter *n.* Ⓤ氯水《可作氧化劑、漂白劑及防腐劑用》。

chlo·rite[1] [ˈkloraɪt, ˈklɔr-; ˈklɔːrait] *n.* Ⓤ綠泥石。

chlo·rite[2] [ˈkloraɪt, ˈklɔr-; ˈklɔːrait] *n.* Ⓤ Ⓒ《化學》亞氯酸鹽。

chlo·ro·form [ˈkloraˌfɔrm, ˈklɔrə-; ˈklɔːrəfɔːm] *n.* Ⓤ《化學・藥》三氯甲烷，氯仿《無色的揮發性液體；可作麻醉劑、溶劑》。
—*v.t.* **1** 用氯仿麻醉[殺]〈人等〉。**2** 用氯仿處理。

Chlo·ro·my·ce·tin [ˌklorəmaɪˈsitn̩; ˌklɔːrəmaiˈsiːtin] *n.* Ⓤ《商標》氯氨苯醇；綠黴素《抗生素的一種，爲傷寒等的特效藥》。

chlo·ro·phyl(l) [ˈkloraˌfɪl, ˈklɔrə-; ˈklɔːrəfil] *n.* Ⓤ《生化》葉綠素。

chlo·ro·plast [ˈkloraˌplæst, ˈklɔrə-; ˈklɔːrəplæst] *n.* Ⓒ《植物》葉綠體。

chlo·ro·quine [ˈkloraˌkwɪn; ˌklɔːrəˈkwiːn] *n.* Ⓤ《藥》氯奎寧《瘧疾的特效藥》。

chlo·rous [ˈklorəs, ˈklɔr-; ˈklɔːrəs] *adj.*《化學》**1** 亞氯的，含有三價氯的。**2** 亞氯酸的。

chm.《略》chairman；checkmate.

chmn.《略》chairman.

choc [tʃɑk; tʃɔk]《略》**—***n.*《英口語》＝chocolate 1.

chóc-bàr *n.* Ⓒ《英口語》巧克力冰棒。

chóc-ìce *n.* Ⓒ《英口語》巧克力冰淇淋。

chock [tʃɑk; tʃɔk] *n.* Ⓒ **1** (固定門、木桶、車輪等的)楔子，墊木，輪檔。**2**《航海》導纜鈎[器]；(甲板上放置救生艇的)定盤，楔形木墊。
—*v.t.* **1**〔十受(十副)〕用楔子墊阻〈物〉〈*up*〉.
2〔十受(十副)〕置〈小艇〉於定盤上〈*up*〉.
3〔十受(十副)十介十(代)名〕〔用…〕裝滿，擠滿…〈*up*〉〔*with*〕《★常用被動語態》：The parking lot *was* ～*ed* ***up with*** cars. 停車場停滿了車子。
—*adv.* [常用於副詞或形容詞前]塞滿地：a bookcase ～ full of books 塞滿了書的書櫥。

chock·a·block [ˈtʃɑkəˈblɑk; ˌtʃɔkəˈblɔk] *adj.* **1** [不用在名詞前]〔十介十(代)名〕《口語》裝[塞]滿〔…〕的〔*with*〕：The street was ～ ***with*** tourists during the festival. 在節慶期間那條街上擠滿觀光客。**2**《航海》〈(複滑輪的)上下滑輪〉被拉緊而致相觸的。
—*adv.* 裝[塞]得滿滿地。

chock-full [ˈtʃɑkˈful; ˌtʃɔkˈful] *adj.* [不用在名詞前]〔十介十(代)名〕裝[塞，充]滿〔…〕的〔*of*〕：The garden is ～ ***of*** beautiful flowers. 花園裡開滿美麗的花。

‡**choc·o·late** [ˈtʃɔklɪt, -kəlɪt; ˈtʃɔkələt] *n.* **1** Ⓤ［指個體或種類時爲Ⓒ］**a** 巧克力《粉末或固體》：a bar of ～ 一條巧克力/a box of ～*s* 一盒巧克力。**b** 巧克力飲料：drink a cup of ～ 喝一杯巧克力飲料。**2** (又作 **chócolate brówn**)Ⓤ巧克力色。
—*adj.* **1** [用在名詞前]巧克力(製)的；含有巧克力(風味)的：a ～ bar 一條巧克力，巧克力棒。**2** 巧克力色的：～ shoes 巧克力色[深褐色]的鞋子。

chócolate sóldier *n.* Ⓒ非戰鬥部隊的軍人。

‡**choice** [tʃɔɪs; tʃɔis] «choose 的名詞»**—***n.* **1** Ⓤ Ⓒ (根據自由意志或自己判斷所作的)**選擇，挑選**：make a ～ 選擇，挑選(cf. make [take] one's CHOICE)/She makes careful ～*s* when buying clothing. 她買衣服時作細心的挑選。
2 a Ⓤ選擇能力[權利，餘地]：have one's ～ 有選擇的權利，可自由選擇/There is no ～ *between* the two. 兩者之間不分軒輊[無從選擇]/⇨ Hobson's choice/⇨ have no CHOICE (2). **b** Ⓒ選擇機會：offer a ～ 提供選擇機會《可選自己喜歡的東西》。**c** Ⓒ(兩者中的)任一方，兩者選一：Starving or stealing was the only ～. 面對餓死與偷竊，兩者只能擇其一/⇨ have no CHOICE (1).
3 [常 **a ～ of...**]可選擇的範圍[量，種類]：*a* great ～ *of* roses 各種各樣的玫瑰/There is *a* good [poor] ～ *of* transport facilities. 有很多[很少]種類的交通工具/The store has *a* large [wide] ～ *of* shoes. 那家鞋店有各種式樣的鞋子出售。
4 a Ⓒ被選中的東西[人]，入選者：He is one of the ～*s* for the championship. 他是入選決賽的選手之一/Which [What] is your ～? 你選中哪一個？**b** [**the ～**]精選的東西[人]，精品，最高級品〔*of*〕：*the* ～ *of* the tennis team 網球隊的最佳選手。
5 Ⓤ選擇的愼重：*with* ～ 愼重地，仔細地/without ～ 無選擇地，不分好壞地。
6 Ⓤ《美》(牛肉的)最好部分；上肉。

at (one's) **chóice** 任意選擇，自由選擇，隨意。

by [**for**] **chóice** 如果要選，就…；特別；出於自擇《★用法《美》用 by，《英》一般用 for》：I should take this one *for* ～. 如果要選，我就選這個/I do not live here *by* ～. 我不是出於自擇才住這裏。

from chóice 出於喜愛，主動地。

hàve nó chóice (1)(因某事而)無法選擇，不得不那樣做。(2)並不特別喜歡哪一個，哪一個都好。

hàve nò (**óther**) **chóice but** to **dó...** ⇨but *adv.*

màke one's **chóice** ＝take one's CHOICE (1).

of chóice [置於名詞後]挑選的，精選的：wine *of* ～ 上等葡萄酒。

of one's **chóice** 自己挑選的：a girl *of* his ～ 他自己挑選[看中]的女孩子。

of one's **ówn chóice** 某人自己選擇[喜歡]的。

tàke one's **chóice** (1)選擇(自己喜歡的那一個)。(2)選取：You may *take* your ～. 你可以選取你喜歡的。

—*adj.* (**choic·er**；**-est**) **1 a**〈食物等〉精選的，品質優良的；高級的，上等的：the *choicest* melons 特選香瓜/a ～ residential area 高級住宅區。**b**《美》〈牛肉〉上等的(⇨ beef 相關用語)：～ beef 上等牛肉。**2 a**〈言語〉愼選的，精選的。**b** [當反語用]〈言語〉激烈的，攻擊性的：speak in ～ words 說尖酸刻薄的話。
～·ly *adv.* **～·ness** *n.*

choir [kwaɪr; ˈkwaiə] *n.* Ⓒ **1** [集合稱](教會的)唱詩班《★用法視爲一整體時當單數用，指個別成員時當複數用；cf. chorister 1》.
2 [常用單數]唱詩班的席位《通常設在大教堂中的聖壇所；⇨ church 插圖》。

chóir·bòy *n.* Ⓒ唱詩班的男童。

chóir lòft *n.* Ⓒ(位於教堂二樓中央的)唱詩班席位。

chóir màster *n.* Ⓒ唱詩班的指揮。

chóir òrgan *n.* Ⓒ伴奏唱詩之風琴。

chóir schòol *n.* Ⓤ［指設施時爲Ⓒ］(英國教堂附設的)唱詩班學校《以唱詩班的男童爲中心的預備學校(preparatory school)》.

chóir scrèen *n.* Ⓒ(禮拜堂中)圍隔唱詩班之屏障[圍欄]。

choke [tʃok; tʃouk] *v.t.* **1**〔十受〕**a** (勒住頸子)使〈人等〉窒息：He was ～*d to* death. 他被勒死/Let go, you ～ me! 放手，我快窒息了[你悶死我啦]！**b**〈煙、淚等〉使〈人〉嗆[噎]住，使…呼吸困難《★常用被動語態，變成「〈人〉嗆[噎]住，呼吸困難」之意；介系詞用 *by, with*》：I *was* almost ～*d* ***by*** [***with***] the smoke. 我被煙嗆得幾乎窒息/Tears ～*d* her words. 眼淚使她哽咽得說不出話來。**c**〈感情的激動〉使〈人〉呼吸困難[說不出話來]《★常用被動語態，變成「〈人〉呼吸困難」之意；介系詞用 *by, with*》：Rage ～*d* him. ＝He *was* ～*d* ***with*** rage. 憤怒使他說不出話來；他氣得話都說不出來。
2〔十受(十副)〕**a** 使〈管子、水渠等〉阻塞，堵塞〈*up*〉《★常用被動語態，變成「〈某處〉阻[堵]塞」之意；介系詞用 *with*》：Sand is *choking* the river. 沙子堵塞著這條河/The drain *was* ～*d* (***up***) ***with*** mud. 排水管被泥堵住了。**b** 擠滿，充滿，塞滿〈某場所〉〈*up*〉《★常用被動語態，變成「〈某處〉擠滿，充滿，塞滿」之意；介系詞用 *with*》：The street *was* ～*d* (***up***) ***with*** cars. 街上塞滿了車子。
3〔十受〕〈雜草等〉使〈其他的植物〉枯萎，使…枯死。
4〔十受〕使〈引擎〉熄火《減少石油汽化器的空氣吸入量，使混合氣變濃》。
5〔十受〕《英口語》使〈人〉垂頭喪氣[失望]，使…厭煩《★以過去分詞當形容詞用；⇨ choked 2》.
—*v.i.* **1** 呼吸困難，窒息。
2〔動(十介十(代)名)〕**a** 咽喉〔因食物而〕阻塞〔*over*〕：～ ***over*** one's food 食物堵住咽喉。**b**〔因情感激動而〕說不出話來〔*with*〕：He [His voice] ～*d* ***with*** rage. 他氣得說不出話來[嗓子都哽住了]。

chóke báck《*vt adv*》抑制〈感情〉，忍住〈眼淚等〉：～ *back* one's anger [tears] 抑制憤怒[眼淚]。

chóke dówn《*vt adv*》(1)勉强吞[嚥]下〈食物〉。(2)抑制住〈感情

等〉。⑶強忍住〈侮辱等〉。

chóke óff 《*vt adv*》⑴(扼住脖子)止住〈人的喊叫等〉。⑵《口語》(怒罵)使〈人〉沉默。⑶《口語》使〈人〉放棄(計畫等)，使打消…的念頭。⑷《口語》使〈爭論等〉中止，使…停止。⑸〔～＋受＋off〕《口語》[因某種理由而]責罵〈某人〉〔*for*〕：He ～*d* me *off for* stay*ing* out late. 他因爲我晚歸而責罵我。

chóke úp 《*vt adv*》⑴⇨ *v.t.* 2. ⑵《口語》〈事情〉使〈人〉緊張得變僵硬，使…激動得說不出話來：He was all ～*d up about* it. 他爲那件事激動得說不出話來。⑶《運動》握〈球棒、球拍等〉的中段。—《*vi adv*》⑷(因情感激動而)說不出話來。⑸《美口語》(因過分緊張而)做不好，變得僵硬。

C

—*n.* **1** Ⓒ窒息；哽噎。**2** Ⓒ(管子等的)閉塞處。**3** Ⓒ《機械》閘口，閉塞裝置。**4** (又作 **chóke còil**)Ⓒ《無線》抗流線圈，抗流器。**5** ＝choky².

chóke·chèrry *n.* Ⓒ **1** 《植物》(北美產之)野櫻(桃)。**2** 野櫻(桃)的果實。

choked *adj.* **1** 阻塞的；窒息的。**2** [不用在名詞前]《英口語》厭煩的：be [feel] ～ 覺得厭煩。

chóke·dàmp *n.* Ⓤ礦坑內令人窒息之氣體《主要爲二氧化碳》。

chók·er *n.* Ⓒ **1** 使人窒息的東西[人]；難嚥下的東西。**2 a** 剛好圍住脖子的短項鍊[項圈]。**b** 《口語》高領。

chok·ey¹ [ˈtʃokɪ; ˈtʃouki] *adj.* ＝choky¹.

cho·key² [ˈtʃokɪ; ˈtʃouki] *n.* ＝choky².

chók·ing *adj.* [用在名詞前] **1** 令人窒息的。**2** (因感動而)哽咽的：a ～ voice 哽咽的聲音。～·**ly** *adv.*

chok·y¹ [ˈtʃokɪ; ˈtʃouki] «choke 的形容詞»—*adj.* (**chok·i·er**；**-i·est**) **1** 使人呼吸困難的；令人窒息的：a ～ room 令人窒息的房間。**2** 〈聲音〉(因激動而)哽咽的：in a ～ voice 以哽咽的聲音。

chok·y² [ˈtʃokɪ; ˈtʃouki] *n.* [**the** ～]《英俚》監獄。

chol·er [ˈkɑlɚ; ˈkɔlə] *n.* Ⓤ **1** 《古》暴躁脾氣，怒氣。**2** 《古生理》膽汁《四種體液之一，古時認爲膽汁過多時，人容易發怒；⇨ humor 4 b》。

chol·er·a [ˈkɑlərə; ˈkɔlərə] *n.* Ⓤ《醫》霍亂。

chol·er·ic [ˈkɑlərɪk; ˈkɔlərik] «choler 的形容詞»—*adj.* 脾氣暴躁的，易怒的：a man of ～ temper 脾氣暴躁[易怒]的男人。

cho·les·ter·ol [kəˈlɛstəˌrol; kəˈlestərɔl] *n.* Ⓤ《生化》膽固醇《含於動物的脂肪、膽汁、血液或蛋黃等中》。

chomp [tʃɑmp; tʃɔmp] *n.*, *v.* ＝champ¹.

Chom·sky [ˈtʃɑmskɪ; ˈtʃɔmski], **Noam** [ˈnoəm, nom; ˈnouəm, noum] *n.* 柴姆斯基《1928–　；美國語言學家》。

‡**choose** [tʃuz; tʃu:z] (**chose** [tʃoz; tʃouz]; **chosen** [ˈtʃozn̩; ˈtʃouzn]) *v.t.* **1** 選擇，挑選。

【同義字】choose 是憑自己的判斷，從兩個以上的東西中作選擇；select 是經由考慮從廣泛的範圍中作選擇。

a 〔＋受〕選擇，挑選…：～ A or B 選 A 或 B/*C*～ one of them. 從它[他]們中選一個[位]/*C*～ the cake you like best. 挑你最喜歡的蛋糕。**b** 〔＋受＋介＋(代)名〕〔從…(中)〕選擇…〔*between, among, from, out of*〕：～ one ***between*** the two 從兩者中擇其一/～ one ***among*** many 從很多中選出一個/*C*～ four ***out of*** the total number. 從全部數目中選出四個。**c** 〔＋受＋*as* 補〕〈認爲[因爲]…而〉選擇〈某物〉：I *chose* this subject *as* be*ing* easier to follow. 我認爲這個科目較容易理解而選擇它。**d** 〔＋ *wh.*＿〕選擇〈…的東西〉：*C*～ *what* [*which*ever] you like. 挑你喜歡的東西。**e** 〔＋受＋介＋(代)名〕選擇〈某物〉〔作爲…〕〔*as, for*〕：He *chose* her ***as*** [***for***] his secretary. 他選她做他的秘書。**f** 〔＋受＋受/＋受＋介＋(代)名〕選〈某物〉給〈某人〉；〔爲某人〕挑選〈某物〉〔*for*〕：I *chose* her a nice present. ＝I *chose* a nice present ***for*** her. 我選了一件漂亮的禮物給她；我爲她選了一個很漂亮的禮物/I *chose* my*self* this sweater. ＝I *chose* this sweater *for* my*self*. 我爲自己選了這件毛衣。

2 〔＋受＋(*as*)補/＋受＋(*to be*)補〕選舉〈某人〉〈當…〉《★[用法]被動語態時 *as, to* be 常省略》：We *chose* him (*as* [*to be*]) our representative. 我們選他當我們的代表/Who(m) have you *chosen* (*as*) president? 你選誰當總裁？/On May Day a pretty girl is *chosen* (*to be*) the May Queen. 在五朔節那一天一位漂亮的少女會被選爲五月皇后。

3 a 〔＋ *to* do〕決定〈做…〉：if you ～ *to* go 如果你決定要去/I *chose* not *to* go. 我決定不去。**b** 〔＋ *that*＿〕決定〈…事〉：He *chose that* I (should) go. 他決定讓我去《★[用法]《口語》多半不用 should》。**c** 〔＋ *wh.* ＋*to* do〕決定〈做…事〉：You're the man to ～ *what to* do next. 你是決定下一個步驟要做什麼事的人。

4 〔＋受〕《口語》希望，想要，寧願要…(而不要…)：He *chose* quality of life *over* personal advancement. 他寧願要充實的生活而不想出人頭地。

—*v.i.* **1** 〔動(＋介＋(代)名)〕〔從…〕選擇，挑選〔*between, from, out of*〕：He had to ～ ***between*** the two. 他非從兩者中擇其一不可/We had to ～ ***from*** what remained. 我們不得不從剩餘者中挑選。**2** 希望，願望：as you ～ 隨你意，隨你高興/You may stay here if you ～. 如果你願意，你可以留下來。

cannót chóose but *dó* ⇨ but *prep.*

chóose úp 《美口語》《*vt adv*》⑴挑選選手組〈隊〉：～ *up* sides [teams] (運動、比賽等)分組，分隊。—《*vi adv*》⑵(爲舉行棒球等比賽而)分組，分隊。

nóthing [**nòt múch, little**] **to chóose betwèen...** 在…兩者中無從選擇[幾乎分不出優劣，沒有多少可選擇，幾乎沒有選擇]：There's *nothing to* ～ *between* these pupils. 這些學生之間沒什麼可選擇的[分不出優劣]。

chóos·er *n.* Ⓒ選擇者；選舉人，投票者。

choos·y, choos·ey [ˈtʃuzɪ; ˈtʃu:zi] *adj.* (**choos·i·er**；**-i·est**)《口語》**1** [不用在名詞前]〔＋介＋(代)名〕〔對…〕愛挑剔的，苛求的〔*about*〕. **2** 難以取悅的：a ～ customer 難取悅的顧客。

chop¹ [tʃɑp; tʃɔp] «chap² 的變形» —(**chopped**；**chop·ping**) *v.t.* **1** 〔＋受(＋副詞(片語))〕**a** (用斧頭、柴刀等)砍[劈]〈樹、柴等〉(⇨ cut【同義字】)：The cherry trees of the orchard were all *chopped down.* 果園裏的櫻桃樹都被砍倒了/Will you ～ a branch *off* (the tree)? 請你(從那棵樹上)砍下一枝樹枝好嗎？**b** [～ **one's way**] 砍樹闢路前進：He *chopped* his way *through* (the bush). 他闢路前進(穿過灌木林)。

2 〔＋受(＋副)〕(俐落地)剁〈肉等〉，把〈肉等〉細切〈*up*〉：～ meat 把肉細切，剁肉。

3 〔＋受〕突兀而不連貫地說〈話〉，斷斷續續地說…：～ one's words 斷斷續續地說話。

4 〔＋受〕大幅地削減〈經費、預算等〉。

5 〔＋受〕(網球等)切擊，切〈球〉。

6 〔＋受〕《英俚》突然中止，取消〈計畫等〉《★常用被動語態》：The project *was chopped.* 該企劃突然被取消。

—*v.i.* **1** 〔動(＋副)(＋介＋(代)名)〕砍[劈]〔…〕；〔朝…〕劈去，擊去〈*away*〉〔*at*〕：He *chopped* ***at*** a tree. 他朝樹砍下去/He *chopped* ***away*** for an hour before the tree fell. 他揮斧砍了一小時，樹才倒下。**2** 〔動(＋介＋(代)名)〕切，切擊〔球〕〔*at*〕.

—*n.* **1** Ⓒ切斷，砍，劈：take a ～ *at*... 砍斷…。**2** Ⓒ(羊、豬等的)小肉片，(帶骨的)小塊肉：a mutton [pork] ～ 剁成的小塊羊肉[豬肉]，羊排[豬排]。**3** Ⓤ不規則的小浪；隨風翻動的碎浪。**4** Ⓒ(網球等的)切球《使球急速地逆旋轉》。**5** Ⓒ(空手道等的)切擊，向下擊拳：a karate ～ 空手道切擊。

gèt the chóp 《俚》⑴被開除，被解雇。⑵被殺害。

chop² [tʃɑp; tʃɔp] *n.* **1 a** Ⓒ[常 ～s] 顎，下巴。**b** [～s]《俚》口。**2** [～s] (港灣、海峽、峽谷等的)入口。

lick [**smáck**] **one's chóps** (對美味佳餚或快樂的期待)舐舌，砸唇作響；切盼。

chop³ [tʃɑp; tʃɔp] *v.i.* (**chopped**；**chop·ping**) **1** 〔＋副〕〈風等〉突然改變〈*about, around, round*〉：The wind *chopped* ***around*** from west to north. 風突然由西轉北。**2** 〈人的心情等〉突然轉變，動搖，改變(主意)。

chóp and chánge 《口語》〈人〉猶豫不定地改變意見[計畫(等)]，無定見。

—*n.* ★用於下列成語。**chóps and chánges** 朝三暮四，反覆無常，常常改變。

chop⁴ [tʃɑp; tʃɔp] *n.* Ⓒ **1** (印度、中國的)官印，公章，圖章；(出港、卸貨等的)許可證：put one's ～ on... 蓋印於…上。**2** 《口語》品質，等級：the first ～ 一級品。

chóp-chóp «源自洋涇濱英語(Pidgin English)»—*adv., interj.* 快，立刻。

chóp·fàllen *adj.* ＝chapfallen.

chóp·hòuse *n.* Ⓒ(專門供應肉食的)餐館，食堂；牛排館《★[比較]現在一般用 steakhouse》。

Chop·in [ˈʃopæn, ʃoˈpæn; ˈʃoupæŋ, ˈʃɔpæ:], **Fré·dé·ric Fran·çois** [ˈfrɛdərɪkfrænˈswa; ˈfredrikfra:nˈswa:] *n.* 蕭邦《1810–49；波蘭鋼琴家及作曲家》。

chóp·lògic *n.* Ⓤ牽强附會的詭辯；謬論，歪理。

—*adj.* [用在名詞前]詭辯的，歪理的。

chóp·per *n.* Ⓒ **1** (用柴刀、斧頭等的)砍[劈]者；切者，剁者。**2** 劈刀，斧頭；屠刀。

3 《口語》**a** 直昇機。**b** 改裝的摩托車。

4 [常 ～s]《俚》牙齒；(尤指)假牙。

5 《電子》斬波器，截波器《用短周期使電流、光線間斷的裝置》。

6 《棒球》以切擊方式擊出的球。

chóp·ping blòck *n.* Ⓒ砧板，切菜板。

chópping knife *n.* Ⓒ(細剁用)菜刀。

chop·py¹ [ˈtʃɑpɪ; ˈtʃɔpi] «chop¹ 的形容詞»—*adj.* (**chop·pi·er**；**-pi·est**) **1 a** 斷斷續續的，無關聯的。**b** 〈文體等〉鬆散的。**2** 〈水面〉波濤起伏的，波浪滔滔的：a ～ sea 波浪起伏的海。

chop·py² [ˈtʃɑpɪ; ˈtʃɔpi] «chop³ 的形容詞»—*adj.* (**chop·pi·er**；

-pi·est)〈風〉不斷[不規則地]改變方向的。

chóp·stick *n.* Ⓒ[常 ~s]筷子：eat with ~*s* 用筷子吃。

chop su·ey [ˋtʃɑpˋsuɪ; ˌtʃɔpˈsuːi] «源自中文「菜粥，雜燴粥」»**—*n.*** Ⓤ雜碎《一種將肉及蔬菜炒成的雜炒菜置於米飯上食用的美式中國菜》。

cho·ral [ˋkorəl; ˈkɔːrəl] «chorus 的形容詞»**—*adj.*** **1** [用在名詞前]合唱團[聖歌隊]的；合唱曲的；合唱的：the *C*~ Symphony 合唱交響曲《貝多芬(Beethoven)的第九交響曲的通稱》。**2**〈朗讀等〉聲音和諧的，一致的：~ speaking(詩等的)朗誦，吟唱。

cho·rale [koˋrɑl, ˋkorəl; kɔˈrɑːl] *n.* Ⓒ **1** (合唱)聖歌，讚美詩[歌]。**2** =chorus 1 a.

chord[1] [kɔrd; kɔːd] «cord 的變形»**—*n.*** Ⓒ **1** 《古·詩》(樂器的)弦。**2** (特殊的)感情，心弦：strike [touch] the right ~ 觸動(人的)心弦，扣人心弦，使人感動/That name struck a ~ of remembrance. 那個名字很熟(好像在哪裏聽過)。**3**〘數學〙弦。**4**〘解剖〙索，帶，腱《★[比較]一般用 cord》：the vocal ~*s* 聲帶/the spinal ~ 脊髓。

chord[2] [kɔrd; kɔːd] «accord 字首消失的變體字»**—*n.*** Ⓒ〘音樂〙和弦(cf. discord 2)。

chore [tʃor, tʃɔr; tʃɔː] «char[2] 的變形»**—*n.*** **1 a** Ⓒ**雜事**，**零工**。**b** [~s] (家庭及農場的)雜務《如洗衣、打掃、整理等》：go about the household ~*s* 忙於家事。**2** Ⓒ麻煩[討厭，無聊，費事]的工作：It's such a ~ to change diapers. 換尿布眞是一件討厭的事。

cho·re·a [koˋriə, ko-; kɔˈriə] *n.* Ⓤ〘醫〙舞蹈症(St. Vitus's dance)。

cho·re·og·ra·pher [ˌkorɪˋɑgrəfɚ, ˌko-; ˌkɔriˈɔgrəfə] *n.* Ⓒ(芭蕾舞等的)編舞，指導者。

cho·re·o·graph·ic [ˌkorɪəˋgræfɪk, ˌko-; ˌkɔriəˈgræfik ←] «choreography 的形容詞» **—*adj.*** 舞蹈術的。

cho·re·og·ra·phy [ˌkorɪˋɑgrəfɪ, ˌko-; ˌkɔriˈɔgrəfi] *n.* **1** Ⓤ(芭蕾舞等的)舞蹈術[法]。**2** ⓊⒸ編舞(法)。

cho·ric [ˋkorɪk, ˋkɔr-; ˈkɔrik] *adj.*〘希臘戲劇〙合唱曲式的；合唱歌舞式的。

cho·rine [ˋkorin; ˈkɔːriːn] *n.* 《美》=chorus girl.

cho·ris·ter [ˋkorɪstɚ; ˈkɔristə] *n.* Ⓒ **1** (尤指教會的)少年唱詩班團員(cf. choir 1)。**2** 《美》唱詩班的指揮(choir leader)。

cho·roid [ˋkorɔɪd, ˋkɔr-; ˈkɔːrɔid] *adj.*〘解剖〙(眼球之)脈絡膜的；似脈絡膜的。

—*n.* Ⓒ(眼球之)脈絡膜。

chor·tle [ˋtʃɔrtl; ˈtʃɔːtl] «*chuck*le(吃吃地竊笑)和 sn*ort*(發出鼻音)的混合語：L. Carroll 所創的字»**—*v.i.*** (很高興[很滿意]地)高聲笑；咯咯笑。

—*n.* [a ~]高興[滿意]的笑聲。

cho·rus** [ˋkorəs, ˋkɔrəs; ˈkɔːrəs] «源自希臘文「合唱歌舞團」之義»**—*n. **1** Ⓒ〘音樂〙**a 合唱**：a mixed ~ 混聲合唱/sing *in* ~ 合唱《★in ~ 無冠詞》。**b** 合唱曲；(歌的)合唱部。**c** (讚美歌中反覆出現的)疊句。**2** Ⓒ(人)一致的話語，異口同聲；(動物、蟲等)一齊發出的鳴叫聲：meet with a ~ of laughter 引來哄堂大笑/protest *in* ~ 集體抗議《★in ~ 無冠詞》。**3** Ⓒ[集合稱] **a** 合唱隊[團]《★[用法]視爲一整體時當單數用，指個別成員時當複數用》。**b** (歌舞劇等的)合唱舞蹈團《★[用法]與義 3 a 相同》。**4** Ⓒ(古希臘之宗教儀式、戲劇的)合唱歌舞團。

—*v.t.* 〔十受〕**1** 合唱〈歌曲〉。**2** 異口同聲地表示〈稱讚、抗議〉。

—*v.i.* 合唱；異口同聲地說。

chórus gìrl *n.* Ⓒ歌舞女郎《歌舞劇中的歌手兼舞者》。

‡**chose** [tʃoz; tʃouz] *v.* **choose** 的過去式。

‡**cho·sen** [ˋtʃozn; ˈtʃouzn] *v.* **choose** 的過去分詞。

—*adj.* **1** 被選上的，喜愛的：one's ~ field 自己選擇[喜愛]的範圍[領域]。**2** (尤指得救而)被神選上的：the ~ people 上帝的選民《猶太人的自稱》。

chow [tʃau; tʃau] «源自中文»**—*n.*** **1** Ⓤ《俚》**a** 食物。**b** 進餐(時間)。**2** (又作 **chów chòw**)Ⓒ雄獅狗《中國產的一種狗；毛厚、舌黑》。

—*v.i.* 〔十副〕《美俚》吃〈*down*〉。

chow 2

chow·der [ˋtʃaudɚ; ˈtʃaudə] *n.* Ⓤ《美》一種羹湯《★把鹹豬肉、蔬菜等加入魚貝類裏熬成或燉成的羹湯，最有名的是用蛤做成的蛤湯(clam chowder)；尤以新英格蘭(New England)地方的羹湯最出名》。

chow mein [ˋtʃauˋmen; ˌtʃauˈmein] *n.* Ⓤ炒麵。

Chr. 《略》Christ；Christian.

Chris [krɪs; kris] *n.* **1** 克里斯《男子名；Christopher 的暱稱》。**2** 克麗絲《女子名；Christiana, Christina, Christine 的暱稱》。

chrism [ˋkrɪzəm; ˈkrizəm] *n.* Ⓤ聖油《用於基督教儀式》。

chris·mal [ˋkrɪzml; ˈkrizəml] *adj.*

‡**Christ** [kraɪst; kraist] *n.* **基督**《以救世主(the Savior)身分出現的耶穌(Jesus)的稱號》：before ~ 紀元前《略作 B.C.》。

—*interj.* [表示驚訝、憤怒等]《俚》哎呀《表驚訝》！豈有此理！

> **【說明】**原爲希臘文，表示[被倒上油的人]。Jesus 是名字，Christ 是表示救世主的稱號。救世主是在痛苦中掙扎的猶太人期待已久而爲預言家預言存在的。基督徒相信誕生於拿撒勒(Nazareth)的耶穌就是救世主。

Chríst-child *n.* [the ~]基督兒時之畫像。

chris·ten [ˋkrɪsn; ˈkrisn] «源自古英語「使其成爲基督徒(Christian)」之義»**—*v.t.*** **1** 施洗禮於〈某人〉；(施洗禮)使〈某人〉成爲基督教徒。**2** 〔十受十補〕**a** (施洗禮)將〈某人〉命名〈爲…〉：The child was ~*ed* John after his uncle. 那個小孩受洗並以其叔叔之名而取名爲約翰。**b** 爲〈船等〉命名。**3** 《口語》開始使用，首次使用〈新汽車等〉。

Chrísten·dom [-dəm; -dəm] *n.* Ⓤ[集合稱] **1** 基督徒。**2** 信奉基督教的地區；基督教國家。

chrís·ten·ing [-sn̩-; -sn̩-] *n.* ⓊⒸ洗禮(儀式)；命名(儀式)。

‡**Chris·tian** [ˋkrɪstʃən; ˈkristʃən, -tjən] «Christ, Christianity 的形容詞»**—*adj.*** (**more** ~；**most** ~) **1** (無比較級、最高級) **a 基督教的**：the ~ religion 基督教/a ~ burial 基督教的葬禮。**b** 基督徒的；信奉基督教的。**2 a** 基督的，有基督(之博愛、慈悲)精神的：a truly ~ charity 眞正如基督般的慈悲。**b** 《口語》像人類的；高尙的，値得尊敬的。

—*n.* Ⓒ **1 基督徒**。**2** 《口語》高尙的人，文明人，人類：behave like a ~ 舉止得體。

Chris·ti·an·a [ˌkrɪstɪˋænə; ˌkristiˈɑːnə] *n.* 克麗絲蒂安娜《女子名；暱稱 Chris, Christie》。

Chrístian éra [**Era**] *n.* [the ~]紀元：in the first century of *the* ~ 紀元一世紀。

chris·ti·an·i·a [ˌkrɪstɪˋɑnɪə, krɪsˋtjɑnɪə; ˌkristiˈɑːnjə] *n.* (又作 **christiánia túrn**)Ⓒ〘滑雪〙挪威式轉彎，制動轉彎。

***Chris·ti·an·i·ty** [ˌkrɪstʃɪˋænətɪ; ˌkristiˈænəti] *n.* Ⓤ **1 基督教**。**2** 基督教信仰[精神]。**3** =Christendom 1.

Chris·tian·ize [ˋkrɪstʃənˌaɪz; ˈkristʃənaiz, -tjn̩-] *v.t.* 使…基督教化；使…皈依基督教。

Chrís·tian·ly *adj.* & *adv.* 如基督教徒般的[地]。

Chrístian náme *n.* Ⓒ教名(given name)(⇨ name【說明】)。

> **【說明】**指命名儀式時所取的名字。受洗教名放在姓(surname, family name)的前面，這與我國的取名法正好相反。例如保羅·紐曼(Paul Newman)的保羅(Paul)是教名(Christian name)，而紐曼(Newman)是姓。教名原在教會行洗禮式時所取，通常用聖經中人物或聖人的名字；cf. baptism【說明】

Chrístian Scíence *n.* Ⓤ基督教科學派。

> **【說明】**美國婦女愛迪(Mary Baker Eddy)於 1866 年所創的基督教支派。這一派人認爲物質是一幻象，人體的疾病起因於精神的異常，因此相信不用醫藥，靠信仰力量可治病，即信仰療法。

Chrístian Scíentist *n.* Ⓒ 基督教科學派教義的信奉者。

chris·tie [ˋkrɪstɪ; ˈkristi] *n.* =christiania.

Chris·tie [ˋkrɪstɪ; ˈkristi] *n.* **1** 克里斯帝《男子名》。**2** 克麗絲蒂《女子名；Christiana, Christine 的暱稱》。

Chris·tie [ˋkrɪstɪ; ˈkristi], Dame **Agatha** *n.* 克麗絲蒂《1890–1976；英國推理小說女作家》。

Chris·ti·na [krɪsˋtinə; kriˈstiːnə] *n.* 克麗絲汀娜《女子名；暱稱 Chris》。

Chris·tine [krɪsˋtin; kriˈstiːn] *n.* 克麗絲汀《女子名；暱稱 Chris, Christie》。

Chríst·like *adj.* 如基督的。

Christ·ly [ˋkraɪstlɪ; ˈkraistli] *adj.* 耶穌基督的；如基督的。

~·li·ness *n.*

‡**Christ·mas** [ˋkrɪsməs; ˈkrisməs] «源自古英語「基督(Christ)的彌撒(mass)」之義»**—*n.*** **1** Ⓤ[與形容詞連用時用 a ~]**耶誕節**，**聖誕節**《十二月二十五日》：at ~ 在耶誕節/keep ~ 慶祝耶誕節/give a person a gift *for* ~ 贈送某人耶誕禮物/*a* green ~ 沒有下雪的(暖和的)耶誕節/*a* white ~ 有[積]雪的耶誕節/*A* merry ~ to you！祝你耶誕節快樂！

> **【說明】**(1)耶誕節是慶祝耶穌誕生的節日。雖然無法確定這一天是否爲耶穌誕生之日，但自四世紀左右即被認爲如此。英國至十三世紀止，仍然以此日作爲一年的開始。Christ 是「基督」，mas 是指 mass(彌撒)，也就是「舉行紀念基督誕生的彌撒」之義。Christmas 可簡寫爲 Xmas，但 X'mas 或 X-mas 是錯誤的。
> (2)耶誕節與復活節(Easter)同爲基督教的大節日；每年教會會舉行彌撒，一般家庭就像我國過農曆年或中秋節一樣，把這一

天當作是家人、親戚一年一度團聚的時候，通常以美味的耶誕大餐(Christmas dinner)和贈送禮物來慶祝這個節日；扮耶誕老人(Santa Claus)及裝點耶誕樹(Christmas tree)原本是北歐的風俗，但和基督教發生關聯後便逐漸流傳各處。在英格蘭、威爾斯及北愛爾蘭，耶誕節爲四季結帳日(quarter day)之一。
(3)耶誕節當天，人們見面彼此以"Merry Christmas (to you)!"(耶誕快樂)"The same to you."(你也一樣；也祝你耶誕快樂)等語打招呼。

2 ＝Christmastide. **—*adj.*** [用在名詞前]耶誕節(用)的：a ～ carol 耶誕頌歌[讚美歌]。

【說明】在歐美，耶誕節時，有成羣年輕人在夜間巡迴到別人家門前唱耶誕頌歌(carol)的風俗。唱耶誕頌歌的人們稱作 carol singers或 carolers. 最有名的一首耶誕頌歌是 *Silent Night*(平安夜)。

Chrístmas bòx *n.* Ⓒ《英》耶誕禮金[禮物] (cf. Boxing Day).

【說明】在英國，人們習慣在耶誕節的翌日，即耶誕禮物日(Boxing Day)，把耶誕禮金(Christmas tipping)放入耶誕卡中，或將耶誕禮物裝入小盒中，送給平時照顧他們的家中傭人，或爲他們服務的郵差、管理員、送牛奶的人等。

Chrístmas càke *n.* Ⓤ[指個體時爲Ⓒ]耶誕蛋糕《耶誕節時吃的味道濃郁的蛋糕，裏面攙有許多葡萄乾等，表面還塗上一層糖霜；★比較與飾有奶油或鮮奶油裝飾的蛋糕(decoration cake)不同》。

Chrístmas càrd *n.* Ⓒ耶誕卡：send ～*s* 寄耶誕卡。

【說明】據說送耶誕卡的習慣在 1867 年始於英國，當時送的對象僅限於親戚或極親密的朋友。卡片上通常寫 Merry Christmas(耶誕快樂)或季節性的問候語。耶誕卡以宗教思想爲其出發點，與我國的賀年卡不同。因此，有時會在耶誕卡上附上聖經或頌歌的一節，並在耶誕節前寄達對方。

Chrístmas Dày *n.* 耶誕節《十二月二十五日》。

Chrístmas Éve *n.* 耶誕夜，耶誕節前夕[日]《十二月二十四日》：*on* ～ 在耶誕夜。

【說明】耶誕前夕的本來面貌是安靜地唱頌歌，迎接耶誕節的來臨。但是現在已經演變成裝飾耶誕樹、交換禮物等多采多姿的慶祝方式。英美兩國均在 1830 年代自德國引進立耶誕樹的習俗，人們在家門口裝飾槲寄生(mistletoe)的耶誕樹，並可在樹下吻任何人(kiss under the mistletoe). 穿紅衣服分送禮物給兒童的老人，在美國稱作 Santa Claus(耶誕老人)，在英國又稱 Father Christmas；cf. New Year's Eve【說明】

Chrístmas hólidays *n. pl.* [the ～]《英》耶誕假期；(學校的)寒假。

Chrístmas púdding *n.* Ⓤ[指個體時爲Ⓒ]《英》耶誕布丁。

【說明】加有許多葡萄乾等的布丁；通常是在關掉燈火的屋子裏把白蘭地淋在布丁上點上火，爲耶誕晚宴結束時所吃的。

Chrístmas stòcking *n.* Ⓒ耶誕節用的襪子《於耶誕夜時吊在壁爐旁、耶誕樹上或床邊的襪子，用來裝送給小孩子的禮物》。

christ·mas·(s)y [ˋkrɪsməsɪ; ˈkrisməsi] *adj.* 《俚》有耶誕節氣氛的。

Chrístmas·tìde *n.* Ⓤ耶誕節節期(yuletide)《從十二月二十四日至一月六日》。

Chrístmas·tìme *n.* ＝Christmastide.

Chrístmas trèe *n.* Ⓒ耶誕樹《通常是在樅樹(fir)上飾以各種裝飾品》：He is all lit up like a ～.《美俚》他已經醉了《★把酒醉後臉頰通紅的狀態比喻爲點上燈的耶誕樹》。

Chrístmas vacátion *n.* [the ～]《美》＝Christmas holidays.

Chris·to·pher [ˋkrɪstəfɚ; ˈkristəfə] *n.* 克里斯多夫《男子名；暱稱 Chris, Kit》.

chris·ty [ˋkrɪstɪ; ˈkristi] *n.* ＝christiania.

chro·mate [ˋkromet; ˈkroumeit] *n.* Ⓤ Ⓒ《化學》鉻酸鹽。

chro·mat·ic [kroˋmætɪk; krouˈmætik] *adj.* **1** 色彩的，著色[彩色]的：～ printing 彩色印刷《彩色版》/～ aberration《光學》色像[收]差。**2**《生物》染色質的。**3**《音樂》半音的：the ～ scale 半音音階/a ～ semitone 半音。

chro·mát·i·cal·ly [-klɪ; -kəli] *adv.*

chro·mat·ics [kroˋmætɪks; krouˈmætiks] *n.* Ⓤ色彩學。

chro·ma·tin [ˋkromətɪn; ˈkroumətin] *n.* Ⓤ《生物》(細胞核內的)染色質。

chro·ma·tism [ˋkromətɪzəm; ˈkroumətizəm] *n.* Ⓤ **1**《植物》變色。**2**《醫》色幻視。**3**《光學》＝chromatic aberration.

chrome [krom; kroum] *n.* Ⓤ **1 a** 鉻合金。**b** 鍍鉻的東西《用於製成品或潤飾上》。**2** ＝chromium. **3** ＝chrome yellow.

chróme-pláted *adj.* **1**〈金屬〉鍍鉻的。**2** 虛飾的。

chróme stéel *n.* Ⓤ《冶金》鉻鋼《不銹鋼的一種》。

chróme yéllow *n.* Ⓤ **1**《化學》鉻黃，鉻酸鉛《黃色顏料》。**2** 鉻黃色。

chro·mic [ˋkromɪk; ˈkroumik] *adj.* 《化學》含(三價)鉻的，鉻的：～ acid 鉻酸。

chro·mite [ˋkroˌmaɪt; ˈkroumait] *n.* **1** Ⓤ《礦》鉻鐵礦。**2** Ⓒ《化學》亞鉻酸鹽。

chro·mi·um [ˋkromɪəm; ˈkroumiəm] *n.* Ⓤ《化學》鉻《金屬元素；符號 Cr》.

chrómium-pláted *adj.* ＝chrome-plated.

chrómium stéel *n.* ＝chrome steel.

chro·mo·some [ˋkroməˌsom; ˈkrouməsoum] *n.* Ⓒ《生物》染色體：⇨ X chromosome, Y chromosome.

chro·mo·sphere [ˋkroməˌsfɪr; ˈkrouməˌsfiə] *n.* Ⓒ《天文》色球(層)《日全蝕時太陽周圍所見之紅色火焰層》；其他星體類似之光焰層。

chron. 《略》chronicle；chronological(ly)；chronology.

Chron. 《略》《聖經》Chronicles.

chron·ic [ˋkrɑnɪk; ˈkrɔnik] 《源自拉丁文「有年代順序的，持久的」之義》**—*adj.*** **1 a**〈疾病〉慢性的(↔ acute)：a ～ disease 慢性病。**b** [用在名詞前]有痼疾的〈人〉：a ～ invalid 慢性病的患者。**2** 長期的：(a) ～ rebellion 曠日持久的叛亂。**3** [用在名詞前]習慣的，習以爲常的，積習成癖的：a ～ grumbler 經常發牢騷者。**4**《英口語》討厭的，嚴重的《★非標準用語》：～ weather 討厭的天氣。

chrón·i·cal·ly [-nɪklɪ; -nikəli] *adv.*

chron·i·cle [ˋkrɑnɪkḷ; ˈkrɔnikl] *n.* **1** Ⓒ年代記，編年史。**2** [the C～；用於報紙名稱]…新聞[報]，…記事報：the *News C～* 新聞記事報。**3** [the Chronicles；當單數用]《聖經》歷代志(The Book of the Chronicles)《聖經舊約中一書；分上下兩部；略作 Chron.》.

—*v.t.* 〔十受〕把〈史實等〉載於年代記；記錄…。

chrón·i·cler *n.* Ⓒ年代記編者，年代史家；(事件的)記錄者。

chron·o- [krano-, -nə-; krɔnou-, -nə-] [複合用詞]表示「時間」之意。

chron·o·graph [ˋkrɑnəˌgræf; ˈkrɔnəgrɑːf] *n.* Ⓒ記時器。

chron·o·log·i·cal [ˌkrɑnəˋlɑdʒɪkḷ; ˌkrɔnəˈlɔdʒikl ←] 《chronology 的形容詞》**—*adj.*** **1** 按年代順序的：in ～ order 依年代順序。**2** 年代學的；年代記的，年表的：a ～ table 年表。

～·ly [-klɪ; -kəli] *adv.*

chro·nól·o·gist [-dʒɪst; -dʒist] *n.* Ⓒ年代[年表]學者。

chro·nol·o·gy [krəˋnɑlədʒɪ; krəˈnɔlədʒi] *n.* **1** Ⓤ年代學。**2** Ⓒ年代記，年表。**3** Ⓒ(事件的)年代順序。

chro·nom·e·ter [krəˋnɑmətɚ; krəˈnɔmitə] *n.* Ⓒ **1** 經線儀《測定經度用的精密記時計》。**2**《口語》非常準確的錶[鐘]。

chron·o·scope [ˋkrɑnəˌskop; ˈkrɔnəskoup] *n.* Ⓒ 瞬時計，測時器《測定光速等的無針記時計》。

chrys·a·lis [ˋkrɪsḷɪs; ˈkrisəlis] *n.* Ⓒ (*pl.* ～·es, **chry·sal·i·des** [krɪˋsæləˌdiz; kriˈsælidiːz]) **1** (爲硬皮所包住的)蛹。**2** 準備期，過渡期。

chry·san·the·mum [krɪˋsænθəməm; kriˈsænθəməm] 《源自希臘文「金色花」之義》**—*n.*** Ⓒ《植物》**1** 菊：the land of the ～ 菊之國《日本的別稱》。**2** 菊花。

Chrys·ler [ˋkraɪslɚ; ˈkraizlə] *n.* Ⓒ《商標》克萊斯勒《美國克萊斯勒(Chrysler)公司製的汽車》。

chrys·o·ber·yl [ˋkrɪsəˌbɛrɪl, -əl; ˈkrisəberil] *n.* Ⓤ《礦》金綠寶石。

chrys·o·lite [ˋkrɪsḷˌaɪt; ˈkrisəlait] *n.* Ⓤ《礦》貴橄欖石。

chrys·o·prase [ˋkrɪsəˌprez; ˈkrisəpreiz] *n.* Ⓤ《礦》綠玉髓。

chub [tʃʌb; tʃʌb] *n.* Ⓒ (*pl.* ～, ～s)《魚》諸子鱲《一種歐洲產的鯉科淡水魚》。

chub·by [ˋtʃʌbɪ; ˈtʃʌbi] *adj.* (**chub·bi·er**; **-bi·est**)圓胖的，豐滿的：a ～ face 一張圓胖的臉。**chúb·bi·ness** *n.*

chuck[1] [tʃʌk; tʃʌk] *n.* **1** Ⓒ(車床等的)夾頭，卡盤，夾盤。**2** Ⓤ(牛的)頸肉《頸部與肩胛部之間的肉；⇨ beef 插圖》。

—*v.t.* 用卡盤固定[夾緊]〈某物〉。

chuck[2] [tʃʌk; tʃʌk] *v.t.* **1** 〔十受十介十名〕(笑鬧地)輕輕拍打〈某人〉〔下顎〕〔*under*〕《★用法chin 之前用 the》：He ～*ed* the child *under the* chin. 他輕輕拍打[揑]那個小孩的下顎。

2《口語》**a** 〔十受〕輕輕投擲〈某物〉。**b** 〔十受十受〕扔[拋]〈某物〉給〈某人〉：*C～* me the book. 把那本書丟給我。**c** 〔十受十介十(代)名〕把…丟〔向…〕〔*to, at*〕：～ a ball *to* a person 把球丟向某人/～ a stone *at* a dog 把石頭丟向一條狗。**d** 〔十受十副〕丟進，扔進〈某物〉〈*in*〉；丟出，扔出〈某物〉〈*out*〉.

3《口語》**a** 〔十受十副〕丟棄，扔掉…〈*away, out*〉：～ ***away*** an old hat 把舊帽子扔掉/～ ***out*** rubbish 把垃圾扔掉。**b** 〔十受十副〕把〈人〉(從某處)逐出[趕出]〈*out*〉：～ a drunken man ***out*** 把醉漢攆出去。**c** 〔十受十介十(代)名〕把〈人〉〔從某處〕逐出[趕

出]〔*out of*〕：～ a drunken man ***out of*** a pub 把醉漢從酒吧攆出去。

4《口語》〔**十受(十副)**〕 **a** 中止，放棄〈工作、企劃等〉，(因厭惡而)停止…；對…死心〈*up*〉：～ (**up**) one's job 辭職。**b** [～ **it** (**in**)]停止，作罷。

—*n.* **1** Ⓒ輕拍[輕捏](下顎)。**2** Ⓒ《口語》輕擲。**3** [**the** ～]《英俚》(對某人的)拋棄，遺棄，放棄；開除：get *the* ～ 被解雇[開除]/give a person *the* ～ (突然)把人解雇；(突然)與某人斷絕關係。

chuck³ [tʃʌk; tʃʌk] *n.* Ⓒ咯咯《呼雞聲》。

—*v.i.* 〈母雞〉咯咯叫。

chúck·er-óut *n.* Ⓒ(*pl.* **chuck·ers-out**)《英》(在劇場、酒吧等地負責把搗亂者攆出去的)護場者，保鏢，打手。

chuck-full [ˈtʃʌkˈful; ˈtʃʌkˈful] *adj.* =chock-full.

chuck·le [ˈtʃʌkl; ˈtʃʌkl] **«**chuck³ 的反覆形**»—***n.* Ⓒ**低聲輕笑**，(很滿意的)低聲偷笑：give a ～ 低聲輕笑。

—*v.i.* **1** 〔**動(十介十(代)名)**〕〔對…〕**低聲輕笑**；暗自竊笑〔*at*, *over*〕(⇨ laugh【**同義字**】)：～ while reading 邊看書邊低聲輕笑/～ *to* one*self* 一個人偷笑，獨自發笑/He ～*ed* ***at*** the child's mischievousness. 他對這個小孩的調皮搗蛋而暗自偷笑。

2 〈母雞〉咯咯叫。

chúckle·hèad *n.* Ⓒ《口語》傻瓜，低能者。

chug [tʃʌg; tʃʌg] **«**擬聲語**»—***n.* Ⓒ(引擎等發動時的)軋軋聲。

—*v.i.* (**chugged**; **chug·ging**)《口語》**1** 發出軋軋聲。**2** 〔**十副**〕發出軋軋聲地前進〈*along*, *away*〉：The train *chugged* ***along***. 火車發出軋軋聲前進。

chuk·ker, chuk·kar [ˈtʃʌkɚ; ˈtʃʌkə] *n.* Ⓒ(馬球比賽中)一局。

chum [tʃʌm; tʃʌm] *n.* Ⓒ **1** 《口語》(尤指男孩子之間的)好友，摯友：be ～*s with*... 與…是好朋友。**2** 《澳》移民：a new ～ 新來的移民。

—*v.i.* (**chummed**; **chum·ming**)〔**十副(十介十(代)名)**〕《口語》〔與…〕成為好朋友〈*up*〉〔*with*〕：Tom *chummed* ***up with*** me. 湯姆和我成為好朋友。

chum·my [ˈtʃʌmɪ; ˈtʃʌmi] **«**chum 的形容詞**»—***adj.* (**chum·mi·er**; **-mi·est**) **1** 《口語》交情好的，感情好的；親密的；友善的。

2 [不用在名詞前]〔**十介十(代)名**〕〔與…〕感情好的〔*with*〕：be ～ ***with*** ... 與…感情好的[親密的]。

chump [tʃʌmp; tʃʌmp] *n.* Ⓒ **1** 短厚木塊。

2 (又作 **chúmp chòp**)(一端有骨頭的)厚肉塊。

3 《英俚》頭：be [go] off one's ～ 發瘋，發狂。

4 a 《口語》傻瓜，笨蛋。**b** 《美俚》容易受騙的人，容易被利用的人。

chunk [tʃʌŋk; tʃʌŋk] *n.* Ⓒ **1** (乾酪、麵包、肉片、木材等的)厚塊，厚片：a ～ of bread 一大塊麵包。**2** 相當(多)的數量；許多：a ～ *of* money 相當多的錢。**3** 《美口語》(矮胖)粗壯的人[動物]。

chunk·y [ˈtʃʌŋkɪ; ˈtʃʌŋki] **«**chunk 的形容詞**»—***adj.* (**chunk·i·er**; **-i·est**)《口語》**1** 〈物〉矮胖的，粗壯的。**2** 〈布等〉厚重的。**3** 〈果醬等〉厚厚一層的。

****church** [tʃɝtʃ; tʃə:tʃ] **«**源自希臘文「主的(家)」之義**»—***n.* **1** Ⓒ (基督教的)**教堂**，聖堂。

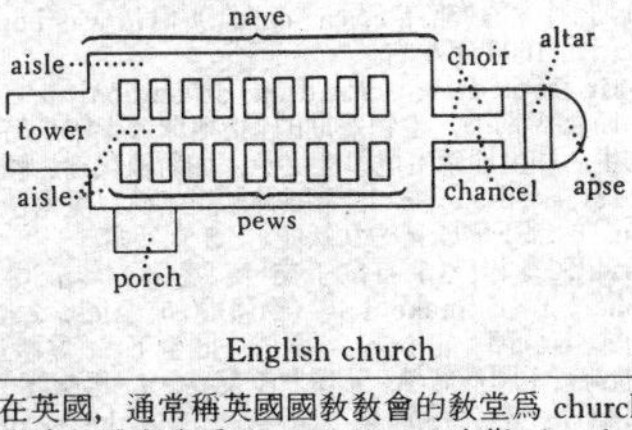

English church

【**說明**】在英國，通常稱英國國教教會的教堂為 church，有時稱非國教教會的禮拜堂為 chapel. chapel 也指 church 中的小禮拜堂，或設於機構、宅邸中的小禮拜堂。教友派(Quaker)的禮拜堂則稱作 meetinghouse.

2 Ⓤ(教堂的)禮拜儀式：go to [attend] ～ 做禮拜/They are at [in] ～. 他們正在做禮拜/after ～ 做完禮拜後/Is ～ over yet? 禮拜做完了嗎？

3 [常 **C**～] Ⓒ(教派之)教會；教會組織；教派：the Catholic [Protestant] *C*～ 天主教[新教]教會/the *C*～ of England＝the Anglican [English] *C*～ 英國國教會，聖公會/the *C*～ of Scotland 蘇格蘭國教會《長老派》/the Eastern [Western] *C*～ 東方[西方]教會/the established [state] ～ 國教/the Methodist *C*～ 美以美教會/the Presbyterian *C*～ 長老教會/⇨ High Church.

4 Ⓤ(與國家相對的)教會；教權：the separation of ～ and state 政教分離。

5 [**the C**～；集合稱](全體)基督徒：*the C*～ and the world 教會與俗世。

6 [**the** ～]神職，僧職：go into [enter] *the* ～ 從事神職。

7 [**the** ～；集合稱](教會的)會衆。

(**as**) **póor as a chúrch móuse** 非常貧困，一貧如洗。

—*adj.* **1** [用在名詞前]教會[堂]的：a ～ wedding 在教堂舉行的結婚典禮。**2** [不用在名詞前]《英》屬於英國國教會的：Are you ～, or chapel? 你是國教教徒還是非國教教徒？

—*v.t.* 〔**十受**〕把〈(安產後的)婦女〉帶到教堂謝恩(★常用被動語態)：She *was* ～*ed* yesterday. 她昨天舉行過產後的謝恩儀式。

chúrch bòok *n.* Ⓒ教堂使用之各種書籍《如禱告書等》。

chúrch·gòer *n.* Ⓒ經常按時上教堂做禮拜的人。

chúrch·gòing *n.* Ⓤ上教堂做禮拜。

—*adj.* 經常按時上教堂做禮拜的。

Chur·chill [ˈtʃɝtʃɪl; ˈtʃə:tʃil], Sir **Winston** (**Leonard Spencer**) *n.* 邱吉爾《1874–1965；英國的政治家、作家；兩度任首相(1940–45, 51–55)》.

chúrch·ing *n.* ⓊⒸ安產後的謝恩禮拜儀式。

chúrch kèy *n.* Ⓒ(尖端突起呈三角形的)開罐器，塞鑽(瓶起子)。

chúrch·less *adj.* **1** 無教堂的。**2** 不屬於任何教派的。

chúrch·lìke *adj.* 像教堂的。

chúrch·ly *adj.* **1** (有關)教會的。**2** 忠於教會的。

chúrch·man [-mən; -mən] *n.* Ⓒ(*pl.* **-men** [-mən; -mən]) **1** 神職人員，牧師。**2 a** 教會信徒。**b** 《英》國教信徒(cf. dissenter 2).

chúrch râte *n.* Ⓒ《宗教》(教區內徵收的)教會維持稅。

chúrch règister *n.* Ⓒ《美》教區記錄(parish register).

chúrch schòol *n.* Ⓤ[指設施時為Ⓒ]教會(附屬)學校。

chúrch sèrvice *n.* ⓊⒸ禮拜。

chúrch·wàrden *n.* Ⓒ(英國國教會的)教區委員《代表教區(parish)協助教會者；通常有兩名》。

chúrch·wòman *n.* Ⓒ(*pl.* **-women**) **1** 教會女信徒。**2** 《英》國教的女信徒。

chúrch·yàrd *n.* Ⓒ(教會的)中庭，庭院；(附屬教會的)墓地(cf. cemetery)：A green Christmas [Yule, winter] makes a fat ～. 《諺》暖和而不下雪的耶誕節[冬天](人容易生病)會有很多人死亡。

churl [tʃɝl; tʃə:l] *n.* Ⓒ **1 a** 粗鄙的人，鄉下人。**b** 吝嗇鬼，小氣鬼。**2** 《古》身分卑微的人。

chúrl·ish [-lɪʃ; -liʃ] *adj.* **1** 粗野的，魯莽的，沒禮貌的。**2** 吝嗇的。～**·ly** *adv.* ～**·ness** *n.*

churn [tʃɝn; tʃə:n] *n.* Ⓒ **1** 攪乳器《攪拌乳脂、牛奶以製造奶油的器具》。**2** 《英》(適合搬運的)奶桶。

—*v.t.* **1 a** (用攪乳器)攪拌〈乳脂、牛奶〉。**b** 攪拌製造〈奶油〉。**2** 〔**十受(十副)**〕劇烈攪拌〈水、土等〉；〈風等〉使〈波浪〉翻騰；使…起泡〈*up*〉：The propeller of the steamboat ～*ed* (***up***) the waves. 汽船的推進器捲起浪花。

—*v.i.* **1** 開動攪乳器；用攪乳器製造奶油。**2** 〈波浪等〉沖擊岸邊(而起泡沫)。**3** 〈螺旋槳等〉劇烈轉動。**4** 〈羣衆等〉四處亂竄。

chúrn óut 《*vt adv*》《口語》不斷地大量製作，大量生產〈電影、貨品等〉：～ *out* movie after movie 粗製濫造地製作大量影片。

churn 1

churr [tʃɝ; tʃə:] **«**擬聲語**»—***n.* Ⓒ唧唧聲《某種昆蟲、鳥的鳴叫聲》。**—***v.i.* 唧唧叫。

chute [ʃut; ʃu:t] **«**源自法語「落下」之義**»** **—***n.* Ⓒ **1** 瀉槽，斜槽，滑槽，滑運道(shoot)：a letter ～ 信件滑落槽。**2** (流下陡坡的)急流；瀑布。**3** 《口語》＝parachute.

chúte the chúte(**s**) (在兒童樂園等地)坐雲霄飛車(等)；玩滑水板。

chut·ist [ˈʃutɪst; ˈʃu:tist] *n.* Ⓒ跳傘者(parachutist).

chut·ney [ˈtʃʌtnɪ; ˈtʃʌtni] *n.* Ⓤ酸辣醬《加入各種香料帶有酸甜味的印度調味品》。

chutz·pa, chutz·pah [ˈhutspə; ˈhutspə] *n.* Ⓤ《口語》(非常的)無恥，厚臉皮。

chyle [kaɪl; kail] *n.* Ⓤ《生理》乳糜。

chyme [kaɪm; kaim] *n.* Ⓤ《生理》食糜《食物經胃液消化後所變成的漿狀物》。

C.I. 《略》Channel Islands.

CIA, C. I. A. 《略》Central Intelligence Agency.

ciao [tʃaʊ; tʃau] **«**源自義大利語**»—***interj.* 《口語》**1** 你好。**2** 再見。

ci·ca·da [sɪˈkedə, -ˈkɑdə; siˈkeidə, -ˈkɑ:-] *n.* Ⓒ(*pl.* ～**s**, **-dae** [-di; -di:])《昆蟲》蟬(《美》locust).

cic·a·trice [ˈsɪkətrɪs; ˈsikətris] *n.* =cicatrix.

C

cic·a·trix [ˋsɪkətrɪks; ˈsikətriks] *n.* Ⓒ (*pl.* **cic·a·tri·ces** [ˏsɪkəˋtraɪsiz; ˌsikəˈtraisi:z], ~·**es**) **1**《醫》瘢，瘢痕。**2**《植物》葉痕。

Cic·e·ro [ˋsɪsəˏro; ˈsisərou], **Mar·cus Tul·li·us** [ˋmɑrkəsˋtʌlɪəs; ˈmɑ:kəsˈtʌliəs] *n.* 西塞羅《106–43 B.C.；羅馬的政治家、哲學家、演說家》。

cic·e·ro·ne [ˏsɪsəˋronɪ, ˏtʃɪtʃəˋronɪ; ˌtʃitʃəˈrouni, ˌsisə-] «源自義大利語「像 Cicero 的演說家」之義»—*n.* Ⓒ(*pl.* **-ro·ni** [-ni; -ni:]) **1** (爲遊客介紹名勝古蹟等的)觀光導遊，嚮導：do the ~ 當觀光導遊。**2** 引導人；指導者。

Cic·er·o·ni·an [ˏsɪsəˋronɪən; ˌsisəˈrounjən˜] «Cicero 的形容詞»—*adj.* 西塞羅式的；莊重典雅的；(似西塞羅般)雄辯的。

Cid [sɪd; sid] *n.* [The ~] 西得《十一世紀與摩爾人(the Moors)作戰的西班牙英雄》。

C.I.D., CID 《略》Criminal Investigation Department《英》(倫敦(London)警務署)偵察課。

-cide [-saɪd; -said] 字尾 表示「殺，殺人者」之意的名詞字尾：patri*cide*(弒父), insecti*cide*(殺蟲劑)。

ci·der [ˋsaɪdɚ; ˈsaidə] «源自拉丁文「烈酒」之義»—*n.* Ⓤ [指個體時爲Ⓒ] **a**《英》蘋果酒《蘋果汁發酵後製成的酒；含有酒精；分無甜味(dry)與有甜味(sweet)兩種；在美國稱作 hard cider》. **b**《美》蘋果汁《蘋果汁之未發酵者；又稱作 sweet cider》.

cíder prèss *n.* Ⓒ(製cider 用的)蘋果榨汁機。

C.I.F., c.i.f. [ˋsiˏaɪˋɛf, ˋsɪf; ˌsi:aiˈef] 《略》《商》cost, insurance, and freight 貨價、保險、運費等包含在內的價格：a ~ price 到岸交貨價格。

***ci·gar** [sɪˋgɑr; siˈgɑ:] «源自西班牙語»—*n.* Ⓒ雪茄煙。

‡**cig·a·rette, cig·a·ret** [ˏsɪgəˋrɛt, ˋsɪgəˏrɛt; ˌsigəˈret] «源自 cigar＋-ette(表示"小"之意的字尾)»—*n.* Ⓒ紙捲煙，香煙。

cigarétte càse *n.* Ⓒ香煙盒。

cigarétte hòlder *n.* Ⓒ紙煙用的煙斗[嘴]。

cigarétte lìghter *n.* Ⓒ(點香煙用的)打火機。

cigarétte pàper *n.* Ⓤ捲煙紙。

cigár hòlder *n.* Ⓒ雪茄用的煙斗[嘴]。

cig·a·ril·lo [ˏsɪgəˋrɪlo; ˌsigəˈrilou] *n.* Ⓒ(*pl.* ~**s**)小雪茄煙。

cil·i·a [ˋsɪlɪə; ˈsiliə] *n. pl.* (*sing.* **cil·i·um** [ˋsɪlɪəm; ˈsiliəm]) **1** 睫毛。**2** (葉、羽毛等的)細毛。**3**《生物》纖毛。

Cim·me·ri·an [səˋmɪrɪən; siˈmiəriən] «源自希臘神話»—*n.* Ⓒ辛梅里安人《荷馬(Homer)詩中所寫的古代居於永遠黑暗之地的神秘人民》。
—*adj.* **1** 辛梅里安人的。**2** 極黑暗的，幽暗的。

C in C, C. in C. 《略》Commander in Chief,《英》Commander-in-Chief.

cinch [sɪntʃ; sintʃ] *n.* **1** Ⓒ(墨西哥等地之用馬毛編成的)帶，(馬的)腹帶。**2** [**a** ~]《口語》緊握，抓牢：have *a* ~ on... 抓緊[握緊]…。**3** [**a** ~]《俚》**a** 確實之事；被認爲能獲勝的人[馬]：He's *a* ~ *to* win. ＝*It* is *a* ~ *that* he will win. 他一定會贏。**b** 容易的事，易如反掌的事：That's *a* ~ for me. 那對我來說太容易了。
—*v.t.* **1 a** 繫腹帶於〈馬〉上。**b** 繫〈*up*〉. **2**《俚》確實把握住，確定，確保：~ one's victory 確保某人的勝利。

cin·cho·na [sɪnˋkonə; siŋˈkounə] *n.* **1** Ⓒ《植物》金雞納樹。**2** (又作 **cinchóna bàrk**)Ⓤ金雞納樹皮《可提取奎寧(quinine)》.

Cin·cin·nat·i [ˏsɪnsəˋnætɪ; ˌsinsiˈnæti] *n.* 辛辛那提《美國俄亥俄州(Ohio)西南部之一個城市》。

cinc·ture [ˋsɪŋktʃɚ; ˈsiŋktʃə] *n.* Ⓒ《基督教》帶，環帶《繫在 alb 等法袍之腰部的帶子》。
—*v.t.* **1** 以帶纏繞[繫住]。**2** 包圍，環繞。

cin·der [ˋsɪndɚ; ˈsində] *n.* **1 a** Ⓒ(煤等的)餘燼；煤渣，煤屑：burned to a ~〈食物等〉燒成焦黑狀。**b** [~**s**] 灰燼：burn...to ~*s* 把…燒成灰；燒光…。**c** Ⓤ(從溶礦爐取出的)溶渣。**2** [~**s**]《地質》(從火山噴出的)火山渣。

Cin·der·el·la [ˏsɪndəˋrɛlə; ˌsindəˈrelə˜] *n.* **1** (仙履奇緣中，從繼女變成王妃的)灰姑娘。

> 【字源】cinder表示「餘燼，灰燼」；ella表示「小，可愛」之義，因此，Cinderella 的意思就是「蒙灰的少女」，用這個名字表示身沾灰塵而拼命工作的少女。
> 【說明】(1)Cinderella 是著名童話故事中女主角的名字。她被繼母與兩個同父異母的姊姊欺負，每天過著奴隸般的生活。後來由於仙女的協助，被王子看中，經由一些與一隻玻璃鞋有關的巧事，終於成爲王妃。
> (2)「灰姑娘」一字容易使人聯想到「一夕成名」、「突然轉運」的人，但在英語裏，它通常意味著「有才幹、價値而沒有獲得應有賞識的人或物」。

2 Ⓒ **a** 被繼母虐待的人；未被發現的美女[人才]。**b** 一躍成名的人。

cínder pàth [tràck] *n.* Ⓒ用細煤渣鋪成的小路[賽跑用跑道]。

cin·e- [sɪnɪ-, -nə-; sini-] [複合用詞]表示「電影」(cinema)之意。

cin·e·ast, cin·e·aste [ˋsɪnɪˏæst; ˈsiniæst] «源自法語»—*n.* Ⓒ(狂熱的)電影迷。

cíne·càmera *n.* Ⓒ《英》電影攝影機(《美》movie camera).

cin·e·film [ˋsɪnɪfɪlm; ˈsinifilm] *n.* Ⓒ電影膠片。

‡**cin·e·ma** [ˋsɪnəmə; ˈsinəmə] «*cinema*tograph 之略»—*n.* **1** Ⓤ [常 the ~] **a** [集合稱]電影(⇨ movie 2 a 用法)：go to *the* ~ 去看電影。**b** 電影製作法[技術]。**c** 電影事業。**d** (藝術性的)電影。**2** Ⓒ《英》電影院(《美》movie).

cínema fàn [gòer] *n.* Ⓒ《英》影迷。

Cin·e·ma·Scope [ˋsɪnəməˏskop; ˈsinəməskoup] *n.* Ⓒ《商標》新藝綜合體《一種用弧形寬銀幕及立體音響發聲的電影》。

cin·e·ma·theque [ˏsɪnəməˋtɛk; ˌsiniməˈtek] *n.* Ⓒ放映歷史重要文獻片、實驗影片的電影院。

cin·e·mat·ic [ˏsɪnəˋmætɪk; ˌsiniˈmætik˜] *adj.* 電影的。

cin·e·mat·o·graph [ˏsɪnəˋmætəˏgræf; ˌsinəˈmætəgrɑ:f] «源自希臘文「動」及「畫」»—*n.* Ⓒ《英》電影攝影機；電影放映機。

cin·e·mat·o·graph·ic [ˏsɪnəˏmætəˋgræfɪk; ˌsinəmætəˈgræfik˜] *adj.* 電影的；放映的。
-gráph·i·cal·ly [-kl̩ɪ; -kəli] *adv.*

cin·e·ma·tog·ra·phy [ˏsɪnəməˋtɑgrəfɪ; ˌsinəməˈtɔgrəfi] *n.* Ⓤ電影拍攝技巧[法]。

cin·e·phile [ˋsɪnəˏfaɪl; ˈsinifail] *n.* Ⓒ電影迷，熱愛電影者。

cíne·projèctor *n.* Ⓒ放映機。

Cin·e·ra·ma [ˏsɪnəˋræmə; ˌsinəˈrɑ:mə] *n.* Ⓒ《商標》超銀幕立體電影《以三臺同步放映機在一寬闊的弧形銀幕上各放映三分之一的畫面，以產生立體效果的電影》。

cin·er·ar·i·a [ˏsɪnəˋrɛrɪə; ˌsinəˈrɛəriə] *n.* Ⓒ《植物》瓜葉菊，(俗稱)千日蓮《菊科觀賞植物》。

cin·er·ar·i·um [ˏsɪnəˋrɛrɪəm; ˌsinəˈrɛəriəm] *n.* Ⓒ(*pl.* **-i·a** [-rɪə; -riə])骨灰放置處。

cin·er·ar·y [ˋsɪnəˏrɛrɪ; ˈsinərəri] *adj.* 安放骨灰(用)的：a ~ urn 骨灰罈。

Cin·ga·lese [ˏsɪŋgəˋliz; ˌsiŋgəˈli:z] *adj.*, *n.* ＝Singhalese.

cin·na·bar [ˋsɪnəˏbɑr; ˈsinəbɑ:] *n.* Ⓤ **1**《礦》辰砂，硃砂《水銀的原礦》。**2** 鮮紅色，朱紅色(vermilion).

cin·na·mon [ˋsɪnəmən; ˈsinəmən] *n.* **1 a** Ⓤ錫蘭肉桂皮《肉桂的樹皮具芳香性，可做香料》。**b** Ⓒ《植物》錫蘭肉桂《樟木屬的樹木》。**2** Ⓤ肉桂色《黃褐色》。—*adj.* 肉桂色的。

cinq(ue)·foil [ˋsɪŋkˏfɔɪl; ˈsiŋkfɔil] *n.* Ⓒ **1**《植物》委陵菜《薔薇科委陵菜屬植物的總稱；其葉爲五指狀》。**2**《建築》五葉[瓣]花飾，梅花形的裝飾。

Cínque Pórts *n. pl.* [**the** ~] 英國東南岸的五個特別港《分別爲 Hastings, Romney, Hythe, Dover, Sandwich》.

ci·pher [ˋsaɪfɚ; ˈsaifə] «源自阿拉伯語「零」之義»—*n.* **1** Ⓒ(符號)零，0 (nought). **2** Ⓒ阿拉伯數字：a number of five ~*s* 五位數字。**3** Ⓒ無價値[不足道]的人[物]。**4 a** ⓊⒸ暗號，密碼：in ~ 用暗號，用密碼。**b** Ⓒ解暗號[密碼]的方法。
—*v.t.* 將〈通訊等〉做成暗號[密碼]，以暗號[密碼]書寫(↔ decipher).

cir(c). 《略》circa.

cir·ca [ˋsɝkə; ˈsə:kə] «源自拉丁文 'about' 之義»—*prep.* [用於年代、日期前]大約《略作 c., ca., cir(c).》：He was born *c.* 1600. 他出生於紀元 1600 年左右。

cir·ca·di·an [sɚˋkedɪən, ˏsɝkəˋdɪən; səˈkeidiən] *adj.*《生理》以二十四小時爲周期的，生物週期的《指地球二十四小時轉動一圈而使人的生活和生理產生規律性反應，如新陳代謝、睡眠等》。

Cir·ce [ˋsɝsɪ, -si; ˈsə:si] *n.* **1**《希臘神話》色西《以魔術使奧地修斯(Odysseus)的部下變成豬的女妖怪》。**2** Ⓒ妖婦。

‡**cir·cle** [ˋsɝkl̩; ˈsə:kl] «源自拉丁文「輪」之義»—*n.* Ⓒ **1** 圓；圓周(cf. sphere 1 a)：make a ~〈物體〉形成一圈。**2** 圓形物：**a** 環，輪，圈。**b** 圓陣：sit in a ~ 圍成一圈坐下。**c** 環狀道路，(鐵路的)環狀線。**d** 圓形廣場。**e** 環狀交叉路。**f** (馬戲團的)馬戲表演場；馬戲棚。**3**《詩》周期；循環，一周：the ~ of the seasons 季節的循環。**4**《戲劇》(半圓形的)樓座：⇨ dress circle, parquet circle, upper circle. **5** [常 ~**s**] (具有共同職業、利害關係的)集團，同夥，社會，…界：the upper ~*s* 上流社會/business [literary] ~*s* 商業[文學]界/⇨ family circle 1. **6** 〔交友、活動等的〕範圍〔*of*〕：have a large ~ *of* friends 交際範圍很廣。**7** 完整體系，整體：the ~ *of* the sciences 科學的完整體系。**8**《邏輯》循環論法：a vicious ~ 惡性循環。**9**《地理》緯線；圈：the Arctic *C*~ 北極圈。

còme fúll círcle 〈物體等〉繞一圈又回到起點。

gò (a)róund in círcles 《口語》(1)在同一個地方繞圈子，兜圈子。(2)進步與努力不成比例。

rùn círcles aròund ...＝run RINGS[1] around.

squáre the círcle 企圖做不可能的事《★源自「求取與圓同面積的

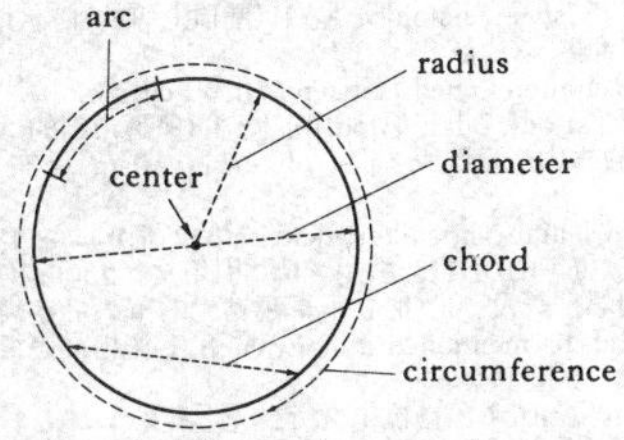

circle 1

正方形」之意》。

—*v.i.* 〔動(十副詞(片語))〕**轉**，旋轉，回旋，盤旋：The kite *~d round* and *round.* 那風箏在空中不斷地旋轉/The airplane *~d over* our camp. 飛機在我們營地的上空盤旋。

—*v.t.* 〔十受〕**1 a** (爲引起注意)打圈於…：*C~* the right word. 圈選正確單字。**b** 圍繞，包圍；繞…：He *~d* her waist with his arm. 他用手臂摟住她的腰。**2 a** 繞…一圈。**b** 在〈空中〉盤旋。**c** (爲避開危險而)繞行，繞過…。

cir·clet [ˈsɝklɪt; ˈsə:klit] *n.* Ⓒ **1** 小環。**2** (女性裝飾用的)飾環；頭飾，腕飾，戒指(等)。

cir·cuit** [ˈsɝkɪt; ˈsə:kit] «源自拉丁文「環繞」之義»**—*n. Ⓒ **1** 巡廻；環遊旅行：make [go] the ~ of... 繞行…一圈。**2 a** 迂廻，繞道。**b** 迂廻道路[路線]。**3** (牧師、推銷員、巡廻審判的法官等的)定期巡廻；巡廻地區；巡廻審判區：go *on* ~ 做巡廻審判《★on ~ 無冠詞》/ride the ~ 〈法官、牧師〉(騎馬)出外巡廻。**4 a** (圓狀物體的)周圍，圓周線《★比較 一般用 circumference》：a lake about 10 miles *in* ~ 周圍約十哩的湖《★ in ~ 無冠詞》。**b** 被包圍的地區。**c** 《美俚》《棒球》內野，球場：hit for the ~ 擊出全壘打。**5** (賽車用的)環狀道路。**6 a** (戲劇、電影等的)輪映系統，院線：the Great World ~ 大世界院線/theaters *on* ~ 同一院線[輪廻上映]的戲院《★on ~ 無冠詞》。**b** (運動比賽等的)聯盟，協會：a baseball ~ 棒球聯盟。**7** 《電學》廻路，電路：break [open] the ~ 打開廻路/make [close] the ~ 關閉廻路/a short ~ 短路。

círcuit brèaker *n.* Ⓒ《電學》斷路器。

círcuit cóurt *n.* Ⓒ巡廻法庭《略作 C.C.》。

cir·cu·i·tous [səˈkjuɪtəs; sə:ˈkju:itəs] «circuit 的形容詞»**—*adj.*** **1** 迂廻的，繞道的。**2** 間接的，拐彎抹角的。**~·ly** *adv.*

círcuit rìder *n.* Ⓒ《美》(美以美教派開拓時代的)巡廻牧師《騎馬到處巡廻佈道》。

cir·cuit·ry [ˈsɝkɪtrɪ; ˈsə:kitri] *n.* Ⓤ《電學》電路；電路圖；電路系統。

cir·cu·lar** [ˈsɝkjələ; ˈsə:kjulə] «circle 的形容詞»**—*adj. (**more** ~; **most** ~) **1** (無比較級、最高級) **a 圓的**：~ measure 弧度[徑量]法《測量圓的角度之單位》。**b** 圓形的：a ~ pond 圓形池。**2 循環的**，環狀的：a ~ motion 循環運動/a ~ stair 廻旋梯。**3** (無比較級、最高級)巡廻的，周遊的：a ~ tour [ticket]《英》環遊旅行[環遊旅行票]。**4** 拐彎抹角的，迂廻的；間接的：a ~ expression 一種間接的表達方式。**5** (無比較級、最高級)傳閱的，傳遞的：a ~ letter 傳閱的信件。**6** (無比較級、最高級)《邏輯》循環性的：~ reasoning 循環推理。

—*n.* Ⓒ **1** 傳閱的文件。**2** (廣告用的)傳單。**~·ly** *adv.*

cir·cu·lar·i·ty [ˌsɝkjəˈlærətɪ; ˌsə:kjuˈlæriti] *n.* **1** ⓊⒸ (論點等的)循環性。**2** Ⓒ 圓形，環狀。

cir·cu·lar·ize [ˈsɝkjələˌraɪz; ˈsə:kjuləraiz] *v.t.* **1** 向〈團體等〉遞傳書信[傳單(等)]；向…分發調查表。**2** 傳閱〈信、通告等〉。**3** 發表，公布，公告〈事情〉。

círcular sáw *n.* Ⓒ圓鋸(buzz saw)。

cir·cu·late [ˈsɝkjəˌlet; ˈsə:kjuleit] «源自拉丁文「作圓」之義»**—*v.i.*** **1** 〔動(十介十(代)名)〕〈血液、空氣等〉〔繞…〕**循環**〔*in, through, around, round*〕：Blood *~s* ***in*** [***through, around***] the body. 血液在體內循環。

2 〔動(十介十(代)名)〕**a** 〔繞…〕做圓形運動，〔繞…〕轉〔*around, round, about*〕. **b** 〈酒瓶〉依次被傳〔到…〕〔*around, round*〕.

3 〔動(十副詞(片語))〕**a** 到處走動；(尤指在聚會等場合)來回周旋：He *~d among* the guests at the party. 他在宴會裏周旋於客人之間。**b** 〈風聲、消息等〉流傳，散布，傳布：The rumor about him *~d throughout* the city [*among* the people] rapidly. 有關他的謠言很快地在市區內[在人們之間]傳開。**c** 〈報章雜誌、書等〉流傳，販賣：A newspaper *~s among* the general populace. 報紙廣售於一般大衆之間。**d** 〈貨幣等〉流通。

4 《數學》〈數字〉循環。

—*v.t.* 〔十受(十副詞(片語))〕**1 a** 使…循環。**b** 依次傳遞〈酒瓶等〉。**2 a** 傳布，散布〈情報、謠言等〉：~ false news 傳布錯誤的消息。**b** 使〈報紙等〉流傳。**c** 傳閱〈信、書籍〉。**d** 使〈貨幣等〉流通。

cír·cu·làt·ing *adj.* 循環的；巡廻的：a ~ decimal《數學》循環小數/~ capital 流動資本。

círculating líbrary *n.* Ⓒ **1** (會員制的)流通圖書館《書籍在會員間輪流傳閱》。**2** 《美》租書店(lending library)。

cir·cu·la·tion [ˌsɝkjəˈleʃən; ˌsə:kjuˈleiʃn] «circulate 的名詞»**—*n.*** **1** ⓊⒸ**循環**：the ~ of the blood 血液的循環/have (a) good [bad] ~ (血液的)循環良好[不好]。**2** Ⓤ流通；流傳，散布：withdraw books from ~ 停止發行[出借]書籍/be in ~ 發行中，銷售中/be out of ~ 〈書、貨幣等〉不再發行/put...in(to) ~ 使…流通，發行…。**3** [用單數]普及率，發行量，銷售量；(圖書的)借出數量：have a large [small, limited] ~ 發行數量多[少，有限]/This newspaper has a ~ *of* 100,000. 這報紙的發行量有十萬份/What is the ~ *of* this magazine? 這本雜誌的發行量有多少？

cír·cu·là·tor [-tɚ; -tə] *n.* Ⓒ **1** (情報等的)傳布者；(尤指)到處散布謠言的人。**2** (貨幣的)流通者。**3** 到處旅行的人；巡廻者。**4** 循環裝置。**5** 《數學》循環小數。

cir·cu·la·to·ry [ˈsɝkjələˌtorɪ, -ˌtɔrɪ; ˌsə:kjuˈleitəri] *adj.* (尤指血液)循環(上)的：the ~ system 循環系統。

cir·cum- [sɝkəm-; sə:kəm-] 字首 表示「四周」「周圍」「環繞」之意。

cir·cum·am·bi·ent [ˌsɝkəmˈæmbɪənt; ˌsə:kəmˈæmbiənt] *adj.* 環繞的，周圍的：the ~ air 周圍的空氣。

cir·cum·cise [ˈsɝkəmˌsaɪz; ˈsə:kəmsaiz] *v.t.* **1** (猶太人、伊斯蘭教徒等的一種宗教儀式)對〈某人〉行割禮。**2** 《醫》割去〈男子〉的包皮；割去〈女子〉的小陰唇[陰蒂]。

cir·cum·ci·sion [ˌsɝkəmˈsɪʒən; ˌsə:kəmˈsiʒn] *n.* ⓊⒸ **1** 割禮。**2** 《醫》(包皮)環割術。

cir·cum·fer·ence [sɚˈkʌmfərəns; səˈkʌmfərəns] «源自拉丁文「擴展至周圍」之義» **—*n.*** Ⓒ **1 a 圓周**：the ~ of a circle 圓周。**b** 周圍，四周：a lake about two miles *in* ~ 周圍約二哩的湖《★ in ~ 無冠詞》。**2** 周邊的長度，周圍的距離。

cir·cum·fer·en·tial [sɚˌkʌmfəˈrɛnʃəl; səˌkʌmfəˈrenʃl] «circumference 的形容詞» **—*adj.*** 圓周的；四周的，圍繞四周的。

cir·cum·flex [ˈsɝkəmˌflɛks; ˈsə:kəmfleks] *adj.* 《語音》有音調符號的，〈語調〉抑揚的：a ~ accent 音調符號《^, ⌒等》。

—*v.t.* 加音調符號於〈母音〉。

cir·cum·flu·ent [sɚˈkʌmfluənt; səˈkʌmfluənt] *adj.* 環流的；周流的；圍繞的。

cir·cum·fuse [ˌsɝkəmˈfjuz; ˌsə:kəmˈfju:z] *v.t.* **1** 〔十受十副〕使〈光、液體、氣體等〉照射[澆，充溢]於周圍〈*around, round, about*〉. **2** 〔十受十介十(代)名〕〔以光等〕照射…；〔以液體等〕澆…〔*with, in*〕.

cir·cum·fu·sion [ˌsɝkəmˈfjuʒən; ˌsə:kəmˈfju:ʒn] *n.*

cir·cum·gy·rate [ˌsɝkəmˈdʒaɪret; ˌsə:kəmˈdʒaireit] *v.t.* & *v.i.* (使…)迴轉；(使…)旋轉。

cir·cum·ja·cent [ˌsɝkəmˈdʒesnt; ˌsə:kəmˈdʒeisnt] *adj.* 周圍的；四周鄰接的；圍繞的。

cir·cum·lo·cu·tion [ˌsɝkəmloˈkjuʃən; ˌsə:kəmləˈkju:ʃn] *n.* **1** Ⓤ 遁辭，婉轉曲折的說法：use ~ 採用婉轉曲折的說法。**2** Ⓒ《輕蔑》拐彎抹角說話，兜圈子說話。

cir·cum·loc·u·to·ry [ˌsɝkəmˈlɑkjəˌtorɪ, -ˌtɔrɪ; ˌsə:kəmˈlɔkjutəri] *adj.* 〈表達〉婉轉的，委婉的；間接的，拐彎抹角的。

cìrcum·lúnar *adj.* 環繞[包圍]月球的。

cìrcum·návigate *v.t.* 環遊〈世界、島嶼等〉：~ the globe (搭船)環遊世界一周。

cìrcum·navigátion *n.*

cìrcum·pólar *adj.* **1** 《天文》〈星體〉拱極的：a ~ star 拱極星《永遠高於地平線者》。**2** 〈海洋等〉圍繞極地的，位於極地附近的。

cir·cum·scribe [ˌsɝkəmˈskraɪb; ˈsə:kəmskraib] «源自拉丁文「在周圍畫圓」之義» **—*v.t.*** **1** 在〈領土等〉的周圍畫界線；圍繞〈某物〉的周圍。**2** 〔十受十介十(代)名〕限制…的活動範圍〔於…內〕〔*within, in*〕《★常用被動語態》：The patient's activities *are ~d.* 那個病人的行動是受限制的/~ one's activities ***within*** narrow bounds 把某人的活動限制在狹小的範圍之內。**3** 《幾何》使〈圓等〉外切，畫〈一圓形〉之外接圓(↔ inscribe)；〈圓〉與…外接《★常以過去分詞當形容詞用》：a *~d* circle 外接圓。

cir·cum·scrip·tion [ˌsɝkəmˈskrɪpʃən; ˌsə:kəmˈskripʃn] «circumscribe 的名詞»**—*n.*** **1** Ⓤ **a** 環繞(周圍)。**b** 限制，限定，界限。**2** Ⓒ **a** 環繞[包圍]物；界線；四周。**b** 環繞[包圍]的範圍，區域。**3** Ⓤ《幾何》外接，外切。

cir·cum·spect [ˈsɝkəmˌspɛkt; ˈsə:kəmspekt] *adj.* **1** 〈人〉小心的，謹慎的，慎重的。**2** 〈行動〉考慮周詳的，縝密周到的。

~·ly *adv.*

cir·cum·spec·tion [ˌsɝkəmˈspɛkʃən; ˌsə:kəmˈspekʃn] «circumspect 的名詞》——*n.* Ⓤ小心，謹愼，愼重；周詳，周到。

***cir·cum·stance** [ˋsɝkəm,stæns; ˈsə:kəmstəns] 《源自拉丁文「站在周圍」之義》——*n.* **1** [～s]（有關某事件、人、行動等的周圍的）**情況，情形，狀況**：from [through] unavoidable ～*s* 在無可避免的狀況下/be forced by ～*s* to do it 爲情況所逼不得已才如此做/if ～*s* allow [permit] 情況許可的話/It depends on [upon] ～*s*. 這要視情況而定/under no ～*s* 無論如何都不…，絕不…/in [under] the ～*s* 在此情況下/*Circumstances* alter cases.《諺》情況不同，事態也會不同。

2 [～s；有時Ⓤ；集合稱]（人所處的）**環境，境遇**：a [the] creature of ～(*s*) 受環境支配的人/a victim of ～(*s*) 環境的受害者《在其所處的環境遭受失敗或犯罪的人》。

3 [～s]（經濟上、物質上的）**境況**；家道，家計狀況：be in bad [needy, poor, reduced] ～*s* 貧窮，經濟拮据/live in easy [good] ～*s* 生活安逸[順遂]。

4 Ⓒ附帶的事情[事項]；瑣事，枝節。

5 Ⓒ **a**（構成某情況等的）事件，事實。**b** 事情：a lucky ～ 一件幸運的事。**c** [常用單數]（可能發生的）事態，結果：Economic collapse is a rare ～. 經濟崩潰是不太可能發生的事。**d** 〔＋*that*＿〕〈做[促成]…的〉事情：His wife's wealth was a happy ～ *that* enabled him to enter politics. 他憑仗妻子的財富才能幸運地踏入政界。

6 Ⓤ《文語》（事情的）細節，詳情：He reports it *with* much [great] ～. 他非常詳細地報告那件事情。

7 Ⓤ拘泥於形式(的事)；鋪張，隆重：without ～ 不鋪張地。

cír·cum·stànced *adj.* [不用在名詞前] [常與副詞連用] 處於…情況的；（在經濟上）處於…境況的：be differently [awkwardly] ～ 處於不同[困窘]的情況中/thus ～ 處於這種狀況/be comfortably [poorly] ～（在經濟上）處於安逸[貧窮]的狀態。

cir·cum·stan·tial [,sɝkəmˋstænʃəl; ,sə:kəmˈstænʃl ←] 《circumstance 的形容詞》——*adj.* **1 a** 依照(當時的)狀況[情況]的。**b**〈證據等〉視狀況而定的：～ evidence《法律》情況[間接]證據《間接推測的證據》。**2** 附帶的；偶然的：a ～ conjunction (of events)（事件的）偶然的同時發生。**3** 境遇上的，家計上的。**4** 詳細的。

cìr·cum·stán·tial·ly [-ʃəlɪ; -ʃəli] *adv.* **1** 依照情況地。**2** 附帶地；偶然地。**3** 詳細地。**4** 依據環境證據地。

cir·cum·stan·ti·ate [,sɝkəmˋstænʃɪ,et; ,sə:kəmˈstænʃieit] 《circumstance 的動詞》——*v.t.* **1** 詳細說明[敍述]。**2**（依據環境證據）證實。

cir·cum·vent [,sɝkəmˋvɛnt; ,sə:kəmˈvent] 《源自拉丁文「轉回」之義》——*v.t.* **1** 繞〈某場所〉一周，繞過…；繞…而行：～ the town 繞城鎮而行。**2 a** 巧妙地避開〈困難、問題等〉：～ the rush-hour traffic 避開尖峯時段擁擠的交通。**b** 阻礙〈計畫等的實現〉；設法規避〈法規等〉：～ the income tax laws 設法規避所得稅法。**c** 欺瞞〈某人〉。**3** 包圍〈敵人等〉。～**·er**, **-vén·tor** [-tɚ; -tə] *n.* **cir·cum·ven·tion** [,sɝkəmˋvɛnʃən; ,sə:kəmˈvenʃn] *n.*

***cir·cus** [ˋsɝkəs; ˈsə:kəs] *n.* Ⓒ **1** **馬戲**(表演)，馬戲團；雜技：a traveling ～ 巡廻演出的馬戲團/run a ～ 表演馬戲。

> 【字源】源自拉丁文「圓圈」之義。在古羅馬指舉辦戰車比賽及其他娛樂的圓形露天競技場。現代的馬戲團也在圓形場地中演出，因此演變成爲「馬戲團」的意思。

2 a（觀衆席成階梯式的）圓形劇場。**b** 馬戲表演場，雜技場。**3** 《英》**a**（由數條街道交會形成的）圓形廣場 (cf. square 2)。**b** [C～；用於地名] ⇨ Piccadilly Circus. **4**（古羅馬的）露天的圓形大競技場 (amphitheater)。**5**《口語》愉快喧鬧的場面[人]；繁盛之時；歡鬧：have a real ～ 愉快地歡鬧。

Círcus Máx·i·mus [-ˋmæksəməs; -ˈmæksiməs] *n.* [the ～] 古羅馬的巨大圓形競技場《在羅馬的巴拉丁山丘 (Palatine) 與阿文丁山丘 (Aventine) 之間》。

cirque [sɝk; sə:k] *n.* Ⓒ《地質》冰圍地，冰斗《山頂附近的圓形「窪地」》。

cir·rho·sis [sɪˋrosɪs; siˈrousis] *n.* ⓊⒸ (*pl.* **-rho·ses** [-siz; -si:z]) 《醫》(肝臟等的)硬化(症)。

cir·ri *n.* cirrus 的複數。

cir·ro·cu·mu·lus [,sɪroˋkjumjələs; ,sirouˈku:mjuləs] *n.* Ⓒ (*pl.* **-mu·li** [-,laɪ; -lai])《氣象》卷積雲。

cir·ro·stra·tus [,sɪroˋstretəs; ,sirouˈstrɑ:təs, -ˈstreit-] *n.* Ⓒ (*pl.* **-stra·ta** [-tə; -tə])《氣象》卷層雲。

cir·rus [ˋsɪrəs; ˈsirəs] *n.* Ⓒ (*pl.* **cir·ri** [ˋsɪraɪ; ˈsirai]；義 2 又作 ～) **1 a**《植物》蔓，卷鬚 (tendril)。**b**《動物》觸毛。**2**《氣象》卷雲。

CIS《略》Commonwealth of Independent States. 獨立國協。

cis·al·pine [sɪsˋælpaɪn; sisˈælpain] *adj.* (從羅馬方面來看) 在阿爾卑斯山這一面的，阿爾卑斯山南邊的 (←→ transalpine)。

cis·sy [ˋsɪsɪ; ˈsisi] *n., adj.*《英口語》＝sissy.

Cis·ter·cian [sɪsˋtɝʃən; sisˈtə:ʃiən, -ʃn] *n.* Ⓒ（十一世紀創於法國的）熙篤 (Citeaux) 修會的修士。——*adj.* 熙篤修會的。

cis·tern [ˋsɪstɚn; ˈsistən] *n.* Ⓒ **1**（屋頂上等的）貯水槽。**2**（天然的）蓄水池。

cit.《略》citation；cited；citizen；《化學》citrate.

cit·a·del [ˋsɪtədl, -,dɛl; ˈsitədl] *n.* Ⓒ **1**（保護市街的）城堡，要塞。**2** 最後的靠山；避難所：a ～ of conservatism. 保守主義最後的靠山。

ci·ta·tion [saɪˋteʃən; saiˈteiʃn] 《cite 的名詞》——*n.* **1 a** Ⓤ（章句、判例、例證等的）引證，引用。**b** Ⓒ引用文。**2** Ⓒ **a**（事實、例子等的）列舉，談及。**b**（把立下卓越功勳的軍人名字）特別刊登在公報上 (cf. be mentioned in DISPATCHes)。**c** 褒揚，表揚。**3**《法律》**a** Ⓤ傳喚。**b** Ⓒ傳票。

cite [saɪt; sait] 《源自拉丁文「召集」之義》——*v.t.* **1 a** 引用，引證，列舉〈章句、判例等〉。**b** 援引〈權威者等〉做爲證人：～ a number of authorities to support one's views 援引一些權威人士之說以支持自己的看法。

2（爲了例證或確認而）言及，談到；例舉〈某例子〉。

3〔十受十介十(代)名〕〔因功績等〕(在公報上)褒揚〈某人〉；給予〈某人〉〔…的〕表揚獎狀，〔因…〕表揚〈某人〉〔*for*〕《★常用被動語態》：He *was* ～*d for* his accomplishments. 他因他的成就而受到表揚。

4《法律》〔十受十介十(代)名〕〔因某事〕傳喚〈某人〉(到法院)〔*for*〕：The policeman ～*d* her *for* a traffic violation. 警察以交通違規爲由傳喚她到法院。

cith·er [ˋsɪθɚ; ˈsiθə] *n.* ＝cittern.

cith·ern [ˋsɪθɚn; ˈsiθən] *n.* ＝cittern.

cit·ied [ˋsɪtɪd; ˈsitid] *adj.* 都市化的；似都市的；建有都市的。

cít·i·fied *adj.* 都市化的，有都市色彩的《★常當輕蔑語用》：a ～ air 都市化的樣子。

cit·i·fy [ˋsɪtɪ,faɪ; ˈsitifai] *v.t.*《口語》**1** 使〈某地方〉都市化。**2** 使〈人等〉有都市人的派頭[習氣]。

‡cit·i·zen [ˋsɪtəzn; ˈsitizn] 《源自英法語「住在都市 (city) 的人」之義》——*n.* Ⓒ **1**（因出生於當地或歸化而具有公民權的）**公民，國民，人民**：an American ～ 美國國民。**2 a**（市鎮的）**市民，鎮民**；都市人。**b**《美》(相對於軍人、警察等的)**平民，老百姓**。**3**《文語》居民〔*of*〕：a ～ *of* Washington 華盛頓的居民。

cítizen of the wórld 世界[國際]公民；四海爲家的人。

cít·i·zen·ess [-nɪs; -nis] *n.* Ⓒ女性的 citizen.

cit·i·zen·ry [ˋsɪtəzn̩rɪ; ˈsitiznri] *n.* Ⓤ [常 the ～；集合稱]（一般）市民《★視爲一整體時當單數用，指個別成員時當複數用》。

cítizen's arrést *n.* Ⓒ《法律》公民的逮捕(權)《在美國，公民有權逮捕現行犯，惟須將犯罪者立即交給警方或其他執法機構》。

cítizens' bánd *n.* Ⓒ《美》《通信》市民波段，民用波段《專供私人無線電通信使用的波段；略作 CB》。

cítizen·shìp *n.* Ⓤ市民權，公民權；國民的身分[資格，義務]：acquire ～ 獲得公民權/lose one's ～ 失去公民權/strip a person of his ～ 剝奪某人的公民權。

cítizenship pàpers *n. pl.*《美》公民證書《發給取得美國公民權者》。

cit·rate [ˋsɪtret, -rɪt; ˈsitreit, -rit] *n.* Ⓤ《化學》檸檬酸鹽。

cit·ric [ˋsɪtrɪk; ˈsitrik] *adj.*《化學》取自檸檬酸的；檸檬酸的。

cítric ácid *n.* Ⓤ《化學》檸檬酸。

cit·rine [ˋsɪtrɪn, sɪˋtrin, ˋsɪtraɪn; ˈsitrin, siˈtri:n] *n.* Ⓤ **1** 檸檬色，淡黃色。**2**《礦》黃晶。——*adj.* 檸檬色的。

cit·ron [ˋsɪtrən; ˈsitrən] *n.* **1** Ⓒ《植物》**a** 枸櫞樹《桔屬的植物，又稱香櫞或圓佛手柑》。**b** 枸櫞的果實。**2** Ⓤ枸櫞皮蜜餞《作蛋糕用的調味料》。**3** Ⓤ淡黃色。

citron 1 b

ci·tro·nel·la [,sɪtrəˋnɛlə; ,sitrəˈnelə] *n.* **1** Ⓒ《植物》亞香茅《一種禾本科草本植物》。**2** Ⓤ香茅油。

cit·rous [ˋsɪtrəs; ˈsitrəs] *adj.* ＝citrus.

cit·rus [ˋsɪtrəs; ˈsitrəs] *n.* Ⓒ《植物》柑橘屬的植物。——*adj.* [用在名詞前] 柑橘屬的：～ fruits 柑橘屬的水果。

cit·tern [ˋsɪtɚn; ˈsitə:n] *n.* Ⓒ西特琴《十六至十七世紀流行的一種類似吉他的樂器》。

‡cit·y [ˋsɪtɪ; ˈsiti] 《源自拉丁文「市民共同體」之義》——*n.* **1** Ⓒ（比 town 還大的）**都市，都會，城市**。**2** Ⓒ**市**：**a**《美》市長或市議會體制下的自治體。**b**《英》依據國王下詔賦予名稱的都市，通常有大教堂 (cathedral) (cf. borough 1 a)。**c**《加拿大》依人口數量劃分成的最大的地方自治體。**3** [the ～；集合稱；常當單數用] 全體市民。**4** [the C～]《英》**a** 倫敦 (London) 的商業中心《由市長 (Lord Mayor) 及市議會管轄的大約一平方哩的舊市區，爲英國的金融、商業中心區域；cf. Bow bells》。**b** 財經界，金融界。

the Cíty of Gód 天國 (heaven)。

cíty àrticle *n.* Ⓒ《英》(報紙上有關)商業、財經之新聞。

cíty-bòrn *adj.* 在城裏出生的。
cíty-brèd *adj.* 在城裏長大的。
city cóuncil *n.* Ⓒ市議會。
city cóuncilor *n.* Ⓒ市議會議員，市議員。
city éditor *n.* Ⓒ **1**《美》(報社的)地方新聞總編輯；地方版採訪主任。**2**《英》[C~ e~](報社的)財經新聞採訪主任《主要是採訪商業區(the City)內的消息》。
city fáther *n.* Ⓒ市內的長老《指市議員、市府官員等》。
city háll *n.*《美》**1** Ⓒ市政廳，市政府大樓。**2** Ⓤ市府當局。
fight cíty háll《美口語》與官僚做無益的爭鬥。
cíty màn *n.* (又作 **Cíty màn**)Ⓒ《英》實業家，資本家，金融業者。
city mánager *n.* Ⓒ市政管理官員《非經由公開選擧而由市議會任命管理市政的官員》。
city plánning *n.* Ⓒ都市規畫。
cíty ròom *n.* Ⓒ地方新聞編輯室(的全體工作人員)。
cit·y·scape [ˈsɪtɪˏskep; ˈsitiskeip] *n.* Ⓒ **1** (大都會的)都市景觀[風景]，市容。**2** 都市的風景畫。
city slícker *n.* Ⓒ《口語》**1** (住在都市裏)衣着入時、油腔滑調的人。**2** 都市人。
cíty-státe *n.* Ⓒ(古希臘等的)城邦。
cíty·wìde *adj.* 全市的。
civ·et [ˈsɪvɪt; ˈsivit] *n.* **1** Ⓤ麝貓香《從麝香貓的生殖器附近採取的香料》。**2** (又作 **cívet cát**)Ⓒ《動物》麝香貓《亞洲南部、非洲產》。
civ·ic [ˈsɪvɪk; ˈsivik] *adj.* [用在名詞前]**1** 市民[公民]的；做爲公民的，適於公民的：~ duties 市民的義務/~ rights 公民權/~ virtues 公民道德。**2** 市的，都市的：~ life [problems] 都市生活[問題]。
cív·i·cal·ly [-kḷɪ; -kəli] *adv.*
cívic cénter *n.* Ⓒ(都市的)市政中心，市中心。
cívic-mínded *adj.* 有公民意識的；有公德心的。
civ·ics [ˈsɪvɪks; ˈsiviks] *n.* Ⓤ **1** 公民科《★學科的一種，通常在中學時教授》。**2** 市政學[論]。
civ·ies [ˈsɪvɪz; ˈsiviz] *n. pl.* =civvies.
***civ·il** [ˈsɪvḷ; ˈsivl] **《源自拉丁文「市民(citizen)的」之義》**—*adj.* (**civ·i·ler, -i·lest**; **more** ~; **most** ~) **1** (無比較級、最高級)(**做爲)市民[公民]的**，國民的：⇨ civil liberty/~ life 社會[公民]生活(cf. 4 a)。**2** (無比較級、最高級)**市民社會的**；做團體活動的：~ society 市民社會。**3** (無比較級、最高級)**內政的**，民政的；國內[國家]的：~ affairs 內政問題；國事/⇨ civil war. **4** (無比較級、最高級) **a** (與軍人、官吏相對)**一般市民的**，平民的；(與神職人員相對)俗人的，世俗的：~ life 一般市民的生活(cf. 1)/the ~ service examination 文職人員任用考試。**b** (非軍用而指)民用的：a ~ airport 民用機場/~ aviation 民航。**5 a 有禮貌的**，彬彬有禮的，恭敬的，鄭重的(⇨ polite【同義字】)：a ~ reply 很有禮貌的回答/~ but not friendly 很鄭重但不友善/⇨ keep a civil TONGUE (in one's head). **b** [不用在名詞前]〔十介十(代)名〕〔對…〕有禮貌[恭敬]的〔*to*〕：Be more ~ *to* me. 請對我有禮貌一點。**c** [不用在名詞前]〔十*of*十(代)名(十*to* do)/十*to* do〕[某人]〈做…〉(實在是)非常親切的，好意[善意]的；〈某人〉(實在是)非常親切的，好意[善意]的〈竟做…〉：It's very ~ *of* you [You are very ~] *to* help me. 你幫助我眞是好心。**6** (無比較級、最高級)(與天文時[曆]相對)〈時間、日曆等〉民用的(cf. astronomical 1)：the ~ year 民用年，曆年。**7** (無比較級、最高級)民事的：a ~ case 民事案件。
dò the cívil thìng《美》=**dò the cívil**《英》有禮貌，恭敬，鄭重。
cívil dáy *n.* Ⓒ《天文》民用日。
cívil déath *n.* Ⓤ《法律》褫奪公權終身。
cívil defénse *n.* Ⓤ(預防空襲等的)民防。
cívil disobédience *n.* Ⓤ和平抵抗，不合作主義《如以拒絕納稅等非暴力的手段反抗政府及法律》。
cívil engineér *n.* Ⓒ土木工程師。
cívil engineéring *n.* Ⓤ土木工程學。
ci·vil·ian [səˈvɪljən; siˈviljən] *n.* **1** Ⓒ **a** (與軍人、神職人員相對的)一般人，平民，軍中的文職人員，公務員。**b** 非戰鬥人員。**2** [~s](與軍服相對的)便服。
—*adj.* [用在名詞前]**1 a** (與軍職、神職相對)一般人的，民間的；非軍事的：a ~ airplane 民航機。**b** (與軍人相對)文職人員的，公務員的，平民的：~ control 平民統制。**2** (與軍人相對)軍中之文職人員的。
civ·i·li·sa·tion [ˏsɪvḷəˈzeʃən; ˏsivilaiˈzeiʃn] *n.*《英》= civilization.
civ·i·lise [ˈsɪvḷˏaɪz; ˈsivilaiz] *v.*《英》=civilize.
ci·vil·i·ty [səˈvɪlətɪ; siˈviləti] **《civil 5 的名詞》**—*n.* **1** Ⓤ禮貌，禮節，恭敬，鄭重。**2** [**civilities**]有禮貌的談吐[擧止]：exchange *civilities* 有禮貌地互相問候。
***civ·i·li·za·tion** [ˏsɪvḷəˈzeʃən, -ḷaɪˈz-; ˏsivilaiˈzeiʃn] **《civilize 的名詞》**—*n.* **1** ⓊⒸ**文明**《指人類在文化上、技術上、科學上的各種發達狀態；⇨ culture 2【同義字】》：Western ~ 西洋文明。**2** Ⓤ文明世界[社會]；文明生活。**3** Ⓤ[集合稱]文明國家(的國民)。**4** Ⓤ開化，教化。
***civ·i·lize** [ˈsɪvḷˏaɪz; ˈsivilaiz] *v.t.* **1** 〔十受〕**使…開化，教化**〈民族等〉，**使…文明化**：Those facilities are intended to ~ people. 那些設施的目的在於教化民衆。**2 a** 使〈人等〉有教養，使…文雅。**b**《謔》使〈人〉有禮貌。
cív·i·lìzed *adj.* **1** 文明[開化]的，被教化的(↔ uncivilized, barbarous)：~ life 文明生活/a ~ nation 文明國家/the ~ world 文明世界。**2**〈人、態度等〉有教養的，高尚的，有禮貌的。
cívil láw *n.* [常 C~ L~]Ⓤ《法律》**1** 民法，民事法。**2** (與國際法相對的)國內法。**3** 羅馬法。
cívil líberty *n.* Ⓤ[又作 **civil liberties**]公民的自由《受法律保障的思想上、言論上、行動上的自由》。
cívil líst *n.* [常 C~ L~；**the** ~]《英》(由議會制定的)年度王室費。
civ·il·ly [ˈsɪvḷɪ; ˈsivəli] *adv.* **1** 有禮貌地，恭敬地，鄭重地：act ~ 擧止有禮。**2** (形式上)像市民[公民]地。**3** 民法上，民事上。**4** 凡俗地，民間地。
cívil márriage *n.* ⓊⒸ公證結婚《非依據宗教儀式，而是在戶籍所在地由政府官員主持證婚的結婚儀式》。
cívil párish *n.* Ⓒ《英》行政教區《行政上的最小單位，有教會及專職牧師；⇨ parish 2》.
cívil ríghts *n. pl.* **1** (公)民權。**2**《美》(給予同爲公民的黑人、女性、少數民族等的)平等權，公民權。
cívil sérvant *n.* Ⓒ **1** (軍人以外的)文職人員，公務員。**2** 在(類似聯合國的)國際組織內工作的職員。
cívil sérvice *n.* **1** Ⓤ [**the** ~；集合稱](軍人以外的)文職人員，公務員《★用法視爲一整體時當單數用，指個別成員時當複數用》：join [enter] *the* ~ 當公務員。**2** Ⓤ[常 **the** ~]文職，公職。
cívil wár *n.* **1** Ⓤ [指個體時爲Ⓒ]內戰。**2** [**the C~ W~**] **a** (英國的)查理一世(Charles Ⅰ)與議會之間的戰爭(1642–47, 1647–49)。**b** (美國的)南北戰爭(1861–65)(the War of Secession)。**c** 西班牙內戰(1936–39)(Spanish Civil War)。
civ·vies [ˈsɪvɪz; ˈsiviz] *n. pl.* (與軍服相對的)便衣，便服。
C.J.《略》Chief Judge；Chief Justice.
Cl《符號》《化學》chlorine.
cl.《略》centiliter(s)；claim；class；classification；clause；clergyman；clerk；cloth.
clab·ber [ˈklæbɚ; ˈklæbə]《美方言》*v.t.* & *v.i.* (使)〈牛奶等〉發酸而凝固[凝結]。
—*n.* Ⓤ凝結而發酸之牛奶。
clack [klæk; klæk] **《擬聲語》**—*n.* [**a** ~] **1** 咔嗒聲，畢剝聲。**2** (說話)喋喋不休；吵雜的說話聲。
—*v.i.* **1** 發出咔嗒[畢剝]聲。**2**〈母雞等〉咯咯叫。**3** 叨叨絮絮[喋喋不休]地說。
—*v.t.* 使…發出咔嗒[畢剝]聲。
clad [klæd; klæd] *v.*《古・文語》**clothe** 的過去式・過去分詞。
—*adj.* [常與副詞(片語)連用構成複合字]穿著；覆蓋著：She was ~ *in* white. 她穿著白衣服/a poorly-*clad* [jeans-*clad*] boy 衣著襤褸[穿著牛仔裝]的男孩/⇨ ironclad.
‡claim [klem; kleim] **《源自拉丁文「呼叫」之義》**—*v.t.* **1** (理所當然地)**要求**(⇨ demand【同義字】)：**a** 〔十受〕要求，請求〈權利、遺產等〉：~ a right to a shop 提出對商店所有權的要求。**b** 〔十*to* do〕要求〈做某事〉：We ~*ed to* be paid our wages. 我們要求付給工資。**c** 〔十(*that*)__〕要求〈某事〉：He ~*s that* the money (should) be returned at once. 他要求馬上還錢(★用法《口語》多半不用 should)。**d** 〔十受〕〈失主〉要求歸還，認領〈遺失物〉：Does anyone ~ this watch? 有沒有人認領這隻錶呢？**e** 〔十受〕(藉著要求)獲得〈權利等〉：He ~*ed* title to the land. 他要求取得那塊土地的所有權。
2 主張：**a** 〔十受〕(即使有矛盾或異議也充滿自信地)主張…：~ blood relationship with... 聲稱與…有血緣關係。**b** 〔十 *to* do〕主張，宣稱〈做某事〉：He ~*ed to* have reached the top of the mountain. 他宣稱已登上過那座山的山頂。**c** 〔十(*that*)__〕主張，堅持〈某事〉：He ~*ed* (*that*) his answer was correct. 他堅持自己的答案是對的。
3 〔十受〕**a**〈事物〉引起〈人的注意等〉；值得〈注意、尊敬等〉：His deed ~*s* our respect. 他的行爲值得我們尊敬/His treatise ~*ed* our attention. 他的論文引起我們的注意。**b**〈死亡、疾病等〉奪去〈性命〉：Death ~*ed* him. 他死了/The plague ~*ed* thousands of lives. 那次瘟疫奪去了數千人的性命。
—*n.* Ⓒ **1** (對於應有權利的)**要求**，請求〔*for, on, to, against*〕：a ~ *for* damages 損害賠償的要求/make no ~ *on* [*against*] a person 不要求人/They put in ~*s for* possession of the estate. 他們提出對那塊土地所有權的要求/I have many ~*s on* my

C

time. 我的時間被很多事佔用了《我很忙》。

2 a 主張，斷言。**b**〔＋ *to* do〕〈做某事的〉主張：His ～ *to* be promoted to the post was quite legitimate. 他想晉升到該職位的要求是正當的。**c**〔＋ *that*__〕〈…事的〉主張，宣稱：He put forward the ～ *that* he was the first inventor of the machine. 他聲稱自己是最先發明那部機器的人。

3 a（要求某事物的）權利，資格〔*to, on*〕：have a ～ *to* [*on*] the money 有要求取得那筆錢的權利/He has no ～ *to* scholarship. 他沒有資格被稱爲學者/She has no ～ *on* me. 她沒有權利向我要求什麼/I lay no ～ *to* be*ing* a scholar. 我未自稱爲學者。**b**〔＋ *to* do〕〈做某事的〉權利，資格：He has a ～ *to* be called Europe's leading politician. 他稱得上是歐洲一流的政治家。

4 要求的東西；（尤指）（礦區的）申購地：jump a ～ 霸佔[侵佔]他人的土地[採礦權]。

5〖保險〗（保險金等的）要求支付（額）。

6（對於違反契約等的）要求補償[賠償]（額），索賠。

láy cláim to... 主張[聲稱]對…的權利[資格，所有權]：Nobody *laid* ～ *to* the house. 沒有人提出對那幢房子的產權要求。

stáke (óut) a [one's] **cláim** 聲稱自己[對…]的所有權〔*to, on*〕；堅持要求（獲得某物）。

claim·a·ble [ˈkleməbl; ˈkleiməbl] *adj.* 可要求[請求]的；可認領的。

claim·ant [ˈklemənt; ˈkleimənt] *n.* Ⓒ **1** 提出要求者；索賠人；認領人〔*to*〕. **2**〖法律〗（要求賠償等的）原告。

cláim·er *n.* ＝claimant.

clair·voy·ance [klɛrˈvɔɪəns; kleəˈvɔiəns] 《clairvoyant 的名詞》—*n.* Ⓤ **1**（對肉眼看不見之事物的）透視力，千里眼。**2** 敏銳的透視力[洞察力]。

clair·voy·ant [klɛrˈvɔɪənt; kleəˈvɔiənt⁻] 《源自法語 'clear-seeing' 之義》—*adj.* **1** 透視的，千里眼的。**2** 有敏銳的洞察力[透視力]的。—*n.* Ⓒ有超人之洞察力[目力]的人。

clam [klæm; klæm] 《clamshell 之略》—*n.* Ⓒ **1**（*pl.* ～s，[集合稱] ～）〖貝〗（可食的）雙殼綱的軟體動物《如蛤蜊等》。**2**《口語》沉默寡言者。

—*v.i.* (**clammed**; **clam·ming**) 撈蛤蜊（等）：go *clamming* 去撈蛤蜊。

clám úp《*vi adv*》《口語》（對於別人的詢問）默不吭聲，閉口不言；沉默。

clám·bàke *n.* Ⓒ《美》**1**（在海邊吃烤蛤蜊等的）海邊野餐會[聚會]（的食物）。**2 a** 熱鬧的社交集會。**b** 政治集會。

clam·ber [ˈklæmbɚ; ˈklæmbə] *v.i.*〔＋副詞(片語)〕（運用手脚辛苦地）攀爬，攀登：～ *up* [*over*] a wall 爬上[過]牆/～ *down from* a tree 從樹上爬下來。—*n.* [**a** ～] 攀登，攀爬。

～·**er** [-bərɚ; -bərə] *n.*

clam·my [ˈklæmɪ; ˈklæmi] *adj.* (**clam·mi·er**; **-mi·est**) 冷而黏的，濕而黏的。

clám·mi·ly [-mlɪ; -mili] *adv.* **-mi·ness** *n.*

clam·or [ˈklæmɚ; ˈklæmə] 《源自拉丁文「呼叫」之義》—*n.* Ⓒ [常用單數] **1**（羣衆等的）大聲喊叫，叫嚷；喧鬧，吵雜。**2**〔表示不平、抗議、要求等的〕叫喊，吵鬧，騷動〔*against, for*〕：the ～ *against* heavy taxes 反對重稅的呼聲/raise a ～ *for* reform 高聲吶喊要求改革。

—*v.i.* **1** 叫喊，吵鬧，騷動。**2 a**〔＋介＋(代)名〕叫嚷著反對；吵著要求〔…〕〔*against, for*〕：They ～*ed* ***against*** the government's plans. 他們叫嚷著反對政府的計畫/The workers ～*ed* ***for*** higher wages. 工人們吵著要求提高工資。**b**〔＋ *to* do〕激烈地要求〈做某事〉：The students ～*ed to* see the new president. 學生們激烈地要求見新校長。

—*v.t.* **1**〔＋受〕吵鬧地提出，喧嚷〈要求等〉：～ one's demands 吵鬧地提出自己的要求。**2 a**〔＋受＋副〕吵鬧地使〈某人〉下臺[無法繼續說話]〈*down*〉：They ～*ed* ***down*** the speaker. 他們叫嚷著把演講者哄下臺。**b**〔＋受＋介＋(代)名〕向〈某人〉叫嚷〔使其做某事〕；對〈人〉叫嚷〔使放棄[停止]做某事〕〔*into, out of*〕：～ a person ***into*** [***out of***] going 吵著要[不讓]某人去。

clam·or·ous [ˈklæmərəs, -mrəs; ˈklæmərəs] *adj.* 吵鬧的，喧嚷的。～·**ly** *adv.* ～·**ness** *n.*

clam·our [ˈklæmɚ; ˈklæmə] *n., v.*《英》＝clamor.

clamp [klæmp; klæmp] *n.* **1** Ⓒ鉗。**2** [～s] **a** 挾剪。**b**〖外科〗夾子。**3** Ⓒ〖建築〗夾鉗。

—*v.t.* **1**〔＋受＋副〕用鉗等夾住，釘住〈*together*〉. **2 a** 夾緊：～ one's lips 閉口不言。**b** 固定〈物〉。

clámp dówn《*vi adv*》箝制，鎮壓[暴徒等]，嚴厲取締[…]〔*on*〕《★可用被動語態》：The police ～*ed down on* the rioters. 警察鎮壓暴徒。

clámp·dòwn *n.* Ⓒ《口語》取締，鎮壓〔*on*〕.

clám·shèll *n.* Ⓒ **1** 蛤蜊的殼。**2**〖土木〗抓斗《像貝殼般可開閉的抓土器》。

clamp 1

clámshell dòors *n. pl.*（飛機機首或機尾處裝卸貨物用之）左右開啓式的門。

clan [klæn; klæn] 《源自蓋爾語「子孫」之義》—*n.* Ⓒ **1 a**（蘇格蘭高地人的）氏族。**b** 一族，一家。**2** 門閥；黨派；派系。**3**《謔》大家族。

clan·des·tine [klænˈdɛstɪn; klænˈdestin] *adj.* [用在名詞前]（爲隱瞞陰謀等而）秘密的，暗中從事的〈事物〉：a ～ marriage [arrangement] 秘密結婚[協定]。～·**ly** *adv.*

clang [klæŋ; klæŋ] 《擬聲語》—*v.i.*〈鐘、武器等〉叮噹[鏗鏘]作響。—*v.t.* 使〈鐘等〉叮噹[鏗鏘]作響：He ～*ed* the fire bell. 他敲擊火警鐘使其噹噹作響。

—*n.* [**a** ～] 叮噹[鏗鏘]聲。

clang·er [ˈklæŋɚ; ˈklæŋə] *n.* Ⓒ《口語》大失誤，疏忽，錯誤。

dróp a clánger《口語》犯了不該有的大錯。

clan·gor [ˈklæŋgɚ, -ŋɚ; ˈklæŋgə, -ŋə] *n.* [**a** ～] 叮噹[鏗鏘]聲《金屬互撞的聲音》。

—*v.i.* 叮噹[鏗鏘]作響。

clan·gor·ous [ˈklæŋgərəs, -ŋə-; ˈklæŋgərəs, -ŋə-] 《clangor 的形容詞》—*adj.* 叮噹[鏗鏘]作響的。～·**ly** *adv.*

clan·gour [ˈklæŋgɚ, -ŋɚ; ˈklæŋgə, -ŋə] *n., v.*《英》＝clangor.

clank [klæŋk; klæŋk] 《擬聲語》—*v.i.* **1**〈重鐵鍊等〉叮噹[磕隆磕隆]作響：The swords clashed and ～*ed.* 刀劍相擊發出叮噹聲。**2** 叮噹[磕隆磕隆]作響地動[跑]。

—*v.t.* 使〈鍊子等〉叮噹[磕隆磕隆]作響。

—*n.* [**a** ～] 叮噹[磕隆磕隆]聲：*a* ～ of chains（拖動）鍊子的磕隆磕隆聲。

clán·nish [-nɪʃ; -niʃ] 《clan 的形容詞》—*adj.* **1** 氏族的。**2** 黨派的；排外的。

～·**ly** *adv.* ～·**ness** *n.*

clán·shìp *n.* Ⓤ **1** 氏族制度。**2** 氏族精神；黨派的感情。

cláns·man [-mən; -mən] *n.* Ⓒ（*pl.* **-men** [-mən; -mən]）同氏族的人，同宗族的人。

clap[1] [klæp; klæp] 《擬聲語》—*n.* **1** Ⓒ**噼啪聲，轟隆聲，隆隆聲**《破裂、雷鳴等的聲音》：a ～ of thunder 雷鳴。**2** [**a** ～]（表達友誼、稱讚等意時，以手掌對背部等的）拍擊〔*on*〕：He gave me *a* ～ ***on*** the back. 他輕輕拍了一下我的背部。**3** [**a** ～] 拍手（的聲音）：give a person *a* good ～ 使勁地爲某人拍手。

at a [**óne**] **cláp** 一下子，立刻，馬上。

in a cláp 轉瞬間，一瞬間。

—*v.t.* (**clapped**; **clap·ping**) **1 a**〔＋受＋介＋(代)名〕啪噠地使…撞[碰]〔某物〕〔*on*〕：He *clapped* his head ***on*** the door. 他的頭砰地撞到門上。**b**〔＋受＋補〕啪地蓋[合]上〈書本等〉：～ a book shut 啪地蓋上書本。

2 a〔＋受(＋副)〕拍〈手〉，鼓〈掌〉〈*together*〉：He [They] *clapped* his [their] hands. 他[他們]拍手了。**b**〔＋受〕爲〈某人、演技〉拍手《★比較 作此義解時一般用 *v.i.* 2》：～ a performer [performance] 爲表演者[演技]鼓掌。

3〔＋受＋介＋名〕（表示友誼、稱讚）用手輕拍〈某人〉〔身體的某部位〕〔*on*〕《★用法 在表示身體部位的名詞前加 the》：I *clapped* my friend ***on the*** back. 我輕拍朋友的背。

4〔＋受＋副詞(片語)〕將…快速地[突然]放置；拍進，扔進，拋進（…）：He *clapped* the door *to.* 他砰地一聲把門關上/～ one's hat *on* 急忙戴上帽子/～ a person *in* prison [*into* jail] 突然把某人關進牢裏。

—*v.i.* **1 a** 砰地[啪噠]作響。**b**〔＋副〕〈門等〉砰地關上；〈書本〉啪地合上〈*to*〉：The door *clapped* ***to.*** 門砰地關上了。**c**〔＋補〕〈門等〉砰地關上：The door *clapped* shut. 門砰地關上了。**2**〔動(＋介＋(代)名)〕〔爲某人喝采而〕拍手[鼓掌]〔*for*〕：We *clapped* ***for*** the singer. 我們爲那個歌唱者鼓掌喝采。

cláp éyes on...《英口語》[常用於否定句、完成式] 看見〈某人〉；（偶然）發現…：I have*n't clapped eyes on* him for ages. 我好久沒看到他了。

clap[2] [klæp; klæp] *n.* [**the** ～]《俚》淋病 (gonorrhea).

clap·board [ˈklæbɚd, ˈklæpˌbord, -ˌbɔrd; ˈklæpbɔːd] *n.* Ⓤ Ⓒ《美》護牆板；隔板。

—*v.t.* 爲〈房屋等〉加上護牆板。

clapped *adj.* [常 ～ **out**]《英俚》**1**〈人〉疲倦的，疲憊的：feel ～ *out* 覺得筋疲力盡。**2**〈機器〉破舊不堪的，破爛的：a *clapped-out* car 破舊的汽車，老爺車。

cláp·per *n.* Ⓒ **1** 鐘[鈴]的擊錘。**2** 拍手者。**3 a** 響板：beat [strike] ～*s* 打響板。**b**《英》鳴響器《用以嚇跑田裏的小鳥》。**4**《俚》（說話很快的）舌頭。

like the cláppers《英俚》很快地；拼命地：run *like the* ～*s* 拼命地跑。

clápper·bòards *n. pl.*〖電影〗（拍攝影片時用的）分場記錄板。

cláp·tràp *n.* Ⓤ《口語》**1** 譁衆取寵的空話，噱頭。**2** 愚蠢的行爲，無聊的話。

claque [klæk; klæk] «源自法語「拍手」之義»——*n.* Ⓒ[集合稱] **1** (戲院雇用的職業性)喝采者，鼓掌者，捧場者。**2** (隨聲附和的)諂媚者，奉承者。

Clar·a [ˋklɛrə, ˋklærə; ˈklɛərə] *n.* 克萊拉《女子名；暱稱 Clare》.

Clare [klɛr; klɛə] *n.* 克萊：**1** 女子名《Clara, Clarissa 的暱稱》。**2** 男子名《Clarence 的暱稱》。

Clar·ence [ˋklærəns; ˈklærəns] *n.* 克萊倫斯《男子名；暱稱 Clare》.

clar·et [ˋklærət; ˈklærət] *n.* **1** Ⓤ[指個體時爲Ⓒ] 法國波爾多(Bordeaux)地方出產的紅葡萄酒。**2** Ⓤ紫紅色。

clar·i·fi·ca·tion [͵klærəfəˋkeʃən; ͵klærifiˈkeiʃn] «clarify 的名詞»——*n.* ⓊⒸ **1** (液體等的)澄清，清潔；淨化。**2** 說明，闡明：a ~ *of* his position 對於他的立場之說明。

clár·i·fi·er *n.* Ⓒ **1 a** 淨化物。**b** 淨化器。**2** 澄清劑。

clar·i·fy [ˋklærə͵faɪ; ˈklærifai] «clear 的動詞»——*v.t.* **1** 淨化，澄清〈液體等〉。**2** 使〈意思等〉清楚[明白]；清晰地說明[闡明]…：Your explanation has *clarified* this difficult sentence. 你的說明使得這難句的意思清楚了。**3** 使〈頭腦〉清晰。

——*v.i.* **1** 〈液體〉淨化。**2** 〈意思等〉變得清楚[明白]。

clar·i·net [͵klærəˋnɛt; ͵klæriˈnet] *n.* Ⓒ豎笛，單簧管《木管樂器的一種》。

clàr·i·nét·(t)ist [-tɪst; -tist] *n.* Ⓒ豎笛演奏者。

clarinet

clar·i·on [ˋklærɪən; ˈklæriən] *n.* Ⓒ **1** 一種響亮清澈的小號。**2** 上述小號的聲音。

——*adj.* [用在名詞前]《文語》響亮清澈的：a ~ voice 響亮清澈的聲音。

Cla·ris·sa [kləˋrɪsə; kləˈrisə] *n.* 克萊麗莎《女子名；暱稱 Clare》.

clar·i·ty [ˋklærətɪ; ˈklærəti] «clear 的名詞» ——*n.* Ⓤ **1** (思想、文體等的)明確，明晰：have ~ of mind 頭腦明晰 /remember *with* ~ 清楚地記得。**2 a** (音色的)清晰。**b** (液體的)清澈透明。

clash [klæʃ; klæʃ] «擬聲語»——*v.i.* **1 a 發出撞擊聲[鏗鏘聲]**：The dishes ~*ed* in the kitchen. 廚房裏盤子鏗鏘作響。**b** 碰撞作響：swords ~*ing* and clanging 相擊而發出鏗鏘聲的劍。**2 a 碰，撞；衝突**：The cars ~*ed*. 汽車相撞了。**b** 〔十介十(代)名〕撞上〔…〕〔*into, against*〕；〔與…〕相撞〔*with*〕：He ~*ed* ***into*** [***against***] the pole. 他撞上柱子/The car ~*ed* ***with*** a truck. 那輛汽車與一部卡車相撞了/The army ~*ed with* the enemy on the wide plain. 部隊在曠野上與敵軍交鋒。**3 a** 〈意見、利害等〉衝突，抵觸。**b** 〔十介十(代)名〕〔與…〕衝突〔*with*〕；〔因某事〕起衝突〔*on, over*〕：Principles often ~ ***with*** interests. 原則常與利益衝突/They ~*ed on* trifles. 他們爲微不足道的事發生衝突[爭吵]。**c** 〔動(十介十(代)名)〕〈日程等〉〔與…〕撞期〔*with*〕：On Monday the two meetings ~. 星期一兩個會議撞期。**d** 〔動(十介十(代)名)〕〈顏色等〉〔與…〕不相稱，不相配，不協調〔*with*〕：This color ~*es* ***with*** that. 這顏色和那顏色不相稱。——*v.t.* 〔十受(十副)〕使〈鐘等〉噹噹作響；使〈劍等〉相撞擊〈*together*〉.

——*n.* **1** [a ~] (火警鐘等的)噹噹聲；相擊聲。**2** Ⓒ〔意見、利益等的〕衝突，不一致，不協調〔*of*〕：a ~ *of* viewpoints 見解的不一致/a ~ *of* colors 色調不合。**3** Ⓒ(日程等的)撞期〔*between*〕. **4** Ⓒ戰鬥，小衝突〔*between*〕：a ~ *between* the two task forces 兩支機動部隊[特遣部隊]間的戰鬥。

clasp [klæsp; klɑːsp] *n.* Ⓒ **1 扣環，鉤，皮帶扣。2** [常用單數] **a** 握，緊握；握手：I gave his hand a warm ~. 我熱情地緊握他的手。**b** 緊抱。

——*v.t.* **1** 〔十受〕**a** (用扣環等)扣住[鉤住]…。**b** 在…上裝上扣環。**2 a** 〔十受(十副)〕握緊〈手等〉〈*together*〉：~ another's hand 緊握對方的手/ ~ one's hands (***together***) 交叉地緊握十指《★表示懇求、絕望等意的(女性化)動作》/They ~*ed* hands. 他們互相緊握著手。**b** 〔十受十介十名〕握住〈人〉〔手等〕〔*by*〕《★用法在表示身體部位的名詞前加 the》：He ~*ed* her ***by*** *the* hand. 他握住她的手。**3** 〔十受十介十(代)名〕**a** 把…緊握[在手裏]〔*in*〕：The boy ~*ed* the coin ***in*** his hand. 那個男孩把錢幣緊握在手裏。**b** 把〈人、物〉緊抱〔在…〕〔*to, in*〕：She ~*ed* her daughter [purse] tightly ***to*** her breast. 她把女兒[皮包]緊抱在胸前。

——*v.i.* **1** (用扣環等)扣住，鉤住，扣緊。**2** 抱緊，抱住。

clásp knìfe *n.* Ⓒ摺疊式小刀。

‡class [klæs; klɑːs] «源自拉丁文「(羅馬人的)階級，區分」之義»——*n.* **1** Ⓒ(具有共同性質的)**種**，類別，種類：an ordinary ~ of car(s) 普通型[種類]的車/be divided into three ~*es* 被分成三類/be *in* a ~ with... 與…是同類。

2 Ⓒ **a** (學校的)**班**，年級(cf. form 9)：The ~ consists of 40 boys and girls. 這個班級由四十名男女學生所組成。**b** ⓊⒸ(班級的)**上課(時間)**：between ~*es* 兩堂課之間/be *in* ~ 正在上課中/go *to* ~ 去上課/attend a history ~ ＝attend a ~ *in* history 上歷史課/cut [skip] (a) ~ 翹課。**c** ⓊⒸ講習(課)：take ~*es in* cooking 上烹飪課。

3 Ⓒ[集合稱] **a** [也常用於稱呼] **班上的學生們**《★用法視爲一整體時當單數用，指個別成員時當複數用》：The ~ was [were] glad to hear the news. 班上的同學們聽到這個消息很高興/Good morning, ~！各位同學早！/*C*~ dismissed！下課！**b** 《美》同期畢業生[同年級的學生]《★用法與義 3 a 相同》：the ~ of 1985 1985 年畢業班。**c** 《軍》同期兵《★用法與義 3 a 相同》：the 1985 ~ 1985 年期的士兵。

4 a Ⓒ[常 ~es；常與形容詞連用] (社會) **階級**：the upper [middle, lower, working] ~(*es*) 上流[中產，下層，勞動]階級/the educated ~ 知識階級/people of all ~*es* 各個階級的人。**b** Ⓤ階級制(度)：abolish ~ 廢除階級制。**c** [the ~es]《古》上流[知識]階級(↔ the masses).

5 Ⓒ(根據品質、程度所分列的)等級：the first [second, third] ~ 第一[二，三]等。

6 Ⓤ《口語》**a** 優秀，卓越：He's shown enough ~ for a champion chess player. 他展現了堪稱一流西洋棋士的卓越技藝。**b** (衣服、行爲等的)優雅，高尚，高雅(cf. classy 1)：She has ~. 她有氣質。

7 Ⓒ《英大學》優等考試的合格等級：take [get, obtain] a ~ 以優等成績畢業。

8 Ⓒ《生物》(動植物分類學上的)綱(cf. classification 1 b).

9 Ⓒ《數學》集合(set).

be in a cláss by itsélf [**onesélf**] ＝**be in a cláss of** [**on**] **its** [**one's**] **ówn** 獨一無二的，無可比擬的：He *is in a* ~ *of* his *own.* 他非常優秀。

nó cláss 《口語》不合格，不入流，劣等：That writer has *no* ~. 那個作家不入流。

——*adj.* **1** [用在名詞前]階級的，階級上的：~ feelings 階級感/ ~ psychology 階級心理。**2** 班級的，年級的，同年級的：a ~ teacher 班級的老師。**3** 《口語》**a** 優秀的，一流的：a ~ golfer 一流的高爾夫球打者/The actor is not ~. 那個演員演得不好。**b** 高雅的，高尚的，優雅的。

——*v.t.* **1 a** 〔十受〕把…分類。**b** 〔十受十介十(代)名〕把…歸入〔…之類〕〔*with, among*〕：~ teachers ***among*** laborers 把老師歸入勞動者之列/ ~ one thing ***with*** another 將某物歸入他類。**c** 〔十受十*as* 補〕把〈某人[物]〉列入，把…視爲〈…〉：~ a person *as* old 把某人列入老人之列，視某人爲老人。**2 a** 〔十受〕定…的等級[品等]。**b** 〔十受十補〕定…的等級〈爲…〉：a ship ~*ed* A 1 最高級的船。**3** 〔十受〕把〈學生〉分組。

——*v.i.* 〔十*as* 補〕屬於〈某個階級、種類〉，被分類〈成…〉：those who ~ *as* Christians 被列爲基督教徒的那些人。

class. 《略》classic(al)；classification；classified.

cláss áction *n.* Ⓒ集體訴訟《爲利益相關的一羣人所提供的一種訴訟手段》。

cláss·bòok *n.* Ⓒ《美》**1** 記分簿，出席簿，點名簿。**2** (年級的)畢業紀念册(yearbook).

cláss-cónscious *adj.* **1** 具有階級意識的。**2** 具有强烈階級鬥爭意識的。

cláss cónsciousness *n.* Ⓤ階級意識。

cláss dày *n.* Ⓒ《美》(畢業典禮前，班級的)畢業紀念日。

cláss-fèllow *n.* Ⓒ同班同學(classmate).

***clas·sic** [ˋklæsɪk; ˈklæsik] «源自拉丁文「(最高)級(class)的」之義»——*adj.* [用在名詞前](無比較級、最高級) **1 第一流的**，最高水準的；典雅的，高尚的〈藝術品等〉。**2 a 古典的**；古希臘、羅馬(文藝)的：~ myths 古希臘、羅馬神話。**b** 倣照古希臘、拉丁藝術樣式的；(與浪漫主義相對之十八世紀的)古典風格的。**3 a** (文化上、歷史上)淵源深遠的：~ ground 古跡，史跡/~ Oxford [Boston] 古文化之都牛津[波士頓]。**b** 傳統又有名的，古典的：a ~ event 有名的傳統大賽會《指比賽、競技等》/a ~ experiment 古典的實驗/⇨ classic races. **4 a** 有權威的，評價高的〈學問研究、研究論文等〉：a ~ study of Dante 有關但丁的權威性研究論文[研究但丁的經典論著]。**b** 典型的，模範的：a ~ method 典範的方法/a ~ case of one-sided love 單戀的典型例子。**5** 非流行的，傳統(樣式)的〈服裝等〉。

——*n.* **1** Ⓒ **a 一流的作品；古典。b** 大文豪，大藝術家。

2 a Ⓒ(希臘、羅馬的)古典作家；古典作品。**b** [the ~s] (希臘、羅馬的)古典文學，古典語言。

3 Ⓒ **a** (有特定範圍的)權威書，名著。**b** 代表性之物；成爲模範之物。

4 a Ⓒ傳統的(又有名的)儀式。**b** ＝classic races.

5 Ⓒ傳統[古典](樣式的)衣服[汽車，家具(等)]；(式樣)不隨流行的服裝。

6 Ⓒ《美口語》古典車《1925–42 年型的汽車》。

***clas·si·cal** [ˋklæsɪkḷ; ˈklæsikl] *adj.* (**more** ~；**most** ~) **1** [有時

C~]（古希臘羅馬的）**古典文學的**，古典的；古典文化的；人文的：the ~ languages 古典語《希臘文及拉丁文》/a ~ education [scholar] 古典教育[學者]。**2**（無比較級、最高級）**a**《文學・藝術》古典主義的《指令人想起古希臘、拉丁文學藝術與文化典雅的風格》；古典風味的：~ literature 古典文學。**b**〈音樂〉古典的《類似十八至十九世紀的音樂，以著重均衡的形式爲其特徵》：~ music（與流行音樂（popular music）等相對的）古典音樂。**c**〈學問〉古典派的，正統派的：~ economics 正統[古典]派經濟學《亞當・史密斯（Adam Smith）等的學說》。**3** 傳統的。**4** 典型的，模範的。

clás·si·cal·ly [-klɪ; -kəli] *adv.*

clas·si·cism [ˈklæsəˌsɪzəm; ˈklæsisizəm] *n.* **1** [常 C~] Ⓤ《文學・藝術》古典主義（cf. realism 2, romanticism 1）；（教育上的）尚古主義。**2** Ⓤ **a** 古典希臘、羅馬藝術文化的精神。**b** 古典知識[文學]。**3** Ⓒ古典文體[風格]。

clás·si·cist [-sɪst; -sist] *n.* Ⓒ **1** 古典學者。**2** 古典主義者。

clássic ráces *n. pl.* [the ~]《賽馬》傳統的賽馬：**a** 英國的五大賽馬《兩千基尼賽馬（Two Thousand Guineas），一千基尼賽馬（One Thousand Guineas），德貝賽馬（Derby），奧克斯賽馬（Oaks）及聖來杰賽馬（St. Leger）》。**b** 美國的三大賽馬《肯塔基賽馬（Kentucky Derby），普瑞尼斯賽馬（Preakness Stakes），貝爾蒙特賽馬（Belmont Stakes）》。

clas·si·fi·a·ble [ˈklæsəˌfaɪəbl; ˈklæsifaiəbl] *adj.* 〈物品〉可分類的。

clas·si·fi·ca·tion [ˌklæsəfəˈkeʃən; ˌklæsifiˈkeiʃn] 《classify 的名詞》**—***n.* ⓊⒸ **1 a 分類**，類別，種類。**b**《生物》分類（法）。

【說明】生物學上的分類順序：kingdom（界）—《動物》phylum（門），《植物》division（門）—class（綱）—order（目）—family（科）—genus（屬）—species（種）—variety（變種）。

2 等級，品等。**3**《美》（公文，文件的）機密類別。**4**《圖書館學》圖書分類法。

clás·si·fied *adj.* [用在名詞前] **1 a** 分類的：a ~ catalog(ue) 分類目錄/a ~ telephone directory 分類電話簿（cf. yellow pages）. **b** 分類的〈廣告〉：a ~ ad [advertisement] 分類廣告《分成求才、求職等項目》。**2** 列入機密的〈軍事情報、官方文件等〉：~ information（國家）機密情報/a highly ~ project 極機密的計畫。

—*n.* [the ~s；集合稱]《美口語》分類廣告：look in *the classifieds* 看一下分類廣告。

clas·si·fy [ˈklæsəˌfaɪ; ˈklæsifai] 《class 的動詞》**—***v.t.* **1 a** 〔十受〕把〈某物〉**分類**。**b**〔十受十介十(代)名〕把〈某物〉分〔成…〕〔*into, under*〕：We will ~ these subjects ***under*** three topics. 我們將把這些問題分成三個主題/Words are *classified* ***into*** parts of speech. 字被分成若干詞類。**c**〔十受十*as* 補〕把…分〈爲…〉：We usually ~ types of character *as* good or bad. 我們通常把（人的）性格之類型分爲善與惡。**2**〔十受〕把〈軍事情報、文件等〉列入機密類。

cláss·less *adj.* **1**〈社會〉無階級差別的：a ~ society 無階級差別的社會。**2**〈人等〉不屬於某特定社會階級的。**~·ness** *n.*

cláss·lìst *n.* Ⓒ 班級名册；（英大學之）考試成績優等生名簿。

cláss·màn *n.* Ⓒ（英大學之）考試優等生。

‡**class·mate** [ˈklæsˌmet; ˈklɑːsmeit] *n.* Ⓒ**同班同學**。

‡**class·room** [ˈklæsˌrum; ˈklɑːsruːm] *n.* Ⓒ**教室**。

cláss strúggle *n.* Ⓤ[常 the ~]階級鬥爭。

cláss wár *n.* Ⓤ[常 the ~]階級鬥爭。

cláss·wòrk *n.* Ⓤ（由老師與學生一起做的）課堂作業（↔ homework）.

class·y [ˈklæsɪ; ˈklɑːsi] *adj.* (**class·i·er**; **-i·est**) **1**《口語》高級的，上等的；精美的，時髦的：a ~ car 高級車。**2** 身分高尚的。

clat·ter [ˈklætɚ; ˈklætə] 《擬聲語》**—***n.* **1** [a ~]**咔嗒[噼啪]聲**《堅硬物體互相碰撞的聲音，如打字時所發出的聲音等》。**2** Ⓤ 喧囂聲；吵雜聲：the ~ of the street 路上的喧囂聲。

—*v.i.* **1 a 咔嗒[噼啪]作響**：The window ~*ed*. 窗戶咔嗒作響。**b**〔十副〕不停地咔嗒[噼啪]作響〈*away*〉：The typewriters were ~*ing away*. 打字機不斷地發出噼啪聲。

2〔十副詞(片語)〕咔嗒咔嗒地移動[前進]：A truck ~*ed along* (the street). 一部卡車隆隆地開過（馬路）/Two horses ~*ed down* [*up*] the road. 兩匹馬沿著馬路咔嗒咔嗒地跑著。

3〔十副(十介十(代)名)〕喋喋不休[吱吱喳喳]地說〈*away*〉〔*about*〕：They ~*ed* ***away*** (***about*** their discontents). 他們吵鬧地談論著（他們不滿的原因）。

—*v.t.*〔十受〕使…咔嗒[隆隆，嘩啦]作響。

clátter abóut 《*vi adv*》(1)〈小孩等〉吵鬧。**—**《*vt adv*》(2)粗暴地對待[操縱]。

~·er [-tərɚ, -tərə] *n.*

clause [klɔz; klɔːz] 《源自拉丁文「關閉（close）」之義》**—***n.* Ⓒ **1**《文法》**子句**（cf. phrase 1 a）。**2**（條約、法律的）**項目，條款**。

claus·tro·pho·bi·a [ˌklɔstrəˈfobɪə; ˌklɔːstrəˈfoubjə] *n.* Ⓤ《精神醫學》幽閉恐懼症《厭惡幽閉場所》。

claus·tro·pho·bic [ˌklɔstrəˈfobɪk; ˌklɔːstrəˈfoubik⁻]《精神醫學》*adj.* 幽閉恐懼症的。

—*n.* Ⓒ幽閉恐懼症的患者。

clav·i·chord [ˈklævəˌkɔrd; ˈklævikɔːd] *n.* Ⓒ《音樂》翼琴《鋼琴的前身》。

clav·i·cle [ˈklævəkl; ˈklævikl] *n.* Ⓒ《解剖》鎖骨（collarbone）.

clav·i·er *n.* Ⓒ《音樂》**1** [ˈklævɪɚ, kləˈvɪr; ˈklæviə] 樂器的鍵盤《如鋼琴、風琴等》。**2** [kləˈvɪr; kləˈviə, ˈklæviə] 鍵盤樂器。

claw [klɔ; klɔː] *n.* Ⓒ **1 a**（貓、鷹等的尖銳彎曲的）爪（⇨ nail【同義字】）。**b** 有爪的脚。**2**（蟹、蝦等的）鉗，螯。**3 a** 爪形的東西。**b**（鐵錘頂上的）拔釘爪。

cút [clíp, páre] the cláws of... 《口語》除去〈人等〉的危害力；使…無危害力。

in a person's cláws 被某人抓住，落入某人的手中。

tóoth and cláw ＝TOOTH and nail.

—*v.t.* **1 a**〔十受〕用爪[指甲，手]搔，撓，抓，撕〈某物〉：The cat is ~*ing* the door. 那隻貓正在抓門。**b**〔十受十補〕用爪[指甲]把…抓成〈某狀態〉：~ a parcel open 用指甲把包裹撕開《★囲因有時用以表示驚喜[興奮]地打開包裹的樣子》。**2**〔十受〕用爪[指甲，手等]挖〈洞等〉：~ a hole 用爪（等）挖洞。**—***v.i.*〔十介十(代)名〕**1** 用爪（等）抓[撕，搔]〔…〕。**2** 抓，撕，搔〔…〕〔*at*〕。

claw 3 b

cláw hàmmer *n.* Ⓒ拔釘錘。

‡**clay** [kle; klei] *n.* Ⓤ **1 黏土**，泥土：as ~ in the hands of the potter〈人、物〉如陶工手中的黏土；任憑擺布地《★出自聖經「耶利米書」》。**2** 土，泥：a lump of ~ 一塊土。**3 a**（被認爲是肉體原料的）土；（與靈魂相對，死後化爲土的）肉體；《詩》人體：be dead and turned to ~ 死而歸土。**b** 天資，秉性，天性；人格，人品，品格：a man of common ~ 塵世間的人。

féet of cláy（人、事物所具有的）人格上[本質上]的缺點[弱點]；站不住脚的事物《★出自聖經舊約「但以理書」》。

clay·ey [ˈkle·ɪ; ˈkleii] 《clay 的形容詞》**—***adj.* (**clay·i·er**; **-i·est**) **1**（多）黏土的，黏土似的，黏土狀的。**2** 塗了黏土的；被黏土弄髒的。

cláy·ish [-ɪʃ; -iʃ] *adj.* 有點像黏土的；含些許黏土的。

clay·more [ˈklemɔr; ˈkleimɔː] *n.* Ⓒ **1**（從前蘇格蘭高地人使用的）雙刃大刀。**2**（又作 **cláymore míne**）《軍》定向破片人員殺傷雷《用電引爆，會散出小金屬球的地雷》。

cláy pígeon *n.* Ⓒ陶土飛靶《飛靶射擊（trapshooting）時扔到空中的一種陶製盤狀飛靶》。

cláy pípe *n.* Ⓒ陶製煙斗《用製管土（pipe clay）燒製成的煙斗》。

clay pigeon

-cle [-kḷ; -kl] 字尾 表示「小…」之意《★有些字沒有「小」之意，如 arti*cle*, specta*cle* 等》。

‡**clean** [klin; kliːn] *adj.* (~·er; ~·est) **1 a 清潔的**，清新的，未受汚染的（↔ dirty）：~ air 清新的空氣/a ~ room 乾淨的房間/Be careful to keep yourself ~. 注意保持身體清潔。**b**（剛洗過或未用過般）乾淨的；全新的，嶄新的：~ clothes 剛洗乾淨[新做]的衣服。**c** 愛乾淨的，經常保持潔淨的：be ~ *in* one's person 穿着經常保持乾淨。**d** 無病[病菌]的。**2 a**（精神上、道德上）**純潔的**，清高的，廉潔的，無僞的；公正的，光明正大的，公平競爭的：a ~ election 光明正大的選擧/~ politics 廉潔的政治/a ~ fight 光明磊落的戰鬥/~ money 用正當方法得到的錢財（↔ dirty money）. **b**《口語》不淫亂的，不猥褻的：a ~ conversation 文雅的談話/keep a ~ tongue 不說下流話。**c** 沒犯罪的，清白的：have ~ hands（金錢方面或選擧等）無不正當手段；廉潔清正/a ~ record（無前科等的）清白的履歷。

3 [不用在名詞前]〔十介十(代)名〕無〔汚點、缺點等〕的〔*of*〕：wash one's hands ~ ***of*** dirt 洗掉手上的汚垢/He wiped the revolver ~ *of* his fingerprints. 他擦掉自己留在手槍上的指紋。

4 a 匀稱的，好看的，苗條的：~ limbs 匀稱的四肢/the ~ shape of a new car 新車美觀的形狀。**b**〈切口、傷口等〉整齊的：a ~ cut [wound] 整齊的切口[傷口]/a ~ edge 無鋸齒紋的刀刃。

5 a〈校訂本等〉沒有錯誤[訂正]的；無刪改而易讀的（↔ foul）：~ copy 乾淨的原稿/a ~ copy 謄清稿。**b** 未寫上任何字的，空白的：a ~ page 空白頁/a ~ sheet of paper 一張白紙。

6 a 無混雜物的，純粹的：~ gold 純金。**b**〈寶石〉無瑕疵的，無缺陷的：a ～ diamond 無瑕疵的鑽石。
7〈手法等〉漂亮的，有技巧的，俐落的：a ～ stroke（打高爾夫球等）漂亮的一擊/a ～ hit《棒球》漂亮的安打。
8 全然的，完全的，徹底的：a ～ hundred dollars 一百美元整，整整一百美元/a ～ surprise 非常的驚訝/make a ～ break 切得很整齊；《賽馬》賽馬整齊地出發/⇨ make a clean BREAST of.
9《口語》〈核子武器〉無[少]放射塵的，乾淨的（⟷ dirty）：a ～ H-bomb [weapon] 無放射塵的氫彈[武器]。
10（無比較級、最高級）**a**〈船〉未載貨物的；〈船艙〉空的。**b**《俚》〈人〉不帶武器[凶器]的；不常用[未攜帶]毒品的。
11〈魚〉已過了產卵期的，適於食用的。
12《聖經》**a**（按照摩西（Moses）的律法）潔淨的。**b**〈鳥、獸等〉乾淨的，可食用的。
cléan and swéet 乾淨俐落的。
còme cléan《口語》講出實話，供認，招認罪狀。
kèep one's **nóse cléan** ⇨ nose.
shów a cléan páir of héels ⇨ heel.
—adv.（～·er；～·est）**1**（無比較級、最高級）**a** 完全地，全然地；俐落地：～ mad [wrong] 完全瘋了[錯了]/He jumped ～ over the brook. 他俐落地跳過那條小溪/I ～ forgot about it.《口語》我完全把它忘了。**b** 清楚地，準確地，正面地：hit a person ～ in the eye 不偏不倚地打到某人的眼睛。**2** 使…變漂亮地[乾淨地]：scrub the floor ～ 把地板擦乾淨。**3** 正大光明地，光明磊落地：play it [the game] ～ 正大光明地比賽。
—v.t. 1〔十受〕**a** 把…弄清潔[乾淨]；打掃，清理；洗滌，清洗…：～ one's hands 洗手，把手洗乾淨/～ one's clothes 洗衣服/～ one's shoes 把鞋擦乾淨/I must have the room ～*ed*. 我必須清掃房間。**b** 刷〈牙〉：～ one's teeth 刷牙。**c** 消毒，洗淨，治療〈傷口〉。**2**〔十受十介十（代）名〕洗去，去除…〔的污點等〕〔*of*〕：～ one's shirt *of* dirt 洗掉襯衫上的污點/⇨ clean one's HANDS of.
3〔十受〕**a** 把〈盤中食物〉吃乾淨：～ one's plate 把自己盤裏的食物吃乾淨。**b** 從〈魚、雞等〉腹中取出內臟（⇨ disembowel【同義字】）：～ fish 拿出魚的內臟。
—v.i. 1 清掃，打掃。**2** 弄乾淨。
cléan dówn《*vt adv*》(1)（徹底地）把〈牆壁、汽車等〉清洗乾淨。(2)把〈馬等〉刷洗乾淨。
cléan óut《*vt adv*》(1)把…清掃乾淨：～ *out* a room 把房間打掃乾淨。(2)把〈人〉趕出。(3)《美》趕出〈某人〉。(4)銷清〈店等〉的存貨。(5)從〈某場所〉偷出所有的東西。(6)《口語》使〈人〉一文不名；使…耗盡資源：They ～*ed* him *out* completely. 他們徹底地使他變得一文不名/I'm ～*ed out*. 我現在是一文不名了。—《*vi adv*》(7)《口語》逃出，溜走。
cléan úp《*vi adv*》(1)清掃乾淨，收拾，整理。(2)（洗臉、洗手、換衣服）把自己整理乾淨。—《*vt adv*》(3)把〈房間等〉清掃[整頓，收拾]乾淨；處理，清除〈垃圾等〉。(4)從…肅清不良分子等，使…淨化：～ the city *up* 使都市淨化/～ *up* one's behavior 整治（不良的）行爲，整頓作風/～ *up* the political scandal 肅清政界的貪污醜聞。(5)掃蕩[剿滅]〈殘敵、陣地等〉。(6)《口語》處理，收拾，結束，完成〈工作等〉。(7)清理，整理〈債物等〉。(8)〔～＋up＋*n.*〕《口語》賺〈大錢等〉。
cléan úp on...《美口語》(1)靠〈交易等〉賺錢：～ *up on* a deal 靠交易賺錢。(2)打敗〈某人〉，（狠狠地）整〈人〉一頓：～ *up on* an opponent 打敗對手。
—n.［**a** ～］清掃，打掃，整理，收拾：Give your room *a* good ～. 把你的房間好好地打掃乾淨。～**·ness** *n.*
clean·a·ble [ˈklinəbḷ; ˈkliːnəbl] *adj.* 可弄乾淨的。
cléan-cút *adj.* **1** 輪廓鮮明的；樣子好看的：～ features 輪廓鮮明的容貌。**2**（意思）明確的，清楚的，明白的：a ～ statement 明確的聲明。**3**〈人〉整潔的，端莊的：a ～ gentleman 端莊的紳士。
cléan·er *n.* Ⓒ **1** 收拾[整理]的人；打掃的人；清潔工。**2 a** 洗衣店的老闆[員工]。**b** 清潔婦（cleaning woman）. **c**［常 **the** ～s, ～'s］洗衣店，乾洗店（★用法《美》只用 cleaner）. **3** 吸塵器。**4** 清潔劑，去污劑。
take a person **to the cléaners** [**cléaner's**]《口語》(1)搶奪〈某人〉所有的錢，使〈某人〉變得一文不名[赤貧]。(2)使〈人〉一文不值，貶損〈某人〉。(3)《美》（競爭中）使〈對手〉大敗。
cléan-fíngered *adj.* **1** 廉潔的；不苟的；誠實的。**2**〈扒手〉熟練的。
cléan-hánded *adj.*〈人〉清廉的，清白的。
***clean·ing** [ˈklinɪŋ; ˈkliːniŋ] *n.* **1** Ⓤ **a** 清掃；（衣服等的）整理，清洗：general ～ 大掃除/It wants ～. 這個需要清洗。**b** ＝dry cleaning. **2** Ⓒ **a**《口語》（投資等的）大損失：get a good ～ 遭受很大的損失。**b**《美俚》（尤指運動的）大失敗，大敗仗：take a ～ 打了大敗仗。
cléaning wòman *n.* Ⓒ清潔婦[女工]。
clean·li·ly [ˈklɛnləlɪ; ˈklenləli] *adv.* 乾淨地；俐落地。
cléan-límbed *adj.*〈年輕男子等〉手足勻稱的；姿勢優美的。
clean·li·ness [ˈklɛnlɪnɪs; ˈklenlinis] *n.* Ⓤ清潔；乾淨；愛乾淨（的習慣）：*C*～ is next to godliness.《諺》潔去淨身近乎虔敬。
cléan-líving *adj.* 生活嚴謹的；安分守己的。
clean·ly[1] [ˈklɛnlɪ; ˈklenli] *adj.*（**clean·li·er**；**-li·est**）愛乾淨的；乾淨的，清潔的。
clean·ly[2] [ˈklinlɪ; ˈkliːnli]（**more** ～；**most** ～）*adv.* **1** 手法漂亮地，巧妙地，俐落地：This knife cuts ～. 這把刀很利/cut a pie ～ into four 把一個派整齊地切成四塊。**2 a** 清潔地，乾淨地。**b** 廉潔地，清白地：live ～ 清白地過日子。
cleans·a·ble [ˈklɛnzəbḷ; ˈklenzəbl] *adj.* 可洗淨的，可弄清潔的。
cleanse [klɛnz; klenz]《源自 clean 的古英語》**—v.t.**《文語》**1**〔十受〕使…清潔；洗滌〈傷口等〉。**2**〔十受十介十（代）名〕**a** 洗清[洗淨，淨化]〈人、心〉〔的罪等〕〔*of, from*〕：～ oneself *of* [*from*] guilt 洗清某人的罪/～ the soul [heart] *of* [*from*] sin 滌蕩心中的罪惡。**b** 從〈某場所、組織等〉去掉，剔除，除掉；肅清〔不喜歡的人、物等〕〔*of, from*〕：～ the garden *of* [*from*] weeds 除掉花園裏的雜草/～ the heart *of* [*from*] every emotion 去除內心所有的情感。**c**〔從…〕洗清〈罪〉，使…清白〔而沒有…〕〔*from*〕：～ sin *from* the soul 滌蕩心靈上的罪惡。
cléans·er *n.* **1** Ⓒ洗滌者。**2** Ⓤ[指產品個體或種類時爲Ⓒ]去污粉，清潔劑。
cléan-sháven *adj.*〈人、臉等〉不蓄鬍子的；鬍子刮得乾乾淨淨的。
cléans·ing *n.* Ⓤ **1** 罪惡的滌蕩，淨化。**2** 洗清，洗淨。
cléansing crèam *n.* Ⓤ[指產品個體時爲Ⓒ]清潔霜《油脂性的洗面乳》。
cléan·ùp *n.* **1** Ⓒ **a** 大掃除。**b** 存貨出清。**c**（洗臉、洗手）整理自己的儀容。**d**（對於墮落行爲、政界醜聞等的）肅清，淨化，整肅。**e**〔對於殘敵等的〕掃蕩，剿滅〔*of*〕. **2** Ⓒ《美俚》（短期間的）大賺錢。**3**《棒球》**a** Ⓤ（打擊順序的）第四棒。**b** Ⓒ第四棒（強）打者。
—adj. [用在名詞前]《棒球》第四棒（打者）的，强打者的。
‡**clear** [klɪr; kliə]《源自拉丁文「明亮的」之義》**—adj.**（～·**er**；～·**est**）**1 明亮的**（⟷ dark）：**a**〈天空等〉晴朗的，無雲的：a ～ sky 晴朗的天空/～ weather 晴天/a ～ day 放晴的日子。**b**〈月亮、星星等〉明亮的；〈火、光等〉發光的：a ～ star 明亮的星星/a ～ flame 熊熊燃燒的火焰。
2 清澈的，澄清的：～ soup 清湯/～ water 清澈的水。
3〈顏色、膚色等〉**明亮的**，亮麗的，有光澤的：a ～ complexion 有光澤的膚色。
4 a〈聲音等〉**清楚的**，清晰的：the ～ ring of a bell 清晰的鈴聲/a ～ voice 清楚的聲音/a ～ signal（無雜音等）清楚的信號（聲）(cf. 9 b). **b**《語音》〈[l]聲音〉清晰的（⟷ dark）.
5〈輪廓、映像等〉**清晰可見的**，鮮明的，分明的：a ～ outline 清楚分明的輪廓/a ～ photo 一張很清楚的照片/write with [in] a ～ hand 用清晰的筆跡書寫。
6 a〈事實、意思、陳述等〉**明白的**，清楚的，明確的（⇨ evident【同義字】）：a ～ answer 清楚的回答/a ～ explanation 明確的說明/Do I make myself ～？我說得夠清楚了嗎？/It is ～ that he is in the right. 顯然他是對的/It wasn't ～ *what* he was driving at. 不太清楚他的用意何在。**b**〈頭腦、思考等〉明晰的，明瞭的；〈人〉頭腦清晰的，頭腦好的：have a ～ mind 頭腦好/a ～ judgment 明晰的判斷/a ～ thinker 頭腦清晰的思想家。
7 [不用在名詞前] **a**〔十介十（代）名〕〈人〉〔對於…〕**確信的**，明確的，清楚的〔*on, about*〕：He is very ～ **on** [**about**] this point. 他對這一點非常清楚（★也用於表示「清楚地陳述自己的意思」之意）。**b**〔十 *that*＿〕〈人〉確信〈…事〉的：I was ～ *that* it should not have been done. 我確信那件事是不應該做的。**c**〔（十介）十 *wh.* 子句・片語〕〈人〉確信〈什麼…〉的〔*about*〕（★用法 通常省略 about）：I am not ～ (**about**) *what* he means. 我不太了解他的意思/We must be ～ (*about*) which way *to* take. 我們必須弄清楚該採取什麼辦法。
8 a 無缺點的，無瑕疵的；無愧的，無罪的，無污點的：a ～ conscience 清白的良心/My conscience is ～ on this matter. 有關這一點我問心無愧。**b** [不用在名詞前]〔十介十（代）名〕無〔…〕罪[污點]的，清白〔而沒有…〕的〔*of*〕：They are ～ *of* the murder. 他們沒有犯謀殺罪。
9 a 無〔障礙物、危險等〕阻礙的，開闊的；順暢的；〈道路等〉暢通的，無阻的：a ～ space 空地/a ～ passage 通暢無阻的道路/get a ～ view 視野清楚/see the way ～ 認爲[覺得]前途無障礙/The way was ～ *for* us *to* carry out the plan. 對我們而言要實行這個計畫並沒有什麼障礙/All ～. 附近已無敵人，「解除警報」/⇨ The COAST is clear. **b**（無比較級、最高級）〈信號〉顯示無障礙的，安全的：a ～ signal（鐵路的）安全信號（cf. 4 a）. **c**（無比較級、最高級）無事可做的，沒事的：I have a ～ day today. 我今天一整天都有空。
10（無比較級、最高級）[不用在名詞前]〔十介十（代）名〕毫無〔…〕

的，免於〔…〕的；脫離〔…〕的〔*of*〕：be ～ ***of*** worry [suspicion, debt] 沒有憂慮[嫌疑，負債]/The road was ～ *of* traffic. 這條路上沒有車輛行駛/keep [stay] ～ *of*... 避開…/sit ～ *of*... 遠離…而坐/stand ～ *of*...（不造成阻礙地）從…離開，別靠近…/get ～ *of* a person 避開某人。

11（無比較級、最高級）**a** 無混合物的，純粹的，十足的：a ～ red 鮮紅色/the ～ contrary 完全相反。**b**［有時置於名詞後］〈數、量〉完整的，原封不動的；〈工資、收益等〉淨得的，不折不扣的：a ～ month 整整一個月/a hundred pounds ～ profit 一百英鎊的淨利。**c**［用在名詞前］完全的，絕對的：a ～ victory 完全的勝利，壓倒性的勝利。

12 a 什麼也沒有的，空空的：return ～〈船〉空船回航。**b**〈木材等〉無節瘤的：～ lumber [timber] 無節瘤的木材。

(as) cléar as dáy (1)明亮如晝的。(2)極爲明白的。

—*adv.*（～·er；～·est）1 晴朗地；明亮地；輪廓分明地：The tower stands ～ against the evening sky. 那座塔輪廓分明地聳立於夜空中/The street lamps shone bright and ～. 街燈明亮地照著《★ 用因 bright, clear 也可視爲 *adj.*》. **2** 明瞭地，清楚地：speak ～ 清楚地說。**3**（無比較級、最高級）**a** 充分地，完全地：get ～ away [off] 完全離開；逃得無影無踪/The bullet went ～ through the wall. 子彈直穿過牆壁。**b**《美》一直地：dive ～ to the bottom 一直潛到底部/walk ～ to the destination 一直走到目的地。

—*n.* Ⓒ **1** 空地，空處，空隙。**2**〖羽毛球〗高長球《將球擊高使落在底線附近的打法》。

in the cléar (1)依據（中空體）內側的尺寸計算。(2)脫離危險了的；嫌疑已澄清的。(3)無負債的。(4)自由的。(5)〈通信〉（不用暗號）用明碼的。

—*v.t.* 1 a〔十受〕使〈液體等〉澄清，使…透明：～ the muddy water 使濁水澄清。**b**〔十受(十副)〕把…弄乾淨，去除…的汚點〈*up*〉：～ a mirror 把鏡子擦乾淨/～ (***up***) a person's skin（用肥皂、洗面乳等）洗淨人的肌膚/Pollution control has *～ed* the air. 汚染管制已淨化了空氣。**c**〔十受〕使〈頭腦、眼睛等〉清楚[清晰]：～ a person's brain 使某人的頭腦清晰。

2 除去：**a**〔十受(十副)十介十(代)名〕〔從某場所〕除去〈障礙物〉〈*away*〉〔*from, out of*〕：～ the snow ***from*** the road 除去路上的積雪/～ the people ***away*** *from* the square 把人趕出廣場。**b**〔十受十介十(代)名〕從〈某場所〉除去〔障礙物〕〔*of*〕：～ the garden ***of*** weeds 拔掉院子裏的雜草/～ the room *of* people 把人趕出房間/～ one's mind *of* doubts 消除某人心中的疑團。**c**〔十受〕把〈某場所〉打掃乾淨；整理，收拾…：～ a room 整理房間/～ the table 收拾餐桌（上的東西）。**d**〔十受〕開闢，開墾，鑿開〈森林、土地〉：～ the land 開墾土地。**e**〔十受(十副)〕出清〈貨品〉，拍賣〈存貨〉〈*out*〉：～ (***out***) last year's stock 銷清[出清]去年的存貨。

3 a〔十受〕證實〈某人〉的寃情。**b**〔十受〕[～ *oneself*] 證明自己的清白。**c**〔十受十介十(代)名〕洗清[解除]〈某人〉〔的嫌疑、疑惑〕〔*of, from*〕：～ a person ***of*** [***from***] suspicion 解除某人的嫌疑[疑惑]/～ oneself *of* a charge 證明自己無罪。

4〔十受〕**a**（不接觸地）通過…；避開與…的衝突；（無障礙地）跳過，跨越…：～ the bar 跳過[跨越]橫桿/My car only just *～ed* the truck. 我的車子差一點和那輛卡車相撞。**b** 突破〈難關〉：～ the preliminary 通過預選。**c**〈議案〉通過〈議會審定等〉：The draft *～ed* the council. 草案已通過（委員會的）審議。

5〔十受〕**a** 清除〈喉嚨〉的痰：～ one's throat 清嗓子。**b** 使〈聲音〉清楚。

6 a〔十受〕還〈債〉；結〈帳〉：～ debts 還債。**b**〔十受十介十(代)名〕[～ *oneself*] 還清[結算]〔債務、帳單等〕〔*of*〕：～ *oneself of* debts 還清借款。

7〔十受〕把〈支票〉換成現金；交換結算〈票據〉：～ a check 把支票兌換成現金。

8〔十受〕**a**〈船〉離〈港等〉：～ a port 出港。**b** 辦好〈船、船貨等〉的出港[進港，通關]手續；辦好繳付〈關稅〉的手續；通過〈海關〉：The camera *～ed* customs. 相機通過海關了。

9 a〔十受〕准許〈人、船等〉出境[入境]。**b**〔十受十介十(代)名〕給予〈飛機〉〔起降的〕許可〔*for*〕：be *～ed for* takeoff 獲得起飛許可。**c**〔十受十 *to* do〕准許〈飛機〉〈做…〉：be *～ed to* take off 獲得起飛許可。

10 a〔十受十介十(代)名〕使〈計畫、提案等〉得到〔委員會等〕認可[認定]〔*with*〕：The project was *～ed* ***with*** the council. 這個計畫已得到委員會的認可。**b**〔十受〕准許，許可，認可…。

11〔十受〕得到〈某金額〉的純益，淨賺…：～ £60 淨賺六十英鎊/～ expenses 獲得僅與開銷相抵的盈利，以盈利支付開銷。

12〔十受〕〖電算〗清除，消去〈記憶等〉。

—*v.i.* 1 a〔動(十副)〕〈天氣〉放晴；〈雲霧等〉消散〈*away, off, up*〉：It [The sky] *～ed* (***up***) soon. 天不久就放晴了/The haze soon *～ed* (***away***). 薄霧不久就消散了。**b**〈液體〉澄清：The muddy pond *～ed* gradually. 汚濁的池子漸漸變清了。**c**〈臉頰、前途等〉變得明亮：Her prospects will ～ soon. 她的前途不久就會變得一片光明。

2 a〔十副詞(片語)〕（從…）離開，走開：～ *away* 走開/～ *out* 出去/*C～ off*！出去！滾開！/～ *out of* the way 讓路。**b**〈商品〉銷售出去，賣完。

3 a 收拾飯後的餐具。**b** 拍賣存貨。

4 a 辦好通關手續。**b**〈船〉辦好通關手續後出港[進港]：～ *for* New York 啓航前往紐約。

5（在票據交換所）交換。

6（在開始施行之前）經過審議，得到認可：This plan *～ed through* the general meeting. 這個計畫已通過大會的審議。

cléar awáy《*vt adv*》(1)⇨ *v.t.* 2a. (2)（飯後）收拾[整理]〈桌上的東西〉：～ *away* the leftovers（飯後）清除[收拾]吃剩的食物。—《*vi adv*》(3)⇨ *v.i.* 1a. (4)⇨ *v.i.* 2a. (5)做飯後的整理[收拾]工作。

cléar óff《*vt adv*》(1)償還〈債〉；結算〈帳目〉：～ *off* a debt 還清債務。(2)《口語》除去，清理，收拾〈障礙物〉。—《*vi adv*》(3)⇨ *v.i.* 1a. (4)⇨ *v.i.* 2a.

cléar óut《*vt adv*》(1)使…變空，清除…內含之物；出清〈物〉(cf. *v.t.* 2e)：～ *out* a cupboard 清理碗橱。(2)《口語》使…一文不名：The bankruptcy has *～ed* him *out.* 這一次破產使他變得一文不名。(3)清除〈阻礙物〉；丟棄〈不用的東西〉。—《*vi adv*》(4)⇨ *v.i.* 2a. (5)〈船〉（辦完手續）出港，啓碇。

cléar úp《*vt adv*》(1)⇨ *v.t.* 1b. (2)把〈某物〉收拾乾淨；整頓，清理…：～ *up* rubbish 收拾垃圾/He *～ed up* his desk after class. 下課後他整理了他的書桌。(3)解決〈問題、疑問〉；解開，澄清〈誤會〉：～ *up* a mystery 解開一個謎題。(4)治療，治癒〈疾病等〉。—《*vi adv*》(5)⇨ *v.i.* 1a. (6)收拾，整理，清掃。(7)〈身體等〉痊癒，復元，康復。**～·ness** *n.*

clear·ance [ˈklɪrəns; ˈkliərəns]《clear 的名詞》**—*n.* 1** ⓊⒸ 清掃，收拾，（對於阻礙物、不用之物品等的）除去，清除；整理：make a ～ of... 把…收拾[整理]乾淨，清掃…。**2**（又作 **cléarance sàle**）Ⓒ拍賣存貨，清倉大拍賣。**3** Ⓤ **a** 結關（手續）；出[入]港（許可）。**b**（飛機的）降落[起飛]許可：takeoff ～ = ～ *for* takeoff 起飛許可。**c**（上司等對於企劃的）批准，許可〔*for*〕. **4** Ⓤ 票據交換（額）。**5** ⓊⒸ（橋梁與從橋下通過的船或車子等之間的）空間，距離：There is not much ～. 沒有太多空間/There is a ～ of only five inches. 只有五吋的間隙。

cléarance pàpers *n. pl.* 出[入]港單《證明船隻通關手續已清》。

cléar-cút *adj.* **1** 輪廓分明的：a ～ face 輪廓清楚的臉。**2** 明瞭的，清晰的：～ thinking 清晰的思考/～ pronunciation 清楚的發音。

cléar-éyed *adj.* **1** 明眼的。**2** 敏銳的，聰明的。

cléar-héaded *adj.* 頭腦淸晰的，聰明的。

clear·ing [ˈklɪrɪŋ; ˈkliəriŋ] *n.* **1** Ⓒ（森林中的）開墾地。**2 a** Ⓤ結算；票據交換。**b** [～s] 票據交換額。**3** Ⓤ **a** 清掃。**b** 清除障礙物，掃海，掃雷。

cléaring·hòuse *n.* Ⓒ票據交換所。

***clear·ly** [ˈklɪrlɪ; ˈkliəli] *adv.* (**more ～；most ～**) **1 明亮地**，清澄地：The moon shone ～. 月亮明亮地照耀著，月光皎潔。**2 明瞭地，清楚地，清晰地**：Pronounce it more ～.（請你）發音再清楚一點。**3**［修飾整句］**顯然地**，無疑地：*C～*, it is a mistake. = It is ～ a mistake. 那顯然是個錯誤。

cléar-síghted *adj.* **1** 眼光銳利的，明眼的。**2** 敏銳的。

～·ly *adv.* **～·ness** *n.*

cléar·stòry *n.* = clerestory.

cléar·wày *n.* Ⓒ禁止停車的道路。

cleat [klit; kli:t] *n.* Ⓒ **1 a** 楔子形的木製[金屬製]栓。**b**（鞋底等的）止滑片。**2**〖電學〗磁夾板。**3**〖航海〗（耳朶形的）繫索扣，繫索栓。

—*v.t.* 在…上裝上止滑器：*～ed* shoes 釘上止滑皮的鞋。

cleav·age [ˈklivɪdʒ; ˈkli:vidʒ]《cleave[1] 的名詞》**—*n.* 1 a** Ⓤ破裂，裂開，分割。**b** Ⓒ（政黨等的）分裂〔*between*〕. **2** ⓊⒸ（衣服領口開得很低而露出的）女性乳房間的凹處，乳溝。**3**〖礦〗**a** Ⓤ劈理，解理。**b** Ⓒ劈開面，解理面。**4** Ⓤ〖生物〗（受精卵的）分裂。

cleave[1] [kliv; kli:v] (**clove** [klov; klouv], **cleft** [klɛft; kleft], **～d**；**clo·ven** [ˈklovən; ˈklouvn], **cleft**, **～d**) *v.t.* **1**〔十受〕（用斧頭等沿著樹紋、劈開面）劈開〈木材、岩石等〉；割開，分開，剖開…：～ a block of wood asunder [*in* two] 把一塊木頭直劈成兩半/He *clove* the pumpkin with his kitchen knife. 他用菜刀把那南瓜剖開。**2**〔十受十副詞(片語)〕**a** 開〈路〉前進（…）：We *clove* a path *through* the jungle. 我們在叢林中開出了一條路。**b** [～ **one's way**] 推開（…）前進：～ one's way *through* a crowd 在人羣中撥開一條出路。**3 a**〔十受〕使〈團體〉（因意見、利害的對立等緣故而）分裂：～ a group (*in* three) 使一個團體分裂（成三個派系）。**b**〔十受十介十(代)名〕把〈人、場所〉〔從某處〕隔離〔*from*〕：～ those boys ***from*** the others 把那些少年從其他人之中隔開。

—*v.i.* 1〈木材等〉(沿著樹紋)裂開。**2**〈團體〉分裂。

cleave² [kliv; kli:v] *v.i.* (**~d, clove** [klov; klouv]; **~d**)〔十介十(代)名〕**1**《文語》固守，堅守〔主義等〕，執著〔於…〕〔*to*〕；忠於〔某人〕〔*to*〕. **2**《古》附著[黏著]〔於…上〕〔*to*〕.

cléav·er *n.* Ⓒ **1** 劈[割]東西的工具[人]。**2** (大型的)切肉刀。

cleaver 2

cleek [klik; kli:k] *n.* Ⓒ **1**《蘇格蘭·北英》鐵鉤。**2**《高爾夫》一種有鐵頭之高爾夫球桿。

—*v.t.* 抓住；緊握(snatch).

clef [klɛf; klef] *n.* Ⓒ《音樂》(五線譜上的)譜號：a C ~ C 譜號，中音部符號/an F [a bass] ~ F 譜號，低音部符號/a G [treble] ~ G 譜號，高音部符號。

G [treble] clef　F [bass] clef

cleft [klɛft; kleft] *v.* **cleave¹** 的過去式·過去分詞。

—*adj.* 裂開的，破裂的，劈開的：A ~ chin is considered manly. 下巴上有溝痕的人被認爲很有男子氣概。

in a cléft stíck 進退維谷，陷於困境。

—*n.* Ⓒ **1** 裂痕，裂縫，裂口；(兩分開部分間 V 字型的)凹陷處：a ~ *in* the rock 岩壁上的裂縫。**2** (黨派之間的)分裂，決裂〔*between*〕：a ~ *between* labor and management 勞資間的決裂。

cléft lìp *n.* =harelip.

cléft pálate *n.* ⓊⒸ裂顎。

clem·a·tis [ˈklɛmətɪs; ˈklemətis] *n.* Ⓤ《植物》鐵線蓮，女萎《金鳳花科鐵線蓮屬的蔓生植物》。

clem·en·cy [ˈklɛmənsɪ; ˈklemənsi] **《clement 的名詞》—*n.*** Ⓤ **1 a** (尤指審判及處罰時所表現的)寬容，仁慈：show ~ to a person 對人表示仁慈。**b** 寬厚的對待：grant ~ 寬厚處置，從寬處理。**2** (氣候的)溫和。

clem·ent [ˈklɛmənt; ˈklemənt] *adj.* **1**〈審判(長)、處罰〉寬容的，仁慈的。**2**〈氣候〉溫和的，溫暖的(↔ inclement).

clench [klɛntʃ; klentʃ] **《源自古英語「抓緊」之義》—*v.t.* 1** 咬緊〈牙關〉；緊閉〈嘴巴〉，緊握〈拳頭〉：~ one's fingers [fist] 握緊拳頭/with ~*ed* teeth 咬緊牙關地，拼命忍耐地。**2** 緊握，抓住〈某物〉：The man suddenly ~*ed* my arm. 那個男人突然緊握我的手臂。

—*v.i.* 〈嘴巴〉緊閉，〈拳頭〉緊握。

—*n.* [**a ~**] **1** 咬緊牙關；(因悔恨之故的)咬牙切齒。**2** 緊握，抓緊。**~·er** *n.*

Cle·o·pat·ra [ˌkliəˈpetrə, -ˈpætrə; kliəˈpætrə, -ˈpɑ:trə] *n.* 克麗歐佩特拉《69？–30B.C.；古埃及最後的女王(51–49B.C. 以及 48–30B.C.)》.

clere·sto·ry [ˈklɪrˌstorɪ, -stɔrɪ; ˈkliəstəri, -stɔ:ri] *n.* Ⓒ **1**《建築》(哥德式大教堂的)天窗。**2** (工廠等側壁及火車車頂上的)通風窗，採光窗。

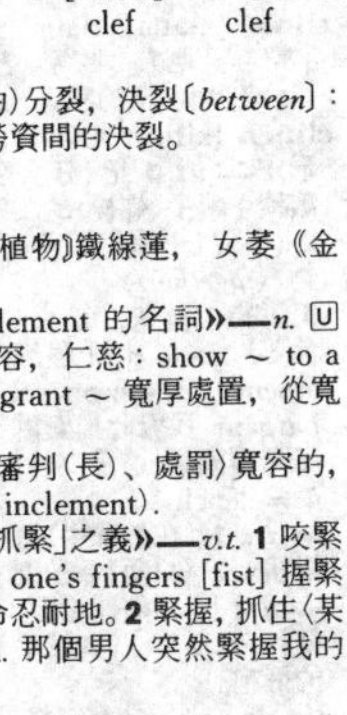
clerestory 1

cler·gy [ˈklɝdʒɪ; ˈklə:dʒi] *n.* [**the ~**；集合稱；當複數用]**神職人員**《★如牧師、神父、法師等；在英國通常是指英國國教教會的牧師；↔ laity；★用法 此字無複數形》：All *the* ~ *have* opposed the plan. 所有的神職人員都反對那個計畫。

cler·gy·man [ˈklɝdʒɪmən; ˈklə:dʒimən] *n.* Ⓒ (*pl.* **-men** [-mən; -mən]) **神職人員**《★在美國泛指一般神職人員；在英國通常是指英國國教教會的主教(bishop)以外的神職人員，尤指牧師；cf. minister 3》.

cler·ic [ˈklɛrɪk; ˈklerik]《文語》*n.* Ⓒ神職人員。

—*adj.* =clerical.

cler·i·cal [ˈklɛrɪkl; ˈklerikl] **《義 1 是 clergy, 義 2 是 clerk 的形容詞》—*adj.* 1** 神職人員的，牧師的(↔ lay)：a ~ collar 神職人員用的衣領《細帶狀的白色硬領》/~ garments 法袍，教士服，僧服。

2 書記的，辦事員的：the ~ staff 辦事員/~ work 書記的工作，文書工作/a ~ error 寫錯，筆誤。

—*n.* 1 Ⓒ牧師。**2** [**~s**]教士服，僧服。

~·ly [-klɪ; -kəli] *adv.*

clér·i·cal·ism [-lˌɪzəm; -lizəm] *n.* Ⓤ **1** 教權主義(↔ secularism). **2** 神職人員之不正當的權勢。

cler·i·hew [ˈklɛrɪˌhju; ˈklerihju:] **《源自英國的作家之名》—*n.*** Ⓒ《詩學》四行嘲諷短詩《一種長短不同的四行詩，以 aabb 押韻；用以諷刺人物》。

***clerk** [klɝk; klɑ:k] *n.* Ⓒ **1** (政府機關的)**書記**；辦事員。

【字源】在古代英語中，clerk 有「牧師、神職人員」的意思。因從前能寫，能做記錄的人只有「神職人員」，所以後來就用以指能做那些工作的人，即「辦事員，書記」。

2 (銀行、公司的)**事務員**，職員，行員：a bank ~ 銀行行員/a ~ of (the) works《英》(負責包工的)現場監工。**3**《美》**a** (商店的)售貨員，店員(《英》shop assistant). **b** (旅館裏櫃台的)職員。**4**《英》教會書記。**5**《古》神職人員：a ~ in holy orders 英國國教教會的牧師。

—*v.i.*《美》**1** 當書記[事務員]。**2** 當店員。

clérk·ly *adj.* (**clerk·li·er**; **-li·est**) **1 a** 書記的；事務員的，辦事員的。**b**《美》店員的。**2** 牧師的，牧師般的。

—*adv.* 像事務員[店員]般地。

clérk·shìp *n.* ⓊⒸ **1** 書記[事務員，店員]的職務[身分]。**2** 牧師的職務[身分]。

Cleve·land [ˈklivlənd; ˈkli:vlənd] *n.* **1** 克利夫蘭《美國俄亥俄州(Ohio)的工業都市》。**2** 克利夫蘭州《一九七四年新設的英格蘭東北部之一州；首府密得堡(Middlesbrough [ˈmɪdlzbrə; ˈmidlzbrə])》.

‡clev·er [ˈklɛvɚ; ˈklevə] *adj.* (**~·er**; **~·est**) **1 a 聰明的**，有才氣的，伶俐的；機敏的：He is the ~*est* boy in the class. 他是班上最聰明的男孩(★用法《美》此時的 clever 常含有「小聰明，狡猾」之意，所以一般不用 cleverest 而用 brightest).

【同義字】clever 也指「頭腦靈活但有欠深思」之意，此外還有「小聰明」之意；wise 是指知識、經驗豐富，有正確地判斷及處理事情的能力；bright 是指小孩等頭腦好的。

b [不用在名詞前]〔十 *of* 十(代)名(十 *to* do)/十 *to* do〕〔某人〕〈做某事〉(實在是)聰明的；〈某人〉〈做某事〉(實在是)聰明的：It was ~ ***of*** you ***to*** solve the problem.＝You were ~ ***to*** solve the problem. 你能解答那個問題實在聰明。**2 a 巧妙的**，高明的，手法好的，拿手的：a ~ workman 手巧的工人。**b** [不用在名詞前]〔十介十(代)名〕擅長〔…〕的；〔對…〕拿手的〔*at, with*〕：She is ~ ***at*** mathematics [***with*** her fingers]. 她擅長數學[手指靈巧]。**3**〈事物、想法等〉靈巧的，巧妙的，精巧的：a ~ trick 巧妙的把戲/a ~ imitation 精巧的仿冒品。**4**〈(似乎很有才幹的)人〉(實際上)虛有其表的，只知皮毛的。

tòo cléver by hálf《英口語·輕蔑》賣弄小聰明，半瓶醋；過於聰明[機靈](反倒惹禍)。

~·ly *adv.*　**~·ness** *n.*

cléver-cléver *adj.*《口語》自以爲聰明的；一副機靈樣子的。

cléver díck *n.* =smart aleck.

clev·is [ˈklɛvɪs; ˈklevis] *n.* ⒸU 形鑰匙；U 形的連結裝置。

clew [klu; klu:] *n.* **1** Ⓒ **a** 線球。**b**《希臘傳說》(帶人出迷宮的)引路線，線索。**2** Ⓒ《航海》帆耳《橫帆的下角，縱帆的後角》。**3** [**~s**] (吊床的)吊繩。**—*v.t.* 1** 把…弄[揉]成球狀。**2**〔十受十副〕《航海》拉帆耳張[收]〈帆〉〈*down, up*〉：~ ***down*** sails (張帆時)拉下帆的下角/~ ***up*** sails (收帆時)把帆的下角拉上帆桁。

cli·ché [kliˈʃe; ˈkli:ʃei] **《源自法語》—*n.*** Ⓒ老套，陳腔爛調，迂腐的說法[想法]。

click [klɪk; klik] **《擬聲語》—*n.*** Ⓒ **1 喀嗒聲**：with a ~ 發出喀嗒聲地。**2**《語言》吸氣音《如咋舌聲等》。**3**《機械》掣子，棘爪，棘輪機构。

—*v.i.* 1 a〈事物〉**喀嗒作響**：The latch ~*ed.* 門上的鈎環發出喀嗒聲。**b**〔十補〕發出喀嗒聲(…)：Her suitcase ~*ed* shut. 她的手提箱喀嗒一聲關上了/The phone ~*ed* dead. 電話喀嗒一聲掛斷了。

2《口語》**a**〔十副〕意氣相投，投機，合得來〈*together*〉：They ~*ed* ***together***. 他們意氣相投。**b**〔十介十(代)名〕〔與…〕意氣相投，投機，合得來；〔與…〕情投意合，成爲情侶〔*with*〕：They ~*ed* ***with*** each other. 他們彼此情投意合。

3〔十介十(代)名〕《口語》〈某事〉〔對…而言〕進行順利，成功，受到歡迎〔*with*〕：The song ~*ed* ***with*** the high-school students. 那首歌受到高中生的喜愛。

4〔十介十(代)名〕《口語》〈某事〉〔使人〕豁然貫通，突然領會〔*with*〕：What he meant has just ~*ed* ***with*** me. 他的意思我突然領會過來了。

—*v.t.* 1〔十受〕使…喀嗒作響：~ the light (switch) on [off] 喀嗒一聲打開[關掉]電燈開關。**2**〔十受十副〕使〈某物〉(互碰而)喀嗒作響〈*together*〉：They ~*ed* their glasses ***together***. 他們喀嗒一聲把玻璃杯碰在一起。

clíck bèetle *n.* Ⓒ《昆蟲》叩[磕]頭蟲《將其翻倒後，它能噗地一聲跳起並恢復原狀》。

clíck·e·ty-clíck, clíck·e·ty-cláck [ˈklɪkətɪ-; ˈklikəti-] *n.* [用單數] (火車或打字機等所發出之快節奏的)喀嗒聲，克啦克啦聲〔*of*〕.

cli·ent [ˈklaɪənt; ˈklaiənt] «源自拉丁文「追隨者」之義»**—**n. Ⓒ **1** (律師等的)訴訟委託人。**2** (商店等的)顧客，客人(⇨ customer【同義字】)。**3** 受慈善人士等接濟的人：a welfare ～ 接受社會福利救助的人。**4** (又作 **client state**)(大國的)附屬國，附庸國。

cli·en·tele [ˌklaɪənˋtɛl; ˌkli:ɑ:nˈtel] n. Ⓤ [又作 a ～；集合稱] **1** a 訴訟委託人《★用法視爲一整體時當單數用，指個別成員時當複數用》。b (醫生的)病患《★用法與義 1a 相同》。**2** (旅館、戲院、商店等的)顧客，常客《★用法與義 1a 相同》：a bank's ～ 銀行的顧客。

C

*__cliff__ [klɪf; klif] n. Ⓒ (海岸等的)懸崖，絕壁。

cliff dwèller n. Ⓒ **1** [常 C～ D～] 懸岩洞人《史前時代北美印地安人的一族》。**2** 《美俚》公寓大廈的居民。

cliff-hànger n. Ⓒ《口語》**1** 緊張懸疑的連續劇[電影]。**2** 扣人心弦的緊張比賽，到最後才能知道結果的競爭[比賽]。

clíff-hànging, clíff·hànging adj. 緊張懸疑的，扣人心弦的。

cliff·y [ˈklɪfɪ; ˈklifi] adj. (**cliff·i·er, -i·est**) 有峭壁陡岩的；險峻的。

cli·mac·ter·ic [klaɪˋmæktərɪk, ˌklaɪmækˋtɛrɪk; klaiˈmæktərik, ˌklaimækˈterik] adj. **1** 面臨轉換期的；危機的。**2** 厄運之年的。**3** 《醫》更年期的，絕經期的。

—n. Ⓒ **1** 厄運之年《第七年，或其奇數倍之年》：the grand ～ (人一生中的)大厄年《通常指六十三歲時，據傳此歲會有重大變故發生》。**2** 危險期，危機，轉換期。**3** 《生理》(女性的)更年期；絕經期。

cli·mac·tic [klaɪˋmæktɪk; klaiˈmæktik] «climax 的形容詞»**—**adj. 最高潮的，頂點的，極點的。**-ti·cal·ly** [-klɪ; -kəli] adv.

*__cli·mate__ [ˈklaɪmɪt; ˈklaimit] «源自希臘文「地區」之義»**—**n. **1** ⒸⓊ 氣候：The ～ of Australia is milder than that of Britain. 澳洲的氣候比英國溫和。

【同義字】climate 是指某個地方一年之內的平均氣象狀態；weather 是指某特定時間、場所的氣象狀態。

2 Ⓒ (有某種氣候的)地區，地方：move to a warmer ～ 遷移到較暖和的地方。**3** Ⓒ (某地域的)風土，水土；(某時代的)風尚，思潮，趨勢，情勢：an intellectual ～ 知識思潮/a ～ of opinion 輿論。

cli·mat·ic [klaɪˋmætɪk; klaiˈmætik] «climate 的形容詞»**—**adj. **1** 氣候(上)的。**2** 風土上的。

cli·mát·i·cal·ly [-klɪ; -kəli] adv. **1** 氣候上。**2** 風土上。

cli·ma·tol·o·gy [ˌklaɪməˋtɑlədʒɪ; ˌklaiməˈtɔlədʒi] n. Ⓤ 氣候學，風土學。

cli·max [ˈklaɪmæks; ˈklaimæks] «源自拉丁文「梯子」之義»**—**n. **1** Ⓒ a [事件、戲劇等的]頂點，最高潮〔of〕；最高點，極點。b (性的)高潮，性快感的頂點，性交高潮(orgasm)。**2** Ⓤ《修辭》漸進法，遞進法(anticlimax)。

cáp the clímax 〈某物〉超過限度，走極端，出乎意料之外。

—v.t. 〔十受(十介十(代)名)〕〔以…〕使…達到高潮〔with〕.

—v.i. **1** 達到高潮：The play ～ed gradually. 那齣戲劇逐漸地達到高潮。**2** 〔十介十(代)名〕〔於…中〕達到最高潮〔in〕.

‡**climb** [klaɪm; klaim] v.t. 〔十受〕**1** 登上〈地方〉。

【同義字】climb 指努力地登上高處；ascend 與 climb 不同，它不帶有努力及困難之意。

a (尤指運用手腳)攀爬〈樹、梯子等〉：～ a tree [ladder] 爬樹[梯子]。b (當成運動地)爬登，攀登〈高山〉：～ a mountain 爬山。**2** 〈植物〉依附〈牆壁等〉攀緣而上。**—**v.i. **1** 登上：〔動(十副詞(片語))〕a (尤指運用手腳)攀爬：We were ～ing up. 我們快要爬上去了/～ up a ladder 爬上梯子/～ into a room 爬進一個房間/～ up onto a higher branch 爬到更高的樹枝上/Don't ～ through (the window). 不可以(從窗戶)爬過去。b (當成運動而慢慢地)登上高處，攀登：～ to the top of a mountain 爬到山頂。**2** a 〈太陽、煙等〉(緩慢地、持續不斷地)冒起，上升：The smoke ～ed slowly. 煙緩緩地上升。b 〈飛機等〉爬升，上升。c 〈物價等〉上漲，漲價：～ing prices 上漲的物價/Inflation went on ～ing. 通貨膨脹繼續高漲著。**3** 〔十介十(代)名〕(藉著努力)晉昇，地位上升，高升〔至…〕〔to〕：～ **to** the head of the section 升爲課長。**4** a 〈道路等〉變成爬坡道。b 〈房屋等〉坐落在上坡地段。**5** 〈植物〉攀緣[盤繞]而上。**6** 〔十副詞(片語)〕(利用手腳)鑽進(…)；(從…)(費力地)出來，降落，下降：～ into a car 坐進車裏/～ up into the cab of a truck 坐進貨車的駕駛台/～ between the sheets 鑽到被窩裏/～ out (of a car) (從車上)下來。**7** 〔十介十(代)名〕a 急忙地穿〔衣服〕〔into〕. b 急忙地脫〔衣服〕〔out of〕.

climb down [《vi adv》 ～ dówn] (1) (運用手腳) (爬) 下來：～ down from a tree 從樹上爬下來。(2)《口語》(看情勢不利而) 放棄主張(等)；退步，讓步，屈服。**—** [《vi prep》 ～ dòwn...] (3) 從〈高處〉爬下來：～ down a ladder 從梯子上爬下來/～ down a mountain 下山。**—** [《vt adv》 ～ dówn] (4) 從〈高處〉(爬) 下來：～ a mountain down《英》下山《★比較通常用義(3)的用法》。

—n. Ⓒ [常用單數] **1** a 登上，攀登。b 攀登處，上坡(路)。**2** (物價等的)上漲：a ～ in prices 物價的上漲。**3** (飛機的)爬升。**4** 晉昇，高陞，發跡〔to〕.

clímb-dòwn n. Ⓒ **1** 爬下。**2** 《口語》(看情勢不利而從自己的立場或意見等的)讓步；撤回，撤銷。

clímb·er n. Ⓒ **1** 攀登者，登山者。**2** 《口語》不斷力求高陞的人。**3** a 攀緣植物《如常春藤(ivy)等》。b 攀緣鳥類《如啄木鳥等》。**4** ＝climbing iron.

clímb·ing n. Ⓤ **1** 攀登。**2** a 登山。b [當形容詞用]登山用的：～ shoes 登山靴。

clímbing ìron n. Ⓒ [常 ～s] 登山用鐵爪器；鞋底釘(crampons).

climbing iron

clímbing pérch n. (又作 **climbing fish**) Ⓒ《魚》攀鱸。

clímbing róse n. Ⓒ《植物》攀緣薔薇。

clime [klaɪm; klaim] n. Ⓒ《詩》**1** [常 ～s] 地方，國家：from northern ～s 來自北方(的國家)。**2** 氣候，風土。

clinch [klɪntʃ; klintʃ] «clench 的變形»**—**v.t. **1** 把〈釘子等〉的突出尖端敲彎；敲平〈螺栓〉的尖端。

2 〔十受(十副)〕釘牢，固定〈某物〉〈together〉.

3 了結，解決，結束〈爭論、交易等〉：～ a deal 達成交易/My assent to the proposal ～ed the bargain. 我對此提案的贊成確認了這項協議[這筆交易]。

4 ＝clench 1.

climbing perch

—v.i. **1** (在拳擊中)扭在一起，揪扭。**2** 《口語》熱烈地擁抱。

—n. **1** Ⓒ a 敲彎釘頭；(以此法)固定，釘牢。b 敲彎的釘子[螺絲]。**2** [a ～] (拳擊手等的)揪扭；扭住。**3** [a ～]《口語》熱烈的擁抱。

clínch·er n. Ⓒ **1** 釘釘子的人，栓緊螺絲的人。**2** 敲彎釘頭的工具，栓螺絲的工具，夾鉗。**3** 《口語》決定性[無可爭議]的議論[因素，行爲(等)]，解決的辦法；關鍵話，無可反駁的話：That was the ～. 那就一言說定了；那就叫我無話可說了。

cline [klaɪn; klain] n. Ⓒ **1** 《生物》(地域的)連接變異。**2** 連接體(continuum).

cling [klɪŋ; kliŋ] v.i. (**clung** [klʌŋ; klʌŋ]) 〔十介十(代)名〕**1** 黏住，附著，緊貼〔…〕〔to, onto〕：Wet clothes ～ **to** the body. 濕衣服黏在身體上/C～ **onto** me. 抓緊我。**2** 緊抱住，緊靠，互相擁抱〔…〕〔to〕：The little boy clung **to** his father's arm. 那小男孩緊抓著他爸爸的手臂。**3** 執著〔於…〕，〔對…〕依戀難捨〔to, onto〕：～ **to** power [office] 緊抓住權力[職位]/～ to one's last hope 抓住最後的希望/He clung **to** his memories of home. 他對家鄉念念不忘。**4** 〈味道、習慣、偏見等〉深入，滲入〔…〕〔to〕：The smell of manure still clung **to** him. 肥料的味道仍然留在他身上。

clíng togéther 《vi adv》(1)〈物品〉互相緊黏，黏在一起。(2)團結。

clíng·ing adj. **1** 〈物品〉有黏性的，密接的。**2** a 〈小孩等〉纏人的；依賴心重的。b 〈服裝等〉緊貼的，使曲線畢露的。

clíng·stòne adj. 果肉緊貼於核的。

—n. Ⓒ (果肉緊貼於核之)桃，梅子。

cling·y [ˈklɪŋɪ; ˈkliŋi] adj. (**cling·i·er；-i·est**)＝clinging.

*__clin·ic__ [ˈklɪnɪk; ˈklinik] «源自希臘文「床舖」之義»**—**n. Ⓒ **1** a (附屬於醫院、醫學院的)診所。b 私人醫院，專門醫院：a dental ～ 齒科診所。c [常與修飾語連用] (醫院內的)科：a diabetic ～ 糖尿病科。d [集合稱] 診所的醫生。**2** a 諮詢處：a vocational ～ 職業諮詢處。b (爲某特定目的而設立的)矯正中心：a speech ～ 語言矯正中心。**3** (醫學的)臨床講習(班)。**4** 《美》(醫學以外的)實地講習，討論會：a golf ～ 高爾夫研習會。

clin·i·cal [ˈklɪnɪkl; ˈklinikl] «clinic 的形容詞»**—**adj. **1** 臨床(講習)的：～ lectures [teaching] 臨床講習[教授]/～ medicine [pathology] 臨床醫學[病理學]/a ～ thermometer 體溫計，測溫器。**2** 病床的；病房用的：a ～ diary 病床日誌。**3** 〈態度、判斷、描寫等〉(非常)客觀的，分析性的，冷靜的。

～·ly [-klɪ; -kəli] adv.

cli·ni·cian [klɪˋnɪʃən; kliˈniʃn] n. Ⓒ 臨床醫生[學者]。

clink¹ [klɪŋk; kliŋk] «擬聲語»**—**n. [a ～] (薄金屬片、玻璃等

互碰所發出之尖銳的)叮噹聲，叮鈴聲。

—v.t. 使〈金屬、玻璃等〉叮鈴[叮噹]作響：~ glasses (乾杯時)碰杯子。**—v.i.** 叮噹[叮鈴]作響。

clink² [klɪŋk; kliŋk] **《源自倫敦的監獄之名》—n.** [the ~]《俚》監獄：Throw her in *the* ~！把她關進監獄！

clin·ker¹ [ˋklɪŋkɚ; ˈkliŋkə] *n.* **1** Ⓤ[指個體時爲Ⓒ](熔爐中的)熔渣，鐵渣。**2** Ⓒ(在荷蘭燒製的)硬質磚；表面光澤如玻璃的煉磚。

clínk·er² [ˋklɪŋkɚ; ˈkliŋkə] *n.* Ⓒ《俚》**1** 錯誤，疏忽。**2 a**《美》(音樂裏)走調的音。**b** 失敗之作。**3**《英》優秀的人；極好的東西。

clínker-bùilt *adj.* 〈船〉(船側的外板)鱗狀搭造的，以重疊之木板搭造的。

clink·et·y-clank [ˋklɪŋkətɪˋklæŋk; ˈkliŋkətiˈklæŋk] *n.* = clickety-click.

cli·nom·e·ter [klaɪˋnɑmətɚ; klaiˈnɔmitə] *n.* Ⓒ《測量》測斜器，傾斜儀[計]。

Cli·o [ˋklaɪo; ˈklaiou] *n.*《希臘神話》克萊歐《司歷史、史詩的女神；九個女神(the nine Muses)之一》。

clip¹ [klɪp; klip] (**clipped**; **clip·ping**) *v.t.* **1 a** 〔十受(十副)〕(用剪刀等)**修剪**，剪〈毛、樹枝等〉；修剪〈樹籬、草皮〉；剪[修剪]〈羊〉的毛〈*off, away*〉：~ a person's hair 剪[修剪]某人的頭髮/~ a hedge 修剪樹籬/A sheep's fleece is *clipped off* for wool. 綿羊的毛被剪下做成羊毛。**b** 〔十受十補〕把…剪[修剪]〈得…〉：He got his hair *clipped* close [short]. 他把頭髮剪得很短。

2《美》**a** 〔十受(十副)〕剪下〈報紙、雜誌等的報導〉〈*out*〉：~ (**out**) a photo 剪下一張照片。**b** 〔十受十介十(代)名〕〔從…〕剪下〈報導、照片等〉〔*from, out of*〕：~ an article ***from*** [***out of***] a newspaper 從報上剪下一篇報導。

3 〔十受〕**a** 剪〈票〉。**b** 撕〈票〉。

4 〔十受〕**a** 限制，抑制〈權力等〉；縮短〈期間等〉；削減〈經費等〉。**b** 省略〈字〉的尾音；遺漏〈尾音〉：~ one's g's 省略 g 的音《把[ŋ]發成[n]的音》。

5 a 〔十受〕《口語》毆打〈人等〉：~ a person's ear 用力打某人的耳朶。**b** 〔十受十介十名〕毆打〈某人〉〔身體某部位〕〔*on*〕《★用法 在表示身體部位的名詞前加 the》：~ a person ***on the*** ear 打某人的耳光。

6 〔十受(十介十(代)名)〕《俚》(非分地)騙取〈某人〉的錢；搶奪〈某人〉〔某金額的錢〕；對…敲竹槓〔*for*〕：I was *clipped* in a night club. 我在一家夜總會被狠狠地敲了竹槓/~ a person ***for*** a hundred dollars 搶奪某人一百美元。

—v.i. **1** 剪掉，撕掉。**2**《美》剪輯(報紙、雜誌等)。**3**《口語》疾馳，快跑。

—n. **1** Ⓒ(頭髮、羊毛等的)修剪。**2** Ⓒ(一季內從綿羊剪下來的)羊毛量。**3** [a ~]《口語》速度；快步：go *at a* good ~ 以快步前往。**4** Ⓒ《口語》重擊，痛打。**5** [a ~]《美口語》一次，一回：*at a* ~ 同時，一次，一舉/a week *at a* ~ 連續一星期。

clip² [klɪp; klip] **《源自古英語「抱住」之義》—** (**clipped**; **clip·ping**) *v.t.* **1 a** 〔十受(十副)〕用夾子夾住〈某物〉〈*together, on*〉：~ papers 用夾子夾住文件/~ two sheets of paper ***together*** 用夾子把兩張紙夾在一起。**b** 〔十受(十副)十介十(代)名〕(用夾子)夾〈某物〉〔於…〕，〔在…上〕別上…〈*on*〉〔*to, onto*〕：~ a brooch **on** (**to** the lapel) (在衣領上)別上別針/~ a sheet of paper *to* another 用夾子把一文件夾在另一文件上。**2** (牢牢地)抓住。

—v.i. 〔十副(十介十(代)名)〕〈裝飾品等〉別〔在…上〕，夾住〔…〕〈*on*〉〔*to*〕.

—n. Ⓒ **1 a** (夾文件用的金屬製)夾子，紙夾子，廻紋針。**b** (夾頭髮的)髮夾。**c** (鋼筆等的)夾子。**2** 有夾子的裝飾品《耳環、別針等；cf. clip-on》.

clíp·bòard *n.* Ⓒ有夾子的寫字板《一邊可以夾住紙張》。

clip-clop [ˋklɪp,klɑp; ˈklipklɔp] **《擬聲語》—n.** [a ~] (馬蹄等的)啪噠啪噠聲；(類似蹄聲之)有節奏的脚步聲。

—v.i. (**clip-clopped**; **clip-clop·ping**)啪噠啪噠地跑，發出啪噠啪噠聲。

clíp jòint *n.* Ⓒ《俚》欺騙顧客或專敲竹槓的公共娛樂場所。

clíp-òn *adj.* [用在名詞前]可用夾子夾住的〈裝飾品等〉：~ earrings 夾式耳環。

clíp·per *n.* Ⓒ **1** 修剪者。**2** [常 ~s] 剪刀；剪樹用的剪刀：a pair of ~*s* 一把剪刀/a hair ~ 理髮推子。**3** 跑得很快的東西：**a** (又作 **clipper ship**)快速帆船。**b** (以前螺旋槳式的)長距離快速飛艇；大型客機。**4**《俚》極好的東西；優秀的人。

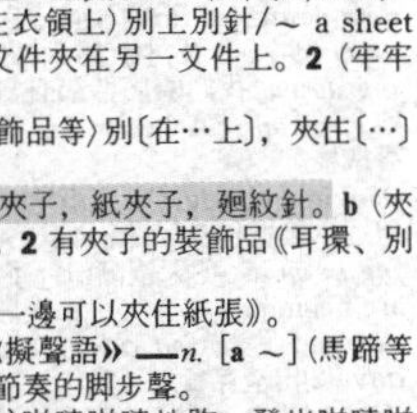

clipper 3 a

clípper-bùilt *adj.* 〔航海〕〈船〉快艇型構造的；流線型的。

clip·pie [ˋklɪpɪ; ˈklipi] *n.* Ⓒ《英口語》(公共汽車的)女車掌。

clíp·ping *n.* **1** Ⓤ用剪刀剪，修剪。**2** Ⓒ **a** 剪取之物。**b** [常 ~s] 修剪的草[毛]。**c**《美》(報紙、雜誌等的)剪報(《英》cutting). **3** Ⓒ《語言》略寫，截短(法)《如 photograph→photo》.

—adj. **1** [用在名詞前]修剪的，切除的，剪取的。**2**《口語》快的，迅速的。**3**《俚》極好的。

clípping bùreau [**sèrvice**] *n.* Ⓒ《美》剪報服務社《提供報章等剪輯資料的機構》。

clique [klik, klɪk; kli:k] *n.* Ⓒ(具有排外性質的)私黨，朋黨，派系(⇨ faction【同義字】)；the military ~ 軍人[事]集團，軍閥。

cliqu·ey [ˋklikɪ; ˈkli:ki] *adj.* (**cliqu·i·er**; **-i·est**)=cliquish.

clíqu·ish [-kɪʃ; -kiʃ] *adj.* **1** 派系的，私黨的，門閥的。**2** 排他的。

clíqu·ish·ness *n.* Ⓤ黨派心，派系根性。

clit·o·ris [ˋklaɪtərɪs, ˋklɪt-; ˈklitəris, ˈklait-] *n.* Ⓒ《解剖》陰核，陰蒂。

clk.《略》clerk；clock.

clo·a·ca [kloˋekə; klouˈeikə] *n.* Ⓒ(*pl.* **-cae** [-si; -ki:]) **1**《動物》泄殖腔。**2** 暗溝；下水道。**3** 廁所。

cloak [klok; klouk] **《源自拉丁文「鐘」之義；因其形狀相類似》—n.** **1** Ⓒ(寬鬆的)**無袖披風**，**斗篷**。**2** Ⓒ **a** 遮蔽物：under a ~ of snow 被雪覆蓋著。**b** 掩飾，藉口；假面具：use charity as a ~ *for* vice 假藉慈善爲惡。**3** [~s]=cloakroom 3.

ùnder the clóak of... (1)假藉…的名義，在…的掩護下：*under the ~ of* charity 假藉慈善之名。(2)趁著…：*under the ~ of* night 趁著黑夜。

—v.t. **1** 〔十受〕**a** 使〈某人〉穿上斗篷[披肩]。**b** [~ one*self*]穿上斗篷《★也可用被動語態，變成「穿著斗篷」之意》。

2 〔十受〕遮蓋，掩蓋…《★常用被動語態，介系詞用 *with*》：a mountain ~*ed* ***with*** snow 爲雪所覆蓋的山。

3 〔十受十介十(代)名〕隱藏，掩蓋…〔於某狀態(之下)〕〔*in, under*〕《★常用被動語態》：*be ~ed* ***in*** secrecy 被暗中隱藏起來，被蒙上神祕的色彩。

clóak-and-dágger *adj.* [用在名詞前]有關陰謀[間諜]活動的〈電影、故事、事件等〉。

clóak-and-swórd *adj.* **1** (戲劇或小說中)以穿斗篷佩劍的人物爲題材的。**2** 關於往昔貴族生活習慣的。

cloak·room [ˋklok,rum, -,rʊm; ˈkloukru:m, -rum] *n.* Ⓒ **1** (旅館、劇場等的)**衣帽間**；寄物處(《美》checkroom). **2**《美》(議院內的)議員休息室(cf. lobby 2)：a ~ deal 在議員休息室內達成的協定[交易]。**3**《英・委婉語》廁所，洗手間，化妝室。

clob·ber¹ [ˋklɑbɚ; ˈklɔbə] *v.t.*《俚》**1** 毫不寬容地毆打〈某人〉；打倒。**2 a** 壓倒性地打敗〈對方〉。**b** 給予〈陣地等〉嚴重的打擊；痛擊。**c** 痛斥；嚴厲批評〈某人〉。

clob·ber² [ˋklɑbɚ; ˈklɔbə] *n.* Ⓤ[集合稱]《英俚》**1** 隨身携帶品。**2** 衣服(clothes).

cloche [kloʃ; klouʃ] **《源自法語「鐘」之義》—n.** Ⓒ **1** (園藝用，防植物霜害的)吊鐘形玻璃罩。**2** 吊鐘形女帽。

cloche 2

***clock¹** [klɑk; klɔk] **《源自拉丁文「鐘」之義；以鐘聲報時》—n.** Ⓒ **1** **時鐘**。

【同義字】clock 是指掛鐘、坐鐘等非携帶用的鐘；watch 是指携帶用的小型計時器。

2 a =time clock. **b**《口語》=stop watch. **c**《口語》=speedometer. **3**《英俚》(人的)臉，面孔。

aròund [**ròund**] **the clóck** (1)二十四小時連續不斷地。(2)沒有間斷地，日以繼夜地，不休息地。

kíll the clóck〔運動〕(球賽時爲守住己方領先的成績)故意拖延剩餘的時間以阻止對方得分。

líke a clóck 非常準確地，有規律地。

pùt [**tùrn**] **báck the clóck** = **pùt** (**the hánds of**) **the clóck báck** (1)(夏令時間等結束)撥回鐘錶的時針。(2)復古。(3)妨礙進步，開倒車，倒行逆施，墨守成規。

pùt [《美》**tùrn**] **the clóck ón** [**fórward**, 《美》**ahéad**] (1)調快鐘錶的時針。(2)知道未來。

rùn óut the clóck = kill the CLOCK¹.

sléep the clóck aróund [**róund**] 二十四小時連續不斷地睡覺。

wátch the clóck《口語》一直看著錶[注意結束的時間]。

wórk agáinst the clóck《口語》搶著在一定時間內做完工作；爭取時間儘快完成。

—v.t. 〔十受〕**1** 用鐘錶計量[記錄]…的時間。**2** (用馬錶)計量[記錄]〈比賽(者)等〉的時間(time). **3** (用指示器)記錄，測定〈時間、距離等〉。**4**《英俚》毆打〈某人〉。

clóck ín [**ón**] 《*vi adv*》打上班卡；上班。

clóck a person **óne**《英俚》毆打〈某人〉。

clóck óut [óff]《*vi adv*》打下班卡(cf. CHECK out (2))；下班。

clóck úp《*vt adv*》《口語》(1)刷新，出示，創造，表現〈某記錄〉：He ～*ed up* a new world record for 100 meters. 他締造了百米賽跑的世界新記錄。(2)達到〈某速度、距離等〉：He ～*ed up* a speed of 200 mph. 他的速度達到時速二百哩。(3)(運動等)保持〈記錄等〉：He's ～*ed up* a number of world records. 他保持著數項世界記錄。

clock² [klak; klɔk] *n.* Ⓒ(襪子脚踝處的)繡花，裝飾圖案。

clóck·fàce *n.* Ⓒ時鐘的文字盤；鐘面。

clóck·lìke *adj.* (像時鐘般)有規律的，精確的；單調的。

clóck·màker *n.* Ⓒ製造或修理鐘錶者，鐘錶匠。

clóck rádio *n.* Ⓒ附帶時鐘的收音機《可定時開關》。

clóck tòwer *n.* Ⓒ 鐘樓。

clóck wàtch *n.* Ⓒ報時錶；自鳴錶。

clóck-wàtcher *n.* Ⓒ《口語》工作不起勁、不斷看時鐘盼望早下班的人。

clock tower

clóck·wìse *adj.* & *adv.* 順時針方向的[地]，正轉的[地]，右轉的[地](↔counterclockwise)。

clóck·wòrk *n.* Ⓤ鐘錶[發條]裝置。

like clóckwork《口語》有規律地，精確地；自動地：go (off) [run] *like* ～〈事情〉有規律[順利]地進行。

—*adj.* [用在名詞前] 鐘錶[發條]裝置(似)的：a ～ toy 有發條裝置的玩具/with ～ precision 非常正確地。

clod [klad; klɔd] *n.* **1 a** Ⓒ(土等的)塊：a ～ *of* earth [turf] 一塊土[草皮]。**b** [a ～]一塊土。**c** [the ～]土。**2** Ⓒ牛的肩肉。**3** Ⓒ笨蛋，呆子，傻瓜。

clód·dish [-dɪʃ; -diʃ] *adj.* 腦筋遲鈍的，動作緩慢的，笨拙的。～·**ly** *adv.* ～·**ness** *n.*

clód·hòpper *n.* Ⓒ《口語》**1 a** 鄉下佬，笨拙的人。**b** 笨瓜，呆子。**2** [常 ～s]走起路來會呱嗒呱嗒作響的不合脚的鞋。

clod·hop·ping [ˈkladˌhapɪŋ; ˈklɔdˌhɔpiŋ] *adj.* 粗魯的；粗野的；鹵莽的。

clog [klag, klɔg; klɔg] *n.* Ⓒ **1 a** 縛在動物等脚上限制其行動[防止逃跑]的圓木。**b**《古》障礙物。**2 a** [常 ～s](在泥濘地上行走用的)木屐，木底鞋(cf. sabot)：a pair of ～*s* 一雙木屐/*in* ～*s* 穿著木屐。**b** (又作 **clóg dànce**)(穿著輕便木屐有節奏地踩著脚步的)木屐舞。

—*v.t.* **1** 在〈動物等身體〉上縛上圓木。

2 〔十受(十副)(十介十(代)名)〕**a** 〔以…〕阻礙，妨礙…〈*up*〉〔*with*〕：～ a person's movement 妨礙某人的行動/The trade is *clogged with* restrictions. 貿易因諸多限制而受阻。**b** 〔因油污、塵埃等〕妨礙〈機器〉的運轉〈*up*〉〔*with*〕：The machine got *clogged* (*up*) *with* grease. 那機器因油污的堵塞而運轉失靈。**c** 〔用…〕使〈管道〉阻塞〈*up*〉〔*with*〕. **d** 〔車輛等〕阻塞〈道路〉，使…堵塞；使…無法運轉〈*up*〉〔*with*〕：The street is *clogged with* cars. 那條街被車堵得寸步難行。

3 a 〔十受〕〈憂慮、不安等〉使〈心情、氣氛〉變得沉重，使…苦惱：Fear *clogged* his mind. 他因恐懼而憂心忡忡。**b** 〔十受十介十(代)名〕使〈人、心等〉〔因憂慮、不安等〕苦惱[心情變得沉重]〔*with*〕：Don't ～ your mind *with* cares. 不要因憂慮而變得悶悶不樂。

—*v.i.* **1 a** 〈管道等〉阻塞：This pipe ～*s* easily. 這條管子容易阻塞。**b** 〔十介十(代)名〕〈機器等〉〔因油污、塵埃等〕運轉失靈〔*with*〕：The saw ～*s* soon *with* damp wood. 這把鋸子在鋸濕木頭時不好鋸。**2** 跳木屐舞(clog dance).

clog·gy [ˈklagɪ, ˈklɔgɪ; ˈklɔgi] 《clog 的形容詞》**—***adj.* (**clog·gi·er**；**-gi·est**) **1 a** 黏黏的，有黏性的。**b** 〈管子〉容易阻塞的。**2** 多塊狀[節瘤]的，凹凸不平的。

cloi·son·né [ˌklɔɪzəˈne; ˌklwa:zɔˈnei] 《源自法語「有區分的」之義》**—***n.* Ⓤ景泰藍。

—*adj.* 景泰藍的：～ work [ware] 景泰藍藝品[瓷器]。

clois·ter [ˈklɔɪstɚ; ˈklɔistə] 《源自拉丁文「被封閉的地方」之義》**—***n.* **1** Ⓒ [常 ～s]《建築》(修道院、大學等的院子周圍之)迴廊，步廊。**2 a** Ⓒ修道院《★ 相關用語 男子修道院是 monastery, 女子修道院是 convent 或 nunnery》. **b** [the ～]修道院生活；遁世[隱居]生活。

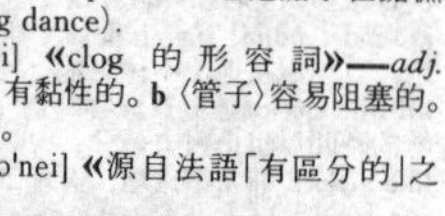

cloister 1

—*v.t.* [～ *oneself*]使…過隱居生活，使…閉居《★也可以過去分詞當形容詞用；⇨ cloistered 1》：He ～*ed himself* in his study. 他閉居在書房裏。

clóis·tered *adj.* [用在名詞前] **1 a** 隱居在修道院內的：～ monks 住在修道院內的修道士們。**b** 與世無爭的，隱居的；埋頭[專心]於研究(等)的：a ～ life 隱居的生活。**2** 有迴廊的。

clois·tral [ˈklɔɪstrəl; ˈklɔistrəl] *adj.* **1** (住在)修道院的。**2** 隱居的，遁世的；孤獨的。

clone [klon; kloun] *n.* Ⓒ **1 a** [集合稱]《生物》無性繁殖系，同質生物羣《由單一個體或細胞藉由無性生殖所產生的遺傳上相同的個體羣或細胞羣》。**b** 無性繁殖系的個體[細胞]。**2 a** (像複寫般)完全相同[酷似]的人[物]，複製(人類)〔*of*〕. **b** (不思考地)行動機械化的人。

—*v.t.* 從〈單一個體等〉製造無性生殖系。

clop [klap; klɔp] 《擬聲語》**—***n.* [a ～] 躂躂聲《馬蹄聲；⇨ horse 相關用語》。

—*v.i.* (**clopped**；**clop·ping**)躂躂地走，發出躂躂聲。

clop-clop [ˈklapˌklap; ˈklɔpklɔp] 《擬聲語》**—***n.* ＝clop.

— [ˈklapˈklap; ˈklɔpˈklɔp] *v.* (**-clopped**；**-clop·ping**)＝clop.

***close¹** [kloz; klouz] *v.t.* **1 a** 〔十受〕關〈門、窗戶等〉，閉上〈眼睛、嘴巴等〉：All the doors and windows have been ～*d*. 所有的門窗都關起來了/*C*～ your eyes [mouth]. 閉上你的眼睛[嘴巴]/⇨close one's EYES to. **b** 〔十受(十副)〕關閉〈店、機關、港口等〉，使…歇業；停止…的營業〈*down*〉：The shop is ～*d* for two weeks. 這家店歇業兩星期/The school was ～*d* because of the flu. 因為流行性感冒全校停止上課/The firm has ～*d* (*down*) its Paris branch. 這家公司已經關閉了它在巴黎的分公司。

2 a 〔十受〕封閉…的道路，禁止…通行；停止進入，遮斷…：～ a street for repairs 為修路而封鎖道路。**b** 〔十受十介十(代)名〕〔對…〕封鎖〈某場所等〉〔*to*〕：That old bridge is ～*d to* traffic. 那座舊橋已經禁止通行了。

3 〔十受〕**a** 結束；完成〈工作等〉；停止，截止〈營業等〉：～ an account (with...) (與…)結帳/The chairman announced the debate to be ～*d*. 主席宣布辯論結束。**b** 完成，議妥，商定〈商議、契約等〉：They haven't ～*d* the deal on the new airplane. 他們尚未議妥那架新型飛機的交易。

4 〔十受(十介十(代)名)〕〔用…〕塞，補〈隙縫、傷口等〉〔*with*〕：～ a wound *with* stitches 縫傷口。

5 〔十受〕《軍》使…的行列靠緊，使…靠攏：～ (the) ranks [files] 使行列[隊伍]靠攏。

—*v.i.* **1 a** 〈門等〉關上，〈眼睛〉閉上：The door ～*d* with a bang. 門砰的一聲關上了。**b** 〔動(十副)〕〈商店、劇場等〉關門，停止營業，歇業，打烊，停止開放〈*down*〉：Some stores ～ on Sundays. 有些商店星期天歇業/The hospital ～*d down* for lack of staff. 那家醫院因缺員不足而關門。

2 結束：School will ～ early next month. 學校下個月上旬開始放假/The meeting ～*ed* with a speech by the chairperson. 最後由主席致辭結束會議。

3 〔十介十(代)名〕**a** 包圍，圍攏〔在…的周圍〕〔*about, round, around*〕：Darkness ～*d around* us. 黑暗籠罩著我們。**b** 〈手臂等〉勒緊〔…〕〔*round, around*〕：His arms ～*d* tightly *round* her. 他的手臂緊緊地環抱著她。

clóse dówn《*vt adv*》(1)⇨*v.t.* 1b. (2)結束〈播送、放映〉。**—**《*vi adv*》(3)⇨*v.i.* 1b. (4)〈播送時間〉結束，終了：We are now *closing down*. 我們的廣播節目到此結束。(5)《美》〈霧、黑夜等〉降臨〔…〕〔*on*〕：A heavy fog ～*d down on* the airport. 濃霧籠罩著機場。

clóse in《*vi adv*》(1)(逐漸地)包圍〔…〕；〈敵人、夜、黑暗等〉逼近，迫近，接近〔…〕〔*on, upon*〕《★可用被動語態》：Winter was *closing in on* us. 冬天逐漸迫近了。(2)〈白晝〉漸短，縮短：The days are beginning to ～ *in*. 白天開始變短了。

clóse óut《美》《*vt adv*》(1)(以折扣價格)拋售〈商品〉。**—**《*vi adv*》(2)出清存貨。

clóse úp《*vt adv*》(1)(完全地)關閉，封閉，密閉〈房子、窗等〉。(2)縮小〈間隔〉；《軍》縮小〈隊伍〉的間隔：～ *up* the space between the lines of print 縮小印刷的行距。**—**《*vi adv*》(3)〈餐飲店等〉(暫時性地)停止營業[歇業]。(4)〈間隔〉縮小；接近，互相靠緊；《軍》〈士兵、部隊〉靠攏行列。(5)〈傷口〉癒合。

clóse with... (1)接受〈條件、提議等〉。(2)與〈交易者〉談妥，與…達成協議。(3)《文語》與〈人〉搏鬥，與…格鬥，與…揪在一起。

—*n.* Ⓒ[常用單數]終結，終了，結束：come to a ～ 終了，結束/bring...to a ～ 使…結束/draw to a ～ 接近尾聲，快要結束/a complimentary ～ (書信的)結尾句/since the ～ of World War Ⅱ 第二次世界大戰結束以來。

***close²** [klos; klous] *adj.* (**clos·er**；**-est**) A **1 a** (時間、空間、程度等)接近的，類似的：a ～ resemblance 酷似/in ～ proximity 在近旁，很靠近/⇨close quarters. **b** [不用在名詞前]〔十介十(代)名〕〔在…方面〕類似的，接近的〔*in*〕：be ～ *in* meaning 意思接近的。**c** [不用在名詞前]〔十介十(代)名〕極近〔…〕的，接近

〔…〕的〔to〕: something ～ **to** hostility 近似敵意的狀態[態度] /The population of the city is ～ *to* a million. 那個城市的人口接近一百萬/She was ～ *to* tears. 她快要哭出來了。**d** 危急的, 勉強的, 好不容易的: ⇨close call, close shave, close thing.

2 a 親近的, 親密的: a ～ friend 密友/be in ～ contact with... 與…關係密切的/be [stand] ～ *to* a person 與人親密(cf. *adv.* 1). **b** (在親戚關係上)接近的: ～ relatives 近親.

3 a 緊密的, 密集的, 稠密的(⇨dense【同義字】): a ～ thicket 密林。**b** 無空隙的, 緊緊靠攏的: ～ print 排字緊密的印刷/～ printing [writing] (排字)緊密的印刷(字體)[行距或字距緊密的書寫]。**c** 〈紡織品等〉質地緊密的; 〈木紋〉細緻的: (a) ～ texture 質地細密的布料。

4 [用在名詞前] **a** 很合身的, 貼身的〈衣服等〉: a ～ coat 合身的外衣。**b** 剪短的〈髮、草坪等〉: a ～ haircut 短髮/have a ～ shave 把鬍子刮乾淨。

5 [用在名詞前] **a** 精密的, 周密的; 嚴密的: a ～ analysis 周密的分析/～ reasoning 嚴密的推理。**b** (忠於)原文的: a ～ translation 忠於[緊扣]原文的翻譯。**c** 仔細的, 細心的: a ～ observer 細心的觀察者/with ～ attention 密切注意地。

6 〈比賽、競爭等〉不分上下的, 平分秋色的: a ～ contest [race] 難分勝負的比賽/a ～ election 勢均力敵的選戰。

—B 1 關閉的, 緊閉的, 密閉的: a ～ box 密閉的箱子/a ～ hatch 關閉的閘門。

2 a 〈囚犯等〉被關閉的, 被監禁的: a ～ prisoner 被嚴密監禁的囚犯。**b** 嚴格監視的, 嚴密的: in ～ custody 被嚴密監禁着/keep a ～ watch on a person 嚴密地監視某人。

3 〈場所等〉狹窄的, 拘束的: a ～ space 狹窄的空間[場地]。

4 a 〈房間等〉不通風的, 窒息的。**b** 〈天氣〉陰沉的, 悶熱的。**c** 〈空氣等〉沉悶的。

5 a 寡言的, 拘謹的, 退縮的: a ～ disposition 寡言的性情。**b** [不用在名詞前]〔十介十(代)名〕不想談論〔…〕的〔*about*〕: He is ～ ***about*** his own affairs. 他避而不談他自己的事。**c** 被隱瞞的; 保密的: a ～ design 陰謀/keep oneself ～ 隱藏起來/keep something ～ 把某事隱瞞着[保密]。

6 a 〈會員、特權等〉受限制的; 非公開的; 排外的; 封閉性的。**b** 《英》〈狩獵期〉在法律禁止期間的, 禁獵中的(《美》closed): the ～ season 禁獵期。

7 〈銀根〉很緊的: Money is ～. 銀根很緊。

8 [不用在名詞前]〔十介十(代)名〕《口語》〔對金錢等〕小氣的, 吝嗇的〔*with*〕: He is ～ ***with*** his money. 他用錢吝嗇; 他捨不得花錢。

9 《語音》〈母音〉閉塞音的(↔ open)《舌頭位置高的》。

—*adv.* (**clos·er**; **-est**) **1** 〔十介十(代)名〕(時間上、空間上)接近〔…〕地; 靠近地, 接近地〔*to, by*〕: ～ at hand 在近旁, 迫近, 逼近/～ behind (a person) 緊挨在(某人的)後面/～ ***by*** (the school) 在(學校的)近旁/sit [stand] ～ ***to*** a person 緊靠着某人坐[站] (cf. *adj.* A 2a)/Come *closer to* me. 請靠近我一點/The end is drawing ～. 快接近尾聲了; 快結束了。

2 a 合身, 貼身: fit ～ 〈衣服〉很合身。**b** 無空隙地, 塞得滿滿地: pack things ～ 裝滿東西/shut one's eyes ～ 閉緊眼睛/They came *closer together*. 他們彼此靠得更近; 他們變得更親近。

3 詳盡地, 周密地, 專注地: listen [look] ～ 仔細[目不轉睛]地聽[看]。

clóse on [**upòn**] 《口語》(時間、數量)大約[差不多]…, 大概…: He stands ～ *on* six feet. 他的身高大約有六呎/The time was ～ *on* [*upon*] midnight. 時間接近午夜[零時]。

clóse to (1)⇨*adv.* 1. (2)＝CLOSE² on.

clóse to hóme 《口語》〈評語、忠告等〉深切地, 使人銘感於心地: His advice hit [came, was] ～ *to home.* 他的忠告寓意深刻[深入人心]。

préss a person **clóse** 緊逼〈某人〉。

rún a person **clóse** 幾乎趕上〈某人〉; 緊跟住〈某人〉。

—*n.* Ⓒ **1** 《英》**a** (屬於私人的)場地, 圍地, 圍場。**b** (大教堂、大寺院等圍牆內的)場地。**c** (學校的)運動場, 校園。**2** 《蘇格蘭》(大街通往小巷的)小路。

～·ness *n.*

clóse-at-hánd *adj.* 在附近的; 即將來臨的。

clóse-bý ['klos-; 'klous-] *adj.* [用在名詞前] 鄰近的, 近旁的。

clóse cáll ['klos-; 'klous-] *n.* 《口語》＝close shave.

clóse-crópped ['klos-; 'klous-] *adj.* **1** 〈頭髮、草皮等〉剪短的。**2** 〈人〉留五分頭的。

closed [klozd; klouzd] *adj.* (無比較級、最高級) (↔ open) **1 a** 關閉的, 封鎖的。**b** 停止營業的; 交通中斷的: "*C*～ today."《告示》本日休業/a ～ airport 關閉的機場。

2 a 封閉(性)的, 排他(性)的: a ～ society 封閉的社會。**b** 非公開的: a ～ conference 非公開的會議。**c** 《美》〈狩獵期〉法律禁止中的, 禁獵中的(《英》close): a ～ season 禁獵期。

3 自給(自足)的: a ～ economy 自給自足的經濟。

4 a 〈空調系統〉循環式的。**b** 〈電氣回路〉循環式的。

5 《語音》〈音節〉以子音結尾的: a ～ syllable 閉音節。

with clósed dóors (1)緊閉門戶地。(2)禁止旁聽地。

clósed bóok *n.* Ⓒ **1** 無法理解的事物; 來歷不明的人物。**2** 已決定[確定]的事情(cf. open book).

clósed círcuit *n.* Ⓒ **1** 《電學》閉合電路, 閉路(cf. open circuit). **2** 《電視》閉路(式)電視《只能傳遞訊息給特定的映像機》。

clósed-cìrcuit télevision *n.* Ⓤ閉路[有線]電視《略作 CCTV》.

clósed [**clóse**] **corporátion** *n.* Ⓒ股份不公開的公司《全部或大部分股票爲少數人所有且不能到股票市場上市的公司》。

clósed-dóor *adj.* [用在名詞前] 非公開的, 秘密的: a ～ session [deal] 秘密會議[交易]。

clósed-énd *adj.* 《商》資本額固定的。

clósed lóop *n.* Ⓒ **1** 《電算》閉環《以不定次數被反覆的一組指令》。**2** 《電學》閉環通路迴線, 閉合迴線。

clóse-dòwn ['kloz-; 'klouz-] *n.* Ⓒ **1 a** 停止作業, 停業, 歇業。**b** 《美》工場關閉, 停工。
2 《英》播送[放映]完畢; 停播。

clósed prímary *n.* Ⓒ《美》限制的預選會《僅由執政黨中有資格者投票提名候選人的預選會》。

clósed shóp *n.* Ⓒ不雇用非工會會員的工廠[企業] (↔ open shop; cf. union shop).

clóse-físted ['klos-; 'klous-] *adj.* 《俚》吝嗇的, 小氣的。

clóse-fítting ['klos-; 'klous-] *adj.* 〈衣服等〉很合身的。

clóse-gráined ['klos-; 'klous-] *adj.* 木紋細密的。

clóse-háuled ['klos-; 'klous-] *adj.* & *adv.* 《航海》〈帆船、帆等〉張滿帆的[地], 搶風[迎風]航行的[地]。

clóse-ìn *adj.* 接近(市)中心的; 近距離的。

clóse-knít ['klos-; 'klous-] *adj.* **1** 〈村莊等〉(在社會上、文化上)緊相結合的; (在政治經濟上)組織嚴密的。**2** 〈理論等〉(在邏輯上)嚴謹的, 無漏洞的, 無懈可擊的。

clóse-lípped ['klos-; 'klous-] *adj.* ＝closemouthed.

***close·ly** ['kloslɪ; 'klousli] *adv.* (**more** ～; **most** ～) **1** 接近地; 緊緊地: The baby clung ～ to his mother's breast. 那個嬰孩緊緊地依偎在他母親的懷中。**2** 緊密地, 滿滿地: ～ packed 包裝得緊緊的/a ～ printed page 印得密密麻麻的書頁。**3** 嚴格地, 嚴密地: a ～ guarded secret 被嚴格保守的秘密, 極機密事。**4** 親密地, 親近地: be ～ allied with...與…有密切同盟關係的。**5** 專心地, 仔細地: listen [watch] ～ 仔細聽[看]。

close·mouthed ['klos'mauðd, -'mauθt; 'klous'mauðd] *adj.* 寡言的; 守口如瓶的; 拘謹的。

close·out ['kloz,aut; 'klouzaut] *n.* Ⓒ **1** 出清存貨(以便關店不營業)。**2** 出清某種貨品。

clóse-pítched *adj.* 〈戰鬥〉不相上下的, 勢均力敵的: a ～ battle 一場激烈[難分勝負]的戰爭。

clóse quárters ['klos-; 'klous-] *n. pl.* **1** 肉搏戰, 白刃戰: fight *at* ～ 作肉搏[白刃]戰/ a man living *at* ～ *with* fear [death] 活在恐懼[死亡]邊緣的男子。**2** 狹窄的場所。

clóse-sét ['klos-; 'klous-] *adj.* 互相靠緊的; 櫛比鱗次的, 密集的: ～ teeth [eyes] 排列緊密的牙齒[靠得很近的眼睛]/～ houses 密集的房子。

clóse sháve ['klos-; 'klous-] *n.* Ⓒ千鈞一髮, 僥倖的脫險(narrow escape): win by a ～ 險勝。

clóse shòt ['klos-; 'klous-] *n.* Ⓒ《電影》特寫(close-up) (↔ long shot).

***clos·et** ['klazɪt; 'klɔzit] *n.* Ⓒ **1** 《美·加拿大》衣櫥, 櫥櫃(cf. cupboard). **2** 《罕》(會客、念書等用的)私室, 小房間, 密室。**3** 《古》＝water closet.

—*adj.* [用在名詞前] **1** 秘密的, 不公開的: a ～ queen 《俚》(偷偷地男扮女裝以自娛的)隱密同性戀者。**2** 不切實際的, 紙上談兵的: a ～ strategist 不切實際的戰略家。

—*v.t.* **1** 〔十受十介十(代)名〕[～ one*self*] 關在〔房間等〕, 深居簡出〔*in*〕《★也可用被動語態, 變成「關在〔房間等中〕」之意》: ～ ***oneself in*** the attic 把自己關在閣樓裏/*be* ～*ed in* one's study 關在某人的書房裏。**2 a** 〔十受十副〕(因生意或政事)使〈某人〉入室密談〈*together*〉《★通常用被動語態, 變成「密談」之意》: They *were* ～*ed* ***together***. 他們在一起密談。**b** 〔十受十介十(代)名〕(因生意或政事)使〈某人〉〔與某人〕密談〔*with*〕《★常用被動語態, 變成「〔與人〕密談」之意》: He *was* ～*ed* ***with*** someone else. 他在與別人密談。

clóse thíng *n.* ＝close shave.

clóset plày *n.* Ⓒ僅供閱讀的劇本; 不適宜上演的戲劇。

clóse-ùp ['klos,ʌp; 'klousʌp] *n.* Ⓒ **1 a** 《電影》近距離的特寫鏡頭。**b** 特寫照片; 特寫場面。**2** 詳細的觀察[檢查, 描寫]。

clóse-wóven ['klos-; 'klous-] *adj.* 〈布等〉密織的。

C

clos·ing ['klozɪŋ; 'klouziŋ] «源自 close[1]» **—n. 1** Ⓤ封閉，密閉。**2** ⓊⒸ終結，終止，截止。**3** Ⓤ **a**《會計》決算。**b**《證券》收盤；收盤行市[情]。

—adj. [用在名詞前] **1** 終了的，結束的；閉幕的：one's ～ years 晚年/a ～ address 閉幕辭/at ～ time 在關店[打烊]時/the ～ day 截止日期。**2 a**《會計》決算的：a ～ account 決算。**b**《證券》終了的，結束的，收盤的：the ～ price 收盤價格。

clo·sure ['kloʒɚ; 'klouʒə] *n.* **1** ⓊⒸ關閉；截止；關店，休業；終止，終結。**2** Ⓒ[常用單數]《英議會》討論終結(《美》cloture).

—v.t.《英議會》結束〈討論〉。

clot [klɑt; klɔt] *n.* Ⓒ **1** (血等的)凝結塊：a ～ *of* blood 血塊，血凝塊。**2** 羣〔*of*〕. **3**《英口語》笨蛋，傻瓜。

—v.t. (**clot·ted**; **clot·ting**) **1** 使〈血液、牛奶等〉凝固[凝結] (cf. clotted cream). **2** 〈汗等〉使〈頭髮等〉黏[糾纏]在一起。**3** 〈某物〉凝結使…無法運轉[動彈不得]《★常用被動語態，變成「〔因…而〕動彈不得」之意；介系詞用 *with, by*》：The street *was clotted* ***with*** traffic. 街上交通阻塞。**—v.i.** 結塊，凝固。

‡**cloth** [klɔθ; klɔθ, klɔ:θ] «源自古英語「衣料」之義» **—n.** (*pl.* ～s [klɔðz, klɔθs; klɔθs, klɔ:ðz]) **1** Ⓤ**布(料)**，布匹，衣料：two yards of ～ 兩碼布/～ of gold [silver] 金[銀]線錦。**2** Ⓒ(一塊)布；(尤指)桌布，餐巾；抹布：lay the ～ 鋪桌布準備用餐。**3** Ⓤ(書籍的)封面布：～ binding 布面裝訂。**4** Ⓤ **a** 帆布。**b** [集合稱]帆。**5 a** Ⓒ黑色僧袍《當作法衣表示身分》。**b** [**the** ～]神職；[集合稱]牧師，教士。

clóth·bòund *adj.* 〈書籍等〉布面裝訂的。

clóth cáp *n.* Ⓒ《英》(工人、勞動者常戴的)布帽，鴨舌帽 (cf. hunting cap).

clothe** [kloð; klouð] «cloth 的動詞» **—v.t.** (～**d** [～d; ～d], 《古・文語》**clad** [klæd; klæd]) **1 a** 〔十受十介十(代)名〕[～ one*self*] **穿**〔衣服〕，著衣〔*in*〕《★也用被動語態，變成「穿著〔衣服〕」之意；★[比較]作此義解時現在一般用 dress》：She ～*d herself* ***in her best. 她穿著她最好[最漂亮]的衣服/He *was* ～*d* ***in*** wool. 他穿著毛料衣服/She *was* well *clad.*《文語》她穿得很考究。**b** 〔十受〕供給〈某人〉衣服，使〈某人〉有衣服穿：～ one's family 使家人有衣服穿。**2 a** 〔十受〕覆蓋，籠罩…《★常用被動語態，介系詞用 *in, with*》：Mist ～*d* the city. 霧籠罩著整個城市/The field *was* ～*d* ***in*** snow. 原野被雪覆蓋著，雪遮蔽原野/The island *is* well ～*d* ***with*** coconut palms. 該島遍地是椰子樹。**b** 〔十受十介十(代)名〕[用言語]表達〈思想等〉〔*in*〕：～ thoughts ***in*** words 用言語表達思想。**c** 〔十受十介十(代)名〕給與…〔權力、榮譽等〕〔*with, in*〕：He was ～*d* ***with*** shame [power]. 他蒙受恥辱[被賦予權力]。

‡**clothes** [kloz, kloðz; klouðz, klouz] «源自 cloth (衣料)的複數形» **—n.** *pl.* **1 衣服**：a suit of ～ 一套衣服/put on [take off] one's ～ 穿上[脫下]衣服/change ～ 換衣服/She has many ～. 她有很多衣服/Fine ～ make the man.《諺》人靠衣裝，佛靠金裝。**2** 寢具，被褥。**3** 待洗的衣服。

clóthes·bàg *n.* Ⓒ裝待洗[洗好]的衣服的袋子。

clóthes·bàsket *n.* Ⓒ 裝待洗[洗好]的衣服的籃子。

clóthes·brùsh *n.* Ⓒ衣刷。

clóthes hànger *n.* Ⓒ(掛衣服的)衣架。

clóthes·hòok *n.* Ⓒ掛衣鉤。

clóthes·hòrse *n.* Ⓒ **1** (室內用)曬衣架。**2**《美俚》講究衣著的人，愛穿著時髦服裝的人；女時裝模特兒。

clóthes·lìne *n.* Ⓒ曬衣繩。

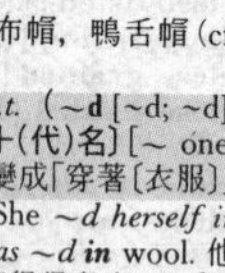

clotheshorse 1

【說明】在英美曬衣服不用曬衣竿，而在兩根柱子(clothespole)間拉上一條繩子，把洗好的衣服用衣夾(《美》clothespin,《英》clothes peg)夾在繩上曬乾。

clóthes mòth *n.* Ⓒ《昆蟲》蠹蟲《其幼蟲會蛀蝕毛衣料等》。

clóthes pèg *n.*《英》=clothespin.

clóthes·pìn *n.* Ⓒ《美》(曬衣用)衣夾(《英》clothes peg).

clóthes·pòle *n.* Ⓒ《美》曬衣柱《用以拉曬衣繩(clothesline)者》。

clóthes·prèss *n.* Ⓒ衣櫃，衣橱。

clóthes·pròp *n.*《英》=clothespole.

clóthes trèe *n.* Ⓒ《美》衣帽架。

cloth·ier ['kloðjɚ, -ðɪɚ; 'klouðiə, -ðjə] *n.* Ⓒ織造業者；男裝零售商；服裝商人。

***cloth·ing** ['kloðɪŋ; 'klouðiŋ] *n.* Ⓤ[集合稱]**衣類**：an article of ～ 一件衣物/food, ～, and shelter 食衣住。

Clo·tho ['kloθo; 'klouθou] *n.*《希臘神話》克洛托《命運三女神之一；職司紡人類的生命之線；⇨fate 3》.

clóth yàrd *n.* Ⓒ布碼《★現在是與 yard 等長(3 呎, 0.914 公尺)；以前是 37 吋，正好是長弓的箭長；cf. yard[2] 1》.

clót·ted créam *n.* Ⓤ凝結的濃奶油《在英格蘭西南部用作水果、餐後點心的搭配食物》。

clo·ture ['klotʃɚ, -tʃur; 'kloutʃə]《美議會》*n.* Ⓒ[常用單數]辯論終結(《英》closure).

—v.t. 結束〈辯論〉而付諸表決。

‡**cloud** [klaud; klaud] «源自古英語「岩塊」之義；岩塊的形狀» **—n. 1** Ⓤ [指個體時爲Ⓒ] **雲**：a dark [rain] ～ 烏雲[雨雲]/a sea of ～*s* (遮住天空的)一大片雲，雲海/Every ～ has a silver lining.《諺》每朵烏雲都有銀亮的襯裏《比喻禍福爲鄰》。**2** Ⓒ **a** 雲狀物，如煙霧般瀰漫的東西，(一大片的)灰塵[煙(等)]：a ～ *of* smoke [dust] 濛濛的煙霧[灰塵]。**b**《口語》香煙的煙：blow a ～ (of smoke)吸煙[吞雲吐霧]。**3** Ⓒ **a** (昆蟲、鳥等的)大羣〔*of*〕：a ～ *of* flies 一大羣蒼蠅。**b** 許多，多數〔*of*〕：a ～ *of* witnesses 衆多的證人《★出自聖經「希伯來書」》。**4** Ⓒ **a** (透明物體、鏡子等表面的)朦朧，雲斑。**b** (顯露在臉上、額頭上的)陰影；(疑惑、不滿、悲哀等的)陰鬱臉色；(遮蓋而)使陰暗的東西；烏雲：a ～ on the brow [face] 顯露於眉宇間[臉上]的陰鬱/a ～ of grief 悲傷的陰影/cast [throw] a ～ on [upon] 在…上投下陰影。

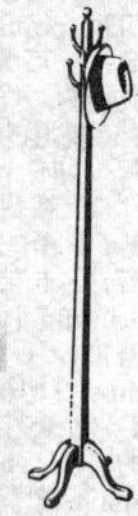

clothes tree

dróp from the clóuds 〈人〉從意想不到的地方[突然]出現。

in the clóuds《口語》(1)〈人〉心不在焉，茫然；(對世事)超然：have one's head *in the* ～*s* 耽於空想，做白日夢。(2)〈事情〉虛構的，非現實的。

on a clóud《口語》〈人〉極幸運[幸福]的，如在雲層中的，飄飄然的。

on clóud níne [9] =on a CLOUD.

ùnder a clóud《口語》(1)〈人〉受到懷疑[責備]，遭到白眼。(2)〈人〉無精打采，垂頭喪氣，心情悲傷；失寵。

ùnder clóud of níght 趁黑夜。

—v.t. 1 〔十受(十副)〕 **a** 〈雲、煙等〉遮蔽[覆蓋]〈天空、山頂等〉〈*over*〉：～ the mountain tops (雲)遮蔽山頂。**b** 使…模糊不清；使…烏雲密布；使…變暗〈*up*〉：The steam ～*ed* my glasses. 蒸氣使我的眼鏡變模糊/The fog ～*ed* the street lamps. 霧使街燈變昏暗。**2** 〔十受〕 **a** 〈不安、煩惱等〉使〈臉上、心情〉陰鬱，使…變陰沉《★常用被動語態，變成「〔因…而〕心情陰鬱」之意；介系詞用 *with*》：Her brow [mind] *is* ～*ed* ***with*** anxiety. 她因憂慮而緊鎖雙眉[她的心靈因憂慮而蒙上了陰影]。**b** 在…投下陰影；使…面露憂色：The telegram ～*ed* her happiness. 那封電報給她的幸福投下了陰影。**3** 〔十受〕玷污〈名聲、聲譽等〉：～ one's reputation 玷污某人的名聲。**4** 〔十受〕使〈問題等〉不明確[含糊不清]；使〈判斷等〉變遲鈍；使〈視力〉模糊不清：～ the truth 使事實變得含糊不清/Tears ～*ed* her vision. 淚水使她的視線變模糊/His judgment was ～*ed* by his love for her. 他的判斷力因對她的愛而變得遲鈍。

—v.i. 1 〔動(十副)〕 **a** 〈天空〉變陰暗〈*over*〉：The sky is beginning to ～ (*over*). 天空開始變陰暗了。**b** 〈窗戶等〉變模糊〈*up*〉. **2** 〔十副(十介十(代)名)〕〈臉〉〔因苦痛、憂慮〕變陰鬱〈*over*〉〔*with*〕：His face ～*ed* ***over with*** anxiety. 他的臉因憂慮而變得陰鬱，他顯出憂慮的神色。

clóud·bànk *n.* Ⓒ低垂的厚雲團。

clóud·bèrry *n.* Ⓒ《植物》野生之黃色草莓。

clóud·bùrst *n.* Ⓒ **1** (突然的)豪雨，傾盆大雨。**2** 大量；許多〔*of*〕.

clóud-cápped *adj.* 〈山〉頂上籠罩著雲的；高聳雲霄的。

clóud càstle *n.* Ⓒ空中樓閣；空想，夢想。

clóud chàmber *n.* Ⓒ《物理》雲室。

clóud-cúckoo-lànd *n.* [常 **Cloud-Cuckoo-Land**] Ⓤ夢想之國，幻境，仙境。

clóud drift *n.* Ⓒ浮雲；流雲。

clóud·ed *adj.* **1** 被雲遮蔽的；陰暗的；有雲狀花紋的。**2** 〈頭腦等〉遲鈍的，不清楚的。**3** 〈觀點、意思等〉含糊不清的，不明確的。

cloud·ing ['klaudɪŋ; 'klaudiŋ] *n.* Ⓤ(染色面之)雲狀花紋；無光澤；圖象模糊。

clóud·lànd *n.* ⓊⒸ仙境，夢幻的世界。

clóud·less *adj.* **1** 無雲的，晴朗的：a ～ day [sky] 晴朗的日子[天空]。**2** 無陰影的，無憂慮的：a ～ future 無憂無慮的未來。

～·ly *adv.*

cloud·let ['klaudlɪt; 'klaudlit] *n.* Ⓒ薄雲；片雲。

clóud níne *n.* Ⓤ《口語》狂喜；無比幸福之狀態。

clóud ràck *n.* 一團浮雲。

clóud sèeding *n.* Ⓤ種雲，雲催化《在雲間灑二氧化碳之細末或其他化學品以製造雨》。

‡**cloud·y** ['klaudɪ; 'klaudi] «cloud 的形容詞» **—adj.** (**cloud·i·er**; **-i·est**) **1 陰暗的**，多雲的：a ～ sky [day] 陰暗的天空[日子]

/It is ～. 天氣陰暗。**2 a** 雲的，雲似的：～ smoke 雲似的煙。**b** 有雲狀花紋的，有雲斑的：～ marble 有雲斑的大理石。**3 a** 朦朧的，模糊不清的：a ～ picture 模糊不清的照片。**b** [不用在名詞前]〔**十介十(代)名**〕〔因…而〕朦朧的〔*with*〕：an orchard in spring ～ ***with*** blossoms 因花朵怒放而(看來)一片朦朧[遍地鮮花盛開]的春天果樹園。**4** 意思含糊不清的，曖昧的：a ～ idea 模糊的觀念。**5**〈液體〉混濁的。**6**〈心情〉不舒暢的，陰沉的：～ looks 陰沉的表情，無精打采的樣子。

-i·ly *adv.* **-i·ness** *n.*

clough [klʌf, klau; klʌf] *n.* Ⓒ《英方言》山谷；峽谷；谿谷。

clout [klaut; klaut] *n.* **1** Ⓒ《口語》(用手)毆打，敲打。**2** Ⓤ(尤指政治上的)權力，影響力：He has a lot of ～ *with* the board of directors. 他對董事會有很大的影響力。**3** Ⓒ《棒球》强打。

—*v.t.*《口語》**1** (用手)毆打，敲打。**2**《棒球》用力猛擊〈球〉。

clove[1] [klov; klouv] *v.* **cleave**[1,2] 的過去式。

clove[2] [klov; klouv] *n.* Ⓒ **1** [常 ～s] 丁香《曬乾的丁香花苞，做香料和藥物用》。**2**《植物》丁香樹。

clove[3] [klov; klouv] *n.* Ⓒ《植物》(百合、大蒜等的)小鱗莖；珠芽：a ～ *of* garlic 一瓣大蒜。

clóve hítch *n.* Ⓒ《航海》卷結《一種結繩法》。

clo·ven *v.* **cleave**[1] 的過去分詞。

—*adj.*〈蹄等〉裂開到中間的，分裂的。

clóven fóot [hóof] *n.* Ⓒ(牛、鹿等的)分趾蹄，偶蹄《裂成兩半的蹄》。

shów the clóven hóof〈魔鬼〉顯現本性，現原形，露出馬脚《★山羊被當作是魔鬼(Devil)的象徵，因此認爲魔鬼有分趾蹄》。

clóven-fóoted [-hóofed] *adj.* **1** 分趾蹄的，偶蹄的。**2** 窮凶極惡的，似惡魔的。

clo·ver ['klovɚ; 'klouvə] *n.* Ⓤ [指個體或種類時爲Ⓒ]《植物》苜蓿，三葉草《苜蓿科植物的總稱；牧草》：⇨four-leaf(ed) clover.

líve [be] in clóver《口語》過奢侈[舒適]的生活《★源自吃豐盛牧草的家畜》。

clóver·lèaf *n.* Ⓒ (*pl.* ～s, -leaves) **1** 苜蓿葉。**2** 苜蓿葉狀的東西；(尤指)(四片)苜蓿葉形立體交叉路口《高速公路的立體交流道》。

clover

clown [klaun; klaun] *n.* Ⓒ **1** (戲劇、馬戲團等的)小丑，丑角(jester). **2** 經常鬧笑話的人；詼諧[滑稽]者，愛開玩笑的人。play the ～ 說笑話，逗趣。

—*v.i.* **1** 扮演丑角做滑稽動作。**2**〔**動(十副)**〕說笑話，逗趣〈*about, around*〉：Stop ～*ing* ***around***. 別到處胡鬧。

cloverleaf 2

clown·er·y ['klaunərɪ; 'klaunəri] *n.* ⓊⒸ滑稽，可笑，粗魯，笨拙。

clówn·ish [-nɪʃ; -niʃ] «clown 的形容詞» **—***adj.* 如小丑的，滑稽的：a ～ getup 小丑似的裝扮。～**·ly** *adv.* ～**·ness** *n.*

cloy [klɔɪ; klɔi]《文語》*v.t.* **1**〈過甜的東西〉使〈食慾〉不佳，使…吃膩，使…生厭：Too much sweet food ～*s* the palate. 吃過多的甜食會使人倒胃口。**2**〈美食、享受等〉使〈人〉生厭《★常用被動語態，介系詞用 *with*》：He *is* ～*ed* ***with*** pleasure. 他玩膩了。

—*v.i.* **1** (因吃多美食而)厭煩，生膩。**2**〈美食等〉使人生膩，令人倒胃口。

clóy·ing *adj.* 使人生厭的，令人厭煩的。～**·ly** *adv.*

cloze [kloz; klouz] «源自法語 closure» **—***adj.* 填空測驗的；克漏字的：a ～ test 完形[填空]測驗。

‡**club** [klʌb; klʌb] *n.* A **1** Ⓒ **a** (作武器用，頭部粗重的)**棍棒**。**b** (高爾夫、曲棍球等的)**球桿**，球棒。**c** ＝Indian club. **2 a** Ⓒ(紙牌的)梅花(牌)。**b** [～s] 一組梅花牌。

—B Ⓒ **1** **俱樂部**《同嗜好者組成的團體，如同道會、聯誼會、同濟會等》。

【說明】俱樂部是以娛樂、運動、飲食等爲目的的社交組織，在英、美爲數相當多。俱樂部本來是屬男士的活動天地，但今天已對女士開放，並有專爲女士而設者。不過，俱樂部原只爲有限的會員提供活動，所以在倫敦，個人所屬俱樂部便代表其社會地位。

2 a 俱樂部會所[會館]。**b** ＝nightclub.

in the (púdding) clúb《英俚》(尤指)〈未婚女子〉懷孕：get [put] a woman *in the* (*pudding*) ～ 使女子懷孕。

Jóin the clúb!《英俚》[暗示處於相同的立場](我也)一樣："I have no money."—"*Join the* ～! Neither have I."「我沒有錢。」「一樣呀！我也沒有。」

—*v.t.* (**clubbed**; **club·bing**)〔**十受**〕用棍棒打[懲罰]…。

clúb togéther《*vi adv*》(爲共同目的而)合作，大家湊錢：The boys in the class *clubbed together* to buy a football. 班上的男孩爲買一個足球而大家湊錢。

club·ba·ble ['klʌbəbl; 'klʌbəbl] *adj.*《英》適於爲俱樂部會員的，有資格入會的；善於交際的。

clubbed [klʌbd; klʌbd] *adj.* 棒狀的《指畸形的手、植物、果實等》。

clúb·fòot *n.* (*pl.* **-feet**) **1** Ⓒ內彎脚，彎曲脚《畸形足》。**2** Ⓤ內彎脚[彎曲脚]的畸形狀態。

clúb·fóoted *adj.*

clúb·hòuse *n.* Ⓒ **1** 俱樂部會所[會館]。**2**《美》(運動員用的)更衣室，衣櫥室(locker room).

clúb làw *n.* Ⓒ暴力政治，暴力統治。

clúb mòss *n.* Ⓒ《植物》石松。

clúb sándwich *n.* Ⓒ《美》總滙三明治，雞肉夾心三明治《三片土司麵包疊在一起，中間夾雞肉、萵苣、番茄、火腿或鹹肉、沙拉醬等》。

cluck [klʌk; klʌk] «擬聲語» **—***n.* Ⓒ **1** (母雞的)咯咯叫聲(⇨cock[1] 相關用語)。**2**《美俚》笨蛋，糊塗蟲。

—*v.i.*〈母雞〉咯咯叫。**—***v.t.* **1** 響〈舌〉；以咯咯叫聲呼叫：～ one's tongue reprovingly 譴責似地響舌。**2** (發出像母雞叫的聲音)表示〈贊成、關心等〉：～ one's disapproval 發嘖嘖聲表示某人反對之意。

clue** [klu; klu:] «源自 clew(線球)的變形» **—n.* Ⓒ〔解謎的〕線索；暗示；〔調查、研究等的〕眉目，頭緒〔*to*〕：look for ～*s* 尋找線索/The police found a ～ *to* her whereabouts. 警方找到她下落的線索。

nót hàve a clúe《口語》毫無頭緒，完全不知道：They do*n't have a* ～ as to what democracy is. 他們完全不知道什麼是民主主義。

—*v.t.* (**clued**; **clu·ing**) **1**〔**十受**〕爲〈某人〉提供(解決等的)線索。**2**〔**十受十副(十介十(代)名)**〕《口語》傳達給〈某人〉〔有關…的〕消息[情報]，告訴〈某人〉〔…事〕〈*in*〉〔*about, on*〕：Please ～ me ***in on*** his girlfriend. 請告訴我有關他女朋友的事。

be (áll) clúed úp《口語》〔關於…〕知道得很清楚，熟知〔…〕〔*about, on*〕.

clúe·less *adj.* **1** 無線索的。**2**《英俚》無可救藥的；無知的。

clum·ber ['klʌmbɚ; 'klʌmbə] *n.* (又作 **clúmber spániel**)Ⓒ一種英國產短腿粗軀厚毛之獵犬。

clump[1] [klʌmp; klʌmp] *n.* Ⓒ **1** 樹叢，小樹林；(灌木)叢(thicket)：a ～ *of* trees 一叢樹。**2 a** 塊，羣：a ～ *of* earth 一團土塊/in ～*s* 成羣地。**b**《細菌》細菌凝塊。

—*v.t.* **1** 使…叢生[羣生]，使…結塊。**2** 使〈細菌等〉凝結成塊。

—*v.i.* **1** 叢生。**2**〈細菌等〉凝結成塊。

clump[2] [klʌmp; klʌmp] *n.* [用單數] 笨重的脚步聲：I heard a ～ [the ～ *of* his boots] on the stairs. 我聽到樓梯上有笨重的脚步聲[他的長靴踩在樓梯上的笨重聲]。

—*v.i.*〔**十副詞(片語)**〕重踏著走，用笨重的脚步走：～ *down* the staircase 用笨重的脚步走下樓梯。

clump·y ['klʌmpɪ; 'klʌmpi] «clump[1] 的形容詞» **—***adj.* (**clump·i·er**; **-i·est**) **1** 成[多]塊的，塊狀的。**2** 多樹[草]叢的；茂密的，繁茂的。

clum·sy ['klʌmzɪ; 'klʌmzi] «源自「因寒冷而凍僵」之義» **—***adj.* (**clum·si·er**; **-si·est**) **1 a** **笨拙的**，拙劣的；動作粗笨的，不靈活的：a ～ dancer 拙於跳舞的人。**b** [不用在名詞前]〔**十介十(代)名**〕不擅〔於…〕的，笨拙〔於…〕的〔*with, at, in*〕：He is ～ ***with*** tools. 他不擅於使用工具/He is ～ ***at*** tennis. 他不擅於打網球。**2**〈辯解、表達等〉愚笨的，拙劣的，不圓滑的：a ～ apology 拙劣的辯解/a ～ joke 不得體的笑話。**3** 不好看的，粗陋的；難處理[使用]的：～ shoes 樣子不好看[難穿]的鞋子。

clúm·si·ly [-zəlɪ; -zili] *adv.* **-si·ness** *n.*

clung [klʌŋ; klʌŋ] *v.* **cling** 的過去式・過去分詞。

clunk [klʌŋk; klʌŋk] «擬聲語» **—***n.* **1** [a ～] (金屬等相撞的)嘩啷聲，鏗鏘聲。**2** Ⓒ《口語》猛擊，一擊。

clunk·er ['klʌŋkɚ; 'klʌŋkə] *n.* Ⓒ《美俚》**1** 破車，老爺車。**2** 無用之物。

clus·ter ['klʌstɚ; 'klʌstə] *n.* Ⓒ **1**〔葡萄、櫻桃、紫藤等花的〕串，簇，束〔*of*〕. **2**〔同種類的東西、人的〕羣，集團〔*of*〕：a ～ *of* spectators 一羣觀衆/a ～ *of* butterflies 一羣蝴蝶/a ～ *of* stars 星團/in a ～ 成(一)塊[團]，成(一)羣/in ～*s* 成(好幾)羣[塊]。

—*v.i.*〔**(十副)十介十(代)名**〕成串[簇]結〔於…周圍〕；聚集，羣集，密集〔於…四周〕〈*together*〉〔*round, around*〕：The girls ~*ed* (**together**) **around** him. 那些女孩子們成羣地圍繞著他[羣集於他的四周]。**—***v.t.* 〔十受(十副)〕使…成羣〈*together*〉《★常用被動語態》：The frightened children *were* ~*ed* **together**. 受驚嚇的小孩子們縮在一塊。

clúster bòmb *n.* Ⓒ集束炸彈《炸開時跳出多枚小炸彈》。

clúster còllege *n.* Ⓒ(文科大學中模仿牛津、劍橋等的)獨立學院，專科學院。

clutch[1] [klʌtʃ; klʌtʃ] *v.t.* 〔十受〕(用手或指甲等)**抓住**…，緊握…：She ~*ed* her daughter *to* her breast [*in* her arms]. 她把女兒緊抱在懷裏。**—** *v.i.* 〔十介十(代)名〕**想抓住**〔…〕〔*at*〕：A drowning man will ~ **at** a straw. 《諺》快要溺死的人連一根草也想抓住《慌不擇路》。

—*n.* **1** [**a** ~]抓緊，抓牢：make *a* ~ *at*... 伸手去抓…，朝…抓去。

2 a [用單數](抓取東西的)手，爪：a mouse in the ~ *of* a hawk(落在)老鷹爪中的老鼠。**b** Ⓒ[常 ~**es**]掌握中，控制力：fall into the ~*es of*... 落入…的魔掌，遭…的毒手/get out of the ~*es of*... 逃脫…的魔掌。

3 Ⓒ《機械》(汽車等的)離合器；離合器桿：let in [out] the ~ 接合[分離]離合器。

4 Ⓒ《美口語》危機；緊迫(pinch)：in the ~ 在危難時，在緊要關頭。

clutch[2] [klʌtʃ; klʌtʃ] *n.* Ⓒ **1 a** (母雞)一次所孵的蛋。**b** 一窩小雞。**2** 一羣，一團(group)：a ~ *of* ladies at tea(午後)一羣聚集在一起喝(下午)茶的女士們。

clut·ter ['klʌtə; 'klʌtə] *n.* **1** Ⓤ[集合稱]零亂之物，雜亂的一團。**2** [**a** ~]雜亂，混亂：in *a* ~ 零亂地[的]，雜亂地[的]。

—*v.t.* **1** 〔十受(十副)〕使〈某場所〉亂七八糟[雜亂無章]；把〈某場所〉弄亂〈*up*〉：Don't ~ **up** your study. 不要把你的書房弄得亂七八糟。**2** 〔十受(十副)十介十(代)名〕〔…〕使〈某場所〉零亂；〈某場所〉亂七八糟地堆著〔…〕〈*up*〉〔*with*〕：His study was ~*ed* **up with** newspapers. 他的書房亂七八糟地堆著報紙。

Clw·yd ['kluɪd; 'klu:id] *n.* 克魯依德郡《英國威爾斯北部的一郡；新設於 1974 年；首府 Mold [mold; mould]》。

Clyde [klaɪd; klaid] *n.* **1** [**the** ~]克萊德河《蘇格蘭南部的一條河；河口有海港格拉斯哥(Glasgow)》。

2 [**the Firth of** ~]克萊德灣《克萊德河的入海口》。

Cly·tem·nes·tra [ˌklaɪtəm'nɛstrə; ˌklaitim'nestrə] *n.* 《希臘神話》克萊登妮絲特拉《特洛伊(Troy)戰爭中希臘軍統帥阿加邁農(Agamemnon)的妻子，因不貞而被其子奧瑞斯提斯(Orestes)所殺》。

Cm 《符號》《化學》curium. **cm., cm** 《略》centimeter(s).

c.m. 《略》court-martial.

Cmdr. 《略》Commander.

cml. 《略》commercial.

Cnut [kə'nut, -'njut; kə'nju:t] *n.* =Canute.

Co 《符號》《化學》cobalt. **CO** 《略》《美郵政》Colorado.

Co. [ko, 'kʌmpənɪ; kou, 'kʌmpəni] «Company 之略»**—***n.* 《商》公司：Jones & *Co.* 瓊斯公司《★人名之後須加&；cf. company 4a》.

Co., co. (*pl.* **Cos, cos**) 《略》County；county.

c.o., c/o 《略》care of；carried over《簿記》轉下頁，轉過。**C.O.** 《略》Commanding Officer；conscientious objector.

co- [ko-; kou-] 字首 **1** 表示「共同」「相互」「同等」之意《★拼法有下列三種拼法：cooperate, coöperate, co-operate》：**a** [附加於名詞前] *co*-reli-gionist, *co*partner. **b** [附加於形容詞、副詞前] *co*operative, *co*eternal. **c** [附加於動詞前] *co*(-)operate, *co*-adjust. **d** =com-《用於母音或 h, gn 之前》。**2** 《數學》餘，補：*co*sine.

coach A 1

*__coach__ [kotʃ; koutʃ] *n.* **A 1** Ⓒ(正式典禮時或鋪設鐵路以前使用的)**四輪大馬車**：a ~ and four [six] 四[六]匹馬拉的馬車/a state ~ 國王御用馬車/⇨ stagecoach, mail coach(⇨mail[1] *adj.*), slowcoach.

【字源】從前匈牙利(Hungary)一個與 coach 發音相同的城市 Kocs 所製造的馬車，坐起來很舒服，因而稱爲 coach car，後來略去 car 不說，只用 coach. 而教練[指導者]指導運動選手，導向他們的目標，就像馬車把乘客運到目的地，因此也稱爲 coach.

2 Ⓒ《英》(跑長程的)公共汽車《★通常指單層公共汽車；跑短程者常用雙層巴士(doubledecker)；在美國均稱 bus；⇨ bus【說明】》：by ~ 搭公共汽車《★無冠詞》。**3** Ⓒ轎車(sedan)等有頂的汽車。**4** Ⓒ **a** 《美》(與頭等客車(parlor car)，臥車(sleeping car)有別的)普通客車：by ~ 搭乘普通客車《★無冠詞》。**b** 《英》客車廂。**5** (又作 **cóach clàss**)Ⓤ《美》(客機的)二等艙位，經濟艙位《★比較一般用 economy class》.

—B «源自將指導者比喻爲推動受指導者的工具» Ⓒ **1** (競賽、演技等的)**教練**，指導者：a baseball ~ 棒球教練/a dramatic ~ 戲劇指導。**2** (爲準備考試等而聘請的)私人[家庭]教師。

dríve a cóach and fóur [síx] thròugh... 《口語》⑴輕易地逃過〈法律等〉的限制，明目張膽地鑽〈法律〉的漏洞。⑵(指出弱點、缺點等)挫敗〈意圖、計畫等〉，使…受挫。

—*v.t.* **1** 〔十受〕**a** (私人)**指導**〈人、團體〉。**b** 《美》指導，訓練〈某種運動〉：~ baseball 指導棒球。**2** 〔十受十介十(代)名〕指導〈某人〉〔…〕〔*for, in, at*〕；指導〈某人〉〔使其通過…標準[資格]〕〔*through*〕：~ a boat's crew **for** a race 訓練划船隊員參加賽船/~ a boy **in** [**at**] mathematics 輔導一男孩學習數學/~ a boy **through** an examination 指導一男孩使他考試及格。

—*v.i.* 當教練[指導員，家庭教師]。

cóach bòx *n.* Ⓒ馬車夫的座位。

cóach·bùilding *n.* Ⓤ《英》汽車車身的設計與製造。

cóach dòg *n.* Ⓒ馬車犬《體大而瘦，毛白色帶黑斑，最初訓練使之跟隨馬車，故名》。

coach·er ['kotʃə; 'koutʃə] *n.* Ⓒ **1** 教練；練習指導員。**2** 拉車之馬。

cóach·man [-mən; -mən] *n.* Ⓒ(*pl.* **-men** [-mən; -mən])[也用於稱呼](馬車的)車夫。

cóach pàrk *n.* Ⓒ《英》(長程的)公共汽車停車場。

cóach·wòrk *n.* Ⓤ(汽車、火車等的)車身設計[製造, 裝配]；車身。

co·ac·tive [ko'æktɪv; kou'æktiv] *adj.* 强迫的；限制性的。

co·ad·just [ˌkoə'dʒʌst; ˌkouə'dʒʌst] *v.t.* 互相調節。

co·ad·ju·tor [ko'ædʒətə, ˌkoə'dʒutə; kou'ædʒutə, kou'ædʒətə] *n.* Ⓒ **1** 助手，助理。**2** 《天主教》副主教。

co·ag·u·lant [ko'ægjələnt; kou'ægjulənt] *n.* Ⓤ[指產品個體或種類時爲Ⓒ]凝固[結]劑，促凝劑。

co·ag·u·late [ko'ægjəˌlet; kou'ægjuleit] *v.t.* 使〈溶液〉凝固；使…凝結。**—***v.i.* 〈溶液〉凝固；凝結。

co·ag·u·la·tion [koˌægjə'leʃən; kouˌægju'leiʃn] «coagulate 的名詞»**—***n.* Ⓤ凝固[結](作用)。

co·ag·u·la·tive [ko'ægjəˌletɪv; kou'ægjulətiv] *adj.* 有凝結力的；凝結性的。

‡**coal** [kol; koul] *n.* **1 a** Ⓤ**煤炭，煤**：brown ~ 褐煤/hard ~ 無煙煤/soft ~ 煙煤/small ~ 煤屑。**b** [~**s**]《英》(燃料用的)碎煤，小煤塊：a ton of ~*s* 一噸碎煤/put ~*s* in the stove 把碎煤放入爐中。**2** Ⓒ(燃燒中的)煤[木炭]塊；餘爐，灰爐：cook food on (live) ~*s* 在燃燒的炭火上烹調食物/a hot ~ fallen from the stove 一塊從火爐中掉出來的灼熱煤塊。**3** Ⓤ木炭。

cárry [táke] cóals to Néwcastle 《口語》多此一舉，做不必要的事，徒勞《★因爲紐加塞爾(Newcastle)是煤炭的輸出港》。

hául a person óver the cóals 〔因…事〕斥責，申斥〈某人〉〔*for*〕《★源自將異端者在煤炭上拖來拖去的一種刑罰》。

héap cóals of fíre on a person's héad (以德報怨)使對方感到慚愧《★出自聖經「羅馬書」》。

—*v.t.* 〔十受〕給〈船等〉加煤；裝煤於〈船〉上。**—***v.i.* 〈船等〉上煤，加煤。

cóal·bàll *n.* Ⓒ煤球。

cóal bèd *n.* Ⓒ煤層。

cóal-bláck *adj.* 深黑的；烏黑的。

cóal·bùnker *n.* Ⓒ **1** 煤庫。**2** (船的)煤艙。

cóal·er *n.* Ⓒ **1** 運煤船；運煤車。**2** 運煤裝船的工人。

co·a·lesce [ˌkoə'lɛs; ˌkouə'les] *v.i.* **1** 〈斷骨〉癒合，接合。**2 a** 合併。**b** 結合，聯合。

co·a·les·cence [ˌkoə'lɛsn̩s; ˌkouə'lesns] «coalesce 的名詞» **—***n.* Ⓤ **1** 癒合。**2** 合併，結合，聯合。

co·a·les·cent [ˌkoə'lɛsn̩t; ˌkouə'lesnt←] *adj.* **1** 癒合的，接合的。**2** 合併的，聯合的。

cóal·fàce *n.* Ⓒ採煤區，採掘的煤礦面。

cóal fàctor *n.* Ⓒ賣煤者，賣煤商人。

cóal·fìeld *n.* Ⓒ煤田。

cóal gàs *n.* Ⓤ(燃煤時產生的有毒)煤氣。

cóal hèaver *n.* Ⓒ搬運煤炭之人；煤夫。

cóal hòd *n.* Ⓒ煤箱；煤筐。

cóal hòle *n.* Ⓒ **1** (人行道通往地下儲煤場的)煤炭投入口《上有鐵蓋》。**2** 《英》地下儲煤場。

cóal·hòuse *n.* Ⓒ儲煤室，儲煤的小屋。

cóal·ing stàtion *n.* Ⓒ加煤港[站]。

co·a·li·tion [ˌkoə'lɪʃən; ˌkouə'liʃn] *n.* **1** Ⓤ聯合，結合(union). **2**

Ⓒ(政治上的)聯盟，合作：a three-party ～ 三黨聯合/form a ～ 組織聯盟。
coalítion cábinet *n.* Ⓒ聯合內閣。
coalítion mínistry *n.* ＝coalition cabinet.
cóal mèasures *n. pl.* 《地質》煤系。
cóal mìne *n.* Ⓒ煤礦[坑]。
cóal mìner *n.* Ⓒ煤礦工人。
cóal òil *n.* Ⓤ《美》 **1** 石油。 **2** 煤油。
cóal·pìt *n.* ＝coal mine.
cóal·scùttle *n.* Ⓒ(室內用)煤筐，煤簍(⇨bunker【同義字】)。

coalscuttle

cóal sèam *n.* Ⓒ煤層。
cóal tàr *n.* Ⓤ煤焦油《黑色的黏性油狀物質》。
coam·ing [ˈkomɪŋ; ˈkoumiŋ] *n.* Ⓒ《航海》(船甲板的昇降口、天窗等的)邊材，擋水圍欄《為防止水流入而造得略高於四周》。
coarse [kɔrs; kɔːs] «由 of course 的 course 之意「一般的」轉變而成» **—adj.** (**coars·er**; **-est**) **1** 〈食物等〉**粗糙的**，粗劣的：～ fare [food] 粗食。 **2 a** 〈布料、皮膚等〉**粗的**，粗糙的：～ cloth 質粗的布料，粗布/～ skin 粗糙的皮膚。 **b** 〈顆粒等〉粗大的：～ sand 粗沙。 **3 a** 〈態度等〉**粗野的**，下流的：～ manners 粗魯的舉止。 **b** 〈言語等〉粗魯的，猥褻的：～ jokes 低俗的玩笑。
～·ly *adv.* **～·ness** *n.*
cóarse físh *n.* (*pl.* ～, ～·es) **1** Ⓒ《英》雜魚《鮭科以外的淡水魚》。 **2** Ⓤ雜魚的肉。
cóarse-gráined *n.* **1** 質地粗糙的，粗粒的。 **2** 粗野的，低俗的，鄙俗的：～ prose 低俗的散文。
coars·en [ˈkɔrsn̩; ˈkɔːsn] «coarse 的動詞» **—v.t. 1** 使…變粗糙[粗野，低俗]。 **2** 使〈皮膚等〉變粗。 **—v.i. 1** 變粗糙[粗野，低俗]。 **2** 〈皮膚等〉變粗。
‡**coast** [kost; koust] «源自拉丁文「肋骨，腋」之義» **—n. 1 a** Ⓒ(陸地、大島嶼等的)**海岸**，沿岸(⇨shore[1]【同義字】)：on [off] the ～ of Scotland在蘇格蘭沿岸[沿海]。 **b** [**the** ～] 沿岸地方。 **c** [**the C**～] 《美》太平洋沿岸地區。 **2** 《美》 **a** Ⓒ(滑行用的)斜面。 **b** [**a** ～] (雪橇等的)滑行，滑下；(騎單車下坡時的)慣性滑行：The next 20 miles will be an easy ～. 下面二十哩將是輕鬆的慣性滑行。
(from) cóast to cóast (1)從太平洋岸到大西洋岸。(2)遍布全國，全國各地。
The cóast is cléar. 無人阻礙，時機正好，沒有危險《★表示巡邏隊不在的走私黑話》。
—v.i. 1 沿海岸航行[進行貿易]。 **2** 〔十副詞(片語)〕(以雪橇等)滑行[滑下]；(騎單車等)靠慣性滑行：～ *along* the road [*down* the hill] 靠慣性沿路滑行[滑下山丘]。 **3** 〔動(十副)〕順利進展，不必辛勞[輕鬆]地過日子：He's ～*ing* (***along***) *on* past successes. 他靠過去的成功輕鬆地過日子。
—v.t. 〔十受〕沿著〈某國〉的海岸航行。
coast·al [ˈkostl; ˈkoustl] «coast 的形容詞» **—adj.** [用在名詞前]沿海[沿岸]的，臨海的：～ defense [trade] 海防，沿海防衛[貿易]/a ～ nation [city] 沿海的國家[城市]。
cóast·er *n.* Ⓒ **1** 沿岸貿易船。 **2** 《美》 **a** (滑行用的)雪橇，扁長的平底橇(toboggan)。 **b** ＝roller coaster. **3** (杯盤的)墊子；(餐桌上放酒瓶的帶輪)銀盆。
cóaster bràke *n.* Ⓒ(腳踏車的)倒煞車，倒輪閘《倒踩則停車之制動器》。
cóast guàrd *n.* Ⓤ[常 **the C**～ **G**～；集合稱]沿岸巡邏隊《負責緝私，海岸救難等工作；★用因視為一整體時當單數用，指個別成員時當複數用》。
cóast·guàrd *n.* 《英》＝coastguard(s)man.
cóast·guàrd(s)man [-mən; -mən] *n.* Ⓒ(*pl.* **-men** [-mən; -mən]) 《美》海岸巡邏隊員，沿岸警備隊員(《英》coastguard).
coast·ing [ˈkostɪŋ; ˈkoustiŋ] *adj.* 沿岸航行的；近海航路的；沿海貿易的。
—n. Ⓤ **1** 沿岸航行；沿海貿易。 **2** 海岸線地形。
cóasting tràde *n.* Ⓤ沿海貿易。
cóast·lànd *n.* Ⓤ沿岸地帶，沿海地區。
cóast·lìne *n.* Ⓒ海岸線。
Cóast Rànges *n. pl.* [**the** ～] 海岸山脈《指北美洲太平洋沿岸山脈》。
cóast-to-cóast *adj.* [用在名詞前]《美》從太平洋岸到大西洋岸的；全美的：a ～ TV network 全美電視網。
cóast·ward [-wəd; -wəd] *adj.* 向[朝]海岸的。 **—adv.** 向[朝]海岸地。
cóast·wards [-wədz; -wədz] *adv.* ＝coastward.
cóast·wàys *adv.* & *adj.* 《古》＝coastwise.
cóast·wìse 《口語》 *adj.* 沿岸的，近海的(coastal)：～ trade 沿岸貿易。
—adv. 沿(海)岸地。
‡**coat** [kot; kout] *n.* Ⓒ **1 a** (外出、禦寒用的)**外衣**，外套。 **b** (男西裝、女套裝的)**上衣**：a ～ and skirt 上下兩件式的女套裝。 **2** (獸類的)毛，毛皮：a fine ～ of fur 漂亮的毛皮。 **3** 覆蓋物： **a** 皮，殼，膜：the ～*s of* an onion 洋蔥的皮。 **b** (鍍銀等的)表層。 **c** (灰塵等的)層：a thick ～ of dust 厚厚的一層灰塵。 **d** (油漆等的)塗層，塗飾：a new ～ of paint 一層[一道]新油漆。
cóat of árms (盾形)紋章，盾徽；盔甲外面的罩袍《★源自罩袍(tabard)上也畫有紋章》。

coat of arms

cóat of máil 鎖子鎧甲，甲冑(cf. mail[2]).
cút one's **cóat accórding to** one's **clóth** 量布裁衣，量入為出；過安分守己的生活。
túrn one's **cóat** 變節，改變立場[宗教信仰]，背叛[出賣]己方而加入敵方。
—v.t. 1 〔十受〕使…穿上外套[上衣]。 **2 a** 〔十受〕〈灰塵等〉覆蓋…的表面：Dust ～*ed* the piano. 在鋼琴上積了一層灰塵。 **b** 〔十受十介十(代)名〕塗〔油漆等〕於…上，在…上覆以〔一層錫等〕〔*with, in*〕《★常用被動語態》：～ a cake ***with*** chocolate 在蛋糕上塗一層巧克力/He finished it up by ～*ing* the surface *with* paint. 他在表面塗上了一層漆，作品即告完成/All the books *are* ～*ed with* [*in*] dust. 所有的書都蒙上一層灰塵。

coat of mail

cóat ármor *n.* Ⓤ[集合稱](盾形的)徽章，紋章(coat of arms).
cóat càrd *n.* 《古》＝face card.
cóat·ed *adj.* **1** 着外套[上衣]的。 **2 a** 表面上了漆的。 **b** (紙)磨光的，有光澤的：～ paper 塗料紙，銅版紙。 **c** 〈舌頭〉(因消化不良等)長舌苔的。
cóat hànger *n.* Ⓒ掛衣架，掛衣鈎。
co·a·ti [koˈɑtɪ; kouˈɑːti] *n.* Ⓒ《動物》豹[長鼻浣熊]《熱帶美洲產，類似浣熊的肉食動物；有長鼻及長尾》。
cóat·ing *n.* **1** ⓊⒸ **a** (油漆等的)塗層：It needs another ～ of paint. 它需要再上一層漆。 **b** (裹在食物、糕點等外部的)麵衣、糖衣(等外層)。 **2** Ⓤ外套[上衣]布料：new wool(l)en ～ 新毛料。

coati

cóat·ràck *n.* Ⓒ衣帽架。
cóat·tàil *n.* Ⓒ[常 ～s](尤指燕尾服、大禮服等的)上衣下襬。
on a person's **cóattails** 《口語》(尤指在政治界)托某人之福，靠某人的幫助：When a President wins an election by a landslide, many congressmen ride into office *on* his ～. 當一位總統在選舉中大勝時很多議員都能靠他的幫助就任公職。
cò·áuthor *n.* Ⓒ合著者〔*of*〕。
coax [koks; kouks] «源自「愚弄」之義» **—v.t. 1 a** 〔十受十 *to* do〕巧言哄誘[甘言勸誘]〈某人〉〈使做…〉：I ～*ed* my child *to* sleep. 我哄小孩睡覺。 **b** 〔十受十介十(代)名〕巧言哄誘[甘言勸誘]〈某人〉〔使做…〕〔*into*〕；哄誘[勸誘]〈某人〉〔使不做…〕〔*out of*〕：She ～*ed* her son ***into*** [***out of***] attend*ing* the meeting. 她勸誘兒子[不要]參加那個聚會。 **c** 〔十受十副〕(以巧言)把〈某人〉哄出去[進來]〈*out, away*; *in*〉：～ a person ***out*** 以巧言把某人哄出去。
2 〔十受十介十(代)名〕 **a** (用花言巧語)哄騙〈某人〉〔東西〕〔*out of*〕：～ a person ***out of*** his money 用花言巧語騙某人的錢。 **b** 〔從某人〕誘出[引出]〈某物〉〔*from, out of*〕：She ～*ed* a smile ***from*** her baby. 她哄嬰兒笑出來；她逗得嬰兒一笑/He ～*ed* the secret ***out of*** his wife. 他以巧言從妻子口中探出秘密。
3 a 〔十受(十補)〕巧妙地[設法]處理[操縱]…：～ the lock of a trunk (open) 設法打開皮箱的鎖。 **b** 〔十受十 *to* do〕巧妙地處理…〈使做…〉：I ～*ed* the fire *to* burn. 我設法使火燃起來。 **c** 〔十受十介十(代)名〕巧妙地處理…〔使進入…〕〔*into*〕：I ～*ed* the canary ***into*** the cage. 我巧妙地使金絲雀進入籠子裏。
～·er *n.*
cò·áxial *adj.* 《電學》同軸的，共軸的；同軸電纜的。
cóax·ing *adj.* 甘言勸誘的，哄騙(似)的：a ～ smile 迎合[討好]似的微笑。 **～·ly** *adv.*
cob [kɑb; kɔb] *n.* Ⓒ **1** 玉米的穗軸(corncob)：eat corn on the ～ 吃帶穗軸的玉米。 **2** (供人騎的)短腿而強壯的馬。 **3** (又作 **cób swàn**)雄天鵝(↔ pen).
co·balt [ˈkobɔlt; kouˈbɔːlt, ˈkoubɔːlt] *n.* Ⓤ《化學》鈷《金屬元素；符號 Co》。

C

cóbalt blúe *n.* Ⓤ **1** 鈷藍《顏料》。**2** 深藍色。

côbalt bòmb *n.* Ⓒ鈷彈。

côbalt 60 [-ˋsɪkstɪ; -ˈsiksti] *n.* Ⓤ《化學》鈷六十《鈷的放射性同位素；質量數爲六十，用於治療癌症》。

cob·ber [ˋkabɚ; ˈkɔbə] *n.* Ⓒ《澳》密友，至友《指男子而言》。

cob·ble[1] [ˋkabl; ˈkɔbl] *v.t.* **1**《罕》修補〈鞋子〉。**2**〔十受(十副)〕馬虎[粗劣]地補綴[組合]，粗製濫造…〈*up*〉：～ *up* an excuse (爲掩飾而)隨便找個藉口。

cob·ble[2] [ˋkabl; ˈkɔbl] *n.* (又作 **cóbble·stòne**)Ⓒ[常 ～s]鵝卵石，圓石子《比圓形小石頭(pebble)大而比大圓石(boulder)小；從前用以鋪設道路》。
—*v.t.* 在〈道路〉上鋪圓石子[鵝卵石]。

cob·bler[1] [ˋkablɚ; ˈkɔblə] *n.* **1** Ⓒ補鞋匠：～'s wax 鞋線蠟/The ～'s wife goes the worst shod.《諺》補鞋匠的妻子穿最破爛的鞋子《忙於服務他人，無暇自顧》/The ～ should [Let the ～] stick to his last.《諺》是鞋匠就該守著鞋楦《人該守本分，不可越俎代庖》。
2 Ⓒ笨拙的工人。
3 [～s]《英鄙》蠢話，胡說《★常當感嘆詞用》：What a load of (old) ～*s*！多麼蠢的話呀！一派胡言！

cob·bler[2] [ˋkablɚ; ˈkɔblə] *n.* Ⓒ[當作飲料[食物]時爲Ⓤ] **1** 葡萄酒檸檬水《在葡萄酒等中加入檸檬片、糖、冰塊等調製成的飲料》。**2**《美》水果餡餅[派]《一種上面覆蓋厚餡餅皮的水果派》。

Cob·den [ˋkabdən; ˈkɔbdən], **Richard** *n.* 柯布敦《1804–65；英國政治家及經濟學家》。

Cob·den·ism [ˋkabdənˌɪzəm; ˈkɔbdənizəm] *n.* Ⓤ《經濟》柯布敦主義；自由貿易主義。

co·bel·lig·er·ent [ˌkobəˋlɪdʒərənt; ˌkoubiˈlidʒərənt] *n.* Ⓒ(雖未正式結盟但)出兵協助他國作戰的國家。

COBOL, Co·bol [ˋkobɔl; ˈkoubɔl] 《*co*mmon *b*usiness *o*riented *l*anguage 的頭字語》**—***n.* Ⓤ《電算》商用語言《一種通用的程序式語言，可把商業資料處理程序精確地描述成一個標準的格式》(cf. COMPUTER language)。

co·bra [ˋkobrə; ˈkoubrə] *n.* Ⓒ《動物》眼鏡蛇《產於印度、非洲的毒蛇》。

cob·web [ˋkabˌwɛb; ˈkɔbweb] *n.* **1** Ⓒ **a** 蜘蛛網。**b** (一條)蛛絲。**2** Ⓒ(陷害人的)圈套，陷阱，陰謀。**3** [～s] (頭腦等中)模糊[迷亂]的思想，混亂：take the ～*s* out of one's eyes(揉眼睛)消除睡意。
blów the cóbwebs awáy《口語》(1)(藉散步、旅行等)消除腦中的迷亂；使頭腦清醒。(2)改變風氣(等)。

印度產的 cobra

cob·web·by [ˋkabˌwɛbɪ; ˈkɔbwebi] *adj.* **1** 布滿蛛網的。**2** 蛛網似的；輕而薄的。**3** 久置不用的，布滿灰塵的，陳舊的：a ～ idea 陳腐的想法。

co·ca [ˋkokə; ˈkoukə] *n.* **1** Ⓒ《植物》古柯《南美原產的灌木》。**2** Ⓤ[集合稱]古柯葉《乾燥後可製成古柯鹼[可卡因](cocaine)》。

Co·ca-Co·la [ˌkokəˋkolə; ˌkoukəˈkoulə] *n.* Ⓤ[指個體時爲Ⓒ]《商標》可口可樂(cf. Coke)。

co·caine [koˋken, ˋkoken; kouˈkein] *n.* Ⓤ《化學》古柯鹼[可卡因]《從古柯(coca)提煉出來的有機鹼；用作局部麻醉劑》。

coc·cus [ˋkakəs; ˈkɔkəs] *n.* Ⓒ(*pl.* **-ci** [-saɪ; -sai]) **1**《植物》小乾果。**2**《細菌》球菌。

coc·cyx [ˋkaksɪks; ˈkɔksiks] *n.* Ⓒ(*pl.* **coc·cy·ges** [ˋkaksɪdʒiz, kakˋsaɪdʒiz; kɔkˈsaidʒi:z])《解剖》尾骶骨，尾骨。

co·chair·man [koˋtʃɛrmən; kouˈtʃeəmən] *n.* Ⓒ共同[聯合]主席。

Co·chin [ˋkotʃɪn; ˈkoutʃin] *n.* [有時 **c～**](又作 **Cóchin Chína**)Ⓒ(越南產的)交趾鷄《一種大型肉鷄》。

coch·i·neal [ˌkatʃəˋnil; ˈkɔtʃini:l] *n.* Ⓤ洋紅《由雌性臙脂蟲乾燥製成的紅色染料》。

coch·le·a [ˋkaklɪə; ˈkɔkliə] *n.* Ⓒ(*pl.* **-le·ae** [-lɪˌi; -lii:])《解剖》(內耳的)耳蝸，耳蝸管。

cock[1] [kak; kɔk] 《擬聲語》**—***n.* **A 1** Ⓒ **a** 公雞，雄雞《★[用法]爲避免聯想到義 B 5(的字義)，在美國語法通常用 rooster；★[相關用語]母雞是 hen，小雞是 chicken, chick，雞肉也叫 chicken；公雞叫聲是 crow, cock-a-doodle-doo，母雞叫聲是 cluck》：⇨ fighting cock 1/As the old ～ crows, the young ～ learns.《諺》老雞報時小雞學習《有樣學樣》/Every ～ crows on its own dunghill.《諺》每隻公雞都會在自家的糞丘上啼叫《誰都可以在背地裏逞威風；在小天地中稱王稱霸》。**b** [常構成複合字](鳥的)雄性者：a ～ bird 雄鳥/⇨ cock robin, peacock 1, woodcock 1. **2** Ⓒ風標，風向儀，風信雞。**3** [用於男同伴間的稱呼]《英俚》伙伴，老大：old ～ 喂，老兄。**4** Ⓤ《英俚》廢話，胡說《★源自 cock-and-bull story》：talk a load of old ～ 胡說八道，廢話連篇。
—B 1 Ⓒ(水管、瓦斯、木桶等的)龍頭，活栓，開關《★爲避免聯想到義 B 5(的字義)常用 tap，在美國語法則用 faucet》：turn on [off] a ～ 打開[關掉]龍頭[開關]。**2 a** Ⓒ(昔日槍的)扳機，擊鐵。**b** Ⓤ扳機[擊鐵]的位置：⇨ half cock/at full ～ 擊鐵全扳起[全開]地《處於預備擊發的狀態》。**3** Ⓒ **a** (帽緣的)上翹(↔ slouch)。**b** (鼻子的)翹起。**c** 向上翻眼珠看人。**4** [用單數] **a** 翻起(帽緣)。**b** 翹起(身體的某部位)。**5** Ⓒ《鄙》陰莖。
gò óff (at) hálf cóck ⇨ half cock.
líve like a fíghting cóck ⇨ fighting cock.
(the) cóck of the wálk [dúnghill]《口語》(逞威風的)頭子，(某集團的)老大，小霸王：He's ～ *of the walk* now. 他現在是老大[頭子]。
—*v.t.* **1**〔十受〕扳上〈槍〉的扳機。**2**〔十受〕使〈帽緣〉翹起；(作態地)斜戴〈帽子〉：⇨ cocked hat. **3 a**〔十受(十副)〕翹起，豎起…〈*up*〉：～ one's nose 翹起鼻子《輕蔑的表情》/～ one's head (假裝一本正經或好奇地)斜[偏]著頭/The dog ～*ed up* its ears. 那隻狗豎起了耳朵。**b**〔十受十介十(代)名〕抬起〈眼睛〉看〔…〕〔*at*〕：He ～*ed* his eye *at* her. 他向她瞟了一眼[使了個眼色]。
—*v.i.*〔動(十副)〕〈狗尾等〉翹起〈*up*〉。
cóck úp《*vt adv*》(1)⇨ *v.t.* 3 a. (2)《英俚》將…弄得一團糟。
—《*vi adv*》(3)⇨ *v.i.*

cock[2] [kak; kɔk] *n.* Ⓒ(乾草等堆成的)圓錐形小山：⇨ haycock.
—*v.t.* 把〈乾草等〉堆成圓錐形小山。

cock·ade [kakˋed; kɔˈkeid] *n.* Ⓒ花形帽章[徽]，帽上的花結《作爲階級、會員等的象徵而繫在帽子上的薔薇花飾；英國王室侍從繫於帽上者》。

cock-a-doo·dle-doo [ˋkakəˌdudlˈdu; ˌkɔkədu:dlˈdu:] 《擬聲語》**—***n.* Ⓒ(*pl.* **～s**) **1** 喔喔喔《公雞啼叫聲；⇨ cock[1] [相關用語]》。**2**《兒語》公雞(cock)。

cock-a-hoop [ˌkakəˋhup; ˌkɔkəˈhu:p] *adj.* [不用在名詞前]《口語》**1**〔十介十(代)名〕〔對…〕得意揚揚的，自鳴得意的；驕傲的〔*about*〕：He was ～ *about* the birth of his first child. 他爲第一個孩子的誕生而感到自豪。**2**《美》成傾斜的，扭曲的；混亂的，雜亂的：The factory was all ～ after the strike. 那家工廠在罷工後陷於一片混亂。

Cock·aigne, Cock·ayne [kaˋken; kɔˈkein] *n.* Ⓒ理想之逸樂鄉；蓬萊島。

cock-a-leek·ie [ˌkakəˋlikɪ; ˌkɔkəˈli:ki] *n.* Ⓤ《蘇格蘭》韮葱雞肉湯《雞肉煮軟後加入韮葱(leek)的湯》。

cock·a·ma·mie, cock·a·ma·my [ˋkakəˌmemɪ; ˈkɔkəˌmeimi:] *adj.*《俚》無意義的；荒謬的；胡鬧的。

cóck-and-búll stòry 《源自 cock 與 bull 互誇的昔日民間故事》**—***n.* Ⓒ《口語》無稽之談，荒唐的話。

cock·a·too [ˌkakəˋtu; ˌkɔkəˈtu:] *n.* Ⓒ(*pl.* **～s**) **1**《鳥》白鸚《鸚鵡屬的鳥，有冠毛》。**2**《澳口語》小農。

cock·a·trice [ˋkakətrɪs; ˈkɔkətrais, -tris] *n.* Ⓒ雞頭蛇身怪獸《據說從公雞蛋孵出，有雞的頭、腳與翅膀，蛇身與蛇尾，具有瞪一眼即能致人於死的能力，爲傳說中的怪物；cf. basilisk 1, griffin》。

cockatrice

cóck·bòat *n.* Ⓒ小船《尤指補給船》。

cóck·châfer *n.* Ⓒ《昆蟲》粉蚑《金龜子的一種，爲杉葉害蟲》。

cóck·cròw(ing) *n.* Ⓤ公雞開始啼叫的時刻，黎明：at ～ 在黎明時。

cócked hát *n.* Ⓒ **1** 三角帽《十八世紀穿正式服裝時所戴，三面向上折起的帽子》。**2** (左右或前後)帽簷向上翹的帽子。
knóck…ìnto a cócked hát (1)徹底打敗〈某人〉。(2)使〈計畫等〉完全失敗。

cocked hat 1

cock·er[1] [ˋkakɚ; ˈkɔkə] 《源自狩獵對象的山鷸(woodcock)舊名》**—***n.* (又作 **cócker spániel**)Ⓒ獵鷸獚《一種短腿、長毛、大耳下垂的小獵犬》。

cock·er[2] [ˋkakɚ; ˈkɔkə] *v.t.* 嬌養，溺愛，縱容。

cock·er[3] [ˋkakɚ; ˈkɔkə] *n.* Ⓒ喜愛或舉辦鬥雞的人。

cock·er·el [ˋkakərəl, -krəl; ˈkɔkərəl] *n.* Ⓒ(出生未滿一年的)小公雞。

cóck·èye *n.* Ⓒ斜眼；鬥雞眼。

cóck·èyed *adj.* **1** 斜眼的，鬥雞眼的；斜視的。**2**《俚》**a** 歪斜的，歪一邊的。**b** 愚蠢的，荒謬的，可笑的：a ～ story 荒謬的話。**c** 喝醉的。

cóck·fìght *n.* Ⓒ鬥雞。

cóck·fìghting *n.* Ⓤ鬥雞《在公雞、鬥雞的腳上裝金屬製的刺馬釘(spur)，使其互鬥》。

cocker[1]

cóck·hòrse *n.* Ⓒ **1** 搖馬(rocking horse)。**2** (小孩騎著玩的)玩具馬(hobbyhorse)《掃帚、棒子等》。
—*adv.* 跨坐著，橫跨著：ride ～ on a broomstick 騎在掃帚柄上《★相傳巫婆能騎著掃帚在空中飛行》。

cock·le[1] [ˋkakl; ˈkɔkl] *n.* **1** Ⓒ[當作食物時爲Ⓤ]《貝》海扇《可食用的雙殼貝》。**2** ＝cockleshell.
the cóckles of one's [**the**] **héart** 內心深處：The scene delighted [warmed] *the ～s of* my *heart.* 那情景使我內心深感喜悅振奮。

cock·le[2] [ˋkakl; ˈkɔkl] *n.* Ⓒ《植物》麥仙翁，莠草《長在田裏的雜草》：⇨ corn cockle.

cóckle·bòat *n.* ＝cockboat.

cóckle·bùr *n.* Ⓒ《植物》蒼耳屬。

cóckle·shèll *n.* Ⓒ **1** 海扇(殼)。**2** 淺底小舟。

cóck·lòft *n.* Ⓒ《古》頂樓；閣樓。

cock·ney [ˋkaknɪ; ˈkɔkni] *n.* [常 C~] **1** Ⓒ倫敦人。

【字源】原義爲「公雞蛋」，指形狀不好的小蛋，引申爲「愚蠢或被寵壞的孩子」之義，而後轉義爲「都市人、倫敦人」。
【說明】傳統上指在聖瑪利教堂(St. Mary-le-Bow)鐘聲(Bow bells)可及的倫敦東區(East End)土生土長的人，說話帶有倫敦特有的腔調；cf. Bow bells.

2 Ⓤ倫敦英語[腔調]。

【說明】指把 stay [ste; stei] 說成 [staɪ; stai]; nine [naɪn; nain] 說成 [nɔɪn; nɔin]，或者把 ham and eggs 說成 'am and heggs，不是掉了 h 就是反而在母音前加上 h 的腔調。

—*adj.* [用在名詞前]倫敦人(作風)的：He speaks with a ～ accent. 他說話帶有倫敦腔。

cóck·ney·ìsm [-ˌɪzəm; -izəm] *n.* ⓊⒸ倫敦腔調[口音](cf. cockney 2)；倫敦佬派頭。

cóck·pìt *n.* Ⓒ **1 a** (飛機、太空船、賽車等的)駕駛艙[台]，操縱室。**b** (遊艇等的)駕駛座。**2 a** (四周圍起的)鬥雞場。**b** 屢經戰役的戰場：the ～ of Europe 歐洲的古戰場《指比利時》。

cóck·ròach *n.* Ⓒ《昆蟲》蟑螂。

cóck ròbin *n.* Ⓒ雄知更鳥：Who killed *Cock Robin*? 誰殺了雄知更鳥？《★著名童謠(nursery rhyme)中的開頭句》。

cocks·comb [ˋkaksˌkom; ˈkɔkskoum] *n.* Ⓒ **1** (公雞的)雞冠(⇨ wattle 插圖)。**2**《植物》雞冠花。**3** ＝coxcomb 1.

cóck·súre «源自「像水龍頭(cock)般牢固的」之義»**—*adj.*** **1** 〈人、態度等〉太自信的，獨斷的。**2** [不用在名詞前] **a** [常與加強語氣的字連用]《輕蔑》〔十介十(代)名〕〔對於…〕自信的〔*of, about*〕：He is too bloody [damned] ～ ***about*** everything. 他對於每一件事都過於自信。**b** [十 *that*__]確信〈…事〉的：Don't be so ～ *that* he will succeed. 不要那麼確信他會成功。

cock·swain [ˋkaksn, ˋkakˌswen; ˈkɔksn, ˈkɔkswein] *n.* ＝coxswain.

cóck·tàil «源自把雜種馬(cock)尾巴剪短，而轉變成「雜種」→「混合」之義？»**—*n.*** **1** Ⓒ雞尾酒。

【說明】威士忌(whiskey)、白蘭地(brandy)、杜松子酒(gin)等烈酒中，加入甘味、苦味劑、香料等，再放入小冰塊，用調酒器(shaker)攪拌混合而成，有馬丁尼(martini)，曼哈頓酒(manhattan)等，是美國人喜愛的酒精混合飲料。

2 Ⓒ[當作菜名時爲Ⓤ][常與修飾語連用]餐前開胃小菜《把蠔、蛤、蝦等放在雞尾酒杯中澆番茄醬食用》：a shrimp ～ 小蝦開胃菜/⇨ fruit cocktail.

cócktail drèss *n.* Ⓒ晚會用的女裝《參加雞尾酒會等時穿的女用半正式禮服》。

cócktail lòunge *n.* Ⓒ(飯店、俱樂部、機場等供應雞尾酒的)酒吧間。

cócktail pàrty *n.* Ⓒ雞尾酒會《通常在晚餐前下午四至六點左右舉行，會中供應雞尾酒等酒類的社交性聚會》。

cóck·ùp *n.* Ⓒ **1**《英俚》失誤，錯誤，失敗；一團糟。**2**《印刷》附於右上角的小字[鉛字]《如 M^{rs}, X^2 等的 $^{rs, 2}$》.

cock·y [ˋkakɪ; ˈkɔki] *adj.* (**cock·i·er**；**-i·est**)《口語》自大的；驕傲的；趾高氣揚的。
cóck·i·ly [-kəlɪ; -kili] *adv.* **-i·ness** *n.*

cock·y-leek·y [ˋkakɪˋlikɪ; ˈkɔkiˈliːki] *n.* ＝cock-a-leekie.

co·co [ˋkoko; ˈkoukou] *n.* Ⓒ(*pl.* ～s) **1**《植物》椰子樹(coconut palm)。**2** ＝coconut.

co·coa [ˋkoko, ˋkokə; ˈkoukou] «cacao 的變形»**—*n.*** **1** Ⓤ可可粉《可可樹(cacao)的種子經脫脂炒過後製成的粉末；cf. chocolate 1 a》。**2 a** Ⓤ可可飲料：a cup of ～ 一杯可可飲料。**b** Ⓒ一杯可可飲料。**3** Ⓤ可可色，深褐色。**—*adj.*** 可可(色)的；深褐色的。

cócoa bèan *n.* Ⓒ可可豆《可可樹(cacao)的種子；可可粉、巧克力的原料》。

***co·co·nut** [ˋkokənət; ˈkoukənʌt] *n.* Ⓒ**椰子**《椰子樹的果實；從果實的胚乳中採取椰子油(coconut oil)；嫩果實中有椰子汁(coconut milk)，可作飲料》。

cóconut mátting *n.* Ⓤ棕蓆(墊)《用椰子果實外殼的纖維(coir)製成的蓆墊材料》。

cóconut pàlm *n.* ＝coco 1.

cóconut shỳ *n.* Ⓒ《英》擲球擊倒椰子遊戲《玩者要付錢，勝則有獎》。

co·coon [kəˋkun; kəˈkuːn] *n.* Ⓒ(蠶等的)繭。

cod[1] [kad; kɔd] *n.* (*pl.* ～, ～s) **1** Ⓒ《魚》鱈魚(codfish)。**2** Ⓤ鱈魚肉。

cod[2] [kad; kɔd]《英俚》*v.t.* (**cod·ded**；**cod·ding**)愚弄；欺騙〈人〉。
—*n.* Ⓒ騙人；哄騙。

Cod [kad; kɔd], **Cape** *n.* ⇨ Cape Cod.

c.o.d., C.O.D. 《略》cash [collect] on delivery：send...*C.O.D.* 以貨到付[收]款方式運送…。

co·da [ˋkodə; ˈkoudə] «源自義大利語「尾巴」之義»**—*n.*** Ⓒ **1**《音樂》尾聲，(樂曲、樂章等的)結尾部分。**2**《文學》(小說等的)結局。

cod·dle [ˋkadl; ˈkɔdl] *v.t.* **1**《口語》嬌養，溺愛，過分細心照顧[撫育]〈人、動物〉。**2** 用文火煮〈蛋、水果等〉。

code** [kod; koud] «源自拉丁文「寫字板」之義»**—*n. Ⓒ **1 法典**：the civil [criminal] ～ 民[刑]法。
2 (某階級、學校、團體、同業者等的)**規約**(制度)；章程，規則，慣例：the ～ of the school 校規/the moral ～ 道德準則/the social ～ of manners(社交上的)禮法，禮節。
3 暗號，密碼，電碼，代號：in ～ 用暗號[密碼]《★無冠詞》/a ～ telegram 密碼電報/the International *C*~ 國際(船舶)通用電碼/⇨ Morse code/break the enemy's ～*s* 譯解敵人的密碼。
4《電算》代號，代碼，符號。
5《胚胎學》(決定生物特徵的)密碼：a genetic ～ 遺傳密碼。
—*v.t.* 〔十受〕**1** 把〈電文〉譯成密碼。**2**《電算》把…改成代碼[代號]。

códe bòok *n.* Ⓒ電碼簿，密碼本。

co·de·fend·ant [ˌkodɪˋfɛndənt; ˌkoudiˈfendənt] *n.* Ⓒ《法律》共同被告。

co·deine [ˋkodɪˌin, -din; ˈkoudiːn, -diiːn] *n.* Ⓤ《藥》可待因《一種自鴉片中提煉出的結晶鹼，用作麻醉劑、鎮靜劑、催眠劑》。

códe nàme *n.* Ⓒ代號《用以代替人名、秘密計畫、任務等的符號》。

códe nùmber *n.* Ⓒ代碼號《用以代替各名字的號碼》。

co·de·ter·mi·na·tion [ˌkodɪˌtɜməˋneʃən; ˌkoudiˌtəːmiˈneiʃn] *n.* Ⓤ共同決策《指勞工應參加企業管理決定之政策》。

códe wòrd *n.* Ⓒ電報省略密碼；省略代字；代號。

co·dex [ˋkodɛks; ˈkoudeks] *n.* Ⓒ(*pl.* **co·di·ces** [-dəˌsiz; -disiːz])(聖經、古典作品等的)抄本。

cód·fìsh *n.* (*pl.* ～, ～·**es**)＝cod[1].

codg·er [ˋkadʒə; ˈkɔdʒə] *n.* Ⓒ《口語》有怪癖的老人；怪人：You old ～！你這個怪老頭！

co·di·ces *n.* **codex** 的複數。

cod·i·cil [ˋkadəsl, -ˌsɪl; ˈkɔdisil] *n.* Ⓒ **1**《法律》遺囑修改附錄。**2** (一般之)追加條款，附錄。

cod·i·fi·ca·tion [ˌkadəfɪˋkeʃən, ˌkod-; ˌkoudifiˈkeiʃn, ˌkɔd-] «codify 的名詞»**—*n.*** ⓊⒸ法典編纂；法律成文化。

cod·i·fy [ˋkadəˌfaɪ, ˋkod-; ˈkoudifai, ˈkɔd-] «code 的動詞»**—*v.t.*** 把〈法律〉編成法典；編纂，整理。

cod·lin [ˋkadlɪn; ˈkɔdlin] *n.* ＝codling[2].

cod·ling[1] [ˋkadlɪŋ; ˈkɔdliŋ] «轉自 cod[1]»**—*n.*** Ⓒ(*pl.* ～, ～s)小鱈魚，幼鱈魚。

cod·ling[2] [ˋkadlɪŋ; ˈkɔdliŋ] *n.* Ⓒ **1** 一種尖頭蘋果《英國產；烹調用》。
2 未成熟的蘋果。

cód-lìver óil *n.* Ⓤ魚肝油。

cod·piece [ˋkadˌpis; ˈkɔdpiːs] *n.* Ⓒ褲前飾袋《十五至十六世紀時爲遮掩男褲前的開口處而縫裝的飾袋[布]》。

codpiece

cods·wal·lop [ˋkadzˌwaləp; ˈkɔdzˌwɔləp] *n.* Ⓤ《英俚》廢話，蠢話。

co-ed [ˋkoˋɛd; ˌkouˈed ←] «*coed*ucational (student)之略»**—*n.*** Ⓒ(*pl.* ～s)《美口語》(男女合校的)大學女生。
—*adj.* [用在名詞前]《口語》**1** 男女合校的：a ～ school 男女合校的學校。**2** (男女合校的)大學女生的。

C

cò·éditor *n.* Ⓒ合編者。

cò·educátion *n.* Ⓤ男女合校的教育；男女同校。~**·al** *adj.*

cò·efficient *n.* Ⓒ **1** 〔數學〕係數：a differential ~ 微分係數。**2** 〔物理〕係數，率：a ~ *of* expansion 膨脹係數/a ~ *of* friction 摩擦係數[率]。

coe·la·canth [ˈsiləˌkænθ; ˈsi:ləkænθ] *n.* Ⓒ〔魚〕空棘魚《被認爲生存於古生代泥盆紀(Devonian period)至中生代左右，現已絕種的魚類，但1938年在馬達加斯加島(Madagascar)附近發現近似的魚種》。

coelacanth

co·e·qual [koˈikwəl; kouˈi:kwəl⁻] *adj.* **1** 同等的。**2** [不用在名詞前]〔+介+(代)名〕〔與…〕同[平]等的〔*with*〕：Women should be treated as ~ *with* men in every way. 女人在各方面應受到與男人同等的對待。
—*n.* Ⓒ同[平]等的人，同身分[權]的人〔*with*〕.
~**·ly** *adv.*

co·erce [koˈɝs; kouˈə:s] «源自拉丁文「關入」之義»—*v.t.*《文語》**1** 〔+受+介+(代)名〕强制[强迫]〈某人〉〔做…〕〔*into*〕：Her parents ~*d* her *into* marry*ing* the man. 她的父母强迫她嫁給那個人。**2** 强求，强迫〈某事〉《★常用被動語態》：Our obedience *was* ~*d*. 我們的服從是被迫的。**3** (藉暴力、權勢等)壓迫，壓制，支配，控制〈人、集團等〉《★常用被動語態》。

co·er·cion [koˈɝʃən; kouˈə:ʃn] «coerce 的名詞»—*n.* Ⓤ **1** 强制，壓制，强迫。**2** 高壓政治。

co·er·cive [koˈɝsɪv; kouˈə:siv] «coerce, coercion 的形容詞»—*adj.* 强迫的，壓制的，威壓的，高壓(性)的：~ measures 强制手段。~**·ly** *adv.* ~**·ness** *n.*

coércive fórce *n.* Ⓤ〔物理〕抗磁力。

co·e·ta·ne·ous [ˌkoəˈtenɪəs; ˌkouiˈteinjəs] *adj.* 同時代的；同年代的；同時期的。

cò·etérnal *adj.*《文語》永久共存的，同樣永久的。
~**·ly** [-nlɪ; -nli] *adv.*

co·e·val [koˈivl; kouˈi:vl⁻]《文語》*adj.* **1** 同年代的，同時期的，同時代的。**2** [不用在名詞前]〔+介+(代)名〕〔與…〕同年代[時期，時代]的〔*with*〕.
—*n.* Ⓒ同時代的人[物]。

co·ex·ec·u·tor [ˌko·ɪgˈzɛkjətɚ; ˌkouigˈzekjutə] *n.* Ⓒ〔法律〕(遺囑的)共同執行者；共同受託人。

cò·exist *v.i.* **1 a** 同時存在(於同一處)。**b** 〔+介+(代)名〕〔與…〕共存〔*with*〕：A violent temper cannot ~ *with* a love of peace. 暴躁的脾氣與愛好平靜是無法共存的。**2** 〈對立的兩國〉和平共存[共處]。

cò·exístence «coexist 的名詞»—*n.* Ⓤ **1** 共存，共處〔*with*〕. **2** (對立兩國間的)和平共存[共處]。

cò·exístent *adj.* **1** 共存的。**2** [不用在名詞前]〔+介+(代)名〕〔與…〕共存的〔*with*〕.

co·ex·tend [ˌko·ɪkˈstɛnd; ˌkouikˈstend] *v.i.* & *v.t.* (指在時間或空間方面)(使…)共同擴展[伸張]。

cò·exténsive *adj.* **1** (在時間、空間上)有同等範圍的，共同擴張的。**2** [不用在名詞前]〔+介+(代)名〕(在時間、空間上)〔與…〕有同等範圍的，共同擴張的〔*with*〕：The District of Columbia is ~ *with* the city of Washington. 哥倫比亞特區與華盛頓市有相等的範圍《佔同一地區》。

C. of E.《略》Church of England.

‡**cof·fee** [ˈkɔfɪ; ˈkɔfi] *n.* **1 a** Ⓤ咖啡《★依慣例，咖啡被認爲是成年人的飲料，年少者不能喝》：a cup of ~ 一杯咖啡/weak [strong] ~ 淡[濃]咖啡/⇨ BLACK coffee, WHITE coffee/~ and milk 加牛奶的咖啡，牛奶咖啡/make ~ 煮[泡]咖啡。

> **【說明】**(1)一般認爲日本人喜歡綠茶(green tea)，英國人愛紅茶(black tea)，而美國人則偏愛咖啡。但自從即溶咖啡(instant coffee)問世以後，這種區別已經不太明顯。美國人喝的咖啡遠較法國人喝的淡得多。淡咖啡稱作 weak coffee, 濃咖啡則是 strong coffee.
> (2)爲別人沖泡咖啡時要問：Black or white？(要不要加牛奶？)，或問：With cream？(要加奶精嗎？)。對此，要回答：White, please.(請加牛奶。)或 With cream, please.(請加奶精。)如果要問「咖啡裏要放幾塊糖？」，則說 How many lumps in your coffee？英國人通常在紅茶中加冷牛奶，咖啡中加熱牛奶，並且認爲啜飲咖啡發出聲音是有失禮節的。

b Ⓒ一杯咖啡：Let's have a ~. 我們喝杯咖啡吧/They ordered two ~*s*. 他們叫了兩杯咖啡。**2** Ⓤ[集合稱]咖啡豆。**3** Ⓤ咖啡色，暗黑色。

cóffee-ánd *n.* Ⓒ《口語》咖啡和糕餅等的點心。

cóffee bàr *n.* Ⓒ《英》咖啡店[館]《供應咖啡的櫃台式飲食店》。

cóffee bèan *n.* Ⓒ咖啡豆。

cóffee·bèrry *n.* =coffee bean.

cóffee brèak *n.* Ⓒ《美》工作中途的喝咖啡休息(時間)《通常在上午十時左右或下午三時前後的短暫休息時間，每次約爲十五分鐘》：take [have] a ~ 休息一下。

cóffee càke *n.* Ⓤ[指個體時爲Ⓒ]喝咖啡時吃的糕點《加有胡桃、葡萄乾等的蛋糕》。

cóffee cùp *n.* Ⓒ咖啡杯。

cóffee grìnder *n.* Ⓒ咖啡研磨機。

cóffee gròunds *n. pl.* 咖啡渣。

cóffee·hòuse *n.* Ⓒ咖啡屋[館]《供應咖啡及速簡餐飲的店；十八至十九世紀時英國的文人及政客等常利用爲聚會的場所》。

cóffee màker *n.* Ⓒ煮咖啡的壺[器具]。

cóffee mìll *n.* Ⓒ咖啡研磨器。

cóffee·pòt *n.* Ⓒ咖啡壺。

cóffee sèrvice [**sèt**] *n.* Ⓒ 整套飲咖啡的用具。

cóffee shòp *n.* Ⓒ **1** 《美》咖啡店[廳]《★旅館等的速簡餐廳；一般人到 coffee shop 是去用餐而不只是去喝咖啡》。**2** 賣咖啡豆的店。

cóffee stàll [**stànd**] *n.* Ⓒ賣咖啡及點心之活動攤位。

cóffee tàble *n.* Ⓒ咖啡桌《放在沙發前的矮桌子或茶几》。

cóffee-tàble bóok *n.* Ⓒ(如放在咖啡桌上的)大本精裝書《畫册、攝影專輯等供人觀賞而缺乏內容者，常用於輕蔑之意》。

cóffee trèe *n.* Ⓒ〔植物〕咖啡樹《結咖啡豆的樹》。

cof·fer [ˈkɔfɚ; ˈkɔfə] *n.* **1** Ⓒ(放置金錢等貴重物品的)箱櫃，銀櫃。**2** [~s](銀行等的)金庫；財源(funds)：the ~*s* of the State 國庫。**3** Ⓒ〔建築〕(格子、天花板、拱門等的)飾板，鑲板，藻井。**4** =cofferdam.

cóffer·dàm *n.* Ⓒ **1** 防水堰，圍堰《進行橋墩、築壩工程等暫時用以排水的擋水牆》。**2** 〔工程〕沉箱，沓水箱(caisson).

cof·fin [ˈkɔfɪn; ˈkɔfin] «源自希臘文「籠」之義»—*n.* Ⓒ棺材，柩。

> **【說明】**英美的棺材通常後段稍細，棺蓋中間高起，並有黃銅飾物(brass decoration)．遺體(remains)以前穿白色壽衣(shroud)，現在則穿平常的衣服，並稍加化妝。搬運時在棺材上蓋一塊黑、紫或白色絨布的柩衣(pall)，並由老朋友護送；cf. funeral 1 a【說明】

in one's **cóffin** 已死，已埋葬。
—*v.t.* 〔+受〕把〈遺體〉放進棺中，將〈遺體〉納棺入殮。

cog [kag; kɔg] *n.* Ⓒ **1 a** (齒輪的)嵌齒(tooth). **b** =cogwheel. **2** 《口語》處於從屬地位但又不可缺少的人[物]，小人物《★常用於下列片語》：be just a ~ in the machine(ry) 只不過是機器中的一個小齒輪[組織裏的小人物]。

co·gen·cy [ˈkodʒənsɪ; ˈkoudʒənsi] «cogent 的名詞»—*n.* Ⓤ(理由、推論的)適切，中肯，說服力。

co·gent [ˈkodʒənt; ˈkoudʒənt] *adj.* 〈理由、推論等〉使人信服的，有說服力的；適切的，中肯的：a ~ argument 有說服力的爭辯[論據]。~**·ly** *adv.*

cogged *adj.* 裝有齒輪的。

cog·i·tate [ˈkadʒəˌtet; ˈkɔdʒiteit] *v.i.* 〔+介+(代)名〕《文語》思考，熟慮〔…〕〔*about, on, upon*〕.

cog·i·ta·tion [ˌkadʒəˈteʃən; ˌkɔdʒiˈteiʃn] «cogitate 的名詞»—*n.* Ⓤ[常 ~s]《文語》思考(力)，熟慮；深思：after much ~ 經過深思熟慮之後。

cog·i·ta·tive [ˈkadʒəˌtetɪv; ˈkɔdʒitətiv] *adj.*《文語》**1** 有思考力的；思考[熟慮]的。**2** 耽於思考的。

co·gnac [ˈkonjæk; ˈkɔnjæk, ˈkoun-] «源自法國的產地名»—*n.* Ⓤ[指個體時爲Ⓒ](法國)康乃克(Cognac)產白蘭地酒。

cog·nate [ˈkagnet; ˈkɔgneit] «源自拉丁文「有血緣關係的」之義»—*adj.* **1 a** 同祖先的，同血統的，同族的，同宗的：~ families 同族家族。**b** [不用在名詞前]〔+介+(代)名〕〔與…〕同血統的〔*with, to*〕：a family ~ *with* [*to*] the royal family 與王族同血統的家族。**2 a** 同源的；同種的，同性質的：~ tastes 同種類的嗜好/physics and the ~ sciences 物理學和與其同性質的科學。**b** [不用在名詞前]〔+介+(代)名〕〔與…〕同源的；同種的〔*with, to*〕：a science ~ *with* [*to*] economics 與經濟學同種類的科學。**3** 〔語言〕**a** 同語族的：~ languages 同族語言。**b** [不用在名詞前]〔+介+(代)名〕〔與…〕同語源的〔*with, to*〕. **4** 〔文法〕同源的，同語根的：⇨ cognate object.
—*n.* Ⓒ **1** 同血統的人，親族。**2** 同源[種]之物。**3** 〔語言〕同源詞；同根詞。

cógnate óbject *n.* Ⓒ〔文法〕同系受詞《如 *die* a glorious *death*, *live* a happy *life* 中的 death, life》.

cog·ni·tion [kagˈnɪʃən; kɔgˈniʃn] *n.* Ⓤ《文語》〔心理・哲〕認識；認識力。

cog·ni·tive [ˈkagnətɪv; ˈkɔgnitiv] *adj.*《文語》認識(力)的。

cog·ni·za·ble [ˋkɑgnəzəbl; ˈkɔgnizəbl] *adj.* **1** 可認知的。**2**〖法律〗〈犯罪等〉在審判權限內的，可審理的。
-bly [-zəblɪ; -zəbli] *adv.*
cog·ni·zance [ˋkɑgnəzəns; ˈkɔgnizəns] *n.* Ⓤ《文語》**1** 認識，考慮，(對事實的)認知：have ~ *of*... 知道[察覺]…/take ~ *of*... 認識…；考慮到…。**2** 認識範圍：be [lie] within [beyond, out of] one's ~ 在某人認識的範圍內[外]。
cog·ni·zant [ˋkɑgnəzənt; ˈkɔgnizənt] *adj.* [不用在名詞前]〔十介十(代)名〕《文語》認識[知道]〔…〕的〔*of*〕：He is ~ ***of*** his own situation. 他知道自己的處境。
cog·no·men [kɑgˋnomən; kɔgˈnoumen] *n.* Ⓒ(*pl.* **~s, -nom·i·na** [-ˋnɑmənə; -ˈnɔminə]) **1** (古羅馬人之)姓。**2** 名字；(尤指)綽號。
co·gno·scen·te [ˌkɑnjəˋʃɛntɪ; ˌkɔnjouˈʃenti] 《源自義大利語》**—*n.*** Ⓒ(*pl.* **-scen·ti** [-ti; -tiː])(美術品等的)鑑賞家。
cóg ràilway *n.* Ⓒ(火車爬坡時用的)齒軌鐵路。
cóg·whèel *n.* Ⓒ嵌齒輪(⇨ idler 插圖)。
co·hab·it [koˋhæbɪt; kouˈhæbit] *v.i.* 《文語》**1 a** (尤指)〈未婚男女〉同居。**b**〔十介十(代)名〕〔與…〕同居〔*with*〕。**2**〈兩件事〉並存，並立。**co·hab·i·ta·tion** [ˌkohæbəˋteʃən; ˌkouhæbiˈteiʃn] *n.*
co·hab·it·ant [koˋhæbətənt; kouˈhæbitənt] *n.* Ⓒ同居者。
co·heir [koˋɛr; ˌkouˈɛə] *n.* Ⓒ〖法律〗共同繼承人。
co·heir·ess [koˋɛrɪs; ˌkouˈɛəris] *n.* Ⓒ〖法律〗女共同繼承人。
co·here [koˋhɪr; kouˈhiə] 《源自拉丁文「黏合」之義》**—*v.i.*** **1**〈文體、邏輯等〉有條理，前後連貫。**2** 緊密地結合；黏着，附着。
co·her·ence [koˋhɪrəns; kouˈhiərəns] 《cohere 1, coherent 1 的名詞》**—*n.*** Ⓤ (文體、邏輯等的)一致性，連貫性(↔ incoherence)：lack of ~ 連貫性的缺乏/lack ~ 缺乏連貫性。
co·hér·en·cy [-rənsɪ; -rənsi] *n.* =coherence.
co·her·ent [koˋhɪrənt; kouˈhiərənt] 《cohere 的形容詞》**—*adj.*** **1**〈文體、邏輯等〉有條理的，前後連貫的：a ~ explanation 有條理的說明。**2** 黏着的，附着的。**~·ly** *adv.*
co·her·er [koˋhɪrɚ; kouˈhiərə] *n.* Ⓒ〖無線〗粉末檢波器。
co·he·sion [koˋhiʒən; kouˈhiːʒn] 《cohere 2, coherent 2 的名詞》**—*n.*** Ⓤ **1** 結合(力)。**2**〖物理〗(分子的)凝聚力。
co·he·sive [koˋhisɪv; kouˈhiːsiv] 《cohere 2, cohesion 的形容詞》**—*adj.*** **1** 有黏[附]着力的，有結合[凝聚]力的。**2**〖物理〗凝聚性的。**~·ly** *adv.* **~·ness** *n.*
co·hort [ˋkohɔrt; ˈkouhɔːt] *n.* Ⓒ **1 a** (古羅馬的)步兵大隊《每一大隊約三百至六百人，十大隊爲一個軍團(legion)》。**b** [常 **~s**]《文語》軍隊。**2** [常用於不好之意]《美》同夥，同謀者。
coif [kɔɪf; kɔif] *n.* Ⓒ布帽《一種連耳朵也包住的緊密頭巾；現在除了修女戴在面紗下外已不常用》。

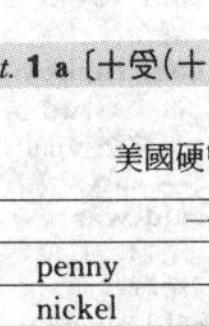
coif

coif·feur [kwɑˋfɝ; kwɑːˈfəː] 《源自法語》**—*n.*** Ⓒ(男性)美容師，男髮型設計師。
coif·feuse [kwɑˋfɝz; kwɑːˈfəːz] 《源自法語》**—*n.*** Ⓒ(女性)美容師，女髮型設計師。
coif·fure [kwɑˋfjur; kwɑːˈfjuə] 《源自法語》**—*n.*** Ⓒ髮型，髮式。
coign [kɔɪn; kɔin] *n.* Ⓒ(牆壁等的)外角，隅。
cóign of vántage 有利的地位，地利；有利的立場，優勢《★出自莎士比亞(Shakespeare)的悲劇「馬克白(*Macbeth*)」》。
coil[1] [kɔɪl; kɔil] 《源自拉丁文「聚集」之義》**—*v.t.*** **1 a**〔十受(十副)〕捲，盤繞〈長且軟的東西〉，將…捲成螺旋狀〈*up*〉：~ a rope(***up***)把繩索捲起來。**b**〔十受十介十(代)名〕將〈長且軟的東西〉盤[捲]繞〔於…〕〔*round, around*〕：They ~*ed* electric wire ***around*** the iron bar. 他們將電線捲繞在那根鐵棒上。**2** [~ one*self*] **a**〔十受(十副)〕盤[捲]成一團〈*up*〉《★也用被動語態，變成「在盤繞着」之意》：The snake ~*ed itself* [*was* ~*ed*] ***up*** in the cave. 那條蛇在洞穴中盤成一團[盤繞着]/A cat lay ~*ed up* on the sofa. 一隻貓捲成一團地躺在沙發上。**b**〔十受十介十(代)名〕盤繞〔…〕〔*round, around*〕：A snake ~*ed itself* ***around*** the branch. 一條蛇盤繞在樹枝上。**—*v.i.*** **1 a**〔十副〕盤成一團，繞成圈〈*up*〉：The snake ~*ed* ***up***. 那條蛇盤成一團。**b**〔十介十(代)名〕盤繞〔…〕〔*round, around*〕：A snake can ~ ***around*** a branch. 蛇能盤繞樹枝。**2** 蜿蜒而行[進]。
—*n.* Ⓒ **1** 盤繞[纏繞]之物，圈：wind up a rope in a ~ 把繩索捲成圈。**2** (繩、鐵絲等的)一捲，一盤，一圈。**3** 髮捲：a ~ *of* hair 一捲頭髮。**4**〖電學〗線圈。
coil[2] [kɔɪl; kɔil] *n.* Ⓒ《古・詩》騷動，混亂；麻煩。
shúffle óff this mórtal cóil 擺脫塵世的煩擾，死《★出自莎士比亞(Shakespeare)的悲劇「哈姆雷特(*Hamlet*)」》。
‡**coin** [kɔɪn; kɔin] 《源自古法語「模型」之義》**—*n.*** **1** Ⓒ(對紙幣而言的)硬幣，鑄幣；貨幣(cf. paper money)《★正面(head)有人物的頭像，背面(tail)有數字等；⇨ 本頁下欄圖表》：a copper ~ 一枚銅幣/a silver [gold] ~ 一枚銀[金]幣/toss (up) a ~ ⇨ toss *v.t.* 3/I have a half dollar but no small(er) ~*s.* 我有一枚五角硬幣但沒有更小的硬幣[零錢]。**2** Ⓤ[集合稱]硬幣：pay *in* [*with*] ~ 用硬幣支付/change a pound note for ~ 把一英鎊的紙鈔換成硬幣。
páy a person (báck) in his ówn [the sáme] cóin《口語》向某人報復；以其人之道還治其人之身，以牙還牙。
the óther side of the cóin (事物的)另一面：Yes, that's true ; but we must look at *the other side of the* ~. 是的，話是不錯；但是我們必須看看另一面。
—*adj.* [用在名詞前] **1** 硬幣的。**2** 以投幣操作的：a ~ locker 投幣式保管箱。
—*v.t.* 〔十受〕**1** 鑄造〈硬幣〉。**2** 創造〈新字等〉：a newly ~*ed* word 新創造的字。
cóin it ín《口語》撈錢。
coin·age [ˋkɔɪnɪdʒ; ˈkɔinidʒ] *n.* **1** Ⓤ **a** 鑄造硬幣。**b** 貨幣制度：decimal ~ 十進位幣制。**2** Ⓤ[集合稱] **a** 鑄造的硬幣。**b** 某國[時代]的貨幣。**3 a** Ⓤ(字、成語的)創造：a word of recent [ancient] ~ 最近[以前]創造的字。**b** Ⓒ新創造的字。
cóin bòx *n.* Ⓒ **1** (電話、自動販賣機的)硬幣箱。**2** 公用電話，電話亭。
co·in·cide [ˌko·ɪnˋsaɪd; ˌkouinˈsaid] 《源自拉丁文「一起發生」之義》**—*v.i.*** **1 a**〈兩件事〉同時發生。**b**〔十介十(代)名〕〈事情〉〔與…〕同時發生〔*with*〕：The fire ~*d* ***with*** the earthquake. 火災與地震同時發生。**2 a**〈兩件以上的事〉符合，巧合，一致：Our opinions did not ~ on this case. 關於這個問題我們的意見不一致。**b**〔十介十(代)名〕〈兩件以上的事〉〔與…〕符合，一致；〈意見、嗜好等〉〔與…〕相同，一致〔*with*〕：Her ideas ~ ***with*** mine. 她的想法和我的相同。
co·in·ci·dence [koˋɪnsədəns; kouˈinsidəns] 《coincide 的名詞》**—*n.*** **1** Ⓤ(事件的)同時發生：the ~ of two accidents 兩件事故的同時發生。**2** ⓊⒸ一致，相同；巧合：a strange [casual]

C

美國硬幣(coin)種類

硬幣種類	一般名稱	硬幣正面的人像
一分錢銅幣	penny	林肯(Lincoln)
五分錢鎳幣	nickel	哲斐遜(Jefferson)
一角錢鎳幣	dime	羅斯福(F. Roosevelt)
兩角五分錢鎳幣	quarter	華盛頓(Washington)
五角錢鎳幣	half dollar	甘迺廸(Kennedy)
一元(dollar)鎳幣		艾森豪(Eisenhower)

(硬幣正面鑄有歷代總統像)

英國硬幣種類

半便士(½ penny)銅幣	一便士(1 penny)銅幣	二便士(2 pence)銅幣
五便士(5 pence)鎳幣	十便士(10 pence)鎳幣	二十便士(20 pence)鎳幣
五十便士(50 pence)鎳幣	一英鎊(1 pound)	

英國自 1971 年起採用十進法的新貨幣制度。
〔硬幣上所鑄人像，均爲伊利莎白二世(Elizabeth II)〕

～奇怪[偶然]的巧合。

co·in·ci·dent [koʼɪnsədənt; kouʼinsidənt] «coincide, coincidence 的形容詞»—*adj.*《文語》**1 a** 同時發生的：～ accidents 同時發生的事故。**b** [不用在名詞前]〔十介十(代)名〕〔與…〕同時發生的〔*with*〕：His death was ～ *with* his son's birth. 他的死亡與兒子的出生同時。**2 a** 完全一致的，和諧的。**b** [不用在名詞前]〔十介十(代)名〕〔與…〕完全一致的〔*with*〕：My opinion was ～ *with* hers. 我的意見與她的完全一致。～**·ly** *adv.*

co·in·ci·den·tal [koˌɪnsəʼdɛntl; kouˌinsiʼdentl˜] *adj.* **1** (偶然)一致的，符合的；巧合的。**2** 同時發生的。

～**·ly** [-tlɪ; -təli] *adv.*

coin·er [ʼkɔɪnɚ; ʼkɔinə] *n.* Ⓒ **1** 造幣者。**2** 僞幣製造者。**3** (新詞或新語句的)創造者，發明者。

cóin màchine *n.* ＝slot machine.

cóin-òperated *adj.* 〈機器〉投入硬幣即發生作用的，投幣式的。

cò·insúrance *n.* Ⓤ共同保險。

coir [kɔɪr; ʼkɔiə] *n.* Ⓤ椰子殼的纖維《可用以製作棕蓆墊(coconut matting)等》。

còir ráincòat *n.* Ⓒ蓑衣。

co·i·tion [koʼɪʃən; kouʼiʃn] *n.* ＝coitus.

co·i·tus [ʼko·ɪtəs; ʼkouitəs] *n.* Ⓤ《文語》性交。

cóitus in·ter·rúp·tus [-ˌɪntəʼrʌptəs; -ˌintəʼrʌptəs] *n.* Ⓒ (*pl.* **coitus interrupti** [-taɪ; -tai])(未射精前即中止性交之)間斷式交媾。

coke[1] [kok; kouk] *n.* Ⓤ[常 ～**s**]焦炭：Order a ton of ～*s.* 訂購一噸焦炭。

—*v.t.* 使〈煤炭〉變成焦炭。

Coke, coke[2] [kuk, kok; kouk, kuk] «Coca-Cola 之略»—*n.* Ⓤ[指個體時爲Ⓒ]《商標》《口語》可口可樂。

coke[3] [kok; kouk] «cocaine 之略»—*n.* Ⓤ《俚》古柯鹼。

co·ker·nut [ʼkokɚˌnʌt; ʼkoukənʌt] *n.* 《英》＝coconut.

col [kɑl; kɔl] «源自拉丁文「頸」之義»—*n.* Ⓒ (兩峯之間的)凹處，山坳。

col. 《略》collected；collector；college；colonel；colony；colored；column. **Col.** 《略》Colombia；Colonel；〖聖經〗Colossians；Columbia.

col- [kɑl-; kɔl-] 字首＝com-《用於 l 字母前》。

co·la[1] [ʼkolə; ʼkoulə] *n.* **1** ＝kola. **2** Ⓤ[指個體或種類時爲Ⓒ]可樂(飲料)《一種攙有可樂果(kola nut)提煉液的暗棕色碳酸飲料》。

co·la[2] [ʼkolə; koulə] *n.* **colon**[2] 的複數。

col·an·der [ʼkʌləndɚ; ʼkʌləndə] *n.* Ⓒ 濾器《碗(bowl)狀烹調用具，下方有許多小孔，用以濾乾洗過的蔬菜等》。

colander

col·chi·cum [ʼkɑltʃɪkəm; ʼkɔltʃikəm] *n.* **1** Ⓒ〖植物〗秋水仙。**2** Ⓤ(用秋水仙種子製成的)秋水仙素《用於治痛風及風濕病》。

‡**cold** [kold; kould] *adj.* (～**·er**；～**·est**)

1 寒冷的，冷的(⇨ hot【說明】)：a ～ day 一個寒冷的日子/a ～ air mass 冷氣團/a ～ snap 乍冷，驟冷/feel ～ 覺得冷/We had a ～ winter. 那是個寒冷的冬天/It is ～ today. 今天很冷/He went ～ all over when he heard the ghost story. 他聽了那個鬼故事後不寒而慄。

2 a 冷的，冰過的：～ drinks 冷飲。**b** 〈食物等〉冷却後食用的，不加熱的，涼的：a ～ snack 冷却後食用的點心/⇨ cold meat.

3 a 冷淡的；冷酷的，無情的：a ～ heart 冷酷的心，無情/give a person a ～ stare 冷眼瞪視某人/He is ～ *in* manner. 他的態度冷淡/⇨ in cold BLOOD. **b** 冷靜的：a ～ judgment 冷靜的判斷。**c** 不熱情的，冷漠的：a ～ kiss [welcome] 冷漠的吻[歡迎]。**d** 〈女子〉性冷感的。

4 a 不表示關心[興趣]的：a ～ audience 不感興趣的聽衆/She leaves me ～. 她使我興趣缺缺[我對她不感興趣]。**b** 掃興的，敗興的令人洩氣的：～ comfort [counsel] 敷衍人[令人洩氣]的安慰[忠告]。**c** 予人寒冷感覺的；〈顏色〉寒色的：～ colors 寒色《如藍、綠、灰等顏色》。

5 a 〖獵〗〈動物臭跡〉輕微的，變淡的(↔ hot)：a ～ scent 輕微的臭跡。**b** [不用在名詞前]《口語》(問答、猜謎)未答對[不易猜中]的，偏離目標的(cf. burn *v.i.* 5, hot 3, warm 7)：You're getting ～(*er*). (答案、尋物等)你離目標愈來愈遠了。

6 a [不用在名詞前]《口語》(因重擊、打擊而)失去意識[知覺]的：knock a person (*out*) ～ 把某人打得失去知覺。**b** 死亡的。

hàve [《美》**gèt**] a person **cóld** 《口語》(抓住弱點等)使〈某人〉不敢吭聲，任意擺布〈某人〉。

hàve [**gèt**] **cóld féet** ⇨ cold feet.

léave a person **cóld** ⇨ leave[1].

màke a person's **blóod rùn cóld** ⇨ blood 2 b.

thrów [**póur**] **cóld wáter on** [**over**] ...⇨ water.

—*adv.* (～**·er**；～**·est**)《口語》完全地，全然(completely)：refuse a person's offer ～ 完全拒絕某人的提議。

—*n.* **1** Ⓤ **a** [常 **the** ～]寒冷，冷(↔ heat)：sit in *the* ～ 坐在寒冷的地方/shiver with (*the*) ～ 冷得發抖/feel *the* ～ 感覺寒冷。**b** 冰點以下的溫度(⇨ frost 3)：ten degrees of ～ 冰點下十度。**2** ⒸⓊ傷風，感冒：a common ～ 普通感冒/a head ～ ＝a ～ *in* the head [nose] 頭傷風[鼻傷風]/a ～ *in* [*on*] the chest [lungs]咳傷風，支氣管炎/catch (a) ～ 患感冒[傷風]，着涼《★用法《美》用 catch 時大都不用冠詞；但帶形容詞時則用不定冠詞》/have a (bad) ～ 患了(重)感冒《★用法動詞用 have 時必須要有不定冠詞》/Many pupils are absent with ～*s.* 許多學生因感冒而缺席/Don't give me your ～. 不要把你的感冒傳染給我。

(**óut**) **in the cóld** 《口語》被冷落[忽視，排擠]：They left me *out in the* ～. 他們排擠[冷落]我。

～**·ly** *adv.* ～**·ness** *n.*

cóld bàth *n.* Ⓒ冷水浴。

cóld-blóoded *adj.* **1** 〈動物〉冷血的(↔ warm-blooded). **2** 《口語》對寒冷敏感的，(因血液循環不良而)手脚冷的，寒症的。**3** 冷淡的，冷酷的，無情的：a ～ killer 冷酷無情的殺手。

～**·ness** *n.*

cóld chìsel *n.* Ⓒ冷鑿《能在常溫下切斷或刨鑿金屬的鑿刀[鋼鑿]》。

cóld crèam *n.* Ⓤ冷霜《化粧品》。

cóld cùts *n. pl.* 《美》什錦冷盤《各種火腿、香腸等冷肉的薄切片》。

cóld féet *n. pl.* 《口語》害怕，膽怯：get [have] ～ 害怕起來，變得膽怯。

cóld físh *n.* Ⓒ無情的人，冷淡的人。

cóld fràme *n.* Ⓒ〖園藝〗冷床《保護幼苗免受寒害的罩子；cf. hotbed 1》.

cóld frónt *n.* Ⓒ〖氣象〗冷鋒(↔ warm front).

cóld fúsion *n.* Ⓤ〖物理〗低溫核融合。

cóld-héarted *adj.* 冷淡的；無情的。～**·ly** *adv.* ～**·ness** *n.*

cóld·ish [-dɪʃ; -diʃ] *adj.* 《口語》微冷的。

cóld líght *n.* Ⓤ冷光《燐光、螢光等》。

cóld méat *n.* **1** Ⓤ[指種類或個體時爲Ⓒ]冷熟肉《烹調後冷却的肉類菜餚》。**2** Ⓤ《俚》屍體。

cóld pàck *n.* Ⓒ **1** 冷毛巾，冰袋《用於消腫、減痛等；cf. hot pack 1》. **2** (罐頭的)低溫處理法。

cóld rúbber *n.* Ⓤ一種經過低溫處理後極堅韌的合成橡膠。

cóld sàw *n.* Ⓒ冷鋸《可在常溫下切斷鋼材的鋸子；cf. hot saw》.

cóld shóulder «源自端出冷的羊肩肉給受冷遇的旅客»—*n.* Ⓒ [用單數；常 **the** ～]《口語》冷淡的對待，冷落：give [show] *the* ～ to a person 對某人冷淡，冷淡地對待某人。

cóld-shóulder *v.t.* 冷淡對待〈某人〉。

cóld sòre *n.* Ⓒ〖醫〗唇疱疹(fever blister)《傷風、發高燒時出現於唇邊的疹子》。

cóld stéel *n.* Ⓤ利器《如刀、劍等鋼製武器》。

cóld stórage *n.* Ⓤ **1** (食物、毛皮、藥品等的)冷藏。**2** (計畫等的)停頓，擱置：put a problem into ～ 把問題暫時擱置。

cóld swéat *n.* [**a** ～] (因恐懼、緊張而冒出的)冷汗：in *a* ～ 冒著冷汗。

cóld túrkey *n.* Ⓤ **1** 《美俚》莽撞，不客氣，不留情：talk ～ 直言不諱，不客氣地說。**2** 《俚》(爲戒絕毒癮使患者)突然處於完全斷絕毒品的狀態；斷絕毒品時皮膚起鷄皮疙瘩(的狀態)。

—*adv.* 《美俚》突然地；無準備地。

cóld wár *n.* [常 C～ W～] ⓊⒸ冷戰《不訴諸武力而用外交、經濟壓迫、宣傳等方式的戰爭；↔ hot war》：in a state of ～ 處於冷戰狀態。

cóld wárrior *n.* Ⓒ冷戰分子，冷戰中積極活動的政客或政治家。

cóld-wáter *adj.* [用在名詞前] **1** (使用)冷水的。**2** 不供應熱水的〈公寓等〉。

cóld wàve *n.* Ⓒ **1** 冷燙。**2** 〖氣象〗寒流(cf. heat wave 2).

cole [kol; koul] *n.* Ⓒ〖植物〗雲薹屬植物的統稱《包括蕪菁、甘藍、無頭甘藍(kale)等》。

Cole·ridge [ʼkolrɪdʒ; ʼkoulridʒ], **Samuel Tay·lor** [ʼtelɚ; ʼteilə] *n.* 柯爾雷基《1772–1834；英國詩人及評論家》。

cóle·sèed *n.* ⓊⒸ〖植物〗油菜(籽)。

cole·slaw [ʼkolˌslɔ; ʼkoulslɔ:] «源自荷蘭語「甘藍沙拉」之義»—*n.* Ⓤ甘藍沙拉《以切細的生甘藍菜拌沙拉醬作成的涼拌菜》。

co·le·us [ʼkolɪəs; ʼkouliəs] *n.* Ⓒ〖植物〗錦紫蘇屬植物的統稱。

cóle·wòrt *n.* ＝cole.

col·ic [ʼkɑlɪk; ʼkɔlik] *n.* Ⓤ [常 **the** ～]〖醫〗疝痛，腹痛，絞痛。

—*adj.* ＝colicky.

col·icky [ʼkɑlɪkɪ; ʼkɔliki] *adj.* **1 a** 疝痛的。**b** 〈食物等〉引起疝痛

的。**2** 引起絞痛的。

col·i·se·um [ˌkɑlə'siəm; ˌkɔli'siəm] *n.* **1** Ⓒ大競技場，大體育館。**2** [the C~]=Colosseum 1.

co·li·tis [ko'laɪtɪs; kɔ'laitis, kou-] *n.* Ⓤ《醫》結腸炎。

coll. 《略》colleague；collect(ion)；collective；college；colloquial.

col·lab·o·rate [kə'læbəˌret; kə'læbəreit] «源自拉丁文「一起工作」之義»—*v.i.* **1 a** 〈兩個以上的人〉一起工作，協力，合作，共同研究。**b** 〔十介十(代)名〕〔與人〕一起做〔工作等〕〔*with*〕〔*on, in*〕：Tom is *collaborating* **on** the work **with** a friend. 湯姆正與一位朋友合作做那件工作/I ~*d* **with** him **in** writ*ing* a play. 我與他合寫一個劇本。

2 〔十介十(代)名〕〔與占領軍、敵國〕勾結，合作〔*with*〕.

col·lab·o·ra·tion [kəˌlæbə'reʃən; kəˌlæbə'reiʃn] «collaborate 的名詞»—*n.* **1 a** Ⓤ協力，合作，援助，共同研究：in ~ with... 與…合作。**b** Ⓒ合作的成果，合著。**2** Ⓤ通敵行爲，與敵人合作〔勾結〕。

col·lab·o·ra·tion·ist [-nɪst; -nist] *n.* Ⓒ(通敵的)賣國賊。

col·láb·o·rà·tor [-tɚ; -tə] *n.* Ⓒ **1** 協力者；共編者，合著者，合作者。**2** 通敵者，賣國賊。

col·lage [kə'lɑʒ; kɔ'lɑ:ʒ] «源自法語「膠貼」之義»—*n.* 《美術》**1** Ⓤ拼貼《在畫面上貼上剪報、照片等，使產生特殊效果的手法》。**2** Ⓒ拼貼的作品。

col·la·gen ['kɑlədʒən; 'kɔlədʒən] *n.* Ⓤ《生化》膠原，生膠質。

col·lapse [kə'læps; kə'læps] «源自拉丁文「一起倒塌」之義»—*v.i.* **1 a** 〈建築物、鷹架等〉倒塌，塌下；〈屋頂等〉下陷，坍塌。**b** 〈計畫、企業等〉失敗，瓦解。**2 a** 〈人〉(因疲勞過度、生病等)倒下，病倒，衰弱：He ~*d* on the job. 他在工作中病倒了。**3** 〈體力、健康〉衰退：His health has ~*d.* 他的健康衰退了。**3** 〈價值〉暴跌，暴落；〈體力〉急速衰退：The price of rubber ~*d* within a year. 橡膠價格在一年內大幅的暴跌。**4 a** 〈氣船、氣球等〉陷縮，陷縮而落。**b** 《醫》〈肺等〉陷落《指不含空氣的收縮狀態》。**5** 〈桌、椅〉折疊。—*v.t.* **1** 使…倒塌，使…瓦解，使…崩潰。**2** 折疊〈器具〉：~ a chair 折疊椅子/~ a telescope 把(可伸縮的)望遠鏡壓縮收進去。**3** 《醫》使〈肺等〉陷落。

—*n.* **1** Ⓤ〔又作 **a** ~〕**a** 倒塌，坍塌；(屋頂等的)塌陷，下陷：A heavy flood caused the ~ *of* the bridge. 大洪水使橋倒塌了。**b** (計畫、企業等的)失敗；(內閣的)瓦解；(銀行等的)倒閉。**2** ⓊⒸ **a** (健康等的)衰退；意氣消沉，頹喪：suffer a nervous ~ 患神經衰弱。**b** 《醫》陷落；虛脫。

col·laps·i·ble [kə'læpsəbl; kə'læpsəbl] *adj.* 〈椅子等〉可折疊的：a ~ table [chair, umbrella] 折疊式的桌子[椅子，傘]。

‡**col·lar** ['kɑlɚ; 'kɔlə] «源自拉丁文「頸」之義»—*n.* Ⓒ **1** (衣服的)領子(⇨ suit 插圖)：a stand-up ~ 豎領/a turndown ~ 翻領/⇨ Eton collar, ROMAN collar/seize [take] a person *by* the ~ 抓住某人的衣領/He turned up the ~ of his coat. 他把外套的領子豎起來。**2 a** (婦女衣服的)領飾，項飾，項圈(choker). **b** 項飾勳章。**c** (狗等的)項圈。**d** (套在拉馬車的馬頸上的)軛，鞅(⇨ harness 插圖)。**3** (動物頸部周圍的)毛皮的色圈。**4 a** 束縛：wear [take] a person's ~ 服從某人的命令。**b** 《美俚》逮捕，捉拿：They finally put the ~ on that notorious dope dealer. 他們終於逮捕了那個惡名昭彰的毒品販子。**5** 《機械》圈；軸環(ring).

hót ùnder the cóllar 《口語》發怒，興奮，激動《★生氣等時頸處發紅》。

—*v.t.* 〔十受〕**1** 裝衣領[戴項圈]於…。**2** 《口語》抓住〈某人〉的衣領；逮捕；(粗暴地)捉住。**3** 《俚》擅取，盜取。

cóllar·bòne *n.* Ⓒ《解剖》鎖骨。

cóllar bùtton *n.* Ⓒ《美》領扣(《英》collar stud)《把衣領固定在襯衫上的小扣子》。

cóllar stùd *n.* 《英》=collar button.

col·late [ka'let, kə-; kɔ'leit, kə-] *v.t.* **1 a** 〔十受〕(爲檢查兩者差異而)對照，校勘〈原文、版面等〉。**b** 〔十受十介十(代)名〕將〈新版等〉〔與舊版等〕核對，校勘〔*with*〕：~ the later **with** the earlier edition 將新版與舊版核對。**2** 《裝訂》整理〈書籍等〉的頁碼。

col·lat·er·al [kə'lætərəl; kə'lætərəl, kɔ-] *adj.* **1** 並行的，並列的。**2 a** 附帶的，次要的。**b** 非直系的，旁系的(cf. lineal)：a ~ relative 旁系親屬。**3** 《商》擔保的：a ~ security 附屬擔保物，抵押品。

—*n.* **1** Ⓒ旁系親屬。**2** Ⓒ附帶事項。**3** Ⓤ〔又作 **a** ~〕擔保物：as (*a*) ~ *for* a loan 當作借款的擔保物。~·**ly** [-rəlɪ; -rəli] *adv.*

col·la·tion [ka'leʃən, kə-; kɔ'leiʃn, kə-] «collate 的名詞»—*n.* **1** Ⓤ核對，對照，校勘。**2** Ⓒ《文語》(尤指三餐以外的)小吃，點心。

col·lá·tor *n.* Ⓒ **1** 校勘者。**2** 《裝訂》整理書頁者，檢查頁碼者。

col·league ['kɑlig; 'kɔli:g] «源自拉丁文「一起被選中者，伙伴」之義»—*n.* Ⓒ(主要指官職、教授、公務等職業上的)**同僚**，同事。

‡**col·lect**[1] [kə'lɛkt; kə'lekt] *v.t.* 〔十受〕**1 收集**，蒐集，集合。

【同義字】collect 指有目的地選擇收集；gather 是把分散的東西集中於一處。

a 把〈人〉聚集成(一集團、一羣)：~ children into groups 把小孩聚集成羣[組]。**b** 集中〈物品〉：~ the waste paper lying about 把零亂的廢紙集中起來/~ garbage 收集垃圾。**c** (因嗜好、研究等目的)收集〈物品〉：My brother ~*s* stamps for a hobby. 我的哥哥[弟弟]以集郵爲嗜好/He ~*s* information on UFOs. 他收集有關幽浮的資料。**2 徵收**〈稅金、租金等〉；募〈捐款〉：~ taxes [bills] 收稅金[帳]。**3 a** 集中，整理，歸納〈思想〉：~ one's (scattered) thoughts 整理(散漫的)思緒。**b** 鼓起〈勇氣〉：~ one's courage 鼓起勇氣。**c** 〔~ *oneself*〕使〈心神〉鎮靜[鎮定]，使…重新振作：He ~*ed himself* before getting up onto the platform. 上講台以前他先使自己鎮定下來。

4 《口語》**a** (從寄[存]放處)拿[取]回〈物品〉：Don't forget to ~ your umbrella. 不要忘了拿回你的雨傘。**b** 帶，帶回〈某人〉：~ one's girlfriend from her dormitory 把女友從宿舍帶出來/I'll ~ you at seven. 我七點來接你。

—*v.i.* **1** 〈人〉集合，聚集：A crowd had ~*ed at* the scene of the accident. 一大羣人聚集在出事的現場。**2** 〔十介十(代)名〕〈雪、灰塵等〉積聚〔在…上〕〔*on, upon*〕：Dust soon ~*s* **on** books. 灰塵很快就積聚在書籍上。**3** 〔十介十(代)名〕〔爲…〕收[募]款〔*for*〕：She went ~*ing* **for** a charity. 她去爲慈善事業募款。

—*adj.* (無比較級、最高級)《美》對方[受話人，收件人]付費的：a ~ call《電話》由受話人付費的電話。

【說明】指電話費由接聽者支付的打電話方式。在美國打國際長途電話時，先撥「0」告訴接線生(operator)接聽者的電話號碼與姓名，然後說 "Please make it a collect call." 接線生獲得對方同意付費的承諾後接通電話。另外有叫人(指名)電話(person-to-person call)及叫號電話(station-to-station call)等的打電話方式。

—*adv.* (無比較級、最高級)《美》以對方[受話人，收件人]付費的方式：send a telegram ~ 拍一通由收件人付費的電報。

col·lect[2] ['kɑlɛkt; 'kɔlekt] *n.* Ⓒ《天主教》(望彌撒時的)集禱祝文；《英國國教》(在某些特定日念的)短禱。

col·lect·a·ble [kə'lɛktəbl; kə'lektəbl] *adj.* **1** 可收集的，可收取的。**2** 可徵集的。

—*n.* Ⓒ[常 ~s](古董、藝術品等)收藏品。

col·léct·ed *adj.* **1** 收集成的：~ papers 論文集/the ~ edition 全集。**2** (精神集中而)鎮定的，沉着的，冷靜的：⇨ COOL, calm, and collected.

col·léct·ed·ly *adv.* 沉着地，鎮定地，泰然自若地。

col·lect·i·ble [kə'lɛktəbl; kə'lektəbl] *adj., n.* =collectable.

***col·lec·tion** [kə'lɛkʃən; kə'lekʃn] «collect[1] 的名詞»—*n.* **1 a** Ⓤ〔又作 **a** ~〕**收集，蒐集**：the ~ *of* stamps 郵票的收集/make *a* ~ *of* books 蒐集書籍。**b** Ⓒ(從郵筒)收取(郵件)。**2** Ⓒ **a 收集物，收藏品**：He has a good ~ *of* jazz records. 他收藏很多爵士樂唱片/The museum's ~ *of* French paintings is famous. 那家美術館收藏的法國畫很有名。**b** (服飾的)新款式(發表會)《服裝設計師在某一季推出的全部作品》。**3** Ⓒ **a 收款，徵稅**。**b** 募款；捐款：A ~ will be made for the fund. 爲籌措該基金將舉行一次募捐。**4** Ⓒ[常用單數]〔灰塵、垃圾、廢物等的〕堆積〔*of*〕：a ~ *of* dust [rubbish] 一層灰塵[一堆垃圾]。

col·lec·tive [kə'lɛktɪv; kə'lektiv] «collect[1], collection 的形容詞»—*adj.* **1** 集合的。**2** 集體的，集團的：The invention was a ~ effort. 那項發明是集體努力的成果。**3** 共同的：~ ownership 共同所有權。**4** 《文法》集合的。—*n.* Ⓒ **1** 集團；集體。**2** (又作 **colléctive nóun**)《文法》集合名詞。~·**ly** *adv.*

colléctive agréement *n.* Ⓒ **1** (勞資間的)集體協議。**2** (勞資雙方共同簽定的)協議事項。

colléctive bárgaining *n.* Ⓤ(勞資間的)集體談判。

colléctive fárm *n.* Ⓒ(蘇聯等的)集體農場(kolkhoz).

colléctive frúit *n.* Ⓒ《植物》聚合果《桑椹、鳳梨等》。

colléctive secúrity *n.* Ⓤ集體安全保障。

colléctive uncónscious *n.* Ⓤ《心理》(出自榮格(Jung)的心理學)集體無意識《承自前人而存在於個人無意識中的精神要素》。

col·léc·tiv·ìsm [-vˌɪzəm; -vizəm] *n.* Ⓤ集產[集體]主義《一種由國家或私人集團以集體方式統制生產分配的經濟制度》。

col·lec·tiv·i·ty [ˌkɑlɛk'tɪvətɪ, kəˌlɛk-; ˌkɔlek'tivəti, kəˌlek-] *n.* **1** Ⓤ集合性；集團性；共同性。**2** Ⓒ集體，集團。**3** Ⓤ[集合稱]民衆，人民。

col·lec·ti·vize [kə'lɛktɪvaɪz; kə'lektivaiz] *v.t.* **1** 使〈社會等〉集產主義化。**2** 使〈土地〉集體農場化。

colléct on delívery *n.* Ⓤ《商》貨到收款《略作 C.O.D., c.o.d.》。

C

col·léc·tor *n.* Ⓒ[常構成複合字]**1** 收集者，蒐集者，收藏者：an art ~ 美術品收藏者/⇨ garbage collector. **2** 收款員；(關稅的)徵收人；募款人：a bill ~ 收款人/a tax ~ 收稅員。**3** 收集器[裝置]。**4**《電學》集電器。

colléctor's ìtem [**pìece**] *n.* Ⓒ引起收藏家興趣的物品，逸品，珍品。

col·leen [ˋkɑlin, kəˋlin; ˈkɔli:n] *n.* Ⓒ《愛爾蘭》少女，姑娘。

‡col·lege [ˋkɑlɪdʒ; ˈkɔlidʒ] 《源自拉丁文「同事(colleague)的團體」之義》**—n. 1** Ⓤ [指設施時為Ⓒ] **獨立學院**，大學：a women's ~ 女子大學/⇨ junior college, community college/enter ~ 進大學/be *at* [(《美》) *in*] ~ 就讀於大學/work one's way through ~ 半工半讀念完大學/Where do you go to ~? =What ~ do you go to? 你上哪一所大學？/ He was accepted at X *C*~. 他獲准進入X 大學。

【說明】在美國，college 一般指與綜合大學(university)相對的獨立學院，皆為授與學士學位的大學，但兩者間的區別並不明確；在英國也用於寄宿學校(public school)的名稱。

2 Ⓒ《英》(構成 Oxford, Cambridge 等大學的)學院：King's *C*~, Cambridge 劍橋大學的國王學院/live in ~ 住在學院裏《★ in ~ 無冠詞》。

【說明】不是各專門科系的單位，而是學院各自獨立的自治體，各具有傳統特色。各種專門領域及各科系的教師及學生均寄宿在學院裏，並對學生施以個別指導(tutoring)；cf. establishment 6 a【說明】

3 Ⓤ [指設施時為Ⓒ]《英・加拿大》私立中等學校，寄宿學校(public school)：Winchester *C*~ 私立溫徹斯特中學/⇨ Eton College.

4 Ⓒ專科學校：a business ~ 商業專科學校/a barber's [hair dressing] ~ 理髮[美容]學校/a ~ of theology 神學院/the Royal Naval *C*~《英》皇家海軍學院。

5 Ⓒ團體，學會，社團〔*of*〕：⇨ electoral college/the American [Royal] *C*~ *of* Surgeons 美國[英國]外科醫師學會/the *C*~ *of* Cardinals=Sacred College.

—*adj.* [用在名詞前]學院的，大學的；適合大學生的：a ~ student 大學生/a ~ paper 大學報紙/a ~ dictionary 大學生用辭典。

cóllege bòards *n. pl.*《美》大學入學考試《由大學入學考試委員會舉辦的考試》：take (the) ~ 參加大學入學考試。

col·leg·er [ˋkɑlɪdʒɚ; ˈkɔlidʒə] *n.* Ⓒ **1**《英》伊頓中學(Eton College)的公費生。**2**《美》大學生。

col·le·gi·an [kəˋlidʒən; kəˈli:dʒjən] *n.* Ⓒ學院[大學]的學生。

col·le·gi·ate [kəˋlidʒɪɪt, -dʒɪt; kəˈli:dʒiət] 《college 的形容詞》**—***adj.* **1 a** 學院[大學]的。**b** 大學程度的；大學生的：a ~ dictionary 大學生用辭典。**2**《英》〈大學〉寄宿制度的。**3** collegiate church 的。

collégiate chúrch *n.* Ⓒ **1**《英國國教》由牧師會管理[組織]的教會《非由主教而由教堂的牧師會長(dean)所管轄的教會，如西敏寺(Westminster Abbey)等》。**2**《美・蘇格蘭》協同教會《由數位牧師共同管理的兩所以上的教會》。

col·lide [kəˋlaɪd; kəˈlaid] 《源自拉丁文「互撞」之義》**—***v.i.* **1 a** 〈兩件物品、兩個人〉(猛烈地)**相撞**，碰撞：Two cars ~*d* at the intersection [crossroads]. 兩輛車在交叉口[十字路口]相撞。**b** 〔十介十(代)名〕〔與…〕相撞，撞到〔…〕〔*with, against*〕：Dashing for the bus, I ~*d* **with** a gentleman at the corner. 我奔向公共汽車時在轉角處撞到一位先生。**2 a** 〈意志、目的等〉衝突，不一致，抵觸：Our views ~*d over* the matter. 我們對那件事的看法不一致。**b** 〔十介十(代)名〕〔與…〕不一致，相反，衝突〔*with*〕：We ~*d* **with** each other over politics. 我們對政治的看法不一致。

col·lie [ˋkɑlɪ; ˈkɔli] *n.* Ⓒ柯利狗《蘇格蘭原產的長毛牧羊犬》。

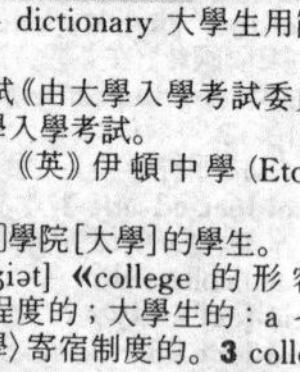

collie

col·li·er [ˋkɑljɚ; ˈkɔljə] 《源自 coal 的古字》**—***n.* Ⓒ《英》**1** 煤礦工。**2 a** 運煤船。**b** 運煤船的船員。

col·lier·y [ˋkɑljərɪ; ˈkɔljəri] *n.* Ⓒ《英》(包括地上建築物與有關設備的)煤礦場。

col·li·mate [ˋkɑlə͵met; ˈkɔlimeit] *v.t.* **1** 對準，調整〈望遠鏡〉。**2** 使…平行。

col·li·ma·tor [ˋkɑlɪ͵metɚ; ˈkɔlimeitə] *n.* Ⓒ《光學》準直儀，瞄準儀。

Col·lins [ˋkɑlɪnz; ˈkɔlinz] 《源自 Jane Austen 所著 *Pride and Prejudice* 中的人物》**—***n.* Ⓒ《英口語》訪客接受款待後所寄發的感謝函，謝帖。

col·li·sion [kəˋlɪʒən; kəˈliʒn] 《collide 的名詞》**—***n.* ⓊⒸ **1** 碰撞，猛撞〔*with, against*〕：in a car ~ 在汽車的相撞事故中/His car had a ~ *with* a truck. 他的車子與貨車相撞。**2** (利害、意見、目的等的)對立，不一致，衝突：come into ~ (*with*...) (與…)衝突，抵觸，對立。

collísion còurse *n.* Ⓒ(若不改變方向就無法避免衝突[相撞]的)衝突[相撞]路線《尤指飛行體的路線》：His policy is *on* a ~ *with* the public interests. 他的政策與大眾利益衝突。

col·lo·cate [ˋkɑlo͵ket; ˈkɔloukeit] 《源自拉丁文「放在一起」之義》**—***v.t.* **1** 把…並列，使…排在一起，使…成搭配。**2** (按一定的順序)排列，配置，安置。**—***v.i.* **1** 〈兩個(以上的)字〉構成連語，搭配：The words 'glad' and 'person' do not ~. 'glad' 和 'person' 不能構成連語。

2 〔十介十(代)名〕〈字〉〔與其他字〕構成連語〔*with*〕：'Glad' ~*s* **with** 'news'. 'glad' 和 'news' 構成連語。

col·lo·ca·tion [͵kɑloˋkeʃən; ͵kɔlouˈkeiʃn] 《collocate 的名詞》**—***n.* **1** Ⓤ並列，並置，配置，排列。**2**《文法》**a** Ⓤ字的配置[排列，搭配]。**b** Ⓒ連語《正確結合的字彙或意義上成為一個單位的字彙》：'Take place' is a common ~. 'take place' 是個常見的連語。

col·lo·di·on [kəˋlodɪən; kəˈloudjən] *n.* Ⓤ火棉膠。

col·loid [ˋkɑlɔɪd; ˈkɔlɔid] *n.*Ⓤ《化學》膠體，膠質(↔ crystalloid). **—***adj.* =colloidal.

col·loi·dal [kəˋlɔɪdḷ; kəˈlɔidl] *adj.* 膠體[質]的，膠狀的。

col·lop [ˋkɑləp; ˈkɔləp] *n.* Ⓒ **1** 小片，小塊。**2** 小肉片，小肉塊。**3**《古》身體上肥肉的皺摺。

colloq.《略》colloquial(ly)；colloquialism.

col·lo·qui·al [kəˋlokwɪəl; kəˈloukwiəl] 《colloquy 的形容詞》**—***adj.* 口語(體)的，通俗語的，日常會話的《★指受過教育者日常用語，不同於未受教育者的用語》。

~**·ly** [-əlɪ; -əli] *adv.*

col·ló·qui·al·ìsm [-lɪzəm; -lizəm] *n.* **1** Ⓤ口語體，會話體。**2** Ⓒ口語，白話。

col·lo·qui·um [kəˋlokwɪəm; kəˈloukwiəm] *n.* (*pl.* ~, **-qui·a** [-kwɪə; -kwiə])Ⓒ非正式之會議；座談會，研討會。

col·lo·quy [ˋkɑləkwɪ; ˈkɔləkwi] 《源自拉丁文「談話，會談」之義》**—***n.* Ⓒ《文語》(正式的)對話，會談。

col·lo·type [ˋkɑlə͵taɪp; ˈkɔlətaip] *n.* **1** Ⓤ珂羅版《照相製版的一種》。**2** Ⓒ珂羅版印刷品。

col·lude [kəˋlud; kəˈlu:d] *v.i.* 〔十介十(代)名〕〔與…〕勾結，串通，共謀〔*with*〕.

col·lu·sion [kəˋluʒən; kəˈlu:ʒn] 《collude 的名詞》**—***n.* Ⓤ **1** 共謀，勾結，串通：act *in* ~ *with*...與…共謀[串通]。**2**《法律》串騙：the parties *in* ~ 參與共謀(案件)的當事人。

col·lu·sive [kəˋlusɪv; kəˈlu:siv] *adj.* 共謀的，勾結的，串通的：~ pricing 串通的定價。~**·ly** *adv.*

col·lu·to·ri·um [͵kɑləˋtorɪəm; ͵kɔləˈtɔriəm] *n.* =collutory.

col·lu·to·ry [ˋkɑlə͵torɪ; ˈkɔlətəri] *n.* Ⓤ《醫》漱口藥，含漱藥(collutorium).

col·ly·wob·bles [ˋkɑlɪ͵wɑbḷz; ˈkɔli͵wɔblz] *n. pl.* [**the** ~；當單數或複數用]《口語》**1** 肚子痛。**2** 心神不安，心神不寧：I always get *the* ~ before an exam. 我在考試前總是心神不寧。

Colo.《略》Colorado.

Co·logne [kəˋlon; kəˈloun] 《源自拉丁文「殖民地(colony)」之義》**—***n.* **1** 科隆《西德臨萊茵河(the Rhine)的一個城市；德國名稱 Köln [kœln; kə:ln]》。**2** [**c**~] =Eau de Cologne.

Co·lom·bi·a [kəˋlʌmbɪə; kəˈlɔmbiə] 《源自 Columbus 之名》**—***n.* 哥倫比亞《南美西北部的一個共和國；首都波哥大(Bogotá [͵bogəˋtɑ; ͵bɔgəˈtɑ:])》.

Co·lóm·bi·an [kəˋlʌmbɪən; kəˈlɔmbiən] 《Colombia 的形容詞》**—***adj.* 哥倫比亞(人)的。**—***n.* Ⓒ哥倫比亞人。

Co·lom·bo [kəˋlʌmbo; kəˈlʌmbou] *n.* 可倫坡《斯里蘭卡(Sri Lanka)之首都》。

co·lon[1] [ˋkolən; ˈkoulən] 《源自希臘文「肢體，部分」之義》**—***n.* Ⓒ(標點符號的)冒號《：》.

[語法](1)用在對句間或說明句、引用句等之前。(2)用在表示時(間)、分、秒的數字之間：10：35：40 十點三十五分四十秒/the 9：10 train 九點十分開的火車。(3)用在聖經的章節之間：*Matt.* 5：6 馬太福音第五章第六節。(4)用在表示對比的數字之間：4：3 四比三《★[讀法]讀作four to three》/2：1=6：3 二比一等於六比三《★[讀法]讀作 Two is to one as six is to three.》.

co·lon[2] [ˋkolən; ˈkoulən] *n.* Ⓒ(*pl.* ~**s**, **co·la** [-lə; -lə])《解剖》結腸。

co·lon[3] [koˋlon; kouˈloun] *n.* Ⓒ(*pl.* **co·lo·nes** [~es; ~eis], ~**s**)可隆《哥斯大黎加(=100 centimos)、薩爾瓦多(=100 centavos)的貨幣單位；符號 C》.

colo·nel** [ˋkɝnḷ; ˈkə:nl] 《源自義大利語「縱隊(column)」之義》**—n.* Ⓒ[也用於稱呼]《美陸軍・空軍・海軍陸戰隊》上校；

《英陸軍》上校。

Cólonel Blímp «源自英國報紙所刊英國漫畫家 David Lowe (1891–1963) 的漫畫主角名»—*n.* Ⓒ老頑固《尤指軍官或政府官員》。

col·o·nel·cy [ˈkɝnḷsɪ; ˈkə:nlsi] *n.* Ⓤcolonel 之階級或職位。

cólonel-in-chíef *n.* (*pl.* **colonels-**, ~**s**) Ⓒ《英》名譽團長《如英國的某些軍團中由皇家成員擔任的名譽軍銜》。

co·lo·nes *n.* colon[3] 的複數。

co·lo·ni·al [kəˈlonɪəl; kəˈlouniəl] «colony 的形容詞»—*adj.* **1** [用在名詞前] **a** 殖民(地)的；殖民地作風的：a ~ policy 殖民地政策。**b** 拓殖者的。
2 [用在名詞前] [常 C~]《美》**a** (由美國獨立前的十三州組成的)英國殖民地時代的：(the) ~ era [days] 英國殖民地時代。**b** 殖民地時代風格的，殖民地式樣的〈建築等〉《主要指模倣英國喬治(George)王朝的式樣》。
3《生物》羣體的，集羣的。
—*n.* Ⓒ(對原住民(native)而言的)殖民地居民《尤指參加殖民地開發者》。~**·ly** [-əlɪ; -əli] *adv.*

co·ló·ni·al·ism [-l,ɪzəm; -lizəm] *n.* Ⓤ **1** 殖民地主義，殖民政策。**2** 殖民地風格。

co·ló·ni·al·ist [-lɪst; -list] *n.* Ⓒ殖民地主義者。—*adj.* 殖民地主義(者)的。

Colónial Óffice *n.*《英》殖民部《專司殖民地事務，1966 年和英國聯邦辦事處合併》。

col·o·nist [ˈkɑlənɪst; ˈkɔlənist] *n.* Ⓒ殖民地居民，移住民；(尤指)殖民地開拓者，拓殖者。

col·o·ni·tis [,kɑləˈnaɪtɪs; ,kɔləˈnaitis] *n.* Ⓤ《醫》結腸炎。

col·o·ni·za·tion [,kɑlənəˈzeʃən, -naɪˈz-; ,kɔlənaiˈzeiʃn, -ni-] «colonize 的名詞»—*n.* Ⓤ開拓殖民地，殖民；拓殖。

col·o·nize [ˈkɑlə,naɪz; ˈkɔlənaiz] «colony 的動詞»—*v.t.* **1** 開拓〈土地〉成殖民地；拓殖〈某土地〉。**2** 使〈人民〉定居於殖民地。—*v.i.* 開拓殖民地，拓殖。

cól·o·niz·er *n.* Ⓒ **1** 開拓殖民地的國家。**2** 殖民地開拓者，拓殖者。

col·on·nade [,kɑləˈned; ,kɔləˈneid] *n.* Ⓒ **1**《建築》(見於希臘建築等的)列柱，柱廊(⇨ Parthenon 照片)。**2** 成雙行的樹，行道樹。

*__col·o·ny__ [ˈkɑlənɪ; ˈkɔləni] «源自拉丁文「農地」之義»—*n.* **1 a** Ⓒ殖民地。**b** [**the Colonies**] (英國最先在美國建立的)東部十三州的殖民地《因獨立而組成合衆國》。**2** Ⓒ[集合稱]殖民；移民團《★用法視爲一整體時當單數用，指個別成員時當複數用》。**3** Ⓒ僑民；僑居地，僑民區：the Italian ~ in Soho 在倫敦蘇活區的義大利僑民。**4** Ⓒ羣居地，聚集地；(集中住於某地的)同職業的一羣人：a ~ of artists＝an artists' ~ 藝術家羣居地。**5** Ⓒ《生物》(生長或生活在一起的)聚落；菌落；羣體(cf. individual 3 c)。

col·o·phon [ˈkɑlə,fɑn, -fən; ˈkɔləfən, -fɔn] *n.* Ⓒ(印在書籍末頁或首頁的)出版社標誌。

‡**col·or** [ˈkʌlɚ; ˈkʌlə] *n.* **A 1 a** ⓊⒸ顏色，色彩：What is the ~ of your car? ＝What ~ is your car? 你的車子是什麼顏色？《★用法不說 What color does your car have? 回答時一般說 "It is black." 而不說 black color, black in color》/the ~*s* of the rainbow 彩虹的顏色《七色》/an ice cream in three ~*s* 三色冰淇淋/Her hair is a chestnut ~. 她的頭髮是褐色[栗色]的/complementary ~*s* 補色/⇨ primary color.

> **【同義字】** color 是表示顏色最普遍的用語；shade用以表示顏色的深淺及明暗的程度；tint 表示模糊的明亮色調。

b Ⓤ色調；(光線、圖畫、水墨畫等的)明暗。
2 a Ⓤ(繪畫等的)顏色，色彩：a movie in ~ 彩色電影。**b** Ⓒ[常 ~s]顏料：⇨ oil color, watercolor 1.
3 a Ⓤ[a ~]臉色，氣色：have *a* high ~ 氣色好/have little [no] ~ 氣色不好《臉色蒼白》/change ~ 變臉色《變蒼白或變紅》/lose ~ 臉色發白，面無血色。**b** Ⓤ(臉頰的)紅潤：*C*~ showed in her face. 她的臉頰泛紅。
4 Ⓤ **a** (有色人種的)膚色；(尤指)黑色：a person of ~ 非白種人，黑人。**b** [集合稱]有色人種；(尤指)黑人。
5 a Ⓤ[又作 a ~]外觀，外表，眞實的成分：some ~ of truth 有些眞實性/give [lend] ~ to... 使〈話等〉像眞實一樣，使…動聽[生色]/give (*a*) false ~ to... 歪曲〈事實等〉，使…看似眞實/have the ~ of... 有…的跡象。**b** Ⓤ藉口：under ~ of... 以…爲藉口，藉口…，在…幌子下。
6 Ⓤ **a** 個性，特色；(文學作品等的)獨特風格，特色；生動：⇨ local color/The play has much ~. 那齣戲劇很生動/His writing shows considerable ~. 他的作品表現出相當的特色。**b**《音樂》音色：the rich ~ of a Stradivarius 史特拉第瓦里小提琴的豐富音色。
7 [~s] **a** (表示所屬團體等的)有顏色制服：be dressed in ~*s* 穿著有顏色的制服。**b** (學校或球隊等標誌的)有色絲帶；校色，團體顏色：get [win] one's ~*s*《英》獲得(代表競賽組別或當選手的)絲帶，成爲選手。
—**B 1 a** Ⓒ[常 ~s]軍旗，隊旗，船旗，國旗：salute the ~*s* 向軍艦旗[國旗]敬禮/capture the enemy's ~*s* 奪得敵人的軍旗。**b** [the ~s]軍隊：join [follow] *the* ~*s* 入伍/serve (with) *the* ~*s* 服兵役。**2** Ⓒ[常 ~s]立場；本性，眞心話：show one's (true) ~*s* 露出眞面目[本性]，說出眞心話，吐露眞言/see thing's in their true ~*s* 看清事情的眞相/come out in one's true ~*s* 露出某人的眞面目[本性]。

a hórse of anóther cólor ⇨ horse.
láy ón the cólors tòo thíckly 誇張地敍述。
lówer one's **cólors** 降低自己的要求，放棄自己的主張[地位]；投降《★源自承認打敗仗而降下旗子》。
náil one's **cólors to the mást** 堅守立場[主張]；絕不屈服《★源自把船旗釘在桅杆後即不能放下》。
òff cólor (1)色澤不佳。(2)臉色[氣色]不好；身體不舒服：You look *off* ~. 你的氣色不好/I feel a little *off* ~. 我覺得有點不舒服。(3)淫穢下流的，低級的。
páint...in glówing [bríght] cólors 激賞[讚揚]…。
ráise cólor 染上顏色。
sáil ùnder fálse cólors (1)〈船〉掛著別國的國旗[蒙混國籍]航行。(2)行僞善，打著幌子騙人。
sée the cólor of a person's **móney**《口語》確定某人能付錢，接受某人的付款，讓某人代爲付錢：Don't let them *see the* ~ *of* your money. 不要讓他們知道你有支付的錢。
stánd [stíck] to one's **cólors** 堅持自己的主張[立場]，堅持到底。
with flýing cólors ＝**with cólors flýing** 大獲全勝地，大功告成地，得意洋洋地《★源自「飄揚著勝利的旗幟」之意》：come off [sail through] *with flying* ~*s* [*with* ~*s flying*] 飄揚著旗子凱旋而歸，大功告成，獲得殊榮。

—*adj.* [用在名詞前] **1** 顏色的，彩色的：a ~ print 彩色版畫；彩色照片/⇨ color scheme. **2** 有色(彩)的：~ film 彩色軟片[影片]。**3** (有色人種之)膚色的；黑人的，有色人種的：~ prejudice 對黑人[有色人種]的偏見。
—*v.t.* **1 a** 〔十受〕將…上顏色，將…着色，塗色於…；染色於…：The children ~*ed* the Easter eggs. 小孩子們將復活節用的蛋塗上顏色。**b** 〔十受十介十(代)名〕〔用…〕給〈某物〉塗上顏色，染色於…〔*with*〕：water ~*ed* **with** a blue dye 被藍色染料染上的水。**c** 〔十受十補〕將〈某物〉塗[染]〔成…色〕：The child ~*ed* the sky green and the trees purple. 那個小孩把天空塗成綠色，把樹木塗成紫色。**2** 〔十受〕渲染，粉飾…；使…看似眞實；扭曲：The interpretation of facts is often ~*ed* by prejudices. 對事實的解釋往往由於偏見而被歪曲。**3** 〔十受〕使…有特色，使…成爲…的特徵：Love of nature ~*ed* all of the author's writing. 對大自然的愛好使這位作家的所有作品獨具特色。—*v.i.* **1** 〈樹葉、水果等〉變色。**2** 〈人〉臉色變紅。
cólor in 《*vt adv*》給…上顏色，給…着色，給…塗色。

col·or·a·ble [ˈkʌlərəbl; ˈkʌlərəbl] *adj.* **1** 可着色的，可上色的。**2** 似乎有理的，假裝的；虛僞的。**-a·bly** [-əblɪ; -əbli] *adv.*

Col·o·ra·do [,kɑləˈrædo, -ˈrɑdo; ,kɔləˈrɑ:dou] «源自西班牙語「上色(color)的，紅色河流」之義»—*n.* **1** 科羅拉多州《美國西部的一州；首府丹佛(Denver)；略作 Colo.,《郵政》CO；俗稱 the Centennial State》. **2** [the ~] 科羅拉多河《發源於科羅拉多州(Colorado)，注入加利福尼亞(California)灣；以大峽谷(Grand Canyon)及胡佛水壩(Hoover Dam)聞名》。

Cólorado béetle *n.* (又作 **Colorádo potáto béetle**) Ⓒ《昆蟲》科羅拉多甲蟲《馬鈴薯的害蟲》。

col·or·ant [ˈkʌlərənt; ˈkʌlərənt] *n.* Ⓒ著[染]色劑，染料。

col·or·a·tion [,kʌləˈreʃən; ,kʌləˈreiʃn] *n.* Ⓤ **1 a** 着色，配色，彩色。**b** 着[染]色法。**2** (生物的)天然色：protective ~ 保護色。**3** (人、國家等的)特色。

col·o·ra·tu·ra [,kʌlərəˈturə, -ˈtju-; ,kɔlərəˈtuərə, -ˈtju-] «源自義大利語「彩色」之義» —*n.* **1** Ⓤ《音樂》**a** 花腔，華彩《聲樂極爲華麗的技巧性裝飾》。**b** 花腔的樂曲。**2** Ⓒ花腔歌唱者《女高音》。

cólor bàr *n.* Ⓒ(在社會、經濟、政治上的)種族[膚色]障礙，對有色人種的歧視[隔離]。

cólor·bèarer *n.* Ⓒ掌旗官。

cólor-blìnd *adj.* **1** 色盲的。**2**《美》對白人與有色人種[黑人]不加以區別的；無種族偏見[歧視]的。

cólor blìndness *n.* Ⓤ色盲。

cólor·càst《電視》*n.* ⓊⒸ彩色播放。—*v.t.* & *v.i.* (~, ~**ed**)以彩色電視播出[播放](節目)。

cól·ored *adj.* **1 a** 着色的，着上彩色的：~ glass 彩色玻璃/~ printing 彩色印刷。**b** [常構成複合字](…)色的：cream-*colored* 奶油色的。**2 a** 〈人種〉有色的。**b**《美》黑人的《★比較一般用 black》。**3** 加以文飾的，渲染的，誇張的，虛飾的。

cólor·fàst *adj.* 〈紡織品〉不褪色的，不變色的。

cólor fìlter *n.* Ⓒ《攝影》彩色濾色片。

***col·or·ful** [ˈkʌləfəl; ˈkʌləful] *adj.* (**more** ～; **most** ～) **1** 富於色彩的，多彩的：～ folk costumes 五顏六色的民族服裝。**2** 華麗的；生動的，有趣的，精采的：a ～ description 生動的描寫。

～**·ly** [-fəlɪ; -fuli] *adv.* ～**·ness** *n.*

cólor guàrd *n.* Ⓒ《美》護旗隊。

cól·or·ing [-lərɪŋ; -ləriŋ] *n.* **1** Ⓤ **a** 着色，彩色。**b** 着色法。**2** Ⓤ [指產品個體時爲Ⓒ] 着色劑，染料，顏料；色素。**3** Ⓤ (臉上的)氣色，血色。

cóloring bòok *n.* Ⓒ(讓小孩練習上色用的)着色簿。

cól·or·ist [-lərɪst; -lərist] *n.* Ⓒ **1** 上色者，着色[配色]師。**2** 善用彩色效果的畫家[設計家(等)]。

cólor·less *adj.* **1** 無色的。**2** **a** 〈天空等〉暗淡的，陰沉沉的。**b** 〈臉等〉無血色的，蒼白的。**3** 無特色的，不生動的，不精采的；無聊的，無趣的：He's a ～ speaker. 他說話很無趣。

～**·ly** *adv.* ～**·ness** *n.*

cólor lìne *n.* ＝color bar.

cólor·phóto *n.* Ⓒ彩色照片。

cólor photógraphy *n.* Ⓤ彩色照相。

cólor prìnting *n.* Ⓤ彩色印刷[印片]。

cólor schème *n.* Ⓒ色彩的配合(設計)。

cólor télevision [ŤV] *n.* **1** Ⓤ彩色電視(播出)。**2** Ⓒ彩色電視機。

co·los·sal [kəˈlɑsl; kəˈlɔsl] 《colossus 的形容詞》——*adj.* **1** **a** 巨大的：a ～ American car 一部巨大的美國車。**b** 〈數量等〉大得驚人的，龐大的，不尋常的，異常的：a ～ fraud 駭人聽聞的詐欺。**2** 《口語》極好的，驚人的。

co·lós·sal·ly [-slɪ; -sli] *adv.* **1** 《口語》非常地，出奇地，驚人地：a ～ popular singer 一位非常受歡迎的歌手。**2** 大規模地，龐大地：a ～ conceived plan 大規模的計畫。

Col·os·se·um [ˌkɑləˈsiəm; ˌkɔləˈsiəm] *n.* [**the** ～] **1** 古羅馬的圓形大競技場《建造於紀元一世紀左右，以鬥士(gladiators)的比賽場、基督徒殉教地而聞名的遺跡》。**2** [**c**～]＝coliseum 1.

Colosseum 1

Co·los·sian [kəˈlɑʃən; kəˈlɔʃn] *adj.* (小亞細亞中部古國弗利吉亞(Phrygia)的舊城)歌羅西的。

——*n.* **1** Ⓒ歌羅西人。**2** [**the** ～**s**；當單數用]《聖經》歌羅西書(The Epistle of Paul the Apostle to the Colossians)《聖經新約中一書；略作 Col.》.

co·los·sus [kəˈlɑsəs; kəˈlɔsəs] *n.* (*pl.* **co·los·si** [-saɪ; -sai], ～**·es**) **1** **a** Ⓒ巨像。**b** [**the C**～] 太陽神阿波羅的巨像《爲世界七大奇景之一，建於羅德斯島(Rhodes)港口入口處》。**2** Ⓒ **a** 巨人；巨大的東西。**b** 大人物，偉人。

‡**col·our** [ˈkʌlə; ˈkʌlə] *n., v.* 《英》＝color.

col·por·teur [ˈkɑlˌportə, -ˌpɔrtə; ˈkɔlˌpɔ:tə] *n.* Ⓒ **1** 分送[販賣]宗教書籍者。**2** 書販。

colt [kolt; koult] *n.* Ⓒ **1** **a** 小公馬(foal)。**b** 《賽馬》年輕雄馬；小駒《通常指四歲以下的雄馬；⇨ horse 【相關用語】》。**2** 《口語》無經驗的年輕人，乳臭未乾的小伙子。

Colt [kolt; koult] *n.* Ⓒ 柯爾特式自動左輪手槍。

> 【字源】源自美國發明家撒母爾·柯爾特(Samuel Colt)(1814–62)之名。他所發明具有旋轉彈膛的連發左輪手槍(revolver)被美國陸軍採用，他所建的工廠後來成爲大量生產方式的先驅。

col·ter [ˈkoltə; ˈkoultə] *n.* Ⓒ(裝在犁(plow)前端的)犁刀，犁頭。

cólt·ish [-tɪʃ; -tiʃ] *adj.* **1** 小馬似的：～ high spirits 小馬般(活蹦亂跳)的活力。**2** 蹦跳嬉戲的，輕佻的；難以駕馭的；沒有經驗的。

～**·ly** *adv.*

cólts·fòot 《因其葉似小馬的腳》——*n.* Ⓒ (*pl.* ～**s**)《植物》款冬。

col·um·bar·i·um [ˌkɑləmˈbɛrɪəm; ˌkɔləmˈbɛəriəm] *n.* Ⓒ (*pl.* **-i·a** [-rɪə; -riə]) **1** (古羅馬地下墓窟中之)骨灰安置所，骨灰匣壁龕。**2** 鴿房。

Co·lum·bia [kəˈlʌmbɪə; kəˈlʌmbiə] 《源自發現美洲大陸的 Columbus 之名》——*n.* **1** 《詩》哥倫比亞《美洲大陸[美國]的陰性擬人名》：Hail ～ ⇨ hail[2] *interj.* 成語。**2** [**the** ～] 哥倫比亞河《由加拿大西南部流過美國西北部而注入太平洋》。**3** 哥倫比亞《美國南卡羅來納州(South Carolina)的首府》。

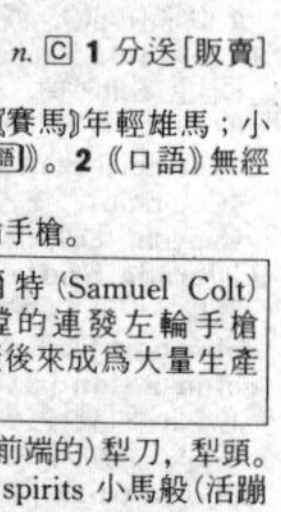

columbine 1

Co·lum·bi·an [kəˈlʌmbɪən; kəˈlʌmbiən] 《Columbia 的形容詞》——*adj.* 哥倫比亞的；《詩》美國的。

col·um·bine [ˈkɑləmˌbaɪn; ˈkɔləmbain] *n.* **1** Ⓒ《植物》耬斗菜《觀賞植物》。**2** [**C**～] 柯倫萍《在義大利古喜劇等中扮演老丑角潘達隆(Pantaloon)的女兒哈勒昆(Harlequin)的情人》。

co·lum·bi·um [kəˈlʌmbɪəm; kəˈlʌmbiəm] *n.* Ⓤ《化學》鈳《鈮(niobium)的舊稱；符號 Cb》.

Co·lum·bus [kəˈlʌmbəs; kəˈlʌmbəs] *n.* 哥倫布《美國俄亥俄州(Ohio)的首府》。

Columbus, Christopher *n.* 哥倫布《1451–1506；義大利的航海家；發現美洲大陸(1492)》.

Colúmbus Dày *n.* (美國的)哥倫布紀念日。

> 【說明】紀念和慶祝哥倫布發現美洲(1492 年)的日子。以前定爲十月十二日，但自 1971 年後，改爲十月的第二個星期一。在美國，除了愛荷華(Iowa)等幾個州以外，這一天是法定假日。加拿大、西班牙、義大利等國也有這個紀念日，紀念無法實現以自己的名字命名新大陸的心願即逝世的哥倫布；cf. America【字源】

***col·umn** [ˈkɑləm; ˈkɔləm] 《源自拉丁文「柱」之義》——*n.* Ⓒ **1** 《建築》柱，圓柱《由石製的圓筒形柱身(shaft)與柱頭(capital)、柱基(base)構成》。

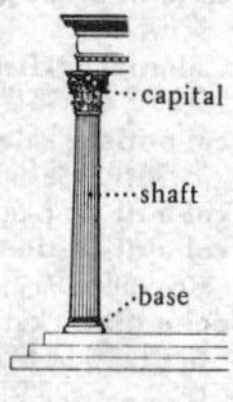

column 1

2 圓柱狀物體：**a** (物體的)柱狀部分：the ～ of the nose 鼻梁/the spinal ～ 脊梁，脊柱。**b** 細長而直如柱之物《如水柱、烟柱等》：a ～ of water 水柱/a ～ of smoke 筆直上升的煙[煙柱]。**3** **a** (報紙等印刷品的)段；欄：the advertisement [sports] ～*s* 廣告[運動]欄/in our [these] ～*s* 在本欄中，在本報上。**b** (報紙的)特約專欄《由專人所寫的時事評論、隨筆等》。**4** **a** 《軍》縱隊(cf. line[1] 3 b)；(船隊的)縱列，縱陣：in ～*s* of fours [sections, platoons, companies] 成四路[分隊，小隊，中隊]縱隊/⇨ fifth column. **b** (人、交通工具等的)隊伍，行列：a long ～ *of* cars 一長列的車隊。**c** (人名、數字等由上排下來的)縱行，縱列：a ～ *of* figures 一行數字。

co·lum·nar [kəˈlʌmnə; kəˈlʌmnə] *adj.* **1** (圓)柱狀的。**2** (建築物)由(圓)柱構成的。**3** 分欄印刷[書寫]的。

co·lum·ni·a·tion [kəˌlʌmnɪˈeʃən; kəˌlʌmniˈeiʃn] *n.* Ⓤ《建築》列柱式。

col·um·nist [ˈkɑləmɪst, -mnɪst; ˈkɔləmnist, -mist] *n.* Ⓒ(報紙、雜誌等的)特約專欄作家(cf. column 3 b)。

col·za [ˈkɑlzə; ˈkɔlzə] *n.* **1** Ⓒ《植物》菜籽(rape). **2** (又作 **cólza óil**) Ⓤ菜籽油。

com [kɑm; kɔm] *n.* [～**s**]《口語》＝combination 4.

com. 《略》comedy；comic；comma；commerce；commercial；commission(er)；committee；common(ly)；communication；community.

Com. 《略》Commander；Commodore.

com- [kɑm-, kəm-; kɔm-, kəm-] 字首 表示「共同」「完全」等强調之意《通常在 b, p, m 之前爲 *com-*；l 之前爲 *col-*；r 之前爲 *cor-*；母音，h, gn 之前爲 *co-*；其他情形則爲 *con-*》.

co·ma[1] [ˈkomə; ˈkoumə] *n.* Ⓒ (*pl.* **-mae** [-mi; -mi:]) **1** 《天文》(彗星的)彗髮《彗星頭部，在核周圍的星雲狀物》。**2** 《植物》種毛《棉花等的種子絨毛》。

co·ma[2] [ˈkomə; ˈkoumə] *n.* Ⓒ《醫》昏睡，昏迷(狀態)：in a ～ 陷於昏迷狀態/go [fall] into a ～ 陷入昏睡狀態。

Co·man·che [koˈmæntʃɪ; kouˈmæntʃi:] *n.* (*pl.* ～, ～**s**) **1** **a** [**the** ～(**s**)] 科曼奇族《北美印地安人的一族》。**b** Ⓒ科曼奇族人。**2** Ⓤ科曼奇語。

co·ma·tose [ˈkɑməˌtos, ˈkom-; ˈkoumətous] 《coma[2] 的形容詞》——*adj.* **1** 《醫》昏迷(性)的，昏睡狀態的。**2** 昏沉沉的，昏昏欲睡的。

‡**comb**[1] [kom; koum] *n.* **1** **a** Ⓒ梳子，篦子。**b** [**a** ～] 梳理頭髮。**2** Ⓒ(梳理羊毛等的)毛刷，梳理用具。**3** Ⓒ **a** (鷄)冠。**b** 鷄冠狀之物；浪頭，波峯。**4** Ⓒ蜂窩。

——*v.t.* **1** **a** [十受] 用梳子梳，梳理〈頭髮〉；梳開〈羊毛等〉：～ one's hair 梳頭髮。**b** [十受十介十(代)名] [從頭髮等中] 梳去〈纏結〉，梳去 [髮中] 〈纏結〉 [*out of*]：～ the tangles ***out of*** one's hair 梳去某人髮中的纏結。**2** [十受十介十(代)名] [爲尋求…而] 徹底搜索〈某處〉 [*for*]：They ～*ed* the village ***for*** the girl. 他們爲尋找那女孩而搜遍該村。——*v.i.* 〈波浪〉湧起浪花，翻騰。

cómb óut 《*vt adv*》(1)徹底梳理〈頭髮〉(cf. *v.t.* 1 a).(2)梳去：～ *out* the tangles 梳去(頭髮等的)纏結處。(3)除去〈雜物等〉。(4)從〈組織等〉中裁員；整頓〈冗員〉。(5)徹底搜索[調查]…；(從書本等中)

尋找〈資料等〉。
cómb thróugh 《*vt adv*》⑴仔細梳〈頭髮〉。⑵仔細調查…：～ *through* a report 仔細查看報告書。
comb² [kum; ku:m] *n.* ＝combe.
comb. 《略》combination(s).
com·bat [ˈkambæt, ˈkʌm-, kəmˈbæt; ˈkɔmbæt, ˈkʌm-] «源自拉丁文「互打」之義» **—**(**com·bat·ed, -bat·ted**；**com·bat·ing, -bat·ting**) *v.i.* 〔十介十(代)名〕〔爲…〕〔與…〕戰鬥，爭鬥，打鬥；鬥爭〔*with, against*〕〔*for*〕：We ～*ed* ***with*** them ***for*** our rights. 我們爲了自己的權利而與他們爭鬥。
—*v.t.* 〔十受〕**1** 與…戰鬥[爭鬥，打鬥]：～ the enemy 與敵人戰鬥。
2 爲除去…而努力：～ one's laziness 爲革除惰性而努力。
— [ˈkambæt, ˈkʌm-; ˈkɔmbæt, ˈkʌm-] *n.* ⓊⒸ**戰鬥**；鬥爭，格鬥：single ～ 一對一的打鬥，決鬥/close ～ 白刃戰，肉搏戰/in ～ 在戰鬥中(的)，在鬥爭中(的)，在作戰/do ～ with 與…戰鬥[作戰]。
—*adj.* [用在名詞前]戰鬥(用)的：a ～ jacket 戰鬥服《夾克》。
com·bat·ant [ˈkambətənt, ˈkʌm-; ˈkɔmbətənt, ˈkʌm-] *n.* Ⓒ **1** 戰鬥員(↔ noncombatant). **2** 鬥士，戰士，搏鬥者。
—*adj.* 面臨戰鬥的，參加戰鬥的，上戰場的，作戰的；好鬥的。
cómbat fatígue *n.* ＝battle fatigue.
com·bat·ive [kəmˈbætɪv, ˈkambətɪv; ˈkɔmbətiv, ˈkʌm-] *adj.* 鬥爭的，鬥志高昂的；好鬥[戰]的。～**·ly** *adv.* ～**·ness** *n.*
cómbat-rèady *adj.* 有戰備的，隨時準備戰鬥的。
cómbat zòne *n.* Ⓒ戰區。
combe [kum; ku:m] *n.* 《英》＝coomb.
comb·er [ˈkomɚ; ˈkoumə] *n.* Ⓒ **1 a** (羊毛、棉花等的)梳理工人。**b** 梳毛[棉]機，精梳機。**2** 捲浪，碎浪。
com·bi·na·tion [ˌkambəˈneʃən; ˌkɔmbiˈneiʃn] «combine 的名詞»**—***n.* **1 a** ⓊⒸ**結合**，搭配，組合，配合：in ～ *with*... 與…結合/be [make] a good [strong] ～〈人、物〉是[形成]好[堅強]的組合/a ～ *of* inflation *and* recession 通貨膨脹和經濟不景氣的組合/a ～ *of* letters 文字[字母]的組合/a radio-television ～ 附有收音機的電視機。**b** Ⓒ結合[組合]物：a ～ *of* letters 文字[字母]的組合/a radio-television ～ 附有收音機的電視機。
2 a Ⓤ〔與…的〕**聯合**，聯盟，合作〔*with*〕：in ～ *with*... 與…共同[協力]地/enter into ～ *with*... 與…協力[合作]。**b** Ⓒ聯合體，結合體。
3 Ⓒ **a** (又作**combinátion lòck**)(數字、文字等的)組合鎖，密碼[對號]鎖。**b** (combination lock 的)組合數字[文字]，對號密碼。
4 [～s]連褲襯衣等上下相連的內衣(cf. union suit).
5 Ⓒ《英》有側座的三輪摩托車。
6《化學》**a** Ⓤ化合。**b** Ⓒ化合物。
7 Ⓒ《數學》組合。
—*adj.* [用在名詞前]**1** 組合的，混合的：a ～ salad 總匯沙拉。
2 兼兩用的：a ～ office and study 辦公室兼書房的房間。

combinations 4

combinátion lòck *n.* Ⓒ密碼鎖，對號鎖。
com·bine** [kəmˈbaɪn; kəmˈbain] «源自拉丁文「把兩個合在一起」之義» **—v.t.* **1 a** 〔十受〕結合…；使〈人、力量、公司等〉合併[結合]，聯合：Let's ～ our efforts. 一起努力吧！/Opera ～*s* music and drama. 歌劇結合了音樂和戲劇。**b** 〔十受十介十(代)名〕使〈某物〉〔與他物〕結合；使…〔與…〕聯合〔*with*〕：You should ～ your language ability ***with*** your business skills. 你應該將你的語言能力和工作技能合而爲一。**c** 〔十受十介十(代)名〕結合〈兩者〉〔成…〕〔*into*〕：～ two parties ***into*** one 把兩黨合併成一黨。
2 a 〔十受〕兼具〈各種性質等〉：～ beauty *and* utility 兼具美觀與實用。**b** 〔十受十介十(代)名〕使〈某物〉兼備〔他物〕〔*with*〕：～ business ***with*** pleasure 既工作又玩樂。
3《化學》**a** 〔十受〕使〈兩物質〉化合：～ mercury *and* oxygen 使水銀和氧氣化合。**b** 〔十受十介十(代)名〕使〈某物質〉與〔他物質〕化合〔*with*〕：～ oxygen ***with*** hydrogen 使氧氣與氫氣化合。
—*v.i.* **1 a** 〔動(十副)〕結合，連結在一起，聯合〈*together*〉：The three mistakes ～*d* (***together***) *to* produce the catastrophe. 那三個錯誤結合在一起釀成大災難。
b 〔十介十(代)名〕〔與…〕結合，合併〔*with*〕：The company ～*d* ***with*** its closest competitor. 該公司與跟它競爭最激烈的公司合併了。
c 〔(十副)十介十(代)名〕聯合〔對抗…〕〈*together*〉〔*against*〕：The two nations ～*d* (***together***) ***against*** the enemy. 那兩個國家聯合起來對抗敵人。
2 〔十介十(代)名〕《化學》〔與…〕化合〔*with*〕.
— [ˈkambaɪn, kəmˈbaɪn; ˈkɔmbain, kəmˈbain] *n.* Ⓒ **1** 聯合企業，企業的聯合組織；(政治上的)聯合。
2 (又作 **cómbine hàrvester**)聯合收割打穀機《兼具收割、脫殼等功能的農具》。

combine 2

com·bíned *adj.* [用在名詞前]**1** 結合的，合併的，聯合的：a ～ class 合併班/～ efforts 共同的努力。
2 (兩個以上的部隊共同合作的)聯合的：～ operations [exercises] (陸海空軍的)聯合作戰[演習]/a ～ squadron [《美》fleet] 聯合艦隊。
3《化學》化合的。
comb·ing [ˈkomɪŋ; ˈkoumiŋ] *n.* **1** Ⓤ梳理，梳刷。**2** [～s]梳落的毛髮。
combíning fòrm *n.* Ⓒ《文法》複合用詞《形成複合字的連結要素[字素]而從不單獨使用的語型，如字首、字尾等；如 Japano-, -phile 等》。
com·bo [ˈkambo; ˈkɔmbou] *n.* Ⓒ(*pl.* ～**s**)小型爵士樂隊。
cómb-òut *n.* Ⓒ[常用單數]**1** (組織中人員的)徹底整頓，裁員。**2** 徹底搜索[清除]。**3** (髮型的)梳理。
com·bus·ti·bil·i·ty [kəmˌbʌstəˈbɪlətɪ; kəmˌbʌstəˈbiləti] «combustible 的名詞»**—***n.* Ⓤ燃燒力，可燃性。
com·bus·ti·ble [kəmˈbʌstəbl; kəmˈbʌstəbl] *adj.* **1** 易燃的，可燃性的。**2** 〈人、性格〉容易激動[興奮]的。**—***n.* Ⓒ[常 ～**s**]可燃物。
com·bus·tion [kəmˈbʌstʃən; kəmˈbʌstʃən] *n.* Ⓤ **1** 燃燒：spontaneous ～ 自然燃燒[自燃]/an internal-*combustion* engine 內燃機。**2** 激動，大騷動。
combústion chàmber *n.* Ⓒ(引擎等)燃燒室。
comdg. 《略》commanding.
Comdr. 《略》Commander.
Comdt. 《略》Commandant.
*****come** [kʌm; kʌm] (**came** [kem; keim]；**come**) *v.i.* **A 1** 來：**a** 〔動(十副詞(片語))〕來到(說話者處)；去(對方處)《★用法go 的用法以出發點爲中心，而 come 是指朝說話者方向移動，也指以對方爲中心，朝對方所在之處移動，等於中文的「去，到」；come 與副詞(有時介系詞)的連用，請參照成語項》：*C～ here.* 到這裏來/*C～* this way, please. 請向這邊來/I will ～ *to* you. 我會到你那裏去/I'm *coming* with you. 我與你一起去/"I'm going to the zoo today."—"Can I ～, too？" 「我今天要去動物園。」「我也可以去嗎？」/"John！Supper is ready！"—"Yes, (I'm) *coming.*" 「約翰，晚餐做好了。」「好，馬上來。」《★用法此時若說 (I'm) going. 即指不是到對方之處而是要到別處(如 I'm going to the pub！Sorry. 抱歉，我要去酒館)》/⇨COME and go. **b** 〔十 *to* do〕來〈做…〉《★用法這裏的 *to* do 也可用 and do,《美口語》有時省略 and；cf. and 2c》：She *came to* see me. 她來看我/Will you ～ *and* dine with us？你願意來(我家)與我們共餐嗎？/You must ～ see us in Boston. 你到波士頓時一定要來看我們。**c** 〔十 do*ing*〕〈做著…而〉來：Some children *came* runn*ing.* 有些小孩跑著過來。**d** 〔動(十副詞(片語))〕〈人、物〉到達，來到(某處)；及，達：He hasn't ～ yet. 他還沒有來/They *came to* a fountain. 他們來到一座噴泉處/The dress ～*s to* her knees. 那件衣服長及她的膝部。**e** [過去分詞的特殊用法]：First ～, first [best] served. 《諺》先來先招待《捷足先登》/A Daniel ～ to judgment！名審判官但以理駕到[再世]！《★出自莎士比亞 (Shakespeare) 所著「威尼斯的商人 (*The Merchant of Venice*)」》.
2 a 〔動(十副詞(片語))〕〈季節等〉**循環而來**，到來，來臨；(循序地)出來，來，出現：Spring has ～. 春天來了《★Spring is come. 用於文章》/The sun *came* at six. 太陽在六時出來[升起]/His hour has ～. 他的死期到了/The time [Time] will ～ when I must say good-bye. 不久將向大家告別/The time has ～ *to* do.... (該)做…的時刻已來到/There's a good time *coming.* 好時光就要來臨/My turn has ～. 輪到我了/*After* Anne ～*s* George I. 安女王之後繼任的是喬治一世/"Where did you ～ in the race？"—"I was second." 「你賽跑得第幾名？」「第二名。」**b**

[*to* come 置於名詞後]將來的，未來的：the world *to* ~ 來世/in time(s) *to* ~ (在)將來/in the years *to* ~ 在未來幾年裏，未來。**c** [假設法現在式當連接詞用]…到來的話，到…時：He will be fifty ~ May. 到五月時他就滿五十歲了/*C*~ fifty (and) you'll feel differently. 一旦到了五十歲時你會有不同的感受。

3 a 〈事情〉發生，產生：I am ready for whatever ~*s.* 無論發生什麼事我都有準備/*C*~ what may, I shall not change my mind. 不論發生什麼事我都不會改變我的心意《★用法這裏的 come 爲假設法現在式》/It will ~ *as* a surprise to you to learn that.... 知道…事會使你感到驚訝/How did it ~ that you quarreled? 你們怎麼會發生爭吵的呢？《★用法這種疑問句的說法，常見有習慣上省略 do 的舊式用法：How ~*s* it that you quarreled?；cf. B2；How come...?》. **b** 〔十介十(代)名〕〈事情〉發生〔在…上〕，〈命運等〉降臨〔於某人身上〕〔*to*〕：No harm will ~ ***to*** you. 對你不會有任何損害《你不會有危險》/Good luck *came to* him. 幸運降臨在他身上/Everything ~*s* [All things ~] *to* those who wait. 《諺》(耐心)等待的人終會等到他們所要的東西。

4 〔十介十(代)名〕**a** [常用於現在式]出身於〔…〕，在〔…〕出生長大，〔…地方的〕人〔*from*〕：I ~ ***from*** Kansas. 我出生於堪薩斯州[我是堪薩斯州人]《★比較I *came* from Kansas. 是「我來自堪薩斯州」之意》/Where do you ~ *from* (*in* England)? 你出生於(英國的)什麼地方[你是(英國的)哪裏人]？/She ~*s from* an old family. 她出身於一個舊世家。**b** 〔從…〕產生，源〔自…〕，起因〔於…〕〔*from, of, out of*〕：The civilization of the Egyptian people has ~ ***from*** the River Nile. 埃及人的文明源自尼羅河/Dislike and hatred usually ~ *from* ignorance. 厭惡與怨恨通常起因於無知/That ~*s* ***of*** your carelessness. 那是因你的疏忽而產生的/Nothing will ~ ***out of*** all this talk. 這一切談話不會有什麼結果的。

5 a 〔動(十介十(代)名)〕〔從…〕移〔到…〕；得〔自…〕；到手，獲得〔*from*〕〔*to*〕：His fortune *came* ***to*** him ***from*** his father. 他的財產得自他的父親/Easy ~, easy go. 《諺》來得容易，去得快《★come, go 均爲祈使語氣用法，兩個 easy 均當副詞用》。**b** 〔十介十(代)名〕〈商品等〉〔以…形式[包裝]〕出售，可買到〔*in*〕：This soup ~*s* ***in*** a can. 此湯以罐裝出售/This dictionary ~*s in* two kinds of binding. 這本字典以兩種裝訂出售。

6 a 〔十介十(代)名〕〈感情、想法、淚等〉產生，出現〔於…〕〔*to, into*〕：A smile *came* ***to*** her lips. 她嘴角露出一絲微笑/A good idea *came to* me. 我想到一個好主意《好主意浮現在我的腦海》/It suddenly *came to* me that my theory was all wrong. 我突然發現我的理論完全錯了/Tears [A look of relief] *came* ***into*** her eyes. 她的眼裏湧出淚水[流露安心的神色]。**b** 〈奶油等〉做成，生產：The butter *came* quickly today. 今天奶油很快做成。**c** 有，存在(exist)：⇨ as...as...COME.

7 [與狀態副詞(片語)連用] **a** 〈事情〉進展，進行：How is your report *coming*? 你的報告進行[寫]得如何？**b** 〈事情〉能做得〔…〕：That sort of thing ~*s* natural(ly) to him. 那種事情對他來說輕而易舉。

8 [當感嘆詞用，表示勸誘、督促、再次考慮等]好啦，來吧，喂，哎呀：*C*~, tell me what it's all about. 好啦，告訴我到底怎麼回事/*C*~, ~, you should not speak like that! 喂喂，你不該那樣說話！

9 《俚》達到性高潮。

—B 1 〔十介十(代)名〕**a** 成爲，變成〔某狀態、結果〕；進入，開始〔…〕〔*to, into*〕：~ ***into*** use 開始被使用/~ *into* action [play] 開始活動[起作用]/⇨ come into EXISTENCE/⇨ come into FASHION/~ *into* flower 開花/~ ***to*** a conclusion 得到結論/~ *to* life 復活，蘇醒，清醒/~ *to* one*self* 清醒過來；醒悟過來/⇨ come to NOTHING. **b** 達到〔…〕，總計爲〔…〕；(結果)終歸是〔…〕，變成〔…的〕事[問題]〔*to*〕：Your bill ~*s* ***to*** £5. 你的帳總計爲五英鎊/It ~*s to* the same thing. 那終歸是同樣的結果；結果是一樣的/⇨ if it COME*s* to that, when it COME*s* to.

2 〔十 *to* do〕演變[發展]成，變得，終至於〈…〉《★用法become to do 是錯誤的用法》：I *came to* realize that he doesn't love me. 我終於領悟到他不愛我/How did you ~ *to* hear of it? 你怎麼會(變得)知道那件事？《★比較How *came* you to hear of it? 是舊的慣用法；cf. A 3a；How come...?》/⇨ now [when] one COME*s* to think of it.

3 〔十補〕變成，成爲〈…〉：~ true 〈夢想〉實現，成眞；〈預言、預感〉說中，靈驗/Things will ~ right. 一切將會很順利的；事情會好轉的/My shoelaces *came* undone [untied]. 我的鞋帶鬆開了/⇨ come UNSTUCK, come CLEAN.

—*v.t.* 〔十受〕**1** 《口語》[與附加定冠詞的名詞連用]裝出…的樣子，擺出…的架子：~ *the* moralist 擺出道德家的架子/~ *the* swell 裝出了不起的樣子。**2** 《罕》達到，接近〈某年齡〉：a boy *coming* five years old 一個快要五歲的男孩。

as...as they cóme 〈人、物〉非常[最]…的：As a friend he's *as* good *as they* ~. 作爲一個朋友，他的確是最好的[非常好]。

còme abóut 《*vi adv*》(1)發生：It *came about* that he resigned. 結果是他辭職/How did the accident ~ *about*? 那件意外事故是怎麼發生的？(2)〈風〉變向。(3)〈船〉調轉方向《把船頭調轉到上風的一邊》。

come across [《*vi prep*》 ~́ acròss...] (1)越[穿]過…：He *came across* the street to where I stood. 他越過馬路到我站的地方來。(2)〈想法等〉浮現，掠過〈腦際〉：The thought *came across* my mind that.... …的想法掠過我的腦際。(3)(偶然)遇見[發現]…：I *came across* a very interesting book at that bookshop. 我在那家書店偶然發現了一本很有趣的書。**—**[《*vi adv*》 ~̀ acróss] (4)越過，穿越，橫渡。(5)〈聲音〉傳到(對方)，〈話等〉爲(對方)所瞭解：His lecture *came across* well. 他的講課很容易理解。(6)〈戲劇等〉受歡迎。(7)〔+ *as* 補〕(舉止)予〔人〕〈…的〉印象，看來…的樣子，被認爲好像…〔*to*〕：He *came across* (*to* me) *as* (be*ing*) an extremely strange person. 他給我的印象是個非常奇怪的人；我覺得他似乎是個非常奇怪的人。(8)《俚》給予，交給〔對方要求的錢、情報等〕〔*with*〕：She *came across with* the money he wanted. 她給了他所要的錢。

cóme àfter... 追…而來，跟隨…而來，繼…之後：He *came after* me with a club. 他拿著一根棍棒追我而來。

còme agáin 《*vi adv*》(1)再來，回來。(2)[用祈使語氣]《口語》反覆，重複：*C*~ *again*? (你說)什麼？《沒聽清楚》，再說一次。

còme alóng 《*vi adv*》(1)過來；一道來，跟著去，同行：*C*~ *along* this way. (來吧)來這裏《一道去吧》/He *came along* (with me). 他(和我)一道來。(2)[用祈使語氣]趕快；加油：*C*~ *along*! 快呀，趕快，快點；加油。(3)[與狀態副詞(片語)連用](順利地)進展，進行；過日子[生活]：How are you *coming along with* your work [studies]? 你的工作[研究]進行得怎樣？/The patient is *coming along* well [all right]. 病人的情況良好。(4)〈事情〉發生，產生，出現：Take advantage of every opportunity that ~*s along.* 利用每個到來的機會。

cóme and gó 來來去去，忽隱忽現，變化不定：Money will ~ *and go.* 錢財會來來去去《有錢人也可能變窮，窮人也可能致富》。

còme apárt 《*vi adv*》(1)〈東西〉(未施加多大外力而)散開[破裂]：We glued the teapot together but it *came apart* in a few days. 我們用黏著劑把茶壺黏起來，但兩三天後它就散開了/⇨ come apart at the SEAMS. (2)被分解，可拆卸：The transmission *came apart* quite easily. (汽車的)變速器十分容易拆卸。

còme aróund 《*vi adv*》(1)迂廻而來，繞道而來。(2)隨興而至，順便到：*C*~ *around* and see me this evening. 今晚順道來看我吧。(3)〈季節等〉再來臨，循環而至，輪到：Leap year ~*s around* once in four years. 閏年每四年輪一次。(4)甦醒，恢復意識[健康]：He fainted, but soon *came around.* 他暈了過去，但不久就甦醒了。(5)恢復情緒，快活起來；言歸於好，結束爭論。(6)〈人〉改變意見；贊成[同意]：He will ~ *around to* my opinion. 他將會贊同我的意見。(7)〈風等〉轉向。(8)《航海》〈帆船〉迎風。(9)[常以 it 作主詞]《俚》月經來潮。

cóme at... (1)達到…，至…：We couldn't ~ *at* the shore because of the immense waves. 因爲浪大所以我們無法到達岸邊。(2)朝…而來，攻擊…：Just let me ~ *at* you! 讓我來和你較量較量吧！(3)查明，弄清楚〈事實等〉。

còme awáy 《*vi adv*》(1)(不施以任何力量而自然地)脫落，掉下，脫離：The handle *came away* (in my hand). (握在我手裏的)把手掉了。(2)《英》〔從…〕出來〔*from*〕：He *came away from* the meeting in excellent spirits. 他精神奕奕地走出會場。

còme awáy with... 懷著〈某種感情、印象等〉離開[而去]：He *came away with* a sad feeling. 他懷著悲傷的心情離開。

còme báck 《*vi adv*》(1)回來，歸來。(2)重現於記憶中：The name *came back* to him. 那個名字重現於他的記憶中。(3)《口語》〈流行等〉再生，再度活躍起來：Mini skirts have ~ *back.* 迷你裙又流行起來了。(4)〔以…話〕〔向某人〕還嘴[頂撞]，反駁；還擊，報復〔*at*〕〔*with*〕：He *came back at* me *with* bitter words. 他以刻薄的話頂撞我。

cóme befòre... (1)來到[出現於]…之前。(2)站[走]在…之前；地位高於…，比…重要：The ambassador ~*s before* the minister. 大使的地位高於公使。(3)被當作議題提出於〈會議等〉；在…中被審議：The question *came before* the committee. 那個問題被提交委員會審議。

cóme betwèen... 介於…之間；離間[破壞]…的感情：After the accident some coldness *came between* her and me. 那次事故之後，我和她之間的關係有一點冷淡了。

come by [《*vi prep*》 ~́ by...] 《★可用被動語態》(1)得到[獲得]…：It was difficult to ~ *by* that picture. 要得到那幅畫是很難的。(2)(偶然)受〈傷等〉：I *came by* the wound in my arm while walking in the wood(s). 我的手臂是走在森林裏時弄傷的。(3)經過…之旁。(4)偶然想起[發現]…。**—**[《*vi adv*》 ~̀ bý] (5)經過

(旁邊)，走過。⑹《美口語》順路到，走近。

còme dówn《*vi adv*》⑴(從樓上等)下來：～ *down* to breakfast 下樓吃早餐。⑵〈物品〉掉下來，掉落；倒塌，倒下；〈飛機〉著陸；墜落；〈雨等〉落下，降。⑶向下延伸[至…][*to*]：Her skirt ～*s down to* her ankles. 她的裙子長及她的腳踝。⑷(價格)下跌；減價，降價：Prices rarely ～ *down.* 物價很少下降。⑸朝南來，南下。⑹[從都市]回[到鄉下][*from*][*to*]：～ *down from* London *to* Dorset 從倫敦回到多塞特。⑺(尤指)[從 Oxford, Cambridge 大學]畢業；退學[*from*]. ⑻[在地位、階級等方面]衰落，低落，失勢[*in*]：He has ～ *down in* the world since I saw him last. 從我上次看到他以後他就已經失勢了。⑼《英口語》出錢，支付：My father *came down* handsomely. 我父親很慷慨地拿錢出來。⑽決心，決定：～ *down* in favor of [on the side of]... 決心支持…。⑾《俚》毒品用完。

còme dówn on [upòn]... ⑴突然襲擊…。⑵《口語》斥責；嚴厲地責難[批評]…：Father *came down on* us *for* our quarrel. 父親因我們吵架而嚴厲地責備我們。⑶向…强行索取[金錢等][*for*]：They *came down on* him *for* 10,000 dollars. 他們向他强索一萬元美金。⑷[＋*to* do]强迫…〈做某事〉：Mother *came down on* me *to* get up. 母親强迫我起床。

còme dówn to... ⑴歸結[歸根]是…，結局[結果]是…：It *came down to* a single choice between war and peace. 歸結起來是，戰爭與和平之間必擇其一。⑵敗落[沒落，淪落]到…地步：The old man *came down to* steal*ing*. 那個老人淪落到偷竊的地步。⑶傳下來，相傳：Those fairy tales have ～ *down to* us through many centuries. 那些童話故事相傳至今已經有好幾個世紀了。

còme dówn with... ⑴罹患〈(傳染性的)疾病〉：～ *down with* measles 患痲疹。⑵《英》出〈錢〉：He *came down with* some money for the society. 他捐了一些錢給那個團體。

cóme for... ⑴爲…目的而來：What have you ～ *fòr*? 你是爲什麼目的而來的？⑵來取〈某物〉，來接〈某人〉。⑶朝…逼迫而來，向著…而來。

còme fórth《*vi adv*》⑴《文語・諧》〈提案等〉出現，被提出。⑵《古》〈人〉出現。

còme fórward《*vi adv*》⑴挺身而出，出現。⑵[＋*as* 補]自願出來，應邀而出〈當…〉：He *came forward as* a candidate for the general election. 他自告奮勇出來參加普選。⑶可利用：Soap will ～ *forward as* a lubricant. 肥皂可做潤滑劑使用。⑷〈問題、提案〉被提到會議上，被提出討論。

còme ín《*vi adv*》⑴進來，入場：Please ～ *in.* 請進。⑵〈火車〉進站，到達；〈船〉入港，進港：The train will ～ *in* at platform ten. 火車將進入十號月台。⑶[＋補](比賽時)以…入選，得獎：Bill *came in* third. 比爾以第三名入選[獲得第三名]。⑷(選舉)當選；〈黨派〉取得政權：Will the Democrats ～ *in*? 民主黨將會取得政權嗎？⑸〈季節、日子〉開始。⑹〈食物〉進入適當時令；〈貨物〉到達，進貨：Oysters have just ～ *in.* 牡蠣剛開始上市；牡蠣是剛剛才進貨的。⑺開始流行：Long skirts have ～ *in.* 長裙已開始流行了。⑻〈錢〉進帳，收入：Accounts are *coming in* very slowly just now. 目前的進帳很慢。⑼擔任職務，參加：Where do I ～ *in*? 我是處於什麼立場？我該做的是什麼？對我有什麼利益？⑽[～ *in* handy [useful]](在必要時)有用，可派上用場：This will ～ *in useful to* us *for* keep*ing* things in. 在以後保存物品時，這個可以派上用場。⑾〈海〉漲潮；〈潮水〉湧來。

còme ín for... ⑴得到〈紅利、遺產等〉：I'll ～ *in for* a nice profit if land values continue to rise. 如果地價繼續上漲的話我會得到一筆可觀的利潤。⑵受到〈責難等〉：You'll ～ *in for* a scolding if you do that. 你那麼做會挨罵的。

còme ín on...《口語》加入…，參加…：Three doctors have ～ *in on* the case. 三位醫生共同會診那個病例。

còme ínto... ⑴進入…：He *came into* the company before me. 他比我還早進入公司。⑵繼承〈財產、權利〉：～ *into* a fortune 繼承一筆財產。⑶⇨ *v.i.* B1.

còme ìnto one's **ówn** ⇨ own *pron.*

cóme it《英俚》[對…]無禮，失禮[*over, with*]：If you keep *coming it over* [*with*] me, you are out [sacked]. 如果你繼續對我無禮，你就得走路！

cóme it a bít (tòo) stróng《英口語》走過頭；說得過分；誇張：Don't believe everything he says. He tends to ～ *it a bit strong.* 不要完全相信他的話，因爲他有誇大其辭的傾向。

come off [《*vi prep*》～ òff...] ⑴〈鈕扣、把手等〉從…脫落：The second hand has ～ *off* my watch. 我的錶的秒針脫落了。—[《*vi adv*》～ óff] ⑵〈鈕扣、把手等〉掉落；〈頭髮、牙齒等〉脫落；〈油漆等〉剝落。⑶〈事情等〉發生，舉行，實現：The strike did not ～ *off.* 那次罷工沒有舉行。⑷成功：The experiment *came off.* 那次的實驗成功了。⑸〈結婚典禮等〉(按預定程序)舉行，進行。⑹[與狀態副詞連用]變成…結果：The play *came off* well [badly]. 那齣戲演出成功[失敗]/He *came off* best [worst] in the fight. 他在那場比賽中獲大勝[慘敗]了。⑺[＋補](結果)變成…：He *came off* (a [the]) victor [victorious]. 結果他勝利了。⑻《英》〈戲劇〉停止上演[演出]：I'm afraid the play *came off* last week. 我想那齣戲在上星期就已經停演了。

còme óff it!《口語》別再說謊了，別裝蒜了，不要再說(傻話)了。

come on [《*vi adv*》～ ón] ⑴[用祈使語氣]趕快；[表示催促、挑戰、懇求等意]走吧，來吧，好啦，行了，得了，加油；[當反語用]別[少]…了，算了吧：*C*～ *on* (now)！走吧！趕快吧！來吧！算了吧！/*C*～ *on,* stop it！好啦，停止吧！⑵隨後而來[去]。⑶〈季節、夜等〉來臨，接近；〈雨等〉開始下：Darkness [The storm] *came on.* 黑暗[暴風雨]來臨了/It *came on* to snow hard. 開始下大雪了。⑷〈疾病〉侵襲(而至)：I felt an attack *coming on.* 我覺得病快要發作了。⑸〈電燈等〉點著，點亮：Lights *came on* one by one in the houses. 家家戶戶的燈火逐漸亮起。⑹(順利)進展，進行；增長，進步，長進：The crops are *coming on* nicely. 農作物長得很好/He is *coming on.* 他逐漸進步了。⑺〈問題〉被提出審議[討論]，被處理；〈事件〉被提出來；〈審判〉進行，舉行：The trial is *coming on* in a day or two. 公審在一兩天後就要舉行。⑻〈演員〉登場，上場；〈電視節目〉放映：He ～*s on* in the second act. 他在第二幕時登場/A new situation comedy ～*s on* tonight at 8. 一齣新的情境喜劇從今晚八點開始播放。—[《*vi prep*》～ on...] ⑼《板球》開始投球。⑽＝COME upon.

còme óut《*vi adv*》⑴出來；〈太陽、月等〉出現：The stars *came out* one by one. 星星一個接一個地出現了。⑵〈釘子、牙齒〉脫落、掉落。⑶〈書籍等〉問世，出版：His book will ～ *out* next spring. 他的書將於明年春天出版。⑷〈花〉開；〈樹木〉長新葉：The cherry blossoms here ～ *out* early in April. 這裡的櫻花在四月初開花。⑸知道，明白，懂；〈意思〉清楚，明瞭：It *came out* that he was the murderer. 眞相已大白，他就是凶手。⑹〈本性等〉顯露：His character ～*s out* in everything he says. 他的性格從他說的話裡顯露出來。⑺初次出現(於社交場合、舞台上)，初次登場，初出茅蘆。⑻[與 well 等狀態副詞連用]〈人〉顯現(於照片上)：She does not ～ *out* well in a black and white picture. 她在黑白照片中不太上相。⑼〈相片〉被沖洗，顯現，顯影：That picture didn't ～ *out.* 這張照片洗不出來。⑽〈數學問題〉被解出：I can't make this equation ～ *out.* 我解不出這個方程式。⑾〈經費〉(總計)達到[…][*at, to*]：The fare charged ～*s out at* [*to*] twenty cents an hour. 所需的車資爲每小時兩毛錢。⑿[＋補](在考試中)獲得〈…的〉成績：I never expected to ～ *out* as high as I did. 我從未料到會得到那麼高的成績。⒀[＋補]結果變成…：～ *out* right in the end 結果很順利[成功]/Things have ～ *out* against us. 事情演變的結果對我們不利。⒁《英》罷工：The printers have ～ *out* for higher pay again. 印刷工人爲要求提高工資而再度罷工。⒂〈汚跡〉消除：That stain won't ～ *out.* 這汚跡去不掉。⒃〈染色等〉褪色，消失：Green is apt to ～ *out* easily. 綠色容易褪色。

còme óut agàinst... 反對[聲明反對]…：He *came out* strongly *against* the plan. 他强烈反對那個計畫。

còme óut for... 贊成[聲明贊成]…：The workers *came out for* strik*ing*. 勞動者贊成罷工。

còme óut in...《口語》〈人〉(因疾病等)長〈疙瘩、斑點等〉：She has ～ *out in* red spots. 她臉上長了紅斑點。

còme óut of... ⑴從〈某場所〉出來：～ *out of* a room 從房間出來。⑵〈釘子等〉從…脫落[掉落]。⑶⇨ *v.i.* A 4 b. ⑷〈汚跡、顏色等〉從…消失，褪色，剝落。

còme óut with...《口語》⑴出示，發表，公布…：The newspapers *came out with* the story on the front page. 各報紙把那個消息刊在第一版。⑵說出，告訴，透露…：*C*～ *out with* it. 不要吞吞吐吐，快說。

come over《*vi prep*》[～ òver...] ⑴〈感情等〉侵襲，支配；〈黑夜〉籠罩：A deep darkness *came over* the land. 深沉的黑暗籠罩著大地，大地變得一片漆黑。—《*vi adv*》[～ óver] ⑵[朝…]來[*to*]；[從…]來[*from*]：He has ～ *over to* our town. 他來到我們的城市/Her parents had ～ *over from* England. 她的父母親是從英國來的。⑶隨興而至，順便到…：Won't you ～ *over* and have a drink？你不順便到我家喝一杯嗎？⑷(從敵方)投奔，變節[至我方][*to*]：They *came over to* our side during the war. 他們在戰爭中投奔到我方來。⑸[＋補]《英》突然感到：She *came over* sad [dizzy]. 她忽然感到悲傷[頭昏]。

còme róund《英》＝COME around.

come through《*vi prep*》[～ through...] ⑴經過[穿越]…；熬過，度過，克服〈難關〉：I *came through* that town on my way here. 我在來這裡的路上經過那個城鎮/He *came* successfully *through* the ordeal. 他成功地經受了那場嚴峻的考驗。—《*vi adv*》[～ thróugh] ⑵度過，克服，熬過，完成；成功。⑶〈電話等〉接通，聯繫。⑷提供[所需物品]，支付[…][*with*].

còme tó《*vi adv*》⑴恢復知覺，甦醒，清醒。⑵《航海》使船朝迎風方向。
còme to páss ⇨ pass[1] *n.*
còme to stáy ⇨ stay[1].
còme to thát《口語》提及[談及]那事，那麼說：*C~ to that,* I haven't made up my mind. 那件事呀！我還沒拿定主意。
còme to thínk of it《口語》認眞一想，這麼一想，這麼說來：*C~ to think of it,* I did see him. 認眞一想，我確實是看見他了。
cóme ùnder... ⑴歸入…項目[類別]，編入…：Milk and cheese ~ *under* the heading of dairy products. 牛奶和乾酪屬於乳製品。⑵受到〈影響、支配等〉，被…控制：~ *under* a person's influence 受到某人的影響。
còme úp《*vi adv*》⑴上來，上升；上樓：The sun *came up* on the horizon. 太陽升到地平線了。⑵前來，接近，臨近。⑶到北方來，北上。⑷[從地方]來到[都市][*from*][*to*]：He *came up to* town that year. 他在那一年進城。⑸《英》進大學。⑹[在地位、階級等方面]晉升，提升[*in*]：~ *up in* the world 發跡。⑺〈種子、草木等〉發芽，長出：Plants ~ *up* again every spring. 每到春天植物就發芽。⑻〈事情〉發生，產生；流行：A similar case *came up* several years ago. 類似的案件數年前也發生過。⑼被提出審議；受注目，成爲話題：The case will ~ *up* next week. 那案件將於下週被提出審議。⑽《口語》(抽簽等)抽中，選中；〈彩票〉中獎。⑾〈食物〉被吐出來。⑿〈衣物等〉清洗得…：My shirt *came up* quite beautifully. 我的襯衫洗得很乾淨。
còme úp agàinst... 碰到，遭到，面臨〈困難、反對〉：We *came up against* massive popular resistance. 我們遭到廣大羣衆的反抗。
cóme upòn... ⑴偶然遇見，碰見…：I had not gone far when I *came upon* an old man. 我沒走多遠就遇見了一位老人。⑵突然想起…。⑶突襲…：Misfortune *came upon* him. 災難[不幸]突然降臨在他身上，他突然遭致厄運[不幸]。⑷成爲…的負擔：Unemployment pay will ~ *upon* the state. 失業救濟金的支付將成爲國家的負擔。
còme úp to... ⑴走到…的身邊：A gentleman *came up to* the boy and asked where he lived. 一位紳士走到那男孩身邊問他住在什麼地方。⑵達到…：The water *came up to* his waist. 水深及他的腰部。⑶達到〈期望〉；合乎〈標準〉；比得上，不亞於…：The play did not ~ *up to* our expectations. 那齣戲沒有達到我們的期望/His work does not ~ *up to* the standard. 他的工作未達標準《表現得不好》。⑷⇨ COME up ⑷.
còme úp with... ⑴趕上[追上]…。⑵《口語》拿出[取出]〈必需品〉：She *came up with* the photo album. 她拿出那本相簿/The Government will ~ *up with* the money. 政府將會拿出那筆錢。⑶《口語》提出〈建議等〉，想到〈主意〉；發現[找出]〈解答等〉：He *came up with* an answer to our problem. 他爲我們的問題找出了答案。
cóme what máy [**wíll**] 不管會發生什麼事。
Cóming from a person 被〈某人〉這麼說："You are hopeless at math(s)."—"*Coming from* you, that's a bit much."「你的數學簡直不行。」「你這麼說眞是有一點過分。」
hàve it cóming (**to** one) ⇨ have[1].
Hòw cóme...? ⇨ how *adv.*
if it còmes to thát = COME to that.
nòw [**when**] one **cómes to thínk of it** = COME to think of it.
when it còmes to... (話題)說到[提到]…：*When it ~s to* (play*ing*) golf, he is next to none. 說到(打)高爾夫球，他是數一數二的。

come-at-able [kʌˋmætəbḷ; ˌkʌmˈætəbl] *adj.*《英口語》**1** 〈地點、人等〉容易接近的。**2** 容易得到的。

cóme·bàck *n.* Ⓒ **1** (健康、聲望等一時衰退之後的)恢復，捲土重來；東山再起：make a ~ 捲土重來，東山再起。**2** 巧妙的應答，機智的回答；還嘴，反唇相譏。

COMECON, Com·e·con [ˈkɑmɪˌkɑn; ˈkɔmikɔn] «*Co*uncil for *M*utual *Econ*omic Assistance 之略»—*n.* (共產國家的)經濟互助委員會《由蘇聯、保加利亞、匈牙利、波蘭、羅馬尼亞、捷克、東德、蒙古、古巴、越南等國組成的經濟互助組織》。

co·me·di·an [kəˈmidɪən; kəˈmi:diən] *n.* Ⓒ **1** 喜劇演員。**2**《口語》詼諧的人，滑稽的人。**3** 傻瓜，笨蛋。

co·me·di·enne [kəˌmidɪˈɛn; kəˌmeidiˈen, -ˌmi:d-] «源自法語»—*n.* Ⓒ女喜劇演員。

cóme·dòwn *n.* Ⓒ《口語》**1** (地位、名譽的)衰落，低落。**2** 令人失望的事物；期待落空：His defeat was quite a ~ for all of us. 他的失敗著實令我們全體感到失望。

‡**com·e·dy** [ˈkɑmədɪ; ˈkɔmidi] «源自希臘文「宴會」及「詩人」之義»—*n.* **1** Ⓤ[指個體時爲Ⓒ]喜劇：a light ~ 輕鬆愉快的喜劇/a musical ~ 音樂喜劇，滑稽[喜劇性]歌劇/a ~ of manners 風俗喜劇《諷刺社交界的輕佻、陋習等的一種饒富風趣的喜劇》。**2** Ⓒ喜劇性的場面[事件]。**3** Ⓤ喜劇性。

còme-híther *adj.* [用在名詞前]《口語》(在性方面有意識地)勾引人的，誘惑人的，迷人的。

come·ly [ˈkʌmlɪ; ˈkʌmli] *adj.* (**come·li·er, -li·est**；**more ~, most ~**)《文語》(尤指)〈女性〉美麗的，漂亮的。**cóme·li·ness** *n.*

cóme-òn *n.* Ⓒ《美俚》**1** 誘人的眼神[態度]。**2** 誘人的東西；宣傳單；(招攬顧客的)商品。

cóm·er *n.*《口語》**1 a** Ⓒ[常與修飾語連用]來者：a late ~ 遲到者/the first ~ 先到者/⇨ newcomer. **b** [**all** ~s]所有的來者《如應徵者及突然的加入者等》：I stand up against *all* ~*s.* 任何來者我都奉陪。**2** Ⓒ《美口語》有希望成功的人[事物]。

co·mes·ti·ble [kəˈmɛstəbḷ; kəˈmestibl]《文語》*adj.* 可以吃的。—*n.* Ⓒ[常 ~s]食品，食物。

com·et [ˈkɑmɪt; ˈkɔmit] «源自希臘文「具有長髮的(星星)」之義»—*n.* Ⓒ《天文》彗星，掃帚星：⇨ Halley's comet.

come·up·pance [ˌkʌmˋʌpəns; kʌmˈʌpəns] *n.* Ⓒ[常用單數]《口語》應得的懲罰[報應]。

com·fit [ˈkʌmfɪt; ˈkʌmfit] *n.* Ⓒ《罕》蜜餞，糖果。

*__com·fort__ [ˈkʌmfət; ˈkʌmfət] «源自拉丁文「加强，提起精神」之義»—*v.t.* **1** [十受]安慰〈人〉：She ~*ed* me in my distress. 在我苦惱的時候，她來安慰我。

【同義字】comfort 是指緩和人的痛苦、悲傷、煩惱使提起精神；console 是指安慰灰心或悲傷的人使重振精神；solace 是指除去悲傷、失意、無聊及孤獨感等。

2 [十受十介十(代)名][因…]安慰〈人〉[*for*]：They ~*ed* me *for* my failure. 他們因我的失敗而安慰我《★ ~ my failure 是錯誤的用法》。
—*n.* **1** Ⓤ(無不安、痛苦、不滿的)安樂，舒適，愉快：live in ~ 過舒適的生活。**2** Ⓤ(在別人苦惱時給予鼓舞使提起精神的)安慰，慰藉：give ~ to... 安慰…/take [find] ~ in... 從…得到安慰，引…爲安慰/words of ~ 安慰的話。**3 a** Ⓒ給予安慰的人[物]：She is a great ~ to her parents. 她是雙親極大的安慰。**b** [~s]使生活舒服的東西：⇨ creature comforts/Those hotels offer plain ~*s.* 那些旅館只有普通的設備。

‡**com·fort·a·ble** [ˈkʌmfətəbḷ; ˈkʌmfətəbl] «comfort 的形容詞»—*adj.* (**more ~; most ~**) **1 a** (不給肉體上帶來痛苦地)安樂的，舒服的，舒適的：a ~ sofa 一張舒適的沙發/a ~ room 一間舒適的房間。**b** [不用在名詞前](在精神或肉體上無不安[苦惱]地)安樂的，舒服的：feel ~ 感覺舒服/Make yourself ~. 請不要拘束。**2 a** 〈收入等〉充裕的，豐富的：a ~ income 寬裕的收入。**b** [不用在名詞前]經濟上寬裕的，相當富裕的：He is ~ enough to buy a new car. 他有足夠的錢買一輛新車。**3** [用在名詞前]給予安慰[慰藉]的，使安定的。
—*n.* Ⓒ《美》被褥。**~·ness** *n.*

cóm·fort·a·bly [-təblɪ; -təbli] *adv.* **1** 安樂地，舒服地，悠閑地，舒暢地：He settled himself ~ in an easy chair. 他悠閑地坐在安樂椅上。**2** 安逸地：be ~ off《委婉語》相當富裕的。

cóm·fort·er *n.* **1 a** Ⓒ給予安慰的人[物]。**b** [**the C~**]聖靈(the Holy Ghost)《★出自聖經「約翰福音」》：⇨ Job's comforter. **2** Ⓒ **a** 羊毛圍巾。**b**《美》被褥。**3** Ⓒ《英》(嬰兒用的)橡膠奶嘴(《美》pacifier).

cóm·fort·ing *adj.* 鼓勵的；安慰的。

cómfort·less *adj.* 不舒適的，苦悶的，孤寂的，不愉快的：a ~ room 孤寂的[不舒適的]房間。

cómfort stàtion *n.* Ⓒ《美》公共廁所。

com·frey [ˈkʌmfrɪ; ˈkʌmfri] *n.* Ⓒ《植物》聚合草《紫草科聚合草屬多年生草本植物的統稱；尤指藥用聚合草》。

com·fy [ˈkʌmfɪ; ˈkʌmfi] *adj.*《口語》= comfortable.

com·ic [ˈkɑmɪk; ˈkɔmik] «comedy 的形容詞»—*adj.* **1 a** 喜劇的：⇨ comic opera, comic relief. **b** 喜劇性的，滑稽的，可笑的：a ~ look on one's face 某人臉上滑稽的表情。**2** [用在名詞前]《美》漫畫的：⇨ comic strip.
—*n.* **1** Ⓒ **a**《口語》喜劇演員；滑稽人物。**b** 傻瓜，笨蛋。**2 a** (又作 **cómic bóok**)Ⓒ漫畫書。**b** Ⓒ滑稽[喜劇]影片。**c** [**the** ~s](報紙、雜誌的)漫畫欄。

com·i·cal [ˈkɑmɪkḷ; ˈkɔmikl] *adj.* 滑稽的，可笑的。
~·ly [-klɪ; -kəli] *adv.*

cómic ópera *n.* Ⓒ喜劇性[滑稽]歌劇《通常是以喜劇收場且題材輕鬆愉快的歌劇》。

cómic pàper *n.* Ⓒ(報紙之)連環圖畫版。

cómic relíef *n.* Ⓤ(穿插在悲劇、緊張場面中的)輕鬆鏡頭；喜劇性調劑。

cómic spírit *n.* Ⓤ喜劇精神《將人生之各種問題視爲可笑的態度》。

cómic stríp *n.* Ⓒ(報紙、雜誌等的)連載漫畫，連環圖畫(《英》strip cartoon).

Com·in·form [ˈkɑmɪn͵fɔrm; ˈkɔminfɔ:m] «源自 *Com*munist *In*-*form*ation Bureau» **—n.** [**the** ~] 共產黨情報局《1947–56 由俄、法、義等九個歐洲國家之共黨所成立的組織》。

com·ing [ˈkʌmɪŋ; ˈkʌmiŋ] *adj.* [用在名詞前] **1** 即將來臨的，下次的：the ~ election 下次的選舉。**2**《口語》新進的；將成名的：a ~ man 即將嶄露頭角的人。

—n. 1 ⓊⒸ到來：with the ~ of spring 隨著春天的來臨/the ~*s* and goings of tourists 旅客的來來往往。**2** [**the** (**Second**) C~] 耶穌的再(度降)臨。

Com·in·tern [ˈkɑmɪn͵tɝn; ˈkɔmintə:n] «*Com*munist 與 *interna*tional 的混合語» **—n.** [**the** ~] 共產黨國際，第三國際(the Third International；⇨ international *n.* 2)。

com·i·ty [ˈkɑmətɪ; ˈkɔmiti] *n.* Ⓤ《文語》禮讓，禮節，禮儀：the ~ of nations 國際禮儀《各國對於他國的法律、制度相互尊重》。

***com·ma** [ˈkɑmə; ˈkɔmə] «源自希臘文「片斷」之義» **—n.** Ⓒ **1** (標點符號的)逗點《，》：⇨ inverted commas. **2**《音樂》差音程，小音程。

cómma bacíllus *n.* Ⓒ(*pl.* **comma bacilli** [-bəˈsɪlaɪ; -bəˈsilai]) 撇狀菌，垂點狀螺菌，霍亂螺菌。

cómma fàult *n.* Ⓒ逗號之誤用《在沒有連接詞銜接的兩個主要子句之間應用分號、冒號、或句號分開時，反而不合理地使用逗號》。

***com·mand** [kəˈmænd; kəˈmɑ:nd] «源自拉丁文「委託」之義» **—v.t. 1 a** 〔十受〕(掌權者正式地)命令，下令…：~ silence 下令肅靜。**b** 〔十受十 *to* do〕命令〈某人〉〈做某事〉：The captain ~*ed* his men *to* gather at once. 隊長命令他的部下立刻集合。**c** 〔十 *that*__〕命令〈某事〉：The general ~*ed that* the troops (should) cease fire. 將軍命令軍隊停止射擊《★用法《口語》多半不用 should》。

2 〔十受〕指揮，統率〈軍隊〉：The captain ~*s* his ship. 艦長指揮船艦。

3 〔十受〕**a** 控制，克制，抑制〈感情等〉：~ one's passion [temper] 控制某人的感情[脾氣]。**b** [~ one*self*] 自制。**c** 支配，自由運用…：I cannot ~ the sum. 我不能支配這筆款子/He ~*s* a wide-ranging knowledge of physics. 他具有廣博的物理學知識。

4 〔十受〕**a** 博得，得到，值得〈同情、尊敬等〉：~ great attention 受到很大的注意/He ~*ed* much respect for his honesty. 他因誠實而備受尊敬。**b** 〈商品〉可賣〈高價錢〉：Things ~ a higher price when they are scarce. 物品缺乏時必然能賣到好價錢《物以稀爲貴》。

5 〔十受〕**a** 佔據[控制]〈重要地點等〉：The fort ~*s* the entrance to the harbor. 那碉堡控制海港的入口。**b** 瞭望，眺望，環視〈景色〉：a house ~*ing* a fine view 視野極佳的房子/From the mountain peak we ~*ed* the whole valley. 從山頂我們可以眺望整個山谷。

—v.i. 命令，下令。

—n. 1 Ⓒ **a** (具有權威性的)命令，吩咐：*at* [*by*] a person's ~ 奉某人的命令，遵從某人的指示/give a ~ 下命令/execute a ~ 執行命令。**b** 〔十 *to* do〕〈下…的〉命令：give a ~ *to* attack 下令攻擊。**c** 〔十*for*十(代)名十 *to* do〕〔要某人〕〈做某事的〉命令：The Admiral issued a ~ *for* the fleet to set sail. 艦隊司令下令艦隊開航。**d** 〔十 *that*__〕〈做某事的〉命令：The teacher gave a ~ *that* all the pupils (should) gather at once. 老師命令所有的學生立即集合《★用法《口語》多半不用 should》。

2 Ⓤ指揮〔*of*〕：a leader in ~ *of* the team 一位指揮隊伍的團長/General White was *in* ~ *of* the army. 懷特將軍統率那個軍隊/I had thirty men *under* my ~. 我有三十個人聽我的指揮/He took [had] ~ *of* the battalion. 他指揮那個大隊。

3 a Ⓤ(對於感情等的)抑制，控制；抑制力，控制力〔*of*〕：have ~ *of* oneself 能自制/lose ~ *of* oneself 失去自制力。**b** Ⓤ支配權，指揮權，統率權〔*of*〕：get [have] ~ *of* the air [sea] 取得[掌握]制空[海]權。**c** Ⓤ[又作 **a** ~] (對語言的)運用自如的能力；(對金錢等的)自由支配[控制]〔*of*〕：He has (*a*) good [great] ~ *of* English. 他精通英語。

4 Ⓤ **a** 可俯視(重要地點)之位置。**b** 俯瞰，眺望：The hill has the ~ *of* the whole city. 從這山丘可以俯瞰全市。

5 Ⓒ[常與修飾語連用]《軍》指揮[管轄]下的部隊；[常 C~] 司令部《★用法視爲一整體時當單數用，指個別成員時當複數用》。

at a person's commánd (1)⇨ *n.* 1. (2)《文語》供某人支配，在某人掌握中；可隨意使用：all the money *at* my ~ 我可以隨意支配的所有金錢/He is *at* your ~. 他由你任意支使[他聽你的命令]。

at the wórd of commánd 命令[口令]一發，一聲令下。

com·man·dant [͵kɑmənˈdænt; ͵kɔmənˈdænt] *n.* Ⓒ司令官，指揮官。

com·man·deer [͵kɑmənˈdɪr; ͵kɔmənˈdiə] *v.t.* **1**《軍》徵集[徵募]〈人〉(服役)；徵收[徵用]〈私有物〉(作軍用或公用等)。**2**《口語》任意使用[侵佔，霸佔]〈他人物品〉。

com·mand·er [kəˈmændɚ; kəˈmɑ:ndə] *n.* Ⓒ **1** 指揮者，司令官。**2 a**《陸軍》指揮官。**b**《海軍》中校。**3**《英》(倫敦警察局的)警長(⇨ police【說明】)。**commánder in chíef** (*pl.* **commanders in chief**)《略作 C in C》(1)最高指揮官。(2)《陸軍》總司令。(3)《海軍》總司令。

com·mánd·ing *adj.* **1** [用在名詞前] 指揮的：a ~ officer 指揮官。**2** 〈態度、風采等〉有威儀的，有威嚴的，威風凜凜的：a ~ voice 威風凜凜的聲音。**3** [用在名詞前] 便於眺望的，居高臨下的；佔地利的：a ~ height 佔地利的[便於眺望的]高地。

~·ly *adv.*

com·mand·ment [kəˈmændmənt, -ˈmænmənt; kəˈmɑ:ndmənt] «command 的名詞» **—n. 1** Ⓤ《文語》命令。**2** Ⓒ **a** (神的)聖誡，戒律。**b** [C~] 摩西十誡之一：the Ten *Commandments* 摩西十誡《★出自聖經「出埃及記」等》。

commánd módule *n.* Ⓒ《太空》(太空船的)指揮艙。

com·man·do [kəˈmændo; kəˈmɑ:ndou] *n.* Ⓒ (*pl.* ~**s**, ~**es**) (受過特殊訓練的)突擊隊(員) (cf. ranger 3)。

commánd pàper *n.* Ⓒ《英》(內閣大臣奉國王之命向議會提出的)重要報告或文件《略作 Cmd》。

commánd perfórmance *n.* Ⓒ(因國家元首的蒞臨[要求]而特別舉行的) 御前演出[演奏]。

commánd pòst *n.* Ⓒ《陸軍》(戰地)指揮所[部]《略作 C. P.》。

cómma splìce *n.* =comma fault.

comme il faut [kɔmilˈfo; ͵kɔmi:lˈfou] «法語 'as it should be' 之義» **—adj. & adv.** 合乎禮節的[地]；文雅的[地]，高尚的[地]。

com·mem·o·ra·ble [kəˈmɛmərəbl; kəˈmemərəbl] *adj.* 值得記憶的；值得紀念[慶祝]的。

com·mem·o·rate [kəˈmɛmə͵ret; kəˈmeməreit] «源自拉丁文「想起」之義» **—v.t. 1** (以祝詞或儀式等)紀念，祝賀，慶祝；舉行…的紀念儀式。**2** 〈紀念碑、日期等〉成爲…的紀念。

com·mem·o·ra·tion [kə͵mɛməˈreʃən; kə͵meməˈreiʃn] «commemorate 的名詞» **—n. 1** Ⓤ祝賀，紀念，慶祝〔*of*〕：a medallion struck *in* ~ *of* the conclusion of hostilities 爲紀念戰爭結束而鑄造的大獎章。**2** Ⓒ **a** 紀念儀式，慶祝典禮。**b** 成爲紀念之物品；紀念物。

com·mem·o·ra·tive [kəˈmɛmə͵retɪv, -mərətɪv; kəˈmemərətiv] *adj.* **1** 紀念的：a ~ stamp 紀念郵票。**2** [不用在名詞前]〔十介十(代)名〕紀念〔…〕的〔*of*〕：stamps ~ *of* the Olympic Games 奧林匹克紀念郵票。**—n.** Ⓒ紀念物；紀念郵票[貨幣]。

com·mence [kəˈmɛns; kəˈmens] «源自拉丁文「同時開始」之義» **—**《文語》*v.t.* **1** 開始《★比較begin 泛指一般的開始，而此字特別用於有關儀式、審判及作戰等的開始》。**2** 〔十 do*ing*/十 *to* do〕開始〈做某事〉《★變換可換寫成〔十 do*ing*〕及〔十 *to* do〕》：At the age of eighteen he ~*d* study*ing* [*to* study] law. 他在十八歲時開始學法律。**—v.i.** 開始：The first term ~*s in* April. 第一學期於四月開始/Direct flights between New York and Tokyo ~*d* recently. 紐約與東京間的直達班機最近開始通航了。

com·ménce·ment [-mənt; -mənt] «commence 的名詞» **—n.** Ⓤ [又作 **a** ~] **1** 開始，最初〔*of*〕。**2 a** (美國各大學及劍橋(Cambridge)，都柏林(Dublin)兩大學的)學位授與典禮[日]。**b**《美》(大學以外的)畢業典禮。

> 【說明】美國的高中、大學都稱畢業典禮爲 commencement, 通常在五月底或六月初舉行。commencement 是 commence(開始)的名詞，所以它的含義並不是「畢業典禮」，而是意味著「開始」的儀式。也就是說，將高中、大學階段所學的，應用於實際社會上，開始爲社會做事的日子。美國各大學習慣在畢業典禮上邀請財政界領袖作畢業演說(commencement address)。

com·mend [kəˈmɛnd; kəˈmend] «源自拉丁文「委託」之義» **—v.t.**《文語》**1 a** 〔十受〕稱讚，讚揚，推崇〈人、物〉。**b** 〔十受十介十(代)名〕〔因某事〕稱讚〈人、物〉〔*for*〕：We ~*ed* him ***for*** his bravery [be*ing* brave]. 我們稱讚他的勇敢。**2** 〔十受十介十(代)名〕推薦，建議〈人、物〉〔給…〕〔*to*〕《★比較一般用 recommend》：~ a man ***to*** his employers 把一個人推薦給他的雇主。**3** 〔十受十介十(代)名〕把〈人、物〉委託，託付〔給某人照顧〕〔*to*〕：He ~*ed* his children ***to*** his brother's care. 他把孩子託給他哥哥[弟弟]照顧。

com·mend·a·ble [kəˈmɛndəbl; kəˈmendəbl] *adj.* 值得稱讚的，令人欽佩的；值得推薦的；優秀的：a ~ attitude 值得稱讚[可嘉]的態度。**-a·bly** [-dəblɪ; -dəbli] *adv.*

com·men·da·tion [͵kɑmənˈdeʃən; ͵kɔmenˈdeiʃn] «commend 的名詞» **—n. 1** Ⓤ《文語》**a** 讚揚，稱讚，推崇。**b** 推薦。**2** Ⓒ獎，獎品，獎狀，獎金〔*for*〕。

com·men·da·to·ry [kəˈmɛndə͵torɪ, -͵tɔrɪ; kəˈmendətəri] *adj.*《文語》讚賞的，推崇的。

com·men·sal [kəˈmɛnsəl; kəˈmensəl] *adj.* **1** 共餐的，同食的。**2**《生物》片利共棲的。

—*n.* Ⓒ **1** 同桌進餐的人。**2** 《生物》片利共棲的動[植]物。

com·mén·sal·ìsm [-l͵ɪzəm; -lizəm] *n.* Ⓤ **1** 共餐，同食。**2** 《生物》片利共棲，片利共生。

com·men·su·ra·ble [kəˋmɛnʃərəbl, -ˋmɛnsərə-; kəˈmenʃərəbl] *adj.* **1** [不用在名詞前]〔十介十(代)名〕《文語》〔與…〕可以同一標準[尺度]衡量[測量]的〔*with, to*〕: Universities today are not ~ *with* those of the past. 今日的大學不能與過去的大學相比。**2** 《數學》**a** 可通約的，有公度的。**b** [不用在名詞前]〔十介十(代)名〕〈某數〉可〔與…〕約分的〔*with*〕: 10 is ~ *with* 30. 十可與三十約分。**3** ＝commensurate.

com·men·su·rate [kəˋmɛnʃərɪt, -ˋmɛnsə-; kəˈmenʃərət] *adj.* [不用在名詞前]〔十介十(代)名〕[常置於名詞後]《文語》**1**〔與…〕同標準[數量，程度]的〔*with*〕: His collection of books was ~ *with* that of a town library. 他的藏書量與鎮上圖書館不相上下。**2**〔與…〕成比例的，相稱的，相當的；〔對…〕適合的〔*to, with*〕: clothes ~ *with* one's position in life 與身分地位相稱的衣服。

***com·ment** [ˋkɑmɛnt; ˈkɔment] 《源自拉丁文「創思」之義》—*n.* **1** ⓊⒸ〔對時事等的〕評論，批評，評語；批判〔*on, upon*〕: He made some ~*s on* current topics. 他對時事問題做了若干的評論/No ~. 無可奉告；沒有意見，沒什麼可說的。

> 【同義字】comment 是指對某問題、書籍、人物、狀態等的說明、解說、批評；remark 是指簡單地陳述或寫下的意見、判斷等；observation 是指基於觀察、經驗而仔細思考過的意見、判斷。

2 ⓊⒸ 註解，評註，解說。**3** Ⓤ 閒話，閒談，談論: His remarks provoked [aroused, excited] considerable ~. 他的話引起了相當大的議論。

—*v.i.*〔十介十(代)名〕〔對…〕批評[評論，批判]；註釋，註解〔*on, upon*〕: Everyone in the literary circle ~*ed on* [*upon*] his new poem. 文壇人士對他新作的詩都作了評論/He ~*ed on* my new dress. 他對我的新衣服表示了意見。—*v.t.*〔十 *that*_〕對〈…一事〉表示意見，評論說〈…〉: He ~*ed that* this novel was a masterpiece of English literature. 他評論說這部小說是英國文學中的傑作。

com·men·tar·y [ˋkɑmən͵tɛrɪ; ˈkɔməntəri] *n.* **1 a** Ⓒ〔有關某事的〕(一系列的)評論(集)；註釋，評註，評述〔*on, upon*〕: a ~ *on* the Scriptures 聖經註釋/⇨running commentary 1. **b** Ⓤ [指個體時爲Ⓒ]《廣播・電視》(時事問題、運動等的)解說，實況報導: ⇨running commentary 2/a broadcast ~ *on* a baseball game 棒球比賽的實況廣播。**2** Ⓒ [常 **commentaries**] (依據個人經驗而寫的)記錄，回憶錄〔*on*〕: Caesar's *Commentaries on the Gallic War* 凱撒的「高盧之役回憶錄」。

com·men·tate [ˋkɑmən͵tet; ˈkɔmənteit] 《commentator 的逆成字》—*v.i.* **1** 當[擔任]解說者[評論員]。**2**〔十介十(代)名〕做〔…的〕解說[評論]〔*on, upon*〕: He ~*d on* the contemporary political situation. 他就當代的政治局勢做了評述。—*v.t.* 解說，評論。

com·men·ta·tor [ˋkɑmən͵tetɚ; ˈkɔmenteitə, -mən-] *n.* Ⓒ **1** 註解者，評論者。**2** 《電視・廣播》時事評論家；實況報導[廣播]者。

***com·merce** [ˋkɑmɚs, -mɜs; ˈkɔmə:s] 《源自拉丁文「同時交換商品」之義》—*n.* Ⓤ **1** **商業**，商務，交易，貿易(trade): ~ and industry 工商業。**2** (社交上的)交際，交涉〔*with*〕.

***com·mer·cial** [kəˋmɝʃəl; kəˈmə:ʃl] 《commerce 的形容詞》—*adj.* (**more** ~; **most** ~) **1** [用在名詞前](無比較級、最高級) **a** **商業(上)的**，商務的；通商[貿易](上)的: ~ art 商業美術/~ English 商業英語/~ flights 民航客機/~ law 商業法/a ~ transaction 商業交易/a ~ treaty 通商條約。**b** 教授商業知識[交易技術]的: a ~ college 商業專科學校，商科大學。**2** 營利的，營利本位的；以賺錢爲目的的，利潤主義的: a ~ theater 營利性劇場/The movie was a ~ success. 這部電影很賣座。**3** (無比較級、最高級) **a** 工業用的: ~ detergent 工業用清潔劑。**b** 經濟實惠的；一般的，普通的: a ~ grade of beef 經濟實惠的牛肉。**c** 《美》商用的；大量生產的。**4** (無比較級、最高級)《電視・廣播》**a** 〈節目等〉靠廣告資助或維持的: a ~ program 商業(廣告)節目/a ~ message 商業宣傳廣告文《即所謂的 CM》. **b** 民營的，私營的: ~ television [TV] 民營電視。

—*n.* Ⓒ廣告節目。

> 【說明】美國的廣播、電視與英國的 BBC、日本的 NHK 不同，原則上是有資助者(sponsor)贊助的商業廣播，當然插播其商業廣告。美國的商業廣告與我國的不同，直接銷售商品本身的姿態很明顯。美國的商品廣告不能使用沒有事實印證或無法以實驗等證明的宣傳詞句。但有時可以指出其他公司產品缺點的方式來推銷自己公司的產品。

commércial àgency *n.* Ⓒ商業徵信機構。

commércial bánk *n.* Ⓒ商業銀行。

commércial còde *n.* Ⓒ商業電碼《字數較少，發報費低》。

com·mér·cial·ìsm [-l͵ɪzəm; -lizəm] *n.* Ⓤ商業主義[本位]，營利主義。

com·mer·cial·ize [kəˋmɝʃəl͵aɪz; kəˈmə:ʃəlaiz] *v.t.* 使…商業[營利]化: New scientific discoveries are quickly ~*d.* 科學上的新發現很快就被商業化了。**com·mer·cial·i·za·tion** [kə͵mɝʃələˋzeʃən, -aɪˋz-; kə͵mə:ʃəlaiˈzeiʃn] *n.*

com·mér·cial·ly *adv.* 商業上，營業上，營利上；通商上，貿易上。

commércial pàper *n.* Ⓒ商業票據。

commércial pílot *n.* Ⓒ民航飛行員，商業飛行員《運送郵件、乘客或貨物以及作其他商業用途之飛機的駕駛員》。

commércial tráveller *n.* Ⓒ《英罕》(到各地販賣物品的)推銷員，外務員(traveling salesman).

commércial véhicle *n.* Ⓒ商用汽車，送貨車。

com·mie [ˋkɑmɪ; ˈkɔmi] *n.* [常 C~] Ⓒ [常用於稱呼]《口語・輕蔑》共產黨員；共產主義者。

com·mi·nate [ˋkɑmə͵net; ˈkɔmineit] *v.t.* & *v.i.* **1** 威嚇。**2** 詛咒。

com·mi·na·tion [͵kɑməˋneʃən; ͵kɔmiˈneiʃn] *n.* ⒸⓊ **1** (神罰的)威嚇。**2** (施予報復、懲罰等的)警告。**3** 《英國國教》大齋懺悔文《在聖灰日(Ash Wednesday)勸告罪人悔過以免於神怒及制裁的祈禱文》。

com·min·gle [kəˋmɪŋgl; kɔˈmiŋgl] 《文語》*v.t.* 混合。—*v.i.* 〔動(十介十(代)名)〕〔與…〕摻合〔*with*〕.

com·mi·nute [ˋkɑmə͵nut, -͵njut; ˈkɔminju:t] *v.t.* **1** 將…研磨成微粒[細粉]。**2** 分割，細分〈土地等〉。

com·mis·er·a·ble [kəˋmɪzərəbl; kəˈmizərəbl] *adj.* 值得憐憫[同情]的。

com·mis·er·ate [kəˋmɪzə͵ret; kəˈmizəreit] *v.t.* **1**〔十受十介十(代)名〕同情[憐憫]〈人〉〈不幸等〉〔*for*〕: ~ a person *for* his misfortune 同情某人的不幸。**2** 憐憫，同情〈不幸等〉。—*v.i.*〔十介十(代)名〕〔因某事〕憐憫[同情]〔人〕〔*with*〕〔*on, over*〕: ~ *with* a friend *on* his misfortunes 同情朋友的不幸。

com·mis·er·a·tion [kə͵mɪzəˋreʃən; kə͵mizəˈreiʃn] 《commiserate 的名詞》—*n.* **1** Ⓤ〔對…的〕同情，憐憫(compassion)〔*for*〕. **2** [~s] (發自內心的)表示同情的話；悼詞: Thank you for your ~*s.* 感謝你的同情。

com·mis·sar [͵kɑməˋsɑr; ͵kɔmiˈsɑ:] *n.* Ⓒ **1** (蘇聯的)共產黨統治委員，政委《負責政治教化及黨紀肅清方面的工作》。**2** (蘇聯的)人民委員《1917–46 之間的制度，相當於他國的部長；英語則稱作 minister》.

com·mis·sar·i·at [͵kɑməˋsɛrɪət; ͵kɔmiˈsɛəriət] *n.* **1** Ⓒ [集合稱]《軍》軍需處，聯合勤務部《★用法視爲一整體時當單數用，指個別成員時當複數用》。**2** Ⓤ食物的供給。**3** Ⓒ [集合稱] (蘇聯的)人民委員會《1917–46 之間實行的制度，相當於他國的部會；英語則稱作 ministry；cf. commissar 2；★用法與義 1 相同》。

com·mis·sar·y [ˋkɑmə͵sɛrɪ; ˈkɔmisəri] *n.* Ⓒ **1** 《軍》軍需官。**2** 《美》**a** (軍隊、礦山等的)物資供應站[販賣部]。**b** (電影製片場等的)場內餐廳。**3** 《罕》代理人。

com·mis·sion [kəˋmɪʃən; kəˈmiʃn] *n.* **A 1 a** Ⓤ (職權、任務的)委任，委託〔*to*〕: ~ of powers [authority] *to*... 對…的權限委任[委託]。**b** Ⓒ委任書。

2 ⓊⒸ **a** **被委託的工作[任務]**；委託，要求，請求: go beyond one's ~ 越權行事/give a painter a ~ 請求畫家作畫。**b**〔十 *to* do〕〈做某事的〉委託，要求: He had [received] a ~ *to* build a new house. 他受委託蓋一棟新房子。

3 [常 C~] **a** Ⓒ (受政府機關等委任調查或管理的)**委員會**: a ~ of inquiry 審查委員會/the Atomic Energy *C~* 原子能委員會。**b** Ⓒ [集合稱]委員會人員《★用法視爲一整體時當單數用，指個別成員時當複數用》。

4 a ⓊⒸ (委託別人辦事時所給予的)**手續費，佣金，酬金**: allow [get] a ~ of 10 percent [(a) 10 percent ~] on sales 給予[得到]銷售額十分之一的佣金。**b** Ⓤ (買賣交易的)委託，代理業務: have [sell] goods *on* ~ 代理[受委託]販賣商品。

5 Ⓒ《軍》軍官任免令；軍官的地位[階級]: receive a [get one's] ~ 任軍官之職/resign one's ~ 辭去軍官之職。

—**B** 《commit 3 的名詞》Ⓤ 犯〔罪〕，(犯罪)行爲〔*of*〕: be charged with the ~ *of* murder 被控殺人，以殺人罪被起訴。

in commíssion (1)受委任[委託]的。(2)〈軍艦等〉現役的；〈武器等〉還可使用的: put a warship *in* ~ 使軍艦服現役。

òut of commíssion (1)〈軍艦等〉退役的，後備的。(2)〈武器等〉不能使用的。(3)《口語》〈人〉無法工作的，不中用的。

—*v.t.* **1 a**〔十受〕授權於〈某人〉。**b**〔十受十 *to* do〕委託[命令；請求]〈某人〉〈做某事〉；委託〈美術家〉〈製作…〉: He ~*ed* the artist *to* paint a portrait for him. 他委託了那位畫家爲自己畫一張肖像。**c**〔十受〕訂購〈藝術品〉: ~ a portrait of one*self* 訂製一幅自己的肖像。

2 a〔十受〕任命〈某人〉爲軍官。**b**〔十受十補〕任命〈某人〉〈爲軍官〉: He was ~*ed* a major. 他被任命爲少校。**3**〔十受〕使〈軍艦〉服現役。

com·mis·sion·aire [kə,mɪʃən'ɛr; kəmiʃə'nɛə] *n.* Ⓒ《英》(旅館、百貨公司、劇場等地穿制服的)守衛，服務人員，門警。

com·mís·sioned ófficer *n.* Ⓒ《軍》軍官《少尉以上；cf. noncommissioned officer》.

com·mis·sion·er [kə'mɪʃənɚ; kə'miʃənə] *n.* Ⓒ **1** [也用於稱呼] **a** (政府機關所任命的)委員，特派員。**b** (政府機關的)地方長官：the *C*~ of the Metropolitan Police＝the *C*~ of Police of the Metropolis《英》(倫敦警務署的)警務署長(⇨police【說明】)。**c** (殖民地的)行政長官：⇨high commissioner. **2**《運動》《美》最高仲裁者《被授予全權處理職業運動比賽之糾紛、犯規及維持秩序的最高負責人》。**3**《英俚》以經營賭馬爲生的人，馬票商人(bookmaker).

commíssion hòuse *n.* Ⓒ證券經紀公司，委託行。

commíssion mèrchant *n.* Ⓒ代售商，代銷商。

***com·mit** [kə'mɪt; kə'mit] **《源自拉丁文「配合，委託」之義》**—*v.t.* (**com·mit·ted**; **com·mit·ting**) **1** 委託：**a** 〔十受(十介十(代)名)〕把〈人〉交給〔監獄、精神病院等〕〔*to*〕《★常用被動語態》：The man *was committed to* prison [*to* a mental hospital]. 那男人被送進監牢[精神病院]。**b** 〔十受十介十(代)名〕把〈人、物〉交付〔處置、記錄、記憶等〕〔*to*〕：~ a poem **to** memory 背詩/~ one's observations *to* writing [print] 把感想寫[印]下來/~ one's writings *to* the fire [flames] 把著作燒掉/The boy was *committed to* the care of his uncle. 那男孩子被交給他叔叔照顧。**c** 〔十受〕(爲審議而)把〈議案〉交付委員會。**2** 承擔，承諾，約定，獻身，表明：[~ one*self*] **a** 〔十受十介十(代)名〕(在責任上)承擔〔某特定的職責、義務〕；〔對…〕許下承諾〔*to*〕《★也以過去分詞當形容詞用；⇨committed 2》：I *committed myself* **to** the discretion of the committee. 我聽從委員會的處理/I have *committed myself to* sitt*ing* on two committees. 我已答應擔任兩個委員會的委員。**b** 〔十受十 *to* do〕約定〈做某事〉：She has *committed herself to* go at once. 她已答應立刻就去。**c** 〔十受(十介十(代)名)〕受制於〔…方面〕〔*in*〕《★也以過去分詞當形容詞用；⇨committed 3》：I don't want to ~ *myself* **in** that matter. 我不想受那件事的約束。**d** 〔十受十介十(代)名〕獻身〔專心致力，傾心〕〔於…〕〔*to*〕《★也以過去分詞當形容詞用；⇨committed 1b》：He *committed himself* **to** socialism. 他傾心[熱中]於社會主義。**e** 〔十受十介十(代)名〕〔對於牽涉的問題等〕表明自己的立場[態度]〔*on*〕：He refused to ~ *himself* **on** the subject. 關於那個問題，他拒絕表明自己的態度。**3** 〔十受〕犯〈罪、過錯等〉：~ a crime 犯罪/~ (a) murder 犯殺人罪/~ suicide 自殺/~ an error 犯錯。**4** 〔十受〕危害，損及〈名聲、體面〉。

com·mít·ment [-mənt; -mənt] **《commit 1, 2 的名詞》**—*n.* **1** Ⓤ **a** 委託，委任。**b** (監獄、精神病院等的)監禁，拘留；禁閉，羈押〔*to*〕. **c** 對委員會的委託。**2** Ⓒ **a** 承諾，許諾；約束。**b** 〔十 *to* do〕〈做某事的〉約定：I have a ~ to him *to* pay all of the debt. 我答應他付清所有的債。**c** 責任，義務。**3** ⓊⒸ **a** 獻身，專心致力〔*to*〕：make a ~ *to*... 獻身[致力]於…。**b** (作家等的)政治參與。

com·mit·tal [kə'mɪtl; kə'mitl] *n.* ⓊⒸ〔監獄、精神病院等的〕監禁，拘押；禁閉，羈押〔*to*〕.

com·mít·ted *adj.* **1 a** 致力(於某主義、主張)的，獻身的，奉獻的；抱持明確態度[主義]的：a ~ Christian 一個虔誠的基督教徒。**b** [不用在名詞前]〔十介十(代)名〕獻身於〔主義、主張〕的，致力於〔…〕的〔*to*〕(cf. commit 2d)：He was ~ **to** the cause of world peace. 他獻身於謀求世界和平的事業。**2** [不用在名詞前]〔十介十(代)名〕〔對…〕許下承諾的，約好的〔*to*〕(cf. commit 2a)：I've been ~ **to** attend*ing* the meeting for a long time now. 很早以前我就已經答應參加那個會議了。**3** [不用在名詞前]〔十介十(代)名〕〔在…方面〕受約束的，受束縛的〔*in*〕(cf. commit 2c)：I was ~ **in** that matter. 我被那件事束縛住了。

***com·mit·tee** [kə'mɪtɪ; kə'miti] **《源自「被授予權限的(committed)人」之義》**—*n.* Ⓒ **1** 委員會：a budget [an executive] ~ 預算[執行]委員會/a standing ~ 常務[常任]委員會/be [sit] *on* a ~ 列入委員會的，爲委員之一。**2** [集合稱](全體)委員《★用法 視爲一整體時當單數用，指個別成員時當複數用》：The ~ are [is] all against the bill. 委員會的全體委員都反對那個議案。

in committee (1)出席委員會。(2)〈議案〉被提至委員會討論。

com·mít·tee·man [-mən; -mən] *n.* Ⓒ (*pl.* **-men** [-mən; -mən])委員(會的一員)。

com·mix [kə'mɪks, kɑ-; kɔ'miks] *v.t.* & *v.i.* 摻雜，混合(…)。

com·mix·ture [kə'mɪkstʃɚ, kɑ-; kɔ'mikstʃə] *n.* ⓊⒸ混合；混合物。

com·mode [kə'mod; kə'moud] *n.* Ⓒ **1** (附有抽屜且高度不高的)五斗櫃，橱櫃。**2** (下面附有橱櫃的)移動式洗臉台。**3** (安裝在椅子、箱子上的)室內用便器。

com·mo·di·ous [kə'modɪəs; kə'moudiəs] *adj.*《文語》〈屋子、房間等〉寬敞的。~·**ly** *adv.* ~·**ness** *n.*

com·mod·i·ty [kə'mɑdətɪ; kə'mɔdəti] **《源自法語「生活之便，舒適」之義》**—*n.* Ⓒ **1** [常 **commodities**]商品；(農業、礦業等的)物產：prices of *commodities* 物價/household *commodities* 家庭用品。**2** 有用的物品。

commode 1

com·mo·dore ['kɑmə,dor, -,dɔr; 'kɔmədɔ:] *n.* Ⓒ [也用於稱呼及尊稱] **1**《海軍》准將《介於少將與上校之間；美國現在已沒有此軍銜》。**2** 艦隊司令：*C*~ Perry 伯理司令。**3** 商船船隊之船長；遊艇俱樂部的會長。

‡**com·mon** ['kɑmən; 'kɔmən] **《源自拉丁文「共有」之義》**—*adj.* (~·**er**, ~·**est**; **more** ~, **most** ~) **A** (無比較級、最高級) **1 a** (兩個以上之物品)共通的，共同的，共有的：a ~ language 共通[共同]的語言/~ interests 共同的利害/~ ownership 共有，共有權/~ property 共有財產。**b** [不用在名詞前]〔十介十(代)名〕共通〔於…〕的〔*to*〕：Love of fame is ~ **to** all men. 愛好名譽之心人人皆有之。**2** 社會一般的，公衆的，公共的：the ~ high road《英》公路/a ~ lodging house《英》簡便旅社，公共的臨時住宿處/⇨common pleas. **3**《數學》共通的，公…的：⇨common denominator 1.

—**B 1 a** 普通的，一般的，常見的：~ honesty 常見[一般]的誠實/a ~ cold (普通的)感冒/~ salt 普通的鹽《食鹽》/a grammatical error ~ *among* Japanese students 日本學生常犯的文法上的錯誤/be in ~ use 常使用的/as is ~ with... 在…是普通[司空見慣]的/This word is ~*er* [more ~] than that one. 這個字比那個字還常見[用]/It is ~ knowledge that some politicians are receiving bribes. 政客中有人接受賄賂是衆所皆知的事。**b** (無比較級、最高級)非特殊身分的，沒有名聲及地位的，普通的：the ~ man 普通市民/the ~ people 普通平民，庶民/the ~ reader 一般讀者。**2 a** 一般水準的；平凡的，通俗的：~ clothes 廉價的衣服/a person of no ~ ability 具有非凡能力的人。**b** 〈人、態度等〉庸俗的，下流的，粗俗的：~ manners 粗俗的舉止/a ~ voice 粗俗的聲音/a ~ person 庸俗的人《★比較 「普通[平常]人」稱作 an ordinary person》.

(as) cómmon as múck [dírt] 〈女性等〉非常庸俗的，沒教養的。

màke cómmon cáuse with ⇨cause.

—*n.* **A 1** Ⓒ [有時~s] **a** (鎮村等的)共有地，公有地：play cricket *on* the village ~ 在村裏的公有地打板球。**b** 共有的牧草地[荒地]。**2** Ⓤ (牧草地等的)共同使用權：(the) right of ~ 共有權，入會權。

—**B 1** [the ~s]《古》平民，庶民。**2** [the Commons] **a**《英·加拿大》下院，衆議院：the House of *Commons* ⇨ house 6b. **b** [集合稱]衆議院議員。**3** [~s；當單數用] **a** (大學、修道院等的)飯食，客飯；食物：be put on small ~*s* 缺乏充足的食物。**b** 共同餐桌；(大學等的)餐廳。

in cómmon 共同的，共通的：He and I have nothing *in* ~. 他和我沒有共同之處。

in cómmon with... 與…共通[共有]，與…相同：*In* ~ *with* many other people, he thought it was true. 跟其他的多數人一樣，他也認爲那是眞實的。

òut of (the) cómmon 異常的[地]；非凡的[地]：He is a poet quite *out of* (*the*) ~. 他是一個非常不平凡[特殊]的詩人。

com·mon·age ['kɑmənɪdʒ; 'kɔmənidʒ] *n.* Ⓤ **1** (牧地的)共同使用權；共有。**2** 共有地。

com·mon·al·i·ty [,kɑmən'ælətɪ; ,kɔmə'næliti] *n.* Ⓤ **1** 共通性。**2** ＝commonalty.

com·mon·al·ty ['kɑmənəltɪ; 'kɔmənḷti] *n.* Ⓤ [the ~；集合稱]平民，庶民《★用法 視爲一整體時當單數用，指個別成員時當複數用》。

cómmon cárrier *n.* Ⓒ《法律》運輸業者《鐵路、輪船、航空公司等》。

cómmon cáse *n.* Ⓒ《文法》通格《名詞所有格以外，主格與受格形式相同者》。

cómmon denóminator *n.* Ⓒ **1**《數學》公分母：the least [lowest] ~ 最小公分母《略作 L.C.D., l.c.d.》. **2** 共通點，共同特色。

cómmon divísor *n.* Ⓒ《數學》公約數：the greatest ~ 最大公約數《略作 G.C.D., g.c.d.》.

com·mon·er ['kɑmənɚ; 'kɔmənə] *n.* Ⓒ **1** 平民，庶民。**2**《英》(Oxford 大學等的)自費生，普通學生《指特別研究員(fellow)，公費生(scholar)或獲得獎學金的學生(exhibitioner)以外的學生》。

cómmon fáctor *n.* ＝common divisor.

cómmon fráction *n.* Ⓒ《數學》分數《指與小數(decimal fraction)相對的普通分數》。

cómmon génder *n.* ⓊⒸ《文法》通性《陽性陰性通用者，如 parent 等》: 'Child' is (a noun) of ~. 'child' 是通性(名詞)。

cómmon gróund *n.* Ⓤ(討論的)共同點，共同的立場：on ~ 站在共同立場上。

Cómmon gróund! 《英》我有同感！我同意你的看法！

cómmon lánd *n.* Ⓤ共有地。

cómmon láw *n.* Ⓤ不成文法，習慣法《雖指所有的英美法，但尤指與制定法[成文法](statute law)有所區別的判例法(case law)；cf. statute law》。

cómmon-láw *adj.* [用在名詞前] **1** 不成文法的。**2** 習慣法上的：(a) ~ marriage 習慣法上的婚姻《指未舉行任何儀式而自願結合的婚姻》/a ~ wife 依據習慣法結合的妻子。

C

cóm·mon·ly *adv.* **1** 一般地，普通地，通常地；通俗地：We ~ stay at home on Sundays. 我們星期天通常都待在家裏/John is ~ called Jack. 約翰通常被叫做傑克。**2** 庸俗地，低俗地，粗俗地：~ dressed 穿著庸俗。

cómmon márket *n.* **1** Ⓒ共同市場。**2** [the C~ M~] (歐洲)共同市場(⇨European Economic Community)。

cómmon méasure *n.* =common time.

cómmon múltiple *n.* Ⓒ《數學》公倍數《略作 C.M.》：the least [lowest] ~ 最小公倍數《略作 L.C.M.》。

cómmon nóun *n.* Ⓒ《文法》普通名詞。

cómmon-or-gárden *adj.* [用在名詞前]《英口語》=common-or-garden-variety.

cómmon-or-gàrden-varíety *adj.* [用在名詞前]《美口語》司空見慣的，常有的，普通的：It is just a ~ daisy. 那只不過是普通的雛菊而已。

cómmon·plàce 《譯自拉丁文「共有的場所，共通的話語」之義的語句》—*n.* Ⓒ老生常談，陳腐的話；平凡的事[物]，一般的評價：The computer is now a ~. 電腦現在已經很普遍了。
—*adj.* **1** 平凡的，普通的，單調的，陳腐的：a ~ topic 普通話題。**2** [the ~；當單數名詞用]平凡事；單調。~·**ness** *n.*

cómmonplace bòok *n.* Ⓒ備忘錄，筆記簿。

cómmon pléas *n. pl.* 《法律》民事訴訟。

cómmon práyer *n.* **1** Ⓤ《英國國教》公禱《所有教會做禮拜時共同使用的祈禱文》。**2** [the C~ P~] = The Book of COMMON PRAYER.

The Bóok of Cómmon Práyer (主要是指英國國教會的)祈禱書《收錄教會舉行典禮時所使用的詞句及聖經精華的書籍；1549 年初版，現在的版本是 1662 年發行的》。

cómmon rátio *n.* ⓊⒸ《數學》公比。

cómmon ròom *n.* Ⓒ **1** (學校等的)交誼廳，公共休息室。**2** 《英》 **a** (大學的)特別研究員交誼廳[休息室]。**b** 學生交誼廳[休息室]。

cómmon schòol *n.* Ⓒ公立小學《有時也包含中學部》。

cómmon sénse *n.* Ⓤ **1** 常識《累積人生經驗所得的思考力、判斷力》：He has no ~ —he always does silly things. 他毫無常識，總是做些傻事/It is ~ to carry an umbrella in this weather. 這種天氣裏帶把傘是很自然的。**2** (一般的)見解，常理。

com·mon-sense [ˋkamənˋsɛns; ˈkɔmənsens] *adj.* [用在名詞前]常識的，有常識的，基於常識的。

cómmon stóck *n.* Ⓤ《美》(與績優股(preferred stock)相對的)普通股。

cómmon tíme *n.* Ⓤ《音樂》普通拍子《指 4/4 拍子》。

com·mon·weal [ˋkamən͵wil; ˈkɔmənwi:l] *n.* 《文語》 **1** [the ~] 公共福祉，大眾福利。**2** Ⓒ《古》共和國。

com·mon·wealth [ˋkamən͵wɛlθ; ˈkɔmənwelθ] 《源自「公共福祉」之義》—*n.* **1 a** Ⓒ共和國(republic)。**b** Ⓤ[集合稱]國民《★用法視為一整體時當單數用，指個別成員時當複數用》。**c** [the C~] = the COMMONWEALTH of England. **2 a** Ⓒ(因共同的目的及利益而結合的)聯邦。**b** [the C~] = the COMMONWEALTH (of Nations). **c** [the C~] = the COMMONWEALTH of Australia. **3** Ⓒ《美》州《正式稱呼麻薩諸塞州(Massachusetts)，賓夕凡尼亞州(Pennsylvania)，維吉尼亞州(Virginia)，肯塔基州(Kentucky)等四州時用以代替 State》。**4** Ⓒ團體，…界：the ~ of learning 學術界。

the Cómmonwealth of Austrália 澳大利亞聯邦《澳洲的正式名稱；大英國協的一部分，包括塔斯梅尼亞(Tasmania)》。

the Cómmonwealth of England 英吉利共和國《自 1649 年查理(Charles)一世被處死後至 1660 年王政復古為止的共和政體時代的英國》。

the Cómmonwealth (of Nátions) 大英國協《由英國(Great Britain)、加拿大、澳洲等組成的聯合體；舊稱為 the British Commonwealth (of Nations)》。

com·mo·tion [kəˋmoʃən; kəˈmouʃn] *n.* ⓊⒸ動搖；興奮；騷動，動亂，暴動：be in ~ 在動盪中/create [cause] a ~ 引起騷動。

com·mu·nal [ˋkamjunḷ, kəˋmjunḷ; ˈkɔmjunl] *adj.* **1** 社區的。**2** 共同的，共有的，公共的：~ life [property] 共同生活[財產]/a ~ kitchen 公共廚房。

com·mú·nal·ism [-ḷ͵ɪzəm; -lizəm] *n.* Ⓤ地方自治主義。

com·mú·nal·ize [-ḷ͵aɪz; -laiz] *v.t.* 使…公有；使…歸屬公眾；使…公社化。

cómmunal márriage *n.* Ⓒ集團結婚。

com·mune[1] [kəˋmjun; kəˈmju:n] 《與common 同字源》—*v.i.* **1** 《文語》 **a** [十副]親密交往 ⟨*together*⟩。**b** [十介十(代)名][與…]親密交往[交談][*with*]：~ *with* nature 與大自然為友，親近大自然/~ *with* oneself [one's own heart] 沈思默想。**2** 《美》《基督教》接受[領受]聖餐[聖體]。

com·mune[2] [ˋkamjun; ˈkɔmju:n] 《與 common 同字源》—*n.* Ⓒ **1** (法國、比利時、義大利等國之)最小的地方行政區。**2 a** 地方自治體。**b** [集合稱]地方自治體的居民《★用法視為一整體時當單數用，指個別成員時當複數用》。**3 a** 共同生活體；(嬉皮等的)羣居組織。**b** (中共等共產國家的)人民公社。

com·mu·ni·ca·ble [kəˋmjunɪkəbḷ; kəˈmju:nikəbl] *adj.* **1** ⟨思想等⟩可傳達的，可傳遞的。**2** ⟨疾病⟩有傳染性的：a ~ disease 傳染病。

com·mu·ni·cant [kəˋmjunɪkənt; kəˈmju:nikənt] *n.* Ⓒ **1** 《基督教》接受聖餐(Communion)者，領受聖體者。**2** 報信者，傳遞訊息的人。

***com·mu·ni·cate** [kəˋmjunə͵ket; kəˈmju:nikeit] 《源自拉丁文「與他人同心協力」之義》—*v.t.* 《文語》 **1 a** [十受]傳達，傳送，傳遞⟨情報等⟩。**b** [十受十介十(代)名]傳達⟨情報等⟩[給某人][*to*]：She ~*d* her suspicions *to* her husband. 她把心中的疑惑告訴了丈夫。
2 a [十受]傳⟨熱等⟩；傳染⟨疾病⟩：Meningitis is ~*d* by mosquitoes. 腦膜炎是經由蚊子傳染的。**b** [十受十介十(代)名]傳⟨熱等⟩[至…]；把⟨疾病⟩傳染[給…][*to*]：These pipes ~ heat *to* each room. 這些導管將熱傳至各個房間。**c** [十受十介十(代)名][~ one*self*]傳達，流露⟨感情等⟩[給…][*to*]：Her enthusiasm ~*d itself to* him. 他感受到她的熱情。
—*v.i.* **1 a** [動(十副)]溝通，相互理解；聯繫⟨*together*⟩。**b** [十介十(代)名][與…]溝通，相互理解；交談，聯繫，通信[*with*]：Parents often find it difficult to ~ *with* their children. 父母親常會發覺難於跟他們的小孩溝通。**2** [十介十(代)名]《文語》⟨房間⟩[與別的房間等]相通，相連[*with*]：The living room ~*s with* the bedroom. 起居室和臥室是相通的。**3** 《基督教》領受聖餐[聖體]。

***com·mu·ni·ca·tion** [kə͵mjunəˋkeʃən; kəmju:niˈkeiʃn] 《communicate 的名詞》—*n.* **1** Ⓤ **a** 傳達，傳遞，報導：mass ~ 大眾傳播。**b** (熱等的)傳送；(疾病的)傳染。
2 a Ⓤ聯繫，通訊聯絡，通信：mutual ~ 互相聯繫/be in ~ *with*... 與…通信[聯繫，聯絡]/get into ~ *with*... 開始與…通信[聯絡]。**b** Ⓒ情報，消息；通訊，書信，口信，傳話：receive [send] a ~ 收到[送出]一份情報。
3 a Ⓤ交通，聯絡；通訊設備：a means of ~ 交通工具，聯絡方法/~ *by* rail 鐵路交通/There is no ~ *between* the two places. 這兩個地方之間沒有交通聯繫。**b** [~s]報導工具或媒體《如報紙、廣播等》；交通工具。
4 a Ⓒ交流《藉著語言、符號、動作、姿勢等的傳達過程》。**b** [~s；當單數用]通訊理論，傳播學。

communicátion còrd *n.* Ⓒ《英》(火車內的)緊急狀況時拉動使火車停止的警報索。

communicátion engineéring *n.* Ⓤ通訊工程學。

communicátions sàtellite *n.* Ⓒ通訊衛星。

communicátion(s) thèory *n.* Ⓤ通訊理論，傳播理論。

com·mu·ni·ca·tive [kəˋmjunə͵ketɪv; kəˈmju:nikətiv] *adj.* **1** 愛說話的，口無遮攔的，多嘴的。**2** 通訊的。

com·mú·ni·cà·tor [-͵ketɚ; -keitə] *n.* Ⓒ傳達之人[物]；通信員；報知器。

com·mu·nion [kəˋmjunjən; kəˈmju:njən] 《源自拉丁文「同心協力」之義》—*n.* **1** Ⓤ交誼，深交；(心靈方面的)溝通，交流：hold ~ *with*... 與…作心靈上的溝通，與…交流。**2 a** Ⓤ同屬一信仰、教派等：in ~ *with*... 與…同屬一教派。**b** Ⓒ(同一信仰、教派的)教友，會友；宗教團體：⇨Anglican Communion. **3** Ⓤ[(Holy) C~]聖餐式，領受聖體：take [receive] *C~* 領受聖體/take [go to] *C~* 參加聖餐式。

commúnion tàble *n.* Ⓒ聖餐[聖體領受]台。

com·mu·ni·qué [kə͵mjunəˋke; kəˈmju:nikei] 《源自法語》—*n.* Ⓒ官報，公報；公告。

com·mu·nism [ˋkamju͵nɪzəm; ˈkɔmjunizəm] *n.* [常 C~] Ⓤ**共產主義**。

com·mu·nist [ˋkamjunɪst; ˈkɔmjunist] *n.* Ⓒ **1 共產主義者**。**2** [C~]共產黨員。—*adj.* **1** 共產主義(者)的。**2** [C~]共產黨(員)的。

com·mu·nis·tic [͵kamjuˋnɪstɪk; ͵kɔmjuˈnistik] *adj.* 共產主義的。**com·mu·nís·ti·cal·ly** [-kḷɪ; -kəli] *adv.*

Cómmunist Internátional *n.* [the ~] = Third International.

Cómmunist Pàrty *n.* [the ~] 共產黨。

***com·mu·ni·ty** [kə'mjunətɪ; kə'mju:nəti] 《源自拉丁文「伙伴」之義》**—*n.* 1** Ⓒ **a** (有相同利害、宗教、國籍、文化等的)**共同社會，共同生活體**；地域團體，社區。**b** (大社會中具有共同特徵的)集團，社會，…界：the Jewish [Japanese] ~ in New York 紐約的猶太人[日本人]社會[社區]。**2** [the ~]**大衆，公衆**。**3** Ⓒ(動物的)羣棲；(植物的)羣生。**4** Ⓤ[又作 **a** ~](財產等的)共有，共用；(思想、利害等的)共同性，一致：~ of goods [property] 財產共有/(*a*) ~ of interest(s) 利害的一致。**5** Ⓒ(修道士等的)團體：a religious ~ 宗教團體。

commúnity anténna tèlevision *n.* Ⓤ社區共軸天線電視《有線電視的一種》。

commúnity cènter *n.* Ⓒ社區活動中心《有教育、文化、福利、娛樂等設施的社區民衆活動場所》。

commúnity chèst *n.* Ⓒ《美》社區福利公益金，共同基金。

commúnity chúrch *n.* Ⓒ社區教會。

commúnity cóllege *n.* Ⓤ[指設施時爲Ⓒ](美國的)社區大學。

> **【說明】**指兩年制的美國公立大學，有州立、郡(county)立、市立等，學費低廉，即使沒有高中畢業，只要是社區居民，人人均可入學。除了一般大學科目以外，還有汽車修護、裁縫、齒科技工等職業訓練課程。修畢兩年的課程後，可繼續升入 college 或 university, 再念兩年，則可獲得學士(bachelor)學位；cf. junior college 或 Open University【說明】

commúnity hòme *n.* Ⓒ《英》感化院(《美》reformatory)《收容少年犯罪者的機構；cf. approved school》.

commúnity sínging *n.* Ⓤ(所有列席者齊唱的)團體合唱。

com·mut·a·ble [kə'mjutəbl; kə'mju:təbl] *adj.* **1** 可交換[代替]的。**2** 《法律》〈刑罰等〉可減刑的。

com·mu·tate ['kamjʊ,tet; 'kɔmjuteit] *v.t.* 《電學》轉換〈電流〉的方向，變換〈交流電〉爲直流電。

com·mu·ta·tion [,kamjʊ'teʃən; ,kɔmju:'teiʃn] 《commute, commutate 的名詞》 **—*n.* 1** Ⓤ交換，轉換。**2** ⓊⒸ(支付方法等的)變換[折換償付]。**3** Ⓤ《美》(使用定期車票[回數票]的)通勤。**4** ⓊⒸ《法律》減刑。**5** Ⓤ《電學》整流。

commutátion ticket *n.* Ⓒ《美》(有回數限制的)定期[回數]車票。

com·mu·ta·tive [kə'mjutətɪv, 'kamjʊ,tetɪv; kə'mju:tətiv, 'kɔmju:teitiv] *adj.* **1** 相互的，交互的。**2** 《數學》交換的。

com·mu·ta·tor [-tə; -tə] *n.* Ⓒ《電學》電流轉換器，整流器。

com·mute [kə'mjut; kə'mju:t] 《源自拉丁文「全部更換」之義》**—*v.t.* 1** 〔十受十介十(代)名〕**a** 把〈物品、金錢等〉更換，交換，折算，折合〔成…〕〔*to*〕：~ dollars ***to*** yen 把美金換成日圓。**b** 把〈支付方法等〉改換[轉換]〔成…〕〔*into, for*〕：~ an annuity ***into*** [***for***] a lump sum payment 把年金改換成一次付清總額。**2** 《電學》改變〈電流〉的方向。**3** 〔十受十介十(代)名〕《法律》轉換〈重刑〉〔爲輕刑〕，將…減刑〔爲…〕〔*into, to*〕：~ a death sentence ***into*** [***to***] one of life imprisonment 把死刑減爲無期徒刑。

—*v.i.* 1 a (以定期[回數]票)通勤[通學]；搭乘火車[公共汽車](上班、上學)。**b** 〔十介十(代)名〕通勤[通學]〔於…之間〕〔*between*〕；〔從…〕〔到…〕上班[上學]〔*from*〕〔*to*〕：Mr. Smith ~*s* ***between*** New York and Philadelphia. 史密斯先生通勤於紐約和費城之間/Most office workers ~ ***from*** the suburbs. 很多公司的職員都是從郊外來上班的。**2** 〔十介十(代)名〕**a** 代替，代理〔…〕〔*for*〕. **b** 做爲〔…的〕抵償，賠償〔*for*〕.

com·mút·er *n.* Ⓒ (尤指使用定期票的) 通勤者。

Com·o·ros ['kamə,roz; 'kɔmərouz] *n.* [the ~] 科摩羅(伊斯蘭聯邦共和國)《由印度洋西部科摩羅(Comoro)諸島組成的共和國；首都莫洛尼(Moroni [mə'ronɪ; mou'rouni])》.

comp. 《略》comparative；compare；comparison；compilation；compiled；composer；composition；compositor；compound.

com·pact[1] [kəm'pækt; kəm'pækt] 《源自拉丁文「被繫緊」之義》**—*adj.*** (**more ~**; **most ~**) **1 a 細密的**，緊密的：~ cloth 質地細密的布料。**b** 擠滿的，密集的：a ~ formation 密集的隊形。**c** 〈體格〉結實的，健壯的。**2 a** 〈汽車〉小巧經濟的：a ~ car 小型車。**b** 〈屋子、房間等〉小而整潔[舒適]的。**3** 〈文體等〉簡潔的，緊湊的。

—*v.t.* 〔十受〕 **1** 擠滿，塞滿，裝滿…。**2** 使…緊密，使…結實，使…簡潔。

—['kampækt; 'kɔmpækt] *n.* Ⓒ **1** 小粉盒《內裝香粉、鏡子、粉撲等》。**2** 《美》小型汽車。

~·ly *adv.* **~·ness** *n.*

com·pact[2] ['kampækt; 'kɔmpækt] *n.* Ⓒ契約，合同，協定，盟約(agreement).

—*v.i.* 〔十介十(代)名〕〔與…〕訂契約〔*with*〕.

cómpact dísc *n.* Ⓒ雷射唱片《以雷射光讀出信號之音質極佳的小型唱片；略作 CD》.

com·pác·tor [-tə; -tə] *n.* Ⓒ **1** 使結實、鞏固的人[物]；壓縮機。**2** 壓土機。

‡com·pan·ion[1] [kəm'pænjən; kəm'pænjən] *n.* **1** Ⓒ **a** (一起行動且關係親密的)**同伴，夥伴**；友人：a ~ *in* arms [crime] 戰友[犯罪的同伴]/a ~ *in* [*of*] one's misfortune 共患難的同伴/a ~ for life 終生伴侶/a working ~ 工作夥伴。

> **【字源】**拉丁文 com 的意思是「一起，共同」，pan 源自拉丁文，是「麵包」的意思。因此，companion 的原義在拉丁文中是「共吃麵包的同伴」，換成中文的說法，就是「同吃一鍋飯的同伴」。

b 同行的人；(在旅途中偶然結交的)旅伴，同路人。**c** 陪伴者；受雇陪老婦人等聊天的人《通常爲女性且與雇主住在一起》。**2** Ⓒ〔成對物品中的〕一方〔*to*〕：the ~ *to* a picture 兩幅畫(爲一組)中的一幅/a ~ volume *to*… …的姊妹篇。**3** [C~] Ⓒ最下級勳位爵士(cf. knight 3a)：a *C*~ of the Bath (英國的)巴斯勳位最下級者《略作 C.B.》.**4 a** Ⓒ[C~；常與修飾語連用，用於書名]…入門，…指南，手册，參考書，…之友：A Teacher's *C*~ 教師手冊。**b** Ⓤ一套…用具：traveler's ~ 一套旅行用具。

—*v.t.* 〔十受〕伴隨，陪同〈人等〉。

com·pan·ion[2] [kəm'pænjən; kəm'pænjən] *n.* Ⓒ《航海》**1** (甲板的)天窗。**2** (又作 **compánion hàtch**)(由甲板通往船艙之扶梯的)升降艙口。**3** =companionway.

com·pan·ion·a·ble [kəm'pænjənəbl; kəm'pænjənəbl] *adj.* 適於做朋友的，可交往的，人緣好的，平易近人的，友善的(sociable).

com·pan·ion·ate [kəm'pænjənɪt; kəm'pænjənit] *adj.* 友人的，朋友的；友愛的：~ marriage《美》試婚《非正式結婚，而是基於男女雙方彼此同意之一種試驗性的婚姻》。

compánion·shìp *n.* Ⓤ友誼，交往：enjoy the ~ of a person 喜歡與某人交往。

compánion·wày *n.* Ⓒ《航海》(由甲板通往船艙之扶梯的)升降口。

‡com·pa·ny ['kʌmpənɪ; 'kʌmpəni] 《源自古法語'companion[1]'之義》**—*n.* 1** Ⓤ**交際**，交往；同伴，同席：*in* a person's ~ 與某人一起(時)/*in* ~ *with* a person 與某人一起，與某人交往/⇨ keep a person COMPANY/give a person one's ~ 陪伴某人/⇨ keep COMPANY with a person, part COMPANY (with [from] a person)/I hope we will have the pleasure of your ~ at dinner. 我希望你能與我們共進晚餐/I very much enjoyed his ~. 我很高興能與他在一起。

2 Ⓤ[集合稱] **a 同伴，夥伴，朋友**：get into bad ~ 結交壞朋友/keep good [bad] ~ 與好人[壞人]交往/be good [excellent] ~ 與人投趣[合得來]的同伴/be bad [poor] ~ 與人不投趣[合不來]的同伴/He has plenty of ~. 他交遊廣闊/So you failed the college entrance exam. You've plenty of ~ [《英》You are in good ~]. 那麼你是大學聯考落榜囉，不過(落榜的)不只是你一個人啊。**b** 來客：receive [see] a great deal of ~ 接待[會見]很多客人/We are going to have ~ this evening. 今晚我們將有客人。

3 a Ⓤ[集合稱]**一羣人**，同席[在座]的人：mixed ~ 一羣男女[形形色色的人]/among the ~ 在大夥之中/in ~ 在人堆裏，在衆人面前。**b** Ⓒ[集合稱]〔…的〕一行，一團，一隊〔*of*〕；(演員的)一班，劇團《★用法 視爲一整體時當單數用，指個別成員時當複數用》：a ~ *of* tourists 觀光團/a theatrical ~ 劇團/a touring ~ 巡迴演出的團體。

4 a Ⓒ**公司**，商會《★用法 與義 3b 相同；⇨Co.》：a business ~ 商行/a Limited Liability *C*~《英》有限(責任)公司《用於公司名稱時略作 Co., Ltd.》/a private ~ 私人公司/⇨East India Company/work for a publishing ~ 服務於出版公司，在出版公司做事。

> **【同義字】**company 在美國語法中爲表示社團的最普遍用語，與社團之規模、性質無關，在英國語法則指 jointstock company；firm 是指由兩個人以上合資經營的商社、公司；corporation 在美國語法中則指被承認爲法人的股份有限公司。

b Ⓤ[集合稱](名字未列於公司名稱上的)成員《★用法 與義 3b 相同》：Jones & *Co.* [ko,'kʌmpənɪ; kou,'kʌmpəni] 瓊斯公司《意指由代表成員瓊斯(Jones)與其他成員組成的公司；⇨Co.；★用法《美》也用 the Jones *C*~ 的形式》。

5 Ⓒ[集合稱]《軍》步兵[工兵]連《★用法 與義 3b 相同；⇨army 1》：get [receive] one's ~ 昇任連長[上尉]《★連由上尉(captain)指揮》。

6 Ⓒ[常 **a ship's** ~；集合稱]《航海》全體船員《★用法 與義 3b 相同》。

for cómpany 作爲(寂寞時的)陪伴；伴隨：He has only a cat *for* ~. 他只有一隻貓作伴/Come with me—just *for* ~. 一起來吧！作個伴。

kèep a person cómpany=keep COMPANY with a person (1).

kèep cómpany with a person (1)(爲不使感覺寂寞而)與〈某人〉作伴[一道去]。(2)與〈異性〉交往，與…約會《★此爲較古老的用法》。

párt cómpany (with [from] a person) (1)(與某人)分別，分離。(2)(與某人)斷絕關係，分手，絕交。

cómpany làw *n.* U《英》公司法(《美》corporation law).

cómpany mànners *n. pl.*《口語》虛禮，客套。

cómpany ófficer *n.* C《軍》尉官。

cómpany stóre *n.* C員工福利社(industrial store).

cómpany tòwn *n.* C公司城。

cómpany ùnion *n.* C公司工會《由商行或員工組成的獨立工會》；(尤指)由雇主控制的工會。

compar.《略》comparative.

com·pa·ra·ble [ˋkɑmpərəbl̩, ˋ-prəbl̩; ˈkɔmpərəbl] *adj.* **1** [不用在名詞前]〔十介十(代)名〕**a** 可〔與…〕比較的〔*with*〕. **b** 可〔與…〕匹敵的〔*to*〕. **2** 相當的，同等的，類似的：Man and ape have ~ anatomies. (在解剖學上)人類與人猿有類似的構造。

cóm·pa·ra·bly [-blɪ; -bli] *adv.* 可相比地，可比較地；同等地。

com·par·a·tist [kəmˋpærətɪst; kəmˈpærətist] *n.* C比較語言學[文學]家。

com·par·a·tive [kəmˋpærətɪv; kəmˈpærətiv] «compare, comparison 的形容詞»—*adj.* **1** 比較的(↔ absolute)；根據[依照]比較的：~ linguistics 比較語言學/a ~ method 比較研究法。**2** 與其他比較的，相對的，相當的：with ~ ease 相當容易地/The expedition was a ~ success. 那次探險相當成功。**3**《文法》比較級的：the ~ degree 比較級。

—*n.*《文法》[the ~]比較級。

compárative líterature *n.* U比較文學。

com·pár·a·tive·ly *adv.* **1** 比較地：~ speaking 比較而言。**2** 有幾分地，相當地。

‡**com·pare** [kəmˋpɛr; kəmˈpɛə] «源自拉丁文「使對等」之義» —*v.t.* **1 a** 〔十受〕(爲彰顯類似、相異之處，並了解其相對價值而)**比較**〈兩者〉：~ New York *and* London 比較紐約與倫敦/*C*~ these sentences. 比較這些句子。

【同義字】contrast 是指爲明確了解兩者間的差異而做比較。

b 〔十受十介十(代)名〕將〈某物〉〔與…〕作比較[對照]〔*with, to*〕《★用法特別是在需要有詳細的研討時常用 *with*》：The earth is only a baby (when it is) ~*d* ***with*** [***to***] many other celestial bodies. 和許多其他天體比較起來，地球只不過是個嬰兒[只是小巫見大巫]/This place cannot be ~*d with* Naples.這個地方不足以和那不勒斯相比。**2** 〔十受十介十(代)名〕(爲顯示其類似之處而)將〈某物〉**比喻**，比擬〔爲…〕，將…比作〔…〕〔*to*〕：Some people have ~*d* books ***to*** friends. 有些人把書比作朋友。**3**《文法》列示〈形容詞、副詞〉的比較變化《比較級、最高級》。

—*v.i.* 〔十介十(代)名〕**1** [常用於否定句或疑問句]〔與…〕匹敵〔*with*〕：For relaxation *nothing* ~*s* ***with*** a day on [at] the beach. 說到休息沒有什麼比得上在海邊度過一天。**2** [與狀態副詞連用]比〔…〕來得(…)〔*with*〕：His school record ~*s* favorably [poorly] ***with*** hers. 他的學業成績比她的還要優秀[差]。

(as) compáred with [to] ... 與…相比，與…比起來(cf. *v.t.* 1b)：*Compared with* my child, yours seems a veritable angel. 跟我的小孩比起來，你的小孩眞像是個天使。

—*n.* U比較(comparison)《★用於下列片語》。

beyònd [pàst, withòut] compáre 無比的，無與倫比的，無雙的：The scenery is beautiful *beyond* ~. 那風景美得無與倫比。

***com·par·i·son** [kəmˋpærəsn̩; kəmˈpærisn] «compare 的名詞»—*n.* **1** UC**比較**，對照〔*with, to*〕：on careful ~ 仔細比較之下/by ~ 比較起來，比較之下/make a ~ *between* A and B 比較A和B/*In ~ with* most first novels hers shows considerable polish. 跟大部分的處女作相比，她的作品顯得相當精練/*Comparisons* are odious.《諺》相比是一件令人討厭的事[人比人氣死人]。**2** U[常用於否定句]**類似**，相似之處；匹敵者：There is *no ~ between* them. 他們之間毫無相似之處[相差懸殊]。**3** UC**比喻**，比作，喻爲〔*to*〕：The ~ of the heart *to* a pump is a very common one. 把心臟比作幫浦[唧筒]是很普遍的比喻。**4** UC《文法》(形容詞、副詞的)比較(變化)。

beyònd [withòut, òut of (áll)] compárison 無與倫比；無可比擬：That was *beyond* [*out of*] ~ the finest picture in the exhibition. 那是展覽會中最出色的一幅畫。

com·part·ment [kəmˋpɑrtmənt; kəmˈpɑ:tmənt] *n.* C **1** 區劃，隔間：⇨glove compartment. **2** (火車裡的)分格車室，小隔間(corridor)(cf. corridor train).

【說明】英國等的火車，通常把客車橫隔成幾個小房間，各房間有兩排旅客可面對面坐的座位。這種小房間叫 compartment，走廊在門外。有這種構造的火車在英國稱爲 corridor train(走廊式火車)。在美國指的是有臥舖的小房間，並附有盥洗設備。

còm·part·mén·tal [-tl̩; -tl] *adj.* 分爲不同部分的；分爲小格的；區劃的；區分的。

com·part·men·tal·ize [kəm͵pɑrtˋmɛntl̩͵aɪz; ͵kɔmpɑ:tˈmentəlaiz] «compartment 的動詞»—*v.t.* 劃分，隔開，區分。

com·part·men·ta·tion [kəm͵pɑrtmənˋteʃən; kɔm͵pɑ:tmənˈteiʃn] *n.* U《航海》(以防水的甲板或艙壁圍起的)防水隔間。

compartment 2

***com·pass** [ˋkʌmpəs; ˈkʌmpəs] «源自拉丁文「(以步伐)測量」之義»—*n.* C **1 羅盤**，指南針：a mariner's ~ 航海羅盤/⇨radio compass/the points of the ~ 羅盤上的方位。**2** [常用單數] **a** 範圍，界限；周圍〔*of*〕：within the ~ *of* a lifetime 在一生之中/in a small ~ 在小範圍內；緊湊地，簡潔地/beyond [within] the ~ *of* imagination 在想像的範圍之外[內]/beyond one's ~ = beyond the ~ *of* one's power 超出某人能力範圍，能力所不能及。**b**《音樂》音域。**3** [常 ~es]圓規，兩脚規：a pair of ~*es* 一副圓規。

compass 1

bóx the cómpass (1)《航海》按順序讀出羅盤的方位。(2)〈意見、爭論〉(兜了一圈又)回到原點。

—*v.t.* 〔十受〕《文語》**1** 包圍，圍繞…《★比較一般用 encompass》. **2 a** 達到，完成，實現〈目的〉。**b** 計畫，企圖〈某事〉。**3** 充分理解[了解]〈話、意義等〉：Can man ~ the meaning of life？人能眞正地了解人生的意義嗎？

cómpass càrd *n.* C《航海》(航海羅盤之)盤面。

com·pas·sion [kəmˋpæʃən; kəmˈpæʃn] «源自拉丁文「一起受苦」之義»—*n.* U(眞誠的)**同情(心)**，憐憫(⇨pity【同義字】)〔*on, upon, for*〕：have [take] ~ *on* [*upon, for*]... 對…寄予同情。

com·pas·sion·ate [kəmˋpæʃənɪt; kəmˈpæʃənət] «compassion 的形容詞»—*adj.* 富於同情[憐憫]心的。~**·ly** *adv.*

compássionate léave *n.* U(軍人等的)特准的休假《如喪假等》。

cómpass sàw *n.* C《木工》圓鋸。

com·pat·i·bil·i·ty [kəm͵pætəˋbɪlətɪ; kəm͵pætəˈbiləti] «compatible 的名詞»—*n.* U **1** 適合[一致]性，相容性。**2**《電視》兼容性(⇨compatible 2).

com·pat·i·ble [kəmˋpætəbl̩; kəmˈpætəbl] «源自「同情」之義» —*adj.* **1** [不用在名詞前]〔十介十(代)名〕〔與…〕(協調)可兩立的，無矛盾的，一致的〔*with*〕(↔ incompatible)：He and his wife aren't ~. 他跟他的妻子合不來/These actions are ~ ***with*** his character. 這些行動與他的性格一致。**2**《電視》兼容的，黑白彩色兩用式的《可兼看彩色電視及黑白電視》。

-bly [-təblɪ; -təbli] *adv.*

com·pa·tri·ot [kəmˋpetrɪət; kəmˈpætriət] *n.* C同國人，同胞。

—*adj.* 同國的，同胞的。

com·peer [kəmˋpɪr, ˋkɑmpɪr; kɔmˈpiə, ˈkɔm͵piə] *n.* C《文語》**1** (地位、身分上)同等的人，同輩。**2** 夥件。

com·pel [kəmˋpɛl; kəmˈpel] «源自拉丁文「强推」之義»—*v.t.* (**com·pelled**; **com·pel·ling**) **1 a** 〔十受十 *to* do〕迫使〈人、物〉〈做…〉，强迫〈人、物〉〈做…〉：Her illness *compelled* her *to* give up her studies. 她的病迫使她輟學/I was *compelled to* confess. 我被迫招供了。

【同義字】compel 是指藉權威或難以抵抗的力量强迫某人做某事；force 之意比 compel 還要强烈，是指違反人的意願或排除抗拒地强迫某人做某事；impel 是指受强烈慾望、動機、感情等的驅使而做某事；oblige 是指因義務、責任而不得不做某事。

b 〔十受十介十(代)名〕强迫〈人、物〉〔做某事〕〔*to*〕：~ a person *to* submission 强迫某人服從。

2 〔十受〕强行要求〈服從、尊敬等〉：No one can ~ obedience. 沒有人可以逼人服從。

com·pél·ling *adj.* **1** 强制性的，强迫的：a ~ order 强制性的命令。

2 使人不得不行動的；引人注目的，令人讚賞的：a ~ smile 迷人的[使人不得不讚賞的]微笑。~**·ly** *adv.*

com·pen·di·a *n.* **compendium** 的複數。

com·pen·di·ous [kəmˋpɛndɪəs; kəmˈpendiəs] *adj.* 〈書籍等〉簡明扼要的，簡潔的。~**·ly** *adv.* ~**·ness** *n.*

com·pen·di·um [kəmˋpɛndɪəm; kəmˈpendiəm] *n.* C (*pl.* ~**s**, **-di·a** [-dɪə; -diə])概要，梗概，摘要，概論。

com·pen·sa·ble [kəmˋpɛnsəbl̩; kəmˈpensəbl] *adj.* (尤指身體方

面的傷害〕可賠償的；依法可補償的。

com·pen·sate [ˋkɑmpən͵set; ˈkɔmpenseit] «源自拉丁文「一起測量，使平衡」之義» —*v.t.* **1 a** 〔十受〕賠償，抵償，彌補〈損失等〉：～ a loss 彌補損失。**b** 〔十受十介十(代)名〕賠償，補償〈某人〉〔損失等〕〔*for*〕：Employers should ～ their workmen ***for*** injuries. 雇主對工人受到的傷害應給予補償。**2** 〔十受〕付給〈某人〉報酬〔工資〕。—*v.i.* 〔十介十(代)名〕〈行爲、事情等〉彌補，補償，賠償，抵償〔損失、缺點等〕〔*for*〕《★可用被動語態》：Industry sometimes ～*s* ***for*** lack of ability. 勤勉有時可以彌補能力之不足。

com·pen·sa·tion [͵kɑmpənˋseʃən; ͵kɔmpenˈseiʃn] «compensate 的名詞» —*n.* **1 a** Ⓤ補償，賠償，彌補，償還，抵償〔*for*〕：monetary ～ 金錢賠償/in ～ *for*... 做爲…的補償/make ～ *for*... 彌補…。**b** Ⓒ賠償物，抵償物：Middle age has its ～*s.* (即使青春不再)中年也會有其代償物〔快樂等〕；中年自有其可取之處。**2** Ⓤ〔又作 a ～〕**a** 補償〔賠償〕金〔*for*〕：～ *for* damages 損害賠償金/unemployment ～ 失業津貼。**b** 《美》報酬，薪水，工資，俸給(salary)。**3 a** ⓊⒸ《心理》補償(作用)〔*for*〕《有自卑感的人以獲得權利之意志做爲自卑補償的心理》。**b** Ⓤ《生理》補償(作用)。

com·pen·sa·tive [kəmˋpɛnsətɪv; kəmˈpensətiv] *adj.* ＝compensatory.

com·pen·sa·to·ry [kəmˋpɛnsə͵torɪ, -͵tɔrɪ; kəmˈpensətəri] «compensate, compensation 的形容詞» —*adj.* **1** 補償的，賠償的。**2** 報酬的。

com·pere [ˋkɑmpɛr; ˈkɔmpɛə] «源自法語 'godfather' 之義» —《英》*n.* Ⓒ(電視節目、舞台表演、展示會等的)主持人(emcee). —*v.t.* 擔任〈電視節目、展示會等〉的主持人。—*v.i.* 主持。

com·pete** [kəmˋpit; kəmˈpi:t] «源自拉丁文「共同追求」之義» —*v.i.* **1 a** 競爭：An injury prevented John from *competing* in the finals of the race. 約翰因受傷而無法參加決賽。**b** 〔十介十(代)名〕〔與人〕爭奪，競爭〔獎賞等〕〔*with*〕〔*for*〕：The boys ～*d* ***with each other ***for*** the prize [her love]. 那些男孩子爲贏得獎品〔她的愛〕而互相競爭。**2** 〔十介十(代)名〕〔常用於否定句〕〔與…〕匹敵，並駕齊驅〔*with*〕：His pictures can*not* ～ in expressive power ***with*** those of Henry. 他的畫在表達能力方面比不上亨利。

com·pe·tence [ˋkɑmpətəns; ˈkɔmpitəns] «competent 的名詞» —*n.* **1** Ⓤ **a** 能力；資格，勝任〔*for*〕：He plays the piano *with* ～. 他鋼琴彈得很好/There is no doubt of his ～ *for* the task. 他的確有能力做好那項工作。**b** 〔十 *to* do〕〈做某事的〉能力；資格：I doubt his ～ *to* do the work. 我懷疑他是否有能力做那件工作。**2** [a ～]《文語》資產，相當的收入：acquire [amass] *a* ～ 獲得〔積累〕相當的資產。**3** Ⓤ《法律》**a** 權能，權利，權限：within [beyond] the ～ *of*... 在…的權限之內〔之外〕/exceed one's ～ 越權，做出越權行爲。**b** (證人等的)資格，合法性，行爲能力〔*of*〕：mental ～ 精神能力。**4** Ⓤ《語言》語言能力。

cóm·pe·ten·cy [-tənsɪ; -tənsi] *n.* ＝competence.

com·pe·tent [ˋkɑmpətənt; ˈkɔmpitənt] «源自拉丁文「共同追求，有資格」之義» —*adj.* (**more** ～；**most** ～) **1 a** 能幹的，有能力的(⇨ able 2【同義字】)：a ～ player [teacher] 能幹的選手〔教師〕。**b** [不用在名詞前]〔十介十(代)名〕能勝任〔於…〕的，有〔…的〕能力的〔*for*〕；有資格〔當…〕的〔*as*〕：Jane is ～ ***for*** teaching. 珍能勝任教職/She is ～ ***as*** a teacher. 她有資格當一位教師。**c** [不用在名詞前]〔十 *to* do〕有〈做某事〉的能力〔資格〕的：He is ～ *to* teach English. 他有能力教英語。**2** 足夠的，充分的，充足的：He has a ～ knowledge of English. 他有足夠的英語知識。**3** 《法律》**a** 〈法官、法庭、證人等〉有(法定)資格的，合格的；主管的：the ～ authorities 主管當局/the ～ minister 主管部長。**b** [不用在名詞前]〈法官、法庭〉有審判〔管轄〕權的。**c** [不用在名詞前]〔十 *to* do〕〈法官、法庭〉有〈做某事〉的合法權限的；〈證人等〉有資格〈做某事〉的，有〈做…〉的行爲能力的：She was declared mentally ～ *to* stand trial. 據宣告，她的精神狀態有接受審判的能力。～**·ly** *adv.*

***com·pe·ti·tion** [͵kɑmpəˋtɪʃən; ͵kɔmpiˈtiʃn] «compete 的名詞» —*n.* **1** Ⓤ競爭〔*with, for*〕：keen ～ 激烈的競爭/～ *with* others *for* a prize 與別人爭奪獎品/～ *between* nations 國與國之間的競爭/in ～ *with*... 與…競爭〔角逐〕。**2** Ⓒ競技，比賽：a swimming ～ 游泳比賽。**3** Ⓤ〔又當集合稱用〕競爭者，競爭的對手：The ～ is very strong this time. 這次的對手非常强。

com·pet·i·tive [kəmˋpɛtətɪv; kəmˈpetətiv] «compete, competition 的形容詞» —*adj.* 競爭的，競爭性的：a ～ price 競爭價格/～ spirit 競爭心。～**·ly** *adv.* ～**·ness** *n.*

com·pet·i·tor [kəmˋpɛtətə; kəmˈpetitə] *n.* Ⓒ競爭者，角逐者，對手。

com·pi·la·tion [͵kɑmplˋeʃən, -pɪˋle-; ͵kɔmpiˈleiʃn] «compile 的名詞» —*n.* **1** Ⓤ編輯，編纂〔*of*〕：the ～ *of* a dictionary 字典的編輯。**2** Ⓒ編輯物。

com·pile [kəmˋpaɪl; kəmˈpail] «源自拉丁文「掠奪」之義» —*v.t.* **1 a** (爲編輯而)收集〈資料等〉。**b** (整理資料)編輯〔編纂〕〈書籍〉：～ a dictionary 編輯字典/～ an index 編製索引。**2** 《電算》把〈程式〉譯成機械語言。

com·píl·er *n.* Ⓒ **1** 編輯人，編纂者。**2** 《電算》編譯器《將以人類容易了解之形式所寫的程式翻譯成機器語言所需要的程式》。

com·píl·ing routine *n.* ⓊⒸ 編譯常式。

com·pla·cence [kəmˋplesn̩s; kəmˈpleisns] «complacent 的名詞» —*n.* Ⓤ自滿，自得；自以爲是。

com·plá·cen·cy [-sn̩sɪ; -snsi] *n.* ＝complacence.

com·pla·cent [kəmˋplesn̩t; kəmˈpleisnt] *adj.* 自滿的，自得的；自以爲是的。～**·ly** *adv.*

‡com·plain [kəmˋplen; kəmˈplein] «源自拉丁文「深感悲傷」之義» —*v.i.* **1 a** 發牢騷，抱怨：Some people are always ～*ing.* 有些人總是在抱怨/"How are you?"—"I can't ～." 「你好嗎？」「很好啊。」/Oh, well, you can't ～！⇨well[1] *interj.* 1 b. **b** 〔十介十(代)名〕訴說，哭訴，抱怨〔有關…的〕牢騷〔怨言，不滿〕〔*of, about*〕《★可用被動語態》：She ～*ed* ***of*** the room be*ing* sordid. 她抱怨那房間骯髒/I have nothing to ～ *of.* 我沒有任何不滿〔怨言〕。**2** 〔十介十(代)名〕訴說〔病苦〕〔*of*〕：She ～*ed* ***of*** a headache. 她訴說頭痛。**3** 〔十介十(代)名〕〔向警察等〕控訴，訴苦，抱怨〔某事〕〔*to*〕〔*of, about*〕：I ～*ed* ***to*** the police ***about*** my neighbor's dog. 我向警方控訴鄰居家的狗/She ～*ed to* me ***of*** her husband's coldness to her. 她向我抱怨她先生對她的冷淡。—*v.t.* **1 a** 〔十 *that*＿〕抱怨〈某事〉：He ～*s that* his job gives him no satisfaction. 他抱怨他的工作不能滿足他。**b** 〔十引句〕抱怨地說〈某事〉："You are always late home." she ～*ed.* 她抱怨地說：「你總是晚歸。」**2** 〔(十介十(代)名)十 *that*＿〕〔向…〕訴說，訴苦，抱怨〈某事〉〔*to*〕：She ～*ed* (***to*** me) *that* her husband drank too much. 她(向我)訴苦說她先生酒喝得太多了。

com·plain·ant [kəmˋplenənt; kəmˈpleinənt] *n.* Ⓒ《法律》原告，控訴〔投訴〕者(plaintiff).

com·pláin·ing·ly *adv.* 發牢騷地，抱怨地，不滿地，不平地。

com·plaint [kəmˋplent; kəmˈpleint] «complain 的名詞» —*n.* **1 a** Ⓒ不平，不滿，牢騷，抱怨：make a ～ *about*... 發…的牢騷，抱怨…/be full of ～*s about* one's food 對於食物滿口牢騷。**b** Ⓤ發牢騷，抱怨：have cause for ～ 有發牢騷〔抱怨〕的理由。**2** Ⓒ **a** 不平〔不滿〕的原因。**b** 疾病：have [suffer from] a chest ～ 患胸腔疾病。**3** Ⓒ《法律》(與刑事訴訟相對的民事的)控訴，控告；《美》(民事訴訟中)原告最初提出的訴狀〔起訴書〕：make [lodge] a ～ *against*... 控告…。

com·plai·sance [kəmˋplezn̩s; kəmˈpleizəns] *n.* Ⓤ《文語》和藹可親，彬彬有禮，慇懃；親切。

com·plai·sant [kəmˋplezn̩t; kəmˈpleizənt] *adj.* 《文語》討人喜愛的，和藹的，彬彬有禮的，慇懃的；親切的。～**·ly** *adv.*

com·ple·ment [ˋkɑmpləmənt; ˈkɔmplimənt] «源自拉丁文「使完全(complete)之物」之義» —*n.* Ⓒ **1 a** 補充物，互補物，補足物〔*to*〕：Music is a ～ *to* a party. 音樂是舞會的補足物〔輔佐品〕《有音樂才能使舞會更完美》。**b** (達成完整、額滿所需的)數，量；《航海》船員編制的員額。**2** 《文法》補語。**3** 《數學》餘數，餘角，餘弧。

— [ˋkɑmplə͵mɛnt; ˈkɔmpliment] *v.t.* 補滿，補充；補足。

com·ple·ment·al [͵kɑmpləˋmɛntl̩; ͵kɔmpliˈmentl] *adj.* ＝complementary.

com·ple·men·tar·i·ty [͵kɑmpləmɛnˋtærətɪ; ͵kɔmplimenˈtæriti] *n.* Ⓤ互相補充；互相依賴；互補性。

com·ple·men·ta·ry [͵kɑmpləˋmɛntərɪ; ͵kɔmpliˈmentəri] «complement 的形容詞» —*adj.* **1** 補充的；互補的：～ colors 互補色《以恰當比例混合後能變成白色或灰色的兩種顏色；如紅色和綠色等》/a ～ angle [arc]《數學》餘角〔弧〕。**2** [不用在名詞前]〔十介十(代)名〕補足〔…〕的〔*to*〕：Discipline and love should be ～ ***to*** each other. 訓誡和愛應該是相輔相成的。

-ta·ri·ly [-ˋmɛntərəlɪ, -ˋmɛntrəlɪ; -ˈmentərəli] *adv.*

com·ple·ment·ed [͵kɑmpləˋmɛntɪd; ͵kɔmpliˈmentid] *adj.* **1** 有補助物的。**2** 《數學》有餘格的。

‡com·plete [kəmˋplit; kəmˈpli:t] «源自拉丁文「完全填滿」之義» —*adj.* (**more** ～, **most** ～；**com·plet·er, -est**)《★用法 complete 在字義上是沒有比較級和最高級，但有時爲了强調其「完全」的程度也可加上，以示其程度之變化》**1 a** 全部的；完善的，完整的，圓滿的：the ～ works of Shakespeare 莎士比亞全集/this *more* ～ statement 這個更完善的陳述。**b** [不用在名詞前](無比較級、最高級)〔在…方面〕齊全的，完備的〔*with*〕：a flat ～ ***with*** furniture 家具齊全的公寓。

2 [用在名詞前]完全的，全然的，徹底的：a ～ failure [victory] 慘敗〔全勝〕/a ～ stranger 陌生人/a ～ fool 大笨蛋，大傻瓜。**3** 完成的，完結的，結束的：His work is ～. 他的工作完成了。**4** [用在名詞前]《罕》熟練的：a ～ horseman 老練的騎士。

C

5《文法》完全的：a ~ verb 完全動詞/a ~ intransitive [transitive] verb 完全不及物[及物]動詞。

—*v.t.* 〔十受〕**1 完成**，結束，做完…（⇨ finish【同義字】）：~ the whole course (of a school) 修完全部課程，畢業。**2 使…完全**，使…完整，使…齊全，使…完結：I need one volume to ~ my set of Hardy. 只要再一册，我的哈代全集就齊全了。

~·**ness** *n.*

‡**com·plete·ly** [kəm`plitlɪ; kəm'pli:tli] *adv.* (無比較級、最高級) **1 完全地**，完整地，完善地，完美地。**2 全然地**，徹底地：I ~ forgot to thank her. 我完全忘了向她道謝。

***com·ple·tion** [kəm`pliʃən; kəm'pli:ʃn] 《complete 的名詞》—*n.* Ⓤ Ⓒ完成，完結；修完，畢業；期滿：bring...to ~ 完成…，做完…/His study is near ~. 他的研究快要完成了。

***com·plex** [kəm`plɛks, `kɑmplɛks; 'kɔmpleks] 《源自拉丁文「折疊在一起」之義》—*adj.* (**more** ~ ; **most** ~) **1 複合的**，由數個部分組成的，合成的。

2 複雜的，錯綜的：a ~ problem 複雜的問題/The plot of the novel is quite ~. 那部小說的情節相當複雜。

【同義字】complex 指內部結構複雜，需要相當的研究或智識始能理解或解決的；complicated 是指非常複雜而難以理解、解決或說明的。

3 (無比較級、最高級)《文法》**a** 〈句子〉複合的，有附屬子句的，複句的：⇨ complex sentence. **b** 〈單字〉複合的，合成的《指與字首或字尾等結合成的字》。

—[`kɑmplɛks; 'kɔmpleks] *n.* Ⓒ **1 a** 複合體，合成物〔*of*〕：the military-industrial ~ 工業軍事複合體。**b** (建築物等的)綜合體；工業區，聯合企業：a housing ~ 住宅區/a great industrial ~ 大工業區，大聯合企業。**2 a**《精神分析》情結：⇨ inferiority complex 1, superiority complex 1, Electra complex, Oedipus complex. **b**《口語》〔對於某事的〕固定觀念，過度的厭惡[恐懼]〔*about*〕：the Soviet ~ 蘇聯恐懼症/He has a ~ *about* spiders. 他非常討厭蜘蛛。~·**ly** *adv.*

cómplex fráction *n.* Ⓒ《數學》繁分數。

com·plex·ion [kəm`plɛkʃən; kəm'plekʃn] 《源自拉丁文「體液的調合」之義》—*n.* Ⓒ **1** 氣色，血色，臉色：a ruddy [pallid] ~ 紅潤[蒼白]的臉色。**2** [常用單數] (事態的)外觀，形勢：the ~ *of* the war 戰局，戰況。

com·pléx·ioned *adj.* [構成複合字]有(…)膚色的，臉色(…)的：fair-[dark-]*complexioned* 膚色白[黑]的。

com·plex·i·ty [kəm`plɛksətɪ; kəm'pleksəti] 《complex 的名詞》—*n.* **1** Ⓤ複雜。**2** Ⓒ複雜的事物。

cómplex séntence *n.* Ⓒ《文法》複句《含有附屬子句的句子；cf. compound sentence》.

com·pli·ance [kəm`plaɪəns; kəm'plaiəns] 《comply, compliant 的名詞》—*n.* Ⓤ **1** (對於要求、命令等的)服從，順從；遵守；應允〔*with*〕：in ~ *with* ... 聽從…，遵守…。**2** 盲從；和藹，溫和。

com·plí·an·cy [-ənsɪ; -ənsi] *n.* =compliance.

com·pli·ant [kəm`plaɪənt; kəm'plaiənt] 《comply 的形容詞》—*adj.* 應允的，順從的，迎合的；溫順的。~·**ly** *adv.*

com·pli·ca·cy [`kɑmpləkəsɪ; 'kɔmplikəsi] *n.* **1** Ⓤ錯綜，複雜。**2** Ⓒ複雜的事(物)。

***com·pli·cate** [`kɑmplə͵ket; 'kɔmplikeit] 《源自拉丁文「折疊在一起」之義》—*v.t.* 〔十受〕**1 a 使〈事情〉複雜**，使…錯綜，使…混亂：That ~*s* matters. 那使得事情變複雜了。**b** 使〈事情〉難懂，使…難理解。**2** 使〈疾病〉惡化《★常用被動語態》：His disease *was* ~*d* by pneumonia. 他的病因肺炎併發症而變得更嚴重。

***com·pli·cat·ed** [`kɑmplə͵ketɪd; 'kɔmplikeitid] *adj.* (**more** ~ ; **most** ~) **1** 〈事物〉**複雜的**：a ~ machine 複雜的機器/a ~ fracture《醫》複雜骨折。**2** 〈事情〉錯綜的，難懂的（⇨ complex 2【同義字】）：a ~ question 難題。

com·pli·ca·tion [͵kɑmplə`keʃən; ͵kɔmpli'keiʃn] 《complicate 的名詞》—*n.* **1** Ⓤ **a** 複雜；(事件的)糾紛，混亂。**b** 複雜化。**2** Ⓒ [常 ~**s**] (非常)麻煩的問題，糾紛的原因。**3** Ⓒ《醫》併發症：a ~ *of* diabetes 糖尿病的併發症。

com·plic·i·ty [kəm`plɪsətɪ; kəm'plisəti] *n.* Ⓤ〔事件等的〕共謀，共犯；牽連〔*in*〕：~ *in* crime 共謀。

com·pli·ment [`kɑmpləmənt; 'kɔmplimənt] 《源自拉丁文「充滿(禮節)」之義》—*n.* **1** Ⓒ**稱讚**，讚詞，頌詞；(社交上的)恭維(話)：make [pay] a ~ *to* a person 恭維[稱讚]某人/fish [angle] for ~*s* 索求[探求]稱讚/I take that for [as] a ~. 我把那視爲恭維話。

【同義字】compliment 是指社交上的稱讚；flattery 是指有諂媚之意的稱讚、奉承。
【說明】中國人受到別人的稱讚時，往往要謙虛地加以否定，但英美人士都會率直地予以接受。例如聽到別人說 "You're wearing a nice hat today." (你今天戴的帽子眞漂亮)，英美人士會答以 "Thank you." (謝謝)。請別人吃自己烹調的菜餚或贈送手工製品而得到稱讚時，也以 "Thank you." (謝謝)，或 "I'm glad you like it." (很高興你喜歡它) 作答。但稱讚的人要據實作坦誠的評價，如果言過其實，則會變成 flattery (巴結)，會招致反效果。

2 Ⓒ(藉行爲、言語等表達的)敬意；光榮：return the [a] ~ 回禮；(在受到稱讚之後)答禮/Your presence is a great ~. 承蒙光臨深感榮幸/He paid me the ~ *of* consult*ing* me about the affair. 他向我請教那件事以表示對我的敬意。**3** [~**s**] (合時令等的)問候(語)；致意，道賀：the ~*s* of the season (元旦、耶誕節等的)賀節的話/Give [Send, Present] my ~*s* *to*.... 請代我向…致意[問候]/make [pay, present] one's ~*s* *to* a person 向某人致意[問候]/With the ~*s* of Mr. A.=With Mr. A's ~*s*. A 敬贈《贈送書籍給人時在封面裏頁寫的客套語》。

—[-͵mɛnt; -ment] *v.t.* **1** 〔十受十介十(代)名〕**a** 〔因某事〕恭維，稱讚〈某人〉，對…表示敬意〔*on*〕：The teacher ~*ed* the girl ***on*** her good grades. 老師稱讚那位女孩成績優良《★ 比較 The teacher ~*ed* her good grades. 是錯誤的》。**b** 〔因某事〕向〈某人〉道賀[祝賀]〔*on*〕：~ a person ***on*** his success 祝賀某人的成功。**2** 〔十受十介十(代)名〕贈送〈某人〉〔表示敬意的禮物〕〔*with*〕：~ a person ***with*** an honorary degree 授與某人榮譽學位。

com·pli·men·ta·ry [͵kɑmplə`mɛntərɪ, -`mɛntrɪ; ͵kɔmpli'mentəri] 《compliment 的形容詞》—*adj.* **1** 表示敬意的，稱讚的：a ~ address [speech] 祝辭，賀辭。**2** (表示好意或敬意之)免費的，贈送的：a ~ copy 贈本/a ~ ticket〔音樂會等的〕招待券〔*to, for*〕.

compliméntary clóse [**clósing**] [-`kloz (ɪŋ); -'klouz(iŋ)] *n.* Ⓒ (書信的)結尾敬辭《如 Sincerely yours 等》。

com·plin [`kɑmplɪn; 'kɔmplin], **com·pline** [`kɑmplɪn, -plaɪn; 'kɔmplin, -plain] *n.* Ⓤ [常 **Complin(e)s**]《天主教》(聖務日課的)晚禱《一天中最後的禱告》。

com·ply [kəm`plaɪ; kəm'plai] 《源自拉丁文「使完整」之義》—*v.i.* 〔十介十(代)名〕答應〔要求〕；服從，遵從〔規則〕〔*with*〕《★可用被動語態》：They *complied* ***with*** our demands. 他們答應了我們的要求。

com·po [`kɑmpo; 'kɔmpou] 《composition 之略》—*n.* (*pl.* ~**s**) Ⓤ [指產品個體時爲Ⓒ] 混合物，合成物；(尤指)水泥沙漿。

com·po·nent [kəm`ponənt; kəm'pounənt] *adj.* 構成的，組成的：~ parts 構成分子[組成部分]，成分。

—*n.* Ⓒ **1 a** 構成要素，成分〔*of*〕. **b** (機器、立體音響等的)組成部分，構件〔*of*〕：stereo ~*s* 音響的組合部分。**2**《物理》分力。

com·port [kəm`port, -`pɔrt; kəm'pɔ:t] 《文語》*v.t.* [~ one*self*；與狀態副詞(片語)連用]動作，行為，舉止：A judge should ~ *himself* authoritatively [with dignity]. 法官舉止必須要莊嚴[有威嚴]。—*v.i.* 〔十介十(代)名〕〔與…〕相稱，適合〔於…〕〔*with*〕：Such actions do not ~ ***with*** your high status. 那樣的行爲與你崇高的社會地位不相稱。

com·pórt·ment [-mənt; -mənt] *n.* Ⓤ《文語》行爲，舉止，態度。

***com·pose** [kəm`poz; kəm'pouz] 《源自古法語「放置一起」之義》—*v.t.* 〔十受〕**1 a** 〈所收集的題材〉**構成**，形成，組成〈某物〉：The four volumes ~ a single book. 那四册構成一卷書/Facts alone do not ~ a book. 單有事實是無法成書的。**b** 成立《★常以過去分詞當形容詞用；⇨ composed 2》。**2 a 作**〈曲〉：~ an opera 作歌劇/ ~ a song 作歌曲。**b** 作〈詩、文章〉：~ a poem 作詩。**c**《美術》構〈圖〉。**3 a** [~ one*self*]使…鎮定，使…沈著，使…平靜：He ~*d himself to* read the book. 他定下心來讀那本書。**b** 緩和〈臉色、表情〉；使〈心思、情緒〉平靜：Try to ~ your mind. 試著使你的情緒平靜下來。**4** 調解，調停〈紛爭等〉。**5**《印刷》排〈字〉。—*v.i.* 作曲[詩]。

com·pósed *adj.* **1** 鎮定的，冷靜的，沈著的：a ~ face 從容不迫的神色。**2** [不用在名詞前]〔十介十(代)名〕〔由…〕組成的，構成的〔*of*〕(cf. compose *v.t.* 1 b)：Switzerland is ~ ***of*** twenty-two cantons. 瑞士是由二十二個州組成的。

~·**ness** [-zɪdnɪs; -zidnis] *n.*

com·pós·ed·ly [-zɪdlɪ; -zidli] *adv.* 鎮定地，冷靜地，沈著地。

com·pós·er *n.* Ⓒ **1 作曲家**。**2** 構圖者，著作者。

com·pos·ite [kəm`pɑzɪt; 'kɔmpəzit] *adj.* **1** 混合的，合成的：a ~ photograph (由兩張以上照片合併而成的)合成照片。**2** [C~]《建築》混合式的：the *C*~ order 混合柱型《古羅馬建築的式樣之一，爲愛奧尼亞柱型 (Ionic order) 與柯林斯柱型 (Corinthian order) 的折衷式樣》。

—*n.* Ⓒ合成物，複合物。

***com·po·si·tion** [͵kɑmpə`zɪʃən; ͵kɔmpə'ziʃn] 《compose (*v.t.* 3 除外) 的名詞》—*n.* **1 a** Ⓤ**構成**，組成，形成；合成，混合。**b** Ⓒ組成物，形成物，構成物；合成物，混合物。

2 a Ⓤ**作文**，作詩；(學科的)習作法：He is good at English ~.

他善於英文寫作。b Ⓒ(一篇)作文，文章：write a ～ 寫一篇作文。
3 a Ⓤ**作曲**；作曲法：He played a piano sonata of his own ～. 他演奏自己所作的鋼琴奏鳴曲。**b** Ⓒ(一篇)樂曲：a ～ for (the) violin 一首小提琴曲。
4 a Ⓤ(物品的)**構造**，成分：the ～ of the atom 原子的構造。**b** Ⓤ《美術》構圖：The ～ of this picture is poor. 這幅畫的構圖不好。**c** Ⓤ(人的)素質，氣質：He has a touch of genius in his ～. 他有一點天分。 **d** Ⓒ(合成)成分：What is its ～？它的成分是什麼？
5 Ⓤ《印刷》排字，排版。
6 Ⓤ《文法》(字的)複合(法)，合成。

com·pos·i·tor [kəm`pɑzɪtɚ; kəm'pɔzitə] *n.* Ⓒ排字工。

com·pos men·tis [`kɑmpəs`mɛntɪs; ˌkɔmpəs'mentis] 《源自拉丁文「控制自己的心神」之義》**—*adj.*** 《法律》心智健全的，精神正常的(↔ *non compos mentis*)。

com·post [`kɑmpost; 'kɔmpɔst] *n.* Ⓤ堆肥，混合肥料。**—*v.t.* 1** 施堆肥於〈土地〉。**2** 把…做成堆肥。

com·po·sure [kəm`poʒɚ; kəm'pouʒə] 《compose *v.t.* 3 的名詞》**—*n.*** Ⓤ沈著，鎮靜，冷靜：with ～ 鎮定地/keep [lose] one's ～ 保持[失去]鎮定/recover [regain] one's ～ 恢復鎮靜。

com·pote [`kɑmpot; 'kɔmpɔt] *n.* **1** Ⓤ蜜餞《糖漬[煮]的水果》。**2** Ⓒ(裝蜜餞、水果、糕點等的)高腳盤子。

compote 2

***com·pound**[1] [kɑm`paʊnd, kəm-; kəm'paund, kɔm-] 《源自拉丁文「放置一起」之義》**—*v.t.* 1 a** 〔十受〕混合，攙合〈要素、成分〉；調合〈藥品等〉：～ a medicine 配藥。**b** 〔十受十介十(代)名〕〔以…〕混合成…〔*of, from*〕《★常用被動語態》：The new plastic has *been ～ed of* unknown materials. 這個新塑膠是用不知名的材料混合做成的。**c** 〔十受十介十(代)名〕混合…〔做成…〕〔*into*〕：～ various ingredients *into* a medicine 混合各種成分做成藥品。**2** 〔十受〕增加〈困難、麻煩等〉，使…加劇；使〈麻煩的事〉更嚴重《★常用被動語態》：Our trouble *was ～ed* by our father's sudden death. 我們的困難因父親的突然去世而變得更嚴重。**3** 〔十受〕以複利計算〈利息〉。**4** 〔十受〕和解，調解〈負債、紛爭等〉。
—*v.i.* 〔十介十(代)名〕〔與人〕解決〔某事〕；〔爲…〕〔與人〕和解，妥協〔*with*〕〔*for*〕：～ ***with*** one's creditors *for* a reduction in interest 與債權人談妥有關降低利息的事。
— [`kɑmpaʊnd, kɑm`paʊnd; 'kɔmpaund] *adj.* (無比較級、最高級) **1** 合成的，混合的，複合的(↔ simple)：a ～ eye (昆蟲的)複眼/a ～ microscope 複式顯微鏡。**2** 《文法》**a** 〈句子〉複合的：⇨ compound sentence. **b** 〈字〉複合的：⇨ compound word. **3** 《化學》化合的。
— [`kɑmpaʊnd; 'kɔmpaund] *n.* Ⓒ **1 a** 混合物，合成物。**b** 《化學》化合物。**2** (又作 **cómpound wòrd**) 複合字《如 schoolgirl, nobleman 等由兩個字合成一字者》。

com·pound[2] [`kɑmpaʊnd; 'kɔmpaund] *n.* Ⓒ **1** 圍地，白人區《在某些東方國家用牆等隔起來的白人居住區，內有住宅、商店等》。**2** 圍場《有圍牆的場所，如收容所等》。

cómpound flówer *n.* Ⓒ《植物》聚合花。

cómpound fráction *n.* ＝complex fraction.

cómpound frácture *n.* Ⓒ《醫》穿破[哆開，複合]骨折。

cómpound ínterest *n.* Ⓤ《金融》複利。

cómpound léaf *n.* Ⓒ《植物》複葉。

cómpound pérsonal prónoun *n.* Ⓒ《文法》複合人稱代名詞《人稱代名詞之後附加 -self》。

cómpound séntence *n.* Ⓒ《文法》(複)合句《由 and, but 等對等連接詞連接兩子句而成的句子；cf. complex sentence》。

com·pre·hend [ˏkɑmprɪ`hɛnd; ˌkɔmpri'hend] 《源自拉丁文「一起抓」之義》**—*v.t.*** 〔十受〕《文語》**1** 理解，領悟，了解(⇨ understand【同義字】)：I cannot ～ this phrase. 我無法理解這個片語。**2** 包含，包括：Science ～*s* many disciplines. 科學包含很多學科。

com·pre·hen·si·ble [ˏkɑmprɪ`hɛnsəbl̩; ˌkɔmpri'hensəbl] *adj.* 可理解的，易理解的。**com·pre·hen·si·bil·i·ty** [ˏkɑmprɪˏhɛnsə`bɪlətɪ; 'kɔmpriˌhensə'biləti] *n.* **-bly** [-səblɪ; -səbli] *adv.*

com·pre·hen·sion [ˏkɑmprɪ`hɛnʃən; ˌkɔmpri'henʃn] 《comprehend 的名詞》**—*n.*** Ⓤ **1** 理解，領會，了解；理解力；包容力：listening [reading] ～ 聽[閱讀]的理解力/The problem is above [beyond] my ～. 那個問題我無法理解。**2** 包含；含蓄。

com·pre·hen·sive [ˏkɑmprɪ`hɛnsɪv; ˌkɔmpri'hensiv] 《comprehend, comprehension 的形容詞》**—*adj.* 1** 包羅萬象的，廣泛的，全面的，總括性的：a ～ mind 寬闊的心胸/a ～ knowledge of medicine 廣泛的醫學知識/a ～ survey 全面性的調查。**2** 有理解力的，善於領悟的：the ～ faculty 理解力。
—*n.* (又作 **comprehénsive schòol**) Ⓤ〔指設施時爲Ⓒ〕(英國的)綜合制中學。

> 【說明】因認爲公立中學分爲中等學校(grammar school)，現代中等學校(modern school)，工業學校(technical school)三等級會有弊害，所以不分智能，在一特定區域內之十一歲至十九歲(其中至十五歲止爲義務教育)的學生都可入學就讀；有很多學生進入這所學校，接受適合自己的能力、特性和出路的教育。

～·ly *adv.* **～·ness** *n.*

com·press [kəm`prɛs; kəm'pres] 《源自拉丁文「一起壓」之義》**—*v.t.* 1 a** 〔十受〕**壓縮**；緊壓…：～ one's lips 緊閉嘴唇。**b** 〔十受十介十(代)名〕把〈某物〉壓縮〔成…〕〔*into*〕：～ cotton *into* bales 把棉花壓縮成捆。**2** 〔十受〕扼要歸納〈思想、語言等〉。
— [`kɑmprɛs; 'kɔmpres] *n.* Ⓒ《醫》(止血用的)繃帶；罨布，壓布：a cold [hot] ～ 冷[熱]壓布。

com·préssed *adj.* 壓縮的：～ air [gas] 壓縮空氣[煤氣]。

com·press·i·ble [kəm`prɛsəbl̩; kəm'presəbl] *adj.* 可壓縮的，壓縮性的。 **com·prèss·i·bíl·i·ty** [-sə`bɪlətɪ; -sə'biləti] *n.*

com·pres·sion [kəm`prɛʃən; kəm'preʃn] 《compress 的名詞》**—*n.*** Ⓤ **1** 壓縮，壓緊。**2** (思想、語言等的)扼要歸納，摘要。

com·pres·sive [kəm`prɛsɪv; kəm'presiv] *adj.* 有壓縮力的，壓縮的。

com·prés·sor [-sɚ; -sə] *n.* Ⓒ壓縮機，壓迫器：an air ～ 空氣壓縮機。

com·prise, com·prize [kəm`praɪz; kəm'praiz] 《源自拉丁文「一起抓」之義》**—*v.t.* 1** 〈整體〉由〈部分〉構成[組成]；包括，包含：The United States ～*s* fifty states. 美國是由五十個州組成的。**2** 〈部分〉構成〈整體〉《★常用被動語態，介系詞用 *of*》：The committee *is ～d of* eight members. 該委員會是由八個人組成的。

com·pro·mise [`kɑmprəˏmaɪz; 'kɔmprəmaiz] 《源自拉丁文「共同約定，意見一致」之義》**—*n.* 1** ⓊⒸ妥協，和解：by ～ 藉著妥協/make a ～ with...與…妥協/reach a ～ 達成協議。**2** Ⓒ折衷方案；折衷[中間]物〔*between*〕：a ～ *between* opposite opinions 對立意見的折衷方案/a ～ *between* East and West 東方與西方之間的妥協[和解]。
—*v.t.* 〔十受〕**1** 使〈紛爭〉和解，折衷處理〈糾紛〉：An arbiter ～*d* their differences. 仲裁者折衷調解[處理]了他們的紛爭。
2 a 危害，汚損〈名譽等〉：He ～*d* his reputation. 他汚損了自己的名譽。**b** 〔～ one*self*〕(因愚行、暴行等)傷及自己的名譽，有失體面。
—*v.i.* 〔十介十(代)名〕〔就某事〕〔與某人〕妥協，和解〔*with*〕〔*on*〕：We ～*d* ***with*** them ***on*** the matter. 關於那件事我們跟他們妥協了。

cóm·pro·mìs·ing *adj.* 損壞名譽[聲譽]的，惹人懷疑的：in a ～ situation 處於惹人懷疑的狀況。

comp·trol·ler [kən`trolɚ; kən'troulə] 《controller 的另一種拼法》**—*n.*** Ⓒ(會計、銀行的)主計員，稽核員：the *C*～ General 《美》主計長。

com·pul·sion [kəm`pʌlʃən; kəm'pʌlʃn] 《compel 的名詞》**—*n.* 1** Ⓤ强制，强迫：by ～ 强制[强迫]地/(up)on [under] ～ 在强制之下，被迫，不得已。
2 Ⓒ **a** (難以抑制的)强烈欲望，衝動：Smoking is a ～ with him. 他無法克制自己不抽烟。**b** 〔十 *to* do〕〈想做某事的〉衝動：driven by a ～ *to* see what is inside 受到欲窺其中究竟的衝動所驅使。

com·pul·sive [kəm`pʌlsɪv; kəm'pʌlsiv] *adj.* 强迫性的，强制的，難以抑制的：a ～ eater 無法克制自己不吃的人，老饕。
～·ly *adv.*

com·pul·so·ry [kəm`pʌlsərɪ; kəm'pʌlsəri] *adj.* (無比較級、最高級) **1** (依照法律、命令之)**强制的**，强制性的：～ execution 强制性執行/～ measures [means] 强制手段。**2** 義務的；必修的：～ education 義務教育/～ (military) service 義務兵役，徵兵/a ～ subject《英》必修科目。
-so·ri·ly [-sərəlɪ; -sərəli] *adv.*

com·punc·tion [kəm`pʌŋkʃən; kəm'pʌŋkʃn] 《源自拉丁文「徹底扎刺」之義》**—*n.*** Ⓤ〔常用於否定句〕良心的責備，悔恨：*without* (the slightest) ～ 無動於衷，若無其事，毫不在乎/I have *no* ～ *in* do*ing* what I believe is right. 我絕不後悔從事我認爲對的事。

com·punc·tious [kəm`pʌŋkʃəs; kəm'pʌŋkʃəs] *adj.* 悔恨的，後悔的，良心不安的，內疚的。**～·ly** *adv.*

com·put·a·ble [kəm`pjutəbl̩; kəm'pju:təbl] *adj.* 可計算[估計]的。

com·pu·ta·tion [ˏkɑmpjə`teʃən, -pju-; ˌkɔmpju:'teiʃn, -pju-]

《compute 的名詞》—*n.* **1** Ⓤ[有時 ~s]計算；估計。**2** Ⓒ計算結果。

com·pute [kəm'pjut; kəm'pju:t] *v.t.* **1 a** 〔十受〕計算，估計〈數、量〉(⇨ count¹【同義字】)。**b** 〔十受十介十(代)名〕將〈數值等〉估計〔爲…〕〔*at*〕：We ~*d* the distance *at* 300 miles. 我們估計那距離爲三百哩。**2** 用電子計算機計算…。—*v.i.* 計算。

***com·put·er** [kəm'pjutə; kəm'pju:tə] *n.* Ⓒ**電子計算機，電腦**：by ~ 用電子計算機[電腦]《★無冠詞》/a ~ center 電子計算機中心/(a) ~ language 電子計算機[電腦]用語 (cf. ALGOL, COBOL, FORTRAN) / ⇨ analogue computer, digital computer.

com·pu·ter·ese [kəm,pjutə'riz; kəm,pju:tə'ri:z] *n.* Ⓤ電子計算機[電腦]專門用語。

com·pu·ter·ize [kəm'pjutə,raɪz; kəm'pju:təraiz] *v.t.* **1** 用電子計算機[電腦]處理〈資料〉。**2** 使〈某過程〉電腦化。—*v.i.* 引進[使用]電子計算機[電腦]。**com·put·er·i·za·tion** [kəm,pjutərə'zeʃən; kəm,pju:tərai'zeiʃn] *n.*

compúter scíence *n.* Ⓤ電子計算機[電腦]科學。

compúter vírus *n.* Ⓒ電腦病毒《一種惡作劇的電腦程式，寄生於另一程式上，可自行複製，藉電腦使用人彼此交換電腦磁片時侵入其他程式》。

com·rade ['kamræd, -rɪd; 'kɔmreid] 《源自西班牙語「室友」之義》—*n.* **1** Ⓒ(共患難般親密的)**同伴，夥伴**：~*s in* arms 戰友們。**2 a** Ⓒ[在共產國家中也用於稱呼]同志，同黨黨員。**b** [常 the ~s]共產黨員。

cóm·rade·shìp *n.* Ⓤ同志[同事]關係；同伴關係，友愛，友情，友誼：a sense of ~ 同伴意識。

com·sat ['kam,sæt; 'kɔmsæt] 《*com*munications *sat*ellite 之略》—*n.* Ⓒ《通信》通信衛星《用以反射或傳送電波的人造衛星》。

comte [kɔnt; kɔ:nt] *n.* 《法》=count².

Comte [kɔnt; kɔ:nt], **Auguste** [o'gyst; ou'gyst] *n.* 孔德《1798-1857；法國哲學家、實證主義哲學的創始者》。

Com·tism ['kɔntɪzəm; 'kɔ:ntizəm] *n.* Ⓤ 孔德之學說，實證哲學。

Co·mus ['koməs; 'kouməs] *n.* 《希臘・羅馬神話》科摩斯《司酒宴、歡樂之神；爲一手持火炬，長雙翅的喝醉的少年》。

con¹ [kan; kɔn] 《拉丁文 contra 之略》—*adv.* 反對：pro and ~ ⇨ pro³.

—*n.* Ⓒ[常 ~s]反對，反對論(者)，投反對票(者)：the pros and ~*s* ⇨pro³.

con² [kan; kɔn] *v.t.* (**conned**；**con·ning**)《古》精讀，閱讀，研究；背誦，默記：~ by rote 強記，硬背。

con³ [kan; kɔn] 《confidence 之略》—《俚》*v.t.* (**conned**；**con·ning**) **1** 欺騙，詐騙〈人〉。**2** 〔十受十介十(代)名〕**a** 欺騙〈某人〉〔使做某事〕〔*into*〕：He *conned* me **into** buy*ing* this watch. 他騙我買了這隻錶。**b** 騙取〈某人〉〔某物〕〔*out of*〕：She was *conned* **out of** all her money. 她所有的錢都被騙走了。

—*n.* Ⓒ詐欺，侵佔。

—*adj.* [用在名詞前]詐欺的：⇨ con man.

con⁴ [kan; kɔn] *v.t.* (**conned**；**con·ning**)掌〈船〉的舵。

—*n.* **1** Ⓒ 掌舵。**2** Ⓤ 掌舵的責任[崗位]。

con⁵ [kan; kɔn] *n.* 《俚》=convict.

con- [kan-, kən-; kɔn-, kən-] 字首 =com-.

con·cat·e·nate [kan'kætn,et; kɔn'kætineit] *v.t.* 《文語》連結，將…串成鎖狀。

con·cat·e·na·tion [,kankætn'eʃən; kɔn,kæti'neiʃn] 《concatenate 的名詞》—*n.* 《文語》**1** Ⓤ連結，連鎖。**2** Ⓒ(事件等的)關連，連續，接連：a ~ *of* accidents 一連串的事故。

con·cave [kan'kev; ,kɔn'keiv, 'kɔnkeiv⁻] *adj.* 凹面[形]的，凹的，凹陷的(↔ convex)：a ~ lens [mirror] 凹透鏡[凹面鏡]。

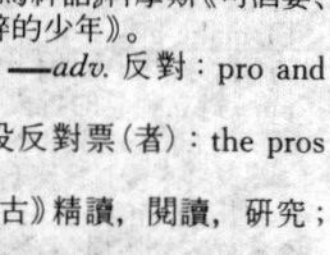

— ['kankev; 'kɔnkeiv] *n.* Ⓒ凹面。

con·cav·i·ty [kan'kævətɪ; kɔn'kævəti] 《concave 的名詞》—*n.* **1** Ⓤ 凹陷[狀]。**2** Ⓒ凹面，凹窪，凹坑；凹處，凹陷處。

con·ca·vo-con·cave [kan'kevokan'kev; kɔn,keivoukɔn'keiv⁻] *adj.* =biconcave.

con·ca·vo-con·vex [kan'kevokan'vɛks; kɔn,keivoukɔn'veks⁻] *adj.* 凹凸的《一面凹一面凸的》。

con·ceal [kən'sil; kən'si:l] 《源自拉丁文「共同隱藏」之義》—*v.t.* **1** 〔十受〕**a 隱藏**〈物品等〉(⇨ hide【同義字】)：~ one's emotions 隱藏感情《使不爲人知》/ ~ one's identity 隱藏身分。**b** [~ one*self*]隱匿，躲藏：He ~*ed himself in* a cave. 他躲藏在洞穴裏。**2** 〔十受十介十(代)名〕隱蔽〈物品等〉不讓〔…〕看見；[對…]隱瞞〈某事〉〔*from*〕(↔ reveal)：The tree ~*ed* her **from** view. 那棵樹木遮住了她/I ~ nothing *from* you. 我對你什麼也不隱瞞《任何事都告訴你》。

con·céal·ment [-mənt; -mənt] 《conceal 的名詞》—*n.* **1** Ⓤ隱蔽，隱匿，隱藏；潛伏：be [remain] in ~ 隱藏著/The ~ of one's income from the tax office is illegal. 對稅捐機關隱瞞收入是違法的。**2** Ⓒ隱匿的場所。

con·cede [kən'sid; kən'si:d] 《源自拉丁文「一起走，允許」之義》—*v.t.* **1 承認**(爲合理的)：**a** 〔十受〕(不情願地)承認…爲事實：~ defeat in an election 承認選舉失敗。**b** 〔十 *that*＿〕(勉强)承認〈某事〉：Everyone ~*s that* lying is wrong. 每個人都承認說謊是錯的/*Conceding*, for the moment, *that* he is right,.... 姑且承認他是對的，…。

2 讓與：**a** 〔十受〕給予〈權利、特權等〉：~ the independence of a nation 容許國家獨立。**b** 〔十受十受/十受十介十(代)名〕給予〈人等〉〈權利、特權等〉；給予〔人等〕〈權利、特權等〉〔*to*〕：He ~*d* us the right to walk through his garden. 他允許我們走過他的花園/Many privileges have been ~*d* **to** foreign residents. 許多特權被授與外國僑民。

3 a 〔十受(十介十(代)名)〕〔比賽、爭論時〕(向對方)讓〈分數、論點〉；對…讓步〔*in*〕：~ a goal [point] **in** a game 比賽時讓對方一球[一分]/He ~*d* the point *in* the debate. 這一點他在辯論中讓了步。**b** 〔十受十受/十受十介十(代)名〕(比賽、爭論時)讓〈分數、論點〉給〈對方〉，對…讓〈步〉；讓〈分數、論點〉〔給對方〕，〔對…〕讓〈步〉〔*to*〕：We ~*d* two points **to** our opponents. 我們讓了對方兩分/He ~*d* us the point.＝He ~*d* the point *to* us. 在這一點上，他對我們做了讓步。

—*v.i.* **1** 讓步。**2** 《美》承認(選舉等)失敗。

con·ced·ed·ly [kən'sidɪdlɪ; kən'si:didli] *adv.* 毫無疑問地，不容置疑地。

con·ceit [kən'sit; kən'si:t] *n.* **1** Ⓤ**自負**，自大(↔ humility)；獨斷，私見：be full of ~ 非常自負，自命不凡/She is wise in her own ~. 她自認爲聰明。**2** Ⓒ《文學》(詩文等的)奇想；巧喻，巧思。

con·céit·ed *adj.* 自負的，自大的，自滿的；奇想的，幻想的。~**·ly** *adv.*

con·ceiv·a·ble [kən'sivəbl; kən'si:vəbl] *adj.* **1** 可想到的，可想像的：It is hardly ~ that he will fail. 難以想像他會失敗。**2** [置於形容詞最高級或 every 之後]所有可想像得到的：by *every* ~ means 以每一種可以想到的方法/Under the circumstances it is *the best* ~. 在這種狀況下再也想不出比它更好的了。

con·céiv·a·bly [-vəblɪ; -vəbli] *adv.* 可想像地，想像中，也許，或許，大概：*C*~, he is telling the truth for once. 說不定他就這一次說的是眞話。

***con·ceive** [kən'siv; kən'si:v] 《源自拉丁文「一起接受」之義》—*v.t.* **1 a** 〔十 *that*＿〕**想像**；認爲，思索〈某事〉：I ~*d that* there must be some difficulties. 我認爲一定會有一些困難。**b** 〔十 *wh.*＿/十*wh.*十*to* do〕想像〈如何做…〉：I cannot ~ *how* he made this mistake. 我無法想像他怎麼會犯這種錯誤/It was difficult for me to ~ *how to* deal with the problem. 我不知道如何處理這個問題。**c** 〔十受十 (*to be*) 補〕〈某人〉認爲…：Whatever may occur, do what you ~ *to be* your duty. 不管發生什麼事，做你認爲應該做的事。**2** 〔十受〕**心裡懷著**〈想法、意見、怨恨等〉；想出〈計畫等〉：He ~*d* love [hatred] for her. 他愛[恨]她/Who first ~*d* such an idea? 誰最先想出這種主意？**3** 〔十受〕懷〈孕〉：~ a child 懷孕。—*v.i.* **1 a** 〔十介十(代)名〕[常用於否定句]想像，思索〔…〕〔*of*〕《★可用被動語態》：I can*not* ~ **of** his kill*ing* himself. 我無法想像他會自殺。**b** 〔十介十(代)名十 *as* 補〕想像，認爲〔…〕〈是…〉〔*of*〕：People used to ~ **of** disease *as* a punishment for sin. 以前人們認爲疾病是對罪惡的一種懲罰。**2** 懷孕，妊娠。

***con·cen·trate** ['kansn,tret, -sɛn-; 'kɔnsntreit, -sin-] 《源自拉丁文「一起集中於中心 (center)」之義》—*v.t.* **1 a** 〔十受〕**集中**〈光線、努力等〉：~ rays of light 集中光線。**b** 〔十受十介十(代)名〕集中〈光線、努力等〉〔於…〕〔*on, upon*〕：You must ~ your attention **on** what you are reading. 你必須集中注意力在你所閱讀的東西上。**2** 〔十受十介十(代)名〕集中〈物品等〉〔於…〕〔*at, in*〕：~ troops **at** one place 把軍隊集結在一個地方。**3** 〔十受〕將〈液體〉濃縮。

—*v.i.* **1** 〔十介十(代)名〕集中〔於…〕〔*at, in*〕：The population is rapidly *concentrating* **in** urban areas. 人口快速集中於都市地區。**2** 〔動(十介十(代)名)〕傾注全力[全神貫注，專心致志]〔於…〕〔*on, upon*〕：~ **upon** a problem 全神貫注於一個問題/He ~*d* **on** his new job [driv*ing* the car]. 他專注於新工作[專心開車]。

—*n.* Ⓤ[指個體時爲Ⓒ]濃縮液[果汁]。

cón·cen·trat·ed *adj.* **1** [用在名詞前]集中的：~ fire 集中的砲火/ ~ hate 强烈的怨恨/with the most ~ attention 聚精會神地。**2** 濃縮的，濃厚的：~ feed 濃縮飼料/ ~ juice 濃縮果汁，濃果汁。

con·cen·tra·tion [,kansn'treʃən, -sɛn-; ,kɔnsn'treiʃn, -sin-]

《concentrate 的名詞》—*n.* **1** Ⓤ Ⓒ **集中，集結**〔*of*〕：(a) ～ of armaments 軍事力量的集中。**2** Ⓤ〔對工作等的〕集中力，注意力，專心〔*on, upon*〕：Too much ～ *on* one aspect of a problem is dangerous. 過度專注於問題的一面是危險的。**3** Ⓤ(專門領域的)集中研究：His area of ～ is nuclear physics. 他的專門研究範圍是原子物理學。**4 a** Ⓤ濃縮。**b** [用單數](液體的)濃度。

concentrátion càmp *n.* Ⓒ(納粹黨等的政治犯、俘虜的)集中營。

con·cen·tric [kənˋsɛntrɪk; kɔnˈsentrik] *adj.* 《數學》**1** 同中心的 (↔ eccentric)：～ circles 同心圓。**2** [不用在名詞前]〔十介十(代)名〕〔與…〕形成同心圓的，〔與…〕同中心的〔*with*〕.

-tri·cal·ly [-klɪ; -kəli] *adv.*

con·cept [ˋkɑnsɛpt; ˈkɔnsept] *n.* Ⓒ **1** 《哲》概念：the ～ (of) 'horse'「馬」這個概念。**2 a** 想法；構想，構思。**b** 〔十 *that*__〕〈…的〉想法；構想，構思。

***con·cep·tion** [kənˋsɛpʃən; kənˈsepʃn] 《conceive 的名詞》—*n.* **1** Ⓤ Ⓒ **a 概念**，觀念，想法〔*of*〕：They should have a clear ～ *of* their duties as citizens. 他們必須明確知道身爲公民的義務/I have no ～ (*of*) *what* it is like. 我完全不知道它是什麼樣子《★用法 wh 之前的 of 有時會省略》。**b** 〔十 *that*__〕〈對…一事的〉概念，觀念，想法：I had no ～ *that* it was such a complex matter. 我完全不知道那件事那麼複雜。**2** Ⓤ概念作用[形成]。**3** Ⓒ構想，計畫，方案：a grand ～ 極好的構想。**4** Ⓤ Ⓒ懷孕，妊娠，受胎。

con·cep·tu·al [kənˋsɛptʃuəl; kənˈseptjuəl] *adj.* 概念的。

～**·ly** *adv.*

con·cep·tu·al·ize [kənˋsɛptʃuəlˏaɪz; kənˈseptjuəlaiz] *v.t.* 把…概念化，形成…的概念。**con·cep·tu·al·i·za·tion** [kənˏsɛptʃuələˋzeʃən; kənˌseptjuəlaiˈzeiʃn] *n.*

‡**con·cern** [kənˋsɝn; kənˈsəːn] 《源自拉丁文「一起過篩[選拔]」之義》—*v.t.* **1 與…有關係**：**a** 〔十受〕〈某事〉對…有關係，與…有關；涉及，事關…；與…有利害關係《★無被動語態及進行式》：The story ～*s* an evil magician. 這是個有關邪惡的魔法師的故事/That doesn't ～ me. 那與我無關。**b** 〔十受十介十(代)名〕[～ *oneself*]〈人〉涉及〔…〕，〔與…〕有關係〔*in, with*〕《★也以過去分詞當形容詞用；⇨ concerned 1 b》：You'd better not ～ *yourself in* such things. 你最好不要介入這種事/I shall not ～ *myself with* his affairs. 我不想介入他的事情。**c** 〔十受十介十(代)名〕[～ *oneself*]〈某事〉〔與…〕有關〔*with*〕《★常以過去分詞當形容詞用；⇨ concerned 1 c》.

2 a 〔十受〕使〈人〉擔心：Don't let my sickness ～ you. 不要擔心我的病。**b** 〔十受十介十(代)名〕[～ *oneself*]〈人〉擔心〔…〕(worry)〔*about, for*〕《★也以過去分詞當形容詞用；⇨ concerned 2 b》：You must not ～ *yourself about* me. 你切莫爲我擔心。

as concérns 《文語》[當介系詞用]關於…。

To whóm it may concérn. 敬致關係當事人《★用於證明書等之收件人稱呼》。

—*n.* **1** Ⓒ **a 關心的事**，涉及的事，重要的事：Our chief ～ at the moment is the weather. 眼前我們最關心的事是天候/What he does is no ～ of mine. 他做什麼都不關我的事。**b 關係**；(投資人等的)利害關係：I have a ～ *in* the business. 我與此事業有利害關係[我是此事業的投資人之一]/They have no ～ *with* the dispute. 他們和那紛爭沒有關係。

2 Ⓤ[又作 **a** ～]**操心**，擔心，憂慮，掛念，關心，關懷〔*for, over, about*〕(⇨ care【同義字】)：with [without] ～ 擔憂[毫不擔憂]地/a matter of ～ 關心的事/You need feel no ～ *about* the matter. 你不必擔心那件事/She has (*a*) deep ～ *for* her husband's safety. 她非常擔心她丈夫的安全/Her ～ *over* the sick baby kept her awake all night. 她因擔心生病的嬰兒而整夜都沒睡。

3 Ⓤ[常 **of** ～]重要性：a matter *of* utmost [no] ～ 非常[一點都不]重要的事。

4 Ⓒ營業，事業；公司，財團：a going ～ ⇨ going *adj.* 1/a paying ～ 合算[賺錢]的事業。

5 Ⓒ《口語》(籠統的)事物：worldly ～*s* 俗事/everyday ～*s* 日常的事/The war smashed the whole ～. 戰爭把一切的事物都摧毀了。

con·cérned *adj.* **1 a** [常用於名詞後]有關係的：the authorities [parties] ～ 有關當局[關係人，當事者]。**b** [不用在名詞前]〔十介十(代)名〕〈人〉〔與…〕有關係的，有牽連的；關心〔…〕的〔*in, with*〕(cf. concern *v.t.* 1 b)：He is ～ *with* the real estate business. 他與房地產事業有關係《是合夥人之一》/Many companies were ～ *in* the scandal. 很多公司都與這件貪污案有牽連。**c** [不用在名詞前]〔十介十(代)名〕〈某事〉〔與…〕有關的〔*with*〕(cf. concern *v.t.* 1 c)：Modern history is ～ *with* the future as well as *with* the past. 近代史不僅與過去有關，也與未來有關。**2 a** 擔心的：with a ～ air 帶著一副擔心的樣子。**b** [不用在名詞前]〔十介十(代)名〕〈人〉擔心[某事]的〔*about, over*〕；〔爲某事〕擔心的〔*for*〕(cf. concern *v.t.* 2 b)：He is very (much) ～ *about* the future of the country [*over* her health]. 他非常擔心國家的未來[她的健康狀況]/We were ～ *for* him when we heard of the accident. 我們聽到那事故時，都爲他擔心。**c** [不用在名詞前]〔十 *that*__〕擔心〈…事〉的：We are very much ～ *that* he may fail. 我們很擔心他會失敗。

so [as] fàr as...be concèrned 就(某事與)…(的關係)而言，至於…：*As far as* I'*m* ～, it doesn't matter what happens to him. 就我個人而言，我不在乎他會發生什麼事《★用法 常用在敍述不滿的情緒或意見之場合》。

where...be concèrned 就有關…的事而言，提到有關…的事：She is really an incurable fool *where* men *are* ～. 說到有關男人的事她簡直是個無可救藥的大傻瓜《一無所知》。

con·cérn·ed·ly [-nɪdlɪ; -nidli] *adv.* 擔心地。

***con·cern·ing** [kənˋsɝnɪŋ; kənˈsəːniŋ] *prep.* **關於**[有關]…(about)：*C*～ his address, I know nothing. 有關他的住址我完全不知道。

con·cern·ment [-mənt; -mənt] *n.* **1** Ⓤ重要性，重大。**2** Ⓤ關係；興趣；參與。**3** Ⓤ憂慮，懸念。**4** Ⓒ關心[感興趣]的事。

‡**con·cert** [ˋkɑnsɝt, -sət; ˈkɔnsət] 《源自義大利語「一致，協調」之義》—*n.* **1** Ⓒ**音樂會**，演奏會。**2** Ⓤ協調，一致，協力。**3** Ⓤ《音樂》和諧音。

in cóncert (1)齊聲，一起，共同。(2)〔與…〕合作[協力]地，一致地〔*with*〕：The three firms developed the jet engine *in* ～. 三家公司合作發展那個噴射引擎。

—*adj.* [用在名詞前]音樂會[演奏會]用的；在[可在]音樂會演奏的：a ～ hall 音樂廳，演奏會場。

— [kənˋsɝt; kənˈsəːt] *v.t.* 〔十受〕協調，共同議定…。—*v.i.* 〔十介十(代)名〕〔與…〕協調，協定〔*with*〕.

con·cért·ed *adj.* **1** 協定的，商議好的，約定的，一致的：take ～ action 採取一致的行動/They all made a ～ effort to improve the situation. 他們通力合作改善局勢。**2** 《音樂》編成適於合唱[合奏]的。

cóncert·gòer *n.* Ⓒ常去音樂會的人。

cóncert gránd *n.* Ⓒ(演奏會用的)大型平台鋼琴。

con·cer·ti *n.* **concerto** 的複數。

con·cer·ti·na [ˏkɑnsɚˋtinə; ˌkɔnsəˈtiːnə] *n.* Ⓒ六角手風琴《類似手風琴的六角形樂器；爲伸縮式的》。—*v.i.* 《英口語》〈車〉(因碰撞而像六角手風琴般地)被壓扁。

concertina

cóncert·màster *n.* Ⓒ《美》《音樂》(管絃樂隊的)首席樂師(《英》leader)《第一[首席]小提琴手》。

con·cer·to [kənˋtʃɛrto; kənˈtʃɛətou] 《源自義大利語》—*n.* Ⓒ (*pl.* **-ti** [-tɪ; -ti], ～**s**)《音樂》協奏曲。

cóncert pítch *n.* Ⓤ《音樂》音樂會音高，合奏調。

at cóncert pítch (1)處於興奮[顛峯]的狀態。(2)〔爲…〕做好一切準備的，萬事皆備的〔*for*〕：The new musical is *at* ～ *for* its opening on Saturday. 新的歌舞喜劇已爲星期六的開演準備就緒。

cóncert tòur *n.* Ⓒ巡迴演奏。

con·ces·sion [kənˋsɛʃən; kənˈseʃn] 《concede 的名詞》—*n.* **1** Ⓤ Ⓒ讓步；允許，容許：make a ～ *to*... 對…讓步。**2** Ⓒ **a** 讓與之物。**b** (向政府申請得到的)許可，特許。**c** (開採、使用等的)權利，特權，專利權：an oil ～ 石油開採權。**d** 《美》(商店等的)土地使用權；場內販賣處[櫃臺，商店(等)]：a parking ～ (場內等的)計費停車場。**e** 租借地，租界。

con·ces·sion·aire [kənˏsɛʃənˋɛr; kənˌseʃəˈnɛə] *n.* Ⓒ **1** (權利的)受讓者。**2 a** (政府授與的)特權的所有者。**b** 《美》(商店等的)土地使用權所有者。

con·ces·sive [kənˋsɛsɪv; kənˈsesiv] 《concede, concession 的形容詞》—*adj.* 《文語》**1** 讓與的，讓步的。**2** 《文法》表示讓步的：a ～ conjunction [clause] 讓步連接詞[子句]《如 although, even if 等或以此種連接詞起首的子句》。

conch [kɑŋk; kɔntʃ, kɔŋk] *n.* Ⓒ (*pl.* ～**s** [-ks; -ks], ～**·es** [-tʃɪz; -tʃiz])螺旋狀貝類《如海螺等》；(螺旋狀貝類的)貝殼。

con·chol·o·gy [kɑŋˋkɑlədʒɪ; kɔŋˈkɔlədʒi] *n.* Ⓤ貝類學。

con·ci·erge [ˏkɑnsɪˋɛrʒ; ˌkɔnsiˈɛəʒ] 《源自法語》—*n.* Ⓒ(尤指法國等公寓的)管理員《通常爲女性》。

con·cil·i·ate [kənˋsɪlɪˏet; kənˈsilieit] 《源自拉丁文「統一」之義》—*v.t.* **1 a** 〔十受〕安撫〈人〉，平息〈人〉的怒氣，解除…的疑念。**b** 〔十受十介十(代)名〕〔做出使人喜歡的事或贈送禮物以〕討好，取悅〈某人〉〔*with*〕：I ～*d* her *with* a promise to take her out to dinner. 我答應帶她去吃飯以討她的歡心。**2** 贏得〈人的尊敬、好感等〉。**3** 調停，調解(reconcile). **con·cíl·i·à·tor** *n.*

C

con·cil·i·a·tion [kən͵sɪlɪ'eʃən; kənͅsili'eiʃn] «conciliate 的名詞»—*n.* Ⓤ **1** 安撫，撫慰；懷柔。**2** 和解，調停：a ~ board 調停委員會。

con·cil·i·a·tive [kən'sɪlɪ͵etɪv, -lɪətɪv; kən'siliətiv, -lieitiv] *adj.* =conciliatory.

con·cil·i·a·to·ry [kən'sɪlɪə͵torɪ, -͵tɔrɪ; kən'siliətəri] *adj.* 安撫(似)的；懷柔的；調解的，和解的：a ~ gesture 安撫性[謀求好感]的姿態。

con·cise [kən'saɪs; kən'sais] «源自拉丁文「切斷」之義»—*adj.* 簡潔的，簡明的：a ~ statement 簡明的陳述。
~·ly *adv.* ~·ness *n.*

con·ci·sion [kən'sɪʒən; kən'siʒn] «concise 的名詞»—*n.* Ⓤ 簡潔，簡明：with ~ 簡潔地。

con·clave ['kanklev; 'kɔnkleiv] *n.* Ⓒ **1** 《天主教》樞機主教(cardinals)的教皇選舉會議(的場所)。**2** 秘密會議。
in cónclave 在密議中：sit *in* ~ 舉行秘密會議。

***con·clude** [kən'klud; kən'klu:d] «源自拉丁文「關進，完全結束」之義»—*v.t.* **1 a** 〔+受〕結束；完結，終止…(⇨ finish【同義字】)：~ a story 結束故事/*Concluded.* (連載讀物等)完結，續完/To be ~*d* in the next instal(l)-ment. (連載讀物等)下期續完。**b** 〔+受+介+(代)名〕〔以…〕結束，總結…〔*by, with*〕：He ~*d* his speech *by* say*ing*.... 他以說…來結束演說/I will ~ my remarks *with* a request for a contribution to the club. 我將以請求捐款給俱樂部結束我的談話。**2** 〔(+介+(代)名)+ *that*__〕〔由…〕下〈…〉的結論[判斷] (⇨ infer【同義字】)；推斷〈…一事〉〔*from*〕：I ~*d that* the animal was dead as it did not move. 因爲那動物不再動了，所以我斷定它死了。**3** 〔+受〕締結〈條約等〉：~ a treaty of friendship 締結友好條約。**4** 〔+ *to* do〕《美》決定，決心〈做…〉：He ~*d* not *to* come. 他決定不來了。—*v.i.* **1** 〈文章、談話、會議等〉終了，結束；〈人〉結束談話：The letter ~*d* as follows. 這封信的結尾如下。**2** 〔+介+(代)名〕〈人〉〔以…〕結束談話；終止〔*by, with*〕：He ~*d* **by** quot*ing* a passage from Goethe. 他(演講)結束時引用了一段歌德的話/The ceremony ~*d* **with** (the singing of) the school song. 典禮以(唱)校歌結束。
to conclúde 結論是，總之《作結論用語》：*To* ~, I would like to thank you for your invaluable assistance. 總之，我想對你(們)的寶貴援助致謝。

con·clúd·ing *adj.* 終結的，結束的：~ remarks 結束語。

***con·clu·sion** [kən'kluʒən; kən'klu:ʒn] «conclude 的名詞»—*n.* Ⓒ **1** 終了，終結，結束；結局：come to a (happy) ~ (以歡喜的結局)結束/bring...to a ~...使…終結，結束…。**2 a** 推論，推定，推斷；(三段論法的)結論：draw a ~ from evidence 從證據來判斷/jump to ~*s* [a ~] 遽下斷語，冒然斷定/⇨ foregone conclusion. **b** 〔+ *that*__〕〈…的〉結論：After reading her letter, I came to the ~ *that* she was a very intelligent person. 看了她的信之後，我斷定她是個非常聰明的人。**3** 〔條約的〕締結〔*of*〕.
in conclúsion 最後，總之。
trý conclúsions with... 與…決勝負[比高下，決戰]。

con·clu·sive [kən'klusɪv; kən'klu:siv] «conclude, conclusion 的形容詞»—*adj.* 決定性的，斷然的；終結的，最後的：a ~ answer 最後的答覆/ ~ evidence [proof] 確證，眞憑實據。
~·ly *adv.* ~·ness *n.*

con·coct [kan'kakt, kən-; kən'kɔkt] *v.t.* **1** (混合材料)調製〈湯、飲料等〉：She ~*s* wonderful soup. 她調製美味的湯。**2** 捏造，虛構〈假話、謊言等〉；策劃〈陰謀等〉：~ an excuse [alibi] 編造藉口[不在場證明]。

con·coc·tion [kan'kakʃən; kən'kɔkʃn] «concoct 的名詞»—*n.* **1 a** Ⓤ混合，調合。**b** Ⓒ調製物，混合調製的飲料[湯]，調配好的藥。**2 a** Ⓤ虛構，捏造。**b** Ⓒ捏造之事，謊言；計策，謀略。

con·com·i·tance [kan'kamətəns; kən'kɔmitəns] «concomitant 的名詞»—*n.* 《文語》**1** Ⓤ伴隨，附隨。**2** =concomitant.

con·com·i·tant [kan'kamətənt; kən'kɔmitənt] *adj.* 《文語》**1** 伴隨的，附隨的，並存的。**2** 〔不用在名詞前〕〔+介+(代)名〕〔與…〕並存的，附隨〔…〕的〔*with*〕：Tsunamis are ~ **with** offshore earthquakes. 海嘯是隨海上地震而產生的。
—*n.* Ⓒ〔常 ~s〕附帶狀況，附隨物〔*of*〕.
~·ly *adv.*

con·cord ['kankɔrd, 'kaŋ-; 'kɔŋkɔ:d, 'kɔnk-] «源自拉丁文「同心」之義»—*n.* **1** Ⓤ (意見、利害等的)一致；(事物之間或人與人之間的)協調，和諧(↔ discord)：in ~ *with*... 與…調和[一致，和諧]；依照…。**2** Ⓒ (國際、民族間的)協定，協約；(尤指)友好協定。**3** Ⓤ《音樂》協和音程(↔ discord). **4** Ⓤ《文法》(數、性、人稱等的)一致《如把 many a book 當單數用，把 many books 當複數用等》。
—*v.t.* 把〈文獻中的詞語〉編成索引。

Con·cord ['kaŋkəd; 'kɔŋkəd] *n.* **1** 康珂《美國新罕布夏州(New Hampshire)的首府》。**2** 康珂《美國麻薩諸塞州(Massachusetts)東部的一小鎮；獨立戰爭時的古戰場》。

con·cor·dance [kan'kɔrdṇs; kən'kɔ:dəns] *n.* **1** Ⓤ《文語》一致，協調，和諧。**2** Ⓒ〔聖經、作家等的〕用語索引〔*to, of*〕：a ~ *to* [*of*] the Bible 聖經用語索引。

con·cor·dant [kan'kɔrdṇt; kən'kɔ:dənt] *adj.* 《文語》**1** 調和的，和諧的，協調的。**2** 〔不用在名詞前〕〔+介+(代)名〕〔與…〕調和的，一致的〔*with*〕：The results were ~ **with** our hypothesis. 結果與我們的假設一致。

con·cor·dat [kan'kɔrdæt; kɔn'kɔ:dæt] *n.* Ⓒ《基督教》(教會與政府間的)協約，政教協約。

Con·corde ['kankɔrd; 'kɔnkɔ:d] «源自法語 'concord'»—*n.* Ⓒ協和式噴射客機《由英法共同發展出來的超音速客機；於 1976 年首航》。

Concorde

con·course ['kankors, -kɔrs, 'kaŋ-; 'kɔŋkɔ:s, 'kɔn-] *n.* Ⓒ **1** (人、物、河川等的)會合，滙集，聚集，合流〔*of*〕. **2** (公園、道路的集中點等的)(中央)廣場；(車站、機場等的)中央大廳。

***con·crete** [kan'krit, 'kankrit; 'kɔnkri:t] «源自拉丁文「共同養育」之義»—*adj.* (**more** ~；**most** ~) **1** [用在名詞前]**具體的**；有形的，非抽象的(↔ abstract)：a ~ example 具體的實例/a ~ noun 《文法》具體名詞(↔ abstract noun). **2** 現實的，實際的；明確的：Our project is not yet ~. 我們的計畫尙未成形《還在研擬中》。**3** (無比較級、最高級)混凝土製的。**4** 凝結的，固體的。
—['kankrit, kan'krit; 'kɔnkri:t] *n.* **1** Ⓤ **a** 混凝土。**b** 用混凝土鋪設的地面。**2** [**the** ~]具體(性)，明確性。
in the concréte 具體的[地]，實際上：I understand the general idea；but *in the* ~, what do you actually plan to do？我了解大致的構想；但具體上[實際上]，你想做的是什麼？
—*v.t.* 〔+受〕 **1** ['kankrit, kan'krit; 'kɔnkri:t] 塗[鋪]混凝土於…上，以混凝土鞏固…。**2** [kan'krit; kən'kri:t] 使…凝結，使…凝固。—*v.i.* [kan'krit; kən'kri:t] 凝結，凝固。~·**ness** *n.*

cóncrete júngle *n.* [**a** ~] **1** 都市叢林《被認爲是弱肉强食之場所的都市》。**2** =asphalt jungle 1.

con·crete·ly [kan'kritlɪ; 'kɔnkri:tli] *adv.* 具體地(↔ abstractly).

cóncrete míxer *n.* Ⓒ混凝土攪拌機。

cóncrete músic *n.* Ⓤ具體音樂《錄自或混合自然界的聲音而成的音樂》。

cóncrete númber *n.* Ⓒ《數學》名數《如 *two* boys 等；two, five 等則單獨的稱作不名數(abstract number)》.

cóncrete póetry *n.* Ⓤ具體詩《用形象的字母、字、符號等而不是用傳統的文句來表達的圖案詩歌》。

con·cre·tion [kan'kriʃən; kən'kri:ʃn] «concrete 的名詞»—*n.* **1 a** Ⓤ凝結，凝固。**b** Ⓒ凝結物。**2** Ⓒ《醫》結石。

con·cret·ize ['kankrɪ͵taɪz; 'kɔŋkri:taiz] *v.t.* 使…具體化；使…明確[特殊]；使…凝固。

con·cu·bi·nage [kan'kjubənɪdʒ; kɔn'kju:binidʒ] *n.* Ⓤ蓄妾(的風俗)；姘居。

con·cu·bine ['kaŋkju͵baɪn, 'kan-; 'kɔŋkjubain, 'kɔnk-] *n.* Ⓒ **1** 姘婦(★比較 一般用 mistress). **2** (一夫多妻制度下之)元配以外的妻子，妾，姨太太。

con·cu·pis·cence [kan'kjupəsṇs; kən'kju:pisəns] *n.* Ⓤ《文語》色慾，肉慾，情慾。

con·cu·pis·cent [kan'kjupəsṇt; kən'kju:pisənt] *adj.* 《文語》**1** 色慾强烈的，好色的。**2** 慾望强烈的。

con·cur [kən'kɝ; kən'kə:] «源自拉丁文「一起跑」之義»—*v.i.* (**con·curred**；**con·cur·ring**)《文語》**1 a** 〈兩個以上的意見等〉一致：Our opinions *concurred* on that point. 關於那點我們的意見是一致的。**b** 〔+介+(代)名〕〔與…〕〔在…上〕意見一致；一致同意〔…〕〔*with*〕〔*in*〕：I ~ **with** him **in** many points. 我和他在許多論點上意見是一致的/The judges *concurred in* giv*ing* Bob the first prize. 裁判們一致同意把頭獎頒給鮑伯。**2 a** 〈兩件以上的事〉同時發生。**b** 〔+介+(代)名〕〔與…〕同時發生〔*with*〕：The time of his presence at the scene ~*s* **with** that of the crime. 他在現場的時刻和案發時間是一致的。**c** 〔+ *to* do〕共同造成，湊合起來〈使…〉：These circumstances *concurred to* make the boy what he is. 這些情況湊合起來使這男孩變成今天的樣子。

con·cur·rence [kən'kɝəns; kən'kʌrəns] «concur, concurrent 的名詞»—*n.* ⓊⒸ **1** 同時發生[作用]：a ~ *of* events 事件的同時發生/Parades are often held *in* ~ *with* national holidays. 遊

行常與國家慶典同時舉行。**2 a** 意見的一致，同意：～ *in* opinion 意見的一致。**b**〔＋ *that*＿〕〈某事的〉一致的意見：the ～ of the class *that* he should be elected president 全班認爲他該被選爲班長的一致意見。

con·cur·rent [kən'kɝənt; kən'kʌrənt] *adj.* **1 a** 同時(發生)的，伴隨的，併發的：～ insurance 共同保險。**b**〔不用在名詞前〕〔＋介＋(代)名〕〔與…〕同時發生的〔*with*〕：National elections were ～ ***with*** the outbreak of war. 在全國舉行大選的同時，戰爭爆發了。**2** 共同作用的，協力的。**3** 一致的，意見相同的。
—*n.* Ⓒ同時發生的事情[狀況]。

con·cúr·rent·ly *adv.* **1** 同時地。**2**〔＋介＋(代)名〕〔與…〕同時地，共同地，一起地〔*with*〕.

con·cuss [kən'kʌs; kən'kʌs] *v.t.* 使〈人〉產生腦震盪《★常用被動語態》。

con·cus·sion [kən'kʌʃən; kən'kʌʃn] «concuss 的名詞»**—***n.* Ⓤ Ⓒ **1** (激烈)震動。**2**《醫》震盪：～ of the brain 腦震盪。

con·demn [kən'dɛm; kən'dem] «源自拉丁文「使完全毀滅(damn)」之義»**—***v.t.* **1 a**〔＋受〕**強烈非難，責備，譴責，責難**〈人、行爲〉(⇨ blame【同義字】)：～ racial discrimination 譴責種族歧視。**b**〔＋受＋介＋(代)名〕〔因某事〕非難，責備〈人〉〔*for*〕：His friends ～*ed* him ***for*** his indiscretion. 他的朋友們責備他的莽撞。**c**〔＋受＋*as* 補〕非難[責難]〈人、行爲〉〈爲…〉：～ war *as* evil 譴責戰爭爲罪惡。
2 a〔＋受〕**判決〈某人〉有罪**：The prisoner is sure to be ～*ed*. 這被告一定會被判刑[被判有罪]。**b**〔＋受＋介＋(代)名〕對〈某人〉下〔…罪的〕判決〔*for*〕：He was ～***ed for*** murder. 他被判殺人罪。**c**〔＋受＋介＋(代)名〕對〈某人〉宣判〔…刑〕〔*to*〕：He was ～*ed* ***to*** death. 他被判處死刑。**d**〔＋受＋ *to* do〕宣判〈某人〉〈…〉：～ a person *to* be electrocuted 判處某人受電椅之刑。
3〔＋受〕〈臉色、言語等〉顯示〈人〉有罪：His looks ～ him. 他的表情顯示他有罪[顯示事情是他幹的]。
4 a〔＋受＋介＋(代)名〕注定〈人〉〔…〕〔*to*〕：His lack of education ～*ed* him ***to*** service in a menial occupation. 他因未受教育而不得不做卑賤的工作。**b**〔＋受＋ *to* do〕注定〈人〉〈…〉：Her early widowhood ～*ed* her *to* lead a life of hardship. 她早年守寡注定她要過著苦難的生活。
5 a〔＋受〕宣告〈商品〉爲劣質[不良]品，宣告〈物品〉不合用[應廢棄]：Many ghetto apartments have been ～*ed*. 很多少數民族居住區的公寓被宣告禁止使用。**b**〔＋受＋*as* 補〕宣告[認定]…〈不適當〉：Public opinion has ～*ed* him *as* unfit to fill a high elective office. 輿論認定他不適合擔當選任的重要職務。

con·dem·na·ble [kən'dɛməbl̩; kən'demnəbl] *adj.* 該受譴責的，應受責難的。

con·dem·na·tion [ˌkandɛm'neʃən; ˌkɔndem'neiʃn] «condemn 的名詞»**—***n.* **1** ⓊⒸ非難，譴責，責難，責備。**2** ⓊⒸ宣告有罪，判罪。**3** Ⓒ〔常用單數〕宣告[非難]的根據[理由]：His total disregard for the feelings of others was his ～. 完全藐視[忽視]他人的感情是他受責難的理由。

con·demned [kən'dɛmd; kən'demd] *adj.* **1** 受譴責的，被判罪的；死刑囚犯的。**2**〈財產〉被沒收[剝奪]的。

con·démned céll [-'dɛmd-; -'demd-] *n.* Ⓒ關死刑犯的牢房。

con·den·sa·ble [kən'dɛnsəbl̩; kən'densəbl] *adj.* 可凝結[壓縮]的；可縮短[濃縮]的。

con·den·sa·tion [ˌkandɛn'seʃən; ˌkɔnden'seiʃn] «condense 的名詞»**—***n.* **1** Ⓤ **a** 濃縮；(從氣體變爲液體等的)凝聚，凝結。**b** 凝結[液化]之物；(水蒸氣的)水滴。**2 a** Ⓤ(思想、表現、故事等的)簡化，摘要。**b** Ⓒ摘要，簡縮之物。

con·dense [kən'dɛns; kən'dens] «源自拉丁文「使濃厚(dense)」之義»**—***v.t.* **1 a**〔＋受〕**濃縮**〈液體〉：～ milk 濃縮牛奶。**b**〔＋受＋介＋(代)名〕使〈氣體〉凝聚[凝結，液化]〔成液體〕〔*to, into*〕：The steam has been ～*d* ***into*** a few drops of water. 蒸氣已被凝結成數滴水。**2 a**〔＋受(＋介＋(代)名)〕〔從…〕**濃縮**〈想法、表現、故事等〉；使…簡化〔*from*〕：The report was ～*d* ***from*** reams of research deta. 這報告是從大批的研究資料濃縮而成的。**b**〔＋受＋介＋(代)名〕把〈想法、表達、故事等〉濃縮〔成…〕〔*into*〕：*C*～ this paragraph ***into*** a few sentences. 把這段文字簡縮成幾個句子。**—***v.i.* **1 a** **凝結**，凝結。**b**〔＋介＋(代)名〕凝結〔成…〕，凝聚〔成…〕〔*into*〕：The steam ～*ed* ***into*** waterdrops. 水蒸氣凝聚成水滴。**2** 濃縮，簡化。

con·dénsed mílk *n.* Ⓤ煉乳(⇨ milk 相關用語)。

con·dén·ser *n.* Ⓒ **1** 冷凝器，凝結器。**2**《電學》蓄電器，電容器。

con·de·scend [ˌkandɪ'sɛnd; ˌkɔndi'send] «源自拉丁文「完全下降」之義»**—***v.i.* **1 a**〔動(＋介＋(代)名)〕(在好的方面)〔對下屬或晚輩〕謙遜，屈尊，俯就〔*to*〕：He never ～*s* ***to*** any person. 他從不謙恭對人。**b**〔＋ *to* do〕〈身分高的人〉屈尊〈做…〉，不擺架子地做〈某事〉，謙虛地做〈某事〉：Our teacher rarely ～*s to* speak with us outside of class. 我們老師在課堂外很少屈尊與我們輕鬆地談話。
2 a〔＋ *to* do〕(在不好的方面)降低身分[自貶身價]地做〈某事〉：The policeman ～*ed to* meet socially men of questionable character. 那個警察(不顧身分地)與身分可疑的社會人士交往。**b**〔＋介＋(代)名〕降低身分[自貶身價]地做〔某事〕〔*to*〕：He ～*ed* ***to*** bribery. 他不顧節操[自貶身價]接受賄賂。
3 a〔＋介＋(代)名〕(抱著優越感地)施惠〔於…〕，故意表示親切地對待〔…〕〔*to*〕《★常用於諷刺》：He always ～*s* ***to*** his inferiors. 他對下屬總是擺出施惠於人的態度/I don't like being ～*ed to*. 我不喜歡別人對我擺出施惠於我的態度。**b**〔＋ *to* do〕擺出施惠的態度〈做某事〉，故意表示親切〈做某事〉：He often ～*ed to* help his friend with his homework. 他常常以施惠的態度幫助朋友做功課。

con·de·scénd·ing *adj.* **1** (對屬下或晚輩)謙遜的，謙虛的。**2** (抱著優越感)故示親切的；抱施惠態度的：in a ～ manner 以屈尊施惠的態度/That's very ～ *of* you!《諷刺》你眞是太好了！
～·ly *adv.*

con·de·scen·sion [ˌkandɪ'sɛnʃən; ˌkɔndi'senʃn] «condescend 的名詞»**—***n.* Ⓤ **1** (對屬下或晚輩的)謙遜，屈尊，俯就。**2** 施惠的態度。

con·dign [kən'daɪn; kən'dain] *adj.*《文語》〈處罰等〉適當的，應受的，適宜的。

con·di·ment ['kandəmənt; 'kɔndimənt] *n.* Ⓤ〔常 ～s〕《文語》佐料，調味料(seasoning)《芥末、胡椒等》。

‡con·di·tion [kən'dɪʃən; kən'diʃn] «源自拉丁文「一致，條件」之義»**—***n.* A **1 a** Ⓤ〔又作 a ～〕(人、物、財政等的)**狀態**，情形，狀況；健康狀況，身體狀況(⇨ state A【同義字】)：the ～ of affairs(世界的)局勢[事態]，社會動向/my financial ～ 我的經濟狀況[收支情形]/the ～ of weightlessness 無重力狀態/be in good [bad, poor] ～ 狀況良好[惡劣]；健康[不健康]/be in ～ 健康，情形[狀況]良好/be out of ～ (因缺乏運動而)不健康，情形[狀況]不佳/be in *a* certain [*a* delicate, *an* interesting] ～《委婉語・古》妊娠，懷孕。**b** Ⓤ〔又作 a ～〕〔＋ *to* do〕〈做某事的〉狀態：He is in no ～ [not in *a* ～] *to* attend school. 他的情況不適於上學。**c** Ⓒ《口語》(身體的)異常，疾病：have a heart ～ 心臟不好。
2 Ⓒ身分，地位，境遇：people of every ～ 各階層的人/live according to one's ～ 過適合自己身分的生活/change one's ～ 開始新的生活；(尤指)結婚。
3 [～s] (周圍的)狀況，情況，現狀：living [housing] ～*s* 生活[住宅]狀況/road ～*s* 道路狀況/under favorable [difficult] ～*s* 在順[逆]境中/under [in] the existing ～*s* 在目前的情況下。
—B **1** Ⓒ **a** **條件**，限制，規定：the necessary and sufficient ～ 必要且充分的條件/the ～*s of* peace [employment] 媾和[雇用]條件/*on* this [that, what] ～ 在這個[那個，什麼]條件下/not...*on* any ～＝*on* no ～ 無論在什麼條件[任何狀況]下都不…，絕不…/What are your ～*s for* accept*ing* the offer? 在什麼條件下你才會接受這個提議/I will let you go only *on* one ～. 只有在一種條件下我才會讓你走/make it a ～ that... 以…爲條件。**b**〔＋ *that*＿〕〈…的〉條件(⇨ on CONDITION (that...))：I'll give you this book on [《美》*under*] the ～ *that* it should not be [is not] lent to any one. 只有在你不把這本書借給任何人的條件下我才會把它給你。
2 [～s] 付款條件：the ～*s for* a loan 貸款的付款條件。
3 Ⓒ《美》(未通過考試無法入學或升級之學生的)補考(科目)，追加的論文(等)：work off ～*s* 考完補考。
on condition (that...) 〔當連接詞用〕在…的條件下，如果…的話(if)：He was allowed to go swimming *on* ～ *(that)* he kept near the other boys. 只有在不遠離其他男孩的條件下，他才可去游泳。
—*v.t.* **1**〔＋受〕**a** 爲…定下條件，約定…爲條件：It was ～*ed* between them *that* they should marry next April. 他們兩人預定明年四月結婚。**b**〈事物〉成爲…的要件[條件]；〈事情等〉決定，限制，規定…：the things that ～ success 成功的條件/Our lives are ～*ed* by outer circumstances. 我們的生活受外在環境的限制。
2 a〔＋受＋介＋(代)名〕使〈人、動物等〉習慣〔於…〕，使…具備〔…的〕條件〔*to*〕：Poverty ～*ed* him ***to*** hunger. 貧困使他習慣於挨餓。**b**〔＋受＋ *to* do〕使〈人、動物〉習慣於〈做某事〉，使…具備〈做…〉的條件：Environment ～*s* a child *to* behave in certain ways. 環境使小孩習慣性地表現出某些(特定的)癖性。
3〔＋受〕**a** 調整〈人、動物等〉的狀況：～ a horse *for* a race 調馴馬準備比賽。**b**〔～ *oneself*〕調整自己的身體狀況：You must ～ *yourself against* cold weather. 你必須保養好身體狀況以適應寒冷的天氣。**c** 調節〈室內的空氣〉。
4《美》〔＋受＋介＋(代)名〕使…具有〔參加補考〕的條件，使…被准許〔參加補考〕〔*in*〕：John was ～***ed in*** mathematics. 約翰被

允許補考數學[可以參加數學補考]。

con·di·tion·al [kən`dɪʃənḷ; kən'diʃənl] «condition 的形容詞»—*adj.* (more ～; most ～) **1 a** 附有條件的，有限制的，假定的：a ～ contract 附有條件的契約。**b** [不用在名詞前]〔十介十(代)名〕〔以…〕爲條件的，視〔…〕而定的〔*on, upon*〕：Employment is ～ ***on*** his ability. 是否雇用他取決於他的工作能力。
2 (無比較級、最高級)《文法》表示條件的：a ～ clause 條件子句《常以 if, unless, provided 等連接詞起頭的子句》。
—*n.* Ⓒ《文法》假定句，條件句[子句]，假設語法。
～·**ly** [-ʃənḷɪ; -ʃṇəli] *adv.*

con·dí·tioned *adj.* **1** 受某條件限制的，附有條件的：a ～ reflex [response]《心理・生理》條件反射。
2 [常與 well, ill 等副詞連用，構成複合字]處於(…)狀態[境遇]的：well-[ill-]*conditioned* 處於良好[不良]狀態。
3 調節好了的；(空調)被調節過的。
4《美》暫准入學[升級]的。

con·dít·ion·er *n.* Ⓒ **1 a** 調節的人[物]。**b** 空氣調節裝置，空調設備(air conditioner)。**2 a** (運動的)教練，訓練者。**b** (動物的)調馴師[者]，馴獸師。

con·dí·tion·ing [-ʃənɪŋ; -ʃṇiŋ] *n.* Ⓤ **1 a** 條件作用。**b** (身心的)調整；(動物等的)調馴。**2** (空氣)調節：⇨ air-conditioning.

con·do [`kɑndo; 'kɔndou]《略》*n.* (*pl.* ～**s**)=condominium 2.

con·do·la·to·ry [kən`doləˏtorɪ, -ˏtɔrɪ; kən'doulətəri] *adj.* 弔慰的，哀悼的，弔唁的：a ～ letter 弔慰信。

con·dole [kən`dol; kən'doul] «源自拉丁文「一起嘆息」之義»—*v.i.*〔十介十(代)名〕〔對某人〕哀悼，弔唁，弔慰〔…〕〔*with*〕〔*on, over*〕：His friends ～*d* ***with*** him ***on*** his wife's death. 朋友們爲他妻子的過世而弔慰他[向他表示慰問]。
con·dól·er *n.*

con·do·lence [kən`doləns; kən'douləns] «condole 的名詞»—*n.* **1** Ⓤ弔慰，弔唁，哀悼〔*on*〕：a letter of ～ 弔慰信。**2** Ⓒ[常 ～*s*] 弔辭，弔慰的話〔*on*〕：Please accept my sincere ～*s* ***on*** your father's death. 令尊去世，謹致哀悼之忱。

con·dom [`kʌndəm; 'kɔndəm] *n.* Ⓒ保險套，避孕套。

con·do·min·i·um [ˏkɑndə`mɪnɪəm; ˌkɔndə'miniəm] *n.* **1 a** Ⓤ共同管轄權(joint sovereignty)。**b** Ⓒ共同統治國[區]。**2** Ⓒ《美・加拿大》分戶出售的公寓[大廈]《整棟建築物或單戶》。

con·do·na·tion [ˏkɑndo`neʃən; ˌkɔndou'neiʃn] *n.* Ⓤ寬恕，赦免，原諒《尤指對配偶有通姦行爲的寬容》。

con·done [kən`don; kən'doun] *v.t.* 〈人〉寬恕，原諒，饒恕〈罪過等〉。

con·dor [`kɑndɚ; 'kɔndɔ:, -də] *n.* Ⓒ《鳥》大兀鷹《南美產的大型鳥》。

con·duce [kən`djus; kən'dju:s] *v.i.* 〔十介十(代)名〕導致[好的結果]，有助於，有益於〔…〕〔*to, toward*〕：Exercise ～*s* ***to*** good health. 運動有益健康。

condor

con·du·cive [kən`djusɪv; kən'dju:siv] «conduce 的形容詞» —*adj.* [不用在名詞前]〔十介十(代)名〕有助[益]〔於…〕的，〔對…〕有貢獻的〔*to*〕：It is not ～ ***to*** the public good. 那無助於公共利益。

***con·duct** [`kɑndʌkt; 'kɔndʌkt] «源自拉丁文「共同引導」之義»—*n.* Ⓤ **1**《文語》(從道德觀點來看的人的)行爲，品行：good ～ 善行/bad [shameful] ～ 壞[可恥]的行爲。

【同義字】act 是指短時間內只有一次的行動；deed 特別指其行爲了不起之意；behavior 是指人的行爲，舉止。

2 經營，營運，管理；指揮，引導：the ～ of a business 事業的經營。
—[kən`dʌkt; kən'dʌkt] *v.t.* **1**〔十受〕指揮〈樂團等〉：～ an orchestra 指揮管弦樂團。
2〔十受(十副詞(片語))〕引導〈人等〉，當…的嚮導(⇨ lead¹【同義字】)：I ～ tours. 我當旅遊嚮導/The usherette ～*ed* me ***to*** a seat. 戲院的女服務員領我到座位/He ～*ed* the party ***up*** the mountain. 他引導一行人登上山/One of the students ～*ed* her ***in*** [***out***]. 其中有一個學生帶領她進入[出去]。
3〔十受〕處理，經營，管理〈業務等〉：～ one's business affairs 處理某人的業務。
4〔十受〕[～ *oneself*；與狀態副詞(片語)連用]舉止，行爲，持身(…)：He always ～*s himself* well [like a gentleman]. 他總是舉止端莊[像一位紳士]。
5〔十受〕《物理》傳導〈熱、光、電流等〉：Glass does not ～ electricity. 玻璃不導電。
—*v.i.* **1** 指揮(樂曲等)。**2**《英》當(公共汽車等的)車掌。

con·duc·tance [kən`dʌktəns; kən'dʌktəns] *n.* Ⓤ《電學》電導，傳導，電導係數《電阻的倒數》。

condúcted tóur *n.* Ⓒ有嚮導的旅行。

con·duct·i·ble [kən`dʌktəbḷ; kən'dʌktəbl] *adj.* 可傳導的，有傳導性的。

con·duc·tion [kən`dʌkʃən; kən'dʌkʃn] «conduct 的名詞»—*n.* Ⓤ **1** (用管子等的)引水，輸導[引導](作用)。**2**《物理》(電流、熱等的)傳導。

con·duc·tive [kən`dʌktɪv; kən'dʌktiv] *adj.* 可傳導的，有傳導力的：～ power 傳導力。

con·duc·tiv·i·ty [ˏkɑndʌk`tɪvətɪ; ˌkɔndʌk'tivəti] *n.* Ⓤ **1**《物理》傳導性[率]。**2**《電學》傳導係數。

con·duc·tor [kən`dʌktɚ; kən'dʌktə] *n.* Ⓒ **1 a** 嚮導，帶領者，引領者；(團體旅行的)嚮導員。**b** 管理人，經營者。**2** [也用於稱呼](公共汽車等的)**車掌**；《美》(火車的)車掌(《★比較》《英》火車的車掌稱作 guard)。**3**《音樂》**指揮者**。**4** 傳導體，導管；導線；避雷針：⇨ lightning conductor/Water is a good ～ of electricity. 水是電流的良導體。

condúctor ràil *n.* Ⓒ(鐵路的)導體軌道。

con·duc·tress [kən`dʌktrɪs; kən'dʌktris] *n.* Ⓒ **1** 女嚮導，女帶領者。**2** (公共汽車、火車等的)女車掌。

con·du·it [`kɑndɪt, `kʌndʊɪt; 'kɔndit, 'kɔndjuit] *n.* Ⓒ **1 a** 導管。**b** 水道，水管，溝渠，暗渠。**2**《電學》線管。

cone [kon; koun] *n.* Ⓒ **1** 圓錐體[形]。**2** 圓錐形之物：**a** 暴風警報球。**b** (裝冰淇淋的)圓錐筒《用薄餅做成的》。**3**《地質》火山錐。**4**《植物》毬果，松毬。

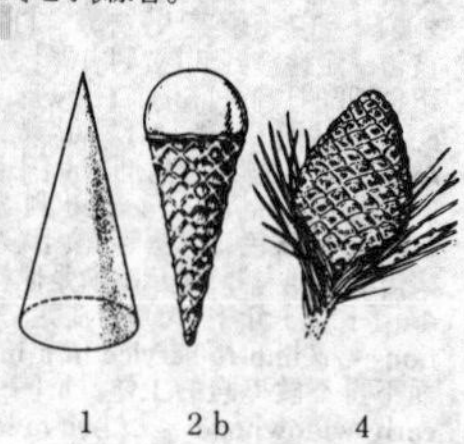

1　2 b　4
cones

Con·es·to·ga [ˏkɑnə`stogə; ˌkɔnis'tougə] *n.* (又作 **Conestóga wágon**) Ⓒ《美》(從前美國西部拓荒者所使用的)大型有篷馬車。

co·ney [`konɪ, `kʌnɪ; 'kouni] *n.* (*pl.* ～**s**) **1** Ⓤ(模仿別種毛皮的染色的)兔毛皮。**2** Ⓒ《動物》兔子(rabbit)。

Có·ney Ísland [`konɪ-; 'kouni-] *n.* 科尼島《美國紐約市(New York City)長島(Long Island)西南端的一海水浴場、遊樂場》。

con·fab [`kɑnfæb; 'kɔnfæb]《口語》*n.* =confabulation. —*v.i.* (**con·fabbed**; **con·fab·bing**)=confabulate.

con·fab·u·late [kən`fæbjəˏlet; kən'fæbjuleit] *v.i.* 〔動(十介十(代)名)〕〔與人〕(親切地)談笑，閒談，聊天(chat)〔*with*〕.

con·fab·u·la·tion [kənˏfæbjə`leʃən; kənˌfæbju'leiʃn] «confabulate 的名詞»—*n.* Ⓒ開懷的歡談；閒談，聊天。

con·fect [kən`fɛkt; kən'fekt] *v.t.* **1** 混合調製；製造。**2** 把…做成糖果[蜜餞]等。**3** 湊成。—*n.* [`kɑnfɛkt; 'kɔnfekt]=confection.

con·fec·tion [kən`fɛkʃən; kən'fekʃn] «源自拉丁文「做成」之義»—*n.* Ⓒ甜點，糖果《candy, bonbon 等》。

con·fec·tion·ar·y [kən`fɛkʃənˏɛrɪ; kən'fekʃənəri] *adj.* 蜜餞的，糖果的。—*n.* Ⓒ **1** 蜜餞的製造、出售[存放]場所。**2** 蜜餞，糖果。

con·féc·tion·er [-ʃənɚ; -ʃnə] *n.* Ⓒ糖果糕餅商；糖果糕餅店；糖果糕餅製造人：at a ～'s (shop)在糖果糕餅店。

con·féc·tion·er·y [-ʃənˏɛrɪ; -ʃnəri] *n.* **1** Ⓤ[集合稱]糖果糕餅類《糕餅(pastry)，糕、餅(cake)，果醬(jelly)等的總稱》。**2** Ⓤ糖果糕餅製造。**3** Ⓒ糖果、冰淇淋、糕點等的製造[販賣]店(⇨ bakery【同義字】)。

con·fed·er·a·cy [kən`fɛdərəsɪ, -drə-; kən'fedərəsi] *n.* **1** Ⓒ聯盟，同盟(league)。**2** Ⓒ **a** (個人、團體、國家等的)聯合體。**b** 聯邦。**3** Ⓒ(計畫爲惡的)私黨，集團：a ～ ***of*** thieves 竊盜集團。**4** [**the** (**Southern**) **C～**]=Confederate States (of America).

con·fed·er·ate [kən`fɛdərɪt, -drɪt; kən'fedərət] *adj.* **1** 同盟的，聯合的(allied)。**2** [**C～**](美國南北戰爭時代的)南部聯邦的(cf. Federal 3 a)：the *C～* army 南軍。
—*n.* Ⓒ **1** 共謀者〔*in*〕。**2** 同盟國，聯合國(ally)。**3** [**C～**](美國南北戰爭時代的)南部聯邦的支持者。
—[kən`fɛdəˏret; kən'fedəreit] *v.t.* 使…結成同盟，使…共謀。
—*v.i.* 結成同盟，共謀。

Conféderate Státes (**of América**) *n. pl.* [**the** ～](美國南北戰爭時代的)南部聯邦《南北戰爭時參加南部聯邦與北部聯盟(the Federal States)相對抗的十一個州》。

con·fed·er·a·tion [kənˏfɛdə`reʃən; kənˌfedə'reiʃn] «confederate 的名詞»—*n.* **1 a** Ⓤ聯合，同盟〔*of, between*〕。**b** Ⓒ聯邦，同盟國。**2** [**the C～**]美國聯合政府《1781–89 年，依據聯合規章(the Articles of Confederation)而組成的十三州聯盟》。

con·fer[1] [kənˋfɝ; kən'fə:] «源自拉丁文「共同拿出」之義» —(**con·ferred**; **con·fer·ring**) *v.t.* 〔十受十介十(代)名〕授與，贈予〔人〕〈贈品、頭銜等〉〔*on, upon*〕：The king *conferred* knighthoods ***on*** several distinguished men. 國王授與好幾位傑出人士爵士勳位/You would ~ a great favor ***upon*** me by coming with me. 你與我同行對我來說是莫大的榮幸。—*v.i.* 〔十介十(代)名〕〔與立場相等的人〕商量，商議，協議〔某事〕〔*with*〕〔*on, upon*〕：The President often ~*s* ***with*** his advisers ***on*** diplomatic problems. 總統常與他的顧問商議外交問題。

con·fer[2] [kənˋfɝ; kən'fə:] *v.t.*《古》＝compare《略作 cf.》.

con·fer·ee [ˏkɑnfəˋri; ˌkɔnfə'ri:] *n.* Ⓒ **1** 參加會議者；評議員；商量者。**2** (頭銜、獎章等的)領受者。

*__con·fer·ence__ [ˋkɑnfərəns; 'kɔnfərəns] «confer *v.i.* 的名詞» —*n.* **1** Ⓤ商量，協議：meet in ~ 聚集進行協議。**2** Ⓒ會議，協議會(⇨ meeting【同義字】)：hold a ~ 開會，舉行會議/⇨ press conference, IMPERIAL [PREMIERS'] Conference. **3** Ⓒ《美》(學校、運動俱樂部等的)競賽聯盟。

be in cónference (1)在協議[會議]中。(2)《諱》(在會議中)很忙：Mr. White *is in* ~. 懷特先生正在開會《★很忙無法會客之意》。

con·fer·en·tial [ˏkɑnfəˋrɛnʃəl; ˌkɔnfə'renʃl] «conference 的形容詞» —*adj.* 會議的。

con·fér·ment [-mənt; -mənt] «confer *v.t.* 的名詞» —*n.* ⓊⒸ授與，贈予；敍勳，授勳。

con·fer·ral [kənˋfɝəl; kən'fə:rəl] *n.* ＝conferment.

con·fer·ree [ˏkɑnfəˋri; ˌkɔnfə'ri:] *n.* ＝conferee.

con·fér·rer [-ˋfɝɚ; -'fə:rə] *n.* Ⓒ授與者。

con·fess [kənˋfɛs; kən'fes] «源自拉丁文「完全承認」之義» —*v.t.* **1** 招認：**a** 〔十受〕坦白，招供〈罪行、過失等〉：He ~*ed* his sins [crimes]. 他招認了他的罪行。**b** 〔十受十介十(代)名〕〔向某人〕招認[坦白，自白]〈罪行、過失等〉〔*to*〕：~ one's fault ***to*** a person 向某人坦白自己的過失。**c** 〔十 do*ing*〕招認〈做某事〉《★用法 *v.i.* 2 之去掉 to 的用法；〔十*to* do〕的用法是錯誤的》：He ~*ed* hav*ing* killed his wife. 他招認殺了妻子。**d** 〔(十介十(代)名)十(*that*)__〕〔向某人〕坦承〈某事〉〔*to*〕：He ~*ed* (**to** me) *that* he had taken the money. 他向我坦承盜取了那筆錢。**e** 〔十引句〕坦白地說…：“I did it,” he ~*ed*. 他坦白地說：「是我做的」。**f** 〔(十介十(代)名)十 *wh.*__〕〔向某人〕自白〈如何…〉〔*to*〕：He ~*ed* (**to** me) *how* he did it. 他(向我)自白他是如何做那事的。**2 a** 〔十(*that*)__〕承認〈某事〉；老實說〈…一事〉：I ~ I was surprised to hear it. 老實說，聽到那消息我十分驚訝/You must [have to] ~ *that* I am right. 你必須承認我是對的《怎麼樣，我說得沒錯吧》！**b** 〔十受十(*to be*)補〕〈某人〉承認〈某事〉：He ~*ed* himself (*to be*) guilty. 他承認自己有罪/He ~*ed* the letter (*to be*) a forgery. 他承認那封信是僞造的。**3**《天主教》**a** 〔十受十介十(代)名〕〔向神父〕告解，懺悔〈罪〉〔*to*〕. **b** 〔十受〕〈神父〉聽〈信徒〉告解[懺悔]。—*v.i.* **1** 招供，認罪：He refused to ~. 他拒絕招供。**2** 〔十介十(代)名〕承認〔過失、弱點等〕〔*to*〕：He ~*ed* ***to*** a weakness for orange squash. 他承認特別偏好柳橙汁/I ~ *to* be*ing* proud of my son's success. 我自認以兒子的成功爲榮。**3**《天主教》**a** 〈信徒〉(向神父)告解，懺悔。**b** 〈神父〉聽信徒的告解[懺悔]。

con·féssed *adj.* 公認的；明顯的；自己承認的：a ~ thief 自己承認是小偷的人/He stands ~ *as* a notorious gambler. 他是個惡名昭彰的賭徒這個事實很明顯。

con·féss·ed·ly [-sɪdlɪ; -sidli] *adv.* 衆所公認地，公開承認地；明顯地。

con·fes·sion [kənˋfɛʃən; kən'feʃn] «confess 的名詞» —*n.* **1** ⓊⒸ **a** 自白，招供，招認，承認：a ~ of guilt 認罪/make a ~ 招供。**b** 〔十 *that*__〕〈…的〉自白：His ~ *that* he had stolen my wallet was a great shock to me. 他承認偷了我的皮包，這使我大吃一驚。**2** Ⓒ(信仰的)表白：a ~ *of* faith 信仰表白[聲明]。**3** ⓊⒸ《天主教》告解：go to ~ 〈信徒〉去神父處告解[懺悔]/hear ~*s* 〈神父〉聽告解。**4** Ⓒ(基督教的，特定的)宗派。

con·fes·sion·al [kənˋfɛʃənl; kən'feʃənl] *adj.* **1** 自白的，告解的，懺悔的：a ~ booth(教會的)告解處，懺悔室。**2** 信仰表白[聲明]的。—*n.*《天主教》**1** Ⓒ[常 the ~]告解處，懺悔室。**2** [**the** ~]告解(的制度)。

con·fes·sor [kənˋfɛsɚ; kən'fesə] *n.* Ⓒ **1** 自白者。**2** [常 C~]堅守信仰者，篤信者《不屈於迫害而堅守信仰的信徒》：⇨ Edward the Confessor. **3**《天主教》聽信徒告解的神父。

con·fet·ti [kənˋfɛtɪ; kən'feti] «源自義大利語» —*n. pl.* (*sing.* **-fet·to** [-to; -tou]) **1** [當單數用]五彩碎紙《在節慶或結婚典禮等時擲撒用的；cf. ticker tape 2》. **2** 糖果，夾心糖。

con·fi·dant [ˏkɑnfəˋdænt, ˋkɑnfəˏdænt; ˌkɔnfi'dænt, 'kɔnfidænt] *n.* Ⓒ知己，心腹之交《尤指可以向其透露祕密等的親密朋友》。

con·fi·dante [ˏkɑnfəˋdænt, ˋkɑnfəˏdænt; ˌkɔnfi'dænt, 'kɔnfidænt] *n.* Ⓒ女性的 confidant.

con·fide [kənˋfaɪd; kən'faid] «源自拉丁文「完全信賴」之義» —*v.i.* 〔十介十(代)名〕**1** (完全地)信任，信賴〔…〕〔*in*〕：You can ~ ***in*** her good faith. 你可以信任她的忠誠。**2** 信賴地〔向某人〕訴說，透露〔*in*〕：She ~*d* ***in*** me *about* her daughter. 她向我透露有關她女兒的事。—*v.t.* **1 a** 〔十受十介十(代)名〕〔向可信賴的人〕透露〈祕密〉〔*to*〕：He ~*d* his secret ***to*** his friend. 他向他的朋友透露了祕密。**b** 〔(十介十(代)名)十(*that*)__〕〔向可信賴的人〕透露〈某事〉〔*to*〕：He ~*d* (**to** me) *that* he had done it. 他(向我)透露說那事是他做的。**c** 〔(十介十(代)名)十 *wh.*__〕〔向可信賴的人〕透露〈如何…〉〔*to*〕：He ~*d* (**to** me) *how* he did it. 他(向我)透露他是如何做那事的。**2** 〔十受十介十(代)名〕(信任地)將〈某物、人〉委託，託付〔給…〕〔*to*〕：The children were ~*d* ***to*** the care of a neighbor. 那些小孩委託給一位鄰居照顧。

*__con·fi·dence__ [ˋkɑnfədəns; 'kɔnfidəns] «confide 的名詞» —*n.* **1** Ⓤ **a** 信任，信賴〔*in*〕：have [enjoy] one's master's ~ 受到主人的信任/give one's ~ *to*...＝put [have, place] ~ *in*... 信任[信賴]…/He betrayed my ~ *in* him. 他辜負了我對他的信任。**b** 〔十 *that*__〕〈…的〉信任，信賴：He betrayed my ~ *that* he would do it well. 我原來相信他會把事情做好的，但他却辜負了我的信任。**2** Ⓤ(由議員投票之)〔對內閣的〕信任〔*in*〕：pass a vote of (no) ~ 通過(不)信任案。**3** Ⓤ **a** 自信〔*in*〕：have ~ *in* one's ability 對自己的能力有信心/be full of ~ 充滿自信/act *with* ~ 帶著自信行事。**b** 〔十 *to* do〕[**the** ~]〈做某事的〉膽量，膽識：He had *the* ~ *to* deny it. 他竟敢[有勇氣]否認此事。**4** Ⓤ **a** 確信〔*of*〕：We had every ~ *of* success. 我們確信會成功的。**b** 〔十 *that*__〕〈…的〉確信：I had the ~ *that* he would succeed. 我確信他會成功。**5 a** Ⓤ(祕密等的)透露：take a person into one's ~ 向某人透露祕密，把某人作爲知心人。**b** Ⓒ偷偷透露的話，祕密，隱私：exchange ~*s* (*with*...) (與…)互相透露心事，(與…)互訴私密/betray a ~ 洩漏祕密。

in cónfidence 祕密地，私下地：I'll tell you this *in* strict ~. 我要把此事當作極機密的事情告訴你[我偷偷地告訴你這件事]。

in a person's cónfidence 受某人信任；參與某人的機密。

cónfidence gàme *n.* Ⓒ《美》(欺騙老實人的)信用詐欺，騙局。

cónfidence màn *n.* Ⓒ騙子，詐欺者(cf. con man).

cónfidence trick *n.*《英》＝confidence game.

*__con·fi·dent__ [ˋkɑnfədənt; 'kɔnfidənt] «confide 的形容詞» —*adj.* (**more** ~; **most** ~) **1** [不用在名詞前] **a** 〔十介十(代)名〕確信〔…〕的〔*of*〕：They were ~ ***of*** victory. 他們確信會勝利/He was ~ *of* achiev*ing* his aim. 他確信會達到目標。**b** 〔十(*that*)__〕確信〈某事〉的：He was ~ *that* he would win (a victory). 他確信會獲得勝利。**2 a** 充滿自信的；大膽的：his ~ way of talking 他那充滿自信的談話方式。**b** [不用在名詞前]〔十介十(代)名〕〔對…〕有自信的〔*in*〕：~ ***in*** oneself 有自信/ ~ *in* one's own abilities 對自己的能力有自信。

—*n.* Ⓒ心腹之交，知己〔*of*〕. ~**·ly** *adv.*

con·fi·den·tial [ˏkɑnfəˋdɛnʃəl; ˌkɔnfi'denʃl] «confidence 的形容詞» —*adj.* (**more** ~; **most** ~) **1** 〈人〉可信任的，推心置腹的；參與機密的：a ~ secretary 機要祕書。**2** 機密的，祕密的：*C*~ 親展《信封上的用語》/a ~ price list 不對外公開的價目表/a ~ inquiry 祕密調查/ ~ papers 機密文件。**3 a** 向人透露祕密的；親密的：a ~ talk 密談/in a ~ tone 以親密的口吻。**b** [不用在名詞前]〔十介十(代)名〕〔與…〕熱絡的〔*with*〕：become ~ ***with*** strangers 和陌生人熱絡起來。

còn·fi·dén·tial·ly [-ʃəlɪ; -ʃəli] *adv.* **1** 祕密地，偷偷地：Speaking ~, ... 偷偷地告訴你，…。**2** 坦白地，無顧慮地，親密地。

con·fíd·ing *adj.* 易信賴人的：a ~ nature 易信賴人的性情。~**·ly** *adv.*

con·fig·u·ra·tion [kənˏfɪgjəˋreʃən; kənˌfigju'reiʃn] *n.* Ⓒ(地表等的)形狀，地形，輪廓；外形：the ~ *of* the earth's surface 地表的輪廓，地形。

con·fine [kənˋfaɪn; kən'fain] «源自拉丁文「完全限制」之義» —*v.t.* **1** 〔十受十介十(代)名〕**a** 將〈話題、發言等〉限制[局限]〔於…範圍之內〕〔*to*〕：~ a talk ***to*** ten minutes 談話限制十分鐘。**b** [~ one*self*]限制〔於…範圍內〕，止於〔某種程度〕〔*to*〕：I will ~ *myself* ***to*** mak*ing* a few short remarks. 我只說幾點意見。**2 a** 〔十受〕關閉，監禁…：Ill health has ~*d* her all week. 生病使她整個星期都不能外出。**b** 〔十受十介十(代)名〕將〈人等〉關閉[禁閉；監禁]〔於…內〕〔*to, in*〕：A cold ~*d* him ***to*** his house. 感冒使他不得不待在家裡/It is not good to ~ a wild bird ***in*** a cage. 把野生的鳥關在籠裏是不好的。

— [ˋkɑnfaɪn; 'kɔnfain] *n.* Ⓒ[常 ~**s**]疆界，國境；領域，範圍；界限〔*of*〕：within [beyond] the ~*s of* the country 在國內[外]/on the ~*s of* bankruptcy 在破產的邊緣。

con·fined *adj.* **1** 〈空間〉有限的，狹窄的；受限制的。**2** [不用在名詞前]〈婦人〉分娩中的，坐月子的：She expects to be ~ in May. 她預期在五月生產[她的預產期在五月]。

con·fíne·ment [-mənt; -mənt] «confine 的名詞»—*n.* **1** Ⓤ限制，局限。**2** Ⓤ禁閉，監禁：under ～ 受監禁。**3** ⓊⒸ分娩。

con·firm [kənˋfɝm; kənˈfə:m] «源自拉丁文「使爲完全可靠(firm)之物」之義»—*v.t.* **1 a** 〔十受〕**證實**，確認，確定〈陳述、證據、傳言等〉(爲正確的)：～ a rumor 證實流言的眞假/The new discovery was *～ed* by further experiments. 那個新發現經進一步實驗證實爲正確的。**b** 〔十(*that*)__〕確定[確認]〈某事〉：The candidate's disclaimers ～ *that* we were right in our estimation. 那位候選人的否認證實了我們的判斷正確。**c** 〔十 *wh.* __〕確定，確認〈…是否…〉：We must ～ *whether* it is true or not. 我們必須確認那是不是眞的。

2 a 〔十受〕**加强**〈決心、意志等〉，使…鞏固：～ one's determination 堅定決心。**b** 〔十受十介十(代)名〕使〈人〉堅定〔習慣、信仰、意志等〕〔*in*〕：～ a person *in* his belief 使某人堅定信仰/I was *～ed in* my opinions by what you (had) told me. 你的話更堅定了我的意見。

3 〔十受〕(以裁定、批准等方式)承認，確認；追認〈條約、臨時決議〉：The appointment was *～ed* by congress. 那項任命在會議上獲得確認。

4 《基督教》對〈信徒〉施以堅信禮。

con·fir·ma·tion [ˏkɑnfɚˋmeʃən; ˌkɔnfəˈmeiʃn] «confirm 的名詞»—*n.* **1** ⓊⒸ **a** 確認，確定〔*of*〕：in ～ *of*... 確認[證實]…/The news lacks ～. 那個消息不太可靠《似爲謠傳》。**b** 〔十 *that*__〕〈…的〉確認，確定：We have a ～ *that* he is going to resign. 我們確定他最近要辭職。**2** ⓊⒸ《基督教》堅信禮《通常指在幼兒時受過洗禮者成人後成爲正式教徒的儀式》。

con·firm·a·tive [kənˋfɝmətɪv; kənˈfə:mətiv], **con·firm·a·to·ry** [kənˋfɝməˏtorɪ, -ˏtɔrɪ; kənˈfə:mətəri] *adj.* 確認的，證實的，確定的。

con·fírmed *adj.* [用在名詞前] **1** 被確認[確立]的，被證實的：a ～ report (of a bird sighting) 一份經證實(爲賞鳥)的報告。**2** 根深柢固的，習以爲常的：a ～ bachelor 準備一生打光棍的單身漢/a ～ habit 根深柢固的習慣/a ～ invalid 患痼疾的病人。

con·fis·cate [ˋkɑnfɪsˏket, kənˋfɪsket; ˈkɔnfiskeit] *v.t.* (藉職權或做爲懲罰地)沒收，查封〈財產〉；把…充公：The government has *～d* the illegally imported goods. 政府已扣押了那批走私進口貨。

con·fis·ca·tion [ˏkɑnfɪsˋkeʃən; ˌkɔnfisˈkeiʃn] «confiscate 的名詞»—*n.* ⓊⒸ沒收，充公，扣押。

con·fis·ca·tor [ˋkɑnfɪsˏketɚ; ˈkɔnfiskeitə] *n.* Ⓒ沒收者。

con·fis·ca·to·ry [kənˋfɪskəˏtorɪ, -ˏtɔrɪ; kənˈfiskətəri] *adj.* **1** 沒收的，充公的，扣押的。**2** 〈稅金等〉嚴格徵收的。

con·fla·gra·tion [ˏkɑnfləˋgreʃən; ˌkɔnfləˈgreiʃn] «源自拉丁文「完全燃燒」之義» —*n.* Ⓒ大火災，大火(great fire)。

con·flate [kənˋflet; kənˈfleit] *v.t.* 合併〈兩種不同的版本〉。—*v.i.* 合併不同版本。**con·fla·tion** [kənˋfleʃən; kənˈfleiʃn] *n.*

***con·flict** [ˋkɑnflɪkt; ˈkɔnflikt] «源自拉丁文「對打」之義»—*n.* ⓊⒸ **1 a** (憑藉武力且長時期的)**作戰**，爭鬥，鬥爭，戰鬥：an armed ～ 武裝鬥爭。**b** (主義、主張上的)爭執，爭議；爭論，口角：a wordy ～ 口角，言辭上的爭論/a ～ *between* father and son 父子之間的爭執/avoid ～ *with* one's friends 避開與朋友們的爭執。**2** (思想、利害等的)**衝突**；對立，矛盾，抵觸：a ～ *of* opinion(s) 意見的對立/a ～ *between* law and compassion 法與情間的衝突。**3** 《心理》衝突，矛盾《兩種以上的慾望相對立的心理狀態》：undergo [suffer] a mental ～ 經歷[忍受]心理上的糾葛[內心矛盾]。

cóme ìnto cónflict (with...) (1)(與…)戰鬥。(2)(與…)衝突；(與…)矛盾。

in cónflict (with...) (1)(與…)戰鬥的。(2)(與…)衝突[矛盾]的：His statements are *in* ～ *with* his actions. 他的言論和行動不一致。

— [kənˋflɪkt; kənˈflikt] *v.i.* **1 a** 〈兩件以上的事〉不相容，矛盾：The two versions of this poem ～. 這首詩的兩個版本相互矛盾。**b** 〔十介十(代)名〕〔與…〕不相容，矛盾〔*with*〕：Your interests ～ *with* mine. 你的利益和我的衝突。**2** 〔動(十介十(代)名)〕〔與…〕爭執，作戰〔*with*〕。

con·flíct·ing *adj.* 互相爭鬥的，互不相容的，衝突的，矛盾的：～ emotions 矛盾的感情/～ views 對立的意見。

con·flu·ence [ˋkɑnfluəns; ˈkɔnfluəns] *n.* **1 a** ⓊⒸ〔河川、思想等的〕合流，交匯〔*of*〕。**b** Ⓒ合流點，交匯處。**2** Ⓒ(人的)會合，匯聚，羣集。

con·flu·ent [ˋkɑnfluənt; ˈkɔnfluənt] *adj.* 合流的，匯合的。

con·flux [ˋkɑnflʌks; ˈkɔnflʌks] *n.* ＝confluence.

con·form [kənˋfɔrm; kənˈfɔ:m] «源自拉丁文「共同構成」之義»—*v.i.* **1** 〔十介十(代)名〕**a** 〈事物〉遵循[某形式]，〔與…〕一致〔*to*〕：The future rarely ～*s to* our expectations. 未來很少會與我們的期望一致。**b** 〈人〉遵守[遵從]〔規則、習俗〕〔*to*〕：We must ～ *to* the customs of the country. 我們必須順應該國的風俗。**2** 《英》信奉國教。—*v.t.* 〔十受十介十(代)名〕**1** 使〈行爲、習慣等〉遵從[模範、範例]；使〈行爲〉適合[順應]〔法律、風俗等〕〔*to*〕：She tried to ～ her habits and tastes *to* those of her husband. 她努力使自己的習慣與愛好能和她丈夫的一致。**2** 〔～ *oneself*〕遵從，順應〔規則、習慣等〕〔*to*〕：～ *oneself to* the ways of the world 遵從世俗，隨俗。

con·form·a·ble [kənˋfɔrməbl; kənˈfɔ:məbl] *adj.* **1** [不用在名詞前]〔十介十(代)名〕**a** 依照〔…〕的；類似〔…〕的〔*to*〕：medicines ～ *to* government regulations 依照政府規定的藥品。**b** 適合〔…〕的，〔與…〕一致[相應]的〔*to*〕：plans ～ *to* community needs 適合社區需要的計畫。**2** [不用在名詞前]〔十介十(代)名〕順從〔…〕的，依從〔…〕的〔*to*〕：Advertising programs must be ～ *to* public taste. 廣告節目必須迎合大衆的喜好[口味]。**3** 《地質》整合的。

con·fór·ma·bly [-məblɪ; -məbli] *adv.* 一致地；依從地，順從地。

con·form·ance [kənˋfɔrməns; kənˈfɔ:məns] *n.* ＝conformity.

con·for·ma·tion [ˏkɑnfɔrˋmeʃən; ˌkɔnfɔ:ˈmeiʃn] *n.* ⓊⒸ《文語》形態，構造。

con·fórm·ist [-mɪst; -mist] *n.* Ⓒ **1** (法律、慣例、常規等的)遵循者，信奉者，遵奉[遵守]者；(盲目的)順從者。**2** [常 C~]《英》英國國教徒(↔ Nonconformist)。

con·form·i·ty [kənˋfɔrmətɪ; kənˈfɔ:məti] «conform 的名詞» —*n.* **1** Ⓤ[又作 **a** ～](外形、性質、態度等的)相似，符合；適合，一致〔*to, with*〕。**2** Ⓤ[法律、習慣等的]遵從，服從，依據，遵奉，遵守，協調〔*with, to*〕。**3** [常 C~]Ⓤ《英》國教的信奉。

in confórmity with [**to**]... 依照[遵奉]…；與…一致：One should write an academic paper *in* ～ *with* scholarly conventions. 學術[研究]論文應該要依照學術上的規定來寫。

con·found [kɑnˋfaund, kən-; kənˈfaund] «源自拉丁文「共同注入，使混亂」之義» —*v.t.* 《文語》**1** 使〈人〉困惑[迷惑]，使…惶恐，使…徬徨，使…驚慌失措《★常以過去分詞當形容詞用；⇨ confounded 1》：The shock *～ed* her. 那次打擊使她驚惶失措。**2** [ˋkɑnˋfaund; ˈkɔnˈfaund] 詛咒，咒罵：*C～* [God ～] it [you]！畜生！混蛋！該死的！**3 a** 〔十受〕無法區別〈兩個以上之物品〉，混淆〈是非等〉：～ right and wrong 混淆是非。**b** 〔十受十介十(代)名〕混淆…〔與…〕〔*with*〕：Don't ～ the means *with* the end. 不要把手段與目的混爲一談。

con·fóund·ed *adj.* **1 a** 困惑的，徬徨的，驚慌失措的，惶恐的。**b** [不用在名詞前]〔十介十(代)名〕〈人〉〔由於…而〕困惑的，惶恐的，徬徨的〔*at, by*〕(cf. confound 1)：She *was* ～ *at* [*by*] the sight of the accident. 她一看到那事件就感到驚惶失措。**c** [不用在名詞前]〔十 *to* do〕〈因…而〉感困惑的，惶恐的，徬徨的：I *was* ～ *to* hear that.... 聽到…我感到很惶恐。**2** [用在名詞前]《口語》可惡的，可恨的，沒道理的，不像話的，非常的：a ～ fool 大笨蛋。—*adv.* 《口語》沒道理地，非常地，極端地：a ～ long time 很長的時間。

con·fóund·ed·ly *adv.* 《口語》非常地，極端地：It's ～ annoying. 這實在令人厭煩。

con·fra·ter·ni·ty [ˏkɑnfrəˋtɝnətɪ; ˌkɔnfrəˈtə:nəti] *n.* Ⓒ (宗教、慈善事業等的)團體，協會。

con·frere [ˋkɑnfrɛr; ˈkɔnfrɛə] *n.* (又作 **confrère** [～])Ⓒ會員；同事。

con·front [kənˋfrʌnt; kənˈfrʌnt] «源自拉丁文「使正面相向」之義；⇨ front»—*v.t.* **1** 〔十受〕**a** **面對**，勇敢對抗〈危險、死亡等〉：They *～ed* the enemy heroically. 他們英勇抗敵。**b** 與…相對[面對面]：On entering the room, he was *～ed* by a policeman. 他一進房間就碰見了警察/My house ～*s* hers. 我的家和她的家相對。**c** 〈困難等〉擋在〈人〉的面前，阻擋〈某人〉《★常用被動語態，介系詞用 *by, with*》：A great problem *～ed* them. 他們面臨一個大問題/I *am ～ed* **with** enormous difficulties. 我面臨著非常大的困難。**2** 〔十受十介十(代)名〕使〈人〉面對〔…〕，使…〔與…〕對質；向〈某人〉擺出〔證據等〕〔*with*〕：The accused was *～ed* **with** his accuser [*with* the evidence of his guilt]. 被告被傳和原告對質[面對他的罪證]。**3** 〔十受〕對照，比較…。

con·fron·ta·tion [ˏkɑnfrənˋteʃən; ˌkɔnfrʌnˈteiʃn] «confront 的名詞»—*n.* ⓊⒸ **1** (軍事的、政治的)對立，衝突：a military ～ 軍事衝突/a ～ *between* labor and management 勞資間的對立[衝突]/in ～ *with*... 與…對立，面臨著…。**2** 《法律》(在法庭的)對質。

Con·fu·cian [kənˋfjuʃən; kənˈfju:ʃjən, -ʃn] «Confucius 的形容詞»—*adj.* 孔子的；儒家的。—*n.* Ⓒ儒者。

Con·fú·cian·ìsm [-ʃənˏɪzəm; -ʃjənizəm, -ʃni-] *n.* Ⓤ儒家思想，孔子思想。

Con·fu·cius [kənˋfjuʃəs; kənˈfju:ʃjəs, -ʃəs] «源自「孔夫子」的拉丁文名»—*n.* 孔子《551?–479? B.C.；中國的思想家，儒家的始祖》。

‡**con·fuse** [kən`fjuz; kən'fju:z] «源自拉丁文「一起注入」之義» —*v.t.* **1** 〔十受〕使…混亂；使…難懂：~ the issue 使論點模稜兩可。**2 a** 〔十受〕分不出〈兩相似之物〉，混淆…：~ their names 分不清他們的名字/I often ~ you and your brother. 我常把你和你哥哥弄錯了。**b** 〔十受十介十(代)名〕分不清…〔與…〕，把…〔與…〕混淆〔*with*〕：Don't ~ liberty *with* license. 不要把自由與放縱混淆。**3 a** 〔十受〕使〈某人〉心思混亂，使〈人〉困惑〔迷惑，慌亂〕《★常以過去分詞當形容詞用；⇨ confused 2》。**b** 〔十受十介十(代)名〕〔以…〕使〈某人〉心思混亂，使〈人〉慌亂〔張惶失措〕〔*by*〕：~ an enemy *by* a rear attack 以背面攻擊擾亂敵人。

con·fused [kən`fjuzd; kən'fju:zd] *adj.* **1** 混亂的，雜亂的，淩亂的：~ ideas 混亂的想法/a ~ explanation 不知所云的說明。**2 a** 束手無策的，張惶失措的：You look very ~. 你顯得好像很爲難的樣子。**b** [不用在名詞前]〔十介十(代)名〕〔由於…而〕困惑的，張惶的，慌亂的〔*at, by*〕(cf. confuse 3 a)：I *was* ~ *by* her sudden anger. 我對她的突然生氣感到困惑不解。

con·fús·ed·ly [-zɪdlɪ; -zidli] *adv.* **1** 雜亂地，混亂地，淩亂地。**2** 慌亂地，驚慌地。

con·fús·ing *adj.* 令人混亂[糊塗]的，使人驚慌的。~·**ly** *adv.*

***con·fu·sion** [kən`fjuʒən; kən'fju:ʒn] «confuse 的名詞» —*n.* Ⓤ [又作 **a** ~] **1 混亂**；雜亂：the ~ of tongues (建造通天塔(Tower of Babel)時的)言語的混亂(⇨Babel 1)/Everything is in ~. 每件事都亂七八糟/The new event threw them into (complete) ~. 這新事件使他們(完全)陷入混亂中。

【同義字】confusion 指各種東西混雜在一起，無法分辨的混亂狀態；disorder 指事物應有的順序或配置混亂之意；chaos 是指無法整理的極度混亂狀態。

2 困惑，驚慌：in ~ 在困惑[驚慌]中。**3 混淆**：the ~ *of* liberty *with* license 自由與放縱的混淆。

con·fu·ta·tion [ˏkanfjʊ`teʃən; ˌkɔnfju:'teiʃn] «confute 的名詞» —*n.* ⓊⒸ辯駁，駁倒。

con·fute [kən`fjut; kən'fju:t] *v.t.* 證實〈議論、人等〉的錯誤，駁斥…，駁倒〈人〉：an argument which cannot be ~*d* 無法駁斥的議論。

Cong. 《略》Congregation(al)；Congregationalist；Congress；Congressional.

con·ga [`kaŋgə; 'kɔŋgə] *n.* Ⓒ **1** 康加舞《源自非洲土人之舞蹈的一種古巴舞》。**2** 康加音樂。

cón gàme [`kan-; 'kɔn-] *n.* 《美俚》=confidence game.

con·gé [`kanʒe; 'kɔnʒei] «源自法語» —*n.* Ⓒ **1** 告辭，辭別，告別：take one's ~ 告辭。**2** 撤職，免職，解雇：give a person his ~ 免某人職/get one's ~ 被解雇。

con·geal [kən`dʒil; kən'dʒi:l] *v.t.* 使〈液體〉凍結；使…凝結。—*v.i.* 〈液體〉凝結：The jelly has not yet ~*ed*. 果凍還未凝固。

con·gee[1] [`kandʒi; 'kɔndʒi:] *v.i.* 鞠躬告別。—*n.* 《罕》=congé.

con·gee[2] [`kandʒi; 'kɔndʒi:] *n.* Ⓤ稀飯，粥。

con·ge·la·tion [ˏkandʒə`leʃən; ˌkɔndʒi'leiʃn] «congeal 的名詞» —*n.* **1** Ⓤ凍結，凝結，凝固。**2** Ⓒ凝塊，凍結物；凝結物。

con·ge·ner [`kandʒɪnə; 'kɔndʒinə] *n.* Ⓒ同種類之人[物]；同屬的動植物。

con·gen·ial [kən`dʒinjəl; kən'dʒi:njəl] *adj.* **1 a** 同性質[同性格，同趣味]的，意氣相投的：~ company 意氣相投的伙伴/in ~ society 與意氣相投的人士交往。**b** [不用在名詞前]〔十介十(代)名〕〔和…〕意氣相投的〔*to*〕：a friend ~ *to* me 和我意氣相投的朋友。**2 a** 合意的：~ work 合意的工作。**b** [不用在名詞前]〔十介十(代)名〕適於〔健康、趣味等〕的〔*to*〕：a climate ~ *to* one's health 適於某人健康的氣候。**3** 友善的，溫和的，直爽的。~·**ly** *adv.*

con·ge·ni·al·i·ty [kənˏdʒinɪ`ælətɪ; kənˌdʒi:ni'æləti] «congenial 的名詞» —*n.* ⓊⒸ **1** (性質、思想、趣味等的)一致，相同；意氣相投。**2** 適意，適合[適應]性。

con·gen·i·tal [kən`dʒɛnətl; kən'dʒenitl] *adj.* 〈疾病、缺陷等〉與生俱來的，先天性的：a ~ deformity [disease] 先天性的畸形[疾病]。~·**ly** [-tlɪ; -təli] *adv.*

con·ger [`kaŋgə; 'kɔŋgə] *n.* (又作 **cónger èel**) Ⓒ[當作食物時爲Ⓤ]《魚》(歐洲)康吉鰻。

con·ge·ries [kan`dʒɪriz; kɔn'dʒiəri:z] *n.* Ⓒ(*pl.* ~)聚集；堆積，堆(pile)〔*of*〕.

con·gest [kən`dʒɛst; kən'dʒest] *v.t.* **1** 〈車輛等〉使〈道路、都市等〉阻塞，擁擠《★常以過去分詞當形容詞用；⇨ congested 1》：Traffic ~*ed* the street. 街道交通阻塞。**2** 《醫》使…充血[淤血]。—*v.i.* 《醫》充血的，淤血的。

con·gést·ed *adj.* **1 a** 密集的，擁擠的：~ traffic 阻塞的交通/a ~ city 人口過密的都市/Traffic was very ~. 交通很擁擠。**b** [不用在名詞前]〔十介十(代)名〕〔因…而〕阻塞的，擁擠的〔*with*〕(cf. congest *v.t.* 1)：The street *was* ~ *with* traffic. 街道因往來車輛而阻塞。**2** 《醫》充血的，淤血的。

con·ges·tion [kən`dʒɛstʃən; kən'dʒestʃən] «congest 的名詞» —*n.* Ⓤ **1** 密集，(人口的)過剩；稠密；(交通等的)阻塞：the ~ of cities 城市的擁擠/traffic ~ 交通阻塞。**2** 《醫》充血，淤血：~ of the brain 腦充血。

con·ges·tive [kən`dʒɛstɪv; kən'dʒestiv] *adj.* 充血的，充血性的。

con·glom·er·ate [kən`glamərɪt; kən'glɔmərit] *adj.* **1** 成圓塊的，聚集成團塊的；密集的。**2** 綜合企業的。**3** 《地質》礫岩質的。
—*n.* Ⓒ **1** 集成物，聚集物，集成體。**2** 綜合企業《吸收並合併許多不同企業從事多角經營的大公司》。**3** 《地質》礫岩《俗稱抱子石；主要由砂礫及水蝕圓石子膠結而成》。
—— [kən`glaməˏret; kən'glɔməreit] *v.t.* 使…結成圓塊，使…凝聚成團塊。—*v.i.* 結成圓塊，凝聚成團塊。

con·glom·er·a·tion [kənˏglamə`reʃən; kənˌglɔmə'reiʃn] «conglomerate 的名詞» —*n.* **1** Ⓤ聚集成塊狀，凝聚。**2** Ⓒ凝塊，團塊，聚集物。

Con·go [`kaŋgo; 'kɔŋgou] *n.* **1** [the ~] 剛果河《由非洲中部流入大西洋》。**2** [(the) ~] 剛果《剛果地區原爲法屬的一個共和國；於 1960 年獨立；首都布拉薩市(Bra zzav ille [`bræzəˏvɪl; 'bræzəvil])》。

Con·go·lese [ˏkaŋgə`liz; ˌkɔŋgə'li:z ˉ] «Congo 的形容詞» —*adj.* 剛果的；剛果人的。
—*n.* Ⓒ(*pl.* ~)剛果人。

cóngo snàke [**èel**] *n.* Ⓒ《動物》兩棲鯢《似鰻，在水中及陸地均能棲息》。

con·grats [kən`græts; kən'græts] «congratulations 之略» —*interj.* 《口語》恭喜！

con·grat·u·late [kən`grætʃəˏlet; kən'grætʃuleit, -tju-] «源自拉丁文「共同祈求喜悅」之義» —*v.t.* **1** 〔十受十介十(代)名〕〔就…事〕**祝賀**〈某人〉，對〈某人〉致賀詞〔*on, upon*〕《★比較 慶祝紀念日或喜事時用 celebrate》：I ~ you *on* your marriage. 我恭喜你結婚/I ~ you *on* pass*ing* the examination. 我恭喜你考試及格。**2** [~ one*self*] **a** 〔十受十介十(代)名〕(私自)慶幸〔…〕〔*on, upon*〕：He ~*d himself on* his escape. 她慶幸自己得以脫逃。**b** 〔十受十 *that*__〕慶幸〈…事〉：He ~*d himself that* he had found a job. 他慶幸自己找到了工作。

***con·grat·u·la·tion** [kənˏgrætʃə`leʃən; kənˌgrætʃu'leiʃn, -tju-] «congratulate 的名詞» —*n.* **1** Ⓤ**祝賀**，**慶賀**：a speech of ~ 賀詞/a matter for ~ 可賀之事。**2 a** [~s] **賀詞**：offer one's ~*s* 致賀詞/Please accept my sincere ~*s upon* your success. 請接受我恭喜你成功的誠摯祝賀。**b** [**Congratulations**；當感嘆詞用] 恭喜！

con·grát·u·là·tor [-tə; -tə] *n.* Ⓒ致賀詞的人，祝賀者，賀客。

con·grat·u·la·to·ry [kən`grætʃələˏtorɪ, -ˏtɔrɪ; kən'grætʃulətəri, -tjulətəri] «congratulate, congratulation 的形容詞» —*adj.* 《文語》祝賀的：a ~ address 賀詞，祝辭/send a ~ telegram 發賀電。

con·gre·gate [`kaŋgrɪˏget; 'kɔŋgrigeit] «源自拉丁文「聚集在一起」之義» —*v.i.* 〔動(十副詞(片語))〕聚集，群集，凝聚：Pupils ~*d round* the teacher. 小學生們聚集在老師的周圍。—*v.t.* 聚集，集合。

con·gre·ga·tion [ˏkaŋgrɪ`geʃən; ˌkɔŋgri'geiʃn] «congregate 的名詞» —*n.* **1** Ⓤ集合，會合。**2** Ⓒ **a** 集會；(尤指宗教上的)聚會。**b** [集合稱] (聚集做禮拜的)會衆《★用法 視爲一整體時當單數用，指個別成員時當複數用》：deliver a sermon to the ~ 對會衆講道。

con·gre·ga·tion·al [ˏkaŋgrɪ`geʃənḷ; ˌkɔŋgri'geiʃənl ˉ] *adj.* **1** 會衆的。**2** [C~] 公理(教會)制度的：the *C*~ Church 公理教會《由英國國教分裂出的一派，主張各教會的獨立自治》。

Còn·gre·gá·tion·al·ism [-ʃənḷˏɪzəm; -ʃnəlizəm] *n.* Ⓤ公理教會制度[主義]；會衆自治主義，組合教會。

Còn·gre·gá·tion·al·ist [-ʃənḷɪst; -ʃnəlist] *n.* Ⓒ公理教會教徒。

***con·gress** [`kaŋgrəs; 'kɔŋgres] «源自拉丁文「聚集在一起」之義» —*n.* **1** [C~] Ⓤ **a** (美利堅合衆國或中美共和國的)**議會**，**國會**(cf. diet[2], parliament 2 a)：an Act of *C*~ 國會法《由議會制定，經過總統批准的法律》/a Member of *C*~ 國會議員。

【說明】美國的國會由上院(參議院，the Senate)和下院(衆議院，the House of Representatives)所組成，參議員(Senator)有一百名，由每一州各選出二人，衆議員(Congressman, Representative)有四百三十五名，按人口比例選出；其分配比例爲人口三萬人佔一名，人口少的州只有一名，最多的加利福尼亞州有四十三名。

b (國會的)會期：in *C*~ 在國會會期中。**2** Ⓒ(代表者、使節、委員等正式的)大會，評議委員會，代表大會，學術大會：a medical ~ 醫學會議/the International P.E.N. *C*~ 國際 P.E.N. 俱樂部大會《P.E.N. 爲 Poets, Playwrights, Editors, Essayists, Novelists 之簡略，指各國詩人、劇作家、編輯人、評論家、小說家等透過以筆會友的方式，促進國際間之相互了解爲目的的機構》/hold a ～ 召開會議。

cóngress bòots [**shòes**] *n. pl.* [常 C~]《美》兩側有鬆緊布的半統靴。

con·gres·sion·al [kən`grɛʃənḷ; kəŋ'greʃənl] *adj.* **1** 會議的；集會的。**2** [常 C~]《美》國會的：a ～ district《美》衆議員選舉區。**the Congréssional Médal (of Hónor)** (美國的)榮譽勳章《以國會名義，由總統親自頒給有特殊功勳的軍人的最高勳章；也稱作 the Medal of Honor》.

cóngress·man [-mən; -mən] *n.* Ⓒ(*pl.* **-men** [-mən; -mən]) [常 C~；也用於稱呼]《美》聯邦議會[國會]議員；(尤指)衆議員《★有時不用 congressman, congresswoman, 而用男女通用的 congressperson (複數則用 congresspeople)；⇨ congress【說明】》。

cóngress·pèrson *n.* Ⓒ美國國會議員《congressman 或 congresswoman》.

cóngress·wòman *n.* Ⓒ(*pl.* **-women**) [常 C~；也用於稱呼]《美》女國會議員；(尤指)女衆議員。

con·gru·ence [`kaŋgruəns; 'kɔŋgruəns] «congruent 的名詞» —*n.* Ⓤ **1** 適合，一致，調和。**2**《數學》(兩個圖形的)疊合，全等；同餘。

con·gru·ent [`kaŋgruənt; 'kɔŋgruənt] *adj.* **1**《文語》= congruous. **2**《數學》**a**〈圖形〉完全相合的，全等的。**b** [不用在名詞前]〔十介十(代)名〕〔與…〕全等的〔*with*〕.

con·gru·i·ty [kən`gruətɪ; kən'gru:əti, kɔŋ-] «congruous 的名詞» —*n.* **1 a** Ⓤ適合(性)，一致，調和。**b** Ⓒ [常 **congruities**] 一致之處。**2** Ⓤ《幾何》(圖形的)全等。

con·gru·ous [`kaŋgruəs; 'kɔŋgruəs] «源自拉丁文「相遇」之義» —*adj.* **1 a** 一致的，適合的。**b** [不用在名詞前]〔十介十(代)名〕〔與…〕一致的，符合的〔*to, with*〕: His actions are ～ ***with*** his principles. 他的行動和他的主義[原則]一致。**2**《數學》全等的。～**·ly** *adv.*

con·ic [`kanɪk; 'kɔnik] «cone 的形容詞» —*adj.*《數學》圓錐(形)的：a ～ section 圓錐曲線。

cón·i·cal [-nɪkḷ; -nikl] *adj.* 圓錐(體，形)的：a ～ hat 圓錐形的帽子。～**·ly** [-kḷɪ; -kəli] *adv.*

con·ics [`kanɪks; 'kɔniks] *n.* Ⓤ《數學》錐線法，錐線論。

co·ni·fer [`konəfɚ, `kan-; 'kounifə, 'kɔn-] *n.* Ⓒ《植物》毬果植物，針葉樹《如松、柏、樅等》；松柏科植物。

co·nif·er·ous [ko`nɪfərəs; kou'nifərəs] «conifer 的形容詞» —*adj.* 結毬果的：a ～ tree 針葉樹。

conj.《略》conjugation；conjunction；conjunctive.

con·jec·tur·al [kən`dʒɛktʃərəl; kən'dʒektʃərəl] *adj.* **1** 推測(上)的；不確定的。**2** 喜推測的，喜揣度的。

con·jec·ture [kən`dʒɛktʃɚ; kən'dʒektʃə] «源自拉丁文「一同投擲」之義» —《文語》*n.* ⓊⒸ **1** 猜測，推測，臆測：a mere ～ 只是一種臆測/hazard a ～ 瞎猜，猜猜看/make [form] ～*s on* [*upon*]... 對…加以推測。**2**〔十 *that*__〕〈…的〉推測的意見，推斷：I don't agree with his ～ *that* there will be a big earthquake in the near future. 我不贊同他推測近期內將有大地震的看法。

—*v.t.* **1** 推測：I do not ～ an immediate drop in demand. 我推測需求量不會馬上降低。**2 a**〔十 (*that*)__〕猜測，臆測〈…事〉: He ～*d that* his proposal would be accepted. 他推測他的提案會被採納。**b**〔十 *wh.*__〕推測，臆測〈…〉: ～ *how* our future will be 推測我們的未來將會如何。—*v.i.* 推測，猜測，猜。

con·join [kən`dʒɔɪn; kən'dʒɔin] *v.t.* (爲共同的目的)結合，聯合〈個別東西〉。—*v.i.* 結合，聯合。

con·joint [kən`dʒɔɪnt; kən'dʒɔint, 'kɔndʒɔint] *adj.* **1** 結合的，聯合的。**2** 共同的，連帶的。～**·ly** *adv.*

con·ju·gal [`kandʒugl; 'kɔndʒugl] *adj.* [用在名詞前] 夫妻(間)的；結婚的，婚姻(上)的。～**·ly** [-glɪ; -gəli] *adv.*

con·ju·gal·i·ty [ˌkandʒu`gælətɪ; ˌkɔndʒu'gæləti] «conjugal 的名詞» —*n.* Ⓤ婚姻(狀態)，夫妻關係。

con·ju·gate [`kandʒəˌget; 'kɔndʒugeit] «源自拉丁文「連結在一起」之義» —*v.t.*《文法》列出〈動詞〉的詞形變化。—*v.i.* **1**《生物》〈單細胞生物等〉接合，結合。**2**《文法》〈動詞〉變化。

— [`kandʒugɪt, -ˌget; 'kɔndʒugit] *adj.* **1** (成對)結合的。**2**《生物》接合的。**3**《植物》〈葉〉成對的，對生的。**4**《文法》同字源的，同字根的《如 peace, peaceful, pacific 等》。

con·ju·ga·tion [ˌkandʒə`geʃən; ˌkɔndʒu'geiʃn] «conjugate 的名詞» —*n.* **1** ⓊⒸ結合，聯結，配合。**2**《文法》**a** ⓊⒸ(動詞的)詞形變化，字形變化：the regular [irregular] ～ 規則[不規則]變化/the strong ～ 强變化《由母音變化而成》/the weak ～ 弱變化《由 -ed, -t 的字尾變化而成》。**b** Ⓒ(動詞的)變化形。**3** Ⓤ《生物》(單細胞生物的)接合。

con·junct [kən`dʒʌŋkt; kən'dʒʌŋkt] *adj.* **1** 結合[連結]的，共同的。**2**《文法》連接形的《指 I'll 的 'll 等》。～**·ly** *adv.*

con·junc·tion [kən`dʒʌŋkʃən; kən'dʒʌŋkʃn] «源自拉丁文「連接在一起」之義» —*n.* **1** Ⓒ《文法》連接詞《★本辭典以 *conj.* 的符號表示》: coordinating ～*s* 對等連接詞《用來連接對等的字、片語、子句者，如and, but 等》/subordinating ～*s* 從屬[附屬]連接詞《將從屬子句接於主要子句，如 if, though 等》。**2** ⓊⒸ結合，連結，連接；聯合，聯絡：There was a ～ of three mistakes. 連着三個錯誤/in ～ *with*... 與…關聯[連接]著，與…聯合[連絡]著，與…一起。**3** Ⓤ《天文》(兩個行星等的)會合，天體之間顯著的接近，(月的)朔(等)。

con·junc·ti·va [ˌkandʒʌŋk`taɪvə; ˌkɔndʒʌŋk'taivə] *n.* Ⓒ(*pl.* ～**s, -vae** [-vi; -vi:])《解剖》(眼球的)結膜。

con·junc·tive [kən`dʒʌŋktɪv; kən'dʒʌŋktiv] *adj.* **1** 結合[接合，連結]的；共同的。**2**《文法》連接的。

—*n.* Ⓒ《文法》連接詞。～**·ly** *adv.*

con·junc·ti·vi·tis [kənˌdʒʌŋktə`vaɪtɪs; kənˌdʒʌŋkti'vaitis] *n.* Ⓤ《醫》結膜炎。

con·junc·ture [kən`dʒʌŋktʃɚ; kən'dʒʌŋktʃə] *n.* **1** Ⓒ (如引起重大危機的事件、情形等的)併合，糾結，因緣。**2** ＝juncture 3.

con·ju·ra·tion [ˌkandʒu`reʃən; ˌkɔndʒuə'reiʃn] «conjure¹ 的名詞» —*n.* Ⓤ符咒，咒語；魔法。

con·jure¹ [`kʌndʒɚ, `kan-; 'kʌndʒə] «源自拉丁文「一起發誓」之義» —*v.t.* **1** 念咒語召〈靈魂〉。**2 a**〔十受十介十(代)名〕耍魔術〔自…〕變出…〔*out of*〕: The juggler ～*d* a rabbit ***out of*** the hat. 那個耍把戲的人從帽子裏變出一隻兔子來。**b**〔十受十副〕以魔法[咒語]驅逐〈某物〉〈*away*〉: ～ evil spirits ***away*** 以魔法驅逐邪惡的鬼魂。—*v.i.* 施魔法，耍魔術。

a náme to cónjure with 重要的[具影響力的，能激發想像力的]人[物]之名：If he submitted his candidacy his would really be *a name to* ～ *with*. 如果他登記競選，他的名字必然頗有號召力。

cónjure úp《*vt adv*》[～＋up＋*n.*] (1)念咒[施魔法]以召遣〈鬼魂、魔鬼等〉: ～ *up* the spirits of the dead 施魔法召來死者靈魂。(2)使…出現於腦海中，想像出…：～ *up* visions of the past 使過去的景象出現於腦海中。(3)(如變魔術般)在轉眼間作出…：～ *up* a meal (out of leftovers) (用殘餚剩飯)立刻做出一頓飯。

con·jure² [kən`dʒur; kən'dʒuə] *v.t.*〔十受十 *to* do〕《文語・古》祈求[懇求，懇切拜託]〈某人〉〈做…〉: He ～*d* them not *to* betray their country. 他懇求他們不要背叛他們的國家。

con·jur·er, con·jur·or [`kʌndʒərɚ, `kan-; 'kʌndʒərə] *n.* Ⓒ **1** 行咒法者，施妖術者。**2** 魔術師，奇術師。

con·jur·ing [`kʌndʒərɪŋ; 'kʌndʒəriŋ] *n.* Ⓤ咒法；魔術。

conk¹ [kaŋk, kɔŋk; kɔŋk]《俚》*n.* Ⓒ **1** 頭。**2** 鼻。—*v.t.* 毆打〈某人〉的頭。

cónk a person óne 毆打一下某人的頭。

conk² [kaŋk, kɔŋk; kɔŋk] *v.i.*〔動(十副)〕《口語》**1**〈引擎等〉失靈，突然發生故障〈*out*〉: The engine ～*ed* ***out*** in the middle of the road. 在途中引擎突然發生故障。**2 a**〈人〉失去知覺；死亡〈*out*〉. **b**《美》睡著〈*out*〉: I was so tired I ～*ed* ***out*** as soon as I lay down. 我太累了所以一躺下來就馬上睡著了。

cónked-óut *adj.* **1** 故障的；失靈的。**2**《美》睡著的。

con·ker [`kaŋkɚ; 'kɔŋkə] *n.*《英》**1** Ⓒ《口語》七葉樹 (horse chestnut) 的果實。**2** [～s；當單數用] 打七葉樹果遊戲《用線穿七葉樹果實互打，把對方果實打破者爲勝的一種小孩遊戲》。

cón màn *n.*《俚》＝confidence man.

conn [kan; kɔn] *v.t., n.*《美》＝con⁴.

Conn.《略》Connacht；Connecticut.

Con·nacht [`kanəxt, -nət; 'kɔnəxt, -nət] *n.* 康諾德地區《愛爾蘭共和國西北部的一地區；略作 Conn.》.

con·nate [kə`net, `kanet; 'kɔneit] *adj.* **1** 與生俱來的，先天的：a ～ disease 先天性疾病，遺傳病。**2** 同時產生[開始存在]的。**3** 性質一致的，同源的。**4**《生物》合生的，連生的：a ～ leaf 合生葉。**5** 性質相合或有關係的。**6**《地質》在沈澱物形成時被封在裏面的。

Con·naught [`kanɔt; 'kɔnɔ:t] *n.* Connacht 的別稱。

‡**con·nect** [kə`nɛkt; kə'nekt] «源自拉丁文「綁在一起」之義» —*v.t.* **1** 連結(⇨ unite【同義字】): **a**〔十受〕將〈二物〉連接，結合：*C*～ these two electric cords. 將這兩條電線接起來/This road ～*s* London *and* Dover. 這條道路連接倫敦和多佛。**b**〔十受十介十(代)名〕將〈某物〉〔與他物〕繫在一起〔*with, to*〕: ～ science ***with*** industry 將科學與工業結合起來。

2 a〔十受〕把〈人、場所等〉用電話聯繫：You are ～*ed*. [用於電話]接通了，(對方)出來接電話了。**b**〔十受十介十(代)名〕(用電話)將〈某人〉〔與對方〕連接〔*with*〕: Please ～ me ***with*** Mr. Smith. 請接史密斯先生《★ 比較《英》一般用 Please put me through to Mr. Smith.；cf. PUT through(2)》.

3 a〔十受十介十(代)名〕[～one*self*] (職務上等)〔與…〕有關係〔*with*〕《★ 一 般 也 以 過 去 分 詞 當 形 容 詞 用；⇨

connected 2》: He was unfortunate in ~*ing himself* **with** a failing business. 他的不幸與每況愈下的企業有關。**b**〔十受〕使〈人〉發生親戚關係《★常以過去分詞當形容詞用；⇨ connected 3》.

4〔十受十介十(代)名〕將〈某事物〉〔與…〕聯想在一起〔*with*〕: People from other countries often ~ Japan **with** Mt. Fuji. 外國人時常將日本與富士山聯想在一起。

5〔十受〕將〈電氣用品〉接通電源。

—*v.i.* **1 a**〈兩物〉連結，連接：Two roads ~ here. 兩條道路在此連接/The two rooms ~ *by* a corridor. 那兩個房間以走廊連接。**b**〔十介十(代)名〕〔與…〕連接〔*with*〕: My room ~*s* **with** his. 我的房間與他的房間連接。**2 a**〈列車、飛機等〉接駁，銜接，聯絡：This train ~*s* well. 這班火車接駁得好。**b**〔十介十(代)名〕〔與…〕接駁[銜接]〔*with*〕: This train ~*s* **with** another at York. 這班列車在約克和另一列車相銜接。**3**〔十介十(代)名〕〔與…〕有關係，有關聯〔*with*〕: This subject ~*s* **with** what I have said before. 這主題與我以前所說的有關聯。**4**《運動》〔十介十(代)名〕準而狠地擊中〔球〕〔*for*〕. ~**·er** *n.*

con·néct·ed *adj.* **1** 連接的，一貫的；有關連的，連貫的：a ~ account 有連貫性的說明/~ ideas 前後連貫的思想。**2**〔不用在名詞前〕〔十介十(代)名〕(在職務上等)〔與…〕有關係的，有關聯的〔*with*〕(cf. connect *v.t.* 3 a)：He is ~ **with** a newspaper. 他與某報有關係。**3 a**〔常構成複合字〕(…的)親族的(cf. connect *v.t.* 3 b)：She is well ~ socially. 她有良好的社會關係/⇨ well-connected. **b**〔不用在名詞前〕〔十介十(代)名〕〔與…〕有親戚關係的〔*with*〕(cf. connect *v.t.* 3 b)：She is ~ **with** the family by marriage. 她和那家族有姻親關係。~**·ly** *adv.*

Con·nect·i·cut [kəˋnɛtɪkət; kə'netikət] «源自北美印地安語「有長河的地方」之義»—*n.* 康乃狄格州《美國東北部的一州；在新英格蘭 (New England)；首府哈特福 (Hartford [ˋhɑrtfəd; 'hɑ:tfəd])；略作 Conn.,《郵政》CT；俗稱 the Constitution State》.

con·néct·ing ròd *n.* Ⓒ《機械》連桿《連接活動部分的棒或桿》。

***con·nec·tion** [kəˋnɛkʃən; kə'nekʃn] «connect 的名詞»—*n.* **1** Ⓤ **a** **連結**，結合，連接〔*to*〕：the ~ of a hose *to* a faucet 水管與水龍頭的連接。**b** (電話的)接線：You are *in* ~.《美》(電話)已接通了《請開始通話》(《★ 比較《英》用 You are through；cf. through *adv.* 7》。**2 a** ⓊⒸ(因果的、邏輯的)關係，關聯〔*between, with*〕：the [a] ~ *between* smoking *and* cancer 抽煙與癌症的關聯/in ~ *with*... 與…關係[關聯]著/have a [no] ~ *with*... 與…有[無]關係/make a ~ *with*... 使與…有關係[關聯]。**b** ⓊⒸ(人與人之間的)關係，交情，交往；姻戚關係：form a ~ *with*... 與…建立關係；與…成親戚關係/cut [break off] the ~ *with*... 與…斷絕關係。**c** Ⓒ親族，親戚；有影響力的熟人，人際關係：a man of good ~*s* 有門路的人/use one's ~*s* 利用某人的人際關係/She is a ~ of mine. 她是我的一位親戚。**3 a** ⓊⒸ(船、列車等的)**連絡**，接駁；銜接，轉車：make ~*s at* Charleston 在查理斯敦轉[接駁](其他列車)/make [miss] one's ~〈某人〉趕上[趕不上]銜接的列車。**b** Ⓒ接駁的班次《列車、船、飛機等》：catch a ~ with the express 趕上接駁快車。**4** Ⓒ(生意上的)主顧，顧客：establish a ~ *with*... 與…建立交易關係/His business has a large ~. 他的生意有很多主顧。**5** Ⓒ連結物，連接之部分，(機器的)結合：a pipe ~ 管子的接口。

in this [thát] connéction = **in connéction with this [thát]** 關於這[那]一點：*In this* ~, we will touch on an interesting fact. 關於這一點，我們要談到一個有趣的事實。

con·nec·tive [kəˋnɛktɪv; kə'nektiv] «connect, connection 的形容詞»—*adj.* **1** 連接的，結合的：~ tissue《解剖》結締組織。**2**《文法》〈字〉連結的。—*n.* Ⓒ **1** 連結物，連接物，聯繫。**2**《文法》連結詞《如連接詞、介系詞、關係代名詞等》。~**·ly** *adv.*

con·néc·tor [-tɚ; -tə] *n.* Ⓒ **1** 連結者[物]。**2**《鐵路》連接器(coupler). **3**《電學》連接器，接頭。

con·nex·ion [kəˋnɛkʃən; kə'nekʃn] *n.*《英》=connection.

Con·nie [ˋkɑnɪ; 'kɔni] *n.* **1** 康妮《女子名；Constance 的暱稱》。**2** 康尼《男子名；Conrad, Cornelius 的暱稱》。

cón·ning tòwer [ˋkɑnɪŋ-; 'kɔniŋ-] *n.* Ⓒ **1** (軍艦的)駕駛臺，司令塔。**2** (潛水艇的)瞭望塔。

con·nip·tion [kəˋnɪpʃən; kə'nipʃn] *n.* [常 ~**s**] (又作 **conníption fit**) Ⓒ《口語》歇斯底里症(hysteria)發作；陣怒；發狂。

con·niv·ance [kəˋnaɪvəns; kə'naivəns] «connive 的名詞»—*n.* Ⓤ[對壞事的]縱容，默認〔*at, in*〕.

con·nive [kəˋnaɪv; kə'naiv] «源自拉丁文「閉眼」之義»—*v.i.* **1**〔十介十(代)名〕假裝沒看見，默認〔壞事〕〔*at*〕(《★可用被動語態》：The jailer ~*d* **at** the escape from prison. 獄吏縱容犯人的逃獄。**2 a**〔十介十(代)名〕〔與人〕(祕密地)共謀〔犯罪等〕〔*with*〕〔*in*〕：~ **with** a person **in** crime 與人共謀犯罪。**b**〔十 *to* do〕(祕密地)共謀，暗中計畫〈做…〉：They ~*d to* kill him. 他們共謀要殺害他。

con·nois·seur [ˌkɑnəˋsɝ; ˌkɔni'sə:] *n.* Ⓒ〔藝術品等的〕鑑定家，鑑賞家；行家〔*of, in*〕.

connoisséur·ship *n.* Ⓤ鑑賞能力；行家的資格[身分]。

con·no·ta·tion [ˌkɑnəˋteʃən; ˌkɔnə'teiʃn] «connote 的名詞»—*n.* **1** Ⓒ[常 ~**s**]言外之意，含蓄，暗示，涵義：The concept of celibacy carries ~*s* of asceticism and religious fervor. 修道者的獨身觀念含有禁慾與宗教熱情之意。**2** Ⓤ《邏輯》內涵(↔ denotation). ~**·al** [-ʃənl; -ʃnəl] *adj.*

con·no·ta·tive [ˋkɑnəˌtetɪv, kəˋnotətɪv; 'kɔnəteitiv, kə'noutətiv] «connote, connotation 的形容詞»—*adj.* **1 a** 含蓄的；有涵義的：a ~ sense 含意。**b**〔不用在名詞前〕〔十介十(代)名〕暗示〔別的意思〕的，含有〔…的〕言外之意的〔*of*〕：The word 'marble' is ~ **of** coldness.「大理石」一字意含冰冷之意。**2**《邏輯》內涵的(↔ denotative). ~**·ly** *adv.*

con·note [kəˋnot; kɔ'nout] *v.t.* **1**〈某字〉(除基本意義外)包含，含蓄，暗示〈別的意思〉《如 father 之意爲「父」，但也有「嚴格」「祖先」等其他意義》：The word 'portly' ~*s* dignity. "portly" 一字隱含「威嚴」之意。**2** (作爲結果或附帶狀況)附帶有：Crime usually ~*s* punishment. 犯罪通常附帶著處罰《總要受到懲罰》。**3**《邏輯》內涵(↔ denote).

con·nu·bi·al [kəˋnubɪəl, -ˋnjub-; kə'nju:biəl] *adj.*〔用在名詞前〕《文語》結婚的，婚姻的；夫妻的。~**·ly** [-bɪəlɪ; -biəli] *adv.*

co·noid [ˋkonɔɪd; 'kounɔid] *adj.* 圓錐形的。—*n.* Ⓒ **1** 錐形體，圓錐物。**2**《幾何》劈錐曲面。

co·noid·al [koˋnɔɪdl; kou'nɔidl] *adj.* =conoid.

***con·quer** [ˋkɑŋkɚ, ˋkɔŋkɚ; 'kɔŋkə] «源自拉丁文「熱心尋求」之義»—*v.t.*〔十受〕**1 a** (用武力)征服〈國家、領土〉，用武力奪取〈政權〉(⇨ defeat【同義字】)：~ a country 征服某國。**b** 擊敗，攻克〈敵人〉。**2 a** (用精神力量)抑制〈情慾〉；戒除〈惡習等〉：~ a bad habit 戒除惡習。**b** 克服〈困難等〉；(由克服困難而)成功地登上〈高峯〉：~ Mt. Everest 征服埃弗勒斯峯。**3**《文語》**a** (努力)獲得〈名聲、愛情等〉：~ fame 獲得名聲。**b** 打動〈異性〉：~ a woman 打動[贏得]婦女(的心)。—*v.i.* **1** 征服。**2** 獲勝，贏：stoop to ~ 忍辱求勝。

con·quer·a·ble [ˋkɑŋkərəbl; 'kɔŋkərəbl] *adj.* **1** 可征服的。**2** 可克服的，能贏得的。

cón·quer·or [-kərɚ; -kərə] *n.* **1** Ⓒ征服者，勝利者，戰勝者。**2** [**the C~**] 征服者《英王威廉一世的稱號；諾曼第(Normandy)公爵威廉(William)一世於 1066 年征服英國》。

con·quest [ˋkɑŋkwɛst; 'kɔŋkwest] «conquer 的名詞»—*n.* **1 a** Ⓤ(武力的)**征服**(⇨ victory【同義字】)〔*of*〕：the ~ *of* Spain by the Moors 摩爾人征服西班牙/The ~ *of* cancer is imminent. 癌症的征服爲期不遠。**b** [**the C~**] = Norman Conquest. **2** Ⓤ **a** (由努力而)獲得〔*of*〕：the ~ *of* fame 名聲的獲得。**b** (愛情、好感等的)贏得；(對異性的)打動。**3** Ⓒ **a** 戰利品；佔領地，征服地。**b** 愛情的俘虜，成爲愛情俘虜的女人[男人]：make a ~ (of...) 贏得(…的)愛情，使(…)成爲愛情的俘虜。

con·quis·ta·dor [kɑnˋkwɪstəˌdɔr; kɔn'kwistədɔ:] *n.* Ⓒ(*pl.* ~**s**, **-do·res** [kɔnˌkwɪstəˋdɔrez; kɔnˌkwistə'dɔ:reiz]) 征服者；(尤指)十六世紀征服墨西哥和秘魯的西班牙人。

Con·rad [ˋkɑnræd; 'kɔnræd] *n.* 康拉德《男子名；暱稱 Connie》.

Con·rail [ˋkɑnˌrel; 'kɔnreil] «源自 *Con*solidated *Rail* Corporation»—*n.*《美》聯合鐵路公司，聯鐵《由政府補助的民營鐵路公司》。

Cons.《略》Conservative.

con·san·guin·e·ous [ˌkɑnsænˋgwɪnɪəs; ˌkɔnsæŋ'gwiniəs] *adj.*《文語》血親的，同血統的，同血緣的，近親的，同族的：~ marriage 血親[近親]婚姻。

con·san·guin·i·ty [ˌkɑnsænˋgwɪnətɪ; ˌkɔnsæŋ'gwinəti] *n.* Ⓤ《文語》同血緣，血親，近親(關係)，同族。

***con·science** [ˋkɑnʃəns; 'kɔnʃəns] «源自拉丁文「共知，共識」之義»—*n.* Ⓤ[與形容詞連用時爲 **a** ~] **良心**，道義，善惡的觀念：a man of ~ 有良心的人/a matter [case] of ~ 良心問題/*a* good [clear] ~ 無愧於心，心安理得/*a* bad [guilty] ~ 有愧於心/the prick of ~ 良心的責備/have no ~ 善惡不分，無惡不作/My ~ is perfectly clear on the matter. 關於那件事我完全問心無愧。

for cónscience(')sàke 爲求心安，爲良心起見。

hàve...on one's cónscience 對…感到內疚，爲…感到心不安：He *has* a lot *on* his ~. 他爲許多事感到心不安。

in (áll) cónscience (1)在良心上，在道義上：I can't, *in* ~, do such a thing. 在良心上我不能做這樣的事情。(2)的確，當然；合理地，正當地：What he says sounds very strange, *in all* ~. 他所說的聽起來確實很奇怪。

on [upòn] one's cónscience 憑良心(發誓)，必定。

cónscience clàuse *n.* Ⓒ《法律》道德條款《指出於良心關係而不能遵守某一規定時，可不受處分的規定》。

C

cónscience mòney *n.* Ⓤ (逃稅者以匿名方式所捐出的)良心捐款；懺悔金。

cónscience-smìtten *adj.* =conscience-stricken.

cónscience-strìcken *adj.* 受良心譴責的，良心不安的。

con·sci·en·tious [ˏkɑnʃɪ'ɛnʃəs; ˌkɔnʃi'enʃəs˜] «conscience 的形容詞»—*adj.* **1** 〈人、行爲〉有良心的，誠實的(⇨ honest【同義字】)：a ~ objector(因宗教信仰等理由的)拒絕參戰[服役]者《略作 C.O.》/ ~ objection(因宗教信仰而)拒絕參戰[服役]。
2 a 謹愼的，盡責的，認眞的：a ~ worker 一個認眞負責的工作者。**b** [不用在名詞前]〔十介十(代)名〕〔對…〕謹愼的，愼重的〔*about*〕：Be more ~ ***about*** your work. 要更謹愼做你的工作。
~·**ly** *adv.* ~·**ness** *n.*

con·scion·a·ble ['kɑnʃənəbl̩; 'kɔnʃnəbl] *adj.* 《罕》合乎良心的，公正的。**-a·bly** [-əblɪ; -əbli] *adv.*

con·scious** ['kɑnʃəs; 'kɔnʃəs] «源自拉丁文「一同知道」之義；與 conscience 同字源»—*adj.* (**more** ~；**most** ~) **1 a** [不用在名詞前]〈某人〉**有意識的**，有知覺反應的：become ~ 清醒過來/He is still ~. 他還有知覺。**b** [不用在名詞前]〔十介十(代)名〕〔痛苦、感情等〕感覺得到的〔*of*〕：He was ~ ***of a sharp pain. 他覺得劇痛。**c** 有思考力的，有意志力的，理性的：a ~ animal 有理性的動物。**2** [不用在名詞前]**意識到的：a**〔十介十(代)名〕意識到〔…〕的，察覺〔…〕的〔*of*〕：He was not ~ ***of*** my presence in the room. 他並未察覺到我在房間裏 / I was ~ *of* be*ing* lifted from the ground. 我感覺到自己從地上被抬起來。**b**〔十(*that*)__〕意識到〈…一事〉的：She was ~ *that* her strength was failing. 她意識到自己的體力在逐漸衰退。**c**〔(十介)十 *wh.* __〕知道〔…〕的〔*of*〕《★囲因常省略介系詞》：You are never ~ (*of*) *what* people think of such conduct. 你從來沒有想到人們對這種行爲作何想法。**3** 有意的，故意的，刻意的：a ~ smile 故作的微笑，强笑/with ~ superiority 帶着故作的優越感。**4** 腼腆的；自我意識强烈的。**5** [常構成複合字](…)意識强烈的：⇨ class-conscious/fashion-*conscious* 對流行敏感的。
—*n.* [**the** ~]意識。

cón·scious·ly *adv.* 有意識地，自覺地。

con·scious·ness ['kɑnʃəsnɪs; 'kɔnʃəsnis] *n.* **1** Ⓤ **a** (有知覺反應的)**意識**：lose [regain, recover] ~ 失去[恢復]意識/It was some time before he came to ~. 過些時他才恢復知覺。**b** (對自己存在或權利等具有的)內在意識，自覺：race ~ 民族意識/class ~ 階級意識。
2 Ⓤ [又作 **a** ~] **a** 〔…的〕(模糊)意識，感覺〔*of*〕：*a* dim ~ *of* injustice 對不公平的模糊意識/He had *a* ~ *of* be*ing* watched. 他意識到自己受監視。**b**〔十 *that*__〕〈…的〉(模糊)意識，感覺：He had *a* ~ *that* he was being followed. 他察覺自己被跟踪。
3 Ⓤ《心理・哲》意識《對自我執行道德統制的部分》：moral ~ 道德意識/⇨ (the) STREAM of consciousness.

cónsciousness-ráising *n.* Ⓤ意識提升。

con·script ['kɑnskrɪpt; 'kɔnskript] *adj.* [用在名詞前]被召集的，被徵召入伍的：a ~ soldier 被徵召入伍的士兵。
—*n.* Ⓒ被徵召入伍的士兵；新兵。
— [kən'skrɪpt; kən'skript] *v.t.* 徵召〈人〉(服兵役)。

con·scrip·tion [kən'skrɪpʃən; kən'skripʃn] «conscript 的名詞»—*n.* Ⓤ徵兵(制度)；徵用，徵發，徵集。

con·se·crate ['kɑnsɪˏkret; 'kɔnsikreit] *v.t.* **1 a** 把〈東西〉奉爲神聖，將〈麵包和葡萄酒〉神聖化；淨化，尊崇：~*d* bread 奉獻的聖餅。**b** 奉獻〈教堂、場所等〉。**2**〔十受十介十(代)名〕〔爲某種目的、用途而〕獻〈身〉〔*to*〕：A doctor's life is ~*d* ***to*** the relief of suffering. 醫師的一生奉獻於解除世人的疾苦。

con·se·cra·tion [ˏkɑnsɪ'kreʃən; ˌkɔnsi'kreiʃn] «consecrate 的名詞»—*n.* **1 a** Ⓤ神聖化，奉爲神聖〔*of*〕. **b** [**the** ~；常 C~]《天主教》祝聖《指彌撒時將麵包和葡萄酒變爲耶穌的身體和血》。**2** ⓊⒸ(教堂的)獻堂禮，奉獻[祝聖]儀式。**3** Ⓤ獻身〔*to*〕：the ~ *of* one's life *to* study 一生獻身於研究。

con·sec·u·tive [kən'sɛkjətɪv; kən'sekjutiv] *adj.* **1** 連續的，接連的：~ numbers 連號/ ~ holidays 連續的假日/for three ~ years 連續三年。**2**《文法》表示結果的：a ~ clause 表示結果的(副詞)子句《如 He is so ill *that he can't come.*》.
~·**ly** *adv.* ~·**ness** *n.*

con·sen·sus [kən'sɛnsəs; kən'sensəs] *n.* Ⓒ [常用單數](意見的)一致；全體的意見〔*of*〕：a national ~ 全國一致的意見/a ~ *of* opinion 意見的一致；一致同意。

con·sent** [kən'sɛnt; kən'sent] «源自拉丁文「同感，和諧」之義»—*v.i.* **1**〔十介十(代)名〕同意，承諾〔…〕〔*to*〕(↔ dissent)：He ~*ed* ***to the divorce. 他同意離婚。

> 【同義字】consent 表示對提案或要求自發性地同意；assent 指對提案或意見作理智的判斷後同意；agree 表示藉談判、說服等方式消除歧見。

2〔十 *to* do〕同意〈做…〉：I won't ~ *to* have her come home. 我不同意讓她回家。
—*n.* Ⓤ **1 同意，允諾**：He gave his ~ *to* the proposal. 他同意該提案/Silence gives [means] ~.《諺》沈默表示同意。**2** (意見、感情的)一致：with one ~ =by common [general] ~ 無異議地，全體一致地。

***con·se·quence** ['kɑnsəˏkwɛns; 'kɔnsikwəns] «consequent 的名詞»—*n.* **1** Ⓒ **a** (接着發生或必然的)**結果**，後果，結局(⇨ result【同義字】)：take [answer for] the ~*s* 承擔(自己行爲的)結果，對後果負責/The ~ was that he lost his money. 結果是他失去了自己的錢。**b**〔十 *that*__〕〈…的〉結果，結局：This had the unexpected ~ *that* everybody resigned. 其意外的結果是大家一起辭職。
2 Ⓒ《邏輯》論結，歸結〔*of*〕：the ~ *of* an argument 議論的歸結。
3 Ⓤ (影響的)重大，重要性；顯要：give ~ to... 重視… /*of* (great) ~ (非常)重要的/*of* little [no] ~ 無關[不]重要的/people *of* ~ 重要人物，知名人士。
as a cónsequence (of...) = **in cónsequence (of...)**《文語》(因…的)結果，由於(…)。
with the cónsequence that...《文語》帶來…的結果：He twisted his ankle skiing, *with the* ~ *that* he was unable to take his exams. 他滑雪時扭傷腳踝，結果他無法參加考試。

con·se·quent ['kɑnsəˏkwɛnt; 'kɔnsikwənt] «源自拉丁文「一同接續於後」之義»—*adj.* **1 a** 結果的，結果導致的：the oil embargo and ~ fuel shortages 石油禁運以及由此造成的燃料短缺。**b** [不用在名詞前]〔十介十(代)名〕〔因…〕結果所引發的〔*on, upon*〕：the confusion ~ ***upon*** a public disturbance 因大衆騷動而引發的混亂。**2** (邏輯上)必然的，當然的。

con·se·quen·tial [ˏkɑnsə'kwɛnʃəl; ˌkɔnsi'kwenʃl˜] «consequence 的形容詞»—*adj.* **1** 重大的，重要的。**2** 因而引起的；(邏輯上)當然的，必然的。~·**ly** [-ʃəlɪ; -ʃəli] *adv.*

***con·se·quent·ly** ['kɑnsəˏkwɛntlɪ; 'kɔnsikwəntli] *adv.* (無比較級、最高級)**因此，所以。**

con·serv·an·cy [kən'sɝvənsɪ; kən'sə:vənsi] *n.* **1** Ⓒ [集合稱]《英》(河川、港灣的)管理局[委員會]《★囲因視爲一整體時當單數用，指全部個體時當複數用》。**2** =conservation 1 b.

con·ser·va·tion [ˏkɑnsə'veʃən; ˌkɔnsə'veiʃn] «conserve 的名詞»—*n.* Ⓤ **1 a** (資源等的)保存，維護，節約。**b** (由國家等對河川、森林的)保護，管理。**2**《物理》守恒，不滅《指反應前後保持不變的物理量》：~ of energy《物理》能量不滅/~ of mass [matter]質量不滅。

con·ser·vá·tion·ist [-nɪst; -nist] *n.* Ⓒ(河川、森林等自然資源的)保護管理論者，保護主義者。

con·ser·va·tism [kən'sɝvəˏtɪzəm; kən'sə:vətizəm] *n.* Ⓤ **1 a** 保守主義。**b** 保守性，保守的傾向。**2** [常 C~](尤指英國)保守黨的主張[政策]。

con·ser·va·tive [kən'sɝvətɪv; kən'sə:vətiv] «conserve 的形容詞»—*adj.* (**more** ~；**most** ~) **1** (政治上)**保守的**；保守主義的：a ~ society 保守的社會。
2 [C~](尤指英國)保守黨的(cf. liberal 4 b, labor 2).
3 a 〈人、想法等〉**保守的，傳統的；守舊的**：a ~ way of thinking 守舊的想法。**b** [不用在名詞前]〔十介十(代)名〕〔對…〕拒變的；態度保守的〔*about, in*〕：be ~ ***about*** food 對食物不喜翻新花樣[不喜變化]的/He's very ~ ***in*** his attitude to women. 他對婦女的態度很保守。
4 〈服裝等〉式樣傳統的，不時新的，避免炫耀的：a ~ black suit 一套式樣傳統的黑套裝。
5 〈估計等〉謹愼的，故意低估的：a ~ estimate 保守的估計。
—*n.* Ⓒ **1 保守的人；守舊者。2** [C~]保守黨員。~·**ness** *n.*

con·sér·va·tive·ly *adv.* **1** 保守地；傳統地。**2** (服裝等)式樣傳統地，不時新地：dress ~ 穿著保守。**3** 謹愼地，不過分地，故意低估地：They suffered losses ~ estimated at $20 million. 他們遭受的損失保守估計達二千萬美元。

Consérvative Pàrty *n.* [**the** ~](英國的)保守黨。

con·ser·va·tize [kən'sɝvəˏtaɪz; kən'sə:vətaiz] *v.t.* & *v.i.* (使…)變成保守。

con·ser·va·toire [kənˏsɝvə'twɑr; kən'sə:vətwɑ:] «源自法語»—*n.* Ⓒ(主要指法國的)音樂[美術，藝術]學校。

con·ser·va·tor *n.* Ⓒ **1** ['kɑnsəˏvetə; 'kɔnsəveitə] 保存者，保護者。**2** [kən'sɝvətə; kən'sə:vətə] (博物館等之)管理員，館員；《英》(河川等之)管理委員；《法律》監護人。

con·ser·va·to·ry [kən'sɝvəˏtorɪ, -ˏtɔrɪ; kən'sə:vətri] *n.* Ⓒ **1** 溫室，暖房。**2** 音樂[美術，藝術]學校。

con·serve [kən'sɝv; kən'sə:v] «源自拉丁文「共同保存」之義»—*v.t.* **1** (小心謹愼地)保存，保護；節約，不浪費〈資源等〉：~ one's strength 保存體力/~ gasoline 節約使用汽油。**2** 將〈水果等〉(製成果醬等)保存。

— [ˋkɑnsɝv, kənˋsɝv; ˈkɔnsə:v, kənˈsə:v] *n.* Ⓤ〔常 ～s〕蜜餞；果醬。

‡con·sid·er [kənˋsɪdɚ; kənˈsidə] *v.t.* **1**（爲某種決定、理解而）**仔細考慮**（⇨ regard【同義字】）：**a**〔十受〕仔細考慮，熟慮，考量；檢討〈問題等〉：～ a matter in all its aspects 從各方面考慮某件事/Please ～ my proposal. 請愼重考慮我的建議。

【字源】從前，人們認爲星的運行會影響人的命運。consider 中的 sider 就是 star(星)的意思，因此 consider 本來的意思是「觀察星象」。古代的人考慮或決定一件事之前，都要仔細觀星、占星。因此「觀察星象」也就轉變成「仔細思考」的意思。

b〔十 do*ing*〕考慮〈做…〉《★[比較]〔十 *to* do〕係屬錯誤》：I first ～*ed* writ*ing* to her, but then decided to see her. 我起先想寫信給她，但後來決定去看她。**c**〔十 *wh.*__/十 *wh.*十 *to* do〕熟慮〈…是否…〉，愼重考慮〈…〉：We must ～ *whether* it will be worthwhile. 我們必須考慮它是否值得《★whether 之前有時加入 the question》/He ～*ed what to* do next. 他考慮下一步做什麼。**2 認爲**《★無進行式》：**a**〔十受十(*to be*)補/十受十 *as* 補〕認爲…〈是…〉，視…〈爲…〉：We ～ Shakespeare a great poet. 我們認爲莎士比亞是一位偉大詩人/He is ～*ed* a fool. 他被視爲笨蛋《★[用法]被動的句子通常不用 to be》/They ～*ed* me unfit for the job. 他們認爲我不適合那工作/I ～ myself (*to be*) lucky. 我認爲自己是幸運的《★[比較]加入 to be 時爲拘泥的說法》/ She wished to ～ marriage *as* the ideal human relationship. 她希望將結婚視爲理想的人際關係。**b**〔十受十 *to* do〕認爲〈某人〉〈做得…〉《★[用法] *to* do 通常用 "to have＋過去分詞" 的結構；但多半用義 2 c 之構句》：I ～ him *to* have acted gently. 我認爲他表現得彬彬有禮。**c**〔十(*that*)__〕以爲，認爲〈…事〉：Do you ～ *that* he is to blame？你認爲他該受責難嗎？**3 顧及，考慮到**：**a**〔十受〕顧及〈人的感受等〉，爲…著想：You must ～ the feelings of other people. 你必須考慮到別人的感情。**b**〔十(*that*)__〕考慮到〈…事〉：The machine operates quite well, if you ～ *that* it is old. 如果你考慮到那部機器是舊的，那麼它算是運轉得相當好了《★[用法]that 前有時加入 the fact》。**c**〔十 *wh.*__〕把〈…〉考慮在內，想一想〈如何…〉：*C*～ *how* old he is. 想一想他有多老。

—*v.i.* 仔細考慮，熟慮：*C*～ carefully before you decide. 你要愼重考慮後再決定。

áll things consídered 考量一切情形後，事事考慮過後：*All things* ～*ed* it was quite a productive meeting. 經考量一切情形後認爲那是一次卓有成效的會議。

***con·sid·er·a·ble** [kənˋsɪdərəbl; kənˈsidərəbl] *adj.* (**more** ～；**most** ～) **1**（無比較級、最高級）(量)**相當大的**，(數)相當多的，不少的：～ expense 相當多的費用/a ～ number of students 相當多的學生/a man of ～ importance 相當重要的人。**2** 應列入考慮的，不能忽視的；〈人〉重要的，著名的：a ～ personage 重要人物，名人。

***con·sid·er·a·bly** [kənˋsɪdərəblɪ; kənˈsidərəbli] *adv.*（無比較級、最高級）[常修飾比較級]**頗**，相當地，非常地：He is ～ old*er* than I (am). 他年紀比我大得多/She has aged ～. 她已相當老了。

con·sid·er·ate [kənˋsɪdərɪt; kənˈsidərit] «consider *v.t.* 3 的形容詞»—*adj.* (**more** ～；**most** ～) **1 a 體諒人的**，**體貼的**：～ treatment 體諒人的處置。**b**〔十 *of* 十(代)名(十 *to* do)/十 *to* do〕〔某人〕〈做…是〉體諒人的；〈某人〉〈做…是〉體諒人的，考慮周到的；體貼的：It was ～ *of* you not *to* disturb us.＝You were ～ not *to* disturb us. 你不打擾我們眞是考慮周到。**2**［不用在名詞前］〔十介十(代)名〕**a** 能體諒〔對方的感受等〕的〔*of*〕：She is ～ *of* other people's feelings. 她善於體諒他人的感情。**b** 體諒〔對方〕的〔*to, toward*〕：They should be more ～ ***toward*** [***to***] young people. 他們應該更體諒年輕人。

～**·ly** *adv.* ～**·ness** *n.*

***con·sid·er·a·tion** [kən͵sɪdəˋreʃən; kən͵sidəˈreiʃn] «consider 的名詞»—*n.* **1** Ⓤ**仔細考慮**，熟慮，愼思；考量，檢討：give a problem one's careful ～ ＝give careful ～ *to* a problem 仔細考慮某問題/take that possibility *into* ～ 將那種可能性考慮進去/leave the problem *out of* ～ 不把該問題考慮在內/I'll send you a copy of my article for your ～. 我將寄給您一份拙作請多指教。

2 Ⓒ**該考慮的事**；理由，動機：Money is no ～. 錢不是重要的因素[不成問題]/Many ～*s* led him (to come) to this decision. 許多因素促使他做此決定。

3 Ⓤ〔對…的〕**體諒**，體恤，顧慮〔*for*〕：She never showed much ～ *for* my feelings. 她從不太體諒我的感受/I stayed at home all day *out of* ～ *for* my sick wife. 體恤生病的太太，我整天留在家中。

4 a Ⓒ[常用單數]報酬《★常指金錢》，酬金：*for* a ～ 爲獲得報酬；爲了報酬。**b**［用單數］《法律》酬資；約因。

in considerátion of... (1)作爲…的報酬：I bought the boy a book *in* ～ *of* his kindnesses [kind services]. 我買了一本書給那男孩作爲他幫我的報酬。(2)顧及…，由於…：His penalty was reduced to penal servitude *in* ～ *of* mitigating circumstances. 他的刑罰因符合減刑的情況而減刑爲勞役。

on nó considerátion 絕不：*On no* ～ must you divulge this to him. 你絕不能向他洩漏這件事。

ùnder considerátion 考慮中的，研考中的：The plan is now *under* ～ by the government. 那計畫政府正在研考中。

con·síd·ered *adj.* [用在名詞前] **1** 經過熟慮的：one's ～ opinion 經過深思熟慮的意見。**2**［副詞置於前］被尊重的，受重視的：a *highly* ～ scholar 備受崇敬的學者。

con·sid·er·ing [kənˋsɪdərɪŋ; kənˈsidəriŋ] *prep.* **就…而論**，**照…說來**，以…看來：He looks young ～ his age. 照他的年紀看來，他顯得年輕。—*conj.*［常 ～ **that**］鑒於…，就…而論：He does well, ～ (*that*) he is young. 鑒於他年輕，他已經做得很好了。

—*adv.*（無比較級、最高級）[置於句尾]《口語》就各方面而言：That is not so bad, ～. 就各方面而言，那還不算怎麼壞《★[用法]原爲 *prep.*，省略了接於其後的 the circumstances》。

con·sign [kənˋsaɪn; kənˈsain] «源自拉丁文「封印 (sign)」之義»—*v.t.* **1**〔十受十介十(代)名〕《文語》**a** 將…交付，移交〔他人〕〔*to*〕：～ the body ***to*** the flames 把屍體火葬/ ～ one's soul *to* God 把靈魂託給上帝《死亡》。**b** 將…委託，交付〔他人看管〕〔*to, into*〕：～ one's baby ***to*** [***into***] a person's care 將嬰兒委託某人照顧/ ～ a letter *to* the post 把信付郵。**2**《商》**a**〔十受〕託售〈商品〉。**b**〔十受十介十(代)名〕(爲了託售)將〈商品〉託運〔給商店等〕；將〈商品〉寄送〔給…〕〔*to*〕：We will ～ the goods ***to*** him by express. 我們將以快遞把貨物寄給他。

con·sign·ee [͵kɑnsaɪˋni, -sɪˋni; ͵kɔnsaiˈni:] *n.* Ⓒ《商》受託人，承銷人，收貨人 (cf. consignor)。

con·sign·er *n.* ＝consignor.

con·sign·ment [-mənt; -mənt] «consign 的名詞»—*n.* **1** Ⓤ委託(販賣)，託運：on ～ 以寄售方式，寄售方式的。**2** Ⓒ委託的貨物，託售的貨品，寄送的貨品。

con·sign·or [kənˋsaɪnɚ; kənˈsainə] *n.* Ⓒ(販賣品的)委託者，寄銷人；託運人，交付者，發貨人 (shipper) (cf. consignee).

con·sist** [kənˋsɪst; kənˈsist] «源自拉丁文「一同站立，並存」之義»—*v.i.*〔十介十(代)名〕《★無進行式》**1**〔由某部分、要素〕**組成**〔*of*〕：Air ～*s* chiefly ***of nitrogen. 空氣主要由氮所組成/The committee ～*s of* twenty members. 該委員會由二十名會員組成。**2 存於**，**在於**〔…〕〔*in*〕：Happiness ～*s* ***in*** contentment. 幸福在於知足。**3**〔與…〕並存，相容，符合〔*with*〕：His conclusions do not ～ ***with*** the facts. 他的結論與事實不符。

con·sís·tence [-təns; -təns] *n.* ＝consistency.

con·sis·ten·cy [kənˋsɪstənsɪ; kənˈsistənsi] «consistent 的名詞»—*n.* **1** Ⓤ(言行、思想等的)一貫性，言行一致，無矛盾：His writing lacks ～. 他的寫作缺乏連貫性。**2** ⓊⒸ(液體等的)濃度，稠度；黏度。

con·sis·tent [kənˋsɪstənt; kənˈsistənt] «consist 3 的形容詞»—*adj.* **1 a**〈言行、思想等〉前後一致的，無矛盾的：The president has no ～ policy. 那位總統的政策缺乏一致性。**b**［不用在名詞前］〔十介十(代)名〕〔與…〕不矛盾的，調和的，一致的〔*with*〕：Your conduct is not ～ ***with*** what you say. 你的行爲和你所說的不一致。**2**〈人〉言行一致的，有節操的。～**·ly** *adv.*

con·sis·to·ry [kənˋsɪstərɪ; kənˈsistəri] *n.* Ⓒ **1** 宗教會議；宗教法庭；《天主教》樞機主教全體會議。**2** 開會處，開庭處，教堂會議室。

con·sol [ˋkɑnsɑl, kənˋsɑl; ˈkɔnsɔl, kənˈsɔl] *n.*〔～s〕⇨ consols.

con·sol·able [kənˋsoləbl; kənˈsouləbl] *adj.* 可安慰的，可慰藉的 (↔ inconsolable).

con·so·la·tion [͵kɑnsəˋleʃən; ͵kɔnsəˈleiʃn] «console¹ 的名詞»—*n.* **1** Ⓤ安慰，慰藉：a letter of ～ 慰問信。**2** Ⓒ可安慰的東西[人]：Your company was a great ～ to me. 有你陪伴是我的一大慰藉。

consolátion prize *n.* Ⓒ精神獎，安慰獎《給與未入選者的獎品》。

con·so·la·to·ry [kənˋsɑlə͵torɪ, -͵tɔrɪ; kənˈsoulətəri, -ˈsɔlətəri] *adj.* 安慰的，慰問的。

con·sole¹ [kənˋsol; kənˈsoul] «源自拉丁文「一同撫慰」之義»—*v.t.* **1**〔十受〕**安慰**〈人〉(⇨ comfort【同義字】)：I tried to ～ her, but in vain. 我試著去安慰她，但是無效。**2**〔十受十介十(代)名〕**a**〔爲了…〕安慰，慰問〈人〉〔*for*〕：I could do little to ～ her ***for*** the loss of her son. 對於她失去兒子的事我安慰不了她。**b**〔以…〕安慰〈他人、自己〉〔*with*〕：He ～*d* himself ***with*** the thought that there might be no other way. 他自我安慰說，本來也沒有其他辦法了。

con·sole² [ˋkɑnsol; ˈkɔnsoul] *n.* Ⓒ **1**《建築》(裝飾用的)螺形支柱，支托。**2**（風琴的）演奏台《包括鍵盤及踏瓣》。**3 a**（收音機、

電視機、音響等的）落地式座架《與桌上型相對》。b（電算機的）控制盤。c〖電學〗控制裝置。d（汽車的）置物箱《駕駛座和鄰座間放置東西的箱子，通常裝有變速桿或其他裝置》。4（又作 **cónsole tàble**）（有落地支架與螺形支柱（console）的）狹長桌子《靠牆安設》。

console² 1

con·sol·i·date [kən'salə,det; kən'sɔlideit] «源自拉丁文「使堅固（solid）」之義»—*v.t.* 1 a〔十受〕合併，結合，統一〈數個公司、債務等〉：～ business companies 合併公司/～ debts 合併債務。b〔十受十介十(代)名〕將〈數家公司等〉合併〔成…〕〔*into*〕：～ two companies ***into*** one 將兩家公司合併成一家。2 鞏固，强化〈地位等〉：～ one's position 鞏固某人的地位。—*v.i.* 1〔動(十介十(代)名)〕〔與…〕合併〔*with*〕：The two banks ～*d* and formed a single large bank. 那兩家銀行合併成爲一家大銀行/Our company recently ～*d* ***with*** a Japanese company. 我們的公司最近和一家日本公司合併。2 變鞏固，變堅固。

con·sól·i·dàt·ed *adj.* 合併的，結合統一的；鞏固[强化]的：～ annuities＝consols.

Consólidated Fúnd *n.* [the ～]（英國的）統一基金《將各種公債基金加以合併用以支付公債利息的基金》。

consólidated schòol *n.* Ⓤ[指設施時爲Ⓒ]《美》聯合學校《由若干小學校合併而成，收容學區兒童的偏僻地區學校》。

con·sol·i·da·tion [kən,salə'deʃən; kən,sɔli'deiʃn] «consolidate 的名詞»—*n.* ⓊⒸ 1 强化；鞏固。2 聯合，合併；統一。

con·sols ['kansalz, kən'salz; 'kɔnsɔlz] «consolidated annuities 之略»—*n. pl.*《英》統一公債《於 1751 年發行，將各種公債合併成年利三分的養老金形式的永久公債》。

con·som·mé [,kansə'me; kən'sɔmei] «源自法語»—*n.* Ⓤ清燉肉湯（clear soup）(cf. potage).

con·so·nance ['kansənəns; 'kɔnsənəns] «consonant 的名詞»—*n.* 1 Ⓤ《文語》一致，和諧，協調〔*with*〕：in ～ *with...* 與…調和[一致，共鳴]。2〖音樂〗a Ⓒ協和音。b Ⓤ協和(↔ dissonance).

con·so·nant ['kansənənt; 'kɔnsənənt] «源自拉丁文「共鳴」之義»—*n.* Ⓒ〖語音〗子音(cf. vowel 1)；子音字母。

—*adj.* 1 (**more** ～；**most** ～)[不用在名詞前]《文語》〔與…〕一致[調和]的〔*with, to*〕：behavior ～ ***with*** one's words 與言語一致的行爲，言行一致。2（無比較級、最高級）〖音樂〗協和音的。3（無比較級、最高級）[用在名詞前]〖語音〗子音的：a ～ letter 子音字母。

con·so·nan·tal [,kansə'næntl; ,kɔnsə'næntl←] *adj.* 子音的，似子音的。

con·sort ['kansɔrt; 'kɔnsɔ:t] *n.* Ⓒ《文語》1 [常與修飾語連用]（尤指王族的）配偶：⇨ queen consort, prince consort 1. 2 僚船[艦，艇]；同事，夥伴。3〖音樂〗和諧樂團[樂曲]。

in cónsort (with...)（與…）一起（together）.

—[kən'sɔrt; kən'sɔ:t] *v.i.* 1〔十介十(代)名〕《文語》〔與…〕調和；協調〔*with*〕：Pride does not ～ ***with*** poverty. 矜持與貧窮不兩立《貧則卑》。2 a〔十副〕交往，交際〈*together*〉. b〔十介十(代)名〕〔與壞人〕交往〔*with*〕.

con·sor·ti·um [kən'sɔrʃɪəm; kən'sɔ:tjəm] *n.* Ⓒ(*pl.* **-ti·a** [-ʃɪə; -tiə], ～s) 1（國際）財團，銀行團。2 國際協會；共同體。

con·spec·tus [kən'spɛktəs; kən'spektəs] *n.* Ⓒ《文語》1 概觀。2 概略，大綱，摘要。

con·spic·u·ous [kən'spɪkjuəs; kən'spikjuəs] «源自拉丁文「完全看見」之義»—*adj.* (**more** ～；**most** ～) 1 a **顯而易見的**，顯眼的，明顯的：a ～ star 顯而易見的星/～ errors 明顯的錯誤/be ～ by its [one's] absence 由於它[某人]的不在反而惹人注意。b [不用在名詞前]〔十介十(代)名〕〔以…〕引人注目的，惹人注意的〔*for*〕：He is ～ ***for*** be*ing* tall. 他因個子高而惹人注意。2（以特殊的事）**出衆[色]的**，著名的；顯著的：a ～ example 顯著的例子/make oneself ～ 使自己引人注目；標新立異。～·**ness** *n.*

conspícuous consúmption *n.* Ⓤ擺闊性的消費，鋪張浪費。

con·spíc·u·ous·ly *adv.* 顯著地，醒目地，出衆地。

con·spir·a·cy [kən'spɪrəsɪ; kən'spirəsi] «conspire 的名詞»—*n.* 1 a ⓊⒸ（結黨）陰謀，共謀：in ～ 共謀地，密謀地/form a ～ *against* the government 密謀反對政府。b Ⓒ〔十 *to* do〕〈企圖…的〉陰謀：a ～ *to* overthrow the government 企圖推翻政府的陰謀。2 Ⓒ陰謀集團。

a conspiracy of silence 保持緘默的約定《爲圖謀私利而共謀將某事保密》。

con·spir·a·tor [kən'spɪrətə; kən'spirətə] *n.* Ⓒ共謀者，謀叛者，陰謀者（plotter）.

con·spir·a·to·ri·al [kən,spɪrə'torɪəl, -'tɔr-; kən,spirə'tɔ:riəl←] «conspiracy 的形容詞»—*adj.* 陰謀[共謀]的。

～·**ly** [-əlɪ; -əli] *adv.*

con·spire [kən'spaɪr; kən'spaiə] «源自拉丁文「一同呼吸，想法一致」之義»—*v.i.* 1 a〔動(十副)〕（結黨）策劃陰謀，共謀，圖謀〈*together*〉. b〔十介十(代)名〕〔與人〕策劃陰謀，共謀〔反對…〕〔*with*〕〔*against*〕：They ～*d* (***with*** each other) ***against*** the government. 他們共謀顛覆政府。c〔十 *to* do〕共謀〈企圖…〉：They ～*d to* drive him out of the country. 他們共謀把他逐出國門。2〔十 *to* do〕〈事件〉湊合〈導致…〉，共同促成，相輔〈做…〉：Events ～*d to* bring about his ruin. 種種事件湊合起來導致他的毀滅。

con·sta·ble ['kanstəbl, 'kʌn-; 'kʌnstəbl] «源自拉丁文「馬廏（stable）的伯爵（count）」之義»—*n.* Ⓒ 1 [也用於稱呼]《英》警察（police constable）《階級最低的警察；⇨ police【說明】》：the chief ～（地方警察的）警察局局長/a special ～（非常時期等由治安法官任命的）特別巡警，臨時民警。2（從前的）王室城堡看守人。3（城、鎮的）保安官。

con·stab·u·lar·y [kən'stæbjə,lɛrɪ; kən'stæbjuləri] «constable 的形容詞»—*adj.* 警察的：the ～ force 警察部隊。

—*n.* Ⓒ[集合稱]（一個管區的）警察(隊)《★用法視爲一整體時當單數用，指個別成員時當複數用》。

Con·stance ['kanstəns; 'kɔnstəns] *n.* 康絲妲《女子名；暱稱 Connie》.

con·stan·cy ['kanstənsɪ; 'kɔnstənsi] «constant 的名詞»—*n.* Ⓤ 1 a 堅定不移，堅貞。b 節操，貞節。2 恒久性，不變。

***con·stant** ['kanstənt; 'kɔnstənt] «源自拉丁文「一同站立」之義»—*adj.* (**more** ～；**most** ～) 1 **持續不斷的，時常的**：～ hard labor 不斷的苦役。

2 **不變的，一定的**(↔ variable)：at a ～ temperature [speed] 以一定的溫度[速度]/a ～ wind 恒風。

3《文語》a 忠誠的，有節操的，堅貞的：a ～ friend 忠實的朋友。b [不用在名詞前]〔十介十(代)名〕堅守〔…〕的〔*to*〕：He has remained ～ ***to*** his principles. 他始終堅守他的原則。

—*n.* Ⓒ〖數學・物理〗常數，恒量(↔ variable)；率：the circular ～ 圓周率。

Con·stan·tine ['kanstən,taɪn, -,tin; 'kɔnstəntain] *n.* 1 君士坦丁《阿爾及利亞（Algeria）之一城市》。2 君士坦丁《男子名》。

Con·stan·ti·no·ple [,kanstæntə'nopl; ,kɔnstænti'noupl] *n.* 君士坦丁堡《土耳其伊斯坦堡（Istanbul）的舊名；東羅馬帝國的首都》。

con·stant·ly ['kanstəntlɪ; 'kɔnstəntli] *adv.* (**more** ～；**most** ～) 1 **不斷地**：The affairs of state are ～ on the Prime Minister's mind. 首相時常掛念著國事。2 **常常，經常地**《★比較比 often 或 frequently 更富感情》：He is ～ being asked to make speeches. 他經常被邀請去演講。

con·stel·la·tion [,kanstə'leʃən; ,kɔnstə'leiʃn] «源自拉丁文「星羣」之義»—*n.* Ⓒ 1〖天文〗星座，星羣：the ～ Orion 獵戶星座。2 a（穿著華麗的紳士、淑女等的）一羣〔*of*〕：a ～ *of* beautiful women 一羣閃耀如星的美女。b（傑出者的）集團，羣，（美好東西的）一簇〔*of*〕：a ～ *of* buttercups 一簇華麗的金鳳花。

con·ster·na·tion [,kanstə'neʃən; ,kɔnstə'neiʃn] *n.* Ⓤ（使人茫然的）驚恐，驚愕，驚惶失措：in ～ 驚愕地/throw a person into ～ 使某人驚慌失措。

con·sti·pate ['kanstə,pet; 'kɔnstipeit] *v.t.*〖醫〗使〈人〉便祕《★常用被動語態》：The baby *is* ～*d*. 這嬰兒患便祕。

con·sti·pa·tion [,kanstə'peʃən; ,kɔnsti'peiʃn] «constipate 的名詞»—*n.* Ⓤ〖醫〗便祕。

con·stit·u·en·cy [kən'stɪtʃuənsɪ; kən'stitjuənsi] «源自 constituent»—*n.* Ⓒ 1 a [集合稱]選民《★用法視爲一整體時當單數用，指全部個體時當複數用》。b 選區。2 [集合稱]主顧，顧客，購買者，支持者《★用法與義 1 a 同》。

núrse one's constítuency《英》〈國會議員〉（於選舉期間）在自己的選區部署，籠絡選區的選民(《美》mend one's FENCES).

con·stit·u·ent [kən'stɪtʃuənt; kən'stitjuənt] «與 constitute 同字源»—*adj.* [用在名詞前] 1 組成[構成]的，成分[要素]的：a ～ part 組成的成分。2 有任命權的；有選舉權的：a ～ body 有選舉權的團體。3 有權制定[修改]憲法的：a ～ assembly 憲法制定[修正]會議/～ power 制定[修改]憲法的權能。

—*n.* Ⓒ 1（構成全體的）構成要素，成分。2 選民，選舉人（voter）. 3〖語言〗結構成分，詞組單位：⇨ immediate constituent, ultimate constituent.

***con·sti·tute** ['kanstə,tut, -,tjut; 'kɔnstitju:t] «源自拉丁文「共同組合」之義»—*v.t.*《文語》1《★無進行式》a〔十受〕**構成…，成爲…的構成要素**：Twelve months ～ a year. 十二個月構成一年/What are the qualities that ～ her charm? 構成她魅力的特質是什麼？b [以過去分詞當形容詞用]（…的）天性[性格]：He is not *so* ～*d that* he can accept insults lying down. 以他的性格

他不會甘於受人侮辱。2〔十受〕制定〈制度〉；設立，設置〈機關等〉：～ a school for the handicapped 爲殘障者設立學校。3〔十受十補〕a 任命[選定]〈某人〉〈爲…〉：He was ～d representative of the party. 他被任命爲該黨的代表。b [～ oneself]（自我）任命〈爲…〉：He ～d himself a leader. 他自封爲首領。

***con·sti·tu·tion** [ˌkɑnstəˋtuʃən, -ˋtju-; ˌkɔnstiˈtju:ʃn] «constitute 的名詞»—n. 1 Ⓤ構成，構造，結構，組織〔of〕：the ～ of society 社會結構。
2 Ⓒ體質，體格；素質：have a good [strong, poor, weak] ～ 有健全[强壯，差勁，虛弱]的體質/by ～ 天生/have a cold ～ 性情冷漠/suit [agree with] a person's ～ 適合某人的體質[性格]/undermine a person's ～ 損害某人的身體健康。
3 Ⓒ憲法：a written ～ 成文憲法/an unwritten ～ 不成文憲法/the C～ of Japan [the United States] 日本[美國]憲法。

【說明】憲法是規定國家基本要件的根本大法；我國及美國等的憲法爲成文憲法；美國的憲法爲世界首創的成文憲法，1787 年起草，1789 年生效，1790 年經全國所有的州通過；其前文如下：We the People of the United States, in order to form a more perfect union, establish justice, insure domestic tranquility, provide for the common defence, promote the general welfare, and secure the blessings of liberty to ourselves and our posterity, do ordain and establish this Constitution for the United States of America.（美國人民，爲謀建設更完美之聯合，樹立正義，奠定國內治安，籌設共同防衛，增進全民福利，並使今後人民永享自由之樂，爰制定此美利堅合衆國之憲法。）
英國並無成文的憲法，是以不成文法的習慣法所構成，稱爲不成文憲法；cf. Magna Carta【說明】

4 Ⓒ政體，體制：a republican ～ 共和政體。
5 Ⓤ制定；設立，設置：the ～ of law 法律的制定。

con·sti·tu·tion·al [ˌkɑnstəˋtuʃənl, -ˋtju-; ˌkɔnstiˈtju:ʃənl←] «constitution 的形容詞» —adj. 1 構成[組織]上的：a ～ formula《化學》結構式。2 a 體質上的，體格的；天生的：a ～ disease 體質性疾病/a ～ infirmity [weakness] 天生的虛弱。b〈散步等〉有益健康的，保健的：a ～ walk 有益健康的散步。3 憲法(上)的；立憲的；合法的：a ～ assembly 制憲會議/a ～ government 立憲政治[政體]/～ law 憲法/the ～ rights of prisoners 憲法所承認的犯人的權利。
—n. Ⓒ(缺乏運動者所做的)保健運動[散步]：take [go for] a [one's] ～ 散步，去散步。～·ly [-nlɪ; -nəli] adv.

còn·sti·tú·tion·al·ìsm [-ʃənlˌɪzəm; -ʃənəlizəm] n. Ⓤ立憲政治；立憲政體；立憲主義；憲法論。

còn·sti·tú·tion·al·ist [-ʃənlɪst; -ʃənəlist] n. Ⓒ 1 憲法論[擁護]者；立憲主義者。2 憲法學者。

con·sti·tu·tion·al·i·ty [ˌkɑnstəˌtuʃənˋælətɪ; -ˌtju-; ˌkɔnstiˌtju:ʃəˈnæləti] «constitutional 的名詞»—n. Ⓤ立憲性，法治，合憲性：test the ～ of a law 驗明法律的合憲性。

con·sti·tu·tive [ˋkɑnstəˌtutɪv, -ˌtju-; ˈkɔnstitju:tiv] adj. 1 構成的，構造的；組織的，要素的。2 制定[設定]的。

con·strain [kənˋstren; kənˈstrein] v.t.〔十受十 to do〕强迫〈人〉〈使[勉强]做…〉《★常用被動語態》：My conscience ～ed me to apologize to him. 我的良心迫使我向他賠罪。

con·stráined adj. 1 勉强的，不自然的，僵硬的：a ～ manner 不自然[拘束]的樣子/a ～ voice(勉强做作的)不自然的聲音/a ～ laugh [smile] 勉强做作的笑[微笑]。2 受壓制的，被强迫的：a ～ confession 被强迫的自白。

con·stráin·ed·ly [-nɪdlɪ; -nidli] adv. 勉强地，不得已地。

con·straint [kənˋstrent; kənˈstreint] «constrain 的名詞»—n. 1 ⓊⒸ强制，壓迫；束縛〔on〕：by ～ 勉强地，强迫地/under [in] ～ 被迫地，不得已地/There are few legal ～s on the sale of firearms in the U.S. 美國對於輕型武器的銷售很少有法律限制。
2 Ⓤ拘束的感覺，侷促：feel [show] ～ 覺得[顯得]侷促。

con·strict [kənˋstrɪkt; kənˈstrikt] v.t. 1 收緊，壓縮〈血管等〉；使…收縮。2 抑制，限制〈活動等〉。

con·stric·tion [kənˋstrɪkʃən; kənˈstrikʃn] «constrict 的名詞»—n. 1 Ⓤ收緊，壓縮；收縮。2 Ⓤ被壓縮的感覺，拘束。3 Ⓒ(被)壓縮的東西。

con·stric·tive [kənˋstrɪktɪv; kənˈstriktiv] adj. 緊縮的，壓縮的；收縮性的，收斂性的。

con·stríc·tor [-tə; -tə] n. Ⓒ 1 a 能壓縮的東西。b《解剖》收縮肌。2 會勒死獵物的大蛇《蟒蛇(boa constrictor)，森蚺(anaconda)等》。

***con·struct** [kənˋstrʌkt; kənˈstrʌkt] «源自拉丁文「共建」之義»—v.t.〔十受〕1 a 組合，建設，建造…：～ a factory 建設工廠。b 作〈文章〉；構成，創立〈理論等〉：～ a sentence 造句/a well-constructed novel 結構良好的小說。2《幾何》製作…圖，畫…圖。
—[ˋkɑnstrʌkt; ˈkɔnstrʌkt] n. Ⓒ 1 構成物。2《心理》構思，概念。

***con·struc·tion** [kənˋstrʌkʃən; kənˈstrʌkʃn] n. A «construct 的名詞» 1 Ⓤ a 建造，建築，建設，架設，施工：the ～ of a new highway 新公路的建設/of steel ～ 鋼骨建造的/under ～ 在建設中，工程進行中/C～ ahead.《美》《告示》前面施工中。b 建築工程。c 建築業：C～ is a major industry here. 建築業是此地的主要工業。
2 Ⓒ建築物，建造物。
3 Ⓤ建築樣式，構造法(structure)。
4 Ⓤ《幾何》作圖(法)。
—B «construe 的名詞» Ⓒ 1 (語句、文字、法律、行爲等的)解釋：put a false ～ on a person's action 故意曲解某人的行爲/put a good [bad] ～ on... 對…做善意[惡意]的解釋。2《文法》(文字、語句的)結構(體)。

con·strúc·tion·al [-ʃənl; -ʃənl] adj. 建築上的；構成的，構造上的。～·ly [-ʃənlɪ; -ʃənli] adv.

con·strúc·tion·ist [-ʃənɪst; -ʃənist] n. Ⓒ《美》(法律、憲法等的)解釋(學)者：a strict [loose] ～ 一位嚴格精確[廣義籠統]的解釋者。

con·struc·tive [kənˋstrʌktɪv; kənˈstrʌktiv] adj. 1 建設性的，積極的：～ criticism 建設性[積極]的批評。2 構成的；構造的。
～·ly adv. ～·ness n.

con·struc·tiv·ism [kənˋstrʌktɪvˌɪzəm; kənˈstrʌktivizəm] n. Ⓤ《美術》構成主義《用長方形、圓形、直線等構成抽象的造形》。

con·strúc·tor [-tə; -tə] n. Ⓒ建設者，建築(業)者。

con·strue [kənˋstru; kənˈstru:] «源自拉丁文「做成」之義»—v.t. 1 a〔十受〕解釋…《★常用被動語態》：What he said was wrongly ～d. 他所說的話被解釋錯了《被誤解》。b〔十受十 as補〕把…解釋〈成…〉：His silence may be ～d as agreement. 他的沈默可被解釋成同意。2《文法》a〔十受〕(尤指翻譯希臘文或拉丁文等時)分析〈句子等〉。b〔十受十介十(代)名〕將〈語句〉〔與…〕作文法上的結合，連用〔with〕：'Rely' is ～d with 'on'. rely 與 on 是連用的。
—v.i. 1 分析句子構造。2 (文法上)可分析；可解釋：This passage won't ～. 這一段不能分析。

con·sub·stan·ti·a·tion [ˌkɑnsəbˌstænʃɪˋeʃən; ˈkɔnsəbˌstænʃiˈeiʃn] n. Ⓒ《神學》聖體合質，聖體共在《基督(Christ)的聖體、聖血與聖餐上的麵包、葡萄酒共在之說》(cf. transubstantiation)。

con·sue·tude [ˋkɑnswɪˌtud, -ˌtjud; ˈkɔnswitju:d] n. Ⓤ(有法律效力的)習慣，慣例。

con·sul [ˋkɑnsl; ˈkɔnsl] n. Ⓒ 1 領事：an acting [honorary] ～ 代理[名譽]領事。2 (古羅馬的)執政官《定額兩名》。3 (法國 1799－1804 年間的)執政官《定額三名的最高行政官》。

con·su·lar [ˋkɑnslə, ˋkɑnsjələ; ˈkɔnsjulə] «consul 的形容詞»—adj. 1 領事(館)的：a ～ agent 領事代理[代辦]/a ～ assistant 領事助理/a ～ attaché [clerk] 領事隨員[職員]/a ～ invoice《商》領事簽證貨單，領事發票。2 執政(官)(consul)的。

con·sul·ate [ˋkɑnslɪt, ˋkɑnsjəlɪt; ˈkɔnsjulit] n. Ⓒ 1 領事館。2 領事之職[身份、地位、期間]。

cónsulate géneral n. Ⓒ(pl. consulates general)總領事館。

cónsul géneral n. Ⓒ(pl. consuls general, ～s)總領事。

***con·sult** [kənˋsʌlt; kənˈsʌlt] «源自拉丁文「慎重考慮」之義»—v.t.〔十受〕1 向〈專家〉請教，徵求…的意見；請〈醫生〉診療：～ one's lawyer 請教自己的律師。2 查閱〈參考書、字典等〉：～ a dictionary [map] 查閱字典[地圖]。3 顧慮，考慮…《★比較 現在一般用 consider》：～ one's own interests [convenience] 考慮自己的利益[方便]。
—v.i.〔十介十(代)名〕1〔與人〕商量，協議〔…事〕〔with〕〔on, about〕《★用法「和專家商量，問意見」之意時，《英》一般用 v.t.；《美》雖然可用 v.t., v.i. 兩者，但一般用 v.i.》：The doctor ～ed with his colleagues about the operation on the patient. 醫師和他的同事商量有關病人手術的問題。2 擔任〔公司等的〕顧問〔for〕。

con·sul·tan·cy [kənˋsʌltənsɪ; kənˈsʌltənsi] n. ⓊⒸ顧問(醫師)的工作[職務]：He has a ～ in Harley Street. 他在哈利街當顧問(醫師)。

con·sul·tant [kənˋsʌltn̩t; kənˈsʌltənt] n. Ⓒ 1 商議者，諮詢者，求教者。2 a (專門的)提供意見的專家，顧問《技師、技術工程師等》。b 顧問醫師《★所得高於一般開業醫師》。

con·sul·ta·tion [ˌkɑnslˋteʃən; ˌkɔnsəlˈteiʃn] «consult 的名詞»—n. 1 ⓊⒸ[常 ～s] a (與專家的)商量；諮詢；接受診療[鑑定]〔with〕：in ～ with... 與…商議/She has weekly ～s with her doctor. 她每週一次接受她的醫師的診療。b 協議〔with〕。2 Ⓒ(專家的)會議，協商[審議]會。3 Ⓤ(書籍等的)參考，查閱，參照〔of〕。

con·sul·ta·tive [kənˋsʌltətɪv; kənˈsʌltətiv] adj. 商議[評議，協

商]的；諮詢的，顧問的：a ～ body 諮詢機構。

con·sul·ta·to·ry [kənˋsʌltəˏtorɪ, -ˏtɔrɪ; kən'sʌltətəri] *adj.* = consultative.

con·súlt·ing *adj.* [用在名詞前]**1** 諮詢的，顧問資格的；專門診察的〈醫師〉：a ～ engineer 顧問工程師/a ～ physician 顧問醫師《供同僚或病人諮詢者》。**2** 商量的；診察用的：a ～ room 診察室。

con·sum·a·ble [kənˋsuməbḷ, -ˋsjum-; kən'sju:məbl, -'su:-] *adj.* 可消費[消耗]的。
—*n.* Ⓒ[常 ～s]消耗品。

con·sume [kənˋsum, -ˋsjum; kən'sju:m, -'su:m] 《源自拉丁文「取盡」之義》—*v.t.* **1 a** 〔十受〕消耗，用盡…：～ one's energy 耗盡精力。**b** 〔十受十介十(代)名〕耗費…〔於…上〕〔*in*〕：He ～*d* much of his time each day *in* study*ing*. 他每天耗費很多時間在研究工作[學習]上。**c** 〔十受(十副)〕浪費…〈*away*〉.
2 〔十受(十副)〕〈火焰〉燒毀…〈*away*〉：I saw the flames *consuming* the whole building. 我看見火焰吞噬了整棟建築物。
3 〔十受〕〈人〉將…吃[喝]完：～ a bottle of whiskey 喝完一瓶威士忌。
4 〔十受〕〈嫉妒、憎恨等〉充滿〈人〉心《★常用被動語態，介系詞用 *by, with*》：He *was* ～*d with* envy [curiosity, ambition]. 他的心裡充滿了嫉妒[好奇心，野心]。

con·sum·er [kənˋsumɚ, -ˋsjumɚ; kən'sju:mə, -'su:mə] *n.* Ⓒ消費者(↔ producer)：an association of ～*s* =《美》a ～*s'* union 消費者協會(聯盟)。

con·súm·er·ìsm [-mɚˏɪzəm; -mərizəm] *n.* Ⓤ **1** 保護消費者利益主義。**2** (財貨與勞務的)消費。**3** 消費主義《消費持續增加對整體經濟有利的理論》。

con·súm·er·ist [-mərɪst; -mərist] *n.* Ⓒ **1** 主張保護消費者利益者。**2** 主張消費主義經濟理論者。—*adj.* 消費主義的。

con·sum·er·i·za·tion [kənˏsumərəˋzeʃən; kənˌsu:mərai'zeiʃn] *n.* Ⓤ消費化。

consúmer príce index *n.* Ⓒ《經濟》消費者價格指數《略作 CPI》.

consúmer(s') gòods *n. pl.* 《經濟》消費品(↔ producer(s') goods, capital goods).

con·sum·mate [ˋkɑnsəˏmet; 'kɔnsəmeit] 《文語》*v.t.* **1** 完成，達成，使…達到極點，使…登峯造極：His ambition was ～*d* when he was elected to Congress. 當他獲選進入國會時他的野心已實現。**2** 圓房以完成〈婚姻〉。
—[kənˋsʌmɪt; kən'sʌmit] *adj.* **1** 完全的，完美的，圓滿的，至上的(perfect)：～ art 至高無上的藝術/～ happiness 無上的幸福。**2** [用在名詞前] **a** 造詣極高的，技藝精湛的，高明的：a ～ artist 名畫家。**b** 至極的，無比的：a ～ ass 大笨蛋。～**·ly** *adv.*

con·sum·ma·tion [ˏkɑnsəˋmeʃən; ˌkɔnsə'meiʃn] 《consummate 的名詞》—*n.* **1 a** Ⓤ完成，完了；成就，達成。**b** Ⓒ[常用單數]頂點，終極，極致。**2** Ⓤ圓房，完婚。

con·sump·tion [kənˋsʌmpʃən; kən'sʌmpʃn] 《consume 的名詞》—*n.* **1 a** Ⓤ消費(↔ production). **b** Ⓤ [又作 **a** ～]消費額[量]。**2** Ⓤ **a** (體力等的)消耗。**b** 《古》肺病，結核病。

consúmption dùty [tàx] *n.* ⓊⒸ消費稅。

consúmption gòods *n. pl.* =consumer(s') goods.

con·sump·tive [kənˋsʌmptɪv; kən'sʌmptiv] 《consume, consumption 的形容詞》—*adj.* **1** 消費的；消耗性的。**2** 《古》肺病的，患癆病的。—*n.* Ⓒ《古》肺病患者。

cont. 《略》containing；content(s)；continent；continental；continue(d)；contract.

Cont. 《略》Continental.

‡**con·tact** [ˋkɑntækt; 'kɔntækt] 《源自拉丁文「共同接觸」之義》—*n.* **1** Ⓤ(東西的)接觸；(與人的)接觸，互相接觸，交往；聯絡，聯繫〔*with*〕：a point of ～ =a ～ point 接觸點，觸點/be in [out of] ～ *with*... 與…有[沒有]接觸[聯絡，交往]/come in [into] ～ *with*... 與…接觸[聯繫]；碰見/stay [keep] in ～ *with*... 與…保持聯繫/lose ～ *with*... 與…失去聯絡/make ～ *with*... 與…聯絡/I don't usually have much personal ～ *with* him. 我平常很少與他有私人上的往來。
2 Ⓒ有權勢的熟人，門路；與有權勢人士交往；(生意上的)仲介者。
3 《電學》 **a** Ⓤ接觸：break [make] ～ 切斷[接通]電流，斷[接]電。**b** Ⓒ觸點(裝置)。
4 Ⓤ《數學》相切，接觸。
5 ⓊⒸ《無線》通信。
6 Ⓤ《航空》(從飛機上的)目視：fly *by* ～ 目視飛行。
7 Ⓒ《醫》(曾與傳染病接觸的)接觸者。
—*adj.* [用在名詞前]**1** 接觸的，由接觸而引起的。**2** 《航空》在目視地面[水面]距離內的，目視飛行的：⇨ contact flying.
—*adv.* 《航空》在目視地面[水面]距離內，以目視方法：fly ～ 目視飛行。
—[ˋkɑntækt, kɑnˋtækt; kən'tækt, 'kɔntækt] *v.t.* 〔十受〕與〈人〉連絡，與…接頭，與…搭上關係；與…相會：*C*～ the police immediately. 立刻與警方連絡。

cóntact àction *n.* ⓊⒸ《物理・化學》接觸作用。

con·tact·ee [kɑnˏtækˋti; ˌkɔntæk'ti:] *n.* Ⓒ **1** 被接觸者。**2** 與外星人有過接觸者。

cóntact flỳing *n.* Ⓤ《航空》目視飛行(cf. instrument flying).

cóntact lèns *n.* Ⓒ隱形眼鏡：wear [put in] ～*es* 戴上[裝上]隱形眼鏡。

cóntact màn *n.* Ⓒ(交易等的)仲介者，中間人；(間諜等的)聯絡員。

cóntact mìne *n.* Ⓒ觸發地雷，觸發水雷《接觸即爆炸者》。

cóntact prìnt *n.* Ⓒ《攝影》接觸印片拷貝[照片]。

Con·ta·dó·ra Gròup [ˏkɑntəˋdorə-; ˌkɔntə'dɔ:rə-] *n.* 康塔多拉集團《中美洲哥倫比亞、墨西哥、委內瑞拉和巴拿馬四國於 1983 年 1 月成立的區域組織》。

con·ta·gion [kənˋtedʒən; kən'teidʒən] *n.* **1** Ⓤ(疾病的)接觸傳染，觸染《★ 比較 空氣傳染爲 infection》：Smallpox spreads *by* ～. 天花由接觸傳染而蔓延。**2** Ⓒ接觸傳染病。**3** Ⓒ(由一人傳至另一人的)不良影響，蔓延〔*of*〕：a ～ *of* fear 恐懼的蔓延。

con·ta·gious [kənˋtedʒəs; kən'teidʒəs] 《contagion 的形容詞》—*adj.* **1** 〈疾病〉接觸傳染的。
2 [不用在名詞前]〈某人〉患有傳染病的，帶觸染原的。
3 易感染的：Yawning is ～. 打呵欠是容易感染的。
～**·ly** *adv.* ～**·ness** *n.*

‡**con·tain** [kənˋten; kən'tein] 《源自拉丁文「共同保持」之義》—*v.t.* 〔十受〕 **1** 把…包括(在內)，包含…：This chest ～*s* our family heirlooms. 這個大箱裏裝著我家的傳家之寶/The pamphlet ～*s* tourist information and includes a list of inns. 那本小册子裏有旅遊資料，包括旅館一覽表。

【同義字】contain 常指所包含之物的全部；include 則指某物包含於全體中，成爲其一部分；無進行式。

2 a 裝入，容納〈多少量〉《★ 比較 一般用 hold》：The pitcher ～*s* enough milk for all of us. 那水罐可容納足夠我們全體飲用的牛奶。**b** 等於：A pound ～*s* 16 ounces.一磅等於十六盎司。
3 [常用於否定句] **a** 抑制，控制〈怒氣等〉：He could *not* ～ his anger. 他無法抑制他的忿怒。**b** [～ one*self*]容忍，自制：She could *not* ～ *herself* for joy. 她抑制不住喜悅之情。
4 a 阻止，阻擋；牽制〈敵人等〉。**b** 對〈敵國〉施以牽制政策。
5 a 《數學》〈邊〉夾〈角〉，圍住〈圖形〉：a ～*ed* angle 夾角。**b** 可被〈某數〉除盡，以〈某數〉爲因數，可除盡：10 ～*s* 5 and 2. 十可用五和二除盡。

con·táined *adj.* **1** 抑制的，自制的。**2** 沈著的，冷靜的。

con·táin·er *n.* Ⓒ **1** 容器，罐，箱。**2** (運送貨物用的)貨櫃。

contáiner càr *n.* Ⓒ貨櫃車。

con·tain·er·i·za·tion [kənˏtenərəˋzeʃən; kənˌteinərai'zeiʃn] *n.* ⓊⒸ貨櫃運輸[裝貨]。

con·táin·er·ize [kənˋtenəˏraɪz; kən'teinəraiz] *v.t.* **1** 將〈貨物運輸〉貨櫃化。**2** 用貨櫃運送〈貨物〉。

contáiner pòrt *n.* Ⓒ貨櫃裝卸港。

contáiner shìp *n.* Ⓒ貨櫃輪。

con·táin·ment [-mənt; -mənt] 《contain 4 的名詞》—*n.* Ⓤ(抑制敵國變强大的)牽制，遏制：a ～ policy 牽制[遏制]政策。

con·tam·i·nant [kənˋtæmɪnənt; kən'tæminənt] *n.* Ⓒ污染(他物)的東西[細菌]。

con·tam·i·nate [kənˋtæməˏnet; kən'tæmineit] *v.t.* **1 a** 〔十受〕(因接觸、混入、放射能等)將…污損，弄髒；污染：The air has been ～*ed by* exhaust fumes. 空氣已被廢氣所污染。**b** 〔十受十介十(代)名〕〔以廢棄物、病原菌、放射性物質等〕污染…〔*with*〕：This water is ～*d with* impurities. 這水已被不潔物質所污染。
2 使〈人、心等〉敗壞，使…墮落。

con·tam·i·na·tion [kənˏtæməˋneʃən; kənˌtæmi'neiʃn] 《contaminate 的名詞》—*n.* **1 a** Ⓤ污染(的狀態)，污損，污穢：radioactive ～ 放射能污染。**b** Ⓒ污穢物，污染物。**2** 《語言》=blending 2.

con·tám·i·nà·tor [-tɚ; -tə] *n.* Ⓒ污損[污染]者[物]。

contd. 《略》continued.

conte [kɔ̃t; kɔ̃:nt] 《源自法語》—*n.* Ⓒ(*pl.* ～*s* [～s; ～s])小故事《尤指冒險或幻想的短篇故事[小說]》。

con·té [kɔnˋte, ˋkɑntɪ, kɔ̃ˋte; 'kɔ:nte] *n.* ⓊⒸ炭精筆《一種由石墨與黏土製成的硬蠟筆，通常分黑、紅、褐三色》。

con·temn [kənˋtɛm; kən'tem] *v.t.* 《文語》輕侮，蔑視：The wicked ～ God. 惡人輕侮上帝。

con·tem·plate [ˋkɑntəmˏplet, kənˋtɛmplet; 'kɔntempleit, -təm-] 《源自拉丁文「觀察處(temple 之原義)，凝視」之義》—*v.t.* **1**

〔十受〕注視，凝視〈人、物〉：They ~*d* each other for some minutes. 他們兩人互相凝視幾分鐘。**2 a**〔十受〕**仔細考慮，熟慮**〈問題等〉：She is *contemplating* a change of work. 她在考慮換工作。**b**〔十 do*ing*〕打算〈做…〉《★ 比較〔+ *to* do〕係屬錯誤》：He ~*d going* to some health resort. 他打算到某一休養勝地。**c**〔十 *wh.*__/十 *wh.*十 *to* do〕考慮〈到何處(做…)〉：We are *contemplating where* we should travel [*where to* travel] to. 我們正考慮要到哪裏去旅行。**3**〔十受〕期待，預期…：We did not ~ such a consequence. 我們沒有預料到會有這種結果。
—*v.i.* 沈思，默想：All day he did nothing but ~. 他整天除了沈思外沒做任何事。

con·tem·pla·tion [ˌkɑntəmˈpleʃən; ˌkɔntemˈpleiʃn, -təm-] **《**contemplate 的名詞**》—***n.* Ⓤ **1** 注視，凝視。**2** 默想；熟慮：be lost in ~ 陷於沈思中。**3** 期待，預期；企圖，計畫：have something in ~ 籌劃某事/An addition to the building is *under* ~. 該建築物的增建在計畫中。

con·tem·pla·tive [ˈkɑntəmˌpletɪv, kənˈtɛmplətɪv; kənˈtemplətiv, ˈkɔntempleitiv] *adj.* 沈思的，默想的，耽於冥想的：a ~ life (隱居者等的)沈思[冥想]的生活。**~·ly** *adv.*

cón·tem·plà·tor [-tɚ; -tə] *n.* Ⓒ熟慮者；默想者，沈思者。

con·tem·po·ra·ne·ous [kənˌtɛmpəˈrenɪəs; kənˌtempəˈreinjəs˜] *adj.*《文語》**1**〈事件等〉同時存在[發生]的；同時代的，同一時期的《★ 比較 一般用 contemporary》：The discovery of America and the fall of Granada were ~. 發現美洲和格拉那達王國的衰落是在同一時期(發生的)(cf. 2)。**2**〔不用在名詞前〕〔十介十(代)名〕〈事件等〉〔與…〕同時發生的；同時代的〔*with*〕：The discovery of America was ~ *with* the fall of Granada. 發現美洲和格拉那達王國的衰落是在同一時期(發生的)(cf. 1)。
~·ly *adv.* **~·ness** *n.*

con·tem·po·rar·y [kənˈtɛmpəˌrɛrɪ; kənˈtempərəri] **《**源自拉丁文「同(con-)時代的(temporary)」之義**》—***adj.* (無比較級、最高級) **1 a**〈人、作品等〉**同時代的**，當代的：Byron and Wordsworth were ~. 拜倫和渥茲華斯是同個時代的人(cf. 1b)/Elizabethan plays are often presented in ~ costume. 伊利莎白時代的戲劇(演員)常穿著當時的服裝演出。**b**〔不用在名詞前〕〔十介十(代)名〕〔與…〕同時代的〔*with*〕：Byron was ~ *with* Wordsworth. 拜倫和渥茲華斯是同時代的人(cf. 1a)。**2** 當今的，現代的《★ 用法 爲了不與義 1 混淆有時用 modern, present-day》：~ literature [writers] 現代文學[作家]/~ art 現代藝術。
—*n.* Ⓒ **1** 同時代的人[物]；現代的人：our *contemporaries* 和我們同時代的人；現代人。**2** 同時代的新聞[雜誌(等)]：our ~《新聞》我們的報刊同業。**3** 年齡相仿[年紀差不多]的人；同期生：my *contemporaries* at school 在學校和我同期的同學。

con·tempt [kənˈtɛmpt; kənˈtempt] *n.* **1** Ⓤ〔又作 **a** ~〕**輕蔑**，輕視，侮辱；鄙視(⇨ scorn【同義字】)：with ~ 輕蔑地/beneath ~ 爲人所不齒/in ~ of danger 藐視[不在乎]危險/show ~ for... 對…表示輕視/hold [have] a person in ~ 輕視某人/They have a great ~ *for* conventionality. 他們非常鄙視因襲。**2** Ⓤ爲人所鄙視(的狀態)，恥辱，丟臉：bring [fall] into ~ 使蒙恥辱[受辱，丟臉]。**3** Ⓤ《法律》(對司法、議會等的)藐視罪：~ of court [Congress] 藐視法庭[國會]罪。

con·tempt·i·ble [kənˈtɛmptəbl; kənˈtemptəbl] *adj.* 可鄙的，卑鄙的，卑劣的，下賤的：You are a ~ worm! 你實在是個卑鄙的小人/It is ~ to cheat at cards. 玩紙牌使詐是卑劣的。
-i·bly [-təblɪ; -təbli] *adv.*

con·temp·tu·ous [kənˈtɛmptʃuəs; kənˈtemptjuəs] *adj.* **1** 瞧不起人的，表示輕蔑的：a ~ smile 瞧不起人的嗤笑。**2**〔不用在名詞前〕〔十介十(代)名〕瞧不起〔…〕的〔*of*〕：He is ~ *of* my small car. 他瞧不起我的小汽車。**~·ly** *adv.* **~·ness** *n.*

con·tend [kənˈtɛnd; kənˈtend] **《**源自拉丁文「一同施展，一同競爭」之義**》—***v.i.*〔十介十(代)名〕**1 a**〔與…〕爭鬥，競爭〔*with, against*〕：They had to ~ *with* sickness and lack of food [*against* superior numbers]. 他們必須與疾病和缺糧[人數佔優勢的敵軍]搏鬥。**b**〔與人〕競爭，爭奪〔…〕〔*with*〕〔*for*〕：We ~*ed with* each other *for* the prize. 我們互相爭奪那獎品。**2**〔與人〕〔就…事〕爭論，辯論〔*with, against*〕〔*about, on, over*〕：He ~*ed with* his friends *about* trifles. 他爲小事與朋友爭論。
—*v.t.*〔十 *that*__〕堅決主張，力辯〈…一事〉：He ~*ed that* gambling was the worst of all evils. 他堅持認爲[爭辯說]賭博爲萬惡之首。

con·tênd·er *n.* Ⓒ(尤指競賽中的)競爭者。

con·tent**[1] [ˈkɑntɛnt, kənˈtɛnt; ˈkɔntent] **《**contain 1, 2 的名詞**》—n.* **1**〔~s〕**a**〔容器的〕**內容**〔*of*〕：The ~*s of* the wallet were missing. 皮夾子裏的東西都不見了。**b**〔書籍、文件等的〕內容〔*of*〕：Don't worry about your spelling; it's the ~*s* that count. 不必躭心你的拼字，重要的是內容。**c** 目次：the (table of) ~*s* 目次，目錄。**2** Ⓤ **a** (作品、論文等的)旨趣，要旨，眞意：a speech with very little ~ 內容貧乏的演講。**b** (與形式相對的)實質內容(←→ form)：*C*~ determines form. 內容決定形式。**3**〔用單數；常與修飾語連用〕含有量，產量〔*of*〕：vitamin ~ 維他命的含量/a low vitamin ~ 低維他命含量/the iron ~ *of* an ore 礦石的鐵含量。**4** Ⓤ〔有時 ~**s**；當單數用〕(容器的)容量；容積：solid [cubic] ~(*s*) 容積，體積。

con·tent**[2] [kənˈtɛnt; kənˈtent] **《**源自拉丁文「包含一切的」之義**》—adj.*〔不用在名詞前〕(**more** ~；**most** ~) **1**〔十介十(代)名〕**滿足**〔於…〕的〔*with*〕《★ 比較 修飾用法時用 contented》：He is not ~ *with* his lot (in life). 他不滿於自己(一生中)的命運。**2**〔十 *to* do〕滿足[甘願，滿意]於〈做…〉的：He is ~ *to* remain an expatriate the rest of his life. 他甘願餘生流亡於國外。
—*n.* Ⓤ《文語》滿足(←→ discontent)《★ 比較 一般用 contentment》：live in ~ 滿足地生活/smile with ~ 滿意地微笑。
to one's **héart's contént** 盡情地，盡量地，盡歡地：He [We] had the chance to play the piano *to* his *heart's* [our *hearts'*] ~. 他[我們]有機會盡情地彈鋼琴。
—*v.t.* **1**〔十受〕給與〈某人〉滿足，使〈某人〉滿意(⇨ satisfy【同義字】)：Nothing ~*s* her. 沒有任何事物可使她滿足。**2**〔十受十介十(代)名〕〔~ *oneself*〕〔以…〕爲滿足，甘於〔…〕〔*with*〕《★也以過去分詞當形容詞用；⇨ contented 2》：There was no beer, so I had to ~ *myself with* a glass of water. 沒有啤酒，我只得湊合著喝杯水算了。

con·tént·ed *adj.* **1** 滿足的，滿意的(⇨ content[2] *adj.* 1 比較)：a ~ person 滿足的人/a ~ look [smile] 滿足的表情[微笑]/He looked very ~ just sitting and watching us. 他只坐著看我們就顯得很滿足的樣子。**2**〔不用在名詞前〕〔十介十(代)名〕〔對…〕感到滿足的〔*with*〕(cf. content[2] *v.t.* 2)：I must be ~ *with* say*ing* these words. 我就只好說這些話算了。**~·ly** *adv.* **~·ness** *n.*

con·ten·tion [kənˈtɛnʃən; kənˈtenʃn] **《**contend 的名詞**》—***n.* **1** Ⓤ **a** 競爭，鬥爭：a bone of ~ 爭論的根源，不和的原因。**b** 爭辯，爭論，論戰。**2** Ⓒ **a** 論點，主張：His ~ was that world trade barriers should be lowered. 他的論點是應該減少世界貿易的障礙。**b**〔十 *that*__〕〈…事的〉主張：We agreed with his ~ *that* the bridge was unsafe. 我們贊同他的看法，也認爲那座橋不安全。

con·ten·tious [kənˈtɛnʃəs; kənˈtenʃəs] **《**contend 的形容詞**》—***adj.* **1**〈人〉好爭論的，好議論的。**2**〈問題等〉引起爭論的，有異議的。**3**《法律》(在雙方當事人當中)有爭執的；訴訟的：a ~ case 訴訟案件。**~·ly** *adv.* **~·ness** *n.*

con·tént·ment [-mənt; -mənt] **《**content[2] *adj.* 的名詞**》—***n.* Ⓤ 滿足。

cóntent wòrd *n.* Ⓒ《文法》實義詞，實字。

con·ter·mi·nous [kənˈtɝmənəs; kɔnˈtə:minəs] *adj.* = coterminous.

con·test** [ˈkɑntɛst; ˈkɔntest] **《**源自拉丁文「共同作證」之義**》—n.* Ⓒ **1** (爲奪取勝利或獎賞的)**競爭**；競技，競賽，比賽：win a beauty ~ 在選美中獲勝/a speech ~ 演講比賽。**2** 鬥爭，抗爭；爭議，爭論：a bloody ~ *for* power 血腥的權力鬥爭。
— [kənˈtɛst; kənˈtest] *v.t.*《文語》〔十受〕**1** 爭取〈勝利、獎賞、議員席等〉：~ a seat in Parliament (選舉時)爭取國會議席。**2 a** 議論：~ a suit 爭訟。**b** 對〈選舉、決定等的結果〉提出異議，懷疑…的正當性。**—***v.i.*《文語》〔十介十(代)名〕〔與人〕互相爭論；競爭〔求…〕〔*with, against*〕〔*for*〕：~ *with* [*against*] one's rival (*for* a prize) 與對手爭(獎)。

con·tes·tant [kənˈtɛstənt; kənˈtestənt] *n.* Ⓒ **1** 競技者；比賽者；爭論[競爭]者，競爭對手。**2** 提出異議者。

con·tes·ta·tion [ˌkɑntɛsˈteʃən; ˌkɔntesˈteiʃn] *n.* Ⓤ爭論；爭執：in ~〈事情〉在爭論[爭執]中(的)。

con·text [ˈkɑntɛkst; ˈkɔntekst] **《**源自拉丁文「共同織成，組合」之義**》—***n.* ⓊⒸ **1** (文章的)**前後關係**，文脈，上下文：in a different ~ 以不同文脈；不同文脈時/in ~ 在上下文關聯中/out of ~ 斷章取義的，無上下文關聯時/in this ~ 在此上下文關聯中(cf. 2)。**2** (某事件的)前後關係，情況〔*of*〕：in the ~ *of* politics 在政治方面來說/in this ~ 就此場合[情況]來說(cf. 1)。

con·tex·tu·al [kənˈtɛkstʃuəl, kɑn-; kɔnˈtekstjuəl] **《**context 的形容詞**》—***adj.* (文章的)前後關係上的，上下文的：~ analysis 上下文的分析。**~·ly** *adv.*

con·ti·gu·i·ty [ˌkɑntɪˈgjuətɪ; ˌkɔntiˈgju:əti] *n.* Ⓤ 接近；接觸；鄰接：in ~ *with*... 與…接近。

con·tig·u·ous [kənˈtɪgjuəs; kənˈtigjuəs] *adj.* **1 a** 接觸的，鄰接的：California and Mexico are ~. 加利福尼亞和墨西哥相鄰(cf. 1b)。**b**〔不用在名詞前〕〔十介十(代)名〕〔與…〕鄰接的〔*to, with*〕：California is ~ *with* [*to*] Mexico. 加利福尼亞與墨西哥相鄰(cf. 1a)。**2 a**〈事件等〉(在時間、順序上等)無中斷的，連續的。**b**〔不用在名詞前〕〔十介十(代)名〕〔與…〕無中斷的，連續的〔*to, with*〕。**~·ly** *adv.* **~·ness** *n.*

C

con·ti·nence [ˈkɑntənəns; ˈkɔntinəns] «continent[2] 的名詞» —*n.* Ⓤ《文語》**1** 自制，克己。**2**（性慾的）節制，禁慾。**3** 排泄的抑制力。

‡**con·ti·nent**[1] [ˈkɑntənənt; ˈkɔntinənt] «源自拉丁文「連續的(continuous)土地」之義»—*n.* **1** Ⓒ **大陸**《★通常指歐洲(Europe)，亞洲(Asia)，非洲(Africa)，北美洲(North America)，南美洲(South America)，澳洲(Australia)，南極洲(Antarctica)等七大陸塊之一》：*on* the European *C*~ 在歐洲大陸(cf. *in* Europe)/the Dark *C*~ 黑暗大陸《非洲大陸的舊名》/the New *C*~ 新大陸《南北美洲》/the Old *C*~ 舊大陸《歐洲、亞洲、非洲》。**2** [**the C~**]《英》(對英倫三島而言的)歐洲大陸：go to *the C*~ (由英國)去歐洲。

con·ti·nent[2] [ˈkɑntənənt; ˈkɔntinənt] *adj.*《文語》**1** 有自制心的，克己的。**2** 節制性慾的，禁慾的。**3** 能抑制排泄的。

con·ti·nen·tal [ˌkɑntəˈnɛntl; ˌkɔntiˈnentl˝] «continent[1] 的形容詞»—*adj.* **1** 大陸的，大陸性[情調]的：⇨ continental climate. **2** [C~]（對英國情調[式]而言的）歐洲大陸情調[式]的。**3** [C~]（美國獨立戰爭期間的）美洲殖民地的。**4**《美》北美(大陸)的。
—*n.* Ⓒ **1** 大陸人。**2** [C~] 歐洲大陸的人。**3**（美國獨立戰爭期間的）美洲大陸兵。

cóntinental bréakfast *n.* ⒸⓊ（僅供應麪包和咖啡的）歐洲式早餐(cf. English breakfast)。

cóntinental clímate *n.* Ⓒ大陸性氣候《一年間及一日間的溫差大，降雨量少；cf. OCEANIC climate》。

Cóntinéntal Cóngress *n.* [the ~] 大陸會議《1774–89 年之美國獨立戰爭時期十三殖民地代表所召開的會議》。

continéntal divíde *n.* Ⓒ大陸分水嶺《把河川分開使流向大陸相對的兩側分界線》。

cóntinental dríft *n.* Ⓤ《地理》大陸的漂移[移動]（說）。

cóntinental quílt *n.*《英》=duvet.

cóntinental shélf *n.* Ⓒ《地理》(海底的)大陸礁層，大陸架，大陸棚。

con·tin·gen·cy [kənˈtɪndʒənsɪ; kənˈtindʒənsi] «contingent 的名詞»—*n.* **1** Ⓤ **a**（事件等的）偶發，偶然(性)：not...by any possible ~ 不會有偶然發生…的可能性。**b** [+ *that*__]〈…事的〉偶發：in the ~ *that*... 偶然發生…時。**2** Ⓒ **a** 偶發事件，意外事故：future *contingencies* 將來可能發生的事件。**b**（隨偶發事件）附帶發生的事：the *contingencies of* war 隨戰爭發生的事件。

con·tin·gent [kənˈtɪndʒənt; kənˈtindʒənt] *adj.* **1** [不用在名詞前][+介+(代)名]被[不確定的事、未發生的事]所左右的，[看…]情形而定的，[以…]爲條件的[*on, upon*]：a fee [remuneration] ~ **on** [**upon**] success (事情)成功才收取的費用[報酬]/The punctual arrival of an airplane is ~ *on* the weather. 飛機是否準時到達要看天氣而定。**2 a** 可能發生的，可能有的；不確定的，臨時應急(用)的：~ expenses 應急的費用。**b** 偶發的，偶然的，意外的：a ~ event 意外事件。
—*n.* Ⓒ **1** [常與修飾語連用；集合稱] **a** 分遣隊[艦隊]《★[用法]視爲一整體時當單數用，指個別成員時當複數用》。**b**（參加集會等的）代表團，派遣團《★[用法]與義 1a 同》。**2** 偶然的事，意外發生的事。

con·tín·gent·ly *adv.* 偶然地；附帶性地，看情形而定地。

con·tin·u·a *n.* **continuum** 的複數。

con·tin·u·al [kənˈtɪnjuəl; kənˈtinjuəl] *adj.* (**more** ~; **most** ~)〈常指壞事等〉(間隔性反覆、長期連續地)**繼續的**，連續不斷的；常發生的，頻繁的(cf. continuous)：a week of ~ sunshine 連續晴天的一週/They live in ~ fear of starvation. 他們生活在不斷的飢餓恐懼中/There is ~ trouble on the border. 邊界的糾紛不斷。

con·tin·u·al·ly [kənˈtɪnjuəlɪ; kənˈtinjuəli] *adv.* (**more** ~; **most** ~)**繼續地**，不斷地，持續地，頻繁地。

con·tin·u·ance [kənˈtɪnjuəns; kənˈtinjuəns] «continue 的名詞；cf. continuation»—*n.* **1** Ⓤ [又作 **a** ~] **a** 繼續，連續：*a* ~ of bad weather 壞天氣的連續/of long [short, some] ~ 持續長[短，若干]時間的。**b** [在某狀態的]停留，[在某場所等的]逗留；持續，存續[*in*]：during one's ~ *in* office 在某人在職期間。**2** [用單數] 繼續期間。**3** Ⓤ《法律》(裁判的)延期。

con·tin·u·ant [kənˈtɪnjuənt; kənˈtinjuənt]《語音》*adj.* 連續音的。
—*n.* Ⓒ連續音《如 [f, s, z, m, l] 等子音；cf. stop 7, plosive》。

con·tin·u·a·tion [kənˌtɪnjuˈeʃən; kənˌtinjuˈeiʃn] «continue 的名詞；cf. continuance»—*n.* **1 a** Ⓤ繼續，連續，持續，延續。**b** Ⓤ [又作 **a** ~]（中斷後的）再開始，再繼；恢復：*a* ~ of hostilities 戰鬥的再繼。
2 Ⓒ **a** 連續的東西；（線等的）延長。**b**（談話等的）連續；（故事等的）續集，續篇：a ~ of last week's story 上週故事的連續/*C*~ follows. 待續《★無冠詞》。**c** 添補物，增建部分[*to*]。

continuátion schòol *n.* Ⓒ補習學校；(加拿大安大略省的)小型中等學校。

con·tin·u·a·tive [kənˈtɪnjuˌetɪv; kənˈtinjuətiv] *adj.* **1** 連續的；繼續的。**2**《文法》接續性用法的，非限制的(nonrestrictive)(↔ restrictive)：the ~ use (關係代名詞的)接續性用法。

con·tin·u·a·tor [kənˈtɪnjuˌetɚ; kənˈtinjueitə] *n.* Ⓒ繼續的事物[人]。

‡**con·tin·ue** [kənˈtɪnju; kənˈtinju:, -nju] «源自拉丁文「共同保持，使並列」之義»—*v.t.* **1**（不間斷地）**繼續**(↔ stop)：**a** [+受] 繼續…，使〈行動、研究、工作等〉持續：They ~*d* their journey. 他們繼續旅行。**b** [+ *to* do] 繼續〈做…〉《★[比較]表示狀態的動詞以外可改用 do*ing*，但多用於斷續性或習慣性的情形；cf. 1c[用法]》：He ~*d to* write novels. 他繼續寫小說/Prices ~*d to* rise. 物價繼續上漲。**c** [+ do*ing*] 繼續〈做…〉《★[用法]多用於表示一種行動的持續；⇨ 1b[比較]》：He ~*d* read*ing*, ignoring the bell. 他不理鐘響，繼續讀下去/How long will you ~ work*ing*? 你要繼續工作[用功]多久？
2（中斷後又）**繼續**：**a** [+受]（中斷後又）繼續，繼續進行…：He took a short rest and ~*d* his journey. 他稍作休息後又繼續他的旅行/To be ~*d*. 未完，下期待續/*Continued on* [*from*] page 20. 下接第二十頁。**b** [+ do*ing*]（中斷後）繼續〈做…〉：He ~*d* writ*ing* after dinner. 他晚餐後繼續寫。**c** [+ *that*__] 接著說〈…事〉：He ~*d that* we should keep the world in peace. 他接著說我們應該維持世界和平。**d** [+引句] 接著說…："Well," he ~*d*, "what I want to say is...."「對了，」他接著說：「至於我要說的是…」。
3 a [+受+介+(代)名] 使〈人〉繼續[…] [*at, in*]《★常用被動語態》：~ a boy **at** school 使男孩子繼續上學/The Home Secretary *was* ~*d* **in** office. 內政部長繼續留任。**b** [+受+ *as* 補] 使〈人〉繼續〈擔任…〉：The teacher ~*d* him *as* class monitor. 老師讓他繼續當班長。
4 [+受]《法律》延期〈裁判〉。
—*v.i.* **1**（不間斷地）**繼續**：**a**〈事件等〉繼續；〈道路等〉延續，**擴展**：The wet weather may ~. 雨天可能持續下去/The ribbon of road ~*d* as far as the eye could see. 帶狀的蜿蜒道路延伸至視線所及的遠處。**b** [+介+(代)名] [在…期間]繼續(存在)；[在…之間]延伸[*for*]：The road ~*s* **for** miles. 這條路延伸好幾哩/The king's reign ~*d* (*for*) thirty years. 那位國王在位達三十年之久/How long will the play ~? 那齣戲還要演多久？**c** [+介+(代)名]（不休息地）持續[工作等][*with*]：~ **with** one's work 堅持工作下去。
2（中斷後又）**繼續**：The party ~*d* after dinner. 晚會在晚餐後繼續舉行。
3 a [+介+(代)名] 逗留[某地]；繼續留任[地位、官職等][*at, in*]：He ~*d* **in** London. 他繼續留在倫敦/He ~*d* **at** his post [*in* office]. 他繼續留在他的職位《留任原職》。**b** [+ *as* 補] 留任〈爲…〉：He ~*d as* president. 他留任爲董事長。
4 [+介+(代)名] 繼續守住，繼續保持[…][*in*]：They have ~*d* **in** the faith of their fathers. 他們承襲祖先們的信仰。
5 [+補] 仍舊，依然〈…〉：If you ~ obstinate, ... 如果你仍舊頑固不化…/The play ~*d* an enormous success. 那齣戲很叫座地繼續演下去。

con·ti·nu·i·ty [ˌkɑntəˈnuətɪ, -ˈnju-; ˌkɔntiˈnju:əti] «continuous 的名詞»—*n.* **1** Ⓤ連續(狀態)，連續性；繼續；(邏輯上)密切的關聯：break the ~ of a person's speech 打斷某人的話/There is no ~ *between* the two paragraphs. 那兩段間無連貫性。**2** Ⓒ 一連串，一系列[*of*]：a ~ *of* scenes 一連串的場景。**3** Ⓤ《電影·廣播·電視》**a** 分鏡頭腳本[劇本]。**b**（插入節目中間的）插白[說明]部分。

continúity gìrl [**clèrk**] *n.* Ⓒ《電影》攝影記錄員，場記小姐。

con·tin·u·o [kənˈtɪnjuˌo; kənˈtinjuou] *n.* Ⓒ (*pl.* ~**s**)《音樂》數字低音《構成十七至十八世紀音樂基礎的低音部；常由鍵盤樂器或風琴配以大提琴演奏》。

***con·tin·u·ous** [kənˈtɪnjuəs; kənˈtinjuəs] *adj.* (**more** ~; **most** ~)（時間上、空間上無間斷地）**連續的**，不中斷的，不絕的(cf. continual)：a ~ sound 連續不斷的聲音/~ rain 連綿不斷的雨/a ~ performance (電影等)不斷的上演。~·**ly** *adv.*

con·tin·u·um [kənˈtɪnjuəm; kənˈtinjuəm] *n.* Ⓒ (*pl.* **-tin·u·a** [-njuə; -njuə]) **1**（物質、事件等的）連續(體)：a spacetime ~ 時空連續(體)。**2**《數學》連續統，閉聯集。

con·tort [kənˈtɔrt; kənˈtɔ:t] *v.t.* **1 a** [+受] 使…歪曲，扭曲：~ one's limbs 扭曲某人的四肢。**b** [+受+介+(代)名] [因苦惱等而]扭曲〈臉等〉[*with*]《★常用被動語態》：His face *was* ~*ed* **with** pain. 他的臉因痛苦而扭曲。**2 a** [+受] 曲解〈字意、文意等〉。**b** [+受+介+(代)名] [自本來的意義]曲解，歪曲〈語句等〉[*out of*]：He ~*ed* my words **out of** their original sense. 他曲解了我話語的原義。
—*v.i.* **1**〈臉等〉歪曲。**2** [+介+(代)名] 歪曲[成…][*into*]：His lips ~*ed* **into** a grimace. 他的嘴唇歪扭成怪相。

con·tort·ed [kən`tɔrtɪd; kən'tɔ:tid] *adj.* 扭歪的，歪曲的。

con·tor·tion [kən`tɔrʃən; kən'tɔ:ʃn] «contort 的名詞» —*n.* Ⓤ Ⓒ **1** 扭曲，扭歪，歪曲；抽筋；扭轉，捩轉：make ~*s of* the face 扭歪面孔；做鬼臉，扮怪相。**2** (語句等的)曲解，歪曲：verbal ~*s* 言辭上的牽強附會。

con·tór·tion·ist [-ʃənɪst; -ʃənist] *n.* Ⓒ(可隨意彎曲身體的)雜技表演者。

con·tour [`kɑntʊr; 'kɔnˌtuə] «源自拉丁文「共同迴轉、圍繞」之義» —*n.* **1 a** Ⓒ[常 ~s]輪廓，外形《★由外形所構成的整個形體，尤指包含曲線者》：the ~ of a coast 海岸線/the voluptuous ~*s* of the female body 女人身體的妖嬈曲線。**b** [~s]形勢，情勢，大要：the ~*s* of a discussion 討論的概要。**2** (又作 **cóntour line**) Ⓒ《地理》等高線。

—*adj.* [用在名詞前] **1 a** 表示輪廓[等高]的：a ~ map《地理》等高線地圖，曲線地圖。**b** 《農》沿著等高線的：~ farming 等高線農業《爲防止土壤被侵蝕而沿著等高線以帶狀種植農作物的栽培法》。**2** 配合體形而做的〈椅子等〉。

—*v.t.* **1** 描畫…的輪廓，標示…的等高線。**2** 沿著(山腹等的)自然地形開闢〈道路〉。**3** 依〈地形〉沿著等高線耕種。

contr. 《略》contract(ed)；contraction.

con·tra- [kɑntrə-; kɔntrə-] 字首 表示「相反，反對(against, contrary)」「《音樂》比普通的低音(bass)低八度(octave)」等之意。

con·tra·band [`kɑntrəˌbænd; 'kɔntrəbænd] *n.* Ⓤ **1** 非法買賣(品)，走私(品)。**2** (戰時)違禁品：~ of war 戰時違禁品。

—*adj.* 禁止進出口[禁運]的：~ goods (進出口)違禁品/a ~ trader 偷運者，走私者。

cón·tra·band·ist [-dɪst; -dist] *n.* Ⓒ走私者，違禁品買賣者。

con·tra·bass [`kɑntrəˌbes; ˌkɔntrə'beis] *n.* Ⓒ《音樂》(倍)低音提琴[樂器](double bass).

cón·tra·bass·ist [-sɪst; -sist] *n.* Ⓒ(倍)低音提琴手[樂器演奏者]。

con·tra·cep·tion [ˌkɑntrə`sɛpʃən; ˌkɔntrə'sepʃn] «*contra-* 和 con*ception* (懷孕)的混合語» —*n.* Ⓤ避孕(法)。

con·tra·cep·tive [ˌkɑntrə`sɛptɪv; ˌkɔntrə'septiv⁻] «contraception 的形容詞» —*adj.* 避孕(用)的：a ~ device 避孕用具。

—*n.* Ⓒ避孕藥[用具]。

*__con·tract__ [`kɑntrækt; 'kɔntrækt] «源自拉丁文「共同談妥」之義» —*n.* **1** Ⓒ **a** 契約，合約；承包：a breach of ~ 違反契約，違約/a verbal [an oral] ~ 口頭契約，口頭約定/a written ~ 書面契約/⇨ social contract/by ~ 根據契約；以承包[包工]方式《★無冠詞》/on ~ 依約承包地《★無冠詞》/make [enter into] a ~ (*with*...)(與…)訂契約/under ~ (*with*...)(與…)訂有契約的，受(…)契約約束的《★無冠詞》/get an exclusive ~ *with*... 與…訂定獨占契約。**b** [+ *to* do]〈做…的〉契約：a ~ *to* build a house 建屋契約/They are under ~ *to* finish the work in ten days. 他們訂有契約要在十天內完成該工作《★無冠詞》。**c** 契約書；契約法：sign [draw up] a ~ 簽署契約，擬定合同。

2 Ⓒ婚約：a marriage ~ 婚約。

3 《紙牌戲》**a** =contract bridge. **b** Ⓒ(玩合約橋牌(contract bridge)時，決定一組牌(suit)和預定獲得的點數(trick)的)約定。

— [kən`trækt; kən'trækt] *v.t.* A [`kɑntrækt; kən'trækt] **1 a** [+受]與…訂契約：as ~*ed* 依照契約/We have ~*ed* that firm *for* the job. 我們和那家公司訂了該工作的契約。**b** [+ *to* do]訂契約，承包〈做…〉：The architect ~*ed to* build the houses at a fixed price. 該建築師訂約以一定的造價承造那些房子。**2 a** [+受]結交，締結…：~ a marriage (*with*…)(與…)締結婚姻。**b** [+受+介+(代)名]使〈某人〉[與某人]訂婚約[*to*]《★常用被動語態，變成「訂婚」之意》：She *was* ~*ed to* a rich man. 她與一個有錢人訂了婚。

—B **1** [+受] **a** 收縮，緊縮〈肌肉〉：~ a muscle 使肌肉收縮。**b** 皺〈額頭、眉〉：~ one's eyebrows [forehead] 皺眉[額頭]。**2 a** [+受]將〈字、片語等〉(略其音或字母以)省略，縮短：⇨ CONTRACTED form. **b** [+受+介+(代)名]將〈字、片語等〉縮短[成…][*to*]：In talking we ~ "do not" *to* "don't". 在談話時我們把 do not 縮成 don't. **3** [+受] **a** 負〈債務等〉。**b** 沾染〈習慣〉：~ bad habits 沾染惡習。**c** 感染〈疾病〉：~ TB 感染結核病。

—*v.i.* A [`kɑntrækt; kən'trækt] [+介+(代)名] **1** [與人等]訂立[…的](承包)契約[*with*] [*for*]：He ~*ed* ***with*** a carpenter ***for*** the repair of his house. 他和木匠訂約修理房子。**2** [+介+(代)名+ *to* do][與人等]訂立〈做…的〉契約[*with*]：I ~*ed* ***with*** the coal merchant *to* buy a ton of coal every month. 我與該煤炭商訂立每月購買一噸煤的契約。

—B 感染，收縮(↔ expand).

cóntract ín 《*vi adv*》(正式地)訂定參加的契約。

cóntract óut 《*vi adv*》(正式地)訂定不參加的契約。

cóntract brídge *n.* Ⓤ《紙牌戲》合約橋牌《★在英美最爲普遍的一種橋牌戲》。

con·trácted *adj.* [用在名詞前] **1 a** 收縮的。**b** 皺縮的〈額、眉等〉。**2** 縮短的：a ~ form《文法》縮短[省略]形《如 isn't, I'm 等》。

con·tract·i·ble [kən`træktəbl; kən'træktəbl] *adj.* (可)收縮的；收縮性的。~**·ness** *n.*

con·trac·tile [kən`træktl, -tɪl; kən'træktail] *adj.* (有)收縮性的；引起收縮的：~ muscles 收縮肌。

con·trac·til·i·ty [ˌkɑntræk`tɪlətɪ; ˌkɔntræk'tiliti] *n.* Ⓤ收縮性，收縮力。

con·trac·tion [kən`trækʃən; kən'trækʃn] «contract B 的名詞» —*n.* **1 a** Ⓤ縮短；皺(額、眉)。**b** Ⓤ Ⓒ(肌肉，尤指生產時子宮的)收縮。**2** 《文法》**a** Ⓤ縮寫，省略《do not 縮成 don't 等》。**b** Ⓒ縮短[省略]形《can't, I'm 等》。**3** Ⓤ **a** [債務的]背負[*of*]. **b** [疾病的]罹患[*of*]. **c** [惡習的]沾染，[習慣的]養成[*of*].

con·trac·tive [kən`træktɪv; kən'træktiv] *adj.* 有收縮性的。

con·trac·tor [`kɑntræktɚ, kən`træktɚ; kən'træktə] *n.* Ⓒ立契約者；承包者，承攬人。

con·trac·tu·al [kən`træktʃuəl; kən'træktʃuəl] *adj.* 契約(上)的。

còntra·cýclical *adj.* =countercyclical.

con·tra·dict [ˌkɑntrə`dɪkt; ˌkɔntrə'dikt] «源自拉丁文「唱反調」之義» —*v.t.* [+受] **1 a** 否定，否認〈陳述、報導等〉；言明…爲不正確[錯誤](⇨ deny 【同義字】)：The statement has been officially ~*ed*. 那聲明已被正式否定。**b** 反對，反駁〈他人(的話)〉：I'm sorry to ~ you, but.... 對不起頂撞了你，但…。**2 a** 〈事實、陳述等〉與…矛盾：The two accounts ~ each other. 這兩篇報告互相矛盾。**b** [~ one*self*]自相矛盾。

—*v.i.* **1** 陳述反對的意見，反駁。**2 a** 〈兩樁事〉互相矛盾，相反：The two accounts ~. 這兩篇報告互相矛盾《★比較 *v.t.* 一般用義 2a》。**b** [+介+(代)名]〈某事〉[與…]矛盾，相反[*with*]：This theory ~*s* ***with*** the evidence. 這個理論與證據相矛盾。

con·tra·dic·tion [ˌkɑntrə`dɪkʃən; ˌkɔntrə'dikʃn] «contradict 的名詞» —*n.* Ⓤ Ⓒ **1** 否定，否認；反駁，反證：in ~ *to*... 與…正相反。**2** 矛盾(之事)，不兩立；矛盾者[言語，行動，事實(等)]：a ~ *in* terms 《邏輯》詞面[詞謂]矛盾《如 a round square (圓的四角形)》。

con·tra·dic·tious [ˌkɑntrə`dɪkʃəs; ˌkɔntrə'dikʃəs] *adj.* 〈人〉好反駁的，喜爭論的，愛唱反調的。

con·tra·dic·to·ry [ˌkɑntrə`dɪktərɪ; ˌkɔntrə'diktəri] «contradict, contradiction 的形容詞» —*adj.* **1 a** 矛盾的，不兩立的，對立的：~ statements 互相矛盾的供述。**b** [不用在名詞前] [+介+(代)名] [與…]矛盾的[*to*]：be ~ ***to*** each other 互相矛盾。**2** 〈人、性格等〉好爭論[愛唱反調]的，反駁的《★比較 較 contradictious 爲普遍》：My son is going through a ~ stage. 我兒子將進入反抗期。**-to·ri·ly** [-tərəlɪ; -tərəli] *adv.*

còntra·distínction *n.* Ⓤ對照的區別，對比：in ~ *to*... 與…成對比，與…完全不同。

còntra·distínctive *adj.* 成對照[對比]的。~**·ly** *adv.*

con·trail [`kɑntrel; 'kɔntreil] «*con*densation 和 *trail* 的混合語» —*n.* Ⓒ《航空》凝結尾流《飛機在晴冷而潮濕的空氣中飛行時，在航跡中形成的雲狀凝結尾流(vapor trail)》.

còntra·índicate *v.t.* 《醫》(病徵等)顯示〈某種治療、處方〉不當或不可取。

còntra·indicátion *n.* Ⓤ 《醫》禁忌徵候《顯示不宜採用某種治療或處方的現象》。

con·tral·to [kən`trælto; kən'træltou] *n.* (*pl.* ~**s**, **-ti** [-ti; -ti:]) 《音樂》**1** Ⓤ女低音(較女低音(alto)低的音域，通常爲最低的女低音；⇨ bass[1] 相關用語)。**2** Ⓒ女低音歌手。**3** Ⓒ中音提琴《提琴族(violin family)的第二高音樂器》。

—*adj.* 女低音的。

con·tra·nat·u·ral [ˌkɑntrə`nætʃərəl; ˌkɔntrə'nætʃərəl] *adj.* 違反自然的。

con·tra·pose [`kɑntrəˌpoz; 'kɔntrəpouz] *v.t.* 置…於相對之位置。

còntra·posítion *n.* Ⓤ Ⓒ對置，對照，對位。**in contraposition to [with]**... 與…對置，與…對照；與…位置相反。

con·trap·tion [kən`træpʃən; kən'træpʃn] *n.* Ⓒ《口語》奇妙的[珍奇的]裝置[機器，設計]。

con·tra·pun·tal [ˌkɑntrə`pʌntl; ˌkɔntrə'pʌntl⁻] *adj.* 《音樂》對位法的，用對位法風格的。~**·ly** [-tlɪ; -təli] *adv.*

con·tra·pun·tist [ˌkɑntrə`pʌntɪst; 'kɔntrəpʌntist] *n.* Ⓒ《音樂》擅長對位法的作曲家。

con·tra·ri·e·ty [ˌkɑntrə`raɪətɪ; ˌkɔntrə'raiəti] «contrary[1] 的名詞» —*n.* **1** Ⓤ反對；不一致。**2** Ⓒ相反之處[事實]；矛盾之處。

con·trar·i·ly[1] [`kɑntrɛrəlɪ, kən`trɛrəlɪ; 'kɔntrərili] *adv.* 相反地。

con·trar·i·ly[2] [`kɑntrɛrəlɪ, kən`trɛrəlɪ; 'kɔntrərili, kən'treərili] *adv.* 倔強地，惡意地。

con·trar·i·ness [`kɑntrɛrɪnɪs; 'kɔntrərinis] *n.* Ⓤ **1** 對立，相反，反對。**2** 《口語》乖張，彆扭。

con·trar·i·wise [`kɑntrɛrɪˌwaɪz; 'kɔntrəriwaiz] *adv.* **1** 反方向

地，逆向地。**2** 相反地。**3** [＋kən'trɛrɪ-; kən'trɛəri-] 頑固地，彆扭地。

***con·trar·y**[1] ['kɑntrɛrɪ; 'kɔntrəri] 《源自拉丁文「反對的」之義》**—adj.** (**more** ～; **most** ～) **1** (無比較級、最高級) **a** (完全)反對的，正相反的(⇨ opposite【同義字】)：～ opinions 反對意見。**b** [不用在名詞前]〔十介十(代)名〕〔與…〕相反的，〔與…〕不相容的〔*to*〕：It is ～ *to* rules. 那是違反規則的。**2** 相反的，不利的：～ weather 惡劣的天氣/a ～ wind 逆風。

—n. 1 [**the** ～]正相反：Quite *the* ～. 正相反/He is neither tall nor *the* ～. 他既不高也不矮。**2** Ⓒ[常 **contraries**]相反的事物[性質]。

by cóntraries 正相反地，和預期相反地：Dreams go *by contraries.* 夢與現實是相反的。

on the cóntrary [强調反對剛剛說的事]相反地，正相反：I was told she's over the hill. *On the* ～ I thought her singing (was) better than ever. 有人告訴我她已過了顛峯期，但相反地，我却認爲她歌唱得比以前更好/"Have you finished?"—"*On the* ～, I have not yet begun."「你已做完了嗎？」「恰恰相反，我還沒開始。」

to the cóntrary (1)相反的[地]，有相反的情形：She says she didn't see him yesterday, and there is no evidence *to the* ～. 她說她昨天沒看到他，而且也沒有相反(她看到他)的證據/I know nothing *to the* ～. 與其相反的事我一無所知。(2)儘管：Circumstantial evidence *to the* ～, it seems he's innocent. 儘管有情況證據，他似乎是清白的。

—adv. (**more** ～; **most** ～) **1** 相反地，反對地：Everything runs ～ *with* me. 一切都對我不利。**2** 〔十介十(代)名〕〔與…〕相反，違反〔*to*〕《★用法 也有將 contrary to 視爲介系詞者》：act ～ *to* rules 違規行事/～ *to* one's expectation 與某人的期望相違地。

con·trar·y[2] ['kɑntrɛrɪ, kən'trɛrɪ; 'kɔntrəri, kən'trɛəri] *adj.* 《口語》彆扭的，頑固的。

***con·trast** ['kɑntræst; 'kɔntrɑ:st] 《源自拉丁文「對立」之義》**—n. 1** Ⓤ對照，對比，反襯：the ～ *between* light and shade 明暗的對照/by ～ 對照之下/by ～ *with*... 由於與…的對照[對比]/in ～ *with* [*to*]... 與…成對比[對照]；與…大不相同《★用法《美》一般用 to》。**2 a** ⒸⓊ(由對照表示的)差異；(尤指明暗的)對照〔*between*〕：What a ～ *between* them! 他們之間多麼不相同[差別多大]！**b** [**a** ～]成爲對照的東西，相反的事物[人]：be *a* ～ *to*... 與…大不相同/form [present, provide] *a* striking [strange, singular] ～ *to*... 與…形成顯著[奇異，奇特]的對照。

— [kən'træst; kən'trɑ:st] *v.t.* **1** 〔十受〕(爲使差異明顯)使〈兩物〉對照，對比(⇨ compare【同義字】)：～ two things 使兩物相對比/～ light *and* shade 使明暗相對照。**2** 〔十受十介十(代)名〕使…〔與…〕對照[對比]，對照〔…〕使…顯著[明顯]〔*with*〕：The impoverishment of his style is apparent when you ～ a recent painting *with* an old one. 將他最近的畫與舊作對比，他作畫風格的貧乏無力顯而易見。**—v.i.** [常與 well, sharply 等狀態副詞連用] **1** 〈兩件東西〉成對比：Her white face and her dark dress ～ sharply. 她潔白的臉和她黑色的衣服形成强烈的對比。**2** 〔十介十(代)名〕〔與…〕形成對照，構成對比，顯出差異〔*with*〕：The scarlet leaves of the maples ～ well *with* the dark green of the pines. 深紅的楓葉和暗綠的松樹形成了明顯的對比。

as contrásted with... 與…對照起來。

con·tras·tive [kən'træstɪv; kən'trɑ:stiv] *adj.* 對照的，對比的：～ linguistics 對比語言學。

con·trast·y ['kɑntræstɪ; kən'trɑ:sti, 'kɔntrɑ:sti] *adj.* (**con·trast·i·er**; **-i·est**)《攝影》(明暗)對比强烈的。

con·tra·vene [ˌkɑntrə'vin; ˌkɔntrə'vi:n] 《源自拉丁文「來反對，侵犯」之義》**—v.t. 1** 違反，違背，冒犯〈習慣、法律等〉：This fence ～*s* our common right to pasturage. 這道柵欄侵害了我們對牧場的共有權。**2 a** 反駁，反對〈議論、陳述等〉。**b** 與〈主義等〉矛盾，抵觸。

con·tra·ven·tion [ˌkɑntrə'vɛnʃən; ˌkɔntrə'venʃn] 《contravene 的名詞》**—n.** ⓊⒸ **1** 違反，違背：in ～ *of*... 違反…。**2** 反對，反駁。

con·tre·temps [kõtrə'tã; 'kɔ:ntrətɑ̃:] 《源自法語》**—n.** Ⓒ(*pl.* ～ [～z; ～z])不巧發生的意外事件，令人尷尬的事。

***con·trib·ute** [kən'trɪbjut; kən'tribju:t] 《源自拉丁文「共同給與[贈送]」之義》**—v.t.** 〔十受十介十(代)名〕**1 a** 捐贈，捐助〈金錢、物品等〉〔給…〕〔*to, for*〕：He ～*d* a large sum of money *to* the fund. 他捐贈一大筆錢給該基金。**b** 提供，貢獻〈建議、援助〉〔給…〕〔*to, for*〕：He did not ～ anything *to* the work. 他對那工作並無任何貢獻/Everyone was asked to ～ suggestions *for* the project. 每個人都被請求對該計畫提出建議。**2** 將〈作品、消息等〉投(稿)〔給報館、雜誌社等〕〔*to*〕：I ～*ed* a short story *to* a magazine. 我向某雜誌社投寄一短篇故事。**—v.i.** 〔十介十(代)名〕**1** 捐助〔給…〕〔*to, for*〕：～ *to* a community chest 捐助給社區福利基金。**2** 成爲〔…的〕助因；助成，促成〔…〕；捐助，貢獻〔給…〕〔*to, toward*〕：The fair weather ～*d to* the success of the expedition. 良好的天氣是該次探險成功的原因之一/Your help will ～ *toward* provid*ing* food for these starving people. 你的幫助將對供應食物給那些挨餓的人們有所貢獻。**3** 〔向報館、雜誌社等〕投稿〔*to*〕：～ *to* a newspaper 向報館投稿。

con·tri·bu·tion [ˌkɑntrə'bjuʃən; ˌkɔntri'bju:ʃn] 《contribute 的名詞》**—n. 1 a** Ⓤ[又作 **a** ～]捐贈；貢獻〔*to, toward*〕：make *a* ～ *to*... 向…捐獻，對…有貢獻。**b** Ⓤ投稿〔*to*〕。**2** Ⓒ **a** 捐贈款；捐贈物：political ～*s* 政治獻金[捐款]。**b** 投稿作品。

contribútion bòx *n.* Ⓒ捐獻箱。

con·trib·u·tive [kən'trɪbjutɪv; kən'tribjutiv] *adj.* ＝contributory.

con·tríb·u·tor [-bjətɚ; -bjutə] *n.* Ⓒ **1** 捐獻者；貢獻者〔*to*〕。**2** 投稿人〔*to*〕.

con·trib·u·to·ry [kən'trɪbjəˌtorɪ, -ˌtɔrɪ; kən'tribjutəri] 《contribute, contribution 的形容詞》**—adj. 1 a** 有貢獻的，促成…的：a ～ cause of the accident 意外事件的成因。**b** [不用在名詞前]〔十介十(代)名〕〔對…〕有貢獻的，有助於〔…的〕〔*to*〕：Many factors were ～ *to* the success of the project. 促成該計畫成功的因素很多。**2** 捐贈的；捐助的。**3** 〈退休金、保險金等〉(由從業人員)共同出錢的，湊款的。

con·trite ['kɑntraɪt, kən'traɪt; 'kɔntrait] *adj.* **1** 深深懺悔的，痛悔的，悔過的。**2** 悔恨的，表示悔恨之情的：～ tears 悔恨的眼淚。

con·tri·tion [kən'trɪʃən; kən'triʃn] 《contrite 的名詞》**—n.** Ⓤ悔恨，痛悔。

con·triv·a·ble [kən'traɪvəbl; kən'taivəbl] *adj.* 可設計的，可發明的；可謀劃的。

con·triv·ance [kən'traɪvəns; kən'traivəns] 《contrive 的名詞》**—n. 1** Ⓤ **a** 籌畫，設計。**b** 發明[設計]的才能。**2** Ⓒ設計品，發明物；設備，裝置。**3** Ⓒ[常 ～**s**]奸計，計謀，計策。

con·trive [kən'traɪv; kən'traiv] 《源自拉丁文「找出」之義》**—v.t. 1** 發明，設計：～ a new kind of engine 設計一種新型的發動機。**2 a** 〔十受〕圖謀，策劃〈壞事等〉：～ a way of escape 策劃逃亡的方法。**b** 〔十 *to* do〕圖謀，策劃〈做…事〉：He is *contriving to* kill her. 他正在計謀殺她。**3 a** 〔十受〕設法達成〈某種目的〉：He ～*d* an escape. 他設法逃走了。**b** 〔十 *to* do〕設法〈做…〉，總算達成〈做…〉：I ～*d to* arrive in time after all. 我終於設法及時趕到了。**c** 〔十 *to* do〕[當反語用]努力〈做…〉(反而招致…)《★用法 *to* do 用表示不利之事的動詞》：He ～*d to* get himself disliked. 他費盡心思反而使自己惹人討厭。

con·trived *adj.* 做作的，不自然的：a ～ ending of a play 一齣戲之牽强的結局。

con·triv·er [kən'traɪvɚ; kən'traivə] *n.* Ⓒ **1** 發明者，設計者；籌謀者。**2** 善於安排[應付]的人。

‡**con·trol** [kən'trol; kən'troul] 《源自古法語「記載於登記簿」之義》**—n. 1** Ⓤ支配，管轄，管理，監督，管制〔*of, over*〕：⇨ TRAFFIC control, quality control/～ *of* foreign exchange 外匯管制/be in ～ *of*... 管理[支配]…/be *in* [*under*] the ～ *of*... 在…的管理[支配]下/fall *under* the ～ *of*... 歸於…支配之下/take ～ *of*... 掌握…的支配權/have [keep] ～ *over* [*of*]... 支配[管理]著…/gain ～ *of* [*over*] the armed forces 取得軍隊的指揮權，控制軍隊。**2** Ⓤ **a** 抑制(力)，控制；管制，規則(cf. 3a)：thought ～ 思想控制/inflation ～ 抑制通貨膨脹/⇨ price control, birth control/beyond ～ 無法控制，不能控制/be *under* ～〈機器等〉正常地受控制的[順利運轉的]/bring [get]...*under* ～ 把…壓住，控制住…/lose ～ *of*... 失去對…的控制力，控制不住…/keep...*under* ～ 抑制[控制]住…/without ～ 不受控制地，任意地/He is [has got] completely out of ～. 他完全無法控制[已變得完全無法控制]。**b**《棒球》控球(能力)。**3** Ⓒ[常 ～**s**] **a** 控制[管制]手段[辦法](cf. 2a)：wage ～*s* 薪資抑制政策。**b** 控制[操縱]裝置，(電視機等的)控制鈕[調整用鈕]：adjust the ～*s* for tone and volume 調整音色與音量的控制鈕。**4** Ⓒ(招魂術中左右靈媒言行的)精靈。**5** Ⓒ《生物》(實驗的)對照(標準)；核對地區。**6** Ⓤ《太空》控制。

—v.t. (**con·trolled**; **con·trol·ling**)〔十受〕**1** 支配，管理，監督，指揮，操縱；管制…：A captain ～*s* his ship and its crew. 船長管理全船及全體船員/He can't ～ his children. 他無法管教自己的孩子。**2 a** 抑制，控制，克制，調節…：～ one's anger 抑制自己的憤怒/A thermostat ～*s* temperature. 自動溫度調節器控制[調節]溫度。**b** [～ one*self*]自制。**3** (按某規定標準)核對，對照檢查〈實驗等〉。

contról bòard *n.* Ⓒ儀表板。

contról cènter *n.* Ⓒ控制中心。

contról clòck *n.* Ⓒ(電鐘的)母鐘，控制鐘。

contról expèriment *n.* Ⓒ《生物》對照實驗《爲提供其他實驗對照標準而做的實驗》。

con·trol·la·ble [kən`troləbl; kən'trouləbl] *adj.* 可支配[管理]的；可控制[操縱]的。

con·tról·ler *n.* Ⓒ **1 a** 支配者，管理人。**b** [也用於稱呼]（會計等的）主計員，查帳員；（公司的）財務主管《★ 拼法 正式官銜爲 comptroller》。**c**（航空）管制員。**2** 控制[操縱]裝置。

contróller·shìp *n.* Ⓤ主計員(controller)的職位[任期]。

contról pànel *n.* =control board.

contról ròd *n.* Ⓒ（原子爐的）控制棒。

contról ròom *n.* Ⓒ **1** 管制室；（原子能設施等的）控制室。**2**（廣播電台等的）控制室。

contról stìck *n.* Ⓒ《航空》操縱桿。

contról tòwer *n.* Ⓒ《航空》（飛機場的）控制塔，塔臺。

Contról Yu·án [-ju`an; -ju:'a:n] *n.* [the ～]（中華民國的）監察院。

con·tro·ver·sial [ˌkantrə`vɝʃəl; ˌkɔntrə'və:ʃl⁺] *adj.* **1** 爭論（上）的，議論的；成爲爭論對象的，引起爭論的：a ～ decision [statement] 引起爭論的決定[聲明]。**2**〈人〉好爭論的《★ 比較 一般用 disputatious》。～**·ly** *adv.*

còn·tro·vér·sial·ist [-lɪst; -list] *n.* Ⓒ好爭論的人；有異議者，爭論者。

***con·tro·ver·sy** [`kantrəˌvɝsɪ; 'kɔntrəvə:si] 《controvert 的名詞》—*n.* ⓊⒸ（有關意見分歧大的問題等長期性的，尤其以文字發表的）**爭論**，論戰，爭吵：a point of [in] ～ 論點，爭論的重點/beyond [without] ～ 沒有爭論的餘地，無庸置辯/arouse [cause] much ～ 引起諸多爭論/hold [enter into] a ～ *with*... 與…[開始]爭論。

con·tro·vert [`kantrəˌvɝt, ˌkantrə`vɝt; 'kɔntrəvə:t] 《源自拉丁文「轉爲反對」之義》—*v.t.* **1** 議論，爭論〈…事〉。**2** 辯駁；否定。

con·tro·vert·i·ble [ˌkantrə`vɝtəbl; ˌkɔntrə'və:təbl] *adj.* 可爭論的，可辯駁的。

con·tu·ma·cious [ˌkantju`meʃəs, ˌkantu-; ˌkɔntju'meiʃəs] *adj.*《文語》拒不服從（法院命令等）的，反抗的，頑抗的。

con·tu·ma·cy [`kantjuməsɪ, `kantu-; 'kɔntjuməsi] *n.* Ⓤ《文語》（尤指對法院命令等）拒不服從，抗命，頑抗；藐視法庭。

con·tu·me·li·ous [ˌkantju`milɪəs, ˌkantu-; ˌkɔntju:'mi:ljəs] *adj.*《文語》傲慢無禮的。～**·ly** *adv.*

con·tu·me·ly [`kantjuməlɪ, `kantu-, kən`tjuməlɪ, -`tu-; 'kɔntju-mili] *n.* ⓊⒸ《文語》**1**（言語、態度等的）傲慢無禮。**2** 侮辱，傲慢無禮的言行。

con·tuse [kən`tjuz, -`tuz; kən'tju:z] *v.t.*《醫》**1** 使〈人〉挫傷。**2** 搗碎。

con·tu·sion [kən`tjuʒən, -`tuʒ-; kən'tju:ʒn] *n.*《醫》**1** Ⓒ挫傷。**2** Ⓤ搗碎。

co·nun·drum [kə`nʌndrəm; kə'nʌndrəm] *n.* Ⓒ **1**（含詼諧、雙關之意的）謎語；機智問答，文字[圖畫]編製的謎《如 "What is the strongest day of the week ? "—"It's Sunday."「一週中最强的日子是哪一天？」「星期日。」；★因爲其他的日子爲 week days，使 week 與 weak 諧音》。**2** 謎般的問題，難題。

con·ur·ba·tion [ˌkanɝ`beʃən; ˌkɔnə:'beiʃn] *n.* Ⓒ《文語》集合都市，大都市圈《如倫敦由中心大城市和鄰接的許多衛星城市構成的大城市地區》。

con·va·lesce [ˌkanvə`lɛs; ˌkɔnvə'les] 《源自拉丁文「變强」之義》—*v.i.*（病後等）康復，病後療養：He's still *convalescing from* a heart attack. 他仍在心臟病突發後的療養中。

con·va·les·cence [ˌkanvə`lɛsns; ˌkɔnvə'lesns] 《convalesce 的名詞》—*n.* Ⓤ [又作 **a** ～]（病後）康復；復原（期），療養（期間）。

con·va·les·cent [ˌkanvə`lɛsn̩t; ˌkɔnvə'lesnt⁺] *adj.* **1** 復原期的，病剛好的。**2** 復原期患者（用）的：a ～ hospital [home]（病後）療養院。

—*n.* Ⓒ復原期[病後療養中]的患者。

con·vec·tion [kən`vɛkʃən; kən'vekʃn] *n.* Ⓤ《物理》（熱、大氣的）對流，環流；傳送。

con·vec·tor [kən`vɛktɚ; kən'vektə] *n.* Ⓒ對流式暖氣機，以對流傳熱的液體或儀器。

con·vene [kən`vin; kən'vi:n] 《源自拉丁文「一起到來」之義》—*v.t.* 召集；召喚〈會議、衆人〉：～ a press conference 召開記者會。

—*v.i.* 集會，開會：The Diet will ～ at 3 p.m. tomorrow. 國會將於明天下午三點鐘開會。

con·vén·er, con·vé·nor *n.* Ⓒ《英》（集會、委員會等的）召集人。

con·ve·nience [kən`vinjəns; kən'vi:njəns] 《convenient 的名詞》—*n.* **1 a** Ⓤ**方便**，便利，適合：the ～ *of* liv*ing* near a railroad station 住在火車站附近的方便/as a matter of ～ 爲了方便/for ～ of explanation 爲了便於說明。**b** Ⓤ [**one's** ～, **a person's** ～] 某人方便的時候[時機]：at one's (own) ～ 在自己方便時/at your earliest ～ 盡早，從速，有便即請/consult one's own ～ 考慮自己的方便/if it suits your ～ 假如對你方便的話。**c** Ⓒ [常用單數] 便利的事物：It is a great ～ to keep some good reference books in your study. 在你的書房裡備置一些好的參考書，這可爲你提供很大方便。**2 a** Ⓒ方便的東西，（文明的）利器。**b** [～**s**] 便利的設備；衣食住的方便設施：a hotel with modern ～*s* 現代化設備齊全的旅館。**3** Ⓒ《英》（公共）廁所：a public ～ 公共廁所。

for convénience 爲了方便：Although I don't like them, I have a phone *for* ～. 我雖然不喜歡電話，但爲了方便我裝了一具。

for convénience(') sàke 爲方便起見。

màke a convénience of... 任意利用〈某人等〉。

convénience fòod *n.* Ⓒ速食[便利]食品。

convénience gòods *n. pl.*（糖果，雜誌等很容易買到的）日常用品，便利商品。

convénience stòre *n.* Ⓒ（全天或長時間營業的）日用雜貨食品店，便利商店。

***con·ve·nient** [kən`vinjənt; kən'vi:njənt] 《源自拉丁文「（恰好）一起來，吻合的」之義》—*adj.* (**more** ～ ; **most** ～) **1**〈東西〉**便利的**，方便的，合適的：a ～ kitchen 方便的廚房/a ～ place to meet 便於會面的地方。**2** [不用在名詞前] [**十介十（代）名**]〈東西、時間等〉[對…] **方便的**；適宜的 [*to, for*]《★ 用法 不以「人」當主詞》：if it is ～ *to* [*for*] you 如果對你方便《★ 比較 介系詞在美國語法中一般用 for；if you are ～ 係屬錯誤》/make it ～ to do 使方便去做…/Is Friday ～ *for* [*to*] you？星期五對你方便嗎？/It is not ～ *for* me to pay just now. 現在就付款對我不方便。**3** [不用在名詞前] [**十介十（代）名**] 靠近[…]的，在[…]附近的 [*to, for*]：My house is ～ *to* [*for*] the station. 我家離車站很近。

con·vé·nient·ly *adv.* **1** 方便地，便利地：as soon as you ～ can 在你方便時儘早/The post office is ～ situated. 郵局位於方便的地點。**2** [修飾整句] 方便的是：*C*～ enough, there's a supermarket near my house. 很方便的是我家附近有一家超級市場。

con·vent [`kanvɛnt; 'kɔnvənt, -vent] 《源自拉丁文「集會」之義》—*n.* Ⓒ **1**（尤指女子的）修道會。**2**（尤指女子的）修道院《★ 比較 男子的修道院爲 monastery》：go into [enter] a ～ 當修女[尼姑]。

con·ven·ti·cle [kən`vɛntɪkl; kən'ventikl] *n.* Ⓒ **1**（英國十六至十七世紀的非國教徒或蘇格蘭長老教派的）祕密集會[禮拜]。**2** 祕密集會所。

***con·ven·tion** [kən`vɛnʃən; kən'venʃn] 《convene 的名詞》—*n.* **A** Ⓒ **1 a**（政治、宗教、教育等的）**大會**，代表大會，定期會議。**b** [集合稱] 參加會議者《★ 用法 視爲一整體時當單數用，指個別成員時當複數用》。**2**《美》（全國、州、郡等的）政黨提名大會：⇨ national convention.

—**B 1** Ⓒ **a**（國家、個人間的）**協定**，協商。**b**（郵政、著作權等的）契約，協約；條約。**2** ⓊⒸ（社會的）**習慣**，慣例習俗，常規：the ～*s* of daily life 日常生活的習慣/a slave to ～（成爲）傳統的奴隸，受傳統束縛的人/*C*～ requires [It is a ～] that such meetings (should) open with prayer. 慣例上要求這樣的集會應當以祈禱開始《★ 用法《口語》多半不用 should》。**3** ⓊⒸ（藝術上的）約定，慣例：stage ～*s* 舞台上的慣例。

***con·ven·tion·al** [kən`vɛnʃənl; kən'venʃənl] 《convention 的形容詞》—*adj.* (**more** ～ ; **most** ～) **1** 依照[符合]社會習慣的，傳統的；因襲的：～ morality 傳統的道德。**2** 老套的，千篇一律的，缺乏獨創性[個性]的；陳腐的：a ～ melodrama 老套的通俗劇/～ phrases 常套語/exchange ～ greetings 互相客套地打招呼。**3** 約定的，協定（上）的：a ～ tariff 協定稅率[費用]。**4**（無比較級、最高級）**a**〈戰爭等〉不用核子武器的；普通的，習用的，傳統的：～ weapons 傳統性武器/a ～ warhead（對核子彈頭而言的）一般彈頭。**b** 不使用原子能的：a ～ power plant 傳統型發電廠。**5**《藝術》形式化了的，傳統的。

～**·ly** [-ʃənlɪ; -ʃənəli] *adv.*

con·vén·tion·al·ism [-ʃənlˌɪzəm; -ʃn̩əlizəm] *n.* **1** Ⓤ因襲主義，墨守成規，依從慣例主義。**2** Ⓒ習俗，慣例；千篇一律[老套]的東西，常套話，八股。

con·ven·tion·al·i·ty [kənˌvɛnʃən`ælətɪ; kənˌvenʃə'næləti] 《conventional 的名詞》—*n.*《文語》**1** Ⓤ因襲傳統，拘泥習俗，依循慣例。**2** Ⓒ習俗，常套，慣例：observe [break through] the *conventionalities* 墨守[打破]傳統[常規]。

con·ven·tion·al·ize [kən`vɛnʃənlˌaɪz; kən'venʃnəlaiz] *v.t.* **1** 使…遵從習俗，使…依照慣例。**2**《藝術》使…形式化；（在繪畫中）依傳統筆法表現。

convéntional wisdom *n.* Ⓤ傳統的價值觀，一般人的觀念，公衆態度。

con·ven·tion·eer [kənˌvɛnʃə`nɪr; kənˌvenʃə'niə] *n.* Ⓒ出席大會者，與會代表。

con·ven·tu·al [kən'vɛntʃuəl; kən'ventjuəl] *adj.* 女修道院的；似修道院的。
—n. Ⓒ **1** 修女；修士。**2** [C~]聖方濟修會分會的修士。

con·verge [kən'vɝdʒ; kən'və:dʒ] *v.i.* **1** 向一點[共通點]聚集，輻合，集中(↔ diverge)。**2** 〔十介十(代)名〕〈線、活動物等〉集中〔於…〕〔*on, upon*; *at, in*〕《★用法on, upon 表示動作未完，at, in 表示動作已完成》：Squad cars ~*d* ***on*** [***at***] the scene of the crime. 巡邏車(由四方)向犯案現場集中。**3** 〈意見、行動等〉集中於一點，一致，統一。**4 a**《數學》〈級數等〉收斂。**b**《物理》收斂。
—v.t. 將…集中於一點，使…集中。

con·ver·gence [kən'vɝdʒəns; kən'və:dʒəns] «converge 的名詞»**—n.** ⓊⒸ **1** 集中，輻合；集中性(↔ divergence)。**2 a**《數學》收斂。**b**《物理》收斂。

con·vér·gen·cy [-dʒənsɪ; -dʒənsi] *n.* =convergence.

con·ver·gent [kən'vɝdʒənt; kən'və:dʒənt] *adj.* **1** 集中於一點的，輻合的，會聚的(↔ divergent)。**2 a**《數學》〈級數〉收斂的。**b**《物理》收斂性的。

convérging léns *n.* Ⓒ會聚透鏡。

con·ver·sance ['kɑnvəsṇs, kən'vɝsṇs; kən'və:səns, 'kɔnvəsəns] *n.* Ⓤ精通，熟悉，熟知〔*with*〕。

con·ver·sant [kən'vɝsṇt, 'kɑnvəsṇt; kən'və:sənt, 'kɔnvəsənt] *adj.* [不用在名詞前]〔十介十(代)名〕熟悉，精通〔…〕的〔*with*〕：He is ~ ***with*** Greek literature. 他精通希臘文學。
~·ly *adv.*

‡**con·ver·sa·tion** [ˌkɑnvə'seʃən; ˌkɔnvə'seiʃn] «converse[1] 的名詞»**—n.** **1** ⓊⒸ**會話**，談話，對話，座談：~ *in* English 英語會話/have [hold] a ~ *with*... 和…交談/be in ~ *with*... 與…交談中/make ~ 閒談，聊天，雜談；(談話中斷後勉强地)提出話題。**2** Ⓒ(政府、政黨等代表者的)非正式會談。

con·ver·sa·tion·al [ˌkɑnvə'seʃənḷ; ˌkɔnvə'seiʃənl˝] «conversation 的形容詞» **—adj.** **1** 會話(體)的，座談式的：in a ~ voice 以和藹可親的聲音。**2** 〈人〉善談的，健談的。
~·ly [-ʃənḷɪ; -ʃənli] *adv.*

còn·ver·sá·tion·al·ist [-ḷɪst; -list] *n.* Ⓒ喜歡談話的人；健談者：a good ~ 善談者，口才好的人。

con·ver·sá·tion·ist [-ʃənɪst; -ʃənist] *n.* =conversationalist.

conversátion pìece *n.* Ⓒ **1** 風俗畫，人物畫《以鄉村或室內爲背景的家族羣像畫，流行於十八世紀的英國》。**2** 成爲話題[引人注目]的東西《如家具等》。

con·ver·sa·zi·o·ne [ˌkɑnvəsɑtsɪ'onɪ; ˌkɔnvəsætsi'ouni] «源自義大利語»**—n.** Ⓒ(*pl.* **~s, -o·ni** [-ni; -ni:])《文語》(以文學、藝術、學術等爲話題的社交性)座談會，談話會。

con·verse[1] [kən'vɝs; kən'və:s] «源自拉丁文「共同交往」之義»**—v.i.** 〔十介十(代)名〕〔與人〕〔就…事〕交談〔*with*〕〔*on, about*〕：~ ***with*** a person 與人交談/ ~ ***on*** [***about***] a matter 談論某事。

con·verse[2] [kən'vɝs, 'kɑnvɝs; 'kɔnvə:s] «源自拉丁文「改變方向」之義»**—adj.** **1** 〈意見、陳述等〉相反的，顚倒的：~ ideas 相反的想(法)。**2** [不用在名詞前]〔十介十(代)名〕〔與…〕相反的，反對的〔*to*〕：His opinions are ~ ***to*** mine. 他的意見和我的意見正相反。
— ['kɑnvɝs; 'kɔnvə:s] *n.* [**the** ~] **1** 反對，逆；相反的說法〔*of*〕。**2**《邏輯》逆定理，逆命題。**3**《數學》逆，反。

con·verse·ly [kən'vɝslɪ; ˌkɔn'və:sli, 'kɔnvə:sli] *adv.* **1** 相反地。**2** [修飾整句]反言之，反過來說：*C*~, one might say that.... 反過來說，任何人都可以說…。

con·ver·sion [kən'vɝʃən, -ʒən; kən'və:ʃn] «convert 的名詞»**—n.** **1** ⓊⒸ **a** 轉換，轉變，變換〔*of*〕〔*from*; *to, into*〕：the ~ *of* farmland *to* residential property 農地的轉變爲住宅地/the ~ *of* goods *into* money 商品的換成現款。**b** (家、車等的)改裝，改造〔*of*〕〔*from*; *to, into*〕：the ~ *of* stables *to* [*into*] flats 馬廄的改造爲公寓。**2** ⓊⒸ改變主張，轉向，改信，皈依〔*of*〕〔*from*; *to*〕：the ~ *of* pagans *to* Christianity 異教徒的改信基督教/his ~ *from* Judaism *to* Catholicism 他的從猶太教皈依天主教。**3** Ⓤ(紙幣、外國通幣等的)兌換，換算。**4** ⓊⒸ《運動》追加得分：**a**《橄欖球》使球進入對方球門柱內(try)後，再把球踢過球門柱(goal)的追加得分《兩分》。**b**《美式足球》觸地得分(touch down)後的追加得分《一分或兩分》。**5** Ⓤ《物理》轉換《核子燃料物質變化爲其他的核子燃料物質》。

con·vert [kən'vɝt; kən'və:t] «源自拉丁文「完全迴轉」之義»**—v.t.** **1** 〔十受十介十(代)名〕將…改變，轉變〔爲…〕；將…改裝[改造]〔爲…〕〔*to, into*〕：~ water ***into*** steam 將水變爲蒸氣/The guest bedroom has been ~*ed* ***into*** a sitting room. 客房已被改裝成客廳。**2** 〔十受十介十(代)名〕**a** 將〈紙幣、鈔票〉兌換〔成…〕〔*to, into*〕：Dollars can no longer be ~*ed* ***into*** silver. 美金不再能兌換成銀幣。**b** 將〈外國通貨〉換算，兌換〔成…〕〔*to, into*〕：~ dollars ***into*** yen 將美金換爲日圓。**3** 〔十受十介十(代)名〕使〈人〉革心〔爲…〕；使…改信[皈依]〔…〕〔*to*〕《★常用被動語態》：The missionaries ~*ed* many Indians ***to*** the Christian religion. 那些傳教士使許多印地安人皈依基督教。**4**《橄欖球・美式足球》〔十受〕使…觸地得分(cf. conversion 4)。**—v.i.** **1** 〔十介十(代)名〕**a** 變成，可改造成〔其他東西、其他形狀〕〔*to, into*〕：This sofa ~*s* ***into*** a bed. 這個沙發可改爲牀。**b** 〔由某東西〕轉換〔爲其他東西〕〔*from*〕〔*to*〕：We ~*ed* ***from*** coal ***to*** gas. 我們由煤改用煤氣。**2** 〔十介十(代)名〕〔從…〕改信〔…〕〔*from*〕〔*to*〕：He has ~*ed* ***from*** Catholicism ***to*** Judaism. 他已從天主教改信猶太教。**3**《橄欖球・美式足球》追加得分。
— ['kɑnvɝt; 'kɔnvə:t] *n.* Ⓒ改變宗教信仰、政黨或主張者：make a ~ of a person 使某人改變信仰[主張]。

con·vert·ed [kən'vɝtɪd; kən'və:tid] *adj.* **1** 改變信仰的：a ~ sinner 一個改信宗教的罪人。**2** 改換的，改變的。

con·vért·er *n.* Ⓒ **1** 使人改變信仰[轉變]者。**2**《冶金》轉化爐。**3**《原子能》轉換爐。**4**《電學》變流器。**5**《廣播》周波數變換器。**6**《電視》頻道變換器《變頻器》。**7**《電算》變換器《變換資料形式的裝置》。

con·vert·i·bil·i·ty [kənˌvɝtə'bɪlətɪ; kənˌvə:tə'biləti] *n.* Ⓤ **1** 可轉換[變換，改變]。**2** 改變信仰的可能性。**3**《金融》可兌換(性)。

con·vert·i·ble [kən'vɝtəbl; kən'və:təbl] *adj.* **1 a** 可改變的，可改造[改裝]的：a ~ sofa(可當牀用的)兼用沙發。**b** [不用在名詞前]〔十介十(代)名〕可改變〔成…〕的，可變換〔成…〕的〔*into, to*〕：This sofa is ~ ***into*** a bed. 這張沙發可變成一張牀。**2** 同意義的：~ terms 同義語，可代換用語。**3** 可兌換[換算]的：a ~ note 兌換券/~ paper currency 可兌換紙幣。**4** 〈汽車〉車篷可摺叠的，敞篷的。
—n. Ⓒ有活動摺篷的汽車。**-i·bly** [-təblɪ; -təbli] *adv.*

convertible

con·vér·tor [-tɚ; -tə] *n.* =converter 2–7.

con·vex [kɑn'vɛks, kən-; kɔn'veks˝] *adj.* 凸狀[面]的(↔ concave)：a ~ lens [mirror]凸透鏡[凸鏡]。
— ['kɑnvɛks; 'kɔnveks] *n.* Ⓒ凸透鏡。**~·ly** *adv.*

con·vex·i·ty [kən'vɛksətɪ; kən'veksəti, kɔn-] «convex 的名詞»**—n.** **1** Ⓤ凸狀。**2** Ⓒ凸面，凸面體[形]。

con·vexo-con·cave [kɑnˌvɛksokɑn'kev; kɔn'veksou'kɔnkeiv˝] *adj.* 一面凹一面凸的，凹凸的。

con·vexo-con·vex [kɑnˌvɛksokɑn'vɛks; kɔn'veksou'kɔnveks˝] *adj.* =biconvex.

con·vey [kən've; kən'vei] «源自拉丁文「同(走)路」之義»**—v.t.** **1 a** 〔十受〕〈人、運輸工具等〉**載運**〈乘客〉，搬運〈貨物〉：~ passengers 載運乘客/Trucks ~ goods. 貨車載運貨物。**b** 〔十受十介十(代)名〕將〈貨物、乘客等〉〔從…〕載運，搬運〔到…〕〔*from*〕〔*to*〕：~ goods ***from*** one place ***to*** another 將貨物從某處運到他處。**2 a** 〔十受〕〈媒體〉傳，傳導〈聲音、熱等〉；傳染〈傳染病〉：Wires are used to ~ electricity. 金屬線用於傳電。**b** 〔十受十介十(代)名〕將〈聲音、熱等〉〔從…〕傳〔到…〕〔*from*〕〔*to*〕：Sound is ~*ed* ***from*** one point ***to*** another by the motion of molecules. 聲音藉由分子的震動從某一(地)點傳到另一(地)點。**3 a** 〔十受〕傳遞，傳達〈意思、思想、感情等〉：This picture ~*s* the rural atmosphere of that place. 這幅畫表達了那個地方的鄉村氣氛/No words can ~ my feelings. =I cannot ~ my feelings in words. 我無法以言語表達我的感受。**b** 〔十受十介十(代)名〕將〈意思、思想、感情等〉傳達給〔某人〕〔*to*〕：I will ~ the information ***to*** him. 我會把那消息傳達給他/Her words ~ no meaning *to* me. 我完全不懂她的話所要表達之意。**c** 〔(十介十(代)名)十 *that*_〕〔對某人〕表達〈…事〉〔*to*〕：This poem ~*s* (***to*** us) *that* he loved nature deeply. 這首詩(向我們)表達了他對自然的熱愛。**d** 〔(十介十(代)名)十 *wh.*_〕〔對某人〕傳達〈如何…〉〔*to*〕：This music ~*s* (***to*** us) *how* deeply he lamented his wife's death. 這音樂(向我們)表達他如何深深地哀悼他妻子的去世。**4** 〔十受十介十(代)名〕《法律》將〈財產〉讓與〔某人〕〔*to*〕：The farm was ~*ed* ***to*** his son. 那塊農地讓給了他的兒子。

con·vey·a·ble [kən'veəbl; kən'veiəbl] *adj.* 可搬運[傳達，轉讓]的。

con·vey·ance [kən'veəns; kən'veiəns] «convey 的名詞»**—n.** **1 a** Ⓤ搬運，運輸：~ by land [water]陸上[水上]運輸/(a) means of ~ 運輸工具。**b** Ⓒ運輸[交通]工具。**2** Ⓤ(聲音、氣味、意思等的)傳達，傳播。**3 a** Ⓤ《法律》(不動產的)讓渡，轉讓。**b** Ⓒ讓與證書。

con·véy·anc·er *n.* Ⓒ《法律》撰寫轉讓契據的律師。

con·vey·anc·ing [kən'veənsɪŋ; kən'veiənsiŋ] *n.* Ⓤ《法律》讓與證書製作(業)；不動產讓與手續。

con·véy·er, con·véy·or *n.* Ⓒ **1** 搬運人；傳達者；運送機，傳送器。**2** [主用 **conveyor**]（又作 **convéyor bèlt**）自動搬運機（輸送帶）：by ~ 使用自動搬運機（輸送帶）《★無冠詞》/the ~ system 自動輸送系統。**3** [主用 **conveyor**]〖法律〗轉讓人。

con·vict [kən'vɪkt; kən'vikt] *v.t.* **1 a** 〔十受〕宣判〈某人〉有罪：a ~*ed* prisoner 罪犯，已定罪的囚犯。**b** 〔十受十介十(代)名〕〔以…罪〕判決〈某人〉有罪〔*of*〕：The court ~*ed* him ***of*** forgery. 法院判決他犯僞造罪。**2** 〔十受十介十(代)名〕《古》〈良心等〉使〈人〉自感〔有罪等〕〔*of*〕《★常用被動語態》：a person ~*ed* ***of*** sin 自知有罪的人。

— ['kɑnvɪkt; 'kɔnvikt] *n.* Ⓒ已被宣告有罪的人，受刑人。

***con·vic·tion** [kən'vɪkʃən; kən'vikʃn] *n.* **A** 《convince 的名詞》 **1** ⓊⒸ **a** 堅信，信念：say something *with* [*from*] ~ 堅信地[出自堅信地]說某事/His testimony shook my ~ *of* his innocence. 他的證詞動搖了我認爲他無罪的信念(cf. 1 b)。**b** 〔十 *that*＿〕〈對…事的〉堅信，信念：His testimony shook my ~ *that* he was innocent. 他的證詞動搖了我認爲他無罪的信念(cf. 1 a)。**2** Ⓤ說服力：His argument does not have [carry] much ~. 他的論據沒有什麼說服力。

—B 《convict 的名詞》ⓊⒸ有罪的判決[宣判]：a murder ~ 殺人的有罪判決/ previous ~*s* 前科/He has had a ~ *for* drunken driving. 他曾有過酒醉駕車的前科。

con·vince** [kən'vɪns; kən'vins] 《源自拉丁文「完全征服」之義》**—v.t.* 使…確信：**a** 〔十受十介十(代)名〕使〈人〉確信[信服]〔…〕〔*of*〕：He tried to ~ me ***of*** his innocence. 他試圖使我相信他是清白的(cf. b)。**b** 〔十受十 *that*＿〕使〈人〉確信[信服]〈…事〉(⇨ convinced 2)：He tried to ~ me *that* he was innocent. 他試圖使我相信他是清白的(cf. a)/Her smile ~*d* him *that* she was happy. 她的微笑使他確信她是幸福的。**c** 〔十受十 *to* do〕《美》使〈人〉了解〈而去做…〉，說服〈人〉使〈做…〉：We ~*d* her *to* go with us. 我們說服她和我們同行。

con·vínced *adj.* **1** [用在名詞前] 堅信的，有信念的：a ~ believer 篤信的[虔誠的]信徒。**2** [不用在名詞前] **a** 〔十介十(代)名〕確信〔…〕的〔*of*〕：I am ~ ***of*** the truth of my reasoning. 我確信自己推理的正確。**b** 〔十(*that*)＿〕確信〈…事〉的：You will soon be ~ *that* she is right. 你不久就會相信她是對的/I felt ~ *that* he would succeed. 我確信他會成功。

con·vin·ci·ble [kən'vɪnsəbl; kən'vinsəbl] *adj.* 可使相信的，可說服的。

con·vínc·ing *adj.* 〈證據、意見、辯士等〉有說服力的，令人信服的，能說服人的：a ~ argument 有說服力的論據。
~**·ly** *adv.*

con·viv·i·al [kən'vɪvɪəl; kən'viviəl] *adj.* **1** 宴會的；歡樂的：a ~ party 歡樂的宴會。**2** 〈人〉喜歡宴會的；快活的，開朗的。
~**·ly** [-əlɪ; -əli] *adv.*

con·viv·i·al·i·ty [kən,vɪvɪ'ælətɪ; kən,vivi'æləti] 《convivial 的名詞》**—***n.* **1** Ⓒ 宴會。**2** Ⓤ 快活，心情愉快。

con·vo·ca·tion [,kɑnvə'keʃən; ,kɔnvə'keiʃn] 《convoke 的名詞》**—***n.* Ⓤ **1** (會議、議會等的)召集。**2** [C~] **a** (英國國教的)大主教區會議。**b** (美國聖公會的)主教區會議。**3** 《英》(大學的)評議會。~**·al** [-ʃənl; -ʃənl] *adj.*

con·voke [kən'vok; kən'vouk] *v.t.* 《文語》召集〈會議、議會〉。

con·vo·lute ['kɑnvə,lut; 'kɔnvəlu:t] *adj.* **1** 盤旋狀的，向內旋繞的。**2** 〖植物·貝〗包捲形的，迴旋狀的。
—*v.t.* & *v.i.* 盤旋包捲(…)。

cón·vo·lùt·ed *adj.* **1** 〖動物·解剖〗旋繞形的，廻旋狀的(spiral)。**2** 錯綜的，複雜難解的。

con·vo·lu·tion [,kɑnvə'luʃən; ,kɔnvə'lu:ʃn] 《convolute 的名詞》**—***n.* Ⓒ **1** [常 ~*s*] **a** 廻旋，盤旋；渦流：the ~*s* of a snake 蛇的旋繞[盤旋]。**b** (議論等的)糾葛，糾紛。**2** 〖解剖〗(腦等的)腦回《大腦的迴轉部分》。

con·vol·vu·lus [kən'vɑlvjələs; kən'vɔlvjuləs] *n.* Ⓒ (*pl.* ~**·es**) 〖植物〗旋花屬植物《如旋花、牽牛花等》。

con·voy [kən'vɔɪ; 'kɔnvɔi] 《與 convey 同字源》**—***v.t.* 〈由軍艦、軍隊等〉護送，護衛〈商船隊等〉，爲…護航。
— ['kɑnvɔɪ; 'kɔnvɔi] *n.* **1** Ⓤ護送，護衛，護航：under ~ (of) 在(…的)護衛下。**2** Ⓒ [集合稱] 護衛隊，護航艦；被護送的人[船隻]《★用法 視爲一整體時當單數用，指個別成員時當複數用》。
in cónvoy 爲了護航而組成船團。

cónvoy flèet *n.* Ⓒ護航艦隊。

con·vulse [kən'vʌls; kən'vʌls] 《源自拉丁文「撕裂」之義》**—***v.t.* **1 a** 使…激烈震動，震撼：The island was ~*d* by the eruption. 該島因(火山)爆發而激烈震動[(火山)爆發使該島激烈震動]。**b** 使〈國家等〉引起大騷動《★常用被動語態，介系詞用 *by, with*》：The country *was* ~*d* ***with*** civil war. 該國因內戰而動盪不安。**2** 〈笑、痛苦等〉使〈人〉起痙攣，使…抽搐〔*with*〕《★常用被動語態，變成「〈人〉〔因…〕而痙攣，抽搐」之意；介系詞用 *with*》：He *was* ~*d* ***with*** laughter [anger]. 他捧腹大笑[氣得發抖]。**3** 〔十受十介十(代)名〕〔以笑話等〕使〈人〉哄堂大笑〔*with*〕：He ~*d* the audience ***with*** his jokes. 他的笑話使觀衆哄堂大笑。

con·vul·sion [kən'vʌlʃən; kən'vʌlʃn] 《convulse 的名詞》**—***n.* Ⓒ **1** [常 ~*s*] **a** 痙攣，抽搐：fall into a fit of ~*s* 起一陣痙攣。**b** 爆(笑)，爆出：a ~ of laughter 哄堂大笑，爆笑。**2 a** (自然界的)震動，劇變：a ~ of nature 自然界的災變《地震、火山爆發等》。**b** (社會、政界等的)動亂，騷動。

con·vul·sive [kən'vʌlsɪv; kən'vʌlsiv] *adj.* **1** 痙攣(性)的，抽搐的；驟發的。**2** 起痙攣似的：a ~ burst of laughter 爆笑/a ~ effort (因被逼得走頭無路而)拼死的努力。~**·ly** *adv.*

co·ny ['konɪ, 'kʌnɪ; 'kouni] *n.* ＝coney.

cóny càtcher *n.* Ⓒ騙子，欺詐者。

coo [ku; ku:] 《擬聲語》**—***n.* Ⓒ (*pl.* ~**s**) 作鴣鴣聲《鴿子的叫聲》。
—*v.i.* (~**ed**；~**·ing**) **1** 〈鴿子〉鴣鴣叫。**2** 〈嬰兒〉發出咕咕的喜悅聲。**3** 〈情侶〉喁喁談情：⇨ BILL[2] and coo.
—*v.t.* 低聲細語地說〈情話〉，喁喁談〈情〉。
—*interj.* 《英俚》[表示驚訝、不信]哦！呀！

coo·ee, coo·ey ['kuɪ; 'ku:i] *n.* Ⓒ澳洲土人呼喊之聲。
—*v.i.* 作此呼喊聲。

‡cook [kuk; kuk] *n.* **1** Ⓒ廚子《男或女》，廚師：a good [bad] ~ 善於[拙於]烹調的人/(a) head ~ 主廚/Too many ~*s* spoil the broth. 《諺》廚子太多反壞羹湯《喻人多手雜反而壞事》。**2** [C~；也用於稱呼自己家裡的廚子] 廚師《★當專有名詞用時不加冠詞》。
—*v.t.* **1** 烹調，煮。

【同義字】cook 指用加熱方式烹調；烹調法有以下幾種：bake 是指用烤箱烤麪包和餅乾等；roast 是指用烤爐烤肉；grill 是指直接用火烤肉等，但在美國則大都稱 broil；fry 是指用油炸或炒；deep fry 是指在充足的油中炸；panfry, sauté 是指在平底鍋內用少量的油炒；boil 是指用滾水煮；simmer 是指以接近沸騰的溫度慢慢煮稀爛；stew 是指用文火慢煮；braise 是指用油炒過後放入加蓋的鍋中燉[燜]；steam 是指用蒸氣蒸。

有關烹調的動詞

a 〔十受〕煮，烹調〈食物〉：~ fish 烹調魚。**b** 〔十受十受/十受十介十(代)名〕爲〈某人〉烹調〈食物〉；〔爲某人〕烹調〈食物〉〔*for*〕：She ~*ed* him some sausages. = She ~*ed* some sausages ***for*** him. 她爲他烹調了一些香腸。**2** 〔十受(十副)〕《口語》竄改，虛報；捏造〈話等〉〈*up*〉：~ accounts 竄改帳目/ ~ ***up*** a story 捏造故事。**3** 〔十受〕《英俚》使〈人〉精疲力竭《★常用被動語態》。**—***v.i.* **1** 〈食物〉在煮[燒]著：~ well 容易煮[燒]。**2** 烹調；擔任廚子。
Whàt's cóoking？ 《口語》發生了什麼事？變成怎樣了？(以後)怎麼辦？

Cook [kuk; kuk], **James** *n.* 科克《1728–79；英國航海家及探險家》。

cóok·bòok *n.* Ⓒ《美》食譜(《英》cookery book)。

cóok·er *n.* Ⓒ **1** 《英》炊具《烤箱、烤爐等》。**2** [常 ~*s*] 烹調用的水果。

cook·er·y ['kukərɪ; 'kukəri] *n.* **1** Ⓤ《英》烹調法。**2** Ⓒ《美》廚房，調理室。

cóokery bòok *n.* 《英》＝cookbook.

cóok·hòuse *n.* Ⓒ廚房；(船上的)炊事房。

cook·ie** ['kukɪ; 'kuki] 《源自荷蘭語「糕餅(cake)」之義》**—n.* Ⓒ **1 a** 《美》餅乾(《英》biscuit)。**b** 《蘇格蘭》小圓甜麵包(bun)。**2** 《美俚》[常與修飾語連用] **a** 人，傢伙(person)：a clever ~ 聰明的傢伙。**b** 有魅力的女人，可愛的女孩。

***cook·ing** ['kukɪŋ; 'kukiŋ] *n.* **1** Ⓤ烹調；烹調法。**2** [當形容詞用]

烹調(用)的：a ～ stove 烹調用烤爐/ ～ sherry 烹調用雪利酒。
cóoking àpple *n.* Ⓒ烹調用的蘋果。
cóoking stòve *n.* Ⓒ烹飪用爐子。
cóok·òut *n.* Ⓒ《美口語》野餐郊遊。

【說明】喜愛戶外生活的美國人，一有機會就去野餐或露營，並且常在目的地烹調食物，享受戶外共餐的樂趣。近年來，不出遠門而在自宅庭園中烤肉(barbecue)的情形愈見普遍。一家之主帶頭烹調，享受自煮的食物，其樂融融。

cóok·ròom *n.* Ⓒ廚房。
cóok·shòp *n.* Ⓒ小飯館，小菜館。
cóok·stòve *n.* 《美》＝cooking stove.
cook·y [ˋkʊkɪ; ˈkuki] *n.* ＝cookie.
‡**cool** [kul; ku:l] *adj.* (～·er；～·est) **1 a** 涼的，涼爽的，微冷的；〈風等〉有涼意的(⇨ hot【說明】)：a ～ day [wind] 涼爽的日子[風]/a ～ drink 冷飲/get ～ 變冷[涼]/keep a room ～ 保持房間涼爽。**b** (看起來)涼爽的，不感覺熱的：a thin, ～ dress 薄而涼爽的衣服。
2 a 冷靜的：remain [keep, stay] ～ 保持冷靜，不慌張/a ～ head 頭腦冷靜的人/⇨ (as) cool as a CUCUMBER/Keep ～！保持冷靜！別慌！**b** 不熱心的，冷淡的，疏遠的：a ～ reception [greeting] 冷淡的接待[問候]。**c** [不用在名詞前]〔十介十(代)名〕〔對…〕冷淡的，疏遠的〔*to, toward*〕：He is ～ ***toward*** her. 他對她冷淡。**d** 厚臉皮的，無禮的：a ～ customer 厚臉皮的傢伙《★比較 也可以說 a ～ fish [hand]，但這裏的 cool 在美國語法主要當義 4「好棒的傢伙」解釋》。
3 [用在名詞前]《口語》整整的，不折不扣的，實價的：a ～ million 整整一百萬美金[英鎊(等)]。
4 《俚》很棒的，了不起的，有魅力的：a ～ guy [chick] 好傢伙[吸引人的姑娘]。
5 《爵士樂》給與人理性興致的(cf. hot 8)：⇨ cool jazz.
6 《獵》〈動物遺留的臭跡〉輕微的，微弱的(cf. warm 6).
cóol, cálm, and collécted 《口語》鎮靜的，冷靜的：keep ～, *calm, and collected* 保持冷靜。
léave a person cóol ⇨ leave¹.
—*adv.* (～·er；～·est)冷靜地。
pláy it cóol 《口語》表現出冷靜的樣子，裝出若無其事的樣子，謹慎冷靜地做。
—*n.* 1 [**the** ～] 涼爽，涼爽的空氣；涼快的時候[場所]：enjoy *the* ～ of the evening 享受晚間的涼爽。**2** [**one's** ～] 《俚》冷靜，鎮靜：keep one's ～ 保持冷靜，不輕易動怒/lose [blow] one's ～ 失去冷靜，興奮。
—*v.t.* 1 〔十受〕使…冷，使…涼：This rain will soon ～ the air. 這場雨會很快使空氣涼下來。**2** 〔十受(十副)〕使〈熱情〉冷却，使〈憤怒等〉平息〈*down, off*〉.
—*v.i.* 1 變涼爽。**2** 〔動(十副)〕〈熱情〉冷下來，〈憤怒等〉平息〈*down, off*〉：His anger hasn't ～*ed* yet. 他的憤怒尚未平息。
cóol it 《俚》冷靜下來，鎮靜：*C～ it.* 冷靜下來，別那樣興奮。
～·ly [ˋkullɪ, ˋkullɪ; ˈku:lli] *adv.* **～·ness** *n.*
cool·ant [ˋkulənt; ˈku:lənt] *n.* Ⓤ [指產品個體或種類時爲Ⓒ] (使引擎等內部的熱、摩擦熱溫度下降的)冷却劑，冷却用的潤滑劑。
cóol·er *n.* **1** Ⓒ冷却器；《美》冰箱⇨ wine cooler. **2** Ⓒ (冷的)清涼飲料。**3** [**the** ～] 《俚》監獄。
cóol-héaded *adj.* 冷靜的，沉着的。
coo·lie [ˋkulɪ; ˈku:li] «源自北印度語»**—*n.*** Ⓒ (印度、中國等的)論天數雇用的廉價勞工，苦力。
cool·ing [ˋkulɪŋ; ˈku:liŋ] *adj.* 冷却的；恢復精神的。
cóoling-óff *adj.* [用在名詞前] 使激情冷却的，使頭腦冷靜的：after a ～ period (勞資糾紛的)緩和期(不罷工而協商)之後。
cóoling tìme *n.* Ⓤ緩和期(cooling-off period).
cóol·ish [-ɪʃ; -iʃ] *adj.* 微冷的。
cóol jázz *n.* Ⓤ冷靜爵士樂《又稱西海岸爵士樂，出現於二十世紀 40 年代後期的一種音樂，其樂曲常帶有一種輕描淡寫和克制情感的風格》。
coolth [kulθ; ku:lθ] *n.* 《口・謔》＝coolness.
coo·ly [ˋkulɪ; ˈku:li] *n.* ＝coolie.
coomb [kum; ku:m] *n.* Ⓒ《英》深谷；(三面皆山的)無河峽谷。
coon [kun; ku:n] «raccoon 之略»**—*n.*** Ⓒ《口語》浣熊；黑人《帶有輕蔑之意》；粗漢。
coop [kup; ku:p] *n.* Ⓒ **1** 鷄舍，鷄籠。**2** 狹窄的地方。
flý the cóop (1)《俚》越獄。(2)《美俚》溜走，迅速逃走。
—*v.t.* 1 將…放入欄[籠]內。**2** 〔十受十副(十介十(代)名)〕將〈人、動物等〉關入〔狹窄的地方〕〈*up*〉〔*in*〕《★常用被動語態》：The children *were* ～*ed up* (***in*** the house) by the rain. 那些孩子們因雨而被困(在家裏)。
co-op [koˋap, ˋkoˏap; ˈkouɔp] «cooperative 之略»**—*n.*** Ⓒ《口語》消費合作社(coop.).

【說明】合作社起源於英格蘭(England)中部工商業城市曼徹斯特(Manchester)郊外的洛支旦(Rochdale)，由二十八個人出資二十八英鎊，在 1844 年 10 月 24 日創立。

coop., co-op. 《略》cooperative.
coo·per [ˋkupɚ; ˈku:pə] *n.* Ⓒ(箍)桶匠。
Coo·per [ˋkupɚ, ˋkʊ-; ˈku:pə], **James Fenimore** [ˋfɛnəˏmɔr; ˈfenimɔ:] *n.* 柯柏《1789–1851；美國小說家》。
coop·er·age [ˋkupərɪdʒ; ˈku:pəridʒ] *n.* **1** Ⓤ箍桶匠之工作，桶業。**2** Ⓤ箍桶匠之工錢。**3** Ⓒ桶店。**4** Ⓒ箍桶匠之製品。
co·op·er·ate, co-op·er·ate [koˋapəˏret; kouˈɔpəreit] «源自拉丁文「一同工作」之義»**—*v.i.* 1 a** 〔十介十(代)名〕〔與某人〕合作，協力，互助〔做…〕〔*with*〕〔*in*〕：He ～*d* ***with*** his colleagues ***in*** compil*ing* this dictionary. 他和同事們協力編纂這部辭典。**b** 〔(十介十(代)名)十 *to* do〕〔與人〕合作〈做…〉〔*with*〕：He ～*d* ***with*** his family *to* finish the work. 他與家人合作完成那件工作。**2** 〔十 *to* do〕〈諸事等〉湊合促成〈做…〉；〈人〉互相合作助使〈做…〉：All these things ～*d to* make this work a success. 所有這些事情的相互配合促使這件工作成功。
co·op·er·a·tion, co-op·er·a·tion** [koˏapəˋreʃən; kouˌɔpəˈreiʃn] «cooperate 的名詞»**—*n. Ⓤ **1** 協力，協同，合作：economic ～ 經濟合作/technical ～ 技術合作/in ～ *with*... 與…合作[協力]。**2** 協調性；援助。
co·op·er·a·tive, co-op·er·a·tive [koˋapəˏretɪv, -ˋaprətɪv; kouˈɔpərətiv] «cooperate, cooperation 的形容詞»**—*adj.*** (**more** ～；**most** ～) **1** 協力的，協調的；協同的，合作的：～ savings 共同儲金/They are very ～. 他們非常合作。**2** (無比較級、最高級)合作的，消費合作的：a ～ movement 合作(社)運動/a ～ society (消費者、生產者等的)合作社/a ～ store 合作商店。
—*n.* Ⓒ **1** (生活)合作社(的店)。**2** 《美》合作住宅《同一住宅的住戶共有該建築物並共同管理之》。**～·ly** *adv.*
coóperative bánk *n.* Ⓒ合作金庫。
co·óp·er·à·tor, co-óp·er·à·tor [-tɚ; -tə] *n.* Ⓒ **1** 協力者，合作者。**2** 合作社社員。
co-opt, co·öpt [koˋapt; kouˈɔpt] *v.t.* **1 a** 〔十受〕〈委員會等〉選出[挑選]〈某人〉爲新會員。**b** 〔十受十介十(代)名〕將〈某人〉選爲〔委員會等的〕新會員〔*onto*〕：～ a person ***onto*** a committee 將某人選爲某委員會的新委員。**2** 《美》吸收，籠絡，收買，羅致〈分派等〉。
co·or·di·nate, co-or·di·nate [koˋɔrdnɪt, -ˏet; kouˈɔ:dənit] *adj.* **1 a** (重要性、地位、身分等)同等的，同格的，等位的。**b** [不用在名詞前]〔十介十(代)名〕〔與…〕同等的，同位的〔*with*〕：a man ～ ***with*** him in rank 與他同階級的人。**2** 座標的，以座標爲基礎的。**3** 《文法》對等的，同位的：a ～ clause 對等子句/a ～ conjunction 對等連接詞《and, but, or, for 等；↔ subordinate conjunction》.
—*n.* 1 Ⓒ同格者，對等物。**2** [～**s**] 《以色調、質料等的組合效果爲着眼點的女裝》。**3** Ⓒ《文法》對等的字詞。**4** [～**s**] **a** 《數學》座標。**b** 緯度與經度(的交叉位置)：What are the ～*s* of the ship in distress？遇難船隻的正確位置在哪裡？
— [koˋɔrdnˏet; kouˈɔ:dineit] *v.t.* **1** 使…同格[等位，對等]。**2** 使…協調，使…調和：How shall we ～ these two plans？我們如何使這兩個計畫協調起來呢？/Let's ～ our efforts. 我們共同努力吧/She ～*s* her clothes well. 她把衣服搭配得很好。
—*v.i.* 1 成對等。**2** (各部分)協調運作。**～·ly** *adv.*
co·or·di·nates [koˋɔrdnɪts, -ˏets; kouˈɔ:dineits] *n. pl.* 可在色彩、質地、款式上搭配而組合用的家具或穿的衣服。
co·or·di·na·tion, co-or·di·na·tion [koˏɔrdnˋeʃən; kouˌɔ:diˈneiʃn] *n.* Ⓤ **1** 同等，同位，同格；對等關係。**2** (運動時肌肉的)共同調劑，協調。
co·or·di·na·tive [koˋɔrdnˏetɪv; kouˈɔ:dinətiv] *adj.* 同等的，對等的。
co·ór·di·nà·tor [-tɚ; -tə] *n.* Ⓒ **1** 同等的人或物。**2 a** 協調者。**b** (意見等的)協調人。
coot [kut; ku:t] *n.* Ⓒ **1** 《鳥》蹼雞《歐洲產的一種水鳥》。**2** 《俚》笨蛋，傻瓜。
(as) báld as a cóot 頭髮光禿禿的。
coot·ie [ˋkutɪ; ˈku:ti] *n.* Ⓒ《美俚》蝨(louse).

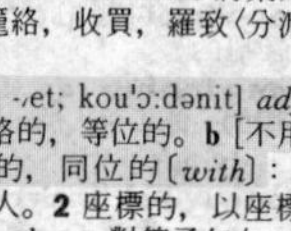
coot 1

cop¹ [kap; kɔp] «copper² 之略»**—*n.*** Ⓒ《口語》警察，警官(policeman)：Call the ～*s.* 叫警察/play ～*s* and robbers 玩警察抓強盜遊戲。

【字源】從「抓，捉」之義的 cop 產生了「抓者」的 copper，而 copper 的簡稱就變成 cop；另一種通俗的說法是說警察上衣上有銅釦，因此 cop 是銅釦(copper button)的簡稱。

cop² [kap; kɔp] «源自拉丁文「捕捉(capture)」之義»——《英俚》*v.t.* (**copped**; **cop·ping**) **1 a** 〔十受〕逮捕〈犯人〉。**b** 〔十受十 do*ing*〕當場抓住〈人〉〈在做…〉：~ a person steal*ing* 當場逮住正在偷竊的人。**2** 〔~ it〕挨罵，被罰。

cóp óut 《*vi adv*》《俚》被逮住；〔自工作、約定等〕退出，迴避責任〔*of, on*〕：He *copped out of* run*ning* the race. 他退出賽跑。
—*n.* 〔常 **a fair** ~〕巧妙的[漂亮的]逮捕。

nót mùch cóp 《英俚》無用的，沒什麼價值的，不合算的。

co·pal [ˋkopl, ˋkopæl; ˈkoupəl, -ˈpæl] *n.* Ⓤ珐琊脂《一種堅硬透明之樹脂，供製漆之原料》。

cò·pártner *n.* Ⓒ合作者，合夥人；共同經營者(等)。

cope¹** [kop; koup] «源自古法語「打」之義»——*v.i.* **1** 〔十介十(代)名〕**妥善地處理**〔困難的事等〕；〔與…〕對抗；(想)壓抑〔…〕〔*with*〕(★可用被動語態)：~ ***with difficulties 對付困境/~ *with* a disability 對抗身體的殘障[不服輸]。**2** 《口語》(設法)妥善應付："How are you getting along with the boss?"—"I'm *coping*."「你和老板相處得如何?」「我在妥善應付。」

cope² [kop; koup] *n.* Ⓒ **1** 長袍《教士主禮時穿着的斗篷式大外衣》。**2** 遮蓋物：the ~ of night 夜幕。

cope² 1

co·peck [ˋkopɛk; ˈkoupek] *n.* =kopeck.

Co·pen·ha·gen [ˌkopənˋhegən; ˌkoupənˈheigən] *n.* 哥本哈根《丹麥(Denmark)的首都》。

Co·per·ni·can [koˋpɝnɪkən; kouˈpə:nikən] «Copernicus 的形容詞»——*adj.* **1** 哥白尼(學說)的(cf. Ptolemaic)：the ~ theory [system] 地動說。**2** 哥白尼(式)的，劃時代的：a ~ revolution(思想、技術等的)哥白尼式的大改革，重大突破。

Co·per·ni·cus [koˋpɝnɪkəs; kouˈpə:nikəs], **Nic·o·la·us** [ˌnɪkəˋleəs; ˌnikəˈleiəs] *n.* 哥白尼《1473–1543；波蘭的天文學家；主張地動說，爲現代天文學的創始人；cf. Ptolemy》。

cópe·stòne *n.* =coping stone.

cóp·i·er *n.* Ⓒ **1** 仿效者，剽竊者。**2 a** 謄寫者，複印者。**b** 複印機。

có·pilot *n.* Ⓒ《航空》副駕駛員。

cóp·ing *n.* Ⓒ《建築》**1** (磚牆等的)石頭頂蓋《通常略微傾斜，使雨水流走》。**2** 蓋梁《圍牆等頂部的橫材》。

copings 1

cóping sàw *n.* Ⓒ弓鋸。

cóping stòne *n.* Ⓒ **1** 《建築》牆帽，蓋頂石。**2** 最後的完成工作，收尾工作；極致。

co·pi·ous [ˋkopɪəs; ˈkoupiəs] *adj.* **1** (供應量、使用量等)豐富的，大量的，饒多的：~ profits 莫大的利益。**2** 〈作家等〉冗贅的，長篇累牘的；內容豐富的。
~·**ly** *adv.* ~·**ness** *n.*

cóp·òut *n.* Ⓒ《俚》**1** 逃避的行爲[藉口，方法]。**2** 逃避者。

***cop·per¹** [ˋkapɚ; ˈkɔpə] «源自拉丁文「塞浦路斯的(Cyprian)金屬」之義；古代塞浦路斯產良質銅»——*n.* **1** Ⓤ**銅**《金屬元素；符號 Cu》：red ~ 紅銅鑛。**2** Ⓒ銅幣《便士(penny)等》。**3** Ⓒ《英》炊事[洗濯]用熱水鍋《現多用鐵製》。**4** Ⓤ銅色，紅棕色。**5** Ⓒ《昆蟲》小灰蝶科《一種有銅色翅膀的小蝴蝶》。
—*adj.* **1** [用在名詞前]銅(製)的。**2** 銅色的，紅棕色的。
—*v.t.* 〔十受〕用銅皮包…；以銅板包〈船底〉。

cop·per² [ˋkapɚ; ˈkɔpə] «源自 cop²»——*n.* 《俚》=cop¹.

cópper béech *n.* Ⓒ《植物》銅紅山毛櫸。

cópper-bóttomed *adj.* **1** 〈船〉用銅板包底的。**2** 《口語》完全眞貨的；〈事業等〉(在財務上)可信賴的，安全的：a ~ guarantee [promise]絕對可靠的保證[約定]。

cópper·hèad *n.* Ⓒ《動物》北美銅斑蛇《北美產頭部呈紅銅色的蝮蛇類毒蛇》。

copperhead

cópper·plàte *n.* **1** Ⓤ[指個體時爲Ⓒ]銅板。**2 a** Ⓤ銅板雕刻。**b** Ⓒ銅版印刷。**3** Ⓤ(如銅板雕刻般)曲線優美的書寫體：write like ~ 寫得(像銅版字般)非常工整。

cópper·smìth *n.* Ⓒ銅匠，銅器製造者。

cópper súlfate [《英》**súlphate**] *n.* Ⓤ硫酸銅。

cop·per·y [ˋkapərɪ; ˈkɔpəri] «copper¹ 的形容詞»——*adj.* **1** 含銅的。**2** 似銅的。**3** 銅色的，紅棕色的。

cop·pice [ˋkapɪs; ˈkɔpis] *n.* Ⓒ灌木林，矮樹叢。

co·pra [ˋkaprə; ˈkɔprə] *n.* Ⓤ乾椰子肉《椰子(coconut)的乾燥製品；爲製椰子油、肥皂等的原料》。

co·pro·duce [ˌkoprəˋdus, -ˋdjus; ˌkouprəˈdju:s] *v.t.* 《電影》共同製(片)。

copse [kaps; kɔps] *n.* =coppice.

Copt [kapt; kɔpt] *n.* Ⓒ **1** 哥普特人《爲古埃及人後裔的埃及土人》。**2** 哥普特教會信徒，哥普特教徒(⇨ Coptic Church)。

cop·ter [ˋkaptɚ; ˈkɔptə] 《略》*n.* 《口語》=helicopter.

Cop·tic [ˋkaptɪk; ˈkɔptik] *adj.* **1** 哥普特人[語]的。**2** 哥普特教會的。
—*n.* Ⓤ哥普特語《已廢，現在只用於哥普特教會的典禮》。

Cóptic Chúrch *n.* [**the** ~]哥普特教會《埃及、衣索比亞等地信奉基督之單性論的基督教會》。

cop·u·la [ˋkapjələ; ˈkɔpjulə] *n.* Ⓒ《文法》連繫辭《連接主詞與述語的字；尤指 be 動詞，但有時也包括 become, seem 等》。

cop·u·late [ˋkapjəˌlet; ˈkɔpjuleit] *v.i.* **1 a** 〈人〉性交，交媾。**b** 〔十介十(代)名〕〔與…〕性交〔*with*〕。**2** 〈動物〉交尾。

cop·u·la·tion [ˌkapjəˋleʃən; ˌkɔpjuˈleiʃn] *n.*

cop·u·la·tive [ˋkapjəˌletɪv; ˈkɔpjulətiv] *adj.* **1** 《文法》連繫的：a ~ conjunction 繫語連接詞《and 等》/a ~ verb 連繫動詞(⇨ linking verb)。**2** 性交的；交尾的。
—*n.* Ⓒ《文法》連繫辭，繫語連接詞。~·**ly** *adv.*

*****cop·y** [ˋkapɪ; ˈkɔpi] «源自拉丁文「豐富，多量」之義；原義來自複寫可使正本增多»——*n.* **1** Ⓒ**抄本，謄本，副本；複製品**：a clean [fair] ~ 謄清本/a rough ~ 草稿/⇨ carbon copy 1/the original and five *copies* 正本和五份副本/make [take] a ~ (of...)複寫(…)，謄寫(…)/keep a ~ *of* a deed on file 把一份證書的副本存檔。
2 Ⓒ(同一書籍、雜誌等的)…本[份，册，部]：Five thousand *copies* of the book were sold. 那本書賣了五千本。
3 Ⓤ **a** (印刷的)原稿：follow ~ 照原稿排版/knock up ~ (爲準備立刻付印而)整理(新聞等)原稿。**b** (新聞的)題材：make good ~ 成爲新聞的好題材。
4 Ⓤ廣告文(稿)(cf. copywriter)。
—*v.t.* **1 a** 〔十受〕**抄寫**，謄寫；複印〈文件〉(⇨ imitate 2【同義字】)：*C*~ this letter. 把這封信複印。**b** 〔十受(十副)十介十(代)名〕〔從…〕抄下…〈*down*〉〔*from*〕：They *copied* the sentences (***down***) ***from*** the blackboard. 他們從黑板上抄下那些句子。**c** 〔十受十副〕將…全部照抄〈*out*〉。
2 〔十受〕效法，模仿，仿效〈長處等〉：You should ~ your sister. 你應該效法你的姊姊。
3 〔十受十介十(代)名〕《英》(作弊時)〔從…〕全部抄下…〔*from, off*〕：She *copied* the idea ***from*** a foreign magazine. 她從某外國雜誌抄襲了那個構想。
—*v.i.* **1 a** 抄寫，謄寫。**b** [與狀態副詞連用]被複寫[謄寫](於…)。**2** 模仿。**3** 〔動(十介十(代)名)〕《英》〔看著他人的答案或書〕抄襲〔*from, off*〕：No ~*ing*! 不可抄襲(他人的東西)！/He accused me of ~*ing* ***from*** my neighbor. 他責備我抄襲鄰座者(的試卷)。

cópy·bòok *n.* Ⓒ **1** (以前小學所用的)習字範本[帖]，習字簿。**2** (信件、文件的)複寫簿，副本簿。

blót one's cópybook 《英口語》做出玷汚自己名譽的事；做出輕率的事。
—*adj.* [用在名詞前] **1** 照範本的。**2** 陳腐的，常見的；陳舊的：~ maxims(如常見於習字簿的)陳腐格言[教訓]。

cópy·bòy *n.* Ⓒ(報社、印刷廠等的)送稿生。

cópy·càt *n.* Ⓒ《輕蔑》**1** (盲目地)模仿他人的人。**2** (在學校將他人的作業等)全部抄襲的小孩。

cópy·dèsk *n.* Ⓒ《美》(報社等的)編輯桌。

cópy-èdit *v.t.* 改寫；編輯。

cópy èditor *n.* Ⓒ(報社、出版社等)整理原稿的編輯。

cópy·hòld *n.* Ⓤ《英法律》**1** 依據官册享有的不動產產權；經官册登記的不動產(cf. freehold 1)：in ~ 依據副本土地保有權。**2** 依據謄本保有權的所有地。

cópy·hòlder *n.* Ⓒ **1** 《英法律》(依據從前謄本保有權的)土地所有權人《分爲終身租地權所有權人和世襲租地權所有權人；於 1922 年廢除》。**2** 校正助理。**3** (打字機的)原稿架《用以固定文件》。

cópying machìne *n.* Ⓒ複印機。

cópy·ist [-pɪɪst; -piist] *n.* Ⓒ **1** 抄寫者，謄寫者。**2** 模仿者。

cópy pàper *n.* Ⓤ複寫紙。

copy·read [ˋkapɪˌrid; ˈkɔpiri:d] *v.t.* (**-read** [-ˌrɛd; -red])《美》訂正與編輯，校訂〈原稿〉。

cópy·rèader *n.* Ⓒ《美》(新聞、雜誌社的)原稿訂正與編輯者，校訂人。

copy·right [ˋkapɪˌraɪt; ˈkɔpirait] *n.* ⓊⒸ著作權，版權《記號 ©》：*C*~ reserved 版權所有/hold [own] ~ *on* a book 擁有某本書的版權。**—*adj.*** 有著作權[版權]的。

—*v.t.* 以著作權保護〈作品〉；取得…的版權。

cópy·writer *n.* Ⓒ廣告文字撰稿人。

co·quet [ko'kɛt; kɔ'ket] *v.i.* 〔十介十(代)名〕賣俏，獻媚，玩弄〔…〕〔*with*〕.

—*adj.* ＝coquettish.

—*n.*《古》Ⓒ獻殷勤的男人。

co·quet·ry ['kokɪtrɪ, ko'kɛtrɪ; 'koukitri] *n.* **1** Ⓤ(女子)賣俏，賣弄風情，玩弄男人。**2** Ⓒ媚態，嬌態。

co·quette [ko'kɛt; kou'ket, kɔ'ket] *n.* Ⓒ風騷的女人，愛賣弄風情的女子，玩弄男人的女人。

co·quét·tish [-tɪʃ; -tiʃ] 《源自法語「行爲如公雞(cock)的」之義》—*adj.* 〈女人〉賣俏的，賣弄風情的，玩弄男人的。

～**·ly** *adv.*

cor [kɔr; kɔ:] 《上帝(God)之語調》—*interj.* 《英俚》[表示驚訝]啊！哇！

Cor. 《略》《聖經》Epistles to the Corinthians.

cor- [kɔr-; kɔr-] 字首＝com-《用於 r 之前》。

cor·a·cle ['kɔrəkl; 'kɔrəkl] *n.* Ⓒ(用於愛爾蘭、威爾斯河川及湖泊上的)輕便小舟《用柳條編成骨架，並覆以獸皮[防水布]的單人坐小船》。

coracle

cor·al ['kɔrəl; 'kɔrəl] *n.* **1 a** Ⓤ[指個體或種類時爲Ⓒ] 珊瑚。**b** Ⓒ《動物》珊瑚蟲。**2** Ⓒ珊瑚工藝(品)。**3** Ⓤ珊瑚色，桃紅色。—*adj.* **1** 珊瑚製的。**2** 珊瑚色的，桃紅色的。

córal ísland *n.* Ⓒ珊瑚島。

córal rèef *n.* Ⓒ珊瑚礁。

Córal Séa *n.* [the ～] 珊瑚海《在澳洲之東北，南太平洋的一部分》。

córal snàke *n.* Ⓒ《動物》珊瑚蛇《美洲大陸熱帶地方產之眼鏡蛇科的毒蛇》。

cor an·glais [ˏkɔraŋ'gle; ˌkɔ:r'ɔŋglei] 《源自法語「英國號」之義》—*n.* Ⓒ (*pl.* **cors anglais** [～]) 《英》《音樂》英國號(《美》English horn)《木管樂器的一種》。

cor·bel ['kɔrbḷ; 'kɔ:bəl] *n.* Ⓒ《建築》翅托，牛腿《在牆中間爲支撐拱形起點或飛簷(cornice)等而由牆面突出的石頭[磚]等支撐物》。

corbel

cor·bie ['kɔrbɪ; 'kɔ:bi] *n.* Ⓒ《蘇格蘭》烏鴉。

cor·bie·step ['kɔrbɪˌstɛp; 'kɔ:bistep] *n.* Ⓒ《建築》(山形牆兩側的)階級山頭。

cor·blí·mey, cor·bli·my [kɔr'blaɪmɪ; kɔ:'blaimi] *interj.* ＝blimey.

***cord** [kɔrd; kɔ:d] 《源自希臘文「腸線」之義》—*n.* **1** Ⓤ[指個體時爲Ⓒ] **a** (粗)帶子，(細)繩，繩索，細麻繩《★比較 比string粗，較rope細；⇨rope 相關用語》：a length of (nylon) ～ 一條(尼隆)繩子。**b** 電線。**2 a** Ⓒ(楞條布的)楞條。**b** Ⓤ楞條布，燈芯絨(corduroy)。**c** [～s]《口語》燈芯絨的褲子(corduroys)。**3** Ⓒ[常～s] 羈絆，束縛〔*of*〕：the ～*s of* love 愛的羈絆。**4** Ⓒ《解剖》索狀組織，腱，韌帶：the spinal ～ 脊髓/the vocal ～*s* 聲帶。

—*v.t.* 〔十受〕用繩索[細麻繩，帶子]捆綁…。

cord·age ['kɔrdɪdʒ; 'kɔ:didʒ] *n.* Ⓤ[集合稱] **1** 繩索類，索帶。**2** (船的)索具。

cor·date ['kɔrdet; 'kɔ:deit] *adj.* 《植物》(葉等)心形的(heart-shaped).

córd·ed *adj.* **1** 用繩索捆紮的。**2** 有綾條的。**3** 〈肌肉等〉拉緊的，發達的。

Cor·de·lia [kɔr'diljə; kɔ:'di:ljə] *n.* **1** 考狄麗亞《女子名》。**2** 考狄麗亞《莎士比亞(Shakespeare)所著「李爾王(*King Lear*)」中李爾王最小的女兒名》。

cor·dial ['kɔrdʒəl; 'kɔ:djəl] 《源自拉丁文「心的」之義》—*adj.* (**more** ～；**most** ～) **1** 由衷的，誠心誠意的：a ～ welcome 熱誠的歡迎。**2** 衷心的：have a ～ dislike for... 打從心底討厭…。

—*n.* **1** Ⓤ果汁加水的飲料，果汁。**2** Ⓤ[指個體時爲Ⓒ] 甘露酒《添加甜味與香料的含酒精飲料》。

cor·di·al·i·ty [kɔr'dʒælətɪ; ˌkɔ:di'æləti] *n.* **1** Ⓤ誠心，熱誠，懇摯；友善。**2** [～s]熱誠的言詞[行爲]。

cór·dial·ly ['kɔrdʒəlɪ; 'kɔ:djəli] *adv.* **1** 衷心地，誠懇地；熱誠地：dislike [hate] a person ～ 打從心底討厭[憎恨]某人。**2** 懇摯地。

Córdially yóurs＝Yóurs córdially 敬上《致親密的人之書信的結尾語》。

cor·dil·le·ra [kɔr'dɪlərə, ˏkɔrdɪl'jɛrə; ˌkɔ:di'ljɛərə] 《源自西班牙語「小帶子」之義》—*n.* Ⓒ山脈，山系《尤指一洲的主要山系》。

cord·ite ['kɔrdaɪt; 'kɔ:dait] *n.* Ⓤ 線狀無煙火藥。

cord·less ['kɔrdlɪs; 'kɔ:dlis] *adj.* 不用電線的，以電池供電的。

cor·don ['kɔrdṇ; 'kɔ:dn] *n.* Ⓒ **1** (軍隊的)哨兵線；非常[警戒]線；防疫線；交通管制線：post [place, draw] a ～ 布設警戒線/escape through the ～ 逃過[突破]警戒線。**2** (由肩到腋下斜掛的)飾帶，綬帶：the blue ～ 藍綬帶，藍綬章/the grand ～ 大綬帶。

—*v.t.* 〔十受十副〕在…布設警戒線，對…實施交通管制〈*off*〉：The streets were ～*ed off* for the marathon. 爲了馬拉松賽跑那些街道都實施交通管制。

cor·don bleu [kɔrdɔ̃'blœ; ˌkɔ:dɔ̃:'blə:] 《源自法語'blue cordon'之義》—*n.* Ⓒ (*pl.* ～**s** [～z; ～z]) **1** 藍綬帶，藍綬章《波旁王朝的最高勳章》。**2** (某行業的)佼佼者；(尤指)一流廚師。

—*adj.* 〈菜餚〉由一流廚師烹調的；一流的。

cor·do·van ['kɔrdəvən; 'kɔ:dəvən] 《源自「西班牙南部哥多華(Cordova ['kɔrdəvə; 'kɔ:dəvə]) 郡及市的」之義》—*adj.* 哥德華皮革的。—*n.* Ⓤ哥德華皮革。

cor·du·roy [ˏkɔrdə'rɔɪ; 'kɔ:dərɔi] *n.* **1** Ⓤ燈芯絨。**2** [～s] 燈芯絨的衣服[褲子]。

【字源】意謂「國王的布」。roy與royal family(王族)的royal 有關。據說從前是指異於燈芯絨而更奢華的布。

córduroy róad *n.* Ⓒ《美》(沼澤地等)橫排圓木鋪成的道路。

core [kor, kɔr; kɔ:] 《源自拉丁文「心」之義》—*n.* **1** Ⓒ **a** (梨、蘋果等的)果心：This pear is rotten *at* the ～. 這個梨子的果心腐爛了。**b** (電線等的)心，心線。**c** (鑄造物的)型心，中心。**2** [the ～] (事物的)核心，重點；(心的)深處：*the* ～ of the problem 該問題的核心。**3** Ⓒ《電算》(磁性)磁心。**4** Ⓒ《地質》(地球的)地核。

to the córe 到心底；徹底地：rotten *to the* ～ 徹底腐爛的/He is a gentleman *to the* ～ 他是一位道地的紳士。

—*v.t.* 〔十受〕除去…的果心[核心]：～ an apple 除去蘋果的核。

córe curriculum *n.* Ⓒ《教育》核心課程《規定某些課程爲核心課程，其餘課程爲配合課程而編成的教育課程》。

cò·relígionist *n.* Ⓒ同教派者，信奉同一宗教的人。

cor·e·op·sis [ˏkorɪ'ɑpsɪs, ˏkɔrɪ-; ˌkɔri'ɔpsis] *n.* Ⓒ (*pl.* ～)《植物》波斯菊，金鷄菊。

cor·er ['kɔrə; 'kɔ:rə] *n.* Ⓒ (蘋果等的) 去核器。

co·re·spon·dent [ˏko·rɪ'spɑndənt; ˌkouri'spɔndənt] *n.* Ⓒ《法律》(離婚訴訟的)共同被告《被告(respondent)的私通對象》。

cor·gi ['kɔrgɪ; 'kɔ:gi] *n.* ＝Welsh corgi.

co·ri·an·der [ˏkorɪ'ændə, ˏkɔrɪ-; ˌkɔri'ændə] *n.* **1** Ⓒ [又作Ⓤ；集合稱]《植物》胡荽《地中海地方原產的芹菜科植物》。**2** (又作 **córiander sèed**) Ⓤ胡荽的果實《乾燥後可作調味料》。

Cor·inth ['kɔrɪnθ; 'kɔrinθ] *n.* 科林斯《希臘南部的海港；古代希臘的商業、藝術中心》。

Co·rin·thi·an [kə'rɪnθɪən; kə'rinθiən] 《Corinth 的形容詞》—*adj.* **1** (古代希臘的)科林斯的。**2 a** 科林斯市民般的。**b** 奢靡的，放蕩的。**3** 《建築》科林斯式的：the ～ order 科林斯柱式(⇨order 插圖)。

—*n.* **1** Ⓒ科林斯人。**2** [**Corinthians**；當單數用]《聖經》新約中哥林多(前，後)書，給哥林多的信(The First [Second] Epistle of Paul to the Corinthians)《聖經新約中哥林多書；哥林多前書或後書；略作Cor.》.

cork [kɔrk; kɔ:k] *n.* **1** Ⓤ軟木《栓皮櫟的外皮》：burnt ～ 軟木炭筆《用於畫眉毛或演員的化粧》。**2** Ⓒ **a** 軟木製品。**b** 軟木塞：draw [pull out] the ～ 拔出(瓶子的)軟木塞。**3** (又作 **córk òak**) Ⓒ《植物》栓皮櫟。

—*adj.* 軟木製的：a ～ stopper 軟木塞/a ～ jacket 軟木夾克《塡塞軟木粒的救生衣》。

—*v.t.* **1** 〔十受(十副)〕 **a** 用軟木塞塞住〈瓶口〉〈*up*〉. **b** 抑制〈感情〉〈*up*〉. **2** 〔十受〕用軟木炭畫〈眉等〉。

Cork [kɔrk; kɔ:k] *n.* 科克《愛爾蘭共和國蒙斯特(Munster)地方的一郡及其首府，爲一港都》。

cork·age ['kɔrkɪdʒ; 'kɔ:kidʒ] *n.* Ⓤ(餐廳向自帶酒來的客人所收取的)開瓶費。

corked *adj.* **1 a** 塞以軟木塞的。**b** 〈葡萄酒等〉有軟木塞氣味的；(因軟木塞味而)氣味不佳的。**2** [不用在名詞前]《英俚》醉酒的。

córk·er *n.* Ⓒ **1** 給(瓶子)裝上軟木瓶塞的人[機器]。**2** 《口語》**a** 《英》決斷性的議論，定論，定局。**b** 決定勝負的[關鍵性的]事物[人]，精彩的一擊：The last play of the game was a ～. 最後的一場比賽是決勝賽。**c** 大謊言。**d** 令人驚異的人[東西]，很棒的人[東西]：He's a ～ of an athlete. 他是一位了不起的運動員。

cork·ing ['kɔrkɪŋ; 'kɔ:kiŋ] 《俚》*adj.* 極好的，特佳的。

—*adv.* 非常地：a ～ good dinner 非常豐盛的一餐。

córk òak [**trèe**] *n.* Ⓒ《植物》栓皮櫟《生長於地中海沿岸地區，

樹皮甚厚，可製成軟木》。

córk·scrèw *n.* Ⓒ拔塞鑽，螺絲錐。

—*adj.* [用在名詞前]螺旋狀的：a ~ dive《航空》螺旋式俯衝/a ~ staircase 迴旋梯。

—*v.t.* 使…迴旋；把…扭成螺旋狀。

—*v.i.* 〔動(+副詞(片語))〕蜿蜒前進，彎曲而行：The car *~ed through* the traffic jam. 那部車子蜿蜒擠過交通阻塞的道路。

corkscrew

cork·y [ˈkɔrkɪ; ˈkɔ:ki] «cork 的形容詞» **—***adj.* (**cork·i·er**；**-i·est**) **1** (像)軟木的。**2** 〈葡萄酒〉有軟木塞氣味的。

corm [kɔrm; kɔ:m] *n.* Ⓒ《植物》球莖。

cor·mo·rant [ˈkɔrmərənt; ˈkɔ:mərənt] *n.* Ⓒ **1**《鳥》鸕鶿；鵜鶘；水老鴉。**2** 貪婪者，貪吃的人。

‡**corn**[1] [kɔrn; kɔ:n] «源自古英語「穀粒」之義» **—***n.* **1** Ⓤ[集合稱]穀物，穀類《在英國指麥及玉米的總稱》。**2** Ⓤ[集合稱]〈特定地方的〉主要穀物：**a**《英》小麥。**b**《美・加・澳》玉米，玉蜀黍。**c**《蘇格蘭・愛爾蘭》燕麥。

> **【說明】**(1)飼餵肉牛、小鷄(broiler)等家畜、家禽的是馬齒種玉蜀黍(dent corn). 這是維持美國畜產業的重要穀物，因此有「穀物即家畜」的說法。為美國主食的肉類大量供應世界各地，所以 dent corn 的豐收與否，對全世界有重大影響。
>
> (2)corn 指一個地方的主要穀物：在美國指的是玉蜀黍(俗稱玉米)；在英國指的是小麥(wheat)；在蘇格蘭則指燕麥(oats). 在台灣路邊攤上出售的烤玉蜀黍，是甜玉米(sweet corn)的品種；而用於做爆(玉)米花的，就是名副其實的爆裂種玉蜀黍(popcorn)；cf. cotton【說明】

3 Ⓤ穀禾《小麥、玉蜀黍等》：a field of ~ 一塊穀物田地。**4** Ⓒ穀粒；小粒：a ~ of wheat [pepper] 一粒小麥[胡椒]。**5**《美口語》=corn whiskey. **6** Ⓤ《口語》**a** 陳腐[平凡]的東西；無價值的演出節目[作品]：That book is pure ~. 那本書實在沒什麼價值。**b** 令人感傷的音樂。

—*v.t.* 〔十受〕在〈肉等〉上面抹上鹽粒加以保存；將〈肉〉浸於〈添加調味料的〉鹽水中(cf. corned).

corn[2] [kɔrn; kɔ:n] «源自拉丁文「角」之義» **—***n.* Ⓒ(長在脚趾上的)雞眼；水泡(⇨blister【同義字】)。

trèad [**tràmple**] **on** a person's **córns**《口語》觸及[說到]某人的傷心處，揭某人的瘡疤，使人不悅。

Corn. 《略》Cornish；Cornwall.

córn·bàll *n.* Ⓒ **1** 爆玉米花糖。**2** 鄉下人。

—*adj.* **1** 俗套的，陳腔濫調的。**2** 多愁善感的。

córn béef *n.* Ⓤ《美》=CORNED beef.

Córn Bèlt *n.* [the ~] (美國中西部的)玉蜀黍地帶《包括愛荷華(Iowa)，伊利諾(Illinois)，印地安納(Indiana)等諸州》。

córn bòrer *n.* Ⓒ《昆蟲》一種危害粟、玉蜀黍等之昆蟲的幼蟲。

córn brèad *n.* Ⓤ《美》玉米麵包。

córn chàndler *n.* Ⓒ《英》糧食零售商。

córn·còb *n.* Ⓒ **1** 玉蜀黍[玉米]穗軸。**2** (又作 **córncob pìpe**)用玉米穗軸做的煙斗《點燃煙葉的部分是用穗軸製成》。

córn còckle *n.* Ⓒ《植物》瞿麥，麥仙翁。

córn·cràke *n.* Ⓒ《鳥》長脚秧雞《涉禽類，又名水雞，常棲息於水田中》。

córn·crib *n.* Ⓒ《美》(有通風設備的)玉米穀倉。

cor·ne·a [ˈkɔrnɪə; ˈkɔ:niə] *n.* Ⓒ《解剖》(眼球的)角膜。

cór·ne·al [-nɪəl; -niəl] *adj.*

corned *adj.* 鹽醃的(cf. corn[1] *v.t.*)：~ beef 醃牛肉。

cor·nel [ˈkɔrnl̩; ˈkɔ:nl] *n.* Ⓒ《植物》=dogwood.

Cor·ne·lia [kɔrˈniljə, kɚ-; kɔ:ˈni:ljə] *n.* 柯妮麗亞《女子名》。

cor·ne·lian [kɔrˈniljən, kɚ-; kɔ:ˈni:ljən] *n.* = carnelian.

Cor·ne·lius [kɔrˈniljəs, kɚ-; kɔ:ˈni:ljəs] *n.* 柯尼利爾斯《男子名；暱稱 Connie》.

corn cockle

cor·ne·ous [ˈkɔrnɪəs; ˈkɔ:niəs] *adj.* 角質的，形似角的。

‡**cor·ner** [ˈkɔrnɚ; ˈkɔ:nə] «源自拉丁文「角」之義» **—***n.* Ⓒ **1 a** (二線[面]相接處的外側所成的)角；轉角處《★比較 比賽場地等的曲線轉彎處稱 turn》：the ~ of a table 桌角/*at* [《美》*on*] a street ~ 在街角。**b** (二線[面]相接處的內側所成的)隅，角落：*in* the ~ *of* a room 在房間的角落/leave no ~ unsearched 搜遍每一角落/look (at...) out of the ~ of one's eye 斜著眼睛偷看(…)/put [stand] a child *in* the ~ 罰小孩站在(房間或教室)角落。**c** 裝設在角落上的金屬零件[裝飾]。

2 a 隱密處，偏僻處：a quiet ~ of the village 村子裡安靜而偏僻的地方。**b** 秘密的場所：done in a ~ 秘密做的。

3 [常 ~s]地方，地區：from the (four) *~s* [all *~s*] of the earth 從世界各處。

4[常 *a* ~]想逃也逃不掉的立場，困境，窘境，窮境：in *a* tight ~ 陷於困境/drive [force, put] a person into *a* ~ 將人逼入困境。

5《商》囤積；壟斷：establish [make] a ~ *in* the grain market 壟斷穀物市場。

6《足球》(又作 **córner kìck**)踢角球。

aròund [**ròund**] **the córner** (1)在轉角處，在巷口附近。(2)即將來臨：Christmas is just *round the* ~. 耶誕節即將來臨。

cút córners 走近路；(做某事時節省經費、勞力而)採取最容易的方法：You have to *cut ~s* to make a profit. 為獲取利潤你必須節省費用《偷工減料》。

cút óff the [**a**] **córner**《英》(不經過轉角而越過草地)抄近路。

túrn the córner 〈疾病、不景氣等〉度過最困難的時期，〈疾病〉脫險，〈不景氣〉有轉機。

within the fóur córners of... 在〈文件等〉的範圍內。

—*adj.* [用在名詞前] **1** 街角的，在街角的：a ~ store [shop] 街角商店/a ~ drugstore 街角雜貨店《★美國的雜貨店常在街角》。**2** 置於角落的，用於角落的：a ~ table 置於角落的桌子《置於房間角落的三角桌》。**3**《運動》角落的。

—*v.t.* 〔十受〕**1**將〈人、動物〉逼入一隅；使…陷入困境：~ a fox 將狐狸逼入一隅/We've got him *~ed*. 我們已把他逼入絕境。**2**《商》壟斷〈市場〉，囤積〈貨品〉：~ the market 壟斷市場。

—*v.i.* 〈車輛、駕駛員〉轉彎：He [This car] *~s* well. 他[這部汽車]轉彎轉得很好。

cór·nered *adj.* **1** [常構成複合字]有(…)角(落)的：a three-*cornered* hat 三角帽。

2 被追到角落的，無處可逃的，進退維谷的：like a ~ rat 像一隻無處可逃的老鼠。

córner kìck *n.* Ⓒ《足球》角球。

córner·stòne *n.* Ⓒ **1**《建築》隅石；基石(cf. foundation stone 1)：lay the ~ *of*... 為…舉行奠基儀式。**2** 基礎，基本，要緊的事，根本理念(等)〔*of*〕：the ~ *of* the state 國家的基石。

córner·wàys *adv.* =cornerwise.

córner·wise *adv.* 對角地，斜斜地。

cor·net [ˈkɔrnɪt, kɔrˈnet; ˈkɔ:nit] *n.* Ⓒ **1**《音樂》(有音栓的)短號《似喇叭的金屬管樂器》。**2 a** 圓錐形紙袋。**b**《英》=ice-cream cone.

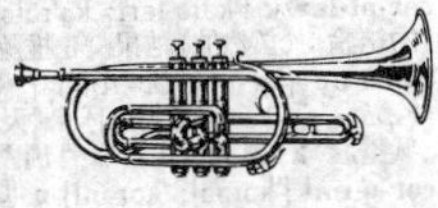
cornet 1

cor·nét·ist, cor·nét·tist [-tɪst; -tist] *n.* Ⓒ短號吹奏者。

córn exchànge *n.* Ⓒ《英》穀物交易所。

córn fàctor *n.* Ⓒ《英》糧食批發商。

córn·fìeld *n.* Ⓒ **1**《英》麥田。**2**《美》玉米田。

córn·flàkes *n. pl.* 玉米薄片。

> **【說明】**玉米片是一種早餐用的加工食品，在國內食用者尚不普遍。那是用玉蜀黍製成的薄脆片，吃時加些糖，再澆上牛奶。也有加入其他果實或穀類者。這種食物總稱穀類食物(cereal).

córn flòur *n.* Ⓤ **1**《美》玉米粉。**2**《英》=cornstarch.

córn·flòwer *n.* Ⓒ《植物》**1** 矢車菊。**2** 瞿麥。

córn·hùsking *n.*《美》**1** Ⓤ剝去玉米的外殼。**2** =husking bee.

cor·nice [ˈkɔrnɪs; ˈkɔ:nis] *n.* Ⓒ **1**《建築》檐板，飛簷，上楣《構成古典柱式的頂部(entablature)最上方的突出部分；⇨entablature 插圖》。**2**《登山》(凍結在岩石邊的)雪簷。

cornice 1

Cor·nish [ˈkɔrnɪʃ; ˈkɔ:niʃ] *adj.* **1** 英國康瓦耳(Cornwall)地方(產)的。**2** 康瓦耳人[語]的。

—*n.* Ⓤ康瓦耳語《塞爾特(Celt)語的一種；現已無人使用》。

Córnish·man [-mən; -mən] *n.* Ⓒ (*pl.* **-men** [-mən; -mən])康瓦耳人。

Córnish pásty *n.* Ⓒ[當作菜名時為Ⓤ]康瓦耳餡餅《將烹調過的肉或青菜包成半圓形烘烤，為康瓦耳(Cornwall)地方的一道名菜》。

Córn Làws *n. pl.* [the ~](英國的)穀物法令《十五世紀以來對穀物輸入課以重稅的法律；於 1846 年廢止》。

córn·lòft *n.* Ⓒ穀倉。

córn·mèal *n.* Ⓤ **1**《美》(碾碎的)玉米粉。**2**《蘇格蘭》=oatmeal 1.

córn pòne *n.* Ⓤ[指個體時為Ⓒ]《美南部・中部》(尤指不加牛乳、砂糖等的)玉米麵包。

córn pòppy *n.* Ⓒ《植物》麗春花《菜園中的雜草；開紅花》。

【說明】第一次大戰後，此花被當作陣亡士兵的象徵；美國於陣亡將士紀念日(Memorial Day)，英國則於陣亡將士紀念日(Remembrance Day [Sunday])出售用紅紙做的麗春花，並將其收入用於老兵的福利。

córn·rōw *n.* Ⓒ《美》玉米條髮型《黑人的髮型》。

cornrow

córn shòck *n.* Ⓒ《美》一堆直放的玉蜀黍莖。

córn sìlk *n.* Ⓤ玉蜀黍穗上之絲狀花柱。

córn·stàlk *n.* Ⓒ玉蜀黍之莖，玉米桿。

córn·stàrch *n.* Ⓤ《美》(經加工使成雪白的)玉米澱粉。

córn sùgar *n.* Ⓤ右旋糖。

cor·nu·co·pi·a [ˌkɔrnəˈkopɪə; ˌkɔ:njuˈkoupiə] *n.* **1** [the ~]《希臘神話》豐饒的角《傳說爲幼時的宙斯(Zeus)神哺乳的羊角》。**2** Ⓒ裝飾用的羊角《角中滿盛花、水果、穀類，爲豐饒的象徵》。**3** [a ~] 豐富〔*of*〕. **4** Ⓒ圓錐形的容器。

cornucopia 2

Corn·wall [ˈkɔrnwəl, -wɔl; ˈkɔ:nwəl] *n.* 康瓦耳郡《英國西南端的一郡，以風光明媚聞名；首府 Bodmin [ˈbɑdmɪn; ˈbɔdmin]；略作 Corn.》.

córn whìskey *n.* Ⓤ [指個體時爲Ⓒ]《美》玉米威士忌酒《由玉蜀黍釀造而成；cf. bourbon》.

corn·y[1] [ˈkɔrnɪ; ˈkɔ:ni] *adj.* (**corn·i·er**; **-i·est**) **1** 穀類的，穀類豐富的。**2**《口語》**a** 〈笑話等〉老套的，陳腐的；土氣的：a ~ joke 聽膩了的笑話。**b** 傷感的，過分多愁善感的；通俗劇式的：a ~ love scene in an old movie 老式電影裡的一幕傷感的愛情戲。

corn·y[2] [ˈkɔrnɪ; ˈkɔ:ni] *adj.* (**corn·i·er**; **-i·est**)有雞眼的。

co·rol·la [kəˈrɑlə; kəˈrɔlə] *n.* Ⓒ《植物》花冠。

cor·ol·lar·y [ˈkɔrəˌlɛrɪ; kəˈrɔləri] *n.* Ⓒ **1**《文語》**a** 可自然引出的結論；(必然的)結果。**b** 推論。**2**《數學》系。

co·ro·na [kəˈronə; kəˈrounə] 《源自拉丁文「冠」之義》—*n.* Ⓒ (*pl.* ~**s**, **-nae** [-ni; -ni:]) **1**《天文》日冕《太陽大氣最外層的高溫氣體》。**2**《氣象》(在日、月周圍的)光環，華。

cor·o·nal [ˈkɔrənl; ˈkɔrənl] *n.* Ⓒ **1** 寶冠。**2** 花冠；花圈。
— [kəˈronl, ˈkɔrənl; kəˈrounl] *adj.*《天文》日冕的；冠狀的。

cor·o·nar·y [ˈkɔrəˌnɛrɪ; ˈkɔrənəri]《解剖》*adj.* **1** 冠狀(動脈)的：a ~ artery [vein] (心臟的)冠狀動脈[靜脈]/(a) ~ thrombosis 冠(狀)動脈栓塞(症)。**2** 心臟的：~ trouble 心臟病。
—*n.* Ⓒ《口語》冠狀動脈栓塞。

cor·o·na·tion [ˌkɔrəˈneʃən; ˌkɔrəˈneiʃn] *n.* Ⓒ加冕禮；即位典禮。

【說明】英國國王的加冕禮在西敏寺(Westminster Abbey)由坎特伯里(Canterbury)大主教主持。國王所坐的椅子稱作「即位之石」(the Coronation Stone)，原爲蘇格蘭王即位時所坐的史昆石(the Stone of Scone)，即由愛德華一世(Edward I)帶回英國者。相傳雅各(Jacob, 猶太人的祖先)以該石爲枕，夢見連結天地的梯子。

cor·o·ner [ˈkɔrənɚ; ˈkɔrənə] *n.* Ⓒ《法律》(橫死者的)驗屍官：a ~'s court 驗屍法庭/a ~'s inquest 驗屍/a ~'s jury 驗屍陪審團。

cor·o·net [ˈkɔrənɪt; ˈkɔrənit] *n.* Ⓒ **1** (王子、貴族等所戴的)小冠冕，寶冠《較國王、王妃的冠冕小》。**2** (婦女的)小冠狀頭飾《鑲有寶石或花》。

corp., **Corp.**《略》corporal；corporation.

cor·po·ra *n.* **corpus** 的複數。

cor·po·ral[1] [ˈkɔrpərəl, ˈkɔrprəl; ˈkɔ:pərəl]《源自拉丁文「肉體(的)」之義》—*adj.*《文語》身體[肉體]的：the ~ pleasures 肉體的快樂/~ punishment 體罰《主指笞刑》。
~·ly [-rəlɪ; -rəli] *adv.*

cor·po·ral[2] [ˈkɔrpərəl, ˈkɔrprəl; ˈkɔ:pərəl]《源自拉丁文「頭」之義》—*n.* Ⓒ《軍》下士，班長《階級最低的士官》。

cor·po·ral·i·ty [ˌkɔrpəˈrælətɪ; ˌkɔ:pəˈræləti] *n.* Ⓤ具體性，有形體之存在；肉體，物質。

cor·po·rate [ˈkɔrpərɪt, ˈkɔrprɪt; ˈkɔ:pərət]《源自拉丁文「賦予人格的」之義》—*adj.* **1** 法人(組織)的；公司的：in one's ~ capacity 以法人資格/~ right(s) 法人權/a ~ town 自治都市/a ~ name 法人名；公司名/~ law 公司法。**2** 團體的；集合的，共同的：~ action 共同行爲/~ responsibility 共同責任。**3** [常置於名詞後]被合併的，法人組織的：a body ~=a ~ body 法人組織[團體]。

córporate ímage *n.* Ⓒ公司予人之印象，公司形象。

cór·po·rate·ly *adv.* 以法人身分[資格]。

***cor·po·ra·tion** [ˌkɔrpəˈreʃən; ˌkɔ:pəˈreiʃn]《corporate 的名詞》—*n.* Ⓒ **1**《法律》法人；社團法人，法人團體：a private ~ 私法人/a religious ~ 宗教法人/⇨public corporation. **2 a** 地方公共團體，地方自治體。**b** [常 C~]《英》都市自治體；市議會：the *C*~ of the City of London 倫敦市(舊市內)自治體。**3**《美》有限[股份]公司(《英》limited liability company)(⇨company 4【同義字】)：a joint-stock ~ 股份公司/a trading ~ 貿易公司。**4**《口語》(凸出的)腹部，大肚子。

corporátion làw *n.* Ⓤ《美》公司法(《英》company law).

corporátion tàx *n.* ⓊⒸ法人稅。

cor·po·re·al [kɔrˈporɪəl, -ˈpɔr-; kɔ:ˈpɔ:riəl]《源自拉丁文「肉體的」之義》—*adj.* **1 a** (對精神上而言的)身體上的，肉體上的(bodily)：~ needs 肉體上必需品《飲料、食物等》。**b** 物質上的，形而下的。**2**《法律》有形的：~ property [movables] 有形財產[動產]/~ capital 有形資本。**~·ly** [-rəlɪ; -riəli] *adv.*

cor·po·re·al·i·ty [kɔrˌporɪˈælətɪ, -ˌpɔrɪ-; kɔ:ˌpɔ:riˈæləti] *n.* Ⓤ有形體之存在，具體性。

cor·po·sant [ˈkɔrpəˌzænt; ˈkɔ:pəzænt] *n.* =St. Elmo's fire.

corps [kor, kɔr; kɔ:]《源自法語》—*n.* Ⓒ (*pl.* ~ [~z; ~z]) **1**《軍》軍團，兵團(⇨army 1)；…隊[部]：the Army Ordnance *C*~ 陸軍兵工部/the U.S. Marine *C*~ 美海軍陸戰隊/the Army Service *C*~ 輜重兵/a flying ~ 航空隊。**2** 團體，團：⇨DIPLOMATIC corps.

corps de ballet [ˌkɔrdəbæˈle; ˌkɔ:dəˈbælei]《源自法語 'company of ballet dancers' 之義》—*n.* Ⓒ (*pl.* ~ [ˌkɔrz-; ˌkɔ:dz-])《芭蕾舞》(非單獨表演的)芭蕾舞團《★用法 視爲一整體時當單數用，指個別成員時當複數用》。

corpse [kɔrps; kɔ:ps]《源自拉丁文「肉體」之義》—*n.* Ⓒ(尤指人的)屍體，屍首。

cor·pu·lence [ˈkɔrpjələns; ˈkɔ:pjuləns]《corpulent 的名詞》—*n.* Ⓤ肥胖(fatness).

cór·pu·len·cy [-lənsɪ; -lənsi] *n.* =corpulence.

cor·pu·lent [ˈkɔrpjələnt; ˈkɔ:pjulənt] *adj.* 胖嘟嘟的，肥胖的(fat).

cor·pus [ˈkɔrpəs; ˈkɔ:pəs]《源自拉丁文「肉體」之義》—*n.* Ⓒ (*pl.* **cor·po·ra** [ˈkɔrpərə; ˈkɔ:pərə]) **1 a** (文獻等的)全集，集成。**b** (資料的)總集，大全〔*of*〕. **2**《謔》屍體。**3** (事物的)主體。

Córpus Chrís·ti (Dày) [-ˈkrɪstɪ-; -ˈkristi-] *n.* 基督聖體節《聖三主日(Trinity Sunday)之後的星期四》。

cor·pus·cle [ˈkɔrpʌsl; ˈkɔ:pʌsl] *n.* Ⓒ《生理》微粒，小體；血球：red [white] ~*s* 紅[白]血球。

cor·pus·cu·lar [kɔrˈpʌskjələ; kɔ:ˈpʌskjulə] *adj.*

cor·pus·cule [kɔrˈpʌskjul; kɔ:ˈpʌskju:l] *n.* =corpuscle.

córpus de·líc·ti [-dɪˈlɪktaɪ; -diˈliktai]《源自拉丁文 'body of the crime' 之義》—*n.* Ⓒ (*pl.* **corpora delicti**)《法律》**1** 罪體；犯罪遺體。**2** 犯罪事實。

corr.《略》correct(ed)；correction；correlative；correspond(ence)；correspondent；corresponding；corrupt(ion).

cor·ral [kəˈræl; kɔ:ˈrɑ:l]《源自西班牙語》—*n.* Ⓒ **1**《美國西南部》(家畜用的)畜欄，畜檻(pen). **2**《美》(從前夜營時爲防禦攻擊而用馬車圍成的)圓形車陣。
—*v.t.* (**cor·raled**,《英》**-ralled**; **cor·ral·ing**,《英》**-ral·ling**) **1** 將〈家畜〉關入欄內。**2** 把〈馬車〉排成圓形車陣。**3**《美口語》捉住；把…弄到手。

‡**cor·rect** [kəˈrɛkt; kəˈrekt]《源自拉丁文「弄直」之義》—*adj.* (~**·er**; ~**·est**) **1 a** (符合事實的)對的，無誤的，正確的：a ~ judgment 正確的判斷/a ~ view 正確的見解/It was on the 7th of last month, if my memory is ~. 如果我沒記錯，那是在上個月的七號。

【同義字】correct 指符合規定的標準而無誤的或符合一般所承認之習慣的；accurate 指由於注意與努力的結果而正確的；exact 指完全合乎事實、眞理或規定之標準的；precise 指連細微之處都是正確的。

b [不用在名詞前]〔十介十(代)名〕〔在…方面〕正確的〔*in*〕：You are quite ~ *in* think*ing* so. 你那樣想是十分正確的《那個想法沒有錯》。**2** 〈行爲、言論等〉得當的，恰當的，適當的；品行端正的：do [say] the ~ thing 做[說]得當的事情[言論]/It is not ~ to wear brown shoes with a morning coat. 穿褐色鞋配大禮服是不得體的[不合禮節的]。
—*v.t.* **1** [十受] **a** 訂正，改正；校正〈錯誤〉：*C*~ errors, if any. 如有錯誤，予以改正。**b** 〈教師等〉指正；批改…的錯誤，在〈錯處〉做記號：The teacher hasn't finished ~*ing* our reports yet. 老師尚未批改完我們的報告/*C*~ me if I am wrong, but I believe she was a classmate of yours. 如果我錯了請糾正，但是我

相信她是你的同班同學。
2 〔十受十介十(代)名〕〔爲…〕責備，責罵，懲罰〈小孩等〉〔*for*〕：The mother ~*ed* the child ***for*** disobedience. 那位母親責罵小孩不聽話。
3 〔十受〕修正〈計算、觀測、機器等〉。
stánd corrécted 接受改正，承認有錯：I *stand* ~*ed*. 我承認錯誤[接受指正]。
~**·ness** *n.*

***cor·rec·tion** [kəˋrɛkʃən; kəˈrekʃn] «correct *v.* 的名詞»—*n.* **1** Ⓤ Ⓒ訂正，修正，補正；校正：make ~*s* on the proof 在校樣上加以校正。**2** Ⓤ《委婉語》懲戒，處罰：⇨HOUSE of correction. **3** ⓊⒸ《數學・物理・光學》調正，修正。
ùnder corréction 若有錯誤，尚待訂正：I speak *under* ~. 我說的話如有錯誤請指正《我說的不一定都對》。
~**·al** [-ʃənl; -ʃənl] *adj.*

cor·rec·ti·tude [kəˋrɛktəˏtud, -ˏtjud; kəˈrektitjuːd] *n.* Ⓤ《文語》(品行、禮節等的)端正，適宜，得體。

cor·rec·tive [kəˋrɛktɪv; kəˈrektiv] *adj.* 矯正的；改正的。
—*n.* Ⓒ矯正物[措施]；改善法。

cor·rect·ly [kəˋrɛktlɪ; kəˈrektli] *adv.* (**more** ~；**most** ~) **1** 正確地，得當地：I have trouble using chopsticks ~. 我很難正確地使用筷子。**2** [修飾整句]正確地說：*C*~ (speaking), the gorilla is not a monkey, but an ape. 正確地說大猩猩不是猴子，而是類人猿。

cor·réc·tor [-tɚ; -tə] *n.* Ⓒ **1** 訂正者：a ~ of the press《英》校正者。**2** 矯正者，懲罰者。

cor·re·late [ˋkɔrəˏlet; ˈkɔrileit] *v.i.* **1** 〈兩件事〉互相關聯，相互有關係。**2** 〔十介十(代)名〕〔與…〕互相有關係〔*with, to*〕：Form and meaning ~ ***to*** each other. 形式與意義互有關聯。
—*v.t.* **1** 表示〈兩件事〉的相互關係：Poetry ~*s* inner experience ***and*** social reality. 詩表示內在經驗與社會現實的相互關係。**2** 〔十受十介十(代)名〕使…〔與…〕產生關聯〔*with*〕：The average salary is ~*d* ***with*** length of education. 平均薪俸與教育程度有互相的關聯。
—*n.* Ⓒ有相互關係之物，相關物：Hatred is a ~ ***of*** love.＝Hatred and love are ~*s*. 恨與愛是互相關聯的。

cor·re·la·tion [ˏkɔrəˋleʃən; ˌkɔriˈleiʃn] «correlate 的名詞»—*n.* **1** Ⓤ《文語》相關聯；相關性〔*with*〕. **2** Ⓒ相互關係〔*between*〕：show a ~ ***between*** smoking ***and*** lung cancer 顯示抽煙和肺癌的相互關係。

cor·rel·a·tive [kəˋrɛlətɪv; kɔˈrelətiv] *adj.* 相關的，有相互關係的：~ conjunctions《文法》相關連接詞《both...and；either...or 等》/ ~ terms《邏輯》相關名詞《「父母」與「子」等》/ ~ words《文法》相關詞《either與or, the former與the latter等》。
—*n.* Ⓒ **1** 相關物。**2** 相關詞。~**·ly** *adv.*

cor·re·spond** [ˏkɔrəˋspɑnd; ˌkɔrisˈpɔnd] «源自拉丁文「一同(com-)回應(respond)」之義»—*v.i.* **1 a** 〈兩個東西〉一致：His words ***and actions do not ~. 他的言行不一致。**b** 〔十介十(代)名〕〔與…〕一致，符合，調和〔*to, with*〕：The result of his experiment ~*ed* ***with*** mine. 他的實驗結果和我的一致/The goods do not ~ ***to*** the samples you sent me. 這些貨和你寄來的樣品不一樣。**2 a** 通信：He ***and*** I have ~*ed* for years. 他和我已通信好幾年了。**b** 〔十介十(代)名〕〔與人〕通信〔*with*〕：I am ~*ing* ***with*** an American schoolboy. 我在和一個美國學童通信。**3** 〔十介十(代)名〕相當於，表示〔…〕〔*to*〕：The broad lines on this map ~ ***to*** roads. 這張地圖上的粗線表示道路。

cor·re·spon·dence [ˏkɔrəˋspɑndəns; ˌkɔrisˈpɔndəns] «correspond 的名詞»—*n.* **1** ⓊⒸ一致，調和：(a) ~ ***between*** the two 二者間的一致/the ~ ***of*** one's words ***with*** [*to*] one's actions 某人言行的一致。**2 a** Ⓤ[又作 **a** ~]通信，(信函的)往返：be in ~ ***with...*** 與…通信；與…有交易關係/enter into ~ ***with...*** 與…開始通信/have a great deal of ~ 有大量的書信往返/keep up *a* regular ~ (不斷地)保持通信。**b** Ⓤ[集合稱]往返書信，信件：commercial ~ 商業書信。**3** ⓊⒸ符合，一致，相當，對應[*to*]：the ~ of a bird's wing ***to*** a human arm 鳥翼和人之手臂的對應關係。

correspóndence còlumn *n.* Ⓒ(報紙、雜誌的)讀者通信欄。

correspóndence còurse *n.* Ⓒ函授課程：take a ~ ***in...*** 接受…的函授課程。

correspóndence schòol *n.* Ⓤ[指設施時爲Ⓒ]函授學校；(大學的)函授部。

cor·re·spon·dent [ˏkɔrəˋspɑndənt; ˌkɔrisˈpɔndənt⁻] *n.* Ⓒ **1 a** 通信者，寫信的人：a good [bad, poor] ~ 勤[懶]於寫信的人。**b** (尤指遠地的，新聞、廣播等的)通訊員，特派員：a special [war] ~ 特派員[戰地記者]。**c** (向報紙等讀者欄的)投稿者。**2** 《商》(尤指遠地的)客戶。**3** 與他物一致[符合，相當，對應]者。
—*adj.* **1** 相當的，對應的，一致的，符合的。**2** [不用在名詞前]〔十介十(代)名〕〔與…〕一致[符合，調和]的〔*to, with*〕：The result was ~ ***with*** my expectation. 該結果與我所預料的一致。
~**·ly** *adv.*

cor·re·spónd·ing *adj.* **1** 一致的，相當的；對應的：the ~ period of last year 去年的同期。**2** 通信的，負責通信的：a ~ clerk [secretary] (公司等)掌管通信的職員[祕書]/a ~ member (of a society) (學會的)通信會員。

cor·re·spónd·ing·ly *adv.* 相當地，同樣地，對應地，相應地。

cor·ri·dor [ˋkɔrədɚ; ˈkɔridɔː] «源自義大利語「延長的東西」之義»—*n.* Ⓒ **1** (旅館、公寓、大廈等有幾個房間出入口的)走廊，廻廊，通道。**2** 走廊地帶《內陸國家等經由他國通往海港等地的狹長地帶》：the Polish *C*~ 波蘭走廊《由德國割讓給波蘭的一條通往波羅的海的管道》。**3** ＝air corridor.

córridor tràin *n.* Ⓒ《英》走廊式列車《一側有通道，另一側橫隔成若干小隔間(compartment)；cf. vestibule 2, vestibule train》.

cor·rie [ˋkɔrɪ, ˋkɑrɪ; ˈkɔri] *n.* Ⓒ《蘇格蘭》山腹之凹處。

cor·ri·gen·dum [ˏkɔrɪˋdʒɛndəm; ˌkɔriˈdʒendəm] *n.* Ⓒ(*pl.* **cor·ri·gen·da** [-də; -də]) **1** (書籍等)需要訂正之處，排錯的字。**2** [~s；當單數用]勘誤表(errata).

cor·ri·gi·ble [ˋkɔrədʒəbl; ˈkɔridʒəbl] *adj.* 可改正的，易矯正的。

cor·rob·o·rate [kəˋrɑbəˏret; kəˈrɔbəreit] *v.t.* (以證據)證實，確證〈信念、陳述等〉：There's nothing to ~ your story. 無任何東西可以證實你的話。

cor·rob·o·ra·tion [kəˏrɑbəˋreʃən; kəˌrɔbəˈreiʃn] «corroborate 的名詞»—*n.* Ⓤ **1** 證實；確證：in ~ of... 爲了確證…。**2** 加强證據，獨立證據。

cor·rob·o·ra·tive [kəˋrɑbəˏretɪv; kəˈrɔbərətiv] *adj.* 〈證據、證詞、新事實等〉使(信念、陳述等)成確定性的，確證的；(從旁)支持的，證實的：~ evidence (可)成爲確證的證據，助證。~**·ly** *adv.*

cor·rób·o·rà·tor [-tɚ; -tə] *n.* Ⓒ確證的人[物]。

cor·rób·o·ra·tò·ry [kəˋrɑbərəˏtorɪ, -ˏtɔrɪ; kəˈrɔbərətəri] *adj.* ＝corroborative.

cor·rob·o·ree [kəˋrɑbərɪ; kəˈrɔbəri] *n.* Ⓒ《澳》**1** 澳洲土人的慶祝歌舞。**2** 《口語》狂歡宴會[舞會]。

cor·rode [kəˋrod; kəˈroud] *v.t.* **1** 〈銹等〉腐蝕〈金屬等〉：Sea water has ~*d* the anchor chain. 海水腐蝕了錨鍊。**2** 侵蝕，損傷〈人心〉：Failure ~*d* his self-confidence. 失敗使他逐漸失去自信。—*v.i.* **1** 腐蝕，腐敗。**2** 〈人、心等〉受損傷[損害，侵蝕]。

cor·ro·sion [kəˋroʒən; kəˈrouʒn] «corrode 的名詞»—*n.* Ⓤ **1 a** 腐蝕(作用)。**b** 由腐蝕而產生的東西《銹等》。**2** (煩惱)侵蝕人心。

cor·ro·sive [kəˋrosɪv; kəˈrousiv] *adj.* **1** 腐蝕性的：~ sublimate《化學》昇汞。**2** (精神上)侵蝕的：Poverty can have a ~ influence on the human spirit. 貧窮對人類的精神會有侵蝕性的影響(力)。**3** 〈言語等〉刻薄的，諷刺的：She has a ~ tongue. 她有一張刻薄的嘴。
—*n.* Ⓒ腐蝕物；腐蝕劑《酸等》。
~**·ly** *adv.* ~**·ness** *n.*

cor·ru·gate [ˋkɔrəˏget; ˈkɔrugeit] *v.t.* **1** 使〈金屬〉成波狀。**2** 使〈額頭〉起皺紋。
—*v.i.* **1** 成波狀。**2** 起皺紋。

cór·ru·gàt·ed *adj.* (成)波狀的，產生皺褶的：~ iron 波狀鐵皮/~ (card)board [paper] 波狀紙(板)。

cor·ru·ga·tion [ˏkɔrəˋgeʃən, ˏkɔrjə-; ˌkɔruˈgeiʃn] «corrugate 的名詞»—*n.* **1** Ⓤ使成波狀，起皺，(波狀表面的)起伏。**2** Ⓒ(鐵板等的)波狀，溝紋；皺紋。

cor·rupt [kəˋrʌpt; kəˈrʌpt] «源自拉丁文「完全被毀壞的」之義»—*adj.* (**more** ~；**most** ~) **1 a** (道德上)墮落的，頹廢的，不道德的，邪惡的，敗壞的：~ morals 敗壞的道德/a ~ politician 墮落[貪污]的政客/a ~ press 不道德的新聞(界)。**b** 可賄賂的，貪污的，腐化的：a ~ judge 腐敗的法官/~ practices (選舉等的)行賄，舞弊。**2 a** 〈原文等〉(訛誤或塗改等)損毀原意的，多錯誤的：a ~ manuscript 錯誤百出的文稿。**b** 〈言語〉轉訛的，訛誤的：a ~ form of Latin 拉丁文的訛用形式。
—*v.t.* 〔十受〕**1 a** 使〈人、品行等〉墮落：~ the morals of youth 使年輕人的品行敗壞。**b** (以賄賂)收買〈人〉：~ a policeman [the electorate] 行賄收買警察[選民]。**2 a** 塗改而損壞，竄改〈原文〉。**b** 使〈言語〉轉訛，使〈手稿〉攙雜訛誤。—*v.i.* 墮落。
~**·ly** *adv.* ~**·ness** *n.*

cor·rupt·i·ble [kəˋrʌptəbl; kəˈrʌptəbl] *adj.* 易墮落的；可賄賂的，可收買的。**-i·bly** [-təblɪ; -təbli] *adv.* **cor·rùpt·i·bíl·i·ty** [-təˋbɪlətɪ; -təˈbiləti] *n.*

cor·rup·tion [kəˋrʌpʃən; kəˈrʌpʃn] «corrupt 的名詞»—*n.* **1** Ⓤ **a** 墮落；頹廢。**b** 賄賂，收賄，收買，貪污。**2** Ⓒ[常用單數] **a** (原文的)改壞，塗改。**b** (言語的)轉訛，訛誤。**3** Ⓤ腐敗。

cor·rup·tive [kəˋrʌptɪv; kəˈrʌptiv] *adj.* 使墮落[敗壞]的。

cor·sage [kɔrˋsɑʒ; kɔːˈsɑːʒ] *n.* Ⓒ **1** (飾於女裝胸前、腰或肩部的)花束。**2** (婦女的)緊身上衣。

cor·sair [ˋkɔrsɛr; ˈkɔːsɛə] *n.* Ⓒ **1** (昔日出沒於北非沿岸的)私掠船《受政府允許去掠奪基督教國家船隻的土耳其人及撒拉遜人等的私掠船(privateer)》. **2** 海盜；海盜船。

corse [kɔrs; kɔːs] *n.* 《詩·古》＝corpse.

corse·let [ˋkɔrslɪt; ˈkɔːslit] *n.* Ⓒ **1** 甲冑，胸甲。**2** (又作 **corse·lette**) [ˌkɔrslˋɛt; ˈkɔːslit] 婦女束胸腹的緊身內衣《包括胸罩與束腹》。

corselet 2

cor·set [ˋkɔrsɪt; ˈkɔːsit] *n.* Ⓒ[常～s] (婦女調整身材，束緊軀幹部分的)緊身褡，(整形外科用的)整形內衣。**cór·set·ed** *adj.*

Cor·si·ca [ˋkɔrsɪkə; ˈkɔːsikə] *n.* 科西嘉島《法國位於地中海的一小島；拿破崙(Napoleon)一世的誕生地》。

Cór·si·can [ˋkɔrsɪkən; ˈkɔːsikən] *adj., n.*

cors·let [ˋkɔrslɪt; ˈkɔːslit] *n.* ＝corselet.

cor·tège, cor·tege [kɔrˋtɛʒ, -ˋtɛʒ; kɔːˈteiʒ] 《源自法語》—*n.* Ⓒ **1** 行列。**2** 扈從，隨從。

Cor·tes, -tez [ˋkɔrtɛz; ˈkɔːtes, -tez], **Hernan·do** [hɚˋnændo; həːˈnændou] *n.* 蔻蒂茲《1485-1547；西班牙軍人及探險家；曾征服墨西哥》。

cor·tex [ˋkɔrtɛks; ˈkɔːteks] *n.* Ⓒ (*pl.* **-ti·ces** [-tɪˌsiz; -tisiːz], ～**·es**) **1** 《植物》表皮層。**2** 《解剖》**a** 皮質，外皮。**b** 大腦皮質。

cor·ti·cal [ˋkɔrtɪkl̩; ˈkɔːtikl] *adj.*

cor·tin [ˋkɔrtɪn; ˈkɔːtin] *n.* Ⓤ《生化》腎上腺皮質浸液。

cor·ti·sone [ˋkɔrtəˌson, -ˌzon; ˈkɔːtizoun] *n.* Ⓤ可體松《腎上腺皮質荷爾蒙的一種；關節炎、過敏症等的治療劑》。

co·run·dum [kəˋrʌndəm; kəˈrʌndəm] *n.* Ⓤ《礦》鋼玉。

co·rus·cant [kəˋrʌskənt; kəˈrʌskənt] *adj.* 閃光的，閃爍的。

cor·us·cate [ˋkɔrəsˌket; ˈkɔrəskeit] *v.i.* 《文語》**1** 閃亮，閃爍。**2** 〈才氣、才智、機智等〉煥發，輝耀：*coruscating* wit 煥發的才智。

cor·us·ca·tion [ˌkɔrəsˋkeʃən; ˌkɔrəˈskeiʃn] *n.* ⓊⒸ《文語》**1** 閃爍；光輝。**2** (才氣等的)煥發，閃現。

cor·vée [kɔrˋve; kɔːvei] 《源自法語》—*n.* Ⓤ **1** (封建社會的)徭役。**2** (强迫的)勞役。

cor·vette [kɔrˋvɛt; kɔːˈvet] *n.* Ⓒ《航海》**1** 小型護衛艦《裝有防空防潛艇裝置，護衛運輸船的小型快艇》。**2** (昔日的)巡洋艦《平甲板，裝砲的木造帆裝戰艦》。

cor·vine [ˋkɔrˌvaɪn, -vɪn; ˈkɔːvain] *adj.* (似)烏鴉的。

Cor·y·bant [ˋkɔrəˌbænt, ˋkɑr-; ˈkɔribænt] *n.* Ⓒ (*pl.* ～**s**, **-ban·tes** [ˌkɔrəˋbæntiz; ˌkɔriˈbæntiːz]) **1** 《希臘神話》**a** 柯樂班特《女神西芭莉(Cybele)之從者》。**b** 柯樂班特《祭祀西芭莉(Cybele)之祭司》。**2** [**c-**] 縱樂飲鬧的人。

cor·y·phée [ˌkɔrəˋfe, ˌkɑr-; ˈkɔrifei] 《源自法語》—*n.* Ⓒ (芭蕾舞中的)首席舞星。

co·ry·za [kəˋraɪzə; kəˈraizə] *n.* Ⓤ《醫》鼻炎，鼻傷風。

cos[1] [kɑs, kɔs; kɔs] *n.* (又作 **cós léttuce**) Ⓒ[當作食物時爲Ⓤ]《植物》長葉萵苣《英國廣爲栽培，爲萵苣的一變種》。

cos[2], **'cos** [kəz; kəz] *conj.* 《口語》＝because.

cos 《略》《數學》cosine.

cosec [ˋkoˌsik; ˈkousek] 《略》《數學》cosecant.

co·se·cant [koˋsikənt, -kænt; ˌkouˈsiːkənt] *n.* Ⓒ《數學》餘割《略作 cosec》。

cosh [kɑʃ; kɔʃ] *n.* 《英口語》＝blackjack 2.

co·sig·na·to·ry [koˋsɪgnəˌtorɪ, -ˌtɔrɪ; ˌkouˈsignətəri] *adj.* [用在名詞前] 聯署的：the ～ powers 聯署國。

—*n.* Ⓒ聯署人；聯署國。

co·sine [ˋkosaɪn; ˈkousain] *n.* Ⓒ《數學》餘弦《略作 cos》。

cos·met·ic [kɑzˋmɛtɪk; kɔzˈmetik] 《源自希臘文「有秩序的，整齊的」之義》—*adj.* **1** 化粧用的，美容[髮]用的：～ surgery 美容整形外科。**2** 掩飾缺點的；粉飾表面的：a ～ compromise 表面上的妥協/make ～ changes in a manuscript (不改變原稿大意地)在原稿上作些表面上的小修改。

—*n.* Ⓒ[常 ～s] 化粧品《粉、口紅等》。

cos·me·ti·cian [ˌkɑzməˋtɪʃən; ˌkɔzmiˈtiʃn] *n.* Ⓒ美容師，化粧師；製造[出售]化粧品者。

cos·mic [ˋkɑzmɪk; ˈkɔzmik] 《cosmos 的形容詞》—*adj.* **1** 宇宙的。**2** 廣大無邊的；秩序井然的；和諧的。

cós·mi·cal·ly [-kəlɪ; -kəli] *adv.*

cósmic dúst *n.* Ⓤ《天文》宇宙塵。

cósmic ráys *n. pl.* 《天文》宇宙(射)線。

cos·mo·drome [ˋkɑzməˌdrom; ˈkɔzmədroum] *n.* Ⓒ (蘇聯的)太空船發射基地。

cos·mo·gon·ic [ˌkɑzməˋgɑnɪk; ˌkɔzməˈgɔnik] *adj.* 宇宙開創[起源]論的。

cos·mog·o·ny [kɑzˋmɑgənɪ; kɔzˈmɔgəni] *n.* **1** Ⓤ宇宙(天地)的發生[創造]。**2** Ⓒ宇宙起源論。

cos·mog·ra·phy [kɑzˋmɑgrəfɪ; kɔzˈmɔgrəfi] *n.* Ⓤ宇宙地理學，宇宙誌。

cos·mol·o·gy [kɑzˋmɑlədʒɪ; kɔzˈmɔlədʒi] *n.* **1** Ⓤ宇宙論《研究宇宙起源或構造的天文學的一門學問》。**2** Ⓒ《哲》宇宙論《討論宇宙特性的哲學原理》。

cos·mo·naut [ˋkɑzməˌnɔt; ˈkɔzmənɔːt] *n.* Ⓒ (尤指蘇聯的)太空人《★比較《美》稱 astronaut》。

cos·mo·nette [ˌkɑzməˋnɛt; ˌkɔzməˈnet] *n.* Ⓒ (尤指蘇聯的)女太空人，女太空飛行員。

cos·mop·o·lis [kɑzˋmɑpəlɪs; kɔzˈmɔpəlis] *n.* Ⓒ國際都市。

cos·mo·pol·i·tan [ˌkɑzməˋpɑlətn̩; ˌkɔzməˈpɔlitən] *adj.* **1** (無地方或國家偏見的)世界主義的，四海爲家的：a ～ outlook 世界主義的見解[看法]。**2** 世界性的，國際的：a ～ city 國際都市。**3** 《生物》分布於全世界的。

—*n.* Ⓒ四海爲家的人，世界主義者，無國家偏見的人。

còs·mo·pól·i·tan·ism [-tn̩ˌɪzəm; -tənizəm] *n.* Ⓤ世界主義，四海一家的主義。

cos·mop·o·lite [kɑzˋmɑpəˌlaɪt; kɔzˈmɔpəlait] *n.* ＝cosmopolitan.

cos·mo·ra·ma [ˌkɑzməˋramə, -ˋræmə; ˌkɔzməˈrɑːmə] *n.* Ⓒ世界各地景物之照片展覽。

cos·mos [ˋkɑzməs, -mɑs; ˈkɔzmɔs] 《源自希臘文「秩序，宇宙」之義》—*n.* (*pl.* ～, ～·**es**) **1** Ⓤ [**the** ～] (表現秩序與和諧的)宇宙(the universe) (↔ chaos). **2** Ⓒ《植物》大波斯菊《在秋季和夏末開白色，粉紅色，紫色或黃色花》。

co·spon·sor [koˋspɑnsɚ; ˌkouˈspɔnsə] *n.* Ⓒ共同主辦人。

—*v.t.* 共同主辦，共同提供。

Cos·sack [ˋkɑsæk; ˈkɔsæk] *n.* **1** [**the** ～**s**] 哥薩克族《蘇聯黑海北方的土耳其系農民；擅長騎術》。**2** Ⓒ哥薩克族的人；(昔日的)哥薩克輕騎兵。

cos·set [ˋkɑsɪt; ˈkɔsit] *n.* Ⓒ親手飼養的小羊；寵物。

—*v.t.* 寵愛，疼愛；溺愛，縱容。

‡**cost** [kɔst; kɔst] *n.* **1** Ⓒ[常 ～s] (支付製造或工程等的)**費用**，經費(⇨price【同義字】)：production ～*s* 生產[製造]費/the ～ of refitting a ship 船的修理費。**2** [用單數；常 **the** ～] (支付商品或服務的)**價格**，代價，費用《★比較 買賣東西的「價格」爲 price，但對服務則用 cost》：the ～ of living 生活費用/sell below ～ 以低於成本出售/～ and freight 《商》包括運費的價格《略作 c. & f.》/～, insurance and freight 《商》含保險費及運費的價格《略作 C.I.F.》. **3** Ⓤ[常 **the** ～] (人命、時間、勞力等的)**犧牲**，損失：Madame Curie carried through her researches *at the* ～ *of* her own life. 居禮夫人不惜以生命爲代價將研究做到底/*The* ～ *of* the war in lives and property was great. 戰爭在生命和財產方面所造成的損失很大。**4** [～s] 《法律》訴訟費用。

at áll cósts＝at ány cóst 不管花費多少；不惜任何犧牲，無論如何：We must catch the next train *at all* ～*s*. 無論如何我們必須趕上下班火車。

at cóst 照原價，照成本：sell *at* ～ 照原價出售。

cóunt the cóst 事先充分考慮一切可能的狀況，事先詳細盤算費用[得失]：You should have *counted the* ～ before you decided. 在你做決定以前應該愼密考慮。

to one's cóst (1)遭受損失地，惹出麻煩地：I know it *to* my ～. 我吃了虧後才知道這回事/He ferreted out the secret *to* his ～. 他探出那秘密給自己惹了禍。(2)從痛苦的經驗中：I know *to* my ～ that one should never touch an unknown insect. 我從痛苦的經驗中得知人不該去碰從未見過的昆蟲。

—*v.t.* (**cost**；*v.t.* 4 **cost·ed**) **1** 《★不可用被動語態》**a** 〔十受〕〈事、物〉需要…金額，值…價錢《★用法 原爲不及物動詞，故也有人當作〔十補〕；cf. *v.i.*》：How much does it ～? ＝What does it ～? 它需要多少錢[它賣多少錢]？/This book ～*s* ten dollars. 這本書值十美元/What [How much] does it ～ to spend a month in France? 在法國生活一個月需多少錢？**b** 〔十受十受〕〈事、物〉使〈人〉花費〈錢〉《★一般用此構句，其譯文與義 1 a 同》：This hat ～ me $10. 這頂帽子花了我十美元/It ～ him £100,000 to build the house. 他蓋那棟房子花了十萬英鎊。**2 a** 〔十受〕〈事、物〉**需花費**〈時間、勞力等〉；使…犧牲，失去〈貴重的東西〉《★不可用被動語態》：Making a dictionary ～*s* much time and care. 編一本辭典需花費很多時間及苦心。**b** 〔十受十受〕〈事、物〉使〈人〉花費〈時間、勞力等〉；使〈人〉犧牲〈貴重的東西〉：Lack of courage ～ them their freedom, and finally their lives. 缺乏勇氣使他們失去自由，最後連生命也喪失了/Your refusal to testify will ～ you a month in jail. 你的拒絕作證會使你坐牢一個月。**3** 〔十受〕《英俚》使〈人〉花高額費用《★不可用被動語態》：It'll ～ you to go by plane. 你搭飛機去花費大。**4** 〔十受〕《商》估計〈物品、事業等〉的生產費[費用]：They ～*ed* the construction at $50,000. 他們估計該工程費爲五萬美元。

—*v.i.* 〔十副〕費，需(cf. *v.t.* 1 a)：This ～ a lot. 這個東西[這件事]需要很多錢。

cóst accòuntant *n.* Ⓒ成本會計師。
cóst accòunting *n.* Ⓤ《會計》成本會計(學)。
cos·tal [ˈkastl; ˈkɔstl] *adj.* 《解剖》肋骨的，肋骨附近的。
co-star [koˋstar; kouˈstaː] (**co-starred**; **co-star·ring**) *v.i.* 〔(十介十(代)名〕(在電影、電視等)〈明星〉〔與…〕共演，合演〔*with*〕: He *co-starred with* Dustin Hoffman in that movie. 他在那部電影裡與達斯汀·霍夫曼合演。
—*v.t.* 使〈明星〉共演: a movie that ～*s* two famous actresses 由二位著名女演員共演的電影。
— [ˈkoˏstar; ˈkouˏstaː] *n.* Ⓒ共演者[明星]。
Cos·ta Ri·ca [ˈkastəˋrikə; ˌkɔstəˈriːkə] *n.* 哥斯大黎加《中美洲的一共和國；首都聖約瑟 (San José [ˏsænhoˋze, -noˋze; ˌsaːnhouˈsei])》。
Cós·ta Rí·can [-ˋrikən; -ˈriːkən] 《Costa Rica 的形容詞》—*adj.* 哥斯大黎加的。
—*n.* Ⓒ哥斯大黎加人。
cóst clèrk *n.* 《英》=cost accountant.
cóst contròl *n.* Ⓤ成本控制。
cos·ter [ˈkastɚ; ˈkɔstə] *n.* =costermonger.
cóster·mònger *n.* Ⓒ《英》沿街叫賣(水果、蔬菜等)的小販。
cóst inflàtion *n.* =cost-push inflation.
cos·tive [ˈkastɪv; ˈkɔstiv] *adj.* **1** 便秘的；秘結的。**2** 《古》言語遲鈍的；拘謹的。**3** 吝嗇的。
cost·less [ˈkɔstlɪs; ˈkɔstlis] *adj.* 不花錢的。
cost·ly [ˈkɔstlɪ; ˈkɔstli] 《cost 的形容詞》—*adj.* (**cost·li·er**; **-li·est**) **1 a** 昂貴的，費用大的 (⇨expensive【同義字】): ～ jewels 昂貴的寶石/Passenger ships are a ～ way to travel. 坐遊輪是昂貴的旅行方法。**b** 奢侈的，浪費的。**2** 犧牲[損失]大的: a ～ political move 需要很大犧牲的政治手段。
cóst·li·ness *n.*
cóst-of-líving ìndex *n.* Ⓒ[常 the ～]生活指數。
cóst príce *n.* Ⓒ成本價格，原價: at ～ 以成本價，以原價《★無冠詞》。
cóst-púsh inflàtion *n.* ⓊⒸ通貨膨脹《因工價及生產成本上升而造成的通貨膨脹》。
***cos·tume** [ˈkastum, -tjum; ˈkɔstjuːm] 《源自法語「習慣上的(customary)衣服」之義》—*n.* **1** Ⓤ[指個體時爲Ⓒ] **a** (某時代、階級、職業、地方等特有的)服裝，裝束《也可包括髮型、裝飾等》: the ～(*s*) of the Victorian era 維多利亞時代的服裝/the national ～ of India 印度的民族服裝。**b** (用於戲劇的)古裝，戲裝，舞台裝。**2** Ⓒ **a** (上衣和裙子同一布料的女用)套裝。**b** [構成複合字]…服，…裝: a street ～ 外出服/a hunting ～ 獵裝。
cóstume bàll *n.* Ⓒ化裝舞會。
cóstume jéwelry [**jéwellery**] *n.* Ⓤ[集合稱](用廉價材料製造的)仿造寶石，人造珠寶。
cóstume pìece [**plày**] *n.* Ⓒ(穿古裝演出的)古裝戲。
cos·tum·er [kasˋtumɚ, -ˋtjumɚ; ˈkɔstjuːmə], **cos·tum·i·er** [kasˋtumɪɚ, -ˋtjumɪɚ; kɔsˈtjuːmiə] *n.* Ⓒ(演戲、拍電影用的)服裝供應商《尤指裁製、售賣或出租劇裝、舞衣等者》；掌管服裝的人。
co·sy [ˈkozɪ; ˈkouzi] *adj.* (**co·si·er**; **-si·est**)=cozy.
có·si·ly [-zɪlɪ; -zili] *adv.* **-si·ness** *n.*
cot[1] [kat; kɔt] *n.* Ⓒ **1** (羊、鴿子等的)小屋，小棚，欄(cote). **2** 《詩》陋屋，茅屋。**3** 《美》指套。
cot[2] [kat; kɔt] *n.* Ⓒ **1** 《美》(露營用的摺疊式)輕便帆布床。**2** 《英》小兒床。

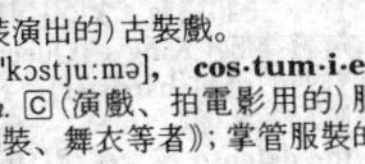

cot² 1

cot [kat; kɔt] 《略》《數學》cotangent.
co·tan·gent [koˋtændʒənt; ˌkouˈtændʒənt] *n.* Ⓒ《數學》餘切《略作 cot》.
cote [kot; kout] *n.* Ⓒ[常構成複合字](家畜或家禽的)小屋，棚，欄。
co·ten·ant [koˋtɛnənt; ˌkouˈtenənt] *n.* Ⓒ共同租地人，共同佃戶，合租人。
co·te·rie [ˈkotərɪ; ˈkoutəri] *n.* Ⓒ **1** (由志同道合者所組成的)小集團: a literary ～ 文人的小集團。**2** 排外的團體；朋黨，派系。
co·ter·mi·nous [koˋtɝmənəs; ˌkouˈtəːminəs] *adj.* **1 a** 有共同邊界的，毗連的，鄰接的。**b** [不用在名詞前]〔十介十(代)名〕〔與…〕鄰接的〔*with, to*〕. **2 a** 〈空間、時間、範圍等〉有同樣範圍的。**b** [不用在名詞前]〔十介十(代)名〕〔與…〕有同樣範圍的〔*with*〕.
～**·ly** *adv.*
co·til·lion, co·til·lon [koˋtɪljən; kəˈtiljən] *n.* Ⓒ **1 a** 起源於法國的一種活潑輕快的社交舞。**b** 此種舞曲。**2** 《美》(小姐們被介紹進入社交界的)正式舞會。

Cots·wolds [ˈkatswoldz; ˈkɔtswouldz] *n. pl.* [the ～]科次窩茲山《在英國格洛斯特郡(Gloucestershire)的連綿低丘陵地，爲牧羊地》。
‡**cot·tage** [ˈkatɪdʒ; ˈkɔtidʒ] 《源自 cot[1]》—*n.* Ⓒ **1** (鄉下農夫、礦工等所住的)小屋，農舍《★英國典型的 cottage 爲茅葺屋頂(thatched roof)的石造矮小房子；⇨thatch 照片》。**2** 《美》(避暑地的)小別墅。
cóttage chèese *n.* Ⓤ用脫脂乳(skim milk)製造的白色軟乾酪。
cóttage hóspital *n.* Ⓒ《英》(在偏僻地方無住院醫生的)診療所。
cóttage índustry *n.* ⓊⒸ家庭工業。
cóttage lòaf *n.* Ⓒ《英》重疊兩個不同大小的麵塊烘烤而成的白麵包。
cóttage piáno *n.* Ⓒ十九世紀的豎型鋼琴。
cóttage píe *n.* =shepherd's pie.
cóttage púdding *n.* ⓊⒸ鄉下布丁《一種覆以熱甜醬的素餅》。
cot·tag·er [ˈkatɪdʒɚ; ˈkɔtidʒə] *n.* Ⓒ《罕》住在 cottage 的人。
cot·tar [ˈkatɚ; ˈkɔtə] *n.* =cotter[1].
cot·ter[1] [ˈkatɚ; ˈkɔtə] *n.* Ⓒ **1** 住茅屋者。**2** 《蘇格蘭》佃農。
cot·ter[2] [ˈkatɚ; ˈkɔtə] *n.* Ⓒ **1** 楔，鍵。**2** =cotter pin.
cótter pìn *n.* Ⓒ《機械》開口銷。
‡**cot·ton** [ˈkatn̩; ˈkɔtn] 《源自阿拉伯語》—*n.* Ⓤ **1 a** 棉，棉花: ～ in the seed (棉花子周圍的)棉絮/raw ～ 生棉，原棉，棉花。**b** 《植物》棉樹。

【說明】十八世紀後半期，英國的產業革命時期發明了紡織機，可大量生產棉布，於是棉成爲製造衣服所必需的原料。英國從美國南部的產棉地帶(Cotton Belt)輸入棉花原料。美國的棉花生產因南北戰爭(the Civil War)而一時減少，但在十九世紀末恢復大量生產，在第二次世界大戰期間成爲美國最大的農產品，爲產業發展奠下基礎。起先由於採棉花工作機械化的困難，十九世紀中葉時，據說全部的奴隸中有三分之二都從事栽培棉樹；cf. corn[1]【說明】

2 a 棉線，棉紗: a needle and ～ 穿好棉線的針。**b** 棉布，棉織品。**3** (植物的)棉毛。
—*adj.* [用在名詞前]棉(製)的，棉線的；棉布的: ～ cloth 棉布/～ goods 棉製品/a ～ shirt 棉襯衫/～ yarn 棉紗/the ～ industry 棉織業/～ waste 棉紗頭《擦拭機器用》。
—*v.i.* 《口語》**1** 〔(十副)十介十(代)名〕《美》喜歡〔…〕〈*up*〉〔*to*〕: I don't ～ *to* him at all. 我一點也不喜歡他/I rather ～*ed* (*up*) *to* the idea. 我蠻喜歡這個構想。**2** 〔十副(十介十(代)名)〕了解，發覺〔…〕〈*on*〉〔*to*〕: I didn't ～ *on* (*to* what he meant). 我不了解(他想說的是什麼)。
Cótton Bèlt *n.* [the ～]《美》(南部的)產棉地帶。
Cótton Bówl *n.* [the ～]《美式足球》棉花盃橄欖球賽《全美四大橄欖球賽之一，由達拉斯(Dallas)的 Cotton Bowl Stadium 在正式球季過後招待大學隊參加》。
cótton càke *n.* ⓊⒸ《美》棉子餅《將棉子之油榨出後，以其渣粕壓製成塊，用作牛羊之飼料》。
cótton càndy *n.* Ⓤ[指個體時爲Ⓒ]《美》棉花糖(《英》candy floss).

cotton candy

cótton gìn *n.* Ⓒ軋棉機。
cótton gròwer *n.* Ⓒ棉花栽培者，棉農。
cótton mill *n.* Ⓒ紗廠，紡織廠。
cótton·mòuth *n.* =water moccasin.
cótton pìcker *n.* Ⓒ採棉機。
cótton plànt *n.* Ⓒ棉樹。
cótton·sèed *n.* Ⓤ[指個體時爲Ⓒ]棉子。
cóttonseed òil *n.* Ⓤ棉子油。
cótton spìnner *n.* Ⓒ **1** 紡織工人。**2** 紡織廠廠主，紡織業者。
Cótton Státe *n.* [the ～]美國阿拉巴馬州(Alabama)的俗稱。
cótton·tàil *n.* Ⓒ《美》《動物》棉尾兔《美國產的白尾灰兔》。
cótton·wòod *n.* Ⓒ《植物》北美白楊，三角葉楊《北美產的一種白楊；其種子有棉毛》。
cótton wóol *n.* Ⓤ **1** 生棉，原棉。**2** 《英》脫脂棉(《美》absorbent cotton).
wráp...in cótton wóol 《口語》縱容，嬌養〈小孩等〉。
cot·ton·y [ˈkatn̩ɪ; ˈkɔtni] 《cotton 的形容詞》—*adj.* **1** 像棉花的；蓬鬆輕飄的，柔軟的。**2** 有棉毛的，覆以棉

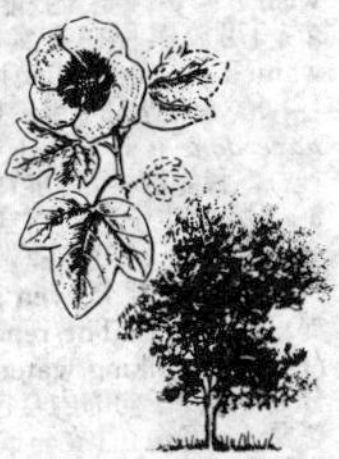

cottonwood

毛的。

cótton yárn *n.* Ⓤ《紡》棉紗。

cot·y·le·don [ˌkɑtlʹidn; ˌkɔtiʹli:dən] *n.* Ⓒ《植物》子葉《從種子胚最先長出的葉子》。

cot·y·lé·don·ous [-ʹidnəs; -ʹli:dənəs] *adj.*

couch [kautʃ; kautʃ] *n.* Ⓒ **1 a 睡椅**，長椅，長沙發《比沙發低，有一扶手的長椅子；在美國與 sofa 並無嚴格的區別，同樣的長椅可稱 sofa 也可稱 couch》. **b** (精神科醫生等讓患者躺臥的) 有枕頭的睡椅：on the ～ 在接受精神分析[治療]。**2 a**《文語・詩》臥榻，床：retire to one's ～ 退到寢室休息[就寢]。**b** 休息場所《草地上等》。**3** (野獸的) 隱藏處，窩，巢穴。

—*v.t.* **1**《詩・文語》**a** 〔十受十介十(代)名〕〔～ one*self*〕橫臥，睡〔在…〕〔*on, upon*〕《★也用被動語態，變成「橫臥着，睡着」之義》：*be ～ed* ***upon*** the ground 躺在地上。**b** 〔十受〕〔～ it*self*〕〈動物〉埋伏，蹲着，彎身《擺出要跳起的姿勢》。**2** 〔十受十介十(代)名〕《文語》將〈答覆、意見等〉〔以…說法〕表達，表述〔*in*〕《★常用被動語態》：His reply *was ～ed* ***in*** polite terms. 他以客氣的言詞回答。**3** 〔十受〕將〈矛等〉放低(成斜狀)《擺出預備攻擊的姿勢》。**—***v.i.* 〈獸類〉(在其隱藏處) 橫臥，休息；預備攻擊而將身體蹲下，彎下。

couch·ant [ʹkautʃənt; ʹkautʃənt] *adj.* [置於名詞後]《紋章》〈野獸〉昂首蹲著的，抬頭伏臥狀的。

cou·chette [kuʹʃɛt; ku:ʹʃet] *n.* Ⓒ (火車上可摺疊到牆上的) 鋪位。

cóuch gràss *n.* Ⓤ《植物》麥斛，茅根《稻科的一種雜草》。

cou·gar [ʹkugɚ; ʹku:gə] *n.* Ⓒ《動物》美洲獅《多見於美洲中部的高山深林中》(mountain lion, puma,《美》panther).

*__cough__ [kɔf; kɔ:f,kɔf] 《擬聲語》**—***v.i.* **1 咳嗽**，清喉嚨：have [get] a fit of *～ing* 連咳了一陣子。**2** 發出像咳嗽般的噗噗聲：The engine *～ed* into life. 引擎發出噗噗聲而起動。**3**《英俚》承認罪狀，自白。**—***v.t.* **1** 〔十受(十副)〕咳嗽吐出〈痰、血等〉〈*out, up*〉：～ ***up*** [***out***] phlegm 咳出痰來。**2** 〔十受十副〕《俚》**a** 被迫[不情願地]說出…〈*up*〉：*C～* it ***up***！快說！吐出來！**b** 不情願地交出，支付〈錢等〉〈*up*〉.

—*n.* **1** [**a** ～] 咳嗽，清喉嚨；會引起咳嗽的疾病：give ***a*** slight ～ 輕輕地咳嗽一下《以引起注意或警告》/have *a* (bad) ～ 咳嗽(得很嚴重)/get [catch] *a* ～ 患咳嗽的傷風。**2** Ⓒ咳嗽(似的)聲音。

cóugh dròp *n.* Ⓒ鎮咳藥片。

cóugh sỳrup *n.* Ⓤ止咳糖漿。

‡**could** [(輕讀) kəd; kəd; (重讀) kud; kud] 《源自古英語 can 的過去式；-l- 是由 would, should 類推而插入者》**—***aux.* **can**[1] 的過去式《★ 語形 否定式：**could not**, 縮寫爲 **couldn't** [ʹkudnt; ʹkudnt]》A (用於直說法) **1** [用於表示能力、可能之 can 的過去式] 能(做…事)《★用法 除否定句的情形以及和 feel, hear 等感覺動詞連用或表示習慣上意義時外，爲不與義 B 3 的用法混淆，肯定句的 could 以 was [were] able to, managed to, succeeded in *...ing* 取代》：I listened but ～ not hear a [any] sound. 我傾耳聆聽但聽不見任何聲音/When I lived by the station I ～ (always) reach the office on time. 我住在車站附近時(總是)能準時到達辦公室《★用法 非習慣性而是特定情形時則不用 could, 而用 I *was able to* reach the office on time *this morning.* 等的說法》。

2 a [由於要與主要子句中的過去式時態符合，附屬子句中的 can 用過去式] **能…**，可…：He thought he ～ swim across the river. 他想他能游過那條河。**b** [間接敍述法時 can 用過去式] 能…，可…：He said (that) he ～ go. 他說他能去 (cf. He said,"I can go.") /He asked me if he ～ go home. 他問我他是否可以回家 (cf. He said to me, "Can I go home ? ")

—B (用於假設法) **1** [用於與現在事實相反的條件子句或表示願望的名詞子句] **如果能…**；要是能…(的話)：If I ～ go, I should be glad. 如果我能去，我會很高興《但事實上不能去》/How I wish I ～ go！要是我能去該多好！

2 a [用於與現在事實相反的假設子句] **能…**：I ～ do it if I wanted [would]. 如果我要做，我能做得到《但事實上不做》。**b** [～ have十過分；用於與過去事實相反的假設子句] 能…：I ～ *have done* it if I had wanted [wished] to. 如果我那時想要(做)，我能做得到《事實上沒有做》。

3 a [將條件子句的內容包括於主要子句中；當委婉語用] 可能…，想要…；好像在(做)…，與(做)…一樣：I *couldn't* sew it. 我不會縫《★補上 even if I tried 之意更清楚》/That ～ be true. 那可能是真的/The report ～ not be true. 那報告不可能是真的/I ～ be drinking water. 我好像在喝水(一樣)。**b** [～ have十過分；將條件子句的內容包括於主要子句中；當委婉語用] 可能…，想要…；好像在(做)…，與(做)…一樣：You ～ *have told* me！你告訴我(的話)就好了！《爲什麼沒有告訴我呢？》/I ～ *have danced* for joy. 我會高興得想跳舞/He ～ *have been* speaking to a large audience. 他好像對着一大羣聽衆在說話。**c** [表示許可、委託的疑問句] 可否…，能否…《★比較 比can 更婉轉、客氣的說法》：*C～* you come and see me tomorrow？可否請你明天來看我？/*C～* I go home？我可以回家嗎？

còuld bé《口語》也許，或許《★源自 it could be so 之略》："Do you have to work late today？"—"*C～ be.*"「你今天必須工作到很晚嗎？」「也許吧。」/"Are we lost？"—"*C～ be.*"「我們迷路了嗎？」「或許是吧。」

‡**could·n't** [ʹkudnt; ʹkudnt] **could not** 之略。

couldst [(輕讀) kədst; kədst; (重讀) kudst; kudst] *aux.*《古》can 的第二人稱、單數 (thou) canst 的過去式：thou ～＝you could.

cou·lee [ʹkulɪ; ʹku:li] *n.* Ⓒ **1**《美》深谷，斜壁峽谷《美國西部、加拿大等地因大洪水而形成的峽谷；夏季乾涸》。**2**《地質》熔岩流。

cou·lomb [kuʹlɑm; ʹku:lɔm] *n.* Ⓒ《電學》庫侖《電量的實用單位；略作 C》.

coul·ter [ʹkoltɚ; ʹkoultə] *n.*《英》＝colter.

*__coun·cil__ [ʹkaunsl; ʹkaunsl] 《源自拉丁文「集合」之義》**—***n.* Ⓒ **1** [集合稱] **a** (爲立法、諮詢而召集的) **會議**，評議會，協商會，諮詢會《★多半使用於各種機構的正式名稱；★用法 視爲一整體時當單數用，指個別成員時當複數用》：⇨British Council, Privy Council. **b** (大學等的) 評議會《★用法 與義 a 同》。**2** 會議，協議：a cabinet ～ ⇨cabinet *adj.* 1/in ～ 在會議中《★無冠詞》。**3** 地方議會：a county ～《英》州議會/a municipal [city] ～ 市議會。

—*adj.* [用在名詞前] **1** 會議用的：a ～ room [chamber] 會議室。**2**《英》州[市，鄉鎮]經營的：a ～ estate 州[市，鄉鎮]經營的社區/⇨ council school.

cóuncil bòard *n.* (又作 **cóuncil tàble**) Ⓒ會議桌；會議。

coun·cil·lor [ʹkaunslɚ; ʹkaunsələ] *n.*《英》＝councilor.

cóun·cil·man [-mən; -mən] *n.* Ⓒ (*pl.* **-men** [-mən; -mən]) **1**《美》市[鄉鎮]議會議員，鄉鎮代表 (《英》councillor). **2** (倫敦的) 市議會議員。

coun·cil·or [ʹkaunslɚ; ʹkaunsələ] *n.* Ⓒ [也用於稱呼] **1** 顧問，評議員。**2** (市議會、鄉鎮議會等的) 議員：⇨ city councilor.

the Hóuse of Cóuncilors (日本的) 參議院。

cóuncil schòol *n.* Ⓤ [指設施時爲Ⓒ]《英》公立學校《★現在主稱 state school》.

coun·cil·wom·an [-ˌwumən; -ˌwumən] *n.* Ⓒ (*pl.* **-wom·en** [-ˌwɪmən; -ˌwimən]) (市議會等之) 女議員。

*__coun·sel__ [ʹkaunsl; ʹkaunsl] 《源自拉丁文「商量」之義》**—***n.* **1** Ⓤ (經過熟慮、商量後的) **勸告**，忠告，建議：give ～ 給予忠告，提出建議/cold ～ ⇨cold *adj.* 4 b. **2** Ⓤ商量，協議：take [hold] ～ (*with...*) (與…) 商量[協議]/take ～ together 共同協議[商量]，一起協商。**3** Ⓒ [用於集合稱時當複數用]《法律》法律顧問；辯護律師：King's [Queen's] *C～*《英》王室律師顧問《地位高於普通的律師 (barrister)，在法庭穿絲製法衣；略作 K.C., Q.C., ★置於名字後》/(the) ～ *for* the Crown《英》檢察官/(the) ～ *for* the defense 被告律師/(the) ～ *for* the prosecution 檢察官/His ～ *was* well-prepared. 他的律師作了充分準備/The ～ *were* unable to agree. 律師團的意見未能一致。

kéep one's (**ówn**) **cóunsel** 將自己的想法藏在心裏(不向他人透露)。

—*v.t.* (**coun·seled,**《英》**-selled**；**coun·sel·ing,**《英》**-sel·ling**) **1** 〔十受十 *to* do〕(熟慮、商量後) 勸告，忠告，建議〈某人〉〈做…〉：He *～ed* me *to* keep out of the way. 他勸我避開不要管。**2 a** 〔十受〕勸告，建議…：～ patience [prudence] 勸告要忍耐[愼重]。**b** 〔十 do*ing*〕建議〈做…〉：He *～ed* act*ing* at once. 他建議立刻採取行動。**—***v.i.* **1** 商議，協議。**2** 〔十介十(代)名〕建議〔要做…〕〔*for*〕；建議〔不要做…〕〔*against*〕：～ ***for*** [***against***] act*ing* at once 建議要[不要]立刻採取行動。

coun·sel·ing,《英》**coun·sel·ling** [ʹkaunslɪŋ; ʹkaunsliŋ] *n.* Ⓤ 評議，商議，指導。

coun·sel·or,《英》**coun·sel·lor** [ʹkaunslɚ; ʹkaunslə] *n.* Ⓒ **1 a** 建議者，顧問。**b**《美》輔導員《就研究、就業、境遇等給予個人指導的教師等》。**c**《美》(露營生活的) 指導員。**2**《美》律師 (⇨ lawyer【同義字】)。**3** (大使館的) 參事。

‡**count**[1] [kaunt; kaunt] 《源自拉丁文「一起計算」之義》**—***v.t.* **1** 〔十受〕**a** (爲求得總數而一個一個地) **數**，點數…：～ the number of people present 計算出席的人數。

> 【同義字】calculate 指做複雜的計算；reckon 是做比較單純的計算；compute 是用已知的數字或式子算出正確的計算結果。

b 依順序數到〈特定的數〉：～ ten 數到十。

2 a 〔十受〕將…計算在內，將…算入：There I found fourteen plates, not *～ing* the cracked ones. 在那邊我找到了十四個盤子，破掉的不算在內。**b** 〔十受十介十(代)名〕將…算入〔…之中〕

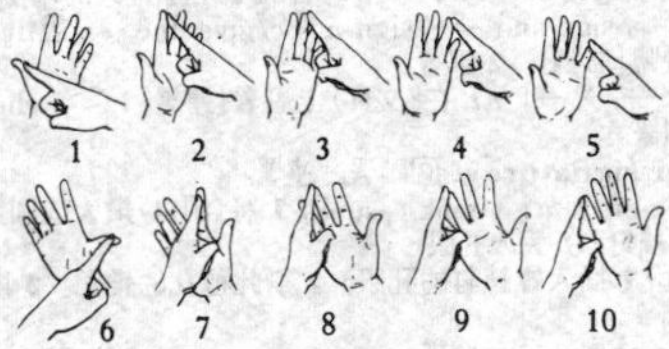

count¹
【插圖說明】英美的數法。

〔*among*〕: I no longer ~ him ***among*** my friends. 我已不再把他當作我的朋友了。
3〔十受＋補/十受＋ *as*〔*for*〕補〕將…視爲〈…〉，認爲…〈是…〉《★無進行式》: I ~ it folly to do so. 我認爲這樣做是愚蠢的/I ~ myself fortunate in having good health. 我認爲自己能擁有健康的身體眞是幸運/You must not ~ his inexperience against him. 你不可因爲他沒經驗就認爲他不行/Everyone *~ed* her *as* lost〔*for* dead〕. 大家都以爲她失踪〔死〕了。
—*v.i.* 1 a 計數，計算: The baby can't ~ yet. 那嬰兒還不會數數。**b**〔(十副)十介十(代)名〕〔從…〕數〔到…〕〈*up*〉〔*from*〕〔*to*〕: ~ ***from*** one ***to*** ten 從一數到十/~ ***up*** *to* a hundred 數到一百。
2 a 有價值，有重要性《★無進行式》: Every vote〔minute〕*~s.* 每一票〔分鐘〕都值得重視/It is quality, not quantity that *~s.* 重要的是品質不是數量/The amount is so small that it hardly *~s.* 這數量太小，幾乎不算什麼〔該數量微不足道〕。**b**〔十介十(代)名〕有〔…的〕價值〔*for*〕《★用法 for 下面通常接 little, much, nothing 等不定代名詞》: Money *~s* ***for*** nothing. 金錢不算什麼/Mere cleverness without sound principles does not ~ ***for*** anything〔much〕. 光是聰明而無正確原則是毫無〔不太有〕價值的。**c**〔十介十(代)名〕算入，包含〔於…中〕〔*among*〕: His new novel *~s* ***among*** his best works. 他的新小說可算是他的傑作之一。
3《★可用被動語態》**a**〔十介十(代)名〕依賴〔…〕；指望，期待〔…〕〔*on, upon*〕: I ~ ***on*** your help. 我指望你的幫助/He *~ed* *on* inherit*ing* the fortune. 他指望繼承那筆財產。**b**〔十介十(代)名十 *to* do〕指望，期待〔人〕〈做…〉〔*on, upon*〕: I'm *~ing* ***on*** you *to* help me. 我期待着你的幫助。
4《運動》得分。
cóunt dówn《vi adv》(如發射火箭等時從十，九，八，七，…至一的)倒數計時，讀秒。
cóunt ín《vt adv》(1)將〈某物〉算入，將…算在內: He had an income of £1000, *~ing in* extra fees. 將額外津貼算在內，他有一千英鎊的收入。(2)《口語》使〈人〉加入或參加某團體: *C~* me *in* if you're going to play a game. 如果你們要玩遊戲，讓我也加入。
cóunt óff《vt adv》(1)(計算後)將…分成等分。**—**《vi adv》(2)《美》《軍》〔常用祈使語氣〕〈士兵〉(排隊)報數(《英》number off).
cóunt óut《vt adv》(1)數出…: He *~ed out* five dimes. 他數出五枚一角硬幣。(2)《口語》不把…算入，把…除外: *C~* me *out.* The plan seems a little too dangerous. 我不參加了〔別把我算進去〕，這計畫似乎有點太危險了。(3)《拳擊》對〈某人〉宣告被擊倒(失敗)《★常用被動語態》: He *was ~ed out* in the fifth round. 他在第五回合時被擊倒。(4)《美口語》開票時少算一部分票數，使〈人〉落選。(5)《英下院》《議長》以出席人數不足法定人數爲理由宣布休止〈會議〉《★常用被動語態》。
cóunt úp《vt adv》把…數完，把…合計起來: ~ the figures *up* 把那些數字合計起來。
—*n.* 1 ⓊⒸ計算，數: beyond〔out of〕~ 數不盡的，無數的/take〔make〕a ~ of... 數…，清點…/keep ~ (of...) (將…)數下去，數清(…的)數目/lose ~ (of...) (在中途)無法(將…)數下去，數不清(…的)數目。
2 Ⓒ總數，總計。
3 Ⓒ **a**《法律》(起訴書的)訴因；控訴的罪狀。**b** (考慮中之事情的)爭點，論點: on all〔two〕*~s* 在所有的〔兩〕點〔控訴罪狀〕上。
4 Ⓤ〔the ~〕《拳擊》(給被擊倒者再站起來比賽的)數秒《十秒》: get up *at the* ~ of five 數到五時站起來/take *the* ~ 數到十秒(還站不起來)，接受被擊敗的判決/be out〔down〕for *the* (full) ~ 被擊倒。
5 Ⓒ《棒球》(打擊者的)好壞球的報數《★如用英語報"1 and 2"時之意是 one ball and two strikes》.
count² [kaunt; kaunt] «源自拉丁文「一同去，同伴」之義»**—*n.*** Ⓒ〔常 C~；也用於稱號或稱呼〕(英國以外的)伯爵《相當於英國的 earl；⇨ nobility 表》。
count·a·ble [ˈkauntəbl; ˈkauntəbl] *adj.* 可數的: a ~ noun 可數名詞。
—*n.* Ⓒ《文法》可數名詞(↔ uncountable)《★本字典以符號Ⓒ表示》。
cóunt·dòwn *n.* Ⓒ (發射火箭等時的)讀秒，倒數計時《如十，九，八…等將數倒數》: begin the ~ 開始讀秒。
coun·te·nance [ˈkauntənəns; ˈkauntənəns] «源自古法語「態度，舉止」之義»**—*n.* 1** ⒸⓊ臉色，表情(⇨face【同義字】): a sad ~ 悲傷的表情/change (one's) ~ (因憤怒、狼狽等而)改變臉色/His ~ fell. 他愁眉不展《露出失望的表情》。**2** Ⓤ(精神上的)援助，支持，鼓勵，贊助: find no ~ in a person 得不到某人的支持/give〔lend〕~ to... 支持…，鼓勵…/in the light of a person's ~ 由於某人的贊助〔支持，幫助〕，受恩於某人。**3** Ⓤ〔又作 **a** ~〕沉著，鎮靜: keep one's ~ 泰然自若，保持鎮靜，不露聲色/lose ~ 慌張起來，失去鎮靜，失色/with *a* good ~ 十分沉着地/keep a person in ~ 不使某人爲難；留某人的面子。
òut of cóuntenance 慌張，困窘；侷促不安: put a person *out of* ~ 使人慌張〔困窘〕；使人沒面子/He stared me *out of* ~. 他兩眼瞪得我侷促不安。
—*v.t.*《文語》1 對〈人、行動等〉表示支持，贊成；默認，允許: He is a man who cannot ~ defeat. 他是一個不認輸的人。
2〔十受〔所有格〕十 do*ing*〕允許〈人〉〈做…〉: His father would not ~ him〔his〕go*ing* out alone in the night. 他父親不允許他晚上一個人外出。
count·er¹** [ˈkauntə; ˈkauntə] «源自古法語「爲計算用的桌子」之義»**—*n. Ⓒ **A 1** (銀行、商店等的)**櫃台**，帳台: a girl behind the ~ 櫃台後的女店員/pay at the ~ 在櫃台付帳/serve〔sit〕behind the ~ 在店裡工作；經營小商店/take a person behind the ~ 雇某人爲店員。**2** (餐廳、酒吧等的)細長櫃台: ⇨lunch counter/Shall we sit at a table or at the ~? 我們要找張桌子坐還是就坐在櫃台邊呢？
—B 1 計算者，負責計算的人。**2 a** 計算機，計數機。**b** 計數裝置，計數管: ⇨Geiger counter. **3** (紙牌等計算得分的)籌碼。
náil a líe to the cóunter ⇨lie².
òver the cóunter (1)(買藥時)不用醫生處方條。(2)《股票》證券買賣通過經紀人事務所而不是通過交易所。
ùnder the cóunter 不經由正規途徑，暗中交易地，以黑市(價格)，以私下交易: I bought it *under the* ~ at half price. 我以私下交易用半價買了它。
coun·ter² [ˈkauntɚ; ˈkauntə] «源自拉丁文「反對的」之義»**—*adj.*《★比較** 較 opposite 偏向於書面用語》**1 a**〔用在名詞前〕相反的，反對的: the ~ direction 相反方向/the ~ side 相對的一邊。**b**〔不用在名詞前〕〔十介十(代)名〕〔與…〕正相反的〔*to*〕: His opinion is ~ ***to*** mine. 他的意見和我的正相反。**2** (一對中的)一方的，副的，相對的。
—*adv.* 1 反方向地。**2**〔十介十(代)名〕〔與…〕正相反地，反向地〔*to*〕: run〔go, act〕~ ***to*** the rules 與規則背道而馳〔違規〕。
—*v.t.* 1〔十受(十介十(代)名)〕〔用…〕對抗，抵抗…〔*with, by*〕《★就訴諸於具體的對抗手段而言，與單純的「反對」不同》: I *~ed* their proposal ***with***〔***by*** offer*ing*〕my own. 我提出自己的提案來和他們的對抗。**2** 使…無效，取消。**3** (象棋、拳擊等)迎戰，反攻。
—*v.i.*《拳擊》迎擊，還擊。
—*n.* Ⓒ **1** 相反物。**2**《西洋劍》(以劍尖畫圈的)阻擋。**3**《拳擊》迎擊，還擊。
coun·ter- [kauntɚ-; kauntə-] 字首 表示「敵對，報復；相反，逆；對立，副」之意的字首，可附加於動詞、名詞、形容詞、副詞前。
coun·ter·act [ˌkauntɚˈækt; ˌkauntəˈrækt] *v.t.* **1** 抵制；妨礙。**2**〈藥等〉(因反作用而)中和，抵消〈效力等〉: This medicine will ~ the queasiness caused by the antibiotics. 這種藥會抑制抗生素引起的反胃。**3** 使〈計畫等〉受挫，失敗。
còunter·áction *n.* ⓊⒸ **1** 阻止。**2** 中和作用。**3** 反作用，反動。
còunter·áctive *adj.* 反作用的；中和作用的。
—*n.* Ⓒ反作用劑，中和劑。
cóunter·attàck *n.* Ⓒ反攻，反擊: mount a ~ 展開反擊。
—[ˊ-ˋ-ˊ] *v.t.* 反攻，反擊。**—*v.i.*** 反攻，反擊。
còunter·attráction *n.* **1** Ⓤ反引力。**2** Ⓒ對抗力〔物〕。
còunter·bálance *v.t.*〔十受(十介十(代)名)〕**1**〔用…〕使…平衡，使…相稱〔*with*〕: The two weights ~ each other. 那兩個秤錘互成平衡。**2**〔用…〕抵消…的效果；〔用…〕補充，彌補…的不足〔*with*〕: A marathon runner *~s* lack of speed ***with*** endurance. 馬拉松跑者用耐力來彌補速度的不足。
—[ˊ-ˋ--] *n.* Ⓒ **1** 平衡錘，平衡量。**2** 平衡力；〔與他物〕平衡的力量〔勢力〕〔*to*〕.
cóunter·blàst *n.* Ⓒ强硬的抗議，猛烈的反對《★常見於報紙上的用語》。
cóunter·blòw *n.* Ⓒ **1** 反擊，逆襲。**2**《拳擊》擱擊拳。
cóunter·chàrge *n.* Ⓒ反擊；反訴，反控。
—[ˊ-ˋ] *v.t.* 反擊；反訴，反控。

cóunter·chèck *n.* Ⓒ **1** 對抗[制止]的方法，反對，妨礙。**2** (爲求正確、安全而做的)再驗證，覆核。
—[ˌ---ˈ] *v.t.* **1** 妨礙；對抗。**2** 再驗證。
counter·claim [ˌkauntəˈklem; ˈkauntəkleim]《法律》*v.i.* 反訴。
—*v.t.* 提出…作爲反訴[反請求]。
— [ˈkauntəˌklem; ˈkauntəkleim] *n.* Ⓒ反訴。
cóunter·clóckwise *adj.* & *adv.* 反時針方向的[地]，左轉的[地]（↔ clockwise)《★比較《英》一般用 anticlockwise》.
cóunter·cùlture *n.* Ⓤ[常 the ~](1960–70 年代年輕人的)反傳統文化。
cóunter·cùrrent *n.* Ⓒ逆流；反潮流；逆電流。
còunter·cýclical *adj.* 反經濟循環周期的《適用於抑制經濟循環周期中的過度發展的》。
coun·ter·es·pi·o·nage [ˌkauntəˈɛspɪənɪdʒ; ˌkauntərˈespjənɑːʒ] *n.* Ⓤ(對於敵方間諜活動的)反間諜活動，防諜。
cóunter·exàmple *n.* Ⓒ(對於某定理或命題的)反證，反例。
coun·ter·feit [ˈkauntəfɪt; ˈkauntəfit] *adj.* **1** 僞造的，仿冒的，假冒的：a ~ diamond 仿造的鑽石/a ~ note[《美》bill] 僞造的鈔票，假鈔/a ~ signature 假冒的簽名。**2** 虛假的，虛僞的：~ grief 假悲哀/~ illness 裝病。
—*n.* Ⓒ僞造物；仿冒品，贋品。
—*v.t.* **1** 僞造，仿冒〈貨幣、文件等〉。**2** 僞裝〈感情〉，假裝…的樣子：She ~*ed* alarm when he confessed his love. 當他向她示愛時她假裝驚訝的樣子。~·**er** *n.*
cóunter·fòil *n.* Ⓒ(支票簿、入場券等的)存根，票根(stub).
cóunter·fòrce *n.* Ⓤ反作用力；反擊力；反對勢力〔*to*〕.
còunter·insúrgency *n.* Ⓤ反游擊戰計畫；反破壞方案。
—*adj.* 反游擊戰與反破壞的。
còunter·intélligence *n.* Ⓤ(對抗敵方間諜活動的)反情報，反間諜活動；反情報機構。
còunter·írritant *n.* Ⓤ[指產品個體或種類時爲Ⓒ]反刺激劑《一種藥物，敷於皮膚上，激起痛楚，以減輕他處更劇烈的疼痛》。
cóunter·jùmper *n.* Ⓒ《俚》店員。
cóunter·man [-mən; -mən] *n.* Ⓒ(*pl.* **-men** [-mən; -mən])(自助餐廳等的)櫃臺服務員。
coun·ter·mand [ˌkauntəˈmænd; ˌkauntəˈmɑːnd] *v.t.* 取消，撤回〈已發出的命令、訂貨等〉。
—*n.* ⓊⒸ [ˈkauntəˌmænd; ˌkauntəˈmɑːnd, ˈkauntəmɑːnd] **1** 訂貨的取消。**2** 收回成命。
cóunter·màrch《軍》*n.* Ⓒ向反方向前進，後退，倒退。
— [ˌ---ˈ] *v.i.* 向反方向行進，後退，倒退。
cóunter·mèasure *n.* Ⓒ **1** (對於對方策略、行動等的)對付措施，對策，抵制手段《★比較對於災害等之「對策」則用 measures》. **2** 反對[報復]手段〔*against*〕.
cóunter·mìne *n.* Ⓒ **1**《軍》反地道《用來爆破地雷，毀滅敵人所挖的地道》。**2** (將計就計的)反間計，破壞對方陰謀的計策。
—*v.t.* & *v.i.* **1** (對…)訂定對抗之策，將計就計。**2**《軍》用反地道防禦(…)。
cóunter·mìssile *n.* Ⓒ反導彈之飛彈。
cóunter·mòve *n.* =countermeasure.
còunter·offénsive *n.* Ⓒ反攻，反擊，逆襲。
coun·ter·pane [ˈkauntəˌpen; ˈkauntəpein] *n.* Ⓒ(裝飾用的)床罩，床單。
coun·ter·part [ˈkauntəˌpɑrt; ˈkauntəpɑːt] *n.* Ⓒ **1 a** 騎縫圖章，符契。**b**《法律》(正副兩份中的)一份；(尤指)副本。
2 a 一對中之一方。**b** (形狀、功能等)極相似者，相對物；對照物〔*of*〕：Your right hand is the ~ *of* your left hand. 你的右手是你左手的對照。
cóunter·plòt *n.* Ⓒ對策。
—*v.t.* (**-plot·ted**; **-plot·ting**)用計謀對抗〈敵方的計謀〉。
—*v.i.* 謀求對策，將計就計。
cóunter·pòint *n.*《音樂》**1** Ⓤ對位法。**2** Ⓒ對位旋律。
coun·ter·poise [ˈkauntəˌpɔɪz; ˈkauntəpɔiz] *n.* **1** Ⓒ秤錘，砝碼，平衡錘。**2** Ⓒ均衡力[勢力]，平衡力。**3** Ⓤ均衡，對稱，平穩：be in ~ 保持平衡[對稱]。
—*v.t.* 使…對稱，使…保持平衡[均衡]。
còunter·prodúctive *adj.* 反效果的，招致反效果的。
cóunter·pùnch *n.* =counterblow.
cóunter·reformátion *n.* ⓊⒸ(對某種改革的)反改革。
Cóunter Reformátion *n.* [the ~]反宗教改革，對抗改革《十六世紀後半爲對抗宗教改革而引起羅馬天主教會內部的改革運動》。
còunter·revolútion *n.* ⓊⒸ反革命。
cóunter·revolútionary *adj.* 反革命的，反動的。
—*n.* Ⓒ反革命主義者，反革命分子。
coun·ter·scarp [ˈkauntəˌskɑrp; ˈkauntəskɑːp] *n.* Ⓒ《築城》(壕溝)傾斜的外側壁，受外側壁保護的通道(cf. scarp).
cóunter·sìgn *n.* Ⓒ **1 a** 口令，答號《對答哨兵的暗號》(password)：a sign and ~ ⇨sign *n.* 3 c/give the ~ 說出口令。**b** 對答暗號[信號]。**2** 副署。
— [ˌ--ˌ-, ˌ--ˈ] *v.t.* 在〈文件〉上副署[連署]：~ a check 在支票上副署。
còunter·sígnature *n.* Ⓒ副署，連署。
cóunter·sìnk *v.t.* (**-sank**; **-sunk**) **1** 將〈洞口〉鑽大成圓錐形。**2** 將〈螺絲釘頭〉裝入孔眼。
—*n.* Ⓒ **1** 插入螺絲釘的孔眼。**2** 鑽此種孔的錐子。**3** 鑽孔眼的工具。
cóunter·spỳ *n.* Ⓒ反間諜。
cóunter·stròke *n.* Ⓒ反擊，回擊，還擊。
cóunter·tènor *n.*《音樂》**1 a** Ⓤ男聲上次中音《較男高音(tenor)高的男聲最高音部》。**b** Ⓒ男聲上次中音的聲音。**2** Ⓒ男聲上次中音的歌手。
—*adj.* [用在名詞前]男聲上次中音的。
coun·ter·vail [ˌkauntəˈvel; ˈkauntəveil, ˌkauntəˈveil] *v.t.* **1** 與…對抗；與…抵消。**2** 補償。
—*v.i.* 〔動(十介十(代)名)〕對抗〔…〕〔*against*〕.
cóunter·wèight *n.* =counterbalance.
count·ess [ˈkauntɪs; ˈkauntis] «count[2] 的女性»**—***n.* Ⓒ [常 C~；也用於稱號、稱呼] **1** 伯爵夫人[遺孀]《count 及 earl 的夫人；⇨nobility 表》。**2** 女伯爵。
cóunt·ing fràme *n.* Ⓒ(教兒童計算用的算盤式)計算器。
cóunting·hòuse *n.* Ⓒ(公司、銀行等的)會計課，會計部；會計室。
cóunting ròom *n.* =countinghouse.
count·less [ˈkauntlɪs; ˈkauntlis] *adj.* (無比較級、最高級)數不盡的，無數的。
cóunt nòun *n.* =countable.
cóunt pálatine *n.* Ⓒ(*pl.* **counts palatine**) **1** 中世紀德國，受皇帝的允許在自己的領地內可行使最高司法權的伯爵。**2**《英國史》在自己的領地內行使王權的伯爵。
coun·tri·fied [ˈkʌntrɪˌfaɪd; ˈkʌntrifaid] *adj.* **1** 〈人、事物等〉土裏土氣的，粗野的，粗俗的。**2** 〈景色等〉村野的，有鄉野特色的。
‡**coun·try** [ˈkʌntrɪ; ˈkʌntri] «源自拉丁文「在(觀者)對面的(土地)」之義»**—***n.* **1 a** Ⓒ國，國家；國土：an industrial ~ 工業國/a developing ~ 開發中國家/in this ~ 在此[我]國《★比較在本國稱自己國家用 this country 較 our country 更爲普遍》/in European *countries* 在歐洲各國/all over the ~ 全國/So many *countries*, so many customs.《諺》有多少國家就有多少風俗習慣《每一國家的生活方式都不同》。

> **【同義字】** country 是表示「國家」之意的最普通字，意指國土；nation 一字側重於指「住民」超過「國土」；state 是法律上、理論上之意的國家。

b [the ~；集合稱；當單數用]國民：*The* ~ *was* against war. 全國人民都反對戰爭。
2 Ⓒ本國，祖國，故國；故鄉，家鄉：love of one's ~ 祖國愛，愛國心/fight for one's ~ 爲祖國而戰/leave the ~ 離開國土[本國]/My ~, right or wrong! 不問對不對，祖國就是祖國！《盲目愛國主義(者)的口號》/My ~ is Texas. 我的故鄉是德克薩斯州。
3 Ⓤ **a** [通常無冠詞與修飾語連用](從地勢上所看的)地區，地帶，地域，土地：mountainous [open] ~ 山區[遼闊的平原]/wooded ~ 森林區。**b** (寬廣的某)地區；(與某人有因緣的)地方，土地：(the) Hardy ~ 與哈代有因緣的地方《指英國多塞特(Dorset)郡一帶》/⇨North Country. **c** (活動的)領域，範圍：Shakespeare is unknown ~ to me. 莎士比亞(的作品)對我而言是個陌生的範疇。
4 [the ~](對都市而言的)鄉下；郊外，田園，農村地帶(↔ town)：go (out) into *the* ~ 到鄉下去/live in *the* ~ 住在鄉間/town and ~ 城市與鄉村《★爲對句故無冠詞》。
5 (又作 **cóuntry mùsic**)Ⓤ《口語》鄉村音樂《興起於美國南部的民俗音樂》。
gó [appéal] to the cóuntry《英》(解散國會)進行普選，將政府的政策訴諸於輿論[民意]的判斷。
—*adj.* [用在名詞前] **1** 鄉下的，鄉間的；鄉村風味的，在鄉下長大的：a ~ road 鄉村道路/~ life 田園生活/a ~ town 鄉下小鎮/a ~ boy 鄉村長大的男孩。
2 鄉村音樂的：a ~ singer 鄉村音樂歌手。
cóuntry-and-wéstern *n.* =country 5.
cóuntry clùb *n.* Ⓒ鄉村俱樂部《附設有網球場、高爾夫球場、游泳池等設備的郊外俱樂部》。
cóuntry cóusin *n.* Ⓒ鄉巴佬，鄉下親戚。
cóuntry-dànce *n.* Ⓒ鄉村舞，土風舞《男女排成兩列，面對面跳的英國舞》。

coun·try·fied [ˈkʌntrɪˌfaɪd; ˈkʌntrifaid] *adj.* =countrified.

cóuntry·fòlk *n.* [當複數用] **1** 鄉下人。**2** 同國人，同胞。

cóuntry géntleman *n.* Ⓒ (在鄉間擁有廣大土地及寬敞宅邸的)紳士[貴族]階級的人，鄉紳，鄉下的大地主。

cóuntry hòuse *n.* Ⓒ (英國鄉間的)貴族[大地主]的大宅邸，莊園。

cóuntry·man [-mən; -mən] *n.* Ⓒ (*pl.* **-men** [-mən; -mən]) **1** 鄉下人(rustic) (cf. citizen). **2** [常 **one's** ~] 同胞，同鄉。**3** (某)地區的居民《★主要為英國語法》: a North [South] ~ 北[南]方人。

cóuntry·pèople *n.* [當複數用] = countryfolk.

cóuntry·sèat *n.* 《英》= country house.

‡**coun·try·side** [ˈkʌntrɪˌsaɪd; ˈkʌntrisaid] *n.* **1** Ⓤ 鄉間，鄉村地區: The Japanese ~ looks its best in October. 日本的鄉村景色在十月最美。
2 [**the** ~; 當單數用] 鄉村的居民。

cóuntry·wíde *adj.* 遍及全國的。

cóuntry·wòman *n.* Ⓒ (*pl.* **-women**) **1** 鄉村婦女。**2** [常 **one's** ~] 女同胞，女同鄉。

***coun·ty** [ˈkauntɪ; ˈkaunti] 《源自拉丁文「伯爵(count)的管轄區域」之義》—*n.* **1 a** 《英・愛爾蘭》郡。**b** 《美》郡。

> 【說明】county(郡)是英國、愛爾蘭、加拿大、紐西蘭、澳洲南部等的最大行政區，稱郡時，稱作 the County of Dorset 或加上 -shire 稱作 Dorsetshire. 在美國，county 是僅次於州(state)的最大行政區，如 Orange County；但用教區(parish)的路易西安那州(Louisiana)及享有市鎮自治權(borough)的阿拉斯加州(Alaska)除外；cf. shire.

2 Ⓤ [**the** ~；集合稱] 《★用法 視為一整體時當單數用，指全部個體時當複數用》 **a** 《英》郡民。**b** 《美》郡民。**c** 《英古》郡內的富豪[名門]。

cóunty bórough *n.* Ⓒ 《英》自治市《人口在十萬以上，行政上與郡(county)同級；1974 年廢除》。

cóunty cóllege *n.* Ⓤ [指設施時為Ⓒ] (英國的)郡立補校《為十五至十八歲男女青年而設的定期補習學校》。

cóunty commíssioner *n.* Ⓒ 郡政委員。

cóunty córporate *n.* Ⓒ 《英》特別市《指國王命令特許設立，享有特權的市》。

cóunty cóuncil *n.* Ⓒ [集合稱] 《英》郡議會《★用法 視為一整體時當單數用，指全部個體時當複數用》。

cóunty cóuncillor *n.* Ⓒ 《英》郡議會議員。

cóunty cóurt *n.* Ⓒ **1** 《英》郡法院。**2** 《美》郡法院。

cóunty fáir *n.* Ⓒ 《美》郡(的農產品、畜產品等)展覽會(⇨fair[2] 1).

cóunty fámily *n.* Ⓒ 《英》郡內的世家[名門]，世代居住於郡內的望族。

cóunty pálatine *n.* Ⓒ (*pl.* **counties palatine**) (昔日享有王權之)伯爵(count palatine)的領地[領土]。

cóunty séat *n.* Ⓒ 《美》郡政府所在地，郡的首府。

cóunty tówn *n.* Ⓒ **1** 《英》郡政府所在地，郡的首府。**2** 《美》=county seat.

coup [ku; kuː] 《源自法語「打擊」之義》—*n.* Ⓒ (*pl.* ~**s** [~z; ~z]) **1** (突然的)一擊。**2** (在投資、生意上的)大成功，大收穫: make [pull off] a great ~ 獲得大成功。**3** =coup d'état.

coup de grace [kudəˋgrɑs; ˌkuːdəˈgrɑːs] 《源自法語》—*n.* Ⓒ (*pl.* ***coups de grace*** [~]) **1** 慈悲的一擊《對於重傷痛苦的人或動物給予立即致死的一擊》。**2** 最後的一擊，致命的一擊: deliver the ~ 給予最後的一擊[致命的一刺]。

coup d'é·tat [ˈkudeˈtɑ; ˌkuːdeiˈtɑː] 《源自法語「對於政體的打擊，政變」之義》—*n.* Ⓒ (*pl.* **coups d'état** [~], ~**s** [~(z); ~(z)]) 武力政變，軍事政變: by ~ 以武力政變《★無冠詞》。

coup de thé·â·tre [kudəteˋɑtr; ˈkuːdəteiˈɑːtr] 《源自法語》—*n.* Ⓒ (*pl.* **coups de théatre** [~]) (富有效果的)戲劇(性)手法。

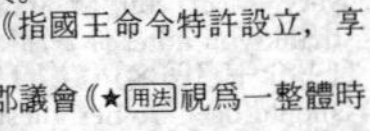

coupé 1

cou·pé, cou·pe 《源自法語「被切的」之義》—*n.* Ⓒ **1** [kuˋpe, kup; ˈkuːpei, kuːp] 雙門小轎車(較 sedan 小，後部成流線型的二至五人座的雙門汽車；★ 拼法《美》一般拼作 coupe)。**2** [kuˋpe; ˈkuːpei] 一種有篷的雙座四輪馬車《前面另有車夫座》。

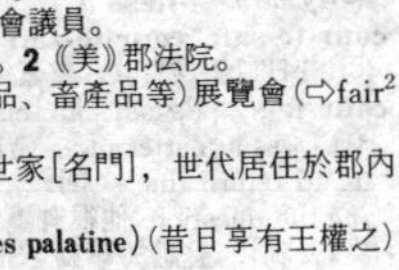

coupe 2

‡**cou·ple** [ˈkʌpl; ˈkʌpl] 《源自拉丁文「結合物」之義》—*n.* Ⓒ **1 a** (成組的)**兩個**，兩人，一對(⇨a COUPLE of；⇨pair【同義字】): a ~ of players 兩名比賽者/a ~ of rogues 兩個惡漢。**b** 一對男女；(尤指)夫婦；(跳舞的)一對舞伴(★用法 指人時動詞有時用複數): a loving ~ 相戀的男女，情侶/a married ~ 夫婦/make a good [lovely] ~ (成為)很相配的夫婦/The ~ *were* [*was*] dancing. 那一對(男女)在跳舞。**c** (同種類東西的)兩個《★ a ~ of 的下面為複數名詞；⇨ a COUPLE of》: a ~ of apple*s* 兩個蘋果/a ~ of girl*s* 兩個女孩/for a ~ of day*s* 兩天期間《★以上三個例句的 a couple of 也可解釋為 a COUPLE of (2)之意》。**2** 《電學》熱電偶。**3** 《物理》力偶《大小相同而方向相反的一組力》。

a còuple of... [of 後面的名詞用複數] (1)⇨ *n.* 1. (2)《口語》幾個[人]的，兩三個(人)的(a few): I had only *a ~ of* drink*s*. 我只喝了兩三杯/She is *a ~ of* inch*es* taller than him [he is]. 她比他高幾吋。

—*adj.* [用在名詞前] [**a** ~] 《美口語》二個的，二人的(two)；兩三個的，兩三人的(a few) 《★a couple of 的 of 省略而成》: *a* ~ books 兩[兩、三]本書/for *a* ~ more years 再兩[兩、三]年。

—*v.t.* **1 a** [十受(十副)] 將〈兩個東西〉連接(成對)，將…拴在一起〈*together*〉: ~ two coaches (***together***) 連接兩節火車車廂。**b** [十受十副(十介十(代)名)] 將〈某物〉繫，連接[於他物]〈*on*〉[*to, onto*]: ~ a trailer ***on to*** a truck 將拖車連結於卡車。
2 [十受十介十(代)名] **a** 將…[與…]聯想在一起 [*with*]: We ~ the name of Agatha Christie ***with*** Hercule Poirot. 我們將克麗絲蒂的名字與波瓦羅聯想在一起。**b** 將…添加[於…]，使…[與…]連結在一起 [*with*]: The delicious food, ~*d* ***with*** the warm hospitality of the host, made the party perfect. 佳餚加上主人溫馨的款待使宴會完美無缺。
3 [十受] 使〈男女〉結婚。

—*v.i.* **1** [動(十介十(代)名)] [與…] 結合，連結 [*with*]: The high winds ~*d* ***with*** a rising tide. 强風和漲潮結合在一起。
2 〈動物〉交尾，交配，〈人〉性交。

cou·pler [ˈkʌplɚ; ˈkʌplə] *n.* Ⓒ **1** 連結者；配合者。**2** 《機械》(連結兩節火車車廂的)車鉤；輓鉤，聯結器。**3** 《電子》耦合器。**4** (彩色照片的)成色劑。**5** (風琴上連接兩組鍵盤的)聯結器。

cou·plet [ˈkʌplɪt; ˈkʌplit] *n.* Ⓒ 《詩》對句《兩行同音節而押韻的詩句》: ⇨heroic couplet.

cóu·pling *n.* **1** Ⓤ 連結。**2** Ⓒ **a** (火車車廂的)聯結器[裝置]。**b** (機器的)聯結器，聯軸節。

cou·pon [ˈkupɑn, ˈkju-; ˈkuːpɔn] 《源自法語「被切掉的一片」之義》—*n.* Ⓒ **1 a** 聯票(券) (voucher) 《提交時可獲得票上所載物品或服務的一種證明書》: a discount ~ 折扣券。**b** (火車等使用一次撕[剪]下一張的)聯票；回數票《一張》。**c** (可從商品廣告上剪下來的)優待券，贈獎券；(隨商品附送的)優待[贈品]券。**d** 食品交換券；配給票，糧票。**2** (公債、證券等的)息票: cum ~ = ~ on (公債票等)附息票《★無冠詞》/ex ~ = ~ off 《★無冠詞》不附息票。

‡**cour·age** [ˈkɝɪdʒ; ˈkʌridʒ] 《源自拉丁文「心」之義》—*n.* **1** Ⓤ (即使遭遇危險、苦難、不幸也不畏懼而能壓抑不安的)**勇氣**，膽量: moral ~ (貫徹主義、節操的)精神之勇，道德勇氣/physical ~ (對抗肉體上危險的)肉體上的勇氣，血氣之勇/have the ~ of one's convictions [opinions] 有斷然實行[堅持]自己信仰[意見]的勇氣/lose ~ 喪膽/take ~ 鼓起勇氣/muster [pluck, screw] up one's ~ 鼓足勇氣/⇨Dutch courage.

> 【同義字】courage 强調精神，bravery 强調行動。

2 [十 *to* do] [**the** ~] 〈做…的〉勇氣: He had *the* ~ *to* live his life according to his own beliefs. 他有勇氣依照自己的信念度過一生。

tàke one's cóurage in bóth hánds 鼓足勇氣作事，敢作敢為，放膽去做。

cou·ra·geous [kəˈredʒəs; kəˈreidʒəs] 《courage 的形容詞》—*adj.* (**more** ~; **most** ~) **1 有勇氣的**，勇敢的，有膽量的: a ~ person 有勇氣的人。

> 【同義字】courageous 指面對危險或困難而不屈服的精神上的勇氣；brave 强調行動上的勇氣；bold 指大膽無畏、幾近蠻幹的勇敢。

2 [不用在名詞前] [十*of*十(代)名(十*to* do)/十*to* do] [某人]〈做…是〉勇敢的；〈某人〉〈做…是〉勇敢的: It was ~ ***of*** you ***to*** tell the truth. = You were ~ *to* tell the truth. 你說了實話，眞勇敢。
~**·ly** *adv.* ~**·ness** *n.*

cour·gette [kurˋʒɛt; ˌkuəˈʒet] *n.* 《英》=zucchini.

cou·ri·er [ˈkurɪɚ, ˈkɝɪɚ; ˈkuriə] *n.* **1** Ⓒ (旅行社雇來為團體旅客服務的)導遊；僕從；嚮導。**2** Ⓒ 急件[快函]的遞送人；特使；密使。**3** [C~；用於報紙的名稱]「…新報」; the Liverpool *C*~ 利物浦新報。

‡**course**[1] [kors, kɔrs; kɔːs] 《源自拉丁文「跑」之義》—*n.* **1** Ⓒ **a** (東西移動的)**前進路線**；水道: the upper [lower] ~ of a river

河流的上[下]游/a river which takes its ～ to the west 向西流的河。**b** [常用單數]（船、飛機的）航線：a ship's ～ 船的航線/follow [pursue] her [its] ～〈船〉照一定的航線前進/shape her [its] ～〈船〉決定航線/The ship is *on* (her) ～. 那隻船沿著航線航行/The plane was many miles *off* ～. 那架飛機偏離航線很多哩。

2 Ⓤ **a** [常 **the** ～]（時空的）**進行**；生涯：*the* ～ of life 人生的道路，一生。**b** 過程，經過；發展：the ～ *of* an argument 議論的順序[過程]/in the ～ *of* nature＝in the ordinary ～ *of* things [events] 依照事情自然[正常]發展的情形，順其自然地/allow events to follow their ～ 讓事情自然發展/⇨in the COURSE¹ of.

3 Ⓒ（行動的）**方針**，方向：hold to a middle ～ 行中庸之道/hold [change] one's ～ 抱定[改變]方針，不變[改變]方向/take one's own ～ 採取獨自的方針，隨自己的意思去做/⇨run [take] its [their] COURSE¹.

4 Ⓒ **a**（通常指高中以上的）課程；一定的教育課程；學科，科目：a ～ of study 一門課程；學習指導要領/an English [a commercial] ～ 英語[商業]課程/a summer ～ 暑期課程[講習]/take a ～ *in* mathematics 選修一門數學課/How many ～*s* are you taking this semester? 這個學期你修多少科目？**b**〔講演、治療等的〕連續〔*of*〕：a ～ *of* lectures 連續的講演/a ～ *of* treatment 不間斷的治療。

5 a Ⓒ（賽跑、比賽的）場地《★比較 游泳比賽時選手使用的固定路線[水道]稱作 lane》：a golf ～ 高爾夫球場/⇨stay the COURSE¹. **b** 賽馬場：walk over the ～〈賽馬〉輕易獲勝。

6 Ⓒ（菜的）一道《★指正餐(dinner)時按順序一道一道端出的菜，一般的順序是湯(soup)，魚(fish)，肉(meat)，餐後甜點(dessert)，咖啡(coffee)》：the fish ～ 一道魚/the last ～ 最後一道菜/the main ～ 主菜/a dinner of four ～*s* ＝a four-*course* dinner 有四道菜的正餐。

7 Ⓒ《建築》（以石、磚等連續砌成的）層。

(as) a matter of cóurse ⇨matter.

in dúe cóurse 在適當的時候，時機到來時，到時候，不久，隨後。

in the cóurse of... 當…期間，在…過程中(during)：*in the* ～ *of* conversation 在談話間/*in the* ～ *of* this year [a few centuries] 在今年[幾世紀]之間。

in (the) cóurse of tíme 總有一天，終於。

of [əv, əf; əv, əf] **cóurse** (1)**當然**(certainly)：*Of* ～ he'll come. 當然他會來。(2)[用於對方問話之後]當然："May I use your phone?"—"*Of* ～." 「我可以借用你的電話嗎？」「當然(可以)。」/"You don't like it?"—"*Of* ～ nòt." 「你不喜歡它嗎？」「當然(不喜歡)。」(3)[在複合句中與 but 連用]當然[的確]…(但)：*Of* ～ he is well qualified as a teacher [for teaching] *but* he has little experience. 當然他夠資格當老師但他沒什麼經驗。(4)[被對方指點或想到某些事]對呀！是那樣："Today is Sunday; the shops are closed."—"Oh, *of* ～! (How stupid of me!)" 「今天是星期日，商店都關門。」「對呀！(我眞笨！)」

rún [tàke] its [their] cóurse (聽其)自然發展；〈疾病等〉自然地結束：The years have *run* their ～. 歲月已流逝/The law must *take* its ～. 法律必須照規定執行/Let matters *run* [*take*] their ～. 讓事情自然發展下去吧。

stáy the cóurse (1)(在賽跑)跑完賽程。(2)堅持到底，始終不放棄。

—*v.t.* 〔十受〕**1** 用獵犬獵取〈獵物〉。**2**〈液體等〉沿著…而流：Tears ～*d* her cheeks. 眼淚順著她的臉頰流下來《★比較 一般用 *v.i.* 2》。**—*v.i.*** **1**（用獵犬）打獵。**2**〔十副詞(片語)〕〈血液〉流動；〈眼淚〉涔涔；〈河流〉奔流：Tears ～*d down* her cheeks. 眼淚順著她的臉頰流下來。

course² [kors, kɔrs; kɔːs]《of course 之略》**—*adv.*** (又作 **'course**)＝of COURSE¹.

cours·er [ˈkorsɚ, ˈkɔr-; ˈkɔːsə] *n.* Ⓒ《詩》駿馬；戰馬。

cours·ing [ˈkorsɪŋ; ˈkɔːsiŋ] *n.* Ⓤ **1** 運行；奔馳；追逐。**2** 使用獵犬狩獵。

‡court [kort, kɔrt; kɔːt]《源自拉丁文「圍起的場所」之義》**—*n.*** **A 1** Ⓒ **a**（周圍有建築物的）**庭院**，天井(courtyard). **b**《英》(周圍有建築物的後街)巷道，死巷《★也常以大字母寫作如 Kensington Court 等地名》。

2 Ⓒ（網球等的）**球場**：a grass ～ 草地網球場/⇨tennis court, hard court, service court/The ball was *on* ～. 球在球場上《★on ～ 無冠詞》/The ball was *off* [*out of*] ～. 球在球場外《★off [out of] ～ 無冠詞》。

3 a Ⓒ [at, in, to 的後面爲Ⓤ] [常 C～] **宮廷**，宮室，朝廷：the *C*～ of St. James's 英國宮廷/*at* ～ 在宮廷/go *to* ～ 進宮。**b** Ⓤ [**the** ～, **one's** ～；集合稱]朝臣，廷臣《★用法 視爲一整體時當單數用，指個別成員時當複數用》：the king and *the* [his] whole ～ 國王與全體朝臣。**c** ⓊⒸ [常 C～]覲見(禮)，國王主持的會議，御前會議：hold ～ 舉行覲見禮；召開國王主持的會議/be received *at* ～ 受帝王接見/be presented *at C*～〈新上任的外國使節或初入社交界的女子〉獲准覲見王上。

4 a Ⓒ [from, in, into, out of, to 的後面爲Ⓤ] **法庭**，法院：a civil [criminal] ～ 民事[刑事]法庭/a ～ of appeal 上訴法庭/a ～ of first instance 初審法庭/a ～ of justice [law] 法庭，法院/the High *C*～ (of Justice)《英》高等法院/the Supreme *C*～ (of Judicature) ⇨judicature 成語/⇨police court/hold a ～ 開庭/appear *in* ～ 出庭/*out of* ～ 在法庭外；不經審判；以和解(的方式)/take a case *into* ～ 將案件提交審判/take a person *to* ～ (for breach of trust)（以背信）控訴某人/bring a prisoner *to* ～ for trial 提囚犯到法庭受審。**b** [**the** ～；集合稱]法官，推事：*The* ～ found him guilty. 法官判他有罪。

—B (cf. *v.*) Ⓤ **1** 諂媚，奉承，討好：pay ～ *to* the king 求寵於國王。**2**（男人）取悅女人，獻慇懃，求愛：pay ～ *to* a woman 向女人求愛。

láugh...òut of cóurt 對…置之一笑，對…一笑了之，對…不當一回事。

pút [rúle]...òut of cóurt 不受理；蔑視…。

—*adj.* [用在名詞前] **1**（有關，適合）宮廷的：a ～ poet 宮廷詩人/a ～ officer 宮廷官。**2** 使用場地的；使用場地運動的〈運動(員)等〉：a ～ star（網球等的）明星選手。

—*v.t.* 〔十受〕**1** 討好〈重要人物、有權勢者等〉。**2**〈男人〉向〈女人〉獻慇懃，向…求愛：He has been ～*ing* Kate for more than two years. 他追求凱蒂已有兩年多了。**3** 求得，努力爭取〈某人的支持、讚賞等〉：～ a person's approbation 尋求某人的認可[贊同]。**4** 招致，遭遇〈疑惑、災難、失敗等〉：You are ～*ing* disaster [danger, ruin]. 你在給自己招來災禍[危險，毀滅]。

—*v.i.* 〈男女〉求愛；求婚，相愛：a ～*ing* couple 一對正在談情說愛的[交往中的]男女/He and she are ～*ing* secretly. 他和她暗中在交往。

cóurt càrd *n.*《英》＝face card.

cour·te·ous [ˈkɝtɪəs; ˈkəːtiəs]《courtesy 的形容詞》**—*adj.*** (**more** ～；**most** ～) **1 a** **有禮貌的**，周到的，慇懃的(⇨polite【同義字】)：a ～ person 有禮貌的人/a ～ welcome 親切的歡迎。**b** [不用在名詞前] [十 *of*十(代)名(十*to* do)/十 *to* do]〔某人〕〈做…是〉有禮[周到]的；〈某人〉〈做…是〉有禮[周到]的：It was very ～ *of* you [You were very ～] *to* send my mother a thank-you note. 你寄謝函給我母親眞周到。**2** [不用在名詞前]〔十介十(代)名〕〔對人〕慇懃的，有禮的〔*to, with*〕：A hostess should be ～ *to* her guests. 女主人應該待客慇懃[以禮]。

～·ly *adv.* **～·ness** *n.*

cour·te·san, cour·te·zan [ˈkortəzn̩, ˈkɔrt-, ˈkɝt-; ˌkɔːtiˈzæn] *n.* Ⓒ（昔日以王侯貴族、富豪等爲對象的）高級妓女。

cour·te·sy [ˈkɝtəsɪ; ˈkəːtisi] *n.* **1 a** Ⓤ **禮貌**，懇摯，慇懃，謙恭有禮：as a matter of ～ 當作禮節/by ～ 禮貌上；情面上；慣例上/to return the ～ 回禮，答禮/He did me the ～ *of* answer*ing* the question. 他很有禮貌地回答我的問題。**b** Ⓒ 有禮貌的行爲[言詞]，慇懃的舉動：She has done me innumerable *courtesies*. 她對我一直極爲有禮。**2** Ⓤ 恩惠，禮遇，好意：through the ～ of...＝(by) ～ of... 由於…的好意，承蒙…的提供[贈送]《★用法《美》通常省略 by》/by ～ of the author 由於作者的好意，承蒙作者的特許《轉載別人文章時的聲明》。

—*adj.* [用在名詞前] **1** 禮貌上的：a ～ call [visit] 禮貌上的拜訪/a ～ letter 禮貌上的信。**2** 禮遇的，優待的：a ～ card 優待卡[券]/a ～ bus 免費接送的公共汽車。

cóurtesy lìght *n.* Ⓒ（汽車的）車箱燈《車門打開時自動亮起，用以照亮脚下》。

cóurtesy tìtle *n.* Ⓒ 禮貌上的尊稱[爵號]《在英國附加於貴族子女名字前的 Lord, Lady, The Hon. 等》。

cóurt·hòuse *n.* Ⓒ **1** 法院。**2**《美》郡政府(所在地)。

cour·ti·er [ˈkortɪɚ, ˈkɔrt-; ˈkɔːtiə] *n.* Ⓒ **1**（從前的）朝臣，廷臣。**2** 奉承者，諂媚者。

cóurt·ly *adj.* (**court·li·er**; **-li·est**) **1**（廷臣般）謙恭的，高雅的，優雅的，有禮貌的：～ manners 優雅的風度[儀態]。**2** 奉承的，諂媚的。

—*adv.* **1** 宮廷式地；高雅地，優雅地。**2** 奉承地。

cóurt·li·ness *n.*

cóurt-mártial *n.* Ⓒ (*pl.* **courts-martial**, ～**s**)軍事法庭；軍法審判：by ～ 以軍法審判《★無冠詞》。

—*v.t.* (**court-mar·tialed**,《英》**-tialled**; **-martial·ing**,《英》**-tial·ling**)將〈某人〉交由軍事法庭審判。

cóurt of inquíry *n.* Ⓒ (*pl.* **courts of inquiry**)《軍事》調查法庭。

Cóurt of Séssion *n.* [**the** ～]（蘇格蘭的）最高民事法庭。

cóurt pàinter *n.* Ⓒ 宮廷畫家。

cóurt plàster *n.* ⒸⓊ 宮廷橡皮膏《昔時英國宮廷婦女貼在臉上增加美感之用》。

cóurt·ròom *n.* Ⓒ 法庭，審判室。

cóurt·shìp *n.* **1** Ⓤ **a**（對女子的）求婚，求愛。**b**（鳥、動物的）求

愛(動作)。**2** Ⓒ追求期間。

cóurt tènnis *n.* Ⓤ室內網球《在高牆圍繞的室內球場打的網球；cf. lawn tennis 1》.

cóurt·yàrd *n.* Ⓒ中庭，庭院，天井。

cous·cous [ˈkusˌkus, kusˈkus; ˈku:sku:s, ku:sˈku:s] *n.* Ⓤ蒸粗麵粉《非洲北部的一道與羔羊肉、雞肉等一起蒸煮的粗麵粉食品》。

***cous·in** [ˈkʌzn̩; ˈkʌzn] 《源自拉丁文「姨媽的兒子」之義》**—n.** Ⓒ **1** 堂[表]兄弟[姊妹]：a first [full] ~ 第一代親堂[表]兄弟[姊妹]/a (first) ~ once removed 第一代堂[表]兄弟[姊妹]的孩子/a second ~ 第二代親堂[表]兄弟[姊妹]《第一代堂[表]兄弟[姊妹]的孩子》/a third ~ = a first ~ twice removed 第三代堂[表]兄弟[姊妹]/He is ~ *to* [a ~ *of*] the President. 他是總統的堂[表]兄弟《★~ to 無冠詞》。**2 a** 親戚，遠親：⇨kissing cousins. **b** 同種，同類，同族：Monkeys are obvious ~*s* of man. 猿猴和人類顯然是同類。

cóusin-gérman *n.* Ⓒ(*pl.* **cousins-german**)第一代親堂[表]兄弟[姊妹]。

cóusin-in-làw *n.* Ⓒ(*pl.* **cousins-in-law**)堂[表]兄弟[姊妹]的配偶；堂[表]姊夫[妹夫]，堂[表]嫂，堂[表]弟媳。

cóus·in·ly *adj.* 堂[表]兄弟[姊妹](間)的，像堂[表]兄弟[姊妹]的。**—adv.** 像堂[表]兄弟[姊妹]地。

cou·ture [kuˈtʊr, -ˈtjʊr; ku:ˈtjuə] 《源自法語》**—n.** **1** Ⓤ女裝業。**2** [集合稱]女裝設計師。

cou·tu·rier [kuˈtʊrɪˌe, -rɪɚ, -ˈturje; ku:ˈtjuəriei, -riə] 《源自法語》**—n.** Ⓒ女裝設計師。

cove [kov; kouv] *n.* Ⓒ(灣內的)小海灣，(海岸的)小灣。

cov·en [ˈkʌvən; ˈkʌvn] *n.* Ⓒ(尤指十三個)女巫的集會。

cov·e·nant [ˈkʌvənənt; ˈkʌvənənt] 《源自拉丁文「一起來」之義》**—n.** **1** Ⓒ契約，盟約，誓約。**2** Ⓒ《法律》契約書；契約條款；協議(書)；協定條款。**3** [**the C~**]《神學》(神與以色列人之間的)聖約：the Land of *the C~*《聖經》聖約之地。

—v.t. **1** 訂定…契約：~ a donation of 100 pounds to a church 訂定捐贈一百英鎊給教會的契約。**2 a** 〔+ *to* do〕訂定〈做…〉的契約[誓約，盟約]：They ~*ed to* sell only to certain buyers. 他們訂定只賣給某些特定買主的契約(cf. 2b). **b** 〔+ *that*__〕訂定〈…事〉的契約[誓約，盟約]：They ~*ed that* they would sell only to certain buyers. 他們訂定只賣給某些特定買主的契約(cf. 2a). **—v.i.** 〔十介十(代)名〕〔與人〕訂定〔…〕契約〔*with*〕〔*for*〕：~ **with** an inventor **for** percentage of the gross profits 與發明人訂定支付總利潤[毛利]百分比的契約。

Cóv·ent Gárden [ˈkʌvənt-; ˈkɔvənt-] *n.* **1** 科芬特花園《倫敦市中心的一地區，從前有青果及鮮花批發市場》。**2** 科芬特花園歌劇院《位於科芬特花園廣場的皇家歌劇院，正式名稱爲 Royal Opera House》.

Cov·en·try [ˈkɑvəntrɪ, ˈkʌv-; ˈkɔvəntri] *n.* 科芬特里《英格蘭中南部一城市》。

sénd a person **to Cóventry** 拒絕與〈某人〉交往[講話]，與…絕交。

【字源】與違背公約的人斷絕往來，以示制裁的說法，源於英格蘭(England)科芬特里市市民一度非常厭惡軍隊，視女子與士兵交談爲一禁忌，故而派駐此市的士兵都被迫停止一切社交活動。

‡cov·er [ˈkʌvɚ; ˈkʌvə] 《源自拉丁文「完全隱藏」之義》**—v.t.** **1** 蓋，遮蔽：**a** 〔十受〕覆蓋…的表面《★常用被動語態，介系詞通常用 *with, in*. 表示動作時則用 *by*》：Snow ~*ed* the ground. 雪覆蓋地面/The ground *was* ~*ed* **with** snow. 地面覆蓋著雪/His shoes *were* ~*ed with* [*in*] dust. 他的鞋子蓋滿灰塵。**b** 〔十受十介十(代)名〕〔用…〕覆蓋…〔*with, in*〕：She ~*ed* the mouthpiece of the phone **with** her hand. 她用手遮住電話的話筒。**c** 〔十受〕隱藏，掩飾〈感情、犯罪等〉：He laughed to ~ his annoyance. 他藉大笑來掩飾他的煩惱。

2 a 〔十受〕在〈東西〉上加蓋；在〈頭〉上戴帽子：~ a dish 在盤子上加蓋/~ one's head 戴上帽子。**b** 〔十受十介十(代)名〕在〈身體的某部位〉披上〔衣服等〕，戴上〔…〕〔*with*〕：*C~* your knees **with** this rug. 用這條毛毯蓋在你的膝蓋上。**c** 〔十受十介十(代)名〕[~ *oneself*]〔用…〕包裹〈身體〉〔*with*〕：~ *oneself* **with** a coat (against the cold)(爲禦寒而)用外套裹身。**d** 〔十受十介十(代)名〕[~ *oneself*]使自己蒙受〔恥辱〕，載〔譽等〕，獲得〔…〕〔*with*〕《★也用被動語態》：He ~*ed himself* **with** glory. 他獲得榮譽/She *was* ~*ed* **with** confusion [shame]. 她一臉困惑[羞愧]的樣子。

3 a 〔十受〕在…加上表面[封面]；給…裱褙：~ a book 給書加上封面。**b** 〔十受十介十(代)名〕〔將…〕張掛於…，塗於…；〔將…〕撒[濺]滿…〔*with*〕：~ the seat of a chair **with** leather 用皮革鋪裝椅子的座部/The car ~*ed* me *with* mud. 那部車濺了我一身泥。

4 〔十受〕**a** (範圍)佔，及於…：The Sahara ~*s* an area of about three million square miles. 撒哈拉沙漠面積約三百萬平方哩/My diaries ~ twenty-five years. 我寫日記長達二十五年。**b** 涵蓋，包含〈範圍、領域等〉；適用於〈事例〉；涉及〈研究、主題〉：The rule ~*s* all cases. 這條規則適用於一切情形/His lecture ~*ed* various aspects of language. 他的講課涉及到語言諸方面的問題/How much did I ~ yesterday？昨天我講了多少？

5 〔十受〕行走〈某段距離〉，走過〈某地方〉《★不可用被動語態》：I ~ 200 miles a day in my car. 我開車一天跑了兩百哩/We ~*ed* three countries in a week. 我們一週內到過三個國家。

6 a 〔十受(十介十(代)名)〕掩護，庇護，保護〈某人〉〔使免於…〕〔*from*〕：Everyone should have a roof to ~ them. 每個人都應有個避風雨的屋頂[房子]/The cave ~*ed* them **from** the snow. 那個山洞使他們免於暴露雪中。**b** 〔十受〕〈大砲、堡壘等〉有助於…的防衛；俯瞰…而控制；炮火射程可達…：The fortress ~*s* the territory. 要塞的砲火射程可達該地。**c** 〔十受〕監視，看守〈某地區、道路等〉：The soldiers had all the roads out of town ~*ed*. 士兵們監視可通往鎮外的所有道路。**d** 〔十受〕《運動》防守；看守〈對方〉。

7 〔十受(十介十(代)名)〕〔用槍砲等〕瞄準〈某人〉〔*with*〕：He ~*ed* me **with** a pistol. 他用手槍瞄準我/Don't move！I have you ~*ed*！不要動！(否則)我要開槍了！

8 a 〔十受〕〈金錢〉足敷〈費用等〉，對…夠用；抵償…：Will your allowance ~ your school expenses？你的津貼夠付你的學費嗎？/Can you ~ the check？你的存款夠兌現那張支票嗎？**b** 〔十受(十介十(代)名)〕使〈人〉〔對…〕投保〔*against, for*〕：Are you ~*ed* **against** [**for**] fire？你投保火險了嗎？

9 〔十受(十介十(代)名)〕〈記者〉〔爲…而〕採訪，報導〈事件、集會等〉〔*for*〕：The reporter ~*ed* the event (**for** his newspaper). 那名記者(爲他所屬的報紙)採訪報導該事件。

—v.i. 〔十介十(代)名〕代替〔他人〕〔*for*〕：Please ~ **for** me a few minutes. 請代替我幾分鐘。

cóver ín 《*vt adv*》⑴用土填埋〈洞穴、墓穴等〉《★比較 一般用 fill in》. ⑵給〈陽台等〉加蓋屋頂。

cóver óver 《*vt adv*》⑴掩蓋〈東西的缺陷〉。⑵掩飾〈失策等〉。

cóver úp 《*vt adv*》⑴〔用…〕完全覆蓋[包裹]…〔*with*〕：*C~* yourself *up* (*with* something warm). (用溫暖的東西)把你自己裹起來。⑵隱藏〈壞事等〉：They tried to ~ *up* the bribery. 他們企圖掩蓋行賄的事。**—**《*vi adv*》⑶袒護，包庇〔某人〕，〔爲某人而〕掩飾〔*for*〕：He tried to ~ *up for* his friend by telling a lie. 他試圖以說謊來袒護他的朋友。

—n. **1** Ⓒ **a** 遮蓋物，罩子；床罩，毛毯；包裹的東西；蓋子；套子：a sofa ~ 沙發套/put a ~ on a chair 在椅子上裝上套子/take the ~ from [off] a pan 掀起鍋蓋。**b** (書、雜誌等的)封面。**c** (通信用的)信封：under ~ 在信封中；(隨函)同封《★無冠詞》/under separate ~ 另函封寄/under plain ~ 以(沒有寫投遞公司名稱、內容等的)無標示包裝。

2 Ⓤ **a** 隱蔽處，避難所；獵物的隱藏所《森林、草叢等》：find ~ *from* a storm 尋找躲避暴風雨的地方/⇨take COVER (2)/break ~ 〈獵物〉從隱蔽處(草叢等)衝出。**b** 《軍》掩護(物)，遮蔽(物)：⇨take COVER (1)/There was no ~ *from* the enemy fire. 沒有可阻擋敵人砲火的掩護物。

3 a Ⓤ(黑暗、夜、煙等的)遮蔽物：under ~ of night [darkness] 在黑夜的掩蔽下，藉著黑夜的掩護。**b** Ⓤ假託，假藉，藉口。**c** Ⓒ隱蔽物〔*for*〕：The job was a ~ *for* his espionage. 那工作是他從事間諜活動的掩護。

4 Ⓒ **a** (餐桌用的)一人份的餐具：*Covers* were laid for ten. 餐桌上擺放著十人份的餐具/a dinner of 10 ~*s* 十人份的正餐。**b** 《美》= cover charge.

5 Ⓤ **a** (損害)保險；用保險的擔保。**b** 《商》擔保物，保證金，押金。

6 Ⓤ[常 **the** ~](生長於某一地區的)植物：*the* natural ~ *of* Scotland 蘇格蘭產的自然植物。

(from) cóver to cóver 〈書籍等〉從頭到尾(全部)，整本地：read a book (*from*) ~ *to* ~ 把一本書從頭讀到尾。

tàke cóver ⑴《軍》(利用地形、地上物)〔從敵人的炮火〕隱蔽，掩護自身〔*from*〕. ⑵躲避〔風雨等〕〔*from*〕：They *took* ~ *from* the rain [sun] under a tree. 他們在樹下避雨[烈陽]。

ùnder cóver ⑴⇨ *n.* 1c. ⑵隱藏著；祕密地：go *under* ~ 藏身/We met them *under* ~. 我們祕密地和他們見面。

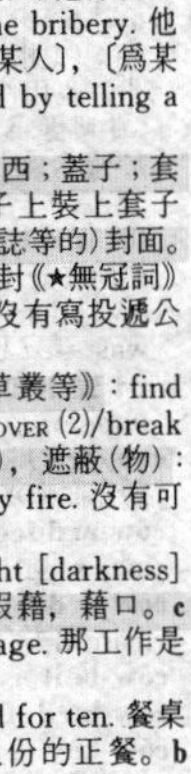

coveralls

cov·er·age [ˈkʌvərɪdʒ; ˈkʌvəridʒ] *n.* **1** Ⓤ[又作 **a** ~]《保險》保險範圍。**2** Ⓤ **a** 報導(範圍)，取材(範圍)：radio and T.V. ~ 廣播和電視報導/The story received front-page ~. 這則報導刊載在第一版。**b** (廣告)所及的範圍。**c** (廣播、電視的)播放(範圍)；服務地區。

cóver·àll *n.* Ⓒ[常 ～s]上下連身有袖的工作服《與 overalls 不同》。
cóver chàrge *n.* Ⓒ服務費，娛樂費《餐廳、夜總會等所訂除飲食費外所收取的費用》。
cóver cròp *n.* Ⓒ間作《冬天時，爲保護土地以免養分被溶解流失或土壤被侵蝕而種之作物》。
cóv·ered wágon *n.* Ⓒ《美》有篷的大馬車，篷車。
cóver gìrl *n.* Ⓒ(雜誌的)封面女郎。
cov·er·ing [ˋkʌvərɪŋ, ˋkʌvrɪŋ; ˈkʌvəriŋ] *n.* **1** Ⓤ掩蓋，覆蓋；掩護，遮蔽。**2** Ⓒ遮蓋物，封套，封皮，屋頂。
cóvering lètter [nòte] *n.* Ⓒ(附於另一封信、包裹的)附函，說明書。
cov·er·let [ˋkʌvəlɪt; ˈkʌvəlit] *n.* Ⓒ床單，床罩。
cóver pòint *n.* 〖板球〗**1** Ⓤ後衛(之位置)。**2** Ⓒ後衛。
cóver stòry *n.* Ⓒ(雜誌的)封面報導《與雜誌封面的圖片或照片有關的報導》。
cov·ert [ˋkʌvət; ˈkʌvət] *adj.* 秘密的，隱密的；暗示的(↔ overt)：～ negotiations 祕密交涉。
—*n.* Ⓒ(獵物的)隱藏處，潛伏處(cover).
dráw a cóvert 趕出隱藏在樹叢裏的動物。
～·ly *adv.*
cov·er·ture [ˋkʌvətʃə; ˈkʌvəˌtjuə] *n.* **1** ⓊⒸ覆蓋；庇護(所)；隱蔽[匿]；掩飾。**2** Ⓤ〖法律〗有夫之婦的身分。
cóver-ùp *n.* [a ～]隱藏，掩蓋〔*for*〕：His conduct is *a* mere ～ *for* his nervousness. 他的行爲只是爲了掩飾他的緊張。
cov·et [ˋkʌvɪt; ˈkʌvit] *v.t.* 貪圖，垂涎，覬覦〈他人的東西等〉：All ～ all lose.《諺》貪多則無得。**—***v.i.* 〔十介十(代)名〕渴望，覬覦〔…〕〔*for, after*〕：He has ～*ed* ***after*** the chairmanship for years. 他覬覦議長職位好幾年了。
cov·et·ous [ˋkʌvɪtəs; ˈkʌvitəs] *adj.* **1** 貪圖的，貪求的，垂涎的，渴望的。**2** [不用在名詞前]〔十介十(代)名〕貪求〔他人之物等〕的〔*of*〕：be ～ ***of*** another person's property 貪圖他人財產。
～·ly *adv.* **～·ness** *n.*
cov·ey [ˋkʌvɪ; ˈkʌvi] *n.* Ⓒ **1** (如鶴鶉、鷓鴣等出生後暫時與母鳥羣居的)一小羣，一窩：a ～ *of* grouse 一羣松雞。**2** 《謔》(人的)一羣，一隊，一伙；(物的)一批。
‡**cow**[1] [kaʊ; kau] *n.* Ⓒ(*pl.* ～s,《古·詩》**kine** [kaɪn; kain]) **1** 母牛；(尤指)乳牛《★ 相關用語 bull 指未閹割的公牛；ox 指閹割的公牛，也用作牛的總稱；calf 指小牛；牛肉稱 beef, 小牛肉稱 veal；牛叫聲爲 moo》。**2 a** (犀牛、象、海豹、鯨魚等的)母獸。**b** [用於複合字]雌的；母的：a ～ elephant [moose] 母象[麋]。**3** 《輕蔑》子女多的女人，經常懷孕的女人；肥胖而不整潔的女人。
till [until] the cóws còme hóme 《口語》長時間，永遠《★源自擠奶時牛好不容易回來》。
cow[2] [kaʊ; kau] *v.t.* **1** 〔十受(十副)〕恐嚇，嚇〈人〉〈*down*〉：She was ～*ed* by his intelligence. 她被他的聰明才智給嚇住了。**2** 〔十受十介十(代)名〕恐嚇〈某人〉〔使做…〕〔*into*〕：He ～*ed* her ***into*** do*ing* something illegal. 他威嚇她去做不法之事。
cow·ard** [ˋkaʊəd; ˈkauəd] 《源自拉丁文「(捲)尾巴」之義；由狗的動作而來》**—n.* Ⓒ膽小的人，膽怯者。
cow·ard·ice [ˋkaʊədɪs; ˈkauədis], **ców·ard·li·ness** [-lɪnɪs; -linis] *n.* Ⓤ怯懦，膽小。
ców·ard·ly *adj.* 怯懦的；膽怯的，卑劣的(↔ brave)：a ～ man 懦夫/a ～ lie 卑劣的謊言。**—***adv.* 怯懦地，膽怯地。
ców·bèll *n.* Ⓒ(繫掛在牛頸上的)牛鈴。
ców·bìrd *n.* Ⓒ〖鳥〗牛鸝。
ców·bòy *n.* Ⓒ **1** 牧童。**2** 《美·加》牛仔(cf. gaucho). **3** 《英俚》魯莽漢；開車橫衝直撞的人。
cówboys and Índians 西部牛仔打紅蕃《學牛仔和印地安人打仗的兒童遊戲》。
cówboy hàt *n.* Ⓒ《美》(牛仔戴的)寬邊牛仔帽(ten-gallon hat).
ców·càtcher *n.* Ⓒ《美》(火車頭前端的)排障器。
cow·er [ˋkaʊə; ˈkauə] *v.i.* 〔動(十副)〕(因寒冷、恐懼而)畏縮，退縮，蜷縮，抖縮〈*down*〉.
ców·fìsh *n.* Ⓒ(*pl.* ～, ～·es)〖動物〗**1** 海牛；江豚。**2** 角魚。
ców·gìrl *n.* Ⓒ **1** 在牧場幫助照料牛馬的婦女。**2** 女牛仔。
ców·hànd *n.* Ⓒ **1** 牧場工人，牧牛者。**2** 牛仔。
ców·hèrd *n.* Ⓒ牧牛者。
ców·hìde *n.* **1** Ⓤ[指個體時爲Ⓒ](帶毛的)牛皮。**2** Ⓤ牛革。**3** Ⓒ《美》牛皮鞭子。
ców·hòuse *n.* Ⓒ牛舍，牛房。
cowl [kaʊl; kaul] *n.* Ⓒ **1 a** (修道士的)連頭罩的斗篷。**b** (修道士斗篷的)頭罩。**2 a** (煙囪頂上狀似僧帽的)煙囪帽。**b** (通風管頂上的)通風帽。**c** (火車頭煙囪頂上的)煙囪罩子《金屬絲網的籠子》。**3** ＝cowling.
ców·lìck *n.* Ⓒ(在額頭上如牛舐過的)一綹不易梳平的亂髮。
cow·ling [ˋkaʊlɪŋ; ˈkauliŋ] *n.* Ⓒ(飛機的)整流罩。

ców·man [-mən; -mən] *n.* Ⓒ(*pl.* **-men** [-mən; -mən]) **1** 《英》牧牛者。**2** 《美西部》牧場主人，牧牛業者。
cò-wórker *n.* Ⓒ合作者，共同工作者，同事。
ców·pàt *n.* Ⓒ牛糞。
ców·pòx *n.* Ⓤ〖醫〗牛痘。
ców·pùncher *n.* 《美口語》＝cowboy 2.
cow·rie, cow·ry [ˋkaʊrɪ; ˈkauri] *n.* Ⓒ〖貝〗寶貝，子安貝《未開化地區曾當作貨幣使用》。
ców·shèd *n.* ＝cowhouse.
ców·skìn *n.* ⒸⓊ 牛皮，牛革。
ców·slìp *n.* Ⓒ **1** 〖植物〗蓮香報春花《春天開黃花，爲櫻草的一種》。**2** 立金花。
cox [kaks; kɔks] 《coxswain 的簡稱》**—**《口語》*n.* Ⓒ(尤指競賽用之小船的)舵手。
—*v.t.* & *v.i.* 擔任(…的)舵手。
cox·comb [ˋkaksˌkom; ˈkɔkskoum] *n.* Ⓒ **1** 紈袴子弟，花花公子。**2** 〖植物〗雞冠花(cockscomb).
cox·comb·ry [ˋkaksˌkomrɪ; ˈkɔkskoumri] *n.* ⓊⒸ **1** 紈袴行徑[行爲]。**2** 浮誇。
cox·swain [ˋkaksn̩, ˋkakˌswen; ˈkɔkswein] *n.* ＝cox.
coy [kɔɪ; kɔi] *adj.* 〈年輕少女、女人的態度〉嬌羞的，害羞的，羞答答的，假裝害羞的；賣弄風情的，獻媚的：Don't be [play] ～. 不要假裝害羞的樣子。
～·ly *adv.* **～·ness** *n.*
coy·ote [kaɪˋot, ˋkaɪot; ˈkɔiout] *n.* Ⓒ(*pl.* ～s, [集合稱] ～)〖動物〗(北美大草原產的)草原狼，郊狼。
coy·pu [ˋkɔɪˌpu; ˈkɔipuː] *n.* Ⓒ(*pl.* ～s, [集合稱] ～)〖動物〗巨水鼠《南美產的水棲動物；體形像海狸，毛皮很珍貴》。
coz [kʌz; kʌz] *n.* 《口語》＝cousin.
coz·en [ˋkʌzn̩; ˈkʌzn] *v.t.* 〔十受十介十(代)名〕《文語》**1** (用花言巧語)騙取〈他人〉〔東西〕〔*of, out of*〕；〔向他人〕騙取〈東西〉〔*of, out of*〕：～ a person ***of*** [***out of***] something＝～ something *of* [*out of*] a person 騙取某人的某物。**2** 欺騙〈某人〉〔使做…〕〔*into*〕：He ～*ed* the old man ***into*** sign*ing* the paper. 他騙那老人在文件上簽名。
coz·en·age [ˋkʌzn̩ɪdʒ, ˋkʌznɪdʒ; ˈkʌznidʒ] *n.* Ⓤ欺騙，哄騙。
co·zy [ˋkozɪ; ˈkouzi] *adj.* (**co·zi·er**; **-zi·est**) **1** 〈房間等〉(溫暖而)舒適的(comfortable)；小而整齊舒適的(snug)：a ～ little restaurant 舒適雅緻的小餐廳。**2** 〈人〉輕鬆的，安逸的(easy)；融洽的，親切友好的：I felt ～ watching the hearth fire. 看著爐火我感到溫暖而舒適。
—*n.* Ⓒ保溫罩《用以將煮熟的蛋、茶壺保暖的裝塡棉花的罩子》：a tea [an egg] ～ 茶具[蛋]保溫罩。
—*v.i.* ★用於下列成語。
cózy úp to a person 《美口語》博取〈某人〉的歡心，討好〈某人〉。
có·zi·ly *adv.* **có·zi·ness** *n.*
cp. 《略》compare；coupon. **cp., c.p.** 《略》candle power. **c/p** 《略》charter party. **C.P.** 《略》command post；Common Prayer；Communist Party；Court of Probate.
CP [ˋsiˋpi; ˌsiːˈpiː] 《Communist Party 之略》**—***n.* [the ～]《口語》共產黨。
CPA [ˋsiˌpiˋe; ˌsiːpiːˈei] 《略》*n.* ＝certified public accountant.
cpd. 《略》compound.
CPI 《略》consumer price index.
cpl., Cpl. 《略》corporal[2].
CPO, C.P.O. 《略》chief petty officer.
cps, c.p.s. 《略》cycles per second〖電學〗每秒周轉數(周率、周波)。
CPU 《略》〖電算〗central processing unit 中央處理機。
CQ [ˋsiˋkju; ˌsiːˈkjuː] 《call to quarters 之略》**—***n.* Ⓒ 業餘無線電愛好者用無線通信呼叫對方的信號。

cowcatcher

cowl 1

cowslip 1

coyote

Cr 《符號》《化學》chromium.

cr. 《略》credit(or)；crown.

crab[1] [kræb; kræb] *n.* **1** Ⓒ《動物》蟹《螃蟹類的甲殼類總稱；包括寄居蟹(hermit crab)，鱟(king crab)》. **2** Ⓤ(食用的)蟹肉。**3** (又作 **cráb lòuse**)Ⓒ《昆蟲》毛蝨《附著於陰毛等》。**4** [**the C~**]《天文》巨蟹座，巨蟹宮(Cancer).

cátch a cráb (划船時插槳過深或過淺)用槳不當，失一槳。

—*v.i.* (**crabbed**；**crab·bing**)捉蟹：go *crabbing* 去捉蟹。

crab[2] [kræb; kræb] (**crabbed**；**crab·bing**) *v.t.* 使〈人〉不高興，使…生氣。**—***v.i.* 〔動(+介+(代)名)〕《口語》〔對…〕抱怨，發牢騷〔*about*〕.

—*n.* Ⓒ脾氣乖戾的人，愛發牢騷者。

crab[3] [kræb; kræb] *n.* (又作 **cráb àpple**)Ⓒ沙果，花紅《小顆粒而酸味強的野蘋果》。

crab·bed [ˈkræbɪd; ˈkræbid] **«源自蟹(crab[1])的走法»—***adj.* **1** 〈人、言行等〉乖戾的；脾氣暴躁的。**2 a** 〈文體等〉晦澀的，難懂的：a ~ style 晦澀的文體。**b** 〈筆跡〉(過密而)難辨認的。

~·ly *adv.* **~·ness** *n.*

crab·by [ˈkræbɪ; ˈkræbi] *adj.* (**crab·bi·er, -bi·est**)＝crabbed 1.

cráb·gràss *n.* Ⓤ《植物》馬唐《蔓生於原野或草地上的雜草》。

cráb trèe *n.* Ⓒ《植物》沙果樹，花紅樹。

cráb·wìse, cráb·wàys *adv.* 螃蟹般地，橫爬地，橫向地。

‡**crack**[1] [kræk; kræk] **«擬聲語»—***n.* **1 a** Ⓒ裂縫，裂口；(陶器、玻璃器等的)龜裂，瑕疵：a ~ in the ground 地面的裂縫/~*s in* a cup 茶杯的裂痕。**b** Ⓒ(微小的)缺點，缺陷。**c** Ⓒ(門、窗、板等的)微開，縫隙：a ~ in the curtains 窗簾的隙縫。**d** [**a ~**；當副詞用]少許，一點點：Open the window *a* ~. 把窗戶打開一點點。**2 a** Ⓒ(鞭子的)噼啪聲，(打雷的)轟隆聲：the ~ of a whip 鞭打的噼啪聲/a ~ of thunder 打雷的轟隆聲。**b** [**the ~**](槍的)砰然射擊聲：*the* ~ of a rifle 來復槍的砰然作響。**3** Ⓒ(發出聲響的)突然的重擊，一擊：give a person a ~ *on* the head 啪地重擊某人的頭。**4** Ⓒ變聲，倒嗓子。**5** Ⓒ俏皮話，警句，挖苦話。**6** Ⓒ《口語》嘗試，企圖〔*at*〕：have [take] a ~ *at...* 嘗試[企圖]…/give a person a ~ *at...* 給人…的機會。

a fáir cráck of the whíp 《英口語》公平的機會。

at the cráck of dáwn [**dáy**] 在黎明[天亮]時。

páper [**páste, cóver**] **óver the crácks** 《口語》草率地隱藏缺點[掩飾錯誤]。

the cráck of dóom 最後審判日的雷聲；世界末日的雷聲，世界末日《★出自莎士比亞(Shakespeare)四大悲劇之一「馬克白(*Macbeth*)」》.

—*adj.* [用在名詞前]《口語》優秀的，第一流的：a ~ hand 好手，高手/a ~ ship 精良的船/a ~ shot 射擊高手，神槍手。

—*adv.* 噼啪地。

—*v.i.* **1 a** 噼啪地破裂[裂開，破碎]；龜裂：This plaster may ~ when it dries. 這種灰泥變乾時可能會龜裂。**b** 〔+補〕噼啪地破裂〈成…狀態〉：The nut ~*ed* open. 那個核桃啪的一聲裂開了。

2 發出尖銳的爆裂聲；〈鞭子〉噼啪作響；〈槍〉砰然作響：The revolver ~*ed*. 左輪手槍砰然作響。

3 a (快哭出來等時)〈聲音〉(突然)變嘶啞。**b** 變聲，倒嗓子：The boy's voice has not ~*ed* yet. 那個男孩尚未變聲。

4 〔動(+副)〕(在精神上)崩潰，(在肉體上)衰弱〈*up*〉：Will he ~ (*up*) under the strain？在那樣的緊張之下，他會崩潰嗎？

5 《化學》裂化，裂解。

—*v.t.* **1 a** 〔+受〕使〈玻璃容器等〉龜裂，使…生裂痕：I have ~*ed* the cup, but not broken it. 我把茶杯碰裂了，但沒有打破它。**b** 〔+受〕(噼啪地)敲破，打碎〈堅硬的東西〉：~ an eggshell [the shells of peanuts] 敲破蛋[花生]的外殼/⇨hard NUT to crack. **c** 〔+受+補〕(噼啪地)擊破〈堅硬的東西〉〈使成…狀態〉：~ open a nut 敲開核桃。**d** 撬開〈保險櫃等〉，闖入〈屋子等〉：~ a crib《英俚》闖入屋內搶劫。

2 〔+受〕使…發出爆裂聲；使〈鞭子〉發噼啪聲：~ a whip 使鞭子發噼啪聲/~ one's fingers [knuckle] 使手指[手指關節]發噼啪聲。

3 a 〔+受〕啪地打擊…：~ a homer 擊出一支全壘打。**b** 〔+受+介+名〕啪地敲打〈某人〉〔身體的某部位〕〔*on*〕《★用法 表示身體部位的名詞前加 the》：~ a person *on the* head 啪地敲打某人的頭。**c** 〔+受+介+(代)名〕把…撞〔到…〕〔*against*〕：~ one's back *against* the edge of a table 把某人的背撞到桌邊。

4 〔+受〕《口語》把〈酒瓶等〉打開來喝[用]：~ a bottle (of wine) 打開(葡萄酒的)酒瓶喝酒。

5 〔+受〕《口語》講〈笑話、俏皮話等〉：~ a joke 開玩笑。

6 〔+受〕《口語》解答〈難題等〉；解開〈密碼等〉：~ a code 解開密碼。

7 〔+受〕使〈聲音〉沙啞，使…嘶啞；弄啞…：I've ~*ed* my voice trying to speak too loud. 我想要大聲說話而把聲音弄啞了。

8 〔+受〕《化學》(藉加壓蒸餾)裂化，裂解〈重油等〉。

cráck dówn (**on...**) 嚴厲責備(…)；嚴厲處罰(…)，(對…)採取嚴厲手段：~ *down on* terrorists 對恐怖份子採取嚴厲手段。

cráck úp 《*vi adv*》(1)⇨*v.i.* 4. (2)〈汽車、飛機等〉撞毀，墜毀：The airplane ~*ed up*. 那架飛機墜毀了。(3)《口語》突然笑[哭]出來；引起哈哈大笑。**—**《*vt adv*》(4)使〈汽車等〉撞毀，使〈飛機〉墜毀。(5)⇨be CRACKED up to be. (6)《口語》使〈人〉捧腹大笑。

gèt crácking 《口語》迅速展開(工作)；趕快：*Get ~ing*！趕快做(別呆在那裏)！

crack[2] [kræk; kræk] *n.* Ⓤ《俚》快克《吸食用的硬粒狀、高純度古柯鹼》。

cráck·bráined *adj.* 精神錯亂的；愚蠢的。

cráck·dòwn *n.* Ⓒ〔對於違法行為等的〕取締；制裁，鎮壓〔*on*〕.

crácked *adj.* **1** 破碎的，破裂的，有裂痕的；龜裂的：a ~ cup 有裂痕的杯子。**2** 〈信用等〉受損的，低落的。**3** 〈聲音〉變嘶啞的，沙啞的；變聲的。**4** 《口語》〈人〉瘋狂的；痴呆的。

be crácked úp to be 《口語》[常用於否定句]被吹捧為…，被誇獎成…，被認為是…：I'm afraid it's not what it *was ~ed up to be*. 我看它不像以前那樣受到人們的好評[我想它受到的讚揚遠不及從前]。

cráck·er *n.* **1** Ⓒ薄脆餅。

> **【說明】**不加甜味的薄脆餅乾；可用作加有菜餚、乾酪等的烤麵包、餅乾(canapé)，亦可弄碎後放入湯中或做餡餅皮，此外，也可當主食食用。

2 Ⓒ **a** 爆竹。**b** (耶誕節聚會用等的)彩包拉炮《用紙製成，從兩端拉出線就會爆開，從裏面掉出彩帶或玩具等》。**3 a** Ⓒ破碎器，破開東西的器具。**b** [**~s**]胡桃鉗。**4** Ⓒ《英口語》美女。**5** Ⓒ《美輕蔑》(美國南部的)貧窮白人。

crack·er·jack [ˈkrækɚ͵dʒæk; ˈkrækədʒæk] 《美俚》*n.* Ⓒ優秀的物品；好手，傑出人物。

—*adj.* 優秀的，一流的：a ~ stunt pilot 技藝高超的特技飛行員。

crack·ers [ˈkrækɚz; ˈkrækəz] *adj.* [不用在名詞前]《英俚》**1** 〈人〉精神錯亂的，瘋狂的：go ~ 發瘋。**2** 〔+介+(代)名〕〔對…〕狂熱的，著迷的，熱中的〔*about*〕：go [be] ~ ***about*** him 對他著迷。

cráck·ing 《口語》*adj.* 非常好的，極好的。

—*adv.* [常~**good**]非常地，很(very)：a ~ *good* race 非常好的賽跑。

crácking plànt *n.* Ⓒ(石油的)裂化廠，裂解廠《將重油、輕油等以加壓過熱，製造成汽油的工廠》。

crack·le [ˈkrækl; ˈkrækl] *v.i.* 發噼啪聲，發出細碎的爆裂聲：A fire ~*d* in the fireplace. (柴)火在爐子裏噼啪作響。

—*v.t.* 使…發噼啪聲。

—*n.* **1** [用單數]噼啪聲：the ~ of fresh pine logs in the fireplace 在爐子裏噼啪作響的新松柴。**2** Ⓤ **a** (陶瓷器的)裂紋，裂紋圖案的燒法。**b** ＝crackleware.

cráckle·wàre *n.* Ⓤ飾有裂紋圖案的陶瓷器。

cráck·ling *n.* **1** Ⓤ連續的爆裂[噼啪]聲。**2 a** Ⓤ(烤豬肉的)脆皮。**b** Ⓒ[常 **~s**](由肥肉炸出油後的)豬油渣。**3** Ⓤ[集合稱]《英口語》有魅力的女子：a bit of ~ 甜姐兒。

crack·nel [ˈkræknl; ˈkræknl] *n.* Ⓒ **1** 一種薄而脆之餅乾。**2** [**~s**]脆炸豬肉片。

cráck·pòt 《口語》*n.* Ⓒ瘋瘋癲癲的人，怪異的人。

—*adj.* [用在名詞前]瘋瘋癲癲的，怪異的。

crácks·man [-mən; -mən] *n.* Ⓒ(*pl.* **-men** [-mən; -mən])夜賊；(尤指)撬盜保險箱者。

cráck·ùp *n.* Ⓒ **1** (交通工具等的)碰撞；墜毀。**2** 《口語》突然精神崩潰；神經衰弱。

-cra·cy [-krəsɪ; -krəsi] 字尾 表示「…的統治(力，權)」「…政治、政體」「政治階級」等之意的名詞字尾：aristo*cracy*, demo*cracy*.

cra·dle [ˈkredl; ˈkreidl] *n.* **1** Ⓒ搖籃，嬰兒床(cot). **2** [**the ~**] **a** 幼年時代，搖籃時代：from *the* ~ 自幼小時/from *the* ~ to the grave 從搖籃到墳墓，從生到死，一生中/in *the* ~ 在初期，在幼小時/What is learned in *the* ~ is carried to the tomb. 《諺》「幼小時所學的到死也不忘記」。**b** (培育藝術、國民的)搖籃，(文化等的)發祥地：*the* ~ of European civilization 歐洲文明的發祥地。**3** Ⓒ搖籃狀的台架：**a** (電話機聽筒的)支架(⇨telephone 插圖)。**b** 《航海》(造船、修理用的)托架；(船下水時的)活動滑台。**c** 《砲》(支撐大砲的)砲鞍。**d** 《採礦》淘金槽，選礦器。

cradle 1

rób the crádle 《美口語》與年齡遠較自己年輕的人結婚[成為情

侶〕。

—*v.t.* **1** 〔十受〕將〈人〉放入搖籃。

2 〔十受十介十(代)名〕 **a** 將〈嬰兒〉〔抱在手中〕搖之使入睡〔*in*〕：～ a baby ***in*** one's arms 將嬰兒抱在手臂中，搖之使入睡。**b** 〔用雙手等〕捧〈東西〉〔*in*〕：～ a shotgun ***in*** one's arms 雙手捧著一支霰彈槍。

3 〔十受〕 **a** 將〈船〉用托架支撐，將…放在滑台上。**b** 把〈聽筒〉放在支架上。

crádle·sòng *n.* Ⓒ搖籃曲，催眠曲(lullaby)。

C

craft [kræft; krɑːft] *n.* A **1** Ⓤ技能，技巧；技術，手藝；手工藝；工藝：with great ～ 以卓越的技術，靈巧地/This is a fine specimen of the builder's ～. 這是表現那位建築者技藝高超的好典範。**2** Ⓒ **a** (需要特殊手藝的)職業：learn a ～ 學一技之長/workmen *in* the ～ 從事該職業的工人。**b** [集合稱]同業公會《★用法視爲一整體時當單數用，指個別成員時當複數用》。**3** Ⓤ狡猾，奸滑；詭計，計策：a man full of ～ 詭計多端者/get industrial information by ～ 用詭計獲取工業上的情報。

—B Ⓒ(*pl.* ～) **1** (尤指小型的)船舶：a seaworthy ～ 有耐航力的船舶/*C*～ of all kinds come into this port. 各種船隻進入這個港口。**2** 飛機：a squadron of fifteen ～ 十五架(飛機)的飛行大隊/all kinds of bombing ～ 各種類型的轟炸機。**3** ＝spacecraft.

-craft [-kræft; -krɑːft] 字尾表示「…的技術，技能」「…的才能」「…業」「…的交通工具」等之意的名詞字尾：state*craft*, space*craft*.

cráfts·man [-mən; -mən] *n.* Ⓒ(*pl.* **-men** [-mən; -mən]) **1** (熟練的)工匠，技工。**2** 技藝精巧的人，專於某一門工藝的人，名匠。

cráftsman·shìp *n.* Ⓤ工匠的技能；熟練；技巧，技術。

cráft ùnion *n.* Ⓒ(工匠、技工的)職業工會，同業工會(cf. industrial union)。

craft·y [ˈkræftɪ; ˈkrɑːfti] 《craft A3 的形容詞》—*adj.* (**craft·i·er**；**-i·est**)狡猾的，詭詐的(⇨sly【同義字】)：(as) ～ as a fox 極爲狡猾的，狡猾如狐狸的。

cráft·i·ly [-tɪlɪ; -tili] *adv.* **-i·ness** *n.*

crag [kræg; kræg] *n.* Ⓒ危崖，峭壁。

crag·ged [ˈkrægɪd; ˈkrægid] *adj.* ＝craggy.

crag·gy [ˈkrægɪ; ˈkrægi] 《crag 的形容詞》—*adj.* (**crag·gi·er**；**-gi·est**) **1** 多岩石的，多峭壁的，崎嶇的。**2** 〈男人的臉〉粗糙的，粗獷的。**crág·gi·ness** *n.*

crake [krek; kreik] *n.* Ⓒ(*pl.* ～**s**, [集合稱]～)《鳥》秧雞《尤指長腳秧雞(corncrake)》。

cram [kræm; kræm] (**crammed**；**cram·ming**) *v.t.* **1** **a** 〔十受十介十(代)名〕將〈東西〉(勉强)塞入〔狹窄處〕〔*in, into*〕：He *crammed* all his clothes ***into*** the trunk. 他把他所有的衣服硬塞進皮箱裏。**b** 〔十受十副〕(勉强)塞入〈東西〉〈*down*〉：～ food ***down*** 勉强把食物塞進嘴裏。**c** 〔十受十介十(代)名〕(硬)把〈東西〉塞〔(入)…〕〈*down*〉：～ food ***down*** a person's [one's] throat 將食物塞入某人[自己]的喉嚨。

2 **a** 〔十受十介十(代)名〕〔把人、東西〕勉强塞在…〔*with*〕：He *crammed* his study ***with*** antiques. 他將古董塞滿書房/The hall was *crammed with* a crowd of standing petitioners. 那個大廳擠滿了站立的請願者。**b** 〔十受十補〕[補語常用 full (of...)]把…塞滿〈乘客等〉：The train was *crammed full of* passengers. 那班火車擠滿了乘客。

3 **a** 〔十受(十介十(代)名)〕〔爲準備考試而〕以填鴨式的方法教〈人〉，强行灌輸〈人〉(知識)〔*for*〕：My father *crammed* me ***for*** the entrance examination. 我父親爲了入學考試幫我惡補。**b** 〔十受(十副)〕强記〈某科目〉〈*up*〉：The boy is *cramming* (***up***) history. 那個男孩在强記歷史。

—*v.i.* **1** 吃得過飽，狼吞虎嚥。

2 〔動(十介十(代)名)〕《口語》〔爲考試等而〕倉卒用功，塡鴨式地用功，拚命强記〔*for*〕：The students are *cramming* ***for*** their final exams. 那些學生正爲期末考在拚命死背硬記。

3 〔十介十(代)名〕(大量)湧向；大批擠進〔…〕〔*into*〕：Several hundred students *crammed* ***into*** the lecture hall. 幾百個學生湧入講堂。

—*n.* 《口語》 **1** Ⓤ塡鴨式的用功；(開夜車、臨陣磨槍的)倉促用功，臨時抱佛脚。**2** Ⓒ(人羣的)擁擠；人山人海。

cram·bo [ˈkræmbo; ˈkræmbou] *n.* **1** Ⓤ索韻[對韻]遊戲《由一方提出一字或一行詩，由對方提出同韻之一字或押韻之一行》。**2** Ⓒ《輕蔑》同韻字，韻語。

crám-fúll *adj.* [不用在名詞前]〔十介十(代)名〕《英口語》裝滿[塞滿]〔…〕的〔*of*〕：Her suitcase was ～ ***of*** clothes. 她的手提箱裝滿了衣服。

cram·mer [ˈkræmɚ; ˈkræmə] *n.* Ⓒ《英》 **1** **a** 採用塡鴨式教學法的教師。**b** 補習班，私塾。**2** 以塡鴨式方法用功[强記死背]的學生。

cramp[1] [kræmp; kræmp] *n.* **1** Ⓒ[《英》常Ⓤ](肌肉的)抽筋，痙攣：bather's ～ 游泳者的抽筋/be seized with ～ *in* the leg 腿部突然抽筋。**2** [～s]急劇的腹痛。

—*v.t.* 使…痙攣[抽筋]《★常用被動語態》。

cramp[2] [kræmp; kræmp] *n.* Ⓒ **1** (又作 **crámp iron**)《建築》鐵攜，鐵搭。**2** 夾緊[扣緊]的小五金(clamp)。**3** **a** 約束物。**b** 約束，束縛。

—*v.t.* **1** 用鐵攜(等)扣緊…。**2** 約束，束縛〈人、行動等〉。

crámp a person's **stýle** ⇨ style.

cramped *adj.* **1** 狹窄的，拘束的；心地狹窄的，褊狹的：～ quarters 狹窄的宿舍/feel ～覺得狹窄拘束。**2** 〈筆跡、文字等〉(過於緊密而)難辨認的。～·**ness** *n.*

cram·pon [ˈkræmpən; ˈkræmpən], **cram·poon** [ˈkræmpun; ˈkræmpuːn] *n.* **1** Ⓒ[常 ～s](拉起[吊起]冰塊、木材、石塊等的)鐵鈎。**2** [～s]鞋底釘，鐵製雪鞋。

cran·ber·ry [ˈkrænˌbɛrɪ; ˈkrænbəri] *n.* Ⓒ **1** 《植物》蔓越橘。**2** 蔓越橘的果實《呈暗紅色，酸味强而顆粒小，又稱作小紅莓，爲調味料、果醬等的原料》。

cranberry

cránberry sàuce *n.* Ⓤ蔓越橘醬《用蔓越橘果實做的果凍狀調味醬；用於鷄的烹調，在美國用於感恩節(Thanksgiving)時烹調火鷄》。

crane [kren; krein] *n.* **1** Ⓒ《鳥》鶴。**2** **a** Ⓒ起重機，吊車(cf. hoist[1] 2 a)。**b** [～s]《航海》(救生艇等起落用的)舷側的吊鈎。**c** Ⓒ(爐邊的)活動吊鈎。

—*v.t.* 〔十受〕 **1** (想看清楚而)伸，引〈頸〉：～ one's neck to see a parade 引頸看遊行。**2** 用起重機搬移[吊起]〈東西〉。—*v.i.* (想看清楚而)伸長脖子，引頸：people *craning* to see a car accident 伸長脖子看車禍的人們。

cráne flỳ *n.* Ⓒ《昆蟲》大蚊，蚊姥(daddy longlegs)《一種類似長脚大蚊子的昆蟲；⇨daddy longlegs 插圖》。

cra·ni·a *n.* **cranium** 的複數。

cra·ni·al [ˈkrenɪəl; ˈkreiniəl] 《cranium 的形容詞》—*adj.* 頭蓋骨的，頭顱的：the ～ index《人類學》頭蓋指數。

～·**ly** [-əlɪ; -əli] *adv.*

cra·ni·ol·o·gy [ˌkrenɪˈɑlədʒɪ; ˌkreiniˈɔlədʒi] *n.* Ⓤ頭蓋學《人類頭蓋骨之研究》。

cra·ni·om·e·try [ˌkrenɪˈɑmətrɪ; ˌkreiniˈɔmətri] *n.* Ⓤ頭蓋測量學。

cra·ni·um [ˈkrenɪəm; ˈkreiniəm] *n.* Ⓒ(*pl.* **-ni·a** [-nɪə; -niə], ～**s**)《解剖》 **1** 顱，頭蓋。**2** 顱骨，頭蓋骨(skull)。

crank[1] [kræŋk; kræŋk] *n.* Ⓒ《機械》曲柄《成直角固定於旋轉軸一端的柄(如削鉛筆機的把柄等)，又將往返運動變成旋轉運動的裝置》。

—*v.t.* **1** 將〈東西〉彎成曲柄狀；以曲柄連接…。**2** 〈舊式電影攝影機〉轉動曲柄拍攝〈影片〉。**3** 〔十受(十副)〕轉動曲柄發動〈引擎〉〈*up*〉《★用於舊式汽車》。

cránk óut 《*vt adv*》《口語》(機器般地)大量製作…：The machine ～*s out* a thousand screws an hour. 那部機器一小時製造出一千個螺絲。

crank[2] [kræŋk; kræŋk] 《cranky 的逆成字》—*n.* Ⓒ **1** 《口語》古怪的人，反覆無常的人。**2** 《美口語》難以取悅的人，彆扭的人。

—*adj.* **1** ＝cranky 3. **2** [用在名詞前]怪人(引起)的：a ～ (telephone) call 惡作劇[神祕]的電話。

cránk·càse *n.* Ⓒ(內燃機的)曲柄軸箱，機匣。

cránk·shàft *n.* Ⓒ《機械》曲(柄)軸。

crank·y [ˈkræŋkɪ; ˈkræŋki] *adj.* (**crank·i·er**；**-i·est**) **1** 古怪的，反覆無常的。**2** 《美》不和悅的，難以取悅的：The baby's in a ～ mood today. 嬰兒今天愛哭鬧。**3** 〈機器、建築物等〉不穩固的，搖晃的。

cran·nied [ˈkrænɪd; ˈkrænid] *adj.* 有裂痕[裂縫]的。

cran·ny [ˈkrænɪ; ˈkræni] *n.* Ⓒ《文語・謔》裂縫，裂隙：search every (nook and) ～ 搜索每個角落，遍尋各處。

crap [kræp; kræp] 《鄙》 *n.* **1** Ⓤ排泄物，屎。**2** [a ～]排便，拉屎：have [take] *a* ～ 拉屎。**3** Ⓤ **a** 胡說(nonsense)；假話：Cut the ～. 閉嘴，別說廢話/That's a lot of ～. 那眞是一派胡言。**b** 廢物，破爛[不值錢]的東西。

—*v.i.* 排便，拉屎。—*interj.* 胡搞！

crape [krep; kreip] 《源自拉丁文「(頭髮)捲曲的」之義》—*n.* Ⓤ[指個體時爲Ⓒ]縐綢的黑喪章，黑紗(crepe)《佩在帽子或袖子上》。

crap·py [ˈkrɛpɪ; ˈkreipi] *adj.* (**crap·pi·er**；**-pi·est**)《俚》 **1** 蹩脚的，極差的，討厭的(lousy)。**2** 卑鄙的，丟人的。**3** 粗劣的，不值錢的。

craps [kræps; kræps] *n.* Ⓤ《美》使用雙骰子的一種賭博：shoot ～ 擲雙骰子賭博。

cráp·shòot·er *n.* Ⓒ《美》擲雙骰子賭博者。

crap·u·lent ['kræpjulənt; 'kræpjulənt] *adj.* =crapulous.

crap·u·lous ['kræpjuləs; 'kræpjuləs] *adj.* **1** 酗酒的；暴飲暴食的。**2** 飲食過量[縱酒]而致病[不適]的。

‡**crash**[1] [kræʃ; kræʃ] **《擬聲語》—*n.*** Ⓒ **1** (破碎的)嘩啦嘩啦聲，

crash[1]　　crush

(東西倒塌或相撞時等的)轟隆聲，(雷、砲的)隆隆聲：a ～ of thunder 雷的隆隆聲/fall with a ～ 轟隆一聲倒塌。**2** (飛機的)墜毀；(車子的)猛撞，相撞：an automobile ～ 汽車相撞，車禍。**3** (行情)暴跌，(生意等的)倒閉，垮台：a sweeping ～〖行情〗完全崩潰，崩盤。

—*v.i.* **1 a** 發出嘩啦嘩啦[轟隆]的撞擊聲：a ～*ing* sound 相撞的巨響。**b**〔＋副詞(片語)〕嘩啦[轟隆]一聲地破碎[倒塌]：The roof ～*ed in.* 屋頂嘩啦一聲垮下來/The post fell down and ～*ed through* the window. 那根柱子嘩啦一聲倒進窗內/The avalanche ～*ed down* the mountainside. 轟隆一聲，大量冰雪從山腰崩落。**c**〔＋介＋(代)名〕(發出轟隆巨響)撞到〔…〕〔*into, against*〕：Our train ～*ed **into*** a freight train. 我們的火車轟隆一聲撞上一列運貨火車。**2**〔＋副詞(片語)〕發出巨響(向…)移動[前進]：The boys ～*ed into* the house. 那些男孩稀里嘩啦地進入屋裡/～ *through* the street 稀里嘩啦地穿街而過。**3 a**〈飛機〉墜毀。**b**〈飛行員〉墜死。**4**〈企業等〉失敗，倒閉。**5**〔＋介＋(代)名〕《俚》住宿，睡〔在某處〕〔*in, on*〕：Can I ～ ***in*** your room? 我可以睡在你的房間嗎？

—*v.t.* 〔＋受〕**1** 嘩啦一聲[砰然]打破〈東西〉。**2** (著陸時)撞壞〈飛機〉，使〈飛機〉墜毀。**3**《口語》(未受邀請而)闖入，無票進入〈會場〉：～ a dance 闖入舞會。

—*adj.* [用在名詞前](無比較級、最高級)(為了應急而)全力以赴的，一氣呵成的，緊急的；速成的：a ～ program (工程等的)速成計畫/a ～ course in German 德語速成課程。

—*adv.* (無比較級、最高級)《口語》轟隆一聲地，發出巨響地：go [fall] ～嘩啦作響[轟隆一聲倒塌]。

crash[2] [kræʃ; kræʃ] *n.* Ⓤ粗麻布《用作毛巾、夏季服、桌巾等》。

crásh bàrrier *n.* Ⓒ(防止汽車衝出道路而設的)護欄。

crásh dive *n.* Ⓒ(潛水艇的)快速潛航。

crásh-dive *v.i.*〈潛水艇〉急速潛航。**—*v.t.*** 使〈潛水艇〉急速潛航。

crásh hèlmet *n.* Ⓒ(賽車者、騎機車者用的)安全帽，護頭盔。

crásh·ing *adj.* [用在名詞前]完全的，徹底的(complete)：make a ～ success 完全成功/He's a ～ bore. 他是個極其無聊的人。

crásh-lánd *v.t.* 使〈飛機〉強行降落[迫降]，使〈飛機〉毀機著陸。**—*v.i.*** 迫降，毀機著陸。

crásh lánding *n.* ⓊⒸ迫降，毀機著陸：make a ～迫降，毀機著陸。

crásh pàd *n.* Ⓒ **1**《俚》可免費暫時住宿之處。**2** (汽車、坦克等座位上的)防震墊。

crass [kræs; kræs] *adj.* **1** 愚笨的，遲鈍的。**2** 非常[極]〈愚蠢〉的：～ ignorance[stupidity]極度的無知[愚鈍]。**～·ly** *adv.*

-crat [-kræt; -kræt] 字尾 表示「-cracy 的支持者[一員]」之意的名詞字尾：aristo*crat*, demo*crat*.

crate [kret; kreit] *n.* Ⓒ **1 a** (搬運玻璃、陶瓷等用的)板條箱；(運水果用的)竹簍，柳條籃。**b** =crateful. **2**《口語・謔》(需要修理的)老爺車，破舊飛機。

—*v.t.* 將〈東西〉裝入板條箱[簍，籃]中。

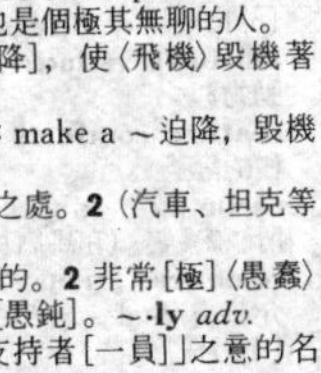

crate 1 a

crate·ful ['kretfəl; 'kreitful] *n.* Ⓒ一板條箱[簍，籃]的量〔*of*〕。

cra·ter ['kretɚ; 'kreitə] *n.* Ⓒ **1** (火山的)噴火口。**2** (炸彈、炮彈、地雷爆炸形成的)彈坑，陷口。**3** (月球表面等的)火山口。

cra·vat [krə'væt; krə'væt] *n.* Ⓒ **1** 領帶，領結(necktie)《★在英國為商用語，在美國為矯飾用語》。**2** (十七世紀時男人繞在頸部在前面打結的)圍巾，領巾。

crave [krev; kreiv] *v.t.* **1 a**〔＋受〕渴望，熱望…：～ a cup of coffee 渴望喝杯咖啡。**b**〔＋*to* do〕熱望〈做…〉：He ～*s to* become a pop music star. 他熱望成為一個流行歌曲的歌星。**2**《文語》懇求，渴望…。

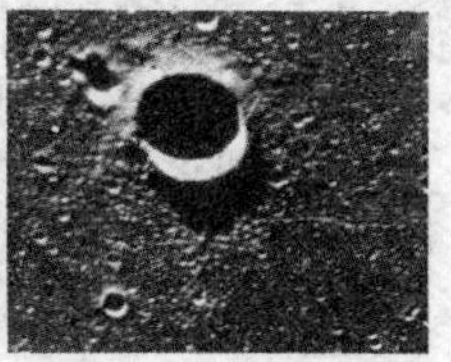

crater 3

—*v.i.* 〔＋介＋(代)名〕熱望，渴望〔…〕〔*for, after*〕：The thirsty man ～*d **for*** water. 那個口渴的人渴望喝水。

cra·ven ['krevən; 'kreivən]《文語》*adj.* 怯懦的，膽小的。**—*n.*** Ⓒ怯懦者，膽小的人。

～·ly *adv.*　**～·ness** *n.*

cráv·ing *n.* Ⓒ **1** 渴望〔*for*〕：have a ～ *for* chocolate 渴望得到巧克力糖。**2**〔＋*to* do〕〈想做…的〉熱望[渴望]：have a ～ *to* make money 渴望賺錢。

cravat 2

craw [krɔ; krɔ:] *n.* Ⓒ **1** (下等動物的)胃。**2** (鳥、昆蟲的)嗉囊。**stick in** one's **cráw** 不能忍受，受不了：His slight still *sticks in* my ～.他的侮辱仍然使我無法忍受。

craw·fish ['krɔ,fɪʃ; 'krɔ:fiʃ] *n.* (*pl.* ～, ～·es) **1** Ⓒ《動物》(淡水的)小龍蝦，蝲蛄；小龍蝦的肉(crayfish). **2** Ⓤ小龍蝦的身體。

—*v.i.* 《美口語》(如小龍蝦般地)退縮，後退。

‡**crawl**[1] [krɔl; krɔ:l] *v.i.* **1**〔＋副詞(片語)〕(緩慢地)爬行，匍匐而行：～ *on* hands and knees 用四肢爬行/He ～*ed into* bed. 他爬上牀。

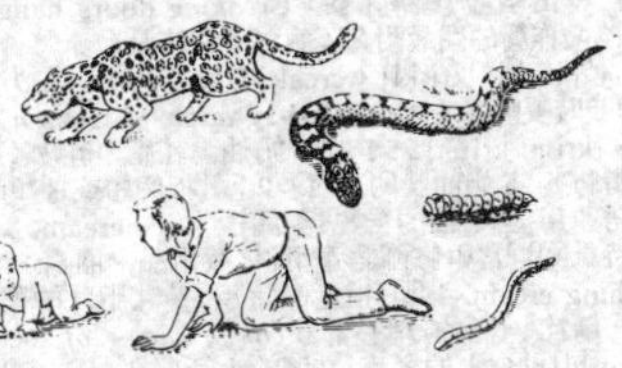

crawl[1] 1

2〔＋副詞(片語)〕**a**〈列車、車輛等〉徐行，緩行：The train ～*ed along.* 列車緩慢地前進。**b**〈時間〉慢慢地過去。**c**〈病人等〉慢慢地走；悄悄地走來走去。**3**〔＋介＋(代)名〕(為討好)〔向某人〕諂媚〔*to, before*〕；以諂媚討〔他人的歡心〕〔*into*〕：～ ***to*** [***before***] one's superiors 向自己的上司諂媚[討好]/You must not ～ ***into*** the favor of your superiors. 你不應卑躬屈膝地討好你的上司。**4**〔＋介＋(代)名〕〈地方〉爬滿〔蟲等〕〔*with*〕：The ground was ～*ing **with*** ants. 地面上爬滿了螞蟻。**5 a**〈皮膚〉(像蟲在爬似地)發癢，毛骨悚然：make a person's flesh ～ ⇨ flesh 1 b. **b**〔＋介＋(代)名〕〔看到…而〕毛骨悚然〔*at*〕：My flesh ～*ed **at*** the sight. 看到那情景使我毛骨悚然。**6** 以自由式游。

—*n.* **1** [a ～]爬行，匍匐；徐行：go at *a* ～ 慢慢走；徐行/go for *a* ～ 去散散步。**2** Ⓤ[常 the ～]《游泳》**a** 自由式游法。**b** (游泳比賽項目的)自由式(游法)。

crawl[2] *n.* Ⓒ(圈養魚類的)魚圍，圍欄。

cráwl·er *n.* **1** Ⓒ **a** 爬行者。**b** 爬行的動物，爬蟲類。**2** Ⓒ《俚》阿諛者，拍馬屁者。**3** [～s](嬰兒的)爬行用的罩服。**4** Ⓒ以自由式(游法)游泳者。

crawl·y ['krɔlɪ; 'krɔ:li] *adj.* (**crawl·i·er**；**-i·est**)《口語》發癢的；(陰森恐怖而)毛骨悚然的。

cray·fish ['kre,fɪʃ; 'kreifiʃ] *n.* (*pl.* ～, ～·es) **1** Ⓒ《動物》**a** 小龍蝦，蝲蛄(⇨lobster 插圖)。**b** 龍蝦(spiny lobster)。**2** Ⓤ蝲蛄、龍蝦的肉。

cray·on ['kreən; 'kreiən] **《源自拉丁文「粉筆(chalk)」之義》—*n.*** Ⓒ **1** 蠟筆，有色粉筆：a box of ～*s* 一盒蠟筆/in ～用蠟筆(畫的)《★無冠詞》/draw with a ～[～*s*]用蠟筆畫。**2** 蠟筆畫。

— *v.t.* & *v.i.* 用蠟筆畫(…)。

craze [krez; kreiz] *v.t.* **1 a** 使〈人〉發狂《★常用被動語態，變成「發狂」之意；介系詞用 *by, with*》：He *was* half ～*d **with*** grief. 他因悲傷而成半發狂狀態。**b** 使〈人〉著迷《★常用被動語態，變成「〔對…〕著迷」之意；介系詞用 *about*》：She *is* ～*d **about*** the film star. 她對那位影星著迷。**2** 把〈陶瓷器〉燒得有裂紋。

—*n.* Ⓒ(暫時的)狂熱，熱中，著迷；大流行〔*for*〕：He has a ～ *for* jazz. 他熱中於爵士樂/Miniskirts are all the ～ again. 迷你裙再次盛行[風靡]。

crá·zily [-zlɪ; -zili] *adv.* **1** 瘋狂地，瘋子似地。**2**《口語》狂熱地。

‡cra·zy [ˈkrezɪ; ˈkreizi] «craze 的形容詞» **—*adj.*** (**cra·zi·er**; **-zi·est**) **1 a** 瘋狂的，發狂的；癲狂的：a ~ idea 一個瘋狂的構想/go ~ 發狂/Are you ~? 你瘋了嗎？**b** [不用在名詞前] [十介十(代)名] [因…而] 發瘋似的 [*with*]：He is ~ *with* excitement. 他興奮若狂。**c** [不用在名詞前] [十*of*十(代)名(十 *to* do) /十*to* do]《口語》[某人]〈做…是〉不正常[糊塗，瘋狂]的；〈某人〉〈做…是〉不正常[糊塗，瘋狂]的：It is ~ *of* you *to* give him money. = You are ~ *to* give him money. 你眞糊塗[眞蠢]，竟給了他錢。

2《口語》**a** [不用在名詞前] [十介十(代)名] [對…] 狂熱的，熱中的；迷戀的 [*about, for, over*]；很喜歡[…]的，很中意[…]的 [*about*]：He is ~ *over* [*about, for*] the girl. 他迷戀那個女孩/I am ~ *about* your new dress. 我很喜歡你的新衣。**b** [十 *to* do] 極欲〈做…〉的，很想〈做…〉的：I was ~ *to* meet you. 我老早就想會見您《★[比較]因前後文的關係有時會變成「我和你見面實在是瘋狂(我不該與你見面的)」1c 之意》。

3《俚》很棒的，好極的："How did you like the party?"—"*C*~, man."「舞會怎樣？」「很棒。」

like crázy《口語》猛烈地，拚命地：run *like* ~ 拚命地跑。

crá·zi·ness *n.*

crázy bòne *n.*《美》=funny bone.

crázy pàving *n.* Ⓤ《英》(庭院中走道等)用大小、形狀不齊的石片或磁磚拼鋪(的路面)。

crázy quilt *n.* Ⓒ(未經設計或圖案不規則的)用各色碎布料縫成的被褥。

creak [krik; kri:k] «擬聲語» **—** *n.* Ⓒ [常用單數] 吱吱聲，嘎嘎聲，咯吱聲，轆軋聲：The door opened with a ~. 那扇門嘎地一聲開了。

—*v.i.* 發出咯吱[轆軋]聲：*Creaking* doors hang the longest.《諺》咯吱作響的門最耐久；病弱者往往長命。

creak·y [ˈkrikɪ; ˈkri:ki] «creak 的形容詞» **—*adj.*** (**creak·i·er**; **-i·est**) 吱吱嘎嘎響的。**créak·i·ly** *adv.* **-i·ness** *n.*

‡cream [krim; kri:m] *n.* **1** Ⓤ **a** 奶油，乳脂，乳皮《聚集於牛奶上層的脂肪》。**b** 奶油狀的東西。**2** Ⓤ [指個體或種類時爲Ⓒ] [常與修飾語連用] 含奶油的糕點[菜餚]：⇨ice cream. **3** Ⓤ [指個體或種類時爲Ⓒ] [常與修飾語連用] 化妝用品，面霜：⇨cold cream, vanishing cream. **4** Ⓤ [指產品時爲Ⓒ] 乳脂狀的藥。**5** [*the* ~] 精華，精粹；(話的)精彩部分 [*of*]：*the* ~ *of* society [the literary world] 社會上的名流[文壇的大師]/*the* ~ *of* the story 那個故事的精彩處/get *the* ~ *of*... 提取…的精華[最好的部分]。**6** Ⓤ奶油色，淡黃色。

créam of tártar《化學》酒石酸氫鉀《一種白色物質，作藥品或烹調之用》。

the créam of the cróp《美》最好的東西[人]，經精選的東西[人]；精粹。

—*adj.* **1** [用在名詞前] 用奶油做的，含奶油的；奶油狀的。**2** 奶油色的，淡黃色的。

—*v.t.* [十受] **1 a** 從〈牛奶〉提取奶油[乳脂]。**b** 使〈牛油等〉成乳脂狀。**2 a** 將奶油加入…。**b** 澆奶油調味醬於〈菜餚〉。**c** 用奶油調味醬煮〈肉、蔬菜〉。**3**《俚》痛打〈對方〉，徹底打敗〈對方〉，使…受重大損害：We ~*ed* them 7 to nothing. 我們以七比零徹底擊敗他們/We got ~*ed*. 我們徹底敗北。

—*v.i.* **1** 〈牛乳〉產生乳脂[乳皮]。**2** 成乳脂狀。

créam óff《*vt adv*》[從…] 提取，精選〈精華〉[*from*]：The best students are ~*ed off from* all over the city. 那些最優秀的學生是從全市精選出來的。

créam chèese *n.* Ⓤ [指產品個體或種類時爲Ⓒ] 奶油乳酪《生奶中加入乳脂製成之柔軟味淡的白色乳酪》。

créam-còlored *adj.* 奶油色的，淡黃色的。

créam·er *n.* Ⓒ **1** 撇取乳皮的盆[人]；乳脂分離器。**2**《美》(餐桌上的)奶油瓶。**3** 植脂末《奶油的代用品，用以加入咖啡等中；俗稱「咖啡伴侶」》。

cream·er·y [ˈkrimərɪ; ˈkri:məri] *n.* Ⓒ **1** 奶油、乾酪製造廠。**2** (賣牛奶、奶油、乳脂的)乳品商店。

créam-fàced *adj.* 臉色蒼白的。

créam hórn *n.* Ⓒ奶油角《烘烤的角狀餡餅皮中裝入奶油的甜餅》。

créam pùff *n.* Ⓒ **1** 奶油泡芙《烘烤的麵粉皮中塡入奶油蛋糕或攪拌的奶油而成》。**2** 軟弱的男子，娘娘腔的男人，窩囊廢。**3**《美俚》保養得好的舊車[二手車]：This car's a ~. 這部二手車情況良好。

créam sàuce *n.* Ⓤ奶油調味醬《加入生奶油使變濃稠的白色調味汁(white sauce)》。

créam sóda *n.* Ⓤ一種加入香草味的蘇打水《飲料》。

cream·y [ˈkrimɪ; ˈkri:mi] «cream 的形容詞» **—*adj.*** (**cream·i·er**; **-i·est**) **1** 含乳脂的，多乳脂的。**2** 乳脂狀的；柔滑的。**3** 奶油色的，淡黃色的。**créam·i·ness** *n.*

crease[1] [kris; kri:s] *n.* Ⓒ **1 a** (紙、布等的)摺痕，摺縫，縐摺。**b** [常 ~s] (褲子的)摺痕。**c** (在衣服等上形成的)大縐摺《★[比較]小縐紋稱 wrinkles》。**2**《板球》投手[打擊者]的界線。

—*v.t.* **1** 使〈褲子、紙等〉起摺痕[縐摺]。**2** 使…起很多縐摺；使〈前額等〉起皺。**3** [十受(十介十(代)名)]《英俚》使〈人〉大笑；使〈人〉[因笑而]直不起腰來 [*with*]：The comedy ~*d* us (*with* laughter). 這齣喜劇使我們笑得直不起腰來[笑痛肚皮]。

—*v.i.* **1** 起摺痕；起縐。**2** [十副]《英俚》大笑〈*up*〉.

crease[2] [kris; kri:s] *n.* =kris.

créase-resistant *adj.* (布料)不起縐摺的。

‡cre·ate [krɪˈet; kri:ˈeit] «源自拉丁文「生出」之義» **—*v.t.*** **1 a** [十受]〈神、大自然的力量等〉創造〈新的東西〉：God ~*d* the heaven and the earth. 神創天地《★出自聖經「創世記」》。**b** [十受十補] 將〈新的東西〉創造〈爲…〉：All men are ~*d* equal. 所有的人都生而平等《★出自林肯(Lincoln)的演說》。**2** [十受] **a** 創造〈獨創性的東西〉；設計出〈新型〉：~ a work of art 創作藝術品。**b** 〈演員〉塑造〈某種角色〉，塑造…的角色。**3** [十受] **a** 引起〈新情勢、騷動等〉：~ a sensation 引起轟動，引起物議。**b** 製造，產生〈印象、風評等〉：He ~*d* a good impression on the jury. 他給陪審團留下了良好的印象。**4** [十受十補] 封〈某人〉〈爲貴族〉：He was ~*d* a baron. 他被封爲男爵。

—*v.i.* **1** 做有創造性的事：I want a job where I can ~. 我要找一份能發揮我創造才能的工作。**2**《英口語》大叫大喊，大吵大鬧。

***cre·a·tion** [krɪˈeʃən; kri:ˈeiʃn] *n.* **1 a** Ⓤ創造，創設。**b** [*the* C~] (上帝的)創造天地，創世。**2** Ⓤ創作。**3** Ⓤ (爵位的)封授：a peer of recent ~ 新封的貴族。**4** Ⓤ [集合稱] (神的)創造物，天地萬物，宇宙間的一切現象：the whole ~ 萬物，全宇宙。**5** Ⓒ **a** (智力、想像力的)產物，作品。**b** (衣服等的)新設計，創新。

cre·a·tion·ism [-nˌɪzəm; -nizəm] *n.* Ⓤ **1**《神學》上帝創造人類靈魂說。**2**《生物》神造論，特創論。

cre·a·tive [krɪˈetɪv; kri:ˈeitiv] «create, creation 的形容詞» **—*adj.*** (**more** ~; **most** ~) **1 a** 創造(性)的，有創造力的：~ writing 創作。**b** [不用在名詞前] [十介十(代)名] 引起[…]的 [*of*]：His speech was ~ *of* a lot of controversy. 他的演說引起了許多物議[引起人們議論紛紛]。**2** 創作的，獨創的(originative).

~·ly *adv.* **~·ness** *n.*

cre·a·tiv·i·ty [ˌkrieˈtɪvətɪ; ˌkri:eiˈtivəti] «creative 的名詞» **—** *n.* Ⓤ創造力，創造性，獨創力。

cre·á·tor [-tɚ; -tə] *n.* **1 a** Ⓒ創造者，創作者，創設者。**b** [*the* C~] 造物主，神(God). **2** Ⓒ **a** (某戲劇角色的)第一個扮演者。**b** (服裝的)設計人。

‡crea·ture [ˈkritʃɚ; ˈkri:tʃə] «源自拉丁文「被創造出來的東西」之義» **—** *n.* Ⓒ **1 a** 生物；(尤指)動物：dumb ~s 不會說話的動物，牲畜。**b**《美》牛馬，家畜。**2** [常與愛情、同情、輕視等的修飾語連用] 人，傢伙，女人，孩子：a pretty [dear] ~ 漂亮的女孩子[女人]/Poor ~! 可憐的傢伙！/What a low ~! 好卑鄙的傢伙！**3** [由人、東西等所左右的] 傀儡，奴隸，走狗，工具 [*of*]：a ~ *of* circumstance(s) [impulse] 環境[衝動]的奴隸，受環境[衝動]支配的人。**4** 虛構的動物；奇異的生物：a ~ of fancy 幻想中的怪物/~s from outer space 從外太空來的生物。**5** 產物，子 [*of*]：a ~ *of* the age 時代的產物。**6** (神的)創造物。

(áll) Gód's créatures (gréat and smáll) 所有活着的東西《人類以及動物》。

créature cómforts *n. pl.* [常 *the* ~] 物質的享受《指衣、食、住的舒適》。

crèche [kreʃ, krɛʃ; kreiʃ] «源自法語» **—*n.*** Ⓒ **1** 托兒所，育嬰所。**2**《美》(在馬廄秣槽中的)耶穌誕生像(《英》crib).

cre·dence [ˈkridn̩s; ˈkri:dəns] *n.* Ⓤ信任：a letter of ~ 國書，介紹書/find ~ *with*... 得到…的信任/give [refuse] ~ *to*... 信任[不信任]…。

cre·den·tial [krɪˈdɛnʃəl; kriˈdenʃl] *n.* **1** [~s] **a** (授與赴任大使、公使等的)國書，證書：present ~*s* 呈遞國書。**b** (人、事物的)資格，適合性。**2** Ⓒ資格證明書，成績[身分]證明書。

cred·i·bil·i·ty [ˌkrɛdəˈbɪlətɪ; ˌkrediˈbiləti] «credible 的名詞» **—*n.*** Ⓤ可信度，確實性，可靠性。

credibílity gàp *n.* Ⓒ **1** (政客等在言行間的)信用差距 [*between*]. **2** (對政府等的)不信任感。

cred·i·ble [ˈkrɛdəbl̩; ˈkredəbl] *adj.* 可信的，可靠的：a ~ story 可信的話/It is hardly ~ that she has grown so tall in one year. 她在一年內長那麼高令人難以相信。

créd·i·bly [-dəblɪ; -dəbli] *adv.* 確實地，可靠地；由可靠方面：We are ~ informed *that*.... 由可靠方面聽說…。

***cred·it** [ˈkrɛdɪt; ˈkredit] «源自拉丁文「相信」之義» **—** *n.* **1** Ⓤ信賴，信用：give ~ *to* [put ~ *in*] a person's story 相信某人的話/have ~ *with* a person 受人信任[做人有信譽]/gain [lose] ~ (*with*...) 得到[失去](…的)信任/The rumor deserves no ~. 那

謠言不足信。**2** Ⓤ(由信用而生的)**名聲**，好評；信譽：a man *of* (the highest) ～ 名望極高的人/The president was *in* high ～ *with* the students. 這位(大學)校長在學生中享有很高的聲望。**3 a** Ⓤ(因功績等的)光彩，榮譽，名譽；稱讚：⇨ to a person's CREDIT/do ～ to a person＝do a person ～ 成爲某人的光榮[功績]，增加某人的光彩/⇨ take (the) CREDIT for/You should get more ～ *for* your contributions to the project. 你對該計畫的貢獻應獲得更多的榮譽/The ～ goes to him. 那是他的功勞。**b** [a ～]〔爲…〕帶來榮譽的東西[人]〔*to*〕：He is *a* ～ *to* his family. 他爲他家帶來榮譽/Your son is *a* great ～ *to* your training. 令郎(的表現)是歸功於你的悉心培育。**4 a** Ⓤ〔對於功績、性質等的〕承認，確信〔*for*〕：She is more thoughtful than you gave her ～ *for*. 她比你原先想的更具深思遠慮。**b** Ⓒ[常 ～s](對出版品、戲劇、廣播節目等使用材料的提供者所表示的口頭或書面)謝啓。**5** Ⓒ《美》(科目的)及格證；學分。**6**《商》**a** Ⓤ信用；賒帳，放帳，賒賣，信用貸款，(憑信用的)支付寬限期間：a letter of ～ 信用狀《略作 L/C》/long [short] ～ 長期[短期]信用貸款/buy [sell] a thing *on* ～ 以掛帳方式買[賣]東西/give [allow] a person 3 months' ～ 給某人三個月的信用貸款/No ～. 謝絕賒帳。**b** ⓊⒸ(銀行的)存款(額)：He has a ～ of $1000 at his bank. 他在銀行有一千美元的存款。**7** Ⓒ《簿記》**a** (又作 **crédit side**)貸方《帳簿的右側；略作 cr.；↔ debit》. **b** 記入貸方。

tàke (the) crédit for ... ⑴(尤指有他人協助卻)因…而獲得光榮[稱讚]，被認爲有…功勞：He *took* to himself all *the* ～ *for* what was actually a joint effort. 他將事實上大家合力所做的事歸功於他自己(一人)。⑵認爲〈自己〉也對…事有所貢獻：I *take* some [no] ～ *for* your successful career. 對於你成功的事業我也有些[我毫無]貢獻。

to a person's crédit ⑴成爲某人的榮譽，值得稱讚[表揚]的是：His conduct is very much *to* his ～. 他的行爲值得大加稱讚/It is *to* your ～ *that* you did it alone. 你獨自做那件事值得稱讚/Much *to* his ～, he didn't abandon his poor relatives. 很值得稱讚的是他沒有遺棄他的窮親戚。⑵在某人名下，屬於某人：He already has ten published books *to* his ～. 他已經出版了十本書。⑶《簿記》在某人的貸方。

—*v.t.* **1** 〔十受〕**相信，信賴**…：I cannot ～ his story. 我無法相信他的話。**2** 〔十受十介十(代)名〕**a** 相信〈某人〉〔有某種性格、感情等〕〔*with*〕：～ a person *with* honesty 相信某人誠實。**b** 將〈功績、名譽等〉歸〔於…〕〔*to*〕：They ～ his eccentricity *to* his solitude. 他們將他的奇行怪癖歸咎於他的孤獨。**3** 〔十受十介十(代)名〕《簿記》將〈某金額〉記入〔某人的〕貸方〔*to*〕；〔將某金額〕記入〈某人〉的貸方〔*with*〕：～ a sum *to* a person's account ＝～ a person's account *with* a sum 把某金額記入某人的帳戶。

cred·it·a·ble [ˈkrɛdɪtəbl; ˈkreditəbl] *adj.* 帶來聲譽的；該誇獎的，值得稱讚的：a ～ achievement 值得稱讚的成就。

créd·it·a·bly [-təblɪ; -təbli] *adv.* 可稱讚地，有信譽地，美滿地。

crédit accòunt *n.*《英》＝charge account.

crédit bùreau *n.* (又作 **crédit àgency**)Ⓒ徵信所。

crédit càrd *n.* Ⓒ簽帳卡，信用卡。

【說明】不以現金支付，而以出示信用卡的方式購物或接受服務，費用在事後由個人的銀行帳戶中扣除。信用卡在美國已成爲一種生活必需品，可用於購買汽車、電氣用品、家具等，甚至在餐廳用餐，或買一包香煙也可派上用場。各公司發行的信用卡，與汽車駕照一樣，可作身分證使用；cf. check 5【說明】

crédit hòur *n.* Ⓒ《教育》學分。

crédit lìne *n.* Ⓒ(轉載之文章、新聞報導、圖片等的)作者[提供者]姓名或來源附註。

crédit nòte *n.* Ⓒ《商》貸方票《在進帳、歸還物品時由賣主開出的傳票》。

créd·i·tor [-tɚ; -tə] *n.* Ⓒ **1** 債權人，債主；討債者(↔ debtor)：a ～'s ledger 債權人的分戶總帳[底帳]。**2**《簿記》貸方《略作 cr.》.

crédit sàle *n.* Ⓒ賒帳銷售，賒賣《先售貨後收帳》。

crédit squèeze *n.* Ⓒ(政府爲對付通貨膨脹所採取的)信用緊縮(措施)。

crédit tìtle *n.* [～s]《電影・電視》影片製片者、導演等的名單《在影片、電視劇片頭上所映製片人、導演、演出人員等的名字》。

crédit ùnion *n.* Ⓒ信用合作社。

cre·do [ˈkrido, ˈkredo; ˈkri:dou, ˈkrei-] «源自拉丁文「我相信」之義»—*n.* (*pl.* ～s) **1** Ⓒ信條(creed)：～*s* to live by 生活信條。**2** [the C～]《基督教》使徒信條，尼西亞信條(the Nicene Creed).

cre·du·li·ty [krəˈdulətɪ, -ˈdju-; kriˈdju:ləti] *n.* Ⓤ易信，輕信。

cred·u·lous [ˈkrɛdʒələs; ˈkredjuləs] *adj.* **1 a** 輕信的，容易受騙的：a ～ person 輕易相信別人的人。**b** [不用在名詞前]〔十介十(代)名〕輕易相信〔別人的話〕的〔*of*〕：He is ～ *of* rumors. 他容易相信謠言。**2** 因輕信而產生的；有輕信特徵的。

～·**ly** *adv.* ～·**ness** *n.*

creed [krid; kri:d] «源自拉丁文「相信」之義» —*n.* **1 a** Ⓒ(宗教上的)信條：the Athanasian *C*～ 阿瑟內修斯信條/the (Apostles') *C*～ 使徒信條。**b** [the C～]使徒信條。**2** Ⓒ教條，信念，主義，綱領。

creek [krik, krɪk; kri:k] *n.* Ⓒ **1**《美》**小溪**，小河。**2**《英》(海、河、湖的)小港，小灣。

úp the créek (withòut a páddle)《俚》⑴(變得)困難，處於困境中。⑵瘋狂似的，非常過分的。⑶錯誤的，弄錯的。

creel [kril; kri:l] *n.* Ⓒ(釣魚、捕魚蝦用的)魚籃，魚簍。

creep [krip; kri:p] *v.i.* (**crept** [krɛpt; krept]) **1 爬行，匍匐**。**2** 〔十副詞(片語)〕〈藤蔓、樹根等〉蔓延，纏繞(於…)：Ivy *crept along* [*over*] the walls. 常春藤沿著牆壁蔓延。**3 a** 〔十副詞(片語)〕爬著(似地)前進，悄悄地走，蹣跚而行；躡著脚走：The cat *crept* (*up*) *toward* the mouse. 那隻貓悄悄地逼近那隻老鼠/He crept *in* [*into* bed]. 他悄悄地溜進來[上牀]。**b** 〔十副詞(片語)〕〈歲月〉不知不覺地流逝；〈思想等〉不知不覺地進入；悄悄接近：Time *crept on.* 時間不知不覺地溜走/Mistakes will ～ *into* one's work. 在工作中不知不覺地會出差錯。**c** 〔十副十介十(代)名〕(偷偷地)接近，悄悄靠近〔…〕〈*up*〉〔*on*〕《★可用被動語態》：～ *up on* someone (from behind) (從背後)偷偷地接近某人/Age ～*s up on* us. 我們在不知不覺中老了，老年在不知不覺中來臨。**4** 〔十介十(代)名〕暗中討好〔某人〕〔*into*〕：～ *into* a person's favor 暗中討好某人。**5** 〈皮膚〉發癢；令人毛骨悚然，令人不寒而慄：The sight made my flesh [skin] ～ [made me ～ all over]. 那情景令我毛骨悚然。

—*n.* **1** Ⓒ爬行；徐行。**2** Ⓒ[常 the ～s]《口語》毛骨悚然的感覺：It gave me *the* (cold) ～*s.* 它使我不寒而慄。**3** Ⓒ(喜歡巴結他人的)討厭的傢伙。**4** Ⓤ《地質》潛動，蠕動。

créep·er *n.* **1** Ⓒ **a** 爬行者；(尤指)爬行的昆蟲，爬蟲類動物。**b**《鳥》爬樹的鳥；(尤指)啄木鳥。**2** Ⓒ[集合稱爲Ⓤ]《植物》攀緣植物：⇨ Virginia creeper. **3** [～s](鞋底的)止滑的薄鐵片。**4 a** [～s] ＝ crawler 3. **b**《美》＝ romper 2.

créep·ered *adj.* 〈房屋等〉爬滿藤蔓的。

créep·ing *adj.* **1** 爬行的，四處蔓延的：～ plants 攀緣植物/～ things 爬蟲類。**2 a** 遲緩的，偷偷的。**b** 逐漸地悄悄接近的；潛行性的：～ inflation 徐徐發展的通貨膨脹。**3** 發癢的，毛骨悚然的。**4** 暗中巴結的；卑鄙的。

creep·y [ˈkripɪ; ˈkri:pi] «creep 的形容詞» —*adj.* (**creep·i·er**; **-i·est**) **1**《口語》使人發癢的；使人有悚然之感的：feel ～ 感到毛骨悚然/a ～ old woman 使人有悚然之感的[令人害怕的]老婦。**2** 四處爬行的；緩緩移動的。

créep·i·ly [-pɪlɪ; -pili] *adv.* **-i·ness** *n.*

créepy-cráwly *n.* Ⓒ《口語・兒語》爬行的(昆)蟲。

creese [kris; kri:s] *n.* ＝kris.

cre·mate [ˈkrimet; kriˈmeit] *v.t.* **1** 火葬〈屍體〉。**2** 燒毀〈東西〉，將…燒成灰(burn).

cre·ma·tion [krɪˈmeʃən; kriˈmeiʃn] «cremate 的名詞»—*n.* Ⓤ Ⓒ **1** 火葬。**2** 燒毀，焚毀。

cre·ma·tor [ˈkrimetɚ; kriˈmeitə] *n.* Ⓒ **1 a** (火葬場的)焚屍工人。**b** 焚毀垃圾的工人。**2 a** 焚屍爐。**b** 垃圾焚化爐。

cre·ma·to·ri·um [ˌkriməˈtorɪəm, ˌkrɛm-, -ˈtɔr-; ˌkreməˈtɔ:riəm] *n.* (*pl.* **-ri·a** [-rɪə; -riə], ～s)＝crematory.

cre·ma·to·ry [ˈkriməˌtorɪ, ˈkrɛm-, -ˌtɔrɪ; ˈkremətəri] *adj.* 火葬的。—*n.* Ⓒ **1** 火葬場。**2** 垃圾焚化場。

crème [krɛm; krem] «源自法語»—*n.* Ⓒ **1** ＝cream. **2** 一種芬芳之烈酒。

crème de la crème [-də la ˈkrɛm; -dəlɑ:ˈkrem] «源自法語»—*n.* Ⓒ佼佼者；精華，精粹。

crème de menthe [krɛm də ˈmɑ̃t; krem dəˈmɑ:nt] «源自法語»—*n.* (*pl.* **crèmes de m-**)Ⓤ[指個體時爲Ⓒ]一種帶薄荷味的酒。

Cre·mo·na [krɪˈmonə; kriˈmounə] *n.* **1** 格里摩那《義大利北部之一城市》。**2** Ⓒ格里摩那琴《十六至十八世紀該城所製之小提琴》。

cren·el [ˈkrɛnl; ˈkrenəl], **cre·nelle** [krɪˈnɛl; kriˈnel] *n.* Ⓒ《築城》(城牆頂的)垛口，槍眼，砲門。

cren·el·(l)ate [ˈkrɛnlˌet; ˈkrenəleit] *v.t.* **1** 在〈城牆〉上開垛口，設槍眼[砲門]。**2**《建築》使…成鈍鋸齒形。

—*adj.* ＝crenellated.

cren·el·(l)ated [ˈkrɛnlˌetɪd; ˈkrenəleitid] *adj.* 〈城牆等〉設有槍眼的，有垛口的。

Cre·ole [ˈkriol; ˈkri:oul] *n.* [常 c～] **1** Ⓒ克里爾奧人：**a** 移居西印度羣島、模里西斯(Mauritius)島、南美等的白人(尤指西班牙人)的後裔。**b** (美國路易西安那州(Louisiana)的)法國移民的後裔。**c** 克里奧爾人與黑人的混血兒。**d** (在西印度羣島及美洲大陸出生的)土著黑人。**2** Ⓤ克里奧爾語：**a** (美國路易西安那州(Louisiana)的)法國移民後裔所講的)法語。**b** 混合語。**3** Ⓤ克里奧爾菜。**—adj.** [常 c~] **1** 克里奧爾(特有)的。**2**〈菜〉有克里奧爾風味的《指使用蕃茄、洋葱、辣椒等的菜》。

Créole Státe *n.* [the ~] 美國路易西安那州(Louisiana)的俗稱。

cre·o·sol [ˈkriəˌsol, -ˌsɔl; ˈkri:əsoul, -sɔl] *n.* Ⓤ《化學》木焦油酚《存於樺木焦油中，是雜酚油的活性組分的一種》。

cre·o·sote [ˈkriəˌsot; ˈkri:əsout] *n.* Ⓤ《化學》雜酚油，木溜油《醫療、防腐用》：~ oil 木溜油，雜酚油。
—v.t. & v.i. 以木溜油處理(…)。

crepe, crêpe [krep; kreip] 《源自法語；⇨crape》**—n. 1 a** Ⓤ縐綢，縐紗。**b** Ⓒ黑縐綢的喪章，孝布。**2** (又作**crépe rùbber**)Ⓤ縐紋橡膠《用作鞋底的縐紋生膠》。**3** (又作 **crépe pàper**)Ⓤ縐紋紙《造花用等》。**4** Ⓒ[當作菜名時爲Ⓤ]一種薄煎餅。

crepe de Chine [ˌkrepdəˈʃin; ˌkreipdəˈʃi:n] *n.* Ⓤ廣東縐紗《一種薄縐紗》。

crêpe su·zette, crepe s- [ˌkrepsuˈzɛt; ˌkreipsu:ˈzet] 《源自法語》**—n.** Ⓒ (*pl.* **crêpes s-** [ˌkreps-; ˌkreips-], **~s** [-suˈzɛts; -su:ˈzets])牛奶薄煎餅《用牛奶、蛋、麵粉製成的薄煎餅，澆上含甜酒的熱調味醬食用》。

crep·i·tant [ˈkrɛpətənt; ˈkrepitənt] *adj.* 作爆裂聲的。

crep·i·tate [ˈkrɛpəˌtet; ˈkrepiteit] *v.i.* 作一連串之小爆裂聲。

crept [krɛpt; krept] *v.* **creep** 的過去式・過去分詞。

cre·pus·cu·lar [krɪˈpʌskjələ; kriˈpʌskjulə] *adj.* **1**《文語》**a** 微暗的，黃昏(似)的；模糊不清的。**b** 半開化的。**2**〈動物〉在黃昏時出現[活動]的。

cres., cresc. 《略》《音樂》crescendo.

cre·scen·do [krəˈʃɛndo, -ˈsɛn-; kriˈʃendou] 《源自義大利語「增加 (increase) 的」之義》**—adj. & adv. 1**《音樂》逐漸加强的[地]《略作 cres(c).；符號＜；↔ decrescendo, diminuendo》. **2** (感情、氣勢)逐漸高漲的[地]。
—n. Ⓒ (*pl.* **~s, ~es**) **1**《音樂》**a** 漸强音。**b** 漸强音節。**2** (感情、氣勢等的)升起，高漲；最高潮。

cres·cent [ˈkrɛsnt; ˈkresnt] 《源自拉丁文「增大」之義》**—n. 1** Ⓒ半鈎月，新月，娥眉月，彎月。**2** Ⓒ新月形(之物)：**a** 新月形的卷麵包(croissant). **b**《英》新月形的街道。**3 a** Ⓒ(舊土耳其帝國的)新月旗。**b** [the C~] 伊斯蘭教(cf. cross 1c)。
—adj. [用在名詞前] **1** 新月形的(cf. decrescent). **2** 逐漸變圓[變大]的〈月〉。

cre·sol [ˈkrisol; ˈkri:sɔl] *n.* Ⓤ《化學》甲酚《殺菌消毒劑》。

cress [krɛs; kres] *n.* Ⓤ水芹，水堇；(尤指)荷蘭芥菜：⇨MUSTARD and cress.

cres·set [ˈkrɛsɪt; ˈkresit] *n.* Ⓒ(篝燈的)油壺，油盞。

Cres·si·da [ˈkrɛsɪdə; ˈkresidə] *n.*《希臘傳說》克芮絲德《特洛伊王子特洛伊勒斯(Troilus)的情人》。

crest [krɛst; krest] *n.* Ⓒ **1 a** (鳥的)頭冠；雞冠。**b** (鳥的)冠毛。**2 a** (頭盔的)羽毛飾，冠狀裝飾。**b** (頭盔的)頂部；頭盔。**3 a** (東西的)頂部：the ~ of a hill 山崗的頂上。**b** 山頂。**c** 浪頭，浪峯。**d** 顚峯，極致：at the ~ of one's fame 在某人名聲的顚峯。**4 a**《紋章》(盾形紋章的)頂飾。**b** (封印、信紙、盤子等的)徽章。**5**《建築》脊(飾)。
on the crést of the wáve (1)在波浪頂上。(2)得意到極點；在走運的時候。
—v.t. 〔十受〕**1**《建築》在…上加脊飾。**2 a** 到達〈山〉頂。**b** 乘着〈浪〉頭。**3** 達到…的頂點。
—v.i. 〈波浪〉起伏，翻騰，起浪頭。

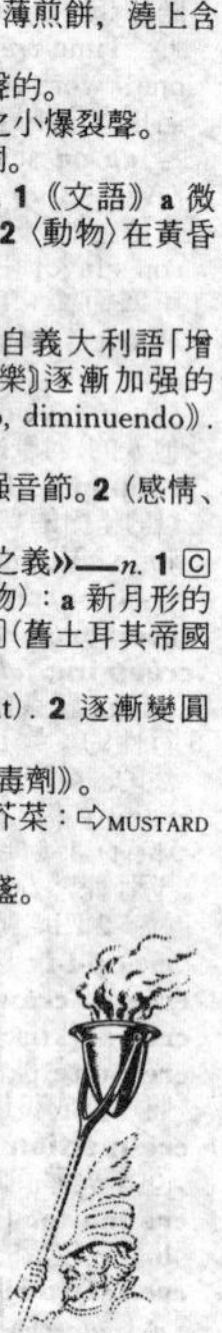
cresset

crést·ed *adj.* 有冠毛的，有頂飾[脊飾]的。

crést·fállen *adj.* 沮喪的，垂頭喪氣的。

cre·ta·ceous [krɪˈteʃəs; kriˈteiʃəs] *adj.* **1** 白堊(質)的(chalky). **2** [C~]《地質》白堊紀[系]的。**—n.** [the C~]《地質》白堊紀[層]。

Cre·tan [ˈkritən; ˈkri:tn] 《Crete 的形容詞》**—adj.** 克里特島(人)的。**—n.** Ⓒ克里特島人。

Crete [krit; kri:t] *n.* 克里特島《在地中海東部的希臘島嶼，在希臘文化以前已有高度文化》。

cre·tin [ˈkritɪn; ˈkretin, kri:-] *n.* Ⓒ **1** 矮呆病患者(cf. cretinism). **2**《俚》呆子，白癡。

cré·tin·ism [-nˌɪzəm; -nizəm] *n.* Ⓤ癡呆病，矮呆病《甲狀腺機能退化引起的先天性疾病；常併發身體的畸形與白癡症》。

cre·tin·ous [ˈkritɪnəs; ˈkri:tinəs] *adj.* **1** (患)矮呆病的。**2** 癡呆的，白癡的。

cre·tonne [krɪˈtɑn, ˈkritɑn; ˈkretɔn, kreˈtɔn] *n.* Ⓤ印花棉布《做椅套、窗帘等用，無光澤而結實的印花棉布》。

cre·vasse [krəˈvæs; kriˈvæs] 《源自法語「裂縫 (crevice)」之義》**—n.** Ⓒ **1** (冰河的)深裂縫，罅隙。**2**《美》(堤防的)裂罅，破缺處。

crev·ice [ˈkrɛvɪs; ˈkrevis] *n.* Ⓒ(窄而深的)裂縫，罅隙。

‡**crew**[1] [kru; kru:] 《源自「(軍隊的)增强」之義》**—n.** Ⓒ [集合稱]《★ 用法 視爲一整體時當單數用，指個別成員時當複數用》**1 a** (除去乘客的船[飛機，列車]等上的)全體工作人員：The ~ are [number(s)] thirty in all. 全部船員有三十人。**b** (船上除高級船員以外的)一般船員；(飛機上除航運乘務員以外的)機員：officers and ~ 高級船員[航運乘務員]及其他水手[機員]，全體船員。**2** (划船隊的)隊員，(划船比賽的)一組選手。**3**《口語》一羣[組]共同工作的人，工作夥伴；隊，班。
—v.i. 以船員[划船隊]的一員的身分工作[操作]。

crew[2] [kru; kru:] *v.*《罕》**crow**[1] 的過去式。

créw cùt *n.* Ⓒ小平頭，海軍髮型《男人的一種髮型，美海軍士兵，多理此型，故名》。

crew·el [ˈkruəl; ˈkru:əl] *n.* **1** (又作**créwel yàrn**)Ⓤ(刺繡用之)蓬鬆細毛線。**2** ＝crewelwork.

créwel·wòrk *n.* Ⓤ使用蓬鬆細毛線的刺繡。

créw·man [-mən; -mən] *n.* Ⓒ (*pl.* **-men** [-mən, -ˌmɛn; -mən, -men])(船的)船員，水手；(飛機的)機員；(太空船的)太空人。

créw·nèck *n.* Ⓒ圓領口；有圓領口的衣服《如圓領毛衣、圓領T恤等》。

crib [krɪb; krib] *n.* **1** Ⓒ(四邊有欄杆的)嬰兒床。**2** Ⓒ **a** 秣槽，芻槽。**b**《英》＝crèche 2. **3** Ⓒ **a**《美》(鹽、玉蜀黍等的)儲藏室，倉庫。**b** 狹窄的房間[房屋]。**c**《英俚》(强盜做爲搶劫目標的)房屋：crack a ~ ⇨crack *v.t.* 1d. **4 a** ＝cribbage. **b** [the ~] (cribbage 牌戲中)發牌者手中的牌。**5** Ⓒ《口語》〔他人作品的〕抄襲，剽竊〔*from*〕. **6** (又作 **críb shèet [nòte]**)Ⓒ《口語》(語言學科等的)參考書，對照本；(學生考試時的)作弊，夾帶的紙條。
—v.t. 1 在…裝設秣槽。**2**《口語》抄襲，剽竊〈他人的作品〉。**3** 將…塞入(狹窄處)。
—v.i.《口語》作弊；使用參考書[對照譯本]。**críb·ber** *n.*

crib·bage [ˈkrɪbɪdʒ; ˈkribidʒ] *n.* Ⓤ一種紙牌戲《由二至四人玩的紙牌遊戲，每人發牌六張，以先湊足一百二十一分或六十一分者爲贏家》。

críb dèath *n.* Ⓒ《醫》嬰兒猝死症候羣。

crick [krɪk; krik] *n.* Ⓒ(頸、背部等的)肌肉[關節]痙攣，抽筋，扭傷：get [have] a ~ *in* one's neck [back] 扭傷頸部[背部]。
—v.t. 在…引起痙攣，扭傷。

crick·et[1] [ˈkrɪkɪt; ˈkrikit] 《擬聲語》**—n.** Ⓒ《昆蟲》蟋蟀《★ 相關用語 其叫聲爲 chirp》。
(as) mérry [chírpy, lívely] as a crícket《俚》非常快活，興高采烈。

***crick·et**[2] [ˈkrɪkɪt; ˈkrikit] 《源自古法語「球棒」之義》**—n.** Ⓤ板球。

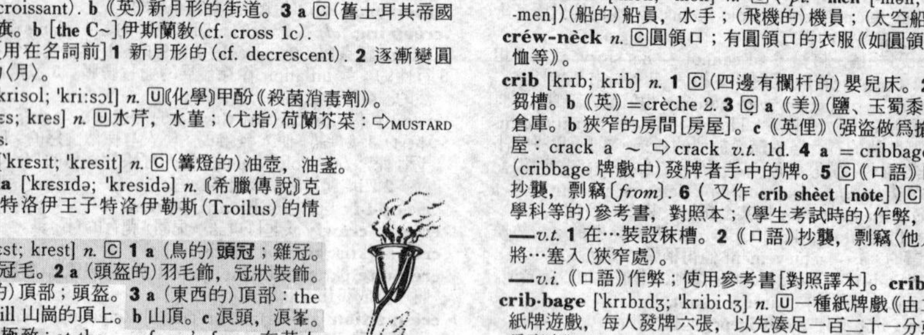
cricket²

【說明】板球類似棒球，比賽兩隊伍各爲十一人，爲英國傳統球賽，大英國協的國家除加拿大外幾乎都舉辦此項運動比賽，球季自五月起至九月止。

nòt cricket 《口語》不公正的，不合運動精神的：It's *not* ~ to kick a man when he's down. 趁人之危而加以打擊是不公正的《趁人倒下時踢他是不光明正大的行爲》。
—*v.i.* 玩板球戲。

crick·et³ [ˈkrɪkɪt; ˈkrikit] *n.* Ⓒ小脚凳。

crícket bàt *n.* Ⓒ打板球用的球板。

críck·et·er *n.* Ⓒ板球選手。

crícket gròund [field] *n.* Ⓒ板球球場。

crí·er «源自 cry»—*n.* Ⓒ **1** 喊叫[哭叫]者；愛哭的孩子。**2** (法庭的)傳喚者，傳令員。**3 a** 從前在鄉、鎮等向民衆宣告政令、傳布消息的人：⇨town crier. **b** 沿街叫賣者。

cri·key [ˈkraɪkɪ; ˈkraiki] «christ 的變形» —*interj.* 《俚》[表示驚訝]哎呀！唷！

‡**crime** [kraɪm; kraim] «源自拉丁文「判決」之義»—*n.* **1 a** Ⓒ(法律上的)犯罪，罪：a capital ~ 可處死刑的重罪，死罪/worse than a ~ 可惡之極的/a ~ *against* nature《法律》違反自然的性關係或行爲《如强姦等反自然的性行爲》/a ~ *against* the State 危害國家罪，叛國罪/commit a ~ 犯罪/blame [put, throw] a ~ upon... 加罪於…。

【同義字】crime 指殺人、强盜等違法的行爲；sin 指宗教上、道德上的罪惡；vice 是「美德」的反義字，指違背道德的惡行。

b Ⓤ[集合稱]犯罪：the prevention of ~ 防止犯罪/a wave of ~ 犯罪的浪潮《急增現象》。
2 Ⓒ(違反道德的)不良行爲，罪惡：It's a ~ to seek the love of another's wife. 向他人之妻求愛是一種罪惡。
3 [a ~]《口語》令人遺憾的事；可恥的[糊塗的]事：It's *a* ~ (that) you didn't get more recognition for your work. 你的工作未獲得更大的賞識是件令人遺憾的事。

Cri·me·a [kraɪˈmiə; kraiˈmiə] *n.* [the ~]克里米亞半島《黑海北岸的一個半島；現爲蘇聯烏克蘭共和國的領土》。
Cri·me·an [kraɪˈmiən; kraiˈmiən] *adj.*

Criméan Wár *n.* [the ~]克里米亞戰爭(1853–56)《英、法、土、薩丁尼亞聯合對抗帝俄的戰爭》。

críme fiction *n.* Ⓤ犯罪小說，推理小說。

críme·ridden *adj.* 充滿犯罪行爲的；罪惡橫行的。

***crim·i·nal** [ˈkrɪmənl, ˈkrɪmnl; ˈkriminl] «crime 的形容詞» —*adj.* (more ~；most ~) **1** [用在名詞前](無比較級、最高級)犯罪的；刑事上的：a ~ case 刑事案件[訴訟]/a ~ court 刑事法庭/a ~ offense 刑事犯/~ law 刑法/~ psychology 犯罪心理(學)/a~ record 前科。
2 (無比較級、最高級)犯罪性的；犯法的：a ~ act 犯罪行爲。
3 [不用在名詞前]《口語》豈有此理的，可恥的，遺憾的，可嘆的：It is ~ *to* pay [*that* we should pay] much money for many trifles. 對毫無價值的東西花大錢是可惜的事。
—*n.* Ⓒ犯罪者，犯人：a habitual ~ 慣犯。

crim·i·nal·is·tics [ˌkrɪmənlˈɪstɪks; ˌkriminəˈlistiks] *n.* Ⓤ犯罪偵察學；刑事學。

crim·i·nal·i·ty [ˌkrɪməˈnælətɪ; ˌkrimiˈnæləti] *n.* **1** Ⓤ犯罪性，有罪。**2** Ⓒ犯罪(行爲)。

crím·i·nal·ly [-nlɪ; -nəli] *adv.* **1** 犯法地，犯罪地。**2** 依照刑法，刑事[刑法]上。

crim·i·nate [ˈkrɪməˌnet; ˈkrimineit] *v.t.* **1 a** 使〈某人〉負罪，指控〈某人〉犯罪，定〈某人〉有罪。**b** 告發〈某人〉；證明〈某人〉有罪。**2** 譴責，非難〈惡行〉。
crim·i·na·tion [ˌkrɪməˈneʃən; ˌkrimiˈneiʃn] *n.*

crim·i·na·to·ry [ˈkrɪmənəˌtorɪ, -ˌtɔrɪ; ˈkrimineitəri] *adj.* 使負罪的；控告的；責備的。

crim·i·nol·o·gist [ˌkrɪməˈnɑlədʒɪst; ˌkrimiˈnɔlədʒist] *n.* Ⓒ刑事學家，犯罪學家。

crim·i·nol·o·gy [ˌkrɪməˈnɑlədʒɪ; ˌkrimiˈnɔlədʒi] *n.* Ⓤ犯罪學；刑事學。

crimp¹ [krɪmp; krimp] *v.t.* **1 a** 使〈頭髮〉捲曲，使…成波狀。**b** 使〈布料等〉起摺縐。**2** 《美口語》阻礙，妨礙…：Tariff barriers *~ed* the flow of imports. 關稅障礙妨礙了進口貨的流入。
—*n.* Ⓒ **1 a** [常 ~s](用燙髮鉗等)捲縮的頭髮，波浪形頭髮，鬈髮。**b** 摺，摺縐，波紋；摺縐物。**2** 《美口語》阻礙，妨礙《★主要用於下列成語》。
pùt a crímp in... 《美口語》阻礙，妨礙…：His illness *put a* ~ *in* our plans. 他的生病妨礙了我們的計畫。

crimp² [krɪmp; krimp] *n.* Ⓒ誘迫他人當兵[水手]者；兵販子。
—*v.t.* 誘迫〈人〉當兵[水手]。

crim·ple [ˈkrɪmpl; ˈkrimpl] *v.t.* 使…起縐；使…捲縮[捲曲]。
—*v.i.* 起縐；捲縮。

crimp·y [ˈkrɪmpɪ; ˈkrimpi] *adj.* (**crimp·i·er**；**-i·est**)捲曲的，捲縮的：~ hair 鬈髮。

crim·son [ˈkrɪmzn; ˈkrimzn] «源自阿拉伯語「珠貝殼蟲(胭脂色的蟲)」之義»—*adj.* **1** 深紅(色)的；〈夕陽〉棗紅色的：He turned ~. 他(爲難而)臉色變紅。**2** 血腥的：a ~ crime 血腥的罪行。
—*n.* Ⓤ深紅色。
—*v.t.* 把…變[染]成深紅色；使〈某人〉的臉變通紅。—*v.i.* 變成深紅色；臉變紅。

crímson láke *n.* Ⓤ一種深紅色的顏料。

cringe [krɪndʒ; krindʒ] «源自古英語「蹲下去」之義»—*v.i.* **1 a** (因恐懼、卑屈而)竦縮，畏縮；抖縮。**b** 〔十介十(代)名〕〔對…〕畏縮〔*at*〕：~ *at* the sight [thought] of an air crash 看到[想到]飛機墜毀而畏縮。
2 a 卑躬曲膝；諂媚。**b** 〔十介十(代)名〕〔對地位高者〕卑躬曲膝，奉承〔*to, before*〕：He ~*d to* his employer. 他對雇主卑躬曲膝。
3 《口語》**a** 感覺厭煩，生厭：His way of talking makes me ~. 他講話的方式令我生厭。**b** 〔十介十(代)名〕〔對…〕感到厭惡〔*at*〕：I ~*d at* his story. 我對他的話感到厭惡。

crin·kle [ˈkrɪŋkl; ˈkriŋkl] *v.t.* 〔十受(十副)〕使…起皺紋，皺起…；使…捲縮〈*up*〉：~ (*up*) one's nose 皺起鼻子《表示困惑、不贊成時的表情》。—*v.i.* **1** 〔動(十副)〕起皺紋；捲縮〈*up*〉. **2** 〈紙等〉沙沙作響；發出瑟瑟聲。
—*n.* Ⓒ **1** 皺紋；波紋。**2** 沙沙聲。

crin·kly [ˈkrɪŋklɪ; ˈkriŋkli] «crinkle 的形容詞»—(**crin·kli·er, -kli·est**；**more** ~, **most** ~) *adj.* **1 a** 〈布料等〉起皺的，多皺摺的。**b** 〈毛髮等〉捲縮的，波狀的。**2** 瑟瑟作響的。
crín·kli·ness *n.*

cri·noid [ˈkraɪnɔɪd, ˈkrɪnɔɪd; ˈkrainɔid] *n.* Ⓒ《動物》海百合。
—*adj.* **1** 海百合類的。**2** 百合狀的。

crin·o·line [ˈkrɪnlɪn, -ˌin; ˈkrinəliːn] *n.* **1** Ⓤ馬鬃布《從前婦女用作裙料的馬毛織硬布》。**2** Ⓒ有硬毛布襯[架]的裙子(hoopskirt).

cripes [kraɪps; kraips] «Christ 的變形» —*interj.* 《俚》[表示驚訝、嫌惡]哎呀，唉呀。

crip·ple [ˈkrɪpl; ˈkripl] *n.* Ⓒ身體殘廢者，肢體殘障者，跛者。
—*v.t.* **1** 使〈人〉殘廢《★常以過去分詞當形容詞用；⇨crippled 1b；★比較 一般較喜歡用 disable》：The injury ~*d* him for life. 那次受傷使他終生致殘。**2** 損傷，削弱…；使…失去戰鬥力；破壞〈活動等〉：Traffic was ~*d* for the day. 那次交通癱瘓了一天。

críp·pled *adj.* **1 a** 跛脚的，殘障的，失去活動能力的，受損傷的《★比較 一般較喜歡用 disabled, physically handicapped》：a ~ person 殘障者。**b** [不用在名詞前]〔十介十(代)名〕〔因…而〕變成殘廢[殘障]的〔*with, by*〕：The old man was ~ *with* rheumatism. 那位老人因患風濕症而變得行動不便。**2** 無能力的。

críp·pling *adj.* 造成(失去功能等)重大損害[打擊]的：a ~ strike 造成癱瘓的罷工。

***cri·sis** [ˈkraɪsɪs; ˈkraisis] «源自希臘文「決定」之義»—*n.* Ⓒ(*pl.* **cri·ses** [-siz; -siːz]) **1** 危機，決定性的階段，緊要關頭：a financial ~ 財政危機，金融恐慌/an oil ~ 石油危機/bring to a ~ 使危急，使緊迫；使事情發展至非做決定不可的地步/come to [reach] a ~ 面臨危機。**2** (命運的)關鍵；(病的)危險期：pass the ~ 度過危險期。

crisp [krɪsp; krisp] «源自拉丁文「捲縮的」之義»—*adj.* (~·**er**；~·**est**) **1 a** 〈食物〉脆的，酥的，乾硬而易碎的：This pastry is quite ~. 這個糕餅相當脆。**b** 〈蔬菜、水果等〉新鮮的：a ~ leaf of lettuce 新鮮的芹菜葉。
2 a 〈紙等〉堅韌有脆聲的。**b** 〈紙幣等〉剛印好的：~ bank notes 剛印好的新鈔。
3 〈空氣、天氣等〉清新的，清爽的，令人精神煥發的，爽快的：a ~ autumn day 一個爽朗的秋日。
4 a 〈舉止〉乾脆的，明快的。**b** 〈談吐〉爽快的，伶俐的。**c** 〈文體〉明快的，簡潔有力的。
5 a 〈頭髮〉捲曲的。**b** 〈波浪〉起微波的。
—*v.t.* 〔十受〕**1 a** 使〈頭髮等〉捲曲[捲縮]。**b** 使〈水面〉起波浪。**2** 把〈東西〉烤脆。
—*v.i.* **1 a** 〈頭髮等〉捲曲[捲縮]。**b** 起波浪。**2** 變脆。
—*n.* Ⓒ **1** 脆[酥]的東西：be burned *to* a ~ 烤成酥脆[焦黑]。**2** [常 ~s]《英》油炸馬鈴薯片(⇨potato chip 1).
~·**ly** *adv.* ~·**ness** *n.*

crisp·y [ˈkrɪspɪ; ˈkrispi] *adj.* (**crisp·i·er**；**-i·est**) = crisp 1.
crísp·i·ness *n.*

criss·cross [ˈkrɪsˌkrɔs; ˈkriskrɔs] *n.* Ⓒ **1 a** 十字(形)，十字記號。**b** 十字形交叉。**c** (不識字者用以代替簽名的)×記號。**2** 交叉，分歧，矛盾。
—*adj.* [用在名詞前]十字形的；交叉的。
—*adv.* **1** 十字形地；交叉著。**2** 交叉而行地：go ~ 〈事情〉進行不順利；交叉而行。

—*v.t.* **1** 畫十字記號於…上；使…成十字形。**2** 縱橫通過，交叉於…：Four-lane highways ~ the country. 四線幹道縱橫交叉布於全國。

—*v.i.* 成十字形；交叉往來。

cri·te·ri·on [kraɪ'tɪrɪən; krai'tiəriən] *n.* Ⓒ (*pl.* **-ri·a** [-rɪə; -riə], ~**s**)(判斷、批評的)標準，基準〔*of, for*〕.

***crit·ic** ['krɪtɪk; 'kritik] «源自希臘文「能看穿作決定」之義»—*n.* Ⓒ **1** (文藝、美術等的)**批評家**，評論家；(古文獻等的)鑑定家：a Biblical [textual] ~ 聖經[原文]校勘者/an art [a theater] ~ 美術[戲劇]評論家。**2** 批判者；吹毛求疵者。

***crit·i·cal** ['krɪtɪkḷ; 'kritikl] *adj.* (**more** ~；**most** ~) A «critic, criticism 的形容詞»—**1** [用在名詞前](無比較級、最高級)**批評(家)的**，評論的：a ~ essay 評論/a ~ writer 評論家/a ~ edition(將原文經典的不同版本嚴加檢討後的)校訂版。**2** 批評[批判]的；有鑑定力[眼光]的：a ~ reader 有鑑賞力的讀者。**3 a** 嚴厲批評的，酷評的：I am nothing, if not ~. 若非我愛批評，我一無可取；愛批評是我唯一可取之處《★出自莎士比亞四大悲劇之一「奧賽羅(*Othello*)」》。**b** [不用在名詞前]〔十介十(代)名〕嚴加批評〔…〕的，〔對…〕找碴的，挑毛病的〔*of, about*〕：He is ~ *of* what I say. 他對我說的話橫加挑剔。

—B «crisis 的形容詞» **1 危機的**，危險的，困難的；〈病況〉危急的，病危的：a ~ moment 危機，緊要關頭，關鍵時刻/The patient is in ~ condition. 那位病人情況危急。**2** 決定性的，重大的；重要的：a ~ situation 危急的局勢[情況]/of ~ importance 非常重要的。**3** 《數學・物理》(無比較級、最高級)臨界的：the ~ angle 臨界角/the ~ point [temperature] 臨界點[溫度]/the ~ state 臨界狀態。

crít·i·cal·ly [-klɪ; -kəli] *adv.* **1** 批評[批判]地；苛評地，吹毛求疵地(cf. critical A)。**2** 危險地，危急地(cf. critical B)：She is ~ ill. 她病得很嚴重[病危]。

crit·i·cise ['krɪtə,saɪz; 'kritisaiz] *v.* 《英》=criticize.

***crit·i·cism** ['krɪtə,sɪzəm; 'kritisizəm] *n.* **1** ⓊⒸ**批評**，評論；批判，非難，吹毛求疵：be beyond [above] ~ 無批判[非難]之餘地/meet with severe ~(*s*) from... 受到…的嚴厲批判。**2** Ⓒ批評文[書]。**3** ⓊⒸ(聖經)校勘：textual ~ 原文校勘。

crit·i·cize ['krɪtə,saɪz; 'kritisaiz] *v.t.* **1 a** 〔十受〕**非難**，批評，挑剔…的毛病(⇨blame【同義字】)：The policy of the government was ~*d* by the opposition party. 政府的政策受到反對黨的批評。**b** 〔十受十介十(代)名〕〔因…事〕非難，酷評〈某人〉〔*for*〕：He ~*d* me *for* not finish*ing* the work in time. 他因我未及時完成該工作而非難我。**2** 評論，批判〈人、事〉：~ a person [a person's work] 評論某人[某人的作品或工作]。

—*v.i.* **1** 吹毛求疵。**2** 批評。

cri·tique [krɪ'tik; kri'ti:k] *n.* 《文語》**1** Ⓒ(文藝作品等正式的)批評文，評論〔*of*〕. **2** Ⓤ批評。

crit·ter, -tur ['krɪtə; 'kritə] *n.* Ⓒ《方言》家畜；動物；生物。

croak [krok; krouk] «擬聲語»—*n.* **1** Ⓒ(青蛙、烏鴉等的)哇哇聲，啞啞聲(⇨crow²【說明】)。**2** [a ~]嘶啞聲。

—*v.i.* **1** 哇哇叫，發啞啞聲。**2**〈人〉發出嘶啞聲。**3**《俚》死亡(die).

—*v.t.* **1** 用嘶啞聲說，悽慘地說，哭喪着說。**2**《俚》殺死。

cróak·er *n.* Ⓒ **1** 哇哇叫[啞啞叫]的東西《青蛙、烏鴉等》。**2** 抱怨者；預言凶事者。

croak·y ['krokɪ; 'krouki] *adj.* 啞啞聲的；哇哇聲的；慘叫聲的。

Cro·at ['kroæt, -ət; 'krouæt] *n.* 克羅埃西亞(Croatia)人[語]。

Cro·a·tia [kro'eʃə, -ʃɪə; krou'eiʃjə, -ʃə] *n.* 克羅埃西亞《歐洲東南部之一地區，屬南斯拉夫(Yugoslavia)之一省》。

Cro·a·tian [kro'eʃən, -ʃɪən; krou'eiʃjən, -ʃn] *adj.* 克羅埃西亞的；克羅埃西亞人[語]的。

—*n.* **1** Ⓒ克羅埃西亞人。**2** Ⓤ克羅埃西亞語。

cro·chet [kro'ʃe; 'krouʃei] «源自法語「小鈎」之義»—*n.* Ⓤ鈎針編織(品)：a ~ hook [needle] 鈎針。

—*v.i.* 用鈎針編織。

—*v.t.* **1** 用鈎針編織〈衣服等〉。**2** 〔十受十受/十受十介十(代)名〕用鈎針編織〈衣服等〉給〈某人〉；用鈎針編織〈衣服等〉〔給某人〕〔*for*〕.

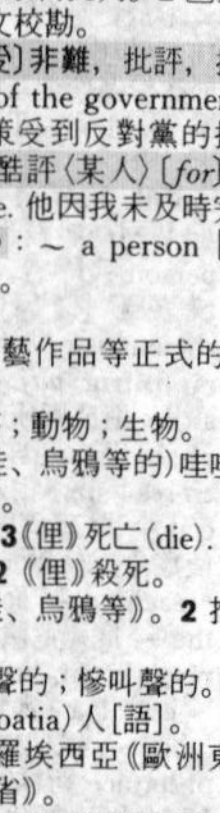

crochet

cro·ci *n.* crocus 的複數。

crock¹ [krak; krɔk] *n.* Ⓒ **1** (陶製的)容器《壺、罐等》。**2** 碎瓦片，陶瓷器的破片《花盆的塞孔破片》。

crock² [krak; krɔk] *n.* **1** Ⓒ《口語》**a** 廢馬。**b** 老弱者，無用的人。**c**《英口語》破爛的汽車，老爺車。**2** [a ~]《美俚》荒唐的話，謊言，胡言：*a* ~ of shit 謊話連篇，一派胡言。

—*v.t.* 〔十受(十副)〕《口語》使…變無用，使…成廢物〈*up*〉《★常用被動語態》：*be* ~*ed* (*up*) 變廢物；成廢人。

—*v.i.* 〔動(十副)〕《口語》變無用；變成廢人〈*up*〉.

crócked «源自 crock²» —*adj.* 《美俚》醉酒的。

crock·er·y ['krakərɪ; 'krɔkəri] *n.* Ⓤ[集合稱]瓦器，陶器。

Crock·ett ['krakɪt; 'krɔkit], **David** *n.* 克洛基特《1786–1836；美國的西部開拓者、政治家；在阿拉摩(Alamo)陣亡；成爲傳說中的英雄；世稱 Davy Crockett》.

croc·o·dile ['krakə,daɪl; 'krɔkədail] *n.* **1 a** Ⓒ《動物》鱷《非洲、亞洲、美洲產的大型鱷魚；嘴部細長，下巴的第四顆牙齒在閉嘴時仍露出外面》。

crocodiles 1 a

b Ⓤ鱷魚皮。**2** Ⓒ《英口語》(成兩縱隊步行的)小學生的長隊伍。

crócodile tèars *n. pl.* 假哭，假慈悲：weep [shed] ~ 假悲傷。

【字源】這個說法起源於有關鱷魚的故事。相傳鱷魚假裝自己很可憐，呻吟又嘆息地把路過的旅行者引至身邊，一邊貪婪地吃着他，一邊爲他不幸的遭遇而流淚。因此鱷魚的眼淚就有「貓哭耗子假慈悲」的意思。

croc·o·dil·i·an [,krakə'dɪlɪən; ,krɔkə'diliən] *adj.* **1** 鱷魚的；似鱷魚的。**2** 僞善的，假慈悲的。

—*n.* Ⓒ《動物》鱷目爬行動物的統稱。

cro·cus ['krokəs; 'kroukəs] *n.* Ⓒ (*pl.* ~**·es, cro·ci** [-saɪ; -sai])《植物》番紅花，英國報春花《英國春天最早開的花》。

Croe·sus ['krisəs; 'kri:səs] *n.* **1** 克利薩斯《里底亞(Lydia)王國的國王(560–546 B.C.)，相傳極爲富有》：(as) rich as ~ 極富有的。**2** Ⓒ大富豪，大財主。

croft [krɔft; krɔft] *n.* Ⓒ《英》**1** (與房地接連的)小農場。**2** (尤指蘇格蘭的)佃耕地。

cróft·er *n.* Ⓒ《英》(蘇格蘭的)小農場的佃農，自耕農。

crois·sant [krwa'sã, krə'sant; krwa:'sã:] «源自法語「新月形(crescent)」之義»—*n.* Ⓒ (*pl.* ~**s** [~(z); ~(z)])新月形麵包(⇨bread【說明】(1)).

Cro-Mag·non [kro'mægnan; krou'mænjɔ̃:ŋ] «源自發現此原始人遺骨的法國西南部的洞穴名»—《人類學》*n.* (又作 **Cro-Mágnon man**)Ⓤ克羅馬農人(種)《舊石器時代後期的身長頭長的原始人》。

—*adj.* [用在名詞前]克羅馬農人的。

crom·lech ['kramlɛk; 'krɔmlek] *n.* Ⓒ《考古》**1** 桌形石(⇨dolmen). **2** (圍繞在桌形石或墳墓四周巨大的)環狀列石。

Crom·well ['kramwəl, -wɛl; 'krɔmwel, -wəl], **Oliver** *n.* 克倫威爾《1599–1658；英國的軍事家、政治家；處死英王查理一世並建立共和國，自任護國主；cf. Lord Protector》.

Crom·wel·li·an [kram'wɛlɪən; krɔm'weliən] *adj.* **1** 克倫威爾(Cromwell)的。**2** 〈家具〉十七世紀英國式的。

crone [kron; kroun] *n.* Ⓒ[用於稱呼]乾癟的老太婆。

Cro·nos, Cro·nus ['kronəs; 'krounəs] *n.*《希臘神話》克羅納斯《泰坦族巨人(Titans)之一；曾篡其父天神尤拉那斯(Uranus)王位而成統治宇宙之神，後來又被其子宙斯(Zeus)取而代之；相當於羅馬神話的撒登(Saturn)》.

cro·ny ['kronɪ; 'krouni] *n.* Ⓒ[常與修飾語連用]《口語》密友，老友，好友，夥伴。

cró·ny·ism [-,ɪzəm; -izəm] *n.* Ⓤ《美》任用親信《而不論其才幹》；對好朋友的偏袒。

crook [kruk; kruk] *v.t.* **1** 將〈手臂、手指等〉彎(成鈎狀)，使…彎曲。**2**《俚》盜取，吞沒，偷〈東西〉。—*v.i.* 彎曲。

—*n.* Ⓒ **1 a** 彎曲物。**b** 鈎。**c**《蘇格蘭》(吊鍋等的)壺鈎，鍋鈎。**2 a** 牧羊人用的曲柄枴杖。**b** =crosier. **3** (道路、河川等的)屈折，彎曲(部分)：a ~ *in* a stream 小溪的彎處/have a ~ *in* one's nose 有鷹鈎鼻/the ~ of the arm 手肘(部分)(cf. elbow 1a；⇨body 插圖)。**4**《口語》騙子；小偷；犯罪者。

by hóok or (by) cróok ⇨hook.

cróok·bàck *n.* Ⓒ駝背。

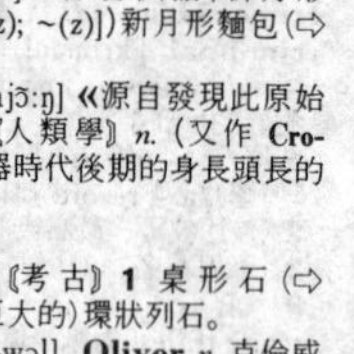

crook 2 a

crook·ed ['krukɪd; 'krukid] *adj.* **1 a** 彎曲的，歪斜的，扭曲的：The picture

on the wall is ~. 掛在牆壁上的畫是歪的。**b** 彎腰的。**c** 畸形的。
2《口語》**a** 心術不正的，不誠實的：a ~ business deal 不誠實的商業交易。**b** 以不正當手段得到的。~·**ly** *adv.* ~·**ness** *n.*

cróok·nèck *n.* Ⓒ《植物》《美》長頸南瓜。

croon [krun; kru:n] *v.t.* **1 a** 小聲感傷地唱〈流行歌曲等〉。**b** 低聲哼，輕唱〈歌〉：~ a lullaby 低哼搖籃曲。**2**〔十受十介十(代)名〕小聲唱使〈某人〉〔成…的狀態〕〔*to*〕：She ~*ed* her baby *to* sleep. 她低哼搖籃曲使她的嬰兒入睡。
—*v.i.* 小聲感傷地唱；低哼，輕唱。

cróon·er *n.* Ⓒ低聲哼唱感傷流行歌的人[歌手]；輕哼低唱者。

‡**crop** [krɑp; krɔp]《源自古英語「芽，穗」之義》—*n.* **A 1 a** Ⓒ(特定的)**農作物，收穫物**《穀物、果實、蔬菜等》：gather [harvest] a ~ 收穫農作物/a rice [wheat] ~ 米[麥]作物。**b** [(the) ~s] (一季節、一地方的)收成，全部農作物。**2** Ⓒ **a** (一季節、一地方特定農作物的)收穫量，產量：an abundant [average] ~ 豐收[普通收成]/a bad [poor] ~ 歉收/a good ~ of rice 稻穀的豐收。**b** [the ~s] (一地方、一季節全部農作物的)收穫量，產量。
3 [a ~] (同時出現的)一羣，一組，一夥；(麻煩事等的)發生，連續出現〔*of*〕：a ~ *of* questions 一連串的問題/a ~ *of* lies (信口開河的)連篇謊話。
—**B 1** [常用單數] (頭髮的)剪短，短髮，平頭：have a ~ 剪成短髮。**2** Ⓒ (礦脈的)露出。**3** Ⓒ (鳥類的)嗉囊。**4** Ⓒ **a** 鞭柄。**b** (前端有小皮條圈的)短馬鞭。
in [ùnder] cróp 〈土地上〉種有農作物。
òut of cróp 〈土地上〉未種農作物。
—*v.t.* **A 1**〔十受〕收穫，收割〈農作物〉(reap). **2**〔十受十介十(代)名〕在〈土地〉上種植[農作物]〔*with*〕：~ ten acres *with* corn 在十畝地上種植玉米。
—**B 1**〔十受〕**a** 將〈頭髮等〉理短。**b** 剪下〈動物的耳端〉作爲記號。**c** 剪下〈書、照片等〉的邊緣。**2 a**〔十受〕〈動物〉吃掉〈草等〉的末端。**b**〔十受十補〕〈動物〉將〈草等〉的末端吃〈得…〉。
—*v.i.* [與 well 等狀態副詞連用] 農作物收成(…)：The beans ~*ed* well [badly] that year. 那一年豆類的收成好[不大好]。
cróp óut《vi adv》(1)〈礦脈等〉露出。(2)＝CROP up(2).
cróp úp《vi adv》突然出現[發生]；〈問題等〉發生，出現："I left my glasses somewhere."—"Don't worry. They'll ~ *up*."「我把眼鏡遺忘在某處了。」「別耽心，一定會出現的。」

crop-dust ['krɑp,dʌst; 'krɔpdʌst] *v.t.* (尤指由飛機)撒農藥於…。
—*v.i.* 從事撒農藥之工作。

cróp dùster *n.* Ⓒ撒農藥用的小飛機或其駕駛員。

cróp-dùsting *n.* Ⓤ(由空中對農作物的)撒農藥。

cróp-èar *n.* Ⓒ **1** 有剪記的耳朵。**2** 耳朵剪有記號的馬[狗]。

cróp-èared *adj.* **1** 耳朵剪有記號的；有耳印的。**2** 毛髮剪短耳露於外的。

crop·full ['krɑp'ful; 'krɔp'ful] *adj.* 肚子塞滿的，滿肚的；盈餘的。

cróp-hàired *adj.* 頭髮剪短的，短髮的。

cróp·lànd *n.* Ⓤ農田，(栽種作物之)農地。

cróp·per *n.* Ⓒ **1 a** 種植農作物者。**b** 收割農作物者。**2** [常與修飾語連用] 有收穫的農作物：a good [poor] ~ 豐收[歉收]的農作物。**3**《美》＝sharecropper. **4**《機械》(布、紙等的)截斷器。
còme [fáll, gèt] a crópper《口語》(1)(由馬背等)重重地摔下。(2)(在事業上等)大失敗，慘敗。

cróp rotà·tion *n.* Ⓤ《農》輪作，輪流栽種。

cro·quet [kro'ke; 'kroukei]《源自法語》—*n.* Ⓤ槌球遊戲。

【說明】通常指兩人一組或個人的兩組在草地上玩的球賽。輪流用木槌打出自己的木球，使木球依照順序穿過自出發柱至折回弓形柱的門(hoop)，先到達終點，也就是木球先碰到出發柱者獲勝。

cro·quette [kro'kɛt; krɔ'ket]《源自法語》—*n.* Ⓒ[常 ~s；當作菜名時爲Ⓤ]《烹飪》炸肉丸，炸魚丸。

crore [kror, krɔr; krɔ:] *n.* Ⓒ (*pl.* ~s, ~)《印度》一千萬《通常指盧比(rupees)而言》。

cro·sier ['kroʒə; 'krouʒə] *n.* Ⓒ牧杖，主教杖《代表主教(bishop)或大修道院院長(abbot)等的職權》。

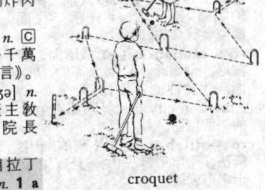

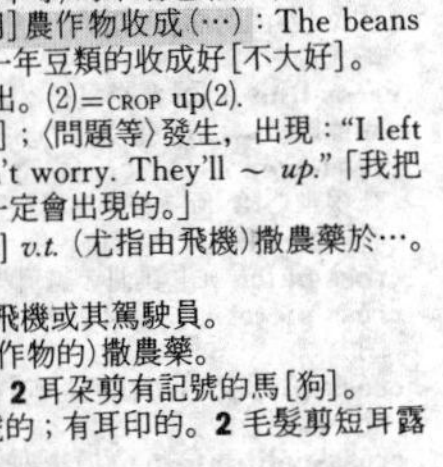
croquet

‡**cross** [krɔs; krɔs]《源自拉丁文「十字形」之義》—*n.* **1 a** Ⓒ(從前用以釘死犯人的)**十字架**：die on the ~ 死在十字架上。**b** [the C~] 釘死耶穌的十字架：*the* holy *C*~ 聖十字架。**c** Ⓤ[常 the C~] (十字架所象徵的)基督教(國家)：*the C*~ and [versus] the Crescent 基督教與[對]回教/a follower of *the C*~ 基督教徒/a soldier [warrior] of *the C*~ 十字軍戰士；基督教(傳教)的鬥士/a preacher of *the C*~ 基督教傳教士/⇨take the CROSS. **2** Ⓒ **a 十字形，十字記號**《十或×》：St. Andrew's ~ ＝the saltire (~) ×形十字《尤指蘇格蘭旗幟上的藍底白×形十字》/St. George's ~ 白底紅色的正十字形《英格蘭的旗章》/St. Patrick's ~ 白底紅×形十字《愛爾蘭國旗上的徽號》《★有關上述三種 cross 請參照 Union Jack》/the Geneva ~ 紅十字(cf. Red Cross 1a)/the Greek ~ 希臘十字，正十字形/the Latin ~ 拉丁十字，長十字形/the Maltese ~ 馬爾他十字/the papal ~ 教皇的十字形/the patriarchal ~ ‡形十字。**b** (發誓、祝福等時在空中或在額、胸等前所畫的)十字記號：make the sign of the ~ 畫十字。**c** ×記號《文盲者用以代替簽名》：make one's ~ 劃×記號《代替簽名》。**d** 十字標記，十字塔《用作墓碑或市鎮中心、市場等的標誌》：⇨market cross. **e** [常與修飾語連用] 十字形勳章：the Military *C*~ 戰功十字勳章《世界大戰初由英國所制定；略作 M.C.》/⇨Victoria Cross. **f** (垂掛在頸上的)十字型飾物。**g** (上面有十字架的)十字杖《代表總主教(archbishop)的職權》。**3 a** Ⓤ[常 the C~] 耶穌基督的受難，贖罪。**b** Ⓒ[常用單數] 考驗，折磨，苦難：bear [take (up)] one's ~ 忍受苦難[受難]《★出自聖經「馬太福音」》/You must bear the ~ of your disability. 你必須忍受你身體殘障的苦難/No ~, no crown.《諺》沒有苦難，即無榮冠[不受磨難不成佛]。**c** Ⓒ苦難(的原因)，不幸；障礙：a ~ *in* love 失戀。**4** Ⓒ **a** (動植物的)異種交配；雜種〔*between*〕：The mule is a ~ *between* a male donkey and a mare. 騾子是雄驢與雌馬交配的雜種。**b** 折衷物，中間物，混合物〔*between*〕：Brunch is a ~ *between* breakfast and lunch. 早午餐是介於早餐與午餐的中間餐。**5** [the C~]《天文》十字星：*the* Northern [Southern] *C*~ 北[南]十字星。

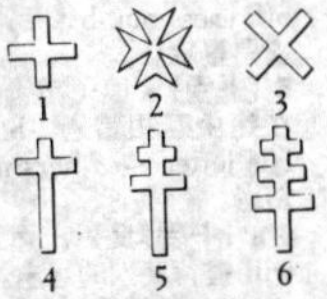

crosses
1 Greek cross; 2 Maltese cross; 3 St. Andrew's cross, saltire; 4 Latin cross; 5 patriarchal cross; 6 papal cross.

on the cróss (1)⇨ *n.* 1a. (2)斜着，對角地：fold a piece of paper *on the* ~ 沿對角綫折一張紙。(3)《俚》不正當地，以不正當的手段。
tàke the cróss (昔日的)參加十字軍。
—*v.t.* **1**〔十受〕**a 橫越，**越過〈道路、沙漠等〉，渡過〈河川、橋〉：~ a street 穿越街道/~ the border 越過國界/Don't ~ that bridge [your bridges] until you come to it [them].《諺》到了橋頭才過橋《喻船到橋頭自然直，凡事不必先煩惱》。**b**〈想法、主意〉浮現於〈心頭〉；〈笑等〉掠過〈某人的臉〉：A wonderful idea ~*ed* my mind. 一個絕妙的主意突然浮現在我的腦海中/A smile ~*ed* her face. 微笑掠過她的臉。
2〔十受〕**a** 使…交叉，使…相交：~ one's legs 交叉雙腿/with one's legs ~*ed* 腿交叉地/⇨ cross one's FINGERS. **b**〈互相〉交叉：The roads ~ each other. 那些道路互相交叉。
3〔十受〕**a** (由額上到胸部；從左肩到右肩，用手)在…畫十字架：~ one's heart 在胸前畫十字《發誓自己的眞誠》。**b**〔~ *oneself*〕畫十字：The priest ~*ed himself*. 那位牧師(在胸前)畫了十字。

【說明】聖經故事中，自從耶穌基督爲人類的罪惡受難，被釘死於十字架而又告復活之後，十字架便成爲基督(教)或受難、贖罪的象徵。天主教教徒在祈求上帝的保佑或對上帝發誓時，先畫十字後，雙手手指交叉在一起或合掌。教徒相信十字架的標記有避邪的作用，英美人士以食指疊放在中指上，作爲祈求幸運的手勢。

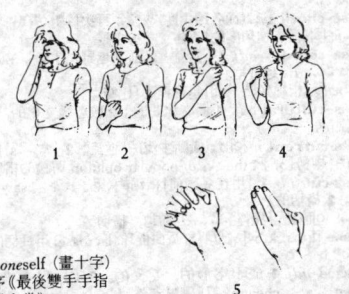

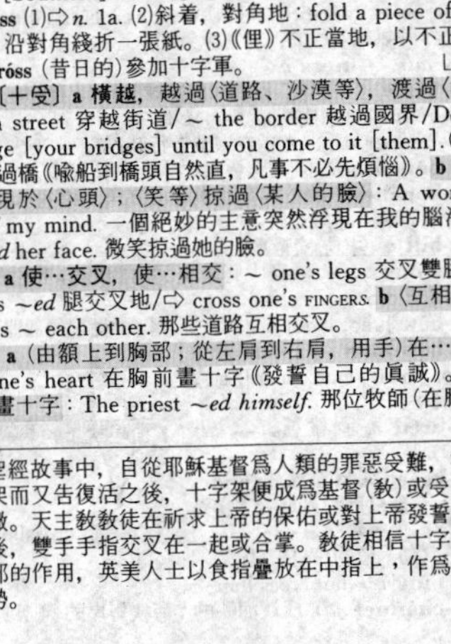

cross *oneself* (畫十字)的順序《最後雙手手指交叉或合掌》

4 〔十受〕**a** 在…畫橫線；畫掉…：⇨cross the [one's] T's, CROSS off, CROSS out. **b** 《英》在〈支票〉上畫兩條橫斜線：~ a cheque 將支票畫線。

5 〔十受〕**a** 與…錯過：They ~*ed* each other on the way. 他們在途中互相錯過。**b** 〈信件、使者等〉(在途中)與…互相錯過：His letter ~*ed* hers in the post. 他的信和她的信在郵寄中互相錯過。

6 a 〔十受〕反對，違背，阻礙〈計畫、願望等〉：~ a person's will 違背某人的意志。**b** 〔十受十介十(代)名〕反對，阻礙〈某人〉〔計畫、願望等〕〔*in*〕：He has been ~*ed* ***in*** his plans [*in* love]. 他的計畫[戀愛]遭到阻礙。

7 〔十受(十介十(代)名)〕使〈動、植物〉〔與…〕交配；使…雜交〔*with*〕：~ a leopard and [***with***] a lion 使豹和獅子雜交。

—*v.i.* **1** 〈兩條線等〉交叉：The two roads ~ there. 那兩條道路在那裡交叉。

2 〔(十副)十介十(代)名〕〔從…〕**橫過**，渡過(道路、河川)〔到…〕〈*over*〉〔*from*〕〔*to*〕：We ~*ed* (***over***) ***from*** Taiwan ***to*** San Francisco. 我們從台灣橫渡海洋到舊金山。

3 a 〈二人〉互相錯過。**b** 〈兩封信、使者等〉互相錯過：Our letters to each other have ~*ed*. 我們給彼此的信互相錯過。

4 〈動、植物〉雜交，變成雜種。

cross off [《*vt adv*》~ óff] (1)畫線去掉；畫掉〈姓名等〉。**—**[《*vt prep*》~...òff...] (2)把〈姓名等〉從…畫線去掉，畫掉：Please ~ my name *off* the program. 請把我的名字從節目單上刪掉。

cróss óut 《*vt adv*》將〈字等〉畫線除去，勾消，畫掉，刪去：I ~*ed out* three of the words. 我刪掉其中三個字。

—*adj.* (~·er；~·est) **1** 橫的，斜的，橫斷的，交叉的：~ streets 交叉路。**2 a** 〔不用在名詞前〕〔十介十(代)名〕〔與…〕相反的，違逆的；〔對…〕反對的〔*to*〕：a result ~ ***to*** a purpose 與目的相反的結果。**b** 《古》反對的，相反的。**3 a** 不高興的，易怒的，暴躁的；〈嬰兒〉鬧人的，磨人的：a ~ word 故意刁難人的話/The baby is ~. 那嬰兒在鬧。**b** 〔不用在名詞前〕〔十介十(代)名〕〔對人〕生氣的〔*with*〕；〔對某事、物〕發怒的〔*at, about*〕：He is ~ ***with*** his boss [***at*** his boss's remarks]. 他對他老板[他老板的話]生氣。**4** 異種交配的，雜種的(hybrid)。

(as) cróss as twó stícks＝**(as) cróss as a béar (with a sóre héad)** 《口語》脾氣極暴躁的，非常生氣的。

~·ly *adv.* **~·ness** *n.*

cróss·bàr *n.* Ⓒ(足球、橄欖球的)球門橫木；(跳高的)橫竿。

cróss·bèam *n.* Ⓒ《建築》大梁，橫梁。

cróss-bèarer *n.* Ⓒ(尤指在宗教遊行時)擎十字架者。

cróss·bèncher *n.* Ⓒ《英議會》中立[無黨派]議員。

cróss·bènches 《由於與其他議席成直角，故名》**—*n. pl.*** 《英議會》中立[無黨派]議員席。

cróss·bìll *n.* Ⓒ《鳥》交喙鳥。

cróss·bònes *n. pl.* 兩條大腿骨交叉的圖形《★死亡的象徵》：⇨ SKULL and crossbones.

cróss·bòw [-ˌbo; -bou] *n.* Ⓒ石弓，弩《中世紀的武器》。

cróss·bòw·man [-mən; -mən] *n.* Ⓒ(*pl.* **-men** [-mən; -mən])石弓手，弩手。

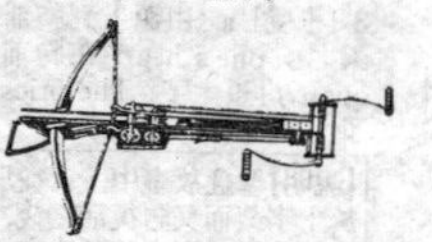

crossbow

cróss·bréd *n.* Ⓒ雜種。**—*adj.*** 雜種的。

cróss·brèed *n.* Ⓒ雜種(hybrid)。

—*v.t.* (-bred)使〈動、植物〉異種交配，使…雜交。

—*v.i.* 〈動、植物〉異種交配。

cróss bùn *n.* ＝hot cross bun.

cróss-chánnel *adj.* 橫渡海峽的；海峽對岸的《《英》尤指英吉利海峽》。

cróss-chèck *v.t.* (從各種角度)查證；再次核對〈資料、調查等〉。**—*n.*** Ⓒ(從各種角度的)查證；多方求證。

cróss-cóuntry *adj.* (不經過道路而)越野的：a ~ race 越野賽跑。**—*adv.*** 越野地。

—*n.* Ⓤ〔指種類時爲Ⓒ〕越野運動[比賽]。

cróss-cúltural *adj.* 不同文化間的；比較各種文化的，超越文化界限的。

cróss·cùrrent *n.* Ⓒ **1** (橫斷主流的)逆流。**2** 〔常 ~s〕反對的[相反的]趨勢〔*of*〕：the ~*s of* popular opinion 輿論的相反趨勢。

cróss·cùt *adj.* **1** 〔用在名詞前〕橫鋸的〈鋸子〉：a ~ saw 橫鋸的鋸子。**2** 橫切的。

—*n.* Ⓒ直路，捷徑。**—*v.t.*** 橫越，橫切…。

crosse [krɔs; krɔs] *n.* Ⓒ(打長曲棍球(lacrosse)用長柄的)兜網球棍。

crossed *adj.* **1** 成十字形的，交叉的。**2** 〈支票〉畫橫線的(↔ open)：a ~ cheque《英》畫線支票。

cróss-examinátion *n.* ⓊⒸ **1** 《法律》反詰問《指一方對另一方所提供之證人、證言在庭上主詢問完後加以盤問》。**2** 盤詰，嚴密地追問。

cróss-exámine *v.t.* **1** 《法律》對〈證人〉做反詰問。**2** 詰問，嚴密地追問〈某人〉。

cróss-èye *n.* Ⓤ內斜視，對視。

cróss-éyed *adj.* 內斜視的，對視的。

cróss-fertilizátion *n.* Ⓤ **1** 異體[異花]受精(↔ self-fertilization)。**2** (不同思想、文化等的)相互交流。

cróss-fértilize *v.t.* **1** 使…異花受精，使…異體受精。**2** 使〈不同的思想、文化等〉互相交流《★常用被動語態》。

cróss fìre *n.* **1** Ⓤ《軍》交叉射擊，交叉火網。**2** Ⓤ〔又作 **a** ~〕(質詢等的)集中攻擊，交相指責：be caught in *a* ~ *of* questions 遭遇質問攻擊。**3** Ⓤ《棒球》交叉投球《橫過投手板斜投的球》。

cróss-gráined *adj.* **1** 〈木材〉紋理不規則的。**2** 《口語》〈人〉性情乖戾的；倔強的；剛愎的(perverse)。

cróss hàirs *n. pl.* 十字標線，十字絲《光學儀器鏡片上幫助瞄準之細絲》。

cróss-hàtching *n.* Ⓤ《美術》交叉平行線影(法)。

cróss-índex *v.t.* 在〈參考書、索引等〉附以前後參照索引。

—*n.* Ⓒ前後相互參照的索引。

***cross·ing** [ˈkrɔsɪŋ; ˈkrɔsiŋ] *n.* **1** ⓊⒸ**橫越**；橫渡；交叉：have a good [rough] ~ 渡海時風平浪靜[浪大難渡]。**2** Ⓒ **a** (道路的)交叉點，十字路口；行人穿越道：a pedestrians' [street] ~ 行人穿越道。**b** (鐵路的)平交道：a ~ gate鐵路平交道的柵門/a grade ~《美》＝《英》a level ~ 平交道。**3** Ⓒ(教堂內的)(十字)交叉處《本堂(nave)和側堂(transept)交叉處》。**4** ⓊⒸ雜交，異種交配。

cróss-légged [-ˈlɛgɪd, -ˈlɛgd; -legd] *adj.* & *adv.* 翹著腿的[地]，盤著腿的[地]：sit ~ 翹著腿坐[盤腿而坐]。

cross·let [-lɪt; -lit] *n.* Ⓒ《紋章》小十字形。

cróss·lìght *n.* Ⓒ **1** 交叉光線《從不同角度照明事物者》。**2** 由非相反[非面對面]之光源所發出的光。**3** 由方向相反的光源所發出的光。

cróss·lìne *n.* Ⓒ **1** 交叉線；連接兩點的線。**2** 《新聞》(報紙上的)副標題。**—*adj.*** 雜交系的。

cróss·òver *n.* **1** Ⓒ (立體)交叉路，陸橋。**2** Ⓒ 《英》《鐵路》轉線軌。**3** Ⓤ 《音樂》交雜音樂《爵士樂中混入搖滾樂及拉丁樂而成的一種流行音樂》。

cróss·pàtch *n.* Ⓒ《俚・謔》脾氣壞的人。

cróss·pìece *n.* Ⓒ橫木，橫材；(置於他物上的)橫放物；橫檔；閂。

cróss-plỳ *adj.* 〔用在名詞前〕橡膠裏面以粗線交叉重疊而强固的〈汽車輪胎〉。

cróss-póllinate *v.t.* 《植物》使…異花受粉。

cróss-pollinátion *n.* Ⓤ《植物》異花受粉。

cróss-púrposes *n. pl.* (意向的)不一致，齟齬；相反的目的：be at ~ 〈兩人〉互相誤解；齟齬。

cróss-quéstion *v.t.* 對〈人〉反詰問《盤問對方證人，以期推翻其證詞》，盤問…。

—*n.* Ⓒ盤問，嚴加追問。

cróss-refér *v.t.* 使〈讀者〉(在同一書中)相互參照；對照。

—*v.i.* 〔動(十介十(代)名)〕〔由…〕〔對…〕相互參照〔*from*〕〔*to*〕。

cróss-réference *n.* Ⓒ(同一書中的)相互參照。**—*v.*** ＝cross-refer.

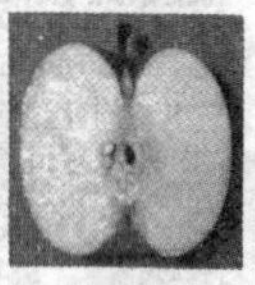

蘋果的剖面

cróss·ròad *n.* Ⓒ **1** (與其他道路成直角交叉的)交叉道路。**2** 〔常 ~**s**；當單數或複數用〕**a** 十字路口：be buried *at* a ~*s* 被埋葬在十字路口《★從前在英國自殺的人不能埋在教會的墓地而被埋在十字路的旁邊；有時在埋屍處上打樁》。**b** 必須做重大抉擇的關頭：stand [be] at the ~*s* 面臨重要抉擇的關頭。

cróss sèction *n.* Ⓒ **1** 橫斷面，橫截面，剖面圖。**2** 〔社會等的〕橫斷面，代表性的一面〔*of*〕：a ~ *of* American city life 美國都市生活的一個剖面。

cróss-stìtch *n.* **1** Ⓒ(X 形的)十字縫法，十字形針法(的一針)。**2** Ⓤ 十字形刺繡。

—*v.t.* 用十字針法縫…。

cróss tàlk *n.* Ⓤ **1** (電話、無線電等由他處傳來的)干擾，雜音，漏話。**2** 《英》(尤指兩個喜劇表演者的)詼諧對白，相聲。

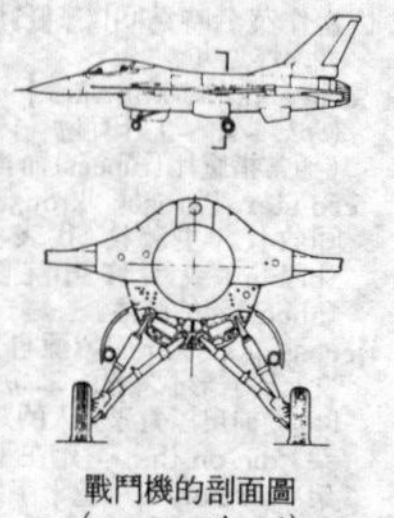

戰鬥機的剖面圖
(cross section 1)

cróss·tòwn《美》*adj.* 橫越市鎭的：a ～ road [bus] 橫越市鎭的道路[公共汽車]。**—***adv.* 橫越市鎭地。

cróss·trèe *n.* Ⓒ[常 ～s]《航海》桅頂橫桁《組合式桅桿的情形時，指裝在下面桅桿頂端的橫木》。

cróss·wàlk *n.* Ⓒ《美》行人穿越道。

cróss·wày *n.* ＝crossroad.

cróss·wàys *adv.* ＝crosswise.

cróss·wìnd *n.* Ⓒ《航海・航空》側風。

cróss wìres ⇨cross hairs.

cróss·wìse *adv.* **1** 成十字形地。**2** 交叉地；斜橫地，橫亙地：sit ～ in a chair 側身坐在椅子上。**3** 相反地；逆地；心地不善地。

cróss·wòrd *n.* (又作 **cróssword pùzzle**)Ⓒ縱橫字謎《在一大方塊內的許多小方格中，按橫(across)與縱(down)的提示(clues)塡入適當字的一種文字遊戲》：do a ～ 解字謎。

crotch [kratʃ; krɔtʃ] *n.* Ⓒ **1 a** (人體的)胯部《雙腿分叉處》。**b** (樹木的)分叉處，枒叉。**2** (褲子、內褲等的)袴下處[布]。

crotch·et [ˈkratʃɪt; ˈkrɔtʃit]*n.* Ⓒ **1**奇想，怪想，異想天開(whim)。**2**《英》《音樂》四分音符(《美》quarter note) (cf. breve 2)：a ～ rest 四分休止符。

crotch·et·y [ˈkratʃɪtɪ; ˈkrɔtʃiti] *adj.* (**crotch·et·i·er**；**-i·est**) **1** 充滿奇思怪想的，有怪癖的，耽於幻想的。**2**《口語》(尤指)〈老人〉難以取悅的，壞脾氣的，愛發牢騷的。

cro·ton [ˈkrotn̩; ˈkroutən] *n.* Ⓒ《植物》巴豆。

cróton òil *n.* Ⓤ巴豆油《用作瀉劑》。

crouch [krautʃ; krautʃ] **《源自古法語「彎曲」之義》—***v.i.* **1** 〔**動(十副)**〕**蹲下，蹲伏；彎身**〈*down*〉：The cat ～*ed*, ready to spring at the mouse. 那隻貓蹲伏著準備撲向那隻老鼠。**2** 〔**動(十介十(代)名)**〕〔對…〕卑躬屈膝〔*to*〕.

—*n.* [**a** ～]蹲；蹲伏的姿勢：sit in *a* ～ 蹲坐。

croup[1] [krup; kru:p] *n.* Ⓤ[常 **the** ～]《醫》假膜性喉炎，格魯布嘶吼，哮吼《引起嚴重咳嗽的兒童疾病》。

croup[2] [krup; kru:p] *n.* Ⓒ(尤指馬的)臀部。

crou·pi·er [ˈkrupɪə; ˈkru:piə] *n.* Ⓒ(賭場的)經理人《收受及償付賭注的人》；(公宴時坐在餐桌下首的)副主席。

croup·y [ˈkrupɪ; ˈkru:pi] *adj.*《醫》格魯布(croup)的；浮膜的。

crou·ton [kruˈtan; ˈkru:tɔn] **《源自法語》—***n.* Ⓒ油煎碎麵包片《烤[炸]脆的小塊麵包，常放入湯中》。

crow[1] [kro; krou] **《擬聲語》—***n.* Ⓒ[常用單數] **1** 公雞的叫聲，作喔喔聲(⇨ cock[1] 相關用語)。**2** (嬰兒的)歡笑聲。

—*v.i.* (**crowed,**《罕》)**crew** [kru; kru:]；**crowed**) **1** 〈公雞〉叫，啼，報曉：The cock ～*ed*. 公雞啼叫報曉。**2** 〈嬰兒〉(高興地)格格笑。**3** 〔**動(十介十(代)名)**〕**a** 自誇，得意洋洋地說〔…〕〔*about*〕：～ ***about*** one's success 誇耀自己的成功。**b** 〔對自己的勝利、向他人的失敗等〕自鳴得意〔*over*〕：～ ***over*** one's victory 對自己的勝利自鳴得意。

crow**[2] [kro; krou] **《源自 crow**[1]**》—n.* Ⓒ《鳥》**烏鴉**《★ 相關用語 叫聲爲 caw 或 croak；後者較有不祥的意味》：a white ～ 白烏鴉，珍奇的東西。

【說明】(1)crow 是烏鴉屬鳥類的統稱，大凡大型者爲 raven，中型者爲 crow，小型者爲 jackdaw, rook；提到 crow 一般都指歐洲產吃腐肉的小嘴鳥(carrion crow)．黑色的鳥總是帶有不祥的感覺，尤其屬於候鳥的渡鳥(raven)被認爲是不祥的鳥，據說當牠在附近叫時會有人死亡；cf. Tower of London(⇨tower)【說明】(2).

(2)在莎士比亞(Shakespeare)的悲劇奧賽羅(*Othello*)中，有「猶如大烏鴉般守着患瘟疫的屋子，以不祥的聲音叫個不停」的說法，可見發生不祥之事的地方常有烏鴉出現。

(3)據說禿鼻鴉(rook)在空中翻觔斗是凶兆。穴烏(jackdaw)是小型烏鴉，有盜癖，會收集發光的東西，也會學人的聲音。

as the crów flies 一直線地，以直線距離，取捷徑地《★源自烏鴉有直向目的地飛的習性》：The place is about ten miles from here *as the* ～ *flies*. 該處離此處的直線距離約十哩。

éat crów《美口語》(1)被迫做厭惡的事，忍受屈辱。(2)被迫承認自己的失敗[錯誤]。

【字源】起源於 1812 年英美戰爭時所發生的一則趣聞。據說某美軍士兵在打獵時，不小心越過英軍前線打下一隻烏鴉。聞聲前來的英軍軍官爲處罰美軍士兵，以槍抵住其胸口，逼他吃下烏鴉，等英軍軍官將槍口轉回欲離去時，美軍士兵又以槍口對準英軍軍官，逼他吃下剩餘的烏鴉。

hàve a crów to plúck with a person《口語》有一件非與某人爭論不可的事，非對某人說清楚不可。

Stóne the cróws!《英俚・罕》[表示驚訝、不信任]啊！哼！

crów·bàr《源自其前端似烏鴉的脚》**—***n.* Ⓒ鐵撬，撬棍。

‡crowd [kraud; kraud] **《源自古英語「向前進」之義》—***n.* **1** Ⓒ[集合稱](無秩序而雜亂的)**羣衆**，大羣人；人羣《★用法 視爲一整體時當單數用，指個別成員時當複數用；⇨mob【同義字】》：There was a large ～ *of* people in the garden. 花園裡有一大羣人/The ～ *was* [*were*] dispersed. 羣衆四散/He was surrounded by ～*s of* boys. 他被一大羣男孩子包圍。

2 [**the** ～]民衆，大衆：follow [move with, go with] *the* ～ 跟隨大衆，向大衆看齊；人云亦云/raise one*self* [rise] above *the* ～ 出衆，出類拔萃。

3 [**a** ～ **of...** 或 ～**s of...**]許多的，很多的：*a* ～ *of* books 許多書/～*s of* people 成羣的人。

4 Ⓒ[常與修飾語連用]《口語》同伴，夥伴，一幫：a good [the wrong] ～ 好的[壞的]夥伴/that ～ 那一批[幫]人。

in crówds 成羣地，大羣地。

páss in a crówd《口語》(在衆多中)還過得去，馬馬虎虎：That may [might, would] *pass in a* ～. 那可能不會過於遜色；那大概是普通程度的吧；那也許還可以過得去。

—*v.i.* **1** 〔**十介十(代)名**〕〈人等〉**羣集**〔於…周圍〕，蜂擁〔至…〕〔*round, around*〕：The boys ～*ed* ***round*** [***around***] the baseball player. 男孩子們羣集在那位棒球選手的周圍。**2** 〔**十副詞(片語)**〕湧至，擠進(…)：The guests ～*ed into* the room [*through* the gate]. 那些客人擠進房間裡[擠過大門]/They ～*ed in for* seats. 他們湧進去佔座位/Scenes from the past ～*ed in upon* him. 過去的光景陸續浮現在他的腦際。

—*v.t.* **1 a** 〔**十受**〕〈人、物等〉**羣集在**〈某處〉《★也以過去分詞當形容詞用；⇨crowded 1b》：People ～*ed* the street. 人們羣集在街道上。**b** 〔**十受十介十(代)名**〕使〈房子、房間等〉擠滿〔人、物〕〔*with*〕《★常以過去分詞當形容詞用；⇨crowded 1b》：～ a room ***with*** furniture [guests] 使房間裡擺滿家具[擠滿客人]。**c** 〔**十受十介十(代)名**〕使〈人〉擠滿〔於…〕；把〈東西〉塞滿〔…〕〔*into, onto*〕：～ people ***into*** a train 火車擠滿了人/Many people were ～*ed into* the bus. 很多人擠進公共汽車裡。**d** 〔**十受十副**〕把〈人、物〉塞入(狹窄處)〈*in*〉：He ～*ed* children ***in***. 他讓孩子們擠進去。**2** 〔**十受(十介十(代)名)**〕《美口語》執拗地央求，催逼〈某人〉〔…〕〔*for*〕：Stop ～*ing* me. 不要催我/～ a person ***for*** an answer 催某人回答。**3** 〔**十受**〕《美》接近〈某年齡〉：He is ～*ing* 70. 他年近七十。

crówd óut《*vt adv*》(因空間不足)將…擠出，排除，驅逐《★常用被動語態》：Her contribution to the magazine *was* ～*ed out*. 她給那家雜誌的投稿(因爲稿擠而)未被刊登。

crówd...òut of... 把…從…擠出，排擠《★常用被動語態》：Many people *were* ～*ed out of* the hall. 許多人被擠出那大廳。

crowd·ed** [ˈkraudɪd; ˈkraudid] *adj.* (**more** ～；**most** ～) **1 a** **擁擠的**，**擠滿人的**，客滿的：a ～ city 擁擠的都市/a ～ train [bus] 擁擠的火車[公共汽車]。**b** [不用在名詞前]〔**十介十(代)名**〕〈某場所〉**擠滿**〔…〕的；〔由於…〕擁擠的〔*with*〕(cf. crowd *v.t.* 1a, b)：The street was ～ ***with shoppers. 那條街道擠滿了購物的人潮/The room was ～ ***with*** furniture. 那個房間擺滿了家具。**2** 閱歷豐富的，多事的：a ～ life 閱歷豐富的生活[一生]。

～**·ness** *n.*

crów·fòot *n.* Ⓒ **1** (*pl.* ～ s)《植物》毛茛；權牛兒。**2** (*pl.* **crow·feet**)[常 **crowfeet**]＝crow's-feet.

‡crown [kraun; kraun] **《源自拉丁文「花圈，冠」之義》—***n.* **1 a** Ⓒ(國王、王妃等所戴，象徵王位的)**王冠**，皇冕(⇨regalia 插圖)：wear the ～ 戴王冠，當國王[女王]。**b** [**the** ～, **the** C～]帝王的身分，帝[王]位；(君主國的)主權，王權，君權，國王的統治：an officer of *the* ～《英》官吏/succeed to *the* ～ 繼承王位。**2 a** Ⓒ(勝利的)花冠，榮冠。**b** [**the** ～](競賽)冠軍的寶座[頭銜]。**c** Ⓒ(經過努力得到的)光榮，榮譽，褒獎：the martyr's ～ 殉道者的光榮/the ～ of life 生命之冠《在天上所接受的永恆生命；★出自聖經「默示錄」》。**3** Ⓒ **a** 王冠章[印]；蓋有王冠印的東西。**b** (英國舊貨幣制度的)克朗《五先令銀幣(相當於現行貨幣的二十五便士)；使用於 1551 年至 1946 年間》。**c** 克朗《北歐各國的貨幣單位，如瑞典的 krona，丹麥、挪威的 krone 等》。**4** Ⓒ(通常指略帶圓形的)最高部分：**a** (拱門的)最高部分。**b** (山的)頂，峯頂。**c** (帽子的)頂。**d** (頭的)頂；頭：the ～ of the head 頭頂。**e** (鷄的)鷄冠。**f** (啤酒瓶的)蓋子。**5** [**the** ～]絕頂，極致〔*of*〕：*the* ～ *of* one's labors 努力的結晶/*the* ～ *of* the year(一年最後的)收穫期，秋天。**6** Ⓒ《齒》齒冠。

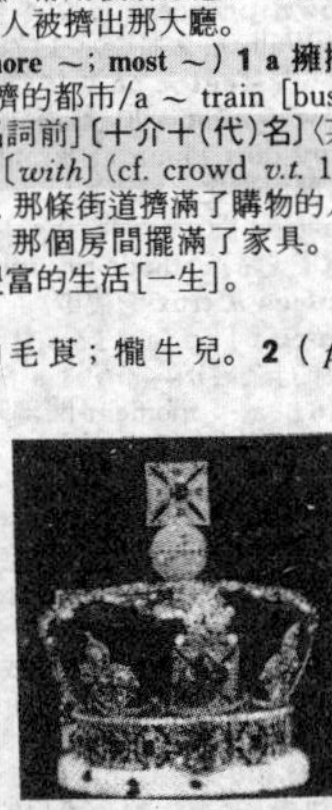

crown 1 a

the crówn of thórns (耶穌基督被戴上的)刺冠《★出自聖經「馬太福音」等》。

—*v.t.* **1 a** 〔**十受**〕使〈某人(的頭上)〉戴上冠，爲〈某人〉加冕，使〈某人〉登基：The king ～*ed* his son. 那位國王爲他的兒子加冕

/He was ～*ed* in 1272. 他在 1272 年登基。**b**〔十受十補〕使〈人〉登上〈王位〉，使〈人〉得到〈冠軍等〉：They wanted to ～ Caesar king. 他們想立凱撒爲王/He was ～*ed* world champion. 他登上世界冠軍的寶座。**2**〔十受十介十(代)名〕使〈人〉戴〔譽〕，使〈人〉得到〔光榮〕〔*with*〕：The king was ～*ed* ***with*** glory. 那位國王滿載著榮耀/She is ～*ed with* wisdom by nature. 她天生聰明。**3**〔十受〕覆蓋…的頂部；加在…頂上《★常用被動語態，介系詞用 *with*》：Snow ～*ed* the mountain. 雪覆蓋著山頂/The hill *was* ～*ed* ***with*** mist. 小山頂上籠罩著薄霧。**4 a**〔十受〕作…的最後點綴，使…圓滿結束，形成…最終之美：His speech ～*ed* the party. 他的演講使聚會圓滿結束。**b**〔十受十介十(代)名〕〔以…〕完成…〔*with*〕：～ one's career ***with*** a triumph 成功地完成某人的生涯，在事業上功成名遂。**5**〔十受〕給〈牙齒〉鑲齒冠，給〈牙齒〉裝牙套。**6**〔十受〕《口語》毆打〈某人〉的頭。

to crówn it áll ＝to CAP it all.

crówn càp *n.* Ⓒ(啤酒瓶的)鐵皮瓶蓋。

crówn cólony *n.* [常 C～ C～] Ⓒ《英》(國王)直轄殖民地《香港(Hong Kong)等》。

Crówn Cóurt *n.* [有時 c～ c～] ⓊⒸ《英》皇家法院《取代以往的巡迴法庭(assizes)及季審法庭(quarter sessions)而於 1971 年新設者；處理英格蘭和威爾斯的刑事案件》。

crowned *adj.* **1** 加冕了的，有皇冠的，就王位的，皇室的；有冠飾的：a ～ head 國王，女王。**2** [常構成複合字]有(…)頂部的，峯頂(…)的：high- [low-] *crowned* (帽)頂高[低]的/ snow-*crowned* mountains 峯頂披雪的山。

crówn glàss *n.* Ⓤ 皇冕(牌)玻璃《一種光學玻璃》。

crówn·ing *adj.* [用在名詞前] **1** 在頂上的：a ～ point 頂點。**2** 圓滿完成的，至高無上的，無比的，登峯造極的：a ～ glory 無上的光榮/the ～ folly 無比的愚蠢/the ～ moment of my life 我一生中最光榮的時刻。

crówn jéwels *n. pl.* [the ～]《英》(加冕典禮使用的王冠等象徵王位的)珠寶類，御寶《regalia 爲其中一部分》。

crówn lánd *n.* Ⓤ《英》王室領地，君主的土地。

crówn láw *n.* Ⓤ《英》刑法。

Crówn Óffice *n.* [the ～]《英法律》**1** (大法官法庭(Chancery)的)國璽部。**2** (高等法院的)刑事部。

crówn·pìece *n.* Ⓒ頂部，冠飾；馬籠頭頂部。

crówn prínce *n.* Ⓒ(英國以外的)皇太子，皇儲《★比較 英國稱作 the Prince of Wales》。

crówn príncess *n.* Ⓒ **1** 皇太子妃《★比較 英國稱作 the Princess of Wales》。**2** 將繼承王位的公主。

crów's-fèet *n. pl.* 魚尾紋，眼睛外角的皺紋。

crów's-nèst *n.* Ⓒ《航海》桅桿瞭望臺。

Croy·don [ˋkrɔɪdn; ˈkrɔidn] *n.* 克洛頓《英格蘭南部之一城市》。

cro·zier [ˋkroʒɚ; ˈkrouʒə] *n.* ＝crosier.

CRT 《略》cathode-ray tube.

cru·ces *n.* **crux** 的複數。

cru·cial [ˋkruʃəl; ˈkru:ʃl] «源自法語「十字架的」之義»**—***adj.* **1 a** 決定性的；(極)重要的：a ～ moment 關鍵時刻，重要關頭/a ～ test (有關事情眞僞、未來的)決定性的考驗/Salt is a ～ ingredient in cooking. 鹽是烹調的一種重要材料。**b** [不用在名詞前]〔十介十(代)名〕〔對…而言〕具有決定性的；(極)重要的〔*to, for*〕：The next step is ～ ***to*** [***for***] our success. 下一個步驟對我們的成功非常重要《是決定我們成功與否的關鍵》。**2** 嚴厲的；艱苦的：a ～ experience 艱苦的經驗。～**·ly** [-əlɪ; -əli] *adv.*

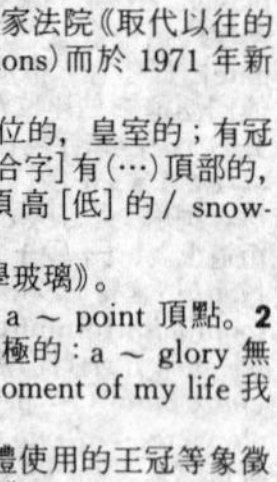

crow's-nest

cru·ci·ble [ˋkrusəbl̩; ˈkru:sibl] *n.* Ⓒ **1** 坩堝《高溫熔解金屬用的容器》。**2** 嚴厲的考驗。

cru·ci·fer [ˋkrusəfɚ; ˈkru:sifə] *n.* Ⓒ **1** (宗教祭典的遊行行列中)捧持十字架的人。**2**《植物》十字花科的植物。

cru·ci·fix [ˋkrusə͵fɪks; ˈkru:sifiks] *n.* Ⓒ **1** 耶穌受難像；有耶穌受難像的十字架。**2** (象徵基督教的)十字架。**3** (練單槓時的)引體向上。

cru·ci·fix·ion [͵krusəˋfɪkʃən; ͵kru:siˈfikʃn] «crucify 的名詞» **—***n.* **1** ⓊⒸ釘死於十字架上。**2 a** [the C～] 耶穌的被釘死於十字架。**b** Ⓒ耶穌被釘死於十字架的畫[塑像]。**3** ⓊⒸ痛苦的考驗，苦難。

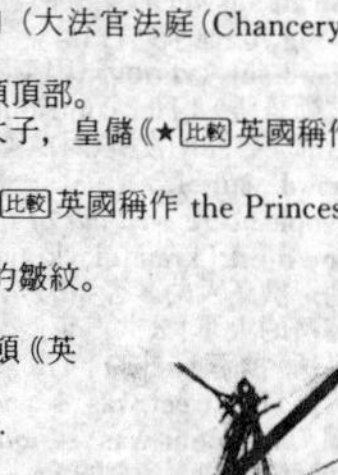

crucifix 1

cru·ci·form [ˋkrusə͵fɔrm; ˈkru:sifɔ:m] *adj.* 十字形的，十字架狀的：a ～ church 十字形教堂。

cru·ci·fy [ˋkrusə͵faɪ; ˈkru:sifai] «源自拉丁文「掛在十字架(cross)上」之義»**—***v.t.* **1** 把〈人〉釘死於十字架上。**2** 折磨，虐待〈某人〉。

crud [krʌd; krʌd] *n.* Ⓒ《俚》**1** 沈渣；污垢；渣滓。**2** 無價值[可鄙]的人[事物]。**3** 想像的病痛；怪病。

—*v.i.* & *v.t.*《方言》(使…)凝結。

crude** [krud; kru:d] «源自拉丁文「沾上血的，生的」之義»**—adj.* (**crud·er**; **-est**) **1 天然的**；未加工的，粗製的(⇨raw 2【同義字】)：～ material(s) 原料/～ oil [petroleum] 原油。**2 a** 〈想法、理論等〉**未成熟的**，未完成的，生硬的：～ theories 未成熟的理論。**b** 粗糙的，粗製濫造的：a ～ house 粗陋的房子。**3 a 欠優雅的**，粗魯的，低級的：～ manners 粗魯的舉止/a ～ person 粗野的人/a ～ joke 下流的笑話。**b** 據實的，露骨的，赤裸的：a ～ fact 赤裸裸的事實。**—***n.* Ⓤ原油。

～**·ly** *adv.* ～**·ness** *n.*

cru·di·ty [ˋkrudətɪ; ˈkru:diti] *n.* **1** Ⓤ未成熟；生硬；粗雜；粗糙。**2** Ⓒ **a** 粗野的行爲[言辭]。**b** (藝術品等的)未成熟[未完成]的作品。

‡**cru·el** [ˋkruəl; ˈkru:əl, ˈkruəl] «源自拉丁文「生的，粗暴的」之義»**—***adj.* (～**·er**, 《英》～**·ler**; ～**·est**, 《英》～**·lest**) **1 a** 〈人、行爲等〉(使人痛苦而自己却無動於衷之)**殘酷的**，冷酷的，殘忍的，心狠的；刻毒傷人的：a ～ person 殘酷無情的人/a ～ joke 冷酷[挖苦人]的笑話。**b** [不用在名詞前]〔十介十(代)名〕〔對…〕殘酷的，無情的；虐待〔…〕的〔*to*〕：Don't be ～ ***to*** animals. 不要虐待動物。**c** [不用在名詞前]〔十*of*十(代)名(十*to* do)/十*to* do〕〔某人〕〈做…是〉殘酷的；〈某人〉〈做…是〉殘酷的：It is ～ ***of*** him [He is ～] *to* beat the dog like that. 他那樣打狗眞是殘忍。**2** 〈光景、命運等〉悲慘的，悽慘的：a ～ sight 悲慘的光景。

cru·el·ly [ˋkruəlɪ; ˈkru:əli, ˈkruəli] *adv.* **1** 殘酷地，殘忍地。**2** 《口語》非常，極。

cru·el·ty [ˋkruəltɪ; ˈkru:əlti, ˈkruəl-] «cruel 的名詞»**—***n.* **1** Ⓤ **殘酷**，冷酷，無情，殘忍：He was treated *with* ～. 他受到殘酷[苛薄]的對待。**2** Ⓒ殘酷的行爲，野蠻的行爲；虐待。

cru·et [ˋkruɪt; ˈkru:it] *n.* Ⓒ **1 a** 裝調味品的小玻璃瓶，調味瓶。**b** (又作**crúet stànd**)調味瓶架。**2**《基督教》祭壇用瓶《裝聖餐用之葡萄酒及水的小容器》。

cruet 1 b

cruise [kruz; kru:z] «源自荷蘭語「橫越」之義»**—***v.i.* 〔動十副詞(片語)〕**1 a** 〈船艦〉巡航。**b** 〈飛機〉以巡航速度[高度]飛行。**c** 〈汽車〉以最節省燃料的速度行駛。**2 a** 〈人〉毫無目標地到處走；漫遊。**b** 《口語》(在公共場所)尋找性伴侶。**c** 《口語》去，前往：I'll ～ *over to* your place about three. 我大約三點鐘去你那裡。**3** 〈計程車、巡邏車等〉慢速行車。

—*n.* Ⓒ **1** 巡邏，巡航；周遊；漫遊：go on [for] a ～ 出去巡航[漫遊]/take a ～ (坐遊艇、汽船等)周遊。**2** ＝cruise missile.

crúise càr *n.* ＝squad car.

crúise missile *n.* Ⓒ《軍》巡航飛彈。

crúis·er *n.* Ⓒ **1** 巡洋艦：an armored ～ 裝甲巡洋艦/⇨battle cruiser / a converted [light] ～ 改裝[輕型]巡洋艦。**2** (有船艙及其他設備的)遊覽用汽艇[遊艇]：by ～ 以遊艇[汽艇]《★無冠詞》。**3 a** 巡航機；流動計程車。**b** 《美》巡邏車(squad car)。

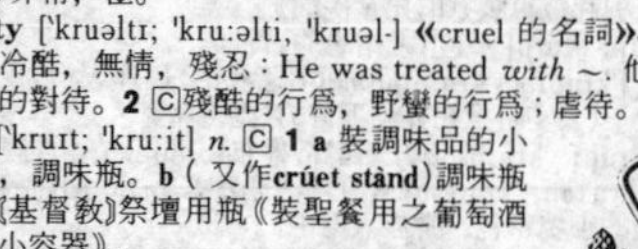

cruiser 1

crúiser·wèight *n.* Ⓒ《英》輕重量級拳擊手。

crúising ràdius *n.* Ⓒ巡航半徑。

crul·ler [ˋkrʌlɚ; ˈkrʌlə] *n.* Ⓒ《美》油炸麻花。

crumb [krʌm; krʌm] *n.* **1** Ⓒ [常 ～s] (麵包等的)**碎屑**，碎片，麵包粉。**2** Ⓤ麵包心(↔ crust)。**3** Ⓒ少量，少許〔*of*〕：a ～ *of* comfort 少許的安慰。**4** Ⓒ《美俚》廢物，窩囊廢。

—*v.t.* **1 a** 把〈麵包〉捏碎，弄碎。**b** 將〈食物〉撒滿麵包屑；在〈湯等〉加入麵包粉使變濃稠。**2** 〈餐廳服務生等〉拂去〈餐巾〉的麵包屑。

crúmb brùsh *n.* Ⓒ拂拭麵包屑的刷子。

crum·ble [ˋkrʌmbl̩; ˈkrʌmbl] *v.t.* 將〈麵包等〉弄碎，捏碎。

—*v.i.* **1** 崩潰，破碎，粉碎。**2 a**〔動(＋副)〕〈建築物、勢力〉崩落，〈希望等〉消失，破滅〈*away*〉：The old wall is *crumbling* ***away*** at the edges. 那道古牆的邊緣逐漸崩塌/Old traditions are *crumbling* (*away*). 舊傳統逐漸消失。**b**〔＋介＋(代)名〕崩潰[消滅]〔而變成…〕〔*to, into*〕：His dearest hopes ~*d* ***to*** nothing. 他最大的希望成了泡影。

—*n.* Ⓒ[當作點心名時爲Ⓤ][常與修飾語連用]撒上小麥粉用烤箱烘焙的水果甜食。

crum·bly [ˋkrʌmblɪ; ˈkrʌmbli] *adj.* (**crum·bli·er, -bli·est**; **more** ~, **most** ~)易碎的，脆的。

crumb·y [ˋkrʌmɪ; ˈkrʌmi] *adj.* **1** 多麵包屑的。**2** 柔軟的。

crum·my [ˋkrʌmɪ; ˈkrʌmi] *adj.* (**crum·mi·er**; **-mi·est**)《俚》**1 a** 劣等的，無價值的，微不足道的。**b** 骯髒的；破舊的。**2** 不舒服的：feel ~ 感覺不舒服。

crump [krʌmp; krʌmp] 《擬聲語》—*n.* Ⓒ **1** (咀嚼的)嘎扎嘎扎聲；重重的倒下聲。**2 a** (轟的)爆炸聲。**b** 炸彈，砲彈。

—*v.t.* 使〈炸彈〉爆炸。—*v.i.* **1** 砰然倒下。**2**〈炸彈〉爆炸。

crum·pet [ˋkrʌmpɪt; ˈkrʌmpit] *n.* **1** Ⓒ《英》鬆脆熱煎餅《一面有許多小孔的一種熱煎餅；常塗上奶油當土司食用》。**2** Ⓤ[集合稱]《英口語·謔》(當作性對象的)女人，性感的女人：a bit [piece] of ~ (性感的)女人。

crum·ple [ˋkrʌmpl; ˈkrʌmpl] *v.t.* **1 a**〔＋受(＋副)〕壓皺，弄皺…〈*up*〉：She ~*d* (***up***) the letter. 她把那封信揉皺。**b**〔＋受(＋副)＋介＋(代)名〕將〈東西〉壓皺〔成…〕〈*up*〉〔*into*〕：A compactor can ~ ***up*** a car ***into*** a small cube. 壓縮機可將汽車壓縮成一小塊(立方體)。**2**〔＋受(＋副)〕將…壓壞；痛擊…〈*up*〉：The front of the car was ~*d*. 那部汽車的前面部分被撞壞了。—*v.i.* **1** 變皺，成摺：This cloth ~*s* easily. 這種布容易皺。**2**〔動(＋副)〕《口語》壓壞，壓垮，崩潰〈*up*〉：The paper cup ~*d* under his foot. 那個紙杯被他的脚踩扁了。—*n.* Ⓒ弄皺，揉皺。

crum·pled [ˋkrʌmpld; ˈkrʌmpld] *adj.* **1** 摺皺的；弄皺的。**2** 彎扭的。

crunch [krʌntʃ; krʌntʃ] 《擬聲語》—*v.t.* **1 a**〔＋受〕嘎扎嘎扎地咬嚼，咬碎…(⇨bite【同義字】)：~ crackers 嘎扎嘎扎地吃餅乾。**b**〔＋受＋副〕將〈堅硬的東西〉(咬)碎，粉碎〈*down, up*〉。**2** 嘎扎嘎扎地踩〈碎石路等〉。

—*v.i.* **1 a** 嘎扎嘎扎地嚼，咯吱咯吱地吃。**b**〔＋介＋(代)名〕嘎扎嘎扎地咬〔…〕，咯吱咯吱地吃〔…〕〔*on*〕：A dog was ~*ing* ***on*** a bone. 一隻狗在咯吱咯吱地啃著骨頭。**2 a** 嘎扎嘎扎地碎裂：The hard snow ~*ed under* our feet. 凍硬的雪在我們脚下發出嘎扎嘎扎的碎裂聲。**b**〔＋副詞(片語)〕嘎扎嘎扎地踩著走：The children ~*ed through* the snow. 那些小孩們嘎扎嘎扎地踩著雪走。

—*n.* **1** [用單數]嘎扎嘎扎的咬碎聲；嘎扎嘎扎的踩碎聲。**2** [**the** ~；有時 **a** ~]《口語》危機，緊要關頭：when [if] it comes to *the* ~＝when [if] *the* ~ comes《口語》在緊要關頭時/be [get] caught in *a* financial ~ 陷入財政上的危機。

crunch·y [ˋkrʌntʃɪ; ˈkrʌntʃi] *adj.* 鬆脆的；易裂的。

crup·per [ˋkrʌpə, ˋkrupə; ˈkrʌpə] *n.* Ⓒ **1** 馬尾鞧，兜在馬尾下的皮帶《馬具；⇨harness 插圖》。**2 a** (馬的)臀部。**b** (人的)臀部。

cru·sade [kruˋsed; kru:ˈseid] 《源自西班牙語、法語「佩戴十字架的集團」之義》—*n.* Ⓒ **1 a** [常 C~] (十一至十三世紀的)十字軍《爲奪回被回教徒奪去的聖地耶路撒冷(Jerusalem)而由歐洲基督教會籌組的遠征軍》。**b** (教皇所認可的宗教上的)聖戰。**2** 改革[肅清，撲滅]運動〔*for, against*〕：a temperance ~＝a ~ *against* alcohol 禁酒運動/*a* ~ *for* women's rights 女權改革運動。

—*v.i.* **1** 參加十字軍。**2**〔＋介＋(代)名〕〔贊同…而〕參加改革運動〔*for*〕；〔反對…而〕參加改革運動〔*against*〕。

cru·sád·er *n.* Ⓒ **1** 十字軍戰士。**2** 改革運動者。

crusaders 1

cruse [kruz; kru:z] *n.* Ⓒ《古》(裝油、水、酒等的)瓦罐，罈子(jar)。

crush** [krʌʃ; krʌʃ] *v.t.* **1 a**〔＋受〕(用足以使某物變形的強大力量)**壓扁**，壓碎…：I ~*ed* the empty beer can in my hand. 我壓扁手中的空啤酒罐。**b**〔＋受＋補〕將〈東西、人〉壓〈成…〉：The box was ~*ed* flat. 那個箱子被壓扁。**c**〔＋受＋介＋(代)名〕將…壓〔成…狀態〕〔*to*〕：He was ~*ed* ***to death. 他被壓死。**d**〔＋受＋副〕將…摔熄〈*out*〉：He ~*ed* ***out*** his cigarette in the ashtray. 他將香煙的火摔熄在煙灰缸裏。

2 a〔＋受＋介＋(代)名〕將〈人、東西〉塞進〔…〕，將…推入〔…〕〔*into*〕：The people were ~*ed* ***into*** the train. 那些人被擠進火車裡。**b**〔＋受＋副詞(片語)〕[~ **one's way**]擠著向前進：He went on ~*ing* his way *through* the crowd. 他繼續從人羣中擠過去。

3 a〔＋受(＋副)〕壓榨，擠…〈*out*〉：make wine by ~*ing* grapes 壓榨葡萄製酒。**b**〔＋受(＋副)＋介＋(代)名〕〔從…〕擠出〈汁等〉〈*out*〉〔*from, out of*〕：The machine ~*es* the oil ***out of*** [~*es out* the oil ***from***] rape seeds. 那部機器從油菜籽榨出油。

4 a〔＋受(＋副)〕(用磨或壓)使…成粉末〈*up*〉：~ (***up***) rock 將岩石壓成粉末。**b**〔＋受(＋副)＋介＋(代)名〕將…壓碎〔成…〕〈*up*〉〔*into*〕：~ (***up***) stone ***into*** gravel 將石塊壓碎成砂礫。

5 a〔＋受(＋副)〕鎮壓，敉平〈叛變等〉〈*down*〉：~ (***down***) a rebellion 鎮壓叛亂。**b**〔＋受〕摧毀〈精神、希望〉，使…破滅：~ a person's ambition 粉碎某人的野心。**c**〔＋受〕(在精神上)打垮〈人〉《★常用被動語態，介系詞用 *by, with*》：She *was* ~*ed with* grief. 她因悲傷而崩潰了[意氣消沉]/"How do you feel now?"—"*Crushed.*"(對精神上受打擊的人)「現在你覺得如何？」「受不了了。」

—*v.i.* **1** (被重壓而)毀壞；壓壞：The box ~*ed* under her weight. 那個箱子被她的重量壓壞。**2**〔動(＋副詞(片語))〕擠進，蜂擁而來：Some of the audience tried to ~ *into* the front seats. 有些聽衆試圖擠到前排座位/Please ~ *up* a little.《美》請稍微擠一擠。

—*n.* **1** Ⓤ **a** 壓扁；壓榨。**b** 鎮壓，壓倒〔*of*〕。**2** [用單數]擁擠，互相推擠；羣衆：be [get] caught in the ~ 被擠得動彈不得/avoid the ~ 避開擁擠。**3** Ⓒ[常用單數]《口語》擁擠混雜的宴會[舞會]。**4** Ⓒ《口語》迷戀，深陷情網〔*on*〕：He has a terrible ~ *on* your sister. 他瘋狂地迷戀著你的妹妹。**5** Ⓤ[常與修飾語連用]《英》果汁(飲料)：lemon ~ 檸檬汁。

crush·a·ble [ˋkrʌʃəbl; ˈkrʌʃəbl] *adj.* **1**〈東西〉可壓扁的。**2**〈衣服的布料等〉可揉皺(而無損傷)的。

crúsh bàrrier *n.* Ⓒ《英》(阻攔羣衆擁進的)防衛柵欄。

crúsh·er *n.* Ⓒ **1 a** 壓碎者。**b** 粉碎機；碎石機。**2**《口語》**a** 猛烈的一擊。**b** 鎮服人的議論[事實]。

crúsh·ing *adj.* [用在名詞前]**1** 壓垮的，壓碎的，粉碎的。**2** 壓倒性的，毀滅性的，決定性的：a ~ defeat 慘敗。**3** 打垮人的，使人受不了的：a ~ sorrow [blow] 極度的悲哀[嚴重的打擊]。

Cru·soe [ˋkruso; ˈkru:sou] *n.* ⇨Robinson Crusoe.

***crust** [krʌst; krʌst] 《源自古法語「外皮」之義》—*n.* **1 a** Ⓤ[指個體時爲Ⓒ]**麵包皮**，乾麵包片(↔ crumb)；餡餅皮：a ~ of bread 一邊有皮的一片麵包/⇨upper crust. **b** Ⓒ變乾硬的一片麵包；貧乏的食物。**2** ⓊⒸ **a** 東西的硬表層[外皮]。**b** 凍結的雪面。**c** (葡萄酒瓶內側所生的)浮渣，酒垢。**3** Ⓤ〔＋ *to* do〕[**the** ~]《俚》厚臉皮，無恥：He had *the* ~ *to* order me around. 他厚著臉皮對我發號施令。**4** ⓊⒸ《動物》甲殼。**5** [**the** ~]《地質》地殼。

òff one's **crúst**《俚》發狂的。

—*v.t.*〔＋受〕以外皮[外殼]覆蓋[裹住]…。

—*v.i.*〔＋副〕結成硬皮，生痂；〈雪等〉凝固〈*over*〉。

Crus·ta·ce·a [krʌsˋteʃɪə; krʌˈsteiʃjə] *n. pl.*《動物》甲殼綱。

crus·ta·ce·an [krʌsˋteʃən; krʌˈsteiʃjən] *adj.* 甲殼綱的。

—*n.* Ⓒ甲殼綱的動物《蟹、蝦等》。

crus·ta·ceous [krʌsˋteʃəs; krʌˈsteiʃjəs] *adj.* **1** 外皮的；有外殼的。**2**《動物》甲殼綱的(crustacean)。

crúst·ed *adj.* **1** 有外皮[外殼]的。**2**〈葡萄酒〉生有酒垢[浮渣]的。**3**〈習慣〉古老的；〈人〉頑固的；古色古香的；凝結的：~ habits 陋習/a few ~ characters 頑固守舊的人們。

crust·y [ˋkrʌstɪ; ˈkrʌsti] 《crust 的形容詞》—*adj.* (**crust·i·er**; **-i·est**) **1 a** 皮殼質的，外皮似的；〈雪〉表面變硬的。**b**〈麵包〉皮部分硬而厚的。**2 a** 難以取悅的，易怒的；粗暴的。**b** 態度惡劣的；下流的。

crutch [krʌtʃ; krʌtʃ] *n.* Ⓒ **1** [常 ~**es**](跛子架在腋下的)T字杖，拐杖：a pair of ~*es* 一對T字杖[拐杖]/walk [go about] *on* ~*es* 靠拐杖行走[到處走]。**2** 支持物，支柱。**3** ＝crotch 1a. **4** ＝crotch 2.

—*v.t.*〔＋受(＋副)〕(以拐杖、棒子等)支撐…〈*up*〉：~ (***up***) a leaning tree 以木棒支撐傾斜的樹。

crux [krʌks; krʌks] 《源自拉丁文「十字形」之義》—*n.* (*pl.* ~**·es, cru·ces** [ˋkrusiz; ˈkru:si:z]) **1** Ⓒ **a** 要點，關鍵，核心：the ~ *of* a problem 問題的核心。**b** 難題，難處，謎〔*of*〕。**2** [C~] Ⓤ《天文》南十字星，南十字座(the Southern Cross)。

*****cry** [kraɪ; krai] 《源自拉丁文「哭號，尖叫」之義》—*v.i.* **1** (大聲)叫喊(★用法「叫喊」之意時，常與 out 連用)：**a**〔動(＋副)〕〈人〉大聲叫喊[嚷]〈*out*〉：~ (***out***) aloud 大聲叫喊/I could not help ~*ing with* pain. 我痛得忍不住大叫起來。

【同義字】cry 是因高興、驚訝、苦痛、疼痛等而不由自主地叫喊；shout 是大聲喊叫或大聲說話；exclaim 是因高興、驚訝等的強烈情感而突然大叫。

b〔(＋副)＋介＋(代)名〕大叫〔請求…〕〈*out*〉〔*for*〕；〔反對…而〕叫喊〈*out*〉〔*against*〕：~ (***out***) ***for*** mercy [help] 大叫請求大發慈悲[救助]/~ *out* ***against*** injustice 高喊反對不公正。**c**〔＋介

＋(代)名〕〔向人〕呼叫〔求…〕〔*to*〕〔*for*〕: They *cried* **to** us **for** help. 他們向我們大聲呼救(cf. 1d). **d**〔＋介＋(代)名＋ *to* do〕〔向人〕呼叫〈要求做…〉〔*to*〕: They *cried* **to** us *to* help them. 他們向我們呼叫求救(cf. 1c). **2** (放聲)**哭泣**。

【同義字】weep 表示「不出聲地哭泣」，尤指流淚，是文章用語；sob 則表示哽咽或抽噎地啜泣。

a (嬰兒等)大聲哭: Stop ~*ing*. 不要哭。**b**〔＋介＋(代)名〕〔悲極、喜極而〕哭泣〔*for*〕: He *cried* **for** joy [grief]. 他喜極[悲極]而泣。**c**〔＋介＋(代)名〕(哭著)要，要求〔…〕〔*for*〕: The child *cried* **for** a toy car. 那個小孩哭著要玩具汽車/⇨cry for the MOON. **3 a**〈鳥獸〉鳴叫。**b**〈獵狗〉吠叫，嗥叫。

—*v.t.* **1** (大聲)**喊叫**《★用法「喊叫」之意時，常與 out 連用》: **a**〔＋受〕大聲喊叫，大聲吼叫…；大聲報告〈新聞〉；大聲叫賣〈東西〉: We *cried* his name in vain. 我們大聲叫他的名字，但是沒有用/He was ~*ing* his wares on the street. 他在街道上叫賣著他的商品。**b**〔(＋副)＋引句〕大聲喊叫[吼叫]…〈*out*〉: "Stop!" the policeman *cried*. 那名警察大叫「停！」/"Help!" she *cried* **out**. 她大叫「救命啊！」。**c**〔(＋副)＋ *that*__〕大聲說〈…事〉〈*out*〉: She *cried that* she was coming. 她大聲說馬上就來。

2 (大聲地)**哭**: **a**〔＋受〕哭著流出〈…淚〉《★用法以與形容詞連用的 tears 作受詞》: She *cried* bitter [hot] tears. 她哭著流出痛苦的淚[熱淚]。**b**〔＋受＋補〕[~ *oneself*] 哭〈成…的狀態〉: The boy *cried himself* asleep. 那男孩一直哭到睡著/I *cried myself* blind. 我把眼睛哭瞎了。**c**〔＋受＋介＋(代)名〕[~ *oneself*] 哭到〔…的狀態〕〔*to*〕: The baby *cried itself* **to** sleep. 那嬰兒哭到睡著。

crý dówn 《*vt adv*》拒絕接受〈意見等〉；貶損，喝止〈人〉。

cry off [《*vi adv*》~ óff] (1)撤回〔前言〕；取消〔契約等〕；〔自…〕打退堂鼓，改變初衷〔*from*〕: They *cried off from* the deal. 他們取消該交易。**—**[《*vi prep*》~ off...] (2)取消: I was tempted to ~ *off* going to the party. 我不想參加那宴會。

crý (óut) for... (1)⇨*v.i.* 1b. (2)極需…: The land is ~*ing out for* development. 那塊土地極需開發。

crý òver... 悲嘆〈不幸等〉《★可用被動語態》: It's no use ~*ing over* spilt milk.⇨spilt MILK.

crý úp 《*vt adv*》(大加)稱讚…。

for crýing óut lóud! 《口語》(1)[附加於疑問句等表示强調]眞叫人吃驚！哎呀！眞是的！豈有此理: *For* ~*ing out loud*, can't you see I am doing that? 眞是的，難道你沒看見我正在做嗎？(2)[附加於命令句等表示强調]求求您，拜託: *For* ~*ing out loud*, stop it! 拜託，停了吧《不要做了》!

gìve a person **sòmething to crý abòut** 《口語》更嚴厲地處罰〈(稍挨罵就哭不停的)小孩〉: If you don't stop crying, I'll really *give* you *something to* ~ *about*. 如果你不停止哭，我眞的要更嚴厲地處罰你(讓你哭個夠)。

—*n.* Ⓒ **1 a 叫聲**: give a ~ *of* pain [joy] 發出痛苦[高興]的叫聲/let out a sudden ~ 突然叫出來。**b** [常與修飾語連用]叫賣聲，傳報聲: street *cries* 街上的叫賣聲。**c** 吶喊；標語，口號: ⇨battle cry, war cry/'Safety first' is their ~. 「安全第一」是他們的口號。

2 a (嬰兒、人等的)**哭聲**。**b** [常用單數]**號哭**，啼哭，(一陣的)哭: A baby usually has a ~ after waking. 嬰兒醒後通常會哭一陣/She had a good ~.＝She had a ~ out. 她痛哭了一場。

3 a (鳥獸的)叫聲〔*of*〕: the *cries of* gulls 海鷗的叫聲。**b** (獵狗等的)吠聲，嗥聲: the ~ of hounds 獵狗的吠聲。

4 a 輿論(之聲)，公意，要求〔*for, against*〕: a ~ *for* [*against*] reform 贊成[反對]改革的呼聲。**b**〔＋ *to* do〕〈做…的〉要求，輿論，大衆的呼聲: a ~ *to* raise wages 提高工資的要求。

a fár [lóng] crý (1)距…遠距離，遙遠的路途〔*to*〕: It is *a far* ~ *to* London. (這兒)離倫敦很遠。(2)與…懸殊[差異]極大，大不相同〔*from*〕: The association is still *a far* ~ *from* being well organized. 該協會尚未很好地組織起來；該協會距離完善的組織尚有一大段距離。

in fúll crý (1)〈獵狗〉一齊緊追: The hounds were *in full* ~ *after* the fox. 那些獵狗在狐狸後面緊追不捨。(2)[對…]疾呼，猛烈地攻擊〔*after*〕: The opposition set out *in full* ~ *after* the government. 反對黨開始猛烈地攻擊政府。

múch crý and líttle wóol 《諺》雷聲大雨點小；費大勁結果甚微。

withìn crý (of...) 在聽得見(…)叫聲的地方。

crý·bàby *n.* Ⓒ愛哭的人《尤指小孩》，軟弱的人，懦弱者；(對失敗等)好埋怨的人，愛發牢騷的人。

crý·ing *adj.* [用在名詞前]**1** 叫喊的；哭叫的。**2** 《口語》**a** 緊急的，不能擱置的: There is a ~ need *for* more medical supplies for the refugees. 難民們急需更多醫療藥品。**b** 惡名昭彰的，極可恥的: It's a ~ shame. 那很可恥[丟臉]。

cry·o·bi·ol·o·gy [ˌkraɪobaɪˈɑlədʒɪ; ˌkraioubaiˈɔlədʒi] *n.* Ⓤ低溫生物學《研究極低溫對生物器官之影響的科學》。

cry·o·gen·ic [ˌkraɪəˈdʒɛnɪk; ˌkraiəˈdʒenik] *adj.* 低溫的；低溫學的。

cry·o·gen·ics [ˌkraɪəˈdʒɛnɪks; ˌkraiəˈdʒeniks] *n.* Ⓤ低溫學。

cry·o·lite [ˈkraɪəˌlaɪt; ˈkraiəlait] *n.* Ⓤ《礦》冰晶石。

cry·on·ics [kraɪˈɑnɪks; kraiˈɔniks] *n.* Ⓤ人體冷凍學。

cry·o·sur·ger·y [ˌkraɪoˈsɝdʒərɪ; ˌkraiouˈsəːdʒəri] *n.* Ⓤ冷凍手術《經局部冷凍進行治療，用以破壞或切除罹病組織》。

crypt [krɪpt; kript] *n.* Ⓒ(主要指教堂的)地下室，地下墓穴，地窖《放置骨灰、做禮拜等用》。

crypt

cryp·tic [ˈkrɪptɪk; ˈkriptik] *adj.* **1** 隱秘的，秘密的。**2** 神秘的。**3** 用密碼的。

crýp·ti·cal [-tɪkl; -tikl] *adj.* ＝cryptic. ~**·ly** [-klɪ; -kəli] *adv.*

crypto- [krɪpto-; kriptou-] [複合用詞]表示「隱匿的，秘密的」。

cryp·to·gam [ˈkrɪptəˌgæm; ˈkriptəgæm] *n.* Ⓒ《植物》隱花植物(↔ phanerogam).

cryp·to·gram [ˈkrɪptəˌgræm; ˈkriptəgræm] *n.* Ⓒ密碼，密文。

cryp·tog·ra·phy [krɪpˈtɑgrəfɪ; kripˈtɔgrəfi] *n.* Ⓤ暗號法，密碼法[學，術]。

cryp·to·graph·ic [ˌkrɪptəˈgræfɪk; ˌkriptəˈgræfik] *adj.*

cryp·to·me·ri·a [ˌkrɪptəˈmɪrɪə; ˌkriptəˈmiəriə] *n.* Ⓒ《植物》柳杉《日本、中國所產的常綠針葉樹》。

crys·tal** [ˈkrɪstl; ˈkristl] «源自希臘文「冰」之義»**—n.* **1 a** Ⓤ**水晶**: liquid ~ 液晶。**b** Ⓒ水晶製品[工藝品]。**c** (又作**crýstal báll**) Ⓒ(占卜用的)水晶球。**2 a** Ⓤ雕花[水晶]玻璃。**b** Ⓒ水晶玻璃[雕花玻璃]製品。**c** Ⓤ[集合稱]水晶玻璃餐具。**3** Ⓒ《美》(鐘錶的)表面玻璃[透明罩子]。**4** Ⓒ《化學・礦》晶體: Salt forms in ~*s*. 鹽形成晶體。**5** Ⓒ《電子》**a** (受信機檢波用)礦石晶體；晶體[兩極眞空管]檢波器。**b** 水晶振動器。

(as) cléar as crýstal 〈水等〉清澈的，完全透明的；〈言詞、邏輯等〉明晰的，明明白白的。

—*adj.* **1** [用在名詞前]水晶(質，製)的；水晶玻璃製的。**2** 水晶似的，清澈的，晶瑩透明的: ~ water 清澈的水。**3**《電子》**a** 水晶啓振式的: a ~ watch [clock] 石英錶[鐘]《★比較 quarts watch [clock] 較爲普遍》。**b** 使用礦石晶體的，礦石晶體式的: a ~ set (從前的)晶體收音機。

crýstal-cléar *adj.* 〈水等〉透明的，清澈的；非常清楚的。

crýstal detéctor *n.* Ⓒ《無線》晶體檢波器。

crýstal gàzer *n.* Ⓒ水晶球占卜師[預言家]。

crýstal gàzing *n.* Ⓤ水晶球占卜術《以凝視水晶球或玻璃球喚起幻像的占卜法》。

crýstal glàss *n.* Ⓤ水晶玻璃。

crys·tal·line [ˈkrɪstlɪn, -ˌaɪn; ˈkristəlain] «crystal 的形容詞»**—***adj.* **1** 水晶似的，透明的。**2** 結晶(質)的，由結晶體形成的。

crýstalline léns *n.* Ⓒ(眼球的)晶狀體。

crys·tal·li·za·tion [ˌkrɪstləˈzeʃən; ˌkristəlaiˈzeiʃn] «crystallize 的名詞»**—***n.* **1 a** Ⓤ晶化，結晶(作用)。**b** Ⓒ結晶體。**2 a** Ⓤ具體化。**b** Ⓒ具體化的東西。

crys·tal·lize [ˈkrɪstlˌaɪz; ˈkristəlaiz] «crystal 的動詞»**—***v.t.* **1** 使…結晶，使…晶化。**2** 使〈思想、計畫等〉具體化。**3** 將〈水果〉做成蜜餞；給…覆以糖霜，使…包上一層糖: ~*d* fruit 蜜餞水果。**—***v.i.* **1** 結晶，晶化: Water ~*s* to form snow. 水結晶成雪。**2**〈思想、計畫等〉具體化。

crys·tal·log·ra·phy [ˌkrɪstlˈɑgrəfɪ; ˌkristəˈlɔgrəfi] *n.* Ⓤ結晶學。

crys·tal·loid [ˈkrɪstlˌɔɪd; ˈkristəlɔid] *adj.* 結晶狀的；晶質的。**—***n.* Ⓒ **1**《物理》晶質(cf. colloid). **2**《植物》假結晶。

crýstal wédding *n.* Ⓒ水晶婚《結婚十五周年紀念》。

Cs 《符號》《化學》cesium；《略》《氣象》cirrostratus.

C.S. 《略》Christian Science [Scientist]；Civil Service.

C.S.E., CSE 《略》《英》Certificate of Secondary Education 中等教育資格考試。

C.(S.)T. 《略》Central (Standard) Time.

ct. 《略》carat(s)；cent(s)；country；court. **CT** 《略》《美郵政》Connecticut. **C.T.** 《略》Central Time. **cts.** 《略》centimes；cents.

Cu 《符號》《化學》cuprum. **cu.** 《略》cubic.

cub [kʌb; kʌb] *n.* Ⓒ **1** (熊、獅子、狼等肉食動物的)仔，幼獸(⇨fox【說明】)。**2 a** [常 **an unlicked** ~]不懂禮貌的孩子。**b** 見習生，學徒，新手。**3 a** (又作 **cúb scòut**) Ⓒ(男童軍團(Boy Scouts)的)幼童軍《年齡在八至十歲的少年隊員》。**b** [**the** ~*s*]男童軍團的幼童軍: join *the* ~*s* 加入幼童軍團。

—*adj.* [用在名詞前]見習的，新進的：a ~ reporter 新進的記者。

Cu·ba [ˈkjubə; ˈkju:bə] *n.* 古巴《位於西印度羣島的一個共和國；首都哈瓦那(Havana)》。

Cu·ban [ˈkjubən; ˈkju:bən] 《Cuba 的形容詞》 —*adj.* 古巴(人)的。—*n.* Ⓒ古巴人。

cúb·by·hòle [ˈkʌbɪ-; ˈkʌbi-] *n.* Ⓒ 小而整潔的[溫暖的]舒適房間[地方]。

cube [kjub; kju:b] *n.* Ⓒ **1** 立方體，正六面體；立方體之物《骰子、舖地石、木磚等》：~ sugar 方糖/two sugar ~*s* 兩塊方糖。**2**《數學》立方，三次冪〔*of*〕：The ~ *of* 4 is 64. 四的立方是六十四。

—*adj.* [用在名詞前]《數學》立方的，三次冪的。

—*v.t.*〔十受〕**1** 將〈某數〉自乘三次；求…的體積：5 ~*d* is 125. 五的立方是一二五。**2** 將…切成小方塊：~ carrots 把胡蘿蔔切成小方塊。

狼與熊的 cubs 1

cúbe róot *n.* Ⓒ《數學》立方根〔*of*〕.

cu·bic [ˈkjubɪk; ˈkju:bik] 《cube 的形容詞》—*adj.* **1** 立方體的，正六面體的：~ content 容積，體積。**2**《數學》三次冪的；立方的，自乘三次的：a ~ foot [meter] 一立方呎[公尺]/a ~ equation 三次方程式。

—*n.* Ⓒ《數學》三次(方程)式；三次曲線。

cú·bi·cal [-bɪkḷ; -bikl] *adj.* ＝cubic 1.

cu·bi·cle [ˈkjubɪkḷ; ˈkju:bikl] *n.* Ⓒ **1** (學生宿舍等隔開的)小寢室。**2** 小隔間《圖書館的個人用閱覽室、游泳池的更衣室等》。

cub·ism [ˈkjubɪzəm; ˈkju:bizəm] *n.* Ⓤ《美術》立體派《二十世紀初在法國由畢卡索(Picasso)等發起的繪畫、雕刻的一派》。

cúb·ist [-bɪst; -bist] *n.* Ⓒ立體派的藝術家[畫家，雕刻家]。

—*adj.* 立體派(風格)的。

cu·bit [ˈkjubɪt; ˈkju:bit] *n.* Ⓒ腕尺《從前的長度單位；由肘到中指尖的長度，約 45 至 56 公分》。

cu·boid [ˈkjubɔɪd; ˈkju:bɔid] *n.* Ⓒ **1**《數學》矩體；長方體。**2**《解剖》骰骨。—*adj.* **1** 立方形的；骰子形的。**2**《解剖》骰骨的。

cuck·old [ˈkʌkḷd; ˈkʌkould] 《源自古法語「布穀鳥(cuckoo)」之義；據稱雌鳥對雄鳥不忠實》—《輕蔑》*n.* Ⓒ戴綠帽的男人，烏龜。—*v.t.* 〈妻〉背叛〈丈夫〉與人通姦；〈男子〉與〈他人〉之妻通姦。

cuck·old·ry [ˈkʌkḷdrɪ; ˈkʌkouldri] *n.* Ⓤ **1** (與有夫之婦的)通姦。**2** 戴綠帽；當烏龜。

cuck·oo [ˈkuku, kʊˈku; ˈkuku:] 《擬聲語》—*n.* Ⓒ (*pl.* ~*s*) **1**《鳥》布穀鳥，杜鵑。

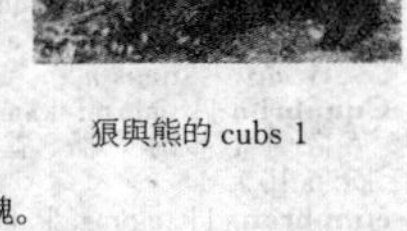

cuckoo 1

【說明】據說歐洲產的布穀鳥自己不築巢，而在早春時由南方飛來產卵於別的鳥巢中。等卵孵出後，即把原巢中的其他雛鳥擠出去，又霸佔其食物，因此在歐洲布穀鳥有時被視爲不祥的鳥，但在英國視其爲報春鳥而大受歡迎，在詩中也受到歌頌。

2 布穀鳥的叫聲，咕咕。**3**《俚》傻瓜，笨蛋。

cúckoo in the nést (1)(橫奪父母對兒女之愛的)霸佔[侵入]愛巢者。(2)(擾亂和平的)搗亂者，闖入者。

—*adj.*《俚》瘋狂的；愚蠢的。

cúckoo clòck *n.* Ⓒ布穀鳥報時鐘《報時聲像布穀鳥叫聲的時鐘》。

cúckoo·flòwer *n.* Ⓒ《植物》酢漿草；碎米薺。

cúckoo spìt *n.* Ⓤ沫蟬的泡沫。

cu. cm. 《略》cubic centimeter(s) 立方公分。

cu·cum·ber [ˈkjukʌmbɚ; ˈkju:kʌmbə] *n.* **1** Ⓒ《植物》胡瓜《俗稱黃瓜》。**2** Ⓒ[當作食物時爲Ⓤ]胡瓜(的果實)。

(**as**) **cóol as a cúcumber** (1)非常冷靜[沉著]的。(2)涼爽的。

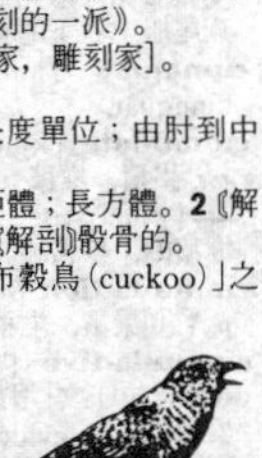

cuckoo clock

cu·cur·bit [kjuˈkɝbɪt; kju:ˈkə:bit] *n.* Ⓒ **1**《植物》葫蘆科植物。**2**《化學》(葫蘆形之)蒸餾瓶。

cud [kʌd; kʌd] *n.* Ⓤ反芻的食物《反芻動物由第一胃吐回口中細嚼的食物》。

chéw the cúd (1)反芻。(2)《口語》熟慮，細思。

cud·dle [ˈkʌdḷ; ˈkʌdl] *v.t.* (撫愛地)緊抱，摟抱〈人、物〉。

—*v.i.* **1** 擁抱，互抱。**2 a**〔十副〕(緊緊地)依偎，貼身而睡[坐]〈*up*〉〈*together*〉：The children ~*d* ***up together*** for warmth. 孩子們爲保暖而緊挨在一起睡。**b**〔十副十介十(代)名〕依偎著[某人]，貼著[某人]而睡[坐]〈*up*〉〔*to*〕《★可用被動語態》：The girl ~*d* ***up to*** her mother in bed. 那女孩在牀上依偎著母親。**3**〔十副十介十(代)名〕《口語》巴結，逢迎[某人]〈*up*〉〔*to*〕：He's always trying to ~ ***up to*** the boss. 他總是試圖巴結老闆。

—*n.* [a ~]擁抱：have *a* ~ 擁抱。

cud·dle·some [ˈkʌdḷsəm; ˈkʌdlsəm] *adj.* ＝cuddly.

cud·dly [ˈkʌdlɪ; ˈkʌdli] *adj.* 引人擁抱的，極可愛的：a ~ little boy 極可愛的小男孩。

cud·dy [ˈkʌdɪ; ˈkʌdi] *n.* Ⓒ **1**《航海》**a** (尤指在甲板下的)小艙室。**b** (漁船的)漁網臺。**c** (尤指在船首的)小橱櫃。**d** (小船的)廚房，餐具室。**2** 小室；壁橱；食橱。

cudg·el [ˈkʌdʒəl; ˈkʌdʒəl] *n.* Ⓒ(用作武器或懲罰人用的)棍棒。

tàke úp the cúdgels 極力〔爲…〕辯護；保衛〔…〕〔*for*〕.

—*v.t.* (**cudg·eled**,《英》**-elled**；**cudg·el·ing**,《英》**-el·ling**)以棍棒打…：⇨ cudgel one's BRAINS.

cue[1] [kju; kju:] *n.* Ⓒ **1** 線索，提示，暗示，示意：give a person his ~ 暗示某人行動的時間[方法(等)]/take one's ~ from a person 學某人樣，從某人得到線索。**2**《戲劇》(暗示其他演員出場或發言的)尾白，提示。**3**《音樂》導引樂句。

—*v.t.* **1 a**〔十受〕提示，暗示…。**b**〔十受十副〕給〈人〉行動開始的指示〈*in*〉. **2**〔十受十副〕加入，插入〈台詞、音樂等〉〈*in*〉.

cue[2] [kju; kju:] 《源自 queue 的變形拼法》—*n.* Ⓒ **1** (撞球用的)球桿。**2** ＝queue.

cúe bàll *n.* Ⓒ《撞球》母球《以球桿擊打之白色球》。

cuff[1] [kʌf; kʌf] 《源自「手背，手套」之義》—*n.* **1** Ⓒ **a** (裝飾用的)袖口。**b** (襯衫的)袖口，硬袖。**2** Ⓒ《美》(西裝褲脚)反摺的部分(《英》turnup). **3** [~s]《口語》手銬(handcuffs).

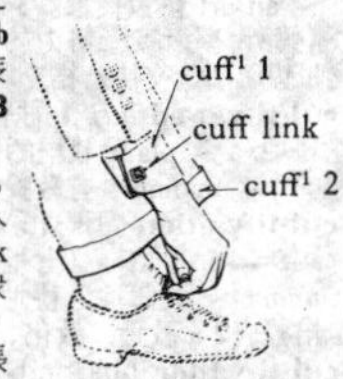

òff the cúff 即席的[地]，即興的[地]，未準備的[地]，當場的[地]《★演講人怕忘記演講重點而寫在袖口》：speak *off the* ~ before an audience 向聽衆即席演講。

on the cúff《美俚》賒帳的[地]，欠帳的[地]；免費的[地](on credit).

cuff[2] [kʌf; kʌf] *n.* Ⓒ掌擊；掌摑：at ~*s* 在打架[互毆]/go [fall] to ~*s* 打起架來/give someone a ~ *on* the head (以掌)擊某人的頭。—*v.t.* 掌擊…。

cúff bùtton *n.* Ⓒ[常~s](襯衫的)袖扣。

cúff lìnks *n. pl.* (男子襯衫的)袖扣。

cu. ft. 《略》cubic foot [feet].

cu. in. 《略》cubic inch(es).

cui·rass [kwɪˈræs; kwiˈræs] *n.* Ⓒ胸甲《保護胸部及背部》。

cui·ras·sier [ˌkwɪrəˈsɪr; ˌkwirəˈsiə] *n.* Ⓒ著甲胄之騎兵。

cui·sine [kwɪˈzin; kwiˈzi:n] 《源自法語；源自拉丁文「廚房」之義》—*n.* Ⓤ [又作 a ~] 烹調(法)，烹飪(法)；菜餚：They served (*an*) excellent French ~. 他們端出上好的法國菜。

cul-de-sac [ˈkʌldəˈsæk, ˈkʊl-; ˌkuldəˈsæk, ˈkʌldəsæk] 《源自法語「袋子(sack)的底」之義》—*n.* Ⓒ (*pl.* **culs-de-sac** [ˈkʌldə-, ˈkʊl-; ˌkuldə-, ˈkʌl-], ~*s*) **1** 窮巷，死巷。**2** 困境，絕境；(議論的)僵局。

-cule [-kjul; -kju:l] 字尾 表示「小…」：animal*cule*.

cul·i·nar·y [ˈkjuləˌnɛrɪ; ˈkʌlinəri] *adj.* 厨房(用)的；烹飪(用)的：the ~ art 烹飪術/~ vegetables [plants] (供烹飪用的)蔬菜[植物]類。

cull [kʌl; kʌl] *v.t.* **1 a**〔十受〕採，摘，採集〈花等〉。**b**〔十受(十介十(代)名)〕〔從…〕挑出，選拔，精選…〔*from*〕：Big business ~*s* the brightest ***from*** among college graduates. 大企業從大學畢業生中選拔最優秀的人材。**2 a** 從〈家畜等〉中挑出劣質者加以宰殺，淘汰。**b** 挑選〈劣質家畜〉予以宰殺，選出〈劣質水果〉予以丟棄。

—*n.* Ⓒ **1** 選拔，選擇；淘汰。**2** 揀剩之物，剔除之物，廢物。

cul·len·der [ˈkʌləndɚ; ˈkʌlində] *n.* ＝colander.

culm [kʌlm; kʌlm] *n.* Ⓤ **1** 碎煤；(尤指)無煙煤屑；劣等無煙煤。**2**《地質》碳質頁岩(層)。

cul·mi·nate [ˈkʌlməˌnet; ˈkʌlmineit] *v.i.* **1 a** 到達最高點[極點，絕頂]；達到最高潮[極盛]。**b**〔十介十(代)名〕終於成爲〔…〕〔*in*〕：His efforts ~*d* ***in*** success. 他的努力終於成功了。**2**《天文》〈天體〉達到子午線[中天]。

cul·mi·na·tion [ˌkʌlməˈneʃən; ˌkʌlmiˈneiʃn] 《culminate 的名詞》—*n.* Ⓤ **1** [常 the ~]最高點，頂點；最高潮，全盛，極致

〔*of*〕: *the* ~ *of* one's ambition 某人雄心[抱負]的極致。**2**《天文》通過子午線，中天。

cu·lottes [kuˈlɑts, kju-; kjuːˈlɔts] *n. pl.* (女用)裙子式的褲子，褲裙。

culottes

cul·pa·ble [ˈkʌlpəbl; ˈkʌlpəbl] *adj.* 有過失的，該受責備的，可歸咎的，有罪的：~ negligence 應受懲罰的疏忽/hold a person ~ 認為某人該受責備。**cul·pa·bil·i·ty** [ˌkʌlpəˈbɪlətɪ; ˌkʌlpəˈbiləti] *n.*

cúl·pa·bly *adv.* 該罰地，有罪地，應受責備地。

cul·prit [ˈkʌlprɪt; ˈkʌlprit] *n.* Ⓒ被控犯罪的人；刑事被告，犯罪者。

cult [kʌlt; kʌlt] «源自拉丁文「耕作，崇拜」之義»—*n.* Ⓒ **1** (宗教上的)祭禮，祭儀；儀式：the tea ~ 茶道。**2 a** (宗教上的)崇拜，信仰〔*of*〕：the ~ *of* Apollo 對阿波羅的崇拜。**b** 禮讚，崇拜；時尚，流行，狂熱崇拜，…狂〔*of*〕：the ~ *of* beauty [peace] 對美[和平]的歌頌/the ~ *of* surfing 沖浪狂。**3** [集合稱]一羣狂熱的崇拜者。

cul·ti·va·ble [ˈkʌltəvəbl; ˈkʌltivəbl] *adj.* **1**〈土地等〉可耕作的。**2**〈果樹等〉可栽培的。**3** 可啓發的，可培養的，可教化的。

cul·ti·vat·a·ble [ˈkʌltəˌvetəbl; ˈkʌltiveitəbl] *adj.* =cultivable.

***cul·ti·vate** [ˈkʌltəˌvet; ˈkʌltiveit] «源自拉丁文「耕耘」之義»—*v.t.* (十受) **1 a** 耕耘，耕作(till)〈土地〉：~ a field 耕田。**b** 中耕〈栽培中的作物〉。**2 a** 栽培〈作物〉：~ tomatoes 栽培番茄。**b** 養殖〈魚、牡蠣等〉。**c** 培養〈細菌〉。**3 a** 培養，磨鍊，琢磨〈才能、品性、習慣等〉：~ one's hobby 培養某人的嗜好/ ~ one's mind 陶冶心靈/ ~ patience 培養耐性。**b** 修習〈文學、技藝〉：~ an art 修習技藝。**c** 教化，啓發〈人〉；使〈人〉有教養。**d** 獎勵〈藝術、學術等〉，努力於…的發展。**4 a** 力求與〈某人〉交往[深交]。**b** 想與〈人〉交往，結交。

cúl·ti·vat·ed *adj.* **1** 被耕作[栽培，養殖]的(↔ wild)：~ land 耕地/a ~ plant 栽培的植物。**2** 有教養[修養]的；優雅的，高雅的：~ manners 有教養的舉止。

cul·ti·va·tion [ˌkʌltəˈveʃən; ˌkʌltiˈveiʃn] «cultivate 的名詞»—*n.* Ⓤ **1 a** (土地的)耕作；(作物的)栽培；中耕：land *under* ~ 開墾地，耕地/bring land *into* ~ 開墾土地。**b** 養殖；培養。**2 a** 教養，教化。**b** 修養，修練。**c** 優雅，高尚。

cúl·ti·và·tor [-tɚ; -tə] *n.* Ⓒ **1 a** 耕作者；栽培者；養殖者。**b** 耕耘機，中耕機。**2** 教養者，開拓者；研究者，修身養性者。

手推式的
cultivator 1 b

cúlt of personálity *n.* Ⓒ個人崇拜。

‡**cul·tur·al** [ˈkʌltʃərəl; ˈkʌltʃərəl] «culture 的形容詞»—*adj.* (無比較級、最高級) **1** 教養的，修養上的；人文的。**2** (有關)文化的；文化上的：~ exchange 文化交流/ ~ conflict 文化上的衝突[抵觸]。**3** 培養上的；栽培上的。~·**ly** [-rəlɪ; -rəli] *adv.*

cúltural anthropólogist *n.* Ⓒ文化人類學家。

cúltural anthropólogy *n.* Ⓤ文化人類學。

cúltural lág *n.* Ⓒ《社會學》文化墮距[遲滯]，文化的落後。

cul·tu·ra·ti [ˌkʌltʃəˈrɑtɪ; ˌkʌltʃəˈrɑːti] *n. pl.* 有教養[文化]的階層《對文化、藝術活動有濃厚興趣的人們》。

‡**cul·ture** [ˈkʌltʃɚ; ˈkʌltʃə] «源自拉丁文「耕種，修整」之義»—*n.* **1** Ⓤ**教養**，修養，文雅：a man of ~ 有教養的人。**2** ⓊⒸ **a** (某一個國家、某一時代的)**文化**，精神文明：Greek ~ 希臘文化/primitive ~ 原始文明。

【同義字】civilization 是著重於物質方面的用語；culture 是著重於精神方面的用語。

b (代代相傳的信仰、傳統、習俗等總體的)文化。**3** Ⓤ訓練，修養：physical ~ 體育。**4 a** Ⓤ養殖，栽培：~ of cotton 棉花的栽培。**b** Ⓤ培養。**c** Ⓒ培養菌。

cúlture cènter *n.* Ⓒ《人類學》文化中心。

cúl·tured *adj.* **1** 被教化的，有教養[文化]的。**2** 被栽培[養殖]的：a ~ pearl 養珠《人工培養的珍珠》。

cúlture hèro *n.* Ⓒ《文化人類學》文化英雄。

cúlture làg *n.* =cultural lag.

cúlture pàttern *n.* Ⓒ《人類學》文化模式。

cúlture shòck *n.* ⓊⒸ文化衝擊《接觸不同文化時所產生的不安及衝擊等》：suffer [experience] ~ 受到[體驗]文化衝擊。

cúl·tur·ist [-rɪst; -rist] *n.* Ⓒ **1** 培養者；耕種者。**2** 文化之擁護者。

cul·tu·rol·o·gy [ˌkʌltʃəˈrɑlədʒɪ; ˌkʌltʃəˈrɔlədʒi] *n.* Ⓤ文化學《研究文化現象或文化體系的科學》。

cul·vert [ˈkʌlvɚt; ˈkʌlvət] *n.* Ⓒ **1** (通過道路、鐵路等下面的)排水溝。**2** (埋設電線、瓦斯管等的)線渠，涵洞，管路。

culvert 1

-cum- [-kum-, -kʌm-; -kum-, -kʌm-] [複合用詞] [常構成複合字]表示「附有…，兼作…」：a bed-*cum*-sitting room 寢室兼起居室。

Cumb. 《略》Cumberland.

cum·ber [ˈkʌmbɚ; ˈkʌmbə] *v.t.* 《罕》=encumber.

Cum·ber·land [ˈkʌmbɚlənd; ˈkʌmbələnd] *n.* 坎伯蘭郡《英格蘭西北部之一舊郡；略作 Cumb.》.

cum·ber·some [ˈkʌmbɚsəm; ˈkʌmbəsəm] *adj.* (笨重或體積大得)難以處理的，麻煩的：a ~ suitcase 笨重的手提箱。~·**ly** *adv.* ~·**ness** *n.*

Cum·bri·a [ˈkʌmbrɪə; ˈkʌmbriə] *n.* 坎布利亞郡《1974 年新設於英格蘭北部的一郡；首府卡萊爾 (Carlisle [kɑrˈlaɪl, kɚ-; kɑːˈlail])》.

cum·brous [ˈkʌmbrəs; ˈkʌmbrəs] *adj.* =cumbersome.

cum div. 《略》《股票》cum dividend.

cùm dívidend *adj.* & *adv.* 《股票》帶息的[地]，附有紅利的[地] (↔ ex dividend)《略作 cum div.》.

cum·in [ˈkʌmɪn; ˈkʌmin] *n.* Ⓤ **1** 《植物》小茴香。**2** 小茴香子《可做藥用或香料》。

cum lau·de [kʌmˈlɔdɪ, kumˈlaudɪ; kʌmˈlɔːdi] «源自拉丁文»—*adv.* & *adj.* 以優等(的)《尤指優異的學業成績》(cf. summa cum laude).

cum·mer·bund [ˈkʌmɚˌbʌnd; ˈkʌməbʌnd] *n.* Ⓒ寬腰帶，腹帶《打摺的布腰帶，纏繞在男人燕尾服上衣下的腰部》。

cummerbund

cum·quat [ˈkʌmkwɑt; ˈkʌmkwɔt] *n.* = kumquat.

cu·mu·late [ˈkjumjəˌlet; ˈkjuːmjuleit] *v.t.* & *v.i.* 累積，堆積(…)。
— [ˈkjumjəlɪt, -ˌlet; ˈkjuːmjulət, -leit] *adj.* 堆積的，累積的。

cu·mu·la·tion [ˌkjumjəˈleʃən; ˌkjuːmjuˈleiʃn] *n.* **1** Ⓤ累積，堆積。**2** Ⓒ積聚物，累積物。

cu·mu·la·tive [ˈkjumjəˌletɪv; ˈkjuːmjulətiv] «源自拉丁文「增加的」之義»—*adj.* 累積的，累增的：~ evidence 累積證據，重複以前的證詞/ ~ error《統計》累積誤差/a ~ medicine《醫》蓄積藥物《少量常服的緩效藥》。~·**ly** *adv.*

cu·mu·li *n.* cumulus 的複數。

cu·mu·lo·nim·bus [ˌkjumjəloˈnɪmbəs; ˌkjuːmjulouˈnimbəs] *n.* Ⓤ[指個體時為Ⓒ]《氣象》積雨雲《略作 Cb》.

cu·mu·lo·stra·tus [ˌkjumjəloˈstretəs; ˌkjuːmjulouˈstreitəs] *n.* Ⓤ[指個體時為Ⓒ]《氣象》積層雲。

cu·mu·lous [ˈkjumjələs; ˈkjuːmjuləs] *adj.* 積雲狀的。

cu·mu·lus [ˈkjumjələs; ˈkjuːmjuləs] *n.* (*pl.* **cu·mu·li** [-ˌlaɪ; -lai]) **1** [a ~]堆積，累積〔*of*〕。**2** Ⓤ[指個體時為Ⓒ]《氣象》積雲。

cu·ne·i·form [ˈkjunɪəˌfɔrm; ˈkjuːniifɔːm] *adj.* **1** 〈文字等〉楔形的(wedgeshaped)：~ characters 楔形文字《使用於古代巴比倫、亞述、波斯等國》。**2** 楔形文字的，以楔形文字寫的。
—*n.* Ⓤ楔形文字。

bird fish man
cuneiform

cun·ni·lin·gus [ˌkʌnəˈlɪŋgəs; ˌkʌniˈliŋgəs] *n.* Ⓤ口交《以舌或唇刺激女性生殖器官之行為或方法》。

cun·ning [ˈkʌnɪŋ; ˈkʌniŋ] «源自古英語「知道的」之義»—*adj.* (**more** ~; **most** ~) **1** 狡猾的，詭詐的(⇨ sly【同義字】)：(as) ~ as a fox 非常狡猾的，狐狸般狡猾的。**2** 《美口語》〈小孩、笑容等〉可愛的：a ~ girl 可愛的女孩子。**3** 《古》老練的；精巧的，巧妙的。
—*n.* Ⓤ **1** 狡猾，精明，詭詐；壞主意。**2** 《古》詭譎的手段，熟練，巧妙。~·**ly** *adv.*

cunt [kʌnt; kʌnt] *n.* Ⓒ《鄙》**1 a** 女性生殖器；陰道。**b** 性交。**2** 討厭的傢伙，笨蛋。

‡**cup** [kʌp; kʌp] *n.* **1** Ⓒ(喝紅茶、咖啡用，有手把的)**杯子**，茶杯(⇨ glass 3 比較)：a coffee ~ 咖啡杯/a breakfast ~ 早餐用的大杯子《約普通的兩倍大》/a ~ and saucer 附有碟子的茶杯，一套杯碟《★發音為 [ˌkʌpənˈsɔsɚ; ˌkʌpənˈsɔːsə]；★用法 有時也說

成 a cup *with* saucer；三組杯碟的說法是 three cups and [with] saucers》. **2** Ⓒ一杯的量《烹調時爲½ pint》：a ～ *of* tea 一杯茶/two ～*s* of flour 兩杯麵粉. **3 a** Ⓒ聖餐杯，聖杯(chalice). **b** [**the** ～]聖餐(Eucharist)用的葡萄酒. **c** Ⓒ [有時 **the** C~]優勝獎杯；爭取優勝獎杯的比賽：⇨ Davis Cup. **4** Ⓒ杯狀物：**a** (骨頭的)杯狀窩，骨臼. **b** (花的)萼(calyx). **c** (橡果[橡子]的)杯狀殼. **d** (胸罩的)杯狀部分. **e** 《高爾夫》球洞《插在草坪上球洞中的鐵杯》. **5 a** [～**s**，又作 **the** ～]酒；飲酒：⇨ in one's CUPS/He is fond of *the* ～. 他喜歡喝酒. **b** [**the** ～] (the bottle (對於酒精[酒]類而言的))咖啡、紅茶之類. **6** Ⓤ[指個體時爲Ⓒ] [常與修飾語連用]香檳酒、葡萄酒或蘋果酒等中加入香料、甜味，再用冰冷却的飲料：cider ～ 加入蘋果酒的果汁飲料. **7** Ⓒ[常與修飾語連用]命運(之杯)，遭遇；經驗：a bitter ～ 苦命《人生的痛苦經驗》/drain the ～ *of* sorrow [pleasure, life] (to the bottom [dregs]) 嘗盡悲哀[歡樂，人世的辛酸]/Her ～ *of* happiness [misery] is full. 她的命中充滿幸福[不幸]。

各種 cups and saucers

one's **cúp of téa** 《口語》[主要用於否定句]中意的東西，喜愛的東西：Golf is*n't* his ～ *of tea.* 高爾夫球不是他喜愛的(運動)。

in one's **cúps** 在酒醉時，醉酒。

—*v.t.* (**cupped**；**cup·ping**) 〔十受〕 **1 a** 將〈手掌等〉作成杯形：He *cupped* his hands around his mouth and called. 他將手掌在嘴邊彎成杯形喊叫。**b** 使手掌成杯形以覆蓋[支撑]…：～ one's chin in the palm of one's hand 用手掌心托著下頷/He *cupped* the match against the wind. 他用手掌彎成杯形遮住火柴，以免被風吹熄。**2** 《醫》給〈患者〉拔火罐，用吸杯替〈患者〉放血(cf. cupping glass).

cúp·bèarer *n.* Ⓒ(宮廷等的)司酒者，斟酒人；(主人未飲前之)嘗酒者《以防酒內有毒》。

***cup·board** [ˈkʌbəd; ˈkʌbəd] *n.* Ⓒ(放置餐具或食物等有門的)**碗橱**，食橱。

skéleton in the cúpboard ⇨ skeleton.

cúpboard lòve *n.* Ⓤ有所企圖的愛，假愛《如小孩等因想吃糖果而說「我最喜歡伯母」等討好的話》。

cúp·càke *n.* Ⓒ杯形蛋糕《放入杯狀模型中烤製的蛋糕》。

cúp fìnal *n.* **1** [**the** ～] (爭取優勝獎杯的)決賽。**2** [**the C~ F~**]《英》《足球》決定勝負的最後一場比賽。

cupboard

cup·ful [ˈkʌpˌful; ˈkʌpful] *n.* Ⓒ杯子一杯(的量)，一滿杯〔*of*〕《約½ pint》：two ～*s of* milk 兩滿杯(量的)牛奶。

Cu·pid [ˈkjupɪd; ˈkju:pid] «源自拉丁文「慾，愛」之義» **—*n.*** **1** 《羅馬神話》丘比特《維納斯(Venus)之子，爲媒介戀愛之神，以手持弓箭有雙翅的裸體美少年作爲表徵，相當於希臘神話中的伊羅士(Eros)》. **2** [**c~**] Ⓒ丘比特的畫[雕像]。

Cupid 1

cu·pid·i·ty [kjuˈpɪdətɪ; kju:ˈpidəti] *n.* Ⓤ貪婪，貪心，貪慾。

Cúpid's bów [-ˈbo; -ˈbou] *n.* Ⓒ **1** 丘比特(式)的弓。**2** (雙)弓形的(上)嘴唇形狀[線條]。

cu·po·la [ˈkjupələ; ˈkju:pələ] *n.* Ⓒ **1** 《建築》**a** 小圓屋頂；半球形天花板。**b** (建在屋頂上的)圓頂閣。**2** (又作 **cupola fúrnace**)《冶金》小型的鎔鐵爐。**3** 《軍》旋轉砲塔。

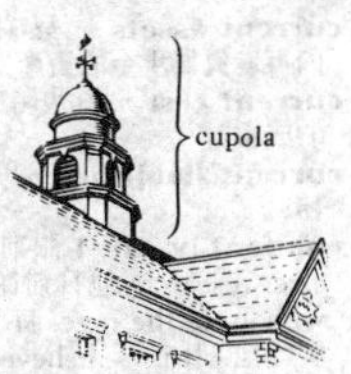

cupola 1 b

cup·pa [ˈkʌpə; ˈkʌpə] «cup of 之略» **—*n.*** Ⓒ[常用單數]《英口語》一杯茶。

cupped [kʌpt; kʌpt] *adj.* 杯狀的；中空如杯的。

cup·ping [ˈkʌpɪŋ; ˈkʌpiŋ] *n.* Ⓤ《醫》吸杯放血法，杯吸術。

cúpping glàss *n.* Ⓒ(從前放血用的)吸杯，放血杯。

cu·pre·ous [ˈkjuprɪəs; ˈkju:priəs] *adj.* **1** 銅的；似銅的；含銅的。**2** 銅色的。

cu·pric [ˈkjuprɪk; ˈkju:prik] *adj.* 《化學》銅的，含銅的：～ sulfate 硫酸銅。

cu·pro·nick·el [ˌkuproˈnɪkl, ˌkju-; ˌkju:prouˈnikl⁻] *n.* Ⓤ白銅《尤指銅 70% 與鎳 30% 的合金》。

cu·prous [ˈkjuprəs; ˈkju:priəs] *adj.* 《化學》一價銅的，亞銅的。

cu·prum [ˈkjuprəm; ˈkju:prəm] «源自拉丁文» **—*n.*** Ⓤ《化學》銅(copper)《符號 Cu》.

cúp-tìe *n.* Ⓒ《英》(尤指足球)爭奪獎杯錦標賽的決賽。

cur [kɝ; kə:] *n.* Ⓒ **1** 野狗；雜種狗。**2** 流氓，無賴，卑劣可鄙的人。

cur·a·ble [ˈkjurəbl; ˈkjuərəbl] *adj.* 可治癒的，可醫治的，可矯正的。**cur·a·bil·i·ty** [ˌkjurəˈbɪlətɪ; ˌkjuərəˈbiləti] *n.*

cu·ra·çao [ˌkjurəˈso; ˌkjuərəˈsou] «源自原產地西印度羣島中的 Curaçao 島» **—*n.*** Ⓤ[指個體時爲Ⓒ]柑香酒《添加橘子香味的甜酒》。

cur·a·cy [ˈkjurəsɪ; ˈkjuərəsi] *n.* Ⓒ Ⓤ副牧師，助理牧師(curate)的職位[職務，任期]。

cur·ate [ˈkjurɪt; ˈkjuərit] *n.* Ⓒ **1** 《英國國教》(教區的)副牧師《教區牧師(rector [vicar])的代理或助手》。**2** 《天主教》助理神父。

cur·a·tive [ˈkjurətɪv; ˈkjuərətiv] *adj.* 有治病效力的，治療的，能治病的。

—*n.* Ⓒ藥物；治療法；補救，補救方法。

cu·ra·tor [kjuˈretɚ; ˌkjuəˈreitə] *n.* Ⓒ **1** (博物館、圖書館等的)館長，主持者。**2** 《英》(大學的)理事，評議員。**3** 《法律》(未成年人或無行爲能力者的)監護人。～**·shìp** *n.*

curb [kɝb; kə:b] «源自拉丁文「彎曲」之義» **—*n.*** Ⓒ **1** 《美》(車道與人行道間的)緣飾；路緣石，路邊石；邊緣(《英》kerb)：He pulled over to the ～. 他把車子停靠在道路邊緣。**2** (馬具的)馬銜，馬勒。**3** 拘束，控制；抑制：place [put] a ～ *on* expenditures 限制經費。

—*v.t.* 〔十受〕 **1** 給〈馬〉扣上馬銜。**2** (強烈地)抑制…：～ one's desires 抑制慾望/～ inflation 抑制通貨膨脹。**3** 《美》在〈人行道〉上設置緣石。

cúrb ròof *n.* Ⓒ《建築》複折形屋頂(cf. mansard).

cúrb·stòne *n.* Ⓒ《美》(人行道的)路緣石，路邊石(《英》kerbstone).

cur·cu·li·o [kɝˈkjulɪˌo; kə:ˈkju:liou] *n.* Ⓒ (*pl.* ～**s** [-z; -z])《昆蟲》象鼻蟲。

curd [kɝd; kə:d] *n.* **1** Ⓤ [常 ～**s**] 凝乳《製乳酪的原料；cf. whey》. **2** Ⓤ凝乳狀的食品：(soy)bean ～ 豆腐。

cur·dle [ˈkɝdl; ˈkə:dl] *v.i.* **1** 〈牛奶〉結成凝乳，凝結：Milk ～*s* when kept too long. 牛奶放置太久會凝結。**2** 〈血〉(因恐懼而)凝結： The sight made my blood ～. 那景象使我不寒而慄。

—*v.t.* **1** 使〈牛奶〉結成凝乳，使…凝結。**2** 使〈血〉(因恐懼而)凝結：～ the [a person's] blood 使人不寒而慄。

curd·y [ˈkɝdɪ; ˈkə:di] «curd 的形容詞» **—*adj.*** (**curd·i·er**；**-i·est**)凝乳狀[質]的；凝結的；似凝乳的。

‡**cure** [kjur; kjuə] «源自拉丁文「注意，照料」之義» **—*v.t.*** **1 a** 〔十受〕**醫治**，治療〈疾病、病人〉(⇨ heal【同義字】)：This medicine will ～ your cold. 這種藥可醫治你的感冒。**b** 〔十受十介十(代)名〕治療，治癒〈人〉〔的疾病〕〔*of*〕：The doctor ～*d* him ***of*** rheumatism. 那位醫生治好了他的風濕症/I was ～*d of* influenza. 我的流行性感冒痊癒了。**2 a** 〔十受〕矯正〈惡習等〉：～ bad habits 矯正壞習慣/What can't be ～*d* must be endured. 不能矯正的事只好忍耐。**b** 〔十受十介十(代)名〕去除，改正〈人〉〔的惡習等〕〔*of*〕：He tried to ～ his child ***of*** the habit. 他試著去矯正他孩子的那種習慣。**3** 〔十受〕將〈肉類、魚類等〉(以乾燥、煙燻、鹽醃等方法)加以保存。**—*v.i.*** **1 a** 治療，醫療。**b** 〈疾病〉痊癒。**2** 矯正。**3** 〈肉類等〉變成適於保存的狀態。

—*n.* Ⓒ **1** **痊癒**，治癒。**2 a** **治療**；療養：go to the country for a ～ 去鄉下療養。**b** 〔某種疾病的〕治療法[藥劑]〔*for*〕：⇨ rest cure/an effective ～ *for* cancer 癌症的有效治療法[藥劑]。**3** 〔困難問題的〕解決法，補救辦法〔*for*〕：a ～ *for* juvenile delinquency 解決青少年犯罪的方法。**4** (肉類、魚類的)保存處理(法)。

cu·ré [kjuˈre; kjuəˈrei] «源自法語» **—*n.*** Ⓒ(法國的)教區牧師。

cúre-àll *n.* Ⓒ萬靈藥，百寶丹(panacea).

cúre·less *adj.* 無可救藥的，不治的；無法補救[矯正]的。

cu·ret·tage [kjuˈrɛtɪdʒ; kjuˈretidʒ] *n.* Ⓤ《醫》刮除術；刮治術。

cu·rette [kjuˈrɛt; kjuˈret] *n.* Ⓒ《醫》刮匙，刮器《外科用的匙形器具》。**—*v.t.*** 用刮匙刮…。

cur·few [ˈkɝfju; ˈkə:fju:] *n.* **1 a** Ⓒ(昔日作爲熄燈信號而敲響的)晚鐘。

【字源】curfew 一字源於法語「蓋住火(cover the fire)，熄火」之義。中世紀時的晚鐘是令人熄火就寢的信號。
【說明】在中世紀歐洲有每晚以教會鐘聲爲信號提醒大家熄火就寢的習慣。英國在1068年由國王威廉(William the Conqueror)實施，規定的時間爲晚上八點。

b Ⓤ晚鐘時刻。**2 a** Ⓒ(戒嚴期間等的)熄燈令，宵禁。**b** Ⓤ宵禁時間；關門時間：It's past ～. 已過關門[宵禁]時間。

cu·ri·a ['kjʊrɪə; 'kjuəriə] *n.* (*pl.* **-ri·ae** [-rɪ,i; -rii:]) **1** Ⓒ(諾曼王朝時代的)法庭。**2** [**the C~**] 羅馬教廷；[集合稱] 教皇的高級助理。**3** (古羅馬之)行政區域之一；古羅馬元老院。

cu·rie ['kjʊri, kjʊ'ri; 'kjuəri] **《**源自 Marie Curie 之名**》—*n.*** Ⓒ 居里《放射性的強度單位，略作 C.》.

Cu·rie ['kjʊri, kjʊ'ri; 'kjuəri], **Ma·rie** [mə'ri; mə'ri:] *n.* 居里夫人《1867–1934；法國的物理學家；與其夫 Pierre [pɪ'ɛr, pjɛr; pi'ɛə] (1859–1906)共同發現鐳》。

Cúrie pòint *n.* Ⓒ《物理》居里點《發生磁性變態的溫度》。

cu·ri·o ['kjʊrɪ,o; 'kjuəriou] **《*curio*sity 的簡稱》—*n.*** Ⓒ (*pl.* **~s**)古董，珍品，古玩。

cúrio shòp *n.* ＝curiosity shop.

cu·ri·os·i·ty** [,kjʊrɪ'ɑsətɪ; ,kjuəri'ɔsəti] **《**curious 的名詞**》—*n. **1** Ⓤ [又作 **a ~**] **a** **好奇(心)**，愛打聽的癖好：out of ～ ＝from ～ 出於好奇心，好奇地/satisfy one's ～ 滿足某人的好奇心/She has *a* ～ which knows no bounds. 她的好奇心無窮盡[她有凡事愛打聽的癖好]。**b** [＋ *to* do] 〈想做…的〉心情，求知慾：She has the ～ *to* know everything. 她有想知道一切事物的求知慾。**2 a** Ⓤ珍奇，稀奇：a thing of little ～ 毫不稀奇的東西。**b** Ⓒ珍奇的東西，古董。

curiósity shòp *n.* Ⓒ骨董[古董]店。

cu·ri·ous** ['kjʊrɪəs; 'kjuəriəs] **《**源自拉丁文「密切注意的」之義**》—*adj. (**more** ～；**most** ～) **1 a** **有求知慾的**；好奇心强的，愛打聽的，好窺探的：～ neighbors 好奇心强的鄰居們/steal a ～ look 〈*at*...〉好奇地窺視〈…〉。

【同義字】curious 可用於好的意思和壞的意思；inquisitive 指對於與自己無關的事也想要知道[打聽]；prying 指很無禮地愛管閒事；meddlesome 指多管閒事而介入他人的事。

b [不用在名詞前] [十介十(代)名] 〔對…〕好奇的，想知道的〔*about*〕：She is too ～ ***about*** other people's business. 她對別人的事太好奇了。**c** [不用在名詞前] [十 *to* do] 很想〈做…〉的《★通常用 know, learn 等》：He was ～ *to* know everything. 他凡事都想知道[好奇]/I am ～ *to* learn what he will do. 我很想知道他將做什麼。**d** [不用在名詞前] [(十介)十 *wh.*__] 很想知道〔…〕的〔*about, as to*〕：I am ～ (***as to***) *how* she will receive the news. 我很想知道她如何接受那消息[她聽了那消息會怎麼樣]/She was ～ *what* she would find in the box. 她很想知道那箱子裏有什麼東西。**2** 引起好奇心的；珍奇的；不可思議的，奇異的，奇怪的，不尋常的(⇨ strange【同義字】)：a ～ fellow 怪人/That's ～！那很奇怪！/It is ～ that he should have asked you that question. 眞奇怪他居然問了你那種問題。

cúrious to sáy [修飾整句] 說來奇怪。

cúriouser and cúriouser 《口語》越來越奇妙的，越發奇妙的《源自卡洛爾(L. Carroll)的句子》。

～·ness *n.*

cu·ri·ous·ly ['kjʊrɪəslɪ; 'kjuəriəsli] *adv.* (**more** ～；**most** ～) **1** **稀奇地**，好奇地。**2** [常置於句前] **奇妙地**，說來奇怪，怪的是：*C*～ (enough), he knew all about it. 說來(很)奇怪，他知道那一切。

cu·ri·um ['kjʊrɪəm; 'kjuəriəm] *n.* Ⓤ《化學》鋦《放射性元素；符號 Cm》.

***curl** [kɜl; kə:l] *v.t.* **1** [十受] **使〈頭髮〉捲曲**，使…捲縮。

2 [十受(十副)] **a** 扭曲；捲曲…〈*up*〉：～ one's lip(s) (表示輕蔑地)撇嘴，翹起上唇/He had his moustache ～*ed* ***up***. 他把他的鬍子扭翹起來。**b** [～ one*self*] 蜷曲而臥，蜷縮〈*up*〉. **c** 將〈紙、葉等〉捲起，捲曲〈*up*〉.

3 [十受十副] 將〈人〉打倒，打扁〈*up*〉：The blow left him ～*ed* ***up*** on the ground. 那一擊使他倒在地上。

—*v.i.* **1** 〈頭髮〉捲曲。

2 [動(十副)] **a** 〈紙、葉等〉捲起，捲曲〈*up*〉. **b** 〈道路等〉彎彎曲曲〈*up*〉. **c** 〈煙〉繚繞，裊裊上升〈*up, upward*〉：I saw smoke ～*ing* ***up*** [***upward***] from the mountain cottage. 我看見煙從山上小屋裊裊上升。

3 [十副] 蜷曲而臥，蜷縮〈*up*〉：The child ～*ed* ***up*** on the sofa. 那個小孩蜷縮着身子躺在沙發上/I like to ～ *up* with a book. 我喜歡蜷曲而臥着看書。

4 [十副] 〈人〉突然倒下〈*up*〉.

—*n.* **1 a** Ⓒ(頭髮的) **捲曲**。**b** [～**s**] 鬈髮：hair falling in ～*s* over the shoulders 成捲狀垂在肩上的頭髮；垂肩的鬈髮。**2** Ⓤ捲曲的狀態，捲毛的狀態：keep one's hair in ～ 保持頭髮成捲曲(狀態)/go out of ～ 鬈髮變直。**3** Ⓒ螺旋狀的東西，旋渦狀；盤曲；渦流：a ～ *of* smoke 煙圈，一縷煙/a ～ *of* the lip(s) (表示輕蔑的)翹嘴，撇嘴。

curled *adj.* **1** 鬈髮的；成旋渦狀的。**2** (樹葉)捲曲的。

cúrl·er *n.* Ⓒ **1** 捲髮的人。**2** [常 ～**s**] 捲髮夾：in ～*s* (頭髮上)夾着捲髮夾。

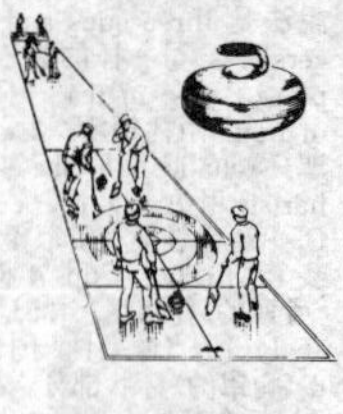

curling
圖右上方是 curling stone

cur·lew ['kɜlu, 'kɜlju; 'kə:lju:] *n.* Ⓒ(*pl.* ～**s**, [集合稱] ～)《鳥》麻鷸，杓鷸(屬)。

curl·i·cue ['kɜlɪ,kju; 'kə:likju:] *n.* Ⓒ裝飾性的捲曲；(尤指書法等的)花體(flourish).

cúrl·ing *n.* Ⓤ冰上的滾石遊戲《一種興起於蘇格蘭的冰上遊戲，將平圓形裝有鐵或木製把手之磨光的花崗石餅(curling stone)朝目標(tee)滑滾，滾進目標周圍的房子(house)即可得分，由四人一組的兩隊進行比賽；石塊的通路可用掃把掃》。

cúrling ìron [**tòng**] *n.* Ⓒ [常 ～**s**] 捲[燙]髮鉗《用以使頭髮捲曲》。

cúrling stòne *n.* Ⓒ冰上滾石遊戲(curling)用的石餅《石製或鐵製，上有曲柄；⇨ curling 插圖》。

cúrl·pàper *n.* Ⓤ捲髮用之軟紙。

curl·y ['kɜlɪ; 'kə:li] **《**curl 的形容詞**》—*adj.*** (**curl·i·er**；**-i·est**) **1** 鬈髮的；捲曲的；捲縮的：～, brown hair 捲曲的褐色頭髮。**2 a** 成旋渦狀的。**b** 〈葉子〉捲曲的，捲縮的。**cúrl·i·ness** *n.*

curl·y·cue ['kɜlɪ,kju; 'kə:likju:] *n.* ＝curlicue.

cur·mudg·eon [kə'mʌdʒən; kə:'mʌdʒən] *n.* Ⓒ脾氣壞而愛鬧彆扭的人[老頭]；吝嗇鬼，守財奴。

cur·rant ['kɜənt; 'kʌrənt] *n.* Ⓒ **1** 小粒的無子葡萄乾《烹調用》。**2** 《植物》紅醋栗：⇨ blackcurrant, redcurrant.

currant 2

cur·ren·cy ['kɜənsɪ; 'kʌrənsi] **《**current 的名詞**》—*n.*** **1** ⓊⒸ通貨；流通貨幣：(a) metallic [paper] ～ (流通)硬幣[紙幣]/⇨ hard currency. **2** Ⓤ通用，流通；流布，流傳，流行：be in common [wide] ～ 一般[廣爲]通用/accept a person at his own ～ 照某人所開的行情接受某人/gain [lose] ～ 開始通用[不通用]/Communism enjoyed considerable ～ in the U.S. between the World Wars. 共產主義在兩次世界大戰期間在美國曾相當流行。

cur·rent** ['kɜənt; 'kʌrənt] **《**源自拉丁文「正在跑，流動」之義**》—*adj. (**more** ～；**most** ～) **1** (無比較級、最高級) **現今的**，現時的《略作 curt.》：the 10th ～ [*curt.*] 本月十日/the ～ issue [number] of a magazine 本期[最近一期]雜誌《本月[週]號》/the ～ month [year] 本月[今年]/the ～ premier 現任首相。**2** **現行的**，現在通用[流通，流行]的：～ events 時事/～ fashions 時下的流行款式/～ news 時事新聞/the ～ price 時價。**3** 〈貨幣〉在流通的：～ money 流通的貨幣/～ coins 流通的硬幣。

—*n.* **1** Ⓒ(液體、氣體等不停的) **移動**，流動；潮流，海流；氣流：⇨ Black [Japan] Current.

2 Ⓒ時代的潮流；傾向，趨勢，風潮：the ～ *of* events 事情發展的趨勢；事件的演變/swim with [against] the ～ 順應[違反]時勢。

3 Ⓤ [指種類時爲Ⓒ] 《電學》**a** 電流：a direct ～ 直流/an alternating ～ 交流/switch [turn] on [off] the ～ ＝switch [turn] the ～ on [off] 開啓[關閉]電流。**b** (用安培計量的)電流强度。

cúrrent accóunt *n.* Ⓒ甲種[活期]存款(戶頭) (《美》checking account).

cúrrent ássets *n. pl.* 《會計》流動資產《由於營業行爲而在一年內可變賣爲現金的資產；cf. fixed assets》.

cúrrent cóst *n.* Ⓒ現時成本《以目前的原料價格、工資等爲依據的成本》。

cúrrent liabílities *n. pl.* 《商》流動負債《一年內必須償付的債務》。

cúr·rent·ly *adv.* **1** 眼前，目前，現在：He is ～ engaged in dialect research. 他目前從事於方言的研究/*C*～, names beginning with J are the rage. 時下以 J 起頭的名字非常流行。**2** 一般地，廣泛地：It is ～ believed that.... 一般相信…《★用法義 1 有時也可作「目前被認爲…」》。

cur·ric·u·lar [kə'rɪkjələ; kə'rikjulə] **《**curriculum 的形容詞**》—*adj.*** 課程的，功課的(↔ extracurricular).

cur·ric·u·lum [kə'rɪkjələm; kə'rikjuləm] **《**源自拉丁文「跑道」之義**》—*n.*** Ⓒ(*pl.* **-la** [-lə; -lə], ～**s**) (學科的)課程，功課。

currículum vítae [-'vaɪtɪ; -'vaiti:] *n.* Ⓒ(*pl.* **cur·ric·u·la vitae**) 履歷(書)，簡歷表。

【說明】源自拉丁文 course of life 即「經歷」之意。英文履歷表上寫姓名(name)、年齡(age)、出生年月日(date of birth)、永久通訊地址(permanent address)等，與中文的情形相同，但在經歷(career)一項，英文履歷表多半寫得較詳細。

cur·ri·er [ˈkɝɪɚ; ˈkʌriə] *n.* Ⓒ**1** 製革者，鞣皮匠，硝皮者。**2** 梳刷馬毛的人。

cur·rish [ˈkɝɪʃ; ˈkə:riʃ] «cur 的形容詞» —*adj.* **1** 野狗似的。**2** 愛吼叫的，脾氣壞的；卑劣的，下賤的。～**·ly** *adv.*

cur·ry[1] [ˈkɝɪ; ˈkʌri] «源自坦米爾語「調味汁」之義»—*n.* **1** Ⓒ[當作菜名時爲Ⓤ] 用咖哩調製的食品：～ and rice 咖哩飯/chicken ～ 咖哩鷄肉。**2** (又作 **cúrry pòwder**)Ⓤ咖哩粉。

—*v.t.* 用咖哩烹調…[在…上調味]：*curried* chicken [egg] 用咖哩調味的鷄肉[蛋]。

cur·ry[2] [ˈkɝɪ; ˈkʌri] *v.t.* 用馬櫛(currycomb)梳[整理]〈馬毛〉。

cúrry·còmb *n.* Ⓒ馬櫛。

currycomb

curse** [kɝs; kə:s] (～**d** [～t; ～t], 《古》**curst** [kɝst; kə:st]) *v.t.* **1** 〔十受〕(祈求災禍、不幸降臨於人等而)**詛咒**〈人等〉(↔ bless)：～ the day one was born 詛咒自己的出生日子《★出自聖經「約伯記」》/*C～* it! 畜生！混帳！/*C～* you! 該死！活該去死！笨蛋！**2 a** 〔十受〕**咒罵**〈人等〉，對…惡罵：～ a barking dog 咒罵在吠叫的狗。**b** 〔十受十介十(代)名〕〔因…〕咒罵〈某人〉〔*for*〕：He ～*d* the taxi driver ***for try*ing* to overcharge him. 他咒罵計程車司機敲竹槓/He ～*d* himself *for* his stupidity. 他咒罵自己的愚蠢。**3** 〔十受十介十(代)名〕〔用…〕使〈人〉痛苦[苦惱]，使…受罪〔*with*〕《★常以過去分詞當形容詞用；⇨ cursed 3》。**4** 〔十受〕《基督教》將〈人〉逐出教會。

—*v.i.* **1 a** 詛咒。**b** 〔十介十(代)名〕詛咒〔人等〕〔*at*〕：～ ***at*** one's fate 詛咒某人的命運。

2 a 咒罵，惡罵：～ and swear 咒罵，破口大罵。**b** 〔十介十(代)名〕咒罵〔人等〕〔*at*〕：He often ～*s* ***at*** his children. 他時常咒罵他的孩子。

—*n.* **1** Ⓒ詛咒：be *under* a ～ 被詛咒，因受詛咒而遭殃/call down [lay, put] a ～ *on* [*upon*] a person＝lay a person *under* a ～ 詛咒某人/*C～* on it [you]! 畜生！該死！/*Curses* (, like chickens,) come home to roost. 《諺》詛咒如小雞常回窩[常自作自受]；詛咒別人反而應驗到自己身上；害人反害己。**2** Ⓒ惡罵，惡言，咒罵的話《如 Damn! Confound you! 等》：shout ～*s* at a person 對某人惡罵。**3** Ⓒ被詛咒的東西，禍因，災源：the ～ of drink 酒的禍害/Typhoons are a ～ in this part of the country. 在該國這部分地區颱風是一大災難。**4** [**the** ～]《口語》月經。**5** Ⓒ《基督教》逐出教會[教門]。

curs·ed [ˈkɝsɪd, kɝst; ˈkə:sid] *adj.* **1** 被詛咒的，受詛咒的。**2** 該詛咒的，可惡的，討厭的《★用法在口語中僅用以強調焦躁》：a ～ nuisance 好麻煩的事；很可惡的人/This ～ lock won't open. 這可惡的鎖就是打不開。**3** [不用在名詞前]〔十介十(代)名〕〔因…而〕受苦的，具有[討厭的性質等]的〔*with*〕(cf. curse *v.t.* 3)：We are ～ ***with*** a plague of mosquitoes. 我們被可惡的蚊子弄得煩亂不堪/He was ～ *with* a short temper. 他生性急性子。

—*adv.* 《口語》＝cursedly 2.

cúrs·ed·ly [-sɪdlɪ; -sidli] *adv.* **1** 被詛咒地，受詛地。**2** 《口語》非常，極：a ～ hard job 極辛苦的工作。

cur·sive [ˈkɝsɪv; ˈkə:siv] *adj.* 草寫的，草書體的：Japanese ～ writing is very difficult to read. 日語的草書體很難讀。

—*n.* ⒸⓊ 草書體[文字(等)]。～**·ly** *adv.*

cur·so·ri·al [kɝˈsorɪəl, -ˈsɔr-; kə:ˈsɔ:riəl˝] *adj.* 《動物》(適於)疾走[奔跑]的：～ birds 走禽類《鴕鳥、食火鷄等》。

cur·so·ry [ˈkɝsərɪ; ˈkə:səri] *adj.* 〈工作、讀書等〉匆促的，倉卒的，草率的，粗略的：(a) ～ reading 粗略的讀/give a report a ～ glance 粗略地看了一下報告。**cúr·so·ri·ly** [-rɪlɪ; -rəli] *adv.*

curst [kɝst; kə:st] *v.* 《古》**curse** 的過去式・過去分詞。

—*adj.* ＝cursed.

curt [kɝt; kə:t] *adj.* **1** 〈人、態度、言行等〉簡慢的，唐突的，敷衍了事的：a ～ answer [reply] 冷淡的回答/a ～ way of speaking 簡慢的說話態度。**2** 〈文體〉簡略的，簡潔的。

～**·ly** *adv.* ～**·ness** *n.*

curt. 《略》current.

cur·tail [kɝˈtel, kɚ-; kə:ˈteil] *v.t.* 縮減，縮短，省略；削減〈費用、權利等〉：～ government expenditure 削減政府開支。

cur·táiled *adj.* 〈字、費用等〉縮減[省略]的，削減的：～ expenses 削減的費用/～ words 簡筆字，縮短的字《phone, math 等》。

cur·táil·ment [-mənt; -mənt] «curtail 的名詞»—*n.* ⓊⒸ縮減；削減。

‡**cur·tain** [ˈkɝtn̩; ˈkə:tn] «源自拉丁文「小的內院，圍場」之義»—*n.* **1** Ⓒ**窗帘**：draw the ～ 拉窗帘《開或閉》/draw the ～*s* 把(房間的)窗帘全部拉上。**2 a** Ⓒ(劇場的)**帷幕**，帷帳(⇨ theater 插圖)：The ～ rises [falls]. 幕起[落]/The Wright brothers raised the ～ *on* the age of mechanical flight. 萊特兄弟揭開了飛機時代的序幕。**b** (又作 **cúrtain càll**)Ⓒ叫幕《劇終時觀衆喝采要求演員出場謝幕》：take a ～ 〈演員〉應觀衆的喝采出場謝幕。**c** Ⓤ開幕[開演](時間)。**3** Ⓒ窗帘[幕]狀的東西，遮掩[隔絕]的東西：a ～ *of* mist 霧幕/a ～ *of* secrecy 秘密之幕/a ～ *of* fire 《軍》彈幕/⇨ bamboo curtain, Iron Curtain. **4** [～**s**]《俚》戲劇一幕的結束，書一卷的結束；死亡。

behind the cúrtain 在幕後，秘密地。

dráw a cúrtain òver... (1)拉上窗帘遮住…；《比喻》隱瞞，不再提〈某事〉。(2)把〈話〉打住；停講(不談下文)。

dróp [ráise] the cúrtain 放下[拉起](劇場的)布幕；停[開]演；閉[開]幕。

lift the cúrtain (1)拉起布幕，拉開布幕讓人看。(2)坦言，明說。

ríng dówn [úp] the cúrtain (1)(在劇場)響鈴放下[拉起]布幕。(2)宣告〔…的〕結束[開始]〔*on*〕：His death *rang down the* ～ *on* an age. 他的死宣告了一個時代的結束。

—*v.t.* **1** 〔十受〕掛窗帘[布幕]於…；用窗帘裝飾…。**2** 〔十受十副〕用窗帘[布幕]遮蔽[隔開]…〈*off*〉：That part of the room has been ～*ed* ***off***. 房間的那一部分已被布幕隔開了。

cúrtain lècture *n.* Ⓒ帳中私話，枕邊訓斥《妻子私下在臥室對丈夫的責備》。

cúrtain ràiser *n.* Ⓒ **1** 開場戲《正戲開演前演出的短劇，通常爲一幕者》。**2** 成爲發生大事前兆的小事；序幕：For Americans Pearl Harbor was the ～ for World War II. 對美國人而言，珍珠港事件是第二次世界大戰的序幕。

cúrtain wàll *n.* Ⓒ《建築》懸牆，不耐强力的牆壁。

curt·sy, curt·sey [ˈkɝtsɪ; ˈkə:tsi] «源自 courtesy» —*n.* Ⓒ(*pl.* **curt·sies, -seys**)婦女所行的曲膝禮《左脚挪後，雙膝彎曲，略微躬身，爲對高貴人士的行禮》：drop [make, bob] a ～ (*to* a person)〈婦女〉(對人)行曲膝禮，行彎腰禮。

—*v.i.* (**curt·sied, curt·sy·ing**；**curt·seyed, curt·sey·ing**)〔動(十介十(代)名)〕〈婦女〉〔對人〕行曲膝禮〔*to*〕。

curtsy

cur·va·ceous, cur·va·cious [kɚˈveʃəs; kə:ˈveiʃəs˝] *adj.* 《口語》〈女人〉婀娜多姿的；曲線玲瓏的；有曲線美的。

cur·va·ture [ˈkɝvətʃɚ; ˈkə:vətʃə] *n.* ⓊⒸ **1** 彎曲，屈曲。**2** 《醫》(身體器官的)異常彎曲：spinal ～ 脊椎骨的彎曲。**3** 《數學・物理》曲率：～ of space (依相對性原理的)空間曲率。

‡**curve** [kɝv; kə:v] «源自拉丁文「彎曲的」之義»—*n.* Ⓒ **1 a** **曲線**：in a ～ 成曲線地，彎曲地。**b** 屈曲，彎曲(部分)；彎曲處：a ～ *in* the road 道路的彎處/go round [take, turn] a ～ 轉彎/The road makes a big ～ there. 那條道路在那裡形成大轉彎。**2 a** 彎曲物。**b** 曲線規：a French ～ 曲線板。**c** [常 ～**s**](女性的)曲線美：a woman with ample ～*s* 曲線豐滿的女人。**3** (又作 **cúrve·bàll**)《棒球》曲線(變化)球。**4** 《統計》曲線圖表。**5** 《教育》評分等級曲線圖評價《按學生人數與成績的比率所繪製的圖表》：mark on a [the] ～ 以相對評價評分。

—*v.t.* 〔十受(十副詞(片語))〕**1** 將…彎(成曲線狀)，使…屈曲(⇨ bend[1]【同義字】)。**2** 使〈球〉曲行。

—*v.i.* 〔動(十副詞(片語))〕成[呈]曲線狀，彎曲；(依)曲線行進。

curved *adj.* 彎曲的，屈曲的，呈曲線狀的：a ～ line 曲線/a ～ surface 曲面。

cur·vet [ˈkɝvɪt, kɚˈvɛt; kə:ˈvet] *n.* Ⓒ《馬術》騰躍《前脚未著地前由後脚躍進的優美跳躍姿勢》：cut a ～ 騰躍。

—*v.i.* (**cur·vet·ted, -vet·ed**；**cur·vet·ting, -vet·ing**)〈馬〉騰躍。

—*v.t.* 〈騎師〉使〈馬〉騰躍[跳躍]。

cur·vi·lin·e·al [ˌkɝvəˈlɪnɪəl; ˌkə:viˈliniəl] *adj.* ＝curvilinear.

cur·vi·lin·e·ar [ˌkɝvəˈlɪnɪɚ; ˌkə:viˈliniə] *adj.* 曲線的。

curv·y [ˈkɝvɪ; ˈkə:vi] *adj.* (**curv·i·er**；**-i·est**) **1** 〈道路等〉彎彎曲曲的，(多)轉彎的。**2** ＝curvaceous.

***cush·ion** [ˈkʊʃən; ˈkuʃn] «源自拉丁文「腰，臀部」之義»—*n.* Ⓒ **1** **坐墊**，椅墊。**2 a** 坐墊狀的東西：⇨ pincushion. **b** (倉庫等放東西的)臺墊。**c** (婦女用的)腰墊，圍腰。**3** (撞球檯的)彈性襯裏。**4** 減輕或緩和撞擊震動的東西；緩和辦法[劑]〔*against*〕：a ～ *against* inflation 緩解通貨膨脹的政策。

—*v.t.* **1** 〔十受〕裝[加入]墊子於…。**2** 〔十受〕**a** 緩和…的衝擊：The grass ～*ed* his fall. 草坪緩和了他墜落時的撞擊[因爲地面

是草坪，所以他跌得不重〕。**b** 減輕，緩和〈撞擊、痛苦等〉：Nothing could ~ the shock of her death. 沒有任何東西能減輕她的死所造成的打擊。**3**〔十受＋介＋(代)名〕〔從…〕保護，守護〈某人〉〔*from, against*〕：We try to ~ our children ***from*** the hard realities of life. 我們試圖保護我們的孩子們免受嚴酷的現實生活的煎熬。

cush·y [ˋkuʃɪ; ˈkuʃi] *adj.* (**cush·i·er**; **-i·est**)《口語》〈工作等〉容易的，輕鬆的；快樂的。

cusp [kʌsp; kʌsp] *n.* Ⓒ **1** 尖頭，尖端；(尤指牙齒、葉等的)尖端。**2**《天文》(新月的)尖角。

cus·pid [ˋkʌspɪd; ˈkʌspid] *n.* Ⓒ《解剖》(人的)犬齒。

cus·pi·date, -dat·ed [ˋkʌspɪˏdet(ɪd); ˈkʌspideit(id)] *adj.* 有尖端[尖頭]的；末端尖銳的。

cus·pi·dor [ˋkʌspəˏdɔr; ˈkʌspidɔː] *n.* Ⓒ《美》痰盂(spittoon).

cuss [kʌs; kʌs] **《源自 curse》—**《口語》*n.* Ⓒ **1** 詛咒；惡言。**2** (可惡的)傢伙：an odd ~ 怪傢伙。**—*v.*** ＝curse.

cuss·ed [ˋkʌsɪd; ˈkʌsid] *adj.*《口語》**1** 執拗的，彆扭的，頑固的。**2** ＝cursed. **~·ly** *adv.* **~·ness** *n.*

cus·tard [ˋkʌstəd; ˈkʌstəd] *n.* **1 a** Ⓤ[指個體時爲Ⓒ]乳蛋糕《牛奶、蛋中加入糖及香料混合烹煮、焙烤或冷凍而成的食物》。**b** 一種餐後甜點用的調味醬。**2** Ⓒ軟凍《餐後甜點》。

cus·to·di·al [kʌsˋtodɪəl; kʌˈstoudjəl⁻] *adj.* 保管的，保護的，監護的；監督人的；保管人的。

cus·to·di·an [kʌsˋtodɪən; kʌsˈtoudjən] *n.* Ⓒ **1** (美術館、圖書館等公共設施的)管理人。**2** 守衛。**3**《文語》監護(人)，保護者。

cus·to·dy [ˋkʌstədɪ; ˈkʌstədi] *n.* Ⓤ **1** 保護，管理；(身爲監護人的)保護[監督，養育](的義務[權利])〔*of*〕：be in the ~ *of*... 由…保管；受…的保護[監督，養育]/The court has taken ~ *of* the battered child. 法院已負起保護受(父母)虐待的孩子之責。**2** 拘留，拘禁，强制收容，監禁：*in* ~ 在拘留中，在羈押中/keep a person *in* ~ 將某人羈押[拘留]/take a person *into* ~ 監禁[逮捕]某人。

‡**cus·tom** [ˋkʌstəm; ˈkʌstəm] **《源自拉丁文「一起習慣」之義》—*n.*** **A 1** Ⓒ[集合稱爲Ⓤ] **a** (已建立的社會)**習慣**，風俗，慣例：keep up [break] a ~ 保持[破除]習俗/It is the ~ *for* [*with*] Japanese to bow when they meet their acquaintances. 日本人遇見熟人時有相互鞠躬的習俗/So many countries, so many ~*s*. ⇨ country 1 a.

【同義字】custom 指社會或國家等的傳統習慣；habit 是個人的習氣或習慣。

b (個人的)習慣《★比較 作此義解時一般用 habit》：*C*~ is second nature.《諺》習慣是第二天性/It is my ~ to go for a walk before breakfast. 早餐前出去散散步是我的習慣。

2 Ⓤ **a** (對商店等的)惠顧，光顧(cf. customer 1)：We should like to have your ~. 我們盼望你的惠顧。**b** [集合稱]《文語》顧客：increase ~ 增加顧客/lose ~ 失去顧客。

—B 1 [~ s] **關稅** (customs duties)：pay ~*s* on jewels 繳交珠寶的關稅。**2** [**the ~s**；常 **the Customs**；常當單數用] **海關** (cf. customhouse)：at the London *Customs* 在倫敦海關/pass [get through, go through] (the) ~*s* 通過海關(的檢查)。

Customs 2

—*adj.* [用在名詞前] **1**《美》**定製的，專做定製的**：a ~ suit 定製的西裝/a ~ tailor 專做定製衣服的裁縫/a ~ car 定製的汽車《★也用於英國語法》。**2** [~s]海關的，關稅的：~*s* duties 關稅/a ~*s* officer 海關官員。

cus·tom·ar·i·ly [ˋkʌstəmˏɛrəlɪ, ˏkʌstəˋmɛrəlɪ; ˈkʌstəmərəli] *adv.* 習慣性地，慣例上。

cus·tom·ar·y [ˋkʌstəmˏɛrɪ; ˈkʌstəməri] **《custom 的形容詞》—*adj.*** **1 a** 習慣(性)的，慣例的，慣常的(⇨ habitual【同義字】)：a ~ practice 慣例。**b** [不用在名詞前]〔十介＋(代)名〕〔對人而言〕成慣例的，習常的〔*for, with*〕：It is ~ ***for*** me to get up at six. 六點鐘起牀是我的習慣。**2**《法律》依照慣例的，習慣上的：~ law 習慣法。

cústom-buílt *adj.* 〈汽車、房屋等〉定製的。

***cus·tom·er** [ˋkʌstəmə; ˈkʌstəmə] *n.* Ⓒ **1 顧客**；主顧，買主：A salesman's job is to seek out ~*s*. 推銷員的工作是尋求顧客。

【同義字】customer 指定期到商店購物的顧客；client 是接受醫生、銀行、律師等技術性服務的人。

2《口語》[與 queer, awkward 等修飾語連用]傢伙，人《★用法 雖可用於男女兩者，但一般指男的》：an *awkward* ~ 難纏的傢伙，討厭的傢伙/a *tough* ~ 不易對付的人，棘手的對手。

cústom·hòuse *n.* Ⓒ《美》海關(《英》customshouse).

cus·tom·ize [ˋkʌstəˏmaɪz; ˈkʌstəmaiz] *v.t.* 定製，定做…。

cústom-máde *adj.* 定製的，定製品的。

cústoms·hòuse *n.*《英》＝customhouse.

cústoms ùnion *n.* Ⓒ關稅聯盟。

‡**cut** [kʌt; kʌt] (**cut**；**cut·ting**) *v.t.* **1** (用銳利的刀等)**切，割**。

【同義字】cut 是表示「切」最普通的用語；chop 是用菜刀剁或用斧頭砍之意；hack 指亂砍，亂切。

a〔十受〕割傷，切傷〈身體的某部位〉：~ one's finger 割傷某人的手指/⇨ cut one's (own) THROAT/The knife ~ his finger. 那把刀割傷了他的手指(cf. 1 b)。**b**〔十受＋介＋(代)名〕〔用…〕割傷〈身體的某部位〉〔*with, on*〕：She ~ her finger ***with*** a knife. 她用小刀割傷了手指(cf. 1 a)/He ~ his hand ***on*** a piece of glass. 他被玻璃碎片割傷了手。**c**〔十受(十介＋(代)名)〕[~ *oneself*](不小心)〔被…〕割傷身體；負傷〔*with, on*〕：Be careful not to ~ *yourself* while shaving. 刮鬍子時要小心別割傷自己/I ~ *myself* on the cheek ***with*** my razor. 我不小心被刮鬍刀割傷了臉頰。**d**〔十受＋補〕切割…〈成…狀態〉：He ~ the envelope open. 他割開那個信封。

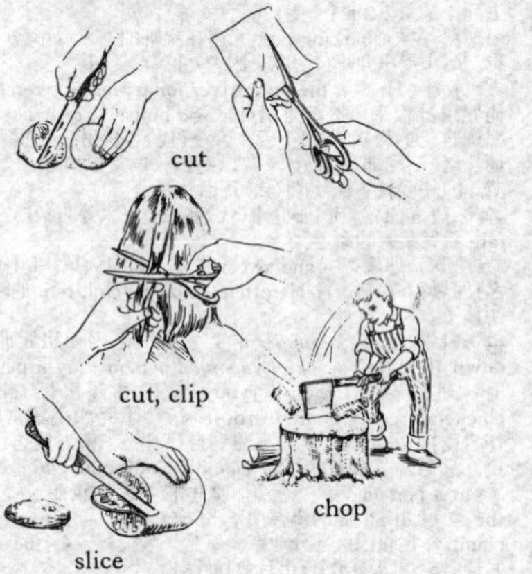

【插圖說明】「切、剪、劈」的各種動詞。

2 剪斷：**a**〔十受〕剪斷〈東西〉：~ the tape [ribbon] 剪斷[剪輯]錄音帶[絲帶]。**b**〔十受〕剪〈花草等〉；割〈農作物、草等〉：~ flowers [wheat] 剪花[割麥]。**c**〔十受＋副〕砍伐〈木材等〉〈*down*〉：~ ***down*** trees 砍下樹木。**d**〔十受＋介＋(代)名〕〔用…〕剪〈東西〉〔*with*〕：~ the string ***with*** a pair of scissors 用剪刀剪線。**e**〔十受十介＋(代)名〕將〈東西〉切〔成…〕〔*in, into, to*〕：I ~ the cake ***in*** two [*in* half, ***into*** halves]. 我把蛋糕切成兩半/⇨ cut...to PIECES. **f**〔十受(十副)＋介＋(代)名〕〔從…〕砍掉[剪下，切去]…〈*away, off*〉〔*from, out of*〕：~ (***away***) the dead branches ***from*** a tree 從樹上砍掉枯枝/~ the picture ***out of*** a magazine 從雜誌上剪下那張圖片。**g**〔十受十受/十受＋介＋(代)名〕切給〈某人〉〈東西〉；切〈東西〉〔給某人〕〔*for*〕：*C*~ me another piece of pie.＝*C*~ another piece of pie ***for*** me. 切給我另一塊餡餅《再切給我一塊餡餅》。**h**〔十受＋補〕切[割]…〈使成…〉：I ~ the boat loose.＝I ~ loose the boat. 我割斷小船的纜纜(使船漂流)。**i**〔十受(十副)〕將…分割〈成…〉〈*up*〉：Let's ~ (***up***) the profits 60–40. 讓我們把利潤四六分帳。

3 修剪：**a**〔十受〕修剪〈指甲〉；理〈髮〉；修剪〈草坪、樹籬等〉：~ one's nails 修剪某人的指甲/have one's hair ~ 理髮。**b**〔十受十補〕將…剪〈成…〉：~ the lawn close 把草坪的草剪短/~ a person's hair short 把某人的頭髮理短。

4 切割製作：**a**〔十受〕切割〈玻璃、寶石等〉加以整形：~ a diamond 切割鑽石。**b**〔十受(十介＋(代)名)〕雕刻〈石頭、像等〉；〔在石頭等上〕刻〈像〉〔*in, into, on*〕：He ~ his initials ***on*** [***into***] the board. 他在木板上刻下自己名字的起首字母《★用法 把文字等深刻時用 into》/There was a figure ~ ***in*** stone. 有一座石刻雕像。**c**〔十受〕裁剪〈布、衣服〉：~ a pattern 裁剪紙樣。**d**〔十受(十介＋(代)名)〕開闢〈道路〉〔穿過…〕〔*through*〕：~ a canal 開鑿運河/~ a road ***through*** a forest 開闢一條穿過森林的道路。**e**

〔十受十副詞(片語)〕〔~ **one's way**〕開闢道路：He ~ his way *through* the jungle *with* a machete. 他用大砍刀在叢林中開闢一條路。**f**〔十受〕錄製〈唱片〉：The pop singer has ~ a new record. 那位流行歌手錄了新唱片。

5 削減：**a**〔十受(十副)〕削減〈費用等〉；減低〈價格〉〈*down*〉：They ~ his salary by ten per cent. 他們把他的薪水削減了百分之十/Automation will ~ production costs. 自動化會降低生產成本/They ~ ***down*** the price by half during the sale. 他們在廉售期間把價格減半。**b**〔十受(十副)〕減少〈公共服務等〉〈*back*〉：Postal deliveries are being ~ (***back***). 郵件的遞送次數在減少。**c**〔十受(十副)(十介十(代)名)〕〔從影片、脚本等〕刪剪，刪除〈其中一部分〉〈*out*〉〔*from*〕：Several scenes have been ~ ***from*** the original film. 有幾個鏡頭已從原(影)片中刪除。**d**〔十受〕縮短，縮減〈文章、談話等〉：⇨ cut SHORT *adv.* /You had better ~ your speech in several places. 你最好刪除你演說中的幾處地方。**e**〔十受(十介十(代)名)〕《美》〔用…〕稀釋〈酒類等〉〔*with*〕：~ whiskey ***with*** water 用水稀釋威士忌酒《★把倒在杯(等)中的威士忌酒加水稀釋，或將裝在瓶中或桶中的全部威士忌酒(違法地)加水沖淡》。

6 停止，中止：**a**〔十受(十副)〕斷絕〈關係、交往等〉〈*off*〉：~ an acquaintanceship 與人絕交/~ ***off*** a relationship 斷絕關係。**b**〔十受(十副)〕停止，斷絕〈自來水、配管等〉〈*off*〉：~ (***off***) the supply of gas [electricity] 停止供應瓦斯[電]。**c**〔十受(十副)〕《口語》停止，關閉〈引擎等〉〈*off*〉：~ (***off***) an engine [a switch] 停止引擎[關掉開關]。**d**〔十受〕《口語》曠〈課〉，蹺〈課〉：~ school [the class] 曠課。**e**〔十受(十副)〕《俚》停止〈說話等〉〈*out*〉：*C*~ the talking！不要講話！/*C*~ it ***out***！⇨ CUT out (4). **f**〔十受十副〕打斷，遮攔〈別人(的話)〉〈*off*〉：She ~ me ***off*** in mid-sentence. 她中途打斷我的話。

7《口語》**a**〔十受〕裝作不認識〈某人〉：He sometimes ~*s* me when he sees me. 他有時看見我時裝作不認識。**b**〔十受十補〕裝作不認識〈某人〉《★ 囲困與 a 同義，但爲强調加上 dead 或 cold》：I talked to her but she ~ me dead [cold]. 我對她說話，但她却裝作不認識我。

8〔十受〕**a** (不繞行而從中斜着)橫過，貫穿〈道路〉：⇨ cut off the [a] CORNER. **b**〈線〉交叉於…。

9〔十受〕**a**〈寒風等〉刺痛…的肌膚[刺骨]：The cold wind ~ me *to* the bone. 寒風刺骨。**b** (以鞭子等)猛烈抽打…。**c**〈話〉刺傷〈某人〉的心：His remark ~ me *to* the heart [quick]. 他的話刺傷了我的心。

10〔十受〕《口語》表演；顯出…：⇨ cut a CAPER, cut a FIGURE.

11〔十受〕〈嬰兒〉長出〈牙齒〉：~ a tooth 長出一顆牙齒。

12〔十受〕《紙牌戲》**a** 將〈一組牌〉分成兩部分(以上)(把上下兩堆對換)，切〈牌〉。**b** (爲法定莊家而)抽〈牌〉。

13〔十受〕《網球等》切〈球〉。

—*v.i.* **1**〔十介十(代)名〕**a**〔對…〕殺去，砍去〔*at*〕《★可用被動語態》：He ~ ***at*** the enemy *with* the knife. 他用那把刀朝著敵人砍去。**b** (用刀)切〔入…〕〔*into*〕：The bridal couple ~ ***into*** the wedding cake. 那對新婚夫妻合力切結婚蛋糕。

2 **a**〈刀等〉能切：This razor won't ~. 這把刮鬍刀不快。**b**〔與 well 等狀態副詞連用〕〈刀等〉利鈍情形是…：This knife ~*s* well. 這把小刀很鋒利。**c**〔與狀態副詞連用〕〈東西〉能切成(…)，被切：Butter from the fridge doesn't ~ easily. 剛從電冰箱取出的奶油不好切。

3〔動(十介十(代)名)〕**a**〈船等〉衝破，穿過〔波浪〕前進〔*through*〕：The ship ~ ***through*** the waves. 那隻船破浪前進。**b** (抄捷徑)越過〔…〕〔*across*〕；穿過〔…〕〔*through*〕：A truck ~ ***across*** my car. 一輛貨車從我的車前穿越過去/Don't ~ *across* in front of people like that. 不要像那樣從別人前面穿越過去/We ~ ***through*** the woods to get home. 我們穿過森林回家。

4〔十副詞(片語)〕**a** (像刀割似地)痛，刺痛，刺骨：The wind ~ *like* a knife. 風刺骨如刀割/The wind ~ *at* her face [*through* her thin clothes]. 風如刀割地吹在她的臉上[刺透她的薄衣]。**b** 如刀割般傷人心；深入(問題的癥結所在等)，直入核心：The remark ~ *deep.* 該評語一針見血/His insight ~ *to* the heart of the problem. 他的洞察力直入問題的核心[他以敏銳的洞察力一下子抓住問題的實質]。

5〔動(十副詞(片語))〕**a**《美口語》(急忙地)離去，跑開：I('ve) got to ~ *out* now. 我必須走了/The boy ~ *away through* the side gate. 那個男孩急忙從側門離去/He ~ *out of* the party. 他很快地離開了宴會。**b**〈車子等〉突然改變方向；插隊，超車：~ *to* the left 向左急轉彎/A truck ~ *in front of* my car. 一輛貨車突然插進我車前。

6 **a**〔十副〕〈引擎等〉停止〈*out*〉：⇨ CUT out (10). **b**《電影》〔常用祈使語氣〕停止攝影：*C*~！停止拍攝！

7《紙牌戲》切牌(⇨ *v.t.* 12).

8《網球・板球》打切球。

be cùt óut for [**to be**] ...〔常用於否定句〕適於做…：He *isn't* ~ *out for* business. 他不適於做生意。

cút acròss ...(1)⇨ *v.i.* 3 b. (2)打斷，遮攔，妨礙…。(3)與…對立[抵觸]；忽視…：His opinion ~ clean *across* the party line. 他的意見和黨的路線完全相左。(4)越過，超越…：The issue ~ *across* party lines. 那個問題超越了黨派的界線。(5)廣泛地影響…：The phenomenon ~*s across* the whole range of human activity. 該現象影響整個人類活動的領域。

cút and rún《口語》急忙[慌忙]逃走，逃竄。

cút báck《*vt adv*》(1)剪去〈樹(枝)〉。(2)⇨ *v.t.* 5 b. **—**《*vi adv*》(3)削減，減少〔…〕〔*on*〕：For lack of time he ~ *back on* weekend golf. 因爲沒有時間他減少週末打高爾夫球的次數。(4)(電影)重現〔前面鏡頭〕；(小說等)回敍，倒敍〔往事〕〔*to*〕.

cút dówn《*vt adv*》(1)⇨ *v.t.* 2 c. (2)⇨ *v.t.* 5 a. (3)〈疾病等〉使〈人〉倒下，使…喪命：Cancer ~ him *down* in the prime of life. 癌症使他在壯年時喪命。(4)將〈(衣服的)長度、尺寸等〉改短：I want this pair of trousers ~ *down.* 我要改短這條褲子。(5)削減〈費用〉：We must ~ *down* our social expenses. 我們必須削減我們的應酬費。(6)減少…：~ *down* smoking 減少吸煙。(7)使〈人〉減價〔到…〕〔*to*〕：He ~ the clerk *down to* £5 for the vase. 他使店員減價到五英鎊出售那隻花瓶。**—**《*vi adv*》(8)減少〔食品、香煙等的〕量〔*on*〕：I'm *cutting down on* smoking [sugar]. 我正在減少吸煙[食糖]量。

cút...dówn to size ⇨ size[1].

cút ín《*vi adv*》(1)突然插進別人的談話，插嘴；打斷〔別人的話〕〔*on*〕：He ~ *in* with a remark while she was speaking. 當她正在講話時他插嘴評論/Don't ~ *in on* their conversation. 不要打斷他們的談話/Don't ~ *in on* me while I'm speaking. 我講話時請不要打岔。(2)(後來的)〈車子(司機)〉超車；插入〔他車的前面〕〔*on*〕. (3)《口語》(以輕拍肩膀等方式)〔從跳舞中的一對男女中〕搶去[截走]女舞伴〔*on*〕.

cút ìnto... (1)⇨ *v.i.* 1 b. (2)打斷〈談話〉；佔用〈時間〉：He ~ *into* our conversation. 他打斷我們的談話。(3)(不得已)動用〈存款、利益等〉，使…減少：We had to ~ *into* our savings. 我們不得不動用我們的存款/Inflation has ~ *into* our savings. 通貨膨脹使我們的存款減少。

cút it fíne [**clóse**]《口語》(時間、金錢等)計算得僅僅足夠，縮減至最低限度。

cút óff《*vt adv*》(1)⇨ *v.t.* 2 f. (2)⇨ *v.t.* 6 a, b, c, f. (3)將…切斷[分開]，分離；隔斷：Many villages were ~ *off* by the snow. 許多村子因積雪而被隔絕。(4)(以立遺囑)剝奪〈某人〉的繼承權：His father ~ him *off* without a penny [a red cent]. 他父親剝奪他的繼承權，沒有給他一分錢。(5)突然奪去〈某人〉的生命，使…夭折《★常用被動語態》：He *was* ~ *off* in the prime of manhood. 他在壯年時就去世了。

cút óut《*vt adv*》(1)剪下…：I'll ~ this picture *out.* 我要剪下這張畫。(2)將〈一頭牲畜〉與畜羣分開。(3)《口語》省去，省略…：We shall ~ *out* unimportant details. 我們將略去不重要的細節。(4)《口語》停止〈說話、吵鬧等〉：*C*~ it *out*！停止！閉嘴！(5)停止…的飲食[使用]：~ *out* all starchy foods 戒食一切多澱粉的食物。(6)開闢〈道路〉。(7)裁剪〈衣服、紙樣等〉。(8)取代，擊敗〈競爭對手〉，比…搶先一着：He managed to ~ *out* all the rivals for her affections. 他設法擊敗所有競爭對手以贏得她的愛。(9)⇨ *v.t.* 5 c. **—**《*vi adv*》(10)〈引擎等〉停止；〈器具等〉變成不能使用；〈電熱器等〉斷電：The engine ~ *out* in the middle of the street. 引擎在街道中央熄火。(11)〈車子〉(爲超越前車)急靠向路的一邊，突然換車道。

cút úp《*vt adv*》(1)⇨ *v.t.* 2 i. (2)切碎〈肉等〉。(3)將…細切。(4)使〈敵人等〉毀滅。(5)《口語》嚴酷批評〈人〉，將…貶得一文不值。(6)《口語》使〈人〉心痛[極爲難過]，使…難受《★常用被動語態》：She *was* terribly ~ *up* by her husband's death. 她丈夫的死使她極爲難過。**—**《*vi adv*》(7)(可)裁剪〔成…〕〔*into*〕：How many suits will this piece of cloth ~ *up into*？這塊布可裁成幾套衣服？(8)《口語》留下〔某金額的〕財產〔*for*〕：He ~ *up for* a million pounds. 他留下一百萬英鎊的財產。(9)《美口語》到處胡鬧，吵鬧：~ *up* in class 在教室裡到處胡鬧。

cút úp róugh ⇨ rough *adv.*

—*adj.* 〔用在名詞前〕(無比較級、最高級) **1** 切下來的，割下的，剪下的；摘下的：~ flowers 剪下的花。**2** 切短的，切碎的：~ tobacco 煙絲。**3** 雕琢過的：⇨ cut glass. **4** 降低的，減縮的，削減的：~ prices 減價，特價/at ~ rates 以打折價格[減價]。

cút and dríed ⇨ cut-and-dried.

—*n.* **1** Ⓒ **a** (刀剪等的)割，切，剪，砍〔*at*〕：I made a ~ *at* the piece of wood with my axe. 我用斧頭砍那塊木頭。**b** (鞭子等的)痛打，抽打：He gave the horse a sharp ~ with the whip. 他用鞭子猛抽那匹馬。**c** 傷口，割傷，切傷；傷痕：I got a ~ on the left cheek while shaving. 我在刮鬍子時割傷了左臉

類。**2** Ⓒ **a** 削減，縮減，降低〔*in*〕：one percent ～ *in* income taxes 所得稅降低百分之一。**b** 切斷，停止：⇨ power cut. **c**（腳本[劇本]等的）刪除，刪除的部分。**3** Ⓒ切片；（尤指）肉片，切開的片[塊]：a ～ *of* beef [pork] 牛[豬]肉的切片[塊]。**4** [用單數] **a**（羊毛等）剪下的量。**b**《美》（木材的）砍伐量。**5** [用單數] **a**（衣服的）裁剪法，樣式：a suit of poor ～ 裁剪不好的套裝。**b**（頭髮的）理法。**c**（寶石的）切割。**6** Ⓒ木刻畫，插畫。**7** Ⓒ **a**（開掘而成的）渠道；通路。**b** 捷徑《★通常稱作 short cut》. **8** Ⓒ無情的對待，尖刻的挖苦〔*at*〕：The remark was a ～ *at* me. 那句話是在挖苦我。**9** Ⓒ **a**《口語》（上課等的）曠課，蹺課。**b** [常 the ～]《罕》裝作不認識：She gave me *the* ～. 她裝作不認識我。**10** Ⓒ《口語》分贓；分得的份〔*of, in*〕：He wanted to take a 50% ～ *of* the profits. 他想分得利潤的五成。**11** Ⓒ《紙牌戲》切牌（⇨ *v.t.* 12）；輪到切牌；切出的牌。**12** Ⓒ《網球・板球等》切球。

a cút abòve...《口語》較…更勝一籌[棋高一着，高一等]：He looks upon himself as *a* ～ *above* the common laborer. 他把自己看成比普通勞工高一等的人。

the cút and thrúst 激烈[唇槍舌劍的]辯論，短兵相接〔*of*〕《★源自西洋劍的互相劈刺》：*the* ～ *and thrust of* (parliamentary) debate（國會）辯論踴躍的議論[唇槍舌劍的辯論]。

cút-and-dríed[-drý] *adj.* 老套的，例行的；呆板的；事先預備好的：his ～ opinions 他那老一套的意見。

cu·ta·ne·ous [kjuˋtenɪəs; kju:ˈteinjəs] *adj.* 皮膚的；影響皮膚的。

cút·awày *adj.* **1**（上衣的前下襬從腰部）斜裁的，裁成圓角的。**2**〈模型、圖形等〉（爲展示內部而）去掉部分外殼的。

—n. Ⓒ **1**（又作 **cútawày cóat**）男用常禮服[大禮服]（morning coat）. **2**（爲展示內部而）去掉部分外殼的圖形[模型（等）]。

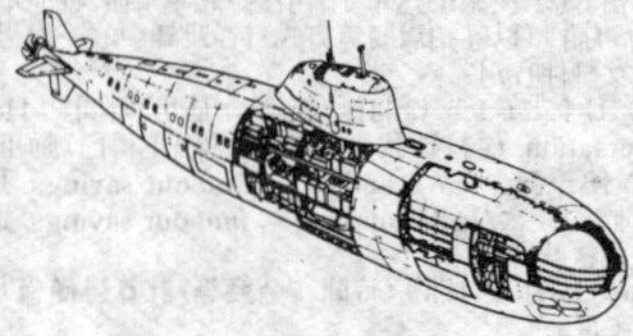

cutaway 2

cút·bàck *n.* Ⓒ **1**（生產的）減少，削減：Many factories have made ～*s.* 許多工廠已經減產了。**2**（電影、電視、小說等的）倒敘《二個以上的不同場面復現》。

cute [kjut; kju:t] 《acute 字首消失的變體字》**—adj.** (**cut·er**；**-est**)《口語》**1**〈小孩、東西等〉漂亮的，可愛的：a ～ little girl 可愛的小女孩。**2 a** 伶俐的；精明的，聰明的：a ～ salesman 精明的推銷員。**b** [不用在名詞前]〔＋*of*＋(代)名(＋*to* do)/＋*to* do〕[某人]〈做…是〉機敏的，聰明的；〈某人〉〈做…是〉機敏的，聰明的：It was ～ *of* the boy *to* bring it to me.＝The boy was ～ *to* bring it to me. 那個男孩把它帶給我，可眞聰明。**3**《美》裝模作樣的，做作的。**～·ly** *adv.* **～·ness** *n.*

cute·sy, -sie [ˋkjutsɪ; ˈkju:tsi] *adj.* (**-si·er**；**-si·est**)《口語》自以爲聰明的。

cút gláss *n.* Ⓤ雕花玻璃（器具）。

cu·ti·cle [ˋkjutɪkl; ˈkju:tikl] *n.* Ⓒ **1**《解剖・動物》**a** 表皮。**b**（指甲根部的）外皮。**2**《植物》角皮，角質層。

cut·ie [ˋkjutɪ; ˈkju:ti] 《源自 cute》**—n.** Ⓒ《美口語》[常用於稱呼]可愛[漂亮]的姑娘，可愛的女孩。

cu·tis [ˋkjutɪs; ˈkju:tis] *n.* Ⓒ (*pl.* **cu·tes** [-tiz; -ti:z], **～·es**)《解剖》眞皮。

cut·lass, cut·las [ˋkʌtləs; ˈkʌtləs] *n.* Ⓒ（刀身寬而微向後翹的）短刀《從前水手使用者》。

cútlass fìsh *n.* Ⓒ (*pl.* **-fish**, **～·es**)《魚》隱足魚《帶魚科隱足魚類之通稱》。

cut·ler [ˋkʌtlɚ; ˈkʌtlə] *n.* Ⓒ刀匠，賣刀人，刀具商。

cut·ler·y [ˋkʌtlərɪ; ˈkʌtləri] *n.* Ⓤ [集合稱]（家庭用）刀類；金屬餐具《餐刀、叉子、湯匙等》。

cut·let [ˋkʌtlɪt; ˈkʌtlit] *n.* Ⓒ **1** 薄肉片《未烹調前的一人份薄切片，供燒烤或煎炸用》。**2**（碎肉、魚肉等做的）炸薄片，炸肉餅。

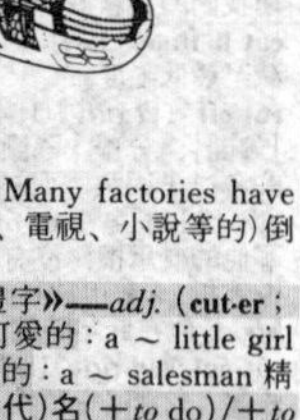

cutlass

cút·òff *n.* Ⓒ **1 a** 切斷，遮斷。**b**（會計的）截結日，結算日。**2**（管子等的）切斷裝置，封閉。**3**《美》近路，捷徑。**4** [常 ～*s*] 膝蓋以下剪掉的牛仔褲。

cút·òut *n.* Ⓒ **1**（從布或紙上剪下的）畫，圖案；（幼兒的）剪紙，剪紙畫。**2**《電學》保險裝置，斷流器。

cút·òver《美》*adj.* 樹木砍光了的。**—n.** Ⓒ樹木砍光的土地。

cút-príce *adj.* **1**〈商品〉減價[特價]的：～ merchandise [goods] 特價品。**2** [用在名詞前]銷售特價品的：a ～ store 銷售特價品的商店。

cút·pùrse *n.* Ⓒ《古》扒手（pickpocket）.

cút-ráte *adj.* ＝cut-price.

cút·ter *n.* Ⓒ **1 a** 切割者，裁剪師，切割玻璃[石頭]的工匠。**b**《電影》影片剪輯師。**2** 切刀，切斷機。**3**《航海》**a** 駁船，小汽艇《軍艦用小艇》。**b**《美》小型武裝巡邏艇。

cút·thròat *n.* Ⓒ **1** 殺手，兇手（murderer）. **2**（又作 **cútthroat rázor**）開式剃刀。

—adj. [用在名詞前] **1** 殺人的；兇暴的。**2** 激烈的，兇狠的〈競爭等〉：～ competition 激烈的競爭。

cút·ting *n.* **1** ⓊⒸ切斷；裁剪；剪下；採伐。**2** Ⓒ **a** 剪下來的東西。**b**《英》（新聞、雜誌等的）剪報（《美》clipping）. **3** Ⓒ（插條用的）小枝，插枝。**4** Ⓤ《電影》影片的剪輯。

—adj. **1** [用在名詞前]（無比較級、最高級）銳利的〈刀類〉。**2**〈眼睛等〉敏銳的。**3 a**〈風等〉凜冽的，刺骨的。**b**〈言詞等〉尖酸刻薄的，毒辣的。**～·ly** *adv.*

cútting ròom *n.* Ⓒ（影片、錄音帶、唱片等的）剪接室。

cut·tle [ˋkʌtl; ˈkʌtl] *n.* ＝cuttlefish.

cúttle·bòne *n.* Ⓒ墨魚骨。

cúttle·fìsh *n.* Ⓒ (*pl.* ～, **～·es**)《動物》烏賊，墨魚。

cút·ty stòol [ˋkʌtɪ-; ˈkʌti-] *n.* Ⓒ《蘇格蘭》**1** 矮凳。**2** 懺悔椅《古時蘇格蘭教堂專爲不守婦道的女人所設，使其當衆接受牧師譴責的座位》。

cút·ùp *n.* Ⓒ《美口語》胡鬧者，愛扮小丑者，好詼諧的人，頑皮[惡作劇]者。

cút·wàter *n.* Ⓒ **1**（船首的）破浪處。**2**（橋墩的）分水角。

cút·wòrk *n.* Ⓤ **1** 空花繡。**2** 花貼飾工《將布料剪去部份，再以其他裝飾填補空處的女紅》。

cút·wòrm *n.* Ⓒ《昆蟲》夜蛾《夜蛾科昆蟲的統稱；又名夜盜蛾，夜出吃植物根》。

cwm [kum; ku:m] *n.* ＝cirque.

cwt.《略》hundredweight(s).

-cy [-sɪ; -si] 字尾 **1** 表示「職位、地位、身分」之意的名詞字尾：captain*cy*. **2** 表示「性質、狀態」之意的名詞字尾：bankrupt*cy*.

cy·an·am·ide [ˌsaɪəˋnæmaɪd, saɪˋænəˌmaɪd; saiˈænəmaid] *n.* Ⓤ Ⓒ《化學》**1** 氨基（化）氰。**2** 氨腈。

cy·a·nate [ˋsaɪəˌnet; ˈsaiəneit] *n.* ⓊⒸ《化學》氰酸鹽。

cy·an·ic [saɪˋænɪk; saiˈænik] *adj.*《化學》氰的，含氰的：～ acid 氰酸。

cy·a·nide [ˋsaɪəˌnaɪd; ˈsaiənaid] *n.*《化學》**1** ⓊⒸ氰化物《有毒》。**2** Ⓤ腈。

cy·an·o·gen [saɪˋænədʒən, -dʒɪn; saiˈænədʒin] *n.* **1** Ⓤ《化學》氰。**2** Ⓒ《化學》氰基。

cy·a·no·sis [ˌsaɪəˋnosɪs; ˌsaiəˈnousis] *n.* Ⓤ《醫》發紺病，蒼藍症；青紫《因血液缺乏氧氣使皮膚或粘膜呈暗紫色的病症》。

Cyb·e·le [ˋsɪbḷˌi; ˈsibili:] *n.*《神話》西芭莉《佛里幾亞（Phrygia）的女神；被稱作偉大的母神（the Great Mother），象徵穀物的收成；相當於希臘神話中的莉雅（Rhea）》.

cy·ber·na·tion [ˌsaɪbɚˋneʃən; ˌsaibəˈneiʃn] *n.* Ⓤ電腦化自動控制。

cy·ber·net·ic [ˌsaɪbɚˋnɛtɪk; ˌsaibəˈnetik] *adj.* 人工頭腦學的；控制論的。**cy·ber·nét·i·cal·ly** [-klɪ; -kəli] *adv.*

cy·ber·net·ics [ˌsaɪbɚˋnɛtɪks; ˌsaibə:ˈnetiks] *n.* Ⓤ控制論，人工頭腦學；神經機械學《複雜的電腦與人類神經系統的比較研究》。

cy·ber·punk [ˋsaɪbɚˌpʌŋk; ˈsaibəpʌŋk] *n.* Ⓒ電腦壞蛋《設計有害程式的電腦搗蛋玩家；cf. computer virus》.

cy·borg [ˋsaɪbɔrg; ˈsaibɔ:g] 《*cyb*ernetic 和 *org*anism 的混合語》**—n.** Ⓒ受控機體《在科幻小說（SF）中，身體的一部分被電子裝置替代或控制的人》。

cy·cad [ˋsaɪkæd; ˈsaikæd] *n.* Ⓒ《植物》蘇鐵（科植物）。

cy·cla·mate [ˋsɪkləˌmet, ˋsaɪklə-; ˈsaikləmeit] *n.* ⓊⒸ環氨酸鹽《又稱爲糖精，作人工甘味料使用》。

cy·cla·men [ˋsɪkləmən, -ˌmɛn; ˈsikləmən] 《由於其球根成圓形（cycle）之故》**—n.** Ⓒ《植物》仙客來屬植物。

***cy·cle** [ˋsaɪkḷ; ˈsaikl] 《源自希臘文「圓」之義》**—n.** Ⓒ **1 a**（完成一連串現象的）循環期；周期：⇨ life cycle/the solar ～ ⇨ solar 1/move in a ～ 周期性地循環。**b**（季節、事件等的）一循環，一周期：the ～ of the seasons [the year] 季節[年]循環。**c**《數學》循環。**d**《電學》周波（cf. hertz）. **2**（神話、傳說等的）一套，全集；始末；（尤指）成套的史詩[傳說（等）]：the Arthurian ～ 亞瑟王故事全集/the Trojan ～ 特洛伊戰爭史詩全集。**3** 腳踏車，

三輪車，機車(等)：by ～ 騎(乘)脚踏車[三輪車，機車(等)]《★無冠詞》。

—v.i. 1 循環，輪廻，形成周期。**2** 〔動(十副詞(片語))〕騎脚踏車(等)，騎脚踏車旅行：～ *to* school 騎脚踏車去上學/go *cycling* 騎脚踏車兜風。

cy·cle·ry [ˋsaɪklərɪ; ˈsaikləri] *n.* Ⓒ脚踏車店。

cy·clic [ˋsaɪklɪk, ˋsɪk-; ˈsaiklik] «cycle 的形容詞»**—***adj.* **1** 循環的；周期性的。**2** (某一套的)史詩[傳說]的：the ～ poets 史詩詩人《繼荷馬後歌詠特洛伊戰爭的詩人》。

cý·cli·cal [-kl; -kl] *adj.* =cyclic 1. **～·ly** [-klɪ; -kəli] *adv.*

cy·cling [ˋsaɪklɪŋ; ˈsaikliŋ] *n.* Ⓤ騎脚踏車兜風。

cy·clist [ˋsaɪklɪst; ˈsaiklist] *n.* Ⓒ騎脚踏車者。

cy·cloid [ˋsaɪklɔɪd; ˈsaiklɔid] *n.* Ⓒ《幾何》擺線，旋轉線。

—*adj.* 圓形的。

cy·clom·e·ter [saɪˋklɑmətɚ; saiˈklɔmitə] *n.* Ⓒ **1** 圓弧測定器。**2** (記錄車輪等廻轉之)轉數計；計程表。

cy·clone [ˋsaɪklon; ˈsaikloun] «源自希臘文「旋轉」之義»**—***n.* Ⓒ **1** 《氣象》氣旋《在南半球風向右，在北半球風向左旋轉着移動；分溫帶氣旋與熱帶氣旋兩種；⇨ storm【同義字】》。**2 a** 大風暴。**b** 《美》龍捲風。

cýclone cèllar *n.* Ⓒ地下避風室。

cy·clon·ic [saɪˋklɑnɪk; saiˈklɔnik ˉ] «cyclone 的形容詞»**—***adj.* **1** 氣旋(性)的；颶風的；暴風的。**2** 猛烈的，强烈的。

Cy·clo·pe·an [ˌsaɪkləˋpiən; saiˈkloupiən; -piːən ˉ] «Cyclops 的形容詞»**—***adj.* **1** (獨眼巨人)Cyclops(似)的。**2** [有時 c~]巨大的。

cy·clo·pe·di·a, -pae- [ˌsaɪkləˋpidɪə; ˌsaikləˈpiːdiə] *n.* Ⓒ百科全書[辭典](encyclopedia).

cy·clo·pe·dic, -pae- [ˌsaɪkləˋpidɪk; ˌsaikləˈpiːdik] *adj.* **1** 百科全書[辭典]的。**2** 廣泛的，淵博的。

Cy·clops [ˋsaɪklɑps; ˈsaiklɔps] *n.* Ⓒ(*pl.* **～·es, Cy·clo·pes** [saɪˋklopiz; saiˈkloupiːz]) 《希臘神話》獨眼巨人《相傳居住於西西里島(Sicily)》。

Cyclops

cy·clo·ra·ma [ˌsaɪkləˋræmə, -ˋrɑmə; ˌsaikləˈrɑːmə] *n.* Ⓒ **1** 陳列於圓形室內牆上的風景或戰爭畫《觀賞者位於室之中央，有見到實景之感》。**2** 《戲劇》弧[圓]形天幕《舞臺上的弧形背景畫幕》。

cy·clo·style [ˋsaɪkləˌstaɪl; ˈsaikləstail] *n.* Ⓒ模版(stencil)複印機。

—*v.t.* 以模版複印…。

cy·clo·tron [ˋsaɪkləˌtrɑn; ˈsaiklətrɔn] *n.* Ⓒ《物理》廻旋加速器《離子加速器(accelerator)的一種》。

cy·der [ˋsaɪdɚ; ˈsaidə] *n.* 《英》=cider.

cyg·net [ˋsɪgnɪt; ˈsignit] *n.* Ⓒ小天鵝。

Cyg·nus [ˋsɪgnəs; ˈsignəs] *n.* 《天文》天鵝座(the Swan).

cyl. 《略》cylinder；cylindrical.

cyl·in·der [ˋsɪlɪndɚ; ˈsilində] «源自希臘文「滾動」之義»**—***n.* Ⓒ **1** 圓筒，圓柱。**2 a** (幫浦、引擎的)汽缸：a six-*cylinder* engine 六汽缸引擎。**b** (左輪手槍的)旋轉彈膛。**c** 《印刷》滾筒。

on áll cýlinders [**évery cýlinder**] 《口語》〈機器、功能等〉在全速運轉；盡全力地：I've recovered from my cold and am running *on all ～s.* 我的感冒已痊癒，身體非常舒暢[身體機能也全部恢復正常]。

cy·lin·dric [sɪˋlɪndrɪk; siˈlindrik] *adj.* = cylindrical.

cy·lin·dri·cal [sɪˋlɪndrɪkl; siˈlindrikl] *adj.* 圓筒(形)的；圓柱(狀)的。

～·ly [-klɪ; -kəli] *adv.*

cym·bal [ˋsɪmbl; ˈsimbl] *n.* Ⓒ [常～s] 鐃鈸，銅鈸《兩片圓盤狀銅製金屬板互擊發出響亮聲音的樂器》。

cymbals

cým·bal·ist [-lɪst; -list] *n.* Ⓒ銅鈸手，擊鈸者。

Cym·ric [ˋsɪmrɪk, ˋkɪmrɪk; ˈkimrik] *adj.* 威爾斯人的，威爾斯語的(Welsh). **—***n.* Ⓤ威爾斯語。

Cym·ry [ˋsɪmrɪ, ˋkɪmrɪ; ˈkimri] *n.* [**the** ～；集合稱；當複數用] 威爾斯人(the Welsh)；威爾斯之塞爾特人(Celt).

cyn·ic [ˋsɪnɪk; ˈsinik] «源自希臘文「似狗的」之義»**—***n.* **1** Ⓒ憤世嫉俗者，諷世者；性情乖戾的人，玩世不恭的人《★認爲人的一切行爲均出於利己，對一切抱着不信任與輕視態度的人》。**2 a** [C~] Ⓒ犬儒學派的人《爲希臘哲學的一派，提倡自由獨立的人格，由於實踐禁慾性的消極主義，過着如窮犬般行乞的生活》。**b** [**the Cynics**] 犬儒學派。

—*adj.* **1** =cynical. **2** [C~] 犬儒學派的。

cyn·i·cal [ˋsɪnɪkl; ˈsinikl] «cynic 的形容詞»**—***adj.* **1** 挖苦的，譏笑的，冷嘲的，憤世嫉俗的(cf. cynic *n.* 1)：a ～ smile 冷笑。**2** [不用在名詞前]〔十介十(代)名〕〔對…〕譏刺的，冷笑的，不相信的[*about*]：He was ～ ***about*** her prospects for success. 他不相信她有成功的希望。**3** 邪惡的，心狠手辣的。

～·ly [-klɪ; -kəli] *adv.*

cýn·i·cism [-ˌsɪzəm; -sizəm] *n.* **1 a** Ⓤ憤世嫉俗，譏嘲的習癖。**b** Ⓒ譏嘲的言詞[行爲]。**2** [C~] Ⓤ犬儒哲學，犬儒主義(⇨ cynic *n.* 2).

cy·no·sure [ˋsaɪnəˌʃʊr, ˋsɪnə-; ˈsinəzjuə, -ʃuə] *n.* Ⓒ《文語》(衆人)注視[注目，讚嘆]的對象[*of*].

Cyn·thi·a [ˋsɪnθɪə; ˈsinθiə] *n.* **1** 辛西雅《月之女神黛安娜(Diana)的別名》。**2** Ⓤ《詩》月《擬人化的說法》。

cy·pher [ˋsaɪfɚ; ˈsaifə] *n., v.* =cipher.

cy·press [ˋsaɪprəs; ˈsaipris] *n.* **1** Ⓒ《植物》柏樹《★由於此樹可用作棺材，而且一旦砍斷即無法再生，古時被當作喪事的象徵》。**2** Ⓤ柏樹材。

Cyp·ri·an [ˋsɪprɪən; ˈsipriən] *adj.* **1** =Cypriot. **2** (愛之女神)維納斯(Venus)的。

—*n.* **1** =Cypriot 1. **2** [**the** ～] (女神)維納斯(Venus).

Cyp·ri·ot [ˋsɪprɪət; ˈsipriət], **Cyp·ri·ote** [-ˌot; -out] *adj.* 塞普勒斯(Cyprus)的；塞普勒斯人[語]的。

—*n.* **1** Ⓒ塞普勒斯人。**2** Ⓤ(希臘文的)塞普勒斯島方言。

Cy·prus [ˋsaɪprəs; ˈsaiprəs] *n.* 塞普勒斯《位於地中海東部的一島，爲大英國協的一共和國；相傳爲女神維納斯(Venus)的出生地；首都尼古西亞(Nicosia)》.

Cy·ril·lic [səˋrɪlɪk; siˈrilik] *adj.* 古代斯拉夫文字(認係 Saint Cyril 所創)的；以古代斯拉夫文字寫的：the ～ alphabet 古代斯拉夫語的字母《現在蘇聯、保加利亞語等的字母》。

—*n.* Ⓤ古代斯拉夫語的字母。

cyst [sɪst; sist] *n.* Ⓒ **1** 《動物・植物》包囊：the urinary ～ 尿液囊腫。**2** 《醫》囊腫，胞囊。

cyst·ic [ˋsɪstɪk; ˈsistik] «cyst 的形容詞» **—***adj.* **1** 有包囊的。**2** 《解剖》膀胱的；膽囊的。

cys·ti·tis [sɪsˋtaɪtɪs; sisˈtaitis] *n.* Ⓤ《醫》膀胱炎。

cy·tól·o·gist [-dʒɪst; -dʒist] *n.* Ⓒ細胞學家。

cy·tol·o·gy [saɪˋtɑlədʒɪ; saiˈtɔlədʒi] *n.* Ⓤ細胞學。

czar [zɑr; zɑː] «源自俄語 'Caesar' 之義» **—***n.* Ⓒ **1** [C~] 沙皇(Tzar)《舊時俄國皇帝的稱號》。**2 a** 專制君主；獨裁者。**b** 掌權者；指導者。

cza·ri·na [zɑˋrinə; zɑːˈriːnə], **Cza·rit·za** [zɑˋrɪtsə; zɑːˈritsə] *n.* Ⓒ **1** 沙皇之妻。**2** 舊時俄國女王的稱號。

czar·ism [ˋzɑrɪzəm; ˈzɑːrizəm] *n.* Ⓤ專制[獨裁]政治。

Czech [tʃɛk; tʃek] *n.* **1** Ⓒ **a** 捷克人《主要指居住於波希米亞(Bohemia)和摩拉維亞(Moravia)的斯拉夫族(Slav)人》。**b** 《俚》捷克斯拉夫人，捷克人。**2** Ⓤ捷克語《近似斯拉夫語(Slovak)》.

—*adj.* **1** 捷克斯拉夫的，捷克的。**2** 捷克人[語]的。

Czech. 《略》Czechoslovakia(n).

Czech·o·slo·vak, Czech·o-Slo·vak [ˌtʃɛkəˋslovæk, -vɑk; ˌtʃekəˈslouvæk ˉ] *n.* Ⓒ捷克斯拉夫人，捷克人。

—*adj.* 捷克斯拉夫(人)的。

Czech·o·slo·vak·i·a, Czech·o-Slo·vaki·a [ˌtʃɛkəsloˋvækɪə; ˌtʃekəslouˈvækiə] *n.* 捷克《歐洲中部的一共和國；首都布拉格(Prague)》.

Czech·o·slo·vak·i·an [ˌtʃɛkəsloˋvækɪən; ˌtʃekəslouˈvækiən ˉ] *n., adj.* = Czechoslovak.

Dd **D d** *Dd*

D

d, D[1] [di; di:] *n.* (*pl.* **d's, ds, D's, Ds** [~z; ~z]) **1** ⓊⒸ英文字母的第四個字母(cf. delta). **2** Ⓤ(一序列事物的)第四個。**3** Ⓤ(羅馬數字的)五百:C*D* [c*d*] =400/*D*C [*d*c] =600.

D[2] [di; di:] *n.* (*pl.* **D's, Ds** [~z; ~z]) **1** ⒸD 字形(之物)。**2** ⓊⒸ(五階段評價的)丁等《最低的及格成績;cf. grade 3》. **3** Ⓤ《音樂》**a** D 音《(固定唱法)C 大調音階中的第二音》:*D* flat[sharp]降[升]D 調。**b** D 調:*D* major[minor] D 大調[小調]。

—*adj.* 平均以下的,劣等的。

D《略》density;drive;《符號》《化學》deuterium;《化學》didymium. **d.**《略》date;daughter(s);dead;degree;dele(te);denarius, denarii;departs;diameter;died;dime;dividend;dollar;dose(s);drachma(s);dram(s);drama. **D.**《略》December;Democrat(ic);Department;*Deus*[拉丁文=God];Doctor;Don;Duchess;Duke;Dutch.

'd [d; d] *v., aux.*《口語》**1** [用於代名詞的主詞後]had, would, should 之略(cf. I'd):I'*d* [aɪd; aid] =I had [would, should]. **2** [用於 where, what, when 等疑問句]did 之略:When'*d* he start? =When did he start?

d— [di, dæm; di:, dæm] ⇨ damn *v.t.* 3 b.

D.A.《略》district attorney.

dab[1] [dæb; dæb](**dabbed**;**dab·bing**) *v.t.* 〔十受十介十(代)名〕**1** 〔用…〕輕敲,輕撫,輕按,輕敷,輕撲…〔*with*〕:~ one's cheek ***with*** powder [a powder puff] 用粉[粉撲]輕撲面頰/~ one's eyes *with* a handkerchief 用手帕輕擦眼睛。**2** 將〈油漆、藥膏等〉(草率地)塗敷〔在…〕〔*on, over*〕:He *dabbed* paint ***on*** the wall. 他將油漆塗敷在牆上。

—*v.i.* 〔十介十(代)名〕〔用…〕輕拍,輕撲〔…〕〔*at*〕〔*with*〕:She *dabbed* ***at*** her face ***with*** a puff. 她用粉撲輕拍著臉。

—*n.* **1** Ⓒ輕拍,輕按〔*at*〕〔*with*〕. **2** Ⓒ(油漆、藥膏等的)草率塗敷。**3** Ⓒ《口語》少量〔*of*〕:a ~ *of* butter[oil]少量奶油[油]。**4** [~s]《英俚》指紋。

dab[2] [dæb; dæb] *n.* (*pl.* ~, ~s) **1** Ⓒ《魚》黃蓋鰈《鰈科黃蓋鰈屬比目魚的統稱;尤指歐洲黃蓋鰈,供食用》。**2** Ⓤ黃蓋鰈的肉。

dab[2] 1

dab[3] [dæb; dæb] *n.* (又作 **dáb hànd**) Ⓒ《英口語》好手;高手,專家〔*at*〕:He's a ~ *at* chess [mend*ing* tools]. 他是下西洋棋[修理工具]的好手。

dab·ber ['dæbɚ; 'dæbə] *n.* Ⓒ**1**輕拍之人[物];輕撫者;塗敷者。**2** (印刷或鐫板所用之)敷墨具,上墨皮墊。

dab·ble ['dæbl; 'dæbl] *v.t.* 使〈手、腳等〉濺濕,以〈手、腳〉戲水。**—***v.i.* **1 a** 戲[玩]水。**b** 〔十副詞(片語)〕濺水而行[前進]。**2** 〔十介十(代)名〕業餘性地從事,涉獵,涉足,淺嘗〔…〕〔*at, in, with*〕:~ ***at*** painting 涉獵繪畫,業餘性地從事繪畫/~ ***in*** stocks 小玩股票。

dáb·bler *n.* Ⓒ(業餘性的)愛好者,涉獵者〔*at, in, with*〕.

dáb·chìck *n.* Ⓒ《鳥》小鸊鷉《鸊鷉科潛水性地鳥之體型小者》。

da ca·po [da'kapo; da:'ka:pou] «源自義大利語 '(repeat) from the head' 之義»**—**《音樂》*adv.* 從頭(反覆一遍),反覆。

—*adj.* [用在名詞前]反覆的,從頭的。

dace [des; deis] *n.* Ⓒ(*pl.* ~, ~s)《魚》**1** 雅羅魚《歐洲產的鯉科小型淡水魚》。**2** 鱵《北美產鯉科鱵屬小魚》。

da·cha, dat·cha ['datʃə; 'da:tʃə] «源自俄語»**—***n.* Ⓒ(俄國的)鄉間別墅。

dachs·hund ['daks,hund; 'dæks-hund] «源自德語 'badger dog' 之義»**—***n.* Ⓒ獵獾狗《俗稱臘腸狗,一種身長腿短的德國種獵狗,常用於獵獾》。

dachshund

da·coit [də'kɔɪt; də'kɔit] «源自印度語»**—***n.* Ⓒ(印度、緬甸的)土匪;强盜。

Da·cron ['dekran, 'dæk-; 'dækrɔn, 'dei-] *n.* ⓊⒸ《商標》達克龍《合成纖維的一種》。

dac·tyl ['dæktɪl, -tl; 'dæktil] «源自拉丁文「手指」之義;因音節數與手指關節同樣有三節(一長節及兩短節)»**—***n.* Ⓒ《詩學》**1** (英詩的)揚抑抑格《一個長音節後接兩個短音節或一個重音節後接兩個輕音節的韻律,即ㄧ××;如 Trávelling | páinfully | óver the | rúgged road. (Southey);cf. foot 6》. **2** (古典詩的)長短短格《ㄧ◡◡》.

dac·tyl·ic [dæk'tɪlɪk; dæk'tilik] «dactyl 的形容詞»**—***adj.* (英詩的)揚抑抑格的;(古典詩的)長短短格的。

—*n.* Ⓒ[常 ~s](英詩的)揚抑抑格的詩(行);(古典詩的)長短短格的詩(行)。

dac·tyl·o·gram [dæk'tɪlə,græm; dæk'tiləgræm] *n.* Ⓒ指紋。

dac·ty·log·ra·phy [,dæktɪ'lagrəfɪ; ,dækti'lɔgrəfi] *n.* Ⓤ指紋學,指紋法。

dac·ty·lol·o·gy [,dæktɪ'lalədʒɪ; ,dækti'lɔlədʒi] *n.* Ⓤ指語術《以手指表達意思之法》。

***dad** [dæd; dæd] *n.* Ⓒ[也用於稱呼]《口語》**爸,爹**《★[用法]如 father 等,通常無冠詞;cf. papa, mammy 1》.

da·da ['dædə; 'dædə] *n.* =dad.

Da·da ['dada, 'dadə; 'da:da:] *n.* Ⓤ達達派[主義]《1916–22 年間興起的虛無主義藝術運動》。

Dá·da·ism [-,ɪzəm; -izəm] *n.* =Dada.

Dá·da·ist [-ɪst; -ist] *n.* Ⓒ達達派[主義]的藝術家。**—***adj.* 達達派[主義]的。

***dad·dy** ['dædɪ; 'dædi] *n.* Ⓒ[也用於稱呼]《口語》**爸爸,爹**(cf. mammy 1).

dáddy lóng·lègs *n.* Ⓒ (*pl.* ~) **1** 《英口語》《昆蟲》長脚蚊《★大蚊(crane fly)的俗稱》。**2** 《美》《動物》長脚蛛,長脚爺叔《★盲蜘蛛(harvestman)的俗稱》。

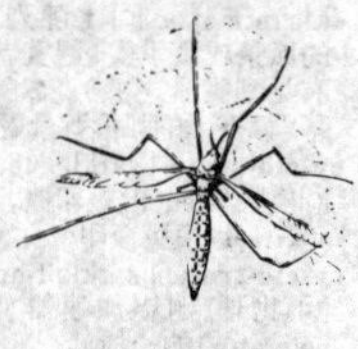

daddy longlegs 1

da·do ['dedo; 'deidou] *n.* Ⓒ (*pl.* 《美》~es,《英》~s)《建築》**1** 護壁板《牆壁下面用木材鋪成者》。**2** 墩身,基座《圓柱下面的方形部分》。

dae·dal ['didl; 'di:dl] *adj.* **1** 巧妙的,有技巧的。**2** 狡獪的。**3** 複雜的;多變化的。

Daed·a·lus ['dɛdləs; 'di:dələs] *n.*《希臘神話》狄德勒斯《在克里特島(Crete)建造迷宮(labyrinth)的雅典名匠》。

dae·mon ['dimən; 'di:mən] *n.* Ⓒ **1** 《希臘神話》(介於諸神與人類之間的)精靈。**2** 守護神,護靈(genius). **3** =demon 1.

dae·mon·ic [dɪ'manɪk; di'mɔnik] *adj.* =demonic.

daf·fo·dil ['dæfə,dɪl; 'dæfədil] *n.* Ⓒ《植物》**黃水仙**《★石蒜科水仙屬觀賞植物,春天開喇叭狀淡黃色的花,與韮葱(leek)同為威爾斯(Wales)的象徵;cf. narcissus, jonquil》.

daf·fy ['dæfɪ; 'dæfi] *adj.* (**daf·fi·er**;**daf·fi·est**)《口語》**1** 愚笨的。**2** 瘋狂的。

daft [dæft; da:ft] *adj.*《英口語》**1** 愚笨的,癡傻的。**2** 癲狂的:go ~ 變成癲狂,發狂。**~·ly** *adv.* **~·ness** *n.*

da Gama [də'gamə, -'gæmə; də'ga:mə] *n.* ⇨ Gama.

dag·ger ['dægɚ; 'dægə] *n.* Ⓒ **1** **短劍,匕首**。**2** 《印刷》劍號(†)(obelisk)《用以表示參照或歿於何年的符號》。

at dággers dráwn (1)〔與某人〕互相仇視,劍拔弩張〔*with*〕. (2)〔與某人〕反目成仇,勢不兩立〔*with*〕.

lóok dággers at... 瞪眼看〈人〉;對…怒目而視。

dagger 1

da·go ['dego; 'deigou] *n.* Ⓒ(*pl.* ~s, ~es)《口語·輕蔑》義大利[西班牙,葡萄牙](血統的)人。

da·guerre·o·type [də'gɛrə,taɪp; də'gerətaip] «源自法國攝影術發明人之名»**—***n.* **1** Ⓤ(古時的)銀版攝影術。**2** Ⓒ銀版攝影照片。

dag·wood ['dæg,wud; 'dægwud] «源自美國的新聞漫畫 *Blondie*(白朗黛)中人物之名»**—***n.* [常 D~]Ⓒ[當作菜名時為Ⓤ]《美》大梧三明治《中間夾有很多作料的三明治》。

dahl·ia ['dæljə, 'daljə, 'deljə; 'deiljə] «源自瑞典植物學家之名»**—***n.* Ⓒ《植物》大麗花《菊科大麗花屬觀賞植物的統稱》。

Da·ho·mey [dəˋhomɪ, dɑˋhome; dəˈhoumi] *n.* 達荷美《西非的一個共和國，1976 年改稱貝南(Benin)，首都新港(Porto-Novo)》.

Dail (Eir·eann) [ˋdɔɪl(ˋerən); ˌdail(ˈɛərən), ˌdɔil-] 《源自愛爾蘭語 'assembly (Ireland)' 之義》—*n.* [**the** ~] (愛爾蘭共和國國會的)下議院(cf. Seanad Eireann).

‡**dai·ly** [ˋdelɪ; ˈdeili] *adj.* [用在名詞前] (無比較級、最高級) **1 a** 每天的《★有時不包括星期天，有時不包括星期六及星期日》: ~ exercise 每天(規定做)的運動/a ~ help《英》每天來上班的傭人。**b** 日常的: (one's) ~ life 日常生活。

2 日報的〈報紙等〉《★有時除去星期天，有時除去星期六及星期日》: a ~ (news)paper 日報。

3 逐日計算的: in ~ instalments 以每日分期付款方式/~ interest 日息。

—*adv.* (無比較級、最高級) 每日(every day).

—*n.* Ⓒ **1** 日報。**2**《英口語》每天來上班的傭人(daily help).

dáily bréad *n.* Ⓤ [常 **one's** ~] 每天的糧食，生計: earn one's ~ 賺取生活費，謀生/Give us this day our ~. 請今天也賜給我們每天的糧食吧《★「主禱文」(the Lord's Prayer)中的一段；出自聖經「馬太福音」》。

dáily dózen 《源自原由十二種類的組合而成》—*n.* [**one's** ~, **the** ~]《口語》(爲增强體力的)每天的體操: do one's ~ 做每天的體操。

dain·ty [ˋdentɪ; ˈdeinti] 《源自拉丁文「品位」之義》—*adj.* (**dain·ti·er**; **-ti·est**) **1** 嬌美的，嬌小的，可愛的: a ~ girl 嬌美的女子。

2 美味的，風味好的: ~ bits 美味的食物，珍饌佳餚。

3 a (尤指對食物)挑剔的；講究的: a ~ eater 講究飲食的人。**b** [不用在名詞前] [十介十(代)名] 很講究[…]的，挑剔[…]的〔*about*〕: He is ~ ***about*** his food. 他對食物很講究。

—*n.* Ⓒ美味[可口]的東西，珍饌佳餚。

dáin·ti·ly [-tlɪ; -tili] *adv.* **-ti·ness** *n.*

dai·qui·ri [ˋdaɪkərɪ; ˈdaikəri] 《源自古巴的甜酒產地名》—*n.* Ⓤ [指個體時爲Ⓒ] 台克利酒《甜酒、萊姆[檸檬]汁、砂糖加冰而成的鷄尾酒》。

dair·y [ˋdɛrɪ; ˈdɛəri] 《源自古英語「製麪包者」之義》—*n.* Ⓒ **1** (農場內的)擠奶棚，奶油[乳酪]製造廠。**2** (又作 **dáiry fàrm**)酪農場，牛奶場。**3** 出售牛奶[奶油]的商店。

—*adj.* [用在名詞前] 酪農的，乳酪的: ~ produce [products] 酪農產品，乳酪製品/a ~ farmer 酪農業者/~ farming 酪農業。

dáiry brèed *n.* Ⓒ乳牛種。

dáiry càttle *n.* [集合稱；當複數用] 乳牛(cf. beef cattle)《★此語無複數》。

dáiry còw *n.* Ⓒ乳牛。

dáir·y·ing *n.* Ⓤ酪農[乳品]業。

dáiry·màid *n.* Ⓒ《古》酪農場的女工，擠奶女工。

dáiry·man [-mən; -mən] *n.* Ⓒ (*pl.* **-men** [-mən; -mən]) **1** 酪農場的男工。**2 a** 乳製品[酪農製品]銷售業者。**b**《古》賣牛奶的人。

da·is [ˋde·ɪs; ˈdeiis] *n.* Ⓒ [常用單數] **1** (廳、餐廳的)高座，上座。**2** (禮堂的)講台(platform).

dai·sy [ˋdezɪ; ˈdeizi] *n.* Ⓒ **1**《植物》**a** 雛菊《菊科雛菊屬草本植物的統稱》。**b** 牛眼菊。

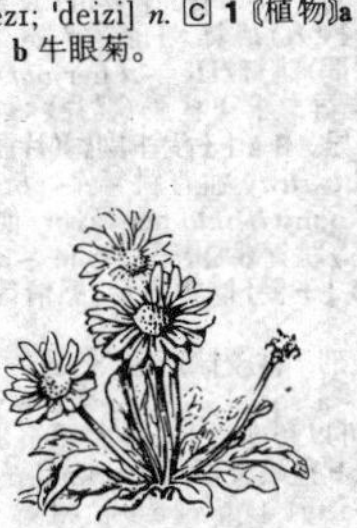

daisy 1 a

daisy 1 b

【字源】源於太陽的別名 day's eye(白天的眼睛)。傳說是因爲雛菊的花心像太陽，花瓣像太陽的光芒之故。也有一說是因爲雛菊早上開，傍晚即凋謝。自古以來雛菊因象徵「天眞」爲人所喜愛而常在詩歌中出現。

【說明】英國的雛菊(English daisy)莖短，開白色或粉紅色花。美國的牛眼菊(oxeye daisy)則莖長開白色花。年輕人用此花占卜愛情時，一面唸著"He loves me." "He loves me not." "He loves me more than earth or heaven."(他愛我。他不愛我。他愛我直到天荒地老。)一面數著花瓣，到最後一瓣所唸的一句來決定愛情的成敗。

2《俚》極好的東西[人]。

(**as**) **frésh as a dáisy** ⇨ fresh[1].

púsh úp (the) dáisies《謔》被埋葬，死。

dáisy chàin *n.* Ⓒ雛菊花環。

Da·ko·ta [dəˋkotə; dəˈkoutə] *n.* (*pl.* ~, ~**s**) **1** 達科塔《美國中部的地方；分爲北達科塔(North Dakota)與南達科塔(South Dakota)兩州》。

2 a [**the** ~(**s**)] 達科塔族《北美印地安人蘇族(Sioux)的一支族》。**b** Ⓒ達科塔族人。

Da·ko·tan [dəˋkotn; dəˈkoutn] 《Dakota 的形容詞》—*adj.* 達科塔的。—*n.* Ⓒ達科塔族人。

Da·lai Lama [dəˋlaɪˋlɑmə, ˋdɑlaɪ-; ˌdælaiˈlɑːmə, ˌdɑːlai-] *n.* [**the** ~] ⇨ lama.

dale [del; deil] *n.* Ⓒ《詩・北英》(丘陵地帶等的廣大)山谷。

dales·man [ˋdelzmən; ˈdeilzmən] *n.* Ⓒ (*pl.* **-men** [-mən; -mən]) (尤指英格蘭北部諸郡)住在山谷中的居民。

Dal·las [ˋdæləs; ˈdæləs] *n.* 達拉斯《美國德克薩斯州(Texas)東北部的一個城市》。

dalles [dælz; dælz] *n. pl.* (流經峽谷的)急流。

dal·li·ance [ˋdælɪəns; ˈdæliəns] 《dally 的名詞》—*n.* **1** ⓊⒸ **a** 調戲，調情，戲弄。**b** 輕浮的行爲: a costly ~ *with* the stock market 玩弄股市的昂貴代價《玩股票而被套牢》。**2** Ⓤ(時間的)浪費。

dal·ly [ˋdælɪ; ˈdæli] *v.i.* **1** [十介十(代)名] **a** 遷延；不愼重地考慮[提案、問題等]；玩忽，慢吞吞地處理[工作等]〔*with*〕: Bill *dallied with* the offer for days. 比爾把這項提議稽延了好幾天。**b** [與異性]調情；玩弄[異性的感情]〔*with*〕: ~ ***with*** a girl 與女子調情/One shouldn't ~ ***with*** a girl's affection. 一個人不該玩弄女孩子的感情。

2 a 〔動(十副)〕閒蕩，拖拖拉拉〈*about*〉. **b** [十介十(代)名] [工作、用餐等]荒廢時間，拖拖拉拉〔*over*〕: ~ ***over*** one's work 拖拖拉拉地工作。

—*v.t.* [十受十副] 浪費〈時間〉，蹉跎〈時光〉〈*away*〉: ~ ***away*** the time 浪費時間，閒蕩。

Dal·ma·tia [dælˋmeʃɪə, -ʃə; dælˈmeiʃjə, -ʃə] *n.* 達爾馬希亞《南斯拉夫西部亞得里亞海(Adriatic)沿岸地區》。

Dal·ma·tian [dælˋmeʃən; dælˈmeiʃn] *n.* (又作 **Dalmátian dòg**) Ⓒ大麥町犬《全身白色有黑或紅褐色小斑點》。

Dalmatian

***dam**[1] [dæm; dæm] *n.* Ⓒ**水壩**，堰: the Hoover *D*~ 胡佛水壩。

—*v.t.* (**dammed**; **dam·ming**) [十受(十副)] **1** 建水壩於…〈*up*〉. **2 a** 建水壩[築堤]防〈水流〉〈*up*〉. **b** (以不正常的方式)抑制〈感情等〉，堵住…〈*up*〉: ~ ***up*** one's anger [grief] 抑制憤怒[悲傷]。

dam[2] [dæm; dæm] *n.* Ⓒ(尤指家畜的)母獸(cf. sire).

‡**dam·age** [ˋdæmɪdʒ; ˈdæmidʒ] 《源自拉丁文「損害，損失」之義》—*n.* **1** Ⓤ**損害**，損傷，破損，損失: do [cause] ~ to... 損害…，損傷…。**2** [**the** ~]《口語》費用，代價，價錢: What's *the* ~? 費用是多少? **3** [~**s**]《法律》損害賠償(額): claim [pay] ~*s* 要求[付]損害賠償。

—*v.t.* [十受] **1** 損害…《★常用被動語態；⇨ injure【同義字】》: The front part of my car *was* ~*d* when it hit the wall. 我的車子撞到牆時車頭部分受了損害。

2 損傷〈人〉的名譽。

dám·ag·ing *adj.* **1** 損失的，損傷的，有害的。**2** (法律上)不利的: a ~ statement 不利的陳述/~ evidence 不利的證據。

dam·a·scene [ˋdæməˌsin, ˌdæməˋsin; ˈdæməsiːn, ˌdæməˈsiːn] *adj.* 〈鋼鐵〉有波狀花紋的。

Da·mas·cus [dəˋmæskəs; dəˈmæskəs, -ˈmɑːs-] *n.* 大馬士革《敍利亞(Syria)的首都》。

dam·ask [ˋdæməsk; ˈdæməsk] *n.* Ⓤ花緞，錦緞，斜紋布《做桌布、窗簾等用》。

—*adj.* **1** 緞子的。**2**《詩》玫瑰色的，淡紅色的。

dámask róse *n.* **1** Ⓒ大馬士革薔薇《薔薇屬草本植物，開芳香的淡紅色花，從其花中可提取香料用玫瑰油》。**2** Ⓤ淡紅色。

dame [dem; deim] 《源自拉丁文「婦女」之義》—*n.* **1** Ⓒ**a**《古・詩・謔》貴婦人(lady). **b**《美俚》女人；行爲不端的女人，妓女。

2 [**D**~] **a** 夫人《對於擁有相當於爵士爵位(knight)的婦女的尊稱；★用法與男子的 Sir 的用法一樣，加在受洗時所取的教名(Christian name)前面》: *D*~ Ellen (Terry) 愛蓮(・泰瑞)夫人。**b** [用於擬人化的尊稱] 女神: *D*~ Fortune [Nature] 命運[自然]女神。

dáme schòol *n.* Ⓤ [指設施時爲Ⓒ]《古》小型幼童學校《從前婦女開放自宅供作教育兒童的小學堂》。

dam·mit [ˋdæmɪt; ˈdæmit] «源自 damn it» —*interj.* 《口語》該死！糟了！

***damn** [dæm; dæm] *v.t.* 〔十受〕**1** 〈神〉**處罰**〈人〉，使…墮地獄。**2** **嚴厲批評**，貶責〈文藝作品、戲劇等〉：The reviewers ~*ed* his new novel. 那些書評家把他的新小說貶得一文不值。**3 a** 對…說 damn，咒罵〈人〉：He ~*ed* his men right and left. 他胡亂地咒罵部屬。**b** [用假設語氣或祈使語氣，間接表示憤怒、焦慮、失望等] 該死！《★用法 damn 被認爲是下流的話，因此有時爲了避諱而略作 d—n [dæm, din; dæm, di:n] 或 d— [di, dæm; di:, dæm]》：*D~* it (all)！該死！/*D~* you！= God ~ you！混帳！混蛋！/God ~ it！該死！糟了！

—*v.i.* **1** 說 damn，咒罵，詛咒。**2** [當感嘆詞用]《俚》該死！糟了：*D~*！I've forgotten my key. 糟了，我忘了鑰匙。

dámn...with fáint práise ⇨ praise.

I'll be [I'm] dámned if.... 《口語》[强烈否定 if 子句] 絕不是[不做]…：*I'll be ~ed if* I('ll) do such a thing. 我絕不做那樣的事/*I'm ~ed if* it is true. 那絕不是眞實的。

(Wéll,) I'll be dámned！ 《口語》眞想不到！

—*n.* **1** Ⓒ(說 damn 這個字的)咒罵。**2** [**a** ~；用於否定句]《口語》一點也(不…)，毫(不…)：*not* give [care] *a* ~ 一點也不在乎/I do*n't* give *a* ~ what they say. 我一點也不在乎他們說什麼/*not* worth *a* ~ 一文不值，毫無價值。

—*adj.* [用在名詞前] (無比較級、最高級)《俚》要命的，非常的：a ~ fool 無比的大傻瓜/a ~ lie 彌天大謊。

dámn áll 《英俚》毫無…，完全沒有…：You'll get ~ *all* out of the work. 你做那工作什麼也得不到。

—*adv.* (無比較級、最高級)《俚》非常地，極，要命地：I'm ~ tired. 我累得要命/It's a ~ good idea. 那是個極好的主意。

dámn wéll 《俚》確實，完全：I know ~ *well* what you're thinking about. 我很清楚你在想什麼。

dam·na·ble [ˋdæmnəbl; ˈdæmnəbl] *adj.* **1** 該下地獄的。**2** 《口語》該死的，可惡的，討厭的，很壞的：a ~ lie 該死的謊言。

dám·na·bly [-nəblɪ; -nəbli] *adv.* **1** 該死地，可惡地。**2** 《口語》非常地，要命地，極：~ unkind 極不親切的。

dam·na·tion [dæmˋneʃən; dæmˈneiʃn] «damn 的名詞» —*n.* Ⓤ 墮[下]地獄，天譴；毀滅：(May) ~ take it [you]！《俚》該死！混帳！

in damnátion [用以加强語氣]《俚》到底，究竟：What *in* ~ are you talking about？你們到底在談什麼？

—*interj.* 該死！糟了！完了！

dam·na·to·ry [ˋdæmnəˏtorɪ, -ˏtɔrɪ; ˈdæmnətəri] *adj.* **1** 詛咒的；該死的。**2** 非難的。

damned [dæmd; dæmd] *adj.* **1 a** 被判永遠禁錮於地獄的，被詛咒的。**b** [**the** ~；當複數名詞用] 地獄的亡魂。**2** [用在名詞前]《口語》**a** 討厭的，可惡的。**b** [用以加强語氣] 該死的，要命的，無比的《★用法 常因避諱而寫作 d—d，讀作 [ˋdid; ˈdi:d]》：You ~ fool！你這個該死的笨蛋！/It's a ~ lie！豈有此理的大謊言！

—*adv.* [用以加强語氣]《口語》要命地，非常地，極：It's ~ hot. 熱得要命/a ~ good car 很棒的車子。

damned·est [ˋdæmdɪst; ˈdæmdist] «damned 的最高級» —*adj.* [用在名詞前] [**the** ~] 非常離譜的，很驚人的，完全異常的：That's *the* ~ story I ever heard. 那是我所聽過最沒道理的話《我沒聽過那樣沒道理的話》。

—*n.* [**one's** ~] 最大的努力：try [do] one's ~ 盡最大的努力，盡全力。

damn·ing [ˋdæmɪŋ; ˈdæmiŋ] *adj.* **1** 《罕》〈罪惡〉招致毀滅(似)的，使身敗名裂的：a ~ sin 招致身敗名裂的罪孽。**2** 〈證據等〉確鑿的，無法逃避的：the ~ evidence *against* him 對他不利的確鑿證據。

Dam·o·cles [ˋdæməˏkliz; ˈdæməkli:z] *n.* 達摩克利玆《西拉庫斯 (Syracuse) 暴君戴恩尼休斯 (Dionysius) [ˏdaɪəˋnɪʃɪəs, -ˋnɪsɪəs; ˌdaiəˈnisiəs] (430？–367 B.C.) 的廷臣》。

the swórd of Dámocles = Dámocles' swórd (處身榮華中，也有)逼近身邊的危機，幸福中所隱藏的危險。

> **【字源】** 達摩克利玆 (Damocles) 非常稱羨國王的幸福，國王戴恩尼休斯 (Dionysius) 爲了讓達摩克利玆瞭解當國王的眞貌，便招待達摩克利玆進宮，讓他坐在王座上，達摩克利玆這時發覺王座上方有一把劍卻只用一根毛髮吊著，嚇得不敢動彈，更不敢動手取食眼前的美味佳餚。
> 戴恩尼休斯這樣做是爲了使達摩克利玆領悟到王位周圍經常是危機四伏，並不像表面上那樣安泰，可以高枕無憂。這成語便是源自這一則典故；cf. hang by a (single) HAIR.

Da·mon [ˋdemən; ˈdeimən] *n.* 《希臘傳說》戴蒙。

Dámon and Pýthias 生死之交，刎頸之交，莫逆。

> **【字源】** 源自紀元前四世紀間的希臘故事，戴蒙與皮西雅斯 (Pythias) 二人係刎頸之交。皮西雅斯因觸犯王法被判死刑，刑前提出回家料理私事的請求。戴蒙挺身而出願替代皮西雅斯入獄並保證如果友人逾期不歸，願代其受死。皮西雅斯返家後在約定日期仍未返回，而就在國王正要處死戴蒙時，皮西雅斯及時趕回。國王深爲他們的友情所感動，因而還他二人自由之身。

***damp** [dæmp; dæmp] «源自拉丁文「濕氣」之義» —*adj.* (~·er; ~·est) 有濕氣的，潮濕的 (⇨ wet【同義字】)：~ air 潮濕的空氣/a ~ day 潮濕的日子。

—*n.* Ⓤ**濕氣**，水氣：catch a chill in the evening ~ 在傍晚的濕氣中受寒。

—*v.t.* **1** 〔十受〕使…潮濕。

2 〔十受(十副)〕**a** 使〈火勢、聲音等〉減弱，熄滅〈*down*〉：~ (*down*) a fire (倒灰在火上或使爐子不通風等)減弱火勢。**b** 使…挫折，使…沮喪〈*down*〉：~ a person's enthusiasm 減弱某人的熱情，潑某人冷水。

3 〔十受(十副)〕《音樂》使〈弦〉停止振動〈*down*〉.

—*v.i.* 〔十副〕〈植物〉(因濕氣過多而)枯萎，腐爛〈*off*〉.

~·**ly** *adv.* ~·**ness** *n.*

dámp còurse *n.* Ⓒ《建築》(鋪於牆壁下端爲防止地面濕氣由磚塊上升的)防濕[潮]層。

damp·en [ˋdæmpən; ˈdæmpən] «damp 的動詞» —*v.t.* **1** 使…潮濕。**2 a** 使〈興致、熱誠〉受挫折。**b** 使〈人〉洩氣，使…沮喪。

—*v.i.* 變潮濕。

dámp·er *n.* Ⓒ **1** 掃興的人[物]：cast [put] a ~ on... 掃…的興。**2** (爐子等的)通風調節裝置，節氣閘；風門。**3** 《音樂》**a** (鋼琴的)斷音裝置，制音器。**b** (小提琴等的)弱音器。**4** (汽車等的)緩衝器，減振器。

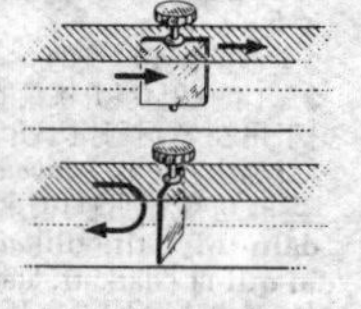
damper 2

dámp·ish [-pɪʃ; -piʃ] *adj.* 稍濕的，含濕氣的。

dámp·próof *adj.* 防濕性的：a ~ course = damp course.

dam·sel [ˋdæmzl; ˈdæmzl] «源自拉丁文「年輕婦女 (dame)」之義» —*n.* Ⓒ **1** 《古·文語》(身分高的)未婚女子，閨女，姑娘。**2** 《謔》女子，少女。

dam·son [ˋdæmzn; ˈdæmzn] *n.* Ⓒ **1** 《植物》西洋李子樹《李屬喬木，紀元前由敍利亞傳至義大利、希臘》。**2** 西洋李子《暗紫色核果，可製李子醬或李子乾》。

Dan [dæn; dæn] *n.* 丹《男子名；Daniel 的暱稱》。

Dan. 《略》Daniel；Danish.

‡dance [dæns; dɑ:ns] *v.i.* **1** 〔動(十副詞(片語))〕**跳舞**，舞蹈：~ *along* [*in, out*] 舞著前進[舞入，舞出]/go *dancing* 去跳舞/~ *to* a waltz 隨著華爾滋曲子跳舞/Will you ~ with me？你願意和我跳舞嗎？**2 a** 〔動(十介十(代)名)〕〔因…而〕跳躍，雀躍〔*for, with*〕：I ~*d* **for** [**with**] joy. 我高興得手舞足蹈。**b** 〔十副詞(片語)〕跳躍，雀躍：~ *up* and *down* 蹦蹦跳跳。**3 a** 〈樹葉〉飛舞，〈影子〉搖晃；〈波浪等〉起伏。**b** 〈心臟〉跳動，〈血液等〉搏動。

—*v.t.* **1** 〔十受〕**跳**〈某種舞〉：~ a [the] waltz 跳華爾滋舞。**2** 〔十受十副詞(片語)〕**a** 使〈人〉跳舞：He ~*d* her *around* (the room). 他帶著她繞著(房間)跳舞/He ~*d* her *out of* the room. 他帶著她舞出房間。**b** 逗弄，上下搖動〈嬰兒〉：~ a baby *on* one's knee 在膝上逗弄嬰兒。**3 a** 〔十受十副詞(片語)〕跳舞使…(成某狀態)：~ the night *away* 通宵跳舞/~ one's head *off* (跳舞)跳得忘形/He ~*d* him*self into* her favor. 他以舞藝討好她。**b** 〔十受十補〕使〈某人〉跳舞〈跳得…〉：She ~*d* him weary. 她使他跳得疲累不堪。**4** 〔十受〕以舞表示〈感情等〉：~ one's thanks 以舞表示感謝。

dánce on áir 〈罪犯〉被處絞刑，被絞[吊]死。

—*n.* **1** Ⓒ **a** **跳舞**，舞蹈：a social ~ 社交舞/May I have the next ~ (with you)？我可以和你跳下一支舞嗎？**b** 舞曲。**2** Ⓒ 舞會《★比較 英語中除了與其他聚會(如 a cocktail party 等)對比時，都不說 a dance party》：give a ~ 開舞會/go to a (Saturday night) ~ 去參加(週末晚上的)舞會。**3** [**the** ~] 舞步[技]；芭蕾舞 (ballet).

léad a person **a (prétty [jólly, mérry]) dánce** (1)把某人拖昏，使某人疲於奔命。(2)不斷地給某人添麻煩。

dance·a·ble [ˋdænsəbl; ˈdɑ:nsəbl] *adj.* 〈音樂等〉適於跳舞的。

dánce bànd *n.* Ⓒ專爲社交舞伴奏的樂團。

dánce hàll *n.* Ⓒ舞廳。

danc·er [ˋdænsɚ; ˈdɑ:nsə] *n.* Ⓒ**舞者**；舞女；(專業的)舞蹈家：She is a good ~. 她是一位優秀的舞者。

danc·ing [ˋdænsɪŋ; ˈdɑ:nsiŋ] *n.* Ⓤ跳舞，舞蹈(法)。

dánc·ing gìrl *n.* Ⓒ舞女。

dáncing hàll *n.* = dance hall.

dan·de·li·on [ˋdændlˏaɪən; ˈdændilaiən] *n.* Ⓒ《植物》西洋蒲公英《菊科蒲公英屬草本植物；嫩葉可供食用》。

【字源】西洋蒲公英源自法語 dent de lion, 義即「獅子的牙齒」, 因其葉片呈齒狀凸出之故。其棉帽狀花絮則稱爲 dandelion-clock, 此乃因孩童們邊吹走花絮邊說著"What o'clock is it？"(現在幾點了？)玩猜時間的遊戲而得名。

dan·der [ˈdændɚ; ˈdændə] *n.* Ⓤ《口語》脾氣，怒氣《★常用於下列成語》。**gèt** one's [a person's] **dánder úp** 發怒[使人發怒]。

dan·di·fied [ˈdændɪˌfaɪd; ˈdændifaid] *adj.* 像花花公子的，打扮時髦的，盛裝的。

dan·di·fy [ˈdændɪˌfaɪ; ˈdændifai] *v.t.* 使…打扮得像紈袴子弟。

dan·dle [ˈdændl; ˈdændl] *v.t.* 上下搖動地逗弄〈嬰兒〉。

dan·druff [ˈdændrəf; ˈdændrəf] *n.* Ⓤ頭皮屑。

dan·dy [ˈdændɪ; ˈdændi] *n.* Ⓒ **1** 好打扮的男人，花花公子，紈袴子。**2**《口語》極好的東西，上品。
—*adj.* (**dan·di·er**；**-di·est**) **1**《口語》極好的，一流的。**2**《罕》時髦的；整潔的。**fine and dándy** ⇨ fine[1].

Dane [den; dein] *n.* **1** Ⓒ丹麥人。**2 a** [the ~s]〔九至十一世紀時入侵英格蘭的北歐〕丹族。**b** Ⓒ丹族人。

Dane·law [ˈdenˌlɔ; ˈdeinlɔː] *n.* [the ~] **1** 丹族法《丹族人於九世紀定居英格蘭東北部時施行的法律》。**2** 施行丹族法的地方。

‡**dan·ger** [ˈdendʒɚ; ˈdeindʒə] «源自古法語「(君主的)權力」,「可加害於人的力量」之義»—*n.* **1** ⓊⒸ危險(狀態)，危難〔*of*〕: the *~s of* an expedition 遠征的危險/*in* ~ 在危險中；在病危中/His life is *in* ~. 他病危[他的生命有危險]/The patient is *in* ~ *of* death [(*losing*) his life]. 那個病人有死亡[喪生]的危險/They were *in* ~ *of* be*ing* drowned. 他們有溺死的危險/*out of* ~ 脫離危險，脫險/escape from ~ 逃離危險/*D*~ past, God forgotten.《諺》危險過去，忘了上帝/There is no ~ *of* a flood. 沒有水災的危險。

【同義字】danger 指不問程度如何，表示危險之意的最廣泛用字；risk 是自己負責所冒的危險；peril 是迫在眉睫而難以避免的重大危險；hazard 是由偶然支配的，人力無法避免的危險。

2 Ⓒ〔對…〕可成爲危險的原因，威脅〔*to*〕: He is a ~ *to* society. 他對社會是個威脅。

dánger mòney *n.* Ⓤ《英》從事危險工作的額外津貼[報酬]。

‡**dan·ger·ous** [ˈdendʒərəs, -dʒrəs; ˈdeindʒərəs] «danger 的形容詞»—*adj.* (**more** ~；**most** ~)**危險的**，不安全的：a ~ road [plan] 危險的道路[計畫]/The river is ~ *to* cross.＝It is ~ to cross the river. 要渡過那條河是危險的。

dan·ger·ous·ly [ˈdendʒərəslɪ; ˈdeindʒərəsli] *adv.* (**more** ~；**most** ~)**危險地**：He is ~ ill. 他病危；他病得很嚴重。

dánger sìgnal *n.* Ⓒ危險信號。

dánger zòne *n.* Ⓒ危險地帶。

dan·gle [ˈdæŋgl; ˈdæŋgl] *v.i.* **1** 懸擺，懸垂；(晃來晃去地)吊著：The children sat on the high wall, (with) their legs *dangling*. 小孩子們坐在高牆上，腳懸垂著。**2**〔十介十(代)名〕纏著，追逐〔某人〕〔*after, about, around, round*〕《★比較 作此義解時現在一般用 hang》: He is always *dangling* ***after*** [***about, around***] her. 他總是纏著她不放。
—*v.t.* **1** 使…(晃來晃去地)懸吊著，把〈誘惑物〉(晃來晃去地)吊著：They *~d* their legs. 他們懸擺著腳。**2**〔十受十介十(代)名〕把〈誘惑物〉(晃來晃去地)懸吊在〔…之前〕〔*in front of, before*〕: The boy *~d* a bone ***in front of*** the dog. 那個男孩在狗前面晃動骨頭(逗牠)/Bright prospects were *~d* ***before*** him. 光明的前景若隱若現地浮現在他眼前。
kèep a person **dángling**《口語》使〈人〉等待未揭曉的結果而心懸著，使〈人〉焦慮不安。

dan·gler [ˈdæŋglɚ; ˈdæŋglə] *n.* Ⓒ **1** 懸擺物；類似鐘擺之物。**2** 追隨者；追逐女人的男子。

dángl·ing párticiple *n.* Ⓒ《文法》不連結分詞《使用的分詞與句子的主詞沒有文法上的關係；如 *Swimming* in the pond, the car was out of sight. 我在池子裏游泳時車子不見了》。

Dan·iel [ˈdænjəl; ˈdænjəl] *n.* **1** 丹尼爾《男子名；暱稱 Dan, Danny》。**2**《聖經》**a** 但以理《希伯來先知》。**b** 但以理書(The Book of Daniel)《聖經舊約中一書；略作 Dan.》。**3** Ⓒ(像但以理那樣的)名法官：A *D*~ come to judgment. 名法官來裁判了《★出自莎士比亞(Shakespeare)所著「威尼斯商人(*The Merchant of Venice*)」一劇中夏洛克(Shylock)的話》。

【說明】莎士比亞的作品「威尼斯商人」中，有一場稱讚波西亞(Portia)的能幹作爲，喻爲但以理再顯的戲。名法官但以理的作爲，並不出自聖經舊約的「但以理書」(*Daniel*)，而是載於僞經(Apocrypha)的「蘇姍娜」(*The Story of Susanna*).

Dan·ish [ˈdenɪʃ; ˈdeiniʃ] «Dane 的形容詞»—*adj.* 丹麥的，丹麥人[語]的。—*n.* Ⓤ丹麥語。

Dánish pástry *n.* Ⓤ[指個體時爲Ⓒ]丹麥奶酥《麪包料用多量奶油烤製成的酥餅》。

dank [dæŋk; dæŋk] *adj.* 陰冷潮濕的，濕冷的。~**·ness** *n.*

Dan·ny [ˈdænɪ; ˈdæni] *n.* 丹尼《男子名；Daniel 的暱稱》。

dan·seuse [dɑnˈsɜz; dɑːnˈsəːz] «源自法語»—*n.* Ⓒ(*pl.* **-seuses** [-ˈsɜz; -ˈsəːz])女芭蕾舞者。

Dante

Dan·te [ˈdæntɪ, ˈdɑntɪ, ˈdɑnte; ˈdænti, ˈdɑːnti, ˈdɑːntei] *n.* 但丁(1265－1321；義大利詩人；「神曲(*La Divina Commedia*,(英譯) *The Divine Comedy*)」的作者；全名爲 Dante Alighieri [ˌɑlɪgˈjɛrɪ; ˌɑːligˈjeəri])。

Dan·tesque [dænˈtɛsk, dɑn-; dænˈtesk, dɑːn-] *adj.* 但丁的，但丁之著作的；但丁風格的；莊嚴細密而情感高尚的。

Dan·ube [ˈdænjub; ˈdænjuːb] *n.* [the ~] 多瑙河《發源於德國西南部，東流注入黑海》。

Dan·u·bi·an [dænˈjubɪən; dæˈnjuːbjən] *adj.* 多瑙河的；多瑙河流域居民的；多瑙河流域之新石器時代文化的。

Daph·ne [ˈdæfnɪ; ˈdæfni] *n.* **1** 黛芙妮《女子名》。**2**《希臘神話》黛芙妮《爲躲避阿波羅(Apollo)的追逐而化身爲瑞香樹的仙女(nymph)》。**3** [d~]Ⓒ《植物》瑞香《瑞香屬灌木的統稱》。

dap·per [ˈdæpɚ; ˈdæpə] *adj.*《★用法 義 1, 2 解通常均用於男人》**1**〈服裝等〉整潔漂亮的，帥氣的，時髦的。**2**〈人〉個子小但敏捷[矯健]的，短小精悍的。

dap·ple [ˈdæpl; ˈdæpl] *adj.* 有斑點的，花斑的。—*n.* Ⓒ斑點，花斑。—*v.i.* 起斑點。—*v.t.* 使…起斑點。

dap·pled [ˈdæpld; ˈdæpld] *adj.* 有斑點[斑紋]的，花斑的：a ~ deer 梅花鹿《有圓形斑點》/ ~ shade 斑駁的樹蔭。

dápple-gráy,《英》**dápple-gréy** *adj.* 灰色且帶有黑斑點的。—*n.* Ⓒ灰色且帶有黑斑點的馬。

D.A.R.《略》Daughters of the American Revolution 美國革命女兒愛國協會。

Dár·by and Jóan [ˈdɑrbɪ-; ˈdɑːbi-] «源自民謠中的一對老夫妻之名»—*n.* [當複數用]恩愛的[夫唱婦隨的]老夫妻。

Dar·da·nelles [ˌdɑrdnˈɛlz; ˌdɑːdəˈnelz] *n.* [the ~]達達尼爾海峽《在土耳其歐亞兩部分之間，連接馬爾馬拉海(Marmara)與愛琴海(Aegean)；舊稱赫勒斯龐特海峽(Hellespont)》。

‡**dare** [dɛr, dær; dɛə] *aux.* 《★語形 否定形 **dare not** 縮寫成 **daren't**；過去式 **dared**》[用於否定句、疑問句、條件句]《文語》敢…，膽敢…《★用法(1)第三人稱、單數、現在式是 dare, 不加 s, 不用助動詞 do, 後接沒有 to 的不定詞；(2)當作助動詞的用法現在不常用，一般都作動詞用法》: He *daren't* tell us. 他不敢告訴我們/*D*~ he fight？他敢打架[打仗]嗎？/How ~ you [he] say such a thing？你[他]怎麼敢說這樣的話？/They *~d not* look me in the face. 他們不敢直視我的臉/If he ~ say such a thing again, I shall knock him down. 如果他膽敢再說這種話，我一定把他打倒在地。
I dáre sày 我想…，我看(大概)…；或許…《★用法 在 *that* 子句(*that* 常省略)或句尾與主要子句並列使用》: *I* ~ *say* that's true.＝That's true, *I* ~ *say*. 我想那是真的。
—*v.t.* **1**〔十 *to* do〕[用於否定句、疑問句、條件句]**敢，膽敢**〈做…〉《★用法 但不定詞的 to 有時被省略》: He does *not* ~ *to* tell us. 他不敢告訴我們/Do you ~ *to* ask her？你敢問她嗎？/I have *never* *~d* (*to*) speak to him. 我從不敢和他說話/I wonder how she *~s* (*to*) say that. 我奇怪她怎麼敢那樣說/Do*n't* you ~ (*to*) touch me. 你敢碰我？/On and on he ran, *never daring to* look back. 他直往前跑，怎麼也不敢回頭看。**2**〔十受〕**a** 無懼於…，毅然向…挑戰：I will ~ any danger [anything]. 無論有任何危險[任何事]我都不怕。**b** 敢於嘗試，冒險嘗試〈新的事物等〉: He *~d* a new teaching method in his class. 他敢於嘗試新的教學方法。**3 a**〔十受十 *to* do〕挑激，挑唆〈某人〉〈做…〉: I ~ you *to* jump across that stream. 我看你敢不敢跳過那條溪流。**b**〔十受十介十(代)名〕挑激〈某人〉〔做…〕〔*into*〕: He *~d* me ***into*** the fight. 他挑唆我去打架。
—*v.i.* 有勇氣(做…)，敢(做…)：I would do it if I *~d*. 如果我有勇氣我就做了(但是害怕而沒做)/Let them try it if they ~. 如果他們敢做，就讓他們試一試。
—*n.* Ⓒ挑激，挑戰；挑唆：accept a ~ 接受挑戰。

dáre·dèvil *adj.* [用在名詞前]魯莽的，蠻勇的。—*n.* Ⓒ魯莽[蠻勇]的人，冒失鬼。

***dare·n't** [dɛrnt, dærnt; dɛənt] **dare not** 之略。

dàre·sáy *v.* [I ~]＝I DARE say.

dar·ing [ˈdɛrɪŋ, ˈdærɪŋ; ˈdɛəriŋ] *adj.* (**more** ~；**most** ~) **1 大膽的，勇敢的**：a ~ action 大膽的行動。**2** 嶄新的，別出心裁的：a ~ design 嶄新的設計。**3** 令人大吃一驚的：a ~ photo of a nude model 大膽拍攝的裸體模特兒照片。—*n.* Ⓤ冒險的勇氣；大膽；嶄新。~·ly *adv.*

‡**dark** [dark; da:k] *adj.* (~·er；~·est) **1** 暗的，黑暗的(↔ clear, light)：a ~ night 黑夜。

2 a 〈色彩〉帶黑的，發黑的；(顏色)濃的，深的(↔ light)：a ~ blue [red] 深藍[紅]色/a ~ suit 深色的套裝[西裝]。**b** 〈人〉黑膚黑髮的；〈皮膚〉微黑的；〈頭髮〉帶黑色的(⇨ fair[1] B 1 a 比較)：a *dark*-skinned [-complexioned] woman 膚色微黑的婦女。

3 意思曖昧的，不易了解的：a ~ passage 意思不清楚的一段[一節]。

4 祕密的，隱瞞的；不爲一般人所知的：keep one's purpose ~ 隱瞞意圖。

5 愚昧的，無知的：the ~*est* ignorance 極端的無知。

6 奸詐的，邪惡的，陰險的：~ deeds 惡行，壞事。

7 a 黯淡的，憂鬱的：~ days 倒楣[失意]的時期，不吉利的日子/look on the ~ side of things 看事物的陰暗面，悲觀地看事物/*D*~ days lie ahead. 前途黯淡。**b** 〈顏色等〉暗的，陰沉的，憂鬱的：a ~ expression on his face 他臉上的憂鬱表情。**c** 〈眼神等〉發怒(似)的，不高興的，兇惡的：He gave me a ~ look. 他生氣地瞥了我一眼。

8 〈聲音等〉深沉的，濁的。

9《語音》〈[l]音〉濁的《後舌面朝軟口蓋(soft palate)隆起，以後舌母音的深沉振動發音》。

—*n.* Ⓤ **1** [the ~] 黑暗：Cats can see *in the* ~. 貓在黑暗中看得見。**2** [無冠詞] 晚上，黃昏：after ~ 天黑以後/before ~ 天黑以前/at ~ 在黃昏(時候)，日暮時。**3** 暗色。

in the dárk (1)⇨ *n.* 1. (2)在黑暗中，在暗處；祕密地，偷偷地。(3)(全然)不知：keep a person *in the* ~ *about* something (關於某事)把某人蒙在鼓裏，不讓某人知道某事/⇨ SHOT[1] in the dark.

Dárk Áges *n. pl.* [the ~] 黑暗時代《大約自紀元後 476 年至 1000 年間，是歐洲知識上的黑暗時代；廣義指中世紀；cf. Middle Ages》.

Dárk Cóntinent *n.* [the ~]《罕》黑暗大陸《非洲大陸的舊稱》。

dark·en [ˋdarkən; ˈda:kən] 《dark 的動詞》—*v.t.* **1** 使…黑暗；使…微黑：A cloud has ~*ed* the sun. 雲遮住了太陽。**2** 使…曖昧不明，使…不易了解。**3** 使〈臉、心等〉陰沉[憂鬱]。

—*v.i.* **1** 變暗，變黑。**2** 〈臉等〉變陰沉[兇惡]：His face ~*ed* with anger. 他氣得沉下臉來。

dárken a person's **dóor(s)** [常用於否定句] 訪問人：Do*n't* [*Never*] ~ my *door* again. 別再到我家來。

dark·ey [ˋdarkɪ; ˈda:ki] *n.* =darky.

dárk hórse *n.* Ⓒ黑馬：**a** 賽馬時實力未明的參賽馬。**b** 競賽、選舉等時意想不到的勁敵。

dark·ie [ˋdarkɪ; ˈda:ki] *n.* =darky.

dárk·ish [-kɪʃ; -kiʃ] *adj.* 微暗的；淺黑的。

dárk lántern *n.* Ⓒ可用罩子或黑玻璃遮蓋使光線不外射的燈籠。

dar·kle [ˋdarkl; ˈda:kl] 《darkling 的逆成字》—*v.i.* **1** 漸暗，漸呈陰晦。**2** 顯得陰暗，模糊不清。

dark·ling [ˋdarklɪŋ; ˈda:kliŋ] *adv.* & *adj.*《文語》幽暗地[的]，黑暗地[的]；朦朧地[的]。

dárk·ly *adv.* **1** 黑暗地；發黑地。**2** 陰沉地；兇惡地：He looked ~ at her. 他陰沉[兇惡]地注視著她。**3** 曖昧地；朦朧地，模糊地。**4** 祕密地，暗中。

***dark·ness** [ˋdarknɪs; ˈda:knis] *n.* Ⓤ **1** 黑暗：in the ~ 在黑暗中。**2** 蒙昧，無知；盲目。**3** 黑心，邪惡：deeds of ~ 惡行，罪惡。**4** 不明，含糊，曖昧。

dárk·ròom *n.* Ⓒ《攝影》(沖洗底片的)暗房，暗室。

dark·some [ˋdarksəm; ˈda:ksəm] *adj.* 黑暗的(dark)；微暗的(darkish)。

dark·y [ˋdarkɪ; ˈda:ki] *n.* Ⓒ《輕蔑》黑人。

***dar·ling** [ˋdarlɪŋ; ˈda:liŋ] *n.* Ⓒ[也用於稱呼]可愛的人，親愛的人，寵愛的人[動物]：my ~ 親愛的/the ~ of the town 鎮上的紅人/the ~ of fortune 命運的寵兒，幸運兒。

—*adj.* [用在名詞前] **1** 最愛的，鍾愛的，寵愛的。**2**《口語》有魅力的，很漂亮的《★通常爲女性用語》：a ~ dress 很漂亮的衣服。

darn[1] [darn; da:n] *v.t.* 〔十受〕縫補，補綴〈襪子、編織物等(的破洞、破綻)〉：~ a sock 縫補襪子的破洞。—*v.i.* 縫補。

—*n.* Ⓒ縫補，補綴(手藝)；補綴之處。

darn[2] [darn; da:n] *v., n., adj., adv.*《委婉語》=damn.

darned [darnd; da:nd] *adj.* & *adv.*《委婉語》=damned.

dar·nel [ˋdarnl; ˈda:nl] *n.* Ⓒ《植物》毒麥《禾本科毒麥屬草本植物的統稱；狀似麥但其籽有毒》。

darn·er [ˋdarnə; ˈda:nə] *n.* Ⓒ **1** 補綴者；補綴用針。**2**《昆蟲》蜻蜓。

dárn·ing *n.* Ⓤ **1** (綻開鉤眼的)縫補。**2** 縫補的衣物。

dárning nèedle *n.* Ⓒ **1** 補綴用針。**2**《美方言》蜻蜓。

dart [dart; da:t] *n.* **1 a** Ⓒ(擲鏢遊戲用的)鏢：throw a ~ 擲鏢。**b** [~s；當單數用]擲鏢遊戲。

dart 1 a

darts 1 b

【說明】自離圓靶(dartboard)八呎外擲鏢(dart)互比得分的遊戲；從自己持有的 301 分中減分計算，先變成零分者獲勝。古時附設在酒店(pub)或客棧(inn)內，現今除了酒店以外，俱樂部、軍隊中的福利餐廳(canteen)、工廠、辦公場所等都很風行，在英國更是最大衆化的遊戲之一。

2 [a ~] 猛衝，突進：make *a* sudden ~ *at*... 突襲…/make *a* ~ for the exit 衝向出口。

3 Ⓒ《服飾》短縫；縫合褶。

—*v.t.* **1** 〔十受十副〕突然[迅速]地投射，放出〈視線、光線等〉〈*out, forth*〉：The sun ~*ed forth* its beams. 太陽射出光芒。

2 〔十受十介十(代)名〕把〈視線、鏢等〉投射〔於…〕〔*at*〕：He ~*ed* a quick glance *at* me. 他很快地瞥了我一眼。

—*v.i.* 〔十副詞(片語)〕(飛鏢似地)飛去；突進：~ *away* [*off*] 急馳而去/~ *at* an enemy 衝向[撲向]敵人/The boy ~*ed into* [*out of*] the room. 那個男孩衝進[衝出]房間/Birds were ~*ing through* the trees. 鳥兒倏地穿過林間。

dárt·bòard *n.* Ⓒ (擲鏢遊戲 (darts) 用的)圓靶。

dart·er [ˋdartə; ˈda:tə] *n.* Ⓒ **1** 擲鏢者；猛然前進之人[物]。**2**《鳥》鵜類之鳥。**3**《魚》射水魚。

Dart·moor [ˋdart͵mur, -͵mɔr; ˈda:tmuə, -mɔ:] *n.* **1** 達特木《英格蘭西南部得文郡(Devonshire)的一個高原》。**2** (在達特木的)一所著名監獄。

Dar·win [ˋdarwɪn; ˈda:win], **Charles** *n.* 達爾文《1809–82；英國生物學家；進化論的創立者》。

Dar·win·i·an [darˋwɪnɪən; da:ˈwiniən] 《Darwin 的形容詞》—*adj.* **1** 達爾文的。**2** 達爾文學說的。

—*n.* Ⓒ信奉達爾文學說的人。

Dár·win·ìsm [-n͵ɪzəm; -nizəm] *n.* Ⓤ達爾文學說，進化論《以自然淘汰與適者生存爲其基本理論》。

Dár·win·ist [-nɪst; -nist] *n.* =Darwinian.

***dash** [dæʃ; dæʃ] *v.t.* **1** 〔十受十副詞(片語)〕把…擲向(…)；把…猛撞(在…上)而打破[碎]：She ~*ed away* her tears. 她迅速拭去眼淚/He ~*ed* the cup *to* the floor [*against* the wall]. 他把茶杯摔在地板上[擲向牆壁]/The boat was ~*ed to* pieces on the rocks. 那條小船撞在岩石上而成碎片。

2 〔十受〕使〈希望、心緒等〉受挫：Our hopes have been ~*ed*. 我們的希望已經破滅了。

3 〔十受十介十(代)名〕潑，灑〈水等〉〔於…〕〔*on, over*〕；〔以水等〕潑…〔*with*〕：*D*~ water ***over*** this dusty road. 把水潑於這條多灰塵的道路上/He ~*ed* some paint ***on*** the canvas. 他把一些顏料潑在畫布上/Be careful not to be ~***ed with*** mud. 小心不要被泥水濺到。

4 〔十受十介十(代)名〕〔把少量液體等〕摻入…調味〔*with*〕(cf. *n.* 4 a)：*D*~ your tea ***with*** a little whiskey. 把少量威士忌摻進你的茶裏/cream ~***ed with*** vanilla 用香草調味的奶油。

5 〔十受〕《英口語・委婉語》=damn *v.t.* 3 b《★源自把 damn 略作 'd—'；cf. *n.* 6》.

—*v.i.* **1** 〔動(十副詞(片語))〕猛衝，猛進，急奔(…)：He ~*ed* to catch the last train. 他急奔去趕搭最後一班火車/He ~*ed for* the door. 他朝著門衝去/They ~*ed by* [*past* us] in a car. 他們駕車急馳而過[經過我們身旁] / I must ~ *off to* London. 我必須急速趕到倫敦去/He ~*ed up* [*down*] the stairs. 他衝上[下]樓梯。

2 a 〔十介十(代)名〕猛撞〔到…〕〔*against, into, on*〕：The waves ~***ed against*** the rocks. 海浪猛拍岩石/A sparrow ~***ed into*** the window pane. 一隻麻雀飛撞在窗玻璃上。**b** 〔十副詞(片語)〕撞碎：The cup ~*ed to* pieces *against* the floor. 那隻杯子摔到地板成碎片。

dásh óff《*vt adv*》⑴扔棄…，使…飛出。⑵一口氣寫完，急寫，疾書〈文章、信等〉：I'll ～ *off* a note to John. 我會趕快寫張字條給約翰。**—**《*vi adv*》⑶⇨匆忙離開(*v.i.* 1).

—*n.* **1 a** [**a** ～]猛衝，突進，突擊：make *a* ～ *at* the enemy [*for* shelter] 朝敵人突擊[奔向避難所]。**b** Ⓒ[常用單數]《短距離》賽跑：the hundred-meter ～ 一百公尺賽跑。

2 Ⓤ[常 **the** ～]《水等的》沖擊聲，猛撞(聲)：*the* ～ of the waves on the beach [*against* the rocks] 海浪沖擊海濱[拍擊岩石]的聲音。

3 a Ⓤ銳氣，氣力：with ～ and spirit 有衝勁地，威猛地。**b** [**a** ～]華麗的打扮；虛飾《★常用於下列片語》：cut *a* ～ 打扮華麗，引人注目；鋪張門面。

4 a [**a** ～ **of...**]《加添、摻入的》少量(cf. *v.t.* 4)：tea with *a* ～ *of* whiskey in it 摻入少量威士忌的茶/red with *a* ～ *of* blue 紅中帶一點兒藍。**b** [**a** ～；常用於否定句]一點也(不…)：I do*n't* care *a* ～ about him. 我一點也不在乎他。

5 Ⓒ急寫的一筆，筆勢：with a ～ of the pen 大筆一揮地，以草草的一筆。

6 Ⓒ破折號《—》《★表示構句的中斷、變更或字的省略等；cf. *v.t.* 5》.

7 Ⓒ《通信》《摩爾斯電碼的》長音(cf. dot 1 a).

8《口語》＝dashboard 1.

at a dásh 急速地，一溜煙地，一口氣。

dásh·bòard *n.* Ⓒ **1** 《汽車、飛機的》儀表板。**2 a** 《馬車、雪橇的》擋泥[雪]板。**b** 《船首的》防波板，遮水板。

dashed *adj.* **1** 意氣消沈的，沮喪的：He looks rather ～. 他看來相當消沈[無精打采]。**2** [用在名詞前][當 damned 的委婉語用]《英》該死的，可惡的，豈有此理的；非常的：That ～ dog! 那隻可惡的狗。

—*adv.*《英口語》極，非常，很：That's ～ interesting. 那很有趣。

dásh·er *n.* Ⓒ **1** 猛衝者，有幹勁的人。**2** 攪拌器。**3**《俚》打扮入時的人。

dásh·ing *adj.* **1** 有銳氣[幹勁]的，精力充沛的：a ～ young man 有幹勁的年輕人。**2** 打扮入時的，華麗的，愛漂亮的。

～·ly *adv.*

dash·y [ˋdæʃɪ; ˈdæʃi] *adj.* (**dash·i·er**；**-i·est**)華麗的；炫耀的；浮華的。

das·tard [ˋdæstəd; ˈdæstəd] *n.* Ⓒ懦夫，膽小的人。

—*adj.* 怯懦的；畏縮的。

dat. 《略》dative.

da·ta** [ˋdetə, ˋdætə, ˋdɑtə; ˈdeitə, ˈdɑ:tə] **《datum 的複數》—*n. *pl.* **1** [當複數或單數用]資料；《由觀察或實驗獲得的》事實，知識，情報。**2** [常當單數用]《電算》資料。

dáta bànk [**bàse**] *n.* Ⓒ《電算》資料庫《可儲存、提供大量資料的電子計算機系統》。

dáta prὸcessing *n.* Ⓤ《電算》資料處理《利用電腦將資料處理成有效情報的過程》。

‡date[1] [det; deit] *n.* **1** Ⓒ 《文件等的》**發文日期，年月日**：What's the ～ today? 今天是(幾月)幾日？/under ～ Jan. 5 一月五日(發文)的/a letter bearing the ～ of June 10 一封日期為六月十日的信。

> 【字源】古羅馬人寫信時，習慣上開頭便寫 *data Romae*, 字面意思為 given at Rome, 即「寄自[書于]羅馬」之意，此處 *data* 原義雖為「給與」，由於後面接著寫的是日期，「給與」於是成為「日期」之意。
> 【說明】⑴書寫日期時，一般都寫到幾年幾月幾日，沒有只寫月分的。
> ⑵《美》一般寫作 March 17, 1990；軍事、科學關係等則多用 17 March, 1990 的形式；略作3/17/90.
> ⑶《英》尚可寫作 17(th) March, 1990, 略作 17/3/90.
> ⑷⇨ January【說明】

2 Ⓒ《規定的》日期：at an early ～ 日內/fix the ～ *for* a wedding 決定結婚日期。

3 Ⓤ年代，時代：coins of Roman ～ 羅馬時代的貨幣/of early ～ 早期的，初期的，古代的/of late ～ 最近的。

4 [～**s**]《人的》生死年代；《事情》發生與結束的年代：Shakespeare's ～*s* are 1564 to 1616. 莎士比亞生於 1564 年而卒於 1616 年。

5 Ⓒ **a** 會面[聚會]的約定；《口語》約會《與異性會面的約定或約定與異性見面》：a coffee [picnic] ～ 喝咖啡[野餐]的約會/a dinner ～ 吃晚餐的約會/go on a ～ *with...* 與…約會[出遊]/have a ～ *with...* 與…有約會；與…會面/make a ～ *with...* 與…定個約會/take a girl on a ～ 帶女孩子出去約會。**b**《美口語》約會的對象：Bessy is his ～. 貝西是他的約會對象。

> 【說明】對於美國高中生而言，和異性朋友的交往是件重大的事，週末看電影、驅車遠遊、參加舞會等，稱為約會(date). 現在這種風氣在英國也逐漸普遍。初次相約有的經親友介紹，也有兩組男女相邀一起行動(double date). 經常相約的對象稱為 steady, 和特定的對象相約稱為 going steady. 到了高中高年級在校內也常看到 steady 的友伴，休息時間時也一起活動。

bring...úp to dáte ⑴使〈東西〉成為最新式(的東西)。⑵給〈人〉〔有關…的〕最新情報〔*on, about*〕.

òut of dáte 過時的[地]，陳舊的[地]，舊式的[地]。

to dáte 到現在，迄今：This film has grossed $50 million *to* ～. 這部影片到現在總共賺得五千萬美元。

úp to dáte ⑴直到現在(的)。⑵最新式(的)，現代化的[地]。⑶不落於(時代等)後面：keep [get] *up to* ～ *with...* 保持不落於…之後。

—*v.t.* **1 a** 〔十受〕**在**〈信、文件等〉**上寫日期**：～ a letter 在信上寫日期。**b** 〔十受十補〕在〈信、文件等〉上寫(…的)日期：The letter is ～*d* (*from* London) 16 July. 該信日期為七月十六日(發自倫敦)。

2 〔十受〕**鑑定**〈美術品等〉**的年代，斷定**〈事件〉的年代：Can you ～ this castle? 你能斷定這座城堡的年代嗎？

3 〔十受〕使…顯得舊式[保守](cf. dated 2).

4 〔十受〕《美口語》與〈異性〉約定會面；與…約會：Do you ～ her regularly? 你與她定期約會嗎？

—*v.i.* **1** 〔十介十(代)名〕〔從…〕**開始**，始〔於…〕〔*from*〕：His house ～*s* ***from*** the 17th century. 他的家族崛起於十七世紀。**2** 〈藝術、文體等〉屬於某時代；逐漸過時[變陳舊]：His car is beginning to ～. 他的車子開始過時了。**3** 〔十介十(代)名〕《美》〈信〉註有〔發自…的〕日期〔*from*〕：This letter ～*s* ***from*** Paris *on* March 10. 這封信註有三月十日發自巴黎的日期。**4**《美口語》**a** 約會：He doesn't ～ so often. 他不常約會。**b** 〔十介十(代)名〕〔與異性〕約會〔*with*〕：He ～*d* ***with*** many girls. 他與很多女孩子約會過。

dáte báck《*vi adv*》回溯〔到…〕，(年代)遠在〔…〕〔*to*〕：The church ～*s back* as far as the reign of Elizabeth. 這個教堂早在伊利莎白時代就建成了/The castle ～*s back to* the 16th century. 這座城堡建於十六世紀。

date[2] [det; deit] **《源自拉丁文「手指」之義；由於形狀如手指》—*n.*** Ⓒ **1** (又作 **dáte pàlm**)《植物》海棗《又稱棗椰樹，棕櫚科常綠木本植物》。**2** 海棗《棗椰樹的果實》。

date[2] 1

dáte·bòok *n.* Ⓒ記事册《記載重要日期、約會等》。

dát·ed *adj.* **1** 有日期的，載明日期的。**2** 過時的，舊式的。

dáte·less *adj.* **1** 沒有日期的，年代[時期]不詳的。**2** 無限的，永遠的。**3** 太古的，自古以來的。**4** 興趣歷久不減的。**5**《美》沒有約會(對象)的。

dáte lìne *n.* [**the** ～] **1** 日界線《東經或西經一百八十度的子午線》。**2** 國際換日線。

dáte·lìne *n.* Ⓒ日期欄《報紙、雜誌等載明(發稿)日期與地點之處》。

dát·er *n.* Ⓒ日期戳。

dáting bàr *n.* ＝singles bar.

da·tive [ˋdetɪv; ˈdeitiv] **《源自拉丁文「被給的」之義》—《文法》*n.*** Ⓒ與格《名詞、代名詞成為間接受詞時的格；如 I gave the *boy* an apple. 這句中的 boy》.

—*adj.* 與格的：the ～ case 與格。

da·tum [ˋdetəm; ˈdeitəm, ˈdɑ:t-] **《源自拉丁文「被給的」之義》—*n.*** Ⓒ (*pl.* **da·ta** [-tə; -tə])⇨ data《★通常用複數的 data》.

dau. 《略》daughter.

daub [dɔb; dɔ:b] **《源自拉丁文「塗石灰塗料」之義》—*v.t.*** **1** 〔十受十介十(代)名〕把〈塗料等〉塗〔於…〕〔*on, onto*〕；〔用塗料等〕塗…〔*with*〕：～ paint ***on*** a wall＝～ a wall ***with*** paint 油漆牆壁。**2** 把顏料雜亂地[拙劣地]塗抹於〈畫〉上；拙劣地繪〈畫〉。**—*v.i.***《口語》拙劣地繪畫。

—*n.* **1 a** ⓊⒸ《成糊狀的》塗料。**b** Ⓒ少量的糊狀物：a ～ *of* plaster 少量的灰泥。**2** Ⓒ拙劣的畫。

wáttle and dáub ⇨ wattle.

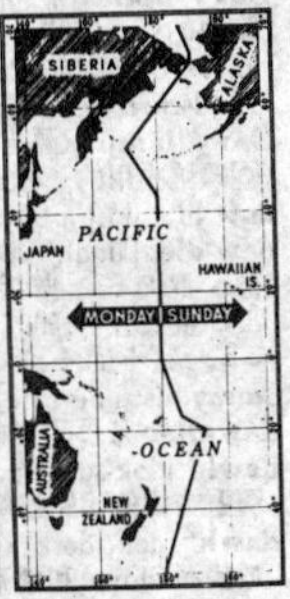

the date line

‡daugh·ter [ˋdɔtə; ˈdɔ:tə] *n.* Ⓒ **1 a** 女兒(↔ son). **b** 義女。**2** 《某一族、種族的》女後裔：a ～ *of* Abraham 亞伯拉罕之女，猶太女人。**3 a** 可稱為女兒的女子：a ～ *of* Eve 夏娃的女兒，女人/ ～*s of* the church 教會的女會友。**b** 《如女兒般由相當於父母者》所生[衍生]者：a ～ *of* Greek civilization 希臘文明的產物。

D

dáughter élement *n.* Ⓒ《物理》繼承元素，子元素《由放射性元素的崩潰而產生的元素；cf. parent element》.

dáughter-in-làw *n.* Ⓒ(*pl.* **daughters-in-law**)兒媳婦。

dáugh·ter·ly *adj.* 做女兒的，(似)女兒的。

daunt [dɔnt, dɑnt; dɔ:nt] 《源自拉丁文「使馴服，使服從」之義》**—***v.t.* 使〈人〉畏怯，使…失去勇氣[嚇倒]，挫〈某人〉的銳氣[氣力]《★常用被動語態》：The difficulty did not ~ him. 那種困難嚇不倒他/He *was* ~*ed* by his first failure. 首次的失敗使他畏怯。

nóthing dáunted《文語》毫不畏怯地，毫無懼色地(cf. nothing *adv.* 1).

dáunt·less *adj.* 勇敢的，大無畏的，大膽的，不屈不撓的。

~·ly *adv.*

dau·phin [ˋdɔfɪn; ˈdɔ:fin] *n.* Ⓒ法國皇太子的稱號《用於 1349 年至 1830 年間》。

dau·phin·ess [ˋdɔfɪnɪs, -ˏnɛs; ˈdɔ:finis, -nes] *n.* Ⓒ法國皇太子妃的稱號。

Dave [dev; deiv] *n.* 戴夫《男子名；David 的暱稱》。

dav·en·port [ˋdævənˏport, -ˏpɔrt; ˈdævnpɔ:t] 《源自製造者之名》**—***n.* Ⓒ **1**《美》(通常兼牀用的)長沙發。**2**《英》(十九世紀的)附有傾斜蓋子與抽屜的寫字檯。

Da·vid [ˋdevɪd; ˈdeivid] *n.* **1** 大衛《男子名；暱稱 Dave, Davy》. **2**《聖經》大衛。

【說明】指紀元前約一千年左右以色列(Israel)的第二任國王。原先是第一任國王掃羅(Saul)的朝臣，後來繼任為王，是所羅門(Solomon)王的父親，這位文武兼備的名君，曾於少年時期牧羊時，打敗非利士人(Philistine)的巨人歌利亞(Goliath)，傳為佳話。據說聖經舊約「詩篇」(*the Psalms*)中大部分的詩是大衛之作。

3 [St. ~]聖大衛《威爾斯的守護聖人；其節日為三月一日》。

Dávid and Jónathan 同生共死的朋友，生死之交《★出自聖經舊約中的「撒母耳記上」，大衛(David)曾是掃羅(Saul)之子約拿單(Jonathan)的至友，故有此義》。

da Vin·ci [dəˋvɪntʃɪ; dəˈvintʃi] *n.* 達文西(⇨ Leonardo da Vinci).

Da·vis [ˋdevɪs; ˈdeivis] *n.* 大衛斯《男子名》。

Dávis Cúp *n.* [the ~] **1** 臺維斯杯(國際網球錦標賽)。**2** 臺維斯杯。

【說明】原為美國網球選手後成為政治家的臺維斯(Dwight [dwaɪt; dwait] F. Davis)(1879–1945)捐贈大銀杯作為英美網球比賽的優勝獎品；此後該賽發展成為國際網球錦標賽。

da·vit [ˋdævɪt; ˈdævit] *n.* Ⓒ《航海》吊艇柱，吊艇架《通常為兩根一組的吊柱，用以放下或吊起小艇》。

davits

Da·vy [ˋdevɪ; ˈdeivi] *n.* 大維《男子名；David 的暱稱》。

Dávy Jónes *n.* Ⓤ《謔》《航海》海魔，海裏的死者幽靈。

gó to Dávy Jónes's [ˋdʒonzɪz; ˈdʒounziz] **lócker** 葬身海底，溺死。

Dávy làmp 《源自發明者之名》**—***n.* Ⓒ礦坑中用的一種安全燈。

daw [dɔ; dɔ:] *n.* =jackdaw.

daw·dle [ˋdɔdl; ˈdɔ:dl]《口語》*v.i.* 閒蕩，混日子，游手好閒(idle)：~ all day 整天游手好閒/~ *over* one's coffee 喝咖啡消磨時間。
—*v.t.*〔十受十副〕浪費〈時間〉，虛擲〈光陰〉〈*away*〉：He ~*d away* his time [life]. 他虛擲光陰[虛度一生]。

dáw·dler *n.* Ⓒ遲鈍的人，怠惰者，閒蕩者。

dawk¹ [dɔk, dɑk; dɔ:k] *n.* ⓊⒸ **1** (尤指在東印度的)驛遞。**2** 用驛遞方式傳送的郵件。

dawk² [dɔk; dɔ:k]《源自 *d*ove 與 h*awk* 構成的字》**—***n.* Ⓒ(介於鴿派(dove)和鷹派(hawk)之間的)中間派人士；消極反戰者。

***dawn** [dɔn; dɔ:n] *n.* **1** ⓊⒸ天初亮，黎明，破曉：It is nearly ~. 天快亮了/at ~ =at (the) break of ~ 在黎明[破曉]時分/from ~ till dusk 從天亮到日暮，從早到晚/The ~ [*D~*] is breaking. 天(色)正要亮/The ~*s* on [from] the top of that mountain are impressive. 那山頂上[從那山頂上看到]的黎明予人深刻的印象。
2 [the ~]〔事物的〕開始(出現)，發端〔*of*〕：*the* ~ *of* civilization [this century] 文明的發端[本世紀之初]。
—*v.i.* **1** 天亮，破曉，東方發白：Day [Morning, It] is just ~*ing*. 天剛亮[破曉]。**2** (逐漸)開始發展；〈東西〉開始出現[看得見]：A new era is ~*ing*. 一個新的時代開始出現了。**3**〔十介十(代)名〕〈某人〉開始了解，漸漸明白〔事情〕〔*on, upon*〕：At last it ~*ed on* [*upon*] him what his sister really wanted. 他終於開始了解他姊姊[妹妹]真正要的是什麼。

dawn·ing [ˋdɔnɪŋ; ˈdɔ:niŋ] *n.* Ⓤ **1** 黎明，破曉。**2** 出現，開始。

***day** [de; dei] *n.* **1 a** Ⓤ白天，白晝，日間(↔ night)：before ~ 天亮前/at the break of ~ 天亮時/*D~* breaks [dawns]. 破曉，天亮/in broad ~ 在大白天/When he awoke it was ~. 他醒來時已是白天了。**b** [當副詞用]在白天[日間](⇨ days).
2 Ⓒ **a** (二十四小時長的)一天，一晝夜；(日曆上的)日(cf. month 1, year 1 a)：in a [one] day 一天內/on a sunny [cold] ~ 在一個晴朗[寒冷]的日子/⇨ lunar day/What ~ (of the week) is it today? 今天是星期幾？/The longest ~ must [will] have an end.《諺》長日漫漫終有盡頭；「天下無不散之筵席」。**b** [當副詞用]…日：every ~ 每日/every other [second] ~ 每隔一日/one ~ (過去的)某一天；(未來的)有一天/one of these (fine) ~*s* 近日內，不日，最近的將來/the other ~ 前些日子，前幾天/some ~ (未來的)有一天，他日/any ~ 任何日子，隨時/(the) ~ after tomorrow 後天《★用法《美》常省略 the》/(the) ~ before yesterday 前天《★用法《美》常省略 the》/this ~ week《英》下星期的今天；上星期的今天。**c** [引導副詞子句](在…的)那一天：He was born *the* ~ (*that*) his father left for Europe. 他在父親赴歐洲的那一天出生《★the day 是 on the day when 之意》。**d**《天文》(地球以外的)天體的一日《自轉一次所需要的時間》。
3 Ⓒ(勞動[上班]時間的)一日，工作天：an eight-hour ~ 八小時的工作天。
4 [常 D~] Ⓤ [指個體時為Ⓒ] 紀念日，節日，…日：(*on*) Children's *Day* (在)兒童節/(*on*) washing ~ (在)洗衣日/⇨ Christmas Day, New Year's Day.
5 Ⓒ特定日，日期，約定的日子：keep one's ~ 遵守日期，守約。
6 Ⓒ **a** [常 ~s]時代，時期(cf. year 5)：the present ~ 現代/at that [this] ~ 那時候[目前]/*in* olden ~*s* = *in* ~*s* of old 從前，已往/*in* Shakespeare's ~ = *in* the ~ of Shakespeare 在莎士比亞時代/*in* ~*s* gone by [to come]在從前[未來]/*in* his school ~*s* 在他的求學時代/*in* the ~(*s*) of Queen Elizabeth 在伊利莎白女王時代/the good old ~*s* 令人懷念的[美好的]往昔/these ~*s* 最近，當今，現在《★用法不加介系詞，當副詞用》/*in* those ~*s* 當時，那時候，那時代《★用法通常不省略 in》/men *of* other ~*s* 從前的人/the best writer *of* his ~ 當時最傑出的作家/have seen better ~*s* 曾有過好日子[曾有過黃金時代]/Those were the ~*s*. (懷念地)那時候真好[快樂]。**b** [the ~]那時代，當時；現代：men *of the* ~ 當代名人/the topics of *the* ~ 時事性的話題。
7 a Ⓤ[常 the ~, one's ~](某人)飛黃騰達的時候，全盛時期，黃金時代：She was a beauty *in* [*on*] her ~. 她年輕時是個美人/⇨ have one's DAY. **b** Ⓒ[常 ~s](人的)一生：spend one's ~*s* in study 一生從事研究工作/end one's ~*s* 結束一生，死。
8 [the ~]某天的事件；(尤指)戰鬥；勝負，勝利：lose [win] *the* ~ 失敗[勝利]，輸[贏]/How goes *the* ~? 戰況如何？

a dáy àfter the fáir ⇨ fair².

áll dáy (lóng)=áll the dáy 整天，終日：He worked *all* ~ *long*. 他終日工作。

áll in a [the] dáy's wórk ⇨ work.

ány dày (1)⇨ 2 b. (2)=any DAY (of the week).

ány dày (of the wéek)《口語》無論什麼條件，無論如何；無論怎麼想[看]：I'd go out *any* ~ rather than stay at home. 無論如何我寧可出去而不願留在家裏/He is a better driver than you are *any* ~ (*of the week*). 無論怎麼看，他的駕駛技術都比你高明。

(as) cléar as dáy 像白晝那樣清楚；很清楚。

by dáy (在)白天[日間](↔ by night).

by the dáy 按日(計算)，論日：work [pay] *by the* ~ 按日工作[付工資]。

càll it a dáy《口語》結束(一天的)工作(等)，今天到此為止：Let's *call it a* ~ and go home. 我們今天到此為止，回家吧。

cárry the dáy 獲勝，成功(succeed).

dáy abóut《英》隔日(every other day).

dáy àfter dáy 一天又一天，天天，一連很多天。

dáy and níght =NIGHT and day.

dáy by dáy 日日；每天(daily).

dáy ín and dày óut =**dày ín, dày óut** 日日夜夜，一天到晚；日復一日，每天(不間斷地)。

fáll on évil dáys =fall on hard TIMES.

from dáy to dáy (1)一天比一天地，日益。(2)逐日，每日。

from óne dáy to the néxt 一連兩天。

hàve a dáy óff〈上班者等〉休息[請假]一天。

hàve a dáy óut (1)(為遊樂等)出去一天。(2)〈傭人等〉(請假)外出一天。

Hàve a níce dáy! 希望你過愉快的一天《★用於道別時》。
háve one's **dáy** 有得意[走運]的時候，有黃金時代：The game has *had* its ～. 這種遊戲曾盛極一時《現已過時》/Every dog *has* his ～.《諺》每條狗都有走運時《人人都有得意時》。
if a dáy ⇨ if.
màke a person's **dáy**《口語》使某人樂一天，使…大樂：He *made* my ～ by coming such a long way to see me. 他長途跋涉跑來看我，使我大樂。
náme the dáy ⇨ name *v.t.* 2 c.
nót hàve áll dáy《口語》(沒有時間)不能耽擱：Hurry up. I do*n't have all day*, you know. 快一點，你知道我不能耽擱。
Thát'll be the dáy.《口語・謔》那樣就樂了，那樣的事不可信，怎麼可能。
the dáy of réckoning 結帳日；報應[受罰]之日；認清歹事[過失]的時候《★源自「審判日」(the Judgment Day)之意》。
(the) tíme of dáy ⇨ time.
till [ùp to] thìs dáy 到今天。
to a [the] dáy 一天也不差地，恰好，剛好。
to this [thàt] dáy 直到今天[當時]爲止。

dáy·bèd *n.* Ⓒ兼作沙發用的牀。
dáy·bòok *n.* Ⓒ **1** (簿記)流水帳。**2** 日記簿。
dáy bòy *n.* Ⓒ《英》(寄宿制學校的)通學男生(cf. boarder).
day·break [ˈdeˌbrek; ˈdeibreik] *n.* Ⓤ**破曉，**黎明(dawn)：at ～ 在黎明[拂曉]時/*D*～ came. 天亮了。
dáy-by-dáy *adj.* 逐日的，每天的。
dáy-càre *adj.* [用在名詞前]白天替人照顧小孩的，日託的：a ～ center (日間)託兒所。
dáy còach *n.* ＝coach 4 a.
dáy·drèam *n.* Ⓒ白日夢，幻想，夢想。**—***v.i.* 做白日夢。
dáy·drèamer *n.* Ⓒ幻想家，做白日夢的人。
dáy gìrl *n.* Ⓒ《英》(寄宿制學校的)通學女生。
dáy làborer *n.* Ⓒ按日計酬的零工。
dáy lètter *n.* Ⓒ《美》日間遞送的電報《費用較低廉但較費時；以五十字爲準；cf. night letter》.
***day·light** [ˈdeˌlaɪt; ˈdeilait] *n.* **1** Ⓤ**a** 日光。**b** 日間，白晝，白天(daytime)：in broad ～ 在大白天，在光天化日之下。
2 Ⓤ黎明，天亮(dawn)：at ～ 黎明[天亮]時/before ～ 黎明[天亮]前。
3 Ⓤ(事情)明朗化，周知，了解：⇨ see DAYLIGHT.
4 [～s]《俚》意識：beat [knock] the (living) ～*s* out of a person 把人毆打至昏過去(的程度)/scare the (living) ～*s* out of a person 使人嚇得幾乎昏過去。
sée dáylight (1)了解。(2)〈事情〉公開，發表；〈人〉出生。(3)(難事等)露出解決的曙光[希望]。
dáylight róbbery *n.* ⓊⒸ **1** 白天搶劫。**2** 大敲竹槓，搶奪，暴利。
dáylight sáving *n.* (又作 **dáylight sàving tìme**)Ⓤ日光節約時間，夏令時間(《英》summer time).

【說明】爲有效利用夏日較長的白天，把時鐘撥快一小時的措施。在美國從四月到十月實施，但各州的施行方法有差異。英國則從三月底到十月底施行。其目的是爲了節約用電，因此第二次世界大戰炎夏之間，英國曾將時鐘撥快兩小時。所以在該國六、七月間晚飯後還有約四個小時的白晝，大人可打高爾夫球、網球等作消遣，兒童則苦於入睡。

dáy lìly *n.* Ⓒ《植物》萱草。
dáy·lòng *adj.* 終日的，整天的。**—***adv.* 終日[整天]地。
dáy núrsery *n.* Ⓒ日間託兒所。
dáy pàck *n.* Ⓒ(郊遊、露營用的)背囊，背包。
dáy relèase cóurse *n.* Ⓒ《英》工人之在職訓練課程。
dáy retúrn *n.* Ⓒ《英》限當天使用的(打折)來回車票(cf. round-trip).
dáy·ròom *n.* Ⓒ(寄宿學校、兵營、醫院等裏面供閱讀、寫字等的)日間康樂室，談話室。
days [dez; deiz] *adv.*《美口語》在白天，在日間：They sleep ～ and work nights. 他們白天睡覺晚上工作。
dáy schòol *n.* Ⓤ[指設備時爲Ⓒ] **1** (對寄宿制學校(boarding school)而言的)通學學校。**2** (對夜校(night school)而言的)日校。
dáy shift *n.* **1** Ⓒ(日夜輪流制的)日間勤務(時間)；白天班。**2** Ⓤ[常 the ～；集合稱]日間勤務者[組]《★用法 視爲一整體時當單數用，指個別成員時當複數用》。
dáys of gráce *n.* Ⓒ寬限日期《票據到期後寬限之時日；通常爲三日》。
dáy·sprìng *n.* Ⓤ《古》黎明，破曉。
dáy·stàr *n.* **1** Ⓒ晨星(morning star). **2** [the ～]《詩》太陽(sun).
***day·time** [ˈdeˌtaɪm; ˈdeitaim] *n.* [the ～] **白天，日間**(↔ nighttime)：in *the* ～ 在白天[日間]。
—*adj.* [用在名詞前]白天的，日間的：～ activities 白天的活動/～ burglaries 白天的搶劫。
dáy-to-dáy *adj.* [用在名詞前] **1** 每天的，日常的：～ occurrences 每天發生的事。**2** 只顧當天的，過一天算一天的：a ～ existence 過一天算一天的生活。
dáy-trìpper *n.* Ⓒ當天來回的旅客[旅行者]。
daze [dez; deiz] 《源自古北歐語「疲倦」之義》**—***v.t.* 〔十受〕使〈人〉**惶惑，**使…茫然；使〈人〉目眩《★常用被動語態，變成「惶惑」之意；介系詞用 *by, with*》：The question ～*d* him. 該問題使他惶惑/I *was* ～*d* **by** the blow on my head. 我的頭挨了一擊而覺得暈眩/He *was* ～*d* ***with*** happiness. 他樂昏了頭。
—*n.* [a ～]惶惑，暈眩的狀態《★常用於下列片語》：*in a* ～ 在暈眩[恍惚]狀態中。
dáz·ed·ly [-ɪdlɪ; -idli] *adv.* 暈眩地，恍惚地。
daz·zle** [ˈdæzl; ˈdæzl] 《daze 的反復形》**—v.t.* 〔十受〕**1** 〈光〉**使**〈人〉**目眩，**使…眼花《★常用被動語態》：Our eyes [We] *were* ～*d* by the car's headlights. 那部汽車的前燈燈光使我們的眼睛[我們]感到昏眩。
2 〈美、華麗等〉使〈人〉迷惑《★常用被動語態》：I *was* ～*d* by her charm. 我被她的魅力所吸引。
—*n.* [用單數] **1** 耀眼；耀眼的東西：in a ～ 在目眩[暈眩]中。
2 閃耀，華麗；眩惑：in a ～ 受眩惑的；茫然地。
dáz·zling *adj.* **1** 令人目眩的，耀眼的；燦爛的：～ sunlight [diamonds] 耀眼的陽光[鑽石]。**2** 令人眩惑的。**～·ly** *adv.*
dB, db《符號》《電學・物理》decibel(s).
dba《略》doing business as 以(某公司名稱)從事商務行爲。
DBS《略》direct broadcast satellite《電視》直播衛星。
DC《略》《電學》direct current；《美郵政》District of Columbia.
d.c.《略》《電學》direct current.
D.C.《略》da capo；Deputy Consul；《電學》direct current；District Court；District of Columbia.
D.C.L.《略》Doctor of Civil Law.
D.C.M.《略》《英軍》Distinguished Conduct Medal 特等軍功獎章。
D.D.《略》Doctor of Divinity.
d—d [did; di:d] *adj.* & *adv.* ⇨ damned.
D́-dày 《源自 D(day 之略)＋day》**—***n.* **1**《軍》(非特定的)攻擊發起日。**2** (二次世界大戰中)盟軍進攻西歐之開始日《1944 年 6 月 6 日》。
D.D.S.《略》Doctor of Dental Surgery.
DDT [ˈdiˌdiˈti; ˌdi:di:ˈti:] 《*d*ichloro-*d*iphenyl-*t*richloroethane 的頭字語》**—***n.* Ⓤ一種殺蟲劑。
DE《略》《美郵政》Delaware.
de- [dɪ-, də-, di-; di:-, di-] 字首 **1** 表示「下降」：*de*scend, *de*press. **2** 表示「分離，除去」：*de*cline；*de*precate. **3** 表示加強：*de*claim, *de*nude. **4** 表示「惡化，低下」：*de*ceive, *de*lude. **5** 表示「否定，倒轉」：*de*centralize, *de*code.
dea·con [ˈdikən; ˈdi:kən] *n.* Ⓒ **1 a**《天主教》副主祭《司祭的助理》。**b**《英國國教》執事《牧師的助理》。**2**《長老教會等》執事《由教徒中選出的代表》。
dea·con·ess [ˈdikənɪs; ˈdi:kənis] 《deacon 的女性》**—***n.* Ⓒ《新教》**1** (教會的)女執事。**2** (教會的)婦女慈善會會員。
‡dead [dɛd; ded] 《die, death 的形容詞》**—***adj.* (無比較級、最高級) **1 a** 〈人、動物〉**死的，**已死的(↔ alive, living)：a ～ body [man] 屍體[死人]/shoot a person ～ 把人射殺/He has been ～ for two years. 他已死了兩年《★變換 可換寫成 He died two years ago.》/*D*～ men tell no tales.《諺》死人不會說故事；死無對證《殺人滅口，最無洩漏祕密之虞》。**b** 〈植物等〉枯萎的：～ leaves 枯葉/～ flowers 枯萎的花。
2 [用在名詞前]**無生命的**：～ matter 無機物。
3 a 無[失去]**感覺的，**麻木的：～ fingers 失去感覺的手指/in a ～ faint 處於昏迷狀態中，不省人事地/feel ～ 〈手指等〉感到麻木，凍僵了。**b** [不用在名詞前]〔十介十(代)名〕〔對…〕無感覺的，麻木的〔*to*〕：He is ～ ***to*** reason. 他對理性麻木《對他講道理是講不通的》/He is ～ *to* pity. 他沒有憐憫之心；他麻木不仁。
4 a (死一般)不動的，寂靜的：the ～ hours (of the night) 夜深人靜時，深夜/a ～ sleep 沈睡/The village was ～ after sunset. 日落後那村莊一片寂靜。**b** 〈風〉靜止的：The wind fell ～. 風靜止了。**c** [不用在名詞前]《口語》(如死般)疲憊不堪的，精疲力竭的：I'm quite ～. 我十分疲憊。
5 a 無生氣[力氣，活力]的：His prose is ～. 他的散文不生動/The party was completely ～. 那次聚會死氣沈沈[全無生氣]。**b** 〈市場等〉不活潑的，不活絡的：a ～ season (社交、生意等的)淡季/a ～ market 冷清[蕭條]的市場。**c** 〈聲音〉鈍濁的；〈顏色〉不鮮明的，陰沈的；〈光〉暗淡的：the ～ sound of a broken bell 破鐘的鈍濁聲。

6 a〈法律等〉失去效力的：a ～ law 已廢的法律(cf. dead letter 1). b〈語言等〉已廢的，不使用的：～ customs 已廢除的習俗/a ～ language 死的語言文字，沒有人用來交談的語言《古希臘文、拉丁文等》/a ～ mine 廢礦坑。c〈火〉熄滅的，熄了火的，點不著的：a ～ match 點不著的火柴/～ coals 熄了火的煤炭。d〈火山〉死的，不活動的：a ～ volcano 死火山。e〈飲料等〉走了味的：～ beer 走味的啤酒。f〈電池、電視等〉沒電的；〈電話〉中斷的，不通的：a ～ battery 沒電[電用完]的電池/The phone went ～. 電話斷了[不通了]。

7 a 沒用的，不生產的，滯銷的：～ capital 未加利用[閒著]的資金/～ soil 貧瘠的土壤。b 形式上的，(精神上)無意義的：～ formalities 虛禮。

8 沒有出入口的；(前面)不通的，堵死的：a ～ wall 沒有出入口[沒有門窗]的牆壁/⇨ dead end.

9 [用在名詞前] a 完全的，全然的：a ～ loss 全部損失/(a) ～ silence 完全沈默，一片寂靜/on a ～ level 完全平坦地，水平地/in a ～ line 一直線地/come to a ～ stop 完全停止[停頓]/in ～ earnest 一本正經地。b 必然的，確實的，準確的：a ～ certainty 絕對確實/⇨ dead shot.

10《運動》a 比賽暫停的(⟷ live)：a ～ ball 死球《★非比賽中的球》。b〈球〉沒有彈性的。c〈場地〉不適於球滾動的。d (打高爾夫時)〈球〉離洞口很近的。

11〈電線等〉電流沒有通過的(⟷ live)：a ～ circuit 空路，無電電路。

(as) déad as mútton [a dóornail, a hérring, etc.] 死定的；完蛋的；完全不活潑的。

béat [flóg] a déad hórse ⇨ horse.

déad and búried (1)已埋葬的，死了的《★出自聖經「使徒行傳」》。(2)〈事情〉已結束的。

déad and góne [ˈdɛdn̩ˈgɔn; ˈdednˈgɔn] (早已)死了的。

déad from the néck úp《口語》腦袋空空的，愚笨的。

déad to the wórld《口語》對世事不聞不問的；熟睡的，昏睡的；意識不清楚的。

màke a déad sét at ⇨ dead set 1.

òver my déad bódy《口語》在自己未死前[無論怎麼說]絕對不准…。

wóuldn't be séen déad《口語》死也不願意(…)，絕對不要做(…)：I *wouldn't be seen* ～ wearing [in] jeans. 我絕對不穿牛仔褲/I *wouldn't be seen* ～ with her. 我絕對不要和她在一起。

—*adv.* (無比較級、最高級) 1《口語》a 完全地，全然：～ asleep 熟睡，酣睡/～ beat 精疲力盡；慘敗/～ broke 一文不名/～ drunk 爛醉/～ serious 一本正經，非常認眞/～ slow 非常慢/～ tired 極疲倦/I am ～ sure. 我絕對有把握。b 直直地；正好地，剛好地：The station is ～ ahead. 車站就在前面/They were ～ against our plan. 他們完全反對我們的計畫。2 突然，急速地：stop ～ 突然停止。

—*n.* 1 [the ～；常用集合稱；當複數用] 死者：*the* ～ and the wounded 死傷者/*the* ～ and the living 死者與生存者/rise [raise] from *the* ～ 復活[使復活]，甦醒[使甦醒]。2 Ⓤ如死般靜悄悄的時候：at (the) ～ of night＝in the ～ of night 在深夜/in the ～ of winter 在隆冬。

déad-béat *adj.*《口語》筋疲力竭的。

déad·bèat *n.* Ⓒ賴債者；懶惰者；游手好閒的人(loafer).

dead cénter *n.* [the ～] 正中心；《機械》死點，靜點。

dead dúck *n.* Ⓒ《俚》沒有[已失去]價值的(計畫、人等)，無用的人[物]，沒有希望的事：If you complain, you'll be a ～. 如果你埋怨就開除你。

dead·en [ˈdɛdn̩; ˈdedn] «dead 的動詞» —*v.t.* 1 使〈聲音、痛苦、光澤、速度等〉消失，使…減弱，使…變鈍；使…無感覺[麻木]：This drug will ～ the pain. 這種藥可消除痛苦[可止痛]/The thick walls ～*ed* the noise from the street. 這道厚牆隔絕了街上的噪音。2 使〈牀、牆壁、天花板〉有隔音設備。

déad énd *n.* Ⓒ 1 (道路等的)盡頭；死胡同，死巷。2 僵局，絕境：reach [come to] a ～ 陷入僵局。

déad-énd *adj.* [用在名詞前] 1 一端不通的〈道路等〉：a ～ street 死胡同，死巷。2 無進步[發展]可能的，行不通的〈政策、行動等〉：a ～ job 沒有前途的工作。3《美口語》赤貧生活的：～ kids 貧民窟的小孩，陋巷的流浪兒。

déad·èye *n.* Ⓒ 1《航海》滑孔盤。2 神射手，射擊高手。

déad·fàll *n.* Ⓒ《美》1 (由上方滾下圓木以捕捉野獸的)陷阱。2 (森林中之)倒落的樹木。

déad hánd *n.* ＝mortmain 1.

déad·hèad *n.* Ⓒ《美》1 (持用優待券等的)免費乘客；免費入場者。2《口語》無能者，不中用的人，笨蛋。

déad héat *n.* Ⓒ(比賽時兩人以上同時到達終點的)不分勝負，平手。

déad létter *n.* Ⓒ 1 具文，空文《已失效但尚未廢止的法律等》。2 無法投遞的郵件。

déad·lìne *n.* Ⓒ 1 (報紙、雜誌的)截稿時間；最後期限，截止日期：meet a ～ 趕上截限時間。2《古》(囚犯越過即遭射殺的)界線，死線。

déad lóad *n.* Ⓒ《工程》靜負荷；靜載重《結構物所承受之固定負載，如建築物本身重量、固定於建築物上之各種重量》。

déad·lòck *n.* 1 Ⓤ[又作 **a** ～] (對立的雙方勢均力敵所造成的)停滯，停頓，僵持，僵局：in ～ 僵持著，相持不下地/be at [come to] *a* ～ 處於[陷入]僵持狀態/bring *a* ～ to an end＝break [resolve] *a* ～ 打開僵局。2 Ⓒ裝於門內側的非彈簧式安全鎖。

dead·ly [ˈdɛdlɪ; ˈdedli] *adj.* (**dead·li·er, -li·est**; **more** ～, **most** ～) 1 致命的，致死的，要命的(⇨ fatal【同義字】)：a ～ disease 致命的疾病/a ～ poison 劇毒，烈性毒藥。

2 a [用在名詞前] 如死的，死人一般的：a ～ paleness 如死人般的蒼白/a ～ silence 萬籟俱寂。b 無生氣的，死氣沈沈的，乏味的：a ～ lecture 乏味的演講。

3 [用在名詞前] 伺機要加以殺害[破壞]的，欲置之於死地的；滿懷憎恨的：～ enemies 不共戴天的敵人，死敵/a ～ hatred 欲置之於死地的憎恨，深惡痛絕。

4〔十介十(代)名〕〔對…〕極有效的〔*against*〕：a ～ argument *against* air pollution 反對空氣汚染極有效的論據。

5《口語》極度的，非常的：～ dullness 極度無聊[乏味]/in ～ haste 十萬火急，極爲匆促。

6 [用在名詞前]《神學》使人墮入地獄的〈罪惡〉：the seven ～ sins ⇨ sin 成語。

—*adv.* (**dead·li·er, dead·li·est**; **more** ～, **most** ～) 1 如死般地：～ pale 如死般蒼白的。2《口語》極，非常：～ dull 極乏味的。

déad·li·ness *n.*

déadly níghtshade *n.* ＝belladonna 1.

déadmàn's hándle *n.* Ⓒ帶安全鈕的把手《火車司機的手離開把手時火車會自動停下來的裝置》。

déad màrch *n.* Ⓒ送葬進行曲。

déad·pàn *adj.* & *adv.*《口語》〈臉部、人等〉(尤指連開玩笑時也)無表情的[地]，不動聲色的[地]，如撲克面孔的[地] (cf. pan[1] 8).

déad póint *n.* ＝dead center.

déad réckoning *n.* Ⓤ《航海・航空》(根據儀器推算的)航位推測法。

Déad Séa *n.* [the ～] 死海《在以色列與約旦之間；爲世界最低的鹽水湖，湖面在海面下約 392 公尺》。

déad sét *n.* [a ～] 1〔對…的〕正面攻擊，拼命的努力，熱烈的求愛〔*at*〕. 2《獵》(獵犬指示獵物方位時所採取的)固定不動的姿勢。

màke a déad sét at... (1)(以議論、嘲笑等)激烈攻擊〈某人〉。(2)〈女子〉熱烈追求〈男子〉。

—*adj.* [不用在名詞前]〔十介十(代)名〕〔對…〕堅決的，決心的〔*against, on*〕：be ～ ***against*** ... 堅決反對…的/He's ～ ***on*** visit*ing* Japan. 他堅決要到日本遊覽。

déad shót *n.* Ⓒ 1 射中目標的子彈。2 (百發百中的)射擊高手。

déad sóldier *n.* Ⓒ《俚》空酒瓶。

déad spòt *n.* Ⓒ(禮堂、競技場等中的)人坐在那裡無法看清楚表演或聽清楚演講的地方；收不到無線電廣播或電視廣播的地方。

déad·wéight *n.* Ⓤ[又作 **a** ～] 1 沉重的(靜止)物體。2〔負債等的〕重擔〔*of*〕. 3 (車輛、船等的)空重，車重。

déadweight capácity [tónnage] *n.* Ⓤ《航海》(船的)載重容量[噸位]。

déadweight tón *n.* Ⓒ長噸，載重噸(⇨ ton 3 d).

déad·wòod *n.* Ⓤ 1 枯枝，枯木。2 無用的人[東西]：cut away the ～ in the Civil Service 裁減行政機構的冗員。

deaf** [dɛf; def] *adj.* (～·er; ～·est) 1 a (耳朵)重聽的，聾的：～ and dumb 聾啞的/(as) ～ as an adder [a door, a post, a stone] 完全聽不見的，全聾的。b [不用在名詞前]〔十介十(代)名〕聽不見〔…〕的〔*in,*《古》*of*〕：He is ～ ***in one ear [《古》***of*** an ear]. 他有一隻耳朵是聾的[聽不見]/⇨ turn a deaf EAR[1] to. c [the ～；當複數名詞用] 重聽的人。2 [不用在名詞前]〔十介十(代)名〕〔對…〕不聽的，不理的〔*to*〕：He was ～ ***to*** all requests for money. 他對於一切要求金錢的事都充耳不聞。～·**ness** *n.*

déaf-àid *n.* Ⓒ《英》助聽器(hearing aid).

déaf-and-dúmb *adj.* [用在名詞前] 聾啞的；聾啞者(用)的：a ～ alphabet 聾啞者用的手語字母。

deaf·en [ˈdɛfən; ˈdefn] «deaf 的動詞» —*v.t.* 使〈人〉的耳朵聽不見，使…聾：We were almost ～*ed* by the uproar. 喧囂聲震得我們的耳朵快要聾了。

déaf·en·ing *adj.* 令人耳聾的，震耳欲聾的：～ cheers 震耳欲聾的歡呼聲。～·**ly** *adv.*

déaf-múte *adj.* 聽覺與發聲有障礙的，聾啞的。
—*n.* Ⓒ聽覺與發聲有障礙的人，聾啞者。

‡deal[1] [dil; diːl] **《源自古英語「分配」之義》**—(**dealt** [dɛlt; delt]) *v.t.* **1 分配**：**a** 〔十受(十副)〕分配，分給…〈*out*〉：Mother *dealt* (*out*) three candies each. 母親分給每個人三粒糖果/A judge ～*s* (*out*) justice. 法官主持正義/The money was not *dealt out* fairly. 那筆錢分攤[分配]不均。**b** 〔十受(十副)十受/十受(十副)十介十(代)名〕把…分給[分配]〈某人〉〈*out*〉；把…分給[分配]〔某人〕〈*out*〉〔*to*〕：She *dealt* (**out**) each child three sandwiches. ＝She *dealt* three sandwiches (*out*) **to** each child. 她分給每個孩子三個三明治。
2 a 〔十受〕發〈紙牌〉：*D*～ the cards. 發牌吧。**b** 〔十受(十副)十受/十受(十副)十介十(代)名〕發〈紙牌〉給〈某人〉〈*out*〉；發〈紙牌〉給〔某人〕〈*out*〉〔*to*〕：He *dealt* each player four cards.＝He *dealt* four cards **to** each player. 他發給(玩牌者)每人四張牌。
3 〔十受十受/十受十介十(代)名〕給與〈某人〉〈打擊〉；給與〔某人〕〈打擊〉〔*to, at*〕：～ a person a blow＝～ a blow **to** a person 給與某人一擊。
—*v.i.* (★可用被動語態) **1** 〔十介十(代)名〕**a** 〈人〉**處理**，應付，對付〔問題、某人〕〔*with*〕：～ **with** a difficult problem 處理難題/He is hard to ～ *with.* 他這個人難以應付。**b** 〈書、演講等〉論及，討論〔某主題等〕〔*with*〕：This book ～*s* **with** economics. 這本書論述[探討]經濟學。**c** 《口語》〔把人〕殺死，幹掉〔*with*〕：He was *dealt* **with** *by* the Mafia. 他被黑手黨殺死了。**2** 〔十介十(代)名〕[與 fairly 等狀態副詞連用]〈以…態度〉對待〔某人〕，〈以…方式〉處理〔…〕〔*with, by*〕：*D*～ fairly **with** your pupils. 公平對待你的學生/I have been well [badly] *dealt with* [*by*]. 我一直受到優待[冷落]。**3** 〔十介十(代)名〕**a 經營，買賣，交易**〔商品〕〔*in*〕：The merchant ～*s* **in** wool and cotton. 那個商人經營羊毛與棉花的生意。**b** 〔與人、公司〕交易〔*with*〕：Which supplier do you ～ **with** ? 你和哪一家供應商交易？**c** 〔與商店等〕交易〔*at, with*〕：～ **at** that store 與那家商店交易[向那家商店購買]。**4** 發紙牌。
—*n.* A **1** Ⓒ**a** (生意上的)交易：make [《英》do] a ～ *in* grain *with*... 與…做穀物交易/It's [That's] a ～. 就這麼決定[辦]，一言爲定/No ～ ！不贊成！不同意！/⇨ square deal. **b** (對雙方有利的)協議，交易，密約。**2 a** [a ～；常與修飾語連用]《口語》對待，待遇：*a* raw ～ 不公平[不當]的待遇[處理]/*a* rough ～ 苛待/get *a* fair ～ 受到公平[公正]的對待。**b** Ⓒ(社會、經濟上的)政策，計畫：⇨ New Deal. **3** [the ～, one's ～] (玩紙牌的)發牌，輪到發牌，發牌的權利：It's your ～. 輪到你發牌了。
—B (cf. lot B 1) **1** [a (góod [gréat]) ～] **a 相當多**(的量)，大量(★比較 great 的多量感覺較 good 强)：He reads *a good* [*great*] ～. 他讀很多書。**b** [當副詞用]大量地，很多：He smokes *a good* [*great*] ～. 他抽很多煙。**c** [當作强調的片語加在 more, less, too many, too much 或比較級前]…得很，…得多：It's *a good* ～ *more* expensive than it was. 它比以前貴得多/He's *a good* [*great*] ～ old*er* than me [I am]. 他比我年長得多。**2** [a (good [great]) ～ of...] 相當多的，許多的，大量的…(★用法用於表示「量」時；★比較表示「數」時用 a (great [large]) number of)：He spends *a* (*great*) ～ *of* money. 他揮霍金錢/I took *a great* ～ *of* trouble to read this book through. 我費了很大的勁讀完這本書。

deal[2] [dil; diːl] **《源自中古荷蘭語「木板」之義》**—《英》*n.* Ⓤ冷杉木[松木]木材[木板] (cf. fir)：a table made of ～ 用冷杉木[松木]製的餐桌。—*adj.* [用在名詞前]冷杉木[松木]的〈餐桌等〉。

deal·er [ˈdilɚ; ˈdiːlə] *n.* Ⓒ **1 商人**，…業者[商]：a wholesale ～ 批發商/a car ～ 汽車業者/a ～ *in* tea 茶商。**2** (紙牌戲的)發牌者，莊家。

déal·ing *n.* **1** [～s]交涉，交際，關係；交易，買賣：have [have no] ～*s with*... 與…有[沒有](交易)關係[交往]。**2** Ⓤ(對人的)行爲，態度，應接：fair ～ 公正待人。

‡dealt [dɛlt; delt] *v.* deal[1] 的過去式・過去分詞。

dean [din; diːn] *n.* Ⓒ **1** [也用於稱呼] **a** (大學的)學院院長，系主任。**b** (美國大學、中學的)輔導主任，訓導長：a ～ of men [women, freshmen] 男生[女生，新生]輔導主任。**c** (牛津、劍橋大學的)學監。**2** [也用於稱呼]《英國國教》(cathedral 的)首席司祭，(大)教堂參事會會長。**3** (團體、同行等中)資格最老者，長老，老前輩。

dean·e·ry [ˈdinərɪ; ˈdiːnəri] *n.* **1** Ⓒ首席司祭(dean)的管轄區。**2 a** Ⓤ dean 的職務[地位]。**b** Ⓒ dean 的宅邸。

déan's lìst *n.* Ⓒ《美》(美國大學按年次製作的)優等生名單。

‡dear [dɪr; diə] **《源自古英語「貴重的」「親愛的」之義》**—*adj.* (～·er；～·est) **1 a 親愛的**，可愛的，心愛的：my ～ children 我心愛的孩子們/my ～*est* friend 我最親密的朋友，摯友/hold a person ～ 覺得某人可愛，寵愛某人。**b** [不用在名詞前]〔十介十(代)名〕〔對…〕親愛的，心愛的〔*to*〕：They were ～ **to** him. 他們是他心愛的人/Bow Church is ～ *to* the heart of every Londoner. 聖瑪利教堂是每一位倫敦市民心愛的地方。**2** [用在名詞前] [D～；一般書信中的抬頭稱呼，或用於演說時對聽衆的稱呼] **親愛的**：*D*～ George [Mary] 親愛的喬治[瑪麗] (★用於親友間等)/⇨ 成語。**3 a** [不用在名詞前]〈商品〉(價格格外) **昂貴的**，(索價)高的(★用法現在多用於英國語法)：Beef is too ～. 牛肉太貴(★變換如果以 price 爲主詞則變作 The price of beef is too high)。**b** [用在名詞前]售價貴的〈店等〉(★用法與義 3 a 相同)：a ～ shop 高價位的店。**4 a 寶貴的**，貴重的，珍視的：one's ～*est* wish 某人最眞誠的願望/He lost everything that he held ～. 他失去他所珍視的一切。**b** [不用在名詞前]〔十介十(代)名〕〔對…〕珍貴的，重要的〔*to*〕：He lost all that was ～ **to** him. 他失去了所有對他重要的東西。

Déar [**My déar**] Mr. [Mrs., Miss, Ms.] A ⑴A 先生[女士，小姐]大鑒(★用法信件開頭的稱呼)。⑵A 先生(★用法談話時有禮貌的稱呼；有時表示諷刺、抗議之意)。

Déar Sír [**Mádam**] 敬啓者(★用法商用書信或寫給不認識者信首的稱呼)。

Déar Sírs [**Mádams**] 敬啓者(★用法寫給公司行號、團體等信首的稱呼)。

for déar life ⇨ life.

—*n.* Ⓒ [也用於稱呼] **親愛的人**，可愛的人；愛人：What ～*s* they are ! 他們多麼可愛！/Come on in, my ～. 進來吧，親愛的/Will you be a ～ and make me a drink ? 請你替我調一杯飲料[酒]好嗎？

Déar knóws 《口語》＝God KNOWS ⑵.

Thére's [**Thát's**] **a déar.** (要…，不要哭)這樣才乖；(做得好，不要哭)你眞乖：Don't cry, Betty, *there's a* ～. 不要哭，貝蒂，這樣才是乖寶寶。

—*adv.* (～·er；～·est) **高價地**，昂貴地；付出高代價地(↔ cheap)：buy cheap and sell ～ 賤買貴賣(★用法這種情形不用 dearly)/It will cost him ～. 那將使他付出極大的代價；那會使他遭殃[吃苦頭]/She may pay ～ for her ignorance. 她也許會爲自己的無知付出很大的代價[吃苦頭]。

—*interj.* [表示驚訝、同情、焦慮、困惑、輕蔑等]哎呀！天呀！不得了！：*D*～, ～！＝*D*～ me！＝Oh(,) ～！哎呀！天呀！(★用法一般用 Oh ～！)/Oh ～(,) no！啊，不行！啊，沒這回事！～·**ness** *n.*

dear·est [ˈdɪrəst; ˈdiərist] *n.* [用於稱呼]親愛的，心愛的。

dear·ie [ˈdɪrɪ; ˈdiəri] *n.* ＝deary.

Déar Jóhn *n.* (又作 **Déar Jóhn lètter**) Ⓒ(妻子)要求離婚的信；(女子)寫給男友的絕交書。

dear·ly [ˈdɪrlɪ; ˈdiəli] *adv.* (**more** ～；**most** ～) **1** [常用以修飾 love 等動詞] **由衷地**，深切地，深深地：She *loved* him ～. 她深愛著他。**2** 高價地，昂貴地(★用法通常說 sell [buy] dear (貴賣[買])時不用 dearly)：The victory was ～ bought. 那次勝利是以高昂的代價換來的。

déarly belóved [祭司或牧師對結婚男女的稱呼]親愛的人。

dearth [dɝθ; dəːθ] *n.* [a ～]《文語》缺乏，不足；飢荒〔*of*〕：*a* ～ *of* food 糧食的缺乏/*a* ～ *of* information 情報[知識]的不足。

dear·y [ˈdɪrɪ; ˈdiəri] *n.* [也用於稱呼]《口語》親愛的人；[常對老人]老先生，老婦人。

‡death [dɛθ; deθ] **《die, dead 的名詞》**—*n.* **1 a** Ⓤ Ⓒ **死**，死亡；死法，死狀：(an) accidental ～ 意外死亡/(a) natural ～ 自然死亡，壽終正寢/die a violent ～ 死於非命，橫死，暴斃/fear ～ 恐懼死亡/worse than ～ 比死更糟[苦]的，壞極了/*D*～ comes to all. 所有的人都會死；人皆有死/Accidental ～ is [Accidental ～*s* are] increasing. 意外死亡正在增加。**b** Ⓤ死亡的狀態：lie still in ～ 死後靜止不動/(as) silent as ～ 死一般地寂靜。**2** [D～]死神(★通常以手持鐮刀(scythe)，身穿黑衣的骷髏表示)。**3** [the ～]〔事物等的〕毀滅，終止〔*of*〕：*the* ～ *of* one's hopes [plans] 希望[計畫]的破滅[落空]。**4** [the ～]〔…的〕死因，致命〔*of*〕(★常用於下列片語)：⇨ be the DEATH of....

Death 2

(as) pále as déath 如死人一樣蒼白的。

(as) súre as déath 十分確定的[地]。

at déath's dóor 瀕臨死亡。

be ín at the déath ⑴(獵狐時)看到獵獲物的死。⑵看到(事件等的)終結。

be the déath of... [常與 will 連用]《口語》⑴〈人、物〉要…的命，使…致死，使…喪命：Too much smoking *will be the* ～ *of* you. 抽煙過多會使你喪命/That lazy boy *will be the* ～ *of* his mother. 那個懶孩子會要了他母親的命。⑵〈人、東西〉(可

笑得)使…笑死：He is so funny he*'ll be the* ~ *of* me. 他滑稽得笑死我了。
cátch one's **déath** (**of cóld**)《口語》患嚴重的感冒。
dò...to déath (1)《口語》反覆…多次而致生厭：This sort of story has been *done to* ~. 這類故事重覆得令人厭煩。(2)《罕》= put...to DEATH.
féel lìke déath (**wármed úp**)《口語》覺得累得要命；覺得很不舒服。
flóg...to déath ⇨ flog.
háng [**hòld**] **ón lìke grím déath** 死不放手，死抓著。
pút...to déath 把〈人〉處以死刑；殺死…。
to déath (1)至死：shoot [strike] a person *to* ~ 把人射死[毆打至死]/be burned [burnt] *to* ~ (被)燒死/be starved *to* ~ 餓死/bleed [be choked] *to* ~ 流血過多[窒息]而死。(2)到極點，…死了：be tired [bored, scared] *to* ~ 累[煩，嚇]得要死。
déath·bèd *n.* Ⓒ[常用單數；**one's** ~]臨死時所臥的牀；臨終：on [at] one's ~ 臨終時。
déath bèll *n.* Ⓒ喪鐘。
déath·blòw *n.* Ⓒ[常用單數] **1** 致命的打擊。**2** 毀滅性的行動[事件][*to*].
déath certìficate *n.* Ⓒ(醫師簽名的)死亡證明書。
déath cùp *n.* Ⓒ《植物》毒蕈《毒蕈屬傘狀菌的統稱；尤指白蕈、瓢蕈》。
déath dùty *n.* Ⓤ[又作Ⓒ；常**death duties**]《英》遺產稅(《美》death tax).
death·ful [ˈdɛθfəl; ˈdeθful] *adj.* **1** 必死的，致命的。**2** 如死一般的。
déath hòuse *n.* Ⓒ《美》死囚刑前住的牢房。
déath knèll *n.* Ⓒ **1** (終結、死亡、毀滅的)前兆。**2** = passing bell.
déath·less *adj.* 不死的，不滅的，永恆的。~**·ly** *adv.*
déath·lìke *adj.* 如死[死人]一般的。
déath·ly *adj.* **1** 如死的。**2** 致死的；致命的。**3**《詩》死的。
—*adv.* **1** 如死(人)一般地：~ pale [cold] 如死人一般地蒼白[冷]的。**2** 極端地，非常地：He is ~ afraid of earthquakes. 他非常害怕地震。
déath màsk *n.* Ⓒ(用蠟、石膏壓在死人臉上製成的)死人面具。
déath ràte *n.* Ⓒ死亡率。
déath ràttle *n.* Ⓒ死前的喘鳴《臨終前有時自喉間發出的粗嘎聲》。
déath ròll *n.* Ⓒ **1** (意外事件等的)死亡者名單。**2** 死亡人數。
déath rów *n.* Ⓒ(一排的)死囚牢房。
déath's-hèad *n.* Ⓒ骷髏(的圖，模型)《★死亡的象徵》。
déath squàd *n.* Ⓒ(拉丁美洲等軍事政權的國家為對付輕罪犯、左派份子等所組訓的)暗殺團。
déath tàx *n.* Ⓒ《美》遺產稅(《英》death duty) (cf. inheritance tax).
déath·tràp *n.* Ⓒ死亡陷阱《危及人命的建築物、場所、狀態等》。
Déath Válley *n.* 死亡谷《美國加州東南部的乾燥盆地；在海面下八十六公尺，為西半球最低的土地》。

Death Valley

déath wàrrant *n.* Ⓒ **1** 下令執行死刑的文件，死刑執行書[令]。**2** 致命的打擊；最後的通知。
déath·wàtch *n.* **1** Ⓒ **a** 臨終病人的看護。**b** 守夜(vigil). **2** (又作**déathwatch béetle**) **a** Ⓒ《昆蟲》紅毛蛀蟲《蛀木器的小甲蟲；受驚時即縮足裝死》《★常在舊木製家具中挖孔，迷信認為其滴答聲為死亡前兆》。**b** Ⓤ鑽蛀蟲(的蟲害)。
déath wìsh *n.* Ⓒ《心理》死亡的願望《有意識或無意識地希望自己或別人死亡的願望》。
deb [dɛb; deb]《略》*n.* Ⓒ《口語》= debutante.
dé·bâ·cle, de·ba·cle [deˈbakl, dɪ-; deiˈbɑːkl, de-, di-] «源自法語「開門」之義»—*n.* Ⓒ **1** 冰河的潰裂；山崩。**2** 瓦解，崩潰；(市場的)暴跌；(突然的)失敗，完全潰敗，垮台。**3** (軍隊的)潰散，潰敗。
de·bar [dɪˈbar; diˈbɑː] *v.t.* (**de·barred**; **de·bar·ring**) [十受十介十doing] (法律上)禁止；妨礙〈某人〉[做…][*from*]：His criminal record *debarred* him ***from*** serv*ing* in public office. 他的前科記錄妨礙他就任公職。
de·bark [dɪˈbark; diˈbɑːk] *v.*《罕》= disembark.
de·bar·ka·tion [ˌdibarˈkeʃən; ˌdiːbɑːˈkeiʃn] *n.* = disembarkation.
de·base [dɪˈbes; diˈbeis] *v.t.* **1** 使…的品質[價值]降低：~ the currency 使幣值降低。**2 a** 貶低〈某人〉的人格[評價]，使…墮落。**b** [~ one*self*] 降低品格，失去面子：You must not ~ *yourself* by such behavior. 你不可以這樣的行為來降低自己的人格。
de·báse·ment [-mənt; -mənt] «debase 的名詞»—*n.* ⓊⒸ(品格、地位、品質的)降低；(貨幣的)貶值。
de·bat·a·ble [dɪˈbetəbl; diˈbeitəbl] *adj.* **1** 值得商榷的，有爭論餘地的，可爭辯的，有異議的；成問題的：a ~ argument 待商榷的議論；可疑的論據/It is highly ~ whether that is true. 那是否真實還是個問題《可能是假的》。**2** 〈土地、國境等〉在爭執中的：~ ground 爭執未決的土地《邊境等》。
de·bate** [dɪˈbet; diˈbeit] «源自古法語「打敗」之義»—*v.i.* **1 a** (為駁倒對方而在公開場合)辯論，參加辯論(⇨ discuss【同義字】)：a *debating* society 辯論學會。**b** [十介十(代)名] [與人]討論[有關…的事] [*with*] [*on, upon, about*]：~ ***about what measures to take 討論該採取什麼對策[辦法]/He ~*d* ***with*** his friends ***on*** the problems of life. 他與朋友們討論有關人生的種種問題。**2** [動(十介十(代)名)]熟慮[…] [*of, about*]：~ in one's own mind 在心裏盤算，仔細考慮/ ~ ***about*** his proposal 仔細考慮他的提議。
—*v.t.* **1 a** [十受]討論〈問題等〉：~ an issue 討論問題。**b** [十*wh.*___/十 *wh.*十 *to* do]討論；辯論〈…〉：We were *debating which* was best. 我們當時在辯論哪一個最好/We are *debating what to* do. 我們正在討論該做什麼。**2 a** [十受]仔細考慮…：He ~*d* the issue in his mind. 他仔細考慮該問題。**b** [十 *wh.*___/十 *wh.*十 *to* do]仔細考慮，盤算〈是否(做)…〉：I was *debating* (in my mind) *whether to* go [I should go] or not. 我在心裏盤算著是否[應該]要去。
—*n.* ⓊⒸ(議會等的)辯論，爭論：the question *under* ~ 爭論中的問題/hold a ~ *on* a subject 就某一問題進行辯論/There has been much ~ *about* the bill. 關於該法案有很多爭論。
de·bát·er *n.* Ⓒ **1** 參加討論[辯論]的人。**2** 討論者，辯論家。
de·bauch [dɪˈbɔtʃ; diˈbɔːtʃ] *v.t.* (以酒色)敗壞〈某人〉道德，使〈某人〉墮落。
—*n.* Ⓒ放蕩，荒淫。
de·báuched *adj.* 放蕩的，墮落的：a ~ man 放蕩者。
de·bau·chee [ˌdɛbɔˈtʃi, -ˈʃi; ˌdebɔːˈtʃiː, -ˈʃiː] *n.* Ⓒ放蕩者，縱慾者，酒色之徒。
de·bauch·er·y [dɪˈbɔtʃərɪ, -tʃrɪ; diˈbɔːtʃəri] *n.* **1** Ⓤ沈迷酒色，放蕩，荒淫：a life of ~ 放蕩的生活。**2** Ⓒ[常 **debaucheries**]玩樂，歡宴作樂，揮霍的冶遊，荒唐的行為。
de·ben·ture [dɪˈbɛntʃə; diˈbentʃə] *n.* Ⓒ **1** (政府機構發行的)債券。**2**《英》公司債(券)。**3**《美》無擔保公司債。**4** (海關發給的)退稅憑單。
de·bil·i·tate [dɪˈbɪləˌtet; diˈbiliteit] *v.t.* 使〈人〉衰弱，使〈健康〉衰退。
de·bil·i·ty [dɪˈbɪlətɪ; diˈbiləti] *n.* Ⓤ(生病引起的)衰弱。
deb·it [ˈdɛbɪt; ˈdebit]《簿記》*n.* Ⓒ **1** (又作**débit side**)借方《在帳簿上的左側；略作 dr.；↔ credit》. **2** 記入借方。
—*v.t.* [十受十介十(代)名] [將某金額]記入〈某人〉的借方帳中[*with*]；將〈某金額〉記入[某人的]借方帳中[*against, to*]：*D*~ his account ***with*** $700. = *D*~ $700 ***against*** him. 將七百美元記入他的借方帳中/***To*** whom shall I ~ the amount? 這筆帳要記入誰的借方帳中？
deb·o·nair [ˌdɛbəˈnɛr; ˌdebəˈnɛə] «源自法語 'of good breed' 之義»—*adj.* 〈男子〉心境愉快的，溫文有禮的。
de·bone [diˈbon; diːˈboun] *v.t.* 除去〈雞、鴨等〉的骨頭。
Deb·o·rah [ˈdɛbərə; ˈdebərə] *n.* **1** 黛博拉《女子名》。**2**《聖經》底波拉《一以色列女先知及法官》。
de·bouch [dɪˈbuʃ, -ˈbautʃ; diˈbautʃ, -ˈbuːʃ] «源自法語「溢出」之義»—*v.i.* [十副詞(片語)] **1** 〈河水等〉(由狹窄處向寬廣處)流出：The river ~*es into* the sea *at*.... 那條河流在…處注入大海。**2** 〈軍隊等〉(由隘路或閉塞地區向開闊地區)前進，進入。
de·bóuch·ment [-mənt; -mənt] «debouch 的名詞»—*n.* **1** Ⓤ進出；(河川的)流出，出口。**2** Ⓒ進出地點；(河川的)流出口，河口。
de·brief [ˌdiˈbrif; ˌdiːˈbriːf] *v.t.* 從〈完成特定任務者〉處聽取報告；詢問，盤問。
de·bris [dəˈbri, ˈdebri; ˈdeibriː, ˈde-] «源自法語「破壞」之義»—*n.* Ⓤ **1** (東西被破壞的)破片，瓦礫。**2**《地質》(積於山下或懸崖下的)岩石碎片。

‡**debt** [dɛt; det] 《源自拉丁文「應付之物」之義》—*n.* **1 a** Ⓒ(具體的)借款，債，負債，債務：a bad ~ 呆帳/a good ~ 回收可靠的貸款，好帳/a floating ~ 暫借款，流動債務/the National *D*~ 公債/contract [incur] ~*s* 陷入債務中，負債。**b** Ⓤ負債(的狀態)：be in ~ 負債，欠債/get [go, run] into ~ ＝fall in ~ 借錢，借債/get [keep] out of ~ 還債[不負債]。
2 ⓊⒸ欠他人的東西；恩惠，恩情：a ~ of gratitude 人情債。
débt of hónor 信用欠款，(尤指)賭債。
in a person's débt (1)欠某人的錢。(2)受某人的恩惠：I am greatly *in* your ~ *for* all this help. 我非常感謝你這一切的幫助。
páy one's débt to náture ＝**páy the débt of náture** 《古・文語》死亡。

debt·or [ˋdɛtɚ; ˈdetə] *n.* Ⓒ **1** 借款人，債務人(↔ creditor)：I am your ~. 我是你的債務人。**2** 《簿記》借方《略作 dr.；記法如 James Taylor dr. $1000 把借方(dr.)寫在人名後》。

de·bug [diˋbʌg; ˌdiːˈbʌg] *v.t.* (**de·bugged**；**de·bug·ging**) **1** 《美》從…除去害蟲。**2** 《口語》改正〈機器、計畫等〉的缺陷。**3** 《口語》從〈房間等〉拆去竊聽器。**4** 《電算》除錯，調試。

de·bunk [diˋbʌŋk; ˌdiːˈbʌŋk] *v.t.* 《口語》揭穿〈人、制度、思想等〉的眞面目，暴露…。

De·bus·sy [dəˋbjusɪ; dəˈbjusiː, -ˈbjuːsiː], **Claude A·chille** [klɔdəˋʃil; klɔːdəˈʃiːl] *n.* 德布西《1862－1918；法國作曲家》。

de·but [dɪˋbju, ˋdebju; ˈdeibuː, deiˈbjuː] 《源自法語》—*n.* Ⓒ (年輕女子)首次(正式)參加社交活動；初次登台[表演]；(社會生活的)第一步：make one's ~ 初次登台[進入社交界]。
—*v.i.* 〔動(＋*as* 補)〕〈以…〉初次登台[進入社交界]。

deb·u·tant [ˋdɛbjuˌtɑnt; ˈdebjuːtɑːŋ] 《源自法語》—*n.* Ⓒ初次登台的演員；初進社交界的人。

deb·u·tante [ˌdɛbjuˋtɑnt, ˋdɛbjəˌtænt; ˈdebjuːtɑːnt] 《源自法語》—*n.* Ⓒ **1** 初次進入社交界[進宮爲宮女]的少女；初次登台的女明星；初次表演的女音樂家。**2** 上流社會裏輕薄的年輕女子。

dec. 《略》deceased；decimeter；declension；decrease.

Dec. 《略》December.

dec(a)- [dɛk(ə)-; dek(ə)-] 〔複合用詞〕表示「十(倍)」(⇨ metric system).

dec·ade [ˋdɛked, dɛkˋed; ˈdekeid, deˈkeid] 《源自希臘文「十的單位」之義》—*n.* Ⓒ **1** 十年(間)：for the last several ~*s* 最近數十年/the first ~ of this century 本世紀初的頭十年。**2** [ˋdɛkəd; ˈdekəd] 《天主教》一串念珠(rosary)《由十個小珠與一個大珠構成》。

dec·a·dence [dɪˋkedn̩s, ˋdɛkədəns; ˈdekədəns, diˈkeidəns] 《decadent 的名詞》—*n.* Ⓤ **1** 衰微，墮落。**2** 《藝術》頹廢。

dec·a·dent [dɪˋkedn̩t, ˋdɛkədənt; ˈdekədənt, diˈkeidənt] *adj.* **1** 墮落的，頹廢的。**2** 《藝術》頹廢期的，頹廢派的。
—*n.* Ⓒ **1** 頹廢[墮落]的人。**2** 頹廢派的藝術家[文人]。

de·caf·fein·ate [diˋkæfənˌet; diːˈkæfineit] *v.t.* 從〈咖啡等〉中除去咖啡因：~*d* coffee 除去咖啡因的咖啡。

dec·a·gon [ˋdɛkəˌgɑn; ˈdekəgən] *n.* Ⓒ十角形，十邊形。

dec·a·gram, 《英》**dec·a·gramme** [ˋdɛkəˌgræm; ˈdekəgræm] *n.* Ⓒ公錢《公制的重量單位；等於 10 grams》.

dec·a·he·dron [ˌdɛkəˋhidrən; ˌdekəˈhiːdrən] *n.* Ⓒ (*pl.* ~**s**, **-dra** [-drə; -drə]) 《幾何》十面體。

de·cal·co·ma·ni·a [dɪˌkælkəˋmenɪə; diˌkælkəˈmeinjə] *n.* **1** Ⓤ移畫印花法《將特製之紙上的圖畫[圖案]移印於木材、金屬、玻璃等之上的方法》。**2** Ⓒ移畫印花法中所用的特製之紙。**3** Ⓒ移畫印花法中要移印的圖畫[圖案]。

dec·a·li·ter, 《英》**dec·a·li·tre** [ˋdɛkəˌlitɚ; ˈdekəˌliːtə] *n.* Ⓒ公斗《公制的容量單位；等於 10 liters》.

Dec·a·logue, 《美》**Dec·a·log** [ˋdɛkəˌlɔg; ˈdekəlɔg] *n.* [the ~] 《聖經》(摩西的)十誡(the Ten Commandments) (cf. commandment 2 b).

De·cam·er·on [dɪˋkæmərən, dɛ-; diˈkæmərən, de-] *n.* [The ~] 「十日談」《薄伽邱(Boccaccio)所著，包括一百個故事》。

dec·a·me·ter, 《英》**dec·a·me·tre** [ˋdɛkəˌmitɚ; ˈdekəmiːtə] *n.* Ⓒ十公尺《公制的長度單位；等於 10 meters》.

de·camp [dɪˋkæmp; diˈkæmp] *v.i.* **1** 〈軍隊〉撤營。**2** (突然，悄悄地)逃走，逃亡。
~·**ment** *n.*

de·cant [dɪˋkænt; diˈkænt] *v.t.* 輕輕倒出〈液體〉，將〈瓶裝的葡萄酒等〉慢慢倒入餐桌用的玻璃酒瓶(decanter)，俾使沉澱物留於原容器內。

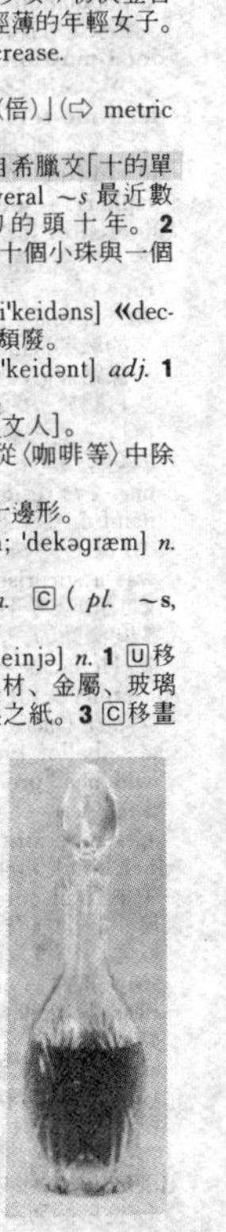
decanter

de·cant·er [dɪˋkæntɚ; diˈkæntə] *n.* Ⓒ有塞子的玻璃瓶《主要用以裝葡萄酒》。

de·cap·i·tate [dɪˋkæpəˌtet; diˈkæpiteit] *v.t.* 把…斬首，砍…的頭(behead)；將〈人〉解雇。
de·cap·i·ta·tion [dɪˌkæpəˋteʃən; diˌkæpiˈteiʃn] *n.*

dec·a·pod [ˋdɛkəˌpɑd; ˈdekəpɔd] *n.* Ⓒ **1** 十脚類之動物《如龍蝦、螃蟹等》。**2** 十腕類之動物《如墨魚、槍鰂等》。
—*adj.* **1** 十脚類的。**2** 有十脚的；有十臂的。

dec·a·syl·lab·ic [ˌdɛkəsɪˋlæbɪk; ˌdekəsiˈlæbik] *adj.* 有十音節的。

de·cath·lon [dɪˋkæθlɑn; diˈkæθlɔn] *n.* Ⓤ[又作單數；常 the ~] 十項運動(cf. pentathlon).

de·cay [dɪˋke; diˈkei] 《源自古法語「倒」之義》—*v.i.* **1** 腐敗，腐爛(《★比較 一般用 rot》). **2** 〈牙齒〉蛀。**3** 〈品質〉降低，〈體力等〉衰退，衰弱，退化；墮落：Spain's power ~*ed* after her Armada was destroyed. 西班牙的無敵艦隊被毀滅後，國家的勢力就衰退了。**4** 《物理》〈放射性物質〉(自然)蛻變，衰變。
—*v.t.* 〔十受〕 **1** 使…腐敗，使…衰退。**2** 使〈牙齒〉蛀：a ~*ed* tooth 蛀牙，齲齒。
—*n.* Ⓤ **1** 腐蝕，腐敗，腐爛。**2** 蛀牙；齲蝕的部分。**3** 衰微，衰退。**4** 《物理》(放射性物質的)蛻變：radioactive ~ 放射性蛻變。
be in decáy (1)漸漸在腐朽[損壞]。(2)漸漸在衰微。
fáll into decáy ＝**gò ìnto decáy** (1)腐敗，腐朽。(2)衰弱，退化。

Dec·can [ˋdɛkən; ˈdekən] *n.* [the ~] **1** 德干(半島)《在印度南部》。**2** 德干(高原地區)《在德干半島上的高原地區》。

de·cease [dɪˋsis; diˈsiːs] 《法律》*n.* Ⓤ死亡(death). —*v.i.* 死亡(⇨ die[1]【同義字】)。

de·céased *adj.* **1** 死的，死亡的，已故的：one's ~ father (某人)已故的父親。**2** [the ~；當單數或複數名詞用]死者，已故者。

de·ce·dent [dɪˋsidn̩t; diˈsiːdnt] *n.* Ⓒ《法律》死者。

de·ceit [dɪˋsit; diˈsiːt] 《deceive 的名詞》—*n.* **1** Ⓤ欺騙；欺詐；欺詐的行爲[手段]：discover (a piece of) ~ 發現[看穿]欺騙的行爲。**2** Ⓒ詭計。

de·ceit·ful [dɪˋsitfəl; diˈsiːtful] *adj.* **1** 〈人、言行等〉欺騙的，欺詐的；虛僞的(false)：a ~ man 不誠實的男人。**2** 〈外表等〉容易使人誤解的：Appearances are often ~. 外表往往使人誤解；外表常常靠不住[虛假的]。
~·**ly** [-fəlɪ; -fuli] *adv.* ~·**ness** *n.*

de·ceiv·a·ble [dɪˋsivəbl̩; diˈsiːvəbl] *adj.* **1** 可欺騙的，易受騙的。**2** 《古》誤導的，欺騙人的。

*****de·ceive** [dɪˋsiv; diˈsiːv] 《源自拉丁文「設圈套」之義》—*v.t.* **1 a** 〔十受〕欺騙，欺詐〈人〉(⇨ cheat【同義字】)；使〈人〉誤解，使…想錯：Her appearance ~*d* me. 她的外表欺騙了我/Don't be ~*d* by appearance. 不要被外表所惑[欺騙]/His ears ~*d* him. 他聽錯了。**b** 〔十受十介十(代)名〕騙〈人〉〔使做…〕〔*into*〕：He was ~*d into* believ*ing* that she would come. 他受騙相信她會來。**2** 〔十受〕〔~ one*self*〕騙自己，想錯，誤解《★常用被動語態，變成「把…想[看]錯」之意》：I've *been* ~*d in* you. 我看錯了你。—*v.i.* 欺騙，行騙。

de·céiv·er *n.* Ⓒ欺騙者；騙子。

de·céiv·ing·ly *adv.* 欺騙地，虛僞地：It looked ~ easy to do. 它看來很容易做《其實並不容易》。

de·cel·er·ate [diˋsɛləˌret; ˌdiːˈseləreit] *v.t.* 減低〈車子等〉的速度(↔ accelerate). —*v.i.* 減速。

de·cel·er·a·tion [diˌsɛləˋreʃən; ˈdiːˌseləˈreiʃn] 《decelerate 的名詞》—*n.* Ⓤ **1** 減速。**2** 《物理》減速度(↔ acceleration).

‡**De·cem·ber** [dɪˋsɛmbɚ; diˈsembə] *n.* 十二月《略作 Dec.》：*in* ~ 在十二月/*on* ~ 8＝*on* 8 ~＝*on* the 8th of ~ 在十二月八日(⇨ January【說明】)。

【字源】「十」源自拉丁文 *decem.* 古羅馬曆法最初一年分爲十個月。March(三月)是一年的第一個月，December 就如字面爲第十個月之義。後來加上 January(一月)和 February(二月)使一年成爲十二個月，所以從 September(九月)到 December 間的四個月在字義和實際上的月分間有兩個月之差。

de·cem·vir [dɪˋsɛmvɚ; diˈsemvə] *n.* Ⓒ (*pl.* ~**s**, **-vi·ri** [-vəˌraɪ; -vərai]) **1** 古羅馬的十大行政官之一。**2** 十人當政團體中之一人。

de·cen·cy [ˋdisn̩sɪ; ˈdiːsnsi] 《decent 的名詞》—*n.* **1** Ⓤ(從社會規範所看到的)正派，(言行、服裝等的)端莊，莊重；有禮；體面：for ~'s sake 爲了體面，體面上/an offense against ~ ＝a breach of ~ 無禮，沒規矩，不當的行爲。**2** [the decencies] **a** 過體面[舒適]的生活所必需的東西。**b** 《罕》禮儀，禮節《★常用於下列片語》：observe *the decencies* 守規矩[禮節]。**3** [the ~] 〔十 *to* do〕〈做…的〉親切，好意；〈僅做…的〉禮貌，教養：He didn't even have *the* ~ *to* show me the way. 他甚至連指點我路的禮貌也沒有。

de·cen·ni·al [dɪˋsɛnɪəl; diˈsenjəl] *adj.* 十年間的，每十年一次的。—*n.* Ⓒ《美》十周年紀念。~·**ly** *adv.*

D

***de·cent** [ˋdisn̩t; ˈdiːsnt] «源自拉丁文「相稱的」之義»—*adj.* (more ～; most ～) **1 a** (從社會規範所看到的)**正派的，端莊的，**端正的；合乎禮節的：～ clothes 端莊的服裝/a ～ living 正正當當[像樣]的生活/It is not ～ to laugh at a funeral. 在葬禮時發笑是失禮的。**b** [不用在名詞前]《口語》〈人〉(體面地)穿好了衣服的，非裸體的，可以見人的：I'm not ～. 我(只穿著內衣等)還沒穿好衣服。

2 《口語》相當好的，不錯的：get ～ marks (在學校)得到相當好的分數/He earns a ～ living. 他有相當不錯的收入。

3 《口語》**a** 親切的，寬宏的，予人好感的：a ～ fellow 看來不錯的傢伙。**b** [不用在名詞前]〔＋ *of*＋(代)名(＋ *to* do)/＋ *to* do〕〔某人〕〈做…是〉親切的，寬宏的；〈某人〉〈做…是〉親切的，寬宏的：It's awfully ～ *of* you [You are awfully ～] *to* come and see me off. 你來送我眞是親切之至。

décent·ly *adv.* **1** 體面地，端莊地。**2** 《口語》相當好，不錯。**3** 《口語》親切地；有禮地。

de·cen·tral·i·za·tion [ˌdisɛntrələˋzeʃən, -aɪˋz-; diːˌsentrəlaiˈzeiʃn] «decentralize 的名詞»—*n.* Ⓤ **1** 分散；疏散。**2** 地方分權。

de·cen·tral·ize [diˋsɛntrəlˌaɪz; ˌdiːˈsentrəlaiz] *v.t.* 分散〈行政權〉，疏散〈人口〉，使…成爲地方分權：～ authority 分散權力。—*v.i.* 分散化，地方分權化。

de·cep·tion [dɪˋsɛpʃən; diˈsepʃn] «deceive 的名詞»—*n.* **1** Ⓤ [又作 a ～] 欺騙，迷惑，欺瞞：practice (*a*) ～ *on* a person [the public] 欺騙某人[大衆]。**2** Ⓒ欺騙的手段；詐術，詭計。

de·cep·tive [dɪˋsɛptɪv; diˈseptiv] «deceive, deception 的形容詞»—*adj.* 欺騙人的，使人誤解的；靠不住的：Appearances are very often ～. 外表往往是靠不住的。
～**·ly** *adv.* ～**·ness** *n.*

dec·i- [dɛsɪ-, dɛsə-; desi-, desə-] [複合用詞] 表示「十分之一」(⇨ metric system).

dec·i·bel [ˋdɛsəˌbɛl; ˈdesibel] *n.* Ⓒ《電學·物理》分貝《測量電量、音量等大小的單位；符號 dB, db》.

‡**de·cide** [dɪˋsaɪd; diˈsaid] «源自拉丁文「切開」之義»—*v.t.* **1** 決心《★用法 作此義解時受詞不用名詞、代名詞；cf. *v.i.* 1 b》.

【同義字】decide 是仔細考慮後做決定；resolve 是較 decide 拘泥的用語，爲決意做到底之意；determine 是堅決地決意。

a 〔＋ *to* do〕〈人〉決心，決意〈做…〉《★用法〔＋do*ing*〕是錯誤的用法》：He ～*d to* postpone his departure. 他決心延後出發(cf. 1 b)。**b** 〔＋(*that*)＿〕〈人〉決定，決意〈…一事〉：He ～*d that* he'd postpone his departure. 他決心要延後出發(cf. 1 a)。

2 決定：**a** 〔＋(*that*)＿〕決定〈…事〉：It has been ～*d that* the conference shall be held next month. 該會議決定於下個月舉行。**b** 〔＋ *wh.*＿/＋ *wh.*＋ *to* do〕決定〈何時(做)…〉：He has ～*d when* he will go [*what* he will do]. 他已決定什麼時候去[要做什麼]/She could not ～ *which* way *to* go. 她無法決定該走哪一條路。

3 解決：**a** 〔＋受〕〈人〉解決〈爭論、問題等〉；〈推事〉判決〈案件〉：It is for you to ～ the question. ＝The question is for you to ～. 這個問題應由你來解決/The judge ～*d* the case. 法官對該案件作出了判決。**b** 〔＋受＋介＋(代)名〕〔對…有利地〕解決，判決〈某事件〉〔*for, in favor of*〕；〔對…不利地〕解決，判決〈某事件〉〔*against*〕：The judge ～*d* the case ***in favor of*** [***against***] the plaintiff. 法官作了有利[不利]於原告的判決。**c** 〔＋受〕〈事情〉決定〈勝負〉，使…終結[結束]：The battle ～*d* the war. 那一場戰役決定了戰爭(的勝敗)/His home run ～*d* the game. 他的全壘打使比賽結束[決定了這場比賽的勝負]。

4 a 〔＋受＋ *to* do〕〈事情〉(終於)使〈人〉決心〈去做…〉：What finally ～*d* him *to* resign? 什麼事終於使他決心辭職？**b** 〔＋受〕〈事情〉(終於)使〈人〉決心《★用法 義 4 a 省略 to do 的形式》：That has ～*d* me. 那使我下了決心。**c** 〔＋受＋介＋(代)名〕〈事情〉(終於)使〈人〉決心〔不做…〕〔*against*〕：What ～*d* him ***against*** support*ing* you? 什麼事使他決心不支持你？

—*v.i.* **1 a** 決心，決定：I haven't ～*d* yet. 我還沒有決定。**b** 〔＋介＋(代)名〕決定〔…事〕〔*on*〕；決定〔不做…〕〔*against*〕；決定〔兩者中之一〕〔*between*〕；決定〔關於…〕〔*about*〕：Finally she ～*d* ***on*** the yellow dress instead of the green one. 最後她決定穿黃色衣服而不穿綠色衣服/I've ～*d on* buy*ing* a new car. 我已決定要買一部新車《★比較 I've ～*d to* buy a new car. (⇨ *v.t.* 1 a) 語氣較强》/We ～*d* ***against*** a holiday in Hawaii. 我們決定不去夏威夷度假/He ～*d against* help*ing* her. 他決定不幫助她《★變換 可換寫成 He ～*d* not *to* help her. (cf. *v.t.* 1 a)》/It is difficult to ～ ***between*** the two opinions. 在這兩種意見之間抉擇是困難的/He hasn't ～*d* ***about*** the date of the wedding. 他還沒有決定婚期。

2 〔＋介＋(代)名〕作〔有利於…的〕判決〔*for, in favor of*〕；作〔不利於…的〕判決〔*against*〕：The judge ～*d against* [***for, in favor of***] the defendant. 法官作了不利[有利]於被告的判決。

de·cid·ed [dɪˋsaɪdɪd; diˈsaidid] *adj.* (more ～; most ～) **1** 明白的，明確的，顯然的：a ～ advantage 顯然的有利之處。**2** 〈人、性格等〉堅決的，果斷的：a man of ～ character 性格果斷的人。

de·cid·ed·ly [dɪˋsaɪdɪdlɪ; diˈsaididli] *adv.* (more ～; most ～) **1** 確實地，顯然，絕對：This is ～ better than that. 這個絕對比那個好。**2** 斷然，毅然，果斷地，堅決地：answer ～ 斷然回答。

de·cid·u·ous [dɪˋsɪdʒuəs; diˈsidjuəs] *adj.* **1** 《生物》**a** 落葉性的：a ～ tree [forest] 落葉樹[林]。**b** 〈葉、牙、角等〉(在某時期會自動)掉下的，脫落的：a ～ tooth 乳齒。**2** 《罕》短暫的；暫時性的。

dec·i·gram, 《英》**dec·i·gramme** [ˋdɛsəˌgræm; ˈdesigræm] *n.* Ⓒ公銖《公制的重量單位；等於 ¹⁄₁₀ gram；略作 dg.》.

dec·i·li·ter, 《英》**dec·i·li·tre** [ˋdɛsəˌlitɚ; ˈdesiˌliːtə] *n.* Ⓒ公合《公制的容量單位；等於 ¹⁄₁₀ liter；略作 dl.》.

dec·i·mal [ˋdɛsəml̩; ˈdesiml] *adj.* (無比較級、最高級)《數學》**十進(法)的；**小數的：～ arithmetic 十進算術，小數算術/(a) ～ classification 十進制(圖書)分類(法)/a ～ currency 十進制通貨[貨幣]/a ～ point 小數點/～ notation 十進記數法/the ～ system 十進法，十進制/go ～ 採用(通貨的)十進制。
—*n.* Ⓒ小數：a circulating [recurring, repeating] ～ 循環小數/an infinite ～ 無限小數。

décimal fràction *n.* Ⓒ《數學》小數(cf. common fraction).

dec·i·mal·ize [ˋdɛsəml̩ˌaɪz; ˈdesiməlaiz] *v.t.* 使〈通貨等〉成爲十進制。

déc·i·mal·ly [-ml̩ɪ; -məli] *adv.* 用小數。

dec·i·mate [ˋdɛsəˌmet; ˈdesimeit] «源自拉丁文「取第十的人」之義»—*v.t.* **1** (尤指古羅馬的懲罰)將〈叛亂者等〉每十人殺一人。**2** 〈傳染病、戰爭等〉殺死…的許多人；大批殺死，大量毀滅…：a population ～*d* by disease 因疾病而銳減的人口。**3** 《口語》把〈敵隊等〉打得落花流水。

dec·i·ma·tion [ˌdɛsəˋmeʃən; ˌdesiˈmeiʃn] «decimate 的名詞»—*n.* Ⓤ多數人的死亡。

dec·i·me·ter, 《英》**dec·i·me·tre** [ˋdɛsəˌmitɚ; ˈdesiˌmiːtə] *n.* Ⓒ公寸《公制的長度單位；等於 ¹⁄₁₀ meter；略作 dm.》.

de·ci·pher [dɪˋsaɪfɚ; diˈsaifə] *v.t.* 譯解〈密碼〉，解〈謎〉(↔ cipher). ～**·ment** *n.*

‡**de·ci·sion** [dɪˋsɪʒən; diˈsiʒn] «decide 的名詞»—*n.* **1 a** ⓊⒸ**決定，決斷；**解決，判決：～ by majority 取決於多數/This is a time of ～. 現在是決定的時刻/come to [arrive at, reach] a ～ (*about* one's future career) (對未來的職業)做出決定，決定(未來的職業)/make [take] a ～ (*on* which way *to* go) 決定(走哪一條路)/give a ～ of not guilty 做無罪的判決。**b** ⓊⒸ〔＋ *wh.*＿〕〈關於…的〉決定：make a ～ *what to* do 決定要做什麼[怎麼辦]。**c** Ⓒ決議書，判決書；判決文。

2 ⓊⒸ **a** 〔＋ *to* do〕〈想做…的〉**決心，決意：**He made known his ～ *to* resign. 他明白表示辭職的決心/A ～ *to* resign is often painful. 要下辭職的決心往往是痛苦的。**b** 〔＋ *that*＿〕〈做…事的〉決心，決意：The principal's ～ *that* he (should) resign was a surprise to me. 校長要辭職的決意使我大吃一驚《★用法《口語》多半不用 should》.

3 Ⓤ決斷力，果斷：a man of ～ 果斷的人/act with ～ 斷然行動/He lacks ～. 他缺乏決斷力[優柔寡斷]。

de·ci·sive [dɪˋsaɪsɪv; diˈsaisiv] «decide, decision 的形容詞»—*adj.* (more ～; most ～) **1 決定性的，**有決斷力的；重大的：a ～ ballot [vote] 決定性投票《決定當選人的最後投票》/～ evidence [proof] 決定性的證據，確證。**2** 斷然的，堅決的，果斷的：a ～ character 果斷的性格。**3** 明顯的，顯然的，無疑的：a ～ superiority 明顯的優勢。～**·ly** *adv.* ～**·ness** *n.*

***deck**¹ [dɛk; dek] *n.* Ⓒ **1** 《航海》(船的)**甲板，**艙面：the main ～ 中甲板(cf. forecastle 2, quarterdeck). **2** (公共汽車等的)地板，層。**3** 《美》(撲克牌的)一組，一副(pack)：a ～ of cards 一組紙牌。**4** 《電算》(打了孔的)一組卡片。**5** ＝tape deck.

abòve déck ＝on DECK (1).

cléar the décks (for áction) (1)(在船上)整理甲板。(2)準備戰鬥[行動]。

on déck (1)《航海》在甲板上：be *on* ～ 在甲板上；在值班中/go (up) *on* ～ 到甲板上去；去值班《★用法 船員的艙房在甲板下時要用 up；cf. go BELOW *adv.* 1 c》. (2)《美》待機，待命，準備妥當。(3)《美》下一個輪到(的)。

deck² [dɛk; dek] *v.t.* **1** 〔＋受＋副〕[～ one*self*] 打扮，修飾〈*out*〉《★也用被動語態，變成「打扮著，盛裝著」之意；介系詞用 *in*》：They *were* ～*ed* ***out in*** their Sunday best. 他們穿上最好的衣服。**2** 〔＋受(＋副)＋介＋(代)名〕〔用…〕裝飾〈房間等〉〈*out*〉〔*with*〕《★常用被動語態》：The room *was* ～*ed* (***out***) ***with*** flowers. 那個房間擺設著很多鮮花。

déck chàir *n.* Ⓒ輕便折疊椅《帆布製可折疊的坐臥兩用椅》。

deck chair

deck·er [ˋdɛkɚ; ˈdekə] *n.* Ⓒ[構成複合字]〈…層的〉公共汽車[船(等)]：a double-*decker* (bus) 雙層公共汽車[巴士]/a triple-*decker* sandwich 三層的三明治。

déck·hànd *n.* Ⓒ《航海》甲板水手，普通船員。

déck·hòuse *n.* Ⓒ《航海》甲板房艙。

déck·le édge [ˋdɛkḷ-; ˈdekl-] *n.* Ⓒ毛邊《手工製紙的鋸齒狀邊緣，用於製高級書本》。

déckle-édged *adj.* 〈紙、照片等〉有鋸齒狀邊緣的，有毛邊的。

déck òfficer *n.* Ⓒ《航海》任何負責航海、處理貨物等事務的高級船員。

déck pàssenger *n.* Ⓒ統艙旅客。

de·claim [dɪˋklem; diˈkleim] 《源自拉丁文「大聲叫」之義》—*v.t.* 〔十受(十介十(代)名)〕〔對人〕誇張地朗誦〈詩文〉〔*to*〕.
—*v.i.* **1** 滔滔不絕地演講，雄辯；誇張地朗誦。**2** 〔十介十(代)名〕痛責，激烈攻擊〔…〕〔*against*〕.

dec·la·ma·tion [͵dɛkləˋmeʃən; ͵dekləˈmeiʃn] 《declaim 的名詞》—*n.* **1** Ⓤ(詩文等的)朗誦(法)；雄辯(術)。**2** Ⓒ(誇張的)演說，滔滔不絕的雄辯。

de·clam·a·to·ry [dɪˋklæmə͵torɪ, -͵tɔrɪ; diˈklæmətəri] *adj.* 朗誦式的；演講語氣的，誇張的。

de·clar·a·ble [dɪˋklɛrəbḷ; diˈklɛərəbl] *adj.* **1** 可宣告的。**2** 〈物品〉該申報的，有必要申報(納稅)的：~ goods (海關檢查時)有必要申報(納稅)的物品。

dec·la·ra·tion [͵dɛkləˋreʃən; ͵dekləˈreiʃn]《declare 的名詞》—*n.* **1** ⒸⓊ〔…的〕宣言，公布，布告；〔愛的〕告白〔*of*〕：a ~ *of* war 宣戰/make a ~ *of* love 表白愛情。**2** Ⓒ(關稅等的)申報(書)：a ~ of income 所得申報。**3** Ⓒ《法律》**a** 供述。**b** (證人的)陳述，口供。**c** (訴訟時)原告的申訴。**4** Ⓒ《紙牌戲》王牌的宣布。
the Declarátion of Húman Ríghts 世界人權宣言《聯合國於 1948 年 12 月採用》。
the Declarátion of Indepéndence (美國的)獨立宣言。

【說明】(1)獨立宣言爲美洲大陸東部十三個殖民地區決議脫離英國殖民統治，爭取自由和獨立的宣言。由湯瑪斯・哲斐遜(Thomas Jefferson)起草，經班傑明・富蘭克林(Benjamin Franklin)等修訂，1776 年 7 月 4 日在費城(Philadelphia)由十三殖民地區的代表五十六人署名後於 7 月 8 日公布；cf. American Revolution【說明】
(2)獨立宣言的一部分如下：
We, ... solemnly publish and declare, that these United Colonies are, and of right ought to be free and independent States；..., and that all political connection between them and the State of Great Britain, is and ought to be totally dissolved ....
(我們，…鄭重宣布，我們這些聯合一致的殖民地從此是，依照公理，也應該是，自由和獨立的國家；…，在我們和大不列顛國家之間的一切政治關係，全部予以斷絕，也是應該予以斷絕的…。)

de·clar·a·tive [dɪˋklærətɪv; diˈklærətiv] *adj.* 《文法》陳述的：a ~ sentence 陳述句《僅敍述某事實的句子；有肯定句與否定句；cf. assertive 2》。~**·ly** *adv.*

de·clar·a·to·ry [dɪˋklærə͵torɪ, -͵tɔrɪ; diˈklærətəri] *adj.* =declarative.

‡de·clare [dɪˋklɛr; diˈklɛə] 《源自拉丁文「使清楚(clear)」之義》—*v.t.* **1** 宣布，宣告：**a** 〔十受〕宣布，布告，公布…：~ independence [a cease-fire] 宣布獨立[停戰]/ ~ the prize winner in the contest 宣布比賽的得獎人。**b** 〔十受十介十(代)名〕〔對…〕宣布…〔*on, upon, against*〕：~ war **on** [**upon, against**] the nation 對該國宣戰。**c** 〔十受十補〕宣布…〈爲…〉：He was ~*d* guilty [a traitor]. 他被宣布爲有罪[叛徒]。**d** 〔十受十過分〕宣布…〈被…〉：I ~ William Jones elect*ed*. 我宣布威廉・瓊斯被選中[當選]。
2 聲明：**a** 〔十受〕聲明…：~ one's position 表明自己的立場/He ~*d* his innocence. 他聲稱自己無罪(cf. 2 c, d)。**b** 〔十受(十介十(代)名)〕〔~ one*self*〕聲明自己〔贊成[反對]…〕的立場〔*for*；*against*〕：The students ~*d themselves* ***against*** conscription. 學生們聲明他們反對徵兵。**c** 〔十(*that*)__〕聲明，斷言，聲稱〈…事〉：He ~*d that* he was innocent. 他聲稱自己是無罪的(cf. 2 a, d)。**d** 〔十受十(*to be*)補〕聲明〈某人、某事〉〈爲…〉：He ~*d* himself (*to be*) innocent. 他聲稱自己無罪的(cf. 2 a, c)/He has ~*d* himself a candidate for the office. 他已宣稱自己爲該公職的候選人。**e** 〔十 *wh.*__〕聲明，言明，說清楚〈如何…〉《★用於否定句》：He refused to ~ *which* way he would vote. 他拒絕聲明他將投票給哪一邊。**f** 〔十引句〕斷然說，斷言…：“I won't go,” she ~*d*.「我不去」，她斷然說。
3 a 〔十受〕〈東西〉表示…：The heavens ~ the glory of God. 天空象徵上帝的榮耀《★出自聖經「詩篇」》。**b** 〔十受十(*to be*)補〕〈事物〉表示…〈是…〉：Her behavior ~*d* her (*to be*) an innocent girl. 她對人的態度表明她是個天眞的女孩。
4 〔十受〕(在海關、稅務機構)申報〈繳稅物品、所得金額〉：Do you have anything to ~？你有要申報納稅的東西嗎？
5 〔十受〕《紙牌戲》(玩橋牌時)宣布〈某牌〉是王牌；宣布〈沒有王牌(的玩法)〉。
6 〔十受十過分〕《板球》〈球隊主將〉在比賽中途宣布終止〈一局比賽(innings)〉：~ an innings clos*ed* 宣布中止一局比賽。
—*v.i.* **1** 〔十介十(代)名〕聲明，聲稱〔贊成[反對]…〕〔*for*；*against*〕：~ ***for*** [***against***] war 聲明贊成[反對]戰爭。**2** 《板球》中途宣布一局比賽的終止。
(Wéll,) I decláre！ 怪了！糟糕！怎麼會！

de·cláred *adj.* [用在名詞前] **1** 公開宣布[聲明]過的；公然的：a ~ candidate 已宣布的候選人。**2** 申報過的：~ value (進口物品的)申報價格。

de·clár·ed·ly [-ˋklɛrɪdlɪ; -ˈklɛəridli] *adv.* 公然。

de·clár·er [-ˋklɛrɚ; -ˈklɛərə] *n.* Ⓒ **1** 宣布者；申報者。**2** 《紙牌戲》(玩橋牌時)王牌的宣布者，叫牌的人；「無王牌」的宣布者。

de·clas·si·fy [dɪˋklæsə͵faɪ; diˈklæsifai] *v.t.* 撤銷〈文件、密碼等〉的機密，解除…的機密性。

de·clen·sion [dɪˋklɛnʃən; diˈklenʃn] 《decline *v.t.* B 2 的名詞》—*n.* 《文法》**1** Ⓤ語形變化，語尾變化《名詞、代名詞、形容詞因數、性、格而引起的變化》。**2** Ⓒ 語形變化相同的字。

de·clin·a·ble [dɪˋklaɪnəbḷ; diˈklainəbl] *adj.* 《文法》可以變化語形[語尾]的，有語形[語尾]變化的。

dec·li·na·tion [͵dɛkləˋneʃən; ͵dekliˈneiʃn] 《decline 的名詞》—*n.* ⓊⒸ **1** (正式的)婉辭，謝絕。**2** 《物理》(磁針的)偏差，偏角。**3** 《天文》赤緯《在天球上由赤道量至某天體的角距離》。

***de·cline** [dɪˋklaɪn; diˈklain] 《源自拉丁文「下傾」之義》—*v.i.* **A** (委婉地)辭退，謝絕，拒絕：She ~*d* with thanks. 她辭謝了。
—**B** [動(十副詞(片語))] **1** 《文語》傾斜，下傾，下降；〈夕陽〉下沈：The day was fast *declining* (*to* its close). 太陽迅速在下沈/The valley ~*d* gently *to* a fertile plain. 山谷緩緩地斜向一處肥沃的平原。**2 a** 〈地位〉下降，〈勢力〉衰退，沒落，退化，減退：Great nations have risen and ~*d*. 大國興起而又衰微/His strength [health] is *declining*. 他的體力[健康]在衰退。**b** 〈物價等〉下跌：Demand for [The price of] these articles has ~*d*. 這些物品的需求[價格]已經下降。
—*v.t.* **A 1** 〔十受〕(委婉地)拒絕，婉謝〈邀請、提議等〉(⇨ refuse[1]【同義字】)：~ an invitation 婉拒邀請/He ~*d* my offer of help. 他謝絕我所提供的援助。**2** 〔十 *to* do/十 do*ing*〕拒絕〈做…〉《★比較 一般用〔十 *to* do〕》：I ~ *to* accept. 我拒絕接受/She ~*d* join*ing* our party. 她婉拒參加我們的聚會。
—**B** 〔十受〕**1** 使…傾斜；使〈頭部〉垂下：He ~*d* his head. 他垂下頭。**2** 《文法》使〈名詞、代名詞、形容詞〉做(格的)變化。
—*n.* Ⓒ[常用單數] **1 a** 下坡：a gentle ~ *in* the road 道路中的緩坡。**b** 衰微，衰退，衰落，減退：a ~ *in* the power of Europe 歐洲勢力的衰微。**c** 人生的末期，晚年。**d** 降低；退步，墮落：a ~ *in* the quality of students 學生素質的降低/the ~ of the art of conversation 談話技巧的退步。**2** (價格的)下跌：a sharp ~ 暴跌，大幅下跌/a ~ *in* prices 物價的下跌。
gò into a declíne 〈人〉(因生病等而)衰弱。
in a declíne (1)在衰退[衰微]中。(2)〈人〉在晚年。(3)《口語》〈人〉悶悶不樂，變得憂鬱。
òn the declíne 傾斜中；衰退[沒落]中，正在走下坡。

de·clín·ing *adj.* [用在名詞前]傾斜的；衰退的：the ~ day 下沈的太陽，日暮/one's ~ fortune [years] 某人的衰運[晚年]。

de·cliv·i·ty [dɪˋklɪvətɪ; diˈklivəti] *n.* Ⓤ Ⓒ《文語》下傾的斜面；斜坡(↔ acclivity)：a sudden ~ 突然的斜坡。

de·clutch [diˋklʌtʃ; ͵di:ˈklʌtʃ] *v.i.* 《英》使(汽車的)離合器分離，脫開。

de·coct [dɪˋkɑkt; diˈkɔkt] *v.t.* 煎煮，熬〈藥草等〉。

de·coc·tion [dɪˋkɑkʃən; diˈkɔkʃn] 《decoct 的名詞》—*n.* **1** Ⓤ 煎，熬。**2** Ⓒ煎劑，煮成的藥，熬汁。

de·code [diˋkod; ͵di:ˈkoud] *v.t.* 譯解…的密碼；把〈符號等〉譯成普通文字(cf. encode)。

dè·cód·er *n.* Ⓒ **1 a** (密碼的)譯解者；譯碼機。**b** (電話密碼的)自動譯解裝置。**2** 《電算》解碼器，判讀器。

dé·colle·tage [͵dekɑlˋtɑʒ; ͵deikɔlˈtɑ:ʒ] 《源自法語》—*n.* Ⓒ **1** 袒胸露肩之衣服的低領。**2** 袒胸露肩之低領女裝。

dé·col·le·té [ˌdekɑlˋte, -kɑləˋte; deiˈkɔltei] «源自法語 'bare the neck of' 之義»—*adj.* **1** 〈女裝〉露出頸部和肩部的，袒胸露肩的：a robe ～ 袒胸露肩的婦女晚禮服。**2** 〈婦女〉穿著袒胸露肩衣服的。

de·col·o·nize [diˋkɑləˌnaɪz; ˌdiːˈkɔlənaiz] *v.t.* 使…非殖民地化，使〈殖民地〉獨立。

de·col·o·ni·za·tion [diˌkɑlənəˋzeʃən; diːˌkɔlənaiˈzeiʃn] *n.*

de·col·or [diˋkʌlɚ; diːˈkʌlə] *v.t.* 使…褪去顏色，使…脫色；漂白…(bleach).

de·col·or·ize [diˋkʌləˌraɪz; diːˈkʌləraiz] *v.* ＝decolor.

de·com·pose [ˌdikəmˋpoz; ˌdiːkəmˈpouz] *v.t.* **1 a** 〔十受〕使…分解，分析…。**b** 〔十受十介十(代)名〕把…分解成〔成分、因素〕〔*into*〕：A prism ～*s* sunlight ***into*** its various colors. 稜鏡把陽光分析成不同的顏色。**2** 使…腐敗[變質]。

—*v.i.* **1** 分解。**2** 腐敗。

de·com·po·si·tion [ˌdikɑmpəˋzɪʃən; ˌdiːkɔmpəˈziʃn] «decompose 的名詞»—*n.* Ⓤ **1** 分解；解體。**2** 腐敗，變質。

de·com·press [ˌdikəmˋprɛs; ˌdiːkəmˈpres] *v.t.* 減少…的壓力，使…減壓。

de·com·pres·sion [ˌdikəmˋprɛʃən; ˌdiːkəmˈpreʃn] «decompress 的名詞»—*n.* Ⓤ減壓。

de·con·ges·tant [ˌdikənˋdʒɛstənt; ˌdiːkənˈdʒestənt] *n.* Ⓤ [指產品個體或種類時爲Ⓒ]《藥》(尤指鼻子的)充血緩和劑，鼻塞藥。

de·con·tam·i·nate [ˌdikənˋtæməˌnet; ˌdiːkənˈtæmineit] *v.t.* **1** 除去…的汚染，把…淨化。**2** 清除…的毒氣[放射性汚染]。

de·con·ta·mi·na·tion [ˌdikənˌtæməˋneʃən; ˈdiːkənˌtæmiˈneiʃn] «decontaminate 的名詞»—*n.* Ⓤ **1** 淨化。**2** (毒氣、放射性汚染等的)清除。

de·con·trol [ˌdikənˋtrol; ˌdiːkənˈtroul] *v.t.* (**de·con·trolled**; **de·con·trol·ling**)解除(政府等)對…的管制[控制]；撤消…。

—*n.* ⓊⒸ管制[控制]的解除：～ of domestic oil prices 國內油價管制的解除。

de·cor, dé·cor [deˋkɔr; ˈdeikɔː] «源自法語 'decorate' 之義»—*n.* ⓊⒸ裝飾(格調)；室內裝飾；舞台裝置。

dec·o·rate** [ˋdɛkəˌret; ˈdekəreit] *v.t.* **1 a** 〔十受(十介十(代)名)〕〔用…〕**裝飾**…〔*with*〕：～ a room ***with flowers and pictures 用花和圖畫裝飾房間/a beautifully ～*d* room 裝飾美麗的房間。

> **【同義字】**decorate 指把單調或原本不美的東西，爲特定目的而加以裝飾美麗；adorn 是把原本美麗的東西裝飾，使其更加美麗；ornament 是施以裝飾，使外觀更美。

b 〔十受〕成爲…的裝飾：an old picture which ～*s* the wall 裝飾牆壁的一幅舊畫。**2** 〔十受〕塗油漆於…，貼壁紙於〈牆壁、房間等〉：～ a wall 貼壁紙於牆壁上。**3** 〔十受(十介十(代)名)〕**a** 〔因…而〕授與〈人〉勳章〔*for*〕：The Queen ～*d* the explorers ***for*** bravery. 女王因探險家們的勇敢而授與他們勳章。**b** 〔爲…而〕授〈人〉〔勳章〕〔*with*〕〔*for*〕：He was ～*d* ***with*** the Order of the Bath. 他被授以巴斯(Bath)勳章/a heavily ～*d* general (胸前)掛滿勳章的將軍。

—*v.i.* 在牆壁[房間]貼壁紙，塗油漆。

dec·o·ra·tion [ˌdɛkəˋreʃən; ˌdekəˈreiʃn] «decorate 的名詞»—*n.* **1 a** Ⓤ**裝飾**，裝潢：interior ～ 室內裝潢。**b** Ⓒ裝飾品：Christmas ～*s* 耶誕節裝飾品/She had on [was wearing] all her bridal ～*s*. 她穿戴著所有的新娘裝飾品。**2** Ⓒ勳章，綬帶。

Decorátion Dày *n.* ＝Memorial Day.

dec·o·ra·tive [ˋdɛkəˌretɪv; ˈdekərətiv] «decorate, decoration 的形容詞»—*adj.* 裝飾(用)的，裝飾性的：～ art 裝飾藝術。

～**·ly** *adv.* ～**·ness** *n.*

déc·o·rà·tor [-tɚ; -tə] *n.* Ⓒ **1** 裝飾者。**2** 室內裝潢家[業者](interior decorator).

dec·o·rous [ˋdɛkərəs; ˈdekərəs] «decorum 的形容詞»—*adj.* 有禮的，端莊的；有氣質的，高尚的。～**·ly** *adv.* ～**·ness** *n.*

de·co·rum [dɪˋkorəm, -kɔr-; diˈkɔːrəm] *n.* **1** Ⓤ(舉止的)端莊，有禮：proper ～ 合宜[得體]的禮法。**2** Ⓒ端莊的舉止禮法，禮貌。**3** Ⓒ[常～*s*]禮節，禮儀。

de·cou·ple [diˋkʌpl; diːˈkʌpl] *v.t.* **1** 使…分離；斷開…。**2** 吸收〈核子爆炸〉的震力。

de·coy [dɪˋkɔɪ; diˈkɔi] *v.t.* **1** 引誘，誘惑。**2** 〔十受十介十(代)名〕把…引誘；誘惑〔到…〕〔*into, toward*〕：He succeeded in ～*ing* the ducks ***toward*** his blind [hide]. 他成功地把野鴨引誘到他的隱藏處/She ～*ed* him ***into*** marriage. 她引誘他與自己結婚。

— [dɪˋkɔɪ, ˋdikɔɪ; diˈkɔi, ˈdiːkɔi] *n.* Ⓒ **1 a** 用以引誘獵物的陷阱《如模型的鳥等》；誘騙物。**b** 囮子，媒鳥；引誘物：a police ～ 警方的密探《警方的囮子》。**2** (獵野鴨等用的)誘捕池，引誘[誘捕]的場所。

***de·crease** [dɪˋkris, ˌdi-; diːˈkriːs] *v.i.* **減少**，降低；〈力量等〉衰退(↔ increase).

—*v.t.* 〔十受〕**使…減少**，使…降低：～ pollution 減少汚染。

— [ˋdikris, dɪˋkris, ˌdi-; ˈdiːkriːs, diˈkriːs] *n.* **1** ⓊⒸ減少，減小，減退〔*of, in*〕：a rapid ～ ***in*** population 人口的迅速減少。**2** Ⓒ減少量[額]。

òn the décrease 逐漸在減少，在減少中。

de·creas·ing [dɪˋkrisɪŋ, ˌdi-; diːˈkriːsiŋ] *adj.* **1** 減少的，漸減的。**2** 《數學》遞減的。

de·créas·ing·ly *adv.* 逐漸減少地，漸減地。

de·cree [dɪˋkri; diˈkriː] «源自拉丁文「決定」之義»—*n.* **1 a** Ⓒ**法令**，命令，布告：issue a ～ 頒布法令/order by ～ 依照規章下令《★by ～ 無冠詞》。**b** Ⓒ〔十 *that*__〕〈…的〉法令，規章：a ～ *that* slavery (should) be abolished 廢除奴隸制度的法令《★[用法]《口語》多半不用 should》。**2** Ⓒ(法院的)命令，判決。

—*v.t.* **1 a** 〔十受〕把…當作法令公布：～ the abolition of slavery 公布奴隸制度的廢除。**b** 〔十 *that*__〕頒布〈…事〉爲法令：～ *that* slavery (should) be abolished 頒布廢除奴隸制度《★[用法]與 *n.* 1 b 相同》。**2** 〔十 *that*__〕〈天、命運〉註定，決定〈…事〉：Fate ～*d that* Ulysses (should) travel long and far. 命運註定尤里西斯要作長途跋涉的旅行《★[用法]與 *n.* 1 b 相同》。**3** 《美》**a** 〔十受〕〈法院、推事〉判決…：The court ～*d* his exile. 法院判決將他放逐。**b** 〔十 *that*__〕〈法院、推事〉判決〈…事〉：The court ～*d that* he (should) be transported to Australia. 法院判決將他流放到澳洲《★[用法]與 *n.* 1 b 相同》。

—*v.i.* 頒布法令。

dec·re·ment [ˋdɛkrəmənt; ˈdekrɪmənt] *n.* **1** Ⓤ《罕》減少，漸減。**2** Ⓒ減少量[額](↔ increment).

de·crep·it [dɪˋkrɛpɪt; diˈkrepit] *adj.* **1** 衰老的，老朽的；(因病而)衰弱的。**2** 破舊的。

de·crep·i·tude [dɪˋkrɛpəˌtjud, -ˌtud; diˈkrepitjuːd] «decrepit 的名詞»—*n.* Ⓤ **1** 衰老(的狀態)，老弱，虛弱。**2** 老朽。

de·cre·scen·do [ˌdikrəˋʃɛndo; ˌdiːkriˈʃendou] «源自義大利語 'decrease' 之義» —《音樂》*adj.* & *adv.* 漸弱的[地](diminuendo)《略作 decresc；符號>；↔ crescendo》.

—*n.* Ⓒ(*pl.* ～*s*)漸弱音；漸弱音的樂節。

de·cres·cent [dɪˋkrɛsənt; diˈkresnt] *adj.* 〈月〉下弦的(cf. crescent).

de·cri·al [dɪˋkraɪəl; diˈkraiəl] *n.* ⓊⒸ非難，譴責，貶抑，責難。

de·crim·i·nal·ize [diˋkrɪmənḷˌaɪz; ˌdiːˈkrimənəlaiz] *v.t.* 將…自犯罪範圍除去，使…不受到刑事訴訟，使…不算爲犯法，使…合法化，解禁。

de·cry [dɪˋkraɪ; diˈkrai] *v.t.* 非難，貶抑：The mayor *decried* gambling in all its forms. 市長譴責各種方式的賭博。

de·crypt [diˋkrɪpt; diːˈkript, di-] *v.t.* 譯〈電〉；解〈密碼〉；釋明〈無人懂得之語言文字等〉。

de·cum·bent [dɪˋkʌmbənt; diˈkʌmbənt] *adj.* **1** 橫臥的，斜靠的(recumbent). **2** 《植物》〈幹、枝等〉彎下的，傾伏的。

ded·i·cate** [ˋdɛdəˌket; ˈdedikeit] «源自拉丁文「分開放著」之義»—*v.t.* **1 a** 〔十受〕**奉獻**〈教堂等〉：～ a new church building 奉獻一座新建教堂。**b** 〔十受十介十(代)名〕把〈教堂等〉奉獻〔給…〕〔*to*〕《★常以過去分詞當形容詞用；⇨ dedicated 2》：The Greeks ～*d* a shrine ***to the god. 希臘人把一座廟奉獻給神。**2** 〔十受十介十(代)名〕**把〈一生〉獻**〔給…〕，獻〈身〉〔於…〕，致〈力〉〔於…〕〔*to*〕：～ one's time [oneself] ***to*** politics [one's business]專心致力於政治[自己的事業]/～ one's life ***to*** the service of one's country 畢生爲自己的國家服務。**3** 〔十受十介十(代)名〕把〈著作、所作之曲〉獻[給某人]〔*to*〕：I ～ this volume ***to*** my wife in token of affection and gratitude. 謹以本書獻給我的妻子以表示愛意與感謝/*Dedicated to....* 謹(以本書)獻給…。

déd·i·càt·ed *adj.* **1** 〈人等〉(爲某理想、目的等)奉獻一生的，專注的，獻身的：a ～ nurse 一心奉獻的護士。**2** [不用在名詞前]〔十介十(代)名〕奉獻〔給…〕的〔*to*〕(cf. dedicate 1 b)：a chapel ～ ***to*** the Virgin Mary 奉獻給聖母瑪利亞的禮拜堂。

ded·i·ca·tion [ˌdɛdəˋkeʃən; ˌdediˈkeiʃn] «dedicate 的名詞»—*n.* **1** ⓊⒸ奉獻，供奉。**2** ⓊⒸ獻身，致力〔*to*〕. **3 a** Ⓤ呈獻。**b** Ⓒ題獻辭，獻詞。

déd·i·cà·tor [-tɚ; -tə] *n.* Ⓒ **1** 奉獻者，獻身者。**2** (著書等的)題獻者。

ded·i·ca·to·ry [ˋdɛdəkəˌtorɪ, -ˌtɔrɪ; ˈdedikətəri] «dedicate, dedication 的形容詞» —*adj.* **1** 奉獻(用)的。**2** 題獻的。

de·duce [dɪˋdus, -ˋdjus; diˈdjuːs] «源自拉丁文「往下引導」之義»—*v.t.* **1 a** 〔十受(十介十(代)名)〕〔從…〕演繹；推斷，推測，推論〈結論、眞理等〉〔*from*〕(cf. deduction B 1；↔ induce)(⇨ infer【同義字】)：～ unknown truths ***from*** principles already known 從已知的原理演繹出未知的眞理。**b** 〔(十介十(代)名)十 *that*__〕〔從…〕演繹；推論，推斷〈…事〉〔*from*〕：***From*** this fact we may ～ *that* he is sick. 從這個事實我們可推斷他生病的事。**2** 〔十受十介十(代)名〕《古》將…的系統[起源]〔由…〕追溯[到

…]〔*from*〕〔*to*〕：～ the annals *from* 1620 *to* the present 將紀年表由 1620 年追溯到現在。

de·duc·i·ble [dɪˋdusəbl, -ˋdjus-; di'dju:səbl] *adj.* **1** 可演繹的，可推論[推斷]的。**2** [不用在名詞前]〔+介+(代)名〕可〔從…〕演繹[推論]的〔*from*〕：It is ～ *from* the fact. 那件事可從該項事實中推斷出。

de·duct [dɪˋdʌkt; di'dʌkt] *v.t.* 〔+受(+介+(代)名)〕〔從總額中〕扣除，減去〈一定額〉〔*from*〕：～ the amount *from* a person's salary 從某人的薪水中扣除該筆金額。

de·duct·i·ble [dɪˋdʌktəbl; di'dʌktəbl] *adj.* 可扣除的。

de·duc·tion [dɪˋdʌkʃən; di'dʌkʃn] *n.* **A** 《deduct 的名詞》**—1** Ⓤ Ⓒ 減除，扣除。**2** Ⓒ 減額，扣除額：a ～ *of* $10,000 *for* health insurance 一萬美元健康保險費的扣除額。

—B 《deduce 的名詞》**—1** 《邏輯》**a** Ⓤ Ⓒ 演繹(法)《從一般性的[已知的]原理推論特殊的[未知的]事例；↔ induction》。**b** Ⓒ 演繹性的結論[推斷]。**2** Ⓒ **a** 推論；(由推論而得的)結論。**b** 〔+ *that*__〕〈…的〉推論；結論。

de·duc·tive [dɪˋdʌktɪv; di'dʌktiv] *adj.* **1** 《邏輯》演繹的(↔ inductive)：～ reasoning 演繹推理。**2** 推論的。**～·ly** *adv.*

deed** [did; di:d] 《do 的名詞》**—n.* Ⓒ **1** 行爲，行動；功績(⇨ conduct【同義字】)：a good ～ 善行/*Deeds* are better than words. 行動勝於言語。**2** 《法律》(正式簽章的)證書，契據：a ～ of covenant (經簽名蓋章的)條款，契據《通常指有關房地產的契約》。

in déed 實際上，眞正地。

in déed as wèll as in náme 在事實上與名義上。

in wórd and (in) déed 在言行方面。

—*v.t.* 〔+受〕《美》立契約讓與〈財產〉。

déed pòll *n.* Ⓒ Ⓤ (*pl.* **deed polls, deeds poll**)《法律》單邊[平邊]契據《僅由單方面簽立，如更改自己的姓名或授權代理人等》。

dee·jay [ˋdi,dʒe, -ˋdʒe; 'di:dʒei] 《源自 disc jockey 起首字的發音》**—***n.* Ⓒ 《口語》唱片音樂節目主持人[廣播員]。

deem [dim; di:m] *v.t.* **1** 〔+受+補〕《文語》認爲…〈是…〉：I ～ him a fool. 我認爲他是個傻瓜/I ～ it an honor to serve you. 我認爲爲您服務是一項光榮(cf. 2)。**2** 〔+ *that*__〕認爲〈…一事〉：I ～ *that* it is an honor to serve you. 我認爲爲您服務是一項光榮(cf. 1)。

de-em·pha·size [diˋɛmfə,saɪz; di:'emfəsaiz] *v.t.* 給予…較少的重視[強調]；減低…的重要性[範圍，大小(等)]。

‡deep [dip; di:p] *adj.* (～·**er**；～·**est**) **1** 深的：**a** (朝下)深入的，底深的；深(度)…的(↔ shallow)：a ～ well 一口深井/～ snow 厚雪/The sea is ～ here. 這裏的海水很深/a pond 5 feet ～ 五呎深的池塘/The snow lay three feet ～ on the street. 街上積雪三呎深。**b** 到達深處的；來自深處的：a ～ wound 很深的傷口，重傷/draw a ～ breath 深吸一口氣/give a ～ sigh 深深地嘆息，長嘆。**c** (腰)彎低的：a ～ bow [curtsy] 深深的鞠躬。

2 深長的，縱深的；深…的：a ～ cupboard 深而長的櫥櫃/～ woods 幽深的森林/The room measures fifteen feet wide by forty feet ～. 該房間寬十五呎，深四十呎/drawn up six ～ (橫向)排成六排。

3 **a** 〈睡眠等〉深沈的；〈夜等〉深的，晚的：(a) ～ sleep 熟睡/(a) ～ silence 寂靜，沈默/It was ～ (in the) night. 夜深了。**b** 〈感情等〉深刻的，切身的，由衷的：～ sorrow 沈痛的悲傷，深愁/～ affection(s) 衷心的愛/(a) ～ love 深情，深切之愛/a ～ grudge 深怨。**c** 豪飲的：a ～ drinker 豪飲者。**d** 極具重要性的；嚴重的：a speech of ～ importance 極重要的演說/in ～ trouble 陷入極端困擾中。

4 **a** 〈意義〉深遠的，深長的；〈學問、知識等〉深奧的；〈洞察力〉深入的：a ～ thought [meaning] 深邃的思想[意義]/a man of ～ learning 學識淵博的人/a ～ study 深入的研究(論文)/a ～ thinker 精深的思想家，哲學家。**b** 難於理解的，深奧的：a ～ book 深奧[難懂]的書/This affair is too ～ for me. 這件事我無法理解。**c** 《英》〈人〉表面上莫測高深的：a ～ person (人品上)莫測高深的人。**d** 諱莫如深的，神祕的：a ～ secret 諱莫如深的祕密。**e** 狡詐的，狡猾的：～ dealings 狡詐的交易。

5 **a** [不用在名詞前]〔+介+(代)名〕(時間上、空間上)遠離〔在…〕的〔*in*〕：～ *in* the past 在遙遠的過去/～ *in* the ground 深埋地下/a house ～ *in* the country 位於遠郊[窮鄉僻壤]的房子/It has its roots ～ *in* the Middle Ages. 它起源於遙遠的中世紀。**b** [用在名詞前] 遠離(地球圈、太陽系)的：⇨ deep space.

6 [不用在名詞前]〔+介+(代)名〕**a** 沉湎〔於冥想等〕的〔*in*〕：He is ～ *in* a book. 他埋首於書本中/He is ～ *in* thought [conversation]. 他在沈思中[他熱中於談話]。**b** 〔負債等〕深陷的〔*in*〕：He is ～ *in* debt. 他債台高築[負債纍纍](cf. deeply 1)。**c** [常與身體某部位的名稱構成表示深度的複合字]沒入深及…的〔某物中〕〔*in*〕：ankle-[knee-, waist-] *deep in* mud 沒入深及踝部[膝蓋，腰部]的泥中。

7 **a** 〈聲、音等〉深沈的，低沈的。**b** 〈顏色等〉濃的，深的：(a) ～ blue 深藍。

8 《醫》〈身體〉深部的，深層的：～ therapy (X 光線的)深部治療。

9 《語言》深層的，底層的：⇨ deep structure.

10 《棒球・板球》遠離打擊者的，位置深入的：a hit to ～ right field 深入右外野的打擊。

be in déep wáter(s) ⇨ water.

gò óff the déep énd ⇨ end *n.*

thrówn ín at the déep énd ⇨ end *n.*

—*adv.* (～·**er**；～·**est**) **1** 深深地(cf. deeply 1 [用法])：dig ～ 挖深/Still waters run ～. ⇨ still[1] 2 b/breathe ～ 深呼吸/go ～ into the problem 深入研究該問題/Which of you can dive ～*est*? 你們當中誰能潛水潛得最深？**2** (時間)深遠地：～ into the night 到深夜。**3** 《棒球・板球》離打擊者遠遠地，在距打擊者遠處：play ～ 在(距打擊者)遠處防守。

déep dówn 《口語》(在)心中，內心；(與外表有別的)本質上，根本上：She seems frivolous, but ～ *down* she is a very serious person. 她看來輕浮但本質上是個很正經的人。

—*n.* [**the** ～] 《詩》大海，海洋：monsters [wonders] of *the* ～ 大海中的怪物[奇蹟，奇事]。**～·ness** *n.*

déep-chésted *adj.* **1** 有寬厚胸部的。**2** 〈聲音〉來自胸部深處的，雄厚的。

deep·en [ˋdipən; 'di:pən] 《deep 的動詞》**—***v.t.* **1** 加深。**2** 使〈印象〉深刻；使〈知識〉深入。**3** 使〈不安等〉加強。**4** 使〈顏色〉加深。**—***v.i.* **1** 變深，變濃：The darkness ～*ed* in the woods. 森林中變得更暗。**2** 〈不安等〉變得強烈。

déep-fréeze *v.t.* (～**d**, **-froze**；**-frozen**)冷凍貯藏〈食物〉。

déep·fréeze *n.* **1** Ⓤ 冷凍保存。**2** ＝deepfreezer.

déep·fréezer *n.* Ⓒ 冷凍櫃，冰櫃。

déep frý, déep-frý *v.t.* 用大量的油炸〈食物〉(⇨ cook【同義字】)。

déep-láid *adj.* (**deep·er-laid, deep·est-laid**；**more** ～, **most** ～)〈陰謀等〉祕密策劃的，密謀的。

***deep·ly** [ˋdiplɪ; 'di:pli] *adv.* (**more** ～；**most** ～) **1** 深深地；徹底地；強烈地，深刻地《★[用法]主要用於比喻之意；cf. deep *adv.*》：her ～ tanned face 她那曬成深褐色的臉/sleep ～ 熟睡/a ～ lined forehead 皺紋深刻的前額/I ～ regret your misfortune. 我對你的不幸，深感遺憾/He is ～ in debt. 他負債累累[債台高築](cf. deep *adj.* 6 b)。**2** (陰謀等)深謀地，巧妙地：a very ～ planned murder 很巧妙地策劃的謀殺。**3** **a** (聲音)深沈地，低沈地。**b** (顏色)濃，深。

déep móurning *n.* Ⓤ **1** 正式的喪服，重孝《全身黑色而無光澤；cf. half mourning》。**2** 〔對故人的〕深深哀悼〔*for*〕：He was *in* ～ *for* his father. 他爲父親之死而哀傷《★[比較]照義 1 之意也可作「著喪服」解，但現在一般都採用義 2》。

déep-róoted, déeply-róoted *adj.* 根深柢固的，深植的，難以拔除的：a ～ social problem 根深柢固的社會問題。

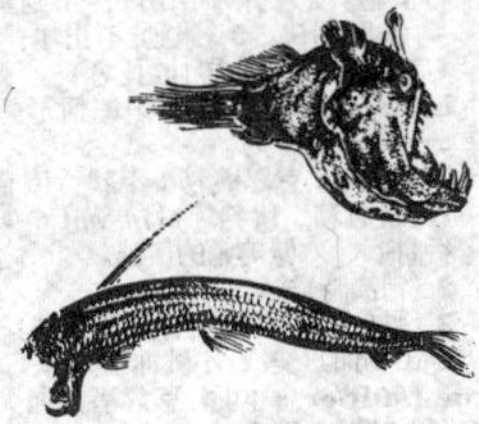

deep-sea fishes

déep-séa *adj.* [用在名詞前] 深海的；遠洋的：～ fishing 遠洋漁業/～ fishes 深海的魚類/a ～ diver 深海潛水夫。

déep-séated *adj.* **1** 根深柢固的；頑固的，由來已久的：a ～ disease 老毛病，慢性病/a ～ fear 難以消除的恐懼心。**2** 深層的。

déep-sét *adj.* 〈眼睛等〉深陷的。

Déep Sóuth *n.* [**the** ～] (美國)最南部的地區。

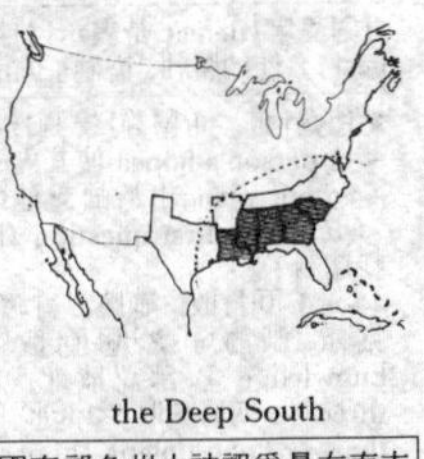

the Deep South

【插圖說明】淺色的州是南北戰爭時南軍佔領的地區，深色諸州就是 Deep South；虛線下方即操南部方言的區域。

【說明】所謂 Deep South 係指美國南部各州中被認爲最有南方色彩的喬治亞(Georgia)、阿拉巴馬(Alabama)、密西西比(Mississippi)、路易西安那(Louisiana)等州。這地區具有保守而典型的南方特色，到現在還是企圖把持州權和白人優越感人們的根據地。南北戰爭吃敗仗的打擊對這些州的影響較深，因此開發較爲遲緩。

D

déep spáce *n.* U(離地球遙遠的)外太空。
déep strúcture *n.* C《語言》深層結構，基底結構《存在於實際句子根基的抽象性結構，爲根據語言理論的理論性構成物之一》。
‡**deer** [dɪr; diə] «源自古英語「動物」之義» **—n. 1** C(*pl.* ~)《動物》鹿《★鹿科反芻動物的統稱；★相關用語 雄鹿一般稱爲 buck, 雌鹿爲 doe, (未滿一歲的)幼鹿爲 fawn；產於美洲的大型鹿稱 moose(麋鹿)，有時稱雄鹿爲 bull, 雌鹿爲 cow, 幼鹿爲 calf. 常見於歐洲及英國的 red deer(赤鹿)，雄的稱爲 stag 或 hart, 雌的稱爲 hind》。**2** U鹿肉(venison)。
déer·hòund *n.* C獵鹿犬。
déer·skìn *n.* **1** U鹿皮。**2** C鹿皮做的衣服。
déer·stàlker *n.* C **1** 獵鹿的人。**2** (又作 **déerstalker hát**)(前後均有遮簷的)獵帽。
de·es·ca·late [diˈɛskəˌlet; ˌdiːˈeskəleit] *v.t.* 逐步縮小[降低]〈規模、範圍等〉。
—v.i. 逐步縮小[降低]。
de·es·ca·la·tion [diˌɛskəˈleʃən; ˌdiːes-kəˈleiʃn] *n.*
def. 《略》defective；defense；defendant；deferred；definite；definition.
de·face [dɪˈfes; diˈfeis] *v.t.* **1** 損傷…的外觀。**2** 磨損〈碑文等〉；(磨損或亂塗等)使…難以看懂：Scribbled pictures and remarks have ~*d* the pages of the book. 亂畫的圖畫和註解使那書上的書頁很難看懂。~**·ment** *n.*

deerstalker 2

de fac·to [dɪˈfækto; diːˈfæktou] «源自拉丁文 'from the fact' 之義» **—adv.** 事實上。
—adj. 事實上的，實際上的：the country's ~ ruler 該國實際上的統治者。
de·fal·cate [dɪˈfælket, -ˈfɔl-; ˈdiːfælkeit, diːˈfæl-] *v.i.* 〔動(十介十(代)名)〕盜用，虧空，挪用〔公款〕〔*on*〕.
de·fal·ca·tion [ˌdifælˈkeʃən, -fɔl-; ˌdiːfælˈkeiʃn] «defalcate 的名詞» **—n. 1** U盜用[挪用]公款。**2** C非法挪用的金額，虧空額。
def·a·ma·tion [ˌdɛfəˈmeʃən; ˌdefəˈmeiʃn] «defame 的名詞» **—n.** U中傷：~ of character 誹謗人格，破壞名譽。
de·fam·a·to·ry [dɪˈfæməˌtorɪ, -ˌtɔrɪ; diˈfæmətəri] «defame, defamation 的形容詞» **—adj.** 中傷的，誹謗的(slanderous)：~ statements 中傷[誹謗性]的陳述。
de·fame [dɪˈfem; diˈfeim] *v.t.* 中傷〈某人、團體〉，破壞…的名譽。
de·fault [dɪˈfɔlt; diˈfɔːlt] «源自古法語「欠缺」之義» **—n.** U **1 a** (義務等的)不履行，怠忽。**b** 不履行債務：go into ~ 變成不履行債務。**2** 《法律》不出庭，不到案：make ~ 缺席/judgment *by* ~ 缺席判決。**3** 《運動》不出場，不出賽，棄權：win [lose] *by* ~ (變成)不戰而勝[敗]。
in default of... 不履行…的情形時；在沒有…的情況下；因缺少…，在缺乏…時。
—v.i. 1 a 怠忽義務；不履行債務。**b** 〔十介十(代)名〕怠忽，不履行〔義務、債務等〕〔*in, on*〕：~ ***on*** $600 million in loans 不履行[拖欠]六億美元的債務。
2 (判決時)缺席。
3 〔動(十介十(代)名)〕〔比賽時〕不出場，(比賽中途)棄權；(因不出場而)(變成)不戰而敗〔*in*〕.
de·fáult·er *n.* C **1** 怠忽者；拖欠者，不履行契約[債務]者。**2** (判決時)缺席者。
de·fea·si·ble [dɪˈfizəbl; diˈfiːzəbl] *adj.* 可作廢的，可取消的。
‡**de·feat** [dɪˈfit; diˈfiːt] *v.t.* 〔十受〕**1** 打敗〈敵人、對手〉：~ one's opponent 打敗某人的對手/The Giants were ~*ed* by the Swallows. 巨人隊敗給燕子隊。

【同義字】defeat 是表示「打敗」之意最普通的用語；conquer 表示持久性的勝利、控制；vanquish 尤指僅以一次作戰制勝對方。

2 使〈計畫、希望等〉受到挫折；，推翻，打倒…；挫敗〈某人〉：~ a person's hopes 使某人的希望受挫/His lack of cooperation ~*ed* our plan. 由於缺乏他的協助，我們的計畫失敗了/I was ~*ed* by the first question (in the exam). (考試的)第一道題把我難倒了。
—n. 1 U打敗，戰勝，打破〔*of*〕：our ~ *of* the enemy 我們的克敵(制勝)。**2** U C 敗北，戰敗，輸(↔ victory)：acknowledge ~ 承認敗北，認輸/four victories and [against] three ~*s* 四勝三敗。**3** U C〔希望、計畫等的〕挫折，失敗〔*of*〕：the ~ *of* one's plans [hopes] 某人計畫的失敗[希望的落空]。
de·féat·ism [-tɪzəm; -tizəm] *n.* U失敗主義；失敗主義的行動。
de·féat·ist [-tɪst; -tist] *n.* C失敗主義者。
—adj. 失敗主義者的。
def·e·cate [ˈdɛfəˌket; ˈdefikeit] *v.i.* 排便，通便。
def·e·ca·tion [ˌdɛfəˈkeʃən; ˌdefiˈkeiʃn] «defecate 的名詞» **—n.** U排便，通便。

de·fect[1] [dɪˈfɛkt, ˈdifɛkt; ˈdiːfekt, diˈfekt] *n.* C**缺陷**；缺點；弱點；瑕疵：a speech ~ 語言障礙/a ~ *in* a car 一部車子的缺點/Everyone has the ~*s* of his qualities [virtues]. 《諺》每個人都有美中不足之處。
de·fect[2] [dɪˈfɛkt; diˈfekt] *v.i.* 〔十介十(代)名〕**1** 〔從本國、本黨、領導者〕脫逃，脫離〔*from*〕. **2** 投奔〔他國、他黨等〕；變節，叛變〔至…〕〔*to*〕.
de·fec·tion [dɪˈfɛkʃən; diˈfekʃn] «defect[2] 的名詞» **—n.** U C背棄(主義、黨派等)，逃亡，變節，脫離組織[黨]〔*from*〕〔*to*〕.
de·fec·tive [dɪˈfɛktɪv; diˈfektiv] «defect[1] 的形容詞» **—adj.** (**more** ~；**most** ~) **1 有缺點[缺陷]的**，不完全的：a ~ car 有缺陷的車子。**2** 〔不用在名詞前〕〔十介十(代)名〕〔在…〕有缺陷的，缺乏的〔*in*〕：He is ~ ***in*** humor. 他缺乏幽默。**3** 〈人〉智力在標準以下的，心智不健全的。**4** 《文法》〈詞〉不完全變化的：⇨defective verb.
—n. C **1** 身心不健全者；(尤指)精神障礙者《★用法 此字具歧視意味，一般最好不用》：a mental ~ 智能障礙者。**2** 《文法》不完全變化的語詞(cf. defective verb).
~**·ly** *adv.* ~**·ness** *n.*
defèctive vérb *n.* C《文法》不完全變化動詞《如 shall, will, can, may, must 等沒有不定詞或分詞形的變化》。
de·féc·tor [-tɚ; -tə] *n.* C叛變者，脫黨者，脫逃者；亡命者。
*__de·fence__ [dɪˈfɛns; diˈfens] *n.* 《英》=defense.
‡**de·fend** [dɪˈfɛnd; diˈfend] «源自拉丁文「擊退」之義» **—v.t. 1 a** 〔十受〕保衛，防守，防禦〈國家、城市等〉(⇨protect【同義字】)：~ one's country 保衛國家。**b** 〔十受十介十(代)名〕保衛…〔以禦敵人、攻擊等〕〔*against, from*〕：~ one's country ***against*** enemies 保衛國家以禦敵人/~ a person ***from*** harm 保護某人免遭傷害。**2** 〔十受〕**a** (以言論等)爲〈意見、主義、行爲等〉辯護：~ one's ideas 爲自己的意見辯護。**b** 〔~ one*self*〕爲自己的立場辯護。**3** 〔十受〕《法律》爲…辯護，答辯：~ a suit 爲訴訟案件辯護。**4** 〔十受〕《運動》防守〈守備位置〉。
—v.i. 1 防禦。**2** 《運動》防守守備位置。
de·fen·dant [dɪˈfɛndənt; diˈfendənt] *n.* C被告(↔ plaintiff).
—adj. 被告的。
de·fénd·er *n.* C **1** 防禦者，保衛者，辯護人，擁護者。**2** 《運動》衛冕者(↔ challenger).
(**the**) **Defénder of the Fáith** 護教者《英國國王的傳統稱號》。
*__de·fense__ [dɪˈfɛns; diˈfens] «defend 的名詞» **—n. 1 a** U**防衛**，防禦，守備(↔ offense)《★發音 與 offense 對照時，美語常作 [ˈdifɛns] 的發音》：legal ~ 正當防衛/national ~ 國防/offensive ~ 攻擊性的防禦/the Department of *D*~ (美國的)國防部/the Ministry of *D*~ (英國的)國防部/~ in depth ⇨ in DEPTH (3)/in ~ of... 爲保護…，以防衛…/speak in ~ of... 爲…辯護/The best ~ is offense. ⇨offense 3. **b** U《運動》防守(的方法)：They need more practice at [in] ~ 他們需要多練習防守。**c** C〔the ~；集合稱〕《運動》防守員，守方《★用法 視爲一整體時當單數用，指個別成員時當複數用》。**2 a** C防禦物。**b** 〔~s〕《軍》防禦設施[工事]。**3** 《法律》**a** C〔常用單數〕辯護，答辯；辯詞；(民事訴訟的)抗辯。**b** 〔**the** ~；集合稱〕辯方，被告方《包括被告及辯護律師；↔ prosecution；用法 與義 3 相同》。
defénse·less *adj.* 無防備的，不設防的：a ~ city 不設防的城市。
~**·ness** *n.*
defénse mèchanism *n.* C《生理・心理》防禦機制，防衛方式(cf. escape mechanism).
de·fen·si·bil·i·ty [dɪˌfɛnsəˈbɪlətɪ; diˌfensiˈbiləti] «defensible 的名詞» **—n.** U可防禦性，可辯護。
de·fen·si·ble [dɪˈfɛnsəbl; diˈfensəbl] *adj.* 可防禦[辯護]的。
de·fen·sive [dɪˈfɛnsɪv; diˈfensiv] «defend 的形容詞» **—adj. 1** 防禦性[用]的，自衛的；防守的，守備的(↔ aggressive, offensive)：take ~ measures 採取防禦措施。**2 a** 〈言語、態度等〉守勢的，被動的。**b** (很快)翻臉的，動怒的：Don't be so ~；I'm not criticizing you. 別那樣生氣；我不是在批評你。**c** 〔不用在名詞前〕〔十介十(代)名〕〔對…〕(很快)翻臉的，生氣的〔*about*〕：She is very ~ ***about*** her English. 說到自己的英語，她動不動就生氣。
—n. U〔常 the ~〕防禦；守勢(↔ offensive)；辯護：assume *the* ~ 採取守勢/be [stand] on *the* ~ 取防守姿態，處於守勢。
~**·ly** *adv.* ~**·ness** *n.*
de·fer[1] [dɪˈfɝ; diˈfəː] (**de·ferred**；**de·fer·ring**) *v.t.* **1 a** 〔十受〕將…延緩，延期，展期：~ one's departure for a week 延後一週出發。**b** 〔十 do*ing*〕延緩〈做…〉：I will ~ go*ing* till I have more money. 我要延緩到我有更多錢時才去。**2** 《美》使〈某人〉延期入伍。**—v.i.** 延遲，拖延。
de·fer[2] [dɪˈfɝ; diˈfəː] *v.i.* (**de·ferred**；**de·fer·ring**)〔十介十(代)名〕〔對人〕(表示敬意而)讓步，服從，聽從〔*to*〕：~ ***to*** one's elders [*to* a person's opinions] 服從長輩[聽從某人的意見]。

def·er·ence [ˈdɛfərəns; ˈdefərəns] «defer² 的名詞» —*n.* [U] 服從；尊敬，敬意〔*to, toward*〕: blind ~ 盲從 /pay [show] ~ *to* [*toward*] a person 對某人表示敬意 /with all due ~ *to* you 你的意思雖然好(但是…)；很對不起(不過…)《表示不同意對方時的客氣說法》/in ~ *to* your wishes 尊重[遵從]你的意願。

def·er·en·tial [ˌdɛfəˈrɛnʃəl; ˌdefəˈrenʃl] «deference 的形容詞» —*adj.* 表示敬意的，恭敬的(respectful)：offer [receive] ~ treatment 給與禮遇[接受禮遇]。

~·ly [-ʃəlɪ; -ʃəli] *adv.*

de·fér·ment [-mənt; -mənt] «defer¹ 的名詞» —*n.* [U] 延期，展期。

de·férred *adj.* 延期的；擱置的；(存款)定期的：a ~ payment 延期付款/~ savings 定期存款 /a ~ telegram (費用較低廉的)慢遞電報/on ~ terms ⇨ term *n.* C 2 /Hope ~ makes the heart sick. 希望遲遲未實現令人心煩《★出自聖經「箴言」》。

de·fi·ance [dɪˈfaɪəns; diˈfaiəns] «defy 的名詞» —*n.* [U] **1** (公然)反抗[挑戰]的態度：show ~ toward... 對…表示反抗[挑戰似的]態度。**2** (對命令等的公然)反抗，忽視，輕視。

in defíance of... 蔑視[輕視]…地，不顧…地：*in* ~ *of* the law 蔑視法律。

sèt...at defíance 蔑視，輕視…。

de·fi·ant [dɪˈfaɪənt; diˈfaiənt] «defy 的形容詞» —*adj.* 反抗[挑戰]性的，挑釁的；傲慢的：a ~ stare 挑釁的瞪視。**~·ly** *adv.*

de·fi·cien·cy [dɪˈfɪʃənsɪ; diˈfiʃnsi] «deficient 的名詞» —*n.* **1** [U][C] **a** 不足，缺乏，短缺：vitamin ~ 維他命缺乏(症) /a ~ *of* good sense 良知的缺乏。**b** (精神、肉體上的)缺陷。**2** [C] 不足的量[數，額]：supply a ~ 補充不足的量。

defíciency disèase *n.* [U][C]《醫》維他命(等的)缺乏症，營養失調。

de·fi·cient [dɪˈfɪʃənt; diˈfiʃnt] *adj.* (**more** ~；**most** ~) **1 a** 不足的，不充分的，缺乏的：a ~ supply of food 糧食的供應不充足。**b** [不用在名詞前]〔十介十(代)名〕〔…〕不足的，不充分的〔*in*〕：He is ~ *in* energy. 他的精力不足；他缺乏精力。**2** 不完全的，有缺陷的；智力不足的：mentally ~ 精神薄弱的，心智有缺陷的。**~·ly** *adv.*

def·i·cit [ˈdɛfəsɪt; ˈdefisit] *n.* [C] **1** 不足(額)〔*in, of*〕《★ [用法]《美》一般用in》：a ~ *in* [*of*] oil 石油的不足。**2** (金錢的)不足，短缺，赤字：trade ~*s* 貿易赤字 /a ~ *of* one million dollars 一百萬美元的赤字。

déficit fináncing *n.* [U]《財政》(政府的)赤字財政。

déficit spénding *n.* [U]《財政》(靠發行赤字公債的)赤字財政支出。

de·fí·er *n.* [C] 反抗者；挑戰者。

de·file¹ [dɪˈfaɪl; diˈfail] *v.t.* 〔十受(十介十(代)名)〕 **1** 〔以…〕弄髒，弄污…；使…不潔〔*by, with*〕《★ [用法]《美》一般用 with》：~ a river **by** [**with**] refuse 以垃圾污染河川。**2 a** 〔以…〕褻瀆…的神聖〔*by, with*〕：~ a holy place **with** blood 以血褻瀆聖地。**b** 損壞〈某人的名譽〉〔*with, by*〕。

de·file² [dɪˈfaɪl, ˈdifaɪl; ˈdi:fail, diˈfail] *n.* [C] (山谷中等的)隘路，小路，狹道。

de·file·ment [-mənt; -mənt] «defile¹ 的名詞» —*n.* [U][C] 弄髒，污染。

de·fin·a·ble [dɪˈfaɪnəbl; diˈfainəbl] *adj.* 可限定的，可下定義的。

***de·fine** [dɪˈfaɪn; diˈfain] *v.t.* **1 a** 〔十受〕給〈字詞、概念等〉下定義，使〈字〉的意義明確：~ a word 給字下定義。**b** 〔十受十 *as* 補〕給〈字詞、概念〉定義〈爲…〉：This dictionary ~*s* a tip *as* a small present of money given for service to a waiter or porter, etc. 這本辭典給'tip'下定義爲「對於服務生或搬運工等的服務所給與的小額金錢」。**2** 〔十受〕表明〈眞意、立場等〉：~ one's position 表明自己的立場。
3 〔十受〕立…的界限；明示…的輪廓；限定〈界限、範圍等〉：Boundaries between countries should be clearly ~*d*. 國與國之間的邊界應該劃分清楚。

***def·i·nite** [ˈdɛfənɪt; ˈdefinit] «define 的形容詞» —*adj.* (**more** ~；**most** ~) **1** 明確限定的，一定的：a ~ period of time 一定的期間 /a ~ aim in life 人生的明確目標。**2** 明確的，確定的：a ~ answer 明確的答覆 /~ evidence 確切的證據 /It is ~ that he will sign (the contract). 他肯定會(在合約上)簽字。**3** 《文法》限定的，加以限定的：⇨definite article. **~·ness** *n.*

définite árticle *n.* [the ~]《文法》定冠詞《指 the；cf. indefinite article》。

def·i·nite·ly [ˈdɛfənɪtlɪ; ˈdefinitli] *adv.* (**more** ~；**most** ~) **1** 明確地，明白地；確實地。**2 a** [同意或强調肯定的說法]《口語》的確，不錯，一定："So you think he is a fool?"—"Yes, ~ [*D*~]."「那麼，你認爲他是個傻瓜囉？」「是的，的確(是如此)[的確]。」**b** [與否定語連用，用以强調否定] 絕對(不…)，決(不…)："So you don't trust him?" "*No*, ~ *not* [*D*~ *not*]!"「那麼，你不相信他囉？」「是，我絕不(相信他)[絕不]！」

***def·i·ni·tion** [ˌdɛfəˈnɪʃən; ˌdefiˈniʃn] «define 的名詞» —*n.* **1 a** [U][C] 定義，限定：give a ~ to... 給…下定義/Can you give me a ~ *of* this word? 你能告訴我這個單字的定義嗎？**b** [C] (字詞的)釋義，字義：contextual ~*s* 依上下文的釋義。**2** [U] (透鏡的)鮮明度，明晰度，(錄音、廣播、電視影像的)清晰度。

by definítion (1)根據定義。(2)《諷刺》在定義上，當然：A pianist *by* ~ plays the piano. 既然是鋼琴家當然會彈鋼琴。

de·fin·i·tive [dɪˈfɪnətɪv; diˈfinitiv] *adj.* **1** 決定(性)的，最後的；確定的：a ~ edition 定本 /a ~ victory 決定性的勝利。**2** 〈正文、傳記等〉最完整正確且最可靠的。**~·ly** *adv.*

de·flate [dɪˈflet; diˈfleit] (↔ inflate) *v.t.* **1** 放出〈輪胎、氣球、足球等〉中的空氣；使〈鼓起的東西〉癟下去。**2** 挫〈某人的銳氣、希望等〉，使〈人〉意志消沈，使…沮喪。**3** 《經濟》減低〈價格〉，緊縮〈通貨〉：~ the currency 緊縮通貨。
—*v.i.* **1** 洩氣，坍陷。**2** 《經濟》〈通貨〉緊縮。

de·fla·tion [dɪˈfleʃən; diˈfleiʃn] «deflate 的名詞» —*n.* **1** [U] 放[抽]出空氣[氣體]；收縮。**2** [U][C]《經濟》通貨緊縮(⇨inflation 3【同義字】)。

de·fla·tion·ar·y [dɪˈfleʃənˌɛrɪ; diˈfleiʃnəri] «deflation 的形容詞» —*adj.* 通貨緊縮的：~ measures 使通貨緊縮的措施。

de·flect [dɪˈflɛkt; diˈflekt] *v.t.* 〔十受(十介十(代)名)〕 **1** 使〈光線、子彈等〉〔由…〕(向一方)偏斜，使…偏離，使…轉向〔*from*〕：~ a bullet **from** its course 使子彈偏離彈道。**2** 使〈人、思考等〉〔由…〕偏轉，使…偏歪〔*from*〕：~ a person's judgment 使某人的判斷歪曲 /~ a person **from** the right path 使某人偏離正途。
—*v.i.* 〔動(十介十(代)名)〕〔從…〕偏向〔…〕，〔從…〕轉歪偏斜〔向…〕〔*from*〕〔*to*〕：The ball ~*ed* **to** the left. 球偏向左邊。

de·flec·tion [dɪˈflɛkʃən; diˈflekʃn] «deflect 的名詞» —*n.* [U][C] **1** 偏斜，偏離，歪曲。**2** 《物理》偏向，偏轉(度)，(光的)曲折，(計量器指針等的)偏差。

de·flec·tive [dɪˈflɛktɪv; diˈflektiv] *adj.* 偏向的，引起偏差的。

de·flex·ion [dɪˈflɛkʃən; diˈflekʃn] *n.* 《英》=deflection.

def·lo·ra·tion [ˌdɛfləˈreʃən, ˌdiflə-; ˌdi:flɔ:ˈreiʃn, ˌdef-] *n.* [U] **1** 採花，折花。**2** 姦污，蹂躪童貞。**3** 吸取精華，奪美；摧毀，破壞。

de·flow·er [dɪˈflauəː; ˌdi:ˈflauə] *v.t.* **1** 奪去〈女子〉的貞操，姦污〈處女〉。**2** 奪去[損傷]…的美[精華(等)]，摧毀，破壞。**3** 《罕》採…的花，使…花落。

De·foe [dɪˈfo; diˈfou], **Daniel** *n.* 狄福《1660?–1731；英國小說家；「魯濱遜漂流記(*Robinson Crusoe*)」的作者》。

de·fog [diˈfɔg, -ˈfɑg; di:ˈfɔg] *v.t.* 消去…的霧[濕氣等]，除去〈擋面玻璃等〉上面的霧。

de·fóg·ger *n.* [C] 掃霧器，清除水氣的裝置。

de·fo·li·ant [diˈfolɪənt; di:ˈfouliənt] *n.* [U] [指產品個體或種類時爲[C]] 脫葉劑，落葉劑。

de·fo·li·ate [diˈfolɪˌet; ˌdi:ˈfoulieit] *v.t.* 施脫葉劑於…，使…的葉子脫落。

de·fo·li·a·tion [ˌdifolɪˈeʃən; ˌdi:fouliˈeiʃn] «defoliate 的名詞» —*n.* [U] **1** 去葉，落葉，葉子的脫落。**2** 《軍》枯葉[脫葉]戰《★使用脫葉劑的作戰，美軍曾用於越戰》。

de·for·est [dɪˈfɔrɪst, -ˈfɑr-; ˌdi:ˈfɔrist] *v.t.* 濫伐…的山林，開闢…的山地，清除…的樹林。

de·for·es·ta·tion [dɪˌfɔrɪsˈteʃən, -ˌfɑr-, ˌdif-; di:ˌfɔriˈsteiʃn] «deforest 的名詞» —*n.* [U] **1** 採伐森林，開闢林地。**2** 濫伐：*D*~ causes erosion. 濫伐造成(土地的)沖蝕。

de·form [dɪˈfɔrm; diˈfɔ:m] *v.t.* **1** 使…的形狀[樣子，臉]變醜[歪曲]。**2** 使…變形。

de·for·ma·tion [ˌdiforˈmeʃən, ˌdɛfə-; ˌdi:fɔ:ˈmeiʃn] «deform 的名詞» —*n.* [U][C] **1** 形狀的走樣[變形]；醜化。**2** 醜陋，難看，畸形。**3** 《美術》變形《因作者的主觀而將材料或對象予以扭曲或誇張的手法》。

de·fórmed *adj.* 殘廢的，變形的，畸形的，醜陋的：a ~ foot 畸形的脚。

de·form·i·ty [dɪˈfɔrmətɪ; diˈfɔ:məti] *n.* **1** [U] 醜陋，變形。**2** [C] (身體的)畸形；殘廢。**3** [C] (人格、藝術作品等的)瑕疵。

de·fraud [dɪˈfrɔd; diˈfrɔ:d] *v.t.* 〔十受十介十(代)名〕向〈人〉騙取，詐取〔東西〕；侵佔〈某人〉〔所有物〕〔*of*〕：They ~*ed* him **of** his property. 他們詐取他的財產。

de·fray [dɪˈfre; diˈfrei] *v.t.* 《文語》支付〈費用〉，付給，支出(pay)：~ the cost 支付費用。**~·al** [-ˈfreəl; -ˈfreiəl], **~·ment** *n.*

de·frock [diˈfrɑk; ˌdi:ˈfrɔk] *v.t.* 免去〈某人〉的僧職；剝奪…的神職[牧師職位]。

de·frost [diˈfrɔst; ˌdi:ˈfrɔst] *v.t.* **1** 除去〈冰箱等〉的霜[冰]。**2** 將〈冷凍食品等〉解凍。**3** 《美》除去〈車窗〉上的水氣(《英》demist)。

dè·fróst·er *n.* [C] **1** 除霜裝置。**2** 《美》除霜器(《英》demister)《車窗的去水氣裝置》。

D

deft [dɛft; deft] *adj.* **1** 敏捷而熟練的；手巧的，靈巧的：～ *of* hand 手靈巧的/～ fingers 靈巧的手指/a ～ blow 漂亮的一擊。**2**〔不用在名詞前〕〔＋*of*＋(代)名(＋*to* do)〕〔某人〕〈做…是〉手法高明的：It was very ～ ***of*** him ***to*** say that before you could react. 你還來不及反應他就那樣說，眞是高明。
～**·ly** *adv.* ～**·ness** *n.*

de·funct [dɪˋfʌŋkt; diˈfʌŋkt] *adj.*《文語》《法律》**1** 去世的，已故的。**2** 已廢止的，已不存在的。

de·fuse [diˋfjuz; ˌdi:ˈfju:z] *v.t.* **1** 拆除〈炸彈〉的信管。**2** 減低…的危險性，緩和…的不安[緊張]。

de·fy [dɪˋfaɪ; diˈfai] **《源自拉丁文「不信」之義》——***v.t.* **1**〔＋受〕蔑視，藐視，輕視；(公然)反抗，違抗，不服從〈長輩、政府、命令等〉：～ one's superiors [the Government] (公然)反抗上司[政府] /He has a constitution that *defies* any climate. 他有足以抵禦任何氣候的(强壯)體格。**2**〔＋受＋ *to* do〕激〈某人〉〈做…〉，向…挑戰〈做…〉：I ～ you *to* do this. 我看你敢不敢做這件事。**3**〔＋受〕〈事物〉努力而無法達成…，抗拒…：It *defies* description [criticism]. 它難以形容[沒有批評的餘地] /The fortress *defied* every attack. 那要塞怎麼也攻不下來。

deg.《略》degree；degrees.

de Gaulle [dəˋgol, -ˋgɔl; dəˈgoul], **Charles** [ʃɑrl; ʃɑ:l] *n.* 戴高樂《1890–1970；法國將軍、政治家及總統(1959–69)》.

de Gaull·ist [-lɪst; -list] *n.* ＝Gaullist.

de·gauss [diˋgaus; ˌdi:ˈgaus] *v.t.*《航海》(爲防磁性水雷)在〈鋼鐵船體〉裝消磁裝置以消除(船隻的)磁場。

de·gen·er·a·cy [dɪˋdʒɛnərəsɪ; diˈdʒenərəsi] *n.* Ⓤ **1** 退化，退步。**2** 墮落。**3** 性變態。

de·gen·er·ate [dɪˋdʒɛnəˌret; diˈdʒenəreit] **《源自拉丁文「變成與自己種族有差異」之義》——***v.i.*〔動(＋介＋(代)名)〕**1** 墮落，頹廢；退步，惡化[到…]〔*into*〕：He has ～*d* horribly. 他墮落得可怕 /He has ～*d* ***into*** an alcoholic. 他墮落成酗酒者 /Liberty is apt to ～ *into* lawlessness. 自由容易淪爲無法無天[放縱]。**2**《生物》退化。
— [dɪˋdʒɛnərɪt; diˈdʒenərət, -rit] *adj.* (**more** ～；**most** ～) **1** 墮落的，頹廢的：～ places of amusement 頹廢的娛樂場所。**2** 退化的：～ forms of life 退化的生物類。
— [dɪˋdʒɛnərɪt; diˈdʒenərət] *n.* Ⓒ **1** 墮落者。**2** 退化者[動物]。**3** 變質者；性變態者。

de·gen·er·a·tion [dɪˌdʒɛnəˋreʃən; diˌdʒenəˈreiʃn] **《degenerate 的名詞》——***n.* Ⓤ **1** 墮落，頹廢；退步。**2**《生物》退化。**3**《病理》變性，變質。

de·gen·er·a·tive [dɪˋdʒɛnəˌretɪv; diˈdʒenərətiv] *adj.* **1** 退化的，變壞的。**2**《生物》變性[變質]的。～**·ly** *adv.*

de·glu·ti·tion [ˌdigluˋtɪʃən; ˌdi:glu:ˈtiʃn] *n.* Ⓤ《生理》吞嚥；吞嚥的過程[作用]。

de·grad·a·ble [dɪˋgredəbl̩; diˈgreidəbl] *adj.* (化學上)可降解的。

deg·ra·da·tion [ˌdɛgrəˋdeʃən; ˌdegrəˈdeiʃn] **《degrade 的名詞》——***n.* Ⓤ **1** 降級；免職。**2** (名譽、地位等的)降低，下降；墮落；退步：live in ～ 過潦倒的生活。**3**《生物》退化。**4**《化學》降解，遞降分解(作用)。

de·grade [dɪˋgred; diˈgreid] **《源自拉丁文「降級」之義》——***v.t.* **1 a**〔＋受〕降低〈某人〉的品格[人格]：a ～*d* condition of life 悲慘的生活狀況。**b**〔～ *oneself*〕降低自己的品格[人格]：You should not ～ *yourself* by telling such a lie. 你不該說那樣的謊話降低自己的人格。**c**〔＋受(＋介＋(代)名)〕把〈某人〉的品格降[至…]〔*to*〕：Such behavior ～*s* us ***to*** the condition of beasts. 這種行爲形似獸行，叫我們丟臉。**2 a**〔＋受〕降低〈某人〉的地位，把〈某人〉降職。**b**〔＋受＋介＋(代)名〕把〈某人〉[從…]降[到…]〔*from*〕〔*to*〕：～ a person ***from*** a position of honor ***to*** a lower position 把某人自榮譽的地位降到低微的地位。**3**〔＋受〕《生物》使…退化。
—*v.i.*《生物》退化。

de·grád·ing *adj.* 降低品格[自尊心](似)的，卑鄙的，可恥的。

‡de·gree [dɪˋgri; diˈgri:] *n.* **1** ⓊⒸ 程度，等級：a matter of ～ 程度的問題 /The risks differ only in ～. 那些危險只是程度上不同而已 / *To* what ～ are you interested in fishing？你對垂釣的興趣大到什麼程度？/She was worried *to* such a ～ that she could not sleep. 她擔心到睡不著的程度《她擔心得睡不著》。
2 Ⓒ 學位：a doctoral ～ 博士學位 /the ～ of doctor of philosophy [Ph.D] ⇨philosophy 成語 /take the ～ of Master of Arts 取得文學碩士的學位。
3 Ⓒ (溫度計、經度、緯度等的)度，度數：45 ～*s* 四十五度《★用法 也寫作 45°》/zero ～*s* centigrade 0℃，攝氏零度《★用法 表「零度」的 degree 要用複數》/～*s* of latitude 緯度。
4 Ⓒ《文法》級：the positive [comparative, superlative] ～ 原[比較，最高]級。
5 Ⓒ **a**《法律》親等：a relation *in* the first ～ 一等親/the prohibited [forbidden] ～*s* (of marriage) 禁止結婚的親等《一等親至三等親》。**b**《美法律》(犯罪的)等級：murder *in* the first ～ 一級謀殺。
6 Ⓤ《古》階級，地位：a man of high [low] ～ 地位高[低]的人。
by degrées 逐漸，漸漸地。
in sóme degrèe 多少有些，有幾分，有一點兒。
nót in the slíghtest [**léast, smállest**] **degrèe** 一點也不…，毫無…：Her beauty has *not* faded *in the smallest* ～. 她的美貌未減一分《她美麗如昔》。
to a cértain degrèe 到某種程度。
to a degrée (1)《美》＝in some DEGREE. (2)《英》非常，大大地。
to a hígh degrée 高度地，非常。
to sóme degrèe ＝in some DEGREE.
to the lást degrèe 極端地：The whole thing was absurd *to the last* ～. 整個事情都荒謬極了。

de·horn [diˋhɔrn; di:ˈhɔ:n] *v.t.* 去掉〈牛等〉的角。

de·hu·man·i·za·tion [diˌhjumənaɪˋzeʃən, -ˌju-; di:ˌhju:mənaiˈzeiʃn] **《dehumanize 的名詞》——***n.* Ⓤ 抹殺人性，非人性化。

de·hu·man·ize [diˋhjuməˌnaɪz, -ˋju-; ˌdi:ˈhju:mənaiz] *v.t.* 剝奪…的人性，使…無人性。

dè·hu·míd·i·fi·er *n.* Ⓒ 除濕器。

de·hu·mid·i·fy [ˌdihjuˋmɪdəˌfaɪ, -ju-; ˌdi:hju:ˈmidifai] *v.t.* 除去〈大氣〉中的濕氣。

de·hy·drate [diˋhaɪdret; ˌdi:ˈhaidreit] *v.t.* 使…脫水，使…乾燥：～*d* eggs [foods, vegetables] 脫水蛋粉[食品，蔬菜]。
—*v.i.* 脫水，變乾燥。

de·hy·dra·tion [ˌdihaɪˋdreʃən; ˌdi:haiˈdreiʃn] **《dehydrate 的名詞》——***n.* Ⓤ **1** 脫水。**2**《醫》脫水作用，脫水。

de·ice [diˋaɪs; ˌdi:ˈais] *v.t.* 給〈機翼、汽車前面玻璃、冰箱等〉裝上除冰[防冰]裝置。

deic·tic [ˋdaɪktɪk; ˈdaiktik] *adj.* **1**《邏輯》直接的，直證的。**2**《文法》直示的，直指的，指示的。

de·i·fi·ca·tion [ˌdiəfəˋkeʃən; ˌdi:ifiˈkeiʃn] **《deify 的名詞》——***n.* Ⓤ **1** 崇拜[奉祀]爲神，神(格)化。**2** 視爲神聖。

de·i·fy [ˋdiəˌfaɪ; ˈdi:ifai] *v.t.* **1** 將…當作神，將…奉爲神。**2** 把…當作神崇拜，將…神格化。**3** 把…視爲神聖。

deign [den; dein] *v.t.*〔＋ *to* do〕**1**〈身分高貴的人、長輩〉俯允〈做…〉：The King ～*ed to* read my letter. 國王俯允讀我的信。**2**〔常用於否定句〕屈尊，降低身分〈做…〉：They would *never* ～ *to* notice me. 他們決不會屈尊來注意我。

de·in·dus·tri·al·i·za·tion [diˌɪndʌstrɪələˋzeʃən; di:ˌindʌstriəlaiˈzeiʃn] *n.* Ⓤ 解除工業化《一國或一地區之工業能力的縮減或摧毀》。

de·ism [ˋdiɪzəm; ˈdi:izəm] *n.* [常 D～] Ⓤ《哲》理神論，自然神論[教]《十八世紀思想家的學說；認爲世界雖由神創造，但卻脫離神的支配而依照自然法則運轉》。

de·ist [ˋdiɪst; ˈdi:ist] *n.* Ⓒ 理神論者，奉自然神教者。

de·is·tic [diˋɪstɪk; di:ˈistik] *adj.* 理神論的，自然神論的。

de·i·ty [ˋdiətɪ; ˈdi:iti] *n.* **1** Ⓤ 神的地位，神格，神性。**2 a** Ⓒ 神(god)：a pagan ～ 異教的神。**b** [**the D～**] 上帝，造物主(God). **3** Ⓒ 被當作神一般崇拜的人或物。

dé·jà vu [ˌdeʒɑˋvu, -ˋvju; ˌdeiʒɑ:ˈvju:] **《源自法語 'already seen' 之義》——***n.* Ⓤ《心理》似曾相識《對於初次經驗的事有似曾經驗過的錯覺》。

de·ject [dɪˋdʒɛkt; diˈdʒekt] *v.t.* 使〈人〉沮喪，使…氣餒《★常以過去分詞當形容詞用；⇨dejected》.

de·jéct·ed *adj.* 沮喪的，氣餒的，失望的(cf. deject)：look ～ 看來沮喪 /He went home, ～ in heart. 他心情沮喪地回家去。
～**·ly** *adv.*

de·jec·tion [dɪˋdʒɛkʃən; diˈdʒekʃn] **《deject 的名詞》——***n.* Ⓤ 沮喪，失意，灰心：in ～ 沮喪地，灰心地。

dé·jeu·ner [ˋdeʒəˌne; ˈdeiʒənei] **《源自法語》——***n.* Ⓒ (正式的)午宴。

de ju·re [diˋdʒurɪ; ˌdi:ˈdʒuəri] **《源自拉丁文》——***adv. & adj.* 正當地[的]，合法地[的]，法律上地[的]。

dek·a- [dɛkə-; dekə-] ＝dec(a)-.

dek·ko [ˋdɛko; ˈdekou] *n.* Ⓒ (*pl.* ～**s**)《英俚》看(一眼)，一瞥：have a ～ at... 看…一眼。

del.《略》delegate；delete. **Del.**《略》Delaware.

Del·a·ware [ˋdɛləˌwɛr; ˈdeləweə] **《源自美國殖民地時代行政官 De la Warr 之名》——***n.* **1** 德拉威州《美國東部的一州；首府多佛(Dover)；略作 Del.,《郵政》DE；俗稱 the First State》. **2** Ⓒ 德拉威葡萄《一種略帶紅色的小粒葡萄品種，用以釀製白葡萄酒》。

‡de·lay [dɪˋle; diˈlei] *v.t.* **1**〔＋受〕使…延遲，使…耽擱，耽誤…《★常用被動語態，變成「延遲」之意》：Ignorance ～*s* progress. 無知使進步延遲/The train *was* ～*ed* (for) two hours by the accident. 火車被那意外事件耽擱了兩小時。**2 a**〔＋受〕將…延期，

延緩：～ a party (for) a week 把聚會延期一週/He ～*ed* his departure till [until] the next day. 他延至翌日才出發。

> 【同義字】delay 主要指因失敗、過失等而將早該做的事延至某時期或有時無限期地延緩；postpone 是因某理由而把事情延期到一定的時候。

b 〔＋ do*ing*〕延遲〈做…〉：Why have you ～*ed* writ*ing* to him？你爲什麼遲遲才寫信給他？ **c** 〔＋ *to* do〕延遲〈做…〉：Don't ～ *to* write to him. 不要拖延寫信給他《快寫信給他》。

—*v.i.* 拖延，耽誤：Write the letter now! Don't ～. 現在就寫那封信，別耽誤了。

—*n.* **1** [U][C]延遲，拖延；猶豫；耽擱：admit of no ～ 刻不容緩，不能耽擱 /after several ～*s* 幾次耽擱後 /without (any) ～ 不得延誤，即刻，馬上。**2** [C]延遲的時間[期間]：The train arrived after a ～ of two hours. 那班火車延遲兩小時到達[誤點兩小時]。

deláyed-áction *adj.* 〈炸彈等〉延期爆炸的，定時的。

deláying àction *n.* [U]《軍》遲滯作戰，延宕行動《一面撤退，一面予以佔優勢敵軍最大可能的打擊》。

de·le [ˋdilɪ; ˈdi:li] 《源自拉丁文 'delete' 之義》**—***v.t.* [用祈使語氣]《印刷》刪除，去掉〈不要的部分〉《★[用法]當作校正用語，通常在要刪除的部分底下畫線，並在欄外寫「♂」符號；cf. delete》。

de·lec·ta·ble [dɪˋlɛktəbl; diˈlektəbl] *adj.* [常當諷刺用] **1** 令人愉快的，快樂的。**2** (看來)美味可口的。

de·léc·ta·bly [-təblɪ; -təbli] *adv.*

de·lec·ta·tion [ˏdilɛkˋteʃən; ˌdi:lekˈteiʃn] *n.* [U] 歡樂，快樂(pleasure)：for one's ～ 爲了某人的快樂。

del·e·ga·cy [ˋdɛləgəsɪ; ˈdeligəsi] *n.* **1** [U]**a** 代表的任命[派遣]。**b** 代表的任命[派遣]制度。**2** [C][集合稱]代表團，使節團《★[用法]視爲一整體時當單數用，指個別成員時當複數用》。

del·e·gate [ˋdɛləˏget, ˋdɛləgɪt; ˈdeligət, -geit, -git] *n.* [C](會、組織的)代表，使節，特派員 (⇨representative【同義字】)：They were ～*s from* India *to* the U.N. 他們是印度派到聯合國的代表。

— [ˋdɛləˏget; ˈdeligeit] *v.t.* **1 a** 〔＋受〕指派〈某人〉做代表。**b** 〔＋受＋介＋(代)名〕特派[派遣]〈某人〉爲代表[使節][到…]〔*to*〕：He was ～*d* **to** the convention. 他被委派爲代表去參加會議。**c** 〔＋受＋ *to* do〕指派〈某人〉爲代表〈去做…〉，派遣〈某人〉爲代表〈去做…〉：Each party ～*d* one member *to* attend the general meeting. 各黨均指派一名黨員爲代表去參加大會。**2** 〔＋受＋介＋(代)名〕把〈權限等〉委託[授與][〔…〕，將…授權[與…]〔*to*〕：The belligerents should ～ the solution of the conflict **to** the United Nations. 交戰國應把解決爭執之事授權與聯合國。

—*v.i.* 委託權限[責任]。

del·e·ga·tion [ˏdɛləˋgeʃən; ˌdeliˈgeiʃn] 《delegate 的名詞》**—***n.* **1** [U]**a** 代表的任命。**b** 代表的派遣。**2** [C][集合稱]代表團《★[用法]視爲一整體時當單數用，指個別成員時當複數用》。**3** [U](權力等的)委託，授與。

de·lete [dɪˋlit; diˈli:t] *v.t.* 〔＋受(＋介＋(代)名)〕〔從…〕刪除…〔*from*〕《★[用法]當作校正用語，略作 del. 或「♂」；cf. dele》.

del·e·te·ri·ous [ˏdɛləˋtɪrɪəs; ˌdeliˈtiəriəs] *adj.* 《文語》有害的；有毒的。**～·ly** *adv.*

de·le·tion [dɪˋliʃən; diˈli:ʃn] 《delete 的名詞》**—***n.* **1** [U]刪除。**2** [C]刪除的部分。

delf [dɛlf; delf] *n.* ＝delft.

delft [dɛlft; delft] 《源自荷蘭原產地名》**—***n.* [U](荷蘭)戴夫特(彩色)陶器。

delft·ware [ˋdɛlftˏwɛr; ˈdelftweə] *n.* ＝delft.

Del·hi [ˋdɛlɪ; ˈdeli] *n.* 德里《印度北部的城市；印度的舊都》。

del·i [ˋdɛlɪ; ˈdeli] *n.* [C](*pl.* ～s)《美口語》＝delicatessen.

de·lib·er·ate [dɪˋlɪbərɪt; diˈlibərət, -rit] 《源自拉丁文「(在腦子裏)測量重量」之義》**—***adj.* (**more** ～；**most** ～) **1 故意的**，有計畫的，蓄意的：a ～ lie [insult] 故意的扯謊[侮辱]/～ murder 有計畫的殺人，蓄意謀殺。

2 a 慎重的，深思熟慮的，審慎的：take ～ action 採取慎重的行動。**b** [不用在名詞前]〔＋介＋(代)名〕[對…]慎重的〔*in*〕：He is ～ **in** speak*ing* [action]. 他說話[行動]很慎重。

3 〈說話方式、行動等〉從容的，沈著的：with ～ steps 以從容的步伐。

— [dɪˋlɪbəˏret; diˈlibəreit] *v.t.* **1** 〔＋受〕**慎重考慮**；商議，商討…：We are still *deliberating* the question. 我們還在商議該問題。**2** 〔＋ *wh*.__/＋*wh*. ＋*to* do〕慎重考慮；商議，商討〈如何(做)…〉：They were *deliberating how* it should be done. 他們在愼重考慮該如何去做那件事 /He ～*d whether to* buy a new car. 他愼重考慮是否要買一部新車。**—***v.i.* 〔動(＋介＋(代)名)〕愼重考慮，審議[關於…]〔*on, upon, about, over*〕：He ～*d* **upon** the matter. 他仔細斟酌該問題。**～·ness** *n.*

de·lib·er·ate·ly [dɪˋlɪbərɪtlɪ; diˈlibərətli] *adv.* (**more** ～；**most** ～) **1 愼重地**。**2** 故意地，有計畫地。**3** 從容地。

de·lib·er·a·tion [dɪˏlɪbəˋreʃən; diˌlibəˈreiʃn] 《deliberate 的名詞》**—***n.* **1** [U][C]愼重考慮，熟慮；審議，商議，討論：after deep ～ 經過深思熟慮後 /bring a matter under ～ 把問題提出來討論[審議]。**2** [U]愼重；(動作的)緩慢，從容：with great ～ 非常愼重地，極緩慢地。

de·lib·er·a·tive [dɪˋlɪbəˏretɪv; diˈlibərətiv] *adj.* **1** 審議的：a ～ assembly 審議會。**2** 熟慮的，審愼的。**～·ly** *adv.*

del·i·ca·cy [ˋdɛləkəsɪ; ˈdelikəsi] 《delicate 的名詞》**—***n.* **1** [U]**a** 優美；(姿容等的)優雅，高尚：the ～ of a flower 花的優美姿態。**b** 精巧，美妙。**2** [U]**纖細**，纖弱，柔弱：～ of health 身體虛弱 /The ～ of roses makes them unfit for an extreme climate. 玫瑰因其嬌貴纖弱而不能適應極冷或極熱的氣候。**3** [U] **a** (機器等的)精密。**b** 精巧，精緻。**c** (問題等的)微妙，棘手；處理的巧妙：a matter of great ～ 非常微妙的事[問題]。**4 a** [U](感覺等的)纖細，敏感。**b** [U][又作 a ～](對他人或自己的舉止)關懷[留神，費神]，體諒：feel some [*a*] ～ about... 對…傷腦筋[操心] /(a) want [lack] of ～ 不夠體貼。**5** [C]美味，好菜，佳餚：the *delicacies* of the seasons 應時的佳餚。

del·i·cate** [ˋdɛləkət, -kɪt; ˈdelikət, -kit] 《源自拉丁文「(對感覺)舒服的」之義》**—adj.* (**more** ～；**most** ～) **1 a 優美的**，柔細的；高尚的，優雅的：the ～ skin of a baby 嬰兒的柔細皮膚。

> 【同義字】delicate 是纖細而微妙之意，暗示帶有脆弱的美；elegant 是豪華、雅緻而脫俗的；exquisite 是精巧之意，暗示只有感覺特別敏銳、嗜好高尚的人才能體會的美；graceful 指安祥而優美的；refined 指經過洗鍊而文雅的、有智慧的感覺的。

b 〈顏色〉美妙的，〈色調〉柔和的，輕淡的；模糊的：a ～ hue 柔和的色彩/a ～ blue light 微弱的藍光。**c** 〈食物、味道、氣味等〉美味的，可口的：a ～ flavor 美味。**2 a 纖細的**，柔弱的；虛弱的：The child was in ～ health. 那個小孩身體虛弱。**b** 〈東西〉容易破的，脆弱的：～ china 易破的瓷器。**3 a** 〈機器等〉**精密的**；精確的《★常含有「易破的」之意》：a ～ instrument 精密的儀器。**b** (製作)精巧的，精緻的：～ embroidery 精巧的刺繡。**c** 難以處理的，需要愼重處理的，困難的：a ～ situation 難以處理的局面/a ～ operation (需要極其細心的)困難手術。**d** 〈差別等〉微妙的(subtle)：a ～ difference [nuance] 微妙的差異[細微差別]。**4 a 感覺敏銳的**，敏感的：He has a ～ ear for music. 他對音樂具有鑑賞力。**b** (對他人或自己的舉止)細心注意的，留神的，費神的，體諒的：～ attention 細心的注意/a ～ refusal 委婉的拒絕。**c** 〈人〉有潔癖的，難以取悅的。

～·ly *adv.*

del·i·ca·tes·sen [ˏdɛləkəˋtɛsn; ˌdelikəˈtesn] 《源自德語 'delicacy' 義 5》**—***n.* **1** [U][集合稱]熟食，現成食品《可隨時端到餐桌上的已烹調過的肉、乾酪、沙拉、罐頭等調製品》。**2** [C]熟食店，現成食品店。

de·li·cious** [dɪˋlɪʃəs; diˈliʃəs] 《源自拉丁文「有魅力的」之義》**—adj.* (**more** ～；**most** ～) **1 a** 〈食物等〉**美味的**，好吃的：a ～ dinner [cake] 好吃的晚餐[蛋糕]。**b** 〈氣味等〉香的：a ～ smell 香的氣味。**c** 很舒服的，宜人的：a ～ breeze 宜人的微風。**2** 〈話等〉很有趣的：a ～ story 很有趣的話。

—*n.* [D～][U]美國產的一種紅蘋果。

～·ly *adv.* **～·ness** *n.*

‡de·light [dɪˋlaɪt; diˈlait] 《源自拉丁文「以魅力吸引」之義》**—***v.t.* 使…(非常)**歡喜**，使…高興《★[比較]意思較 please 强》：**a** 〔＋受〕使〈人〉非常歡喜，使…高興《★也以過去分詞當形容詞用；⇨ delighted》：The present ～*ed* her. 那件禮物使她非常高興 /It ～*ed* me that she remembered me. 我很高興她記得我。**b** 〔＋受〕悅〈耳、目〉：Beautiful pictures ～ the eye. 美麗的圖畫給人以賞心悅目之感覺。**c** 〔＋受＋介＋(代)名〕[用…]使〈人〉歡喜[高興]〔*with*〕；[以做…事]使〈人〉歡喜〔*by*〕：She ～*ed* the children **with** toys [**by** sing*ing* songs]. 她用玩具[唱歌]逗樂孩子們。

—*v.i.* **1** 令人十分歡喜[高興]：This movie is certain to ～. 這部電影一定爲人所喜愛。**2 a** 〔＋介＋(代)名〕[對…]很喜歡，[以…]爲樂〔*in*〕：Children ～ **in** surprises. 孩子們很喜歡令人驚訝的事物/Tom ～*ed in* pull*ing* the dog's tail. 湯姆拉狗尾巴取樂。**b** 〔＋ *to* do〕喜歡〈做…〉，樂於〈做…〉：Why do you ～ *to* torture me？爲什麼你喜歡折磨我？

—*n.* **1** [U]**欣喜**，喜悅，歡喜(⇨pleasure【同義字】)：*with* ～ 很高興地，欣然 /*in* ～ 喜悅地 /*to* one's ～ 令人高興的是 /give ～ to... 使〈人〉歡喜，使…高興 /take ～ *in* music [watch*ing* TV] 喜愛音樂[看電視]。**2** [C]喜愛[愛好]的事物，高興的事：Dancing is a ～ to me. 跳舞是我的興趣[愛好]。

de·light·ed [dɪˋlaɪtɪd; diˈlaitid] *adj.* (**more** ～；**most** ～) **1** [不用在名詞前]**歡喜的**，高興的《★[比較]意思較 pleased 强；cf. delight *v.t.* a》：**a** 〔＋介＋(代)名〕[對…]很歡喜[高興]的〔*at, by,* *with*〕: He was much [very] ~ ***with*** [***by***] this idea. 他聽到這個構想感到很高興/She was ~ ***at*** receiv*ing* so many letters and telegrams. 她很高興收到那樣多的信件和電報。**b**〔+ *to* do〕〈做…而〉很高興的: The old man seemed ~ *to* have company. 那位老人似乎很高興有人作伴。**c**〔+ *that*__〕〈對…事〉很高興的, 很高興〈…事〉的: He is ~ *that* you are well again. 他很高興你已康復。**d** [shall [will] be ~ *to* do] 樂於做…的《★用法有禮貌的說法》: I *shall be* ~ *to* come. 我將樂意前來。**2** [用在名詞前] 高興似的, 快樂似的: She gave a ~ giggle. 她高興地發出吃吃的笑聲。

de·líght·ed·ly *adv.* 高興地, 歡喜地。

***de·light·ful** [dɪˈlaɪtfəl; diˈlaitful] *adj.* (**more** ~; **most** ~) (予人極大喜悅之意的) **快樂的**, 愉快的; 舒適的《★比較delighted 是自己覺得很快樂的》: a ~ evening 令人愉快的夜晚/a ~ room 舒適的房間/She is a ~ person. 她是個討人喜歡的人。

~·**ly** [-fəlɪ; -fuli] *adv.* ~·**ness** *n.*

de·light·some [dɪˈlaɪtsəm; diˈlaitsəm] *adj.* 很高興[舒適]的 (delightful).

De·li·lah [dɪˈlaɪlə; diˈlailə] *n.* **1**《聖經》黛利拉《大力士參孫 (Samson) 的情婦; 後來出賣參孫》。**2** Ⓒ不忠實的女人, 妖婦。

de·lim·it [dɪˈlɪmɪt; diːˈlimit, di-] *v.t.* (劃)定…的範圍[界限, 疆界]。

de·lim·i·tate [dɪˈlɪmɪˌtet; diˈlimiteit] *v.* =delimit.

de·lim·i·ta·tion [dɪˌlɪməˈteʃən; diˌlimiˈteiʃn] «delimitate 的名詞»—*n.* **1** Ⓤ定界限[疆界], 劃界。**2** Ⓒ界限, 分界。

de·lin·e·ate [dɪˈlɪnɪˌet; diˈlinieit] *v.t.* **1** 以線描繪…, 畫出…的輪廓。**2** (生動而詳細地)描寫, 敍述。

de·lin·e·a·tion [dɪˌlɪnɪˈeʃən; diˌliniˈeiʃn] «delineate 的名詞»—*n.* **1** Ⓤ(由線、圖形所構成的)描寫; (言語的)描寫, 敍述。**2** Ⓒ圖形, 略圖。

de·lin·quen·cy [dɪˈlɪŋkwənsɪ; diˈliŋkwənsi] «delinquent 的名詞»—*n.* **1** ⓊⒸ過失, 不法行爲, 罪行: ⇨JUVENILE delinquency. **2** ⓊⒸ(職務等的)懈怠; (債務、稅款等的)拖欠。

de·lin·quent [dɪˈlɪŋkwənt; diˈliŋkwənt] *adj.* **1 a** 犯過失的, 不法行爲的。**b** 違法者的; 不良少年(似)的。**2** 怠慢的, 不履行義務的。**3**〈稅款、債務〉拖欠的。

—*n.* Ⓒ犯過者; 違法者, 犯罪者: ⇨ JUVENILE delinquent.

del·i·quesce [ˌdɛləˈkwɛs; ˌdeliˈkwes] *v.i.* **1** 溶解, 液化。**2**《化學》潮解。

del·i·ques·cence [ˌdɛləˈkwɛsn̩s; ˌdeliˈkwesns] «deliquesce 的名詞»—*n.* Ⓤ **1** 溶解。**2**《化學》潮解(性)。

del·i·ques·cent [ˌdɛləˈkwɛsn̩t; ˌdeliˈkwesnt] *adj.* 潮解(性)的。

de·lir·i·ous [dɪˈlɪrɪəs; diˈliriəs] «delirium 的形容詞»—*adj.* **1 a** 精神錯亂的, 狂言囈語的: ~ words 囈語。**b** [不用在名詞前]〔+介+(代)名〕〔因…而〕語無倫次的, 精神錯亂的〔*from, with*〕: He was ~ ***from*** fever. 他因高燒而發囈語。**2 a** 很興奮的, 熱中得忘掉一切的。**b** [不用在名詞前]〔+介+(代)名〕〔因…而〕很興奮的, 忘掉一切的〔*with*〕: He was ~ ***with*** delight. 他樂昏了。

de·lír·i·ous·ly *adv.* **1** 精神錯亂地; 拚命地。**2** 忘掉一切地。

de·lir·i·um [dɪˈlɪrɪəm; diˈliriəm] «源自拉丁文「偏離」之義»—*n.* (*pl.* ~**s**, **-lir·i·a** [-rɪə; -riə]) **1** ⓊⒸ譫妄狀態, 精神錯亂: words spoken in ~ 胡言亂語, 囈語 /lapse [fall] into (a) ~ 開始囈語[說夢話]。**2** [**a** ~] 興奮(狀態), 忘我的狀態: *a* ~ of joy 狂喜, 欣喜若狂。

delírium tré·mens [-ˈtrimənz; -ˈtriːmenz] *n.* Ⓤ《醫》(酒精中毒引起的)酒狂, 震顫性譫妄(症)(《口語》d.t.'s, D.T.'s).

‡**de·liv·er** [dɪˈlɪvɚ; diˈlivə] *v.t.* A (cf. delivery) **1**〔+受(+介+(代)名)〕**a** 把〈東西、信件〉**遞送**[給…]; 交付…〔*at, to*〕: The postman ~*ed* a special delivery letter. 那位郵差遞送限時專送函 /Goods (will be) ~*ed* ***at*** any address. 貨物可送到任何地址/I ~*ed* the parcel ***to*** him in person. 我親自把那包裹交給他。**b** 把〈口信等〉傳[給…]〔*to*〕: ~ one's message ***to*** a person 把口信傳給某人。

2〔+受(+副)+介+(代)名〕把…交[交出, 讓渡; 放棄][給…]〈*up, over*〉〔*to*〕: ~ (***up***) a fortress ***to*** the enemy 把要塞拱手讓給敵人/~ ***over*** one's property *to* one's son 把財產讓渡給自己的兒子。

3〔+受(+介+(代)名)〕〔朝…〕**給與**〈打擊、攻擊等〉; 把〈球〉投〔向…〕〔*to, at*〕: He ~*ed* a hard blow ***to*** my jaw. 他朝我的下巴施以重重的一擊。

4 a〔+受〕**發表**〈演說〉, 說〈教〉《★比較作此義解時爲較 give 更拘泥的說法》: He ~*ed* a course of lectures on world affairs. 他作了一系列有關世局的演講。**b**〔+受〕發出〈叫聲等〉: He ~*ed* a cry of rage. 他發出怒吼《★比較作此義解時一般用 give》. **c**〔+受+介+(代)名〕[~ one*self*] 發表[意見等]〔*of*〕: He ~*ed* *himself* ***of*** a good joke. 他說了一個很有趣的笑話。

5〔+受+受/+受+介+(代)名〕《美口語》爲〈候選人〉拉〈票〉, 爲〈某種運動〉呼籲〈支持〉; [爲候選人]拉〈票〉, [爲某種運動]呼籲〈支持〉〔*to*〕: Let's ~ him all our support. =Let's ~ all our support ***to*** him. 我們來全力支持他吧。

6 a〔+受〕〈醫師、助產士〉使〈嬰兒〉產下, 使…分娩。**b**〔+受〕幫助〈產婦〉分娩[生產]: The doctor ~*ed* the woman. 醫師幫助那位婦女分娩。**c**〔+受+介+(代)名〕使〈產婦〉生產[嬰兒]〔*of*〕《★常用被動語態》: She was ~*ed* ***of*** a boy last night. 她昨晚產下一個男嬰。

—B (cf. deliverance)〔+受+介+(代)名〕把〈人〉〔從…〕**救出**〔*from*〕: ~ a person ***from*** danger 從危險中救出某人 /*D*~ us *from* evil.《聖經》救我們脫離邪惡《★「主禱文」中的一段》。

—*v.i.*〔動(+介+(代)名)〕履行, 實現[諾言、期待的結果等]〔*on*〕: I wonder if he can ~ (***on*** his promise). 我不知道他是否會履行(他的諾言)。

delíver the góods (1)交貨(cf. *v.t.* 1). (2)《口語》實現諾言, 達成期望, 不負所望。

Stánd and delíver! ⇨stand *v.i.* 6 a.

de·liv·er·ance [dɪˈlɪvərəns; diˈlivərəns] «deliver B 的名詞»—*n.* Ⓤ《文語》救出, 救助; 釋放〔*from*〕.

de·lív·er·er [dɪˈlɪvərɚ; diˈlivərə] *n.* Ⓒ **1** 救助者; 釋放者。**2** 引渡者, 交付者; 遞送者。

de·liv·er·y [dɪˈlɪvərɪ; diˈlivəri] «deliver A 的名詞»—*n.* **1** Ⓤ Ⓒ **a** (信件、物品等的)**遞送**, 投遞, 分送: express ~《英》=《美》special ~ 快遞, 限時專送/make a ~ of letters 遞送信件/take ~ of goods 收取遞送的物品/We have three *deliveries* every day. 我們每天有三次的遞送/Your letter arrived by the first ~. 你的信在第一次投遞時送達。**b** (城市等的)棄守, 交出, 讓出[給…]〔*to*〕: the ~ of our fort *to* the enemy 我們的要塞棄守讓給敵人。**2** Ⓤ [又作 **a** ~] 演說技巧, 說話的方式: have *a* good [poor] ~ 能言善道[不善辭令]/*a* telling ~ 有效的演說技巧; 生動的說法。**3** ⓊⒸ **a** 放出, 發射。**b**《球戲》投球(法)。**4** Ⓒ分娩, 生產: an easy ~ 順利的生產。

on delívery 貨物送到時, 交貨時: ⇨ CASH[1] on delivery.

delívery·man [-mən; -mən] *n.* Ⓒ (*pl.* **-men** [-mən; -mən]) 送貨員。

delívery nòte *n.* Ⓒ《英》送貨單《通常爲一式兩份, 由收貨者簽名》。

delívery ròom *n.* Ⓒ **1** (醫院之)分娩室, 產房。**2** 交付或出納之地方《如圖書館之借書處》。

dell [dɛl; del] *n.* Ⓒ(山間樹木茂盛的)小山谷。

Dél·lin·ger phenómenon [ˈdɛlɪndʒɚ-; ˈdelindʒə-] «源自發現者的美國物理學家之名»—*n.* Ⓒ《物理》德林傑現象《由太陽活動所引起的通信電波的異常衰減》。

de·louse [diˈlaus, -ˈlauz; ˌdiːˈlaus, -ˈlauz] *v.t.* 自…除虱; 使…去虱。

Del·phi [ˈdɛlfaɪ; ˈdelfai] *n.* 特耳菲《希臘的古都; 有以神諭著名的阿波羅(Apollo)神殿》。

Del·phi·an [ˈdɛlfɪən; ˈdelfiən] *adj.* =Delphic.

Del·phic [ˈdɛlfɪk; ˈdelfik] «Delphi 的形容詞»—*adj.* **1** 特耳菲的。**2** 特耳菲的神諭(似)的; (意義)曖昧的, 含混的。

del·phin·i·um [dɛlˈfɪnɪəm; delˈfiniəm] *n.* Ⓒ《植物》飛燕草《毛茛科飛燕草屬庭園植物的統稱》。

del·ta [ˈdɛltə; ˈdeltə] *n.* ⓊⒸ **1** 希臘字母的第四個字母 Δ, δ《相當於英文字母的D, d; ⇨Greek alphabet 表》。**2** Δ 字形之物; (河口的)三角洲。

délta wìng *n.* Ⓒ(噴射機等的)三角翼。

de·lude [dɪˈlud; diˈluːd] «源自拉丁文「錯演」之義»—*v.t.*〔+受(+介+(代)名)〕**1 a**〔以…〕迷惑〈人〉; 欺騙〈人〉〔*with, by*〕: ~ a person ***with*** false hopes 以虛假的希望迷惑某人。**b** [~ one*self*]〔以…〕自欺, 誤解〔*with, by*〕: She ~*d herself* ***with*** empty dreams. 她以空虛的夢想[幻想]自欺。**2** 欺騙[迷惑]〈人〉〔做…〕〔*into*〕: You must not ~ him ***into*** believ*ing* it. 你不可騙他去相信那件事。

del·uge [ˈdɛljudʒ; ˈdeljuːdʒ] «源自拉丁文「沖走」之義»—*n.* **1 a** Ⓒ大水災, 洪水, 氾濫; 豪雨: a ~ of rain 傾盆大雨, 豪雨 /a ~ *of* fire 火海 /After me [us] the ~. 身後之事由它去吧《不關我的事》。**b** [**the D~**] (聖經創世記中諾亞(Noah)時代的)大洪水。**2** Ⓒ [常 **a** ~ **of...**] (信件、訪問者等的)大量湧至: *a* ~ *of* letters [visitors] 大批湧到的信件[蜂擁而至的訪客]。

—*v.t.* **1** 使…浸於大水中, 使…氾濫(flood). **2**〔+受+介+(代)名〕向〈某人、場所〉大量湧來〔…〕〔*with*〕《★常用被動語態, 變成「紛至沓來, 大量湧至」之意》: We *were* ~*d* ***with*** applications. 我們收到如洪水般湧來的大批申請書。

de·lu·sion [dɪˈluʒən; diˈluːʒn] «delude 的名詞»—*n.* **1** Ⓤ迷惑, 欺騙。**2** Ⓒ **a** 幻想, 錯覺; 妄想; 誤解: ~*s* of persecution [grandeur] 迫害[誇大]妄想 /labor under a ～ 懷有妄想，有錯覺。**b**〔＋ *that*＿〕〈…的〉誤解，妄想：He had the ～ *that* he was a king. 他懷有自己是國王的妄想。

de·lu·sive [dɪˋlusɪv; diˈluːsiv] 《delude 的形容詞》—*adj.* **1** 使人迷惑[誤解]的，欺騙的。**2** 妄想的。～·**ly** *adv.*

de·lu·so·ry [dɪˋlusərɪ; diˈluːsəri] *adj.* ＝delusive.

de luxe, de·luxe [dɪˋlʊks, -ˋlʌks; dəˈluks, -ˈlʌks] 《源自法語'of luxury'之義》—*adj.* 豪華的，奢侈的，華麗的：a ～ edition＝an edition ～ 精裝本 /a ～ train＝a train ～ 豪華列車。
—*adv.* 奢侈地，豪華地。

delve [dɛlv; delv] *v.i.* **1**〔十介十(代)名〕查考，鑽研〔書籍、記錄等〕〔*among, into, in*〕：～ **into** documents 查考文件 /～ *into* [*in*] the past 調查過去。**2**《古・詩》挖，掘。
—*v.t.*《古・詩》挖…。

Dem.《略》Democrat(ic).

de·mag·net·i·za·tion [ˏdimægnətəˋzeʃən, -aɪˋz-; ˈdiːˏmægnitaiˈzeiʃn] 《demagnetize 的名詞》—*n.* Ⓤ **1** 去磁，消磁。**2**(磁帶的)消音。

de·mag·net·ize [diˋmægnəˏtaɪz; ˌdiːˈmægnitaiz] *v.t.* **1** 從…去磁。**2** 消去〈磁帶〉的音。

dem·a·gog [ˋdɛməˏgɔg; ˈdeməgɔg] *n.*《美》＝demagogue.

dem·a·gog·ic [ˏdɛməˋgɑdʒɪk; -ˋgɑg-; ˌdeməˈgɔgik, -ˈgɔdʒ- ←] 《demagog 的形容詞》—*adj.* 煽動性的，造謠的，蠱惑的。

dèm·a·góg·i·cal [-dʒɪkḷ, -gɪkḷ; -dʒikl, -gikl ←] *adj.* ＝demagogic.

dem·a·gogue [ˋdɛməˏgɔg, -ˏgɑg; ˈdeməgɔg] 《源自希臘文「民衆的領袖」之義》—*n.* Ⓒ **1** 煽動(羣衆的)政治家。**2**(古希臘的)民衆領袖。

dem·a·gogu·er·y [ˋdɛməˏgɔgərɪ, -ˏgɑg-; ˈdeməgɔgəri] *n.* Ⓤ煽動羣衆。

dem·a·gog·y [ˋdɛməˏgodʒɪ, -ˏgɔgɪ; ˈdeməgɔgi, -gɔdʒi] *n.* **1** ＝demagoguery. **2** Ⓒ一羣煽動家。

‡**de·mand** [dɪˋmænd; diˈmɑːnd] 《源自拉丁文「託付」之義》—*v.t.* **1** 要求。

【同義字】demand 是根據命令、權力要求；claim 是爲自己應得的權利要求某事或某物。

a〔十受〕要求…：A mugger ～*ed* the tourist's money. 强盜向那位觀光客要錢。**b**〔十受十介十(代)名〕〔向人〕要求…，要求[某人]…〔*of, from*〕：He ～*ed* an apology ***from*** me. 他要我向他道歉 /She ～*ed* too high a price ***of*** him. 她向他索價太高。**c**〔十 *to* do〕要求〈做…〉(《★[用法]demand 不以人爲受詞，因此沒有〔十受十 *to* do〕的句型》：The sentry sharply ～*ed to* know why I was there. 那名哨兵厲聲詰問爲什麼我會在那裏。**d**〔十 *that*＿〕要求〈…事〉：Her husband ～*ed that* she (should) tell him the whole truth. 她的丈夫要求她對他說出全部實情(《★[用法]《口語》多半不用 should》。**e**〔十引句〕要求說…："Give me money," he ～*ed.* 他要求說：「給我錢。」**2 a**〔十受〕要求說出…：The policeman ～*ed* my name and address. 那位警察要我說出名字與住址。**b**〔十引句〕詰問…："Where do you live?" he ～*ed.* 他詰問：「你住在哪裏？」**3**〔十受〕〈事物〉需要…：Keeping a diary ～*s* patience. 寫日記需要耐心 /The matter ～*s* great caution. 那件事需要很謹愼。

—*n.* **1** Ⓒ**a** 要求，請求；强求〔*for*〕〔*on, upon*〕：a ～ *for* higher wages 要求更高的工資 /meet a person's ～*s* 答應某人的要求 /make a ～ *for* money *on* [*upon*] a person 向某人硬要錢。**b**〔十 *that*＿〕〈…的〉要求：The company refused the workers' ～ *that* their wages (should) be raised. 公司拒絕了工人提高工資的要求(《★[用法]《口語》多半不用 should》。**2** [用單數]需求，銷路：supply and ～＝～ and supply 供應與需求[供需] /meet public ～ 滿足大衆的需求/There is a great [a poor, little] ～ *for* this article. 這項物品的需求量很大[很小]。**3** [～s]〔對人等的〕(不得已的)要求；成爲必要[負擔](的東西)〔*on*〕：Keeping a diary makes great ～*s on* my time. 寫日記佔了我很多時間。

in demánd 有需要，銷路好：Interpreters were *in* great ～ *for* the Olympics. 奧運會需要很多的口譯人員 /These goods are *in* little ～. 這些商品的需求量小 /This type of machine is much [not much] *in* ～. 這一型機器的需求量大[不大]。

on demánd 來取即付。

demánd bìll *n.* Ⓒ即期滙票，見票即付的支票或滙票等。

demánd depòsit *n.* Ⓒ(銀行)活期存款，隨時可提取的存款。

de·mánd·ing *adj.* 對〈人、工作等〉要求(過)多的，苛求的，嚴厲的。～·**ly** *adv.*

demánd lòan *n.* ＝call loan.

demánd-pull inflátion *n.* Ⓤ需求牽引的通貨膨脹；需求引發的通貨膨脹。

de·mar·cate [dɪˋmɑrket, ˋdimarˏket; ˈdiːmɑːkeit] 《demarcation 的動詞逆成字》—*v.t.* **1** 定[畫]…的界限。**2** 分開，區別。

de·mar·ca·tion [ˏdimarˋkeʃən; ˌdiːmɑːˈkeiʃn] 《源自西班牙語'mark out' 之義》—*n.* **1** Ⓒ邊界，分界。**2** Ⓤ定邊界[界限]，劃分：a line of ～ 界線。**3** Ⓒ《英》工會間管轄工作的劃分：a ～ dispute 分工糾紛，定界的爭執，爭地盤。

dé·marche [deˋmarʃ; ˈdeimɑːʃ, deiˈmɑːʃ] 《源自法語》—*n.* Ⓒ (*pl.* ～s[～]) **1** 行動方針。**2**(尤指外交上的)行動新方針；政策之改變。

de·mean[1] [dɪˋmin; diˈmiːn] *v.t.* **1** 降低〈某人〉的身分[人品]：Such conduct will ～ you. 這樣的行爲會貶低你的身分。**2**〔十受十介十(代)名〕[～ one*self*]〔做…而〕降低身分，損壞人品〔*by*〕：He was forced to ～ *himself* **by** begg*ing* for food and clothing. 他被迫乞討衣食而貶低自己的身分。

de·mean[2] [dɪˋmin; diˈmiːn] *v.t.* [～ one*self*；與狀態副詞(片語)連用]《文語》舉止，行爲：He ～*ed himself* ill [well, *like* a man]. 他舉止不良[良好，像個男子漢]。

de·mean·or,《英》**de·mean·our** [dɪˋminɚ; diˈmiːnə] 《demean[2] 的名詞》—*n.*《文語》**1** Ⓤ[又作 **a** ～]舉止，態度；表情，樣子(⇨manner 2【同義字】)：He is of quiet ～. 他的態度鎭靜。**2** Ⓤ行爲，品行。

de·ment·ed [dɪˋmɛntɪd; diˈmentid] *adj.* 發狂的，瘋狂的。
～·**ly** *adv.*

de·men·tia [dɪˋmɛnʃɪə, -ʃə; diˈmenʃiə, -ʃə] *n.* Ⓤ《醫》痴呆：senile ～ 老人性痴呆症。

dem·e·ra·ra [ˏdɛməˋrɛrə; ˌdeməˈreərə] 《源自蓋亞納(Guyana)產地之河流名》—*n.* (又作 **demerára sùgar**) Ⓤ[常 D～]淡褐色粗糖(《蓋亞納多將其用於製蘭姆酒(rum)工業》。

de·mer·it [diˋmɛrɪt; diːˈmerit] *n.* Ⓒ過失，缺點，短處(↔merit)：⇨the merits and ～*s* [dɪˋmɛrɪts; diːˈmerits] (of...) (cf. merit 2).

de·mesne [dɪˋmen, -ˋmin; diˈmein, -ˈmiːn] 《源自拉丁文「領土」之義；其拼法係受十七世紀法語之影響》—*n.* **1 a** Ⓤ(土地的)領有：hold land *in* ～〈地主〉佔有土地。**b** Ⓒ佔有地。**2** Ⓒ(王侯的)領地：a ～ of the Crown＝a royal ～《英》王室領地，御地，王畿。**3** Ⓒ《法律》私有地，所有地。

De·me·ter [dɪˋmitɚ; diˈmiːtə] *n.*《希臘神話》狄美特(《主管農業、婚姻、社會秩序的女神；相當於羅馬神話中的塞麗斯(Ceres)》。

Demeter

dem·i- [dɛmɪ-; demi-] [字首]表示「半…」「部分…」之意(cf. bi-, hemi-, semi-).

démi·gòd *n.* Ⓒ **1**(神話等的)半神半人(《神與人所生者》。**2** 被神化的英雄，偶像。

démi·gòddess *n.* Ⓒ女性的 demigod.

dem·i·john [ˋdɛməˏdʒɑn; ˈdemidʒɔn] 《源自法語'Dame Jane'之義；其外形狀似以籐圈(hoop)襯大腰部的婦女》—*n.* Ⓒ細頸大罎(《通常裝入柳條編製的籃子裏，編有把手；容量爲 5 至 45 公升；cf. carboy》。

de·mil·i·ta·ri·za·tion [diˏmɪlətəraɪˋzeʃən; ˈdiːˏmilitəraiˈzeiʃn] 《demilitarize 的名詞》—*n.* Ⓤ解除武裝，廢除軍備，解除軍事管制。

de·mil·i·ta·rize [diˋmɪlətəˏraɪz; ˌdiːˈmilitəraiz] *v.t.* **1** 使〈軍國、某地等〉非武裝化：a ～*d* zone 非武裝地帶。**2** 使〈某國、某地區等〉解除武裝。**3** 使〈原子能等〉非軍事化。

demijohn

dem·i·monde [ˋdɛmɪˏmɑnd, ˏdɛmɪˋmɑnd; ˌdemiˈmɔnd] 《源自法語》—*n.* **1** [集合稱]名聲不好的女人。**2** Ⓒ行爲放蕩的女人，妓女。**3** [**the** ～](行爲放蕩的女人構成的)半上流社會。**4** Ⓒ(道德上)行動可疑的團體。

de·mise [dɪˋmaɪz; diˈmaiz] *n.* Ⓤ **1** 崩，薨，逝世，死亡(death). **2**《謔》消滅，停止活動。

dem·i·sem·i·qua·ver [ˏdɛmɪˋsɛməˏkwevɚ; ˈdemisemiˌkweivə] *n.* Ⓒ《英》《音樂》三十二分音符(《美》thirty-second note).

de·mist [diˋmɪst; ˌdiːˈmist] *v.*《英》＝defrost.

dè·míst·er *n.*《英》＝defroster.

de·mit [dɪˋmɪt; diˈmit] (**de·mit·ted; de·mit·ting**) *v.t.* **1** 放棄，辭〈職〉。**2**《古》開除。—*v.i.* 辭職。

dem·i·tasse [ˋdɛməˏtæs, -ˏtas; ˈdemitɑːs] 《源自法語'half cup'之義》—*n.* Ⓒ(餐後用的)小咖啡杯；一小杯的黑咖啡。

dem·o [ˋdɛmo; ˈdemou] 《demonstration 之略》—*n.* Ⓒ (*pl.* ～s)《口語》**1** 示威運動。**2** 試聽用的錄音帶[唱片]。

dem·o- [dɛmə-; demə-] [字首]表示「人民，人口，百姓」之意。

de·mob [diˋmɑb; ˌdiːˈmɔb] *v.t.*《英口語》＝demobilize.

—*n.* ＝demobilization.

de·mo·bi·li·za·tion [ˌdimobḷəˋzeʃən, -aɪˋz-; ˈdiːˌmoubiliˈzeiʃn, -lai-] «demobilize 的名詞» —*n.* Ⓤ復員；解除動員，(軍隊等的)遣散。

de·mo·bi·lize [diˋmobḷˌaɪz; diːˈmoubilaiz] *v.t.* **1** 使〈人、士兵〉復員《★常用被動語態》。**2** 解除〈軍隊〉的動員，解除…的戰時軍隊編制《★常用被動語態》。

***de·moc·ra·cy** [dəˋmɑkrəsɪ; diˈmɔkrəsi] «源自希臘文「民衆的政治」之義» —*n.* **1** Ⓤ民主主義：direct ～ 直接民主主義。**2** Ⓤ **a** 民主政治，民主政體。**b** 社會上的平等，民主制度。**3** Ⓒ民主國家。

dem·o·crat [ˋdɛməˌkræt; ˈdeməkræt] *n.* Ⓒ **1** 民主主義者；民主政治論者。**2** [D～]《美》**a** 民主黨黨員(cf. republican 2)：the *Democrats* 民主黨。**b** 民主黨的支持者。

***dem·o·crat·ic** [ˌdɛməˋkrætɪk; ˌdeməˈkrætik˜] «democracy, democrat 的形容詞» —*adj.* (more ～；most ～) **1** 民主主義的；民主政治的：～ government 民主政治。
2 適合大衆的；庶民的：～ art 大衆藝術。
3 社會上平等的，民主制度的，民主的。
4 [D～](無比較級、最高級)(美國)民主黨的(cf. republican 2)。

dèm·o·crát·i·cal·ly [-kḷɪ; -kəli] *adv.*

Démocratic Párty *n.* [the ～](美國的)民主黨《與共和黨(the Republican Party)同爲現今美國兩大政黨之一；以卡通化的驢(donkey)爲黨的象徵》。

美國民主黨的象徵 donkey

de·moc·ra·ti·za·tion [dɪˌmɑkrətɪˋzeʃən; diˌmɔkrətaiˈzeiʃn] «democratize 的名詞» —*n.* Ⓤ民主化。

de·moc·ra·tize [dəˋmɑkrəˌtaɪz; diˈmɔkrətaiz] *v.t.* **1** 使…民主化；使…成爲民主國。**2** 使…傾向民主，使…平民化。
—*v.i.* 民主化。

dé·mo·dé [demɔˋde; deimɔˈdei˜] «源自法語 'go out of fashion' 之義» —*adj.* 過時的，老式的，舊時的。

de·mog·ra·pher [dɪˋmɑgrəfɚ, di-; diːˈmɔgrəfə] *n.* Ⓒ人口統計學家。

de·mo·graph·ic [ˌdiməˋgræfɪk; ˌdiːməˈgræfik˜] «demography 的形容詞» —*adj.* 人口統計學的。

de·mog·ra·phy [dɪˋmɑgrəfɪ, di-; diːˈmɔgrəfi] *n.* Ⓤ人口統計學。

de·mol·ish [dɪˋmɑlɪʃ; diˈmɔliʃ] «源自拉丁文「把建立的東西拉下來」之義» —*v.t.* **1 a** 破壞〈建築物等〉。**b** 推翻，粉碎〈計畫、一貫的主張等〉。**2**《俚・謔》吃光。

dem·o·li·tion [ˌdɛməˋlɪʃən, ˌdimə-; ˌdeməˈliʃn] «demolish 的名詞» —*n.* ⓊⒸ(建築物等的)毀壞；破壞；(特權等的)打破〔*of*〕。

de·mon [ˋdimən; ˈdiːmən] «源自拉丁文「惡鬼」之義» —*n.* Ⓒ **1** 惡鬼，鬼，惡魔。

> 【同義字】demon 被認爲是希臘神話中所謂介於諸神與人之間的惡魔；devil 是基督教所說的對神而言的惡魔。

2 被認爲邪惡、殘忍等的人或物：a little ～ (of a child) 小淘氣，調皮鬼 /the [a] ～ *of* jealousy 强烈的嫉妒心。**3**《口語》〔工作等的〕狂熱者；高手〔*for, at*〕：a ～ *for* work [*at* golf] 工作狂[高爾夫球高手]。

de·mon·e·tize [diˋmɑnəˌtaɪz, -ˋmʌn-; ˌdiːˈmʌnitaiz] *v.t.* **1** 使〈貨幣等〉喪失標準價值。**2** 停止以〈金、銀〉爲貨幣本位。

de·mo·ni·ac [dɪˋmonɪˌæk; diˈmouniæk] *adj.* **1** 惡魔(似)的。**2** 著魔的；凶暴的。
—*n.* Ⓒ著魔的人；瘋狂者。

de·mo·ni·a·cal [ˌdiməˋnaɪəkḷ; ˌdiːməˈnaiəkl˜] *adj.* ＝ demoniac.

de·mon·ic [diˋmɑnɪk; diːˈmɔnik] «demon 的形容詞» —*adj.* **1** 惡魔(似)的。**2** 著魔的；凶暴的。

de·món·i·cal·ly [-kḷɪ; -kəli] *adv.*

dé·mon·ìsm [-nˌɪzəm; -nizəm] *n.* Ⓤ對魔鬼的信仰[崇拜]，鬼神學。

de·mon·ol·a·try [ˌdimənˋɑlətrɪ; ˌdiːməˈnɔlətri] *n.* Ⓤ崇拜鬼神。

de·mon·ol·o·gy [ˌdimənˋɑlədʒɪ; ˌdiːməˈnɔlədʒi] *n.* Ⓤ鬼神學[論]，對魔鬼的研究。

dem·on·stra·ble [ˋdɛmənstrəbḷ, dɪˋmɑnstrəbḷ; diˈmɔnstrəbl, ˈdemən-] *adj.* **1** 可論證[證明]的。**2** 極爲明顯的，顯然的。

dém·on·stra·bly [-strəblɪ; -strəbli] *adv.* **1** 可論證[證明]地。**2** 明顯地，顯然地。

***dem·on·strate** [ˋdɛmənˌstret; ˈdemənstreit] «源自拉丁文「表示」之義» —*v.t.* **1 a** 〔十受(十介十(代)名)〕〈人〉(根據推斷、證據等)〔向…〕論證[證明]〈學說、眞理等〉〔*to*〕：～ the law of gravitation 證明(地心)引力定律。**b** 〔十 *that*＿〕〈人〉論證[證明]〈…事〉：He ～*d that* the earth is round. 他證明了地球是圓的。**2 a** 〔十受(十介十(代)名)〕〈人〉〔對…〕(用實例或標本等有系統地詳細)說明…〔*to*〕：～ the mechanism of a watch 說明手錶的(機械)結構 /～ the use of the machine 示範該機器的用法。**b** 〔十 *that*＿〕〈人〉說明；示範〈…事〉。**c** 〔十 *wh.*＿/十*wh.*十 *to* do〕〈人〉示範〈如何…〉：He ～*d how* the computer worked. 他示範電腦如何作業 /He ～*d how to* use the instrument. 他示範如何使用該儀器。
3 〔十受〕〈人〉當衆表演以宣傳〈商品〉：He ～*d* the new car. 他當衆表演以宣傳新車。
4 a 〔十受〕〈事物〉成爲…的證據：This ～*s* his sincerity. 這件事證明他的誠實(cf. 4 b)。**b** 〔十*that*＿〕〈事物〉證明〈…事〉：This ～*s that* he is sincere. 這件事證明他是誠實的(cf. 4a)。
5 〔十受〕表露〈感情、情緒〉：～ one's emotions 表露感情/She ～*d* her joy by jump*ing*. 她以跳躍表示自己的喜悅。
—*v.i.* **1 a** 示威，舉行示威遊行。**b** 〔十介十(代)名〕示威〔反對…〕〔*against*〕；示威〔贊成…〕〔*for*〕：～ ***against*** the rising cost of living 示威反對生活費上升。
2《軍》炫耀軍力(以欺騙或嚇阻敵人)。

***dem·on·stra·tion** [ˌdɛmənˋstreʃən; ˌdemənˈstreiʃn] «demonstrate 的名詞» —*n.* ⓊⒸ **1 a** 論證，證明：a ～ of one's ignorance 某人無知的證明/in [by way of] ～ 作爲證明。**b** 〔十 *that*＿〕〈…的〉論證，證明：a ～ *that* the earth is round 地球是圓的證明。**2** 實際教學，示範說明，演示宣傳：give a ～ of... 實際表演…。**3** 〔感情的〕流露，表明〔*of*〕。**4** 示威運動，示威(遊行)。**5**《軍》炫耀武力。

de·mon·stra·tive [dɪˋmɑnstrətɪv; diˈmɔnstrətiv] «demonstrate 的形容詞» —*adj.* **1 a** 指示性的。**b**《文法》指示的：a ～ adjective [adverb, pronoun] 指示形容詞[副詞，代名詞]。**2 a** 例證的，可論證的；明白表示的。**b** [不用在名詞前]〔十介十(代)名〕明示〔…〕的，實證〔…〕的〔*of*〕：That is ～ ***of*** our progress. 那件事證明了我們的進步。**3** 示威的。**4** 〈人、行動等〉感情外露的：a ～ person 感情容易外露的人。
—*n.* Ⓒ《文法》指示詞《that, this 等》。

de·món·stra·tive·ly *adv.* **1** 指示(性)地。**2** 例證性地；明示地，明白地。**3** 示威性地。

dém·on·strà·tor [-tɚ; -tə] *n.* Ⓒ **1** 論證者，證明者。**2** 示威者，參加示威(遊行)者。**3** (化學、解剖學等的)示範教學者；(尤指英國大學)實驗(教學)的助手。

de·mor·al·i·za·tion [dɪˌmɔrələˋzeʃən, -ˌmɑr-; diˌmɔrəliˈzeiʃn, -ˌmɔrəlai-] «demoralize 的名詞» —*n.* Ⓤ **1** 士氣低落；道德敗壞，風紀敗壞。**2** 混亂。

de·mor·al·ize [dɪˋmɔrəlˌaɪz, -ˋmɑr-; diˈmɔrəlaiz] *v.t.* **1** 使〈軍隊等〉士氣低落。**2** 使〈人〉不知所措，使…混亂。

de·mos [ˋdimɑs; ˈdiːmɔs] *n.* Ⓤ **1** (古希臘的)市民，平民。**2** (一般的)人民，民衆，庶民。

De·mos·the·nes [dɪˋmɑsθəˌniz; diˈmɔsθəniːz] *n.* 狄摩西尼斯《384?–322B.C.；古希臘之演說家及政治家》。

de·mote [dɪˋmot; diˈmout] *v.t.* 使〈人〉降級。

de·moth·ball [diˋmɔθˌbɔl; diːˈmɔːθbɔl] *v.t.* 使〈軍艦、裝備等〉復役《即解除軍艦、裝備等的後備封存狀態，使其參加戰鬥行列》。

de·mot·ic [diˋmɑtɪk; diːˈmɔtik] *adj.*《文語》〈言語等〉民衆的，通俗的，庶民的。

de·mo·tion [dɪˋmoʃən; diˈmouʃn] «demote 的名詞» —*n.* ⓊⒸ降級，降官階。

de·mount [diˋmaunt; diːˈmaunt] *v.t.* 從臺座卸下〈機器等〉；拆開〈手錶〉。

de·mul·cent [dɪˋmʌlsṇt; diˈmʌlsnt] *adj.* 〈藥物等〉緩和的，鎭靜的。—*n.* ⓊⒸ緩和劑，潤藥。

de·mur [dɪˋmɝ; diˈməː] *v.i.* (**de·murred**；**de·mur·ring**) **1** 〔動(十介十(代)名)〕《文語》〔對…〕面露難色；猶豫，躊躇，表示異議〔*at, to*〕：～ ***to*** a demand 對要求面露難色 /The employees *demurred* ***at*** work*ing* overtime. 從業人員對加班表示異議。**2**《法律》抗辯。
—*n.* Ⓤ[常與否定詞一起使用]《文語》異議(的提出)：*without* [with *no*] ～ 無異議地 /make *no* ～ 不提出異議。

de·mure [dɪˋmjur; diˈmjuə] *adj.* (**de·mur·er**; **-est**) **1** 〈態度等〉害羞似的，靦腆的。**2** 〈年輕女子、小孩〉假裝一本正經的，佯作端莊的。～**·ly** *adv.* ～**·ness** *n.*

de·mur·rage [dɪˋmɝɪdʒ; diˈmʌridʒ] *n.* Ⓤ《商》**1** (車、船等因裝卸貨物逾越預定時間而)延滯。**2** 因逾時停留過久而支付之賠償；延期停泊費；貨車停留費。

de·mur·rer [dɪˋmɝɚ; diˈməːrə] *n.* Ⓒ **1** 抗辯者，反對者。**2** 異議，抗議。**3**《法律》反對控訴，提異議，抗辯。

de·mys·ti·fy [diˋmɪstəˌfaɪ; diːˈmistifai] *v.t.* **1** 解開…的神祕[謎]。**2** 啓蒙。

de·mys·ti·fi·ca·tion [diˌmɪstəfɪˋkeʃən; diːˌmistifiˈkeiʃn] *n.*

den [dɛn; den] *n.* Ⓒ **1** (野獸，尤指獅子的)洞穴，窟。**2** (當作

非法活動場所的）藏匿處，密室；（盜賊等的）巢穴，巢窟：a gambling ～ 賭場，賭窟 /an opium ～ 鴉片煙館。**3** 小而髒的房間[屋子]。**4**《口語》（男人的）私室《書房、工作房等》。

Den. 《略》Denmark.

de·nar·i·us [dɪˋnɛrɪəs; diˈnɛəriəs] **《**源自拉丁文'of ten'之義**》——*n.*** Ⓒ（*pl.* **-ri·i** [-rɪˏaɪ; -riai]）古羅馬的銀幣《聖經新約中記載爲 penny 者；★略作 d. 在英國被用作 penny, pence 的符號；cf. £. s. d.》.

den·a·ry [ˋdɛnərɪ, ˋdinərɪ; ˈdiːnəri] *adj.* **1** 十的，十倍的。**2** 十進的。

de·na·tion·al·i·za·tion [diˏnæʃənəlɪˋzeʃən, -laɪ-; ˈdiːˏnæʃnəlaiˈzeiʃn] **《**denationalize 的名詞**》——*n.*** ⓊⒸ **1** 非國營化，解除國有化。**2** 喪失[剝奪]國籍。

de·na·tion·al·ize [diˋnæʃənḷˏaɪz; ˏdiːˈnæʃnəlaiz] *v.t.* **1** 使〈產業〉非國有化，使…變爲民營。**2** 剝奪〈某人〉的國籍。

de·nat·u·ral·ize [diˋnætʃrəlˏaɪz; ˏdiːˈnætʃrəlaiz] *v.t.* **1** 改變…的本性[特質]；使…不自然。**2** 剝奪〈某人〉的歸化權[國籍，公民權]。

de·na·ture [diˋnetʃə; ˏdiːˈneitʃə] *v.t.* 使〈物質等〉變性：～*d* alcohol 變性酒精。

de·na·zi·fy [diˋnɑtsəˏfaɪ; diːˈnɑːtsifai] *v.t.* 使…解除納粹制度；使…脫離納粹影響。

den·dro- [dɛndro-; dendrou-] **《**源自希臘文「樹」之義**》——**[複合用詞]表示「樹木」之意。

den·drol·o·gy [dɛnˋdrɑlədʒɪ; denˈdrɔlədʒi] *n.* Ⓤ樹木學。

den·gue [ˋdɛŋgɪ, -ge; ˈdeŋgi] *n.*（又作 **déngue fèver**）Ⓤ《醫》登革熱《使關節、肌肉等疼痛的熱帶性傳染病》。

de·ni·a·ble [dɪˋnaɪəbḷ; diˈnaiəbl] *adj.* 可否認[否定]的。

de·ni·al [dɪˋnaɪəl; diˈnaiəl] **《**deny 的名詞**》 ——*n.* 1** ⓊⒸ否定，否認；拒絕，不同意：make a ～ of... 否定[拒絕]… /take no ～ 不許否認，不許說不。**2** Ⓤ克己（self-denial）.

de·ni·er[1] [dɪˋnaɪə; diˈnaiə] *n.* Ⓒ 否定[拒絕]者。

de·nier[2] [ˋdɛnjə; ˈdeniə] **《**源自法語**》——*n.*** Ⓒ丹尼爾《測量生絲、人造絲細度的單位》。

den·i·grate [ˋdɛnəˏgret; ˈdenigreit] *v.t.*《文語》誹謗，中傷。

den·i·gra·tion [ˏdɛnəˋgreʃən; ˏdeniˈgreiʃn] *n.*

den·im [ˋdɛnəm, ˋdɛnɪm; ˈdenim] *n.* **1** Ⓤ丁尼布《一種厚的斜紋棉布》。**2** [～s] 丁尼布製的衣服[工作褲，工作服]。

——*adj.* [用在名詞前]丁尼布的。

> **【字源】**此字源自法語「尼姆製的斜紋布」(serge de Nimes)，去掉(serge)剩「尼姆製的」(de Nimes)的部分而形成此字。Nimes 爲原產製這種布的法國城市名。

Den·is [ˋdɛnɪs; ˈdenis] *n.* **1** 丹尼斯《男子名》。**2** [St. ～]（聖）丹尼《法國的守護聖人》。

den·i·zen [ˋdɛnəzn; ˈdenizn] *n.* Ⓒ **1**《文語・謔》**a**〔特定地區的〕居民〔*of*〕. **b**〔特定地區的〕棲息者《鳥獸、樹木等》〔*of*〕. **2 a**《英》（給與公民權的）居留者，歸化的外國人。**b** 外來的動[植]物，外來語（等）。

Den·mark [ˋdɛnmɑrk; ˈdenmaːk] **《**源自丹麥語「丹麥人的領土」之義**》——*n.*** 丹麥《歐洲西北部的一個王國；首都哥本哈根（Copenhagen）；★〔相關用語〕「丹麥人」是 Dane, 「丹麥語」是 Danish,「丹麥（人，語）的」是 Danish》.

de·nom·i·nate [dɪˋnɑməˏnet; diˈnɔmineit] *v.t.* **1**〔十受〕給…命名，給…取名。**2**〔十受十補〕稱…〈爲…〉，把…叫〈作…〉(call).

de·nom·i·na·tion [dɪˏnɑməˋneʃən; diˏnɔmiˈneiʃn] **《**denominate 的名詞**》——*n.* 1**《文語》**a** Ⓤ命名。**b** Ⓒ名稱；名義。**2** Ⓒ **a** 階級，派別，種類。**b** 宗派，教派：clergy of all ～*s* 各宗派的牧師。**3** Ⓒ（數值、度量衡、貨幣等的）單位（名稱），票面金額：reduce yards, feet, and inches to one ～ 把碼、呎、吋化爲同一單位 /money of small ～*s* 小錢，零錢，低額貨幣。

de·nòm·i·ná·tion·al [-ʃənḷ; -ʃənl] **《**denomination 2 b 的形容詞**》——*adj.*** 宗派的，教派的：a ～ school 教派經辦的學校。

de·nom·i·na·tive [dɪˋnɑməˏnetɪv; diˈnɔminətiv] *adj.* **1** 名稱上的。**2**《文法》出自名詞[形容詞]的。

——*n.* Ⓒ《文法》出自名詞[形容詞]的字《尤指動詞；如to *eye, man, open, warm*》.

de·nóm·i·nà·tor [-tə; -tə] *n.* Ⓒ **1** 共同的性質[要素]。**2**《數學》分母(⇨fraction 2 a)：⇨common denominator.

de·no·ta·tion [ˏdinoˋteʃən; ˏdiːnouˈteiʃn] **《**denote 的名詞**》——*n.* 1** Ⓤ表示。**2** Ⓒ（字或術語的）意義。**3** Ⓤ《邏輯》外延（↔ connotation）. **～·al** [-ʃənḷ; -ʃənl] *adj.*

de·no·ta·tive [ˋdinoˏtetɪv, dɪˋnotətɪv; diˈnoutətiv, ˈdiːnouteitiv] *adj.* **1 a** 表示的，指示的。**b** [不用在名詞前]〔十介十（代）名〕表示〔…〕的，指示〔…〕的〔*of*〕. **2**《邏輯》外延的（↔ connotative）. **～·ly** *adv.* **～·ness** *n.*

de·note [dɪˋnot; diˈnout] *v.t.* **1 a**〔十受〕表示，指示，意味…；示…的記號：The small symbols on this map ～ historic places and museums. 這個地圖上的小記號表示史跡與博物館 /A fever usually ～*s* sickness. 發燒通常表示生病。**b**〔十 *that*＿〕表示〈…事〉：These signs ～ *that* a crisis is approaching. 這些徵兆表示危機即將來臨。**2**《邏輯》表示…的外延（↔ connote）.

de·noue·ment, dé·noue·ment [deˋnumɑ̃; deiˈnuːmɑ̃ː] **《**源自法語'untie'之義**》——*n.*** Ⓒ **1**（戲劇等的）大團圓。**2**（事件、紛爭等的）解決；結局，收場。

de·nounce [dɪˋnaʊns; diˈnauns] **《**源自拉丁文「宣布反對…」之義**》——*v.t.* 1 a**〔十受〕（公然）**指責**，譴責…：～ a heresy 公然指責異端。**b**〔十受十 *as* 補〕（公然）指責…〈爲…〉：～ a person *as* a traitor 公然指責某人爲叛徒。**2**〔十受十介十（代）名（十 *as* 補）〕〔向…〕告發…〈爲…〉〔*to*〕：Somebody ～*d* him ***to*** the military police *as* a spy. 有人向憲兵隊告發他爲間諜。**3**〔十受〕〈兩國間的一國〉通告終止〈條約、休戰等〉。

de no·vo [diˋnovo; ˏdiːˈnouvou] **《**源自拉丁文'from the new'之義**》——*adv.*** 從頭，重新（anew）.

dense** [dɛns; dens] **《**源自拉丁文「厚的」之義**》——*adj. (**dens·er**; **dens·est**) **1 a** 密集的（↔ sparse）：a ～ crowd 密集的人羣，人山人海 /a ～ forest 密林。

> **【同義字】**dense 指東西塞得滿滿的，稠密的；thick 是濃縮或多量的東西聚集於一定場所；close 是塞得毫無空隙的。

b〈人口〉稠密的：a ～ population 稠密的人口。**2 a**〈霧〉濃的；〈東西〉（不透光而）濃密的：a ～ fog 濃霧。**b**《攝影》〈底片〉不透明的：a ～ negative 不透明的底片。**3**〈文章等〉（內容緊密而）難懂的，晦澀的：a ～ poem 晦澀的詩。**4 a** 頭腦笨的[遲鈍的]：a ～ brain 遲鈍的頭腦/Don't be so ～！別那樣笨！《多動一點腦筋吧！》**b**〈愚蠢等〉嚴重的，極端的：～ ignorance 極端的無知。

～·ness *n.*

dénse·ly *adv.* 濃密地，密集地，稠密地：a ～ populated district 人口稠密的地區。

den·si·ty** [ˋdɛnsətɪ; ˈdensəti] **《**dense 的名詞**》——*n. ⓊⒸ **1 稠密**，密集，密度；（霧等的）濃度；（人口）密度：population ～ 人口密度/a population ～ of 50 per square kilometer 每平方公里五十人的人口密度/traffic ～ 交通量。**2**《物理》比重，密度，濃度。

dent[1] [dɛnt; dent] *n.* Ⓒ **1**（碰[撞]到硬物形成的）凹，凹痕：a ～ *in* a helmet（碰撞形成的）鋼盔的凹痕。**2** 減弱的影響；削減：a ～ *in* a person's pride 某人傲氣之受挫。

màke a dént in... ⑴使…凹入。⑵給與…（經濟上等的）影響；使…減少…：Holding that party has *made a* ～ *in* my pocket [finances]. 舉行那次聚會使我的錢財受損。⑶[常用於否定句]《口語》〈工作等〉有了突破；使…略有進展：I've *barely made a* ～ *in* my research. 我的研究工作幾乎沒有進展。

——*v.t.* 1 使…凹下。**2** 使…減弱，使…受損，使…受輕傷。

——*v.i.* 凹下，凹入。

dent[2] [dɛnt; dent] *n.* Ⓒ《機械》（梳子、齒輪等的）齒。

dent·al [ˋdɛntḷ; ˈdentl] **《**dent[2] 的形容詞**》 ——*adj.* 1** 牙齒的；牙科（用）的：a ～ surgeon 牙醫（★〔比較〕一般用 dentist）/a ～ plate 假牙（牀）/ ～ surgery 牙科（醫學），口腔外科。**2**《語音》齒音的：a ～ consonant 齒音。

——*n.*（又作 **déntal cónsonant**）Ⓒ《語音》齒音《子音 [t, d, θ, ð] 等》。

déntal flòss *n.* ＝floss 2 b.

den·tate [ˋdɛntet; ˈdenteit] *adj.* **1**《動物》有牙齒的。**2**《植物》鋸齒狀的。

den·ti·frice [ˋdɛntəˏfrɪs; ˈdentifris] *n.* Ⓤ[指產品個體或種類時爲Ⓒ]牙膏，牙粉（★〔比較〕一般用 toothpowder, toothpaste 等）。

den·tin [ˋdɛntɪn; ˈdentin], **den·tine** [ˋdɛntin, -tɪn; ˈdentiːn] *n.* Ⓤ《牙科》齒（骨）質；象牙質。

***den·tist** [ˋdɛntɪst; ˈdentist] *n.* Ⓒ**牙醫**，牙科醫生：consult [see] a ～ 看牙醫/go to the ～('s) 去牙醫診所。

den·tist·ry [ˋdɛntɪstrɪ; ˈdentistri] *n.* Ⓤ牙科醫術，牙醫業。

den·ti·tion [dɛnˋtɪʃən; denˈtiʃn] *n.* ⓊⒸ **1** 齒之發育，生齒。**2** 齒列，齒系。

den·ture [ˋdɛntʃə; ˈdentʃə] *n.* Ⓒ[常用～**s**]假牙；（尤指）全副假牙（★〔比較〕一般用 false teeth）。

de·nu·cle·ar·ize [diˋnuklɪəˏraɪz, -ˋnju-; ˏdiːˈnjukliəraiz] *v.t.* 使…非核子武裝化：a ～*d* nation 非核子武裝國。

de·nu·da·tion [ˏdinuˋdeʃən, ˏdɛn-, -nju-; ˏdiːnjuːˈdeiʃn] **《**denude 的名詞**》——*n.*** Ⓤ **1** 赤裸；裸露。**2**《地質》（表面）侵蝕，剝蝕作用。

de·nude [dɪˋnud, -ˋnjud; diˈnjuːd] *v.t.* **1 a** 使…裸露，剝光。**b** 破壞〈某地區〉所有動植物生態，使…光禿禿：a ～*d* hill 光禿禿的小山。**c**《地質》使〈土壤等〉的岩石表面露出，侵蝕…的表面，使…剝蝕。**2**〔十受十介十（代）名〕從…剝去〔外披物〕；從…剝奪〔東西〕〔*of*〕：Most trees are ～*d* ***of*** their leaves in winter. 大部分的樹木在冬天落葉。

de·nun·ci·a·tion [dɪ͵nʌnsɪˋeʃən; di͵nʌnsi'eiʃn] «denounce 的名詞» —*n.* UC **1** 公然的指責，公開的譴責，彈劾。**2**（犯罪的）告發。**3**（條約等的）廢止通告。

de·nún·ci·à·tor [-tɚ; -tə] *n.* C彈劾者，告發者。

de·nun·ci·a·to·ry [dɪˋnʌnsɪə͵torɪ, -͵tɔrɪ; di'nʌnsiətəri] «denounce, denunciation 的形容詞» —*adj.* **1**非難的，指責的，彈劾的。**2**威嚇的，恫嚇的。

Den·ver [ˋdɛnvɚ; 'denvə] *n.* 丹佛《美國科羅拉多州(Colorado)的首府》。

***de·ny** [dɪˋnaɪ; di'nai] *v.t.* **1** 否認，否定。

【同義字】deny 是否認[否定]對方所說的事等；contradict 指不僅公然或斷然加以否定，而且反而主張相反的事爲正確。

a〔+受〕否認，否定；表示不知道…，表示與…無關：~ one's guilt 否認自己的罪行/He *denied* familiarity with this book. 他表示對這本書不熟/The prisoner *denied* the charges against him. 那名犯人否認對他的控告。**b**〔+ do*ing*〕否認〈做…〉《★用法〔+ *to* do〕是錯誤的》：He *denied* hav*ing* done any such thing. 他否認做過那種事。**c**〔+(*that*)__〕否認〈…事〉：She *denied that* his statement was true. 她說他的陳述是不眞實的(cf. 1d) /It cannot be *denied that* crime is on the increase. 犯罪正在增加是不可否認的事。**d**〔+受+ *to be*補〕否認…〈爲…〉：She *denied* his statement *to be* true. 她否認他的陳述屬實《她說他的陳述是不眞實的》(cf. 1c)。

2〔+受+受/+受+介+(代)名〕對〈人等〉拒絕〈要求等〉，〈該給的東西〉不給與〈人等〉；[對人等]拒絕〈要求等〉，〈該給的東西〉不給與[人等]〔*to*〕：He *denies* his child nothing. =He *denies* nothing ***to*** his child. 他對小孩有求必應/These benefits were *denied* us. =We were *denied* these benefits. 我們沒有得到這些利益/He was *denied* access to the Queen. 他未被准許接近女王。

3〔~ one*self*〕**a**〔+受〕放棄〈飲食、快樂等〉，自制，克己：I've always *denied myself* for others. 我總是爲別人而犧牲自己。**b**〔+受+受〕放棄，克制〈飲食、快樂等〉：~ *oneself* nothing 不放棄任何享受/He *denied himself* all luxuries. 他克制自己，不貪圖一切奢侈品。

de·o·dar [ˋdiə͵dɑr; 'diədɑ:] *n.* C《植物》雪松《喜馬拉雅山所產的松科常綠喬木》。

de·o·dor·ant [diˋodərənt; di:'oudərənt] *adj.* 有防臭效果的。
—*n.* U[指產品個體或種類時爲C]防臭劑；(尤指)防腋臭的藥物。

de·o·dor·i·za·tion [di͵odərɪˋzeʃən; di:͵oudərai'zeiʃn] «deodorize 的名詞» —*n.* U除臭(作用)，防臭。

de·o·dor·ize [diˋodə͵raɪz; di:'oudəraiz] *v.t.* 除去…的臭味，防止…的臭味。

de·ó·dor·ìz·er *n.* =deodorant.

Deo gra·ti·as [ˋdioˋgreʃɪ͵æs; 'di:ou'greiʃiæs] «源自拉丁文 'Thanks to God' 之義» —託神的福，蒙神庇佑《略作 D.G.》。

de·on·tol·o·gy [͵dianˋtalədʒɪ; ͵di:ɔn'tɔlədʒi] *n.* U義務論，道義學《倫理學之一部門》。

Deo vo·len·te [ˋdiovoˋlɛntɪ; 'di:ouvou'lenti] «源自拉丁文 'God being willing' 之義» —若合天意[神意]，如蒙上帝恩准《略作 D. V.；cf. GOD willing》。

de·ox·i·dize [diˋaksə͵daɪz; di:'ɔksidaiz] *v.t.* 《化學》除去…的氧氣；將〈氧化物〉還原。

dep. 《略》department；depart(s)；departure；deponent；《銀行》deposit；depot；deputy.

de·part [dɪˋpart; di'pɑ:t] *v.i.* **1**〔+介+(代)名〕違反；放棄〔常軌、習慣等〕〔*from*〕《★可用被動語態》：~ ***from*** one's usual way of working 放棄平時的工作方式/~ *from* one's plans 變更計畫/~ *from* one's promise 違約。**2**《文語》**a**〈人、火車等〉出發《★比較較 leave, start 拘泥的用語》：The train ~*s* at 7:15. 那班火車七點十五分開。**b**〔+介+(代)名〕〔從…〕出發〔*from*〕：I ~*ed* ***from*** my home. 我從我的家(鄉)出發[離開家(鄉)]《★比較一般用 I left home》。**c**〔+介+(代)名〕〔向…〕出發，動身〔前往…〕〔*for*〕：He ~*ed* ***for*** South Africa with his parents in 1945. 在 1945 年，他與父母前往南非。
—*v.t.*〔+受〕離開〈場所〉《★用法《英》除此片語外罕用》：~ this life 去世，死亡。

de·párt·ed *adj.* **1** 已往的，過去的，逝去的：one's ~ glory 昔日的光榮。**2**《委婉語》**a** 去世的，已死的：one's ~ friend 亡友，已故的朋友。**b**[當名詞用；**the** ~][當單數用]死者，故人《指一人》；[當複數用]死者《指全體》。

‡de·part·ment [dɪˋpartmənt; di'pɑ:tmənt] *n.* **1** C(公司、企業等組織的)部門，…部[課，科]：the export ~ 出口部/the accounting ~ 會計課/the personnel ~ 人事課。**2**[常 D~] C **a**(由美國行政組織長官(secretary)管轄的)部，院〔*of*〕。

【說明】美國政府所設的「部，院」：the *D~ of* Commerce [the Interior, the Treasury, Energy] 商務[內政，財政，能源]部/the *D~* of State 國務院/the *D~ of* Justice [Agriculture, Labor, Education, Transportation] 司法[農業，勞工，教育，運輸]部/the *D~ of* Defense 國防部《統轄陸、海、空軍》/the *D~ of* Health and Human Services 衛生暨社會福利部/the *D~ of* Housing and Urban Development 住宅暨都市發展部。

b(英國行政組織的)部。

【說明】英國使用 'Department' 名稱的「部」有以下幾個；其餘用 Ministry, Office 的稱呼：the *D~* of Education and Science 教育暨科學部/the *D~* of Employment 就業部/the *D~* of Energy 能源部/the *D~* of the Environment 環境部/the *D~* of Health and Social Security 衛生暨社會安全部/the *D~* of Industry 工業部/the *D~* of Trade 貿易部/the *D~* of Transport 運輸部[交通部]。

c(英國行政組織的)局，課。

3 C(大學等的)系，科，部：the literature ~ =the ~ of literature 文學部[系]。

4[用單數；常 **one's** ~]《口語》(工作等的)(專門)領域，(擔任的)範圍：That's your ~. 那是你的工作範圍。

de·part·men·tal [dɪ͵partˋmɛntl, ͵dipart-; ͵di:pɑ:t'mentl˜] *adj.* 分門別類的，部[局，科，系]的。

de·part·men·tal·ism [dɪ͵partˋmɛntḷ͵ɪzəm, ͵dipart-; ͵di:pɑ:t'mentlizəm] *n.* U **1**(大學等的)分科系。**2** 對劃分科系的提倡[偏愛]。

de·part·men·tal·ize [dɪ͵partˋmɛntḷ͵aɪz; ͵di:pɑ:t'mentlaiz] *v.t.* 把…分爲部門[部，局]。

depártment stòre *n.* C百貨商店，百貨公司《★用法不可略作 depart(ment)；在英國語法也單稱 stores》。

***de·par·ture** [dɪˋpartʃɚ; di'pɑ:tʃə] «depart 的名詞» —*n.* **1** UC起程，出發(↔ arrival)：a ~ platform 火車開出的[發車]月台/a point of ~(議論等的)出發點/take one's ~ 出發，動身，離去/There are 50 ~*s* and arrivals an hour. 每小時有五十個開出和到達的班次。**2** C(方針等的)新發展：a new ~ 新政策，新方針。**3** UC〔從常軌、習慣等的〕脫離，背離〔*from*〕：(a) ~ *from* ordinary ways 一反平常的習慣。

‡de·pend [dɪˋpɛnd; di'pend] «源自拉丁文「從…懸掛」之義» —*v.i.* **1**〔+介+(代)名〕**a**〈人〉依賴，依靠〔…〕〔*on, upon*〕《★可用被動語態》：Children ~ ***on*** their parents. 兒童依賴父母/I have no one but you to ~ ***on***. 除了你，我沒有可依靠的人。

【同義字】depend 指求他人、物力或援助而依賴之意，往往暗示本身缺乏力量或思考；rely 指根據過去經驗或客觀性判斷的依賴。

b〈人〉靠〔…〕〔供給…〕〔*on, upon*〕〔*for*〕《★可用被動語態》：The Japanese ~ ***on*** fish ***for*** half of their animal protein. 日本人靠魚供給他們一半的動物性蛋白質。

2 a〔+介+(代)名〕〈人〉信賴，信任〔…〕〔*on, upon*〕《★可用被動語態》：You can ~ ***on*** this dictionary. 你可以信賴這本辭典/His statement cannot be ~*ed* ***upon***. 他的陳述不可靠/You may ~ ***upon*** his consent*ing*. 你可以相信他會同意[他一定會同意的]。**b**〔+介+(代)名+ *to* do〕〈人〉依靠，信賴〔某人〕〈做…〉〔*on, upon*〕：You can ~ ***on*** me *to* do it. 你可以信賴我去做那件事[那件事包在我身上]。**c**〔+介+(代)名+ *that*__〕〈人〉相信，信賴〔…事〕〔*on, upon*〕《★用法[(代)名]用 it》：You may ~ ***on*** *it that* she will go with you. 你可以相信她會與你同行[她一定會與你一起去]。

3 a〔+介+(代)名〕〈事情〉要靠〔…〕，視〔…〕而定〔*on, upon*〕《★無進行式》：Our success ~*s* [will ~] entirely ***upon*** the weather [everyone work*ing* hard]. 我們的成功(與否)全要靠天氣[每個人的努力工作]。**b**〔(+介)+ *wh*.__〕〈事情〉取決〔於如何…〕，要看〔是否…〕〔*on, upon*〕《★無進行式》：Everything ~*s* ***on*** *whether* you pass the examination. 一切取決於你能否通過考試/It all ~*s* (*on*) *how* you handle it. 那完全要看你如何處理那件事《★用法《口語》多半省略 on, upon》。

depénd upòn [on] it [用祈使語氣；用於句首或句尾]靠得住的，…；放心吧，…：*D~ upon it*, he'll come. 放心吧，他會來的。

Thàt (all) [It áll] depénds. 那[一切]要看情形了《★後面省略 *on* circumstances [*on* how you look at it] 的固定說法；也單說 Depends.》。

de·pend·a·bil·i·ty [dɪ͵pɛndəˋbɪlətɪ; di͵pendə'biliti] «dependable 的名詞» —*n.* U可靠性，可信任。

de·pend·a·ble [dɪˋpɛndəbl; di'pendəbl] *adj.* 可靠的，可依賴的，可信任的：a ~ man 可靠的男人。

de·pénd·a·bly [-dəblɪ; -dəbli] *adv.*

de·pen·dant [dɪˋpɛndənt; diˈpendənt] *n.* ＝dependent.

de·pen·dence [dɪˋpɛndəns; diˈpendəns] «depend, dependent 的名詞»—*n.* Ⓤ **1**〔對…的〕**依賴**；依存〔*on, upon*〕(↔ independence)：mutual ～ 相互的依存/women's economic ～ *on* their husbands 婦女對丈夫經濟上的依賴。**2** 信賴，信用〔*on, upon*〕：put [place] ～ *on* a person 信賴某人。**3**《醫》依存(症)：drug ～ 藥物依存(症)。

de·pén·den·cy [-dənsɪ; -dənsi] *n.* **1** Ⓤ依存(的狀態)《★比較 一般用 dependence》。**2** Ⓒ從屬物，屬國，屬地，保護地。

***de·pen·dent** [dɪˋpɛndənt; diˈpendənt] «depend 的形容詞» —*adj.* (more ～; most ～) **1 a 從屬關係的，**隸屬(性)的；依賴的(↔ independent)：a ～ child 有依賴性的孩子/a ～ domain 領地。**b**〔不用在名詞前〕〔十介十(代)名〕依賴〔某人〕〔給與…〕的，受〔…〕扶養的〔*on, upon*〕〔*for*〕：He is ～ *on* his parents. 他靠其父母扶養/He is ～ *on* his uncle *for* his living expenses. 他靠叔父[伯父]提供他生活費。**2**〔不用在名詞前〕〔十介十(代)名〕取決於〔…〕的，視〔…〕而定的〔*on, upon*〕：The harvest is ～ *upon* the weather. 收成要視天氣而定。
—*n.* Ⓒ依賴他人生活者；僕人，侍從；受扶養的家屬。

depéndent cláuse *n.* Ⓒ《文法》從屬子句。

de·pén·dent·ly *adv.* 依賴他人地，依存[從屬]地。

de·per·son·al·ize [diˋpɝsənəˏlaɪz; di:ˈpə:sənəlaiz] *v.t.* **1** 使…不具人格；使…普遍化。**2** 剝奪…的個性，使…沒個性。

de·pict [dɪˋpɪkt; diˈpikt] *v.t.*《文語》**1** (用繪畫、雕刻)描畫。**2** (用言語)描述，敍述。

de·pic·tion [dɪˋpɪkʃən; diˈpikʃn] «depict 的名詞»—*n.* ⓊⒸ描畫；描述，敍述。

dep·i·late [ˋdɛpəˏlet; ˈdepileit] *v.t.* 除去…的毛髮。

de·pil·a·to·ry [dɪˋpɪləˏtorɪ, -ˏtɔrɪ; diˈpilətəri] *adj.* 有脫毛效果的，去毛髮的。—*n.* Ⓤ[指產品個體或種類時爲Ⓒ]脫毛劑。

de·plane [diˋplen; di:ˈplein] *v.i.*《美口語》從飛機上卸下，下飛機(↔ enplane)。

de·plete [dɪˋplit; diˈpli:t] *v.t.* 用盡〈力量、資源等〉，使…涸竭。

de·ple·tion [dɪˋpliʃən; di:ˈpli:ʃn] «deplete 的名詞»—*n.* Ⓤ涸竭，消耗。

de·plor·a·ble [dɪˋplorəbl, -ˋplɔr-; diˈplɔ:rəbl] *adj.* 可嘆的；悲哀的，悲慘的：～ conduct 可悲的行爲。

de·plór·a·bly [-rəblɪ; -rəbli] *adv.* 可嘆地，可悲地；不幸地。

de·plore [dɪˋplor, -ˋplɔr; diˈplɔ:] *v.t.*〔十受〕**1** 悲悼，悲痛；痛惜，深悔〈某人之死〉：～ the death of a close friend 悲悼密友之死。**2** 對…深感遺憾，非難…。

de·ploy [dɪˋplɔɪ; diˈplɔi] *v.t.*《軍》使〈部隊、兵力等〉散開成戰鬥隊形，部署。—*v.i.* 〈部隊、兵力等〉散開成戰鬥隊形，被部署。
～·**ment** *n.*

de·pol·lute [ˏdipəˋlut; ˌdi:pəˈlu:t] *v.t.* 減少[減輕，清除]〈某地〉的汚染。

de·pone [dɪˋpon; diˈpoun] *v.t.* & *v.i.* (爲…)作證，發誓證明。

de·po·nent [dɪˋponənt; diˈpounənt] *n.* Ⓒ《法律》(尤指書面的)宣誓證人[作證者]。

de·pop·u·late [diˋpɑpjəˏlet; ˌdi:ˈpɔpjuleit] *v.t.* 〈戰爭、疾病等〉使…的人口[居民]減少《★常用被動語態》：The country has *been* ～*d* by war and disease. 該國因戰爭與疾病而人口減少。

de·pop·u·la·tion [ˏdipɑpjəˋleʃən; di:ˌpɔpjuˈleiʃn] «depopulate 的名詞»—*n.* Ⓤ減少居民；人口減少；(人口的)過稀(化)。

de·port[1] [dɪˋport, -ˋpɔrt; diˈpɔ:t] *v.t.* 將〈不受歡迎的外國人〉驅逐(出境)(⇨ expel 2 b【同義字】)。

de·port[2] [dɪˋport, -ˋpɔrt; diˈpɔ:t] *v.t.*《文語》[～ one*self*；與狀態副詞(片語)連用]持身；處己，舉止：～ *oneself* prudently [*with* dignity] 舉止謹愼[莊嚴]。

de·por·ta·tion [ˏdiporˋteʃən, -pɔr-; ˌdi:pɔ:ˈteiʃn] «deport[1] 的名詞»—*n.* Ⓤ驅逐出境；放逐：a ～ order 驅逐令。

de·por·tee [ˏdiporˋti, -pɔrˋti; ˌdi:pɔ:ˈti:] *n.* Ⓒ被驅逐出境者；被判驅逐出境的人。

de·pórt·ment [-mənt; -mənt] «deport[2] 的名詞» —*n.* Ⓤ **1**《美》(尤指年輕女子在衆人前的)態度，舉止，禮節。**2**《英》(尤指年輕女子的)動作，舉止。

de·pose [dɪˋpoz; diˈpouz] *v.t.* **1**〔十受(十介十(代)名)〕把〈人〉〔從高職位〕免職，罷免，廢黜…〔*from*〕。**2**《法律》**a**〔十 *that*＿〕宣誓作證，供述〈…事〉：He ～*d that* he had seen the boy on the day of the fire. 他宣誓作證在失火那天看過那男孩。**b**〔十 *to* do〕宣誓作證〈做…〉。
—*v.i.*〔動(十介十(代)名)〕《法律》宣誓作證〔…〕〔*to*〕：He ～*d* **to** hav*ing* seen the car. 他宣誓作證說看到過那部車子。

***de·pos·it** [dɪˋpɑzɪt; diˈpɔzit] «源自拉丁文「置於下面」之義» —*v.t.* **1 a**〔十受〕把〈貴重物品等〉**存放**(銀行、保險櫃等)；存〈錢〉。**b**〔十受十介十(代)名〕把〈貴重物品、金錢等〉存放〔某處〕〔*in*〕；把〈貴重物品、金錢等〉委託給〔某人〕保管〔*with*〕：～ money *in* a bank 把錢存入銀行/ ～ papers *with* one's lawyer 把文件交給律師保管。**2**〔十受十副詞(片語)〕《文語》放置〈東西〉(於特定的場所)；產〈卵〉(於某處)：These insects ～ their eggs *in* the ground. 這些昆蟲產卵於地下。**3**〔十受(十介十(代)名)〕〈風、水等〉使〈泥沙等〉淤積〔於…〕，使…沈澱〔*in, on*〕《★常用被動語態》：The flood ～*ed* a layer of mud **on** the farm [**in** the street]. 洪水使農場[街道]上堆積一層汚泥。**4**〔十受〕把…當作押金支付。
—*n.* **1** Ⓒ[常用單數] **a** (銀行)**存款**；(議員提名競選時依法)提存的款項：a current [fixed] ～ 活期[定期]存款/a ～ account《美》銀行存款(帳戶)；《英》通知存款/have [place] money *on* ～ 有存款[存錢]《★on ～ 無冠詞》/make a ～ of £500 in cash 存入現金五百鎊。**b** 定金，頭款，押金，保證金：make a ～ *on* [*toward* the purchase of] a new car 付新車[購買新車]的定金。**2** Ⓤ[指種類時爲Ⓒ] **a** 沈澱物，淤積物：glacial ～*s* 冰河堆積物。**b** (礦石、石油等的)礦藏，礦牀：uranium ～*s* 鈾礦礦牀。**3** ⓊⒸ沈澱(作用)，淤積(作用)。**4** Ⓒ保管處，倉庫。

de·pos·i·tar·y [dɪˋpɑzəˏtɛrɪ; diˈpɔzitəri] *n.* ＝depository.

dep·o·si·tion [ˏdɛpəˋzɪʃən, ˏdi-; ˌdepəˈziʃn] «depose 的名詞»—*n.* **1** Ⓤ免職，罷免；廢位。**2**《法律》**a** Ⓤ宣誓的證言。**b** Ⓒ口供(書)。

depósit mòney *n.* Ⓤ＝deposit *n.* 1 b.

de·pós·i·tor [-tɚ; -tə] *n.* Ⓒ存款者，存放者，寄託者。

de·pos·i·to·ry [dɪˋpɑzəˏtorɪ, -ˏtɔrɪ; diˈpɔzitəri] *n.* Ⓒ **1** 保管處，儲藏室，倉庫。**2** 保管人。

dep·ot [ˋdipo; ˈdepou] «源自法語 'deposit' 之義»—*n.* Ⓒ **1**《美》火車站；公車站；航空站。**2** [ˋdɛp-; ˈdep-] 儲藏所，倉庫。**3** [ˋdɛp-; ˈdep-]《軍》新兵訓練中心，補給站，《英》營本部。

dep·ra·va·tion [ˏdɛprəˋveʃən; ˌdeprəˈveiʃn] «deprave 的名詞»—*n.* Ⓤ惡化；腐敗，墮落。

de·prave [dɪˋprev; diˈpreiv] *v.t.* 使〈人〉(道德上)腐化，使…墮落。

de·práved *adj.* 墮落的，卑鄙的，腐敗的：～ persons 墮落的人 / ～ tastes 低級趣味。

de·prav·i·ty [dɪˋprævətɪ; diˈprævəti] «deprave 的名詞»—*n.* **1** Ⓤ墮落，腐敗。**2** Ⓒ惡行，壞事。

dep·re·cate [ˋdɛprəˏket; ˈdeprikeit] *v.t.*《文語》非難；對…唱反調。

dép·re·càt·ing·ly *adv.* 非難似地，責備似地。

dep·re·ca·tion [ˏdɛprəˋkeʃən; ˌdepriˈkeiʃn] «deprecate 的名詞»—*n.* Ⓤ非難，反對，不贊成，抗議。

dep·re·ca·to·ry [ˋdɛprəkəˏtorɪ, -ˏtɔrɪ; ˈdeprikətəri] *adj.* **1** 求情的，哀求的，辯解的：a ～ letter 辯解的信。**2** 非難的，不贊成的。

de·pre·ci·a·ble [dɪˋpriʃɪəbl; diˈpri:ʃiəbl] *adj.* 可減價的；可貶值的。

de·pre·ci·ate [dɪˋpriʃɪˏet; diˈpri:ʃieit] «源自拉丁文「貶低…價值」之義»—*v.t.* **1** 貶低…的(市場)價格，降低…的市價，使…貶值。**2** 輕視，瞧不起：We should not ～ the value of exercise. 我們不該低估運動的價值。
—*v.i.* 市價跌落，降價，貶值(↔ appreciate)：A car begins to ～ from the moment it is bought. 車子從被買下的那一瞬間起就開始貶值。

de·pré·ci·àt·ing·ly *adv.* 輕視地；貶值地。

de·pre·ci·a·tion [dɪˏpriʃɪˋeʃən; diˌpri:ʃiˈeiʃn] «depreciate 的名詞»—*n.* Ⓤ **1** 貶值，減價。**2** 輕視，輕蔑：in ～ (*of*) 因輕蔑(…)而。

de·pre·ci·a·tive [dɪˋpriʃɪˏetɪv; diˈpri:ʃjətiv] *adj.* ＝depreciatory.

de·pre·ci·a·to·ry [dɪˋpriʃɪəˏtorɪ, -ˏtɔrɪ; diˈpri:ʃjətəri] «depreciate 的形容詞»—*adj.* **1** 減價的，下跌傾向的，走下坡的。**2** 輕視(似)的，瞧不起的。

dep·re·date [ˋdɛprɪˏdet; ˈdeprideit] *v.t.* & *v.i.* 劫掠，掠取，蹂躪。

dep·re·da·tion [ˏdɛprɪˋdeʃən; ˌdepriˈdeiʃn] *n.* Ⓒ [常 ～s]《文語》搶奪的行爲，劫掠。

de·press [dɪˋprɛs; diˈpres] «源自拉丁文「被壓在下面」之義» —*v.t.*〔十受〕**1 使〈人〉意志消沈，**使…沮喪，使…憂鬱：Her death ～*ed* him [his spirits]. 她的去世使他意志消沈。**2 a** 壓低；降低。**b** 使〈生意、市況等〉不景氣[蕭條]；使〈行情〉下跌：Business is ～*ed*. 生意蕭條。**3**《文語》按〈鈕〉，壓下〈手桿〉。

de·pres·sant [dɪˋprɛsn̩t; diˈpresnt] *adj.* **1**《醫》有鎭靜作用的。**2** 令人沮喪的。**3** 不景氣的。
—*n.* Ⓒ **1**《醫》抑制藥，鎭靜劑。**2**《化學》抑制劑。

de·préssed *adj.* **1** (意志)消沈的，精神不振的：I feel rather ～ this morning. 我今天早上覺得不太舒暢。**2** 中央凹下的。**3 a** 不景氣的，蕭條的；〈股票〉下跌的。**b** 貧困的，貧窮的：the ～ classes (印度)階級制度(caste)中最低階層的人。**4** 〈動、植物〉

扁平的。**5**〈學習能力等〉低於標準的：His academic level is ~. 他的學術水準在標準以下。

depréssed área *n.* ⓒ貧窮地區，不景氣的地區(cf. distressed area)。

de·préss·ing *adj.* 消沈的，鬱悶的，沈悶的，令人沮喪[失望]的：~ news 令人沮喪的消息/~ weather 鬱悶的天氣/The test results were very ~. 試驗的結果令人很失望。

~·ly *adv.*

***de·pres·sion** [dɪˋprɛʃən; diˈpreʃn] «depress 的名詞»—*n.* **1** ⓤⓒ意志消沈，憂鬱，沮喪：nervous ~ 神經衰弱。**2 a** ⓤ不景氣，蕭條。

【同義字】depression 指失業率普遍增加的不景氣；recession 指景氣減退的蕭條；stagnation 指景氣停滯的不振。

b ⓒ不景氣時代。**c** [the D~]經濟大蕭條《1929 年 10 月發生於美國而延續至 1930 年代初期的世界性經濟蕭條》。**3** ⓤⓒ壓下；沈下，下降。**4** ⓒ凹陷，窪地。**5** ⓒ《氣象》低氣壓：an atmospheric [a barometric] ~ 低氣壓。

de·pres·sive [dɪˋprɛsɪv; diˈpresiv] *adj.* **1** 抑鬱的；壓抑的，憂鬱的。**2**《醫》抑鬱症的，憂鬱症的：~ illness 抑鬱症。

—*n.* ⓒ憂鬱症患者。

de·pres·sur·ize [dɪˋprɛʃə͵raɪz; ͵di:ˈpreʃəraiz] *v.t.* **1** 使〈飛機、太空船等的壓力艙〉減壓。**2** 使…減輕壓力[放輕鬆]。

—*v.i.* 減壓。

dep·ri·va·tion [͵dɛprəˋveʃən; ͵depriˈveiʃn] «deprive 的名詞»—*n.* **1** ⓤ**a** 剝奪〔*of*〕。**b**（繼承人的）廢除。**c**（神職的）罷免。**2** ⓤⓒ**a** 喪失；損失〔*of*〕。**b**（生活必需品等的）缺乏(狀態)。**3** ⓤ貧窮，貧困。

de·prive [dɪˋpraɪv; diˈpraiv] *v.t.*〔十受十介十(代)名〕從…奪去〔東西〕，使…喪失〔…〕〔*of*〕：The high building ~*d* their house *of* sunlight. 那棟高建築物使他們的房子失去陽光/They were ~*d of* their civil rights. 他們被剝奪了公民權。

de·príved *adj.* **1**〈人、境遇等〉窮苦的，貧困的。**2** [the ~；當複數名詞用；集合稱]窮苦[貧困]的人們。

de pro·fun·dis [͵diprəˋfʌndɪs; ͵di:prəˈfʌndis] «源自拉丁文 'out of the depths'(自深淵)」之義»—*n.* ⓒ[用單數]至深的絕望，至深的悲痛。

de·pro·gram [diˋprogræm; di:ˈprougræm] *v.t.* (**de·pro·grammed, -gramed；de·pro·gram·ming, -gram·ing**) **1**（以極力說服或再教育）使〈改變信仰[意見]的人〉除去受洗腦等所產生的影響。**2** 再訓練(retrain)。

dept.《略》department；deputy.

‡**depth** [dɛpθ; depθ] «deep 的名詞»—*n.* **1** ⓤ[又作ⓒ；常用單數]**a** 深；深度：The ~ of the pond was about five feet. ＝The pond was about five feet *in* ~. ＝The pond had a ~ *of* about five feet. 那個池塘大約有五呎深/at a [the] ~ of 50 feet 在五十呎深處。**b** 縱深：the ~ *of* a room 房間的縱深。**2** [the ~s] **a** 深處：*the* ~*s of* the ocean 海洋深處。**b**（悲慘、絕望等的）深淵：in *the* ~*s of* despair [depression] 在絕望[不景氣]的深淵中。**3** [the ~；常~s] **a** 正中，當中，最中央：*in the* ~ *of* winter 在隆冬[嚴冬]。**b** 深入的地方，內地：*in the* ~*s of* the forest 在森林深處。**4 a** ⓤ（人物、性格等的）深沈；深奧：a man of great ~（性格）極為深沈的人。**b** ⓤ[又作a ~]（感情的）深刻，强烈：with *a* ~ *of* feeling 以深厚的感情。**5** ⓤ **a**（顏色的）濃，深。**b**（聲音的）低沈。

be òut of [beyònd] one's dépth (1)在深至沒頂之處，在比身高還深的地方。(2)不能理解，力所不及。

in dépth (1)⇨ 1 a. (2)〈研究等〉徹底的[地]，深入的[地] (cf. in-depth)：explore a subject *in* ~ 深入探討問題。(3)《軍》〈防衛線等〉有好幾道深的，多層的：defense *in* ~《軍》深層防禦《有多層防禦設施的抵抗線》。

dépth chàrge [bòmb] *n.* ⓒ(尤指炸潛水艇用的)深水炸彈。

dépth psychòlogy *n.* ⓤ深層心理學《對於無意識內容的研究；cf. psychoanalysis》。

dep·u·ta·tion [͵dɛpjəˋteʃən; ͵depjuˈteiʃn] «depute 的名詞»—*n.* **1** ⓤ代理(的行爲)，代表；派代表。**2** ⓒ[集合稱]代表團《★用法視為一整體時當單數用，指個別成員時當複數用》。

de·pute [dɪˋpjut; diˈpju:t] *v.t.* **1 a**〔十受〕使〈某人〉做代理，指定〈某人〉爲代理。**b**〔十受十 *to* do〕使〈人〉代理〈做…〉：I ~*d* him *to* take charge of the business while I was away. 我指定他在我離開的期間代爲管理生意[主持工作]。**2**〔十受(十介十(代)名)〕把〈工作、職權〉委託〔給…〕〔*to*〕：~ a task *to* an assistant 把工作委託給助手。

dep·u·tize [ˋdɛpjə͵taɪz; ˈdepjutaiz] *v.i.*〔動(十介十(代)名)〕充任〔…的〕代理，代行〔*for*〕。—*v.t.*《美》＝depute 1.

dep·u·ty [ˋdɛpjətɪ; ˈdepjuti] *n.* ⓒ **1** 代理(人)，使節。**2 a** 代理的官吏，官吏的副手。**b**（又作**députy shériff**)《美》(郡)副警長。**3**（法國、義大利等的）下院議員。

by députy 由別人代理[代表]，作爲代理(人)。

—*adj.* [用在名詞前]代理的，副的：a ~ chairman 代理議長[主席]，副議長[主席]/a ~ judge 預備推事/a ~ mayor 副市長/a ~ premier [prime minister] 副首相/the *D*~ Speaker（英國下院的）副議長/a ~ of the law 法律的代行者。

der.《略》derivation；derivative；derive(d).

de·rail [diˋrel; diˈreil] *v.t.* 使〈火車等〉出軌《★常用被動語態》：The train *was* [got] ~*ed.* 火車出軌了。—*v.i.* 出軌。

de·rail·leur [dəˋrelə; diˈreilə] *n.* ⓒ腳踏車的多段變速裝置。

de·ráil·ment [-mənt; -mənt] *n.* ⓤⓒ出軌。

de·range [dɪˋrendʒ; diˈreindʒ] *v.t.* **1** 擾亂〈常態、計畫等〉，使…混亂，使…錯亂：My plans were completely ~*d* by his sudden arrival. 他的突然來到把我所有的計畫全部搞亂了。**2** 使〈人〉發狂，使…精神錯亂《★常以過去分詞當形容詞用，變成「發狂」之意》：Her mind is ~*d.* ＝She is (mentally) ~*d.* 她精神錯亂。

de·ránge·ment [-mənt; -mənt] «derange 的名詞»—*n.* ⓤ **1** 攪亂，失常，混亂。**2** 錯亂，發狂：mental ~ 精神錯亂。

Der·by [ˋdɝbɪ, ˋdɑrbɪ; ˈdɑ:bi] *n.* **1** 德貝《英格蘭中部德貝郡(Derbyshire)的一個城市》。**2 a** [the ~]英國德貝大賽馬會。

【說明】1780 年由第十二代德貝伯爵(Earl of Derby)，愛德華·史密斯·史丹利(Edward Smith Stanley)所創始；通常在每年六月的第一個星期三，在英格蘭薩里郡(Surrey)的艾普孫(Epsom)舉行，參賽的馬年齡均爲三歲，需跑完一哩半的賽程。是日稱爲 the Derby Day；cf. classic races.

b ⓒ大賽馬會。**3** [a d~]（人人均可參加的）競賽，公開賽。**4** [d~]（又作 **dérby hát**)ⓒ《美》常禮帽，黑色圓頂窄邊的絲質禮帽(《英》bowler)。

Dérby Dày *n.*《英》英國德貝大賽馬會的日子(⇨ Derby 2 a)。

Der·by·shire [ˋdɝbɪ͵ʃɪr, -ʃɚ; ˈdɑ:biʃiə, -ʃə] *n.* 德貝郡《英格蘭中部的一郡；首府梅脫洛(Matlock [ˋmætlɑk; ˈmætlɔk])》。

derby 4

der·e·lict [ˋdɛrə͵lɪkt; ˈderilikt] *adj.* **1** 被拋棄[遺棄]的。**2**《美》疏忽職務的，不負責任的。

—*n.* ⓒ **1** 遺棄物；(尤指)拋棄的船。**2** 被遺棄者；(無家或無固定工作而爲社會所拒絕之)窮人。**3**《美》疏忽職務者。

der·e·lic·tion [͵dɛrəˋlɪkʃən; ͵deriˈlikʃn] «derelict 的名詞»—*n.* **1** ⓤ放棄，遺棄。**2** ⓤⓒ（職務的）懈怠，疏忽：(a) ~ of duty 職務的懈怠[疏忽]。

de·req·ui·si·tion [di͵rɛkwəˋzɪʃən; ˈdi:͵rekwiˈziʃn]《英》*n.* ⓤ曾被徵收之財產的退還《尤指自軍方退還民間》。

—*v.i.* 退還曾被徵收的財產。

—*v.t.* 把〈曾被軍方徵收的東西〉退還給民間。

de·ride [dɪˋraɪd; diˈraid] *v.t.* **1 a**〔十受〕嘲笑，愚弄，嘲弄…(⇨ ridicule【同義字】)。**b**〔十 do*ing*〕嘲笑〈做…〉。**2**〔十受十*as* 補〕嘲笑…〔爲…〕：~ a person *as* a fool 嘲笑某人爲傻瓜。

de rigueur [dəriˋgɝ; dəri:ˈgə:] «源自法語»—*adj.* [不用在名詞前]依照禮節的，禮節上必需的，合乎禮數的：Evening dress is ~. (穿)晚禮服是必需的。

de·ri·sion [dɪˋrɪʒən; diˈriʒn] «deride 的名詞»—*n.* ⓤ嘲弄，嘲笑：hold [have] a person in ~ 嘲笑某人/treat a person with ~ 嘲弄某人。

de·ri·sive [dɪˋraɪsɪv; diˈraisiv] «deride, derision 的形容詞»—*adj.* 嘲笑的，嘲弄的：a ~ gesture 愚弄人的態度[樣子]。

~·ly *adv.*

de·ri·so·ry [dɪˋraɪsərɪ; diˈraisəri] *adj.* **1** 可笑的，荒謬的；極微的，微不足道的：a ~ salary 極微薄的薪水。**2** ＝derisive.

de·rí·so·ri·ly [-rəlɪ; -rili] *adv.*

deriv.《略》derivation；derivative；derive(d).

der·i·va·tion [͵dɛrəˋveʃən; ͵deriˈveiʃn] «derive 的名詞»—*n.* **1** ⓤ（從他物、根源）引出，引伸，誘導。**2 a** ⓤ由來，起源；衍生。**b** ⓒ衍生物。**3**《語言》**a** ⓤⓒ（字詞的）衍生，語源。**b** ⓒ衍生語。

de·riv·a·tive [dəˋrɪvətɪv; diˈrivətiv] «derive, derivation 的形容詞»—*adj.* **1 a**（自根源）引出的；衍生的。**b** 無獨創性的，缺乏新鮮的。**2**《語言》衍生而來的：a ~ word 衍生語。

—*n.* ⓒ **1** 衍生物。**2**《語言》衍生語。**3**《化學》誘導體。**4**《數學》導函數。

~·ly *adv.*

***de·rive** [dəˋraɪv; diˈraiv, də-] «源自拉丁文「自河(river)引水」之義»—*v.t.*〔十受十介十(代)名〕**1**〔從…〕引出，得到…〔*from*〕：We ~ knowledge *from* books. 我們從書本得到知識。**2**〈字詞、習慣等〉源自〔…〕；〔從…〕追溯…之起源〔*from*〕《★常用被動語態》：The word "October" *is* ~*d from* the Latin word "octo,"

which means "eight." 英語 "October" 一字係源自拉丁文字義是「八」的 "octo"。
—v.i. 〔十介十(代)名〕起源〔於…〕，衍生〔於…〕，出〔自…〕〔*from*〕：These English words ~ ***from*** Greek. 這些英文字起源於希臘文。

der·ma [ˋdɝmə; ˈdə:mə] *n.* Ⓤ眞皮；皮膚。

der·mal [ˋdɝml; ˈdə:ml] *adj.* 眞皮的；皮膚的。

der·ma·ti·tis [ˌdɝməˋtaɪtɪs; ˌdə:məˈtaitis] *n.* Ⓤ皮膚炎。

dèr·ma·tól·o·gist [-dʒɪst; -dʒist] *n.* Ⓒ皮膚科醫師，皮膚病學家。

der·ma·tol·o·gy [ˌdɝməˋtɑlədʒɪ; ˌdə:məˈtɔlədʒi] *n.* Ⓤ皮膚醫學，皮膚病學。

der·o·gate [ˋdɛrəˌget; ˈderəgeit] *v.i.* 《文語》**1** 〔十介十(代)名〕減損，貶低〔名聲、品格、價值等〕〔*from*〕：Such conduct will ~ ***from*** your reputation. 那樣的行爲有損你的名譽。**2** 〈人〉墮落。

der·o·ga·tion [ˌdɛrəˋgeʃən; ˌderəˈgeiʃn] «derogate 的名詞» **—n.** Ⓤ《文語》〔名聲、價值等的〕損傷，減損，貶低〔*from, of*〕.

de·rog·a·tive [dɪˋrɑgətɪv; diˈrɔgətiv] *adj.* ＝derogatory.

de·rog·a·to·ry [dɪˋrɑgəˌtorɪ, -ˌtɔrɪ; diˈrɔgətəri] *adj.* **1** 有損〈名譽、人格等〉的；〈言語等〉輕蔑的：a ~ remark 惡言。**2** [不用在名詞前]〔十介十(代)名〕損傷〔名譽、人格、價值等〕的〔*to*〕：Such conduct will be ~ ***to*** his reputation. 那樣的行爲將會毀損他的名譽。

-to·ri·ly [dɪˋrɑgəˌtorəlɪ, -ˌtɔr-; diˈrɔgətərəli] *adv.*

derrick 1

der·rick [ˋdɛrɪk; ˈderik] *n.* Ⓒ **1** 動臂起重機，人字起重桿《用以把貨物吊上船》。**2** (鑽探油井用的)鐵架塔。

【字源】現在是指「起重機」，但最初並非用於吊貨物，而是用於吊人(處絞刑)的用具。此字乃是源自 1600 年代倫敦泰朋(Tyburn)刑場的劊子手之名。

der·ri·ère [ˌdɛrɪˋɛr; ˌderiˈɛə] «源自法語» **—n.** Ⓒ臀部。

der·ring-do [ˋdɛrɪŋˋdu; ˌderiŋˈdu:] «源自將 daring to do 當作名詞片語之誤» **—n.** Ⓤ大膽行爲；蠻勇。

der·rin·ger [ˋdɛrɪndʒɚ; ˈderindʒə] «源自美國發明者之名» **—n.** Ⓒ迪林格手槍《大口徑短筒的小型手槍》。

derv [dɝv; də:v] «*d*iesel-*e*ngined *r*oad *v*ehicle 的頭字語» **—n.** Ⓤ《英》柴油，重油。

der·vish [ˋdɝvɪʃ; ˈdə:viʃ] *n.* Ⓒ **1** 回教的托缽僧[苦修僧人]《終生奉守貧窮簡樸的生活；以激烈旋轉身體的舞蹈或祈禱進入心曠神怡的狀態》。**2** 狂舞者。

de·sal·i·nate [diˋsæləˌnet; di:ˈsælineit] *v.* ＝desalt.

de·sal·i·nize [diˋsæləˌnaɪz; di:ˈsælinaiz] *v.* ＝desalt.

de·salt [diˋsɔlt; di:ˈsɔ:lt] *v.t.* 自〈海水等〉中除去鹽分。

de·scale [diˋskel; ˌdi:ˈskeil] *v.t.* 除去…的水銹。

des·cant [dɛsˋkænt, dɪˋskænt; diˈskænt] *v.i.* **1** 〔十介十(代)名〕詳述，絮說〔…〕〔*on, upon*〕：You need not ~ ***upon*** my shortcomings. 你不必絮說我的缺點。**2** 《音樂》(配合其他旋律)歌唱[演奏]。

— [ˋdɛskænt; ˈdeskænt] *n.* **1** Ⓒ《詩》歌曲，歌。**2** ⓊⒸ《音樂》**a** (用在旋律上的)裝飾音(唱法)，變奏《高於固定旋律的歌唱，見於中世紀文藝復興的多聲音樂》。**b** 高音部。

Des·cartes [deˋkart; deiˈkɑ:t]，**René** [rəˋne; rəˈnei] *n.* 笛卡爾《1596–1650；法國哲學家及數學家；★ 相關用語 形容詞爲 Cartesian》。

de·scend** [dɪˋsɛnd; diˈsend] «源自拉丁文「下降」之義» **—v.i.** **1** 〔動(十副詞(片語))〕**a** (由高處)下來，下降(↔ ascend)：He ~*ed from* the top of the mountain. 他從山頂下來/The sunlight ~*ed from* the sky. 陽光從天空照下/The stream ~*ed to* the sea. 這條溪水流注入海。**b** 下坡，傾斜而降：The road ~*s* steeply. 這條路陡降/The hill ~*s* abruptly *toward* the south. 那座小山朝南陡降。**2** 〔十介十(代)名〕〈土地、性質等〉〔由…〕傳下〔給…〕〔*from*〕〔*to*〕：This land has belonged to our family for more than a century, ~ing from*** father ***to*** son. 這塊土地父子相傳，屬於我們家族已超過一個世紀。**3** 〔十介十(代)名〕降低身分，屈身〔至…地步〕〔*to*〕：He never ~*s* ***to*** such meanness. 他決不會自貶到如此卑鄙《他決不會做那種卑鄙事》/He ~*ed to* begg*ing*. 他淪於乞討爲生。**4** 〔十介十(代)名〕**a** 突襲〔…〕〔*on, upon*〕：Our army ~*ed* ***on*** the enemy. 我軍突襲敵人。**b** (突然)拜訪〔…〕〔*on, upon*〕：His whole family ~*ed* ***on*** me. 他全家突然來拜訪我。**c** 〈憤怒等〉發〔在某人等身上〕〔*on, upon*〕：His anger ~*ed* ***upon*** me, not *upon* her. 他的怒氣發在我身上，不是發在她身上/Silence ~*ed* ***on*** the room again. 房間又變得安靜了。

—v.t. **1** 〔十受〕下〈山坡、階梯等〉，沿著…而下(↔ ascend)：We went on ~*ing* the hill. 我們繼續下山。**2** 〔十受十介十(代)名〕使〈人〉〔從…〕系出(爲子孫)〔*from*〕《★常以過去分詞當形容詞用；⇨ descended》。

de·scen·dant [dɪˋsɛndənt; diˈsendənt] *n.* Ⓒ子孫〔*of*〕(cf. ancestor, forefather).

de·scénd·ed *adj.* [不用在名詞前]〔十介十(代)名〕〔…的〕後裔的，系出〔…〕的〔*from*〕(cf. descend *v.t.* 2)：He is ~ ***from*** a distinguished family. 他系出名門。

de·scen·dent [dɪˋsɛndənt; diˈsendənt] *adj.* **1** 下行的，下降的，降落的。**2** 祖傳的，世襲的。

de·scénd·ing *adj.* 下去的，下降的，朝下的(↔ ascending).

de·scent [dɪˋsɛnt; diˈsent] «descend 的名詞» **—n.** **1** ⓊⒸ**a** 降下；下山(↔ ascent). **b** 沒落，淪落；下跌：a sudden [steep] ~ in the price of shares 股價的暴跌。**2** Ⓒ下坡(路)。**3** Ⓤ[又作 **a** ~] **a** (突然的)襲擊，侵入〔*on, upon*〕. **b** (警察等的)突擊檢查，臨檢〔*on, upon*〕. **4** Ⓤ[常與修飾語連用]家世，世系，出身，血統(ancestry)：a man of high ~ 出身名門的人/of Irish ~ 祖籍愛爾蘭的，愛爾蘭血統的/in direct ~ *from*... 以…的直系子孫。**5** Ⓤ《法律》世襲，繼承：by ~ 由於[憑]繼承。

de·scrib·a·ble [dɪˋskraɪbəbl; diˈskraibəbl] *adj.* 可敍述的，能描寫的。

‡de·scribe [dɪˋskraɪb; diˈskraib] «源自拉丁文「摹寫」之義» **—v.t.** **1** 用言語敍述：**a** 〔十受〕敍述，描寫，形容…《★ 用法 用 describe about... 是錯誤》：*D*~ him. 描述他(的長相)/Words cannot ~ the scene. 言語無法描述那景色。**b** 〔十受十介十(代)名〕(用言語)〔向人〕說明…〔*to*〕：Can you ~ the car ***to*** me？你能向我描述那部車子嗎？**c** 〔十 *wh.*＿/十 *wh.*十 *to* do〕描述〈如何(做)…〉《★ 用法 不用於〔十 *that*＿〕及〔十引句〕的句子》：He ~*d* exactly *what* had happened. 他如實地描述所發生的事/He ~*d how to* use the machine. 他說明如何使用該機器。**2** 〔十受十*as* 補〕把…評述[看成，說成]〈爲…〉：He ~*d* her *as* clever [a clever woman]. 他說她聰明[是聰明的女人]/He ~*d* me *as* lacking in spirits. 他評述說我缺乏魄力。**3** 〔十受〕**a** 描畫〈線、圖形〉《★ 比較 一般用 draw》：~ a circle 畫圓圈。**b** 《天文》作〈某一圖形〉的運行。

***de·scrip·tion** [dɪˋskrɪpʃən; diˈskripʃn] «describe 的名詞» **—n.** **1** ⓊⒸ記述，敍述，描寫，說明：excel in ~ 善於描寫/give a brief [full] ~ of... 簡單[詳細]描寫…。**2** Ⓒ(物品、計畫等的)說明書；相貌描述：He answers to the ~ of the suspect. 他與嫌疑犯相貌的描述相符合。**3** Ⓒ《口語》種類，類型(kind)：motorcars *of* every ~ [all ~*s*] 各式各樣的汽車/There was no food *of* any ~. 什麼種類的食物都沒有。

béggar (áll) descríption ⇨ beggar *v.t.* 2.

beyònd descríption 難以描寫[形容]：The English countryside is beautiful *beyond* ~. 英國的鄉間美得難以形容。

de·scrip·tive [dɪˋskrɪptɪv; diˈskriptiv] «describe, description 的形容詞» **—adj.** (**more** ~；**most** ~) **1** 描寫的，敍述的，說明的，記事文的：~ grammar [linguistics] 敍述文法[語言學]。**2** [不用在名詞前]〔十介十(代)名〕記述[描寫]〔…〕的〔*of*〕：a book ~ ***of*** adventures 描寫冒險的書。**~·ly** *adv.*

de·scry [dɪˋskraɪ; diˈskrai] *v.t.* 《文語》遠遠地看出[看到]：He *descried* an island far away on the horizon. 他看到遙遠的地平線上有個島嶼。

Des·de·mo·na [ˌdɛzdəˋmonə; ˌdezdiˈmounə] *n.* 戴絲笛蒙娜《莎士比亞(Shakespeare)的悲劇「奧賽羅(*Othello*)」中的女主角，是奧賽羅之妻》。

des·e·crate [ˋdɛsɪˌkret; ˈdesikreit] *v.t.* **1** 褻瀆；汚辱。**2** 把〈神物〉供俗用。

des·e·cra·tion [ˌdɛsɪˋkreʃən; ˌdesiˈkreiʃn] «desecrate 的名詞» **—n.** Ⓤ褻瀆神聖；汚辱。

de·seg·re·gate [diˋsɛgrəˌget; ˌdi:ˈsegrigeit] *v.t.* 廢除〈學校等〉的種族差別待遇，取消…的種族隔離(cf. segregate 2).

—v.i. 廢除種族差別待遇，取消種族隔離。

de·seg·re·ga·tion [ˌdisɛgrəˋgeʃən; ˌdi:segriˈgeiʃn] «desegregate 的名詞» **—n.** Ⓤ種族差別待遇的廢除，種族隔離的取消。

de·sen·si·tize [diˋsɛnsəˌtaɪz; ˌdi:ˈsensitaiz] *v.t.* **1** 使…的敏感性減低，使…變遲鈍。**2** 《攝影》使〈底片等〉的感光度減低。**3** 《醫》減少…的過敏性。

***des·ert¹** [ˋdɛzɚt; ˈdezət] «源自拉丁文「被拋棄了的」之義» **—n.** Ⓒ[常 **D**~，用於地名]沙漠：the Sahara *D*~ 撒哈拉沙漠/the ship of the ~ 沙漠之舟《駱駝》。

—adj. [用在名詞前]沙漠似的；荒涼的；不毛的：a ~ island 無人島；荒島。

de·sert² [dɪˋzɝt; diˈzə:t] *v.t.* 〔十受〕**1** **a** 拋棄〈人、地位等〉；擅離〈職位等〉：~ one's wife and children 拋棄妻小/~ one's post 擅離職守。**b** 〈軍人、船員等〉(擅自)從…逃走：~ the

D

army 從軍隊裏逃走[逃亡]/~ a ship 從船上逃走，棄船。**2** 〈某人〉喪失〈信心等〉：His self-assurance [calm] *~ed* him. 他失去自信[鎮定]。

—*v.i.* **1** 拋棄義務[職務]，擅離職守。**2** 《軍》逃走，逃亡。

de·sert[3] [dɪˋzɝt; diˈzəːt] 《deserve 的名詞》 **—*n.*** [~s] 應得的報應[賞罰]《★ 用法 尤指負面的情形》：get [meet with] one's (just) *~s* 得到應得的賞[罰]。

de·sért·ed *adj.* **1** (變成)無人居住的，荒涼的，荒廢了的：a ~ street 行人絕跡的街道/a ~ village 荒村/The road was completely ~ at that time of night. 在夜晚的那一段時刻，那條路上全無行人。**2** 被遺棄的：a ~ wife 被(丈夫)遺棄的妻子。

de·sért·er *n.* Ⓒ **1** 拋棄(義務、家人等)的人，遺棄者。**2** 擅離職守者；逃亡者；逃兵；棄船者；脫黨者。

de·ser·tion [dɪˋzɝʃən; diˈzəːʃn] 《desert[2] 的名詞》**—*n.*** Ⓤ Ⓒ **1** 拋棄；遺棄，擅離職守，逃走，棄艦。**2** 《法律》夫妻任一方蓄意之遺棄配偶或子女。

D

‡**de·serve** [dɪˋzɝv; diˈzəːv] 《源自拉丁文「勤勉服務」之義》**—*v.t.*** 值得《★無進行式》：**a** 〔十受〕有…的價值，該受…：The question *~s* your attention. 該問題值得你注意/He has done nothing to ~ death. 他沒做過該受死刑的事/You ~ praise. 你值得稱讚(cf. b, c)。**b** 〔十 *to* do〕有〈做…〉的價值：He *~s to* be President. 他應該當總統/You ~ *to* be praised. 你該得到稱讚(cf. a, c)。**c** 〔十 do*ing*〕該得〈到…〉，值得〈被…〉(《★比較《英》一般用〔十 *to* do〕》：You ~ prais*ing* [punish*ing*]. 你該得到稱讚[懲罰](cf. a, b)。

—*v.i.* 〔十介十(代)名〕[與 well, ill 等狀態副詞連用]《文語》值得〔…〕，應得〔…〕〔*of*〕：He *~s* well [doesn't ~ ill] ***of*** his country. 他值得受國家禮遇[不該受到國家的冷落]。

de·sérved *adj.* 該賞[罰]的，應得的(報應的)：a ~ promotion 應得的晉陞。

de·sérv·ed·ly [-vɪdlɪ; -vidli] *adv.* 當然，應當地：He was ~ punished. 他理當受罰。

de·sérv·ing *adj.* **1** [不用在名詞前]〔十介十(代)名〕該得到〔…〕的，值得〔…〕的(worthy)〔*of*〕：His conduct is ~ ***of*** the highest praise [the heaviest penalty]. 他的行為該得到最高的讚賞[最嚴厲的懲罰]。**2** [用在名詞前]值得(經濟上等)援助的：needy and ~ students 值得援助的貧困學生。

de·sérv·ing·ly *adv.* 有功地，當然地。

de·sex [diˋsɛks; ˌdiːˈseks] *v.t.* **1** 使…失去性特徵[吸引力，興趣]。**2** 為…去勢，閹割(castrate)。

dés·ha·billé [ˌdɛzəˋbil; ˌdeizæˈbiːei, ˌdez-, -zəˈb-] *n.* =dishabille.

des·ic·cant [ˋdɛsəkənt; ˈdesikənt] *adj.* 〈藥劑等〉使乾燥的，有乾燥效力的。

—*n.* Ⓤ [指產品個體或種類時爲Ⓒ] 乾燥劑。

des·ic·cate [ˋdɛsəˌket; ˈdesikeit] *v.t.* **1** 使…乾燥：a *~d* skin 乾燥的皮膚。**2** (為保存)使〈食品〉成乾燥物，使…脫水成粉狀：*~d* milk 奶粉。**3** 使…失去生氣[活力]，使…無精打采：a *~d* voice 無精打采的聲音。

des·ic·ca·tion [ˌdɛsəˋkeʃən; ˌdesiˈkeiʃn] 《desiccate 的名詞》**—*n.*** Ⓤ乾燥(作用)。

des·ic·ca·tor [ˋdɛsəˌketɚ; ˈdesikeitə] *n.* Ⓒ **1** 使水果、牛奶等乾燥的器具。**2** 《化學》保乾器，乾燥器，防潮器。

de·sid·er·ate [dɪˋsɪdəˌret; diˈzidəreit, diˈsi-] *v.t.* 渴望，亟需。

de·sid·er·a·tum [dɪˌsɪdəˋretəm; diˌzidəˈreitəm, diˌsi-] *n.* Ⓒ (*pl.* **-ta** [-tə; -tə])急需的事物；迫切的需求[願望]。

de·sign** [dɪˋzaɪn; diˈzain] 《源自拉丁文「劃分出」之義》**—*v.t. **1** 〔十受〕製作〈繪畫等〉的草圖，打…的圖樣；設計〈建築圖案、衣服式樣等〉：~ a dress 設計女裝/~ a garden [stage sets] 設計庭園[舞台佈景]。**2 a** 〔十受〕計畫，籌畫；起草…：The author *~ed* a good plot. 作者構思了一個好情節。**b** 〔十 *to* do〕打算〈做…〉：He *~ed to* be a lawyer. 他打算當律師。**3 a** 〔十受十介十(代)名〕打算讓…〔做…〕〔*for*〕《★常用被動語態》：His father *~s* him ***for*** the ministry. 他父親打算讓他任神職(cf. 3b)/This plot *is ~ed for* a garden. 這塊土地被圈定為庭園用地。**b** 〔十受十 *to* do〕打算使…〈去做…〉《★常用被動語態》：His father *~s* him *to* be a minister. 他父親打算讓他當牧師(cf. 3a)/The slogan *was ~d to* arouse the people. 該標語是為喚醒國民而擬定的。**c** 〔十受十 *as*補〕把…預定〈作爲…〉《★常用被動語態》：This book *is ~d as* a textbook. 這本書預定作為教科書用。

—*v.i.* 〔動(十介十(代)名)〕設計；〔為特定商店、公司等〕構思，製作圖案，打圖樣〔*for*〕：She *~s* ***for*** a firm of dressmakers. 她為一家女服飾店設計圖樣。

—*n.* **1** Ⓤ(機器、建築等的)設計；構思：machine ~ 機器設計/the art of ~ 設計術。**2** Ⓒ圖案，草圖，素描；設計圖；圖樣，雛型：a ~ *for* an advertisement 廣告圖案/a vase with a ~ of roses (*on* it) 有玫瑰圖案的花瓶。**3 a** Ⓒ計畫，目的，意圖〔*for*〕(⇨ plan【同義字】)。**b** [~s] 陰謀，企圖，野心〔*on, upon, against*〕：have *~s on* [*upon, against*] ... 對…有野心[企圖]/have [harbor] *~s against* a person 擬謀害某人。

by design 有目的[計畫]地，故意地。

des·ig·nate [ˋdɛzɪgˌnet, ˋdɛs-; ˈdezigneit] 《與 design 同字源》**—*v.t.*** **1** (明確地)標示，指出：On this map red lines ~ main roads. 在這張地圖上，紅線標示主要道路。**2 a** 〔十受十 *as* 補〕指定，選定；任命〈某人〉〈為…〉《★常用被動語態》：The President has *~d* him *as* the next Secretary of State. 總統任命他為下一任的國務卿/He has *been ~d as* his father's successor. 他被指定為他父親的繼承人。**b** 〔十受十受〕指定，任命〈某人〉〈做…〉：Who(m) do you ~ your proxy? 你指定誰做你的代理人？**c** 〔十受十介十(代)名〕任命〈某人〉〔任務、官職等〕〔*for, to*〕：The officer was *~d* ***for*** [***to***] the command. 那名軍官被任命為指揮官。**d** 〔十受十 *to* do〕指定，任命〈某人〉〈去做…〉：He *~d* me *to* work for him. 他指定我代他工作。**3** 〔十受十(*as*)補〕把…取名[叫做，稱呼]〈(為)…〉：The ruler of the country was *~d* (*as*) king. 該國的統治者被稱作國王。

— [ˋdɛzɪgnɪt, ˋdɛs-, -ˌnet; ˈdezigneit, -nit] *adj.* [用於名詞後]被指定的，被派定的：an ambassador ~ 被指定的大使《尚未就任》。

dés·ig·nat·ed hít·ter *n.* Ⓒ《棒球》指定的代打者《通常代替投手進入打擊位置；略作 D.H.》。

des·ig·na·tion [ˌdɛzɪgˋneʃən; ˌdezigˈneiʃn] 《designate 的名詞》**—*n.*** **1** Ⓤ指示；指定〔*of*〕。**2** Ⓤ指名，任命，選派〔*of*〕。**3** Ⓒ《文語》名稱，稱呼；稱號。

dés·ig·nà·tor [-tɚ; -tə] *n.* Ⓒ指示[指定]者。

de·signed [dɪˋzaɪnd; diˈzaind] *adj.* 有計畫的，設計好的，故意的。

de·sígn·ed·ly [-nɪdlɪ; -nidli] *adv.* 故意地，有計畫地。

de·sign·er [dɪˋzaɪnɚ; diˈzainə] *n.* Ⓒ設計家[師，者]，打圖樣的人，計畫者，企圖者，陰謀者：a dress ~ 女裝設計師。

de·síg·ning *n.* Ⓤ **1** 設計；構思，圖案。**2** 陰謀。

—*adj.* 有計劃的；有陰謀的。

de·sir·a·bil·i·ty [dɪˌzaɪrəˋbɪlətɪ; diˌzaiərəˈbiləti] 《desirable 的名詞》**—*n.*** Ⓤ符合心願[理想]，好處，可取之處。

de·sir·a·ble [dɪˋzaɪrəbl; diˈzaiərəbl] *adj.* (**more** ~; **most** ~) **1** 合意的，稱心如意的，理想的，盼望的，可喜的：~ surroundings 合意的環境/a ~ residence 理想的住宅/It is ~ that we (should) provide for the poor at Christmas. 在耶誕節時施捨窮人是件好事《★用法《口語》多半不用 should》。**2** (尤指)〈女子〉性感的，有魅力的。

—*n.* Ⓒ合意的人[物]，稱心如意的事[物]。

-a·bly [-rəblɪ; -rəbli] *adv.* **~·ness** *n.*

‡**de·sire** [dɪˋzaɪr; diˈzaiə] 《源自拉丁文「期待來自星星」之義》**—*v.t.*** **1** (强烈地)希望：**a** 〔十受〕想要，盼望；願望…(⇨ want A【同義字】)：~ fame [happiness] 想要名聲[幸福]/It leaves much [nothing] to be *~d.* 它的缺點不少[一點也沒有]；它有不少待改進之處[它令人滿意]。**b** 〔十 *to* do〕想要〈做…〉，希望〈做…〉：I ~ *to* stay here until my death. 我想要留在這裏直到我死。**c** 〔十受十 *to* do〕想要〈某人等〉〈做…〉：What do you ~ me *to* do? 你想要我做什麼？**d** 〔十 *that*__〕盼望〈…事〉：We ~ only *that* you (should) do your best. 我們只盼望你們盡最大的努力《★用法《口語》多半不用 should》。**2** 〔十受〕想要與〈人〉有性關係。

—*n.* **1** Ⓤ Ⓒ **a** 〔求…的〕慾望，願望〔*for*〕：Her ~ is to travel. 她的願望是旅遊/He has a [no] ~ *for* fame. 他有[沒有]求名的慾望。**b** 〔十 *to* do〕〈想做…的〉慾望，願望：His ~ *to* succeed was natural. 他想成功的願望是很自然的/Most people have a ~ *to* collect things. 大多數人都有收集東西的慾望。**c** 〔十介十 do*ing*〕〔想做…的〕慾望，願望〔*of*〕：His ~ ***of*** return*ing* to his family was natural. 他想回家去的願望是理所當然的。**d** 〔十 *that*__〕〈想做…事的〉慾望，願望：I appreciate his ~ *that* we (should) come to an early settlement. 他要我們早日把事情解決掉，這種願望我是可以理解的《★用法與 *v.* 1 d 同》。**2** Ⓒ [常與修飾語連用；常用單數] 想要的東西：get one's ~ 如願以償(達成願望)/*at* a person's ~ =*at* the ~ of a person 照[如]某人的願望[希望]。**3** Ⓤ Ⓒ 〔對異性的〕性慾，情慾〔*for*〕：sexual ~ 性慾。

de·síred *adj.* 如所願的，預期的，想得到的：have the ~ effect 獲得預期的效果。

de·sir·ous [dɪˋzaɪrəs; diˈzaiərəs] 《desire 的形容詞》**—*adj.*** [不用在名詞前] **1** 〔十介十(代)名〕渴望〔…〕的，想得到〔…〕的〔*of*〕：She was ~ ***of*** her son's success. 她渴望兒子成功/He is very ~ *of* visit*ing* France. 他很想到法國一遊。**2** 〔十 *to* do〕希望〈做…〉的，想要〈做…〉的：I am ~ *to* know further details. 我想要知道更多的細節。**3** 〔十 *that*__〕希望〈…事〉的：He was ~ *that* nothing (should) be said about it. 他希望關於那件事什麼也別說《★用法《口語》多半不用 should》。

de·sist [dɪˋzɪst; di'zist] *v.i.* 〔動(＋介＋(代)名)〕《文語》停止〔…〕，斷絕〔…念頭〕〔*from*〕：He ~*ed* ***from*** *going* further. 他打消再深入的念頭/They ~*ed from* evil ways. 他們停止爲非做歹。

‡desk [dɛsk; desk] *n.* **1** Ⓒ**a** (通常指附有抽屜的)**桌子**，書桌，辦公桌：He found the money *in* his ~. 他在桌子的抽屜裏找到那筆錢。**b** (教會的)講道台。**c**《音樂》譜架。

【字源】源自古希臘競技用作「擲鐵餅」的「圓盤」(diskos)，本義是「圓而扁的東西」。「盤子」(dish)本來通稱爲「圓盤」(diskos)，現代英語的「圓盤」則爲 discus.

2 Ⓒ(旅館等的)櫃台：⇨ information desk, reception desk. **3** [**the** ~]《美》(報館的)編輯部；總編輯。

——*adj.* [用在名詞前] **1** 桌上用的：a ~ dictionary (大型的)案頭辭典/a ~ lamp [telephone] 檯燈[桌上型電話機]。**2** 〈工作〉坐辦公桌的，辦公的，內勤的：a ~ job 文書工作，辦公室的工作/a ~ clerk《美》(旅館等的)櫃台職員。

désk·wòrk *n.* Ⓤ案頭工作，辦公；書寫工作。

des·o·late [ˋdɛslɪt; 'desələt] *adj.* (**more** ~；**most** ~) **1** 〈土地等〉**荒蕪的**，荒廢的，無人煙的；荒涼的。**2** 〈建築物、家庭等〉沒人照顧的，無人居住的。**3** 〈人〉(無朋友而)孤獨的，孤寂的，孤零零的。

—— [ˋdɛsḷ͵et; 'desəleit] *v.t.* 〔＋受〕**1** 使〈某地〉荒廢，使…荒蕪，使…無人煙。**2** 使〈人〉覺得孤單[淒涼]《★常以過去分詞當形容詞用；⇨ desolated》. ~·**ly** *adv.*

dés·o·làt·ed *adj.* [不用在名詞前] **1** 〈人〉覺得孤單的，寂寞的(cf. desolate *v.t.* 2)：She is ~ without you. 你不在她覺得孤單。**2** 〔＋ *to* do〕〈某人〉〈做…而〉感到難過的，感到寂寞的：She was ~ *to* hear that Tom was going to leave the place. 她聽到湯姆要離開該地而感到難過。

des·o·la·tion [͵dɛsḷˋeʃən; ͵desə'leiʃn] «desolate 的名詞»**——***n.* Ⓤ **1** 荒蕪，荒廢，無人煙；荒地，廢墟。**2** 寂寞，悲慘，淒涼。

de·spair** [dɪˋspɛr; di'speə] «源自拉丁文「失去希望」之義»**——n.* Ⓤ **1** **絕望**(↔ hope)：abandon oneself [give oneself up] to ~ 陷入絕望/drive a person to ~ ＝throw a person into ~ 使某人陷入絕望/They gave up the experiment *in* ~. 他們絕望地放棄實驗/*In* her ~, she tried to kill herself. 在絕望中她企圖自殺。**2** [常 **the** ~ **of**...] 令人絕望的事[原因，人]：He is my ~. 他令我絕望/The child is *the* ~ *of* his parents. 那個小孩令他父母感到毫無辦法。

——*v.i.* **1** 絕望：Never ~. 不要絕望。**2** 〔＋介＋(代)名〕〔對…〕絕望，斷念，放棄〔…〕希望〔*of*〕《★可用被動語態》：At last I ~*ed* ***of*** *being* rescued. 最後我已不抱任何被救的希望/His life is ~*ed of.* 他的生命已經了無希望；他的一生完了。

de·spáir·ing [dɪˋspɛrɪŋ; di'speəriŋ] *adj.* [用在名詞前] (感到)絕望的，表示絕望的：a ~ sigh [groan] 表示絕望的嘆氣[呻吟]。~·**ly** *adv.*

des·patch [dɪˋspætʃ; di'spætʃ] *v., n.*《英》＝dispatch.

des·per·a·do [͵dɛspəˋredo; ͵despə'rɑ:dou, -'reid-] *n.* Ⓒ (*pl.* ~**es**, ~**s**)不法之徒，亡命之徒。

des·per·ate** [ˋdɛspərɪt; 'despərət] «despair 的形容詞»**——adj.* (**more** ~；**most** ~) **1 a** 〈人〉**自暴自棄的**，不顧死活的：a ~ criminal 不顧死活的罪犯/Hunger makes men ~. 飢餓使人不惜冒險[不顧一切]。**b** 〈行動、手段等〉不顧前後的，拼命的；非常的，最後的：~ remedies 非常[最後]的補救方法[手段]/They made ~ efforts to reach the shore. 他們拼命努力要到達岸上。**2** [不用在名詞前] **a** 〔＋介＋(代)名〕極想要[非常渴望]〔…〕的〔*for*〕：I was ~ ***for*** a glass of water. 我極想要一杯水。**b** 〔＋ *to* do〕非常渴望〈做…〉的：He is ~ *to* get a job. 他非常渴望求得一職。**3** 〈事態、病情〉(好轉)無望的，絕望的：The situation is ~. 情況令人感到絕望/*D*~ diseases (must) have ~ remedies.《諺》絕症要下猛藥。

dés·per·ate·ly *adv.* **1** 自暴自棄地；拼命地；絕望地；窮途末路地。**2**《口語》非常猛烈地。

des·per·a·tion [͵dɛspəˋreʃən; ͵despə'reiʃn] «desperate 的名詞»**——***n.* Ⓤ自暴自棄，不顧一切，拼命：in ~ 自暴自棄地，不顧一切地；在絕望中/drive a person *to* ~ 使人自暴自棄；使人拼命；《口語》使人大發脾氣。

des·pic·a·ble [ˋdɛspɪkəbḷ; 'despikəbl, di'spikəbl] *adj.* 卑鄙的，可鄙的，卑劣的(mean)：a ~ crime 卑劣的罪行。

des·píc·a·bly [-kəblɪ; -kəbli] *adv.*

de·spise [dɪˋspaɪz; di'spaiz] «源自拉丁文「俯視」之義»**——***v.t.* 〔＋受〕**1** 輕視，蔑視，瞧不起…：I ~ liars. 我瞧不起說謊者。**2** 討厭，厭惡：I ~ lunch*ing* alone. 我不喜歡獨自一個人吃午餐。

***de·spite** [dɪˋspaɪt; di'spait] *prep.* **儘管**，雖然，不管…《★比較 比 in spite of 較常用於文章》：He is very strong ~ his age. 他雖然上了年紀但還是很強壯。

——*n.* Ⓤ惡意；憎恨；汚辱；輕視。

(**in**) **despíte of...**《文語》(1)不顧…。(2)儘管…《★比較 一般用 in spite of 或 despite》.

de·spite·ful [dɪˋspaɪtfəl; di'spaitful] *adj.* **1** 惡意的；懷恨的。**2**《古》表示輕蔑的；侮慢的。

de·spoil [dɪˋspɔɪl; di'spoil] *v.t.* **1 a** 掠奪〈某地〉：~ a village 掠奪某村莊。**b** 破壞〈自然環境等〉。**2** 〔＋受＋介＋(代)名〕從〈某人、某地〉搶奪，剝奪〔東西〕〔*of*〕：~ a person ***of*** his rights 剝奪某人的權利。

de·spo·li·a·tion [dɪ͵spolɪˋeʃən; di͵spouli'eiʃn] «despoil 的名詞»**——***n.* Ⓤ掠奪；(自然環境的)破壞。

de·spond [dɪˋspɑnd; di'spɔnd] *v.i.* 〔動(＋介＋(代)名)〕《文語》〔對…〕失望，感到沮喪[灰心]〔*of*〕：~ ***of*** the future 對未來感到失望/Do not ~. 別沮喪。

——*n.* Ⓤ《古》失望，沮喪：the Slough of *D*~ ⇨ slough¹ 成語。

de·spón·dence [-dəns; -dəns] *n.* ＝despondency.

de·spon·den·cy [dɪˋspɑndənsɪ; di'spɔndənsi] «despondent 的名詞»**——***n.* Ⓤ失望，消沈，沮喪：fall into ~ 陷入沮喪。

de·spon·dent [dɪˋspɑndənt; di'spɔndənt] «despond 的形容詞»**——***adj.* **1** 無精打采的，意志消沈的。**2** [不用在名詞前] 〔＋介＋(代)名〕〔對…〕失望的，灰心的〔*at, about, over*〕：He is ~ ***over*** his illness. 他對自己的病情感到灰心。~·**ly** *adv.*

des·pot [ˋdɛspət, -pɑt; 'despɔt, -pət] «源自希臘文「主人」之義»**——***n.* Ⓒ專制君主，獨裁者；暴君。

des·pot·ic [dɪˋspɑtɪk; de'spɔtik⁀] «despot 的形容詞»**——***adj.* **1** 專制的，獨裁的；暴虐的，專橫的。**2** [不用在名詞前] 〔＋介＋(代)名〕〔對…〕專橫的〔*to, toward*〕：He is utterly ~ ***to*** [***toward***] his subordinates. 他對部屬極爲專橫。

dès·pót·i·cal [-tɪkḷ; -tikl⁀] *adj.* ＝despotic.

~·**ly** [-kḷɪ; -kəli] *adv.*

des·pot·ism [ˋdɛspət͵ɪzəm; 'despətizəm] *n.* **1** Ⓤ專制，專制政治；獨裁制，暴政。**2** Ⓒ專制國家；專制政府。

dés·pot·ist [-tɪst; -tist] *n.* Ⓒ專制主義者。

des·sert** [dɪˋzɝt; di'zə:t] «源自法語「收拾餐桌」之義»**——n.* ⓊⒸ**餐後的甜點**。

【說明】本義爲「收拾餐具或桌子」後來變成指餐(尤指 dinner)後所用的甜點。在美國多半是布丁(pudding)、水果派(pie)、蛋糕(cake)或冰淇淋(ice cream)、水果(fruit)等；英國通常是煮熟的水果，或各種覆有一層乳蛋糕(custard)的甜點(sweets)；在法國則常爲冰凍果汁(sherbet).

dessért·spòon *n.* Ⓒ中匙《大小介於茶匙與湯匙之間，主要用於吃餐後的甜點》。

dessért wìne *n.* Ⓤ[指個體或種類時爲Ⓒ] 甜酒《主要指餐後吃甜點時喝的甜葡萄酒》。

de·sta·bi·lize [diˋstebḷ͵aɪz; ͵di:'steibilaiz] *v.t.* 使…不安定，使…動搖[變動]：~ the régime 使政權動搖。**de·sta·bi·li·za·tion** [͵di͵stebḷaɪˋzeʃən; ͵di͵steibilai'zeiʃn] *n.*

des·ti·na·tion [͵dɛstəˋneʃən; ͵desti'neiʃn] «destined 的名詞»**——***n.* Ⓒ **1** **目的地，到達地點[港口]**：arrive at one's ~ 到達某人的目的地/Our ~ is New York. 我們的目的地是紐約。**2** (郵件、貨物的)投遞處，收件人的地址。

des·tine [ˋdɛstɪn; 'destin] *v.t.* **1** 〔＋受＋介＋(代)名〕將〈人、物〉預定〔於某目的、用途〕，使〈人〉注定〔…〕〔*for*〕《★常用被動語態；cf. destined》：His father ~*d* him ***for*** the church. 他的父親(以前就)打算要他担任神職。**2** 〔＋ *that*＿〕〈命運等〉注定〈…事〉：Fate ~*d that* he shall die. 命運注定他該死。

dés·tined *adj.* **1** (由神、命運)預定的，注定的：one's ~ course of life 某人命中注定的人生旅程。**2** [不用在名詞前] **a** 〔＋ *to* do〕被命運注定〈做…〉的：He was ~ never *to* meet her again. 命運注定他再也見不到她/He was ~ *to* enter the Church. 命運注定他要當牧師《★用法 意謂如果是父母的意願則不一定會實現》。**b** 〔＋介＋(代)名〕〔被…〕注定的，預定的〔*for, to*〕：a man ~ ***for*** high office 注定當高官[居高位]的人/He is ~ ***to*** the gallows. 命運注定他要受絞刑。**3** [不用在名詞前] 〔＋介＋(代)名〕《文語・謔》決定要到〔…〕的，開往〔…〕的〔*for*〕：This ship is ~ ***for*** Southampton. 這艘船是要開往南安普敦的。

***des·ti·ny** [ˋdɛstənɪ; 'destini] *n.* **1** ⓊⒸ**命運，宿命，天數**(⇨ fate【同義字】)。**2 a** [**D**~] 天，神意(Providence). **b** [**the Destinies**]《神話》命運的三女神(the Fates).

the [**a**] **mán of déstiny** 支配命運的人《如拿破崙一世(Napoleon I)者》。

des·ti·tute [ˋdɛstə͵tut, -͵tjut; 'destitju:t] *adj.* **1 a** 缺乏衣食的，貧困的，貧窮的。**b** [**the** ~；當複數名詞用] 貧困的人們。**2** [不用在名詞前] 〔＋介＋(代)名〕《文語》缺乏〔…〕的，沒有〔…〕的〔*of*〕：They are ~ ***of*** common sense. 他們缺乏常識。

des·ti·tu·tion [͵dɛstəˋtuʃən, -ˋtju-; ͵desti'tju:ʃn] «destitute 的名

D

詞》—*n.* Ⓤ極貧，貧困，窮困；缺乏(的狀態)。

‡**de·stroy** [dɪˋstrɔɪ; diˈstrɔi] «源自拉丁文「拆毀」之義»—*v.t.* 〔十受〕**1** 破壞，毀壞〈建築物、城市等〉：The invaders ~*ed* the whole town. 那些侵略者毀壞全鎮/The house was ~*ed* by fire. 那棟房屋毀於火災。

【同義字】destroy 是指將建成的東西予以毀壞之意的最廣泛用字；ruin 指破壞到不可能修復的地步；wreck 是用粗暴的手段加以破壞。

2 **a** 消滅〈敵人等〉，使…全部消滅；殺死〈人、寵物等〉：~ a crippled horse 殺死跛脚的馬。**b** 驅除，撲滅〈害蟲、有害的動物〉，除〈草〉：~ rats 滅鼠。**3** 打破〈計畫、希望等〉：The accident ~*ed* all his hopes for success. 那次意外事故使他成功的一切希望破滅。

de·stróy·er *n.* Ⓒ **1** 破壞者，毀滅者；撲滅者。**2** 驅逐艦。

D

destroyer 2

destróyer èscort *n.* Ⓒ護航驅逐艦《比驅逐艦(destroyer)小，爲反潛艇行動所設計的》。

de·struct [dɪˋstrʌkt; diˈstrʌkt] *v.t.* 使〈火箭、飛彈等〉自毀，爆破。—*v.i.* 自毀。
—*n.* Ⓒ(飛彈的)空中爆破，自毀。
—*adj.* [用在名詞前]用以摧毀(飛彈)的〈裝置等〉。

de·struc·ti·bil·i·ty [dɪˌstrʌktəˋbɪlətɪ; diˌstrʌktiˈbiləti] «destructible 的名詞»—*n.* Ⓤ(被)破壞性；破壞力。

de·struc·ti·ble [dɪˋstrʌktəbḷ; diˈstrʌktəbl] *adj.* 可破壞[毀壞，驅除]的。

***de·struc·tion** [dɪˋstrʌkʃən; diˈstrʌkʃn] «destroy 的名詞»—*n.* Ⓤ**1** 破壞；(大)屠殺；摧毀，消滅，滅絕，驅逐：environmental ~ 環境破壞/bring...to ~ 破壞…，使…毀滅/The typhoon left ~ behind it. 颱風留下它肆虐的痕跡。**2** 毀滅的原因[根源]：Drinking was [Women were] his ~. 酗酒[女人]是他毀滅的原因。

de·struc·tive [dɪˋstrʌktɪv; diˈstrʌktiv] «destroy, destruction 的形容詞» —*adj.* (more ~；most ~) **1** **a** 破壞性的：a ~ typhoon 破壞性的颱風。**b** [不用在名詞前]〔十介十(代)名〕〔對…〕有破壞性的，有害的〔*to*〕：a habit ~ ***to*** health 有損健康的習慣。**c** [不用在名詞前]〔十介十(代)名〕破壞〔…〕的〔*of*〕：Want is ~ ***of*** the finer feelings. 貧困使人失去高尚的感情。**2** (無建設性意圖的)破壞主義的。~·**ly** *adv.* ~·**ness** *n.*

de·struc·tiv·i·ty [ˌdistrʌkˋtɪvətɪ, dɪˌstrʌk-; ˌdistrʌkˈtivəti] «destructive 的名詞» —*n.* Ⓤ破壞性。

de·struc·tor [dɪˋstrʌktə; diˈstrʌktə] *n.* Ⓒ **1** 《英》廢棄物[垃圾]焚化爐。**2** (飛彈、火箭等的)自毀裝置《若發射後發生故障，該裝置即自行爆毀》。

des·ue·tude [ˋdeswɪˌtud, -ˌtjud; diˈsju:itju:d, ˈdeswitju:d] *n.* Ⓤ《文語》廢止(狀態)，衰廢，不用：fall [pass] into ~ 變成廢物，變成廢棄不用。

des·ul·to·ry [ˋdɛsḷˌtorɪ, -ˌtɔrɪ; ˈdesəltəri] *adj.* 漫無邊際的，無條理的，散漫的，不連貫的(⇨ random【同義字】)：a ~ talk 漫談/~ reading 散漫[無系統]的閱讀。**des·ul·to·ri·ly** [ˋdɛsḷˌtorəlɪ, -ˌtɔr-; ˈdesəltərəli] *adv.* **-ri·ness** *n.*

de·tach [dɪˋtætʃ; diˈtætʃ] «源自法語「卸下」與「附著(attach)」之義»—*v.t.* **1** 〔十受(十介十(代)名)〕**a** 把…〔自…〕分開，解開，卸下，切開〔*from*〕：I ~*ed* my watch ***from*** the chain. 我從錶鍊上解下手錶。**b** [~ one*self*]〔從…〕分離，脫離〔*from*〕：Some of them ~*ed themselves* ***from*** the party. 他們當中有些人脫黨。**2** 〔十受〕派遣〈軍隊、軍艦〉：Some of the troops were ~*ed* to guard the left flank. 有部分軍隊被派去守衛左翼。

de·tach·a·ble [dɪˋtætʃəbḷ; diˈtætʃəbl] *adj.* **1** 可分離的，可卸下[取下]的：a ~ hood 可取下的頭巾。**2** 可派遣的。

de·táched *adj.* **1** **a** 分離的，分開的，孤立的：a ~ palace 離宮。**b** 〈房屋〉獨棟的，獨立式的(cf. semidetached)：a ~ house 獨棟的房屋。**c** 被派遣的：a ~ force 分遣隊。**2** **a** 〈人、意見等〉不受他人影響的，無私心的，公平的，客觀的：a ~ view 客觀的[公平的]見解。**b** 〈人、態度等〉客觀的，超然的：He is terribly ~. 他極爲超然。

de·tách·ed·ly [-tʃɪdlɪ; -tʃidli] *adv.* **1** 離開地，分離地。**2** 無私心地，公平地；超然地。

de·tách·ment [-mənt; -mənt] «detach 的名詞»—*n.* **1** Ⓤ分離，脫離。**2** Ⓤ(對世俗、利害等的)超然(態度)，公平。**3** Ⓒ[集合稱]《軍》分遣(艦)隊，支隊《★用法 視爲一整體時當單數用，指個別成員時當複數用》。

‡**de·tail** [ˋditel, dɪˋtel; diˈteil, ˈdi:teil] «源自法語「細切」之義» —*n.* **1** Ⓒ[集合稱爲Ⓤ]細節，細目：omit some ~*s* 略去一些細節/discuss the ~*s* of a plan 討論計畫的細節/(*down*) *to* the smallest [last] ~ 至最小[最後]的細目/There is too much ~ in his story. 他的話太瑣碎了/For further [full] ~*s*, apply to this office. 詳情向本辦事處洽詢。**2** Ⓒ[常~s；有時爲Ⓤ]詳細說明，詳述，細說：give a person the ~*s* of a plan 向某人詳細說明計畫/go [enter] into ~(*s*) 詳述。**3** Ⓤ[又作**a** ~](不重要的)枝節，小事，瑣碎的事：a matter of ~ 瑣碎的事/That is *a* (mere) ~. 那是無關緊要的事。**4** Ⓒ[集合稱爲Ⓤ]《美術・建築》細部的描畫[裝飾]。**5** Ⓒ**a** 《軍》分遣[特派]隊《★用法 視爲一整體時當單數用，指個別成員時當複數用》。**b** 《美》(警官等的)特派隊《★用法 與義 5 a 同》。

in détail 詳細地：He explained it *in* (more [further]) ~. 他(更)詳細地說明那件事《★作此義解時 more [further] in detail 是錯誤的》。

—*v.t.* **1** **a** 〔十受(十介十(代)名)〕〔爲特定任務〕派遣〈兵、小部隊〉〔*for, on, to*〕：~ three soldiers ***for*** sentry duty [***on*** special service] 派遣三名士兵擔任步哨任務[特別任務]。**b** 〔十受十 *to* do〕特派〈士兵、小部隊〉〈做…〉：Three soldiers were ~*ed to* guard the gate. 三名士兵被派去守衛大門。**2** 〔十受(十介十(代)名)〕《罕》〔對人〕詳述…〔*to*〕：~ a plan (***to*** a person) (對人)詳述計畫。

détail dràwing *n.* Ⓒ《工程》大樣圖，細部圖，詳圖；零件圖。

de·tailed [ˋditeld, dɪˋteld; ˈdi:teild, diˈteild] *adj.* 詳細的：a ~ report 詳細的報告/give a ~ description of... 詳細描述…。

de·tain [dɪˋten; diˈtein] *v.t.* 〔十受〕**1** 挽留〈某人〉，使…耽誤：We were ~*ed* by an accident. 我們因意外事故而被耽擱了/Sorry, ~*ed* for the night. 抱歉，今晚不回去《電文》/I won't ~ you (long). 我不會耽誤你(太久)的時間。**2** 《法律》將〈人〉拘留，扣押：The police ~*ed* the suspected murderer for further questioning. 警方將殺人嫌犯拘留作進一步的訊問。

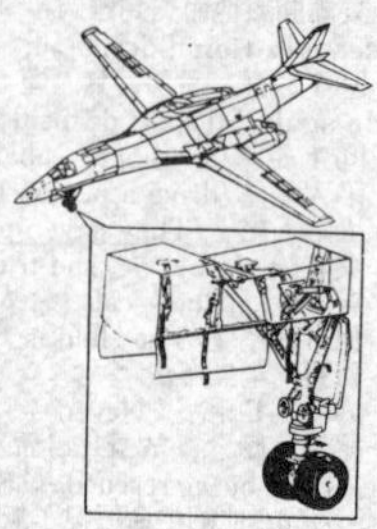

detail drawing

de·tain·ee [dɪˋteni; ˌdi:teiˈni:] *n.* Ⓒ(基於政治原因的)(外國人的)被拘留者。

de·tect [dɪˋtɛkt; diˈtekt] «源自拉丁文「取下罩子」之義»—*v.t.* **1** 〔十受(十介十(代)名)〕〔在…〕發現，查出；看穿；探獲…〔*in*〕：~ a lie [spy] 識破謊言[間諜]/I ~*ed* a change ***in*** her attitude. 我發覺她態度上有所轉變。**2** 〔十受十 do*ing*〕發現〈某人〉〈正在做…〉《★用法 這裏的 doing 係 in doing 的 in 之省略而成》：The boy was ~*ed* steal*ing* apples from the orchard. 那個男孩在果園偷蘋果時被當場發現。

de·tect·a·ble [dɪˋtɛktəbḷ; diˈtektəbl] *adj.* 能發覺的，可探知[查知]的，可看出的：a barely [hardly] ~ change 勉强可看出[幾乎不能發覺]的變化。

de·tec·ta·phone [dɪˋtɛktəˌfon; diˈtektəfoun] *n.* Ⓒ《美》電話竊聽器[裝置]。

de·tect·i·ble [dɪˋtɛktəbḷ; diˈtektəbl] *adj.* ＝detectable.

de·tec·tion [dɪˋtɛkʃən; diˈtekʃn] «detect 的名詞»—*n.* Ⓤ **1** **a** 看出，探知，發現，發覺。**b** 《化學》偵檢。**2** 偵探工作。

de·tec·tive [dɪˋtɛktɪv; diˈtektiv] *n.* Ⓒ偵探，刑事(警察)：a police ~ 警探，探員/a private ~ 私家偵探。
—*adj.* **1** 探查用的：a ~ device 探查裝置。**2** 偵探的：a ~ agency 祕密偵探社，徵信所。

detéctive stòry [nòvel] *n.* Ⓒ推理小說，偵探小說。

de·téc·tor [-tə; -tə] *n.* Ⓒ **1** 識破者，發現者。**2** 偵查器；(漏電的)檢電器；《無線》檢波器：a lie ~ 測謊器。

dé·tente [deˋtɑnt; deiˈtɑ:nt] «源自法語「放鬆」之義»—*n.* ⓊⒸ(國際間的)緊張關係之緩和：~ between East and West 東西間緊張關係之緩和/a policy of ~ 緩和緊張關係之政策，和解政策。

de·ten·tion [dɪˋtɛnʃən; diˈtenʃn] «detain 的名詞»—*n.* ⓊⒸ **1** 挽留，延遲。**2** 扣留，拘禁，(處罰學生的)放學後留校：a house of ~ 拘留所/under ~ 拘留中，扣留中。

deténtion hòme *n.* Ⓒ《美》不良少年收容所，少年感化院。

de·ter [dɪ'tɝ; di'tə:] *v.t.* (**de·terred**; **de·ter·ring**)〔十受(十介十do*ing*)〕使〈人〉(心生恐懼)停止〔做…〕; 使…打消念頭; 妨礙, 阻礙, 阻止…〔*from*〕: The extreme cold *deterred* him ***from*** go*ing* out. 極度寒冷使他打消外出的念頭。

de·terge [dɪ'tɝdʒ; di'tə:dʒ] *v.t.* **1** 把…擦[洗]乾淨。**2** 清洗[除]〈傷口等〉的不潔[不必要]之物。

de·ter·gent [dɪ'tɝdʒənt; di'tə:dʒənt] *adj.* 洗淨的, 有洗淨力的。**—*n.*** Ⓤ[指產品個體或種類時爲Ⓒ] (洗濯用的)(中性)清潔劑: (a) synthetic [laundry] ～ 合成清潔劑。

de·te·ri·o·rate [dɪ'tɪrɪə,ret; di'tiəriəreit] «源自拉丁文「惡化」之義» **—*v.i.*** 惡化, 變壞, 退化, 墮落 (↔ ameliorate): America's balance of trade has been *deteriorating*. 美國的貿易差額日趨惡化/This food will ～ rapidly on contact with air. 這種食物一接觸到空氣即迅速變壞。

—*v.t.* 《罕》使〈價值、品質等〉惡化; 使…成爲低等, 使…退化。

de·te·ri·o·ra·tion [dɪ,tɪrɪə'reʃən; di,tiəriə'reiʃn] «deteriorate 的名詞» **—*n.*** Ⓤ [又作 **a** ～] 惡化, 降低; 退步 (↔ amelioration): (*a*) ～ *in* the quality of goods 貨物品質的降低。

de·tér·ment [-mənt; -mənt] «deter 的名詞» **—*n.*** ⓊⒸ制止[阻礙](者)〔*to*〕.

de·ter·min·a·ble [dɪ'tɝmɪnəbl; di'tə:minəbl] *adj.* 可確定[決定]的。

de·ter·mi·nant [dɪ'tɝmənənt; di'tə:minənt] *adj.* 有決定力的; 限定(性)的。

—*n.* Ⓒ **1** 決定因素。**2** 《數學》行列式。**3** 《生物》決定素, 遺傳因子。

de·ter·mi·nate [dɪ'tɝmənɪt; di'tə:minət, -it] *adj.* **1** (明確)限定的, 明確的。**2** 確定的。**3** 決定性的, 毅然決然的。**4** 《數學》已知數的。～**·ly** *adv.* ～**·ness** *n.*

de·ter·mi·na·tion** [dɪ,tɝmə'neʃən; di,tə:mi'neiʃn] «determine 的名詞» **—*n. **1** Ⓤ**a** 決心, 決意; 決斷力: carry out a plan *with* ～ 斷然實行計畫/with an air of fixed ～ 表現出堅定的決意/a man of great ～ 決心堅定的人。**b**〔十 *to* do〕〈想做…的〉決心, 決意: his ～ *to* master English 他要徹底學會英語的決心。**2** Ⓤ決定, 確定〔*of*〕: The ～ *of* a name [*of what* name we should adopt] for the club took a very long time. (我們)決定俱樂部的名稱費了很長的時間。**3 a** Ⓤ(範圍、位置、量等的)限定; 測定(法), 量定: the ～ of (the amount of) gold in a sample of rock 岩石樣品中金子含量的測定/the ～ of a word's meaning 字義的限定。**b** Ⓒ《法律》判決, 裁定; (權利的)終止。

de·ter·mi·na·tive [dɪ'tɝmɪ,netɪv; di'tə:minətiv] *adj.* **1** 有決定力的, 確定的。**2** 限定的。

—*n.* **1** Ⓒ決定[限定]因素。**2** ＝determiner 2.

‡**de·ter·mine** [dɪ'tɝmɪn; di'tə:min] «源自拉丁文「決定界限」之義» **—*v.t.*** **1 a**〔十 *to* do〕〈人〉決心, 決意〈做…〉《★比較 意思較 decide 强; ⇨ decide【同義字】》: He has ～*d to* return home at once. 他決心立刻回家(鄉)《★比較 have ～*d* 的結構表示行爲的完成, 但 be ～*d* 表示結果的內心狀態; cf. determined 2 a》. **b**〔十 *that*__〕〈人〉決心, 決意〈…事〉: I ～*d that* nothing (should) be changed. 我決心什麼都不改變《★用因《口語》多半不用 should》. **c**〔十受十 *to* do〕〈事物〉使〈人〉決心〈做…〉《★也以過去分詞當形容詞用; ⇨ determined》: That experience ～*d* her *to* become a teacher. 那次經驗使她決心成爲一名教師/What ～*d* you *to* oppose the plans? 什麼事使你決意要反對那些計畫? **d**〔十受十介十(代)名〕〈事物〉使〈人〉決心〔不做…〕〔*against*〕: The letter ～*d* him ***against*** see*ing* her again. 那封信使他決心不再見她。

2 a〔十受〕決定…: ～ the date for the meeting 決定會議[會見]的日子/My course has not yet been ～*d*. 我的路線尚未確定。**b**〔十 *wh.*__/十 *wh.*十 *to* do〕決定〈是否(做)…〉: Have you ～*d what* (you are going) *to* do for a living? 你已決定要做什麼來謀生嗎? /I must now ～ *whether to* meet him or not. 我現在必須決定是否要見他。

3〔十受〕**a** 正確地決定, 限定〈意義〉: The meaning of a word is ～*d* by its actual use in a sentence. 字的意義要由它在句子中的實際用法來確定。**b** 測定〈範圍、量、方向等〉: The captain ～*s* the latitude and longitude of his ship's position. 船長測定船位置的經緯度。**c** 《法律》判決, 裁定〈糾紛等〉, 使…終結: ～ a dispute 判決[裁定]糾紛。

—*v.i.* 〔動(十介十(代)名)〕決定〔…〕, 決心〔*on*〕: She ～*d* ***on*** an early start [*on* start*ing* early in the morning]. 她決定提早[一大早]動身。

de·ter·mined [dɪ'tɝmɪnd; di'tə:mind] *adj.* (**more** ～; **most** ～) **1** 決然的, 堅決的; 表示斷然決意的: a ～ character 果斷的性格(的人)/He had a ～ chin. 他有副透著堅强意志的下巴。

2 [不用在名詞前] **a**〔十 *to* do〕下定決心〈做…〉的: I am ～ *to* go. 我決心一定要去(⇨determine *v.t.* 1 a 比較)。**b**〔十介十do*ing*〕下定決心〔做…〕的〔*on*〕: The boy was firmly ～ ***on*** becom*ing* a painter. 那個少年下定決心要成爲畫家《★變換 可換寫爲 The boy was firmly ～ *to* become a painter.》. ～**·ness** *n.*

de·tér·mined·ly *adv.* 決然, 斷然。

de·tér·mi·ner *n.* Ⓒ **1** 決定的人[東西]。**2** 《文法》限定詞《常置於名詞前, 爲限定名詞的修飾語, 指冠詞、指示形容詞、不定代名詞、代名詞及名詞的所有格等》。

de·tér·mi·nìsm [-,nɪzəm; -nizəm] *n.* Ⓤ《哲》決定論。

de·tér·mi·nist [-nɪst; -nist] *n.* Ⓒ決定論者。**—*adj.*** 決定論的; 決定主義者的。

de·ter·min·is·tic [dɪ,tɝmɪn'ɪstɪk; di,tə:mi'nistik˝] *adj.* 決定論的。

de·ter·rence [dɪ'tɝrəns; di'terəns] «deterrent 的名詞» **—*n.*** Ⓤ **1** 制止, 阻止, 嚇阻, 威懾。**2** 遏阻戰爭。

de·ter·rent [dɪ'tɝrənt; di'terənt] «deter 的形容詞» **—*adj.*** 妨礙的, 制止的, 嚇阻的; 遏阻戰爭的。**—*n.*** Ⓒ **1** 妨礙物, 遏阻的因素; 阻礙, 防礙; (戰爭的)遏阻力〔*to*〕: Punishment is a strong ～ *to* crime. 處罰對犯罪有强大的威懾作用。**2** 嚇阻戰爭者《尤指核子武器》: the nuclear ～ 核子威懾武器。

de·test [dɪ'test; di'test] «源自拉丁文「召神爲證詛咒」之義» **—*v.t.*** **1**〔十受〕深惡, 憎惡, 很討厭…(⇨ hate【同義字】): My brother ～*s* spiders. 我弟弟很討厭蜘蛛。**2**〔十 do*ing*〕很討厭〈做…〉: I ～ be*ing* interrupted. 我很討厭別人插嘴[打岔]。

de·test·a·ble [dɪ'testəbl; di'testəbl] *adj.* 很討厭的, 深惡的, 極可惡的, 可憎的。**de·tést·a·bly** [-təblɪ; -təbli] *adv.*

de·tes·ta·tion [,dites'teʃən; ,di:te'steiʃn] «detest 的名詞» **—*n.*** **1** Ⓤ [又作 **a** ～] 深惡, 憎恨, 嫌惡: hold hypocrisy *in* ～ = have *a* ～ of hypocrisy 深惡僞善。**2** Ⓒ極討厭的人[東西]。

de·throne [dɪ'θron; di'θroun] *v.t.* **1** 廢黜〈帝王等〉。**2** 將〈某人〉從權威的地位(等)拉下來, 罷免。

de·thróne·ment [-mənt; -mənt] «dethrone 的名詞» **—*n.*** ⓊⒸ 廢立, 廢位; 權威地位的推翻。

det·o·nate ['dɛtə,net; 'detəneit] *v.t.* (以猛然巨響)使〈炸藥〉爆炸: ～ dynamite 使炸藥爆炸。

—*v.i.* 〈炸彈、火山等〉(轟然一聲)大爆炸[爆發]。

det·o·na·tion [,dɛtə'neʃən; ,detə'neiʃn] «detonate 的名詞» **—*n.*** **1** Ⓤ(猛烈的)爆炸[爆發]。**2** Ⓒ爆炸聲。

dét·o·nà·tor [-tɚ; -tə] *n.* Ⓒ(炸彈等的)引爆裝置, 雷管; 引爆藥。

de·tour, dé·tour ['ditur, dɪ'tur; 'di:,tuə] «源自法語 'turn aside' 之義» **—*n.*** Ⓒ **1** 迂迴: make a ～ 迂迴, 繞行。**2** 迂迴的路, 繞行的路。

—*v.i.* 〔動(十副)〕繞行〈*round, around*〉.

de·tox·i·cate [di'tɑksə,ket; ,di:'tɔksikeit] *v.t.* ＝detoxify.

de·tox·i·ca·tion [di,tɑksə'keʃən; di:,tɔksi'keiʃn] *n.* ＝ detoxification.

de·tox·i·fi·ca·tion [di,tɑksəfə'keʃən; di:,tɔksifi'keiʃn] *n.* Ⓤ **1** 《生化》解毒作用。**2** 解毒[脫毒](的狀態)。

de·tox·i·fy [di'tɑksə,faɪ; ,di:'tɔksifai] *v.t.* **1** 使…解毒。**2** 使〈有毒癮的人〉解去毒癮; 抵消…的作用, 中和。**—*v.i.*** 解毒。

de·tract [dɪ'trækt; di'trækt] *v.i.* 〔十介十(代)名〕**1** 減損〔…〕〔*from*〕《★可用被動語態》: A little crack ～*s* ***from*** the value of the vase. 小小的裂痕減損那個花瓶的價值。**2** 誣蔑, 貶抑〔…〕〔*from*〕《★可用被動語態》。

de·trac·tion [dɪ'trækʃən; di'trækʃn] «detract 的名詞» **—*n.*** Ⓤ [又作 **a** ～] **1** 惡言, 誹謗。**2** (價值等的)貶低, 降低〔*from*〕.

de·trac·tive [dɪ'træktɪv; di'træktiv] *adj.* 惡言的, 誹謗的, 貶抑的。～**·ly** *adv.*

de·trác·tor [-tɚ; -tə] *n.* Ⓒ(毀損名譽的)誹謗者, 惡意批評者。

de·train [di'tren; ,di:'trein] 《文語》*v.i.* 下火車《★用因 主詞通常爲複數》: All the passengers were forced to ～. 所有乘客被迫下火車。**—*v.t.*** 把…從火車卸下。

de·trib·al·ize [di'traɪbə,laɪz; ,di:'traibəlaiz] *v.t.* (由於與其他文化之接觸)使…失去部落特徵、習俗等; 使〈某人〉脫離某部落。

det·ri·ment ['dɛtrəmənt; 'detrimənt] *n.* **1** Ⓤ 損害, 損傷 (damage)《★常用於下列片語》: to the ～ of... 有損[害]於…, 不利於…/without ～ to... 無損[害]於…。**2** Ⓒ[常用單數]損害[損傷, 損失]的原因。

det·ri·men·tal [,dɛtrə'mɛntl; ,detri'mentl˝] «detriment 的形容詞» **—*adj.*** **1** 有害的, 不利的: the ～ effects of rapid economic growth 經濟快速成長的不利影響。**2** [不用在名詞前]〔十介十(代)名〕〔對…〕有害的, 傷害〔…〕的〔*to*〕: Smoking is ～ ***to*** health. 吸煙對健康是有害的。～**·ly** [-tlɪ; -təli] *adv.*

de·tri·tion [dɪ'trɪʃən; di'triʃn] *n.* Ⓤ磨損(作用), 消耗。

de·tri·tus [dɪ'traɪtəs; di'traitəs] *n.* Ⓤ **1** (風化作用造成的)岩屑, 碎岩。**2** 破片[碎石]堆。

De·troit [dɪ'trɔɪt; di'trɔit] *n.* 底特律《美國密西根州 (Michigan) 的工業城市; 以汽車工業聞名》。

de trop [də`tro; də'trou] «源自法語 'too many [much]' 之義»**—**adj. [不用在名詞前]多餘的，不需要的，無用的。

Deu·ca·li·on [du`keliən, dju-; dju:'keiljən] n. 《希臘神話》杜凱里恩《普洛米修斯(Prometheus)之子，皮爾拉(Pyrrha)之夫；在大洪水(Deluge)期間得以殘存，並成爲人類的祖先》。

deuce[1] [dus, djus; dju:s] «源自法語「2」之義»**—**n. **1** Ⓒ(紙牌的)兩點的牌；(骰子的)兩點(的面)。**2** Ⓤ《運動》平手《網球的比數爲 40–40 的同分，以後連續得兩分者獲勝》。

deuce[2] [dus, djus; dju:s] «源自中古英語「神」之義»**—**n. **1 a** Ⓤ 倒楣；惡運，災難。**b** [**the** ~]魔鬼《★用法 用於較溫和的詛咒》：*The* ~ take it！該死！眞倒楣！糟了！/ *The* (very) ~ is in them！他們眞的見了鬼《大有問題》。**2 a** Ⓤ[常 **the** ~；當感嘆詞用]見鬼！糟了！**b** [**the** ~；强調疑問詞]究竟：What [Who] *the* ~ is that？那究竟是什麼東西[誰]？/Where *the* ~ is he？他究竟在哪裏？**c** Ⓤ[常 **the** ~；表示强烈否定]完全沒有，一個(人)也沒有：(*the*) ~ a bit 一點也不…，毫不…/ (*The*) ~ knows. 誰也不知道，天曉得/*The* ~ it is [you are, *etc.*]！它[你]這樣還了得！豈有此理！**d** [**a** [**the**] ~ **of a…**；當形容詞用]非常…的，不得了的：*a* ~ *of a* lot 非常多，多得不得了。

like the déuce 猛然，猛烈地，不顧一切地。

pláy the déuce with… 把…弄得一團糟。

the déuce and áll 一切的一切；沒有一個好的。

the déuce to pày (此後的)困難[麻煩]，後患：There will be *the* ~ *to pay.* 以後有得苦頭吃[有罪受]；後果可怕[堪虞]。

deuced [dust, djust, `dusɪd, `djus-; dju:st,'dju:sid] 《英口語》adj. [用在名詞前]很可惡的，非常的，過度的：in a ~ hurry 非常急忙地。**—**adv. 非常地，很，極：a ~ fine girl 很漂亮的姑娘。

déu·ced·ly [-sɪdlɪ; -sidli] adv. 《英口語》非常地，很，極。

de·us ex ma·chi·na [`diəs,ɛks`mækɪnə; 'di:əseks'mɑ:kinə, -mækənə] «源自拉丁文 'god from the machine' 之義；希臘戲劇中由機器操作的神突然出現舞台來收拾殘局»**—**n. Ⓒ **1** 《希臘戲劇》(作者爲解決緊急場面而搬出的)騰空而來的神仙；救星。**2 a** (戲劇、小說等中不自然而牽强的)解圍人物[事件]。**b** (牽强的)臨時應付(的對策)。

Deut. 《略》《聖經》Deuteronomy.

deu·te·ri·um [du`tɪrɪəm, dju-; dju:'tiəriəm] n. Ⓤ《化學》氘，重氫(heavy hydrogen)《符號 D》.

deu·te·ron [`dutə,rɑn, `dju-; 'dju:tərɔn] n. Ⓤ《物理》氘核，重氫核。

Deu·ter·on·o·my [,dutə`rɑnəmɪ, ,dju-; ,dju:tə'rɔnəmi] n. 申命記《聖經舊約中一書；略作 Deut.》.

deut·sche mark [`dɔɪtʃə,mɑrk; 'dɔitʃə,mɑ:k] n. Ⓒ德國馬克《西德的貨幣單位；等於100 pfennigs；符號 DM；cf. ostmark》.

de·val·u·ate [di`vælju,et; ,di:'væljueit] v. = devalue.

de·val·u·a·tion [,divælju`eʃən; ,di:vælju'eiʃn] «devalue, devaluate 的名詞»**—**n. Ⓤ **1** 價値的降低，貶値。**2** 《經濟》貶低幣値(↔ revaluation).

de·val·ue [di`vælju; ,di:'vælju:] v.t. **1** 《經濟》減低〈貨幣〉的價値，貶低…的比價《以本位貨幣含金量折合的兩國貨幣價値的比較》(↔ revalue)：~ the pound 貶低英鎊的比價。**2** 降低…的價値。

dev·as·tate [`dɛvəs,tet; 'devəsteit] v.t. **1** 蹂躪〈國土〉，破壞，使…荒廢：The country was ~*d* by a long war. 該國因遭到長期戰爭的破壞而荒廢。**2** 使〈人〉不知所措，使…困惑，使…驚愕。

dév·as·tàt·ing adj. **1** 使荒廢的，破壞性的。**2** 〈議論等〉壓倒性的，激烈的。**3** 《口語》(很)棒的，有效的；厲害的，好慘的。 ~·**ly** adv.

dev·as·ta·tion [,dɛvəs`teʃən; ,devə'steiʃn] «devastate 的名詞»**—**n. Ⓤ蹂躪；荒廢(狀態)；慘禍，慘狀。

dev·as·ta·tor [`dɛvəs,tetə; 'devəsteitə] n. Ⓒ蹂躪者，破壞者；導致毀滅之物。

‡de·vel·op [dɪ`vɛləp; di'veləp] «源自法語「解開包裹」之義»**—**v.t. **1 a** 〔十受(十介十(代)名)〕使…〔由…〕**發展**〔爲…〕，使…發達〔*from*〕〔*to, into*〕：Swimming will ~ many different muscles. 游泳會使身體各種肌肉發達/The modern electronic computer has been ~*ed* ***from*** the simpler calculating machine. 現代的電子計算機是由較簡單的計算機發展而來的/They are thinking of ~*ing* the grounds ***into*** a stadium for 60,000 people. 他們正在考慮將該運動場擴大爲能容納六萬人的體育場。**b** 〔十受〕使〈植物等〉發育，使…生長：Rain and sun ~ plants. 雨水和陽光使植物生長。

2 〔十受〕**a** **開發**〈資源等〉；開〈礦等〉：~ the natural resources of a country 開發國家的天然資源。**b** 把〈土地〉開發(爲住宅用地等)：~ land 開發土地。

3 〔十受〕**a** 發展，啓發〈智能、知性等〉：~ one's faculties 發展某人的才能。**b** 使…發現〈傾向等〉，發揮；培養出〈鑑賞力、習慣等〉：She has ~*ed* a good taste in dress. 她在衣著方面已培養出良好的鑑賞力。**c** 顯出〈疾病〉的症狀，患〈病〉：The old man ~*ed* cancer [an illness]. 那位老人患癌症[病]。**d** 《美》使〈隱藏的東西〉顯現，揭露〈事實等〉：The detective's inquiry did not ~ any new facts. 探員的訊問並未揭露任何新事實。

4 〔十受〕展開〈計畫、議論等〉，使…進展；詳細說明…：~ one's argument (further) (進一步)闡發自己的論點/~ a theory of language learning 詳述語言學習的理論。

5 〔十受〕《攝影》將〈底片〉顯像。

—v.i. **1 a** **發展**，發達，進展；發育：The story ~*ed* slowly. 故事慢慢展開。**b** 〔十介十(代)名〕〔由…〕發展，發育〔爲…〕〔*from*〕〔*into*〕：Plants ~ ***from*** seeds. 植物由種子發育而成/London ~*ed* ***into*** the general mart of Europe. 倫敦發展成爲歐洲的綜合市場。

2 a 〈症狀等〉顯現：Symptoms of cancer ~*ed.* 癌症的症狀顯現。**b** 〈事態等〉明朗化，變明顯：It ~*ed* that he was a murderer. 他是殺人兇手的事已明顯。

3 [常與副詞(片語)連用]《攝影》顯像：This film will ~ in twenty minutes. 這種底片顯影要二十分鐘。

de·vél·oped adj. 已發展的，已開發的：~ countries 已開發國家/a highly ~ industry 高度發展的工業。

de·vél·op·er n. **1** Ⓒ開發者，發展者；(住宅用地等的)開發業者：a land ~ 土地開發業者。**2** Ⓤ[指產品個體或種類時爲Ⓒ]《攝影》顯影劑[液]，顯像劑。

de·vél·op·ing adj. 開發[發展]中的；〈國家、地區等〉在開發途中的：~ countries 開發中國家。

> **【說明】**從類似的一些稱呼的變化，可以看出對接受援助的國家的尊重。從落後國家(backward countries)而成爲未開發國家(undeveloped countries)，更進一步而有低度開發國家(underdeveloped countries)，最近則常用開發中國家(developing countries)的說法。

***de·vel·op·ment** [dɪ`vɛləpmənt; di'veləpmənt] «develop 的名詞»**—**n. **1 a** Ⓤ**發展**，發達，發育；進展(⇨ progress 2【同義字】)；啓發〔*of*〕：economic ~ 經濟發展[開發]/the ~ *of* language 語言的發展。**b** Ⓒ發展[開發](的東西)〔*in*〕：recent ~*s in* nuclear physics 核子物理學最近的發展/Concern about ecology is a recent ~. 對生態學的關心是最近才有的事[直至最近人們才重視生態學的研究]。

2 a Ⓤ(住宅用地的)**開發**：bring land under ~ 開發土地。**b** Ⓒ 開發地，新社區：⇨ housing development.

3 Ⓒ新事實[情況]：the latest news ~*s* from New York 由紐約傳來的最新消息。

4 Ⓤ《攝影》顯影，顯像。

5 《音樂》**a** Ⓤ展開。**b** Ⓒ(主題)展開部《把主題從一個重要結構點帶到另一點》。

de·vel·op·men·tal [dɪ,vɛləp`mɛntl; di,veləp'mentl ←] «development 的形容詞»**—**adj. 《文語》(身心)發展[發育]上的，開發的，促進成長的，進化的。 ~·**ly** [-tlɪ; -təli] adv.

devélopment àrea n. Ⓒ《英》新開發地區。

de·vi·ance [`divɪəns; 'di:viəns] «deviant 的名詞»**—**n. Ⓤ逸出正軌，偏差：sexual ~ 性變態。

dé·vi·an·cy [-vɪənsɪ; -viənsi] n. =deviance.

de·vi·ant [`divɪənt; 'di:viənt] adj. 逸出正軌的，反常的。**—**n. Ⓒ逸出正軌的人[東西]；(尤指性的)異常者，變態者。

de·vi·ate [`divɪ,et; 'di:vieit] v.i. 〔動(十介十(代)名)〕逸出〔常軌〕，越〔軌〕，脫離〔常軌〕〔*from*〕：~ ***from*** the standard 脫離標準。

de·vi·a·tion [,divɪ`eʃən; ,di:vi'eiʃn] «deviate 的名詞»**—**n. **1 a** ⓊⒸ逸出[脫離](正軌)，越軌，偏離〔*from*〕. **b** Ⓒ違背(政治信條的行爲)。**2** Ⓒ(磁針的)偏差。**3** Ⓒ《統計》偏差；誤差。

de·vi·á·tion·ìsm [-n,ɪzəm; -nizəm] n. Ⓤ(政治上的)脫離正軌，(尤指自共產黨規定方針的)偏向，偏差，(從主流的)逸出。

de·vi·á·tion·ist [-nɪst; -nist] n., adj.

de·vice [dɪ`vaɪs; di'vais] «devise 的名詞» **—**n. Ⓒ **1** **發明**[**創造**]**的東西**，精巧的東西[裝置]，器具〔*for*〕：a safety ~ 安全裝置/a new ~ *for* catch*ing* mice 新發明的捕鼠器。**2 a** 設計，方法，構想，計畫。**b** [常 ~**s**]《罕》詭計，策略，謀略。**3** 圖樣，圖案，花樣；商標。

léave a person **to** his **ówn devíces** [resóurces] (對方不接受建議或援助)讓其自行其是，聽其自由行動。

***dev·il** [`dɛvḷ; 'devl] «源自希臘文「說壞話的人」之義；'do evil' 的說法是通俗字源»**—**n. **1 a** Ⓒ**惡魔**，**魔鬼**(⇨ demon【同義字】)：The ~ take the hindmost. 《諺》魔鬼捉最後的人；最後的人倒霉《意爲不管別人，只顧自己逃命等》/Needs must when the ~ drives. 《諺》魔鬼所逼，不得已也[情勢所迫，只好如此]。

> **【說明】**惡魔在猶太教或基督教是罪惡的化身，常扮引誘者的角色。常見的相貌如山羊，有開叉的蹄，並有角、尾巴。有時指異教的神及纏附人身的惡鬼。

b [the D～] 魔王，撒旦(Satan)：Speak [Talk] of *the D～* (and he will [is sure to] appear).《諺》說魔鬼，魔鬼就到[說到曹操，曹操就到]。

devil 1 a

2 Ⓒ邪惡的幽靈。

3 Ⓒ **a** 極兇惡的人，狠心狗肺的人，人面獸心的人。**b**《口語》精力充沛的人，拼命幹的人，…狂〔*for*〕：a veritable ～ *for* golf 十足的高爾夫球狂。**c** (非常)淘氣的人，調皮者。**d** [常與修飾語連用；也用於稱呼]《口語》(…的)人，(…的)傢伙：(a) poor ～ 可憐的傢伙。

4 a [the ～；表示咒罵、驚愕]該死！眞想不到！

b [the ～；强調疑問]究竟：Who *the* ～ is he？他究竟是誰？

c Ⓤ[常 the ～；對於對方的意見表示强烈的反對]絕不…《★用法《英》視上下文有時也用於强調同意》："You say he is a liar."—"*The* ～ he is."「你說他是說謊者。」「他絕不是。」《★用法《英》有時也有「他就是」之意》。

a [the] dévil of a... 不得了的，嚇人的：There was *a* ～ *of a* noise.(噪音)吵得不得了。

betwèen the dévil and the déep (blúe) séa 進退兩難，進退維谷。

【字源】源自船員用語。devil 指「船體的接縫處」。船員作保養工作塗油漆時，一定要吊在船舷與海面中間，因而有「夾縫中求生」的意思。

Dévil táke it！《口語》糟了！該死！

gìve the dévil his dúe 即使討厭的人[壞人]也要公平對待：to *give the* ～ *his due* [當插入語用]以公平的眼光來看，平心而論。

gò to the dévil (1)墮落；染上惡習。(2)[用祈使語氣]滾！滾開！《去見你的鬼去！》

hàve a dévil of a tíme 〈做…時〉很費勁，吃苦頭(cf. a [the] DEVIL of a, have a time (⇨ time *n.* A 9 b))：We *had a* ～ *of a time* put*ting* the radio back together. 我們費了很大的勁才把(拆開的)收音機重新組合好。

hàve the dévil's (ówn) lúck《口語》(壞人)走鴻運，行大運，賊運亨通。

like the dévil 猛然；猛烈地，不顧一切地。

pláy the dévil with...《口語》糟蹋…，使…亂七八糟，損害…。

ráise the dévil 引起大騷動，起哄；好好熱鬧一番。

téll the trúth and sháme the dévil ⇨ truth.

the dévil to páy《俚》往後會發生的麻煩；後患：There will be *the* ～ *to pay*. 以後會遭殃；將來有麻煩。

the (véry) dévil《口語》非常困難(的事)，辛苦(的事)；麻煩(的事)：That's *the (very)* ～ of it. 那不得了；那很麻煩；眞是受不了。

—*v.t.* (**dev·iled,**《英》**-illed；dev·il·ing,**《英》**-il·ling**)〔十受〕**1**《美口語》困擾，虐待(bedevil)，折磨，戲弄〈人〉。**2** 加入多量的辣椒[胡椒]烹調〈肉等〉。

dévil·fish *n.* **1** Ⓒ(*pl.* ～, ～·es)《魚》蝠魟《蝠魟科扁體魚的統稱；尤指鬼蝠魟；★英美人士通常不吃這些東西》。**2** Ⓤ章魚《章魚屬軟體動物的統稱》。

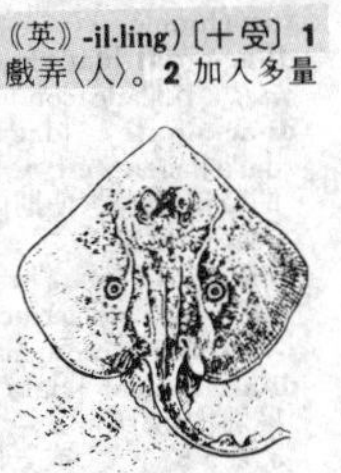

devilfish 1

dev·il·ish [ˋdɛvlɪʃ; ˈdevliʃ] «devil 的形容詞»—*adj.* **1** 如惡魔的。**2** 令人詛咒的，窮兇極惡的，殘酷的。**3**《口語》過分的，非常的，極端的。
—*adv.* ＝devilishly 2.

dév·i·lish·ly *adv.* **1** 惡魔似地。**2**《口語》非常地，極端地。

dévil-may-cáre *adj.* 無所顧慮的，不顧一切的，滿不在乎的，不在意的。

dév·il·ment [-mənt; -mənt] *n.* **1** ⓊⒸ惡作劇，惡行，詭計。**2** Ⓤ快活，活力：full of ～ 充滿活力。

devilfish 2

dev·il·ry [ˋdɛvlrɪ; ˈdevlri] *n.* ＝devilment.

dévil's ádvocate *n.* Ⓒ **1** (爲試議論或提案的妥當性而)故意陳述反對意見的人，故意唱反調的人：play the ～ 故意採取反對的立場。**2** 故意反對他人者(尤指批評家)，對於好事濫加批評的人。

dévil's tattóo *n.* Ⓒ(焦慮不安時)用指尖或腳在桌上或牀上如打鼓般敲擊：beat the ～ 用指尖[腳]敲擊。

【字源】tattoo 之本義爲「(用栓塞住酒桶)酒店打烊的信號」。後來變成「(夜晚令士兵回營的)鼓聲或號音」的意思。人不高興時以手指敲桌子或以腳跟敲地板，在旁邊聽的人多半會感到刺耳而不愉快，以 devil's tattoo(惡魔的歸營鼓[號]聲)來稱呼這種小動作可能是這個緣故。

Dévil's Tówer *n.* 魔鬼塔《在美國懷俄明州(Wyoming)東北部，由岩石自然形成的巨大的塔狀岩塊》。

Devil's Tower

de·vi·ous [ˋdivɪəs; ˈdiːviəs] *adj.* **1** 繞道的，迂迴曲折的，兜圈子的；拐彎抹角的：a ～ explanation 拐彎抹角的說明/take a ～ route 繞道，迂迴。**2** 不正當的，有偏差的。**3** 不正直的，不率直的；(奸詐)欺騙的，詭計多端的：There is something ～ *about* him. 他有點狡猾。
～·**ly** *adv.* ～·**ness** *n.*

***de·vise** [dɪˋvaɪz; diˈvaiz] «device 的動詞» —*v.t.* **1 a**〔十受〕想出，設計，創造；發明〈方法〉：We must ～ a scheme for earning money during the vacation. 我們必須想出在假期中賺錢的計畫。**b**〔十*wh.*十*to* do〕設計，想出〈如何做…〉：I ～*d how to* catch mice. 我設計了捕鼠的方法。**2**〔十受(十介十(代)名)〕《法律》遺贈〈不動產〉〔給人〕〔*to*〕《★常用於 ～ and bequeath》.

dev·i·see [dɪˏvaɪzˋi, ˏdɛvɪˋzi; ˌdeviˈziː, divaiˈziː] *n.* Ⓒ《法律》接受遺贈者。

de·vis·er [dɪˋvaɪzɚ; diˈvaizə] *n.* Ⓒ設計者，發明者。

dev·i·sor [dɪˋvaɪzɚ, dɪˏvaɪˋzɔr; ˌdeviˈzɔː, divaiˈzɔː, diˈvaizɔː] *n.* Ⓒ《法律》遺贈人，遺產贈與者。

de·vi·tal·i·za·tion [diˏvaɪtḷəˋzeʃən, -aɪˋz-; diːˌvaitəlaiˈzeiʃn] «devitalize 的名詞»—*n.* Ⓤ奪去活力[生命]；活力[生命]的喪失。

de·vi·tal·ize [diˋvaɪtḷˏaɪz; ˌdiːˈvaitəlaiz] *v.t.* 從…奪去生命[活力]。

de·vo·cal·ize [diˋvokəˏlaɪz; ˌdiːˈvoukəlaiz] *v.t.*《語音》使〈有聲的音〉變爲無聲的音。

de·void [dɪˋvɔɪd; diˈvɔid] *adj.* [不用在名詞前]〔十介十(代)名〕《文語》缺乏〔…〕的，沒有〔…〕的〔*of*〕：He is ～ ***of*** humor. 他缺乏幽默。

de·voir [dəˋvwɑr, ˋdɛvwɑr; dəˈvwɑː, ˈdevwɑː] «源自法語»—*n.* **1** Ⓒ禮貌，尊重。**2** [～s]敬意，問候，祝賀。**3** Ⓒ職守，本分。

dev·o·lu·tion [ˏdɛvəˋluʃən; ˌdiːvəˈluːʃn, ˌdev-] «devolve 的名詞»—*n.* Ⓤ **1 a** (權利、義務、地位等的)移轉；家產轉移。**b** (由中央政府到地方自治團體的)權限委託，事務的委任。**c**《美》(英國的)放棄殖民地。**2**《生物》退化。

de·volve [dɪˋvɑlv; diˈvɔlv] *v.t.*〔十受十介十(代)名〕將〈權利〉讓渡〔給人〕；將〈義務、職務〉移交，委任〔給人〕；〔使人〕擔負…〔*on, upon*〕：～ the duty ***upon*** another person 將任務交給另一個人。
—*v.i.*〔十介十(代)名〕**1 a**〈職責等〉移交〔於某人〕〔*on, upon*〕：When the President is unable to do his duties, they ～ ***on*** [***upon***] the Vice-President. 總統無法行使其職責時，職責移交給副總統行使。**b** 依〔…〕而定(depend)〔*on, upon*〕. **2**《法律》(死後)〈土地、財產等〉移轉〔給某人〕〔*to*〕.

Dev·on [ˋdɛvən; ˈdevn] *n.* **1** ＝Devonshire. **2** Ⓒ英國得文郡(Devonshire)產的牛。

De·vo·ni·an [dəˋvonɪən; deˈvounjən, di-] «Devon 的形容詞»—*adj.* **1** (英國)得文郡(Devonshire)的。**2**《地質》泥盆紀的。—*n.* **1** Ⓒ得文郡人。**2** [the ～]《地質》泥盆紀[層]。

Dev·on·shire [ˋdɛvənˏʃɪr, -ʃɚ; ˈdevnʃə, -ʃiə] *n.* 得文郡《英格蘭西南部的一郡；首府愛塞特(Exeter [ˋɛksɪtɚ; ˈeksitə])》.

de·vote** [dɪˋvot; diˈvout] «源自拉丁文「發誓奉獻」之義»—*v.t.*〔十受十介十(代)名〕**1** 將〈時間、努力、金錢等〉**奉獻**，貢獻〔給…〕；使…致力，專心從事〔於…〕〔*to*〕：He intends to ～ his life [his fortune] ***to cur*ing* the sick in India. 他想把自己的一生[財富]奉獻於醫治印度的病人/Most of his spare time was ～*d to* the translation of those works. 他把大部分的餘暇都用於翻譯那些作品。
2 [～ *oneself*]〈人〉獻身〔於…〕，專心致力〔於…〕；熱愛〔…〕〔*to*〕《★也以過去分詞當形容詞用；⇨ devoted 2》：She ～*d herself* ***to*** her children. 她把全副的心力傾注到她的孩子身上《她熱愛孩子》。

de·vot·ed [dɪˋvotɪd; diˈvoutid] *adj.* (**more** ～；**most** ～) **1 獻身**的；忠實的；摯愛的，熱心的：the queen's ～ subjects 對女王效忠的臣民/a ～ friend 忠實的朋友/his ～ wife 他摯愛的妻子。

D

2 [不用在名詞前]〔十介十(代)名〕〈人〉專心致力〔於…〕的；熱中〔於…〕的，熱愛〔…〕的〔*to*〕(cf. devote 2)：He is ～ ***to*** golf. 他熱愛高爾夫球/She is ～ *to* her children. 她熱愛她的孩子。

～**·ly** *adv.*

dev·o·tee [ˌdɛvəˋti; ˌdevəˈtiː] *n.* Ⓒ **1** (狂熱的) 宗教皈依者。**2** 熱中者，熱愛者，執著者〔*of*〕。

de·vo·tion [dɪˋvoʃən; diˈvouʃn] «devote 的名詞»——*n.* **1** Ⓤ **a** 〔對…的〕獻身，專心；摯愛，熱愛〔*to*〕：～ *to* baseball 熱愛棒球/the ～ *of* a mother *to* her child 母親對自己孩子的摯愛。**b** (時間、努力、金錢等)〔在某方面的〕投注，專用〔*to*〕：the ～ *of* too much time *to* one's research 太多時間用在研究工作上。**2 a** Ⓤ (宗教上的)皈依，信仰。**b** [～s]祈禱：be at one's ～*s* 在祈禱。

de·vó·tion·al [dɪˋvoʃənḷ; diˈvouʃənl] *adj.* [用在名詞前]祈禱的。——*n.* Ⓒ[常 ～s]簡短的祈禱。

de·vour [dɪˋvaʊr; diˈvauə] «源自拉丁文「全部喝下」之義»——*v.t.* 〔十受〕**1** 〈動物、人〉將〈食物〉吞食；狼吞虎嚥地吃，吞噬…：～ sandwiches 狼吞虎嚥地吃三明治。**2 a** 〈瘟疫、火災等〉毀滅…：The fire ～*ed* two hundred houses. 那次火災燒毀兩百棟房屋。**b** 〈海、黑暗等〉吞沒…：The raging sea ～*ed* the boat. 狂濤吞沒了那條小船。**3 a** 貪婪地閱讀，耽讀〈書等〉：He hungrily ～*ed* the books in the library. 他貪婪地閱讀圖書館裏的書籍。**b** 盯著看，凝視〈人〉：He ～*ed* her with his eyes. 他眼睛盯著她看。**c** 傾聽，諦聽〈話等〉：He ～*ed* every word (I said). 他一字不漏地傾聽(我說的話)。**4** 〈好奇心等〉使〈人〉著迷；〈憂慮〉使〈人〉煩惱《★常用被動語態，變成「著迷，折磨」之意》：I *am* ～*ed* by anxiety. 焦慮使我坐立不安[我焦慮不堪]。

de·vóur·ing [-ˋvaʊrɪŋ; -ˈvauəriŋ] *adj.* **1** 貪食的，吞噬的。**2** 令人煩惱的；使人著迷的；猛烈的，熱烈的，激烈的：a ～ passion 激情。～**·ly** *adv.*

de·vout [dɪˋvaʊt; diˈvaut] *adj.* **1 a** (强調內心信仰的深入與强烈的)虔誠的：a ～ Roman Catholic 虔誠的天主教徒。**b** [the ～；當複數名詞用]虔誠的信仰者，信徒。**2** [用在名詞前]衷心的，熱烈的：a ～ hope 衷心[真誠]的希望。～**·ness** *n.*

de·vóut·ly *adv.* **1** 虔誠地。**2** [修飾 hope, believe 等的動詞]衷心地，熱誠地。

***dew** [du, dju; djuː] *n.* **1** Ⓤ [又作 ～s]**露**：drops of ～ 露珠/wet with ～ 露珠沾溼的/(The) ～ has fallen. 下露水了/Her skirt was wet with the morning ～. 她的裙子被朝露沾溼了。**2** ⓊⒸ 《詩》淚珠，汗珠：*D*～ glistened in her eyes. 淚珠在她眼裏閃爍著《她眼裏含著淚》/The sweat came out in a fine ～ on his forehead. 他的額頭上冒出露水般的汗珠。

de·wa·ter [diˋwɔtɚ; ˌdiːˈwɔːtə] *v.t.* 使…脫水，將水排出…。

dew·ber·ry [ˋduˌbɛrɪ, ˋdju-, -bərɪ; ˈdjuːberi, -bəri] *n.* Ⓒ **1** 《植物》懸鉤子《薔薇科懸鉤子屬灌木的統稱》。**2** 莓《又稱露珠莓，懸鉤子屬植物的果實》。

déw·dròp *n.* Ⓒ **1** 露珠，露滴。**2** 《英謔》(掛在鼻下的)鼻水。

Déw·ey (décimal) classificàtion [sỳstem] [ˋduɪ-, ˋdjuɪ-; ˈdjuːi-] «源自設計此方法的美國教育家之名»——*n.* [the ～]《圖書館學》杜威式十進分類法。

déw·fàll *n.* ⓊⒸ **1** 降露，結露。**2** 降露之時；薄暮。

dew·i·ly [ˋduɪlɪ, ˋdju-; ˈdjuːili] *adv.* 露水般地；靜靜地；短暫地，瞬息即逝地。

déw·làp *n.* Ⓒ **1** (牛等)喉部的垂肉。**2** (胖人)喉部鼓出的贅肉[鬆肉]。

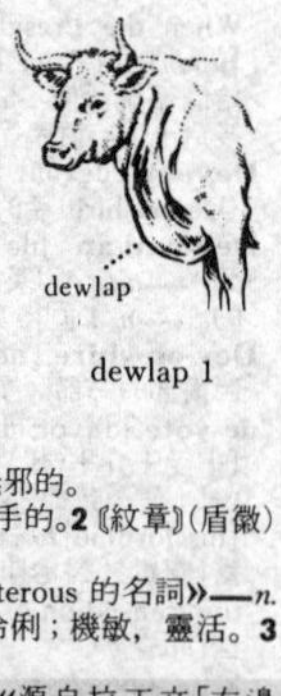

dewlap 1

DEW lìne [ˋdu-, ˋdju-; ˈdjuː-] «源自 *D*istant *E*arly *W*arning 的頭字語»——*n.* [the ～] (美國、加拿大的)國防用遠程雷達警報防衛線[警戒線]《沿北緯七十度線，長約三千哩》。

déw pòint *n.* [the ～]《物理》露點。

dew·y [ˋduɪ, ˋdjuɪ; ˈdjuːi] «dew 的形容詞»——*adj.* (**dew·i·er**; **dew·i·est**) **1** 帶露水的，多露水的；降露的；露似的。**2** 《詩》〈眼睛〉淚溼的，淚汪汪的，含淚的。

déw·i·ness *n.*

déwy-éyed *adj.* 眼神天眞的；純情的，無邪的。

dex·ter [ˋdɛkstɚ; ˈdekstə] *adj.* **1** 右邊的，右手的。**2** 《紋章》(盾徽)右邊的《面向觀者的左邊；⟷ sinister》。

dex·ter·i·ty [dɛksˋtɛrətɪ; dekˈsterəti] «dexterous 的名詞»——*n.* Ⓤ **1** (尤指手指的)靈巧，熟練，巧妙。**2** 伶俐；機敏，靈活。**3** 《罕》慣用右手，用右手的習慣。

dex·ter·ous [ˋdɛkstrəs, -tərəs; ˈdekstərəs] «源自拉丁文「右邊的」之義»——*adj.* **1 a** (手指)靈巧的，靈活的，熟練的：a ～ pianist 手指靈巧的鋼琴家/with ～ fingers 以靈巧的手指。**b** [不用在名詞前]〔十介十(代)名〕〔在…方面〕靈巧的，善於〔…〕的〔*at, in*〕：The manager was ～ ***in*** [***at***] handl*ing* his staff. 那位經理善於運用[調配]他的屬下。**2** 機敏的；精明的。**3** 《罕》慣用右手的。～**·ly** *adv.* ～**·ness** *n.*

dex·tral [ˋdɛkstrəl; ˈdekstrəl] *adj.* (⟷ sinistral) **1** 右邊的，右手的；慣用右手的。**2** 〈軟體動物的螺形外殼〉右旋的。

～**·ly** [-trəlɪ; -trəli] *adv.*

dex·tran [ˋdɛkstrən; ˈdekstrən] *n.* Ⓤ《化學・藥》葡聚糖《即聚合葡萄糖》；右旋醣。

dex·trin [ˋdɛkstrɪn; ˈdekstrin], **dex·trine** [-trɪn, -trin; -trin, -triːn] *n.* Ⓤ《化學》糊精。

dex·trose [ˋdɛkstros; ˈdekstrous] *n.* Ⓤ《化學》葡萄糖。

dex·trous [ˋdɛkstrəs; ˈdekstrəs] *adj.* ＝dexterous.

D.F. 《略》direction finder.

dg. 《略》decigram(s)；decigramme(s).

D.G. 《略》*Deo gratias.*

D.H. 《略》designated hitter.

dhar·ma [ˋdɑrmə; ˈdɑːmə] «源自梵文「法規」之義»——*n.* Ⓤ《印度教・佛教》法，達磨，宇宙法規《包括自然法規和道德法規》；(應遵守的)教規；德性。

dho·ti [ˋdotɪ; ˈdouti] *n.* Ⓒ(印度男子所纏的)腰布。

dhow [daʊ; dau] *n.* Ⓒ(印度洋、阿拉伯海等的)沿海貿易用單桅帆船。

di-[1] [daɪ-, dɪ-; dai-, di-] 字首 表示「二的」「兩倍[雙重]的」：*di*chotomy.

di-[2] [daɪ-, dɪ-; dai-, di-] 字首 dis 在 b, d, l, m, n, r, s, v, g, j 之前的變體。

di-[3] [daɪ-, dɪ-; dai-, di-] 字首 dia 在母音之前的變體。

di·a- [daɪə-; daiə-] 字首 表示「做到底」「完全的[地]」之意《★通常用以構成科學用語》。

di·a·be·tes [ˌdaɪəˋbitɪs, -tiz; ˌdaiəˈbiːtiːz, -iz] *n.* Ⓤ《醫》糖尿病。

di·a·bet·ic [ˌdaɪəˋbɛtɪk, -ˋbitɪk; ˌdaiəˈbetik, -ˈbiːtik⁺] «diabetes 的形容詞»——*adj.* 糖尿病的。

——*n.* Ⓒ糖尿病患者。

di·a·bol·ic [ˌdaɪəˋbɑlɪk; ˌdaiəˈbɔlik⁺] *adj.* **1** 惡魔(一樣)的，魔鬼性格的。**2** 《罕》＝diabolical.

di·a·bol·i·cal [ˌdaɪəˋbɑlɪkḷ; ˌdaiəˈbɔlikl⁺] *adj.* **1** 窮兇極惡的，兇暴的。**2** 《口語》很不愉快的，非常焦躁的。**3** 《罕》＝diabolic. ～**·ly** [-kḷɪ; -kəli] *adv.*

di·ab·o·lism [daɪˋæbəˌlɪzəm; daiˈæbəlizəm] *n.* Ⓤ **1** 魔法，妖術。**2** 魔鬼的性格。**3** 信仰魔鬼，魔鬼崇拜。

di·ab·o·lo [dɪˋæbəˌlo; diˈɑːbəlou] *n.* (*pl.* ～**s**) **1** Ⓤ響簧，扯鈴《使鼓狀的陀螺在固定在兩根棒子間的繩上旋轉的遊戲》。**2** Ⓒ玩響簧用的陀螺。

diabolos 1

di·a·chron·ic [ˌdaɪəˋkrɑnɪk; ˌdaiəˈkrɔnik⁺] *adj.* 《語言》歷時的《指根據語言的歷史性發展，研究語言在各時期變遷過程的(方法)；⟷ synchronic》。

di·ac·o·nal [daɪˋækənḷ; daiˈækənl] *adj.* (有關)deacon 的。

di·ac·o·nate [daɪˋækənɪt, -ˌnet; daiˈækəneit, -nit] *n.* **1** ⓊⒸdeacon 的職務[權威，任期]。**2** [集合稱] deacon 團體。

di·a·crit·ic [ˌdaɪəˋkrɪtɪk; ˌdaiəˈkritik⁺] *adj.* ＝diacritical.

——*n.* ＝DIACRITICAL mark.

di·a·crit·i·cal [ˌdaɪəˋkrɪtɪkḷ; ˌdaiəˈkritikl⁺] *adj.* 區別用的，能區別[辨別]的：a ～ mark [point, sign] 表示區別的發音符號《ā, ă, ä, â 的 ¯ ˘ ¨ ˆ 或 ç 的 ¸ 等》。

di·a·dem [ˋdaɪəˌdɛm; ˈdaiədem] *n.* Ⓒ《文語》**1** 王冠。**2** 王權；王位。

di·aer·e·sis, di·er·e·sis [daɪˋɛrəsɪs; daiˈerisis] *n.* Ⓒ (*pl.* **-ses** [-ˌsiz; -siːz]) **1** (兩個連續母音音節的)區分，分開。**2** 區分音符《加在兩個連續母音的第二個上面，表示與第一個母音分開發音的 " ¨ " 符號；如 coöperate》。

di·ag·nose [ˌdaɪəgˋnos, -ˋnoz; ˈdaiəgnouz, ˌdaiəgˈn-] «diagnosis 的動詞；逆成字»——*v.t.* **1** 〔十受(十*as* 補)〕診斷〈疾病〉〈爲…〉《★ 用法 不以人爲受詞》：The doctor ～*d* his illness *as* malaria. 醫師診斷他的病爲瘧疾。**2** 〔十受〕診斷〈疾病〉〈爲…〉：He ～*d* malaria. 他診斷是瘧疾。

di·ag·no·sis [ˌdaɪəgˋnosɪs; ˌdaiəgˈnousis] «源自希臘文「識別」之義»——*n.* (*pl.* **-no·ses** [-siz; -siːz]) Ⓤ Ⓒ 《醫》診斷 (cf. prognosis).

di·ag·nos·tic [ˌdaɪəgˋnɑstɪk; ˌdaiəgˈnɔstik⁺] «diagnosis 的形容詞»——*adj.* **1** 診斷(上)的。**2** [不用在名詞前]〔十介十(代)名〕有助於〔疾病的〕診斷的，顯示〔…〕症狀[特徵]的〔*of*〕.

di·ag·nós·ti·cal·ly [-tɪklɪ; -tikəli] *adv.*
di·ag·no·sti·cian [ˌdaɪəgnɑsˋtɪʃən; ˌdaiəgnɔsˈtiʃn] *n.* Ⓒ專門診斷的醫師，診斷醫師，診斷專家。
di·ag·nos·tics [ˌdaɪəgˋnɑstɪks; ˌdaiəgˈnɔstiks] *n.* Ⓤ診斷學。
di·ag·o·nal [daɪˋægənl; daiˈægənl] *adj.* **1** 對角線的。**2 a** 斜的。**b** 斜紋的。
—*n.* Ⓒ **1** 對角線，斜線。**2** 斜紋布。
di·ág·o·nal·ly [-nəlɪ; -nəli] *adv.* 成對角線地；斜(對)地。
***di·a·gram** [ˋdaɪəˌgræm; ˈdaiəgræm] *n.* Ⓒ **1** 圖形；圖樣；圖解。**2** 圖表；一覽圖：in a ～ 用圖表。
—*v.t.* (**di·a·gramed,** 《英》**-grammed**；**di·a·gram·ing,** 《英》**-gram·ming**)〔十受〕用圖(表)表示…，圖解…。
di·a·gram·mat·ic [ˌdaɪəgrəˋmætɪk; ˌdaiəgrəˈmætik] «diagram 的形容詞»**—***adj.* 圖表[圖樣]的。**di·a·gram·mát·i·cal·ly** [-tɪklɪ; -tikəli] *adv.*
di·al** [ˋdaɪəl; ˈdaiəl] «源自拉丁文「日」之義；由日晷(sundial)變成現在之義»**—n.* Ⓒ **1** (鐘錶、羅盤等的)**針面**，針盤，(儀器的)標度盤。**2** (電話機的)**號碼盤**(⇨ telephone 插圖)。**3** (收音機、電視機等的)旋轉刻度盤。
—*v.t.* (**di·aled,** 《英》**-alled**；**di·al·ing,** 《英》**-al·ling**)〔十受〕**1 a** 撥〈電話〉的號碼；撥〈電話號碼〉；往〈某處〉打撥號電話：～ 999 ⇨ nine *n.* 成語。**b** 打電話給…，與…通電話：～ the police 打電話給警方。**2** (轉動刻度盤)收聽[看]〈某一電臺[節目]〉。
—*v.i.* 撥電話號碼；打電話。
di·a·lect [ˋdaɪəˌlɛkt; ˈdaiəlekt] «源自希臘文「當地的話」之義»**—***n.* ⓊⒸ**1 方言**；地方話：the Scottish ～ 蘇格蘭方言/a poem written in ～ 用方言寫的詩。**2** (某職業、階層的)專業用語。
—*adj.* [用在名詞前]方言的：a ～ poem 方言詩。
di·a·lec·tal [ˌdaɪəˋlɛktl; ˌdaiəˈlektl] «dialect 的形容詞»**—***adj.* 方言的。**～·ly** [-tlɪ; -təli] *adv.*
díalect àtlas *n.* =linguistic atlas.
díalect geógraphy *n.* =linguistic geography.
di·a·lec·tic [ˌdaɪəˋlɛktɪk; ˌdaiəˈlektik] *n.* Ⓤ〖哲〗辯證法《由討論、辯論，超越矛盾而獲得新眞理的方法》。
—*adj.* =dialectical.
di·a·lec·ti·cal [ˌdaɪəˋlɛktɪkl; ˌdaiəˈlektikl] «dialectic 的形容詞»**—***adj.* 辯證(法)的。**～·ly** [-klɪ; -kəli] *adv.*
dialéctical matérialism *n.* Ⓤ辯證唯物論。
di·a·lec·ti·cian [ˌdaɪəlɛkˋtɪʃən; ˌdaiəlekˈtiʃn] *n.* Ⓒ辯證家；論理學家；辯論高手。
di·a·lec·tics [ˌdaɪəˋlɛktɪks; ˌdaiəˈlektiks] *n.* =dialectic.
di·a·lec·tól·o·gist [-dʒɪst; -dʒist] *n.* Ⓒ方言學家，專門研究方言的人。
di·a·lec·tol·o·gy [ˌdaɪəlɛkˋtɑlədʒɪ; ˌdaiəlekˈtɔlədʒi] *n.* Ⓤ方言學，方言的研究。
dí·al·ing *n.* Ⓒ《美》(電話的)區域號碼。
díal·ling côde *n.* 《英》=dialing.
díalling tòne *n.* 《英》=dial tone.
di·a·logue, 《英》**di·a·log** [ˋdaɪəˌlɔg; ˈdaiəlɔg] *n.* ⓊⒸ **1 對話**。**2** (首腦人物的)交換意見，會談；(建設性的)交談，問答：a ～ *between* cultures [the East and the West] 不同文化[東西方]間的對話。
díal phòne *n.* Ⓒ撥號式電話《★「按鍵式電話」稱作 push-button phone》。
díal tòne *n.* [the ～]《美》(電話)發信音《聽筒拿起後，話機中表示可以撥號的嗡嗡聲》。
di·al·y·sis [daɪˋæləsɪs; daiˈælisis] *n.* (*pl.* **-y·ses** [-ˌsiz; -si:z])ⓊⒸ〖醫・化學〗滲析，透析。
diam. 《略》diameter.
di·a·mag·net·ic [ˌdaɪəmægˋnɛtɪk; ˌdaiəmægˈnetik] *adj.* 〖物理〗反磁的。
***di·am·e·ter** [daɪˋæmətɚ; daiˈæmitə] *n.* Ⓒ **1 直徑**(cf. radius 1)：3 inches *in* ～ 直徑三吋(★in ～ 無冠詞)。**2** …倍《透鏡的放大單位》：magnify an object 1000 ～*s* 把某物體放大一千倍。
di·a·met·ric [ˌdaɪəˋmɛtrɪk; ˌdaiəˈmetrik] *adj.* **1** (沿)直徑的。**2** 直接的；絕對的；正相反的。
di·a·met·ri·cal [ˌdaɪəˋmɛtrɪkl; ˌdaiəˈmetrikl] *adj.* =diametric.
di·a·met·ri·cal·ly [ˌdaɪəˋmɛtrɪklɪ; ˌdaiəˈmetrikəli] *adv.* 正，完全地，全然《★常用於下列片語》：～ opposed 完全反對的/ ～ opposite 正相反的。
‡**di·a·mond** [ˋdaɪmənd, ˋdaɪə-; ˈdaiəmənd] «源自去掉拉丁文 adamant(堅硬石頭)的第一個字母 a-»**—***n.* **1 a** Ⓤ[指寶石個體時爲Ⓒ]〖礦〗**鑽石**，金剛鑽(⇨birthstone 表)：a ～ of the first water ⇨ water 8 a / *D*～ is the hardest substance known. 鑽石是已知物質中最硬者。**b** Ⓒ鑽石的首飾等裝飾品。**2** Ⓒ鑽石形，菱形。**3**〖紙牌戲〗**a** Ⓒ紅色的方塊：a small ～〖紙牌戲〗點數少的方塊牌。**b** [～s]方塊牌：the Queen [ten] of ～*s* 方塊十二[十]。**4** Ⓒ〖棒球〗**a** 內野(infield)．**b** 棒球場。
díamond cút díamond 以强制强，棋逢對手，勢均力敵。
díamond in the róugh =**róugh díamond** (1)未經琢磨的金剛石。(2)言行粗魯但本性善良的人，粗心大意但有好資質的人。
—*adj.* [用在名詞前]**1** 鑽石(製)的；鑲鑽石的。**2** (盛)產金剛石的。**3** 菱形的。
díamond júbilee *n.* Ⓒ(女王[國王]即位)第六十[七十五]周年慶典[紀念]。
Díamond Státe *n.* [the ～]美國德拉威州(Delaware)的別稱。
díamond wédding *n.* Ⓒ[常 one's ～]鑽石婚《結婚第六十[七十五]周年的慶祝》。
Di·ana [daɪˋænə; daiˈænə] *n.* **1**〖羅馬神話〗黛安娜《處女女神，爲月亮與狩獵的守護神；相當於希臘神話的阿特蜜斯(Artemis)；cf. Luna, Phoebe》．**2** 黛安娜《女子名》。

Diana 1

di·an·thus [daɪˋænθəs; daiˈænθəs] *n.* Ⓒ〖植物〗石竹《石竹屬多年生草本植物的統稱，如香石竹、美國石竹等》。
di·a·pa·son [ˌdaɪəˋpezn, -ˋpesn; ˌdaiəˈpeisn] *n.* Ⓒ〖音樂〗**1** (人的聲音、樂器的)全音域。**2** 旋律(melody)．**3** 音叉(tuning fork)．
di·a·per [ˋdaɪəpɚ; ˈdaiəpə] *n.* **1** Ⓤ菱形花紋；有菱形花紋的布《通常爲麻布》。**2** Ⓒ《美》(嬰兒的)尿布(《英》nappy)：change ～*s* 換尿布。
di·aph·a·nous [daɪˋæfənəs; daiˈæfənəs] *adj.* (尤指)〈布〉透明的(transparent)．
di·a·phragm [ˋdaɪəˌfræm; ˈdaiəfræm] *n.* Ⓒ **1**〖解剖〗隔膜；橫隔膜。**2** (電話機的)振動板。**3**〖光學・攝影〗光圈。**4** 子宮帽(pessary)《女性用的避孕器》。

diaper 1

di·ar·chy [ˋdaɪɑrkɪ; ˈdaiɑ:ki] *n.* ⓊⒸ兩頭政治，兩頭政權。
di·a·rist [ˋdaɪərɪst; ˈdaiərist] *n.* Ⓒ寫日記的人；日記作者。
di·ar·rhea, di·ar·rhoea [ˌdaɪəˋriə; ˌdaiəˈriə] «源自希臘文「流過」之義»**—***n.* Ⓤ〖醫〗腹瀉。**di·ar·rh(o)e·al** [ˌdaɪəˋriəl; ˌdaiəˈriəl] *adj.*
‡**di·a·ry** [ˋdaɪərɪ; ˈdaiəri] *n.* Ⓒ **1 日記**，日誌(⇨ journal 比較)：keep a ～ =write in one's ～ every day 天天寫日記。**2** 日記簿。

【字源】diary 源自拉丁文，是 day 的衍生字，義爲「每日(食物或薪水)津貼(的記錄)」，在古時指的是柴米油鹽之類的事，現在則變成「每日所發生之事的記錄」，即「日記」。

Di·as·po·ra [daɪˋæspərə; daiˈæspərə] «源自希臘文「四散」之義»**—***n.* [the ～] **1** 被囚禁於巴比倫後的猶太人之分散。**2** [集合稱]**a** 四散的猶太人。**b** 分散的地點；以色列以外的猶太人居住地。
di·a·stase [ˋdaɪəˌstes; ˈdaiəsteis] *n.* Ⓤ〖化學〗澱粉酵素，澱粉酶。
di·as·to·le [daɪˋæstəˌli; daiˈæstəli] *n.* Ⓤ **1**〖生理〗心臟舒張(期)(cf. systole 1)．**2**〖韻律〗音節延長。
di·a·ther·mi·a [ˌdaɪəˋθɝmɪə; ˌdaiəˈθə:miə] *n.* =diathermy.
di·a·ther·my [ˋdaɪəˌθɝmɪ; ˈdaiəθə:mi] *n.* Ⓤ〖醫〗透熱(法)。
di·a·tom [ˋdaɪətəm, -ˌtɑm; ˈdaiətəm] *n.* Ⓒ〖植物〗矽藻《一種單細胞藻類；其細胞壁含有矽，故名》。
di·a·ton·ic [ˌdaɪəˋtɑnɪk; ˌdaiəˈtɔnik] *adj.* 〖音樂〗自然音階的：the ～ scale 自然音階。
di·a·tribe [ˋdaɪəˌtraɪb; ˈdaiətraib] *n.* Ⓒ《文語》誹謗，惡罵〔*against*〕．
di·ba·sic [daɪˋbesɪk; daiˈbeisik] *adj.* 〖化學〗**1** 二鹼的。**2** 二元的。
dib·ber [ˋdɪbɚ; ˈdibə] *n.* =dibble.
dib·ble [ˋdɪbl; ˈdibl] *n.* Ⓒ(在地面鑽小洞以種植樹苗或埋種子的)鑽孔工具，挖洞鑽。
—*v.t.* **1 a** 〔十受(十副)〕用挖洞鑽挖洞種植〈樹苗〉，點播〈種子等〉〈*in*〉．**b** 〔十受十介十(代)名〕用挖洞鑽挖洞把…種入〔…〕〔*into*〕．**2** 〔十受〕用挖洞鑽在〈地面〉挖洞。
—*v.i.* 用挖洞鑽挖洞。
dibs [dɪbz; dibz] *n. pl.* **1** (小額的)錢。**2**《美口語》〔拿某物[做某事]的〕權利，要求〔*on*〕．
—*interj.* [要求拿某物[做某事]]《兒語》我的(東西)!

dibbles

dice [daɪs; dais] *n. pl.* (*sing.* **die** [daɪ; dai]) **1 a** 骰子：one of the ~ 骰子之一《★用法骰子通常兩個一起使用，故以此說法代替 a die》：roll (the) ~ (爲決定某事而)擲骰子。**b** [當單數用]擲骰子遊戲，賭博：play ~ 搖動骰子《作遊戲或賭博》。**2** 骰子形，小方塊：Cut potatoes into ~. 把馬鈴薯切成小方塊《★比較一般用 dice *v.t.* 4 而說 Dice potatoes.》.

lóad the díce agàinst... 《口語》使〈人、東西〉變得不利，置…於不利的立場 (cf. loaded 3 a)：*The* ~ were *loaded against* him. 他的運氣不好。

nò díce 《美口語》⑴徒然的，無用的。⑵[用於拒絕拜託]不要，不行，沒門 (no).

—*v.i.* 〔動(＋介＋(代)名)〕**1**〔與人〕玩擲骰子遊戲〔*with*〕. **2** 以擲骰子賭〔東西〕〔*for*〕：~ ***for*** drinks 以擲骰子賭喝酒。

—*v.t.* **1** 〔＋受＋副〕賭輸〈錢等〉〈*away*〉. **2** 〔＋受＋介＋(代)名〕**a** [~ one*self*] 賭博〔成…狀態〕〔*into*〕：~ *oneself* ***into*** debt 因賭博而負債。**b** [~ one*self*] 賭博而失去〔財產等〕〔*out of*〕：~ *oneself* ***out of*** a large fortune 把一大筆財產賭光。**c** 以賭博贏取〈某人〉〔財產等〕〔*out of*〕：~ a person ***out of*** a large fortune 以賭博贏取某人的一大筆財產。**3 a** 〔＋受＋介＋(代)名〕與〈人〉以擲骰子賭〔…〕〔*for*〕：~ a person ***for*** drinks 與人以擲骰子賭喝酒。**b** 〔＋受＋介＋ *wh.*＿〕與〈某人〉搖骰子決定〔誰做…〕〔*for*〕：He ~*d* me ***for*** *which* of us should go first. 他和我搖骰子決定我們當中哪一個該先去。**4** 把〈蔬菜等〉切成小方塊：~ potatoes 把馬鈴薯切成小方塊。

díce with déath 賭命，冒(生命的)危險。

di·cey [ˈdaɪsɪ; ˈdaisi] *adj.* (**dic·i·er**; **-i·est**) 《英口語》聽天由命的，危險的；靠不住的，不確定的。

di·chlo·ride [daɪˈklorаɪd, -rɪd, -ˈklɔr-; daiˈklɔːraid] *n.* ＝bichloride.

di·chot·o·my [daɪˈkɑtəmɪ; daiˈkɔtəmi] *n.* **1** Ⓤ《邏輯》二分法《把事物二分成對立性概念的邏輯》。**2** Ⓒ二分，兩分〔*between*〕.

di·chro·mate [daɪˈkromet; daiˈkroumeit] *n.* ⓊⒸ《化學》重鉻酸鹽；二鉻七氧酸鹽。

di·chro·mat·ic [ˌdaɪkroˈmætɪk; ˌdaikrouˈmætik] *adj.* **1** 二色(性)的。**2** 《動物》二原色性的，二色視的。

dick [dɪk; dik] *n.* Ⓒ《俚》偵探 (detective)：a private ~ 私家偵探。

Dick [dɪk; dik] *n.* **1** 廸克《男子名；Richard 的暱稱；一般男人的名稱》。**2** [又作 **d~**] Ⓒ《英口語》男人，傢伙。

dick·ens [ˈdɪkɪnz; ˈdikinz] *n.* [the ~；委婉的詛咒語]＝devil：*The* ~！哎呀！混帳！畜生！/What *the* ~ is it？它究竟是什麼？

Dick·ens [ˈdɪkɪnz; ˈdikinz], **Charles** *n.* 狄更斯《1812–70；英國小說家》。

dick·er [ˈdɪkɚ; ˈdikə] *v.i.* 〔動(＋介＋(代)名)〕《口語》〔與人〕作〔某物〕(小額)交易，〔爲某物〕〔與某人〕討價還價，殺價〔*with*〕〔*for*〕：~ ***with*** a person ***for*** a thing 爲一件東西與某人討價還價。

—*n.* ⓊⒸ小生意，小額交易；討價還價。

dick·ey [ˈdɪkɪ; ˈdiki] *n.* Ⓒ(*pl.* ~**s**) **1** 胸衿：**a** (堅挺的)襯衫假前胸。**b** (穿在女裝或背心內，看似短衫的)裝飾胸衿。**2** 《英》[主要用 dicky] **a** (馬車的)車夫座位；(隨員坐的)馬車後座。**b** ＝rumble seat. **3** ＝dickybird.

—*adj.* 《英口語》不穩的，靠不住的，弱的。

dickey 1 b

dick·ie [ˈdɪkɪ; ˈdiki] *n.* ＝dickey.

Dick·in·son [ˈdɪkɪnsn; ˈdikinsn], **Emily (Elizabeth)** *n.* 狄勤生《1830–86；美國女詩人》。

dick·y [ˈdɪkɪ; ˈdiki] *n.* ＝dickey.

dícky·bird *n.* Ⓒ《英兒語》小鳥。

not sáy a díckybird 默不作聲，一語不發。

di·cot·y·le·don [ˌdaɪkɑtlˈidn; ˌdaikɔtiˈliːdn] *n.* Ⓒ《植物》雙子葉植物。

dict. 《略》dictated；dictator；dictionary.

dic·ta *n.* **dictum** 的複數。

Dic·ta·phone [ˈdɪktəˌfon; ˈdiktəfoun] 《*dicta*te 和 *phone* 的混合語》**—*n.*** Ⓒ《商標》口授錄音機。

dic·tate [ˈdɪktet, dɪkˈtet; dikˈteit] 《源自拉丁文「說」之義》**—*v.t.*** **1** 〔＋受(＋介＋(代)名)〕〔使人〕聽寫…；口授…〔*to*〕：~ a passage of English ***to*** the class 讓班上的人聽寫一段英文/ ~ a letter *to* one's secretary 向祕書口授一封信。**2** 〔＋受(＋介＋(代)名)〕(權威性地)〔向…〕指定〈條件等〉；命令〈人〉〔*to*〕：The victorious country ~*d* the terms of peace ***to*** the defeated country. 戰勝國向戰敗國提出和談條件。**3 a** 〔＋受〕〈事物〉規定，命令，要求…。**b** 〔＋ *that*＿〕〈事物〉要求，需要〈…事〉。

—*v.i.* 〔＋介＋(代)名〕**1** 〔向某人〕口述要事〔*to*〕：~ ***to*** one's secretary 向祕書口述要事。**2** [常用於否定句]〔對人〕指揮〔*to*〕《★常用被動語態》：*No* one shall ~ ***to*** me.＝I wo*n't be* ~*d to.* 沒有人可以指揮我；我不受人指揮。

— [ˈdɪktet; ˈdikteit] *n.* Ⓒ[常 ~**s**] (神、理性、良心等的)命令，指示。

dic·ta·tion [dɪkˈteʃən; dikˈteiʃn] 《dictate 的名詞》**—*n.*** **1 a** Ⓤ **聽寫**；口授令人筆錄：write *at* [*from*] a person's ~ 把某人的口述寫下[筆錄]/give [have] ~ 叫人[要]聽寫。**b** Ⓒ(叫人)聽寫的東西；聽寫的測驗：take a ~ 把口述寫下來，聽寫。**2** Ⓤ命令，指示；吩咐：do something *at* the ~ *of*... 照…的指示做某事。

dic·ta·tor [ˈdɪktetɚ, dɪkˈtetɚ; dikˈteitə] *n.* Ⓒ **1** 獨裁者。**2** 叫人聽寫的人，口授者。

dic·ta·to·ri·al [ˌdɪktəˈtorɪəl, -ˈtɔr-; ˌdiktəˈtɔːriəl˜] 《dictator 的形容詞》**—*adj.*** **1** 獨裁者的。**2** 獨裁的；專橫的；傲慢的，自大的，唯我獨尊的。

dictátor·shìp *n.* **1** ⓊⒸ獨裁者的職位[任期]；絕對權，獨裁(權)。**2** Ⓒ獨裁制度[國家]：live *under* a ~ 生活於獨裁制度下。

dic·tion [ˈdɪkʃən; ˈdikʃn] 《源自拉丁文「說」之義》**—*n.*** Ⓤ **1** (書寫者)用字的選擇，措辭，語法：poetic ~ 詩的詞藻。**2** (講話、唱歌的)發音法。

‡**dic·tio·nar·y** [ˈdɪkʃənˌɛrɪ; ˈdikʃənri, -ʃənəri] 《源自拉丁文「單字集」之義》**—*n.*** Ⓒ**字典，辭典**：consult [see] a ~ 查字典/look up a word in a ~ 在字典中查某一個字/a living ~ ＝WALKING dictionary.

Dic·to·graph [ˈdɪktəˌgræf; ˈdiktəgrɑːf] *n.* Ⓒ《商標》(電話)偵聽器。

dic·tum [ˈdɪktəm; ˈdiktəm] 《源自拉丁文 'something said' 之義》**—*n.*** Ⓒ(*pl.* **-ta** [-tə; -tə], ~**s**) **1 a** (專家的)意見，聲明，斷言，斷定。**b** 《法律》＝obiter dictum 2. **2** 格言，箴言，金玉良言。

‡**did** [dɪd; did] *v.* **do**[1] 的過去式。

—*aux.* [dɪd; did] **do**[2] 的過去式。

di·dac·tic [daɪˈdæktɪk; diˈdæktik, dai-˜] *adj.* **1** 教訓的，教誨的；說教的。**2** 好教誨[說教]的，擺出教師架子的。

dì·dác·ti·cal [-tɪkl; -tikl˜] *adj.* ＝didactic. **~·ly** [-klɪ; -kəli] *adv.*

di·dac·ti·cism [daɪˈdæktəˌsɪzəm; diˈdæktisizəm, dai-] *n.* Ⓤ教訓主義；啓蒙主義；教誨者的態度或精神。

di·dac·tics [daɪˈdæktɪks; diˈdæktiks, dai-] *n.* Ⓤ教授法。

did·dle [ˈdɪdl; ˈdidl] *v.t.* 《口語》**1 a** 〔＋受〕欺騙〈人〉。**b** 〔＋受＋介＋(代)名〕向〈人〉詐取〔東西〕〔*out of*〕：He was ~*d* ***out of*** the money. 他被騙走那筆錢。**2** 〔＋受(＋副)〕浪費〈時間〉〈*away*〉.

—*v.i.* 《美口語》虛度時光，虛擲光陰，閒蕩：Stop *diddling* around and get to work. 停止閒蕩開始工作。

‡**did·n't** [ˈdɪdnt; ˈdidnt] **did not** 之略(⇨ do[2]).

di·do [ˈdaɪdo; ˈdaidou] *n.* Ⓒ(*pl.* ~**es**, ~**s**) 《美口語》惡作劇，開玩笑；胡鬧：cut (up) ~(*e*)*s* 亂開玩笑。

didst [dɪdst; didst] *v.* 《古》do[1] 的第二人稱單數(thou) doest 的過去式：thou ~ ＝you did.

di·dym·i·um [daɪˈdɪmɪəm; daiˈdimiəm] 《源自 didym (twin)＋ium，爲發現者瑞典化學家所造的字》**—*n.*** Ⓤ《化學》鐠 (praseodymium)、釹 (neodymium) 兩元素的混合物。

‡**die**[1] [daɪ; dai] (**dy·ing** [ˈdaɪɪŋ; ˈdaiiŋ]) *v.i.* **1 a** 〈人、動物〉**死亡**；〈植物、花〉枯萎：~ *for* love [one's country] 殉情[國]/ ~ *at* one's post 殉職/ ~ *in* battle [an accident] 戰死，陣亡[死於意外事故]《★比較一般用 be killed》/ ~ *in* poverty 死於貧困中/His father ~*d* in 1990. 他的父親於 1990 年逝世/The old man is *dying*. 那個老人正瀕臨死亡/The flowers have ~*d*. 那些花已枯萎《★用法用完成式時沒有繼續之意 (cf. dead)，只有完成之意》/I thought I should [would] have ~*d*. 我(當時)以爲我會死；可笑[好吃]得要命《太可笑或太好吃時的說法》。

> 【同義字】die 是意指「死亡」最普通的用字；pass away [on] 是 die 的委婉語；decease 也是委婉語，也可作法律用語；perish 是遭遇外來的暴力或飢餓、寒冷、火災等而死亡。

b 〔＋介＋(代)名〕〔因…而〕死〔*of, from, by, through*〕《★用法通常 die *of* 指疾病、飢餓、高齡等引起的死亡，die *from* 是起因於外傷、疏忽的死亡，但後者情形也多半用 *of*》：Mr. Black ~*d* ***of*** pneumonia today in (《美》the) hospital. 布拉克先生因肺炎今天死於醫院/He ~*d* (*of*) laughing. 他捧腹大笑《★用法常有省略 of 的情形》/He ~*d* ***from*** overwork. 他死於工作過勞/He ~*d* ***by*** violence [***through*** neglect]. 他橫死[因疏忽而死]/He ~*d by* his own hand. 他自殺而死。**c** 〔＋補〕死〈於…(的狀態)〉：He was born poor and ~*d* poor [but ~*d* rich]. 他生時

貧窮，死時也貧窮[但死時富有]/She ~*d* young. 她英年早逝/He ~*d* a beggar. 他乞討而死[他死時爲乞丐]。**2**〈火〉熄滅；〈制度、記憶、名聲等〉消失；〈聲音、光線等〉變微弱：This memory will never ~. 這個記憶將永不消失/Don't let the fire ~. 不要使火熄滅《★[比較]作此義解時一般用 DIE[1] out [down]》/The secret ~*d with* him. 該祕密與他同逝[他守密至死]。**3** [常 **be dying**]《口語》**a**〔十介十(代)名〕很想要，渴望，盼望〔…〕〔*for*〕：I'*m dying* **for** a drink. 我很想喝一杯。**b**〔十 *to* do〕很想〈做…〉，渴望〈做…〉：She *is dying to* go on the stage. 她渴望成爲演員。

——*v.t.*〔十受〕[同源受詞的 death 與修飾語連用]死得像…，死爲…：He ~*d* the death of a hero [~*d* a glorious death]. 他死得像個英雄[他死得光榮]。

díe awáy《*vi adv*》〈風〉逐漸平息，〈聲音等〉漸漸消失。

díe báck《*vi adv*》〈植物〉從枝頭枯萎《但根部仍活著》。

díe dówn《*vi adv*》(1)〈聲音、光線等〉逐漸消失；〈暴風雨、興奮等〉靜下來，平息；〈火勢、火焰等〉變弱，漸熄：The noisy conversation gradually ~*d down.* 嘈雜的交談聲逐漸靜下來。(2)= DIE[1] back.

díe hárd (1)難斷氣。(2)〈習慣、信仰等〉不易根絕。

díe in (one's) **béd** ⇨ bed.

díe in one's **bóots** [**shóes**] = **díe with** one's **bóots** [**shóes**] **ón** 橫死，猝死，暴斃。

díe óff《*vi adv*》〈家族、種族等〉死絕；相繼死去；〈植物〉順次枯死：The buds are *dying off.* 那些幼芽相繼枯死。

díe óut《*vi adv*》(1)〈家族、人種等〉(一個一個地)死絕。(2)〈風俗、習慣等〉逐漸廢除。(3)〈感情、事實等〉消失。(4)〈火〉熄滅。

Néver sày díe! 別說喪氣話；別灰心；不要悲觀。

die[2] [daɪ; dai]《源自拉丁文「靠運氣得來之物」之義》——*n.*《★[語形]*pl.* 義 1, 2 **dice** [daɪs; dais]，義 3 **dies** [daɪz; daiz]》**1 a** Ⓒ骰子《★除以下片語外，通常用 dice》：The ~ is cast. 骰子已經擲出；事已決定[成定局]，不能更改《古羅馬的軍人兼政治家凱撒(Caesar)與政敵龐培(Pompey)交戰，在渡盧比孔河(the Rubicon)向羅馬進軍時所說的一句話；⇨ Rubicon》。**b** [**dice**]擲骰子遊戲，賭博(⇨ dice 1 b)。**2** Ⓒ切成小方塊的東西。**3** Ⓒ**a** 印模，沖模；打孔模型；鑄模。**b**《機械》螺絲模型《切斷螺栓的工具》。

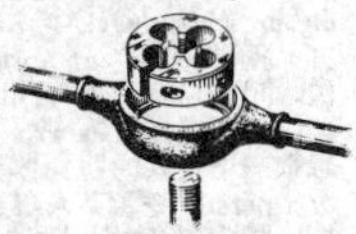

die[2] 3 b

díe-càsting *n.* **1** Ⓤ模鑄《將鎔解的金屬[塑膠]等注入鑄模中加壓製造的方法》。**2** Ⓒ模鑄品。

díe-hàrd *adj.* 抵抗到底的，頑強的，死硬派的(cf. DIE[1] hard)。

díe-hàrd *n.* Ⓒ頑強的抵抗者；頑固的保守派政治家。

di·e·lec·tric [ˌdaɪəˈlɛktrɪk; ˌdaiiˈlektrik] *n.* Ⓒ《電學》(電)介體，(電)介質，非導體，絕緣體。

——*adj.*《電學》(電)介體[質]的，非導體的，絕緣體的。

di·er·e·sis [daɪˈɛrəsɪs; daiˈiərəsis] *n.* = diaeresis.

die·sel [ˈdizl, ˋdisl; ˈdi:zl]《源自德國發明者之名》——*n.* Ⓒ **1** (又作 **díesel èngine**)柴油機。**2** 柴油船[火車，汽車(等)]。

díesel òil [**fùel**] *n.* Ⓤ柴油。

díe·sìnker *n.* Ⓒ雕刻印模者。

***di·et**[1] [ˈdaɪət; ˈdaiət]《源自拉丁文「一天的食物」之義》——*n.* **1** Ⓤ Ⓒ日常的飲食[食物]：a meat [vegetable] ~ 葷[素]食。**2** Ⓒ **a** (爲治療、調節體重等的)規定的飲食，特種食物；食物療法，飲食限制：an invalid ~ 病人吃的特種食物/be *on* a ~ 在吃規定的飲食，在實行食物療法《尤指在減肥》/go *on* a ~ 開始食物療法；開始節食/put a person *on* a ~ 限制某人的飲食[使某人實行節食]。**b** (又作 **díet shèet**)(醫院等的)特種食物一覽表。

——*v.t.*〔十受〕**1**〈醫師〉使〈人〉吃規定的食物。**2** [~ *oneself*]實行食物療法，吃規定的飲食。——*v.i.* 吃規定的飲食，照規定飲食，實行節食。

di·et[2] [ˈdaɪət; ˈdaiət]《源自拉丁文「正式的聚會」之義》——*n.* [常 **the D~**](丹麥、瑞典、匈牙利、日本等的)**國會**，議會(cf. parliament 1, congress 1 a)：*The D~* is in session. 國會在開會中。

di·et·ar·y [ˈdaɪəˌtɛrɪ; ˈdaiətəri]《diet[1] 的形容詞》——*adj.* **1** 飲食的。**2** 規定食物的；食物療法的：a ~ cure 食物療法。

——*n.* Ⓒ **1** 規定的飲食。**2** (每日用餐的)規定量。

di·e·tet·ic [ˌdaɪəˈtɛtɪk; ˌdaiəˈtetik˝] *adj.* [用在名詞前]食物的，營養(學)的。

di·e·tet·ics [ˌdaɪəˈtɛtɪks; ˌdaiəˈtetiks] *n.* Ⓤ飲食學，營養學。

díet fòod *n.* ⓊⒸ減肥食品，(治療或控制疾病的)特別飲食。

di·e·ti·cian [ˌdaɪəˈtɪʃən; ˌdaiəˈtiʃn] *n.* =dietitian.

di·e·ti·tian [ˌdaɪəˈtɪʃən; ˌdaiəˈtiʃn] *n.* Ⓒ營養學[專]家，飲食學家。

díet pìll *n.* Ⓒ《美》減肥藥丸[膠囊]。

dif- [dɪf-; dif-] [字首]dis 在 f 之前的變體。

diff.《略》difference；different；differential.

***dif·fer** [ˈdɪfɚ; ˈdifə]《源自拉丁文「搬離」之義》——*v.i.* **1 a**〔動(十介十(代)名)〕〈兩件(以上的)事物〉〔在…方面〕**不同**，有差異〔*in, as to*〕：Baseball and cricket ~. 棒球與板球不同/The two countries ~ **in** religion and culture. 那兩個國家在宗教與文化方面有差異。**b**〔十介十(代)名〕〔與…〕不同，不一樣，有差別〔*from*〕：His opinion doesn't ~ much **from** mine. 他的意見和我的意見沒多大差異/He ~*s from* his brother *in* many ways. 他在很多方面與他的哥哥[弟弟]不一樣。**2**〔動(十介十(代)名)〕〔關於…〕〔與…〕意見不同[相左] (↔ agree)〔*with, from*〕〔*in, on, about, over*〕：I ~*ed* **with** him **in** the solution he offered. 關於他提出的解決辦法，我的看法與他不同[我不贊成他所提出的解決辦法]/I ~*ed with* him **on** [**about**] that point. 關於那一點，我和他的意見不同/I beg to ~ (**from** you). 恕我不能同意；很抱歉，我不贊成《★[比較]拘泥的說法》/⇨ AGREE to differ.

‡dif·fer·ence [ˈdɪfrəns, ˋdɪfərəns; ˈdifrəns, -fərəns]《differ, different 的名詞》——*n.* **1** Ⓤ Ⓒ **不同，相異，差異(之處)**〔*between*〕：a ~ *in* appearance [quality] 外表[品質]上的差異/a world of ~ = all the ~ in the world 天淵之別，霄壤之別/the ~ *between* A and B = the ~ *of* A *from* B A 與 B 的差別《★[比較]一般用前者》/the ~ *between* the two 兩者之間的差異/a distinction without a ~ 無聊[無差異]的區別/make a ~ 有差別，有影響，關係重大/It *makes no* [It doesn't make any] ~ (*to* me) whether it is large or small. 它是大或是小(對我)都沒有什麼兩樣[關係]/What is the ~ *between* A, B(,) and C? A, B 與 C之間有什麼不同？《★[用法]這種情形不能以 among 代替 between》/It makes all the [a lot of] ~. 那大不相同[大有差別]/His was a style with a ~. 他的風格與衆不同[獨特]。**2** Ⓤ [又作 **a** ~](數、量的)差；差額：meet [pay] the ~ 補足[支付]差額/It is *a* ~ *of* a few dollars. 那是幾美元之差而已。**3** Ⓒ [常 ~**s**]意見的分歧，不和，爭執；(國際間的)紛爭：~*s* of opinion 意見的分歧[不同]/iron out ~*s* 消除分歧[隔閡]/They settled their ~*s.* 他們消除了分歧。

splìt the dífference (1)採取差額的中間數，折中。(2)〈雙方〉互讓，妥協。

Whát's the dífference? (1)有什麼不同？(2)《口語》有什麼關係？

‡dif·fer·ent [ˈdɪfrənt, -fərənt; ˈdifrənt, -fərənt]《differ 的形容詞》——*adj.* (**more** ~; **most** ~) **1 a** **不同的，不一樣的，有差別的，各別的**：~ people with the same name 同名異人。**b**〔十介十(代)名〕〔與…〕不同的，有差別的〔*from*〕《★[用法]除 from 以外，口語有時也用 to 或 than；★[比較]《美口語》一般用 than》：The goods delivered were very [much, far] ~ **from** the sample. 送交的貨品與樣品大不相同/That is no ~ *from* this. 那個與這個沒有什麼差別/This is a ~ book *from* the one I was reading yesterday. 這與我昨天讀的不是同一本書。**2** [與複數名詞連用]各種的：They are made in ~ sizes. 它們有各種尺寸。**3**《口語》別緻的，與衆不同的，獨特的：He's a little ~. 他有點與衆不同。

dif·fer·en·ti·a [ˌdɪfəˈrɛnʃɪə; ˌdifəˈrenʃiə] *n.* Ⓒ (*pl.* **-ti·ae** [-ʃɪˌi; -ʃii:]) **1** (本質上的)差異，特徵。**2**《邏輯》種差，特異性。

dif·fer·en·tial [ˌdɪfəˈrɛnʃəl; ˌdifəˈrenʃl˝]《difference 的形容詞》——*adj.* **1** (表示)差異[區別]的；特異的。**2** 差別性的；〈價格〉差別的：~ wages 差別工資。**3**《數學》微分的。

——*n.* Ⓒ **1** 差異，相異。**2** 價格差別；工資差別。**3**《數學》微分。**4** =differential gear.

~·**ly** [-ʃəlɪ; -ʃəli] *adv.*

dìfferential cálculus *n.* [**the** ~]《數學》微分(學)。

dìfferential géar *n.* Ⓒ《機械》差速齒輪。

dif·fer·en·ti·ate [ˌdɪfəˈrɛnʃɪˌet; ˌdifəˈrenʃieit]《difference 的動詞》——*v.t.* **1 a**〔十受〕區別，辨別…：~ these two plants 辨別這兩種植物。**b**〔十受十介十(代)名〕區別…〔與…〕〔*from*〕：~ a rat **from** a mouse 區別鼠與鼷鼠。**2 a**〔十受〕〈特徵等〉使〈兩者〉發生差別：What ~*s* these two species? 區別這兩個品種的是什麼[這兩個品種的差別在哪裏]？**b**〔十受十介十(代)名〕〈特徵等〉使…〔與…〕不同〔*from*〕：What ~*s* man **from** the ape? 使人與猿有所區別的是什麼(特徵)？——*v.i.*〔動(十介十(代)名)〕**1** 分辨〔…之間的〕差別；區別〔…與…〕〔*between*〕：I cannot ~ ***between*** these two words. 我無法區別這兩個字。**2** 產生差別；〈細胞、品種、語言等〉特殊化[分化]〔爲…〕〔*into*〕：This genus of plants ~*s* ***into*** many species. 本屬植物分化爲很多品種。

dif·fer·en·ti·a·tion [ˌdɪfəˌrɛnʃɪˈeʃən; ˌdifərenʃiˈeiʃn]《differentiate 的名詞》——*n.* ⓊⒸ **1** 區別，辨別；差別(待遇)。**2** 分化，特殊化〔*into*〕。**3**《數學》微分。

dif·fer·ent·ly [ˈdɪfərəntlɪ; ˈdifərəntli] *adv.* **1 a** 不同地，有差別地。**b**〔十介十(代)名〕〔與…〕不同地，有差別地〔*from, to, than*〕：He feels ~ **from** me. 他的意見與我分歧[他的感覺跟我

D

不同]。**2** 另外地(otherwise).

‡dif·fi·cult [ˋdɪfə͵kʌlt, -kəlt; ˈdifikəlt] «difficulty 的形容詞；逆成字»——*adj.* (more ~；most ~) **1 a** 困難的，麻煩的；艱難的，難懂的(←→ easy) (⇨ hard B 1 b【同義字】)：a ~ problem 難題/at a ~ age 在艱難的年代/He was placed in ~ circumstances. 他身處[遭遇]困境/It is ~ to convince him. 要說服他是困難的。**b** [不用在名詞前]〔十介十(代)名〕[對某人而言]困難的〔*for*〕：This exercise is too ~ *for* me. 這個練習題對我而言是太難了/It is ~ *for* me to stop smoking. 戒煙對我來說是困難的。**c**〔十 *to* do〕難以〈做…〉的；〈做…是〉辛苦的，費力的：The place is ~ *to* reach. 那個地方難以到達《★[用法]The place 變成 reach 受詞時的說法，可換寫成 It is ~ to reach the place.》/Greek is a ~ language *to* master. 希臘文是一種不易學會的語言/He is ~ *to* get on with. 他是個難以相處的人。**d** [不用在名詞前]〔十介十(代)名〕《文語》難〔…〕的〔*of*〕：The place is ~ *of* access. 那個地方很難接近。

D

2 〈人〉難以取悅的：a ~ person 難以取悅的人/Don't be so ~. 別那麼一臉不高興[彆扭，挑剔，執拗]。

‡dif·fi·cul·ty [ˋdɪfə͵kʌltɪ, -kəltɪ; ˈdifikəlti] «源自拉丁文「不容易」之義»——*n.* **1 a** [U]困難(←→ facility)：with ~ 困難地，好不容易地，勉強地/without (any) ~ (毫)無困難地，輕易地/I have ~ (*in*) remember*ing* names. 我不易記住人名《★[用法]有時省略 in》/He found no ~ *in* solv*ing* the problem. 他發現解決該問題不難/You must not underrate the ~ *of* climb*ing* this mountain. 你不可低估攀登這座山的困難。**b** [C]難事，難題，困難之處：face many *difficulties* 面臨許多困難/Another ~ arises here. 這裏發生了另一個難題/I have *difficulties with* names. 我難於記住人名。

2 [C] [常 **difficulties**]困境；(尤指)經濟困難：be in *difficulties* (*for* money) 缺錢，手頭拮据。**3** [C]故障；抱怨，異議；爭執，爭議：labor *difficulties* 勞工爭議/make a ~ ＝make [raise] *difficulties* 刁難，找麻煩；表示難色/get into *difficulties with* the company 與該公司發生糾紛/iron out *difficulties* 除去障礙，使事情圓滿。

dif·fi·dence [ˋdɪfədəns; ˈdifidəns] «diffident 的名詞»——*n.* [U] 缺乏自信；膽怯；羞怯；靦腆：with ~ 客氣地，羞怯地。

dif·fi·dent [ˋdɪfədənt; ˈdifidənt] «源自拉丁文「不信任」之義»——*adj.* **1** 沒有自信的；羞怯的，膽怯的：speak in a ~ manner 羞怯地說話。**2** [不用在名詞前]〔十介十(代)名〕[對…]沒有自信的；不好意思的〔*about, of*〕：I was ~ **about** [*of*] say*ing* so. 我不好意思這麼說。~·**ly** *adv.*

dif·fract [dɪˋfrækt; diˈfrækt] *v.t.* 《物理》使〈光波、音波、電波等〉衍射，使…繞射。

dif·frac·tion [dɪˋfrækʃən; diˈfrækʃn] «diffract 的名詞»——*n.* [U] 《物理》衍射，繞射。

dif·fuse [dɪˋfjuz; diˈfju:z] *v.t.* 〔十受〕**1** 使〈光、熱、氣體等〉發散，使…擴散：~*d* light 散光。**2 a** 傳播〈知識等〉，使…普及：a widely ~*d* belief 普及的信仰。**b** (四處)散布〈幸福感、感情等〉，使…充滿：~ a feeling of happiness 散布幸福感。**3**《物理》使〈氣體、液體〉擴散。

——*v.i.* **1** 傳播，普及。**2**《物理》擴散。

—— [dɪˋfjus; diˈfju:s] *adj.* **1** 擴散的，散布的；普及的。**2** 〈文體等〉散漫的，冗長的；囉嗦的。~·**ly** *adv.* ~·**ness** *n.*

dif·fus·i·ble [dɪˋfjuzəbl; diˈfju:zəbl] *adj.* **1** 散布的；可擴散[傳播]的。**2**《物理》擴散性的。

dif·fu·sion [dɪˋfjuʒən; diˈfju:ʒn] «diffuse 的名詞»——*n.* [U] **1** 散布，普及〔*of*〕：nuclear ~ 核子(武器)擴散。**2**《物理》擴散(作用)〔*of*〕. **3** (文體等的)冗贅。

dif·fu·sive [dɪˋfjusɪv; diˈfju:siv] *adj.* **1** 散布的；易於普及的，有普及力的。**2** 擴散性的。**3** 散漫[冗長]的；〈恭維話等〉囉囉嗦嗦的。~·**ly** *adv.* ~·**ness** *n.*

‡dig [dɪg; dig] (**dug** [dʌg; dʌg]；**dig·ging**) *v.t.* **1** (用工具、手等)挖，掘：**a**〔十受(十副)〕挖〈地〉，翻〈土等〉〈*up*〉；全面挖掘〈地面〉〈*over*〉：~ **up** the ground 挖地/~ *over* the garden 把花園的土全部翻一翻。**b**〔十受(十副詞(片語))〕挖〈洞〉，鑿〈井〉，挖(造)〈墳墓等〉：~ a hole 挖洞/~ trenches 掘壕/~ a tunnel *through* (a hill) 鑿通隧道(穿過小山)。**c**〔十受(十副)〕採掘〈馬鈴薯等〉；挖出…〈*up, out*〉：~ (*up*) potatoes [clams] 採掘馬鈴薯[蛤蚌]/~ *up* treasure 挖出寶物/He was *dug out* from under the avalanche. 他被人從坍崩的雪堆中挖出來。**d**〔十受十介十(代)名〕[從…]挖出…〔*out of*〕：~ treasure *out of* the ruins 從廢墟中挖出寶物。

2 a〔十受十副〕發掘，發現；探究，查出〈事實等〉〈*up, out*〉：They *dug* **up** some interesting facts about her. 他們發掘出[發現了]一些關於她的有趣事實。**b**〔十受十介十(代)名〕[從…]找到，取出…〔*out of*〕：~ a cigar **out of** one's pocket 從口袋裏取出雪茄煙/documents *dug out of* the archives 從舊檔案中找到的文件。

3 a〔十受十介十(代)名〕把〈東西〉刺入[插進]〔…〕〔*into*〕：He *dug* his fork **into** the meat. 他把叉子插進肉中。**b**〔十受十介十(代)名〕[以…]戳，捅…〔*with*〕：The rider *dug* the horse in the side *with* his spurs. 騎者以馬刺踢刺馬的側腹。**c**〔十受十介十名〕(以肘)戳〈某人〉[身體的某部位]〔*in*〕《★表示身體部位的名詞前加 the》：The man *dug* me **in** *the* ribs. 那個人(以肘)戲戳我的肋骨《★使人明白是在開玩笑時的動作》。

4〔十受〕《俚》**a** 瞭解…。**b** 中意…。

——*v.i.* **1 a** (用工具、手等)挖土[洞(等)]。**b**〔十副詞(片語)〕挖穿，鑿通：~ *through* a wall of clay 鑿穿黏土牆/~ *under* a mountain 鑿通山下。**c**〔十介十(代)名〕[爲求得…而]挖掘〔*for*〕：~ **for** gold 採掘黃金。

2〔十介十(代)名〕**a** 探求〔…〕〔*for*〕：~ **for** information 探求消息[情報]。**b** 探究，鑽研〔…〕〔*into*〕：~ **into** the works of an author 鑽研某位作家的作品。

3〔動(十介十(代)名)〕《美口語》苦讀〔…〕〔*at*〕.

4〔十介十(代)名〕挖苦[某人]〔*at*〕《★[比較]一般用 dig *n.* 1 b》.

5《俚》懂，領會。

díg ín 《*vt adv*》(1)翻土埋入〈肥料等〉；(爲儲藏而)掘埋〈馬鈴薯等〉。(2)把…與土混合。(3)⇨DIG oneself in. ——《*vi adv*》(4)挖洞[壕]。(5)堅持意見[立場]，固守。(6)[常用祈使語氣]《口語》(不客氣地)開動，開始吃。(7)《美口語》開始埋頭用功[努力工作]。

díg ínto... (1)⇨ *v.i.* 2 b. (2)《美口語》開始努力〈用功、工作等〉。(3)《口語》咬住〈食物〉，猛吃…：~ *into* a piece of pie 津津有味地吃餡餅。

díg óut 《*vt adv*》(1)⇨ *v.t.* 1 c. (2)⇨ *v.t.* 2 a. (3)挖地趕出〈狐狸〉。

díg óver 《*vt adv*》(1)⇨ *v.t.* 1 a. (2)《口語》重新考慮…。

díg onesèlf ín (1)挖洞[壕]藏身。(2)《口語》確保自己的地位。

díg úp 《*vt adv*》(1)⇨ *v.t.* 1 a. (2)⇨ *v.t.* 1 c. (3)⇨ *v.t.* 2 a. (4)發掘；發現…：~ *up* an old Greek statue 發掘一尊古希臘的雕像。(5)《口語》收集〈費用等〉。

——*n.* **1** [C]《口語》**a** 戳，刺，撞：give a person a ~ *in* the ribs 戲戳一下某人的肋骨[側腹]。**b** 挖苦，諷刺：have [take] a ~ *at* a person 挖苦某人/That's a ~ *at* me. 那是在挖苦我。**2** [C] **a** 挖，掘。**b** (考古學上的)挖掘(工作)；挖掘(中的)現場；發掘物。**3** [~s；常當單數用]《英口語》學生宿舍；住所。

di·gest [daɪˋdʒɛst, də-; diˈdʒest, dai-] «源自拉丁文「分別搬運」之義»——*v.t.* 〔十受〕**1** 消化〈食物〉：Food is ~*ed* in the stomach. 食物在胃裏面消化。**2** 領會，體會…(並加以吸收)。**3** 將…(濃縮)整理[分類]，作…的摘要，節略…。——*v.i.* **1** 消化食物。**2** [與 well 等狀態副詞連用](…)消化：This meat does not ~ well [easily]. 這種肉不易消化。

—— [ˋdaɪdʒɛst; ˈdaidʒest] *n.* [C]摘要，概要；(文學作品、時事問題等的)文摘，期刊。

di·gest·er [daɪˋdʒɛstɚ, də-; diˈdʒestə, dai-] *n.* [C] **1** 消化者；助消化劑；作摘要者。**2**《化學》蒸煮器，浸漬器。

di·gest·i·ble [dəˋdʒɛstəbl, daɪ-; diˈdʒestəbl, dai-] *adj.* **1** 可消化的，易消化的。**2** 可摘要的。**di·ges·ti·bil·i·ty** [də͵dʒɛstəˋbɪlətɪ, daɪ-; di͵dʒestəˈbiləti, dai-] *n.*

di·ges·tion [dəˋdʒɛstʃən, daɪ-; diˈdʒestʃən, dai-] «digest 的名詞»——*n.* [U][C] **1** 消化(作用)，消化力：easy [hard] of ~〈食物〉容易[不易]消化/have a strong [weak, poor] ~ 消化力强[弱]/⇨ have the digestion of an OSTRICH. **2** (精神上的)同化吸收；同化力。

di·ges·tive [dəˋdʒɛstɪv, daɪ-; diˈdʒestiv, dai-] «digest 的形容詞»——*adj.* [用在名詞前](助)消化的：~ organs [juice, fluid] 消化器官[液]/the ~ system 消化系統《自口至腸》。

——*n.* [C] **1** 消化劑。**2** (又作 **digéstive bíscuit**)《英》消化餅乾《用全麥粉製成，略帶甜味的大圓形餐後點心》。

díg·ger *n.* [C] **1 a** 挖掘者，挖掘用的工具[機器]。**b** 探礦工人。**2** [有時 D~]《俚》**a** 澳洲[紐西蘭]人[兵]。**b** [用於稱呼]喂，你，老兄。

dígger wàsp *n.* [C]《昆蟲》穴蜂《細腰蜂科昆蟲的統稱》。

díg·ging *n.* **1** [U]挖掘；採掘，採礦；發掘。**2** [C][常 ~s；當單數或複數用]礦山，金礦；礦地[區]。**3** [~s]《英罕》寄宿處，寓所。

dight [daɪt; dait] *v.t.* (**dight, dight·ed**；**dight·ing**)《古》裝飾。

dig·it [ˋdɪdʒɪt; ˈdidʒit] «源自拉丁文「手指」之義»——*n.* [C] **1** 手指，腳趾。**2** 指幅《約¾吋》。**3** (各個)阿拉伯數字《0–9 之間的任一數字；源於古人以手指計數》。

dig·i·tal [ˋdɪdʒɪtl; ˈdidʒitl] «digit 的形容詞»——*adj.* [用在名詞前] **1** 手指的，指狀的；有指的。**2** (使用)數字的：a ~ watch [clock] 數字式手錶[時鐘]/~ display 數字顯示。**3**《電子》〈錄音等〉以數字方式讀出的。

——*n.* [C] **1** 手指。**2** (鋼琴等的)鍵。

dígital compúter *n.* [C]《電算》數字型[計數型]電子計算機(cf. analogue computer).

dig·i·ta·lis [ˌdɪdʒəˋtelɪs, -ˋtælɪs; ˌdidʒiˈteilis] *n.* **1** Ⓒ《植物》毛地黃《玄參科毛地黃屬草本植物的統稱，包括紫色毛地黃（foxglove)》。**2** Ⓤ毛地黃製劑《用毛地黃乾葉製成的强心劑等》。

dig·i·tal·ize [ˋdɪdʒɪtḷˌaɪz; ˈdidʒitəlaiz] *v.t.* **1**《醫》以毛地黃療法治療〈人〉。**2**《電算》把…數位化。 「狀」的；有指的。

dig·i·tate [ˋdɪdʒəˌtet; ˈdidʒiteit] *adj.*《動物·植物》掌狀[指

díg·ni·fied *adj.* 〈人、態度等〉有威嚴的；高貴的，顯貴的：a ~ old gentleman 高貴的老紳士。~·**ly** *adv.*

dig·ni·fy [ˋdɪgnəˌfaɪ; ˈdignifai] «dignity 的動詞»—*v.t.* **1** 使…有威嚴，使…莊嚴，使…尊榮[高貴]。**2**〔十受十介十(代)名〕〔以…〕尊稱…，擡高…的身價〔*by, with*〕：~ a school *with* the name 'academy' 以「學院」尊稱一所學校。

dig·ni·tar·y [ˋdɪgnəˌtɛrɪ; ˈdignitəri] *n.* Ⓒ（尤指教會的）高位者，顯要，高僧。

***dig·ni·ty** [ˋdɪgnətɪ; ˈdignəti] «源自拉丁文「價值」之義»—*n.* **1** Ⓤ威嚴；尊嚴，品格高尙，高貴：the ~ *of* labor [the Bench] 勞工[法官]的尊嚴/with ~ 威嚴地，莊嚴地。**2** Ⓤ（態度等的）端莊，莊重：a man *of* ~ 端莊[莊重]的人。**3** Ⓒ高位，顯爵。

benèath one's dígnity 有失體面[身分]，有損尊嚴。

stánd [be] upòn one's dígnity 擺架子，逞威風。

di·graph [ˋdaɪgræf; ˈdaigrɑːf] *n.* Ⓒ《語音》二合字母《兩個字母發一音；如 ship [ʃɪp; ʃip] 的 *sh*, head [hɛd; hed] 的 *ea* 等；cf. trigraph》.

di·gress [dəˋgrɛs, daɪ-; daiˈgres, di-] *v.i.*〔動(十介十(代)名)〕〈話、文章〉〔從本題〕轉入枝節，偏離〔主題〕〔*from*〕：~ *from* the main subject 脫離[偏離]主題。

di·gres·sion [dəˋgrɛʃən, daɪ-; daiˈgreʃn, di-] «digress 的名詞»—*n.* ⓊⒸ枝節的話，閒話，離題：to return from the ~ 言歸正傳，閒話少說/..., if I may make a ~. 容我打個岔，…。

di·gres·sive [dəˋgrɛsɪv, daɪ-; daiˈgresiv, di-] *adj.* 本題以外的，枝節的。~·**ly** *adv.*

di·he·dral [daɪˋhidrəl; ˌdaiˈhiːdrəl] *adj.* **1** 由二平面構成的；二面的。**2**（有）二面角的。

—*n.* Ⓒ **1**《數學》二面角。**2**《航空》上反角《飛機雙翼與其橫軸水平面所成之角》。

dike[1] [daɪk; daik] *n.* Ⓒ **1** 溝(ditch)，渠，水路。**2** 堤防；堤道。**3** 障礙物，屏障；防禦手段。—*v.t.* 築堤於…。—*v.i.* 築堤。

dike[2] [daɪk; daik] *n.* =dyke[2].

dik·tat [dɪkˋtɑt; ˈdiktɑːt] *n.* Ⓒ（戰敗者被迫接受的）苛酷協定。

Di·lan·tin [daɪˋlæntɪn; daiˈlæntin] *n.* Ⓤ《藥·商標》內醯脲酸二苯鈉，狄蘭汀《抗癲癇藥》。

di·lap·i·date [dəˋlæpəˌdet; diˈlæpideit] *v.t.* **1** 使〈建築物〉荒廢，使〈汽車等〉毀壞。**2**《古》浪費。—*v.i.* 變荒蕪，變破舊。

di·lap·i·dat·ed [dəˋlæpəˌdetɪd; diˈlæpideitid] *adj.* 〈房屋等〉破爛的，荒廢的，要倒塌的。

di·lap·i·da·tion [dəˌlæpəˋdeʃən; diˌlæpiˈdeiʃn] *n.* **1** Ⓤ荒廢(ruin). **2** [~s]《英法律》（附家具之房屋的承租人所支付的）維修費。

dil·a·ta·tion [ˌdɪləˋteʃən, ˌdaɪ-; ˌdaileiˈteiʃn] «dilate 的名詞»—*n.* Ⓤ **1** 膨脹，擴大。**2**《醫》擴張，擴張術。

di·late [daɪˋlet, dɪ-; daiˈleit, di-] «源自拉丁文「擴大」之義»—*v.t.* 使〈身體的某部位〉擴大，使…膨脹：The horse ~*d* its nostrils. 那匹馬張大牠的鼻孔/with ~*d* eyes 張大著眼睛，瞪著眼睛。—*v.i.* **1**〈身體的某部位〉擴大，膨脹：Her eyes ~*d* with horror. 她嚇得兩眼圓睜著。**2**〔十介十(代)名〕《文語》詳談，詳述〔…〕〔*on, upon*〕：If I had time, I could ~ *on* this topic. 如果我有時間，我就可以詳談這個話題。

di·la·tion [daɪˋleʃən, dɪ-; daiˈleiʃn, di-] *n.* **1** =dilatation. **2** Ⓤ（身體某部位的）擴大，張大：~ of the pupil 瞳孔的擴大。

di·la·tor [daɪˋletɚ, dɪ-; daiˈleitə, di-] *n.* Ⓒ **1**《解剖》（擴）張肌。**2**《外科》擴張器。

dil·a·to·ry [ˋdɪləˌtorɪ, -ˌtɔrɪ; ˈdilətəri] *adj.* **1 a**〈人、態度等〉遲緩的，拖拉的，慢吞吞的。**b** [不用在名詞前]〔十介十(代)名〕〔做…〕遲緩的〔*in*〕：You are more ~ than I (am) *in* answer*ing* letters. 你回信比我更會拖。**c** [不用在名詞前]〔十 *of*十(代)名(十 *to* do)/十 *to* do〕〔某人〕〈做…是〉拖拉的，磨蹭的；〈某人〉〈做…是〉拖拉的，磨蹭的：It is ~ *of* you not *to* answer to me.=You are ~ not *to* answer to me. 你眞會拖，還沒回我的信。**2** 延遲的，拖延的：a ~ measure 拖延手段。**díl·a·to·ri·ly** [ˋdɪləˌtorəlɪ, -rɪlɪ; ˈdilətərəli, -rili] *adv.* **-to·ri·ness** *n.*

dil·do, dil·doe [ˋdɪldo; ˈdildou] *n.* Ⓒ(*pl.* ~s)人造男性生殖器。

di·lem·ma [dəˋlɛmə, daɪ-; diˈlemə, dai-] «源自希臘文「雙重的假定」之義»—*n.* Ⓒ **1**（被迫自不中意的兩者中擇其一的）左右爲難，窘境，進退兩難：be (caught) in a ~ 進退兩難，進退維谷/the ~ of whether to break one's promise or to tell a lie 在違約與扯謊間左右爲難。**2**《邏輯》雙關[雙刀]論法；二難推論《提出均不利於對方的兩個或多個事物，迫使選擇其一的辯論法》。

be on the hórns of a dilémma ⇨ horn.

dil·et·tan·te [ˌdɪləˋtæntɪ; ˌdiliˈtænti] *n.* Ⓒ(*pl.* ~s, **-ti** [-tɪ; -ti]) [常表示輕蔑]文學、藝術的愛好者；淺薄的涉獵者；玩票者；鬧著玩的人。—*adj.* 愛好文藝的，業餘的，鬧著玩的，玩票的。

dil·et·tánt·ism [-tɪzəm; -tizəm], **dil·et·tán·te·ism** [-tɪˌɪzəm; -tiizəm] *n.* Ⓤ業餘藝術，業餘嗜好；淺薄涉獵；淺薄。

di·li·gence[1] [ˋdɪlədʒəns; ˈdilidʒəns] «diligent 的名詞»—*n.* Ⓤ 勤勉，勤奮：with ~ 勤勉地。

di·li·gence[2] [ˋdɪlədʒəns; ˈdilidʒəns] «源自法語» —*n.* Ⓒ（法國、瑞士等從前的）公共馬車。

dil·i·gent [ˋdɪlədʒənt; ˈdilidʒənt] «源自拉丁文「高估」之義»—*adj.* (**more** ~; **most** ~) **1 a**〈人〉勤勉的，用功的(↔ lazy)：a ~ worker 勤勉的工作者，用功者。**b** [不用在名詞前]〔十介十(代)名〕〔對…〕勤奮的〔*in*〕：He is ~ *in* his studies. 他學習勤奮。**2**〈工作等〉費心的，用心的。

díl·i·gent·ly *adv.* 勤勉地，勤奮地。

dill [dɪl; dil] *n.* Ⓤ《植物》蒔蘿《俗稱土茴香，繖形科前胡屬芳香植物；其果實（蒔蘿子）與葉子可供製香料及藥用》。

dil·ly·dal·ly [ˋdɪlɪˌdælɪ; ˈdilidæli] *v.i.*（三心二意地）浪費時間，磨磨蹭蹭，拖拖拉拉。

di·lute [dɪˋlut, daɪ-; daiˈljuːt, di-] *v.t.* **1 a**〔十受〕（加水等）稀釋，沖淡〈液體〉。**b**〔十受十介十(代)名〕〔以水等〕稀釋〈液體〉〔*with*〕：~ whiskey *with* water 以水稀釋威士忌酒。**2** 減低〈效力〉。

—*adj.* 稀釋的，沖淡的。

di·lu·tion [dɪˋluʃən, daɪ-; daiˈluːʃn, di-] «dilute 的名詞»—*n.* **1** Ⓤ稀釋，沖淡，稀薄；薄弱化。**2** Ⓒ稀釋液[物]。

di·lu·vi·al [dɪˋluvɪəl; daiˈluːvjəl] *adj.* **1** 洪水的；（尤指）諾亞(Noah)時大洪水的。**2**《地質》洪積（世，期）的：~ formations 洪積層。

di·lu·vi·um [dɪˋluvɪəm, daɪ-; daiˈluːvjəm, di-] *n.* Ⓒ(*pl.* **-vi·a** [-vɪə; -vjə], ~s)《地質》《罕》洪積層[統]。

***dim** [dɪm; dim] *adj.* (**dim·mer**; **dim·mest**) **1 a**〈光〉微暗的，暗淡的：the ~ light of dusk 黃昏微暗的光。**b**〈東西形狀〉看不清楚的，朦朧的，模糊不清的：the ~ outline of a mountain 山的模糊不清的輪廓。**2 a**〈眼睛、視力〉模糊看不清楚的：His eyesight is getting ~. 他的視力漸漸變得模糊。**b**〈記憶等〉模糊的：as far as my ~ memory goes 就我模糊的記憶所能憶及。**3**《口語》〈人〉（頭腦）遲鈍的。**4**《口語》希望不大的，不容樂觀的：His chances of survival are ~. 他生還的可能性不大。

tàke a dím víew (of...)《口語》悲觀地看(…)；（對…）不贊成，不覺得好：My father *takes a* ~ *view of* my girlfriends. 我父親認爲我結交的幾位女友不怎麼樣。

—*v.t.* (**dimmed**; **dim·ming**)〔十受〕**1 a** 使…微暗，使…變暗。**b** 使〈記憶等〉模糊：Twenty years had not *dimmed* his memory. 二十年的歲月並沒有使他的記憶變模糊。**2** 使〈眼睛〉變朦朧：Tears *dimmed* her eyes. 她淚眼朦朧。**3**《美》使〈車子前燈〉朝下，使…的光線變弱《以免對來車太刺眼》(《英》dip).

—*v.i.* 變暗淡，變朦朧[模糊]。

dím dówn《*vt adv*》使〈照明〉逐漸變弱[變暗]。

dím óut《*vt adv*》(1)使〈照明〉變弱。(2)（以燈火管制等）使〈城市等〉變微暗。

dím úp《*vt adv*》使〈照明〉逐漸變强[變亮]。

~·**ly** *adv.* ~·**ness** *n.*

dim.《略》dimension; diminuendo; diminutive.

dime [daɪm; daim] «源自拉丁文「十分之一」之義»—*n.*《美·加》**1** Ⓒ一角硬幣《美國爲鎳幣；加拿大爲銀幣；⇨ coin 1★》。**2** [a ~; 用於否定句]《口語》一文錢，一個銅板：I do*n't* care *a* ~. 我一點也不在乎。

a díme a dózen《美口語》多得不稀罕的；便宜的，不值錢的。

díme nóvel «源自從前售價爲一角錢的小說»—*n.* Ⓒ《美》廉價小說《便宜而煽情的平裝本小說》。

***di·men·sion** [dəˋmɛnʃən; diˈmenʃn] «源自拉丁文「測量」之義»—*n.* Ⓒ **1**（長、寬、厚、高的）尺寸。**2** [常 ~s]面積；容積，大小；規模，範圍，程度；重要性：of great ~*s* 非常大的；極重要的。**3**（人格等的）面，特質。**4**《數學》次元，《物理》因次：of one ~ 一次元的，線[長度]的/of two [three] ~*s* 二[三]次元的，長與寬[長、寬、高]的，平面[立體]的/⇨ fourth dimension.

di·mén·sion·al [-ʃənḷ; -ʃənl] «dimension 的形容詞»—*adj.* [常構成複合字]尺寸的；(…)次元的，(…度)空間的：a three-*dimensional* picture 立體電影/four-*dimensional* space 四度空間。

díme stòre *n.* Ⓒ《美》（出售價格僅五分、一角錢等廉價品的）廉價品商店[雜貨店](five-and-ten).

【說明】現在幾乎沒有能以一角錢(dime)購買的東西，所以只用作「出售廉價品商店」之意；正式名稱爲 variety store, discount house [store].

dim·e·ter [ˋdɪmətɚ; ˈdimitə] *n.* Ⓒ《韻律》含有二音步的詩行；二步格。

dimin. 《略》diminuendo；diminutive.

di·min·ish [dəˋmɪnɪʃ; diˈminiʃ] «源自拉丁文「使變小」之義»—*v.t.* 〔十受〕減少〈數量、力量、重要性等〉(↔ increase；cf. decrease)：Illness has seriously ～*ed* his strength. 疾病使他的體力嚴重衰退。—*v.i.* 減少，縮小：The heat ～*ed* as the sun went down. 隨著日落，暑氣漸消。

the láw of dimínishing retúrns 〔經濟〕報酬遞減律。

di·min·u·en·do [də,mɪnjuˋɛndo; di,minjuˈendou] «源自義大利語»—《音樂》*adj.* & *adv.* 漸弱的[地]《略作 dim.；符號 >；↔ crescendo》.

—*n.* Ⓒ (*pl.* ～s, ～es)漸弱；漸弱樂節。

dim·i·nu·tion [,dɪməˋnjuʃən; ,dimiˈnju:ʃn] «diminish 的名詞»—*n.* **1** Ⓤ減少，減縮，縮小。**2** Ⓒ減少的量，減少額。

di·min·u·tive [dəˋmɪnjətɪv; diˈminjutiv] *adj.* **1** 小的，小型的，矮小的；(尤指)特別小巧的，極小的。**2** 《文法》表示「小」的(cf. augmentative)：a ～ suffix 表示「小」的字尾。

—*n.* Ⓒ **1 a** 《文法》表示「小」的字；表示「小」的字尾《-ie, -kin, -let, -ling 等》。**b** 暱稱《Tom, Dick 等》。**2 a** 縮小形〔*of*〕. **b** 極小的人[物]。

di·mín·u·tive·ly *adv.* **1** 縮小地。**2** 當作指「小」的語辭。

dim·i·ty [ˋdɪmətɪ; ˈdimiti] *n.* Ⓤ凸紋棉布《製窗帘、衣類等用》。

dím·mer *n.* **1** Ⓒ(照明、汽車前燈的)調光器，減光器。**2** 〔～s〕《美》(汽車的)停車(信號)燈《★比較一般用 parking light》.

dím·òut, dím-òut *n.* Ⓒ(為防敵機空襲，在船舶、城市等地方所實施的)燈火管制；(因電力不足而導致的)燈光暗淡。

dim·ple [ˋdɪmpl; ˈdimpl] *n.* Ⓒ **1** 酒渦，靨〔*on, in*〕：～*s on* [*in*] one's cheeks 面頰上的酒渦。**2** 小凹處；(雨水等在水面形成的)波紋，漣漪。

—*v.i.* **1** 生[現]酒渦。**2 a** 凹進。**b** 起波紋[漣漪]。—*v.t.* **1** 使…生酒渦。**2 a** 使…凹進。**b** 使…生波紋[漣漪]。

dím·wìt *n.* Ⓒ《口語》傻瓜，笨蛋。**dím-wítted** *adj.*

din [dɪn; din] «擬聲語»—*n.* ⓊⒸ噪音，喧嚷，嘈雜聲：make [raise, kick up] a ～ 喧嚷，吵鬧。

—*v.t.* (**dinned**；**din·ning**) **1** 噪音使〈耳朵〉聽不見。**2** 〔十受十介十(代)名〕〔對…〕絮聒不休地說…〔*into*〕：He was always *dinning into* us [our ears] the importance of honesty. 他總是絮聒不休地對我們說誠實的重要性。

—*v.i.* (震耳欲聾地)鳴響，喧嘩：The sounds were still *dinning* in his ears. 那些聲音仍然在他耳邊響著。

Di·nah [ˋdaɪnə; ˈdainə] *n.* 黛娜《女子名》。

di·nar [dɪˋnɑr; ˈdi:nɑ:, di:ˈnɑ:] *n.* Ⓒ德納《伊朗、伊拉克、約旦、突尼西亞、南斯拉夫等的貨幣單位》。

dine [daɪn; dain] «源自古法語「放棄絕食」之義»—*v.i.* 用餐，進膳，吃正餐《★比較一般用 have dinner》：～ like a king 像國王似地用餐/I ～ in town. 我在城裏吃飯。

—*v.t.* 〔十受〕宴請，招待〈某人〉吃飯；提供〈某人〉正餐：⇨ wine and dine (⇨ wine *v.*)/How many can you ～ in this hall? 在這間大廳裏你能宴請多少人？

díne ín 《*vi adv*》在家裏吃飯(cf. DINE out).

díne óff... (1)正餐吃…，以…為餐食[當飯吃]：We ～*d off* a steak with vegetables. 我們正餐吃牛排與蔬菜。(2)讓〈某人〉招待吃飯，吃飯由〈某人〉付帳。(3)＝DINE out on.

díne on... ＝DINE off (1).

díne óut 《*vi adv*》在外面吃飯(cf. DINE in).

díne óut on... (1)憑〈有趣的話、經驗等〉到處應邀用餐(娛樂他人)。(2)憑〈有趣的話或經驗之談〉成名[成為受歡迎者]。

dín·er *n.* Ⓒ **1** 用餐者；吃飯的(客)人。**2** 《美》**a** 餐車(dining car). **b** 餐車式的速食餐廳《★模仿火車上餐車，多半為沿街而設的飯館；裏面有長櫃台，供應熱狗、漢堡等速食，顧客主要為卡車司機等》。

dìner-óut *n.* Ⓒ (*pl.* **diners-out**)在外用餐的人；(尤指)在外面吃正餐的人。

di·nette [daɪˋnɛt; daiˈnet] *n.* Ⓒ(家庭的)小餐廳《常在房屋角落或鄰接厨房的地方》。

ding [dɪŋ; diŋ] «擬聲語»—*v.i.* 〈鐘等〉叮噹地響。

—*v.t.* **1** 使〈鐘等〉叮噹作響。**2** 《口語》嘮叨地說。

—*n.* Ⓒ叮噹《鐘聲》。

ding·bat [ˋdɪŋ,bæt; ˈdiŋbæt] *n.* Ⓒ **1** 《俚》古怪的人，傻瓜。**2** 東西，玩意兒《用以代替不知其名或忘記其名之物的詼諧語》。**3** 《印刷》(標示段落、邊線等的)裝飾標誌。**4** 可投擲之物《如石子、木棍等》。

ding·dong [ˋdɪŋ,dɔŋ; ,diŋˈdɔŋ] «擬聲語»—*n.* Ⓤ叮噹《鐘聲》。

—*adv.* 叮叮噹噹(地)。

—*adj.* [用在名詞前]激烈的，拉鋸式的，難分勝負的〈戰鬥等〉：a ～ race [game]競爭激烈的賽跑[難分勝負的比賽]。

din·ghy, dingey [ˋdɪŋgɪ; ˈdiŋgi] *n.* Ⓒ **1** 小舟，比賽用小艇。**2** 艦載的小艇。

dinghy 1

din·gle [ˋdɪŋgl; ˈdiŋgl] *n.* Ⓒ(有樹木遮蔽的)小峽谷。

din·go [ˋdɪŋgo; ˈdiŋgou] *n.* Ⓒ (*pl.* ～es)澳洲野犬《毛色赤或黃褐色，生性膽小，常於夜晚捕捉獵物》。

din·gy [ˋdɪndʒɪ; ˈdindʒi] *adj.* (**din·gi·er**；**din·gi·est**) 骯髒的，昏暗的：a dark, ～ room 暗黑而骯髒的房間。**dín·gi·ly** [-dʒɪlɪ; -dʒili] *adv.* **-i·ness** *n.*

dín·ing càr *n.* Ⓒ餐車(《英》restaurant car).

díning hàll *n.* Ⓒ(學校等的)大餐廳。

díning ròom *n.* Ⓒ餐廳。

díning tàble *n.* Ⓒ餐桌。

dingo

dink [dɪŋk; diŋk] *n.* Ⓒ《網球・排球》短[輕]吊，吊網前球。

dink·ey [ˋdɪŋkɪ; ˈdiŋki] *n.* Ⓒ《口語》小的東西；小型火車機車[電車]。

DINKS 《略》Double Income, No Kids. 頂客族《雙方均有收入，而不撫養小孩的夫妻》。

din·kum [ˋdɪŋkəm; ˈdiŋkəm] *adj.* 《澳》眞正[眞實]的，可靠的。

dink·y [ˋdɪŋkɪ; ˈdiŋki] *adj.* (**dink·i·er**；**-i·est**) **1** 《美口語》小(型)的；微不足道的。**2** 《英口語》小而可愛的，漂亮的《★用法女性用語》。

‡**din·ner** [ˋdɪnɚ; ˈdinə] *n.* **1** Ⓤ[與修飾語連用而指種類時為Ⓒ](一天的)主餐，正餐：ask a person to ～ 請某人吃飯/at [before, after] ～ 吃飯中[餐前，餐後]/have [take] ～ 吃正餐，用餐/a good [poor] ～ 豐盛[簡陋]的一餐。

【說明】一天當中最充實的正餐平常是指晚餐，所以招待別人的晚餐不是 supper，而是 dinner；但在星期假日不外出時午餐可能就是 dinner，這時晚餐即稱為 supper；如果以晚餐為 dinner，則中餐為 lunch. 正式的 dinner 需著整齊服裝。在西餐廳，可照菜單點菜(à la carte)也可按餐廳配好的幾道菜點客飯(table d'hôte)；cf. supper【說明】

2 Ⓒ晚宴，宴會：give a ～ in a person's honor [for a person] 特為某人請客，設宴款待某人。

3 Ⓒ客飯(table d'hôte)：Four ～*s* at $5 a head. 每客五美元的客飯四份。

4 Ⓒ《美》(加熱即可吃的)速食包裝食品。

dínner bèll *n.* Ⓒ通知用正餐的鐘[鈴]，開飯鐘[鈴]。

dínner jàcket *n.* Ⓒ《英》(男用)簡便無尾晚禮服(的上衣)(《美》tuxedo).

dínner sèrvice [**sèt**] *n.* Ⓒ(餐宴用的)成套的餐具。

dínner tàble *n.* Ⓒ餐桌。

di·no·saur [ˋdaɪnə,sɔr; ˈdainəsɔ:] *n.* Ⓒ **1** 《古生物》恐龍《中生代蜥龍目和鳥龍目巨大爬蟲的統稱》。

【字源】十九世紀中葉，英國學者以希臘文的 dino(恐怖的)和 saur(蜥蜴)命名，也就是「可怕的蜥蜴」。

2 龐大難以處理[落伍]的東西。

dinner jacket

di·no·sau·ri·an [,daɪnəˋsɔrɪən; ,dainəˈsɔ:riən] *adj.* (似)恐龍的。—*n.* Ⓒ恐龍。

DINS 《略》Double Income, No Sex. 頂士族《雙方均有收入，但因忙於工作或照顧小孩而致長期無性生活的夫妻》。

dint [dɪnt; dint] *n.* Ⓒ《古》(敲擊或加壓硬物表面形成的)凹陷，凹痕(dent)《★現在只用於下列成語》。

by dínt of... 憑藉…的力量，靠…，由於…(by means of)：He got the prize *by* ～ *of* hard work. 他由於努力工作而獲獎。

di·oc·e·san [daɪˋɑsəsn, ˋdaɪə,sisn; daiˈɔsisn] «diocese 的形容詞»—*adj.* [用在名詞前]主教轄區的。

di·o·cese [ˋdaɪə,sis; ˈdaiəsis, -si:s] *n.* Ⓒ主教轄區，教區。

di·ode [ˋdaɪod; ˈdaioud] *n.* Ⓒ《電子》**1** 兩個接頭的電子組件；半導體整流組件。**2** 二極(眞空)管。

Di·og·e·nes [daɪˋɑdʒə,niz; daiˈɔdʒini:z] *n.* 戴奧眞尼斯《412？–323 B.C.；古希臘哲學家；粗衣粗食居住於桶中，多奇行；其與亞歷山大(Alexander)大帝之間的問答尤其聞名》。

Di·o·nys·i·ac [ˌdaɪəˋnɪsɪˌæk; ˌdaiəˈnisiæk] *adj.* =Dionysian.

Di·o·ny·si·an [ˌdaɪəˋnɪʃən, -ˋnɪsɪən; ˌdaiəˈniziən⁻] «Dionysus 的形容詞»——*adj.* 酒神戴奧奈索斯(Dionysus)的。

Di·o·ny·sus, Di·o·nysos [ˌdaɪəˋnaɪsəs; ˌdaiəˈnaisəs] *n.* 〖希臘神話〗戴奧奈索斯《酒神；也稱巴克斯(Bacchus)》.

Dionysus

di·o·ra·ma [ˌdaɪəˋræmə, -ˋrɑmə; ˌdaiəˈrɑːmə] «源自希臘文「光景」之義» ——*n.* Ⓒ **1** 西洋鏡，透視畫(cf. panorama). **2** (立體小型模型的)實景。**3** 透視畫館，模擬動物野生狀況的博物館。

di·ox·ide [daɪˋɑksaɪd, -ɪd; daiˈɔksaid] *n.* Ⓒ〖化學〗二氧化物：⇨ nitrogen dioxide.

di·ox·in [daɪˋɑksɪn; daiˈɔksin] *n.* ⓊⒸ〖化學〗戴奧辛《毒性强的有機氯化物；用於除草劑等》.

dip** [dɪp; dip] (**dipped**; **dip·ping**) *v.t.* **1 a** 〔十受(十副)〕沾，浸，蘸…〈*in*〉：~ a towel (*in*) 把毛巾浸一下。**b** 〔十受十介十(代)名〕把…浸〔於液體中〕〔*in, into*〕: He *dipped* his pen ***into the ink. 他把鋼筆浸入墨水中/She *dipped* her handkerchief ***in*** the cool water. 她把手帕浸入冷水中。
2 〔十受〕 **a** 浸染〈衣服〉。**b** 把〈羊〉放入消毒水中浸洗。
3 a 〔十受(十副)(十介十(代)名)〕(用手掌、杓等)〔從…〕舀取，汲出，汲取…〈*up, out*〉〔*from,out of*〕: ~ hot water ***out of*** a boiler 從煮器中舀出熱水/*D~ **up*** a bucketful of water ***from*** the well. 從井中汲取一滿桶的水/She *dipped **out*** the soup with a ladle. 她用長柄杓舀湯。**b** 〔十受十介十(代)名〕(爲掏[舀]取某物)將〈手、湯匙等〉伸入〔…中〕〔*into*〕: He *dipped* his hand ***into*** his trouser pocket for change. 他將手伸入褲袋中掏零錢。
4 〔十受〕 **a** 把〈旗子〉稍微降下又升起《表示敬禮》。**b** 把〈頭等〉稍微低下；微彎膝蓋行〈禮〉：~ a curtsy 屈膝行禮/He had to ~ his head to enter the room. 要進入那房間他不得不稍微低下頭/The bird *dipped* a wing. 那隻鳥忽然彎下一邊翅膀。**c** 《英》(爲避免强光射向對面來車)使〈前燈〉向下[光減弱](《美》dim).
5 〔十受〕〖基督教〗對〈人〉施以洗禮《使其全身浸入水中》。
——*v.i.* **1** 〔動(十介十(代)名)〕〔在液體中〕**泡一下**，浸一下；潛入〔…〕〔*in, into*〕: ~ ***into*** the sea 潛入海裏。**2 a** (忽然)下降；〈太陽〉下沈，落下：The bird *dipped* in its flight. 那隻鳥在飛翔中忽然下降/The sun *dipped* below the horizon. 太陽落到地平線下。**b** 〈女子〉稍微屈膝行禮。**c** 〈價格、銷售額等〉(暫時性地)下降。
3 〔動(十副詞(片語))〕〈土地、道路等〉向下傾斜，成下坡；下陷：The land ~*s* sharply [gently] *to* the south. 那塊地向南陡斜[緩傾]。**4** 〔十介十(代)名〕 **a** (把手等)伸入〔…中〕，掏取〔…〕〔*into*〕: ~ ***into*** a bag 把手伸入袋子裏。**b** 瀏覽，略微過目，涉獵〔書、報等〕〔*into*〕: ~ ***into*** a newspaper 略微翻看報紙。**c** 探查，研究，探究〔…〕〔*into*〕: ~ ***into*** the future 探究未來。
díp ín 《*vi adv*》拿到分得的一份。
díp ínto one's **pócket** [**púrse, móney, sávings,** etc.] (因需要而)取錢[提出存款(等)]。
——*n.* **1** Ⓒ **a** 浸，泡。**b** 《口語》洗浴：have [take] a ~ in the sea 泡海水浴。**2 a** Ⓒ (湯等的)一杓。**b** Ⓤ [指種類時爲Ⓒ] (蘸麵包、薄脆餅、薯條、蔬菜等用的)調味汁[醬(等)]。**3 a** Ⓒ (用消毒水洗羊等的)浸洗：give the sheep a ~ 把羊浸洗一下。**b** Ⓤ 浸液；(尤指)洗羊的消毒水。**4** Ⓒ (浸芯)蠟燭。**5** Ⓒ **a** (土地、道路等的)下沈，凹處，坑，傾斜；下坡路：a ~ *in* the ground 地面的凹陷。**b** (物價等暫時性的)下跌：a ~ *in* price 價格的下跌。**c** (電線下垂的)弛度。**d** 《測量》(磁針的)傾角，俯角。**6** Ⓒ 《俚》扒手(pickpocket).

diph·the·ri·a [dɪfˋθɪrɪə, dɪp-; difˈθiəriə, dip-] *n.* Ⓤ〖醫〗白喉。
diph·ther·ic [dɪfˋθɛrɪk; difˈθerik⁻], **diph·the·rit·ic** [ˌdɪfθəˋrɪtɪk, ˌdɪp-; ˌdifθəˈritik, ˌdip-⁻] *adj.*

diph·thong [ˋdɪfθɔŋ; ˈdifθɔŋ] *n.* **1** Ⓒ〖語音〗雙母音，二合元音，複(合)元音《[aɪ, aʊ, ɔɪ; ai, au, ɔi] 等；cf. monophthong, triphthong》. **2** =ligature 4.

diph·thong·al [dɪfˋθɔŋgl; difˈθɔŋgl⁻] «diphthong 的形容詞»——*adj.* 雙母音的，二合元音的。

diph·thong·ize [ˋdɪfθɔŋˌaɪz, -θɔŋˌgaɪz; ˈdifθɔŋgaiz] *v.t.* 化〈單母音〉爲雙母音，把…讀成雙母音。
——*v.i.* 變爲雙母音。

di·plo·ma [dɪˋplomə; diˈploumə] *n.* Ⓒ (*pl.* ~**s**) **1** 執照；畢業證書，文憑，學位證書：receive [get] one's ~ 獲得執照；畢業。**2** 獎狀。

> **【字源】**本義是「對摺的紙」，以前資格證書或文憑等類之文件顯然是對摺的。現今文憑縱使不對折也照稱 diploma. diplomacy (外交)便是在國與國之間處理這種對摺文件之意。

di·plo·ma·cy [dɪˋploməsɪ; diˈplouməsi] *n.* Ⓤ **1 外交；外交手腕。** **2** 交際手段，策略(tact).

diplóma mìll *n.* Ⓒ《口語》文憑製造廠，(爲牟利而隨便大量頒發學位的)學店，濫發文憑的大學。

dip·lo·mat [ˋdɪpləˌmæt; ˈdipləmæt] *n.* Ⓒ **1 外交官。** **2** =diplomatist 1.

dip·lo·mat·ic [ˌdɪpləˋmætɪk; ˌdipləˈmætik⁻] «diplomacy 的形容詞»——*adj.* (**more** ~; **most** ~) **1** [用在名詞前] (無比較級、最高級) **a 外交(上)的**：establish [break] ~ relations 建立[斷絕]外交關係。**b** 外交官的：the ~ corps [body]外交使節團/~ immunity 外交豁免權《對外交人員的免除關稅、行李檢查等》/the ~ service 外交官勤務；使館職務；[集合稱]使館人員/go into the ~ service 成爲外交官。**2 a** 有外交手腕的，善於交涉的：exercise one's ~ skill 運用外交手腕。**b** (應對人)練達的，圓滑的(tactful). **3** [用在名詞前] (無比較級、最高級) **a** 古抄本的。**b** 照眞本原樣的，原文的：a ~ copy 完全照原文的抄稿[謄本]。

dìp·lo·mát·i·cal·ly [-klɪ; -kəli] *adv.* **1** 外交上。**2 a** 用外交手腕，善於交涉地。**b** 圓滑地：refuse an offer ~ 圓滑地拒絕提議。

di·plo·ma·tist [dɪˋplomətɪst; diˈploumətist] *n.* **1** Ⓒ 外交家，擅長交際的人。**2** 《罕》=diplomat 1.

dip·per [ˋdɪpɚ; ˈdipə] *n.* **1** Ⓒ 浸者。**2** Ⓒ 汲取[舀取]物，長柄杓，湯杓。**3** Ⓒ〖鳥〗河烏《河烏科鳴禽的統稱，尤指白嘴河烏及北美河烏》。**4** 《美》〖天文〗 **a** [**the** (**Big**) **D~**] 北斗七星 (the Plow)《大熊座(the Great Bear)的七顆星；cf. Charles's Wain 1》. **b** [**the** (**Little**) **D~**] 小北斗七星《小熊座(the Little Bear)的七顆星；包括北極星(the North Star)》.

dip·so·ma·ni·a [ˌdɪpsəˋmenɪə; ˌdipsəˈmeinjə] *n.* Ⓤ 耽酒狂，間發性酒狂。

dip·so·ma·ni·ac [ˌdɪpsəˋmenɪˌæk; ˌdipsəˈmeiniæk] *n.* Ⓒ 耽酒狂[間發性酒狂]患者。

díp·stìck *n.* Ⓒ (尤指汽車的)油量計《有刻度的量液棒，用以計量引擎曲軸箱內潤滑油的量》.

díp·swìtch *n.* Ⓒ《英》汽車前燈的照距控制開關。

dipt [dɪpt; dipt] *v.* 《古》**dip** 的過去式。

dip·tych [ˋdɪptɪk; ˈdiptik] *n.* Ⓒ **1** (古羅馬)可對折的記事板。**2** (立於祭壇背後)可折合的雙連畫，雙連祭壇畫。

dire [daɪr; ˈdaiə] *adj.* **1** [用在名詞前] 可怕的，令人恐怖的；悲慘的：a ~ calamity 大慘案，可怕的災禍/the ~ sisters =Furies. **2** 迫切的〈需要〉，逼近的〈危險等〉: There is a ~ need for food. 迫切需要食物。

‡di·rect [dəˋrɛkt, daɪ-; diˈrekt, də, dai-] «源自拉丁文「使直」之義»——*v.t.* **1** 〔十受〕 **a 指導**，指揮，監督；管理〈公司等〉: A foreman ~*s* (the work of) his men. 領班[工頭]指揮部屬(的工作)/There was no teacher to ~ the class. 沒有教師指導該班/A policeman is ~*ing* (the) traffic. 警察在指揮交通。**b** 演出〈戲劇〉，導演〈電影等〉。
2 a 〔十受十 *to* do〕**指揮**，指示，命令…〈做…〉(《★比較 order 爲拘泥的用語》): The policeman ~*ed* the car *to* proceed. 警察指示該車前進/He ~*ed* barricades *to* be built. 他下令建築防禦工事[築起路障](cf. 2 b). **b** 〔十 *that*__〕指揮，命令〔…一事〕: He ~*ed that* barricades (should) be built. 他下令建築防禦工事[築起路障](《★用法《口語》多半不用 should；cf. 2 a》).
3 〔十受(十介十(代)名)〕**指示**〈某人〉〔往…〕**路[方向]**〔*to*〕(⇨ lead¹【同義字】): Can you ~ me ***to*** the station? 你能指點我到火車站的路嗎？/I have ~*ed* him wrongly. 我給他指錯了路。
4 a 〔十受十介十(代)名〕把〈注意力、努力等〉**傾注，對準，針對**〔於…〕〔*to, at*〕: I'd like to ~ your attention ***to*** this fact. 我要你們注意這個事實/The teacher's words seemed to be ~*ed **at*** me. 老師的話似乎是針對我的。**b** 〔十受十副詞(片語)〕把〈腳步、視線〉朝向(某方向): They ~*ed* their course [steps] *homeward* [*toward* home]. 他們往回家的路走。
5 〔十受(十介十(代)名)〕在〈信、包裹等〉書寫收件人(地址)〔寄給…〕〔*to*〕(《★比較 一般用 address》): *D~* this letter ***to*** his business [home] address. 在這封信上寫上他辦公室[住家]的地址《把信投遞到他公司[家]》.
——*v.i.* **1** 指導，指揮。**2 a** 〖音樂〗指揮：Who will ~ at tomorrow's concert? 誰指揮明天的演奏會？**b** (戲劇)演出，(電影)導演。
——*adj.* (~·**er**; ~·**est**) (↔ indirect) **1 a 直的，**直進的：a ~ way to the station 直往火車站的路[最近的路]/a ~ hit 直接命中，擊中彈/a ~ shot 命中彈，直射彈。**b** (無比較級、最高級)直行的：a ~ train 直達火車/a ~ flight from Tokyo to Los Angeles 從東京到洛杉磯的直飛班機。**c** [用在名詞前] (無比較級、最高級)直系的：a ~ descendant of... …的直系子孫。
2 (無比較級、最高級) **直接的**：a ~ influence 直接的影響/⇨ direct action/~ selling 直接銷售/~ lighting 直接照明/as a ~ result of the accident 作爲該意外事件的直接結果。

D

3 [用在名詞前]（無比較級、最高級）正面的；完全的：the ~ opposite [contrary] 正相反，完全相反。
4 直率的，直截了當的：a ~ question [answer] 直截了當的詢問[回答]/make a ~ denial of... 斷然地否認…。
5 [用在名詞前]（無比較級、最高級）《文法》直接的：a ~ question 直接問句/a ~ object 直接受詞《如 She gave him *a watch.* 中的 a watch》/ ~ narration [discourse, speech] 直接敍述[引語]《如 He said, "I am ill."》。
—adv. 1 直直地，直線地《★與 directly 1 用法同》：The flight goes ~ from Washington to London. 該班機由華盛頓直飛倫敦。2 直接。
~·ness *n.*

diréct áction *n.* Ⓤ《委婉語》直接行動《違法的政治行動；尤指罷工等》。

diréct cúrrent *n.* ⓊⒸ《電學》直流(電)《略作 DC, D.C., d.c.；cf. alternating current》。

D

***di·rec·tion** [də'rɛkʃən, daɪ-; di'rekʃn, də-, dai-] «direct 的名詞» **—n.** 1 a Ⓒ方向；方位；方面：in all ~*s* = in every ~ 向四面八方[各方面]/in the ~ *of...* 朝…方向[方面]/in the right ~ 朝正確方向/in the opposite [same] ~ 向相反[相同]的方向/a [the, one's] sense of ~ 方向感，辨別方向的能力《★此語無冠詞》。b Ⓒ（思想等的）傾向，趨向，動態：new ~*s in* art 藝術的新趨向。
2 Ⓤ指導，監督，管理：The factory is under the ~ of the government. 該工廠受政府的管理/We feel the need of ~. 我們感到需要指導。
3 Ⓒ[常 ~s] a 指示，指揮，命令：obey a person's ~*s* 服從某人的指揮/at the ~ of the boss 受上司的指示。b 指引，說明書，使用法〔*as to, for*〕：~*s for* use 用法說明/~*s* (*as to*) how to use the book 使用該書的指引/Read the ~*s* before using it. 使用前先看說明書。
4 Ⓤ《戲劇・電影》演出，導演。
5 Ⓤ《音樂》指揮。

di·rec·tion·al [də'rɛkʃənḷ, daɪ-; di'rekʃənl, də-, dai-] «direction 的形容詞» **—adj.** 1 方向[方位](上)的。2《無線》定向的：a ~ microphone 定向麥克風。

diréction fìnder *n.* Ⓒ《無線》定向儀，探向器《略作 D.F.》。

di·rec·tive [də'rɛktɪv, daɪ-; di'rektiv, də-, dai-] *adj.* [用在名詞前] 1 a 指示(性)的。b《無線》定向(式)的。2 指導的，支配的。
—n. Ⓒ命令，指令：a ~ *from* party headquarters 黨總部的命令。

***di·rect·ly** [də'rɛktlɪ, daɪ-; di'rektli, də, dai-] *adv.* (more ~; most ~) 1 直直地，一直線地(⇨ direct *adv.* 1 ★)。2（無比較級、最高級）a（無仲介物）直接地，逕自：He is ~ responsible for it. 他直接負責那件事。b 正好地；完全地：~ opposite 正相反。3（無比較級、最高級）立刻，立即：I'll be there ~. 我會立刻到那裏。4（無比較級、最高級）不久。
—conj. [常 'drɛklɪ; 'drekli]《英口語》一(做)…就(as soon as)：He married ~ he left the university. 他一離開大學就結婚了。

diréct máil *n.* Ⓤ直接郵件《廣告、宣傳單等直接向消費者個別郵寄的印刷品》。

diréct méthod *n.* [the ~] 直接(教學)法《不使用本國語言的外國語教學法》。

***di·rec·tor** [də'rɛktə, daɪ-; di'rektə, də-, dai-] *n.* Ⓒ 1 指導者，指揮者。2 a 管理者；長官，局長；理事；董事，社長：a managing ~（公司的）常務董事/a board of ~*s* 董事會，理事會。b（高中等的）校長。3 a《戲劇》演出人。b《電影》導演。4《音樂》指揮者。
the Diréctor of Públic Prosecútions（英國的）檢察官。

di·rec·to·rate [də'rɛktərɪt, daɪ-; di'rektərət, dai-] *n.* 1 Ⓤ 管理者(等)的職位。2 Ⓒ [集合稱] 董事會，理事會《★用法 視為一整體時當單數用，指個別成員時當複數用》。

diréctor géneral *n.* Ⓒ(*pl.* **directors general,** ~s) 總裁，總監，主管；(通常為非營利性團體的) 會長，總幹事。

dir·ec·to·ri·al [də,rɛk'torɪəl, ,daɪrɛk-; di,rek'tɔ:riəl] *adj.* 1 指揮[指導]上的。2 指揮者[理事，主任，董事會]的。

diréctor's chàir «源自導演在拍片中使用» **—n.** Ⓒ導演椅《輕便的折疊式扶手椅，有棉的帆布製椅背與椅座》。

di·réc·tor·shìp *n.* ⓊⒸ管理者(director)(等)的職位[任期]。

di·rec·to·ry [də'rɛktərɪ, -'rɛktrɪ; di'rektəri] *n.* Ⓒ(特定地區等的)姓名地址錄；工商人名錄：a telephone ~ 電話簿。

di·rec·tress [də'rɛktrɪs, daɪ-; di'rektris, dai-] *n.* Ⓒ 女性的 director.

diréct táx *n.* ⓊⒸ直接稅。

dire·ful ['daɪrfəl; 'daiəful] *adj.*《文語》可怕的；悲慘的。
~·ly [-fəlɪ; -fuli] *adv.*

dirge [dɝdʒ; də:dʒ] *n.* Ⓒ喪曲，輓歌；哀歌，悲歌。

dir·i·gi·ble ['dɪrədʒəbl; 'diridʒəbl] *adj.* 可操縱的：a ~ balloon 飛船。
—n. Ⓒ可駕駛的輕氣球，飛船。

dirk [dɝk; də:k] *n.* Ⓒ(尤指蘇格蘭高地的人所用之)短劍，匕首。
—v.t. 以短劍刺…。

dirn·dl ['dɝndl; 'də:ndl] *n.*（又作 **dírndl skirt**）Ⓒ緊身連衣的寬鬆褶裙。

‡**dirt** [dɝt; də:t] *n.* Ⓤ 1（尤指附著於不該附著之處的）污物；泥，塵土，灰塵，污垢。2 土壤(soil)。3 無價值之物，受人輕視之物：treat a person like ~ 待某人如草芥。4 a 惡言，中傷：fling [throw] ~ at... 臭罵…，誹謗…。b 下流話。c《口語》(背後論人長短、是非的) 閒話，醜聞。
(as) **chéap as dírt** (1)(尤指)〈女子〉低級的，下流的。(2)非常便宜的，不值一文的。
éat dírt《口語》忍受屈辱。

dírt-chéap *adj.* & *adv.*《口語》極廉價的[地]，賤如糞土的[地]。

dírt fàrm *n.* Ⓒ自耕農的耕地，小農場。

dírt fàrmer *n.* Ⓒ《美》(不僱用他人的)自耕農。

dírt póor *adj.* 很窮的，缺乏生活所需之物資的。

dírt róad *n.* Ⓒ《美》(未鋪設路面的)砂土路。

dírt tràck *n.* Ⓒ砂土[煤渣]的跑道；賽機車的跑道。

‡**dirt·y** ['dɝtɪ; 'də:ti] «dirt 的形容詞» **—adj.** (**dirt·i·er**; **-i·est**) 1 a 齷齪的，骯髒的，不潔的(↔ clean)；〈道路等〉泥濘的：a ~ house [face] 骯髒的房子[臉]/a ~ wound 化膿的傷口。b〈工作等〉(容易)弄髒(身體)的，討厭的；無聊的。
2〈顏色〉不鮮明的，渾濁的。
3 a〈思想、言語等〉下流的，猥褻的：~ talk 下流話，髒話/a ~ book 黃色書刊/a ~ old man 好色的老頭。b〈行爲等〉不正的，卑劣的：~ money 來路不正的錢，髒錢(↔ clean money)/~ gains 不正當的獲利，不義之財/a ~ trick 詭計，卑劣的手段。c 極爲遺憾的，可嘆的：That's a ~ shame. 眞丟臉。
4〈天氣等〉惡劣的，暴風雨的：a ~ night 暴風雨的夜晚。
5《口語》〈核子武器〉多輻射塵的，污染的(↔ clean)：a ~ bomb 輻射塵多的炸彈。
dò the dírty on a person《俚》以卑鄙的手段陷害[傷害]某人。
give a person **a dírty lóok**《口語》對某人露出不高興的表情[投以非難的眼神]。
—v.t.〔十受〕弄髒…。
—v.i. 變髒：White cloth *dirties* easily. 白布容易髒。
dírt·i·ly [-tḷɪ, -tɪlɪ; -tili, -təli] *adv.* **-i·ness** *n.*

dírty póol *n.* Ⓤ《俚》卑劣的手段，不誠實的行爲：play ~ 使用不正當[卑鄙]的手段。

dírty wórd *n.* Ⓒ猥褻[下流]的話；避諱的言詞。

dírty wòrk *n.* Ⓤ 1 骯髒的工作；討厭做的工作，打雜工作：do a person's ~ for him 爲某人效勞，做某人的部下/He left ~ for me. 他把討厭的工作留給我。2 卑劣的行爲，不法的行爲，詐騙：do ~ 幹卑鄙的事。

Dis [dɪs; dis] *n.*《羅馬神話》狄斯《冥府之神；相當於希臘神話的普魯托(Pluto)；cf. Hades》。

dis- [dɪs-; dis-] 字首 1 [附加在動詞前] 表示「相反的動作」：*dis*arm. 2 [附加在名詞前] 構成表示「除去」「剝奪」等之意的動詞：*dis*mantle. 3 [附加在形容詞前] 構成表示「使不…」之意的動詞：*dis*able. 4 [附加在名詞、形容詞前] 表示「不…」「非…」「無…」：*dis*trust；*dis*agreeable. 5 表示「分離」：*dis*continue. 6 强調否定：*dis*annul.

dis·a·bil·i·ty [,dɪsə'bɪlətɪ; ,disə'biləti] *n.* 1 Ⓤ a 無能，無力。b（法律上的）無行爲能力，無資格。2 Ⓒ(身體等的)不利的條件，殘疾。

dis·a·ble [dɪs'ebḷ, dɪz-; dis'eibl, di'zei-] *v.t.* 1 使〈人〉的手腳等失去能力，使〈人〉殘廢《★常用被動語態》：He *was* ~*d* in the war [by polio]. 戰爭[小兒麻痺]使他成殘廢。2〔十受(十介十doing)〕a〈事情〉使〈人〉不能〔做…〕〔*from*〕：Her illness ~*d* her *from* follow*ing* her vocation. 生病使她不能從事自己的職業。b 使〈人〉失去〔…的〕能力，使〈人〉不能〔做…〕〔*for*〕：The injury ~*d* him *for* the work. 受傷使他不能做那工作。

dis·á·bled *adj.* 1 成殘廢的，變成殘障者的：a ~ soldier 殘廢的軍人。2 [the ~；當複數名詞用；集合稱] 身體殘障者。

dis·á·ble·ment [-mənt; -mənt] «disable 的名詞» **—n.** ⓊⒸ無行爲能力；無能(力)；殘廢。

dis·a·buse [,dɪsə'bjuz; ,disə'bju:z] *v.t.* 1 解除〈某人〉的迷惑；使〈人〉醒悟。2〔十受十介十(代)名〕解除，糾正〈某人〉〔迷惑、誤解〕〔*of*〕：~ a person *of* his mistaken ideas 糾正某人的錯誤想法。

dis·ac·cord [,dɪsə'kɔrd; ,disə'kɔ:d] *n.* Ⓤ不和，不一致，不同意。
—v.i.〔動(十介十(代)名)〕〔與…〕不一致[不和]〔*with*〕。

***dis·ad·van·tage** [,dɪsəd'væntɪdʒ; ,disəd'vɑ:ntidʒ] *n.* 1 Ⓤ不利，損失：to a person's ~ 對某人不利地/sell...to one's ~ 以不利的

條件[賠錢]出售〈貨物等〉。**2** Ⓒ不利的立場[情況]，不便(的事)：under great ~*s* 在非常不利的情況[條件]下/take a person [be taken] *at* a ~ 乘隙打擊某人[冷不防遭到打擊]/put a person *at* a ~ 置某人於不利的立場[情況]。

dìs·ad·ván·taged *adj.* 《委婉語》**1** (因貧困而)處於困境的。**2** [the ~；當複數名詞用；集合稱]生活條件差的人們。

dis·ad·van·ta·geous [dɪsˌædvənˋtedʒəs; ˌdisædvɑːnˈteidʒəs ˉ] *adj.* **1** 不利的，吃虧的，有害的，不便的。**2** [不用在名詞前]〔十介十(代)名〕〔對…〕不便的，不利的〔*to*〕.

~·ly *adv.*

dis·af·fect·ed [ˌdɪsəˋfɛktɪd; ˌdisəˈfektid ˉ] *adj.* **1** (對政府等)不滿的，憤憤不平的：~ elements 不滿分子。**2** [不用在名詞前]〔十介十(代)名〕〔對政府等〕不滿的，叛離的，不忠的〔*to, toward*〕：The soldiers were ~ ***toward*** the government. 那些士兵對政府不滿。~**·ly** *adv.*

dis·af·fec·tion [ˌdɪsəˋfɛkʃən; ˌdisəˈfekʃn] *n.* Ⓤ〔對政府等的〕不滿，不平，叛離〔*to, toward*〕.

dis·af·fil·i·ate [ˌdɪsəˋfɪlɪˌet; ˌdisəˈfilieit] *v.t.* & *v.i.* (使…)脫離；(使…)退出。

dis·a·gree** [ˌdɪsəˋgri; ˌdisəˈgriː] *v.i.* **1**〔動(十介十(代)名)〕**a**〈陳述、報告等〉〔與…〕不合，不一致〔*with*〕：The two accounts ~. 那兩種敍述[說法]不一致。**b**〈人〉〔與人〕爭執，意見不合〔*with*〕；不睦，不和〔*with*〕：The witnesses ~*d* (with*** each other) *about* the exact time of the accident. 關於意外事件發生的正確時間，那些證人意見不一致。**2**〔十介十(代)名〕**a**〈水土〉〔與人〕不合〔*with*〕：This climate ~*s* ***with*** him. 這種氣候對他的身體不適宜。**b**〈食物〉〔對人〕不適合，有害〔*with*〕：Fish ~*s* ***with*** me. 魚(這種食物)對我不適合。

agrée to disagrée ⇨ agree.

dis·a·gree·a·ble [ˌdɪsəˋgriəbl; ˌdisəˈgriəbl ˉ] *adj.* (**more** ~；**most** ~) **1 不愉快的**，不合意的。**2 a**〈人、性情等〉令人很討厭的，不和氣的，難打交道的〔*to, toward*〕：Try to be less ~ ***to*** [***toward***] the customers. 要試著對顧客和氣些。**b**〔十*of*十(代)名(十 *to* do)/十*to* do〕〔某人〕〈做…是〉難打交道的，很討厭的；〈某人〉〈做…是〉難打交道的，很討厭的；不友善的：It was ~ ***of*** him [He was ~] not *to* help us. 他不幫助我們，眞是太不友好了。

dìs·a·grée·a·bly [-əblɪ; -əbli] *adv.* ~**·ness** *n.*

dìs·a·grée·ment [-mənt; -mənt] 《disagree 的名詞》——*n.* **1** Ⓤ Ⓒ不一致；意見的分歧[不同]：The two reports are *in* ~. 那兩份報告內容不一致/I am *in* ~ *with* him *as to* [*about*] his estimate of her character. 關於他對她品性的評價，我和他意見分歧。**2** Ⓤ(食物等)不合(體質)，不適合。

dis·al·low [ˌdɪsəˋlau; ˌdisəˈlau] *v.t.* 《文語》不允許，禁止；不受理，駁回：The judge ~*ed* that evidence. 法官駁回那項證據。

dis·al·low·ance [ˌdɪsəˋlauəns; ˌdisəˈlauəns] 《disallow 的名詞》——*n.* Ⓤ不承認；駁回，拒絕。

***dis·ap·pear** [ˌdɪsəˋpɪr; ˌdisəˈpiə] *v.i.* **1 不見，消失**(↔ appear) (⇨ vanish【同義字】)：He has ~*ed from* his home [*into* the night]. 他已從家裏出走[消失於夜色中]。**2** (消失而)不存在，消滅；失蹤：Many social evils have ~*ed*. 許多社會上的罪惡已消失了。

dis·ap·pear·ance [ˌdɪsəˋpɪrəns; ˌdisəˈpiərəns] 《disappear 的名詞》——*n.* Ⓤ Ⓒ**消失**，消滅；失蹤：~ *from* home 離家出走。

‡**dis·ap·point** [ˌdɪsəˋpɔɪnt; ˌdisəˈpɔint] *v.t.*〔十受〕**1 使〈人〉失望**《★也以過去分詞當形容詞用；⇨ disappointed》：The book ~*ed* him. 那本書使他失望/You ~ me. 你使我失望[我對你感到失望]。**2** 辜負〈別人的期待〉；違背〈目標〉；使〈計畫等〉落空[泡湯]：The weather ~*ed* our plans. 天氣毀了我們的計畫。

dis·ap·point·ed [ˌdɪsəˋpɔɪntɪd; ˌdisəˈpɔintid] *adj.* (**more** ~；**most** ~) **1 a 失望的**，沮喪的，失意的：a ~ man 失意的人/her ~ suitor 被她拒絕的求婚者。**b**〈希望、期待等〉落空的：a ~ hope 落空的希望。**2** [不用在名詞前] **a**〔十介十(代)名〕〔對…〕**失望的**〔*at, in, with, about*〕(cf. disappoint 1)：I'll try to do better so that he won't be ~ ***in*** me. 我要努力做得更好，免得他對我失望 / He was very [very much, much] ~ ***with*** the result. 他對結果大失所望/He was ~ ***at*** not be*ing* invited. 他因未被邀請而感到失望/She was ~ *in* love. 她失戀了/They were ~ ***about*** the election results. 他們對於選擧結果感到失望。**b**〔十 *to* do〕〈因…而〉失望的，沮喪的：I was ~ *to* learn that he was away from home. 我得知他不在家而感到失望。**c**〔十 *that*__〕〈對…事〉沮喪的，失望的：She was ~ *that* he should have failed her in that way. 他竟會那樣辜負她，她很失望。**3** [不用在名詞前]〔十介十(代)名〕〔…〕落空的〔*of*〕：He was ~ ***of*** his purpose. 他的指望落空了[他因達不到目的而沮喪]。~**·ly** *adv.*

dìs·ap·póint·ing *adj.* 令人失望的，使人沮喪的，令人掃興的：How ~！多麼令人失望！眞掃興！/The weather this summer has been ~. 這個夏天的天氣一直是令人掃興的/It was ~ not to be able to go out after all. 結果不能出去，眞掃興。

dis·ap·point·ment [ˌdɪsəˋpɔɪntmənt; ˌdisəˈpɔintmənt] 《disappoint 的名詞》——*n.* **1** Ⓤ**失望，期待落空**：Her face showed ~. 她的臉上露出失望之情/*To* my ~, the book was out of print. 令我失望的是，該書已絕版。**2** Ⓒ失望的原因，令人失望的人[事，物]〔*to*〕：The drama was a ~. 那齣戲令人失望/His son was a ~ *to* him. 他的兒子令他失望。

dis·ap·pro·ba·tion [ˌdɪsæprəˋbeʃən; ˌdisæprəˈbeiʃn] *n.* 《文語》＝disapproval.

dis·ap·prov·al [ˌdɪsəˋpruvl; ˌdisəˈpruːvl] 《disapprove 的名詞》——*n.* Ⓤ**不准**；不承認，不贊成；非難：frown in ~ 不贊成地皺眉[皺眉以示不贊成]/He showed his ~ by rais*ing* an eyebrow. 他揚起眉頭表示不贊成。

dis·ap·prove [ˌdɪsəˋpruv; ˌdisəˈpruːv] *v.i.*〔動(十介十(代)名)〕不認可〔…〕；〔對…〕不贊成〔*of*〕：Father ~*s* ***of*** my go*ing* to the mountains. 父親不贊成我到那幾座山上去。

——*v.t.* 《文語》對…表示不滿；不准許，不認可〈計畫等〉：The judge ~*d* the claim. 法官不認可該項請求。

dìs·ap·próv·ing·ly *adv.* 不以爲然地，不贊成地；非難地。

dis·arm [dɪsˋɑrm, dɪz-; disˈɑːm, diˈzɑːm] *v.t.* **1** 奪取〈人等〉的武器，使…繳械，解除…的武裝：The criminal was ~*ed*. 那個罪犯的武器被繳掉了。**2** 緩和〈怒氣〉，冰釋〈疑慮〉，消除〈敵意〉：The speaker's frankness ~*ed* the angry mob. 演說者的坦率緩和了憤激的羣衆的怒氣。——*v.i.* **1** 解除武裝。**2**〈國家〉裁減[廢除]軍備。

dis·ar·ma·ment [dɪsˋɑrməmənt, dɪz-; disˈɑːməmənt, diˈzɑːm-] 《disarm 的名詞》——*n.* Ⓤ **1** 解除武裝。**2** 裁軍，廢除軍備：a ~ conference 裁軍會議。

dìs·árm·ing *adj.* 消除怒氣[戒心(等)]的；無邪的：a ~ smile (使人氣消的)和藹可親的微笑。~**·ly** *adv.*

dis·ar·range [ˌdɪsəˋrendʒ; ˌdisəˈreindʒ] *v.t.* 擾亂，使…混亂。

dìs·ar·ránge·ment [-mənt; -mənt] 《disarrange 的名詞》——*n.* Ⓤ擾亂，混亂；紊亂。

dis·ar·ray [ˌdɪsəˋre; ˌdisəˈrei] *n.* Ⓤ混亂，雜亂；衣冠不整：in ~ 混亂地，雜亂地，四散地；衣冠不整地。

——*v.t.* 使…混亂，弄亂(disarrange).

dis·as·sem·ble [ˌdɪsəˋsɛmbl; ˌdisəˈsembl] *v.t.* 拆卸，分解。

dis·as·so·ci·ate [ˌdɪsəˋsoʃɪˌet, -sɪˌet; ˌdisəˈsouʃieit, -sieit] *v.* ＝dissociate.

***di·sas·ter** [dɪzˋæstɚ; diˈzɑːstə] *n.* **1** Ⓤ Ⓒ(造成生命、財產等損失的突然或嚴重的)**災害**，災禍，不幸；大災難：a traffic ~ 交通的意外大事故，大車禍/natural ~*s* 天災。

> **【字源】**原爲占星術用語，dis 是否定之意，後半 aster 即「星」(star)的意思。古人相信星宿能影響人的命運，星宿的位置不好，在中世紀的占星術認爲是不祥、不幸的前兆，因此 disaster 便由「不好的星宿」演變爲「不好的運氣」。
>
> **【同義字】**disaster 指個人或社會上一般的重大災害，連帶有生命、財產等的損失；catastrophe 指帶來悲慘結局的災害，除用於個人情形外也用於特定的集團；calamity 是會帶來極大痛苦或悲傷的災害或不幸，意思較 catastrophe 弱。

2 Ⓒ重大的失敗，失敗之擧：The party was a ~. 那次宴會是一次大失敗[那次宴會辦得一場糊塗]。

disáster àrea *n.* Ⓒ災區；《美》(適用救濟法的)特別災區(cf. distressed area).

di·sas·trous [dɪzˋæstrəs; diˈzɑːstrəs] 《disaster 的形容詞》——*adj.* **1 a** 災害的，引起災害的，悲慘的，損害重大的，毀滅性的：a ~ fire [earthquake]大火災[地震]。**b** [不用在名詞前]〔十介十(代)名〕〔對…〕帶來災害的，悲慘的，不幸的〔*to*〕：The climate was ~ ***to*** his health. 那種氣候對他健康極爲有害。**2** 多災多難的，悽慘的：a ~ party 一場糊塗[糟透了]的宴會。

~**·ly** *adv.*

dis·avow [ˌdɪsəˋvau; ˌdisəˈvau] *v.t.* 《文語》**1**〔十受十介十(代)名〕否認[否定]〔有關…的〕〈責任、知識，關係等〉〔*for, of, with*〕：I ~ all responsibility ***for*** you. 我不承認對你有任何責任。**2**〔十受〕否認(有關)…的責任[知識(等)]：I ~ you. 我不知道有關你的事《★比較 現在一般用義 1 的構句》。

dis·avow·al [ˌdɪsəˋvauəl; ˌdisəˈvauəl] 《disavow 的名詞》——*n.* Ⓤ Ⓒ(責任等的)拒絕，否認〔*of*〕.

dis·band [dɪsˋbænd; disˈbænd] *v.t.* 解散〈軍隊、組織等〉。

——*v.i.*〈軍隊、組織等〉解散。

dis·bánd·ment [-mənt; -mənt] 《disband 的名詞》——*n.* Ⓤ解散，解除，遣散(軍隊等)。

dis·bar [dɪsˋbɑr; disˈbɑː] *v.t.* (**dis·barred**；**dis·bar·ring**) 取消〈某人〉的律師(barrister)資格[特權]《★常用被動語態》。

dis·be·lief [ˌdɪsbəˋlif, -bɪ-; ˌdisbiˈliːf, -bə-] 《disbelieve 的名

詞》——*n.* Ⓤ **1** 不信，懷疑，疑惑：He looked at her *in* ~. 他疑惑地看著她。**2** 不信仰〔*in*〕(⇨ unbelief【同義字】)。

dis·be·lieve [ˌdɪsbəˋliv, -bɪ-; ˌdisbiˈliːv, -bə-] *v.t.* 不相信，不信任，懷疑：I ~ him [his story]. 我不相信他[他說的話]《★[比較] 一般用 I don't believe him [his story].》.

——*v.i.* 〔十介十(代)名〕不相信〔…〕〔*in*〕：I ~ *in* UFOs. 我不相信幽浮[飛碟]（的存在）《★[比較] 一般用 I don't believe in....》.

dis·bud [dɪsˋbʌd; disˈbʌd] *v.t.* (**dis·bud·ded**; **dis·bud·ding**)《園藝》摘去〈某植物〉的嫩芽，使…去蕾。

dis·bur·den [dɪsˋbɝdn̩; disˈbəːdn] *v.t.* **1** 從…卸貨，卸下〈重擔〉，解除〈責任〉。**2** ＝unburden 2. **3** ＝unburden 3.

dis·burse [dɪsˋbɝs; disˈbəːs] *v.t.* 支付，支出〈金錢、費用〉。

——*v.i.* 支付。

dis·búrse·ment [-mənt; -mənt]《disburse 的名詞》——*n.* **1** ⓊⒸ 支付，支出。**2** Ⓒ付出款，開銷。

disc [dɪsk; disk] *n.* ＝disk.

dis·card [dɪsˋkard; disˈkaːd] *v.t.* **1 a** 拋棄〈不要的東西〉：~ old beliefs 摒棄舊的信仰/ ~ old clothing 丟棄舊衣服。**b** 遺棄；解僱〈人〉：~ a lover 遺棄愛人。**2**《紙牌戲》擲出〈不要的牌〉。

——*v.i.*《紙牌戲》擲出不要的牌。

—— [ˋdɪskard; ˈdiskaːd] *n.* **1 a** Ⓤ拋棄，廢棄。**b** Ⓒ被棄的人[東西]。**2**《紙牌戲》**a** ⓊⒸ擲出不要的牌。**b** Ⓒ[又當集合稱用]被擲出的牌。

dísc bràkes *n. pl.* (汽車等的)圓盤煞車，碟形制動器。

dis·cern [dɪˋzɝn, -ˋsɝn; diˈsəːn, -ˈzəːn]《源自拉丁文「分離」之義》——*v.t.* **1 a** 〔十受〕(以眼睛)看出；認出…：~ a distant figure 認出遠處的人影。**b** 〔十(*that*)＿〕看得出〈…事〉：I could ~ *that* he was plotting something. 我看得出他在策劃某事。**c** 〔十*wh*.＿〕看出〈什麼…〉：It is difficult to ~ *what* changes should be made in this case. 在這種情形下很難斷定[看出]會有什麼變動。**2 a** 〔十受〕辨別，辨識〈是非等〉：~ good *and* evil 辨別善與惡(cf. 2 b). **b** 〔十受十介十(代)名〕分清，辨別…〔與…〕〔*from*〕：~ good *from* evil 辨別善與惡(cf. 2 a).

——*v.i.* 〔動(十介十(代)名)〕分辨，辨別〔…與…〕〔*between*〕：~ *between* good *and* evil 辨別善惡。

dis·cern·i·ble [dɪˋzɝnəbl̩, -ˋsɝn-; diˈsəːnəbl, -ˈzəːn-] *adj.* 可看出的；可辨別的。**dis·cérn·i·bly** [-nəblɪ; -nəbli] *adv.*

dis·cérn·ing *adj.* **1** 有洞察力的，眼力好的，眼光敏銳的：a ~ critic 有洞察力的批評家。**2** [**the** ~；當複數名詞用]有辨識能力[眼力]的人們。

dis·cérn·ment [-mənt; -mənt]《discern 的名詞》——*n.* Ⓤ **1** 識別。**2** 眼力，洞察力，敏銳。

dis·charge [dɪsˋtʃardʒ; disˈtʃaːdʒ] *v.t.* **A 1 a** 〔十受〕從〈船〉上卸貨，從…起貨：~ a ship 從船上起貨。**b** 〔十受(十介十(代)名)〕〔從船上〕卸〈貨〉〔*from*〕：~ a cargo (*from* a ship) (從船上)卸貨。**c** 〔十受〕〈車、船、飛機等交通工具〉卸下〈乘客〉：The bus ~*d* its passengers. 公共汽車(停下)讓乘客下車。**2** 〔十受(十介十(代)名)〕**a** 放〈水等〉〔於…〕，使…流出〔至…〕〔*into*〕：~ industrial waste *into* a river 使工業廢水流入河裏。**b** 〔~ *oneself*〕注入〔…〕〔*into*〕：The Yangtze ~*s itself into* the Yellow Sea. 長江[揚子江]流入黃海。**3 a** 〔十受〕發射〈槍砲〉：~ a gun 放槍[開砲]。**b** 〔十受(十介十(代)名)〕〔朝…〕發射〈弓箭〉〔*at*〕：~ an arrow *at* a target 朝靶子射箭。**c** 〔十受〕《電學》放〈電〉：~ electricity 放電。**d** 〔十受〕發洩〈壓抑的感情〉；出〈惡言〉，發出…。**4** 〔十受〕**a** 排出，排洩〈氣體、液體等〉：~ smoke 排出煙/ ~ hormones 〈腺〉分泌荷爾蒙。**b** 排出〈膿〉：~ pus〈傷口〉排膿。

——**B 1 a** 〔十受〕(從束縛、義務等)解放，釋放〈人〉：~ prisoners 釋放囚犯。**b** 〔十受十介十(代)名(十*as* 補)〕〈認爲…而〉把〈人〉〔從束縛、義務等〕解放，釋放；解僱〔*from*〕：~ a debtor *from* his debts 免除債務人的債務/He was ~*d from* office *as* incompetent. 他因無能而遭免職。**c** 〔十受十介十(代)名〕〔以…理由〕解僱〈人〉〔*for*〕：They ~*d* the clerk *for* dishonesty [be*ing* dishonest]. 他們以該職員不誠實的理由解僱他。**2** 〔十受〕**a** 完成〈任務〉，盡〈責〉，履行〈義務〉：~ one's duties 履行義務，盡責。**b** 償清，支付〈債務〉。**3** 〔十受〕《法律》撤銷〈法院的命令〉。

——*v.i.* **1** 〈船〉卸貨，起貨。**2** 〔十介十(代)名〕〈河流〉注入〔…〕〔*into*〕：The river ~*s into* a bay. 那條河注入一海灣。**3** 〈傷口等〉出膿。**4** 放電。

—— [ˋdɪstʃardʒ, dɪsˋtʃardʒ; disˈtʃaːdʒ, ˈdistʃaːdʒ] *n.* **A 1** Ⓤ起貨，卸貨。**2** ⓊⒸ **a** 放出，流出；《電學》放電。**b** 排出物；流出量[率]：(a) ~ *from* the ears [eyes, nose] 耳垢[眼屎，鼻涕]。**3** ⓊⒸ發射，發砲。

——**B 1 a** Ⓤ解放，釋放；退伍；解職，免職，解僱〔*from*〕. **b** Ⓒ解職證，退伍證明書。**2** Ⓤ**a** (義務的)履行〔*of*〕. **b** (債務的)清償，償還〔*of*〕.

dísc hàrrow *n.* Ⓒ圓盤犁《曳引機所用的一種農具》。

dis·ci [ˋdɪsaɪ; ˈdiskai] *n.* **discus** 的複數。

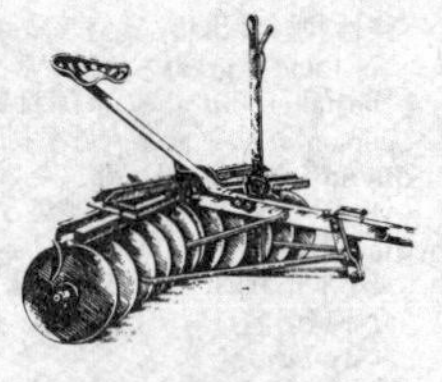

disc harrow

dis·ci·ple [dɪˋsaɪpl̩; diˈsaipl]《源自拉丁文「學習」之義》——*n.* Ⓒ **1** 信徒，門徒，弟子。**2** [常 **D**~] 耶穌十二使徒 (the Apostles) 之一。

discíple·shìp *n.* ⓊⒸ弟子的身分，做弟子的期間。

dis·ci·plin·a·ble [ˋdɪsəˌplɪnəbl̩; ˈdisiˌplinəbl] *adj.* **1** 可訓練的，可薰陶的。**2** 可懲罰的，應懲罰的。

dis·ci·pli·nar·i·an [ˌdɪsəplɪnˋɛrɪən; ˌdisipliˈnɛəriən] *n.* Ⓒ(嚴格)執行紀律的人，訓練者。——*adj.* ＝disciplinary.

dis·ci·pli·nar·y [ˋdɪsəplɪnˌɛrɪ; ˈdisiplinəri]《discipline 的形容詞》——*adj.* **1** 訓練上的，訓育的。**2** 紀律上的；懲戒的：a ~ committee 懲戒委員會。**3** 學問的；學科的，專門科目的。

***dis·ci·pline** [ˋdɪsəplɪn; ˈdisiplin]《與 disciple 同字源》——*n.* **1 a** Ⓤ訓練，鍛鍊，修養；磨鍊：military ~ 軍事訓練。**b** Ⓒ訓練法，修業法：a good ~ for the memory 訓練記憶力的好方法。**2** Ⓤ(由鍛鍊而來的)抑制，自制，克己：keep one's passions under ~ 抑制情慾。**3** Ⓤ教養；紀律，管制；戒律：keep [preserve] ~ 守紀律/break ~ 不守紀律。**4** Ⓤ懲戒，懲罰。**5** Ⓒ學問(的領域)；(大學的)專門領域，學科。

——*v.t.* **1** 〔十受〕訓練，鍛鍊〈人〉：~ oneself 鍛鍊自己。**2** 〔十受(十介十(代)名)〕〔因…事而〕懲戒〈某人〉〔*for*〕：~ a child *for* bad behavior 因孩子行爲不端而予以懲罰。

dísc jòckey *n.* Ⓒ(電台的)唱片音樂節目主持人《略作 D.J.；cf. deejay》.

【字源】jockey 是賽馬的騎士，作動詞用即「巧妙地騎馬或操作其他事物」。唱片音樂節目主持人之所以被稱爲 disc jockey，可能是因其在播放唱片時，穿插一些輕鬆的話題，播放悠揚的音樂，且深受聽衆喜愛，因而被認爲是既能適當掌握音樂，又能影響聽衆的人。

dis·claim [dɪsˋklem; disˈkleim] *v.t.* **1 a** 〔十受〕否認〈責任、關係等〉：He ~*ed* any responsibility for the accident. 他否認對該事故有任何責任。**b** 〔十do*ing*〕否認〈做過…〉：He ~*ed* hav*ing* done it for fame. 他否認爲求名而做過那件事。**2**《法律》放棄〈權利等〉，對…棄權。

dis·cláim·er *n.* Ⓒ **1** 放棄，棄權；否認。**2** 放棄聲明書；不承擔責任的聲明；棄權條款。

dis·close [dɪsˋkloz; disˈklouz] *v.t.* **1** 〔十受〕**a** 暴露，露出〈隱藏的東西〉：~ a hidden treasure 取出[揭示]被藏的寶物。**b** 洩露，揭發〈祕密等〉：~ a secret 揭發祕密/A review of the facts ~*d* his error. 對事實的再調查揭發了他的過失。**2 a** 〔十受(十介十(代)名)〕〔對人〕表明，發表…〔*to*〕：~ one's intentions *to* a person 對某人表明自己的意圖。**b** 〔十(*that*)＿〕透露，公開〈…事〉：He ~*d that* he had submitted his resignation. 他透露他已提出辭呈《★[比較] 一般用的構句爲 He made it known that....》. **c** 〔十*wh*.＿〕透露，公開〈爲什麼…〉：He ~*d why* he had done it. 他透露他爲何做了那件事。

dis·clo·sure [dɪsˋkloʒɚ; disˈklouʒə]《disclose 的名詞》——*n.* **1** Ⓤ暴露，揭發；洩露，公開。**2** Ⓒ揭發的事物；透露的話。

dis·co [ˋdɪsko; ˈdiskou] *n.* (*pl.* ~s) **1** Ⓒ《口語》迪斯可(舞) (discotheque). **2** Ⓤ迪斯可音樂。

dis·col·or [dɪsˋkʌlɚ; disˈkʌlə] *v.t.* 使…變[褪]色，弄髒…的顏色：The building was ~*ed* by smoke. 這座建築物被煙薰得變了顏色。——*v.i.* 變色，褪色。

dis·col·or·a·tion [ˌdɪskʌləˋreʃən; disˌkʌləˈreiʃn]《discolor 的名詞》——*n.* **1** Ⓤ變色，褪色。**2** Ⓒ(因變色而生的)污斑。

dis·com·fit [dɪsˋkʌmfɪt; disˈkʌmfit] *v.t.* **1 a** 推翻〈某人〉的計畫[目的]。**b** 推翻〈計畫等〉。**2** 使〈人〉狼狽，使…困窘《★常用被動語態，變成「〈人〉狼狽，困窘」之意》。

dis·com·fi·ture [dɪsˋkʌmfɪtʃɚ; disˈkʌmfitʃə]《discomfit 的名詞》——*n.* Ⓤ **1** (計畫等的)挫折，失敗。**2** 狼狽，困窘。

dis·com·fort [dɪsˋkʌmfɚt; disˈkʌmfət] *n.* **1** Ⓤ不舒服，不快；不安；不方便：The hot weather caused me much ~. 炎熱的天氣使我很不舒服。**2** Ⓒ令人不快[不舒服]的事，苦事。

——*v.t.* 〔十受〕使〈人〉不快[不安]。

discómfort index *n.* Ⓒ不舒適指數(⇨ temperature-humidity index).

dis·com·mode [ˌdɪskəˋmod; ˌdiskəˈmoud] *v.t.*《文語》使〈人〉不方便；使…困擾，使…苦惱《★常用被動語態》：We were ~*d* by his late arrival. 他的遲到給我們添了麻煩。

dis·com·pose [ˌdɪskəmˋpoz; ˌdiskəmˈpouz] *v.t.*《文語》使〈某人〉

(心裏)煩亂，使〈人〉不安，使…混亂。

dis·com·po·sure [ˌdɪskəmˋpoʒɚ; ˌdiskəm'pouʒə] «discompose 的名詞»—*n.* Ⓤ心裏的動搖，心慌，不安。

dis·con·cert [ˌdɪskənˋsɝt; ˌdiskən'sə:t] *v.t.* **1** 使〈人〉狼狽，使…倉皇失措，使…慌張，使…爲難《★常以過去分詞當形容詞用；⇨ disconcerted》。**2** 推翻〈計畫等〉，使…受挫。

dìs·con·cért·ed *adj.* **1** 狼狽的，慌亂的。**2** [不用在名詞前]〔十 *to* do〕〈做…而〉狼狽的，慌亂的(cf. disconcert 1)：He was ~ *to* discover that he had lost the papers. 他發現自己遺失文件而驚慌失措。

dìs·con·cért·ing *adj.* 令人驚慌失措的，使人狼狽的，使人爲難的。

dìs·con·cért·ing·ly *adv.* 令人驚慌失措地，使人狼狽地。

dis·con·nect [ˌdɪskəˋnɛkt; ˌdiskə'nekt] *v.t.* **1 a** 〔十受〕使…分離[脫離]；斷絕，分開…：~ a wire 剪斷鐵絲。**b** 〔十受〕切斷…的電源；掛斷〈電話等〉：~ an electric fan (拔掉插頭)關掉電扇。**c** 〔十受十介十(代)名〕把…〔從…〕切斷，分開〔*from*〕。**d** 〔十受十介十(代)名〕[~ *oneself*] 脫離〔…〕〔*from*〕：They ~*ed themselves from* the movement. 他們脫離了該項運動。**2** 切斷〈某人〉的電話：We've been ~*ed*. 我們的電話被切斷了。

dìs·con·néct·ed *adj.* 分離的，脫離的；(話，文章等)無系統的，不連貫的：He could only give a ~ account of the accident. 他只能支離破碎地敍述那件意外事故。**~·ly** *adv.*

dis·con·nec·tion [ˌdɪskəˋnɛkʃən; ˌdiskə'nekʃn] «disconnect 的名詞»—*n.* ⓊⒸ斷絕；分離，切斷；《電學》斷電。

dis·con·so·late [dɪsˋkɑnslɪt; dis'kɔnsələt, -lit] *adj.* **1 a** 鬱鬱寡歡的，憂悶的，寂寞的：her ~ face 她悶悶不樂的臉[她的愁容]。**b** [不用在名詞前]〔十介十(代)名〕〔因…而〕哀傷的〔*about, at, over*〕：She was ~ ***about*** her son's death. 她因兒子的死而哀傷。**2** 〈氣氛等〉沈悶的，鬱悶的。**~·ly** *adv.*

dis·con·tent [ˌdɪskənˋtɛnt; ˌdiskən'tent] *n.* **1** Ⓤ不平，不滿足，不愉快。**2** Ⓒ[常~s]不滿[不平]的原因。

—*v.t.* 使〈人〉感到不滿[不平]，使〈人〉不高興《★常以過去分詞當形容詞用；⇨ discontented》。

—*adj.* [不用在名詞前]〔十介十(代)名〕〈人〉〔對…〕不滿的〔*with*〕：He seems ~ ***with*** his job. 他似乎對自己的工作不滿意。

dìs·con·tént·ed *adj.* **1** 抱不平的，不滿意的，不高興的：~ workers 感到不滿的工人。**2** [不用在名詞前]〔十介十(代)名〕〔對…〕感到不滿的〔*with*〕(cf. discontent *v.t.*)：He was ~ ***with*** his salary. 他對自己的薪水感到不滿。**~·ly** *adv.*

dìs·con·tént·ment [-mənt; -mənt] «discontent 的名詞»—*n.* Ⓤ不平，不滿。

dis·con·tin·u·ance [ˌdɪskənˋtɪnjuəns; ˌdiskən'tinjuəns] «discontinue 的名詞»—*n.* Ⓤ停止，中止，斷絕，廢止。

dis·con·tin·u·a·tion [ˌdɪskənˌtɪnjuˋeʃən; ˌdiskənˌtinju'eiʃn] *n.* =discontinuance.

dis·con·tin·ue [ˌdɪskənˋtɪnju; ˌdiskən'tinju:] *v.t.* **1** 停止(繼續做)；中止，中斷：~ (the publication of) a newspaper 停止報紙發行/~ one's subscription to a newspaper 停止訂報。**2** 〔十 do*ing*〕停止，中止〈做…〉：He had to ~ tak*ing* lessons. 他不得不中斷上課。—*v.i.* 中止，停止：Publication of the newspaper will ~ at the end of June. 該報將於六月底停止發行《停刊》。

dis·con·ti·nu·i·ty [ˌdɪskɑntəˋnuətɪ, -ˋnju-; ˌdiskɔnti'nju:əti] «discontinue 的名詞»—*n.* **1** Ⓤ不連續(性)：a line of ~《氣象》不連續線。**2** Ⓒ《文語》裂縫，縫隙。

dis·con·tin·u·ous [ˌdɪskənˋtɪnjuəs; ˌdiskən'tinjuəs⁻] «discontinue 的形容詞»—*adj.* **1** 斷斷續續的，中斷的，間斷的。**2**《數學》不連續的。

dìs·con·tín·u·ous·ly *adv.* 斷斷續續地；不連續地。

dis·co·phile [ˋdɪskəˌfaɪl; 'diskəfail] *n.* Ⓒ唱片收藏家[愛好者]。

dis·cord [ˋdɪskɔrd; 'diskɔ:d] *n.* ⓊⒸ **1** 不一致，不調和；不睦，內鬨(↔ concord)。**2**《音樂》不協和(音程)(↔ accord, concord, harmony)。

— [dɪsˋkɔrd; di'skɔ:d] *v.i.* 〔動(十介十(代)名)〕〔與…〕不一致，不和〔*with, from*〕。

dis·cor·dance [dɪsˋkɔrdṇs; di'skɔ:dns] «discord 的名詞»—*n.* Ⓤ不調和，不一致，不和。

dis·cor·dant [dɪsˋkɔrdṇt; di'skɔ:dnt] «discord 的形容詞»—*adj.* **1** 不調和的，不一致的。**2** 〈音調〉荒腔走板的，刺耳的。**~·ly** *adv.*

dis·co·theque [ˋdɪskəˌtɛk; 'diskətek] «源自法語 'record library' 之義»—*n.* Ⓒ(隨著現場樂隊的演奏或唱片音樂跳舞的)迪斯可舞廳，夜總會，酒吧(等)(cf. disco)。

dis·count [ˋdɪskaunt, dɪsˋkaunt; 'diskaunt, di'skaunt] *v.t.* 〔十受〕**1** 打…折扣：That store ~*s* three percent for cash payment. 那家商店對付現金打九七折。**2 a** 對〈聽到的話〉打折扣，不全相信：We must ~ half of what he says. 我們對他所說的話必須打對折。**b** 忽視…。**3** 減少…的價值[效果]。**4**《商》打折賣掉[買進]〈票據〉；將〈票據等〉貼現。

— [ˋdɪskaunt; 'diskaunt] *n.* ⒸⓊ**折扣，減價；**《商》折扣額[率]：a banker('s) [cash] ~ 銀行貼現[現金折扣]/get [obtain] a ~ 獲得折扣/make [give, allow] (a) 5% ~ [a ~ *of* 5%] *on* cash purchases 對現金購買打九五折/make some ~ before accepting a story 聽對方的話須打一些折扣(才相信)。

at a díscount (1)打折扣《在面額以下》：buy *at a* (10%) ~ 以九折購買。(2)《文語》不受重視，不受歡迎：Conservatism is now *at a* ~. 保守主義現在不受歡迎。

díscount bròker *n.* Ⓒ貼現掮客。

dis·coun·te·nance [dɪsˋkauntənəns; di'skauntinəns] *v.t.* 《文語》不支持，不贊成〈別人的行爲、舉止等〉。

dis·count·er [dɪsˋkauntɚ; dis'kauntə] *n.* Ⓒ **1** 打折扣[貼現]者。**2** discount house 的經營者。**3**《口語》=discount house. **4** = discount broker.

díscount hòuse *n.* Ⓒ **1** 廉價商店《大批購入貨品，以低於訂價廉售的商店》。**2**《英》匯票貼現商行。

díscount ràte *n.* Ⓒ《財政》貼現率。

díscount stòre *n.* =discount house 1.

dis·cour·age** [dɪsˋkɝɪdʒ; di'skʌridʒ] *v.t.* **1** 〔十受〕使〈人〉失去勇氣，使〈人〉失望，使…沮喪[氣餒](↔ encourage)《★常用被動語態，變成「〈人〉失望，氣餒」之意；介系詞用 *at, by*》：Repeated failures ~*d* him. 屢次的失敗使他氣餒/Don't *be* ~*d* ***at failure. 不要因失敗而沮喪。**2** 〔十受十介十 do*ing*〕(表示不贊成而)使〈人〉打消〔做…的〕念頭，阻止〈人〉〔做…〕〔*from*〕：The bad weather ~*d* us ***from*** climb*ing* the mountain. 壞天氣使我們打消登山的念頭/They tried to ~ their son *from* marry*ing* the girl. 他們企圖阻止兒子和那女子結婚。**3 a** 〔十受〕(表示不贊成而)使…打消〈計畫、行動等〉；反對，阻撓…：It is company policy to ~ office romances. 公司的方針是阻止職員之間的風流韵事。**b** 〔十do*ing*〕勸〈人〉停止[節制]〈做…〉：~ smok*ing* 勸人別抽煙。

dis·cóur·age·ment [-mənt; -mənt] «discourage 的名詞»—*n.* **1 a** Ⓤ失望；氣餒(↔ encouragement). **b** Ⓒ令人氣餒的事物；障礙，阻礙。**2** Ⓤ阻止，反對。

dis·cóur·ag·ing *adj.* 令人失望的，使人氣餒[沮喪]的，不令人滿意的(↔ encouraging). **~·ly** *adv.*

dis·course [ˋdɪskors, dɪˋskors; 'diskɔ:s, di'skɔ:s] *n.* 《文語》**1** Ⓒ演說，講道；論說，論文〔*upon, on*〕。**2** Ⓤ談話，談論：in ~ *with*... 與…交談[對談]/hold ~ *with*... 與…談話。

— [dɪˋskors; di'skɔ:s] *v.i.* 〔十介十(代)名〕《文語》談論；論述〔…〕；〔就…〕演說，演講，說教〔*upon, on*〕.

dis·cour·te·ous [dɪsˋkɝtɪəs; dis'kə:tjəs] «discourtesy 的形容詞»—*adj.* 失禮的，無禮的，粗魯的。**~·ly** *adv.*

dis·cour·te·sy [dɪsˋkɝtəsɪ; dis'kə:tisi] *n.* **1** Ⓤ無禮，失禮；粗魯，不恭。**2** Ⓒ無禮的言行。

‡**dis·cov·er** [dɪˋskʌvɚ; di'skʌvə] *v.t.* **1** 〔十受〕〈人〉**發現**〈未知的事物〉(⇨ invent【同義字】)：Hudson ~*ed* a large bay which now bears his name. 哈德遜發現了現在以他的名字命名的一大海灣。**2 a** 〔十受〕明白，知道，領悟〈事實等〉：~ the truth 知道眞相。**b** 〔十 (*that*)__〕發覺〈…事〉，明白〈…事〉：I ~*ed that* he was unreliable. 我發覺他不可靠。**c** 〔十受十 *to be*補〕發覺，發現…〈是…〉：He ~*ed* the girl *to be* his real daughter. 他發覺那個女孩是自己的親生女兒《★[變換]可換寫成 He ~*ed that* the girl was his real daughter., 一般都用此句型》。**d** 〔十 *wh.*__/十 *wh.*十 *to* do〕知道，發現〈何處[如何做]…〉：We never ~*ed where* he had got it. 我們尙未發現他是在哪裏得到它的/I couldn't ~ *how to* use it. 我不知道如何去用它。

dis·cóv·er·er [-vərɚ; -vərə] *n.* Ⓒ發現者。

***dis·cov·er·y** [dɪˋskʌvrɪ, -vərɪ; di'skʌvəri] «discover 的名詞»—*n.* **1 a** ⓊⒸ**發現**：make an important ~ 作出重要的發現/for fear of ~ 擔心[害怕]被發現/I am safe from ~. 我不會被人發現。**b** [the ~, one's ~]〔…的〕發現〔*of*〕：*the* ~ *of* America by Columbus 哥倫布發現美洲。**c** [the ~, one's ~]〔十 *that*__〕〈…事的〉發現：He was shocked at *the* ~ *that* his business had failed. 發現自己的生意業已失敗，他感到震驚。**2** Ⓒ發現的東西：a recent ~ 最近發現的東西。

Discóvery Dày *n.* =Columbus Day.

dis·cred·it [dɪsˋkrɛdɪt; dis'kredit] *v.t.* **1** 懷疑，不信任：The theory has been ~*ed*. 該學說已受到懷疑；該理論已被質疑。**2** 〔十受(十介十(代)名)〕使…〔對…〕沒有好評，不信任〔*with, among*〕：Such conduct will ~ you ***with*** [***among***] your friends. 這樣的行爲會使你的朋友不信任你[會使你在朋友面前丟臉]。

—*n.* **1 a** Ⓤ懷疑，不相信：fall into ~ 變成聲名狼藉/This will bring the store into ~. 這會使那家商店失去信用/That brought

D

~ on his name. 那件事使他的名譽受損。**2** b Ⓒ破壞名譽的人[事]，不名譽：a ~ *to* the family 家門的恥辱。**2** Ⓤ不信任，疑惑，疑心：throw ~ on [upon]... 疑心…。

dis·cred·it·a·ble [dɪsˋkrɛdɪtəbl; disˈkreditəbl] *adj.* 有損信譽的；損害名譽的，丟臉的，可恥的。

dis·créd·it·a·bly [-təblɪ; -təbli] *adv.* 不名譽地，可恥地。

dis·creet [dɪˋskrit; diˈskri:t] 《源自拉丁文「識別」之義》—*adj.* (**more** ~；**most** ~) **1 a** 有辨別力[判斷力]的，考慮周到的，謹慎的(↔ indiscreet)：a ~ person [answer] 謹慎的人[回答]。**b** [不用在名詞前]〔十介十(代)名〕〔對於(做)…事〕謹慎的〔*in*〕：He is ~ *in* his behavior [*in* choos*ing* his friends]. 他行為[擇友]謹慎。**c** [不用在名詞前]〔十*of*十(代)名(十 *to* do)/十 *to* do〕[某人]〈做…是〉謹慎的；〈某人〉〈做…是〉謹慎的：It was ~ *of* him not *to* reveal the secret. ＝ He was ~ not *to* reveal the secret. 他沒有洩露祕密，眞是謹愼。**2** 謙遜的；不引人注目的：a ~ passageway 不引人注目的通道。~**·ly** *adv.*

dis·crep·an·cy [dɪˋskrɛpənsɪ; diˈskrepənsi] 《discrepant 的名詞》—*n.* ⓊⒸ(陳述、計算等的)矛盾，不一致，不符合，差異〔*between*〕.

dis·crep·ant [dɪˋskrɛpənt; disˈkrepənt] *adj.* 有出入的，矛盾的，前後不符合[不一致]的。

dis·crete [dɪˋskrit; diˈskri:t] *adj.* 分離的，個別的，分別的(↔ indiscrete)；不連續的：a ~ quantity《數學》分離[離散]量。~**·ly** *adv.* ~**·ness** *n.*

dis·cre·tion [dɪˋskrɛʃən; diˈskreʃn] 《discreet 的名詞》—*n.* Ⓤ **1** 判斷(力)，辨別(力)，愼重，謹愼：the age [years] of ~ 懂事年齡，責任能力年齡《英美法律定為十四歲》/act with ~ 謹愼行動/You must show proper ~ *in* carry*ing* out the plan. 在實施該計畫時你必須相當謹愼/*D*~ is the better part of valo(u)r. 《諺》勇敢貴在審愼；不作無謂的冒險；謹愼近乎勇《★用法也常作懦弱行為的藉口》。

2 a 行動[判斷，選擇]的自由，隨意處理，斟酌：use one's ~ 由某人適當處理，由某人自行決定/Everything is left to his (own) ~. 一切事情都交給他酌辦[斟酌決定]/It is within your ~ to settle the matter. 你可以自己斟酌解決那件事。**b** 〔十*to* do〕〈做…的〉行動的自由：You have full ~ *to* act. 你有充分的行動自由。

at the discrétion of... 由…自由決定，憑…自行處理：This fund is used *at the* ~ *of* the mayor. 這筆資金由市長自由決定使用。

dis·cré·tion·ar·y [-ʃənˏɛrɪ; -ʃənəri] 《discretion 的形容詞》—*adj.* 《文語》隨意的，自由裁量的，可隨意使用的：~ orders 《商》無條件的訂貨/ ~ powers to act 可自由行動的權限。

dis·crim·i·nate [dɪˋskrɪməˏnet; diˈskrimineit] *v.i.* **1** 〔十介十(代)名〕區別，識別，辨別〔…與…〕〔*between*〕：~ *between* reality *and* ideals 分辨現實與理想。**2** 〔十介十(代)名〕**a** 歧視，有差別地對待〔…〕〔*against*〕：You should not ~ *against* any race or creed. 你不該歧視任何種族或信條。**b** 給與〔…與…〕差別待遇〔*between*〕：~ *between* men and women employees 給與男女員工差別待遇。**c** 偏袒〔…〕〔*in favor of*〕：He always ~*s in favor of* his friends. 他總是偏袒他的朋友。**3** 善於分辨，有辨識力。—*v.t.* 〔十受十介十(代)名〕識別，區別…〔與…〕；〈事物〉顯示…〔與…〕的區別〔*from*〕：~ good books *from* poor ones 區別好書與壞書。

dis·crím·i·nàt·ing *adj.* **1** 可區別的；有辨識力的：a ~ palate 能分辨味道的味覺器官。**2** [用在名詞前]差別性的《★比較一般用 discriminatory》：a ~ tariff 差別稅率。~**·ly** *adv.*

dis·crim·i·na·tion [dɪˏskrɪməˋneʃən; diˌskrimiˈneiʃn] 《discriminate 的名詞》—*n.* Ⓤ **1** 區別；識別(力)，眼力。**2** 差別待遇，歧視：racial [sexual] ~ 種族[性別]歧視/~ *against* women in promotion 對婦女晉昇之歧視/without ~ 一視同仁地，平等地。

dis·crim·i·na·tive [dɪˋskrɪməˏnetɪv; diˈskriminətiv, -neit-] *adj.* ＝discriminating.

dis·crím·i·nà·tor [-tɚ; -tə] *n.* Ⓒ **1** 識別[辨別]者，加以區別的人。**2** 《電學》鑑別器《用以辨別周波數、位相等》。

dis·crim·i·na·to·ry [dɪˋskrɪmənəˏtorɪ; diˈskriminətəri] *adj.* **1** 差別的，歧視的：a ~ attitude 歧視的態度。**2** 有識別力的。

dis·crown [dɪsˋkraun; disˈkraun] *v.t.* 罷黜…的王位，使…退位。

dis·cur·sive [dɪˋskɝsɪv; diˈskə:siv] *adj.* **1** 〈文章、談話等〉散漫的，東拉西扯的，不著邊際的。**2** 推理[推論]的。~**·ly** *adv.* ~**·ness** *n.*

dis·cus [ˋdɪskəs; ˈdiskəs] *n.* (*pl.* ~**·es** [~ɪz; ~iz], **dis·ci** [ˋdɪsaɪ; ˈdiskai]) **1** Ⓒ(比賽用的)鐵餅。**2** (又作**díscus thròw**) [**the** ~]擲鐵餅。

‡dis·cuss [dɪˋskʌs; diˈskʌs] 《源自拉丁文「搖碎」之義》—*v.t.* (從各種角度)討論：**a** 〔十受〕議論，商討〈問題〉《★用法 discuss about... 是錯誤》：~ the world situation 討論世界情勢。

【同義字】discuss 是從各種角度討論某問題；debate 是對於公衆問題分成贊成與反對雙方，在公開的場合作正式的辯論；argue 是主張自己的想法，為反駁對方的主張而舉出理由、證據辯論。

b 〔十受十介十(代)名〕〔與人〕討論，議論…〔*with*〕：I ~*ed* the problem *with* my friends. 我與朋友們討論該問題。**c** 〔十 do*ing*〕討論，檢討〈做…〉《★用法不可用〔十 *to* do〕》：We ~*ed* join*ing* the club. 我們討論參加俱樂部的事。**d** 〔十*wh.*__/十*wh.*十*to* do〕討論，商議〈如何(做)…〉《★用法不可用〔十*that*__〕或〔十引句〕》：They ~*ed how* the problem could be solved. ＝They ~*ed how to* solve the problem. 他們商議如何解決該問題。

dis·cus·sant [dɪˋskʌsn̩t; diˈskʌsnt] *n.* Ⓒ(座談會、小組討論會等的)列席者，參加討論的人。

dis·cúss·er *n.* Ⓒ討論者，議論者，商討者。

‡dis·cus·sion [dɪˋskʌʃən; diˈskʌʃn] 《discuss 的名詞》—*n.* ⓊⒸ討論，議論，商議，商討，研討〔*about, on, of*〕：the question *under* ~ 討論[審議]中的問題/come up *for* ~ 〈問題等〉提出來討論/have a ~ *about* [*on*] the subject 就該主題[問題]進行商討。

dis·dain [dɪsˋden; disˈdein] *v.t.* **1** 蔑視，鄙視：~ the offer of a bribe 鄙視提供賄賂。**2** 〔十*to* do/十 do*ing*〕不屑於〈做…〉，以〈做…〉為恥《★不可用被動語態》：He ~*ed to* reply to the insult. 他不屑於理會那侮辱/The soldier ~*ed* shoot*ing* an unarmed enemy. 那名士兵不屑於射擊未武裝的敵人。

—*n.* Ⓤ輕蔑(的態度)，輕視，鄙視。

dis·dain·ful [dɪsˋdenfəl; disˈdeinful] *adj.* **1** 輕蔑的，藐視的：a ~ glance 輕蔑的一瞥。**2** [不用在名詞前]〔十介十(代)名〕輕視[藐視]〔…〕的〔*of*〕：He is ~ *of* danger. 他藐視危險。~**·ly** [-fəlɪ; -fuli] *adv.*

‡dis·ease [dɪˋziz; diˈzi:z] *n.* **1** ⓊⒸ(人、動植物的)疾病(⇨ illness【同義字】)：die of ~ 死於疾病，病死/catch [suffer from] a ~ 罹病，患病/a bad [foul] ~ 惡疾《性病等》/a hereditary ~ 遺傳病/a serious ~ 重病/ ~*s* of the mind 精神病。

【字源】dis 有「相反」之義，ease 則為「安樂」之義，所以 disease 義為「不安樂」。從前指「不愉快的事情」，後來特指「疾病」。

2 ⓊⒸ(社會狀態等的)不健全，弊病，弊害。

dis·éased *adj.* **1** 患病的，有病的：the ~ part 患部。**2** 病態的，有弊病的，不健全的：a ~ fancy 病態的幻想。

dis·em·bark [ˏdɪsɪmˋbɑrk; ˌdisimˈbɑ:k] *v.t.* 使〈乘客等〉(從船、飛機等)下來，卸下〈貨物〉。

—*v.i.* 下船，登岸；離開(船、飛機等)。

dis·em·bar·ka·tion [ˏdɪsɛmbɑrˋkeʃən; ˌdisembɑ:ˈkeiʃn] 《disembark 的名詞》—*n.* Ⓤ上岸，卸貨；下船，下車。

disembarkátion càrd *n.* Ⓒ(旅行者等的)入境證。

dis·em·bar·rass [ˏdɪsɪmˋbærəs; ˌdisimˈbærəs] *v.t.* 〔十受十介十(代)名〕**1** 使〈人〉擺脫[困難]，使〈人〉免除[責任等]〔*of*〕：~ a person *of* his burden 使人卸下重擔[重任]；使人放心。**2** [~ *oneself*]免除[困難、重任等]〔*of*〕：~ *oneself of* a burden 免除負擔。

dis·em·bár·rass·ment [-mənt; -mənt] *n.* Ⓤ解放，解脫〔*of*〕.

dis·em·bod·ied [ˏdɪsɪmˋbɑdɪd; ˌdisimˈbɔdid] *adj.* [用在名詞前] **1** 脫離肉體的：a ~ spirit 脫離肉體的靈魂，遊魂。**2** 來自不見其人的〈聲音等〉。

dis·em·bod·y [ˏdɪsɪmˋbɑdɪ; ˌdisimˈbɔdi] *v.t.* 使〈靈魂、精神等〉脫離肉體。**dis·em·bód·i·ment** [-mənt; -mənt] *n.*

dis·em·bow·el [ˏdɪsɪmˋbauəl; ˌdisimˈbauəl] *v.t.* (**-eled,** 《英》**-elled**；**-el·ing,** 《英》**-el·ling**)取出〈動物等〉的內臟。

【同義字】指取出魚、雞等的內臟時用 clean.

dis·em·broil [ˏdɪsɪmˋbrɔɪl; ˌdisimˈbrɔil] *v.t.* 〔十受(十介十(代)名)〕《文語》**1** 把…[從混亂、糾紛中]解放出來〔*from*〕. **2** [~ *oneself*]脫離[混亂、糾紛]〔*from*〕.

dis·en·chant [ˏdɪsɪnˋtʃænt; ˌdisinˈtʃɑ:nt] *v.t.* **1** 解除…的魔力。**2** 〔十受(十介十(代)名)〕使〈人〉[對…]醒悟；感到幻滅〔*with*〕《★常用被動語態，變成「醒悟，感到幻滅」之意》。~**·ment** *n.*

dis·en·cum·ber [ˏdɪsɪnˋkʌmbɚ; ˌdisinˈkʌmbə] *v.t.* 〔十受(十介十(代)名)〕《文語》使〈人〉排除[憂煩、障礙物]〔*of, from*〕：He has been ~*ed of* his armor. 他已脫掉盔甲。

dis·en·dow [ˏdɪsɛnˋdau; ˌdisenˈdau] *v.t.* 沒收〈教會、學校等〉的基金，剝奪…的基金。~**·ment** *n.*

dis·en·fran·chise [ˏdɪsɪnˋfræntʃaɪz; ˌdisinˈfræntʃaiz] *v.t.* 奪去〈個人〉公民權[選舉權，公職權]：A ~*d* person cannot vote or hold office. 被剝奪公民權的人不能投票也不能任公職。

dis·en·frán·chise·ment [-tʃɪzmənt; -tʃizmənt] 《disenfranchise 的名詞》—*n.* Ⓤ公民[選舉]權的剝奪。

dis·en·gage [ˌdɪsɪnˋgedʒ; ˌdisinˈgeidʒ] *v.t.* **1 a** 〔十受〕解開〈機器等〉的連結[接連]：～ the clutch 使〈汽車的〉離合器分開/ ～ the gears 使齒輪脫離。**b** 〔十受(十介十(代)名)〕把…〔從…〕解開，放開〔*from*〕：The mother ～*d* her hand ***from*** that of the sleeping child. 母親把她的手從睡著的孩子手中抽出來。**2** 使〈某人〉解除〈義務、束縛等〉，使〈某人〉自由《★常以過去分詞當形容詞用；⇨ disengaged》. **3 a** 中止〈戰鬥〉。**b** 使〈部隊〉停止交戰而撤退。**c** 〔～ one*self*〕中止交戰，撤退。
—*v.i.* **1** 〈機器等〉連結脫離。**2** 中止交戰，撤退。
～·ment *n.*

dis·en·gáged *adj.* [不用在名詞前]《文語》〈人〉無約會的，自由的，空閒的。

dis·en·tan·gle [ˌdɪsɪnˋtæŋgl; ˌdisinˈtæŋgl] *v.t.* 〔十受(十介十(代)名)〕**1** 〔從…〕解開…的糾結〔*from*〕. **2 a** 把…〔從混亂、糾紛中〕解放，放開〔*from*〕. **b** 〔～ one*self*〕脫離，擺脫〔混亂、糾紛等〕〔*from*〕. **—*v.i.*** 解開，鬆開。**～·ment** *n.*

dis·en·thral [ˌdɪsɛnˋθrɔl; ˌdisenˈθrɔːl] *v.t.* (**dis·en·thralled**；**dis·en·thral·ling**)＝disenthrall.

dis·en·thrall [ˌdɪsɛnˋθrɔl; ˌdisenˈθrɔːl] *v.t.* 解放，釋放。

dis·en·throne [ˌdɪsɛnˋθron; ˌdisenˈθroun] *v.t.* ＝dethrone.

dis·e·qui·lib·ri·um [dɪsˌikwəˋlɪbrɪəm; ˌdisekwiˈlibriəm] *n.* Ⓤ Ⓒ《文語》(尤指經濟發展的)不平衡，不穩定。

dis·es·tab·lish [ˌdɪsəˋstæblɪʃ; ˌdisiˈstæbliʃ] *v.t.* **1** 廢除，廢止〈既存的制度〉。**2** 廢除〈教會〉的國教制度。**～·ment** *n.*

dis·es·teem [ˌdɪsəˋstim; ˌdisiˈstiːm] *v.t.* 侮辱，輕視。
—*n.* Ⓤ輕蔑，冷淡的對待：hold a person in ～ 侮辱[輕視]某人。

dis·fa·vor, 《英》**dis·fa·vour** [dɪsˋfevɚ; ˌdisˈfeivə] *n.* Ⓤ《文語》**1** 不贊成，不喜歡，疏遠：regard a person with ～ 不喜歡[疏遠]某人。**2** 失寵，失眾望：be [live] in ～ (*with*...) 過著被(…)冷落的日子，招致(…的)不悅[惡評]/fall [come] into ～ (*with*...) 不受(…的)歡迎，失去(…的)愛戴，(與…之間的關係)歸於失敗。**—*v.t.*** 疏遠，冷淡對待。

dis·fig·ure [dɪsˋfɪgjɚ; disˈfigə] *v.t.* 毀損…的外觀，使…變醜；破壞…的價值[優點]：Large billboards have ～*d* the scenery. 大型告示板已破壞了景色。**～·ment** *n.*

dis·for·est [dɪsˋfɔrɪst; disˈfɔrist] *v.* ＝deforest.

dis·fran·chise [dɪsˋfræntʃaɪz; disˈfræntʃaiz] *v.* ＝disenfranchise.

dis·frán·chise·ment [-tʃɪzmənt; -tʃizmənt] *n.* ＝disenfranchisement.

dis·frock [dɪsˋfrɑk; disˈfrɔk] *v.* ＝unfrock.

dis·gorge [dɪsˋgɔrdʒ; disˈgɔːdʒ] *v.t.* **1** 將〈吃進去的東西〉吐出。**2** 〔十受十介十(代)名〕〈河等〉將〈水〉流注〔…〕〔*at, into*〕：The river ～*s* its waters ***into*** the Black Sea. 那條河注入黑海。**3** 將〈盜取物品〉交出，交還。**—*v.i.*** **1** 〔十介十(代)名〕〈河等〉注入〔…〕〔*at, into*〕. **2** 交還盜取的物品。

dis·grace [dɪsˋgres; disˈgreis] *n.* **1** Ⓤ**不名譽，出醜，丟臉，恥辱**：bring ～ on one's family 玷辱家門。

【同義字】disgrace 指失去別人的尊敬、好感；dishonor 是因自己的行爲而喪失名譽、自尊心；shame 是因他人的瞧不起而感到的恥辱，多半是由當事者以外的他人行爲所造成。

2 [a ～]招致恥辱的事物〔*to*〕：The divorce was *a* ～ *to* the royal family. 該離婚案對皇家是件不名譽的事。
fáll into disgráce 失去〔別人的〕寵愛〔*with*〕.
in disgráce (尤指)〈小孩〉招致(大人的)不悅[厭惡]：The child cried so much that he was sent to bed *in* ～. 那個小孩哭得太厲害以致惹人討厭而被送去睡覺。
—*v.t.* 〔十受〕**1 a** 成爲…的恥辱；玷辱〈名聲〉：Do not ～ the [your] family name. 不可玷辱家門。**b** 〔～ one*self*〕丟臉，出醜。**2** (作爲處罰而)將〈官吏等〉免職[罷免]《★常用被動語態》。

dis·grace·ful [dɪsˋgresfəl; disˈgreisful] *adj.* 可恥的，不名譽的，失面子的。**～·ness** *n.*

dis·gráce·ful·ly [-fəlɪ; -fuli] *adv.* 可恥地，失體面地：conduct oneself ～ 做出可恥的行爲。

dis·grun·tled [dɪsˋgrʌntl̩d; disˈgrʌntld] *adj.* **1** 不滿的，不平的；不高興的，生氣的。**2** [不用在名詞前]〔十介十(代)名〕〔對…〕不滿的；不高興的〔*at, with*〕.

dis·guise [dɪsˋgaɪz; disˈgaiz] *v.t.* **1 a** 〔十受〕**改裝，僞裝，假扮**…：～ one's voice 僞裝聲音。**b** 〔十受(十 *as*補)〕[～ one*self*] 裝扮〔成…〕《★也用被動語態，變成「假扮著」之意》：He ～*d* *himself as* a beggar. 他把自己裝扮成乞丐/She *was* ～*d as* an old woman. 她僞裝成一位老婦人。**c** 〔十受十介十(代)名〕[～ one*self*]〔以佩戴…〕僞裝〔*with*〕；〔以穿…〕假扮〔*in*〕《★與義 1 b 相同》：He ～*d himself* ***with*** a false beard. 他用假鬍子僞裝/He *was* ～*d* ***in*** woman's clothes. 他男扮女裝。**2** 〔十受(十介十(代)名)〕〔對…〕隱瞞〈事實〉，掩藏〈意圖、感情〉〔*from*〕：～ one's sorrow 掩飾悲傷/ ～ a fact ***from*** a person 對某人隱瞞事實。
—*n.* **1** Ⓤ**改裝，假裝，僞裝**：in ～ 僞裝的，假裝的/a fraud in ～ 掩飾的詐欺行爲。**2** ⓊⒸ(蒙騙他人耳目的)虛僞，做假；藉口：make no ～ of one's feelings 不掩飾情感，流露眞情/without ～ 不隱瞞地，擺明地。
in [ùnder] the disguíse of... 假裝爲…，以…爲藉口，託辭…：a threat *in the* ～ *of* a greeting 以問候爲掩飾的威脅。
thròw óff one's **disguíse** 扔掉假面具；現出眞面目。

dis·gust [dɪsˋgʌst; disˈgʌst] 《源自拉丁文「不好的味道」之義》**—*n.*** Ⓤ(令人反胃的)**厭惡**，嫌惡〔*at, for, toward, against, with*〕：to one's ～ 令人嘔氣的是，可厭的是/*in* ～ 厭惡地，厭煩地。
—*v.t.* 〔十受〕使〈人〉作嘔；使〈人〉厭煩《★常用被動語態，變成「厭煩，嫌惡」之意；介系詞用 *by, at, with*；無進行式》：His behavior ～*ed* me. 他的行爲使我厭惡/I *am* ～*ed* ***with*** life. 我厭惡人生/He *was* ～*ed* ***at*** your cowardice. 他討厭你的懦弱。

dis·gúst·ed·ly *adv.* 厭惡地；嫌惡地。

dis·gust·ful [dɪsˋgʌstfəl; disˈgʌstful] *adj.* 令人作嘔的，令人厭惡的；很討厭的。**～·ly** [-fəlɪ; -fuli] *adv.*

dis·gúst·ing *adj.* 令人作嘔的，很討厭的：a ～ smell 令人作嘔的氣味/ ～ weather 令人討厭的天氣。**～·ly** *adv.*

‡**dish** [dɪʃ; diʃ] 《源自拉丁文「圓盤(disk)」之義》**—*n.*** **1 a** Ⓒ(盛菜餚的圓形或橢圓形)**大盤子**《其分量可供全體人員享用》。

【同義字】plate 是用於從大盤子分取每份菜餚的盤子；saucer 是咖啡杯等的托碟。

b [the ～es]餐桌用盤碟《通常不包括銀器、玻璃器皿》：clear away *the* ～*es* 收拾(餐桌的)盤碟。**2** Ⓒ **a** (盛在盤子裏的)**菜餚**，食物：a nice ～ 一盤好菜/the main ～ 主菜/⇨ MADE dish, STANDING dish. **b** 一碟(的量)：a ～ *of* beans 一碟豆子。**3** Ⓒ碟狀物；拋物面天線(的反射板)。**4** Ⓒ《口語》美人，漂亮的妞兒。

the dishes

—*v.t.* **1** 〔十受(十副)〕做〈菜〉；上〈菜〉〈*up, out*〉：～ *up* the dinner 準備晚餐。**2** 〔十受〕《英口語》使〈計畫、希望等〉受挫；打垮，擊潰〈人〉。
dísh it óut 《美口語》處罰，毆打，叱責，謾罵。
dísh óut 《*vt adv*》(1)⇨ *v.t.* 1. (2)把〈菜〉分到各人的盤子裏。(3)《口語》(慷慨地)分配，給與〈東西〉：～ *out* compliments 亂說恭維話。
dísh úp 《*vt adv*》(1)⇨ *v.t.* 1. (2)提出〈事實，論點等〉；把〈話等〉說得極爲動聽：～ *up* an old story 把老故事講得娓娓動聽。

dis·ha·bille [ˌdɪsəˋbil; ˌdisæˈbiːl] 《源自法語「脫衣」之義》**—*n.*** Ⓤ便裝，便服《★用於下列片語》：in ～ 穿著便服；(尤指女子)以裸露的裝扮。

dis·har·mo·ni·ous [ˌdɪshɑrˋmonɪəs; ˌdishɑːˈmouniəs ˉ] 《disharmony 的形容詞》**—*adj.*** 不調和的，不和諧的。

dis·har·mo·ny [dɪsˋhɑrmənɪ; ˌdisˈhɑːməni] *n.* **1** Ⓤ[有時 **a**～]不調和。**2** ⓊⒸ不和諧(音)，走音。

dísh·clòth *n.* Ⓒ(擦盤、碟的)抹布。

díshcloth góurd *n.* Ⓒ《植物》絲瓜《葫蘆科絲瓜屬植物的統稱；其瓠果嫩者供食用，成熟者生強韌之網狀纖維，可充作擦洗碗盤之抹布》。

dis·heart·en [dɪsˋhɑrtn̩; disˈhɑːtn] *v.t.* 使〈人〉沮喪，使…氣餒《★常用被動語態，變成「沮喪，氣餒」之意；介系詞用 *by, at*》：Don't *be* [get] ～*ed* ***at*** the news. 不要因聽到那消息而沮喪。

dis·héart·en·ing *adj.* 令人沮喪的，使人氣餒的：～ news 令人沮喪的消息。

di·shev·eled, 《英》**di·shev·elled** [dɪˋʃɛvl̩d; diˈʃevld] *adj.* **1** 〈頭髮〉蓬亂的；〈人〉頭髮散亂的。**2** 〈衣著〉邋遢的；〈人〉衣髮凌亂的，不修邊幅的。

dish·ful [ˋdɪʃˌful; ˈdiʃful] *n.* Ⓒ一(大)盤[碟](的量)〔*of*〕.

dis·hon·est [dɪsˋɑnɪst; disˈɔnist ˉ] *adj.* (**more** ～；**most** ～) **1 a** 〈人〉**不誠實的**，不正直的，無誠意的。**b** 〔十 *of*十(代)名(十 *to* do)/十 *to* do〕〔某人〕〈做…是〉不誠實的；〈某人〉〈做…是〉不誠實的：It was ～ ***of*** you [You were ～] not to say so. 你沒有這樣說是不誠實的。**2** 〈行爲等〉不正的，欺騙的：～ profits 不正當的利益/by ～ means 以不正當的手段[方法]。**～·ly** *adv.*

dis·hon·es·ty [dɪsˋɑnɪstɪ; disˈɔnisti] 《dishonest 的名詞》**—*n.*** **1** Ⓤ不正直，不誠實：acts of ～ 不正直的行爲。**2** Ⓒ不正當的行爲，詐欺。

dis·hon·or, 《英》**dis·hon·our** [dɪsˋɑnɚ; disˈɔnə] *n.* **1** Ⓤ**不名譽，丟臉；屈辱，恥辱**(⇨ disgrace【同義字】)：live in ～ 過屈

辱的生活，忍辱偷生。**2** Ⓤ[又作**a** ～]不名譽的行爲，可恥的事〔*to*〕：He is *a* ～ *to* his family. 他成了他家的恥辱。**3** Ⓤ〈票據、支票的〉拒付，退票。**—*v.t.*** 〔十受〕**1** 玷辱〈他人〉的名譽，侮辱〈某人〉。**2** 《商》〈銀行〉使〈票據、支票〉退票（↔ accept）：a ～*ed* check 空頭支票，不兌現的支票。

dis·hon·or·a·ble, 《英》 **dis·hon·our·a·ble** [dɪsˋɑnərəbḷ; disˈɔnərəbl] *adj.* 〈行爲〉不名譽的，可恥的，丟臉的；卑鄙的。

dis·hón·o(u)r·a·bly [-rəblɪ; -rəbli] *adv.*

dísh·pàn *n.* Ⓒ《美》洗碗碟的淺桶，洗碗盆。

díshpan hánds *n. pl.* [當單數或複數用]《美》因做家事而變粗糙的手。

dísh·ràg *n.* 《美》＝dishcloth.

dísh tòwel *n.* Ⓒ《美》用來擦乾碗碟的毛巾（《英》tea towel）（cf. dishcloth）.

dísh·wàre *n.* [集合稱]〈盛食物的〉餐具；容器。

dísh·wàsher *n.* Ⓒ **1** 洗碗碟的人。**2** 洗碗機。

dísh·wàter *n.* Ⓤ洗碗水；（洗過餐具的）髒水：(as) weak as ～ 很稀[薄]的/(as) dull as ～ ＝(as) dull as DITCHWATER.

dish·y [ˋdɪʃɪ; ˈdiʃi] *adj.* (**dish·i·er**; **dish·i·est**)《英口語》〈人〉(在性方面)吸引人的，性感的。

dis·il·lu·sion [͵dɪsɪˋluʒən; ͵disiˈlu:ʒn] *v.t.* **1** 使〈人〉從迷失中醒悟；告訴〈某人〉眞相。**2** 使〈人〉理想破滅《★常以過去分詞當形容詞用；⇨ disillusioned》. **—*n.*** ＝disillusionment.

dis·il·lú·sioned *adj.* **1** 不再抱幻想的，理想破滅的：People tend to become ～ as they grow older. 人們隨着年齡的增長往往不再抱幻想。**2** [不用在名詞前]〔十介十(代)名〕〔對…〕不再抱幻想的〔*at, about, with*〕：He is very ～ ***about*** the present situation. 他對現狀感到極爲失望/You'll get ～ ***with*** her. 你會對她感到失望的。

dìs·il·lú·sion·ment [-mənt; -mənt] 《disillusion 的名詞》**—*n.*** ⓊⒸ理想破滅(感)。

dis·in·cen·tive [͵dɪsɪnˋsentɪv; ͵disinˈsentiv] *n.* Ⓒ妨礙行動[意願]的因素[習俗，慣例，制度(等)]，起抑制作用的事物[因素]〔*to*〕.

dis·in·cli·na·tion [͵dɪsɪnkləˋneʃən; ͵disinkliˈneiʃn] 《disincline 的名詞》**—*n.*** Ⓤ[又作**a** [**some**] ～，**one's** ～] **1** 〔對…的〕不願意，不起勁，厭惡〔*for*〕：He has *a* ～ *for* work. 他討厭工作。**2** 〔十*to* do〕〈對做…的〉無意，不感興趣：He felt *a* [*some*] ～ *to* take music lessons. 他無意上音樂課。

dis·in·cline [͵dɪsɪnˋklaɪn; ͵disinˈklain] *v.t.* 使〈人〉不願意，使〈人〉厭惡《★常以過去分詞當形容詞用；⇨ disinclined》.

dis·in·clíned *adj.* [不用在名詞前]**1** 〔十介十(代)名〕〔對…〕不願意的，討厭的〔*for*〕：I feel ～ ***for*** an argument. 我不願意爭論。**2** 〔十*to* do〕無意〈做…〉的：He was ～ *to* go. 他無意去；他不想去。

dis·in·fect [͵dɪsɪnˋfekt; ͵disinˈfekt] *v.t.* 將…(殺菌)消毒：～ a hospital room 消毒病房。

dis·in·fec·tant [͵dɪsɪnˋfektənt; ͵disinˈfektənt˝] *adj.* 殺菌的，有消毒效果的。**—*n.*** Ⓤ[指產品個體或種類時爲Ⓒ]殺菌[消毒]劑。

dis·in·fec·tion [͵dɪsɪnˋfekʃən; ͵disinˈfekʃn] 《disinfect 的名詞》**—*n.*** Ⓤ消毒。

dis·in·fest [͵dɪsɪnˋfest; ͵disinˈfest] *v.t.* 從〈莊稼、建築物等〉驅除害蟲[老鼠(等)]。

dis·in·fes·ta·tion [͵dɪsɪnfesˋteʃən; ͵disinfeˈsteiʃn] *n.*

dis·in·fla·tion [͵dɪsɪnˋfleʃən; ͵disinˈfleiʃn] *n.* Ⓤ《經濟》反通貨膨脹《以不招致通貨緊縮(deflation)的程度緩和通貨膨脹(inflation)的政策》。

dìs·informátion *n.* Ⓤ假情報《刻意洩露給他國，以攪惑其情報工作》。

dis·in·gen·u·ous [͵dɪsɪnˋdʒenjuəs; ͵disinˈdʒenjuəs˝] *adj.* **1** 奸詐的，陰險的；不正直的，不誠實的：make a ～ remark 說不實的話[作不實的評論]。**2** 〔十*of*十(代)名(十 *to* do)十 *to* do〕〔某人〕〈做…是〉奸詐的，陰險的；〈某人〉〈做…是〉奸詐的，陰險的：It is ～ ***of*** him *to* flatter me. ＝He is ～ *to* flatter me. 他對我阿諛奉承，是居心叵測[不懷好意]。**～·ly** *adv.* **～·ness** *n.*

dis·in·her·it [͵dɪsɪnˋherɪt; ͵disinˈherit] *v.t.* 剝奪〈孩子〉的繼承權。

dis·in·her·i·tance [͵dɪsɪnˋherətəns; ͵disinˈheritəns] 《disinherit 的名詞》**—*n.*** Ⓤ繼承權的剝奪。

dis·in·te·grate [dɪsˋɪntə͵gret; disˈintigreit] *v.t.* 使…崩潰[分解，風化]，使…瓦解：The rock was ～*d* by frost and rain. 那塊岩石被霜雨所風化。**—*v.i.*** 〔動(十介十(代)名)〕崩潰[瓦解，分解]〔成…〕〔*into*〕.

dis·in·te·gra·tion [͵dɪsɪntəˋgreʃən; dis͵intiˈgreiʃn] 《disintegrate 的名詞》**—*n.*** Ⓤ **1** 分解，崩潰。**2** 《化學》(放射性元素的)蛻變。**3** 《地質》崩解作用。

dis·in·ter [͵dɪsɪnˋtɝ; ͵disinˈtə:] *v.t.* (**dis·in·terred**; **dis·in·ter·ring**) **1** (從墳墓中)挖出〈屍體等〉《★常用被動語態》。**2** 使〈隱藏的東西〉暴露，出現。

dis·in·ter·est [͵dɪsˋɪntərɪst, -trɪst; ͵disˈintrəst, -tərest, -trist] *n.* Ⓤ無利害關係，不關心。

dis·in·ter·est·ed [dɪsˋɪntərəstɪd, -trɪstɪd, -tə͵rɛstɪd; disˈintrəstid, -tərestid, -tristid] *adj.* **1** 無私心的，公平的 (cf. uninterested)：a ～ decision 公平的決定/A judge should be ～. 法官應該公平無私。**2** [不用在名詞前]〔十介十(代)名〕〔對…〕不感興趣的，不關心的〔*in*〕《★比較爲非標準用法，一般用 uninterested》. **～·ly** *adv.* **～·ness** *n.*

dis·in·ter·me·di·a·tion [͵dɪsɪntə͵midɪˋeʃən; ͵disintə͵mi:diˈeiʃn] *n.* Ⓤ《美》減少居中融資之功能《指從儲蓄銀行中提款並投入利率較高的短期投資市場》。

dìs·in·tér·ment [-mənt; -mənt] 《disinter 的名詞》**—*n.*** ⓊⒸ發掘。

dis·in·vest·ment [͵dɪsɪnˋvestmənt; ͵disinˈvestmənt] *n.* Ⓤ負投資，減少資本投資；變賣資本投資；抽回投資資本。

dis·join [dɪsˋdʒɔɪn; disˈdʒɔin] *v.t.* 使…分離。

dis·joint [dɪsˋdʒɔɪnt; disˈdʒɔint] *v.t.* **1** 使…的關節分離，使…脫臼：～ a chicken 除掉雞骨，切開雞肉。**2** 把…拆散，肢解。**3** 使…支離破碎《★常用被動語態》。
—*v.i.* **1** (關節等)脫位，脫臼。**2** 散開。

dìs·jóint·ed *adj.* **1** 脫節的，脫臼的。**2** 散開的，拆散了的。**3** 〈思想、文體等〉支離破碎的，雜亂無章的。**～·ly** *adv.*

dis·junc·tion [dɪsˋdʒʌŋkʃən; disˈdʒʌŋkʃn] 《disjoin 的名詞》**—*n.*** ⓊⒸ分離，分裂。

dis·junc·tive [dɪsˋdʒʌŋktɪv; disˈdʒʌŋktiv˝] *adj.* **1** 分離性的。**2** 《文法》反意的。
—*n.* Ⓒ《文法》反意連接詞《but, yet 等》。
～·ly *adv.*

***disk** [dɪsk; disk] *n.* Ⓒ **1 a** 圓盤(狀的東西)。**b** (比賽用)鐵餅。**c** 唱片，唱盤。**2** 平圓形的表面：the sun's ～ 太陽的表面，日面。**3** 《解剖》盤；(尤指)椎間圓盤：⇨ slipped disk.

dísk bràkes *n.* ＝disc brakes.

dísk hàrrow *n.* ＝disc harrow.

dísk jòckey *n.* ＝disc jockey.

***dis·like** [dɪsˋlaɪk; disˈlaik] *v.t.* 《★無進行式》**1** 〔十受〕討厭，不喜歡…(cf. hate 比較)：I ～ this kind of food. 我不喜歡這種食物。**2** 〔十 do*ing*〕討厭〈做…〉《★用法比較少用〔十 *to* do〕》：I ～ liv*ing* in a large city. 我討厭住在大城市裏/I ～ be*ing* kept waiting. 我不喜歡等人。
—*n.* ⓊⒸ討厭，不喜歡，嫌惡〔*of, for*〕：one's likes and ～*s* 一個人的好惡《★發音這種情形的發音爲 [ˋdɪslaɪks; ˈdislaiks]》/look at a person with ～ 嫌惡地看某人/I have a ～ *of* [*for*] alcoholic drinks. 我討厭酒。
tàke a dislíke to… 對…開始感到討厭[起了反感]。

dis·lo·cate [ˋdɪslo͵ket; ˈdisloukeit] *v.t.* **1** 使…脫臼，使…關節脫離：a ～*d* jaw 脫臼的顎部/He fell and ～*d* his shoulder. 他跌倒而使肩部脫臼。**2** 使…的情況失常，使…混亂：a ～*d* economy 混亂的經濟/The country's economy was ～*d* by the war. 該國的經濟因戰爭而陷於混亂。

dis·lo·ca·tion [͵dɪsloˋkeʃən; ͵dislouˈkeiʃn] 《dislocate 的名詞》**—*n.*** **1** ⓊⒸ脫臼：suffer a ～ 脫臼。**2** Ⓤ[又作 **a** ～]混亂(期間)。

dis·lodge [dɪsˋlɑdʒ; disˈlɔdʒ] *v.t.* 〔十受(十介十(代)名)〕**1** 把…〔從…〕移走〔*from*〕：～ a heavy stone ***from*** its position 把一塊大石從原處移走。**2** 把〈敵人、敵隊等〉〔從陣地、守備位置等〕趕走，擊退〔*from*〕：Heavy gunfire ～*d* the enemy ***from*** the fort. 猛烈的砲火把敵人逐出要塞。

dis·lódg(e)·ment *n.*

dis·loy·al [dɪsˋlɔɪəl; ͵disˈlɔiəl˝] *adj.* **1** 不忠實的，不忠誠的，不貞的。**2** [不用在名詞前]〔十介十(代)名〕〔對…〕不忠實的〔*to*〕：He is ～ *to* the party. 他對黨不忠。
～·ly [-əlɪ; -əli] *adv.*

dis·loy·al·ty [dɪsˋlɔɪəltɪ; ͵disˈlɔiəlti] 《disloyal 的名詞》**—*n.*** **1** Ⓤ不忠實；無信義〔*to*〕. **2** Ⓒ不忠實[無信義]的行爲。

dis·mal [ˋdɪzmḷ; ˈdizməl] 《源自拉丁文「不吉利的日子」之義》**—*adj.*** (**more** ～；**most** ～) **1** 陰暗的，憂鬱的；〈氣氛等〉陰沈的，黯淡的：I feel ～. 我覺得沈悶。**2** 〈景色等〉凄涼的，荒涼的。**3** 悽慘的：a ～ failure 慘敗(的人[事])。**～·ly** *adv.*

dis·man·tle [dɪsˋmæntḷ; disˈmæntl] *v.t.* **1a** 〔十受〕剝去…的覆蓋物。**b** 〔十受十介十(代)名〕拆除〈房屋、船等〉〔的家具、設備、防預工具等〕〔*of*〕：The house has been ～*d* ***of*** its walls and roofs. 那棟房屋的牆壁與屋頂已被拆除。**2** 分解，拆開〈機器等〉。
—*v.i.* 〈機器等〉可分解，可拆開：This bed ～*s* easily. 這個牀很容易拆開。**～·ment** *n.*

dis·mast [dɪsˋmæst; ͵disˈmɑ:st] *v.t.* 〈暴風等〉把〈船〉的帆柱吹倒《★常用被動語態》。

dis·may [dɪsˋme, dɪz-; dis'mei, diz-] 《源自古法語「喪失力氣」之義》**—*n.*** Ⓤ**喪膽，驚慌**《因憂慮、恐懼等而喪失力氣的狀態》：be filled with ～ 非常驚慌/to one's ～ 令人驚慌的是/She flopped down *in* ～. 驚慌中她突然跌坐下去/We witnessed the sight *with* ～. 我們驚呆地目睹那情景。

—*v.t.* 〔十受〕使〈人〉(因憂慮、恐懼等而) 喪膽，使…驚愕，使〈人〉驚慌《★常用被動語態，變成「喪膽，驚慌」之意；介系詞用 *at, by*》：We *were* ～*ed* ***at*** the news. 我們聽到那消息而驚慌。

dis·mem·ber [dɪsˋmɛmbɚ; dis'membə] *v.t.* **1** 切斷…的四肢，肢解：He [His body] was ～*ed.* 他[他的身體]被肢解了。**2** 分割，瓜分〈國土等〉。

dis·mém·ber·ment [-mənt; -mənt] 《dismember 的名詞》**—*n.*** Ⓤ **1** (四肢的)切斷，割斷。**2** 國土的分割[瓜分]。

***dis·miss** [dɪsˋmɪs; dis'mis] 《源自拉丁文「送走」之義》**—*v.t.* 1** 〔十受〕**a** **遣散，解散**〈班級、集團等〉：The teacher ～*ed* the class at noon. 老師在中午下課/Class (is) ～*ed.* 上課到此結束；下課《★用法教師說的話》。**b** 把〈人〉(從面前)打發走，允許〈人〉離開：～ one's visitor 把來訪者打發走。

2 〔十受(十介十(代)名)〕**把〈人〉〔從…〕解僱，免職**〔*from*〕：They ～*ed* the cook. 他們把廚子解僱了/You are ～*ed.* 你被解僱了/The officer was ～*ed* (***from***) the army. 那名軍官被除去軍籍《★用法被動語態時常省略 from》.

3 a 〔十受(十介十(代)名)〕〔從心裏等〕摒棄，驅除，揮去〈念頭、想法等〉〔*from*〕：～ a trouble ***from*** one's mind 把煩惱從心裏驅除，除卻心中的煩惱。**b** 〔十受十*as* 補〕〈認為是…而〉摒棄，拒絕…：He ～*ed* the thought *as* utterly incredible. 他認為那種想法完全不可信而予以摒棄。

4 a 草草了結〈問題等〉：The subject is not lightly to be ～*ed.* 那個問題不該草率了結。**b** 《法律》不受理〈訴訟案件〉。

5 《板球》使〈打擊者、球隊〉退場。

dis·mis·sal [dɪsˋmɪsl̩; dis'misl] 《dismiss 的名詞》**—*n.*** ⓊⒸ **1** 解散，退去。**2** 免職，解僱；放學。**3** 《法律》(訴訟案件的)拒絕受理，(上訴的)駁回。

dis·mis·sion [dɪsˋmɪʃən; dis'miʃn] *n.* ＝dismissal.

dis·mount [dɪsˋmaʊnt; ˌdis'maunt] *v.i.* 〔動(十介十(代)名)〕〔從馬背、自行車等〕下來〔*from*〕：～ ***from*** one's horse [bicycle] 從馬背[自行車]下來。

—*v.t.* 1 a 使…下馬(等)。**b** 使〈人〉摔下馬來。**2 a** 從臺座等取下…；從砲車[砲座]放下〈大砲〉。**b** 從畫框取下〈畫等〉。**c** 摘下〈寶石等〉。**3** 拆解〈機器等〉。

Dis·ney [ˋdɪznɪ; 'dizni], **Walt** *n.* 狄斯奈《1901–66；美國的(卡通)影片監製人》。

Dis·ney·land [ˋdɪznɪˌlænd; 'diznilænd] *n.* 狄斯奈樂園《狄斯奈(W. Disney)所創設的遊樂場所，在美國洛杉磯(Los Angeles)市近郊；第二處狄斯奈樂園設於佛羅里達州(Florida)》.

dis·o·be·di·ence [ˌdɪsəˋbidɪəns; ˌdisə'bi:djəns] 《disobedient 的名詞》**—*n.*** Ⓤ **1** 不順從，不服從，違抗〔*to*〕. **2** 〔對命令、法律、規則的〕違反，犯規〔*to*〕.

dis·o·be·di·ent [ˌdɪsəˋbidɪənt; ˌdisə'bi:djənt˜] 《disobey 的形容詞》**—*adj.* 1** 不順從的，不聽話的：a ～ child 不聽話的孩子。**2** [不用在名詞前]〔十介十(代)名〕〔對…〕不服從的，違反的，反抗的〔*to*〕：He was ～ ***to*** the government. 他反抗政府。

～**·ly** *adv.*

dis·o·bey** [ˌdɪsəˋbe; ˌdisə'bei] *v.t.* 〔十受〕**不服從**，反抗，違背〈某人、命令等〉：The command was not to be ～*ed.* 該命令不許違抗。**—*v.i. 不服從。

dis·o·blige [ˌdɪsəˋblaɪdʒ; ˌdisə'blaidʒ] *v.t.* 《文語》違背〈某人〉的願望，對〈人〉不親切；給〈人〉添麻煩：I'm sorry to ～ you. 我很抱歉不能答應你的請求。

dìs·o·blíg·ing *adj.* 〈人〉不親切的，不願幫忙的。～**·ly** *adv.*

dis·or·der [dɪsˋɔrdɚ, dɪz-; dis'ɔ:də, di'zɔ:-] *n.* **1** Ⓤ**無秩序，混亂；雜亂** (⇨ confusion 【同義字】)：be in ～ 在混亂中/fall [throw] into ～ 陷[使陷]於混亂。**2** ⓊⒸ(社會上、政治上的)不穩定，騷動，騷亂。**3** ⓊⒸ(身心機能的)失調，障礙；(輕微的)疾病：a ～ of the digestive tract 消化管的疾病/a functional ～ 機能障礙/suffer from (a) mental ～ 患精神病。

—*v.t.* 〔十受〕**1** 擾亂〈秩序等〉，使…混亂。**2** 使〈身心〉狀態失調：Overwork ～*s* the stomach. 工作過勞使胃不適。

dis·ór·dered *adj.* **1** 混亂的，紊亂的：a ～ country 動亂的國家。**2** 失調的，生病的：a ～ mind 錯亂的頭腦[心]/ ～ digestion 消化不良。

dis·ór·der·ly *adj.* **1** 無秩序的，混亂的；雜亂的，不整齊的。**2** 無法無天的，暴亂的；騷動的：drunk and ～ ⇨ drunk *adj.* 1 a. **3** 《法律》擾亂治安的，敗壞風紀的：～ conduct 妨害治安[風紀]的行為/a ～ house 治安紊亂之處《妓院、賭場等》。

dis·ór·der·li·ness *n.*

dis·or·gan·i·za·tion [dɪsˌɔrgənəˋzeʃən; disˌɔ:gənai'zeiʃn, -gəni-] *n.* Ⓤ **1** 組織的解體，分裂。**2** 混亂。

dis·or·gan·ize [dɪsˋɔrgəˌnaɪz; dis'ɔ:gənaiz] *v.t.* 擾亂…的組織[秩序]，使…紊亂：The train schedule was ～*d* by heavy snowstorms. 大暴風雪搞亂了火車時刻表。

dis·ór·ga·nized *adj.* 組織[秩序]紊亂的；雜亂無章的：a ～ worker (工作)雜亂無章的工人。

dis·o·ri·ent [dɪsˋorɪˌɛnt, -ˋɔr-; dis'ɔ:rient] *v.t.* **1** 使〈人〉迷失方向《★常用被動語態》。**2** 使〈人〉混亂，使…張惶失措；使〈人〉失去判斷力《★常以過去分詞當形容詞用》：*be* [*feel*] ～*ed* after a long jet flight 長時間乘噴射機飛行後感到頭腦模糊不清。

dis·o·ri·en·tate [ˌdɪsˋorɪɛnˌtet; dis'ɔ:rienteit] *v.* ＝disorient.

dis·o·ri·en·ta·tion [ˌdɪsˌorɪɛnˋteʃən; disˌɔ:rien'teiʃn] 《disorientate 的名詞》**—*n.*** Ⓤ方向感的喪失。

dis·own [dɪsˋon; dis'oun] *v.t.* **1** 否認〈著作等〉是自己的作品。**2** 不承認…與自己的關係；不認〈孩子〉，與〈孩子〉脫離親子關係：He ～*ed* his spendthrift son. 他與揮金如土的兒子脫離父子關係。

dis·par·age [dɪˋspærɪdʒ; di'spæridʒ] *v.t.* **1** 輕視，瞧不起。**2** 貶低，毀謗。

dis·pár·age·ment [-mənt; -mənt] 《disparage 的名詞》**—*n.*** ⓊⒸ **1** 輕蔑，瞧不起，輕視。**2** 非難。

dis·pár·ag·ing *adj.* 輕視的，瞧不起的；非難的。～**·ly** *adv.*

dis·par·ate [ˋdɪspərɪt, dɪsˋpærɪt; 'dispərət] *adj.* 〈兩個東西〉(本質上)不同的，無共同點的；(完全)異種的。～**·ly** *adv.*

dis·par·i·ty [dɪsˋpærətɪ; di'spærəti] 《disparate 的名詞》**—*n.*** ⓊⒸ(兩者間本質上的)不同，不等；(極端的)不相稱，不均衡，懸殊〔*between, in, of*〕：the ～ *between* the rich and the poor 貧富之間的懸殊/ ～ *in* age [position] 年齡[地位]的完全不相稱。

dis·pas·sion·ate [dɪsˋpæʃənɪt; di'spæʃənət˜] *adj.* **1** 不動情的，冷靜的。**2** 公平的。

dis·patch [dɪˋspætʃ; di'spætʃ] 《源自義大利語「快走」之義》**—*v.t.* 1** 〔十受(十介十(代)名)〕急派，特派〈軍隊、特使等〉〔往…〕；送〈快信〉〔到…〕〔*to*〕. **2** 〔十受〕**a** 快速用完〈餐〉。**b** 匆匆做完〈工作〉。**3** 〔十受〕處死〈死刑犯〉；殺死…。

—*n.* 1 Ⓤ急送，發送，發信；急派，特派，派遣。**2** Ⓒ **a** (急送的)公文。**b** 《新聞》急電，快電，專電。**3** Ⓤ(處理等的)迅速；迅速的處理：with ～ 迅速地，快速地，敏捷地。

be méntioned in dispátches 《英》〈軍人等〉列名於有功人員的正式通報上。

dispátch bòx *n.* Ⓒ(公文的)遞送箱。

dis·pátch·er *n.* Ⓒ **1** 急派(使者等)的人；派遣者。**2** (列車、巴士、卡車等的)調度員。

dispátch rìder *n.* Ⓒ騎機車[馬]的送信者。

dis·pel [dɪˋspɛl; di'spel] *v.t.* (**dis·pelled**; **dis·pel·ling**) **1** 驅散〈霧等〉。**2** 消除；解除〈煩惱、疑慮等〉：Work ～*s* boredom. 工作能除卻厭倦/His cheerful laughter *dispelled* her fears. 他愉快的笑聲消除了她的恐懼。

dis·pens·a·ble [dɪˋspɛnsəbl; di'spensəbl] *adj.* 可省的，可有可無的，非必要的；可寬恕的，可赦免的(↔ indispensable).

dis·pen·sa·ry [dɪˋspɛnsərɪ; di'spensəri] *n.* Ⓒ **1** (醫院的)配藥處，藥房。**2** (工廠、學校等的)診療所，醫務室。

dis·pen·sa·tion [ˌdɪspənˋseʃən, -pɛn-; ˌdispen'seiʃn] 《dispense 的名詞》**—*n.* 1 a** ⓊⒸ施與，分配；(法律等的)執行，實施〔*of*〕：the ～ *of* food and clothing 衣食的分配/the ～ *of* justice 法律的執行。**b** Ⓒ分配物，施捨物。**2** Ⓒ天意，天道。**3** Ⓤ統治，制度，體制：under the new ～ 在新制度之下，按照新制度。**4** 《天主教》**a** Ⓤ特赦。**b** Ⓒ特赦狀。**5** ⓊⒸ《法律》特免權，豁免〔*from*〕.

dis·pense [dɪˋspɛns; di'spens] 《源自拉丁文「計量分配」之義》**—*v.t.* 1 a** 〔十受(十介十(代)名)〕把…分送，分發〔給…〕〔*to*〕：The Red Cross ～*d* food and clothing ***to*** the victims. 紅十字會分發食品與衣物給受害者。**b** 〔十受〕執行，實施〈法律〉。**2** 〔十受〕調配〈藥〉；下〈藥〉：～ medicines 配藥。**3** 〔十受十介十(代)名〕使〈人〉免除〔義務等〕〔*from*〕：～ a person ***from*** his obligations 免除某人的義務。

—*v.i.* 〔十介十(代)名〕**1** 免除〔…〕〔*with*〕《★可用被動語態》：～ ***with*** ceremony 免除儀式/His services cannot be ～*d with.* 不能沒有他的幫助。**2** 不需要，不用，省却〔…〕〔*with*〕《★可用被動語態》：Robots ～ ***with*** much labor. 機器人可省去很多勞力。

dis·péns·er *n.* Ⓒ **1** 藥劑師，配藥者。**2** 施與者，分配者；執行人。**3 a** (可從中抽出衛生紙、紙杯等的)容器。**b** (自動)販賣機：a coffee ～ 咖啡販賣機。

dis·per·sal [dɪˋspɝsl; di'spə:sl] *n.* ＝dispersion 1 a.

***dis·perse** [dɪˋspɝs; di'spə:s] *v.t.* 〔十受〕**1 a** 把〈人們〉**驅散，使…散開**：The police ～*d* the demonstrators with tear gas. 警方用催淚瓦斯驅散示威者。**b** 〈風〉吹散〈雲、霧等〉。**c** 散播，散布〈種

子、疾病、知識等〉。**2** 把〈軍隊、警力等〉分散配置。**3**《光學》使〈光〉分散。**—v.i. 1**〈羣衆等〉散開，分散：The rebels ~*d* at the sight of the troops. 反叛者一看到軍隊就四散了。**2**〈雲、霧等〉消散。

dis·per·sion [dɪ'spɝʃən, -ʒən; di'spə:ʃn] 《disperse 的名詞》**—n. 1 a** Ⓤ 散布；分散；四散，散亂，離散。**b** [the D~] = Diaspora 1. **2** Ⓤ《光學》分散。**3** Ⓤ《統計》離勢，分散。

dis·per·sive [dɪ'spɝsɪv; di'spə:siv] 《disperse 的形容詞》**—** *adj.* 散布的；分散的，消散性的。**~·ly** *adv.*

di·spir·it [dɪ'spɪrɪt; di'spirit] *v.t.* 使〈人〉喪志，使…沮喪，使…氣餒《★也以過去分詞當形容詞用；⇨ dispirited》.

di·spír·it·ed *adj.* 無精打采的，意氣消沈的：He looked ~. 他顯得無精打采。**~·ly** *adv.*

dis·pír·it·ing *adj.* 令人沮喪[氣餒]的。

dis·place [dɪs'ples; dis'pleis] *v.t.* **1**〔十受(十介十(代)名)〕**a**〔從平時或原來的場所〕移走，挪開…〔*from*〕：~ a bone 脫臼/The villagers were ~*d* for [by] the construction of a dam. 爲建造水壩而將村民遷走。**b** 强迫〈某人〉離開〔出生的國家等〕〔*from*〕：⇨ displaced person. **c** 免去〈某人〉〔官職、地位〕〔*from*〕. **2** 取代，代替：The automobile ~*d* the horsedrawn carriage. 汽車取代了馬車/He ~*d* me *in* Betty's affections. 他取代我贏得貝蒂的愛《★用於人時帶有悲傷、憤怒之情》。**3 a**〈船舶〉有…的排水量：The new tanker ~*s* 260,000 tons. 那艘新油輪有二十六萬噸的排水量。**b**〈汽車、引擎〉有…的排氣量。

dis·pláced pérson *n.* Ⓒ(因戰爭等而被迫離開祖國的)難民《略作 D. P.》.

dis·pláce·ment [-mənt; -mənt] 《displace 的名詞》**—n. 1** Ⓤ 移置，取代，代替；排除，離開；免職。**2** Ⓤ [又作**a** ~] **a** (船舶的)排水量[噸]：a ship with *a* ~ of 30,000 tons = a ship of 30,000 tons ~ 排水量三萬噸的船。**b** (引擎的)排氣量：a car of 1800 cc ~ 排氣量 1800 cc 的汽車。

displácement tòn *n.* Ⓒ排水噸位(⇨ ton 3 c)。

***dis·play** [dɪ'sple; di'splei] 《源自古法語「攤開」之義》**—v.t.**〔十受〕**1** 展示，陳列，裝飾〈東西〉(⇨ show【同義字】)：~ goods for sale 展示出售商品/Various styles of suits are ~*ed in* the shopwindows. 各種款式的套裝被陳列於櫥窗中。**2** 表露〈感情等〉；發揮〈能力〉；出示…：~ surprise 露出驚訝(的表情)/~ contempt 顯示侮蔑/ ~ one's ignorance 表現自己的無知。**3** 展開〈旗、帆等〉：~ a flag 懸旗。

—n. 1 a ⓊⒸ **陳列**，展示(show)：a ~ of fireworks = a fireworks ~ 施放煙火/the pictures *on* ~ 展示的畫。**b** Ⓒ [集合稱] 展示品：a ~ of Chinese art 展示的中國藝術品。**2** Ⓤ [又作 **a** ~] 表示，(感情等的)流露；炫耀，誇示：be fond of ~ 喜歡賣弄/make *a* ~ of... 炫耀…，誇耀…/out of ~ 爲了[出於]誇耀。**3** Ⓒ《電算》(如電腦螢光幕之)顯示。**4** Ⓤ [又作 **a** ~]《動物》(鳥等的威嚇、求愛行動等的)誇示。

dis·please [dɪs'pliz; dis'pli:z] *v.t.*〔十受〕使〈人〉**不高興**，使…生氣《★常以過去分詞當形容詞用；⇨ displeased 2》：His impudence ~*d* me. 他的厚顏無恥使我生氣。

dis·pléased *adj.* **1** 不高興的，生氣的：a ~ look 不高興的表情。**2** [不用在名詞前]〔十介十(代)名〕〔對人〕不高興的，生氣的〔*with*〕；〔對人的言行〕不高興的，生氣的〔*at*〕(cf. displease)：She is ~ ***with*** you. 她在生你的氣 / He was ~ ***at*** his son's behavior. 他對兒子的行爲很生氣。

dìs·pléas·ing *adj.* **1** 使人不愉快的，惹人厭的。**2** [不用在名詞前]〔十介十(代)名〕使〔人〕不愉快的，令〔人〕討厭的〔*to*〕：His voice is ~ ***to*** me. 他的聲音使我不愉快。

dis·pleas·ure [dɪs'plɛʒɚ; dis'pleʒə] 《displease 的名詞》**—n.** Ⓤ不愉快，不滿；不高興，生氣：feel [show] ~ *at*... 對…感到[表示]不快/incur the ~ of... 招惹…的不快，惹…生氣。

dis·port [dɪ'spɔrt; di'spɔ:t] *v.t.* [~ one*self*] 嬉戲，玩耍，遊戲：The bears were ~*ing themselves* in the water. 那些熊在水中嬉戲。**—v.i.** 嬉戲，玩耍，遊戲。

dis·pos·a·ble [dɪ'spozəbḷ; di'spouzəbl] *adj.* **1 a** 可(任意)處理的，可自由處置的。**b**〈收入等〉(付稅後)可自由使用的：~ income 可用收入；扣除所得稅後的個人所得。**2**〈紙製品等〉用完即丟棄的：~ diapers [towels] 用過後即可丟棄的紙尿布[紙巾]。**—n.** Ⓒ [常~s] 用過後即可丟棄的用品。

***dis·pos·al** [dɪ'spozḷ; di'spouzl] 《dispose 的名詞》**—n. 1** Ⓤ **a** (財產、問題等的)**處分**，處置《如讓渡、賣掉等》：~ by sale 賣却處分。**b** (廢物等的)處理：garbage ~ (廚房的)垃圾處理/the ~ of radioactive waste 放射性廢棄物的處理。**2** Ⓤ處分的自由，可隨自己的意思：have the full ~ of one's own property 有充分自由處分自己財產的權利。**3** = disposer. **4** Ⓤ配置，布置，排列。

at a person's **dispósal** = **at the dispósal of** a person 隨某人自由處置，由某人隨意支配：The money was *at* my ~. 這筆錢隨我自由使用 /My services are *at* your ~. 我隨時爲你服務[我聽候你的吩咐]。

pùt [**pláce, léave**] **...at** a person's **dispósal** 把…交給某人自由處理。

dispósal bàg *n.* Ⓒ(交通工具、旅館等內的)汚物處理袋。

dis·pose [dɪ'spoz; di'spouz] 《源自古法語「分開放置」之義》**—v.t. 1**〔十受(十介十(代)名)〕〔爲準備…而〕**布署**，**配置**〈軍隊、艦隊〉〔*for*〕：~ battleships ***for*** a battle 爲準備戰鬥而配置戰艦。**2 a**〔十受十 *to* do〕使〈人〉有意〈做…〉，使…傾向於〈做…〉《★也以過去分詞當形容詞用；⇨disposed 1 a》：The chance of promotion ~*d* him *to* accept the offer. 有晉陞的機會使他有意接受該提議。**b**〔十受十介十(代)名〕使〈人〉有〔…的〕傾向，使〈人〉易受〔…的〕影響〔*to*〕《★也以過去分詞當形容詞用；⇨disposed 1 b》：His physique ~*s* him ***to*** backache. 他的體格使他易患背痛。**—v.i. 1**〔十介十(代)名〕整理，處置，處分，收拾〔…〕〔*of*〕《★可用被動語態》：~ ***of*** nuclear waste 處理核能工業廢料/The property can be ~*d of* for a good sum. 該財產處理掉會是一筆相當的金額 /That ~*s of* the point. 那樣就解決了這一點。**2** 決定事情的演變[成敗]，安排：Man proposes, God ~*s.*《諺》謀事在人，成事在天[盡人事，聽天命]。

dis·pósed *adj.* [不用在名詞前] **1 a**〔十 *to* do〕有意〈做…〉的，傾向於〈做…〉的(cf. dispose *v.t.* 2 a)：I am ~ *to* agree with you. 我傾向於贊成你。**b**〔十介十(代)名〕表示〔有…〕傾向的，容易陷入〔…〕的〔*to*〕(cf. dispose *v.t.* 2 b)：He was ~ ***to*** sudden fits of anger. 他容易突然發怒。**2**〔十介十(代)名〕[與 well, ill 等狀態副詞連用]〔對…〕懷有(…的)感情的〔*to, toward*〕：Most of the pupils seem to be well ~ ***toward*** the new teacher. 大部分的學生對新老師似乎有好感。

dis·pós·er *n.* Ⓒ廚房廢棄物處理器：⇨garbage disposer.

dis·po·si·tion [ˌdɪspə'zɪʃən; ˌdispə'ziʃn] 《dispose 的名詞》**—n. 1** Ⓤ [又作 **a** ~] **a 性質**，性情，氣質，素質：He has [is *of*] *a* cheerful ~. 他性情愉快。**b**〔十 *to* do〕〈做…的〉傾向：She has *a* natural ~ to catch cold. 她天生體質容易感冒。**c**〔容易…的〕天性，傾向〔*to*〕：She had *a* natural ~ *to* jealousy. 她生性愛嫉妒。**2** [**a** ~]〔十 *to* do〕〈想做…的〉感覺，心情：He was in *a* ~ *to* admire everything. 他想要讚美一切。**3** ⓊⒸ配置，排列，布置；部署；作戰計畫：the ~ of chairs 椅子的配置[排列法]/a skillful ~ of one's troops 軍隊的巧妙部署 /make one's ~*s* 籌備。**4** Ⓤ **a** 處分，賣掉：the ~ of an estate 地產的處分[處理]。**b** 處分的權利，處置的自由：Her property is at her (own) ~. 她的財產由她自由處理。

dis·pos·sess [ˌdɪspə'zɛs; ˌdispə'zes] *v.t.*《文語》**1** 從〈某人處〉奪去財產[使用權]；使〈人〉離開，逐出〈某人〉：The tenant was ~*ed* for not paying his rent. 那名房客因未付房租而被趕走。**2**〔十受十介十(代)名〕奪取〈某人〉〔財產、使用權〕〔*of*〕：~ a person ***of*** his property 奪取某人的財產。

dìs·pos·séssed *adj.* **1 a** 被奪去土地、房屋的，失去產業的。**b** [**the** ~；當複數名詞用] 被奪去土地、房屋的人們，無依無靠的人們。**2** [不用在名詞前]〔十介十(代)名〕被奪去〔…〕的〔*of*〕：people ~ ***of*** their lands 被奪去土地的人們。

dis·pos·ses·sion [ˌdɪspə'zɛʃən; ˌdispə'zeʃn] 《dispossess 的名詞》**—n.** Ⓤ驅逐；强奪；奪取。

dis·praise [dɪs'prez; dis'preiz] *v.t.* 指責，誹謗，非難。**—n.** Ⓤ指責，誹謗；非難：speak in ~ of... 誹謗…，指責…。

dis·proof [dɪs'pruf; ˌdis'pru:f] 《disprove 的名詞》**—n. 1** Ⓤ舉出反證，反駁〔*of*〕. **2** Ⓒ反證(物件)。

dis·pro·por·tion [ˌdɪsprə'porʃən; ˌdisprə'pɔ:ʃn] *n.* **1** ⓊⒸ不相稱，不相配，不均衡〔*between*〕：a ~ *between* the price and the value 價格與價值之間的不均衡。**2** Ⓒ不相稱[不均衡]之處。

dìs·pro·pór·tion·al [-ʃənḷ; -ʃənl] *adj.* = disproportionate. **~·ly** [-ʃənḷɪ; -ʃṇəli] *adv.*

dis·pro·por·tion·ate [ˌdɪsprə'porʃənɪt; ˌdisprə'pɔ:ʃnət] *adj.* **1** 不相稱的，不配合的，不成比例的。**2** [不用在名詞前]〔十介十(代)名〕〔與…〕不相稱的〔*to*〕. **~·ly** *adv.*

dis·prove [dɪs'pruv; dis'pru:v] *v.t.* 舉出…的反證，證明…錯誤，駁斥…。

dis·put·a·ble [dɪ'spjutəbl; di'spju:təbl] *adj.* 有爭論[懷疑]餘地的；可疑的：a highly ~ theory 極富爭議的理論。

dis·pu·tant ['dɪspjutənt, dɪ'spjutṇt; di'spju:tnt, 'dispjutənt] *n.* Ⓒ《文語》爭論者，辯論家。**—adj.** 爭論的；〈人〉在爭論中的。

dis·pu·ta·tion [ˌdɪspju'teʃən; ˌdispju:'teiʃn, -pju-] 《dispute 的名詞》**—n.** ⓊⒸ爭論，爭辯。

dis·pu·ta·tious [ˌdɪspju'teʃəs; ˌdispju:'teiʃəs, -pju-] *adj.* 爭論性的，好議論的，好爭論的。**~·ly** *adv.*

dis·pute** [dɪ'spjut; di'spju:t] *v.i.* **1 a**〔動(十介十(代)名)〕〔關於…〕(一時衝動而)〔與人〕**爭論**，互相辯論[討論]〔*with*〕〔*about*〕：We ~*d* ***with them ***about*** the subject for hours. 我們就該問題與

他們辯論了好幾小時/There is no *disputing about* tastes. 嗜好無可爭論。**b**〔十介十*wh.*十*to* do〕討論〔關於做什麼…〕〔*about*〕: They ~*d* ***about*** *what to* do next. 他們討論下一步要做的事(cf. *v.t.* 1 b). **2**〔十介十(代)名〕反駁，抗辯〔…〕;〔對…〕有異議〔*against*〕.

—*v.t.* **1 a**〔十受〕(激動地)爭論〈關於…〉: a hotly ~*d* issue 被激烈爭論的問題/He ~*d* (the truth of) the statement. 他爲該聲明(的眞實性)爭辯。**b**〔十*wh.*十*to* do〕討論，爭論〈做什麼…〉: We ~*d what to* do next. 我們討論接著要做什麼(cf. *v.i.* 1 b). **2**〔十受〕對〈事實等〉懷疑，持異議：We ~*d* the election results. 我們對選舉的結果表示懷疑。**3**〔十受〕**a** 與…抗爭；企圖阻止，抵抗…：~ the landing by (the advance of) the enemy 極力抵抗敵人的登陸(挺進)。**b** 爭取，競爭〈優越地位、勝利等〉: Our team ~*d* the victory until the very end of the game. 我們的球隊爭取勝利直到比賽結束 /The soldiers ~*d* every inch of ground. 士兵們力爭奪取每一吋土地《寸土必爭》。

— [dɪˋspjut; diˈspju:t, ˈdispju:t] *n.* **1** Ⓤ Ⓒ 爭論，討論，辯論：be in ~ with... 與…在爭論中。**2** Ⓒ 紛爭，爭議，抗爭；口角，爭吵〔*about, on*〕: a border ~ 邊界紛爭/a labor ~ 勞工糾紛 /a campus ~ 校園紛爭。

beyònd [pàst, òut of] (áll) dispúte 無爭論餘地，無庸置疑地，顯然。

in [ùnder] dispúte 爭論中的，在爭論中，未解決的，在未解決狀態中：a point *in* ~ 爭論點，爭端。

withòut dispúte (1)無疑的[地]；確實的[地]。(2)無爭論餘地的[地]。

dis·qual·i·fi·ca·tion [ˌdɪskwɑləfəˋkeʃən; disˌkwɔlifiˈkeiʃn] «disqualify 的名詞»—*n.* **1** Ⓤ取消資格；無資格，不合格。**2** Ⓒ使成爲不合格的原因[事物]，使喪失資格的事項〔*for*〕.

dis·qual·i·fy [dɪsˋkwɑləˌfaɪ; disˈkwɔlifai] *v.t.*〔十受(十介十(代)名)〕**1** 奪去〈某人〉〔…的〕資格；〔關於…〕使〈人〉喪失資格；認定〈人〉不合格[無資格]〔*for*〕: His advanced age *disqualified* him ***for*** the job. 他的高齡使他無資格擔任該工作。**2** 取消〈某人〉〔出場比賽的〕資格〔*for, from*〕: He was *disqualified* ***from*** tak*ing* part in the competition. 他被取消參加該項比賽的資格。

dis·qui·et [dɪsˋkwaɪət; disˈkwaiət] *v.t.* 使〈人〉失去平靜，使〈人〉心亂，使〈人〉不安：Rumors of war ~*ed* the people. 戰爭的謠言使人們心感不安。

—*n.* Ⓤ不安，動搖，不平靜，憂慮。

dis·quí·et·ing *adj.* 令人不安的，使人憂慮的。

dis·qui·e·tude [dɪsˋkwaɪəˌtud, -ˌtjud; disˈkwaiətju:d] «disquiet 的名詞»—*n.* Ⓤ不安(狀態)，動搖，不平靜。

dis·qui·si·tion [ˌdɪskwəˋzɪʃən; ˌdiskwiˈziʃn] *n.* Ⓒ(長篇的或冗長的)論文，專論〔*on*〕.

dis·re·gard [ˌdɪsrɪˋgɑrd; ˌdisriˈgɑ:d] *v.t.* 忽視，輕視，不理(⇨ neglect【同義字】): They ~*ed* my objections to the proposal. 他們忽視我對該提案的異議。

—*n.* Ⓤ[又作 **a** ~]忽視，輕視〔*of, for*〕: (*a*) ~ *for* human rights 忽視人權。

dis·rel·ish [dɪsˋrɛlɪʃ; disˈreliʃ]《文語》*n.* Ⓤ[又作 **a** ~]厭惡，討厭：have *a* ~ *for*... 討厭…。—*v.t.* 厭惡，不喜歡(dislike).

dis·re·mem·ber [ˌdɪsrɪˋmɛmbɚ; ˌdisriˈmembə] *v.t.*《美方言》遺忘，忘却；無法記憶。

dis·re·pair [ˌdɪsrɪˋpɛr; ˌdisriˈpeə] *n.* Ⓤ(修理、維護不周所引起的)破損(狀態)，失修，荒廢：in ~ 年久失修/fall into ~ 破損，荒廢。

dis·rep·u·ta·ble [dɪsˋrɛpjətəbl; disˈrepjutəbl⁻] *adj.* **1** 名譽不好的，聲名狼藉的，品行不端的。**2** (骯髒或變舊而)不體面的，難看的。**dis·rép·u·ta·bly** [-təblɪ; -təbli] *adv.* ~**·ness** *n.*

dis·re·pute [ˌdɪsrɪˋpjut; ˌdisriˈpju:t] *n.* Ⓤ不名譽，壞名聲，聲名狼藉：fall into ~ 名聲變壞，名譽掃地 /hold... in ~ 對…沒有好評，認爲…不好。

dis·re·spect [ˌdɪsrɪˋspɛkt; ˌdisriˈspekt] *n.* Ⓤ無禮，失禮。

dis·re·spect·ful [ˌdɪsrɪˋspɛktfəl; ˌdisriˈspektful⁻] *adj.* 失禮的，無禮的。~**·ly** [-fəlɪ; -fuli] *adv.*

dis·robe [dɪsˋrob; ˌdisˈroub] *v.t.* **1 a** 使〈人〉脫去(官場、儀式上所穿的)衣服。**b** [~ *oneself*]脫去禮服。**2**〔十受十介十(代)名〕從…奪去〔…〕〔*of*〕: In winter most trees are ~*d* ***of*** their leaves. 冬天裏，大部分樹木的葉子都掉落了。—*v.i.* 脫去衣服。

dis·rupt [dɪsˋrʌpt; disˈrʌpt] *v.t.* **1 a** 使〈國家、制度等〉瓦解，使…崩潰：The conflict seemed likely to ~ the government. 這場衝突可能使政府垮臺。**b** 使…分裂。**2 a** 使〈宴會等〉(一時)陷入混亂：His speech ~*ed* the party. 他的演說使宴會陷入混亂。**b** 使〈交通、通訊等〉混亂；使…(暫時)不通，使…中斷，斷絕…。**3** 粉碎〈東西〉，使…破裂。

dis·rup·tion [dɪsˋrʌpʃən; disˈrʌpʃn] «disrupt 的名詞»—*n.* Ⓤ Ⓒ **1** 瓦解；分裂；中斷，斷絕；混亂：in ~ 成分裂狀態；在斷絕中；在混亂中。**2** 破裂。

dis·rup·tive [dɪsˋrʌptɪv; disˈrʌptiv] «disrupt 的形容詞»—*adj.* **1** 引起瓦解的，分裂(性)的；引起混亂的，破壞性的：a ~ element 破壞性的因素。**2** 由分裂而產生的。

dis·sat·is·fac·tion [ˌdɪssætɪsˋfækʃən; ˈdisˌsætisˈfækʃn] «dissatisfy 的名詞»—*n.* **1** Ⓤ不滿，不平〔*at, with*〕. **2** Ⓒ不滿的原因。

dis·sat·is·fac·to·ry [ˌdɪssætɪsˋfæktərɪ; ˈdisˌsætisˈfæktəri⁻] *adj.* 令人不滿(足)的，使人不滿意[不平]的(unsatisfactory).

dis·sát·is·fied *adj.* **1** 不滿意的，不愉快的，不高興的：a ~ look 不滿意的表情。**2** [不用在名詞前]〔十介十(代)名〕〔對…〕不滿的，不平的〔*at, with*〕(cf. dissatisfy): He was ~ ***with*** his treatment. 他對於自己所受到的待遇感到不滿/He was ~ ***at*** get*ting* no better treatment. 他對於得不到更好的待遇感到不滿。

dis·sat·is·fy [dɪsˋsætɪsˌfaɪ; ˌdisˈsætisfai] *v.t.* 使〈人〉不滿[不平]《★也以過去分詞當形容詞用；⇨dissatisfied》.

dis·sect [dɪˋsɛkt; diˈsekt] *v.t.* **1** 把…切開；解剖。**2** 詳細分析[批評]〈議論、問題等〉。

—*v.i.* 解剖。

dis·séct·ed *adj.* **1** 切開[解剖]的。**2**《植物》〈葉子〉深裂成數片的，全裂的：~ leaves 全裂的葉子。

dis·sec·tion [dɪˋsɛkʃən; diˈsekʃn] «dissect 的名詞»—*n.* **1 a** Ⓤ Ⓒ切開；解剖，分割。**b** Ⓒ解剖體，解剖標本。**2** Ⓤ Ⓒ精密的分析。

dis·séc·tor [-tɚ; -tə] *n.* Ⓒ **1** 解剖者，解剖學家。**2** 解剖用具。

dis·sem·ble [dɪˋsɛmbl; diˈsembl] *v.t.* **1** 掩飾，隱藏〈性情、感情、意圖等〉。**2** 假裝，裝出…的樣子：I tried to ~ an interest I didn't feel. 我設法假裝感到興趣。

—*v.i.* 假裝不知，掩飾眞情。

dis·sém·bler *n.* Ⓒ假裝者，掩飾眞情者，僞君子。

dis·sem·i·nate [dɪˋsɛməˌnet; diˈsemineit] *v.t.* **1** 散播，散布〈種子〉。**2** 傳播〈學說、意見〉。

dis·sem·i·na·tion [dɪˌsɛməˋneʃən; diˌsemiˈneiʃn] «disseminate 的名詞»—*n.* Ⓤ **1** 播種，散布。**2** 普及，傳播。

dis·sém·i·nà·tor [-tɚ; -tə] *n.* Ⓒ **1 a** 播種者。**b** 傳播者。**2** 播種器。

dis·sen·sion [dɪˋsɛnʃən; diˈsenʃn] «dissent 的名詞»—*n.* Ⓤ意見的分歧[不合]。

dis·sent [dɪˋsɛnt; diˈsent] «源自拉丁文「分離地感覺」之義»—*v.i.* **1**〔動(十介十(代)名)〕〔對…〕持異議，〔與…〕意見不同〔*from*〕(←→ consent): One of the judges ~*ed* ***from*** the decision. 裁判之一對判決持異議。**2**《英》反對國教。

—*n.* Ⓤ **1** 不同意，反對；意見的分歧，異議：incite ~ 煽動鬧意見分歧。**2** [常 D~]《英》不遵奉國教，反對國教(Nonconformity). **3**《美》(判決時法官的)反對多數意見的意見。

dis·sént·er *n.* Ⓒ **1** 反對者。**2** [常 D~]《英》不信奉國教者；非國教徒(Nonconformist).

dis·sen·ti·ent [dɪˋsɛnʃənt; diˈsenʃiənt, -ʃənt] *adj.* 與多數人意見不同的。

—*n.* Ⓒ對多數人意見持異議的人。

dis·sént·ing *adj.* **1** 有異議的，持反對意見的：The resolution passed without a ~ voice. 該決議案無異議地通過。**2**《英》反對國教的：a ~ minister 非國教派的牧師。

dis·ser·ta·tion [ˌdɪsɚˋteʃən; ˌdisəˈteiʃn] «源自拉丁文「論述」之義»—*n.* Ⓒ(通常爲長篇的)學術論文；(尤指)學位論文。

dis·ser·vice [dɪsˋsɝvɪs; ˌdisˈsə:vis] *n.* Ⓤ[又作 **a** ~]損害，傷害，危害：do a person *a* ~ 傷害某人[使人遭殃]。

dis·sev·er [dɪˋsɛvɚ; disˈsevə] *v.t.* 分離；分割，割開。

dis·sev·er·ance [dɪˋsɛvərəns; diˈsevərəns] «dissever 的名詞»—*n.* Ⓤ分離；分割。

dis·si·dence [ˋdɪsədəns; ˈdisidəns] «dissident 的名詞»—*n.* Ⓤ(意見、性格等的)不同，不一致；不同意，異議。

dis·si·dent [ˋdɪsədənt; ˈdisidənt] *adj.* **1** 持不同意見的；反對組織[制度]的：a ~ newspaper 持不同意見的報紙。**2** [不用在名詞前]〔十介十(代)名〕〔與…〕持不同意見的〔*from*〕.

—*n.* Ⓒ 持不同意見的人；反對組織[制度]者。

dis·sim·i·lar [dɪˋsɪmələ; ˌdiˈsimilə⁻] *adj.* **1** 不像的，不相似的，不同的。**2** [不用在名詞前]〔十介十(代)名〕〔與…〕不相似的〔*to, from*〕. ~**·ly** *adv.*

dis·sim·i·lar·i·ty [dɪˌsɪməˋlærətɪ; ˌdisimiˈlærəti] «dissimilar 的名詞»—*n.* **1** Ⓤ不相似；不同。**2** Ⓒ不同之處，相異點。

dis·sim·i·late [dɪˋsɪməˌlet; diˈsimileit] *v.t.*《語音》使…異化，使…不同。

dis·sim·i·la·tion [dɪˌsɪməˋleʃən; diˌsimjuˈleiʃn] *n.* Ⓤ Ⓒ **1** 使不同。**2**《語音》異化(作用)。**3**《生物》異化；分解代謝。

dis·si·mil·i·tude [ˌdɪssɪˋmɪləˌtud, -ˌtjud; ˌdisiˈmilitju:d] *n.* = dissimilarity.

dis·sim·u·late [dɪˋsɪmjə͵let; diˈsimjuleit] *v.t.* 掩飾〈感情〉。**—***v.i.* 假裝，掩飾，隱瞞。

dis·sim·u·la·tion [dɪ͵sɪmjəˋleʃən; di͵simjuˈleiʃn] 《dissimulate 的名詞》**—***n.* U C 假裝；(感情的)掩飾，僞裝。

dis·si·pate [ˋdɪsə͵pet; ˈdisipeit] *v.t.* **1 a** 驅散〈雲、霧等〉。**b** 使〈悲傷、恐懼等〉消散。**2** 浪費〈財產等〉(waste)：He *~d* his father's fortune. 他花光了他父親的財產。**3** 散發〈熱等〉《★常用被動語態》。**—***v.i.* **1**〈雲等〉消散。**2** 放蕩；(放蕩而)揮霍。**3**〈熱等〉散發。

dís·si·pât·ed *adj.* 放蕩的，浪費的，揮霍的：lead [live] a ~ life 過放蕩的生活。

dis·si·pa·tion [͵dɪsəˋpeʃən; ͵disiˈpeiʃn] 《dissipate 的名詞》**—***n.* U **1** 消散，消失。**2** 浪費；放蕩。

dis·so·ci·ate [dɪˋsoʃɪ͵et, -ˋsosɪ-; diˈsouʃieit, -ˈsousi-] *v.t.* 〔十受(十介十(代)名)〕**1** 把…〔從…〕拉開，分開；使…〔與…〕分離；把…〔與…〕分開來想〔*from*〕(↔ associate)：It is impossible to ~ language *from* culture. 語言與文化是不能分隔的。**2** 〔~ one*self*〕〔與…〕斷絕關係〔*from*〕：I want to ~ *myself from* my companions. 我想要與我的同伴斷絕關係 / I ~ *myself from* everything he has said. 我和他所說的一切無關。

dis·so·ci·a·tion [dɪ͵sosɪˋeʃən, -͵soʃɪ-; di͵sousiˈeiʃn, -͵souʃi-] 《dissociate 的名詞》**—***n.* U **1** 分離(作用，狀態)。**2** 《心理》(意識、人格的)分裂。

dis·so·ci·a·tive [dɪˋsoʃɪ͵etɪv, -ˋsoʃɪ-; diˈsouʃieitiv, -ˈsouʃi-] *adj.* 分離的；分裂性的。

dis·sol·u·bil·i·ty [dɪ͵sɑljəˋbɪlətɪ; di͵sɔljuˈbiləti] 《dissoluble 的名詞》**—***n.* U **1** 分解[可溶]性。**2** 可解除。

dis·sol·u·ble [dɪˋsɑljəbl; diˈsɔljubl] *adj.* **1** 可分解的，可溶性的。**2** 可解散的；可解除的，可取消的。

dis·so·lute [ˋdɪsə͵lut; ˈdisəlu:t] *adj.* 墮落的，放縱的；放蕩的。**~·ly** *adv.* **~·ness** *n.*

dis·so·lu·tion [͵dɪsəˋluʃən; ͵disəˈlu:ʃn] 《dissolve 的名詞》**—***n.* **1** U **a** 分離，分解。**b** 《物理》溶解，溶化。**2** U [又作 **a** ~] **a** (國會、團體、公會等的)解散。**b** (婚約等的)取消。**3** U (機能的)消失，死亡。

dis·solve [dɪˋzɑlv; diˈzɔlv] *v.t.* **1 a** 〔十受〕分解〈物質、物體等〉：These chemicals ~ fat. 這些化學藥品分解脂肪。**b** 〔十受(十介十(代)名)〕把〈東西〉溶解〔於液體中〕〔*in*〕：~ sugar *in* hot water 把糖溶解於熱水中。**2** 〔十受〕解散〈議會、團體等〉：~ Parliament 《英》解散議會。**3** 〔十受〕解除〈婚約〉，取消〈關係等〉。**4** 〔十受〕《電影・電視》使〈畫面〉溶暗，使…重疊漸隱(⇨ *n.*)。

—*v.i.* **1** 〔動(十介十(代)名)〕**a** 分解〔成…〕〔*into*〕：The chemical *~s into* its constituent parts when heated. 該化學藥品加熱時會分解成其組成的分子。**b** 溶解〔於…〕〔*in*〕：Salt *~s in* water. 鹽溶解於水。**2**〈國會、團體等〉(宣布)解散：Parliament has *~d*. 國會已經解散了。**3**〈婚約〉解除，〈關係等〉結束。**4 a**〈力量〉變弱；〈恐懼〉逐漸消退；〈景色〉變模糊：His courage *~d* in the face of the danger. 面對危險，他失去了勇氣。**b** 〔十介十(代)名〕逐漸消失〔而成…〕〔*into*〕：The truce *~d into* fighting again. 休戰逐漸失效而又打起來了。**5** 《電影・電視》溶暗，漸隱(⇨ *n.*)。

dissólve in [into] téars 眼淚汪汪，哭成淚人兒。

—*n.* U 《電影・電視》溶暗，漸隱《與變暗的畫面重疊而出現下一個場面的轉換法》。

dis·so·nance [ˋdɪsənəns; ˈdisənəns] 《dissonant 的名詞》**—***n.* **1** U C 《音樂》不協和音(↔ consonance)。**2** U [又作 **a** ~] 不一致，不調和。

dis·so·nant [ˋdɪsənənt; ˈdisənənt] *adj.* **1** 《音樂》不協和(音)的。**2** 不調和的。

dis·suade [dɪˋswed; diˈsweid] *v.t.* 〔十受十介十(代)名〕勸阻，勸止〈某人〉〔不…〕〔*from*〕(↔ persuade)：She tried to ~ her son *from* marry*ing* the girl. 她試著勸兒子不要與那女孩結婚。

dis·sua·sion [dɪˋsweʒən; diˈsweiʒn] 《dissuade 的名詞》**—***n.* U 勸阻，勸止(↔ persuasion)。

dis·sua·sive [dɪˋswesɪv; diˈsweisiv] *adj.* 勸戒的，阻止的。

dis·syl·lab·ic [͵dɪsɪˋlæbɪk; ͵disiˈlæbik] *adj.* ＝disyllabic.

dis·syl·la·ble [dɪˋsɪləbl, ˋdɪs͵sɪləbl; diˈsiləbl] *n.* ＝disyllable.

dist. 《略》distant; distinguish(ed); district.

dis·taff [ˋdɪstæf; ˈdistɑ:f] *n.* C (手紡用的)捲線桿《從前紡線時捆著羊毛等的棒子；cf. spindle 1》。

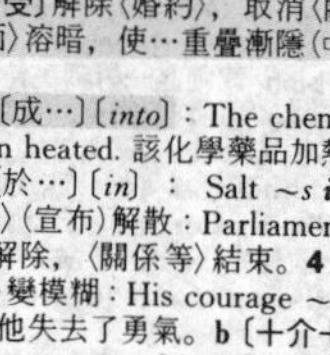

1 distaff 2 spindle

dístaff sìde *n.* [the ~] 女系；母系(spindle side)(↔ spear side)。

dis·tal [ˋdɪstl; ˈdistl] *adj.* 《解剖・植物》末梢[端]的；遠側的(↔ proximal)。

‡dis·tance [ˋdɪstəns; ˈdistəns] 《distant 的名詞》**—***n.* **1 a** U C 距離，路程；間隔：a long ~ 長距離 /a short ~ 短距離 /the ~ *between* Boston *and* New York [*from* Boston *to* New York] 波士頓與紐約之間[從波士頓到紐約]的距離 /at a ~ *of* 5 meters 在距離五公尺的地方。**b** [用單數]相當的距離，遙遠，遠處：It is some ~ away. 到那裏相當遠 /It is no great ~ (*from* here). (從此地)到那裏不很遠 /at a ~ (*from*...) (從…去)有一段距離 /I just saw her from a ~. 我只是從遠處看到她 /I saw a light in the (*far*) ~. 我看到遠處有燈光。**2** [用單數] (時間的)間隔，經過：at this ~ *of* [*in*] time 經過這樣長的一段時間(以後) /look back over a ~ *of* thirty years 回顧過去三十年的歲月。**3** C [常 ~s] 擴展，空間。**4** U C **a** (血統、身分等的)差異，懸殊，差距〔*between*〕。**b** (態度的)隔閡，(感情的)疏遠。

gò the dístance (1)幹到底，堅持到最後。(2)《棒球》〈投手〉作無缺陷投球[完投]。

kèep a person **at a dístance** 與〈某人〉保持相當距離，待〈人〉冷淡，疏遠〈某人〉。

kèep one's **dístance** (1)〔與…〕保持距離[間隔]〔*from*〕：*Keep* your ~! 別靠近！(2)不〔與…〕親近，〔與…〕客氣〔*from*〕。

within stríking [háiling, héaring, wálking] dístance 在打得到[喊得到，聽得見，走得到]的距離內：We are *within striking* ~ *of* complet*ing* the dictionary. 我們完成該辭典爲期不遠。

—*v.t.* 〔十受〕(賽跑、比賽時)遠超過，領先，勝過〈對手〉《★ 比較 一般用 outdistance》。

‡dis·tant [ˋdɪstənt; ˈdistənt] 《源自拉丁文「離開站立」之義》**—***adj.* (**more** ~; **most** ~) **1 a** (在距離上)遠的，遠隔的：a ~ country 遙遠的國家 /a ~ view 遠景。

> 【同義字】distant 指明示出的距離是在很遠處的；far 指距離、時間、關係等相隔很遠的；remote 不只是指距離上的遠隔，也指心理上的疏離感。

b [用在名詞前]來自遠方的；去遠方的：a ~ journey 遠程的旅行/the rumble of ~ thunder 遠處打雷的隆隆聲。**c**〈眼神等〉望著遠處似的；如在做夢的：a ~ look 恍惚[心不在焉]的眼神。**d** [不用在名詞前]〔十介十(代)名〕[常與數詞連用]距離〔某處〕…遠的，〔與某地〕相距…的〔*from*〕《★ 用法 與數詞連用時不以 far 代替 distant；⇨far *adj.* 1 a》：The town is ~ *from* London. 該鎮離倫敦頗遠 /The place is six miles ~ *from* the sea. 那地方距離海有六哩遠。**2** (時間上)遠的：~ ages 往昔；遠古/a ~ memory 遙遠的回憶/in the not too ~ future 在不太遠的未來 /at no ~ date 在不遠的日期，爲期不遠。**3** [用在名詞前]遠親的，遠房的〈人〉：He is a ~ relative of mine. 他是我的一位遠親。**4**〈相似〉(程度)一點點的，輕微的；〈交情〉不深的，泛泛之交的：a ~ resemblance 一點點相似。**5**〈態度等〉有隔閡的，疏遠的，冷淡的：a ~ air 冷淡的態度。

dís·tant·ly *adv.* **1** 遙遠地，遠隔地。**2** 冷淡地，冷漠地。**3** 輕微地。**4** (血親關係)遠房地：He is ~ related to me. 他和我是遠親關係。

dis·taste [dɪsˋtest; ͵disˈteist] *n.* U [又作 **a** ~] 嫌惡，厭惡，不愛吃[喝]：in ~ 厭惡地《轉過臉去等》/He has *a* ~ *for* carrots. 他不愛吃胡蘿蔔/He picked up the rubbish with ~. 他厭惡地撿起垃圾。

dis·taste·ful [dɪsˋtestfəl; disˈteistful] *adj.* **1** (味道)難吃的，不好的，不合口味的。**2** [不用在名詞前]〔十介十(代)名〕不合〔某人〕口味的，〔對某人而言〕討厭的〔*to*〕：Jazz is ~ *to* her. 爵士樂不合她的口味《她討厭爵士樂》。**~·ly** [-fəlɪ; -fuli] *adv.* **~·ness** *n.*

dis·tem·per[1] [dɪsˋtɛmpɚ; diˈstempə] *n.* **1** U 馬腺疫；犬瘟熱《馬、狗的傳染病》。**2** U C (身心的)疾病。

dis·tem·per[2] [dɪsˋtɛmpɚ; diˈstempə] *n.* **1** U (壁畫等用的)色粉顏料《攙白堊粉的油畫顏料》，膠畫顏料《以蛋黃、膠水、顏料等調和而成》。**2 a** U 使用膠畫顏料的畫法(tempera)：paint in ~ 以膠畫顏料畫法繪畫。**b** C 用膠畫顏料所作的畫。**3** U 《英》(牆壁、天花板用的)水性塗料。

—*v.t.* **1** 塗膠畫顏料於…。**2** 用膠畫顏料畫…。**3** 《英》塗水性塗料於〈牆壁、天花板等〉。

dis·tém·pered *adj.* 《文語・古》精神不健全的，發瘋的。

dis·tend [dɪˋstɛnd; diˈstend] *v.t.* (以內部壓力)使…膨脹：a *~ed* stomach 膨脹的胃。**—***v.i.* 膨脹。

dis·ten·si·ble [dɪˋstɛnsəbl; diˈstensəbl] *adj.* 膨脹性的，會膨脹的。

dis·ten·sion, dis·ten·tion [dɪˋstɛnʃən; diˈstenʃn] 《distend 的名詞》**—***n.* U 膨脹。

dis·tich [ˋdɪstɪk; ˈdistik] *n.* **1** =couplet. **2** =rhyming couplet.

dis·till,《英》**dis·til** [dɪˋstɪl; diˈstil] **《源自拉丁文「向下落」之義》**——(**dis·tilled**; **dis·till·ing**) *v.t.* **1a**〔十受(十介十(代)名)〕〔從…〕蒸餾而得…；以蒸餾法製造〈威士忌、杜松子酒等〉〔*from*〕：~*ed* water 蒸餾水/Whiskey is ~*ed* **from** malt. 威士忌是以麥芽蒸餾而成的。**b**〔十受十介十(代)名〕把…蒸餾〔成…〕〔*into*〕：Wine may be ~*ed* **into** brandy. 葡萄酒可蒸餾成白蘭地。**c**〔十受十副〕由蒸餾除去〈雜質等〉〈*off, out*〉：~ **off** the impurities 蒸餾除去雜質。**2**〔十受〕抽取…的精華，提取…(extract)：~ the meaning of a poem 體會一首詩的意義。**3**〔十受(十介十(代)名)〕把…滴在〔…〕，〔往…之中〕滴下…〔*into*〕：Iago ~*ed* poison **into** Othello's mind. 依阿高把毒藥滴在奧賽羅心中〔毒化奧塞羅的心靈(使之心中燃起嫉妒之火)〕。
——*v.i.* **1** 被蒸餾。**2** 滴下；滲出。

dis·til·late [ˋdɪstḷɪt, -ˏet; ˈdistilət, -leit] *n.* **1** Ⓤ Ⓒ 由蒸餾氣化後再凝縮而得之液體；蒸餾物；蒸餾液。**2** [**the** ~] 精華。

dis·til·la·tion [ˏdɪstḷˋeʃən; ˌdistiˈleiʃn] 《distill 的名詞》——*n.* **1** Ⓤ 蒸餾(法)：dry ~ 乾餾(法)/destructive ~ 分解蒸餾。**2** Ⓤ [指種類時爲Ⓒ] 蒸餾物[液]。

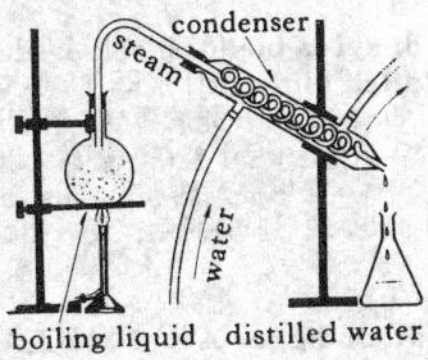

distillation 1

dis·till·er *n.* Ⓒ **1** 蒸餾酒製造業者。**2** 蒸餾器。

dis·till·er·y [dɪˋstɪlərɪ; diˈstiləri] *n.* Ⓒ (尤指威士忌、杜松子酒等的)蒸餾酒製造廠。

***dis·tinct** [dɪˋstɪŋkt; diˈstiŋkt] 《distinguish 的形容詞》——*adj.* (~·er；~·est) **1 a 獨特的，**分開的，個別的，不同的：Horses and donkeys are ~ animals. 馬和驢子是截然不同的動物。**b** [不用在名詞前]〔十介十(代)名〕性質[種類]〔與…〕不同的〔*from*〕：Horses are ~ **from** donkeys. 馬和驢子不同。**2 清楚的，**明白的，明確的，確定的(↔ vague)：a ~ difference 明顯的差異 /Her pronunciation is ~. 她的發音清晰。~·**ness** *n.*

***dis·tinc·tion** [dɪˋstɪŋkʃən; diˈstiŋkʃn] 《distinguish 的名詞》——*n.* **1** Ⓤ Ⓒ **區別，**差別：a ~ without a difference 無差異的區別，無用的區別 /draw a ~ [make no ~] *between*... 在…之間加以[不加以]區別《★ 用法 對象在三個以上的情形時也用 between, 不用 among》/in ~ *from* [*to*]... 與…有所區別地，與…成對照地 /without ~ (*of* rank) 無(身分)差別地，公平地。**2** Ⓤ [又作 **a** ~] (可用以區別的)**特質，**特徵，特性：the chief ~ of his poetry 他的詩的主要特質/His style lacks ~. 他的文體沒有什麼特色。**3** Ⓤ (精神、態度、性格等的)**優越，**卓越；著名：a writer of ~ 著名的作家/win ~ 獲得名聲。**4 a** Ⓤ 殊勳，優異的成績：with ~ 以卓越的成績；立下殊勳[功績]。**b** Ⓒ 榮譽(honor)：win ~*s* 贏得種種榮譽。

dis·tinc·tive [dɪˋstɪŋktɪv; diˈstiŋktiv] *adj.* (**more** ~；**most** ~) **1 有特色的，**獨特的，辨別性的，表示差異的：a ~ taste 獨特的味道 /~ features 顯著的特徵；辨別性[表示差異]的特徵。**2** [不用在名詞前]〔十介十(代)名〕表示〔…〕特色的〔*of*〕：His accent is ~ **of** a sailor. 他的口音是船員所特有的。~·**ness** *n.*

dis·tinc·tive·ly [dɪˋstɪŋktɪvlɪ; diˈstiŋktivli] *adv.* (與他物)有區別地；獨特地；有特徵地；辨別性地，表示差異地：a ~ colored bird 有特殊顏色的鳥。

dis·tinct·ly [dɪˋstɪŋktlɪ; diˈstiŋktli] *adv.* **1** 明白地，清楚地。**2** 確實，無疑地。**3**《口語》的確，眞正地：It is ~ warm today. 今天(的天氣)眞的很暖和。

dis·tin·gué [ˏdɪstæŋˋge, dɪˋstæŋge; diˈstæŋgei] **《源自法語》**——*adj.* 高尙的，上流的；卓越的。

***dis·tin·guish** [dɪˋstɪŋgwɪʃ; diˈstiŋgwiʃ] **《源自拉丁文「打洞分別作記號」之義》**——*v.t.* **1 a**〔十受〕**識別**；加以清楚地區別[看清楚，聽清楚]…：Can you ~ these two things? 你能辨別這兩件東西嗎？/It was too dark for me to ~ anything. 天太黑，我看不清任何東西。**b**〔十受十介十(代)名〕把…〔與…〕加以區別；識別，分辨…〔與…〕〔*from*〕：It is hard to ~ him **from** his brother. 要分辨他和他的哥哥[弟弟]是困難的。**2 a**〔十受〕〈特徵等〉使〈人〉具有特色；成爲…的特徵：His western accent ~*es* him. 他的西部口音成爲他的特徵。**b**〔十受十介十(代)名〕〈特徵等〉成爲〔…與〕…的區別，使…有別〔於他物〕〔*from*〕：Reason ~*es* man **from** the animals. 理性成爲人與動物的區別。**3** [~ one*self*] **a**〔十受十介十(代)名〕〔因…事而〕顯著，引人注目，出名〔*by, for, in*〕《★也以過去分詞當形容詞用；⇨distinguished》：Tom ~*ed himself* **in** music. 湯姆在音樂方面表現出色/She ~*ed herself* **by** win*ning* three prizes. 她因獲得三項獎而出名。**b**〔十受十 *as* 補〕〈以…〉著稱，聞名：He ~*ed himself as* a novelist. 他以小說家聞名。
——*v.i.*〔十介十(代)名〕區別，識別，辨別〔…與…〕〔*between*〕：~ **between** right *and* wrong 辨別是非。

dis·tin·guish·a·ble [dɪˋstɪŋgwɪʃəbḷ; diˈstiŋgwiʃəbl] *adj.* **1** 可區別的；可看出的，可聽出的。**2** [不用在名詞前]〔十介十(代)名〕〔與…〕有區別的，(由視、聽)可〔自…〕分辨得出的〔*from*〕.
-a·bly [-ʃəblɪ; -ʃəbli] *adv.*

dis·tin·guished [dɪˋstɪŋgwɪʃt; diˈstiŋgwiʃt] *adj.* (**more** ~；**most** ~) **1 顯著的，**著名的；超羣的，卓越的：~ services 殊勳 /a ~ school 名校/a ~ scholar 著名學者。**2** [不用在名詞前] **a**〔十介十(代)名〕〔因…而〕卓著的，著名的〔*for*〕：He is ~ **for** his knowledge of linguistics. 他因語言學的知識而著名《他對語言學的造詣深厚》。**b**〔十 *as* 補〕〈以…而〉出名[著名，聞名]的：He is ~ *as* an economist. 他以經濟學家聞名。**3**〈態度等〉高尙的，高雅的。

dis·tin·guish·ing [dɪˋstɪŋgwɪʃɪŋ; diˈstiŋgwiʃiŋ] *adj.* 特殊的；特異的；區別的。

dis·tort [dɪsˋtɔrt; diˈstɔːt] *v.t.* **1** 將〈自然形態〉扭歪，扭曲《★常用被動語態，介系詞用 *by, with*》：His face *was* ~*ed* **by** rage [**with** pain]. 他的臉因憤怒[痛苦]而扭曲。**2** 歪曲；曲解〈事實、眞理等〉：You have ~*ed* what I said. 你曲解了我所說的話。**3**〈廣播〉使〈聲音〉失眞；〈電視等〉使〈畫面〉歪斜。

dis·tórt·ed *adj.* 扭曲的，曲解的：~ views 偏見。~·**ly** *adv.*

dis·tor·tion [dɪsˋtɔrʃən; diˈstɔːʃn] 《distort 的名詞》——*n.* **1** Ⓤ **a** 扭曲，變形。**b** (事實等的)歪曲，曲解。**c** (廣播聲音的)失眞；(電視等畫面的)歪斜。**2** Ⓒ 扭曲的形狀[樣子]。

dis·tract [dɪˋstrækt; diˈstrækt] **《源自拉丁文「拉開」之義》**——*v.t.* **1**〔十受(十介十(代)名)〕把〈人、注意力〉〔從…〕引開，分散，轉移〔*from*〕(↔ attract)：The noise ~*ed* him [his attention] **from** his reading [his book]. 噪音使他不能專心讀書 /Don't ~ me. 不要使我分心。**2**〔十受〕使〈心〉煩惱；使…混亂《★常以過去分詞當形容詞用；⇨distracted》.

dis·tráct·ed *adj.* **1**〈注意力等〉分散的；分了心的。**2 a** 心煩意亂的；精神失常的，發狂的：a ~ look 慌張失措的表情 /drive a person ~ 使某人發狂；使某人心煩意亂 /I was almost ~. 我幾乎發狂。**b** [不用在名詞前]〔十介十(代)名〕〔因…而〕心煩意亂的，精神錯亂的〔*at, by, with*〕：Her mind is ~ **by** grief. 她的心因悲傷而錯亂[她悲傷得發狂] /She was ~ **with** doubts [**at** the occurrence]. 她因疑惑[那事件]而心煩意亂。~·**ly** *adv.*

dis·trac·tion [dɪˋstrækʃən; diˈstrækʃn] 《distract 的名詞》——*n.* **1** Ⓤ 分心，分散注意力，精神渙散。**2** Ⓒ 使人分心的事物；消遣，娛樂。**3** Ⓤ 心亂，心煩，(心的)動搖：His questions drove me to ~. 他的(種種)問題使我心煩。
to distráction 到發狂的程度[地步]：love one's child *to* ~ 溺愛孩子。

dis·train [dɪˋstren; diˈstrein]《美》《法律》*v.t.* 扣押。——*v.i.*〔動(十介十(代)名)〕扣押〔…〕〔*upon*〕：~ **upon** a person's goods for rent 扣押某人的貨物抵償租金。

dis·traint [dɪˋstrent; diˈstreint] 《distrain 的名詞》——*n.* Ⓤ《法律》扣押動產。

dis·trait [dɪˋstre; diˈstrei] **《源自法語》**——*adj.* (因不安、痛心等而)心神恍惚的，心不在焉的。

dis·traught [dɪˋstrɔt; diˈstrɔːt] *adj.* **1** [不用在名詞前]〔十介十(代)名〕〔因…而〕極爲心亂的〔*with*〕：~ **with** grief 因悲傷而心煩意亂。**2** 心神錯亂的，發狂的：in a ~ frame of mind 處於精神錯亂的狀態。

dis·tress [dɪˋstrɛs; diˈstres] *n.* **1 a** Ⓤ **苦惱，**痛苦，悲痛，悲嘆：suffer ~ 承受悲痛。**b** [**a** ~] 苦惱的原因〔*to*〕：He is *a* great ~ *to* his parents. 他是他父母的一大苦惱《他使父母非常苦惱》。**2** Ⓤ **貧苦，窮困**：He is *in* ~ *for* money. 他爲錢而苦惱；他經濟拮据。**3** Ⓤ 困難，危難，災難；《航海》海難：a ship *in* ~ 遇難[失事]的船/a signal of ~ 遇難[求救]信號。
——*v.t.* **1**〔十受〕使〈人〉痛苦，使…苦惱，使…悲傷：This cough ~*es* me. 這咳嗽折磨著我/It ~*es* me to hear that news. 聽到那消息使我感到悲傷。**2**〔十受(十介十(代)名)〕[~ one*self*]〔因…而〕痛苦，苦惱，悲傷〔*at, about*〕《★也以過去分詞當形容詞用；⇨distressed 2》：Don't ~ *yourself* **about** it. 別爲那件事苦惱了。

distréss call *n.* Ⓒ 求救[遇難]呼號《表示發信號者正處於危難情況的密碼通訊號；如S.O.S.等》。

dis·tréssed *adj.* **1** 痛苦的，窮困的：⇨distressed area. **2** [不用在名詞前] **a**〔十 *to* do〕〈因…而〉痛苦的，苦惱的(cf. distress *v.t.* 2)：I am much ~ *to* hear the news. 聽到那則消息我非常傷心。**b**〔十介十(代)名〕〔爲…而〕痛苦的，苦惱的〔*at, about, for, with*〕：She was ~ **at** the sight [**at** see*ing* them unhappy]. 她因看到那光景[他們不快樂]而傷心 /He is ~ **for** money [**with** debts, **about** the matter]. 他爲錢[債務，那件事]而苦惱。

distréssed área *n.* Ⓒ(官方宣布應予援助的)貧困地區；災區 (cf. depressed area).

dis·tress·ful [dɪˋstrɛsfəl; di'stresful] *adj.* 多苦惱的，艱難的，悲慘的。～**·ly** [-fəlɪ; -fuli] *adv.*

dis·tréss·ing *adj.* 使人苦惱的；悲慘的，悲痛的，困苦的：a ～ lapse of manners 令人苦惱的無禮。～**·ly** *adv.*

distréss sìgnal *n.* Ⓒ遇難[求救]信號《遇難者爲求援，而指示搜救者其定位等所使用的信號，如無線電密碼、向空中發閃光、升高旗子等》。

‡**dis·trib·ute** [dɪˋstrɪbjut; di'stribju:t] «源自拉丁文「分別給與」之義»—*v.t.* **1 a** 〔十受(十介十(代)名)〕把〈東西〉分配，分發，分送〔給…〕〔*to, among*〕：～ the questionnaires ***to*** the committee members 把問卷[調查表]分發給委員會委員 /Pamphlets were ～*d* ***among*** the audience. 把小册子分發給聽衆。**b** 〔十受〕使〈商品〉流通，供應…。**2** 〔十受(十介十(代)名)〕把…(全面地)散布〔於…之上〕，使…分布〔於…〕〔*over*〕：～ ash ***over*** a field 把灰遍撒於田野。**3** 〔十受(十介十(代)名)〕把…(分類)配置〔成…〕〔*into*〕：He ～*d* the plants ***into*** twenty-two classes. 他把那些植物分類成二十二綱。

dis·tri·bu·tion** [ˏdɪstrəˋbjuʃən; ˌdistri'bju:ʃn] «distribute 的名詞»—*n.* **1** ⓊⒸ **a** 分配，配給；散布〔*of*〕. **b** 《經濟》〔財富的〕分配；《商》〔商品的〕流通〔*of*〕：the ～ ***of wealth 財富的分配。**2** Ⓤ區分，分類〔*of*〕. **3** Ⓤ[又作 **a** ～] **a** (動植物、語言、音素等的)分布(區域，狀態)：have *a* wide ～ 分布廣泛。**b** 《統計》分布。～**·al** [-ʃənl; -ʃənl] *adj.*

dis·trib·u·tive [dɪˋstrɪbjətɪv; di'stribjutiv] «distribute 的形容詞»—*adj.* [用在名詞前] **1** (有關)分配的。**2** 《文法》分配的，個別的：a ～ singular 《文法》個別單數《指複數觀念但作個別分配的單數；如We have *a nose.* 中的 a nose》.
—*n.* Ⓒ《文法》個別詞，個別代名詞[形容詞]《each, every 等》。
～**·ly** *adv.*

distríbutive educátion *n.* Ⓤ(在美國，學校與企業組織合作實施的)職業實習教育。

dis·tríb·u·tor [-tɚ; -tə] *n.* Ⓒ **1** 分配者，分發者，(貨物的)配銷商。**2** 《機械》(依照引擎火星塞的點火順序傳電流的)配電器。**3** 《電學》分電盤，配電器。

‡**dis·trict** [ˋdɪstrɪkt; 'distrikt] *n.* Ⓒ **1** (因行政、司法、教育等目的而劃分的)地區，管區(⇨area 2【同義字】)：a judicial [police] ～ 法院[警察]管轄區 /a postal ～ 郵區 /an election [《美》a Congressional] ～ 選區/a school ～ 學區。**2** 地方，地區(region)：an agricultural [a coal] ～ 農業[煤礦]區/⇨Lake District. **3** (都市的)地區：the business ～ of a town 鎮上的商業區。

dístrict attórney *n.* Ⓒ《美》州檢察官《各聯邦法院轄區的合衆國檢察官；略作 D.A.》.

dístrict cóuncil *n.* Ⓒ《英》地方自治區[準自治市]議會。

dístrict cóurt *n.* Ⓒ《美》地方法院。

Dístrict of Colúmbia *n.* [the ～]哥倫比亞特區。

> 【說明】美國聯邦政府所在地，爲國會直轄地；略作 D.C.,《郵政》DC；一般稱 Washington, D.C. [ˋdiˋsi; 'di:'si:]. 美國有華盛頓州，也有數個同名市鎮，所以首都華盛頓加上 D.C. 以示區別。

dis·trust [dɪsˋtrʌst; dis'trʌst] *v.t.* 不相信；懷疑…：～ one's own eyes 不相信自己的眼睛。
—*n.* Ⓤ[又作 **a** ～]不信任；疑惑：with ～ 以懷疑的眼光，疑惑地 /have *a* ～ of... 不相信…。

dis·trust·ful [dɪsˋtrʌstfəl; dis'trʌstful] *adj.* **1** 疑心的，猜疑的，不輕易相信的。**2** [不用在名詞前]〔十介十(代)名〕疑心〔…〕的，〔對…〕不信任的〔*of*〕：I'm ～ ***of*** such cheap goods. 我不相信這種廉價品。～**·ly** [-fəlɪ; -fuli] *adv.* ～**·ness** *n.*

***dis·turb** [dɪˋstɝb; di'stə:b] «源自拉丁文「使混亂」之義»—*v.t.* 〔十受〕**1 a** 把…攪亂：The wind has ～*ed* the surface of the lake. 風吹縐了湖面 / Someone has ～*ed* the papers on my desk. 有人翻亂了我桌上的文件。**b** 擾亂，妨礙，妨害〈秩序、治安、人心〉；使…騷動：～ the peace 擾亂治安 /Don't ～ the baby. 不要吵醒嬰兒。
2 [～ one*self*]把工作(等)中斷：Don't ～ *yourself.* 別中斷你的工作《繼續做你的工作吧》。
—*v.i.* 妨礙，打擾(他人的睡眠、休息等)：Do not ～！請勿打擾，不要叫醒我《★掛在旅館等房門上的告示》。

dis·tur·bance [dɪˋstɝbəns; di'stə:bəns] «disturb 的名詞»—*n.* **1** ⓊⒸ擾亂，滋擾，騷亂，妨害；障礙：a ～ of the public peace 擾亂公共安寧[治安]/a nervous [digestive] ～ 神經[消化]障礙/cause [make, raise] a ～ 引起騷動，作亂。**2** Ⓒ擾亂者；騷動的原因。

dis·túrbed *adj.* **1** 擾亂的，動亂的：the ～ state of the country 該國的動亂狀態。**2 a** 〈心等〉亂的，動搖的。**b** [不用在名詞前]〔十介十(代)名〕憂慮〔…事〕的，擔心〔…〕的〔*about*〕：I'm very ～ *about* him. 我很擔心他。**3 a** 有精神[情緒]障礙的，有神經衰弱徵候的。**b** [**the** ～；當複數名詞用]精神[情緒]障礙者。

dis·túrb·ing *adj.* 令人不安的；動亂的，不平靜的：～ news 令人不安的消息 /It is very ～ that we haven't heard from him. 沒有他的消息使我們深感不安。

di·sul·fide, di·sul·phide [daɪˋsʌlfaɪd, -fɪd; dai'sʌlfaid] *n.* Ⓒ《化學》二硫化物。

dis·u·nion [dɪsˋjunjən; ˌdis'ju:njən] *n.* Ⓤ **1** 分離，分裂。**2** 不統一；內鬨，不和。

dis·u·nite [ˏdɪsjuˋnaɪt; ˌdisju:'nait] *v.t.* 使…分離；使…分裂。—*v.i.* 分離；分裂。

dis·u·ni·ty [dɪsˋjunətɪ; dis'ju:nəti] *n.* Ⓤ不統一；不和。

dis·use [dɪsˋjus; ˌdis'ju:s] *n.* Ⓤ不使用；廢止，廢棄：fall into ～ 廢棄不用。

dis·used [dɪsˋjuzd; ˌdis'ju:zd] *adj.* 《英》已不用的，已廢止的，已廢棄的。

di·syl·lab·ic [ˏdaɪsɪˋlæbɪk, ˏdɪs-; ˌdisi'læbik, ˌdai-] *adj.* 二音節的。

di·syl·la·ble [dɪˋsɪləbl; di'siləbl] *n.* Ⓒ二音節的字。

***ditch** [dɪtʃ; ditʃ] *n.* Ⓒ(U 或 V 字形的)壕溝，(排)水溝。
díe in a dítch 死於溝壑，窮困潦倒而死(cf. die in one's BED).
—*v.t.* 〔十受〕**1** 在…掘溝；以壕溝圍繞…。**2 a** 使〈車子〉陷入溝中《★常用被動語態》：His car got ～*ed.* 他的車子陷入溝中。**b** 《美》使〈列車〉脫軌，使…出軌《★常用被動語態》。**3** 使〈陸上飛機〉(臨時)在水面上降落。**4** 《俚》**a** 丟棄〈東西〉。**b** 甩開〈某人等〉。—*v.i.* 掘溝。

dítch·dìgger *n.* Ⓒ **1** 掘溝工人。**2** 勞力者。**3** 掘溝機。

dítch·wàter *n.* Ⓤ溝中的死水。
(as) dúll as dítchwater 〈人、物等〉非常沉悶的，很乏味的。

dith·er [ˋdɪðɚ; 'diðə] *v.i.* **1** 〔動(十副)〕(因擔心、興奮等而)不知所措，猶豫，慌亂〈*about*〉. **2** 〔十介十(代)名〕〔因…事而〕慌亂，不知所措〔*about*〕.
—*n.* [**a** ～；《英》**the** ～**s**]慌亂，猶豫；慌亂的狀態：in *a* ～ 慌亂地。

dith·y·ramb [ˋdɪθəˏræm,-ˏræmb; 'diθiræm*b*] *n.* Ⓒ **1** 古希臘祭酒神之狂熱的合唱歌。**2** 感情强烈的詩歌[演說，文字(等)]。

dit·to [ˋdɪto; 'ditou] «源自義大利語「前述」之義»—*n.* (*pl.* ～**s**) **1 a** Ⓤ同上，同前(the same)《★用因用於同一詞句的省略；略作 do., d°,在一覽表等則以 〃 或 - 代替》：2 felt hats, 1 straw *d*° 氈帽兩頂，草帽一頂。**b** (又作 **dítto màrk**)Ⓒ[常～**s**]表示「同上」之意的符號(〃). **2** Ⓤ《口語》相同的事，同一事：do ～ 做同樣的事/say ～ to ... 對…表示同意[贊成]。
—*adv.* 同樣地：“I like her.”–“*D*～.”「我喜歡她。」「我也一樣。」

dítto machìne *n.* Ⓒ複印機。

dit·ty [ˋdɪtɪ; 'diti] *n.* Ⓒ小曲，小調。

di·u·ret·ic [ˏdaɪjuˋrɛtɪk; ˌdaiju'retik] *adj.* 利尿的，促進排尿的。
—*n.* Ⓤ[指產品個體或種類時爲Ⓒ]利尿劑。

di·ur·nal [daɪˋɝnl; dai'ə:nl] *adj.* **1** 晝間的，白天的(↔ nocturnal). **2** 《植物》(花、葉等)晝開夜合的。**3** 《動物》晝間活動的。～**·ly** [-nlɪ; -nəli] *adv.*

div. 《略》divide(d)；dividend；division；divorce.

di·va [ˋdivə; 'di:və] «源自義大利語»—*n.* Ⓒ(*pl.* ～**s**, **-ve** [-vɛ; -vi])歌劇中之首席女角。

di·va·gate [ˋdaɪvəˏget; 'daivəgeit] *v.i.* 《文語》**1** 徘徊，漫遊；入歧途。**2** 〔動(十介十(代)名)〕〈談話等〉〔由…〕涉入枝葉，離題；脫離，逸出〔*from*〕.

di·va·ga·tion [ˏdaɪvəˋgeʃən; ˌdaivə'geiʃn] «divagate 的名詞»—*n.* **1** Ⓤ徘徊，漫遊。**2** ⓊⒸ離題，不相關的話。

di·va·lent [daɪˋvelənt, ˋdɪvələnt; 'daiˌveilənt, ˌdai'v-] *adj.* 《化學》二價的。

di·van [dɪˋvæn, ˋdaɪvæn; di'væn, 'daivæn] *n.* Ⓒ **1** (常靠牆擺放的)無靠背長沙發。**2** (又作 **diván bèd**)睡椅，沙發牀。

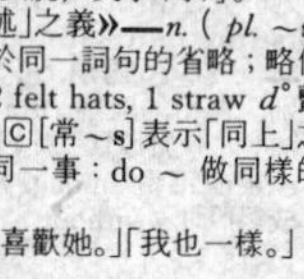

divan 1

dive** [daɪv; daiv](**dived**)(《★語形《美口語》過去式也用 **dove** [dov; douv]》) *v.i.* **1** 〔動(十副詞(片語))〕(頭部朝下)跳水：～ *into* a swimming pool 跳進游泳池。**2 a** 〔十副〕潛入(水中)，潛水〈*down*〉. **b** 〔十介十(代)名〕〔爲求…而〕潛水〔*for*〕：～ ***for pearls 潛入水中採珍珠。**3** 〔十介十(代)名〕鑽進〔灌木叢等〕〔*into*〕：I saw a rabbit ～ ***into*** its hole. 我看見一隻兔子鑽進洞裏。**4** 〔十介十(代)名〕把手插入〔…〕〔*into*〕：He ～*d* ***into*** his pocket and fished out a penny. 他把手插入口袋中，掏出一便士。**5** 〔十介十(代)名〕埋頭〔於研究、事業、娛樂等〕，專心〔於…〕〔*in, into*〕：He has been *diving* ***into*** the history of civilization. 他一直專心於研究

文明史。**6 a**〈潛艇〉潛水。**b**〈飛機、鳥〉急降，俯衝。
—*v.t.*〔十受〕**1** 使〈飛機〉急降。**2** 使〈潛艇〉潛水。
díve ín《*vi adv*》《口語》開始狼吞虎嚥地吃。
díve ìnto... 開始狼吞虎嚥地吃〈食物〉。
—*n.* Ⓒ **1 a**（游泳的）跳水。**b** 潛水。**c**〘航空〙急降，俯衝：a nose [steep] ～ 俯衝。**d**（銷售額等的）暴落〔*in*〕：a ～ *in* sales 銷售額的暴落。**2**《口語》低級的聚集處《廉價飲食店、酒吧、賭場等》。
tàke a díve《俚》〘拳擊〙假裝被擊倒。
díve-bòmb *v.t.* 俯衝轟炸。**—***v.i.* 俯衝轟炸。
díve bòmber *n.* Ⓒ俯衝轟炸機。
dív·er [ˈdaɪvɚ; ˈdaivə] *n.* Ⓒ **1 跳水者**；潛水夫，潛水採鮑魚、牡蠣、貝等維生的漁女。**2**〘鳥〙潛鳥《潛鳥屬潛水鳥的統稱》。
di·verge [dəˈvɝdʒ, daɪ-; daiˈvəːdʒ, di-] *v.i.*〔**動**(**十介十**(**代**)**名**)〕**1**〈道路、線等〉〔從…〕分歧，(成放射狀)分開(↔ converge)〔*from*〕：Their paths ～*d* at the fork in the road. 他們在道路的岔口處分道而行。**2** 脫離〔常態〕，逸出〔正軌〕〔*from*〕：～ ***from*** the beaten track 逸出常軌，不落俗套。**3**〈意見等〉〔與…〕分歧〔*from*〕.
di·ver·gence [dəˈvɝdʒəns, daɪ-; daiˈvəːdʒəns, di-] «diverge, divergent 的名詞» **—***n.* ⓊⒸ **1** 分歧；脫離，逸出。**2**（意見等的）不同，不合。
di·vér·gen·cy [-dʒənsɪ; -dʒənsi] *n.* ＝divergence.
di·ver·gent [dəˈvɝdʒənt, daɪ-; daiˈvəːdʒənt, di-] «diverge 的形容詞»**—***adj.* **1** 分歧的；散開的；發散的(↔ convergent)。**2**〈意見等〉不同的，差異的：～ opinions 異論。～**·ly** *adv.*
divérging léns *n.* Ⓒ〘光學〙發散透鏡(cf. converging lens).
di·vers [ˈdaɪvɚz; ˈdaivəz] *adj.* ＝diverse 1.
di·verse [dəˈvɝs, daɪ-; daiˈvəːs] *adj.* (**more** ～；**most** ～) **1**（無比較級、最高級）**種種的**，多種的：have ～ interests 有多種興趣。**2** 互異的，不同的(different)：The opinions of the two factions are widely ～. 兩個派系的意見大不相同。～**·ly** *adv.*
di·ver·si·fi·ca·tion [dəˌvɝsəfəˈkeʃən, daɪ-; daiˌvəːsifiˈkeiʃn, di-] «diversify 的名詞» **—***n.* **1** Ⓤ多樣化；形形色色(的狀態)。**2** Ⓒ變化，變形。**3** ⓊⒸ〘經濟〙(事業等的)多角化；(投資的)分散。
di·vér·si·fìed *adj.* 多變化的，形形色色的。
di·ver·si·fy [dəˈvɝsəˌfaɪ, daɪ-; daiˈvəːsifai, di-] *v.t.* 使…作形形色色的變化，使…多樣化：The skyline is highly *diversified.* 地平線富於變化 /We must ～ our products. 我們必須使產品多樣化。**—***v.i.* 多樣化，多角化。
di·ver·sion [dəˈvɝʒən, daɪ-, -ʃən; daiˈvəːʃn, di-] «divert 的名詞»**—***n.* **1** ⓊⒸ**轉向**，轉換；(資金的)挪用，轉用。**2 a** Ⓤ**可供做消遣的事**：You need some ～. 你需要有些散散心[可供消遣]的活動。**b** Ⓒ消遣，娛樂(recreation)。**3** Ⓒ《英》迂廻的路。**4** Ⓒ〘軍〙牽制，佯攻，聲東擊西(的作戰)。
di·vér·sion·àr·y [-ʒənˌɛrɪ; -ʃnəri] *adj.* **1**〘軍〙牽制(性)的，聲東擊西的。**2** 分散注意力的，分心的。
di·ver·sion·ist [daɪˈvɝʃənɪst, də-; daiˈvəːʃnist, di-] *n.* Ⓒ **1** 背離黨規者。**2** 敵後工作者；從事叛亂活動者。
di·ver·si·ty [dəˈvɝsətɪ, daɪ-; daiˈvəːsəti, di-] «diverse 的名詞»**—***n.* **1** ⓊⒸ差異(處)，不同(點)；多樣性，變化。**2** [**a** ～] 種種，形形色色(variety)〔*of*〕：*a* ～ *of* languages 各種語言/*a* ～ *of* opinion 各種不同的意見。
di·vert [dəˈvɝt, daɪ-; daiˈvəːt, di-] *v.t.* **1**〔**十受**(**十介十**(**代**)**名**)〕**把…**〔**由…**〕**轉**，轉換，轉移〔向…〕〔*from*〕〔*to, into*〕：A ditch ～*ed* water ***from*** the stream ***into*** the fields. 一條溝渠把水從河裏導入田間。**2**〔十受(十介十(代)名)〕把〈注意力〉〔從…〕移開，轉移〔from〕：The noise ～*ed* our attention ***from*** the books. 噪音把我們的注意力從書本上移開。**3**〔十受〕使〈人〉分心；娛樂，安慰〈某人〉：He was greatly ～*ed* by the play. 這場戲使他看得很入神。
di·ver·ti·men·to [dɪˌvɝtəˈmɛnto; diˌvəːtiˈmentou] «源自義大利語'diversion'之義» **—***n.* Ⓒ(*pl.* ～**s,** **-ti** [-ti; -tiː])〘音樂〙輕組曲，嬉遊曲。
di·vért·ing *adj.* 可供作消遣[娛樂]的，有趣的。～**·ly** *adv.*
di·ver·tisse·ment [dɪˈvɝtɪsmənt; diˈvəːtismənt] «源自法語'diversion'之義»**—***n.* Ⓒ **1**（戲劇、歌劇等）兩幕間的短暫表演《芭蕾舞、舞曲等》。**2** 娛樂，消遣。
Di·ves [ˈdaɪviz; ˈdaiviːz] «源自拉丁文 'rich man' 之義»**—***n.* **1**〘聖經〙(寓言中之)財主《★出自聖經新約「路加福音」》。**2** Ⓒ(一般之)富豪，財主。
di·vest [dəˈvɛst, daɪ-; daiˈvest, di-] *v.t.*〔十受十介十(代)名〕《文語》**1 a** 使〈人〉脫去〔禮服〕〔*of*〕：They ～*ed* the king ***of*** his ceremonial robes. 他們脫去國王的禮袍。**b** [～ one*self*] 脫去〔禮服等〕〔*of*〕：The king ～*ed himself* ***of*** his ceremonial robes. 國王脫去禮袍。**2 a** 剝奪〈某人〉〔…〕〔*of*〕：The citizens were ～*ed* ***of*** their right to vote. 那些公民被剝奪了投票權。**b** [～ one*self*] 除去〔…〕〔*of*〕：I cannot ～ *myself* ***of*** fear. 我無法擺脫恐懼。
～**·ment** *n.*
di·ves·ti·ture [dəˈvɛstɪtʃɚ, -ˌtʃur, daɪ-; daiˈvestitʃə, di-] *n.* Ⓤ剝奪。
‡**di·vide** [dəˈvaɪd; diˈvaid] «源自拉丁文「分離」之義»**—***v.t.* **1**〔**十受**(**十介十**(**代**)**名**)〕**a 把**〈東西〉**分**，分割〔成若干部分〕〔*into*〕《★用法 只有 *in* two [half] 時用 in；⇨separate【同義字】》：～ a cake ***into*** four pieces [servings] 把一個蛋糕分成四塊[四人份] /The basement is ～*d into* two sections. 地下室分成兩個部分。**b** 把〈東西〉分類〔爲…〕；把…歸類〔*into*〕：～ books according to their size 把書按大小分類/～ books ***into*** prose and poetry 把書分類爲散文與詩。
2 a〔**十受**(**十副**)〕**把**〈東西〉(切割而)**分開**，分割〈*up*〉：How shall we ～ ***up*** the profits? 我們如何分配利潤？**b**〔**十受十介十**(**代**)**名**〕把〈東西〉〔在…之間〕分享，分配；把〈時間等〉〔在…之間〕分派〔*between, among*〕：They ～*d* their profits equally ***between*** [***among***] themselves. 他們平均分享利潤《★用法 between 用於兩人之間，among 用於三人以上時》/He ～*d* his time evenly *between* work and play. 他把時間一半花在工作上，一半用於娛樂/The first prize was ～*d between* A and B. 頭獎由 A 與 B 二人分享。**c**〔十受十介十(代)名〕〔與人〕分享，共享〈東西〉〔*with*〕：They ～*d* the profits ***with*** the employees. 他們與員工分享利潤。
3〔**十受**(**十介十**(**代**)**名**)〕〈道路、河流等〉**把**…〔**與**…〕**分開**，隔開，隔離〔*from*〕：The ditch ～*s* my land ***from*** his. 那條水溝把我的土地與他的(土地)隔開。
4 a〔**十受**〕**使**〈**人的關係等**〉**分裂**，破裂；使〈某人〉失和：Jealousy ～*d* the girls. 嫉妒使女孩子們失和。**b**〔十受十介十(代)名〕〔因意見等〕使〈人〉不和〔*in*〕；〔關於…〕使〈意見、關係等〉分裂〔*on*〕：We are ～*d* ***in*** our opinions. 我們意見分歧/Opinion is ～*d* ***on*** the issue of taxes. 關於稅捐問題，大家意見分歧。
5〔十受(十介十(代)名)〕〔關於…〕把〈議會、聚會〉分成正反兩派《以表決贊成與否》〔*on*〕《★常用被動語態；cf. *v.i.* 3》：The House *is* ～*d* ***on*** the issue. 議會就該問題表決贊成與否。
6〘數學〙**a**〔十受十介十(代)名〕〔以他數〕除以〈某數〉〔*by*〕；以〈他數〉除〔某數〕〔*into*〕：*D*～ 6 ***by*** 2 [*D*～ 2 ***into*** 6], and you get 3.＝6 ～*d by* 2 is [equals, gives] 3. 六除以二得三。**b**〔十受〕能把…除盡：9 ～*s* 36. 九能把三十六除盡《三十六可用九除盡》。
—*v.i.* **1**〔**動**(**十介十**(**代**)**名**)〕**a**〈河流、道路等〉分開，分岔〔成二條以上〕〔*into*〕：The railroad ～*s* ***into*** two lines here. 鐵路在這裏分成兩條。**b**〔從…〕分開〔*from*〕：The road ～*s* ***from*** here. 道路從這裏分開。
2〔十介十(代)名〕〔關於…〕意見分歧[不同]〔*on, over*〕：They ～*d* ***over*** the question of salary. 關於薪水問題，他們意見分歧。
3《英》表決(cf. *v.t.* 5)：At length the House ～*d.* 議會終於表決了/*D*～! *D*～! 表決！表決！
4〘數學〙**a** 做除法計算。**b**〔十介十(代)名〕〈某數〉能〔用他數〕除盡〔*by*〕；〈他數〉可把〔某數〕除盡〔*into*〕：36 ～*s* ***by*** 9.＝9 ～*s* ***into*** 36. 三十六能用九除盡。
a hóuse divíded agáinst itsèlf 起內鬨的家[黨派，國家(等)]《★出自聖經「馬太福音」》。
—*n.* Ⓒ **1** 分割。**2**《美》分水嶺，分水界(watershed)：⇨Great Divide.
divíde and rúle Ⓤ分而治之(政策)；各個擊破《★原爲拉丁文的英譯，divide 與rule 爲祈使語氣的動詞；原意爲「分而治之」》。
di·víd·ed *adj.* **1 a** 分割的，分開的，分離的：～ ownership (土地的)分割所有/～ payment 分期付款/a ～ highway《美》(中間有安全島分開的)分道公路，雙向公路(《英》dual carriageway). **b**〈意見等〉分歧的，不一致的：～ opinions 分歧的意見。**2**〘植物〙〈葉〉全裂的，裂開的。
divíded skírt *n.* Ⓒ褲裙(culottes).
div·i·dend [ˈdɪvəˌdɛnd; ˈdividend] «源自拉丁文「被分配的東西」之義»**—***n.* Ⓒ **1**（股票、保險的）利息，紅利：a high [low] ～ 高額[低額]股息/declare a ～ 宣告股息 /pay a ～ 付股息，發股息；〈努力、事業等〉產生效益，對將來有益 /pass a ～ 無股息，不發股息 /～ on [off]〘股票〙有股息[無股息]《★無冠詞》。**2**〘數學〙(除法計算的)被除數(⇨division 7【說明】)。
di·víd·er *n.* **1** Ⓒ分開者；分配者。**2** Ⓒ分裂的根源；離間者，隔離者[物]。**3** [～s] 分線規，兩脚規：a pair of ～*s* 一支兩脚規。
di·vi·na·tion [ˌdɪvəˈneʃən; ˌdiviˈneiʃn] «divine *v.* 的名詞»**—***n.* ⓊⒸ占卜，卜卦；預言。
***di·vine** [dəˈvaɪn; diˈvain] *adj.* (**di·vin·er**；**-·est**) **1**（無比較級、最高級）**a 神**(**性**)**的**(↔ human)：the ～ Being [Father] 神，上帝/～ grace 神的恩惠/～ nature 神性/possess ～ powers 具有神力。

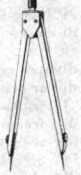

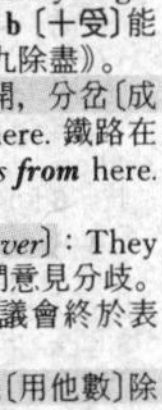
dividers 3

D

b 奉獻給神的；神聖的；宗教性的：～ service 禮拜式，祈禱儀式。c 如神的；崇高莊嚴的；非凡的：～ beauty [purity] 神聖的美[純潔]。2《口語》極好的，很棒的《★用法主要為女性用的強調字眼》。

the divíne right of kíngs 帝王神權[王權神授](說)。

—n. Ⓒ《罕》神學家，神職人員，牧師。

—v.t. 1 a〔＋受〕占卜，預告，預言…；看穿，說中〈人的意圖等〉：He ～d my plans. 他看穿了我的計畫/ Who can ～ the future？誰能預知未來？b〔＋ wh.__/＋wh.＋to do〕預知，占卜，預言〈…〉：None of us could ～ *what* would happen next. 我們誰也無法預言下一步將要發生的事。2〔＋受〕用卜棒(divining rod)尋找〈地下水脈、礦脈〉。

—v.i. 1 占卜。2〔動(＋介＋(代)名)〕用卜棒尋求〔地下水脈、礦脈〕〔*for*〕.

Divíne Cómedy n. [The ～]「神曲」(⇨ Dante).

di·víne·ly adv. 1 藉著神力；如神一般地，神聖地。2《口語》極好地。

di·vín·er n. Ⓒ 1 占卜者，預言家。2 (使用卜棒的)水脈[礦脈]占卜者。

dív·ing n. Ⓤ 1 潛水。2《游泳》跳水。

díving bèll n. Ⓒ 鈞鐘型的潛水箱，潛水鐘。

díving bòard n. Ⓒ (游泳池等的)跳板。

díving sùit n. Ⓒ (附有可取下的頭盔的)潛水衣。

di·vín·ing ròd n. Ⓒ 卜棒，卜杖《從前用以占卜有無水脈、礦脈的榛木(hazel)等叉枝；據說有水脈、礦脈時，叉枝會被猛力拉動》。

di·vin·i·ty [dəˋvɪnətɪ; diˈvinəti] «divine 的名詞»—n. 1 Ⓤ 神性；神格；神力，神威，神德。2 a [the D～] 神，上帝(God). b [常 D～] Ⓒ (異教的)神。3 Ⓤ 神學(theology)：a Doctor of *D*～ 神學博士《略作 D.D.》.

di·vis·i·ble [dəˋvɪzəbl; diˈvizəbl] adj. 1 可分的。2《數學》a 可除盡的。b [不用在名詞前]〔＋介＋(代)名〕能〔以…〕除盡的〔*by*〕：90 is ～ *by* 3. 九十能以三除盡。**-bly** [-zəblɪ; -zəbli] adv.

*__di·vi·sion__ [dəˋvɪʒən; diˈviʒn] «divide 的名詞»—n. 1 Ⓤ 分割，劃分，分配：(the) ～ of labor 分工。2 Ⓒ a (被劃分的)區域，部分；區，片段，章節。b 境界線；間隔，隔牆。3 Ⓒ (政府、公司等的)部門，局，課；(大學的)院系：the ～ of humanities (大學的)人文學系。4 Ⓒ [集合稱]《陸軍》師；《海軍》分(艦)隊《★用法視為一整體時當單數用，指個別成員時當複數用；⇨army 1》. 5 Ⓤ [又作 a ～] 不一致，不和；(意見等的)分歧〔*of*〕：There was *a* ～ *of* opinion on the matter. 對於那件事意見分歧。6 Ⓒ《英》(分成贊成與反對兩派的)表決〔*on*〕：take a ～ *on* a motion 表決一項動議。7 Ⓤ《數學》除法《★ 8÷4＝2 的情形時，8 為 dividend(被除數)，4 為 divisor(除數)，2為 quotient(商)》：long [short] ～ 長[短]除法《以十三以上[十二以下]的數去除》。8 Ⓒ a《生物》(目、科、屬等的)部門，類。b《植物》(植物分類上的)門(cf. classification 1 b).

divísion of pówers (1)《政》(立法、行政、司法的)三權分立。(2)《美政》(中央、地方的)主權分立，分權。～·**al** [-ʒənl; -ʒənl] adj.

divísion màrk [sìgn] n. Ⓒ 除號(÷).

di·vi·sive [dəˋvaɪsɪv; diˈvaisiv] «divide 的形容詞»—adj. 引起不和[分裂]的；分裂性的。～·**ly** adv. ～·**ness** n.

di·vi·sor [dəˋvaɪzɚ; diˈvaizə] n. Ⓒ《數學》(除法的)除數(⇨division 7【說明】)；約數：⇨common divisor.

*__di·vorce__ [dəˋvɔrs; diˈvɔːs] «源自拉丁文「朝向…離去」之義»—n. 1 ⓊⒸ《法律》離婚，解除婚姻：get a ～ from one's wife 與妻子離婚/ *D*～ is becoming commoner. 離婚變成愈來愈稀鬆平常。2 Ⓒ [常用單數] 分離，斷絕關係。

—v.t. 1〔＋受〕a 與〈妻子、丈夫〉離婚《★常用被動語態，變成「離婚」之意》：Mrs. Cook ～d her husband. 庫克夫人與丈夫離了婚/They *are* ～d. 他們離婚了/They have *got* ～d. 他們已經離婚了。b〈法官〉使〈夫妻〉離婚：The court ～d the couple. 法庭准那一對夫妻離婚。2〔＋受(＋介＋(代)名)〕把〈關係密切者〉〔從…〕分開，分離〔*from*〕：In sports, exercise and play are not ～d. 在運動中，練習和比賽是分不開的 /～ Church *from* State 把教會與國家分開。—v.i. 離婚。

di·vor·cé [də,vɔrˋse; di,vɔːˈsei, -ˈsiː] «源自法語»—n. Ⓒ 離了婚的男子。

divórce còurt n. Ⓒ 離婚法庭。

di·vor·cée, di·vor·cee [də,vɔrˋsi, -ˋse; di,vɔːˈsiː, divɔːˈsei] «源自法語»—n. Ⓒ 離了婚的女子。

di·vorce·ment [dəˋvɔrsmənt; diˈvɔːsmənt] n. ⓊⒸ 離婚；分離。

div·ot [ˋdɪvət; ˈdivət] n. Ⓒ《高爾夫》(揮桿擊球時被球桿刮起的)(一小塊)草皮，草土。

di·vulge [dəˋvʌldʒ; daiˈvʌldʒ, di-] v.t. 1〔＋受(＋介＋(代)名)〕把〈秘密〉洩漏〔給…〕〔*to*〕：The spy ～d the secret plans *to* the enemy. 那名間諜把秘密計畫洩漏給敵人。2 a〔＋ *that*__〕揭發，暴露〈…事〉。b〔＋ *wh.*__〕揭發，暴露〈…〉。

di·vul·gence [dəˋvʌldʒəns; daiˈvʌldʒəns, di-] «divulge 的名詞»—n. ⓊⒸ 暴露，透露，洩漏，走漏。

div·vy [ˋdɪvɪ; ˈdivi]《口語》v.t.〔＋受(＋副)＋介＋(代)名〕把…〔在…之間〕分配，平分〈*up*〉〔*between*〕：Let's ～ it ***up between*** us. 我們兩人把它平分吧。

—n. (*pl.* **-vies**) ⓊⒸ 分得的份兒；紅利。

Dix·ie [ˋdɪksɪ; ˈdiksi] n. 1 ＝Dixieland 1.

> 【字源】美國南部路易西安那州(Louisiana)，昔日為使法語系居民易於辨識美金十元，在紙幣背面中央印上 *dix* (＝ten)，Dixie 之名由此而來。 1859 年有一首叫 Dixie 的軍歌很流行，此名得以遠播。又第一次世界大戰期間的 Dixieland jazz 更使「狄克西」成為國際通用的名稱。

2 Ⓤ 南北戰爭時期在南部流行的軍歌。

Díxie Cùp n. Ⓒ《商標》(裝飲料、冰淇淋等的)紙杯。

Dix·ie·land [ˋdɪksɪ,lænd; ˈdiksilænd] n. Ⓤ 1 [集合稱](美國)南部各州(Dixie). 2 (又作 **Díxieland jázz**) 狄克西蘭爵士樂《興起於美國新奧爾良(New Orleans)的一種爵士音樂》。

D.I.Y.《英》《略》do-it-yourself.

díz·zi·ly [-zɪlɪ; -zili] adv. 令人暈眩地，頭昏眼花地。

díz·zi·ness n. Ⓤ 暈眩，頭昏眼花。

diz·zy [ˋdɪzɪ; ˈdizi] adj. (**diz·zi·er**；**diz·zi·est**) 1 **頭暈的**；眼花的，暈眩的：get [feel] ～ 覺得暈眩。2 [用在名詞前] 令人暈眩的〈運動、高處、野心、成功等〉：a ～ height 令人暈眩的高處[高度]。3《口語》輕率的，膚淺的；愚蠢的。4 [不用在名詞前]〔＋介＋(代)名〕〔因…而〕發昏的〔*with*〕：He was ～ ***with*** happiness. 他樂昏了頭。

—v.t.〔＋受〕使〈人〉暈眩，使…昏亂。

D.J.《略》disc jockey (cf. deejay).

Dja·kar·ta [dʒəˋkɑrtə; dʒəˈkɑːtə] n. ＝Jakarta.

Dji·bou·ti [dʒəˋbutɪ; dʒiˈbuːti] n. 吉布地《非洲東部的一個共和國；首都 Djibouti》.

djin(n) [dʒɪn; dʒin], **djin·ni** [ˋdʒɪnɪ; ˈdʒini] n. (*pl.* ～**s**, ～)＝jinn.

dl, dl.《略》deciliter(s).

D láyer n. Ⓒ《無線》D 層《離子圈的最下層》。

D.Lit(t). [ˋdiˋlɪt; ˈdiːˈlit]《略》*Doctor Lit(t)erarum* (拉丁文＝Doctor of Letters [Literature]).

DM《略》deutsche mark(s). **dm., dm**《略》decameter(s)；decimeter(s)；deutsche mark(s).

d—n [dæm; dæm] ⇨ damn v.t. 3 b.

DNA «deoxyribonucleic acid 的簡寫»—n. Ⓤ《生化》去氧核糖核酸(cf. RNA).

D.N.B.《略》《英》Dictionary of National Biography 英國人名辭典。

Dnie·per [ˋnipɚ; ˈniːpə] n. [the ～] 聶伯河《流經蘇俄西部注入黑海(Black Sea)；歐洲第三大河》。

D-nòtice «*Defence notice* 之略»—n. Ⓒ《英》D 通告《政府為保密而對傳播媒體發出禁止報導或刊登某些涉密消息的通告》。

‡**do**[1] [du; duː] (**did** [dɪd; did]；**done** [dʌn; dʌn])《★語形(1)第三人稱、單數、直說法、現在式為 **does** [dʌz; dʌz]. (2)《古》第三人稱、單數、直說法、現在式為 **do·eth** [ˋduɪθ; ˈduːiθ]；第二人稱、單數、現在式為(thou) **do·est** [ˋduɪst; ˈduːist]，過去式(thou) **didst**》v.t. A 1 **做，辦，實行**：a〔＋受〕做，實行…：*do* repairs 修理/*do* something wrong 做錯某事/*do* research on history 做歷史研究工作/What are you *doing*？你在做什麼？/I have nothing to *do*. 我無事可做/We must *do* something *about* it.＝Something must be *done about* it. 關於那件事我們必須想想辦法[採取某種辦法]/What can I *do* for you？[店員對客人]請問您要什麼？我能幫您什麼嗎？[醫師對病人]怎麼了？b〔＋受〕完成，做完〈工作〉；盡〈義務等〉：*Do* your duty. 盡你的本分[義務]/*Do* your best [utmost]. 盡你的全力去做/I've *done* all I can. 我已盡了全力/*do* one's military service 服兵役/*do* business with... 與…做生意[交易]/You *did* the right [proper] thing. 你做得對[適當]/You should *do* the honorable thing and resign. (如果你知恥)你該毫不留戀地辭職。c〔＋受〕[常與 the, any, some 以及 -ing 的受詞連用] 做…：*do the* wash*ing* [shop*ping*] 洗衣[購物]/She *did* almost all *the* talk*ing*. 幾乎全是她一個人在說話/I wanted to *do some* telephon*ing*. 我想打幾通電話。d〔＋ do*ing*〕(職業性地)做…：*do* lectur*ing* 講課/*do* teach*ing* 教書。e〔＋受〕[常 have *done*, be *done*] 做完…：I'*ve done* it. 我把它做完了；我完成了/Now you'*ve done* it.《口語》這下可糟了；現在你把事情搞壞了/The work *is done*. 工作做完了《★用法主要表示結果的狀態，而 The work *has been done*. 是強調工作的結束》/*Have* you *done* read*ing*？你讀完了嗎？/That *does* it！⇨ do[1] 成語/That's *done* it！⇨ do[1] 成語。

2 給與：**a**〔(十受)十受/十受十介十(代)名〕給…帶來〈利益、損害等〉；〔給…〕帶來〈利益、損害等〉〔*to*〕：Good intentions can *do* us great harm. 善意(有時也)可能帶給我們大害《好心壞了事》/The medicine will *do* you good. 那種藥對你有好處[有益]/The bad weather has *done* great damage ***to*** the crops. 惡劣天氣已給農作物帶來重大損害。**b**〔十受十受/十受十介十(代)名〕給與〈某人〉〈名譽、敬意、正確的評價等〉；給與〔某人〕〈名譽、敬意、正確的評價等〉〔*to*〕：*do* a person a service 爲某人服務，照料某人/*do* a person a kindness 待某人親切/*do* a person a good [bad] turn 對某人行善[行惡]/*do* a person homage＝*do* homage ***to*** a person 對某人表示敬意/⇨ do honor to a person＝do a person HONOR/⇨ do a person [thing] JUSTICE＝do justice to a person [thing]. **c**〔十受十受/十受十介十(代)名〕施與〈某人〉〈恩惠、幫助〉；施與〔某人〕〈恩惠、幫助〉〔*for*〕：Will you *do* me a favor？＝Will you *do* a favor ***for*** me？你願意幫我一個忙嗎？

3 (以某種方法)**處理**：**a**〔十受〕(寫回信)處理〈信件〉：*do* one's correspondence 處理信件。**b**〔十受〕整理〈房間、牀等〉；洗〈碗盤等〉：The maid was told to *do* the bathroom. 女傭被吩咐去打掃浴室/Jane was *doing* the dishes. 珍那時正在洗碗盤。**c**〔十受〕插〈花〉；梳理〈頭髮〉；化妝〈臉〉：Mother will *do* the flowers. 媽會插那些花/Tell her to go and *do* her hair and nails. 告訴她去梳髮修指甲/She usually spends two hours *doing* her face. 她通常花兩小時做臉[化粧打扮]。**d**〔十受〕攻讀[專攻，準備]〈學科〉：My son has been *doing* electronics at Princeton (University). 我兒子一直在普林斯頓大學攻讀電子學。**e**〔十受〕解答〈問題、計算題〉(solve)：Will you *do* this sum for me？請你幫我解這一道算術題好嗎？**f**〔十受〕寫〈書〉；畫〈圖畫〉；製作〈影片〉：*do* a portrait 畫人像/Walt Disney *did* a movie about Seven Dwarfs. 華德·狄斯耐製作過一部有關七矮人的影片。**g**〔(十受)十受/十受十介十(代)名〕爲〈某人〉製作〈抄本、報告等〉；翻譯…；〔爲某人〕製作〈抄本、報告等〉；〔爲…〕翻譯…〔*for*〕：How many copies shall I *do*？我要抄寫幾份呢？/We asked her to *do* us a translation.＝We asked her to *do* a translation ***for*** us. 我們要求她替我們翻譯。

4 a〔十受〕烹調〈肉等〉；做〈菜〉(cf. well-done 1, overdone, underdone)：They *do* fish very well here. 這一家燒的魚很好吃。**b**〔十受十補〕把〈肉等〉烹調〈成…〉：*do* meat brown 把肉烤成褐色/This steak has been *done* to a turn. 這塊肉片[牛排]烤得恰到好處。

5〔十受〕對〈某人〉合用；對…很充足，對…夠用《★不可用被動語態》：That will *do* me very well. 那對我很合適[那好極了]/Will this sum of money *do* you？這一筆錢你夠用嗎？

6〔十受〕《英口語》**a** 爲〈客人〉服務《★不可用被動語態》：I'll *do* you now, sir. [在理髮廳等]我現在要爲您服務[爲您理髮]了，先生。**b** [常與 well 等連用]爲〈某人〉服務(周到)，招待〈某人〉(很好) (cf. DO¹ by)《★不可用被動語態》：They *do* you very well at that hotel. 那家旅館服務很周到。**c** [～ one*self*；與 well 等連用]奢侈《★不可用被動語態》：He *does himself* fairly well. 他相當奢侈。

7〔十受〕**a** 演…的角色：He *did* Hamlet well. 他把哈姆雷特的角色演得很好/She always *does* the hostess admirably [very well]. 她是個令人讚賞的女主人《待客和藹可親》。**b** 假裝…；模仿…的樣子：*do a* Chaplin 模仿卓別林的樣子/Can you *do a* frog？你能模仿青蛙的樣子嗎？**c** [以 "the＋形容詞" 爲受詞]《口語·古》做出…的樣子：*do the* agreeable [amiable] 做出和藹可親的樣子。

8〔十受〕《口語》遊覽，參觀〈某地〉：*do* the sights (of...) 遊覽(…的)名勝/Have you *done* the Tower (of London) yet？你參觀過倫敦塔了嗎？

9〔十受〕**a** 走完；旅行〈某距離〉：We [Our car] *did* 70 miles in an hour. 我們[我們的車子]一小時跑了七十哩。**b** 以…速度前進：This car *does* 120 m.p.h. 這部車子時速可達一百二十哩。

10《口語》**a**〔十受〕欺騙〈人〉：I've been *done*. 我上當了。**b**〔十受十介十(代)名〕向〈人〉騙取〔…〕〔*out of*〕：He once *did* me ***out of*** a large sum of money. 他曾經騙了我一大筆錢。

11〔十受〕《英口語》懲罰〈某人〉，教訓〈某人〉(punish).

12〔十受〕《口語》服〈刑期〉：*do* time (in prison) (在監獄裏)服勞役/He *did* three years for assault. 他因毆打罪[傷害他人身體罪]而服刑三年。

—B [用以代替動詞，以避免 be, have 以外其他動詞的重覆使用；cf. *v.i.* B]〔十受〕**1**：My mother loved my brother better than she *did* me. 我母親愛我弟弟超過愛我/If you want to see him, *do* it now. 如果你想要見他，現在就去見他。

2 [當作準動詞，以 so, that 爲受詞]：He was asked to leave the room, but he refused to *do so*. 他被要求離開那房間，但他拒絕那樣做 (cf. so¹ A 4 b 用法)/"Does she play tennis？"－"Yes, I've seen her *doing so* [*that*]."「她打網球嗎？」「是的，我看過她打。」

—*v.i.* A 1 [與 well, right 等的狀態副詞或副詞子句連用]做，行動，表現：*do as* an honorable man should 做得像個正人君子/You *did* well [right] *in* tell*ing* it to me. 你把那件事告訴我，做得很好[對]/You would *do* well *to* refuse. 你拒絕才好/You've only to *do as* you are told. 你只要按照吩咐去做/*Do* in Rome *as* the Romans *do*. ⇨ Rome.

2 [與 well, badly, how 等連用]**a**〈某人〉(生活、健康狀態、成績等)進展(…)；〈事情〉進行(順利，不順利) (get along)：He is *doing* splendidly [poorly] at school. 他在學校表現極好[很壞]/Mother and child are both *doing* well. 母子兩人都平安《指生產後》/He *does* fairly well for himself. 他生活過得相當愜意/⇨ How do you DO¹？**b**〈植物〉生長(grow)：Flax *does* well after wheat. 繼小麥之後，亞麻長得很好。

3 [常與 will, won't 連用]**a**〔十介十(代)名〕可用作，可暫時代用，足夠〔…〕〔*for*〕：This box *will do* ***for*** a seat. 這個箱子可當作座椅。**b**〔十*for*十(代)名十 *to* do〕足夠，可暫時應付〈人、物〉〈做…〉：This bench *will do for* three people *to* sit on. 這個長凳子足夠三個人坐。**c** 行，可以，足夠，合用：*Will* $10 *do*？十美元夠嗎？/That *will do*. 那就夠了；那就行了/That *won't* [doesn't] *do*. 那不行/It *won't do* to be late for the party. 宴會遲到是不行的。

4 [用於現在分詞]發生：What's *doing* here？這裏發生了什麼事？/⇨ NOTHING doing *pron.*

—B [用以代替動詞，以避免 be, have 以外其他動詞的重覆使用；cf. *v.t.* B]**1** [避免重覆同一動詞(以及包括該動詞的字羣)]：The moon shines when the sun's light strikes it, just as a mirror *does*. 當陽光照射到月球時，月球就像鏡子那樣發亮/You play the piano as well as he *did*. 你的鋼琴彈得和他一樣好/Living as I *do* in the country, I rarely have visitors. 因爲住在鄉間，我很少有訪客。

2 [用於附加問句]：He lives in London, *does*n't he？他住在倫敦，不是嗎？/So you don't want to be a teacher, *do* you？那麼，你不想當教師，是嗎？/You did it, *did*n't you？你做了那件事，不是嗎？

3 [用於回答的句子]："Who saw it？"－"I *did*."「誰看到它？」「我(看到)。」《强調 I》/"Does she like apples？"－"Yes, she *does* [No, she *does*n't]."「她喜歡蘋果嗎？」「是的，她喜歡[不，她不喜歡]。」

4 [用於隨聲附和對方]："He came to see me yesterday."－"Oh, *did* he？"「他昨天來看我。」「噢，是嗎？」

be dóne with... ⇨ done *adj.* 1 b.

dò awáy with...《★可用被動語態》(1)除去，廢除…：This practice should be *done away with*. 這種慣例應該廢除。(2)殺〈人等〉。

dó by... 對待…(cf. *v.t.* A 6 b)：He *does* well *by* his friends. 他待朋友好/Do as you would *be done by*. 己所欲施於人(⇨ golden rule).

dò dówn《*vt adv*》《英口語》(1)(以技倆或欺騙)擊敗〈人〉。(2)使〈人〉慚愧。(3)說〈未出席者〉的壞話。

dó for... (1)⇨ *v.i.* A 3 a. (2)《英口語》爲…照料家務：Mary *does for* her father and brother. 瑪麗爲父兄照料家務。(3)《口語》使〈人〉疲倦；使〈東西〉報廢《★常用被動語態》：I'm afraid these gloves *are done for*. 我擔心這些手套已經不能用了/I'*m done for*. 我完了；我不行了；我筋疲力竭。

dò ín《*vt adv*》(1)《口語》使〈人〉筋疲力竭：The work really *did* me *in*. 那工作眞的使我筋疲力竭/I'm really *done in*. 我眞的疲憊不堪。(2)《口語》使〈人〉毀滅[滅亡]。(3)《俚》殺死〈人〉。

dó or díe [用原形](1)(爲求成功而)盡最大努力，幹到底(cf. do-or-die)：We must *do or die*. 我們必須幹到底。(2)[當形容詞片語用]以殊死的決心，孤注一擲地，決一死戰地。

dò óut《*vt adv*》《口語》把〈房間等〉清理[打掃]乾淨。

dò óver《*vt adv*》[～＋受＋over](1)油漆，裝修〈房間、牆壁等〉：Her room was *done over* in pink. 她的房間漆成粉紅色。(2)《美》改做；重做，重新裝飾…。(3)＝DO¹ out. (4)《俚》攻擊〈人〉；使〈人〉受傷。

dó...to déath ⇨ death 成語。

dò úp《*vt adv*》(1)修理，整修〈房屋〉：This house must be *done up*. 這棟房子非整修不可。(2)把〈頭髮〉梳上去：*do up* one's hair 整理頭髮。(3)[～ one*self up*]打扮；化妝，修飾。(4)把〈東西〉包起來；將…打包：*do up* a parcel 捆包裹[作成包裹]。(5)扣住…的扣子，用鈎子鈎住…(↔ undo)：She *did up* the zip on her dress. 她拉起衣服的拉鏈。(6)《口語》使〈人〉筋疲力竭《★常用被動語態》：I'*m done up*. 我筋疲力竭了/My horse *was done up* after the long ride. 經過長途騎乘後我的馬疲憊不堪。**—**《*vi adv*》(7)〈衣服〉用扣子扣，用鈎子鈎住：My dress *does up* at the back. 我的衣服是從背後扣的。

dó with... 《*vt prep*》(1)[用疑問代名詞 what 爲受詞](如何)處置…：*What* did you *do with* my book？你把我的書怎麼樣了[弄到哪裏去了]？/We felt so happy that we did not know *what* to *do with* ourselves. 我們高興得不知道如何去控制自己/I don't know *what* to *do with* her. 我不知道如何與她相處《她是個不易相處的人》；我不知道如何對待她。——《*vi prep*》(2)[與 can, could 連用；用於否定句疑問句]將就用…，以…勉强應付：*Can* you *do with* cold meat for dinner？你能將就著吃冷肉當晚餐嗎？/I *can't do with* waiting any longer. 我不能再等下去了。(3)[與 could 連用]《口語》能得到…就滿足；想要，需要…：I *could do with* a good night's rest. 能好好睡一晚我就心滿意足了/I *could do with* a drink. 我想喝點什麼。

do without... [《*vi prep*》～ withòut...](1)省去，無需…：I can't *do without* this dictionary. 我不能沒有這本辭典。——[《*vi adv*》～ withóut](2)免除，不用：The store hasn't any；so you will have to *do without*. 那家商店沒有賣，所以你只好免了[將就不用]。

D

hàve dóne with... 結束…；已與…無關係(cf. done 1 b)：*Have* you *done with* the paper？你看完報紙了嗎？/I'*ve done with* him for the future. 我今後與他無關係/Let's *have done with* it. 我們把那件事結束掉吧《不要再做了》。

hàve sómething [**nóthing, líttle, etc.**] **to dó with...** 與…有些[毫無，幾乎沒有(等)]關係：He *has something* [*nothing*] *to do with* the firm. 他與那家公司有些[毫無]關係/This kind of specialized knowledge *has* very *little to do with* wisdom. 這種專業知識幾乎與智慧無關/Smoking *has* a great deal [quite a lot] *to do with* cancer. 吸煙與癌症有很大的關係。

hàve to dò with... (1)與…有關：What do you *have to do with* the matter？你和那件事有什麼關係？(2)應付…：A doctor *has to do with* all sorts of people. 醫師必須應付各式各樣的人。

Hów are you dóing？ [關係密切者之間的打招呼]《美口語》你好嗎？

Hów do you dó？ [初次見面時打招呼的用語]您好《★用法 回答時也說同樣的話；以後的打招呼用 How are you？等》。

màke dó with [**on**] ⇨ make 成語。

Thát dóes it！ 《口語》夠了！好極了！

Thát's dóne it！ 《口語》(1)完了，萬事休矣，糟了。(2)幹得好！好極了！

to dó with... [常置於 something, nothing, anything 等形容詞片語後面]與…有關：His job is [has] *something to do with* banks. 他的工作與銀行有些關係/I want *nothing to do with* him. 我不要與他有任何牽聯。

úp and dóing ⇨ up *adv.*

Whàt [《英》**Hòw**] **will you dó for...？** 如何安排[處理]…？：*What will you do for* food while you're climbing the mountain？登山時你如何安排食物？

—*n.* Ⓒ(*pl.* **dos, do's** [～z; ～z])**1**《英口語》欺騙，詐欺：It's all a *do*. 那完全是個騙局。

2 a《口語》宴會，聚會：They are having a *do* for her on her birthday. 他們打算在她生日那一天爲她舉行宴會。**b** 騷動：There was a big *do* over her retirement from the screen. 她的退出電影界引起一大騷動。

3 [常 ～s] 該做的事，應遵守的事，命令事項(cf. don't)：*do's* and don'ts 該做與不該做的事，心得，注意事項/the *dos* and don'ts *of* etiquette 禮節須知[注意事項]。

Fáir dós [**dó's**]！《英俚》公平[公正]地做！

‡**do²** [(輕讀)(在子音前)də; də；(在母音前)du; du；(重讀)du; du:] *aux.* (**did** [dɪd; did]；第三人稱、單數、直說法、現在式 **does** [(輕讀)dəz; dəz；(重讀)dʌz; dʌz])(★語形(1)否定縮寫爲 **don't** [dont; dount], **doesn't** [ˋdʌznt; ˈdʌznt], **didn't** [ˋdɪdnt; ˈdidnt]；(2)《古》第二人稱單數現在式爲(thou) **dost** [(輕讀)dəst; dəst；(重讀)dʌst; dʌst], 第三人稱單數現在式爲 **doth** [(輕讀)dəθ; dəθ；(重讀)dʌθ; dʌθ]；(3)用動詞 be, 動詞 have 時不用 do；但用動詞 have 時在美國語法中一般用 *Do* you [dəjʊ, djʊ; dəju] have...？, I *do* not have....；再者，祈使語氣用 be 强調或否定的情形時則可用do(cf. 1, 4)；(4)不定詞、動名詞、分詞時不用，所以 to don't go, don't going 是錯誤的用法；應該分別用 not to go, not going》**1 a** [構成 be, have 以外的動詞(《美》也包含 have)的否定句；cf. 語形(3)]：I *do not* [*don't*] see. 我不懂/I *did not* [*didn't*] know. 我(那時)不知道/I *don't* have a brother. 我沒有兄弟。**b** [構成否定的祈使語氣]《★用法 動詞 be 僅在祈使語氣時用 do》：*Don't* go！別走！/*Don't* be afraid. 不要怕。

2 [用於 be, have 以外的動詞(《美》也包含 have)的疑問句；cf. 語形(3)]：*Do* you hear？你聽到沒有？/*Do* you have (any) money？你身上有錢嗎？/*Did* you strike her？你毆打她了嗎？/When *does* he leave？他什麼時候動身？

3 [爲强調、平衡等而將(部分)述語置於句首時]：Never *did* I see such a fool. 我從未見過這樣的傻瓜(cf. I never saw such a fool.)/Not only *did* he understand it, but he remembered it. 他不僅了解，而且還把它記住了/Only after weeks of vain effort *did* the right idea occur to me. 經過幾星期的平白努力後我才想到一個合適的主意。

4 [强調肯定句]《★發音 經常重讀爲 *do* [du; du:], *does* [dʌz; dʌz], *did* [dɪd; did]》：I *dó* think it's a pity. 我的確認爲(這件事)很遺憾/*Dó* tell me. 你一定要告訴我/*Dó* be quiet！務請安靜！/I *díd* go, but I didn't see her. 我確實去了，但我沒見到她/He doesn't visit me often, but when he *dóes* visit me, he stays for hours. 他不常來看我，但是他一來總會待好幾小時。

do³ [do; dou] *n.* Ⓤ[指個體時爲Ⓒ](*pl.* ～**s**)《音樂》(固定唱法)C 大調音階中的第一音(cf. sol-fa)。

do. [ˋdɪto; ˈditou]《略》ditto.

do·a·ble [ˋduəbl; ˈdu:əbl] *adj.* 能做的，可行的，可作的。

dob·bin [ˋdabɪn; ˈdɔbin] **《源自 Robert 的暱稱 Dobbin》—*n.*** Ⓒ(馴良而勤勞的)農場等用的馬，老馬《暱稱》。

Do·ber·man (pin·scher) [ˋdobəmən (ˋpɪnʃə); ˈdoubəmən(ˈpinʃə)] *n.* Ⓒ篤賓犬《十九世紀德國人篤賓培育成的獵犬；毛短而光潤，呈暗色，帶棕色斑點；常用作警犬、軍犬及盲人領路犬》。

Doberman pinscher

dob·son·fly [ˋdabsn̩,flaɪ; ˈdɔbsnflai] *n.* Ⓒ《昆蟲》蛇蛉《蛇蛉科昆蟲的統稱；其幼蟲常用爲釣餌》。

doc [dak; dɔk] *n.* [常用於稱呼]《口語》＝doctor.

doc·ile [ˋdasl, ˋdasɪl; ˈdousail] **《源自拉丁文「教導」之義》—*adj.*** 聽話的，溫順的；〈人〉易於駕馭的：the ～ masses 易於駕馭的大衆。～**·ly** [-slɪ, -sɪlɪ; -saili] *adv.*

do·cil·i·ty [doˋsɪlətɪ, daˋsɪl-; douˈsiləti] **《docile 的名詞》—*n.*** Ⓤ馴良，溫順；易於駕馭的程度。

***dock¹** [dak; dɔk] *n.* Ⓒ **1 船塢，修船所**：a dry [graving] ～ 乾船塢/a floating ～ 浮(船)塢/a wet ～ 泊船塢，有水的船塢。**2**《美》碼頭，突堤。

in dóck (1)〈船〉在船塢。(2)《口語》〈人〉住院中。(3)〈車等〉在修理中。

òut of dóck (1)〈船〉離開船塢。(2)〈人〉出院。(3)〈車等〉修理完畢。

—*v.t.* 〔十受〕**1** (爲了修船)使〈船〉入船塢；(爲裝卸貨物、上下船)使〈船〉停靠碼頭。**2** 操縱〈太空船〉使與其他太空船等會合[相接]。

—*v.i.* **1** 〈船〉入塢，靠碼頭。**2** 〔**動(十介十(代)名)**〕〈太空船〉〔與…〕會合[接合]〔*with*〕。

dock² [dak; dɔk] *n.* [用單數；常 **the** ～](刑事法庭的)被告席：be in [on] *the* ～ 在被告席上；遭受非難[受審]。

dock³ [dak; dɔk] *n.* Ⓒ **1** (動物)尾巴的骨肉部分。**2** 剪短的尾。

—*v.t.* **1** 把〈尾、毛等〉剪短。**2 a** 〔十受(十副)〕削減，減少〈工資、薪水〉〈*off*〉：～ a person's pay 減少某人的薪水。**b** 〔十受十介十(代)名〕〔從…〕扣除；削減…〔*from*〕：～ $100 ***from*** a person's wages 從某人薪水中扣除一百美元。**c** 〔十受十介十(代)名〕從〈某人〉處取走，奪去〔…〕〔*of*〕：～ a person ***of*** five days of his leave 把某人的休假減少五天/～ a person *of* his rations 減少某人的口糧。**3** 縮短〈壽命〉：～ a person's life 縮短某人的壽命。

dock⁴ [dak; dɔk] *n.* Ⓤ[指個體或種類時爲Ⓒ]《植物》酸模，羊蹄。

dock·age [ˋdakɪdʒ; ˈdɔkidʒ] *n.* Ⓤ [又作 **a** ～] 船塢使用費，入塢費，碼頭費。

dóck·er **《源自 dock¹》—*n.*** Ⓒ 碼頭工人，船塢工人(longshoreman)。

dock·et [ˋdakɪt; ˈdɔkit] *n.* Ⓒ **1** (附於文件、包裹的)內容摘要，明細表，標籤，籤條(label)。**2**《美》行事程序表；(會議等的)議程，協議事項。**3**《法律》(未決的)訴訟案件一覽表。

—*v.t.* **1** 把〈案件等〉列入訴訟案件一覽表。**2** 附內容摘要於〈文件〉；附標籤 [籤條] 於〈包裹〉。

dock·ing [ˋdakɪŋ; ˈdɔkiŋ] *n.* **1** Ⓤ入塢，靠碼頭。**2** Ⓤ(大氣層外太空船的)接合。

dóck·yàrd *n.* Ⓒ **1** 造船所。**2**《英》海軍造船廠。

‡**doc·tor** [ˋdaktə; ˈdɔktə] **《源自拉丁文「教導」之義》—*n.*** Ⓒ **1** [也用於稱呼] **醫師，醫生**：see a ～ 看醫生，看病/send for a ～ 派人去請醫生來/go to the doctor [doctor's] 去看醫生，去醫生處/call a ～ 叫醫生/be one's own ～ 自己治療/How is she, ～？醫生，她情況如何？

【說明】在英國通常指內科醫師(physician)，但在美國也用以指外科醫師(surgeon)、齒科醫師(dentist)、獸醫(veterinary)等。

2 [用於頭銜] **博士**，博士學位《略作 Dr.》：a *D*～ of Divinity

[Laws, Medicine] 神學[法學，醫學]博士/a *D*~ of Philosophy ⇨ philosophy 成語。**3** [常與修飾語連用]《口語》修理匠，修護者：a car ~ 汽車修護員。

be ùnder the dóctor 在治療〔…〕中，〔因…〕就醫中〔*for*〕.

(júst) whàt the dóctor órdered《口語》(眞正)需要的東西，(正)想要的東西。

the Dóctors of the Chúrch 教會博士《基督教初期對學德兼備的聖父、教師的稱號》。

Yóu're [Yóu are] the dóctor.《口語》一切聽你的；你說得對。

—*v.t.*《口語》**1** 〔十受〕**a** 醫治〈人、疾病〉。**b** [~ one*self*] 自己治病。**2** 〔十受〕修理〈機器等〉。**3** 〔十受(十副)〕**a** 在…上做手腳；竄改，任意改變〈報告、證據等〉〈*up*〉：~ a report 非法竄改報告。**b** 改編〈戲劇等〉〈*up*〉. **4** 〔十受〕使〈動物〉去勢。**—*v.i.* 1** 行醫。**2** 接受治療。

doc·tor·al [ˋdɑktərəl; ˈdɔktərəl] **《doctor 的形容詞》—*adj.*** [用在名詞前]博士的：a ~ dissertation 博士論文。

doc·tor·ate [ˋdɑktərɪt, -trɪt; ˈdɔktərit] ***n.*** Ⓒ博士學位：hold a ~ 具有博士學位[頭銜]/take (out) a ~ *in* medicine 獲得醫學博士學位。

doc·tri·naire [ˏdɑktrɪˋnɛr; ˌdɔktriˈnɛə←] ***adj.* 1** 純理論的，空談理論的：a ~ Marxist 純理論派的馬克思主義者。**2** [不用在名詞前]〔十介十(代)名〕〔對…〕作純理論性探討的〔*about*〕：Don't be so ~ ***about*** things. 別那樣用理論去解釋[判斷]事物。

—*n.* Ⓒ純理論家；空談理論者。

doc·tri·nal [ˋdɑktrɪnl; dɔkˈtrainl, ˈdɔktrinl] **《doctrine 的形容詞》—*adj.*** [用在名詞前] **1** 教義上的：a ~ dispute 教義上的爭論。**2** 學理上的。

doc·tri·nar·i·an [ˏdɑktrɪˋnɛrɪən; ˌdɔktriˈnɛəriən] ***n.*** ＝doctrinaire.

***doc·trine** [ˋdɑktrɪn; ˈdɔktrin] **《源自拉丁文「教導」之義》—*n.* 1** ⓊⒸ**教義**，教理，教旨，教條。**2** ⓊⒸ(宗教、政治、學問上的)主義，方針；學說，理論。**3** Ⓒ《美》(國家政策上的)公開宣言，主義：⇨ Monroe Doctrine.

doc·u·dra·ma [ˋdɑkjəˏdrɑmə; ˈdɔkjuˌdrɑːmə] ***n.*** Ⓒ《電視》記實戲劇《根據眞實事件改編成的戲劇》。

doc·u·ment** [ˋdɑkjəmənt; ˈdɔkjumənt] **《源自拉丁文「正式文件」之義》—*n. Ⓒ**文書**，文件，記錄，文獻；證書：an official [a public] ~ 公文。

— [ˋdɑkjəˏmɛnt; ˈdɔkjument] ***v.t.*** 〔十受〕**1** 提供[附加]證件給…。**2** 以文件證明…。**3** 附記文獻於〈書籍等〉。

doc·u·men·tal [ˏdɑkjəˋmɛntl; ˌdɔkjuˈmentl←] ***adj.*** ＝documentary 1.

doc·u·men·ta·ry [ˏdɑkjəˋmɛntərɪ, -trɪ; ˌdɔkjuˈmentəri←] **《document 的形容詞》—*adj.*** (無比較級、最高級) **1 文書的**，文件[證書]的：~ evidence《法律》文書上的證據，書面證據。**2** 〈電影等〉記錄事實的：a ~ film 記錄影片。

—*n.* Ⓒ 記錄的東西；記錄影片；記實小說[戲劇]。

doc·u·men·ta·tion [ˏdɑkjəmɛnˋteʃən; ˌdɔkjumenˈteiʃn] **《document *v.* 的名詞》—*n.*** Ⓤ **1** 文書[證件]的證明；證件的提供。**2** 證據資料；考證，引證。

dod·der [ˋdɑdɚ; ˈdɔdə] ***v.i.*** 〔動(十副詞(片語))〕《口語》**1** (因年邁而)蹣跚，搖搖晃晃。**2** (因年邁等)蹣跚而行，搖搖晃晃地走。

dód·der·ing [-dərɪŋ, -drɪŋ; -dəriŋ] ***adj.*** 蹣跚的，搖搖晃晃的：a ~ old fool 蹣跚的老笨蛋。**~·ly** ***adv.***

dod·dle [ˋdɑdl; ˈdɔdl] ***n.*** Ⓒ[常用單數]《英口語》輕而易學的事，易如反掌的事。

do·dec·a·gon [doˋdɛkəˏgɑn, -gən; douˈdekəgən] ***n.*** Ⓒ 十二邊[角]形。

do·dec·a·he·dron [ˏdodɛkəˋhidrən; ˌdoudekəˈhedrən, -ˈhiːd-] ***n.*** Ⓒ(*pl.* **~s, -dra** [-drə; -drə])《幾何》十二面體。

do·dec·a·pho·ny [doˋdɛkəfonɪ, -ˏfonɪ; douˈdekəˌfouni] ***n.*** Ⓤ 十二階音樂。

do·dec·a·phon·ic [doˏdɛkəˋfɑnɪk; douˌdekəˈfɔnik←] ***adj.***

dodge [dɑdʒ; dɔdʒ] ***v.t.*** 〔十受〕**1 閃避**；迅速躲開〈人、打擊等〉：~ a blow 迅速閃避打擊。**2**《口語》巧妙地躲避，規避〈質詢、義務等〉：~ one's responsibility 逃避責任/Don't ~ the issue! 不要規避爭論之點[問題]。

—*v.i.* 1 〔動(十副詞(片語))〕閃避：The little boy ~*d about.* 那個小男孩躲來躲去/~ *through* heavy traffic 在擁擠的車輛間躲躲閃閃地前進。**2** 搪塞，推託。

—*n.* Ⓒ **1** 閃避，躲避：make a ~ 閃開。**2** 搪塞；規避的計策，巧計：a tax ~ 逃稅妙法。

dódge bàll ***n.*** Ⓤ躲避球。

dódg·em càr [ˋdɑdʒəm-; ˈdɔdʒəm-] ***n.*** Ⓒ《英》(遊樂園等供遊客駕駛的)迷你電動車，碰碰車《遊玩時一面躲避被撞，一面要去撞他車》。

dodg·ems [ˋdɑdʒəmz; ˈdɔdʒəmz] **《*dodge* 和 th*em* 的混合語》—*n. pl.*** [the ~；當單數或複數用]《英》躲避車，碰碰車《遊戲》。

dódg·er ***n.*** Ⓒ**1** 閃避者，躲避者。**2** 推托者，善於矇混者。

dodg·y [ˋdɑdʒɪ; ˈdɔdʒi] ***adj.*** (**dodg·i·er**; **dodg·i·est**)《英口語》**1 a** 〈事情〉詭譎的，危險的；困難的。**b** 〈器具等〉不安全的。**2** 〈人〉狡詐的，詭計多端的。

do·do [ˋdodo; ˈdoudou] ***n.*** Ⓒ(*pl.* **~s, ~es**)《鳥》渡渡鳥《孤鴿科的一種巨鳥，性遲鈍，不會飛；原棲息於模里西斯(Mauritius)島，於十七世紀末絕種》。

dodo

(as) déad as a dódo 完全死了的，死氣沉沉的；完全廢除的。

doe [do; dou] ***n.*** Ⓒ **1** 母鹿《尤指雌的黇鹿》。**2** 母兔，母山羊，母羚羊(↔ buck).

Doe [do; dou] ***n.*** ⇨ John Doe.

do·er [ˋduɚ; ˈduːə] ***n.*** Ⓒ行爲者；實行家；做(某事)的人。

‡does [dʌz; dʌz] ***v.*** **do**[1] 的第三人稱單數現在式。**—** [(輕讀) dəz; dəz; (重讀) dʌz; dʌz] ***aux.*** **do**[2] 的第三人稱單數現在式。

dóe·skìn ***n.*** **1 a** Ⓒ母鹿[兔、山羊、羚羊]皮。**b** Ⓤ(母鹿等的)鞣皮。**2** Ⓤ杜斯金呢《一種仿鹿皮的細軟羊毛織品》。

‡does·n't [ˋdʌznt; ˈdʌznt] **does not** 之略(⇨ do[2]).

do·est [ˋduɪst; ˈduːist] ***v.***《古・詩》do[1] 的主詞爲第二人稱單數 thou 時的直說法、現在式：thou ~ ＝you do.

do·eth [ˋduɪθ; ˈduːiθ] ***v.***《古・詩》do[1] 的第三人稱單數(cf. doth)：he [she] ~＝he [she] does.

doff [dɑf, dɔf; dɔf] **《源自 do off》—*v.t.***《古》**1** 脫掉〈衣、帽等〉(↔ don). **2** 廢除〈習俗等〉，拋棄〈壞習慣〉。

‡dog [dɔg; dɔg] ***n.* 1** Ⓒ**犬**，狗《★ 相關用語 小狗叫 puppy, whelp；「狗屋」爲 kennel；狗叫聲有 bark, bay, bowwow；growl, howl, snarl；whine, yap, yelp；形容詞爲 canine》：a police ~ 警犬/an army ~ 軍用犬/Every ~ has his [its] day.《諺》每條狗都有走運時；每一個人都有得意的日子/Give a ~ a bad [an ill] name and hang him.《諺》冠犬以惡名，再吊死牠《欲加之罪，何患無辭》/Love me, love my ~.《諺》如果愛我，也得愛我的狗《愛屋及烏》/You can't teach an old ~ new tricks. ⇨ trick 4 b.

> 【說明】⑴狗在英美人的心目中有兩種形象，即做爲寵物(pet)的 dog，和做爲 lead a dog's life(過悲慘的日子)這個比喻中所表示悲慘角色的 dog. 但英美人，尤其英國人對狗寵愛備至，稱狗爲「人類最好的朋友」(man's best friend). 象徵忠實(fidelity)，主人和狗同睡的情形更是屢見不鮮。同時，狗也常出現於諺語、寓言中；一般皆認爲狗與貓不和，因此「夫妻關係如同水火，吵架過日子」則說 lead a cat-and-dog life.
> ⑵在英美爲狗取的名字中較常見的有 Toby, Fido, Rover, Spotty 等。
> ⑶叫狗做動作的口令如下：Stay！(坐著！)Beg！(舉前腿！)Roll！(翻滾！)Down！(趴下！)

2 Ⓒ(犬科動物的)雄性，雄犬，公狗(↔ bitch)：a ~ wolf 公狼。

3 Ⓒ **a** 沒用的人；無魅力的男人；醜女。**b** [常與修飾語連用，也用於稱呼]傢伙(fellow)：a sad [jolly] ~ 愁眉苦臉[愉快]的傢伙。**c**《美俚》沒用的東西。

4 [the ~s]《口語》賽狗。

5 [~s]《俚・謔》腳(feet).

6 [~s] ＝andiron.

7 [the D~]《天文》**a** 大犬座(the Great Dog). **b** 小犬座(the Little Dog).

a dóg in the mánger《口語》(霸佔自己無用的東西又阻止他人使用的)心術不良的人，佔著茅坑不拉屎的人。

> 【字源】源自「伊索寓言」(*Aesop's Fables*)中一隻壞心腸的狗爬進牛(ox)的秣槽中，自己不吃乾草，又不讓牛吃的故事。

a dóg's chánce [用於否定句]很小的機會，渺小的希望：There is *not a ~'s chance.* 毫無機會。

a [the] háir of the dóg that bít one ⇨ hair.

(as) síck as a dóg 覺得很不舒服。

díe a dóg's déath ＝ díe like a dóg 死得可恥[悲慘]，潦倒而死。

dóg éat dóg 狗咬狗 [互相殘害] (的激烈競爭)。

dréssed úp like a dóg's dínner《英口語》穿著炫麗的，特別打扮的。

gò to the dógs《口語》淪落，潦倒，毀滅；墮落。

léad a dóg's life 過悲慘[困苦]的生活。

léad a person **a dóg's life** 使某人過悲慘的日子；使某人經常苦惱。

lèt sléeping dógs líe ⇨ sleeping.

pùt ón the dóg《俚》充門面，裝闊，擺架子，裝模作樣。

thrów...to the dógs 把…(當作廢物)丟棄；犧牲…。

tréat a person **like a dóg**《口語》慢待〈某人〉，漫不經心地對待〈某人〉：She *treats* her husband *like a dog.* 她慢待丈夫。

—*v.t.* (**dogged**；**dog·ging**)〔十受〕**1**〔如狗一般〕尾隨，到處跟蹤〈人〉：The police *dogged* the thief [the thief's footsteps]. 警方追蹤那名竊賊。**2**〈災難、不幸等〉緊跟著，纏住〈某人〉《★常用被動語態》：He *was dogged* by debts [misfortune]. 他債務纏身[不幸緊跟著他]/Bad luck *dogged* him at the heels. 惡運纏著他。

dog·ber·ry [ˋdɔgˏbɛrɪ, -bərɪ; ˈdɔgberi, -bəri] *n.* Ⓒ《植物》**1** 劣質漿果《通常指不適於食用的小漿果，如茶藨子、醋栗、花楸果、山茱萸果等》。**2** 劣質果樹《結劣質果的灌木或小喬木，如醋栗、花楸、山茱萸等屬植物》。

dóg bìscuit *n.* Ⓒ餵狗的(硬)餅乾。

dóg·càrt *n.* Ⓒ **1** 狗拖的車。**2** 一種輕便的二人乘坐雙輪馬車《有背靠背的兩個座位，從前在座位下載獵犬》。

dogcart 2

dóg·càtcher *n.* Ⓒ捕捉野狗的人。

dóg-chéap *adj.* & *adv.*《美口語》奇廉的[地]；大減價的[地]。

dóg còllar *n.* Ⓒ **1** 狗的頸圈。**2**《謔》(牧師)頸圈式的衣領。

dóg dàys *n. pl.* 三伏天，大熱天，盛夏的酷熱日子：in the ~ 在盛夏。

【字源】古羅馬人把 the Dog Star(天狼星，又稱 Sirius)與太陽一起出沒的期間，即自七月三日起至八月十一日止的四十天稱爲 dog days. 他們相信這期間由於太陽的熱度加上光度極强的天狼星的熱度會形成酷暑。

doge [dodʒ; doudʒ] *n.* Ⓒ(古熱那亞(Genoa)及威尼斯(Venice)共和國的)總督；首長。

dóg-èar *n.* Ⓒ書頁的摺角。

—*v.t.* 將〈書頁〉摺角。

dóg-èared *adj.* **1** 書頁有摺角的。**2** 用舊了的；破舊的。

dog-eared pages

dóg-èat-dóg *adj.* [用在名詞前]狗咬狗的，自相殘殺的，競爭慘烈的，互相傾軋的，損人利己的：It's a ~ world. 這是個自相殘殺[損人利己]的世界。

dóg·fight *n.* Ⓒ **1** 狗打架，犬鬥；纏鬥，激戰。**2** (戰鬥機的)空戰，混戰。

dóg·fish *n.* Ⓒ(*pl.* ~, ~**es**)《魚》角鯊《角鯊科小型鯊魚的統稱；尤指盛產於北大西洋與北太平洋沿岸的白斑角鯊》。

dóg fòx *n.* Ⓒ《動物》雄狐。

dog·ged [ˋdɔgɪd; ˈdɔgid] *adj.* 頑固的，頑强的，固執的：with ~ determination 以堅定的決心/It's ~ (as [that]) does it.《諺》毅力使事情成功《有恆爲成功之本，堅持就是勝利》。

~·ly *adv.* **~·ness** *n.*

dog·ger [ˋdɔgɚ; ˈdɔgə] *n.* Ⓒ(荷蘭的)一種雙桅漁船。

Dóg·ger Bánk [ˋdɔgɚ-; ˈdɔgə-] *n.* [**the** ~] 多格沙洲《英格蘭東北部，北海中央部分的淺灘；爲世界屈指可數的大漁場》。

dog·ger·el [ˋdɔgərəl, ˋdɑg-; ˈdɔgərəl] *n.* Ⓤ(內容不正經，不合詩律的)歪詩，打油詩。

dog·gie [ˋdɔgɪ; ˈdɔgi] *n.* Ⓒ《兒語》小狗；汪汪。

dóggie bàg *n.* Ⓒ(把在餐廳吃剩的菜帶回家的)剩菜袋。

【說明】doggie bag 是在餐廳，客人爲包回吃剩的肉等而索取的袋子。由於美國的餐廳供應的菜餚分量極多，許多客人通常無法吃完。因此美國人從小被教育養成不浪費食物的習慣，他們對於包回吃剩的食物絲毫不以爲恥，而索取 doggie bag 也不失禮節。很多人是以給狗(doggie 或 doggy)吃做爲藉口而帶回自己吃，但人們覺得假藉狗的名義是對狗不公平的，因此近來逐漸改稱爲 **péople bàg.**

dog·gish [ˋdɔgɪʃ; ˈdɔgiʃ] *adj.* **1** 犬的；似犬的。**2** 乖戾的；鄙野的。**3** 時髦的；炫耀的。

dog·go [ˋdɔgo; ˈdɔgou] *adv.*《俚》(一動不動地)隱藏著《★常用於下列成語》。

líe dóggo《俚》隱藏，埋伏，一動不動地等候。

dog·gone [ˋdɔgˋgɔn, ˋdɑg-; ˈdɔgˈgɔn] 《美口語》*interj.* 可惡！該死！混蛋！

—*v.t.* 咒詛(damn)：I'll be ~*d* if I'll go. 如果我去就是混蛋《我絕不去》。

—*adj.* [用在名詞前]該死的，可惡的，討厭的。

dog·gy [ˋdɔgɪ; ˈdɔgi] *adj.* (**dog·gi·er**；**-gi·est**) **1 a** 狗(似)的。**b** 愛狗的。**2**《美口語》華麗的，時髦的。**—***n.* =doggie.

dóggy bàg *n.* =doggie bag.

dóg·hòuse *n.* Ⓒ《美》狗屋。

in the dóghouse《口語》失寵，丟臉，失體面。

do·gie [ˋdogɪ; ˈdougi] *n.* Ⓒ(美國西部之)失去母牛的小牛；迷失的小牛。

dóg Làtin *n.* **1** Ⓤ不正確之拉丁文；不合文法之拉丁文。**2** Ⓤ Ⓒ倣拉丁文的術語。

dóg·lèg *n.* Ⓒ **1** (如狗後腳般)彎曲成〈狀的東西。**2 a** 急彎[成〈形]的彎曲道路[跑道]。**b**《高爾夫》彎曲球道，美好區(fairway)。

dog·ma [ˋdɔgmə, ˋdɑg-; ˈdɔgmə] *n.* (*pl.* ~**s**, ~**·ta** [~tə; ~tə]) **1** Ⓒ[集合稱爲Ⓤ]**教義**，教理，教條，信條。**2** Ⓒ武斷的意見，定論。

dog·mat·ic [dɔgˋmætɪk, dɑg-; dɔgˈmætik] 《dogma 的形容詞》**—***adj.* **1** 教義上的，有關教理的。**2** 武斷的，獨斷的。

dòg·mát·i·cal [-tɪkḷ; -tikl] *adj.* =dogmatic. **~·ly** [-kḷɪ; -kəli] *adv.*

dog·mat·ics [dɔgˋmætɪks, dɑg-; dɔgˈmætiks] *n.* Ⓤ(宗教上的)教義學，教理神學。

dóg·ma·tìsm [-ˏtɪzəm; -tizəm] *n.* Ⓤ獨斷論；教條主義；武斷的態度。

dóg·ma·tist [-tɪst; -tist] *n.* Ⓒ獨斷(論)者，教條主義者，武斷的人。

dog·ma·tize [ˋdɔgməˏtaɪz, ˋdɑg-; ˈdɔgmətaiz] *v.i.* 獨斷地主張，武斷。**—***v.t.* 把〈主義等〉說成教條，使…教條化。

dóg·ma·tìz·er *n.* **dog·ma·ti·za·tion** [ˏdɔgmətɪˋzeʃən, ˏdɑg-; ˌdɔgmətaiˈzeiʃn] *n.*

dó-gòod《源自 do-gooder 的逆成字》**—***adj.* (具善意但)不切實際之慈善家[社會改革家]的。

do-good·er [ˋduˏgʊdɚ; ˌduːˈgudə] *n.* Ⓒ《口語・輕蔑》(雖從事善意的活動但)不切實際的慈善家[社會改革家]。

dó-gòod·ism [-dɪzəm; -dizəm] *n.* Ⓤ《口語・輕蔑》(具善意但)不切實際的社會改革主義。

dóg pàddle *n.* [用單數]狗扒式游泳法。

dóg ràcing *n.* Ⓤ賽狗《主要由靈猩(greyhound)參加的賽跑；用跑道內側的電動假兔(electric hare)引誘靈猩追逐它而飛奔》。

dóg ròse *n.* Ⓒ《植物》歐洲野薔薇《具粗壯的鈎狀刺，常植作樹籬》。

dógs·bòdy *n.* Ⓒ《英口語》地位低而又做最乏味工作的人，低層的打雜工。

dóg's-èar *n.*, *v.* =dog-ear.

dóg shòw *n.* Ⓒ畜犬展示會《按品種鑑定標準評定純種狗的比賽》。

dóg slèd, dóg slèdge *n.* Ⓒ狗拖的雪橇。

Dóg Stàr *n.* [**the** ~]《天文》天狼星(Sirius).

dóg tàg *n.* Ⓒ **1** 狗的識別牌《狗頸圈上的金屬片，上面載有狗主人的地址、姓名等》。**2**《美俚》(士兵掛在脖子上的)識別牌。

dóg-tíred *adj.*《口語》非常疲倦的，疲憊的。

dóg·tòoth *n.* Ⓒ(*pl.* **-teeth**) **1** 犬齒(canine tooth). **2**《建築》(英國哥德式建築初期的)犬齒飾，四葉飾。

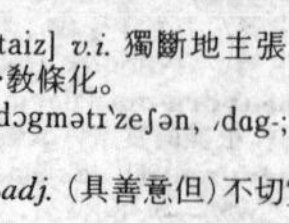

dogwood

dóg·tròt *n.* Ⓒ[常用單數](使人聯想到狗的)小步跑，慢步跑。

dóg·wàtch *n.* **1** Ⓒ《航海》暮更《隔兩小時輪換之當值；午後四至六時爲上暮更，六至八時爲下暮更，爲通常輪值時間之折半》。**2** Ⓤ《新聞》《俚》(記者等的)額外值班《正班之後仍留下來以等待額外特殊事件之發生的執勤時間》。

dóg·wòod *n.* Ⓒ《植物》山茱萸《又稱梾木，山茱萸屬灌木或喬木的統稱；尤指北美產的大花山茱萸》。

doh [do; dou] *n.* =do³.

doi·ly [ˋdɔɪlɪ; ˈdɔili] 《源自製造商的名字》**—***n.* Ⓒ(餐桌上墊於盤子、花瓶下的)花邊墊子。

doily

‡do·ing [ˋduɪŋ; ˈduːiŋ] *n.* **1** Ⓤ**做，實行**：Talking is one thing, ~ is another. 說

是一回事，做是另一回事/It's your own ～. 那是你自己做的事。**2** [～s]《口語》行爲，行動，舉止。**3** [～s]（想不出名字的）小東西，小件物品：Pass me the ～*s.* 把那個東西遞給我。**4** Ⓒ《英口語》叱責，責罵：give a person a ～ 責罵某人。

táke [wánt] sòme [a lót of] dóing《口語》〈事情〉需要很大努力的：It takes *some* ～ (to finish it in time). 那件事（要及時完成）需要很大的努力。

doit [dɔɪt; dɔit] *n.* Ⓒ **1** 昔日荷蘭之一種小銅幣。**2** 價值甚微之事；瑣事。

dó-it-yoursélf *adj.* [用在名詞前]（修理、裝配等）自己動手做的；爲業餘者使用或裝配而設計的《略作 D.I.Y.》：a ～ repair kit 業餘者使用的一套修理工具。

—*n.* Ⓤ自己動手做或修理東西的嗜好。

dol.《略》(*pl.* **dols.**) dollar(s).

dol·ce vi·ta [ˈdoltʃeˈvita; ˈdoultʃeiˈviːtə] **«**源自義大利語**»** **—***n.* ⓊⒸ縱情享樂之生活；甜蜜的人生。

dol·drums [ˈdaldrəmz; ˈdɔldrəmz] *n. pl.* [**the** ～] **1**《航海》（尤指赤道附近海上的）熱帶無風帶；無風狀態。**2** 憂鬱，悶悶不樂；消沉的狀態[期間]。

in the dóldrums (1)〈船〉進入無風帶。(2)《口語》悶悶不樂。(3)《口語》意志消沉；在低潮中；不景氣中。

dole[1] [dol; doul] *n.* **1** Ⓒ[常用單數]賑濟品，施捨物；分配物；少量的東西。**2** [**the** ～]《英口語》失業救濟金：be on *the* ～ 在領取失業救濟金《★美國爲 be on welfare》/go on [draw] *the* ～ 接受失業救濟金。

—*v.t.* 〔十受十副〕分發，施捨（少量）〈賑濟金、食物等〉〈*out*〉.

dole[2] [dol; doul] *n.* Ⓤ《古》悲哀；悲嘆。

dole·ful [ˈdolfəl; ˈdoulful] *adj.* 悲哀的，憂傷的；陰鬱的。
～**·ly** [-fəlɪ; -fuli] *adv.* ～**·ness** *n.*

‡**doll** [dal, dɔl; dɔl] **«**源自 Dorothy 的暱稱 Doll**»—***n.* Ⓒ **1** 玩偶，玩具娃娃。**2 a** 愚蠢的美女，美麗無知的女子。**b** 可愛的女子。**3**《美口語》親切的人，慷慨大方的人。

—《口語》*v.t.* 〔十受十副(十介十(代)名)〕[～ one*self*]〔以…〕裝扮〈*up*〉〔*in*〕《★也用被動語態，變成「裝扮」之意》：She *was* all ～*ed up in* furs and jewels. 她以皮大衣與珠寶把自己裝扮得漂漂亮亮。

—*v.i.* 〔十副〕著時髦[華麗]衣服，裝扮〈*up*〉.

Doll [dal, dɔl; dɔl] *n.* 多爾《女子名；Dorothy 的暱稱》。

‡**dol·lar** [ˈdalɚ; ˈdɔlə] *n.* Ⓒ **1** 元，圓《美國、加拿大、賴比瑞亞、衣索比亞、香港、馬來西亞、新加坡、澳洲、紐西蘭等的貨幣（單位）；等於 100 cents；符號 $：$100 一百（美）元》：How much is the ～ today？今天美元（的行情）是多少？

【字源】古時候在波希米亞（Bohemia）《即現在的捷克西部地區》的一個叫作聖約阿欣谷（St. Joachimstal）的城鎮附近有銀山，用這銀山所產的銀鑄造的銀幣，以德語稱爲約阿欣斯達拉（Joachimsthaler）《約阿欣谷產品》。後來省略了 Joachims 而留下 thaler，再成爲 dollar.

2 一美元貨幣（⇨ coin 1★）；一美元紙幣。

bét one's bóttom dóllar ⇨ bet.

líke a míllion dóllars ⇨ million.

dóllar àrea *n.* Ⓒ美元區域。

dóllar diplòmacy *n.* Ⓤ美元[財力]外交《美國等以經濟力爲背景的外交政策》。

dóllar gàp [shòrtage] *n.* Ⓒ（一國在國際貿易上因入超所造成的）美金虧空，美元差距[短缺]。

dóll·hòuse,《英》**dóll's hòuse** *n.* Ⓒ **1** 娃娃之家；玩具房子。**2** 玩具似的（小）房子。

dol·lop [ˈdaləp; ˈdɔləp] *n.* Ⓒ **1** 〔奶油、冰淇淋等柔軟的〕團，塊〔*of*〕：a ～ *of* jelly 一團果凍。**2** 〔液體的〕少量〔*of*〕：a ～ *of* whiskey 少量的威士忌。**3** 〔幽默等的〕一點點〔*of*〕：with a ～ *of* satire 略帶諷刺地。

dol·ly [ˈdalɪ, ˈdɔlɪ; ˈdɔli] *n.* Ⓒ **1**《兒語》娃娃《暱稱》。**2**（又作 **dólly bìrd**）《英口語》（衣著時髦但不太聰明的）俏姑娘。**3**（在車站、機場等用以搬運重物，附有腳輪的）手推車。**4**《電影・電視》移動式攝影機座臺。

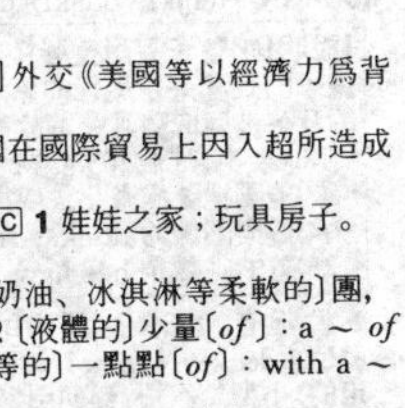
dolmen

Dol·ly [ˈdalɪ, ˈdɔlɪ; ˈdɔli] *n.* 多麗《女子名；Dorothy 的暱稱》。

dol·man [ˈdalmən; ˈdɔlmən] *n.* Ⓒ (*pl.* ～**s**)婦女用的披肩式有袖斗篷。

dólman sléeve *n.* Ⓒ寬鬆的連身袖，蝴蝶袖《與上身相連，在手腕處變窄的寬鬆袖子》。

dol·men [ˈdalmen; ˈdɔlmen] *n.* Ⓒ《考古》桌形石《豎起的天然石頭上擺放扁平大石頭而成，爲太古民族的遺物；cf. cromlech》.

do·lo·mite [ˈdaləˌmaɪt; ˈdɔləmait] **«**源自法國地質學家之名**»** **—***n.* Ⓤ白雲石[岩]。

do·lor,《英》**do·lour** [ˈdolɚ; ˈdɔlə, ˈdou-] *n.* Ⓤ《詩》悲哀，憂傷（grief）.

do·lor·ous [ˈdalərəs, ˈdol-; ˈdɔlərəs] **«**dolor 的形容詞**»—***adj.* 《詩》悲哀的，憂傷的，悲痛的；痛苦的。～**·ly** *adv.*

dol·phin [ˈdalfɪn; ˈdɔlfin] *n.* **1** Ⓒ《動物》**a** 海豚《尤指眞海豚屬者》。**b** ＝porpoise. **2** Ⓒ《魚》鯕鰍《尤指鯕鰍屬之小鯕鰍》。**3** [**the D**～]《天文》海豚座。

dolt [dolt; doult] *n.* Ⓒ傻瓜，笨蛋。

dólt·ish [-tɪʃ; -tiʃ] *adj.* 愚蠢的。～**·ly** *adv.*

dom.《略》domestic；dominion.

-dom [-dəm; -dəm] 字尾 [名詞字尾] **1** …的地位；…權；…的勢力範圍[管轄區]，…領域：Christen*dom*, king*dom*. **2** …的狀態：free*dom*, martyr*dom*. **3** …界；…社會；…性情《★常帶有輕蔑之意》：official*dom*.

do·main [doˈmen; douˈmein] **«**源自拉丁文「所有權、支配」之義**»—***n.* **1** Ⓒ領地，領土（territory）. **2** Ⓒ（知識、思想、活動等的）領域，範圍，…界（sphere）：He is a leader *in* the ～ of English literature. 他是英國文學界的泰斗/Chemistry is *out of* my ～. 化學不是我的本行。**3** Ⓤ《法律》（土地的）完全所有權：～ of use 租地人的地上權。

dome [dom; doum] **«**源自義大利語「大教堂」之義**»—***n.* Ⓒ **1**（半球形的）圓屋頂，圓天花板。**2 a** 圓屋頂狀的東西：the ～ of the sky 天頂，蒼穹。**b**（山等的）圓頂。**c** 半球形的建築物。**d** 鐘形覆蓋物。**e**《美口語》頭。

dome 1

domed *adj.* **1** [常構成複合字]有圓屋頂的。**2** 半球形的，圓頂狀的：a ～ forehead 圓凸的額頭。

dóme lìght *n.* Ⓒ（汽車等的）車內燈。

domes·day [ˈdumzˌde; ˈduːmzdei] *n.* 《古》＝doomsday.

Dómesday Bòok *n.* [**the** ～]（中世紀英國的）地籍簿《英國國王威廉一世（William I）於 1086 年下令以拉丁文書寫成的土地調查清冊》。

do·mes·tic** [dəˈmɛstɪk; dəˈmestik] **«**源自拉丁文「家的」之義**»** **—adj.* (**more** ～；**most** ～) **1**（無比較級、最高級）家庭的，家事的：～ affairs 家事/a ～ drama 家庭倫理劇/～ science [economy]家政（學），家庭經濟/a ～ relations court 家事法庭/～ industry [system]家庭工業[制度]。

2（適合）家庭的；善理家務的：～ pleasures 適合家庭的娛樂/a ～ girl 慣於過家庭生活[善理家務]的女孩。

3 馴服的，養馴了的（↔ wild）：～ animals 家畜/a ～ duck 鴨子（⇨ duck[1] 相關用語）。

4（無比較級、最高級）國內的，本國的；國產的，自製的（↔ foreign）：a ～ airline 國內航線/～ policy 國內政策/～ postage [mail]國內郵資[郵件]/～ production 自家[國內]生產。

—*n.* Ⓒ僕人，傭人（servant）《★現在多半指女子》。

do·més·ti·cal·ly [-klɪ; -kəli] *adv.*

do·mes·ti·cate [dəˈmɛstəˌket; dəˈmestikeit] **«**domestic 的動詞**»—***v.t.* **1** 養馴〈動物等〉（⇨ tame【同義字】）。**2** 使〈人〉習慣於家庭生活，使…喜愛家庭，使…習於家事：Marriage has ～*d* him. 結婚使他習慣於家庭生活。

do·mes·ti·ca·tion [dəˌmɛstəˈkeʃən; dəˌmestiˈkeiʃn] *n.*

do·més·ti·càt·ed *adj.*《英》〈女子〉喜歡[習於]家庭生活的：a ～ woman 喜歡家庭生活的婦女。

do·mes·tic·i·ty [ˌdomɛsˈtɪsətɪ; ˌdoumeˈstisəti] **«**domestic 的名詞**»—***n.* **1** Ⓤ家庭生活；對家庭（生活）的喜愛。**2** Ⓒ[常 **domesticities**]家事。

dom·i·cile [ˈdaməsḷ, -sɪl; ˈdɔmisail] *n.* Ⓒ **1**《文語》住處，家。**2**《法律》住所：one's ～ of choice [origin] 居留[原籍]地。

—*v.t.* 《文語》使〈人〉定居《★常用被動語態》：Where *are* you ～*d*? 你定居於何處？

dom·i·cil·i·ar·y [ˌdaməˈsɪlɪˌɛrɪ; ˌdɔmiˈsiljəri] *adj.* 住所的，家宅的；戶籍的：a ～ register 戶籍/a ～ search [visit]住宅搜查。

dom·i·cil·i·ate [ˌdaməˈsɪlɪˌet; ˌdɔmiˈsilieit] *v.t.* ＝ domicile.

—*v.i.* 定居。

dom·i·nance [ˈdamənəns; ˈdɔminəns] **«**dominant 的名詞**»—***n.* Ⓤ **1** 優越。**2** 權勢；支配；優勢。

dom·i·nant** [ˈdamənənt; ˈdɔminənt] **«**dominate 的形容詞**»** **—adj.* (**more** ～；**most** ～) **1** 支配的，統治的；最有勢力的，佔優勢的：the ～ party 第一大[多數]黨。**2**（超羣地）高的，高聳的：a ～ cliff 高聳的絕壁。**3**（無比較級、最高級）《生物》顯性

的；優勢的(cf. recessive 2)：a ～ character [trait]顯性性狀。**4** (無比較級、最高級)〖音樂〗〈音階〉第五度音的，屬音的。

—*n.* Ⓒ **1**〖生物〗顯性性狀，優性。**2**〖音樂〗(音階的)屬音。

dom·i·nate** [ˋdɑməˏnet; ˈdɔmineit] 《源自拉丁文「支配」之義》—*v.t.* 〔十受〕**1 a** 支配，控制，左右，操縱；威壓〈人等〉：A man of strong will often ～*s* others. 意志堅强的人常支配他人/His heart was ～*d* by ambition. 他的心受制於野心，他雄心[野心]勃勃/Don't (let yourself) be ～*d* by circumstances. 不要(讓你自己)爲環境所左右。**b** 抑制〈感情等〉：～ one's passions 控制激情。**2** 在…方面佔優勢，居…之首：～ a football league 居足球聯盟之首。**3** 〈山等〉高聳於…，俯瞰…：The old castle ～*s* the whole city. 那座古堡俯瞰整個城市。—*v.i.* 〔十介十(代)名〕支配，威壓〔…〕；〔在…方面〕佔優勢〔*over, in*〕：The strong ～ ***over the weak. 强者支配[控制]弱者。

dom·i·na·tion [ˏdɑməˋneʃən; ˌdɔmiˈneiʃn] 《dominate 的名詞》—*n.* **1** Ⓤ統治，支配，管轄，壓制〔*over*〕. **2** Ⓤ優勢。**3** [～s] 治權天使《天使九階級(三級各三隊)中屬於第四階級的天使；cf. hierarchy 4》.

dóm·i·nà·tor [-tɚ; -tə] *n.* Ⓒ支配者，統治者。

dom·i·neer [ˏdɑməˋnɪr; ˌdɔmiˈniə] *v.i.* 〔動(十介十(代)名)〕〔對…〕作威作福〔*over*〕：She ～*s* ***over*** the servants. 她對傭人作威作福。

dòm·i·néer·ing [-ˋnɪrɪŋ; -ˈniəriŋ] *adj.* 盛氣凌人的，跋扈的，作威作福的。

～·ly *adv.*

Dom·i·nic [ˋdɑmənɪk; ˈdɔminik] *n.* **1** 多米尼克《男子名》。**2** [St. ～] (聖) 道明《1170–1221；西班牙僧侶，爲道明(修道)會(Dominican Order)的創辦人》。

Dom·i·ni·ca[1] [dəˋmɪnɪkə, ˏdɑməˋnikə; ˌdɔmiˈni:kə, dəˈminikə] *n.* 旦米尼加《女子名》。

Dom·i·ni·ca[2] [dəˋmɪnɪkə, ˏdɑməˋnikə; ˌdɔmiˈni:kə, dəˈminikə] *n.* 多米尼克《西印度羣島中的一島；屬於英屬西印度羣島國家聯邦；首都羅梭(Roseau [roˋzo; rouˈzou])》.

do·min·i·cal [dəˋmɪnɪkḷ; dəˈminikl] *adj.* **1** 主的，基督的。**2** 主日的，星期日的。

Do·min·i·can [dəˋmɪnɪkən, ˏdɑməˋnikən; dəˈminikən, ˌdɔmiˈni:kən] *adj.* **1 a** 聖道明的(cf. Dominic 2). **b** (天主教)道明會的：the ～ Order 道明(修道)會。**2** 多明尼加共和國的。

—*n.* Ⓒ **1** 道明會的修道士(Black Friar). **2** 多明尼加共和國人。

Domínican Repúblic *n.* [the ～] 多明尼加共和國《居西印度羣島中希斯盤紐拉島(Hispaniola)的東半部；首都聖多明哥(Santo Domingo [ˏsæntodəˋmɪŋgo; ˌsæntoudəˈmiŋgou])》.

dom·i·nie [ˋdɑmənɪ; ˈdɔmini] *n.* Ⓒ **1**《蘇格蘭》教師；夫子。**2** (荷蘭改革派教會的)牧師。**3**《美》牧師。

do·min·ion [dəˋmɪnjən; dəˈminjən] *n.* **1** Ⓤ支配[統治]權，主權〔*over*〕：exercise ～ *over*... 對…運用統治權[實行統治]/be under the ～ of... 在…的支配下。**2** Ⓒ領土。**3** [常 D～] Ⓒ(大英帝國的)自治領：the *D*～(*of* Canada)加拿大自治領。

> 【說明】原指在英國領土內有自己內閣與議會的加拿大、紐西蘭、斯里蘭卡等國，但現在均已完全獨立，並成爲大英國協(the British Commonwealth of Nations)的成員。

Domínion Dày *n.* (加拿大的)自治紀念日《七月一日；爲加拿大的法定假日以紀念 1867 年的自治宣言》。

dom·i·no [ˋdɑməˏno; ˈdɔminou] *n.* (*pl.* ～**es**, ～**s**) **1** Ⓒ化裝舞衣《參加化裝舞會時所穿附帶有頭巾與面罩的外衣》。

2 a Ⓒ(骨、象牙、木、塑膠製的)骨牌。

> 【說明】domino 是使用二十八張骨牌配對分數的一種遊戲。骨牌形狀類似麻將牌呈長方形，正面有一直線或凸紋，分成兩個方區並排，各方區有零到九不等的點，玩時由二或四人競相把自己的牌配對他人所出的同分數的牌，(最)先把自己的牌全部出完的人便喊 Domino！表示獲勝。另有一種骨牌遊戲使用總共四十五張骨牌，分別把從零到九的點數組合成一組來玩。

b [～(e)s；當單數用] 骨牌遊戲。

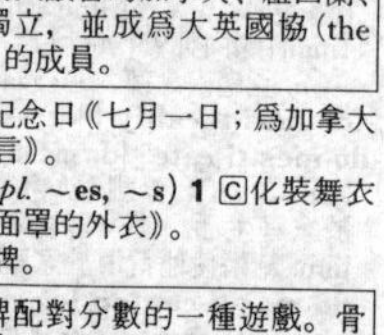

dominoes 2 a

dómino effèct *n.* Ⓒ骨牌效果，連鎖反應《指一件事發生時其他事跟著陸續發生的效果》。

dómino thèory *n.* [the ～] 骨牌理論，連鎖反應理論《一個國家被赤化時周圍各國也會連鎖性被赤化的理論》。

don[1] [dɑn; dɔn] 《源自西班牙語「主人」之義》—*n.* **1** [D～；西班牙人所用的尊稱，冠於洗禮名之前] …先生，閣下(cf. doña, señor 1)：⇨ Don Juan, Don Quixote. **2** Ⓒ西班牙紳士；西班牙人。**3** Ⓒ **a** (牛津，劍橋大學學院(college)的)院長；學監；個人指導教師(tutor)；特別研究員(fellow). **b**《英》大學教授。

dominoes 2 b

don[2] [dɑn; dɔn] 《源自 do on》—*v.t.* (**donned**; **don·ning**)《古》穿〈衣服〉，戴〈帽子等〉(↔ doff).

Don [dɑn; dɔn] *n.* 唐《男子名；Donald 的暱稱》。

do·ña [ˋdɔnjɑ; ˈdɔnjɑ:] 《源自西班牙語 'lady' 之義》—*n.* **1** [D～；西班牙人對貴婦的尊稱，冠於洗禮名之前] …夫人(cf. don[1] 1). **2** Ⓒ西班牙的貴婦人。

Don·ald [ˋdɑnḷd; ˈdɔnld] *n.* 唐納德《男子名；暱稱 Don》.

Dónald Dúck *n.* 唐老鴨《在華德・狄斯奈(Walt Disney)所製作的卡通影片中出現的一隻鴨子的名字》。

do·nate [ˋdonet; douˈneit] *v.t.* 〔十受(十介十(代)名)〕把…贈與，捐贈〔人〕〔*to*〕(《★ 比較 一般用 give, contribute》)：～ blood 捐血/He has ～*d* his library ***to*** our school. 他把自己的藏書捐給我們學校了。—*v.i.* 捐贈，贈與。

do·na·tion [doˋneʃən; douˈneiʃn] 《donate 的名詞》—*n.* **1** ⓊⒸ(爲公共福利而)捐贈。**2** Ⓒ捐贈之物；捐款：～*s to* the Red Cross 對紅十字會的捐款。

do·na·tive [ˋdɑnətɪv, ˋdonə-; ˈdounətiv] *n.* Ⓒ捐贈物；捐款。

dó·na·tor [-tɚ; -tə] *n.* Ⓒ捐贈者。

‡**done** [dʌn; dʌn] *v.* do[1] 的過去分詞。

Éasier sáid than dóne. ⇨ say *v.t.* 1 a.

Nò sóoner sáid than dóne. ⇨ no SOONER ... than.

—*adj.* (無比較級、最高級) **1** [不用在名詞前] **a** 完成的，結束的，終了的：*D*～！[接受打賭]好，賭了！/I want you to be back before the day is ～. 我要你在天黑前回來。**b** 〔十介十(代)名〕完成〔…〕的，辦完〔…事〕的；〔與…〕斷絕關係的〔*with*〕(cf. have done with... ⇨ do[1] 成語)：Are you ～ ***with*** the newspaper? 你看完報紙了嗎？/⇨ OVER and done with. **2** [常構成複合字]〈食物〉煮得(熟透)的：⇨ overdone, underdone, well-done/This meat is not properly ～. 這塊肉沒有煮好。**3** [常用於否定句]《口語》〈行爲等〉合乎禮節的：It's *not* ～ to eat peas with a knife. 用刀子吃豆是不合乎禮節的/That isn't ～ [the ～ thing]. 那是無禮的[有失禮貌的]。

do·nee [doˋni; douˈni:] *n.* Ⓒ受贈者(↔donor).

don·jon [ˋdʌndʒən, ˋdɑn-; ˈdɔndʒən] *n.* Ⓒ(中世紀城堡的)主樓，主塔。

Don Ju·an [dɑnˋdʒuən; ˌdɔnˈdʒu:ən] *n.* **1** 唐璜。

> 【說明】據傳說這位十四世紀的西班牙貴族，因爲誘騙許多婦女而下了地獄。他的故事常被用做文學或音樂的題材，尤其以莫札特(Mozart)的歌劇「唐・喬望尼」(*Don Giovanni*)和拜倫(Byron)的詩「唐璜」(*Don Juan*)最爲著名。這個名字現在被用以比喻放蕩好色、玩弄女人的花花公子。

2 Ⓒ放蕩者，花花公子。

***don·key** [ˋdɑŋkɪ, ˋdɔŋkɪ; ˈdɔŋki] *n.* Ⓒ **1**〖動物〗驢。

> 【說明】(1)驢子忍耐性强，但另一方面是愚鈍和無知的代名詞。驢子的長耳朵是愚鈍的象徵《在中國則代表福氣》；有不少國王的耳朵被變成驢耳朵的故事。
> (2)ass 有「屁股」的意思，一般用 donkey.
> (3)美國把驢漫畫化，成爲民主黨的象徵(cf. elephant).
> (4)遊樂園等的 donkey-ride(騎驢)很受英美兒童的歡迎。
> (5)驢的叫聲是 hee-haw.

2 愚蠢者，笨蛋，頑固的人。**3** (又作 **dónkey èngine**) (船上攜帶用的)小型蒸汽機，輕便引擎，副機。

donkey 1

dónkey jàcket *n.* Ⓒ(工人穿的)厚夾克。

dónkey's yèars 《years 聯想到驢耳(ears)長的說法》—*n. pl.*《英俚》很長的時間，很久。

dónkey·wòrk *n.* Ⓤ《英口語》單調而辛苦的工作(《★常用於下列片語》)：do the ～ 做單調辛苦的工作。

don·na [ˋdɑnə; ˈdɔnə] 《源自義大利語 'lady' 之義》—*n.* (*pl.* **donne** [-ne; -nei]) **1** [D～；義大利語冠於貴婦名之前的尊稱] …夫人。**2** Ⓒ義大利的貴婦人。

Donne [dʌn; dʌn, dɔn], **John** *n.* 但恩《1572–1631；英國玄學派的詩人及牧師》。

don·nish [ˋdanɪʃ; ˈdɔniʃ] *adj.* 像(英國大學)學監(don)(等)的；賣弄學問的，學究式的。

don·ny·brook [ˋdanɪˏbrʊk; ˈdɔnibruk] «源自愛爾蘭一市場名»—*n.* Ⓒ[常 D~]亂哄哄的爭吵；瞎吵；胡吵亂鬧。

do·nor [ˋdonɚ; ˈdounə] *n.* Ⓒ **1** 寄贈者，施主(↔ donee). **2** [常構成複合字]〖醫〗捐贈(血液、器官等的)人：a blood ~ 捐血者。

dó-nòthing *adj.* 懶惰的；無進取心的；(政治上)安於現狀的。—*n.* Ⓒ懶人，懶鬼。

Don Quix·o·te [ˏdankɪˋhotɪ, danˋkwɪksət; ˌdɔnˈkwiksət, ˌdɔnkiˈhouti] *n.* **1** 唐·吉訶德《西班牙作家塞凡提斯(Cervantes)的諷刺小說；其主人翁名》。**2** Ⓒ不切實際的理想家。

> 【說明】唐·吉訶德讀了太多當時流行的騎士故事後，帶僕人山卓·潘扎(Sancho Panza)遊歷習武，經歷種種滑稽的冒險和失敗，因而被用作不切實際的行動派理想主義者的代名詞，與思索派的哈姆雷特(Hamlet)形成對比；cf. fight [tilt at] WINDMILLS.

‡**don't** [dont; dount] do² not 之略《★用法 以 don't 作爲 does not 的縮寫是非標準用法》。
—*n.* Ⓒ[常 ~s]禁止事項，禁令，戒律(cf. do¹ *n.* 3).

doo·dle [ˋdudl; ˈdu:dl] *v.i.* (心不在焉地)胡寫亂畫。
—*n.* Ⓒ《口語》(想著心事時的)塗鴉，亂畫的東西。

dóodle·bùg *n.* Ⓒ **1** 蟻獅的幼蟲。**2** (探求地下水、油、礦等用的)占棒，卜杖。**3**《英口語》=buzz bomb.

doom [dum; du:m] «源自古英語「判決」之義»—*n.* **1** ⓊⒸ[常用單數](常指壞的)命運；劫數；毀滅，死亡(⇨ fate【同義字】)：foresee one's ~ 預知自己的命運/meet [go to] one's ~ 面對[接受]自己的毀滅，死亡。**2** Ⓤ(上帝所下的)最後審判：⇨ the CRACK of doom/the day of ~ =doomsday.
—*v.t.* **1 a** 〔+受(+介+(代)名)〕註定…〔…結局〕〔*to*〕《★常用被動語態》：~*ed to* oblivion 註定被遺忘/The plan *was* ~*ed to* failure. 該計畫註定失敗。**b** 〔+受+ *to* do〕註定…〈要…〉《★常用被動語態》：He *was* ~*ed to* die on the battlefield. 他註定要死於戰場。**2** 〔+受+介+(代)名〕〈法官〉對〈人〉判〔刑〕〔*to*〕：The prisoner was ~*ed to* death. 那名囚犯被判死刑。

dooms·day [ˋdumzˏde; ˈdu:mzdei] [常 D~] Ⓤ最後的審判日，世界末日(the Last Judgment).
till dóomsday 直到世界末日，永遠地(forever).

‡**door** [dor, dɔr; dɔ:] *n.* Ⓒ **1** 門，戶。

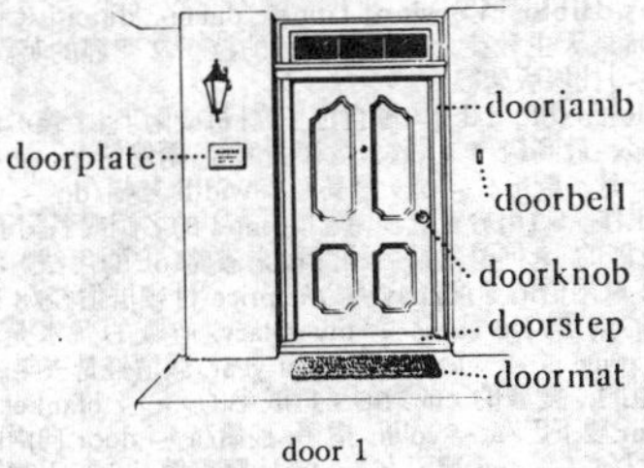

door 1

2 [常用單數]門口，(有門的)出入口：*at* the ~ 在門口/There is someone *at* the ~. 有人在門口；門口有訪客/*in* the ~ 在出入口/stand *in* the ~ 站在門口，堵住進出口/answer the ~《口語》應門，開門(迎客)/⇨front door/He lives only a few ~*s* away. 他住在僅隔兩三家的地方；過去幾家就是他住的地方。**3** 一戶，一棟：⇨ NEXT door.
4 〔通往…的〕道路，關口，入口，門戶〔*to*〕：⇨ open door/a ~ *to* success 通往成功之路。

at a person's dóor (1)在(家)近處，在附近(close by). (2)歸因[咎]於某人：The fault lies *at* my ~. 那個過失是我的責任/lay the fault *at* his ~ 把過失歸咎於他。
at the dóor of… =at a person's DOOR (2).
be at déath's dóor 瀕臨死亡，垂死。
be on the dóor 做(剪票等)管理出入的工作。
by the báck dóor 秘密地，偷偷地。
clóse the dóor on [to]… (1)關門不讓…進入。(2)對…關上門，對…閉門不納。
dárken a person's **dóor(s)** ⇨ darken.
from dóor to dóor 挨家挨戶地。
in dóors 在屋內，在室內(cf. indoor(s)).
léave the dóor ópen for… 保留…的餘地，使…成爲可能：*leave the ~ open for* further negotiation 保留進一步交涉的餘地。
ópen the dóor for… (1)替〈(自己無法開門的)人〉開門。(2)=open the DOOR to (2).
ópen the dóor to… (1)爲讓〈外面的人〉進入而開門。(2)對…開放門戶；給與…方便。
òut of dóors 在戶外，在屋外(outdoors)：play *out of* ~*s* 在外面玩。
shów a person **the dóor** (指著門)把某人趕出(外面)，對某人下逐客令。
shów a person **to the dóor** 送某人到門口。
shút the dóor in a person's **fáce** (1)不讓人進入，使人吃閉門羹。(2)使人不能實行計畫，妨礙某人。
shút the dóor on [to]… =close the DOOR on [to].
thrów ópen the dóor to… 對…開放門戶，使…成爲可能。
withìn [withòut] dóors 在屋內[屋外]《★較 in [out of] doors 爲拘泥的說法》。

dóor·bèll *n.* Ⓒ門鈴(⇨ door 插圖)。
dóor·càse *n.* Ⓒ門框。
dóor chàin *n.* Ⓒ防盜鍊《爲防盜而裝在門內的裝置》。
dóor chèck [clòser] *n.* Ⓒ門緩閉器《爲防止關門時猛然碰撞的自動關門裝置》。
dó-or-díe *adj.* [用在名詞前]不幹毋寧死的；死而後已的。
dóor·fràme *n.* =doorcase.
dóor·jàmb *n.* Ⓒ門側柱，門框邊框(⇨ door 插圖)。
dóor·kèeper *n.* Ⓒ門房，門衛；守門人。
dóor·knòb *n.* Ⓒ門把(⇨ door 插圖)。
dóor·màn *n.* Ⓒ(*pl.* **-mèn**)(旅館、俱樂部等的)門房，門僮《替客人開關車門、搬行李、叫計程車的服務員》。
dóor·màt *n.* Ⓒ (門口的) 擦鞋墊 (⇨ door 插圖)。
dóor mìrror *n.* Ⓒ(車輛的)車外鏡；車門後視鏡。
dóor mòney *n.* Ⓤ(遊樂場等的)入場費。
dóor·nàil *n.* Ⓒ(從前用以裝飾門的)門上飾釘。
(**as**) **déad [déaf] as a dóornail**《口語》死定了，僵死了。

> 【字源】doornail 被釘在門上做裝飾或加强之用，常常由於訪客猛敲以致門很快就損壞，因而產生了這個比喻。

dóor·plàte *n.* Ⓒ(裝在門上的金屬製)門牌(⇨ door 插圖)。
dóor·pòst *n.* =doorjamb.
dóor prìze *n.* Ⓒ(宴會、劇院等)入場時拿到的中獎獎品，門票對號獎。
dóor·sìll *n.* Ⓒ門限，門檻，閾。
door·step [ˋdorˏstɛp, ˋdɔr-; ˈdɔ:step] *n.* Ⓒ門階(⇨ door 插圖)。
at a person's dóorstep =at a person's DOOR.
dóor·stòp(per) *n.* Ⓒ **1** 門擋，門制止器《楔子等》。**2** (裝在門外側牆壁、地板，通常末端有橡皮防止牆受損的)門墊。
dóor-to-dóor *adj.* [用在名詞前]挨戶的；從一家到另一家的：a ~ salesman 挨戶訪問的推銷員/a ~ delivery service 挨戶遞送服務。—*adv.* 挨戶地；從一家到另一家地。

***door·way** [ˋdorˏwe, ˋdɔr-; ˈdɔ:wei] *n.* Ⓒ **1** 門口，出入口：Don't stand *in* the ~. 不要站在門口。**2** 〔通往…的〕入門〔*to*〕.
dóor·yàrd *n.* Ⓒ《美》門口的前院[庭院]。

dope [dop; doup] *n.* **1** Ⓤ《口語》**a** 麻藥：on [off] ~ 常服用[戒掉]麻藥。**b** (賽馬前給馬服用的)興奮劑。**2** Ⓤ **a** 機械油，潤滑油。**b** (塗於飛機翼布等的)明膠，塗布漆。**3** Ⓤ《俚》**a** 內部消息，賽馬成績的預測：a ~ sheet《俚》(賽馬等的)預測報紙；賽馬新聞。**b** (秘密的)情報。**4** Ⓒ《美俚》麻藥中毒者。**5** Ⓒ《口語》笨蛋。
—*v.t.* **1** 把明膠塗於…。**2 a** 使〈人〉吸食麻藥。**b** [~ one*self*]吸食麻藥。**c** (偷偷)給〈比賽的馬等〉喝興奮劑。
—*v.i.* 服用麻藥，吸毒。

dópe fìend *n.* Ⓒ《俚》麻藥慣用者。
dope·ster [ˋdopstɚ; ˈdoupstə] *n.* Ⓒ《美口語》(選舉、賽馬等結果的)預言者。
dop·ey [ˋdopɪ; ˈdoupi] «dope 的形容詞» —*adj.* (**dop·i·er**; **-i·est**) **1**《口語》被麻藥麻醉的，昏昏沉沉的，迷迷糊糊的。**2**《俚》愚蠢的，笨的。
Dop·pel·gäng·er [ˋdapəlˏgæŋɚ; ˈdɔplˌgæŋə] «源自德語 'double-goer' 之義»—*n.* Ⓒ活者的魂魄，生靈《通常只有本人才看得見》。
dop·y [ˋdopɪ; ˈdoupi] *adj.* (**dop·i·er**; **-i·est**)=dopey.
Do·ra [ˋdorə, ˋdɔrə; ˈdɔ:rə] *n.* 朵拉《女子名；Dorothy, Theodora 的暱稱》。
do·ra·do [dəˋrado; dəˈrɑ:dou] *n.* **1** Ⓒ〖魚〗鯕鰍《鯕鰍屬海魚的統稱》。**2** [D~]〖天文〗劍魚(星)座。
Dor·ches·ter [ˋdɔrˏtʃɛstɚ, ˋdɔrtʃɪstɚ; ˈdɔ:tʃistə] *n.* 多徹斯特《英格蘭南部的一個城市；爲多塞特郡(Dorset(shire))首府》。
Do·ri·an [ˋdorɪən, ˋdɔr-; ˈdɔ:riən] «Doris² 的形容詞»—*adj.* (古代希臘的)多利斯(Doris)(人)的。—*n.* Ⓒ多利斯人。
Dor·ic [ˋdɔrɪk; ˈdɔrik] «Doris² 的形容詞» —*adj.* **1** 多利斯(Doris)地方的；多利斯人的(Dorian). **2**〖建築〗陶立克式的：the

~ order〖建築〗陶立克式柱型《最古代的希臘建築；⇨ order 插圖》。

—*n.* Ⓤ **1** (古代希臘的)多利斯方言。**2**〖建築〗陶立克式。

Dor·is¹ [ˈdɔrɪs; ˈdɔris] *n.* 桃麗絲《女子名》。

Dor·is² [ˈdɔrɪs; ˈdɔ:ris] *n.* 多利斯《希臘中部地區》。

dorm [dɔrm; dɔ:m] *n.* Ⓒ《美口語·英學俚》=dormitory 1.

dor·man·cy [ˈdɔrmənsɪ; ˈdɔ:mənsi] **«dormant 的名詞»—*n.*** Ⓤ **1** 休眠(狀態)，冬眠。**2** 不活動狀態，休止，靜止。

dor·mant [ˈdɔrmənt; ˈdɔ:mənt] **«源自拉丁文「睡覺」之義»** **—*adj.*** **1**〈人等〉在睡覺(似)的；睡眠狀態的。**2 a**〈機能、智能、感情等〉在休止狀態的，休眠的。**b**〈火山〉休止中的，停止活動中的：a ~ volcano 休火山。**3 a**〈資金等〉沒有利用的，閒置的。**b**〈權利等〉有待爭取的。

dor·mer [ˈdɔrmɚ; ˈdɔ:mə] *n.* (又作 **dórmer wíndow**) Ⓒ天窗，老虎窗《從傾斜的屋頂凸出，可供頂樓採光；⇨ window 插圖》。

dormice *n.* **dormouse** 的複數。

dor·mi·to·ry [ˈdɔrmə͵torɪ, -͵tɔrɪ; ˈdɔ:mitri] **«源自拉丁文「睡覺場所」之義»—*n.*** Ⓒ **1 a** (學校等的)宿舍。

【說明】美國的大學學生宿舍原則上分爲男生宿舍與女生宿舍。較大的有十層樓左右，一樓有大廳(hall)，交誼廳(lounge)，自助式的餐廳(dining room)等。交誼廳亦可供學生會客之用。也有些學生宿舍晚上沒有門禁，但女生宿舍通常規定較爲嚴格。

b 團體寢室《也有分隔成小房間者》。**2** (又作 **dórmitory sùburb** [**tòwn**]) 郊外住宅區。

dor·mouse [ˈdɔr͵maus; ˈdɔ:maus] **«源自法語「睡覺」與「老鼠」之義» —*n.*** Ⓒ (*pl.* **dormice** [-͵maɪs; -mais])〖動物〗睡鼠《介於松鼠與老鼠之間的動物；會冬眠》。

dormouse

Dor·o·thy [ˈdɔrəθɪ; ˈdɔrəθi] *n.* 桃樂西《女子名；暱稱 Doll, Dolly, Dora》。

Dors. 《略》Dorset(shire).

dor·sal [ˈdɔrsl̩; ˈdɔ:sl] *adj.* [用在名詞前] **1**〖解剖·動物〗背(脊)的：a ~ fin ⇨ fin 1/ ~ vertebrae 脊椎。**2**〖語音〗舌背的。**—*n.*** Ⓒ **1**〖解剖·動物〗背部；背鰭。**2**〖語音〗舌背音。 **~·ly** [-slɪ; -səli] *adv.*

Dor·set(·shire) [ˈdɔrsɪt(͵ʃɪr, -ʃɚ); ˈdɔ:sit (ʃə, -ʃiə)] *n.* 多塞特郡《英格蘭南部的一郡；首府多徹斯特(Dorchester)；略作 Dors.》。

do·ry¹ [ˈdorɪ, ˈdɔrɪ; ˈdɔ:ri] *n.* Ⓒ〖魚〗魴(John Dory).

do·ry² [ˈdorɪ, ˈdɔrɪ; ˈdɔ:ri] *n.* Ⓒ(北美東岸地區用的)小型平底船。

dos·age [ˈdosɪdʒ; ˈdousidʒ] *n.* **1** Ⓒ [常用單數] **a** 一次服用的藥量，劑量〔*of*〕. **b** (X 光等的)放射線量〔*of*〕. **2** Ⓤ《罕》下藥，配藥。

dose [dos; dous] *n.* Ⓒ **1** (藥的)**一劑**；(尤指藥水一次的)服用量〔*of*〕：Take one ~ *of* the medicine at bedtime. 就寢時服用該藥一次。**2** (刑罰、苦役等的)一次，少量：give a person a ~ *of* labor 使某人做一次苦工。**3**《俚》淋病。

—*v.t.* **1 a** 〔十受〕給〈某人〉配藥。**b**〔十受十介十(代)名〕使〈人〉服用〔藥〕〔*with*〕：The doctor ~*d* the girl ***with*** quinine. 醫師給那女孩服用奎寧。**c**〔十受(十副)十介十(代)名〕〔給某人〕配〈藥〉〈*out*〉〔*to*〕：He just ~*s* ***out*** aspirin ***to*** everybody. 他只會配阿斯匹靈給每一個人。**2**〔十受十介十(代)名〕在〈葡萄酒等〉添加〔增加風味等的成分〕〔*with*〕.

Dos Pas·sos [dasˈpæsos; ͵dɔsˈpæsɔs], **John (Rod·er·i·go** [͵radəˈrigo; ͵rɔdəˈri:gou]) *n.* 多斯·帕索斯《1896–1970；美國小說家》。

doss [das; dɔs]《英俚》*n.* [**a** ~]睡覺，睡眠：have *a* ~ 睡一覺。**—*v.i.*** 〔十副〕(在廉價客棧)睡覺〈*down*〉.

dos·ser [ˈdasɚ; ˈdɔsə] *n.* Ⓒ **1** 背負物品用的籮筐，背簍。**2** 座位上裝飾用的罩布《尤指帝王寶座上所用者》。**3** 祭壇背後裝飾用的掛布。

dóss hòuse *n.* Ⓒ《英俚》廉價客棧，下等客棧(cf. flophouse).

dos·si·er [ˈdasɪ͵e, ˈdasɪɚ; ˈdɔsiei] **«源自法語 'bundle of papers' 之義»—*n.*** Ⓒ (有關某事、某人的)全套檔案，卷宗。

dost [(輕讀)dəst; dəst; (重讀)dʌst; dʌst] *aux.* 《古》do² 的主詞爲第二人稱單數 thou 時的現在式：thou ~ =you do.

Dos·to·ev·ski [͵dastəˈjɛfskɪ; ͵dɔstəˈjefski], **Feo·dor Mi·khai·lo·vich** [ˈfjodəmɪˈkaɪləvɪtʃ; ˈfjoudəmiˈkailəvitʃ] *n.* 杜斯妥也夫斯基《1821–81；俄國小說家》。

‡dot¹ [dat; dɔt] *n.* Ⓒ **1 a 點**，小點《i 或 j 上面的小點；摩爾斯電碼(Morse code)的「點」(cf. dash *n.* 7) 等》。**b** 小數點《★讀法 讀作 point；如 3.5 讀作 three point five》。**c**〖音樂〗附點《加在音符或休止符後，表示音要拉長½》。**2** 如點一般的小東西；小個子：*a* mere ~ *of* a child 很小的孩子/I watched his car until it was a mere ~ on the horizon. 我望著他的車子直到它在地平線上成了一個小點。**3** (布等上面的)小點花樣。

in the yéar dót ⇨ year.

òn the dót 《口語》準時：at ten o'clock *on the* ~ 準十點鐘/*on the* ~ of eight 八點正，準八點。

—*v.t.* (**dot·ted**; **dot·ting**)〔十受〕**1** 在…加點，在…打一點：~ an 'i' 在 i 上面打一點。**2** 星羅棋布於…，點綴於…《★常用被動語態，變成「〔…〕散布[點綴]〈某處〉」之意；介系詞用 *with*》：wild flowers that ~ the field 點綴著田野的野花/a field ***dotted with*** sheep 散布著綿羊的原野/The sea *was dotted with* little boats. 海面上小船星羅棋布。

dót the [one's] **i's** [ˈaɪz; ˈaiz] ⇨ I.

dót the [one's] **i's** [aɪz; ˈaiz] **and cróss the** [one's] **t's** [ˈtiz; ˈti:z] ⇨ I.

dot² [dat; dɔt] *n.* Ⓒ〖法律〗妝奩(dowry).

dot·age [ˈdotɪdʒ; ˈdoutidʒ] **«dote 的名詞» —*n.*** Ⓤ **1** 老耄，老糊塗：be in [fall into] one's ~ 變得年老昏憒。**2** 溺愛，盲目的愛。

do·tard [ˈdotɚd; ˈdoutəd] *n.* Ⓒ老耄者，年老昏憒的人，老糊塗。

dote [dot; dout] *v.i.* **1** 變年老昏憒，變老糊塗。**2**〔十介十(代)名〕溺愛〔…〕〔*on, upon*〕：He ~*s on* his grandson. 他溺愛他的孫子。

doth [(輕讀)dəθ; dəθ; (重讀)dʌθ; dʌθ] *aux.* 《古》do² 的直說法第三人稱單數現在式(cf. doeth)：he [she] ~ =he [she] does.

dót·ing *adj.* [用在名詞前]溺愛的：a ~ parent 溺愛的父親[母親]。 **~·ly** *adv.*

dót·ted *adj.* 附有點的；加點線的：a ~ line 點線，虛線《…》/a ~ crotchet〖音樂〗附點四分音符《音要拉長½》/a ~ note〖音樂〗附點音符。

sign on the dótted líne (1)在虛線上簽名。(2)《口語》正式[無條件]同意，全盤接受。

dot·tle, dot·tel [ˈdatl̩; ˈdɔtl] *n.* Ⓒ (煙斗中吸剩的)煙渣。

dot·ty¹ [ˈdatɪ; ˈdɔti] **«dot 的形容詞»—*adj.*** 有點的；點似的；點綴的。

dot·ty² [ˈdatɪ; ˈdɔti] *adj.* (**dot·ti·er**; **dot·ti·est**)《英口語》**1** 腳步不穩的，虛弱的：He is ~ on his legs. 他的腳步踉蹌。**2** 低能的，癡呆的，遲鈍的；瘋狂的；昏憒的。**3** [不用在名詞前]〔十介十(代)名〕熱中〔…〕的，被〔…〕迷住的〔*about*〕.

Dóu·ay Bíble [**Vérsion**] [ˈdu͵e-; ˈdauei-, ˈdu:ei-] **«十六至十七世紀時爲天主教徒而在法國刊行的拉丁文聖經的英譯本»—*n.*** [**the** ~]杜埃版聖經。

‡dou·ble [ˈdʌbl̩; ˈdʌbl] **«源自拉丁文「折成兩半」之義»—*adj.*** (無比較級、最高級) **1 a** (數、量、強度等)**兩倍的**：a ~ portion 兩倍的分量，雙份/ ~ pay 雙薪/ ~ width 雙幅/do ~ work 做雙倍的工作。**b** [用於定冠詞、冠以 one's 的名詞或名詞子句前](…的)兩倍的《★用法 原爲名詞，後來省略 of 的用法》：at ~ *the* speed 以兩倍的速度/pay ~ *the* price 付雙倍價錢/8 is ~ 4. 八是四的兩倍/He earns ~ my salary. 他賺的薪水是我的兩倍/The price is ~ what it was last year. 該價錢是去年的兩倍。

2 雙重的，雙層的；成對的；折成半的：a ~ blanket 雙連毯/a ~ chin 雙下巴/a ~ collar 摺領，翻領/a ~ door 向兩面開的門，雙扇門/a ~ edge 雙刃/a ~ lock 雙重鎖/a ~ play〖棒球〗雙殺/a ~ steal〖棒球〗雙盜壘/~ windows 雙重窗/a ~ suicide (男女的)雙雙殉情/have a ~ advantage 有雙重利益/perform a ~ service 供兩用。

3〈房間、牀等〉**兩人用的**：a ~ bed 雙人牀/a ~ room (旅館等的)雙人房/a ~ sleeping bag 雙人用睡袋。

4〈人、性格等〉表裏不一的，二心的，不誠實的，陰險的：a ~ character 雙重人格/wear a ~ face 表裏不一，口是心非/⇨ double-dealing.

5〈意思〉模稜兩可的，曖昧的：a ~ meaning 曖昧[含糊]的意義。

6〈花等〉重瓣的(↔ single)：a ~ flower [daffodil] 重瓣花[水仙]。

7 [用在名詞前]雙倍的，雙倍量[強度]的〈威士忌等〉：Give me two ~ whiskeys. 給我兩杯雙倍量[雙份]的威士忌/ ~ ale (強度爲兩倍的)特製麥酒。

—*adv.* (無比較級、最高級) **1 兩倍地**，加倍地：This is ~ as much as that. 這個是那個的兩倍。

2 雙重地，兩面地：play ~ 兩面倒，對雙方均表示忠誠，事二主/see ~ (因酒醉或眼花等)一物看成兩物。

3 成對地；兩人(一起)地：ride ~ 兩人共騎/sleep ~ 兩人共寢。

—*n.* **1 a** Ⓤ倍，兩倍(的數，量)：pay ~ 付雙倍/Ten is the ~ of five. 十是五的兩倍。**b** Ⓒ兩倍的東西；雙倍(的酒)：have a ~ 喝雙倍[雙份](的威士忌等)。

2 Ⓒ**雙重**；重疊；翻折，縐摺。

3 Ⓒ **a** 相像的人[物]：She's her mother's ~ [the ~ *of* her

mother]. 她活像她母親。**b**《電影》替身〔*for*〕.
4 Ⓒ〈被追逐的野獸、河流等的〉急轉彎，突然向後轉。
5 ⇨ doubles.
6 Ⓒ《棒球》二壘安打：hit a ～ 打出二壘安打。
7 Ⓒ《橋牌》叫加倍《輸贏加倍計算》。
8 Ⓒ《賽馬》複式。
at the dóuble (1)〈士兵〉以跑步[快步]。(2)＝on the DOUBLE.
dóuble or nóthing [quíts] (1)(賭博) 輸時加倍償付贏時欠帳一筆勾銷；孤注一擲的勝負。(2)[當副詞用] 碰運氣地，孤注一擲地。
on the dóuble《口語》趕快，迅速。
—*v.t.* 1 〔十受〕使…加倍：I will ～ your salary. 我會給你加倍的薪水。
2 〔十受〕使…成兩層，摺疊…，將…對摺：～ one's fist 握緊拳頭/I ～ the blankets in winter. 冬天時我蓋兩條毯子。
3 〔十受〕演…的兩個角色：In the play she ～*d* the parts of a maid *and* a shopgirl. 在那齣戲裏，她兼演女傭和女店員兩個角色。
4 〔十受〕〈船〉繞過〈岬角等〉航行：The ship ～*d* the Cape of Good Hope. 那條船繞過好望角。
5《棒球》**a** 〔十受十介十(代)名〕以二壘安打使〈跑壘者〉進〔壘〕〔*to*〕. **b** 〔十受十副〕以二壘打得〈分〉〈*in*〉. **c** 〔十受〕使〈跑壘者〉成爲雙殺的第二個出局者。
6 〔十受〕《橋牌》使〈對方的輸贏〉加倍。
—*v.i.* 1 變成兩倍：The city's population has ～*d* in the past twenty years. 該市的人口在過去二十年中已變成兩倍[增加一倍]。
2 〔動(十*as* 補)〕兼任兩種工作；兼用〈爲…〉：～ *as* secretary and receptionist 兼任秘書與接待員兩種工作/The living room ～*s as* a dining area. 起居室兼爲用餐之處。
3 〔動(十副)〕〈兔子等〉(爲甩開追踪者而)急轉身，向後急跑，循原路逃開〈*back*〉：The rabbit ～*d* (***back***) on its tracks. 那隻兔子急忙轉身循著原路逃跑。
4《軍》跑步：*D*～！《口令》跑步！
5《棒球》擊出二壘安打：～ *to* left 擊出向左邊的二壘安打。
6 (玩橋牌時) 加倍叫牌。
dóuble báck《*vi adv*》(1)折回去〔*to*〕. (2)⇨ *v.i.* 3. —《*vt adv*》(3)＝DOUBLE over (1).
dóuble óver《*vt adv*》(1)把…對折，折疊…：Don't ～ *over* a page to mark the place. 不要把書頁對折作記號。(2)＝DOUBLE up (2). —《*vi adv*》(3)＝DOUBLE up (3).
dóuble úp《*vt adv*》(1)把…對折，折疊…：This carpet is too thick to ～ *up* neatly. 這條毯子太厚，無法折疊整齊。(2)〈痛苦、笑等〉使〈人〉彎著身子：The ball hit him in the stomach and ～*d* him *up*. 那個球打中他的腹部，使他痛得彎下身子。—《*vi adv*》(3)〔因痛苦、笑等而〕彎下身子〔*with*〕：He ～*d up with* pain [laughter]. 他痛[笑]得彎下身子。(4)〔與別家〕共住一屋；〔與他人、別家〕同住一室〔*with*〕：She is *doubling up with* a friend. 她與一個朋友同住一室。
dóuble ágent *n.* Ⓒ反間諜；雙重間諜。
dóuble bár *n.* Ⓒ《音樂》(樂譜的)雙縱線。
dóuble-bár·reled [-bár·relled] *adj.* **1 a**〈槍〉(槍身爲左右)雙管的：a ～ shotgun 雙管式霰彈槍。**b**〈望眼鏡〉雙筒的。**2**〈陳述等〉有雙重目的的；模稜兩可的。**3**《英口語》(姓)兩個重疊的《如 Forbes-Robertson》.
dóuble báss [-'bes; -'beis] *n.* Ⓒ《音樂》低音提琴 (contrabass)《最低音的大弦樂器》。

double bass

dóuble bassóon *n.* Ⓒ《音樂》倍低音管《較低音管低八度音程》。
dóuble-béd·ded *adj.*《英》**1**〈房間等〉附有雙人牀的。**2** 有兩張牀的。
dóuble-blínd *adj.* 雙重盲檢法的《爲得到客觀的測試結果，不告知實驗對象與實驗者哪一位實驗對象接受過藥物治療，進而實驗判定藥效及醫療效果之有無》。
dóuble bógey *n.* Ⓒ《高爾夫》比標準桿數 (par) 多兩桿進洞 (⇨ par 3 〔相關用語〕)。
dóuble-bógey *v.t.*《高爾夫》以比標準桿數多兩桿入〈某洞〉。
dóuble-bréasted *adj.*〈外套、上衣等〉(胸部) 雙排扣的，對襟的 (cf. single-breasted)：a ～ coat 雙排扣的外套。
dóuble-chéck *v.t.* (爲慎重起見) 再檢查。
—*v.i.* 仔細複核[再檢查]。
—*n.* Ⓒ仔細複核[再檢查]。
dóuble-chínned *adj.* 雙下巴的。
dóuble-clútch *v.i.*《美》《汽車》(由高速檔調至低速檔時) 踩兩次離合器《以使變速圓滑》。
dóuble créam *n.* Ⓤ《英》濃的(生)奶油。
dóuble króss *n.* Ⓒ《口語》欺騙；出賣。
dóuble-króss *v.t.*《口語》欺騙，出賣。
dóuble dágger *n.* Ⓒ《印刷》雙短劍記號 (‡).
dóuble dáte *n.* Ⓒ雙對約會《兩對男女一起的約會》。
dóuble-dáte *v.i.*《美口語》〈兩對男女〉一起約會[雙約會]。
dóuble-déal *v.i.* (**double-dealt** [-'dɛlt; -'delt]；**double-deal·ing**) 欺騙，懷二心，口是心非，搞兩面派。
dóuble-déaler *n.* Ⓒ表裏不一的人，懷二心者，口是心非者。
dóuble-déaling *n.* Ⓤ表裏不一的言行。
—*adj.* [用在名詞前] 懷二心的，表裏不一的。
dóuble-dé·cker [-'dɛkɚ; -'dekə] *n.* Ⓒ **1** 兩層座位的車輛；(尤指) 雙層客車[公共汽車，電車]：by ～ 坐兩層座位的車輛[公共汽車]《★無冠詞》。

double-decker 1

【說明】在倫敦市內到處都有紅色的 double-decker 在行駛，後面有無門或自動門的出入口，多爲司機兼車掌的一人服務公共汽車 (one-man bus)．通常雙層公共汽車的下層稱爲 inside，上層稱爲 outside 或 top. 在下層座位不准吸烟，但在上層座位沒有這個限制，車上座位坐滿乘客時，即使等車的人再怎麼多也不讓人上車，只有在尖峯時間特別准許三、四個人站在下層，上層則絕對禁止站立。

2《美》雙層三明治《由三片麪包夾成》。
dóuble-declútch *v.*《英》＝double-clutch.
dóuble-dígit *adj.* [用在名詞前] 二位數的；百分之十以上的〈經濟指標、失業率等〉：～ unemployment 二位數的失業率。
dóuble Dútch *n.* Ⓤ《口語》聽不懂的外國話，莫名其妙的話。
dóuble-dýed *adj.* **1** 染兩次的。**2**〈人〉壞透的，惡名昭彰的：a ～ villain 惡名昭彰的壞蛋。
dóuble éagle *n.* Ⓒ **1** (1849 年至 1933 年發行的) 美國金幣《相當於二十美元》。**2**《高爾夫》低於標準桿數 (par) 二桿進洞。
dóuble-édged *adj.* **1** 雙刃的。**2**〈議論等〉有表裏二義的，模稜兩可的：a ～ compliment 褒貶兩可的恭維。
dou·ble en·ten·dre ['dublɑn'tɑndrə; ˌdu:blɑ:n'tɑ:ndrə] 《源自法語的廢語 'double sence' 之義》**—*n.*** Ⓒ (*pl.* ～s) 雙關語，具有兩種意義的詞句[發音] (的使用)《其一往往含下流、猥褻之意者，如 "Lovely *mountains*!" 以「山」影射女性的 'breasts' 等》。
dóuble éntry *n.* (又作 **dóuble-èntry bóok·kèeping**) Ⓤ《簿記》複式記帳法 (cf. single entry)：bookkeeping by ～ 複式簿記。
dóuble-fáced *adj.* **1 a** 有兩面的。**b**〈紡織品等〉(表裏) 兩面都可用的[一樣好的]。**2** 懷二心的，不誠實的；僞善的。
dóuble fáult *n.* Ⓒ (網球等的) 兩次失誤：serve a ～ 連續兩次發球失誤。
dóuble-fáult *v.i.* (網球等) 連續兩次發球失誤。
dóuble féature *n.* Ⓒ《電影》雙片連映《一場連續放映兩部影片》；(一部) 上下兩集的電影。
dóuble fírst *n.* Ⓒ (英國大學畢業考試) 兩科目的最優等(學生)。
dóuble flát *n.* Ⓒ《音樂》重降記號 (♭♭) (cf. double sharp).
dóuble génitive [póssessive] *n.* Ⓒ《文法》雙重所有格《如 a friend *of Bill's* 中的 *of Bill's* 或 this brain *of mine* 中的 *of mine*》.
dóuble-gláze *v.t.* 將兩層玻璃嵌入〈窗子〉。
dóuble-glázing *n.* Ⓤ兩層玻璃鑲嵌。
dóuble hárness *n.* Ⓒ兩匹馬繫用的馬具。
in double hárness《口語》已結婚的 (married).
dóuble-héad·er [-'hɛdɚ; -'hedə] *n.* Ⓒ《美》**1**《棒球》雙重賽《兩隊在同日連續舉行的兩場比賽》。**2** 附有兩部鐵路機車的列車。
dóuble-jóinted *adj.* 具有(可前後左右自由移動的)雙重關節的。
dóuble négative *n.* ⓊⒸ《文法》雙重否定：**a** [用於婉轉的肯定]：*not un*common (非罕有的)。**b** [用於強調否定]：I do*n't* know *no*thing. (我什麼也不知道)《★〔用法〕現成爲未受教育者的說法；一般的說法是 I know *no*thing/I do*n't* know anything.》.
dóuble-párk *v.t.* 使〈汽車〉挨著其他汽車並排停放。
—*v.i.* 並排停車。
dóuble-quíck *adj.* & *adv.* **1**《軍》跑步的[地]。**2**《口語》快速的[地]，急速的[地]。
dóuble quótes *n. pl.* 雙引號 (" ").
dóuble róom *n.* Ⓒ (旅館等的) 雙人房。
dóu·bles *n.* Ⓒ (*pl.* ～) (網球等的) 雙打 (cf. singles)：mixed ～ ⇨ mixed 3 a.

dóuble shárp *n.* Ⓒ《音樂》重升記號（×，𝄪）《升半音兩次的記號》(cf. double flat).

dóuble-spèak *n.* Ⓒ欺人之談。

dóuble stándard *n.* Ⓒ **1** 雙重標準《同一標準而厚此薄彼》。**2**《經濟》複[兩]本位制。

dóuble stár *n.* Ⓒ《天文》雙星《緊密相連的兩顆星，但以肉眼看僅有一顆星》。

dóuble-stóp《音樂》*v.t.* 以〈弦樂器〉同時發出兩個以上的音。
—*v.i.*（以弦樂器）同時奏出兩個以上的音。

dou·blet [ˈdʌblɪt; ˈdʌblit] *n.* Ⓒ **1** 緊身上衣《十五至十七世紀左右時男子縮腰的背心；'doublet and hose' 的上身》。**2** 相似物之一；一對中之一。**3**《語言》同源[異形]詞《同字源而異形或異義；如 fashion—faction；hospital—hostel—hotel》.

doublet 1

dóuble táke *n.* Ⓒ《口語》（對意外的事起先忽略）後來發覺而驚訝（的動作），先是一怔後來才恍然大悟《★喜劇中常用的手法；常用於下列片語》：do a ～ (at...)（對…）先是一怔後來才恍然大悟。

dóuble-tàlk *v.i.* **1** 含糊其詞地說。**2** 不知所云地說，高深莫測地說。
—*n.* Ⓤ **1** 含糊其詞。**2**（尤指政治家等的）不知所云的話，高深莫測的話，意義晦澀的空話。

dóuble·thìnk《G. Orwell 在「1984 (*Nineteen Eighty-Four*)」中使用的新造字》**—***n.* Ⓤ《輕蔑》矛盾思想，雙重思想《同時相信兩種矛盾的思想[想法]》。

dóuble tìme *n.* Ⓤ **1**（週末、假日工作的）雙倍工資。**2**《軍》跑步：at ～ 以跑步，快步地。

dóuble-tìme *v.t.* 使…快步行走，使…奔跑。**—***v.i.* 快步行走。

dou·bloon [dʌˈblun; dʌˈblu:n] *n.* Ⓒ達布倫《從前西班牙及中南美洲使用的金幣》。

dou·bly [ˈdʌblɪ; ˈdʌbli] *adv.* 加倍地；雙重地。

‡**doubt** [daut; daut]《源自拉丁文「必須在兩者中選擇」之義》**—***v.t.* **1** 懷疑。

【同義字】doubt 指因缺乏確信或明確的證據而懷有「不是…」的疑念；suspect 指因有令人懷疑之處而產生「可能…」的疑心。

a 〔十受〕懷疑…：～ the truth of a person's words 懷疑某人的話的眞實性/I ～*ed* my own eyes. 我懷疑自己的眼睛《不相信自己所看到的事》。**b** 〔十 *whether* [*if*]＿〕懷疑〈是否…〉：I ～ *whether* [*if*] she will be present. 我懷疑她是否會出席。**c** 〔十 *that*＿〕[常用否定句] 懷疑〈…事〉：I do*n't* ～ *that* he means well.（這件事）我相信他出自善意。

2 a 〔十受〕認爲…可疑，不相信…：I cannot help ～*ing* his sincerity. 我不由得認爲他的誠意可疑/In spite of his assurances, I still ～ him. 儘管他一再保證，我還是不相信他。**b** 〔十 *whether* [*if*]＿〕懷疑〈是否…〉：I ～ *whether* he is sincere. 我懷疑他是否誠實。

3 〔十 *that*＿〕認爲〈…事〉似乎不可能：I ～ *that* he will succeed. 我認爲他似乎不可能成功/I ～ *that* they'll want to go. 我認爲他們不可能想去。

—*v.i.* **1** 懷疑，感到疑惑。**2** 〔十介十(代)名〕《文語》〔對於…〕有疑念〔*of, about*〕.

—*n.* **1** ⓊⒸ **a** 懷疑，疑惑〔*as to, about*〕：a fact that throws ～ on a person's sincerity 使人對某人誠實起疑的一件事實/No one could have ～*s as to* his success. 沒有人對於他的成功有過懷疑。**b** 〔(十介)十 *whether*＿〕〔對於是否…的〕懷疑，不確定〔*as to, about*〕《★ 用法 常省略介系詞》：There is some ～ (*as to*) *whether* he will be elected. 他是否能當選還不太確定。**c** 〔十 *that*＿〕[常用否定句]〈對…一事的〉疑慮：There seems to be *no* ～ *that* Dick has done his job well. 迪克把工作幹得很出色，這似乎是不容置疑的。**2** ⓊⒸ疑念，不相信〔*about*〕：I have my ～*s* [have some ～] *about* her honesty. 我對於她的誠實有些不相信。**3** Ⓤ可疑。

beyònd dóubt 毫無疑問。

in dóubt (1)〈人〉〔對於…〕懷疑的，疑惑的，不確定的〔*about*〕：I'm *in* ～ (*about*) *what to* do. 我不知該怎麼辦。(2)〈事情〉可疑的，有疑問的：The matter hangs [remains] *in* ～. 那件事懸而未決/It was still *in* ～. 那件事還有可疑之處。

nò dóubt (1)[常與表示讓步的句子連用] 無疑地，必定地：*No* ～ he will succeed. 無疑地，他會成功/He is *no* ～ right, but we must check. 他無疑是對的，但是我們必須加以核查。(2)《口語》大概，多半：He will *no* ～ come. 他大概會來。

withòut (a) dóubt 無疑地，的確，確實地。

***doubt·ful** [ˈdautfəl; ˈdautful] *adj.* (**more** ～; **most** ～) **1** [不用在名詞前] **a** 〔十介十(代)名〕〈人〉〔對…〕懷疑的，不確定的，沒有信心的〔*about, of*〕：He was ～ *of* the outcome. 他對於結果沒有信心/I am ～ *about* keep*ing* my promise. 我不敢確定我能守約。**b** 〔(十介)十 *wh.* 子句・片語〕〔關於…事〕有疑問的，不確定的，難以確定的〔*as to, about*〕《★ 用法 常省略介系詞》：I am ～ *whether* she is still alive. 我難以確定她是否還活著/I feel ～ (*about*) *what* to do. 我拿不定主意該怎麼辦。

2 a 〈事情〉可疑的，不明確的，靠不住的（⇨ suspicious 2【同義字】）：It is ～ whether the rumor is true or not. 謠言是否眞實難以確定/What he meant is ～. 他的意思是什麼並不清楚。**b** 〈演變、發展等〉靠不住的，難以預料的：a ～ blessing 靠不住的幸福/The outcome is ～. 結果難以預料。

3 可疑的，有疑問的：a ～ character 可疑的[有問題的] 人物/Her dress is in ～ taste. 她的穿著格調有問題。

～·ly [-fəlɪ; -fuli] *adv.* **～·ness** *n.*

dóubt·ing *adj.* [用在名詞前] 有疑惑的，感到懷疑的。
～·ly *adv.*

dóubting Thómas *n.* Ⓒ（若非有確實證據）凡事都要懷疑的人，懷疑一切的人《★出自聖經的「約翰福音」中多馬不肯輕易相信基督的復活》。

doubt·less [ˈdautlɪs; ˈdautlis] *adv.*（無比較級、最高級）**1** 大概，恐怕，多半：I shall ～ see you tomorrow. 我大概明天會見到你。
2 [常與表示讓步的句子連用] 無疑地，確實地《★ 比較 意思較 no doubt 强》：You are ～ aware of this, but.... 你一定知道這件事，但是…。**～·ness** *n.*

dóubt·less·ly *adv.* ＝doubtless.

douche [duʃ; du:ʃ] *n.* Ⓒ **1**（醫療上的）灌洗，沖洗。**2** 灌水器。
(lìke) a cóld dóuche《口語》被潑以冷水似地《表示突然的驚愕、意志消沉》。

Doug [dʌg; dʌg] *n.* 道格《男子名：Douglas 的暱稱》。

dough [do; dou] *n.* Ⓤ **1** 生麪糰：⇨ My CAKE is dough. **2**《俚》金錢，現金。

dóugh·bòy *n.* Ⓒ **1**《口語》（尤指第一次世界大戰的）美國步兵。**2** 湯糰；油炸的麪糰。

dough·nut [ˈdonət, -ˌnʌt; ˈdounʌt] *n.* **1** Ⓒ [當作菜名時爲Ⓤ] 油炸圈餅。**2** Ⓒ狀如油炸圈餅的東西。

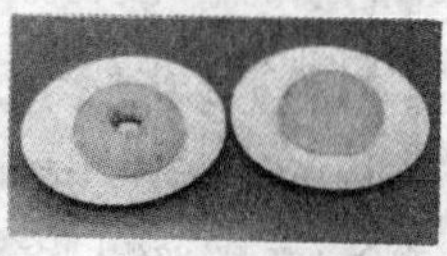
doughnuts 1

【說明】在英美 doughnut 與餅乾同爲人們喜歡的糕點。美式的呈環形，有巧克力、杏仁等各色各樣的口味；英式的則作成圓形，種類較少，通常裏面加有奶油。

dough·ty [ˈdautɪ; ˈdauti] *adj.* (**dough·ti·er**; **-ti·est**)《古・謔》堅强的，勇猛的。

dough·y [ˈdoɪ; ˈdoui]《dough 的形容詞》**—***adj.* (**dough·i·er**; **-i·est**) **1** 如生麪糰的。**2** 含有生麪的，未熟的，未焙透的。**3**〈人的肌膚〉蒼白的。

Doug·las [ˈdʌgləs; ˈdʌgləs] *n.* 道格拉斯《男子名；暱稱 Doug》.

Dóuglas sprúce [**fír, píne, hémlock**] *n.* Ⓒ（北美西部所產的）花旗松《松科常綠喬木，高常超過二百呎》。

dou·ma [ˈdumə; ˈdu:mə] *n.* ＝duma.

dour [dur, dʊr, daur; duə] *adj.* **1** 陰沉的；冷峻的，難以取悅的。**2**《蘇格蘭》嚴厲的；頑固的。**～·ly** *adv.*

douse [daus; daus] *v.t.* **1 a** 〔十受〕把…浸入水中。**b** 〔十受十介十(代)名〕把…浸入〔水中〕〔*in*〕. **2 a** 〔十受〕以水潑…。**b** 〔十受十介十(代)名〕〔用水〕潑…〔*with*〕. **3**《口語》關掉，熄滅〈燈火〉。

dove[1] [dʌv; dʌv] *n.* Ⓒ **1**《鳥》鳩；鴿《★ 比較 與 pigeon 同義，尤指鴿鳩科體型小而尾長的野生品種》：a ～ of peace 和平鴿。

【說明】較 pigeon 更小的鴿子稱爲 dove，與橄欖枝 (olive branch) 同爲和平、溫和等的象徵。據聖經「創世記」記載，在大洪水後，諾亞 (Noah) 自方舟中放出的鴿子啣著橄欖的嫩枝返回，帶來和平的佳音。此外，dove 在基督教代表聖靈 (Holy Ghost)（「路加福音」3:22）。

2 a 純潔的[天眞無邪的，溫柔的] 人。**b** [用作暱稱] 可愛的人：my ～ 我可愛的人。
3（在糾紛等中採取妥協態度的）鴿[穩健]派人士，和平論者（←→ hawk）.
(as) géntle as a dóve 極爲柔順的[溫柔的]。

***dove**[2] [dov; douv] *v.*《美口語》dive 的過去式。

dóve còlor *n.* ⓊⒸ淺紫灰色，淡紅灰色。

dóve·còt, dóve·còte *n.* Ⓒ鴿舍，鴿棚。
flútter the dóvecote(s)《謔》無事生非，平地起風波；引起驚擾《★出自莎士比亞 (Shakespeare) 的作品「考利歐雷諾斯 (*Coriolanus*)」》。

dóve-èyed *adj.* 目光柔和的。
Do·ver ['dovɚ; 'douvə] *n.* 多佛《英格蘭東南部的海港；最靠近歐洲大陸的地點》。
the Stráit(s) of Dóver 多佛海峽。
dóve·tàil *n.* Ⓒ《木工》鳩尾榫，楔形榫頭《接合兩塊木材時，其中一木材的鳩尾狀部分與另一木材的挖空部分連接》：a ～ joint 鳩尾榫接頭/a ～ tenon 鳩尾雄榫[榫舌]。
—*v.t.* 〔十受(十副)〕**1** 將〈木材〉用鳩尾榫接合〈*together*〉. **2** 使…密合，使…吻合〈*together*〉.
—*v.i.* 〔動(十介十(代)名)〕**1** 〔與…〕(緊密)相接〔*with*〕：Our scheme neatly *～ed* ***with*** theirs. 我們的計畫與他們的(計畫)相吻合。**2** 密合〔入…〕〔*into*〕：The stones *～ed* ***into*** each other. 那些石頭互相密合。

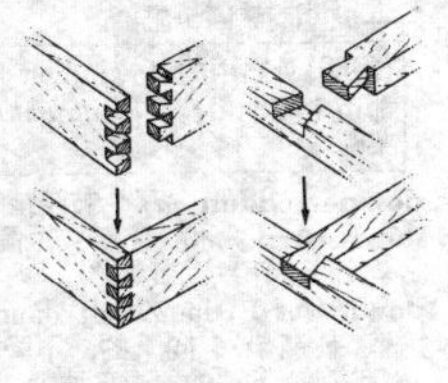
dovetails

dóv·ish [-vɪʃ; -viʃ] *adj.* **1** 如鴿子的。**2**《口語》鴿派的，穩健派的(↔ hawkish). ～**·ness** *n.*
Dow [daʊ; dau] *n.* [**the** ～]＝Dow-Jones average.
dow·a·ger ['daʊədʒɚ; 'dauədʒə] *n.* Ⓒ **1**《法律》(王公的)寡婦，孀居貴婦：a ～ duchess(英國的)公爵未亡人/an empress ～ 皇太后/a princess ～ 親王未亡人/a queen ～ 王太后。**2**《口語》(有威嚴的)富裕的年長貴婦，雍容華貴的老婦人。
dow·dy ['daʊdɪ; 'daudi] *adj.* (**dow·di·er**; **-di·est**) **1**〈女子〉不整潔的，衣衫襤褸的。**2**〈女子的穿著等〉邋遢的，庸俗的，寒酸的。
dów·di·ly [-dəlɪ; -dili] *adv.* **-di·ness** *n.*
dow·el ['daʊəl; 'dauəl] *n.* Ⓒ 合板釘，夾縫釘。
—*v.t.* (**dow·eled**, 《英》**-elled**; **dow·el·ing**, 《英》**-el·ling**) 把…用夾縫釘釘合。
dow·er ['daʊɚ; 'dauə] *n.* Ⓒ **1** 寡婦財產《亡夫遺產中寡婦繼承的部分》。**2** 天賦，稟賦。**3**《文語》＝dowry.
—*v.t.* **1**《文語》**a**〔十受〕給與〈某人〉寡婦財產。**b**〔十受十介十(代)名〕給與〈某人〉〔寡婦財產〕〔*with*〕. **2 a**〔十受〕賦與〈某人〉才能。**b**〔十受十介十(代)名〕賦與〈某人〉〔才能〕〔*with*〕《★ 比較 現在義 2 的 a, b 一般用 endow》.

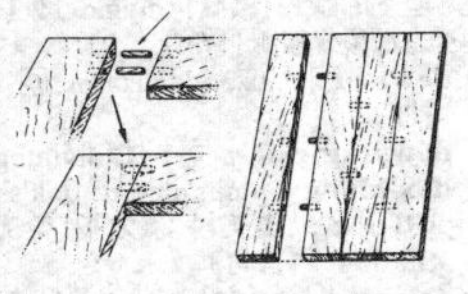
dowels

Dów-Jónes àverage [**index**] ['daʊ'dʒonz-; ˌdau'dʒounz-] *n.* [**the** ～]《股票》道瓊平均值[指數]《道瓊公司編制的包括六十五個工商業、運輸業及公用事業大公司股票的平均價格指數》：on *the* ～ 按[根據]道瓊平均值。
‡**down**[1] [daʊn; daun] «源自古英語「從小山(下來)」之義；cf. down[2]» **—*adv.*** (無比較級、最高級)(↔ up)《★ 用因 與 be 動詞連用時也可視作 *adj.*》**1 a** (由高處)**向低處**，在[向]下面：climb ～ (用手腳)爬下來/look ～ 俯視。**b** 放下(在桌上等)：put [lay] a thing ～ on the table 把東西放在桌上。**c** 在地板上，在地面：fall ～ 倒下，落下/get ～ (從車子等)下來/pull ～ 拉下/knock ～ 打倒。**d** (從樓上)到樓下：come ～ 下來。**e** 吞下：swallow a pill ～ 吞下藥丸。**f** [當 be 的補語用]〈旗子等〉降下的；〈門等〉放下的；〈人〉(從樓上)下來的：The flag is ～ on the left side. 那面旗子向左傾下/All the blinds were ～. 所有的百葉窗都放下來了/He is not ～ yet. 他還沒有(從寢室)下來。
2 [常當 be 的補語用]〈天體〉**沈沒的，落下的**：The sun went ～. 太陽落下了/The sun is ～. 太陽已落。
3 a (身體)**橫著**；坐著：lie ～ 躺下來/sit ～ 坐下來。**b** [省略動詞而用祈使句] 放下！坐下！：*D*～！(對於伸前腳過來或襲擊人的狗說)別過來！《★ 比較「坐下」是 Sit！》/*D*～ oars！放下槳！
4 a (由北)**向南，南下**；在南方：go ～ to London from Edinburgh 從愛丁堡南下到倫敦/ ～ South《美》向[在]南部各州。**b** 向(河的)下游。
5 a (從特定場所、說話者所在之處)**離開**：go ～ to the station 到車站去/go ～ to one's office in the city 到市區內的辦公室去。**b**《英》(從首都、牛津大學、劍橋大學等)離開；返家；畢業，退學 (cf. GO down (14))：He has come ～ (*from* the University). 他已經(從那所大學)畢業了；他已經離開(那所大學)了/He was sent ～. 他被退學了。
6 [常當 be 動詞的補語用] **a**〈物價等〉**下降，跌落**；〈品質〉降低：bring ～ the price 降價/The stocks are ～. 股票跌價/Exports have gone ～ this year. 今年的出口量已下降。**b** (身分、地位、聲譽等)下降，降低；落魄：come ～ in the world 落魄/He was ～ to his last penny. 他落魄到只剩下最後的一便士。
7 a 直到(量)減少，變稠，變淡：boil ～ 煮稠/water ～ the whiskey 用水稀釋威士忌。**b** 直到發現為止，(查究、追)到底：hunt ～ 追捕，窮追…直至捕獲。**c** 停下來：The wind has gone [died] ～. 風已平靜。
8 a 完全地(completely)：⇨ down to the GROUND. **b** [與 tie, fix, stick 等動詞連用] 緊緊地，牢牢地：fix a thing ～ 牢牢地固定某物。**c** 完全，到乾淨為止：wash ～ a car 把車子洗乾淨。
9 a (上自…)下至…：from King ～ *to* cobbler 上自國王下至修鞋匠。**b** (自早期)到後期；下傳(到後代)，(自初期)以後：from Chaucer's time ～ *to* the time of Elizabeth 從喬塞時代下至伊利莎白時代。
10 [常當 be 等的補語用] **a** 倒著，趴著：He was ～ on his back. 他仰臥著。**b**〈人〉衰弱，〈健康〉衰退；〈意志等〉消沉：She is ～ *with* influenza [flu]. 她因流行性感冒而臥牀/You seem rather ～. 你顯得相當衰弱/He felt a bit ～ *about* his failure. 他因失敗而消沉/⇨ down in the MOUTH. **c** (氣勢等)減低，減弱：slow ～ 減速，放慢/The fire is ～. 火勢小了。
11 以現款，作為頭款：(no) money ～ (無)頭款/⇨ PAY down.
12 寫於(紙上)，記下：write [take] ～ every word the teacher says 把老師說的每一句話都寫下來。
13 a《口語》完畢，終了，結束：Two problems ～, one to go. 兩個問題已結束，剩下一個。**b**《棒球》出局(out)：one [two] ～ 一人[兩人]出局。
14 [當 be 動詞的補語用] (比賽)被打敗；(賭博)輸掉：He is ～ (*by*) 10 dollars. 他賭輸十美元。
be dówn on...《口語》痛恨…；討厭…：He *is* very ～ *on* me. 他非常討厭我。
dówn and óut (1)窮困潦倒，落魄(cf. down-and-out). (2)《拳擊》被擊倒。
dówn on the náil ⇨ on the NAIL.
dòwn únder (1)《口語》在澳洲[紐西蘭]。(2)(從英國而言)在(地球的)另一邊[正反方向]。
dówn with... (1)⇨ 10 b. (2)[用祈使語氣] 打倒…！：*D*～ *with* the tyrant！打倒暴君！
úp and dówn ⇨ up *adv.*
—*prep.* **1** [表示移動] **a** (從高處)下來…，在…的下面：come ～ a hill 下山來/fall ～ the stairs 掉下樓梯。**b** (從某地點)沿著…：drive [ride, run, walk] ～ a street 沿著街道開車[騎馬，跑，走]。**c** 順著〈流水、風向〉下來；南下：⇨ down the WIND[1]/sail ～ the China Sea 從中國海南下/～ the Thames 在泰晤士河的下游/further ～ the river 在河流更下游的地方。
2 [表示時間] …以來(一直)：～ the ages 自古以來。
dówn tówn ＝downtown *adv.*
—*adj.* (無比較級、最高級) [用在名詞前] **1 a 往下(面)的**：a ～ leap 跳下。**b** 下降的，下坡的：the ～ escalator 往下的電動扶梯/⇨ downgrade.
2 南下的，下行的〈列車等〉：a ～ train 下行列車/the ～ platform 南下[下行]的月台。
3 (付現購買等)頭款的：(a) ～ payment 頭款(的支付)。
—*v.t.* 〔十受〕**1** 打倒；打敗〈人〉。**2** 喝下，飲…：He *～ed* the medicine at one swallow. 他一口把藥喝下。**3**《英口語》貶低，誹謗〈人〉。**4**《美式足球》使〈球〉停止前進，擱下〈球〉：～ the ball on the 20-yard line 使球停在二十碼線處。
dówn tóols《英》(放下工具)進入罷工狀態；(暫時)停止工作。
—*n.* **1** Ⓒ 下位，下行。**2** [～s] 厄運，落魄：⇨ UPS and downs *n.* **3** Ⓒ《美式足球》進攻分段(次數)。
hàve a dówn on a person《英口語》對某人反感；痛恨某人；討厭某人。
down[2] [daʊn; daun] «與 down[1] 同字源» **—*n.*** **1** Ⓒ [常 ～s] (廣闊的)高原。**2** [**the Downs**, **～s**] (英格蘭南部屬白堊質無樹木的)地勢略高的草原地帶，丘原，丘陵地草原。
down[3] [daʊn; daun] *n.* Ⓤ **1** (鳥的)絨毛，柔羽毛。**2** (似絨毛的)柔毛，軟毛；胎毛；(臉部等)初生的軟毛[短鬚]。**3** (蒲公英、桃子等的)冠毛，茸毛。
dówn-and-óut *adj.* 窮困潦倒的，落魄的 (cf. DOWN[1] and out *adv.*). **—*n.*** Ⓒ 窮困潦倒的人。
dówn-at-héel *adj.* **1**〈鞋子〉鞋跟磨損的。**2**〈人〉穿著鞋跟磨損的鞋子的；衣衫襤褸的。
dówn·bèat *n.* Ⓒ《音樂》**1** 下拍，強拍。**2** (指揮者指示強拍的)指揮棒的揮下。
—*adj.*《美口語》悲觀的，憂鬱的。
dówn·càst *adj.* **1**〈眼睛〉向下的，垂下的，俯視的：with ～ eyes 眼睛垂視地。**2** 垂頭喪氣的，意志消沉的。
dówn-dràft, 《英》**dówn-dràught** *n.* Ⓒ (從煙囪進入房間的)朝下的氣流[風]。
dówn Éast [常 **D～ E～**]《美口語》*n.* 新英格蘭地方；(尤指)緬因州(Maine).

—*adj.* & *adv.* 往[在]新英格蘭的[地]；(尤指)往[在]緬因州(Maine)的[地]。

dówn·er *n.* Ⓒ《口語》**1** 鎮靜劑(cf. upper 3). **2** 令人垂頭喪氣的經驗[事情]；令人厭煩的人。

down·fall [ˋdaun͵fɔl; ˈdaunfɔːl] *n.* Ⓒ **1** (急遽的)落下，墜落。**2** (雨、雪等的)大降。**3 a** 沒落，滅亡，衰落。**b** 沒落[衰落]的原因：Drink was his ~. 酒是使他墮落的原因。

dówn·fàllen *adj.* 沒落的，毀滅的。

dówn·gràde *adj.* & *adv.*《美》下坡的[地]；走下坡的[地]。
—*n.* Ⓒ向下的斜坡，下坡：on the ~ (在)下坡處；在走下坡。
—*v.t.* **1** 使〈某人〉地位下降，使…降職。**2** 使〈物品〉的等級下降，使…降格。

dówn·héarted *adj.* 沮喪的，垂頭喪氣的。~·**ly** *adv.*

dówn·híll *adj.* **1** [用在名詞前]下坡的，向下的。**2** [用在名詞前]《滑雪》滑降(比賽)的，適於滑降的。**3** 輕鬆的，容易的：It's all ~ from here. 從這裏起都是輕鬆的[容易的，會順利的]。
—*adv.* 向下地，下坡地，往山下(方向)地。
gò dównhill (1)下坡。(2)逐漸惡化，衰退，走下坡。

D

dówn-hóme *adj.*《美》具有美國南方(人)特徵的；(南部作風)淳樸的，不做作的。

Dówn·ing Strèet [ˋdaunɪŋ͵strit; ˈdauniŋstriːt] *n.* 唐寧街：find favor in ~ 受英國政府的歡迎。

【說明】唐寧街位於英國倫敦市自 Whitehall 到 St. James's Park 之間的街區；由於唐寧街是首相官邸與政府主要部門的所在地，首相官邸在 10 號，因此轉成「英國政府」之意；指首相官邸時常單稱 No. 10；cf. White House.

dówn jàcket *n.* Ⓒ鴨絨夾克《裝入水禽絨毛縫成的夾克，常爲無袖》。

dówn·plày *v.t.* 減低…的重要性；輕視…。

dówn·pòur *n.* Ⓒ傾盆大雨，豪雨：get caught *in* a ~ 碰到傾盆大雨。

dówn·ràte *v.t.* 減低…的比率[速度，等級(等)]。

dówn·rìght *adj.* [用在名詞前] **1 a** 直率的，爽直的，坦白的〈人、性格等〉：a ~ sort of man 生性直率的人。**b** 露骨的〈話等〉。**2** 徹底的，眞正的，不折不扣的〈壞事、謊言等〉：~ nonsense 一派胡言/a ~ lie 不折不扣的謊言。
—*adv.* 徹底地，完全地，全然：He refused ~ (to help me). 他完全拒絕(幫助我)。

【照片說明】Downing Street 十號的首相官邸。

dówn·scàle *v.t.* **1** ＝downsize. **2** 使…較便宜[較不豪華，較不奢侈]。

dówn·shìft《美》《汽車》*v.i.* 把排擋換至低速擋。—*n.* Ⓒ換低速擋。

dówn·síze *v.t.* 使〈汽車〉小型化。

dówn·sìzed *adj.* 小型化的。

dówn·slìde *n.* Ⓒ(物價等的)下跌。

dówn·spìn *n.* Ⓒ急速的下降[跌]。

Dówn's sýndrome [ˋdaunz-; ˈdaunz-] «源自英國醫師之名» —*n.* Ⓤ《醫》唐氏綜合症《染色體異常引起的一種先天性精神發育不全》。

dówn·stáge (↔ upstage) *adv.* 向[在]舞台前方。—*adj.* [用在名詞前]舞台前方的。—*n.* Ⓤ舞台前方。

dówn·stàir *adj.* ＝downstairs.

‡**down·stairs** [ˋdaunˋstɛrz; ͵daunˈstɛəzˊ] (↔ upstairs) *adv.* (無比較級、最高級)向[在]樓下：go ~ 下樓。
—*adj.* [用在名詞前](無比較級、最高級)樓下的：a ~ room 樓下的房間。
—*n.* Ⓤ[當單數或複數用]樓下，下面的樓；一樓《★用法指一層樓時當單數用，指特定樓下面的幾層樓(全部)時當複數用》。

dówn·stàte (↔ upstate)《美》*n.* Ⓤ州的南部。—[ˊ ˊ] *adj.* [用在名詞前] *adv.* 位於州南部的[地]，向一州南部的[地]。

dówn·stréam *adv.* & *adj.* 下游地[的]，順水而下地[的]。

dówn·swìng *n.* Ⓒ **1**《高爾夫》向下揮桿的擊球動作。**2** 衰落；減低。

dówn-the-líne *adj.* & *adv.* 徹底的[地]；從頭到尾的[地]；誠心誠意的[地]。

dówn·thròw *n.* Ⓒ投下；陷沒；敗北；顚倒。

dówn·tìme *n.* Ⓤ(工廠上班時間內)機器停止生產的時間《如因修理、缺乏原料等》。

dówn-to-éarth *adj.* 現實的，實際的；樸實的，不高傲的。

dówn·tówn (↔ uptown)《美》*adv.* 到[在]商業區，到[在]市中心區[鬧區]：go ~ shopping 到鬧區[市中心區]去購物。
—*adj.* [用在名詞前]商業地區的，鬧區的，市中心的：~ New York 紐約的商業區。
—*n.* Ⓒ商業區，鬧區。

【說明】英語中的 downtown 是指商店、銀行、戲院等所集中的都市中心地帶。例如 *downtown* Los Angeles 是指洛杉磯的商業區。

dówn·tròdden *adj.* **1** 被踐踏的，被蹂躪的。**2** 受虐待的。

dówn·tùrn *n.* Ⓒ(景氣、物價等的)下降，不振，沉滯：take a ~ 下降，下跌，衰退。

‡**down·ward** [ˋdaunwəd; ˈdaunwəd] *adj.* [用在名詞前](無比較級、最高級) **1** 向下的，下降的，下行的：a ~ slope 下坡。**2** 〈行情等〉下跌的；走下坡的，衰退的，墮落的：start on the ~ path 開始墮落[走下坡路]。
—*adv.* (無比較級、最高級) **1** 向下地，往下地：He was looking ~ to the bottom of the valley. 他朝下望著谷底。**2** 衰退地，墮落地。**3** [置於名詞語句後]…以降，…以來：The custom has continued from the 16th century ~. 這種風俗自十六世紀沿襲下來。

dówn·wards [ˋdaunwədz; ˈdaunwədz] *adv.* ＝downward.

dówn·wínd *adj.* &*adv.* **1** 順風的[地]。**2** 下風處的[地]。

down·y [ˋdaunɪ; ˈdauni] «down³ 的形容詞» —*adj.* (**down·i·er**; **-i·est**) **1** 覆有絨毛[茸毛]的，汗毛遍身的。
2 汗毛[絨毛]似的；柔軟的。

dow·ry [ˋdaurɪ; ˈdauəri] *n.* Ⓒ(新娘的)嫁妝。

dowse¹ [daus; daus] *v.* ＝douse.

dowse² [dauz; dauz] *v.i.* **1** (古時迷信)用卜杖(dowsing rod)探尋地下的水源[礦脈](divine). **2** 〔十介十(代)名〕用卜杖探尋〔地下的水源或礦脈〕〔*for*〕.

dows·er [ˋdauzə; ˈdauzə] *n.* Ⓒ **1** ＝dowsing rod. **2** 善於使用卜杖的人。

dówsing ròd *n.* Ⓒ卜杖(divining rod).

dox·ol·o·gy [dɑksˋɑlədʒɪ; dɔkˈsɔlədʒi] *n.* Ⓒ《基督教》(讚頌上帝的)讚歌，讚美詩；(尤指)榮光的讚歌《以 Glory be to the Father. 爲首句》。

doy·en [ˋdɔɪən; ˈdɔiən] «源自法語»—*n.* Ⓒ(團體、同業者等的)老前輩，資格最老者，長老〔*of*〕：the ~ *of* the diplomatic corps 外交使節團的團長。

doy·enne [dɔɪˋjɛn; dɔiˈjen] *n.* Ⓒ女性的 doyen.

Doyle [dɔɪl; dɔil], Sir **Arthur Co·nan** [ˋkonən; ˈkounən] *n.* 道爾《1859–1930；英國的偵探[推理]小說家》。

【說明】Doyle 在他筆下創造了名私家偵探夏洛克・福爾摩斯(Sherlock Holmes)和華特生醫師(Dr. Watson). 他小說中的倫敦貝克街(Baker Street) 221 號之 B 在當時是一處空地，但自成爲福爾摩斯的家後便很有名。

doy·ley [ˋdɔɪlɪ; ˈdɔili] *n.*《英》＝doily.

doz.《略》dozen(s).

doze [doz; douz] *v.i.* **1** 假寐，打盹，小睡：He was *dozing over* a book. 他正伏在書上打盹兒。**2** 〔十副〕(不知不覺地)打瞌睡〈*off*〉：Some of the students ~*d* ***off*** during the lecture. 有些學生在上課時打瞌睡。
—*v.t.* 〔十受十副〕打盹[假寐]度過〈時間〉〈*away*〉：~ ***away*** one's time 在瞌睡中度過時間。
—*n.* [**a** ~] 打瞌睡，打盹，假寐：have *a* ~ 打盹/fall [go off] into *a* ~ (不知不覺地)打起瞌睡來。

‡**doz·en** [ˋdʌzn̩; ˈdʌzn] «源自拉丁文「十二」之義»—*n.* (*pl.* ~**s**) 《★語形在數詞與 many, several (some 除外)後面用單數》**1** Ⓒ打，十二(個)〔*of*〕《★比較a ~ of eggs 已很少用，現在一般都用 a ~ eggs, 把 dozen 當形容詞用》：two [several] ~ *of* eggs 兩[幾]打蛋/She bought two ~ *of* them. 她買了兩打那東西《★用法這種情形的 of 爲罕用語或商業用語》/five ~ *of* these eggs [the eggs over there] 這些蛋中[在那邊的蛋中]的五打蛋《★用法如此例，指特定數中的一部分時要有 of》/some ~*s of* eggs 幾打蛋/pack bottles *in* ~*s* 按打包裝瓶子/How much are those apples *a* ~? 那些蘋果十二個多少錢？/ ⇨ baker's dozen, long dozen, daily dozen. **2** 《口語》**a** [**a** ~] 大約一打[十二，十三]的數量，相當多〔*of*〕《★用法half a dozen(半打)在口語中有時也有「大約半打的數量」，「大約六個[人]」，「五，六個[人]」之意》。**b** [~**s**]幾十，多數〔*of*〕：~*s of* people 幾十人，很多人/I went there ~*s* (and ~*s*) *of* times. 我去過那裏幾十次。

by the dózen (1)按打，論打：sell *by the* ~ 論打出售。(2)很多地；數以打計地。

tálk [spéak] ninetéen [twénty, fórty] to the dózen《英》說個不停，喋喋不休。

—*adj.* [用在名詞前](無比較級、最高級)打的，十二(個，人)的：a ～ apples 一打(的)蘋果/five ～ eggs 五打(的)蛋/some ～ people 爲數約十二個人/half a ～ bottles＝a half ～ bottles 六瓶。

doz·enth [ˋdʌzənθ; ˈdʌznθ] *adj.* 第十二(個[人])的(twelfth).

doz·y [ˋdozɪ; ˈdouzi] 《doze 的形容詞》 —*adj.* (**doz·i·er**; **-i·est**) **1** 想睡的，睏的(sleepy). **2** 催人入眠(似)的：a hot, ～ day 熱而令人昏昏欲睡的日子。**3** (木材等)腐爛的，枯朽的。

DP, D.P. 《略》displaced person(s).

D. Ph., D. Phil. 《略》Doctor of Philosophy.

dpt. 《略》department; deponent.

Dr 《略》 drachma(s), drachmae. **dr.** 《略》 debit; debtor; drachm(s); dram(s); drawer. **Dr.** 《略》Drive.

***Dr., Dr** [ˋdɑktɚ; ˈdɔktə] 《略》Doctor：*Dr.* Clark 克拉克博士；克拉克醫師。

drab[1] [dræb; dræb] *adj.* (**drab·ber**; **drab·best**) **1** (發暗的)茶褐色的，土褐色的(cf. olive drab). **2** 單調的，乏味的。～**·ness** *n.*

drab[2] [dræb; dræb] *n.* Ⓒ《古》墮落的女人，妓女；邋遢的女人。

drachm [dræm; dræm] *n.* **1** ＝drachma. **2** ＝**dram.**

drach·ma [ˋdrækmə; ˈdrækmə] *n.* Ⓒ (*pl.* ～**s**, **-mae** [-mi; -mi:]) **1** 德拉克馬《現代希臘的貨幣單位；符號 d., D., dr., Dr.》. **2** (古希臘的)德拉克馬銀幣。

dra·co·ni·an [dreˋkonɪən; drəˈkounjən, drei-] 《源自雅典執政官 Dracon 之名；其制定的法律嚴峻》 —*adj.* 〈法律等〉(極)嚴峻的，苛刻的：～ measures 嚴酷的手段[措施]。

***draft** [dræft; drɑ:ft] 《draw 的名詞》 —*n.* (★[語形]《英》除義 A3, B1, 2 與 C2 外均用 draught) A **1** Ⓤ拉(扳車等)，拖曳；牽引量：⇨ BEAST of draft. **2 a** ⒸⓊ罅縫風，穿堂風；通風：catch a cold *in* a ～ 在風口上受涼/keep out ～*s* 堵塞罅縫風。**b** Ⓒ通風的地方；(火爐等的)空氣調節裝置[通風設備]。**3 a** Ⓤ《商》票據的開付，匯票的買賣契約：by ～ 用匯票。**b** Ⓒ匯票；(尤指銀行分行給另一家分行的)支票，付款通知單：a ～ on demand 見票[來取]即付的匯票，即期匯票/draw a ～ *on*... 開出…爲受款人的匯票。**4** Ⓤ(由一容器到另一容器的)注入，(酒類的)從桶中汲飲：beer *on* ～ 從桶中汲飲的啤酒，生啤酒。**5** Ⓒ **a** 汲出；吸飲；一口，一飲，(藥水的)一次分量：drink at [in] a ～ (一口氣)喝下。**b** (空氣、香煙的煙等的)吸入；吸入的空氣[煙]〔*of*〕. **6** Ⓤ《航海》(船的)吃水：a ship of 17 feet ～ 吃水十七呎的船。

—B Ⓒ **1** 草案，草稿：make out a ～ of... 起草…/a plan *in* ～ 起草中的計畫《★in ～ 無冠詞》。**2** 設計圖；圖案；草圖。

—C **1** 《美》**a** [the ～] 徵兵，(兵的)徵募(conscription). **b** Ⓤ[集合稱]徵募的兵。**2** Ⓒ《英》分遣隊，特遣隊。**3** [the ～]《運動》選拔新選手時所有球團舉行選拔會議決定的制度。

—*adj.* **1** [用在名詞前]拉車用的，拖曳重載用的：a ～ animal 拉車用的動物《牛、馬等》。**2** 從桶中汲飲的：⇨ draft beer. **3** [用在名詞前]起草的；草案的：a ～ bill (法案的)草案。

—*v.t.* **1** 〔十受〕起草，草擬〈法案等〉；畫〈設計圖、畫等〉的草圖[底圖]：～ a speech 草擬演講稿。**2** 〔十受十介十(代)名〕《美》徵募，徵召〈人〉[入伍]；選拔〈人〉〔…〕〔*into*〕：He was ～*d into* the army. 他被徵召入伍。

dráft bèer *n.* Ⓤ[指個體時爲Ⓒ]生啤酒(⇨ beer【說明】)。

dráft bòard *n.* Ⓒ《美》兵役委員會《負責徵選合格壯丁入伍的官方或民間組織》。

dráft dòdger *n.* Ⓒ《美》逃避兵役義務者。

draft·ee [dræfˋti; drɑ:fˈti:] *n.* Ⓒ《美》被徵召的士兵。

dráft·er *n.* Ⓒ起草[立案]者。

dráft hòrse *n.* Ⓒ曳馬，拖馬。

draft·ing [ˋdræftɪŋ; ˈdrɑ:ftiŋ] *n.* ＝mechanical drawing.

dráfts·man [-mən; -mən] *n.* Ⓒ (*pl.* **-men** [-mən; -mən]) **1** 製圖者；繪圖員。**2** 擅長素描的人[畫家]。**3** 起草[立案]者。

draft·y [ˋdræftɪ; ˈdrɑ:fti] 《draft *n.* A 2 的形容詞》 —*adj.* (**draft·i·er**; **-i·est**)通風的，有罅縫風吹入的。

‡**drag** [dræg; dræg] (**dragged**; **drag·ging**) *v.t.* **1** 〔十受(十副)〕**a** 拖曳，拖拉〈重物〉〈*along*〉(⇨ pull【同義字】)：The ship *dragged* its [her] anchor all night. 那艘船整夜拖錨而行《錨繫不住船》。**b** 拖著〈腳、尾巴等〉〈*along*〉：She could not ～ her feet another step. 她無法再拖動她的腳一步[她再也走不動了] (cf. DRAG one's feet [heels]). **c** [～ one*self*] 拖著沉重的腳走，拖行〈*along*〉：He could hardly ～ *himself* **along**. 他幾乎無法再向前拖行《走不動了》。**2 a** 〔十受十副(十介十(代)名)〕把〈重物〉〔從…〕拖出〈*out*〉〔*from*〕：～ **out** a suitcase **from** under the bed 從牀下拖出手提箱。**b** 〔十受十介十(代)名〕把…〔從…〕拖出；〔向某人〕打聽〈事實等〉〔*out of*〕：～ a secret **out of** a person 向某人探聽秘密/A team of horses was *dragging* a big log *out of* the forest. (那時)一組馬正從森林中拖出一根大木頭。**c** 〔十受(十副)十介十(代)名〕把〈某人〉強行拖到〔…〕，把…強行帶至〔…〕〈*out*〉〔*to*, *into*〕：～ a shy person **out to** a party 把害羞的人強行拖去參加聚會。**d** 〔十受十介十(代)名〕把…捲入，引入〔…〕〔*into*〕：～ a country **into** a war 把一個國家捲入戰爭中/～ politics *into* a conversation 把政治話題引入談話中。**e** 〔十受十副〕把〈不合時宜的事〉勉強帶入〈*in*〉：You mustn't ～ my name **in**. 你不可以扯到我的名字。**3** 〔十受(十介十(代)名)〕〔爲求…而〕用拖網、錨(等)探尋[打撈]〈河、海等〉〔*for*〕：～ a pond **for** a drowned person's body 在池塘裡打撈溺死者的屍體。**4** 〔十受〕用耙挖〈地〉。**5** 〔十受〕《棒球》(球棒拖地似地)擊出〈短打〉，觸擊〈球〉。

—*v.i.* **1** 〔動(十副)〕〈門、錨、鎖鏈等〉拖曳；(人)拖著腳走〈*along*〉：The door ～*s*. 那扇門(的底部)觸地《不好開》/Her long skirt *dragged* **along**. 她的長裙拖地/They walked with *dragging* feet. 他們拖著腳走路/The ship's anchor is *dragging*. 那艘船的錨被拖行著。**2** 〔動(十副)〕〈時間、工作、活動等〉緩慢進行，拖長；聲調拉長(變慢)〈*on*〉：The meeting *dragged* **on**. 會議拖拖拉拉地進行/Afternoon *dragged on into* evening. (無聊的)下午緩慢地過去而變成黃昏。**3** (用拖網等)打撈水底〔找…〕〔*for*〕.

drag behind [《*vi adv*》～ behind] (1)耽誤而落後。—[《*vi prep*》～ behind...] (2)拖拖拉拉而延遲。

drág dówn 《*vt adv*》(1)把…拖垮下來。(2)〈疾病等〉使〈人〉衰弱。(3)使〈人〉落魄，使…墮落。

drág one's **féet** [**héels**] (1)⇨ *v.t.* 1 b. (2)(故意)拖拖拉拉[慢吞吞]。

drág óut 《*vt adv*》(1)⇨ *v.t.* 2 a. (2)拖長〈議論、時間等〉。—《*vi adv*》(3)〈議論、時間等〉拖長。

drág úp 《*vt adv*》(1)硬提出〈話題〉。(2)《英口語》粗心大意地撫養〈小孩〉。

—*n.* **1** ⓊⒸ拖曳，牽引。**2** Ⓒ**a** 被拖曳[牽引]的東西。**b** (船在水中拖行的)四爪錨。**c** 拖網。**d** (重的)大耙。**e** 大型的橇。**3** Ⓒ **a** (車輪的)煞車，制動器。**b** 阻礙物，累贅〔*on*, *upon*〕：a ～ *on* a person 對某人的累贅/a ～ *on* a person's career [development] 某人事業[發展]的阻礙。**4 a** Ⓤ(因遇到抵抗所造成的)前進的遲緩。**b** Ⓤ[又作 **a** ～]《航空》(影響飛機之飛行速度的空氣)阻力；阻力造成的減速。**5** Ⓤ[又作 **a** ～]《美俚》影響人的力量，勢力；人際關係。**6** Ⓒ《俚》抽(煙)：take a ～ *at* [*on*] a cigarette 吸一口煙。**7** [**a** ～]《俚》無聊[乏味]的東西[人]：What *a* ～! 眞無聊！**8** Ⓤ(同性戀男子所穿的)女裝：in ～ 穿女裝的。**9** Ⓒ《美俚》街道，道路：the main ～ 主要街道。**10** Ⓒ(又作 **drág hùnt**)《獵》野獸留下的氣味；使用人造氣味讓獵犬聞而跟蹤的狩獵法。

drág búnt *n.* Ⓒ《棒球》(拉引)觸擊短打。

drág chàin *n.* Ⓒ《造船》制動鏈。

drag·gle [ˋdrægḷ; ˈdrægl] *v.t.* (在泥中等)拖…而弄髒[弄濕]；拖曳…。—*v.i.* **1** (衣服、裙子)下襬拖地。**2** 拖著腳慢行；落後。

drág·gled *adj.* ＝bedraggled.

drag·gy [ˋdrægɪ; ˈdrægi] *adj.* (**drag·gi·er**; **-gi·est**) **1** 遲緩的。**2** 令人厭煩的；單調的。

drág·nèt *n.* Ⓒ **1** 拖網，捕撈網。**2** (警察的)搜索網，警網；大舉搜捕。

drag·o·man [ˋdrægəmən; ˈdrægəmən] *n.* Ⓒ (*pl.* ～**s**, **-men** [-mən; -mən]) (近東諸國的)譯員，通譯；導遊。

***drag·on** [ˋdrægən; ˈdrægən] *n.* **1** Ⓒ(傳說中的)龍。

【說明】英語中所謂 dragon 是長著鷹爪和鷹翅、獅子的前脚和頭、魚鱗、羚羊角以及蛇尾而口中吐火的巨大怪物。它的英語名稱源自表示「看守」之義的希臘文。在古時候人們相信龍在看守水中的寶藏。又因爲龍威力强，常被當作勇猛的象徵。但基督教視龍爲惡魔的化身，與象徵善的中國龍(Chinese dragon)成對比。

2 Ⓒ **a** 《古》嚴厲的女監護人。**b** 《口語》性情暴躁者；嚴厲的中年婦女。**3** [**the** D～]《天文》天龍座《星座》。

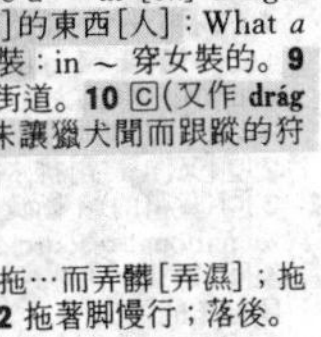

dragon 1

drágon·flỳ *n.* Ⓒ《昆蟲》蜻蛉《蜻蛉目昆蟲的統稱；包括蜻蜓和豆娘》。

dra·goon [drəˋgun; drəˈgu:n] *n.* Ⓒ **1** (從前的)龍騎兵《持龍騎[毛瑟]槍的騎兵》。**2** 《英》(近衛)龍騎兵團的騎兵。

—*v.t.* **1** 以龍騎兵攻打…。**2** 〔十受十介十(代)名〕對〈人〉施壓[使做…]，以武力逼迫使〈人〉〔做…〕〔*into*〕：He was ～**ed into** attend*ing* the party. 他被迫參加該聚會。

drág ràce *n.* Ⓒ《汽車》(短程)加速比賽《以¼哩(約四百公尺)直線跑道舉行的改裝汽車競速比賽》。

drag·ster [ˋdrægstɚ; ˈdrægstə] *n.* Ⓒ **1** 用於(短程)加速比賽(drag race)的改裝汽車。**2** 參加加速比賽者。

drain [dren; drein] *v.t.* **1 a** 〔十受(十副)〕(用排水設備)慢慢排出

〈水〉，使…流出〈*away, off, out*〉：dig a trench to ~ water ***away*** [***off***] 挖溝以排水。**b**〔十受(十副)十介十(代)名〕使〈水〉〔從…〕排出〈*away, off, out*〉〔*from*〕：That ditch ~*s* water ***from*** the swamp. 那條溝使沼澤中的水排出。

2 a〔十受〕使水從〈土地〉排出，排出〈土地〉的水；對〈土地〉施設排水設備：a well-*drained* city 排水設備良好的城市。**b**〔十受十介十(代)名〕使〈土地〉排出〔水〕〔*of*〕：~ a swamp ***of*** water 排出沼澤地的水。**c**〔十受十補〕[補語用 dry]把〈土地〉的水排〈乾〉：~ the land *dry* 把陸地上(的水)完全排乾。

3 a〔十受〕把〈酒〉一口喝光，乾〈杯〉：~ one's glass of wine in one draft 把一杯酒一口喝光。**b**〔十受十補〕[補語用 dry]把〈酒、杯中酒〉喝乾。**c**〔十受〕除去〈水洗的蔬菜、盤子等〉的水分。

4 a〔十受十介十(代)名〕使…逐漸消耗[財富、力量等]〔*of*〕：The war ~*ed* the country ***of*** its resources. 戰爭逐漸消耗了該國的資源/He was ~*ed of* his strength. 他的體力耗盡了/She looked ~*ed* (*of* life). 她看來毫無生氣[無精打采]。**b**〔十受十補(十介十(代)名)〕[補語用 dry]使…(完全)耗盡[財富、力量等]；使…枯竭〔*of*〕：His extravagance ~*ed* me *dry.* 他的揮霍無度使我耗盡錢財/The work will ~ him *dry.* 那工作會耗盡他的精力/He felt ~*ed dry* ***of*** energy. 他覺得精力耗盡。**c**〔十受十副〕使〈體力等〉衰弱〈*away, off*〉.

5〔十受十副(十介十(代)名)〕使〈財寶、人才〉流出[國外]〈*away, off*〉〔*to*〕：~ ***away*** the best brains ***to*** America 使最優秀的人才外流到美國。

—*v.i.* 1〔十副〕〈水〉排出，流掉〈*away, off*〉：The water soon ~*ed* ***away***. 水很快就流掉[排完]了。

2 a〈土地〉被排水；〈沼澤地等〉乾涸；〈盤子、布等〉晾乾，變乾：She left the dishes to ~. 她把盤子放著晾乾。**b**〔十介十(代)名〕〈水〉流〔入…〕〔*into*〕：This plain ~*s* ***into*** the lake. 這個平原向那個湖排水。

3 a〔十副〕〈體力等〉逐漸耗盡〈*away, off*〉：His life is slowly ~*ing* ***away*** after a long illness. 久病後他的生命力逐漸在枯竭。**b**〔十介十(代)名〕〈血色等〉〔從臉上等〕消失〔*from, out of*〕：I saw the color [blood] ~ ***from*** her face. 我看見血色從她的臉上消失。

4〔十副(十介十(代)名)〕〈財寶、人才〉流出[國外]〈*away, off*〉〔*to*〕：Most of our gold reserves have ~*ed* ***away to*** foreign countries. 我國大部分(國際收支)的黃金準備金已流往國外。

—*n.* 1 a Ⓒ排水渠，下水道，陰溝。**b**[~s]排水系統[設施]。

2 Ⓤ[又作 **a** ~]排水。

3 Ⓒ(貨幣的)不斷流出，枯竭(的原因)，消耗，開銷〔*on*〕：a ~ *on* national resources 國家資源的枯竭。

4 Ⓒ(財寶、人才的)外流：the ~ of specie *from* a country 一國錢幣的外流。

gò [be] dówn the dráin《口語》化為烏有；被浪費，白費。

láugh like a dráin《英俚》狂笑，放聲大笑。

drain·age [ˋdrenɪdʒ; ˈdreinidʒ] 《**drain** 的名詞》**—*n.*** Ⓤ **1** 排水，放水，排水法。**2** 排水設備；下水道，排水系統，排水區域[流域]。**3** 陰溝水，污水。**4**《外科》排液[洩液](法)。

dráinage bàsin *n.* Ⓒ(河流的)排水盆地[地域]，流域。

dráin·bòard *n.*《美》＝draining board.

dráin·ing bòard *n.* Ⓒ(在廚房流理台旁邊的)瀝乾板。

dráin·pipe *n.* Ⓒ排水管，下水道的管子。

drake [drek; dreik] *n.* Ⓒ公(野)鴨(⇨ duck[1] 相關用語)。

Drake [drek; dreik], **Sir Francis** *n.* 德雷克《1540？–96；英國的提督；英國最先環繞地球航行一周的人；曾破西班牙的無敵艦隊》。

dram [dræm; dræm] *n.* Ⓒ **1** 打蘭《略作 dr.》：**a**《常衡(avoirdupois)為》1/16 ounce；＝27.343 grains, 1.771 grams. **b**《美》(藥衡(apothecaries' weight)為) ⅛ ounce；＝3 scruples, 60 grains, 3.887 grams. **c** ＝fluid dram. **2 a**(威士忌酒等的)微量；一口：He is fond of a ~. 他喜歡喝一點酒。**b** 少許，一點點(a bit)：She has not one ~ of learning. 她一點學問也沒有。

***dra·ma** [ˋdrɑmə, ˋdræmə; ˈdrɑːmə] 《源自希臘文「行為」之義》**—*n.* 1** Ⓒ**戲劇**，劇本：a poetic ~ 詩劇/a radio [TV] ~ 廣播[電視]劇。**2** Ⓤ[有時 **the** ~]**戲劇文學**，劇作，演劇：Elizabethan ~ 伊利莎白時代的戲劇/a student of (*the*) ~ 研究戲劇者/(*the*) historical [musical] ~ 歷史[音樂]劇/a ~ critic 戲劇評論家，劇評家。**3 a** ⒸⓊ(一連串的)戲劇性事件。**b** Ⓤ戲劇的性質[效果，情景]〔*of*〕.

Dram·a·mine [ˋdræmə͵min; ˈdræməmiːn] *n.* Ⓤ《藥・商標》達姆明《可治療過敏症，或作暈船[機]藥》。

dra·mat·ic** [drəˋmætɪk; drəˈmætik] 《**drama** 的形容詞》**—*adj. (**more** ~; **most** ~) **1**〈無比較級、最高級〉(有關)**戲劇的**；演戲的：~ criticism 戲劇批評，劇評/ ~ irony 戲劇性的諷刺《觀衆清楚但舞臺上的人物彼此却不清楚的趣味性》/a ~ performance 戲劇的表演/a ~ piece 一齣戲，一部劇本。**2 戲劇性的**；激動人心的：a ~ event 戲劇性的事件。**3** 演戲似的；表情豐富的。

dra·mát·i·cal·ly [-kḷɪ; -kəli] *adv.* 演戲似地；戲劇性地。

dra·mat·ics [drəˋmætɪks; drəˈmætiks] *n.* **1 a** Ⓤ演戲，演出法，演技。**b**[當複數用]業餘的演出；(尤指)學生的戲劇演出。**2**[當複數用]誇大的表現，演戲似的態度[行為]。

dram·a·tis per·so·nae [ˋdræmətɪspəˋsoni; ˌdrɑːmətispəːˈsounai] 《源自拉丁文 'persons of the drama' 之義》**—*n. pl.*** [常 **the** ~] **1** 登場人物，戲中人。**2**[當單數用]人物表。

drám·a·tist [-tɪst; -tist] *n.* Ⓒ劇作家，劇本作家。

dram·a·ti·za·tion [͵dræmətəˋzeʃən, -arˋz-; ˌdræmətaiˈzeiʃn, -tiˈz-] 《**dramatize** 的名詞》**—*n.*** ⓊⒸ(小說等的)改編為戲劇；戲劇化。

dram·a·tize [ˋdræmə͵taɪz; ˈdræmətaiz] 《**drama** 的動詞》**—*v.t.* 1** 把〈事件、小說等〉改編為戲劇，使…戲劇化：~ a novel 把小說改編為戲劇。**2 a** 戲劇性地表現…。**b**[~ one*self*]演戲似地表現，表演。

—*v.i.* 1 具有戲劇性，適合改編為戲劇：The story would ~ well. 那個故事很適合改編成劇本。**2** 表演；演戲似地表現。

dram·a·turge [ˋdræmə͵tɝdʒ; ˈdræmətəːdʒ] 《**dramaturgy** 的逆成字》**—*n.*** Ⓒ劇作家。

dram·a·tur·gy [ˋdræmə͵tɝdʒɪ; ˈdræmətəːdʒi] *n.* Ⓤ **1** 編劇法，劇本作法。**2**(劇本、戲劇的)表演[演出]法。

drám·shòp *n.* Ⓒ酒店，酒吧。

‡**drank** [dræŋk; dræŋk] *v.* **drink** 的過去式；《古・美口語》**drink** 的過去分詞。

drape [drep; dreip] 《源自拉丁文「布」之義》**—*v.t.* 1**〔十受(十介十(代)名)〕把〈布等〉懸掛[在…]，把〈衣服〉優美地穿上[披掛]〔在…〕〔*around, round*〕：She ~*d* the robe ***around*** her daughter's shoulders. 她把外袍披在女兒的肩上。**2**〔十受十介十(代)名〕〔以衣服、布等〕覆蓋，裝飾…〔*with, in*〕：The hall is ~*d* ***with*** red and white curtains. 那個大廳懸掛著紅白布幕。**3**〔十受十介十(代)名〕把〈手臂、脚等〉倚靠〔在…〕〔*over, around, round, against*〕：He ~*d* his arm ***round*** [***over***] her shoulders. 他把手搭在她的肩膀上。**4**《服飾》使〈裙子等〉成褶狀，以寬鬆的褶綴遮蓋…。

—*n.* Ⓒ **1 a**[常用單數]懸掛的布。**b**[常 ~s]《美》(掛在薄窗帘上的)厚窗帘。**2**[常用單數]《服飾》(裙子等的)褶襉；(織物的)懸垂性。

dráp·er *n.* Ⓒ《英》布莊，綢緞莊；布商：a linen [woollen] ~ 麻布[呢絨]商/a ~'s (shop) 布莊[店]，綢緞莊。

drap·er·y [ˋdrepərɪ; ˈdreipəri] *n.* **1 a** Ⓤ[指種類時為Ⓒ]用以打優美褶綴所使用的紡織品。**b** ⓊⒸ有褶綴的布[窗帘，衣服(等)]。**c** Ⓤ[指種類時為Ⓒ]《美》(厚的)窗帘布料。**2** Ⓤ《英》**a** 西服料子，布料，布匹，(做衣服用的)紡織品(cf. dry goods). **b** 布業，綢緞業，呢絨業。

draperies 1 c

dras·tic [ˋdræstɪk; ˈdræstik] *adj.* (**more** ~; **most** ~) **1**〈治療、變化等〉**激烈的**，猛烈的：apply ~ remedies 施以激烈的治療，下猛藥。**2**〈手段等〉果斷的，徹底的：adopt [take] ~ measures 採取果斷的措施[激烈的手段]。

drás·ti·cal·ly [-trkḷɪ; -tikəli] *adv.* 徹底地，果斷地。

drat [dræt; dræt] 《God rot 未重讀字首消失的變體字》**—**《口語》*interj.* 討厭！該死！**—*v.t.*** (**drat·ted**; **drat·ting**)咒罵《★用法 語氣較 damn, confound 溫和》：*D*~ it！該死！/*D*~ you！討厭！

draught [dræft; drɑːft] *n.*《英》**1** ＝draft《★但義 A3, B1, 2, C2 除外》。**2**[~s]⇨ draughts. **—*adj.*, *v.*** ＝draft.

dráught·bòard *n.* Ⓒ《英》西洋棋棋盤(《美》checkerboard).

draughts [dræfts; drɑːfts] *n.* [當單數用]《英》＝checkers.

dráughts·man *n.*《英》**1** ＝draftsman. **2** Ⓒ西洋棋棋子。

draught·y [ˋdræftɪ; ˈdrɑːfti] *adj.* ＝drafty.

Dra·vid·i·an [drəˋvɪdɪən; drəˈvidiən] *adj.* 德拉威人的。

—*n.* 1 Ⓒ德拉威人《居住於印度南部的非亞利安系的種族》。**2** Ⓤ德拉威語。

‡**draw** [drɔ; drɔː] (**drew** [dru; druː]; **drawn** [drɔn; drɔːn]) ***v.t.* A 1** 拉，拖(⇨ pull【同義字】)：**a**〔十受〕拉，牽引〈東西〉：~ a cart 拉馬車/ ~ a net 拉網。**b**〔十受十副詞(片語)〕把〈東西〉拉(往某方向)：He *drew* the blanket *over* his head. 他拉毯子蓋住頭/He *drew* me *aside.* (為了說悄悄話)他把我拉到一旁/He *drew out* a chair and seated himself. 他拉出一把椅子坐了下來/*D*~ your chair a little *forward* [*up to* the fire]. 把你的椅子向前拉一點[拉到火(爐)邊]/He *drew* the boat (*up*) *onto* the beach. 他把小船拉上海灘。**c**〔十受〕張〈弓〉；拉緊〈帶子等〉：~ a belt tighter 把皮帶拉緊/He *drew* his bow to shoot an arrow. 他拉弓準備射箭。**d**〔十受(十副詞(片語))〕(通常為「關」之意)把〈窗帘等〉(繼續)拉(下[上]…)：~ a curtain (*across* a window) 把

窗帘拉過去(遮住窗)(cf. draw a CURTAIN over) / ~ *down* the blinds 拉下百葉窗。**e** 〔十受十介十(代)名〕把〈(不願意的)人〉硬拉入〔…〕〔*into*〕: ~ a person ***into*** a room 硬把人拉入房間/~ a person *into* conversation 硬把某人拉入談話中。

2 拉出，拔出：**a** 〔十受(十副)(十介十(代)名)〕把〈東西〉〔從…〕拉出，拔出；〔從…〕拔取…〈*out*〉〔*from, out of*〕: Will you ~ the nails ***from*** this board? 請你把釘子從這塊木板上拔出來好嗎？/He *drew* ***out*** a handkerchief *from* his trouser pocket. 他從他的褲袋中拉出手帕來/Go to the dentist's to have your tooth *drawn.* 到牙醫診所去拔牙。**b** 〔十受(十副)十介十(代)名〕〔朝…〕拔出〈刀劍、手槍等〉〈*out*〉〔*on, upon*〕(cf. *v.i.* 4b): He *drew* his gun ***on*** me. 他拔出手槍對着我。**c** 〔十受〕取出〈雞等〉的內臟：~ a chicken (烹調前)取出雞的內臟。**d** 〔十受(十介十(代)名)〕〔從…〕抽取〈紙牌〉〔*from*〕: ~ a card ***from*** a pack 從一副紙牌中抽取一張。**e** 〔十受〕抽〈籤〉，抽中〈彩券〉: ~ lots 抽籤/~ the winner 抽中獎者。

3 引出：**a** 〔十受(十介十(代)名)〕〔從…〕汲取，汲出〈水、酒等〉；將…打上去；〔從容器中〕倒出〈液體〉〔*from*〕: ~ water ***from*** a well 從井中把水打上來/~ beer *from* a cask 從桶中汲出啤酒。**b** 〔十受十受/十受十介十(代)名〕(從容器中)倒出〈液體〉給〈人〉；(從容器中)倒出〈液體〉〔給人〕〔*for*〕: He *drew* me a glass of beer (*from* the barrel). 他(從桶中)倒出一杯啤酒給我。**c** 〔十受(十介十(代)名)〕〔從銀行、帳戶等〕提〈款〉〔*from, out of*〕: ~ money ***from*** a bank 從銀行提款。**d** 〔十受〕支領〈薪水等〉: ~ a pension 支領養老金/~ a high salary 支領高薪/I'm going to ~ my salary. 我要去領薪水。**e** 〔十受〕〈金錢、股票等〉生〈利息〉: The money *drew* a lot of interest in the bank. 那筆錢在銀行中生了很多利息。**f** 〔十受(十介十(代)名)〕〔從…〕引出〈結論、消息等〉；〔從故事〕獲得〈教訓〉〔*from, out of*〕: I *drew* the information ***out of*** him. 我從他那裏得到這消息/He *drew* his conclusions ***from*** these data. 他從這些資料中引出結論/You can ~ a moral *from* this story. 你能從這個故事中得到教訓。

4 吸引：**a** 〔十受(十介十(代)名)〕把〈注意力、關心等〉吸引〔到…〕；吸引〈注意〉〔*to*〕: His appearance *drew* all eyes. 他的外表吸引了所有人的目光/He *drew* my attention ***to*** this point. 他引起我注意這一點。**b** 〔十受〕吸引〈顧客、支持者等〉，招徠…的歡迎：The show *drew* a great many spectators. 那場表演吸引了許多觀衆。**c** 〔十受(十介十(代)名)〕使〈人〉心傾〔向某人〕，使〈人〉感覺到〔…的〕魅力〔*to, toward*〕: He had certain qualities which *drew* her ***to*** him. 他有某些吸引她的特質/I don't feel *drawn* ***toward*** her. 我不覺得她對我有吸引力[魅力]。

5 引起：**a** 〔十受(十介十(代)名)〕〔從…〕引出，誘出〈淚、笑、攻擊、非難等〉〔*from, out of*〕: Her fine performance *drew* enthusiastic applause. 她精彩的演出博得了熱烈的掌聲/Her sad news *drew* tears ***from*** us. 她那令人悲痛的消息引起我們落淚。**b** 〔十受(十副)十介十(代)名〕〔給自身〕招來〈毀滅等〉〈*down*〉〔*on*〕: He *drew* (***down***) ruin ***on*** himself. 他自招毀滅。

6 a 〔十受(十副)〕吸〈氣〉〈*in*〉: ~ (***in***) a (deep) breath (深深地)吸氣。**b** 〔十受〕嘆〈氣〉: ~ a long sigh 發出一聲長嘆。

7 〔十受〕使〈比賽〉成和局，使…不分勝負：The game was *drawn.* 比賽不分勝負[打成平手]/a *drawn* game ⇨ drawn 2.

8 〔十受〕使〈血〉流出：No blood has been *drawn* yet. 還沒流過一滴血。

9 〔十受〕〈痛苦〉扭曲〈臉〉《★常以過去分詞當形容詞用；⇨ drawn 3b》.

10 〔十受〕〈船〉吃水…呎：The ship ~*s* 20 feet of water. 那艘船吃水二十呎。

—B 1 (用鉛筆、鋼筆、蠟筆、粉筆等)畫線。

> 【同義字】paint 是用顏料畫；write 是寫字。

a 〔十受〕畫，描繪〈圖、線〉；畫〈畫〉: ~ a straight line 畫直線/He *drew* a picture of her. 他畫了一張她的像/ ~ a diagram 畫圖表/⇨ draw the [a] LINE[1]. **b** 〔十受十受/十受十介十(代)名〕給〈某人〉畫…；畫…〔給某人〕〔*for*〕: I'll ~ you a rough map. =I'll ~ a rough map ***for*** you. 我會畫一張草圖給你。**c** 〔十受〕(用言語)描述…：The characters in this novel are well *drawn.* 這部小說裏的人物刻劃細膩。

2 〔十受(十介十(代)名)〕作〔…之間的〕〈比較、區別〉；指出〔…之間的〕〈類似之處〉〔*between*〕: ~ a distinction (***between*** ...)指出(…之間的)差異處/~ a parallel (*between...*) 指出(…之間的)類似之處。

3 a 〔十受(十副)〕制訂，草擬〈文件〉〈*up*〉: ~ (***up***) a deed [bill] 草擬契據[開立票據]。**b** 〔十受十介十(代)名〕把〈支票〉開給〔某人〕〔*on*〕: ~ a check ***on*** a person *for* $10,000. 開給某人一張一萬美元的支票。

—*v.i.* 1 〔十副詞(片語)〕**a** (被吸引似地)接近，靠近，前來[去]；聚集：~ *together* for warmth 爲了取暖而聚集在一起/The train *drew* slowly *into* the platform [*out of* the station]. 火車慢慢地駛進月台[駛出火車站]/The bus *drew to* a halt. 那部公共汽車停了下來/*D~ near,* please. 請靠近些/He *drew near* the fire. 他靠近火(爐)邊/The crowd *drew back* in alarm. 羣衆驚慌地後退/They *drew around* [*round*] the fire. 他們圍攏在火(爐)周圍。**b** 〈時間〉接近：Christmas is ~*ing near.* 耶誕節近了/The day *drew to* its close. 那一天快要結束了。

2 [與 well, badly 等狀態副詞連用]〈煙囱、煙斗等〉通風，通氣：This pipe ~*s* well [badly]. 這個煙斗暢通[不暢通]。

3 [與 well, badly 等狀態副詞連用]〈戲劇等〉吸引人(注目)，叫座：*Hamlet* at the Old Vic is ~*ing* well. 在老維克(Old Vic)劇院演出的「哈姆雷特」很叫座。

4 a 拔出刀劍[手槍]。**b** 〔十介十(代)名〕〔朝[對準]人〕拔出刀劍[手槍]〔*on, upon*〕(cf. *v.t.* A 2b): He *drew* ***on*** me. 他對著我拔出槍來。「全泡出來。」

5 〈茶等〉泡出味道：The tea has not *drawn* well. 茶味還沒完

6 〔動(十介十(代)名)〕〔爲決定…而〕抽籤〔*for*〕: ~ ***for*** partners 抽籤決定夥伴/Let's ~ *for who* will go first. 我們抽籤決定誰先去。

7 〈比賽、勝負〉不分高低，平手：The teams *drew* 4 all. 兩隊均以四分打成平手。

8 a 〔動(十介十(代)名)〕〔用…〕畫圖，製圖〔*with*〕: I can't ~ ***with*** this blunt pencil. 我無法用這支鈍鉛筆畫圖。**b** [與 well, badly 等狀態副詞連用]畫圖，製圖：She ~*s* very well for a six-year-old girl. 就六歲的女童來說她畫得很好。

9 〔十介十(代)名〕利用〔資金等〕；依賴〔經驗、人等〕〔*on, upon*〕《★可用被動語態》: I'll have to ~ ***on*** my bank account. 我將不得不從銀行帳戶提款(cf. *v.t.* A 3c)/ ~ *on* one's experience 利用某人的經驗。

dráw apárt 《*vi adv*》〈二物〉拉開；變疏遠。

dràw awáy 《*vt adv*》(1)(迅速)抽回〈伸出的手等〉。**—**《*vi adv*》(2)〔從…〕抽身，離去〔*from*〕: She tried to ~ *away from* him. 她試圖離開他。(3)《口語》(賽跑等時)超越〔…〕，〔和…〕拉開距離〔*from*〕: He quickly *drew away from* his competitors. 他迅速地超越了他的競爭者。

dràw báck 《*vt adv*》(1)拉回…：~ *back* the curtain 把窗帘拉開。**—**《*vi adv*》(2)退後，退縮：He *drew back* in alarm. 他驚慌地退後。(3)〔從企劃等〕退出，縮手不辦〔*from*〕: It's too late to ~ *back from* the plan. 現在要撤銷那計劃已爲時太晚。

dràw ín 《*vt adv*》(1)縮回〈角、爪等〉: ⇨ draw in one's HORNS. (2) ⇨ *v.t.* A 6 a. **—**《*vi adv*》(3)〈白天〉變短(cf. DRAW out (6)): The days were ~*ing in.* 白天漸漸變短。(4)〈天〉漸漸變黑，即將日暮：It's still long before the day ~*s in.* 離天黑(時間)還很早。(5)〈火車〉駛進月臺，進站。(6)〈車、公共汽車〉靠路邊(停下): The train *drew in* and stopped. 火車進站而停了下來。

dráw lével (with...) (1)(與…)成爲同等，扯平。(2)(賽跑時)追上(…)，趕上(…): The two boats *drew level.* 那兩條小船齊頭並排。

dràw óff 《*vt adv*》(1)脫去〈手套、襪子等〉: ~ one's gloves *off* 脫去手套。(2)排掉，放乾〈水等〉。(3)《軍》(基於作戰策略而)使〈(敵)軍隊〉(暫時[略微])撤退。(4)引開〈注意力〉。**—**《*vi adv*》(5)《軍》〈軍隊〉撤退：The enemy *drew off.* 敵人撤退了。

draw on [《*vt adv*》~ ón] (1)戴上〈手套〉，穿上〈襪子等〉: The lady began to ~ *on* her white gloves. 那位婦人開始戴上她的白手套。(2)[~ 十受十 on]催〈人〉(說話等)；促使，誘使〈人〉(做…): His good humor *drew* me *on to* speak frankly. 他的心情好促使我坦率說話/The boy was *drawn on* by his ambition. 那個男孩爲自己的野心所驅策。**—**[《*vi adv*》~ ón] (3)〈冬天、夜晚〉接近，挨近，靠近：Winter is ~*ing on.* 冬天近了。**—**[《*vi prep*》~ on...] (4)⇨ *v.i.* 9.

dràw óut 《*vt adv*》(1)⇨ *v.t.* A 2 a. (2)打延〈金屬〉；拉長，拖長…：The author has *drawn* the story *out so* much that it is boring in many parts. 作者把故事拉得那樣長，以致於有許多部分令人覺得乏味。(3)擬定，草擬〈計畫〉: ~ *out* a scheme 擬定一項方案[計畫]。(4)引出〈能力、特質等〉，使…發展。(5)誘使〈人〉說出。 **—**《*vi adv*》(6)〈白天〉變長(cf. DRAW in (3)): The days have begun to ~ *out.* 白天已開始變長。

dràw úp 《*vt adv*》(1)⇨ *v.t.* A 1 b. (2)⇨ *v.t.* B 3 a. (3)使〈軍隊〉排列《★常用被動語態》: The troops *were drawn up* for inspection. 軍隊排列整齊準備接受檢閱。(4)[draw one*self* up]立直；坐正；(得意地)挺胸。**—**《*vi adv*》(5)〈車子等〉停下來(stop): The taxi *drew up at* the station entrance. 計程車在車站門口停下來。

—*n.* Ⓒ **1 a** 拉，拖，抽。**b** (手槍等的)拔出：quick [fast] on the ~ 拔槍(等)快速。**c** 抽籤〔*for*〕. **2** (香煙、煙斗的)吸一口。**3** 吸引人的東西[人]，引誘物，受歡迎的東西：The new film was a real ~. 那部新片眞正有號召力[很叫座]。**4** (比賽等的)

不分勝負，平手：The game ended in [was] a ～. 那場比賽以和局結束。**5**《美》(吊橋的)開閉部分《可吊起的部分》(cf. drawbridge).

dráw·bàck *n.* **1** Ⓒ **a** 缺點，弊端，不利〔*in*〕. **b** 障礙，故障〔*to*〕: The only ～ *to* the plan is its expense. 該計畫實施的唯一障礙是經費問題。**2** ⓊⒸ退款，退稅〔*from*〕.

dráw·brìdge *n.* Ⓒ **1** (可開合的)吊橋(⇨ bridge[1] 插圖)。**2** (從前護城河上的)活動橋。

dráw cùrtain *n.* Ⓒ《戲劇》(向左右兩邊拉開的)拉幕(cf. drop curtain).

draw·ee [drɔ'i; drɔ:'i:] *n.* Ⓒ《商》(匯票、支票的)付款人，受票人(↔ drawer).

*__draw·er__[1] ['drɔɚ; 'drɔ:ə] *n.* Ⓒ **1** **製圖者，繪圖員**。**2**《商》出票人，開票人(↔ drawee).

refér to dráwer《商》請查詢出票人《銀行在空頭支票上所寫的字，略作 R.D. 或 R/D》.

drawer[2] [drɔr; drɔ:] *n.* Ⓒ **1** **抽屜**。**2** [～s] (有抽屜的)衣櫃，櫥櫃：a chest of ～*s* ⇨ chest 1 b.

drawers [drɔrz; drɔ:z] «源自 draw on» **—***n. pl.* 內褲：a pair of ～ 一件內褲。

*__draw·ing__ ['drɔ·ɪŋ; 'drɔ:iŋ] *n.* **1** Ⓤ(圖案、繪畫的)**線描，製圖**：～ paper 畫[製圖]紙。**2** Ⓒ(指用鉛筆、鋼筆、木炭等描繪的)**圖畫**，素描：a line ～ 線條畫/make a ～ 畫圖；打圖樣。**3** Ⓤ抽籤，抽選。**4** Ⓤ(支票、匯票的)開出。

dráwing accòunt *n.* Ⓒ《商》提用戶；提款帳單。

dráwing bòard *n.* Ⓒ畫板，製圖板。

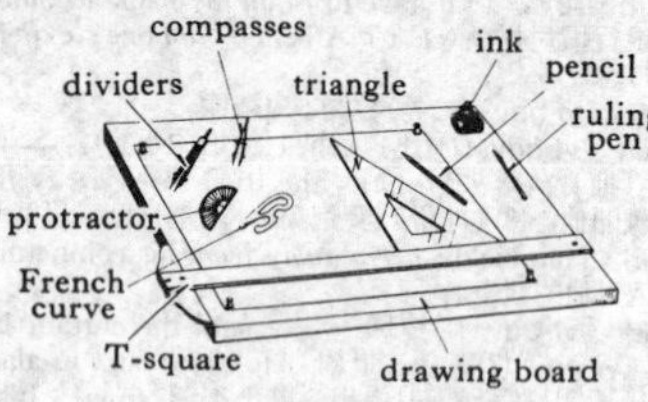

drawing board

gò báck to the dráwing bòard《口語》(失敗一次後)再從頭計畫，重新思考。

on the dráwing bòard 在設計的階段，在初步的籌備階段。

dráwing càrd *n.* Ⓒ《美》**1** 保證票房的戲[演員]，叫座的節目[紅演員]。**2** (棒球的)好手。

dráwing knìfe *n.* ＝drawknife.

dráwing pìn *n.* Ⓒ《英》圖釘(《美》thumbtack).

drawing room ['drɔ·ɪŋ,rum, -,rum; 'drɔ:iŋrum, -ru:m] *n.* Ⓒ **1** **客廳**，會客室《★用以指大房間或正式場合使用者，現在一般用 living room》.

【字源】drawing room 原來稱爲 withdrawing room，從前是受宴請的客人(尤其是女客)在用餐(dinner)結束、離開(withdraw)飯廳(dining room)後所待的房間。至於男客通常繼續留在 dining room 飲酒、吸煙、聊天。

2《美》(火車上的)專用車廂《★設有三個牀鋪與洗手間》。

dráw·knife *n.* Ⓒ (*pl.* **-knives**)(兩端有柄，用雙手向後拉削的)木工刮刀，刨刀。

drawknife

drawl [drɔl; drɔ:l] *v.i.* 〔動(＋副)〕無精打采地說，慢吞吞地說，拉長腔調說話；(裝腔作勢故意)慢聲慢氣地說〈*on*〉: The lecturer ～*ed* **on**. 演講者以慢吞吞的語調繼續說著。

—*v.t.* **1** 〔＋受(＋副)〕無精打采地說，慢吞吞[拉長腔調]地說〈話等〉〈*out*〉: He ～*ed* (**out**) a reply. 他無精打采地回答。**2** 〔＋引句〕無精打采地說…：“It's so hot,” she ～*ed*.「好熱，」她無精打采地說。

—*n.* Ⓒ慢吞吞的說話方式。

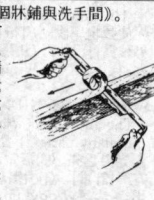

‡**drawn** [drɔn; drɔ:n] *v.* **draw** 的過去分詞。

—*adj.* (**more** ～; **most** ～) **1** (無比較級、最高級)拔出鞘的：a ～ sword 出鞘的刀。**2** (無比較級、最高級)不分勝負的，平手的：a ～ game 不分勝負的比賽，平手，和局。**3** **a** 〈臉〉扭歪的，歪曲的：a ～ face 扭曲的臉。**b** 〔不用在名詞前〕〔＋介＋(代)名〕〈臉〉〔因痛苦等〕扭歪的，扭曲的〔*with*〕(cf. draw *v.t.* A9): His face was ～ **with** pain. 他的臉因痛苦而扭曲著。

dráwn bútter *n.* Ⓤ《美》(調味用的)奶油醬《常加入細切的香草(herb)、調味料》。

dráwn wòrk *n.* Ⓤ抽絲織花手工。

dráw·shàve *n.* ＝drawknife.

dráw·strìng *n.* Ⓒ[常 ～s] (穿在袋口、褲腰、衣服腰部的)拉帶。

dray [dre; drei] *n.* Ⓒ(車身低的四輪)大型運貨馬車。

dráy hòrse *n.* Ⓒ拉載貨馬車的馬。

dráy·man [-mən; -mən] *n.* Ⓒ (*pl.* **-men** [-mən; -mən]) 載貨馬車的車伕。

dread [drɛd; dred] *v.t.* **恐懼**：**a** 〔＋受〕害怕，恐懼…：Most people ～ death. 大部分的人都怕死。**b** 〔＋ *to* do/＋ do*ing*〕害怕〈做…〉: I ～ *to* think of it. 我怕去想它/People ～ fall*ing* ill. 人們怕生病。**c** 〔＋(*that*)__〕害怕〈會…〉: She ～*ed that* her child might be taken from her. 她害怕孩子會被奪走。

—*n.* **1** Ⓤ [又作**a** ～] **恐怖**；不安(⇨ fear【同義字】): an object of ～ 令人害怕的東西[人，事]/have *a* ～ *of*... 害怕…，討厭…/They are [live] *in* daily ～ *of* earthquakes. 他們天天在擔心地震。**2** Ⓒ [常用單數] 可怕的事物，害怕的對象[原因]。

—*adj.* [用在名詞前]《文語》**1** 非常可怕的。**2** 令人敬畏的。

dread·ful ['drɛdfəl; 'dredful] *adj.* (**more** ～; **most** ～) **1** **恐怖的**，可怕的：a ～ accident 可怕的意外事件/Something ～ may have happened. 某種可怕的事可能發生了。**2** 令人恐怖的；糟透了的；令人討厭的，令人不愉快的：～ weather 極惡劣的天氣/～ noises 可怕的噪音。**3**《口語》無聊的，乏味的：a ～ bore 很無聊的人。**～·ness** *n.*

dréad·ful·ly [-fəlɪ; -fuli] *adv.* **1** 可怕地，恐怖地；提心吊膽地。**2**《口語》非常，極：a ～ long speech 極長的演說/I'm ～ sorry to be late. 我很抱歉遲到。

dread·nought, dread·naught ['drɛd,nɔt; 'drednɔ:t] «源自二十世紀初期英國所建當時世界上最大最强的戰艦 Dreadnought» **—***n.* Ⓒ無畏戰艦，弩級戰艦。

‡**dream** [drim; dri:m] *n.* Ⓒ **1** (睡眠中所做的)**夢**(⇨ reverie【同義字】): a bad ～ 惡夢/⇨ wet dream/have a ～ of home 夢見家鄉/dream a (horrible) ～ ⇨ *v.t.* 1 a/read a ～ 解夢，圓夢/(I wish you) sweet ～*s*！(祝你有個)甜蜜的夢！晚安！

2 白日夢：a waking ～ 白日夢，夢想，空想/⇨ daydream.

3 [常用單數] 夢幻(的狀態): be [live, go about] in a ～ 在夢幻中[生活在夢幻中，徘徊在夢幻中]。

4 (心中描繪的)夢，(希望實現的)夢想，理想：It was his ～ to have a house of his own by the lake. 他的夢想是在那湖畔擁有一幢屬於自己的房子/She realized her ～ *of* becom*ing* a singer. 她實現了當歌唱家的夢想/*Dreams* sometimes come true. 夢想有時會實現。

5《口語》如在夢境中的[美好的，極美的，令人嚮往的]事物[人]: It's a ～ of a house！那正是夢想中的房子！/She is a perfect ～. 她是個夢中情人《她太美麗了》。

like a dréam (1)容易地，輕易地：This car drives *like a* ～. 這部車子很容易駕駛。(2)完全地，完美地。

—*adj.* [用在名詞前] **1** 夢的，如夢般美好的；理想的，夢想的：a display of ～ cars 理想中完美汽車的展覽。

2 幻想的，非現實的：He lives in a ～ world. 他活在幻想的「世界裡。」

—*v.i.* (～**ed** [drimd; dremt], **dreamt** [drɛmpt; dremt, -mpt]) 《★語形《美》一般用 dreamed》**1** **a** **做夢**，夢見：He says he seldom ～*s*. 他說他很少做夢。**b** 〔＋介＋(代)名〕夢見〔…〕〔*of*, *about*〕: I *dreamt* **of** [**about**] you last night. 我昨晚夢見你。

2 **a** 在夢中；夢想，耽於幻想：You must have been ～*ing*. 你一定是在做夢《否則你不會如此誤解》。**b** 〔＋介＋(代)名〕夢想，幻想〔…〕〔*of*, *about*〕: He ～*ed* **of** glory. 他夢想光榮/He ～*ed* *of* hav*ing* a new car. 他夢想擁有一部新車。

3 〔＋介＋(代)名〕[用於否定句] 做夢也沒想到〔…〕〔*of*〕《★用法 ～ *of* 後面多半接 do*ing*》: I should*n't* [would*n't*] ～ **of** (do*ing*) that. 我做夢也沒想過(做)那種事/*Little* [*Never*] did I ～ [I *little* ～*ed*] *of* meet*ing* her. 我做夢也沒[絕沒有]想到會遇見她。

—*v.t.* **1** **a** 〔＋受〕[後面常接與形容詞連用的同源受詞] **夢見**〈…的夢〉: That night he ～*ed* a horrible dream. 那天晚上他做了一個可怕的夢《★用法 不與形容詞連用時，通常變爲 have a dream；但在詩或聖經中也有以 dream *n.* 爲同源受詞的 dream a dream, dream dreams 的用法》。**b** 〔＋受〕[承接前文以 it 爲受詞] 夢見；夢想…：You must have ～*ed* it. 你一定是(做夢時)夢見的《不可能有那樣的事》。**c** 〔＋(*that*)__〕夢見〈…事〉: I *dreamt* (*that*) he was home. 我夢見他回到了家。

2 〔＋(*that*)__〕[用於否定句；用於過去式] 做夢也沒想到〈…事〉: I *never* ～*ed that* I should have offended her. 我做夢也沒想到我竟會冒犯了她。

3 〔＋受＋副〕做夢似地虛度〈時間〉〈*away*〉: ～ **away** one's life 虛度一生。

dréam úp《*vt adv*》《俚》想到〈意料外的事等〉；構思，憑空想出，杜撰…。

dréam·bòat *n.* Ⓒ《俚》**1** 合乎理想的事物。**2** 理想中的愛人；夢中人。

dréam·er *n.* Ⓒ **1** 做夢的人。**2** 空想家，夢想家。

dréam·il·y [-mɪlɪ; -mili] *adv.* 如在夢中地，迷迷糊糊地；朦朧地。

dréam·lànd *n.* **1** ⓊⒸ夢境，夢鄉；理想國，烏托邦。**2** Ⓤ《謔·文語》睡眠(sleep)。

dréam·less *adj.* 無夢的，不做夢的。

dréam·like *adj.* 如夢的，朦朧的。

dream·scape [ˈdrimˏskep; ˈdri:mskeip] *n.* Ⓒ(想像中的、超現實的)夢幻景象。

‡**dreamt** [drɛmt; dremt, -mpt] *v.* **dream** 的過去式・過去分詞。

dréam wòrld *n.* Ⓒ **1** 幻想[夢]的世界。**2** 夢境，夢鄉。

dream·y [ˈdrimɪ; ˈdri:mi] 《dream 的形容詞》**—***adj.* (**dream·i·er**；**-i·est**) **1 a** 多夢的，常做夢的；耽於幻想的。**b**〈想法等〉空想的，不實際的，不眞實的。

2 夢幻般的，安詳美麗的：～ eyes 夢幻般(漂亮)的眼睛/a ～ atmosphere 夢幻般的氣氛。

3〈記憶等〉如夢的，模糊的，朦朧的。

4《俚》漂亮的，很棒的，頂呱呱的《★用法 年輕女子常用》：a ～ car 很棒的車子。

dréam·i·ness *n.*

drear [drɪr; driə] *adj.*《詩》＝dreary.

drear·y [ˈdrɪrɪ; ˈdriəri] *adj.* (**drear·i·er**；**-i·est**) **1**〈景象等〉淒涼的，沉寂的，荒涼的；〈天氣等〉陰沈的。**2**〈話等〉無聊的，乏味的。**dréar·i·ly** [-rɪlɪ; -rəli] *adv.* **-i·ness** *n.*

dredge[1] [drɛdʒ; dredʒ] *n.* Ⓒ(撈起河牀淤泥或東西的)疏浚機[船]。

—*v.t.* **1** 疏浚，清淤〈港灣、河川〉：～ a channel [harbor] 疏浚河牀[港口]。**2**〔十受十副〕**a** 撈起〈泥等〉〈*up*〉：～ *up* mud 撈泥。**b**《口語》翻出，重提〈不愉快的事、記憶等〉〈*up*〉：～ *up* a person's past 翻出[挖掘]某人的過去(醜聞)。

—*v.i.*〔動(十介十(代)名)〕〔爲尋求…而〕疏浚水底〔*for*〕.

dredge[2] [drɛdʒ; dredʒ] *v.t.*〔十受十介十(代)名〕撒〈粉等〉於…上〔*with*〕；把〈粉等〉撒〔在…上〕〔*over*〕：～ a cake *with* sugar＝～ sugar *over* a cake 把糖撒在蛋糕上。

drédg·er[1] *n.* Ⓒ **1** 疏浚船[機]。**2** 疏浚工人。

dredger[1] 1

drédg·er[2] *n.* Ⓒ(撒砂糖等的)撒粉器。

dregs [drɛgz; dregz] *n. pl.* **1** 渣滓，糟粕。**2** 沒價值的東西；廢物：the ～ of society 社會的渣滓。

drínk... to the drégs (1)把…一滴不留地喝光。(2)歷盡〈辛酸〉，受盡〈痛苦〉，享盡〈幸福等〉：*drink* the cup of bitterness *to the* ～ 嚐盡苦杯[備嚐人生的辛酸]。

drench [drɛntʃ; drentʃ] 《源自古法語「使喝」之義》**—***v.t.*〔十受〕使…濕透，浸透；將…浸泡(水中)《★常用被動語態，變成「淋濕」之意；介系詞用 *with, by*》：We *were* ～*ed* to the skin. 我們全身濕透了；我們成了落湯雞/They *were* ～*ed* (*by* the rain). 他們(被雨)淋濕了/flowers ～*ed* **with** dew 被露水沾濕的花。

drénch·ing *n.* Ⓤ[又作 a～]濕透：get *a* (good) ～ 濕透了。

—*adj.* 使人濕透的；大雨傾盆的：a ～ rain 傾盆大雨。

Dres·den [ˈdrɛzdən; ˈdrezdən] *n.* 德勒斯登《東德境內臨易北河(Elbe)的都市；以在附近製造的德勒斯登陶器(Dresden china)聞名》。

Drésden chína [pórcelain, wàre] *n.* Ⓤ德勒斯登陶器。

‡**dress** [drɛs; dres] *n.* **1** Ⓤ服裝，衣服：19th century ～ 十九世紀的服裝/Oriental ～ 東方的服裝/a Chinese girl *in* (her) native ～ 穿著民族服裝的中國少女。

2 Ⓒ(上下連身的)女裝；童裝：She has a lot of ～*es.* 她有很多衣服。

3 Ⓤ[常與修飾語連用]正式服裝，禮服：⇨ evening dress, full dress, morning dress/ No ～. 不必著正式服裝《★請帖中表示可穿便服參加的用語》。

—*adj.* [用在名詞前] **1** 女裝(用)的。**2 a** 作禮服用的〈衣服〉。**b** 需要穿禮服的：It's a ～ affair. 那是需要穿禮服的集會[場合]。

—*v.t.* (～**ed**) **1**〔十受(十介十(代)名)〕**a** 給〈人〉穿〔…的〕衣服〔*in*〕：She was ～*ing* her child. 她在給孩子穿衣服/She ～*ed* her child **in** a raincoat. 她給孩子穿雨衣/He has to be ～*ed* by a nurse. 他必須由護士替他穿衣。**b**〔～ *oneself*〕穿〔…的〕衣服〔*in*〕《★也以過去分詞當形容詞用；⇨ dressed 1 c》：He can't ～ *himself.* 他無法自己穿衣服/He ～*ed himself* carefully **in** his Sunday best. 他細心地穿上最漂亮的衣服。

2〔十受〕給〈人〉做[挑選]衣服；給〈人〉設計衣服：She is ～*ed* by Pierre Cardin. 她穿著皮爾・卡登設計的衣服。

3 a〔十受〕布置，裝飾〈商店(的櫥窗)〉：They are ～*ing* the shopwindows for Christmas. 他們爲了耶誕節正在裝飾櫥窗。**b**〔十受十介十(代)名〕〔用…〕裝飾…〔*with*〕：The streets were ～*ed* **with** flags. 街道上裝飾著旗子。

4〔十受〕**a** 整〈髮〉，梳理〈頭髮〉。**b** (用刷子等)梳刷〈鳥毛、馬毛〉(cf. DRESS down (1))。

5〔十受〕(用繃帶、藥膏等)敷裹〈傷處、受傷者〉：The doctor cleaned and ～*ed* the wound. 醫師消毒並且包紮傷口。

6〔十受〕**a** 處理〈皮革、紡織品、石材等〉：～ leather 製革，鞣革。**b** 給〈生菜沙拉等〉澆上調味醬(dressing)：～ a salad (澆上調味醬)調製生菜沙拉。**c** (烹調前)處理〈魚、肉等〉。**d** 爲供應市場而處理〈雞、肉等〉：～ a chicken (拔毛去臟等)爲供應市場而處理雞。

7〔十受〕**a** 修剪〈庭園樹木等〉。**b** 爲〈土地〉施肥：～ a field 爲田地施肥。

8〔十受(十副詞(片語))〕使〈軍隊〉整列(成…)：～ troops *in* line 使軍隊排成一列。

—*v.i.* **1 a** 穿(著)衣服，整裝：I got up quickly and ～*ed.* 我迅速起牀整裝/～ well [badly] 衣著好看[難看]，穿得體面[不體面]。**b**〔十介十(代)名〕穿(著)〔…的〕衣服〔*in*〕：She always ～*es* **in** black. 她總是穿著黑衣服(cf. dressed 1 c)。

2〔動(十副)〕穿正式服裝，著晚禮服〈*up*〉(↔ dress down)：We don't ～ *for* dinner these days. 近來我們都不穿禮服去晚宴了。

3〔十副詞(片語)〕《軍》整列：～ *by* [*to*] the right 向右看齊/～ *back* [*up*] 爲整列而後退[上前]。

dréss dówn《*vt adv*》(1)(用刷子等)梳刷〈馬毛〉。(2)[～十受十down]《口語》斥責，責罵〈人〉。**—**《*vi adv*》(3)(配合場合)穿樸素的衣服，穿便服(↔ dress up)。

dréss úp《*vi adv*》(1)⇨ *v.i.* 2. (2)(演戲、集會等時)穿特別的服裝，裝扮：My uncle ～*ed up as* Father Christmas. 我的叔叔裝扮成耶誕老人。**—**《*vt adv*》(3)使〈人〉盛裝。(4)[～ *oneself*]盛裝。(5)把…裝飾起來，對…加以潤色；粉飾，僞裝…。

dres·sage [drəˈsɑʒ; ˈdresɑ:ʒ] 《源自法語》**—***n.* **1** ⓊⒸ高等馬術。**2** Ⓤ訓練馬服從口令的方法。

dréss círcle 《源自從前坐此座位時必須穿著晚禮服(evening dress)》**—***n.* Ⓒ《戲劇》包廂，特別座《通常爲二樓正面前排的座位；cf. circle 4》。

dréss cóat *n.* Ⓒ燕尾服《男士禮服的上衣》。

dressed *adj.* **1 a** 著衣的。**b** [不用在名詞前][與狀態、程度副詞連用]…服裝[裝束]的：Most of the people were plainly ～ [～ much alike]. 大部分的人都穿得樸素[很相似]。**c** [不用在名詞前]〔十介十(代)名〕穿著〔…〕衣服的〔*in*〕：She was ～ **in** black [furs]. 她穿著黑衣[皮衣]。**2 a** (化妝)完成的：～ brick (裝飾建築物外部用的)磨光磚。**b**〈雞、魚等〉已被去毛開膛(待烹)的。

dréss·er[1] *n.* Ⓒ **1** [常與修飾語連用]穿(某種特別)服裝的人：a smart ～ 服裝漂亮的人，愛打扮的人/a careless ～ 穿衣服隨便的人。**2** (爲自己或他人)穿衣者；(劇場的)服裝師。**3** (櫥窗的)裝飾師。**4**《英》(外科手術的)助手《爲患者裹傷者》。

dresser[2] 1

dresser[2] 2

dréss·er[2] *n.* Ⓒ **1** 梳妝臺；鏡臺。**2**《英》(附有抽屜的)餐具櫥。

dréss·ing *n.* **1** Ⓤ **a** 穿衣；打扮，裝束。**b** 最後的修飾[加工]，外表的處治[修琢]。

2 Ⓤ[指種類時爲Ⓒ](澆在生菜沙拉上的)調味醬。**3** Ⓤ《美》(烹調雞的)調味塡料(stuffing)。**4 a** Ⓤ(傷口等的)敷裹。**b** Ⓒ繃帶；(其他的)敷裹用品《紗布、藥棉、軟膏等》：put a ～ on a wound 包紮傷口。

dressing gowns

dréssing bàg [càse] *n.* Ⓒ(旅行用的)化妝[洗臉]用品盒。

dréssing-dówn *n.* Ⓒ《口語》責罵；打：I gave him a good ～. 我痛罵[打]他一頓。

dréssing gòwn *n.* Ⓒ晨衣，家常服《於就寢前或起床後穿在睡衣上的寬鬆長袍；cf. bathrobe 1》。

dréssing ròom *n.* Ⓒ **1** (劇場等的)後臺，

化妝室。**2** 化妝室《鄰接臥房》。

dréssing stàtion *n.* Ⓒ《軍》(接近火線的)包紮站，急救站。

dréssing tàble *n.* Ⓒ(寢室內用的)梳妝臺，鏡臺《上方常附有鏡子》。

dréss·màker *n.* Ⓒ(製女裝、童裝的)裁縫師(cf. tailor).

dress·mak·ing [ˈdrɛsˌmekɪŋ; ˈdres-ˌmeikiŋ] *n.* **1** Ⓤ**女裝[童裝]的裁製(業)**。**2** [當形容詞用]裁製女裝(用)的：a ~ school 裁縫學校。

dréss paràde *n.* Ⓒ《軍》正式閱兵(典禮)，大檢閱。

dréss rehéarsal *n.* Ⓒ《戲劇》彩排《穿用正式演出時的服裝、道具等所做的預演》：have a ~ 正式預演，彩排。

dréss shírt *n.* Ⓒ男用襯衫《尤指著於禮服內者》。

dréss súit *n.* Ⓒ(男用)禮服，晚禮服。

dréss úniform *n.* Ⓒ《軍》軍禮服。

dress·y [ˈdrɛsɪ; ˈdresi] «dress 的形容詞» —*adj.* (**dress·i·er**; **-i·est**) **1**〈人〉講究服裝的，愛裝飾的。**2**〈服裝〉講究的，時髦的，漂亮的。

drest [drɛst; drest] *v.*《古》**dress** 的過去式・過去分詞。

‡**drew** [dru; druː] *v.* **draw** 的過去式。

drib [drɪb; drib] «drib(b)let 的逆成字» —*n.* Ⓒ小滴，微量。

drib·ble [ˈdrɪbl; ˈdribl] *v.t.* **1** 使〈液體等〉滴下；淌〈口水〉，垂〈涎〉。**2**《球戲》(籃球中)運〈球〉，(足球中)盤〈球〉《連續輕拍籃球或輕踢足球使之前進》。

—*v.i.* **1** [動(十副)]〈液體等〉滴下〈*away*〉：Gasoline ~*d* from the leak in the tank. 汽油從油槽漏隙滴下。**2**〈人〉淌口水。**3**《球戲》運球，盤球。

—*n.* Ⓒ **1** 滴，涓滴；滴下。**2** 少量；細雨，毛毛雨。**3**《球戲》運球；盤球。

drib·(b)let [ˈdrɪblɪt; ˈdriblit] *n.* Ⓒ **1** 小滴。**2** 少量，少額：by [in] ~*s* 一點一點地，漸漸地。

‡**dried** [draɪd; draid] *v.* **dry** 的過去式・過去分詞。

—*adj.* 乾燥的：~ beef (用鹽醃或燻製的)牛肉乾/~ milk = dry milk/~ fish 魚乾/~ meat 肉乾/~ goods 乾貨，乾燥食品。

cút and dríed ⇨ cut *adj.*

dríed-úp *adj.* **1** 乾癟的；枯萎的。**2**〈感情等〉枯竭的。

***dri·er** [ˈdraɪɚ; ˈdraiə] *n.* Ⓒ **1** 使(東西)乾燥的人。**2 a** (洗濯物等的)乾燥機，烘乾機。**b** = spin drier. **3** 乾燥劑，催乾劑。

***drift** [drɪft; drift] *v.i.* **1** [動(十副詞(片語))] **a** 漂流，沖走：A small boat was ~*ing along* [*down* the stream]. 一條小船正向前漂流著[順流往下漂]/Small clouds ~*ed through* the sky. 小片雲飄過天空。**b**〈羣衆等〉漸漸散去：The spectators ~*ed away* [*off*]. 旁觀者漸漸散去。

2 a [動(十副詞(片語))]無目的地地遊蕩[流浪]；轉來轉去：~ *from* job *to* job 常換工作/~ *through* life 糊裏糊塗[隨波逐流]地過日子/Let things ~. 聽天由命[聽其自然]吧。**b** [十介十(代)名]不知不覺間陷入[…] [*into, toward*]：~ **into** war 逐漸[不知不覺]地捲入戰爭中/The country was ~*ing* **toward** ruin. 該國正逐漸走向滅亡。

3〈雪、落葉等〉吹積：The snow ~*ed against* the fence. 雪在圍牆旁堆積起來。

—*v.t.* **1** [十受(十副詞(片語))]使…漂流：The current ~*ed* the boat *downstream* [*down* the river]. 水流把小船沖往下游。

2 [十受]〈風〉吹走，吹積〈雪、落葉〉：The wind is ~*ing* the snow. 風正把雪吹積成堆。

dríft alóng 《*vi adv*》(1)⇨ *v.i.* 1 a. (2)漫無目的地地遊蕩。(3)迷迷糊糊過日子。

dríft apárt 《*vi adv*》(1)〈小船等〉(漂流而)分開。(2)變疏遠；(尤指)〈男女〉變得不投緣，感情變淡。

—*n.* **1** ⓊⒸ**漂流，被沖走**。**2 a** ⓊⒸ(一般的)移動；傾向，趨勢；動向：a gradual ~ of population *from* country *to* city 人口自鄉村到城市的漸移/a ~ *toward* centralization 中央集權化的傾向。**b** Ⓤ聽任自然，聽天由命：a policy of ~ 觀望政策；放任主義。**3 a** Ⓒ(雪、土沙等的)吹積；吹積物；漂流物[*of*]. **b** Ⓤ《地質》漂積物，冰磧，漂礫。**4** [用單數](發言、行爲等的)主旨，要旨，大意：the ~ of the argument 議論的要旨。

drift·age [ˈdrɪftɪdʒ; ˈdriftidʒ] *n.* **1** Ⓤ[又作 a ~]漂流(作用)。**2** Ⓤ[又作 a ~]被沖走的距離；偏流《船、飛機等偏離航路之距離》。**3** Ⓤ漂流物。

dríft·er *n.* Ⓒ **1** 漂流者[物]。**2** 遊蕩者，流浪漢。**3** 漂網漁船。

dríft ìce *n.* Ⓤ流冰，浮冰(cf. pack ice).

dríft nèt *n.* Ⓒ漂網，流網(cf. dragnet).

dríft·wòod *n.* Ⓤ(被潮水沖到河岸的)漂流木頭，浮木。

***drill**[1] [drɪl; dril] *n.* **1** Ⓒ**錐，鑽頭，鑽孔機，鑿岩機**。

2 ⓊⒸ**反覆練習**(⇨ exercise 2【同義字】)：a sentence pattern ~ = a ~ *in* sentence patterns 句型的反覆練習。

3 a Ⓤ《軍》操練，訓練。**b** Ⓒ(實地的)訓練，演習：⇨ fire drill.

4 [the ~]《英口語》正確的步驟[程序]，被認可的作法：What's the ~ *for* get*ting* tickets? 如何做才能取到車票呢？

—*v.t.* **1 a** [十受(十副)]在…上鑽孔〈*up*〉：~ a board 在木板上鑽孔/~ a tooth 在牙上鑽孔/~ ***up*** a road 用鑽孔機在道路上鑽孔以除去表層部分。**b** [十受(十介十(代)名)][在…]鑽〈孔〉[*in*]：~ a hole (***in*** a board) (在木板上)鑽孔。**c** [十受十介十(代)名][在…]鑽孔以除去…[*out of*]：~ the decayed part ***out of*** a tooth 在牙齒上鑽孔以除去腐蛀的部分。

2 a [十受(十介十(代)名)]**嚴格教〈人〉反覆練習[…]** [*in*]：He ~*s* the boys ***in*** grammar. 他嚴格教導學生反覆練習文法。**b** [十受十介十(代)名][對人]反覆教導〈規則、事實等〉[*into*]：~ the multiplication table ***into*** third grades 對三年級學生反覆教導九九乘法(表)。**c** [十受十副]灌輸…〈*in*〉：~ ***in*** traffic rules 灌輸交通規則。**3** [十受]《軍》操練，訓練〈士兵〉。**4** [十受]《口語》(用子彈)射穿，打穿…。

—*v.i.* **1 a** 鑽孔。**b** [動(十介十(代)名)][爲尋求…而]鑽探[*for*]：~ ***for*** oil 爲開採石油而鑽探。**2** 反覆練習。**3**《軍》接受軍事訓練。

drill[2] [drɪl; dril] *n.* Ⓒ **1** 條播機。**2** (挖來播種子的)條播溝，淺畦；一排經過條播的農作物。—*v.t.* 條播〈種子〉。

drill[3] [drɪl; dril] *n.* Ⓤ《織物》(一種結實的)厚斜紋布；斜紋寬幅的細棉布。

drill[4] [drɪl; dril] *n.* Ⓒ《動物》鬼狒《西非產的山魈屬小型黑面山魈》。

dríll bòok *n.* Ⓒ練習簿。

drill·ing[1] [ˈdrɪlɪŋ; ˈdriliŋ] *n.* Ⓤ **1** 鑽孔，錐鑽。**2** 操練，訓練。**3** 按列播種，條播。

drill·ing[2] [ˈdrɪlɪŋ; ˈdriliŋ] *n.* = drill[3].

dríll·màster *n.* Ⓒ **1** (軍隊的)軍訓教官。**2** 教練，嚴格的教導者。

dri·ly [ˈdraɪlɪ; ˈdraili] *adv.* = dryly.

‡**drink** [drɪŋk; driŋk] (**drank** [dræŋk; dræŋk]; **drunk** [drʌŋk; drʌŋk],《古・美口語》**drank**) *v.t.* **1** 飲，喝《★比較 drink 通常指從容器喝液體；eat 是用湯匙喝湯；take 是服用藥等》：**a** [十受(十副)]喝〈液體〉，喝完〈一杯〉，乾〈杯〉〈*down, off, up*〉：One must ~ water in order to stay alive. 人爲了維持生命必須飲水/~ the cup of joy [sorrow, pain] 享盡歡樂[嚐盡悲傷，飽受痛苦]/He *drank* ***off*** all my best wine. 他把我最好的酒全喝光了/*D*~ it ***up***. It'll be good for you. 把它喝完，它對你(的身體)有益。**b** [十受十補]將〈飲料〉〈以…狀態〉喝：~ milk hot 把牛奶趁熱喝了。**c** [十受十補][補語用 dry]飲乾〈容器中飲料〉：~ a cup *dry* 飲乾杯中的飲料，乾杯。

drink a glass of milk

take medicine

2 [十受(十副)] **a** 喝酒花掉〈薪水等〉，把〈薪水等〉花在喝酒上〈*away*〉：He *drank* all his earnings. 他把賺的錢全喝掉了。**b** 喝酒消磨〈時間〉〈*away*〉：They *drank* the night ***away***. 他們喝酒消磨了那個晚上[他們一夜喝到天亮]。**c** 喝酒解〈憂〉〈*away*〉：~ one's troubles ***away*** 以喝酒解煩。

3 a [十受十介十(代)名][~ one*self*]喝到[…狀態][*to, into*]：He *drank himself* ***to*** death [***into*** a stupor]. 他喝酒喝到死[不省人事]。**b** [十受十介十(代)名][~ one*self*]喝酒[而失去…][*out of*]：You will ~ *yourself* ***out of*** your job. 你會因喝酒而失去工作。**c** [十受十補][~ one*self*]喝〈成…狀態〉：He *drank himself* asleep. 他(喝酒)喝得睡著了。

4 a [十受]爲…乾杯：~ a person's health 爲某人的健康而乾杯。**b** [十受十介十(代)名]舉杯祝[…]…[*to*]：~ success ***to*** a person [an enterprise] 舉杯祝某人[事業]成功。

5 a [十受(十介十(代)名)]把〈空氣等〉吸入[肺中][*into*]：~ air (***into*** one's lungs) (喘氣時等)把空氣深深吸入(肺中)。**b** [十受(十副)]吸收〈水分〉〈*in*〉：The dry ground *drank* ***in*** the rain. 乾巴巴的土地吸收雨水。

—*v.i.* **1** 喝(飲料)：~ *from* a fountain 喝從噴泉湧出的水。**2** (習慣性地)大口喝：~ hard [deep, heavily] 痛飲，豪飲，酗酒/⇨ drink like a FISH/He ~*s* too much. 他喝酒過多/He smokes, but doesn't ~. 他吸煙，但不喝酒。

【說明】(1)在英美，人們喝酒時沒有一直要對方多喝的習慣，斟酒時也常會尊重對方的意思而說："Say when."—"When. I'm beginning to feel high."「你認爲好[斟夠]了就跟我說。」「好[夠]了，我開始有點醉了。」

(2)「我昨天喝了酒，頭還在痛。」的英語是 I have a hangover. 俚語說 I am hung over. 或 I'm still under the influence. 另外

還有這樣的說法："Well, I got carried away, I have a splitting headache."「噢！我趁勁猛喝，現在頭痛得快要裂開了！」
(3)爲解宿醉而喝的以毒攻毒的酒，口語爲 a hair of the dog.
(4)「我昨晚喝了好幾個地方。」的說法如下：《美口語》I went barhopping last night. =《英口語》I went pub-crawling last night.

3 〔十介十(代)名〕〔爲…而〕乾杯，舉杯〔*to*〕：～ *to* a person's health [success] 爲[祈求]某人的健康[成功]而乾杯。

drínk ín 《*vt adv*》(1)⇨ *v.t.* 5 b. (2)對…聽得入神；對…看得出神：The traveler *drank in* the beauty of the scene. 那位旅客對那美景看得出神[那位旅客陶醉於那美景之中]。

drínk a person **ùnder the táble** (比賽酒量等)使對方醉倒。

—*n.* **1** Ⓤ[指個體或種類時爲Ⓒ]**飲料**：food and ～ 食物與飲料，飲食/bottled ～*s* (啤酒、汽水等)瓶裝飲料/make a ～ 做(雞尾酒等)飲料/soft ～*s* ⇨ soft 10 b/They only serve ～*s* at the pub. 那家酒館只供應飲料。

2 Ⓒ(飲料，尤指酒的)**一杯**，一口，一飲：a ～ *of* water [milk] 一杯水[牛奶]/drink *at* [*in*] one ～ 一口喝下/have [take] a ～ 喝一杯。

3 Ⓤ**酒類**；飲酒，大喝，酗酒：be fond of ～ 愛喝酒，嗜酒/be in ～ = be the worse for ～ 醉酒的/be given [addicted] to ～ 縱酒，酗酒/take to ～ 嗜酒，喝酒上癮。

4 [**the** ～]《口語》一大片水，海洋：hit *the* ～ 墜入海中。

drink·a·ble [ˈdrɪŋkəbl; ˈdriŋkəbl] *adj.* 可喝的，適於飲用的。
—*n.* [～s]飲料：eatables and ～*s* 飲料食物。

drínk·er *n.* Ⓒ **1** 飲者。**2** 飲酒者：a heavy ～ 酗酒者，酒鬼/a hard ～ 酒量大的人，豪飲者。

drínk·ing *n.* **1 a** Ⓤ飲(用)，喝。**b** [當形容詞用]飲用的：～ water 飲用水。**2 a** Ⓤ飲酒：give up ～ 戒酒。**b** [當形容詞用]飲酒(用)的：a ～ party 酒宴，酒會。

drínking fòuntain *n.* Ⓒ(噴水式)飲水器，自動飲水器。

drip [drɪp; drip] (**dripped, dript**) *v.i.* **1 a** 〔**動**(十**副**)(十**介**十(**代**)**名**)〕〈液體〉〔從…〕**滴下**，滴落〈*down*〉〔*from*〕：Dew *dripped* ***from*** the trees. 露水從樹上滴下來/The rain was *dripping from* the eaves. 雨水正從屋簷滴落。**b** 〈人、物〉滴下液體：The tap is *dripping.* 水龍頭在滴水。**2** 〔十介十(代)名〕**a** 〔因…而〕濕透〔*with*〕：He was *dripping* ***with*** sweat. 他因流汗而(全身)濕透[他汗流浹背]。**b** 充滿〔…〕〔*with*〕：a dress *dripping* ***with*** spangles 綴滿亮片的衣服/a remark *dripping with* sarcasm 充滿挖苦的評語。
—*v.t.* 〔十受〕滴下…的水滴，使…(滴滴答答)滴落：His right arm was *dripping* blood. 他的右臂在滴血。
—*n.* **1 a** [用單數]滴落；水滴聲，滴滴答答：The faucet has developed a ～. 那個水龍頭已經開始滴水了。**b** Ⓒ[常 ～s]水滴，滴液：～*s* of sweat 汗珠。**2** Ⓒ《醫》滴液(法)：give a person a ～ 給某人輸液。**3** Ⓒ《俚》平庸[乏味]的人，令人厭煩的人；無聊的言談。

dríp còffee *n.* Ⓤ滲漏式咖啡《用沸水慢慢滲過研磨過的咖啡豆上所泡成的咖啡》。

dríp-drìp, dríp-dròp *n.* Ⓒ(滴滴答答滴落的)水滴，雨滴。

dríp-drý *v.t.* 使〈尼龍等〉滴乾《★較擰乾法不易起皺》。
—*v.i.* 〈尼龍等〉滴乾。
—*adj.* 隨洗隨乾的，滴乾不起皺的：a ～ shirt 隨洗隨乾的免燙襯衫。

dríp·ping *n.* **1 a** Ⓤ滴下，滴落。**b** Ⓒ[常 ～s]水滴。
2 Ⓤ[《美》常～s](炙肉時的)肉汁，油汁：Gravy is made from the ～(*s*). 調味肉汁是用炙肉的油汁做的。
—*adj.* **1** 雨水滴落的；滴滴答答滴下的：a ～ tap 滴水的水龍頭。**2 a** 濕透的。**b** [當副詞用，修飾 wet]透徹地：She is ～ wet. 她濕透了。

dríp(ping) pàn *n.* Ⓒ(炙肉時)承接滴油的盤[鍋]。

drip·py [ˈdrɪpɪ; ˈdripi] *adj.* (**drip·pi·er**; **-pi·est**) **1** 滴水的。**2** 多雨的；濕的。**3**《俚》傷感的，令人落淚的。

dript [drɪpt; dript] *v.* **drip** 的過去式・過去分詞。

‡drive [draɪv; draiv] (**drove** [drov; drouv]; **driv·en** [ˈdrɪvən; ˈdrivn]) *v.t.* **A 1 駕駛**《★比較 drive 指坐在乘坐物上駕駛；ride 是跨騎在自行車、馬背等上》：**a** 〔十受〕駕駛〈汽車等〉，駕御〈馬車〉；驅，趕…：～ a taxi [a truck] 駕駛計程車[貨車]/He *drove* his car with caution. 他小心翼翼地駕車。**b** 〔十受〕驅〈馬車、馬〉，趕〈拖貨的馬[牛]等〉，駕御…。**c** 〔十受十副詞(片語)〕用車子載[送]〈人〉(至…)：I will ～ you *home* [*to* the station]. 我會開車送你回家[到車站]。

2 〔十受〕〈蒸氣、電氣等〉使〈機器〉轉動，驅動：Water ～*s* the mill. 水使(水力)磨粉機轉動/The machine is *driven* by electricity [compressed air]. 那部機器是用電力[壓縮空氣]驅動的。

—B 1 驅策：a 〔十受十副詞(片語)〕〈人〉追逐；追趕〈鳥獸、人等〉(到…)：*D*～ the dog *away.* 把那條狗趕走/He *drove* the cattle *to* the fields. 他把牛趕到田野裡去/They *drove* the sheep *in.* 他們把羊趕進去/She *drove* them *back.* 她把他們趕回去/～ a person *into* a corner ⇨ corner *n.* 4. **b** 〔十受十介十(代)名〕把〈敵人等〉〔從…〕驅逐〔*from, out of*〕：They *drove* the enemy ***from*** the country. 他們把敵人驅逐出境。**c** 〔十受十介十(代)名〕驅使〈人〉〔至[陷入]…狀態〕，逼迫〈人〉〔至…〕〔*to, into, out of*〕：His wife's death *drove* him ***to*** despair. 他妻子的去世使他陷入絕望/That *drove* her ***out of*** her senses. 那件事使她發瘋。**d** 〔十受十 *to* do〕驅策〈人〉〈使做…〉，迫使〈人〉〈不得不做…〉：Hunger *drove* him *to* steal. 饑餓驅使他去偷竊/I was *driven to* resign. 我被迫辭職。**e** 〔十受十補〕使，迫使〈人〉〈成…的狀態〉《★用法 補語主要用 mad, crazy, nuts, insane 等》：That girl almost ～*s* me crazy. 那個女孩幾乎迫使我發狂《她太過分使我難以容忍》/The terrible news *drove* him mad. 那個可怕的消息使他狂怒[發狂]。

2 〔十受十副詞(片語)〕〈風〉把…吹(到…)，〈水〉把…沖(到…)：The gale *drove* the ship *on to* the rocks. 狂風把那艘船吹到岩礁上/The wind *drove* the rain *against* the windowpanes. 風吹使雨點打在窗玻璃上。

3 〔十受十副詞(片語)〕**a** 把〈鐵釘、木樁等〉打入，敲進(…)：*D*～ the nails *home* [*into* the plank]. 把釘子完全敲進去[敲入厚板中]/～ a lesson *into* a person's head 把教訓灌輸進某人的腦子裏[使人銘記教訓]。**b** 挖〈隧道、井等〉，使〈鐵路〉貫穿：～ a tunnel *through* a hill 挖隧道通過小山/～ a tunnel *under* a river [the sea] 在河[海]底下挖隧道/ ～ a railway *across* [*through*] a desert 鋪設一條越過沙漠的鐵路。

4 〔十受〕[常與 hard 連用]任意驅使；嚴格訓練〈人〉；待〈人〉苛酷：～ workers hard 苛待工人。

5 〔十受〕**a** 經營〈生意等〉，從事〈買賣〉：～ a roaring trade 生意興隆。**b** 決定〈交易等〉：～ a good bargain 做一筆有利的交易/⇨ drive a hard BARGAIN.

6 〔十受〕**a**《高爾夫》用力擊，强打〈球〉《尤指用發球桿(driver)用力擊球；cf. driver 3》。**b**《網球》抽擊〈球〉，發〈急球〉。**c**《棒球》(以安打、犧牲打)使〈已上壘者〉跑壘；得〈分〉〈*in*〉.

—*v.i.* **1 a 駕車**，開車：She ～*s* very cautiously. 她很小心地開車。**b** 〔動(十副詞(片語))〕開車：Shall we walk or ～? 我們走路去還是開車去？/We are just *driving through.* 我們只是開車經過《不停車》/She got into her car and *drove off.* 她坐進車內，開車離去/He *drove* right *up to* the front door. 他把車子直開到正門前。**c** [與 well 等狀態副詞連用]〈車子〉開起來(…)：This car ～*s* well [easily]. 這部車子好[容易]開。

2 〔十副詞(片語)〕〈車子、船等〉疾駛；〈雲〉(被風吹得)疾馳：Motorcars were *driving along* the road. 汽車在路上奔馳/The ship *drove on* the rocks. 那艘船撞到了岩礁《觸礁》/The clouds *drove before* the wind. 雲乘風疾馳。

3 〔動(十介十(代)名)〕〈雨〉猛烈地打〔在…〕〔*in, against*〕：The rain *drove* ***in*** his face [***against*** the window]. 雨猛打在他的臉[窗子]上。

4 〔十介十(代)名〕[常用進行式]《口語》意圖〔…〕，打算做[說]〔…〕〔*at*〕：I wonder what he *is driving* ***at***. 我不知道他想要說什麼[用意何在]。

5《高爾夫》把球自球座(tee)用力擊出，打遠球。

dríve óff 《*vt adv*》(1)驅逐，趕走，擊退…。**—**《*vi adv*》(2)⇨ *v.i.* 1 b. (3)《高爾夫》從球座擊出球。

dríve úp 《*vt adv*》(1)抬高〈物價等〉。**—**《*vi adv*》(2)⇨ *v.i.* 1 b.

lèt dríve at... 瞄準〈人等〉投出[擊出，射出]：He *let* ～ *at* me with his fist. 他用拳頭打我。

—*n.* **1** Ⓒ**驅車**，開車旅行[出遊]：take [go for] a ～ 駕車出遊/take a person for a ～ 帶某人駕車出遊。

2 Ⓒ **a**《英》(通往宅邸的)私用車道，車道(《美》driveway). **b** (公園內[森林中]的)車道；馬路。**c** [常 D～, 用作地名]街道。

3 Ⓒ(開車、坐馬車去的)車程：It is a long ～ from New York to Boston. 從紐約到波士頓有一段長車程[要開很久的車]/The village [town] was an hour's ～ outside the city. 該村[鎮]在一小時車程的市郊處。

4 Ⓒ(對獵物的)追逐；(對牛、羊等畜羣的)驅趕：a cattle ～ 趕牛羣。

5 a Ⓤ(進行工作的)魄力，精力，幹勁：a man with great ～ 充滿幹勁[魄力]的人/He has a lot of ～ in him. 他很有幹勁。**b** ⓊⒸ《心理》(人與生俱來的)衝動，本能的需求，驅策力：the sex ～ 性的驅策力/Hunger is a strong ～ *to* action. 饑餓是使人行動的强烈驅策力。

6 Ⓒ **a** 〔籌募慈善捐款等的〕活動，宣傳〔*for*〕：a Red Cross (fund) ～ 紅十字會募捐活動/a ～ *for* funds 資金籌募活動。**b** 〔十 *to* do〕〈做…的〉活動，運動：a ～ *to* raise funds 募款活動。

7 Ⓒ(對敵陣的)進擊，攻勢，攻擊。

8 ⓊⒸ(高爾夫、網球等的)長打，用力打。

D

9 Ⓤ[指種類時爲Ⓒ] a (汽車的)驅動裝置：This car has (a) front-wheel ~. 這部汽車有前輪驅動裝置。b《機械》(動力的)傳動：a gear ~ 齒輪傳動。
10 Ⓤ《汽車》(自動變速車之變速桿的)推動位置《略作 D》.
11 Ⓒ[與修飾語連用]《英》《紙牌戲》比賽，競賽，…比賽：a bridge ~ 橋牌比賽。

drive-in [ˈdraɪvˌɪn; ˈdraivin] *adj.* [用在名詞前](可坐在車上購物、用餐、看電影等的)免下車的，可駕車進去的：a ~ bank 免下車的路邊銀行/a ~ theater (可坐在車上觀看的)戶外[露天]電影院。

【說明】drive-in theater 是可以把汽車開進去坐在汽車中觀賞巨型銀幕的野外露天電影院。這種電影院多半在美國，通常設於都市的近郊，觀衆可以把電影院所準備的小型擴聲器拉進自己的汽車中聽。

—*n.* Ⓒ路邊服務式的速簡餐廳[商店，銀行(等)]，露天電影院《顧客不必下車》。

D

driv·el [ˈdrɪvl; ˈdrivl] *v.i.* (**driv·eled**, 《英》**-elled**; **driv·el·ing**, 《英》**-el·ling**) **1** 流口水[鼻水]。**2 a** [動(+副)]胡說八道，說蠢話[無聊話]〈*on, away*〉：a ~*ing* idiot 胡說八道的大笨蛋/That old woman always ~*s* **on** [**away**]. 那個老婦人總是胡說個不停。**b** [+介+(代)名][對…事]胡說，瞎扯[*about*]：What are you ~*ing* **about**? 你在瞎扯些什麼？—*n.* Ⓤ胡言亂語。

drív·el·(l)er [-vlɚ; -vlə] *n.* Ⓒ **1** 流口水的人。**2** 愛胡說[瞎扯]的人。

‡**driv·en** [ˈdrɪvən; ˈdrivn] *v.* **drive** 的過去分詞。
—*adj.* 〈雪等〉吹積的：~ snow 吹積的雪。

***driv·er** [ˈdraɪvɚ; ˈdraivə] *n.* Ⓒ **1** [也用於稱呼] **a** (汽車等的)駕駛者，司機：a truck ~ 卡車司機 /the ~'s seat 司機的座位，駕駛座 /He is a good [bad] ~. 他是善於[不善於]開車的駕駛員。**b** 馬車夫。**2** 趕牛[馬]的人。**3**《高爾夫》(擊球的頭部爲木製的)發球桿《指一號木頭球桿(number one wood)》。**4** (打木樁等用的)木槌，木樁機。

dríver's lìcense *n.* Ⓒ《美》駕駛執照(《英》driving licence).

【說明】在美國，一般高中的課程中有稱爲 driving 的選修科目，學生可以接受指導和考試而取得駕駛執照，實地考試時則需通過有考場駕駛教練或警官同坐的路考。在英國，城鎮設有汽車駕駛訓練班(driving school)，但沒有特別設置練習場，初學者(L-driver)佩戴表示其爲初學者的 L 識別證便可上一般道路練習。美國土地廣大，汽車就如同人類的脚，是日常生活中不可或缺的交通工具。近年來由於石油不足，小型汽車(compact (car))逐漸普及。

dríver's pérmit *n.* Ⓒ《美》臨時駕照。

【說明】筆試通過的人如果滿十八歲以上與有駕照者同車，則可駕車；以後經過實地考試就可獲得 driver's license.

dríve-thròugh *adj.* [用在名詞前]駕車經過的《指駕車在門口叫菜，然後開車繞過餐廳，在出口處拿菜的速食式餐廳》。
—*n.* Ⓒ不下車即可購用餐點的速食餐廳。

dríve-ùp *adj.* 〈店、窗口等〉供開車進來的客戶使用的。

dríve·wày *n.* Ⓒ《美》(從建築物、車庫等通至道路的)私用車道，車道(《英》drive).

driv·ing [ˈdraɪvɪŋ; ˈdraiviŋ] *adj.* [用在名詞前] **1** 推動的，動力傳動的：~ force 推動力 /His wife is the ~ force behind his accomplishments. 他的妻子是使他在事業方面卓有成就的推動力。**2 a** 疾駛的，狂吹的；猛烈的，激烈的〈暴風雨等〉：a ~ rain 狂風暴雨/in ~ snow 在風雪交加中。**b** 精力充沛的，有衝勁的：a ~ personality 有衝勁的個性。**3 a** 驅使他人的，苛待人的：a ~ manager 驅使部屬拼命幹的經理。**b** 有驅策他人能力的：a ~ ambition 策勵人向上的抱負。
—*n.* **1 a** Ⓤ駕駛，操縱。**b** [當形容詞用]駕駛(用)的：a ~ licence《英》駕駛執照(《美》driver's license)/take ~ lessons 上駕駛課，學駕駛 /a ~ school 汽車駕駛訓練班。**2** Ⓤ《高爾夫》長打，强打。

dríving ìron *n.* Ⓒ《高爾夫》鐵頭球桿《一號鐵頭球桿((number) one iron)》.

dríving mìrror *n.*《英》=rearview mirror.

dríving rànge *n.* Ⓒ高爾夫練習場。

dríving whèel *n.* Ⓒ(機車、汽車的)驅動輪；(機械的)主動輪。

driz·zle [ˈdrɪzl; ˈdrizl] *n.* Ⓤ[又作 **a** ~]細雨，毛(毛)雨。
—*v.i.* [常以 it 爲主詞]下細雨[毛毛雨]：*It* ~*d* on and off. 毛毛雨時下時停 /*It* was *drizzling* that day. 那天下著毛毛雨。

dríz·zly «drizzle 的形容詞»—*adj.* 下毛(毛)雨的，下著濛濛細雨的。

drogue [drog; droug] *n.* Ⓒ **1** (使船首朝向上風的無底袋狀)浮錨，海錨。**2 a** 風標《測風向用的漏斗形風向指示器》。**b** (空中加油機軟管前端的)漏斗形加油口。
3 (又作 **drógue párachute**) **a** (小型的)輔助降落傘。**b** (戰鬥機、太空船等的)減速(降落)傘，阻力傘。

drogue 3 b

droll [drol; droul] *adj.* 逗人發笑的，好笑的，滑稽的。

drol·ly [ˈdrolɪ; ˈdrouli] *adv.*

droll·er·y [ˈdrolərɪ; ˈdrouləri] *n.* ⓊⒸ滑稽的舉動；笑話，詼諧。

-drome [-drom; -droum] [名詞複合用詞]表示「寬闊的特別設施」：air*drome*, motor*drome*.

drom·e·dar·y [ˈdrʌməˌdɛrɪ, ˈdrʌm-; ˈdrɔmədəri, ˈdrʌm-] *n.* Ⓒ《動物》單峯駱駝(Arabian camel)《阿拉伯產；cf. Bactrian camel》.

drone[1] [dron; droun] *n.* Ⓒ **1** (蜜蜂的)雄蜂《總是在蜂窩中不工作；cf. worker 3 a》。**2** 懶人，遊手好閒者。**3** (由無線電遙控的)無人駕駛飛機[汽車]。
—*v.i.* [動(+副)]混日子，閒散度日〈*away, on*〉.

drone[2] [dron; droun] *n.* [用單數] **1** (蜜蜂等的)嗡嗡聲。**2**《音樂》持續的低音；風笛之單音管。
—*v.t.* [+受(+副)]懶洋洋地說[唱]，以單調而低沈的聲音說[唱]…〈*out*〉：The clergyman began *droning* (**out**) the psalm. 牧師開始以單調而低沈的語調吟誦讚美詩。
—*v.i.* **1** 嗡嗡作聲：Bees ~*d* among the flowers. 蜜蜂在花間嗡嗡作聲。**2** [動(+副)(+介+(代)名)]以低沉單調的語調[無精打采地]談[有關…之事]〈*away, on*〉[*about*].

drool [drul; dru:l] *v.i.* **1** 流口水：At the sight of the delicacies, he started ~*ing*. 看到可口美味的食品，他開始流口水。**2** [動(+介+(代)名)]《俚》[對…]喜歡得流口水，[對…]愛得流口水[*about, over*]：I hate to see all those girls ~*ing* **over** the singer. 看到所有那些女孩子對那歌星過份瘋狂地表示喜愛，我很反感。**3** 說蠢話。

droop [drup; dru:p] *v.i.* **1** 〈頭、肩等〉下垂，低垂；〈眼睛〉朝下看，俯視：Her head [eyes] ~*ed* sadly. 她的頭[眼睛]悲傷地低垂著。**2 a** 〈人〉體力衰弱；〈意氣〉消沉：His spirits seem to be ~*ing* these days. 這幾天他情緒似乎十分低落。**b** 〈草木〉枯萎；〈花〉凋謝。—*v.t.* [+受]使〈頭、臉、眼睛等〉下垂，使…低垂。
—*n.* [用單數] **1** 下垂，低垂。**2** (身體情況的)衰弱；(精神的)不振，頹喪，意氣消沉。

dróop·ing·ly *adv.* 低垂地，無力地，垂頭喪氣地。

droop·y [ˈdrupɪ; ˈdru:pi] «droop 的形容詞»—*adj.* (**droop·i·er**; **-i·est**) **1** 下垂的，低垂的。**2**《口語》垂頭喪氣的，疲憊不堪的。

‡**drop** [drap; drɔp] *n.* **1** Ⓒ滴，液滴：a ~ of dew 一滴露珠 /fall in ~*s* 成滴落下 /⇨raindrop, teardrop.
2 a [a ~；用於否定句]一滴；微量，少量：There was *not a* ~ *of* water. 沒有一滴水 /He did*n't* show us *a* ~ *of* kindness. 他對我們一點親切的表示都沒有。**b** Ⓒ少量[一杯]的酒：take a ~ 飲一杯酒/take a ~ too much 喝醉。**c** [~s](眼藥水等的)滴劑。
3 Ⓒ[常與修飾語連用]糖果，糖球：a cough ~ 止咳糖。
4 Ⓒ嵌入墜子中的寶石《珍珠等》，耳墜。
5 Ⓒ **a** [常用單數]落下，滴下；急降：a ~ *into* a hole 落入洞中。**b** (用降落傘的)空投(airdrop). **c** [價格、股票等的]下跌；[溫度等的]下降[*in*]：a ~ *in* temperature 溫度的下降 /a ~ *in* prices [stocks] 物價[股票]的下跌 /take a sudden ~ 急降，暴跌。**d** [常用單數]落下的距離，落差：There is a ~ *of* 150 feet from the top of the building to the ground. 從該建築物頂點到地面有一百五十呎的落差。
6 Ⓒ **a**《美》(郵箱等的)投遞口，(圖書館等書籍的)退還窗口。**b** 使東西落下的裝置。
7 Ⓒ《足球》踢落地球，落踢。

at the dróp of a hát《口語》一發出信號時，馬上，立刻；欣然：give an after-dinner speech *at the* ~ *of a hat* (一被請求)馬上作餐後演說。

dróp by dróp 一滴一滴地，一點一點地。

gèt [hàve] the dróp on...《俚》(1)(比對方搶先)以手槍對準…。(2)先發制〈人〉。

(ónly) a dróp in the búcket [the ócean] 滄海一粟，九牛一毛。

to the lást dróp 到最後的一滴。

—*v.i.* (**dropped**; **drop·ping**) **1** [動(+副)(+介+(代)名)][從…]滴落，(水滴)滴下〈*down*〉[*from*]：Rain began to ~ *from* the clouded sky. 雨水開始從陰暗的天空滴下來 /Tears *dropped from* his eyes. 淚水從他眼中一滴一滴地掉下來。
2 a 〈東西〉落下；〈幕等〉垂下：It was so quiet (that) you might have heard a pin ~. 那時靜得連一根別針掉到地上你都聽得見

/The curtain *dropped* (at the end of the play). 幕(在戲結束時)垂下來。**b** [(十副)(十介十(代)名)]〈東西〉(意外)[從…]落下;〈花〉[從樹上等]謝落〈*down*〉[*from, out of*]:An apple *dropped* (**down**) **from** the tree (*to* the ground). 一個蘋果從樹上掉落(地上) /My wallet has *dropped* **out of** my pocket. 我的皮夾子從我的口袋裏掉了出來。**c** [動(十副詞(片語))]〈太陽〉落下,下山:The sun was *dropping toward* the west. 太陽正向西邊落下。
3 [動(十副詞(片語))]〈人〉(突然)倒下,累倒:The tramp *dropped* (*on*) *to* his knees. 那個流浪者忽然雙膝落地[跪下來]/I *dropped into* the chair. 我跌落在椅子上/I am ready [fit] to ~ (*with* fatigue). 我(累得)快要倒下去了。
4 a [動(十介十(代)名)]〈人〉忽然[從…]跳下[到…][*from*][*to, into*]《★[比較]fall 是因失誤等而「落下」之意》:He *dropped* **from** the window **into** [*to*] the garden. 他從窗口跳入花園。**b** [動十副詞(片語)]下(山);順流而下:The boat *dropped down* the river [*dropped downstream*]. 小船沿河而下[順流而下]。
5 〈事情〉終止,作罷:The matter is not important; let it ~. 那件事不重要,暫時丟開不談。
6 a 〈風〉停止:The wind will soon ~. 風不久就會停止。**b** 〈强度、程度、價值、音調等〉下降:Her voice *dropped* to a whisper. 她的講話聲壓低而變成耳語。**c** 〈溫度等〉降低:The temperature ~*s* in September. 氣溫在九月間下降。**d** 〈活動、生產等〉減少:Steel production *dropped* by more than 50%. 鋼鐵生產量減少了百分之五十以上。
7 a [十介十(代)名]自然變成,陷入[…狀態][*into*]:~ **into** a reverie [deep sleep] 陷入幻想[熟睡]中 /~ *into* unconsciousness 陷入昏迷狀態。**b** [十補]自然變成,陷入〈…狀態〉:He soon *dropped* asleep. 他不久就入睡了。
8 [十介十(代)名]〈話〉無意中[從…]說出[*from*]:The strangest remarks ~ **from** his mouth. 最不可思議的話無意間從他口中漏出來。
9 a [動(十介十(代)名)][從…]落後,脫落,離開[*out of, from*]:One student after another *dropped* **out of** the class. 學生一個接一個地離開該班 /He *dropped out of* Harvard. 他從哈佛大學中途退學。**b** [十介十(代)名](名次)降低,退後[至…][*to*]:He *dropped* **to** the bottom of the class. 他(名次)降爲班上最後一名。
—*v.t.* **1** [十受]滴下〈液體〉,使…滴落,使…落下:~ tears 落淚。
2 a [十受]掉落,從手中失落〈東西〉:~ one's wallet [handkerchief] 失落皮夾子[手帕]。**b** [十受十介十(代)名]使〈東西〉落[在…][*on*]:~ bombs **on** a fortress 投炸彈於要塞。**c** [十受十介十(代)名]把〈東西〉投[入…][*in, into*]:~ a quarter **in** a vending machine 把一枚兩毛五分硬幣投入自動販賣機中 /I *dropped* the envelope **into** the mailbox. 我把那封信投入了郵筒。
3 a [十受十副詞(片語)]《口語》(中途)卸下〈旅客、行李〉(↔pick up):"*Where* shall I ~ you?"—"*D*~ me (*off*) *at* the next corner, please."「我在哪裏讓你下車好呢?」「請讓我在下一個轉角下車。」**b** [十受](用降落傘)空投〈物資、士兵等〉(到地面上):They *dropped* the supplies by parachute. 他們用降落傘空投糧食。
4 [十受] **a** 《口語》把〈某人〉打[擊]倒:~ a person *with* a blow 以一擊打倒某人。**b** 射下〈鳥〉。
5 [十受] **a** 放下〈錨、釣線、幕等〉:⇨drop ANCHOR, drop the CURTAIN/~ a line 放下釣線,垂釣。**b** 垂下〈眼睛〉:~ one's eyes 垂下眼簾。**c** 放低〈衣服、裙子等的腰〉,放長〈衣服等的滾邊〉:~ the waist of a skirt 放低裙子的腰位。
6 [十受] **a** 降低〈價值、程度等〉,使…下降:~ (one's) speed 減低速度。**b** 放低〈聲音〉,使〈聲音〉變小:~ one's voice 放低聲量。
7 [十受] **a** 去掉〈語言、字、字尾等〉,省略〈字〉:⇨drop one's H's/ *D*~ the "e" in "take" before adding "ing". 加 ing 之前先去掉 take 的 e. **b** 漏寫[讀]〈行、段等〉:He *dropped* a line when he revised the poem. 他修改那首詩時漏掉了一行。
8 a [十受]無意中[偶然]說出…:He *dropped* a hint. 他作了個暗示。**b** [十受]發出〈嘆息、微笑〉:She *dropped* a smile. 她不禁發出微笑。**c** [十受十受/十受十介十(代)名]書寄〈短信〉給〈人〉;書寄〈短信〉[給人][*to*]:*D*~ me a line. = *D*~ a line *to* me. 寫封短信給我。
9 a [十受]停止〈習慣、工作等〉;中斷〈議論等〉;退修〈課程〉;與〈朋友〉絕交:~ a bad habit 戒掉惡習/~ the idea of going abroad 放棄出國的念頭/~ math(s) 退修數學 /He has *dropped* some of his friends. 他已經和他的一些朋友不往來了/*D*~ it! 《口語》停止!別那樣!**b** [十受十介十(代)名]把〈人〉[從…]解雇,使…退[學],使…[自…]除名,使〈人〉退[會][*from*]:Several members who had not paid the dues were *dropped* **from** the club. 幾名未繳納會費的會員被該俱樂部除名籍。
10 [十受](因賭博等)輸〈錢〉。
11 [十受]《橄欖球》以踢落地球(dropkick)把球踢入〈球門〉《可得三分》。

dróp acróss... 偶然遇見〈人〉;偶然發現〈東西〉。
dróp aróund =DROP by.
dróp astérn ⇨astern.
dróp awáy 《*vi adv*》(1)〈家人、會員等〉(一個個)走掉,減少;(不知不覺間)離去:Many members *dropped away* when the dues were raised. 會費提高時有許多會員(一個個地)走掉[退出]了。(2)陡降:The cliff ~*s away* 300 feet *to* a river. 那懸崖陡降三百呎到(下面的)一條河。(3)〈質等〉惡化,降低。
dróp báck 《*vi adv*》(1)退後;落後。(2)(到半路)折回。
drop behind [《*vi prep*》~ behind...] (1)落在…後面,比…慢:The youngest boy *dropped behind* the other hikers. 年紀最小的那個男孩落在其他徒步旅行者的後面。**—** [《*vi adv*》~ behínd] (2)落後。
dróp bý 《*vi adv*》《口語》(沒有事先通知而)造訪,順道拜訪。
dróp déad (1)忽然倒斃,猝死,暴斃:He *dropped dead with* a heart attack. 他因心臟病突然發作而暴斃。(2)[用祈使語氣]《俚》(表示厭煩)滾開;去死。
dróp ín 《*vi adv*》(1)《口語》(沒有事先通知而)造訪,順道拜訪《★[比較]表示火車「靠站」的意思則用 stop at》:He often ~*s in on* me [*at* my house]. 他常常突然來看我[到我家來]《★[用法]拜訪「人」時用 *on*,「家」時用 *at*》/Yesterday some friends *dropped in to* tea. 昨天一些朋友順道過來喝茶。**—**《*vt adv*》(2)把〈東西〉放進裏面,投入:He *dropped in* some coins and dialed. 他投入了一些錢幣,然後撥(電話)號碼。
dróp...like a hót potáto ⇨hot potato.
dróp óff 《*vi adv*》(1)〈扣子等〉脫落。(2)(從車上等)下來。(3)(逐漸)減少,減低,衰退:Business *dropped off* drastically in the third quarter. 生意在第三季時銳減《一季爲三個月》/Sales have *dropped off*. 銷路減退。(4)《口語》打瞌睡,打盹:Many students *dropped off* during the long lecture. 許多學生在聽冗長的講課時打瞌睡。**—**《*vt adv*》(5)使〈人等〉(從車上等)下來,使〈人〉下車:*D*~ me *off at* the store. 到那家商店時讓我下車。
dróp on... (1)偶然碰見…。(2)(從衆人中)挑〈某人〉做討厭的工作。(3)(特別)衝著…嚴加譴責。(4)突然拜訪〈人〉。
dróp óut 《*vi adv*》(1)漏掉。(2)脫落,省略:A letter has *dropped out*. (印刷時)有一個字母落掉了。(3)〈出場比賽的選手等〉缺席;不參加,退出:One runner twisted his foot and *dropped out*. 一名賽跑者扭傷了脚而退出(比賽)。(4)輟學;隱退;落後。
dróp óver 《*vi adv*》《口語》(不事先通知而)拜訪,順道拜訪:*D*~ *over* (*to* our house) for a visit sometime. 哪一天(到我們家)來吧。
dróp thróugh 《*vi adv*》〈計劃等〉失敗,泡湯。

dróp cùrtain *n.* [C]《戲劇》(舞臺前的)垂幕,吊幕。
dróp hàmmer *n.* [C]《機械》落錘,吊錘,打樁錘。
dróp-ìn *n.* [C]《口語》**1** 偶然造訪者,不速之客。**2** 歡迎客人隨時參加的非正式社交聚會。
dróp-kíck 《橄欖球·足球·美式足球》*v.t.* **1** 落踢〈球〉。**2** 踢落地球使球進入〈球門〉。**—***v.i.* 踢落地球。
dróp·kìck *n.* [C] **1** 《橄欖球·足球·美式足球》落踢《使球落地,趁球即將彈起之際踢出的方法》。**2** 《角力》跳踢,飛腿踢。
drop·let [ˈdraplɪt; ˈdrɔplit] *n.* [C]小滴。
dróp·lìght *n.* [C](可上下移動的)吊燈。
dróp·ôff *n.* [C] **1** 降低;減少。**2** 陡然的下降。
dróp·òut *n.* [C] **1** 退出(者);脫離(者);中途退學(者);落後(者)。**2** 《橄欖球》反攻踢《從自己陣地二十五碼線內踢出的落地球》。
dróp·per *n.* [C] **1** 使東西落下的人[物]。**2** 滴器的滴管,滴瓶,眼藥瓶;吸(墨)水管;吸管,吸量管(pipette).
dróp·ping *n.* **1** [U][C] 滴下,滴落;落下。**2** [常 ~s] **a** 滴下物,(蠟燭燃燒時形成的)垂蠟。**b** (鳥獸的)糞(dung).
dróp prèss *n.* =drop hammer.
dróp scène *n.* [C]《戲劇》**1** (垂於戲臺之)景幕。**2** (戲劇每一幕之)結局。
dróp shòt *n.* [C]《網球》墜擊《使球過網即急落的打法》。
drop·sy [ˈdrapsɪ; ˈdrɔpsi] *n.* [U] [《英》又作 **a**~]《醫》水腫(症),浮腫(症)。**dróp·si·cal** [ˈdrapsɪkl; ˈdrɔpsikl] *adj.*
dropt [drapt; drɔpt] *v.* drop 的過去式·過去分詞。
drosh·ky [ˈdraʃkɪ; ˈdrɔʃki], **dros·ky** [ˈdraskɪ; ˈdrɔski] 《源自俄語》**—***n.* [C](帝俄時代的)輕便四輪敞篷馬車。
dross [drɔs; drɔs] *n.* [U] **1** (金屬熔化時的)浮渣。**2** 無價值之物;碎屑,渣滓。

D

dross·y [ˈdrɔsɪ; ˈdrɔsi] «dross 的形容詞» —*adj.* (**dross·i·er**; **-i·est**)(多)浮渣的；無價值的。
drought [draut; draut] *n.* ⓊⒸ乾旱，久旱，乾涸。
drought·y [ˈdrautɪ; ˈdrauti] «drought 的形容詞» —*adj.* (**drought·i·er**; **-i·est**)乾旱的，缺乏雨水的。
drouth [drauθ; drauθ] *n.*《詩・美》=drought.
‡**drove**[1] [drov; drouv] *v.* **drive** 的過去式。
drove[2] [drov; drouv] *n.* Ⓒ(被趕著移動的)畜羣(⇨group【同義字】)；大批移動的人羣：in ~*s* 成羣結隊地，絡繹不絕地。
dro·ver [ˈdrovɚ; ˈdrouvə] *n.* Ⓒ趕畜羣上市場的人；家畜商人。
‡**drown** [draun; draun] *v.i.* **溺死，淹死**《★[比較]《美》用 *v.i.* 較 *v.t.* 1 爲普遍》：He was ~*ing.* 他快要淹死了 /He almost ~*ed in* the sea. 他差一點在海裏淹死 /A ~*ing* man will catch at a straw.《諺》快要溺斃的人一根草也要抓[急不暇擇]。
—*v.t.* **1** 〔十受〕**a** 〈人、水〉**使**〈人、動物〉**淹死，使…溺死**《★也以過去分詞當形容詞用；⇨ drowned 1》：~ kittens 淹死小貓《用河水處理不要的小貓的方法》。**b** 〔~ one*self*〕投水自盡：She attempted to ~ *herself in* the river. 她企圖投河自盡。
2 a 〔十受〕使〈土地等〉淹水，使…浸水《★常用被動語態；介系詞用 *by, in*》：All the fields *were* ~*ed* **by** the floods. 所有的田地都被洪水淹沒了 /Her eyes *were* ~*ed* **in** tears. 她淚水盈眶。**b** 〔十受十介十(代)名〕給〈食品〉充分澆上〔…〕〔*with*〕；把…浸〔於…〕〔*in*〕：~ French fries **with** ketchup 給炸薯條澆滿番茄醬。
3 〔十受(十副)〕〈噪音〉淹沒[蓋住]〈小聲〉〈*out*〉：The roar of the wind ~*ed* (**out**) his voice. 風的怒吼聲蓋住了他的聲音。
4〔十受(十介十(代)名)〕〔以…〕消除〈辛勞等〉〔*in*〕：He ~*ed* his sorrows **in** drink. 他以酒消除憂愁[借酒澆愁]《★常用於戲謔》。
5 〔十受十介十(代)名〕〔~ one*self*〕沉溺〔於…〕，埋頭〔於…〕〔*in*〕《★也以過去分詞當形容詞用；⇨drowned 2》：He ~*ed himself* **in** work. 他埋頭於工作。
drówn óut《*vt adv*》(1)〈洪水〉使〈人〉撤出《★常用被動語態》：The villagers *were* ~*ed out.* 洪水使村民撤出。(2)⇨*v.t.* 3.
drówned *adj.* **1 a** 溺死的，淹死的(cf. drown *v.t.* 1)：a ~ body 溺死的屍體。**b** [不用在名詞前]〔十介十(代)名〕〔在河、海等〕淹死的，溺死的〔*in*〕《★[比較]與 drown *v.i.* 的情形(「意外死亡」)不同，有時有「他殺」的暗示》：He was ~ **in** the river. 他溺死於河中。**2** [不用在名詞前]〔十介十(代)名〕沉溺〔於…〕的，埋頭〔於…〕的；完全浸泡〔於…〕的〔*in*〕(cf. drown *v.t.* 5)：He was ~ **in** sleep. 他在酣睡中。
drowse [drauz; drauz] *v.i.* **1** 〔動(十副)〕打瞌睡，打盹〈*off*〉《★[比較]一般用 doze》. **2** 發呆，呆滯不動。
—*v.t.* 〔十受十副〕迷迷糊糊地度過，昏昏沉沉地度過〈時間〉〈*away*〉：He ~*d* **away** the summer afternoon. 他昏昏沉沉地度過那個夏日午後。
—*n.* [a ~]瞌睡，假寐，睡意：in *a* ~ 打瞌睡地，半醒半睡地。
drow·si·ly [ˈdrauzlɪ; ˈdrauzili] *adv.* 昏昏欲睡地，懶洋洋地。
drow·si·ness [ˈdrauzɪnɪs; ˈdrauzinis] *n.* Ⓤ想睡，睏倦。
drows·y [ˈdrauzɪ; ˈdrauzi] «drowse 的形容詞» —*adj.* (**drows·i·er**; **-i·est**) **1 睏的**，想睡的：feel ~ 覺得昏昏欲睡。**2** 催人入眠的：a ~, hot afternoon 催人入眠的炎熱下午。**3** (沉睡般)寂靜的：a ~ village 寂靜的村莊。
drub [drʌb; drʌb] (**drubbed**; **drub·bing**) *v.t.* **1 a** (以棒等連續)毆打，棒打…。**b** 跺〈脚〉，頓〈足〉。**2** 痛擊〈對方〉，使…大敗。
—*v.i.* (用脚在地板上)踩踏作響，連敲。
drúb·bing *n.* ⓊⒸ **1** 棒打：give a person a good ~ 把某人痛打一頓。**2** 痛擊，痛毆，徹底擊敗。
drudge [drʌdʒ; drʌdʒ] *n.* Ⓒ(對單調辛苦的工作)勤苦工作的人，像奴隸般被驅使的人。
—*v.i.* **1** 勤苦地做單調乏味[辛苦]的工作：~ and slave 勤苦工作。**2** 〔十介十(代)名〕勤苦做〔工〕〔*at*〕：~ **at** some monotonous work 勤苦地做一些單調的工作。

drudg·er·y [ˈdrʌdʒərɪ; ˈdrʌdʒəri] *n.* Ⓤ(單調的)辛苦工作，苦工。
***drug** [drʌg; drʌg] *n.* Ⓒ **1 a 藥**，藥品，藥劑《★日常用語多用作義 2 a 之意；⇨medicine 2【同義字】》。**b** 藥材。**2 a** 麻醉藥品，麻醉劑；(其他的)毒品：the ~ habit 常用麻醉藥的習慣；毒癮 /a ~ addict 常服用麻醉藥者；吸毒上癮者。**b** 使人上癮的東西《煙、酒等》。
a drúg on the márket《口語》在市面上乏人問津的貨品，滯銷貨。
—*v.t.* (**drugged**; **drug·ging**)〔十受〕**1** 在…中混入藥物；在〈飲料、食物〉中添加藥物[麻醉藥]，下藥於…：*drugged* coffee 摻入麻醉藥的咖啡。**2** 給…服用藥物[麻醉劑]；使…麻醉：The horses were *drugged.* 那些馬給下了藥。—*v.i.* 常用麻醉藥，吸毒上癮。
drug·get [ˈdrʌgɪt; ˈdrʌgit] *n.* **1** Ⓤ麻毛混紡織物《粗毛呢中加入黃麻混織的印度紡織品》。**2** Ⓒ(用麻毛混紡織物織成的)粗毛地毯。
drúg·gist [-gɪst; -gist] *n.* Ⓒ《美》**1** 藥商，藥材商(《英》chemist). **2** 藥劑師(pharmacist；《英》chemist). **3** drugstore 的經營者，雜貨商。
drug·push·er [ˈdrʌg͵puʃɚ; ˈdrʌgpuʃə] *n.* Ⓒ賣禁藥者，毒販。
drug·store [ˈdrʌg͵stor, -͵stɔr; ˈdrʌgstɔː] *n.* Ⓒ《美》**藥房，雜貨店**。

【說明】drugstore 在美國是一種非常普及的商店。這種店主要是賣藥品，但另外還賣化粧品(cosmetics)、糖果(candy)、煙類(cigars & cigarettes)、文具(stationery)、雜誌(magazine)和日用雜貨等。同時設有冷飲販賣部(soda fountain)，可以當場享用果汁、熱狗(hot dog)、冰淇淋等。近年來也有超級市場式的大型雜貨店出現，像英國的 Boots' 在全國各地都擁有分店。

dru·id [ˈdruɪd; ˈdruːid] *n.* [常 D~] Ⓒ督伊德教的祭司《古代高盧人(Gaul)、塞爾特人(Celt)所信仰的督伊德教的祭司；包括預言者、僧侶、詩人、法官、巫師等》。
dru·id·ic [druˈɪdɪk; druːˈidik] «druid 的形容詞» —*adj.* 督伊德教(徒)的。
drù·íd·i·cal [-dɪkl; -dikl] *adj.* =druidic.
drú·id·ism [-d͵ɪzəm; -dizəm] *n.* Ⓤ督伊德教。
‡**drum** [drʌm; drʌm] *n.* Ⓒ **1 鼓**：a bass [side] ~ (管弦樂用的)大[小]鼓 /beat [play] a ~ 打鼓 /with ~*s* beating and colors flying 擊著鼓揚著旗地，軍容威武地。
2 [常用單數]鼓聲；似鼓聲的聲音：I heard a distant ~. 我聽到遠處的鼓聲。
3 耳鼓，鼓室(eardrum).
4 a《機械》滾筒，鼓輪；卷線軸。**b** 汽油桶，鼓狀容器。
béat the drúm《口語》大張旗鼓地宣傳[鼓吹]〔…〕〔*for*〕.
—*v.i.* (**drummed**; **drum·ming**) **1** 打鼓。
2 〔十介十(代)名〕咚咚地敲打〔桌子等〕，咚咚地踏響〔地板〕〔*on*〕：Stop *drumming* **on** the floor *with* your heels. 停止用你的鞋跟咚咚地踩踏地板 /My brother is *drumming on* the piano. 我弟弟在敲打鋼琴(鍵)。
—*v.t.* **1 a** 〔十受〕擊鼓奏〈曲〉。**b** 〔十受十介十(代)名〕鳴鼓送〈人〉〔自…〕離去〔*off*〕：~ the captain **off** a ship 鳴鼓送艦長離艦。
2 〔十受(十介十(代)名)〕〔用…〕咚咚地敲打〈桌子、地板等〉〔*with*〕；用〈手指等〉咚咚地敲〔桌子等〕〔*on*〕：Don't ~ the floor **with** your feet. 不要用你的脚咚咚地踩踏地板/He *drummed* his fingers **on** the table. 他用手指在餐桌上咚咚地敲打。
3 〔十受十介十(代)名〕**a** 對〈人〉絮聒〔使成…〕〔*into*〕：~ a person **into** inertia 對某人絮聒得使其麻木。**b** 〔對人〕反覆陳述…，生硬地教〈人等〉〔…〕〔*into*〕：You must ~ the lessons **into** Tom. 你必須把功課硬塞進[強行灌進]湯姆的腦子裡。
drúm a person **óut of...** (1)擊鼓把〈人〉從〈軍隊〉逐出：Bob was *drummed out of* the army. 鮑伯被逐出軍隊。(2)把〈人〉從〈某團體等〉逐出[除名]。

drugstore

drúm úp 《*vt adv*》《口語》⑴大肆宣傳[大張旗鼓]招徠〈人〉；(到處奔走而)獲得…《★源自從前鳴鼓以集合人》：～ *up* support for a plan 到處奔走爭取人們對某計畫的支持。⑵(用宣傳等)使〈事業、生意等〉振興，使…興隆。⑶設計，發明〈新物品〉。

drúm·bèat *n.* Ⓒ鼓聲；打鼓。

drúm-bèater *n.* Ⓒ(對某種政策、主張、產品等)大事宣傳者，宣傳員。

drúm·fìre *n.* [用單數] **1** (連續擊鼓似的)猛烈炮火。**2** (質詢、批評、宣傳等的)集中攻擊。

drúm·hèad *n.* Ⓒ鼓皮。

drúmhead cóurt-màrtial 《源自使用鼓代替法官的桌子》 **—***n.* Ⓒ〔軍〕戰地臨時軍法審判。

drum·lin [ˋdrʌmlɪn; ˈdrʌmlin] *n.* Ⓒ〔地質〕鼓丘。

drúm màjor *n.* Ⓒ〔軍〕鼓樂隊隊長《在隊伍前面揮動指揮棒者》；行進樂隊的指揮，軍樂隊隊長。

drúm majorétte *n.* Ⓒ鼓樂隊的女隊長(baton twirler).

drúm·mer *n.* Ⓒ **1 a** 擊鼓者。**b** ((軍)樂隊的)鼓手。**2** 《源自從前以打鼓招徠顧客》《美口語》旅行推銷員，外務員。

drúm·stick *n.* Ⓒ **1** 鼓槌。**2** 雞腿。

‡**drunk** [drʌŋk; drʌŋk] *v.* **drink** 的過去分詞。

—*adj.* (**drunk·er**；**drunk·est**) **1 a** [不用在名詞前] (酒)醉的：get ～ (*on* whiskey) (喝威士忌酒)喝醉 /be very ～ (*with* [*on*] whiskey) (喝威士忌酒)大醉 /beastly [blind, dead] ～ 爛醉如泥的，酩酊大醉的 /He came home ～. 他醉著回家 /～ and disorderly 酒醉而失常的，泥醉的/～ and incapable 酒醉而無行爲能力的，泥醉的。**b** [用在名詞前]《美》喝醉了的；醉酒而做的《★比較 除法律關係以外一般用 drunken》：a ～ driver 醉酒的司機[駕駛員]《喝下超過法律規定量的酒而駕車者》。

2 [不用在名詞前]〔十介十(代)名〕沉醉〔於…〕的，〔對…〕著迷的〔*with, on*〕：She is ～ ***with*** success [***on*** her own words]. 她陶醉於成功[自己的話]。

(as)drúnk as a lórd 酩酊大醉。

—*n.* Ⓒ《口語》**1** 醉酒者，醉漢。

2 酒宴，飲酒作樂。

drunk·ard [ˋdrʌŋkɚd; ˈdrʌŋkəd] *n.* Ⓒ酒徒，酒鬼。

drunk·en [ˋdrʌŋkən; ˈdrʌŋkən] *adj.* [用在名詞前] (**more** ～；**most** ～) **1** 酒醉的，喝醉了的(↔ sober)：a ～ man 醉漢，醉鬼/a ～ driver 醉酒的司機[駕駛員]。

2 酗酒的，嗜酒的：her ～ husband 她那位酗酒的丈夫。

3 酒醉做的，酒後的，醉酒引起的〈行爲等〉：a ～ brawl [quarrel] 酒醉後的爭吵/～ driving 醉酒駕駛。

～·ly *adv.* **～·ness** *n.*

【說明】在歐美，只要不造成事故，即使喝一點含酒精的飲料駕車，在法律上並不會受到重罰。1982 年嚴格取締醉酒駕車運動之後，交通事故已有減少的現象，但醉酒失態喧鬧依然會受到嚴厲的指責。就這個意義而言，drunken 所指的是喝了酒(帶有酒氣)的狀態，而不一定指酩酊大醉。

drunk·om·e·ter [drʌŋˋkɑmɪtɚ; drʌŋˈkɔmitə] *n.* Ⓒ《美》測醉器(breathalyzer)《檢查汽車駕駛者等體內酒精含量的儀器》。

dru·pa·ceous [druˋpeʃəs; druːˈpeiʃəs] *adj.* 〔植物〕**1** 核果狀的。**2** 具有核果的。

drupe [drup; druːp] *n.* Ⓒ〔植物〕核果《外果皮薄，中果皮爲肉質，內果皮則係由石細胞組成的硬核，如桃、梅、杏、李等》。

‡**dry** [draɪ; drai] *adj.* (**dri·er**；**dri·est**) **A 1** 乾(燥)的，無水分的(↔ wet)：a ～ towel 乾毛巾 /⇨dry land /The clothes are ～ now. 衣服現在乾了 /get ～ 變乾 /keep ～ 保持乾燥。

2 〈木材等〉使充分乾燥的：～ wood 乾[枯]木材。

3 a 〈商品〉固體的；乾性的：⇨dry battery [cell]/a ～ plate〔攝影〕乾板/～ provisions 乾燥食品《麪粉、砂糖、鹽、咖啡等》/⇨dry goods, dry ice, dry measure. **b** 不用水的；乾式的：⇨dry cleaning /He swallowed the tablets ～. 他乾吞那些藥片《沒有喝水》。

4 〈咳嗽〉無痰的，乾性的：a ～ cough 乾咳。

5 a 〈天氣等〉乾旱的，乾燥性的：a long ～ spell 長期的連續乾旱/～ weather 乾旱[無雨]的天氣/a ～ season 乾季，旱期。**b** 〈井等〉乾涸的，枯竭的：a ～ riverbed 乾涸的河牀 /⇨run DRY ⑴. **c** 〈牛等〉無奶的：a ～ cow 無奶的母牛/⇨run DRY ⑴.

6 《口語》口乾的，渴的：feel ～ 覺得口渴/～ work 會引起口渴的工作。

7 《美口語》**a** 禁酒的，實施[贊成]禁酒法的，禁酒派的(↔ wet)：～ law 禁酒法/a ～ town 禁酒的鎮/go ～ 頒布禁酒令。**b** 〈宴會等〉不供應酒的。

8 不塗奶油的：～ bread [toast] 沒有塗奶油的麪包[土司]。

9 〈酒、葡萄酒〉無甜味的(↔ sweet).

—B 1 a 缺乏情趣的；枯燥無味的，乏味的：a ～ lecture 枯燥無味的演講。**b** 不流淚的：～ sobs 不流淚的啜泣/with ～ eyes 不流淚地，不哭泣地。

2 a 〈事實等〉赤裸裸的，不加修飾的；〈話等〉冷淡的：a ～ answer 冷淡的回答/～ thanks 客套，冷淡的感謝。**b** 〈幽默等〉一本正經的，不形於色的：～ humor [sarcasm] 一本正經表達出來的[冷面]幽默[諷刺]。

3 〔美術〕生硬的，枯淡的。

(as) drý as a bóne [as a chíp, as tínder] 乾透的，非常乾的(cf. bone-dry).

(as) drý as dúst ⇨dust.

rún drý ⑴〈河、井等〉乾涸，枯竭；〈奶、墨水等〉停止流出。⑵〈儲備等〉不足，缺乏。

—*v.t.* 〔十受〕**1** 使…乾(燥)；把…弄乾，曬乾：～ wet clothes in the sun 在太陽下把濕衣服曬乾/hang clothes (out) to ～ 把衣服掛出去曬乾。

2 a 擦乾：～ one's tears 擦乾眼淚；停止悲傷。**b** [～ one*self*] 擦乾身體：He *dried himself with* a towel. 他用毛巾擦乾身體。

3 (爲保存而)使〈食品〉乾燥(cf. dried).

—*v.i.* 〔動(十副)〕變乾〈*out*〉：Your clothes will soon ～ (***out***). 你的衣服很快就會(完全)乾了。

drý óff 《*vt adv*》⑴把…完全弄乾。**—**《*vi adv*》⑵完全變乾。

drý óut 《*vi adv*》⑴⇨ *v.i.* ⑵〈吸毒者、酒精中毒者〉接受戒毒[戒煙]療法。**—**《*vt adv*》⑶〈陽光〉把…完全曬乾，〈風等〉把…完全吹乾。⑷對〈吸毒者、酒精中毒者〉施以戒毒[戒煙]療法。

drý úp 《*vi adv*》⑴完全變乾，〈井〉乾涸：All the streams may soon ～ *up* in this hot weather. 在這樣的熱天裏所有的溪水可能很快就會乾涸。⑵〈思想〉枯竭：His imagination has *dried up.* 他的想像力已枯竭了。⑶《口語》停止說話：*D*～ *up*! 住嘴！閉嘴! ⑷《英》擦乾[烘乾]盤子。**—**《*vt adv*》⑸使…乾涸；將…完全弄乾。⑹使〈人〉不說話。⑺《英》(餐後)弄乾〈洗乾淨的碗盤〉：～ *up* the dishes 把盤子擦乾。

—*n.* (*pl.* 義 1b **dries**, 義 2 ～**s**) **1 a** Ⓤ乾旱(drought). **b** Ⓤ乾燥。**c** [**dries**]〔氣象〕乾季。**2** Ⓒ《美口語》主張[贊成]禁酒的人(↔ wet). **～·ness** *n.*

dry·ad [ˋdraɪəd, -æd; ˈdraiəd, -æd] *n.* Ⓒ(古希臘神話的)森林女神，樹精(cf. nymph 1).

drý·as·dùst *adj.* 枯燥無味的。

—*n.* Ⓒ缺乏情趣的學究。

drý bàttery [cèll] *n.* Ⓒ乾電池。

drý-cléan *v.t.* 乾洗〈衣服等〉。**—** *v.i.* 〈洗濯物〉乾洗：The clothes won't ～. 這些衣服不適合[不能]乾洗。

drý cléaner *n.* Ⓒ乾洗店[工人]，乾洗劑：a ～'s 乾洗店。

drý cléaning *n.* **1** Ⓤ[又作 **a** ～]乾洗，乾式洗濯法：Give them a ～. 把它們乾洗。

2 Ⓤ需要乾洗的衣服，乾洗過的衣服。

Dry·den [ˋdraɪdn; ˈdraidn], **John** *n.* 德萊敦《1631–1700；英國詩人、劇作家及評論家；1670–88爲桂冠詩人》。

drý dòck *n.* Ⓒ乾船塢(cf. wet dock)：in ～ 在乾船塢中《★in ～ 無冠詞》。

drý-dòck *v.t.* 使〈船〉入乾船塢。**—***v.i.* 〈船〉入乾船塢。

drý·er *n.* =drier.

drý-éyed *adj.* 〈人〉不流淚的，沒有在哭泣的，不表露悲傷的；寡情的。

drý-fàrm *v.i.* 從事旱地耕作。**—***v.t.* 以旱地耕作法種植〈某種農作物〉。

drý fárming *n.* Ⓤ《美》旱地耕作(法)《適用於不能灌溉或缺乏雨水的土地的耕作法》。

drý gòods *n. pl.* 《美》布匹，布料，服飾品(cf. drapery 2)：a ～ store 綢布莊《出售布匹、成衣，也兼售服飾品》。

drý íce *n.* Ⓤ乾冰：a cake of ～ 一塊乾冰。

drý·ing *n.* **1** Ⓤ乾燥。**2** [當形容詞用]乾燥用的：a ～ machine 乾燥機《★比較 洗衣用的烘乾機是 drier》.

—*adj.* 使變乾的，使乾燥的：a ～ wind 可吹乾洗濯物的風。

drý lànd *n.* **1** Ⓒ旱地，乾燥的土地。

2 Ⓤ(與海等相對的)陸地：get back on ～ 回到陸地。

drý·ly *adv.* **1** 乾燥地。**2** 枯燥無味地。**3** 冷淡地。

drý méasure *n.* Ⓒ乾量《穀粒、水果的計量單位；cf. liquid measure 1》.

drý mílk *n.* Ⓤ 奶粉(⇨ milk 相關用語)。

drý nùrse *n.* Ⓒ(不餵奶的)保姆(cf. wet nurse).

drý·pòint *n.* **1** Ⓤ直接刻線法《用針雕刻而非用酸腐蝕的銅版技術》。**2** Ⓒ用直接刻線法製的版畫。

drý rót *n.* Ⓤ **1** (木材的)乾腐，枯朽。**2** (產生於內部的道德上、社會上的)頹廢，腐敗。

drý rún *n.* Ⓒ **1** (使用空彈的)射擊演習。**2** (戲劇等的)排演；預演。

drý-shòd *adj.* [不用在名詞前]鞋[腳]未濕的：go ～ 未弄濕鞋[腳]而去。

D

drý wáll *n.* Ⓒ **1**（未使用灰泥、水泥等的）清水牆。**2**（用牆板、灰膠紙柏板（plaster-board）做的）乾牆。

drý wàsh *n.* **1** Ⓤ洗過而尚未燙過的乾衣服。**2** Ⓒ（美國西部間歇河的）乾河牀。

D.S.《略》Doctor of Science.

D. Sc.《略》Doctor of Science.

D.S.C., DSC《略》Distinguished Service Cross《英海軍・美陸軍》殊勳十字章，優異服役十字勳章。

D.S.M., DSM《略》Distinguished Service Medal《英海軍・美軍》特殊功績勳章《《英》頒給軍官以下在艦上服勤者》。

D.S.O.《略》Distinguished Service Order《英軍》優異服役勳章《頒給軍官》。

D.S.T.《略》Daylight Saving Time.

D.Th., D.Theol.《略》Doctor of Theology 神學博士。

d.t.'s, D.T.'s [ˌdiˈtiz; ˌdiːˈtiːz]《略》*n.* [常 **the** ~]《口語》＝delirium tremens.

Du.《略》Duke；Dutch.

du·al [ˈduəl, ˈdjuəl; ˈdjuːəl]《源自拉丁文「二的」之義》**—** *adj.* [用在名詞前] **1** 二的；表示二的，兩者的。

2 雙重的；由兩個部分構成的；二元的：a ~ character [personality] 雙重人格/~ nationality 雙重國籍/~ ownership 雙重[共同]所有權。

3《文法》雙數的：the ~ number 雙數《表示兩者或一對；cf. singular, plural》。

dúal cárriageway *n.*《英》＝DIVIDED highway.

dúal contról *n.* **1** Ⓤ雙重管轄，兩國共管。**2** Ⓒ《航空・汽車》複式控制，複式駕駛裝置。

dú·al·ism [-lˌɪzəm; -lizəm] *n.* Ⓤ **1** 雙重性，二元性。**2**《哲》二元論（cf. monism, pluralism 3）。**3**《宗教》（善與惡相爭的）二神論。

du·al·is·tic [ˌduəlˈɪstɪk, ˌdju-; ˌdjuːəˈlistik] *adj.* 二元（論）的。

du·al·i·ty [duˈælətɪ, dju-; djuːˈæləti] *n.* Ⓤ雙重[二元]性。

dub[1] [dʌb; dʌb] *v.t.* (**dubbed**; **dub·bing**)〔十受＋補〕**1**《文語・古》（國王以劍輕敲某人肩膀）授與〈某人〉〈騎士爵位〉，使〈人〉成爲〈騎士〉：The king *dubbed* him (a) knight. 國王授與他騎士爵位[使他成爲騎士]。**2**《謔》給〈某人〉起〈…的〉綽號，把〈某人〉叫做〈…〉：Bill is *dubbed* 'Tiny' because he is so big. 比爾因爲長得高大而被取了個「小傢伙」的綽號。

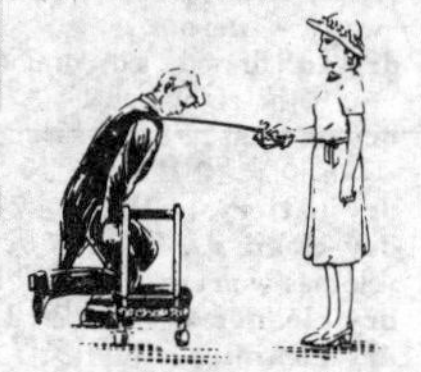

dub[1] 1

dub[2] [dʌb; dʌb]《double 之略》**—** *v.t.* (**dubbed**; **dub·bing**) **1 a**〔十受〕《電影》（爲改換錄音等而）給〈影片〉重新配音，給…追加錄音。**b**〔十受（十副）〕《電影・電視・廣播》給〈影片、錄音帶〉附加音響效果〈*in*〉：The sound effect will be *dubbed* **in** later. 音響效果以後會附加上去。**2** 轉錄〈唱片、錄音帶〉。

Dub.《略》Dublin.

Du·bai [duˈbaɪ; duːˈbai] *n.* 杜拜《波斯灣南岸的一個酋長國；首都 Dubai》。

dub·bin [ˈdʌbɪn; ˈdʌbin] *n.* Ⓤ皮革防水油《皮革製成時最後塗抹的油脂混合劑》。

— *v.t.* 塗抹防水油於〈鞋等〉。

du·bi·e·ty [duˈbaɪətɪ, dju-; djuːˈbaiəti] *n.* **1** Ⓤ疑惑，疑念，不可靠。**2** Ⓒ可疑的事物。

du·bi·ous [ˈdubɪəs, ˈdju-; ˈdjuːbiəs] *adj.* **1 a** 覺得可疑的，半信半疑的，猶豫不決的：with a ~ expression 以懷疑的表情。**b** [不用在名詞前]〔十介十(代)名〕〔對…〕感到可疑的，懷疑的〔*of, about*〕：He has never been ~ ***of*** success. 他對於成功從未懷疑過[他一直對成功滿懷信心]/He was a little ~ ***about*** trust*ing* the man. 對於能否信任那個男人，他感到有些猶豫/I feel ~ *of* its accuracy. 我對於它的正確性感到懷疑。**c** [不用在名詞前]〔(十介)十 *wh.* 子句・片語〕不知道〔什麼…〕的〔*as to, about*〕《★[用法]通常省略介系詞》：I feel ~ (***about*** [***as to***]) *what* I should do [*what to* do] next. 我不知道我下一步該怎麼辦[該做什麼]。

2〈人、行爲等〉可疑的，令人懷疑的：a ~ character（行跡）可疑的人物。

3〈話等〉含糊的，曖昧的；〈結果等〉不明的，未定的：a ~ answer 含糊的回答/a ~ compliment（可視爲諷刺的）曖昧的恭維/a ~ success 不能十分確定的成功/The result remains ~. 結果依然未明。

~·ly *adv.* **~·ness** *n.*

du·bi·ta·tive [ˈdubəˌtetɪv, ˈdju-; ˈdjuːbitətiv] *adj.* **1** 半信半疑的；可疑的；躊躇的。**2** 表示疑問的。

Dub·lin [ˈdʌblɪn; ˈdʌblin] *n.* 都柏林《愛爾蘭共和國（the Republic of Ireland）的首都；略作 Dub(l).》。

du·cal [ˈdukl, ˈdju-; ˈdjuːkl]《duke 的形容詞》**—** *adj.* **1** 公爵（duke）的；公爵似的。**2** 公爵領地的。

duc·at [ˈdʌkət; ˈdʌkət] *n.* Ⓒ（中世紀時歐洲大陸所使用的）達卡金[銀]幣。

du·ce [ˈdutʃe; ˈduːtʃi]《源自義大利語》**—** *n.* Ⓒ (*pl.* ~**s, -ci** [-tʃɪ; -tʃi]) 首領，領袖；獨裁者。**il Duce** 總裁《尤用於指墨索里尼（Mussolini）》。

duch·ess [ˈdʌtʃɪs; ˈdʌtʃis] *n.* Ⓒ [也用於稱呼] **1** 公爵夫人，公爵的遺孀（cf. princess 3；⇨nobility 表）。

2 女公爵；（公國的）女大公（cf. duchy, dukedom）。

duch·y [ˈdʌtʃɪ; ˈdʌtʃi] *n.* [常 **D~**] Ⓒ **1** 公國，公爵領地《duke 或 duchess 的領地》。**2** 英國王室的直轄領地《康瓦耳（Cornwall）及蘭卡斯特（Lancaster）》。

***duck**[1] [dʌk; dʌk]《源自古英語「潛水者」之義》**—** *n.* (*pl.* ~**s** [集合稱] ~) **1** Ⓒ《鳥》**a** 野鴨，鴨。**b** 雌（野）鴨《★[相關用語]鳧是 wild duck, 公（野）鴨 是drake, 鴨是 domestic duck, 小（野）鴨稱 duckling, 鴨叫聲是 quack》。

2 Ⓤ（野）鴨肉。

3 Ⓒ **a** [~(s)；也用於稱呼]《英俚》可愛的人，親愛的（darling）。**b** [常與修飾語連用] 有缺陷的人[東西]：⇨lame duck, sitting duck.

4 Ⓒ《板球》（打擊者的）零分，鴨蛋（duck's egg）：break one's ~ 打破鴨蛋，獲得最先的一分/make a ~ 沒得分出局。

dúcks and drákes Ⓤ打水漂《把扁平石頭甩到池塘等使之在水面上滑跳的遊戲》：play ~*s and drakes* 玩打水漂。

ducks and drakes

like a (dýing) dúck in a thúnderstorm 驚慌失措地。

like wáter òff a dúck's báck《口語》〈忠言等〉毫無效果，毫無作用[影響]《★源自野鴨背上的羽毛是油性防水之意》。

pláy dúcks and drákes with móney 揮霍[浪費]金錢。

táke to...like a dúck to wáter《口語》很自然地親近[喜歡]…《★源自「就像野鴨喜歡水一樣地喜歡…」之意》。

duck[2] [dʌk; dʌk]《源自古英語「潛水」之義》**—** *v.i.* **1**（鴨子般突然且短暫地）潛入水中，把頭忽然浸入水中；忽潛忽露。

2 急忙低頭，急速彎下腰。

3〔十副詞(片語)〕《口語》（急忙彎腰）逃走，閃避：~ *under* an umbrella（急忙）躲到傘下/~ *away from* a ball 快速閃避球。

4 a〔動(十副)〕逃避，迴避（責任、義務等）〈*out*〉：He can't ~ ***out*** now. 他現在逃不掉了。**b**〔十介十(代)名〕迴避，逃避〔責任等〕躲避〔做…〕〔*out of*〕《★out of 的受詞爲(代)名詞時可用被動語態；動名詞時不可用被動語態》：He tried to ~ ***out of*** do*ing* the chores. 他試圖逃避做那些雜活。

— *v.t.* **1**〔十受(十介十(代)名)〕把〈某人〉的頭猛然按入〔水中〕，把〈頭〉突然沒入〔…〕，使…浸一下〔水〕〔*in, into, under*〕：Bob ~*ed* his little brother ***in*** the swimming pool. 鮑伯把他弟弟的頭猛然按入游泳池（的水中）。

2 把〈頭〉急忙低下；把〈身體〉稍微彎下：He ~*ed* his head to avoid being hit. 他急忙低下頭以免被打中。

3《口語》迴避〈工作、詢問等〉：~ the draft [a question] 逃避徵召（當兵）[詢問]。

— *n.* Ⓒ **1** 低下頭[身體]。

2 短時潛入水中：Let's take a quick ~ in the pool. 我們在游泳池裏潛一下水吧。

duck[3] [dʌk; dʌk]《源自荷蘭語「亞麻布」之義》**—** *n.* **1** Ⓤ帆布。**2** [~s]《口語》細帆布製的褲子。

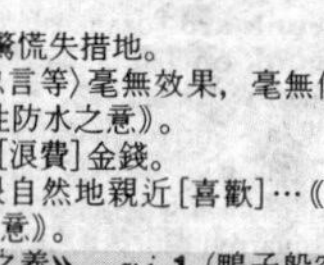

dúck·bill《源自嘴形像鴨嘴》**—** *n.*（又作 **dúckbilled plátypus**）Ⓒ 鴨嘴獸（platypus）。

dúck·bòards *n. pl.*（鋪在泥濘道路等上面的）踏板，遮泥板。

dúck·ing *n.* Ⓒ **1 a**（突然短時的）沒[浸]入水中。**b** 濕透：get a ~ 濕透/give a person a ~ 使人濕透。**2** 急速低頭[彎身]。

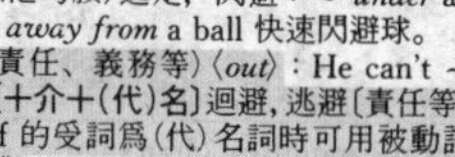

duckbill

dúcking stòol *n.* Ⓒ(吊在棒端的)浸刑椅《從前用以懲罰潑婦的刑具》。

ducking stool

duck·ling [ˋdʌklɪŋ; ˈdʌkliŋ] *n.* **1** Ⓒ小(野)鴨(⇨duck[1] 相關用語)：⇨ugly duckling. **2** Ⓤ小(野)鴨肉。

dúck's ègg *n.* ＝duck[1] 4.

dúck sóup *n.* Ⓤ《美俚》輕鬆[簡單]的事(cinch)。

dúck·wèed *n.* Ⓤ《植物》浮萍《浮萍科浮生水面的小植物；供鴨子等食用》。

duck·y [ˋdʌkɪ; ˈdʌki] *adj.* (**duck·i·er**; **-i·est**)《美俚》可愛的；愉快的，快樂的。

—*n.* [用於稱呼]《英俚》可愛的人，親愛的，寶貝《★用法 女性用語》。

duct [dʌkt; dʌkt] *n.* Ⓒ **1** 輸水管。**2**《生理》導管，輸送管。**3**《植物》導管，脈管。**4**《建築》暗渠，管道。**5**《電學》(電線、電纜等的)線渠。

duc·tile [ˋdʌktḷ, -tɪl; ˈdʌktail] *adj.* **1**〈金屬〉可拉長的，有延展性的。**2**〈黏土等〉柔軟的，易塑的。**3**〈人、性情等〉柔順的，易教的，易受指使的。

duc·til·i·ty [dʌkˋtɪlətɪ; dʌkˈtiləti] 《**ductile 的名詞**》**—*n.*** Ⓤ **1** 延展性；(柏油的)伸展度。**2** 柔軟性，韌性；柔順的性情。

dúct·less *adj.* 無導管的。

dúctless glánd *n.* Ⓒ《解剖》內分泌腺。

dud [dʌd; dʌd]《俚》*n.* Ⓒ **1** [常 ～s] 衣服。**2 a** 不中用的東西[人]。**b** 啞彈《射出而未爆炸的炸彈或砲彈》；失效的煙火[飛彈]。

—*adj.* 失效的，不中用的；假的。

dude [dud, djud; dju:d] *n.* Ⓒ《美俚·罕》**1** 紈袴子，花花公子，講究修飾的人(dandy). **2** (去西部牧場度假的)東部觀光客。

dúde rànch *n.* Ⓒ《美》(西部供人騎馬、野營等的)度假[觀光]牧場[農場]。

dud·geon [ˋdʌdʒən; ˈdʌdʒən] *n.* Ⓤ [又作 **a** ～] 憤怒《★現在常用於下列片語》：in (*a*) high ～ 極爲憤怒。

dúd·ish [-dɪʃ; -diʃ] 《**dude 的形容詞**》**—*adj.*** 《美俚》紈袴子的，講究修飾的。

due** [du, dju; dju:] 《**源自拉丁文「負(債)的」之義**》**—*adj. (無比較級、最高級) **1 a**〈支票等〉**應付給的，**到期的：the ～ date (支票的)支付日期 /fall [become] ～〈支票等〉到期 /The bill is ～ on the lst of next month. 那張支票下個月一號到期。**b** [不用在名詞前]〔十介十(代)名〕該支付〔給…〕的〔*to*〕《★用法 due 後面省略介系詞 to 是美國語法》：the amount ～ ***to*** him 該付給他的金額/The balance ～ (*to*) me is $100. 該付給我的差額是一百美元。

2 a [用在名詞前] **正當的，**當然的，相稱的，適當的：receive the ～ reward of one's deeds 接受某人行爲應得的報酬 /after [upon] ～ consideration 經過充分的考慮後/in ～ course 順序，及時 /in ～ form 正式地/in ～ (course of) time 到時候(就)，在適當時候/by ～ process of law 依照正當的法律程序。**b** [不用在名詞前]〔十介十(代)名〕〈功勞、感謝、權利等〉應歸〔於…〕的〔*to*〕《★用法 due 後面省略介系詞 to 是美國語法》：The discovery is ～ ***to*** Newton. 該發現應歸功於牛頓/Our heartfelt thanks are ～ (*to*) you. 我們對你致衷心的感謝。

3 [不用在名詞前]〔十介十(代)名〕**應**(把原因)**歸**〔**於**…〕**的，**起因〔於…〕的，由於〔…〕的〔*to*〕：The delay is ～ ***to*** shortage of hands [funds]. 延誤是由於缺乏人手[資金]/His illness was ～ *to* overwork. 他的病起因於過度勞累。

4 [不用在名詞前]〈交通工具、人等〉**應到達的，**預期的：The train's ～. 那班火車該到了/The train is ～ *in* London *at* 5 p.m. [in ten minutes.] 這班火車預定在下午五點[十分鐘後]抵達倫敦 /He's ～ back in a few days. 他應該會在幾天內回來/When's the baby ～? 這嬰兒的預產期是什麼時候？

5 a (十 *to* do) **預定**〈**做**…〉**的**：He is ～ *to* speak tonight. 他預定今晚演說。**b**〔十介十(代)名〕該接受〔…〕的，預定〔…〕的，該做〔…〕的〔*for*〕：He is ～ ***for*** a doctorate. 他即將獲得博士學位/The car's about ～ *for* an oil change. 那部車子該換油了/He is ～ *for* retirement.《口語》他即將退休了。

dùe to... [當介系詞用] 由於…，…的結果《★用法 一般認爲 owing to, because 較 due to 普遍，但在美國口語中較常用後者》：*D～ to* the heavy snow the railroad was blocked. 由於大雪，那條鐵路不通[中斷了]。

—*n.* Ⓒ **1** [常用單數] 應付[給]的東西：give a person his ～ (即使某人有缺點也該)公平待某人，善待某人 /⇨give the DEVIL his due. **2** [常～s] 賦稅，按期應繳的費用；會費，使用費。

páy one's **dúes** ⑴付會費[費用(等)]。⑵《美俚》完成責任，還清欠債。⑶《美俚》得到報應。

—*adv.* (無比較級、最高級) [加在東西南北的方位名稱之前] 正…(exactly)：go ～ south 向正南方去。

dúe bìll *n.* Ⓒ借據。

du·el [ˋduəl, ˋdju-; ˈdju:əl] 《**源自拉丁文「兩人之戰」之義**》**—*n.*** Ⓒ **1** 決鬥：fight [have] a ～ with... 與…決鬥。

2 (兩者間的)爭鬥，比賽，競爭：a ～ of wits 鬥智。

—*v.i.* (**du·eled, -elled; du·el·ing, -el·ling**)〔動(十介十(代)名)〕〔與人〕決鬥〔*with*〕.

—*v.t.* 與〈人〉決鬥。

dú·el(l)er *n.* Ⓒ決鬥者，鬥爭者。

du·en·na [duˋɛnə, dju-; dju:ˈenə] *n.* Ⓒ **1** (西班牙及葡萄牙之)少女的保姆。**2** 女傅，陪媼。

du·et [duˋɛt, dju-; dju:ˈet] 《**源自義大利語**》**—*n.*** Ⓒ《音樂》二重唱[奏]，二重唱[奏]曲；雙簧，對話(cf. duo；⇨solo 相關用語)。

duff [dʌf; dʌf] *n.* Ⓒ[當作點心名時爲Ⓤ] (將麪粉、葡萄乾、黑醋栗等放入布袋中蒸煮而成的)一種硬布丁。

duf·fel [ˋdʌfḷ; ˈdʌfl] *n.* ＝duffle.

dúffel bàg *n.* ＝duffle bag.

dúffel còat *n.* ＝duffle coat.

duf·fer [ˋdʌfɚ; ˈdʌfə] *n.* Ⓒ **1** 笨蛋，不中用的人。**2** 不善於〔…〕的人〔*at*〕：He is a ～ *at* golf. 他不善於打高爾夫球。

duf·fle [ˋdʌfḷ; ˈdʌfl] *n.* Ⓤ **1** 一種起絨毛的厚粗呢。**2** [集合稱]《美》(露營者等的)一套輕便用具。

dúffle bàg *n.* Ⓒ(軍隊、露營者用的長圓筒形)雜物袋，帆布袋。

dúffle còat *n.* Ⓒ粗絨呢外套《起絨毛的厚粗呢製，長及膝的外套；通常有連到頸部的頭罩，前面用梭形鈕扣(toggles)扣住》。

duffle coat

‡**dug**[1] [dʌg; dʌg] *v.* **dig** 的過去式・過去分詞。

dug[2] [dʌg; dʌg] *n.* Ⓒ(哺乳動物的)乳房；乳頭。

du·gong [ˋdugaŋ, -gɔŋ; ˈdu:gɔŋ] *n.* Ⓒ《動物》儒艮《產於印度洋的儒艮屬哺乳動物的統稱》。

dúg·òut *n.* Ⓒ **1** 獨木舟。

2 防空洞[掩蔽壕]。

3《棒球》球場的球員休息室。

duke [duk, djuk; dju:k] 《**源自拉丁文「指導者」之義**》**—*n.*** **1** Ⓒ [常 D～；也用於稱呼]《英》**公爵**《英國世襲制度中最高位貴族的頭銜》(cf. prince 3；⇨nobility 表)：a royal ～ 皇族的公爵。

2 Ⓒ(歐洲的公國或小國的)君主；大公。

3 [～s]《俚》拳頭，手。

dugong

dúke·dom [-dəm; -dəm] *n.* **1** Ⓒ公爵領地，公國。**2** Ⓤ《英》公爵的爵位[身分]。

dul·cet [ˋdʌlsɪt; ˈdʌlsit] *adj.*《文語》〈聲音〉悅耳的，甜美的，美妙的。

dul·ci·mer [ˋdʌlsəmɚ; ˈdʌlsimə] *n.* Ⓒ《音樂》德西馬琴，揚琴，洋琴《用兩根小錘擊打的梯形金屬樂器；爲鋼琴的前身》。

Dul·cin·e·a [dʌlˋsɪnɪə; ˌdʌlsiˈniə, dʌlˈsiniə] *n.* **1** 達茜妮雅《唐・吉訶德(Don Quixote)所愛慕的鄉村姑娘名》。

2 [常 **d**～] Ⓒ理想中的愛人，情人。

dulcimer

‡**dull** [dʌl; dʌl] 《**源自古英語「愚蠢的」之義**》**—*adj.*** (～·**er**；～·**est**) **1**〈刃等〉鈍的，不鋒利的(↔ keen, sharp)：a ～ knife 鈍的小刀。

2〈人〉**感覺遲鈍的，**愚鈍的；笨的：a ～ pupil 笨學生/All work and no play (makes Jack a ～ boy). ⇨work *n.* A 1 a.

3 a〈感覺〉遲鈍的：～ sight 遲鈍的視力。**b** [不用在名詞前]〔十介十(代)名〕〔…〕遲鈍的〔*of*〕：He is ～ ***of*** hearing. 他的聽覺遲鈍；他重聽《★比較《美》用 hard of hearing》/He is ～ *of* mind. 他的頭腦遲鈍[笨]。**c**〈痛苦等〉不太感覺得到的，隱約的：a ～ pain [ache] 鈍痛，隱痛。

4 a〈顏色〉暗淡的，〈光線〉模糊的，〈音色〉不清晰的(↔ vivid, bright). **b**〈天氣〉陰暗的，陰沉的。

5 冗長的，令人厭煩的，乏味的，單調的，無聊的：a ～ book [talk] 枯燥無味的書[話]。

6 a〈商業等〉沉滯的，蕭條的，不振的(slack)(↔ brisk)：Trade is ～. 交易沉滯，生意蕭條。**b**〈商品、庫存品〉滯銷的。**c**〈人〉精神不振的，無精打采的：I feel too ～ to work today. 我

D

今天精神差得無法工作。

néver a dúll móment 從未有過無聊的時刻；不斷忙得團團轉；絕無冷場《★用因常作反語用》：We *never* had *a* ~ *moment.* 我們從沒有過無聊的時刻 /Murder, theft, arson! *Never a* ~ *moment.* [讀物、電視節目等]殺人、竊盜、放火！絕無冷場。

—*v.t.* 〔十受〕**1** 把〈刀口〉弄鈍；使…變鈍。**2** 使〈痛苦等〉減輕。**3** 使〈智能、感覺等〉遲鈍。

—*v.i.* 變鈍。

dúll the édge of… (1)使…的刀口變鈍。(2)減弱…的感覺[興趣]：~ *the edge of* one's appetite 減低某人的食慾[胃口]。

~·ness *n.*

dull·ard [ˋdʌlɚd; ˈdʌləd] *n.* Ⓒ笨蛋，蠢貨。

dúll·ish [-lɪʃ; -liʃ] *adj.* 有些遲鈍的，稍笨的；有點沉悶[乏味]的。

dulls·ville [ˋdʌlzˏvɪl; ˈdʌlzvil] *n.* Ⓒ《俚》令人厭煩[乏味]之物。

dúll-wítted *adj.* 頭腦遲鈍的。

dul·ly [ˋdʌlɪ; ˈdʌli] *adv.* 遲鈍地，呆笨地；不活潑地；令人乏味地。

D

du·ly [ˋdulɪ, ˋdjulɪ; ˈdju:li] «due 的副詞» **—*adv.*** (無比較級、最高級) **1** 正確地，正當地，恰當地，理所當然地；照例，正式地，規規矩矩地：The proposal was ~ recorded in the minutes. 該提案已正式列入會議記錄。**2** 充分地。**3** 按時，及時：The sun ~ rose. 太陽按時升起。

dúly to hánd 《商》適時收到。

du·ma [ˋdumə; ˈdu:mə] «源自俄語» **—*n.*** **1** Ⓒ(1917 年以前俄國的)國會，議會。**2** [D~]杜馬《俄國經選舉產生的立法機構，構成國會的下院；於 1905 年成立》。

Du·mas [duˋmɑ, dju-; du:ˈmɑ:, dju:-], **A·le·xan·dre** [ɑlɛkˋsɑ̃drə; ɑ:lekˈsɑ̃:drə] *n.* **1** 大仲馬《1802–70；世稱 Dumas père [pɛr; pɛə]；法國小說家及劇作家》。**2** 小仲馬《1824–95；世稱 Dumas fils [fis; fi:s]；法國小說家及劇作家；爲大仲馬之子》。

dumb [dʌm; dʌm] *adj.* (~·er; ~·est) **1** (無比較級、最高級) **a** 啞的，不會說話的：~ animals 不會說話的(可憐的)動物 /the ~ millions (政治上)無發言權的大衆[民衆]。**b** [the ~；當複數名詞用]啞巴：the deaf and ~ 聾啞者。

2 不說話的；沉默寡言的：⇨dumb show/The actor remained ~. 那名演員沉默不語。

3 a 〈感情、想法等〉無法以言語表達的，不能言傳的；(驚嚇得)說不出話的：~ despair 說不出的絕望/Surprise struck me ~. 我吃驚得說不出話來/She was struck ~ at the news. 那消息使她驚訝得說不出話來。**b** [不用在名詞前]〔十介十(代)名〕〈人〉(因驚嚇等而)說不出話的〔*with*〕：She was ~ ***with*** surprise [horror]. 她因吃驚[恐懼]而說不出話來。

4 不響的，聽不見聲音的：This piano has some ~ notes. 這架鋼琴有一些不響的鍵。

5 《口語》**a** 腦筋遲鈍的，愚蠢的：a ~ blonde 腦筋遲鈍的金髮美女。**b** [不用在名詞前]〔十 of 十(代)名十 *to* do/十 *to* do〕〔某人〕〈做…是〉愚蠢的；〈某人〉〈做…是〉愚蠢的：It was ~ ***of*** you [You were ~] not *to* take some money. 你不拿一些錢眞是愚蠢。

~·ly *adv.* **~·ness** *n.*

dúmb·bèll *n.* Ⓒ **1** [常 ~s] (鍛鍊身體、體操用的)啞鈴《木製或金屬製》：a pair of ~s 一對啞鈴。**2** 《美俚》笨蛋，蠢貨。

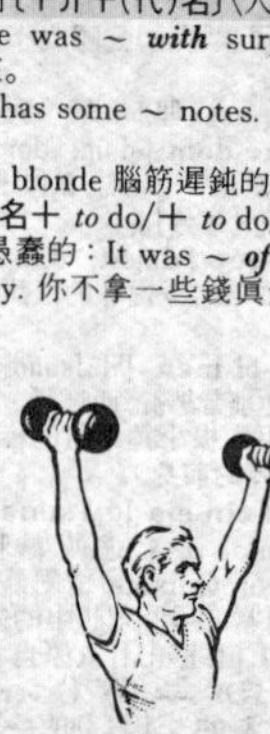

dumbbells 1

dumb·found [dʌmˋfaund; dʌmˈfaund] *v.t.* 使〈人〉啞然失聲，使…發愣《★常用被動語態，變成「啞然失聲」；介系詞用 *at, by*》：He *was* ~*ed* ***at*** [***by***] the discovery. 他被這個發現嚇呆了。

dúmb shòw *n.* ⓊⒸ默劇，啞劇；手勢[比手畫腳]：He explained *in* ~. 他以手勢說明。

dúmb·wàiter *n.* Ⓒ **1** 送菜[餐具]用升降機，送貨用小型電梯。**2** 《英》=lazy Susan.

dum·dum [ˋdʌmdʌm; ˈdʌmdʌm] *n.* (又作 **dúmdum búllet**)Ⓒ達姆彈《一種殺傷力很强的槍彈；十九世紀時英國爲鎭壓印度內亂而製造，名稱起源於加爾各答近郊的兵工廠所在地名》。

dum·found [dʌmˋfaund; dʌmˈfaund] *v.* =dumbfound.

Dum·fries and Gal·lo·way [ˏdʌmˏfris ən ˋgæləˏwe; dʌmˏfri:s ən ˈgæləwei] *n.* 丹佛利·加拉威郡《蘇格蘭西南部的一郡；新設於 1975 年，以取代舊郡 Dumbfries；首府 Dumfries》。

dum·my [ˋdʌmɪ; ˈdʌmi] «源自 dumb» **—*n.*** Ⓒ **1 a** (服裝店等用的)人像模型，裝飾用木偶。**b** (練習射擊用的)人形靶。**2** 替身；《電影》做替身的假人。**3** 傀儡人物，掛名代表，(他人的)手下，受人操縱者。**4** 《俚》**a** 笨蛋，蠢貨。**b** [也用於稱呼]不愛說話的人，經常沉默的人。**5** 《英》(哄嬰兒的)橡皮奶頭(《美》pacifier)。**6** 《紙牌戲》明家，空位《橋牌叫定後，攤牌於桌上者》。**7** 《印刷》大樣。

—*adj.* [用在名詞前]假的，冒充的，仿造的；名義上的，掛名的，擺樣子的：a ~ director 掛名董事 /a ~ cartridge 空彈 /a ~ horse 木馬 /a ~ company 虛設的公司。

—*v.i.* 〔十副〕《美俚》裝聾作啞，守密〈*up*〉.

dúmmy rún *n.* Ⓒ《英口語》預演，排演，演習。

dump[1] [dʌmp; dʌmp] *v.t.* **1 a** 〔十受(十介十(代)名)〕傾倒〈垃圾〉，傾卸〈重行李等〉，砰然卸下[丟棄]…〔於…〕〔*on, in*〕：The truck ~*ed* the gravel ***on*** the road. 卡車把碎石砰然傾卸在路上。**b** 〔十受〕《口語》不負責地丟開，拋棄…：He ~*ed* his wife a year after marrying her. 他結婚一年後便拋棄了妻子。

2 〔十受〕把〈商品〉(向外國市場)傾銷。

3 〔十受〕《電算》列印《將電腦記憶內容全部或部分印出》，轉存《將電腦記憶區內某段記憶轉存到另一段去》；切斷〈計算機等〉的電源。

—*v.i.* **1** 砰然落下。**2** 大批廉價出售，傾銷。

—*n.* Ⓒ **1 a** 垃圾場。**b** 垃圾堆。**2** 《軍》(糧食、彈藥等的)臨時堆積場。**3** 《俚》骯髒的地方。**4** 《電算》列印，轉存。

dump[2] [dʌmp; dʌmp] *n.* [~s]意氣消沉《★常用於下列片語》：(down) in the ~*s* 心情沮喪的，悶悶不樂的。

dúmp·càrt *n.* Ⓒ傾卸車《一種車身可以斜豎而傾出所載貨物的鐵道車輛》。

dúmp·er *n.* (又作 **dúmper trùck**)=dump truck.

dúmp·ing *n.* Ⓤ **1** (垃圾等的)傾倒。**2** 傾銷，大批廉價出售。

dump·ish [ˋdʌmpɪʃ; ˈdʌmpiʃ] *adj.* 憂鬱的；悲傷的。

dump·ling [ˋdʌmplɪŋ; ˈdʌmpliŋ] *n.* **1** Ⓒ[當作點心名時爲Ⓤ]蒸或煮的麪糰：**a** 肉餡湯團《用湯等煮》。**b** 將整個水果裹以麪糊烤成的點心。**2** Ⓒ《口語》矮胖的人。

dúmp trùck *n.* Ⓒ(車身可向後傾斜以傾出裝載物的)貨車，垃圾車。

dump·y [ˋdʌmpɪ; ˈdʌmpi] *adj.* (**dump·i·er**; **-i·est**)〈人〉矮胖的。

dúmp·i·ness *n.*

dun[1] [dʌn; dʌn] *v.t.* (**dunned**; **dun·ning**)向〈人〉一再催討〈債款〉。

—*n.* Ⓒ **1** 討債。**2** 催討甚緊的債權人。

dun[2] [dʌn; dʌn] *adj.* 暗褐色的。

—*n.* **1** Ⓤ暗褐色。**2** Ⓒ暗褐色的馬。

Dun·can [ˋdʌŋkən; ˈdʌŋkən] *n.* 鄧肯《男子名》。

dunce [dʌns; dʌns] *n.* Ⓒ笨蛋，劣等生。

dúnce('s) càp *n.* Ⓒ笨蛋帽《從前給記性不好的學生戴上去作爲處罰的圓錐形紙帽》。

dunce('s) cap

dun·der·head [ˋdʌndɚˏhɛd; ˈdʌndəhed] *n.* Ⓒ笨蛋，傻瓜。

dune [dun, djun; dju:n] *n.* Ⓒ(海濱被風吹積而成的)沙丘。

dúne bùggy *n.* =beach buggy.

dung [dʌŋ; dʌŋ] *n.* Ⓤ(牛、馬等的)糞便；水肥。

dun·ga·ree [ˏdʌŋgəˋri; ˌdʌŋgəˈri:] *n.* **1** Ⓤ丹加利布《印度產的粗棉布，多爲藍色的粗斜紋布》。**2** [~s]丹加利褲[工作服]。

—*adj.* [用在名詞前](用)丹加利布製的。

dun·geon [ˋdʌndʒən; ˈdʌndʒən] *n.* Ⓒ(建在城堡內地下的)地牢，土牢；城堡的主樓。

dúng·hill *n.* Ⓒ糞堆，堆肥。

(the) cóck of the dúnghill ⇨ cock[1].

dunk [dʌŋk; dʌŋk] *v.t.* 〔十受(十介十(代)名)〕**1** (在吃之前)把〈麪包等〉〔在飲料中〕浸一浸，浸泡〔*in, into*〕：~ a doughnut ***in*** [***into***] coffee 把油炸圈餅放在咖啡中浸一浸。**2 a** 把〈東西、人〉浸泡〔於水等中〕〔*in, into*〕. **b** [~ *oneself*]潛入〔水中〕，把自己浸入〔水中〕〔*in, into*〕：~ *oneself* ***in*** a pool 下游泳池，在游泳池中泡一下。**3** 《籃球》以〈球〉扣籃。**—*v.i.*** **1** 把麪包等放在飲料中浸一浸。**2** 下水，潛入水中。**3** 《籃球》扣籃。

dune

—*n.* (又作 **dúnk shòt**)Ⓒ《籃球》扣籃《身體躍起，把球從籃上扣下》。

Dun·kirk [ˋdʌnkɝk; dʌnˈkə:k] *n.* 敦克爾克《法國北部的一海港，臨多佛(Dover)海峽；第二次世界大戰(1940 年)時英軍在德軍的攻擊下，從此地由海路撤回英國》。

dun·nage [ˋdʌnɪdʒ; ˈdʌnidʒ] *n.* Ⓤ **1** 手提行李，隨身物品。**2** 《航海》(爲防止船貨損傷、淋濕等所用的)墊板，襯料。

dun·no [dəˋno; dəˈnou] *v.* 《口語》=(I) don't know.

du·o [ˈduo; ˈdju:ou] «源自義大利語 'two' 之義» —*n.* Ⓒ (*pl.* ~s) **1** 〖音樂〗二重奏[唱]曲；二重奏[唱]者。**2** (表演者的)一對，兩人的搭擋。

du·o·dec·i·mal [ˌduəˈdɛsəml, ˌdjuə-; ˌdju:əˈdesiml⁻] «源自拉丁文「2 與 10」之義» —*adj.* **1** 十二的。**2** 〖數學〗十二進法的：the ~ scale [system] (of notation) 十二進法。

—*n.* **1** Ⓒ十二分之一。**2** [~s]十二進法。

du·o·dec·i·mo [ˌduəˈdɛsəˌmo, ˌdjuə-; ˌdju:əˈdesimou] *n.* (*pl.* ~s) **1** Ⓤ十二開紙《全紙的1/12大小；略作 12 mo.; 12°; cf. format 1》：in ~. **2** Ⓒ十二開的書。—*adj.* 十二開的。

du·o·de·nal [ˌduəˈdinl, ˌdjuə-; ˌdju:əˈdi:nl⁻] *adj.* 十二指腸的：a ~ ulcer 十二指腸潰瘍。

du·o·de·num [ˌduəˈdinəm, ˌdjuə-; ˌdju:əˈdi:nəm] *n.* Ⓒ (*pl.* ~s, **-na** [-nə; -nə]) 〖解剖〗十二指腸。

du·o·logue [ˈduəˌlɔg, ˈdjuə-, -ˌlag; ˈdjuəlɔg] *n.* Ⓒ (二人)對話；對話劇(cf. monologue)。

dupe [dup, djup; dju:p] *n.* Ⓒ **1** 容易受騙的人，冤大頭，笨蛋：make a ~ of a person 欺騙[愚弄]人。**2** 手下，傀儡；盲從者。

—*v.t.* **1** 欺騙〈人〉《★常用被動語態》。**2** 〔十受十介十(代)名〕欺騙〈某人〉使〔做…〕〔*into*〕《★常用被動語態》：I *was ~d into* trust*ing* him. 我受騙而信任他。

du·ple [ˈdupl, ˈdjupl; ˈdju:pl] *adj.* 兩倍的，雙重的：~ time 〖音樂〗二拍子。

du·plex [ˈduplɛks, ˈdju-; ˈdju:pleks] *adj.* [用在名詞前] **1** 重複的，二連的，雙重的：a ~ hammer 兩面鎚。**2** 《美》在房間內分上下兩層並有樓梯相通的，每套房間佔上下兩層樓的，複式的〈公寓〉：a ~ apartment 複式公寓。

—*n.* Ⓒ《美》**1** (又作**dúplex hóuse**)(有兩個正門入口，可住兩戶人家的)雙拼式房屋[住宅](《英》semidetached)。**2** 複式公寓。

du·pli·cate [ˈdupləkɪt, ˈdju-; ˈdju:plikit] «源自拉丁文「折成雙層」之義» —*adj.* [用在名詞前] **1 a** 重複的；雙重的。**b** 成雙的。**2** 完全相同的：a ~ key (另一把備用的)相同的鎖匙(cf. passkey)。**3** 複製的；副的，抄存的：a ~ copy 副本；(繪畫的)複製品。

—*n.* Ⓒ **1** (一式)兩份中之一份，副本，複本。**2** 抄本[抄件]；複寫；複製(品)。

in dúplicate 成正副兩份。

— [ˈdupləˌket, ˈdju-; ˈdju:plikeit] *v.t.* **1** 使…成雙重[兩倍]。**2** 把…複寫[印]，複製；把…作成正副兩份。

dú·pli·cat·ing machine *n.* Ⓒ複寫機，複印機，複製機。

du·pli·ca·tion [ˌdupləˈkeʃən, ˌdju-; ˌdju:pliˈkeiʃn] «duplicate 的名詞» —*n.* **1** Ⓤ兩倍，雙重，重複。**2 a** Ⓤ複製，複寫。**b** Ⓒ複製[複寫]物。

dú·pli·ca·tor [-tɚ; -tə] *n.* Ⓒ **1** 複寫機，複印機。**2** 複製者。

du·plic·i·ty [duˈplɪsətɪ, dju-; dju:ˈplisiti] *n.* Ⓤ口是心非，言行不一，(有)二心；欺瞞，虛僞。

Dur. 《略》Durham.

du·ra [ˈdurə, ˈdju-; ˈdjuərə] *n.* ＝dura mater.

du·ra·bil·i·ty [ˌdurəˈbɪlətɪ, ˌdjur-; ˌdjuərəˈbiliti] «durable 的名詞» —*n.* Ⓤ耐久性[力]，持久性[力]，堅牢。

du·ra·ble [ˈdurəbl, ˈdjur-; ˈdjuərəbl] *adj.* (**more** ~; **most** ~) **1** 有持續性的，恒久性的：(a) ~ peace 持久和平。**2** 持久的，耐久的，堅牢的：~ goods 耐用的貨物《車、家具等》。

—*n.* [~s]耐用的貨物。

~·ness *n.*

dú·ra·bly [-rəblɪ; -rəbli] *adv.* **1** 持續[恒久]性地。**2** 耐久地，持久地，堅牢地。

du·ral·u·min [duˈræljəˌmɪn, dju-; djuəˈræljumin] *n.* Ⓤ硬鋁，杜拉鋁《一種輕而堅固的鋁合金》。

du·ra ma·ter [ˈdurəˈmetɚ, ˈdju-; ˌdjuərəˈmeitə] *n.* Ⓒ〖解剖〗硬(腦脊)膜。

du·rance [ˈdurəns, ˈdju-; ˈdjuərəns] *n.* Ⓤ《古》監禁，囚禁《★常用於下列片語》：in ~ (vile) 在(非法的，不正當的)監禁[囚禁]中。

du·ra·tion [duˈreʃən; dju-; djuəˈreiʃn] «源自拉丁文「繼續」之義» —*n.* ⓊⒸ持續[存在]的時間；期間：of long [short] ~ 長期[短期]的 / for the ~ of... (在)…的期間/for a ~ of ten minutes 繼續十分鐘，十分鐘的時間(中)/ ~ of flight 〖航空〗續航時間。

for the durátion (1)在某事[事態]繼續的期間。(2)在戰爭未結束期間。

dur·bar [ˈdɝbar; ˈdə:ba:] *n.* Ⓒ (印度)舊時君主的王宮；謁見，覲見；謁見[覲見]之處。

du·ress, du·resse [ˈdurɪs, ˈdjur-; djuəˈres] *n.* Ⓤ **1** (非法)監禁，束縛：in ~ 被監禁。**2** 〖法律〗強迫，脅迫，強制：under ~ 被迫，在脅迫下。

Dur·ham [ˈdɝəm; ˈdʌrəm] *n.* **1 a** 達拉謨郡《英格蘭東北部的一郡；略作 Dur.》。**b** 達拉謨《該郡的首府》。**2** Ⓒ達拉謨種(的短角食用牛)。

du·ri·an [ˈdurɪən; ˈduriən] *n.* Ⓒ **1** 榴槤《又稱榴蓮；榴槤結的果實，果肉有異臭但味美》。**2** 〖植物〗榴槤《木棉科喬木，印尼、菲律賓、馬來西亞及泰國均有栽培》。

***dur·ing** [ˈdurɪŋ, ˈdjurɪŋ; ˈdjuəriŋ] *prep.* **1** (特定期間的)在…的期間[時候]《★比較 during 用於特定的整個期間，for 用於不特定的期間》：~ my stay in London 在我停留倫敦的期間《★變換 可換寫成 while I was [am] staying in London》/The sun shines ~ the day. 太陽在日間照耀。

2 (特定期間的)在…之間，…之間的；在…期間的某時候：He came ~ my absence. 他在我不在時來過/I'll take my vacation for two weeks ~ August. 我將在八月間休假兩週。

dur·ra [ˈdurə; ˈdurə] *n.* Ⓒ〖植物〗埃及蜀黍[高粱]《主要分布於北非和近東》。

durst [dɝst; də:st] *v.* 《古》**dare** 的過去式。

dú·rum (whèat) [ˈdurəm, ˈdjur-; ˈdjuərəm] *n.* Ⓤ〖植物〗硬粒小麥《一種麩質堅硬的小麥，用以磨製粗粒麪粉、做通心粉等義大利麪食》。

dusk [dʌsk; dʌsk] *n.* Ⓤ(黃昏的)微暗，昏暗，薄暮：at ~ 在傍晚[黃昏]時。

dusk·y [ˈdʌskɪ; ˈdʌski] «dusk 的形容詞» —*adj.* (**dusk·i·er**; **-i·est**) **1** 微暗的，暗淡的；陰暗的。**2** 《委婉語》(皮膚)微黑的，帶黑色的。

dúsk·i·ly [-kɪlɪ; -kili] *adv.* **-i·ness** *n.*

Düs·sel·dorf [ˈdɪslˌdɔrf, ˈdʌsl-; ˈdusldɔ:f] *n.* 杜塞道夫《西德西部之一城市，臨萊茵河(the Rhine)》。

‡dust [dʌst; dʌst] *n.* **1** Ⓤ灰塵，塵埃：gather ~ 聚集灰塵/*D*~ lay thick on the shelf. 架子上積著厚厚的灰塵。

2 a Ⓤ塵土，沙塵：The rain has laid the ~. 下了一場雨，塵土不再飛揚。**b** [a ~]沙塵，灰塵：a cloud of ~ 一片塵霧，一股[團]沙塵/raise [make, kick up] *a* ~ 揚起灰塵[沙塵]；引起騷動(⇨ kick up [raise, make] a DUST)/What *a* ~！好大的灰塵！

3 Ⓤ**a** 粉末：gold ~ 金粉/tea ~ 粉茶/⇨ sawdust. **b** 金粉，砂金。

4 a Ⓤ(乾燥而多灰塵的)地面：His pistol fell *in* the ~. 他的手槍掉在滿布灰塵的地面上。**b** [**the** ~] (作爲埋葬之處的)塵土：⇨ in the DUST (1).

5 Ⓤ《文語》(人的)遺骸，屍體；(該歸於塵土的)肉體，人：*D*~ thou art, and unto ~ shalt thou return. 你本是塵土就該歸於塵土《★出自聖經「創世記」》。

6 Ⓤ(如塵土般)無價值的東西：Fame in the world is ~ to me. 世上的名聲對我如塵土《毫無價值》/⇨DUST and ashes.

(as) drý as dúst 《口語》(1)枯燥無味的。(2)非常口渴的。

bíte [kíss, líck] the dúst 《口語·謔》(1)被打倒於地上《★出自聖經「詩篇」等》。(2)受屈辱；敗北。(3)(尤指在戰場)陣亡。(4)墜馬。

dúst and áshes 塵與灰《令人失望的東西，無價值的東西；★出自聖經「創世記」》：turn to ~ *and ashes* 〈希望〉消失，落空。

in the dúst (1)死。(2)受屈辱。

kick úp [máke, ráise] a dúst (1)⇨ 2 b. (2)引起騷動。

ríse from the dúst 從屈辱中重新站起：*rise from the* ~ of past failures 從過去失敗的屈辱中重新站起。

sháke the dúst òff [from] one's féet 《口語》憤然離去《★出自聖經「馬太福音」等》。

thrów dúst in [into] a person's éyes＝thrów dúst in [into] the éyes of a person 蒙蔽某人(看眞象)的眼睛，欺瞞[欺騙]某人。

when [àfter] the dúst séttles 《口語》塵埃落定時[後]；混亂平靜下來時[後]。

—*v.t.* **1** 〔十受(十副)〕拂去…的灰塵[塵埃]〈*off, down*〉：She was ~*ing* the chairs. 她正在拂拭椅子上的灰塵。

2 〔十受十介十(代)名〕撒〈粉末〉〔於…之上〕〔*over, onto*〕；〔以粉末〕撒於…〔*with*〕：~ a cake *with* sugar ＝ ~ sugar *over* [*onto*] a cake 把砂糖撒在蛋糕上。

—*v.i.* **1** 拂拭灰塵。**2** 〈鳥〉沙浴。

dúst a person's jácket (for him) 《口語》毆打〈某人〉，揍〈某人〉一頓。

dúst óff 《*vt adv*》(1)⇨ *v.t.* 1. (2)將〈久藏的東西〉(取出)準備重新使用。(3)〖棒球〗《俚》〈投手〉投出幾乎碰及〈打擊者〉的球。

dúst·bìn *n.* Ⓒ《英》(屋外用)垃圾桶(《美》trash can, garbage can)。

dúst bòwl *n.* 《美》**1** Ⓒ黃塵地帶《乾旱而多塵暴(dust storm)的地帶》。**2** [**the** D~ B~]美國落磯山脈(the Rocky Mountains)東麓的大草原地帶。

dúst càrt *n.* 《英》＝garbage truck.

dúst còat *n.* 《英》＝duster 3.

dúst còver *n.* Ⓒ **1** (罩在不使用的家具等上面的)防塵布罩。**2** ＝dust jacket.

dúst·er *n.* Ⓒ **1** 打掃灰塵的人，打掃工。**2 a** 撢子，拂塵，除塵器。**b**（擦乾用的）抹布，乾布。**c**《英》黑板擦。**3**《美》防塵用長外衣，婦女的輕外套（《英》dust coat）。**4**（撒除蟲粉、胡椒粉、砂糖等的）撒粉器。

duster 3

dust·i·ness [ˋdʌstɪnɪs; ˈdʌstinis] *n.* Ⓤ 灰濛濛，多灰塵；粉狀。

dust·ing [ˋdʌstɪŋ; ˈdʌstiŋ] *n.* **1** ⓊⒸ（粉的）輕撒；少量〔*of*〕. **2** Ⓒ毆打，鞭打。

dúst jàcket *n.* Ⓒ（書）套，（書）皮。

dúst·less *adj.* 沒有[不起]灰塵的。

dúst·man [-mən; -mən] *n.* Ⓒ（*pl.* **-men** [-mən; -mən]）《英》收集垃圾的清潔工人（《美》garbage collector）.

dúst·pàn *n.* Ⓒ畚箕。

dúst shèet *n.*《英》＝dust cover 1.

dúst stòrm *n.* Ⓒ塵暴（cf. dust bowl）.

dúst·ùp *n.* Ⓒ《英俚》互毆；糾紛，爭執。

dust·y** [ˋdʌstɪ; ˈdʌsti] **《dust 的形容詞》** **—adj.*（**dust·i·er**；**-i·est**）**1** **多灰塵的**，滿佈灰塵的，灰塵瀰漫的：a ～ road 多灰塵的道路。**2** 枯燥無味的，乏味的。**3**〈顏色〉發暗的，土灰色的（gray）. **4** 粉末狀的。**5**《英》〈答覆〉不能令對方滿意的：a ～ answer 含糊的回答[答覆]。

nót [**nóne**] **so dústy**《英口語》還不錯，還好（fairly good）：The pay is *not so* ～. 薪水還不錯。

Dutch [dʌtʃ; dʌtʃ] **《**原為「德國的」之義，自十七世紀起變成「荷蘭的」之義**》** **—***adj.* **1** 荷蘭（人，語）的（★ 相關用語 ⑴荷蘭是 Holland, 正式名稱是（the Kingdom of）the Netherlands；⑵荷蘭從前是與英國競爭海外發展的強國，所以 Dutch 一字含有輕蔑之意）。**2** 荷蘭產[製]的。**3**《輕蔑》荷蘭人作風的。

gò Dútch《口語》各人付各人的帳〔*with*〕（cf. Dutch treat）：Let's go ～. 我們各自付帳吧（★ 比較 Let's go fifty-fifty., 或 Let's split the bill between us [among the three of us]的說法較普遍）。

—*n.* **1** Ⓤ荷蘭語（略作 Du.）：⇨ Pennsylvania Dutch, double Dutch. **2** [**the** ～；集合稱；當複數用]荷蘭人，荷蘭人民；荷蘭軍（★ 相關用語 一個荷蘭人時則用 Dutchman）.

béat the Dútch《口語》使人驚嘆；〈事情〉很奇怪，難以相信，莫名其妙：That *beats the* ～. 那眞是奇怪[難以相信]。

in Dútch《美俚》⑴在困難中，受窘，受屈辱。⑵得罪〔某人〕〔*with*〕.

Dútch áuction *n.* Ⓒ降價拍賣（★拍賣者逐漸降低價錢的拍賣方式）：by ～ 以降價拍賣的方式（★by ～ 無冠詞）。

Dútch bárn *n.* Ⓒ（無牆，僅以支架支撐屋頂的）乾草棚。

Dútch cáp *n.* Ⓒ **1** 荷蘭帽（有花邊等的三角形女帽）。**2**（避孕用）子宮帽。

Dútch cóurage *n.* Ⓤ《口語》酒後的勇氣，虛勇。

Dútch dóor *n.* Ⓒ兩截門（上下兩部分可分別開關的門）。

Dutch door

Dútch Èast Índies *n. pl.* [**the** ～]荷屬東印度羣島（印度尼西亞共和國（the Republic of Indonesia）的舊稱）。

Dùtch élm disèase *n.* Ⓒ荷蘭榆樹病。

Dútch·man [-mən; -mən] *n.* Ⓒ（*pl.* **-men** [-mən; -mən]）**1** 荷蘭人（★ 比較《美》一般用 Hollander；⇨Dutch 相關用語）。**2** 荷蘭船：⇨ Flying Dutchman.

I'm a Dútchman《口語》[強調斷言、不信或驚訝]（否則）我的腦袋給你[我就不是人]：It is true, or *I'm a* ～. 那是眞的，不然，我的腦袋給你/*I'm a* ～ if it's true. 如果那是眞的，我的腦袋給你。

Dútch óven *n.* Ⓒ **1**（附有重蓋鐵製的）荷蘭烤鍋。**2** 放在爐前烤麵包或烤肉用的附架子器具。**3**（先把一個磚造灶子的牆面加熱，撤火後利用餘熱煮東西的）磚造荷蘭灶。

Dútch tréat *n.* ⓊⒸ各自付費的聚餐[會]。

Dútch úncle *n.* Ⓒ本著善意而毫不留情[嚴厲]地批評[譴責]別人的人（★常用於下列片語）：talk to a person like a ～ 嚴厲譴責[教訓]某人。

Dútch wífe *n.*（熱帶國家常用的）放在牀上架四肢的籐架[竹具]（與中國夏天使用的「竹夫人」類似）。

du·te·ous [ˋdutɪəs, ˋdju-; ˈdju:tjəs] *adj.*《文語》＝dutiful.

du·ti·a·ble [ˋdutɪəbl, ˋdju-; ˈdju:tjəbl] *adj.*〈貨品〉應課稅的，有稅的（cf. duty-free）：～ goods 課稅品，應課稅的貨物。

du·ti·ful [ˋdutɪfəl,ˋdju-; ˈdju:tiful] *adj.* **1** 守本分的，忠於職守的，順從的：a ～ son 孝順的兒子。**2**〈態度等〉（對長輩）有禮的，恭敬的：～ respect 恭順。

～·ly [-fəlɪ; -fuli] *adv.* **～·ness** *n.*

‡**du·ty** [ˋdutɪ, ˋdju-; ˈdju:ti] **《**源自古法語「應當做的事」之義**》—** *n.* **1** ⓊⒸ**義務**，本分，責任（⇨ responsibility【同義字】）：a sense of ～ 責任感，責任心/one's post of ～ 工作崗位，職守/do [perform] one's ～ 盡某人的義務[本分]/fail in one's ～ 未盡某人的本分[義務，職務]，失職/act out of ～ 出自責任感行動/It is your ～ [the ～ of every citizen] to obey the laws. 服從法律是你[每一個國民]的義務。

2 ⓊⒸ[常 **duties**]（特定的）**任務**，職務，職責：the *duties* of a teacher 教師的職責/military ～ 軍務/hours of ～ 勤務時間/take on a person's ～ 代理[接任]某人的職務 / The ～ *of* car*ing* for the dog fell upon me. 照料那隻狗的責任落在我身上。

3 Ⓒ[常 **duties**；又作Ⓤ]稅，關稅：customs *duties* 關稅/excise *duties* 國內消費稅/export [import] *duties* 出口[進口]稅/legacy ～ 遺產稅。

as in dúty bóund 基於義務[責任]，義務上。

be (in) dúty bóund to dó... 有做…的義務。

dò dúty for...〈東西〉可代替…，可當…用：An old sofa *did* ～ *for* a bed. 一張舊沙發可當牀用。

óff dúty 不值班[勤]，下班，在工作時間外。

ón dúty 值班[勤]，上班，在工作時間內。

dúty càll *n.* Ⓒ禮貌上[禮節性]的拜訪。

dúty-frée *adj.* 免稅的，無稅的：～ goods 免稅品/a ～ shop（機場等的）免稅商店。

—*adv.* 免稅地，無稅地：I bought it ～. 我免稅買了它。

du·vet [duˋve, dju-; ˈdju:vei] **《**法語**》—** *n.* Ⓒ（可當寢具使用的）厚絨毛製褥墊，鴨絨墊子。

D.V.《略》*Deo volente.*

Dvo·řák [ˋdvɔrʒak; ˈdvɔ:ʒɑ:k], **An·to·nin** [ˋantɔnɪn; ˈɑ:ntɔ:nin] *n.* 德伏乍克（1841－1904；捷克作曲家）。

dwarf [dwɔrf; dwɔ:f] *n.* Ⓒ（*pl.* **～s, dwarves** [-vz; -vz]）**1 a**（尤指頭大手脚短的）矮子，侏儒：a ～ of a man 侏儒似的男人。**b**（出現於故事中的）醜陋[奇形怪狀]的小矮人。**2** 特別矮小的動[植]物，矮生植物；盆栽。**3**（又作**dwárf stár**）《天文》矮星（光度、質量均較小的恒星）。

—*adj.* [用在名詞前]**1** 矮小的，小型的（↔ giant）. **2** 矮生的；發育不良的〈植物〉：the ～ birch 矮生的樺樹。

—*v.t.*〔十受〕**1** 妨礙〈植物〉的生長，使〈植物〉變小；使…發育不良：a ～*ed* potted plant 盆栽。**2** 使〈東西〉顯得矮小，使…相形見絀：The new building ～*s* all the other ones. 那棟新建築物使所有其他建築物顯得小了些。

dwárf·ish [-fɪʃ; -fiʃ] *adj.* **1** 似矮人[侏儒]的，格外矮小的，發育不良的。**2** 如故事中小矮人似的。

dwarves [ˋdwɔrvz; ˈdwɔ:vz] *n.* **dwarf** 的複數。

dwell [dwɛl; dwel] *v.i.*（**dwelt** [dwɛlt; dwelt], **～ed** [～d, ～t; ～d, ～t]）**1**〔十副詞(片語)〕《文語》**住**，居住（於…）（★ 比較 一般用 live）：～ *in* the country 住在鄉下。**2**〔十介十(代)名〕細想，仔細研究〔…〕；詳述[論]〔…〕〔*on, upon*〕（★可用被動語態）：He *dwelt* ***upon*** the memory of his mother. 他老是想著[懷念]他的母親/The lecturer *dwelt* ***on*** the complexities of modern life. 那位演講人就現代生活的複雜性加以詳論。

dwéll·er *n.* Ⓒ居民，居住者：city ～*s* 城市的居民/⇨ cave dweller.

dwéll·ing *n.* **1** Ⓤ居住。**2** Ⓒ《文語・謔》住宅，寓所，住處。

dwélling hòuse *n.* Ⓒ《法律》（與商店、辦公室相對的）住宅。

dwélling plàce *n.* Ⓒ住處，住所。

dwelt [dwɛlt; dwelt] *v.* **dwell** 的過去式・過去分詞。

dwin·dle [ˋdwɪndḷ; ˈdwindl] *v.i.*〔動(十副)〕**1** **漸漸變小**；逐漸減少：The population is *dwindling.* 人口在逐漸減少。**2**〈人〉消瘦；〈名聲〉衰落；〈品質〉降低〈*away, down*〉：The novel ～*s* ***away to*** a most unsatisfactory ending. 那本小說愈讀愈乏味，最後以令人很不滿意的結局收場。

dwt.《略》denarius weight（＝pennyweight；cf. pwt.）.

DX, D.X.《略》《通信》distance；distant.

Dy《符號》《化學》dysprosium.

d'ya [djə; djə] do you 之略。

dy·ar·chy [ˋdaɪɑrkɪ; ˈdaiɑ:ki] *n.* ＝diarchy.

dye [daɪ; dai] *n.* Ⓤ[指產品個體或種類時為Ⓒ] **染料**：acid [alkaline] ～(*s*) 酸性[鹼性]染料/synthetic ～(*s*) 合成染料。

of the déepest [**bláckest**] **dýe** 窮兇極惡的：a crime [scoundrel] *of the blackest* [*deepest*] ～ 窮兇極惡的罪行[無賴]。

—*v.t.*（**dyed**；**dye·ing**）（★ 拼法 注意不要與 die¹ 的過去式、現在分詞 died, dying 混淆弄錯）**1**〔十受〕染…，給…著色：～ one's hair 染頭髮/have a dress ～*d* 把衣服送去染。**2**〔十受十補〕把…染〈成…〉：She has ～*d* her hair brown. 她把頭髮染成了褐色。**—***v.i.* **1** [與 well 等狀態副詞連用]（…）染：This cloth ～*s* well [badly]. 這種布料好[不好]染。**2**〔十補〕染〈成…〉：～ red 染成紅色。

dýed-in-the-wóol *adj.* **1** 〈毛料〉未紡織以前即染色的，生染的。**2** [用在名詞前][常帶輕蔑]道地的，徹底的，純粹的，難以改變的〈黨員等〉：a ~ Conservative 一個徹頭徹尾的保守黨黨員。

dýe·ing *n.* Ⓤ染色(法)；染色業。

dý·er *n.* Ⓒ染工，染色師傅。

dýe·stùff *n.* Ⓤ[指產品個體或種類時爲Ⓒ]染料。

dýe·wòrks *n.* Ⓒ(*pl.* ~)染廠，染坊。

‡**dy·ing** [ˋdaɪɪŋ; ˈdaiiŋ] 《★ 用法 注意不要與 dye 的現在分詞 dyeing 混淆弄錯》 *v.* **die**[1]的現在分詞。

—*adj.* **1 a** 垂死的，瀕死(狀態)的，快要死的：a ~ swan 瀕死的天鵝《傳說天鵝在瀕死時會唱歌；cf. swan song》. **b** 臨終的，末期的：one's ~ wish [words] 臨終的願望[遺言]/till [to] one's ~ day 直到死的日子，終生。**2** (即將)消逝[結束]的：the ~ year 歲暮。

dyke[1] [daɪk; daik] *n.*, *v.* =dike.

dyke[2] [daɪk; daik] *n.* Ⓒ《俚》女同性戀者《尤指扮演男性角色者》。

dy·nam·ic [daɪˋnæmɪk; daiˈnæmik] 《源自希臘文「強有力的」之義》**—*adj.*** **1** 動力的，動的(↔ static). **2** (動)力學(上)的；動態的；產生能量[原動力，活力]的：~ economics 動態經濟學。**3** 〈人等〉(活)動的，充滿精力的，有生氣的，精悍的：a ~ performance of Beethoven's 5th 貝多芬第五號交響曲的充滿活力的演奏。**4** 《醫》機能上的(functional)：a ~ disease 機能性疾病。

—*n.* [用單數](原)動力[*of*].

dy̆·nám·i·cal [-mɪkl; -mikl] *adj.* =dynamic.

~·ly [-klɪ; -kəli] *adv.*

dy·nam·ics [daɪˋnæmɪks; daiˈnæmiks] *n.* **1** Ⓤ《物理》力學；動力學：rigid ~ 剛體力學/the ~ of a power struggle 權力鬥爭的動力[動態]。

2 [當複數用] **a** (物理上的)原動力，能(量)；(精神上的)活力，魄力。**b** 變遷[變動](過程)。

dy·na·mism [ˋdaɪnə͵mɪzəm; ˈdainəmizəm] *n.* Ⓤ **1** 《哲》物力論，力本學[說]。**2** =dynamics 2.

dy·na·mite [ˋdaɪnə͵maɪt; ˈdainəmait] *n.* Ⓤ **1** 炸藥。**2** 《口語》**a** (具有爆炸性的)人[物]：That new jazz singer is real ~. 那個新爵士樂歌手眞是個爆炸性的人物。**b** 有潛在(衝擊性)危險[危機]的事物[人]。

—*adj.* [用在名詞前]《美俚》出類拔萃的，突出的，不同凡響的：a ~ book 不同凡響的書。

—*v.t.* 以炸藥爆破。

dy·na·mo [ˋdaɪnə͵mo; ˈdainəmou] *n.* Ⓒ(*pl.* ~s) **1** 發電機：an alternating [a direct] current ~ 交流[直流]發電機。**2** 《口語》(不會疲倦的)充滿活力者，精力充沛的人：She's a real ~. 她眞是個精力充沛的人。

dy·na·mo·elec·tric [͵daɪnəmoɪˋlɛktrɪk; ˌdainəmouiˈlektrik] *adj.* 發電的，電動的，電能與機械能可互相轉換的。

dy·na·mom·e·ter [͵daɪnəˋmɑmətɚ; ˌdainəˈmɔmitə] *n.* Ⓒ 測力計，功率計，動力計。

dy·na·mom·e·try [͵daɪnəˋmɑmətrɪ; ˌdainəˈmɔmitri] *n.* Ⓤ動力測定法，測功法。

dy·na·mo·tor [ˋdaɪnə͵motɚ; ˈdainəmoutə] *n.* Ⓒ電動發電機《兼電動機與發電機》。

dy·nast [ˋdaɪnæst, ˋdaɪnəst; ˈdinəst, ˈdainæst] 《源自希臘文「統治者」之義》**—*n.*** Ⓒ **1** (王朝、世襲的)君主，帝王。**2** 王者，統治者。

dy·nas·tic [daɪˋnæstɪk; diˈnæstik, dai-] 《dynast 的形容詞》**—*adj.*** 王朝的，朝代的。

dy·nas·ty [ˋdaɪnəstɪ, ˋdaɪnæstɪ; ˈdinəsti, ˈdai-] *n.* Ⓒ **1** 王朝，朝代：the Tudor ~ 都鐸王朝。**2** (某領域的)支配團體；統治集團，豪門世家。

dyne [daɪn; dain] *n.* Ⓒ《物理》達因《力的單位，即使一公克的物體產生每秒一公分的加速度之力量》。

dys- [dɪs-; dɪs-] 字首 表示「惡化」「不良」「困難」等之意《特別用於醫藥上》(↔ eu-).

dys·en·ter·y [ˋdɪsn͵tɛrɪ; ˈdisntri] *n.* Ⓤ《醫》赤痢，痢疾。

dys·en·ter·ic [͵dɪsnˋtɛrɪk; ˌdisnˈterik] *adj.*

dys·func·tion [dɪsˋfʌŋkʃən; disˈfʌŋkʃn] *n.* Ⓤ (身體器官的)機能障礙[不良]，功能失常。

dys·gen·ic [dɪsˋdʒɛnɪk; disˈdʒenik] *adj.* 《生物》劣生(學)的，非優生學的，遺傳性狀不良的(↔ eugenic).

dys·gen·ics [dɪsˋdʒɛnɪks; disˈdʒeniks] *n. pl.* [當單數用]《生物》劣生學。

dys·lex·i·a [dɪsˋlɛksɪə; disˈleksiə] *n.* Ⓤ《醫》閱讀能力的部分喪失，讀字困難，閱讀困難症。

dys·lex·ic [dɪsˋlɛksɪk; disˈleksik] 《dyslexia 的形容詞》**—*adj.*** 閱讀困難症的。

—*n.* Ⓒ患閱讀困難症的人。

dys·pep·si·a [dɪˋspɛpʃə, -ʃɪə; disˈpepsiə] *n.* Ⓤ《醫》消化不良，胃弱。

dys·pep·tic [dɪˋspɛptɪk; disˈpeptik] 《dyspepsia 的形容詞》**—*adj.*** **1** 消化不良的，胃弱的。**2** 〈性情等〉(如患消化不良者一樣)易怒的，難以取悅的，脾氣壞的；悲觀的。

—*n.* Ⓒ患消化不良的人。

dys·pne·a, dys·pnoe·a [dɪspˋniə; disˈpniːə] *n.* Ⓤ《醫》呼吸困難。

dys·pro·si·um [dɪsˋprosɪəm, -ˋproʃɪəm; disˈprousiəm, -ʃiəm] *n.* Ⓤ《化學》鏑《磁性最强的稀土金屬元素之一；符號 Dy》.

dys·tro·phy [ˋdɪstrəfɪ; ˈdistrəfi], **dys·tro·phi·a** [dɪsˋtrofɪə; disˈtroufiə] *n.* Ⓤ《醫》營養不良[失調]，營養障礙，失養症：⇨ muscular dystrophy.

dz. 《略》dozen(s).

E e **E e** *E e*

E

e, E¹ [i; iː] *n.* (*pl.* **e's, es, E's, Es** [～z; ～z]) **1** U C 英文字母的第五個字母 (cf. epsilon, eta). **2** U (一序列事物的)第五個。

E² [i; iː] *n.* (*pl.* **E's, Es** [～z; ～z]) **1** C E字形(之物)。
2 U《音樂》**a** E 音《(固定唱法)C 大調音階中的第三音》: *E* flat [sharp]降[升]E 音。**b** E 調: *E* major [minor] E 大調[小調]。

e., E, E. 《略》east; eastern.

E, E. 《略》Easter; English.

e- [i-, ɪ-, ɛ-, ə-; i-, ə-, e-] 字首 ex- 在拉丁字源之子音前(除 c, f, p, q, s, t 之外)的變體: emit.

ea. 《略》each.

‡each [itʃ; iːtʃ] *adj.* [用在名詞前](無比較級、最高級)[修飾單數名詞]**每,每一,每個,各,各自的**《★用法 each 前面不用 the, one's,也不用修飾語; ★比較 every 著重全體,作全體性的歸納; each 著重個體,以一件件[一個個]的方式說個別事物》: on ～ occasion 每一次,在每一個場合/at [on] ～ side of the gate 在大門的每一邊《★變換 可代換成 at [on] both sides of the gate》/bet ～ way ⇨ bet *v.i.* /*E*～ pupil has a desk. 每一個學生都有一張書桌/*E*～ one of us has his [her] duty. 我們每一個人都有自己的義務《★用法 原則上當單數用,但口語中如 *E*～ one of us *have our* duties. 有時也當複數用; cf. *pron.* 1》.

éach and évery [each 或 every 的強調用法]每個都,人人都: *E～ and every* member has his duty. 每一位會員都有自己的義務。

éach tíme (1)每次,總是: He tried many times and ～ *time* he failed. 他試過很多次,每次(嘗試)都失敗。(2)[當連接詞用]每次…都: She smiled ～ *time* she met me. 她每次遇到我都對我笑。

—*pron.* 1 各個,各人,每人《★用法 否定句中不用 each 而用 no one 或 neither》: *E*～ of us *has his* opinion. 我們每個人都有自己的看法《★用法 原則上當單數用,但口語中如 *E*～ of us *have our* opinions. 有時也當複數用; cf. 2》. **2** [當複數(代)名詞的同位格用]各自,各人: We ～ have our opinions. 我們各有自己的意見《★用法 這種情形與主詞配合,當複數用; cf. 1》.

éach and áll 各人皆,每個都。

èach óther [只當受詞、所有格用]**互相,彼此**《★用法 each other 不能當主詞用,所以 each 與 the other 必須分開使用: We *each* know what *the other* wants [*the others* want]. = *Each* of us knows what *the other* wants [*the others* want]. 我們互相知道對方所需要的東西》: They love ～ *other.* 他們彼此相愛/The students read ～ *other's* reports. 學生們互相傳閱成績報告單/He and I are studying ～ *other's* native language. 他和我互相在學對方的母語。

—*adv.* (無比較級、最高級)每人,每件[個]: They sell oranges, five pence ～. 他們賣橘子,一個五便士。

‡ea·ger [ˈigɚ; ˈiːgə] **«**源自拉丁文「銳利」之義**»** **—*adj.*** (～·er; ～·est) **1** [不用在名詞前] **a** [＋介＋(代)名]**渴望[…]的,熱望[…]的**[*for, after, about*]: He is ～ ***for*** the prize [***after*** fame, ***about*** his progress]. 他渴望獲獎[成名,進步]。

> 【同義字】eager 指熱切地想做某事; anxious 指抱有強烈的希望,但對於能否達成有不安的感覺; keen 是具有強烈的興趣或慾望,想做某事而變得很熱心。

b [＋*to* do]急切想〈做…〉的,極想〈做…〉的: He is ～ *to* climb Mt. Ali. 他極想登上阿里山。**c** [＋*for*＋(代)名＋*to* do]盼望[…]的: They were ～ ***for*** the game *to* begin. 他們盼望比賽開始。**d** [＋*that* ＿]盼望〈…事〉的: He is ～ *that* she (should) go abroad. 他盼望她出國《★用法《口語》多半不用 should》.

2 a 〈人、表情等〉**熱心的,**急切的: her ～ look 她急切的表情[樣子]/with ～ eyes 以急切的眼光/with ～ hands 以焦急的手。**b** [不用在名詞前][＋介＋(代)名][對…]熱心的,熱中的[*in*]: He is very ～ ***in*** his studies. 他很熱中於學習。

3 [用在名詞前]強烈的〈慾望、食慾等〉。

～·ly *adv.*

éager béaver *n.* C《口語》(為討好上司而)特別賣力工作者。

éa·ger·ness *n.* U **1** 熱心: with ～ 熱心地,急切地。**2 a** [對…的]熱望,切望[*for, after, about*]: one's ～ *for* fame 成名的熱望。**b** [＋*to* do]〈做…的〉熱望,渴望: She said so in her ～ *to* meet him. 她因急於想見到他而如此說。**c** [＋*that* ＿]《文語》〈對…事的〉熱望,盼望: His ～ *that* everyone (should) be happy was quite clear. 他盼望每一個人都快樂是十分明顯的《★用法《口語》多半不用 should》.

***ea·gle** [ˈigl; ˈiːgl] *n.* **1** C《鳥》**鷹;鷲**。

> 【說明】有「鳥類之王」(king of birds)之稱,自古用於旗幟或紋章,如十字軍的金鷹(golden eagle),神聖羅馬帝國的雙頭鷹(double-headed eagle),美國的白頭鷹(bald eagle)等。

2 C 鷹徽《美國國徽》。

3 C《高爾夫》低於標準桿數(par)兩桿的桿數; (⇨ par 3 相關用語)。

4 [the E～]《天文》天鷹座《星座》。

—*v.t.* [十受]《高爾夫》以低於標準桿數兩桿進〈某洞〉。

éagle-éyed *adj.* **1** 目光銳利[炯炯]的。
2 注意到細節的,明察秋毫的: an ～ accountant 細心的會計。
3 [不用在名詞前]注視的: watch ～ 凝視。

ea·glet [ˈiglɪt; ˈiːglit] *n.* C 小鷹。

‡ear¹ [ɪr; iə] *n.* **1** C **a 耳**: the external [middle, internal] ～ 外[中,內]耳/speak in a person's ～ 對某人講悄悄話/reach [fall on, come to] one's ～*s* 耳聞,聽到/A word in your ～. 附耳跟你說句悄悄話/If your ～*s* burn, someone is talking about you. 如果你耳朵發燙,就是有人正在談論你《★ 迷信的說法》。**b** 外耳,耳殼: pull a person by the ～ 拉某人的耳朵/prick up one's ～*s*＝keep one's ～*s* open 豎起耳朵聽,注意傾聽。

2 a C [常用單數]**聽覺,**聽力: a keen [nice] ～ 敏銳的聽力。**b** [用單數]分辨聲音的能力[*for*]: have a good [no] ～ *for* music 能[不能]欣賞音樂。

3 [用單數]傾聽,注意聽: bend an ～ (*to* ...) 傾聽(…) /catch a person's ～ 引起某人的注意,使人傾聽/have [gain, win] a person's ～ 受到某人的注意,獲得某人(善意的)傾聽/lend an [one's] ～ to ... 傾聽…,注意聽…。

4 C 耳狀物: **a**(水壺等的)把手。**b**(鐘等的)耳。

be áll éars《口語》凝神傾聽,專注地聽。

bénd a person's éar《美俚》把人當作聊天的對象,和感興趣的某人交談; 絮絮不休令人生厭。

by éar 不看樂譜地,憑聽覺記憶: play [sing] *by* ～ 不看樂譜演奏[歌唱]/⇨ play it by EAR¹.

cannòt belíeve one's éars 不相信自己聽到的事,不認為是真實。

éasy on the éar《口語》聽起來很不錯的,中聽的。

fáll (dówn) abòut a person's éars〈組織、新計畫等〉完全泡湯,瓦解。

fáll on déaf éars 未被聽取,被漠視,未受注意: His warning *fell on deaf* ～*s*. 他的警告受到漠視。

from éar to éar 張着大嘴,咧着嘴: smile *from* ～ *to* ～ 咧着嘴微笑。

gìve éar to ...《文語》傾聽…。

gò ín (at) óne éar and óut (at) the óther《口語》〈忠告、謠言等〉左耳進右耳出,記不住,毫無效果。

hàve [kéep] an [one's] éar to the gróund 留意社會的動向[輿論]; 留心可能發生的事。

óut on (one's) éar《俚》〈人〉突然被革職[退學,開除]: He was kicked *out on* his ～. 他突然被革職。

pín báck one's éars [常用祈使語氣]《英口語》注意聽。

pláy it by éar《口語》臨機應變(cf. by EAR¹).

sèt ... by the éars 使…不睦[失和]。

sèt a person on his éar《口語》使〈人〉興奮[生氣]。

tùrn a déaf éar to ... 對…充耳不聞,完全不聽: She *turned a deaf* ～ *to* my proposal. 她對我的求婚置若罔聞。

ùp to (one's) éars《口語》(1)深陷[於戀愛、陰謀、債務]中[*in*]. (2)[因告貸而]債台高築,負債纍纍[*in, with*].

wét behìnd the éars《俚》年輕而無經驗的,天真的,幼稚的《★源自小孩洗臉後常忘記擦耳朵後面》。

ear² [ɪr; iə] *n.* C (麥等的)**穗; 玉蜀黍穗**: an ～ of corn 玉蜀黍穗《玉蜀黍棒子英語為 corncob》/be in (the) ～ 正在長穗《★ in ～常無冠詞》/come into ～ 出穗《★ into ～ 無冠詞》。

éar·àche *n.* U [《美》C]耳痛: have ～ [《美》an ～]耳痛。

éar·dròp *n.* C (有垂飾的)耳環,耳墜(earring).

éar·drùm *n.* C 耳鼓,鼓室,鼓膜(tympanum).

eared¹ *adj.* [常構成複合字]有耳的,有耳狀物的; …耳的: long-*eared* 長耳的。

eared² *adj.* [常構成複合字]出穗的；有…穗的：golden-*eared* 有金黃色穗的。

éar·flàp *n.* Ⓒ[常 ～s]《美》(附於帽側，禦寒用的)耳罩(《英》earpieces)：a pair of ～s 一副耳罩。

ear·ful [ˈɪrˌful; ˈiəful] *n.* [**an** ～]《口語》**1** 滿耳的話[閒話]；令人厭煩的多言：I've had *an* ～ of his griping. 我聽夠了他的牢騷。**2** 吸引人的話，重要消息。**3** 責罵，斥責：give a person *an* ～ 斥責人。

earl [ɜl; əːl] *n.* Ⓒ《英》伯爵《英國以外的國家則稱 count；⇨ nobility 表》。

Earl [ɜl; əːl] *n.* 厄爾《男子名》。

éar·làp *n.* **1** ＝earflap. **2** ＝earlobe. **3** Ⓒ外耳；耳殼。

éarl·dom [-dəm; -dəm] *n.* Ⓤ伯爵的爵位[身分]。

Earle [ɜl; əːl] *n.* ＝Earl.

ear·less [ˈɪrlɪs; ˈiəlis] *adj.* **1** 無耳的；無耳狀物的。**2** 聾的。

Éarl Márshal *n.* Ⓒ(*pl.* ～s, **Earls Marshals, Earls Marshal**)(英國的)紋章院(College of Arms)院長《★ 現為一世襲職位》。

éar·lòbe *n.* Ⓒ耳垂。

‡**ear·ly** [ˈɜlɪ; ˈəːli] **《源自古英語「在以前」之義》** — *adv.* (**ear·li·er; -li·est**)(⟷ late) **1** (時間、時期的)早。

> 【同義字】early 指較某指定時間早或某期間的初期；soon 是指從現在或某時刻起不久，很快地；fast 是速度快地。

a 清晨，清早：get up ～ 早起/～ in the morning 在清晨。**b** 在初期，在早期：～ in life 早年，年輕時候/as ～ as May [1800] 早在五月[1800 年]。**2** (和預定的時間相比較)早：*earlier* than usual 比平常早/He arrived ～. 他到得早/We left home an hour ～. 我們早一小時離開家。

éarlier ón 以前，在更早的時候，在較早的階段：as I said *earlier on* 就像我以前說過。

éarly and láte 從早到晚。

éarly ón 在早期，在初期時，剛開始時：The race was decided ～ *on.* 賽跑不久即定勝負。

éarly or láte ⑴無論是早或晚：Whether you get home ～ *or late,* I'll be waiting up for you. 不論你回來得早或晚，我都會等你。⑵遲早，早晚《★比較 作此義解時一般用 sooner or later》。

éarly to béd, éarly to ríse 早睡早起：*E～ to bed and ～ to rise* makes a man healthy, wealthy, and wise.《諺》早睡早起使人健康、富有而聰明[早睡早起身體好，財滾滾，腦精明]《★ 富蘭克林(B. Franklin)的至理名言》。

—*adj.* (**ear·li·er；-li·est**) **1** (時間、時期)早的(⟷ late)：**a** 〈早上〉早的：in the ～ morning 在清晨/at an ～ hour 一清早。**b** [用在名詞前]清晨的，清早的；早睡早起的：an ～ riser 早起的人/an ～ visit(or) 一清早的訪問(者)/keep ～ hours 早睡早起。**2 a**(較平常)早的：an ～ breakfast 早吃的早餐/an ～ death 早死，夭折/an ～ marriage 早婚/She was five minutes ～. 她早到五分鐘。**b**[不用在名詞前]〔十介十(代)名〕〔較…時間〕早的〔*for*〕：She was ～ *for* her [the] appointment. 她比約定的時間來得早。**c** 〈水果等〉早熟的，初上市的：～ fruits 初上市的水果。

3 [用在名詞前]**初期的**；開始的〈時期、季節、年代等〉：⇨ Early Modern English/in ～ spring 在初春/from the *earliest* times 遠古以來，自太古時期以來/in one's ～ days [years] 在某人年輕的時候/in the ～ days of the republic 在該共和國(成立的)初期/He was in his ～ fifties. 那時候他的歲數是五十出頭。

4 [用在名詞前](無比較級、最高級)不久的未來的：at an ～ date 早日，不久，過幾天/at the *earliest* chance 一有機會/at your *earliest* convenience 在你方便時儘早。

at the éarliest 最早。**éar·li·ness** *n.*

éarly bìrd *n.* Ⓒ《口語》**1** 早起的人：The ～ catches the worm.《諺》早起的鳥兒捉到蟲；捷足先登。**2** (開會等時)比規定時間早到者。

éarly clósing *n.* (又作 **éarly clósing dày**)[**an**～]《英》(商店在一週中某個下午的)提早關店(日)。

éarly dóor *n.* Ⓒ(戲院的)提早入座門。

Éarly Énglish stýle *n.* [**the** ～]早期英國哥德式《1180 至 1250 年間英國建築式樣》。

Éarly Módern Énglish *n.* Ⓤ早期現代英語《1500–1700 年左右的英語》。

éarly-wárning *adj.* [用在名詞前]早期[預先]警報(用)的：an ～ radar 預先[遠程]警報雷達/an ～ system (利用雷達的)早期警報系統。

éar·màrk *n.* Ⓒ **1** 耳印，耳號《牛、羊等耳朵上的烙印，以表示所有權》。**2** [常 ～s]特徵：She has all the ～s of a superstar. 她具備超級明星的一切特徵。

—*v.t.* **1** 給〈牛、羊等〉加上耳號。**2** 〔十受十介十(代)名〕指定〈資金等〉〔作為特定用途〕〔*for*〕：A thousand dollars is ～*ed for* research. 撥款一千美元作研究經費之用。

éar·mùff *n.* Ⓒ[常 ～s](禦寒用的)耳套，耳罩：a pair of ～s 一副耳套。

earmuffs

‡**earn** [ɜn; əːn] *v.t.* **1** 〔十受〕(以工作)賺〈錢〉，謀〈生〉：He ～s fifty dollars a day. 他每天賺五十美元/He ～s his living [livelihood, (daily) bread] *by doing* odd jobs. 他以做臨時工謀生。

2 〔十受〕博得〈名聲〉，獲得〈風評等〉；值得〈報酬等〉：～ a degree at [from] Harvard University 獲得哈佛大學的學位/～ a reputation for honesty 博得誠實的美名/This is more than I have ～*ed.* 這超過了我應得的報酬[這報酬我受之有愧]。

3 〔十受十受/十受十介十(代)名〕〈行為等〉帶給〈人〉〈名聲、信譽等〉；帶給〔人〕〈名聲、信譽等〉〔*for*〕：Your untiring efforts will ～ you a good reputation. ＝ Your untiring efforts will ～ a good reputation *for* you. 你不懈的努力將使你贏得美譽。

éarned rún *n.* Ⓒ《棒球》投失分，投責分《非因守備失誤而因安打、犧牲打、盜壘、四壞球等責任在投手的情形使跑者得分；略作 ER》.

éarned rún àverage *n.* Ⓒ《棒球》(投手)責任失分率《略作 ERA》.

éarn·er *n.* Ⓒ賺取(金錢等)的人，取得者。

ear·nest**¹ [ˈɜnɪst; ˈəːnist] *adj.* (**more** ～；**most** ～) **1 a** **認真的，**誠摯的，熱心的(⇨ serious【同義字】)：an ～ pupil 用功的學生/an ～ look 認真的表情，一本正經的樣子/one's ～ wish 某人懇切的願望。**b** [不用在名詞前]〔十介十(代)名〕〔對…〕認真的，熱心的〔*in, about*〕：He was very ～ ***about *giving* his son a good education. 他十分重視給予兒子良好的教育。**2** 值得認真考慮的，重要的：Life is ～. 生命是重要的[嚴肅的]《★ 出自 Longfellow 的詩》。

—*n.* Ⓤ認真，鄭重，嚴肅性《★用於下列成語》。

in éarnest ⑴認真地，鄭重地：*in* good [real] ～ 當真/Are you *in* ～? 你(說話)當真嗎？⑵正式的，真正的：It began to rain *in* ～. 雨真的下大了。

～**·ly** *adv.*　～**·ness** *n.*

ear·nest² [ˈɜnɪst; ˈəːnist] *n.* [**an** ～] **1** 定金，保證金。**2** 預兆，前兆〔*of*〕：*an* ～ *of* spring 春天的預兆。

Ear·nest [ˈɜnɪst; ˈəːnist] *n.* 鄂尼斯特《男子名》。

éarnest mòney *n.* Ⓤ定金。

earn·ings [ˈɜnɪŋz; ˈəːniŋz] *n. pl.* **所賺得的錢，**收入，工資，薪水：average [gross] ～ 平均[總]收入。

éarnings-reláted *adj.* 按照所得比例的：an ～ pension 按照所得額比例支給的退休金。

éar·phòne *n.* Ⓒ **1** 耳機《★ 兩耳用的耳機用複數》：put on (a pair of) ～s 戴上(一副)耳機。**2**＝headphone.

éar·pìck *n.* Ⓒ耳挖《除耳垢的用具》。

éar·pìece *n.* Ⓒ **1**[常 ～s]《英》(帽子的禦寒用)耳罩(earflaps). **2**[常 ～s]眼鏡腳《眼鏡架掛於耳上的彎曲部分》。**3 a**(聽診器等的)聽筒。**b**＝earphone 1.

éar·plùg *n.* Ⓒ[常 ～s](防水、隔音用的)耳塞。

ear·ring [ˈɪrˌrɪŋ; ˈiəriŋ] *n.* Ⓒ[常 ～s]耳環。

éar shèll *n.* Ⓒ鮑魚，石決明。

éar·shòt *n.* Ⓤ聽力所及的距離[範圍]：out of ～ 在聽不見的地方/within ～ 在聽力所及[聽得見]的範圍內。

éar·splìtting *adj.* 震耳欲聾的。

‡**earth** [ɜθ; əːθ] *n.* (*pl.* ～**s** [～s; ～s]) **1** Ⓤ[**the** ～] **a** **地球**《★ 用法 與其他行星對照而當作專有名詞時為(the) Earth; ⇨ planet 插圖》：*The* ～ goes (a)round the sun. 地球繞着太陽轉。

> 【同義字】earth 指與太陽、月球、其他星球相對的地球；globe 是指人類居住之處的地球，强調其圓球狀。

b [集合稱]地球上的居民：*the* whole ～ 全世界的人。

2 Ⓤ[常 **the** ～](對天空而言的)地，大地，地球表面，地上；(對海而言的)陸地：bring a bird to *the* ～ 把鳥擊落於地/Snow covered *the* ～. 雪覆蓋大地/The arrow fell to (*the*) ～. 那支箭掉落地上/⇨ the END(S) of the earth.

3 Ⓤ[指種類時為Ⓒ](對岩石而言的)**土，**土壤：fill a hole with ～ 用土填洞/a clayish ～ 黏土質的土壤。

4 Ⓒ[常用單數](狐、兔等的)洞穴，地洞：stop an ～ 填塞洞穴[地洞]/go [run] *to* ～ 〈狐狸等〉逃入洞穴；〈人〉消失，隱藏《★ to ～ 無冠詞》。

5《英》**a** Ⓒ[常 **the** ～]《電學》地線(《美》ground). **b** Ⓤ接地：an ～ plate 接地板。

6 Ⓒ《化學》土類《alumina, magnesia 等》。

bríng a person **báck** [**dówn**] **to earth** 使〈人〉(從幻想中)回到現實(的世界)。

còme [gèt] báck [dówn] to éarth (從幻想中)回到現實(的世界)。
cóst the éarth 《口語》花大錢。
dówn to éarth 實際的，現實的。
lìke nóthing on éarth ⇨ nothing *pron.*
on éarth (1)(活)在地球上：while he was *on* ～ 當他在世時。(2)[强調最高級]在地球上，在世界上，在人世間：the great*est* man *on* ～ 世界上最偉大的人。(3)[加强疑問詞]到底，究竟？：*What on* ～ is the matter (with you)？(你)到底怎麼了？/*Why on* ～ are you standing here？你究竟爲什麼站在這裏？(4)[加强否定]全然，一點也(at all)：There's *no* reason *on* ～ *why* you should do that. 你根本沒有理由做那件事。
páy the éarth 《口語》付大錢。
rùn ... to éarth 把…追究到底，追蹤尋到，徹底調查…：The escaped convict was *run to* ～ in a small town in Maine. 那名逃犯終於在緬因州的一個小鎮被捕。
— *v.t.* **1**〔十受十副〕用土掩蓋〈樹根、蔬菜等〉〈*up*〉. **2**〔十受〕《英》《電學》使…接地(《美》ground).

éarth·bòrn *adj.* **1** 地面所生的；土中長出的。**2** 生於世上的，凡人的；世俗的。
éarth·bòund *adj.* **1** 〈樹根等〉固着於地的。**2** 〈動物、鳥等〉不能離開地面的：an ～ bird 不能飛的鳥。**3** 爲世俗所束縛的，世俗的。**4** 〈太空船等〉朝向地球的。
earth·en [ˋɝθən; ˈəːθən] «earth 的形容詞» **—***adj.* **1** 用土做的，土製的。**2** 陶製的。
éarthen·wàre *n.* Ⓤ[集合稱]瓦器，陶器。
—*adj.* [用在名詞前]瓦器[陶器](製)的：an ～ pot 陶壺。
Earth·i·an [ˋɝθɪən; ˈəːθiən] *n.* Ⓒ地球人。
earth·ling [ˋɝθlɪŋ; ˈəːθliŋ] *n.* Ⓒ[也用於稱呼](科幻小說(SF)中對外星人而言的)地球人，人類《★ 比較 對地球人而言的外星人稱 alien》.
earth·ly [ˋɝθlɪ; ˈəːθli] «earth 的形容詞» **—***adj.* [用在名詞前](無比較級、最高級) **1地球的，地上的。2現世的，**俗世的，塵世的：～ pleasures 俗世的歡樂。**3** [用於强調否定句、疑問句]《口語》**a** [用於否定句]完全，一點也：There is *no* ～ use for it. 它毫無用處。**b** [用於疑問句]究竟，到底：*What* ～ purpose can it serve？它究竟有什麼用[好]處呢？
hàve nót an éarthly 《英口語》毫無希望《★補充 chance, hope, idea 的解釋》：He *hasn't an* ～ *of* winn*ing*. 他毫無獲勝的希望/"Will he survive？"—"*Not an* ～！"「他有希望活下去嗎？」「完全沒有。」
éarthly páradise *n.* Ⓒ人間樂園。
éarth·màn *n.* Ⓒ(*pl.* **-men**)＝earthling.
éarth·nùt *n.* Ⓒ長於地中可食用的根、塊莖；花生。
earth·quake** [ˋɝθ,kwek; ˈəːθkweik] «源自 earth 與 quake(震動)之義» **—n.* Ⓒ **地震**《★ 比較 小的稱 tremor；⇨ magnitude 4》：a slight [weak, strong, disastrous] ～ 輕微[微弱，强烈，災情慘重]的地震/A severe ～ struck [occurred in] Italy. 義大利發生强烈的地震/We had [There was] a rather big ～ yesterday. 昨天發生了一次頗大的地震。
éarthquake cénter *n.* Ⓒ震央，震中，震源。
earth·quaked [ˋɝθ,kwekt; ˈəːθkweikt] *adj.* 受地震襲擊的。
éarthquàke-pròof *adj.* 防震的。
éarthquake séa wàve *n.* Ⓒ地震引起的海嘯。
éarthquake shòck *n.* Ⓒ地震的震動。
éarthquake sòund *n.* Ⓒ地鳴。
éarth·rìse *n.* Ⓤ地出《從月球或宇宙飛船上所見地球彷彿從月球地平線上升起的現象》。
éarth sátellite *n.* Ⓒ人造衛星。
éarth·shàker *n.* Ⓒ極其重要的[驚天動地的]事件。
éarth-shàking *adj.* 震動大地似的，震撼性的，驚天動地的：an ～ event 驚天動地的大事件。～·**ly** *adv.*
éarth·shìne *n.* Ⓤ《天文》地球反照《新月暗部所現之微光，係來自地球反射之日光》。
earth·ward [ˋɝθwəd; ˈəːθwəd] *adv.* & *adj.* (朝着)地球方向的，向地面的(cf. heavenward).
éarth·wards [-wədz; -wədz] *adv.* ＝earthward.
éarth·wòrk *n.* **1** Ⓤ(泥)土工。**2** Ⓒ[常 ～s](尤指從前爲防禦敵人而建築的)土壘。**3** Ⓒ地景藝術品《改變自然景象而成，常攝影以供展覽》。
éarth·wòrm *n.* Ⓒ《動物》蚯蚓。
earth·y [ˋɝθɪ; ˈəːθi] «earth 的形容詞»**—***adj.* (**earth·i·er**；～**·i·est**) **1** 土(狀)的，土質的；似土的：an ～ smell 泥土氣味。**2 a** 俗世的，現實的，粗俗的。**b** 純樸的，不做作的。
éarth·i·ness *n.*
éar trùmpet *n.* Ⓒ(從前的)喇叭狀助聽器。
éar·wàx *n.* Ⓤ耳垢。
éar·wìg *n.* Ⓒ《昆蟲》地蜈蚣，蠼螋《★ 這種昆蟲被認爲會進入睡者的耳中爲害》。

***ease** [iz; iːz] *n.* Ⓤ**1** (無工作等休息時身體的)**舒適**，安逸：take one's ～ 休息，無拘束；安心，放心。**2 a** (無煩惱、擔憂的)**輕鬆**，自在；(生活的)安樂：lead [live] a life of ～ 過安樂的生活/live in ～ 生活安逸。**b** (態度、樣子等)輕鬆，悠閒。
3無困難，容易：with ～ 輕易地，容易地。
4 (衣服等的)寬鬆。
at (one's) **éase** (1)輕鬆地；悠閒地：be [feel] *at* ～ 覺得心安，自在/live *at* ～ 安逸地生活/do a task *at* one's ～ 輕鬆地工作/put a person *at* his ～ 使人覺得自在/sit *at* ～ 舒適地坐着。(2)[當感嘆詞用]：*At* ～！《美》《軍》《口令》稍息！(《英》Stand easy！)(cf. attention 4b).
íll at éase 侷促不安，心神不寧：She makes me feel *ill at* ～. 她使我覺得侷促不安。
stánd at éase 《軍》保持稍息的姿勢。
— *v.t.* **1**〔十受〕**使**〈人、心〉**舒適**，使…放鬆；使…心寬：～ a person's mind 使某人心安[心寬]/It ～*d* her *to* tell him the secret. 她把秘密告訴他後感到一身輕鬆。
2 a〔十受〕**減輕**，緩和〈痛苦、緊張等〉：～ financial strains 緩和財政的困難/The medicine ～*d* her pain. 藥減輕了她的痛苦。
b〔十受十介十(代)名〕使〈某人〉除去〔痛苦、煩惱等〕〔*of*〕：He ～*d* me *of* the worry. 他爲我排解煩惱。
3 a〔十受〕放鬆〈衣類、皮帶等〉：I ～*d* the belt a little. 我把皮帶放鬆了一些。**b**〔十受(十副)〕減低〈車子〉的速度；減低〈速度等〉〈*down*〉：He ～*d* (***down***) the car [the speed of the car]. 他減低了車速。
4 a〔十受十副詞(片語)〕慢慢地小心移動〈東西等〉：He ～*d* the car *to* a stop. 他慢慢地把車子停下來/He ～*d* the piano *through* the narrow door. 他緩慢小心地把那架鋼琴推過窄門。
b〔十受十副詞(片語)〕[～ one*self*]悄悄地做(…)：He ～*d himself out of* the unpleasant conversation. 他悄悄地從不愉快的談話中擺脫出來[悄悄地避開不愉快的談話]/He ～*d himself into* a chair. 他慢慢地坐進椅子裏。**c**〔十受十補〕慢慢地把〈東西〉移動〈成…〉：He ～*d* the door open. 他慢慢地推開門。
—*v.i.* **1** 〈痛苦、氣勢、緊張等〉緩和，減輕。**2**〔十副詞(片語)〕緩慢地移動：He ～*d into* the car [a seat]. 他緩慢地坐進車子[椅子]/The car ～*d out of* the garage. 汽車緩慢地駛出車庫。
éase úp [**óff**] 《*vi adv*》《口語》(1)〈痛苦、緊張等〉緩和，減輕。(2)減輕工作，輕鬆地做。(3)緩和[對人]的嚴厲態度〔*on*〕：*E*～ *up on* her. 對她的態度緩和一些吧。(4)放鬆，減少〔…〕〔*on*〕：He ～*d off on* the accelerator. 他放鬆變速器。
ease·ful [ˋizfəl; ˈiːzful] *adj.* **1** 輕鬆的，安樂的，舒適的。**2** 悠閒的，安逸的。
ea·sel [ˋizl; ˈiːzl] *n.* Ⓒ**1** 畫架。**2** (黑板等的)架子。

【字源】源自表示「驢子」之義的荷蘭語。據說因 easel 像馱貨的驢子般地裝載東西而產生了這種字義。

easel 1

ease·ment [ˋizmənt; ˈiːzmənt] *n.* **1**ⓊⒸ緩和；減輕。**2 a** Ⓤ舒適；安逸。**b** Ⓒ給人舒適之物；便利品；慰勞品；慰藉。**3** Ⓤ《法律》地役權。
‡eas·i·ly [ˋizlɪ, ˋizɪlɪ; ˈiːzili] *adv.* (**more** ～；**most** ～) **1容易地**，輕易地，毫無困難地：win ～ 輕易獲勝/He loses his temper very ～. 他很容易發脾氣。**2** 圓滑地，順利地，流暢地：The engine starts ～ even in cold weather. 引擎甚至在寒冷的天氣裏也能順利發動。**3** 輕鬆地，無掛慮地，不難：You can ～ borrow it from her. 你不難向她借到它。**4 a** [强調最高級、比較級]確實，當然，無疑地：It is ～ the *best* (hotel). 它確實可說是最好的(旅館)。**b** [與 can, may 等連用]大概，很可能：The plane *may* ～ be late. 飛機大概會誤點/That [A thing like that] *could* ～ happen. (像)那樣的事很可能發生。
‡east [ist; iːst] *n.* **1** [**the** ～]**東**，東方；東部《略作 e., E, E.；⟷ west; ⇨ north 用法》：in *the* ～ of ... 在…的東部/on *the* ～ of... 在…的東側，東接…/to *the* ～ of...在…的東方(不相接)。**2 a** [**the** ～]東部地方。**b** [**the E**～]《美》東部(各州)《密西西比(Mississippi)河至大西洋岸各州》：⇨ down East. **c** [**the E**～]東方，亞洲(the Orient)：⇨ Far East, Middle East, Near East. **d** [**the E**～]東歐諸國，東歐共產集團《尤指蘇聯及東歐附庸國》。**e** [**the E**～](從前的)東羅馬帝國。**3** [**the** ～](教會的)東端，祭壇所在的一邊。
éast by nórth 東偏北《略作 EbN》.
éast by sóuth 東偏南《略作 EbS》.
— *adj.* [用在名詞前]《★用法 方位不太明確時用 eastern》**1東方的**，在東方的；向東的：an ～ window 向東的窗子。**2** (教會)

祭壇那一側的。**3**［常 E~］東部的，東方國家的；東部居民的：the ~ coast 東海岸。**4** 來［吹］自東方的〈風〉：an ~ wind 東風《★ 在英國爲寒風，尤不受人歡迎；cf. west wind》.

—*adv.* **在東方，向東方，在［向］東部**：due ~ 在［向］正東方/go ~ 向東去/lie ~ and west 橫貫東西/The village is [lies] 15 miles ~ *of* the town. 村莊座落在城鎮之東十五哩處。

éast by nórth [sóuth] 向東偏北［南］。

Éast Berlín *n.* 東柏林《東德的首都；⇨ Berlin 插圖》。

éast·bòund *adj.* 往東的，向東行的，繞東邊的《略作 e.b.》：an ~ train 東行列車。

Éast Céntral *n.* [the ~]（倫敦市）中央東部郵政區。

Éast Chína Séa *n.* [the ~] 東海。

Éast Énd *n.* [the ~] 倫敦東端《在倫敦東部，爲下層勞動者較多的商業地區；cf. West End》.

Eas·ter** [ˈistɚ; ˈiːstə] **《源自古英語「光與春的女神」之義》—*n. Ⓤ **復活節**。

【說明】慶祝基督復活（the Resurrection）的祭典；在三月二十一日月圓（如該日無月圓，則自該日後月圓的日子算起）後的第一個星期日（如月圓日爲星期日，則指其下一個星期日）；日期不一定，但最早爲三月二十二日，最遲爲四月二十五日，這一天稱爲 Easter Day [Sunday]；在復活節前的四十天期間稱四旬節（Lent）；對基督徒而言是與耶誕節一樣的重要節日，通常有遊行與彩色蛋；cf. Halloween【說明】。

—*adj.* ［用在名詞前］（發生於）復活節的：the ~ holidays（大學等的）復活節假期，春假。

Éaster càrd *n.* Ⓒ復活節卡。

【說明】復活節的問候卡片，多半畫有兔子或蛋等；沒有像耶誕卡（Christmas card）那樣普遍。

Éaster Dày *n.* Ⓤ復活節日（Easter Sunday）.

Éaster ègg *n.* Ⓒ復活節彩蛋《着有彩色的裝飾蛋，作爲復活節的禮物》。

Éaster éve *n.* Ⓤ復活節前夕。

Éaster Ísland 《由於在 1772 年的 Easter Day 發現而得名》— *n.* 伊斯特島《南太平洋上智利屬的一座火山島，以多石像而聞名》。

Éaster lily *n.* Ⓒ《美》復活節用的白色百合《麝香百合等》。

east·er·ly [ˈistɚlɪ; ˈiːstəli] *adj.* **1** 偏東的。**2**〈風〉（吹）自東方的。

—*adv.* **1** 向東方。**2**〈風〉自東方。

—*n.* Ⓒ東風。

Éaster Mónday *n.* Ⓤ復活節（Easter Sunday）的翌日。

【說明】在英國、加拿大爲公定假日，在美國北卡羅來納（North Carolina）爲法定假日。

‡east·ern [ˈistɚn; ˈiːstən] **《源自 east（東）與 -ern（「…方向的」）之義的字尾》—*adj.*** （無比較級、最高級；cf. easternmost）《★ 用法 方位明確時傾向於用 east》**1（在）東方的**；向東的：the ~ side of an island 島的東邊。**2**［常 E~］住於東部的，來自東部的；東部獨特的。**3**〈風〉（吹）自東方的。**4** [E~] **a**《美》東部（諸州）的：the *E~* states 東部諸州。**b** 東方的；東方風格的：*E~* customs 東方的風俗。**c**（對西歐而言的）東歐的，東側的。

—*n.* Ⓒ［常 E~］**1**《罕》**a** =Easterner. **b** 東方人。**2** 東方教會教徒。

Éast·ern·er *n.* Ⓒ**1** 東方［部］人。**2**《美》東部（各州）的人。

Éastern Hémisphere *n.* [the ~] 東半球《有亞洲、歐洲、非洲等》。

éastern·mòst 《源自 eastern 而成的最高級》—*adj.* 最東（端）的。

Éastern (Órthodox) Chúrch *n.* [the ~] 東方（正）教會（Orthodox Eastern Church），希臘正教，東羅馬正教。

Éastern Róman Émpire *n.* [the ~] 東羅馬帝國（395–1453）《首都君士坦丁堡（Constantinople）》.

Éastern Shóre *n.* [the ~]（美國東部乞沙比克灣（Chesapeake [ˈʃɛsə͵pik; ˈtʃesəpiːk] Bay）的）東部沿岸地區《包括馬里蘭州、德拉威州及維吉尼亞州》。

Éastern (Stándard) Tìme *n.* Ⓤ（美國的）東部（標準）時間《比 G(M)T 慢五小時；略作 E.(S.)T.；⇨ standard time【說明】》。

Éaster Súnday *n.* =Easter Day.

Éaster térm *n.* **1** ⓊⒸ《英法律》（從前的）復活節開庭期《四月十五日至五月八日，1873 年廢止》。**2** ⓊⒸ **a**《英》（從前的）復活節學期《復活節後約六個星期》。**b** 春季學期《自耶誕節至復活節》。

Éaster·tìde *n.* Ⓤ**1** 復活節季《自復活節起 40 至 57 天的期間》。**2** =Easter week.

Éaster tìme *n.* =Eastertide.

Éaster wéek *n.* Ⓤ 復活節週《自復活節（Easter Sunday）起的一週期間》。

Éast Gérmany *n.* 東德（⇨ Germany）.

Éast Índia Còmpany *n.* [the ~] 東印度公司《十七至十九世紀英國、荷蘭爲東印度貿易而創設的貿易公司》。

Éast Índian *adj.* **1** 東印度的。**2** 東印度人的。—*n.* Ⓒ東印度人。

Éast Índies *n. pl.* [the ~] **1** 東印度羣島《馬來羣島的別稱》。**2** 東印度《包括印度、中南半島、馬來羣島等地區的舊稱》。

éast-north·éast *n.* [the ~] 東北東《略作 ENE, E.N.E.》.

—*adj.* & *adv.* 東北東的［地］；在［朝］東北東的［地］。

Éast Pàkistan *n.* 東巴基斯坦《即東孟加拉地區。1971 年 3 月宣布獨立，成爲孟加拉共和國（Bangladesh）》.

Éast Side *n.* [the ~] 東區《美國紐約（New York）市曼哈坦（Manhattan）島東部的地區，現有聯合國總部，原爲下層階級居民住區》。

éast-south·éast *n.* [the ~] 東南東《略作 ESE, E.S.E.》.

—*adj.* & *adv.* 東南東的［地］；在［朝］東南東的［地］。

Éast Sússex *n.* 東薩西克斯郡《英格蘭東南部的一郡（⇨ Sussex）；首府 Lewes [ˈluɪs; ˈluːis, ˈluis]》.

east·ward [ˈistwɚd; ˈiːstwəd] *adv.* （無比較級、最高級）**向［朝］東**：We sailed ~ from New York to Southampton. 我們從紐約向東航行至南安普頓。

—*adj.* （無比較級、最高級）朝東的，向東方的。

—*n.* [the ~] 東方：to [from] *the* ~ 到［自］東方。

éast·ward·ly *adj.* **1** 朝東的。**2**〈風〉來［吹］自東方的。

—*adv.* =eastward.

éast·wards [ˈistwɚdz; ˈiːstwədz] *adv.* =eastward.

‡eas·y [ˈizɪ; ˈiːzi] **《ease 的形容詞》—*adj.*** (**eas·i·er**; **-i·est**) **1 a 容易的，平易的，不難的**（↔ difficult, hard）（⇨ simple【同義字】）：an ~ task 容易的工作/an ~ problem 簡單的問題/⇨ on easy TERM(S)/It is ~ *to* get there. 要到那裏是不難的。**b**［不用在名詞前］〔十介十（代）名〕〔對某人是〕容易的〔*for*〕：This question is too ~ ***for*** you. 這個問題對你來說太簡單了/It is ~ ***for*** him *to* solve this problem. 要他解決這個問題是容易的。**c**［不用在名詞前］［＋*to* do］〈做…是〉容易的：The poem is ~ *to* understand. 這首詩易懂《★ 變換 主詞 The poem 成爲 understand 受詞的說法，可換寫成 It is ~ *to* understand the poem.》/He is ~ *to* get on with. 他是個容易相處的人。**d**［不用在名詞前］〔十介十（代）名〕《文語》易於〔…〕的〔*of*〕：This machine is ~ *of* adjustment. 這部機器易於調節/~ *of* access ⇨ access 1 a.

2 舒適的，安逸的，輕鬆的（↔uneasy）：feel ~ 覺得輕鬆，放心/He lives [leads] an ~ life. 他過着安逸的生活/He is in ~ circumstances. 他生活在優裕的環境中。

3 a 不嚴的，寬大的，鬆弛的：an ~ teacher 不嚴的教師。**b**［不用在名詞前］〔十介十（代）名〕〔對…〕寬大的〔*on, with*〕：Our teacher is ~ ***on*** the girls and hard ***on*** the boys. 我們老師對女生寬，對男生嚴。**c**〈對手〉容易駕馭的，容易應付的：~ game [meat]＝an ~ mark《口語》老好人，冤大頭，容易受騙的人/She fell an ~ victim to his temptation. 她經不起他的誘惑，輕易地被騙了。**d** 行爲不檢的，放蕩的：an ~ woman 放蕩的女人。

4 a〈心情、態度等〉**輕鬆的，悠閒的**；〈談話、文章體裁等〉流暢的，平易的：an ~ manner 從容自如的舉止/display an ~ grace 展現優雅/Be ~！慢慢來，不用擔心/He has an ~ way of speaking. 他說話的語氣平和。**b**〈衣服等〉寬鬆的（↔ tight）：an ~ fit（衣服）寬鬆恰好合身。

5〈速度、動作等〉緩慢的：an ~ motion 緩慢的動作/walk with an ~ gait 以從容的步伐走路/⇨ by EASY stages.

6《商》〈市場、交易〉緩慢的，需求不多的（↔ tight）.

(as) éasy as pie ⇨ pie[1].

by éasy stáges〈旅行等〉旅程輕鬆的，從容的。

éasy on the éar ⇨ ear.

éasy on the éye ⇨ eye.

I'm éasy.《英口語》我順從你的決定，你要我怎麼做都行。

on [in] Éasy Strèet [éasy strèet]《口語》過優裕的生活。

—*adv.* (**eas·i·er**; **-i·est**)《口語》**1** 輕鬆地，安逸地，舒適地，容易地《★ 常用於口語的慣用說法，其他則用 easily》：*Easier* [It's *easier*] said than done.《諺》說比做容易/*E~* come, ~ go.《諺》來得容易，去得快。**2**［當感嘆詞用］小心！；放心！

Éasy dóes it.《口語》（不要慌）慢慢來，（別緊張）放輕鬆，沉着點；別那樣生氣《★ 副詞的 easy 代替了主詞》。

frée and éasy ⇨ free.

gèt óff éasy ⇨ GET off (4).

gò éasy (1) 輕鬆［悠閒］地做。(2)〔對人〕溫和，寬大〔*on*〕：*Go* ~ *on* her. She's not feeling well. 對她溫和些，她身體不舒服。(3) 客氣地使用［吃，喝］〔東西〕〔*on*〕：Please *go* ~ *on* the stationery. 請節省文具/*Go* ~ *on* the salt [booze]. 少用鹽［酒］。

Stánd éasy！《英》《軍》《口令》稍息！《★《美》常用 At ease！》.

tàke it [thíngs] éasy《口語》(1) 輕鬆一點，從容不迫，別急；不

要勉强。(2)[用新使語氣]《美》再見！

éas·i·ness *n.*

éasy chàir *n.* Ⓒ安樂椅；安樂處境。

éasy·gôing *adj.* 悠哉游哉的，隨遇而安的；寬大的：an ~ fellow 悠哉游哉的人。

éasy-lístening *adj.* [用在名詞前]聽起來輕鬆的：~ music 輕鬆音樂。

éasy márk *n.* Ⓒ《俗》易受騙的人；易受利用的人。

éasy móney *n.* Ⓤ**1** 不費勞力賺得的錢。**2** 用欺詐得來的錢。

éasy páyment *n.* ⓊⒸ分期付款。

‡eat [it; i:t] (**ate** [et; eit]; **eat·en** [ˈitn̩; ˈi:tn]) *v.t.* **1 a** [十受]吃〈東西〉：Do you have something to ~? 你有可吃的東西嗎？/These berries are not good to ~. 這些莓子不好吃[不適於食用]。**b** [十受]〈用湯匙〉喝〈湯等〉《★ 比較 不用湯匙，直接用嘴喝時用 drink》：~ soup 喝湯。**c** [十受] 以…爲主食《★ 無進行式》：Cows ~ grass and grain. 牛以草和穀物爲主食。**d** [十受十補]〈以…方式〉吃…：The Eskimos ~ fish raw. 愛斯基摩人生吃魚。**e** [十受十補] [~ one*self*]吃〈成某狀態〉：He *ate himself* ill [sick]. 他吃得生了病。

2 [十受(十副)] **a**〈害蟲等〉蛀蝕〈木材等〉，將〈衣類〉蛀蝕成〈小洞〉〈*away, up*〉：Moths have *eaten* holes in my wool coat. 蛾在我的羊毛外套上蛀蝕了一些小洞。**b**〈酸等〉腐蝕〈金屬等〉〈*away, up*〉：This acid ~*s* (*away*) metal. 這種酸會腐蝕金屬。**c**〈火〉燒光〈森林等〉〈*away, up*〉：The woods were *eaten* (*up*) by the fire. 那座森林被火吞噬了。**d**〈海水等〉侵蝕〈土地、岩石等〉〈*away, up*〉：The waves are ~*ing away* the cliff. 浪潮侵蝕著懸崖。

3 [十受] [be ~ing]《口語》使〈人〉焦躁，困擾：What's ~*ing* you? 什麼事使你焦躁不安？

—*v.i.* **1** 吃東西，吃飯：~ and drink 吃喝，飲食/~ regularly 有規律地吃飯/~ in＝~ at home 在家吃飯[用餐]/~ out 在外面吃飯，外食/He ~*s* well. 他吃得好/Where [What time] shall we ~? 我們要在哪裏[什麼時候]吃飯？

2 a [與狀態副詞(片語)連用]〈食物〉被吃：~ well 吃起來可口，最好[最適合]吃的時候/It ~*s* like beef. 它吃起來像牛肉。**b** [十補]〈食物〉(吃起來)有…味道：This beef ~*s* tender. 這牛肉吃起來很嫩。

3 [十介十(代)名] **a** 侵入；腐蝕[…] [*into, through*]：A good saw will ~ ***through*** a two-by-four in nothing flat. 一把好鋸子可以很快鋸斷 2×4 的木材/Road salt ~*s* ***into*** the metal of automobiles. 道路的鹽分會腐蝕汽車的金屬。**b** 消耗〔財產等〕[*into*]：~ ***into*** one's savings 開始動用儲金。

éat of ... 《文語》參加〈筵席〉；吃少許…《★ of 是 some of 的意思》。

éat úp 《*vt adv*》(1)吃光，食盡…。(2)⇨ *v.t.* 2. (3)[be eaten up] 充滿着[…] [*with*]：She *was eaten up with* hatred and jealousy. 她心中充滿憎恨與嫉妒。(4)《俚》主動接受，照單接受…：She ~*s up* everything he says. 她完全相信他所說的一切。—《*vi adv*》(5)吃光。

—*n.* [~s]《口語》(立即可吃的)食物；用餐：How about some ~*s*? 吃點東西如何？

eat·a·ble [ˈitəbl; ˈi:təbl] *adj.* [常用於否定句]〈東西〉可吃的，好吃的(↔ uneatable) (cf. edible)：This meat is *hardly* ~. 這肉幾乎不能吃。

—*n.* [~s]可食用的東西，食品：~*s* and drinkables 食物與飲料。

‡eat·en [ˈitn̩; ˈi:tn] *v.* **eat** 的過去分詞。

éat·er *n.* Ⓒ**1** 吃的人，食者：a heavy ~ 食量大的人，大吃的人/a light ~ 食量小的人，吃得少的人。**2**《口語》＝eating apple.

eat·er·y [ˈitərɪ; ˈi:təri] *n.* Ⓒ《俚》小餐館，食堂。

éat·ing *n.* Ⓤ**1 a** 吃，食。**b** [當形容詞用]食用的。**2** 可吃的東西，食物：be good [bad] ~ 好[難]吃。

—*adj.* 〈煩惱等〉折磨人心的，腐蝕人心的。

éating àpple *n.* Ⓒ可生吃[供生吃]的蘋果。

éating hòuse [plàce] *n.* Ⓒ飲食店，小餐廳。

Eau de Co·logne [ˌodəkəˈlon; ˌoudəkəˈloun] 《源自法語「Cologne(德國原產地)的水」之義》—*n.* Ⓤ科隆(香)水，古龍水《氣味較香水淡》。

eau-de-vie [ˌodəˈvi; ˌoudəˈvi:] 《源自法語》—*n.* ⓊⒸ白蘭地酒。

eaves [ivz; i:vz] *n. pl.* 屋簷。

éaves·dròp *v.i.* (**-dropped**; **-drop·ping**) [動(十介十(代)名)] 偷聽[…] [*on*] (⇨ overhear【同義字】)：He *eavesdropped* ***on*** our conversation. 他偷聽了我們的談話。

【字源】這個字在以前指從簷端落下的「雨滴」之義，也用來指「雨滴落下的地面」。源自古時稱在滴雨水的屋簷下偷聽屋內情形的人(eavesdropper)。

éaves·dròp·per *n.* Ⓒ偷聽的人，竊聽者。

e.b. 《略》eastbound.

ebb [ɛb; eb] *n.* Ⓤ **1** [the ~]退潮，落潮(↔ flood, flow)：on *the* ~ 退潮，落潮/The tide was *on* [*at*] *the* ~. 潮水正在退落《★ 用法 介系詞爲 *on* 時表示潮水在退落的「過程」，*at* 則表示退潮的「狀態」》。

2 [用單數]減退，衰退(期)：His influence is *on the* ~. 他的影響力逐漸在衰退/Public confidence in the President is *at* a low ~. 民眾對總統的信心在減退。

the ébb and flów (1)〔潮水的〕漲退；潮汐〔*of*〕：*the* ~ *and flow of* the sea 海水的漲落。(2)〔…的〕盛衰〔*of*〕：*the* ~ *and flow of* life 人生的盛衰[變幻]。

—*v.i.* [動(十副)] **1**〈潮〉落，退〈*away*〉(↔ flow). **2**〈力量等〉減弱；〈財產等〉減少〈*away*〉：His life was ~*ing* ***away***. 他的身體逐趨衰弱。

ébb báck 《*vi adv*》恢復，重振：His fortune ~*ed back* again. 他的運氣又來了。

ébb tìde *n.* Ⓒ(↔ flood tide) [常 the ~] **1** 退潮，落潮：on *the* ~ 退潮。**2** 衰退(期)。

EbN, E.bN. 《略》east by north.

eb·on·ite [ˈɛbəˌnaɪt; ˈebənait] *n.* Ⓤ硬橡膠。

eb·o·ny [ˈɛbənɪ; ˈebəni] *n.* **1** Ⓒ《植物》烏木，黑檀《印度產》。**2** Ⓤ烏木材，黑檀木《高級的家具材料》。

—*adj.* **1** 烏木[黑檀]製的。

2 烏黑的，漆黑的。

EbS, E.bS. 《略》east by south.

e·bul·lience [ɪˈbʌljəns, -lɪəns; iˈbʌljəns, -liəns] 《ebulient 的名詞》—*n.* Ⓤ《文語》(喜悅、熱情等的)沸騰，奔放，洋溢：youthful ~ 青春的洋溢。

e·bul·lient [ɪˈbʌljənt; iˈbʌljənt] *adj.* **1** 〈熱水等〉沸騰的(boiling).

2 a〈精力、喜悅等〉洋溢的，奔放的。**b** [不用在名詞前] [十介十(代)名]〈人〉[因高興等而]沸騰的，洋溢的[*with*]；[因…事而]興高采烈的[*over*]：He is ~ ***with*** enthusiasm. 他熱情洋溢/He was ~ ***over*** the reception of his novel. 他因小說獲好評而興高采烈。

eb·ul·li·tion [ˌɛbəˈlɪʃən; ˌebəˈliʃn] *n.* **1** Ⓤ沸騰。

2 ⓊⒸ激發；洋溢：~ of feeling 情感之迸發/~ of genius 天才洋溢。

3 Ⓒ〈鎔岩、水等〉湧溢；噴出。

EC 《略》European Community.

E.C. 《略》East Central (倫敦郵遞區之一)；Established Church.

ECAFE 《略》Economic Commission for Asia and the Far East 聯合國亞洲暨遠東經濟委員會；聯合國遠東經濟委員會。

ec·ce ho·mo [ˈɛksɪˈhomo, ˈɛkɛ-; ˌeksiˈhoumou, ˌekei-] 《源自拉丁文 'Behold, the man!'「看呀，這個人。」之義；源自聖經》—*n.* Ⓒ 戴著荊棘冠冕的耶穌畫像。

ec·cen·tric [ɪkˈsɛntrɪk; ikˈsentrik] 《源自希臘文「偏離中心(center)的」之義》—*adj.* (more ~; most ~) **1**〈人、行動等〉逸出常軌的，與眾不同的：an ~ person 怪人，性情古怪的人/~ behavior 古怪的行爲。**2** (無比較級、最高級)《數學》〈兩個(以上)的圓〉不同中心的，離心的(↔ concentric). **3** (無比較級、最高級)《天文》〈軌道〉離心的。

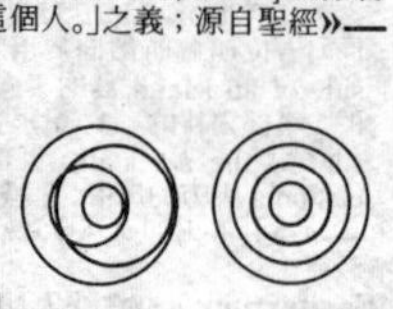

eccentric 2 concentric 1

—*n.* Ⓒ **1** 怪人，奇人。**2**《機械》偏心器[輪]。**3**《數學》離心圓。

ec·cén·tri·cal·ly [-klɪ; -kəli] *adv.*

ec·cen·tric·i·ty [ˌɛksənˈtrɪsətɪ; ˌeksenˈtrisəti] 《eccentric 的名詞》—*n.* **1** Ⓤ(服裝、行動等的)與眾不同，奇特。**2** Ⓒ與眾不同[奇特]之處；怪行，奇癖：*eccentricities in* design [dress] 設計[服裝]的種種奇特性。

Eccl(es). 《略》《聖經》Ecclesiastes.

Ec·cle·si·as·tes [ɪˌklizɪˈæstiz; iˌkli:ziˈæsti:z] *n.*《聖經》傳道書《聖經舊約中一書；略作 Eccl(es).》.

ec·cle·si·as·tic [ɪˌklizɪˈæstɪk; iˌkli:ziˈæstik⁻] 《源自希臘文「集會[教會]的」之義》—*n.* Ⓒ(基督教的)傳教士。

—*adj.* ＝ecclesiastical.

ec·cle·si·as·ti·cal [ɪˌklizɪˈæstɪkl; iˌkli:ziˈæstikəl⁻] *adj.* (基督)教會的；與教會有關的；聖職的：an ~ court 教會法庭/~ history [architecture] 教會史 [建築]。

~**·ly** [-klɪ; -kəli] *adv.*

ec·clè·si·ás·ti·cìsm [-ˌsɪzəm; -sizəm] *n.* Ⓤ教會(中心)主義。

Ec·cle·si·as·ti·cus [ɪˌklizɪˈæstɪkəs; iˌkli:ziˈæstikəs] *n.* 德訓篇，耶穌智慧書，集會之卷《僞經(Apocrypha)中的一書》。

ec·dy·sis [ˋɛkdəsɪs; 'ekdisis] *n.* Ⓒ (*pl.* **-ses** [-ˏsiz; -si:z])《動物》表皮脫落；蛻皮；換羽。

ec·dy·sone [ˋɛkdəˏzon, -ˏson; 'ekdiˏsoun, -ˏzoun] *n.* Ⓤ《生化》蛻化(激)素，蛻皮(激)素。

ECG《略》electrocardiogram；electrocardiograph.

ech·e·lon [ˋɛʃəˏlɑn; 'eʃəlɔn]《源自法語「梯子橫木」之義》**—*n.* 1** ⓊⒸ(軍隊、飛機的)梯形編隊，梯陣，梯團；(部隊、陣地等的)梯狀佈署：in ~ 成梯陣。**2** Ⓒ[常 **~s**](指揮系統等的)階級，階層：the upper *~s* of the administration 政府的高階層。

echelon 1

e·chi·nus [ɛˋkaɪnəs; e'kainəs]《源自希臘文「刺猬」之義》**—*n.*** Ⓒ (*pl.* **e·chi·ni** [-naɪ; -nai]) **1**《動物》海膽 (sea urchin). **2** 凸圓形，拇指圓飾《支撐多利斯式圓柱頭頂板(abacus)的凸圓線脚；⇨ capital[2] 插圖》。

ech·o** [ˋɛko; 'ekou]《源自希臘文「聲音」之義》**—*n. Ⓒ (*pl.* **~es**) **1 回聲**，回響：the ~ of his footsteps 他脚步的回聲。**2** (輿論等的)回響，共鳴。**3 a** (他人的話、思想等的)照單重覆[模倣]。**b** 附和者，模倣者。**4**《電學》(雷達等所用的)電磁波的反射，回波。**5**《音樂》回聲。

to the écho《古》(大得)起回響地，大聲地。

—*v.i.* 1 a 〈場所〉發出回響，有回聲：The valley *~ed* when he shouted. 他喊叫時山谷發出回音。**b**〔十介十(代)名〕〈場所〉〔因…〕發出回響，傳出回聲〔*with*〕：The wood *~ed* ***with*** their laughter. 他們的笑聲在森林裏回響。**2**〔動(十介十(代)名)〕〈聲音〉〔在…中〕回響〔*in, through*〕：The shot *~ed* ***through*** the cave. 槍聲在洞穴中回響。

—*v.t.* 1〔十受(十副)〕使〈聲音〉回響〈*back*〉：The canyon walls *~ed* ***back*** the shot. 峽谷的岩壁使槍聲回響。**2 a**〔十受〕隨聲附和〈別人的話〉，完全照樣模倣〈別人〉：Language is learned by *~ing* the words of others. 語言在模倣別人的說話中學得。**b**〔十引句〕隨聲附和着說…："It's impossible," said Jack.—"Impossible," *~ed* Henry. 傑克說：「那是不可能的。」亨利隨聲附和着說：「不可能。」

3〔十受〕反映〈感情、意見等〉：A Congressman should ~ the opinions of his constituency. 國會議員應該(向議會)反映該區選民的意見。

Ech·o [ˋɛko; 'ekou] *n.*《希臘神話》艾可《山林女神，生於空氣與土地之間的半人半神少女(nymph)，據說因單戀那西塞斯(Narcissus)而死，只留下回聲》。

e·cho·ic [ɛˋko·ɪk; e'kouik]《echo 的形容詞》**—*adj.* 1** 回響(似)的，回聲的。**2**《語言》擬聲的。

ech·o·ism [ˋɛkoˏɪzəm; 'ekouizəm] *n.* ＝onomatopoeia.

èchoˑlocátion *n.* Ⓤ《動物》回音定位《蝙蝠、海豚等藉音波測定物體存在的能力》。

écho sòunder *n.* Ⓒ回音測深儀。

écho sòunding *n.* Ⓤ回音測深(法)。

é·clair [eˋklɛr, eˋklær; ei'klɛə]《源自法語「閃電」之義；由所澆巧克力的形狀而來》**—*n.*** Ⓒ [當點心名稱時爲Ⓤ] 手指形巧克力奶油小餅《在細長的奶油泡芙上澆有巧克力的點心》。

é·clat [ɪˋklɑ, eˋklɑ; ei'klɑ:, 'eiklɑ:]《源自法語 'clap' 之義》**—*n.*** Ⓤ輝煌的成就；喝采；名聲：with (great) ~ 光輝燦爛地，盛大地，在大聲喝采中。

ec·lec·tic [ɪkˋlɛktɪk, ɛk-; e'klektik, i'k-]《源自希臘文「選擇」之義》**—*adj.* 1** 選擇的，取捨的。**2** 折衷主義的，折衷性的《指經過一番取捨後取其有利者》。**3** (從不同的觀點、方法等中)兼收並蓄的。**—*n.*** Ⓒ **1** 折衷學派的哲學家。**2** 折衷主義者。

èc·léc·ti·cal·ly [-klɪ; -kəli] *adv.*

ec·léc·ti·cìsm [-ˏsɪzəm; -sizəm] *n.* Ⓤ折衷主義。

Ecléctic schóol *n.* [**the~**]折衷學派。

e·clipse [ɪˋklɪps; i'klips]《源自希臘文「拋棄」之義》**—*n.* 1** Ⓒ《天文》(日、月的)**虧蝕**：a partial [a total] ~ 偏[全]蝕/⇨ solar eclipse, lunar eclipse. **2** ⓊⒸ(榮譽、名聲等的)衰退，喪失。

in eclípse (1)〈日、月〉虧蝕的。(2)失去光彩[影響力]的，黯然失色的。

—*v.t.*〔十受〕**1** 使〈天體〉虧蝕，遮掩〈其他天體〉《★ 常用被動

lunar eclipse(月蝕)

語態》：The sun *is* totally *~d*. 日全蝕了。**2 a** 使〈幸福等〉蒙上一層陰影；奪去…的光彩：His joy in life was *~d by* the untimely death of his wife. 妻子的早死使他失去了人生的歡樂。**b** 喪失〈名聲〉；凌駕於…，使…失色：He has been *~d* by several younger actors. 幾名較年輕演員(的崛起)使他黯然失色。

e·clip·tic [ɪˋklɪptɪk; i'kliptik]《天文》*n.* [**the ~**]黃道。**—*adj.*** 黃道的。

e·clíp·ti·cal [-tɪkl; -tikl] *adj.* ＝ecliptic.

ec·logue [ˋɛklɔg, -lɑg; 'eklɔg] *n.* Ⓒ (常爲對話體的)牧歌，田園詩，牧歌詩。

ECM《略》European Common Market 歐洲共同市場(cf. EEC).

ec·o·ca·tas·tro·phe [ˏɛkokəˋtæstrəfɪ, ˏiko-; ˏikoukə'tæstrəfi, ˏekou-] *n.* Ⓒ(環境污染造成的)大規模或世界性的生態災難。

ec·o·cide [ˋɛkoˏsaɪd; 'ekousaid] *n.* Ⓤ生態滅絕。

e·co·log·i·cal [ˏikəˋlɑdʒɪkl; ˏi:kə'lɔdʒikl⁻]《ecology 的形容詞》**—*adj.*** 生態學[上]的：~ destruction 生態破壞。

~·ly *adv.*

e·cól·o·gist [-dʒɪst; -dʒist] *n.* Ⓒ生態學者。

e·col·o·gy [iˋkɑlədʒɪ; i:'kɔlədʒi]《源自希臘文「環境與學問」之義》**—*n.*** Ⓤ **1** 生態學《研究包括人類在內的生物(organisms)與其環境(environment)之間相互關係的學問》。**2 a** 生態〔*of*〕. **b** (自生態學上所看的)自然[生態]環境〔*of*〕.

econ.《略》economic(s)；economy.

ec·o·nom·ic** [ˏikəˋnɑmɪk, ˏɛk-; ˏekə'nɔmik, ˏi:kə-⁻]《economy, economics 的形容詞》**—*adj. (無比較級、最高級) **1 經濟(上)的**：an ~ policy [blockade]經濟政策[封鎖]/~ growth 經濟成長/~ sanctions (不用武力而施加經濟壓力的)經濟制裁/the *E*~ Report (美國總統的)經濟報告《年初送交參衆議院》。

2 經濟學的：~ theory 經濟學說。

3 實際利益的，有實用價值的，合算的。

ec·o·nom·i·cal** [ˏikəˋnɑmɪkl, ˏɛk-; ˏekə'nɔmikl, ˏi:kə-⁻]《economy 的形容詞》**—*adj. (**more ~; most ~**) **1 a 經濟的，節約的，節儉的**：an ~ car (省燃料的)經濟車。

【同義字】economical 是著重於不浪費的節儉；thrifty 是指善於運用金錢或物質；frugal 是指節衣縮食的節約。

b [不用在名詞前]〔十介十(代)名〕〈人〉節省〔…〕的〔*of, with*〕：He is ~ ***of*** [***with***] money [his time]. 他節省金錢[時間]。

2〈語言、文體等〉簡練的，簡潔的。

3 ＝economic 1, 2.

èc·o·nóm·i·cal·ly [-klɪ; -kəli] *adv.* **1 a** 節儉地，節省地，不浪費地：use money [time] ~ 節省地[經濟地]使用金錢[運用時間]。**b** 經濟(學)上：an ~ sound proposal 經濟上合理的提議[注重經濟效益的建議]。

2 [修飾整句]就經濟(學)上而言：*E*~, it is a dangerous policy. 就經濟學的觀點而言，那是危險的政策。

***ec·o·nom·ics** [ˏikəˋnɑmɪks, ˏɛk-; ˏekə'nɔmiks, ˏi:kə-] *n.* **1** Ⓤ**經濟學**。**2** [當複數用] (國、家、企業等的)經濟(狀況)，經濟方面〔*of*〕.

e·con·o·mism [ɪˋkɑnəˏmɪzəm; i'kɔnəmizəm] *n.* Ⓤ經濟主義《十九世紀末一種追求眼前經濟利益的機會主義思潮》。

e·con·o·mist [ɪˋkɑnəmɪst, i-; i'kɔnəmist, i:'k-] *n.* Ⓒ**經濟學家**。

e·con·o·mize [ɪˋkɑnəˏmaɪz, i-; i'kɔnəmaiz, i:'k-]《economy 的動詞》**—*v.t.* 1** 經濟地使用；節約《★比較 一般用 *v.i.*》：~ fuel consumption 減少燃料的消耗。**2** 有效地[不浪費地]利用〈勞力、時間、金錢等〉。

—*v.i.*〔動(十介十(代)名)〕節約，避免浪費〔物〕〔*on*〕：~ ***on*** fuel 節省燃料。

e·cón·o·miz·er *n.* Ⓒ **1** 節儉的人，講求經濟的人。**2** (火力、燃料等的)節約裝置。

***e·con·o·my** [ɪˋkɑnəmɪ, i-; i'kɔnəmi, i:'k-]《源自希臘文「家政，家計」之義》**—*n.* 1 a** ⓊⒸ**節約**，節儉：practice [use] ~ 節儉。**b** Ⓒ〔時間、勞力等的〕節省有效運用〔*of*〕：with an ~ *of* words

省去贅言地，說話簡要地。**2 a** Ⓤ經濟：domestic ～ 家庭經濟，家政/ ⇨ political economy. **b** Ⓒ(一地方、一國等的)經濟結構，經濟制度；(有機的)組織〔*of*〕.

—*adj.* [用在名詞前] **1** 便宜的，經濟的；實惠的：an ～ car (省燃料的)經濟車。**2** (客機的)經濟艙的：～ passengers 經濟艙的乘客。**3** (大型)經濟包裝的：an ～ size bar [box] of soap 經濟包裝條形[盒形]肥皂。

ecónomy clàss *n.* Ⓤ(客機的)經濟艙位，二等艙。

—*adv.* 坐經濟艙位：travel ～ 乘坐經濟艙位旅行。

ec·o·sphere [ˋɛkoˏsfɪr, ˋiko-; ˈi:kouˌsfiə, ˈekou-] *n.* Ⓒ生態界，生態圈。

ec·o·sys [ˋɛkoˏsɪs; ˈekousis] *n.* Ⓒ《口語》＝ecosystem.

é·co·sỳs·tem [ˋiko-; ˈi:kou-] *n.* Ⓒ[常 **the** ～]生態系統。

éc·ru [ˋɛkru, ˋekru, eˋkru; ˈeikru:, eˈkru:] **《**源自法語**》—***n.* Ⓤ淡褐色，米色。

—*adj.* 淡褐色的，米色的。

ec·sta·sy [ˋɛkstəsɪ; ˈekstəsi] **《**源自希臘文「置(人)於意識之外」之義**》—***n.* ⓊⒸ **1** 忘形，欣喜若狂，狂喜：in an ～＝in *ecstasies* 欣喜若狂[忘形](地)/get [go, be thrown] into *ecstasies* 變得欣喜若狂/He skipped about the room in an ～. 他欣喜若狂地在房間裏跳來跳去/He was *in ecstasies over* the victory. 他爲勝利而欣喜若狂。**2 a** (宗教上的)心曠神怡。**b** (詩人、預言家的)忘我，恍惚，出神。**3**《心理》恍惚狀態，忘我。

ec·stat·ic [ɪkˋstætɪk, ɛk-; ikˈstætik, ek-ˉ] **《**ecstasy 的形容詞**》—***adj.* **1 a** 欣喜若狂的，忘形的。**b** [不用在名詞前]〔十介十(代)名〕〔對…〕入迷的，〔爲…而〕欣喜若狂的〔*at, about*〕：She was ～ ***about*** her new job. 她對新工作欣喜若狂。**2** 恍惚[陶醉]的；心曠神怡的。**3** 易陷於恍惚狀態的。

ec·stát·i·cal·ly [-klɪ; -kəli] *adv.*

ec·to·derm [ˋɛktəˏdɝm; ˈektədə:m] *n.* Ⓒ《生物》外胚層(cf. endoderm, mesoderm).

ec·to·plasm [ˋɛktəˏplæzəm; ˈektəplæzəm] *n.* Ⓤ **1**《生物》細胞外層質。**2**《心靈》(據說發自靈媒身體的)心靈體。

Ec·ua·dor [ˋɛkwəˏdɔr; ˈekwədɔ:] *n.* 厄瓜多爾《南美西北部的一個共和國；首都基多(Quito)》.

Ec·ua·do·ri·an [ˏɛkwəˋdorɪən, -ˋdɔr-; ˌekwəˈdɔ:riən ˉ] **《**Ecuador 的形容詞**》—***adj.* 厄瓜多爾(人)的。

—*n.* Ⓒ厄瓜多爾人。

ec·u·men·i·cal [ˏɛkjuˋmɛnɪkl; ˌi:kju:ˈmenikl, ˌek-ˉ] **《**源自希臘文「從全(世界)」之義**》—***adj.* **1**《基督教》**a** 全基督教會的：an ～ council《天主教》(羅馬教宗所召集的)大公會議。**b** 世界基督教(會)統一的：the ～ movement 普世教聯運動《旨在把分裂的全基督教會統一起來的一種運動》。**2** 一般性的，普遍性的，世界性的。～**·ly** [-klɪ; -kəli] *adv.*

èc·u·mén·i·cal·ism [-ˏɪzəm; -lizəm] *n.* Ⓤ《基督教》泛基督教主義，普世教會運動。

ec·u·me·nop·o·lis [ˏɛkjəməˋnɑpəlɪs; ˌekjumiˈnɔpəlis] *n.* Ⓒ世界都市(觀)《視整個世界爲一都市，將來可能實現》。

ec·ze·ma [ˋɛksəmə; ˈeksəmə] *n.* Ⓤ《醫》濕疹。

Ed [ɛd; ed] *n.* 愛德《男子名；Edgar, Edmond, Edmund, Edward, Edwin 的暱稱》。

ed. 《略》edited；edition；editor；educated.

-ed [(在 d 以外的有聲子音後面爲)-d；-d；(在 t 以外的無聲子音後面爲)-t；-t；(在 d,t 後面爲)-ɪd, -əd; -id, -əd] 字尾 **1** 構成規則動詞的過去式及過去分詞：call＞call*ed*, call*ed*；talk＞talk*ed*, talk*ed*；mend＞mend*ed*, mend*ed*. **2** 加在名詞後，構成「有…的，具備…的，與…有關的」之意的形容詞《★ 當形容詞用時，在[-t, -d; -t, -d] 以外的音後面，也有發[-ɪd, -əd; -id, -əd]音者：aged, blessed,(two-)legged》：armor*ed* 裝甲的/talent*ed* 有才能的。

e·da·cious [ɪˋdeʃəs; iˈdeiʃəs] *adj.* 貪食的；饕餮的；狼吞虎嚥的。

e·dac·i·ty [ɪˋdæsətɪ; iˈdæsiti] *n.* Ⓤ貪食；饕餮；好胃口；大吃。

E·dam [ˋidəm, ˋidæm; ˈi:dæm] **《**源自荷蘭的原產地名**》—***n.* (又作 **Édam chéese**)Ⓤ[指個體時爲Ⓒ]伊丹乾酪《成球狀，外皮着紅色，爲俗稱「紅球」的荷蘭產乾酪》。

Ed·da [ˋɛdə; ˈedə] *n.* [**the** ～]埃達《北歐的神話、詩歌集》。

Ed·die [ˋɛdɪ; ˈedi] *n.* 艾迪《男子名；Edgar, Edmond 等的暱稱；cf. Ed》.

ed·dy [ˋɛdɪ; ˈedi] *n.* Ⓒ(風、塵土、霧、煙等的)漩渦《★ 水的漩渦爲 whirlpool》.

—*v.i.* 起漩渦。

e·del·weiss [ˋedlˏvaɪs; ˈeidlvais] **《**源自德語「高雅的」與「白」之義**》—***n.* Ⓒ《植物》高山薄雪草[火絨草](產於阿爾卑斯山的高山植物，爲瑞士國花)。

edelweiss

e·de·ma [ɪˋdimə; iˈdi:mə] *n.* (*pl.* ～**s**, ～**·ta** [～tə; ～tə])ⓊⒸ《醫》浮腫，水腫。 **e·dem·a·tous** [ɪˋdimətəs; iˈdi:mətəs] *adj.*

E·den [ˋidn; ˈi:dn] **《**源自希伯來語「喜悅」之義**》—***n.* **1**《聖經》伊甸園《人類的始祖亞當(Adam)和夏娃(Eve)所住的樂園》。

【說明】在樂園的中心有「生命之樹」和辨別善惡的「智慧之樹」(tree of knowledge). 亞當和夏娃受到蛇的誘惑偷吃了上帝所禁食的「智慧之樹」的果實，犯罪後他們隨即被趕出伊甸園(舊約聖經「創世記」二至三章)。猶太教或基督教的原罪(original sin)即基於對上帝的這種不服從；⇨ Adam【說明】

【圖片說明】米開蘭基羅(Michelangelo)作品「創造天地」的一部分，描繪從伊甸園(Eden)被放逐的亞當(Adam)和夏娃(Eve).

2 Ⓒ樂園，樂土。

e·den·tate [iˋdɛntet; i:ˈdenteit]《動物》*adj.* (缺門齒與犬齒之)貧齒目的。

—*n.* Ⓒ貧齒目動物《食蟻獸、樹獺等》。

Ed·gar [ˋɛdgɚ; ˈedgə] *n.* 愛德嘉《男子名；暱稱 Ed》.

‡edge [ɛdʒ; edʒ] **《**源自希臘文「銳的，尖的」之義**》—***n.* **A 1** Ⓒ(刀劍的)**刃**，刀口(⇨ blade【同義字】)：put an ～ on a knife 使刀口鋒利/put the ～ of a sword to a person's neck 把刀刃架在某人的脖子上/by the ～ of the sword 拔劍要脅；強制地。

2 [用單數] **a** (刃的)銳利，鋒利：This razor has no [a sharp] ～. 這把剃刀不鋒利[鋒利]。**b** (慾望的)激烈，(語言等的)尖刻，尖酸：the keen ～ *of* desire [sarcasm] 强烈的慾望[尖刻的挖苦]/Exercise gives an ～ to [sets an ～ upon] the appetite. 運動刺激食慾。

3 Ⓒ [常用單數]《美口語》有利條件，優勢：have an [the] ～ *on* [*over*] a person 勝過某人，比某人佔優勢/The Government party has a 38-seat ～ *over* the Opposition. 執政黨比在野黨多佔三十八個議員席位。

—B 1 Ⓒ **a** (兩條線相接的)邊，緣，稜，端：the ～ of a plate [table] 盤子[桌子]的邊緣/*at* the water's ～ 在水邊/She was sitting *on* the ～ of her bed. 她坐在牀邊/The cup fell off the ～ of the table. 杯子從桌緣掉落。**b** (山峯、屋頂等的)脊：the ～ of a roof 屋脊。

2 [**the** ～]危機，危險邊緣〔*of*〕：on *the* ～ *of* bankruptcy 瀕於破產的邊緣。

gìve a person **the rough édge of** one's **tóngue** 嚴斥，痛罵〈某人〉。

on édge (1)尖銳部分[細邊緣]朝下地：stand [set] a coin *on* ～ 把硬幣豎起。(2)《口語》急躁的；緊張的：He was [His nerves were] *on* ～. 他急躁不安/The noise set him [his nerves] *on* ～. 那噪音使他[他的神經]緊張/set a person's teeth *on* ～ ⇨ tooth 成語。(3)《口語》[be (all) on ～ *to* do]渴望做…的；急於想…的：He *is all on* ～ *to* know the news. 他急於想知道那消息。

tàke the édge òff ... (1)使〈刀〉變鈍，挫…的鋒芒。(2)削弱〈力量〉，減少〈食慾〉：This medicine will *take the* ～ *off* the pain. 這種藥可減輕疼痛。

—*v.t.* **1 a**[十受]加角[邊]於…，給…鑲邊：～ a table 給桌子加邊/Hills ～ the plain. 平原的周圍爲丘陵《丘陵座落於平原的邊緣》。**b**[十受十介十(代)名]〔用…〕給…鑲邊，滾邊〔*with*〕《★ 常用被動語態》：She ～*d* the pillowcase ***with*** lace. 她給枕頭套鑲上花邊/The path *was* ～*d with* grass. 小徑的兩旁長著草。

2〔十受十副詞(片語)〕**a** 使…側身擠進；漸漸靠近[移動](至…)：He ～*d* his chair *nearer to* the fire. 他把椅子移得更靠近火爐。**b** [～ one*self* 或 one's way]側身擠進；漸漸靠近[移動]：～ one*self* [one's way] *through* a crowd (側身)擠入人羣中。

3〔十受〕使〈刀〉鋒利；使…銳利。

—*v.i.* 〔十副詞(片語)〕側身[逐漸]前進(至…)：He ～*d out* (*of*) the door. 他慢慢地走出門外/He ～*d away from* a commitment. 他漸漸背棄承諾/He ～*d along* the cliff [*through* the crowd]. 他側身沿著峭壁移動[側身擠入人羣]。

édge ín 《*vt adv*》(1)插嘴：He didn't let me ～ *in* a word [～ a word *in*]. 他不讓我插進一句話。**—**《*vi adv*》(2)漸漸逼近[某人]〔*on*〕：He ～*d in on* his opponent. 他漸漸逼近對手。

édge óut 《*vt adv*》[～十受十 out]《口語》(1)漸漸把〈人〉(從地位

等)擠落，排擠：He ～*d* me *out* (*of* the political arena). 他漸漸把我(從政界)排擠出去。(2)小勝〈對手〉。
edged [ɛdʒd; edʒd] [常構成複合字]有…刃的：a sharp-*edged* blade 利刃/a two-*edged* sword 雙刃劍。
édge·wàys, édge·wise *adv.* 刀刃[邊緣]朝外[朝前]地。
nót gèt a wórd in édgeways 沒機會(乘隙)插嘴，無法(從旁)插嘴。
édg·ing *n.* **1** Ⓤ飾邊，鑲邊。**2** Ⓒ邊飾，(花壇等的)邊緣(border)。
edg·y [ˋɛdʒɪ; ˈedʒi] «edge 的形容詞»—*adj.* (**edg·i·er**；**-i·est**) **1** 刀鋒銳利的。**2**《口語》焦躁的；說話帶刺的：get [become] ～ 變得焦躁不安的。
édg·i·ly [-dʒəlɪ; -dʒili] *adv.* **-i·ness** *n.*
edh [ɛð; eð] *n.* (又作 **eth**)ⓊⒸ古英語和冰島語中所用的一個記號的名稱《表示 th 所捲的舌齒摩擦音[ð]和[θ]；現代英語以 th 代之》。
ed·i·bil·i·ty [ˏɛdəˋbɪlətɪ; ˌediˈbiləti] «edible 的名詞»—*n.* Ⓤ可食性。
ed·i·ble [ˋɛdəbl; ˈedibl] *adj.* (**more** ～；**most** ～)(因無毒性等)**可吃的，適於食用的**(↔ inedible)(cf. eatable)：～ fat [oil] 食用脂[油]。—*n.* [～s]食品。
e·dict [ˋidɪkt; ˈi:dikt] *n.* Ⓒ **1** (從前的)布告；敕令，詔書。**2** 命令。
ed·i·fi·ca·tion [ˏɛdəfəˋkeʃən; ˌedifiˈkeiʃn] «edify 的名詞»—*n.* Ⓤ(品德、知識等的)啓發，教化。
ed·i·fice [ˋɛdəfɪs; ˈedifis] *n.* Ⓒ **1** (宮殿、教堂等堂皇的)建築物：a holy ～ 大寺院。**2** 體系：add to the ～ of knowledge 擴充知識的體系。
ed·i·fy [ˋɛdəˏfaɪ; ˈedifai] «源自拉丁文「建造」之義»—*v.t.* 敎化，啓發〈人〉：T.V. should attempt to ～ the masses. 電視(廣播)應該致力於啓廸大衆。
éd·i·fỳ·ing *adj.* 啓發的，教化性的：a highly ～ book 非常有啓發性的書。**～·ly** *adv.*
Ed·in·burgh [ˋɛdn̩ˏbɝo; ˈedinbərə, ˈednbərə] *n.* 愛丁堡《蘇格蘭的首府》。
Ed·in·burgh, the Duke of *n.* 愛丁堡公爵《1921–；現在的英國女王伊利莎白二世(Elizabeth Ⅱ)的丈夫》。
Ed·i·son [ˋɛdəsn̩; ˈedisn], **Thomas Al·va** [ˋælvə; ˈælvə] *n.* 愛迪生《1847–1931；美國的發明家》。
ed·it [ˋɛdɪt; ˈedit] «editor 的逆成字»—*v.t.* 〔十受〕**1 a 編輯**〈書等〉；校訂〈原稿〉：He ～*s* schoolbooks. 他編輯教科書。**b**《罕》成爲…的編輯負責人。**2** 編輯(發行)〈報紙、雜誌〉，剪輯〈影片等〉。**3**《電算》編輯〈資料〉。
édit óut《*vt adv*》刪除〈語句等〉。
edit.《略》edited；edition；editor.
E·dith [ˋidɪθ; ˈi:diθ] *n.* 伊蒂絲《女子名》。
*__e·di·tion__ [ɪˋdɪʃən; iˈdiʃn] «edit 的名詞»—*n.* Ⓒ **1** (書、雜誌、報紙等的)版：the first [second, third] ～ 初[再，第三]版/go through ten ～*s* 印了十版。

【同義字】edition 是指經修訂、增補或變更開數、定價後重新印刷、發行者；impression 是指未變更原來版本而加印者。

2 (普及版、精裝版等依照書本不同裝訂方式而分類的)版：a cheap [library, pocket, hardback] ～ 廉價[圖書館，袖珍，硬皮]版/a limited ～ 限定版/a deluxe ～＝an ～ de luxe 精裝版/a revised [an enlarged] ～ 修訂[增補]版。
*__ed·i·tor__ [ˋɛdɪtɚ; ˈeditə] *n.* Ⓒ **1 編輯**，校訂者。**2** (報紙，雜誌的)主編[主筆]：a [the] managing ～ 主筆/⇨ city editor, sports editor.
éditor in chíef (*pl.* **editors in chief**)總編輯[主編]，主筆。
ed·i·to·ri·al [ˏɛdəˋtorɪəl, -ˋtɔr-; ˌediˈtɔ:riəl⁻] «editor 的形容詞»—*adj.* (無比較級、最高級) **1 編輯者的**，編輯(上)的：an ～ office 編輯部[室]/the ～ staff 編輯人員。**2** (報紙等的)社論[評論]的：an ～ article 社論/an ～ column [writer] 社論欄[作者]/an ～ note 社論欄的短評/the ～ "we" ⇨ we 2b.
—*n.* Ⓒ(報紙等的)社論，評論(《英》leader)。
ed·i·to·ri·al·ist [ˏɛdəˋtorɪəlɪst, -ˋtɔr-; ˌediˈtɔ:riəlist] *n.* Ⓒ社論作者；主筆。
ed·i·to·ri·al·ize [ˏɛdəˋtorɪəlˏaɪz, -ˋtɔr-; ˌediˈtɔ:riəlaiz] *v.i.* 〔動(十介十(代)名)〕**1** 〔就有關…事〕寫社論，發表社論評論〔*on, about*〕：～ *on* social problems 就有關社會問題寫社論。**2** 〔在事實的報導中〕攙雜主觀〔*on, about*〕.**3** 〔對有關爭論等〕陳述意見〔*on, about*〕.
èd·i·tó·ri·al·ly [-rɪəlɪ; -riəli] *adv.* **1** 作爲編輯，以主筆[主編]的資格。**2** 當作社論，在社論方面。
éditor·shìp *n.* Ⓤ **1** 編輯[主編]的地位[職位]。**2** 編輯(上的才能)；校訂。
-ed·ly, -ed·ness 字尾 以 -ed 結束的副詞[名詞]字尾《★ 對 -ed 發音爲[-d; -d] [-t; -t]的字，加上 -ly, -ness 字尾時，若其前面音節爲重音，則多半發音爲[-ɪd, -əd; -id, -əd]：deserv*edly* [dɪˋzɝvɪdlɪ; diˈzə:vidli]》.
Ed·mund, Ed·mond [ˋɛdmənd; ˈedmənd] *n.* 艾德門《男子名；暱稱 Ed, Ned》。
Ed·na [ˋɛdnə; ˈednə] *n.* 艾德娜《女子名》。
EDP《略》《電算》electronic data processing 電子資料處理。
EDT, E.D.T., e.d.t. Eastern Daylight Time.《美》東部夏令時間。
ed·u·ca·ble [ˋɛdʒəkəbl; ˈedjukəbl] *adj.* 可教育的。
‡**ed·u·cate** [ˋɛdʒəˏket, ˋɛdʒʊ-; ˈedju:keit, ˈedʒu:-] «源自拉丁文「引出」之義»—*v.t.* **1 a** 〔十受〕**教育**〈人〉；培育〈智力、精神〉：～ poor children 教育貧窮的孩子們/～ the mind of a child 培育兒童的心智。**b** 〔十受〕[～ one*self*] 自我教育，自修。**c** 〔十受十介十(代)名〕把〈人〉教育[成爲…]〔*for*〕：I was ～*d for* (the) law [the church]. 我受過法律[當牧師]的教育。
2 〔十受〕對〈人〉施予學校教育，送〈人〉入學(★ 常用被動語態；⇨ teach【同義字】)：He *was* ～*d at* Oxford. 他受教育於牛津/I *was* ～*d in* Paris. 我在巴黎受過教育。
3 a 〔十受〕培養〈特殊能力、趣味等〉；訓練；馴服〈動物〉：～ one's taste in painting 培養繪畫的興趣。**b** 〔十受十介十(代)名〕使…馴服，習慣〔於…〕〔*to*〕：～ the ear *to* music 使耳朵聽慣音樂，培養音感。**c** 〔十受十*to* do〕訓練〈人、動物〉〈做…〉：～ a dog *to* beg 訓練狗做拜託的姿勢/They were ～*d to* be patient. 他們被訓練成有耐心。
ed·u·cat·ed [ˋɛdʒəˏketɪd, ˋɛdʒʊ-; ˈedju:keitid, ˈedʒu:-] *adj.* [用在名詞前] (**more** ～；**most** ～) **1** [常構成複合字]**受過教育的，有教養的**：an ～ woman 受過教育的婦女/an ～ mind [taste] 有教養的心胸[高尚的嗜好]/a well-*educated* man 有教養的人/a self-*educated* man 自學(出身)的人。**2**《口語》根據經驗[資料]〈推測〉的：an ～ guess 根據經驗所作的推測。
*__ed·u·ca·tion__ [ˏɛdʒəˋkeʃən, ˏɛdʒʊ-; ˌedju:ˈkeiʃn, ˌedʒu:-] «educate 的名詞» —*n.* **1** ⓊⒸ(學校的)**教育**：compulsory [higher] ～ 義務[高等]教育/school [adult] ～ 學校[成人]教育/receive [get] a college [vocational] ～ 接受大學[職業]教育/get [give] a (good) ～ 接受[給予](良好的)教育/They both have college ～*s*.《罕》他們兩人都受過大學教育。

【同義字】education 意指人所獲得的整體性能力、知識以及獲得的過程；training 意指在一定期間內，爲某種目的而實施的特定領域內的實際性教育；instruction 指在學校等中所實施的有系統的教育。

2 Ⓤ(品性、能力等的)培養：moral [physical] ～ 德[體]育。**3** Ⓤ教育學：a college of ～《英》教育學院。
*__ed·u·ca·tion·al__ [ˏɛdʒəˋkeʃənl, ˏɛdʒʊ-; ˌedju:ˈkeiʃənl, ˌedʒu:-⁻] «education 的形容詞» —*adj.* (**more** ～；**most** ～) **1** (無比較級、最高級)**教育(上)的**：～ expenses [reforms] 教育經費[改革]/～ psychology 教育心理學/an ～ film 教育影片。**2** 教育性的。**～·ly** [-ʃənlɪ; -ʃn̩əli] *adv.*
èducátional-indústrial cómplex *n.* Ⓒ建教合作，教育工業複合體。
èducâtionalist [-ʃənlɪst; -ʃn̩əlist] *n.* ＝educationist.
èducátional sýstem *n.* Ⓒ教育制度。
èducátional technólogy *n.* Ⓤ應用於教育的科技。
èd·u·cà·tion·ése [-ˋniz, -ˋnis; -ˈni:z, -ˈni:s] *n.* Ⓤ教育界行話《尤指教育理論家所用者》。
èd·u·cá·tion·ist [-ʃənɪst; -ʃnist] *n.* Ⓒ**1** 教育家(educator). **2**《輕蔑》教育學者。
ed·u·ca·tive [ˋɛdʒəˏketɪv, ˋɛdʒʊ-; ˈedju:kətiv, ˈedʒu:kei-] *adj.* **1** 教育性的，有助於教育的。**2** 教育的。
éd·u·cà·tor [-tɚ; -tə] *n.* Ⓒ教育者[家]。
e·duce [ɪˋdus, ɪˋdjus; iˈdju:s] *v.t.*《文語》**1** 引出〈推論〉，(從論據等中)推斷出；演繹出。**2**《罕》引出〈潛在的才能、能力等〉。
e·duc·tion [ɪˋdʌkʃən, i-; i:ˈdʌkʃn, i-] *n.* **1** Ⓤ推斷；引出。**2** Ⓒ引出之物(＝educt).**3** Ⓤ廢氣。
Ed·ward [ˋɛdwɚd; ˈedwəd] *n.* 愛德華《男子名；暱稱 Ed, Eddie, Ned, Ted, Teddy》。
Ed·war·di·an [ɛdˋwɔrdɪən; edˈwɔ:djən⁻] *adj.* (英國的)愛德華七世時代(1901–10)的。—*n.* Ⓒ愛德華七世時代的人。
Édward the Conféssor *n.* 懺悔者愛德華《1004–66，因篤信宗教而得名的英國國王》。
Ed·win [ˋɛdwɪn; ˈedwin] *n.* 愛德溫《男子名；暱稱 Ed, Ned》.
-ee [-i; -i:] 字尾 **1** 與表示行爲者(agent)的名詞字尾 -or 相對，常作成該行爲「接受者」之意的名詞：address*ee*, employ*ee*. **2** 作成「某行爲者」之意的名詞：absent*ee*, escap*ee*.
E.E. **1** Early English. **2** Electrical Engineer [Engineering]. **3** erros excepted.
EEC, E.E.C.《略》European Economic Community (cf. ECM).

EEG《略》electroencephalogram; electroencephalograph.
eek [ik; i:k] *interj.* 哇，唷，呀！《極度驚嚇時所發出的聲音》。
eel [il; i:l] *n.* Ⓒ[當作食物時爲Ⓤ]《魚》鰻，鱔魚。

【說明】歐洲人所吃的鰻魚以燻製者(smoked eel)爲主；英國人則用煮的，或用 jelly 製成凍子鰻魚(jellied eel)，或油炸，但沒有烹調成烤鰻魚串的吃法。美國人不太吃鰻魚。

(as) slíppery as an éel (1)(似鰻魚般地)滑溜的。(2)難以捕捉的；〈人〉難以信賴的。
éel·wòrm *n.* Ⓒ《動物》小線蟲，鰻蛔蟲《一種植物寄生蟲》。
e'en[1] [in; i:n] *adv.*《詩》=even[1].
e'en[2] [in; i:n] *n.*《詩》=even[2].
ee·ny mee·ny mi·n(e)y mo [ˋiniˋminiˋmarniˋmo; ˈi:ni:ˈmi:ni:ˈmaini:ˈmou] *interj.* 咿呢咪呢邁呢哞《玩捉迷藏時，決定誰當鬼時所說的話，其意近似「誰來當鬼呢？照神的旨意吧。」》

【說明】(1)玩捉迷藏要決定誰作鬼(It)等時，小孩邊以手指逐一指人，邊在口中唸的話。這和我國兒童唸的「城門城門鷄蛋糕」類似，最後被數到的人當鬼；⇨ tag[2]【說明】
(2)第二次大戰中美國的小孩對敵方日本東條首相的諷刺如此說著："Eeny meeny miny mo,(咿呢咪呢邁呢哞)/Catch old Tojo by the toe,(抓住東條的腳)/If he hollers, make him say,(如果他叫嚷，就要他說)/'I surrender, U. S. A.'"(「美國啊！我投降了。」)
在鵝媽媽童謠集(Mother Goose)裏有如下的一首歌《★ 也有 Eena, meena, mina, mo 的說法》："Eena, meena, mina, mo.(咿哪咪哪邁哪哞)/Catch a chicken by his toe,(抓住雞的脚)/If he squeals, let him go,(如果牠尖聲呼叫，放牠走)/Eena meena mina mo."(咿哪咪哪邁哪哞)
old Tojo 和 chicken 的位置隨年代和地區而異；不論如何，總是把討厭的人或難纏的人的名字放在歌裡唱。

e'er [ɛɚ; ɛə] *adv.*《詩》=ever.
-eer [-ɪɚ; -iə] 字尾 **1** 名詞字尾，表示「與…有關的人」「…的處理者」之意《★ 常帶有輕蔑的意思》：auction*eer*；《輕蔑》profit*eer*. **2** 動詞字尾，表示「從事…的」之意：election*eer*.
ee·rie, ee·ry [ˋɪrɪ, ˋiri; ˈiəri] *adj.* (**ee·ri·er**; **-ri·est**) 奇異的，怪誕的，令人毛骨悚然的：an ~ silence 可怖的安靜。
ee·ri·ly [ˋɪrɪlɪ; ˈiərəli] *adv.* **ée·ri·ness** *n.*
ef- [ɪf-, ɛf-; if-, ef-] 字首 ex- 在 f 之前的變體：*ef*fect, *ef*fort.
ef·fa·ble [ˋɛfəbl; ˈefəbl] *adj.* 可解釋的，可說明的。
ef·face [ɪˋfes, ɛ-; iˈfeis] *v.t.* **1** [十受] 消除〈痕跡〉，删除〈文字〉。**2 a** [十受] 抹去[冲淡]…的記憶：Her marriage ~*d* the memory of her earlier misfortunes. 她的婚姻抹去了她早年種種不幸的記憶。**b** [十受十介十(代)名] 把…[從人心中] 抹去 [*from*]：He could not ~ the impression *from* his mind. 他不能把這個印象從心中抹去。
3 [~ one*self*] 使自己不受人注意。
ef·fáce·ment [-mənt; -mənt] *n.* Ⓤ抹消，消除，抹去。
‡ef·fect [əˋfɛkt, ɪˋfɛkt, ɛ-; iˈfekt] 《源自拉丁文「引起」之義》 **—n.**
1 ⓊⒸ (由原因直接引起的) 結果 (⇨ result【同義字】)：cause and ~ ⇨ cause 1/The ~*s* of the accident were not serious. 這個意外事故所引起的後果並不嚴重。
2 ⓊⒸ **a** (導致結果的) 效果；影響 [*on, upon*]：be of no ~ 無效的，沒有用的/without [with no] ~ 無效地/with ~ 有效地/The event had [produced] a good [an evil] ~ *on* me. 這事件對我產生 [給我帶來] 好的 [壞的] 影響/Our warning did not have much ~ *on* him. 我們的警告對他沒有多大效果。**b** (法律等的) 效力；(藥物等的) 效果，功效：take ~〈法律〉生效；〈藥〉有效/side ~*s* 副作用/⇨ in EFFECT (2)/The medicine had a miraculous ~. 這藥有神奇的效果。
3 a [用單數] (因色彩、形狀的配合所產生的) 效果，感覺，印象：for ~ 爲了使(看者、聽者)產生預期的效果/This shopwindow display is calculated *for* ~. 櫥窗的商品陳列是爲了達到引人注目的效果而設計的/⇨ stage effect/The sunset on the sea made a wonderful ~. 海上落日眞是個奇觀。**b** Ⓒ [常 ~s]《戲劇》(擬聲、燈光等的) 效果：⇨ sound effects.
4 [用單數] [與 the, that 等指定形容詞連用] 意思，意義：*the ~ of* this passage 這一節的意思/*to that* [*this, the* same] ~ 帶有那個 [這個，相同的] 意思/I received a letter *to the* following ~. 我收到大意如下的一封信/I sent a letter *to the* ~ *that* he should come to me immediately. 我寄了一封信，大意是叫他立刻到我這裏來。
5 [~s] 動產：household ~*s* 家財/personal ~*s* 隨身物品，携帶物，私人財產。
bring ... into [to] efféct = cárry [pùt] ... into efféct 實行 [實施]：These regulations will not be *brought into* ~ until the new year. 這些規定在新年前還不能實施。
còme [gò] into efféct〈法律等〉生效，實施。
gìve efféct to ... 實行 [實施]〈法律、規定等〉。
in efféct (1)事實上，實際上；總而言之：The reply was, *in* ~, a refusal. 該答覆實際上就是拒絕。(2)〈法律等〉在實施中，生效的：The law is already *in* ~. 該法律已經生效。
to nó efféct 無效，徒然：I spoke with him (, but) *to no* ~. 我對他說了，但是無效。
—v.t. [十受]《文語》**1** 帶來，引起，促成〈變化等〉。**2** 達到〈目的〉，完成〈計畫〉：~ a reform 完成改革/~ an escape 脫逃成功。
***ef·fec·tive** [əˋfɛktɪv, ɪ-; iˈfektiv] 《effect 的形容詞》**—adj.** (**more ~**; **most ~**) **1 a** 有功效的，有效的：~ measures 有效的手段 [措施]/the ~ range (飛機的) 有效距離。

【同義字】effective 指能產生預期的效果；efficacious 指藥、治療、手段、方法等有效；efficient 指具有俐落的辦事能力，不浪費時間與勞力，可用於人或物。

b [不用在名詞前] [十介十(代)名] 對[…]有效的 [*in*]：The pills were ~ *in* stop*ping* my cough. 這藥丸對止我的咳嗽有效。**c** [不用在名詞前]〈法律等〉付諸實施的，具有效力的：become ~〈法律〉生效，付諸實施/The law will be ~ from [as of] the 1st of April. 該法律將從四月一日起付諸實施。
2 印象深刻的，引人注目的：make an ~ speech 發表令人印象深刻的演說。
3 [用在名詞前] (無比較級、最高級)《軍》實際人員的，用於實際作戰的：the ~ strength of an army 軍隊的戰鬥實力。
4 [用在名詞前] (無比較級、最高級) 實際的，事實上的：~ money 有效貨幣/the ~ leader of the country 國家的實際領導者。
—n. [~s]《美》實際可用部隊，有生力量。**~·ness** *n.*
ef·féc·tive·ly *adv.* **1** 有效地；有力地。**2** 實際上，事實上。
ef·fec·tu·al [əˋfɛktʃuəl, ɪ-; iˈfektʃuəl] 《effect 的形容詞》**—adj.**《文語》有效的，收效的：an ~ cure 有功效的治療。
ef·féc·tu·al·ly [-tʃuəlɪ; -tʃuəli] *adv.*《文語》**1** 有效(力)地。**2** 實際上，事實上。
ef·fec·tu·ate [əˋfɛktʃuˏet, ɪ-; iˈfektjueit, -tʃu-] *v.t.*《文語》**1** 實施〈法律〉；使〈法律〉生效。**2** 達成〈目的等〉。
ef·fec·tu·a·tion [əˏfɛktʃuˋeʃən, ɪ-; iˌfektʃuˈeiʃn] 《effectuate 的名詞》**—n.** Ⓤ **1** (法律等的) 實施。**2** 達成，完成。
ef·fem·i·na·cy [əˋfɛmənəsɪ, ɪ-; iˈfeminəsi, eˈf-] 《effeminate 的名詞》**—n.** Ⓤ 娘娘腔；柔弱；優柔寡斷。
ef·fem·i·nate [əˋfɛmənɪt, ɪ-; iˈfeminət, eˈf-] 《源自拉丁文「女人味」(femine) 之義》**—adj.**〈男人或男人的態度〉無丈夫氣概的，娘娘腔的；柔弱的：~ gestures 女子氣的表情動作。
~·ly *adv.* **~·ness** *n.*
ef·fen·di [ɛˋfɛndɪ; eˈfendi] *n.* Ⓒ閣下，先生《土耳其語之敬稱》。
ef·fer·ent [ˋɛfərənt; ˈefərənt] *adj.*《生理》輸出的，傳出的：~ nerves 傳出神經。
—n. Ⓒ傳出神經。
ef·fer·vesce [ˏɛfɚˋvɛs; ˌefəˈves] *v.i.* **1a**〈汽水等〉冒泡；沸騰。**b**〈氣體等〉生泡沫。
2 [動(十介十(代)名)]〈人〉[因狂熱而] 情緒歡騰，興奮 [*with*]：The crowd ~*d with* enthusiasm. 羣情激奮。
ef·fer·ves·cence [ˏɛfɚˋvɛsn̩s; ˌefəˈvesns] 《effervescent 的名詞》**—n.** Ⓤ **1** 沸騰；起泡。**2** (喜悅等無法抑制的) 興奮；愉快。
ef·fer·ves·cent [ˏɛfɚˋvɛsn̩t; ˌefəˈvesnt←] *adj.* **1** 冒泡的，起沫的；泡騰的：~ drinks 冒泡性的飲料。**2** 興奮的，歡鬧的；生氣勃勃的，活潑的：be in ~spirits 精神煥發的。**~·ly** *adv.*
ef·fete [ɛˋfit, ɪ-; iˈfi:t, e-] *adj.* **1a** 精疲力盡的，衰微的。**b**〈動植物、土地等〉無生產 [生殖] 力的。**2**〈男人〉娘娘腔的，女性化的。
ef·fi·ca·cious [ˏɛfəˋkeʃəs; ˌefiˈkeiʃəs←] 《efficacy 的形容詞》**—adj.**《文語》**1**〈藥、治療等〉生效的；〈措施、手段等〉有效的 (⇨ effective【同義字】)。**2** [不用在名詞前] [十介十(代)名] [對…] 有效的 [*against*]：This medicine is ~ *against* heart disease. 這個藥對心臟病有效。**~·ly** *adv.*
ef·fi·ca·cy [ˋɛfəkəsɪ; ˈefikəsi] *n.* Ⓤ《文語》功效，效力。
ef·fi·cien·cy [əˋfɪʃənsɪ, ɪ-; iˈfiʃənsi] 《efficient 的名詞》**—n.** Ⓤ **1** 效率，效能：~wages 效率工資。**2**《物理·機械》效率；能率。
efficiency engineèr *n.*《美》=efficiency expert.
efficiency èxpert *n.* Ⓒ效率專家。
efficiency tèst *n.* Ⓒ效率試驗。
***ef·fi·cient** [əˋfɪʃənt, ɪ-; iˈfiʃənt] *adj.* (**more~**; **most~**) **1** 有效率的，效率高的 (⇨effective【同義字】)：an~machine [factory] 高效率的機器 [工廠]。**2 a**〈人〉(對經濟高效率工作而言) 有能力的，能幹的：an~secretary [teacher] 能幹的秘書 [教師]。**b** [不用在名詞前] [十介十(代)名]〈人〉[對…] 有能力的，能幹的 [*at, in*]：He is ~ *at* his work [*in* calculat*ing*]. 他在工作 [計算] 方面是有

實力的《他的工作[計算]能力很强》。~·ly *adv.*

Ef·fie [ˋɛfɪ; 'efi] *n.* 愛菲《女子名》。

ef·fi·gy [ˋɛfədʒɪ; 'efidʒi] *n.* Ⓒ **1** 肖像，雕像。**2**（模擬詛咒對象的）肖像，人形。

búrn [**háng**] a person **in éffigy** 焚燒[懸縊]某人的肖像（以洩恨）。

ef·flo·resce [ˏɛfloˋrɛs, -flɔ-; ˌeflɔ:ˈres] «源自拉丁文「開始綻放」之義» —*v.i.*《文語》**1** 開花。**2**〈文明等〉繁盛。

ef·flo·res·cence [ˏɛfloˋrɛsn̩s, -flɔ-; ˌeflɔ:ˈresns] «efflorescent 的名詞»—*n.* Ⓤ **1**《文語》開花(期)。**2**《文語》(文明等的)繁盛(期)。**3**《化學》風化，粉化《含鹽分的結晶在空氣中失去水分而冒出鹽分來》。

ef·flo·res·cent [ˏɛfloˋrɛsn̩t, -flɔ-; ˌeflɔ:ˈresnt⁻] *adj.* **1** 繁盛的。**2**《化學》風化的，粉化的。

ef·flu·ence [ˋɛfluəns; 'efluəns] *n.* **1** Ⓤ(光線、電氣、液體等的)發散，放出，流出(↔ affluence)。**2** Ⓒ發散[流出，放出]物。

ef·flu·ent [ˋɛfluənt; 'efluənt] *adj.* 流出[放出]的。
—*n.* **1** Ⓒ(源自河、湖等的)流水。
2 ⓊⒸ(源自工廠等的)廢水，廢棄物。
3 Ⓤ髒水，污水。

ef·flu·vi·um [ɛˋfluvɪəm, ɪ-; iˈflu:vjəm, e-] *n.* (*pl.* **-vi·a** [-vɪə; -viə], ~**s**) Ⓒ臭氣，惡臭。

ef·flux [ˋɛflʌks; 'eflʌks] *n.* **1** Ⓤ流出(↔ influx)。**2** Ⓒ流出物，流出的氣體[液體]。

‡**ef·fort** [ˋɛfɚt; 'efət] «源自拉丁文「把力量發揮出來」之義»—*n.* **1** ⓊⒸ[常 ~s] **a** 努力，奮鬥，不辭勞苦：with (an) ~ 努力地，辛勞地，奮力地/without~輕鬆地，輕易地/She frowned in an ~of memory [recollection]. 她皺着眉努力去回憶。/He made ~*s* [an~] *toward(s)* [*at*] achiev*ing* his goals. 他爲達成目標而努力《★[比較]用 make ~是錯誤的》/It didn't need [require] much ~[much of an~]. 那不需要太費力[費事]。

【同義字】effort 指爲達成某事或目的而努力，不辭勞苦；endeavor 是較 effort 爲拘泥，爲更長期的認眞努力。

b (+*to* do) 努力(做…)：in an~*to* remember 努力去回憶/He made an [no] ~*to* acquire the skill. 他努力[沒有努力]去獲得這項技能/We'll make every~*to* hasten the delivery of the goods. 我們將盡快交貨。

2 Ⓒ努力的成果；(文藝上的)精心作品：his latest~他最近的精心作品/That's quite a good ~. 那事做得很出色。

éffort·less *adj.* **1** 不費力的，容易的，輕鬆的：an ~ victory 輕易取得的勝利。**2** 輕鬆自如的，自然的：an ~ golf swing 高爾夫球桿輕鬆地一揮。~·**ly** *adv.* ~·**ness** *n.*

ef·fron·ter·y [əˋfrʌntərɪ, ɪ-; iˈfrʌntəri, e-] *n.* **1** Ⓤ**a** 厚顏，無恥：The ~！豈有此理！《★用於受到不當的對待時》。**b** (+*to* do) [**the** ~] 厚顏無恥(而做…)：The politician had *the* ~ *to* ask the people he had insulted to vote for him. 這個政客竟厚顏地要求受過他侮辱的人投他一票。
2 Ⓒ[常 ~s] 無恥的行爲。

ef·ful·gence [ɛˋfʌldʒəns, ɪ-; iˈfʌldʒəns, e-] «effulgent 的名詞»—*n.* Ⓤ[又作 **an** ~]《文語》(燦爛奪目的)光輝，光彩。

ef·ful·gent [ɛˋfʌldʒənt, ɪ-; iˈfʌldʒənt, e-] *adj.*《文語》光輝的，燦爛奪目的。~·**ly** *adv.*

ef·fuse [ɛˋfjuz, ɪ-; iˈfju:z, e-] *v.t.* 使〈液體〉流出；使〈光線〉射出；使〈香氣〉發散。

ef·fu·sion [əˋfjuʒən, ɪ-; iˈfju:ʒn, e-] «effuse 的名詞»—*n.* **1 a** Ⓤ(液體等的)流出，浸出(*of*)。**b** Ⓒ流出物。**2a** Ⓤ(感情、語言等的)吐露，流露(*of*)。**b** Ⓒ感情的赤裸表現[笨拙的詩文]。

ef·fu·sive [ɛˋfjusɪv, ɪ-; iˈfju:siv, e-] *adj.*〈人、語言、態度等〉(感情)洋溢的；熱情奔放的。~·**ly** *adv.* ~·**ness** *n.*

eft [ɛft; eft] *n.* =newt.

EFTA, E.F.T.A.《略》European Free Trade Association 歐洲自由貿易聯盟《1960 年 3 月成立》。

e.g. [ˋiˋdʒi, fɔrɪgˋzæmpl; ˌi:ˈdʒi:, fərigˈzɑ:mpl] «拉丁文 *exempli gratia* (for example) 之略»—例如：Air contains many elements, *e.g.* oxygen, nitrogen and carbon dioxide. 空氣中含有許多元素，例如：氧、氮、二氧化碳等。

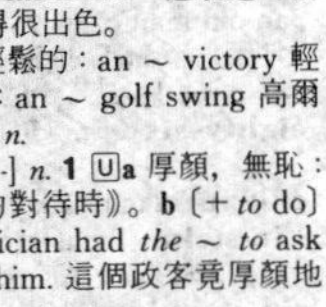

egg 1 a

e·gad [ɪˋgæd, iˋgæd; i:ˈgæd] *interj.* 天哪！哎呀！《oh God 的委婉語》。

e·gal·i·tar·i·an [ɪˏgæləˋtɛrɪən; iˌgæliˈtɛəriən⁻] *adj.* 平等主義的。
—*n.* Ⓒ平等主義者。

e·gàl·i·tár·i·an·ism [-nɪzəm; -nizəm] *n.* Ⓤ平等主義。

‡**egg**[1] [ɛg; eg] *n.* **1a**Ⓒ卵，蛋：sit on ~*s*〈雞〉孵蛋。**b** Ⓒ鷄蛋：a boiled ~ 煮蛋/a fried ~ 煎蛋/a new-laid ~剛生下的蛋/ a poached ~ 荷包蛋/scrambled ~*s* 炒蛋/a soft-boiled [hard-boiled] ~ 半熟[全熟]煮蛋。

【說明】(1)歐美人的早餐中，蛋是不可欠缺的，常用作醃熏豬肉薄片加蛋(bacon and eggs)，和火腿薄片加蛋(ham and eggs)，或是半熟煮蛋(a soft-boiled egg)，全熟煮蛋(a hard-boiled egg)，炒蛋(scrambled eggs)，荷包蛋(a poached egg)等食用，而不會生吃。
(2)在餐館裏點煎蛋(a fried egg)時最好清楚地說明要煎單面的(sunny-side up)或兩面都煎軟的(over easy)或是兩面都煎硬的(over hard)．點菜時服務生會問"How do you like your eggs?"(你的蛋要怎麼做呢？)客人則可依個人喜好回答如"Sunny-side up, please."(「請給我煎單面的。」)
(3)復活節(Easter)時，在蛋上塗上各種彩紋成復活節彩蛋(Easter egg)作爲禮物，但現在彩蛋多用巧克力製成。

cⓊ(經烹調的)蛋的一部分：He had (some [a bit of]) ~ on his face. 他的臉上沾了少許[一點]蛋。
2(又作 **égg cèll**)Ⓒ《生物》卵子。
3Ⓒ[常與修飾語連用]《俚》傢伙：a good~好傢伙，好人/a bad ~ 壞蛋。

(as) fúll as an égg 塞得滿滿的。

(as) súre as éggs are [**is**] **éggs**《口語》確實地(certainly)：He'll rise in the company *as sure as* ~*s are* ~*s*. 他一定會在公司裏得到提升。

brìng one's **éggs to a bád márket** 計畫落空，估計錯誤。

hàve [**pùt**] **áll** (one's) **éggs in óne básket**《口語》孤注一擲。

hàve égg on one's **fáce** (1)⇨1c. (2)《口語》受羞辱，丟臉：Do I *have* ~ *on* my *face*? 我做錯什麼事了嗎？《★受人注視而困惑時的說法》。

láy an égg (1)生蛋，下蛋。(2)《俚》〈玩笑、演出等〉全然不受歡迎，完全失敗。

téach (one's) **grándmother to súck éggs**《口語》對有經驗的人提出忠告，班門弄斧，「對釋迦說道」。

egg[2] [ɛg; eg] «源自 edge 的動詞»—*v.t.* **1** (+受+副) 煽動，唆使〈人〉〈*on*〉.
2 (+受+副+*to* do) 煽動，唆使〈人〉〈去做…〉〈*on*〉：They ~*ed* him **on** *to* fight. 他們煽動他去打架。

eggbeater 1

égg-and-spóon ràce *n.* Ⓒ一種以匙端蛋賽跑《競賽者手持湯匙端蛋，凡先跑至終線而蛋未掉落或打破，便爲優勝者》。

égg·bèater *n.* Ⓒ《美》**1** 打蛋器(《英》egg whisk). **2**《俚》直昇機。

égg·bòund *adj.*〈母雞〉輸卵管無法排卵的，無法下蛋的。

égg·cùp *n.* Ⓒ(餐桌用)蛋杯《用以盛半煮熟的帶殼蛋》。

eggcups

égg cústard *n.* ⓊⒸ 雞蛋牛乳和糖製成的軟凍。

égg·hèad *n.* Ⓒ《口語》**1** 知識分子，書生。**2**《輕蔑》書獃子。

égg·nòg [ˋɛgˏnɑg; 'egnɔg] *n.* Ⓤ[指種類時爲Ⓒ]蛋酒。

【說明】在美國蛋酒是耶誕節期間的蛋酒宴會(eggnog party)中不可或缺的飲料。將蛋黃與蛋白分開，蛋黃中加入糖、奶油、蘭姆(rum)酒或白蘭地(brandy)酒後加以攪拌，再攙入打到起泡的蛋白混合即成。

égg·plànt «因果實作蛋狀»—*n.* **1** Ⓒ《植物》茄子(《英》aubergine). **2** Ⓒ[當作食物時爲Ⓤ]茄子《指果實》。

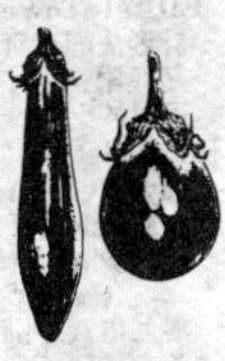
eggplants 2

égg ròll *n.* Ⓒ《美》(中國菜的)春捲(《英》spring roll).

égg-shàped *adj.* 蛋狀的。

égg·shèll *n.* Ⓒ蛋殼。
—*adj.* [用在名詞前] **1** 薄而易碎的：~ china [porcelain] 薄如蛋殼的磁器。**2** 無光澤的；略有光澤的：~ paint 無光澤的漆。

égg spòon *n.* Ⓒ食蛋小匙。

égg tìmer *n.* Ⓒ煮蛋計時器《用以計算煮蛋時間的沙漏，約三分鐘漏完》。

égg whìsk *n.*《英》=eggbeater 1.

égg whìte *n.* ⓊⒸ蛋白。

egis [ˋidʒɪs; 'i:dʒis] *n.* =aegis.

eg·lan·tine [ˋɛglənˏtaɪn, -ˏtin; 'egləntain] *n.* =sweet brier.

E

ego [ˋigo, ˋɛgo; ˈegou, ˈiːgou] 《源自拉丁文「我」之義》—*n.* (*pl.* ~s) **1** Ⓤ Ⓒ《哲・心理》自我：absolute [pure] ~《哲》絕對[純粹]的自我。 **2** Ⓤ《口語》自大；自尊心：satisfy one's ~ 滿足某人的自尊心。

ego·cen·tric [ˌigoˋsɛntrɪk, ˌɛgo-; ˌegouˈsentrik, ˌiːgou-ˉ] *adj.* **1** 自我中心[本位]的。**2** 利己的。—*n.* Ⓒ自我中心的人。

ego·ism [ˋigoˌɪzəm, ˋɛgo-; ˈegouizəm, ˈiːgou-] *n.* Ⓤ **1** 利己主義；自我中心主義(↔ altruism). **2** 利己心，為我；自負，自大。

e·go·ist [ˋigoɪst, ˋɛgo-; ˈegouist, ˈiːgou-] *n.* Ⓒ **1** 利己主義者。 **2** 固執己見的[自行其是的]人。

e·go·is·tic [ˌigoˋɪstɪk, ˌɛgo-; ˌegouˈistik, ˌiːgou-ˉ] *adj.* **1** 利己主義的(↔ altruistic). **2** 自我本位的；自負的；私心很重的。

è·go·ís·ti·cal [-tɪkl; -tiklˉ] *adj.* =egoistic.

~·**ly** [-klɪ; -kəli] *adv.*

e·go·ma·ni·a [ˌigoˋmenɪə, ˌɛgo-; ˌegouˈmeiniə, ˌiːgou-] *n.* Ⓤ利己癖，唯我癖；過分自私；自大狂。

e·go·tism [ˋigəˌtɪzəm, ˋɛgo-; ˈegoutizəm, ˈiːgou-] *n.* Ⓤ **1** 自我中心癖《用太多I, my, me 等字眼》。**2** 自大(self-conceit). **3** 利己主義。

é·go·tist [-tɪst; -tist] *n.* Ⓒ **1** 有自我中心癖的人。**2** 自尊自大的人。**3** 利己主義者。

e·go·tis·tic [ˌigəˋtɪstɪk, ˌɛg-; ˌegouˈtistik, ˌiːgou-ˉ] *adj.* **1** 自我中心[本位]的；自以為是的。**2** 自私自利的。

è·go·tís·ti·cal [-kl; -klˉ] *adj.* =egotistic.

~·**ly** [-klɪ; -kəli] *adv.*

égo trip *n.* Ⓒ利己的行為，自我本位的行為；追名逐利；自吹自擂：He's *on* an ~. 他自行其是[追求個人名利]。

e·gre·gious [ɪˋgridʒəs; iˈgriːdʒəs] *adj.* 過分的，無比的，厲害的，驚人的：an ~ liar 惡名昭彰的說謊者/an ~ mistake 大錯。

~·**ly** *adv.*

e·gress [ˋigrɛs; ˈiːgres] *n.* 《文語》(↔ ingress) **1** Ⓤ(尤指從包圍物中)出去。

2 Ⓒ出口(exit)，(煙的)排出口。

3 Ⓤ外出的權利。

e·gret [ˋigrɪt, -grɛt, ˋɛ-; ˈiːgret, ˈeg-, -ət] *n.* Ⓒ **1** 《鳥》白鷺(類的鳥)。**2** 白鷺的羽毛；羽毛飾物。**3** (薊、蒲公英等的)冠毛。

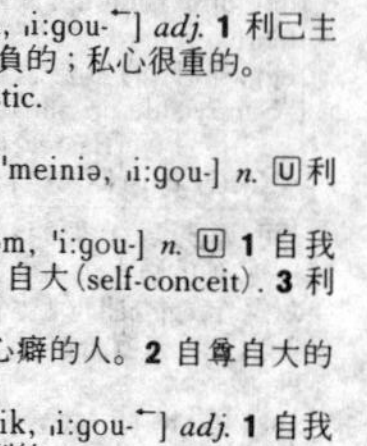

egret 1

E·gypt [ˋidʒəpt, ˋidʒɪpt; ˈiːdʒipt] *n.* 埃及《非洲北部的一個共和國；首都開羅(Cairo)》.

E·gyp·tian [ɪˋdʒɪpʃən, i-; iˈdʒipʃn] 《Egypt 的形容詞》—*adj.* 埃及(人，語)的。

—*n.* **1** Ⓒ埃及人。**2** Ⓤ(古代)埃及語。

È·gyp·tól·o·gist [-dʒɪst; -dʒist] *n.* Ⓒ 埃及古物學家。

E·gyp·tol·o·gy [ˌidʒɪpˋtɑlədʒɪ; ˌiːdʒipˈtɔlədʒi] *n.* Ⓤ埃及古物學。

eh [《用上揚語調》e, ɛ; ei] *interj.* [表示驚訝、懷疑、疑問或徵求同意]呃！啊！(你說)什麼？嗯？

EHV 《略》extra high voltage 特高電壓。

ei·der [ˋaɪdɚ; ˈaidə] *n.* **1** (又作 **éider dùck**) Ⓒ《鳥》(北歐沿岸)絨鳧，絨鴨。**2** =eiderdown 1.

éider·dòwn *n.* **1** Ⓤ絨鳧的絨毛。**2** Ⓒ(裝入絨鳧絨毛的)鳧絨被。

ei·do·lon [aɪˋdolən; aiˈdoulən] *n.* (*pl.* **-la** [-lə; -lə]) Ⓒ幻像；妖怪；幽靈；理想，理想形象。

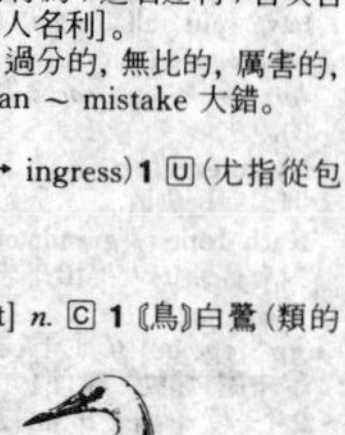

eider 1

Éif·fel Tówer [ˋaɪfl-; ˌaifl-] 《源自設計者法國建築師的名字》—*n.* [**the** ~] 艾菲爾鐵塔《為 1889 年的萬國博覽會而建於巴黎，高約三百公尺》。

‡**eight** [et; eit] *adj.* **1** [用在名詞前]八的；八個的，八人的：~ days 八天/an ~ day clock 八天上一次發條的時鐘/He is ~ years old [of age]. 他八歲。**2** [不用在名詞前]八歲的：He is ~. 他八歲。

—*n.* **1 a** Ⓤ Ⓒ[常無冠詞](基數的)八：Two times four is ~. 四乘二得八。**b** Ⓒ八的記號《8, viii, VIII》. **2** Ⓤ八點鐘；八歲；八美元[鎊，分，便士(等)]。

3 a Ⓒ八個[人]一組。**b** Ⓒ八根槳的船；八人划的賽艇；八人一組的划船手。**c** [**the Eights**](牛津(Oxford)大學和劍橋(Cambridge)大學兩校的)划船對抗賽。

4 Ⓒ(撲克牌等的)八點。

be [have hàd] óne òver the éight 《英口語》喝醉的，喝過量的《★源自「喝超過八杯」之義》。

fígure of éight (1)8 字形。(2)《溜冰》8 字形滑行。

—*pron.* [~s]八；八個，八人：There are ~. 有八個[人]。

éight bàll *n.* Ⓒ **1** 撞球中有"8"記號之黑球。**2** 《俚》一種無定向之圓形擴音器。

behind the éight bàll 《美俚》受挫；處於不利的地位。

‡**eigh·teen** [eˋtin, ˋeˋtin; ˌeiˈtiːn, ˈeitiːnˉ] *adj.* **1** [用在名詞前]十八的；十八個的，十八人的：in the ~ fifties 在十九世紀五〇年代/He is ~ years old [of age]. 他十八歲。**2** [不用在名詞前]十八歲的：He is ~. 他十八歲。

—*n.* **1 a** Ⓤ Ⓒ[常無冠詞](基數的)十八。**b** Ⓒ十八的記號《18, xviii, XVIII》. **2** Ⓤ十八歲；十八美元[鎊，分，便士(等)]：a girl of ~ 十八歲的姑娘。

—*pron.* [~s]十八個，十八人：There are ~. 有十八個[人]。

‡**eigh·teenth** [eˋtinθ; ˌeiˈtiːnθˉ] 《源自 eighteen＋-th[1](構成序數的字尾)》—*adj.* **1** [常 **the** ~]第十八(個)的。**2** 十八分之一的。—*n.* **1** [常 **the** ~] **a** (序數的)第十八《略作 18th》. **b** (月的)十八日。**2** Ⓒ十八分之一。—*pron.* [**the** ~]第十八個人[物]。

éight·fóld *adj.* **1** 八倍[重]的。**2** 有八部分[要素]的。

—*adv.* 成八倍[重]。

‡**eighth** [etθ; eitθ] 《源自 eight＋-th[1](構成序數的字尾)》—*adj.* **1** [常 **the** ~]第八(個)的。**2** 八分之一的：an ~ part 八分之一。

—*adv.* 第八。

—*n.* **1** Ⓤ[常 **the** ~] **a** (序數的)第八《略作 8th》. **b** (月的)八日。**2** Ⓒ八分之一。**3** Ⓒ《音樂》八度：an ~ note《美》八分音符。

—*pron.* [**the** ~]第八個人[物]。

éight-hóur *adj.* [用在名詞前]八小時制的：~ labor 八小時勞動[工作]/the ~ law 八小時勞動法/the ~ day 一天八小時勞動制。

***eight·i·eth** [ˋetɪɪθ; ˈeitiiθ] 《源自 eighty＋-th[1](構成序數的字尾)》—*adj.* **1** [常 **the** ~]第八十(個)的。**2** 八十分之一的。

—*n.* **1** Ⓤ[常 **the** ~](序數的)第八十《略作 80th》. **2** Ⓒ八十分之一。

—*pron.* [**the** ~]第八十個人[物]。

eight·some [ˋetsəm; ˈeitsəm] *n.* Ⓒ八人跳的蘇格蘭舞。

‡**eighty** [ˋetɪ; ˈeiti] *adj.* **1** [用在名詞前]八十的，八十個的，八十人的：He is ~ years old [of age]. 他八十歲。**2** [不用在名詞前]八十歲的：He is ~. 他八十歲。

—*n.* **1 a** Ⓤ Ⓒ[常無冠詞](基數的)八十。**b** Ⓒ八十的記號《80, lxxx, LXXX》. **2 a** Ⓤ八十歲；八十美元[鎊，分，便士(等)]：an old man of ~ 八十歲的老人。**b** [**the eighties**](世紀的)八十年代。**c** [**one's eighties**](年齡的)八十幾歲。

—*pron.* [~s]八十個[人]：There are ~. 有八十個[人]。

éighty-sìx *v.t.* 《美俚》拒絕在酒吧或飯店招待〈不受歡迎的顧客〉。

ei·kon [ˋaɪkɑn; ˈaikɔn] *n.* =icon.

Ein·stein [ˋaɪnstaɪn; ˈainstain], **Albert** *n.* 愛因斯坦《1879-1955，生於德國的美籍物理學家，為相對論的提出者》。

ein·stein·i·um [aɪnˋstaɪnɪəm; ainˈstainiəm] *n.* Ⓤ《化學》鑀《放射性元素；符號 Es》.

Ei·re [ˋerə, ˋɛrə; ˈɛərə] *n.* 愛爾蘭共和國《the Republic of Ireland 的愛爾蘭語名稱及舊稱(⇨Ireland【說明】)》。

Ei·sen·how·er [ˋaɪznˌhauɚ; ˈaiznˌhauə], **Dwight** [dwaɪt; dwait] **David** *n.* 艾森豪《1890-1969；美國的陸軍將領，第三十四位總統(1953-61)》.

eis·tedd·fod [eˋstɛðvɑd; aisˈteðvɔd] 《源自威爾斯語 'sit' 之義》—*n.* Ⓒ(威爾斯每年八月舉行的)文藝競賽季。

‡**ei·ther** [ˋiðɚ, ˋaɪðɚ; ˈiːðə, ˈaiðə] *adj.* (無比較級、最高級)[修飾單數名詞] **1 a** [用於肯定句](兩者中的)任一方的，兩者之一的：Sit on ~ side. 坐任何一邊。**b** [用於否定句](兩者中的)任⋯都：I do*n't* know ~ boy. 我不認識這兩個男孩(中的任何一個)《★變換 可換寫成 I know neither boy.》. **c** [用於疑問句、條件句](兩者中的)任一的：Did you see ~ boy? 你看見兩個男孩中的任何一個嗎？

2 [常 ~**side** [**end**]]雙方的，兩邊的，各自的《★比較 口語中用 both sides [ends] 或 each side [end]》：curtains hanging on ~ side of the window 垂掛於窗子兩旁的窗簾。

èither wáy (1)(兩樣中的)任一樣都；反正都，總之。(2)兩邊都。

in éither càse 兩種情形都，反正。

—*pron.* **1** [用於肯定句](兩者的)任何一方，任何一個：*E*~ will do. 任一方[個]都可以/*E*~ of them is [are] good enough. 他們中的任何一個都夠好的了《★用法 either 以當單數用為原則，但在口語中，尤其是在 of 之後接複數(代)名詞時，有時要當複數用》。**2** [用於否定句](兩者的)任一都：I do*n't* know ~. 我兩者(中的任一個)都不知道《★變換 可換寫成 I know neither.》/I wo*n't* buy ~ of them. 它們兩者(中的任何一個)我都不買。**3** [用於疑問句、條件句](兩者的)哪一個：Did you see ~ of the boys? 你看見過那兩個男孩中的任何一個嗎？

—*adv.* (無比較級、最高級) **1** [either ... or ... 當相關連接詞用] (兩者之中)…或…，不是…就是…：*E*~ he *or* I am to blame. 不是他就是我該受責備《★囲困動詞通常要與後面的主詞一致；但這樣說的口氣不太好，故多半作 *E*~ he is to blame *or* I am.》/*E*~ you *or* I must go. 不是你就是我必須去/You may ~ take the apple *or* the pear. 你可以拿蘋果或梨子《拿任何一個都可以》《★囲困如上述句子，either...or...後面接文法上不同的詞類或構造相異的字或字羣是錯誤的，但在口語中常有這種說法》。**2** [用於否定句]…也(不…) (cf. also, too 1 a)《★囲困not...either 雖與 neither 意義相同，但一般都用前者；且在本句結構中，either 前面的逗點可有可無》：If you do not go, I shall *not* ~. 如果你不去，我也不去/"I won't go."—"*Nor* I ~."「我不去。」「我也不去。」/"I won't do a thing like that."—"I wo*n't* (do it) (,) ~."「我不會做那樣的事。」「我也不會。」**3** [尤其用於對前面的陳述作否定性的修改時]《口語》說是…(也不…)，而且還…：There was once a time, and *not so* long ago ~... . 曾有一次，而且還是不久以前…。

éither-ór *adj.* [用在名詞前] 非此即彼的，兩者擇一的：an ~ situation 非此即彼別無他擇的狀況。

e·jac·u·late [ɪ'dʒækjə͵let, ɪ'dʒækjʊ-; i'dʒækjuleit] *v.t.* **1**《文語》突然喊出〈話〉來，突然喊出。**2** 射出〈精液〉，射精。

—*v.i.* **1** 突然激動地說話；喊叫。**2** 射出流質；射精。

e·jac·u·la·tion [ɪ͵dʒækjə'leʃən, ɪ͵dʒækjʊ-; i͵dʒækju'leiʃn] «ejaculate 的名詞»—*n.* **1 a** Ⓤ突然的喊叫。**b** Ⓒ突然的喊叫聲。**2** ⓊⒸ《生理》射出，射精。

e·jac·u·la·to·ry [ɪ'dʒækjələ͵torɪ, -͵tɔrɪ; i'dʒækjulətəri] *adj.* **1** 喊叫的。**2** 射精的。

e·ject [ɪ'dʒɛkt, i-; i'dʒekt, i:-] «源自 拉丁文「外投」之義»—*v.t.* **1** [十受(十介十(代)名)] 將〈人〉(從場所、地位等) 驅逐，放逐，流放；使…退出 [*from*]：He was ~*ed from* the theater for noisiness. 他因爲吵鬧而被趕出戲院。**2** [十受] 噴出，排出〈液體，煙等〉；射出…。

e·jec·tion [ɪ'dʒɛkʃən, i-; i'dʒekʃn, i:-] «eject 的名詞»—*n.* **1** Ⓤ(從土地、房屋的) 逐出，放逐 [*from*]. **2 a** Ⓤ放出，噴出，排出。**b** Ⓒ排出物，噴出物。

ejéction sèat *n.* Ⓒ《航空》彈射座椅《緊急狀況時連駕駛員一起彈出機外的裝置》。

e·jéct·ment [-mənt; -mənt] «eject 的名詞» —*n.* ⓊⒸ放出；放逐，逐出 [*from*].

e·jéc·tor [-tɚ; -tə] *n.* Ⓒ **1** 放逐者，放出者。**2** 排出 [放射] 器 [管，裝置]。

ejéctor sèat *n.* =ejection seat.

eke [ik; i:k] *v.t.* **1** [十受十副十介十(代)名] (以…) 補充〈不足的部分〉〈*out*〉[*by, with*]：~ *out* butter *with* margarine 以人造奶油補足(不夠的) 奶油/He ~*d out* his wages *by* work*ing* evenings and Sundays. 他在夜間和星期日工作以補貼工資的不足。**2** [十受十副] 勉强維持〈生計〉〈*out*〉：~ *out* a scanty livelihood [living] 勉强維持生計。

EKG《美》=ECG.

el [ɛl; el] «*el*evated railroad 的略語»—*n.* Ⓒ [常 **the** ~]《美口語》高架鐵路：take *the* ~ 搭乘高架火車。

***e·lab·o·rate** [ɪ'læbərɪt; i'læbərət, -rit] «源自 拉丁文「作出」之義» —*adj.* (**more** ~; **most** ~) 用心作成的，精心計畫 [製作] 的；複雜的；精巧的：an ~ scheme 周密策劃的陰謀/an ~ hat 精緻的帽子。

— [ɪ'læbə͵ret; i'læbəreit] *v.t.* [十受] **1** 精心製作，用心完成；精巧地作成…：He ~*d* a new theory. 他精心地推敲出新理論。**2** 推敲〈文章〉，擬定〈計畫等〉：I ~*d* my plans. 我仔細擬定我的計畫。

—*v.i.* [十介十(代)名] **1** 琢磨 [文章等] [*on, upon*]：~ *on* a plan 仔細地擬定計畫。**2 a** 詳述 [論點等] [*on, upon*]：He ~*d on* the subject. 他詳細地論述該問題。**b**《口語》[關於…] 作多餘的 [辯解似的] 附加 [*on*].

~·**ly** *adv.* ~·**ness** *n.*

e·lab·o·ra·tion [ɪ͵læbə'reʃən; i͵læbə'reiʃn] «elaborate 的名詞»—*n.* **1** Ⓤ苦心 [精心] 製作 [完成]；推敲 [*of*]. **2** Ⓤ複雜；精巧；周密；精密；精緻。**3** Ⓒ**a** 苦心 [精心] 之作。**b** (追加的) 詳情。

é·lan [e'lɑ̃; ei'lɑ̃:] «源自法語 'flight' (飛躍) 之義»—*n.* Ⓤ氣力，銳氣，活力：with ~ 興致勃勃地。

e·land ['ilənd; 'i:lənd] *n.* Ⓒ (*pl.* ~**s**, [集合稱] ~)《動物》巨羚《南非產的大型羚羊》。

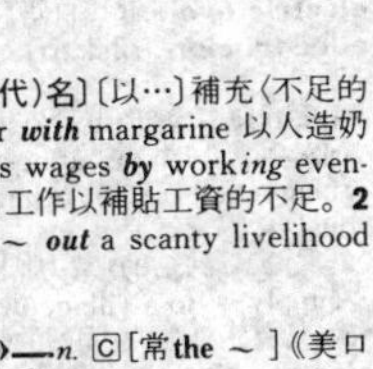

eland

élan vi·tal [e'lɑ̃vi'tal; ei'lɑ̃:vi:'tɑ:l] *n.* Ⓤ《哲》生命的飛躍，生命的躍動《法國哲學家柏格森 (Bergson) 的用語》。

e·lapse [ɪ'læps; i'læps] «源自拉丁文「溜走」之義» —*v.i.*《文語》〈時間〉經過，過去，〈光陰〉逝去《★比較一般用 pass》：Days ~*d* while I remained undecided. 好幾天已過去了，而我仍然猶豫不決。

e·lápsed tíme *n.* Ⓤ 實耗時間《船或汽車走完一定行程所需的時間》。

***e·las·tic** [ɪ'læstɪk; i'læstik] *adj.* (**more** ~; **most** ~) **1 a** 有彈性的，伸縮自如的 (⇨flexible【同義字】)：an ~ string 鬆緊帶/an ~ band 橡皮筋。**b** 柔軟的：~ motions 柔軟的動作。**2**〈人、感情等〉受挫後很快復原的，不易屈服的；開朗的：an ~ nature 開朗的個性。**3**〈規則等〉有通融性 [有靈活性] 的。

—*n.* **1** Ⓤ 鬆緊帶，有伸縮性的布料。**2** Ⓒ《美》橡皮圈。

e·lás·ti·cal·ly [-klɪ; -kəli] *adv.*

e·las·tic·i·ty [ɪ͵læs'tɪsətɪ; ͵elæ'stisəti] «elastic 的名詞»—*n.* Ⓤ **1** 彈力，彈性；伸縮性。**2** 愉快心情的恢復；爽朗，開朗。**3** 融通性，順應性。

E·las·to·plast [ɪ'læstə͵plæst; i'læstəplɑ:st] *n.* Ⓤ [指個體時爲Ⓒ]《英》《商標》一種外科用有彈性的膠布《cf. Band-Aid》.

e·late [ɪ'let; i'leit] *v.t.* 使〈人〉情緒高漲，使〈人〉有精神；使得意揚揚《★常以過去分詞當形容詞用；⇨elated》.

e·lát·ed *adj.* [不用在名詞前] **1** [十介十(代)名] 對…很得意的，興高采烈的 [*at, by*]：He was ~ *at* the news. 他聽到那消息歡欣鼓舞。

2 [十*that*__] 〈因…事而〉得意洋洋的：He was ~ *that* he had passed the entrance examination. 他因通過入學考試而得意洋洋。

~·**ly** *adv.* ~·**ness** *n.*

e·la·tion [ɪ'leʃən; i'leiʃn] «elate 的名詞» —*n.* Ⓤ得意洋洋，興高采烈。

El·ba ['ɛlbə; 'elbə] *n.* 厄爾巴島《位於義大利與科西嘉島 (Corsica) 之間，拿破崙第一次被放逐處》。

Elbe [ɛlb; elb] *n.* [**the** ~] 易北河《自捷克 (Czechoslovakia) 西部流經德國，注入北海 (North Sea)》.

‡**el·bow** ['ɛl͵bo; 'elbou] «源自古英語「腕」(ell) 的「弓形部分」(bow) 之義»—*n.* Ⓒ **1 a** 肘《在關節處彎曲的外側部分；⇨body 插圖》：lie on one's ~*s* 豎肘俯臥。**b** (衣服的) 肘部。**c** (缸管的) 管頸。**2** 肘 [L] 狀物：**a** (木材、金屬的) 彎頭。**b** (椅子的) 扶手。**c** (河川、道路等的) 急彎。

elbow 2 a

at a person's **élbow** 在肘邊，在近旁，在左右。

bénd [**cróok, líft, ráise, típ**] **an élbow**《口語》飲酒《★源自飲酒的動作》。

gèt the élbow《口語》被斷絕關係，被拋棄 [排擠]。

gìve a person **the élbow**《口語》與〈人〉斷絕關係，拋棄 [排斥]〈人〉。

òut at élbow(s) [**the élbow**] (1)〈衣服〉肘部破了的，露出肘部的。(2)〈人〉衣衫襤褸的；貧困的，捉襟見肘的。

rúb [**tóuch**] **élbows with**...與〈名人等〉交往。

ùp to the [**one's**] **élbows** 埋頭於 [工作等] [*in*].

—*v.t.* [十受十副詞(片語)] **1** 以肘推 [擠] 開〈人等〉：~ a person *out of* the way (用肘) 把人推到一邊 (以免擋路)/ ~ people *aside* [*off*] 推開人羣。**2** [~ one's way 或 ~ one*self*] (以肘) 擠過去：She saw him ~*ing* his way *through* the crowd. 她看見他從人羣中擠過去/He ~*ed* his way *into* the theater. 他擠過人羣進入戲院。

—*v.i.* [十副詞(片語)] 用肘推，推擠過去；轉彎。

élbow cháir *n.* =armchair.

élbow grèase *n.* Ⓤ《口語》(刷擦、磨的) 費臂力工作，重活。

élbow·ròom *n.* Ⓤ (肘部能伸縮自如的) 餘地，空間；自由行動的範圍：A teacher should give his [her] students ~. 老師應給學生充裕的學習時間。

‡**el·der**[1] ['ɛldɚ; 'eldə] «源自古英語 old 的比較級»—*adj.* [用在名詞前] (無比較級、最高級) **1**《英》(兄弟等的血緣關係的) 年長的《★囲困《美》多用 older；又因沒有敍述用法，因此 He is elder than I. 是錯誤的，要用 older》：one's ~ brother [sister] 兄 [姐]/Which is the ~ of the two? 兩人中哪一個是兄 [姐] 呢？**2** [**the E**~；加於人名之前或之後] (同名或同姓的人、父子、兄弟等的) 年長的一方的 (↔ the Younger)：*the E*~ Pitt =Pitt *the E*~ 大畢特《老畢特》。**3** 元老的，前輩的：an ~ statesman (政界的) 元老。

—*n.* Ⓒ **1 a** 年長者。**b** [常 **one's** ~**s**] 前輩，長輩。**2** 元老院議員。

el·der[2] ['ɛldɚ; 'eldə] *n.* (又作**élder trèe**) Ⓒ《植物》接骨木。

élder·ber·ry [-͵bɛrɪ, -bərɪ; -͵beri, -bəri] *n.* Ⓒ接骨木的果實《黑紫色》：~ wine 用各種接骨木果實釀造的水果酒。

el·der·flow·er ['ɛldɚ͵flauɚ; 'eldə͵flauə] *n.* Ⓒ接骨木的花《白色》。

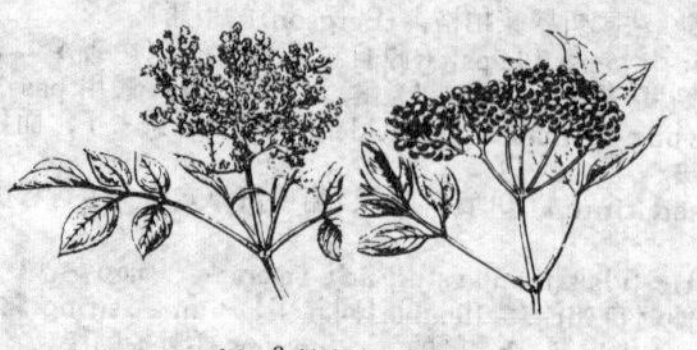

elder² 的花和果實

élder·ly *adj.*《委婉語》〈人〉稍老的，有相當年紀的，剛過了中年的(⇨old【同義字】)：an ～ spinster 稍老的未婚婦人。

‡el·dest [ˋɛldɪst; ˈeldist] **《**古英語 old 的最高級**》**—*adj.* [用在名詞前] (無比較級、最高級) (因兄弟等的血緣關係) **最年長的**《★《美》多用 oldest；cf. elder¹ 1》：one's ～ brother [sister, child] 長兄[姐，子]/one's ～ son [daughter] 長男[女]。

El Do·ra·do [ˌɛldəˋrado; ˌeldəˈrɑːdou] **《**源自西班牙語 'the gilded (country)'「黃金之國」之義**》**—*n.* (*pl.* ～**s**) **1** 黃金國《想像中位於南美亞馬遜河附近的黃金國》。**2** Ⓒ寶山。

El·ea·nor [ˋɛlənɚ, -lɪn-; ˈelinə, -lən-] *n.* 艾樂娜《女子名；暱稱 Ellie, Nell, Nellie, Nelly, Nora》.

elec., elect. 《略》electric(al); electricity.

‡e·lect [ɪˋlɛkt, ə-; iˈlekt] **《**源自拉丁文「選擇」之義**》**—*v.t.* **1** (用投票) **選舉**：**a**〔十受〕選舉〈議員、議長等〉：We ～*ed* the chairman. 我們選舉主席。**b**〔十受十(*to be*)補/十受十*as* 補〕選舉〈人〉〈當…〉：Reagan was ～*ed* (*to be*) President of the United States. 雷根被選為美國總統/I wonder who(m) they will ～ *as* mayor. 我不知道他們會選誰當市長《★補語用以表示職位時無冠詞》。**c**〔十受十介十(代)名〕選〈某人〉〔擔任…〕〔*to*〕：～ a man ***to*** the presidency 選某人當總裁[會長，總統(等)]。**d**〔十受(十補)十介十(代)名〕選〈某人〉〔當…地區的代表〕〔*for*〕：He has been ～*ed* representative ***for*** the 3rd congressional district. 他被選為第三選區的衆議院議員。

2《文語》**a**〔十受〕選擇，決定…：～ death 選擇死亡。**b**〔＋*to* do〕決定〈去做…〉：He ～*ed to* remain at home. 他決定留在家中。

3〔十受(＋*as* 補)〕《美》選擇〈科目等〉〈作為…〉：I ～*ed* Japanese history *as* a minor. 我選日本史為副修科目。

4〔十受〕《神學》〈上帝〉選擇〈人〉。

—*adj.* **1** 被選定[選拔]的。

2 [常置於名詞之後] (尚未就任但) 已被選出的：the President-*elect* 當選而尚未就職的總統。

3《神學》被(上帝)選擇的(↔ reprobate).

—*n.* [**the** ～；集合稱；當複數用]《文語》**1** 特權階級，領導階級。**2**《神學》上帝的選民們。

e·lect·ee [ɪˌlɛkˋti; iˌlekˈtiː] *n.* Ⓒ當選人。

***e·lec·tion** [ɪˋlɛkʃən, ə-; iˈlekʃn] **《**elect 的名詞**》**—*n.* **1** ⓊⒸ(經由投票的) **選舉**；當選：a general ～ 大選，普選/hold [conduct] an ～ 舉行選舉/carry [win] an ～ 贏得選舉，當選/stand for (an) ～《英》提名候選《★ 比較 《美》一般用 declare one's candidacy》. **2** Ⓤ《神學》(為了賦予某種使命救世的) 上帝的選擇 (cf. reprobation 2).

eléction dày *n.* **1** Ⓒ選舉日。**2** [常 **E**～ **D**～] Ⓤ《美》總統選舉日。

> 【說明】選舉美國總統與副總統的日子；每隔四年的十一月第一週的星期二，在許多州為法定假日。

eléction dìstrict *n.* Ⓒ《美》選區。

e·lec·tion·eer [ɪˌlɛkʃənˋɪr, ə-; iˌlekʃəˈniə] *v.i.* 從事競選活動，積極參加競選。

e·lèc·tion·éer·ing [-nˋɪrɪŋ; -ˈniəriŋ] *n.* Ⓤ競選活動。

e·lec·tive [ɪˋlɛktɪv, ə-; iˈlektiv] **《**elect, election 的形容詞**》** —*adj.* **1** **a** (有關) 選舉的。**b**〈職位、權限等〉經由選舉的：an ～ office 公選的官[公]職。**c** 為選舉的，有選舉權的：an ～ body 選舉團體。**2**《美》〈科目〉選修的(《英》optional)：an ～ course 選修課程/an ～ subject 選修科目/an ～ system 選課制度。—*n.* Ⓒ《美》選修科目[課程](《英》optional)：take an ～ in... 選擇…為選修科目。～**·ly** *adv.*

eléctive affínity *n.* Ⓤ《化學》有擇親和勢。

e·lec·tor [ɪˋlɛktɚ, ə-; iˈlektə] *n.* Ⓒ**1** 選舉人，有選舉權者。**2**《美》(總統、副總統的) 選舉人。

> 【說明】有選舉權者投票給候選人，獲得多數選舉人選票者當選為總統。由各州選出的總統選舉人數應與該州在國會兩院中的議員人數相等。參院議員100 名，衆院議員435 名，再加上華盛頓特區(Washington D. C.)選出的 3 名，共計 538 名；由這些選舉人所構成的委員團稱為選舉團(electoral college).

e·lec·tor·al [ɪˋlɛktərəl, ə-; iˈlektərəl] *adj.* [用在名詞前] 選舉的；選舉人的：an ～ district 選舉區。

eléctoral cóllege *n.* Ⓤ [**the** ～；集合稱]《美》(總統、副總統) 選舉團《★ 用法 視為整體時當單數用，指全部個體時當複數用；⇨elector 2》.

eléctoral róll [régister] *n.* Ⓒ [常用單數或 **the** ～] 選舉人名冊。

e·lec·tor·ate [ɪˋlɛktərɪt, ə-; iˈlektərət, -it] *n.* Ⓒ [**the** ～；集合稱] (全體) 選民，選舉團《★ 用法 視為整體時當單數用，指全部個體時當複數用》。

E·lec·tra [ɪˋlɛktrə; iˈlektrə] *n.*《希臘神話》伊蕾克特拉《阿加邁農(Agamemnon)與克萊登妮絲特拉(Clytemnestra)的女兒；唆使其弟奧瑞斯提斯(Orestes)殺死其母及母親的情人，以報父仇》。

Eléctra còmplex **《**源自 Electra**》**—*n.* Ⓒ《精神分析》伊蕾克特拉情結，戀父情結《女兒在潛意識中對父親所抱有的性思慕；cf. Oedipus complex》.

‡e·lec·tric [ɪˋlɛktrɪk, ə-; iˈlektrik] **《**源自希臘文「琥珀」之義；因磨擦琥珀會產生電**》**—*adj.* (**more** ～；**most** ～) **1** (無比較級、最高級) **a** [用在名詞前] **電氣的**：an ～ current 電流/an ～ discharge 放電/ ～ power 電力/an ～ storm《氣象》電暴，雷暴。**b** 帶電[產生電]的，發電的；電動的：an ～ bell 電鈴/an ～ blanket 電毯/an ～ car 電車/an ～ cell＝an ～ battery 電池/an ～ clock 電鐘/an ～ furnace 電爐/an ～ guitar 電吉他/an ～ heater 電熱器/an ～ organ [piano] 電風琴[鋼琴]/an ～ railroad [railway] 電氣鐵路/an ～ train (玩具) 電動火車/an ～ torch《英》(棒型) 手電筒(《美》flashlight)/(an) ～ wire 電線。

2 電擊的，衝擊性的；(像電擊般) 使人震驚的：an ～ personality 強烈的個性/an ～ display of virtuosity 驚人的技巧展示。

‡e·lec·tri·cal [ɪˋlɛktrɪkḷ, ə-; iˈlektrikl] *adj.* (無比較級、最高級) **1** [用在名詞前] **有關電氣的**；操作電氣的：an ～ engineer 電機工程師/(an) ～ wire 電線/ ～ engineering 電機工程。**2** 使用電氣的：～ transmission (照片的) 傳眞/ ～ goods [appliances] 電氣製品[器具]。

e·léc·tri·cal·ly [-kḷɪ; -kəli] *adv.* **1** 以電氣(作用)，用電力。**2** 電擊性地。

eléctrical transcríption *n.* ⓊⒸ **1** 用錄音片之無線電廣播。**2** Ⓒ無線電廣播用錄音片。

eléctric cháir *n.* **1** Ⓒ電椅《死刑用》。**2** [**the** ～] 電刑(electrocution)：be sent to *the* ～ 被處以電刑。

eléctric éel *n.* Ⓒ《魚》電鰻《南美產的鰻魚，能放出强烈電力》。

eléctric éye *n.* Ⓒ《口語》光電池(photoelectric cell).

***e·lec·tri·cian** [ɪˌlɛkˋtrɪʃən, ə-; ˌilekˈtriʃn] *n.* Ⓒ**電機工程師；電工。**

‡e·lec·tric·i·ty [ɪˌlɛkˋtrɪsətɪ, ə-; ˌilekˈtrisəti] **《**electric 的名詞**》**—*n.* Ⓤ **1** **電**：atmospheric ～ 大氣電/frictional ～ 摩擦電/magnetic ～ 磁電/negative [resinous] ～ 陰電/positive [vitreous] ～ 陽電。

2 電流；(供給的) 電力：by ～ 用電[電力]/install ～ 裝設電力/supply ～ to a village 供電給村子。

3 (具有感染力的) 强烈的情緒，熱情。

eléctric ráy *n.* Ⓒ《魚》電魚《又名電魟》。

eléctric shóck *n.* ⓊⒸ電擊，觸電：He got an ～. 他受到電擊。

eléctric shóck thérapy *n.* Ⓤ《醫》(精神病的) 電震療法。

e·lec·tri·fi·ca·tion [ɪˌlɛktrəfəˋkeʃən, ə-; iˌlektrifiˈkeiʃn] **《**electrify 的名詞**》**—*n.* Ⓤ **1** 帶電，感電。**2** (鐵路、家庭等的) 電氣化。**3** 震撼。

e·lec·tri·fy [ɪˋlɛktrəˌfaɪ, ə-; iˈlektrifai] *v.t.* **1** 使〈物體〉充電，通電，帶電；使〈人〉觸電。**2** 使〈鐵路、家庭等〉電氣化：～ a railroad 使鐵路電氣化。**3** 使〈人〉驚訝[震驚]，給〈人〉强烈的衝擊：The performance *electrified* the audience. 演出震撼了觀衆。

e·lec·tro- [ɪˋlɛktro-, ə-; iˈlektrou-] [複合用詞] 表示「電的」，「用電力的」之意：*electro*magnet, *electro*type.

elèctroacóustic transdúcer *n.* Ⓒ電聲轉送器。

elèctro·análysis *n.* ⓊⒸ《化學》電析。

elèctro·cár·di·o·gram [-ˋkardɪəˌgræm; -ˈkɑːdiəgræm] *n.* Ⓒ《醫》心電圖《略作 ECG》.

eléctro·cár·di·o·graph [-ˋkardɪəˌgræf; -ˈkɑːdiəgræf] *n.* Ⓒ《醫》心動電流描記器。

elèctro·chémical *adj.* 電化學的。～**·ly** [-kḷɪ; -kəli] *adv.*

elèctro·chémistry *n.* Ⓤ電化學。

e·lec·tro·cute [ɪˋlɛktrəˌkjut, ə-; iˈlektrəkjuːt] *v.t.* **1** 以電殺死〈人、動物〉，使…觸電而死《★常用被動語態》：He got ～*d.* 他觸電死了。**2** 將〈人〉處以電刑《★常用被動語態》。

e·lec·tro·cu·tion [ɪˌlɛktrəˋkjuʃən, ə-; iˌlektrəˈkjuːʃn] *n.* ⓊⒸ **1** 觸電死亡。**2** 電刑。

e·lec·trode [ɪˋlɛktrod, ə-; iˈlektroud] *n.* Ⓒ [常 ～**s**]《電學》電極(棒)。

elèctro·dynámic *adj.* 電動力的；電動力學(上)的。
elèctro·dynámical *adj.* =electrodynamic.
elèctro·dynámics *n.* Ⓤ電動力學。
elèctro·encéphalogram *n.* Ⓒ《醫》腦波圖。
elèctro·encéphalograph *n.* Ⓒ《醫》腦波計。
e·léc·tro·fìsh·ing *n.* Ⓤ電捕，電漁法。
elèctro·kinétics *n.* Ⓤ電動學(cf. electrostatics)。
e·lec·tro·lier [ɪ,lɛktroˋlɪr; i,lektrouˈliə] *n.* Ⓒ(有多個燈泡之)電燈架，吊燈架。
e·lec·trol·y·sis [ɪ,lɛkˋtrɑləsɪs; i,lekˈtrɔlisis] *n.* ⓊⒸ **1**《化學》電解。**2**《醫》電解療法《用電流破壞毛根、腫瘍等的療法》。
e·lec·tro·lyte [ɪˋlɛktrə,laɪt; iˈlektrəlait] *n.* ⓊⒸ《電學・化學》電解物[質，液]。
elec·tro·lyt·ic [ɪ,lɛktrəˋlɪtɪk; i,lektrəˈlitik] *adj.* 電解(質)的：an ～ bath[cell]電解槽。
e·lec·tro·lyze [ɪˋlɛktrə,laɪz; iˈlektrəlaiz] *v.t.* **1** 電解。**2** 對…施以電解療法。
elèctro·mágnet *n.* Ⓒ電磁石。
elèctro·magnétic *adj.* 電磁石的；電磁的：～ waves 電磁波。
elèctro·mágnetism *n.* Ⓤ電磁(學)。
e·lec·trom·e·ter [ɪ,lɛkˋtrɑmətɚ; i,lekˈtrɔmitə] *n.* Ⓒ靜電計。
elèctro·mótive *adj.* 電動的，起電的：～ force 起電力，電動力《略作 E.M.F., e.m.f.》。
elèctro·mótor *n.* Ⓒ電動機。
e·lec·tron [ɪˋlɛktrɑn; iˈlektrɔn] *n.* Ⓒ《物理・化學》電子。
eléctron bómb *n.* Ⓒ鎂殼燃燒彈。
elèctro·négative *adj.*《電學》帶陰電荷的，陰電的；《化學》陰電性的，電負性的(cf. electropositive)。
eléctron gás *n.* Ⓤ《物理》電子氣。
eléctron gùn *n.* Ⓒ(電視等的)電子槍。
***e·lec·tron·ic** [ɪ,lɛkˋtrɑnɪk; i,lekˈtrɔnik] *adj.* (無比較級、最高級)電子的；電子工程的；電子音樂的：an ～ computer [organ] 電子計算機[風琴]。
electrónic bráin *n.* Ⓒ電腦《★初期 computer 的別稱，現已不太使用》。
elèctrónic cóuntermèasure *n.* Ⓒ(干擾敵人飛彈導向的)電子反制[對抗]。
electrónic dáta procèssing sýstem *n.* Ⓒ電子數據處理系統。
electrónic engineéring *n.* Ⓤ電子工程學。
electrónic flásh *n.* ⓊⒸ《攝影》電子閃光燈(strobe light)《發光裝置》：This camera has (an) ～. 這架照相機附有電子閃光燈。
electrónic máil *n.* Ⓤ 電子郵件[郵政制度]《利用電腦與資料通訊網收發文章、畫像等資訊的方法[制度]，略作 EM》。
electrónic músic *n.* Ⓤ《音樂》電子音樂。
e·lec·tron·ics [ɪ,lɛkˋtrɑnɪks; i,lekˈtrɔniks] *n.* Ⓤ**電子工程學**。
eléctron microscope *n.* Ⓒ電子顯微鏡。
eléctron òptics *n.* Ⓤ電子光學。
eléctron tùbe *n.* Ⓒ電子管。
eléctron vòlt *n.* Ⓒ電子伏特。
e·lec·troph·o·rus [ɪ,lɛkˋtrɑfərəs; i,lekˈtrɔfərəs] *n.* Ⓒ (*pl.* **-ri** [-,raɪ; -rai])《物理》起電盤。
elèctro·photógraphy *n.* Ⓤ電子攝影。
e·lec·tro·plate [ɪˋlɛktrə,plet; iˈlektrəpleit] *v.t.* 〔十受(十介十(代)名)〕〔用銀等〕電鍍〈物〉〔*with*〕。
elèctro·pósitive *adj.*《電學》帶陽電[正電]的；《化學》鹽基性的(cf. electronegative)。
e·lec·tro·scope [ɪˋlɛktrə,skop, ə-; iˈlektrəskoup] *n.* Ⓒ驗電器。
e·lèc·tro·sén·si·tive *adj.* 電感光(紙)的。
eléctro·shòck *n.* =electroshock therapy.
eléctro·shòck thèrapy *n.* =electric shock therapy.
e·léc·tro·slèep *n.* Ⓤ電療睡眠法。
elèctro·státic *adj.* 靜電的。
elèctro·státics *n.* Ⓤ 靜電學 (cf. electrokinetics)。
elèctro·technólogy *n.* Ⓤ電子工程學。
elèctro·thérapy *n.* Ⓤ電療(學)。
e·lec·tro·type [ɪˋlɛktrə,taɪp, ə-; iˈlektrətaip] *n.* **1** Ⓒ電鑄版。**2** Ⓤ電版鑄術。**3** Ⓒ電版鑄印刷物。
—*v.t.* 製…之電鑄版。
—*v.i.* 製電鑄版。
e·lec·trum [ɪˋlɛktrəm; iˈlektrəm] *n.* Ⓤ **1** 琥珀金《琥珀色之金銀合金》。**2** 含銀之金礦。**3** 洋銀《銅、鎳與鋅之合金》。
el·ee·mo·sy·nar·y [,ɛləˋmɑsn,ɛrɪ; ,elii:ˈmɔsinəri] *adj.*《文語》慈善的，施捨的。
el·e·gance [ˋɛləgəns; ˈeligəns] «elegant 的名詞» —*n.* **1** Ⓤ[又作**an** ～]優雅，高尚：with ～優雅地/She has (*a certain*) ～. 她有(一種)高雅的氣質。**2** Ⓒ[常 ～**s**]優雅[高雅]的事物，高雅的言語[作法]。**3** Ⓤ(思考、證明等之)俐落，簡潔。

el·e·gant [ˋɛləgənt; ˈeligənt] «源自 拉丁文「選中的」之義» —*adj.* (**more** ～；**most** ～)**1** 高雅的，優雅的，嫻靜的(⇨delicate【同義字】)：～ dress[furniture]高雅的服裝[家具]/a life of ～ ease 優雅而安逸的生活。**2**〈藝術、文學、文體等〉高格調的，高尚的，典雅的。**3**〈思考、證明等〉俐落的，簡潔的。**4**《口語》美好的；上等的。～·**ly** *adv.*
el·e·gi·ac [ɪˋlidʒɪ,æk, ,ɛləˋdʒaɪæk; ,eliˈdʒaiək←] «elegy 的形容詞» —*adj.* **1** 輓歌式的，輓詩的。**2** 輓歌調的，哀歌[輓歌]體的；哀愁的。**3**〈詩人〉作輓詩的：an ～ poet輓歌詩人。
—*n.* Ⓒ[常 ～**s**]，輓詩[歌]體的詩句。
el·e·gize [ˋɛlə,dʒaɪz；ˈelidʒaiz] *v.i.* 作輓歌。
—*v.t.* 以輓歌紀念或哀悼。
el·e·gy [ˋɛlədʒɪ；ˈelidʒi] *n.* Ⓒ **1** 悲歌，輓詩，輓歌。**2** 輓詩[歌]體的詩。
elem.《略》element(s)；elementary.
***el·e·ment** [ˋɛləmənt; ˈelimənt]«源自 拉丁文「第一原理」之義» —*n.* **1** Ⓒ**a** (全體中必需的)要素，成分，構成部分：～*s of* a sentence 句子的要素[成份]《主詞、動詞等》/Love is an ～ *of* kindness. 愛是仁慈的必要因素。

> 【同義字】element 是指形成整體的一個成分或要素，多屬不能再予分解者；factor 是指形成現象或事情的主要因素。

b [常 ～**s**](就政治上的意義而言，社會的)集團，分子：discontented ～*s of* society 社會上的不滿分子。
2 Ⓒ[常**an** ～]稍微，有些〔*of*〕(★of 以下爲抽象名詞)：There is *an* ～ *of* truth in what you say. 你說的有些道理。
3 [**the** ～**s**](學問的)基本原理，初步，入門：*the* ～*s of* grammar 文法原理[入門]/He doesn't know *the* ～*s of* mathematics. 他不懂數學的基本原理。
4 [**the** ～**s**](出現於天氣的)自然力量；雨，風，(尤指)暴風雨：the fury of *the* ～*s* 自然力的肆虐/strife [war] of *the* ～*s* 大暴風雨(等)。
5 Ⓒ**a** (古代自然哲學家認爲構成自然界的)四大元素(four elements)的任何一種《earth, water, air, fire》：the devouring ～ 烈火。**b** (被認爲是生物原棲身之處的)四大元素《例如水之於魚，天空之於鳥》；固有的領域；(人的)本領，天性，適當場所：be in one's ～ (如魚得水般)在原來的活動範圍內[稱心如意的環境]適得其所/be out of one's ～ (如魚離水般)不得其所。
6 Ⓒ《物理》元素。
7 [**the Elements**]《神學》《文語》聖餐儀式用的麵包和葡萄酒。
el·e·men·tal [,ɛləˋmɛntl; ,eliˈmentl←] «element 的形容詞» —*adj.* **1 a** (古代自然科學)四大元素的，四行的(cf. element 5 a)：the ～ spirits 喚起四行[水、土、風、火]的精靈/ ～ strife 四行的鬥爭，大暴風雨。**b** 自然力的；似自然力的：～ forces 自然力/ ～ worship 對自然力的崇拜。**2**〈人的性格、感情等〉保持自然的，不加掩飾的，單純樸實的；原始的，粗獷的。**3**《物理》元素的。
***el·e·men·ta·ry** [,ɛləˋmɛntərɪ; ,eliˈmentəri←] «element 的形容詞» —*adj.* (**more** ～；**most** ～)**1** (無比較級、最高級)基本的，初步的，初等的：～ education《美》初等教育。**2**〈問題等〉初步性的，簡單的。
élementary párticle *n.* Ⓒ《物理》元質點。
eleméntary schòol *n.* Ⓤ[指設備時爲Ⓒ](美國的)小學。

> 【說明】(1)美國的小學、初中、高中修業年限總計十二年，其分法因州而異。在 6-3-3 制的小學爲六年，在 8-4 制的爲八年，6-2-4 制爲六年，6-6 制爲六年。在英國 1870 年至 1918 年間，小學的入學年齡是五至十三歲，其後到第二次大戰結束爲止，便成了只收五歲兒童的小學。但現在已沒有這種名稱的學校，取代它的是以五至十一歲的兒童爲對象的 primary school.
> (2)美國的小學爲防範災害，幾乎都是一層樓的平房；cf. school 的【說明】

‡el·e·phant [ˋɛləfənt; ˈelifənt] *n.* Ⓒ(*pl.* ～**s**, [集合稱]～)《動物》象：⇨ white elephant.

> 【說明】美國以漫畫化的大象作爲共和黨的象徵；cf. donkey【說明】

el·e·phan·ti·a·sis [,ɛləfənˋtaɪəsɪs; ,elifənˈtaiəsis, -ləf-] *n.* Ⓤ《醫》象皮病。
el·e·phan·tine [,ɛləˋfæntin, -taɪn; ,eliˈfæntain, -ləˈf- ←] «elephant 的形容詞» —*adj.* **1** 象的。**2** 如象的；巨大的；笨拙的，粗笨的；遲鈍的；笨重的：～ steps 笨重的脚步。
élephant's èar *n.* Ⓒ葉大呈象耳狀之植物《如芋及秋海棠屬》。
el·e·vate [ˋɛlə,vet; ˈeliveit] *v.t.* **1** 〔十受〕《文語》提昇〈精神、性格等〉，使…高尚；使…上進：Reading good books ～*s* the mind. 閱讀好書可提昇心靈[思想]修養。**2** 〔十受〕《文語》舉起，提起〈物品〉；提高〈聲音〉：～ a gun 舉高砲口。**3** 〔十受十介十

Indian elephant

African elephant

(代)名〕晉升〈某人〉〔爲…〕〔*to*〕：He was ～*d* **to** the peerage. 他被升爲貴族。

él·e·vàt·ed *adj.* **1** 高尚[高潔]的，崇高的。**2** 提高的，高起的，架高的：an ～ road 高架道路。**3**《口語》歡欣的，振奮的。**4**《口語》微醉的。

élevated ráilroad [ráilway] *n.* Ⓒ《美》高架鐵路(《英》overhead railway).

el·e·va·tion [ˌɛləˋveʃən; ˌeliˈveiʃn] **《elevate 的名詞》** **—*n.*** **1** Ⓤ提昇，舉起，抬起；擢升，晉升。
2 Ⓤ[又作**an ～**](思想、文體等的)高超，高尚，崇高。
3 a [**an ～**]高度，海拔(⇨ height【同義字】)：at *an* ～ *of* 1,000 feet 在一千呎的高度。**b** Ⓒ高地，丘陵(height).
4 [**an ～**]《砲術・測量》仰角，射角。
5 Ⓒ《建築》立視圖《正面、側面及背面等的圖》，正視圖(cf. plan 3 a).
the Elevátion of the Hóst《天主教》聖體奉舉，舉揚聖體《供參加者禮拜》。

‡**el·e·va·tor** [ˋɛləˌvetɚ; ˈeliveitə] *n.* Ⓒ **1**《美》**電梯，昇降機**(《英》lift)：go up [down] *in* an ～ 乘電梯上昇[下降]。

【說明】(1)在美國和英國乘電梯時，女性和長輩優先，在公寓和旅館的電梯內有女性同乘時，男性要取下帽子才合乎禮節；⇨ etiquette 的插圖。
(2)同樣是電梯，有每層都停的和有些層不停的，二者常並排在一起。在紐約的摩天大廈中，也有直通五十樓或到一百層的電梯，被稱爲 express「快車」；相反的，每一層都停的則稱 local「慢車」。

2 把物揚起的東西[裝置]；揚穀機，揚水[土]機，打水機(等)。
3 大穀倉。**4**《航空》昇降舵(cf. rudder 1 b, aileron).

élevator òperator [màn, bòy, gìrl] *n.* Ⓒ電梯操作員。

‡**e·lev·en** [ɪˋlɛvən; iˈlevn] **《源自古英語「數十餘一」之義》** **—*adj.*** **1** [用在名詞前]十一的，十一個的，十一人的：He is ～ years old [of age]. 他十一歲。
2 [不用在名詞前]十一歲的：He is ～. 他十一歲。
—*n.* **1 a** Ⓤ[常無冠詞](基數的)十一。**b** Ⓒ十一的符號《11, xi, XI》.
2 Ⓤ十一點鐘；十一歲；十一美元[英鎊，分，便士(等)]：at ～ 在十一點鐘/a child of ～ 十一歲的孩子。
3 Ⓒ**a** 十一個[人]一組。**b** (尤指)足球或板球的球隊《★用因視爲整體時當單數用，指全部個體時當複數用》：be in an ～ (十一人一組的)選手之一。
4 [**the E～**]基督的十一名使徒《除去十二使徒中的猶大(Judas)》.
5 [**～s**]《英口語》＝elevenses.
—*pron.* [當複數用]十一個，十一人：There are ～. 有十一個(人)。

eléven-plús *n.* [**the ～**]《英》十一歲升學(甄試)《從前在英格蘭與威爾斯決定十一歲兒童將升入 grammar school 或 secondary modern school 而舉行的甄試；現由於 comprehensive school 編制的進步，幾乎所有的郡(county)都已廢除這種甄試》。

e·lev·ens·es [ɪˋlɛvənzɪz; iˈlevnziz] *n. pl.* [常當單數用]《英口語》上午十一點左右時吃的點心。

‡**e·lev·enth** [ɪˋlɛvənθ; iˈlevnθ] **《源自 eleven＋-th[1](構成序數的字尾)》** **—*adj.*** **1** [常**the ～**]第十一(個)的。**2** 十一分之一的：an ～ part 十一分之一。
at the eléventh hóur 在最後一刻(趕上)，在危急時《★出自聖經「馬太福音」》。
—*n.* **1** Ⓤ[常**the ～**]**a** (序數的)第十一《略作 11th》. **b** (月的)第十一日。**2** Ⓒ十一分之一。**—*pron.*** [**the ～**]第十一個人[物]。

e·lev·enth·ly [ɪˋlɛvənθlɪ; iˈlevnθli] *adv.* 第十一《列舉條目時用》；在第十一號。

elf [ɛlf; elf] *n.* Ⓒ(*pl.* **elves** [ɛlvz; elvz])小精靈《出現於民間故事中的精靈，據說居住在森林或洞穴中，好作弄人》。

élf chìld *n.* Ⓒ被精靈偸換後留下的醜小孩(changeling).

elf·in [ˋɛlfɪn; ˈelfin] *adj.* **1** 小精靈(似)的。**2** 惡作劇的，淘氣的。

élf·ish [ˋ-fɪʃ, ˋ-vɪʃ; ˈ-fiʃ] *adj.* 似小精靈的。**～·ly** *adv.* **～·ness** *n.*

élf·lànd *n.* Ⓤ小妖國；魔境。

élf·lòck *n.* Ⓒ糾結的頭髮，(尤指小精靈之)鬈髮。

El Gre·co [ɛlˋgrɛko; elˈgrekou] *n.* 愛爾・格蘭可《1541–1614；生於克里特(Crete)島的西班牙畫家、建築家、雕刻家》。

E·li·as [ɪˋlaɪəs; iˈlaiəs] *n.* **1** 伊來爾斯《男子名》。**2** ＝Elijah 2.

e·lic·it [ɪˋlɪsɪt; iˈlisit] *v.t.* 〔十受(十介十(代)名)〕〔從…〕引出〈事實、情報等〉；〔從…〕誘出〈事實、回答、笑聲等〉〔*from*〕：～ an opinion *from* a person 探問某人的意見。
e·lic·i·ta·tion [ɪˌlɪsəˋteʃən; iˌlisiˈteiʃn] *n.*

e·lide [ɪˋlaɪd; iˈlaid] *v.t.*《文法》省略〈母音、音節〉《如：*th'*(＝the) inevitable hour》.

el·i·gi·bil·i·ty [ˌɛlɪdʒəˋbɪlətɪ; ˌelidʒəˈbiləti] **《eligible 的名詞》** **—*n.*** Ⓤ適任，合格。

el·i·gi·ble [ˋɛlɪdʒəbl̩; ˈelidʒəbl] **《源自拉丁文「挑選」之義》** **—*adj.*** **1** 適於當結婚對象的：an ～ bachelor 合適(作結婚對象)的單身漢。**2** [不用在名詞前] **a** 〔十 *to* do〕適合[有資格]〈做…〉的：He is not ～ *to* take part in the game. 他沒有資格參加比賽。**b** 〔十介十(代)名〕〔對…〕適任的，理想的，合格的〔*for*〕：be ～ *for* a pension 有資格領取退休金/a man ～ *for* membership in a society 有資格成爲會員的人。**él·i·gi·bly** [-blɪ; -bli] *adv.*

E·li·jah [ɪˋlaɪdʒə; iˈlaidʒə] *n.* **1** 伊萊賈《男子名》。**2**《聖經》以利亞《希伯來先知》。

e·lim·i·nate [ɪˋlɪməˌnet; iˈlimineit] **《源自拉丁文「趕出門」之義》** **—*v.t.***
1 a 〔十受〕**剔除**，除去〈東西〉；(在預賽中)淘汰〈人、球隊〉：～ sex barriers 消除男女的差別/～ competitors in a contest 淘汰參加比賽的人。
b 〔十受十介十(代)名〕把…〔從…〕除去，刪除〔*from*〕：～ unnecessary words *from* an essay 從論文中刪去不必要的字。
2 〔十受〕不考慮，無視，忽視…。
3 〔十受〕《口語・委婉語》殺〈人〉。
4 〔十受〕《生理》排出〈排泄物〉。

eliminate

exclude

e·lim·i·na·tion [ɪˌlɪməˋneʃən; iˌliməˈneiʃn] **《eliminate 的名詞》** **—*n.***
1 ⓊⒸ除去，刪除，排除〔*of*〕. **2** ⓊⒸ《運動》預賽。**3** Ⓤ《生理》排出，排泄。**4** ⓊⒸ《數學》消去(法)。

eliminátion màtch [còntest, ràce] *n.* Ⓒ淘汰賽。

e·lim·i·na·tor [ɪˋlɪməˌnetɚ; iˈlimineitə] *n.* Ⓒ **1** 除去者；排除器。**2**《無線》交流接收器，電源整流器。

El·i·nor [ˋɛlɪnɚ; ˈelinə] *n.* 艾樂娜《女子名；又作 Eleanor》.

el·int [ˋɛlɪnt; ˈelint] **《源自 *el*ectronic *int*elligence》** **—*n.*** **1** Ⓤ電子偵察，電子情報收集。**2** Ⓒ電子偵察機[艦]。

El·i·ot [ˋɛlɪət; ˈeliət] *n.* 艾略特《男子名》。

Eliot, George *n.* 艾略特《1819–80；英國女作家 Mary Ann Evans 的筆名》。

Eliot, T(homas) S(tearns) [stɝnz; stəːnz] *n.* 艾略特《1888–1965；生於美國的英國詩人、評論家》。

e·li·sion [ɪˋlɪʒən; iˈliʒn] **《elide 的名詞》** **—*n.*** ⓊⒸ(母音、音節等的)省略。

e·lite [ɪˋlit, eˋlit; eiˈliːt] **《源自法語 'chosen' 之義》** **—*n.*** **1** Ⓒ[常**the ～**；集合稱]經挑選的人，精銳，精英《★用因視爲整體時當單數用，指全部個體時當複數用》：*the* ～ *of* society 社會名流，名士/a new ～ 新銳集團。**2** Ⓤ(打字機的)艾利特活字《10 磅因(point)的打字機字母尺寸；cf. pica》.
—*adj.* [用在名詞前]最優秀的；精英的。

é·lite [ɪˋlit, eˋlit; eiˈliːt] *n.* ＝elite 1.

e·lít·ism [-tɪzəm; -tizəm] *n.* Ⓤ **1** 精英主義。**2** 精英管理(論)。**3** 精英意識。

e·lít·ist [-tɪst; -tist] *n.* Ⓒ 精英主義者。**—*adj.*** 精英主義的。

e·lix·ir [ɪˋlɪksɚ; iˈliksə] **《源自阿拉伯語 'philosophers' stone' 之義》** **—*n.*** 《文語》**1** Ⓒ鍊金液《一種一般相信能把廉價金屬變成黃金的靈液；cf. philosophers' stone》. **2** [**the ～**]＝the ELIXIR of life. **3** Ⓒ萬靈丹[藥](cure-all). **the elíxir of lífe** 長生不老的藥。

Eliz.《略》Elizabeth; Elizabethan.

E·li·za [ɪˋlaɪzə; iˈlaizə] *n.* 伊萊莎《女子名；Elizabeth 的暱稱》。

E·liz·a·beth [ɪˋlɪzəbəθ; iˈlizəbəθ] *n.* 伊莉莎白《女子名；暱稱 Bess, Bessie, Bessy, Beth, Betty, Eliza, Elsie, Lily, Lisa, Liz, Liza, Lizzie, Lizzy》.

Elizabeth I *n.* 伊利莎白一世《1533–1603；英國女王(1558–1603)》.

Elizabeth II *n.* 伊利莎白二世《1926- ；現任的英國女王(1952-)》.

E·liz·a·be·than [ɪ͵lɪzə'biθən, ɪ'lɪzə͵bɛθən; i͵lizə'bi:θn ←] 《Elizabeth 的形容詞》 **—***adj.* 伊利莎白一世女王時代的，伊利莎白王朝的：the ~ age 伊利莎白女王時代(1558-1603).

—*n.* Ⓒ伊利莎白女王時代的人，伊利莎白王朝的文人[政治家]。

elk [ɛlk; elk] *n.* Ⓒ(*pl.* **~s,** [集合稱] ~)《動物》麋鹿《產於歐洲、亞洲；cf. moose》。

elk

elk·hound ['ɛlk͵haund; 'elk-haund] *n.* Ⓒ獵麋犬。

ell[1] [ɛl; el] *n.* Ⓒ厄爾《從前的長度單位；在英國爲 45 吋》：Give him an inch and he'll take an ~.《諺》得寸進尺。

ell[2] [ɛl; el] *n.* Ⓒ **1** L 字母。**2** L 形的東西[接頭]；(建築物的)邊廂；廂房。

El·len ['ɛlɪn, -ən; 'elin] *n.* 艾倫《女子名；Helen 的變體》。

El·lie ['ɛlɪ; 'eli] *n.* 艾莉《女子名；Eleanor 的暱稱》。

el·lipse [ɪ'lɪps; i'lips] *n.* Ⓒ橢圓，橢圓形(圓周)。

el·lip·sis [ɪ'lɪpsɪs; i'lipsis] *n.* (*pl.* **-ses** [-siz; -si:z]) **1** ⓊⒸ《文法》省略[*of*]。**2** Ⓒ《印刷》省略符號《—，…，***，等》。

el·lip·soid [ɪ'lɪpsɔɪd, ə-; i'lipsoid] *n.* Ⓒ《幾何》橢面；橢球。**—***adj.* 橢面的；橢球的；橢面形的；橢球形的。**~·al** *adj.*

el·lip·tic [ɪ'lɪptɪk; i'liptik] 《1 爲 ellipse, 2 爲 ellipsis 的形容詞》 **—***adj.* **1** 橢圓(形)的：Pluto has an ~ orbit. 冥王星的軌道是橢圓形的。**2** 省略法的，省略的：an ~ construction 省略結構。

el·líp·ti·cal [-tɪkl; -tikl] *adj.* =elliptic. **~·ly** [-klɪ; -kəli] *adv.*

El·lis Is·land ['ɛlɪs'aɪlənd; 'elis'ailənd] *n.* 艾利斯島《紐約港之一小島；從前前往美國之移民的登陸處》。

elm [ɛlm; elm] *n.* **1** (又作**élm trèe**)Ⓒ《植物》榆樹。**2** Ⓤ榆木。

> 【說明】(1)在英美和橡樹(oak)同爲常見的落葉樹。長大成高約二十五公尺的大樹，在春天發芽和秋天落葉時都很美麗，因被用作棺木的木料所以有時會令人聯想到墳墓。從 1960 年代以後，枯萎的情形急速增加。
> (2)elm 的花語是 dignity(尊嚴)。

El·mer ['ɛlmɚ; 'elmə] *n.* 艾爾摩《男子名》。

El·mo ['ɛlmo; 'elmou] *n.* ⇨ St. Elmo's fire [light].

elm 1

el·o·cu·tion [͵ɛlə'kjuʃən; ͵elə'kju:ʃn] *n.* Ⓤ發聲法；演說法，雄辯術，朗誦法；演講[朗誦]的風格[風度]。

el·o·cu·tion·ar·y [͵ɛlə'kjuʃən͵ɛrɪ; ͵elə'kju:ʃnəri] *adj.* 朗誦法的；雄辯術的。

èl·o·cú·tion·ist [-ʃənɪst; -ʃnist] *n.* Ⓒ **1** 教授發聲法的專家。**2** 雄辯家；演說家。

e·lon·gate [ɪ'lɔŋget; 'i:lɔŋgeit] *v.t.* 延長，拉長〈東西，時間等〉。

e·lon·ga·tion [ɪ͵lɔŋ'geʃən; ͵i:lɔŋ'geiʃn] 《elongate 的名詞》 **—***n.* **1** Ⓤ延長，伸長，延伸。**2** Ⓒ延長線(的部分)。

e·lope [ɪ'lop; i'loup] *v.i.* **1** **a** 〈男女〉(得不到父母的結婚許可而)私奔。**b**〔十介十(代)名〕〈女子〉〔與情人〕私奔〔*with*〕. **2** 出走，逃走。

e·lópe·ment [-mənt; -mənt]《elope 的名詞》 **—***n.* ⓊⒸ私奔：make one's ~ 私奔。

el·o·quence ['ɛləkwəns; 'eləkwəns] 《eloquent 的名詞》 **—***n.* Ⓤ**雄辯，口才**。

el·o·quent ['ɛləkwənt; 'eləkwənt] 《源自拉丁文「說話」之義》 **—***adj.* (**more ~ ; most ~**)《文語》 **1** **a** 〈人〉**雄辯的，善辯的**：an ~ speaker 雄辯家。**b** 〈辯才、文體等〉動人的，令人銘感的：an ~ speech 有說服力的[感動人的]演說。**2** **a** 表情豐富的，意味深長的：Eyes are more ~ than lips. 眉目比口舌更能表達感情。**b** [不用在名詞前]〔十介十(代)名〕清楚地表達〔…〕的〔*of*〕：Her face was ~ *of* pleasure. 她的臉充分表現出喜悅。**~·ly** *adv.*

El Sal·va·dor [ɛl'sælvə͵dɔr; el'sælvədɔ:] *n.* 薩爾瓦多《中美洲的一個共和國；首都聖薩爾瓦多(San Salvador [sæn'sælvə͵dɔr; sæn'sælvədɔ:])》.

‡**else** [ɛls; els] *adj.* (無比較級、最高級)[置於不定代名詞、疑問代名詞之後]**其他的，**別的《★用法'不定[疑問]代名詞＋else' 的所有格要在 else 後面加上 's；但除 who else's 以外也用 whose else》：Do you want *anything* ~? 你還要些別的嗎？/There is *no one* ~ to come. 沒有別的人要來/ *Who* ~ can I trust? 我還能信任誰呢？/ *What* ~ is there to do? 還有別的事要做嗎？/ *somebody* ~'s hat 別人的帽子/If you can't find my umbrella, *anyone* ~'s will do. 如果你找不到我的傘，別人的也可以/I did *nothing* ~ but watch TV. 我除了看電視沒做別的事《★用法以 than 代替 but 的情形也有，但屬文章用語》。

—*adv.* (無比較級、最高級) **1** [置於 anywhere, nowhere, somewhere 或疑問副詞之後]**其他，**此外：You had better go *somewhere* ~. 你最好到別處去/ *Where* ~ can I go? 我還能去別的什麼地方呢？/ *How* ~ can you hope to get it? 舍此之外[不這樣]你怎能希望獲得它呢？**2** [常 **or** ~]**否則，**不然《★用法有時只用 else 一字，但一般認爲不太好》：He must be joking, *or* ~ he is mad. 他一定是在開玩笑，否則就是瘋了/Hand it over, *or* ~. 拿過來，否則要你好看《★用法在口語中有時如上句，只有 or else，略去後面的話，以暗示警告，威脅的意思》。

***else·where** ['ɛls͵hwɛr, -s͵wɛr; ͵els'weə, -s'hweə] *adv.* (無比較級、最高級)**在[往]別處，**在其他的場所：His mind was [His thoughts were] ~. 他心不在焉/both in Japan and ~ 在日本及其他國家。

El·sie ['ɛlsɪ; 'elsi] *n.* 艾爾茜《女子名；Alice, Alicia, Elizabeth, Eliza 等的暱稱》。

El·ton ['ɛltən; 'eltən] *n.* 艾爾頓《男子名》。

e·lu·ci·date [ɪ'lusə͵det; i'lu:sideit] 《源自拉丁文「使明白」之義》 **—***v.t.* 《文語》使〈事情、聲明等〉明白，清楚；說明。

e·lu·ci·da·tion [ɪ͵lusə'deʃən; i͵lu:si'deiʃn] 《elucidate 的名詞》 **—***n.* 《文語》ⓊⒸ說明，闡明。

e·lú·ci·dà·tor [-tɚ; -tə] *n.* Ⓒ說明[闡明]者。

e·lu·ci·da·to·ry [ɪ'lusədə͵torɪ, -͵tɔrɪ; i'lu:sideitəri] *adj.* 闡明的，說明的。

e·lude [ɪ'lud; i'lu:d] *v.t.* **1** **a** (巧妙地)閃避，擺脫〈逮捕、危險等〉(⇨ escape【同義字】)：~ a person's grasp(想捉而)捉不住/ ~ pursuit 逃避追踪。**b** 廻避〈法律、義務、付款等〉：~the law 逃避法網/ ~ payment 逃避付款。**2** 〈事物〉從〈理解、記憶中〉溜走；使〈人〉無法瞭解[認知]：~ a person's understanding 〈問題等〉叫人無法捉摸，令人困惑/Her name ~*s* me. 她的名字使我困惑《我記不起她的名字》/The meaning ~*s* me. 那意義使我困惑。

e·lu·sion [ɪ'luʒən; i'lu:ʒn] 《elude 的名詞》 **—***n.* Ⓤ逃避，廻避。

e·lu·sive [ɪ'lusɪv; i'lu:siv] 《elude, elusion 的形容詞》 **—***adj.* **1** (巧妙地)規避的，躲避的，逃避的：an ~ answer 遁辭/an ~ criminal逃犯，(善於)躲藏的犯人。**2** 難懂的，難記憶的，無從捉摸的：an ~ problem 無從捉摸的問題/track down an ~ fact 追查難以明瞭的事實。**~·ly** *adv.* **~·ness** *n.*

e·lu·so·ry [ɪ'lusərɪ; i'lu:səri] *adj.* =elusive.

el·ver ['ɛlvɚ; 'elvə] *n.* Ⓒ《魚》幼鰻《由海洋溯游至河川的小鰻魚》。

elves *n.* elf 的複數。

el·vish ['ɛlvɪʃ; 'elviʃ] *adj.* =elfish.

E·ly ['ilɪ; 'i:li] *n.* 伊里《英格蘭劍橋郡(Cambridgeshire)伊里島(the Isle of Ely)上的一個城市》。

E·ly·sian [ɪ'lɪʒən, ɪ'lɪzɪən; i'liziən] 《Elysium 的形容詞》 **—***adj.* **1** 極樂的，天堂的，福地的：the ~ fields＝Elysium 1 a. **2** 無上幸福的：~ joy 無上的快樂。

E·ly·si·um [ɪ'lɪʒɪəm, ɪ'lɪzɪəm; i'liziəm] *n.* **1** **a**《希臘神話》極樂世界《善人死後的住處》。**b** Ⓤ極樂，淨土，理想國土。**2** Ⓤ無上的幸福。

el·y·tron ['ɛlɪ͵trɑn; 'elitrɔn], **el·y·trum** [-trəm; -trəm] *n.* (*pl.* **el·y·tra** [-trə; -trə])Ⓒ《動物》(昆蟲類之)翅鞘；翅基。

em [ɛm; em] *n.* Ⓒ(*pl.* **~s**) **1** M 字母。**2**《印刷》全方，(空鉛)全身(cf. en 2).

'em [əm; əm] *pron.* 《口語》= them：I know *'em.* ＝I know them.

EM 《略》enlisted men.

Em. emanation.

em- [ɪm-, ɛm-; im-, em-] 字首 en- 在 b, p, m 之前的變體，如：*employ.*

e·ma·ci·ate [ɪ'meʃɪ͵et; i'meiʃieit] *v.t.* 使〈人、臉龐等〉消瘦，使…憔悴《★常用被動語態，變成「消瘦，憔悴」的意思》：He *was* ~*d* by long illness. 久病使他變得消瘦。

emá·ci·àt·ed *adj.* 消瘦的，憔悴的。

e·ma·ci·a·tion [ɪ͵meʃɪ'eʃən, -sɪ-; i͵meisi'eiʃn, -ʃi-] 《emaciate 的名詞》 **—***n.* Ⓤ憔悴，瘦弱。

em·a·nate ['ɛmə͵net; 'eməneit] 《源自拉丁文「流出」之義》 **—***v.i.* 〔十介十(代)名〕〈聲音〉〔由…〕發出；〈光、熱等〉〔自…〕放射；

〈蒸氣、香氣等〉〔從…〕發散；〈想法、提議等〉〔由某人〕提出〔*from*〕：A sweet smell ~*s* **from** the earth after (a) rain. 雨後一種香氣從地面發散出來/The idea ~*d* **from** him. 那主意是由他提出的。

em·a·na·tion [͵ɛmə'neʃən; ͵emə'neiʃn] «emanate 的名詞» —*n.* **1 a** Ⓤ發出，發散，放射。**b** Ⓒ發散物，放射物：an ~ *from* a flower 由花發出的香氣。**2** Ⓤ《化學》射氣《放射性物質解體時所放出的氣體元素》。

e·man·ci·pate [ɪ'mænsə͵pet; i'mænsipeit] «源自拉丁文「移轉財產[權利]」之義» —*v.t.* **1** 〔十受〕解放，**釋放**〈奴隸〉：Lincoln ~*d* the slaves. 林肯解放了黑奴。
2 〔十受十介十(代)名〕**a** 使〈人、國等〉〔從束縛、條約中〕解放出來〔*from*〕：~ the people **from** tyranny 把人民從暴政中解放出來/Labor-saving devices have ~*d* women **from** kitchen drudgery. 許多節省勞力的設備使婦女擺脫掉乏味的廚房雜役。**b** [~ *oneself*]〔從…中〕獲得自由；斷絕〔…〕〔*from*〕：He ~*d himself* **from** his bad habits. 他戒掉了他的惡習。

e·man·ci·pa·tion [ɪ͵mænsə'peʃən; i͵mænsi'peiʃn] «emancipate 的名詞» —*n.* Ⓤ **1** 〔奴隸等的〕解放〔*of*〕. **2** 〔從迷信等的〕擺脫，免除〔*from*〕.

e·mán·ci·pà·tor [-tɚ; -tə] *n.* Ⓒ解放者。
the Gréat Emáncipator 偉大的解放者《指 Abraham Lincoln》.

E·man·u·el [ɪ'mænjuəl; i'mænjuəl] *n.* 伊曼紐《男子名》。

e·mas·cu·late [ɪ'mæskjə͵let; i'mæskjuleit] «源自拉丁文「使不成爲男子漢」之義» —*v.t.* **1** 把〈男子〉去勢，閹割(castrate)《★常用被動語態》。**2** 使…無力[軟弱]；使〈文章、法律〉失去雄偉氣勢《★常用被動語態》。
— [ɪ'mæskjəlɪt, -͵let; i'mæskjulit] *adj.* **1** 去勢的。**2** 無力的，柔弱的；沒有骨氣的。

e·mas·cu·la·tion [ɪ͵mæskjə'leʃən; i͵mæskju'leiʃn] «emasculate 的名詞» —*n.* Ⓤ **1** 去勢。**2** 柔弱；沒骨氣。

em·balm [ɪm'bɑm; im'bɑ:m] *v.t.* **1** 塗敷香料於〈屍體〉以防腐保存，把…作成木乃伊。**2** 使…長留記憶，銘記。

em·bálm·ment [-mənt; -mənt] «embalm 的名詞» —*n.* Ⓤ(屍體的)防腐保存，木乃伊化。

em·bank [ɪm'bæŋk; im'bæŋk] *v.t.* 築堤圍堵〈河川等〉，圍築堤防於…。

em·bánk·ment [-mənt; -mənt] «embank 的名詞» —*n.* **1** Ⓤ築堤。**2 a** Ⓒ堤防，(鐵路等的)路基。**b** [**the E~**]＝Thames Embankment.

em·bar·go [ɪm'bɑrgo; em'bɑ:gou] «源自西班牙語「抑制」之義» —*n.* Ⓒ (*pl.* ~**es**) **1** (船舶的)扣留，禁止出[入]港口：lay [put, place] an ~ *on* ships＝lay ships *under* an ~ 下令禁止船舶出港/lift [remove] an ~ *on* ships 解除船舶出港的禁令，對封港令[禁運]宣佈解禁。**2** 禁止通商：be *under* an ~ 禁止(輸出[入])中。**3** 禁止，限制〔*on, upon*〕：an ~ *on* the export of gold＝a gold ~ 對黃金輸出的禁止/impose [lay] an ~ *on* [*upon*] free speech壓制言論自由。
—*v.t.* **1** 下令禁止〈船〉出[入]港口。**2** 停止〈通商〉。

em·bark [ɪm'bɑrk; im'bɑ:k] «源自拉丁文「載於小型船(bark)」之義» —*v.t.* **1** 〔十受〕把〈乘客、行李〉裝載於船、飛機，使…乘船(↔ disembark). **2** 〔十受十介十(代)名〕**a** 使〈人〉投入〔事業等〕；把〈金錢〉投資〔於事業等〕〔*in*〕：He ~*ed* lots of money **in** the scheme. 他把大筆錢投入該項計畫中。**b** [~ *oneself*] 投入〔事業等〕〔*in*〕. —*v.i.* **1** 乘船[飛機]，出航，搭乘：Many people ~ *at* Dover *for* the Continent [France]. 許多前往歐洲大陸[法國]的人都在多佛搭船。**2** 〔十介十(代)名〕投入，從事〔新行業，困難的事業等〕〔*on, upon*〕《★可用被動語態》：He ~*ed* **on** a new enterprise. 他着手創辦新企業。

em·bar·ka·tion [͵ɛmbɑr'keʃən; ͵embɑ:'keiʃn] «embark 的名詞» —*n.* **1** ⓊⒸ乘船，搭乘，裝載。**2** Ⓤ〔對新事業等的〕從事，着手〔*on, upon*〕.

embarkátion càrd *n.* Ⓒ(旅行者等的)出國卡；登機[船]卡。

em·bar·rass [ɪm'bærəs; im'bærəs] «源自西班牙語「設置障壁」「阻礙」之義» —*v.t.* 〔十受〕 **1** 使〈人〉(在他人面前)**困窘**，使…侷促不安，使…感覺不好意思《★常以過去分詞當形容詞用；⇨ embarrassed 1；⇨ bewilder【同義字】》：Meeting strangers ~*es* Tom. 會見陌生人使湯姆侷促不安 / They ~*ed* the speaker *with* their misleading questions. 他們提出種種模稜兩可[易於誤解]的問題使演說者困窘。**2** 使〈人〉在金錢上拮据《★常以過去分詞當形容詞用；⇨ embarrassed 2》. **3 a** 阻礙，妨礙〈行動、進行等〉。**b** 使〈問題等〉複雜化。

em·bár·rassed *adj.* **1 a** 侷促不安的，困窘的，受窘的：an ~ smile 尷尬的笑/I was [felt] very ~. 我覺得很窘/She looked very ~. 她顯得很不好意思的樣子。**b** 〔不用在名詞前〕〔十介十(代)名〕對〔…〕感到不好意思的，受窘的，困窘的，侷促不安的〔*at, by, with, for*〕(cf. embarrass 1)：I was ~ **by** [**at**] his unexpected question. 他突如其來的問題使我不知所措/I was ~ **for** her when she slipped and fell. 當她滑跤跌倒時，我替她感到困窘。**2** 〔不用在名詞前〕(金錢上)窘迫的，窮困的，困難的(cf. embarrass 2)：He is financially ~. 他陷於財政上的困難。

em·bár·rass·ing *adj.* 令人侷促不安的，令人難爲情的，令人困窘的；麻煩的，窘迫的：an ~ slip令人難堪的失誤/an ~ situation 麻煩的情勢。~·**ly** *adv.*

em·bár·rass·ment [-mənt; -mənt] «embarrass 的名詞» —*n.* **1** Ⓤ**a** 困窘，困惑。**b** (在人前的)靦腆，忸怩不安。**2** Ⓒ令人困窘的事物[人]，麻煩的人。**3** Ⓒ[常 ~**s**]財政困難，經濟拮据。

em·bas·sa·dor [ɪm'bæsədɚ; im'bæsədə] *n.* 《美》＝ambassador.

em·bas·sy ['ɛmbəsɪ; 'embəsi] *n.* Ⓒ **1 大使館** (cf. legation 1)：the British *E~* in Tokyo 東京的英國大使館。**2** [集合稱]大使館的全體人員；大使及其僚屬。

em·bat·tle [ɛm'bætl̩; im'bætl, em-] *v.t.* **1** 使〈軍隊〉擺好陣勢《★常以過去分詞當形容詞用；⇨ embattled 1 a》. **2** 在〈建築物、城牆上〉設置城垛。

em·bát·tled *adj.* **1 a** 作好戰鬥準備的，擺好陣勢的。**b** 築有城垛的。**2 a** 被敵(軍)包圍的；處於困境中的：the ~ supporters of euthanasia 四面楚歌的安樂死擁護者。**b** 〈人〉(不斷地)受困擾的，感到不舒服的。

em·bay [ɛm'be; im'bei, em-] *v.t.* **1** 使〈船等〉入灣：to ~ a fleet 使艦隊入港灣。**2** 環繞，圍繞。**3** 使…形成港灣(狀)。

em·bed [ɪm'bɛd; im'bed] *v.t.* (**em·bed·ded**; **em·bed·ding**) **1** 〔十受十介十(代)名〕把…嵌，埋〔入…〕〔*in*〕《★常用被動語態》：The bullets *were* still *embedded* **in** his body. 子彈還嵌在他的身體中。**2** 〔十受十介十(代)名〕把…深深地留在〔心裏等〕〔*in*〕《★常用被動語態》：The scene *was embedded* **in** his memory. 那一幕情景深深地留在他的記憶裏。**3** 〔十受〕《文法・數學》嵌入，嵌進。

em·bel·lish [ɪm'bɛlɪʃ; im'beliʃ] *v.t.* 〔十受十介十(代)名〕**1** 〔以…〕裝飾…〔*with*〕：~ a room **with** flowers 用花來裝飾房間。**2** 〔以…〕潤飾〈文章〉，〔以…〕渲染〈事情〉〔*with*〕：He ~*ed* his account **with** fictional details. 他以種種虛構的細節來渲染他的敍述。

em·bél·lish·ment [-mənt; -mənt] «embellish 的名詞» —*n.* **1** Ⓤ潤色，修飾。**2** Ⓒ修飾物，裝飾物。

em·ber ['ɛmbɚ; 'embə] *n.* Ⓒ[常 ~**s**] 燃燒後的殘餘物，餘燼：rake (up) hot ~*s* 埋火爐/fan the ~*s* of discontent 煽動不滿的餘燼。

Émber dàys, ember dàys *n. pl.* 《天主教》四季大齋日《每季三天舉行絕食和祈禱》。

em·bez·zle [ɪm'bɛzl̩; im'bezl] *v.t.* 盜用〈公款〉。—*v.i.* 侵佔，侵吞。

em·béz·zle·ment [-mənt; -mənt] *n.* ⓊⒸ盜用，侵吞，侵佔。

em·béz·zler *n.* Ⓒ盜用[侵吞]者。

em·bit·ter [ɪm'bɪtɚ; im'bitə] *v.t.* **1** 使〈人〉痛苦，傷害〈感情〉；加深〈怨恨、災害等〉《★常用被動語態》：The artist *was* ~*ed* by public neglect. 因大衆的忽視使那位藝術家更加難受。**2** 使〈人〉生氣，激怒〈某人〉《★常用被動語態》：We *were* ~*ed* by his callousness. 我們對他的冷淡感到生氣。

em·bít·ter·ment [-mənt; -mənt] «embitter 的名詞» —*n.* Ⓤ **1** (痛苦等的)加重。**2** (怨恨等的)加深，激憤。

em·bla·zon [ɛm'blezn̩; im'bleizn, em-] *v.t.* **1** 〔十受(十介十(代)名)〕用〔紋章〕裝飾〈盾、旗〉〔*with*〕；將〈紋章〉裝飾於〔盾、旗〕上〔*on*〕《★常用被動語態》。**2** 〔十受(十介十(代)名)〕〔以美麗的顏色〕描畫，裝飾…〔*with*〕. **3** 〔十受〕頌揚…。

em·bla·zon·ry [ɛm'bleznrɪ; im'bleizənri, em-] *n.* ⓊⒸ **1** 紋章描畫[飾繪]；紋章之裝飾。**2** 炫耀之裝飾；美飾。

em·blem ['ɛmbləm; 'embləm] «源自拉丁文「鑲嵌工藝」之義» —*n.* Ⓒ **1** 象徵，標誌：The dove is the ~ *of* peace. 鴿子是和平的象徵。**2** 象徵性的花紋[紋章]，紀念章(badge)：a national ~ 國徽/a company ~ 公司的徽章。

em·blem·at·ic [͵ɛmblə'mætɪk; ͵embli'mætik] «emblem 的形容詞» —*adj.* **1** 象徵性的。**2** 〔不用在名詞前〕〔十介十(代)名〕象徵〔…〕的〔*of*〕：Rosemary is ~ **of** constancy. 迷迭香是貞節的象徵。**èm·blem·át·i·cal·ly** [-kl̩ɪ; -kəli] *adv.*

em·bod·i·ment [ɪm'bɑdɪmənt; im'bɔdimənt] «embody 的名詞» —*n.* **1** Ⓤ具體化，具體表現。**2** Ⓒ〔性質、感情、思想等的〕具體化者，化身〔*of*〕：She is the ~ *of* beauty. 她是美的化身。

em·bod·y [ɪm'bɑdɪ; im'bɔdi] *v.t.* **1 a** 〔十受〕**具體表現**〈思想、感情等〉，使〈思想、感情等〉具體化：The statue *embodies* the sentiment of the sculptor. 這座雕像具體表現出雕刻家的情感。
b 〔十受十介十(代)名〕〔以藝術作品、語言等〕具體表現〈思想、感情等〉〔*in*〕：He *embodied* the idea **in** his painting . 他把那個概念具體地表現在他的繪畫中。
2 〔十受〕賦〈精神〉以形態，使…實體化。

3〔十受〕使…合爲一體，彙集，統一。
4〔十受十介十(代)名〕將…包含，收錄，編入〔…〕〔*in*〕《★常用被動語態》：Many improvements *are embodied* **in** the new edition. 新版中收錄了許多改良之處。

em·bold·en [ɪm'boldn̩; im'bouldən] *v.t.* **1** 使〈人〉大膽，給〈某人〉壯膽。**2**〔十受十*to* do〕使〈人〉有勇氣〈做…〉：This ~*ed* me *to* ask for more help. 這使我壯着膽子去請求更多的援助。

em·bol·ism ['ɛmbə,lɪzəm; 'embəlizəm] *n.* Ⓤ《醫》**1**（血管的）栓塞，阻塞。**2** 栓塞症。

em·bon·point [ɑ̃bɔ̃'pwæ; ,ɔ̃:bɔ̃:'pwæ:] «法語 'in good condition' 之義» —*n.* Ⓤ《委婉語》（常指女子）身材豐滿《肥胖的意思》。

em·bos·om [ɛm'buzəm; im'buzəm] *v.t.* **1**〔十受十介十(代)名〕〔以…〕包圍，環繞…：a house ~*ed* **in** [**with**] trees 被樹木環繞著的屋子/a village ~*ed* **in** [**with**] hills 羣山環抱的村莊。**2**〔十受〕把…納諸懷中；懷抱；擁抱；珍愛…：She is glad to ~ his affection. 她喜悅地珍惜他的愛情。

em·bos·omed [ɛm'buzəmd; im'buzəmd] *adj.* [不用在名詞前]〔十介十(代)名〕《詩》〈房屋等〉〔有樹木、山丘等〕圍繞的〔*in, among, with*〕：The castle was ~ **in** [**with**] huge rocks. 那座城堡有巨岩圍繞着。

em·boss [ɪm'bɔs; im'bɔs] *v.t.*〔十受十介十(代)名〕**1** 使〈花紋、圖案〉浮出於〈…〉〔*with*〕：Coins are ~*ed* **with** letters and figures. 硬幣上浮雕有文字和數字。**2** 使〈花紋、圖案〉浮出〔於…〕〔*on*〕：an address ~*ed* **on** the notepaper [writing paper] 浮凸於信紙上的住址。

em·bóssed *adj.* 飾有浮雕的，浮出花紋的；浮凸的，隆起的。

em·bóss·ment [-mənt; -mənt] «emboss 的名詞» —*n.* **1** Ⓤ浮雕，浮凸。**2** Ⓒ浮雕花紋[花樣]。

em·bou·chure [,ɑmbu'ʃur; ,ɔmbu'ʃuə] «源自法語» —*n.* Ⓒ **1** 河口；谷口。**2** 口狀物：the ~ of a cannon 砲口。**3**《音樂》**a**（管樂器的）吹口。**b** 運唇法。

em·bow·er [ɛm'bauə; im'bauə] *v.t.* 以樹葉遮蓋；使…隱於樹葉中。
—*v.i.* 棲息於涼亭中；憩於樹蔭中。

em·bow·ered [ɛm'bauəd; im'bauəd, em-] *adj.* [不用在名詞前]〔十介十(代)名〕〈房屋等〉〔被綠葉、樹木等〕遮蔽的，隱於樹蔭中的〔*in, among, with*〕：a house ~ **with** [**in**] trees 隱於樹林中的房屋。

em·brace [ɪm'bres; im'breis] «源自法語「放入手臂中」之義» —*v.t.* **1**〔十受〕（充滿感情地）**擁抱**，抱緊〈某人〉：She ~*d* her baby. 她抱緊她的嬰兒/They ~*d* each other. 他們互相擁抱。
2〔十受〕〈森林、山脈等〉環繞，包圍…：The woods ~ the village. 樹林環繞着村莊。
3 a〔十受〕含有，包含〈許多事物〉：His intellect ~*s* every field of science. 他的智慧涵蓋了科學的所有領域。**b**〔十受十介十(代)名〕〔在…中〕包含…〔*in*〕：Many subjects are ~*d* **in** an encyclopedia. 百科全書中包含許多科目。
4〔十受〕《文語》利用〈機會〉，欣然接受〈提議〉：~ an offer 欣然接受提議。
5〔十受〕採納，信奉〈教義〉：The settlers ~*d* the Christian religion. 移民信奉基督教。
—*v.i.* 相抱：They shook hands and ~*d*. 他們握手並互相擁抱。
—*n.* Ⓒ **1** 擁抱。**2**《委婉語》性交。

em·bra·sure [ɛm'breʒə; im'breiʒə, em-] *n.* Ⓒ **1**《建築》(門、窗周圍的)漏斗狀開口《內寬外窄的開口》。**2**《築城》(漏斗狀的)砲眼。

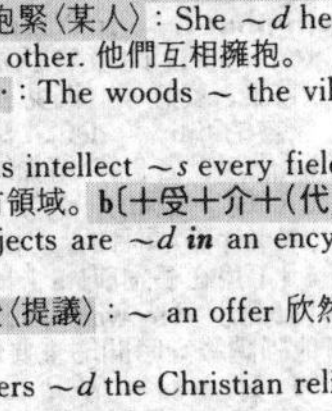
embrasures 2

em·bro·cate ['ɛmbro,ket; 'embroukeit] *v.t.* 塗敷；塗擦：to ~ a bruise 給傷口塗油膏/He has been ~*ed*. 他已經塗了油膏。

em·bro·ca·tion [,ɛmbro'keʃən; ,embrou'keiʃn] *n.*《文語》**1** ⓊⒸ塗敷。**2** Ⓤ[指產品個體或種類時爲Ⓒ]（藥用）塗敷液。

em·broi·der [ɪm'brɔɪdə; im'brɔidə] *v.t.* **1 a**〔十受〕刺繡於〈布等〉。**b**〔十受十介十(代)名〕縫〈花樣等〉〔於…上〕〔*on*〕〔*with*〕：She ~*ed* her initials **on** the handkerchief.＝She ~*ed* the handkerchief **with** her initials. 她把自己名字的首字母縫在手帕上。**2**〔十受〕加油添醋地誇張〈故事、事實等〉；潤飾…。—*v.i.* 刺繡。

em·broid·er·er [ɪm'brɔɪdərə; im'brɔidərə] *n.* Ⓒ刺繡業者；刺繡工，刺繡者。

em·broi·der·y [ɪm'brɔɪdərɪ; im'brɔidəri] «embroider 的名詞» —*n.* Ⓤ **1** 刺繡。**2**（故事等的）修飾，潤色。

em·broil [ɛm'brɔɪl; im'brɔil, em-] *v.t.* **1**〔十受十介十(代)名〕**a** 把…捲入〔糾紛、戰爭等中〕〔*in*〕《★也可以過去分詞作形容詞用》：They did not wish to become ~*ed* **in** the dispute. 他們不希望捲入這場紛爭中。**b**〔~ *oneself*〕捲入〔紛爭、戰爭等〕〔*in*〕.
2〔十受〕使〈事件、事態〉混亂[起糾紛]。

em·bróil·ment [-mənt; -mənt] «embroil 的名詞» —*n.* ⓊⒸ混亂；糾紛，爭執；騷動。

em·brown [ɛm'braun; im'braun, em-] *v.t.* 使…變暗，著褐色於…：Evening ~*s* the landscape. 夜晚使景色變暗了。

em·bry·o ['ɛmbrɪ,o; 'embriou] *n.* Ⓒ(*pl.* ~**s**) **1 a**《生物》胎兒《人受胎後八週(約兩個月)以內者；cf. fetus》。**b**《動物・植物》幼蟲；胚胎。**2**（發育的）初期，萌芽期。
in émbryo 尚未完成的；〈計畫等〉未成熟的：Her plans for the future are still *in* ~. 她對未來的計畫尚在醞釀中。

em·bry·oid ['ɛmbrɪ,ɔɪd; 'embriɔid] *adj.* 胚胎的，胚胎狀的。
—*n.* Ⓒ（動、植物的）胚狀體。

em·bry·ol·o·gy [,ɛmbrɪ'ɑlədʒɪ; ,embri'ɔlədʒi] *n.* Ⓤ發生學；胚胎學。

em·bry·on·ic [,ɛmbrɪ'ɑnɪk; ,embri'ɔnik←] «embryo 的形容詞» —*adj.* **1** 關於胚的；胚胎的，胎生的。**2** 未發育的，萌芽期的。

em·cee ['ɛm'si; ,em'si:] «M. C.（＝Master of Ceremonies）的發音» —《美口語》*n.* Ⓒ節目主持人，司儀。
—*v.t.* 做…的司儀：~ a show 主持表演節目。
—*v.i.* 當司儀。

e·meer [ə'mɪr; e'miə] *n.* ＝emir.

e·mend [ɪ'mɛnd; i:'mend, i'mend] *v.t.* 校訂[修正]〈文件、書籍的本文等〉。

e·men·date ['imən,det; 'i:mendeit] *v.* ＝emend.

e·men·da·tion [,imɛn'deʃən, -mən-; ,i:men'deiʃn] «emend, emendate 的名詞» —*n.* **1** Ⓤ校訂，修正。**2** Ⓒ[常 ~**s**]校訂之處。

em·er·ald ['ɛmərəld, 'ɛmrəld; 'emərəld, 'emrəld] *n.* **1** Ⓒ綠寶石，祖母綠（⇨ birthstone 表）。**2** Ⓤ（又作**émerald gréen**）翠綠色。**3** Ⓤ《英》《印刷》一種印刷鉛字《約 $6\frac{1}{2}$ 磅因(point)的活字》。
—*adj.* **1** 綠寶石(製)的；鑲有綠寶石的：an ~ ring 綠寶石戒指。**2** 翠綠色的。

Émerald Ísle «該島草木翠綠，故有此名» —*n.* [**the** ~]綠寶石島《愛爾蘭的俗稱》。

e·merge [ɪ'mɝdʒ; i'mə:dʒ] «源自拉丁文「(從水中)出來」之義» —*v.i.*〔動(十介十(代)名)〕**1**〔從水中、黑暗等〕**露出**，出現〔*from, out of*〕：The sun soon ~*d* **from** behind the clouds. 太陽不久從雲朵後露出。
2〔從貧困、卑微等〕出人頭地，脫穎而出〔*from, out of*〕：an officer who ~*d* **from** the ranks 出身行伍的軍官。
3〈新的事實等〉〔由調查結果等而〕顯現，化爲明朗；〈問題、困難等〉〔從…〕產生〔*from, out of*〕：**From** our investigations a new fact has ~*d*. 經調查我們發現了一個新的事實。

e·mer·gence [ɪ'mɝdʒəns; i:'mə:dʒəns, i'm-] «emerge 的名詞» —*n.* Ⓤ現出〔*of*〕，露出〔*from*〕.

***e·mer·gen·cy** [ɪ'mɝdʒənsɪ; i'mə:dʒənsi] «emergent 的名詞» —*n.* ⓊⒸ非常時期，緊急，危急：in an [in case of] ~ 在緊急的情況下，危急時。
—*adj.* [用在名詞前]緊急(用)的：~ measures 緊急措施，應急措施/an ~ call 緊急召集/an ~ exit 緊急出口，太平門/an ~ stair-case 太平梯/an ~ brake（汽車的）緊急煞車/an ~ hospital 急診醫院/an ~ landing 緊急降落。

emérgency àct *n.* Ⓒ急症法令。

emérgency càse *n.* Ⓒ緊急病人。

emérgency ràtion *n.* Ⓒ緊急時用的濃縮食物；隨身乾糧。

e·mer·gent [ɪ'mɝdʒənt; i:'mə:dʒənt, i'm-] «emerge 的形容詞» —*adj.* [用在名詞前] **1** 出現的，突現的：an ~ nation 新興國家。**2** 突發的；緊急的(urgent)。

e·mer·i·tus [ɪ'mɛrətəs; i:'meritəs, i'm-] *adj.* [用在名詞前][有時置於名詞後]名譽退休的，保留頭銜而退休的：an ~ professor ＝a professor ~ 名譽教授。

e·mer·sion [i'mɝʃən, -ʒən; i:'mə:ʃn] *n.* ⓊⒸ **1** 出現，浮出。**2**《天文》(月等蝕後或星爲月掩後之)復現。

Em·er·son ['ɛməsn̩; 'eməsn], **Ralph Waldo** *n.* 愛默生《1803–1882；美國評論家、詩人、哲學家》。

em·er·y ['ɛmərɪ, 'ɛmrɪ; 'eməri] *n.* Ⓤ金剛砂《研磨材料》。

émery clòth *n.* Ⓤ金剛砂布，鑢布。

émery pàper *n.* Ⓤ金剛砂紙，鑢紙(cf. sandpaper).

émery whèel *n.* Ⓒ金剛砂旋轉磨石，鑢輪。

e·met·ic [ɪ'mɛtɪk; i'metik] *adj.* 使人嘔吐的。—*n.* Ⓒ催吐劑。

E.M.F., e.m.f.《略》electromotive force.

em·i·grant ['ɛməgrənt; 'emigrənt] *n.* Ⓒ（由本國移居他國的）移民，移居者，僑民(cf. immigrant 1)〔*from*〕〔*to*〕：Chinese ~*s to*

Brazil 移居巴西的中國移民/ ~*s from* Ireland 從愛爾蘭來的移民。

—adj. [用在名詞前]（無比較級、最高級）**1**（向他國）移居的。**2** 移民的：an ~ ship 移民船。

em·i·grate [ˋɛmə͵gret; 'emigreit] «源自拉丁文「向外移動」之義» **—v.i.** 〔動(十介十(代)名)〕〔從本國〕〔向他國〕**移居**(cf. immigrate；⇨ migrate【同義字】)〔*from*〕〔*to*〕：They ~*d from* Taiwan *to* Brazil. 他們從台灣移居巴西。

em·i·gra·tion [͵ɛməˋgreʃən; ͵emi'greiʃn] «emigrate 的名詞» **—n. 1** Ⓤ Ⓒ（從本國向他國的）移居(cf. immigration 1). **2** Ⓒ（一定期間內的）移民數。**3** Ⓤ [集合稱]移民。**4** Ⓤ 出國[出境]管理。

ém·i·gré [ˋɛmə͵gre; 'emigrei] «源自法語» **—n.** Ⓒ（*pl.* ~s [~ z; ~ z]）移居者(emigrant)；(尤指 1789 年法國大革命及 1918 年俄國革命時)流亡海外的人。

E·mil·i·a [ɪˋmɪlɪə; i'miliə] *n.* 伊蜜莉亞《女子名；暱稱 Emmy》.

Em·i·ly [ˋɛmlɪ; 'emili] *n.* 艾蜜莉《女子名；暱稱 Emmy》.

em·i·nence [ˋɛmənəns; 'eminəns] «eminent 的名詞» **—n. 1** Ⓤ（身分、地位等的）顯赫，崇高：a man of social ~ 社會地位顯赫的人。**2** Ⓤ（學問、道德等的）卓越；聞名；著名：attain ~ *in* science 在科學上享有盛名/win [reach] ~ *as* a scientist 成爲著名的科學家。

3 [His [Your] Eminence 對樞機主教(cardinal)的尊稱]《天主教》閣下。

4 Ⓒ《文語》高地，山丘。

em·i·nent [ˋɛmənənt; 'eminənt] «源自拉丁文「突出」之義» **—adj.**（more ~；most ~）**1 a** 地位[身分]高貴的；顯赫的，著名的(★尤指在科學、藝術等專門領域中享有盛名的)：an ~ writer 著名的作家。**b** [不用在名詞前]〔十介十(代)名〕〔以…〕著名的，聞名的〔*for, as*〕：She was ~ *for* her piety. 她以虔誠聞名/He is ~ *as* a painter. 他是一位著名的畫家。**2**〈性質、行爲等〉出色的，卓越的；顯著的，突出的：a man of ~ virtue 品德高超的人。

éminent domáin *n.* Ⓤ《法律》徵用權《政府徵用私人財產做爲公共用途的權力》。

ém·i·nent·ly *adv.* 突出地，顯著地，大大地。

emir [əˋmɪr; e'miə, i'miə] *n.* Ⓒ（阿拉伯的）王侯(prince)，酋長。

e·mir·ate [əˋmɪrɪt; e'miərət, i'm-] *n.* Ⓒ酋長國。

em·is·sar·y [ˋɛmə͵sɛrɪ; 'emisəri] *n.* Ⓒ **1** 使者；(尤指)密使。**2** 特務，間諜。

e·mis·sion [ɪˋmɪʃən; i'miʃn] «emit 的名詞» **—n. 1 a** Ⓤ Ⓒ〈光、熱、香氣等的〉放射，發射〔*of*〕. **b** Ⓒ放射物。**2 a** Ⓤ Ⓒ（從煙囪的）冒煙，（從汽車的）排氣：~ control 排氣管制。**b** Ⓒ排出物(質)：automobile ~*s* 汽車的排氣。**3** Ⓤ《生理》射精。

e·mis·sive [ɪˋmɪsɪv; i'misiv] *adj.* 射出的，散發的；發射的；放射性的。

e·mit [ɪˋmɪt; i'mit] «源自拉丁文「送出」之義» **—v.t.** (**e·mit·ted**; **e·mit·ting**) **1 a** 放射〈光、熱、香氣等〉：~ exhaust fumes 排出廢氣。**b** 發出〈聲音〉：~ a moan 發出呻吟。**2 a** 吐露〈意見〉，發出〈詛咒等〉。**b** 發行〈紙幣、票據等〉。**c** 發佈〈法令等〉。**d**（以電波）傳送〈信號〉。**e·mít·ter** *n.*

Em·ma [ˋɛmə; 'emə] *n.* 愛瑪《女子名；暱稱 Emmie》.

Em·man·u·el [ɪˋmænjuəl; i'mænjuəl] *n.* 伊曼紐《男子名》。

Em·men·ta·ler, Em·men·tha·ler [ˋɛmən͵tɑlɚ; 'emən͵tɑ:lə] *n.* Ⓤ一種淡黃色或略帶白色的硬質乾酪《多孔，通常用半脫脂奶粉製造，也稱瑞士乾酪(Swiss cheese)》.

Em·my[1], **Em·mie** [ˋɛmɪ; 'emi] *n.* 艾美《女子名；Emily, Emma 的暱稱》。

Em·my[2] [ˋɛmɪ; 'emi] *n.* Ⓒ（*pl.* ~s, **Em·mies**）艾美獎《美國每年頒發給電視各部門有優秀表現者的最高榮譽獎》。

e·mol·lient [ɪˋmɑljənt; i'mɔliənt] *adj.* 使(皮膚等)柔軟的。**—n.** Ⓤ [指產品個體或種類時爲Ⓒ]《藥》(皮膚的)軟化劑，鎮痛劑。

e·mol·u·ment [ɪˋmɑljəmənt; i'mɔljumənt] *n.* Ⓒ [常 ~s]《文語》報酬，津貼，薪俸。

e·mote [ɪˋmot; i'mout] «emotion 的逆成字» **—v.i.**《口語》**1** 表現感情。**2** 誇大地[演戲似地]表現。

***e·mo·tion** [ɪˋmoʃən; i'mouʃn] «源自拉丁文「使(人)向外動」、「使興奮」之義» **—n. 1** Ⓤ（會引起身心動搖似的）強烈感情，感激，感動(⇨ feeling 3【同義字】)：She wept with ~. 她感動地哭了起來。**2** Ⓒ [常 ~s] **a**（喜怒哀樂的）感情：a man of strong ~*s* 感情強烈的人/suppress [contain] one's ~*s* 抑制感情。**b**（與理性、意志相對的）感情，情緒。

***e·mo·tion·al** [ɪˋmoʃənl; i'mouʃənl] «emotion 的形容詞» **—adj.**（more ~；most ~）**1**〈人、性情等〉易受感情左右的，善感的，感情脆弱的，易受感動的：an ~ woman 多愁善感(感情脆弱)的女人/He tends to be ~. 他容易動感情。**2**〈音樂、文學等〉訴諸感情的，感動人的，有感染力的：~ music 富於感情的音樂。**3**（無比較級、最高級）感情的，情緒的：an ~ weakness 感情上的弱點。~**·ly** [-ʃənlɪ; -ʃn̩əli] *adv.*

e·mó·tion·al·ism [-ʃənl͵ɪzəm; -ʃnəlizəm] *n.* Ⓤ **1** 感情用事，易動感情，情緒本位，感人性。**2** 情緒表露；唯情論。**3**《藝術》感情主義。

e·mó·tion·al·ist [-ʃənlɪst; -ʃənlist] *n.* Ⓒ **1** 容易感情用事的人，易受感動的人。**2** 感情脆弱的人，感情易激動的人。**3** 感情主義者。

e·mo·tion·al·ize [ɪˋmoʃənl͵aɪz, -ʃnəl-; i'mouʃənlaiz] *v.t.* **1** 使激動，使露感情；使…動情。**2** 將…視爲純感情之事；使…感情化，使…帶感情色彩：to ~ religion 使宗教帶上感情色彩。

emótion·less *adj.* 不感動的；無表情的；不帶感情的。~**·ly** *adv.* ~**·ness** *n.*

e·mo·tive [ɪˋmotɪv; i'moutiv] *adj.* **1**〈語句等〉表達感情的，感情流露的。**2** 訴諸感情的，感動人的：~ power（演員、語句等）訴諸感情的力量。**3**（有關）感情的。~**·ly** *adv.*

e·mo·tiv·i·ty [͵imoˋtɪvətɪ; ͵i:mou'tiviti] *n.* Ⓤ感觸性，易感性。

em·pan·el [ɪmˋpænl; im'pænl] *v.t.* (**em·pan·eled**,《英》**-elled**; **em·pan·el·ing**,《英》**-el·ling**) = impanel.

em·pa·thy [ˋɛmpəθɪ; 'empəθi] *n.* Ⓤ [又作 **an** ~]《心理》移情作用，神入〔*with*〕《將自己的感情移入他人或其他對象中》；同感，共鳴。

***em·per·or** [ˋɛmpərɚ; 'empərə] «源自拉丁文「擁有最高控制力」之義» **—n.** Ⓒ皇帝。

***em·pha·sis** [ˋɛmfəsɪs; 'emfəsis] «源自希臘文「使能看清楚」之義» **—n.**（*pl.* **-ses** [-fə͵siz; -fəsi:z]）Ⓤ Ⓒ **1**〔對某事實、思想等的〕強調，重視；重點〔*on, upon*〕：lay [place, put] (great, much) ~ *on* [*upon*]... 對…(非常)重視；(極力)強調，主張…。**2**《語言》(對字、句、音節等的)強調。

***em·pha·size** [ˋɛmfə͵saɪz; 'emfəsaiz] «emphasis 的動詞» **—v.t. 1 a** 〔十受〕強調，注重〈事實等〉：He ~*d* the necessity for [of] taking strong measures. 他強調採取強硬手段的必要性。**b**〔十*that*__〕強調〈…一事〉：The author ~*s that* many of the figures quoted are merely [just] estimates. 作者強調所引用的數字有很多不過是估計而已。**2**〔十受〕強調〈字句〉；強調地唱…：~ a word 強調[重讀]某字。

emphasize 1
【插圖說明】這是政治家在演說中想強調要點時常作的手勢。

em·phat·ic [ɪmˋfætɪk; im'fætik] «emphasis 的形容詞» **—adj. 1 a**〈言語、姿態等〉(表現上)有力的，語氣重的：an ~ denial 斷然的否定。**b**〈思想、信念等〉堅強的，堅定的：an ~ opinion 堅持的意見。**2**〈單字〉強調的，〈音節〉重讀的，重音的。**3**〈事件等〉顯目的，引人注目的：an ~ success 驚人的成功。**4** [不用在名詞前] **a**〔十介十(代)名〕〈人〉強調[極力主張]〔…〕的〔*about*〕：He was ~ *about* the importance of be*ing* punctual. 他強調嚴守時間的重要性。**b**〔十*that*__〕強調[極力主張]〈…事〉的：He was ~ *that* nuclear arms should be banned. 他極力主張應禁止核子武器。

em·phát·i·cal·ly [-klɪ; -kəli] *adv.* **1** 強調地；有力地；斷然。**2** 全然，完全地：It is ~ not true. 那全然不眞實。

em·phy·se·ma [͵ɛmfəˋsimə; ͵emfi'si:mə] *n.* Ⓤ《醫》氣腫《尤指肺氣腫》。

***em·pire** [ˋɛmpaɪr; 'empaiə] «源自拉丁文「支配，統治」之義» **—n. 1** Ⓒ **a** 帝國：the British *E*~ 大英帝國/the *E*~ of the East [West] = the Eastern [Western] *E*~ 東[西]羅馬帝國。

【說明】由皇帝(emperor)或女皇(empress)統治包含多數民族的廣大地域的國家稱爲帝國(empire)，由國王(king)或女王(queen)所統治的國家則稱爲王國(kingdom)。

b（巨大的企業)「王國」：an industrial ~ of steel 鋼鐵工業王國。**2** Ⓤ皇帝的統治；帝政。**3** [**the E**~]（拿破崙時代法國的)帝國時期：*the* (First) *E*~ 法國第一帝國時期(1804–15)/*the* Second *E*~ 法國第二帝國時期(1851–70).

—adj. [用在名詞前] [**E**~] 法國第一帝國時期風格的〈家具、服裝等〉。

émpire bùilder *n.* Ⓒ謀求擴張領土[政治、企業、權力]者。

Émpire Cíty *n.* [**the** ~] 紐約(New York)市的俗稱。

Émpire Dày *n.* 維多利亞女王誕辰《五月廿四日，爲英國之假日》。

Émpire Stàte *n.* [**the** ~] 美國紐約(New York)州的別名。

Émpire Stàte Building *n.* [**the** ~] 帝國大廈《在美國紐約(New York)市，包括電視塔，高約 449 公尺，有 102 層》。

em·pir·ic [ɛmˋpɪrɪk; em'pirik] *adj.* = empirical.

—*n.* Ⓒ **1** 沒有科學知識而只憑經驗行事的人；經驗主義者。**2** 沒有受過正式訓練的人；庸醫；江湖醫生；騙子。

em·pir·i·cal [ɛm`pɪrɪkl; em'pirikl] *adj.* **1** 以經驗爲根據的，經驗主義的，經驗[實驗]上的：～ philosophy 經驗哲學/an ～ formula《化學》實驗式/(an) ～ science 經驗科學。**2**〈醫生等〉經驗主義的。

～**·ly** [-klɪ; -kəli] *adv.*

em·pír·i·cism [-ˏsɪzəm; -sizəm] *n.* Ⓤ **1** 經驗主義[論] (cf. rationalism)。**2** 經驗的[非科學的]療法。

em·pír·i·cist [-sɪst; -sist] *n.* Ⓒ經驗主義[論]者。

em·place·ment [ɪm`plesmənt; im'pleismənt] *n.* **1** Ⓤ (砲床等的) 安裝，定位(置)。**2** Ⓒ砲床，砲位，砲台；安裝軍事設備的陣地。

the Empire State Building

em·plane [ɪm`plen; im'plein] *v.* = enplane.

‡**em·ploy** [ɪm`plɔɪ; im'plɔi] «源自拉丁文「包在裏面」「雇用」之義» —*v.t.* **1 a** 〔十受〕**雇用**，使用〈人〉：The company ～*s* 500 workers. 這家公司雇有五百名職工/He is ～*ed in* a bank [*at* a gasworks]. 他受雇於銀行[煤氣工廠]。

【同義字】employ 指正式而持續性地雇用人爲專任的職員；hire 指付錢臨時性地雇用人，一般用於指個人的雇用。

b 〔十受十*as* 補〕雇用〈人〉〈爲…〉：They ～*ed* him *as* a consultant. 他們雇用他爲顧問。

2《文語》**a** 〔十受〕**運用**，使用〈東西，手段等〉(《★比較 一般用 use》)：～ a new method 採用新方法/He ～*ed* a new theory to solve the problem. 他運用新理論去解決該問題。**b** 〔十受十*as* 補〕使用〈東西，手段〉〈作爲…〉：～ a club *as* a weapon 用棍棒作爲武器。

3 〔十受十介十(代)名〕《文語》把〈時間、精力等〉**耗費**〔在…〕〔*in, on, for*〕：She ～*ed* her spare time *in* knit*ting*. 她把餘暇時間花在編織上。

4 〔十受(十介)十do*ing*〕〔～ one*self*〕《文語》從事〔…〕〔*in*〕(《★也用被動語態，變成「從事於」的意思；有時也省略 in》)：In the evening, I ～*ed myself* *in* read*ing*. 傍晚我把時間花在閱讀上/He *was* ～*ed in* copy*ing* letters. 他忙於抄寫信件。

—*n.* Ⓤ《文語》雇用(《★常用於下列片語》)：be *in* a person's ～ =be *in* the ～ *of* a person. 受雇於某人。

em·ploy·a·ble [ɪm`plɔɪəbl; im'plɔiəbl] *adj.*〈人〉適於雇用的。

em·ploy·é [ɪm`plɔɪ·i, ˏɛmplɔɪ`i; ɔm'plɔiei] «源自法語» —*n.* =employee.

em·plóyed *adj.* **1** 就職[就業]的。**2** [**the** ～；當複數名詞用]雇員，勞工(《★常指一國或一地區的全體就業者；↔ the unemployed》)。

***em·ploy·ee** [ɪm`plɔɪ·i, ˏɛmplɔɪ`i; ˌemplɔi'i:, im'plɔii:] *n.* Ⓒ**受雇者**，從業人員(↔ employer)。

em·ploy·er [ɪm`plɔɪɚ; im'plɔiə] *n.* Ⓒ**雇用者**，雇主，老闆(↔ employee)。

***em·ploy·ment** [ɪm`plɔɪmənt; im'plɔimənt] «employ 的名詞» —*n.* **1** Ⓤ (勞工的)**雇用**，就業：full ～ 充分就業/persons in the ～ of the government 政府官員/the Department of *E*～ (英國的)勞工部/the Secretary of State for *E*～ (英國的)勞工大臣。

2 Ⓤ (受雇領薪工作的)**職業**，工作：find [get] ～ 就職/lose one's ～ 失業/seek (for) ～ 求職/find ～ in a firm 在一家公司找到工作/be *out of* ～ 失業。

3 Ⓤ使用，利用〔時間，勞力，東西等〕〔*of*〕：the ～ *of* computers 電子計算機的使用。

4 Ⓒ《文語》(當作興趣的)工作，活動：Knitting was a pleasant ～ for her spare time. 編織是她閒暇時喜愛的工作[她的業餘愛好]。

emplóyment àgency *n.* Ⓒ (民間的)職業介紹所。

Emplóyment (Sérvice) Exchànge *n.* [**the** ～] (英國的)職業介紹局。

【說明】在美國有 United States Employment Service (國營機構)與 Employment Bureau (州營機構)。

em·po·ri·um [ɛm`porɪəm, -`pɔr-; em'pɔ:riəm] *n.* Ⓒ (*pl.* ～**s**, **-ri·a** [-rɪə; -riə])《文語》**1** 商業[貿易]中心。**2**《美》大商店，百貨店。

em·pow·er [ɪm`pauɚ; im'pauə] *v.t.*《文語》〔十受十*to* do〕給與〈某人〉做…的權限[權利]，授權給…〈去做…〉(《★常用被動語態》)：Congress *is* ～*ed* by the Constitution *to* make laws. 國會由憲法授予制定法律的權限。

em·press [`ɛmprɪs; 'empris] «女的 emperor» —*n.* Ⓒ **1** 皇后：Her Majesty the *E*～ 皇后陛下。**2** 女皇。

em·prise [ɛm`praɪz; em'praiz] *n.* **1**《古》ⓊⒸ冒險事業；俠義行爲。**2** Ⓤ武俠；勇武。

emp·ti·ly [`ɛmptəlɪ; 'emptili] *adv.* 呆呆地；空虛地。

emp·ti·ness [`ɛmptɪnɪs; 'emptinis] *n.* Ⓤ **1** 空虛；空腹；空處。**2** 無智；無能。

‡**emp·ty** [`ɛmptɪ; 'empti] «源自古英語「空閒的」之義» —*adj.* (**emp·ti·er**; **emp·ti·est**) **1** (無比較級、最高級) **a** 〈容器等〉空的，沒有東西的：an ～ purse 空錢包，一文不名/drink on an ～ stomach 空腹喝(酒)/get ～ 變成空的。

【說明】vacant 指本來應該在裏面的東西因暫時缺乏而成空的；blank 指物的表面什麼都不存在的。

b 〈房屋、建築物等〉未住人的：an ～ house 空屋。**c** [不用在名詞前]〔十介十(代)名〕無〔…〕的，缺乏〔…〕的〔*of*〕：a room ～ *of* furniture 沒有家具的房間/a head ～ *of* ideas 不能思考的空腦袋，無知的頭腦，呆頭。

2 a 〈道路〉無行人的，無交通往來的：an ～ street 無行人來往的街道。**b** [不用在名詞前]〔十介十(代)名〕〈道路〉無〔人，車往來〕的〔*of*〕：a street ～ *of* traffic 無人車往來的街道。

3 (無比較級、最高級) **a** 〈言語、諾言等〉無意義的；不可靠的；空虛的，無聊的：an ～ promise 空洞的諾言/feel ～ 感覺空虛/Life is but an ～ dream. 人生不過是一場空虛的夢《人生浮夢》。**b** [不用在名詞前]〔十介十(代)名〕無〔…〕的，缺乏〔…〕的〔*of*〕：words ～ *of* meaning 無意義的話。

4 (無比較級、最高級)《口語》空腹的：My stomach feels ～. 我餓了。

—*n.* Ⓒ [常 empties]《口語》空箱，空瓶，空車(等)。

—*v.t.* **1 a** 〔十受〕使〈容器〉變空，倒空：～ an ashtray [a wastepaper basket] 倒掉煙灰缸的灰[字紙簍裏的廢紙]/He *emptied* his glass. 他使杯子成空《喝光杯中物》。**b** 〔十受十介十(代)名〕從〈容器中〉倒出〔裏面的東西〕〔*of*〕：He *emptied* the closet *of* everything. 他取出[騰空]壁櫥裏所有的東西。

2 a 〔十受十副〕把〈容器〉內的東西倒空，使〈容器〉內成空〈*out*〉：I had to ～ *out* the drawer to find the papers. 我不得不倒出抽屜裏的東西以找出那些文件。**b** 〔十受(十副)十介十(代)名〕把〈容器〉內的東西移到〔他處〕；把〈容器內的東西〉移到〔他處〕〈*out*〉〔*into, on, onto, over*〕：She *emptied* the bottle of milk *into* a saucepan. 她把瓶中的牛乳全倒進平底鍋裏/He *emptied* (*out*) his bag *on* the tray. 他把袋子裏的東西全倒在盤子上/～ the water in a glass *into* another 把杯子裏的水倒入另一杯子裏。**c** 〔十受十介十(代)名〕〔從容器〕倒光，倒空〈裏面的東西〉〔*from, out of*〕：You'd better ～ the water *out of* your boots. 你最好把長靴裏的水倒出來。

—*v.i.* **1** 變空：The hall *emptied* quickly. 大廳迅即空無一人。

2 〔十介十(代)名〕〈河川〉注入〔…〕〔*into*〕：The Ohio (river) *empties into* the Mississippi. 俄亥俄河流入密西西比河。

émpty-hánded *adj.* 〈人〉空手的，赤手空拳的：He returned ～. 他空手而回。

émpty-héaded *adj.*《口語》〈人〉沒有頭腦的，愚蠢的。

émpty wòrd *n.* Ⓒ (尤指中文文法中之)虛字。

em·pur·ple [ɛm`pɝpl; im'pə:pl, em-] *v.t.* 使…著紫色，使…染紫色：fields ～*d* with the foxglove 被紫頂花染成一片紫色的田野。

em·pur·pled [ɛm`pɝpld; im'pə:pld, em-] *adj.* 變成紫色的。

em·py·re·al [ɛm`pɪrɪəl, ˏɛmpə`riəl; ˌempai'ri:əl, em'piriəl] «empyrean 的形容詞» —*adj.* [用在名詞前] **1** 最高天的。**2** 天空的。

em·py·re·an [ˏɛmpə`riən; ˌempai'ri:ən ← | ˏɛmpaɪ`riən; em'piriən] *n.* [**the** ～；常 **E**～] **1** (古代宇宙論中所謂五重天中的)最高天(《被認爲是火與光的世界，後來則認爲是神與天使的住處》)。**2** 天空(sky)，太空。

emu

e·mu [`imju; 'i:mju:] *n.* Ⓒ (*pl.* ～**s**, [集合稱] ～)《鳥》鴯鶓(《產於澳洲，爲類似鴕鳥的無翼大鳥》)。

em·u·late [`ɛmjəˏlet; 'emjuleit] *v.t.* **1 a** 與…競爭，與…比高低[優劣]。**b** 熱心學習，模仿：It is customary for boys to ～ their fathers. 男孩子通常模仿父親。**2** 與…匹敵。

em·u·la·tion [ˏɛmjə`leʃən; ˌemju'leiʃn] «emulate 的名詞» —*n.* Ⓤ競爭，爭勝，競賽，對抗：a spirit of ～ 競爭心。

ém·u·là·tor [-tɚ; -tə] *n.* Ⓒ競爭者；競相學習[模仿]的人。

em·u·lous [ˋɛmjələs; ˈemjuləs]《emulate 的形容詞》 —*adj.* **1** 競爭的, 好勝的；出於好勝心的。**2** [不用在名詞前]〔十介十(代)名〕〔對…〕不服輸的；熱心學習〔…〕的，渴望〔…〕的〔*of*〕：I was ~ *of* his skill. 我渴望學到他的技巧。~·**ly** *adv.*

e·mul·si·fi·ca·tion [ɪˌmʌlsəfəˋkeʃən; iˌmʌlsifiˈkeiʃn] 《emulsify 的名詞》 —*n.* Ⓤ乳化(作用)。

e·mul·si·fy [ɪˋmʌlsəˌfaɪ; iˈmʌlsifai] *v.t.* 使…化爲乳狀[乳劑]：*emulsified* oil 乳化油。

e·mul·sion [ɪˋmʌlʃən; iˈmʌlʃn] *n.* Ⓤ[指種類時爲Ⓒ] **1**《化學》乳劑；乳狀液。**2**《攝影》感光乳劑。**3** (又作 **emúlsion pàint**) 攙乳劑的油漆《乾後不發亮的油漆》。

en [ɛn; en] *n.* Ⓒ **1** N字。**2**《印刷》半方《全方(em)的一半》。

en- [ɪn-, ɛn-; in-, en-] 字首 **1** 加在名詞前形成表示「置於…之內[之上]」的動詞：*en*case, *en*shrine. **2** 加在名詞、形容詞前面形成表示「使成…」的動詞《有時再加上字尾 -en：*em*bold*en*, *en*light*en*》：*en*dear, *en*slave, *em*bitter. **3** 加在動詞前面形成表示「在…之中，在…之內」的動詞：*en*fold, *en*shroud.

-en[1], **-n**[1] [-n̩, -ən; -n, -ən] 字尾 [不規則動詞的過去分詞字尾]：spok*en*, swor*n*.

-en[2], **-n**[2] [-n̩, -ən; -n, -ən] 字尾 加在物質名詞後面形成表示「…質[性]的，由…做成的，…製的」形容詞：ash*en*, gold*en*, wheat*en*.

-en[3] [-n̩, -ən; -n, -ən] 字尾 **1** 加在形容詞後面形成表示「變爲…，使爲…」的動詞：dark*en*, sharp*en*. **2** 加在名詞後面形成表示「變…，使…」的動詞：height*en*, length*en*.

-en[4] [-n̩, -ən; -n, -ən] 字尾 表示「小、親愛」之意等的名詞字尾：chick*en*, kitt*en*.

***en·a·ble** [ɪnˋebl; iˈneibl] *v.t.* **1**〔十受十*to* do〕**a**〈事情〉使〈人〉可能〈做…〉；使〈人〉能〈做…〉：His large income ~*d* him *to* live in comfort. 他那豐厚的收入使他可以過舒服的生活。**b** 給予〈某人〉〈做…〉的資格[權利]：The law ~*s* us *to* receive an annuity. 法律授予我們領取年金的權利。

2〔十受〕使〈某事〉成爲可能，變得容易：Rockets have ~*d* space travel. 火箭已經使太空旅行成爲可能的事。

3〔十受〕允許，許可…。

en·á·bling *adj.* [用在名詞前] 賦予特別權利的〈法律〉：~ legislation 授權法。

en·act [ɪnˋækt; iˈnækt] *v.t.* **1 a**〔十受〕制定，規定〈法律〉《★常用被動語態》：~*ing* clauses 制定條款《指法案或制定法的開頭文字即說明法案制定經過的條文》/as by law ~*ed* 如法律所規定。**b**〔十 *that*_〕〈法律〉規定〈…事〉《★常用被動語態》：*Be* it further ~*ed that*.... 法律規定如下《★制定法的開頭文字》。**2** 上演〈戲劇，某一場戲〉；演出〈…角色〉：~ a play [a scene, *Macbeth*] 演一齣戲[一場戲，馬克白《莎氏悲劇或該悲劇的主人公》]。

en·áct·ment [-mənt; -mənt] 《enact 的名詞》 —*n.*《文語》**1** Ⓤ(法律的)制定。**2** Ⓒ法令，法規，(法律等的)條款。

en·am·el [ɪˋnæml; iˈnæml] *n.* Ⓤ **1** 搪瓷，琺瑯；瓷釉。**2** 瓷釉塗料，光亮劑。**3** (牙齒等的)琺瑯質。**4** 光滑堅硬的表面[塗層]。
—*v.t.* (**en·am·eled**, 《英》**-elled**；**en·am·el·ing**, 《英》**-el·ling**) 塗瓷釉於…，給…上釉：~*ed* leather 漆皮。

enámel·wàre *n.* Ⓤ[集合稱] 搪瓷器，琺瑯鐵器。

en·am·or, 《英》 **-our** [ɪˋnæmɚ; iˈnæmə] *v.t.*〔十受/十受十介十(代)名〕引起…的愛憐；使〈某人〉被〔…〕迷住：Her beauty ~*ed* the prince. 她的美貌迷住了王子/He became [was] ~*ed of* Jenny. 他愛上珍妮了。

en·am·ored, 《英》 **en·am·oured** [ɪnˋæmɚd; iˈnæməd] *adj.* [不用在名詞前]〔十介十(代)名〕迷戀〔…〕的，〔對…〕着迷的〔*of, with*〕：The prince was ~ *of* the girl. 王子迷戀那個少女。

en bloc [ɛnˋblɑk; enˈblɑːk] 《源自法語 'in a lump' 之義》 —*adv.* 全體地，總括地：resign ~ 全體辭職，總辭。

en·cage [ɛnˋkedʒ; inˈkeidʒ, en-] *v.t.* 把…關入籠中；監禁。

en·camp [ɪnˋkæmp; inˈkæmp]《軍》*v.i.*〔動(十介十(代)名)〕〔在…〕紮營〔*at, in, on*〕。
—*v.t.*〔十受(十介十(代)名)〕使〈軍隊〉〔在…〕紮營〔*at, in, on*〕《★常用被動語態，變成「紮營」的意思》：The soldiers *were* ~*ed in* the field. 士兵們在野地紮營。

en·cámp·ment [-mənt; -mənt] *n.* **1** Ⓤ露營，紮營。**2** Ⓒ營地。

en·cap·su·late [ɪnˋkæpsəˌlet; inˈkæpsjuleit] *v.t.* **1** 將…裝入膠囊[納入鞘囊]。**2** 概括，壓縮〈事實、消息等〉。

en·case [ɪnˋkes; inˈkeis] *v.t.* 將…裝入箱中；包裹《常用被動語態，介系詞爲 in》：a knight ~*d in* armor 甲冑裹身的騎士。

en·caus·tic [ɛnˋkɔstɪk; enˈkɔːstik] *adj.* 上釉燒的，帶色陶土燒製的：~ painting 蠟畫，瓷畫；蠟畫法/~ tiles 琉璃瓦，彩色[花紋]瓷磚。

-ence [-n̩s, -əns; -ns, -əns] 字尾 與 -ent 爲字尾的形容詞相對的名詞字尾：sil*ence*, prud*ence*.

en·ceph·a·li·tis [ˌɛnsɛfəˋlaɪtɪs; ˌenkefəˈlaitis, ˌensef-] *n.* Ⓤ《醫》腦炎：Japanese ~ 日本腦炎。

en·ceph·a·lon [ɛnˋsɛfəˌlɑn; enˈsefələn] *n.* Ⓒ (*pl.* **en·ceph·a·la** [-lə; -lə])《解剖》腦髓。

en·chain [ɛnˋtʃen; inˈtʃein, en-] *v.t.* **1** 用鎖鍊鎖住。**2** (施法術似地)吸引住〈注意力，興趣〉。

en·chant [ɪnˋtʃænt; inˈtʃɑːnt] 《源自拉丁文「以(唱歌)施以魔法」之義》 —*v.t.*〔十受〕**1** 對…施以魔法。**2** 使〈人〉(着了魔似地)被迷住，使〈人〉銷魂[心醉]《★常用被動語態，介系詞用 *by, with*》：The prince *was* ~*ed* **by** [**with**] the gifts. 王子被那些禮物迷住了《王子極喜愛那些禮物》。

en·chánt·er *n.* Ⓒ **1** 施魔法的人，巫士。**2** 蠱惑者，使人銷魂的人。

en·chánt·ing *adj.* 迷人的，使人心醉(似)的：an ~ smile 迷人的微笑。~·**ly** *adv.*

en·chánt·ment [-mənt; -mənt] 《enchant 的名詞》 —*n.* **1** Ⓤ **a** 施魔法，行妖術；着了魔。**b** 魅力，魅惑。**2** Ⓒ**a** 魔法，魔術。**b** 令人心醉的東西。

en·chant·ress [ɪnˋtʃæntrɪs; inˈtʃɑːntris] 《女性的 enchanter》 —*n.* Ⓒ **1** 女巫，妖婦。**2** 迷人的女子。

en·chase [ɛnˋtʃes; inˈtʃeis, en-] *v.t.*〔十受十介十(代)名〕**1** 在…上施以〔…的浮雕[鑲嵌，雕刻]〕〔*with*〕；將〈花紋等〉刻〔在…上〕〔*on, in*〕：The crown was ~*d* **with** gold and silver. 這頂王冠上鑲嵌著金和銀。

2 將〈寶石等〉鑲(嵌)〔在…〕〔*in*〕；將〔寶石等〕鑲(嵌)在…〔*with*〕：~ diamonds **in** a ring = ~ a ring **with** diamonds 把鑽石鑲在戒指上。

en·ci·pher [ɛnˋsaɪfɚ; inˈsaifə, en-] *v.t.* 將〈電文等〉譯成密碼(↔ decipher)。

en·cir·cle [ɪnˋsɝkl; inˈsəːkl] *v.t.* **1** 環繞，包圍《★常用被動語態，介系詞爲 *by, with*》：Mist ~*d* the island. 霧籠罩著那個島嶼/The pond *is* ~*d* **by** trees. 池塘被樹木環繞/The ancient city *was* ~*d* **with** walls. 那座古城有城牆圍繞著。**2** 繞行，繞…一周。

en·cír·cle·ment [-mənt; -mənt] *n.* **1** Ⓤ圍繞，包圍。**2** Ⓒ一周。

en·clave [ˋɛnklev; ˈenkleiv] 《源自拉丁文「被關在內的」之義》 —*n.* Ⓒ **1** 被包圍領土，飛地《插入本國內的他國領土；⇨ exclave》。**2 a** (孤立於其他民族中的)少數民族集團。**b** (孤立於特定文化圈的)異類文化圈；孤立的小塊地區。

en·clit·ic [ɛnˋklɪtɪk; inˈklitik] *adj.*《文法》(因與前字結合而不重讀之)附屬的。
—*n.* Ⓒ (因與前字結合而不重讀之)附屬字《如 lay*man* 中之 *man*》.

***en·close** [ɪnˋkloz; inˈklouz] *v.t.* **1 a**〔十受〕圍起，包圍〈場所〉《★常用被動語態，介系詞爲 *by, with*》：A fence ~*s* the land. 圍牆圍住那塊土地/The garden *is* ~*d* **with** [**by**] a high brick wall. 那座花園爲一道高磚牆所圍住。**b**〔十受十介十(代)名〕〔用圍牆等〕圍住〈場所〉〔*with*〕：He ~*d* his garden **with** a hedge. 他用樹籬圍起他的花園。

2 a〔十受〕把〈支票、照片等〉(隨函)附寄：I *am enclosing* my photo. 我(隨函)附寄我的照片《★常用進行式》/ *Enclosed* please find a check for ten dollars. 附寄十美元支票，請查收。**b**〔十受十介十(代)名〕把〈支票、照片等〉〔隨函等〕附寄[封入]〔*with*〕：~ a check **with** a letter 隨函附寄支票一張《★用法 將 letter 作廣義(message and envelope)的解釋時，有時也可以說成 a check **in** a letter》.

3〔十受〕圈圍〈小農地、公有地等〉《使之變爲私有的大農地》(⇨ enclosure 1 b)：~ common land 圈圍共有地而化爲私有。

en·clo·sure [ɪnˋkloʒɚ; inˈklouʒə] 《enclose 的名詞》 —*n.* **1** Ⓤ **a** 包圍，圍繞。**b** (爲使公有地化爲私有地的)圈圍，圈地(↔ common)《將小耕農或村子的共有地收回或收買後，圈圍起來當作牧羊地；英國自十五世紀至十九世紀持續此作法》。**2** Ⓒ 圍場，場內；圈圍物《籬笆、圍牆等》。**3** Ⓒ 附寄物，(信函中)附件，封入物。

en·code [ɛnˋkod, ɪn-; enˈkoud] *v.t.* 將〈電文〉譯成密碼 (cf. decode)。

en·cod·er [ɛnˋkodɚ; enˈkoudə] *n.* Ⓒ譯電員；(自動控制)編碼器。

en·co·mi·ast [ɛnˋkomɪˌæst; enˈkoumiæst] *n.* Ⓒ 宣讀或寫作頌辭之人；讚頌者。

en·co·mi·um [ɛnˋkomɪəm; enˈkoumiəm] *n.* Ⓒ (*pl.* ~**s**, **-mi·a** [-mɪə; -miə])《文語》讚辭，頌詞〔*of, on*〕。

en·com·pass [ɪnˋkʌmpəs; inˈkʌmpəs] *v.t.*《文語》**1** 圍繞，包圍《★常用被動語態，介系詞爲 *by, with*》：The Indians ~*ed* the fortress. 印地安人包圍要塞/The city *was* ~*ed* **with** [**by**] a thick fog. 那座城市被濃霧籠罩着。**2** 包含，含有。**3** 造成〈壞的結果等〉：The French Revolution ~*ed* the fall of the House of Bourbon. 法國大革命造成波旁王朝的崩潰。

en·coop [ɛnˋkup; enˈkuːp] *v.t.* 把…關在籠子裏，將…限制在狹小空間；將…圍住；給…圍以欄。

en·core [ˈɑŋkor, -kɔr; ɔŋˈkɔ:, ˈɔŋkɔ:] «源自 法語 'again' 之義» —*interj.* (在音樂會中要求再表演等)再一次！再來一個！《★法語不用此字，而用 Bis!》.
—*n.* Ⓒ **1** 再一次(Encore!)的喊叫，對再表演(等)的要求。
2 應「再一次」的要求所做的演奏[演唱]：call for an ～ 要求再演[唱、奏]一次。
—*v.t.* (以「再來一個」的喊叫)要求(演奏者，演唱者)再演：～ a singer [song] 要求歌唱者再唱一次。

***en·coun·ter** [ɪnˈkaʊntɚ; inˈkauntə] «源自法語「會面」之義» —*v.t.* 〔十受〕**1** (偶然)**邂逅**，碰見〈人〉：～ an old friend on the street 在街上偶遇一位老友。**2 遭遇**〈危險等〉；遇到〈敵人〉，與…會戰；迎戰…：～ an enemy force 迎戰敵軍/The explorers ～*ed* many hardships. 那些探險家遭到許多困難。
—*n.* Ⓒ **1** (偶然的)邂逅〔*with*〕. **2** 〔危險、困難、敵人等的〕遭遇；遭遇戰，迎戰〔*with*〕.

encóunter gròup *n.* Ⓒ (患者相互)交心治療小組《美國現代的精神治療方法，由患者互相暢談內心感受》。

‡**en·cour·age** [ɪnˈkɝɪdʒ; inˈkʌridʒ] *v.t.* **1 a**〔十受〕**鼓勵**，勉勵〈某人〉《★常用被動語態，介系詞爲 *by, at*》：Your letter ～*d* me greatly. 你的信給了我很大的鼓勵/He *was* ～*d* **at** [**by**] his success. 他因成功而感到振奮。**b**〔十受十介十(代)名〕鼓舞，激勵〈人〉〔進行…〕〔*in*〕《★in...指現在所從事的工作等》：She has always ～*d* me ***in*** my studies. 她經常對我的學習加以鼓勵。**c**〔十受十 *to* do〕鼓勵，勉勵〈人〉〈去做…〉：He ～*d* me *to* write novels. 他鼓勵我去寫小說。
2〔十受〕促進，助長；獎勵…：～ agriculture 獎勵農業/That will merely ～ his idleness. ＝That will merely ～ him *in* his idleness. 那只會助長他的懶惰。

en·cour·age·ment [ɪnˈkɝɪdʒmənt; inˈkʌridʒmənt] «encourage 的名詞»—*n.* **1** Ⓤ **a 激勵**，獎勵，鼓勵：shouts of ～ 激勵的吶喊。**b**〔十 *to* do〕〈去做…的〉鼓勵：He gave us great ～ *to* carry out the plan. 他激勵我們去實行該計劃。**2** Ⓒ〔常用單數〕獎勵的東西，刺激：His interest in my work was a great ～. 他對我的作品感興趣給我很大的鼓勵。～**·ly** *adv.*

en·cóur·ag·ing *adj.* 激勵[獎勵，鼓勵]的，成爲鼓勵的，令人鼓舞的。

en·croach [ɪnˈkrotʃ; inˈkroutʃ] *v.i.* 〔十介十(代)名〕**1** 侵略，侵入〔他國、他人的土地等〕；侵害〔他人的權利等〕〔*on, upon*〕：A good salesman will not ～ ***on*** his customer's time. 好的推銷員不會侵佔顧客的時間。**2** 〈海洋〉侵蝕〔陸地等〕〔*on, upon*〕：The sea has ～*ed* ***upon*** the land. 海侵蝕了陸地。

en·cróach·ment [-mənt; -mənt] «encroach 的名詞» —*n.* **1** Ⓤ Ⓒ蠶食，侵略；侵蝕。**2** Ⓒ侵蝕地。

en·crust [ɪnˈkrʌst; inˈkrʌst] *v.t.* **1**〔十受〕將…覆以皮等硬殼《★常用被動語態，介系詞爲 *with*》：The inside of the kettle is ～*ed* ***with*** lime. 水壺的內部嵌着一層石灰。**2**〔十受十介十(代)名〕〔以…〕鑲飾…〔*with*〕《★常用被動語態》：The silver box *was* ～*ed* ***with*** jewels. 那個銀盒子鑲有寶石。

en·crus·ta·tion [ˌɪnkrʌsˈteʃən; ˌinkrʌsˈteiʃn] *n.* ＝incrustation.

en·cum·ber [ɪnˈkʌmbɚ; inˈkʌmbə] *v.t.* **1** 妨礙〈人〉的行動，阻礙〈行動〉《★常用被動語態，介系詞爲 *with*》：Her long skirt ～*ed* her while running. 她的長裙在跑步時妨礙她的行動/She *was* ～*ed* ***with*** large parcels. 大件行李使她行動不便。
2 〈家具等〉把〈場所〉堆滿《★常用被動語態，介系詞爲 *with*》：The room *was* ～*ed* ***with*** old furniture. 那個房間堆滿了舊家具。
3 〈憂慮、疑惑〉煩擾〈人〉《★常用被動語態，介系詞爲 *with*》：He *was* ～*ed* ***with*** cares. 他爲憂慮所煩擾。
4 〈人〉負〈債務〉；〈土地〉承擔〈抵押權〉《★常用被動語態，介系詞爲 *with*》：His estate *is* ～*ed* ***with*** a heavy mortgage. 他的地產作了高額抵押，以承擔沈重的債務。

en·cum·brance [ɪnˈkʌmbrəns; inˈkʌmbrəns] «encumber 的名詞» —*n.* Ⓒ **1 a** 阻礙物，累贅。**b** 家累，拖累《指兒女等》。**2** 《法律》(財產上的)負擔《抵押權，債務等》。

-en·cy [-ənsɪ; -ənsi] 字尾 名詞字尾，與-ent 爲字尾的形容詞相對：consist*ency*, depend*ency*.

ency(c.) encycl. encyclop(a)edia.

en·cyc·li·cal [ɛnˈsɪklɪkl; enˈsiklikl] *n.* Ⓒ羅馬教皇之通諭。—*adj.* 傳閱的；通諭的，廣爲傳布的：an ～ letter 傳閱信/an ～ letter of the Pope 教皇之通諭。

***en·cy·clo·pe·di·a, en·cy·clo·pae·di·a** [ɪnˌsaɪkləˈpidɪə; enˌsaikləˈpi:djə, in-] «源自拉丁文「全盤性教育」之義» —*n.* Ⓒ百科全書。

en·cy·clo·pe·dic, en·cy·clo·pae·dic [ɪnˌsaɪkləˈpidɪk; enˌsaikləˈpi:dik, in-ˈ] «encyclopedia 的形容詞» —*adj.* **1** 百科全書的。**2** 〈人〉知識廣博的，博學的：～ knowledge 淵博的[百科全書般的]知識。

en·cỳ·clo·pé·dist, en·cỳ·clo·páe·dist [-ˈpidɪst; -ˈpi:dist] *n.* Ⓒ 百科全書編纂者。

‡**end** [ɛnd; end] *n.* A Ⓒ **1 a** (時間、事情的)**終結**，結束，終了，末尾：the ～ of a day [an hour, a year] 1 日[1 小時，1 年]的終了[結束]/ ⇨ one's JOURNEY'S end/*at* the ～ 最後，終於/*to* the ～ of time 永遠/*to* the (very) ～ 直到最後，到底/There is an ～ of it. 就此結束，話到此爲止。**b** (信、故事等的)結束，終結，末尾：at the ～ of a letter 在信尾/The *E*~ (影片等的)劇終/I was moved by the ～ of this novel. 我被這本小說的結局感動了。
2 a (存在、行爲等的)**終止**，廢止：come to an ～ 結束/bring ... *to* an ～ 結束…/make an ～ *of* ...＝put an ～ *to* ... 結束…，停止…。**b**〔常 **one's** [**the**] ～〕死：come to an untimely ～ 早死，夭折/meet one's ～ 死亡/He is near [is nearing] his ～. 他大去不遠矣《他離死期不遠》/Another attack will be *the* ～ of him. 再次發作會使他沒救。
3 a (細長物的)**端**，末端，前端；(街道等的)末端；盡頭：both ～*s* of a table 餐桌的兩端/the deep ～ of a swimming pool 游泳池水深的一端[頭]/*at* the ～ of the street 在街道的盡頭/from ～ to ～ 從一端到他端《★爲對義詞無冠詞》/the person *at* [*on*] the other ～ of the line 在電話線另一端的人。**b**〔常 ～**s**〕殘屑，殘餘，殘片：cigaret(te) ～*s* 煙蒂/ ⇨ ODDS and ends.
4 限度，極限：*at* the ～ of one's stores [endurance] 到達貯藏[忍耐]的極限《不能再貯藏[忍耐]》/without ～ 無盡的[地]，無限的[地]《★無冠詞》/There is no ～ *to* it. 那是沒有止境的。
—B Ⓒ **1**〔常 ～**s**〕**目的**：the ～(*s*) of human life 人生的目的/a means to an ～ 達成目的的手段/gain [attain] one's ～(*s*) 達成目的/have an ～ in view 有所意圖/to [for] this [that] ～ 爲了這個[那個](目的)/to what ～ 爲了什麼(目的)/ for political ～*s* 爲了政治上的目的 / The ～ justifies the means. 《諺》目的可證明手段是正當的《只要目的正當，可以不擇手段》。
2 (事業等的)部門，方面：the sales [advertising] ～ of the manufacturing industry 製造業的銷售[廣告]部門。

at a lóose énd ⇨ loose end.
at an énd 完結的，終了的：be *at an* ～ 完結，結束，終了。
at an ídle énd ＝at a loose END.
at lóose énds 《美》＝at a loose END.
at the déep énd 在(工作)最困難的地方。
be at [**còme to**] **the énd of** one's **rópe** 進退兩難，萬事皆休。
begín at the wróng énd 踏出錯誤的第一步，自始就錯。
énd for énd 顚倒地，相反地：Turn the box ～ *for* ～ and try to open it. 把盒子倒過來打開看看《這樣做或許能打開》。
énd ón 端頭直對(某物體)地，正對着；尖端碰尖端地《★比較一般用 head on》.
énd òver énd 上下位置顚倒地；溜溜地(旋轉著)：The car went over the cliff spinning ～ *over* ～. 車子從懸崖上翻滾落下。
énd to énd 頭尾相接地，銜接成縱向地：We lined up the benches ～ *to* ～. 我們把長椅頭尾相接地排起來。
énd úp 一端向上。
gèt one's **énd awáy** 《英俚》性交。
gèt (**hóld of**) **the wróng énd of the stíck** 拿錯，完全誤解。
gèt the dírty énd of the stíck 《口語》⑴被錯待[遭到不公平的待遇]。⑵被分派到討厭的工作。
gò óff the déep énd 失去自制；勃然發怒；鹵莽行事，胡爲。

> 【字源】源自「進入游泳池中水深的一頭」之義；cf. 3 a.

in the énd 最後，終於，結果。
júmp ín at the déep énd ＝plunge in at the deep END.
kèep one's **énd úp** 《英口語》⑴充分盡到自己的責任，做好分內的工作。⑵堅持[奮鬥]到底。
màke (**bóth**) **énds méet** 使收支平衡，量入爲出：We're having trouble *making* (*both*) ～*s meet.* 我們在爲使收支平衡而傷腦筋。
nó énd 《口語》非常，很：I'm *no* ～ glad. 我非常高興。
nó énd of ... 《口語》⑴很多[許多的]…：*no* ～ *of* people [money] 很多的人[錢]。⑵[no ～ of a ...]非常的…，極好的…，過份的…：*no* ～ *of a* fool [*a* (good) fellow]大傻瓜[大好人]。
on énd ⑴豎起，直立着：put a thing *on* ～ 把東西豎起來/make one's hair stand *on* ～ 使某人(因爲恐怖等)毛髮豎立[毛骨悚然]。⑵(時日)連續地，一連：It rained for three days *on* ～. 一連下了三天的雨。
pláy bóth énds agàinst the míddle 使兩敵作有利於自己的相爭[坐收漁翁之利]。
plúnge ín at the déep énd 《口語》突然自(工作等)的難處着手。
(**réach**) **the énd of the líne** (落到)無法收拾的局面。
stárt at the wróng énd＝begin at the wrong END.
the (**ábsolute**) **énd** 《口語》太過份的事[物]，忍耐的限度：His insulting my mother is *the absolute* ～. 他對我母親的侮辱叫我忍無可忍。

the énd of the wórld (1)世界的末日《毀滅》。(2)＝the END(s) of the earth.

the énd(s) of the éarth 世界[地球]的盡頭，最遙遠的地方，天涯海角。

thrówn ín at the déep énd 《口語》突然被派做困難的[不熟練的]工作(等)。

to nó énd 無益地，徒然：I labored *to no* ～. 我徒勞無益地工作。

to the bítter énd ⇨ bitter 成語。

—*v.t.* 〔十受〕**1** 結束，終止…(⇨ finish【同義字】)：～ a quarrel [war] 停止一場爭執[戰爭]。**2** 成爲…的結束：The song ～*ed* the concert. 這首歌結束了這場音樂會。

—*v.i.* 1 a 終了，結束：School starts when the vacation ～*s*. 假期終了時學校就開學/World War I ～*ed* in 1918. 第一次世界大戰於 1918 年結束/The footprints ～*ed* there. 脚印到那裏爲止。**b**〔十介十(代)名〕〈事情〉〔以…〕結束，收場〔*in*〕：Their marriage ～*ed* **in** divorce. 他們的婚姻以離婚收場/The game ～*ed in* a draw. 比賽結果不分勝負。**c**〔十介十do*ing*〕〔以做…事〕結束〔*by*〕《★用於表示成爲終止某事的動作時》：I ～, as I began, **by** thank*ing* you. 我自始至終感謝你們。**d**〔十介十(代)名〕〔以…〕結束〔*with*〕《★用於與某事同時結束時》：The concert ～*ed* **with** the playing of the National Anthem. 音樂會以演奏國歌作爲結束。**2** 死，(終於)死亡。

énd óff 《*vt adv*》〔以…〕結束，終結〈演說、書本等〉〔*by, with*〕：He ～*ed off* his story *with* a moral. 他以一段教訓結束他的故事。

énd úp 《*vi adv*》(1)(一連串過程的最後階段)最後變成〔*in*〕；〔以…〕結束，終結〔*with*〕：The gangsters ～*ed up in* prison. 那些歹徒最後都郠瑺入獄/The party ～*ed up with* a speech. 宴會以一場演說結束/Who knows where he'll ～ *up*? 誰知道他最後會如何？《不知道會發跡或落魄到什麼地步；★修辭性問句，並非一定要對方回答》。

(2)〔十(*as*)補〕最後〈成爲…〉：He started as an office boy and ～*ed up* (*as*) a director of the firm. 他從公司的工友做起，最後成爲那家公司的董事。

(3)〔(十介)十do*ing*〕〈人〉〔以…〕結束〔*by*〕：He ～*ed up* (*by*) winn*ing* [not winn*ing*] a victory. 他終於獲得勝利[最後並未獲勝]。

ménd or énd ⇨ mend.

énd·àll *n.* [**the** ～] 一切事物之終了，結束，結局：Atomic energy is not *the* ～ of contemporary science. 原子能並非現代科學之極致。

en·dan·ger [ɪn`dendʒɚ; in'deindʒə] *v.t.* 使…暴露[陷]於危險，危及：The fire spread ～*ing* several nearby homes. 火勢蔓延危及附近的幾棟房屋。

en·dán·gered *adj.* 〈動、植物〉有絕種危機的，瀕臨絕種的：～ species 瀕臨絕種的(動、植物)品種。

en·dear [ɪn`dɪr; in'diə] *v.t.* 〔十受十介十(代)名〕**1** 使〈人〉受〔…〕鍾愛，喜愛〔*to*〕《★無被動語態》：His kindness of heart ～*ed* him **to** all. 他的仁慈心腸使他廣受喜愛。**2** [～ one*self*] 受〔…〕喜愛，被〔…〕愛慕〔*to*〕：She ～*ed herself* **to** everyone. 她使大家都喜愛她。

en·déar·ing [-`dɪrɪŋ; -'diəriŋ] *adj.* 深獲人心的；可愛的；表示親密的：an ～ smile 可愛的微笑/～ frankness 討人喜愛的坦率/He never speaks an ～ word to his wife. 他從未對妻子說過一句親密的話。**～·ly** *adv.*

en·déar·ment [-mənt; -mənt] 《endear 的名詞》 **—*n.* 1** Ⓤ 親愛，鍾愛：a term of ～ 暱稱，表示親愛的稱呼[話語]《例如把 Benjamin, Elizabeth 稱爲 Ben, Beth 之類；或 darling, dear, sweetie, honey 等的稱呼之類》。**2** Ⓒ (行爲、言語中的)親暱的表現，愛撫。

en·deav·or, 《英》 **en·deav·our** [ɪn`dɛvɚ; in'devə] *v.i.* 《文語》 **1** 努力《★比較 一般用 try》：～ to the best of one's ability 盡最大的努力。

2 〔十介十(代)名〕努力〔追求…〕〔*after*〕：～ **after** wealth [happiness] 努力追求財富[幸福]。

3 〔十 *to* do〕努力〈做…〉：They ～*ed* without success *to* right the sailboat. 他們努力想把傾斜的帆船扶正，却沒有成功。

—*n.* ⓊⒸ 《文語》 **1** 努力《★比較 較 effort 拘泥；⇨ effort【同義字】》：make one's (best) ～(*s*) 盡全力，竭力。

2 〔十 *to* do〕〈做…的〉努力：We make every ～ *to* satisfy our customers. 我們盡全力使顧客滿意/My ～*s to* bring about a settlement were ended in vain. 我想達成和解的努力均歸徒然。

en·dem·ic [ɛn`dɛmɪk; en'demik] *adj.* **1 a** 〈疾病〉某地方特有的，地方性的：an ～ disease 風土病。**b** [不用在名詞前]〔十介十(代)名〕〈疾病〉〔某地方、居民〕特有的〔*in, to*〕：diseases ～ **to** the tropics 熱帶地方特有的疾病。**2 a** 〈動、植物等〉某地方特產的(↔ exotic). **b** [不用在名詞前]〔十介十(代)名〕〔在…〕特有的〔*to*〕：a species ～ **to** Siberia 西伯利亞特有的品種。

—*n.* Ⓒ 地方性的病，風土病。

en·dém·i·cal·ly [-klɪ; -kəli] *adv.*

énd gàme *n.* Ⓒ 《西洋棋》尾聲，終局；(競爭等的)最後階段，結束階段。

end·ing [`ɛndɪŋ; 'endiŋ] *n.* Ⓒ **1** (故事、電影等的)**終局，末尾，大結局**：the ～ of a movie [novel] 電影[小說]的結局/a film with a happy ～ 結局圓滿的電影。

2 《文法》 **a** 屈折字尾《如 books 的 *-s*, reading 的 *-ing*, longer 的 *-er* 等》。**b** (一般的)字尾《如 rainy 的 *-y*, kindness 的 *-ness* 等》。

en·dive [`ɛndaɪv; 'endiv] *n.* Ⓒ [當作食物時爲Ⓤ] **1** 《植物》菊萵苣，荷蘭萵苣《生菜用》。**2** 《美》菊苣(chicory)的一種。

***end·less** [`ɛndlɪs; 'endlis] *adj.* (**more** ～; **most** ～) **1 a** 無窮盡的；永續的，無限的：an ～ desert 無盡的沙漠/an ～ stream of cars 絡繹不絕的車輛。**b** 沒完沒了的，冗長的：an ～ sermon 冗長的說教。**c** 無數的：make ～ repairs 作無數次的修理。

2 (無比較級、最高級)《機械》環狀的，無接縫的：an ～ belt 無接縫皮帶/an ～ chain 環鏈/an ～ saw 環鋸。

～·ly *adv.* **～·ness** *n.*

énd·mòst *adj.* 最末端的，最後的。

en·do·carp [`ɛndo͵kɑrp; 'endəkɑ:p, -dou-] *n.* Ⓒ 《植物》內果皮(⇨ pericarp).

en·do·cen·tric [͵ɛndo`sɛntrɪk; ͵endou'sentrik] *adj.* 向心結構的。

en·do·crine [`ɛndo͵kraɪn; 'endoukrain] 《生理》 **—*adj.*** [用在名詞前] 內分泌的：an ～ gland 內分泌腺《甲狀腺、副腎、性腺等》。

—*n.* Ⓒ **1** 內分泌腺。**2** 內分泌物，荷爾蒙(hormone).

en·do·derm [`ɛndo͵dɝm; 'endoudə:m] *n.* Ⓒ 《生物》內胚葉(cf. ectoderm, mesoderm).

en·dog·a·my [ɛn`dɑgəmɪ; en'dɔgəmi] *n.* Ⓤ 同族結婚，同族通婚(↔ exogamy).

en·do·gen [`ɛndə͵dʒɛn; 'endədʒən] *n.* Ⓒ 《植物》單子葉植物；內長莖植物。

en·dorse [ɪn`dɔrs; in'dɔ:s] *v.t.* **1** 簽名於〈文件、支票的背面〉，背書：～ a check 背書一張支票。

2 《英》在〈汽車等駕駛執照〉背面記入違規事項《★常用被動語態》：His driving licence had *been* ～*d*. 他的駕駛執照上載有違規紀錄。

3 a 《文語》認可，贊成，支持〈他人的意見、行動等〉。**b** 《美》(在廣告辭、商業廣告中)推薦〈商品等〉。

en·dor·see [ɪn͵dɔr`si, ͵ɛndɔr`si; ͵endɔ:'si:] *n.* Ⓒ (票據之)被背書人《承受背書票據者》；受讓人。

en·dórse·ment [-mənt; -mənt] 《endorse 的名詞》 **—*n.*** ⓊⒸ **1** 背書。**2 a** 保證，認可。**b** (對商品等的)推薦。

en·dors·er [ɪn`dɔrsɚ; in'dɔ:sə] *n.* Ⓒ 背書(證與)人；轉讓人。

en·do·scope [`ɛndə͵skop; 'endəskoup] *n.* Ⓒ 《醫》內窺鏡，內診鏡。

en·dos·co·py [ɛn`dɑskəpɪ; en'dɔskəpi] *n.* Ⓤ 《醫》內窺鏡檢查法。

en·do·the·li·um [͵ɛndo`θilɪəm; ͵endou'θi:liəm] *n.* Ⓒ (*pl.* **-li·a** [-lɪə; -liə]) 《解剖》內皮；內皮細胞。

en·do·the·li·al [-əl; -əl] *adj.*

en·dow [ɪn`daʊ; in'dau] 《源自法語「授予」之義》 **—*v.t.* 1 a** 〔十受〕**捐贈財產給〈學校、醫院等〉**；捐款作爲〈學校、醫院等〉的基金：an ～*ed* school 保有基本財產的學校，財團法人組織的學校。**b** 〔十受十介十(代)名〕**捐贈，捐助〔金錢〕給〈學校、醫院等〉**〔*with*〕：He ～*ed* the new hospital **with** a large sum of money. 他捐贈一大筆錢給那所新醫院。**2** 〔十受十介十(代)名〕**賦與，授與〈人〉〔才能、特權等〕**〔*with*〕《★常用被動語態》：The boy *was* ～*ed* by nature **with** genius. 那個男孩有天賦的才能《那個男孩是個天才》。

en·dów·ment [-mənt; -mənt] 《endow 的名詞》 **—*n.* 1 a** Ⓤ 捐贈，捐助。**b** Ⓒ [常 ～**s**] (捐贈的)基本財產；捐款。**2** Ⓒ [常 ～**s**] 天資，稟賦，才能：natural ～*s* 天賦的才能。

endówment insùrance *n.* Ⓤ 人壽保險，儲蓄保險，養老保險《保險人於特定之時期，將約定之金額付與被保險人，如屆被保險人已亡故，則付與其繼承人或其指定之人》。

endòwment pólicy *n.* Ⓒ 養老保險單。

énd·pàper *n.* Ⓒ [常 ～**s**] 《裝訂》封面及封底的空白裡頁。

énd pròduct *n.* Ⓒ (一連串過程等的)最後結果；最終產品，製成品。

énd tàble *n.* Ⓒ 《美》茶几《置於沙發等旁的小桌子》。

en·due [ɪn`du, -`dju; in'dju:] *v.t.* 《文語》〔十受十介十(代)名〕賦與〈人〉〔能力、才能等〕(endow)〔*with*〕《★常用被動語態》：The greatest scholar *is* not ～*d* **with** perfect wisdom. 最偉大的學者並不賦有完美的智慧。

en·dur·a·ble [ɪn`durəbl, -`djur-; in'djuərəbl] *adj.* [常用於否定句] 可忍耐的，能忍受的(↔ unendurable)：His insults were *not* ～. 他的侮辱眞叫人難以忍受。

en·dur·ance [ɪn`durəns, -`djur-; in'djuərəns] 《endure 的名詞》

—*n.* Ⓤ **1 忍耐**，忍受，耐心（⇨ patience【同義字】）；忍耐力：beyond [past] ~ 忍無可忍的，不可忍耐的。**2** 持久力，耐久性。

endúrance tèst *n.* Ⓒ 耐力試驗。

***en·dure** [ɪn`dur, -`djur; in'djuə] «源自拉丁文「使堅固」之義»
—*v.t.* [常用於否定句]（耐心地）**忍受，容忍。**

> 【同義字】endure 指長期努力忍耐痛苦、不幸、困難等；bear 是指忍受痛苦、困難、悲哀、不愉快等；suffer 是指耐心地承受痛苦、不愉快；stand 是靠自制忍受不愉快及厭惡的事物。

a 〔十受〕忍耐…：~ pain(s) 忍耐痛苦/I can*not* ~ the sight. 我不能容忍這種情景/What can't be cured must be ~*d*. 不能矯正的事必須要忍耐。**b** 〔十*to* do/十do*ing*〕忍耐，忍受〈做…〉：He could *not* ~ *to* see her tortured. 他不忍看她受折磨/I can't ~ be*ing* disturbed in my work. 我不能忍受我的工作受到打擾。
—*v.i.* 《文語》**1** 維持；持續，持久(last)：His fame will ~ forever. 他的名聲將永垂不朽。**2** 忍耐，忍受：They ~*d* to the end. 他們忍耐到底。

en·dúr·ing [-`durɪŋ, -`djur-; -'djuəriŋ] *adj.* 持久的，永續的，永久性的(lasting)：an ~ peace 持久和平/win ~ fame 贏得不朽的名聲。~·**ly** *adv.*

en·dur·o [ɪn`duro, -`djuro; in'djuərou] *n.* Ⓒ汽車或摩托車的(長距離)耐力競賽。

énd úse *n.* ⓊⒸ(產品之)主要用途或基本用途。

énd úser *n.* Ⓒ 最終消費者，最後用戶。

énd·wàys, énd·wise *adv.* **1** 末端朝上[前]地，縱向地豎着：slide it in ~ 末端朝上放入。**2** 兩端相接地：line them up ~ 兩端相接地把它們排起來。

En·dym·i·on [ɛn`dɪmɪən; en'dimiən] *n.* 《希臘神話》恩丁米恩《月女神色麗妮(Selene)所愛的牧羊美少年》。

ENE, E.N.E. 《略》east-northeast.

en·e·ma [`ɛnəmə; 'enəmə] *n.* Ⓒ(*pl.* ~**s**, ~·**ta** [-tə; -tə])《醫》**1** 灌腸；灌腸劑[液]：give an ~ 實施灌腸。**2** 灌腸器。

‡en·e·my [`ɛnəmɪ; 'enəmi] «源自拉丁文「非朋友者」之義» —*n.* **1** Ⓒ**敵人**：a lifelong [sworn] ~ 不共戴天的敵人，死敵/one's worst ~ 某人最憎恨的敵人/make an ~ of... 與…為敵，引起…的反感。**2 a** [常 **the** ~；集合稱]敵軍，敵艦隊，敵國《★用法視為一整體時當單數用，指全部個體時當複數用》：*The* ~ was [were] driven back. 敵軍被擊退。**b** Ⓒ敵兵，敵艦，敵機(等)；敵國的人。
3 Ⓒ〔對…〕有害的事物，〔…的〕反對者〔*of, to*〕：an ~ *of* freedom 自由之敵/an ~ *to* the faith 信仰之敵。
—*adj.* [用在名詞前]敵(國)的：an ~ plane [ship] 敵機[艦，船]。

en·er·get·ic [,ɛnɚ`dʒɛtɪk; ,enə'dʒetik←] «energy 的形容詞» —*adj.* (**more** ~; **most** ~)**精力旺盛[充沛]的，**充滿活力的：an ~ person 精力充沛的人/an ~ performance 充滿活力的演出。
èn·er·gét·i·cal·ly [-klɪ; -kəli] *adv.*

en·er·gize [`ɛnɚ,dʒaɪz; 'enədʒaiz] «energy 的動詞» —*v.t.* 供給…能量，使…通電；給與〈某人〉精力，激勵〈某人〉。

***en·er·gy** [`ɛnɚdʒɪ; 'enədʒi] «源自希臘文「工作中」「在活動中」之義» —*n.* Ⓤ **1 a 精力，**氣力，活力；力量，勢力（⇨ power【同義字】）：mental [physical] ~ 精神能力[肉體能力]/full of ~ 充滿活力的，精力充沛的/work with ~ 精力充沛地工作。**b** [常 ~**s**]〈人的〉活動力，行動力，能力：brace one's *energies* 奮力，振作精神/devote one's *energies* to ... 傾全力去做…。**2** 《物理》能，能量：atomic ~ 原子能/kinetic ~ 動能/potential ~ 位能，勢能。

énergy-intènsive *adj.* 能源密集(型)的，需要消耗大量能源的。

énergy-sàving *adj.* 節約能源的：an ~ device 節約能源的裝置。

en·er·vate [`ɛnɚ,vet; 'enəveit] *v.t.* 削弱…的氣力，使…喪失活力[精神]。

én·er·vàt·ing *adj.* (似)削弱(人的)活力的，令人倦怠的：an ~ climate 使人失去活力的氣候。

en·er·va·tion [,ɛnɚ`veʃən; ,enə'veiʃn] «enervate 的名詞» —*n.* Ⓤ喪失活力[力氣]，衰弱。

en fa·mille [ɑ̃fa`mijə; ɑ̃:fɑ:'mi:jə] «源自法語 'in the family' 之義» —*adj.* & *adv.* **1** 一家之中的[在一家之中]：dine ~ (無外人的)自家人用餐。**2** 家人間的[在家人間]；不拘禮節的[地]。

en·fant ter·ri·ble [ɑ̃`fɑ̃tɛ`ribl; ɑ̃:'fɑ:te'ri:bl] «源自法語 'terrible child' 之義» —*n.* Ⓒ(*pl.* ***en·fants ter·ri·bles*** [~])**1** 使人難堪的孩子《說或問一些令大人困窘的問題》。**2** (不顧及他人的)肆無忌憚[不負責]的人。

en·fee·ble [ɪn`fibl; in'fi:bl] *v.t.* 使〈人〉衰弱(weaken)《★常用被動語態》：He *is* ~*d* by illness [age]. 他因疾病[年老]而身心衰弱。

en·fée·ble·ment [-mənt; -mənt] *n.* Ⓤ衰弱。

en·fi·lade [,ɛnfə`led; ,enfi'leid] *n.* 《軍》Ⓤ[**an** ~]縱射。
—*v.t.* 《軍》縱射。

en·fold [ɪn`fold; in'fould] *v.t.* **1 a** 〔十受〕抱〈人、物〉。**b** 〔十受十介十(代)名〕把…抱[在手臂中]；〔用…〕抱住…〔*in*〕：~ a baby *in* one's arms 用雙手抱住嬰兒。**2** 〔十受十介十(代)名〕把〈人、物〉包〔在…中〕〔*in*〕；〔用…〕包裹〈人、物〉〔*with*〕《★常用被動語態》：She *was* ~*ed in* a shawl. 她用披肩包裹身體。

en·force [ɪn`fors, -`fɔrs; in'fɔ:s] *v.t.* **1** 〔十受〕**實施，**施行〈法律等〉：~ a law 執行法律。**2 a** 〔十受〕**強迫，**迫使〈服從、行動等〉：~ obedience 迫使服從。**b** 〔十受十介十(代)名〕強迫，迫使〔人〕〈服從、行動等〉〔*on, upon*〕：~ a course of action **on** [**upon**] a person 強迫某人做某行動。**3** 〔十受〕加強，強調；極力主張〈要求、意見等〉。

en·fórce·ment [-mənt; -mənt] «enforce 的名詞» —*n.* Ⓤ **1** (法律等的)施行，執行：strict ~ of the law 法律的嚴格執行。**2** (服從等的)強制。**3** (意見等的)強調。

en·fran·chise [ɛn`fræntʃaɪz; in'fræntʃaiz, en-] *v.t.* **1 a** 給予〈人〉參政[選舉]權。**b** 給予〈都市等〉自治權；使〈都市等〉成為選舉區。**2** 解放〈奴隸等〉，使…成為自由民；免除…的法律義務。

en·frán·chise·ment [-tʃɪzmənt; -tʃizmənt] «enfranchise 的名詞» —*n.* Ⓤ **1** 參政[選舉]權的授與。**2** (奴隸的)解放，釋放。

eng. 《略》engine; engineer(ing); engraved; engraving.

Eng. 《略》England; English.

***en·gage** [ɪn`gedʒ; in'geidʒ] «源自古法語「質押」「允諾」之義»
—*v.t.* **A 1 a** 〔十受〕**僱**〈人〉《★比較《美》a, b 一般都用 hire, employ》：~ an entertainer for the party 為宴會僱用表演的藝人。**b** 〔十受十*as* 補〕僱〈人〉〈當…〉：I ~*d* a young woman *as* a temporary secretary. 我僱用一位年輕婦女當臨時秘書。
2 〔十受〕《文語》**a** 預約〈房間、座位等〉《★又以過去分詞當形容詞用；⇨ engaged 3；★比較一般用 reserve》：~ seats 預訂座位。**b** 僱〈計程車等〉《★比較一般用 hire》。
3 《文語》**a** 〔十受十*to* do〕[~ one*self*]允諾〈做…〉：He ~*d him-self to* pay the money by the end of the month. 他允諾月底前付那筆錢。**b** 〔十*to* do〕答應〈做…〉《★為 A 3 a 的oneself 之省略式》：She ~*d to* visit you tomorrow. 她答應明天去訪問你。**c** 〔十*that*_〕允諾，保證〈…事〉：I cannot ~ *that* I will finish the work by the end of this month. 我不能允諾在這月底前完成該項工作。
4 〔十受〕使〈人〉訂婚《★常以過去分詞當形容詞用；⇨ engaged 4 b》。
—**B 1** 〔十受十介十(代)名〕[~ one*self*]**從事，**參與，忙於〔…〕〔*in*〕《★又以過去分詞當形容詞用；⇨ engaged 1 a》：She ~*d herself* **in** knit*ting*. 她忙於編織。
2 〔十受十介十(代)名〕使〈人〉參加[捲入]〔談話等〕〔*in*〕：He boldly ~*ed* the girls **in** conversation. 他大膽地使那些女孩子加入談話。
3 〔十受〕**a** 吸引〈注意、興趣等〉：The child's attention was completely ~*d* by the new toy. 那個孩子的注意力完全被那新玩具吸引住。**b** 消耗，佔用〈時間〉：Just then my time was fully ~*d* with that work. 剛好那時候我的時間全被那工作佔去。
4 〔十受〕與〈敵軍〉交戰；使〈軍隊〉交戰。
5 〔十受〕《機械》使〈齒輪等〉咬合。
—*v.i.* 〔十介十(代)名〕**1** 擔保，保證〔…〕〔*for*〕：That's more than I can ~ **for**. 那事我不能保證。
2 從事，參與〔…〕〔*in*〕：After graduating from college, he ~*d* **in** business. 大學畢業後他從商/They were ready to ~ *in* the contest. 他們準備參賽。
3 〔與…〕交戰〔*with*〕.
4 《機械》〈齒輪等〉〔與…〕嚙合，咬合，啣接〔*with*〕.
5 《文語》着手，開始〔新的工作等〕〔*upon*〕.

en·ga·gé [ɑ̃gɑ`ʒe; ɑ̃:gɑ:'ʒei] «源自法語» —*adj.* [不用在名詞前]熱中的；積極投入的：Some of the political activists grew less ~ as the years passed. 隨着歲月的消逝有些搞政治活動的人逐漸失去了熱情。

***en·gáged** *adj.* (無比較級、最高級)**1** [不用在名詞前]〔十介十(代)名〕**a 從事**〔於…〕的，忙碌〔於…〕的〔*in*〕(cf. engage *v.t.* B 1)：The ship is ~ **in** pelagic fishery. 這艘船從事遠洋漁業/He was ~ *in* medical research. 他從事於醫學的研究/He was busily ~ (*in*) writ*ing* letters. 他正忙於寫信《★用法可省略 doing 前的 in》. **b** 着手〔於…〕的〔*on, upon*〕：He is ~ **on** a study of population. 他着手於人口的研究。**c** 〈人〉〔因…而〕沒時間的，有約束的，有預定之事的〔*with*〕：Are you ~ on Monday? 你星期一有預定要做的事[有空]嗎？/He is ~ **with** a visitor. 他現在有訪客《表示他沒空》.
2 [不用在名詞前]《英》〈電話〉佔線的，講話中的(《美》busy)：(The) number [line] is ~. 這個號碼[電話線]在講話中《有人在打》。

3 [不用在名詞前]〈座位、桌子等〉被預約的(cf. engage *v.t.* A 2 a)：Your seat is ～. 你的座位已訂好了。

4 a 訂過婚的：an ～ couple 已訂婚的一對男女。b [不用在名詞前]〔十介十(代)名〕〔與…〕訂婚的〔*to*〕(cf. engage *v.t.* A 4)：They are ～. 他們訂婚了/I am ～ ***to*** him. 我與他訂婚了/He got [became] ～ ***to*** Mary. 他和瑪琍訂了婚。c [不用在名詞前]作〔結婚的〕約定的：They were ～ ***to*** be married. 他們已訂婚了。

***en·gage·ment** [ɪnˋgedʒmənt; inˈgeigdʒmənt] «engage 的名詞» —*n.* **1 a** Ⓒ(聚會等的)約定，契約：I have a previous ～. 我已有約在先/break off an ～ 解約，前約作廢/make an ～ 訂(契)約。b [～s]債務：meet one's ～*s* 償清債務。

2 Ⓒ訂婚；訂婚期間：break off one's ～ 解除婚約。

【說明】婚約通常由女方發表以刊登地方的報紙或舉行社交集會在會中口頭宣布爲正式，若以印刷通知函通知則被認爲不正式。

3 Ⓒa 雇用。b 雇用[演出]契約[期間]。

4 Ⓒ交戰《★[比較]一般用 battle》：a military ～ 武力衝突。

5 Ⓤ《機械》(齒輪等的)咬合。

engágement rìng *n.* Ⓒ 訂婚戒指。

en·gág·ing *adj.* 吸引人的，有魅力的(charming)：an ～ smile 動人的微笑/an ～ young man 迷人的年輕人。**～·ly** *adv.*

Eng. D. 《略》Doctor of Engineering.

En·gels [ˋɛŋəls; ˈeŋəls], **Frie·drich** [ˋfridrɪk; ˈfri:drik] *n.* 恩格斯《1820–95；德國的社會主義者、經濟學家》。

En·gel's law [ˋɛŋəlzˋlɔ; ˈeŋəlzˈlɔ:] *n.* Ⓤ恩格爾定律《即家庭收入增加，其用於食物開支之比例相對減少》。

en·gen·der [ɪnˋdʒɛndɚ; inˈdʒendə] *v.t.* 《文語》產生〈感情〉，發生〈情況〉，釀成：Compassion often ～*s* love. 同情常會產生愛情。

—*v.i.* 發生，(逐漸)形成。

‡en·gine [ˋɛndʒən; ˈendʒin] «源自法語「天賦才能(產生者)」之義» —*n.* Ⓒ **1** 引擎，發動機：an internal-combustion ～ 內燃機/ start the ～ 發動引擎。**2** 火車頭。**3** 消防車(fire engine).

-én·gined [形容詞複合用詞]「裝有…引擎的」之意：a four-*engined* plane 一架(裝有)四引擎的飛機。

éngine drìver *n.* Ⓒ《英》火車司機(《美》engineer).

***en·gi·neer** [ˏɛndʒəˋnɪr; ˌendʒiˈniə] *n.* Ⓒ **1** 機械師；技師，工程師：a civil ～ 土木工程師/a naval [marine] ～ 造船工程師。**2 a** 機工，機匠。**b**《美》火車司機(《英》engine driver). **c** (商船的)機師：a chief ～ 輪機長/a first ～ 一等機工。**3 a**《陸軍》工兵：the Corps of *Engineers* 工兵隊。**b**《海軍》輪機軍官。

—*v.t.* 〔十受〕**1** 監督[設計]…工程《★常用被動語態》。**2** 巧妙[精心]地策劃〈計畫等〉：～ a plot 策劃計謀。

en·gi·neer·ing [ˏɛndʒəˋnɪrɪŋ; ˌendʒiˈniəriŋ] *n.* Ⓤ **1** 工程(學)：civil [electrical, mechanical] ～ 土木[電機，機械]工程學/military ～ 工兵學/mining ～ 採礦工程學/an ～ college 工學院/a doctor of ～ 工程學博士。**2** 工學技術；土木工程。**3** 巧妙[精心]的設計[處理]。

éngine·hòuse *n.* Ⓒ消防車庫；(鐵路)機車房。

éngine ròom *n.* Ⓒ機艙，輪機房。

en·gine·ry [ˋɛndʒənrɪ; ˈendʒinəri] *n.* **1** Ⓤ[集合稱]機械。**2** Ⓒ策略，計謀。

‡Eng·land [ˋɪŋglənd; ˈiŋglənd] «源自古英語「(英國人祖先的)盎格魯族(Angles)的土地」之義» —*n.* **1** 英格蘭《除去不列顛(Great Britain)島的蘇格蘭(Scotland)和威爾斯(Wales)的部份》。

【說明】原來是指不包括蘇格蘭(Scotland)及威爾斯(Wales)的大不列顛島(Great Britain)南部。England 的地名是出自 the land of the Angles, 即「盎格魯人之土地」。在今天英國的島上，最初居住的是塞爾特民族(the Celts)，大約從五世紀初起歐洲大陸的日耳曼民族(the Germanic race)開始入侵並定居。這支日耳曼民族包括盎格魯人(the Angles)，撒克遜人(the Saxons)，朱特人(the Jutes)等種族。這些種族就是現在英國人的祖先，統稱爲盎格魯撒克遜人(the Anglo-Saxons). England 這個地名也同時被用作國名。

2《俚》英吉利(本國)，英國。

【說明】當此字義時，最好用(Great) Britain 或 United Kingdom；又英吉利的正式稱呼全文爲 the United Kingdom of Great Britain and Northern Ireland.

Éng·land·er *n.* Ⓒ《英罕》英格蘭人。

‡Eng·lish [ˋɪŋglɪʃ; ˈiŋgliʃ] «England 的形容詞» —*adj.* **1** 英格蘭的；《俚》英吉利的，英國的。**2** 英格蘭人的；《俚》英吉利人的，英國人的。**3** 英語的：the ～ language 英語。

—*n.* **1** Ⓤ英語：American [British] ～ 美國[英國]英語/ ⇨ King's English, Old English, Middle English, Modern English/speak *in* broken ～ 說蹩脚(不合文法的)英語/*in* plain [simple] ～ 用淺顯的英語；用率直[不客氣]的說法/What is *the* ～ *for* '花'？「花」這個字的英語是什麼？《★特定爲「相對於…的英語」時，要加 the》.

【說明】世界使用英語作母語的人數僅次於以中文爲母語的人數，但在政治、經濟、交通等領域則以英語爲常用語言，顯示英語具備作爲國際語言的有利條件。除了英語發祥地英國之外，在美國、加拿大、澳大利亞、紐西蘭、南非、印度等地分別使用發音、語法等各異的英語。隨着電影及電視的普及，今天在世界各地的英語中都可看到美式英語的重大影響。

2 [the ～；當複數用] **a** 英格蘭人；《俚》英吉利人，英國人(cf. the Scots, the Welsh, the Irish). **b** 英軍。

Énglish bréakfast *n.* ⒸⓊ英國式早餐《常爲附加火腿、蛋、橘子果醬的土司及紅茶等；cf. continental breakfast》。

Énglish Chánnel *n.* [the ～]**英吉利海峽**，英法海峽《分隔英國和法國；長 560 公里，寬 34 至 180 公里；又作 the Channel》.

Énglish diséase [síckness] *n.* **1** Ⓤ支氣管炎，佝僂病《因曾流行於英國而得名》。**2** [the ～]英國病《指因勞工權利擴張，以致生產力降低，而使英國全體經濟衰退的狀態》。

Énglish Énglish *n.* Ⓤ英國英語：the influence of American English on ～ 美國英語對英國英語的影響。

Énglish hórn *n.* Ⓒ《美》《音樂》英國管(《英》cor anglais)《雙簧管(oboe)類的木管樂器》。

Éng·lish·ìsm [-ʃˏɪzəm; -ʃizəm] *n.* **1** ⓊⒸ 英國英語的語法(Briticism) (cf. Americanism 3). **2 a** Ⓒ英國式[風格]。**b** Ⓤ英吉利主義。

Énglish ívy *n.* ＝ivy.

Énglish-màde *adj.* 英國製的。

‡Eng·lish·man [ˋɪŋglɪʃmən; ˈiŋgliʃmən] *n.* Ⓒ (*pl.* **-men** [-mən; -mən]) **1** 英格蘭人，《俚》英吉利(本國)人，英國人(cf. Scot(sman), Welsh(man), Irish(man)). **2** 英國船。

Énglish múffin *n.* Ⓒ [當作食物時爲Ⓤ]《美》英國式鬆餅(⇨ muffin b).

Énglish Revolútion *n.* [the ～]英國革命，光榮[不流血]革命(the Glorious [Bloodless] Revolution)《1688–89，放逐斯圖亞特(Stuart)王室的詹姆斯二世(James II)，擧威廉(William)與瑪莉(Mary)爲國王與王后》。

Énglish sétter *n.* Ⓒ諜犬《一種英國原產的獵鳥犬》。

Énglish spárrow *n.* ＝house sparrow.

Énglish-spèaking *adj.* [用在名詞前]說英語的：～ peoples 英語民族《英國、美國、加拿大、澳洲等國人》。

Énglish·wòman [ˋɪŋglɪʃˏwʊmən; ˈiŋgliʃˌwumən] *n.* Ⓒ (*pl.* **-women** [-ˏwɪmɪn; -ˌwimin]) 英格蘭婦女；《俚》英國婦女。

English setter

en·gorge [ɛnˋgɔrdʒ; inˈgɔ:dʒ, en-] *v.t.* 貪婪地吞食，狼吞虎嚥地吃。**～·ment** *n.*

en·graft [ɛnˋgræft; inˈgrɑ:ft, en-] *v.t.* **1 a** 〔十受〕接〈枝〉。**b** 〔十受十介十(代)名〕把〈接枝〉插入〔…中〕〔*into, on, upon*〕. **2** 〔十受十介十(代)名〕**a** 把〈思想、道德等〉灌輸〔於人、性格中〕〔*in*〕：Thrift is ～*ed* ***in*** his character. 他已經節儉成性。**b** 使…〔與…〕結合爲一〔*into*〕. **c** 把…附加〔於…〕〔*on, upon*〕.

en·grain [ɪnˋgren; inˈgrein] *v.* ＝ingrain.

en·gráined *adj.* ＝ingrained.

en·grave [ɪnˋgrev; inˈgreiv] *v.t.* **1** 〔十受十介十(代)名〕將〈文字、圖案等〉雕刻〔於金屬、石等〕〔*on*〕；在〈金屬、石等〉上雕刻〔文字、圖案等〕〔*with*〕：～ one's initials ***on*** the back of a watch＝～ the back of a watch ***with*** one's initials 將自己名字的起首字母刻在手錶背面。**2** 〔十受十介十(代)名〕將…銘刻〔在心〕，將…銘記〔於…〕〔*on, upon, in*〕：The scene is ～*d* ***on*** my memory [***in*** my mind]. 那個情景深深刻在我的記憶[腦海]裏。**3** 〔十受〕以雕版印刷…。

en·gráv·er *n.* Ⓒ雕刻師，(尤指木版、銅版等的)雕版工。

en·gráv·ing *n.* **1** Ⓤ雕刻(術)，雕版術。**2** Ⓒ(銅版、木版等的)雕版；雕版印刷(品)。

en·gross [ɪnˋgros; inˈgrous] *v.t.* **1** 使〈人〉注意力集中[全神貫注]，使〈人〉熱衷，使…着迷《★常以過去分詞當形容詞用；⇨ engrossed 2》。**2** 用大字書寫[謄寫]〈文件〉。

en·gróssed *adj.* **1** 熱衷的，着迷的：an ～ look 着迷的神情。**2** [不用在名詞前]〔十介十(代)名〕熱衷，埋頭〔於…〕的〔*in*〕(cf. engross 1)：He was ～ ***in*** thought. 他沉迷於思索。

en·gross·ing *adj.* 吸引人的，令人神往的：an ～ novel 令人着迷的小說。～**·ly** *adv.*

en·gróss·ment [-mənt; -mənt] «engross 的名詞» —*n.* **1** Ⓤ專心，埋頭。**2 a** Ⓤ用大寫字體正式謄寫。**b** Ⓒ謄寫的文件。

en·gulf [ɪn'gʌlf; in'gʌlf] *v.t.* 〈波濤、深淵等〉將…吸入，吞噬；使…捲入《★常用被動語態，介系詞用 *in, by*》：The high waves ～*ed* the ship. 巨浪吞噬了那艘船/The country *was* ～*ed* ***in*** civil war. 該國陷入內戰。

en·hance [ɪn'hæns; in'hɑ:ns] «源自拉丁文「提高」之義» —*v.t.* 提高，增進〈品質、能力、聲望等〉；抬高〈價格〉。～**·ment** *n.*

ENIAC ['ɛnɪæk; 'eniæk] «*e*lectronic *n*umerical *i*ntegrator *a*nd *c*alculator 的頭字語» —*n.* Ⓒ電子數字積分器和計算機。

e·nig·ma [ɪ'nɪgmə; i'nigmə] *n.* Ⓒ(難理解的)謎；謎般的人，不可解的事物〔*to*〕：He is an ～ *to* all of us. 對我們而言，他是個神祕莫測的人物。

e·nig·mat·ic [ˌɛnɪg'mætɪk; ˌenig'mætik←] «enigma 的形容詞» —*adj.* **1** 謎(般)的，難解的：an ～ smile 謎似的[神秘的]微笑。**2** 〈人、物〉神秘的，來路不明的。

è·nig·mát·i·cal [-tɪkl̩; -tikəl] *adj.* ＝enigmatic.
～**·ly** [-kl̩ɪ; -kəli] *adv.*

en·join [ɪn'dʒɔɪn; in'dʒɔin] «源自拉丁文「課以」之義» —*v.t.* **1 a** 〔＋受〕吩咐，責令〈沈默、順從等〉：～ obedience [silence] 責令順從[沈默]。**b** 〔＋受＋介＋(代)名〕叮囑〔人〕〈沈默、順從〉〔*on, upon*〕：He ～*ed* obedience ***on*** his son. 他叮囑兒子要順從。**c** 〔＋受＋*to* do〕吩咐〈人〉〈去做…〉：He ～*ed* his son *to* be obedient. 他囑咐兒子要聽話[順從]。**d** 〔＋*that*＿〕吩咐〈…事〉：He ～*ed that* his son (should) be obedient. 他叮囑兒子要聽話[順從]《★ 用法 《口語》多半不用 should》。**e** 〔＋do*ing*〕吩咐〈做…事〉：He ～*ed* be*ing* obedient. 他吩咐說要聽話[順從]。
2 《美》《法律》**a** 〔＋受〕禁止…：～ a demonstration 禁止示威遊行。**b** 〔＋受＋介＋(代)名〕禁止〈人〉〔…〕〔*from*〕：～ a person ***from*** infring*ing* (on) the rights of another person 禁止人侵犯他人的權利。

‡**en·joy** [ɪn'dʒɔɪ; in'dʒɔi] *v.t.* **1 a** 〔＋受〕**享受，欣賞，有趣地[快樂地]體驗[品嚐]**…：～ life 享受人生的樂趣，過快樂的生活/～ one's dinner 享受正餐/I ～*ed* the party a great deal. 那次聚會上我玩得很愉快/I hope you'll ～ your visit to our country. 我希望你在我國的訪問會很愉快。**b** 〔＋ do*ing*〕喜歡，享受〈做…事〉《★〔＋*to* do〕是錯誤的》：We ～*ed* driv*ing* along the new expressway. 我們喜歡沿着新建的高速公路開車。**c** 〔＋受(＋介＋(代)名)〕[～ one*self*]過得快樂〔*at*〕：*E*～ *yourself.* 好好享受吧/We ～*ed ourselves* ***at*** the party. 我們在那次聚會中過得很愉快。
2 〔＋受〕**a 擁有**，享有〈美好的事物〉《★比較 have [possess]之意的高雅說法》：～ a good income 享有高薪[高收入]/ ～ the confidence of one's friends 受到朋友的信賴/I hope you are ～*ing* good health. 我希望你身體健康。**b** 《諧・諷刺》擁有〈壞的事物〉《★ 用法 老舊的說法，一般不用》：～ poor health 身體不好/～ a bad reputation 風評不佳。

en·joy·a·ble [ɪn'dʒɔɪəbl̩; in'dʒɔiəbl] *adj.* 〈事物、經驗等〉令人快樂的，愉快的：have an ～ time 度過快樂的時光，覺得快樂。
en·jóy·a·bly [-əblɪ; -əbli] *adv.*

en·joy·ment [ɪn'dʒɔɪmənt; in'dʒɔimənt] «enjoy 的名詞» —*n.* **1** ⓊⒸ**快樂**，愉快，喜悅(⇨ pleasure)：with ～ 快樂地/He took great ～ *in* teas*ing* his little sister. 他非常喜歡逗他的小妹妹/Music was a great ～ to him. 音樂對他是一大享受。**2** Ⓤ[常 the ～]享有，擁有〔…〕〔*of*〕：He has [is in] *the* ～ *of* good health. 他身體十分健康。

en·kin·dle [ɛn'kɪndl̩; in'kindl, en-] *v.t.* **1** 點燃，燃起〈火〉。**2** 激起〈憤怒、熱情、情慾等〉。

en·lace [ɪn'les; in'leis] *v.t.* **1** 緊緊地纏繞；圍繞。**2** 使…糾纏。
～**·ment** *n.*

en·large [ɪn'lɑrdʒ; in'lɑ:dʒ] *v.t.* 〔＋受〕**1 a 擴大**，增大，擴充…(⇨ increase【同義字】)。**b** 增補〈書〉：a revised ～*d* edition 增訂版。**c** 把〈照片〉放大：～ a photograph 放大照片。**2** 擴展〈事業等〉；增長〈見識〉，使〈心胸〉開闊：Reading ～*s* the mind. 讀書使心胸開闊。 —*v.i.* **1 a** 增廣，擴大。**b** 〈照片〉放大。**2** 〔＋介＋(代)名〕詳述〔…〕〔*on, upon*〕《★可用被動語態》：The writer ～*s* ***on*** the point. 作者詳述那一點。

en·lárge·ment [-mənt; -mənt] «enlarge 的名詞» —*n.* **1** Ⓤ[又作 an ～]擴大，增大，擴張。**2** Ⓒ **a** (書的)增補；增建(的部分)。**b** 放大的照片。

en·larg·er [ɪn'lɑrdʒɚ; in'lɑ:dʒə] *n.* Ⓒ **1** 擴大者；增補者；詳述者。**2** 《攝影》放大機。

en·light·en [ɪn'laɪtn̩; in'laitn] *v.t.* **1** 〔＋受〕**啓發**，教化，教導〈人〉；解答〈人〉的疑難：～ the ignorant 啓發無知者/ ～ the heathen 教化異教徒。**2** 〔＋受＋介＋(代)名〕教導〈人〉〔…〕，使…明白〔…〕〔*on, about, as to*〕：He ～*ed* me ***on*** the question. 他就該問題指點我。

en·líght·ened *adj.* 開明的，開化的，文明的。

en·líght·en·ing [-tnɪŋ; -tniŋ] *adj.* 啓發性的；使人明白的：an ～ lecture 啓發性的演講。

en·líght·en·ment [-mənt; -mənt] «enlighten 的名詞» —*n.* **1** Ⓤ **a** [又作 an ～]教化，啓發：I had *a* sudden ～. 我豁然明白了，我忽然開竅了。**b** 開明，開化。**2** [the E～]《哲》(十八世紀的歐洲，尤其是法國理性主義的)啓蒙運動。

en·list [ɪn'lɪst; in'list] *v.t.* **1** 〔＋受〕使〈人〉入伍；徵募〈士兵〉。**2** 〔＋受＋介＋(代)名〕〔爲主義、事業而〕獲得〈(他人的)贊助、協助、支持〉〔*in, for, against*〕：He tried to ～ people's sympathy ***in*** the cause of charity. 他設法贏得衆人對慈善事業的同情[支持]。
—*v.i.* **1 a** 應募服兵役，從軍。**b** 〔＋(*as* 補＋)介＋(代)名〕入〔伍〕〈當…〉〔*in*〕：He ～*ed as* a volunteer ***in*** the army. 他以志願兵從軍。**2** 〔＋介＋(代)名〕(積極地)協助，參加〔主義、事業等〕〔*in*〕：～ ***in*** a cause 支持某事業。

en·líst·ed màn *n.* Ⓒ《美》下士士兵。

en·líst·ment [-mənt; -mənt] «enlist 的名詞» —*n.* **1** Ⓤ兵籍登記，募兵；入伍。**2** Ⓒ服兵役期間。

en·liv·en [ɪn'laɪvən; in'laivn] *v.t.* **1** 使〈人〉有精神。**2** 使〈場面、談話等〉活潑，使…生動。**3** 使〈買賣〉熱絡[活躍]。

en masse [ɛn'mæs; ɑ:ŋ'mæs] «源自法語 'in a mass' 之義» —*adv.* 《文語》全體地，一齊。

en·mesh [ɪn'mɛʃ; in'meʃ] *v.t.* **1** 使…陷入網中，把…絆在網上。**2** 〔＋受＋介＋(代)名〕使〈人〉陷於〔困難等〕〔*in*〕《★常用被動語態》：He *was* ～*ed* ***in*** difficulties. 他陷於困難中。

en·mi·ty ['ɛnmətɪ; 'enməti] *n.* ⓊⒸ**敵意**，憎恨；對立：have [harbor] ～ *against* ... 對…懷著敵意，懷恨…/at ～ with ... 與…不和。

en·no·ble [ɪ'nobl̩, ɛn'nobl̩; i'noubl, e'n-] *v.t.* **1** 使〈人〉成爲貴族。**2** 使…變得高貴，使…變得高尚。～**·ment** *n.*

en·nui ['ɑnwi; ɑ:'nwi:] «源自法語» —*n.* Ⓤ倦怠，無聊，無所事事。

E·noch ['inək; 'i:nɔk] *n.* 伊諾克《男子名》。

e·nor·mi·ty [ɪ'nɔrmətɪ; i'nɔ:məti] «enormous 的名詞» —*n.* **1a** Ⓤ極惡〔*of*〕. **b** Ⓒ[常 ～s]暴行，滔天大罪：These *enormities* cannot be forgiven. 這些極惡的暴行不可饒恕。**2** Ⓤ巨大，龐大〔*of*〕.

***e·nor·mous** [ɪ'nɔrməs; i'nɔ:məs] «源自拉丁文「不尋常(norm)」之義» —*adj.* (**more** ～；**most** ～)**巨大的**，龐大的，非凡的(⇨ huge【同義字】)：an ～ appetite 驚人的食慾/ ～ wealth 龐大的財富。～**·ly** *adv.* ～**·ness** *n.*

‡**e·nough** [ə'nʌf, ɪ'nʌf; i'nʌf, ə'nʌf] *adj.* (無比較級、最高級) **1** (通常指數量上)**充分的**，足夠需要的(sufficient)《★ 用法 可置於名詞前面或後面，但置於前面時有强調的語氣》：～ eggs [butter] ＝eggs [butter] ～ 充足的蛋[奶油]/Thank you, that's ～. 謝謝，那樣就夠了 /Ten chairs are ～. 十張椅子就夠了。

【同義字】enough 和 sufficient 都表示「能充分滿足某特定需求或目的的」的意思，但 sufficient 較形式化，用以表示程度；而 adequate 則指足夠滿足最低需求的意思，除表示數、量外也用以表示性格、資格等。

2 a 〔＋介＋(代)名〕〔爲…〕足夠的，充足的〔*for*〕(⇨ 1 用法)：There is time ～ ***for*** the work. 有足夠的時間做那工作。**b** 〔＋*to* do〕足夠〈做…〉的(⇨1 用法)：He hasn't ～ sense [sense ～] *to* realize his mistakes. 他沒有足夠的辨別力去認識自己的錯誤/He was fool ～ *to* believe it. 他竟傻得相信它/He was hero ～ *to* do it. 他做那件事夠英勇的了《★ 用法 在上面兩個例句結構中的名詞無冠詞；又 enough fool [hero] 等用法是錯誤的》。**c** 〔＋*for*＋(代)名＋*to* do〕足夠〔人〕〈做…〉的(⇨ 1 用法)：There's ～ room *for* 100 people *to* enter. 有足夠容納一百人的空間。
—*pron.* [當單數或複數用] **1 a 足夠**(的量，數)；〔對…〕足夠的量[數]〔*for*〕《★表示量時當單數用》：⇨ more than ENOUGH. /He has eaten quite ～. 他已經吃得很夠了/There is [are] ～ *for* everybody. 有足夠分配給每一個人的量[數]/*E*～ has been said *on* [*about*] the problem. 關於這個問題已經講夠了/*E*～ is as good as a feast. 《諺》吃得夠就如同享盛筵《知足常樂》。**b** 〔＋*to* do〕足夠〈做…〉的量[數]：He earns just ～ *to* live on. 他賺的錢剛好過日子/There are ～ *of* the candies *to* have one each. 有足夠的糖菓供每人吃一塊。
c 〔＋*for*＋(代)名＋*to* do〕足夠〔人〕〈做…〉的量[數]：He earns just ～ *for* us *to* live on. 他賺的錢剛夠我們生活。
2 夠了：I have had quite ～ *of* your impudence. 我受夠了你的厚顏無恥/*E*～ *about* my affairs. 關於我的事你說夠了《別再說了》/*E*～ (*of* that)！夠了！別說了！/*E*～ is ～. 算了，夠了/Cry' ～ '!

E

快認輸吧！

enóugh and to spáre 綽綽有餘(的東西)《★源自聖經「路加福音」》：They had ～ *and to spare*(*of* the food). 他們(的食物)還綽綽有餘。

hàve enóugh to dò to do 好不容易才…；〈做…〉很吃力：I *had* ～ *to do to* get here, without thinking about presents. 我好不容易才來到這裏，沒想到送禮物的事。

móre than enóugh (1)太多，超過所需：You have done *more than* ～. 你已經做得夠多了。(2)(多得)令人厭煩地。

—adv. [置於形容詞、副詞後面] **1 a** 充分地；〔對…〕足夠地〔*for*〕：Is it large ～？它夠大嗎？/It isn't good ～. 它不夠好/It is good ～ *for* me. 它對我來說夠好了。**b** 〔＋*to* do〕足夠〈做…〉地；〈做…〉充分地：He is not old ～ *to* smoke. 他還沒大到可抽煙的年紀/She was kind [good] ～ *to* lend me the book. 她眞好，把書借給我看。**c** 〔＋*for*＋(代)名＋*to* do〕足以讓〔人〕〈做…〉，使〔人〕〈做…〉充分地：It is warm ～ *for* you *to* play out of doors. 天氣很暖和，你可以出去玩。**d** 〔＋*that*＿〕《美口語》足以〈做…事〉地，〈爲…事是〉充分地《★用法非理想的句子結構》：She is old ～ *that* she can get married. 她已達到適婚的年齡。

2 a [輕微的強調]完全，全部：We are ready ～. 我們完全準備好了/I know well ～ what he is up to. 我十分清楚他的企圖。**b** [常帶諷刺]還可以，還過得去：She paints well ～. 她畫得還可以/It's bad ～. 相當不好，相當糟糕。

3 [強調句子的修飾語]實在，十分：oddly [curiously, strangely] ～ 十分奇怪的是/Fair enough! ⇨ fair¹ *adj.* / ⇨ SURE enough.

cannòt [can néver]...enóugh 無論怎樣…都不夠；…不盡：I *can never* thank you ～. 我對你感激不盡。

e·now [ɪ'nau; i'nau] *adj., pron., adv.* 《古》＝enough.

en pas·sant [ɑ̃pɑ'sɑ̃; ɑ̃:'pæsɑ̃:ŋ] 《源自法語 'in passing' 之義》 **—adv.** 順便，順道。

en·plane [ɛn'plen; en'plein] 《美口語》 *v.i.* 上飛機，搭機(⟷ deplane). **—v.t.** 把…裝上飛機，使…搭機。

en·quire [ɪn'kwaɪr; in'kwaiə] *v.* ＝inquire.

***en·qui·ry** [ɪn'kwaɪrɪ; in'kaiəri] *n.* ＝inquiry.

en·rage [ɪn'redʒ; in'reidʒ] *v.t.* 〔＋受〕使〈人〉震怒，觸怒《★又以過去分詞當形容詞用；⇨ enraged》：Her remarks ～*d* me. 她的話激怒了我。

en·ráged *adj.* **1** 震怒的，激怒的：glare at a person with ～ eyes 用怒眼瞪人。

2 [不用在名詞前] **a** 〔＋介＋(代)名〕〔對…〕激怒的，憤怒的〔*at, by*〕；〔對人〕生氣的〔*with*〕：He was ～ ***at*** the insult. 他對這種侮辱感到憤怒/He was ～ ***with*** me. 他生我的氣。**b** 〔＋*to* do〕〈做…而〉生氣的：He was ～ *to* hear the news. 他聽到這消息而發怒。**c** 〔＋*that*＿〕〈對…事〉發怒的：He was ～ *that* he was shut out. 他對被拒於門外一事極爲憤怒。

en·rapt [ɛn'ræpt; in'ræpt, en-] *adj.* 狂喜的，神魂顚倒的；恍惚迷離的：His ～ audience seemed to hang on every word he said. 他那如醉如痴的聽衆似乎對他所說的每一個字都凝神傾聽。

en·rap·ture [ɪn'ræptʃɚ; in'ræptʃə] *v.t.* 使〈人〉出神，使…狂喜《★又以過去分詞當形容詞用；⇨ enraptured》。

en·ráp·tured *adj.* **1** 出神的，興高采烈的：an ～ look 出神的表情。**2** [不用在名詞前] **a** 〔＋介＋(代)名〕〔對…〕出神的，興高采烈的〔*at, by*〕：They were ～ ***at*** the scene. 他們對著那景色出神。**b** 〔＋*to* do〕〈做…而〉出神的，狂喜的：They were ～ *to* hear her song. 他們聽她的歌聽得出神。**c** 〔＋*that*＿〕〈對…事〉狂喜的，興高采烈的：He was ～ *that* she had smiled at him. 她對他的微笑使他心蕩神馳。

en·rich [ɪn'rɪtʃ; in'ritʃ] *v.t.* **1** 〔＋受〕使…富足，使…豐富：～ a country 使國家富足。**2** 〔＋受＋介＋(代)名〕〔以…〕使〈色、香、味等〉變濃；〔以維他命、礦物質等〕強化〈食物〉，〔以…〕提高…的營養價值；〔以…〕提高〈價值等〉；〔以…〕使〈土地〉肥沃〔*by, with, through*〕：～ soil ***with*** manure 以肥料使土地肥沃。

～·ment *n.*

enriched fóod *n.* Ⓤ(加入維他命以提高營養價值的)強化食品。

enriched ísotòpe *n.* Ⓒ《化學》濃縮同位素。

enriched uránium *n.* Ⓤ《化學》濃縮鈾。

en·roll, en·rol [ɪn'rol; in'roul] (**en·rolled; en·rol·ling**) *v.t.* **1 a** 〔＋受〕將〈某人的姓名〉列入名冊上，使〈人〉成爲會員。**b** 〔＋受＋*as*補〕登記〈人〉〈爲…〉：～ a person *as* a member of a club 將某人登記爲俱樂部會員。**c** 〔＋受＋介＋(代)名〕使〈人〉加入〔…會或組織等〕〔*in*〕：～ a person ***in*** a club 使某人成爲俱樂部的會員。

2 a 〔＋受〕把〈學生〉登記在學籍中，使…入學。**b** 〔＋受＋介＋(代)名〕使〈學生〉進入〔學校〕〔*in*〕：About 500 students were newly ～*ed* ***in*** the school. 最近該校招收了大約五百名學生。

3 a 〔＋受〕使〈人〉入伍。**b** 〔＋受〕[～ *oneself*]當兵。**c** 〔＋受＋*as*補〕登記〈人〉〈爲軍人〉：～ a person *as* a soldier 使某人入伍。

—v.i. 1 a 〔動(＋介＋(代)名)〕被登記〔於…〕，入會〔*in*〕。**b** 〔＋*as* 補〕被登記〈爲…〉。**2** 〔動(＋介＋(代)名)〕入學〔於…〕〔*at, in*〕：He ～*ed* ***in*** college [***at*** Harvard]. 他(完成手續)進入大學[哈佛大學]。**3** 入伍，從軍。

en·roll·ee [ˌɛnro'li; inrou'li:] *n.* Ⓒ被錄用的人；入會者；被征入伍者；入學者。

en·róll·ment, en·ról·ment [-mənt; -mənt] 《enroll, enrol 的名詞》 **—n. 1** Ⓤ **a** 記載；登記。**b** 入學；入伍。**2** Ⓒ[常用單數]登記[在籍]人數，註冊人數。

en route [ɑn'rut; ɑ:n'ru:t] 《源自法語 'on (the) route' 之義》 **—adv.** 〔往…的〕途中，路上〔*to, for*〕；〔從…來的〕途中，路上〔*from*〕：stop in Chicago ～ *to* [*from*] New York 往[從]紐約去[來]的途中，在芝加哥停留。

en·san·guine [ɛn'sæŋgwɪn; in'sæŋgwin, en-] *v.t.* 血汚；血染；使…成血紅色。

en·san·guined [ɛn'sæŋgwɪnd; in'sæŋgwind, en-] *adj.* 《文語》血紅色的，血染的。

en·sconce [ɛn'skɑns; in'skɔns, en-] *v.t.* 〔＋受＋介＋(代)名〕[～ *oneself*]《文語・諧》安坐，安置〔在…〕〔*on, in, among*〕《★也用被動語態，成爲「安坐着，隱藏着」之意》：He ～*d himself* ***in*** the armchair. 他安坐在有扶手的椅子上。

en·sem·ble [ɑn'sɑmbḷ; ɑ:n'sɑ:mbl] 《源自法語 'together' 之義》 **—n.** Ⓒ **1** [常 **the** ～](各部分經綜合並調和後的)整體；整體內容，總效果。**2** 《音樂》合奏，小合奏團：**a** 少數人組成的合唱[合奏]曲。**b** 爲這種合唱[合奏]而組合的合唱[合奏]團：a brass ～ 銅管樂器的合奏團。**3** 上下一套的女服《顏色、質料等相配合的成套女裝》。

ensémble ácting [pláying] *n.* Ⓤ集體演出。

en·shrine [ɪn'ʃraɪn; in'ʃrain] *v.t.* 〔＋受(＋介＋(代)名)〕 **1** 安置…〔於神聖的場所〕〔*in, among*〕《★常用被動語態》：The sacred treasures *are* ～*d* ***in*** this temple. 那些神聖的寶物被安置在這座廟裏。**2** 珍藏，銘記〈記憶等〉《★常用被動語態》：Her memory *is* ～*d* ***in*** his heart. 他把對她的回憶深藏在心裡。

en·shroud [ɛn'ʃraud; in'ʃraud, en-] *v.t.* **1** 給〈死者〉穿上壽衣。**2** 將…包圍，掩蓋《★常用被動語態，介系詞用 *in, by*》：The hills *were* ～*ed* ***in*** mist. 羣山籠罩在霧中。

en·sign ['ɛnsaɪn; 'ensain, 《海軍》'ɛnsṇ; 'ensn] *n.* Ⓒ **1** (船隻等爲表明國籍而懸掛的)旗(⇨ flag¹【同義字】)：the national ～ 國旗/⇨ red ensign, white ensign. **2 a** (1871 年以前英國的)旗手。**b** ['ɛnsṇ; 'ensn]《美海軍》少尉。

en·si·lage ['ɛnslɪdʒ; 'ensilidʒ] *n.* Ⓤ **1** 牧草的新鮮保存法《藏於圓塔狀穀倉等》。**2** (新鮮貯藏的)牧草(cf. silo).

—v. ＝ensile.

en·sile [ɛn'saɪl, 'ɛnsaɪl; en'sail] *v.t.* 將〈牧草等〉放入圓塔狀穀倉(silo)貯藏。

en·slave [ɪn'slev; in'sleiv] *v.t.* **1** 使〈人〉成爲奴隸，奴役。**2** 〔＋受＋介＋(代)名〕使〈人〉成爲〔迷信等〕的奴隸〔*to*〕：He was ～*d* ***to*** superstition. 他成爲迷信的奴隸。**～·ment** *n.*

en·snare [ɛn'snɛr; in'snɛə, en-] *v.t.* **1 a** 〔＋受〕使〈人〉中圈套；使〈動物〉陷入羅網[陷阱]《★常用被動語態》。**b** 〔＋受＋介＋(代)名〕使〈人〉中〔圈套〕；使〈動物〉陷入〔羅網、陷阱〕〔*in, into*〕《★常用被動語態》。**2** 〔＋受(＋介＋(代)名)〕〔以…〕誘惑〈人〉〔*by*〕《★常用被動語態》。

en·sue [ɛn'su, -'sju; in'sju:, -'su:, en-] 《源自拉丁文「跟隨在後」之義》 **—v.i.** 《文語》 **1** 隨後[接着]發生，續起。**2** 〔＋介＋(代)名〕〔由…〕產生〔*from*〕：What will ～ ***from*** this? 這以後會怎樣？這會產生什麼結果呢？

en·sú·ing *adj.* [用在名詞前]《文語》 **1** 隨後的，接著的：during the ～ months 隨後數月期間/in the ～ year 在翌年。**2** 接著發生的，後來的：the war and the ～ disorder 戰爭及隨後的混亂。

en·sure [ɪn'ʃur; in'ʃuə] *v.t.* **1 a** 〔＋受〕保證〈成功等〉；確保〈地位等〉：The agreement ～*d* a steady supply of oil. 該協定保證了石油的穩定供給。**b** 〔＋*that*＿〕保證〈…事〉：They ～*d that* he would obtain the prize. 他們保證他會獲獎。**c** 〔＋受＋受/＋受＋介＋(代)名〕向〈人〉保證〈…〉；〔向人〕保證…〔*for, to*〕：I cannot ～ you a post.＝I cannot ～ a post ***for*** you. 我不能保證給你一個職位/A fixed income has been ～*d* (***to***) her. 她得到保證會有固定的收入。**2** 〔＋受＋介＋(代)名〕保護〈人〉〔避免…〕，使…安全〔而沒有…〕〔*against, from*〕：～ oneself ***against*** [***from***] risk(s) 保護自己避免危險[免遭不測]。

ENT 《略》《醫》ear, nose, and throat. 耳鼻喉。

-ent [-ənt, -ṇt; -ənt, -nt] 字尾 **1** 表示行爲者(agent)的名詞字尾：presid*ent*. **2** 表示性質、狀態的形容詞字尾：preval*ent*.

en·tab·la·ture [ɛn'tæblətʃɚ; en'tæblətʃə] *n.* Ⓒ《建築》古典柱式的頂部，柱頂盤《搭在柱子(columns)上部的水平部分，自上依次由 cornice, frieze, architrave 等部分組成》。

en·tail [ɪn'tel; in'teil] *v.t.* **1 a** 〔＋受〕必然伴有，需要…：Liberty

～*s* responsibility. 自由必連帶著責任。**b**〔十受十介十(代)名〕使…負擔〈勞力、費用等〉，對…課以〈勞力、費用等〉〔*on, upon*〕：The undertaking ～*ed* great expense ***upon*** the government. 該項事業使政府負擔很大的經費。**2**《法律》**a**〔十受〕限定〈不動產〉的繼承(人)《★常用被動語態》。**b**〔十受十介十(代)名〕將〈不動產〉的繼承人限定〔爲…〕而讓渡〔*on, upon*〕《★常用被動語態》。

—*n.*《法律》**1 a** Ⓤ限嗣繼承，繼承人的限定。**b** Ⓒ限嗣繼承財產。**2** Ⓤ(官職等的)預定繼承順序。

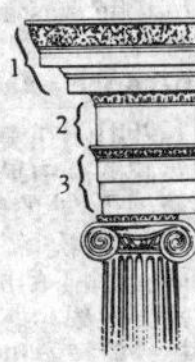

entablature 1 cornice; 2 frieze; 3 architrave

en·tan·gle [ɪnˋtæŋgl; inˈtæŋgl] *v.t.* **1**〔十受〕使〈線等〉糾纏《★常用被動語態，變成「糾纏」之意》：Loose string *is* easily ～*d.* 鬆弛的線容易糾纏在一起。

2〔十受十介十(代)名〕**a** 使…纏住〔…〕〔*in*〕《★常用被動語態，變成「纏住」之意》：The fishline got ～*d* ***in*** the bushes. 釣魚線在灌木叢中纏住了。**b**〔～ one*self*〕(因自己的責任而)被〔…〕纏住〔絆住〕〔*in*〕：He ～*d himself* ***in*** the ropes he was laying. 他被自己所搓的繩子纏住。

3〔十受十介十(代)名〕**a** 使〈人〉陷入〔陷阱、困難等〕〔*in, with*〕：～ a person ***in*** an evil scheme 使人陷入邪惡的陰謀中/He was ～*d* ***with*** a shady character. 他和一個可疑人物有牽連。**b**〔～ one*self*〕陷於，捲入〔…〕〔*in, with*〕：He ～*d himself* ***in*** debt. 他陷入債務中。

en·tán·gle·ment [-mənt; -mənt] **《**entangle 的名詞**》 —*n.* 1 a** Ⓤ糾纏，糾結。**b** Ⓒ糾纏物。**c** Ⓒ糾紛；瓜葛；牽連。**2** Ⓒ〔常～s〕鐵絲網。

en·tente [ɑnˋtɑnt; ɑ:nˈtɑ:nt] **《**源自法語「理解」之義**》—*n.* 1** Ⓒ **a** (政府間的)協定，協商《★比較 treaty, pact(條約)較正式》。**b** 友好協約。

2 Ⓤ[集合稱]協約國《★用法 視爲一整體時當單數用，指全部個體時當複數用》。

‡en·ter [ˋɛntɚ; ˈentə] **《**源自拉丁文「到裏面」之義**》 —*v.t.***《★無被動語態》**1**〔十受〕**進入**：**a** 進入〈場所〉：He ～*ed* the room. 他進入房間《★比較 went into the room 爲口語的說法》。**b**〈刺〉扎入，〈子彈〉穿入〈體內等〉：The bullet had ～*ed* his shoulder. 子彈穿入他的肩膀。**c**〈主意等〉在〈腦〉中浮現：The idea never ～*ed* my head. 那種念頭從未在我的腦海裏浮現過/It never ～*ed* my head that he was dead. 我從未想到他已死了。**d** 進入〈新時代、新生活等〉：～ a new era 進入一個新時代/～ politics [the legal profession] 進入政界[司法界]。

2〔十受〕**a 進入**〈學校〉：～ a school [college, university] 進入學校[大學]《★比較 一般用 go to college [university], get into a college [university]等》。**b** 進入，加入〈團體、俱樂部等〉：～ a club 加入俱樂部。**c** 加入〈軍隊、教會〉：～ the Army [the Church] 當兵[當牧師]。**d** 進〈醫院〉：～ (the) hospital 入院。**e** 參加〈比賽等〉。

3〔十受十介十(代)名〕**a** 使〈人〉入〔學[會]〕〔*in, at*〕：～ one's children ***in*** school [***at*** Eton] 把孩子送入學校[伊頓(Eton)中學]。**b** 使〈人、動物〉參加〔比賽〕〔*in, for*〕：～ chrysanthemums ***in*** a flower show 以菊花參加花展/He ～*ed* his horse ***for*** the race. 他給馬報名出賽。**c**〔～ one*self*〕報名參加，應徵〔*for*〕：He decided to ～ *himself* ***for*** the examination. 他決定報名參加這次考試。

4〔十受(十副)十介十(代)名〕將〈姓名、日期等〉登記，登載，登錄〔在…〕〈*up*〉〔*in*〕：He ～*ed* (***up***) the sum ***in*** his account book. 他將該項金額登記在帳簿上。

5〔十受〕《法律》提出〈訴訟〉。

—*v.i.* 1〔動(十介十(代)名)〕〔從…〕**進入**〔*at, by, through*〕《★作此解時，用 ～ *into* a room, house, train, *etc.* 等是古老用法，現在採用及物動詞的 enter》：～ ***at*** the door 從門進入。

2〔*Enter*〕《戲劇》上場，登場《★用法 劇本中的舞台指導常用第三人稱的命令語氣；↔ exit》：*E～ Hamlet.* 哈姆雷特上場《★Let Hamlet enter. 的意思；現在通常用 *Hamlet ～s*》.

3〔十介十(代)名〕報名參加〔比賽等〕〔*for*〕：～ ***for*** a contest [an examination] 報名參加比賽[考試]。

énter into ... (1)開始，從事於，參與〈工作、談話、交涉等〉；締結〈關係、協定等〉《★可用被動語態》：～ *into* business 進入商業界/～ *into* an agreement [a contract] 締結協定[契約]。(2)成爲…的組成部份；參與〈計算、計畫等〉：That didn't ～ *into* their calculations. 那件事他們沒有想到[考慮到]。(3)介入〈感情、想法等〉，與…起共鳴；領略，體會〈氣氛、心情〉，充分了解…《★可用被動語態》：I tried to ～ *into* the spirit of the occasion. 我試着去領會該儀式的精神。

énter on [upòn] ...《★可用被動語態》開始，着手做，開始考慮〈新工作、問題等〉：～ *upon* a task 着手做一件工作。(2)進入，踏入…：～ *on* the last phase 進入最後的階段。(3)獲得…的所有權，繼承…：～ *on* one's inheritance 繼承某人的遺產。

en·ter·ic [ɛnˋtɛrɪk; enˈterik] *adj.* 腸的：～ fever 傷寒，腸熱病。

en·ter·i·tis [ˌɛntəˋraɪtɪs; ˌentəˈraitis] *n.* Ⓤ《醫》腸炎。

***en·ter·prise** [ˋɛntɚˌpraɪz; ˈentəpraiz] **《**源自古法語「拿在手裏」之義**》 —*n.* 1** Ⓒ(做大膽、困難之事的)**企圖**，企劃；(冒險性的)事業：start a new ～ 創辦新的事業。**2a** Ⓤ[常與修飾語連用]**企業**，企業體系：government ～ 公營企業/private ～ 私[民]營企業。**b** Ⓒ企業單位，公司：small-to-medium-sized ～*s* 中小企業。**3** Ⓤ企業精神，冒險精神，積極性：a spirit of ～ 企業精神，進取心。

én·ter·prìs·er *n.* Ⓒ企業家。

én·ter·prìs·ing *adj.* **1a**〈人〉富於創業精神[進取心]的，積極的，有工作熱忱的；喜愛冒險的：an ～ businessman 事業心重的實業家。**b**[不用在名詞前]〔十*of*十(代)名(十*to* do)〕〔某人〕〈做…是〉富於進取心的，喜愛冒險的：It was ～ ***of*** him ***to*** go by himself. 他竟敢獨自去，眞有膽量。**2**〈行動等〉進取的，自主的；冒險性的。**～·ly** *adv.*

en·ter·tain [ˌɛntɚˋten; ˌentəˈtein] **《**源自拉丁文「保持於中間」之義**》 —*v.t.* 1a**〔十受〕**使**〈人〉**快樂**，娛樂〈人〉：The show ～*ed* us. 這場表演使我們看得很有趣。**b**〔十受十介十(代)名〕〔以…〕娛樂〈人〉〔*with*〕：He ～*ed* us ***with*** music. 他以音樂爲我們助興。

2〔十受十介十(代)名〕**a 招待**，款待〈人〉〔…〕〔*at*, 《英》*to*〕：She ～*ed* six people ***at*** [《英》***to***] tea. 她招待六個人飲茶。**b**〔以…〕招待，款待〈人〉〔*with*〕：We were ～*ed* ***with*** refreshments. 我們受到茶點的招待。

3〔十受〕**a** 以好意接受，採納〈建議〉。**b** 懷着〈感情、意見、希望等〉：～ a bitter hatred [much affection] for a person 對人懷著痛恨[深情]。

—*v.i.* 1 招待，款待。**2** 供人娛樂。

èn·ter·táin·er *n.* Ⓒ **1** 款待者，招待者。**2** (職業的)演藝人員《歌者、舞者、喜劇演員等》：a professional ～職業性的演藝人員。

èn·ter·táin·ing *adj.* 令人愉快的，有趣的：an ～ play 有趣的戲劇。**～·ly** *adv.*

***en·ter·tain·ment** [ˌɛntɚˋtenmənt; ˌentəˈteinmənt] **《**entertain 的名詞**》 —*n.* 1a** Ⓤ**款待**，招待：a hotel famous for its ～ 以招待週到著稱的旅館/give ～ 招待客人。

> **【說明】**英美社交上的招待多以烤肉(barbecue)，下午茶會(tea party)或自助餐(buffet)等爲主，正式的有晚宴(dinner party)，駕車出遊(drive)和野餐(picnic)也相當普遍。

b Ⓒ(提供娛樂表演的)宴會，聚會：give an ～ 舉行宴會。

2 a ⓊⒸ**娛樂**：provide ～ for one's guests 爲客人提供娛樂。**b** Ⓤ樂趣，消遣：much to one's ～ 很有趣[滑稽]的是。**c** Ⓒ文娛活動，餘興，表演：a dramatic [theatrical] ～ 戲劇表演/a musical ～ 音樂會，音樂餘興。

èntertáinment tàx *n.* ⓊⒸ娛樂稅。

en·thrall, en·thral [ɪnˋθrɔl; inˈθrɔ:l] *v.t.* (**en·thralled; en·thrall·ing**)迷惑，迷住〈人〉；使〈人〉成爲奴隸《★常用被動語態》：The author ～*ed* the minds of his readers. 那位作者(的作品)使讀者着迷/He *was* ～*ed* by the story. 他被這個故事迷住了。

～·ment *n.*

en·thráll·ing *adj.* 使人着迷的，非常有趣的：an ～ novel 使(讀者)着迷的小說。**～·ly** *adv.*

en·throne [ɪnˋθron; inˈθroun] *v.t.* **1a** 使〈人〉登基，立〈某人〉爲王。**b**《基督教》使〈祭司〉就任主教(bishop). **2** 崇拜，尊敬。

en·thróne·ment [-mənt; -mənt] **《**enthrone 的名詞**》 —*n.* 1** Ⓤ即位，登基；主教的就任[就職]。

2 Ⓒ即位[登基]典禮；主教就職儀式。

en·thuse [ɪnˋθuz, -ˋθjuz; inˈθju:z] **《**enthusiasm 的逆成字**》 —*v.i.***〔十介十(代)名〕《口語》〔對…〕狂熱；感激〔*about, over*〕.

en·thu·si·asm** [ɪnˋθuzɪˌæzəm, -ˋθjuz-; inˈθju:ziæzəm] **《**源自希臘文「神附身的(狀態)」之義**》 —*n.* 1** Ⓤ**熱中**，狂熱，熱忱；感激〔*for, about*〕(⇨ feeling 3【同義字】)：with ～ 熱中地，狂熱地/He showed much ～ ***for our plan. 他對我們的計畫表示非常熱心。**2** Ⓒ使人熱中的事物：Football is one of my ～*s.* 足球是使我着迷的事物之一。

en·thu·si·ast [ɪnˋθuzɪˌæst, -ˋθjuz-; inˈθju:ziæst] *n.* Ⓒ熱中[熱心]的人，狂熱者，…迷(fan)，…狂〔*for, about*〕：a car ～ 汽車迷/an ～ ***for*** sports＝a sports ～ 運動迷。

en·thu·si·as·tic** [ɪnˌθuzɪˋæstɪk, -ˌθjuz-; inˌθju:ziˈæstik] **《**enthusiasm 的形容詞**》 —*adj. (**more ～；most ～**)**1熱烈的**，狂熱的：an ～ baseball fan 狂熱的棒球迷。**2**[不用在名詞前]〔十介十(代)名〕〔對…〕狂熱的，熱中的〔*about, over*〕：He is ～ ***about*** folk music. 他熱中於民俗音樂。

en·thù·si·ás·ti·cal·ly [-klɪ; -kəli] *adv.*

en·tice [ɪn'taɪs; in'tais] 《源自拉丁文「點火」「點燃」之義》 —*v.t.* **1**〔十受十副詞(片語)〕引誘，慫恿，誘惑…：The smell of fish ~*d* the cat *into* the kitchen. 魚腥味誘使貓進入厨房/He tried to ~ the child *away from* its home. 他企圖慫恿那個孩子離家出走。**2**〔十受十*to* do〕誘使…〈做…〉：He ~*d* her *to* leave her parents. 他引誘她離開父母。

en·tíce·ment [-mənt; -mənt] 《entice 的名詞》 —*n.* **1a** Ⓤ誘惑，慫恿。**b** Ⓒ〔常 ~**s**〕誘惑物，誘餌。**2** Ⓤ魅力：He fell victim to her ~. 他被她的魅力征服了。

en·tíc·ing *adj.* 動人心目的，魅惑人的，迷人的。~·**ly** *adv.*

***en·tire** [ɪn'taɪr; in'taiə] 《源自拉丁文「未受損的」之義》 —*adj.* (無比較級、最高級) **1** [用在名詞前] **全體的**，全部的：an ~ page 一整頁/the ~ day [afternoon] 整天[整個下午]。
2〈一組東西〉**完整的**，齊全的：an ~ set of the encyclopaedia 一部完整的百科全書。
3〈物品〉無損壞的，沒有破損的：The urn was unearthed ~. 這隻甕出土完整無缺。
4〈程度〉完全的，全然的：He was in ~ ignorance of the news. 他完全不知那個消息。
~·**ness** *n.*

***en·tire·ly** [ɪn'taɪrlɪ; in'taiəli] *adv.* (無比較級、最高級) **1 全然，**完全地：It's ~ different from that. 它與那個完全不同。**2** 專心地，一心一意地：He is devoted ~ to writing. 他專心於寫作。

en·tire·ty [ɪn'taɪrtɪ; in'taiəti] 《entire 的名詞》 —*n.* 《文語》 **1** Ⓤ完全，原封不動(的狀態)。
2 [**the** ~]全體，全額〔*of*〕.
in its [**their**] **entirety** 原封不動，全部：ban the picture *in its* ~ (非部分剪掉而)禁止全片上映/He translated both books *in their* ~. 他把兩本書全部翻譯了。

***en·ti·tle** [ɪn'taɪtl; in'taitl] *v.t.* **1**〔十受十補〕**為〈書等〉加上〈…的〉標題；將〈書〉題名〈為…〉**《★常用被動語態》：The book *was* ~*d* "*Jaws.*" 該書的書名為 *Jaws.*
2 a〔十受十介十(代)名〕**給與〈人〉〔…的〕權利[資格]**〔*to*〕《★常用被動語態》：Your long experience ~*s* you ***to*** the respect of young people. 你多年的經驗使你有資格受到年輕人的尊敬/He is ~*d to* a pension. 他有領取退休金的資格。**b**〔十受十*to* do〕給與〈某人〉〈做…〉的權利[資格]《★常用被動語態》：He *is* ~*d* to receive a pension. 他有資格領取退休金。~·**ment** *n.*

en·ti·ty ['ɛntətɪ; 'entəti] *n.* **1** Ⓤ實存，存在。**2** Ⓒ **a** 實存物，實體，本體。**b** 獨立自主體：a political ~ 政治實體，國家。

en·tomb [ɪn'tum; in'tu:m] *v.t.* 《文語》 **1** 埋葬〈人〉《★常用被動語態》。**2**〈場所〉成為…的墳墓。~·**ment** *n.*

en·to·mo·log·i·cal [ˌɛntəmə'lɑdʒɪkl; ˌentəmə'lɔdʒikəl⁻] 《entomology 的形容詞》 —*adj.* 昆蟲學(上)的。
~·**ly** [-klɪ; -kəli] *adv.*

èn·to·mól·o·gist [-dʒɪst; -dʒist] *n.* Ⓒ昆蟲學家。

en·to·mol·o·gy [ˌɛntə'mɑlədʒɪ; ˌentə'mɔlədʒi] *n.* Ⓤ昆蟲學。

en·tou·rage [ˌɑntu'rɑʒ; ˌɔntu'rɑ:ʒ] 《源自法語「圍住」之義》 —*n.* Ⓒ[集合稱]隨行人員，周圍的隨員，僕從(attendants)《★用法視為一整體時當單數用，指全部個體時當複數用》。

en·tr'acte, en·tracte [ɑn'trækt; 'ɔntrækt, ɔn'trækt] 《源自法語 'between act' 之義》 —*n.* Ⓒ **1** (多幕劇的)幕間休息。**2** (幕間休息的)插演節目；間奏曲。

en·trails ['ɛntrelz, 'ɛntrəlz; 'entreilz] *n. pl.* 內臟(bowels).

en·train [ɪn'tren; in'trein] *v.t.* 使〈軍隊等〉乘火車[上火車]。

‡**en·trance**[1] ['ɛntrəns; 'entrəns] 《enter 的名詞》 —*n.* **1** Ⓒ(人可進入的)**入口，大門**〔*to*〕：the front [back] ~ 前門[後門]/at the ~ 在入口處/the ~ *to* the town 往城鎮的入口。
2 ⓊⒸ **a 進入**；入場，入港：make [effect] one's ~ 進去，進入/ ~ *into* a port 入港/*E*~ Free《告示》免費[自由]入場/No *E*~《告示》不准入內，禁止進入。**b** (演員的)上場：the ~ on (the) stage 舞台上的出場。
3 ⓊⒸ **a 入學**〔*to, into*〕：~ *into* college = college ~ 大學的入學/apply for ~ *to* (a) university 申請入大學。**b** 進公司，入會；〔新生活、職業等的〕開始，就任，就業〔*into, upon*〕：one's ~ *into* [*upon*] office 就任/an ~ *into* a new life 開始新生活。
4 Ⓤ進入的機會[權利]，入場權：have free ~ to ...(獲准)可自由進入…。

en·trance[2] [ɪn'træns; in'trɑ:ns] *v.t.* 使〈人〉出神，使…恍惚《★也可以過去分詞當形容詞用；⇨ entranced》：Her beauty ~*d* him. 她的美使他神魂顛倒。

en·tránced *adj.* **1** 出神的，恍惚的。**2** [不用在名詞前] **a**〔十介十(代)名〕〔對…〕出神的，恍惚的〔*at, by, with*〕：I was ~ ***with*** the music [*with* joy]. 我陶醉在音樂[喜悅]中/He stood ~ ***at*** the wonderful sight. 他站在那裏，對着奇異的景象出神。**b**〔十*to* do〕〈做…而〉出神的：She was ~ *to* see him perform. 他表演時她看得出神。**c**〔十*that*_〕〈因…事而〉狂喜的：He was ~ *that* he was at last able to see the ocean. 他因終於能見到海洋而欣喜若狂。

éntrance examinátion *n.* Ⓒ入學[就職]考試。

> **【說明】**(1)在美國的公立大學中，有些學校原則上凡是州、市所承認的高中畢業生只要符合 GPA (grade point average 學業成績總平均)的條件即可免試入學。舉行考試的大學則依據每年舉行數次的全國性大學入學共同考試(admission testing program)的成績、高中的學業成績及課外活動的成果等而決定錄取學生。共同考試包括學力測驗(achievement test)及審核一般智能和性向的 SAT (Scholastic Aptitude Test 學力性向測驗)。此外，與我國不同的是在學業以外的學生社團活動等的成績和教師的推薦函等，在入學的決定上扮演舉足輕重的角色。著名的私立大學除了上述測驗之外，另自行加考作文和面試等。
> (2)英國公立學校的全國性考試為 General Certificate of Education (略作 GCE). 中學五年級(the fifth form)接受的考試稱作 ordinary level (略作 O level)，有六至七科。這項考試對於就業或升六年級(the sixth form)都很重要。六年級是升大學的準備學年，在這學年結束時考 GCE 的 advanced level (略作 A level)，可進入哪一所大學便依照這項考試的成績來決定。至於大學的入學方面設有 the Universities Central Council on Admissions (略作 U. C. C. A.)的公家機構，考生依其志願順序列舉五所國立大學(state universities)，與 A level 的成績和申請書一併寄往該機構，這申請書即被轉往各大學進行選拔。

éntrance fée *n.* Ⓒ入場費；入會[入學]費。

éntrance háll *n.* Ⓒ(尤指大建築物的)門廳。

en·tránce·ment [-mənt; -mənt] 《entrance[2] 的名詞》 —*n.* **1** Ⓤ失神狀態，忘我[恍惚]的境界；興高采烈，狂喜。**2** Ⓒ令人陶醉[出神]的東西。

éntrance·wày *n.* Ⓒ入口。

en·tránc·ing *adj.* 使人出神[着迷]的：an ~ little girl 令人着迷的小女孩。~·**ly** *adv.*

en·trant ['ɛntrənt; 'entrənt] *n.* Ⓒ **1 a** 進入者。**b** 新進人員，新加入者。
2 (比賽等的)參加者[動物]。

en·trap [ɪn'træp; in'træp] *v.t.* (**en·trapped; en·trap·ping**)《文語》 **1** 使…中圈套，使…落入陷阱《★常用被動語態》。
2〔十受十介十(代)名〕使〈人〉陷於〔…〕，誘騙〈某人〉〔使…〕〔*to, into*〕《★常用被動語態》：~ a person ***to*** destruction 誘使人走向毀滅/He *was entrapped* ***into*** undertak*ing* the work. 他被騙去擔任那工作。
~·**ment** *n.*

en·treat [ɪn'trit; in'tri:t]《文語》*v.t.* **懇求**《★比較一般用 beg》：**a**〔十受十介十(代)名〕懇求，請求〈某人〉〔…〕〔*for*〕：He ~*ed* me ***for*** assistance. 他向我請求援助。
b〔十受十*to* do〕懇求〈人〉〈做…〉：He ~*ed* me *to* show mercy. 他懇求我發發慈悲。
c〔(十受)十引句〕懇求〈他人〉…《★用法用that子句代替引句為古老的用法》："Let me go," she ~*ed* (me). 她懇求(我)說：「讓我走。」
d〔十受〕懇求〈憐憫、善意等〉：I ~ your pardon. 我懇求你的寬恕。
e〔十受十介十(代)名〕〔向人〕懇求〈憐憫、善意等〉〔*of*〕：I ~ this favor ***of*** you. 我懇求你幫忙這件事。
—*v.i.*〔動(十介十(代)名)〕請求〔*for*〕.

en·tréat·ing *adj.* 懇求的，乞求的。~·**ly** *adv.*

en·treat·y [ɪn'tritɪ; in'tri:ti] 《entreat 的名詞》 —*n.* ⓊⒸ懇求，乞求，哀求：a look of ~ 哀求的眼光/be deaf to a person's *entreaties* 對某人的乞求充耳不聞。

en·trée, en·tree ['ɑntre; 'ɔntrei] 《源自法語 'entry' 之義》 —*n.* **1** ⓊⒸ出場，入場(許可)，入場權：make one's ~ *into* society 在社交界初次亮相。
2 Ⓒ西餐在湯或冷盤後或烤肉前的小菜：**a** 在魚(fish)與肉(joint)之間所上的拚盤。**b**《美》主菜。

en·trench [ɪn'trɛntʃ; in'trentʃ] *v.t.* **1a** 以壕溝圍繞[防護]〈城市、陣地等〉：The enemy were ~*ed* beyond the hill. 敵人在山的那一邊以壕溝防守。**b** [~ one*self*] 挖壕溝防護自己[藏身]：The army ~*ed themselves* near the shore. 軍隊在海岸附近挖壕溝固守。
2〔十受十介十(代)名〕[~ one*self*]〔對…〕防護自己，鞏固自己的立場〔*against*〕；〔在…的背後〕防身〔*behind*〕；〔在…之中〕防守〔*in*〕：They ~*ed themselves* ***behind*** a wall of tradition. 他們以傳統為擋箭牌來保護自己。
—*v.i.* 挖掘壕溝。

en·trénched *adj.* **1** 以壕溝防守的。**2**〈權利、傳統等〉確立的；牢固防護的：an ~ habit 根深蒂固的習慣/~ bureaucrats 地位

穩固的官僚。

en·trénch·ment [-mənt; -mənt] «entrench 的名詞» —*n.* **1** Ⓤ 挖築壕溝的工事。**2** Ⓒ以壕溝防護的陣地。

en·tre·pôt [ˋɑntrə͵po; ˈɔntrəpou] «源自法語» —*n.* Ⓒ **1** 倉庫。**2** (靠近港口的)貨物集散地。

en·tre·pre·neur [͵ɑntrəprəˋnɝ; ͵ɔntrəprəˈnəː] «源自法語 'enterpriser' 之義» —*n.* Ⓒ **1** 企業家。**2** 演藝包辦人。**3** 經紀人, 介紹人。

en·tre·pre·neur·i·al [͵ɑntrəprəˋnɝɪəl; ͵ɔntrəprəˈnəːriəl] *adj.* **1** 包辦人的。**2** 企業家的。

en·tre·sol [ˋɑntrəsɑl; ˈɔntrəsɔl] «源自法語» —*n.* Ⓒ《建築》夾層；半樓；樓中樓(mezzanine)。

en·tro·py [ˋɛntrəpɪ; ˈentrəpi] *n.* Ⓤ **1**《物理》熵《表示原子排列與運動狀態的混沌性以及不規則性的量》。**2** (漸進的)同一化, 一致性, 無變化, 混沌；(質的)降低, 崩潰。

en·trust [ɪnˋtrʌst; inˈtrʌst] *v.t.* 〔十受十介十(代)名〕**1** (由於信任而)交託[委託]〈責任、任務等〉[給人]〔*to*〕；交託[委託]〈人〉[責任、任務等]〔*with*〕：I ∼*ed* the duty ***to*** him.＝I ∼*ed* him ***with*** the duty. 我把任務交託給他。

2 a 把〈金錢等〉交託[他人]保管〔*to*〕：∼ a large sum of money ***to*** a person 把鉅款交託給某人保管。**b** 把〈孩子〉交託[他人(照顧)]〔*to*〕：I ∼*ed* my son ***to*** her care. 我把兒子交給她照顧。

***en·try** [ˋɛntrɪ; ˈentri] «enter 的名詞» —*n.* **1a** ⓊⒸ**進入**, 入場, 加入, 入會；出場：Japan's ∼ *into* the UN 日本之加入聯合國/The army made a triumphant ∼ *into* the city. 軍隊凱旋入城。**b** Ⓤ入場權：have free ∼ *to* ... 可自由進入…/No ∼. 禁止入內[進入]。

2 Ⓒ《美》**入口**；(尤指)大門。

3 a ⓊⒸ**記入**, 登錄, 登記；記載事項：make an ∼ *of* an item 記入[登記]某事項/ ⇨ double entry, single entry. **b** (又作**éntry wòrd**)Ⓒ(字典等所收的)字：This dictionary has sixty thousand *entries.* 這本字典有六萬字。

4 Ⓒ [也當集合稱用]〔議論、比賽等的〕**參加者**〔*for, of*〕：a thousand *entries for* the race 有一千人參加的賽跑/There was a large ∼ *for* the contest. 該項比賽有很多人參加。

éntry visa *n.* Ⓒ入境簽證(↔ exit visa)。

en·twine [ɪnˋtwaɪn; inˈtwain] *v.t.* **1a** 〔十受〕盤繞, 纏繞…：A vine ∼*d* the rod. 藤蔓纏住那根棒子。**b**〔十受十介十(代)名〕〔以…〕盤繞, 纏繞於…〔*with*〕；使…盤繞, 纏繞〔於…的周圍〕〔*about, around, round*〕《★常用被動語態》：The oak *was* ∼*d* ***with*** ivy. 橡樹被常春藤纏繞着/A creeper *was* ∼*d* **(*a*)*round*** [***about***] the pillar. 一根攀緣植物纏繞在柱子上。**2** 編〈花圈等〉。

en·twist [ɛnˋtwɪst; inˈtwist, en-] *v.t.* 纏, 絞, 搓合。

e·nu·mer·ate [ɪˋnumə͵ret, ɪˋnju-; iˈnjuːməreit] «源自拉丁文「算出」之義» —*v.t.* **1** 列舉(count up)：Can you ∼ the capitals of the 50 states? 你能把(美國)五十州的首府列舉出來嗎？

2 舉出, 枚舉：He ∼*d* the advantages of air travel. 他一一舉出搭飛機旅行的好處/The errors are too many to ∼. 錯誤太多, 不勝枚舉。

e·nu·mer·a·tion [ɪ͵numəˋreʃən, ɪ͵nju-; i͵njuːməˈreiʃn] «enumerate 的名詞» —*n.* **1** Ⓤ **a** 逐一舉出。**b** 列舉。**2** Ⓒ目錄, 一覽表(list)。

e·nu·mer·a·tive [ɪˋnumə͵retɪv, ɪˋnju-; iˈnjuːmərətiv] *adj.* 列舉的, 點數的。

e·nu·mer·a·tor [ɪˋnumə͵retɚ, ɪˋnju-; iˈnjuːmereitə] *n.* Ⓒ計數者；列舉者。

e·nun·ci·ate [ɪˋnʌnsɪ͵et, -ʃɪ-; iˈnʌnsieit, -ʃi-] «源自拉丁文「明言」之義» —*v.t.* **1** 宣布, 發表〈理論、主義等〉。**2** 把〈字〉(清晰地)發音：∼ one's words clearly 咬字清楚。
—*v.i.* 清晰地發音。

e·nun·ci·a·tion [ɪ͵nʌnsɪˋeʃən, -ʃɪ-; i͵nʌnsiˈeiʃn, -ʃi-] «enunciate 的名詞» —*n.* **1** Ⓤ發音。**2** ⓊⒸ(理論、主義等的)宣布, 闡明, 發表〔*of*〕。

e·nun·ci·a·tor [ɪˋnʌnsɪ͵etɚ, -ʃɪ-; iˈnʌnsieitə, -ʃi-] *n.* Ⓒ宣布者；發音者。

en·ure [ɪnˋjur; iˈnjuə] *v.t. & v.i.* ＝inure.

en·vel·op [ɪnˋvɛləp; inˈveləp] *v.t.* 《文語》**1a**〔十受〕包住, 蓋住…：Fog ∼*ed* the village. 霧籠罩着那村子。

b〔十受十介十(代)名〕將…包住, (完全)蓋住〔在…中〕〔*in*〕：She ∼*ed* the sick baby ***in*** a blanket. 她把生病的嬰兒裹在毛毯裏。**c**〔十受十介十(代)名〕〔∼ *oneself*〕裹〔在…中〕〔*in*〕：He ∼*ed himself* ***in*** a blanket. 他把自己裹在毛毯中。

2〔十受十介十(代)名〕使…掩藏〔在…中〕〔*in*〕：The murder case is still ∼*ed* ***in*** mystery. 謀殺案仍然籠罩在神秘的氣氛中。

‡en·ve·lope [ˋɛnvə͵lop; ˈenvəloup] *n.* Ⓒ **1** **信封**。**2 a** 包封, 封套, 封皮。**b** (氣球的)氣囊。

en·vél·op·ment [-mənt; -mənt] «envelop 的名詞» —*n.* Ⓤ包封；包圍。

en·ven·om [ɛnˋvɛnəm; inˈvenəm, en-] *v.t.* **1**《文語》放[塗]毒於〈食物等〉。**2** 使…含惡意, 使…懷恨：an ∼*ed* tongue 毒舌。

en·vi·a·ble [ˋɛnvɪəbl; ˈenviəbl] *adj.* 引人嫉妒的, 令人羨慕的, 值得羨慕的：an ∼ record 令人羨慕的記錄。∼**·ness** *n.*

én·vi·a·bly [-əblɪ; -əbli] *adv.* 令人羨慕地, 引人妬羨地。

en·vi·er [ˋɛnvɪɚ; ˈenviə] *n.* Ⓒ羨慕者；嫉妒者。

en·vi·ous [ˋɛnvɪəs; ˈenviəs] «envy 的形容詞» —*adj.* (**more** ∼；**most** ∼) **1** **嫉妒的**, 嫉妬心重的；羨慕的：∼ looks 嫉妬的眼光。**2** [不用在名詞前]〔十介十(代)名〕**嫉妬**〔…〕**的**, **羨慕**〔…〕**的**〔*of*〕：I am not ∼ ***of*** your success. 我不嫉妬你的成功。
∼**·ly** *adv.*

en·vi·ron [ɪnˋvaɪrən; inˈvaiərən] *v.t.* 《文語》包圍, 圍繞《★常用被動語態, 介系詞用 by, *with*》：a town ∼*ed* ***by*** [***with***] forests 被森林環繞的城鎮。

***en·vi·ron·ment** [ɪnˋvaɪrənmənt; inˈvaiərənmənt] «environ 的名詞» —*n.* **1** ⓊⒸ**環境**, 周圍；四周的情況：social ∼ 社會環境/one's home ∼ 家庭環境。

> **【同義字】**emvironment 指對社會上、文化上、精神上具有影響力的環境；surroundings 是指人周圍的場所。

2 [**the** ∼]自然環境。

en·vi·ron·men·tal [ɪn͵vaɪrənˋmɛntl; in͵vaiərənˈmentl] «environment 的形容詞» —*adj.* 環境的：∼ destruction [pollution] 環境的破壞[污染]。∼**·ly** [-tlɪ; -təli] *adv.*

envìronméntal ènginéering *n.* Ⓤ環境工程學。

en·vi·ron·mén·tal·ist [-tlɪst; -təlist] *n.* Ⓒ **1** 研究環境問題的專家。**2** 環境保護論者。

envìronméntal pollútion *n.* ⓊⒸ環境污染。

en·vi·rons [ɪnˋvaɪrənz; inˈvaiərənz] *n. pl.* (都市的)周圍, 近郊, 郊外：London and its ∼ 倫敦及其近郊。

en·vis·age [ɛnˋvɪzɪdʒ; inˈvizidʒ, en-] *v.t.* **1a**〔十受〕想像〈未來的事等〉：She ∼*d* her married life in future. 她想像未來的婚姻生活。

b〔十do*ing*〕想像〈做…〉：He ∼*d* liv*ing* in London. 他想像在倫敦的生活。

c〔十受[所有格]十do*ing*〕想像〈某人〉〈做…〉：He ∼*d* her work*ing* in the kitchen. 他想像她在廚房工作的樣子。

d〔十*that*_〕想像〈…事〉：He ∼*d that* she would eventually marry him. 他預期她終究會嫁給他。

2 預見；籌劃, 擬議：The plan worked out as he ∼*d* it. 該計畫按他的設想實行。

en·vi·sion [ɛnˋvɪʒən; inˈviʒən, en-] *v.* 《美》＝envisage.

en·voi, en·voy[1] [ˋɛnvɔɪ; ˈenvɔi] *n.* Ⓒ(在 ballade 之類古詩中的)結尾句。

en·voy[2] [ˋɛnvɔɪ; ˈenvɔi] «源自法語「送走」之義» —*n.* Ⓒ **1** 使節：a peace ∼ 和平使節。**2** (全權)公使：an ∼ extraordinary (and minister plenipotentiary)特命全權公使。

en·vy [ˋɛnvɪ; ˈenvi] «源自拉丁文「側視」之義» —*n.* **1** Ⓤ**嫉妬**, **羨慕**〔*at, of*〕(⇨ jealousy【同義字】)：out *of* ∼ 由於嫉妬[羨慕]/in ∼ *of* ... 羨慕…/be filled with ∼ *at* [*of*] a person's success 對某人的成功滿懷嫉妬。

2 [**the** ∼]使人羨慕的事物[人], 羨慕的對象〔*of*〕：Her new sports car was *the* ∼ *of* all. 她的新跑車成了大家羨慕的對象。
—*v.t.* **a**〔十受〕羨慕〈人、物〉, 對…感到羨慕：He *envied* my success. 他羨慕我的成功/How I ∼ you! 我好羨慕你！

b〔十受十受〕羨慕〈某人〉…：I ∼ you your beauty [your beautiful wife]. 我羨慕你的美麗[你有個美麗的妻子]。

c〔十受十介十(代)名〕〔因…事而〕對〈人〉感到羨慕〔*for, on account of, because of*〕：He *envies* you ***for*** [***on account of***] your good luck. 他因你好運而羨慕你。

d〔十受[所有格]十do*ing*〕羨慕〈某人〉〈做…〉：I ∼ him [his] go*ing* abroad. 我羨慕他[他的]出國。

en·wrap [ɛnˋræp; enˈræp] *v.t.* (**en·wrapped; -wrap·ping**) **1** 包裝；圍繞。

2 吸引…, 使…心神貫注；使…沉溺。

en·wreathe [ɛnˋrið; inˈriːð, en-] *v.t.* 用花圈繞或圈…。

en·zyme [ˋɛnzaɪm, -zɪm; ˈenzaim] *n.* Ⓒ《化學》酵素, 酶(cf. yeast)。

E·o·cene [ˋiə͵sin; ˈiːəsiːn]《地質》*adj.* (第三紀)始新世的, 始新系的：the ∼ epoch 始新世。—*n.* [**the** ∼]始新世。

E·o·li·an [iˋolɪən; iːˈouliən] *adj.* ＝Aeolian.

e·o·lith·ic [͵iəˋlɪθɪk; ͵iːəˈliθik] *adj.* 原始石器時代的：the ∼ era 原始石器時代。

e·on [ˋiən; ˈiːən] *n.* Ⓒ無限長的期間；永遠：∼*s* ago 太古。

E·os [ˋiɑs; ˈiːɔs] *n.* 《希臘神話》伊奧斯《黎明女神, 為海波瑞恩(Hyperion)之女；相當於羅馬神話中的奧羅拉(Aurora)》。

e·o·sin [ˋiəˏsɪn; ˈi:əsin] *n.* Ⓤ《化學》曙紅《一種鮮紅色的酸性色素；用於細胞質的染色等》。

-e·ous [-ɪəs; -iəs] 字尾 ＝-ous.

EP [ˋiˋpi; ˌi:ˈpi:] 《*e*xtended *p*lay 之略》 **—*n.*** Ⓒ延長唱片，慢速唱片，密紋唱片《每分鐘 45 轉的唱片；cf. LP》.

ep- [ɛp-; ep-] 字首 epi- 在母音之前的變體：*ep*isode, *ep*och.

EPA 《略》Environmental Protection Agency (美國的) 環境保護局。

E·pam·i·non·das [ɛˏpæməˋnɑndəs; eˌpæmiˈnɔndæs] *n.* 義巴敏諾達《418? –362B.C.；希臘政治家、將軍》。

ep·au·let, ep·au·lette [ˋɛpəˏlɛt, -lɪt; ˈepəlet] *n.* Ⓒ(軍官制服的) 肩章。

é·pée [eˋpe; eiˈpei] 《源自法語「劍」之義》 **—*n.*** Ⓒ《西洋劍》銳劍《狹長無刃，硬直的刺劍；cf. foil³ 1, saber 2》.

epaulet

Eph. 《略》Ephesians.

e·phed·rine [ɛˋfɛdrɪn; eˈfedrin] *n.* Ⓤ《化學》麻黃素《治氣喘、感冒等的藥》。

e·phem·er·a [əˋfɛmərə; iˈfemərə] *n.* Ⓒ (*pl.* ~s, -er·ae [-əˏri; -əri:]) **1** 生命短促之物，只在短時內有用之物；朝生暮死者：the ~*s* of fashion 時尚之短暫。**2** 蜉蝣。

e·phem·er·al [əˋfɛmərəl; iˈfemərəl] 《源自希臘文「(蜉蝣般) 短命蟲的」之義》 **—*adj.*** **1** 朝生暮死的，只有一日[數日]的；短命的。**2** 瞬息的，短暫的。
~·ly [-rəlɪ; -rəli] *adv.*

E·phe·sian [ɪˋfiʒən; iˈfi:ʒjən] *n.* [the ~s；當單數用]《聖經》以弗所書 (The Epistle of Paul the Apostle to the Ephesians)《聖經新約中的一書；略作 Eph.》.

Eph·e·sus [ˋɛfəsəs, -zəs; ˈefisəs] *n.* 以弗所《小亞細亞的一古城》。

ep·i- [ɛpɪ-; epi-] 字首 表示「上」「其上」「外」等的意思：*epi*stle, *epi*thet.

ep·ic [ˋɛpɪk; ˈepik] 《源自希臘文「歌」之義》 **—*n.*** Ⓒ **1** 敍事詩，史詩《歌頌英雄的事蹟或民族的歷史等的長詩；cf. lyric 1》. **2** 敍事詩般的長篇作品《小說、戲劇、電影等》。
—*adj.* **1** 敍事詩的。**2** 屬敍事詩的。

ep·i·cal [ˋɛpɪkl; ˈepikl] *adj.* ＝epic.
~·ly [-klɪ; -kəli] *adv.*

ep·i·carp [ˋɛpəˏkɑrp; ˈepikɑ:p] *n.* Ⓒ《植物》外果皮 (⇨ pericarp).

ep·i·cen·ter, 《英》 **ep·i·cen·tre** [ˋɛpɪˏsɛntɚ; ˈepisentə] *n.* Ⓒ (地震的) 震央[震中]《震源正上方的地表點》。

Ep·ic·te·tus [ˏɛpɪkˋtitəs; ˌepikˈti:təs] *n.* 艾彼科蒂塔斯《60?–?120A.D.；希臘斯多噶 (Stoic) 學派哲學家》。

ep·i·cure [ˋɛpɪˏkjʊr; ˈepiˌkjuə] 《源自 Epicurus》 **—*n.*** Ⓒ講究飲食的人，美食家。

ep·i·cu·re·an [ˏɛpɪkjʊˋriən; ˌepikjuˈri:ən] *adj.* **1** 享樂主義的；講究美食的，美食家的：~ tastes 講究美食。**2** [E~] 伊比鳩魯 (派) 的。**—*n.*** Ⓒ **1** 美食家 (epicure). **2** [E~] 伊比鳩魯派的人；享樂主義者。

Èp·i·cu·ré·an·ìsm [-nˏɪzəm; -nizəm] *n.* Ⓤ **1** 享樂主義。**2** [e~] 美食主義。**3** 伊比鳩魯學說。

Ep·i·cu·rus [ˏɛpɪˋkjʊrəs; ˌepiˈkjuərəs] *n.* 伊比鳩魯《342?–270B.C.；希臘的哲學家；伊比鳩魯派的始祖》。

ep·i·dem·ic [ˏɛpəˋdɛmɪk; ˌepiˈdemik] 《源自希臘文「流行於人間的」之義》 **—*adj.*** (無比較級、最高級) **1** 〈疾病〉流行的，流行[傳染]性的。**2** 〈風俗等〉流行的，盛行的。
—*n.* Ⓒ **1** 流行[傳染]病的發生：an ~ of influenza 流行性感冒的流行。**2** (突然的) 流行，盛行〔*of*〕：an ~ *of* terrorism 恐怖行爲的頻仍。

ep·i·dem·i·cal [ˏɛpəˋdɛmɪkl; ˌepiˈdemikl] *adj.* ＝epidemic.

ep·i·der·mis [ˏɛpəˋdɝmɪs; ˌepiˈdə:mis] *n.* Ⓤ [指種類時爲Ⓒ]《解剖・動物・植物》表皮，外皮；細胞性表皮。

ep·i·der·mal [ˏɛpəˋdɝml; ˌepiˈdə:ml], **ep·i·der·mic** [ˏɛpəˋdɝmɪk; ˌepiˈdə:mik] *adj.*

ep·i·di·a·scope [ˏɛpɪˋdaɪəˏskop; ˌepiˈdaiəskoup] *n.* Ⓒ實物幻燈機《透過光或利用反射光把物體投射在銀幕上的裝置》。

ep·i·glot·tis [ˏɛpəˋglɑtɪs; ˌepiˈglɔtis] *n.* Ⓒ《解剖》會厭軟骨。

ep·i·gone [ˋɛpɪˏgon; ˈepigoun] *n.* Ⓒ《文藝》(一流藝術家的蹩腳) 模仿者，後繼者，追隨者。

ep·i·gram [ˋɛpəˏgræm; ˈepigræm] *n.* Ⓒ **1** 警句，雋語。

> 【說明】警句式的辭句通常敍述奇異的見解或感想，大都含有藝術或道德的眞理。例如十八世紀英國文人 Dr. Johnson (約翰生博士) 所說 *Patriotism is the last refuge of a scoundrel.*「愛國心是惡棍的最後避難所 (藉口)」等即是。

2 (警句性的) 諷刺短詩。

ep·i·gram·mat·ic [ˏɛpəgrəˋmætɪk; ˌepigrəˈmætik] 《epigram 的形容詞》 **—*adj.*** **1** (多) 警句的；諷刺詩 (式) 的。**2** 好作警句的。

èp·i·gram·mát·i·cal [-tɪkl; -tikl] *adj.* ＝epigrammatic.
~·ly [-klɪ; -kəli] *adv.*

ep·i·gram·ma·tist [ˏɛpəˋgræmətɪst; ˌepiˈgræmətist] *n.* Ⓒ警句家；諷刺詩人。

ep·i·graph [ˋɛpəˏgræf; ˈepigrɑ:f] *n.* Ⓒ **1** (紀念碑、紀念像等的) 碑銘，碑文 (cf. epitaph 1). **2** (書籍卷首、篇章的) 題詞，題銘 (motto).

e·pig·ra·phy [ɛˋpɪgrəfɪ; eˈpigrəfi] *n.* Ⓤ **1** 題銘[碑銘]之研究；金石學。**2** [集合稱] 碑文，銘文。

ep·i·lep·sy [ˋɛpəˏlɛpsɪ; ˈepilepsi] *n.* Ⓤ《醫》癲癇症。

ep·i·lep·tic [ˏɛpəˋlɛptɪk; ˌepiˈleptik] 《epilepsy 的形容詞》 **—*adj.*** 癲癇的，患癲癇的：an ~ fit [attack] 癲癇症的發作。
—*n.* Ⓒ癲癇症患者。

ep·i·logue, 《美》 **ep·i·log** [ˋɛpəˏlɔg; ˈepilɔg] 《源自希臘文「結」之義》 **—*n.*** Ⓒ **1** (文學作品的) 結語，後記〔*to*〕. **2** 《戲劇》收場白《通常爲韻文的結尾詞》。

ep·i·neph·rine [ˏɛpəˋnɛfrɪn, -rin; ˌepiˈnefrin, -ri:n] *n.* Ⓤ《生化》腎上腺素。

E·piph·a·ny [ɪˋpɪfənɪ; iˈpifəni] 《源自希臘文「出現」之義》 **—*n.*** **1** [the ~]《基督教》救世主顯現的慶祝日，主顯節。

> 【說明】主顯節是紀念耶穌於誕生後，在前來伯利恆朝拜他的東方三賢人 (Magi) 面前首次顯身的節日，日期定在耶誕節後第十二天 (即一月六日)，又稱「十二日節」(Twelfth Day). 其前一個晚上的節慶則稱 Twelfth Night. 一般家庭大都在十二月二十日以前準備好過耶誕節，在一月六日以前收拾好耶誕節的裝飾物。

2 [e~] Ⓒ (對某事本質、意義等突然的) 直覺，洞察，領悟。

ep·i·phyte [ˋɛpɪˏfaɪt; ˈepifait] *n.* Ⓒ **1** 《植物》附生植物。**2** 《醫》皮上寄生菌。

e·pis·co·pa·cy [ɪˋpɪskəpəsɪ; iˈpiskəpəsi] *n.* **1** Ⓤ《基督教》主教制度《由 bishops 統轄的教會政治形式》。
2 Ⓤ主教的職位[任期]。
3 Ⓤ [the ~；集合稱] 主教團《★用法 視爲一整體時當單數用，指全部個體時當複數用》。

e·pis·co·pal [ɪˋpɪskəpl; iˈpiskəpl] *adj.* **1** 主教的。**2** [E~] 主教派的，英國國教派的 (cf. Presbyterian)：the *E*~ Church 英國聖公會《英國國教》/the Protestant *E*~ Church 美國聖公會。

E·pis·co·pa·lian [ɪˏpɪskəˋpeljən; iˌpiskəˈpeiljən] *adj.* ＝episcopal 2.
—*n.* Ⓒ主教派教友；聖公會教徒。

e·pis·co·pate [ɪˋpɪskəpɪt; iˈpiskəpit] *n.* **1** Ⓤ主教之職；主教任期。**2** Ⓒ主教轄區。**3** [the ~] 主教團。

ep·i·sode [ˋɛpəˏsod; ˈepisoud] 《源自希臘文「插入中間者」之義》 **—*n.*** Ⓒ **1 a** (小說、戲劇等中的) 插曲。**b** (廣播連續劇的) 一集，(小說等的) 一回，一段 (情節)：last week's ~ 上週的一集[廣播]。**2** 插曲般的事件，(人生的) 一段經歷。

ep·i·sod·ic [ˏɛpəˋsɑdɪk; ˌepiˈsɔdik] 《episode 的形容詞》 **—*adj.*** 插曲式的，插曲般的；由插曲構成的，分成片斷的；短暫的。**èp·i·sód·i·cal·ly** [-klɪ; -kəli] *adv.*

e·pis·te·mol·o·gy [ɪˏpɪstəˋmɑlədʒɪ; iˌpistiˈmɔlədʒi] *n.* Ⓤ《哲》認識論。**e·pis·te·mo·log·i·cal** [ɪˏpɪstəməˋlɑdʒɪkl; iˌpistiməˈlɔdʒikl] *adj.*

e·pis·tle [ɪˋpɪsl; iˈpisl] 《源自希臘文「送的東西」之義》 **—*n.*** **1** Ⓒ《文語・謔》(尤指形式化的) 書信。**2** [the E~] **a** 《聖經》(聖經新約中的) 使徒書：*the E*~ to the Romans 羅馬書。**b** (做禮拜時朗誦的) 使徒書的一節。

epístle[Epístle] sìde *n.* [the ~] (面對祭壇) 教堂之右側。

e·pis·to·lar·y [ɪˋpɪstəˏlɛrɪ; iˈpistələri] 《epistle 的形容詞》 **—*adj.*** [用在名詞前] **1** 書信 (形式) 的。**2** 書信體的：an ~ style 書信文體/an ~ novel 書信體小說。

ep·i·taph [ˋɛpəˏtæf; ˈepitæf, -tɑ:f] 《源自希臘文「在墓上」之義》 **—*n.*** Ⓒ **1** (墓) 誌銘，碑文。

> 【說明】英國人的墓碑 (gravestone) 上刻有死者的出生及死亡日期、生平事蹟、悼念辭以及聖經中的一節等。
> 父親的墓誌銘通常是由兒子寫悼念辭，多爲四至五行的韻文。大多數的悼念辭是稱頌死者，內容較嚴肅，但有的也夾雜詼諧，富於幽默。這些地方也流露着英國人的特質，下面是一個例子：
> Here lies my wife; here let her lie! Now she's at rest, and so am I. –John Dryden (吾妻長眠於此，任伊於此長眠！今伊靜憩吾亦憩——約翰・杜萊登)；cf. gravestone【說明】

2 (追憶故人的) 墓誌銘體小詩[短文]。

ep·i·tha·la·mi·um [ˌɛpɪθəˈlemɪəm; ˌepiθəˈleimiəm] *n.* Ⓒ (*pl.* ~s, **-mi·a** [-mɪə; -miə])祝婚詩歌。

ep·i·the·li·um [ˌɛpəˈθilɪəm; ˌepiˈθi:liəm] *n.* Ⓒ (*pl.* **-li·a** [-lɪə; -liə], ~s)《解剖》上皮；上皮細胞。

ep·i·the·li·al [ˌɛpɪˈθilɪəl; ˌepiˈθi:liəl] *adj.*

ep·i·thet [ˈɛpəˌθɛt; ˈepiθet] «源自希臘文「附加物」之義» —*n.* Ⓒ **1** (表示性質、屬性的)修飾語，表述語《例如 *black-hearted* villain》. **2** 附加於人名後的描述詞《例如 Richard *the Lion-Hearted*》. **3** 渾名，綽號。

e·pit·o·me [ɪˈpɪtəmɪ; iˈpitəmi] «源自希臘文「節縮」之義» —*n.* Ⓒ **1** 〔…的〕典型，縮影〔*of*〕：He is the ~ *of* diligence. 他是勤勉的典型。**2**《罕》〔故事、論文等的〕大要，梗概〔*of*〕.

in epítome 作爲縮影；以縮圖表示的；梗概的。

e·pit·o·mize [ɪˈpɪtəˌmaɪz; iˈpitəmaiz] *v.t.* **1** 爲…的典型：Shylock ~*s* greed. 謝洛克(Shylock)是貪婪的典型。**2**《罕》作爲…的縮影；歸納，概括。

e plu·ri·bus u·num [ˈiˈplurəbəsˈjunəm; ˈi:ˌplurəbəsˈju:nəm] «源自拉丁文 'one out of many' 之義»合衆爲一。

【說明】爲表示美國係由多數獨立州所組成的國家而刻於正式印章的標語；1956 年以後的美國正式標語爲 'In God We Trust.' 這兩種標語刻於美國貨幣的正反面。

e·poch [ˈɛpək; ˈi:pɔk] *n.* Ⓒ **1 新紀元** (⇨ period【同義字】)：mark [make, form] an ~ (在…方面)開創新紀元。**2** 劃時代的事件，重要事件：the ~*s* of one's life 人生中値得紀念[重要]的事件。**3** 重大事故發生的時期：a great ~ in history 歷史上的重要時期。**4**《地質》世《紀(period)下面的區分；cf. era 3》.

ep·och·al [ˈɛpəkl; ˈepɔkl] «epoch 的形容詞» —*adj.* **1** 新紀元的。**2** 劃時代的。

épоch-màking *adj.* 開新紀元的，劃時代的：an ~ event 劃時代的(重大)事件。

ep·o·nym [ˈɛpəˌnɪm; ˈepənim] *n.* Ⓒ名字成爲民族、地方等名稱起源的人《例如 Rome(羅馬)之名稱起源於人名 Romulus 等》。

e·pon·y·mous [ɛˈpɑnəməs; iˈpɔniməs, eˈp-] «eponym 的形容詞» —*adj.* (地方，部族等)以某人之名命名的：Romulus was the ~ founder of Rome. 羅慕勒斯(Romulus)是成爲 Rome 名稱由來之古羅馬建國者。

ep·si·lon [ˈɛpsələn; epˈsailən] *n.* ⓊⒸ希臘文的第五個字母 *E*, ε《相當於英文字母短音的 E, e；⇨ Greek alphabet 表》。

Ep·som [ˈɛpsəm; ˈepsəm] *n.* 艾普森《英國薩里(Surrey)郡的一個市鎮，位於倫敦南方；在此有艾普森賽馬場，舉行 Derby 和 Oaks 賽馬》。

Épsom sàlt *n.* Ⓤ[亦可以複數當單數用]瀉鹽《作爲瀉藥用》。

eq. 《略》equal; equation; equivalent.

eq·ua·bil·i·ty [ˌɛkwəˈbɪlətɪ; ˌekwəˈbiliti] «equable 的名詞» —*n.* Ⓤ **1** (溫度、氣候等的)一致，均一，均等。**2** (心情、內心的)平靜，穩定。

eq·ua·ble [ˈɛkwəbl, ˈik-; ˈekwəbl, ˈi:k-] *adj.* **1** 〈溫度、氣候等〉一致的，均一的，均勻的。**2** 〈人、脾氣等〉(心情的)平靜的，穩定的。**éq·ua·bly** [-blɪ; -bli] *adv.*

‡**e·qual** [ˈikwəl; ˈi:kwəl] *adj.* (**more** ~ ; **most** ~) **1** (無比較級、最高級) **a** 〈二個(以上的東西)〉(數量、程度等)**同樣的**，相等的 (⇨ same【同義字】)：two ~ parts 兩個相等的部分，二等分 /receive ~ shares 拿到等分[相等的份額]。**b** [不用在名詞前] 〔十介十(代)名〕〔與…〕同等的，相等的〔*to, with*〕：Twice 3 is ~ *to* 6. 三的二倍等於六。

2 (無比較級、最高級) **a 平等的**，對等的，均等的；不相上下的：~ opportunity 機會均等/ ~ rights 平等的權利/an ~ fight 不相上下的爭鬥/All men are created ~. 人人生而平等。**b** 〔十介十(代)名〕〔與…〕平等的，相等的〔*with*〕：on ~ terms *with* ... 與…同條件[平等]地。

3 [不用在名詞前]〔十介十(代)名〕**經得起**〔…〕**的**，具有〔…的〕充分力量[資格]的〔*to*〕：He was ~ *to* the occasion. 他能妥善處理[應付]那場面/I am not ~ *to* the task. 我不能勝任那項工作/She is very weak and not ~ *to* (mak*ing*) a long journey. 她身體很差不堪長途旅行。

óther thìngs bèing équal 如果其他事項[條件]相同：*Other things being* ~, his quick start should bring him the victory. 如果其他條件相同，他借助迅速起跑理應獲勝。

—*n.* Ⓒ **1** (地位、能力、年齡等)**相同[相等]的人**；同輩；同等的事物：one's social [intellectual] ~*s* 在社會方面[知識方面]與自己同等的人們/one's ~*s in* age 年齡相同的人們。

2 〔在力量等方面〕相匹敵的人[東西]，不相上下的人[物]〔*in*〕：Henry was the ~ of his brother *in* knowledge. 亨利在知識上能與他哥哥相匹敵/I am not your ~ *in* strength. 在體力上我比不上你/He has no ~ *in* swim*ming*. 他在游泳方面無敵手。

withòut (an) équal 無敵。

—*v.t.* (**e·qualed**, 《英》**e·qualled**；**e·qual·ing**, 《英》**e·qual·ling**) **1** 〔十受〕等於…：Two and [times] two ~*s* four. 二加[乘]二等於四。

2 〔十受十介十(代)名〕**a** 〔在…方面〕比得上，不亞於…〔*in*〕：Nobody can ~ him *in* intelligence. 在智力方面沒有人能比得上他。**b** 〔作爲…〕比得上，不亞於…〔*as*〕：Nobody can ~ him *as* a marathon runner. 作爲一名馬拉松選手，沒有人能比得上他。

e·qual·i·tar·i·an [ɪˌkwɑləˈtɛrɪən; iˌkwɔliˈtɛəriən⁻] *adj.*, *n.* = egalitarian.

e·qual·i·ty [ɪˈkwɑlətɪ; i:ˈkwɔləti, iˈk-] «equal 的名詞» —*n.* Ⓤ **1 相等**，同等，平等：~ *in* shape 形狀一樣[相同]/the sign of ~ 等號(=). **2 平等**，相等：call for ~ *in* employment 要求雇用平等/ ~ *between* the sexes 男女平等/ ~ *of* opportunity 機會均等。

on an equálity (with ...) (1)〈人〉(與…)平等。(2)〈事物〉(與…)同等[同級]。

Equálity Stàte *n.* [**the** ~]美國懷俄明州(Wyoming)的別稱。

e·qual·i·za·tion [ˌikwələˈzeʃən, -laɪ-; ˌi:kwəliˈzeiʃn, -lai-] «equalize 的名詞» —*n.* Ⓤ同等化，平等化，均等化。

e·qual·ize [ˈikwəlˌaɪz; ˈi:kwəlaiz] «equal 的動詞» —*v.t.* **1** 〔十受十介十(代)名〕使…〔與…〕相等〔*to, with*〕. **2** 使…平等[均等]，使…劃一[均一]。—*v.i.* 〔**動**(十介十(代)名)〕《英》〔比賽時〕〔與對手〕得同分〔*in*〕〔*with*〕：Our team ~*d with* his *in* the football. 足球比賽時我隊與他的球隊得分相同。

E

e·qual·ly [ˈikwəlɪ; ˈi:kwəli] *adv.* (**more** ~ ; **most** ~) **1** (無比較級、最高級)**相等地**；同樣地：These shoes are ~ useful for country and city wear. 這些鞋子在城市與鄉間都同樣可穿用。

2 均等地，平均地：distribute unemployment benefits ~ among those eligible 把失業救濟金平均分配給有資格接受的人。

3 [當連接詞用] (無比較級、最高級)同時，儘管如此：Some people were fortunate, but ~ we must not forget that there were many who were not. 有些人是幸運的；但我們同時也不可忘記有許多人是不幸的。

équal tìme *n.* Ⓤ《美》(在電臺或電視上給予政治競爭對手的)等長的政見廣播時間。

e·qua·nim·i·ty [ˌikwəˈnɪmətɪ; ˌekwəˈniməti, ˌi:k-] *n.* Ⓤ (心的)平靜，沉着，鎮定：*with* ~ 平靜地，泰然。

e·quate [ɪˈkwet; iˈkweit] *v.t.* **1 a** 〔十受〕把〈兩樣東西〉視爲同等。**b** 〔十受十介十(代)名〕把…視爲〔與…〕同等〔*with*〕：They seem to ~ intelligent belief *with* credulity. 他們似乎將理性的信念和輕信視爲同一回事《★變換可換寫成 They seem to ~ intelligent belief *and* credulity. cf. 1 a》. **2** 〔十受十介十(代)名〕將…〔與…〕相提並論，同等看待〔*with, to*〕：You cannot ~ the GNP of USA *with* that of a developing country. 你不能將美國的國民生產毛額和開發中國家的國民生產毛額相提並論。**3**《數學》使〈二個(以上)的數〉相等。

e·qua·tion [ɪˈkweʒən, -ʃən; iˈkweiʒn, -eiʃn] «equate 的名詞» —*n.* **1** Ⓤ **a 相等**，均等化。**b** 視爲相等，一視同仁：the ~ of poverty *with* [*and*] ignorance 把貧困與無知相提並論。**c** 均[平]衡(狀態)。**2** Ⓒ《數學・化學》方程式，等式：an ~ of the first [second] degree 一[二]次方程式/a chemical ~ 化學方程式。

e·qua·tion·al [ɪˈkweʒənl, -ʃənl; iˈkweiʒənl, -ʃənl] *adj.* **1** 均[同]等的。**2** 方程式的。

***e·qua·tor** [ɪˈkwetɚ; iˈkweitə] *n.* [**the** ~]**赤道**：*on the* ~ 在赤道上。

【字源】equator 爲拉丁文，指「使某物均等者」，而由此變成「把地球均分爲南北者，即赤道」的意思。

e·qua·to·ri·al [ˌikwəˈtorɪəl, ˌɛk-, -ˈtɔr-; ˌi:kwəˈtɔ:riəl, ˌek-⁻] «equator 的形容詞» —*adj.* **1** 赤道的；赤道附近的。**2** 非常熱的。

Équatorial Guínea *n.* 赤道幾內亞《在非洲中西部的一個共和國；首都馬拉博(Malabo [mɑˈlɑbo; mɑ:ˈlɑ:bou])》.

e·quer·ry [ˈɛkwərɪ; ˈekwəri] *n.* Ⓒ **1** 英國皇室的侍從武官。**2** 王族、貴族等的掌馬官。

e·ques·tri·an [ɪˈkwɛstrɪən; iˈkwestriən] *adj.* [用在名詞前]馬術的，騎馬的：~ skill 馬術/an ~ statue 騎馬塑像。

—*n.* Ⓒ騎馬者；善騎者；騎術家。

e·qués·tri·an·ìsm [-nˌɪzəm; -nizəm] *n.* Ⓤ馬術。

e·qui- [ikwɪ-, ɛkwɪ-; i:kwi-, ekwi-] [複合用詞]表示「相等的(equal)」之意：*equi*valent.

èqui·ángular *adj.* 等角的：an ~ triangle 等角三角形。

èqui·dístant *adj.* [不用在名詞前]〔十介十(代)名〕〔距…〕等距離的〔*from*〕：~ diplomacy 等距離外交/The two parks are about ~ *from* the (railroad) station. 這兩個公園離火車站的距離差不多相同。**~·ly** *adv.*

èqui·láteral *adj.* 等邊的：an ～ triangle 等邊三角形, 正三角形。**—***n.* Ⓒ等邊形。

e·quil·i·brant [ɪˈkwɪləbrənt; iːˈkwilibrənt] *n.* Ⓤ《物理》平衡力；平衡。

e·qui·li·brate [ˌikwəˈlaɪbret; ˌiːkwiˈlaibreit] *v.t.* 使〈兩物〉平衡, 使…均衡。
—*v.i.* 平衡, 均衡(balance)。

e·qui·li·bra·tion [ˌikwɪlɪˈbreʃən; ˌiːkwilaiˈbreiʃn] 《equilibrate 的名詞》**—***n.* Ⓤ **1** 平衡, 均衡。**2** 平衡(狀態)。

e·qui·lib·ri·um [ˌikwəˈlɪbrɪəm; ˌiːkwiˈlibriəm] *n.* Ⓤ **1** (力的)平衡；均衡, 均勢：political ～ 政治上的均衡/in ～ 平衡[均衡]地/reach (a state of) ～ 達到均衡(狀態)。**2** (心的)平靜。

e·quine [ˈikwaɪn; ˈiːkwain] *adj.* (似)馬的。

e·qui·noc·tial [ˌikwəˈnɑkʃəl; ˌiːkwiˈnɔkʃl] 《equinox 的形容詞》**—***adj.* [用在名詞前]晝夜平分時《春分或秋分》的；晝夜平分的：the autumnal [vernal] ～ point 秋[春]分點/the ～ line 晝夜平分線。

e·qui·nox [ˈikwəˌnɑks; ˈiːkwinɔks] 《源自拉丁文「相等的夜」之義》**—***n.* Ⓒ晝夜平分時, 春[秋]分：the autumnal [vernal, spring] ～ 秋[春]分。

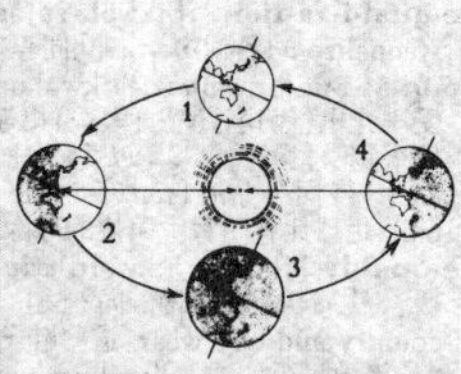

equinoxes

【插圖說明】
1 春分(spring equinox)
2 夏至(summer solstice)
3 秋分(autumnal equinox)
4 冬至(winter solstice)

e·quip [ɪˈkwɪp; iˈkwip] *v.t.* (**e·quipped**；**e·quip·ping**) **1 a**〔十受十介十(代)名〕使〈人〉配備〔必需品〕；將〔必要的用具、裝置〕裝備於〈船、軍隊〉〔*with*〕《★常用被動語態》(⇨ provide【同義字】)：～ a fort ***with*** guns and ammunition 以槍砲和彈藥裝備要塞/The car *is equipped with* air conditioning. 那輛車裝有空調設備。**b**〔十受十介十(代)名〕〔爲…目的而〕裝備…〔*for*〕：The ship was *equipped* ***for*** a voyage. 那艘船裝備就緒準備出航。**c**〔十受十 *to* do〕裝備…〈以便[能]…〉：This ambulance is *equipped to* deal with any emergency. 這輛救護車的裝備能處理[應付]任何緊急情況。
2 a〔十受十介十(代)名〕使〈人〉接受〔必要的學問、教育等〕〔*with*〕：He *equipped* all his children ***with*** a good education. 他讓他所有的孩子都接受良好的教育。**b**〔十受十 *to* do〕予〈人〉教養[學識]〈使…〉：He wanted to ～ his son *to* have a broad outlook on world affairs. 他要教導兒子使他對世界情勢有遠大的看法。**c**〔十受十介十(代)名〕使〈某人〉具備〔…的〕素養, 培養〈某人〉〔…的〕能力〔*for*〕《★常用被動語態, 變成「有…的能力」的意思》：She *is* well *equipped* ***for*** the job. 她充分具備做該工作的能力《★也可解釋爲定義 3》。
3〔十受十介十(代)名〕[～ one*self*]〔爲…〕而準備, 裝扮〔*for*〕；穿著〔…〕〔*with*〕《★也可以用被動語態變成「作…裝束[裝扮]」的意思》：He has *equipped himself* ***for*** a trip. 他已經爲旅行準備了行裝/He *is equipped* ***with*** (full) evening dress. 他穿着晚禮服。

eq·ui·page [ˈɛkwəpɪdʒ; ˈekwipidʒ] *n.* Ⓒ(從前的)馬車、馬匹和隨從。

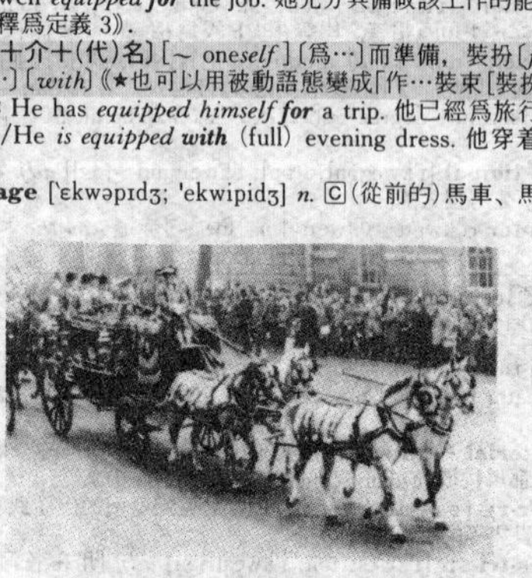
equipage

e·quip·ment** [ɪˈkwɪpmənt; iˈkwipmənt] 《equip 的名詞》**—n.* Ⓤ **1** 設備, 裝備：the cost of ～ 設備費。
2 [集合稱] 設備, 全套器具, 配件, 配備用品, 機器, 器材：laboratory ～ 實驗室設備/sports ～ 運動器材。
3 (工作上需要的)知識, 技術：intellectual ～ 知識才能/linguistic ～ 語言學的素養。

eq·ui·poise [ˈɛkwəˌpɔɪz; ˈekwipɔiz] *n.* Ⓤ均衡, 平衡。

eq·ui·se·tum [ˌɛkwəˈsitəm; ˌekwiˈsiːtəm] *n.* Ⓒ(*pl.* ～**s**, **-ta** [-tə; -tə])《植物》木賊屬植物, 木賊。

eq·ui·ta·ble [ˈɛkwɪtəbl; ˈekwitəbl] *adj.* **1** 公正的, 公平的：an ～ price [arrangement] 公正的價格[協定]。**2**《法律》**a** 衡平法(上)的(⇨ equity 2)。**b** 衡平法上有效的。
éq·ui·ta·bly [-təblɪ; -təbli] *adv.*

eq·ui·ty [ˈɛkwətɪ; ˈekwəti] 《源自拉丁文「平等」之義》**—***n.* **1** Ⓤ公平, 公正。**2** Ⓤ《法律》衡平法《在公平與正義方面, 補充 common law 不周全之處的法律；cf. chancery 2》。**3** [～s] 普通股《無固定利息的股票；cf. common stock》。

équity càpital *n.* Ⓤ股權資本去除負債後的資產, 淨值。

e·quiv·a·lence [ɪˈkwɪvələns; iˈkwivələns] 《equivalent 的名詞》**—***n.* Ⓤ **1** 同等, 同值；(詞語的)等義。**2**《化學》(原子的)等價, 當量。

e·quív·a·len·cy [-lənsɪ; -lənsi] *n.* ＝equivalence.

e·quiv·a·lent** [ɪˈkwɪvələnt; iˈkwivələnt] 《源自拉丁文「等值的」之義》**—adj.* (無比較級、最高級) **1 a** (價值、數量等)同等的, 同值的, 同量的；等義的：an ～ amount of money 等額的錢。**b** [不用在名詞前]〔十介十(代)名〕〔在…方面〕相等的, 同等的〔*in*〕：These two words are ～ ***in*** meaning. 這兩個字意義相等。**c** [不用在名詞前]〔十介十(代)名〕〔與…〕等值的, 同等的；相當於〔…〕的〔*to*〕：What is $3 ～ ***to*** in Japanese yen? 三美元相當於多少日圓呢？**2**《化學》同價[等價]的。
—*n.* Ⓒ **1 a** 同等物, 等價[量]物：ten dollars or its ～ in books 十美元或與此金額等值的書。**b** (他國語言的)同義語〔*for*, *of*〕：There is no exact English ～ ***for*** 〔***of***〕 this Chinese expression. ＝This Chinese expression has no exact English ～. 這個中文辭句在英文中沒有完全相等的辭句。
2《文法》相當對應語：noun ～*s* 名詞對應語《例如在 *The rich* are not always happier than *the poor.* 一句中的 the rich, the poor 等》。**～·ly** *adv.*

e·quiv·o·cal [ɪˈkwɪvəkl; iˈkwivəkl] 《源自拉丁文「同音的」之義》**—***adj.* **1** 〈語句等〉模稜兩可的, 含糊的：an ～ expression 含糊的說法。**2** 〈人物、行動等〉可疑的：a woman of ～ reputation 不正派的女人。**～·ly** [-klɪ; -kəli] *adv.*

e·quiv·o·cate [ɪˈkwɪvəˌket; iˈkwivəkeit] *v.i.* **1** (爲使人困惑而)說模稜兩可的話, 含糊其詞。**2** 說話支吾, 矇混。

e·quiv·o·ca·tion [ɪˌkwɪvəˈkeʃən; iˌkwivəˈkeiʃn] 《equivocate 的名詞》**—***n.* ⓊⒸ含糊其詞；(言語的)支吾, 矇混；雙關語。

e·quiv·o·ca·tor [ɪˈkwɪvəˌketɚ; iˈkwivəkeitə] *n.* Ⓒ說模稜兩可的話的人, 支吾其詞的人。

er [ə, ʌ, ʌː; ʌː, əː] *interj.* 呃一, 唔一, 這一《用以表示說話時的猶豫、遲疑、停頓》。

er, e.r., ER《略》《棒球》earned run(s). **Er**《符號》《化學》erbium. **E.R.**《略》Queen Elizabeth(⇨ Regina 2 [用法])。

-er[1] [-ɚ; -ə] [字尾] **1** 加於動詞或名詞後, 構成行爲者名詞：**a**「做…者」之意：hunter, creeper. **b**「(某地的)人, …居民」的意思：London*er*, villag*er*. **c**「從事…的人；…製造者；…商；…研究者, …學者」的意思：farm*er*, geograph*er*. **2**《口語》表示與原字根有關的動作或事物的名詞字尾：breath*er*, din*er*. **3** 使具有其他字尾的名詞口語化：foot*er*, rugg*er*.

-er[2] [-ɚ; -ə] [字尾] 構成比較級：rich*er*, lazi*er*.

-er[3] [-ɚ; -ə] [字尾] **1** 構成表示反覆的動詞：wander＜wend, wav*er*＜wave. **2** 構成擬聲的動詞：chatt*er*, twitt*er*, glitt*er*.

e·ra** [ˈɪrə, ˈirə; ˈiərə] 《源自拉丁文「算出的數」之義》**—n.* Ⓒ **1** (由於著名人物或歷史性事件而具有特徵的)時代, 時期(⇨ period【同義字】)：the cold war ～ 冷戰時代/in the ～ of gaslight. 在煤氣燈的時代。
2 紀元：the Christian ～ 耶穌紀元, 公元。
3《地質》代《紀(period)上面的區分；cf. epoch 4》。

ERA《略》《棒球》earned run average.

e·ra·di·ate [iˈredɪˌet; iˈreidieit, iːˈr-] *v.t.* 放射〈光線、熱等〉。

e·rad·i·ca·ble [ɪˈrædɪkəbl; iˈrædikəbl] *adj.* 可根除的, 可拔去的。

e·rad·i·cate [ɪˈrædɪˌket; iˈrædikeit] 《源自拉丁文「除根」之義》**—***v.t.* **1** 將〈雜草等〉連根拔除。**2** 撲滅, 根除〈不要的東西〉。

e·rad·i·ca·tion [ɪˌrædɪˈkeʃən; iˌrædiˈkeiʃn] 《eradicate 的名詞》**—***n.* Ⓤ根除, 撲滅。

e·rád·i·cà·tor [-tɚ; -tə] *n.* **1** Ⓒ根除者, 撲滅者；除草器。**2** Ⓤ去墨水液, 去污劑, 褪色靈。

e·ras·a·ble [ɪˈresəbl; iˈreizəbl] *adj.* 可擦掉的；可抹去的。

e·rase [ɪˈres; iˈreiz] 《源自拉丁文「削去」之義》**—***v.t.* **1 a**〔十受〕擦掉〈文字等〉：～ a penciled remark 擦掉鉛筆寫的評語。**b**〔十受十介十(代)名〕〔從…〕刪除, 除去…〔*from*〕：～ a person's name ***from*** the list 從表上除去某人的姓名。
2〔十受〕**a**《美》從〈黑板〉上擦掉字, 擦〈黑板〉。**b** 洗掉〈錄音帶〉的錄音, 洗掉〈錄音〉。
3〔十受十介十(代)名〕把〈發生的事情〉(如擦掉一般)〔自記憶中〕

抹去〔*from*〕：I did my best to ～ the event ***from*** my memory. 我盡全力從記憶中抹去[忘却]這件事。
4〔十受〕《俚》殺掉，幹掉〈人〉。

e·ras·er [ɪˋresɚ; iˈreizə] *n.* Ⓒ **1 黑板擦**，石板擦；抹去者：a blackboard ～ 黑板擦。**2**《美·英文語》**橡皮擦**(《英》rubber).

E·ras·mus [ɪˋræzməs; iˈræzməs]**, Des·i·de·ri·us** [ˏdɛsɪˋdɪrɪəs; ˌdesiˈdiəriəs] *n.* 伊拉斯莫斯《1466?–1536；荷蘭學者，文藝復興運動的領導者之一》。

e·ra·sure [ɪˋreʒɚ, ɪˋreʃɚ; iˈreiʒə] 《erase 的名詞》 **—*n.* 1** Ⓤ 拭去，抹消〔*of*〕. **2** Ⓒ 刪除處[字句]，擦拭的痕跡〔*in*〕.

Er·a·to [ˋɛrəˏto; ˈerətou] *n.*《希臘神話》艾樂多《司抒情詩、戀愛詩的女神；繆斯九女神(the Muses)之一》。

er·bi·um [ˋɝbɪəm; ˈə:biəm] *n.* Ⓤ《化學》鉺《稀土金屬元素之一；符號 Er》。

ere [ɛr, ær; ɛə]《詩·古》*prep.* 在…以前：～ long 不久，一會兒。**—*conj.* 1** 在…之前，尚未…時。**2** 與其…(寧願…)。

Er·e·bus [ˋɛrəbəs; ˈeribəs] *n.*《希臘神話》埃勒勃斯《死者在進入冥府(Hades)前所經過的暗界》：(as) dark as ～ 漆黑的。

***e·rect** [ɪˋrɛkt; iˈrekt] *adj.* (**more** ～；**most** ～) **1 直立的，豎起的**：an ～ posture 立姿/stand ～ 直立。**2 a**〈頭、手等〉抬起的：with ears ～ (動物)豎起耳朵。**b**〈毛髮〉直立的：with every hair ～毛髮直豎着。**3**《生理》〈陰莖等〉勃起的。
—*v.t.* 〔十受〕**1 a** 使…直立，豎立：～ a flagstaff 豎起旗竿。**b** [～ one*self*] 起身，(筆直地)站起來。**2 a** 建造，建設〈房子〉。**b** 安裝〈機器〉。～**·ly** *adv.* ～**·ness** *n.*

e·rec·tile [ɪˋrɛktl̩, -tɪl; iˈrektail] *adj.*《生理》能勃起的，勃起性的。

e·rec·tion [ɪˋrɛkʃən; iˈrekʃn] 《erect 的名詞》 **—*n.* 1** Ⓤ 直立，豎立。**2 a** Ⓤ 建設，安裝。**b** Ⓒ 建築物。**3** ⓊⒸ《生理》勃起。

e·rec·tor [ɪˋrɛktɚ; iˈrektə] *n.* Ⓒ **1** 建立者，設立者；安裝工，裝配工；安裝器。**2**《解剖》豎立肌。

ère·lóng *adv.*《古》不久，須臾。

er·e·mite [ˋɛrəˏmaɪt; ˈerimait] *n.* Ⓒ 隱者；隱修士。

ère·whíle *adv.*《古》片刻之前；頃間。

erg [ɝg; ə:g] *n.* Ⓒ《物理》爾格《功的單位；cf. joule, work *n.* A 7》.

er·go [ˋɝgo; ˈə:gou] 《源自拉丁文 'therefore' 之義》 **—*adv.*** 《謔》因此，所以。

er·go·nom·ics [ˏɝgəˋnɑmɪks; ˌə:gəˈnɔmiks] *n.* Ⓤ 人類工程學，人體工學(human engineering 1)《研究人與機械控制配合的工程學》。

Er·ic [ˋɛrɪk; ˈerik] *n.* 艾利克《男子名》。

Er·ie [ˋɪrɪ; ˈiəri]**, Lake** *n.* 伊利湖《位於美國中東部；是五大湖(the Great Lakes)之一》。

Er·in [ˋɛrɪn, ˋɪrɪn; ˈiərin] *n.*《詩》愛爾蘭《Ireland 的古名；cf. Albion》：sons of ～ 愛爾蘭人。

E·ris [ˋɪrɪs, ˋɛrɪs; ˈeris] *n.*《希臘神話》艾瑞斯《司爭吵、不和的女神；cf. the APPLE of discord》.

er·mine [ˋɝmɪn; ˈə:min] *n.* Ⓒ (*pl.* ～**s**, [集合稱] ～) **1** Ⓒ《動物》白鼬《鼬科動物；冬季除黑色尾端外，通體呈白色；夏季毛色呈紅褐色，稱為 stoat》. **2** Ⓤ 白鼬毛皮《由於從前為法官、貴族所穿，也用以比喻法官的職位、貴族的身分》。

ermine 1

er·mined [ˋɝmɪnd; ˈə:mind] *adj.* **1** 以貂皮[白鼬皮]覆蓋或裝飾的。**2** 身穿貂皮[白鼬皮]衣的。**3** 晉升法官的；被任為法官或封為貴族的。

ern, erne [ɝn; ə:n] *n.* Ⓒ《鳥》海鷲。

-ern [-ɚn; -ən] 字尾 表「…方的」之意：north*ern*, south*ern* 等。

Er·nest [ˋɝnɪst; ˈə:nist] *n.* 厄尼斯特《男子名》。

e·rode [ɪˋrod; iˈroud] *v.t.* **1**〔十受(十副)〕**a**〈風雨等〉侵蝕〈土地、岩石等〉〈*away*〉. **b**〈酸等〉腐蝕〈金屬〉〈*away*〉. **c**〈疾病〉侵蝕〈身體〉〈*away*〉. **2** (逐漸地)損害，喪失。
—*v.i.* 〔動(十副)〕被侵蝕[腐蝕]〈*away*〉.

e·rog·e·nous [ɪˋrɑdʒənəs; iˈrɔdʒənəs] 《希臘文「性愛(eros)」的形容詞》 **—*adj.* 1** 對性敏感的：～ zones 性感帶。**2** 刺激性慾的。

Er·os [ˋɪrɑs; ˈiərɔs] *n.* **1**《希臘神話》伊羅士《愛芙羅黛蒂(Aphrodite)之子，戀愛之神；相當於羅馬神話的丘比特(Cupid)》. **2** Ⓤ [常 e~] 性愛。

e·ro·sion [ɪˋroʒən; iˈrouʒn] 《erode 的名詞》 **—*n.*** Ⓤ《地質》腐蝕，侵蝕：wind ～ 風蝕作用。

e·ro·sive [ɪˋrosɪv; iˈrousiv] 《erode, erosion 的形容詞》 **—*adj.*** 腐蝕性的，侵蝕性的。

e·rot·ic [ɪˋrɑtɪk; iˈrɔtik] 《Eros 的形容詞》 **—*adj.* 1** (有關)性愛[色情]的：～ poetry 色情詩。**2** 刺激性慾的：～ films 煽情[色情]影片。**3** 好色的，色情的。

Eros 1

e·rot·i·ca [ɪˋrɑtɪkə; iˈrɔtikə] *n. pl.* [常當單數用] 黃色書籍[圖畫]。

e·rot·i·cism [ɪˋrɑtəˏsɪzəm; iˈrɔtisizəm] *n.* Ⓤ 色情過旺，漁色，性慾。

er·o·tol·o·gy [ˏɛrəˋtɑlədʒɪ; ˌerəˈtɔlədʒi] *n.* Ⓤ 色情描寫，色情文學。

ERP European Recovery Program.

err [ɝ; ə:] 《源自拉丁文「徘徊」之義》 **—*v.i.*** 《文語》**1**〔十介十(代)名〕**a**〔在…方面〕**犯錯**，做錯〔*in*〕：～ ***in*** one's judgment 判斷錯誤/He ～*ed* ***in*** *believing* that I had said that. 他誤信我說了那句話。**b** 失之過於〔…〕〔*on*〕《★常用 ～ on the side of ... 的形式》：～ ***on the side of*** severity 失之過嚴/It is best to ～ ***on the side of*** prudence. 寧可失之過於謹慎。**c** 偏離〔正道、真理〕〔*from*〕：～ ***from*** the right path 偏離正道，誤入歧途。**2** 犯錯，犯罪：To ～ is human, to forgive divine. 犯錯是人之常情，寬恕是超凡的《★英詩人 Alexander Pope 的詩句》。

er·rand [ˋɛrənd; ˈerənd] 《源自古英語「傳言」之義》 **—*n.*** Ⓒ **1 差使，跑腿**：send an office boy ***on*** an ～ 派小弟去辦事/go on [run] ～*s* ***for*** a person 替人跑腿/ ⇨ fool's errand. **2** (差使的)事情，差事：I have an ～ (to do) in town. 我在鎮上有事。

érrand bòy *n.* Ⓒ 供差遣的僮僕。

er·rant [ˋɛrənt; ˈerənt] 《源自古法語「徘徊」之義》 **—*adj.* 1**〈思想、行為等〉錯誤的，偏離正道的，離格[出格]的：an ～ notion 錯誤的觀念。**2** 遊歷(各國)的；〈武士、修鍊者等〉遍歷各種危險的：an ～ knight 遊俠武士，武術修鍊者。

er·rant·ry [ˋɛrəntrɪ; ˈerəntri] *n.* Ⓤ 遊俠行為；武士精神。

er·ra·ta *n. pl.* **1** erratum 的複數。**2** 勘誤表。

er·rat·ic [əˋrætɪk; iˈrætik] *adj.* **1 a**〈人、心情〉易變的，反覆無常的；不規則的：an ～ woman 反覆無常的女人。**b**〈行動、意見等〉古怪的，脫離常軌的：～ behavior 古怪的行為。**2**《地質》漂移性的。**—*n.*** Ⓒ 古怪的人。

er·rát·i·cal·ly [-kl̩ɪ; -kəli] *adv.*

er·ra·tum [ɪˋretəm, ɛ-, -ˋrɑt-; eˈrɑ:təm, iˈr-, -ˈreit-] *n.* Ⓒ (*pl.* **-ta** [-tə; -tə]) (需要訂正的)錯誤，錯字，誤寫，誤排。

err·ing [ˋɝɪŋ; ˈə:riŋ] *adj.* 做錯了事的；有罪過的；走入歧途的。

er·ro·ne·ous [əˋronɪəs; iˈrounjəs] 《err, error 的形容詞》 **—*adj.*** 《文語》錯誤的：an ～ assumption 錯誤的前提[假定]。～**·ly** *adv.*

***er·ror** [ˋɛrɚ; ˈerə] 《err 的名詞》 **—*n.* 1** Ⓒ **錯誤**，謬誤：an ～ *in* spelling 拼字的錯誤/an ～ of judgment 判斷的錯誤/a printer's ～ 誤排，印刷錯誤/commit [make] an ～ 犯錯(★比較 do an ～ 是錯誤的)/Correct [Point out] ～*s*, if any. 如有錯誤，請改正[指正]/ ⇨ TRIAL and error.

> **【同義字】** error 為表示「錯誤，差錯」的一般用語，有時也指道德上的錯誤；mistake 是指偏離標準或正確解答的錯誤或判斷的錯誤；blunder 是指「因拙笨而搞出的錯誤」，含有責難的意思；slip 是指因不小心而犯的輕微差錯。

2 Ⓤ 想錯，差錯：⇨ in ERROR. **3** Ⓒ (道義上的)過失，罪：an ～ of commission [omission] 過失[疏忽]的罪過。**4** Ⓒ《棒球》失誤。**5** Ⓒ《法律》誤審，違法。**6** Ⓒ《數學》誤差：a personal ～ (觀測上的)個人誤差。

in érror (1)想錯的，弄錯了的：He was *in* ～. 他弄錯了/His figures were *in* ～. 他的計算錯了。(2)錯誤地，謬誤地：I put on his shoes *in* ～. 我誤穿了他的鞋子。

er·satz [ɛrˋzɑts; ˈeəzæts] 《源自德語「代用」之義》 **—*adj.*** (比原物粗劣的)代用的；仿造的，假冒的。**—*n.*** Ⓒ 代用品。

Erse [ɝs; ə:s] *n.* Ⓤ 蓋耳語(Gaelic)《蘇格蘭高地的塞爾特語(Celt)》.
—*adj.* 1 (蘇格蘭高地等的)塞爾特族的。**2** 蓋爾語的。

erst·while [ˋɝstˏhwaɪl; ˈə:stwail, -thwail] *adv.* & *adj.* 以前的，過去的：～ enemies 從前的敵人。

e·ruct [ɪˋrʌkt; iˈrʌkt]**, e·ruc·tate** [ɪˋrʌktet; iˈrʌkteit] *v.i.*《文語》打嗝，打噎(belch).

e·ruc·ta·tion [ɪˏrʌkˋteʃən; ˌi:rʌkˈteiʃn] 《eruct, eructate 的名詞》 **—*n.*** ⓊⒸ 打嗝。

er·u·dite [ˋɛruˏdaɪt; ˈeru:dait] 《源自拉丁文「不粗野的」之義》 **—*adj.*** 《文語》**1**〈人〉有學識的，博學的。**2**〈書籍〉表示學識淵博的，旁徵博引的，極深奧的。～**·ly** *adv.*

er·u·di·tion [ˏɛruˋdɪʃən; ˌeru:ˈdiʃn] 《erudite 的名詞》 **—*n.*** Ⓤ 博學，飽學；學識。

e·rupt [ɪ'rʌpt; i'rʌpt] 《源自拉丁文「向外破裂」之義》 —*v.i.* **1** 〈火山灰、間歇泉等〉噴出。**2** 〈火山〉爆發，噴火。**3 a** 〈感情、暴動等〉爆發，迸發，突發。**b**〔十介十(代)名〕〈人〉發〈怒等〉〔*with, in*〕：～ ***with*** [*in*] anger 勃然大怒。**c**〔十介十(代)名〕突然變成〔…〕〔*into*〕：The audience ～*ed* ***into*** wild cheers 觀衆爆發出熱烈的喝采聲。**4** 〈牙齒〉長出。

e·rup·tion [ɪ'rʌpʃən; i'rʌpʃn] 《erupt 的名詞》—*n.* Ⓤ Ⓒ **1** (熔岩、間歇泉等的)噴出。**2** (火山的)爆發，噴火。**3** (怒氣、笑聲等的)爆發。**4** (牙齒的)長出，冒出。**5** 《醫》發[出]疹。

e·rup·tive [ɪ'rʌptɪv; i'rʌptiv] 《erupt, eruption 的形容詞》—*adj.* **1** 噴火引起的，噴出的，迸發性的：～ rocks 火成岩[噴出岩]。**2** 爆發的，爆發性的。**3** 《醫》發疹性的：～ fever 發疹性熱病《斑疹傷寒等》。

Er·win ['ɝwɪn; 'ə:win] *n.* 歐文《男子名》。

-er·y [-ərɪ, -rɪ; -əri, -ri] 字尾 構成表示下列意思的名詞字尾：**1** 表示性質、行爲、習慣：brav*ery*, fool*ery*. **2** …商，…業，…術：pott*ery*, fish*ery*, arch*ery*. **3** …製造廠，…廠，…店：bak*ery*, brew*ery*, groc*ery*. **4** …類：drap*ery*, jewell*ery*, machin*ery*.

er·y·sip·e·las [ˌɛrə'sɪpl̩əs; ˌeri'sipiləs] *n.* Ⓤ《醫》丹毒。

Es 《符號》《化學》einsteinium.

es- [ɪs-, ɛs-, əs-; is-, ɛs-, əs-] 字首 ex- 之變體：*es*cape.

-es[1] [(在 [s, z, ʃ, ʒ, tʃ, dʒ] 後面發) -ɪz；-iz 音；(在其他有聲子音與母音後面發)-z；-z；(在其他無聲子音後面則發)-s；-s 音] 字尾 名詞的複數字尾(cf. -s[1])：box*es*；match*es*.

-es[2] [(在 [s, z, ʃ, ʒ, tʃ, dʒ] 後面發) -ɪz；-iz 音；(在其他有聲子音與母音後面發)-z；-z；(在其他無聲子音後面發)-s；-s 音] 字尾 動詞的第三人稱單數現在式的字尾(cf. -s[2]).

E·sau ['isɔ; 'i:sɔ:] *n.* 《聖經》以掃《以撒(Isaac)的長子；爲了一碗濃湯(a mess of pottage)將繼承權賣給弟弟雅各(Jacob)》。

es·ca·lade [ˌɛskə'led; ˌeskə'leid] *n.* Ⓤ用梯攀登。 —*v.t.* 用梯攀登〈城牆〉；以雲梯攻入〈設防地〉。

es·ca·late ['ɛskəˌlet; 'eskəleit] 《escalator 的逆成字》 —*v.i.* **1a** 〈戰爭等〉逐段擴大，升高。**b**〔十介十(代)名〕逐段擴大〔成…〕〔*into*〕：Even a limited confrontation can ～ ***into*** a major war. 即使是局部的對抗也可能擴大成一場大戰。**2** 〈工資、物價等〉逐漸上漲。

—*v.t.* **1a**〔十受〕使〈戰爭等〉逐段擴大，升高。**b**〔十受十介十(代)名〕使〈戰爭等〉逐段擴大〔成…〕〔*into*〕：～ a conventional war ***into*** an annihilating atomic war 把普通戰爭擴大爲具毀滅性的原子戰爭。**2** 使〈工資、物價等〉逐漸提高。

es·ca·la·tion [ˌɛskə'leʃən; ˌeskə'leiʃn] 《escalate 的名詞》 —*n.* Ⓤ Ⓒ〔工資、物價、戰爭等的〕逐漸擴大，升高〔*of*〕.

es·ca·la·tor ['ɛskəˌletə; 'eskəleitə] 《*escala*de 與 eleva*tor* 的混合語》—*n.* Ⓒ **1** **自動梯，電動扶梯**：take an ～ 乘自動梯。

【說明】在英美地下鐵路和機場 escalator 相當普遍。通常乘客靠右邊站，而把左邊空下來留給趕忙跑上跑下的人；⇨ etiquette 的插圖。

2 (像乘自動梯般的)步步高升，青雲直上：She is *on* the ～ to stardom. 她青雲直上地躋身於明星界。

éscalator clàuse *n.* Ⓒ伸縮條款《勞資協議中有關生活費用或生活指數而自動調整工資的條款》。

es·cal·lop [ɛ'skɑləp, ɛ'skæləp; is'kɔləp, es-] *n.*, *v.* ＝scallop.

es·ca·lope [ˌɛskə'lop; ˌeskə'loup] *n.* Ⓤ Ⓒ沾麵包屑煎成的薄肉片、魚片或馬鈴薯片。

es·ca·pade ['ɛskəˌped, ˌɛskə'ped; ˌeskə'peid, 'eskəpeid] *n.* Ⓒ (脫離常軌的)越軌(行爲)；出人意料的行爲。

‡**es·cape** [ə'skep, ɪ-, ɛ-; i'skeip, e's-] *v.i.* **1 a** **逃走**，逃亡，脫逃：barely ～ with one's life 僅以身免，險些喪命。

【字源】源自法語，義指「脫下外套(cape)逃走」。當一個想逃跑的人被一把抓住身上所穿的外套或大衣時，他仍會如金蟬脫殼般脫逃。這種情形稱作「從衣服中溜出」，後來用作「脫逃」之義。

b〔十介十(代)名〕〔從場所、監禁等〕逃走，逃亡〔*from, out of*〕；逃〔往…〕〔*to*〕：～ ***from*** prison 從監獄脫逃[逃獄] (cf. *v.t.* 1 比較)/～ ***to*** a foreign country 逃往外國。

2 a (從危險、災難等)**逃脫**，逃走；免除：The deserter has ～*d*. 那名逃兵已經逃走。**b**〔十介十(代)名〕〔從危險、災難等〕逃脫，逃走，免除〔*from, out of*〕：He ～*d* ***from*** his pursuers. 他從追捕者手中逃脫(cf *v.t.* 1 比較)。

3〔動(十介十(代)名)〕**a** 〈液體、瓦斯等〉〔從…〕漏出〔*from, out of*〕：Gas is *escaping* ***from*** the range. 瓦斯從瓦斯爐漏出。**b** 〈頭髮〉〔從…〕露出〔*from, out of*〕：Her hair had ～*d* ***from*** her hat. 她的頭髮露出於帽子外面。

—*v.t.* 《★不可用被動語態》 **1 a**〔十受〕(事先)**逃離**，避免，逃避〈追捕、危險、災難等〉《★比較 escape *from* ...(⇨ *v.i.* 1 b, 2 b) 用以表示從實際上在追捕自己的人那裏脫逃，但及物動詞的此一用法則表示事先逃離那種情況》：～ prison 免於入獄(cf. *v.i.* 1 b)/～ one's pursuers [the pursuit] 避免落入追捕者的手中[擺脫追捕] (cf. *v.i.* 2 b)/He ～*d* death [punishment]. 他死裏逃生[逃脫處罰]/She ～*d* infection. 她沒有受到感染。

【同義字】avoid 指有意識地、積極地遠離可能的危險、不愉快等；evade 指比 avoid 更積極地運用某些手段來廻避；elude 是指在危急時將計就計從對方手中逃出。

b〔十do*ing*十過分〕免於〈被…〉：～ be*ing* kill*ed* 免於被殺/He narrowly ～*d* be*ing* hurt in the accident. 他在意外事件中差一點受傷。**2**〔十受〕**a** 避免，逃過〈他人的注意等〉：The prisoner ～*d* notice by hiding in a laundry truck. 那名犯人躲藏在一輛洗衣店的卡車中而沒有被發覺。**b**逃過〈他人〉的注意，不被〈人〉發現：Nothing ～*s* you! 沒有一件事逃得過你的注意！《你眞細心！》 **3**〔十受〕**a** 逃過〈人的記憶〉，被…忘却：His name ～*s* my memory. 他的名字我想不起來了。**b** 逃過〈人〉的記憶；對〈某人〉不清楚[不明白]：His name ～*s* me. 他的名字我想不起來了/I'm afraid your point ～*s* me. 我恐怕不明白你說的要點。**4**〔十受〕〈言語、微笑等〉(不禁)由〈人、口裏〉流露出來：A cry ～*d* his lips. 他不禁叫了一聲。

—*n.* **1** Ⓤ Ⓒ **脫逃**，逃亡，逃避；〔危險等的〕避免〔*from, out of*〕：make [effect] an ～ 逃走，逃出/have a narrow [hair-breadth] ～ 九死一生，死裏逃生/make (good) one's ～ (成功地)逃走/There was no ～ *from* the enemy. 逃不出敵人之手/We had three ～*s* from the prison this year. 今年我們這兒有三起越獄事件。

2 Ⓒ脫逃的方法；避難裝置；逃路，排出的管道：⇨ fire escape.

3 Ⓒ (瓦斯、水等的)洩漏〔*of*; *from, out of*〕：There is an ～ *of* gas *from* the pipe. 有瓦斯從管子中漏出。

4 Ⓤ [又作 **an** ～] 逃避現實，消遣：read fiction as *an* ～ 以讀小說作消遣。

escápe àrtist *n.* Ⓒ **1** 表演脫逃的藝人。**2** 屢次越獄的慣犯。

escápe clàuse *n.* Ⓒ免責條款《契約中言明在某種情況下簽字者可不負責任之條款》。

es·ca·pee [ɪske'pi, ˌɛske'pi; iskei'pi:, ˌeskei'pi:] *n.* Ⓒ逃獄者；逃亡者；亡命之徒。

escápe líterature *n.* Ⓤ逃避現實的文學。

escápe mèchanism *n.* Ⓒ 《心理》逃避機制《逃避不愉快現實的方法，如做白日夢等》(cf. defense mechanism).

es·cápe·ment [-mənt; -mənt] *n.* Ⓒ **1** (鐘錶的)司行輪，擺輪《調整速度的裝置》。**2** (打字機的)棘輪裝置。**3** 使鋼琴的敲弦小錘彈回的裝置。

escape-ment 1

escápe rámp [**róad, róute**] *n.* Ⓒ避難道路。

escápe velòcity *n.* Ⓤ [有時 **an** ～] 逃逸速度，第二宇宙速度《火箭等擺脫重力圈所需的最低速度》。

es·cáp·ism [-pɪzəm; -pizəm] *n.* Ⓤ逃避現實。

es·cáp·ist [-pɪst; -pist] *n.* Ⓒ逃避主義者，逃避現實者。—*adj.* 逃避現實(主義)的。

es·ca·pól·o·gist [-dʒɪst; -dʒist] *n.* Ⓒ表演逃脫繩索[籠子]的特技人員；善於擺脫困境的人。

es·ca·pol·o·gy [ˌɛskə'pɑlədʒɪ; ˌeskə'pɔlədʒi] *n.* Ⓤ 表演逃脫繩索[籠子]的逃脫術；脫身術。

es·car·got [ˌɛskar'go; ˌeskɑ:'gou] 《源自法語》 —*n.* Ⓒ (*pl.* ～**s** [-'go; -'gou])食用蝸牛。

es·carp [ɛ'skɑrp; i'skɑ:p, e-] *n.* Ⓒ **1** 《築城》(堡壘外壕之)內壁。**2** 似內壁之斜面；急斜面。

—*v.t.* 使…成急斜面；爲…築陡坡[內壕]。

es·carp·ment [ɛ'skɑrpmənt; i'skɑ:pmənt, e-] *n.* Ⓒ **1** 絕壁，急斜面。**2** 《築城》(城壕內壁的)陡坡。

-esce [-ɛs; -es] 字尾 表示「開始做…；成爲…，…化」的動詞字尾：coal*esce*, efferv*esce*.

-es·cence [-ɛsn̩s; -esns] 字尾 表示「…作用[經過，過程，變化]；…狀態」的名詞字尾：effer*vescence*.

-es·cent [-ɛsn̩t; -esnt] 字尾 表示「…期的，…性的，開始做…的」的形容詞字尾：adol*escent*, conval*escent*.

es·cha·tol·o·gy [ˌɛskə'tɑlədʒɪ; ˌeskə'tɔlədʒi] 《源自希臘文「有關最後的學問」之義》 —*n.* Ⓤ 《神學》終世論，末世學《研討世界末日、上帝的審判、天國、地獄等的神學領域》。

es·cha·to·log·i·cal [ˌɛskætə'lɑdʒɪkl; ˌeskətə'lɔdʒikl] *adj.*

es·chew [ɛs'tʃu; is'tʃu:, es-] *v.t.* (有意地)避開，遠離〈不好的事〉：～ a life of ease 避開安適的生活。

es·cort ['ɛskɔrt; 'eskɔ:t] *n.* **1** Ⓒ **a** (女性的)**男性同伴，護花使者**。

【說明】在過去指當有地位的人外出時加以護衛或帶路的一羣人，現在被用以指護衛總統、首相等的人員。伴隨女性參加社交集會的男性於送女性回家時須送到其家門口並目送她進入屋內，若女性居住公寓，則送她到電梯口。

b［又當集合稱用］護衛者［隊］，護送者［隊，船］；護衛艦［機］。**2** Ⓤ護衛，護送：under the ～ of ... 在…的護衛下。

— [rˈskɔrt; iˈskɔ:t] *v.t.* **1**〔十受〕護衛［戒護］〈軍艦、船隻等〉。**2**〔十受十副詞(片語)〕陪伴，護送〈女子〉(…)：George offered to ～ Mrs. Green *home* [*to* the party]. 喬治表示願意護送格林太太回家［赴宴］。

éscort àgency *n.* Ⓒ提供青年男女爲社交伴侶的一種服務社。

es·cri·toire [ˌɛskrɪˈtwar, -ˈtwɔr; ˌeskriˈtwa:, -ˈtwɔ:] 《源自法語》**—***n.* ＝secretary 4；《英》bureau 1.

es·cu·do [ɛsˈkudo; esˈku:dou] *n.* Ⓒ(*pl.* ～s)埃斯庫多《葡萄牙貨幣單位；相當於 100 centavos；略作 Esc.》.

es·cu·lent [ˈɛskjələnt; ˈeskjulənt] *adj.* 適於食用的，可食的：～ roots 可食之根。

—*n.* Ⓒ適於食用的東西《尤指蔬菜》：The potato is an invaluable ～. 馬鈴薯是極有價值的食物。

es·cutch·eon [ɪˈskʌtʃən; iˈskʌtʃən] *n.* Ⓒ**1**《紋章》飾有紋章的盾。**2** 盾形的紋章底子。**3** 孔罩；鎖眼蓋。

a blót on the [one's] **escútcheon** 不名譽(的事物)，名譽上的污點。

escutcheon 1,2

ESE, E.S.E. 《略》east-southeast.

-ese [-iz; -i:z] 字尾 **1**［附於地名之後］…的；…語(的)，…人(的)：Chin*ese*＜China; Portugu*ese*＜Portugal; Japan*ese*＜Japan. **2**［附於作家或團體名稱之後］…式的，…特有的(文體)《★常含有輕蔑之意》：Johnson*ese*, journal*ese*.

Es·ki·mo [ˈɛskəˌmo; ˈeskimou] *n.* (*pl.* ～, **-mo(e)s**) **1 a** [the ～(s)]愛斯基摩族。**b** Ⓒ愛斯基摩族人，愛斯基摩人。**2** Ⓤ愛斯基摩語。

—*adj.* 愛斯基摩(人、語)的。

Es·ki·mo·an [ˌɛskəˈmoən; ˌeskəˈmouən] *adj.* 愛斯基摩人的；愛斯基摩語的。

Éskimo dòg *n.* Ⓒ愛斯基摩犬(cf. husky[3]).

Eskimo dog

Es·ki·mol·o·gy [ˌɛskəˈmɑlədʒɪ; ˌeskəˈmɔlədʒi] *n.* Ⓤ愛斯基摩文化、文明、語言之研究。

ESL [ˈiˌɛsˈɛl; ˈi:esˈel] 《*E*nglish as a *s*econd *l*anguage 的頭字語》 **—***n.* Ⓤ英語爲第二語文。

e·soph·a·gus [iˈsɑfəgəs; i:ˈsɔfəgəs] *n.* Ⓒ(*pl.* **-gi** [-ˌdʒaɪ; -dʒai])《解剖·動物》食道(gullet).

es·o·ter·ic [ˌɛsəˈtɛrɪk; ˌesəˈterik˘] 《源自希臘文「內部的」之義》**—***adj.* **1** (只傳給少數被挑選者的)秘傳的；奧秘的：～ Buddhism 密教，密宗。**2** 秘教的，秘密的；深奧的，難解的。**es·o·ter·i·cal·ly** [-klɪ; -kəli] *adv.*

esp., espec. 《略》especially.

ESP 《略》extrasensory perception.

es·pal·ier [ɛˈspæljɚ; iˈspæljə, eˈs-] 《源自義大利語「支撐」之義》**—***n.* Ⓒ樹籬，樹棚《用以使果樹等垂直生長的框架或支柱》。

Es·pa·ña [ɛsˈpɑnja; esˈpɑ:nja:] 《源自西班牙語》**—***n.* 西班牙(Spain).

es·pe·cial [əˈspɛʃəl; iˈspeʃl, eˈs-] 《與 special 同字源》**—***adj.* ［用在名詞前］《文語》特別的，格外的《★現在一般用 special》：a thing of ～ importance 特別重要的事/for your ～ benefit 爲了你特別的利益。

‡es·pe·cial·ly [əˈspɛʃəlɪ; iˈspeʃəli, eˈs-] *adv.* (**more** ～；**most** ～) **尤其**，格外地，特別地：It is ～ cold today. 今天特別冷。

【同義字】especially 表示與其他事物相比時程度特別高，尤有勝之；specially 表示尤其爲某特別用途、目的的意思；particularly 是指從若干同類東西中選出某一種特例而予以特定化。

Ès·pe·rán·tist [-tɪst; -tist] *n.* Ⓒ世界語的學者［使用者］。

Es·pe·ran·to [ˌɛspəˈrænto; ˌespəˈræntou] 《創始者 Zamenhof 的筆名；取自「希望者」之義》**—***n.* Ⓤ世界語《波蘭人 Zamenhof 從主要的歐洲語言創造出來的一種國際語言》。

es·pi·al [ɪˈspaɪəl; iˈspaiəl] *n.* Ⓤ **1** 偵察，偵探，監視。**2** 看出，發現。

es·pi·o·nage [ˈɛspɪənɪdʒ, əˈspaɪənɪdʒ; ˌespiəˈnɑ:ʒ, iˈspaiənidʒ] 《源自法語 'spying' 之義》**—***n.* Ⓤ(尤指對他國、其他企業等的)間諜活動：industrial ～ 產業間諜活動。

es·pla·nade [ˌɛspləˈned; ˌespləˈneid] 《源自西班牙語 'leveled place' 之義》**—***n.* Ⓒ(尤指海濱或湖畔)供遊人散步的大道。

es·pous·al [ɪˈspaʊzl; iˈspauzl] 《espouse 的名詞》**—***n.* 《文語》**1** ⓊⒸ［主義，學說等的］支持，擁護〔*of*〕. **2** Ⓒ［常 ～s］《古》結婚；訂婚。

es·pouse [ɪˈspaʊz; iˈspauz] *v.t.* **1** 信奉，擁護〈主義、學說〉。**2** 《古》**a** 娶〈女〉爲妻。**b** 把〈女兒〉嫁出。

es·pres·so [ɛsˈprɛso; esˈpresou] 《源自義大利語 'pressed out (coffee)' 之義》**—***n.* (*pl.* ～s) **1 a** Ⓤ蒸餾咖啡《粉狀咖啡用蒸汽加壓煮出的濃咖啡》。**b** Ⓒ一杯蒸餾咖啡。**2** Ⓒ蒸餾咖啡煮沸器。**3** Ⓒ供應蒸餾咖啡的咖啡館。

es·prit [ɛˈspri; ˈespri:] 《源自法語 'spirit' 之義》**—***n.* Ⓤ精神；機智，才智。

esprít de córps [-dəˈkɔr; -dəˈkɔ:] 《源自法語 'spirit of corps' 之義》**—***n.* Ⓤ團體精神，團隊精神《軍隊的集體精神、愛校心、愛黨心等》。

es·py [əˈspaɪ; iˈspai] *v.t.* 《文語》(通常指從遠處偶然地)發現〈東西〉。

Esq. [əˈskwaɪr; iˈskwaiə] 《esquire 之略》**—***n.* ［附於姓名之後］…先生《★用法寫信等時用在對方姓名後面；《美》除律師以外通常用 Mr.》：Thomas Jones, ～ 湯瑪斯·瓊斯先生。

-esque [-ɛsk; -esk] 字尾表示「…式樣的，…式的」的形容詞字尾：arab*esque*, pictur*esque*.

Es·qui·mau [ˈɛskəˌmo; ˈeskimou] *n.* (*pl.* ～, ～**x** [～z; ～z])＝Eskimo.

es·quire [əˈskwaɪr; iˈskwaiə] *n.* ［常 **Esq.**］《罕》…先生(⇨ Esq.).

ess [ɛs; es] *n.* Ⓒ(*pl.* **ess·es**) **1** 字母 S[s]. **2** S 字形(的東西)。

Ess. 《略》Essex.

-ess [-ɪs, -əs, -ɛs; -is, -əs, -es] 字尾表示女性、陰性的名詞字尾《★有時被認爲是對女性的歧視用語而不用》：actr*ess*, princ*ess*.

es·say** [ˈɛsɪ, ˈɛse; ˈesei, ˈesi] 《源自拉丁文「稱重量」之義》**—n.* Ⓒ **1 隨筆**，小品文；(有關某問題的簡短)評論，論說〔*on, upon*〕：Lamb's ～*s* 蘭姆的隨筆/a critical ～ 評論文。**2** [ɛˈse, ˈɛse; ˈesei]《文語》嘗試，企圖〔*at, in*〕.

— [əˈse, ɛˈse; eˈsei, ˈesei] *v.t.* 《文語》**1**〔十受〕嘗試，企圖…：He ～*ed* escape. 他企圖逃走。**2**〔十 *to* do〕想要〈做…〉：I ～*ed to* speak, but he cut me off with a gesture. 我想要說，但他以手勢阻止我。

es·say·ist [ˈɛse·ɪst; ˈeseiist] *n.* Ⓒ隨筆作家，小品文作家。

es·sence [ˈɛsn̩s; ˈesns] 《源自拉丁文「存在的情況」之義》**—***n.* **1** Ⓤ(東西的)**本質**，**精髓**，根本要素〔*of*〕：Health is the ～ *of* happiness. 健康是幸福的根本要素。

2 Ⓤ［指種類時爲Ⓒ］**a 精**，精華，提煉物：～ of beef 牛肉精。**b** 植物性精油的酒精溶液：vanilla ～ 香草精。**c** 香水。

3 a Ⓤ《哲》存在，實體。**b** Ⓒ靈的存在：God is an ～. 上帝是存在的。

in éssence 在本質方面，本質上(essentially).

of the éssence 最重要的。

es·sen·tial** [əˈsɛnʃəl; iˈsenʃl, eˈs-] 《essence 的形容詞》**—adj.* (**more** ～；**most** ～) **1 a 不可缺的**，必要的，必需的，非常重要的：an ～ part of the machine 那部機器不可缺的重要部分/It is ～ that we (should) act quickly.＝It is ～ *for* us *to* act quickly. 重要的是我們必須立刻行動。**b**［不用在名詞前］〔十介十(代)名〕〔對…〕是必要的〔*to, for*〕(⇨ necessary【同義字】)：Sleep and good food are ～ *to* health. 睡眠與營養食品對健康是必要的。

2 本質的，本質上的：～ qualities 本質，特質。**3**［用在名詞前］(無比較級、最高級)精華的，提煉的：an ～ odor 香精的芳香/⇨ essential oil.

—*n.* Ⓒ **1**［常 ～s］本質上的要素；要點；本質，實質：*Essentials of English Grammar* 英文文法要義《書名》/be the same *in* ～*s* 要點相同。**2** 不可缺的東西，必需品。

es·sen·tial·ly [əˈsɛnʃəlɪ; iˈsenʃəli, eˈs-] *adv.* 本質上：He is ～ a good man. 他是個本性善良的人。

esséntial óil *n.* Ⓤ［指種類時爲Ⓒ］(植物性)香精油，香料油《爲香水等的揮發性原料》。

Es·sex [ˈɛsɪks; ˈesiks] 《源自古英語 'East Saxons' 之義》**—***n.* 艾塞克斯郡《英國東南部的一個郡；首府 Chelmsford [ˈtʃɛlmsfɚd; ˈtʃelmsfəd]；略作 Ess.》.

Es·sie [ˈɛsɪ; ˈesi] *n.* 艾西《女子名；Esther 的暱稱》。

E.(S.)T. 《略》Eastern (Standard) Time.

est. 《略》established; estate; estimated; estuary.

-(e)st [-(ɪ)st, -(ə)st; -(i)st, -(ə)st] 字尾 **1** 形容詞、副詞最高級的字尾：hard*est*, clever*est*. **2** 《古》與 thou 連用的動詞(第二人稱單數現在式及過去式)的字尾：Thou sing*est*, did*st*, can*st*.

‡es·tab·lish [əˈstæblɪʃ; iˈstæbliʃ, eˈs-] 《源自拉丁文「使堅固」之義》**—***v.t.* **1**〔十受〕**a 設立**，創辦，創立〈國家、學校、企業等〉：～ a school 設立學校/～ a republic 建立共和國。**b** 使…成立，建立〈關係等〉：～ diplomatic relations with ... 與…建立外交關係。

2〔十受〕**a 制定**，建立〈制度、法律等〉：Institutions of government are ～*ed* by law or precedent. 行政制度是依據法律或慣例

制定的。**b** 使〈教會〉成爲國教。
3 〔十受〕樹立, 確立〈先例、習俗、學說、紀錄、名聲等〉: ~ (one's) credit 鞏固信用(的基礎)/He ~*ed* his fame *as* an artist. 他確立了他作爲藝術家的聲望《已被公認爲藝術家》。
4 a〔十受〕證實, 證明〈事實〉: ~ a person's identity 確定一個人的身分/~ his innocence 證明他的無罪(cf. 4b). **b**〔十*that*__〕證實, 證明〈…事〉: ~ *that* he is innocent 證明他是無罪的(cf. 4a)/It has been ~*ed that* he was not there when the murder was committed. 謀殺案發生時他不在場這一事已獲得證實。**c**〔十*wh*.__〕證實, 證明; 確定, 查明〈何處…〉: We have ~*ed where* the boundary lies. 我們已查明界線在何處。
5 a〔十受十介十(代)名〕安置〈人〉〔在場所、地位、職業等〕〔*in*〕: He ~*ed* his son **in** business. 他把兒子安置在商業界。**b**〔十受十*as* 補〕安置〈人〉〈成爲…〉: That series of paintings ~*ed* him *as* a great artist. 那一系列的畫使他成爲偉大的藝術家。**c**〔十受十介十(代)名〕[~ one*self*]〔在場所、職業、地位等〕安頓下來〔*in*〕《★常以過去分詞當形容詞用; ⇨ established 3 a》: They ~*ed themselves* **in** their new house. 他們在新居安頓了下來。**d**〔十受十*as* 補〕[~ one*self*] 立身, 開業, 執業〈當…〉《★常以過去分詞當形容詞用; ⇨ established 3 b》: He ~*ed himself as* a lawyer. 他開業當律師。

es·táb·lished *adj.* **1** 已確立的; 確定的: an ~ fact 既定的事實/an old ~ shop 老舖, 老店/an ~ invalid 慢性病患者, 有痼疾的人/a person of ~ reputation 已確立聲望的人/~ usage 既定的慣用法。**2** 國立的, 國教的: the ~ church [religion] 國教/the *E*~ Church (尤指) 英國國教。**3** [不用在名詞前] **a**〔十介十(代)名〕〔在場所、職業、地位等〕安頓下來的〔*in*〕(cf. establish 5 c): Our firm is now fully ~ **in** France. 我們的公司已在法國完全穩住了脚。**b**〔十*as* 補〕任職, 安頓〈爲…〉的(cf. establish 5 d): Mr. White was ~ *as* mayor of our city. 懷特先生已任職爲本市市長。

***es·tab·lish·ment** [ə'stæblɪʃmənt; i'stæbliʃmənt, e's-] «establish 的名詞» —*n*. **1** Ⓤ **a**〔國家、學校、企業等的〕設立, 創立〔*of*〕: the ~ *of* a school 學校的創立。**b**〔關係等的〕成立, 建立〔*of*〕: the ~ *of* diplomatic relations 外交關係的建立。**c**〔制度、法律等的〕制定〔*of*〕: the ~ *of* the Constitution 憲法的制定。
2 Ⓤ **a**〔學說、紀錄等的〕確立, 建立〔*of*〕: the ~ in scholarly circles *of* a new theory 學術界新理論的建立。**b**〔事實等的〕證實, 證明〔*of*〕: the ~ *of* one's innocence 某人無罪的證明。
3 a Ⓤ (以結婚等) 安頓下來, 成家立業。**b** Ⓒ 家, 家庭 (household): keep a large ~ 有一個大家庭, 擁有巨大家業。
4 Ⓒ **a** (公共或私有的) 建築物《學校、醫院、公司、行號、旅館、商店等》: a private ~ 個人企業/a manufacturing ~ 製造公司/an educational ~ 學校。**b** [集合稱] 建立的機構 (工廠、商店、教會等) 的 (全體) 職員《★用法 視爲一整體時當單數用, 指全部個體時當複數用》。
5 a [the E~] (權力機構的) 官署, 陸軍, 海軍 (等): the Civil Service *E*~ 一般文職機構/the Military [Naval] *E*~ 陸[海]軍。**b** Ⓤ (政府、陸海軍等的) 編制, 定員: peace [war] ~ 平時[戰時]編制。
6 Ⓤ [常 the E~] **a** (既成的) 體制, 統轄階層, 領導階層, 社會現存權力結構《★用法 視爲一整體時當單數用, 指全部個體時當複數用》。

> 【說明】指在政治、經濟、軍事等方面擁有知識能力、權力、財富、名聲而居於統治地位的少數人, 是構成政府機關、大企業、軍方等上級階層的成員。他們大都認爲自己工作不是爲了謀生而是爲了奉獻國家。即使是在公司也異於一般職員, 自從進入公司時就開始走往後將成爲最高經營主管的精英 (elite) 的路線。
> 在英國以前僅指屬於英國國教會 (the Established Church, the Church of England) 者, 但現在則指屬於英國國教會、貴族、財政部 (the Exchequer)、英國國家銀行 (the Bank of England) 的團體或私立寄宿學校 (public school)、牛津 (Oxford) 大學、劍橋 (Cambridge) 大學的畢業生等領導團體及上流階層。
> 在美國指白種人的盎格魯撒克遜 (Anglo-Saxon) 後裔新教徒 (Protestant) 的統治階層 (⇨ WASP), 大多數出自與建國有關的家族。另外也指在東部的哈佛 (Harvard) 大學、耶魯 (Yale) 大學等所謂常春藤聯盟 (Ivy League) 的大學受過教育者, 但是此種結構亦逐漸在崩潰; cf. college, Ivy League, university【說明】

b 組織, 團體; 主流派《★用法 與 6 a 同》: *the* academic [literary] *E*~ 學會[文壇]。
7 [the E~]《英》國教會。

es·ta·mi·net [ɛstami'nɛ; esta:mi'ne] «源自法語» —*n*. Ⓒ 酒店; 咖啡館 (=café).

***es·tate** [ə'stet; i'steit, e's-] «源自拉丁文「狀態」之義» —*n*. **1** Ⓒ (常指一人所有, 附有宅邸的廣大) 地產: buy an ~ 購置地產/He has a large ~ in the country. 他在鄉間擁有廣大的地產。
2 Ⓒ《英》(依一定規格建造的) 社區: a housing ~ 住宅社區 (《美》housing development)/⇨ industrial estate. **3** Ⓤ《法律》財產: landed ~ 不動產/personal ~ 動產/real ~ 不動產。**4** Ⓤ《文語・古》(人生的) 時期[階段]: reach man's [woman's] ~ 到達成年期。**5** Ⓒ (社會上的) 階級《★尤指法國大革命以前的聖職人員、貴族、平民三種身分》: ⇨ fourth estate.

estáte àgent *n*. Ⓒ《英》房地產管理人; 房地產經紀人 (《美》real estate agent).
estáte càr *n*.《英》=station wagon.
estáte tàx *n*. Ⓒ《美》遺產稅 (death tax).

es·teem [ə'stim; i'sti:m, e's-] «源自拉丁文「評估」之義» —*v.t.*《文語》**1 a**〔十受〕尊重, 尊敬, 重視〈人、人格、事物等〉(⇨ respect【同義字】): He is highly ~*ed* in business circles. 他在商界極受人尊重。**b**〔十受十介十(代)名〕〔因…事而〕尊敬〈人〉〔*for*〕: He is ~*ed* **for** his courage. 他因有勇氣而受人尊敬。
2 a〔十受十(*to be*)補/十受十(*as*)補〕認爲…〈是…〉: I ~ it (*as*) an honor to address this audience. 我認爲向諸位演講是一種光榮/He was ~*ed* (*to be*) trustworthy. 他被認爲是可靠的。**b**〔十*that*__〕認爲〈…事〉: He ~*ed that* she loved him. 他認爲她愛他。
—*n*. Ⓤ [又作 **an** ~] 尊重, 尊敬: hold a person in (high) ~《文語》(非常地) 尊重[尊敬] 某人/They all had *a* great ~ *for* his learning. 他們都非常敬重他的學識。

es·ter ['ɛstɚ; 'estə] *n*. Ⓒ《化學》酯。
Esth.《略》《聖經》Esther.
Es·ther ['ɛstɚ; 'estə] *n*. **1** 艾絲達《女子名; 暱稱 Essie ['ɛsɪ; 'esi]》. **2**《聖經》以斯帖書 (The Book of Esther)《聖經舊約中的一卷; 略作 Esth.》.
es·thete ['ɛsθit; 'esθi:t] *n*.《美》=aesthete.
es·thet·ic [ɛs'θɛtɪk; es'θetik] *adj*.《美》=aesthetic.
es·thet·i·cism [ɛs'θɛtə,sɪzəm; es'θetisizəm] *n*.《美》=aestheticism.
es·thet·ics [ɛs'θɛtɪks; es'θetiks] *n*.《美》=aesthetics.
Es·tho·ni·a [ɛs'tonɪə; e'stounjə] *n*. =Estonia.
Es·tho·ni·an [ɛs'tonɪən; e'stounjən] *n*., *adj*. =Estonian.
es·ti·ma·ble ['ɛstəməbl; 'estiməbl] *adj*. **1** 〈人、行動〉值得尊重[尊敬]的: an ~ achievement 值得稱道的成就。**2** 可估計[評估]的。

***es·ti·mate** ['ɛstəmɪt, -,met; 'estimət, -meit] «源自拉丁文「評估」之義» —*n*. Ⓒ **1 a** 估計, 估算, 估價, 推斷: at a rough ~ 粗略地估計一下/by ~ 依照估算《★無冠詞》/make [form] an ~ of ... 做…的估計 (cf. 2)/The ~ *for* that building is $100,000. 那座建築物的估價是十萬美元。**b**〔十*that*__〕〈依…的〉估計, 估算: Our ~ is *that* it will cost a million dollars. 依我們的估計那要花一百萬美元。**c** [常 ~s] 預算書, 估價單: a written ~ 書面的估價單。**2** (對人物等的) 評價, 價值判斷: make [form] an ~ of a man's worth 評論某人的價值, 對某人作一評價 (cf. 1 a).
— [-,met; -meit] *v.t.* **1** 估計: **a**〔十受〕估計…的價值: ~ the value of one's property 估計某人財產的價值。

> 【同義字】estimate 指依個人的判斷估計價值、數量等, 包括經熟思的結果及不加深思的情形; appraise 表示自專門的立場特別評估金錢上的價值, 但有時也用於一般意味的評價; evaluate 是對人或物的評價, 不用於對金錢方面的評價。

b〔十受十介十(代)名〕評價, 估計…〔爲…〕〔*at*〕: He ~*s* his losses **at** two millions. 他估計他的損失爲兩百萬元。**c**〔十*that*__〕估計, 推算〈…一事〉: They ~ *that* the repair will take two years. 他們估計那項修繕將費時兩年。**d**〔十受十*to be* 補〕估計, 推算…〈爲…〉: I ~*d* the room *to be* 20 feet long. 我估計那個房間有二十呎長。**2**〔十受〕[與副詞連用] 評估〈人物等〉: You ~ his intellect too *highly*. 你把他的智力評估得太高。
—*v.i.*〔十介十(代)名〕〔爲…〕作估計, 估價〔*for*〕: ~ **for** the repair of a building 爲一建築物的修繕估價。

és·ti·màt·ed *adj*. [用在名詞前] 估計的, 推測的: an ~ sum 估計額。
es·ti·ma·tion [,ɛstə'meʃən; ,esti'meiʃn] «estimate 的名詞» —*n*. Ⓤ **1** (價值等的) 判斷, 評價, 意見: *in* my ~ 依我的判斷/*in* the ~ of the law 從法律上來看。**2** 尊重, 尊敬: hold a person *in* (high) ~ (非常) 尊重某人/stand high *in* ~ [*in* the ~ of a person] 極受 (他人) 尊敬, 得到 (他人) 很高的評價。
és·ti·mà·tor [-tɚ; -tə] *n*. Ⓒ 評價者, 估計者。
es·ti·val ['ɛstəvl, ɛs'taɪvl; i:'staivl] *adj*. 夏天的, 夏季特有的 (aestival).
es·ti·vate ['ɛstə,vet; 'estiveit] *v.i.* **1** 〈動物〉夏眠 (cf. hibernate 1). **2** 〈人〉避暑。**es·ti·va·tion** [,ɛstə'veʃən; ,esti'veiʃn] *n*.
Es·to·ni·a [ɛs'tonɪə; e'stounjə] *n*. 愛沙尼亞《波羅的海沿岸的

蘇俄聯邦一共和國；首都塔林(Tallinn ['tɑlɪn; 'tɑ:lin])》.
Es·to·ni·an [ɛs'tonɪən; e'stounjən] «Estonia 的形容詞» —*adj.* 愛沙尼亞(人)的。
—*n.* **1** Ⓒ愛沙尼亞人。**2** Ⓤ愛沙尼亞語。
es·trange [ə'strendʒ; i'streindʒ] «源自拉丁文「當作陌生人(stranger)」之義» —*v.t.* 〔十受(十介十(代)名)〕**1** 使〈人〉〔自好友、家人等身邊〕遠離，使…疏遠〔*from*〕《★常以過去分詞當形容詞用；⇨ estranged 2》：The affair has ~*d* him ***from*** his family. 這件事已使他和家人疏遠。
2 a 使〈人〉遠離〔平時的環境〕〔*from*〕：~ a person ***from*** city life 使人遠離都市生活。**b** [~ one*self*]〔自…〕遠離〔*from*〕：He ~*d himself from* politics. 他已脫離政界。
es·tránged *adj.* **1** [用在名詞前]疏遠的，不和的：one's ~ wife 與某人不和而分居的妻子。**2** [不用在名詞前]〔十介十(代)名〕〔與…〕變得疏遠的，不和的〔*from*〕：They were [became] ~ ***from*** each other. 他們彼此變疏遠了。
es·tránge·ment [-mənt; -mənt] «estrange 的名詞» —*n.* ⓊⒸ 疏遠，疏離，不和〔*from, between, with*〕.
es·tray [ɪ'stre; e'strei] *n.* Ⓒ **1** 離開本來位置的人或物；迷失物。**2**《法律》迷失的家畜。—*v.i.*《古》迷路，走失。
es·tro·gen ['ɛstrədʒən; 'estrədʒən] *n.* Ⓤ《生化》雌激素《女性荷爾蒙的一種》。
es·trous ['ɛstrəs; 'estrəs] *adj.* (雌性動物的)動情期的，求偶期的。
és·trous cýcle ['ɛstrəs-; 'estrəs-] *n.* Ⓒ《動物》(雌性動物的)發情週期。
es·trus ['ɛstrəs; 'estrəs] *n.* Ⓤ《動物》(雌性動物的)發情；發情期。
es·tu·ar·y ['ɛstʃu,ɛrɪ; 'estjuəri, -tʃuəri] «源自拉丁文「潮水的(口)」之義» —*n.* Ⓒ (海水流入的)河口：the Thames ~ 泰晤士河河口。
Et《略》《化學》ethyl.
E.T.《略》Eastern Time; extraterrestrial.
-et [-ɪt, -ət; -it, -ət] 字尾 主要爲法語系表示「小」之意的字尾：bul*let*, fill*et*, sonn*et*.
e·ta ['etə, 'itə; 'i:tə] *n.* ⓊⒸ希臘字母的第七個字母 *H*, *η*《相當於英文字母長音的 E, e；⇨ Greek alphabet 表》。
ETA, E. T. A.《略》estimated time of arrival 預定的到達時刻。
et al. [ɛt'æl; ˌet'æl] **1** «拉丁文 *et alii*(=and others)之略»以及其他者。**2** «拉丁文 *et alibi*(=and elsewhere)之略»以及其他地方。
***etc.** [ɛt'sɛtərə, -'sɛtrə; it'setərə, et-] «拉丁文 et cetera 之略» —…等等，其他《★用法 主要用於參考書或商用文等，前面要加逗點(只有一個名詞時不加)，但不用 and》：Please inform us of your travel plans, i.e. arrival time, carrier, *etc.* 請告知我們你的旅行計畫，也就是到達時刻、航空公司等等。
et cet·era [ɛt'sɛtərə, -'sɛtrə; it'setərə, et-] «源自拉丁文 'and the rest' 之義» —*adv.* [常略作 **etc., &c.**]《罕》…等等，其他。
et·cet·eras [ɛt'sɛtərəz, -'sɛtrəz; it'setərəz, et-] *n. pl.* 其餘，…等等的人[物]。
etch [ɛtʃ; etʃ] *v.t.* **1a**〔十受〕蝕刻〈銅版等〉。**b**〔十受十介十(代)名〕〔在銅版等上〕蝕刻〈圖畫等〉〔*on*〕. **2 a**〔十受〕鮮明地刻劃，銘記…。**b**〔十受十介十(代)名〕將…深印[銘記]〔於心裏、記憶中〕〔*in, into, on*〕：The scene was ~*ed* ***into*** my mind. 那情景深深地印在我的腦海裏。
—*v.i.* 製作蝕刻[銅版]畫。
étch·er *n.* Ⓒ蝕刻師，銅版工；蝕刻[銅版]畫家。
étch·ing *n.* **1** Ⓤ蝕刻法，銅版術《用藥品腐蝕銅版等的表面以刻繪凹版圖畫的版畫法》。**2** Ⓒ蝕刻版畫[圖案]，銅版畫[圖，印刷物]。
ETD, E.T.D.《略》estimated time of departure 預定的出發時刻。
***e·ter·nal** [ɪ'tɝnl; i:'tə:nl, i-] «源自拉丁文「(長)年的」之義» —*adj.* (無比較級、最高級) **1** 永遠的，永久的；不朽的，不滅的：~ life 永恆的生命 / ~ truth 永恆的眞理。
2《口語》不停的，不斷的：~ chatter 喋喋不休。
—*n.* **1** [**the** ~]永久性的東西。**2** [**the E~**]上帝(God).
Etérnal Cíty *n.* [**the** ~]永恆之城《Rome 的別稱》。
e·tér·nal·ly [-nlɪ; -nəli] *adv.* **1** 永遠[永久]地；不朽地。**2**《口語》不斷地，不停地。
etérnal tríangle *n.* [**the** ~](男女間的)三角關係。
e·ter·ni·ty [ɪ'tɝnətɪ; i:'tə:nəti, i-] «eternal 的名詞» —*n.* **1** Ⓤ **a** 永遠，永恆。**b** 無窮的過去[未來]。**2** Ⓤ(始於死後的)永世，來世：through all ~ 永恆，萬古千秋/between this life and ~ 在今世與來世間，在生死之間。**3** [**an** ~](似乎無止境的)漫長時間：It seemed *an* ~ before she appeared. 她出現之前那段時間長得似乎無窮無盡。

-(e)th [-(ɪ)θ, -(ə)θ; -(i)θ, -(ə)θ] 字尾《古》動詞的第三人稱單數現在式字尾((e)s)：go*eth*, think*eth*, ha*th*, sai*th*.
eth.《略》ethical；ethics.
Eth.《略》Ethiopia; Ethiopian.
eth·ane ['ɛθen; 'eθein] *n.* Ⓤ《化學》乙烷《無色、無臭的氣體；作燃料用》。
Eth·el ['ɛθəl; 'eθl] *n.* 艾瑟兒《女子名》。
e·ther ['iθɚ; 'i:θə] *n.* Ⓤ **1**《化學》醚《有機化合物；麻醉劑》；《物理》以太。
2 a [**the** ~]《詩·文語》天空，太空，蒼天。**b** [常 **the** ~](古人所想像的)大氣外的精氣，靈氣。
e·the·re·al [ɪ'θɪrɪəl; i:'θiəriəl, i-] «ether 的形容詞» —*adj.* **1a** 似空氣的；極輕的，稀薄的。**b** 微妙的，靈妙的：~ beauty 出塵的美，天仙般的美。**2**《詩》天的，天上的。**3**《物理·化學》醚的；醚性的。~·**ly** *adv.*
e·the·re·al·ize [ɪ'θɪrɪəl,aɪz; i:'θiəriəlaiz, i-] *v.t.* **1** 使…氣化。**2** 使…靈妙。**3** 使…醚化。
e·ther·ize ['iθə,raɪz; 'i:θəraiz] *v.t.*《醫》以醚麻醉。
eth·ic ['ɛθɪk; 'eθik] *n.* Ⓒ倫理，道德規範(cf. ethics).
eth·i·cal ['ɛθɪkl; 'eθikl] «ethic, ethics 的形容詞» —*adj.* (**more** ~；**most** ~) **1a** 倫理上的，道德上的(⇨ moral【同義字】)：an ~ movement 倫理化運動。**b** (無比較級、最高級)倫理學方面的，倫理學上的。**2** 合乎道德的。**3** (無比較級、最高級)〈藥品〉憑醫師處方出售的：an ~ drug 處方藥《憑處方出售的藥品》。
éth·i·cal·ly [-klɪ; -kəli] *adv.* **1** 在倫理(學)上。**2** [修飾整句]倫理上，就倫理上來說：*E*~, it's a prickly issue. 就倫理上來說，那是個棘手的問題。
eth·i·cian [ɛ'θɪʃən; e'θiʃn] *n.* Ⓒ倫理學家，道德學家。
eth·i·cist ['ɛθəsɪst; 'eθisist] *n.* =ethician.
eth·ics ['ɛθɪks; 'eθiks] *n.* **1** Ⓤ**倫理學**：practical ~ 實用倫理學。
2 [當複數用](個人、某社會、職業的)道德原則，倫理，道義，倫常：political ~ 政治道德[倫理]。
E·thi·op ['iθɪ,ɑp; 'i:θiɔp], **E·thi·ope** [-,op; -oup] *n., adj.* = Ethiopian.
E·thi·o·pi·a [,iθɪ'opɪə; ˌi:θi'oupjə] *n.* 衣索比亞《位於埃及南方的一個國家；略作 Eth.；首都阿迪斯阿貝巴(Addis Ababa)》.
E·thi·o·pi·an [,iθɪ'opɪən; ˌi:θi'oupjən] «Ethiopia 的形容詞» —*adj.* 衣索比亞(人)的。—*n.* Ⓒ **1** 衣索比亞人。**2**《古》(非洲的)黑人。
E·thi·op·ic [,iθɪ'ɑpɪk, -'opɪk; ˌi:θi'ɔpik] *n.* Ⓤ古衣索比亞語[語族]。—*adj.* **1** 古衣索比亞語[語族]的。**2** =Ethiopian.
eth·nic ['ɛθnɪk; 'eθnik] «源自希臘文「民族的」之義» —*adj.* **1** 民族[人種]的：~ minorities 少數民族集團/the country's ~ makeup 該國的人種結構。**2** 民族特有的：~ music 民族特有的音樂。
—*n.* Ⓒ少數民族的成員。

> 【說明】在有「人種鎔爐」之稱的美國，有許多以本國文化爲背景，在各界活躍的移民。這些所謂…裔美國人就是 ethnic；一般都指 WASP 及黑人以外的人種，被用作 hyphenated American 的委婉語。

éth·ni·cal [-nɪkl; -nikl] *adj.* =ethnic.
éth·ni·cal·ly [-klɪ; -kəli] *adv.* **1** 在民族(學)上。**2** [修飾整句]在民族(學)上，就民族(學)上而言。
eth·no·cen·tric [,ɛθno'sɛntrɪk; ˌeθnou'sentrik] *adj.* 種族[民族]中心主義的，種族[民族]優越感的。
eth·no·cen·trism [,ɛθno'sɛntrɪzəm; ˌeθnou'sentrizəm] *n.* Ⓤ種族[民族]中心主義，民族優越感《認爲自己的民族比其他民族優越的想法、信念》。
eth·nog·ra·pher [ɛθ'nɑgrəfɚ; eθ'nɔgrəfə] *n.* Ⓒ人種誌學者。
eth·no·graph·ic [,ɛθnə'græfɪk; ˌeθnə'græfik] *adj.* 人種誌(學)的。**èth·no·gráph·i·cal·ly** *adv.*
eth·nog·ra·phy [ɛθ'nɑgrəfɪ; eθ'nɔgrəfi] *n.* Ⓤ人種誌，人種史，人種論。
eth·no·log·ic [,ɛθnə'lɑdʒɪk; ˌeθnə'lɔdʒik] *adj.* 人種學的。
èth·no·lóg·i·cal [-dʒɪkl; -dʒikl] *adj.* =ethnologic.
~·**ly** [-klɪ; -kəli] *adv.*
eth·nól·o·gist [-dʒɪst; -dʒist] *n.* Ⓒ人種學家，民族學家。
eth·nol·o·gy [ɛθ'nɑlədʒɪ; eθ'nɔlədʒi] *n.* Ⓤ人種學，民族學，文化人類學。
eth·no·mu·si·col·o·gy [,ɛθno,mjuzɪ'kɑlədʒɪ; ˌeθnou,mju:zi'kɔlədʒi] *n.* Ⓤ民族音樂學《研究民謠，原始音樂與種族文化之關係的科學》。
e·thos ['iθɑs; 'i:θɔs] «源自希臘文「特質」之義» —*n.* Ⓒ(特定民族、社會、時代、文化等的)風氣，精神，思潮，特質。
eth·yl ['ɛθɪl; 'eθil] *n.* Ⓤ **1**《化學》乙基，乙烷基。**2** 防爆劑的四乙鉛。

E

éthyl álcohol *n.* Ⓤ《化學》乙醇《一般稱酒精；cf. methyl alcohol》.

eth·yl·ene [ˈɛθəˌlin; ˈeθiliːn] *n.* Ⓤ《化學》乙烯：～ gas 乙烯氣。

e·ti·o·late [ˈitɪəˌlet; ˈiːtiəleit] *v.t.* (擋住日光)使〈植物等〉蒼白，使…變白：～*d* vegetables 軟白[白化]蔬菜。

e·ti·o·la·tion [ˌitɪəˈleʃən; ˌiːtiəˈleiʃn] *n.*

e·ti·o·log·i·cal [ˌitɪəˈlɑdʒɪkl; ˌiːtiəˈlɔdʒikl⁻] «etiology 的形容詞» —*adj.* **1** 推究原因的；因果關係學的。**2** 病因學的。
～**·ly** *adv.*

e·ti·ol·o·gy [ˌitɪˈɑlədʒɪ; ˌiːtiˈɔlədʒi] *n.* Ⓤ **1** 原因的推究；因果關係學，原因論。**2**《醫》病因(學)。

et·i·quette [ˈɛtɪˌkɛt; ˈetiket, -kət] «源自法語 'ticket'；貼上記有當天事的紙條之義» —*n.* Ⓤ禮節，禮法，禮儀：proper ～ 適當的禮節/a breach of ～ 失禮，違反禮儀。

【說明】(1)法國國王路易十四把記載宮廷各項儀式詳細規則的 ticket(法語爲 *étiquette*)分送給賓客，這就是 etiquette 的由來。禮節依各國和時代而異，但其根本則無二致，都是「不帶給別人不愉快」。在英美"Thank you."(謝謝)和"Excuse me."(對不起)是爲此不可缺少的辭句。
(2)在英美爲使日後男的像個紳士，女的像個淑女，父母在子女幼小時就開始調教不違反禮儀的正當舉止(manner)．當小孩違反規矩時父母會說 Where are your manners?(你的規矩丟到哪裏去了？)之類的話加以糾正：**a** 有關訪問別人住家時的禮貌參照 visit【說明】；**b** 有關上下汽車參照 car【說明】(3)；**c**有關駕駛人(driver)的駕駛禮貌參照 car【說明】(4)；**d**有關乘電梯的禮貌參照 elevator【說明】；**e**有關乘自動扶梯的禮貌參照 escalator【說明】；**f**有關握手的禮貌參照 hand shake【說明】⇨下欄插圖。
(3)Thank you.(謝謝)須帶微笑，而Excuse me.(對不起)則須莊重才合乎英美人的禮貌標準，因此須注意不要把兩者顚倒；cf. compliment【說明】

Et·na [ˈɛtnə; ˈetnə] *n.* **1** 埃特納火山《在義大利西西里島(Sicily)之東部》。**2** Ⓒ[e ～]酒精燈煮水器。

E·ton [ˈitn̩; ˈiːtn] *n.* 伊頓《英國倫敦以西一城市，爲 Eton College 的所在地》。

Éton cóat *n.* =Eton jacket.

Éton cóllar [ˈitn̩-; ˈiːtn-] *n.* Ⓒ 伊頓衣領《掛於上衣領子上的白色寬領》。

Éton Cóllege *n.* 伊頓中學[公學]。

【說明】英國一所著名的寄宿學校(public school)；1440 年由英王亨利六世(Henry Ⅵ)所創立；學生多屬上流階層子弟，許多政治家和文人等著名之士皆出自該校。另外，校內運動風氣很盛，以板球(cricket)與划船(rowing)聞名；college 非「大學」的意思；cf. college 3.

Éton cróp *n.* Ⓒ伊頓式髮型《一種男式女子髮型》。

E·ton·i·an [iˈtonɪən; iːˈtouniən⁻] «Eton 的形容詞» —*adj.* 伊頓(中學)的。
—*n.* Ⓒ伊頓中學的學生[畢業生]：an old ～ 伊頓中學校友。

Éton jácket *n.* Ⓒ 伊頓中學(式)的上衣《領寬衣短》。

Et·ru·ri·a [ɪˈtrurɪə; iˈtruəriə] *n.* 伊特魯利亞《位於義大利中部的一古國》。

Eton jacket

Et·rus·can [ɪˈtrʌskən; iˈtrʌskən] «Etruria 的形容詞» —*adj.* **1** 伊特魯利亞的。**2** 伊特魯利亞人[語]的。—*n.* **1** Ⓒ伊特魯利亞人。**2** Ⓤ伊特魯利亞語。

Et·ta [ˈɛtə; ˈetə] *n.* 艾達《女子名；Henrietta 的暱稱》。

-ette [-ɛt; -et] 字尾 **1** 表示「小」的名詞字尾：cigar*ette*, statu*ette*. **2** 構成陰性名詞的字尾：suffrag*ette*. **3**「…代用品，…贋品」之意的名詞字尾：leather*ette*.

é·tude [eˈtud, eˈtjud; eiˈtjuːd] «源自法語 'study' 之義» —*n.* Ⓒ《音樂》練習曲。

e·tui [eˈtwi, ɛˈtwi; eˈtwiː] *n.* Ⓒ小匣；小盒；針線盒；化粧品盒。

etym., etymol. 《略》etymological; etymology.

et·y·mo·log·i·cal [ˌɛtəməˈlɑdʒɪkl; ˌetiməˈlɔdʒikl⁻] «etymology 的形容詞» —*adj.* 語源的，語源(學)上的：an ～ dictionary 語源字典。～**·ly** [-klɪ; -kəli] *adv.*

et·y·mol·o·gist [ˌɛtəˈmɑlədʒɪst; ˌetiˈmɔlədʒist] *n.* Ⓒ語源學家[研究者]。

et·y·mol·o·gy [ˌɛtəˈmɑlədʒɪ; ˌetiˈmɔlədʒi] «源自希臘文「字本義的學問」之義» —*n.* **1** Ⓤ語源研究；語源學。**2** Ⓒ(某字的)語源；語源的說明[推斷]。

Eu《符號》《化學》europium.

eu- [ju-; juː-] 字首「良…」「好…」「善…」「眞正」等之意(↔ dys-)：*eu*genics, *eu*logy, *eu*phony.

eu·ca·lyp·tus [ˌjukəˈlɪptəs; ˌjuːkəˈliptəs] *n.* (*pl.* ～**·es, -ti** [-taɪ; -tai]) **1** Ⓒ《植物》桉樹《原產於澳洲的常綠喬木》。**2** (又作 **eucalýptus óil**)Ⓤ桉樹油《用於製造肥皂、香料等》。

Eu·cha·rist [ˈjukərɪst; ˈjuːkərist] «源自希臘文「感謝」之義» —*n.* [the ～] **1**《基督教》聖餐；《天主教》拜領聖體；聖體：give [receive] *the* ～ 授與[領受]聖餐，授與[拜領]聖體。**2** 聖餐[聖體]用的麵包與葡萄酒。**Eu·cha·ris·tic** [ˌjukəˈrɪstɪk; ˌjuːkəˈristik⁻], **Eu·cha·ris·tí·cal** [-tɪkl; -tikl⁻] *adj.*

eu·chre [ˈjukə; ˈjuːkə] *n.* Ⓤ一種牌戲。
—*v.t.* **1** 趁(對方)疏忽時取勝。**2**《美俚》以計取勝；哄騙。

Eu·clid [ˈjuklɪd; ˈjuːklid] *n.* **1** 歐幾里得《紀元前三百年左右希臘 Alexandria 的幾何學家》：～'s Elements 歐幾里得幾何學。**2** Ⓤ歐幾里得幾何學。

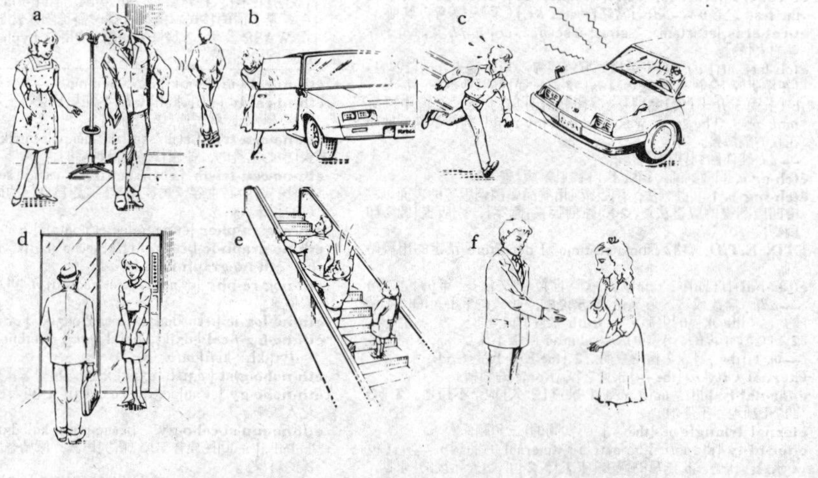

違反 etiquette 的行爲

【插圖說明】違反禮貌(etiquette)的例子：**a** 在別人家的入口處脫外套。**b** 男人不替婦女開門。**c** 亂鳴喇叭。**d** 男人與婦女同乘電梯時不脫帽。**e** 把應該爲趕時間的人空下來的自動扶梯左側堵住。**f** 男人向婦女要求握手。

Eu·clid·e·an, Eu·clid·i·an [juˋklɪdɪən; juːˈklidiən] «Euclid 的形容詞» —*adj.* 歐幾里得的：～ geometry 歐幾里得幾何學。
Eu·gene [juˋdʒin; juːˈʒein, ˈjuːdʒiːn, juːˈdʒiːn] *n.* 尤金《男子名；暱稱 Gene》.
Eu·ge·ni·a [juˋdʒinɪə; juːˈdʒiːniə] *n.* 尤姬妮爾《女子名；暱稱 Gene》.
eu·gen·ic [juˋdʒɛnɪk; juːˈdʒenik] «eugenics 的形容詞» —*adj.* **1** [用在名詞前]《生物》優生(學)的。**2** 人種改良的，優生學(上)的：a ～ marriage 優生婚姻。
eu·gén·i·cal·ly [-klɪ; -kəli] *adv.*
eu·gen·ics [juˋdʒɛnɪks; juːˈdʒeniks] «源自希臘文「出身良好的」之義» —*n.* Ⓤ優生學。
eu·gen·ist [ˋjudʒənɪst; ˈjuːdʒinist] *n.* Ⓒ優生學家。
eu·lo·gist [ˋjulədʒɪst; ˈjuːlədʒist] *n.* Ⓒ讚美者，頌揚者。
eu·lo·gis·tic [ˌjuləˋdʒɪstɪk; ˌjuːləˈdʒistik←] «eulogy 的形容詞» —*adj.* 讚美的，頌揚的。**èu·lo·gís·ti·cal·ly** [-klɪ; -kəli] *adv.*
eu·lo·gi·um [juˋlodʒɪəm; juːˈloudʒiəm] *n.* (*pl.* ～**s**, **-gi·a**) ＝ eulogy.
eu·lo·gize [ˋjuləˌdʒaɪz; ˈjuːlədʒaiz] «eulogy 的動詞» —*v.t.* 頌揚，讚美。
eu·lo·gy [ˋjulədʒɪ; ˈjuːlədʒi] «源自希臘文「好話」之義» —*n.* **1** Ⓤ頌揚〔*of, on*〕：chant the ～ *of* ... 歌頌…。**2** Ⓒ頌辭〔*of, on*〕：write [deliver] a ～ *of* 〔*on*〕... 記載[陳述]…的頌辭。
Eu·men·i·des [juˋmɛnəˌdiz; juːˈmenidiːz] *n. pl.*〔希臘神話〕尤曼妮蒂絲《復仇三女神 Furies 之委婉語》。
eu·nuch [ˋjunək; ˈjuːnək] *n.* Ⓒ **1** 被去勢的男子；(尤指昔日的)宦官，太監。**2** 柔弱的男子。
eu·pep·sia [juˋpɛpʃə, -ʃɪə; juːˈpepsiə] *n.* Ⓤ《醫》消化良好。
eu·pep·tic [juˋpɛptɪk; juːˈpeptik] *adj.* 消化良好的；有助消化的。
eu·phe·mism [ˋjufəˌmɪzəm; ˈjuːfimizəm] «源自希臘文「妥善的說法」之義» —*n.* **1** Ⓤ《修辭》婉轉的說法。**2** Ⓒ委婉語，婉言〔*for*〕：'Be no more' is a ～ *for* 'be dead'.「不在」是「已死」的委婉語。
eu·phe·mis·tic [ˌjufəˋmɪstɪk; ˌjuːfiˈmistik←] «euphemism 的形容詞» —*adj.* 婉轉說法的；婉轉的，委婉的。
èu·phe·mís·ti·cal·ly [-klɪ; -kəli] *adv.*
eu·phon·ic [juˋfɑnɪk; juːˈfɔnik] «euphony 的形容詞» —*adj.* 聲音和諧[悅耳]的；基於語調上的，使發音變爲容易的，有變音傾向的：～ changes 使發音自如的變化。
eu·phón·i·cal·ly [-klɪ; -kəli] *adv.*
eu·pho·ni·ous [juˋfonɪəs; juːˈfouniəs] «euphony 的形容詞» —*adj.* 語調好聽的[悅耳的]。～**·ly** *adv.*
eu·pho·ni·um [juˋfonɪəm; juːˈfouniəm] *n.* Ⓒ《音樂》粗管上低音號《屬於土巴號(tuba)的銅管樂器》。
eu·pho·ny [ˋjufənɪ; ˈjuːfəni] «源自希臘文「優美的聲音」之義» —*n.* ⓊⒸ悅耳的音調；諧音，使發音變容易的趨勢(↔ cacophony).
eu·pho·ri·a [juˋforɪə; juːˈfɔːriə] *n.* Ⓤ安樂感，幸福感。
eu·phor·ic [juˋforɪk; juːˈfɔrik] *adj.*
Eu·phra·tes [juˋfretiz; juːˈfreitiːz] *n.* [the ～] 幼發拉底河《亞洲西部的一條河；其流域美索不達米亞(Mesopotamia)是古文明的發祥地》。
Eu·phros·y·ne [juˋfrɑsəˌni; juːˈfrɔziniː] *n.*〔希臘神話〕尤芙蘿西妮《賜人歡笑與美麗的三女神之一》。
eu·phu·ism [ˋjufjuˌɪzəm; ˈjuːfjuːizəm] «源自十六世紀英國人 John Lyly [ˋlɪlɪ; ˈlili]所著的小說 *Euphues*» —*n.* **1** Ⓤ(流行於十六、十七世紀英國的)誇飾華麗[綺麗]的文體。**2** Ⓒ華麗的辭句，矯揉造作的語言。
eu·phu·ist [ˋjufjuɪst; ˈjuːfjuːist] *n.* Ⓒ寫誇飾文體之人；用華麗詞藻之人。
eu·phu·is·tic [ˌjufjuˋɪstɪk; ˌjuːfjuːˈistik], **-ti·cal** [-tɪkl; -tikl] *adj.* 誇飾體的，華麗的：*euphuistic* phrases 華麗的詞藻。
Eur. 《略》Europe; European.
Eur·a·sia [juˋreʒə, -ˋreʃə; juəˈreiʒjə←] «*Eur*ope 與 *Asia* 的混合語» —*n.* 歐亞(大陸)。
Eur·a·sian [juˋreʒən, -ˋreʃən; juəˈreiʒjən←] «Eurasia 的形容詞» —*adj.* **1** 歐亞的：the ～ Continent 歐亞大陸。**2** 歐亞混血(種)的。
Eur·at·om [juˋrætəm; juərˈætəm] «*Eur*opean *Atom*ic Energy Community之略» —*n.* 歐洲原子能共同體。
eu·re·ka [juˋrikə; juəˈriːkə] «源自希臘文 'I have found (it)' 之義；爲阿基米德發現測量王冠黃金純度的方法時所發出的歡呼聲» —*interj.* 《謔》知道了！好極了！
eu·rhyth·mic [juˋrɪðmɪk; juːˈriðmik←] *adj.* ＝eurythmic.
eu·rhyth·mics [juˋrɪðmɪks; juːˈriðmiks] *n.* ＝eurythmics.
Eu·rip·i·des [juˋrɪpəˌdiz; juəˈripidiːz] *n.* 尤里披蒂斯《480–406 B.C.；希臘悲劇作家》。

Eu·ro- [juro-; juərou-] [複合用詞] **1**「歐洲的；歐洲與…的」之意：*Euro*-Russian. **2**「歐洲金融市場的」之意：*Euro*dollar. **3**「歐洲共同市場的」之意：*Euro*crat.
Eu·ro·bank [ˋjurəˌbæŋk; ˈjuərəbæŋk] *n.* Ⓒ歐洲銀行。
Eu·ro·bond [ˋjurəˌbɑnd; ˈjuərəbɔnd] *n.* Ⓒ歐洲債券《美國或非歐洲之機構在歐洲發行、上市的債券》。
Eu·ro·cen·tric [ˌjurəˋsɛntrɪk; ˌjuərəˈsentrik] *adj.* 以歐洲和歐洲人爲中心的；視歐洲和歐洲人爲世界文化、歷史、經濟等之中心的。
Eu·ro·crat [ˋjurəkræt; ˈjuərəkræt] *n.* Ⓒ歐洲共同市場的官員。
Eu·ro·cur·ren·cy [ˋjurəˌkɝənsɪ; ˈjuərəˌkʌrənsi] *n.* Ⓤ歐洲通貨《美國或日本等國流通於歐洲金融市場的貨幣》。
Eu·ro·dol·lar [ˋjurəˌdɑlə; ˈjuərədɔlə] *n.* Ⓒ歐洲美元《聚集於歐洲各銀行的美金存款》。
Eu·ro·pa [juˋropə; juəˈroupə] *n.*〔希臘神話〕尤羅芭《宙斯(Zeus)所愛的腓尼基(Phoenicia)公主》。
‡**Eu·rope** [ˋjurəp; ˈjuərəp] *n.* **歐洲**《★一般都以烏拉山脈爲歐洲的東界；英國用以指與英格蘭(England)或大不列顛島(British Isles)相對的歐洲大陸(the Continent)》.

【字源】源自腓尼基(Phoenicia)(原在地中海沿岸的古代王國)公主尤羅芭(Europa)的名字。相傳天帝宙斯(Zeus)看到 Europa 之後愛上了她，於是化成公牛接近公主，把她載在背上帶往克里特(Crete)島。

E

‡**Eu·ro·pe·an** [ˌjurəˋpiən; ˌjuərəˈpiːən←] «Europe 的形容詞» —*adj.* (無比較級、最高級) **1** 歐洲的。**2** 全歐洲的。**3** 《英》白人的。—*n.* Ⓒ**歐洲人**。
Européan Cóal and Stéel Commúnity *n.* 歐洲煤鋼共同體《由法國、西德、義大利、比利時、荷蘭、盧森堡等國所組成》。
Européan Commúnity *n.* [the ～] 歐洲共同體《由 EEC, Euratom 等在 1967 年組成；加盟者爲 EEC 等十二國；略作 EC》。
Européan Económic Commúnity *n.* [the ～] 歐洲經濟共同體《由法國、西德、義大利、比利時、荷蘭、盧森堡、英國、愛爾蘭、丹麥、希臘、葡萄牙、西班牙等十二國所組成的共同經濟組織，通常稱爲 the Common Market；略作 EEC；⇨ European Community》。
Eu·ro·pe·an·ize [ˌjurəˋpiənˌaɪz; ˌjuərəˈpiːənaiz] *v.t.* 使…歐洲化。
Européan plàn *n.* [the ～]《美》歐式旅館不供膳制《旅館只收住宿費與服務費，客人可自由選擇是否在該旅館用餐，膳食費另計；cf. American plan》。
Européan Recóvery Prógram *n.* (又作 **Marshall Plan**) [**the** ～] 歐洲復興計畫《略作 ERP》。
eu·ro·pi·um [juˋropɪəm; juəˈroupiəm] *n.* Ⓤ《化學》銪《金屬元素；符號 Eu》。
Eu·ro·po·cen·tric [juˌropəˋsɛntrɪk; juəˌroupəˈsentrik] *adj.* ＝ Eurocentric.
Eu·ro·vi·sion [ˋjurəˌvɪʒən; ˈjuərəˌviʒn] «源自 *Euro-* 和 tele*vision*» —*n.* Ⓤ歐洲電視網，歐洲電視節目交換系統《西歐各國所製電視節目的國際轉播及交換系統》。
Eu·ryd·i·ce [juˋrɪdəˌsi; juəˈridisiː] *n.*〔希臘神話〕尤麗狄斯《歌手歐菲斯(Orpheus)之妻》。
eu·ryth·mic [juˋrɪðmɪk; juːˈriðmik←] *adj.* **1** 韻律體操(eurythmics)的。**2** 節奏輕快的，節奏性的。
eu·ryth·mics [juˋrɪðmɪks; juːˈriðmiks] *n.* Ⓤ韻律體操《配合音樂節奏運動的體操》。
Eus·tace [ˋjustɪs, -təs; ˈjuːstəs] *n.* 尤斯德斯《男子名》。
eu·stá·chi·an tùbe [juˋsteʃɪən-; juːˈsteiʃiən-] «源自義大利解剖學家的名字» —*n.* [常 E～] Ⓒ《解剖》耳咽管，歐氏管。
Eu·ter·pe [juˋtɝpɪ; juːˈtəːpi] *n.*〔希臘神話〕尤塔比《司音樂及抒情詩的女神；繆斯九女神(the Muses)之一》。
eu·tha·na·si·a [ˌjuθəˋneʒə, -ʒɪə; ˌjuːθəˈneizjə, -ziə] «源自希臘文» —*n.* Ⓤ《醫》安樂死，安樂死術。
eu·then·ics [juˋθɛnɪks; juːˈθeniks] *n.* Ⓤ優境學《藉改善生活環境以改良人種的一種科學》。
E·va [ˋivə; ˈiːvə] *n.* 伊娃《女子名》。
e·vac·u·ate [ɪˋvækjuˌet; iˈvækjueit] «源自拉丁文「使成空」之義» —*v.t.* **1a** 撤離，撤退〈軍隊〉。**b**〈軍隊等〉從〈佔領地等〉撤退。**2a**〔十受〕從〈場所、房子等〉離去。**b**〔十受十介十(代)名〕使〈人等〉〔從危險地區〕撤離，疏散；〔自…〕疏散〈人〉〔*from*〕：We were ～*d from* the war zone. 我們從戰區疏散。**3**《文語》使〈腸、胃〉空；排泄〈糞便〉。
e·vac·u·a·tion [ɪˌvækjuˋeʃən; iˌvækjuˈeiʃn] «evacuate 的名詞» —*n.* **1** ⓊⒸ**a** 撤退，撤兵：an emergency ～ plan 緊急撤退計畫。**b** 撤出，騰出；疏散，避難。**2a** ⓊⒸ排泄，排出。**b** Ⓒ排泄物。

e·vac·u·ee [ɪˋvækjʊˏi, ɪˏvækjʊˋi; iˏvækjuːˈiː] *n.* Ⓒ(空襲等的)避難者，疏散者；(從戰地)撤離者(cf. repatriate)。

e·vade [ɪˋved; iˈveid] 《源自拉丁文「到外面去」之義》 —*v.t.* **1** 〔十受〕**a** (巧妙地)**避開**，躲開，逃避〈敵人、攻擊、障礙等〉(⇨ escape【同義字】)：～ a blow 閃避打擊/ ～one's pursuers 躲開追捕者。**b** 搪塞〈質問等〉：The question could not be ～*d*. 那個質問無法規避。**c** 逃避〈法律、規則〉。**2 a** 〔十受〕廻避[逃避]〈義務、付款〉：～ military service 逃避兵役。**b**〔十do*ing*〕逃避，廻避〈該做的事〉：～ pay*ing* one's debts 逃債。

e·val·u·ate [ɪˋvæljʊˏet; iˈvæljueit] *v.t.* 核定，評估，估計〈價值〉(⇨ estimate【同義字】)：～ the cost of the damage 核定損害額。

e·val·u·a·tion [ɪˏvæljʊˋeʃən; iˏvæljuˈeiʃn] 《evaluate 的名詞》 —*n.* Ⓤ核定，評價。

ev·a·nesce [ˏɛvəˋnɛs; ˏiːvəˈnes, ˏev-] *v.i.* (逐漸)消失，消散。

ev·a·nes·cence [ˏɛvəˋnɛsn̩s; ˏiːvəˈnesns, ˏev-] 《evanescent 的名詞》 —*n.* Ⓤ《文語》消失(性)，消散(性)；短暫。

ev·a·nes·cent [ˏɛvəˋnɛsn̩t; ˏiːvəˈnesnt, ˏev-ˊ] *adj.* 《文語》(逐漸)消失的；瞬息的，短暫的。～**·ly** *adv.*

e·van·gel [ɪˋvændʒəl; iˈvændʒəl] *n.* **1** Ⓒ福音(gospel)．**2 a** [E～]Ⓒ《聖經》(聖經新約中的)福音書。**b** [**the Evangels**]《聖經》四福音書《Matthew, Mark, Luke, John 等四書》。

e·van·gel·ic [ˏivænˋdʒɛlɪk, ˏɛvən-; ˏiːvænˈdʒelik, ˏevən-ˊ] *adj.* ＝evangelical 1.

e·van·gel·i·cal [ˏivænˋdʒɛlɪkl, ˏɛvən-; ˏiːvænˈdʒelikl, ˏevən-ˊ] 《evangel 的形容詞》 —*adj.* **1** [用在名詞前]福音(書)的，福音傳道的。**2 a** 福音主義的《在英國指 Low Church「低教會派」，在美國則指「新教正統派」》。**b** ＝evangelistic 2.
—*n.* Ⓒ福音主義者，福音派的人。～**·ly** [-klɪ; -kəli] *adv.*

E·van·gél·i·cal·ism [-klˏɪzəm; -kəlizəm] *n.* Ⓤ福音主義。

E·van·ge·line [ɪˋvændʒəˏlin, -lɪn, -ˏlaɪn; iˈvændʒiliːn] *n.* 伊凡姬琳《女子名》。

e·van·ge·lism [ɪˋvændʒəˏlɪzəm; iˈvændʒəlizəm] *n.* Ⓤ **1** 福音傳道。**2** 福音主義《基督教新教的一派，主張信仰重於形式》。

e·ván·ge·list [-lɪst; -list] *n.* Ⓒ **1** [E～]福音書作者《指 Matthew, Mark, Luke, John；稱此四人爲 the [Four] Evangelists》．**2** 福音傳教士。**3 a** 巡回傳道者。**b** (非聖職人員)宣傳福音者。

e·van·ge·lis·tic [ɪˏvændʒəˋlɪstɪk; iˏvændʒəˈlistikˊ] *adj.* **1** [E～]福音書作者的。**2**傳播福音(者)的，傳道的。

e·van·gel·ize [ɪˋvændʒəˏlaɪz; iˈvændʒəlaiz] *v.t.* 向…傳教[佈道]；使〈人〉皈依基督教。
—*v.i.* 傳播福音，傳道。

e·vap·o·rate [ɪˋvæpəˏret; iˈvæpəreit]《源自拉丁文「噴出蒸氣」(vapor)之義》 —*v.t.* 〔十受〕**1** 使〈水等〉**蒸發**。**2**(加熱後)脫去〈牛乳、蔬菜、水果等〉的水分：～ milk *down to* a proper consistency 把牛乳煮到適當的濃度/⇨ evaporated milk. **3**使〈希望等〉消失。
—*v.i.* **1蒸發**：Water ～*s* when it is boiled. 水煮沸時就會蒸發。**2**〈希望、熱忱等〉消散，消失：Our last hope has ～*d*. 我們最後的希望已消失了。

e·váp·o·rat·ed mílk *n.* Ⓤ無糖煉乳(⇨ milk【相關用語】)。

e·vap·o·ra·tion [ɪˏvæpəˋreʃən; iˏvæpəˈreiʃn]《evaporate 的名詞》 —*n.* Ⓤ **1**蒸發(作用)；發散。**2**蒸發脫水法，蒸乾。**3**消失。

e·vap·o·ra·tor [ɪˋvæpəˏretɚ; iˈvæpəreitə] *n.* Ⓒ蒸發器，乾燥器。

e·va·sion [ɪˋveʒən; iˈveiʒn]《evade 的名詞》 —*n.* ⓊⒸ **1a** 〈責任等的〉廻避，逃避〔*of*〕：tax ～ 逃稅。**b**支吾搪塞，矇混：take shelter *in* ～(*s*) 藉口逃避。**2**逃脫。

e·va·sive [ɪˋvesɪv; iˈveisiv]《evade 的形容詞》 —*adj.* **1** 廻避的，逃避的。**2a**〈回答等〉支吾搪塞的，矇混的，(故意)含糊其辭的：an ～ answer 模稜兩可的回答。**b**〈眼光等〉不正視〈對方〉的；看來狡猾的。～**·ly***adv.* ～**·ness***n.*

***e·ve** [iv; iːv] 《even² 之略》 —*n.* **1** [E～]**節日的前夕[前日]**：⇨ Christmas Eve, New Year's Eve. **2** Ⓒ[常 **the** ～]〔重大事件〕即將發生之前，前夕〔*of*〕：*on the* ～ *of* victory 在勝利的前夕。**3** Ⓤ《古・詩》傍晚，黃昏(evening)。

Eve [iv; iːv] *n.* 《聖經》夏娃《亞當(Adam)之妻；上帝用亞當的一根肋骨所造的第一個女人；cf. Eden【說明】》：a daughter of ～ ⇨ daughter 3 a.

> 【說明】根據聖經記載神在伊甸(Eden)園想賜給亞當(Adam)一個佳侶，於是先使亞當酣睡後取他的一根肋骨，用它創造了女人即夏娃(Eve)，成爲人類第一個女性。Eve 經不起蛇(serpent)的誘惑而吃了「禁果」，由於這個罪而使得她要嚐到生產的痛苦。Eve的名字表示「一切生物之母」的意思(聖經舊約「創世記」3:20)，但根據另外的說法似乎曾經是「蛇」的意思；⇨ Adam, Eden【說明】

Eve·lyn [ˋivlɪn; ˈiːvlin] *n.* 伊芙琳《女子名》。

‡e·ven¹ [ˋivən; ˈiːvn] *adv.* (無比較級、最高級) **1** [常置於所修飾的字或片語前面] **a** [强調事實、極端的事例等]**甚至**，連，即使《★【用法】也修飾名詞、代名詞；用以强調所修飾的字[片語]》：*E*～ now it's not too late. 即使現在也不算遲/He disputes ～ the facts. 他甚至連事實都要爭辯[懷疑]/*E*～ a child [he] can answer it. 連小孩[他]也會回答/I had never ～ heard of it. 這事，我連聽都沒聽說過/*E*～ the cleverest man makes errors. 即使最聰明的人也會犯錯。**b** (何止如此)甚至[眞的]：I am willing, ～ eager, to help. 我不只是樂意，甚至盼望能幫忙。
2 [强調比較級]**更加**，愈加：This book is ～ better than that. 這本書比那本(書)更好。

èven as ... 正當…時，恰如…：It happened ～ *as* I expected. 事情的發生恰如我所預料(的那樣)/*E*～ *as* I reached the doorway, a man came darting out of it. 正當我到達門口時，有個人從裏面衝出來。

èven if ... 即使…，縱使…：I won't mind ～ *if* she doesn't come. 縱使她不來，我也不介意/They couldn't, ～ *if* they would, get out of trouble by themselves. 即使他們想(擺脫)，也無法獨力擺脫困難。

èven nów (1) ⇨ 1 a. (2)《詩》正好現在。

èven só (1)即使如此：He has some faults；～ *so*, he is a good man. 他有些缺點；即使如此，他還是個蠻好的人。(2)《古》正是如此。

èven thén (1)甚至那時。(2)即使那樣；連…都：I could withdraw my savings, but ～ *then* we'd not have enough. 我可以提出我的存款，但即使那樣，我們還是不夠。

èven though... ＝EVEN¹ if.

—*adj.* (～**·er**；～**·est**) **1a** 〈表面〉**平的**，**平坦的**(⇨ level【同義字】)：an ～ surface 平滑的表面/She has ～ teeth. 她的牙齒很整齊。**b** 〈線等〉無凹凸的，無斷裂的，平滑的：an ～ coastline 平直[不曲折]的海岸線。
2 [不用在名詞前]〔十介十(代)名〕〔與…〕**同高度的**，**平齊的**〔*with*〕：The plane flew ～ ***with*** the tree tops. 那飛機飛得和樹梢一樣高。
3 a 〈動作〉有規律的，同樣的，整齊劃一的：an ～ tempo 不變[均勻]的速度[節拍]。**b** 〈顏色〉均勻的，一樣的：an ～ color 均勻的顏色。**c** 〈心情、性情等〉穩定的，平靜的。**d** 單調[平凡]的。
4 a 〈數量、得分等〉**同樣的**，**相同的**：an ～ score 同分/～ shares 相等的幾份/of ～ date 〈書面〉同一日期的。**b** 均衡的，對等的，不相上下的：an ～ bargain(任何一方都得到相等利益的)公平交易/～ money 對等的賭金/on ～ ground 在對等的立場上/⇨ BREAK even /This will make(us) all ～. 這樣(我們)大家互不相欠了[扯平了]/We are ～ now. (報復過後)我們現在扯平了/give a person an ～ chance 給某人一個公平的機會/It is an ～ chance[《英口語》～ chances] that he will succeed. 他有一半的成功機會。**c** 〈仲裁等〉公平的(fair)：an ～ decision 公平的決定。
5 (無比較級、最高級) **a 偶數的**(↔ odd)；恰好的，正好的：an ～ number 偶數/an ～ page 偶數頁。**b** 〈數目、金額等〉無尾數的，整數的：an ～ hundred 一百整。

gèt éven with ... (1)對〈人〉施以報復：I'll *get* ～ *with* you. 我要向你報復。(2)《美》不虧欠〈別人〉。

—*v.t.* 〔十受(十副)〕**1** 使…平坦，把…弄平〈*out, off*〉：～ (***out***) irregularities 把(表面的)凹凸弄平。
2 使…平等[相等]，平衡〈*up, out*〉：～ (***up***) accounts 平衡[結清]帳目/ That will ～ things ***up***. 那會使事情得以擺平。
—*v.i.* 〔動(十副)〕**1** 變平(等)〈*out, off*〉.
2 變成不相上下，平均〈*up, out*〉：Things will ～ ***out*** in the end. 事情終究不會變得太壞。

éven úp on [**with**] ...《美口語》報答，回報〈他人(的仁慈、善意)〉：I'll ～ *up with* you later. 以後我會報答你。

～**·ness** *n.*

e·ven² [ˋivən; ˈiːvn] *n.* Ⓤ《古・詩》傍晚，黃昏(evening).

even·fall [ˋivənˏfɔl; ˈiːvnfɔːl] *n.* Ⓤ《詩》薄暮，黃昏。

éven-hánded *adj.* 公平的，光明正大的。

‡eve·ning [ˋivnɪŋ; ˈiːvniŋ] *n.* **1a** ⓊⒸ**傍晚**，黃昏，夜晚《★從日落到就寢前的時間；cf. night 1 a》：*E*～ came [fell]. 傍晚了/It was a cool ～. 那是個涼爽的夜晚/The next [following] ～ was warm. 第二天晚上很暖和/*in* the ～ 在晚上[黃昏]/early [late] *in* the ～ 薄暮時[夜深時]《★【比較】這種說法較 in the early [late] ～ 常用》/at ten o'clock *in* the ～ 在晚上十點鐘/*on* Sunday ～ 在星期日晚上《★【用法】附有星期則無冠詞》/*on* the ～ of the 15th of April [April 15] 在四月十五日晚上《★【用法】指特定日期時，介系詞用 on》/The wind will die *by* ～. 風在傍晚前會停息。**b** [當副詞用]在晚上，在傍晚(⇨ evenings)：Will you come this [tomorrow] ～？你今晚[明晚]會來嗎？

2 Ⓒ[常與修飾語連用](…之)夜；晚會：a musical [bridge] ～ 音樂[橋牌]晚會。

3 [the ～]晚年，末路，衰退期[*of*]：*the* (sad) ～ *of* life (悲哀的)晚年/*in the* ～ *of* life 在晚年/*the* ～ *of* one's glory 昌盛的末期。

évening àfter évening 每晚，夜夜。

gòod évening ⇨ good evening.

of an évening 常在傍晚(cf. of A 6 a).

towàrd(s) évening 薄暮時，近黃昏時：*Toward(s)* ～ the wind usually shifts. 近黃昏時，風向常會改變。

—*adj.* [用在名詞前]傍晚(舉行)的，晚上的；傍晚用的：an ～ bell 晚鐘/an ～ glow 晚霞/an ～ party 晚會。

évening clàss *n.* Ⓒ夜校上課；夜校班。

évening clòthes *n. pl.* ＝evening dress.

évening drèss *n.* **1** Ⓒ晚禮服《裙長及地的婦女晚宴服》。**2** Ⓤ (男子或婦女用)晚宴禮服。

évening edìtion *n.* ＝ evening paper.

évening gòwn *n.* ＝ evening dress 1.

évening pàper *n.* Ⓒ晚報《★在英美日報和晚報通常由不同的報社發行》。

Évening Práyer *n.* [有時 e～ p～]＝evensong 1.

évening prímrose *n.* Ⓒ《植物》待宵草，月見草。

eve·nings [ˈivnɪŋz; ˈiːvniŋz] *adv.* 《美口語》(常)在晚上，每晚：She works ～. 她常在晚上工作。

évening schòol *n.* Ⓤ[指設施時爲Ⓒ]夜校：attend [go to] ～ 上夜校。

évening stár *n.* [the ～]黃昏星，晚星《日落後見於西方的行星；常指金星(Venus)；cf. morning star》.

evening dress 1

évening stùdent *n.* Ⓒ夜校學生。

é·ven·ly *adv.* **1** 平坦地：spread the cement ～ 把水泥敷平。**2** 平等地；公平地。

e·ven·ness [ˈivənnɪs; ˈiːvnnis] *n.* Ⓤ平坦；平等；平均；公平；(心情的)平靜。

e·vens [ˈivəns; ˈiːvns] *n. pl.* [當單數用]《英口語》對等的賭資；對半的成功機會。

éven·sòng *n.* [常E～]**1** Ⓤ《英國國教》晚禱。**2**《天主教》＝vesper 2 a.

‡**event** [ɪˈvɛnt; iˈvent] **«源自拉丁文「出現(於外)」之義» —*n.* 1a** Ⓒ(重要的)事情，事件；例行的大事(⇨ incident【同義字】)：chief ～*s* of the year 那年的大事；一年中的例行活動/in the natural course of ～*s* 按照自然的趨勢/Coming ～*s* cast their shadows before.《諺》事之將來，先投其影《即將發生之事先有預兆》；山雨欲來風滿樓。**b** [**(quite) an** ～]《口語》大事，意外的[高興的]事：His visit was *quite an* ～. 他的來訪確實是件大事。**c** Ⓒ《文語》(事情的)結果，結局。**2** Ⓒ《運動》項目；(節目中的)一項：an athletic ～ 比賽項目/the main ～ 主要的競賽[比賽]。

at áll evènts 總之，無論如何：At all ～*s*(,) we should listen to his opinion. 無論如何，我們該聽他的意見。

in ány evènt 無論如何，不管怎樣《★用法 用於有關未來的事》。

in éither evènt 無論這樣或那樣，反正。

in thát evènt 如果那種情況發生，如果那樣。

in the evént 結果，終於。

in the evént of ... 萬一…的時候，如果…：*in the* ～ *of* his not com*ing* 如果他不來《★ 比較 一般用 *if* he does [should] not come 等》。

in the evént (that) ...《美》萬一，如果…：*in the* ～ he does not come 萬一他不來《★比較 一般用 if ...》.

éven-témpered *adj.* 心平氣和的，鎮定的。

e·vent·ful [ɪˈvɛntfəl; iˈventful] *adj.* **1** 多事的，多變故的：an ～ day [year, life] 多事的一天[一年，一生]。**2**〈事情等〉重大的。

～·ly [-fəlɪ; -fuli] *adv.* **～·ness** *n.*

éven·tide *n.* Ⓤ《詩》黃昏，日暮：at ～ 在黃昏。

e·vent·less [ɪˈvɛntlɪs; iˈventlis] *adj.* 平靜無事的。

e·ven·tu·al [ɪˈvɛntʃuəl; iˈventʃuəl] **«event 的形容詞» —*adj.*** [用在名詞前]結果所引起的；最後的，結局的。

e·ven·tu·al·i·ty [ɪˌvɛntʃuˈælətɪ; iˌventʃuˈæləti] **«eventual 的名詞» —*n.*** Ⓒ可能發生的(不好的)事件，可能出現的情況：in such an ～ 萬一那樣時/provide for every ～ 爲一切可能發生的情況作準備，以備萬一。

e·ven·tu·al·ly [ɪˈvɛntʃuəlɪ; iˈventʃuəli] *adv.* (無比較級、最高級)結果，最後；終於。

e·ven·tu·ate [ɪˈvɛntʃuˌet; iˈventʃueit] *v.i.* 《文語》〔十介十(代)名〕**1** 變成〔…的〕結果，〔以…〕收場，終歸〔…〕〔*in*〕：The program ～*d* ***in*** failure. 那個計畫終歸失敗。

2〔由…〕發生，產生〔*from*〕：Unexpected results ～*d **from*** this decision. 這項決定產生了意想不到的結果。

‡**ev·er** [ˈɛvɚ; ˈevə] *adv.* (無比較級、最高級) **1a** [用於疑問句]曾經，從來：Have you ～ seen a tiger? 你見過老虎嗎？《★這句的回答是 Yes, I have (once). 或 No, I have not. 或 No, I never have.》/Did you ～ see him while you were in Paris? 你在巴黎時曾見過他嗎？/How can I ～ thank you (enough)? 我眞不知道該如何感謝你？**b** [用於以 no, nobody 等否定字開始的否定句](不)曾…；決(不…)《★用法 以 not ever 表示 never 的意思》：*Nobody* ～ comes to this part of the country. 沒有人曾經來過該國這個地區/*No* Chinese tourist has ～ come to this town. 沒有任何中國觀光客來過這個鎮上。**c** [用於條件句]曾經：If you (should) ～ come this way, be sure to call on us. 如果你打這兒來，一定要來看看我們/If I ～ catch him! 要是我逮到他(我絕不饒他)！/He is [was] a great musician if ～ there was one. 假如曾經有過偉大的音樂家的話，那就是他《他才是眞正偉大的音樂家》。**d** [在比較級、最高級之後用以强調]以往，迄今：It is raining *harder* than ～. 雨越下越大了/He is the *greatest* poet that England ～ produced. 他是英國有史以來最偉大的詩人。

2 a [用於肯定句]經常，總是，始終《★用於下列例句中，除此之外屬古語；現在一般都用 always；不用於直述句的現在完成式》：He ～ repeated the same words. 他總是重複同樣的話/He is ～ quick to respond. 他的反應總是很快/⇨ EVER since/They lived happily ～ after(ward). 從此以後他們就過著幸福的日子《★表示圓滿結局的童話故事結尾語；⇨ ONCE upon a time》. **b** [構成複合字]經常，始終：*ever*-active 經常活動的/*ever*-present 始終存在的。

3 [用於表示强調] **a** [强調 as...as]儘可能…：*as* much [little] *as* ～ I can 儘可能多[少]/Be *as* quick *as* ～ you can! 儘可能的快，儘速。**b** [强調 so, such]非常地：～ *such* a nice man 非常好的人/⇨ EVER so (1). **c** [强調疑問句]究竟，到底《★用法 有時與疑問字連成一字》：*What* ～ is she doing? 她究竟在做什麼？/ *Who* ～ can it be? 究竟是誰呢？/ *Why* ～ did you not say so? 你究竟爲什麼不這樣說呢？/ *Which* ～ way did he go?《口語》他究竟往哪條路去的？**d** [以疑問句句型當感歎句用]《美口語》很，極，非常：Is this ～ beautiful! 多美呀！眞美！

Did you éver?《口語》這眞是怪事《★Did you ever see [hear] the like? 之略》。

éver and agáin＝《詩》**éver and anón** 常常，時常。

ever since(1)[⌐⌐⌐][當副詞用]其後[從那以後]一直：I met her in 1960 and I've loved her ～ *since.* 我在 1960 年遇見她，從那以後我一直愛著她。(2)[⌐⌐⌐][當連接詞用]…以後一直：I've loved Chaplin ～ *since* I first saw *Modern Times.* 自從第一次看了「摩登時代」以後，我就一直喜歡卓別林。

éver so(1)非常地(cf. 3b)：I like it ～ *so* much. 我非常喜歡它/Thank you ～ *so* much. 非常謝謝你/That is ～ *so* much better. 那樣好得多了。(2)[用於表示讓步的子句]《文語》不論，不管：if I were [were I] ～ *so* rich 不論我怎樣有錢/Home is home, be it ～ *so* humble. 不論家多麼簡陋，家終歸是家。

Éver yóurs＝Yours EVER.

for éver(1)永遠：I am *for* ～ indebted to you. 我永不忘您的恩惠/I wish I could live here *for* ～. 但願我能永遠住在這裏。(2)老是，不斷地《★拼法《美》連寫成 forever》：He is *for* ～ losing his umbrella. 他老是丟傘。

for éver and éver＝**for éver and a dáy** 永遠，永久。

hárdly [scárcely] éver 很少，幾乎不，難得：He *hardly* ～ smiles. 他難得笑。

néver éver《口語》絕不：I'll *never* ～ date that boy again. 我絕不再和那男孩約會。

rárely [séldom] if éver (即使有也)極少：My father *rarely if* ～ smokes. 我父親即使有也極少抽煙[幾乎從不抽煙]。

Yóurs éver 你永久的親友某某《親友間所用的書信結尾語；cf. yours 3》.

ev·er-chang·ing [ˈɛvɚˈtʃendʒɪŋ; ˈevəˈtʃeindʒiŋ] *adj.* 不斷改變的，一直在變的。

Ev·er·est [ˈɛvrɪst, ˈɛvərɪst; ˈevərist], **Mount «源自英國籍的印度測量局局長 Sir George Everest (1790–1866) 的名字» —*n.*** 埃弗勒斯峯《即聖母峯；喜馬拉雅山脈(Himalayas)的主峯之一，爲

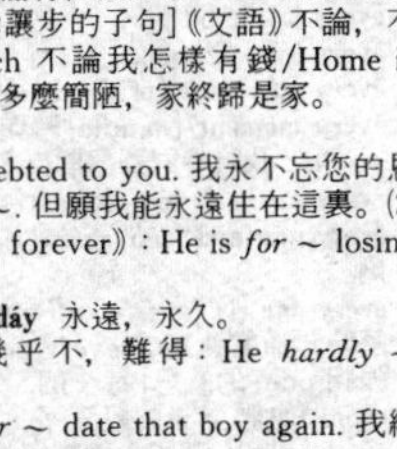

Mount Everest

世界最高峯；高 8848 公尺》。

ev·er·glade [ˋɛvɚ͵gled; ˈevəgleid] *n.* **1** Ⓒ《美》濕地，沼澤地。**2** [the Everglades] 大沼澤《美國佛羅里達(Florida)州南部的大沼澤地；國立公園》。

ev·er·green [ˋɛvɚ͵grin; ˈevəgri:n] *adj.* 常綠的。**—n. 1** Ⓒ常綠樹。**2** [~s] 常綠樹的樹枝《裝飾用》。

Èvergreen Státe *n.* 美國華盛頓(Washington)州的別稱。

èver·lásting *adj.* **1** 永久持續的，不朽的，永遠的：~ fame 不朽的名聲。**2** 有耐久性的，持久的。**3** 無盡的，冗長的：~ grumbles 不停的發牢騷。

—n. 1 Ⓤ永久，永遠：from ~ to ~ 無窮盡地，永遠地。**2** [the E~] 永恆者《神》。**~·ly** *adv.*

èver·móre *adv.* 經常，總是，永遠地。

for evermóre (1) [與進行式連用；通常爲不好的意思] 總是，經常：He is *for* ~ criticizing my work. 他經常批評我的工作。(2)永久地，永遠地。

e·vert [ɪˋvɝt; iˈvə:t, i:-] *v.t.* 翻轉；外翻：*~ed* lips (黑人之)外翻唇/to ~ a sack 把口袋外翻《把內面翻到外面》。

‡ev·er·y [ˋɛvrɪ, ˋɛvərɪ; ˈevri] *adj.* [用在名詞前] (無比較級、最高級) **1** [與可數名詞的單數連用而無冠詞] **a 每一**，所有的，一切的《★ 用法 總括從個別所見的全體事物，其意義較 all 或表示個別的 each 强》：*E~* boy likes it. 每一個男孩都喜歡它《★ 用法 every ... 採用單數的句子結構，但 all ... 則採用複數的句子結構。與 All boys like it. 作一比較》/*E~* word of it is false. 它的每一個字都是假的/I enjoyed ~ minute of the concert. 我享受音樂會的每一分鐘《我從頭到尾欣賞了那一次的音樂會》/*E~* boy and girl likes ice cream. 每一個男孩與女孩都喜歡冰淇淋《★兩個名詞並列但用單數的句子結構》/*E~* boy loves their school. 每一個男孩都愛自己的學校《★ 用法《口語》有時用複數的代名詞所有格》/They listened to his ~ word. 他們傾聽他的每一句話《★ 用法 every 前面不用冠詞，但可以用所有格代名詞》。**b** [與 not 連用表示部分否定] 並非每一…都：*Not* ~ man can be an artist. = *E~* man can*not* be an artist. 並非每一個人都可成爲藝術家《★前一種句型較受歡迎；cf. everybody 2》。

2 [與抽象名詞連用] **所有可能的，一切的**，充分的：He showed me ~ kindness. 他對我很親切/I have ~ confidence in him. 我完全信任他/I have ~ reason to believe that he is innocent. 我有充分的理由相信他是無辜的。

3 a [與可數名詞的單數連用，無冠詞] **每**《★ 用法 常當副詞片語用》：~ day [week, year] 每日[週，年]/~ day [week, year] or two 每一兩天[週，年]/~ morning [afternoon, night] 每天早晨[下午，晚上]/at ~ step 每一步。**b** [後接「序數＋單數名詞」或「基數(或 few 等)＋複數名詞」] 每隔，每逢，每…之中《★ 用法 常當副詞片語用》：~ *second* week 每隔一週/~ *fifth* day = ~ *five* days 每五天，每逢第五日，每隔四日/~ *few* days [years] 每隔數日[數年]/⇨ EVERY other (2)/*E~ third* person has a car. 每三個人中有一個人擁有一輛汽車/In the United States there is a census ~ *ten* years. 在美國每十年做一次戶口調查。

évery bít ⇨ bit[1].

èvery ínch ⇨ inch.

évery màn Jáck (of them [us]) (他們[我們])每一個人，人人。

èvery móment [mínute] 時時刻刻，每一刻：I expect him ~ *minute.* 我時時刻刻都期待着他。

évery móther's són of them 《謔》人人，無例外地，所有的人。

èvery nów and thén [agáin] = **èvery ónce in a while [wáy]** 有時，偶爾。

every one (1) [ˋɛvrɪ͵wʌn; ˈevriwʌn] 人人，每個人《★ 用法 作此義解時，通常連寫成 everyone》。(2) [͵ɛvrɪˋwʌn; ͵evriˈwʌn] [尤其强調 one 的意思] 每一個，通通：They were killed, ~ *one of* them. 他們全部被殺死了，一個也不存/You may take ~ *one* on the shelf. 架子上的東西你都可以拿。

èvery óther (1)所有其他[別]的：He was absent; ~ *other* boy was present. 他缺席，所有別的孩子都出席了。(2)每隔一…(cf. 3 b)：on ~ *other* line 每隔一行/~ *other* day 每隔一天。

évery sò óften = EVERY now and then.

èvery tíme (1) [當連接詞用] 每次，每當…的時候：*E~ time* I looked at him, he was yawning. 每當我看他時，他都在打呵欠。(2)《口語》總是，無例外地。

évery which wày 《美口語》(1)四面八方地：The boys ran off ~ *which way.* 男孩們向四面八方逃走。(2)零亂地，散亂地：The cards were scattered ~ *which way.* 那些卡片[撲克牌]雜亂地散落着。

(in) évery wáy 從各方面看，不論怎麼看。

‡ev·er·y·bod·y [ˋɛvrɪ͵bɑdɪ, -͵bʌdɪ, -bədɪ; ˈevri͵bɔdi, -bədi] *pron.* [當單數用] **1 每個人，人人**：~ else 別的每一個人/You can't please ~. 你不可能使每個人都滿意/*E~* has his duty. 每個人都有自己的責任《★ 用法 原則上用單數的代名詞，但在口語中也有用 their duty 的情形》/*E~* is coming, aren't they? 每一個人都要來吧？《★ 用法《口語》有時也用 they》/*Everybody's* business is nobody's business. ⇨ business 7 a. **2** [與 not 連用表示部分否定] 並非每一個人都：*Not* ~ can be a hero. = *E~* can*not* be a hero. 並非每一個人都能當英雄《有的人能，有的人不能；★ 比較 前者句型較常用；cf. every 1 b》。

***ev·ery·day** [ˋɛvrɪˋde; ˈevridei] *adj.* [用在名詞前] (無比較級、最高級) **1 每日的**，每天的。**2 日常的**，平常的；常有的，平凡的：~ affairs 日常的瑣事/~ clothes [wear] 平常穿的衣服，便服/~ English 日常英語/~ life 日常生活/an ~ occurrence 平常事，常見的事/an ~ word 常用語/the ~ world 日常的世界，人世間。

‡ev·ery·one [ˋɛvrɪ͵wʌn; ˈevriwʌn] *pron.* = everybody (cf. EVERY one).

évery·plàce *adv.* 《美》= everywhere.

‡ev·ery·thing [ˋɛvrɪ͵θɪŋ; ˈevriθiŋ] *pron.* **1** [當單數用] **一切事物**，每樣事物，萬事：*E~* has its beginning. 凡事都有個開始/I will do ~ in my power to assist you. 我會盡全力協助你/How is ~? 一切都好嗎？/We had ~ necessary. 我們擁有所需要的一切《★ 用法 修飾此字的形容詞要置於其後》。

2 [與 not 連用，表示部分否定] 並非每一樣都：You can*not* have ~. 你不可能擁有一切東西。

3 [當 be 的補語或 mean 的受詞用] 最重要的東西[事情] (cf. nothing 2)：My wife is [means] ~ to me. 我的妻子對我來說比什麼都重要《妻子是我的一切》/Money is ~. 錢是最重要的東西《錢就是一切》。

and éverything 《口語》以及其他的一切[種種]：His constant absences *and* ~ led to his dismissal. 他經常曠職以及其他種種(原因)導致他被解雇。

befòre éverything 比什麼都重要，在一切之上：His work comes *before* ~. 他的工作比什麼都重要。

like éverything (1)與(其他)一切事一樣，像任何事一樣：Scholarship, like ~ (else), requires hard work. 學問就像其他的事一樣，需要勤奮。(2)《美口語》全力地，拼命地；非常：You've got to work *like* ~ in order to please him. 你必須盡力工作以博得他的歡心。

‡ev·ery·where [ˋɛvrɪ͵hwɛr; ˈevriwɛə, -ihw-] *adv.* (無比較級、最高級) **1 到處**，各處，處處：I saw it ~. 我到處都看到它。**2** [當連接詞用] 無論(在)何處：*E~* we go, people are much the same. 無論我們到何處，我們發現人幾乎都一樣。

—n. Ⓤ《口語》所有的地方，到處：*E~* was silent. 到處一片寂靜。

evg. 《略》evening.

e·vict [ɪˋvɪkt; iˈvikt] *v.t.* 〔十受(十介十(代)名)〕(藉法律之力)將〈租戶等〉〔由…〕逐出，驅逐〔*from*〕：~ a person ***from*** his home 把某人從他的家中逐出。

e·vic·tion [ɪˋvɪkʃən; iˈvikʃn] 《evict 的名詞》**—n.** ⓊⒸ驅逐：a notice of ~ 遷出通知。

evíction òrder *n.* Ⓒ遷出令。

***ev·i·dence** [ˋɛvədəns; ˈevidəns] 《源自拉丁文「明顯的事物」之義》**—n. 1** Ⓤ **a** (作證用的)**證據**(物件)，物證；證言〔*of, for*〕(⇨ proof【同義字】)：circumstantial ~ 情況[間接]證據/verbal ~ 口頭證據，證詞/a piece of ~ 一項證據/give [offer] ~ 陳述證據的事實，作證/take ~ 審問證人/They had sufficient scientific ~ *for* evolution. 他們具有充分的科學證據來證實進化論/There was ~ *of* someone hav*ing* entered the house. 證據顯示有人進入屋內。**b** [十*that*__] 〈…的〉證據：There is no ~ *that* he is guilty. 沒有證據證明他有罪。**c** [十*to* do] 〈做…的〉證據：There was ~ *to* show the cause of his death. 有證據顯示他的死因。

2 Ⓤ [有時 ~s] **a** 〔…的〕**形跡**，跡象〔*of*〕：The land showed ~ *of* cultivation. 這塊地有耕作過的跡象/There were ~*s of* foul play. 有(比賽)犯規的跡象。**b** 〔十*that*__〕〈…的〉形跡，跡象：There are ~*s that* somebody has dug up the ground. 跡象顯示有人挖過地面。

in évidence (1)顯然可見的，顯著的：A few Americans were *in* ~ at the hotel. 在這家旅館顯然可見到少數美國人。(2)當作證據的：call a person *in* ~ 傳喚某人當證人/The suspected murder weapon was introduced [received] *in* ~. 涉嫌的凶器被提出[受理]作爲證據。

on évidence 有證據的：The prisoner was convicted *on* sufficient ~ [released *on* insufficient ~]. 嫌犯因罪證充分而被判有罪[因證據不足而被釋放]。

tùrn King's [Quéen's, 《美》Státe's] évidence 作不利於共犯的證詞。

—v.t. 〔十受〕《罕》**1** (以證據)證明…。**2** 成爲…的證據；顯示…跡象。

***ev·i·dent** [ˋɛvədənt; ˈevidənt] «源自拉丁文「顯見」之義» —*adj.* (**more** ～; **most** ～) **1** (證據)**顯而易見的**，明顯的，顯然的：an ～ mistake 明顯的錯誤/with ～ satisfaction 顯然滿意地/It was ～ (*to* everybody) that he liked her. (任何人都看得出)他顯然喜歡她。

【同義字】obvious 指毫無疑問的，顯然的；apparent 指一看即知的，明顯的；clear 是清清楚楚不會弄錯的；plain 是單純簡明而易懂的。

2 [不用在名詞前] 顯示的：His age was ～ in his wrinkled hands. 他的年紀顯示於佈滿皺紋的手。

ev·i·den·tial [ˌɛvəˋdɛnʃəl; ˌeviˈdenʃl] «evidence 的形容詞» —*adj.* 證據的；成爲證據的。

ev·i·dent·ly [ˋɛvədəntlɪ; ˈevidəntli] *adv.* (無比較級、最高級) [修飾整句] **1 顯然地**：He had ～ returned to the spot of the crime. ＝*E*～ he had returned to the spot of the crime. 他顯然曾回到過犯罪現場。**2** 看來，好像：He has ～ mistaken me. 他好像誤會我了。

‡e·vil [ˋivl; ˈiːvl] *adj.* (**more** ～, **most** ～；有時 ～(l)er, ～(l)est) **1** (道德上)**壞的**，不正的，邪惡的(⇨ bad【同義字】)：～ devices 奸計/an ～ tongue 讒言；中傷者/an ～ spirit 惡鬼，惡魔/～ ways 惡行/of ～ repute 惡名昭彰的/be in an ～ mood 心情不好。**2 不祥的**，不吉的，凶的：～ news 噩耗/fall on ～ days 遭逢厄運/⇨ in an evil HOUR.
—*n.* **1** Ⓤ**惡事**，邪惡；罪惡：good and ～ 善惡/do ～ 做壞事/return good for ～ 以德報怨。**2** Ⓒ**弊害**，**弊病**：a necessary ～ 不得已的[無可避免的]弊害，必要的惡事。
—*adv.* 邪惡地(ill)：speak ～ of 說…的壞話。

évil·dóer *n.* Ⓒ作惡的人，壞人。

évil·dóing *n.* Ⓤ惡事，惡行(↔ well-doing).

évil éye *n.* Ⓒ[常 **the** ～]凶眼，邪眼《★據說有些人具有目視他人而使其遭殃的能力》。

évil-éyed *adj.* 有凶眼的；目光凶惡的。

évil-lóoking *adj.* 長相凶惡的。

evil·ly [ˋivlɪ; ˈiːvəli] *adv.* 邪惡地，不正地；居心不良地：be ～ disposed 懷有惡意的。

évil-mínded *adj.* **1** 黑心的，惡毒的。**2** (把字詞等)作猥褻解釋的。～**·ly** *adv.* ～**·ness** *n.*

Évil Òne *n.* [**the** ～]惡魔。

évil-témpered *adj.* 脾氣很壞的。

e·vince [ɪˋvɪns; iˈvins] *v.t.* 《文語》〈人、態度等〉表現，表示〈感情等〉：He ～*d* his displeasure *by* scowl*ing*. 他皺眉表示不悅。

e·vis·cer·ate [ɪˋvɪsəˌret; iˈvisəreit] *v.t.* **1** 剜除〈動物〉的腸[內臟]。**2** 刪除〈議論等〉的重要部份。

e·vo·ca·tion [ˌɛvoˋkeʃən; ˌevouˈkeiʃn] «evoke 的名詞» —*n.* ⓊⒸ **1** (女巫、招魂者的)召喚。**2** (感情、記憶等的)喚起，召喚[*of*]。

e·voc·a·tive [ɪˋvɑkətɪv, ɪˋvok-; iˈvɔkətiv] «evoke 的形容詞»—*adj.* **1** 喚起的；召喚的。**2** [不用在名詞前] [十介十(代)名]喚起[…]的[*of*]：a scene ～ *of* the good old days 一個令人想起以往美好日子的情景。

ev·o·ca·tor [ˋɛvəˌketɚ; ˈevəkeitə] *n.* Ⓒ召喚者；招鬼魂的人。

e·voke [ɪˋvok; iˈvouk] «源自拉丁文「呼喚」之義» —*v.t.* [十受(十介十(代)名)] **1** [從冥界]召喚〈死者的靈魂等〉[*from*]：～ spirits *from* the other world 從冥界召喚鬼魂。**2** 喚起〈感情、記憶等〉；[從…]引起〈笑聲、喝采〉[*from*].

ev·o·lu·tion [ˌɛvəˋluʃən; ˌiːvəˈluːʃn, ˌevə-] «evolve 的名詞» —*n.* **1 a** Ⓤ**展開**，發展，進展；演變，演化：the ～ of an argument 議論的展開。**b** Ⓒ展開的東西。**2**《生物》**a** Ⓤ**進化**；進化論：the theory [doctrine] of ～ 進化論。**b** Ⓒ進化的事物。**3** Ⓒ[常 ～s] (舞蹈等的)展開動作，旋轉。

ev·o·lu·tion·al [ˌɛvəˋluʃənl; ˌiːvəˈluːʃənl, ˌevə-] *adj.* ＝evolutionary. ～**·ly** *adv.*

ev·o·lu·tion·ar·y [ˌɛvəˋluʃənˌɛrɪ; ˌiːvəˈluːʃnəri, ˌevə-] *adj.* **1** 進化論的。**2** 展開[進展]的；演變[演化]的。

èv·o·lú·tion·ism [-ʃəˌnɪzəm; -ʃənizəm] *n.* Ⓤ《生物》進化論。

èv·o·lú·tion·ist [-ʃənɪst; -ʃənist] *n.* Ⓒ進化論者。
—*adj.* 進化論(者)的。

e·volve [ɪˋvɑlv; iˈvɔlv] «源自拉丁文「旋轉出去[打開]」之義» —*v.t.* [十受] **1 a 使…進化**，**發展**…：～ a new theory 發展新學說。**b** 使〈理論等〉逐漸發展，展開。**2** 發[放]出〈熱、光、氣體等〉。—*v.i.* **1** 逐漸發展，展開；演變；〈故事等的情節〉進展。**2** 〈生物〉進化：～ *from* a lower form [*into* a higher form] of animal life 由低等動物進化到高等動物。

e·volve·ment [-mənt; -mənt] *n.* Ⓤ展開；進展；進化；發生。

ewe [ju; juː] *n.* Ⓒ雌羊(⇨ sheep【相關用語】)。

éwe làmb *n.* Ⓒ **1** 幼母羊。**2** 獨生子(女)。

ew·er [ˋjuɚ; ˈjuːə] *n.* Ⓒ (在寢室洗臉用的大口)水罐：a ～ and basin (寢室用的)水罐和臉盆。

ewer

ex [ɛks; eks] «源自拉丁文 'from, out of' 之義» —*prep.* **1** 從…(from). **2 a**《商》從…交貨：～ bond 保稅倉庫交貨/～ pier 碼頭交貨/～ rail 鐵路旁交貨/～ ship 船上[船邊]交貨/～ store 倉庫交貨。**b**《股票》不包括，無：～ coupon 不帶票息的/⇨ exdividend. **3**《美大學》(…年度)肄業的(但未畢業的)：～ 1984 1984 年肄業。
— *n.* Ⓒ (*pl.* ～**·es**, ～**s**) [常 **one's** ～]《口語》前夫[妻(等)]。

ex. 《略》examined; example; exception; exchange; executive; exit; export.

Ex. 《略》《聖經》Exodus.

ex-[1] [ɛks; eks-] 字首「從前的，前…」之意：*ex*-husband 前夫/*ex*-wife 前妻/*ex*-premier 前首相/*ex*-cónvict 前科者。

ex-[2] [ɪks-, ɛks-, əks-; iks-, eks-] 字首 表示「從…」「向外」「完全」之意：*ex*it；*ex*odus.

ex·ac·er·bate [ɪgˋzæsɚˌbet, ɪkˋsæs-; ekˈsæsəbeit, igˈzæs-] *v.t.* **1** 使〈痛苦、疾病、仇恨等〉惡化，加劇。**2** 激怒〈人〉。

ex·ac·er·ba·tion [ɪgˌzæsɚˋbeʃən, ɪkˌsæs-; ekˌsæsəˈbeiʃn, igˌzæs-] «exacerbate 的名詞» —*n.* ⓊⒸ **1** (惡感等的)加深；(病情等的)惡化。**2** 激怒。

‡ex·act [ɪgˋzækt; igˈzækt] *adj.* (**more** ～, **most** ～；～**·er**, ～**·est**) **1** (無比較級、最高級)〈時間、數量等〉(計算)**正確的**，**準確的**，恰好的：the ～ time 正確的時間/I gave the shopkeeper the ～ change. 我給店主如數的零錢/"It's 3:10."－"Is that ～?"「現在是三點十分。」「正好(三點十分)嗎？」
2 〈行爲、描寫、知識等〉(無誤而)**精確的**，正確的；精密的(⇨ correct【同義字】)：an ～ memory 正確的記憶力/an ～ instrument 精密儀器/the ～ meaning of a word 一個詞的確切意義/the ～ sciences 精密科學《數學、物理學等》。
3 〈法律、命令等〉嚴厲的，嚴格的：～ discipline 嚴格的紀律。
4 a 〈人〉嚴正的，一絲不苟的：an ～ scholar 一絲不苟的學者。**b** [不用在名詞前] [十介十(代)名] 〈人〉[對…]嚴正的，一絲不苟的[*in*]：He is ～ *in* his work [*in* keep*ing* appointments]. 他做事一絲不苟[嚴謹地遵守約定]。
to be exáct 嚴格地說，精確地說：It's a 4-cylinder engine, or *to be* ～, a 4-cylinder, internal-combustion engine. 那是四汽缸引擎，精確地說，是四汽缸內燃機。
—*v.t.* **1** [十受(十介十(代)名)]强迫〈服從等〉；[向…]强徵〈稅等〉[*from*]：～ taxes ***from*** people 向人民强行徵稅/～ obedience *from* the students 强迫學生服從。
2 [十受] 〈事情〉需要…：This work will ～ very careful attention. 這件工作需要極細心的處理。
～**·ness** *n.*

ex·áct·ing *adj.* **1** 〈人〉苛刻的，嚴厲的；His father is very ～. 他的父親非常嚴格。**2** 〈工作等〉辛苦的，吃力的。～**·ly** *adv.*

ex·ac·tion [ɪgˋzækʃən; igˈzækʃn] «exact *v.* 的名詞» —*n.* **1** Ⓤ强索，强徵；榨取[*of, from*]. **2** Ⓒ强索的錢[物]；重稅。

ex·ac·ti·tude [ɪgˋzæktəˌtud, -ˌtjud; igˈzæktitjuːd] «exact *adj.* 的名詞» —*n.* Ⓤ **1** 正確，精密度。**2** 嚴正；嚴格。

***ex·act·ly** [ɪgˋzæktlɪ, ɪgˋzæklɪ; igˈzæktli, igˈzækli] *adv.* (**more** ～；**most** ～) **1 正確地**，精確地：Repeat ～ what he said. 把他所說的話正確地重覆一遍。
2 (無比較級、最高級)**整**，正好，恰好，剛好：at ～ six (o'clock) 六點整/It was ～ three o'clock. 剛好三點/That was ～ what she intended. 那正是她的意圖《她正好有那個意思》。
3 [用於表示同意或贊成的回答] (無比較級、最高級)不錯，對的，正是。
nòt exáctly (1)不一定；未必：The two were *not* ～ friends. 他們兩人未必是朋友。(2)[用於回答]不完全正確，並非完全如此。

ex·ac·tor [ɪgˋzæktɚ; igˈzæktə] *n.* Ⓒ强索者；榨取者；强取者；收稅人；稅吏。

ex·ag·ger·ate [ɪgˋzædʒəˌret; igˈzædʒəreit] «源自拉丁文「堆積」之義» —*v.t.* [十受] **1 誇張**，**誇大**；過於强調…：～ one's trouble 誇張自己的煩惱/It is impossible to ～ the fact. 無論怎樣强調這事實，也不嫌過份《★變換 可換寫成 We *cannot* emphasize the fact *too* much》。**2** 過於重視〈重要性等〉：～ one's own importance 自大，自滿。—*v.i.* 誇張，誇大。

ex·ág·ger·àt·ed *adj.* 誇張的，誇大的。～**·ly** *adv.*

ex·ag·ger·a·tion [ɪgˌzædʒəˋreʃən; igˌzædʒəˈreiʃn] «exaggerate 的名詞» —*n.* **1** Ⓤ誇張；過於重視：without ～ 不誇張地(說)。**2** Ⓒ誇張的說法[表現，手法]：a story full of ～*s* 充滿誇張內容的故事/It is no ～ to say that .... 說…絕非誇張。

ex·ag·ger·a·tor [ɪg`zædʒə͵retɚ; ig'zædʒəreitə] *n.* Ⓒ誇張者；言過其實的人。

ex·alt [ɪg`zɔlt; ig'zɔ:lt] «源自拉丁文「舉起」之義» —*v.t.* **1** 〔+受〕稱讚，讚揚〈人等〉。
2 〔+受〕加强，提高〈想像力等〉。
3 〔+受(+介+(代)名)〕《文語》擢升，提高〈人的身分、地位等〉〔到…〕〔*to*〕：He was ~*ed* **to** the most eminent station. 他被提升到最顯赫的(社會)地位。
4〔+受〕《古》使〈人〉趾高氣昂，使〈人〉得意(cf. exalted 2)。

ex·al·ta·tion [͵ɛgzɔl`teʃən; ͵egzɔ:l'teiʃn] «exalt 的名詞» —*n.* Ⓤ **1** 擢升。**2** 讚揚，讚美。**3** 得意洋洋，意氣揚揚。

ex·ált·ed *adj.* **1** 地位[身分]高的，高貴的：a person of ~ rank 地位崇高的人，高貴的人。**2** 得意洋洋的，意氣揚揚的。
~**·ly** *adv.*

***ex·am** [ɪg`zæm; ig'zæm] «examination 的簡稱» —*n.* Ⓒ《口語》考試。

‡ex·am·i·na·tion [ɪg͵zæmə`neʃən; ig͵zæmi'neiʃn] «examine 的名詞» —*n.* **1** Ⓒ考試〔*in, on*〕《★ 相關用語 期中考試稱 midterm examination 或 midyears，期末考試稱 finals，約一週舉行一次的小考稱 quiz》：an ~ *in* English＝an English ~ 英文考試/pass [fail] an ~ 考試及格[不及格]/take [go in for, 《英》 sit for] an ~ 應試，接受[參加]考試。

【說明】在美國的大學通常有期中考試(midterm examination)和期末考試(final examination)，有時候也會有通常約二星期一次的臨時小考。此外一學期提出一份十五頁左右的論文(paper)或舉行有關指定的課外閱讀(reading assignment)的發表和討論的情形也不少；cf. entrance examination【說明】

2 ⓊⒸ **a** 調查，檢查，審查〔*of, into*〕：an ~ *into* the matter 事件的調查/on ~ 經調查[檢查]後，調查結果/under ~ (在)調查中的/make an ~ *of* ... 檢查…，審查…。**b** (學說、問題等的)考察，推敲；(醫師所做的)檢查，診察：a medical ~ 診察/a physical ~ 健康診斷[體格檢查]。
3 ⓊⒸ《法律》訊問(證人)；審理：a preliminary ~ 初審/the ~ of a witness 對證人的訊問。

examinátion pàper *n.* Ⓒ試卷，考卷。

Exàminátion Yuán *n.* [the ~] (中華民國的)考試院。

‡ex·am·ine [ɪg`zæmɪn; ig'zæmin] «源自拉丁文「測定(重量)」之義» —*v.t.* **1 a** 〔+受〕調查，檢查，審查；考察[仔細研究]…：~ old records 檢查舊紀錄。

【同義字】examine 指經過仔細觀察、試驗的調查或研究；research 是爲了發掘新事實、科學法則等而以高度知識作細密周詳的調查；investigate 是以組織性的調查發現事實。

b〔+*whether*__〕調查，檢查，審查〈是否…〉：She ~*d whether* the food was poisonous (or not) by tasting it. 她以口嚐檢查該食物是否有毒。
2 〔+受〕診察〈身體(某部位)〉：have one's eyes ~*d* 接受眼睛診察。
3 〔+受+介+(代)名〕〔就…〕考試[測驗]〈某人〉〔*in, on*〕《★ 用法 指學科時用 *in*》：~ pupils **in** history 考學生歷史(學科)/ ~ students **on** their knowledge of the law 考學生的法律知識。
4〔+受〕《法律》訊問[審問]〈證人〉；審理〈案件〉。

ex·am·i·nee [ɪg͵zæmə`ni; ig͵zæmi'ni:] *n.* Ⓒ **1** 應試者。**2** 受審者；受檢查[查詢]者。

ex·ám·in·er [ɪg`zæmɪnɚ; ig'zæminə] *n.* Ⓒ **1** 考試委員。**2** 審查人員，檢查官。**3**《法律》審問(證人)者。
sátisfy the exáminer(s)《英大學》(在大學考試中)考試成績剛剛好及格，獲得及格分數《並非優等(honours)而是及格(pass)》。

‡ex·am·ple [ɪg`zæmpl; ig'zɑ:mpl] «源自拉丁文「取出之物」之義» —*n.* Ⓒ **1** 例子，實例(⇨ instance【同義字】)：give an ~ 舉例/to give [《英》take] an ~ 舉一個例子/as an ~ ＝by way of ~ 作爲例子《★後者無冠詞》/This is a good [bad] ~ of his poetry. 這首是他詩作的一個好[壞]例子。
2 榜樣，模範：follow the ~ of a person＝follow a person's ~ 學習某人的榜樣，以某人爲榜樣/set [give] a good [bad] ~ to [for] a person＝set [give] a person a good [bad] ~ 給某人做好[壞]榜樣。
3 前例，先例：beyond [without] ~ 無前例的，空前的《★無冠詞》。
4 警告，訓戒，教訓：make an ~ of a person 懲一儆百。
for exámple [以字詞、句子示例]例如《略作 e.g.》：He visited several cities in Italy, *for* ~ Rome and Milan. 他訪問了幾個義大利的城市，例如羅馬、米蘭。
tàke exámple by ... 學習…的例子，以…爲榜樣，效法…。

ex·an·i·mate [ɪg`zænəmɪt, -͵met; ig'zænimit] *adj.* **1** 無生氣的；意氣消沉的。**2** 已死的，無生命的。

E

ex·as·per·ate [ɪg`zæspə͵ret; ig'zæspəreit] «源自拉丁文「使變粗」之義» —*v.t.* 使〈人〉惱怒，激怒〈某人〉《★常用被動語態，介系詞用 *at, by*》：He *was* ~*d* **at** [**by**] the negligence of the officials. 他對這些官員的疏忽感到惱怒。

ex·as·per·at·ing [ɪg`zæspə͵retɪŋ; ig'zæspəreitiŋ] *adj.* 使人惱怒的；激怒人的。

ex·as·per·a·tion [ɪg͵zæspə`reʃən; ig͵zæspə'reiʃn] «exasperate 的名詞» —*n.* Ⓤ惱怒，憤激，憤怒：in ~ 憤怒地/drive a person to ~ 使人憤激。

ex·as·per·a·tor [ɪg`zæspə͵retɚ; ig'zæspəreitə] *n.* Ⓒ激怒他人者；惹人生氣的人。

ex ca·the·dra [͵ɛkskə`θidrə; ͵ekskə'θi:drə] «源自拉丁文 'from the chair' 之義» —*adv.* 來自權威方面地，有權威地，根據[使用]職權地。—*adj.* 根據權威的，有權威的，根據[使用]職權的。

ex·ca·vate [`ɛkskə͵vet; 'ekskəveit] «源自拉丁文「挖掘洞穴」之義» —*v.t.* **1a** 挖掘〈洞穴、隧道等〉。**b** 掘開〈地面〉。**2** 發掘，挖出〈被埋的東西〉：~ a stone-age midden 挖出石器時代的貝塚。

ex·ca·va·tion [͵ɛkskə`veʃən; ͵ekskə'veiʃn] «excavate 的名詞» —*n.* **1 a** ⓊⒸ挖掘，開鑿；剜通。**b** Ⓒ洞穴，坑道。**2 a** ⓊⒸ發掘。**b** Ⓒ發掘物，遺跡。

éx·ca·và·tor [-tɚ; -tə] *n.* Ⓒ **1** 挖掘[開鑿]者。**2** 挖土機，電鏟；(牙科用)鑽孔器。

ex·ceed [ɪk`sid; ik'si:d] «源自拉丁文「越過」之義» —*v.t.* **1** 〔+受〕超越〈限度、權限、預想〉：~ the speed limit 超過限制的速度[超速]/The demand [Demand] now ~*s* (the) supply. 需求(量)現已超過供應(量)/You have ~*ed* your authority. 你已經越權了。**2** 〔+受+介+(代)名〕**a** 超過…〔…〕〔*by*〕：U.S. exports ~*ed* imports **by** $2 billion in October. 十月間美國出口金額超過進口金額二十億美元。**b** 〔在…方面〕勝過…〔*in*〕：London ~*s* New York **in** size. 倫敦在面積上超過紐約。
—*v.i.* 〔+介+(代)名〕〔在…上〕超過，勝過，凌駕〔*in, at*〕：They ~*ed* **in** number. 它們在數目方面佔優勢。

ex·céed·ing *adj.* 過度的；非常的，極好的：a scene of ~ beauty 非常美的景色。

ex·céed·ing·ly *adv.* 非常地，極度地：an ~ difficult book 一本很難的書。

ex·cel [ɪk`sɛl; ik'sel] «源自拉丁文「居上」之義» —(**ex·celled; ex·cel·ling**) *v.t.* 〔+受+介+(代)名〕〔在…方面〕勝過，優於…〔*in, at*〕《★無進行式》：Dick ~*s* all his classmates **in** mathematics [**at** sports]. 狄克在數學[運動]方面優於全班同學。
—*v.i.* **1** 〔+介+(代)名〕〔以…〕見長，擅長〔…〕〔*in, at*〕：He ~*s* **in** earnestness [*in* play*ing* the violin, **at** sports]. 他認眞過人[擅長拉小提琴，擅長運動]。**2** 〔+*as* 補〕〈以…〉出衆，傑出：He ~*s as* an orator. 他是一位傑出的演說家《他擅長演說》。

ex·cel·lence [`ɛksl̩əns; 'eksələns] «excellent 的名詞» —*n.* **1** Ⓤ卓越，優秀〔*at, in*〕：receive a prize for ~ *in* the arts 因在人文科學方面的卓越(表現)而受獎/His ~ *in* [*at*] baseball earned him a scholarship. 他因擅打棒球而獲得獎學金。**2** Ⓒ《罕》長處，優點，美德：a moral ~ 道德上的優點。

Ex·cel·len·cy [`ɛksl̩ənsɪ; 'eksələnsi] *n.* Ⓒ閣下《★對大臣、大使等的尊稱》。
His [Her] Éxcellency [間接稱呼第三者]閣下[閣下夫人]《★複數爲 Their *Excellencies*》。
Your Éxcellency [直接稱呼對方]閣下(夫人)《★其後用第三人稱單數動詞；複數爲 Your *Excellencies*》。

‡ex·cel·lent [`ɛksl̩ənt; 'eksələnt] «excel 的形容詞» —*adj.* (無比較級、最高級) **1 a** 特優的，極好的：an ~ secretary 優秀的秘書/He has an ~ memory. 他有極好的記憶力/His wife is an ~ cook [dancer]. 他的妻子是一位極優秀的廚師[舞者]/He was in ~ spirits. 他心情很愉快。**b** [不用在名詞前]〔+介+(代)名〕〔在…方面〕極好的，特優的〔*in, at*〕：He is ~ **in** English composition. 他的英文作文極好/She is ~ **at** her job. 她在工作上很出色。**2** (成績)優秀的(⇨ grade 3)。~**·ly** *adv.*

ex·cel·si·or [ɪk`sɛlsɪɚ; ik'selsiə] «源自拉丁文 'higher' 之義» —*interj., adj.* 更上一層！不斷向上！精益求精！《★美國 New York 州的標語》。
—*n.* Ⓤ木絲，細鉋花《包裝易碎物品時塡塞用》。

‡ex·cept [ɪk`sɛpt; ik'sept] «源自拉丁文「取出」之義» —*v.t.* 〔+受(+介+(代)名)〕〔從…〕除去…〔*from*〕《★常以過去分詞當形容詞用；⇨ excepted》：Any candidate who has passed the first test may be ~*ed* **from** the second. 第一次考試及格的考生可免除第二次考試。
—*prep.* **1** 除了…以外《★ 用法 通常不用於句首；★ 比較 「除外」的觀念比 but 强》：Everyone ~ John [him] came. ＝Everyone came ~ John [him]. 除了約翰[他]以外，大家都來了(⇨ EXCEPT for (1))/We go to school every day ~ Sunday. 除了星期

日外我們每天都上學。
2 [用原形或與 *to* do 連用]除〈做…〉外：He doesn't do anything ~ watch TV. 他除了看電視以外什麼事也不做《★[用法]前面主要子句的述語有助動詞或 do 時，通常用原形》/He never came to visit ~ *to* borrow something. 他除了來借東西以外，從不來訪。
3 [與副詞(片語、子句)連用]…(情形)以外；只是：The weather is good everywhere today, ~ here [in the South]. 除了這裏[南方]以外，今天各地的天氣都很好/He is everywhere ~ where he ought to be. 他到處露臉，只是不在他該在的地方。
excèpt for ... (1)除去…以外：This book is good ~ *for* a few mistakes. 除去幾個錯處以外，這本書算好的/*E~ for* John, everyone came. 除了約翰以外，全都來了。(2)除了…，除去…：*E~ for* jealousy, she was free from faults. 除了愛嫉妒以外，她沒有其他缺點。(3)如果沒有…：*E~ for* your help, we would have been late. 如果沒有你的幫忙，我們就遲到了。
—conj. **1** [常 **~that**] **a** 除了…(一點)以外：I know nothing ~ *that* he was there. 我除了知道他在那裏外，其他情況一無所知。**b** 只可惜…：That will do ~ *that* it is too long. 它可以用，只是太長了。**c** 如果不是…，只是…，但是…：I would go with you, ~ (*that*) I have a cold. 我願意和你一道去，只是我感冒了。**2** 《古》除非(unless).

ex·cépt·ed *adj.* [不用在名詞前][用於(代)名詞後]除外的，例外的：Everybody was present, John ~ [not ~]. 除了[包括]約翰外[在內]，大家都出席了/nobody ~ 無人例外/present company ~ ⇨ present[1] 1 a.

ex·cept·ing [ɪk'sɛptɪŋ; ik'septiŋ] *prep.* [常用於句首或 not, without 之後]除了…以外：*E~* Sundays the stores are open daily. 除了星期天以外，那些商店天天都營業/We must all obey the law, *not* [*without*] ~ the king. 我們都必須遵守法律，國王也不例外。
álways excèpting ... (1)《法律》唯…不在此限。(2)《英》除了…以外(except for)：Everyone was drunk, *always* ~ George. 除了喬治以外，每一個人都喝醉了。

ex·cep·tion** [ɪk'sɛpʃən; ik'sepʃn] «except *v.* 的名詞» ***—n. **1** Ⓤ除外，除去。**2** Ⓒ例外，異例：There are some ~*s to* every rule. 每條規則都有些例外/I thought your family were all diligent, but you are an ~. 我想你家人都很勤奮，但你是個例外/The ~ proves the rule. 《諺》「例外」足以證實「規則」的存在。
3 Ⓤ **a** 異議：take ~ to [against] ... 對…提出異議[表示不服]。**b** 《法律》提出異議。
màke an excéption (of ...) (把…)當作例外，(對…)特別看待：In your case we will *make an* ~. 我們會把你的情形當作例外。
màke nó excéption(s) (of...) (對…)一視同仁。
withòut excéption 無例外的[地]：There is no rule *without* ~. 沒有例外的規則是不存在的《凡是規則都有例外》。
with the excéption of [that ...] 除了…以外(except)：*With the* ~ *of* milk and eggs, we eat no animal foods. 除了牛乳和蛋以外，我們不吃葷食。

ex·cep·tion·a·ble [ɪk'sɛpʃənəbl; ik'sepʃnəbl] *adj.* [常用於否定句]《文語》可提出異議的，可非難的：There's *nothing* ~ in it. 那沒有可非難之處。

ex·cep·tion·al [ɪk'sɛpʃənl; ik'sepʃənl] «exception 的形容詞» ***—adj.*** (**more ~; most ~**) **1** 例外的；異常的，特別的，罕有的：This cold weather is ~ for July. 在七月出現這樣冷的天氣是異常的。**2** 出衆的，非凡的，優秀的：Her beauty is ~. 她的美是出衆的。

ex·cép·tion·al·ly [-ʃənlɪ; -ʃnəli] *adv.* **1** 特別地，非常地：an ~ hot day 非常熱的日子。**2** 例外地；異常地：It happened quite ~. 那是十分不尋常的事/*E~*, I went to school on Sunday. 我例外地在星期日到學校去。

ex·cerpt ['ɛksɝpt; 'eksə:pt] *n.* Ⓒ (*pl.* **~s, -ta** [-tə; -tə]) **1** 摘錄，選錄，節錄，引用句[*from*]. **2** (論文等的)抽印本。
— [ɪk'sɝpt; ek'sə:pt, ik-] *v.t.* [十受(十介十(代)名)][自…]摘錄，引用[*from*]：~ a passage **from** a book 從書中摘錄一段。

ex·cess** [ɪk'sɛs; ik'ses] «exceed 的名詞» ***—n. **1** Ⓤ [又作 **an ~**]過多，過剩；超過[*of, over*]：~ *of* blood 血液過多，溢血/*an* ~ *of* exports (*over* imports) 出超額[量]。**2** Ⓤ過度，過分：go [run] *to* ~ 走極端，做得過火/carry something *to* ~ 把事情做得過火/*in* [*to*] ~ 過度地/drink [smoke] *to* ~ 喝得[抽煙]過多。**3** [**~es**]過分(的行爲)，行爲不檢，粗暴；暴飲暴食。
in excéss of ... 超過…(的)，比…多(的)：an annual income *in* ~ *of* $500,000 超過五十萬美元的年收入。
— ['ɛksɛs, ɪk'sɛs; 'ekses, ik'ses] *adj.* [用在名詞前](無比較級、最高級)超過的，多餘的，額外的：~ baggage [luggage] (搭飛機等時須額外付費的)超重行李/an ~ fare (過站或改乘上等車等的)補票費。

ex·ces·sive [ɪk'sɛsɪv; ik'sesiv] «excess 的形容詞» ***—adj.*** (**more ~; most ~**)過度的，過大的，極端的：~ charges 過高的索價[費用]。**~·ness** *n.*

ex·cés·sive·ly *adv.* **1** 過度地，極度地：She is ~ polite. 她極爲有禮。**2** 《口語》非常地，很：She is ~ fond of music. 她很喜歡音樂。

excéss-prófits tàx *n.* ⓊⒸ超額利潤稅。

‡ex·change [ɪks'tʃendʒ; iks'tʃeindʒ] *v.t.* **1** 交換：**a** [十受]〈兩人彼此〉交換〈東西〉《★受詞常用複數名詞》：~ gifts at Christmas 在聖誕節交換禮物/The two boys ~*d* books. 那兩個男孩互換書本。**b** [十受]〈人、店〉退換〈東西〉：We cannot ~ goods. 本店恕不退換貨物/If this does not fit, will you ~ it? 如果這個不合適，你讓我退換嗎？**c** [十受十介十(代)名]將〈物品〉[與其他物品]交換[*for*]；將〈東西〉[與人]交換[*with*]《★受詞常用複數名詞》：I'd like to ~ this shirt **for** one a size larger. 我想將這件襯衫換件大一號的/Will you ~ seats **with** me?＝Will you ~ your seat *for* mine? 你願意和我互換座位嗎？《★[比較]《口語》一般用 change》. **d** [十受十介十(代)名]將〈某貨幣〉兌換爲[其他的貨幣][*for*]：~ dollars **for** pounds 將美元兌換爲英鎊。
2 a [十受]交〈談〉，互相〈問候等〉《★受詞常用複數名詞》：~ glances 交換眼色，互看/~ views 交換意見/They ~*d* blows [greetings]. 他們互毆[互相問候]。**b** [十受十介十(代)名][與人]交〈談〉，互相〈問候〉[*with*]《★受詞常用複數名詞》：I haven't ~*d* more than a few words **with** him. 我只是和他交談了幾句話。
—v.i. [十介十(代)名]《美》〈貨幣〉可兌換[…金額][*for*]：A dollar ~*s* **for** ○○ Lira. 一美元可兌換○○里拉。
—n. **1** ⓊⒸ交換[*of, for, with*]：~ *of* gold *for* silver 以金換銀/an ~ *of* ambassadors (兩國間)大使的交換/~ *of* prisoners 俘虜的交換/an ~ *of* words 交談，應酬/make an ~ 交換/*E~* is no robbery. 《諺》交易絕非搶奪《★常用作不公平交易的辯解》。
2 Ⓒ交換物。
3 Ⓤ兌換；匯兌；匯率：a bill of ~ 匯票/par of ~ (匯兌的)公定價格/the rate of ~ ＝the ~ rate(外幣的)匯率。
4 [常 **E~**] Ⓒ [常與修飾語連用]交易所(cf. change *n.* 4)：the grain ~ 《美》＝《英》the corn ~ 穀物交易所/the stock ~ 股票交易所/⇨ Labour Exchange.
5 Ⓒ (電話)交換局，交換機，交換臺：a telephone ~ 電話交換臺。
in exchánge (for ...) (與…)交換：The kidnap(p)ers demanded money *in* ~ *for* her safe return. 綁匪們要求以金錢換取她的平安交還/She painted me a picture. *In* ~, I wrote her a poem. 她畫了一幅畫給我，我作一首詩給她作爲交換。

ex·change·a·bil·i·ty [ɪks,tʃendʒə'bɪlətɪ; iks,tʃeindʒə'biləti, eks-] *n.* Ⓤ可交換；可交易；可兌換。

ex·change·a·ble [ɪks'tʃendʒəbl; iks'tʃeindʒəbl] *adj.* **1** 可交換[交易]的。**2** [不用在名詞前][十介十(代)名]可[與…]交換的[*for*]：A check is ~ **for** cash. 支票可交換現金。

exchánge bànk *n.* Ⓒ匯兌銀行。
exchánge contròl *n.* Ⓤ匯兌管制。
exchánge profèssor *n.* Ⓒ交換教授。
exchánge stùdent *n.* Ⓒ交換學生。
exchánge tèacher *n.* Ⓒ交換教師。
exchánge vàlue *n.* ⓊⒸ《經濟》交換價值。

ex·cheq·uer [ɪks'tʃɛkɚ, 'ɛkstʃɛkɚ; iks'tʃekə, eks-] *n.* **1** [**the E~**]《英》財政部《★[用法]視爲一整體時當單數用，指全部個體時當複數用》；(英國中世紀的)稅務署。**2** [用單數]國庫，金庫。**3** Ⓒ [常 **the ~**]《英・謔》(個人、公司等的)財源，財力，資力。

ex·cise[1] ['ɛksaɪz, ɪk'saɪz; 'eksaiz] *n.* (又作 **éxcise tàx**) **1** Ⓒ [常 **the ~**]國內消費稅，貨物稅[*on*]. **2** [**the E~**] (英國從前的)間接稅務局《★現稱 Board of Customs and Excise》.

ex·cise[2] [ɪk'saɪz; ek'saiz, ik-] *v.t.* 《文語》[十受(十介十(代)名)] **1** 將〈字句等〉[從…]刪除[*from*]. **2** 將〈腫瘤、內臟〉[從體內]切除[*from*].

ex·cise·man ['ɛksaɪz,mæn; 'eksaizmæn] *n.* Ⓒ (*pl.* **-men** [-,mɛn; -men])《英》稅務官。

ex·ci·sion [ɪk'sɪʒən; ek'siʒn, ik-] «excise[2] 的名詞» ***—n.*** **1** Ⓤ刪除；切除。**2** Ⓒ刪除部分，切除物。

ex·cit·a·bil·i·ty [ɪk,saɪtə'bɪlətɪ; ik,saitə'biləti] «excitable 的名詞» ***—n.*** Ⓤ刺激感應性，興奮性。

ex·cit·a·ble [ɪk'saɪtəbl; ik'saitəbl] *adj.* 〈人、動物等〉易激動的，易興奮的。

ex·ci·ta·tion [,ɛksaɪ'teʃən; ,eksi'teiʃn] *n.* Ⓤ **1** 刺激；鼓舞。**2** 《電學》激發：impact ~ 碰撞激發。

‡ex·cite [ɪk'saɪt; ik'sait] «源自拉丁文「喚出」之義» ***—v.t.*** **1** [十受] **a** 刺激…；使〈人、動物〉興奮《★常以過去分詞當形容詞用；

⇨ excited)：The movie ~*d* us. 那部電影使我們興奮。**b** [~ one*self*] 興奮：Don't ~ *yourself.* 冷靜點。**2 a** 〔＋受〕引起，激發，喚起〈興趣、感情、想像力等〉：~ a person's pity [suspicion] 引起他人的同情[疑惑]。**b** 〔＋受＋介＋(代)名〕使〈人〉產生〈感情、想像力等〉〔*in*〕；使〈人〉產生〔感情、想像力等〕〔*to*〕：His brother's success ~*d* envy ***in*** him [~*d* him ***to*** envy]. 他哥哥的成功引起他的嫉妒/He is easily ~*d to* anger. 他很容易生氣。**3 a** 〔＋受〕引起〈叛亂、暴動等〉：~ rebellion 引起叛亂。**b** 〔＋受＋介＋(代)名〕使〈人〉引起〔暴動等〕〔*to*〕：~ the people ***to*** rebellion 煽動民衆叛亂。**c** 〔＋受＋*to* do〕煽動〈人〉〈去做…〉：He ~*d* the people *to* rebel against the king. 他煽動民衆起來反抗國王。**4** 〔＋受〕《生理》刺激〈器官等〉。

ex·cit·ed** [ɪk'saɪtɪd; ik'saitid] *adj.* (**more** ~; **most** ~) **1 興奮的**：an ~ mob 興奮的羣衆/feel ~ 感興奮/Now, now, don't get ~. 好了，別太興奮。**2** [不用在名詞前] **a** 〔＋介＋(代)名〕〔對…〕感興奮的〔*at, about, by*〕：I was (very) ~ ***by the news [***about*** the event]. 我爲這消息[這事件]而感到(非常)興奮。**b** 〔＋*to* do〕〈…而〉感興奮的：He was ~ *to* hear the news. 他聽到那消息很激動。~**·ly** *adv.*

***ex·cite·ment** [ɪk'saɪtmənt; ik'saitmənt] «excite 的名詞» —*n.* **1** Ⓤ**興奮**；(心的)動搖：In (her) ~, she tripped and fell. 她在興奮中絆倒了/The news caused great ~ in the family. 該消息使那一家人非常興奮。**2** Ⓒ引起興奮的事物，刺激的事物：the ~*s* of city life 都市生活的刺激。

ex·cít·er *n.* Ⓒ **1** 刺激的人[物]。**2** 《醫》刺激[興奮]劑。

***ex·cit·ing** [ɪk'saɪtɪŋ; ik'saitiŋ] *adj.* (**more** ~; **most** ~) **令人興奮的，刺激的，使人激動的**：an ~ story 動人的故事/How ~! 好刺激！眞過癮！~**·ly** *adv.*

ex·claim** [ɪk'sklem; ik'skleim] «源自拉丁文「向外喊」之義» —*v.i.* 《文語》**1 a** (因喜、怒、驚訝等而突然)**以强烈的語氣說，呼喊，驚叫，大叫** (⇨ cry【同義字】)：~ in excitement 興奮地叫出來。**b** 〔＋介＋(代)名〕〔對…〕(突然)叫喊〔*at*〕：~ ***at the extraordinary price of the house 爲貴得離譜的房價而驚叫。**2** 〔＋介＋(代)名〕高聲[激烈]〔反對…〕〔*against*〕：~ ***against*** oppressions 激烈反對壓迫，大聲指責壓迫。

—*v.t.* **1** 〔＋引句〕大聲地說…：“Well done, Tom!” the teacher ~*ed.*「湯姆，做得好！」老師大聲說。**2** 〔＋*that*__〕大聲說〈…事〉：He ~*ed that* I should not touch that gun. 他大聲叫我不可碰那支槍。**3** 〔＋*what* [*how*]__〕大叫〈多麼…呀〉《★用法 感嘆句的間接說法》：She ~*ed what* a beautiful lake it was. 她驚叫說那是一個多麼美麗的湖/She ~*ed how* beautiful the lake was. 她大叫說那個湖多麼美麗。

ex·cla·ma·tion [ˌɛkskləˈmeʃən; ˌekskləˈmeiʃn] «exclaim 的名詞» —*n.* **1 a** Ⓒ(因喜、怒、驚訝等的)**突然叫聲**：an ~ of surprise 驚叫聲。**b** Ⓤ叫喊，感嘆。**2** Ⓒ《文法》驚嘆詞，感嘆詞；感嘆句；驚嘆號。

exclamátion màrk [《美》**pòint**] *n.* Ⓒ**驚嘆號**《！》。

ex·clam·a·to·ry [ɪk'sklæməˌtorɪ, -ˌtɔrɪ; ik'sklæmətəri] «exclaim, exclamation 的形容詞» —*adj.* 驚嘆的，感嘆語氣的：~ shouts 感嘆的叫喊/an ~ sentence 《文法》感嘆句。

ex·clave ['ɛksklev; 'eksklеiv] *n.* Ⓒ飛地，孤立領土《不與本國領土銜接，而爲他國所包圍的領土；★比較 exclave 爲孤立領土主權國立場的用語；從包圍該領土的外國立場則稱其爲 enclave》。

ex·clude [ɪk'sklud; ik'sklu:d] «源自拉丁文「關在門外」之義» —*v.t.* (↔ include) **1 a** 〔＋受〕**隔絕…，排除〈外在事物〉於外，拒絕…的進入**：Thick curtains help to ~ street noises. 厚窗簾有助於隔絕街上的噪音。**b** 〔＋受＋介＋(代)名〕將…〔從場所〕逐出，拒絕…進入〔某地〕〔*from*〕：The immigrants were ~*d* ***from*** (entry to) the country. 那些移民被拒絕進入該國。**2 a** 〔＋受＋介＋(代)名〕〔從思慮中〕**排除…，把…排斥在〔…〕外，拒絕…成爲〔夥伴等〕**〔*from*〕：~ the problem ***from*** consideration 該問題不予考慮。**b** [excluding 當介系詞用] 除了…以外：There were ten persons present *excluding* myself. 除了我以外有十個人出席。**3** 〔＋受〕毫無，不容許〈可能性、疑慮〉。

ex·clu·sion [ɪk'skluʒən; ik'sklu:ʒn] «exclude 的名詞» —*n.* Ⓤ除外，排除〔*of*〕〔*from*〕：the ~ *of* women *from* some positions [jobs] 不考慮讓婦女擔任某些職位《把婦女排斥在某些職位之外》/demand the ~ *of* the country *from* the U. N. 要求把該國從聯合國中除名。

to the exclúsion of ... ；到排除…的程度：She occupies his mind *to the* ~ *of* all else. 她完全佔據了他的心，使他無法想其他任何事。

ex·clu·sion·ism [ɪk'skluʒnəˌɪzəm; iks'klu:ʒənizəm] *n.* Ⓤ排他主義；排外主義；閉關主義。

ex·clu·sive [ɪk'sklusɪv; ik'sklu:siv] «exclude, exclusion 的形容詞» —*adj.* (**more** ~; **most** ~) (↔ inclusive) **1 a** 〈組織、俱樂部等〉(只限於特定者而)**不讓他人進入的，排他性的，封閉性的；高級的，上流的**：the most ~ club 最具排他性的俱樂部，高級俱樂部。**b** 〈人〉只限與特定的人交際的，人際關係不佳的，自命不凡的，孤高的：He is ~ in manner. 他態度孤傲。**c** 〈貨品〉別處不能獲得的；〈商店、旅館等〉專售高級品的，高級的：an ~ restaurant [hotel] 高級餐廳[旅館]。**2** (無比較級、最高級) **a** 〈權利、所有物等〉**獨佔性的，佔有性的**：~ privileges [rights] 獨佔權/an ~ interview 單獨面談/for the ~ use of members 會員專用(的)。**b** [不用在名詞前] 〔＋介＋(代)名〕〔對…〕獨佔的，獨家的〔*to*〕：a story ~ ***to*** this magazine 本雜誌的獨家新聞報導。**c** 只限於(某事)的，唯一的；專門的：~ studies 專門性的研究。

exclúsive of ... [當介系詞用] …除外，不計：The book costs 10 dollars, ~ *of* postage. 這本書賣十元，郵資除外。

—*n.* Ⓒ **1** (報紙等的)獨家消息[新聞]。**2** [與商店名稱連用] 特有商品，專賣品：a Harrods' ~ 哈羅滋專賣品。~**·ness** *n.*

ex·clú·sive·ly *adv.* **1** 專門地，完全地，僅：We shop ~ at Macy's. 我們專門在梅西百貨公司購物。**2** 排他性地，獨佔性地。

ex·cog·i·tate [ɛks'kɑdʒəˌtet; eks'kɔdʒiteit] *v.t.* 《文語·謔》想出〈主意、計畫等〉；探索…，對…深思熟慮。

ex·cog·i·ta·tion [ɛksˌkɑdʒə'teʃən; eksˌkɔdʒi'teiʃn] *n.*

ex·com·mu·ni·cate [ˌɛkskə'mjunəˌket; ˌekskə'mju:nikeit] *v.t.* 《基督教》**1** 將〈人〉逐出教會[教門]。**2** 放逐，開除〈人〉。

ex·com·mu·ni·ca·tion [ˌɛkskəˌmjunə'keʃən, 'ekskəˌmju:ni'keiʃn] «excommunicate 的名詞» —*n.* **1** 《基督教》**a** ⓊⒸ逐出教會[教門]。**b** Ⓒ逐出教會的公告。**2** ⓊⒸ除名，放逐，開除。

ex·com·mu·ni·ca·tor [ˌɛkskə'mjunəˌketɚ; ˌekskə'mju:nikeitə] *n.* Ⓒ將他人逐出教會者；開除他人者；除名者。

ex·co·ri·ate [ɪk'skorɪˌet, -'skɔr-; eks'kɔ:rieit, iks-] *v.t.* 《文語》**1** 剝；擦破，擦傷〈皮〉。**2** 嚴厲指責，非難〈人〉。

ex·co·ri·a·tion [ɪkˌskorɪ'eʃən, ˌɛks-, -kɔr-; eksˌkɔ:ri'eiʃn, iks-] «excoriate 的名詞» —*n.* **1 a** Ⓤ擦破。**b** Ⓒ擦破處。**2** Ⓤ痛責，痛斥。

ex·cre·ment ['ɛkskrɪmənt; 'ekskrimənt] *n.* Ⓤ《文語》**1** 排泄物。**2** [又作 ~s] 糞便(feces)。

ex·cres·cence [ɪk'skrɛsṇs; ik'skresns] —*n.* Ⓒ《文語》**1** (毛髮、指甲等自然的)成長物。**2** 贅肉，瘤，疣。

ex·cres·cent [ɪk'skrɛsṇt; ik'skresnt] *adj.* (病態)隆起的；贅肉的，瘤[疣]的。

ex·cre·ta [ɛk'skritə; ek'skri:tə] *n. pl.* 《生理》排泄物《糞便、尿、汗等》。

ex·crete [ɪk'skrit; ik'skri:t] 《生理》*v.t.* 排泄；分泌。

ex·cre·tion [ɪk'skriʃən; ik'skri:ʃn] «excrete 的名詞» —*n.* 《生理》**1** Ⓤ排泄(作用)；分泌。**2** ⓊⒸ[~s] 排泄物；分泌物。

ex·cre·tive [ɪk'skritɪv; ik'skri:tiv] *adj.* 排泄的；促進排泄的；有排泄力的；分泌的。

ex·cre·to·ry ['ɛkskrɪˌtorɪ, -ˌtɔrɪ; ek'skri:təri] *adj.* 排泄的：an ~ organ 排泄器官。

—*n.* Ⓒ排泄器官。

ex·cru·ci·ate [ɪk'skruʃɪˌet; ik'skru:ʃieit] *v.t.* 使〈人〉(在肉體上或精神上)痛苦；折磨。

ex·crú·ci·at·ing *adj.* **1** 〈苦痛等〉折磨人的；極痛苦的，難以忍受的：an ~ headache 難以忍受的頭痛。**2** 猛烈的；非常的，極度的：with ~ politeness 非常有禮貌地；鄭重其事地。~**·ly** *adv.*

ex·cul·pate ['ɛkskʌlˌpet; 'ekskʌlpeit] *v.t.* 《文語》〔＋受(＋介＋(代)名)〕**1 a** 替〈人〉開脫；使〈人〉免〔罪〕；申明，證明〈某人〉〔無罪〕〔*from*〕《★常用被動語態》：He has *been* ~*d* ***from*** the charge. 他已被申明無罪。**b** [~ one*self*] 爲自己開脫，舉證辯白自己沒有〔…〕〔*from*〕。**2** 〈證據、事實等〉使〈人〉免〔罪〕〔*from*〕：The evidence ~*d* him ***from*** the charge. 該證據使他免罪。

ex·cul·pa·tion [ˌɛkskʌl'peʃən; ˌekskʌl'peiʃn] *n.*

ex·cul·pa·to·ry [ɪk'skʌlpəˌtorɪ, -ˌtɔrɪ; eks'kʌlpətəri] *adj.* 辯解的；剖白的；免罪的；雪冤的：~ evidences 昭雪的證據。

ex·cur·sion [ɪk'skɝʒən, -ʃən; ik'skə:ʃn] «源自拉丁文「跑出外面」之義» —*n.* Ⓒ **1** (團體因某目的而舉辦的)**短途旅行，遠足** (⇨ travel【同義字】)：go on [for] an ~ 去遠足/make an ~ to the seaside 到海邊去遠足。**2** (費用優待的)遊覽旅行。

ex·cúr·sion·ist [-dʒənɪst, -ʃən-; -ʃənist] *n.* Ⓒ **1** 遠足者，短途旅遊者。**2** 遊覽旅行者。

excúrsion ticket *n.* Ⓒ遊覽優待票《尤指至名勝地之優待票價》。

ex·cur·sive [ɪk'skɝsɪv; ik'skə:siv] *adj.* 散漫的；離題的：~ reading (涉獵性的)隨便翻閱。~**·ly** *adv.*

ex·cus·a·ble [ɪk'skjuzəbḷ; ik'skju:zəbl] *adj.* 可寬恕的，可原諒的，情有可原的，可申辯的(↔ inexcusable)：an ~ error 可原

諒的錯誤。**ex·cús·a·bly** [-zəblɪ; -zəbli] *adv.*

‡**ex·cuse** [ɪkˋskjuz; ik'skju:z] **《源自拉丁文「使脫罪」之義》**
—*v.t.* **1 寬恕**（⇨ forgive【同義字】）：**a**〔十受〕原諒，寬恕〈人、行爲、態度等〉：He ~*d* my carelessness. 他寬恕我的疏忽。**b**〔十受十介十(代)名〕原諒〈某人〉〔…事〕〔*for*〕：*E*~ me *for* what I said to you yesterday. 請原諒我昨天對你說過的話/Please ~ me *for* be*ing* late. 請原諒我遲到《★〔變換〕可換寫成 1 c》. **c**〔十所有格十do*ing*〕原諒〈某人的行爲〉：Please ~ *my* be*ing* late. 請原諒我遲到《★〔變換〕可換寫成 1 b》.

2 a〔十受〕〈人〉**爲…辯解**[辯白]：~ one's mistake 爲自己的錯誤辯解。**b**〔十受十介十(代)名〕[~ one*self*]〔爲…事〕辯解〔*for*〕：He ~*d himself for* being late. 他爲自己遲到辯解。**c**〔十受〕[常用於否定句]〈事情〉成爲…的辯解[辯白]：*Nothing* will ~ such rude behavior. 任何事均不能爲如此無禮的行爲辯解《如此粗暴的行爲是無法辯解的》。

3 免除：**a**〔十受〕免除〈義務、出席、債務等〉《★常用被動語態》：We will ~ your attendance. 我們可以同意你不出席/My presence has *been* ~*d*. 我獲准可以不出席了。**b**〔十受十介十(代)名〕使〈人〉免除〔義務、債務等〕〔*from*〕《★常用被動語態》：We must ~ him *from* his duties. 我們必須免除他的任務/May I *be* ~*d from* the meeting? 我可否不參加這個會議呢？**c**〔十受十介十(代)名〕[~ one*self*]謝絕，託故，推辭，申明不能〔…〕〔*from*〕：I should like to ~ *myself from* attend*ing* the meeting. 我想要求不參加會議。**d**〔十受十受〕《英》免除〈某人〉〈義務、債務等〉《★〔用法〕3 b 省略 *from* 的構造；常用被動語態》：Can I *be* ~*d* today's lesson? 我可以不上今天的課嗎？/I *am* ~*d* night duty. 我可以不值夜。

4〔十受(十介十(代)名)〕[~ one*self*]道歉後〔自…〕中途離席[離去]〔*from*〕：I ~*d myself from* the table. 我向用餐的人道個歉後(中途)離席。

Excúse me. [常讀作 ˋskjuzmɪ; 'skju:zmi] ⑴[用於離座、走過他人面前、修正自己的話等時]對不起，請原諒："*E*~ *me*, I'll be back in a minute."—"Certainly [That's all right]."「對不起，我很快就回來。」「請便[沒關係]。」《★〔用法〕兩人以上的人經過別人面前時則說 Excuse us.》. ⑵[用於碰觸到對方身體、打噴嚏、打嗝等時]對不起。⑶[對陌生人說話或對他人提出異議等時]對不起："*E*~ *me*, but isn't that your purse?"—"Oh, thanks very much."「對不起，那不是你的錢包嗎？」「哦，眞謝謝你。」⑷[沒聽清楚對方的話時用於語調上揚的疑問句]《美》您說什麼？

May I be excúsed?《委婉語》[學生在學校時]我可以上洗手間嗎？

— [ɪkˋskjus; ik'skju:s]*n.* **1** Ⓤ Ⓒ **a 辯解**，辯白；藉口〔*for*〕：in ~ of ... 爲…辯解[辯明]，作爲…的辯解/make an ~ (*for* ...) (爲…)找藉口，(替…)辯解/You have no ~ *for* be*ing* lazy. 你沒有懶惰的理由。**b**〔十*that*__〕〈…事的〉藉口：He made an ~ *that* he had to visit a sick aunt. 他藉口他必須去探望生病的姑媽[伯母]。**c**〔~s〕(缺席等)歉意的表示，道歉：Please make my ~*s* to them.＝Please give them my ~*s*. 請代我向他們致歉。

2 Ⓤ Ⓒ〔過失等的〕理由〔*for*〕：What is your ~ *for* be*ing* late? 你遲到的理由是什麼？/without ~ 沒有理由地/You should not be absent without (a) good ~. 你沒有正當理由就不該缺席《你不該無故缺席》。

3〔常 **a poor** [**bad**] ~〕《口語》〔…的〕簡陋替身，勉強權充的東西〔*for*〕：*a poor* ~ *for* a house 蹩脚房子。

èx-diréctory *adj.* 《英》〈電話號碼〉未登載於電話簿上的(《美》unlisted)：go ~ 不將(自己的)電話號碼登載於電話簿上。

ex div. 《略》《股票》ex dividend.

èx dívidend *adv.* & *adj.* 《股票》除股息地[的]，不帶股息地[的]，不含已宣布的紅利地[的]（↔ cum dividend）《略作 ex div., x.d.》.

exec. 《略》executive; executor.

ex·e·cra·ble [ˋɛksɪkrəbl; 'eksikrəbl] *adj.* **1** 該咀咒的，可憎的。**2** 極令人討厭的，很可惡的：~ behavior 惡劣的行爲/an ~ performance 極差勁的演出[演奏]。

éx·e·cra·bly [-krəblɪ; -krəbli] *adv.*

ex·e·crate [ˋɛksɪˏkret; 'eksikreit] *v.t.* **1** 嫌惡，憎惡。**2** 詛咒；非難。

ex·e·cra·tion [ˏɛksɪˋkreʃən; ˌeksi'kreiʃn] **《execrate 的名詞》**
—*n.* **1** Ⓤ 詛咒，憎惡。**2** Ⓒ **a** 咒文，咒語。**b** 被詛咒的人[物]，非常討厭的東西。

ex·ec·u·tant [ɪgˋzɛkjutənt; ig'zekjutənt] *n.* Ⓒ**1** 實行[執行]者。**2** 演奏者，演奏家。

***ex·e·cute** [ˋɛksɪˏkjut; 'eksikju:t] **《源自拉丁文「追到外面」之義》**
—*v.t.* **1**〔十受〕**實行**，執行〈計畫、命令等〉，完成〈任務〉：~ a command [scheme]執行命令[計畫]。

2〔十受〕實施〈法律〉，執行〈判決、遺囑等〉：Congress makes the laws; the President ~*s* them. 國會制定法律；總統執行法律。

3 a〔十受〕對〈人〉執行死刑，將〈人〉處死。**b**〔十受十介十(代)名〕〔以…罪名〕處死〈人〉〔*for*〕：~ a person *for* murder 以殺人罪處死某人。**c**〔十受十*as* 補〕把〈人〉〈當作…而〉處死：~ a person *as* a murderer 把某人當作殺人犯而處死。

4〔十受〕**a** 演〈角色〉；演奏〈樂曲〉。**b** 製作〈藝術品等〉。

5〔十受〕《法律》**a** 以簽章使〈文件、證書等〉生效。**b**《英》讓渡〈財產〉。

ex·e·cu·tion [ˏɛksɪˋkjuʃən; ˌeksi'kju:ʃn] **《execute 的名詞》**
—*n.* **1** Ⓤ〔計畫、命令等的〕**實行**，執行〔*of*〕：in ~ *of* one's duty 在執行任務時/be *in* ~ 正在實行，實施中/carry...*into* ~ ＝put ... *in* [*into*] ~ 實行，實施…。**2** Ⓤ〔法律、判決、遺囑等之〕執行；(尤指)强制執行[處分]〔*of*〕：forcible ~ 强制執行。**3** Ⓤ Ⓒ 處死，執行死刑。**4** Ⓤ **a** (演員的)演技；(音樂的)演奏技巧。**b** (藝術作品等的)製作。**5** Ⓤ《法律》(文件的)簽章生效。

Èxecútion Dóck *n.* 《英國史》(泰晤士(Thames)河畔處決海盜等的)死刑碼頭。

èx·e·cú·tion·er [-ʃənɚ; -ʃnə] *n.* Ⓒ 死刑執行人。

ex·ec·u·tive [ɪgˋzɛkjutɪv; ig'zekjutiv] **《execute 的形容詞》**
—*adj.* [用在名詞前](無比較級、最高級) **1** (以管理、經營)**實施的**，有執行能力的：a man of ~ ability 有執行能力的人。**2 行政(上)的**；執行的，執行部門的：an ~ committee 執行委員會/the ~ branch of the legislature 立法機關的行政部門。

—*n.* **1 a** Ⓒ 行政官。**b** [**the E~**]《美》行政長官《總統、州長、市長等》：the Chief *E*~《美》總統。**2 a** [**the** ~]〔政府的〕行政部門。**b** Ⓒ 執行委員會，執行部門。**3** Ⓒ 管理者，經營者。

Exécutive Mánsion *n.* [**the** ~] **1** (美國的)總統官邸《俗稱白宮(the White House)》. **2** (美國的)州長官邸。

Exécutive Yuán *n.* [**the** ~] (中華民國的)行政院。

ex·ec·u·tor [ɪgˋzɛkjətɚ; ig'zekjutə] *n.* Ⓒ**1** 執行者，實行者。**2** 《法律》(遺囑中所指定的)遺囑執行者。

ex·ec·u·trix [ɪgˋzɛkjətrɪks; ig'zekjutriks] *n.* Ⓒ (*pl.* **-tri·ces** [ɪgˏzɛkjəˋtraɪsiz; igˌzekju'traisi:z], **~·es**)《法律》女性的 executor，女遺囑執行者。

ex·e·ge·sis [ˏɛksəˋdʒisɪs; ˌeksi'dʒi:sis] *n.* (*pl.* **-ge·ses** [-siz; -si:z]) Ⓤ Ⓒ (尤指聖經的)注釋，詮釋，注解，解釋。

ex·em·plar [ɪgˋzɛmplɚ; ig'zemplə] *n.* Ⓒ**1** 範本，模範。**2** 典型，樣本，標本。

ex·em·pla·ry [ɪgˋzɛmplərɪ; ig'zempləri] **《exemplar 的形容詞》**
—*adj.* **1** 模範的，示範的，成爲模範的：~ conduct 模範行爲。**2** 〈處罰等〉以儆效尤的，訓戒(用)的。

-plar·i·ly [ɪgˋzɛmplərɪlɪ; ig'zemplərəli] *adv.*

ex·em·pli·fi·ca·tion [ɪgˏzɛmpləfəˋkeʃən; igˌzemplifi'keiʃn] **《exemplify 的名詞》** **—***n.* **1** Ⓤ 例證，模範。**2** Ⓒ 標本，範例。

ex·em·pli·fy [ɪgˋzɛmpləˏfaɪ; ig'zemplifai] **《源自拉丁文「作例子」(example)之義》** **—***v.t.* **1** 例證，例示。**2** 製作…之正本。

ex·em·pli grá·ti·a [ɪgˋzɛmplaɪˋgreʃɪə; ig'zemplai'greiʃiə] **《源自拉丁文 'for the sake of example' 之義》** **—***adv.* 例如《★〔用法〕略作 e. g., 一般讀作 for example 或 [ˋiˋdʒi; ˌi:'dʒi:]》.

ex·empt [ɪgˋzɛmpt; ig'zempt] **《源自拉丁文「取出」之義》** **—***v.t.*〔十受十介十(代)名〕**使**〈人〉**免除**〔義務、責任等〕〔*from*〕：He was ~*ed from* military service [the examination]. 他被免除兵役[考試]。

—*adj.* [不用在名詞前]〔十介十(代)名〕〔賦稅、義務〕被免除的〔*from*〕：Religious organizations are ~ *from* taxation. 宗教機構被免除賦稅。

—*n.* Ⓒ 被免除(義務)的人；(尤指)被免稅者。

ex·emp·tion [ɪgˋzɛmpʃən; ig'zempʃn] **《exempt 的名詞》—***n.* **1** Ⓤ Ⓒ〔課稅、義務等的〕免除〔*from*〕. **2** Ⓒ 所得稅的課稅扣除額[種類]。

‡**ex·er·cise** [ˋɛksɚˏsaɪz; 'eksəsaiz] **《源自拉丁文「把家畜趕出去做工」之義》** **—***n.* **1** Ⓤ Ⓒ (身體的)**運動**：outdoor ~ 戶外運動/lack of ~ 缺乏運動/physical [gymnastic] ~*s* 體操，體育/I don't get [do] much ~. 我不太運動/Jogging is a good ~ to get slim. 慢跑是使身材苗條的有益運動。

2 Ⓒ **a 練習**，學習，實習；習作，試作：~*s in* debate 辯論練習/an ~ *in* articulation 發音練習。

【同義字】exercise 是對已學過的技能、技術做有組織的練習；practice 是指爲獲得技能、技術而有規則性地反覆練習；drill 是在指導之下有規則性地學行集體訓練。

b [常 ~*s*] (軍隊、艦隊等的)演習，軍事演習：military ~*s* 軍事演習。

3 Ⓒ **練習題**，課題〔*in*〕：~*s in* composition [grammar] 作文[文法]的練習題/a Latin ~ 拉丁文的練習題/do one's ~*s* 做功課[做習題]。

4 [常 **the** ~] **a**〔精神力量等的〕運用，使用〔*of*〕：by *the* ~ *of* will [imagination] 以意志[想像力]的運用《憑著意志力[藉由想

像力〕》。b〔權限等的〕行使，執行〔*of*〕.
5〔~s〕《美》典禮(的順序)，儀式：commencement [opening] ~*s* 畢業[開會]典禮。
—*v.t.* **1 a**〔十受〕使〈手、脚〉運動：~ one's arms and legs 運動手脚。**b**〔十受〕〔~ one*self*〕運動手脚。**c**〔十受〕使〈人、馬、狗等〉運動；馴〈動物等〉：~ one's dog 馴狗。**d**〔十受〕訓練〈士兵等〉。**e**〔十受十介十(代)名〕訓練〈人〉〔做…〕：~ boys ***in*** swimming 訓練男孩子游泳。**f**〔十受十介十(代)名〕〔~ one*self*〕練習〔…〕〔*in*〕：~ *oneself* ***in*** fencing 練習劍術。
2〔十受〕**a** 活動〈器官、機能〉；運用〈想像力等〉：~ one's sight [intelligence] 運用視力[智力]/ ~ patience 忍耐。**b**《文語》行使〈權力等〉；完成〈任務等〉：The judge ~*s* the duties and powers of his office. 法官執行任務並行使職權。
3〔十受十介十(代)名〕〔對…〕發揮[施加]〈影響、力量等〉〔*on, over*〕：~ authority ***over*** people 對人民實行統治/Your judgments will ~ a great influence ***on*** them all. 你的判斷將會對他們全體造成很大的影響。
4〔十受〕《文語》使〈人、心〉煩惱，使…憂慮《★常用被動語態，變成「煩惱、擔憂」的意思；介系詞爲 *by, about*》：He *was* greatly [much] ~*d* (in mind) ***about*** the future. 他對前途極感憂慮。
—*v.i.* 練習；運動。

éxercise bòok *n.* Ⓒ練習簿。

ex·er·cis·er [ˋɛksɚˏsaɪzɚ; ˈeksəsaizə] *n.* Ⓒ**1** 運動器具。**2** 行使職權的人。**3** 受訓練者。**4** 訓練馬的馬夫。

ex·ert [ɪgˋzɝt; igˈzə:t] «源自拉丁文「伸長」之義» —*v.t.* **1 a**〔十受〕用，運用〈力量等〉：~ all one's powers 盡全力。**b**〔十受十介十(代)名〕〔對…〕發揮〈威力等〉，施加〈壓力等〉〔於…〕〔*on, over*〕：~ pressure ***on*** a person 對人施加壓力/~ control ***over*** one's emotions 抑制自己的感情。**2**〔~ one*self*〕**a**〔十*to* do〕努力〈想要…〉：He ~*ed himself to* win the race. 他奮力想贏得比賽。**b**〔十介十(代)名〕〔爲…而〕努力〔*for*〕：*E~ yourself* ***for*** that object. 爲那目標而努力。

ex·er·tion [ɪgˋzɝʃən; igˈzə:ʃn] «exert 的名詞» —*n.* **1** ⓊⒸ努力，盡力：It is no ~ to him to do so. 這樣做對他而言並不費力/make ~*s* 努力，盡力，發奮。**2** Ⓤ〔權力等的〕行使〔*of*〕.

Ex·e·ter [ˋɛksɪtɚ; ˈeksitə] *n.* 愛克西特《英格蘭西南部之一城市》。

ex·e·unt [ˋɛksɪənt, -ˏʌnt; ˈeksiənt, -ʌnt] «源自拉丁文 'they all go out' 之義» —*v.i.*《戲劇》退場，下《在從前劇本的舞台指導中，用於複數主詞的前面；cf. exit²》。

ex gra·ti·a [ɛksˋgreʃɪə; eksˈgreiʃiə] «源自拉丁文 'out of grace' 之義» —*adj.* & *adv.*《法律》〈支付等〉出於恩惠的[地]，隨意的[地]；作爲優惠的[地]，通融的[地]。

ex·ha·lation [ˏɛksəˋleʃən, ˏɛgzə-; ˏekshəˈleiʃn, ˏegzəˈl-] «exhale 的名詞» —*n.* ⓊⒸ **1** 散發，蒸發；吐氣，呼氣(↔ inhalation). **2** 蒸氣《水蒸氣、煙霧、香氣等》；散發物。

ex·hale [ɛksˋhel, ɪgˋzel; eksˈheil, egˈzeil] «源自拉丁文「呼出氣」之義» —*v.t.* **1** 吐出，呼出〈氣息等〉(↔ inhale)：He ~*d* cigarette smoke *from* his nostrils. 他從鼻孔吐出(香煙的)煙。**2** 散發〈蒸氣〉，散出〈香氣等〉：He ~*d* the pungent [strong] odor of garlic. 他散發出刺鼻的[濃烈的]大蒜味。
—*v.i.* **1** 吐氣。**2** 散發。

***ex·haust** [ɪgˋzɔst; igˈzɔ:st] «源自拉丁文「舀出水」之義» —*v.t.*〔十受〕**1 a** 用盡〈資源、體力等〉《★常用被動語態》：~ one's money 把錢用光/My energy [patience] *is* ~*ed.* 我筋疲力竭[忍不下去]了。**b** 騰空〈容器〉；汲乾〈水井〉。
2 a 使〈人〉筋疲力竭；使〈國力〉衰竭《★常以過去分詞當形容詞用；⇨ exhausted 2》：The heavy work ~*ed* me. 粗重的工作使我筋疲力竭/The long war ~*ed* the country. 長期的戰爭使該國民窮財竭。**b**〔~ one*self*〕使自己疲憊。
3 詳盡地研究[闡述]〈研究題目等〉。
—*n.* **1** Ⓤ排出的氣體[廢氣]：automobile ~ 汽車排出的廢氣。
2 (又作 **exháust pìpe**)Ⓒ(引擎的)排氣管。

ex·háust·ed *adj.* **1 a** 用盡的，耗盡的，枯竭的。**b**〈水井等〉汲乾的，乾涸的。**2 a** 疲憊的，筋疲力竭的：~ players 筋疲力竭的選手。**b**〔不用在名詞前〕〔十介十(代)名〕〔因…而〕疲憊的，筋疲力竭的〔*by, from, with*〕：We were ~ ***by*** the climb up the hill. 我們因爬上那座小山而筋疲力竭/We were [felt] quite ~ ***with*** the toil. 我們因那件辛苦的工作而感到十分疲憊。

exháust fùmes *n. pl.* 排出的氣體[廢氣]。

exháust gàs *n.* Ⓤ = exhaust fumes《★比較 引擎排出的廢氣一般稱 exhaust gas, automobile exhaust，其他的廢氣一般用 exhaust fumes》.

ex·haust·i·ble [ɪgˋzɔstəbḷ; igˈzɔ:stəbl] *adj.* 會枯竭的，會用盡的。

ex·háust·ing *adj.* **1** 消耗性的。**2** 使(身心)疲憊的：a long and ~ journey 長而累壞人的旅行。~**·ly** *adv.*

ex·haus·tion [ɪgˋzɔstʃən; igˈzɔ:stʃən] «exhaust 的名詞» —*n.* Ⓤ **1**〔財富、資源等的〕用盡，耗盡，枯竭〔*of*〕：~ *of* the soil 土壤的養分耗盡。**2** (極度的)疲憊：mental ~ 精神上的疲勞/He is in a state of ~. 他在疲憊狀態中。

ex·haus·tive [ɪgˋzɔstɪv; igˈzɔ:stiv] *adj.* 徹底的，無遺漏的：~ inquiries [research] 徹底的調查[詳盡的研究]。
~**·ly** *adv.* ~**·ness** *n.*

ex·haust·less [ɪgˋzɔstlɪs; igˈzɔ:stlis] *adj.* 取之不盡的；用之不竭的；無盡藏的。

ex·hib·it [ɪgˋzɪbɪt; igˈzibit] «源自拉丁文「提出」之義» —*v.t.* **1**〔十受(十介十(代)名)〕展示，展出，陳列…〔於…〕〔*at, in*〕(⇨ show【同義字】)：~ goods ***in*** a show window 將貨品展示於櫥窗中/~ new automobiles ***at*** an auto show 在汽車展覽會上展出新車。**2**〔十受〕表示，顯示〈感情、性質、徵兆等〉：The tree ~*ed* signs of decay. 那棵樹顯出腐蛀的跡象/She ~*ed* no interest. 她表示不感興趣。—*v.i.* 舉辦展示會[展覽]，展出作品。
— [ɪgˋzɪbɪt; igˈzibit, ˈegzibit] *n.* Ⓒ **1** (博物館等的)展覽品，陳列品。**2**《美》展覽會。**3**《法律》證物，證件。

***ex·hi·bi·tion** [ˏɛksəˋbɪʃən; ˏeksiˈbiʃn] «exhibit 的名詞» —*n.* **1** Ⓒ展覽會，展示會，評選會，博覽會：a competitive ~ 評選會/an ~ of photographs [antique cars] 攝影展[古董汽車展示會]。
2 Ⓤ〔又作 **an** ~〕展示，公開，展覽；表示〔*of*〕：a good opportunity for the ~ *of* one's talents 展示[發揮]才能的好機會。
3 Ⓒ《英》獎學金(⇨ scholarship【說明】)。
4 Ⓒ(又作 **exhibítion gàme** [**màtch**])示範比賽。
màke an exhibítion of onesèlf(做蠢事而使自己)丟臉，出洋相。
on exhibítion 展出[展覽]中。

èx·hi·bí·tion·er [-ʃənɚ; -ʃṇə] *n.* Ⓒ《英》獲得獎學金的學生。

èx·hi·bí·tion·ism [-ʃənˏɪzəm; -ʃənizəm] *n.* Ⓤ **1** 表現癖；風頭主義。**2**《醫》下體裸露癖。

èx·hi·bí·tion·ist [-ʃənɪst; -ʃənist] *n.* Ⓒ **1** 好出風頭者，風頭主義者。**2**《醫》下體裸露癖患者。
—*adj.* **1** 好出風頭的，好表現的。**2** 患下體裸露癖的。

ex·hib·i·tor, ex·híb·it·er [-tɚ; -tə] *n.* Ⓒ **1** 展覽[展示]者。**2**《美》電影院老闆[經營者]。

ex·hil·a·rate [ɪgˋzɪləˏret; igˈziləreit] *v.t.* 使〈人〉興高采烈，使〈心情〉快活《★常用被動語態，變成「變快活」的意思；介系詞爲 *by, at*》：He *was* ~*ed* ***by*** [***at***] the thought of his forthcoming trip. 他想到即將到來的旅行，就興高采烈。

ex·híl·a·ràt·ing *adj.* 使氣氛歡樂的，令人快活的；令人興奮的：~ news 令人興奮的消息/with ~ speed 以令人興奮的速度。
~**·ly** *adv.*

ex·hil·a·ra·tion [ɪgˏzɪləˋreʃən; igˏziləˈreiʃn] «exhilarate 的名詞» —*n.* Ⓤ興高采烈，快活；興奮。

ex·hort [ɪgˋzɔrt; igˈzɔ:t] *v.t.*《文語》**1**〔十受十*to* do〕熱心地勸〈人〉〈做…〉：He ~*ed* his workers *to* increase production. 他力勸自己的工人增加生產/He is always ~*ing* us *to* work harder for a lower salary.《諷刺》他總是勸我們爲了再低的薪水也得更賣力地工作。**2**〔十受十介十(代)名〕熱心地勸〈人〉〔做…〕〔*to*〕：The preacher ~*ed* the audience ***to*** good deeds. 傳道者力勸聽衆行善。

ex·hor·ta·tion [ˏɛgzɔrˋteʃən, ˏɛksɚ-, -ɔrˋteʃən; ˏeksɔ:ˈteiʃn, ˏegzɔ:-] «exhort 的名詞» —*n.* ⓊⒸ熱心的勸告，獎勵。

ex·hor·ta·tive [ɪgˋzɔrtətɪv; igˈzɔ:tətiv] «exhort 的形容詞» —*adj.* 勸告(性)的，獎勵的。

ex·hor·ta·to·ry [ɪgˋzɔrtəˏtorɪ, -ˏtɔrɪ; igˈzɔ:tətəri] *adj.* = exhortative.

ex·hu·ma·tion [ˏɛkshjuˋmeʃən; ˏekshju:ˈmeiʃn] «exhume 的名詞» —*n.* ⓊⒸ(屍體等的)挖掘；發掘。

ex·hume [ɪgˋzjum, ɪkˋsjum, -um; igˈzju:m, eksˈhju:m] «源自拉丁文「挖出地面」之義» —*v.t.* **1** 挖掘〈屍體等〉。**2** 公開，發掘，掘出〈被世人遺忘的東西〉。

éx·i·gence [-dʒəns; -dʒəns] *n.* = exigency.

ex·i·gen·cy [ˋɛksədʒənsɪ; ˈeksidʒənsi] «exigent 的名詞» —*n.* **1** ⓊⒸ迫切，危急，緊急情況：in this ~ 在這(危急的)關頭。**2** Ⓒ〔常 ~**exigencies**〕緊急事件；急切需要〔*of*〕.

ex·i·gent [ˋɛksədʒənt; ˈeksidʒənt] *adj.* **1**〈事態等〉危急的，急迫的。**2 a** 不斷要求的，糾纏不休的。**b**〔不用在名詞前〕〔十介十(代)名〕不斷要求〔…〕的〔*of*〕.

ex·ig·u·ous [ɪgˋzɪgjuəs; igˈzigjuəs] *adj.*《文語》些許的，稀少的，貧乏的。~**·ly** *adv.* ~**·ness** *n.*

ex·ile [ˋɛgzaɪl, ˋɛksaɪl; ˈegzail, ˈeksail] *n.* **1** Ⓤ〔又作 **an** ~〕放逐國外；亡命，流亡國外：go into ~ 被放逐，流亡/in ~ 被放逐的，流亡的/after *an* ~ of ten years 歷經十年的放逐[流亡]之後。**2** Ⓒ被放逐的人；亡命者，流亡者。

—*v.t.* **1** 〔十受(十介十(代)名)〕將〈人〉〔由…〕放逐國外〔*from*〕(⇨ expel 2 b【同義字】): He was ~*d from* his own country. 他被逐出自己的國家。**2** 〔十受〕〔~ one*self*〕亡命，流亡，離鄉背井。

Ex·im·bank [ˋɛksɪmˏbæŋk; 'eksimbæŋk] *n.* 美國進出口銀行《原名 Export-Import Bank of Washington, 1968 年改稱 Export-Import Bank of the United States 之略》。

‡ex·ist [ɪgˋzɪst; ig'zist] «源自拉丁文「站在外面」之義» —*v.i.* **1 a** 存在，有: Some people believe that ghosts ~. 有的人相信鬼魂存在。**b**〔十副詞(片語)〕存在，出現(於特殊的條件或場所): Such things ~ only *in* fancy. 那樣的事只存在於幻想中。**2 a**〈人〉生存，活著: We cannot ~ without air. 我們沒有空氣就不能生存。**b**〔十介十(代)名〕〈人〉〔靠…〕(勉强)過活〔*on*〕: ~ *on* one's pension 靠養老金過日子。

***ex·is·tence** [ɪgˋzɪstəns; ig'zistəns] «exist 的名詞» —*n.* **1** Ⓤ存在: believe in the ~ of ghosts [God] 相信鬼[神]的存在/bring [call] ...into ~ 使…產生，使…發生，使…生出；使…成立/come into ~《文語》產生；成立/in ~ 現存的，存在着的/go [pass] out of ~ 滅亡，消失/put...out of ~ 使…滅絕；殺死…。**2** Ⓤ生存，生活: the struggle for ~ 生存競爭。**3** [an ~]生活情況: *a* bachelor ~ 單身生活/lead *a* happy [miserable] ~ 過快樂的[悲慘的]生活。

ex·is·tent [ɪgˋzɪstənt; ig'zistənt] *adj.* **1** 現存的；既成的。**2** 現行的，目前的: under the *existing* circumstances 在目前的情勢下。

ex·is·ten·tial [ˏɛgzɪsˋtɛnʃəl; ˏegzi'stenʃl] *adj.* 有關存在的；存在(主義)的。

èx·is·tén·tial·ism [-ʃəlˏɪzəm; -ʃəlizəm] *n.* Ⓤ《哲》存在主義。

èx·is·tén·tial·ist [-ʃəlɪst; -ʃəlist] *n.* Ⓒ存在主義者。
—*adj.* 存在主義(者)的。

ex·ist·ing *adj.* =existent.

***ex·it**[1] [ˋɛgzɪt, ˋɛksɪt; 'egzit, 'eksit] *n.* Ⓒ **1** (公共建築物、高速道路等的)出口《★比較《英》多用 way out》: an emergency ~ 緊急出口。**2** 《戲劇》退場(↔ entrance)。**3** 外出[出境](的自由): an illegal ~ 偷渡[非法]出境/⇨ exit visa.
—*v.i.* 〈人〉退出，離去。

ex·it[2] [ˋɛgzɪt, ˋɛksɪt; 'egzit, 'eksit] «源自拉丁文 'he [she] goes out' 之義» —*v.i.* [E~]《戲劇》退場《★在劇本的舞台指導中，用於單數的主詞前面；↔ enter; cf. exeunt》: *E~* Hamlet. 哈姆雷特退場《★比較現在常用 Hamlet ~*s*.》。

éxit visa *n.* Ⓒ出境簽證(↔ entry visa)。

ex li·bris [ɛksˋlaɪbrɪs; eks'laibris] «源自拉丁文 'from the library' 之義» —*prep.* 屬於…的藏書: ~ Thomas Hill 湯瑪斯・希爾藏書。—*n.* Ⓒ(*pl.* ~)藏書簽。

ex·o·bi·ol·o·gy [ˏɛksəbaɪˋɑlədʒɪ; ˏeksəbai'ɔlədʒi] *n.* Ⓤ外(層)空(間)生物學，宇宙生物學《生物學之一分支，探索地球外存在生物的可能性》。

ex·o·cen·tric [ˏɛksoˋsɛntrɪk; ˏeksə'sentrik] *adj.* 《語言》離心(結構)的。

Exod. 《略》《聖經》Exodus.

ex·o·dus [ˋɛksədəs; 'eksədəs] «源自希臘文「外出」之義» —*n.* **1** Ⓒ[用單數](成羣的)外出；(移民等的)出國〔*of, from*〕。**2 a** [the E~](以色列人的)離開，退出。**b** [E~]《聖經》出埃及記《聖經舊約中的一書；略作 Exod.》。

ex of·fi·ci·o [ˏɛksəˋfɪʃɪˏo; ˏeksə'fiʃiou] «源自拉丁文 'from office' 之義» —*adv.* 職權上。
—*adj.* 依據[出於]職權的；職權上兼其他職位[職務]的: an ~ member (職務上擔任的)當然委員。

ex·og·a·mous [ɛksˋɑgəməs; ek'sɔgəməs] «exogamy 的形容詞» —*adj.* 異族通婚的。

ex·og·a·my [ɛksˋɑgəmɪ; ek'sɔgəmi] *n.* Ⓤ異族通婚(↔ endogamy)。

ex·on·er·ate [ɪgˋzɑnəˏret; ig'zɔnəreit] *v.t.* 〔十受(十介十(代)名)〕使〈人〉免於〔責難、罪責〕〔*from*〕: ~ a person *from* blame 使人免於責難。

ex·on·er·a·tion [ɪgˏzɑnəˋreʃən; igˏzɔnə'reiʃn] *n.*

ex·or·bi·tance [ɪgˋzɔrbətəns; ig'zɔ:bitəns] «exorbitant 的名詞» —*n.* Ⓤ(要求、價格等的)過分，過度，過高。

ex·or·bi·tant [ɪgˋzɔrbətənt; ig'zɔ:bitənt] «源自拉丁文「脫軌的」之義» —*adj.* 〈慾望、要求、價格等〉過分的，離譜的，荒唐的。~**·ly** *adv.*

ex·or·cise [ˋɛksɔrˏsaɪz; 'eksɔ:saiz] *v.t.* **1** (藉由祈禱、魔法)驅逐〈惡鬼、妖魔〉。**2** 將惡鬼[妖魔]從〈人、場所〉驅除，祓除〈人、場地〉的邪怪。**3** 消除，拂去〈邪念、感情等〉。

ex·or·cism [ˋɛksɔrˏsɪzəm; 'eksɔ:sizəm] *n.* ⓊⒸ伏[降]魔，驅邪，避邪。

éx·or·cist [-sɪst; -sist] *n.* Ⓒ驅邪者，伏魔師。

ex·or·cize [ˋɛksɔrˏsaɪz; 'eksɔ:saiz] *v.* =exorcise.

ex·or·di·um [ɪgˋzɔrdɪəm, ɪkˋs-; eg'zɔ:diəm, ek's-] *n.* Ⓒ(*pl.* ~**s**, **-di·a** [-dɪə; -diə]) **1** 開端；肇始。**2** 序言；緒論。

ex·o·sphere [ˋɛksoˏsfɪr; 'eksəsfiə] *n.* [the ~]《氣象》外氣層《大氣層中高度約 1000 公里以上的部分》。

ex·o·ter·ic [ˏɛksəˋtɛrɪk; ˏeksə'terik] *adj.* **1** 〈教義、說法等〉外行人也能懂的(↔ esoteric)。**2** 開放性的；通俗(性)的。

èx·o·tér·i·cal·ly [-klɪ; -kəli] *adv.*

ex·ot·ic [ɪgˋzɑtɪk; ig'zɔtik] «源自希臘文「外國的」之義» —*adj.* (**more** ~; **most** ~) **1** (無比較級、最高級)異國情調[風味]的，奇異的。**2** 〈動植物等〉外國產的，外來的《★常指熱帶產者；↔ indigenous, endemic》。**ex·ót·i·cal·ly** [-klɪ; -kəli] *adv.*

ex·ot·i·cism [ɪgˋzɑtəˏsɪzəm; ig'zɔtisizəm] *n.* Ⓤ異國風味；異國情調。

exp. 《略》expense(s); export(ed); exportation; express.

***ex·pand** [ɪkˋspænd; ik'spænd] «源自拉丁文「向外擴大」之義» —*v.t.* **1** 張開，展開: **a**〔十受〕張開〈翼、帆、葉等〉: The eagle ~*ed* its wings before flying. 老鷹在起飛前先展開它的翅膀。**b**〔十受〕擴大，擴張，擴充〈…(的範圍、大小)等〉: ~ one's vocabulary 增加自己的字彙/He was trying to ~ his business. 他(當時)正在努力擴展自己的事業。**c**〔十受〕使〈體積等〉膨脹；使〈胸部〉鼓起。**d**〔十受〕展開〈議論等〉。**e**〔十受十介十(代)名〕把…擴大[詳述]〔成…〕〔*into*〕: *E~* this one sentence *into* a paragraph. 把這個句子擴增成一段文章。**2** 〔十受〕《數學》展開…。
—*v.i.* **1** 展開，擴大；〈花蕾、花〉綻放，綻開: The city is ~*ing.* 該城市正在擴展。

【同義字】expand 是意指大小、量等因內部力量而變大的最普通用語；extend 指在長度方面的擴大；swell 指體積變得非常大。

2 鼓起，膨脹: Mercury ~*s with* heat. 水銀遇熱則膨脹。**3** 〔十介十(代)名〕發展〔成…〕〔*into*〕: The small college has ~*ed into* a big university. 那所小學院已發展成一所頗具規模的大學。**4 a** 〈臉〉綻開笑容: He said this with his face ~*ing in* a bland smile. 他這樣說着，臉上綻開了溫和的笑容。**b** 〈人〉變得和藹；變得寬宏大量。**5** 〔十介十(代)名〕更詳盡地闡述，詳說〔…〕〔*on, upon*〕: ~ *on* one's opinion 更詳盡地陳述自己的意見。

ex·panse [ɪkˋspæns; ik'spæns] «源自 expand» —*n.* Ⓒ[常 ~s](陸、海、空等的)廣袤，浩瀚；寬闊的地方〔*of*〕: an ~ *of* water [snow] 茫茫一片的水面[雪地]/the boundless ~ *of* the Pacific 一望無際的太平洋。

ex·pan·si·bil·i·ty [ɪkˏspænsəˋbɪlətɪ; ikˏspænsə'biləti] *n.* Ⓤ膨脹性；擴展性。

ex·pan·si·ble [ɪkˋspænsəbl; ik'spænsəbl] *adj.* **1** 可伸張的，可擴展的。**2** 會[易]膨脹的。**3** 有發展性的。

ex·pan·sile [ɪkˋspænsɪl; ik'spænsail] *adj.* **1** 擴張[擴大]的，能擴張[擴大]的。**2** 膨脹性的。

***ex·pan·sion** [ɪkˋspænʃən; ik'spænʃn] «expand 的名詞» —*n.* **1** Ⓤ **a** 擴大，擴張；發展〔*of*〕: the ~ *of* armaments 軍備的擴充。**b** 膨脹〔*of*〕: the ~ *of* a gas 氣體的膨脹。**c** 伸展，展開〔*of*〕: the ~ *of* a bird's wings 鳥的展翅。**2** Ⓒ被擴大[擴張]的事物: His book is an ~ *of* his article. 他的書是由他的論文擴寫而成的。**3** 《數學》**a** Ⓤ展開。**b** Ⓒ展開式。

ex·pan·sion·ar·y [ɪkˋspænʃəˏnɛrɪ; ik'spænʃnəri] *adj.* 有擴張傾向的，趨於擴張的: an ~ economy 擴展性經濟。

ex·pán·sion·ism [-ʃənˏɪzəm; -ʃənizəm] *n.* Ⓤ擴張主義[政策]，(通貨的)膨脹主義[政策]。

ex·pán·sion·ist [-ʃənɪst; -ʃənist] *n.* Ⓒ擴張[膨脹]主義者；領土擴張主義者。
—*adj.* 擴張[膨脹]主義(者)的。

ex·pan·sive [ɪkˋspænsɪv; ik'spænsiv] «expand 的形容詞» —*adj.* **1 a** 有膨脹力的，膨脹性的。**b** 擴張性的；展開性的。**2** 寬闊的，廣闊的(broad)。**3** 〈人〉心胸寬大的，胸襟開闊的；開放性的，闊達的，開朗的，豪爽的。~**·ly** *adv.* ~**·ness** *n.*

ex par·te [ɛksˋpɑrtɪ; ˏeks'pɑ:ti] «源自拉丁文» —*adj.* & *adv.* 《法律》單方面的[地]，片面的[地]；偏袒一方的[地]: an ~ statement 片面之詞/The matter was discussed ~ by propagandists on both sides. 雙方宣傳人員對討論之事各執一端。

ex·pa·ti·ate [ɪkˋspeʃɪˏet; ek'speiʃieit, ik-] *v.i.* 〔十介十(代)名〕詳述[細說]〔…事〕〔*on, upon*〕: She ~*d on* the thrills of her trip. 她詳述她旅行中刺激驚險的事。

ex·pa·ti·a·tion [ɪkˏspeʃɪˋeʃən; ekˏspeiʃi'eiʃn, ik-] «expatiate 的名詞» —*n.* ⓊⒸ詳細的說明，細說[詳述]。

ex·pa·tri·ate [ɛksˋpetrɪˏet; eks'peitrieit, -'pæt-] *v.t.* **1** 把〈人〉放逐到國外，剝奪…的國籍(⇨ expel 2 b【同義字】)。**2** 〔~ one*self*〕離開[背離]本國，脫離國籍。
—[-trɪɪt, -trɪˏet; -triit, -trieit, -triət] *n.* Ⓒ **1** 移居國外者，僑民。

2 流亡國外者。

—[-trɪɪt, -trɪˌet; -triit, -trieit, -triət] *adj.* 移居國外的，被放逐(國外)的。

ex·pa·tri·a·tion [ɛksˌpetrɪˈeʃən; eksˌpeitriˈeiʃn, -ˌpæt-] 《expatriate 的名詞》 —*n.* Ⓤ**1** 放逐國外；離開本國，寓居[移居]國外。**2** 《法律》脫離國籍。

‡**ex·pect** [ɪkˈspɛkt; ikˈspekt, ek-] 《源自拉丁文「看外面，盼望」之義》 —*v.t.* **1 預期**，期待(⇨ want A【同義字】)。

【說明】用以表示以相當的確信與理由預測某事即將發生，對於好事也有「期待」之意；對壞事，則也有「預料」之意。

a 〔十受〕(當作當然之事而)期待…，預期…，等待…，預計會有…：Don't ~ wonderful results. 不要期待有很好的結果/I *~ed* the worst. 我曾預期會有最壞的情形/We are all *~ing* you. 我們都在期盼著你來/The scenery was not so fine as we *~ed* [《文語》 as was *~ed*]. 景色並不如我們所期盼的那麼美。**b** 〔十受十副詞(片語)〕〈人〉期盼…要來的事《★接表示場所或時間的副詞子句》：*What time* do you ~ him *home*? 你想他什麼時候會回來？/I ~ him *back at* six. 我想他會在六點回家/We are *~ing* you *in* London on Tuesday. 我們星期二在倫敦等你來。**c** 〔十受(十介十(代)名)〕(視爲當然地)期待〔某人〕…；〔對某人〕寄予…的期待〔*of, from*〕：You are *~ing* too much ***of*** him. 你對他期望過多/As might be *~ed of* a gentleman, he was as good as his word. 就像紳士應該做的[不愧爲一名紳士]，他履行了諾言/What more can you ~ *of* [***from***] him. 你還能對他期待什麼呢？《更多的期待是辦不到的》。**d** 〔十*to* do〕預期〈要做…〉，打算〈做…〉《★不可用〔十do*ing*〕》：I ~ *to* be there this evening. 我打算今晚到那裏去/We ~ *to* arrive at Heathrow (Airport) at eight. 我們預計八點鐘到達希塞羅機場。**e** 〔十受十*to* do〕期待；期望，要求〈某人〉〈去做…〉：I am *~ing* him *to* come any moment. 我隨時都在等待他來/You cannot ~ him *to* do that. 你不能期望他做那件事/England *~s* every man *to* do his duty. 英國期望每一位國民盡他的義務《★出自納爾遜(Nelson)的話》。**f** 〔十*that*__〕認爲，期待〈…事〉《★用法子句中用未來式；★比較語氣較 I hope that .... 的句型强，對所期待之事帶有强迫的意味》：I ~ *that* you will come to our party. 我期待你會來參加我們的聚會/I ~ *that* you will obey. 我認爲你會服從《你一定會聽話的吧》。

2 《口語》〔十(*that*)__〕想〈…事〉：I ~ (*that*) you have been to Europe. 我想您去過歐洲吧/"Will [Has, Did] he come?"—"I ~ sò [I dòn't ~ sò=I ~ nòt]". 「他會來嗎[已經來了嗎，來過了嗎]？」「我想是的[我想還沒]。」《★用法so, not 係承前句內容而來，用以代替 that 子句》。

3 〔十受〕[用進行式]《口語》懷〈孩子〉：She *is ~ing* a baby. 她懷孕[有喜]了。

—*v.i.* [用進行式]《口語》懷孕，有喜：His wife *is ~ing*. 他的妻子(不久)要生孩子了。

ex·péc·tance [-təns; -təns] *n.* =expectancy.

ex·pec·tan·cy [ɪkˈspɛktənsɪ; ikˈspektənsi] 《expectant 的名詞》 —*n.* Ⓤ**1** 期待；期望〔*of*〕：with a look of ~ 以期待的表情。**2** (將來擁有的)可能性，預期：⇨ life expectancy.

ex·pec·tant [ɪkˈspɛktənt; ikˈspektənt] 《expect 的形容詞》 —*adj.* **1a** 期待的，盼望的，等待的：an ~ mother 孕婦。**b** [不用在名詞前]〔十介十(代)名〕期待著〔…〕的〔*of*〕：He is ~ ***of*** the bride. 他在期待着新娘。**2** 觀望情勢發展的，待機的：an ~ policy 觀望政策/an ~ attitude 旁觀[觀望]的態度。

—*n.* Ⓒ**1** 期待者，預期者。**2** (官職等的)預定任用者。

~·**ly** *adv.*

***ex·pec·ta·tion** [ˌɛkspɛkˈteʃən; ˌekspekˈteiʃn] 《expect 的名詞》 —*n.* **1** Ⓤ[有時 ~s] **a 預期**，預料，期待〔*of*〕《★用法與 expect v.t. 1 同》：according to ~ 如所預料/against [contrary to] (all) ~(*s*) 與預期相反，(事)與願違/beyond (all) ~(*s*) 料想不到地，出乎意料地/in ~ *of*... 預料，預期…/There is no [little, every] ~ *of* a good harvest. 全無[幾乎沒有，大有]豐收的希望。**b**〔十*that*__〕〈對…事的〉期待，預料：in the ~ *that* he will help us 期待他會幫助我們/There is some ~ *that* the prime rate will soon be lowered. 預期最優惠利率不久會下降。

2 [~s] **a** 期待[預料]的事，期待的目標[對象]：come up to a person's *~s* 不辜負某人的期望《如某人所期望》/fall short of a person's *~s* 辜負某人的期望《不如所望》。**b** (有繼承希望的)遺產。

expectátion of lífe =life expectancy.

ex·pec·to·rant [ɪkˈspɛktərənt; ekˈspektərənt] *adj.* 《醫》祛痰的。

—*n.* ⓊⒸ祛痰劑。

ex·pec·to·rate [ɪkˈspɛktəˌret; ekˈspektəreit] 《源自拉丁文「自胸部出來」之義》 —*v.t.* 《委婉語》吐出〈痰、血等〉。

—*v.i.* 吐痰[血]。

ex·pec·to·ra·tion [ɪkˌspɛktəˈreʃən; ekˌspektəˈreiʃn] 《expectorate 的名詞》 —*n.* **1** Ⓤ吐痰[血]。**2** Ⓒ吐出的東西《痰、血等》。

ex·pe·di·ence [ɪkˈspidɪəns; ikˈspi:diəns] 《expedient 的名詞》 —*n.* **1** Ⓤ權宜，方便。**2** Ⓤ只顧私利，權宜主義，權宜之計。**3** =expedient.

ex·pe·di·en·cy [ɪkˈspidɪənsɪ; ikˈspi:diənsi] *n.* =expedience.

ex·pe·di·ent [ɪkˈspidɪənt; ikˈspi:diənt] *adj.* (**more** ~; **most** ~) **1** [不用在名詞前] (不道德但對達成自己的目的)**方便的**，上策的：It is ~ that he should go. 他去才是上策《★用法《口語》多半不用 should》。**2** 權宜主義的，功利性的：~ means 應急的手段，權宜之計。

—*n.* Ⓒ(爲某種目的而臨時採取的)手段，權宜作法，(臨機的)處置：a temporary ~ 權宜之計，臨時辦法/resort to an ~ 採取權宜作法。~·**ly** *adv.*

ex·pe·dite [ˈɛkspɪˌdaɪt; ˈekspidait] 《源自拉丁文「解開脚上的」(脚鐐)之義》 —*v.t.* 《文語》**1** 促進，加速〈行動，計畫〉。**2** 迅速做好〈工作〉，速辦。

ex·pe·dit·er [ˈɛkspɪˌdaɪtɚ; ˈekspidaitə] *n.* Ⓒ**1** (政府、工廠等僱用之)加速完成複雜計畫之人。**2** 官方聲明[決定]的發布人。

***ex·pe·di·tion** [ˌɛkspɪˈdɪʃən; ˌekspiˈdiʃn] *n.* **1** Ⓒ**a** 遠征；(探險、學術研究等有一定目的的)旅行，探險旅行：an exploring ~ 探險旅行/go on an ~ 去探險[遠征]/make an ~ 遠征，探險。**b** 遠征隊，探險隊：a member of the Antarctic ~ 南極探險隊隊員。**2** Ⓤ《文語》急速，迅速：use ~ 趕快，從速/with ~ 迅速地，趕緊。

ex·pe·di·tion·ar·y [ˌɛkspɪˈdɪʃənˌɛrɪ; ˌekspiˈdiʃənəri] 《expedition 的形容詞》 —*adj.* 遠征的：an ~ force 遠征軍。

ex·pe·di·tious [ˌɛkspɪˈdɪʃəs; ˌekspiˈdiʃəs⁻] 《expedite 的形容詞》 —*adj.* 急速的，迅速的：an ~ messenger 緊急使者。

~·**ly** *adv.* ~·**ness** *n.*

ex·pel [ɪkˈspɛl; ikˈspel] 《源自拉丁文「向外推出」之義》 —*v.t.* (**ex·pelled**; **ex·pel·ling**) **1** 〔十受(十介十(代)名)〕〔由…〕吐出，排出〈氣體、氣〉；射出〈子彈等〉〔*from*〕：~ a heavy sigh 大大地嘆口氣 / ~ air ***from*** the lungs 從肺裏排出空氣。

2 〔十受(十介十(代)名)〕**a** 將…逐出〔…〕；驅趕，驅逐…〔*from*〕：We managed to ~ the enemy ***from*** the trench(es). 我們終於把敵人趕出戰壕。

【同義字】exile 指因政治上的理由而將人驅逐出境；deport 是把不受歡迎的外國人驅逐出境；expatriate 是指用權勢、法律的力量將人逐出祖國；banish 是指爲處罰某人而將其放逐國外。

b 將〈人〉〔從學校〕開除；〔從團體等〕將〈人〉免職〔*from*〕：The boy was *expelled* ***from*** school. 那個男生被學校開除了。

ex·pel·lee [ˌɛkspɛˈli; ˌekspeˈli:] *n.* Ⓒ被驅逐出境者；被開除者。

ex·pel·lent [ɪkˈspɛlənt; ikˈspelənt] *adj.* 驅除的；有驅逐力的；有排毒性的。

—*n.* Ⓒ驅除劑；排毒劑。

ex·pel·ler [ɛkˈspɛlɚ; ekˈspelə] *n.* Ⓒ**1** 驅除者，開除者。**2** 榨油機。

ex·pend [ɪkˈspɛnd; ikˈspend] 《源自拉丁文「計算(支付)金錢」之義》 —*v.t.* **1** 〔十受十介十(代)名〕**花費**，消耗〈時間、勞力等〉〔在…上〕〔*on, upon, in*〕《★比較較 spend 爲拘泥的用語；尤指時間、金錢的花費時要用 spend》：We *~ed* much time and effort ***on*** the experiment. 我們在該項實驗上花費了不少時間和精力/We *~ed* a great deal of time and care ***in*** do*ing* the work. 我們做那件事花了許多時間和心血。**2** 〔十受〕把…用光，用盡。

ex·pend·a·ble [ɪkˈspɛndəbl; ikˈspendəbl] *adj.* **1** 可消費[消耗]的：~ office supplies 辦公用消耗品。**2** 《軍》〈戰略用兵力、設備、物資等〉可犧牲的，消耗用的。

—*n.* Ⓒ[常 ~s]消耗品。

***ex·pen·di·ture** [ɪkˈspɛndɪtʃɚ; ikˈspenditʃə] 《expend 的名詞》 —*n.* **1** Ⓤ[又作 **an** ~]**支出**；消費，浪費〔*of, on*〕：annual ~ 歲出/current [extraordinary, contingent] ~ 經常[臨時]支出/revenue and ~ 收支/ ~ *of* time 時間的消耗。

2 ⓊⒸ經費，費用，開支；消費量，支出額〔*of, on*〕：a large ~ *of* money *on* armaments 巨額的軍費/an annual ~ of ten billion pounds 一百億[《英》十兆]英鎊的歲出。

***ex·pense** [ɪkˈspɛns; ikˈspens] 《源自拉丁文「支出的(錢)」之義》 —*n.* **1** Ⓤ[又作 **an** ~](金錢、時間、勞力的)**花費**，費用：at great [little] ~ 以巨大費用[幾乎不花錢地]/at *an* ~ of 100 dollars 以一百美元的費用/spare no ~ 不惜花費/put a person to ~ 使人花錢，使人散財，使人負擔費用。

2 [~s；與修飾語連用]…用的經費，…費：school *~s* 學費/traveling *~s* 旅費。

3 [**an** ~]很花錢的事物：Repairing a house is *an* ~. 修房子是很花錢的事。

at ány expénse (1)不論花費多少。(2)不惜任何代價，不惜任何犧牲(at any cost).

at a person's **expénse**⑴以某人的費用。⑵使某人受損[添麻煩]，犧牲某人：They laughed *at* his ～. 他們嘲弄他[拿他開玩笑]。

at one's (ówn) expénse⑴自費：He published the book *at* his *own* ～. 他自費出版了那本書。⑵犧牲自己。

at the expénse of ... 犧牲…，以…爲代價：*at the* ～ *of* one's health 以犧牲自己的健康。

expénse accòunt *n.* Ⓒ(薪俸以外由公司支給的)津貼，交際費；報銷帳單。

expénse-accòunt *adj.* [用在名詞前](公司等的)(報)交際費的，報帳的：an ～ dinner(公司用)報交際費的晚餐。

***ex·pen·sive** [ɪk'spensɪv; ik'spensiv, ek-] *adj.* (**more** ～；**most** ～)昂貴的，費用浩大的，費錢的(⇨ inexpensive)：an ～ dress [restaurant] 昂貴的女裝[餐廳]/The battle proved ～ (從各種意義來說)那一場戰爭付出了高昂的代價。～**·ness** *n.*

【同義字】expensive 指物品的價格高出物品的價值或購買者財力的；costly 指物品優良或珍奇而價格高的。

ex·pén·sive·ly *adv.* 花費昂貴[龐大]地：She was ～ dressed. 她穿着奢華。

‡**ex·pe·ri·ence** [ɪk'spɪrɪəns; ik'spiəriəns] 《源自拉丁文「嘗試」之義》 —*n.* **1** Ⓤ**經驗，體驗**：know *by* [*from*] ～ that ... 由經驗得知…事/gain ～ 累積經驗/a man of great [long, ripe] ～ 極有[有多年, 有豐富]經驗的人/He has no [not much] ～ *in* [*of*] salesmanship [*in*[*of*] teach*ing* English]. 他沒有[沒多少]推銷的[教授英語的]經驗。

2 Ⓒ(具體的)經驗，體驗：have [be] a pleasant [trying] ～ 有[是]一次快樂的[艱苦的]經歷。

—*v.t.* 〔十受〕**經驗，經歷，體驗**…：～ great hardships 歷經艱辛。

ex·pe·ri·enced [ɪk'spɪrɪənst; ik'spiəriənst] *adj.* (**more** ～；**most** ～) **1 a 有經驗的**，經驗豐富的：an ～ teacher 有經驗的老師。**b** [不用在名詞前]〔十介十(代)名〕〔對…〕有經驗的，經驗豐富的〔*in*〕：I am not yet ～ ***in*** teaching. 我尙缺乏教學經驗。

2 老練的：have an ～ eye 眼光好，見識高，看得準。

ex·pe·ri·en·tial [ɪkˌspɪrɪ'ɛnʃəl; ikˌspiəri'enʃl] 《experience 的形容詞》 —*adj.* 經驗(上)的，由經驗得來的，來自經驗的：～ philosophy 經驗哲學。

‡**ex·per·i·ment** [ɪk'spɛrəmənt; ik'sperimənt, ek-] 《源自拉丁文「嘗試」之義》 —*n.* **1a**Ⓒ(科學上的)**實驗**〔*in, on, with*〕《★比較 實際試驗機器、炸彈等的實驗是 test》：in a medical ～ 在一次醫學實驗中/conduct [do, carry out, make] an ～ *in* chemistry 做化學實驗/an ～ *with* models 用模型實驗/He made ～*s on* animals. 他以動物做實驗。**b** Ⓤ(做)實驗：test ... by [through] ～ 以實驗檢查[確定]…/*E*～ has shown that .... 實驗顯示…。

2 Ⓒ(實地的)嘗試〔*of*〕：We tried eating *sushi* as an ～. 我們試嚐一下壽司。

—[-ˌmɛnt; -ment] *v.i.* 〔動(十介十(代)名)〕做〔…的〕**實驗**；〔用…〕進行試驗〔*on, upon, with*〕《★用法 on, upon 用於主要以生物爲直接對象時，with指使用…(做實驗)》：～ ***with*** electricity 用電做實驗/～ ***on*** animals *with* a new medicine 用新藥做動物實驗。

***ex·per·i·men·tal** [ɪkˌspɛrə'mɛntl; ikˌsperi'mentl, ekˌs-] 《experiment 的形容詞》 —*adj.* (**more** ～；**most** ～) **1 實驗的**，根據實驗的；實驗性的：～ psychology 實驗心理學。**2** (無比較級、最高級)實驗用的：～ animals 實驗用動物。

～**·ly** [-tlɪ; -təli] *adv.*

ex·pèr·i·mén·tal·ìsm [-tlˌɪzəm; -təlizəm] *n.* Ⓤ實驗主義；經驗主義(empiricism).

ex·pèr·i·mén·tal·ist [-tlɪst; -təlist] *n.* Ⓒ實驗[經驗]主義者。

ex·per·i·men·ta·tion [ɪkˌspɛrəmɛn'teʃən; ikˌsperimen'teiʃn, ekˌs-] *n.* Ⓤ實驗；實驗法。

ex·pér·i·mènt·er *n.* Ⓒ實驗者。

expériment stàtion *n.* Ⓒ實驗站，試驗所。

***ex·pert** ['ɛkspɝt; 'ekspəːt] *n.* Ⓒ**熟練者**，內行人；**專家**〔*at, in, on*〕：a mining ～ 採礦專家/an ～ *in* economics 經濟學專家/an ～ *at* skiing 滑雪好手/an ～ *on* the population problem 人口問題專家。

—[ɪk'spɝt, 'ɛkspɝt; 'ekspəːt, ek'spəːt, ik'spəːt] *adj.* **1a** 熟練的，老練的：an ～ engineer [typist] 熟練的工程師[打字員]/an ～ marksman 射擊好手。**b** [不用在名詞前]〔十介十(代)名〕〔對…〕熟練的，老練的〔*at, in, with*〕：He has become ～ ***at*** figures [***in*** driv*ing* a car, ***with*** a rifle]. 他已能熟練計算[熟練駕車，熟練使用來復槍]。

2 (根據)內行人的，專家的，專門的：～ advice 專家的建議/～ evidence 鑑定人[專家]證據。

～**·ly** *adv.* ～**·ness** *n.*

ex·per·tise [ˌɛkspɚ'tiz; ˌekspə'tiːz] *n.* **1** Ⓤ專門技術[知識]。**2** Ⓒ《英》專家的意見[報告]。

ex·pi·a·ble ['ɛkspɪəbl; 'ekspiəbl] *adj.* 可贖的；可補償的：an ～ wrong 可補償的冤屈。

ex·pi·ate ['ɛkspɪˌet; 'ekspieit] *v.t.* 抵償，補償；贖〈罪〉。

ex·pi·a·tion [ˌɛkspɪ'eʃən; ˌekspi'eiʃn] 《expiate 的名詞》 —*n.* Ⓤ贖罪，補償：in ～ *of* one's sin [crime] 以贖某人的罪。

éx·pi·à·tor [-tɚ; -tə] *n.* Ⓒ贖罪者，補償者。

ex·pi·a·to·ry ['ɛkspɪəˌtorɪ, -ˌtɔrɪ; 'ekspiətəri] *adj.* 贖罪的；補償的。

ex·pi·ra·tion [ˌɛkspə'reʃən; ˌekspi'reiʃn] 《expire 的名詞》 —*n.* Ⓤ**1** 吐氣，呼氣(作用)(↔ inspiration). **2** (期限、任期等的)屆滿：at the ～ *of* one's term of office [service] 在任期屆滿時。

ex·pir·a·to·ry [ɪk'spaɪrəˌtorɪ, -ˌtɔrɪ; ik'spaiərətəri] 《expire, expiration 的形容詞》 —*adj.* 呼氣的，吐氣的。

ex·pire [ɪk'spaɪr; ik'spaiə] 《源自拉丁文「(把氣)吐出」之義；cf. inspire》 —*v.i.* **1** 〈期限等〉屆滿，終止；〈權利等〉消失：My driving licence ～*s* next month. 我的駕駛執照下個月到期。**2** 《文語》氣絕，死亡。**3** 吐氣(↔ inspire).

—*v.t.* 把〈氣〉吐出。

ex·pi·ry [ɪk'spaɪrɪ, 'ɛkspərɪ; ik'spaiəri] *n.* Ⓤ《法律》〔期限的〕終止，屆滿〔*of*〕：at the ～ *of* the term 在期滿的時候。

‡**ex·plain** [ɪk'splen; ik'splein, ek-] 《源自拉丁文「使平(plain)」之義》 —*v.t.* **1** 說明：

【同義字】explain 是「說明」之意的最普通用語；expound 是專家有系統地解說；explicate 是學問上詳細地說明，較 expound 形式化。

a 〔十受〕解釋，說明〈事實、立場、意義等〉：The teacher ～*ed* the meaning of the word. 老師解釋那個字的意義。**b** 〔十受十介十(代)名〕〔向某人〕解釋，說明…〔*to*〕：Will you ～ the rule ***to*** me？你給我解釋一下這條規則好嗎？《★比較 不可說 Will you explain me the rule?》。**c** 〔(十介十(代)名)十*that*_〕〔向某人〕解釋，說明〈…事〉〔*to*〕：I ～*ed* (**to** them) *that* we could stay no longer. 我(向他們)說明我們不能再逗留了。**d** 〔(十介十(代)名)十*wh*._/十*wh*. _十*to* do〕〔向某人〕說明，解釋〈…〉〔*to*〕：He ～*ed* (**to** us) *what* we were expected *to* do. 他(向我們)說明要我們做的事/Please ～ *where* to begin and *how to* do it. 請說明從何處開始以及如何做。**e** 〔十受〕〔～ one*self*〕把自己的意思說清楚，表明自己的意圖：Let me ～ *myself*. 請讓我把我的想法[立場]說清楚《★用法 進一步說明自己的想法等之前的用語》。

2 a 〔十受〕將〈行爲等〉解釋明白：*E*～ your stupid conduct. 把你做蠢事的理由說清楚。**b** 〔十*why*_〕解釋[辯解]〈爲何…〉：*E*～ *why* you were late. 解釋你爲何遲到。**c** 〔十受〕〔～ one*self*〕爲自己的行爲作解釋，說明自己的心意[立場]。

—*v.i.* 說明；辯解：Wait! Let me ～. 等一下，聽我解釋。

expláin awáy 《*vt adv*》通過解釋消除〈疑懼等〉，以巧辯把…搪塞過去：Alcoholism cannot be ～*ed away as* a minor problem. 酗酒不能當作小問題搪塞過去。

ex·plain·a·ble [ɪk'splenəbl; ik'spleinəbl] *adj.* 可說明[解釋，辯明]的。

‡**ex·pla·na·tion** [ˌɛksplə'neʃən; ˌeksplə'neiʃn] 《explain 的名詞》 —*n.* ⓊⒸ**說明**；解釋；解釋清楚，辯解：by way of ～ 當作說明/in ～ *of* one's conduct 爲自己的行爲辯解/give the ～ *for* [*of*] one's resignation 說明辭職的理由。

ex·plan·a·to·ry [ɪk'splænəˌtorɪ, -ˌtɔrɪ; ik'splænətəri] 《explain, explanation 的形容詞》 —*adj.* **1** 說明的，解釋上的：～ notes 注釋/an ～ title(電影的)字幕。**2** [不用在名詞前]〔十介十(代)名〕有助於說明〔…〕的〔*of*〕：a preface (which is) ～ ***of*** the author's intention 有助於說明作者意旨的序文。**ex·plan·a·to·ri·ly** [ɪk'splænəˌtorəlɪ, -ˌtɔr-; ik'splænətərəli] *adv.*

ex·ple·tive ['ɛksplɪtɪv; ek'spliːtiv] *adj.* 僅作補充性的；附加的。

—*n.* Ⓒ**1a** 助詞，虛字《*It* rains./ *There* is no doubt .... 的 it, there 等》。**b** 無意義的感嘆詞《O dear! 等》。**2** (僅作强調用本身無意義的)詛咒語《damned, fuck, shit 等》。

ex·plic·a·ble ['ɛksplɪkəbl; ik'splikəbl, 'eksplikəbl] *adj.* [不用在名詞前] [常用於否定句]可說明的，可解釋的(↔ inexplicable)：His conduct is *not* ～. 他的行爲無法解釋。

ex·pli·cate ['ɛksplɪˌket; 'eksplikeit] 《源自拉丁文「向外打開」之義》 —*v.t.* **1** 詳細說明(⇨ explain【同義字】)。**2** 引伸，闡述〈理論、原理等〉。

ex·pli·ca·tion [ˌɛksplɪ'keʃən; ˌekspli'keiʃn] 《explicate 的名詞》 —*n.* ⓊⒸ**1** 詳細的說明。**2** (原理等的)引伸，闡述。

ex·plic·a·tive ['ɛksplɪˌketɪv; ek'splikətiv] 《explicate 的形容詞》 —*adj.* (用作)解說的。

ex·plic·a·to·ry ['ɛksplɪkəˌtorɪ, -ˌtɔrɪ; ek'splikətəri] *adj.* = explicative.

ex·plic·it [ɪk'splɪsɪt; ik'splisit] *adj.* **1** 〈陳述等〉明白的，清晰的，明白表示的(↔ implicit). **2** 〈人〉無隱諱的，直爽的。

～**·ly** *adv.* ～**·ness** *n.*

***ex·plode** [ɪkˋsplod; ik'sploud] 《源自拉丁文「向外鼓掌」之義》 —*v.t.* 〔十受〕**1** 使〈炸彈等〉**爆炸**，爆發：～ a bomb 使炸彈爆炸。
2 破除〈迷信〉；推翻〈學說等〉，戳穿〈謊言、謠言〉《★常用被動語態》：Several scientific myths *were ～d* by Galileo's observations. 科學上的幾種荒誕說法因伽利略的觀測而被推翻。
—*v.i.* **1 爆炸**，爆發。
2 a 〈感情〉迸發：His anger *～d.* 他勃然大怒。**b** 〔十介十(代)名〕〈人〉激發〔感情等〕〔*with*〕：He *～d* ***with*** rage. 他暴跳如雷。**c**〔十介十(代)名〕感情激發〔成…〕〔*in, into*〕：The students *～d* ***into*** laughter. 學生們哄然大笑。
3 〈人口〉激增。

ex·plód·ed *adj.* **1** 〈迷信〉被打破的，〈學說等〉被推翻的。**2** 〈模型、圖等〉分解機器而顯示零件相互關係的：an ～ view of a gun 手槍的裝配分解圖。

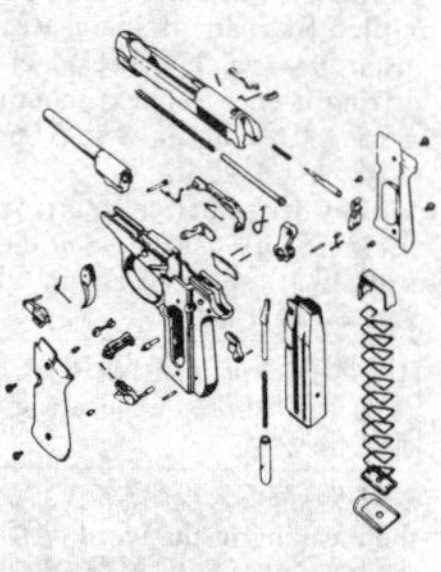
exploded view of a gun
(手槍分解圖)

ex·plod·er [ɪkˋsplodɚ; ik'sploudə] *n.* Ⓒ爆炸裝置，雷管，爆發物。

ex·ploit[1] [ˋɛksplɔɪt, ɪkˋsplɔɪt; 'eksplɔit] *n.* Ⓒ 偉業，功勞，功績。

***ex·ploit**[2] [ɪkˋsplɔɪt; ik'splɔit] 《源自拉丁文「打開」之義》 —*v.t.* 〔十受〕**1a 開發**，開拓〈資源等〉：～ a mine 開礦。**b** 活用，利用…：You should ～ this opportunity to go abroad. 你應該利用這機會到國外去。**2 不當地利用**，剝削，搾取〈員工，勞工等〉：The boss *～ed* his men (for his own ends). 老闆(爲自己的目的而)剝削員工。

ex·ploi·ta·tion [ˏɛksplɔɪˋteʃən; ˏeksplɔi'teiʃn] 《exploit[2] 的名詞》 —*n.* Ⓤ **1** 開發，開拓。**2** 利己的利用，搾取，剝削。

ex·plóit·er *n.* Ⓒ剝削者，搾取者。

ex·ploi·tive [ɪkˋsplɔɪtɪv; iks'plɔitiv] *adj.* **1** 開發的。**2** 剝削的；利用的《尤指天然資源的濫用》。

***ex·plo·ra·tion** [ˏɛkspləˋreʃən; ˏeksplə'reiʃn] 《explore 的名詞》 —*n.* ⓊⒸ **1 探勘**，(實地)勘查，探險〔*of*〕：a voyage of ～ 探險航行/the ～ *of* the New World 新世界[美洲大陸]的探險。
2 〔問題等的〕探討〔*of, into*〕：They are making *～s into* the cultural problems of South Africa. 他們正在探討南非的文化問題。
3 《醫》試探法，試探；(傷處等的)探查。

ex·plor·a·tive [ˏɪkˋsplorətɪv, -plɔr-; ek'splɔrətiv] *adj.* **1** ＝exploratory. **2** 愛探究的。

ex·plor·a·to·ry [ɪkˋsplorəˏtorɪ, -ˋsplɔrəˏtɔrɪ; ek'splɔrətəri] 《explore, exploration 的形容詞》 —*adj.* 探險(上)的，(實地)勘查的。

***ex·plore** [ɪkˋsplor, -ˋsplɔr; ik'splɔ:] 《源自拉丁文「發現(獵物而)大叫」→「找出」之義》 —*v.t.* 〔十受〕**1 探測**〈未知的土地等〉，實地勘查…，在…探險：～ the Antarctic Continent 在南極大陸探險。
2 探討，調查〈問題等〉：Medical men are *exploring* every possibility for the treatment of cancer. 醫學人員正在探討治療癌症的各種可能性/～ every avenue ⇨ avenue 3.
3 《醫》**a** 詳細診察，檢查…。**b** 仔細察看〈傷口〉。
—*v.i.* 探險；調查：go *exploring* 去探險。

ex·plor·er [ɪkˋsplorɚ, -ˋsplɔrɚ; ik'splɔ:rə] *n.* Ⓒ**探險家**。

***ex·plo·sion** [ɪkˋsploʒən; ik'splouʒn] 《explode 的名詞》 —*n.* **1a** ⓊⒸ**爆發**，爆炸：an ～ of the bomb 炸彈的爆炸。**b** Ⓒ爆炸聲，爆發聲。
2 Ⓒ〔怒氣、笑聲等的〕爆發〔*of*〕：an ～ *of* rage 怒氣的爆發。
3 Ⓒ爆炸性的[急遽的]增加：a population ～ 人口的劇增。
4ⓊⒸ《語音》(爆破音的)爆破(↔ implosion).

***ex·plo·sive** [ɪkˋsplosɪv; ik'splousiv] 《explode, explosion 的形容詞》 —*adj.* (**more** ～; **most** ～) **1a 爆炸的**：an ～ substance 爆炸物/an ～ sound 爆破音。**b** 爆炸性的：an ～ increase 爆炸性的[急遽的]增加。**2** 〈人〉易發脾氣的：an ～ personality 火爆脾氣[性格]。**3** 〈問題等〉議論紛紛的，引起爭論的。**4** 《語音》爆破音的。
—*n.* Ⓒ **1** 爆炸物：high *～s* 高爆[烈性]炸藥。**2** 《語音》爆破音(↔ implosive). **～·ly** *adv.*

Ex·po [ˋɛkspo; 'ekspou] 《*exp*osition 之略》 —*n.* Ⓒ(*pl.* ～s)(萬國)博覽會。

ex·po·nent [ɪkˋsponənt; ek'spounənt] *n.* Ⓒ **1** 〔學說、意見等的〕說明者，解釋者〔*of*〕。**2** 倡導者；(典型的)代表者〔*of*〕：The scientist is a well-known ～ *of* space research. 該科學家是太空研究的一位著名代表人物。**3** [《美》ˋɛksponənt; 'ekspounənt] 《數學》指數，冪。

ex·po·nen·tial [ˏɛkspoˋnɛnʃəl; ˏekspou'nenʃl⁻] 《exponent 3 的形容詞》 —*adj.* 《數學》(冪)指數(方程)的。
—*n.* Ⓒ指數(函數)。

ex·port** [ɪksˋport, -ˋpɔrt; ek'spɔ:t] 《源自拉丁文「運出外面」之義》 —*v.t.* **1** 〔十受十介十(代)名〕〔向…〕**輸出**〈商品〉〔*to*〕(↔ import)：～ cars ***to foreign countries 向外國輸出汽車。
2 〔十受〕(向外)傳播〈思想、制度等〉。
—*v.i.* 輸出。
— [ˋɛksport, -port; 'ekspɔ:t] *n.* **1** Ⓤ**輸出**(↔ import). **2** Ⓒ **a** [常 ～s]輸出品，輸出，出口。**b** [常 ～s]輸出額。
—*adj.* [用在名詞前](有關)輸出的：an ～ duty [tax] 出口[輸出]稅/～ trade [business] 出口貿易[業]。

ex·port·a·ble [ɛkˋsportəbl, -ˋpɔr-; ek'spɔ:təbl] *adj.* 可輸出的，適於輸出的。

ex·por·ta·tion [ˏɛksporˋteʃən, -pɔr-; ˏekspɔ:'teiʃn] 《export 的名詞》 —*n.* (↔ importation) **1** Ⓤ輸出。**2** Ⓒ輸出品。

ex·pórt·er *n.* Ⓒ出口商，輸出業者，出口國。

ex·pose** [ɪkˋspoz; ik'spouz] 《源自拉丁文「放在外面」之義》 —*v.t.* **1** 〔十受(十介十(代)名)〕**a** 使…**暴露**〔於陽光、風雨等中〕〔*to*〕：Don't ～ the baby ***to drafts. 不要把嬰兒置於風口處。**b** 使〈身體〉遭受〔攻擊、危險等〕，使…受到〔嘲笑〕〔*to*〕：You must not ～ yourself ***to*** ridicule. 你不要讓你自己受到嘲弄。**c** 使…接觸到[受到]〔作用、影響等〕〔*to*〕：～ children ***to*** good books 讓孩子們接觸好書。
2 〔十受〕**陳列**〈商品〉：～ goods *for* sale 陳列出售的貨品。
3 〔十受〕**a 暴露**，揭發〈秘密、陰謀等〉(⇨show【同義字】)：～ a plot 揭發陰謀/～ a crime 揭發罪行。**b** 揭穿〈歹徒等〉的假面具：～ an imposter 揭穿騙子的眞面目。
4〔十受〕**a** 將…暴露；露出。**b** [～ one*self*]〈裸露癖者〉露出下體。
5〔十受〕遺棄〈嬰兒等〉。
6〔十受〕《攝影》使〈底片等〉曝光。

ex·po·sé [ˏɛkspoˋze; ek'spouzei] 《源自法語 'exposure' 之義》 —*n.* Ⓒ〔醜聞等的〕暴露，揭發〔*of*〕.

ex·pósed *adj.* **1** 暴露於風雨[攻擊，危險(等)]的，無掩蔽的，露出的。**2**〈底片等〉曝光的。

ex·po·si·tion[1] [ˏɛkspəˋzɪʃən; ˏekspə'ziʃn] 《expose 2 的名詞；cf. exposure》 —*n.* Ⓒ(有關工商業發展的，常爲國際性的)**博覽會** (cf. Expo)：a world ～ 萬國[世界]博覽會。

ex·po·si·tion[2] [ˏɛkspəˋzɪʃən; ˏekspə'ziʃn] 《expound 的名詞》 —*n.* ⓊⒸ(有關理論、主題、難題等的詳細而明確的)說明(文)，解說。

ex·pos·i·tive [ɛkˋspazətɪv; ek'spɔzitiv] *adj.* ＝expository.

ex·pos·i·tor [ɪkˋspazɪtɚ; ek'spɔzitə] *n.* Ⓒ說明者，解說者。

ex·pos·i·to·ry [ɪkˋspazɪˏtorɪ, -ˏtɔrɪ; ek'spɔzitəri] *adj.* 說明的，解釋的，講解的：～ writing 說明文。

ex post fac·to [ˋɛksˏpostˋfækto; 'ekspoust'fæktou] 《源自拉丁文 'from what is done afterwards' 之義》 —*adj.* & *adv.* 事後的[地]，在事後的[地]；追溯過去的[地]：an ～ law 追溯法《溯及既往的法律》。

ex·pos·tu·late [ɪkˋspastʃəˏlet; ik'spɔstjuleit, -ˋspɔstʃu-] *v.i.* 〔十介十(代)名〕《文語》〔向某人〕勸告，勸誡〔某事〕〔*with*〕〔*on, about*〕：He *～d* ***with*** me ***on*** my rashness. 他勸誡我別鹵莽。**-la·tor** [-tɚ; -tə] *n.*

ex·pos·tu·la·tion [ɪkˏspastʃəˋleʃən; ikˏspɔstju'leiʃn, -ˏspɔstʃu-] 《expostulate 的名詞》 —*n.* ⓊⒸ忠告，告誡，諫言。

ex·pos·tu·la·to·ry [ɪkˋspastʃələˏtorɪ, -ˏtɔrɪ; ik'spɔstjulətəri] 《expostulate 的形容詞》 —*adj.* 勸誡的，忠告的。

ex·po·sure [ɪkˋspoʒɚ; ik'spouʒə] 《expose 的名詞；cf. exposition[1]》 —*n.* **1** ⓊⒸ**a 暴露**[在日光、風雨等中]〔*to*〕. **b** 置身〔於危險、攻擊等中〕〔*to*〕. **c** 置身〔於某事物〕的影響下〔*to*〕. **d**〔對事實、講課等的〕(首次)接觸〔*to*〕.
2 Ⓤ暴露於風雨中；(對幼兒等的)遺棄。
3ⓊⒸ〔秘密、陰謀等的〕顯露，發覺，暴露，揭發〔*of*〕：the ～ *of* a fraud 詐欺的暴露[揭發]。
4 [**an** ～；與修飾語連用](房屋、房間的)坐向：a house with *a* southern ～ 朝南的房子。
5 Ⓤ **a** 公開露面，公演；自我顯示：～ on national TV 在全國性電視節目中的演出。**b** (下體的)露出。**c** (商品的)陳列。
6 《攝影》**a** Ⓤ曝光：double ～ 雙重曝光。**b** Ⓒ曝光時間。**c** Ⓒ(膠片的)張數：a roll of film with 36 *～s* 一卷可拍三十六張的底片。

expósure mèter *n.* Ⓒ《攝影》曝光表。

ex·pound [ɪkˋspaund; ik'spaund] 《源自拉丁文「放在外面」之

義》 **—***v.t.* 〔十受(十介十(代)名)〕〔對人〕詳細說明〈學說、觀念等〉；解釋，說明〈聖典等〉〔*to*〕(⇨ explain【同義字】)。

ex-pre·mi·er [ˋɛksˋprimɪɚ, -prɪˋmɪr; 'eks'premjə, -miə] *n.* Ⓒ(現存的)前首相。

ex-pres·i·dent [ˋɛksˋprɛzədənt; 'eks'prezidənt] *n.* Ⓒ(現存的)前任總統[會長、大學校長(等)]。

‡**ex·press**[1] [ɪkˋsprɛs; ik'spres] 《源自拉丁文「向外推出」之義》 **—***v.t.* **1** 表現：**a**〔十受〕(用語言)表達〈思想等〉：The beauty of the scene cannot be ~*ed in* [*by*] words. 景色之美無法用言語表達/I don't know *how* to ~ my gratitude. 我不知道怎樣來表達我的謝意。**b**〔十受十介十(代)名〕〔向人〕表達…〔*to*〕：She ~*ed* the wish ***to*** me. 她向我表明她的願望。**c**〔十*how*__〕表達〈多麼…〉(《★常用否定句；不可用〔十*that*__〕或〔十引句〕》)：I can*not* ~ *how* glad I am to hear from him. 我無法表達我接到他的信有多高興。**d**〔十受〕〔~ one*self*〕表達自己(的意思)：~ one*self in* good English 用很好的英語表達自己的意見。

2 a〔十受〕〈措辭、符號、姿態等〉表示(言語以外的)〈感情、印象、思想等〉：His face ~*ed* despair [pain]. 他的臉色顯出失望[痛苦]/A doubled [clenched] fist ~*es* challenge. 緊握的拳頭表示挑戰。**b**〔十*how*__〕〈表情、臉色等〉顯示〈多麼…〉：Her face ~*ed how* happy she was. 她的臉顯示她多麼幸福。**c**〔十受十介十(代)名〕〈人〉〔以表情、動作等〕表示〈感情、印象〉〔*by*〕：She ~*ed* surprise ***by*** her look. 她臉上露出驚訝的神色。

3〔十受十介十(代)名〕〔從…〕搾出〈果汁等〉〔*from, out of*〕：~ juice ***from*** oranges 從橘子搾出果汁。

—*adj.* [用在名詞前] (無比較級、最高級) **1** 明白表示的；明白的(←→ implied)：an ~ command 明確的命令/give ~ consent 給予明確的承諾。

2 特別明示的，特殊的：for the ~ purpose of ... 爲…而特別地，專爲…地。

3 一模一樣的，酷肖的：He is the ~ copy of his father. 他酷肖他父親。

‡**ex·press**[2] [ɪkˋsprɛs; ik'spres] *adj.* [用在名詞前] (無比較級、最高級) **1** 《美》捷運的，快遞的：an ~ company 捷運公司/ ~ charges 快遞[捷運]費。**2** 《英》快遞的：an ~ letter 限時信，快信/ ~ mail [post] 限時[快遞]郵件。**3** 快速的；特快的，高速用的：an ~ ticket [train] 快車票[快車]。

—*adv.* (無比較級、最高級) **1** 《美》以快信[限時信]。**2** 《英》以快遞[捷運]。**3** 搭快車：travel ~ 搭快車旅行。

—*n.* **1** Ⓤ《美》快郵：by ~ 以快郵/⇨ air express. **2** Ⓤ《英》快遞：by ~ 以快遞。**3** Ⓒ快車：travel by ~ 搭快車旅行(《★by ~ 無冠詞》)。

—*v.t.* 〔十受〕 **1** 《美》用捷運運送〈物品〉。**2** 《英》用快遞寄出〈信件等〉。

ex·press·age [ɪkˋsprɛsɪdʒ; ik'spresidʒ] *n.* Ⓤ《美》 **1** 捷運業。**2** 捷運費。

expréss delívery *n.* Ⓤ **1** 《美》運輸公司的快遞，限時[特快]專送。**2** 《英》快遞(《美》special delivery)。

ex·press·i·ble [ɪkˋsprɛsəbl; ik'spresəbl] *adj.* **1** 可表達的。**2** 〈果汁等〉可搾出的。

‡**ex·pres·sion** [ɪkˋsprɛʃən; ik'spreʃn] 《express[1] 的名詞》 **—***n.* **1a** Ⓤ表達：poetic [verbal] ~ 詩[語言]的表達/give ~ *to* one's feelings 表達[表現]感情/find ~ in... 表現於…/His ideas found ~ *in* art. 他的構想表現在藝術中。**b** Ⓒ〈情緒、性格等的〉表現，表示〔*of*〕：an ~ *of* gratitude 感謝的表現[表示]。

2 Ⓒ(言語的)措辭，說法；語句，辭句：a happy ~ 巧妙的說法[措辭]/a common ~ 一般的措辭。

3 a ⓊⒸ(臉上的)表情，(眼睛的)神色：facial ~ 臉上的表情

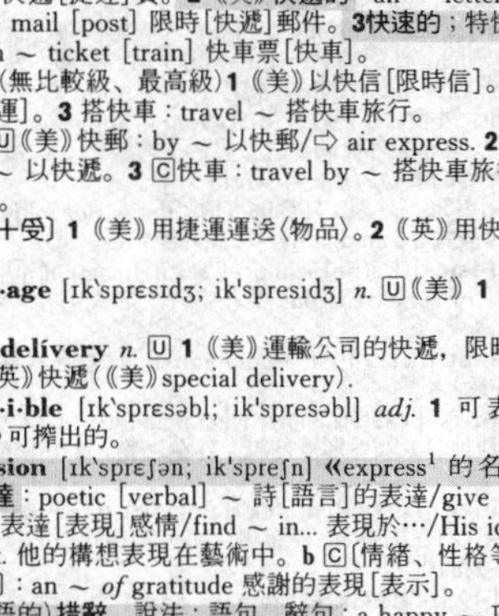

各種臉部表情(expressions 3a)

/have a bored ~ 顯出厭煩的表情。**b** Ⓤ表情豐富：read a poem aloud with ~ 表情豐富地朗誦詩。

4 Ⓤ《音樂》流露，表情，表現。

5 Ⓒ《數學》式：a numerical ~ 數式。

beyònd [**pàst**] **expréssion** 無法形容，無法表達：The scene is beautiful *beyond* [*past*] ~. 那景色美得無法以言語形容。

ex·prés·sion·ìsm [-ʃən,ɪzəm; -ʃənizəm] *n.* Ⓤ表現主義，表現派。

ex·prés·sion·ist [-ʃənɪst; -ʃənist] *n.* Ⓒ表現主義者，表現派的藝術家。

—*adj.* 表現派的：the ~ school 表現派。

expréssion·less *adj.* 〈臉〉無表情的，缺乏表情的；〈聲音〉不帶感情的。

ex·pres·sive [ɪkˋsprɛsɪv; ik'spresiv] 《express[1] 的形容詞》 **—***adj.* **1a** 表現的，表示的：the ~ function of language 語言的表達功能。**b** [不用在名詞前] 〔十介十(代)名〕表達〔感情等〕的〔*of*〕：be ~ ***of*** feeling [gratitude] 表達感情[感謝]的。**2** 富於表情的；意義深長的：an ~ look 富於表情的臉色。

~**·ly** *adv.* ~**·ness** *n.*

ex·préss·ly *adv.* **1** 明白地，明確地。**2** 特別地，專誠地。

expréss·màn *n.* Ⓒ(*pl.* **-men**)《美》捷運業者，捷運公司收送貨物的工人。

ex·pres·so [ɪkˋsprɛso; ek'spresou] *n.* ＝espresso.

expréss·wày *n.* Ⓒ《美》高速公路 (cf. freeway, motorway, superhighway, turnpike).

ex·pro·pri·ate [ɛksˋproprɪ,et; eks'prouprieit] *v.t.* 〈國家等〉(爲大衆的目的而)徵用[徵收]〈土地等〉。

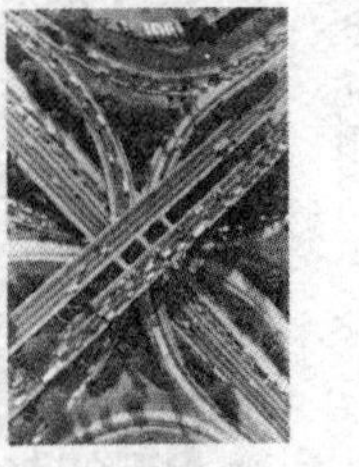

expressway

ex·pro·pri·a·tion [ɛks,proprɪˋeʃən; eks,proupri'eiʃn] 《expropriate 的名詞》 **—***n.* ⓊⒸ(土地的)徵用，徵收。

ex·pul·sion [ɪkˋspʌlʃən; ik'spʌlʃn] 《expel 的名詞》 **—***n.* ⓊⒸ排除，驅逐；除名；開除(學生)〔*from*〕：the ~ *of* a member *from* a society. 某會會員的除籍。

expúlsion òrder *n.* Ⓒ驅逐出境令。

ex·pul·sive [ɪkˋspʌlsɪv; ik'spʌlsiv] 《expel, expulsion 的形容詞》 **—***adj.* 有驅逐權的；排除性的，開除的。

ex·punge [ɪkˋspʌndʒ; ek'spʌndʒ] *v.t.* **1** 〔十受(十介十(代)名)〕〔從…〕擦去，除去，刪掉，抹去〈字、姓名等〉〔*from*〕：~ his name ***from*** the list 從名單上刪除他的名字。**2** 洗刷〈恥辱、罪惡等〉。

ex·pur·gate [ˋɛkspɚ,get, ɪkˋspɝget; 'ekspə:geit] *v.t.* 刪去〈書籍等〉的不妥當處，修訂：an ~*d* edition 修訂版。

ex·pur·ga·tion [,ɛkspɚˋgeʃən; ,ekspə:'geiʃn] 《expurgate 的名詞》 **—***n.* ⓊⒸ(不妥當處的)刪除。

ex·quis·ite [ˋɛkskwɪzɪt; 'ekskwizit] 《源自拉丁文「搜尋來的」之義》 **—***adj.* (**more** ~; **most** ~) **1** 極美的；精美[緻]的，絕妙的，優美的(⇨ delicate【同義字】)：an ~ piece of music 絕妙的音樂/a poem of ~ beauty 極美的詩。

2 a 〈藝術品、工藝等〉精巧的。**b** 〈趣味等〉優雅的，精緻的：a man of ~ taste 趣味[情趣]高雅的人。

3 a 〈感覺等〉敏銳的：a man of ~ sensitivity 極爲敏感的人。**b** 〈痛苦等〉劇烈的：~ pain [pleasure] 劇烈的痛楚[極臻的愉快]。

~**·ly** *adv.* ~**·ness** *n.*

ex·sect [ɛkˋsɛkt; ek'sekt] *v.t.* 切掉，割除。

ex·sert [ɛkˋsɝt; ek'sə:t] *v.t.* 伸出；使…突出：a bee ~*ing* its sting 伸着刺的蜜蜂。

—*adj.* 《生物》〈雄蕊等〉突出的。

éx-sérvice *adj.* [用在名詞前] 《英》 **1** 退役的〈軍人〉。**2** 軍事機構處分拍賣的〈物資〉。

èx-sérvice·man [-mæn; -mæn] *n.* Ⓒ(*pl.* **-men** [-mɛn; -men]) 《英》退役軍人(《美》veteran)。

ex·tant [ɪkˋstænt, ˋɛkstənt; ek'stænt, ik'stænt] *adj.* 〈古文件、紀錄等〉尚存的，現存的。

ex·tem·po·ra·ne·ous [ɪk,stɛmpəˋrenɪəs; ek,stempə'reiniəs ←] *adj.* **1** 臨時作成的，即席的。**2** 〈演說等〉無準備的，不用演講稿的。**3** 暫時的，權宜的。~**·ly** *adv.* ~**·ness** *n.*

ex·tem·po·rar·y [ɪkˋstɛmpə,rɛrɪ; ik'stempərəri] *adj.* 即席的，即興性的。**-rar·i·ly** [ɪkˋstɛmpə,rɛrəlɪ; ik'stempərərəli] *adv.*

ex·tem·po·re [ɪkˋstɛmpərɪ; ek'stempəri] *adv.* 未準備(原稿、腹稿)地，即席地。

—*adj.* **1** 無準備而作的，即席的，即興的。**2** 權宜的，暫時的。

ex·tem·po·rize [ɪkˋstɛmpə,raɪz; ik'stempəraiz] *v.i.* 即席作成；即席演說[作曲，演奏]。**ex·tem·po·ri·za·tion** [ɪk,stɛmpərəˋzeʃən; ek,stempərai'zeiʃn] *n.*

***ex·tend** [ɪk'stɛnd; ik'stend] «源自拉丁文「向外擴張」之義» —*v.t.* **1 a**〔十受(十副詞(片語))〕**擴張**〈土地、建築物、領土等〉；擴大〈事業、勢力〉：～ a building 增建，擴建/～ one's domains *to* the sea [*across* the ocean] 把領土擴張到海邊[大洋那邊]。**b**〔十受(十副詞(片語))〕把〈鐵路、道路等〉延長(到…)：～ the railway line *as far as* [*to*] the next town 把鐵路延長到鄰鎮。**c**〔十受〕把〈期限等〉延長，使…展期：～ one's holiday [《美》vacation] *by* an extra week 把某人的假期再延長一週/Life expectancy has been greatly ～*ed.* (人的)預期壽命已大大地延長了。**d**〔十受〕擴大〈意義、解釋等〉。
2 a〔十受〕伸出〈手、腳〉。**b**〔十受十介十(代)名〕〔向…〕伸出〈手等〉〔*to*〕：～ one's hand **to** a person (為了要握手而)向人伸出手。
3〔十受十副詞(片語)〕將〈繩子、鐵絲等〉拉開(至某處)：～ wire *from* post *to* post [*between* two posts] 把鐵絲由一柱子拉到另一柱子。
4 a〔十受十受/十受十介十(代)名〕給與〈人〉〈恩惠、親切等〉；把〈恩惠、親切等〉施於[人]〔*to*〕：～ a person a warm welcome ＝～ a warm welcome **to** a person 給予某人熱烈的歡迎《熱烈歡迎某人》。**b**〔十受十介十(代)名〕給[人]〈請帖〉；向[人]說〈賀辭、謝意〉〔*to*〕：～ an invitation **to** a person 送請帖給人/～ congratulations *to* a person 向人道賀。
5〔十受〕**a** 使〈馬、選手〉使出全力《★常用被動語態，變成「使出全力」之意》：He just won the match, but he *was* fully ～*ed.* 他總算贏了這場比賽，但也使出了渾身解數。**b**〔～ one*self*〕〈人〉非常努力，奮發：He did not ～ *himself* sufficiently. 他並未盡全力。
—*v.i.*〔十副詞(片語)〕**1** **延伸，伸展，擴充，綿亙，到達**(⇨ expand【同義字】)：The Sahara ～*s from* the Mediterranean southward *to* the Sudan. 撒哈拉沙漠從地中海向南延伸到蘇丹/The plains ～ *as far as* the eye can see. 平原一望無際。
2〈時間〉繼續，持續：The committee meetings ～ *for* three days [*from* Thursday *to* Saturday]. 這次會議為期三天[從星期四開始一直到星期六]。

ex·ténd·ed *adj.* **1a** 伸出的；展開的，廣大的；範圍廣的；擴張的；(期限)延長的。**b**〈語義等〉衍生的，引伸的：an ～ usage 引伸的用法。**2** 經過長時期的，長期的，長久的：an ～ discussion 長時間的討論/make an ～ stay 長期停留。

exténded fámily *n.* Ⓒ《社會學》(夫妻以外包括近親的)大家庭(↔ nuclear family)。

exténded pláy *n.* Ⓒ45 轉的慢速唱片(cf. EP)。

ex·ten·si·ble [ɪk'stɛnsəbl; ik'stensəbl] *adj.* 可伸展的，可擴張的，可延伸的：an ～ antenna 伸縮天線。

ex·ten·sile [ɪk'stɛnsɪl; ek'stensail] *adj.*《動物・解剖》伸出的；可伸展的。

***ex·ten·sion** [ɪk'stɛnʃən; ik'stenʃn] «extend 的名詞» —*n.* **1** Ⓤ **擴大，伸展，擴張，延長**〔*of*〕：the ～ *of* one's house 房屋的擴建/by ～ 擴大開來看，加以引伸發揮/the ～ *of* political rights *to* women 婦女參政權的擴大。
2 Ⓒ**a** 伸張[延長，擴張]部分；擴建(的部分)：build an ～ *to* a hospital 擴建醫院。**b**(鐵路等的)延長線。**c**(電話的)分機，內線：May I have *E*～ 363, please? 請接分機 363 號。
3 Ⓒ暫緩，延期；延長期間：an ～ of ten days 十天的延長。
4 Ⓤ《解剖》伸展，牽伸術。
5 Ⓤ《邏輯》外延(↔ intension)。
—*adj.* [用在名詞前] **1** 添加的；伸縮自如的：an ～ ladder 伸縮梯子/an ～ table 折疊[伸縮]式桌子。**2** 分機的：an ～ number [telephone] 分機號碼[電話分機]。**3** 大學附設部分的：an ～ course 推廣科目；進修課程。

ex·ten·sion·al [ɪk'stɛnʃənl; ik'stenʃənəl] *adj.*《邏輯》外延[外在]的：an ～ meaning 外延[引伸]的意義。

exténsion còrd *n.* Ⓒ延長線；分機線。

***ex·ten·sive** [ɪk'stɛnsɪv; ik'stensiv] *adj.* (**more** ～；**most** ～) **1** **廣闊的**，廣大的：～ fields 廣大的田地。**2** **範圍廣大[廣泛]的**，大規模的：an ～ order 大量訂購/～ reading 廣泛閱讀，博覽。**3**《農》粗放的，大面積淺耕粗作的(↔ intensive)：～ agriculture [farming] 粗放農業[耕種法]。～**·ness** *n.*

ex·tén·sive·ly *adv.* 廣大地，廣泛地，大規模地。

ex·ten·sor [ɪk'stɛnsɚ; ik'stensə] *n.* Ⓒ《解剖》伸肌(↔ *flexor*)。

***ex·tent** [ɪk'stɛnt; ik'stent] *n.* **1** Ⓤ **寬度，大小**：The open ground was several acres in ～. 這塊空地有數英畝之大。**2** Ⓒ[用單數]**廣闊**，(廣闊的)地域〔*of*〕：a vast ～ *of* land 一大片土地/the whole ～ *of* England 英國全土。**3** [用單數] **程度，限度**；範圍〔*of*〕：the ～ *of* one's patience 某人忍耐的限度/*to* a considerable ～ 到相當的程度/*to* a great ～ 大部分，大大地/*to* some [a certain] ～ 到某種程度/*to* this [that] ～ 到這個[那個]程度，在這[那]點上/*to the* (full) ～ *of* one's power 到某人權力的極限；盡全力。
to the extént that... (1)到…的程度，在…的範圍內。(2)只要是…。

ex·ten·u·ate [ɪk'stɛnjʊˌet; ek'stenjueit] *v.t.* **1** 減輕〈罪等〉，掩飾：We cannot ～ your crime. 我們不能減輕你的罪。**2** (以藉口)減輕[原諒]…的罪過：Nothing can ～ such cruelty. 如此殘忍(的行為)不可原諒。

ex·tén·u·àt·ing *adj.* 使減輕的，〈事情等〉可以斟酌的；情有可原的：～ circumstances 情有可原[可使罪行減輕]的情況。

ex·ten·u·a·tion [ɪkˌstɛnjʊ'eʃən; ekˌstenju'eiʃn] «extenuate 的名詞» —*n.* **1** Ⓤ情況的酌量，(罪行的)減輕：in ～ of... 斟酌…的情況，為…作偏袒的辯解。**2** Ⓒ該酌量之處[事]。

ex·te·ri·or [ɪk'stɪrɪɚ; ek'stiəriə⁻] «源自拉丁文「外面的」之義的比較級» —*adj.* (無比較級、最高級) **1** [用在名詞前] **外面的**，外部的；外側的(↔ interior)：the ～ covering 外被/～ influences 來自外面的影響，外來的影響/an ～ angle《幾何》外角。
2 [用在名詞前]外觀上的，表面上的。
3 [用在名詞前]對外的，外交上的：an ～ policy 對外[國外]政策。
4 [不用在名詞前]〔十介十(代)名〕〔與…〕無關係的，扯不上關係的〔*to*〕：matters ～ **to** the facts [one's concerns] 與諸事實[自己關心的事]無關的問題。
—*n.* Ⓒ **1** [常 **the** ～] **外部，外面，外側**〔*of*〕。
2 外貌，外表，外觀：a good man with a rough ～ 一個外表粗野的好人。**3** (繪畫等)戶外風景，外景。

ex·te·ri·or·ize [ɪk'stɪrɪəˌraɪz; ik'stiəriəraiz] *v.t.* **1** 使…表面化；使…具體化；使…客觀化(⇨ externalize)。**2**《醫》(手術時，為方便觀察)將(器官)拉出體外。

ex·té·ri·or·ly *adv.* **1** 在外(面，部)。**2** 從外表上。

ex·ter·mi·nate [ɪk'stɝməˌnet; ik'stə:mineit] *v.t.* 根絕，滅絕，把…全部消滅。

ex·ter·mi·na·tion [ɪkˌstɝmə'neʃən; ikˌstə:mi'neiʃn] «exterminate 的名詞» —*n.* ⓊⒸ根絕，滅絕，殺盡；驅除〔*of*〕。

ex·ter·mi·na·tor [ɪk'stɝməˌnetɚ; ik'stə:mineitə] *n.* **1** Ⓒ消滅者；根除者《尤指以撲滅老鼠、蟑螂等害蟲為業的人》。**2** Ⓤ殺蟲粉；驅蟲藥；老鼠藥。

***ex·ter·nal** [ɪk'stɝnl; ek'stə:nl⁻] *adj.* (無比較級、最高級) **1** **外部的，外側的，外面的**(↔ internal)：the ～ ear 外耳/～ evidence 外部證據。**2** 外國的，對外的：～ trade 對外貿易/an ～ loan [debt] 外債。**3**《醫》外用的：for ～ application [use] (藥等)外用的。**4**《哲》外界的，現象界的，客觀的：～ objects 外物《存在於外界的事物》/the ～ world 外界。
—*n.* [～s] 外形，外觀；外界的事情：the ～*s of* religion 宗教的外在形式《儀式等》/judge by ～*s* 以外觀判斷。

ex·ter·nal·ism [ɪk'stɝnlˌɪzəm; ek'stə:nəlizəm] *n.* Ⓤ**1** 形式主義：the ～ of some religions 某些宗教之形式主義。**2**《哲》外在論，現象論。

ex·ter·nal·ist [ɪk'stɝnlɪst; ek'stə:nəlist] *n.* Ⓒ形式主義者；現象論[外在論]者。

ex·ter·nal·i·ty [ˌɛkstɝ'nælətɪ; ˌekstə:'næləti] *n.* **1** Ⓤ在外，在外性，客觀性。**2** Ⓒ外形，外貌，外在之物。**3** Ⓤ崇尚外表；拘泥形式。

ex·ter·nal·ize [ɪk'stɝnlˌaɪz; ek'stə:nəlaiz] «external 的動詞» —*v.t.* **1** 使〈內在的事物〉表面化，使…客觀化。**2**《心理》使〈自己的感情〉表面化。

ex·tér·nal·ly [ɪk'stɝnlɪ; ek'stə:nəli] *adv.* **1** 外部地，從外部。**2** 外表上，外觀上。

ex·ter·ri·to·ri·al [ˌɛkstɛrə'torɪəl, -'tɔr-; 'eksˌteri'tɔ:riəl⁻] *adj.* ＝extraterritorial.

ex·ter·ri·to·ri·al·i·ty [ɛksˌtɛrəˌtorɪ'ælətɪ, -ˌtɔr-; eksˌteriˌtɔ:ri'æləti] *n.* ＝extraterritoriality.

ex·tinct [ɪk'stɪŋkt; ik'stiŋkt] *adj.* (無比較級、最高級) **1** 〈火〉已熄滅的；〈希望〉破滅的：an ～ volcano 死火山。**2** 〈生命〉**已絕的**，〈動物〉滅種的；滅絕的：an ～ animal [species] 絕種的動物[物種]。**3** 〈家系、爵位等〉斷絕的。**4** 〈官職等〉廢除的。

ex·tinc·tion [ɪk'stɪŋkʃən; ik'stiŋkʃn] «extinct, extinguish 的名詞» —*n.* Ⓤ **1** 熄滅，滅火。**2** 死滅，滅絕。**3** (家系等的)斷絕。

ex·tin·guish [ɪk'stɪŋgwɪʃ; ik'stiŋgwiʃ] *v.t.*〔十受〕**1** **熄滅**〈火、光等〉。**2** 使〈熱情等〉減退，使〈希望等〉破滅：Our hopes have been ～*ed* by those failures. 我們的希望因那些失敗而破滅。

ex·tín·guish·er *n.* Ⓒ **1** 消滅者[物]。**2 a** (帽形的)滅蠟燭器，熄燈器。**b** 滅火器。

ex·tir·pate ['ɛkstɚˌpet, ɪk'stɝpet; 'ekstə:peit] *v.t.*《文語》**1** 根絕[滅絕]：～ organized crime 根除有組織的犯罪。**2**《醫》摘出，切除。

ex·tir·pa·tion [ˌɛkstɚ'peʃən; ˌekstə:'peiʃn] «extirpate 的名詞» —*n.* **1** ⓊⒸ根絕，滅絕〔*of*〕。**2** Ⓤ《醫》摘出(術)。

ex·tir·pa·tor ['ɛkstɚˌpetɚ; 'ekstə:peitə] *n.* Ⓒ根絕者；撲滅者。

ex·tol, ex·toll [ɪkˋstɑl, -ˋstol; ik'stoul] *v.t.* (**ex·tolled; ex·tol·ling**)《文語》頌揚，讚頌，激賞。～·**ment** *n.*

ex·tort [ɪkˋstɔrt; ik'stɔ:t] «源自拉丁文「擰出」之義» —*v.t.* 〔十受十介十(代)名〕**1a** (用暴力、脅迫等)〔向人〕敲詐，勒索〈錢等〉〔*from*〕: The blackmailer tried to ～ a large sum of money ***from*** him. 勒索者企圖向他勒索一大筆錢。**b** 強迫〔某人〕〈承諾、自白等〉；〔向某人〕強索〈物〉〔*from*〕: ～ a confession ***from*** a person by torture 以拷問逼供。**2**〔對字詞、句子等〕牽强附會地賦以〈某種意義〉〔*from*〕: ～ a meaning ***from*** a word 牽强地解釋某個字。

ex·tor·tion [ɪkˋstɔrʃən; ik'stɔ:ʃn] «extort 的名詞» —*n.* **1** Ⓤ強索，强取，勒索。**2**〔～s〕强索[勒索]的行爲。

ex·tor·tion·ate [ɪkˋstɔrʃənɪt; ik'stɔ:ʃnət] *adj.* **1**〈人、行爲等〉勒索的，敲詐性的。**2**〈要求、價格等〉過分的，過高的，暴利的。

ex·tór·tion·er [ɪkˋstɔrʃənɚ; ik'stɔ:ʃnə] *n.* Ⓒ勒索[强取]者；敲詐者。

ex·tór·tion·ist [ɪkˋstɔrʃənɪst; ik'stɔ:ʃnist] *n.* ＝extortioner.

***ex·tra** [ˋɛkstrə; 'ekstrə] «extraordinary 之略或源自 extra-» —*adj.* (無比較級、最高級) **1** [用在名詞前] **a 額外的**，臨時的: ～ pay 額外報酬[給付]/an ～ train 臨時列車，加班車/an ～ edition 臨時增刊，特刊/an ～ job (本職外的)副業。**b 特別的**，格外的，特別好的: ～ binding 特別裝訂/of ～ quality 質量特優的。**2** [不用在名詞前] [也可用在名詞後] 另外付帳的: Dinner $5, and wine ～. 晚餐五美元，葡萄酒另外加錢。

—*n.* Ⓒ **1 額外[特別]之物**；貼補金；課外講義；號外，臨時增刊。**2** 臨時雇員；臨時演員。

—*adv.* (無比較級、最高級) **1** 額外地: You have to pay ～ *for* an express train. 你搭快車必須額外付錢。**2** 特別地，格外地: ～ good wine 特級葡萄酒/try ～ hard 格外努力。

ex·tra- [ɛkstrə-; ekstrə-] 字首 表示「…外的」「…範圍外的」之意: *extra*mural; *extra*curricular.

ex·tract [ɪkˋstrækt; ik'strækt] «源自拉丁文「向外拉出」之義» —*v.t.* **1a**〔十受〕**拔**，拔出〈牙齒等〉: ～ a tooth 拔牙/have a tooth ～*ed* (請人)拔牙。**b**〔十受十介十(代)名〕〔從…〕拔出，取出…〔*from*〕: ～ a cork ***from*** a bottle 把瓶塞從瓶裏拔出/～ a compact *from* one's handbag 從皮包中取出小粉盒。

2〔十受(十介十(代)名)〕〔從…〕**抽出**〈精華、精粹〉，〔從…〕蒸餾出〈濃縮物、濃汁等〉〔*from*〕: ～ poisons [essence] ***from*** plants 從植物中提煉毒物[濃縮物]。

3〔十受(十介十(代)名)〕**a**〔從某人〕**獲得**〈知識、情報、金錢等〉〔*from*〕: ～ a secret ***from*** a person 從某人處探出秘密。**b**〔從…〕得到〈樂趣等〉〔*from*〕: ～ pleasure ***from*** rural life 從田園生活中得到樂趣。

4 a〔十受(十介十(代)名)〕〔從…〕**摘錄**；引用〈章句等〉〔*from*〕: He has ～*ed* a great many examples ***from*** the grammar book. 他從那本文法書中引用了許多例子。**b** [十ˋɛkstrækt; 'ekstrækt]〔十受〕作〈文件〉的抄本。

— [ˋɛkstrækt; 'ekstrækt] *n.* **1** Ⓤ [指個別產品或種類時爲Ⓒ] 抽取物；煎出的汁，精，素〔*of*〕: ～ *of* beef 牛肉精。**2** Ⓒ摘錄，引用章句〔*from*〕: read an ～ *from* the Old Testament 讀聖經舊約中的一節。

ex·trac·tion [ɪkˋstrækʃən; ik'strækʃn] «extract 的名詞» —*n.* **1** ⓊⒸ拔出，抽取，摘出(法)；拔牙。**2** Ⓤ《化學》抽出；(藥物等的)煎出；(汁、油等的)榨出。**3** Ⓤ [常與修飾語連用] 血統，系統: a family of ancient ～ 世系古老的家族，世家/an American of Chinese ～ 華裔美人。

ex·trac·tive [ɪkˋstræktɪv; ik'stræktiv] *adj.* 拔萃的，可提取[抽出]的。

—*n.* Ⓒ抽出物；精；精華；煎汁。

ex·trác·tor [-tɚ; -tə] *n.* Ⓒ **1** 抽出者；拔萃者。**2** 抽出裝置[器]；鉗子。

èxtra·currícular *adj.* 正課以外的，課外的: ～ activities 課外活動。

èxtra·currículum *adj.* ＝extracurricular.

ex·tra·di·ta·ble [ˋɛkstrə͵daɪtəbl; 'ekstrədaitəbl] *adj.* **1**〈逃犯〉可引渡的。**2**〈罪行〉該作引渡處理的。

ex·tra·dite [ˋɛkstrə͵daɪt; 'ekstrədait] *v.t.* **1**〔十受(十介十(代)名)〕將〈來自外國的逃犯等〉引渡〔給其本國警方〕，把…遣送回〔…〕〔*to*〕: They refused to ～ the hijackers ***to*** the U. S. 他們拒絕把劫機犯人引渡到美國。

2 接受〈逃犯〉的引渡。

ex·tra·di·tion [͵ɛkstrəˋdɪʃən; ͵ekstrə'diʃn] «extradite 的名詞» —*n.* ⓊⒸ《法律》(逃入某國的)外國罪犯的引渡，遣送回國。

èxtra·judícial *adj.* 法庭[裁判]外的，法院管轄以外的。

èxtra·légal *adj.* 法律外的，超出法規的，不受法律管轄的。

èxtra·márital *adj.* [用在名詞前] 婚姻外的〈男女關係〉: ～ intercourse 私通。

ex·tra·mur·al [͵ɛkstrəˋmjurəl; ͵ekstrə'mjuərəl⌐] *adj.* [用在名詞前] (↔ intramural) **1** 大學校園外的；校外的〈課程、演講等〉。**2** 城外的，城牆外的。

ex·tra·ne·ous [ɪkˋstrenɪəs; ek'streiniəs⌐] *adj.* **1** 外來的(非固有物)；附着於外的，外生的；異質的: remove ～ matter from... 從…除去附着物。**2 a** (與主題)無關的: an ～ matter (與主題)無關的事。**b** [不用在名詞前]〔十介十(代)名〕〔與…〕無關的，非〔…的〕本質上的〔*to*〕: a topic ～ ***to*** the lecture 與講課無關的話題。～·**ly** *adv.* ～·**ness** *n.*

ex·traor·di·nar·i·ly [ɪkˋstrɔrdn͵ɛrəlɪ; ik'strɔ:dnərəli] *adv.* **1** 異常地。**2** 格外地，非常地: an ～ beautiful woman 非常美麗的女人。

ex·traor·di·na·ri·ness [ɪkˋstrɔrdə͵nɛrɪnɪs; ik'strɔ:dnrinis] *n.* Ⓤ格外；異常性；例外，卓絕。

***ex·traor·di·nar·y** [ɪkˋstɔrdn͵ɛrɪ; ik'strɔ:dənəri] «extra- 和 ordinary 的混合語» —*adj.* (**more** ～; **most** ～) **1 異常的**，奇異的，古怪的；非凡的，格外的，令人驚異的: an ～ event 奇怪的事件，怪事/a woman of ～ beauty 罕見的美人。

2 [用在名詞前] (無比較級、最高級) 臨時的: ～ expenditure [revenue] 臨時支出[收入]/an ～ general meeting 臨時大會。

3 [用在名詞前] (無比較級、最高級) [常用在名詞後] 特派的，特命的: an ambassador ～ 特命(全權)大使。

ex·tra·par·lia·men·ta·ry [͵ɛkstrə͵pɑrləˋmɛntərɪ; ͵ekstrə͵pɑ:lə'mentəri] *adj.* 國會權力之外的；非國會所能左右的。

ex·trap·o·late [ɪkˋstræpə͵let; ek'stræpəleit] *v.t.* **1**《統計》用外推法[外插法]推測〈變數的未知值〉。**2** 從已知事項推測〈未知事項〉。

—*v.i.* **1**《統計》用外推法[外插法] (↔ interpolate). **2**〔十介十(代)名〕〔從已知事〕推測未知事〔*from*〕: ～ ***from*** the known facts 從已知的事實推測未知的事。

ex·trap·o·la·tion [ɪk͵stræpəˋleʃən; ik͵stræpə'leiʃn] «extrapolate 的名詞» —*n.* ⓊⒸ **1**《統計》外推(法)，外插(法)。**2** 推測。

èxtra·sénsory *adj.* 正常感覺以外的；超感覺的: ～ perception 超感覺的知覺《略作 ESP》.

èxtra·terréstrial *adj.* 地球以外的。

—*n.* Ⓒ 地球以外的生物，外星人，天外來客，太空人《略作 E. T.》.

èxtra·territórial *adj.* [用在名詞前] 治外法權(上)的: ～ rights 治外法權。

èxtra·territoriálity *n.* Ⓤ治外法權。

èxtra·úterine *adj.* 子宮外的: ～ pregnancy 子宮外妊娠。

ex·trav·a·gance [ɪkˋstrævəgəns; ik'strævəgəns] «extravagant 的名詞» —*n.* **1** ⓊⒸ浪費，奢侈。**2 a** Ⓤ無節制，放縱。**b** Ⓒ荒唐的言行[想法]: commit ～*s* 行爲荒唐[放縱]。

ex·trav·a·gant [ɪkˋstrævəgənt; ik'strævəgənt] «源自拉丁文「走失的」、「過度的」之義» —*adj.* (**more** ～; **most** ～) **1a 浪費的**，奢侈的: an ～ meal 奢侈的[豐盛的]一餐。**b** [不用在名詞前]〔十介十(代)名〕〔在…方面〕奢侈的，浪費的〔*with, in*〕: She is ～ ***with*** clothes. 她穿着奢侈。**2 a**〈人、行爲等〉怪異的: an ～ gesture 怪異的動作[姿態]。**b**〈要求、代價等〉過分的，過高的: ～ praise 過度的讚揚。～·**ly** *adv.*

ex·tra·va·gan·za [ɪk͵strævəˋgænzə; ik͵strævə'gænzə] «源自義大利語 'extravagance' 之義» —*n.* Ⓒ **1** 十九世紀時流行於美國的新奇喜劇歌劇[滑稽歌劇]。**2** 新奇的事物；異想天開的事情；豪華的演出。

ex·tra·vas·cu·lar [͵ɛkstrəˋvæskjəlɚ; ͵ekstrə'væskjulə] *adj.*《解剖》血管外的。

èxtra·vehícular *adj.* (太空船)船外(用)的，座艙外的: ～ activity 艙外活動/an ～ suit 艙外活動用的太空衣。

ex·tra·vert [ˋɛkstrə͵vɝt; 'ekstrəvə:t] *n., adj.* ＝extrovert.

***ex·treme** [ɪkˋstrim; ik'stri:m] «源自拉丁文「最外面的」之義» —*adj.* (無比較級、最高級) **1** [用在名詞前] **極端的**，盡頭的，前端[末端]的: the ～ end of a village 村子的最盡頭/the face on the ～ right of the picture 在照片最右邊的面孔。

2 a [用在名詞前] **極度的**，非常的: ～ old age 極高齡/the ～ penalty (of law) 極刑/live in ～ poverty 過極端貧窮[赤貧]的日子。**b**〈寒暑等〉極端的，極度的: (the) ～ cold 嚴寒，酷寒。

3〈行爲、手段等〉極端的，偏激的 (↔ moderate): an ～ case 極端的情形[例子]/take ～ action [measures] 採取偏激的手段/the ～ Left [Right] 極左[右]派。

—*n.* **1a** Ⓒ [常 ～s] **極端**；極度: the opposite [other] ～ 完全相反/go [run] to ～*s* 走極端/go to the ～ *of*... 訴諸…的極端手段/carry...to [into] ～*s* 把…引向極端。**b** [～s] 兩極端: the ～*s of* climate [heat and cold] 氣候[熱和冷]的兩極端/*Extremes* meet.《諺》兩極相遇；物極必反。

2 Ⓒ [常 ～s] 極端的狀態，(尤指)困境: be in ～*s* 在困境中。

in the extréme《文語》極端地，極度地: It was foolish *in the* ～. 那是愚蠢之極。～·**ness** *n.*

***ex·treme·ly** [ɪkˋstrimlɪ; ik'stri:mli] *adv.* (無比較級、最高級) **1** 極端地，極度地：It pains me ~ to have to leave you. 不得不離開你，這使我極感痛苦。**2** [用以加强語氣]《口語》非常，極 (very)：It was an ~ fine day in May. 那是五月裏一個非常晴朗的日子/He was ~ angry. 他極爲震怒。

extréme únction *n.* [有時E~ U~] Ⓤ《天主教》臨終塗油禮《爲垂危病人舉行的塗油禮；⇨ sacrament 1 b》：give [receive] ~ 施予[接受]臨終的塗油禮。

ex·trém·ism [-mɪzəm; -mizəm] *n.* Ⓤ **1** 極端性；偏激的傾向。**2** 極端論[主義]；偏激主義。

ex·trém·ist [-mɪst; -mist] *n.* Ⓒ極端[偏激]主義者，走極端者。**—adj.** 極端[偏激]主義(者)的。

ex·trem·i·ty [ɪkˋstrɛmətɪ; ik'streməti] «extreme 的名詞» **—n.** **1** Ⓒ前端，末端：*at* the eastern ~ *of* the island 在島的東端。**2a** Ⓤ [又作 **an** ~] (痛苦、悲傷等的) 極點，極度 (*of*)：*an* ~ *of* joy 歡喜之極，極度歡喜/suffer *an* ~ *of* pain 蒙受極度的痛苦。**b** Ⓒ [用單數] 困境，窘境：be *in* a dire ~ 處於極端的困境/*in* one's ~ 在極端困難中/*to* the last ~ 到最後；到死/be driven *to* (the last) ~ 陷入困境[被迫採取激烈的手段]。**c** Ⓒ [常 **extremities**] 非常手段，極端手段：proceed [*go, resort*] to *extremities* 訴諸最後的手段[走極端，採取激烈的手段]。**3** [**extremities**] 四肢，手脚：the lower [upper] *extremities* 脚[手臂]/be frozen to the *extremities* 凍到手脚。

ex·tric·a·ble [ˋɛkstrɪkəbl; 'ekstrikəbl] *adj.* 可救出的，可解脫的。

ex·tri·cate [ˋɛkstrɪ͵ket; 'ekstrikeit] *v.t.* (十受十介十(代)名) **1** (從危險、困難中) 救出…，使… (自…) 解脫 (*from*)：The boy ~*d* the bird ***from*** the net. 男孩從網中救出那隻鳥。**2** [~ one*self*] (從…) 脫離 (*from*)：~ *oneself* ***from*** a difficult situation 脫離困境。

ex·tri·ca·tion [͵ɛkstrɪˋkeʃən; ͵ekstri'keiʃn] «extricate 的名詞» **—n.** Ⓤ救出，解脫，脫離。

ex·trin·sic [ɛkˋstrɪnsɪk; ek'strinsik] *adj.* **1** 〈刺激、影響等〉(從) 外部來的：~ stimuli 外來的刺激。**2 a** 外來的，附帶的，非本質上的：~ circumstances 偶然的事情[情況]/~ value 附帶的價值。**b** [不用在名詞前] (十介十(代)名) (與…) 無關係的，(對…而言) 非本質的 (*to*)：The question is ~ ***to*** our discussion. 這個問題和我們的討論無關。**ex·trín·si·cal·ly** [-kl̩ɪ; -kəli] *adv.*

ex·trorse [ɛkˋstrɔrs; ek'strɔ:s] *adj.*《植物》外向的；向軸外的：an ~ anther 外向花粉囊。**~·ly** *adv.*

ex·tro·ver·sion [͵ɛkstroˋvɝʃən; ͵ekstrou'və:ʃn] *n.* (↔ introversion) Ⓤ **1** 外轉。**2**《醫》外翻。**3**《心理》外向性。

ex·tro·vert [ˋɛkstro͵vɝt; 'ekstrouvə:t] (↔ introvert) *n.* Ⓒ **1**《心理》性格外向的人。**2** 喜活動而不喜思想的人；開朗活潑的人。**—adj.** 外向的。

éx·tro·vèrt·ed *adj.* ＝extrovert.

ex·trude [ɪkˋstrud; ek'stru:d, ik-] *v.t.* **1a** (十受) 擠出，伸出〈東西〉：A snail ~*s* its horns. 一隻蝸牛伸出牠的觸角。**b** (十受十介十(代)名) (從…) 逐出… (*from*)：~ a person ***from*** one's house 從家中逐出某人。**2** 使〈塑膠等〉從模型中壓出而成形。**—v.i.** 伸出，突出。

ex·tru·sion [ɪkˋstruʒən; ek'stru:ʒn, ik-] «extrude 的名詞» **—n.** **1** ⓊⒸ擠出，壓出，突出；逐出，驅逐。**2 a** Ⓤ (塑膠等的) 壓出成型加工。**b** Ⓒ壓出製造物，壓製品。

ex·tru·sive [ɪkˋstrusɪv; ek'stru:siv, ik-] «extrude 的形容詞» **—adj.** **1** 壓出的，突出的。**2**《地質》噴出性的：~ rocks 噴出岩。

ex·u·ber·ance [ɪgˋzubərəns, -ˋzju-; ig'zju:bərəns, -'zu:-] «exuberant 的名詞» **—n.** Ⓤ [又作 **an** ~] 豐富，充溢；茂盛 (*of*)：*an* ~ *of* foliage 茂盛的枝葉/*an* ~ *of* high spirits 生氣盎然，生氣勃勃。

ex·u·ber·ant [ɪgˋzubərənt, -ˋzju-; ig'zju:bərənt, -'zu:-] *adj.* **1** 〈植物、枝葉等〉茂盛的，繁茂的。**2 a** 〈人、行爲等〉充滿活力的，精神充沛的。**b** 〈精神等〉充沛的，飽滿的。**3** 〈想像力、天分等〉豐富的。**4** 〈語言、文體等〉華麗的。**~·ly** *adv.*

ex·u·da·tion [͵ɛksjuˋdeʃən; ͵eksju:'deiʃn] «exude 的名詞» **—n.** **1** Ⓤ滲出。**2** Ⓒ滲出物[液]。

ex·ude [ɪgˋzud, -ˋzjud, -ˋsud; ig'zju:d] *v.i.* (動(十介十(代)名)) 〈汗等〉(從…) 滲出，慢慢流出 (*from, through*)。**—v.t.** **1** 使〈汗等〉滲出。**2** 散發，發出〈香氣、魅力等〉；表現：~ confidence 流露出自信。

ex·ult [ɪgˋzʌlt; ig'zʌlt] «源自拉丁文「雀躍」之義» **—v.i.** **1 a** (十介十(代)名) (因…而) 大喜，狂喜 (*at, in, over*)：He ~*ed* ***in*** his victory [***at*** the news]. 他因勝利[聽到該消息]而狂喜。**b** (十*to* do) 〈做…而〉大喜：He ~*ed to* learn that he'd been elected. 他得知自己當選而大喜。**2** (十介十(代)名) (對…) 表示得意，驕傲，趾高氣揚 (*over*)：~ ***over*** one's rival 因擊敗對手而得意洋洋。

ex·ul·tant [ɪgˋzʌltn̩t; ig'zʌltənt] «exult 的形容詞» **—adj.** 大喜的；狂喜的，得意洋洋的。**~·ly** *adv.*

ex·ul·ta·tion [͵ɛgzʌlˋteʃən; ͵egzʌl'teiʃn] «exult 的名詞» **—n.** Ⓤ **1** 歡喜，狂喜，歡騰 (*at*)。**2** 趾高氣揚 (*over*)。

ex·últ·ing·ly *adv.* 狂喜地；趾高氣揚地。

ex·urb [ˋɛksɝb, ˋɛgz-; 'eksə:b, 'egz-] «ex 和 (sub)urb 的混合語» **—n.** Ⓒ《美》郊外四周的(高級)住宅區。

ex·ur·ban [ɛkˋsɝbən, ɛgˋz-; ek'sə:bən, eg'z-] *adj.* 城市遠郊的：We have found ourselves a beautiful ~ retreat. 我們已在城市遠郊找到一處美麗的安靜之地。

ex·ur·ban·ite [ɛkˋsɝbə͵naɪt, ɛgˋzɝ-; ek'sə:bənait, eg'zə:-] *n.* Ⓒ住在城市遠郊的人；半鄉半城的居民。

ex·ur·bi·a [ɛkˋsɝbɪə, ɛgˋz-; ek'sə:biə, eg'z-] *n.* Ⓤ [集合稱] 城市遠郊：to commute to New York from ~ 從城市遠郊往返於紐約。

ex·u·vi·ate [ɛgˋzjuvɪ͵et; ig'zju:vieit] *v.i.* & *v.t.* 蛻(皮)；脫(殼)；脫落(羽毛)。

exx.《略》examples.

-ey [-ɪ; -i] 字尾 -y 之變體，尤用在 -y 之後：clay*ey.*

‡eye [aɪ; ai] *n.* **1** Ⓒ眼睛《★也指瞳孔、虹彩、眼睛周圍等》：a girl with blue ~*s* 藍眼睛的女孩/an artificial ~ 義眼/⇨ black eye, COMPOUND¹ eye/with the naked ~ ⇨ naked 3/ with dry ~*s* 不流淚地；毫不在乎地，無動於衷的/open [close] one's ~*s* 張開[閉上]眼睛/look a person in the ~(*s*) 直視[正視]某人的臉/meet the ~*s* of a person [a person's ~*s*] 被某人看到；出現在某人眼前；偶爾引起某人注意/*Eyes* front!《口令》向前看！向前看齊！/*Eyes* right [left]！《口令》向右[左]看！/Where are your ~*s*? 你的眼睛長在哪裏了？《要人注意看》/His ~*s* are bigger than his belly. 他眼饞肚子飽《吃不下却貪婪》《★源自「他的眼睛大於肚子」之意》。

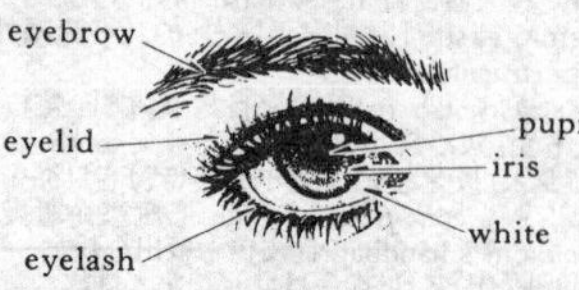

eye 1

2 Ⓒ **a** [常 ~*s*] 視力，視覺：as far as the ~ can see [reach] 視力所及，在看得到的範圍內/have good ~*s* 視力好/have sharp [weak] ~*s* 視力敏銳[差]。**b** [常用單數] 觀察力，鑑別力，眼光，眼力 (*for, of*)：have an ~ [a good ~] *for* pictures 有鑑別畫的眼光/have the ~ *of* a painter 具有畫家的眼力。

3 Ⓒ [常 ~*s*] 眼睛的神色，眼神：the green ~ 嫉妒的眼神/⇨ evil eye, glad eye/He looked at the man with a tranquil [jealous] ~. 他以平靜[嫉妒]的眼神看著那個男人。

4 a Ⓒ [常 ~*s*] 注目，注視：⇨ catch a person's EYE (2)/fix one's ~*s on* ... 凝視[注視]…/have all one's ~*s* about one 謹防[當心]某人/All ~*s* were *on* [*upon*] her. 大家都注視著她/She drew [attracted] the ~*s* of all the men in the room. 她吸引了房間裡所有男人的眼光/This document is for your ~*s* only. 這份文件只讓你過目《請勿讓他人看》。

b [**all** ~*s*；當 be 動詞的補語用] 注視着：He was *all* ~*s* at the scene. 他全神貫注地注視著那情景。

5 Ⓒ [常~*s*] 監視，密切注意：keep an ~ out 密切注意/keep an [one's] ~ *on*...＝have an ~ *on* [*upon*]...留意[監視]…；爲想獲得…而留意/keep one's [both] ~*s* (wide) open [peeled,《英》skinned] (*for* ...) (對…) 提高警覺[警惕]。

6 a Ⓒ [常 ~*s*] 對事物的看法，見解：*in* my ~*s* 依我的看法，在我看來/*in* the ~(*s*) of the law 從法律的觀點看。**b** [**an** ~, **one's** ~] 目的，意圖：with *an* ~ *to* elopement 企圖私奔地，以私奔爲目的。

7 Ⓒ像眼睛的東西：**a** (馬鈴薯等的) 芽眼。**b** (孔雀尾巴的) 翎眼。**c** (針) 眼；(鉤) 眼。**d** (索端的) 索眼。**e** (眼鏡的) 鏡片。**f** (靶) 心。

8 Ⓒ《氣象》颱風眼。

Áll my éye!＝That's áll my éye!《英俚》瞎說！胡說八道！無聊！

an éye for an éye 以牙還牙；以眼還眼。

【字源】源自聖經舊約「出埃及記」二十一章的猶太法律中「若有傷害，就要以命償命 (life for life)，以眼還眼 (eye for eye)，以牙還牙 (tooth for tooth)...」，這種法律被稱爲報復法。

befòre one's (**véry**) **éyes** 就在眼前：The accident occurred right *before* my *very* ~*s*. 那次意外事件就發生在我眼前。

cannòt belíeve one's **éyes** 不相信自己的眼睛《不相信看到的事爲眞實》：At first I *couldn't believe* my ~*s*. 起初我不相信那是眞的。

cást shéep's èyes at ... ⇨ sheep.
cátch a person's **éye** (1)〈東西〉被人看到，引起注意。(2)〈人〉引人注意[注目]。
cláp éyes on ... ＝set EYES on.
clóse one's **éyes** (1) ⇨ *n.* 1. (2)無視於，拒絕看〔…〕；〔對…〕不聞不問〔*to*〕.
crý one's **éyes óut** 哭腫眼睛；哭得很傷心。
dó a person **in the éye**《英口語》欺騙〈人〉。
éasy on the éye《俚》〈人、物〉看起來好看的，富於魅力的。
féast one's éyes on...對…飽眼福，盡情觀賞…。
gèt one's **éye ín**《英》(網球、板球等)培養看準(球)的能力，使能用眼睛跟上球的方向。
gìve an éye to ... (1)注意…。(2)照顧…。
gìve a person **the éye**《俚》看〈人〉看得出神；對〈人〉眉目傳情。
hàve an éye to [on] the máin chánce 圖私利。
hàve éyes in [at] the báck of one's **héad** 把一切都看得清楚，能看透一切。
hàve éyes (ónly) for《口語》(只)關心…，對…有興趣。
in a píg's éye《俚》決不做，絕對不。
in one's **[the] mínd's éye** ⇨ mind.
in the éye of the wínd＝**in the wínd's éye**《航海》正對著風，逆風。
in the públic éye 備受社會矚目的，(在電視等上)頻頻出現的，衆所周知的。
kèep one's **éye ín** (不斷練習)保持看準(球等)的敏銳眼力。
kèep one's **éyes òff...**(1)不看…；不以想要的眼光看…。(2)[常用於 can't 的否定句]被…迷住：The boy *couldn't keep* his *~s off* the shiny, red bike. 那個男孩目不轉睛地望着那輛閃亮的紅色脚踏車。
láy éyes on＝set EYES on.
léap [júmp] to the éye(s) 觸目；完全明白《法國語法》。
máke éyes at ... 向…送秋波[眉目傳情]。
màke a person **ópen** his **éyes**使某人瞠目[吃驚]。
Mínd your éye.《英口語》注意[小心](look out).
móre than méets the éye 有表面上看不到的事《隱藏的天資、困難、事情等》：There's *more* in [to] it *than meets the ~*. 那件事有內幕《有從表面上看不出的困難之處》。
My éye！＝Oh my éye!《口語》(1)可疑！怎麼會！(2)天哪，哎呀！《表示驚訝》。
óne in the éye《口語》失望，敗北，大打擊〔*for*〕《★one 是「一擊」之意》：That was *one in the ~ for* him. 那對他是個沉重打擊。
ópen a person's **éyes** (1) ⇨ *n.* 1. (2)使某人認清〔事實等〕；使某人醒悟〔*to*〕.
pípe one's **éye(s)**《英口語》哭泣(weep).
pùt one's **fínger in** one's **éye**《口語》低聲哭泣，抽泣。
sèe éye to éye(with...) [常用於否定句](與某人)〔在…方面〕見解完全一致〔*on, about*〕《★引自聖經「以賽亞書」》：I do*n't see ~ to ~ with* her *on* this subject. 關於這個問題我與她看法不一致。
sèt éyes on...(第一次)看到…：I've *never* even *set ~s on* her. 我甚至從未見到過她。
shút one's **éyes to...**＝close one's EYES (2).
tàke one's **éyes òff...** [常用於 can't 的否定句]使眼睛離開…，不看…：I *couldn't* [was *unable* to] *take* my *~s off* the picture. 我的視線無法離開那幅畫《被吸引住》。
thròugh the éyes of a person＝**thròugh** a person's **éyes** 透過某人的看法，從某人的觀點[想法]來看。
thrów dúst in [ìnto] the éyes of a person ⇨ dust.
to the éye of... 在…看起來，在…眼裏：To *the ~ of* an outsider the economy seems stable enough. 在局外人看來經濟似乎十分穩定。
túrn a blínd éye to... 無視於…，假裝沒看見…。
ùnder one's **(véry) éyes？**＝before one's (very) EYES.
úp to one's **[the] éyes** (1)埋頭〔工作〕；極忙〔*in, with*〕. (2)深陷〔債務中等〕〔*in*〕.
with an éye to... 考慮到…，爲了…目的：He made the remark *with an ~ to* the coming election. 他爲了即將來臨的選擧而發表那篇言論。
with (one's) éyes (wíde) ópen《口語》明知會發生什麼事(而…)，在知情的情形下。
with hálf an éye 一看就；輕易地：Anyone could see *with half an ~* that.... 任何人一看就知道…。
—*v.t.* **(ey(e)·ing)**〔十受〕盯著看，注視…：He *~d* me suspiciously. 他用懷疑的眼光看著我。
eye·a·ble [ˋaɪəbl̩; ˈaiəbl] *adj.* **1** 可見的。**2** 悅目的。
éye appèal *n.* Ⓤ 對視覺的吸引力；美貌，漂亮。
éye-appèaling *adj.*《美俚》漂亮的；美麗的。
éye·bàll *n.* Ⓒ眼球。
éyeball to éyeball《口語・謔》(在險惡的狀態下)〔與…〕面對面的[地]〔*with*〕.
—*v.t.*《美口語》目光銳利地凝視[注視]。

éye bànk *n.* Ⓒ眼庫，眼角膜銀行。
eye·brow [ˋaɪˏbraʊ; ˈaibrau] *n.* Ⓒ**眉**，眉毛：knit one's *~s* 皺眉/raise an ~ [one's *~s*] (*at...*)(對…)揚起眉頭《表示驚訝、懷疑的表情》/raise (a lot of) *~s* 使人們(大)吃一驚。
úp to the [one's] **éyebrows** (1)埋頭，專注〔於…〕〔*in*〕. (2)深陷〔債務等中〕〔*in*〕.
éyebrow pèncil *n.* **1** Ⓤ眉膏。**2** Ⓒ(鉛筆形的)眉筆《一支》。
éye-càtcher *n.* Ⓒ吸引人的東西；年輕迷人的女人。
éye-càtching *adj.* 吸引人的，引人注目的。
éye chàrt *n.* Ⓒ 視力檢查表。
éye-cùp *n.* Ⓒ 洗眼杯。
eyed *adj.* **1** [構成複合字]…眼的；眼像…的：blue-eyed 藍眼的/⇨ green-eyed/eagle-*eyed* 目光銳利如鷹的。**2**〈針等〉有眼的。**3**〈孔雀尾等〉有翎眼的，有眼狀斑紋的。
éye dòctor *n.* Ⓒ《口語》眼科醫生。
éye-dròpper *n.* Ⓒ眼藥水滴管。
eye·ful [ˋaɪˏfʊl; ˈaiful] *n.* **1** [**an** ~]一瞥能見到的東西；滿眼：get *an* ~ 看個夠，好好地看。**2** Ⓒ《俚》引人注目的東西[人]，美人。
éye·glàss *n.* **1** Ⓒ鏡片。**2a** Ⓒ單眼鏡，(一片)眼鏡。**b** [**~es**]眼鏡。
éye·hòle *n.* **1** ＝eye socket. **2** Ⓒ窺視孔。
éye·làsh *n.* Ⓒ **1** 睫毛。**2** [常 **~es**；集合稱](全部的)睫毛：flutter one's *~es* at (a person)向(某人)眨眼示意，遞眼色。
éye·less *adj.* 無眼的，瞎眼[失明]的；盲目的。
eye·let [ˋaɪlɪt; ˈailit] *n.* Ⓒ **1a** (布的)小孔。**b** (皮鞋等的)鞋帶孔(⇨ shoe 插圖)。**2** 窺視孔；槍眼。**3** (孔眼的)鎖縫；鑲孔金屬環。
éye-lèvel *n.* Ⓤ眼睛的高度：at ~ 在眼睛的高度。
eye·lid [ˋaɪˏlɪd; ˈailid] *n.* Ⓒ**眼瞼**，眼皮：the upper [lower] ~ 上[下]眼皮。
háng ón by the [one's] **éyelids**《英口語》勉强抓着，處於險境。
nót bát an éyelid《口語》面不改色的，不在乎的《★源自「連眼睛也不眨一下」之意》。
éye-lìner *n.* **1** Ⓤ眼線膏《塗在眼皮上使眼睛輪廓明顯的化粧品》。**2** Ⓒ眼線筆。
éye lòtion *n.* Ⓤ[指個別產品或種類時爲Ⓒ]眼藥水，洗眼液。
éye mèasure *n.* Ⓤ目測。
éye-òpener *n.* Ⓒ **1** 令人大開眼界的事物；顯示眞相的新事實。**2**《美口語》起床時喝的醒眼酒[晨酒](cf. nightcap 2).
éye-òpening *adj.* 啓廸的；振聾發聵的；揭露的。
éye·pìece *n.* Ⓒ(顯微鏡、望遠鏡等的)接目鏡(cf. object glass).
éye-pòpper *n.* Ⓒ《口語》**1** 令人驚奇的事[物]。**2** 令人極緊張[興奮]的事。
éye-pòpping *adj.*《口語》 **1** 令人驚奇的。 **2** 令人極緊張[興奮]的。
éye rhỳme *n.* Ⓤ視覺韻《結尾拼法相近，但發音各異的字詞，如：watch 和 match》.
éye·shàde *n.* Ⓒ保護眼睛用的透明或半透明鴨舌帽簷。
éye shádow *n.* Ⓤ[指個別產品或種類時爲Ⓒ]眼影：wear ~ 擦眼影。
éye·shòt *n.* Ⓤ視野，視界：beyond [out of] ~ (of...)在看不見…的地方/in [within] ~ (of ...)在看得見…的地方。
éye·sìght *n.* Ⓤ **1** 視覺，視力；看：a man with good [poor] ~ 視力好[差]的人/lose one's ~ 失明。**2** 視野，視界：within ~ 在視界之內。
éye sòcket *n.* Ⓒ眼窩。
eye·some [ˋaɪsəm; ˈaisəm] *adj.* 悅目的；漂亮的：She was an ~ creature. 她長得很漂亮。

eyeshade

éye·sòre *n.* Ⓒ礙[刺]眼(的東西)《與環境不相稱的建築物等》；眼中釘。
éye·spòt *n.* Ⓒ **1**《動物》眼點。**2** 眼狀色斑《如孔雀羽尾上之斑紋》。
éye·stalk *n.* Ⓒ《動物》眼柄。
éye·stràin *n.* Ⓤ眼睛的疲勞。
éye·tòoth *n.* Ⓒ(*pl.* **eye·teeth**)(尤指上列的)犬齒，上犬齒(canine tooth).
cút one's **éyeteeth** 變得懂事，年事漸長，長大成人；初次嘗試某事，開始從事某項工作。

eye sockets

【字源】字面上的意思是「長出犬齒」。eyetooth(犬齒)最先一次在一歲半左右長出，第二次在十二歲，已有智慧且已懂事時換成永久齒，因而有此說法。與此類似的詞句有 cut *one's* wisdom teeth(長出智齒；成熟)，是因爲智齒在十七歲至二十五歲之間生長，使人聯想到「成熟」之故。

would give one's **éyeteeth** 〔如果能得到…〕願意付出任何代價〔*for*〕;〈如果能做…〉不惜付出任何代價〈*to* do〉(cf. right arm l).

éye·wàsh *n.* **1** Ⓤ[指個別產品或種類時爲Ⓒ]眼藥(水), 洗眼藥水。**2** Ⓤ《口語》欺騙, 無稽之談。

éye·wítness *n.* Ⓒ目擊者;見證人〔*to, of*〕.

ey·ot [et, 'eət; eit, 'eiət] *n.* Ⓒ《英》(河、湖中的)小島。

ey·rie, ey·ry ['ɛrɪ, 'ɪrɪ; 'aiəri] *n.* =aerie.

ey·rir ['erɪr; 'eiriə] *n.* (*pl.* **au·rar** ['ɔɪrɑr; 'ɔirɑ:])埃利《冰島貨幣單位;相當於 1/100 克朗(krona)》.

Ez., Ezr. 《略》〔聖經〕Ezra.

Ezek. 《略》〔聖經〕Ezekiel.

Eze·ki·el [ɪ'zikɪəl; i'zi:kiəl] *n.* **1** 以西結《紀元前六世紀時的希伯來先知》。**2** 〔聖經〕以西結書(The Book of Ezekiel)《聖經舊約中的一卷, 略作 Ezek.》.

Ez·ra ['ɛzrə; 'ezrə] *n.* **1** 以斯拉《男子名》。**2** 〔聖經〕以斯拉書(The Book of Ezra)《聖經舊約中的一卷, 略作 Ez., Ezr.》.

Ff **F f** *Ff*

f, F[1] [ɛf; ef] *n.* (*pl.* **f's, fs, F's, Fs** [~s; ~s]) **1** ⓊⒸ英文字母的第六個字母。**2** Ⓤ(一序列事物的)第六個。

F[2] [ɛf; ef] *n.*(*pl.* **F's, Fs** [~s; ~s]) **1** ⒸF 字形(之物)。**2** ⓊⒸ(五等級評價的)不好，劣等，不及格(cf. grade 3)：He got an *F* in history. 他的歷史成績得了劣等[不及格]。**3** Ⓤ〖音樂〗**a** F 音《(固定唱法) C 大調音階中的第四音》：*F* clef F 譜號/*F* flat [sharp] 降[升]F調。**b** F調：*F* major [minor] F大調[小調]。

F 《略》Fahrenheit；〖遺傳〗filial；fine (鉛筆) 細字用的；〖化學〗fluorine；French；〖數學〗function.

f., f 《略》feet；female；feminine；filly；《符號》〖攝影〗f-number；〖光學〗focal length；folio；following；foot；〖音樂〗forte；〖棒球〗foul(s)；franc(s)；from；〖數學〗function.

F. 《略》Fahrenheit；《符號》〖電學〗farad；February；France；franc(s)；French；Friday.

fa [fɑ; fɑ:] *n.* (*pl.* **~s**) Ⓤ[指個體時爲Ⓒ]〖音樂〗(固定唱法)C 大調的第四音(cf. sol-fa)。

F.A.A. 《略》**1** Fleet Air Arm (英國的) 海軍航空隊。**2** Federal Aviation Agency (美國政府的) 聯邦航空局。

fab [fæb; fæb] «fabulous 之略»**—***adj.* 《英口語》很棒的，極好的。

Fa·bi·an [ˈfebɪən; ˈfeibiən] *adj.* **1** (不戰而使敵人疲憊的)拖延戰略的，消耗戰略的。**2** 費邊社的：the ~ Society 費邊社《1884年韋布(Sidney Webb [wɛb; web])等人在倫敦(London)創立，採取和平漸進方式實現社會主義的團體》。

【字源】此典故乃出自古羅馬的羅馬總督費畢阿斯(Fabius)與迦太基(Carthage)的將軍漢尼拔(Hannibal)的軍隊對峙時，不採正面作戰，而以斷絕補給路線、游擊戰等迂迴戰術困擾敵軍。

—*n.*Ⓒ費邊社社員。

Fá·bi·an·ìsm [-n,ɪzəm; -nizəm] *n.* Ⓤ費邊主義。

fa·ble [ˈfebl; ˈfeibl] «源自拉丁文「故事」之義»**—***n.* Ⓒ **1** (將動物等擬人化，含有訓誨意義的)寓言：Aesop's *Fables* 伊索寓言。

【同義字】fairy tale [story] 是爲兒童而寫的有關神仙、魔幻等的故事。

2 [集合稱爲Ⓤ]傳說，神話。**3** 虛構的故事，捏造的事。

fá·bled *adj.* **1** 傳說中有名的，傳說的：Babe Ruth, the ~ home-run king 傳說中的全壘打王貝布・魯斯(Babe Ruth). **2** 捏造的，虛構的，幻想的。

fab·li·au [ˈfæblɪo; ˈfæbliou] *n.* Ⓒ(*pl.* **~x** [-z; -z]) (中世紀法國的)滑稽[諷刺]敘事詩。

Fa·bre [ˈfabɚ; ˈfɑ:bə], **Jean Hen·ri** [ʒɑ̃ɑ̃ˈri; ʒɑ:nɑ:nˈri:] *n.* 法布爾《1823–1915；法國的昆蟲學家》。

fab·ric [ˈfæbrɪk; ˈfæbrik] «源自拉丁文「工作所」之義»**—***n.* **1** **a** Ⓤ[指產品或種類時爲Ⓒ] 織物，織品，布(★ 比較 一般用 cloth)：enough ~ to make a coat 足夠做上衣的布料/a textile ~紡織品。**b** Ⓤ織法，質地。**2** Ⓤ結構，構造，組織：the ~ *of* society 社會的結構。**3** Ⓤ[集合稱](教會等)建築物的結構《屋頂、牆壁等》。

fab·ri·cate [ˈfæbrɪ,ket; ˈfæbrikeit] *v.t.* **1** 裝配，製造。**2** 虛構，捏造〈謊言等〉。

fab·ri·ca·tion [,fæbrɪˈkeʃən; ,fæbriˈkeiʃn] «fabricate 的名詞»**—***n.* **1** Ⓤ製造，構造；裝配。**2** Ⓒ捏造的事，謊言。

fáb·ri·cà·tor [-tɚ; -tə] *n.* Ⓒ **1** 製造者；裝配者。**2** 說謊者。

fab·u·list [ˈfæbjəlɪst; ˈfæbjulist] *n.* Ⓒ **1** 寓言家；編寫寓言的人。**2** 說謊者。

fab·u·lous [ˈfæbjələs; ˈfæbjuləs] «fable 的形容詞»**—***adj.* **1** **a** 傳說的；神話中的：a ~ hero 傳說中的英雄。**b** 寓言般的；想像中的：a ~ animal想像中的動物。**2** **a** 難以置信的；龐大的；驚人的；非常的：a ~ sum of money 一筆鉅款。**b** 《口語》極好的，很棒的：a ~ party 好棒的宴會。

~·ness *n.*

fáb·u·lous·ly *adv.* 難以置信地；驚人地；非常地：a ~ rich person 大富豪。

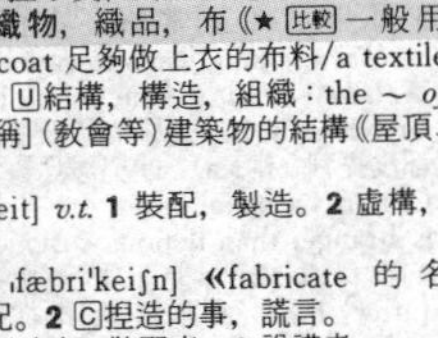

facade 1

fa·cade, fa·çade [fəˈsɑd, fæ-; fəˈsɑ:d, fæ-] «源自法語»**—***n.*Ⓒ **1** (建築物的)正面。**2** (常指比實體更好的事物的)外表，外觀：His fine clothes are a mere ~. 他漂亮的衣着只是虛有其表而已。

‡**face** [fes; feis] «源自拉丁文「外形，樣子」之義»**—***n.* **1** Ⓒ臉《指下巴(chin)到頭髮的頭部(head)的前面部分；包括眼睛(eye)，鼻子(nose)，嘴(mouth)，頰(cheek)等，但不包括耳朵(ears)，太陽穴(temple)》：a broad [pinched] ~ 寬闊的[憔悴的]臉/⇨ look a person in the FACE/ She got red in the ~. 她臉紅了。

【同義字】countenance 是流露出感情的臉；feature 指眼、耳、鼻、嘴等臉部容貌之一。

2 Ⓒ **a** 臉色；表情：a happy ~ 愉快的[幸福的]表情/pull [make, wear] a long ~ 拉長臉，板着臉/⇨ make a FACE [FACES]. **b** [常 ~s]愁容，苦臉。**3** Ⓒ **a** (東西的)表面。**b** (貨幣、獎章等的)表面。**c** 鐘面，錶面。**d** (建築物等的)正面。**4** Ⓒ **a** (文件的)字面《未經解釋或未添加意義的》：on [upon] the ~ of the document 在文件的字面上。**b** (股票等的)票面，面額(cf. face value). **c** (紙牌的)面《印有畫、號碼的一面》：lie on its ~ 〈牌面〉朝下放。**5** Ⓒ **a** (器具等的)使用面。**b** (鎚、高爾夫球桿的)敲擊面(⇨ golf club 插圖)。**6** Ⓒ外表，外觀，表面：That puts a new ~ on things. 那使事態的局面煥然一新/⇨ put a bold FACE on, put a good FACE on. **7** Ⓤ(十 *to* do) [**the** ~]《口語》(做…的)厚臉皮：How can you have *the* ~ *to* say that? 你怎麼有臉那樣說？**8** «源自中文»Ⓤ面子，尊嚴：lose ~ 失去面子[尊嚴]，丟臉/ save (one's) ~ 挽回面子，保全面子。**9** Ⓒ〖礦〗採掘面《礦石、煤礦的開採處》。**10** Ⓒ〖印刷〗(活字的)字面，版面。

fáce dówn (1)臉朝下地：lie ~ *down* (臉朝下地)趴着。(2)表面朝下地：lay one's cards ~ *down* on the table 將紙牌牌面朝下放在桌上。

fáce ón 面對着，臉朝下。

fáce to fáce (1)面對面；面對[某人]〔*with*〕(cf. NOSE to nose). (2)面臨[危險、死亡等]〔*with*〕：I came ~ *to* ~ *with* disaster. 我面臨災難。

fáce úp (1)頭抬起地。(2)面朝上地。

fáll (flát) on one's **fáce** (1)〈人〉直挺挺地倒下。(2)〈計畫等〉(徹底地)失敗，不順利。

hàve twó fáces 表裏不一致，懷二心；〈說話〉模稜兩可：Don't trust him; he *has two* ~*s.* 不要相信他，他表裏不一致。

in a person's **fáce** 當某人的面，公然：He will laugh *in* your ~. 他會當着你的面笑你。

in one's **fáce** 正對着，迎面：have the wind *in* one's ~ 正對着風，逆風。

in the fáce of (1)面臨，面對：He became brave *in the* ~ *of* danger. 他臨危不懼。(2)不顧…，儘管…：*in the* ~ *of* the world 公然，在衆目睽睽下/*in the* (very) ~ *of* day [the sun] 光天化日之下，公然。(3)想到…：*In the* ~ *of* the evidence, you cannot deny it. 證據擺在你面前，你無法否認它。

kèep one's **fáce stráight**＝**kèep a stráight fáce** 板着面孔，(忍住)不露笑容。

lóok a person **in the fáce** ＝**lóok in** a person's **fáce** (問心無愧地)正視某人：He was unable to *look* me *in the* ~. 他不敢正視我。

màke a fáce [fáces] 〔對着…〕皺眉頭，做出厭惡的表情，做鬼臉〔*at*〕.

on the fáce of it [thìngs] 乍見之下，表面上《★一般用於結果並非如此的情形》。

púll a fáce [fáces] ＝ make a FACE.

pùt a bóld fáce on... 對…裝作若無其事，對…裝作滿不在乎[很有信心]。

pùt a góod fáce on... 對…裝出滿意[高興]的表情：He *put* as *good a* ~ *on* things as circumstances permitted. 只要情況許可，他對事情都裝出滿意的表情。

pùt one's **fáce ón** 〈女子〉化粧。

sèt one's **fáce agáinst...** 堅決反抗[反對]…。

shów one's **fáce** 露面，出現：He hasn't *shown* his ~ yet this morning. 他今天早上還沒有露面[出現]。

to a person's **fáce** 當着某人的面，公然：accuse a person *to* his

～當面非難某人。

túrn fáce abóut (1)背轉過去，調轉方向。(2)〔關於態度、政策、方針等〕採取與以往相反的立場〔*on*〕：He's *turned ～ about on* the issue. 他對該問題完全改變了態度。

—v.t. 1〔十受〕**a**〈東西〉**面對着，朝向…**：The building ～*s* the square. 那棟建築物面對着廣場。**b**〈人〉**面向，臉朝向**：They ～*d* each other. 他們面對面。**2**〔十受〕對抗，勇敢地面對〈危險、災難等〉：⇨ face the MUSIC. **3**〔十受〕**a** 面對，正視〈事實等〉：～ the stark reality 正視赤裸裸的現實。**b**〈困難、問題等〉逼近〈某人〉，使…面臨《★常用被動語態，介系詞用 *with, by*》：A crisis was *facing* him. 危機正逼近他[他面臨著危機]/*be ～d with* [*by*] a problem 面臨問題/We *are ～d with* imminent bankruptcy. 我們面臨著逼近的倒閉。**4 a**〔十受〕塗〈牆壁等〉。**b**〔十受十介十(代)名〕〔用…〕鋪…〔*with*〕《★常以過去分詞當形容詞用》：a wooden house ～*d with* brick 外表覆磚的木屋。**5 a**〔十受〕給〈衣服〉鑲邊。**b**〔十受十介十(代)名〕〔用…〕鑲邊於〈衣服等〉〔*with*〕《★常以過去分詞當形容詞用》：a coat ～*d with* silk 鑲有絲綢邊的上衣。

—v.i. 1 a〔十副詞(片語)〕〈建築物〉**朝，面向**〈某方向〉：“Which way does his house ～?”—“It ～*s north* [*to* [*toward*] the north].”「他的房子朝向何方？」「朝北。」**b**〔十介十(代)名〕〈建築物〉面向〔…〕〔*on, onto*〕：The shrine ～*s* **on** [*onto*] the street. 那座廟面向街道。**2**〔常用於發號施令〕《軍》改變方向：About ～! 向後轉！/Left [Right] ～! 向左[右]轉！

fáce a person **dówn** 氣勢洶洶地恐嚇[威壓]〈某人〉。

fáce it 面對現實；說實在的。

fáce it óut 堅持到底；大膽地應付事情：He ～*d it out* against the strikers. 他大膽地反對罷工者。

fáce óut 《*vt adv*》大膽地應付〈事情〉；面對〈事情〉《★不可用被動語態》。

fáce úp to… 從正面逼近…；面對，正視〈事實、事情等〉《★可用被動語態》：You've got to ～ *up to* your responsibilities. 你必須堅毅地承擔自己的職責。

fáce càrd *n.* Ⓒ(紙牌的)人面牌，人頭牌(《英》court card)《老K(king)，皇后(queen)和傑克(knave [jack])三種》。

fáce·clòth *n.* Ⓒ(小)毛巾，面巾(washcloth)。

faced *adj.* [構成複合字] **1** 有…面孔[表情]的：sad-*faced* 一臉悲傷的。**2** (東西)表面…的：rough-*faced* 表面粗糙的。

fáce·dòwn *n.* Ⓒ《口語》攤牌 (faceoff).
—*adv.* 面朝下地。

fáce flànnel *n.* Ⓒ《英》(小)毛巾，面巾(facecloth)《★多單稱 flannel》。

fáce·less *adj.* **1** 無面孔的，無臉的。**2** 缺乏個性的，無特徵的。
～**·ness** *n.*

fáce-lìft *n.* Ⓒ **1** 臉部皺紋的消除，整形美容術。**2 a** (建築物等的)外觀整修，裝修：give a house a ～ (以重新油漆等)改善房屋的外觀。**b** (汽車等)型式的小改變，改裝。

fáce-lìfting *n.* Ⓤ臉部整形美容；外觀上的改善。

fáce·òff *n.* ＝facedown.

fáce pàck *n.* Ⓒ 美容用敷面膏《用以去污或防止小皺紋》。

fáce pòwder *n.* Ⓤ 撲面粉。

fác·er *n.* Ⓒ **1** 做最後修飾工作者[東西]；磨光者[機]。**2**《英口語》**a** (拳擊等)對臉部的打擊，擊臉。**b** 令人張惶失措的事件，突然遭遇到的困難[敗北]。

fáce-sàver *n.* Ⓒ保全面子的手段。

fáce-sàving *adj.* [用在名詞前] 顧全[保全]面子的。

fac·et [ˈfæsɪt; ˈfæsit] **《源自法語「小臉」之義》—*n.*** Ⓒ **1** (結晶體、寶石的)小平面，(刻花玻璃的)刻面。**2** (事物的)一種情況，一面(⇨ phase【同義字】)。

—*v.t.* (**fac·et·ed,**《英》**-et·ted**；**fac·et·ing,**《英》**-et·ting**)刻小平面於〈寶石〉之上。

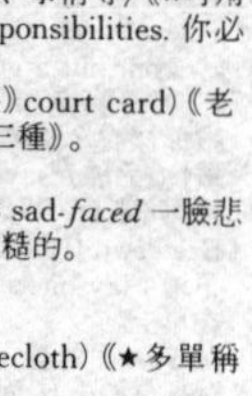

facets 1

fa·ce·tious [fəˈsiʃəs; fəˈsi:ʃəs] *adj.* 戲謔的，開玩笑的《★指在不適當的場合說的玩笑等》：Stop being ～. This is a serious matter. 別開玩笑了，這是件正經的事。
～**·ly** *adv.* ～**·ness** *n.*

fáce-to-fáce *adj.* [用在名詞前]面對面的；直接的；直截了當的：～ negotiations 直接交涉。

fáce vàlue *n.* **1** ⓊⒸ面值，票面面額《股票、公債等票面記載的金額》。**2** Ⓤ票面[表面]上的價值：take a person's promise at (its) ～ 照單接受[完全相信]某人的承諾。

fa·ci·a [ˈfæʃɪə; ˈfæʃiə] *n.* ＝fascia.

fa·cial [ˈfeʃəl; ˈfeiʃl] **《face 的形容詞》—*adj.*** **1** 臉(部)的，面部的：～ neuralgia 臉部神經痛/one's ～ expression 某人的臉部表情。**2** 面部用的；美容用的：～ cream 面霜，雪花膏/a ～ massage 臉部按摩/～ tissue 面紙，化粧紙《★ 比較 英語的 tissue paper 指透明似的薄紙》。
—*n.* Ⓒ臉部按摩，美容。

fácial àngle *n.* Ⓒ顏面角；(結晶的)面角。

fácial ìndex *n.* [the ～] 面長指數《面部長度與寬度之比，通常將面部長度乘以 100，然後以面部寬度除之》。

fac·ile [ˈfæsḷ, -sɪl; ˈfæsil, ˈfæsail] *adj.*《文語》**1** [用在名詞前]容易的 (easy)；易得的：a ～ victory 輕而易舉[不費力]的勝利。**2** [用在名詞前]暢行的，輕快的；(口齒)伶俐的，流暢的(fluent)：a ～ pen (惡意的)敏捷的文筆/ have a ～ tongue 口舌伶俐，善辯。**3** 輕易的，膚淺的，不夠誠實的：a ～ solution 過於容易的解決辦法/～ tears 廉價的眼淚。～**·ly** *adv.*

fa·ci·le prin·ceps [ˈfæsəlɪˈprɪnsɛps; ˈfæsiliˈprinseps] **《源自拉丁文》—*adj.*** 輕易名列第一的，出類拔萃的。

fa·cil·i·tate [fəˈsɪləˌtet; fəˈsiliteit] **《facile 的動詞》—*v.t.*** 使〈事情〉容易，使…便利；促進；幫助《★ 用法 此字不以人爲主詞》：His father's connections ～*d* his employment. 他父親的關係使他容易受雇[找到工作]/ It would ～ matters [things] greatly if you could tell them in advance. 如果你事先能告訴他們，事情會容易進行得多。

fa·cil·i·ta·tion [fəˌsɪləˈteʃən; fəsiliˈteiʃn] **《facilitate 的名詞》—*n.*** Ⓤ方便，簡化，容易化。

fa·cil·i·ty [fəˈsɪlətɪ; fəˈsiləti] **《facile 的名詞》—*n.*** **1** [**facilities**] (圖書館、醫院等的)**設備，設施**；方便，便利：bathing *facilities* 海水浴的設備/educational [public] *facilities* 教育[公共]設施/*facilities of* civilization 文明的設備/*facilities for* communication [research] 交通[研究]設備/give [accord, afford] (a person) full *facilities for…* 給予(某人)…的一切方便。**2** Ⓤ容易；輕易(↔ difficulty)：*with* ～ 容易地。**3** ⓊⒸ才能，靈巧，本領〔*in, for*〕：have ～ *in* speak*ing* [writ*ing*] 有口才[寫作才能]/have no ～ *for* language 沒有語言的才能。

fác·ing *n.* **1 a** Ⓤ(牆壁等的)面飾《最後一次粉飾》。**b** Ⓒ(完工的)粉飾面。**2** Ⓤ(衣服的)鑲邊。

fac·sim·i·le [fækˈsɪmələ; fækˈsimili] *n.* **1** Ⓒ(與原來筆跡、繪畫等一模一樣的)複製，摹本：in ～ 用複寫[複印]；逼眞地，一模一樣地《★無冠詞》。

> 【字源】源自拉丁文，爲 fac (義爲「製造」)與 simile (義爲「相同，類似」)二字合併而成。故 facsimile 有「製成和某物相同的製品」之義。

2 Ⓤ《通信》傳眞。
—*v.t.* **1** 複製，摹寫。**2**《通信》用傳眞傳送。

facsímile télegraph *n.* Ⓒ《通信》傳眞發報機。

fact [fækt; fækt] **《源自拉丁文「做的事，行爲」之義》—*n.*** **1 a** Ⓒ(實際已發生的[正要發生的])**事實**：an established ～ 既定的事實/ I know this for [as] a ～. 我知道這是事實/ It is a ～ that every language changes. 每一種語言都在變，這是事實/*The ～ of* its [*of* the book] be*ing* a translation is not mentioned anywhere in it. 它[那本書]是翻譯本的這個事實，書裏任何地方都沒提到 (cf. 1 b)。

> 【同義字】truth 是(被相信爲)眞實的事。

b Ⓒ〔十 *that*＿〕[常 **the** ～]〈…的〉事實：No one can deny *the ～ that* smoking leads to cancer. 沒有人能否認吸煙能致癌的事實/*The ～ that* it [the book] is a translation is not mentioned anywhere in it. 它[那本書]是翻譯本的這個事實，書裏任何地方都沒提到(cf. 1 a)。**c** Ⓤ(與理論、意見、想像等相對的)事實(cf. fiction)：a novel based on ～ 根據事實的小說，寫實小說/*F*～ is stranger than fiction. ⇨ fiction 1.

2《法律》**a** [**the** ～] (犯罪等的)事實，罪行：an accessory before [after] *the* ～ 犯罪前[後]的從犯《事前參與預謀[事後藏匿或協助犯人]的從犯》/ confess *the* ～ 承認罪行。**b** Ⓒ[常 ～*s*]申述的事：We doubt his ～*s*. 我們懷疑他所申述的事。

as a màtter of fáct ⇨ matter.

fáct of lífe (1)(難以改變的)人生的現實。(2)現實，現狀。

in áctual fáct ＝ in FACT.

in fáct (1)事實上，實際上。(2)[用於補充、强調前言]說得更淸楚一點，豈止如此：He's very clever. *In* ～, he's almost a genius. 他很聰明。說得更淸楚一點，他幾乎是個天才。

The fáct is (that)…. 事實[事情的眞相]是…《★ 用法 常省略 that；口語也可變成 Fact is….》：*The ～ is,* I don't like it. 事實是我不喜歡它。

the fácts of lífe《委婉語》性的實態[知識]：teach children *the ～s of life* 對兒童施予性教育。

fáct fìnder *n.* Ⓒ 事實[實情]調查者。

fáct-fìnding *adj.* [用在名詞前] 從實情[現場]調查的：a ～ committee [tour] 實情[眞相]調查委員會[巡迴調查]。

fac·tion [ˋfækʃən; ˈfækʃn] «源自拉丁文「行爲，(組織)黨派」之義；⇨ fashion»—*n.* **1** Ⓒ(政黨內的)**黨派**，派系。

【同義字】clique 指具有密切連帶意識，有排他性而由少數人組成的團體。

2 Ⓤ黨內鬥爭，派系鬥爭，內訌；黨派主義[性]。

fác·tion·al [-ʃənl; -ʃənl] «faction 的形容詞»—*adj.* **1** 派系的，黨派的。**2** 好搞黨派的；黨派性强烈的。

fác·tion·al·ìsm [-ʃənḷ,ɪzəm; -ʃənlizəm] *n.* Ⓤ派系主義，小團體主義；傾軋。

fac·tious [ˋfækʃəs; ˈfækʃəs] *adj.* 好搞黨派的；黨派性强烈的；好派系鬥爭的。~·**ly** *adv.* ~·**ness** *n.*

fac·ti·tious [fækˋtɪʃəs; fækˈtiʃəs] *adj.* **1** 人爲的，人工的。**2** 做作的，不自然的。~·**ly** *adv.* ~·**ness** *n.*

fac·ti·tive [ˋfæktətɪv; ˈfæktitiv] *adj.* 《文法》使役的，作爲的：~ verbs 使役動詞《用於〔十受十補〕句型的動詞，如 make, elect, call 等》。~·**ly** *adv.*

***fac·tor** [ˋfæktɚ; ˈfæktə] «源自拉丁文「製造[構成]者」之義»—*n.* Ⓒ **1** (產生某種現象、結果的)**重要原因**，因素〔*of, in*〕(⇨ element【同義字】)：a ~ *of* happiness 幸福的因素/ Luck was a ~ *in* his success. 幸運是他成功的一個因素[他成功的一個因素是幸運]。

2 代理商，經紀人，批發商，代辦人。

3 《數學》因數，因子：a common ~ 公因子，公因數/a prime ~ 素因子，質因數/resolution into ~*s* 因數分解。

4 《機械》因數，因素，係數，率：the ~ of safety 安全因數。

5 《生物》基因；遺傳因子(gene)：a genetic ~ 遺傳因子。

—*v.t.* 〔十受〕《數學》分解…的因數。

fac·tor·age [ˋfæktərɪdʒ; ˈfæktəridʒ] *n.* Ⓤ **1** 代理業，代理買賣。**2** 代理商所取之佣金。

fac·to·ri·al [fækˋtorɪəl, -ˋtɔr-; fækˈtɔːriəl] *n.* Ⓒ《數學》階乘，析因。—*adj.* **1** 《數學》階乘的；因數的。**2** 代理人的，代理商的。

fac·tor·i·za·tion [,fæktərəˋzeʃən; ,fæktəraiˈzeiʃn] *n.* Ⓤ《數學》因數分解法。

fac·tor·ize [ˋfæktə,raɪz; ˈfæktəraiz] *v.t.* =factor.

‡**fac·to·ry** [ˋfæktrɪ, ˋfæktərɪ; ˈfæktəri] «源自拉丁文「製造」之義»—*n.* Ⓒ**工廠**，製造廠：a shoe ~ 製鞋廠。

【同義字】factory 特別是指產品由機器大量生產的工廠；shop 是製造或修理東西的場所；mill 主要指製粉、製材、製紙、紡織等工廠；works 是工廠。

—*adj.* [用在名詞前] 工廠的：a ~ girl 女工，女作業員/a ~ hand 廠工，工人。

fáctory fàrm *n.* Ⓒ(引進工廠的機械技術以提高效率的)工廠化農場。

fáctory shìp *n.* Ⓒ(設有處理鯨魚加工設備之)捕鯨船。

fac·to·tum [fækˋtotəm; fækˈtoutəm] *n.* Ⓒ雜役，聽差《★常用於戲謔》。

fac·tu·al [ˋfæktʃuəl; ˈfæktʃuəl] «fact 的形容詞» —*adj.* 事實的，有關[根據]事實的。~·**ly** [-tʃuəlɪ; -tʃuəli] *adv.*

fac·ture [ˋfæktʃɚ; ˈfæktʃə] *n.* **1** Ⓤ製造，建築。**2** Ⓒ製品，成品。

***fac·ul·ty** [ˋfækḷtɪ; ˈfæklti] «源自拉丁文「能力，手段」之義»—*n.* Ⓒ **1a** 〔做某特定事的〕**能力**，**才能**〔*for, of*〕(⇨ability 2【同義字】)：He has a ~ *for* arithmetic. 他有算術的才能/one's ~ *of* observation 觀察力/He has the ~ *of* [a ~ *for*] do*ing* two things at once. 他有同時做兩件事的能力。**b** 〔十*to* do〕〈做…的〉能力：He has the ~ *to* understand. 他有理解力。

2 (身體、精神的)**機能**：the ~ of hearing [speech] 聽力[語言能力]。

3 《英》(大學的)**分科**，**學院**：the ~ of law 法學院/the science ~ 理學院/the four *faculties* (中世紀的)四個學院《神學、法學、醫學、人文學》。

4 Ⓒ[集合稱] **a** 《英》(全院[全系]的)教授《★用法視爲一整體時當單數用，指個別成員時當複數用》：The ~ *are* meeting today. 全體教授[教師]今天開會。**b** 《美》(大學的)全體教職員《★用法與義 a 相同》：a member of (the) ~ 教職員之一。

fad [fæd; fæd] *n.* Ⓒ **1** 一時的熱中，心血來潮的狂熱。**2** 一時的流行[時尚]：the latest ~*s* 最新的時尚。

fád·dish [-dɪʃ; -diʃ] *adj.* **1** 一時熱中的，心血來潮狂熱的。**2** 一時趕時髦的。~·**ly** *adv.*

fad·dist [ˋfædɪst; ˈfædist] *n.* Ⓒ趨於時尚者，好新奇之人。

***fade** [fed; feid] «源自古法語「薄的，不鮮明的」之義»—*v.i.* **1 a** 〔動(十副)〕〈年輕、鮮度、美貌、强壯等〉**衰退**〈*away*〉：Her beauty ~*d* year by year. 她的姿色逐年衰退/She became ill and slowly ~*d* **away**. 她生病而逐漸衰弱下去。**b** 〈花等〉枯萎，凋謝。**2** 〔動(十副)(十介十(代)名)〕**a** 〈色、光、音等〉〔從…〕**逐漸消失**，**變淡**，**變弱**〈*out, away, off*〉〔*from, out of*〕(⇨vanish【同義字】)：The colors soon ~*d* **out** *of* the fabric. 那塊布很快就褪了色。**b** 〈色、光、音等〉逐漸消失[變淡，變弱]〔成…〕〈*out, away, off*〉〔*into, to*〕：The voice of the last cuckoo ~*d* **into** a universal stillness. 最後一隻杜鵑的叫聲逐漸消失，四下變得一片寂靜。**c** 〈記憶、印象、感情等〉〔從…〕變淡，逐漸褪色〈*out, away*〉〔*from, out of*〕：His first intense impression has ~*d* **away** (**from** his mind). 他起初的强烈印象已(從他的腦海中)逐漸褪色了。**3** 〔十副〕(逐漸)消失，看不見〈*away*〉：All hope of success soon ~*d* **away**. 一切成功的希望很快就消失了。

—*v.t.* 〔十受〕 **1** 使…枯萎，使…凋謝，使…變老。**2** 使…的顏色消失，使…褪色：Sunlight ~*s* curtains. 陽光使窗帘褪色。

fáde ín 《*vi adv*》(1)《電影》淡入，漸顯，漸明。(2)《廣播・電視》〈收音機的音量〉漸高，漸强，〈螢光幕的影像〉淡入，漸顯，漸明。—《*vt adv*》(3)《電影》使〈畫面〉淡入[漸顯]。(4)《廣播・電視》使〈收音機的音量〉漸高[漸强]，使〈螢光幕的影像〉淡入[漸顯，漸明]。

fáde óut 《*vi adv*》(1)⇨ *v.i.* 2. (2)《電影》淡出，漸隱，漸暗。(3)《廣播・電視》〈收音機的音量〉漸弱，〈螢光幕的影像等〉淡出，漸隱。—《*vt adv*》(4)《電影》使〈畫面〉淡出[漸隱]。(5)《廣播・電視》使〈收音機的音量〉漸弱，使〈螢光幕的影像等〉淡出[漸隱]。

fáde úp =FADE in.

fád·ed *adj.* 枯萎的，褪色的；衰老的。

fáde-ìn *n.* ⓊⒸ **1** 《電影》淡入，漸明，漸顯。**2** 《廣播・電視》(聲音的)漸强，(影像等的)淡入，漸顯，漸明 (cf. fade-out).

fáde·less *adj.* 不凋落的，不褪色的；不衰退的。

fáde-òut *n.* ⓊⒸ **1** 《電影》淡出，漸隱，漸暗。**2** 《廣播・電視》(音的)漸弱，漸低；(影像的)淡出，漸隱，漸暗 (cf. fade-in).

fad·ing [ˋfedɪŋ; ˈfeidiŋ] *n.* Ⓤ **1** 褪色，變陳，衰退。**2** 《通信》(無線電廣播聲音之)時强時弱，(電視畫面之)時明時暗。

fa·do [ˋfadu; ˈfɑːduː] *n.* Ⓒ思鄉曲《葡萄牙民歌，帶有憂鬱、懷鄉情調》。

fae·ces [ˋfisɪz; ˈfiːsiːz] *n. pl.* =feces.

fa·er·ie, fa·er·y [ˋfeərɪ, ˋfɛrɪ; ˈfeiəri, ˈfɛəri] 《古》 *n.* Ⓒ仙人，仙女；仙境，仙國。

—*adj.* 仙人的，似仙人的；纖巧可愛的。

fag[1] [fæg; fæg] (**fagged**; **fag·ging**) *v.i.* **1** 〔(十副)十介十(代)名〕專心費力〔於…工作〕〈*away*〉〔*at*〕：Jack *fagged* **away at** his math. 傑克專心費力做數學。**2** 〔動(十介十(代)名)〕《英》(在某些寄宿學校(public school)中的低年級學生)〔爲高年級學生〕跑腿打雜〔*for*〕：Tom *fagged* **for** some elder boys. 湯姆爲一些高年級學生打雜。

—*v.t.* **1** 〔十受(十副)〕〈工作〉使〈人〉疲倦〈*out*〉《★常用被動語態》：He *was* completely *fagged* **out**. 他已筋疲力盡。**2** 《英》(在寄宿學校(public school))差使〈低年級學生〉做雜務。

—*n.* **1** [用單數]《英口語》辛苦的[費力的]工作；疲勞：What a ~! 好吃力的工作！/It is too much (of a) ~. 那工作太苦。**2** Ⓒ《英》(在寄宿學校(public school))被高年級學生差遣的低年級學生。

fag[2] [fæg; fæg] «fag end 之略»—*n.* Ⓒ《俚》(廉價的)紙煙。

fag[3] [fæg; fæg] «faggot[2] 之略»—*n.* 《俚》=faggot[2].

fág ènd *n.* Ⓒ **1a** 切下的碎片；(東西的)末端，剩餘的廢物〔*of*〕. **b** (紡織品)布匹頭尾的散口邊；繩索的散端。**c** 《俚》煙蒂。**2** (事物的)最後，末尾 (end).

fag·got[1] [ˋfægət; ˈfægət] *n.* 《英》=fagot.

fag·got[2] [ˋfægət; ˈfægət] *n.* Ⓒ《俚》(男性的)同性戀者。

fag·ot [ˋfægət; ˈfægət] *n.* Ⓒ《美》**1 a** 柴把，束薪。**b** 成捆鐵條，一捆熟鐵條。**2** 《烹飪》碎肉丸《將肝臟、肉等切後調味烤成的一道菜》。**3** [常 **old** ~]《英》討厭的女人。

—*v.t.* 把…捆紮成束。

Fah., Fahr. 《略》Fahrenheit.

***Fahr·en·heit** [ˋfærən,haɪt; ˈfærənhait] *adj.* **華氏的**《略作 F., Fah., Fahr.》. —*n.* **1** Ⓤ華氏溫度。**2** Ⓒ華氏溫度計。

【說明】G. D. Fahrenheit (1686–1736) 爲德國的物理學家，也是華氏溫度計 (Fahrenheit thermometer) 的發明者，而「華氏」則是 Fahrenheit 的中文簡稱。華氏是第一個把水銀用在溫度計上的人。在英、美談到溫度時，習慣上指華氏而非攝氏；其冰點爲 32°F, 沸點是 212°F. 華氏與攝氏溫度互換的公式分別爲 F=9/5C+32 或 C=5/9(F−32)；cf. Celsius, centigrade *adj.* 1.

fa·i·ence [faɪˋans, feˋans; faiˈɑːns, feiˈɑːns] *n.* Ⓤ法安撒彩陶。

‡**fail** [fel; feil] «源自古法語「缺乏」之義» —*v.i.* **1 a** 〈人、東西〉**失敗**，受挫 (↔ succeed)：We tried but ~*ed*. 我們嘗試過，可是失敗了/You can't ~. 你不能失敗。**b** 〔十介十(代)名〕〔在某方面〕失敗〔*in*〕：~ **in** business 生意失敗/I ~*ed in* persuad*ing* him. 我未能說服他。

2 a 〈學生〉**不及格**，**拿到不及格的分數** (↔ pass). **b** 〔十介十(代)名〕〔考試、學科〕不及格〔*in*〕《★比較一般用 *v.t.* 3》：Mary ~*ed* **in** her exams. 瑪麗考試不及格。

3〔＋ *to* do〕**a** 不能〈做…〉，未能〈做…〉，不〈做…〉：He often ~*s to* keep his word. 他常常未能遵守諾言。**b**［與 not 連用］一定不〈做…〉：Do*n't* ~ *to* let me know. 一定要讓我知道/You wo*n't* ~ *to* be moved by the beauty of the sight. 景象之美一定會使你心動。

4 a〈供應等〉不足；〈水〉斷，〈電〉停：The electric supply ~*ed.* 停電了。**b**〈農作物〉歉收：The crops ~*ed* last year. 去年農作物歉收。

5〔十介＋(代)名〕**a** 缺乏〔德性、責任感等〕〔*in*〕：He has plenty of ability, but ~*s* ***in*** patience. 他很有能力，但缺乏耐心。**b**〈人、東西〉未達成，未完成〔目標〕〔*of*〕：The policy is likely to ~ ***of*** its object. 該政策可能達不到目標。

6 a〈健康、視力、力量等〉衰退，變弱：His health [sight] has ~*ed* badly. 他的健康［視力］已經大爲衰退/His mind is ~*ing.* 他的心智在衰退［他衰老昏憒］/His voice suddenly ~*ed.* 他突然說不出話來/The wind ~*ed.* 風力減弱了。**b**〔十介＋(代)名〕〔健康等〕衰退，變弱〔*in*〕：He is ~*ing* fast ***in*** health. 他的健康正急速衰退。

7〈機器等〉失靈，停止轉動；〈器官等〉失去作用：The engine ~*ed* suddenly. 那引擎突然停止轉動。

8〈銀行、公司等〉破產；倒閉。

—*v.t.*〔十受〕**1**（緊要關頭時）**對〈人〉派不上用場，**無助於…；拋棄〈某人〉；使〈某人〉失望：My legs ~*ed* me and I fell. 我的兩腿不聽使喚，我倒了下去/She was so frightened that words [her tongue] ~*ed* her. 她被嚇得講不出話來/The engine ~*ed* us. 那具引擎（未能轉動）使我們失望/He ~*ed* me at the last minute. 他在最後關頭時拋棄我。**2**（考試時）〈教師〉**使〈學生〉不及格，**給〈學生〉不及格分數：~ some examinees 使一些應考者落第。**3**〈考試、學科〉**拿到不及格分數**：He ~*ed* history [his examination]. 他的歷史［考試］不及格《★比較 He ~*ed in* history.（cf. *v.i.* 2 b）爲普遍》。

fáil sáfe 裝置安全設備《以應付萬一的失誤或故障；cf. fail-safe》。

—*n.* ★用於下列片語。**withòut fáil** 一定，必定《★拘泥的說法》：I'll come tomorrow evening *without* ~. 我明晚一定來。

failed *adj.*〈人、事物等〉失敗的；破產的，倒閉的：a ~ candidate 落選的候選人/a ~ examination 失敗的考試，考試不及格。

fáil·ing *n.* Ⓒ **1** 失敗（failure）。**2** 缺點，缺陷，弱點（⇨fault【同義字】）。

—*prep.* [ˊ – –, ˊ – –] **1** 由於沒有… ：*F*~ a purchaser, he rented the farm. 由於沒有買主，他把農場出租。**2** 如果沒有…時：~ an answer by tomorrow 如果到明天還沒有答覆時。

faille [faɪl, fel; feil] *n.* Ⓒ羅緞《以絲、人造絲或輕的橫稜紋綢所製的柔軟織品》。

fáil-sáfe *adj.* **1**（對萬一失誤或故障的）保全裝置的：a ~ system 保全系統。**2**［有時 F~］《軍》（防止有核子裝備的轟炸機因某種失誤而誤炸攻擊目標的）失效安全的。**3**《比喻》（計畫等）保證不會失敗的，萬無一失的。

—*n.* Ⓒ［有時F~］《軍》（轟炸機的）前進限制點《如果沒有特別指令，不能再繼續前進》。

‡fail·ure [ˈfeljɚ; ˈfeiljə] **《fail 的名詞》—*n.*** **1 a** Ⓤ**失敗，**不成功（↔ success）〔*in*〕：end in [meet with] ~ 歸於失敗/His ~ *in* business was due to his laziness. 他生意上的失敗是由於他的懶惰。**b** Ⓒ失敗的［不成功的］事物［企圖］〔*in*〕：He was a ~ *as* an artist [*in* art]. 就一個藝術家而言，他是一個失敗者/The experiment was a ~. 那項實驗是一次失敗。**2 a** Ⓤ**不及格。b** Ⓒ不及格的分數，（成績）不好（⇨grade 3【說明】）。**c** Ⓒ不及格者；落伍者。**3** ⓊⒸ**a** 忽略，不履行〔*in*〕：a ~ *in* performing one's duty 怠忽職守，不盡職。**b**〔十 *to* do〕未能〈做…〉的情況：a ~ *to* keep a promise 不遵守諾言，食言/My ~ *to* answer the roll call angered the teacher. 點名時我沒回答，使老師生氣。**4** Ⓤ Ⓒ缺乏，不足〔*of*〕：a ~ *of* crops＝a crop ~ 收成不好，歉收《★比較一般用後者》。**5** ⓊⒸ〔健康、視力、力量等的〕減退，衰退〔*in, of*〕：a ~ *in* health 健康的衰退。**6** ⓊⒸ（機器的）停止，故障；（器官的）機能不全，衰竭：a mechanical [an engine] ~ 機器［引擎］的故障/⇨heart failure. **7** ⓊⒸ無力支付；破產。

fain [fen; fein] *adv.*《古・文語》［*would* ~］**1** 樂意地，欣然：I *would* ~ help you. 我樂意幫助你。**2** 寧願（做…）。

—*adj.*［不用在名詞前］〔＋ *to* do〕《古》樂於〈做…〉的。

fai·né·ant [ˈfenɪənt, -njənt; ˈfeiniənt] **《源自法語》—*adj.*** 不活動的，無所爲的，不管事的，懶惰的。

—*n.* Ⓒ懶惰者，無所事事者。

‡faint [fent; feint] **《源自古法語「捏造的，假的」之義；與 feign 同字源》—*adj.***（~·**er**；~·**est**）**1 a**〈音、光等〉**微弱的，**〈顏色〉不清楚的：~ moonlight 微弱的月光/~ lines（紙張上的）淡（格）線/The sound grew ~. 那聲音變得微弱。**b**〈希望〉微小的；〈概念〉模糊的：There is not the ~*est* hope. 沒有絲毫希望/We haven't the ~*est* idea what the murderer looks like. 這個殺人犯長得怎麼樣我們連一點概念也沒有。**2**［不用在名詞前］〔十介＋(代)名〕〔因疲勞、飢餓、疾病等〕**快要昏倒的；**令人昏暈的〔*with, for*〕：feel ~ 覺得昏暈/be ~ ***with*** hunger 因飢餓而昏暈。

3 a〈努力、行動〉無力的，無意的，微弱的：a ~ effort 無意的努力/~ praise 無心的讚美。**b** 沒有活力的 ；膽小的，懦弱的：*F*~ heart never won fair lady.《諺》懦弱者永難贏得美人。**c**〈呼吸、脈搏等〉微弱的：~ breathing 微弱的呼吸。

—*v.i.* **1**〔動(十副)〕**昏倒，**昏厥，不省人事〈*away*〉。**2**〔(十副)十介＋(代)名〕〔因疲勞、飢餓、疾病等〕昏倒，昏厥，不省人事〈*away*〉〔*from, with*〕：She ~*ed* (***away***) ***from*** the heat [***with*** horror]. 她熱［嚇］得昏倒了。

—*n.* Ⓒ昏倒，昏厥，神志昏迷：*in* a (dead) ~ 不省人事地，昏迷地。~·**ness** *n.*

fáint·hèart *n.* Ⓒ怯懦者，膽小者（coward）。

fáint·héarted *adj.* 怯懦的，膽小的。~·**ly** *adv.*

fáint·ing *n.* Ⓤ昏厥，不省人事。

—*adj.* 昏倒的，不省人事的：a ~ fit 昏倒，不省人事。

fáint·ly *adv.* **1** 微微地。**2** 無力地，微弱地。

‡fair[1] [fɛr; fɛə] **《源自古英語「美麗的」之義》—*adj.***（~·**er**；~·**est**）A **1 a 公正的，**公平的：a ~ judgment 公正的判斷/by ~ means or foul 不論用正當或不正當手段；不擇手段/All's ~ in love and war.《諺》戀愛和戰爭是不擇手段的。

> 【同義字】fair 指不爲自己感情、偏見、慾望等所左右的公正的；impartial 指不偏袒，沒有偏見的公平的；just 是不受自己心情或個人利害關係的影響而忠實遵守正確準則的。

b［不用在名詞前］〔十介＋(代)名〕〔對…〕公平的，光明正大的〔*to, with, toward*〕：He is ~ even ***to*** people he dislikes. 他甚至對於自己討厭的人也公平/We should be ~ ***with*** one another. 我們彼此應該光明正大。**c**〈工資、價格等〉公道的，合理的：a ~ price 公道的價格/~ wages 合理的工資。

2（無比較級、最高級）**a**（比賽）遵守規則的（↔ foul）：a ~ blow [tackle] 正當的打擊［擒抱］/⇨fair play. **b**《棒球》〈球〉在界內的：⇨fair ball.

3 a 尚可的，中等的，過得去的：~ health 還好［過得去］的健康狀況/He has a ~ understanding of it. 他對那件事有所瞭解。**b** 相當的，頗多的，可觀的：a ~ income 可觀的收入/a ~ size 相當大的尺寸。**c**（無比較級、最高級）（學生成績在五階段評價中爲）**尚可的，**丙等的（⇨grade 3）。

—B 1 a〈人〉**白膚金髮的；**〈肌膚〉白晰的；〈頭髮〉金髮的《★比較 fair 指白膚金髮藍眼的；dark 指黑膚，頭髮與眼睛帶黑色的；cf. brond(e)》：~ hair 金髮/a ~ complexion 白晰的膚色/a ~ man 金髮白膚的人。**b**《文語・詩》〈女子〉美麗的：a ~ woman [one] 美人，佳人。**c** 女性的：my ~ readers 女讀者/⇨fair sex. **2**〈天空〉**晴朗的，**好天氣的：~ weather 晴天。**3** 乾淨的，清潔的，清晰的：a ~ copy 謄清本；清樣/write a ~ hand 寫得一手好字。**4** 似乎可信的，巧言的：a ~ promise 似乎可信［說得好聽但不太可能兌現］的諾言。**5** 有希望的，可能的：⇨be in a FAIR way to do. **6**（無比較級、最高級）《航海》〈風〉順風的，有利的：a ~ wind 順風，從後面吹來的風（↔ a foul wind）。

be in a fáir wáy to dó... 很可能…，有…的希望：He *is in a* ~ *way to* make money. 他有希望致富［賺錢］。

fáir and squáre《口語》光明正大的［地］，正當的［地］。

Fáir dós [dúːz]！⇨do[1] *n.* 成語。

Fáir enóugh！《口語》（對提案表示）好！沒問題！說得對！

Fáir's fáir.《口語》應當公正才是。

fáir to míddling《美口語》尚可的，馬馬虎虎的：The dinner was ~ *to middling.* 晚餐還過得去。

—*adv.*（~·**er**；~·**est**）**1** 公正地，光明正大地：fight ~ 光明正大地作戰/play ~ 公正［光明正大］地比賽［行動］。**2** 從正面地，直接地：The ball hit him ~ on the head. 那個球不偏不倚地打中他的頭。**3** 乾淨地，清晰地：copy [write out] ~ 謄清。**4** 彬彬有禮地《★常用於下列片語》：speak a person ~ 對人說話彬彬有禮。

bíd fáir to dó ⇨bid.

fáir and squáre《口語》(1)光明正大地，公正地。(2)從正面地，直接地。

~·**ness** *n.*

fair**[2] [fɛr; fɛə] **《源自拉丁文「假日」之義》—*n. Ⓒ **1**《美》（農產品、畜產品等的）**賽會，**品評會：⇨county fair, state fair.

> 【說明】在美國，遇有節慶、假日，經常舉行這樣的集會，鄰近鄉村的人們便舉家前往參觀。會場裏也有農產品、家畜、機器等的展示與販賣，同時也舉行農產品的品評會。會場內自然也有形形色色的娛樂和飲食攤位，歡欣熱鬧，洋溢著節慶氣氛；cf. market 1【說明】

2 《英》**定期市集，廟會**《★聖人節日前後在特定場所等定期舉行，現已逐漸變成娛樂性質，有各種表演與許多飲食攤位》。
3 博覽會；樣品展售會，展示會：a world('s) ～ 世界博覽會/an international trade ～ 國際貿易展覽會。
4 《英》(活動的)遊樂園(funfair)。
a dáy àfter the fáir 為時已晚。
fáir báll *n.* Ⓒ《棒球》界內球(↔ foul ball)。
fáir cópy *n.* Ⓒ(文件之)謄清本。
Fáir Déal *n.* [the ～]公平政策《美國民主黨在杜魯門(Harry S. Truman)領導下所倡的施政原則，為羅斯福(F.D. Roosevelt)的新政(New Deal)之繼續》。
fáir emplóyment *n.* Ⓤ公平僱用政策《不因受僱者之膚色、性別、信仰等而有所歧視》。
fáir gáme *n.* Ⓤ **1** 可合法獵捕的鳥獸。**2** 〔有正當理由可攻擊、嘲笑等的〕目標，對象〔*for*〕：A foolish man is ～ *for* a cruel wit. 愚蠢者是殘酷的智慧者的嘲弄對象。
fáir·gròund *n.* Ⓒ **1** [常 ～s，有時當單數用]《美》評審會場，賽會的場所。**2** 《英》舉辦遊樂園(funfair)的場所。
fáir-háired *adj.* **1** 金髮的。**2** 《口語》寵愛的：a ～ boy 寵兒，紅人。
fair·ing [ˋfɛrɪŋ; ˈfeəriŋ] *n.* **1** Ⓤ整流《為減少空氣或水的阻力而使飛機、船的表面成為流線型》。**2** Ⓒ整流罩，整流片。
fair·ish [ˋfɛrɪʃ; ˈfeəriʃ] *adj.* 還好的，尚佳的；頗大的。
***fair·ly** [ˋfɛrlɪ; ˈfɛəli] *adv.* (more ～; most ～) **1 a 公正地，公平地**：treat a man ～ 公平待人。**b** 光明正大地：fight ～ 光明正大地作戰。**2** [表示程度]**尚可地**；相當地《★比較 所修飾之辭的意義內容為好事時用 fairly, 不好時通常用 rather; cf. rather 3》：～ good 相當好的/We could see the top of the high mountain ～ well. 我們能相當清楚地看到那座高山的峯頂。**3 完全地**：He was ～ exhausted. 他筋疲力竭《★視上下文也可作義 2 解》/I was ～ caught in the trap. 我完全中了圈套。
fáir márket price *n.* Ⓒ(買賣雙方都接受的)公平市價。
fáir-mínded *adj.* 公正的，公平的。
fáirness dòctrine *n.* Ⓒ《美》公平原則《電台、電視台給予辯論雙方同樣的時間表達其觀點》。
fáir pláy *n.* Ⓤ **1** 公平的競賽(cf. foul play)。**2** 公正的處理[裁判，行動]：We want to see ～. 我們要看到公正的處理[我們希望公正處理]。
fáir séx *n.* Ⓤ[the ～；集合稱]女性，婦女《★用法 視為一整體時當單數用，指全部個體時當複數用》。
fáir-spóken *adj.* **1** (說話語氣)有禮的，溫文爾雅的。**2** 甜言蜜語的，能言善道的。
fáir tráde *n.* Ⓤ《經濟》公平交易。
fáir-tráde *adj.* 公平交易的：a ～ agreement 公平交易協定。
fáir·wày *n.* Ⓒ **1** (河、海灣等可航行的)航路，水路。**2** 《高爾夫》美好區，平坦球路《球墊(tee)與輕擊地區(putting green)之間修整過的草地》。
fáir-wèather *adj.* [用在名詞前] **1** (海上)平靜時的。**2** 只適於好天氣[順利]時的；共安樂不共患難的《★常用於下列片語》：a ～ friend 酒肉朋友[只可共安樂不能共患難的朋友]。

fairies 1

***fair·y** [ˋfɛrɪ; ˈfeəri] *n.* Ⓒ **1 小仙子，小神仙。**

【說明】原指具有魔力之超自然的存在，是一種妖神，經常會把剛生下來的嬰兒掉包成奇醜無比的孩子(changeling)，甚至於會危害人類，其後，在童話裏，漸漸變成一種具有翅膀而極其可愛的矮人。傳說裏，這些妖神常在月圓之夜，在草地上手牽著手舞蹈留下圓的綠色痕跡。這種在草地上的暗綠色圓圈稱作 fairy ring(菌環，仙女環)。這種小仙子的名字不一，在英格蘭稱 Robin Goodfellow, 蘇格蘭稱 brownie, 愛爾蘭稱 leprechaun, 英國西南部的康瓦耳郡(Cornwall)則稱 pixy.

2 《口語》(動作如女人的)男性同性戀者。
—*adj.* **1** 小神仙的，小仙子的：a ～ queen 小仙后。**2** 如小仙子的；小而可愛的；優美的。
fáiry làmp [light] *n.* Ⓒ(裝飾用)小燈泡。
fáiry·lànd *n.* Ⓒ **1** 仙境[國]。**2** 無比美麗的地方；夢境，桃花源。
fáiry rìng 《源自傳說中小仙子跳舞的遺跡》**—*n.*** Ⓒ菌環，仙女環《由於地面上長有蘑菇而在草地上形成的暗綠色環，民間傳說認為是小神仙跳舞的遺跡》。
fáiry tàle [stòry] *n.* Ⓒ **1** 神仙故事，童話(⇨fable【同義字】)。
2 編造的故事，謊言。
fáiry-tàle *adj.* [用在名詞前] **1** 故事似的；非現實的，不可思議的。**2** 美得令人難以置信的：a ～ landscape 令人難以置信的美景。
fait ac·com·pli [fɛtakɔ̃ˋpli; ˌfeitəˈkɔmpli:] 《源自法語》**—*n.*** Ⓒ (*pl.* ***faits ac·com·plis*** [fɛtakɔ̃ˋpli(z); ˌfeitəˈkɔmpli:(z)]) 既成事實。
‡faith [feθ; feiθ] 《源自拉丁文「信任」之義》**—*n.*** **1** Ⓤ**信任，信用**〔*in*〕：put one's ～ *in*...=pin one's ～ *on*... 相信…/lose ～ *in*... 對…失去信心，不相信…/Children usually have ～ *in* their parents. 兒童通常相信自己的父母。
2 Ⓤ **a** (超越理性、道理的)**信念，信心**〔*in*〕：His ～ *in* the future success of his business was strong and firm. 他對未來事業成功的信心堅定不移。**b** 〔＋*that*_〕〈…的〉信念，確信：He had ～ *that* I was in the right. 他確信我是對的。
3 a Ⓤ**信仰**〔*in*〕：～, hope, and charity 信、望、愛《基督教的三大德》/I have ～ *in* Christ. 我信仰基督。**b** [the ～]眞正的信仰；基督教(的信仰)。**c** Ⓒ信條，教義：the Christian [Catholic] ～ 基督[天主]教。
4 Ⓤ**信義，忠誠，誠實**：good ～ 誠實，誠意/bad ～ 背信，不誠實/*in* good ～ 誠實地，誠意地。
5 Ⓤ**保證，承諾，諾言**：engage [pledge, plight] one's ～ 立誓，擔保，承諾/keep [break] ～ *with*... 對…守信[背信]，遵守[不遵守]對…的誓言/give one's ～ *to* a person 對人保證。
in fáith! =《古》**i'fáith!** =**fáith!** 實在是！確實是！無疑地！
fáith cùre *n.* Ⓤ(不靠醫療只靠祈禱與信仰的)信仰療法。
‡faith·ful [ˋfeθfəl; ˈfeiθful] *adj.* (more ～; most ～) **1 a 忠實的**，守信的，忠誠的：a ～ friend 忠實的朋友。**b** 〈夫、妻〉忠實的：a ～ wife [husband] 忠實的妻子[丈夫]。**c** [不用在名詞前]〔＋介＋(代)名〕〔對…〕忠實的，忠誠的；〈夫、妻〉〔對對方〕忠實的〔*to*〕：He was ～ *to* his promise [friends, wife]. 他對諾言守信[對朋友忠誠，對妻子忠實]。**2** 翔實的，忠於原書的，正確的：a ～ copy 正確的抄本。**3** [the ～；當複數名詞用] **a** 忠實信徒；(尤指)回教教徒：the Father of *the Faithful*(⇨father 成語)。**b** 忠實的支持者，忠實的會員。**～·ness** *n.*
faith·ful·ly [ˋfeθfəlɪ; ˈfeiθfuli] *adv.* (more ～; most ～) **1 忠實地**，忠誠地；誠心誠意地。**2** 正確地。**3** 堅決地，明確地：promise ～ 明確地約定。
déal fáithfully with... (1)忠實地對待…。(2)嚴格地對待…，對…嚴加申斥。
Yóurs fáithfully =《美》**Fáithfully (yóurs)** 謹上，敬上《寫給不太熟的人所用的書信結尾語；cf. yours 3》。
fáith hèaler *n.* Ⓒ實施信仰療法的人。
fáith hèaling *n.* =faith cure.
fáith·less *adj.* **1** 無信的，不忠的，不守約的。**2** 靠不住的，不可靠的。**3** 沒有信仰的。**～·ly** *adv.* **～·ness** *n.*
fake [fek; feik] *v.t.* 《口語》〔＋受〕 **1** (企圖欺騙而)**偽造**〈藝術品等〉。**2** 假裝…：～ illness 假裝生病。**3** 《運動》佯攻〈對方〉，佯做〈動作〉。**—*v.i.*** **1** 假裝，偽裝。**2** 《運動》佯攻，做假動作。
—*n.* Ⓒ **1** (複製的)**仿造品**，假冒物，贋品；作假；假消息。**2** 騙子。
—*adj.* [用在名詞前]**假的，偽造的**：～ money 假錢，偽造的錢/a ～ Rembrandt 林布蘭(荷蘭畫家 1606–69)的仿造畫。
fák·er *n.* Ⓒ《口語》**1** 偽造者；騙子。**2** 露天攤販，江湖商人《賣假藥、劣物等》。
fak·er·y [ˋfekərɪ; ˈfeikəri] *n.* **1** Ⓤ欺詐。**2** Ⓒ偽造物。
fa·kir [fəˋkɪr, ˋfekɚ; ˈfeiˌkiə, fəˈkiə] *n.* Ⓒ(回教、婆羅門教等的)行者，托鉢僧。
Fa·lange [ˋfelændʒ, fəˋlændʒ; ˈfeilændʒ] 《源自西班牙語》**—*n.*** [the ～]長槍黨《西班牙內戰後的右翼政治團體》。
Fa·lan·gist [fəˋlændʒɪst; fəˈlændʒist] *n.* Ⓒ長槍黨黨員。
fal·cate [ˋfælket; ˈfælkeit] *adj.* 鐮形的，鈎狀的。
fal·chion [ˋfɔltʃən, ˋfɔlʃən; ˈfɔ:ltʃən] *n.* Ⓒ **1** 偃月刀，彎形大刀。**2** 《古》刀，劍。
fal·con [ˋfɔlkən; ˈfɔ:lkən] *n.* Ⓒ《鳥》隼，獵鷹。
fál·con·er *n.* Ⓒ養鷹者，放鷹者。
fal·con·ry [ˋfɔlkənrɪ; ˈfɔ:lkənri] *n.* Ⓤ **1** 鷹獵訓練法。**2** 放鷹捕獵。
fal·de·ral [ˋfældəˌræl; ˌfældəˈræl] *n.* **1** Ⓒ華而不實之物。**2** Ⓤ廢話；無意義。
‡fall [fɔl; fɔ:l] *v.i.* (**fell** [fɛl; fel]; **fall·en** [ˋfɔlən; ˈfɔ:lən]) **A 1** (因重力而無意地)**落下**《★用法 fall 沒有及物動詞的用法，如果要用作及物動詞時須與使役動詞連用》：〔動

falcon

(十副詞(片語))〕 **a**〈人、物〉落下：～ *to* the ground（with a thud）(砰然)跌落地上/～ *off* [(*down*) *from*] a ladder 從梯子上跌落/～ *off* one's chair 從椅子上跌落；《口語》非常吃驚[有趣]/～ *out of* a car 從車上跌落/～ *over* a cliff 從懸崖墜落/～ *down* the stairs 從樓梯摔落/He *fell into* [*in*] the river. 他掉進河裏/There was a big hole and he *fell in*. 那裏有個大洞，他掉進去了。**b**〈雨、雪等〉下，降：The snow was ～*ing* fast. 雪下得很急。**c**〈東西〉脫落；〈葉子〉掉落，〈花等〉散落；〈頭髮〉脫落：The poster *fell down*. 海報掉下來了。

2（尤指突然、不情願地）倒下：**a**〔動(十副詞(片語))〕倒下，跌下；（自動）倒下，跪下：～ flat [full length] *on* the grass 平臥在草地上/～ *over* a stone 碰到石頭而跌倒/The tree *fell*（*over*）in the storm. 那棵樹在暴風雨中倒下/～ *on* one's knees 跪下來。**b**〔(十副)十補〕倒下〈成…狀態〉〈*down*〉：She *fell* ***down*** senseless *on* the ground. 她倒在地上不省人事。**c**〔動(十副詞(片語))〕(受傷[被擊中]而)倒下；(因戰鬥等而)死亡：～ *in* battle 陣亡/Many soldiers *fell under* the enemy's bombardment. 許多士兵在敵人的轟擊下死亡/Two lions *fell to* his gun. 兩頭獅子被他的槍擊倒。**d**〔(十副)十補〕倒下〈成…的狀態〉〈*down*〉：The deer *fell*（***down***）dead. 那頭鹿倒下而死了。**e**〔動(十副詞(片語))〕〈建築物、橋等〉坍塌，倒塌：～ *in* two [*asunder*] 倒塌成兩半[崩散]。**f**〔動(十介十(代)名)〕〈要塞、城市等〉陷入，陷落〔敵人等手裏〕〔*to, under*〕：The city *fell* ***to*** the enemy [***under*** the assault]. 該城陷入敵人手中[在攻擊下淪陷]。**g**〈國家、政府等〉垮台，瓦解，滅亡。**h**〔動(十介十(代)名)〕〔由高位〕降下，失勢〔*from*〕：～ ***from*** power 失去權力/The Prime Minister *fell from* favor with the people. 那位首相失去民心[人民的支持]。

3〔十介十(代)名〕**a**〈頭髮、衣服等〉垂〔在…〕〔*over, down*〕；垂下〔到…〕〔*to*〕；〔從…〕垂下〔*from*〕：Her veil *fell* ***over*** her shoulders. 她的面紗垂在肩上/with her hair ～*ing* ***down*** her back 她頭髮垂背/The curtain ～*s* ***to*** the floor. 窗帘垂到地上/The dress *fell* in pleats ***from*** the waist. 那件衣服自腰部成摺垂下來。**b**〈土地等〉〔朝…〕傾斜，下斜〔*to, toward*〕：The land ～*s* gently ***to*** [***toward***] the beach. 那塊地平緩地朝海灘傾斜。

4 a〔動(十介十(代)名)〕〈計量器(的水銀)、溫度、壓力等〉下降〔到…〕〔*to, below*〕：The temperature [It] *fell* 5° [***to*** zero, ***below*** freezing]. 溫度下降了五度[到零度，到冰點以下]。**b**〔動(十介十(代)名)〕〈河〉降水位〔到…〕；〈河的水位〉降〔到…〕〔*to, below*〕. **c**〈洪水等〉減退；〈潮水〉退落。**d**〈風力等〉減弱，平靜；〈火勢〉變弱：The wind has *fallen* during the night. 風力在夜間已減弱了。**e**〔動(十介十(代)名)〕〈聲音等〉降低〔到…〕〔*to*〕：Their voices *fell*（***to*** a whisper）. 他們的聲音降低(成耳語)。**f**〈價值〉下跌，〈需要〉減少：The price *fell* sharply [by ten cents]. 價格暴跌[跌一毛錢]/The yen *fell against* the dollar yesterday. 昨天日圓對美元的滙率下跌。**g**〈聲望等〉下跌；〈人、物〉評價下降：His popularity has *fallen*. 他的聲望已經下降。

5 a〈眼睛、視線〉朝下：Her eyes *fell*. 她雙眼低垂。**b**〈臉色〉變陰沉，垂頭喪氣；〈力氣〉衰退；〈心情〉沮喪：His face [spirits] *fell* at the news of his mother's illness. 聽到母親生病的消息，他的臉色沈了下來[他心情沮喪]。

6〔動(十介十(代)名)〕〈聲音、話〉〔從口裏〕說出，透露〔*from, out of*〕：The news *fell* ***from*** his lips. 這則消息由他嘴裏透露出來。

7 a〔動(十介十(代)名)〕〈黑暗、寂靜等〉(由上降下似地)降臨〔…〕〔*on, upon, over*〕：Dusk *fell* ***on*** the harbor. 暮色降臨港口/A silence [calm] *fell* ***over*** [***upon***] us. 我們都沈默下來。**b**〔十介十(代)名〕〈災難、報仇等〉降臨〔於…〕〔*on, upon, over*〕：His wrath *fell* ***on*** her. 他的怒氣衝著她/Tragedy *fell* ***upon*** him. 悲劇降臨到他身上。

8〔十介十(代)名〕**a**〈箭、光等〉射〔在…〕〔*on, upon*〕：The arrow *fell* ***on*** its target. 那支箭射在靶上。**b**〈眼睛、視線等〉(偶然)落〔在…〕〔*on, upon*〕：The teacher's eyes *fell* ***on*** me. 老師的視線落在我身上。

9〔十介十(代)名〕**a**〈負擔、義務、工作等〉落在〔…身上〕，〔由…〕負擔〔*on, upon, to*〕：All the expenses [responsibility] will ～ ***on*** you. 所有的費用[責任]全由你負擔[肩負]/It *fell on* [***upon***] me [***to*** me, *to* my lot] to do the job. 這項工作落在我身上。**b**〈籤等〉碰到〔某人〕，〈籤〉〔由某人〕抽中〔*on, upon*〕：The lot [choice] *fell* ***upon*** him. 他中籤[中選]。

10 a〈季節等〉來臨：Easter ～*s* late in March this year. 今年的復活節在三月下旬到來。**b**〔十介十(代)名〕碰到，適逢〔某日〕〔*on*〕：***On*** what day of the week does Christmas ～ this year? 今年的耶誕節是星期幾？/Thanksgiving Day ～*s on* the fourth Thursday in November. 感恩節適逢十一月的第四個星期四。**c**（偶然）到來：if riches ～ in my way 如果我碰巧發了財。**d**〔十介十(代)名〕〈財產等〉(碰巧)移歸〔某人〕所有〔*to*〕：The property has *fallen* ***to*** his daughter. 那筆財產碰巧歸他女兒所有。**e**〔十介十(代)名〕〈重音〉落〔在…〕〔*on*〕：The accent of "familiar" ～*s* ***on*** the second syllable. "familiar" 這個字的重音落在第二個音節。

11〔十介十(代)名〕**a** 被置於，屬於〔某種立場、狀態〕；劃入〔某範圍〕〔*into, under, within*〕：～ ***under*** foreign domination 在外國的支配下/The story ～*s* naturally ***into*** four parts. 該故事自然分成四部分/The issue ～*s under* another category. 那個問題屬於另一個範疇。**b** 偶然加入〔某團體〕；遇到〔盜賊等〕；被〔…〕包圍〔*among*〕.

12 屈服於誘惑，墮落；〈女人〉失身：⇨FALLEN woman.

—B 1〔十補〕變成〈…的狀態、關係〉：～ sick [ill] 生病/～ silent 變得沉默/～ asleep 睡著/～ (a) prey [(a) victim] to... 成爲…獵取的食物[犧牲品]/～ in love with... 愛上…。

2〔十介十(代)名〕陷入，落入，加入〔不好的狀態〕〔*into*〕：～ ***into*** a doze 打起瞌睡/～ *into* a rage 勃然大怒/～ *into* poverty 陷入貧困/～ *into* bad company 加入壞的一夥人中。

3 a〔十介十(代)名〕開始〔…〕〔*to, into*〕：～ ***to*** work [work*ing*] 開始工作/～ ***into*** conversation with... 與…開始交談。**b**〔十 a-do*ing*〕《古》開始〈做…〉。

fáll abóut《*vi adv*》《口語》捧腹大笑。

fáll abòut a person's **éars** ⇨ear[1].

fáll abóut láughing [**with láughter**] ＝FALL about.

fáll áll óver...《口語》過於奉承；卑躬屈膝地侍候〈某人〉。

fáll áll óver one **sèlf** ＝FALL over oneself.

fáll apárt《*vi adv*》(1)〈東西〉散開，崩壞。(2)〈計畫、同盟等〉瓦解，失敗。(3)〈兩人〉斷絕關係。

fáll astérn ⇨astern.

fáll awáy《*vi adv*》(1)〔從…〕脫落〔*from*〕. (2)〔從…〕分離；遺棄〔…〕；〔從…〕撤手，脫離〔*from*〕：All his men *fell away*. 他的部下全都離他而去。(3)〈數量等〉減〔至…〕〔*to*〕：～ *away to* nothing 減至無。(4)〈事情〉衰微；〈人〉消瘦；消失〔到…〕〔*to, into*〕：～ *away to* a shadow 瘦得不成人形《成爲一個影子》/～ *away into* disuse 變成不用，廢除。(5)〈土地〉(突然)傾斜。

fáll báck《*vi adv*》(1)〈羣衆等〉後退；〈軍隊〉撤退。(2)退縮。(3)回到，倒退，落後〔至原來的不良狀態〕〔*into*〕.

fáll báck on [**upòn**]... (1)(當作最後辦法而)投靠…，依靠…：All he had to ～ *back on* was his own experience. 他所能依靠的是他自己的經驗。(2)《軍》退守…，撤退而以…爲據點。

fall behind [《*vi prep*》 ~ behind...] (1)比…落後，被…趕過去：She *fell* slightly *behind* the others. 她比其他人稍微落後。—[《*vi adv*》 ~ behínd] (2)(較其他)遲。(3)〔支付、傳遞等〕慢；拖欠〔帳單等的〕付款〔*in, with*〕：～ *behind in* [*with*] one's bills [payments] 拖欠付帳[付款]。

fáll dówn《*vi adv*》(1)⇨A 1a. (2)⇨A 1c. (3)⇨A 2b. (4)⇨A 2d. (5)(表示敬意或崇拜神而)跪拜，叩頭。(6)〈建築物等〉倒塌。(7)〈計畫、主張等〉失敗。

fáll dówn on...《口語》在…方面失敗，受挫：～ *down on* the job 工作失敗/～ *down on* one's promises 違約，食言。

fáll for...《口語》(1)愛上〈某人、某物〉；對〈某人、某物〉傾心，迷戀：He *fell for* Ann in a big way. 他很迷戀安。(2)中〈計〉，上〈宣傳等〉的當，受…的騙：He *fell for* the trick. 他中計了。

fáll ín《*vi adv*》(1)⇨A 1a. (2)〈屋頂等〉塌陷；〈地層〉下陷。(3)〈面頰、眼睛等〉窪下去，凹進去。(4)〈借用期限等〉到期。(5)〈貸款〉到償還的日期。(6)《軍》排隊。—《*vt adv*》(7)《軍》使〈士兵〉排隊。

fáll ín alongside [**beside**]... 在〈步行者〉的旁邊開始走。

fáll ín with... (1)偶然遇見〈某人〉，遇到〈某人〉而在一起《★可用被動語態》：He *fell in with* a group of foreign visitors on the trip. 他在旅途中偶然遇到一羣外國遊客。(2)贊同，同意〈想法、提案等〉；贊成〈某人〉《★可用被動語態》。(3)與…符合。

fall off [《*vi prep*》 ~ off...] (1)⇨ A 1a. —[《*vi adv*》 ~ óff] (2)脫落。(3)〔從…〕離開，脫離〔*from*〕. (4)〈數量等〉減少：Attendance [Production] *fell off*. 出席人數[產量]減少。(5)〈熱忱〉減退，〈健康〉衰退；〈品質〉降低；〈人〉消瘦：Their enthusiasm is beginning to ～ *off*. 他們的熱忱開始減退。

fáll on hárd tímes [**évil dáys**] 遭遇厄運，落魄：Business has *fallen on evil days*. 事業陷入不景氣。

fáll óut《*vi adv*》(1)掉落外面。(2)〔與…〕失和，吵架〔*with*〕：She often ～*s out with* her neighbors. 她常常和鄰居吵架。(3)結果是：*It* (*so*) *fell out that* I could not be present. 結果變成我不能出席。(4)[與 well 等狀態副詞連用]發生：Everything *fell out* well. 一切進行順利。(5)《軍》離隊，解散隊伍。—《*vt adv*》(6)《軍》使〈隊伍〉解散。

fáll óver báckward ⇨backward *adv.*

fáll óver èach óther [**òne anóther**]〔爲求…而〕爭先恐後〔*for*〕.

fáll óver one**sèlf**〔十 *to* do〕急於，煞費苦心〈做…〉。

fáll shórt (**of...**) ⇨short *adv.*

fall through [《*vi adv*》～ thróugh](1)(從開的洞孔等)掉下去。(2)〈計畫等〉歸於失敗，不能實現。——[《*vi prep*》～ through...] 穿過…而落下。

fáll tó 《*vi adv*》(1)開始(用餐、工作等)，開始吃；展開攻擊，開始打架：The boy *fell to* with a hearty appetite. 那個男孩津津有味地吃起來。(2)〈門等〉自動關閉。

fáll wíde of... ⇨wide *adv.* 3b.

lèt fáll ⇨let[1].

——*n.* A **1** Ⓒ **a 落下，降落，墜落；落下的東西**：have a ～ *from* a horse 墜馬，自馬背上跌下。**b** [常用單數]落下的距離，落差〔*of*〕：a waterfall with a ～ *of* 100 feet 落差一百呎的瀑布。

2 Ⓒ **a** (雨等的)**落下，降雨，降雪**：a heavy ～ of snow 一場大雪。**b** [常用單數]降雨[降雪]量〔*of*〕：a two-inch ～ *of* snow 兩吋的降雪量。

3 Ⓒ **a 跌倒，跌跤**：He had [took] a bad ～. 他重重地跌了一跤。**b** (建築物等的)倒塌。**c** [常用單數]沒落，衰落，滅亡，瓦解；陷落：the ～ of the Roman Empire 羅馬帝國的滅亡/the ～ of Paris 巴黎的陷落。**d** [常用單數]淪落；墮落：a ～ *from* favor 失寵。

4 ⒸⓊ[溫度等的]**下降，降低，**〔物價的〕下跌〔*in, of*〕：a ～ *in* prices [temperature] 物價[溫度]的下降/Has there been much ～ in your income? 你的收入大減了嗎？

5 [～s]**瀑布**《★囲固專有名詞時通常當單數用》：These ～*s* are 30 ft. high. 這些瀑布有三十呎高/Niagara *Falls* is receding. 尼加拉瀑布逐漸在後退。

6 Ⓒ傾斜，下坡，坡度，斜度。

7 a Ⓤ下垂(物)。**b** Ⓒ(衣裙的)寬下襬。**c** Ⓒ(女用)長垂的假髮。

8 Ⓒ《角力》壓倒勝；一回合的比賽。

——B 《源自 fall of the leaf(落葉)之義》——ⓊⒸ[通常《美》或特定時爲 the ～]《美》**秋季**(autumn)：in (*the*) ～ 在秋天/in *the* ～ of 1985 在 1985 年秋天/They got married last ～. 他們去年秋天結婚《★不與介系詞連用而當副詞用》。

the Fáll (of Mán) 人類的墮落《Adam 與 Eve 的原罪；cf. original sin》。

trý a fáll 〔以…爲對手〕較量一番；作戰，決一勝負〔*with*〕.

——*adj.* [用在名詞前]《美》秋(天)的，秋季的；適合秋天的：the ～ term 秋季的學期/～ goods 秋季貨品/～ winds 秋風。

fal·la·cious [fəˋleʃəs; fəˈleiʃəs] 《fallacy 的形容詞》——*adj.* **1** 根據[包含]錯誤推斷的：～ reasoning 錯誤的推論。**2** 使人迷惑的，不可靠的：～ hopes 不可靠[渺茫]的希望。

～**·ly** *adv.* ～**·ness** *n.*

fal·la·cy [ˋfæləsɪ; ˈfæləsi] 《源自拉丁文「詐欺」之義；與 false 同字源》——*n.* **1** Ⓒ**謬誤的想法[信仰]，謬見。** **2 a** Ⓤ錯誤的推斷；《邏輯》謬誤。**b** Ⓒ邏輯[推理]上的謬誤。

fal·lal [͵fælˋlæl; ͵fælˈlæl] *n.* Ⓒ無用之飾物。

fáll·bàck *n.* Ⓒ撤退；退路；應急的辦法。

‡**fall·en** [ˋfɔlən; ˈfɔ:lən] *v.* **fall** 的過去分詞。——*adj.* **1** 落下的，掉下地面的，倒下的：～ leaves 落葉。**2 a** (在戰場上)倒下的，死亡的(dead). **b** [**the** ～；集合稱；當複數用]陣亡者。**3** 《古》墮落的：a ～ woman 墮落的女人；妓女/a ～ angel 墮落的天使《被打入地獄的天使》。**4** 〈國家、城市等〉遭到破壞的，毀滅的；陷落的。**5** 〈面頰等〉窪入的，凹進去的，面龐消瘦的。

fáll gùy *n.* Ⓒ《俚》**1** 代罪羔羊，替別人背黑鍋者。**2** 容易欺騙[上當]的人。

fal·li·bil·i·ty [͵fæləˋbɪlətɪ; ͵fæləˈbiləti] 《fallible 的名詞》——*n.* Ⓤ **1** 容易犯錯。**2** 難免有錯誤，不可靠(↔ infallibility).

fal·li·ble [ˋfæləbḷ; ˈfæləbl] *adj.* **1** 〈人、性質等〉容易犯錯的。**2** 〈法則等〉無法避免錯誤的，難免有錯誤的。**-bly** [-blɪ; -bli] *adv.*

fall·ing [ˋfɔlɪŋ; ˈfɔ:liŋ] *n.* Ⓤ(岩石的)崩落；跌下，倒下，陷落，墮落。

——*adj.* 落下的，垂下的，減退的，降低的。

fálling dóor *n.* Ⓒ落地門。

fáll·ing-óut *n.* Ⓒ(*pl.* **fallings-out,** ～s)爭吵，吵架。

fálling stár *n.* Ⓒ流星(meteor).

fáll-òff *n.* Ⓤ(量、活力等的)減少，衰退。

Fal·ló·pi·an tùbe [fəˋlopɪən-; fəˈloupiən-] 《源自十六世紀義大利解剖學家之名》——*n.* Ⓒ《解剖》輸卵管。

fáll·òut *n.* Ⓤ **1** (核子爆炸後)輻射塵的下降。**2** 放射性下降物，輻射塵。

fállout shélter *n.* Ⓒ防避輻射塵的地壕[避難所]。

fal·low [ˋfælo; ˈfælou] *adj.* **1** 〈田地〉犁過而未耕種的，休耕的《一年或一段時間》：leave land ～ 使土地休耕著/lie ～ 〈田地等〉在休耕中。**2** 〈精神〉鬆弛的，不活躍的；〈才能〉未加利用的，未發揮的。

——*n.* **1** Ⓤ[又作 **a** ～]休耕地。**2** Ⓤ休耕：land in ～ 休耕地。

——*v.t.* 使〈土地〉翻耕後休耕著。

fállow déer *n.* Ⓒ(*pl.* ～)《動物》黇鹿《產於歐洲、小亞細亞，形似赤鹿而略小，身體淡黃色，夏天生出白色斑點》。

false** [fɔls; fɔ:ls] 《源自拉丁文「欺騙」之義》——*adj.* (**fals·er; -est**) **1 錯誤的，**不正確的，失誤的：a ～ account 錯誤的報告，錯誤的帳單/a ～ impression 錯誤的印象/～ pride 妄自尊大；虛榮心/make a ～ start 起步錯誤/make [take] a ～ step 腳踩空；失算，弄砸。**2 a 虛假的，**虛有其表的；僞造的；人工的，仿造的：～ tears 貓哭耗子假慈悲/a ～ window 《建築》盲窗/a ～ coin 贗幣/a ～ diamond 假鑽/a ～ eye 義眼/～ teeth 假牙/～ eyelashes 假睫毛。**b** 欺騙的；不準確的：a ～ balance 不準確的天平/～ dice 不合規定的骰子/～ weights 不足的砝碼。**3** 說謊的；不實的，虛僞的(↔ true)：a ～ alarm 假警報；一場虛驚/a ～ charge 《法律》誣告/～ pretenses 《法律》詐欺，欺騙/a ～ witness 僞證。**4 a** 〈人〉不誠實的，不忠實的：a ～ friend 不忠實的朋友。**b** [不用在名詞前]〔十介十(代)名〕背叛〔…〕的，〔對…〕不忠實的〔*to*〕：He was ～ ***to his word. 他不守信[食言]。**5** 臨時的，一時的；輔助的：⇨false rib. **6** 《植物》〈植物名稱〉類似的，因相似而誤稱的：⇨false acacia.

in a fálse position ⇨position.

——*adv.* ★僅用於下列片語。

pláy a person fálse 欺騙[出賣]某人。

～**·ly** *adv.* ～**·ness** *n.*

fálse acácia *n.* Ⓒ《植物》刺槐。

fálse bóttom *n.* Ⓒ(旅行箱等用以藏物的)夾層底。

fálse frónt *n.* Ⓒ(建築物的)華麗虛飾的外觀；騙人的外表。

fálse·héarted *adj.* 不誠實的，背信的，虛情假意的。

fálse·hòod *n.* **1** Ⓤ說謊，虛僞，欺瞞。**2** Ⓒ假話，謊言(↔ truth)(⇨lie[2]【同義字】)：tell a ～ 說謊。

fálse ríb *n.* Ⓒ《解剖》假肋《與胸椎不接合的肋骨；人的假肋在下方有五對；cf. floating rib》。

false acacia 的花

fálse stárt *n.* Ⓒ《運動》賽跑時起步過早，偷跑。

fal·set·to [fɔlˋsɛto; fɔ:lˈsetou] 《源自義大利語'false'之義》——*n.* **1** ⓊⒸ(男歌手的)假聲：in a ～ 用假聲。**2** Ⓒ假聲歌手。

——*adj.* 假聲的。

fals·ies [ˋfɔlsɪz; ˈfɔ:lsiz] *n. pl.* 《口語》假乳房《指使胸部顯得豐滿的襯墊》。

fal·si·fi·ca·tion [͵fɔlsəfəˋkeʃən; ͵fɔ:lsifiˈkeiʃn] 《falsify 的名詞》——*n.* ⓊⒸ **1** 僞造，變造。**2** (事實的)歪曲。**3** 僞證；反證。

fal·si·fy [ˋfɔlsə͵faɪ; ˈfɔ:lsifai] 《false 的動詞》——*v.t.* **1** 僞造〈文件等〉。**2** 竄改，曲解，假傳〈事實、記錄等〉：～ records 竄改記錄/～ a story 竄改故事。**3** 證明…是虛假[錯誤]的。**4** 〈結果〉辜負〈期待等〉。——*v.i.* 說謊，造假。

fal·si·ty [ˋfɔlsətɪ; ˈfɔ:lsəti] *n.* **1** Ⓤ違反事實；虛僞。**2** Ⓒ虛僞的話，謊言；背信的行爲，背叛。

Fal·staff [ˋfɔlstæf; ˈfɔ:lstɑ:f], Sir **John** *n.* 孚斯塔夫《出現於莎士比亞(Shakespeare)戲劇「亨利四世(上)(*The First Part of King Henry the Fourth*)」,「亨利四世(下)(*The Second Part of King Henry the Fourth*)」與「溫莎的風流婦人(*The Merry Wives of Windsor*)」中的一位快活、機智而愛吹噓的胖騎士》。

Fal·staff·i·an [fɔlˋstæfɪən; fɔ:lˈstɑ:fjən] *adj.* 孚斯塔夫(式)的。

fal·ter [ˋfɔltɚ; ˈfɔ:ltə] *v.i.* **1 躊躇，**搖晃，跟蹌。**2** 口吃地說，結結巴巴地說；遲疑：She ～*ed* in her speech. 她說話結結巴巴。**3** 退縮，畏縮(⇨hesitate【同義字】)。**4** 〈力氣〉減弱；〈效力〉減低，變緩。——*v.t.* 〔十受(十副)〕支吾地說，結結巴巴地說…〈*out*〉：～ ***out*** one's thanks 結結巴巴地道謝。

——*n.* Ⓒ **1** 躊跚。**2** 口吃，支吾。

fál·ter·ing·ly [-tərɪŋlɪ, -trɪŋlɪ; -təriŋli] *adv.* **1** 搖晃地，躊跚地。**2** 躊躇地。**3** 口吃地，支吾地。

***fame** [fem; feim] 《源自拉丁文「聲音，謠言」之義》——*n.* Ⓤ **1 名聲，**名氣，聲譽(cf. notoriety 1)：come to ～＝win [achieve] ～ 成名/the temple of ～ 聲譽的殿堂。**2 評價，**風評：good ～ 好評，美名/ill ～ 惡名，惡評。

famed *adj.* **1** 著名的(famous)：one of the most ～ tourist spots 最著名的觀光勝地之一。**2** [不用在名詞前]〔十介十(代)名〕〔以…〕聞名的〔*for*〕：He is ～ ***for*** his cruelty. 他以殘忍出名。

fa·mil·ial [fəˋmɪljəl; fəˈmiljəl] 《family 的形容詞》——*adj.* [用在名詞前]**1** 家族的。**2** 家族特有的，一家人遺傳性的，家傳的〈疾病〉。～**·ly** *adv.*

‡**fa·mil·iar** [fəˋmɪljɚ; fəˈmiljə] 《源自拉丁文「家庭的，親切的」之義》——*adj.* (**more** ～；**most** ～) **1 熟知的，**看[聽]慣的；常有[見]的：a ～ voice 聽慣的聲音，熟悉的聲音/a ～ sight 看慣的景象。**2** [不用在名詞前]〔十介十(代)名〕〈人〉**熟悉**〔東西〕的〔*with*〕；〈東西、人〉〔爲某人〕熟悉的〔*to*〕：He is ～ ***with*** the

subject. = The subject is ～ ***to*** him. 他熟知這個問題/He is ～ ***to*** me. 我熟悉他這個人。**3 a** 〈人〉**親密的**，放心的，心安的：a ～ friend 親密的朋友/be on ～ terms with... 與…交情好，與…很熟。

【同義字】familiar 指因係家人或多年老友而可以放心的；intimate 指相互間有深刻的瞭解，有相同的想法或感情，若用於男女間則指有性關係。

b [不用在名詞前]〔十介十(代)名〕〈人〉〔與…〕親密的，要好的〔*with*〕：I am ～ ***with*** him. 我和他很要好。**c** [不用在名詞前]〔十介十(代)名〕〔與…〕有(性)關係的〔*with*〕。**4 a** 不必客套的，不必拘禮的；非正式的：～ letters (非商函的)日常往來[社交]信函。**b** 過於隨便的，冒失的。**c** [不用在名詞前]〔十介十(代)名〕〔對…〕過於隨便的〔*with*〕：He is too ～ ***with*** me. 他對我太隨便。**5** 〈動物等〉馴服的。

màke onesèlf famíliar with... (1)精通於…。(2)使自己與…好起來[變得親近]。

—*n.* Ⓒ **1** 密友。**2** (傳說中形如動物而供女巫差遣的)妖精(familiar spirit)。

fa·mil·iar·i·ty [fəˌmɪlɪ'ærətɪ; fəmili'ærəti] «familiar 的名詞»—*n.* **1** Ⓤ**熟悉**；精通，熟知〔*with*〕：We admire his ～ *with* so many languages. 我們敬佩他精通那麼多種語言。**2** Ⓤ **a 親密**，深交。**b** 性關係。**3 a** Ⓤ有交情，親近；狎暱，不客氣：*F*～ breeds contempt.《諺》狎暱產生輕蔑；熟稔造成輕忽。**b** Ⓒ [常 **familiarities**] 狎暱的行爲，親密的舉動。

fa·mil·iar·i·za·tion [fəˌmɪljərə'zeʃən; fəmiljərai'zeiʃn] «familiarize 的名詞»—*n.* Ⓤ熟識，親近；通俗化。

fa·mil·iar·ize [fə'mɪljəˌraɪz; fə'miljəraiz] «familiar 的動詞» —*v.t.* **1** 〔十受十介十(代)名〕**a** 使〈人〉親近，習慣，熟悉[習]〔…〕〔*with*〕：My father has ～*d* me ***with*** computers. 我父親使我熟悉電腦。**b** [～ one*self*] 親近，熟悉，習慣〔…〕〔*with*〕：You must ～ *yourself* ***with*** the rules before playing the game. 玩這遊戲以前你必須熟悉其規則。**c** 使〔人〕親近…〔*to*〕：Only reading can ～ literature ***to*** us. 只有閱讀才能使我們親近[熟悉]文學。**2** 使〈東西〉普及，使…人盡皆知：Advertisements ～ a product. 廣告使產品普及。

fa·míl·iar·ly *adv.* **1** 親密地，親暱地。**2** 不拘禮地，隨便地。**3** 一般地，通俗地。

famíliar spìrit *n.* ＝familiar 2.

‡**fam·i·ly** ['fæmlɪ, 'fæməlɪ; 'fæməli] «源自拉丁文「(家族的)僕人」之義»—*n.* **1** Ⓒ [集合稱] **家族**，一家人，家庭《★用法 視爲一整體時當單數用，指個別成員時當複數用》：the ～ that has just moved in 剛搬進來的那一家/How *is* your ～? 你的家人都好嗎？《★ 用法《英》有時用 are 而不用 is》/My ～ *are* all very well. 我的家人都很好。

【說明】family 乃指以夫妻爲中心，包括孩子的家庭單位，英國有時也包括傭人。英美的家庭制度已普遍小家庭化，而成爲「核心家庭」(nuclear family)，因此，祖父母同住的情況已不太常見。一般而言，英美的家庭家計都由丈夫支配，而我國則大都歸妻子支配。在英美二國，婆媳問題反而不如女婿和丈母娘之間的問題嚴重。

2 Ⓤ [又作 **a** ～] (一家的)孩子們：He has *a* large ～. 他有很多子女。**3 a** Ⓒ (有血親關係的)家族，親族：the royal ～ 王族/one's immediate ～ 近親。**b** Ⓤ《英》門第，家世，名門：a man *of* (good) ～ 出身名門的人，家世很好的人/a man *of* no ～ 出身低微的人。**4** Ⓒ **a** (有共同特質而產生關係的民族等的)一羣：the ～ of free nations 自由國家羣。**b**《美》(黑手黨等)暴力集團的行動小組。**5** Ⓒ《語言》語族。**6** Ⓒ《生物》(動植物分類上的)族，科(cf. classification 1b)：the dog ～ 犬科。

in a fámily wày (1)像家人一樣隨便地，不拘禮節[形式]地。(2)＝in the FAMILY way.

in the fámily wày《口語》懷孕的(pregnant).

rún in a [**the**, one's] **fámily** 〈某種疾病、傾向等〉世代相傳，爲一家所共有：Hemophilia *runs in* his ～. 血友病是他家的遺傳。

stárt a fámily 生下第一個孩子。

—*adj.* [用在名詞前] **家屬的**，家庭的；適合家庭的：a ～ allowance 眷屬津貼/a ～ butcher 經常供應家庭用肉的肉商/a ～ car (家人使用的)私家車/a ～ council 家庭會議/a ～ film 適合全家人看的影片/a ～ friend 家人共同的朋友，世交/a ～ hotel (以優惠價優待一家人住宿的)家庭旅館/～ life 家庭生活/a ～ likeness [resemblance] 親屬間的相似(之處)。

fámily Bíble *n.* Ⓒ家用聖經《附有空白頁以便記錄家屬誕生、死亡、結婚等事的大型聖經》。

fámily círcle *n.* Ⓒ **1** [常 **the** ～；集合稱] 全體家人，家庭圈子，家庭中常來的親友們。**2**《美》(戲院等的)家庭座位。

fámily dóctor *n.* Ⓒ家庭(特約)醫師。

【說明】在英美社會裏，所謂的專科醫師(specialist)大都屬於大醫院，一般人如果患了病，都會先到社區內的私人開業的全科醫師(general practitioner；略作 G.P.)或內科醫師(internist)看病。通常各家庭都先找各自的 family doctor 看病，如果醫生認爲有必要，便把患者轉送擁有專科醫師的大醫院，社區裡的私人開業醫師並不分科。至於藥品得憑醫生的處方箋才能向藥店購買。因此，美國的醫療費用極高。

fámily màn *n.* Ⓒ **1** 有家室的男人，有太太孩子的男人。**2** 愛管家務[關心家庭]的人，不喜歡外出的男人。

fámily náme *n.* Ⓒ姓(⇨name【說明】)。

fámily plánning *n.* Ⓤ(控制生育的)家庭計畫。

fámily skéleton *n.* Ⓒ (不願外揚的)家中秘密，家醜(cf. SKELETON in the closet)。

fámily stỳle *n.* Ⓤ家庭式用餐法《菜放在大盤子裏，依次傳遞，各人自由取食的自助餐方式》。—*adj.* & *adv.* 家庭方式的[地]。

fámily trée *n.* Ⓒ家系圖，家譜。

fam·ine ['fæmɪn; 'fæmin] «源自拉丁文「飢餓」之義» —*n.* **1** Ⓤ Ⓒ**糧食缺乏**，饑荒，饑饉：die of [suffer from] ～ 死於[鬧]饑荒。**2** Ⓒ (物資的)極度缺乏，缺貨：a fuel [coal] ～ ＝a ～ *of* fuel [coal] 燃料[煤]荒。

fam·ish ['fæmɪʃ; 'fæmiʃ] *v.t.* 使…挨餓《★常用被動語態》：I'*m* ～*ed.*《口語》我肚子餓。—*v.i.* 挨餓：I'm ～*ing.*《口語》我很餓。

‡**fa·mous** ['feməs; 'feiməs] «fame 的形容詞» —*adj.* (**more** ～；**most** ～) **1 a 有名的**，著名的，出名的，馳名的：a ～ golfer 有名的高爾夫球選手。

【同義字】famous 是用於稱頌之意的有名的；notorious 指因不好的事物而聞名的；noted 指在某特定領域內有名的。

b [不用在名詞前]〔十介十(代)名〕〔因…而〕聞名的〔*for, as*〕：London was once ～ ***for*** its fogs. 倫敦曾以多霧而聞名/Brighton is ～ ***as*** a bathing place. 布來頓以海水浴場馳名。**2**《口語・罕》極好的，頂呱呱的：a ～ performance 精彩的表演[演奏]/That's ～! 好棒！

fá·mous·ly *adv.*《口語》極好，頂呱呱：He is getting on ～ with his work. 他的工作進行得很好。

***fan**[1] [fæn; fæn] *n.* Ⓒ **1 a 團扇**，扇子。**b** 風扇；送風機：an electric ～ 電風扇。

fan[1] 1 b

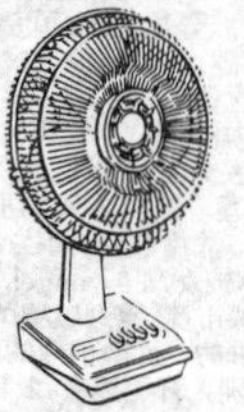

fan[1] 1 b

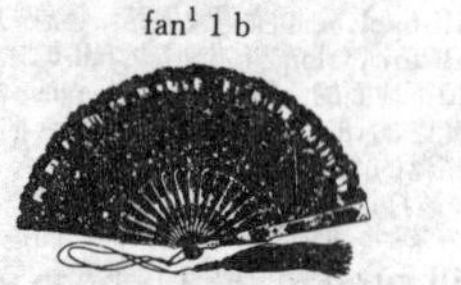

fan[1] 1 a

2 扇狀物：**a** 螺旋槳的槳片。**b** 風車的葉片。**c** 鳥的尾巴。**3** 簸穀機。—*v.t.* (**fanned**；**fan·ning**) **1 a** 〔十受(十介十代(名))〕〔用扇子等〕搧，〔用…〕送風到…〔*with*〕：～ one's face ***with*** a newspaper 用報紙搧臉/He *fanned* himself *with* his hat. 他用帽子給自己搧涼。**b** 〔十受十副(十介十(代)名)〕〔從…〕搧走…〈*away*〉〔*from*〕：Please ～ the flies ***away*** (***from*** the sleeping baby). 請(從睡著的孩子身上)搧走蒼蠅。**2 a** 〔十受〕煽〈火〉；煽動〈感情等〉：～ the flame⇨flame *n.* 3. **b** 〔十受十介十(代)名〕煽動…〔使成…〕〔*into*〕：～ coals ***into*** a blaze 煽煤使成熾焰/Their dislike was *fanned into* hate. 他們的厭惡感被煽動成憎恨。**3** 〔十受〕〈風〉輕輕地吹動，輕拂…：The breeze *fanned* her hair. 微風輕拂著她的頭髮。**4** 〔十受(十副)〕把…展開成扇形〈*out*〉。**5** 〔十受〕用簸箕吹開〈穀物〉。**6** 〔十受〕《棒球俚》將〈打擊者〉三振出局。—*v.i.* **1** 〔十副〕展開成扇狀〈*out*〉：The river ～*s* ***out*** near the river mouth. 那條河在近河口處展開成扇狀。**2**《棒球俚》遭到三振出局。

***fan**[2] [fæn; fæn] «fanatic *n.* 之略»—*n.* Ⓒ《口語》(電影、運動、明星等的)**狂熱支持者**，熱心的愛好者，迷：a baseball [film] ～ 棒球[影]迷。

fa·nat·ic [fə'nætɪk; fə'nætik] *n.* Ⓒ**狂熱者**，狂信者，入迷者。—*adj.* ＝fanatical.

【字源】源自拉丁文的 *fanum*, 原義爲「寺院」, 後來變成「熱心信仰而獲得神靈的人」, 因爲對某一種事物耽迷得忘了自己的人看起來就像是神靈降臨身上一樣, 於是就用來形容「信仰狂熱、自以爲獲得神靈的人」。

fa·nat·i·cal [fəˋnætɪkl; fə'nætikl] *adj.* 狂熱的, 盲信的, 狂信的。**~·ly** [-klɪ; -kəli] *adv.*

fa·nát·i·cìsm [-tə,sɪzəm; -tisizəm] *n.* **1** Ⓤ狂熱; 盲信。**2** Ⓒ盲信的行爲。

fán bèlt *n.* Ⓒ《機械》(汽車的)風扇皮帶《用以驅動散熱器的冷却扇》。

fán·cied *adj.* **1** 想像的, 虛構的。**2** 受喜愛的。**3** 孚衆望的: a ~ horse (賽跑)孚衆望的馬。

fán·ci·er *n.* Ⓒ(花、鳥、狗等的)玩賞者, (展覽、觀賞型動植物的)飼養者: a bird ~ 愛鳥的人, 鳥迷。

fan·ci·ful [ˋfænsɪfəl; 'fænsiful] *adj.* **1** 富於想像力的, 異想天開的。**2** 幻想的, 非現實的。**3**〈設計等〉構想奇特的; 別出心裁的, 新奇的。**~·ly** [-fəlɪ; -fuli] *adv.* **~·ness** *n.*

fán clùb *n.* Ⓒ影、歌迷等的俱樂部。

***fan·cy** [ˋfænsɪ; 'fænsi] **«fantasy 之略»——*n.* 1** Ⓤ **a** (異想天開而自由的)**幻想**: flights of ~ 幻想的飛翔, 想像的迸發。

【同義字】fantasy 指離奇的幻想; imagination 是有根據又富於創造性的想像。

b (詩人、畫家等)創造性的幻想力。**2** Ⓒ **a** (非根據事實而是想像的)奇想: a passing ~ 一時的心血來潮, 異想天開。**b** 〔+ *that*__〕〈…事的〉念頭, 幻覺: I have a ~ *that* he won't come. 我總覺得他不會來。**3** 〔對…的〕嗜好, 愛好, 喜愛(liking)〔*for, to*〕: He has a ~ *for* wine. 他喜歡喝酒/They took a great ~ *to* each other. 他們彼此很喜歡/The dress took [caught] her ~. 那件衣服她很中意/He just moves on as the ~ takes [catches] him. 他只是隨意地向前走。

——*adj.* (fan·ci·er; -ci·est) 1 裝飾的, 華麗的, 精心設計的: a ~ cake 花式蛋糕/⇨fancy dress/This dress is too ~ for you. 這件衣服對你來講太華麗了。**2** [用在名詞前]上等的, 特製[特選]的: ~ fruits 特級水果。**3** [用在名詞前] **a** 變種的, 品種珍奇的, 爲某種優點而特別培育的〈動、植物等〉: ~ pansies 變種的三色紫羅蘭。**b** 變種的, 品種珍奇的, 爲某種優點而特別培育的〈寵物等〉: ~ pigeons 品種珍奇的鴿子。**4** 〈價格等〉貴得離譜的, 極昂貴的: ~ prices 極昂貴的價格。**5** 想像的, 幻想的: a ~ picture 想像畫。

——*v.t.* 《★無進行式》**1** [常用於否定句、疑問句] **a** 〔十受〕**幻想**, 心裏想像…: I can*not* ~ a life without books. 我無法想像沒有書籍的生活。**b** 〔十受[所有格]十 do*ing*〕想像〈某人〉〈做…〉: I can*not* ~ him [his] do*ing* such a thing. 我無法想像他會做那樣的事。**c** 〔十受十(*to be*)補/十受十*as* 補〕[常~ one*self*] 想像, 自以爲〈(是)…〉《★囲法〔十受十 *as* 補〕爲美國語法, 《英》一般作義 1e 解》: She *fancies herself* beautiful. 她自以爲漂亮/*F*~ *your-self* (*to be*) Gulliver. 假想你自己是格利佛/He always *fancied himself* (*as*) a moralist. 他總是認爲自己是道德家。**d** 〔十受〕〔~ one*self*〕自負, 自大: He's clever, but he *fancies himself*. 他是聰明, 但是很自負。**e** 〔十受十*as* 補〕〔~ one*self*〕自負地認爲〈是…〉: She *fancies herself as* an interpreter. 她自認爲是位了不起的口譯員。

2 [用祈使語氣, 表示輕微的驚訝] **a** 〔十受〕想想看…: *F*~ that, now! 你想想看! 眞想不到(眞奇怪)! **b** 〔十 do*ing*〕想想看〈做…〉: *F*~ read*ing* all day long. 想想看整天念書的樣子。**c** 〔十受[所有格]十 do*ing*〕想想看〈某人〉〈竟然做…〉: *F*~ him [his] tell*ing* a lie! 眞想不到他竟然會說謊!

3 a 〔十(*that*)__〕(總)覺得, 認爲〈…事〉: I ~ he is about fifty. 我想他大約五十歲。**b** [I ~; 與主句並列或用作插入語]想〈…〉, 認爲〈…〉: He's Canadian, *I* ~. 我想他是加拿大人。**c** 〔十受十(*to be*)補〕以爲〈某人〉〈是…〉: She *fancied* her husband (*to be*) dead. 她以爲丈夫已死。

4 《口語》**a** 〔十受〕**喜歡…, 中意…; 愛上…**: I ~ the idea of walking in the fields on an autumn day. 我喜歡秋天在原野上散步的這個主意/Tom *fancied* Mary a lot. 湯姆很中意瑪麗。**b** 〔十 do*ing*〕[常用於否定句]喜歡〈做…〉: I d*on't* ~ act*ing* as chairman. 我不喜歡當主席。

——*v.i.* [用祈使語氣, 表示輕微的驚訝]想想看, 怎麼會《★比較一般用 think, imagine》: Just ~! 眞想不到! 奇怪!

fáncy díving *n.* Ⓤ花式跳水。

fáncy dréss *n.* **1** Ⓤ化裝用的服裝。**2** Ⓒ別緻的[奇異的]服裝。

fáncy drèss báll *n.* Ⓒ化裝舞會。

fáncy-frée *adj.* **1** 情竇未開的; 未受愛情影響的; 沒有結婚[訂婚]的。**2** 自由奔放的, 隨心所欲的。**3** 無憂無慮的。

fáncy gòods *n. pl.* 精巧的小玩意兒, 裝飾品。

fáncy màn *n.* Ⓒ **1** 靠情婦過活的男子; 吃軟飯者; 情郎。**2** 拉皮條的人。

fáncy wòman *n.* Ⓒ情婦; 妓女。

fáncy·wòrk *n.* Ⓤ手工藝品, 編織品, 刺繡。

fan·dan·go [fænˋdæŋgo; fæn'dæŋgou] *n.* Ⓒ (*pl.* ~s) **1** 方當果舞《一種輕快的西班牙三步舞》。**2** 方當果舞曲。

fane [fen; fein] *n.* Ⓒ **1** 神廟; 寺院。**2** 《古》教堂。

fan·fare [ˋfæn,fɛr; 'fænfɛə] **«源自法語「吹喇叭」之義»——*n.* 1** Ⓒ《音樂》號曲《在慶典等時以喇叭或號角吹奏, 樂音短而華麗響亮》。**2** Ⓤ(炫耀的)誇示, 虛張的聲勢(showy display).

fang [fæŋ; fæŋ] *n.* Ⓒ **1 a** (狼、狗等的)尖牙, 犬齒。

【同義字】tusk 指大象、野豬等的牙。

b [常 ~s] (蛇的)毒牙。**2** (小刀或工具等細長的)尖端。

fangs 1

fán·jèt *n.* Ⓒ **1** 《航空》渦輪通風器《附有送風機的渦輪引擎, 爲提高推進效率的一種改良型》。**2** 有扇葉渦輪引擎的噴氣飛機。

fán lètter *n.* Ⓒ影迷[球迷(等)]的來信。

fán·lìght *n.* Ⓒ **1** (窗、門上採光用的)扇形窗; 頂窗。**2** =transom 1.

fán màil *n.* Ⓤ影迷[球迷(等)]寄來的郵件(fan letters).

Fan·nie, Fan·ny [ˋfænɪ; 'fæni] *n.* 芬妮《女子名; Frances 的暱稱》。

fan·ny [ˋfænɪ; 'fæni] *n.* Ⓒ **1** 《美俚》屁股。**2** 《英俚》女性的性器官。

fan·tail [ˋfæn,tel; 'fænteil] *n.* Ⓒ **1** 扇狀尾。**2** 《鳥》扇尾鴿。**3** 《魚》扇尾金魚。**4** 《建築》扇狀結構物; (特指)扇形拱。**5** 《航海》扇形船尾, 鴨尾艄。

fanlight 1

fan·ta·si·a [fænˋteʒɪə, -ʒə, -zɪə; fæn'teizjə, -'tɑ:z-] **«源自義大利語»——*n.*** Ⓒ《音樂》**1** 幻想曲。**2** 什錦曲《將大衆熟悉的旋律集合而成的曲子》。

fan·ta·sist [ˋfæntəsɪst; 'fæntəsist] *n.* Ⓒ幻想曲[幻想作品]的作者。

***fan·tas·tic** [fænˋtæstɪk; fæn'tæstik] **«fantasy 的形容詞»——*adj.* (more ~; most ~) 1 a 幻想的。b 異想天開的。2 離譜的, 難以置信的。** **3** 與衆不同的, 古怪的, 奇異的。**4** 《口語》極好的, 很棒的: a ~ dress 好棒的衣服。

fan·tás·ti·cal [-tɪkl; -tikl] *adj.* =fantastic. **~·ly** [-klɪ; -kəli] *adv.*

fan·ta·sy [ˋfæntəsɪ, -zɪ; 'fæntəsi, -zi] **«源自希臘文「幻想」之義»——*n.* 1** Ⓤ **a** (自由奔放的)想像, 幻想, 狂想(⇨fancy【同義字】)。**b** 異想天開, 奇想。**2** Ⓒ **a** 幻想的事物, 奇特的想法。**b** 幻想的文學作品。**3** Ⓒ《心理》幻想。**4** Ⓒ《音樂》幻想曲(fantasia).

fantail 2

FAO 《略》Food and Agriculture Organization (of the United Nations) 聯合國糧食及農業組織。

‡far [fɑr; fɑ:] *adv.* **(far·ther, fur·ther; far·thest, fur·thest; ⇨請參照各詞條) 1** [關於距離、空間] **a** [與副詞或介系詞連用] **在遠處, 遙遠地, 向遠處**: ~ *ahead* 遠在前面/~ *back* 遠在後面/~ *away* [*off*] 遠在他處, 遠隔/~ *out* at sea 在海上遠處/wander ~ *from* town 遠離城鎮漫遊。**b** [常單獨用於疑問句、否定句]在遠處《★比較《口語》肯定句用 a long way 代替; ⇨way¹ A 3a》: *How* ~ did he go? 他去得多遠? /He doesn't go so ~. 他沒去那樣遠《★比較肯定句變成 He goes *a long way.*》.

2 [關於時間] [常與副詞或介系詞連用] **久遠地**: ~ *back* in the past 往昔, 在很久以前, 在久遠的過去/~ *into* the future 在遙遠的未來/~ *into* the night 到深夜。

3 (無比較級、最高級) [關於程度] **a 遠遠地, 大大地**: ~ different 大不相同的/~ distant 《文語》遙遠的, 非常遠的。**b** [修飾比較級、或最高級的形容詞、副詞]…得多: This is ~ better (than it was). 這(比以前)好得多。

4 [當名詞用]遠方: come from ~ 自遠方來/from ~ and near 從遠近各處(cf. FAR and near)/⇨ by FAR.

as fár as... (1) [當介系詞用]遠至…, 直到…《★否定句常用 so far as》: I went *as* ~ *as* Boston. 我遠至波士頓。(2) [當連接詞用]就…, 盡…: Let's swim *as* ~ *as* we can. 我們盡量游遠吧/*as* ~

as I know 就我所知/*as* ~ *as* the eye can reach 就視力所及，就眼睛看得見的範圍/⇨as far as...be CONCERNED, as far as it GOES.

by fár (1)非常，極：too easy *by* ~ 非常容易的。(2)[強調最高級或比較級]遠超過其他地；顯然，尤其：better *by* ~ 遠勝，好得多/*by* ~ the best 顯然最好，超羣/Skating and skiing are *by* ~ the most popular winter sports. 溜冰和滑雪顯然是最受歡迎的冬季運動。

cárry...tóo fár ＝take...too FAR.

fár and awáy ⇨away *adv.*

fár and néar 遠近，到處(cf. *adv.* 4)．

fár and wíde 到處，普遍，廣泛地。

Fàr bè it from mé to dó.... 我絲毫沒有做…的意思，我完全無意於做…《★be 是表示願望的假設語氣》：*F~ be it from me to* call him a liar. 我絲毫沒有說他在撒謊的意思。

fár betwéen ＝FEW and far between.

fár from... (1)⇨1a. (2)一點也不…：He is ~ *from* happy. 他一點也不幸福。(3)別說…(甚至連…也沒有)(cf. so[1] far from doing *adv.*)：*F~ from* reading the letter, he did not even open it. 別說讀那封信，他甚至連信也沒拆開/*F~ from* it！差得遠呢！沒那回事！一點也不！

féw and fár betwéen ⇨few *adj.*

gò as [so] fàr as dóing [to dó] ⇨go.

gò fár ⇨go.

gó tòo fár ⇨go.

Hòw fár(...)？ ⇨how.

ìn so fár as... ⇨insofar as.

só fàr 到目前[到此]爲止：*So* ~ he has done nothing to speak of. 到目前爲止，他從來沒做過一件值得一提的事/*So* ~ so good. 到目前爲止還不錯。

so fàr as ⇨as FAR as.

sò fár from ＝FAR from (3).

táke...tóo fár 使…過度，使…過分：You are *taking* your joke *too* ~. 你玩笑開得過火了。

thús fàr ＝SO FAR.

—*adj.* [用在名詞前](比較級、最高級的變化與副詞相同)**1**《文語・詩》**a** (距離)遠的，向遠處的(↔ near)《★ 比較 It is two miles *far*. 是錯誤。明示數詞時用 distant；⇨distant【同義字】》：a ~ country 遙遠的國家。**b** (時間)久遠的：the ~ future 遙遠的未來。**c** 長距離[時間]的(long)：a ~ journey 長途旅行。

2 (兩者中)較遠的，在對面那一邊的：the ~ side of the room 房間的那一邊。

3 (政治上)極端的：the ~ right 極右。

a fár crý ⇨cry *n.*

far·ad [ˈfærəd; ˈfærəd] 《源自英國物理、化學家之名》**—*n.*** Ⓒ《電學》法拉《電容量的單位，符號F.》.

Far·a·day [ˈfærədɪ, ˈfærə,de; ˈfærədi, -dei], **Michael** *n.* 法拉第《1791-1867；英國物理學家、化學家》。

fa·rad·ic [fəˈrædɪk, fæ-; fəˈrædik] *adj.*《電學》感應電流的。

far·a·way [ˈfɑrəˈwe; ˈfɑ:rəwei⁻] *adj.* **1 a** (距離)遙遠的，遠方的(distant)：a ~ place 遙遠的地方。**b** (時間)久遠的。**c** 〈聲音等〉從遠處傳來的：~ thunder 遠處傳來的雷聲。**2** 〈表情、眼神〉呆呆的，如在做夢的；恍惚的。

farce [fɑrs; fɑ:s] 《源自拉丁文「塞入」之義；因笑劇本來是在戲中間插入表演的》**—*n.*** **1** Ⓤ [指個別時爲Ⓒ] 鬧劇，笑劇，滑稽戲。**2 a** Ⓤ滑稽，詼諧。**b** Ⓒ滑稽可笑的行爲，胡鬧。

far·ci·cal [ˈfɑrsɪkl; ˈfɑ:sikl] 《farce 的形容詞》**—*adj.*** **1** 鬧劇的。**2** 鬧劇似的；滑稽的，胡鬧的。**~·ly** [-klɪ; -kəli] *adv.*

far·del [ˈfɑrdl; ˈfɑ:dl] *n.* Ⓒ《古》**1** 束；包；捆。**2** 重擔；不幸。

fare** [fɛr; fɛə] 《源自古英語「去，旅行」之義》**—*n. **1** Ⓒ (火車、電車、公共汽車的)**車費**，(船的)船費(⇨price【同義字】)：the train [taxi] ~ 火車票價[計程車費]/a single [double] ~ 單程[來回]票價/⇨carfare/get one's ~ adjusted (請對方)調整[細算]車資/What [How much] is the ~ to Dover？ 到多佛的車費是多少？

2 Ⓒ (尤指付車資乘坐計程車等的)乘客。

3 Ⓤ (用餐時端出的)食物：good [coarse] ~ 美[粗]食。

—*v.i.* **1** [十副]《詩》去；旅行〈*forth*〉：~ ***forth*** on one's journey 動身[啓程]去旅行。

2 [與狀態副詞連用]《文語》〈人〉過日子，日子過得(好，不好)：You may go farther and ~ worse.《諺》走得愈遠可能愈糟糕；貪多不得好《勸人知足，安於現狀》/*F~* you [thee] well！《古》再見！

3 [十介十(代)名] [以非人稱主詞 it 爲主詞，與狀態副詞連用]《文語》〈事情〉[對某人]進展得(好[不好])，[某人]處境(好，壞)[*with*]：*It* has ~*d* ill [well] ***with*** them. 他們過得不好[好]/How did *it* ~ ***with*** him？ 他過得怎樣？他好嗎？

***Far East** [ˈfɑrˈist; ˈfɑ:rˈi:st⁻] *n.* [the ~]遠東《原指從英國所看到的日本、中國、韓國、泰國等》。

Fár Éastern *adj.* 遠東的。

fare-thee-well [ˈfɛrðiˌwɛl; ˌfɛəðiːˈwel] *n.* Ⓒ **1** 完美，完善。**2** 最大效果；極限。

***fare·well** [ˌfɛrˈwɛl; ˌfɛəˈwel⁻] *interj.* **再見！一路平安！**《★ 比較 一般用 good-by(e)》：*F~ to Arms*「戰地春夢」《★海明威(Ernest Hemingway)的小說書名》。

> 【字源】由 fare(義同 go)及 well(義爲「安好」)二字合併而成，義爲「一切順利地去旅行」。從前對去旅行的人道別一概說 "farewell"，對方則以"good-bye"回答。farewell 比 good-bye 文言，且爲舊式的說法；⇨fare *v.i.* 2.

—*n.* **1** Ⓤ辭行，告別，離別：bid ~ to...＝take one's ~ of... 向…告別[辭行]/We bid [bade] them ~. 我們向他們告別。**2** Ⓒ告別的話，告別辭：I made my ~*s* to them. 我向他們道別。

—*adj.* [用在名詞前]告別的，餞別的：a ~ address 告別演說[辭]/a ~ performance 臨別表演/a ~ dinner [party] 餞行宴會；歡送會/a ~ present 餞行禮物。

fár-fámed *adj.* 名聞遠方的，著名的。

fár-fétched *adj.* **1** 〈例子、比較等〉拐彎抹角的；牽强的，勉强的，不自然的。**2** 自遠方帶來的，來自遠方的。

fár-flúng *adj.* **1** 範圍廣大[廣泛]的。**2** 遠隔的，遠離的，遙遠的。

fár-góne *adj.* **1 a** (病情等)相當嚴重的，加劇的。**b** 酩酊大醉的。**2** [不用在名詞前] [十介十(代)名] [債務]累累的[*in*]：be ~ ***in*** debt 債台高築，負債纍纍。

fa·ri·na [fəˈrinə, -ˈraɪnə; fəˈrainə] *n.* Ⓤ **1** 穀粉(flour)．**2**《英》馬鈴薯澱粉。

far·i·na·ceous [ˌfærəˈneʃəs; ˌfæriˈneiʃəs⁻] *adj.* **1** 澱粉質的，含澱粉的。**2** 粉狀的。

far·kle·ber·ry [ˈfɑrklˌbɛrɪ; ˈfɑ:klberi] *n.* Ⓒ《植物》(產於美國南部的)一種石南屬常綠灌木《開白色吊鐘形的花朵，結黑色果實》。

‡farm [fɑrm; fɑ:m] 《源自法語「租佃契約，佃耕地」之義》**—*n.*** Ⓒ **1** 農場，農莊《★通常指包括住宅與庫房，也可飼養家畜的較大型農場》：run a ~ 經營農場/work *on* a ~ 在農場工作/a dairy ~ 酪農場。

> 【說明】(1)美國的農場一向以大規模的經營著稱。據統計，每個農場的平均面積是三百五十畝，也就是一百四十萬平方公尺。就其種類而言，除了以農耕爲主的農場外，另有 dairy farm(酪農場)，fruit farm(果樹園爲主的農場)，poultry-farm(飼養家禽等的農場)等等。
> (2)一個農場之內，有住宅、穀倉等建築物；通常也從事農業以外的家畜飼養及乳酪品之製造。

2 飼養場，養殖場：a chicken [pig] ~ 養雞[豬]場/an oyster ~ 牡蠣養殖場/a fish ~ 養魚場。**3** 農家，農場的房舍。**4** (又作**fárm tèam**)《美》《棒球》隸屬於大棒球團的選手訓練所。

—*v.t.* [十受]耕作〈土地〉：He ~*s* 300 acres. 他耕作三百英畝的土地。**—*v.i.*** 耕作，種田[務農]，經營農場：My uncle ~*s* in Canada. 我的叔父在加拿大經營農場。

fárm óut 《*vt adv*》(1)出租〈土地、設施等〉。(2)把〈工作〉從總店[總廠]轉包出去。(3)(因連續耕作而)使〈土地〉貧瘠。(4)(付費)把〈小孩等〉寄養[在…][*to*]. (5)《美》《棒球》派〈選手〉到選手訓練所受訓。

‡farm·er [ˈfɑrmə; ˈfɑ:mə] 《源自古法語「佃農」之義》**—*n.*** Ⓒ**農場主人，莊主，農場經營者**《★擁有 farm 的人；也有很多農場主人雇用 farmhand(農場工人)，使用機器大規模地經營大農場；cf. peasant》：a peanut ~ 花生農場的主人/a landed ~ 自耕農/⇨tenant farmer.

> 【說明】指居住在農場並經營農場的人而言。美國的 farmer 通常是自己擁有廣大的土地或租一片農場來經營的，他們也僱用少數的農場工人(farmhand)來幫忙，耕種的方式採用機械化的耕耘法。因此，他們對土地的感情並不深厚，只要別的農場有利可圖，便會把既有的土地賣掉，遷移到較好的土地去。在英國大部分的 farmer 都以付地租(rent)及僱用農場工人的方式經營。小規模自耕農在英語裡稱爲 peasant.

fárm·hànd *n.* Ⓒ農場工人。

farm·house [ˈfɑrmˌhaus; ˈfɑ:mhaus] *n.* Ⓒ**農舍**，農場內的住宅《★通常指主要房屋，但有時也包括收藏農作物的屋子；cf. farmstead》.

fárm·ing *n.* **1** Ⓤ農業；農場經營。**2** [當形容詞用]農業的；農業用的；農場的。

fárm·lànd *n.* Ⓤ農地；耕地。

fárm·stèad *n.* Ⓒ (包括住宅、穀倉等附屬建築物的)農場。

fárm·yàrd *n.* Ⓒ (由住宅、收藏室、牛舍等圍成的)農家庭院。

fa·ro [ˈfɛro; ˈfɛərou] *n.* Ⓤ《紙牌戲》一種類似牌九的賭博遊戲。

fár-óff *adj.* 遙遠的；遠隔的。

fár-óut *adj.* **1**《英》離開很遠的。**2**《口語》**a**〈音樂等〉嶄新的，與衆不同的，前衛性的。**b** 極好的，很棒的(excellent)：*F*～！好棒！

far·rag·i·nous [fəˋrædʒənəs; fəˈrædʒinəs] *adj.* 湊合的，混合而成的。

far·ra·go [fəˋrego, -ˋrɑ-; fəˈrɑːgou, -ˈrei-] *n.* Ⓒ(*pl.* ～**es**) 拼湊(物)，混雜(物)(mixture)〔*of*〕.

fár-réaching *adj.* **1**〈效果、影響等〉遠大的，深遠的。**2**〈計畫等〉遠大的。

far·ri·er [ˋfærɪɚ; ˈfæriə] *n.* Ⓒ《英》**1** 蹄鐵匠。**2** 馬醫，獸醫。

far·ri·er·y [ˋfærɪərɪ; ˈfæriəri] *n.*《英》**1** Ⓤ蹄鐵業[術]；獸醫術。**2** Ⓒ蹄鐵廠；馬掌鋪。

far·row [ˋfæro; ˈfærou] *n.* Ⓒ一窩的小豬，一胎所生的小豬。
—*v.t.* 生〈小豬〉。
—*v.i.*〈豬〉生小豬。

farrow

fár-séeing *adj.* ＝farsighted.

fár-sighted *adj.* **1 a** 眼光遠大的。**b**《醫》遠視的。**2** 有先見之明的，有卓見的，賢明的。
～**·ly** *adv.* ～**·ness** *n.*

fart [fart; fɑːt]《鄙》*n.* Ⓒ屁。
—*v.i.* 放屁《★ 比較 委婉的說法是 break [make] wind》.

‡**far·ther** [ˋfɑðɚ; ˈfɑːðə]《★與 further 的差異，參照 further 用法》*adv.* [far 的比較級] **1** (距離、空間、時間)**更遠**，較遠：I can go no ～. 我不能再(向前)走了[走不動了]/No ～！好了！夠了！/You may go ～ and fare worse. ⇨fare *v.i.* 2. **2** (程度)更進一步地。**3** 再者，加上，而且《★ 比較 作此義解時一般用 further》.

fárther ón 更向前，再向前；(距離)在更前面，(說明等)在後面：*F～ on*, the road narrows. 再往前去，路變窄。

—*adj.* [用在名詞前] [far 的比較級] **1** (距離)**更遠的**，較遠的：the ～ shore 對岸。**2** 程度更高的，更上面的，進一步的《★ 比較 作此義解時一般用 further》：a ～ stage of development 進一步的發展階段/Have you anything ～ to say？你還有什麼要說的嗎？/make no ～ objection 不再反對。

fárther·mòst *adj.* ＝furthermost.

‡**far·thest** [ˋfɑrðɪst; ˈfɑːðist] *adv.* [far 的最高級] **1** (距離、空間)**最遠**，(時間)最久遠。**2** (程度)極端地《★ 比較 作此義解時一般用 furthest》.

—*adj.* [far 的最高級] **1** (距離)**最遠的**。**2** 最高程度的，極端的《★ 比較 作此義解時一般用 furthest》.

at (the) fárthest 最遠；頂多；至遲：*At* (*the*) ～ it can't be more than a mile. 最遠也不會超過一哩。

far·thing [ˋfɑrðɪŋ; ˈfɑːðiŋ] «源自古英語「四分之一(fourth)」之義»**—***n.*《英》**1** Ⓒ法辛《英國的小銅幣，值 ¼ 便士，1961 年作廢》。**2** [**a** ～；用於否定句] 一點點，絲毫：be *not* worth *a* (brass) ～ 一文不值，毫無價值/I do*n't* care *a* ～. 我毫不介意；我毫不在乎。

far·thin·gale [ˋfɑrðɪŋˌgel; ˈfɑːðiŋgeil] *n.* Ⓒ **1** (十六至十七世紀時，婦女用以撐大裙子，通常爲鯨骨製的)箍骨。**2** 以箍骨撐大的女裙。

farthingale 2

Fár Wést *n.* [**the** ～] 美國最西部的地區《通常指大草原(Great Plains)以西的地方》。

fas·ces [ˋfæsiz; ˈfæsiːz] *n. pl.* (*sing.* **fas·cis** [ˋfæsɪs; ˈfæsis]) [常作單數] (古羅馬的)束棒，權標《束棒中央綁著一柄斧頭的權威標記；由爲執政官等大官清道開路的小吏(lictor)所持》。

fasces

fas·ci·a [ˋfæʃɪə, ˋfeʃɪə; ˈfeiʃiə] *n.* Ⓒ **1** (掛在店門上，通常寫有店名的長形)招牌。**2** [ˋfeʃɪə; ˈfeiʃiə]《英》＝dashboard 1.

fas·ci·cle [ˋfæsɪkl; ˈfæsikl] *n.* Ⓒ **1** 小束。**2** (書籍等之)分册。**3**《植物》(花、葉等之)束；簇；團。**4**《解剖》纖維束。

fas·ci·cule [ˋfæsɪˌkjul; ˈfæsikjuːl] *n.* Ⓒ(書籍等之)分册；纖維束，(神經、肌肉等的)束。

fas·cic·u·lus [fəˋsɪkjuləs; fəˈsikjuləs] *n.* Ⓒ(*pl.* **-li** [-ˌlaɪ; -lai]) **1**《解剖》纖維束。**2** (書籍等之)分册。

fas·ci·nate [ˋfæsnˌet; ˈfæsineit] «源自拉丁文「施以魔術」之義»**—***v.t.* 〔十受〕**1 使**〈人〉**迷惑**，使…著迷，使…神魂顛倒《★常用被動語態，介系詞用 *with, by*》：Her beautiful voice ～*d* them. 她美妙的聲音把他們迷住了/The visitors *were* ～*d by* the flowers in his garden. 訪客們被他花園裏的花迷住了/He *was* ～*d with* her beauty. 他被她的美所迷；他爲她的美而神魂顛倒。**2**〈蛇〉睨視〈青蛙等〉使畏縮[不能動彈]。

fas·ci·nat·ing [ˋfæsnˌetɪŋ; ˈfæsineitiŋ] *adj.* (**more** ～；**most** ～) 迷人的，醉人(似)的，很有趣的，很美的：The museum has a ～ collection of Celtic artifacts. 該博物館收藏了極吸引人的塞爾特文化遺物。～**·ly** *adv.*

fas·ci·na·tion [ˌfæsnˋeʃən; ˌfæsiˈneiʃn] «fascinate 的名詞»**—***n.* **1** Ⓤ迷惑，蠱惑，出神的狀態；魅力：rapt in ～ 被迷得出神的。**2** [**a** ～] 有魅力的東西[人]，具有魅力之處。**3** Ⓤ(蛇對青蛙等的)睨視。

fás·ci·nà·tor [-tɚ; -tə] *n.* Ⓒ魅惑者，蠱惑者；有魅力的女人。

fas·cism [ˋfæʃˌɪzəm; ˈfæʃizəm] «源自拉丁文「束」，義大利語「集團」之義»**—***n.* [常 **F**～] Ⓤ法西斯主義，獨裁的國家社會主義。

fas·cist [ˋfæʃɪst; ˈfæʃist] *n.* [常 **F**～] Ⓒ法西斯主義者，法西斯黨員。

fash·ion** [ˋfæʃən; ˈfæʃn] «源自拉丁文「做，形成」之義；與 faction 同字源»**—n.* **1** [用單數，常與限定詞連用] **方法**，作風，方式：the ～ of his speech 他說話的樣子[態度]/*in* (a) similar ～ 以同樣的作風，同樣地/do a thing *in* one's own ～ 照自己的方式做(某事)。**2** ⓊⒸ(服裝、習慣等的)**流行**，流行的式樣[款式]，時尚：follow the ～ 趕時髦/follow the latest ～*s* 追隨(服裝等的)最新流行式樣/lead the ～ 領導流行，開創新時尚/set the ～ 創造流行的先例，開風氣之先，率先興起新花樣/It is now the ～ to drive a high-mileage car. 現在流行開耗油少(跑長哩程)的汽車。**3** Ⓤ(女裝的)流行式樣。**4** Ⓤ[**the** ～] 名流，紅人，時髦的人[物]：He is *the* ～. 他是紅人/Tennis is all *the* ～. 打網球正在風行中。**5** Ⓤ[**the** ～；集合稱]《古》上流社會(人士)，社交界(的人士)《★ 用法 視爲一整體時當單數用，指全部個體時當複數用》：a man [woman] of ～ 上流社會[社交界]的名流/All *the* ～ of the town *were* present. 鎮上所有社交界的名流均出席了。

àfter [in] a fáshion 勉強地，(不太令人滿意但)多少會一點地，好歹還…一點：He speaks English *after a* ～. 他多少會講一點英語。

àfter the fáshion of ...模仿…，照著…(樣子，方式)。

còme into fáshion 成爲時尚，正流行。

in (the) fáshion 流行的，合乎時尚的。

òut of fáshion 不流行，不合時尚：go [be] *out of* ～ 變得不流行，「漸漸過時。」

—*adv.* [常與名詞構成複合字] 像…似地，以…方式：walk crab-*fashion* 像螃蟹似地(橫著)走。

—*v.t.* 〔十受十介十(代)名〕**1** 把〈材料〉做成，形成〔東西〕〔*to, into*〕：～ clay *into* a vase 把黏土做成花瓶。**2** 〔用材料〕做出，製作〈東西〉〔*out of, from*〕：He ～*ed* a boat *out of* a tree trunk. 他用樹幹做成一條小船。

***fash·ion·a·ble** [ˋfæʃnəbl; ˈfæʃnəbl] *adj.* (**more** ～；**most** ～) **1 流行的**，時尚的：～ clothes 流行的衣服/It is ～ to keep a pet. 飼養寵物是時尚。**2** 社交界的；上流社會的，上流人士聚集[利用]的：the ～ world 社交界/a ～ dressmaker [tailor] 顧客大都爲上流社會人士的裁縫師。
—*n.* Ⓒ **1** 趕時髦的人。**2** 上流社會的人。
-a·bly [-nəblɪ; -nəbli] *adv.*

fáshion mòdel *n.* Ⓒ時裝模特兒。

fash·ion·mon·ger [ˋfæʃənˌmʌŋgɚ; ˈfæʃnˌmʌŋgə] *n.* Ⓒ追隨時尚者，趕時髦的人；研究時尚者。

fáshion plàte *n.* Ⓒ **1** 新款式服裝圖，時裝圖樣。**2**《口語》穿著極時髦的人。

fáshion shòw *n.* Ⓒ時裝表演[展示]會。

‡**fast**[1] [fæst; fɑːst] «源自古英語「堅固的，牢固的」之義»**—***adj.* (～**·er**；～**·est**) **A 1 快的** (⇨ quick【同義字】)：**a** 迅速的 (↔ slow)：a ～ train 快車。**b** 快速的，敏捷的：a ～ worker [reader, pitcher, typist] 手腳俐落的工人[閱讀速度很快的人，投快速球的投手，快速的打字員]。**c** 能快速完成的，速成的：～ work 速成的工作/⇨ fast food. **2** [不用在名詞前]〈鐘、錶〉**走得快的**：Our clock is three minutes ～. 我們的時鐘快三分鐘。**3** [用在名詞前] (無比較級、最高級)〈道路等〉急行用的：the ～ lane of an expressway [《英》a motorway] 高速公路上的快車道。**4 a**〈人〉不斷地追求歡樂的，放蕩的：a ～ liver 浪蕩子/lead a ～ life 過放蕩的生活。**b**《古》〈女子〉行爲不檢點的，淫蕩的：a ～ woman 淫蕩的女人。**5**《攝影》快速攝影的，感光快的。

—B 1 固定的，牢固的，不動搖的 (↔ loose)：a stake ～ in the ground 牢牢地打入地下的樁。**2 關緊的**；繫牢的：The door is ～. 那扇門緊閉著/make a door ～ 把門關緊/make a boat ～

F

to a dock 把小船繫於船塢。**3**〈打的結〉牢的，〈握法〉緊的：take (a) ～ hold on a rope 握緊繩子。**4** 不變心的，忠實的，可靠的：a ～ friend 忠實的[可靠的]朋友/ ～ friendship 堅定[不變]的友誼。**5**〈睡眠〉深沉的，熟睡的：fall into a ～ sleep 熟睡。**6**〈顏色〉不(易)褪的，耐久的：a ～ color 不褪的顏色。

fást and fúrious〈比賽等〉白熱化的，最激烈的；〈遊戲〉喧騰的。

—*adv.* (～·er；～·est) **A 1 迅速地**，快速地，急忙地(⇨ early【同義字】)：I ran to school as ～ as possible. 我盡速跑到學校去/Children grow up ～. 小孩子長得快。**2** 大量地，不斷地：Her tears fell ～. 她淚流不止/It was snowing ～. 那時雪正下個不停。

—B 1 牢固地，緊緊地：a door ～ shut＝a door shut ～ 緊閉著的門/be ～ bound [be bound ～] by the feet 兩脚被緊緊地綁著/hold ～ to a rail 緊抓著欄杆/stand ～ 站穩；堅守/stick ～ 緊貼著，緊黏著，無法前進/*F*～ bind, ～ find.《諺》鎖得牢，丟不了。**2**〈睡眠〉深沉地：～ asleep 熟睡著/sleep ～ 睡熟。

láy fást 使〈人〉不能逃走，監禁〈人〉。

plày fást and lóose (1)(對行動)沒有一定的見解，態度反覆無常，靠不住。(2)玩弄〔別人的感情等〕〔*with*〕。

fast² [fæst; fɑːst] *v.i.* **1** 絕食，禁食：I have been ～*ing* all day. 我已禁食了一整天。**2**〔十介十(代)名〕(主要作爲宗教上的慣例)〔以…〕齋戒〔*on*〕：～ ***on*** bread and water 以麵包和水齋戒。

—*n.* Ⓒ(主要指宗教上的)絕食；齋戒日[期]：go on a ten-day ～ 開始爲期十天的齋戒。

bréak (one's) **fást** 停止禁食；開齋。

fást·bàck *n.* Ⓒ《汽車》**1** 車頂到後部成流線型的車身式樣；cf. notchback 1》。**2** 車頂到後部成流線型的汽車。

fastback 2

fást·bàll *n.* Ⓒ《棒球》快速直球。

fást dày *n.* Ⓒ禁食日，齋戒日。

【說明】由於星期五是基督在十字架上受難的日子，天主教徒或英國國教徒都有禁食獸肉改用魚肉的習慣。尤其是在四旬齋(Lent)期間，都得齋戒(fast)，聖灰星期三(Ash Wednesday)，耶穌受難日(Good Friday)也是極重要的齋戒日。

fas·ten** [ˈfæsn̩; ˈfɑːsn] *v.t.* **1 a**〔十受〕把〈東西〉牢牢固定，綁住：～ a rope 把繩子固定。**b**〔十受十介十(代)名〕把〈東西〉繫牢，固定〔在…〕〔*to*〕：～ a ship ***to the quay 把船繫於碼頭。**2**〔十受(十副)〕綁緊〈皮帶等〉；〈用釘子〉釘住…；扣住〈鈕扣等〉〈*up, together*〉：～ a glove 把手套戴上扣好(扣子)/～ ***up*** the buttons 扣好扣子/Pins are used to ～ things ***together***. 大頭針被用以把東西釘在一起/Please ～ your seat belts. 請繫牢你的安全帶/The chest was ～*ed up*. 那口大箱子蓋得很牢。**3**〔十受十介十(代)名〕使〈視線等〉盯住〔…〕〔*on, upon*〕：The child ～*ed* his eyes ***on*** the stranger. 那個小孩目不轉睛地盯著那個陌生人。**4**〔十受十介十(代)名〕[～ oneself]牢牢地抓住〔…〕，抓緊〔…〕〔*to, on, upon*〕《★比較 作此義解時這種用法較 *v.i.* 2 a 普遍》：He ～*ed himself* ***to*** [***on, upon***] my arm. 他牢牢地抓住我的手臂。**5**〔十受十介十(代)名〕把〈罪、非難等〉加在〔某人身上〕，歸〈罪〉〔於某人〕〔*on, upon*〕：He ～*ed* the blame ***on*** me. 他歸罪於我。

—*v.i.* **1**〈門等〉**關住**；〈鎖等〉鎖上，固定：This window [clasp] will not ～. 這個窗子[鉤子]關[鉤]不緊。**2**〔十介十(代)名〕**a** 牢牢地抓住〔…〕；緊抓住〔…〕，抱住〔…〕〔*on, upon*〕(⇨ *v.t.* 4)：～ ***on*** a person's arm 緊抓住某人的手臂。**b**〈視線〉盯住〔…〕〔*on, upon*〕：Her gaze ～*ed* ***on*** the jewels. 她的視線盯住那些珠寶。**c** 堅持〔某種想法等〕〔*on, upon*〕：～ ***on*** the idea 堅持那種想法。

fásten dówn《*vt adv*》(1)釘住〈箱蓋等〉。(2)確定〈意義等〉：We haven't yet ～*ed down* the meaning of his statement. 我們還沒有確實弄清楚他聲明的意思。(3)使〈人〉〔對…〕下決心〔*to*〕：He is finally ～*ed down to* his work. 他終於決心做他的工作。

fás·ten·er [-sn̩ɚ; -snə] *n.* Ⓒ **1** 使繫牢的東西：**a** 鉤扣，卡子。**b** 拉鍊。**c** 夾子(clip)；廻紋針。**d** 釘書機。**2** 繫牢者，使固定的人。

fás·ten·ing [-sn̩ɪŋ; -sniŋ] *n.* **1** Ⓤ繫牢，固著，扣緊。**2** Ⓒ繫結物，拴扣物《門閂、門鈎、鎖、鈕扣、鈎扣、大頭針等》。

fást fóod *n.* Ⓤ簡速食品，快餐食品。

【說明】漢堡(hamburger)，炸鷄(fried chicken)，比薩(pizza)，熱狗(hot dog)，炸魚和薯條(fish and chips)等可隨到隨有的食品，因不必耗時等候，所以稱爲簡速食品(fast food)。由於不必等，所以特別受歡迎，既可在店裡吃，也可包好外帶。美國的速食[快餐]店以麥當勞(McDonald's)和肯德基炸鷄(Kentucky Fried Chicken)等較有名。

fást-fóod *adj.* [用在名詞前]專賣(hamburger, fried chicken 等)簡速食品的，快速烹調的：a ～ restaurant 速食餐廳。

fas·tid·i·ous [fæsˈtɪdɪəs; fəˈstidiəs] *adj.* **1** 難討好的，愛挑剔的，苛求的：(a) ～ taste 難討好的嗜好。**2** [不用在名詞前]〔十介十(代)名〕〔對…〕苛求的，挑剔的〔*in, about*〕：She is ～ ***in*** [***about***] her dress. 她對衣服很挑剔。～**·ly** *adv.* ～**·ness** *n.*

fást·ness *n.* **1** Ⓤ固著；(顏色的)固定。**2** Ⓒ要塞，城堡，堡壘《★常用於下列片語》：a mountain ～ (盜賊等居住的)山寨。**3** Ⓤ迅速，急速。

fas·tu·ous [ˈfæstʃuəs; ˈfæstjuəs] *adj.* **1** 高傲的。**2** 炫耀的；虛飾的。

‡fat [fæt; fæt] *adj.* (**fat·ter；fat·test**) **1 a 肥胖的**，胖的(←→ thin)：a ～ man胖男人/get ～ 發胖/run to ～ 有發胖的傾向/Laugh and grow ～.《諺》笑口開，身體胖《心寬體胖》。

【同義字】fat 是表示「肥胖」最普通的用語，意指多脂肪而難看的胖法，最好不要用於形容女人；stout 是表示 fat 的委婉語，多半用於上了年紀的人；plump 指胖嘟嘟、豐滿等好的意思，主要用於嬰兒或年輕女子。

b (爲供應市場)把〈可食用動物〉養肥了的：a ～ ox [sow] 屠宰用的牛[豬]。**2**〈肉〉多脂肪的(←→ lean)。**3 a**〈手指等〉胖的，短粗的。**b**〈鉛字等〉粗體的。**4** 膨脹的，飽滿的；豐滿的：a ～ purse [pocketbook] 裝滿錢的錢袋。**5**〈土地〉肥沃的。**6**〈工作等〉待遇優厚的，賺錢的：a ～ job [office] 賺錢的工作[職務]/a ～ benefice 收入豐厚的聖俸。**7** 含〈某成分〉多的，成分高的(←→ poor)：～ lime 高成分的石灰，純質石灰。**8** 遲鈍的，愚鈍的。

a fát lót《俚・反語》一點也不…(not at all)〔*of*〕：*A* ～ *lot* you know about it！(關於那件事)你一點也不懂！/*A* ～ *lot of* use [good] that will be！那種東西一點用也沒有[有什麼用]！

fát chánce《俚・反語》渺小的機會，希望很小：*F*～ *chance*！機會很小！沒什麼希望！

—*n.* **1** Ⓤ**油脂**，肥肉(←→ lean)。**2** Ⓤ[指種類時爲Ⓒ] **a 脂肪**：put on ～ 長脂肪，發胖。**b** (烹調用的)油，牛脂：fry in deep ～ 在多量的油中炸/We consume too many animal ～*s*. 我們攝取太多的動物性脂肪。**3** [**the** ～] 最好[富於滋養]的部分《★常用於下列片語》：live on [off] *the* ～ of the land 過奢侈[豪華]的生活《★出自聖經「創世記」》。

(Áll) the fát is in the fire. (因做錯而)可能引起嚴重的後果，事情可能很麻煩，危機迫在眉睫；事情無可挽回《生米已成熟飯；木已成舟》。

【字源】烹調時，油如果濺溢火中，便有火災的危險。

chéw the fát《俚》(1)聊天，閒談。(2)發牢騷。～**·ness** *n.*

fa·tal [ˈfetl̩; ˈfeitl] «fate 的形容詞»**—*adj.*** (**more** ～；**most** ～) **1 a 致命的**：a ～ disease 不治之病，絕症/a ～ injury [wound] 致命傷。

【同義字】fatal 指「成爲死亡原因的」之意，暗示死亡的不可避免；mortal 指會帶來死亡的，實際成爲死亡原因的；deadly 是「可能帶來死亡的」之意。

b [不用在名詞前]〔十介十(代)名〕〔對…〕致命的〔*to*〕：The climate proved ～ ***to*** her (health). 那種氣候證明對她(的健康)是致命的[有極大的危害性]。**2 毀滅性的，極嚴重的**：a ～ blunder 無可挽回的重大失策。**3 a 命運註定的**，決定命運的。**b** 宿命的，無可避免的：The ～ hour has come. 該來的[無可避免的]時刻終於來了。

the fátal shéars《文語》死亡《★源自命運三女神中有一位手持大剪刀，伺機剪斷生命線》。

the Fátal Sísters ⇨ sister.

the fátal thréad《文語》命數，壽命《★源自命運三女神中之一所掌握的生命線》。

fá·tal·ìsm [-tl̩ˌɪzəm; -təlizəm] *n.* Ⓤ命運論；宿命論。

fá·tal·ist [-tl̩ɪst; -təlist] *n.* Ⓒ宿命論者。

fa·tal·is·tic [ˌfetl̩ˈɪstɪk; ˌfeitəˈlistik←] *adj.* 宿命(論)的，宿命論者的。**-ti·cal·ly** [-kl̩ɪ; -kəli] *adv.*

fa·tal·i·ty [feˈtælətɪ, fə-; feiˈtæləti, fə-] «fatal 的名詞»**—*n.*** **1** Ⓤ不幸。**2** Ⓒ **a** 災難，災禍。**b** [常 **fatalities**] (因意外事故、戰爭等的)死亡，死者：Traffic accidents cause many *fatalities*. 交通事故造成許多人死亡。**3** Ⓤ〔疾病等的〕致死性，不治〔*of*〕。**4** [**a** ～] (命運註定的)必然性；宿命，命運，天數。

fá·tal·ly [-tl̩ɪ; -təli] *adv.* **1** 致命地：be ～ wounded 受致命傷。**2** 命中註定地，宿命地。

Fa·ta Mor·ga·na [ˈfɑtəmɔrˈgɑnə; ˌfɑːtəmɔːˈgɑːnə] *n.* Ⓒ (*pl.* **Fata Morganas**)《氣象》(義大利南部與西西里島(Sicily)之間的海峽上常出現之)海市蜃樓。

fát cát *n.* Ⓒ《美口語》(作巨額政治捐款的)富人，富有且有權勢的人。

Fát Cíty *n.* Ⓤ《俚》極其舒服的生活環境[條件]。

***fate** [fet; feit] **《源自拉丁文「由神說出的事」之義》—*n.* 1** [有時 F~] Ⓤ命運，宿命：He intended to retire from active life, but ~ had decided otherwise. 他打算從活躍的生活中隱退[急流勇退]，但命運卻做了不同的決定《結果不能如願》。

> **【同義字】**fate 指人力無能爲力的、不可避免的命運，通常指不幸的宿命；destiny 可與 fate 通用，但著重於預先註定的命運，暗示有偉大的結局；doom 指不幸或悲慘的命運。

2 Ⓒ **a**(常指個人、國家等的不幸)命運，運氣：decide [fix, seal] a person's ~ 決定某人的命運/It was his ~ [His ~ was] to live a lonely life. 他命中註定要過孤獨的生活。**b** 厄運，毀滅，死亡：go to one's ~ 死亡，自趨滅亡。**c** (事情的)結局，終局，結果。**3** [**the ~s**；有時 **the Fates**]《希臘神話》司掌命運的三位女神(the fatal sisters)《即紡人類生命線的克勞索(Clotho)，決定該線長度的蕾克希思(Lachesis)，以及剪斷該線的阿特羅波絲(Atropos)三位》。

(as) súre as fáte 十分確定的，千眞萬確的，一定。

méet (with) one's fáte (1)死於非命，送命。(2)《謔》遇見自己未來的妻子。

—*v.t.* 〔十受〕命中註定…《★常以過去分詞當形容詞用；⇨ fated》.

fát·ed *adj.* **1** 命運決定了的；命數的，宿命的。**2** [不用在名詞前] **a** [用 It is ~ that 的句型]〈…事〉是命中註定的：*It is ~ that* we (should) remain here. 我們註定得留在這裏《★用法口語中多半不用 should》. **b** 〔十 *to* do〕註定〈要做…〉的：He was ~ *to* die young. 他註定英年早逝。

fate·ful [ˈfetfəl; ˈfeitful] *adj.* **1** 〈時日、決定等〉決定命運的；決定性的。**2** 宿命的。**3** 不祥的；帶來不幸命運的。**4** 預言的，先知的。**5** 重大的；致命的。**~·ly** [-fəlɪ; -fuli] *adv.*

fát·hèad *n.* Ⓒ笨蛋，傻瓜。

‡fa·ther [ˈfɑðɚ; ˈfɑːðə] *n.* **1** Ⓒ **a** 父，父親(cf. mother)：He is the ~ of two sons. 他是兩個兒子的父親/Like ~, like son.《諺》有其父，必有其子《★因係相對片語無須加冠詞》。**b** [**F~**；也用於稱呼]父親《★用法家屬間當專有名詞用，無冠詞》：*F~* is out. 父親不在家《父親出去了》。

> **【說明】**(1)在英美兩國，像十九世紀以前常見的那種家長式或暴君式的父親形象已逐漸改變了，如今的父親多半是爲一家人掙取三餐的家計負擔者(breadwinner)，是妻子的好夥伴(partner)，也是孩子們諮商疑難的對象。凡是剪草，園藝，修補家裡器物及粉刷牆壁等工作，大都落在父親身上。
> (2)美國家庭裡，通常都以 Daddy, Dad, Pa 等來稱呼父親。較爲恭敬的則稱呼 Father；至於母親，請參見 mother**【說明】**；cf. grandparent.

2 Ⓒ被敬仰爲父者，保護者：The king is the ~ of his country. 這國王爲該國之父[建國者]。**3** Ⓤ[**the ~**]父親的情分，父愛：*The* ~ in him was aroused. 他心中的父愛被激了起來。**4 a** Ⓒ創始者，始祖：the ~ of the atomic bomb 原子彈之父。**b** [**the F~**]〔…之〕父[*of*]：*the F~ of* his Country 建國之父，國父《指華盛頓(G. Washington)》/*the F~ of* History 史學之父《指希羅多德(Herodotus)》/*the F~ of* Medicine 醫學之父《指希波克拉底(Hippocrates)》. **c** [常無冠詞]本源，根源：The child is ~ *to* [*of*] the man.《諺》童年時代可決定人之未來；三歲看大，四歲看老《★出自渥玆華斯(William Wordsworth)的詩》/The wish is ~ *to* the thought.《諺》願望是思想之父；有什麼願望就有什麼念頭。**d** [**the Fathers**]《美》＝Pilgrim Fathers; Founding Fathers. **5** Ⓒ[常 **~s**]祖先：be gathered to one's ~*s* ＝sleep with one's ~*s* 葬於祖墳，長眠，死亡《★出自聖經「士師記」等》。**6 a** [對神職人員的尊稱]神父，修道院長，師傅：*F~* Brown 布朗神父/the Holy *F~* 羅馬教皇，教宗/Most Reverend *F~* in God(英國國教會)大主教(archbishop)的尊稱/Right Reverend *F~* in God(英國國教會)主教(bishop)的尊稱。**b** [常 **Fathers**](初期基督教教會的)教父。**c** [**the F~**]天父，上帝(God). **7 a** [用於尊稱老人](…)老：⇨ Father Christmas, Father Time. **b** [對敬畏者的擬人化]爲父者：*F~* Thames(如父之)泰晤士河。**8** [**~s**](市鎮議會等的)最年長者；元老，資深者：the *Fathers* of the House 最資深的議員/~*s* of a city 一市的元老們，市參議員/⇨ city father.

the Éarly Fáthers ＝the Fáthers of the Chúrch 早期基督教的教父。

the Fáther of líes 虛僞之父《指魔鬼撒旦(Satan)》.

the Fáther of the Fáithful 信徒之父(《聖經》指亞伯拉罕(Abraham)；《回教》回教主哈里發(caliph)的稱號》。

the Fáther of Wáters 江河之父《指密西西比河(the Mississippi)》.

—*v.t.* 1 a 〔十受〕成爲…之父；生〈子〉(beget)：He ~*ed* three children. 他是三個孩子的父親。**b** 〔十受十介十(代)名〕〔與女子〕生出〈子女〉〔*on, by*〕：He ~*ed* two sons **on** [**by**] two women. 他與兩個婦女生了兩個兒子。**c** 〔十受〕像父親一樣對待[照顧]…。**2** 〔十受〕創始；創立〈計畫等〉。**3** 〔十受〕承認是…的父親[作者]。**4** 〔十受十介十(代)名〕**a** 宣稱〈某人〉爲〔…之〕子，使〔…〕負起爲…之父的責任〔*on, upon*〕. **b** 宣稱〈著作〉爲〔…的〕作品，使〔…〕負起著作〈…〉的責任〔*on, upon*〕：This article has been ~*ed* **on** [**upon**] him. 這篇專論被認爲是他寫的。

Fáther Chrístmas *n.*《英》＝Santa Claus.

fáther fìgure *n.* ＝father image.

fáther·hòod *n.* Ⓤ父親的身分[資格]，父權。

fáther ìmage *n.* Ⓒ取代父親而常在心中被理想化的人，被人當作父親看待的人。

fáther-in-làw *n.* Ⓒ(*pl.* **fathers-in-law**)丈夫[妻子]的父親，公公，岳父。

fáther·lànd *n.* Ⓒ祖國(cf. motherland 1).

fáther·less *adj.* **1** 無父的：a ~ child 無父的孩子；父親不詳的私生子。**2** 作者不詳的。

fáther·like *adj.* 如父親的。

fá·ther·ly *adj.* 父親的，作爲父親的；像父親的；慈父般的(cf. paternal). **-li·ness** *n.*

Fáther's Dày *n.*《美》父親節《六月的第三個星期日；cf. Mother's Day》.

> **【說明】**爲了對天下的父親表示感謝，美國人於 1910 年在華盛頓州的史坡肯(Spokane)開始倡導「父親節」。到了 1924 年，當時的美國總統柯立芝(Coolidge)更提倡把「父親節」推廣到全美各地。就因這緣故，便有人在那一年發起模範父親(Father of the Year)的選舉運動；若干年後甘迺迪總統就曾被選爲模範父親。

F

Fáther Tíme *n.* 時光老人《手持象徵死亡來臨的大鐮刀(scythe)與象徵時間流逝的沙漏(hourglass)，只有前髮(forelock)，禿頭的長鬍子老人；「時間」的擬人化；⇨ take time by the FORELOCK》.

Father Time

fath·om [ˈfæðəm; ˈfæðəm] **《源自古英語「雙臂張開的(長度)」之義》—*n.*** Ⓒ噚《主要用於測量水深的單位；＝6 feet, 183cm；略作 fm.》.

—*v.t.* 1 測量〈水〉的深度。**2** 〔十受(十副)〕[常用於否定句]推測，瞭解，看穿…〈*out*〉：I can*not* ~ what you mean. 我不懂你說的意思。

fath·om·a·ble [ˈfæðəməbl; ˈfæðəməbl] *adj.* 可測的；可推測的；可以瞭解的。

fáthom·less *adj.* **1** 〈深海等〉深不可測的，無法估量的。**2** 〈謎等〉難以理解的。

fa·tigue [fəˈtig; fəˈtiːg] *n.* **1** Ⓤ疲倦，疲乏，疲勞。**2** Ⓒ[常 **~s**]累人的工作，勞苦。**3** Ⓤ《機械》(材料的)疲勞，(金屬屢經打擊或應力後的)軟化；(因連續反覆的操作所造成的)機件毀損。**4** Ⓒ《軍》(用以懲罰士兵的)雜役：on ~ 服雜役《★無冠詞》。

—*adj.* [用在名詞前]《軍》雜務的：a ~ cap 工作帽/~ duty 勞動服務《士兵所做軍事性以外的工作，如打掃營地、修路等雜役》。

—*v.t.* 〔十受〕使〈人〉疲勞，使…疲倦《★常用被動語態，介系詞用 *with*》：I *was* ~*d* **with** work [*with* sit*ting* up all night]. 我因工作[熬夜]而疲乏。

fa·tígu·ing *adj.* 令人疲勞[勞累]的；辛苦的：~ work 累人的工作/a ~ day 勞累的一天。

fát·less *adj.* 〈菜餚〉無脂肪的；無肥肉的；瘦肉的。

fat·ling [ˈfætlɪŋ; ˈfætliŋ] *n.* Ⓒ肥畜《養肥備宰的小牛、小羊、小豬等》。

fát·ted *adj.* 被養肥的，肥胖的。

kill the fátted cálf ⇨ calf[1].

fat·ten [ˈfætn̩; ˈfætn] *v.t.* **1** (爲宰殺而)養肥〈家畜〉。**2** 使〈土地〉肥沃；使…豐富，使…變大。**—*v.i.*** 變胖，長肥。

fát·tish [-tɪʃ; -tiʃ] *adj.* 稍胖的，略肥的。

fat·ty [ˈfætɪ; ˈfæti] **《fat 的形容詞》—*adj.* (fat·ti·er; -ti·est) 1** 脂肪(質)的；脂肪過多(症)的。**2** 油膩的。

—*n.* Ⓒ[也用於稱呼]《口語》胖子。

fátty ácid *n.* Ⓤ《化學》脂肪酸。

fa·tu·i·ty [fəˈtjuətɪ; fəˈtjuːəti] **《fatuous 的名詞》—*n.* 1** Ⓤ愚蠢，昏庸。**2** Ⓒ愚蠢的言行。**3** Ⓤ白癡，低能。

fat·u·ous [ˈfætʃuəs; ˈfætjuəs] *adj.* **1** 愚蠢的，昏庸的，愚昧的，愚庸且自滿的。**2** 無實體的，不實在的，空虛的。**~·ly** *adv.*

fát-wítted *adj.* 遲鈍的；愚魯的。

fau·ces [ˈfɔsiz; ˈfɔːsiːz] *n.* Ⓒ(*pl.* ~) **1** 《解剖》咽門；咽喉。**2** (古羅馬房子的)玄關。

fau·cet [ˈfɔsɪt; ˈfɔːsit] *n.* Ⓒ《美》(自來水管的)**龍頭**，活栓；(桶子的)放水旋塞，活嘴(《英》tap)：turn on [off] a ～ 打開[關掉]水龍頭。

faugh [fɔ; fɔː] 《擬聲語》—*interj.* [表示厭惡、輕蔑的聲音]《古》呸！哼！

Faulk·ner [ˈfɔknɚ; ˈfɔːknə], **William** *n.* 佛克納《1897–1962；美國小說家，1949 年獲諾貝爾文學獎》。

‡**fault** [fɔlt; fɔːlt] 《源自拉丁文「失敗，欺騙」之義》—*n.* **1** Ⓒ **a** (性格上的)**缺點**，短處：People like her in spite of her ～*s.* 儘管她有缺點，大家還是喜歡她/I can find no ～ in him. 我看不出他的缺點。

【同義字】fault 指性格、行為、習慣上的缺點，不一定是嚴重到會受人責難的程度；failing 指性質方面的輕微缺陷。

b 缺陷，瑕疵：There is a ～ in the machine [glass]. 那部機器[那塊玻璃]有缺陷[瑕疵]。**2** Ⓒ**失誤**；過失，失策，過錯：～*s of* grammar 文法上的錯誤/commit a ～ 犯錯。**3** Ⓤ[常 **one's** ～](過失的)責任，罪過：acknowledge one's ～ 認錯/It's your ～. 那是你的過錯《那是你的責任》/The ～ is mine.＝The ～ lies with me. 錯在我，責任在我身上/It was his ～ that they were late. 他們遲到是他的過錯。**4** Ⓒ《網球》發球出界《失誤》：⇨ foot fault. **5** Ⓒ《地質》斷層。**6** Ⓒ《電學》障礙，故障；漏電。**7** Ⓤ《獵》失去(所追野獸的)蹤跡[臭跡]。

at fáult (1)〈獵犬〉聞失了臭跡的。(2)茫然不知所措的，困惑的。(3)錯誤(的)；(作法等)有過失；有過錯[責任]。

find fáult (**with**...) 挑(…的)毛病；非難，責備(…)(cf. fault-finding)：I have no ～ *to find with* him. 我挑不出他的毛病；他無可責難。

to a fáult 過度到成為缺點的程度，過分，極端《★用法用以指好的性質等》：He is kind *to a* ～. 他過於親切。

with áll fáults《商》一切責任都歸買主；由買主負一切責任《賣主不保證商品沒有缺點》。

—*v.t.* **1** [＋受(＋介＋(代)名)][就…]挑…的毛病，[因…而]批評[指責]〈某人〉[*for*]：She ～*ed* him ***for*** his misspellings. 她挑剔他拼錯的字。**2** [＋受]《地質》使…發生斷層《★常用被動語態》。

—*v.i.*《地質》發生斷層。

fáult·finder *n.* Ⓒ **1** 吹毛求疵[挑剔]的人，揭人短處者，斤斤計較者。**2**《電學》電流障礙檢示器、故障尋檢器。

fáult·finding *n.* Ⓤ挑剔，吹毛求疵。

—*adj.* 挑剔的，找碴的，吹毛求疵的。

fáult·less *adj.* **1** 無過失[缺點]的，完美無缺的，無瑕疵的。**2** (網球等)發球無失誤的。

～**·ly** *adv.* ～**·ness** *n.*

fault·y [ˈfɔltɪ; ˈfɔːlti] 《fault 的形容詞》—*adj.* (**fault·i·er**; **-i·est**) **1** 有缺點[缺陷]的，不完美的。**2** 有過失的，該非難的，不好的，錯誤的。

fáult·i·ly [-tɪlɪ; -tili] *adv.*

faun [fɔn; fɔːn] *n.* Ⓒ《羅馬神話》傳恩《半人半羊的農牧神；相當於希臘神話中的森林之神塞特(satyr)》。

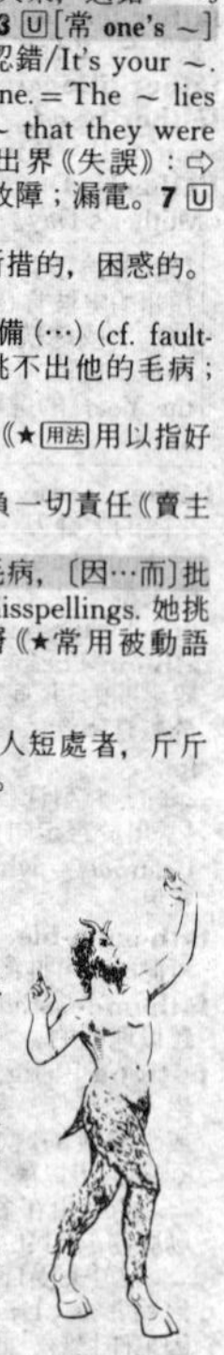
faun

fau·na [ˈfɔnə; ˈfɔːnə] *n.* (*pl.* ～**s**, **-nae** [-ni; -niː]) **1** Ⓤ[集合稱；指個體時為Ⓒ][一個地區或某時代的]全部動物，動物羣，(分布上的)動物區系[*of*](cf. flora 1)：the ～ *of* North America 北美的動物。**2** Ⓒ[一個地區或某一時代的]動物誌[*of*]。

Faust [faust; faust] *n.* 浮士德。

【說明】Faust 是十五、十六世紀德國傳說中的人物。為了要成為一個全知全能的人，他把自己的靈魂出賣給魔鬼墨菲斯托菲里斯 (Mephistopheles)；Faust 也是哥德(Goethe)根據傳說而寫的悲劇及此悲劇中男主角的名字。華格納(Wagner)等作曲家也作了以 Faust 為主角的歌劇。

Fau·vism [ˈfovɪzəm; ˈfouvizm] *n.* Ⓤ《美術》野獸派[主義]。

Fáu·vist [-vɪst; -vist] *n.* Ⓒ野獸派畫家。

—*adj.* 野獸派(畫家)的。

faux pas [ˈfoˈpɑ; ˌfouˈpɑː] 《源自法語 'false step' 之義》—*n.* Ⓒ (*pl.* ～ [-z; -z]) (社交上的)失言，失禮，失態，過失，失策。

‡**fa·vor** [ˈfevɚ; ˈfeivə] 《源自拉丁文「好意」之義》—*n.* **1** Ⓤ**好意**，親切，善意：treat a person *with* ～ 善意地對待某人。**2** Ⓒ**親切的行為，幫忙**；請求：ask a ～ of a person 請某人幫忙，求助於某人/I have a ～ to ask (of) you. 我要請你幫忙；我有件事求你。**3** Ⓤ **a** 照顧，惠顧；寵愛；支持，贊成：win a person's ～ 獲得某人的提拔，得某人歡心[好感]/be [stand] high in a person's ～ 甚受(某人)垂愛[寵愛]；甚得(某人)好感。**b** 偏愛，偏袒，徇私：by ～ 靠(某人的)偏愛。**4** Ⓒ **a** (表示好意、愛情的)贈品，禮物，紀念品。**b** (會、俱樂部等的)徽章。**5** Ⓒ[常 **one's** ～**s**]《古》(女子)許身，委身，性交的同意。**6** Ⓒ《古》《商》信函：Your ～ of 24 May has been received. 五月二十四日大函收悉。

cúrry fávor with a person＝**cúrry** a person's **fávor** 討好某人，拍人馬屁。

dò a person **a fávor** ＝**dò a fávor for** a person 答應某人的請求，幫某人的忙，給予某人恩惠：Will you *do* me *a* ～ ? 你願意幫我忙嗎？《我有事求你幫忙》/You're not *doing* anybody *a* ～ by be*ing* late. 你遲到不是在幫任何人的忙《你遲到是不行的》。

find fávor in a person's **éyes** ＝**find fávor with** a person 得某人寵，得某人歡心，中某人之意。

in a person's **fávor** (1)得某人好感[歡心](cf. 3 a)。(2)為了某人，對某人有利：He spoke *in* my ～. 他為我說話[辯護]/We estimate the odds at three to one *in* our ～. 我們估計勝算為三比一對我方有利。

in fávor of... (1)贊成…，支持…(←→ against)：Public opinion was strongly *in* ～ *of* the project. 輿論大力支持該項計畫。(2)(捨棄某物而)選擇…，寧可選擇…(而捨棄某物)：She gave up studying English *in* ～ *of* Chinese. 她放棄學英文而選擇中文；她寧可學中文而不學英文。(3)對…有利地：The court found *in* ～ *of* the accused. 法庭作出有利於被告的判決。(4)《商》支付給…的〈支票等〉：write a check *in* ～ *of* Mr. Brown 開一張付款給布朗先生的支票。

in fávor with a person 得〈某人〉歡心[寵愛]。

lóse fávor in a person's **éyes** ＝**lóse fávor with** a person 失去某人的歡心，失寵於某人。

òut of fávor with a person＝**òut of** a person's **fávor** 被某人嫌棄，失去某人的寵愛。

—*v.t.* **1** [＋受] **a** 對〈計畫、提議等〉表示好感；贊成…：～ a proposal 贊成提議。**b** 支持…；獎勵…，贊助…：Fortune ～*s* the brave.《諺》幸運眷顧勇者；勇者得到好運。**2** [＋受＋介＋(代)名] **a** 惠賜[賞給]〈某人〉[…的]光榮[*with*]：Will you ～ us ***with*** a song? 請唱一支歌給我們聽好嗎？/Will you ～ me *with* an interview? 可否惠賜面談？**b** 惠賜〈某人〉[…][*with*]《★常以過去分詞當形容詞用；⇨ favored 2 b》. **3** [＋受]偏愛，偏袒，特別眷顧〈某人〉：Our teacher ～*s* Mary. 我們的老師偏愛瑪麗/Which color do you ～ ? 你偏愛哪個顏色？**4** [＋受]妥善照顧，特別小心照顧〈身體的某部位〉：He walked along as if ～*ing* his sore foot. 他走路的樣子像是特別小心照顧他那隻酸痛的腳似的。**5** [＋受]〈天氣、事情等〉對…有利[方便]：The situation ～*ed* our plan. 情勢對我們的計畫有利。**6** [＋受]《口語》〈小孩〉貌似〈父親或母親〉：The baby ～*s* its mother. 那個嬰兒貌似他[她]的母親。

fa·vor·a·ble** [ˈfevrəbl, ˈfevərəbl; ˈfeivərəbl] 《favor 的形容詞》—*adj.* (**more** ～; **most** ～) **1 a** 〈答覆、意見等〉**贊許的**，贊成的，有利的，承認的：a ～ answer 允諾[有希望]的答覆/a ～ comment 好評。**b** [不用在名詞前][＋介＋(代)名][對計畫、提議等]表示贊許的，贊成的[*to*]：He is ～ ***to the scheme. 他對該計畫表示贊成。**2 a** 〈事情、情勢等〉**有利的**，方便的，順利的：a ～ opportunity [wind] 好機會，有利的機會[順風]/take a ～ turn 〈事態等〉好轉。**b** [不用在名詞前][＋介＋(代)名][對…]有利的，方便的[*to, for*]：The weather seemed ～ ***for*** the flight. 天氣似乎有利於[適於]飛行/His new premises have proved to be ～ ***to*** business. 他那棟新建築已證實對他的生意有利。

fá·vor·a·bly [-rəblɪ; -rəbli] *adv.* **1** 好意地，贊許地：be ～ impressed by a person 對某人有好印象。**2** 有利地；方便地，順利地。

fá·vored *adj.* **1** 得到好意[好感]的：a ～ star 受人歡迎的明星。**2 a** 受(優)惠的，佔優勢的，有特權的：⇨ most-favored nation. **b** [＋介＋(代)名]〈人〉享有[…]恩惠的，有[…]才能的[*with*]：I am ～ ***with*** excellent sight. 我生來就有極佳的視力[我很幸運有極佳的視力]。**3** [構成複合字]容貌…的：ill-[well-]*favored* 醜的[貌美的]。

‡**fa·vor·ite** [ˈfevrɪt, ˈfevərɪt; ˈfeivərit] 《favor 的形容詞》—*adj.* [用在名詞前](**more** ～; **most** ～)很中意的，特別喜愛的，得意的：one's ～ color [dish, flower] 某人特別喜愛的顏色[菜餚，花]/his ～ son 他所寵愛的兒子/Who is your ～ English novelist? 誰是你最喜愛的英國小說家？/one's ～ subject 某人喜愛的[擅長的]學科[話題]。

—*n.* **1** Ⓒ**最喜愛的人[物]**，得人望的人；嗜好品：fortune's ～ 幸運兒/Helen is a ～ *with* the teacher.＝Helen is the teacher's ～. 海倫是老師最寵愛的學生/He was a ～ *with* the ladies. 他是女士們特別喜愛的人。**2** [**the** ～](賽馬)有希望獲勝的馬；(比賽)有希望獲勝的選手。

fávorite són *n.* Ⓒ《美》總統選舉時受某一州擁護的當地候選人；本州的政治寵兒。

fá·vor·it·ìsm [-tˌɪzəm; -tizəm] *n.* Ⓤ偏愛，偏袒，徇私。

F

‡**fa·vour** [ˈfevɚ; ˈfeivə] *n., v.*《英》＝favor.

***fa·vour·a·ble** [ˈfevrəbl, ˋfevərəbl; ˈfeivərəbl] *adj.*《英》＝favorable.

‡**fa·vour·ite** [ˈfevrɪt, ˋfevərɪt; ˈfeivərit] *adj., n.*《英》＝favorite.

Fawkes [fɔks; fɔ:ks] *n.* ⇨ Guy Fawkes.

fawn[1] [fɔn; fɔ:n] *n.* **1** Ⓒ(未滿一歲的)幼鹿。**2** Ⓤ[又作 **a** ～]淡黃褐色。**—***adj.* 淡黃褐色的。

fawns[1] 1

fawn[2] [fɔn; fɔ:n] *v.i.* 〔十介十(代)名〕 **1** 〈狗〉〈向…〉搖尾乞憐〔*on, upon*〕: The dog *～ed* ***on*** [***upon***] the boy. 那條狗向那少年搖尾乞憐。**2** 〈人〉討好，奉承〔…〕〔*on, upon*〕《★可用被動語態》: ～ ***on*** one's superiors 討好上司。

fáwn·ing *adj.* 奉承的，阿諛的，搖尾乞憐的。～**·ly** *adv.*

fax [fæks; fæks] *n.* Ⓤ《通信》(無線電)傳眞機，無線電傳眞(facsimile). **—***adj.* 用無線電傳眞的。**—***v.t.* 用無線電傳眞傳送。

fay [fe; fei] *n.* Ⓒ《詩》小神仙，小妖精(fairy).

faze [fez; feiz] *v.t.* [常用於否定句]《美口語》使…嚇得說不出話來，使…心慌；煩擾，困擾〈某人〉: *Nothing* they say could ～ him. 他們說什麼都煩擾不了他。

FBI [ˋɛfˌbiˋaɪ; ˌefbi:ˈai] 《Federal Bureau of Investigation 之略》**—***n.* [**the** ～]《美》聯邦調查局。

【說明】FBI 是美國司法部所屬的一個警察機構，設立於 1908 年，專司誘拐、搶劫銀行、跨州性質的犯罪案件或有關國家安全的犯罪案件之調查。直接參與犯罪調查的人員稱爲 G-man；cf. CIA.

—*adj.* [用在名詞前]FBI 的: ～ agents 聯邦調查局的調查員。

F clèf *n.* Ⓒ《音樂》F 音記號，低音譜號(⇨ clef 插圖)。

Fe 《源自拉丁文 ferrum》《符號》《化學》＝iron.

fe·al·ty [ˈfiəltɪ, ˋfiltɪ; ˈfi:əlti] *n.* Ⓤ **1** (封建時代臣僕對主上的)效忠；忠義，忠誠: swear ～ to [for]...＝take an oath of ～ to [for]...向…宣誓效忠。**2**《詩》信義，誠實。

‡**fear** [fɪr; fiə] 《源自古英語「突然的災難，危險」之義》**—***n.* **1** Ⓤ[又作 **a** ～](對逼近的危險、痛苦等的)**恐懼**，畏懼: feel no ～ 不感到害怕，毫不畏懼/with ～ 害怕地，恐懼地/He has *a* ～ of dogs. 他怕狗。

【同義字】fear 是表示「恐懼」之意的最普通用語，暗示擔心與缺乏勇氣；dread 除表示擔心與嫌惡的情感以外，還表示「對於面對人、事的極度畏懼」；fright 指突然使人嚇著似的恐懼；terror 是極度的恐懼；horror 是帶有嫌惡感與反感的恐懼。

2 Ⓤ[又作 **a** ～；有時 ～s] **a** **不安，擔心，掛慮，掛念**〔*of, for*〕: have ～*s for* a person's safety 掛慮某人的安全/be full of ～*s* and hopes 充滿不安與希望/There is not the slightest ～ *of* rain today. 今天一點也用不著擔心會下雨/There is no ～ *of* his betray*ing* us. 不用擔心他會背叛我們。**b** 〔十 *that*＿〕〈對…事的〉不安，掛慮: I have *a* ～ *that* he will betray us. 我擔心他會背叛我們。

3 Ⓤ(對神的)敬畏: the ～ of God 對上帝的敬畏。

for féar of ...⑴因爲怕…: He could not enter *for* ～ *of* the dog. 他因爲怕那隻狗而不敢進去。⑵因恐…，以免…: Mother told me to be silent, *for* ～ *of* wak*ing* the baby. 母親因怕吵醒嬰兒而叫我安靜。

for féar (**that**[《文語》**lest**])... 惟恐…，生怕…；免得…；以防…: He took his umbrella *for* ～ (*that*) it should [might] rain. 他怕下雨所以帶了傘。

in féar and trémbling 膽顫心驚(地)，提心吊膽(地)《★出自聖經「以弗所書(Epheso)」等》。

in (**mórtal**) **féar of...** ⑴擔心[擔憂]…的安全: be [stand] *in* ～ *of* one's life 擔心有生命的危險，害怕送命。⑵掛慮，擔心…: We lived every day *in* ～ *of* war. 我們因害怕戰爭而惶惶不可終日。

Nó féar!《口語》絕沒有那回事！不會(那樣)的！

withòut féar or fávor 公平地，不偏袒地。

—*v.t.* 《★無進行式》 **1** **a** 〔十受〕**害怕，恐懼**…: He didn't ～ the danger. 他不怕危險。**b** 〔十 do*ing*〕害怕，懼怕〈做…〉: She ～*ed* stay*ing* alone in the farmhouse. 她怕單獨留在農舍。**c** 〔十 *to* do〕猶豫〈做…事〉，擔心而不〈做…〉: He ～*ed to* take the drink. 他怕[不敢]喝那種酒/Fools rush in where angels ～ *to* tread. ⇨ angel 1.

2 a 〔十(*that*)＿〕**擔心**，害怕〈…事〉《★比較 口語中多用 I am afraid》: I ～ [It is to be ～*ed* that] he drinks too much. 我擔心他喝太多酒/"Is she going to die?"—"I ～ sò."「她快死了嗎？」「恐怕是。」/"Will he get well?"—"I ～ nòt."「他會好[康復]嗎？」「恐怕不會。」(★用法 上述兩個例句中的 so, not 承接前句，代替 *that* 子句)。**b** [**I** ～；與主句並列或用作插入句]想: You're ill, *I* ～. 我想，你生病了。

3 〔十受〕敬畏〈神等〉: *F*～ God. 敬畏上帝。

—*v.i.* **1** 害怕，擔心: Never ～！別怕！不用擔心！**2** 〔十介十(代)名〕擔心，掛慮〔…〕〔*for*〕: ～ ***for*** a person's health 擔心某人的健康。

***fear·ful** [ˈfɪrfəl; ˈfiəful] *adj.* (**more** ～；**most** ～) **1 嚇人的，可怕的**: a ～ railroad accident 可怕的鐵路意外事件。

2 [不用在名詞前] **a** 〔十介十(代)名〕害怕〔…〕的，擔心〔…〕的〔*of*〕(⇨ afraid【同義字】): He was ～ ***of*** the consequences [mak*ing* a mistake]. 他害怕那些後果[犯錯]。**b** 〔十 *that*＿〕擔心〈…事〉的《★《文語》也用 lest 代替 that》: She was ～ *that* the prize should escape her at the last. 她擔心最後得不到獎。

3《口語》可怕的，嚇人的，不得了的，討厭的: a ～ liar 可惡的說謊者/What a ～ noise！多麼嚇人的噪音！多麼吵啊！

～**·ness** *n.*

féar·ful·ly [-fəlɪ; -fəli] *adv.* **1** 提心吊膽地，戰戰兢兢地。**2**《口語》非常地，極，可怕地: a ～ hot day 非常熱的一天。

fear·less [ˈfɪrlɪs; ˈfiəlis] *adj.* (**more** ～；**most** ～) **1 無畏的，大膽的**: a ～ trapeze artist 大膽的鞦韆特技表演者。

2 [不用在名詞前]〔十介十(代)名〕不怕〔…〕的〔*of*〕: He is ～ ***of*** danger. 他不怕危險。～**·ly** *adv.* ～**·ness** *n.*

fear·some [ˈfɪrsəm; ˈfiəsəm] *adj.* **1**《謔》〈面孔等〉可怕的，可怖的。**2** 害怕的，提心吊膽的。

fea·sance [ˈfizns; ˈfi:zns] *n.* Ⓤ《法律》(條件、義務等的)履行。

fea·si·bil·i·ty [ˌfizəˋbɪlətɪ; ˌfi:zəˈbiləti] 《feasible 的名詞》**—***n.* Ⓤ可行性，可能性。

fea·si·ble [ˈfizəbl; ˈfi:zəbl] *adj.* **1** 可實行的[可能的]，行得通的: a ～ plan 可實行的計畫/Is it ～ to finish the work by April? 四月以前有可能完成該項工作嗎？**2 a** 〈說明、藉口等〉好像有道理的，可能有的: a ～ excuse 好像有道理的辯解。**b** [不用在名詞前]〔十介十(代)名〕適合〔…〕的，方便〔…〕的〔*for*〕: a bay ～ ***for*** yachting 適合駕駛遊艇的海灣。

-bly [-zəblɪ; -zəbli] *adv.*

feast** [fist; fi:st] 《源自拉丁文「節慶」之義》**—n.* Ⓒ **1 a** (豪華的)**宴會**，筵席，酒席: give a ～ 舉行宴會，請客。**b** (費工夫的)盛饌: Mother made quite a ～ from odds and ends from the fridge. 母親湊合冰箱裏的零星食物，做出十分美味的飯菜。**c** (視聽上的)享受，快樂；〔…的〕享樂〔*for*〕: a ～ *for* the eyes 飽眼福；悅目的事。**2** (宗教上的)**節慶**，節日，慶典: ⇨ MOVABLE feast, IMMOVABLE feast.

—*v.t.* **1 a** 〔十受〕宴請，設宴款待〈某人〉: ～ one's guests 宴請某人的賓客；設宴款待某人的客人。**b** 〔十受十介十(代)名〕請〈人〉吃〔…〕〔*on, upon*〕: ～ a person ***on*** steak 請人吃牛排。**c** 〔十受十副〕設宴歡度〈時光〉〈*away*〉: They ～*ed* ***away*** all evening. 他們在歡宴中度過整個夜晚。**2** 〔十受十介十(代)名〕使…飽賞，飽覽〔…〕〔*on, upon, with*〕: ～ one's eyes ***on*** Grand Canyon 飽覽大峽谷的景色/～ one's ears ***with*** Bach 欣賞巴哈的音樂。**—***v.i.* **1** 〔十介十(代)名〕飽餐，大吃〔…佳餚〕〔*on, upon*〕: We ～*ed* for weeks ***on*** the deer that daddy shot. 我們接連數週飽餐了父親獵得的鹿肉。**2** 〔十介十(代)名〕飽賞，大大地享受〔…〕〔*on, upon*〕: ～ ***on*** a beautiful scene 飽賞美景。

féast dày *n.* Ⓒ **1** (宗教性的)節日，慶祝日。**2** 宴會日。

feat [fit; fi:t] *n.* Ⓒ **1** (表示勇氣的)功績，偉業，功勞: a ～ of arms 武功，戰功。**2** (表示技術的)特技，絕技，技藝: ～*s* of agility 神奇的技藝/～*s* of horsemanship 馬術。

‡**feath·er** [ˈfɛðɚ; ˈfeðə] *n.* **1** Ⓒ(一根)**羽毛**。**2 a** Ⓒ(帽子等的)羽飾。**b** [～s]服裝，裝束，服飾: Fine ～*s* make fine birds.《諺》羽鮮鳥兒艷；人要衣裝，佛要金裝；人要衣冠馬要鞍。**3** Ⓒ **a** (寶石、玻璃的)羽狀瑕疵。**b** (如羽毛般)極輕的[不值錢的、細小的]東西: I don't care a ～. 我毫不在乎；我毫不介意。**4** Ⓒ相同的羽毛顏色；(同)種類: I am not of that ～. 我不是那一種人/Birds of a ～ flock together.《諺》同羽毛的鳥相聚；物以類聚。**5** Ⓤ情況，狀態；心情: in fine [good, high] ～ 興高采烈的，得意洋洋的；健康的，精神飽滿的。**6** Ⓤ[集合稱]《古》鳥類，禽類，獵鳥。**7** Ⓒ箭翎，裝翎的箭尾(⇨ arrow 插圖)。

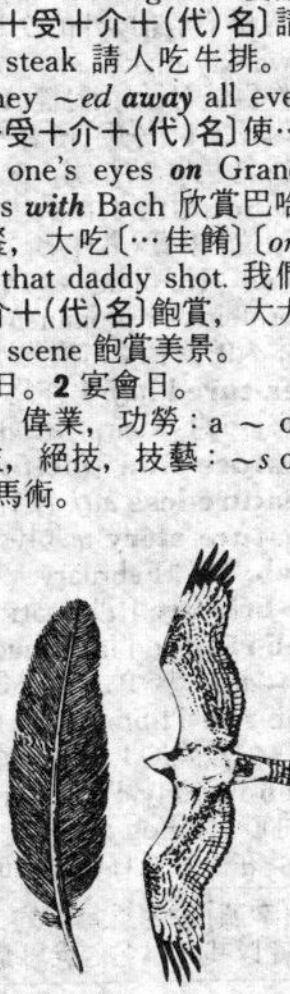

feather 1 wing

a féather in one's **cáp** 值得驕傲[誇耀]的事物，榮譽，功勞《★源自北美印地安人以披戴羽飾來歌頌武功的習慣》。

(as) líght as a féather 輕如羽毛，輕如鴻毛。
in fúll [góod, hígh] féather 〈人〉精神飽滿[抖擻]的。
màke the féathers flý 引起大騷動，使雞飛狗跳。
shów the whíte féather 膽怯起來，示弱，退縮《★源自鬥雞時有白羽毛者被認爲是弱雞》。
You còuld [mìght] have knócked me [him, her, etc.] dówn with a féather. 你可以使我[他，她]嚇了一大跳[大吃一驚，十分驚訝]。
—v.t. 1 a 〔十受〕給〈帽子等〉飾以羽毛；給〈箭〉裝上箭翎。b 〔十受十介十(代)名〕給〈帽子等〉飾以〔…的〕羽毛；給〈箭〉裝上〔…的〕箭翎〔*with*〕. 2 〔十受〕《划船》使〈槳〉與水面平行，放平〈槳面〉。—v.i. 1 長羽毛，羽毛伸長。2 《划船》水平地划槳。
tár and féather ⇨ tar[1].

féather béd n. Ⓒ 1 羽毛褥墊；裝有羽毛褥墊的牀。2 安樂[舒適]的環境[境遇]，安樂窩。

féather·bèd v.t. (-bed·ded；-bed·ding) 1 以政府補助金慷慨援助〈人、企業等〉。2 《美》a 溢雇工人做〈工〉《公會爲應付失業而要求資方採取的對策》。b 溢雇〈人〉。3 嬌養，溺愛。

fèather bóa n. Ⓒ女用長圍巾。

féather·bràin n. Ⓒ低能者，愚人。

féather·bráined adj. 低能的，愚笨的。

féath·ered adj. 1 (長)有羽毛的；附裝羽毛的；有羽飾的。2 有翼的；飛快的：the ~ tribes 鳥類。3 [常構成複合字]有…羽毛的：white-*feathered* 白羽毛的。

féather·èdge n. Ⓒ《建築》薄邊，削薄的一邊。
—v.t. 將〈木板等〉的一邊削薄，使…有薄邊。

féather·stìtch n. ⓊⒸ (刺繡之)羽狀針織法。
—v.t. 把…繡成羽毛狀，用羽狀針織法在〈布〉上繡花。

féather·wèight n. 1 [a ~] a 很輕的東西[人]。b 微不足道的東西[人]。2 Ⓒ《拳擊》羽量級的選手。—adj. [用在名詞前]1 極輕的；無足輕重的。2 《拳擊》羽量級的。

feath·er·y [ˋfɛðərɪ; ˈfeðəri] «feather 的形容詞»—adj. 1 長有羽毛的，覆蓋著羽毛的。2 〈雪等〉羽毛似的，輕(飄飄)的；〈餡餅等〉輕而薄的。

***fea·ture** [ˋfitʃə; ˈfiːtʃə] «源自拉丁文「被造之物」之義»—n. 1 [常與修飾語連用] a Ⓒ**相貌[容貌]的一部分**《指眼、鼻、口、耳、額、顎等的任一部分；⇨ face【同義字】》：Her mouth is her best ~. 她的嘴是她(五官中)最好看的部分。b [~s]相貌，面貌，容貌，五官：a man of fine ~*s* 美貌的男子，美男子。2 Ⓒ (顯著的)**特徵**，特色；要點〔*of*〕：a significant ~ *of* our time 現代的重要特色/the geographical ~*s of* a district 某地區的地理特徵。3 Ⓒ a (電影、舞台表演等的)**精彩部分**，號召物：The main ~ on the program is her song. 那個節目的主要號召[節目中最吸引人的部分]是她的歌。b (分集連續放映的)電影長片《常指八卷以上者》：⇨ double feature. c (報紙、雜誌等的)特寫，特輯《新聞以外的文章、短篇論文、隨筆、連環漫畫等》：The weekly makes a ~ of economic problems. 該週刊以經濟問題作爲號召[以探討經濟問題爲特色]。
—v.t. 1 〔十受〕使有…的特色；描寫…的特徵。2 〔十受〕a 以…爲特色[號召物]。b 使〈演員〉主演：a film *featuring* a new actress 由新女演員主演的影片。c 〈報紙、雜誌等〉特別[以顯著地位]報導〈事件等〉。—v.i. 〔十介十(代)名〕〔在…裏〕演主角〔*in*〕：He didn't ~ *in* that movie. 他在該電影中未演主角/Fish protein ~*s* prominently *in* the Japanese diet. 魚的蛋白質在日本人的飲食中占重要地位。

féa·tured adj. 1 作爲特色[號召]的。2 [常構成複合字]面貌[五官]…的：sharp-*featured* 面貌輪廓清楚[分明]的。

féature fìlm [pícture] n. Ⓒ電影長片，情節片，故事片。

féature·less adj. 沒有特色的；平淡無奇的；平凡的。

féature stóry n. Ⓒ (新聞以外的)特寫文章。

Feb. 《略》February.

fe·bric·i·ty [fɪˋbrɪsətɪ; fiˈbrisiti] n. Ⓤ發熱。

feb·ri·fuge [ˋfɛbrɪˌfjudʒ; ˈfebrifjuːdʒ] n. Ⓒ退燒藥，解熱劑。
—adj. 退燒的，解熱的。

feb·rile [ˋfibrəl, ˋfɛb-; ˈfiːbrail] «fever 的形容詞»—adj. 熱病的；發燒的；由發燒引起的。

‡Feb·ru·ar·y [ˋfɛbrʊˌɛrɪ, ˋfɛbjʊˌɛrɪ, -ərɪ; ˈfebruəri, -bjuəri] n. 二月《略作 Feb.》：*in* ~ 在二月/*on* ~ 3＝*on* 3 ~ ＝*on* the 3rd of ~ 在二月三日(⇨January【說明】)。

> 【字源】古羅馬每年的二月十五日都要舉行「淨身儀式」，二月也就以其名爲名，意思是「清淨之月」。

fe·cal [ˋfikəl; ˈfiːkəl] adj. 糞便的。

fe·ces [ˋfisiz; ˈfiːsiːz] n. pl. 糞便，排泄物。

feck·less [ˋfɛklɪs; ˈfeklis] adj. 1 a 無能的，沒有氣力的〈人〉。b 對未來無目標的，怠惰的。2 無用的，無價值的。

fec·u·la [ˋfɛkjələ; ˈfekjulə] n. Ⓒ (pl. -lae [-ˌli; -liː]) 1 蟲糞。2 渣滓；汚物。

fe·cund [ˋfikənd, ˋfɛk-; ˈfekənd, ˈfiːkənd] adj. 1 a 多產的；生殖力旺盛的，豐饒的。b 〈土地〉肥沃的。2 富於創造力的。

fec·un·date [ˋfikənˌdet, ˋfɛk-; ˈfiːkəndeit, ˈfek-] v.t. 1 a 使…多產。b 使〈土地〉肥沃。2 《生物》使…受孕[受精] (impregnate).

fe·cun·di·ty [fɪˋkʌndətɪ; fiˈkʌndəti] «fecund 的名詞»—n. Ⓤ 1 生產力。2 多產，肥沃。3 (創造力、想像力等的)豐富。

‡fed [fɛd; fed] v. feed 的過去式・過去分詞。
—adj. 1 (爲供應市場而)養肥的〈家畜〉：~ pigs 養肥的豬。2 [不用在名詞前]〔十介十(代)名〕《俚》〔對…〕厭倦的，厭煩的〔*with*〕：be ~ *to* the gills [teeth] (*with* ...) (對…)感到極爲厭倦[厭煩]。
be féd úp 《口語》(1)〔對…〕感到厭倦，厭煩〔*with, about*〕：We *are* ~ *up with* your complaining. 我們對你的抱怨感到厭煩。(2)〔十 *that*__〕〈因…事而〉生厭：She *was* ~ *up that* he did not write to her. 她因他沒有來信而(等得)厭倦了。

Fed [fɛd; fed] n. Ⓒ[the ~]《口語》(美國)聯邦政府人員。

***fed·er·al** [ˋfɛdərəl; ˈfedərəl] «源自拉丁文「盟約，同盟」之義»—adj. (無比較級、最高級) 1 **聯邦的**，聯邦制的；聯合的：a ~ state 聯邦國家/a ~ government 聯邦政府/the *F*~ Republic of Germany 德意志聯邦共和國(⇨ Germany). 2 [常 *F*~]《美》**聯邦政府的，美國的，合衆國的**《★相當於英國的 Royal》：the *F*~ Reserve Bank (美國的)聯邦儲備銀行《全國十二區，每一區有一家；略作 F.R.B.》/the *F*~ Bureau of Investigation ⇨ FBI/the *F*~ Constitution 美國憲法/the *F*~ Government (of the U.S.) (相對於各州的 state government 而言的)美國聯邦政府[中央政府]/the *F*~ Trade Commission (美國的)聯邦貿易委員會/a *F*~ Reserve note (美國的)聯邦儲備紙幣《現在使用的紙幣》/the *F*~ Reserve Board (美國的)聯邦儲備委員會，聯邦儲備銀行董事會/the *F*~ Reserve System (美國的)聯邦儲備銀行制度。3 [*F*~] a (美國南北戰爭時代的)北部聯盟的，北軍的 (cf. confederate 2)：the *F*~ army 北部聯軍，北軍/the *F*~ States 北部聯邦諸州 (cf. Confederate States). b (美國的)聯邦黨的：⇨ Federal Party.
—n. Ⓒ 1 聯邦主義者。2 [*F*~] (美國南北戰爭時的)北部聯盟支持者，北軍士兵。

féd·er·al·ìsm [-lˌɪzəm; -lizəm] n. Ⓤ 1 聯邦主義[制度]。2 [*F*~] (美國的)聯邦黨(the Federal Party)的主義[主張]。

féd·er·al·ist [-lɪst; -list] n. Ⓒ 1 聯邦主義者。2 [*F*~] (美國的)北部聯盟支持者。3 聯邦黨員。—adj. 聯邦主義(者)的。

Féderalist Pàrty n. [the ~]＝Federal Party.

fed·er·al·ize [ˋfɛdərəlˌaɪz; ˈfedərəlaiz] v.t. 使…成爲聯邦，使…結成同盟。

Féderal Pàrty n. [the ~] (美國的)聯邦黨《獨立戰爭後主張制定憲法，提倡強而有力的中央政府，爲最先成立的全國性政黨 (1789–1816)》.

fed·er·ate [ˋfɛdərɪt, ˋfɛdrɪt; ˈfedərət] «源自拉丁文「同盟的」之義»—adj. 1 聯合的。2 聯邦制度的。
— [ˋfɛdəˌret; ˈfedəreit] v.t. 1 使〈州、團體等〉聯合。2 使…成爲聯邦制。

fed·er·a·tion [ˌfɛdəˋreʃən; ˌfedəˈreiʃn] «federate 的名詞»—n. 1 Ⓤ聯合，同盟。2 Ⓒ聯邦政府。3 Ⓒ聯合會，聯盟〔*of*〕：a ~ *of* labor unions 總工會。

fed·er·a·tive [ˋfɛdəˌretɪv; ˈfedərətiv] adj. 聯合的，聯盟的；聯邦的。

***fee** [fi; fiː] n. 1 Ⓒ (付給律師、醫師等專家的)**禮金**，報酬(⇨ pay【同義字】)：a doctor's ~ for a visit 醫生的出診費。

> 【字源】這個字古時義爲「家畜」，在古代家畜是極重要的財產，因而有「財產，所有之物」的意思，其後逐漸變成「報酬」的意思；cf. cattle【字源】

2 Ⓒ[常 ~s]**學費，會費**：school [tuition] ~*s* 學費/a membership ~ 會費。3 Ⓒ**手續費**，入場費，入會費：an admission ~ 入場費。4 Ⓤ《法律》世襲地，祖傳的財產《尤指不動產》。
hóld in fée (símple) 對〈土地〉擁有無條件繼承的權利。

fee·ble [ˋfibl; ˈfiːbl] «源自拉丁文「哭泣的」之義»—adj. (fee·bler；-blest) 1 a (因生病、年老等而)**衰弱的**，虛弱的(⇨ weak【同義字】)。b 〈聲音、光等〉微弱的：the ~ light of stars 星星的微光。2 意志薄弱的，低能的。~·ness n.

féeble-mínded adj. 1 意志薄弱的；老化癡呆的。2 低能的，腦力減退的。~·ness n.

fée·bly adv. 軟弱地；無力地；微弱地；微微地。

‡feed [fid; fiːd] (fed [fɛd; fed]) v.t. 1 a 〔十受〕餵〈動物等〉食物[餌]；給〈小孩、病人等〉餵食；給〈嬰兒〉餵奶：I must ~ the children tonight because my wife is out. 今晚我太太不在，我必須餵小孩吃飯/Don't ~ the dog from the table. 不要從餐桌上拿食物給狗吃/Well *fed*, well bred. 《諺》衣食足而後知禮義/*F*~ a cold and starve a fever. 《諺》傷風時宜吃，發燒時宜餓。

b [十受] [~ one*self*] (不用他人餵食而) 自己吃：It will take another month for the baby to ~ *itself.* 那個嬰兒還要一個月才會自己吃東西。**c** [十受十介十(代)名] 給[人]〈食物〉；餵[動物]〈食物、餌〉[*to*]；以[食物]餵〈人〉；以[食物、餌]餵〈動物〉[*on, with*]：Farmers ~ oats ***to*** their horses. ＝Farmers ~ their horses ***on*** [***with***] oats. 農夫以燕麥餵他們的馬。**d** [十受十受]《美》餵給〈人〉〈食物〉；用〈食物、餌〉餵〈動物〉：You may ~ them anything you like. 你可以用任何你喜歡的東西餵牠們/What do you ~ the chickens？你用什麼餵雞？**e** [十受] 成爲…的餌[食物]：The plankton in the sea ~*s* many kinds of animals. 海裏的浮游生物成爲很多種動物的食物。**2 a** [十受] 養(活)〈家人等〉；餵養，飼養〈家畜〉：I have a large family to ~. 我要養活一個大家庭。**b** [十受十介十(代)名] [以…]養〈家〉；[以…]餵養，飼養〈家畜〉[*on, with*]：~ a large family ***on*** a meager salary 以微薄的薪水供養一個大家庭《★用法 不用 with》/ ~ a kitten ***with*** milk 以牛奶餵小貓。**c** [十受] (在精神上) 培養，增長…；使…豐富[充實]：~ the mind 使心靈充實。**3 a** [十受] 給〈機器、燈〉上油；給〈爐子等〉添燃料：~ a machine 給機器添油。**b** [十受十介十(代)名] 將[原料]送入〈機器〉，給[爐子等]添[燃料][*with*]；將〈原料〉送入[機器]，給[爐子等]添〈燃料〉[*into, to*]：~ a stove ***with*** coal＝ ~ coal ***into*** [***to***] a stove 給爐子添煤/ ~ a computer ***with*** data＝ ~ data ***into*** a computer 將資料輸入電腦。**4** [十受]〈河〉注入〈更大的河、湖等〉：The river is *fed* by two tributaries. 那條河有兩條支流注入。**5 a** [十受] 使〈聽覺、視覺等〉得到滿足，悅〈耳〉，怡〈目〉；使〈慾望等〉得到滿足；激起〈憤怒等〉：Praise will only ~ his vanity. 稱讚只會滿足他的虛榮心。**b** [十受十介十(代)名] [以…]怡悅〈耳、目等〉；[以…]滿足〈慾望等〉；[以…]激起〈憤怒等〉[*with*]：He *fed* his anger ***with*** thoughts of revenge. 復仇的意念煽起他的怒火。**6** [十受]《戲劇》給〈演員〉提示台詞。

—*v.i.* 1 a 〈動物〉吃東西：The cows are ~*ing* in the meadows. 牛正在草地上吃草。**b**《口語・謔》〈人〉用餐，吃飯：~ high [well, at the high table] 吃得好/What time do you ~？你什麼時候用餐？**2** [十介十(代)名]〈動物〉[以…]爲食[*on*]：Cows ~ ***on*** grass. 牛以草爲食/Most whales ~ *on* plankton. 大部分鯨魚以浮游生物爲食 (cf. LIVE[1] on)。**3** [十介十(代)名]〈原料、燃料等〉裝入，流入[機器][*into*]：Oil ~*s* ***into*** the machine through this tubing. 油經過這個管子流入機器。

be féd úp ⇨ fed.

féed báck 《*vt adv*》(1)將〈資料〉取出[於…][*to, into*]. (2)《電算》將〈輸出的一部分〉再次輸入使回到前階段，使…反饋。**—**《*vi adv*》(3)(在課堂等來自聽者的) 回答，反應。(4)〈思想、技術等〉變化[發展]回到[…][*to, into*]：Advice from the production line is *fed back to* the planning division for analysis. 來自生產線的建議爲了分析而被送回企劃部。

féed óff 《*vt adv*》將…利用爲情報[食料，燃料等]來源。

féed the físhes ⇨ fish.

féed úp 《*vt adv*》(1)[~ ＋受＋up] 給〈人〉吃飽，讓…儘量吃；養肥…，使…吃到膩。(2)⇨ be FED up.

—*n.* 1 Ⓒ(對家畜、小孩等的) 食物供給：at one ~ 一頓，作一頓份。**2** Ⓤ **a** 牧草，糧秣，飼料。**b** (飼料的) 一次餵給的量。**3** [a ~]《口語》用餐；佳餚：have *a* good ~ 飽餐美食。**4**《英》＝feeder 6. **5**《機械》**a** Ⓒ輸送(裝置)，輸送槽。**b** Ⓤ材料[原料]的供給。

òff one's **féed** 《俚》胃口不好，沒有胃口；(身體) 不太舒服。

féed·bàck *n.* ⓊⒸ **1 a** 反應。**b**《電學》反饋，回饋《使部分輸出的能量返回輸入單位的作用》。**2**《生物・心理・社會學》反饋，回饋。**3**《電算》反饋，回饋《爲控制、修正等目的，而把輸出資料送回輸入單位》。

féed·bàg *n.* Ⓒ(套掛在馬頭的) 飼料袋。

féed·er *n.* Ⓒ **1** [常與修飾語連用] 吃的人[動物]《★用於人時爲戲謔語》：a large [gross] ~ 食量大的人。**2** 飼養者；給食者。**3 a** 秣槽，飼料箱；(鳥等的) 餵食器。**b** 奶瓶 (feeding bottle)。**4**《英》(防止幼兒垂涎用的) 圍兜 (bib)。**5** [常構成複合字] (航空、鐵路的) 支線：a ~ line 支線/a ~ road 支線道路。**6**《美》《戲劇》提示台詞的角色；襯托的角色，配角。**7**《機械》供料[輸送]裝置。

féed·ing *adj.* **1** 攝取食物的；供食的，給予飼料的。**2** 越來越厲害的，漸漸增强的：a ~ storm 漸漸增强的暴風雨。

—*n.* Ⓤ **1 a** 攝取食物；供食，飼養。**b** [當形容詞用] 供食的。**2**《機械》**a** 輸送；供水；供電。**b** [當形容詞用] 輸送的；供水的；供電的。

féeding bòttle *n.* Ⓒ《英》奶瓶 (《美》nursing bottle)。

féeding cùp *n.* Ⓒ(病患使用的) 哺養杯。

feed·lot [ˈfidˌlɑt; ˈfiːdlɔt] *n.* Ⓒ飼養場。

feed·stock [ˈfidˌstɑk; ˈfiːdstɔk] *n.* Ⓤ(送入機器或加工廠的) 粗料，原料。

feed·stuff [ˈfidˌstʌf; ˈfiːdstʌf] *n.* Ⓤ飼料。

‡**feel** [fil; fiːl] (**felt** [fɛlt; felt]) *v.t.* **1** 摸摸看；觸：**a** [十受] 觸摸[摸摸看]…：~ a patient's pulse 給病人把脈/*F*~ my cold hands. 摸摸看我的冷手。**b** [十受] 觸摸…就知道，把…拿在手裏看看[以確定]：Just ~ the weight of this jewel. 把這顆寶石拿在手裏看看它有多重。**c** [十 *wh.*__] 摸摸就知道〈如何…〉《★用法 後面常接 whether, if, how 等的子句》：*F*~ *how* cold my hands are. 摸摸就知道我的手有多冷/*F*~ *whether* it is hot. 摸摸就知道它熱不熱。**d** [十受(十副詞(片語))] [~ **one's way**] 摸索著前進；愼重地進行事情：He *felt* his way *to* the door in the dark. 他在黑暗中摸索著走到門口。

2 (身體) **感覺到**：**a** [十受] 感覺到[覺得]〈熱、痛、打擊等〉：I (can) ~ a sharp pain in my chest. 我感到胸口劇痛。**b** [十受] 在〈身體某部位〉有知覺：I can't ~ my fingers. 我的手指沒有知覺《因寒冷等而變麻木》。**c** [十受十原形] 感覺到[覺得]…〈做…〉《★用法 被動語態時用不定詞 to》：I *felt* my heart beat violently. 我感覺到自己心跳得很厲害。**d** [十受十 do*ing*] 覺得…〈在做…〉：I (can) ~ something crawl*ing* up my leg. 我覺得有什麼東西在我的腿上爬。**e** [十受十過分] [~ one*self*] 覺得〈自己〉〈被…〉：He *felt himself* lift*ed* up. 他覺得自己 (的身體) 被擧了起來。

3 (心裏) **感到，覺得**《★無進行式》：**a** [十受] 感到〈喜悅、悲傷、憤怒等〉：I don't ~ much pity for her. 我不覺得她很可憐；我不太同情她/What do they ~ toward you？他們覺得你怎麼樣？/He *felt* the secretary's impatience. 他感覺到秘書不耐煩了。**b** [十受十原形] 感到，發覺〈感情〉〈…〉：She *felt* anger rise in her heart. 她感到心中冒起怒火。**c** [十受十 do*ing*] 感到〈感情等〉〈在…〉：He could ~ his interest ris*ing.* 他感到自己的興趣在提高/I ~ my health improving. 我感到自己的健康狀況正在好轉。

4 a [十受] (不由地) 感到…，覺得…：What do you ~ about the suggestion？你覺得該建議怎麼樣？/I could ~ her disappointment. 我感覺得到她的失望/I *felt* the truth of his words. 我覺得他說的是眞話；我認爲他說的是眞的。**b** [十 (*that*)__] (不知爲何) 有〈…〉的感覺，總覺得…；認爲…：I ~ *that* some disaster is impending. 我總覺得有什麼災難就要來臨/I don't ~ *that* it is a very good plan. 我不認爲那是個很好的計畫。**c** [十受十 (*to be*) 補] 覺得[認爲]…〈是…〉：I ~ it my duty to speak frankly to you. 我覺得我有義務要坦白地對你說/I don't ~ it necessary *to* go. 我認爲不必去/The report was *felt to be* untrue. 該報導被認爲是不眞實的。**d** [十受十過分] [~ one*self*] 感到[覺得]〈自己〉〈受到…〉：He *felt himself* call*ed* upon to do something to help. 他覺得自己必須幫點什麼忙。

5 [十受] **a 感受到，領悟**〈重要性、美等〉；覺悟〈立場等〉；蒙受〈影響、不便等〉：~ the weight of an argument 領悟議論的重要性/The consequences were widely *felt.* 該後果大家深有感受。**b** 受到〈事件、事態〉的影響，苦於…；爲…而心動：She ~*s* the cold badly in winter. 她在冬天 (感到) 冷得受不了/I *felt* her death [insult] keenly. 我爲她的死亡[侮辱]而深感悲痛[憤怒]。**c** 〈無生物〉受到…的影響；〈船等〉感受…似地移動：The industry *felt* the effects of the energy crisis. 該工業受到能源危機的影響/The ship is still ~*ing* her helm. 這艘船仍然隨舵的操縱而航行。

—*v.i.* 1 a [十補]〈人〉感到〈…〉，覺得〈…〉，有〈…〉的感覺[心情]：I ~ cold. 我覺得冷/ ~ hungry 覺得肚子餓/ ~ funny ⇨ funny *adj.* 3 a/⇨ feel SMALL/He *felt* sorry for her. 他爲她感到悲傷/I ~ [am ~*ing*] bad [good] today. 我今天心情不好[好]《★用法 指身體情況時用 well》/He *felt* bad [badly] about the remark. 他爲那句話而心情不好/I ~ down [up] today.《美》我今天情緒低落[高昂]/I *felt* disgusted. 我感到厭惡/She *felt* mistress of the situation. 她覺得自己是那場面的女主人《她覺得自己能控制該局面》/He *felt* a new man. 他覺得自己變成一個新的人[脫胎換骨]；他覺得很爽快/You must make your guests ~ at home. 你必須使客人覺得舒適自在/How are you ~*ing* [How do you ~] this morning？今天早上你覺得怎樣？**b** [十介十(代)名]〈人〉覺得[像…一樣][*like*] (cf. FEEL like)：He *felt* ***like*** a fool. 他覺得(自己)像個傻瓜。**c** [十 *as if*__]〈人〉覺得〈彷彿…〉《★可用 as though 代替 as if；《口語》也用 like；cf. FEEL like(5)》：He *felt as if* he were [was] stepping back into the past. 他覺得自己彷彿回到了過去《★用法《口語》在 *as if* 子句中多半用直說法》。

2 a [十補]〈東西〉**摸起來有**〈…〉**的感覺**：Velvet ~*s* soft. 天鵝絨摸起來很柔軟/Your hands ~ cold (against my skin). 你的手 (碰到我的皮膚) 感覺很冰。**b** [十介十(代)名]〈東西〉有[…似]的觸感，摸起來[像…][*like*] (cf. FEEL like)：This paper ~*s* ***like*** silk. 這種紙摸起來像絲；這種紙有絲一般的觸感。**c** [十補]〈事情〉予人〈…〉的感覺[感受]；令人覺得〈…〉：It ~*s* good to be

F

wanted. 爲人所需令人有種愉快的感覺/How does it ～ to be successful in the examination? 考試通過有怎樣的感受? **d** 〔十*as if*＿〕〈事物〉予人〈〈彷彿〉…〉的感覺，彷彿覺得〈…〉《★可用 as though 代替 as if；《口語》也用 like；cf. FEEL like (5)》：It ～*s as if* it were [was, is] the fur of a fox. 它予人彷彿是狐皮的感覺《★用法《口語》多用直說法》。**3** 〔十介十(代)名〕同情〔人〕；〔對…〕起共鳴〔*for, with*〕：She ～*s for* [*with*] me. 她同情我/He ～*s for* all who suffer. 他同情所有受苦的人。**4** 〔與表示情況的副詞連用〕**a** 有(贊成與否等的)意見：～ differently 有不同的想法。**b** 〔十介十(代)名〕〔關於…〕有(贊成與否等的)意見，有某種想法〔*about, on, toward*〕：～ strongly ***about*** equal rights for women 對於婦女享受同等權利持有强烈的看法/How do you ～ *about* (going for) a walk? 去散步你意見如何? /How do you ～ ***toward*** your father now? 你現在對你父親有怎樣的想法? **5** 〔(十副)十介十(代)名〕摸索〔…〕〈*about, around*〉〔*for, after*〕：I *felt* in my pocket ***for*** the key. 我在口袋摸著找鑰匙/He *felt* ***around*** [***about***] *for* the handle. 他四處摸索尋找把手。**6** 有知覺[感覺]：My fingers have stopped ～*ing*. 我的手指已失去感覺。

féel cértain (1)確信〔…〕〔*of*〕：I ～ *certain of* his success. 我確信他一定會成功。(2)〔十 *that*＿〕確信〈…事〉：I ～ *certain that* he will succeed. 我確信他會成功。

féel frée to dó ⇨ free.

féel (it) in one's bónes ⇨ bone.

féel like ... (1)⇨ *v.i.* 1 b. (2)⇨ *v.i.* 2 b. (3)〔常與 do*ing* 連用〕覺得想…；想要〈飲料、食物等〉：I ～ *like* a drink. 我想要喝一杯/I don't ～ *like* (eat*ing*) a meal now. 我現在不想吃飯/Let's go fishing if you ～ *like* it. 如果你想要去釣魚，我們就去吧。(4)〔以 it 爲主詞〕好像要…的樣子：*It* ～*s like* rain. (天)好像要下雨的樣子。(5)〔用 like 代替 as if〕《美口語》覺得(好像)是…：He *felt like* he was a king. 他覺得自己好像是國王。(6)〔～ *like oneself*；常用於否定句〕覺得身體舒暢，覺得身心狀況正常[健康]：I do*n't* ～ *like myself* today. 我今天覺得不舒服。

féel óut 《*vt adv*》《★無被動語態》(1)試探，探詢〈某人〉的意向[想法，情況(等)]：Let's ～ him *out* and see if he loves her. 我們試探看看他是否愛她。(2)(實地)試驗，測試〈理論等〉。

féel (quíte) onesélf ＝FEEL like (6).

féel súre (1)確信〔…〕，〔對…〕有把握〔*of*〕：I ～ *sure of* his success. 我確信他一定會成功。(2)〔十 *that*＿〕確信〈…事〉：I ～ *sure that* he will succeed. 我確信他會成功。

féel úp 《*vt adv*》《俚》(尤指)撫摸〈女子〉的生殖器(附近)。

féel úp to ... 〔常用於否定句、疑問句、條件句〕《口語》覺得能勝任[承擔]…：I do*n't* ～ *up to* (mak*ing*) the journey. 我覺得無法作這一次旅行。

máke onesèlf [one's **présence**] **félt** 使別人感覺到[注意]自己的存在[影響力]：He's *made himself felt* in business lately. 他近來已在企業界嶄露頭角。

—*n.* 〔用單數〕**1 a** 觸摸：Let me have a ～ (of it). 讓我摸一摸(它)。**b** (東西)用手摸[觸及肌膚]時的感覺；(人的)觸感：It has a rough ～. 它摸上去手感粗糙/It is soft *to the* ～. 它摸上去手感柔軟。**2** 感覺，氣氛：There was a ～ *of* frost that night. 那天晚上略帶霜意/The room has a homey ～ about it. 那個房間有一種安適的氣氛。**3** 《口語》〔對…〕直覺，知覺力，第六感〔*for*〕：have a ～ *for* words 有用字的直覺。

by the féel (of it) 憑(觸摸它的)感覺(判斷)：We'll have a storm tomorrow, *by the* ～ *of it.* 憑感覺[看樣子]明天會有暴風雨。

gèt the féel of ... 掌握〈事物〉的感覺，習慣[熟悉]…，學會…的竅門：*get the* ～ *of* a new car 開始熟悉新車。

féel·er *n.* Ⓒ **1** 觸摸者，試探者。**2** 試探，探聽《試探對方意向的詢問等》：put out ～*s* (用言語等)探聽對方的反應；伸出觸角。**3** 《動物》觸角，觸毛，觸鬚。**4** 《軍》斥候，偵察兵。

‡feel·ing [ˋfilɪŋ; ˈfiːliŋ] *n.* **1** Ⓤ**感覺**；觸覺；知覺：lose all ～ in the legs 腿部完全失去感覺。**2** 〔**a** ～〕**a** 感受，心情；預感〔*of*〕：A high ceiling gives *a* ～ *of* airiness and spaciousness. 高高的天花板給人一種通風和寬敞的感覺。**b** 〔十 *that*＿〕〈…事的〉感覺，印象；預感：I had *a* ～ *that* something dreadful was going to happen. 我感到某種可怕的事情即將發生。**3 a** 〔～*s*〕(喜怒哀樂等的各種)**感情**：hurt a person's ～*s* (尤指因無禮而)傷害某人的感情/enter into a person's ～*s* 體諒某人的感情；對人表同情/have mixed ～*s* ⇨ mixed 1/relieve one's ～*s* (以哭叫等)發洩感情，洩憤/No hard ～*s*! 《口語》請勿見怪！

> 【同義字】feeling 是表示主觀的感覺與感情之最普通的用語；emotion 是强烈表示憤怒、愛、憎恨等的感情；sentiment 是基於理性思考的感情；passion 指足以壓倒理性判斷的强烈感情；fervor 是熾熱燃燒似的(持續性)感情；enthusiasm 是對於某主義、行動、提議等的熱情。

b Ⓤ(在個人間等發生的)感情：good ～ 好感/ill [bad] ～ (*between*...) (…之間的)惡感，反感。**4** Ⓤ同情，體諒，親切：He has little ～ *for* others. 他很少體諒別人。**5** Ⓤ〔又作 **a**～〕〔對藝術等的〕感受性；鑑賞力〔*for*〕：a person of fine ～ 感受性敏銳的人；感受力强的人/He has *a* ～ *for* the beautiful. 他對美的事物有較强的感受性[感受力]/He has *a* ～ *for* music. 他對音樂有鑑賞力[感受性]。**6** Ⓤ(抗議或帶著眞實感說話時的)興奮；反感，敵意：speak *with* ～ 興奮地說。

—*adj.* 〔用在名詞前〕**1** 有感覺的。**2** 容易感動的，善感的：a ～ person 善感的人。**3** 體諒別人的；爲別人著想的。**4** 表達感情的，富於感情的。

féel·ing·ly *adv.* 深情地，充滿[富於]感情地；深有感觸地。

fée-splitting *n.* Ⓤ醫生將診費之一部分付給同僚以酬報其介紹病人的作法。

‡feet [fit; fiːt] *n.* **foot** 的複數。

feign [fen; fein] 《源自拉丁文「形成」之義》**—*v.t.*** **1 假裝**：**a** 〔十受〕假裝…，裝作…的樣子：～ illness 假裝生病/～ madness 裝瘋。**b** 〔十 *to* do〕假裝〈成…〉：～ *to* be ill 裝病。**c** 〔十 *that*＿〕假裝〈…的〉樣子：Hamlet ～*ed that* he couldn't recognize Polonius. 哈姆雷特裝出不認得普婁尼亞斯的樣子(cf. 1d)。**d** 〔十受十(*to be*)補〕〔～ *oneself*〕假裝〈自己〉〈是…〉：Hamlet ～*ed himself* unable to recognize Polonius. 哈姆雷特假裝自己不認得普婁尼亞斯(cf. 1c)。**2** 〔十受〕捏造〈藉口等〉。

—*v.i.* 佯裝，做假，假裝。

feigned [fend; feind] *adj.* **1** 假裝的，虛僞的：a ～ illness 假裝的病/in a ～ voice 以做作的聲音，用假聲。**2** 捏造的，虛構的：a ～ tale 捏造的話[虛構的故事]。

féign·ed·ly [-nɪdlɪ; -nidli] *adv.* 假裝地，裝聾作啞地。

feint [fent; feint] 《feign 的名詞》**—*n.*** Ⓒ **1** 假裝，僞裝〔*of*〕：He made a ～ *of* study*ing* hard, though actually he was listening to the radio. 他假裝在用功，其實在聽收音機。**2 a** (拳擊、西洋劍、球賽等的)佯攻，虛擊，(誘騙敵人的)牽制行動。**b** 《軍》聲東擊西的戰術。

—*v.i.* **1** 裝作，假裝：He ～*ed* to the left and ran to the right. 他假裝要到左邊但跑到右邊。**2** (拳擊、西洋劍、球賽等時的)佯攻，虛擊。

feld·spar [ˋfɛld,spɑr; ˈfeldspɑː] *n.* Ⓤ《礦》長石。

Fe·li·ci·a [fɪˋlɪʃɪə; fəˈlisiə, -ʃiə] *n.* 菲莉西亞《女子名》。

fe·lic·i·tate [fəˋlɪsə,tet; fəˈlisiteit] *v.t.* 〔十受(十介十(代)名)〕祝賀，慶賀〈某人〉〔…事〕〔*on, upon*〕《★比較 較 congratulate 常用於文章》：～ a person ***on*** his marriage 祝賀某人結婚。

fe·lic·i·ta·tion [fə,lɪsəˋteʃən; fəˌlisiˈteiʃn] 《felicitate 的名詞》**—*n.*** ⓊⒸ〔常～**s**〕祝賀；賀辭〔*on, upon*〕.

fe·lic·i·tous [fəˋlɪsətəs; fəˈlisitəs] *adj.* **1** 〈措辭、表達等〉巧妙的，恰當的，得體的：a ～ choice of words 得體的措辭。**2** 〈人〉表達[措辭]得體的。**～·ly** *adv.*

fe·lic·i·ty [fəˋlɪsətɪ; fəˈlisəti] *n.* **1 a** Ⓤ至上的幸福，非常幸運。**b** Ⓒ喜事，喜慶。**2 a** Ⓤ(措辭、表達的)巧妙，得體，恰當：with ～ 恰當地，巧妙地。**b** Ⓒ適切的表達；措詞巧妙的辭句。

fe·line [ˋfilaɪn; ˈfiːlain] *adj.* **1** 《動物》貓科的。**2** 貓一樣的；狡猾的；偷偷的；柔軟的：with ～ stealth 像貓一樣悄悄地。

—*n.* Ⓒ《動物》貓科的動物《貓、虎、獅子、豹等》。

Fe·lix [ˋfilɪks; ˈfiːliks] *n.* 費力克斯《男子名》。

‡fell[1] [fɛl; fel] *v.* **fall** 的過去式。

fell[2] [fɛl; fel] 《與 fall *v.* 同字源》**—*v.t.*** 〔十受〕**1** 砍倒〈樹〉。**2** 打倒，摔倒〈某人〉。

—*n.* Ⓒ(一期的)採伐量。

fell[3] [fɛl; fel] *n.* Ⓒ **1 a** 獸皮，毛皮。**b** (人的)皮膚。**2** 毛叢，蓬髮：a ～ of hair 亂蓬蓬的頭髮。

fell[4] [fɛl; fel] *adj.* 〔用在名詞前〕《詩・文語》殘忍的，兇猛的，恐怖的。

fell[5] [fɛl; fel] *n.* **1** Ⓒ《英北・蘇格蘭》荒原，荒野(cf. moor[2])。**2** 《英北》〔常 **F**～；用作地名〕…丘陵，…山(hill).

fel·lah [ˋfɛlə; ˈfelə] *n.* Ⓒ (*pl.* ～**s**, **-la·hin**, **-la·heen** [,fɛləˋhin; ˌfeləˈhiːn]) (埃及、敍利亞等地之)土著農夫或勞工。

fel·la·ti·o [fəˋleʃɪ,o; fəˈleiʃiou] *n.* Ⓤ以口舌撫弄男性性器官。

fell·er[1] [ˋfɛlɚ; ˈfelə] 《源自 fell[2]》**—*n.*** Ⓒ **1** 採伐者。**2** 伐木機。

fel·ler[2] [ˋfɛlɚ; ˈfelə] *n.* 《俚・方言》＝fellow.

fel·loe [ˋfɛlo; ˈfelou] *n.* Ⓒ(車輪外圍之)輪圈；輪網。

‡fel·low [ˋfɛlo; ˈfelou] 《源自古代北歐語「共同出資者」之義》**—*n.*** **1** [ˋfɛlə; ˈfelə] 《口語》**a** Ⓒ〔常與修飾語連用〕**男人**，傢伙：a stupid ～ 笨傢伙/a jolly ～ 有趣的人/Poor ～! 可憐的傢伙！**b** 〔用於表示親密的稱呼〕**朋友**：old ～ 《英》老友《對朋友的暱稱》/my dear [good] ～ 老兄，親愛的朋友。**c** 〔**a** ～〕(漠然地泛指)人；(說話者的)自己，我：*A* ～ must eat. 人必須吃東西/What can *a* ～ say to him? (我)能對他說什麼呢？

2 Ⓒ[常 ~s] **a** (主要指男性的)**同伴**；同志；同輩；同事：~*s* in play [at school] 遊伴[同學]。**b** 同時代的人。
3 Ⓒ一對(一雙)中之一；對方：the ~ of a shoe [glove] 一雙鞋子[手套]中的一隻。
4 Ⓒ(cf. fellowship 4) **a** (從畢業生中挑選的大學之)評議員。**b** (英國大學的)特別研究生《由研究基金支給研究費，兼任教師》。**c** (美國大學)給予獎學金的研究生；(美國和加拿大大學聘請的、從事短期研究工作的)研究人員。**d** (Oxford, Cambridge 大學的)特別[名譽]校友。
5 [常 F~]Ⓒ(學術團體的)特別會員《通常比普通會員(member)地位高的會員；cf. associate 2a》：a *F*~ of the British Academy 英國研究院的特別會員。
—*adj.* [用在名詞前]**1** **同伴的**；同輩的；同事的；同業的：a ~ citizen 全市市民/a ~ countryman 同胞/a ~ lodger 同宿舍的人/a ~ worker 勞工夥伴/a ~ soldier 戰友/~ students 同學。
2 同行的，同路的：a ~ passenger 同車[船、機]者/⇨ fellow traveler.

féllow créature *n.* Ⓒ同類，同樣的生物：Don't be cruel to animals. They are our ~*s.* 不要虐待動物，牠們是我們(人類)的伙伴《牠們跟我們同樣是生物》。

féllow féeling *n.* Ⓤ[又作 **a** ~] **1** 同情，體諒；同感。**2** 夥伴意識；相互瞭解的感情。

féllow·mán *n.* Ⓒ(*pl.* **-men**)人類，同胞。

fel·low·ship [ˈfɛlo͵ʃɪp; ˈfelouʃip] *n.* **1** Ⓤ **a** **同伴關係**，夥伴意識。**b** (利害等的)共有；共同，協力：~ *in* misfortune 患難與共。**2** Ⓤ交情，親睦：enjoy good ~ *with* one's neighbors 與鄰居親睦。**3** Ⓒ團體，互助會，公會：a world ~ *of* scientists 世界科學家同盟/admit a person to a ~ 准許某人入會(為會員[團員])。**4** Ⓒ(cf. fellow 4) **a** (大學)評議員的地位。**b** (英國大學)特別研究員的地位[獎學金]。**c** (美國大學)領獎學金的研究生地位；(美國大學)提供給研究生的獎學金；(美國、加拿大等大學)提供給受聘之研究人員的獎助金。**d** (學會等的)特別會員的地位。
give [óffer] a person **the right hánd of féllowship** ⇨ right hand.

féllow tráveler *n.* Ⓒ **1** 旅伴。**2** (尤指共產黨的)同路人，同情者。

fel·ly [ˈfɛlɪ; ˈfeli] *n.* =felloe.

fel·on [ˈfɛlən; ˈfelən] *n.* Ⓒ《法律》重罪犯。

fe·lo·ni·ous [fəˈlonɪəs; fəˈlouniəs] 《felony 的形容詞》**—***adj.* **1** 《法律》重罪(犯)的。**2** 《詩》凶惡的。~**·ly** *adv.*

fel·o·ny [ˈfɛlənɪ; ˈfeləni] *n.* ⓊⒸ《法律》重罪《殺人、放火、搶劫等；cf. misdemeanor》。

fel·spar [ˈfɛl͵spɑr; ˈfelspɑ:] *n.* =feldspar.

‡**felt**[1] [fɛlt; felt] *v.* **feel** 的過去式·過去分詞。

felt[2] [fɛlt; felt] *n.* **1** Ⓤ**毛氈**，毛布。**2** Ⓒ毛氈製品。
—*adj.* [用在名詞前]毛氈(製)的：a ~ hat 氈帽。

félt típ *n.* =felt-tip pen.

félt-tìp pén, félt-tìpped pén *n.* Ⓒ筆芯為毛氈，使用揮發性墨水的筆。

fe·luc·ca [fəˈlʌkə, fɛ-; feˈlʌkə] *n.* Ⓒ(使用於地中海沿岸的)二桅[三桅]小帆船。

fem. 《略》feminine.

‡**fe·male** [ˈfimel; ˈfi:meil] 《源自拉丁文「年輕女子」之義；從「male」類推而形成》**—**(↔ male) *n.* Ⓒ **1** **a** (對男性而言的)**女性**。**b** (動物的)**雌性動物**，雌獸，雌禽。**2** 《口語》女人，女子《★略帶輕蔑或用於戲謔》。**3** 《植物》雌性植物，雌株。
—*adj.* (無比較級、最高級) **1** **a** (對男子而言的)**女的**，**女性的**，**女子的**：the ~ sex 女性/~ psychology 女性心理。**b** 雌的，母的：a ~ dog 母狗。**2** **a** 女人特有的，(表示)女人特性的。**b** 像女人的，女人似的。**3** 《植物》雌性的，僅有雌蕊的：a ~ flower 雌花。**4** 《機械》母的，凹的，陰的〈零件〉：a ~ screw 螺絲母，內紋螺桿。~**·ness** *n.*

fémale lánguage *n.* Ⓤ女性用語。

> 【說明】英語裏女性特有的用詞或說話方式並不多，而我們的鄰國日本在這方面就豐富多了。在英語裏，男女之間表達方式的差異已越來越小；一般而言，女性說話都很具體，而且能訴諸感覺上的經驗，也比較文雅。例如：形容詞的 lovely, nice, delightful, gorgeous 等多為女性用語，至於 My goodness! Goodness me! Goodness (gracious)! What a shame! 等都是常見於女性間的用語。God damn you! 才是男性說的。What the hell...? Who the devil...? 亦是男性用語，而女性則說 What in the world...? 或 Whoever...? 等。在聲音方面，女性比較富於抑揚，聲調(pitch)也比較高。

feme [fɛm; fi:m] *n.* Ⓒ《法律》妻；婦女。

fem·i·nine [ˈfɛmənɪn; ˈfeminin] 《源自拉丁文「女的」之義》**—**(↔ masculine) *adj.* (**more** ~; **most** ~) **1** **a** **女的**，**婦女的**。**b** 適合婦女的，女人似的，溫柔的，嬌柔的《指關於女性溫柔等的特色》：a ~ gesture 嬌柔的動作。
2 《輕蔑》女人氣的，娘娘腔的，柔弱的〈男人〉(cf. womanish)。
3 (無比較級、最高級)《文法》陰性的(cf. masculine, neuter 1)：the ~ gender 陰性/a ~ noun 陰性名詞。
4 (無比較級、最高級)《詩學》弱韻行尾的，行尾有一多餘輕音節的：⇨ feminine ending, feminine rhyme.
—*n.* 《文法》**1** [**the** ~]陰性。**2** Ⓒ陰性形。

féminine énding *n.* Ⓒ《詩學》陰性[弱韻]行尾《詩行最後的重音節之後，附加有(多餘的)輕音節者；cf. masculine ending》。

féminine rhýme *n.* Ⓒ《詩學》陰性韻，弱韻《主要為兩音節，有時為三音節的押韻，由詩行最後的強音節及其後的一個[兩個]弱音節所構成者；如：nótion, mótion；cf. masculine rhyme》。

fem·i·nin·i·ty [͵fɛməˈnɪnətɪ; ͵femiˈninəti] 《feminine 的名詞》**—***n.* Ⓤ **1** 婦女的性質[氣質，特質]，女人味。**2** 柔弱。**3** [集合稱]婦女，女性。

fém·i·nìsm [-n͵ɪzəm; -nizəm] *n.* Ⓤ男女平等主義，婦女解放論，爭取女權運動。

fém·i·nist [-nɪst; -nist] *n.* Ⓒ男女平等主義者《★多半指女權運動者》。

Fem Lib [ˈfɛmˈlɪb; ˈfemˈlib] *n.* Ⓤ《口語》婦女解放(Women's Lib)。

femme fa·ta·le [͵fɛmfəˈtæl, -ˈtɑl; ͵fæmfæˈtɑ:l] 《源自法語》**—***n.* Ⓒ(*pl.* ***femmes fa·tales*** [~(z); ~(z)])妖姬，具有妖豔魅力的女人；蕩婦。

fe·mur [ˈfimə; ˈfi:mə] *n.* Ⓒ(*pl.* ~**s, fem·o·ra** [ˈfɛmərə; ˈfemərə]) **1** 《解剖》大腿骨，股骨；股。**2** 《昆蟲》腿節。
fem·o·ral [ˈfɛmərəl; ˈfemərəl] *adj.*

fen [fɛn; fen] *n.* **1** Ⓒ[常~s]沼地，沼澤。**2** [**the Fens**](英格蘭東部的)沼澤地帶。

FEN, F.E.N. [ˈɛf͵iˈɛn, fɛn; ͵efi:ˈen, fen] 《略》Far East Network (遠東美軍的)遠東廣播網。

‡**fence** [fɛns; fens] 《源自中古英語 defense 字首消失的變體字》**—***n.* Ⓒ **1** (隔開用地等的)**圍牆**，籬笆，柵欄：a sunk ~ 隱籬，矮籬《沿著溝底等做成，不遮住視線的柵欄》。

> 【同義字】fence 指用木材、金屬、鐵絲網等做成的柵欄；wall 是石、磚圍成的牆；hedge 是種植灌木林而成的樹籬，構成原野、菜園、房屋等的界線。

2 (馬術比賽等的)障礙物：put one's horse at [to] the ~ 設法使馬跳過障礙物。**3** **a** 買賣贓物者。**b** 贓物買賣處。

fence 2

còme dówn on óne side of the fénce or the óther (議論時)站在[幫助]某一方。
còme dówn on the ríght síde of the fénce (先觀察情勢後)加入佔優勢的那一邊；附和勝方。
ménd (one's) **fénces** (1)修補籬笆《尤指改善兩國之間惡化的關係》；和好，言和。(2)《美》〈國會議員〉(為鞏固地盤而)從事政治活動以改善自己的政治地位(《英》nurse one's CONSTITUENCY)。
rúsh one's **fénces** 《口語》輕舉妄動，倉促地行動《★來自馬術的跳躍障礙物》。
sít [stánd] on the fénce [常用於壞的意思](觀望形勢)抱騎牆[觀望]的態度：Stop *sitting on the* ~ and decide what you want to do. 別抱觀望態度，決定你要做的事。
—*v.t.* **a** 〔十受(十副)〕**用牆**[籬柵]**圍住**…〈*around, round*〉：~ fields [a garden] 用柵欄圍起田地[花園]/The plot was ~*d round*. 那塊地被籬柵圍起來。**b** 〔十受十介十(代)名〕〔用…〕圍著…〔*with*〕：His land is ~*d with* barbed wire. 他的土地用有刺鐵絲網圍著。**c** 〔十受十介十(代)名〕〔為防止…而〕圍起…〔*from*〕：The area has been ~*d from* the public. 該地區為防止民眾進入而圍起來。
—*v.i.* **1** 舞劍，鬥劍，擊劍。
2 〔十介十(代)名〕閃避，避開〔問題、詢問者〕〔*with*〕：He cleverly ~*d with* the question [his questioners]. 他巧妙地避開該問題[詢問者]。
3 收買贓物。
fénce ín 《*vt adv*》(用柵欄)圍起…。
fénce óff 《*vt adv*》(用柵欄)隔開〈土地〉。

fénce·less *adj.* **1** 沒有圍牆的。**2** 《詩》沒有防備的。

fénce-mènding *n.* Ⓤ《口語》(尤指爭執、不合後的)恢復接觸，改善惡化的(政治)關係。

fénc·er *n.* Ⓒ **1** 劍客，劍士，擊劍者。**2** 築圍牆[柵欄]者。

fénce-sìtter *n.* Ⓒ **1** 猶豫不決者。**2** 中立者。

fénce-sìtting *n.* Ⓤ **1** 猶豫不決。**2** 中立。

fenc·ing [ˋfɛnsɪŋ; ˈfensiŋ] *n.* **1 a** Ⓤ**擊劍**，劍術。**b** [當形容詞用] 擊劍(用)的：a ~ foil (練習用的) 鈍頭劍/a ~ master 劍術教師/a ~ school 劍術學校。**2 a** Ⓤ築圍牆[柵欄]的材料。**b** [集合稱] 圍牆，柵欄，籬笆。**3** Ⓤ對議論[質問]的巧妙閃避。**4** Ⓤ收買贓物。

fencing 1 a

fend [fɛnd; fend] «defend 字首消失的變體字»—*v.t.* 〔十受(十副)〕 **1** 將〈小船等〉推開〈*off*〉. **2** 避開，閃避〈打擊、問題等〉。

fénd for onesélf 自己謀生，自食其力。

fénd·er *n.* Ⓒ **1** (爲避免撞擊而裝於火車頭、電車前面的) 緩衝裝置。**2** 《美》(汽車等的) 擋泥板 (《英》wing) (⇨car 插圖)。**3** (置於壁爐(hearth)前的) 爐圍，炭欄。**4** 《航海》(船舷上的) 護舷墊，護舷材。

fenders 4

fen·es·tra·tion [ˌfɛnɪˋstreʃən; ˌfeniˈstreiʃn] *n.* Ⓤ **1** 《建築》開窗法。**2** 《外科》(內耳) 開窗術。

fen·nec [ˋfɛnɛk; ˈfenek] *n.* Ⓒ 《動物》產於北非沙漠地帶的一種大耳小狐。

fen·nel [ˋfɛnḷ; ˈfenl] *n.* Ⓒ《植物》茴香 (的果實) 《當香料、藥劑用》。

fen·ny [ˋfɛnɪ; ˈfeni] «fen 的形容詞» —*adj.* **1** 沼澤的；多沼澤的。**2** 產於沼澤的，住於[生於]沼地的，沼澤性的。

fennec

feoff [fɛf, fif; fef, fi:f] *n.* ＝fief.

fe·ral [ˋfɪrəl; ˈfiərəl] *adj.* **1** 〈動物〉野生的；回歸大自然的：~ animals [plants] 野生動物[植物]。**2** 野蠻的〈人、性格等〉，兇暴的。

Fer·di·nand [ˋfɝdṇˌænd; ˈfə:dinənd] *n.* 斐迪南《男子名》。

fer·ment [fəˋmɛnt; fəˈment] «源自拉丁文「酵母」之義»—*v.t.* **1** 使〈酒等〉發酵：~ wine 使葡萄酒發酵。**2** 使〈感情等〉激動；刺激…；激起〈政治上的動亂〉。

—*v.i.* **1** 發酵。**2** 沸騰；興奮。

— [ˋfɝmɛnt; ˈfə:ment] *n.* **1** Ⓒ發酵劑《引起發酵的物質》。**2** Ⓤ發酵。**3** Ⓤ[又作 **a** ~] (沸騰似的) 騷動，動亂，激動：in *a* ~ 在動盪中，在動亂中。

fer·ment·a·ble [fəˋmɛntəbḷ; fəˈmentəbl] *adj.* 可發酵的，發酵性的。

fer·men·ta·tion [ˌfɝmənˋteʃən; ˌfə:menˈteiʃn] «ferment 的名詞»—*n.* Ⓤ **1** 發酵(作用)。**2** 騷動，人心的動搖，激動。

fer·mi·um [ˋfɝmɪəm; ˈfə:mjəm] *n.* Ⓤ《化學》鐨《放射性元素；符號 Fm》。

fern [fɝn; fə:n] *n.* Ⓒ[集合稱時爲Ⓤ]《植物》**羊齒植物**，蕨類植物：The ground was covered with ~*s.* 地面上長滿了羊齒植物。

fern·er·y [ˋfɝnərɪ; ˈfə:nəri] *n.* Ⓒ **1** (羣生的，簇生的) 羊齒植物。**2** 羊齒植物的苗圃；羊齒植物的栽培箱《裝飾用》。

fern·y [ˋfɝnɪ; ˈfə:ni] *adj.* **1** 羊齒植物的，羊齒植物茂盛的。**2** 羊齒植物狀的。

fern

fe·ro·cious [fəˋroʃəs; fəˈrouʃəs] *adj.* **1** 兇猛的，兇暴的；殘忍的。**2** 非常的，驚人的：a ~ appetite 驚人的大胃口。

~·**ly** *adv.* ~·**ness** *n.*

fe·roc·i·ty [fəˋrɑsətɪ; fəˈrɔsəti] «ferocious 的名詞» —*n.* **1** Ⓤ兇猛，殘忍，殘暴。**2** Ⓒ殘暴的行爲，野蠻行爲。

fer·rate [ˋfɛret; ˈfereit] *n.* ⒸⓊ《化學》高鐵酸鹽；高鐵酸根。

fer·ret [ˋfɛrɪt; ˈferit] *n.* Ⓒ《動物》雪貂，白鼬《長毛鼬的變種；可飼養而用以將兔子、鼠等趕出地洞》。

—*v.t.* **1** 〔十受〕利用雪貂獵取[由洞中趕出]〈兔子、鼠〉。**2** 〔十受十副〕找出，搜出，搜索〈祕密、犯人等〉〈*out*〉：The detectives ~*ed out* the criminal. 那位偵探搜出罪犯。—*v.i.* **1** 利用雪貂打獵：go ~*ing* (帶雪貂) 出去打獵。**2** 〔十副十介十(代)名〕〔爲求得…而〕搜尋〈*about, around*〉〔*among*〕〔*for*〕：~ ***about among*** old documents ***for*** a secret 爲找出祕密而翻查舊文件。

ferret

fer·ric [ˋfɛrɪk; ˈferik] *adj.* **1** 鐵的，含鐵的。**2** 《化學》三價鐵的 (cf. ferrous 2)：~ chloride [oxide, sulfate] 《化學》氯化[氧化，硫化]鐵。

Fér·ris whèel [ˋfɛrɪs-; ˈferis-] «源自最初的設計者之名»—*n.* Ⓒ (遊樂園的) 摩天輪《美國人 G.W.G. Ferris 所設計；爲一種輪緣上裝有座位可供人乘坐的豎立轉輪》。

fer·ro- [fɛro-; ferou-] [複合用詞] 表示「含鐵的」、「鐵的」、「《化學》二價鐵的」之意。

fèrro·cóncrete *n.* Ⓤ鋼筋混凝土，鋼骨水泥。

fer·ro·man·ga·nese [ˌfɛroˋmæŋgəˌnis, -ˌniz; ˌferouˈmæŋgəni:z, -ni:s] *n.* Ⓤ錳鐵齊；鐵錳合金，錳鐵。

fer·ro·type [ˋfɛrəˌtaɪp; ˈferətaip] 《攝影》*n.* **1** Ⓤ鐵版照相(法) 《使印出的畫面光亮》。**2** Ⓒ光面照片。

—*v.t.* 以鐵版照相法拍照…；用鐵版給…上光。

Ferris wheel

fer·rous [ˋfɛrəs; ˈferəs] *adj.* **1** 鐵的，含鐵的：~ and nonferrous metals 鐵金屬與非鐵金屬。**2** 《化學》二價鐵的，亞鐵的 (cf. ferric 2)：~ chloride [oxide, sulfate] 氯化[氧化，硫酸]亞鐵。

fer·ru·gi·nous [fɛˋrudʒənəs; feˈru:dʒinəs] *adj.* **1** 含鐵的；如鐵的。**2** 鐵銹色的；紅褐色的。

fer·rule [ˋfɛrəl; ˈferəl, ˈferu:l] *n.* Ⓒ **1** (裝於手杖、傘柄等頂端的) 金屬包頭。**2 a** (加强接頭部分的) 金屬箍，金屬環。**b** (汽鍋管的) 套圈。—*v.t.* 裝金屬包頭[箍]於…。

fer·ry [ˋfɛrɪ; ˈferi] «源自古英語「搬運」之義»—*n.* Ⓒ **1 渡船**：by ~ 搭渡船，以船渡《★無冠詞》。**2** 渡口，渡船場。**3** 渡船的班次；擺渡權。**4 a** 定期空運。**b** (新造飛機) 飛到交貨地。

—*v.t.* **1** 〔十受十副詞(片語)〕 **a** 以渡船(等) 運送，運輸〈人、汽車、貨物等〉：~ people *over* the river 以船渡人過河/~ people *to* the other side of the river 以船渡人到河的對岸/The elephants *ferried* the soldiers *across* the river. 那些象載運士兵過河。**b** 用車載運〈人等〉：~ one's child *to* and *from* school 用車子載孩子上下學。**2** 〔十受〕把〈新造飛機〉(不載客或貨物地) 飛送到交貨地；空運…。

—*v.i.* 擺渡，乘渡船送。

férry·bòat *n.* ＝ferry 1.

férry brìdge *n.* Ⓒ (上下渡船用的) 浮橋，棧橋；運輸車輛渡輪。

férry·man [-mən; -mən] *n.* Ⓒ (*pl.* **-men** [-mən; -mən]) 渡船夫，擺渡者。

fer·tile** [ˋfɝtḷ; ˈfə:tail] «源自拉丁文「收穫多的」之義»—*adj.* (**more** ~；**most** ~) **1 a** 〈土地〉**肥沃的**，豐饒的 (↔ infertile)：~ land [soil] 肥沃的土地[土壤]。**b** [不用在名詞前] 〔十介十(代)名〕富於[…的]生產力的，盛產[…]的〔*in, of*〕：That district is ~ ***in wheat. 那個地區盛產小麥。**2** (無比較級、最高級) **a** 產子多的，多產的；有繁殖力的。**b** 能帶來豐收的：~ rains 及時雨，甘霖。**3 a** 富於創造力的〈精神等〉：a ~ mind 有創意[才智]的頭腦，想像力豐富的頭腦。**b** [不用在名詞前] 〔十介十(代)名〕〈人〉富於[想像力、創意]的〔*in, of*〕：He is ~ ***in*** imagination. 他富於想像力。~·**ly** *adv.*

fer·til·i·ty [fɝˋtɪlətɪ; fəˈtiləti] «fertile 的名詞»—*n.* Ⓤ **1** 肥沃；多產；豐饒。**2** (土地的) 生產力。**3** (創意等的) 豐富。**4** 繁殖[生育]力。

fertílity drùg *n.* Ⓒ《藥》(促進女性排卵以醫治不孕症的) 受胎藥。

fer·ti·li·za·tion [ˌfɝtḷəˋzeʃən, -aɪˋz-; ˌfə:tiliˈzeiʃn, ˌfə:tilai-] «fertilize 的名詞»—*n.* Ⓤ **1** (土地的) 施肥[法]；肥沃化；多產化。**2** 《生物》受精，受胎。

fer·ti·lize [ˋfɝtḷˌaɪz; ˈfə:tilaiz] «fertile 的動詞»—*v.t.* **1** 使〈土地〉肥沃，使…豐饒；給〈土地〉施肥。**2** 使〈精神、思想等〉豐富。**3** 《生物》使…受精[受胎]。

fer·ti·liz·er [ˋfɝtḷˌaɪzə; ˈfə:tilaizə] *n.* **1** Ⓤ[指種類、產品時爲Ⓒ] 肥料；(尤指) 化學肥料 (cf. manure)。**2** Ⓒ受精的媒介物《蜜蜂等》。

fer·ule[1] [ˋfɛrəl, ˋfɛrul; ˈferu:l] *n.* Ⓒ **1** 教鞭，戒尺《體罰用，尤指

用以打小孩手心的尺狀物》。**2** 嚴格的學校訓育：be under the ～(在學校)受到嚴格的管教；在教師鞭策之下。
—*v.t.* 用戒尺責打。

fer·ule² [ˈfɛrəl, -rul; ˈferu:l] *n., v.* ＝ferrule.

fer·ven·cy [ˈfɝvənsɪ; ˈfə:vənsi] *n.* Ⓤ熱烈，熱情。

fer·vent [ˈfɝvənt; ˈfə:vənt] «fervor 的形容詞»—*adj.* **1** 熱烈的，强烈的：a ～ supporter of the feminist movement 女權運動的熱烈擁護者。**2** 熱的，熾熱的。～**·ly** *adv.*

fer·vid [ˈfɝvɪd; ˈfə:vid] *adj.* 火熱的，熱烈的，熱情的(ardent). ～**·ly** *adv.*

fer·vor, 《英》**fer·vour** [ˈfɝvɚ; ˈfə:və] «源自拉丁文「沸騰、熱火」之義»—*n.* Ⓤ **1** 熱烈，熱情(⇨ feeling 3【同義字】)。**2** 白熱(的狀態)；炎熱。

fess(e) [fɛs; fes] *n.* Ⓒ《徽章》在盾中央的橫帶《其幅度約佔盾的⅓》.

-fest [-fɛst; -fest] «源自德語「慶典」之義，原與 feast 同字源»—[複合用詞]《美口語》「(熱鬧而非正式的)聚會，慶典」之意：song*fest.*

fes·tal [ˈfɛstḷ; ˈfestl] *adj.* **1** 節日的，慶祝的。**2** 歡樂的，快樂的。

fes·ter [ˈfɛstɚ; ˈfestə] *v.i.* **1** 〈傷口等〉化膿，潰爛。**2** 〈戀愛、怨恨等〉使人煩惱[痛苦]；在心中盤旋：The unrequited love ～*ed* in her mind. 單戀使她苦惱。—*n.* Ⓒ潰爛，潰瘍。

fes·ti·nate [ˈfɛstəˌnet; ˈfestineit] *v.t.* & *v.i.* (使…)匆忙，催促。
—*adj.* [ˈfɛstənɪt; ˈfestənit] 匆忙的。

***fes·ti·val** [ˈfɛstəvl; ˈfestəvl] «源自拉丁文「快活的，快樂的」之義»—*n.* **1** ⓊⒸ節日，慶祝，祭典，慶典。**2** Ⓒ[常 F～；常與修飾語連用](定期性的)表演會，表演季，節慶：a music ～ 音樂季/the Bach ～ 巴哈節，巴哈音樂季。**3** Ⓒ節日，喜慶日。**4** Ⓒ慶宴：hold [keep, make] a ～ 舉行慶宴。
—*adj.* [用在名詞前]慶典[喜慶，節日]的。

fes·tive [ˈfɛstɪv; ˈfestiv] *adj.* [用在名詞前]**1** 喜慶的，節日的：a ～ season 節期，歡樂的季節《Christmas 等》。**2** 節日氣氛的，快活的：a ～ mood 節日氣氛。～**·ly** *adv.*

fes·tiv·i·ty [fɛsˈtɪvətɪ; feˈstivəti] «festive 的名詞»—*n.* **1** Ⓤ慶典，慶祝，祭典。**2** Ⓒ[常 **festivities**]慶典[慶祝]活動；歡樂。

fes·toon [fɛsˈtun; feˈstu:n] *n.* Ⓒ **1** 花綵，綵帶《用美麗的花、葉、色紙、緞帶等結成的裝飾帶》。**2** 《建築》垂花雕刻。

festoon 1

—*v.t.* **1** 〔十受(十介十(代)名)〕〔以…〕花綵裝飾…〔*with*〕：The room was ～*ed* ***with*** beautiful flowers. 那個房間以美麗的花朵結成的花綵裝飾著。**2** 〔十受十介十(代)名〕將…成花綵狀地連結[覆蓋]〔在…上[周圍]〕〔*over, round*〕：We ～*ed* flowers ***round*** the picture. 我們用花綵裝飾在那張畫的周圍。

fe·tal [ˈfitl; ˈfi:tl] «fetus 的形容詞»—*adj.* 《生物》胎兒的。

fetch** [fɛtʃ; fetʃ] *v.t.* **1 a** 〔十受〕(去)把〈東西〉拿來，(去)把〈人〉帶[叫]來《★ 用法 意思是 go and get [bring]，所以有人認為 go and fetch 在意義上會重複，應避免使用較好，但實際上也常用到 go and fetch；⇨ bring【同義字】》：*F*～ the fire extinguisher at once. 立刻去拿滅火器來。**b** 〔十受十介十(代)名〕(去)〔從…〕把…拿來，〔從…〕把〈人〉帶[叫]來〔*from*〕：She ～*ed* her child home ***from school. 她從(去)學校把小孩帶回家/Will you ～ some water ***from*** the well？你從井中汲些水來好嗎？**c** 〔十受十受/十受十介十(代)名〕(去)拿〈東西〉來給〈某人〉；(去)拿〈東西〉來〔給某人〕〔*for*〕：Please ～ me a cup of tea *from* the kitchen. 請你到廚房拿杯茶給我/Shall I ～ you your overcoat？＝Shall I ～ your overcoat ***for*** you？要我把你的外套拿來給你嗎？
2 a 〔十受〕使〈水、淚、血等〉流出；引出；誘出：～ a pump 用水灌滿抽水機俾抽出水來。**b** 〔十受十介十(代)名〕〔從…〕引出，誘出〈淚、笑、水等〉〔*from, to*〕：The gesture ～*ed* a laugh ***from*** [*to*] the audience. 那個動作引得觀衆發笑。
3 〔十受〕吐出〈氣息〉，發出〈叫聲、呻吟聲等〉：～ a deep sigh [a dreadful groan] 發出一聲長嘆[可怕的呻吟]。
4 a 〔十受〕〈貨品〉售得〈某價〉，賣得〈好價錢〉：This picture will ～ a good price. 這張畫會賣到好價錢。**b** 〔十受十受〕〈貨品〉給〈某人〉賣到〈某價〉：These pictures won't ～ you much. 這些畫不能(給你)賣到很多錢《這些畫賣不了多少錢》。
5 〔十受〕《口語》捉住〈某人〉的心；迷住，吸引〈聽衆〉。
6 〔十受十受〕《口語》給〈某人〉〈一擊〉：I ～*ed* him a blow on the jaw. 我在他顎上打了一拳。
—*v.i.* **1** 去把東西拿來。**2** 〈獵犬〉去把〈獵物〉叼來：(Go) ～！[用於命令狗]去拿來！**3** 〔十副〕繞道走〈*about, around, round*〉. **4** 《航海》〈船〉航行，前進；轉變航路。
fétch and cárry 〔為某人〕跑腿，做雜事〔*for*〕.
fétch in 《*vt adv*》把…拿進裏面，引進：The stool is on the terrace；～ it *in.* 那個凳子在陽台上，把它拿進來。
fétch óut 《*vt adv*》把…拿到外面，引出，帶出。
fétch óver 《*vt adv*》把〈某人〉帶到(家中)。
fétch úp 《*vt adv*》(1)吐出，抬起…。(2)想起…。(3)取回[收回]〈失物〉。—《*vi adv*》(4)(偶然)到達(未料到的地方)：He meant to reach India but he ～*ed up* in America. 他打算到印度，不料卻到了美國。(5)忽然停止。
—*n.* Ⓒ **1** (去)取[拿]來，帶來。**2** 謀略，詭計(trick).

fétch·ing *adj.* 吸引人的，迷人的，誘惑性的。～**·ly** *adv.*

fete, fête [fet; feit] «源自法語 'feast' 之義»—*n.* Ⓒ **1** 慶祝，慶典。**2** 節日，假日：a national ～ 國定節日。**3** (尤指在戶外舉行，以募捐為目的之)慶祝會，慶宴，祝宴：a garden [lawn] ～《美》園遊會。
—*v.t.* 為〈某人〉設宴慶祝《★常用被動語態》。

féte [fête] dày *n.* Ⓒ節日；生日；慶祝日。

fet·id [ˈfɛtɪd; ˈfetid] *adj.* 發惡臭的，臭的。

fet·ish [ˈfitɪʃ, ˈfɛtɪʃ; ˈfetiʃ, ˈfi:tiʃ] *n.* Ⓒ **1** 物神《被認為有神靈寓於其中，具有魔力而受未開化民族膜拜的木像、石頭等》。**2** 迷信的對象，盲目崇拜的東西；盲目的愛好，盲信：make a ～ of... 盲目崇拜…，對…狂熱。**3** 《心理》物戀的對象。

fét·ish·ìsm [-ʃˌɪzəm; -ʃizəm] *n.* Ⓤ **1** 拜物教，物神崇拜。**2** 盲目的崇拜。**3** 《心理》(由異性的局部肢體或所用物件得到變態性慾滿足的)物戀。

fet·lock [ˈfɛtˌlɑk; ˈfetlɔk] *n.* Ⓒ **1** 球節《馬蹄上生距毛的突起部分》。**2** 距毛《馬的球節附近叢生的簇毛》(⇨ pastern 插圖)。

1
2
fetlock 1, 2

fe·tol·o·gy [fiˈtɑlədʒɪ; fi:ˈtɔlədʒi] *n.* Ⓤ胎兒學。

fe·tor [ˈfitɚ; ˈfi:tə] *n.* Ⓤ惡臭，臭氣。

fet·ter [ˈfɛtɚ; ˈfetə] *n.* Ⓒ[常 ～**s**]足械，腳鐐；束縛，羈絆，囚禁：in ～*s* 扣上腳鐐；被囚禁著，被束縛著。
—*v.t.* **1** 給…上腳鐐。**2** 束縛，抑制：be ～*ed* by convention 受到傳統的束縛。

fet·tle [ˈfɛtl; ˈfetl] *n.* Ⓤ身心的狀態《★常用於下列成語》。**in fíne [góod] féttle** 精神奕奕，身體狀態極好。

fe·tus [ˈfitəs; ˈfi:təs] *n.* Ⓒ《生物》胎兒《人受胎後約三個月以上者；cf. embryo 1a》.

feud¹ [fjud; fju:d] *n.* ⓊⒸ(兩家或兩族間長年流血的)爭執，不和，宿仇；(長期的)反目，鬥爭：a deadly ～ 不共戴天之仇，世仇/at ～ *with*... 與…不和。
—*v.i.* **1** 〈兩家等〉反目。**2** 〔十介十(代)名〕〔與…〕相爭〔*with*〕.

feud² [fjud; fju:d] *n.* Ⓒ(封建時代的)封地，采邑(fief).

fetters

feu·dal [ˈfjudl; ˈfju:dl] «feud² 的形容詞» —*adj.* **1** (無比較級、最高級)封地[采邑]的：～ estates 封地，采邑。**2** 封建(制度)的：a ～ lord 領主，封建君主/the ～ system 封建制度/～ times 封建時代。

féu·dal·ìsm [-dlˌɪzəm; -dəlizəm] *n.* Ⓤ封建制度。

feu·dal·is·tic [ˌfjudlˈɪstɪk; ˌfju:dəˈlistik] *adj.* 封建制度[主義]的。

feu·dal·i·ty [fjuˈdælətɪ; fju:ˈdæləti] «feudal 的名詞»—*n.* **1** Ⓤ封建制度，封建政體。**2** Ⓒ封地，采邑。

feu·da·to·ry [ˈfjudəˌtorɪ, -ˌtɔrɪ; ˈfju:dətəri] *adj.* **1** 〈土地、國家〉封建的，受封的。**2** [不用在名詞前]〔十介十(代)名〕受封〔於…〕的；臣屬〔於…〕的〔*to*〕.
—*n.* Ⓒ **1** 家臣(vassal). **2** 封地，采邑。

feuil·le·ton [ˈfɔɪtən; ˈfə:itɔŋ] «源自法語» —*n.* Ⓒ **1** 文藝欄《尤指法國報紙設於版面下方，刊登小說、文藝評論、散文等的專欄》。**2** 文藝欄的作品。

‡fe·ver [ˈfivɚ; ˈfi:və] *n.* **1** Ⓤ[又作 **a** ～]發熱，發燒：have *a* slight [high] ～ 微微發燒[發高燒]/I haven't much ～. 我輕微發燒。**2** Ⓤ熱病：intermittent ～ 間歇熱/scarlet [typhoid] ～ 猩紅熱[(腸)傷寒]/yellow ～ 黃熱病/He died of ～. 他死於熱病。**3** [**a** ～]興奮(狀態)；狂熱，激昂〔*of*〕：*in a* ～ *of* passionate love 在戀愛的狂熱中，在熱戀中。

féver blìster *n.* Ⓒ《醫》(因感冒發燒所引起的)唇疱疹，口角疱疹；面疱疹。

fé·vered *adj.* [用在名詞前]**1** (因病而)發燒的；患熱病的：feel [get] ～ 感覺發熱[發燒]的。**2** 非常興奮的。

féver hèat *n.* Ⓤ **1** 高燒《生病引起的發燒，37℃以上者》。**2** 病態的興奮；狂熱。

fe·ver·ish [ˈfivərɪʃ; ˈfi:vəriʃ] *adj.* (more ～; most ～) **1** 發燒的，熱病的。**2** 〈土地等〉容易引起熱病的。**3** 狂熱的。
～**·ness** *n.*

fé·ver·ish·ly *adv.* 狂熱地，興奮地。

fe·ver·ous [ˋfivərəs; ˈfiːvərəs] *adj.* = feverish.

féver pítch *n.* Ⓤ狂熱《★常用於下列成語》。**at** [**to**] **féver pitch** 處於極度興奮的狀態，到狂熱的程度。

féver sòre *n.* Ⓒ《醫》壞疽性潰瘍；(發燒時出現的)口唇瘡。

few [fju; fjuː] *adj.* (～·**er**；～·**est**) [用於可數的名詞] **1** [不加 a, 否定用法] **幾乎沒有的，很少的，少數的** (↔ many) (cf. little *adj.* B1)：He has (very) ～ friends. 他的朋友(極)少《幾乎沒有》/a man of ～ words 寡言的人，不愛說話的人/*F*～ tourists stop here. 很少觀光客在這裏停留。

2 (無比較級、最高級) [**a** ～，肯定用法] **一些，幾個** (some) (↔ no, none) (cf. little *adj.* B 2)：He has *a* ～ friends. 他有一些[幾個]朋友/She will come back in *a* ～ days. 她過幾天[在兩三天內]會回來/one of *the* ～ relatives (that) she has 她那少數幾個親戚中之一《★用法 指特定者時 a 變成 the 或 one's》。

3 a [不用在名詞前] 爲數不多的，僅少數的《★《口語》中罕用》：The attendants were ～ (in number). 出席者爲數不多。**b** [**the** ～；當複數名詞用] (對多數而言的) 少數的人；少數派；(被挑選的)少數者 (↔ the many)《★用法 也可視爲名詞，有時在 few 前加形容詞》：for *the* ～ 爲少數者的/to *the* happy ～ 給幸福的少數者。

語法 (1)few 用於數目方面，關於量則用 little. (2)比較級時 fewer 用於數目，less 用於量；但一般認爲用 smaller number(s) 較用 fewer number(s) 好。(3)有不定冠詞所表示的「有一些」與沒有不定冠詞所表示的「幾乎沒有」，與說話者的看法、感覺有關，而不一定與數量的大小有關(cf. little *adj.* B 語法)。

a góod féw 《英口語》相當多的(cf. a good MANY)：He owns *a good* ～ cows. 他擁有相當多的乳牛。

but féw 《文語》＝only a FEW.

èvery féw ⇨ every 3b.

féw and fár betwéen 稀少的，極少的：Pedestrians along this road are ～ *and far between.* 經過這一條路的行人極少。

nó féwer than... 不下於…，多達…(as many as) (cf. no LESS than (2))：There were *no* ～*er than* sixty people present. 出席者多達六十人。

nòt a féw 不少的，相當多的，相當數目的：*Not a* ～ students have gone home. 不少學生已經回家了。

ònly a féw 僅僅少數的，只有幾個的：*Only a* ～ people came here. 僅僅少數的人來過這裏。

quìte a féw 《口語》相當多的(cf. quite a LITTLE)：He has *quite a* ～ good paintings. 他有相當多的好畫。

sòme féw 少數的，一些的，多少有一些的：There were *some* ～ houses along the road. 沿路有一些房屋。

—*pron.* [當複數用] **1** [不加 a 的否定用法] (數目) **沒有幾個人，只有少數人**：Very [Comparatively] ～ understand what he said. 沒有幾個人[比較上只有少數人]了解他說什麼(⇨ little *pron.* 1 語法)。**2** [**a** ～ 的肯定用法] **少數的人[東西]** [*of*]：*A* ～ *of* them know it. 他們當中有少數人知道那件事。

nòt a féw 不少，相當多 [*of*]：Last night *not a* ～ *of* the members were present. 昨晚有不少會員出席。

ònly a féw 只有少數[幾個] [*of*]：*Only a* ～ visited us. 只有少數人訪問我們。

quìte a féw 《口語》(其中)相當多的人[物]，頗有幾個[*of*]：*Quite a* ～ *of* them agreed. 他們當中贊成者頗多。

sòme féw 少數[*of*]：*Some* ～ *of* them came here. 他們當中少數人來過這裏。

féw·ness *n.* Ⓤ少數。

fey [fe; fei] *adj.* 〈人、行動〉異常的；發狂的，異想天開的。

fez [fɛz; fez] *n.* Ⓒ(*pl.* ～·(**z**)**es**)土耳其帽《從前土耳其男人所戴紅色有長黑纓的無邊帽》。

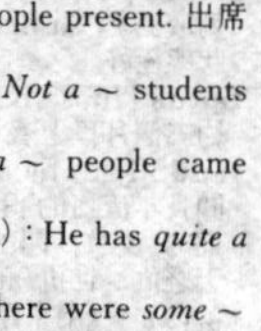

fez

ff 《略》《音樂》fortissimo.

ff. 《略》folios；(and the) following (pages)；and what follows.

F.G. 《略》Foot Guards.

fi·an·cé [ˌfiənˋse, fiˋɑnse; fiˈɑːnsei] «fiancée 的陽性» —*n.* Ⓒ未婚夫。

fi·an·cée [ˌfiənˋse, fiˋɑnse; fiˈɑːnsei] «源自法語「已訂婚(者)」之義» —*n.* Ⓒ未婚妻。

fi·as·co [fiˋæsko; fiˈæskou] *n.* Ⓤ Ⓒ (*pl.* ～(**e**)**s**)(野心的企圖以滑稽結果收場的)出醜，大出洋相；大失敗：The party was a ～ [ended in ～]. 那次聚會完全失敗了[結果失敗了]。

fi·at [ˋfaɪət, ˋfaɪæt; ˈfaiæt] *n.* Ⓒ **1** (基於權威的)命令。**2** 許可，認可。**by fiat** 以(絕對)命令。

fiat mòney *n.* Ⓤ《美》(不能兌換金銀的)不兌換紙幣；法定貨幣。

fib [fɪb; fib] *n.* Ⓒ無關緊要的[無罪的]謊言，小謊。—*v.i.* (**fibbed**；**fib·bing**)撒小謊(⇨ lie²【同義字】)。～·**ber** *n.*

fi·ber [ˋfaɪbɚ; ˈfaibə] *n.* **1** Ⓒ(有機體、無機體的)**纖維**。**2** Ⓤ(紡織用的)纖維：synthetic ～ 合成纖維。**3** Ⓤ[與修飾語連用]性格，素質，性情；骨氣，堅强：a man of fine [coarse] ～ 性情文雅[粗魯]的人/He has no [lacks] moral ～. 他沒有[缺乏]品格。

fíber·bòard *n.* Ⓒ纖維板《建築用》。

fíber·glàss, fíber glàss *n.* Ⓤ玻璃纖維《★商標名 Fiberglas》.

fíber óptics *n. pl.* **1** 用於纖維光學的纖維束《能傳導光線，屈曲自如的纖維束，用於通訊及胃部攝影》。**2** [當單數用]纖維光學。

fíber·scòpe *n.* Ⓒ纖維鏡《使用 fiber optics 觀察胃等內部的光學儀器》。

fi·bre [ˋfaɪbɚ; ˈfaibə] *n.* 《英》＝fiber.

fi·bril [ˋfaɪbrəl; ˈfaibril] *n.* Ⓒ **1** 原纖維；纖絲。**2** 《植物》根毛。

fi·brin [ˋfaɪbrɪn; ˈfaibrin] *n.* Ⓤ《生理》纖維素，血纖維蛋白《血液凝固時所形成的白色纖維狀蛋白質》。

fi·broid [ˋfaɪbrɔɪd; ˈfaibrɔid] *adj.* 纖維性的。

fi·bro·si·tis [ˌfaɪbrəˋsaɪtɪs; ˌfaibrəˈsaitis] *n.* Ⓤ《醫》纖維組織炎。

fi·brous [ˋfaɪbrəs; ˈfaibrəs] «fiber 的形容詞» —*adj.* 纖維的，多纖維的，纖維質的；纖維狀的：～ roots 纖維根；鬚根。

fib·u·la [ˋfɪbjələ; ˈfibjulə] *n.* Ⓒ(*pl.* **-lae** [-ˌli; -liː], ～**s**) **1** (古希臘的)裝飾用針，搭扣。**2** 《解剖》腓骨。

-fic [-fɪk; -fik] 字尾 [形容詞字尾] …化的；引起…的：terri*fic*.

-fi·ca·tion [-fɪˋkeʃən; -fiˈkeiʃn] 字尾 [把字尾爲 -fy 的動詞變成名詞] …化：puri*fication* 淨化(＜purify).

fiche [fiʃ; fiːʃ] *n.* ＝microfiche.

Fich·te [ˋfɪxtə; ˈfiktə, ˈfixtə], **Jo·hann Got·tlieb** [ˋjohɑnˋgɔtlip; ˈjouhɑːnˈgɔtliːp] *n.* 斐希特《1762–1814；德國哲學家》。

fi·chu [ˋfɪʃu, -ʃju; ˈfiːʃuː] «源自法語» —*n.* Ⓒ(女用的)三角圍巾[披肩]《披在肩膀上，在胸前打結》。

fichu

fick·le [ˋfɪkl; ˈfikl] «源自古英語「騙人」之義» —*adj.* 易變的，善變的，朝三暮四的，反覆無常的：a ～ woman 朝三暮四的女人/Fortune's ～ wheel 多變的命運之輪。

～·**ness** *n.*

fic·tion [ˋfɪkʃən; ˈfikʃn] «源自拉丁文「製作，被製作之物」之義；與 feign 同字源» —*n.* **1** Ⓤ[集合稱] (文學的) **創作**；(尤指) 小說 (↔ nonfiction)：works of ～ 小說類/detective ～ 偵探[推理]小說/Fact [Truth] is stranger than ～. 《諺》事實奇於小說。

【同義字】fiction 指長篇、短篇的兩種小說；novel 主要指長篇小說。

2 Ⓒ杜撰的故事[事情]，虛構，想像：His testimony was a complete ～. 他的證言全是虛構。**3** Ⓒ《法律》擬制，假定。

fíc·tion·al [-ʃənl; -ʃənl] «fiction 的形容詞» —*adj.* **1** 小說的。**2** 揑造的，虛構的。～·**ly** [-ʃənlɪ; -ʃənli] *adv.*

fíc·tion·al·ize [ˋfɪkʃənlˌaɪz; ˈfikʃənəlaiz] *v.t.* 使…小說化，把…編成小說。

fic·ti·tious [fɪkˋtɪʃəs; fikˈtiʃəs] *adj.* **1** 虛構的，想像的；創作的，小說的：a ～ character 虛構的人物/a ～ narrative 虛構的故事。**2** 假的；虛僞的：under a ～ name 用假名。**3** 《法律》擬制的，假定的：a ～ person 《法律》法人/～ transactions 買空賣空。

～·**ly** *adv.* ～·**ness** *n.*

fid·dle [ˋfɪdl; ˈfidl] *n.* Ⓒ **1** 小提琴(★比較 比 violin 更通俗或略帶詼諧的說法)：the first [second] ～ 第一[第二]小提琴。**2** 《英俚》詐欺，欺騙。

(**as**) **fít as a fíddle** 神采奕奕的，身體健康的。

hàve a fáce as lóng as a fíddle 拉長著臉，板著面孔 (cf. longfaced 2).

on the fíddle 《英俚》不誠實的。

pláy sécond fíddle (**to...**) 當(…的)配角[第二把手，副手]，屈居(某人)之下：I always *played second* ～ *to* him. 我總是屈居在他之下(聽他指揮)。

—*v.t.* **1** 用小提琴拉〈曲子〉。**2** [十受十副] 虛度〈光陰等〉〈*away*〉：I ～*d* ***away*** the whole afternoon doing nothing. 我浪費了整個下午的時間，什麼事也沒做。**3** 《俚》欺騙〈人〉；僞造〈數字，帳目等〉。—*v.i.* **1** 拉小提琴。**2 a** 〈小孩等〉用手把玩[東西]。**b** [(十副)十介十(代)名] 摸弄，玩弄[東西]〈*about, around*〉[*with*]：John, greatly embarrassed, ～*d* ***with*** his cap. 約翰覺得很尷尬，用手撫弄著自己的帽子。**3** 《口語》[十副] (無目的地)閒蕩〈*about, around*〉：He is always *fiddling* ***around.*** 他總是四處閒蕩。

fíddle bòw [-ˌbo; -bou] *n.* Ⓒ小提琴的弓。

fid·dle-dee-dee [ˌfɪdlˋdiˋdi, ˌfɪdldɪˋdi; ˌfidldiːˈdiː], **fid·dle-de-dee** [-dɪˋdi; -diˈdiː] *interj.* 胡說！瞎扯！

fid·dle-fad·dle [ˈfɪdḷˌfædḷ; ˈfidḷˌfædl] 《口語》 *v.i.* 做無聊事；小題大作，大驚小怪。
—*n.* Ⓤ無聊事，無聊話。
—*interj.* 胡說！瞎扯！

fid·dler *n.* Ⓒ **1** 小提琴手。**2** 《俚》騙子。

fiddle·stick *n.* Ⓒ《口語》 **1** 小提琴的弓。**2** [常 **a** ～；與否定詞連用]一點點 (a little)：I do*n't* care *a* ～. 我一點也不在乎。

fiddle·sticks *interj.* 胡說！瞎扯！

fid·dl·ing [ˈfɪdlɪŋ; ˈfidliŋ] *adj.* 無聊的，瑣細的，無用的。

fi·del·i·ty [faɪˈdɛlətɪ, fə-; fiˈdeləti, fai-] **《源自拉丁文「忠實的」之義》—*n.*** Ⓤ **1 忠實**，忠貞，忠誠〔*to*〕. **2** (夫妻間的)忠實〔*to*〕. **3** 與原物一模一樣，逼眞；精確；翔實：reproduce with complete ～ 完全照原物複製。**4** 《通信》傳眞性：a high-*fidelity* receiver 高度傳眞收音機。

fidg·et [ˈfɪdʒɪt; ˈfidʒit] *v.i.* **1** 坐立不安，煩躁，忸怩不安：Stop ～*ing*! 別那樣煩躁《★對小孩等說的話》。**2** 〔十介十(代)名〕撫弄，玩弄〔…〕〔*with*〕：He likes to ～ ***with*** computers. 他喜歡玩電腦。
—*v.t.* 使〈人〉操心，使…不安。
—*n.* **1 a** Ⓒ坐立不安，侷促不安，焦躁：in a ～ 忐忑[心神]不安的[地]。**b** [**the** ～**s**]不安的心情；坐立不安：give [have, get] *the* ～*s* 使煩躁不安[感到心神不寧]。**2** Ⓒ煩躁的人。

fidg·et·y [ˈfɪdʒɪtɪ; ˈfidʒiti] **《fidget 的形容詞》—*adj.*** 《口語》坐立不安的，心神不定的，煩躁的，焦慮不安的。

Fi·do [ˈfaɪdo; ˈfaidou] *n.* 懷多《飼養的狗名》。

fi·du·cial [fɪˈduʃəl, -ˈdju-; fiˈdjuːʃjəl] *adj.* **1** 信仰堅定的；信賴的。**2** 《物理》(以線、點等)作爲基準的。

fi·du·ci·ar·y [fɪˈduʃɪˌɛrɪ, -ˈdju-; fiˈdjuːʃiəri] *adj.* **1** 信用的；信託的；受託的：a ～ loan (僅憑對人的信用而無抵押的)信用貸款/～ work 信託業務。**2** 信用發行的〈貨幣〉：(a) ～ currency 信用貨幣。
—*n.* Ⓒ受託者，被信託者。

fie [faɪ; fai] *interj.* 《古》[表示輕蔑、不快、斥責]呸！咄！**Fíe, for sháme**！呸！羞羞臉！《用以責罵孩子時等》。**Fíe (up) òn yóu**！呸！你眞丟臉！

fief [fif; fiːf] *n.* Ⓒ(封建時代的)封地，采邑。

‡**field** [fild; fiːld] *n.* **1** Ⓒ[常 ～**s**] **a** (森林、無建築物的)**原野，曠野**：over dales and ～*s* 翻過山谷越過原野/in the ～*s* 在原野。**b** (都市周邊的)雜草叢生的空地。**2** Ⓒ(以樹籬、水溝、土堤等圍起的)**田地**，田野，牧地，草原：a wheat ～ 麥田/a ～ of turnip 蕪菁菜圃/work *in* the ～*s* 在田裏工作。**3** Ⓒ[常構成複合字](海、天、雪、冰等)**廣闊的一片**：⇨ ice field, snowfield. **4** Ⓒ[常構成複合字] **a** (派作某種用途的)**場**，用地：a circus ～ 馬戲團表演場地/⇨ landing field. **b** (礦物)產地，礦田：⇨ oil field, coalfield, goldfield. **5 a** Ⓒ(活動、研究的)**領域**，範圍〔*of*〕：the ～ *of* medicine 醫學的領域，醫學界/be outside [out of] one's ～ 在某人的本行外/Many scientists are working *in* this ～. 許多科學家正從事這領域[方面]的研究。**b** [**the** ～]實地的活動範圍，現場：⇨ in the FIELD (3). **6** Ⓒ **a** 戰場；競爭場所，戰地：the ～ of honor 戰場，決鬥場。**b** 戰役《★除下列成語外爲罕用語》：a hard-fought ～ 激戰。**7** Ⓒ **a** (畫、旗、貨幣等的)底；畫面。**b** 《紋章》盾面。**8** Ⓒ **a** 《物理・心理》場：a magnetic ～ 磁場/a ～ *of* force 力場。**b** 《電學》電場，界磁。**c** 《電算》欄《傳送資料的最小限字羣》。**9** Ⓒ **a** 《光學》(照相機、顯微鏡、望遠鏡等的)視域，視界。**b** 《電視》映像的畫面。**10** Ⓒ《運動》**a** (跑道內側的)田賽場，運動場 (cf. track 4 a). **b** (棒球、足球等的)球場：a baseball ～ 棒球場。**11** Ⓤ《棒球》**a** [廣義]內、外野。**b** [狹義]外野，外場：left [right] ～ 左[右]外野。**12** Ⓤ[**the** ～；集合稱] **a** 全體比賽者《★用法 視爲一整體時當單數用，指全部個體時當複數用》。**b** 《獵》全體遊獵者《★用法 與 12 a 同》。**c** 《板球・棒球》守備的一方；內[外]野手《★用法 與 12 a 同》：take to *the* ～ 就守備崗位。**13** Ⓒ[**the** ～；集合稱]《賽馬》(熱門馬以外的)全部出賽的馬《★用法 視爲一整體時當單數用，指全部個體時當複數用》。
hóld the field 〔對…〕佔據有利的地位；堅守陣地〔*against*〕.
in the field (1)出征中，從軍，在戰場[地]。(2)去參加比賽；就守備位置。(3)實地，在現場：Archaeologists and anthropologists must often work *in the* ～. 考古學家與人類學家必須常在現工作。
pláy the field (1)(賽馬時)對熱門馬以外的其他所有參賽的馬下賭注。(2)《口語》與很多異性朋友交往。(3)《口語》開始做多方面的事。
tàke the field (1)開始戰鬥[比賽]。(2)出陣。
—*adj.* [用在名詞前] **1** 野地的，原野的；野外的，在野外的：～ flowers 野花。**2** 現場的，當地的：a ～ survey 實地勘查/a ～ study 現場測量[考察]，實地調查/⇨ fieldwork 1. **3** 野戰的：～ soldiers 野戰兵。**4** 《運動》(對徑賽而言的)田賽的：～ events 田賽項目《擲標槍、跳高等》。
—*v.i.* 《板球・棒球》擔任外場員；(當外野手)守備。
—*v.t.* 〔十受〕 **1** 使〈球隊或球員〉出賽[入場]。**2** 《板球・棒球》**a** 接[截]〈球〉。**b** 使〈選手〉就守備位置。**3** 巧妙地對付[回答]〈問題、電話等〉。

field artillery *n.* Ⓤ[集合稱]野砲；野戰砲兵。

field battery *n.* Ⓒ野砲隊，野戰砲兵中隊。

field dày *n.* Ⓒ **1** (陸軍的)野外演習日。**2 a** (生物學等的)野外研究活動日。**b** 《美》野外運動會的日子。**3** 有重要[快樂]活動的日子；非常快樂的時刻：We had a ～ talking about our school days. 我們興高采烈地暢談學生時代的事。

field·er *n.* Ⓒ **1** 《棒球》外野守備員：a left [right] ～ 左[右]外野手/～'s choice 守場員的傳殺《有人跑壘時，接住球的守場員可扔球給一壘，使打擊者出局，卻因判斷錯誤而把球扔給其他壘，而不能使打擊者與跑壘者出局》。**2** 《板球》守場員 (fieldsman).

field·fàre *n.* Ⓒ《鳥》(歐洲產之)毛鶇。

field glàss *n.* Ⓒ[常 ～**es**]雙眼望遠鏡。

field gòal *n.* Ⓒ《美》球射中目標的得分：**a** 《美式足球》射門得分《三分》。**b** 《籃球》投球中籃《兩分》。

field gùn *n.* Ⓒ野砲，野戰砲。

field hànd *n.* Ⓒ耕作者；田地工作者。

field hòckey *n.* Ⓤ《美》曲棍球(《英》hockey).

field hòspital *n.* Ⓒ野戰醫院。

field hòuse *n.* Ⓒ《美》 **1** 運動場的附屬建築物《包括用具室、更衣室等》。**2** (舉辦田徑賽等的)室內競賽場。

field·ing *n.* Ⓤ《棒球》守備，防守。

field màrshal *n.* Ⓒ《英・加拿大》陸軍元帥《相當於美國陸軍的 general of the army；略作 F.M.》.

field mòuse *n.* Ⓒ野鼠，田鼠，地鼠。

field òfficer *n.* Ⓒ《陸軍》校級軍官《colonel, lieutenant colonel 以及 major》.

field·pìece *n.* =field gun.

fields·man [-mən; -mən] *n.* Ⓒ(*pl.* **-men** [-mən; -mən])《板球》守場員 (fielder).

field spòrts *n. pl.* **1** 野外運動；遊獵，(尤指)狩獵，釣魚。**2** 田賽項目。

field tèst *n.* Ⓒ實地試驗，現場試驗，工地試驗，野外試驗。

field-tèst *v.t.* 對…作現場試驗。

field thèory *n.* Ⓒ《物理》場論。

field trìp *n.* Ⓒ(以研究、調查等爲目的的)實地考察旅行。

field·wòrk *n.* **1** Ⓤ(生物學等的)野外作業，(野外)採集；(社會學等的)現場訪問，實地調查[研究]，野外調查工作《如測量者與地質學家的勘查工作》。**2** Ⓒ《軍》(戰地臨時用土築成的)堡壘，野堡，野戰工事 (cf. earthwork 2). ～·**er** *n.*

fiend [find; fiːnd] **《源自古英語「憎恨者，敵人」之義》—*n.*** **1 a** Ⓒ惡魔，魔鬼。**b** [**the F**～]魔王，撒旦 (the Devil). **2** Ⓒ窮兇極惡的人，殘忍[冷酷]的人。**3** Ⓒ《口語》**a** [常與修飾語連用](耽於某種習慣、遊戲的)…迷，…狂：a drug ～ 吸毒上癮者/a cigarette ～ 煙槍，癮君子/a film ～ 影迷。**b** [技術等的]高手，好手；[學問方面的]奇才，傑出人才〔*at*〕：He is a ～ *at* tennis. 他是位網球高手。

fiend·ish [-dɪʃ; -diʃ] **《fiend 的形容詞》—*adj.*** **1** 惡魔似的，魔鬼似的；極惡毒的，殘酷的。**2** 《口語》**a** 〈行動、計畫等〉費工夫的。**b** 非常不愉快的；很難的。～·**ness** *n.*

fiend·ish·ly *adv.* **1** 惡魔似地。**2** 極，非常：a ～ difficult problem 極困難的問題。

‡**fierce** [fɪrs; fiəs] **《源自拉丁文「粗暴的」之義》—*adj.*** (**fierc·er**；**-est**) **1 兇猛的**，兇暴的：a ～ tiger 兇猛的老虎。**2 激烈的**，熱烈的，強烈的〈熱情、感情等〉；狂暴的，強勁的〈風雨等〉：～ heat 酷暑。**3** 《口語》不愉快的，令人討厭的：～ taste 令人討厭的味道。
～·**ly** *adv.* ～·**ness** *n.*

fi·er·y [ˈfaɪrɪ; ˈfaiəri] **《fire 的形容詞》—*adj.*** (**fi·er·i·er**；**-i·est**) **1 火的**，烈火的；著火的：～ sparks 火花。**2 a 如火的**，火紅的，燃燒的：～ eyes 火紅的眼睛，怒目。**b** 燃燒似的，灼熱的：～ desert sands 沙漠的熱沙/～ winds 熱風。**3** 〈香料、味道等〉辣的：a ～ taste 辣味。**4** 性情火爆的，容易激動的，熱烈的，暴躁的，激昂的：a ～ speech 激烈[激昂]的演說/a ～ steed 悍馬。**5** 發炎的：a ～ tumor 發炎的腫瘤。

fiery cróss *n.* Ⓒ火十字，燃燒的十字架《三 K 黨 (Ku Klux Klan) 的標幟》。

fi·es·ta [fɪˈɛstə; fiˈestə] **《源自西班牙語 'feast' 之義》—*n.*** Ⓒ(西班牙、拉丁美洲宗教上的)慶典，聖徒的紀念日。

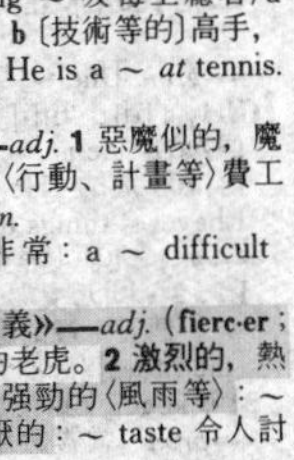

fife

fife [faɪf; faif] «源自德語「笛子」之義»—*n.* Ⓒ(軍樂隊的)鼓笛。
—*v.i.* 吹奏鼓笛。
—*v.t.* 以鼓笛吹奏〈曲子〉。

fif·er *n.* Ⓒ吹奏鼓笛的人，鼓笛手。

‡fif·teen [fɪf'tin, 'fɪf'tin; ˌfif'tiːn˜] *adj.* **1** [用在名詞前]**十五的**，十五個的，十五個人的：He is ~ years old [of age]. 他十五歲/the early *fifteen*-hundreds 1500 年代初期。**2** [不用在名詞前]十五歲的：He is ~. 他十五歲。
—*n.* **1 a** ⓊⒸ[常無冠詞](基數的)**十五**。**b** Ⓒ十五的記號《15, xv, XV》。**2** Ⓤ十五歲；十五美元[英鎊，分，便士(等)]：a boy of ~ 一個十五歲的少年。**3** Ⓒ《橄欖球》(十五人的)一組。**4** Ⓤ《網球》(在一局中的)第一分(⇨ tennis【說明】)：~ love 1 比 0 / ~ forty 1 比 3.
—*pron.* [當複數用]十五個，十五個人：There are ~. 有十五個[人]。

‡fif·teenth [fɪf'tinθ, 'fɪf-; ˌfif'tiːnθ˜] «源自 fifteen + -th[1] (構成序數的字尾)» —*adj.* **1** [常 **the** ~]**第十五的**；第十五號的。**2** 十五分之一的。
—*n.* **1** [常 **the** ~] **a** (序數的)**第十五**《略作 15th》. **b** (每月的)十五號。**2** Ⓒ十五分之一。

‡fifth [fɪfθ; fifθ] «源自 five + -th[1] (構成序數的字尾)» —*adj.* **1** [常 **the** ~]**第五的**；第五號的。**2** 五分之一的：a ~ part 五分之一。
—*adv.* 在第五(號)。
—*n.* **1** Ⓤ[常 **the** ~] **a** (序數的)**第五**《略作 5th》. **b** (每月的)五號。**2** Ⓒ **a** 五分之一。**b** 《美》五分之一加侖《酒類的容量單位》：A ~ of whiskey, please. 請給我五分之一加侖的威士忌酒。**c** 五分之一加侖(裝)的瓶子[容器]。**3** Ⓒ《音樂》第五度，五度音程。**4** [~s]《商》五級品，五等品。
—*pron.* [**the** ~]第五號的人[東西]。
tàke the Fífth 《美口語》〔對…〕行使沉默權〔*on*〕《★由於美國憲法第五條修正案承認被告有沉默權，故云》：I'll *take the F~ on* that. 對於那件事，我要行使沉默權[我要保持沉默]。**~·ly** *adv.*

Fífth Ávenue *n.* 第五街《貫穿美國紐約市曼哈坦島(Manhattan)的繁華街道》。

fífth cólumn *n.* Ⓒ第五縱隊《戰時在後方爲敵人從事間諜工作，幫助敵人進攻的奸細》。

> 【字源】始於西班牙內戰時(1936–39)佛朗哥(Franco)將軍以四個縱隊包圍馬德里，而其軍隊攻城時對外宣稱祕密的第五個縱隊早已在馬德里市區內活動；第五縱隊一詞即由此而來。

fifth cólumnist *n.* Ⓒ第五縱隊隊員[分子]，背叛者，奸細。

fifth whéel *n.* Ⓒ **1 a** (四輪馬車的)轉向輪。**b** (四輪車輛的)備用輪。**2** 很少用到的東西，沒用的多餘的東西[人]。

***fif·ti·eth** ['fɪftɪɪθ; 'fiftiiθ] «源自 fifty + -th[1] (構成序數的字尾)»—*adj.* **1** [常 **the** ~]**第五十(號)的**。**2** 五十分之一的。
—*n.* **1** Ⓤ[常 **the** ~](序數的)第五十《略作 50th》. **2** Ⓒ五十分之一。
—*pron.* [**the** ~]第五十號的人[東西]。

‡fif·ty ['fɪftɪ; 'fifti] *adj.* **1** [用在名詞前]**五十的**，五十個的，五十個人的：He is ~ years old [of age]. 他五十歲。**2** [不用在名詞前]五十歲的：He is ~. 他五十歲。**3** 多數的；許多的，很多的：I have ~ things to tell you. 我有很多事情要告訴你。
—*n.* **1 a** ⓊⒸ[常無冠詞](基數的)**五十**。**b** Ⓒ五十的記號《50, l, L》。**2 a** Ⓤ五十歲；五十美元[英鎊，分，便士(等)]：a man of ~ 一個五十歲的男人/one pound (and) ~ 一英鎊五十便士。**b** [**the fifties**] (一個世紀的)五十年代。**c** [**one's fifties**] (年齡的)五十幾歲《五十到五十九歲》。
—*pron.* [當複數用]五十個，五十個人：There are ~. 有五十個[人]。

fífty-fífty *adj.* & *adv.* 《口語》五十對五十的[地]；各佔一半的[地]：a ~ chance of survival 有百分之五十的生存機會/The chances are ~. (成敗等的)機會各佔一半。
gò fífty-fífty (with a person)〔關於…〕(與某人)平分，均攤〔*on*〕.

***fig**[1] [fɪg; fig] *n.* **1** Ⓒ **a** (又作 **fig trèe**)《植物》**無花果樹**。**b** 無花果《果實》。**2** Ⓒ(把拇指夾在食指與中指間的)輕蔑動作。**3 a** [**a** ~；在否定句中當副詞用]一點也(不…)，毫(不…)：I do*n't* [would *not*] care [give] *a* ~ [~'s end] for.... 我一點也不在乎…。**b** [**a** ~；常表示輕蔑、嘲笑，當感嘆詞用]無價值的東西，微不足道的東西，瑣事：*A* ~ *for* you！(你算)什麼東西！(你)有什麼了不起！

fig[2] [fɪg; fig] *n.* Ⓤ《口語》**1** 服裝，裝束，裝備《★常用於下列片語》：*in* full ~ 盛裝。**2** 樣子，健康狀態：*in* good [poor] ~ 健康情形良好[不好]。
—*v.t.* (**figged**；**fig·ging**)〔十受十副〕使…盛裝，打扮[裝飾]…〈*out, up*〉.

fig. 《略》figurative(ly)；figure(s).

‡fight [faɪt; fait] *n.* **1** Ⓒ **a 打仗**，戰鬥，交戰：give [make] a ~ 打一仗/put up a ~ 抵抗；作戰/put up a good [poor] ~ 奮勇[軟弱無力地]作戰。**b** (爲某一目標的)奮鬥〔*for, against*〕：a ~ *for* higher wages 爲提高工資的奮鬥/the ~ *against* (a) disease 與病魔的搏鬥。**c** 格鬥，鬥爭；(扭在一起的)打架(⇨ quarrel【同義字】)。**d** 爭論，激辯〔*with, over*〕。**2** Ⓒ爭霸戰，競爭；(尤指拳擊的)比賽。**3** Ⓤ戰鬥力；鬥志，戰意：show ~ 表示戰意[鬥志]/We still had plenty [We were still full] of ~ in us. 我們仍然充滿鬥志。
—*v.i.* (**fought** [fɔt; fɔːt]) **1 a 打仗**；格鬥，打架：Two boys were ~*ing* on the street. 兩個男孩在街上打架。**b** (十介十(代)名)〔與…〕作戰[打仗]〔*with, against*〕《★用法 ~ *with*... 也有「加入某方作戰」之意》：She *fought* **with** her own feelings. 她設法控制住自己的感情/England *fought* **against** Germany in the First World War. 英國在第一次世界大戰時與德國打仗。**c** (十介十(代)名)〔爲…而〕戰〔*for*〕：He died ~*ing* **for** his country. 他爲國作戰陣亡。**2** 爭論，激辯。
—*v.t.* **1** 〔十受〕**a 與〈敵人等〉作戰**，與…打仗：~ an enemy 與敵人作戰/~ inflation 爲抑制通貨膨脹而奮戰。**b** 交〈戰〉，打〈仗〉：The two armies *fought* a battle. 兩軍打了一仗。**2 a** 〔十受〕作戰取得…；爲獲得…而戰[鬥爭]：~ a prize 爭取獎品。**b** 〔十受(十副詞(片語))〕[~ **one's way**]奮力打開一條生路；奮力前進：The wind was so strong that we had to ~ our way *through* it. 風力那樣强勁，使得我們不得不在風中艱難地前進/He *fought* his way *through* life [*in* the world]. 他奮力開出一條生路；他奮戰[鬥]一生。**3** 〔十受〕使〈拳擊手、鬥雞、狗等〉相鬥：~ cocks [dogs]鬥雞[狗]。**4** 〔十受〕操縱，指揮〈軍隊等〉：~ a gun 指揮砲擊。
fight báck 《*vi adv*》(1)抵抗；還擊，反擊。
—《*vt adv*》(2)抑制〈感情等〉；抵抗〈攻擊〉：I *fought back* the desire to hit him. 我抑制想毆打他的慾望。
fight dówn 《*vt adv*》壓抑〈憤怒等的感情〉。
fight it óut 戰到底，一決雌雄。
fight óff 《*vt adv*》作戰而擊退，克服：~ *off* a cold 治好感冒。
fight ón 《*vi adv*》繼續作戰。
fight óut 《*vt adv*》爭論解決〈問題、爭端等〉：They *fought out* the issue with the opposition. 他們與反對黨爭論解決了該問題。
fight shý of ⇨shy[1].

fighters 1

fight·er ['faɪtɚ; 'faitə] *n.* Ⓒ **1** (又作 **fighter plàne**)**戰鬥機**。**2** 戰士，鬥士，武士。**3** (職業)拳擊手。

fighter-bómber *n.* Ⓒ《軍》戰鬥轟炸機。

fight·ing ['faɪtɪŋ; 'faitiŋ] *n.* **1** Ⓤ**戰事**，戰鬥；爭論；格鬥，鬥爭：street ~ 巷戰，街道戰。**2** [當形容詞用]戰鬥(用)的：a ~ force [formation]戰鬥部隊[隊形]。
—*adj.* [用在名詞前]作戰的，交戰中的；好戰的；有鬥志的，容易引起爭鬥的：~ men 戰鬥員，戰士；鬥士/a ~ spirit 鬥志，戰鬥精神/~ words 《口語》挑戰性的話。

fighting chánce *n.* Ⓒ **1** (憑努力或許可獲得的)成功的機會，可能而不易得的機會：Give them a ~. (未知能否成功但)給他們一次努力的機會吧。**2** 〔十 *that*_〕〈…的〉有可能成功的機會[希望]：There's a ~ *that* you will succeed. 憑努力你可能會有成功的機會。**3** 〔十 *to* do〕〈做…的〉有可能成功的機會：We have a ~ *to* save them. 我們或許有希望可以救出他們。

fighting cóck *n.* Ⓒ **1** 鬥雞(gamecock). **2** 《口語》好鬥的男人。
féel like a fighting cóck 覺得鬥志高昂。
líve like a fighting cóck 過奢侈的生活；挑食《★飼養鬥雞花費不貲，且鬥雞性挑食，故云》。

fíg lèaf *n.* Ⓒ **1** 無花果葉。**2 a** (雕刻、繪畫等中用以遮蓋陰部的)無花果的葉狀物。**b** 掩飾物，遮羞布《以遮掩不雅觀的東西》。

fig·ment ['fɪgmənt; 'figmənt] *n.* Ⓒ想像的事，虛構：a ~ of one's imagination 憑空想像的事物。

fig·u·ra·tion [ˌfɪgjə'reʃən; ˌfigju'reiʃn] «figure *v.* 的名詞»—*n.* **1** Ⓤ造形；成形。**2** Ⓒ形狀，形態；輪廓，外形。**3** ⓊⒸ **a** (圖案等的)裝飾。**b** 《音樂》(音、旋律的)音形法。

fig·u·ra·tive ['fɪgjərətɪv; 'figjurətiv] «figure *n.* 的形容詞»—*adj.* (**more** ~；**most** ~) **1 比喻的**，轉用的，假借的：a ~ use of a word 文字的比喻用法/in a ~ sense 在比喻的意義上。**2** 多比喻的，多修飾語的，詞藻華麗的：a ~ style 華麗的文體。**3** (無比較級、最高級)造形的：the ~ arts 造形美術《繪畫、雕刻》。**~·ly** *adv.*

‡fig·ure ['fɪgjɚ, 'fɪgɚ; 'figə] «源自拉丁文「形狀」之義»—*n.* A

Ⓒ **1** (輪廓清楚的)**形狀**，形態，形象。

【同義字】figure 表示內部構造與外形兩者；outline 指由線或輪廓所表示的外形；form 指與內容或顏色有所區別的東西的外形、形狀；shape 與figure 一樣表示外形，但強烈表示內部爲實體。

2 a 容姿，體態，身材；風采，外觀，突出的姿態：a slender ~ 修長的身材，苗條的身段/have a good ~ 有美好的體態/a fine ~ of a man 風度翩翩的男人/keep one's ~保持修長的身材。**b** 人的樣子，人影：I saw a ~ standing in the wood. 我看到一個人影站在林中。**c** (繪畫、雕刻等的)人物，人像，畫像，肖像。**3** [常與修飾語連用] (重要的) **人物**；名人：a prominent [great, big] ~ 傑出人物，大人物/He became a familiar ~ to the townspeople. 他成爲鎮民熟悉的人物。**4 圖**，圖解，插圖：The statistics are shown *in F~* 3. 該項統計數字顯示於圖三。**5 a** 圖案，花樣。**b** 《幾何》圖形。**6** 表象，象徵〔*of*〕：The dove is a ~ *of* peace. 鴿子是和平的象徵。**7 a** 《跳舞》舞步形式，花式舞步，回旋。**b** 《溜冰》花式溜冰；溜冰鞋在冰上滑時所畫出的圖形：a ~ of eight. 8 字形的滑行[溜冰]。**8** 《修辭》=FIGURE of speech. **9** 《邏輯》(三段論法的)格；圖示。**10** 《音樂》(音的)音形。

—B 1 Ⓒ **a** (阿拉伯)**數字**：significant *~s* 有效數字/give [cite] *~s* 舉出數字。**b** (計數上的)位：double *~s* 兩位(數)《10 到 99》/three *~s* 三位數《100 到999》。**c** [常與修飾語連用] 合計數，金額，價格：get...at [for] a low [high] ~以廉價[高價]購得…。**2** [*~s*] (數字的)計算：do *~s* 計算/He is a poor hand at *~s*. 他拙於計算。

cùt a fígure (1)〈人〉給與(…的)印象，看起來：*cut a* good [fine] ~看起來風度翩翩[儀表很好]/*cut a* poor [sorry] ~ 出醜；顯得可憐，露出可憐相。(2)(在某領域)放異彩，成名：*cut a* brilliant [conspicuous] ~放異彩，露頭角，出風頭/*cut no* ~ in the world 默默無聞，沒有什麼突出的表現。

fígure of spéech (1)《修辭》修辭的格[手段]《simile, metaphor 等》。(2)詞藻措詞，比喩。

màke a fígure =cut a FIGURE.

—*adj.* [用在名詞前] [與數字構成複合字] …位數的：6-*figure* gains 六位數的收益《100,000 到 999,999美元[英鎊(等)]的收益》。

—*v.t.* 1 〔十受〕**a** 以雕像[繪畫、圖形]表示…。**b** 以圖案裝飾…。**2** 《美口語》**a** 〔十(*that*)__〕認爲，判斷，想〈…事〉：He *~d that* there was no use in further effort. 他認爲再努力下去也沒用。**b** 〔十受十(*to be*)補〕認爲…〈是…〉：He *~d* himself (*to be*) a good candidate. 他認爲自己是個好的候選人。**3** 〔十受〕以比喩表現，象徵…。**4 a** 〔十受〕用數字表示…。**b** 〔十受十副〕合計，計算…〈*up*〉：He *~d* them all ***up***. 他把它們合計起來。

—*v.i.* 1a 〔十*as* 補〕〈以某種人物〉聞名，知名，出現；扮演〈…的角色〉：He *~d as* a philanthropist. 他以慈善家聞名/She *~d as* a queen in the pageant. 她在化裝遊行中扮演女王。**b** 〔十介十(代)名〕〔在…〕放異彩，嶄露頭角〔*in*〕：The names of those scientists ~ ***in*** the history of human progress. 那些科學家的名字在人類發展史上大放異彩。**2** 〔十介十(代)名〕《美口語》**a** 把〔…〕考慮在內；料想，估計…；依靠，指望〔…〕(rely)〔*on, upon*〕：We *~d* ***on*** their com*ing* earlier. 我們料想他們會來得早些/You can always *~ on* me. 你可以隨時依靠我。**b** 計畫，打算〔…〕〔*on, upon*〕：I ~ ***on*** go*ing* abroad. 我打算出國。**3** 計算。

figure ín 《*vt adv*》把…算入。

figure óut 《*vt adv*》(1)《美》了解…：I can't ~ him [it] *out*. 我不了解他是怎樣的人[那是怎麼回事]。(2)解決；算出，作出…：Have you *~d out* the math problem yet？你算出那一道數學題了嗎？(3)算出，合計，作出；計算…：~ *out how* much energy is produced 計算產生多少能量。—《*vi adv*》(4)總計[爲…]〔*at*〕：All together it *~s out at* $200. 總計爲兩百美元。

fígure...to onesèlf 在心裏想像〈某事〉。

Thát fígures. 《口語》那當然，有道理。

fíg·ured *adj.* [用在名詞前] **1** 有花紋的，有[帶]圖案的；多文飾的，文飾富麗的：a ~ mat 花蓆/~ satin 花緞/~ silk 紋織綢/a ~ glass window 壓花玻璃窗。**2** 用圖形表示的；圖解的。**3** 《音樂》附有數字指示和弦的，華麗的，音形的。

fígure·hèad *n.* Ⓒ **1** 船頭雕像《從前裝於船頭上端的全身或半身的破浪神雕像飾物》。**2** 名義上的領袖，傀儡領袖。

fígure skàting *n.* Ⓤ花式滑冰《在冰上畫曲線圖形的一種滑冰項目》。

fig·u·rine [ˌfɪgjəˈrin; ˈfigjuri:n] *n.* Ⓒ (用金屬、陶土等製成的)小塑(雕)像，小人像。

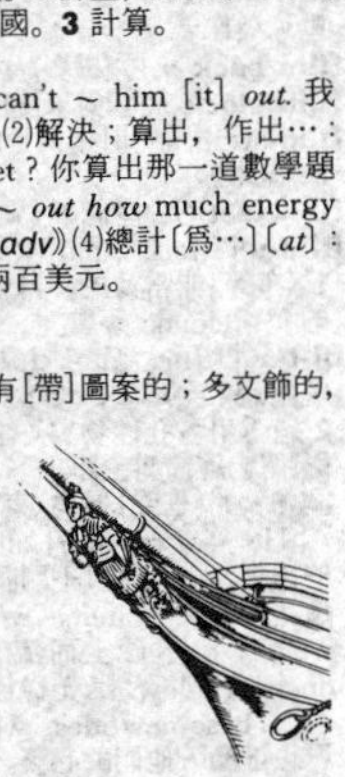

figurehead 1

Fi·ji [ˈfidʒi; ˌfi:ˈdʒi:] *n.* 斐濟《由南太平洋的八百多個島嶼所構成，屬大英國協中的一個獨立國；首都蘇瓦(Suva) [ˈsuvə; ˈsu:və]》。

Fi·ji·an [fiˈdʒiən; ˌfi:ˈdʒi:ən] 《Fiji 的形容詞》**—*adj.*** 斐濟(人，語)的。

—*n.* 1 Ⓒ斐濟(羣島)人。**2** Ⓤ斐濟語。

fil·a·gree [ˈfɪləˌgri; ˈfiləgri:] *n., adj.* =filigree.

fil·a·ment [ˈfɪləmənt; ˈfiləmənt] 《源自拉丁文「紡紗」之義》**— *n.*** Ⓒ **1** 細絲，單纖維《紡織纖維(fiber)的一條》。**2** 《植物》(雄蕊的)花絲。**3** 《電學》(電燈、眞空管的)絲極。

~·ed *adj.*

fi·lar·i·a [fɪˈlɛrɪə; fiˈlɛəriə] *n.* Ⓒ《醫・獸醫》(寄生於人體內的)絲蟲《引起絲蟲病、象皮病的原因》。

fil·a·ture [ˈfɪlətʃɚ; ˈfilətʃə] *n.* **1** Ⓤ (由繭抽成的)紡絲；繅絲。**2** Ⓒ紡車；紡績機，繅絲廠。

fil·bert [ˈfɪlbɚt; ˈfilbət] *n.* Ⓒ **1** 《植物》榛樹，歐洲榛。**2** 榛子，歐洲榛果實(hazelnut).

【字源】榛樹在英國是常見的植物。它在八月的下旬結果實，而八月二十二日是聖菲利伯特(Saint Philibert)的節日，因此衍生 filbert 這個名稱。

filch [fɪltʃ; filtʃ] *v.t.* 偸竊，竊取〈廉價物品〉：He *~ed* a piece of chalk *from* the teacher's desk. 他從老師的書桌上偸取一支粉筆。

file[1]** [faɪl; fail] 《源自拉丁文「線」之義》**—*n. Ⓒ **1 a** (訂存文件、報紙等的)卷宗，文件夾，公文箱[匣]：a ~ *of* letters = a letter ~信函夾/put...in a ~ 把…訂存，把…歸檔。**b** (訂文件等的)帶子。**2** (按項目分別整理的)文卷，案卷，卷宗〔*on*〕。**3** 《電算》檔案《資料關聯記錄的彙集》。

on file (1)合訂成冊。(2)整理[記錄]後存檔。

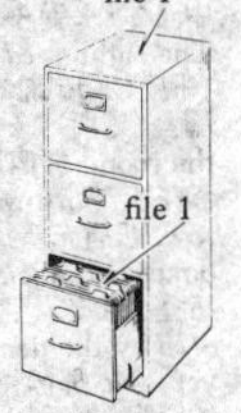

file 1

—*v.t.* 1 〔十受(十副)〕將…(按項目)訂存，將…存檔，將…歸檔，將…編檔保存〈*away*〉：*F~* (***away***) these papers. 將這些文件歸檔。**2** 〔十受十介十(代)名〕《法律》〔對…〕提出〈訴訟等〉〔*against*〕：~ a divorce suit ***against...*** 對…提出離婚訴訟。**3** 〔十受〕〈記者〉(用電信、電話等向報社)發〈稿、消息〉：The reporter *~d* his story just before the paper went to press. 那名記者在報紙即將付印前發出他的報導。

—*v.i.* 《美》〔十介十(代)名〕申請〔…〕〔*for*〕：He *~d* ***for*** a civil service job. 他申請公務員的工作。

file[2] [faɪl; fail] 《源自 file[1]》**—*n.*** Ⓒ **1 a** (縱)列。**b** 《軍》縱列，縱隊(cf. rank[1] 3)：a blank ~缺伍《無後列》/double the ~ 使隊伍行列加倍。**2** (棋盤的)縱線(cf. rank[1] 4).

file by file 一隊一隊地，陸續地。

in file 排成二列縱隊；挨次，魚貫地。

in Índian [síngle] file 成一列縱隊，成單行。

—*v.i.* 〔十副詞(片語)〕列成縱隊前進：~ *off* [*away*] 成一列縱隊行進/They *~d past* the gate. 他們列隊走過大門/The crowd *~d in* [*out*]. 羣衆列隊[魚貫]而入[出]/*F~ left* [*right*]！《口令》各隊向左[右](前進)！

file[3] [faɪl; fail] *n.* **1** Ⓒ**銼刀**；銼子。**2** [**the** ~] 修整，銼光；(對文章等的)潤飾。

—*v.t.* 1 a 〔十受〕銼…，用銼刀銼去[銼光]…：~ one's fingernails 銼光指甲。**b** 〔十受十副〕用銼刀銼去[銼掉]…〈*away, off*〉：~ ***away*** [***off***] rust 銼去銹。**c** 〔十受十補〕把〈東西〉銼成〈…〉：He *~d* the surface smooth. 他把表面銼光。**d** 〔十受十副〕把〈東西〉銼去角〈*down*〉：~ ***down*** the rough edges 銼去粗角。**2** 〔十受〕潤飾…；使〈文學作品等〉精鍊。

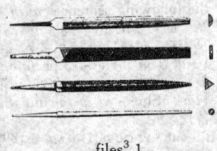

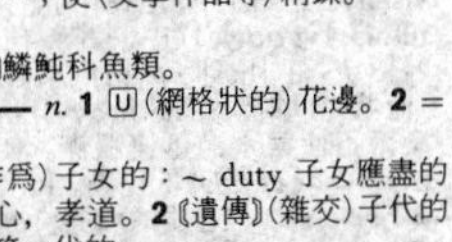

files[3] 1

fíle clèrk *n.* Ⓒ檔案管理員。

fíle·fish *n.* Ⓒ (*pl.* ~, ~·es)《魚》鱗魨科魚類。

fi·let [fɪˈle; fiˈlei] 《源自法語》**— *n.* 1** Ⓤ (網格狀的)花邊。**2** = fillet 2.

fil·i·al [ˈfɪlɪəl; ˈfiliəl] *adj.* **1** (作爲)子女的：~ duty 子女應盡的義務，孝道，孝行/~ piety 孝心，孝道。**2** 《遺傳》(雜交)子代的《略作 F》：first ~ (=F_1) 雜交第一代的。

~·ly [-lɪəlɪ; -liəli] *adv.*

fil·i·a·tion [ˌfɪlɪˈeʃən; ˌfiliˈeiʃn] *n.* **1** Ⓤ子女對父母之關係。**2** Ⓤ系統；血統；由來；來源。**3** Ⓤ《法律》私生子之父親的鑑定；關係之確定。**4** Ⓒ (協會等之)分會；分社。

fil·i·bus·ter [ˈfɪləˌbʌstɚ; ˈfilibʌstə] *n.* 《美》**1 a** ⓊⒸ妨礙議事。

b 🄲妨礙議事者。2 🄲掠奪兵，暴兵《未奉政府命令而侵入他國以革命或侵犯土地爲目標者》。

—*v.i.* 1《美》(以冗長演說等)妨礙議事的進行。2 (未奉政府命令而)侵略他國。

fil·i·gree [ˋfɪlə͵gri; ˈfiligri:] *n.* 🅄(金銀等)細絲工藝；金屬的鏤空花紋細工。

—*adj.* [用在名詞前]金銀細絲工藝的；施以鏤空花紋細工的：～ earrings 金銀絲的耳環。

fíl·ing[1] «源自 file[1]»**—***n.* 🅄(文件的)裝訂，整理彙集，歸檔。

fíl·ing[2] «源自 file[3]»**—***n.* 1 🅄銼，銼磨，銼平。2 🄲[常 ～s]銼屑[末]。

fíling càbinet *n.* 🄲檔案櫃。

Fil·i·pi·no [͵fɪləˋpino; ͵filiˈpi:nou] *n.* 🄲 (*pl.* ～**s**；★女性 **-na** [-nə; -nə])菲律賓人。

—*adj.* ＝Philippine.

‡**fill** [fɪl; fil] *v.t.* **1 使…滿：a**〔十受〕使〈容器、場所等〉滿；注滿，裝滿…：～ one's pipe 把煙斗裝滿煙草。**b**〔十受十介十(代)名〕〔用…〕裝滿，塡滿〈容器、場所等〉；把〈容器、場所等〉裝滿，塡滿〔…〕〔*with*〕：*F*～ the bottle ***with*** water. 把這個瓶子注滿水/She ～*ed* her notebook *with* sketches. 她在筆記本上畫滿素描。**c**〔十受十受/十受十介十(代)名〕裝滿，倒滿〈東西〉給〈某人〉；裝滿〈東西〉〔給某人〕〔*for*〕：He ～*ed* me a glass of whiskey.＝He ～*ed* a glass of whiskey ***for*** me. 他倒滿一杯威士忌酒給我。**d**〔十受十受十介十(代)名/十受十介十(代)名〕〔用…〕裝滿〈容器等〉給〈某人〉〔*with*〕；〔替某人〕將〈容器等〉裝滿〔…物〕〔*for*〕〔*with*〕：Please ～ me this glass ***with*** water. ＝Please ～ this glass *with* water ***for*** me. 請用水裝滿這個杯子給我；請替我把這個杯子裝滿水。**e**〔十受十介十(代)名〕將〈東西〉裝入[塞入]〔容器等〕〔*into*〕：～ wine ***into*** a decanter 把酒裝入玻璃酒瓶中。**2**〔十受十介十(代)名〕使〈人，心中〉**充滿**〔感情〕〔*with*〕：The sight ～*ed* his heart ***with*** anger. 那情景使他怒火中燒。**3**〔十受〕**a 塡滿，**佔滿，塞滿〈場所、空間〉；〈煙、氣味等〉充滿，瀰漫〈場所〉《★常用被動語態，介系詞用 *with*》：Smoke ～*ed* the room. 那個房間煙霧瀰漫/The crowd ～*ed* the hall. 廳裏擠滿了人/Sorrow ～*ed* my heart. ＝My heart *was* ～*ed* ***with*** sorrow. 悲痛充塞我的心；我的心充滿悲傷/Life *is* ～*ed with* paradoxes and dilemmas. 人生充滿了種種矛盾與困境。**b** 塡滿，塡塞，堵塞〈洞穴、空缺處〉；塡補〈牙齒〉：I had my decayed tooth ～*ed* by the dentist. 我請牙醫塡補我的蛀牙/The position is not yet ～*ed*. 那個職位還沒有人遞補[還空著]。**4 a**〔十受〕塡飽〈人〉的空腹，使〈人〉滿足；塡〈肚子〉：The meal failed to ～ him. 那一餐沒有塡飽他(的肚子)。**b**〔十受十介十(代)名〕〔以食物等〕使〈人〉滿足〔*with*〕：～ one's guest ***with*** a good meal 以美食使客人滿足。**5**〔十受〕**a** 滿足〈要求等〉，供應〈需求〉：～ an order for a shipment of coffee 供應咖啡的訂貨。**b** 履行〈約定等〉：～ an engagement 履行約定。**c** 配〈藥方〉。**6**〔十受(十副)〕〈風〉使〈帆〉張滿〈*out*〉.

—*v.i.* **1 a** 滿，充滿：The room did not ～ after all. 那個房間還是沒有客滿。**b**〔十介十(代)名〕充滿〔…〕〔*with*〕：Her eyes ～*ed* ***with*** tears. 她的眼裏充滿了淚水。**2 a**〔動(十副)〕〈帆〉張滿〈*out*〉. **b**〔動(十介十(代)名)〕〈帆〉〔因風而〕張滿〔*with*〕：The sails ～*ed* (***with*** the wind). 帆(因風而)張滿。

fill ín 《*vt adv*》(1)塡塞〈洞穴〉；塡滿；塡充：～ *in* the time 把時間排[佔]滿。(2)〔以…〕塡滿〈空處〉〔*with*〕：*F*～ *in* the blanks in the following sentence (*with* suitable words). (以適當的字)塡寫下面句子的空白處。(3)塡寫〈文件等〉；插入：～ *in* a form 塡寫表格。(4)《口語》對〈某人〉詳細說明〔…事〕；詳細告訴〈某人〉〔…事〕〔*on*〕：He ～*ed* us *in on* the latest news. 他詳細告訴我們最新的消息。**—**《*vi adv*》(5)堵塞。(6)《口語》代替，代理〔某人〕〔*for*〕：She ～*ed in for* me while I had lunch. 我吃中飯時她代替我。

fill óut 《*vt adv*》(1)⇨*v.t.* 6. (2)把〈酒等〉注滿。(3)《美》塡寫〈表格、文件等〉，塡滿〈空處〉：～ *out* an application 塡寫申請書。**—**《*vi adv*》(4)⇨*v.i.* 2a. (5)長胖，變豐腴：The children are ～*ing out* visibly. 孩子們明顯地長胖了。

fill úp 《*vt adv*》(1)把…裝滿，使…客滿。(2)給〈汽車〉裝滿汽油[燃料]：*F*～ it [her] *up*. 給汽車裝滿汽油。(3)把…裝滿[堵塞]；把〈池塘等〉塡滿：The heavy rain is ～*ing up* the reservoir fast. 豪雨正使蓄水池迅速漲滿。(4) ＝FILL in (2)《★《英》非標準用法》。**—**《*vi adv*》(5)變滿。(6)〈池塘等〉〔因…而〕漲滿〔*with*〕.

—*n.* **1** [**a** ～] (容器的)滿量〔*of*〕：*a* ～ *of* tobacco 一煙斗的煙草。**2** [**one's** ～]盡量，盡情，飽滿，充分：drink [eat, have, take] one's ～ 盡量喝[吃]/grumble one's ～ 滿腹牢騷/weep one's ～ 盡情地哭/have one's ～ *of* sorrow 備嘗辛酸，飽經憂患/have had one's ～ *of*... 飽嘗…，對…生膩/take one's ～ *of* rest 充分休息。

fíll·er *n.* **1** 🄲塡充者；塡料，塡充物。**2** 🅄[又作 **a** ～] **a** (報紙、雜誌的)補白。**b** (電影的)補白短片。**c** (爲增加重量等的)混雜物，塡塞物。**d** (粉刷前塡塞孔隙或粗糙平面用的)塡料。

fil·let [ˋfɪlɪt; ˈfilit] *n.* 🄲 **1** (束髮或裝飾用的)細長帶子，髮帶，絲帶。**2 a** (牛等肋骨與腰骨間的)上等肉，里肌。**b** (沒有魚骨的)魚切片。

—*v.t.* **1** 繞絲帶於…，用帶子束〈髮〉。**2 a** 從…切取肉片。**b** 切〈魚〉成片。

fillet 1

fíll-in *n.* 🄲 **1** 代替之人[物]。**2** 摘要；扼要的說明。

fíll·ing *n.* 🅄🄲 **1** (餡餅、水果餅、三明治等的)餡；裝塡物。**2** (補牙的)塡充材料。

—*adj.* 〈飲食等〉塡飽肚子的，積存於胃的：a ～ meal 積存於胃的食物。

fílling stàtion *n.* 🄲(汽車)加油站，供油處(《美》gas station,《英》petrol station).

fil·lip [ˋfɪləp; ˈfilip] *v.t.* **1** 用手指彈〈某物〉；用手指彈去；以手指敲擊。**2** 刺激，喚起，激起：～ one's memory 喚起某人的記憶。

—*v.i.* 彈指，以指彈擊。

—*n.* 🄲 **1** 彈指：make a ～ 用手指彈。**2** 刺激[提神]的東西：A few jokes will add a final ～ to your speech. 幾句笑話會給你的演說結尾添些生氣。

fil·ly [ˋfɪlɪ; ˈfili]*n.* 🄲 **1**(未滿四歲的)小雌馬(⇨ horse 相關用語)。**2**《口語》頑皮姑娘，活潑的小姑娘。

‡**film** [fɪlm; film] «源自古英語「膜」之義» **—***n.* **A 1** 🅄[又作 **a** ～](形成於表面的)**薄層，**薄皮，薄膜〔*of*〕：a ～ *of* oil on the water 水面上的一層油/a ～ *of* dust 一層灰塵。**2** 🄲細絲；(飄浮在空中的)蜘蛛絲。**3** 🄲 **a** (眼睛的)薄翳。**b** 朦朧；薄霧：the ～ of early twilight (太陽初下的)薄暮，黃昏。

—B 1 🅄[指個別時爲🄲]**軟片，膠捲**：a roll of ～ 一捲軟片。**2**《英》**a** 🄲**電影，**影片(⇨ movie 2 比較)：a silent ～ 無聲電影，默片/a sound ～ 有聲電影/shoot a ～ 拍攝電影[影片]。**b** [**the** ～**s**；集合稱]電影業，電影界。

—*adj.* [用在名詞前]電影的：a ～ actor [actress] 電影男演員[女演員]/a ～ fan 影迷/a ～ star 電影明星/a ～ version (小說等)改編爲電影者，電影版。

—*v.t.* **1 a**〔十受〕把…覆以薄皮。**b**〔十受十介十(代)名〕〔以某物〕成薄膜狀地覆蓋…〔*with*〕：The pond was ～*ed* ***with*** algae. 藻類植物成薄膜狀地覆蓋著池塘[池塘上覆蓋著一層薄膜狀的藻類植物]。**2**〔十受〕拍攝…。**3**〔十受〕《電影》把〈小說等〉拍成電影：They have ～*ed* most of Shakespeare's plays. 他們已經把莎士比亞大部分的戲劇拍成電影。**—***v.i.* **1 a**〔十副〕被覆以薄皮；起一層薄膜；變模糊，變朦朧〈*over*〉：The scene ～*ed* ***over***. 景色變成一片朦朧。**b**〔十副十介十(代)名〕〔被…〕成薄膜狀地覆蓋著；〔因…而〕變模糊，變朦朧〈*over*〉〔*with*〕：The water ～*ed* ***over with*** ice. 水面上被一層薄冰覆蓋著。**2 a** 製作電影。**b** [與 well 等狀態副詞連用] 適於拍成電影：This story will ～ well [ill]. 這個故事適於[不適於]拍成電影。

fílm·a·ble [ˋfɪlməbḷ; ˈfilməbḷ] *adj.* 〈故事、小說等〉適於拍成電影的。

fílm·dom [ˋfɪlmdəm; ˈfilmdəm] *n.* 🅄🄲電影業；電影界。

fílm·gòer *n.* 《英》＝moviegoer.

fílm lìbrary *n.* 🄲影片圖書館。

fílm màker *n.* 🄲 **1** 電影製作人，製片家；電影導演。**2** (照片之)軟片製作者。

fílm pàck *n.* 🄲《攝影》盒裝軟片[膠捲]。

fílm stòck *n.* 🅄尚未使用的電影膠捲。

fílm·strìp *n.* 🅄[指個別時爲🄲]幻燈片《教學用的影片，通常爲 35 釐米》。

fílm tèst *n.* 🄲試鏡《甄選電影演員的鏡頭篩選》。

film·y [ˋfɪlmɪ; ˈfilmi] «film 的形容詞» **—***adj.* (**film·i·er**；**-i·est**) **1** 〈布等〉非常薄的，薄膜似的：～ ice 薄冰。**2** 薄霧般的，朦朧的：～ clouds 薄雲。

fil·ter [ˋfɪltɚ; ˈfiltə] «源自拉丁文「毛氈」之義；由於毛氈被用於過濾，故云»**—***n.* 🄲 **1** (液體、氣體等的)**過濾器[裝置]，**濾水器。**2** 過濾用多孔性物質《有過濾作用的布、木炭、砂石等》。**3**《攝影》濾光鏡，濾色片。

—*v.t.* **1**〔十受〕過濾〈東西〉。**2**〔十受十副〕濾除〈東西〉〈*out, off*〉：He ～*ed* ***out*** [***off***] all the dirt in the water. 他濾除水中所有的污物。**—***v.i.* **1**〔十副詞(片語)〕**a** 〈液體等〉滲出；〈光等〉漏出，透過：The water ～*ed through* the sandy soil and *into* the well. 水滲透砂土而流入井裏/Sunlight ～*ed in through* the dusty window. 陽光從滿是灰塵的窗子透進去。**b** 〈思想等〉滲入：These new ideas were ～*ing into* their minds. 當時這些新思想正滲入他們的心裏。**2**《英》〈車子〉(在交叉路口時，直進方向的交通號誌爲紅燈時)依照綠色燈號指示的方向左轉[右轉]。

fil·ter·a·ble [ˋfɪltərəbl; ˈfiltərəbl] *adj.* 可過濾的：a ～ virus 濾過性病毒。

fílter cènter *n.* Ⓒ資料處理中心；情報整理站。

fílter pàper *n.* Ⓤ濾紙。

fílter tìp *n.* Ⓒ(香煙的)濾嘴；濾嘴香煙。

fílter-típ(ped) *adj.* 〈香煙〉附有濾嘴的。

filth [fɪlθ; filθ] *n.* Ⓤ **1** 污物；污穢，骯髒。**2 a** 猥褻[下流]的話[讀物]，齷齪的想法[念頭]。**b** 道德敗壞。

filth·y [ˋfɪlθɪ; ˈfilθi] **《filth 的形容詞》—*adj.*** (**filth·i·er**；**-i·est**) **1** 不潔的，污穢的，髒的，醜惡的：The kitchen is absolutely ~. 廚房骯髒不堪。**2** 淫猥的，下流的，猥褻的：~ pictures [gestures] 猥褻的照片[動作]。**3** 卑鄙的，卑劣的。**4** 《英口語》〈天氣〉惡劣的。**filth·i·ly** [-θəlɪ; -θili] *adv.* **-i·ness** *n.*

fílthy lúcre *n.* Ⓤ《謔》金錢(money)《★出自聖經的「提摩太書」》。

fil·tra·ble [ˋfɪltrəbḷ; ˈfiltrəbl] *adj.* ＝filterable.

fil·trate [ˋfɪltret, ˋfɪltrɪt; ˈfiltreit] *v.t.* & *v.i.* 過濾；濾清。
—*n.* Ⓤ濾過的水[液體]。

fil·tra·tion [fɪlˋtreʃən; filˈtreiʃn] *n.* Ⓤ過濾；濾清。

fin [fɪn; fin] *n.* Ⓒ **1** (魚的)鰭：an anal [dorsal, pectoral, ventral] ~ 尾[背，胸，腹]鰭。**2** (海豹、企鵝等的)鰭狀器官。**3** (潛水使用的)蛙鞋。**4** 《航空》(飛機的)直尾翅，安定翼。**5** 《航海》(潛水艇等的)水平舵，鰭板。

Fin [fɪn; fin] *n.* ＝Finn.

fin·a·ble [ˋfaɪnəbḷ; ˈfainəbl] *adj.* 〈行爲、罪行等〉可[該]罰款的。

fi·nal** [ˋfaɪnḷ; ˈfainl] **《源自拉丁文「末尾的」之義》—*adj. (無比較級、最高級) **1** [用在名詞前]**最終的**，最後的(⇨ last¹【同義字】)：the ~ edition (當日報紙的)末版/the ~ round 最後一回合[一局]，決賽。**2** 決定性的；終極的：the ~ aim 終極的目的/the ~ ballot 決選投票《候選人均未達到法定票數時，對得票最多者進行再度投票以決定當選人》/the ~ cause 《哲》究因《亞里斯多德所提倡的運動四原因之一，即表示事物爲何存在的目的，可視爲促進事物存在、生成、行爲的原因之一》。**3** 《文法》表示目的的：a ~ clause 目的子句《如：We eat *so that we may live.*》。
—*n.* Ⓒ **1 a** 最後的東西。**b** (當日報紙的)末版。**2** [常 ~s]《運動》決賽：run [play] in the ~*s* 參加賽跑[比賽]決賽/⇨ semifinal 1, quarterfinal 1. **3** [常 ~s]《口語》(大學等的)期末考試，期考(⇨ examination【相關用語】)。

fi·na·le [fɪˋnɑlɪ; fiˈnɑːli] **《源自義大利語》—*n.*** Ⓒ **1** 《音樂》末章，終曲。**2** 《戲劇》最後一幕，終場。**3** 終局；大團圓。

fí·nal·ist [-nḷɪst; -nəlist] *n.* Ⓒ決賽選手。

fi·nal·i·ty [faɪˋnælətɪ; faiˈnæləti] **《final 的名詞》—*n.*** **1** Ⓤ最後；定局；結局，完結：with an air of ~ 以決定性的[斷然]態度/speak with ~ 斬釘截鐵地說，斷言。**2** Ⓒ最後的事物，最後的言行。

fi·na·lize [ˋfaɪnḷˏaɪz; ˈfainəlaiz] *v.t.* 使〈計畫等〉完成，使…結束，使…終了。

***fi·nal·ly** [ˋfaɪnḷɪ; ˈfainəli] *adv.* (無比較級、最高級) **1 a** [常置於句首]**最後**：*F*~ I shall say a few words on the subject of politics. 最後我要就政治問題講幾句話。**b** 終於：He ~ confessed his crime. 他終於認罪了。**2** 完全地；決定性地：The matter is not yet ~ settled. 那個問題還沒有完全解決。

fi·nance** [fəˋnæns, ˋfaɪnæns; fiˈnæns, ˈfai-] **《源自古法語「支付」之義》—*n. **1** Ⓤ **a** (尤指國家的)**財政**，財務：public ~ 國家財政/the Ministry [Minister] of *F*~ 財政部[部長]。**b** 財政學。**2** [~s]財源，財力，歲入。
—*v.t.* [十受]融通[供給]資金給…；給予…融資，資助。

fínance bìll *n.* Ⓒ撥款法案，財政法案。

fináncé còmpany *n.* Ⓒ貸款公司《尤指貸款供分期付款購物者》。

fi·nan·cial** [fəˋnænʃəl, faɪ-; fiˈnænʃl, fai-] **《finance 的形容詞》—*adj. (無比較級、最高級)**財政(上)的**，財務的；金融界的：~ ability 財力/the ~ world 金融界/the ~ condition of a company 公司的財務狀況/the ~ situation 財務狀況/a ~ crisis 金融危機/~ difficulties 財政困難/~ resources 財源。

fi·nán·cial·ly [-ʃəlɪ; -ʃəli] *adv.* 財政上。

fináncial yéar *n.* Ⓒ《英》會計年度(《美》fiscal year)《★英國政府爲 4 月 1 日至翌年 3 月 31 日止，稅務爲 4 月 6 日至翌年 4 月 5 日止》。

fi·nan·cier [ˏfɪnənˋsɪr, ˏfaɪnən-; faiˈnænsiə, fiˈn-] *n.* Ⓒ **1** 財政家，理財家；財務官。**2** 金融業者，資本家。

fín·bàck *n.* Ⓒ《動物》長鬚鯨。

finch [fɪntʃ; fintʃ] *n.* Ⓒ[常構成複合字]《鳥》雀科鳴禽統稱：⇨ bullfinch, chaffinch.

‡find [faɪnd; faind] (**found** [faund; faund]) *v.t.* **1** (努力)**找出**《★【用法】通常不用進行式，但可用於强調反覆、進行》：**a** [十受](尋找而)找到〈人、東西〉；尋獲〈遺失的東西等〉：~ the right man for a job 尋找某項工作的適當人選/Have you *found* your car key? 你找到車子的鎖匙了嗎？/The dog was nowhere to be *found.* 到處都找不到那條狗。**b** [十受十受/十受十介十(代)名]把〈東西、人〉找出給〈某人〉；把〈東西、人〉找出[給某人][*for*]：Will you ~ me my tennis racket? ＝Will you ~ my tennis racket *for* me? 請你把我的網球拍找出來好嗎？/Please ~ her what she wants. 請把她所要的東西找出來給她。**c** [十受十do*ing*]發現〈人、東西〉〈在做…〉：We *found* the missing girl wander*ing* about the woods. 我們發現那個失踪的女孩在森林中徘徊。**d** [十受(十副詞(片語))] [~ **one's way**] (辛苦地)前進，抵達，到達：~ one's way *home* alone 獨自一個人抵達家門/We *found* our way *to* the lake. 我們到達湖邊。

2 (研究、調查、計算等而)**發現**《★【用法】作此義解時多半用 find out；⇨ FIND out》：**a** [十受]找出〈答案〉：~ the answer to a problem 找出問題的答案/*F*~ the cube root of 71. 求 71 的立方根。**b** [十 *wh.*__/十 *wh.*十*to* do]查明，想出〈如何(做)…〉：I must ~ *when* the next bus starts. 我必須查一查下一班公共汽車什麼時候開/Please ~ *how to* do it. 請想一想如何做那件事。**c** [十(*that*)__]查出，發現〈…事〉：The doctor *found that* she had cancer in her throat. 醫師發現她有喉癌。

3 (偶然)**發現**：**a** [十受](無意中)發現…；拾得…；碰見…：~ a coin in a field (偶然)在田野間發現[拾得]一枚硬幣/~ a mistake in the book 發現書中一點錯誤/They left everything as they *found* it. 他們使一切東西都保持發現時的原狀《不去動它們》。**b** [十受十補]發現…〈處於某種情況〉：She *found* her baby still asleep. 她發現她的嬰兒還在睡/The soldier was *found* dead in the woods. 那名士兵被發現死在森林中。**c** [十受十do*ing*]發現…〈在做…〉：I *found* him ly*ing* on the bed. 我發現他躺在牀上。**d** [十受十過分]發現…〈被…〉：He *found* a dog abondon*ed* in the wood. 他發現有一條狗被棄於林中。**e** [十受十副詞(片語)]《文語》〈(在…)年、月、日等〉找到〈某人等〉：Two days later *found* me *at* Rome. 兩天後我到了羅馬/Morning *found* him still *in* bed. (到了)早上他還在睡。

4 (由經驗等)**得知**：**a** [十受十介十(代)名][在…]找到[認出]〈…的存在〉；[在…]經驗到〈喜悅、困難等〉[*in*]：I *found* no sense *in* what he said. 我認爲他說的話沒什麼道理/He *found* no difficulty *in* solving the problem. 他覺得解決該問題並無困難/Columbus *found* a warm supporter *in* the Queen. 哥倫布發現王后是位熱心的支持者。**b** [十受十(*to be*)補]認爲…〈是…〉；知道，發覺，覺得…〈是…〉：They *found* his claim reasonable. 他們認爲他的要求是合理的/We *found* it difficult [easy] to do so. 我們覺得那樣做是困難的[容易的]/They *found* the place deserted. 他們發現那個地方人煙絕跡/I called at her house but *found* her out. 我到她家拜訪但發現她不在/"How do you ~ him?"—"We've *found* him (*to be*) the right man for the job."「你覺得他這個人如何？」「我們覺得他是這工作的適當人選。」/She was *found to be* dishonest. 她被認爲不誠實。**c** [十受十 *to* do]發覺〈某事物〉〈做…〉：He *found* the chest *to* contain silver coins. 他發現那口箱子裏裝著銀幣。**d** [十(*that*)__]知道，發覺〈…事〉：I *found that* I was sinking in the mud. 我發覺自己在泥淖中正往下沉/I ~ (*that*) it pays. 我發覺它划得來[合算]/I'm sorry, I ~ *that* I can't help you. 很抱歉，我發覺自己無法幫助你。

5 [~ one*self*]：**a** [十受十補]發現〈自己〉〈在…狀態[場所]〉；發覺〈…情形〉：~ *oneself* alone 發覺自己是獨自一人/~ *oneself* in a dilemma 發覺自己進退[左右]爲難/After walking two or three hours they *found themselves* in a small village. 走了兩三個小時後，他們來到一個小村莊/How do you ~ *yourself* today? 你今天覺得怎樣？**b** [十受十do*ing*]發覺〈自己〉〈在做…〉：I *found myself* ly*ing* in my bedroom. 我發覺自己躺在臥室裏。**c** [十受十*as*補]發現〈自己〉〈有做…的能力〉，發現〈自己〉〈適合做[適得其所於]…〉：At last he *found himself as* a cook. 最後他發現自己適合做廚師。**d** [十受(十介十(代)名)]自理[衣食住等][*in*]：£20 a day and ~ *yourself* (*in* clothes). 日薪二十英鎊，膳宿自理[服裝費自理]《★雇用條件》。

6 [十受十副詞(片語)][以 one, you 爲主詞或用被動語態](在…)可找到…，(知道)(在…)有…，存在…《★【用法】意義減弱可變成表示近於「存在」之意的 there is [are]... 的構句》：Lions *are found in* Africa. 非洲有獅子《★【變換】可換寫成 There are lions in Africa.》/You ~ this plant everywhere *in* Japan. 你在日本到處都可看到這種植物。

7 [十受] **a** (設法)取得〈必需品〉；找出〈時間、金錢等〉；鼓起〈勇氣等〉：~ the capital for a new business 找到創業的資金/~ (the) time [courage] to do it 找出時間[鼓起勇氣]做那件事。**b** 獲得；擁有〈想要的東西〉：⇨ find FAVOR with a person/The idea *found* general acceptance. 那種想法普遍被接受/The new product will ~ a lot of buyers. 那個新產品會找到很多買主。**c** 獲得[恢復]〈器官〉的功能，變成可使用…：~ one's

F

feet ⇨ foot 成語(2)/⇨ find one's TONGUE/The young bird *found* its wings. 小鳥學會使用雙翼[會飛了]。
8〔十受〕〈東西〉到達；打中〈目標等〉；流到…：The arrow *found* its target. 那支箭中靶/Water *~s* its own level. 水往低處流。
9 a〔十受(十介十(代)名)〕供給〔人〕〈衣食、資金等〉〔*for*〕：Who will ~ the food **for** those workmen？誰將供給那些工人伙食？/Wages £50 a week all *found*. 每週工資五十英鎊包膳宿《★常用 found 的說法；⇨ all found ⇨ find 成語》。**b**〔十受十介十(代)名〕供給〈某人〉〔東西〕〔*in*〕：They ~ the soldiers **in** uniforms. 他們供給士兵制服。
10《法律》**a**〔十受十補〕〈陪審團等〉判決，判定〈某人〉〈爲…〉："How do you ~ the accused？"—"We ~ him guilty [not guilty, innocent]."「你們如何判定被告？」「我們判定他有罪[無罪]。」**b**〔十(*that*)__〕裁決，判定〈爲…〉：The jury [court] *found that* the accused was not fit to plead. 陪審團[法庭]判定被告不適於答辯。**c**〔十受〕宣布〈判決等〉：~ a verdict of guilty 宣判有罪。
—*v.i.* **1** 發現，尋得，找到：Seek, and ye shall ~. 尋找，你就會找到《★出自聖經「馬太福音」》。**2**〔十介十(代)名〕《法律》〈陪審團〉作[對…有利的]判決〔*for*〕；作[對…不利的]判決〔*against*〕：The jury *found* **for** [***against***] the defendant. 陪審團作有利[不利]於被告的判決。
áll fóund (受雇者除薪資外)供應食宿《等》(cf. *v.t.* 9 a)：Wages 100 dollars *and all found* 工資一百美元另供膳宿。
fínd it in one's **héart** [**onesèlf**] **to dó** ⇨heart.
fínd óut《*vt adv*》(1)〔~十out十*n.*〕(經過調查等)發現，找出…；想出〈答案等〉；解開〈謎〉《★[比較]find out 指因調查、觀察結果而發現，不用於尋找而找到〈人、東西〉的情形；cf. find *v.t.* 1》：~ *out* a person's address 查出某人的住址。(2)〔十(*that*)__〕查知，發現〈…事〉：I *found out that* prices are higher in the city. 我發現城市裏的物價較高。(3)〔十*wh.*__/十*wh.*十*to* do〕查出，找出，發現〈(在)何處(做…)〉：We *found out where* he lives. 我們查出他住在何處。(4)〔~十受十out〕看出…的眞面目[眞正意思]；找到〈犯人〉；識破〈不法之事，罪行〉。(5)〔~十受十out〕〈罪行等〉揭露〈其本人〉，使…受懲罰[報應]：His sin(s) will ~ him *out*. 他會因自己的罪受懲罰《★出自聖經「民數記」》。(6)《美》找到〈親戚等〉。**—**《*vi adv*》(7)找出。(8)查明〔關於…的〕事實[眞相]〔*about*〕：go to the library to ~ *out about* lions 到圖書館去查明有關獅子的資料。
—*n.* Ⓒ **1 a**(財寶、礦泉等的)發現：have [make] a great ~ 有大發現；找到意外的貴重物品。**b**《英》《獵》發現狐狸。**2**發現的東西《尤指有價值或有趣者》，掘獲物，拾得的東西；受注目的人：That restaurant was a real ~. 找到那家餐館眞是一大發現。
fínd·er *n.* Ⓒ **1** 發現者，拾者，尋得者〔*of*〕：*Finders* (are) keepers.《口語》拾得的東西就是自己的。**2** (照相機的)取景器；(望遠鏡等的)尋星鏡。**3** (方向的)定向器；(距離的)測距器。
fin de siè·cle [fædəˈsjɛklə; ˈfændəsiːˈeklə] «源自法語 'end of the century' 之義»**—*n.*** [**the** ~] (法國等在文藝方面表現强烈頹廢傾向的)(十九)世紀末(cf. ninety 2 b).
—*adj.* [用在名詞前]世紀末的，頹廢的。
find·ing [ˈfaɪndɪŋ; ˈfaindiŋ] *n.* **1 a** Ⓤ**發現**：*Finding*'s keeping. 拾得的東西就是自己的。**b** Ⓒ[常 ~s]發現[拾得]的東西。**2** Ⓒ[常 ~s] **a** 調查[研究]的結果；觀察的結果。**b**《法律》(法院的)事實認定，(陪審團的)判決。**3** [~s]《美》(職業用的)各種工具、材料、附屬品：shoemakers' *~s* 鞋匠的材料《皮革除外》。
‡**fine**[1] [faɪn; fain] «源自拉丁文「完成的，完工的」之義»**—*adj.*** (**fin·er**；**-est**) **A 1 a**[用在名詞前]**美妙的**，美好的，堂堂的；(技術)高超的，優秀的，傑出的：a ~ man 儀表堂堂的人/a ~ play 妙技/a ~ specimen 優良的標本/a ~ musician 傑出的音樂家。**b** 令人滿意的，無毛病可挑的；快樂的，(感覺)美好的：have a ~ time 過一段快樂[愉快]的時光/That's ~. = *F*~. 那樣就可以了；好極了。**c** [用在名詞前][常作諷刺的反語]很好(但不正實)的：That's a ~ excuse to make. 那是個很好聽的藉口，好一個藉口《不實的辯解》/A ~ friend you are！你眞是夠朋友！
2〈天氣〉**晴朗的**，晴天的，好天氣的：~ weather 晴天/It's very ~, isn't it？天氣很好，不是嗎？/one ~ day [morning] 一個晴朗的日子[早晨]《★[用法]講故事的老套用法，fine 幾乎沒什麼意義》/one of these ~ days ⇨ day 2 b.
3(無比較級、最高級)[不用在名詞前]《口語》**a**〈人〉**很健康的**，精神好的："How are you?"—"*F*~, thank you."「你好嗎？」「很好，謝謝你。」**b**〔十介十(代)名〕〈房子、環境等〉〔對…〕舒適的，有益健康的〔*for*〕：This house is ~ **for** us. 這房子適合我們住。
4 a 高尚的，優雅的；高貴的，德高望重的：a man of ~ manners 風度優雅的人/a ~ character 品德高尚的人。**b** 裝出優雅的，附庸風雅的。
5 a〈衣服等〉**美麗的**，漂亮的；服裝華麗的：~ clothes 美麗的衣服，華服/You're looking very ~ today. 你今天看起來眞漂亮。**b**〈措詞、文章等〉華麗的，過分虛飾的：~ writing 華麗的作品《寫作》/say ~ things about... 對…美言[說恭維話]。
6 a〈外觀、形狀等〉**體面的**，**好看的**：a ~ young man 英俊的年輕人。**b** 雄偉的，廣大的：a ~ view 美麗的景色，壯麗的景觀。
7 [用在名詞前] **a** 上等的(品質)；精製的：~ tea 上等的茶/~ sugar 精製的糖。**b** 純度高的，純粹的〈貴金屬〉：~ gold 純金。
—B 1 a 微細的：~ dust [powder] 微塵[細粉]/a ~ rain [snow] 細雨[雪]。**b**〈布料〉質地細密的；〈皮膚〉細嫩的：~ lace 網眼細緻的花邊/a ~ skin 細嫩的皮膚。**2 細的，細長的，纖細的**：a ~ pen 筆尖細的鋼筆/a ~ pencil 畫細線用的鉛筆/~ thread [wire] 細線[鐵絲]。**3 a**〈感情等〉**細膩的**：a ~ sense of humor 能瞭解幽默的敏銳感覺，善於領會幽默。**b**〈差別、操作等〉細微的，微妙的；〈工藝等〉精巧的：a ~ distinction 細微的差別/~ tuning (收音機、電視機等的)微調。**4**〈氣體等〉稀薄的：~ gas. 稀薄的氣體。**5 a**〈物之尖端〉銳利的：a ~ edge [point] 鋒利的刀口[刀尖]。**b** 敏銳的：a ~ ear 敏銳的耳朵。
áll vèry fíne ⇨ all *adv.*
fíne and [强調接在後面的形容詞]非常，很：~ *and* eloquent「非常雄辯的。」
fíne and dándy (1)好極的，很棒的。(2)好，沒有問題。
nòt to pùt tóo fíne a póint upòn [**on**] **it** 直截了當地說，開門見山地說。
—*adv.* (**fin·er**；**-est**) **1**《口語》很好地，巧妙地，精巧地：talk ~ 說得好/It'll do you ~. 它會讓你完全派上用場/It worked ~.《美》它很有效[管用]。**2** [構成複合字] **a** 細密地：⇨ fine-spun. **b** 很好地，巧妙地：*fine*-spoken 能言善道的。**3** 細細地：cut the vegetables ~ 把蔬菜切細。**cút** [**rùn**] **it fíne** ⇨ cut, run.
—*v.t.* (**fined**；**fin·ing**)〔十受十副〕**1** 使…變細，使…細小〈*down*〉. **2** 將〈金屬等〉精製，精鍊；使〈文章、計畫等〉更精確〈*down*〉：He *~d* ***down*** his proposal to the bare essentials. 他把提案精縮到只剩必要的部分。
—*v.i.* 〔十副〕變細(小)；逐漸變小〈*down*〉.
~·ly *adv.* **~·ness** *n.*
fine[2] [faɪn; fain] «源自拉丁文「終了」之義»**—*n.*** **1** Ⓒ**罰金**，罰款，罰鍰。**2** Ⓤ《古》終了《★僅用於下列成語》。**in fíne**《文語》最後，總而言之。
—*v.t.* **1**〔十受十介十(代)名〕〔以…理由〕對〈人〉科以罰鍰，對〈人〉處以罰金〔*for*〕：~ a person **for** speeding 以超速違規而對某人科以罰金。**2**〔十受十受(十介十(代)名)〕〔以…理由〕對〈人〉科以〈某金額〉的罰款〔*for*〕：The magistrate *~d* him 30 pounds **for** drunkenness. 治安法官以酗酒的罪名處他罰鍰三十英鎊/He was *~d* $50. 他被罰款五十美元。
fi·ne[3] [ˈfine; ˈfiːnei] *n.* Ⓒ《音樂》終結。
fine·a·ble [ˈfaɪnəbl; ˈfainəbl] *adj.* = finable.
fíne árt *n.* **1** Ⓤ[集合稱]美術品。**2** [**the** ~s]美術《繪畫、雕刻、工藝、建築等》。
fíne-dráwn *adj.* [用在名詞前] **1** 縫合的〈綻線等〉。**2** 抽成極細的〈鐵絲等〉。**3** 極爲細密的〈議論等〉。
fíne-gráined *adj.* [用在名詞前] **1** 紋理細密的。**2**《攝影》有微粒的〈軟片〉。
fíne prínt *n.* **1** Ⓤ細字印刷，小鉛字。**2** [**the** ~] (契約書等的)細字部分《尤指記載對訂立契約者不利條件等的注意事項》。
fin·er·y [ˈfaɪnərɪ; ˈfainəri] *n.* Ⓤ **1** 華麗的衣服。**2** [集合稱]華麗的服裝，華麗的裝飾品。
fines herbes [ˈfinˈɛrbz, ˈfinˈɝbz; ˌfiːnzˈɛəb] «源自法語»**—*n. pl.*** 《烹飪》用香菜、山蘿蔔、蝦夷葱等切碎混合而成的一種調味料。
fíne-spún *adj.* **1** 細紡的。**2** 纖細的，纖弱的。**3**〈學說、議論等〉細密的，過於精細而不切實際的。
fi·nesse [fəˈnɛs; fiˈnes] «源自法語 'fineness' 之義»**—*n.*** Ⓤ **1 a** 巧妙的處理，技巧，手腕[手法，手段]的高超。**b** 詭謀；策略：the ~ *of* love 戀愛手腕。**2**《紙牌戲》偸牌《保留好牌，以較小的牌去贏牌的手法》。
—*v.t.* **1**〔十受十副詞(片語)〕用策略[手段]獲致…，用巧計贏得…：He *~d* his way *through* the exam. 他用巧計通過考試。**2**《紙牌戲》偸〈對方的好牌〉。**—*v.i.*** 《紙牌戲》偸牌。
fíne-tòoth-cómb *v.t.* 仔細搜查；徹底檢查。
fíne-tòoth(ed) cómb *n.* Ⓒ細齒梳子。
gò óver [**thróugh**] **...with a fíne-tooth(ed) cómb** ...仔細[徹底]調查[研究，推敲]…。
fíne-túne *v.t.* 仔細調節…，細調…。
‡**fin·ger** [ˈfɪŋgɚ; ˈfiŋgə] *n.* Ⓒ **1 手指**：He has more wit in his little ~ than I've ever seen you display. 他遠較你有智慧《★蔑視對方的說法》。

【說明】通常指拇指(thumb)以外的其他四指之一；脚趾稱 toe；用手指數數時，我們由大拇指起依序屈指，英美則相反，先握拳頭，由小指或大拇指依序向前伸出；⇨ hand 插圖。

2 (手套的)手指部分。**3 a** 指狀物：a ~ of black smoke 一股黑

煙。**b** (糕點等的) 指狀小片。**c** 指示物。**d** (鐘錶、計量器等的) 指針。**4** 指幅《測量液體等深度的單位；約爲¾吋》。
be [féel] áll fíngers and thúmbs ⇨ thumb.
búrn one's fíngers (多管閒事而) 引火上身。
cróok one's fínger 《口語》彎手指《有事叫人過來時所作的屈指「動作」》。
cróss one's fíngers (爲避災難等而) 將中指彎曲重疊在食指上；祈求好運：I kept [had] my ~s *crossed* until the exam grades were reported. 考試成績未發表以前我一直在祈求自己能過關。
One's fíngers are áll thúmbs. 某人非常笨拙[笨手笨脚]。
hàve a fínger in the [évery] píe ⇨ pie.
hàve...at one's fínger's tips [ènds] =have...at one's FINGERTIPS.
hàve one's fíngers in the tíll 《口語》偷自己工作店裡的錢。
hàve [gèt] one's fíngers búrnt =burn one's FINGERS.
láy one's fíngers on ... =put one's FINGERS on.
lóok through one's fíngers at ... 偷看…，假裝沒看見…。
nót láy [pút] a fínger on... 不插手管[不干涉]〈某人〉，不觸犯：I won't let you *lay a* ~ *on* him. 我怎麼也不會讓你插手管他的事[我不許你動他一根毫毛]。
nót lift [ráise, stír] a fínger 毫不努力，不採取任何行動。
púll one's fínger óut 《俚》(重新) 開始努力工作。
pút one's fínger on... (1)明確地指出[追究]〈原因等〉。(2)親自動手做…。
pút the fínger on... 《俚》(1)(向警方) 指認，密告〈兇手、犯人〉。(2)指定〈某人〉(爲被殺的對象)；指明〈某地〉(爲犯案場所)。
slíp through a person's fíngers (1)從指間滑落。(2)失去〈機會、金錢等〉：I let the chance *slip through* my ~s. 我讓機會從我指間溜掉《我白白錯過機會》。
snáp one's fíngers (1)(彈指作響) 引起人[服務生(等)]的注意。(2)蔑視，輕視〔…〕〔*at*〕.
twíst [túrn, wínd] a person (a)ròund one's líttle fínger 把某人玩弄於股掌之上，任意操縱[支配]某人，完全控制某人。
wórk one's fíngers to the bóne 《口語》拚命工作，不停地工作。
—*v.t.* **1** 〔十受〕用手觸摸[玩弄]…：Please don't ~ the goods. 請勿觸摸這些物品。**2 a** 〔十受十副詞(片語)〕用(…的) 指法彈奏〈曲子〉。**b** 〔十受〕在〈樂譜〉上加符號指示運指法。**3** 〔十受十*as* 補〕指出…〈爲…〉：Air pollution has been ~*ed as* the cause of acid rain. 空氣污染已被指明爲造成酸雨的原因。
—*v.i.* **1** 〔十介十(代)名〕(用手指) 翻〔…〕〔*through*〕：She ~*ed through* the documents. 她翻動那些文件。**2** 〈樂器〉用手指彈奏：His trumpet doesn't ~ as well as mine. 他的喇叭不像我的那樣好吹奏。

fínger àlphabet *n.* Ⓒ(聾啞者使用的) 手語字母。
fínger·bòard *n.* Ⓒ(小提琴、吉他等頸部的) 指板 (⇨ violin 插圖)。
fínger bòwl *n.* Ⓒ洗指碗《吃完甜點(dessert) 後洗手指用的盛水小碗》。

finger bowl

fín·gered *adj.* **1** 〔常構成複合字〕手指…的，有…手指的：long-*fingered* 長手指的 / ⇨ light-fingered. **2** 《植物》指狀的〈果實、根〉；掌狀的〈葉等〉。**3** 《音樂》記有運指記號的〈樂譜〉。
fínger hòle *n.* Ⓒ **1** (電話撥號盤上的) 指孔。**2** 《音樂》(木管樂器的) 指孔，管側孔。
fín·ger·ing [-gərɪŋ; -gəriŋ] *n.* Ⓤ **1** 手指的觸摸[撫弄]。**2** 《音樂》運指法；運指記號。
fínger lànguage *n.* Ⓤ(聾啞者所用的) 手語(法)《由 finger alphabet 組合而成的語言》。
fín·ger·ling ['fɪŋgəlɪŋ; 'fiŋgəliŋ] *n.* Ⓒ **1** 極小之物。**2** 長不及一指之魚；魚苗。
fínger màrk *n.* Ⓒ(污穢手指所留下的) 指痕。
fínger·nàil *n.* Ⓒ指甲 (⇨ nail).
to the fíngernails 完全地。
fínger pàinting *n.* **1** Ⓤ指畫法。**2** Ⓒ指畫《用指畫法畫的畫》。
fínger·plàte *n.* Ⓒ(門的) 指板《爲防止指痕污染門而裝在手把與鑰匙孔上下的板》。
fínger·pòst *n.* Ⓒ **1** (指示方向的指形) 路標，指路牌。**2** 指針，指南〔*to*〕.
fínger·prìnt *n.* Ⓒ指紋：take a person's ~s 採某人的指紋。
—*v.t.* 採〈…〉的指紋。
fínger rèading *n.* Ⓤ盲人點字讀法。
fínger·stàll *n.* Ⓒ(皮革、橡膠製的) 指套《用以保護手指傷口及作手工藝等時用》。
fínger·tìp, fínger tìp *n.* Ⓒ指尖。
hàve...at one's fíngertips (1)(爲馬上能利用而) 備有…，手頭掌握著…。(2)精通…，熟知…：He *has* all the relevant facts *at* his ~s. 他熟知一切有關的事實。
to one's [the] fíngertips 完全地，徹底地：a sportsman *to the* ~s 不折不扣的運動員，標準運動員。
—*adj.* 〔用在名詞前〕(從肩部) 垂至大腿中央長度的〈大衣、夾克、面紗等〉。

fin·i·cal ['fɪnɪkl; 'finikl] *adj.* (對文體等) 過於雕琢的，苛求的，過於講究的。~·**ly** [-klɪ; -kəli] *adv.*
fin·ick·ing ['fɪnɪkɪŋ; 'finikiŋ], **fin·i·kin** ['fɪnɪkɪn; 'finikin] *adj.* =finical.
fin·ick·y ['fɪnɪkɪ; 'finiki] *adj.* =finical.
fin·is ['faɪnɪs; 'finis, 'fai-] «源自拉丁文 'end' 之義»—*n.* Ⓤ完結篇，劇終《用於書籍的卷末、電影的片尾等》。
fin·ish ['fɪnɪʃ; 'finiʃ] «源自拉丁文「終結」之義»—*v.t.* **1 a** 〔十受〕做完，做好，完成，結束…：Have you ~*ed* your breakfast? 你吃完早餐了嗎？

【同義字】finish 指完整做好而結束；complete 是從頭到尾地全部結束；end 指終止正在進行的事；conclude 指有結論[結果]地終結或按照預定予以終結。

b 〔十 do*ing*〕做完…《★用法與 begin 的情形不同，不用〔十 *to* do〕的結構》：He ~*ed* read*ing* the book. 他讀完了那本書。
2 〔十受(十副)〕吃[喝]光〈食物、飲料〉；把〈東西〉用完〈*up, off*〉：We've ~*ed* **up** every bit of liquor in the house. 我們把家裏的酒全喝光了/We've ~*ed* **off** the last of our fuel oil. 我們已經用完了最後一滴的燃料油。
3 〔十受(十副)〕給…作(最後的) 一道工作，磨光；修整；潤飾〈*off*〉：His work was finely ~*ed*. 他的作品修飾得很好/She ~*ed* **off** her education at the Sorbonne. 她在梭爾邦大學完成最高的學業[教育]。
4 〔十受(十副)〕《口語》使〈人〉吃不消，筋疲力竭[累壞]〈*off*〉：The swim almost ~*ed* him (**off**). 那次游泳使他累壞了。
5 〔十受十副〕毀滅，幹掉…〈*off*〉.
—*v.i.* **1 a** 結束，終了：When will the play ~? 這齣戲什麼時候演完？**b** 〔(十副)十介十(代)名〕〔以…〕結束，收場〈*up*〉〔*by, with*〕：We ~*ed* **by** sing*ing* [~*ed* **with**] the national anthem. 我們以唱國歌結束(集會等)/I shall ~ **up** *with* a nocturne by Chopin. 我以一首蕭邦的夢幻彈奏曲作爲結束。**2** 〔十介十(代)名〕〔常用完成式〕**a** 〔把東西〕用完，用完〔…〕〔*with*〕：Have you ~*ed* **with** this book? 你讀完這本書了嗎？**b** 結束，終止〔…〕〔*with*〕：I have [am] ~*ed* **with** this foolishness. 我已經不做這種蠢事了。
—*n.* **1** Ⓤ [又作 **a** ~] 終了，終結，最後；結局：fight to the ~ 戰[打]到底/be in at the ~ (在比賽、打架等現場) 留到最後，觀看到最後結果。
2 Ⓤ [又作 **a** ~] **a** 最後的一道工作。**b** (態度的) 完美，文雅：His manners show ~. 他的儀態優雅。**c** (牆壁) 最後的一層塗飾：*a* plaster ~ 最後的一道灰泥粉刷。**d** 磨光，琢磨。

finish 1

fin·ished *adj.* **1 a** 〔用在名詞前〕做完的〈工作〉，完成的〈產品等〉：~ goods 完成品。**b** 〔不用在名詞前〕〈人〉完成[做完]〈工作等〉的：I'm ~ now. 《口語》我現在做完了(工作)。**c** 〔不用在名詞前〕〈事物〉完成的，做完的，結束的：Everything is ~. 一切都結束了。**d** 〔不用在名詞前〕(與人的關係) 斷絕的，絕交的：We're ~. 我們斷絕關係了《★向對方說的話》。**2** (教養等方面) 完善的，完美的，高尚的，優雅的：His poetry displays a ~ style. 他的詩集展現完美的風格。**3** 成爲過去的，垮了台的；已無望的：I am ~. 我完了。
fin·ish·er ['fɪnɪʃə; 'finiʃə] *n.* Ⓒ **1** (做最後潤飾工作之) 完工者；整軋機。**2** 決定性的事件[打擊]。
fín·ish·ing *n.* **1** Ⓤ最後的一道工作《塗飾等》。**2** 〔當形容詞用〕最後修飾[塗飾]的：a ~ coat (油漆等的) 最後一道塗飾/the ~ touch [stroke] 最後的一筆，最後的潤飾。
fínishing schòol *n.* Ⓤ〔指設施時爲Ⓒ〕女子(社交禮儀) 精修學校《略有輕蔑的意味》。

【說明】女子社交禮儀精修學校是一種具有高中或專科學校程度的短期私立學校，針對社交生活上的需要，對於年輕女子施以注重教養、社交禮節、儀表等的教育和訓練。

fínish lìne *n.* Ⓒ(賽跑或賽馬等之) 終點線。
fi·nite ['faɪnaɪt; 'fainait] «源自拉丁文「受限制」之義»—*adj.* **1** 限定的，受限制的；有限的 (↔ infinite). **2** 《文法》限定的：⇨ finite verb. ~·**ly** *adv.* ~·**ness** *n.*

F

fínite vérb *n.* Ⓒ《文法》限定動詞《受主詞的數、人稱、時態、語氣等限制而字形經過變化的動詞》。

fink [fɪŋk; fiŋk] *n.* Ⓒ《美口語》**1** 討厭的傢伙《★對方因小事而說[做]惹人厭的話[事]時年輕人間彼此所用的話》。**2** (警方的)線民，告密者。**3** (工人的)破壞罷工者；工賊。

Fin·land [ˈfɪnlənd; ˈfinlənd] *n.* 芬蘭《介於瑞典與蘇聯之間的一個共和國；首都赫爾辛基(Helsinki)》.

Finn [fɪn; fin] *n.* **1** Ⓒ芬蘭人。**2 a** [the ~s] 芬族《與芬蘭同種或操同類語言的人》。**b** Ⓒ芬族人。

Finn. 《略》Finnish.

fin·nan had·die [ˈfɪnənˈhædɪ; ˌfinənˈhædi] *n.* Ⓒ燻鱈魚。

fínnan háddock *n.* =finnan haddie.

finned [fɪnd; find] *adj.* [常構成複合字]有鰭的。

Finn·ish [ˈfɪnɪʃ; ˈfiniʃ] **《Finland, Finn 的形容詞》**—*adj.* **1** 芬蘭的；芬蘭人[語]的。**2** 芬族的。—*n.* Ⓤ芬蘭語。

fin·ny [ˈfɪnɪ; ˈfini] **《fin 的形容詞》**—*adj.* **1 a** 鰭狀的。**b** 有鰭的。**2**《詩》**a** 魚的：the ~ tribe 魚族。**b** 多魚的。

fiord [fjord, fjɔrd; fjɔːd] *n.* =fjord.

fir [fɝ; fəː] *n.* **1** Ⓒ《植物》**樅樹**《★松科常綠樹，用作耶誕樹》。**2** Ⓤ樅木。

‡**fire** [faɪr; ˈfaiə] *n.* **1** Ⓤ**火**；火焰《★比較 火柴、打火機的「火」是 light》：*F*~ burns. 火燃燒；火使人灼傷/Where there's smoke there's ~.=There is no smoke without ~.《諺》有煙就有火；無火不生煙；無風不起浪。**2** Ⓒ **a** (取暖、烹飪用的)**火、爐火、炭火；篝火**：lay a ~ 堆柴起火，預備生火/make [build] a ~ 生[起]火/blow (up) a ~ 把火煽大/make up a ~ 給火添加燃料/stir the ~ 撥火《使火勢變大》/a false ~ (為誘敵前來而舉的)僞烽火。**b**《英》暖氣爐，放熱器：an electric [a gas] ~ 電[瓦斯]暖爐。**3** ⓊⒸ**失火，火災，火警**：There was a terrible ~ here last year. 去年這裏發生過一場大火災/A ~ broke out last night. 昨夜發生了一場火災/We have many ~*s* in winter. 冬天火災多/the Great *F*~ of London 倫敦大火《1666 年》/ insure one's house against ~ 給房屋投保火險。**4** Ⓤ**火光；閃光，光輝**：a diamond's ~ 鑽石的光輝。**5** Ⓤ **a** 情火；熱情，熱烈；興奮；激怒。**b** 旺盛的想像力；(詩等的)靈感。**6** Ⓤ (生病的)發燒；發炎，炎症。**7** Ⓒ [常 ~s] 考驗，磨練，苦難。**8** Ⓤ (槍砲的)發射，射擊；砲擊，砲火，開槍：Commence ~！《號令》開始射擊！開火！/cease ~ 停止射擊；《號令》停火！/⇨ cross fire 1 / random ~ 亂射 / ⇨ running fire/a line of ~ 彈道，發射方向。

fire 8

betwèen twó fíres 腹背受敵，在兩面夾攻中。

cátch fíre (1)著火：The house *caught* ~. 那棟房子著火了。(2)興奮，狂熱。

fíre and brímstone 火與硫黃；地獄裏的懲罰、磨難，天罰《★出自聖經「創世記」》。

fíre and swórd (戰爭的)燒殺[劫掠]，戰禍。

gó through fíre and wáter 赴湯蹈火，冒一切危險。

háng fíre (1)〈因槍砲的裝藥延遲而〉遲緩發射，發射不出。(2)〈事情〉猶豫不決，耽擱，延遲。

on fíre (1)著火；在燃燒中：When we arrived, the hotel was *on* ~. 我們到達時，旅館正在燃燒/⇨ set...on FIRE (1). (2)興奮著，熱中：He's *on* ~ with rage. 他氣得火冒三丈。

ópen fíre (1)〔對…〕發砲〔*at, on*〕. (2)著手，開始。

pláy with fíre (1)玩火。(2)做危險的事。

púll...óut of the fíre 使〈比賽等〉轉敗為勝，挽回…的頹勢；把〈人〉救出火坑。

sèt...on fíre =**sèt fíre to...** (1)放火焚燒，縱火焚燒…。(2)使…興奮，使…激動。

sèt the Thámes [**wórld**] **on fíre** [常用於否定句]《英》作驚人之舉(以揚名)。

táke fíre (1)著火燃燒。(2)激動起來，興奮。

ùnder fíre (1)在敵人砲火下。(2)受到非難[抨擊]。

—*v.t.* **1 a** 〔十受〕**點燃，放火燒**…：~ a house 放火燒房子。**b** 〔十受(十副)〕給〈爐子〉加添燃料，給〈爐子〉生火〈*up*〉.

2 〔十受〕 **a** 用火燒[焙]…，燒〈磚〉。**b** 用火焙製〈茶葉、菸葉〉：~ tea 焙製茶葉。

3 a 〔十受〕發射〈槍砲、子彈、火箭等〉；使〈炸藥等〉爆炸：~ a shot 開一槍/~ a salute 鳴放禮砲。**b** 〔十受十介十(代)名〕〔對…〕發射〈槍砲、火箭等〉〔*at*〕：The hunter ~*d* bird shot **at** the ducks. 獵人對著野鴨發射(獵鳥用的)小子彈。

4 〔十受十介十(代)名〕〔對…〕連珠砲似地提出〈質問〉，齊加〈抨擊等〉〔*at*〕：~ questions **at** a person 對某人提出連珠砲似的問題。

5 a 〔十受〕激起〈感情〉，刺激，激發〈想像力〉；使…熱中：His exciting adventures ~*d* my imagination. 他那刺激的冒險激發了我的想像力。**b** 〔十受十介十(代)名〕使〈人〉燃起，激起〔感情〕〔*with*〕：The boy was ~*d* **with** the desire to visit the capital. 那個男孩被激起遊覽首都的渴望。

6 〔十受〕《口語》開革，解雇〈某人〉：The cook was ~*d*. 那位廚師被解雇了。

—*v.i.* **1 a** 〈炸藥等〉起火，燃燒。**b** 〈內燃機〉發動，起動。

2 a 發出光輝，發亮，發紅。**b** 發熱，興奮。

3 a 開砲[槍]。**b** 〔十介十(代)名〕〔向…〕開砲[射擊]〔*at, into, on, upon*〕：We ~*d* **at** the enemy. 我們向敵人射擊/The gun emplacement ~*d* **on** [**upon**] the battleship. 砲台向戰艦開砲。

fíre awáy 《*vt adv*》(1)打完〈子彈〉。(2)《口語》(大量地)開始〈質問、工作等〉。—《*vi adv*》(3)繼續〔向敵人〕開砲[射擊]〔*at*〕：*F*~ *away*. 繼續射擊。(4)〔對…〕繼續提出質問〔*at*〕：*F*~ *away*. 繼續提出問題/The reporters ~*d away at* the Prime Minister. 記者們連珠砲似地向首相質詢。

fíre óff 《*vt adv*》(1)發射〈子彈〉。(2)發出〈郵件、電報等〉；發〈言〉。(3)開始〈一連串的質問〉。

fíre úp 《*vt adv*》(1)生〈鍋爐〉的火；給〈爐灶〉添燃料。—《*vi adv*》(2)突然發怒，勃然大怒：He quickly ~*s up* at trifles. 他很容易為瑣事而突然發怒。

fíre alàrm *n.* Ⓒ **1** 火警。**2** 火警警報器。

fíre apparàtus *n.* Ⓒ消防設備。

fíre·àrm *n.* Ⓒ [常 ~s] 火器；(尤指)輕武器《短槍等》。

fíre·bàll *n.* Ⓒ **1** 火球，閃電；大流星。**2** (核子爆炸之際所產生的)火球。**3**《棒球》快速球。**4**《口語》精力充沛的人。

fíre bèll *n.* Ⓒ失火警鐘，報火鐘。

fíre·bòat *n.* Ⓒ消防艇。

fíre bòmb *n.* Ⓒ燒夷彈，燃燒彈。

fíre·bòx *n.* Ⓒ (鍋爐、火車頭的)燃燒[煤]室。

fíre·brànd *n.* Ⓒ **1** 火把；火炬。**2** 煽動(罷工、叛亂)者，(暴動等的)禍首。

fíre·brèak *n.* Ⓒ (森林、草原中的)防火線[地帶]《砍去樹木以防野火蔓延的空曠地帶》。

fíre·brìck *n.* Ⓒ耐火磚。

fíre brigàde *n.* 《英》=fire department.

fíre·bùg *n.* Ⓒ **1**《口語》放火者，縱火犯(arsonist). **2** 螢火蟲。

fíre chìef *n.* Ⓒ《美》**1** 消防署署長。**2** =fire marshal.

fíre·clày *n.* Ⓤ耐火黏土《耐火磚的原料》。

fíre còmpany *n.* Ⓒ **1**《美》消防隊。**2**《英》火災保險公司。

fíre contròl *n.* Ⓤ **1** 防火；滅火。**2**《軍事》射擊指揮；射擊控制《有關射擊計畫的準備、實施等的運用》。

fíre·cràcker *n.* Ⓒ爆竹，鞭炮。

fired *adj.* [常構成複合字]以(…)為燃料的：a coal-*fired* furnace 以煤為燃料的爐子。

fíre·dàmp *n.* Ⓤ (產生於礦坑內的)甲烷，沼氣，爆炸性瓦斯。

fíre depàrtment *n.* Ⓒ《美》**1** 消防部[署]。**2** [集合稱]消防隊《★用法 視為一整體時當單數用，指全部個體時當複數用》。

fíre·dòg *n.* Ⓒ (爐子的)柴架，炭架。

fíre drìll *n.* ⓊⒸ消防演習；防火演習，火災避難訓練。

fíre-èater *n.* Ⓒ **1** 表演吞火特技者。**2** 脾氣火爆的人，好勇鬥狠者，愛打架的人。

fíre èngine *n.* Ⓒ救火車，消防車。

fíre escàpe *n.* Ⓒ火警避難[逃生]設備《建築物外側的太平梯、防火梯等》。

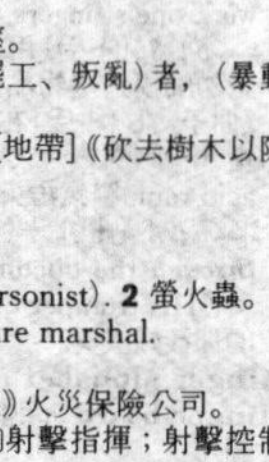

fire escape

fíre extìnguisher *n.* Ⓒ滅火器。

fíre·fìght *n.* Ⓒ (兩支敵對部隊相互射擊之) 火力戰。

fíre fìghter *n.* Ⓒ《美》消防隊員(fireman).

fíre fìghting *n.* Ⓤ救火，消防活動。

fíre·flỳ *n.* Ⓒ《昆蟲》螢火蟲。

fíre gràte *n.* Ⓒ爐篦；爐床。

fíre·guàrd *n.* Ⓒ **1** 爐欄《爐前的防火鐵網》。**2**《美》=firebreak. **3**《美》防火警備員，(空襲時的)火災警戒員。

fíre hòse *n.* Ⓒ消防水管。

fíre·hòuse *n.* 《美》=fire station.

fíre hỳdrant *n.* Ⓒ《美》消防栓。

fíre insùrance *n.* Ⓤ火災保險。

fíre ìrons *n. pl.* 火爐用具《tongs, poker, shovel 等》。

fíre·less *adj.* **1** 無火的。**2** 沒有生氣的。

fíre·lìght *n.* Ⓤ火光；爐火的光。

fíre·lìghter *n.* Ⓒ《英》引火物，火種。
fíre lìne *n.* **1** = firebreak. **2** Ⓒ（火警時火場附近之）禁止進入線，封鎖線。
fíre·lòck *n.* Ⓒ燧發槍《以燧石發火之舊式槍》。
fire·man [ˈfaɪrmən; ˈfaiəmən] *n.* Ⓒ(*pl.* -men [-mən; -mən]) **1 消防員，救火員。** **2**（蒸氣火車的）司爐，火伕，管鍋爐者。**3**《美俚》《棒球》救援投手。
fíre màrshal *n.* Ⓒ《美》（州或市的）消防局局長。
fíre òffice *n.* Ⓒ《英》火災保險公司事務所。

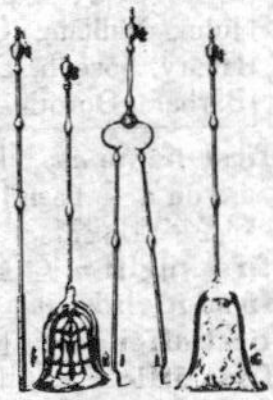
fire irons

***fire·place** [ˈfaɪr,ples; ˈfaiəpleis] *n.* Ⓒ**火爐**，壁爐（cf. hearth 1）.

【說明】fireplace 是位於房間牆壁內用以取暖的火爐，從前以煤炭或劈柴爲燃料，由煙囪（chimney）排煙。但近來則大都用電或瓦斯。在冬天漫長的英國，fireplace 是全家團圓的中心，因此英國人對它懷有摯愛。在美國 fireplace 則不像英國那樣普及。

fíre·plùg *n.* =fire hydrant.
fíre pòlicy *n.* Ⓒ火災保險單。
fíre·pòwer *n.* Ⓤ《軍》火力。
fíre·próof *adj.* 防火的，耐火（性）的，非燃性的。—*v.t.* 使…耐火。
fíre·ràising *n.* Ⓤ《英》放火，縱火（罪）（arson）.
fíre rìsk *n.* Ⓒ有釀成火災之虞［危險］者。
fíre sàle *n.* Ⓒ火災中受損物品的大拍賣。
fíre scrèen *n.* =fireguard 1.
fíre·sìde *n.* ［常 the ～］**1** 爐邊。**2** 家庭（生活）；一家團圓：sit by *the* ～ 坐在爐邊。
—*adj.* ［用在名詞前］爐邊的：a ～ chat 爐邊談話；（尤指美國羅斯福（F.D. Roosevelt）總統所採取作爲政見發表形式的）爐邊閒談。

fireplace

fíre stàtion *n.* Ⓒ消防站。
fíre·stòrm *n.* Ⓒ（原子彈爆炸等所引起）風暴性大火。
fíre tòwer *n.* Ⓒ森林火警瞭望塔。
fíre·tràp *n.* Ⓒ火災時容易燃燒的建築物；失火時難以逃出的建築物（等）。
fíre trùck *n.*《美》=fire engine.
fíre·wàlking *n.* Ⓤ渡火《一種宗教儀式，赤足行於灼熱之石上》。
fíre wàll *n.* Ⓒ《建築》防火［隔火］牆。
fíre wàrden *n.* Ⓒ防火監查員，（森林的）防火瞭望員，消防官員。
fíre-wàtcher *n.* Ⓒ《英》（尤指空襲時的）火災警戒員。
fíre·wàter *n.* Ⓤ《口語・謔》火酒，烈酒《威士忌、杜松子酒、甜酒等》。
fíre·wòod *n.* Ⓤ柴薪。
fire·work [ˈfaɪr,wɝk; ˈfaiəwə:k] *n.* **1 a** Ⓒ**煙火**：set off [light] ～*s* 放煙火。**b** [～s] 煙火大會。**2** [～s；有時當單數用] **a** 才華的展露。**b** 熱情［憤怒等］的激發：～*s* of rage 憤怒的激發。
fíre wòrship *n.* Ⓤ《宗教》拜火；拜火教。
fir·ing [ˈfaɪrɪŋ; ˈfaiəriŋ] *n.* Ⓤ **1** 生火，點火；開砲，射擊。**2** 烘烤；（陶器等的）燒製；（茶葉的）焙製。**3** 燃料，煤，炭，柴薪。
fíring lìne *n.* [the ～] **1**《軍》**a** 火線，戰線，前線；火線上的士兵。**b** 前線部隊。**2**（活動的）第一線。
be on [《英》**in**] **the firing line** 在（受攻擊、非難等的）第一線［最前線］，成爲（受攻擊、譴責等的）最先目標。
fíring pìn *n.* Ⓒ（槍炮的）撞針。
fíring rànge *n.* **1** Ⓒ火箭試射場；靶場。**2** Ⓤ射程。
fíring squàd [pàrty] *n.* Ⓒ **1**（軍隊中舉行葬禮時的）鳴槍隊。**2**（執行槍決的）行刑隊。
fir·kin [ˈfɝkɪn; ˈfə:kin] *n.* Ⓒ **1**（盛奶油等的）小木桶《可裝 8–9 加侖》。**2** 費爾金《英國的容量單位；=¼ barrel，約爲 9 加侖》。
‡**firm**[1] [fɝm; fə:m] 《源自拉丁文「堅固的，牢的」之義》—*adj.* (～·er；～·est) **1 a**（質）**堅硬的**，堅固的：a ～ substance 堅硬的物質。**b** 堅實的：～ flesh [muscles] 堅實的肉［肌肉］/a ～ mouth 閉得緊的嘴形。
2 a 穩固的，牢固的：be ～ on one's legs站穩自己的腳/be on ～ ground（理論等）基礎紮實；立足於確鑿的論據/walk with a ～ step 以穩定的腳步走。**b** 有力的，堅牢的：keep a ～ hold on... 牢牢地抓住…。
3 a（態度等）堅定的，斷然的，強硬的：a ～ order 斷然的命令。**b** ［不用在名詞前］〔十介十（代）名〕〔對…〕態度嚴厲的〔*with*〕：be ～ *with* pupils 對學生採取嚴厲的態度。
4 不變的〈信仰、信念、主義等〉：～ friendship 堅定的友誼。
5《商》〈市價〉穩定的；〈行情〉堅挺的，看漲的。
—*adv.* (～·er；～·est)牢固地，堅固地《★主要用於下列片語》：hold ～ (*to*...) 抓牢…；堅守…/stand ～ 站穩；堅定不屈，堅決不讓。
—*v.t.* 〔十受(十副)〕使…堅固，使…穩固［穩定］〈*up*〉.
—*v.i.* 〔動(十副)〕變堅固，變穩固［穩定］〈*up*〉. ～·**ness** *n.*
***firm**[2] [fɝm; fə:m] 《源自義大利語「（商業的）確認」之義》—*n.* Ⓒ（由兩人以上合資經營的）**商行**，商店，公司（⇨ company 4【同義字】）：a law ～ 法律事務所。
fir·ma·ment [ˈfɝməmənt; ˈfə:məmənt] 《源自拉丁文「支撐」之義》—*n.* [常 the ～]《文語・古》天空，蒼天，蒼穹。
firm·ly [ˈfɝmlɪ; ˈfə:mli] *adv.* (**more** ～；**most** ～) **1 堅定地，**堅固地；穩定地。**2** 斷然：I am ～ resolved to complete this article. 我堅決要完成這篇論文。
‡**first** [fɝst; fə:st] 《源自 fore 的最高級；cf. foremost》—*adj.* **1** [常 **the** ～，**one's** ～] **第一（號）的**；最初的，最先的（↔ last）：*the* ～ snow of the season 初雪《雪季時第一次下的雪》/⇨ first base, first floor/*the* ～ man I saw on arrival 我到達後最先見到的人/take *the* ～ train（到火車站後）搭最先來的火車/love at ～ sight 一見鍾情/her ～ book 她的處女作；她最先擁有的書，她最先讀的書/*the* ～ two [three, four] years 頭兩［三、四］年《★用法與數字一起使用時，置於數字前面，但數詞少時也可置於後面》/on *the* ～ fine day 天一放晴就…；在第一個晴天/take *the* ～ opportunity *of* do*ing*... 一有機會就做…。**2**（順位、次序、重要程度等）第一位的，第一級的，一等的；最高的，居首的，一流的：win (the) ～ prize 獲得第一獎/the ～ novelist of our day 當代第一流的小說家/⇨ first lady. **3** [the ～；用於否定句] 一點（…也沒有）：He has*n't the* ～ idea (of) what I mean. 他一點也不懂我說的意思。**4**《汽車》頭擋的，第一擋的。
at fírst hánd ⇨ hand. **for the fírst tíme** ⇨ time. **in the fírst pláce** ⇨ place. **(the) fírst thíng** ⇨ thing. **(the) fírst tíme** ⇨ time.
—*adv.* **1 a**（時間、次序等）**首要地，**最先地，（較其他人、東西）前面地：stand ～ 站在第一個［最前面］/rank ～ 列爲第一級，名列前茅/come in ～（賽跑時）最先到，跑第一/*F*～ come, ～ served.《諺》先到先受用，捷足先登。**b** 坐頭等車：travel ～ 坐頭等車旅行。**2 首先**：When I arrive there I must ～ make a phone call. 我到達那裏時必須先打通電話。**3** [列舉 secondly, thirdly（第二［三］）時，用於句首] **第一，**最先。**4** [常用於動詞前面] 初次，首次《★對 for the second [third] time（第二［三］次）而言》：when I ～ visited Kyoto 當我初次訪問京都時。**5** [常用於動詞前面]《美》最初：When I ～ arrived in Japan I didn't speak any Japanese. 我初到日本時一句日語也不會講。**6** [與 would, will 一起使用]（如果要做…）寧願（選擇…），倒不如（…較好）：He said he *would* die ～. 他說他寧願死（也不願意那樣做）/I'*ll* see you in hell ～.《口語》誰要做那種事；我絕不做那種事《★語氣很重的拒絕》。
first and fóremost 首先，第一：Music is, ～ *and foremost*, something to be enjoyed. 首先，音樂就是供我們享受的。
first and lást 就全體而論，總之，一般說來：Quality is ～ *and last* the only requirement. 總而言之，品質是唯一的要求。
first, lást, and áll the time《美》始終一貫：Safety is important ～, *last, and all the time.* 安全始終是最重要的。
first of áll 首先，第一，最重要者：*F*～ *of all* he told us about his trip. 首先他告訴我們有關他旅行的事。
first óff《口語》⑴第一，首先：*F*～ *off* I'd like to show some slides. 首先我想放映一些幻燈片。⑵立刻，馬上。
—*n.* **1** Ⓤ [常 the ～] **a**（序數的）**第一**《略作 1st》；第一（位），第一級，第一號，第一名，冠軍；第一部；第一個；首席，第一代：Henry *the F*～ 亨利一世《★也寫成 Henry I》. **b**（每月的）一號，初一：the ～ of May = May (the) 1 [meˈ(ðə)ˈfɝst; ˈmei (ðə)ˈfə:st] 五月一日《★常用 1st》. **2** [the ～] 最先，最初，起先《★改爲成語時省略 the》：from *the* (very) ～ 從頭，自始/⇨ at FIRST, from FIRST to last. **3** Ⓒ《英》（大學考試的）第一等，優等：get [take] a ～ *in* mathematics 數學得優等。**4** Ⓒ《音樂》最高音部。**5** Ⓤ《汽車》頭擋，第一擋（low gear）：in ～ 以第一擋。**6** Ⓤ [無冠詞]《棒球》（第）一壘（first base）. **7** [～s]《商》（麵粉等的）一級品，上品，上等貨。
at first 起初，最初：No one believed me *at* ～. 起初沒有人相信我（的話）。
from first to lást 從頭到尾，始終：*From* ～ *to last* his interest never flagged. 他的興趣始終未見減退。
—*pron.* 〔十 *to* do〕[**the** ～]〈做…的〉**第一人［最先的東西］**：He was *the* ～ *to* come and the last to leave. 他最先來，最後走/The bluebirds are *the* ～ *to* come back. 藍知更鳥是（春天時）最早飛回來的鳥。

F

first áid *n.* Ⓤ(醫生未到前的)急救，緊急救護[處理]：give a person ～ 替某人急救。
first-áid *adj.* [用在名詞前]急救的，應急的：～ treatment 急救，緊急處理/a ～ kit [box]急救箱。
first báse *n.* Ⓤ[常無冠詞]《棒球》一壘；一壘的位置[守備]。
gét to first báse (1)《棒球》到達[上]一壘。(2)《美口語》[常用於否定句]完成第一步[階段]，初步成功：He did*n't get to ～ with* his new book. 他根本還沒著手寫他的新書。
first báseman *n.* Ⓒ《棒球》一壘手。
first-bórn *adj.* [用在名詞前]最先出生的，第一胎的《★但不說 secondborn, thirdborn 等》：one's ～ child 某人的長子。
—*n.* Ⓒ長子。
first cáuse *n.* **1** Ⓒ第一個原因；原動力。**2** [**the F～ C～**]造物主(the Creator)。
first class ['fɝst'klæs; ˌfəːst'klɑːs] *n.* Ⓤ **1 第一級**；(火車、船、飛機等的)頭等車廂或艙位(cf. second class 2, cabin class, tourist class)。**2** (郵件的)第一類[甲種]。

【說明】在美國、加拿大指信件、明信片等的書信用郵件；在英國則指可依照寄信人希望優先處理的郵件，投遞較 second class 快速。

3《英》(大學優等考試的)第一等，最高級《★指優等成績，一般稱 a first class degree 或單稱 a first》。**—*adv.*** ＝first-class.
first-class ['fɝst'klæs; ˌfəːst'klɑːs] *adj.* **1 a 第一流的**，最高級的，上等的：a ～ hotel 第一流的旅館。**b**《口語》極好的，最好的：The weather was ～. 天氣很好/I feel ～. 我覺得很好《指心情或健康》。**2** (車廂、房間、艙位等的)頭等的：a ～ carriage《英》頭等車/～ passengers 頭等艙的旅客。**3** (郵件的)第一類[甲種]的：～ mail [matter]第一類郵件(⇨ first class 2)。**4**《口語》厲害的，嚴重的：a ～ mess 亂七八糟，非常零亂。
—*adv.* **1** 坐頭等車[艙]：travel ～ 坐頭等車[艙]旅行。**2** 以第一類郵件。**3**《口語》很棒，很好：She sang ～. 她唱得很好。
first dày *n.* Ⓒ星期日《教友派教徒(Quaker)的用語》。
first-degrée *adj.* [用在名詞前]**1**〈灼傷〉第一級的，最輕微的。**2**〈犯罪〉第一級的，最高級的，最嚴重的：a charge of ～ murder 一級謀殺罪。
first fínger *n.* Ⓒ食指(⇨ hand 插圖)。
***first floor** ['fɝst'flɔr; ˌfəːst'flɔː] *n.* [**the** ～]《美》**一樓**；《英》二樓(《英》ground floor)《★美國的旅館業有些也採用英國式的說法而指二樓》。
first-frúits *n. pl.* **1** 一季中最先成熟的果實；初結果實；第一次收成《古時候用以供神》。**2** (努力、勞動等的)第一次的成果，初次收益。
first-hánd *adj.* 直接的：～ information(非間接聽到的)第一手資料。**—*adv.*** 直接地。
first lády *n.* Ⓒ[常 **the** ～；常 **F～ L～**] **1**《美》總統[州長]夫人：*the* ～ of the land 總統夫人，第一夫人。

【說明】first lady 是指美國的總統夫人或州長夫人。前者或代表國民歡迎訪問美國的外國元首，或爲使在白宮(the White House)服務的人員能愉快地工作而費心，或支援丈夫的競選。她的生活也和總統同樣地忙碌。

2《美》(在任何職業、活動等中)站在第一線的婦女，女傑：*the F～ L～* of the theater 演劇界首屈一指的人。
first lieuténant *n.* Ⓒ《美陸空軍・海軍陸戰隊》中尉。
first-líne *adj.* **1** 第一線的，隨時可參加戰鬥的。**2** 最重要的。
first-ling ['fɝstlɪŋ; 'fəːstlɪŋ] *n.* Ⓒ[常 ～**s**]《文語》**1 a** (同一類事物中的)最初者；(水果、蔬菜、魚等)最先上市者。**b** (家畜)最初出生的仔。**2** 最初的產品[結果]。
First Lórd *n.* Ⓒ《英》長官；總裁；大臣。
first-ly *adv.* 首先；第一《★[用法]用於列舉事物，但以 first, secondly, thirdly, ... lastly 的說法較多見》。
first nàme *n.* Ⓒ(與姓相對的)名《西方人名字中置於姓氏前面的 Christian name；⇨ name【說明】》。

【說明】(1)在英美，夫妻、兄弟姊妹、朋友等親密的人之間通常以對方不帶姓的名字(first name)或暱稱互相稱呼。即使是新認識的人，如果覺得彼此有好感，也會問："May I call you Jack?"「我可以叫你傑克嗎？」，而對方則回答說 "Call me Jack."「叫我傑克吧！」同時，first name 常有暱稱，例如 Thomas 稱爲 Tom(my)，William 爲 Bill(y)．此外在同事間或上司與下屬之間，也有以first name 互相稱呼的情形。在交談中常常叫對方的名字，這也是和我們中國不同之處。
(2)在像英美這樣的基督教國家爲新生的嬰兒施洗禮時，常以聖經中人物或聖人的名字爲嬰兒取名，這種名字就是 Christian name(教名)或 baptismal name(洗禮名)。此外也有的把意思好或好聽的拉丁文、古希臘文、希伯來文、日耳曼語、塞爾特語等用作名字，有的使用中世紀小說中人物或歷史人物的名字乃至與植物、動物有關的名稱爲名。其中比較普遍的男子名有 John, William, Charles, James, George, Robert, Thomas, Henry, Joseph, Edward 等，女子名則有 Mary, Elizabeth, Barbara, Dorothy, Helen, Margaret, Ruth, Virginia, Jean 等。

first-nàme *adj.* [用在名詞前]能互相直呼名字那樣親密的：We are on a ～ basis [《英》on ～ terms]. 我們的關係(可以互相直呼名字地)親密。
first níght *n.* Ⓒ(戲劇等的)首夜演出。
first-níghter *n.* Ⓒ不錯過(戲劇等的)首夜演出的人，搶看頭場戲的人。
first offénder *n.* Ⓒ初犯者。
first ófficer *n.* Ⓒ(商船的)大副。
first pápers *n. pl.*《口語》(要求加入美國國籍的)初步申請書[文件]。
first pérson *n.* [**the** ～] **1**《文法》第一人稱《用 I, we 表示；cf. second person, third person》。**2** 以第一人稱描述故事的形式。
first-ráte *adj.* **1** 第一流的，第一級的，最上等的：a ～ restaurant 第一流的餐館。**2**《口語》很好的；極佳的：a ～ dinner 佳餚；盛餐/I feel ～ this morning. 今天早上我覺得精神很好。
—*adv.*《口語》極好，很好：My car runs ～. 我的車子跑得好極了。
first-ráter *n.* Ⓒ第一流[一級]的人[物]。
first rún *n.* Ⓒ(影片之)首輪放映。
first-rún *adj.* **1** (影片之)首輪的。**2** 專映首輪影片的。
first sérgeant *n.* Ⓒ《美陸軍・海軍陸戰隊》士官長。
first-stríng *adj.*《美》**1**〈球員等〉正選的。**2** 第一流的；優秀的：a ～ diplomat 第一流外交官。
first-tíme *adj.* 首次的；初次的。
First Wórld Wár *n.* [**the** ～]＝World War I.
firth [fɝθ; fəːθ] *n.* Ⓒ(尤指蘇格蘭境內的)窄狹的海灣；(江、河)入海口。**the Firth of Clýde** ⇨ Clyde 2.
fis·cal ['fɪskl; 'fiskl] *adj.* (無比較級、最高級) **1 國庫的**。**2** 財政上的，會計的：～ policy 財政政策/～ law 會計法。
fiscal yéar *n.* Ⓒ《美》會計年度(《英》financial year)《★自十月一日至翌年九月三十日止的一年期間》。
‡**fish** [fɪʃ; fiʃ] *n.* (*pl.* ～, ～·**es**) **1** Ⓒ魚《★[用法](1)即使意思顯然指個體時，用 fish 的情形也較用 fishes 多；(2)指種類時，一般都用 three kinds [varieties] of ～ 而較少用 three ～*es* 等》：catch a ～ 捉[釣]到一條魚/catch a lot of ～ 捉[釣]到很多魚/The boys were swimming in the pond like so many ～ [～*es*]. 那些男孩像魚羣似地在池塘裏游泳/Most of the income of the island is from these ～*es*：cod, halibut, and swordfish. 這個島上的絕大部分收入來自這些魚獲物：鱈魚、大比目魚和旗魚/The best ～ smell when they are three days old.《諺》最好的魚過三天也會臭(任何稀客久留必惹人厭)/There are [is] as good ～ in the sea as ever came out of it.＝There are plenty of ～ in the sea.《諺》海裏的魚一定還有和撈上岸的一樣好的《失去好機會[失戀]也別沮喪》，天涯何處無芳草。

【說明】通常歐美人士不生吃魚類而以固定的烹飪方法烹食某幾種特定的魚。他們稱蝠魟、章魚等爲 devilfish，不予食用。在英國主要食用鱈魚(cod, haddock)，鰈(plaice)，鯖(mackerel)等魚類。油炸的鱈魚、鰈魚等配上炸薯條(potato chips)或炸魚和薯條(fish and chips)是很受歡迎的速食。

2 Ⓤ魚肉，魚《對於天主教徒或猶太教徒，星期五是不吃獸肉的齋戒日(fast day)，因此也變成吃魚的日子(fish day)》：Do you like ～? 你喜歡吃魚嗎？/eat ～ on Fridays 星期五(齋戒日)吃魚(代替肉)/⇨FISH and chips. **3** Ⓒ[常構成複合字]水產動物，貝、甲殼類動物：⇨shellfish, jellyfish. **4** Ⓒ[常與修飾語連用]《口語・輕蔑》(腦筋遲鈍或像魚一樣容易上鈎受騙的)人，傢伙：an odd [a queer] ～ 怪人。**5** [**the Fish(es)**；當複數用]《天文》雙魚座(Pisces)。
(as) drúnk as a físh 酩酊大醉，爛醉如泥。
(as) múte as a físh 默不作聲。
bíg físh in a líttle pónd《口語》小塘中的大魚，在小圈子[狹小世界]中作威作福的人，井底之蛙。
drínk like a físh 牛飲。
féed the físhes (1)溺死，葬身魚腹。(2)暈船嘔吐。
físh and chíps《英》炸魚和薯條。

【說明】英國大衆化的食品，有專賣店，出售炸魚片配以 chips(即 French fried potatoes)；魚片用鱈魚(cod)，比目魚(sole)，鰈(plaice)等魚類，灑上鹽與醋，用手指夾起來吃；一般外帶食用。近來這種食品已登陸美國市場。

hàve óther físh to frý《口語》另有要事要做。
like a físh òut of wáter 好像離水[上岸]的魚，情急勢危。
lóaves and físhes ⇨loaf[1].
néither físh, flésh, fówl, nor góod réd hérring＝**néither físh, flésh**

nor fówl＝néither fish nor fówl 非驢非馬，不倫不類《★用以表示輕蔑或批判》：A piece of poetic writing in prose, being *neither fish nor fowl*, is called a prose poem. 一首用散文體寫的詩，不倫不類，(竟)被稱爲散文詩。

fish and chips shop

a prétty [fíne, níce] kéttle of fish ⇨kettle.

—*v.i.* **1 a 捕魚**，釣魚：go *～ing* 去釣魚。**b**〔十介＋(代)名〕釣〔魚〕，捕〔魚〕〔*for*〕：～ *for* trout 釣[捕]鱒魚。**2**〔十介＋(代)名〕《★可用被動語態》**a**《口語》釣出，誘出〔恭維話、巴結的話等〕〔*for*〕：～ *for* a compliment 誘使人說出恭維話。**b** (若無其事地)設法獲得〔…〕〔*for*〕：I *～ed for* information by sending a letter of inquiry. 我發出詢問函設法探聽消息。**c** 搜出〔東西〕〔*for*〕：He *～ed* in his pocket *for* the key. 他搜口袋想找出鑰匙。

—*v.t.* **1**〔十受〕**a 捕**〈魚〉，釣〈魚〉：～ trout 釣鱒魚。**b** 在〈河川等〉釣[打]魚：～ a pond 在池塘釣魚。**2**〔十受(十副)十介＋(代)名〕〔從水中等處〕撈起，取出〈東西〉，將…拉上來〈*up*〉〔*out of, from*〕：A body was *～ed* (*up*) *out of* the pond. 從池塘中撈起了一具屍體。

fish or cút báit《美口語》明確地決定選擇何者，表明去留。

fish in tróubled wáters 混水摸魚，趁火打劫。

fish óut《*vt adv*》(1)從〈池、湖等〉中將魚捕盡。(2)自〔水中、懷裏〕取出〈東西〉，拉出，抽出〔*from*〕：She *～ed out* some paper *from* her bag. 她從袋中取出一些紙。(3)探出〈情報、祕密等〉。

físh bàll *n.* Ⓒ炸魚丸《魚肉混以馬鈴薯泥做成的球狀油炸食品》。

físh·bòwl *n.* Ⓒ **1** 養魚缸，金魚缸。**2** 毫無遮蔽之處，如「玻璃魚缸」般的場所《喻指四周全無隱私，一舉一動易爲人得知的場所》：Barracks life is like living in a ～. 兵營生活像是生活在玻璃魚缸中《全無隱私權》。

físh càke *n.* Ⓒ炸魚餅《做成扁平狀的 fish ball》.

físh·er *n.* **1** Ⓒ《古》漁夫《★比較 現在用 fisherman》. **2 a** Ⓒ《動物》食魚貂《北美產，以魚爲食的貂》。**b** Ⓤ食魚貂的毛皮。

físh·er·bòat *n.* Ⓒ漁舟；漁船。

*__fish·er·man__ [ˈfɪʃəmən; ˈfiʃəmən] *n.* Ⓒ(*pl.* **-men** [-mən; -mən]) **1 a 漁夫**，漁人，漁民。**b** 釣魚的人，垂釣者(angler). **2** 漁船。

físh·er·y [ˈfɪʃərɪ; ˈfiʃəri] *n.* **1 a** Ⓤ漁業；水產業《★比較 較爲拘泥的用語，fishing 較爲口語化》：inshore [deep-sea] ～ 近海[遠洋]漁業/cod ～ 捕鱈漁業。**b** [**fisheries**] 水產學：a school of *fisheries* 水產學校。**2** Ⓒ[常 **fisheries**] 漁場，海產物採集場：pearl [oyster] *fisheries* 採珠[蠔]場。**3** Ⓒ水產公司。**4** Ⓤ《法律》捕魚權，捕魚許可[執照]。

físh·èye *n.* Ⓒ **1** 切得過薄而光澤較差的寶石。**2** [the ～] 懷疑的凝視[眼光]。

físh-èye léns *n.* Ⓒ魚眼透鏡，超廣角鏡頭。

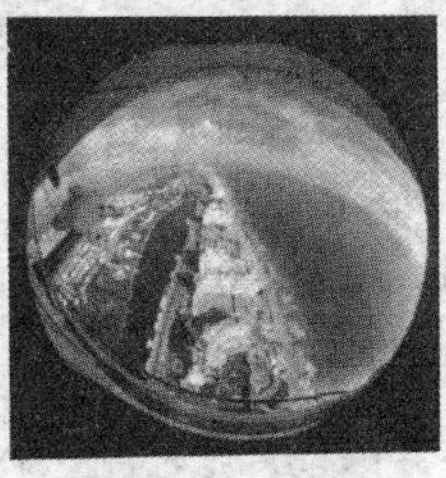
用 fish-eye lens 拍攝的風景

físh fàrm *n.* Ⓒ魚塭；養魚場。

físh fínger *n.*《英》＝fish stick.

físh fòrk *n.* Ⓒ **1** 裝卸魚類用的叉子。**2** 食魚用叉。

físh glòbe *n.* Ⓒ養魚用之圓玻璃缸；金魚缽。

físh glùe *n.* Ⓤ魚膠。

físh hàwk *n.* ＝osprey.

físh·hòok *n.* Ⓒ釣魚鉤。

*__fish·ing__ [ˈfɪʃɪŋ; ˈfiʃiŋ] *n.* **1 a** Ⓤ**釣魚**；漁業。

【說明】(1)釣魚在中國往往被認爲是一種興趣，但在英美則被當做一種運動，人們在一定的規則(例如，釣到還沒有長大的小魚時予以放生等)之下享受其樂趣。在中國釣魚不一定使用線軸(reel)，但在英美通常都使用線軸。在美國，也有大學把釣魚(fishing)做爲體育的一個單元讓學生修讀，使學生在陸上接受拋釣魚鉤的訓練之後，再去實際的釣魚場所。在美國的內陸盛行釣鱒魚(trout fishing)，常出現於小說、電影之中。
(2)在美國釣魚必須要有各州的釣魚許可證(fishing license)，這種許可證在運動器材店或超級市場等均有出售。

b [當形容詞用] 釣魚(用)的；漁業(用)的：a ～ boat 漁船，釣魚船/a ～ net 漁網/a ～ port 漁港/a ～ rod 釣竿。

2 Ⓒ釣魚場；漁場。
3 Ⓤ漁業權，捕魚權。

fishhook

físhing bànks *n. pl.* (成爲沙洲的)淺水漁場。

físhing gròund *n.* Ⓒ漁場。

físhing lìne *n.* ＝fishline.

físhing tàckle *n.* Ⓤ[集合稱] 釣具《釣魚鉤、釣魚線、釣竿等》。

físhing wòrm *n.* ＝fishworm.

físh knìfe *n.* Ⓒ食魚刀。

físh làdder *n.* Ⓒ魚梯，魚道《爲使魚逆流游上瀑布或水壩而作成的一系列階梯式水道》。

físh·lìke *adj.* **1** 似魚的；魚臭的。
2 冷淡的；冷血動物的。

físh·lìne *n.* Ⓒ釣線，釣絲。

físh méal *n.* Ⓤ魚粉《作肥料或動物飼料用》。

físh·mònger *n.* Ⓒ《英》魚販，魚商。

físh òil *n.* Ⓤ魚油。

físh·plàte *n.* Ⓒ(鐵軌接頭處用的)魚尾夾板，接軌夾板(夾接鐵軌於枕木的鐵板)。

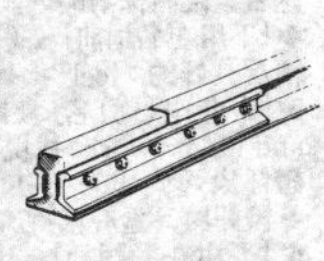
fishplate

físh·pònd *n.* Ⓒ養魚池。

físh slìce *n.* Ⓒ **1** (餐桌上主人用以分切魚肉的)分魚刀，切魚的闊刀。**2** 煎魚鍋鏟。

físh stìck *n.* Ⓒ炸魚排，炸魚條《以切成細長條的魚肉裹麵包粉油炸而成者》(《英》fish finger).

físh stòry《源自釣魚者誇耀的大話》**—***n.* Ⓒ《美口語》大話，吹牛。

físh·tàil *adj.* 魚尾狀的；動作似魚尾般[左右搖擺]的。

físh·wìfe *n.* Ⓒ(*pl.* **-wives**) **1** 賣魚婦，女魚販。**2** 罵街的[粗野的，嘮叨的]女人。

físh·wòrm *n.* Ⓒ (蚯蚓或其他)作魚餌用之蟲。

fish·y [ˈfɪʃɪ; ˈfiʃi]《fish 的形容詞》**—***adj.* (**fish·i·er**; **-i·est**) **1**《口語》〈說話等〉怪怪的，可疑的，靠不住的：There's something ～ about his testimony. 他的證言有可疑之處。**2 a** 魚的。**b** 多魚的；由魚構成的。**3**〈臭氣、腥味、形狀等〉似魚的；有腥臭的。**4**〈眼睛〉混濁的，無表情的，呆滯的。

fis·sile [ˈfɪsl; ˈfisail] *adj.* **1** 容易分裂的。**2** 可產生核子分裂的(fissionable).

fis·sion [ˈfɪʃən; ˈfiʃn] *n.* Ⓤ **1** 分裂《例如單細胞生物分裂爲二或更多的個體；原子彈爆炸時鈾的原子核分裂等》。**2**《生物》分裂，分裂生殖。**3**《核子物理》原子核的分裂，核子分裂(↔ fusion)：nuclear ～ 核子分裂[裂變]。

fis·sion·a·ble [ˈfɪʃənəbl; ˈfiʃnəbl] *adj.*《核子物理》(尤指原子核)可分裂的；可裂變的；可作核子分裂的：～ material 可裂變物質。

—*n.* Ⓒ[常 ～s] 可裂變物質。

físsion bòmb *n.* Ⓒ(可作核子分裂的)炸彈，原子彈。

fission bomb

fis·sure [ˈfɪʃə; ˈfiʃə] *n.* Ⓒ **1** 裂縫，裂隙，龜裂。**2**《解剖》裂溝。**—***v.t.* 使…產生龜裂[裂縫，裂隙]。**—** *v.i.* 產生龜裂[裂縫，裂隙]。

*__fist__ [fɪst; fist] *n.* Ⓒ **1 拳**，拳頭：～ law 暴力主義；鐵拳制裁/shake [clench] one's ～ (angrily) (憤怒地)揮拳[握緊拳頭]。**2**《口語》**a** 手：Give us your ～. 伸出你的手吧，讓我們握握手。**b** 把握，掌握。**3**《印刷》指標(☞).

the [an] íron fist in the [a] vélvet glóve ＝the [an] iron HAND in the [a] velvet glove.

—*v.t.*〔十受〕**1** 用拳頭打…；緊握…。**2** 將〈手〉握成拳頭。

físt·ed *adj.* [常構成複合字] 拳頭…的，有…拳頭的：one's close-*fisted* hand 某人握緊拳頭的手。

fist·ful [ˈfɪstful; ˈfistful] *n.* Ⓒ一撮，一把；一批；一套。

fist·ic, -i·cal [ˈfɪstɪk(l); ˈfistik(l)] *adj.* 拳擊的；鬥拳的。

fist·i·cuff [ˈfɪstɪˌkʌf; ˈfistikʌf] *n.* Ⓒ[常 ～s]《古・諧》互毆：come to *～s* 互毆(起來)。

fis·tu·la [ˈfɪstʃulə; ˈfistjulə] *n.* Ⓒ(*pl.* ～s, **-lae** [-ˌli; -li:])《醫》瘻管，瘻《因外傷、潰瘍等而形成的細管》。

‡**fit**[1] [fɪt; fit] *adj.* (**fit·ter**; **fit·test**) **1 a 適當的**，合適的，適宜的：a ～ opportunity 適當的機會。

【同義字】fit 指對條件、目的、要求等有適應性，尤指對使用、行動已有所準備；suitable 指與要求、目的、條件等一致；appropriate 指完全與條件、目的等吻合。

b〔十介＋(代)名〕適合〔…〕的〔*for*〕：This is not a ～ place *for*

F

the party. 這不是聚會的適當場所/These old railroad passenger cars are only ～ *for* scrap. 這些舊客車車廂只適於作廢料處理/～ *for* a king 適合國王身份的；豪華的，最上等的，極好的。**c**〔＋ *to* do〕適合〈做…〉的：I am not ～ *to* be seen. 我不宜露面《我這樣子見不得人》。**d**［不用在名詞前］〔＋*for*＋(代)名＋ *to* do〕適合〔某人〕〈做…〉的：The house is not ～ *for* you *to* live in. 那幢房子不適合你住。

2［不用在名詞前］［常用於否定句］**a 恰當的，對的**：It is *not* ～ that he (should) say that. 他那樣說是不恰當的《★[用法]《口語》多半不用 should；★[變換]可換寫成義 2b》。**b**〔＋*for*＋(代)名＋ *to* do〕〔某人〕〈做…是〉恰當的，對的：It is *not* ～ *for* him *to* say that. 他那樣說是不恰當的《★[變換]可換寫成義 2a》。

3 a〔**＋介＋(代)名**〕**能勝任**〔工作、任務〕**的，有資格的**〔*for*〕：Is he ～ ***for*** the job？他能勝任那項工作嗎？(cf. 3b)。**b**〔＋ *to* do〕勝任，適合〈做…〉的：Is he ～ *to* do the job？他能勝任那項工作嗎？(cf. 3a)/She is not a ～ person *to* baby-sit. 她不是一個適合做臨時保姆的人。

4［不用在名詞前］**a**《口語》健康的；(尤指)〈選手、參賽的馬等〉情況良好的：feel ～ 覺得(身體情況)非常好/keep ～ 保持健康。**b**〔**＋介＋(代)名**〕身體健康適於〔…〕的〔*for*〕：I am now well and ～ ***for*** work. 我現在身體健康，可以工作了。**c**〔＋ *to* do〕身體健康適於〈做…〉的：He is now well and ～ *to* travel. 他現在身體健康，適於旅行。

5［不用在名詞前］**a**〔**＋介＋(代)名**〕隨時準備〔…〕的〔*for*〕：a ship ～ ***for*** a voyage 隨時準備航行［待航］的船。**b**〔＋ *to* do〕準備好〈做…〉的：These apples will be ～ *to* eat in a few days. 這些蘋果再過兩三天就可以吃了。**c**〔＋ *to* do〕《口語》快要…的，幾乎要…的：He was so angry (that) he seemed ～ *to* burst a blood vessel. 他氣得血管幾乎要破裂了。

sée fít to dó⇨see. **thínk fít to dó**⇨think.

—*v.t.* (**fit·ted,**《美》**fit**；**fit·ting**)《★[語形]當作過去分詞時，《美》一般也用 fitted》**1**〔**＋受**〕**a**〈衣服等〉(尺寸、形狀)**完全適合**〈某人〉《★被動語態、無進行式；★[比較]指顏色、花樣等的適合時用 become, suit》：These gloves ～ me very well. 這些手套很適合我戴。**b** 適合［符合］〈目的、用途〉：Does this key ～ the lock？這把鑰匙合這把鎖嗎？/It ～*s* the case. 它適合那種情形(那是適當的例子)。

2〔**＋受＋介＋(代)名**〕**把…緊密地套入**［裝於］〔…〕〔*in, to, into,* etc.〕：～ a key ***in*** a lock 把鑰匙插入鎖中/～ a stopper ***into*** a bottle 把塞子塞入瓶(口)/～ a picture *into* a frame 把畫裝入畫框。

3 a〔**＋受＋介＋(代)名**〕使…適合［適應］〔…〕〔*to*〕：Please ～ this ring ***to*** my finger. 請按我手指的大小調節一下戒指/～ the punishment *to* the crime 量罪處刑《按犯罪的性質決定適當的懲罰》。**b**〔**＋受**〕試穿〈衣服〉(看尺寸是否適合)；配〈眼鏡〉：She had the coat *fitted.* 她試穿上衣/I'll get my glasses *fitted.* 我要去配眼鏡。**c**〔**＋受＋介＋(代)名**〕配合〈某人〉製作［調整］〔眼鏡、衣服等〕〔*for*〕：I went to be *fitted* ***for*** glasses. 我去配眼鏡。

4 a〔**＋受＋介＋(代)名**〕使〈人〉適合，適應〔工作等〕〔*for*〕：Have you *fitted* yourself ***for*** teaching？你對教書的工作適應了嗎？/He is *fitted for* the post. 他適任這個職位。**b**〔**＋受＋** *to* do〕使〈人〉能〈做…〉：Hard training will ～ them *to* run long distances. 嚴格的訓練將使他們能跑長距離。

5〔**＋受＋介＋(代)名**〕〔給…〕裝上，裝備〈適當物品〉〔*to*〕；將〔適當物品〕裝備，安裝〈於…〉〔*with*〕《★常以過去分詞當形容詞用；⇨fitted 1》：～ new tires ***to*** a car 給汽車裝上新輪胎。

6《美》〔**＋受＋介＋(代)名**〕給［使］〈人〉作〔升入大學〕的準備〔*for*〕：This school ～*s* students ***for*** college. 這所學校給學生作升大學的準備［這所學校爲學生升大學進行培訓］。

—*v.i.* 1［與表示情況的副詞連用］合(身)；貼(身)，切合：～ like a glove (像手套一樣)很貼切，完全合適/This coat ～*s* perfectly. 這件上衣很合身［貼身］。

2〔**＋介＋(代)名**〕〔對…〕合適，相合；配合〔*into, with*〕：This cork won't ～ ***into*** the mouth of the bottle. 這個軟木塞不合瓶口；這個軟木塞塞不進瓶口。

fít ín《*vi adv*》(1)切合地嵌入(中間)；完全吻合；〔與…〕符合〔*with*〕；〔與…〕調和［一致］〔*with*〕：The key won't ～ *in.* 這把鑰匙插不進去/My plans do not ～ *in with* yours. 我的計畫和你的計畫不一致。—《*vt adv*》(2)設法爲〈某人〉騰出時間：I'm very busy but I can ～ you *in* at 4:30. 我現在很忙，但是可以安排在四點半時與你會面。

fít ón《*vt adv*》(1)將〈東西〉安裝，裝上，將〈蓋子等〉切合地蓋上去：～ the handle *on* 裝上把手。—《*vi adv*》(2)〈蓋子等〉蓋得切合。

fít óut《*vt adv*》(1)裝備，配備〈船隻〉：～ *out* a ship *for* a long voyage 裝備船隻以便遠航。(2)給〈某人〉準備〔…的〕必需品，供應，供給〔*for, with*〕：～ *out* a party *for* an expedition 爲一隊人提供必需品作探險的準備。

fít úp《*vt adv*》〔以…〕裝備，佈置…〔*with*〕：～ *up* a room 佈置房間/a laboratory *fitted up with* the newest equipment 裝有最新設備的實驗室。

—*n.* 1 Ⓤ適合。**2** Ⓒ［常 **a** ～, **one's** ～；與修飾語連用］(衣服等的)合身，合身的衣服：*a* perfect ～ 完全合身(的衣服)/The coat is *a* good ［*a* poor］ ～. 這件上衣很合身［不合身］/This suit is just her ～. 這件套裝很合她的身。

fit² [fɪt; fit] **《源自古英語「爭執」之義》—*n.*** Ⓒ **1**［常與修飾語或 of... 連用］(疾病的)**發作**；一陣；(陣發性的)痙攣；昏厥：an epileptic ［a hysteric］ ～ 癲癇［歇斯底里症］的發作/have a ～ (*of...*) 發作一陣(的…)/go *into* ～*s* (因癲癇等)昏過去。

2 (感情的)激發〔*of*〕：in a ～ *of* anger 在盛怒之下，一時氣憤/burst into a ～ *of* laughter 突然一陣大笑。

3 一時的興奮［高興］：when the ～ is *on* him 當他心血來潮時，當他有興致時。

by ［**in**］ **fíts** (**and stárts**) 憑一時高興地；一陣陣地，時做時停地，忽冷忽熱地：He does everything *by* ［*in*］ ～*s* (*and starts*). 他做任何事都是時做時停［一陣陣地］。

gìve a person **a fít**《口語》(1)使〈人〉大吃一驚。(2)使〈人〉大怒。

gìve a person **fíts**《美口語》痛罵［痛斥］某人。

hàve a fít (1)引起一陣痙攣。(2)《口語》＝throw a FIT².

thrów a fít《口語》大吃一驚；大怒；(小孩)一陣陣地哭叫。

fitch [fɪtʃ; fitʃ] ***n.* 1** Ⓒ《動物》(歐洲產之)雞貂。**2** Ⓤ雞貂之毛皮。

fit·ful [ˈfɪtfəl; ˈfitful] **《fit² 的形容詞》—*adj.*** 一陣陣的，斷斷續續的；不安定的：a ～ wind 一陣陣的風。

～·ly [-fəlɪ; -fuli] *adv.* **～·ness** *n.*

fít·ly *adv.* **1** 適當地，恰當地。**2** 合宜地，適時地。

fit·ment [ˈfɪtmənt; ˈfitmənt] *n.* **1** Ⓤ家具；用具。**2** [～s] 設備；裝備。

fít·ness *n.* **1** Ⓤ **a** 適當，適合；合格；合理；(言行等的)恰當，適宜〔*for*〕：the (eternal) ～ of things 事物(不變的)合宜性；事物的合情合理/He didn't consider the ～ of the tool *for* the task. 他沒有考慮到這工具對這項工作是否適宜。**b**〔＋ *to* do〕〈做…的〉適宜性：His ～ *to* operate on a patient is in question. 他是否適宜爲患者動手術還是個問題。**2** Ⓤ(健康狀態的)良好；健康。

fít·ted *adj.* **1**［不用在名詞前］〔**＋介＋(代)名**〕裝備〔有…〕的〔*with*〕(cf. fit¹ *v.t.* 5)：The steamers are ～ ***with*** wireless. 那艘輪船裝有無線電。**2**［用在名詞前］完全按照形狀［尺寸］製造的：a ～ carpet 完全按照地板尺寸製造的地毯。

fít·ter *n.* Ⓒ **1** 安裝者；(機器、零件等的)裝配工，調整者。**2** 試樣裁縫師。**3** 服飾品［旅行用品］商。

fít·ting *adj.* **1**［不用在名詞前］**a** 適當的，恰當的：It is ～ *that* he (should) say that. 他那樣說是恰當的《★[用法]《口語》多半不用 should；cf. 1b》。**b**〔＋ *for*＋(代)名＋ *to* do〕〔某人〕〈做…是〉適當的，恰當的：It is ～ *for* him *to* say that. 他那樣說是恰當的(cf. 1a)。**2**〔**＋介＋(代)名**〕〔對…〕完全符合的，適合的〔*for*〕：～ words ***for*** the occasion 適合該場合的話。

—*n.* Ⓒ **1** (衣服暫縫時的)試穿，試衣：He went to the tailor's for a ～. 他到裁縫店去試穿。**2**［常 ～*s*］建築物中的裝設，室內家具；設備，用具，附件：gas ～*s* 瓦斯用具/office ～*s* 辦公設備。

～·ly *adv.* **～·ness** *n.*

Fitz- [fɪts-; fits-] [字首] 表示「…之子」(cf. Mac-, O')。

Fitz·ger·ald [fɪtsˈdʒɛrəld; fitsˈdʒerəld] *n.* 費茲介路《男子名》。

‡**five** [faɪv; faiv] ***adj.* 1**［用在名詞前］**五的，五個的，五人的**：He is ～ years old ［of age］. 他五歲［他年齡爲五歲］。**2**［不用在名詞前］五歲的：He is ～. 他五歲。

—*n.* 1 a ⓊⒸ［常無冠詞］(基數的)五：Two times ～ makes ［is］ ten. 二乘五是十。**b** Ⓒ五的記號《5, v, V》。**2** Ⓤ五點鐘；五歲；五元［英鎊，分，便士(等)］：at ～ 在五點鐘/a child of ～ 五歲的小孩。**3** Ⓒ **a** 五個［人］一組：the big *F*～ 五大國，五巨頭。**b** 籃球隊。**4** Ⓒ(紙牌戲、骰子等的)五點。**5** Ⓒ **a**《英》五英鎊紙幣。**b**《美口語》五美元紙幣。

—*pron.*［當複數用］五，五個，五人：There are ～. 有五個［人］。

fíve-and-tén(**-cènt stòre**) *n.* Ⓒ《美》廉價品商店(dime store)《從前專售五分或一角的廉價物品》。

fíve-by-fíve *adj.*《俚》矮胖的。

fíve-dày wéek *n.* Ⓤ［又作 **a** ～］《口語》每週休二日制，每週五天班制。

fíve·fóld *adj.* **1** 五倍的，五重的。**2** 有五部分［要素］的。

—*adv.* 五倍，五重。

fíve o'clòck shádow *n.* ［**a** ～］(早晨剃過)到傍晚時又長出的鬍子。

fíve-o'clòck téa *n.* Ⓤ《英》下午茶(點)(⇨tea 3a)。

five·pen·ny [ˈfaɪv,pɛnɪ, -pənɪ; ˈfaifpəni, ˈfaivp-] *adj.* **1** 價值五便士的。**2** (釘子)1¾吋長的。

fiv·er [ˈfaɪvɚ; ˈfaivə] *n.* Ⓒ《口語》**1**《美》五美元鈔票。**2**《英》五英鎊鈔票(cf. tenner 2)。

fives [faɪvz; faivz] *n.* Ⓤ《英》壁球《二至四人，以球擊壁，類似手球的遊戲》：a ～ court 壁球場。

fíve-stár *adj.* **1** 五(顆)星的：a ～ general《美口語》五星上將，陸軍元帥。

2 第一級的，最高級的，第一流的：a ～ hotel 第一流的旅館。

‡fix [fɪks; fiks] *v.t.* **1** 使…固定：**a**〔十受(十介十(代)名)〕使…固定〔於…〕；安裝…〔於…〕〔*in, on, to*〕：～ a mosquito net 掛蚊帳/～ a post ***in*** the ground 把柱子插入地裏/～ a picture ***to*** a wall 把畫釘牢在牆壁上/～ a bayonet ***on*** a gun 把刺刀裝在槍上。**b**〔十受十副〕把〈東西〉釘牢(於某處)〈*on*〉：F～ ***on*** a new button for me. 給我縫上一粒新鈕扣。**c**〔十受〕使〈想法、制度等〉固定：～ standards for patent registrations 制定專利權註册的標準。**d**〔十受十介十(代)名〕將…銘記〔於心裏、記憶等中〕〔*in*〕：I tried to ～ the date ***in*** my mind. 我試著把那個日期牢記在心裏。**e**〔十受〕使〈決意、意見等〉確定；使〈意義、特徵等〉明確：The decision ～*ed* her fate. 那項抉擇決定了她的命運。**f**〔十受十介十(代)名〕將〈住處等〉固定〔於…〕；使〈人〉〔在某處、地位〕安定下來〔*in, at*〕. **g**〔十受(十介十(代)名)〕使〈臉等〉〔因感情而〕僵住；使〈人〉〔因感情而〕不能動彈〔*in, with*〕：～ one's jaw ***in*** determination 下巴僵住以示決意/He was ～*ed in* [***with***] admiration. 他全神貫注地讚賞著。

2 a〔十受十介十(代)名〕將〈眼睛、注意力等〉〔向…〕集中，使〈心、思想等〉專注[專心]〔於…〕〔*on*〕：I ～*ed* my mind ***on*** that fact. 我全神貫注於那個事實/He stood there with his eyes ～*ed on* the picture. 他站在那裏，凝視著那幅畫。**b**〔十受〕〈事物〉吸引〈人的注意力等〉：The sight ～*ed* their attention. 那景象吸引了他們的注意力。**c**〔十受十介十(代)名〕〔以某種眼神〕凝視，盯牢〈人、東西〉〔*with*〕：She ～*ed* Bill ***with*** her withering gaze. 她以令人畏縮的眼神凝視比爾。

3 a〔十受〕決定〈日期、地點等〉：～ the date [the place] for [of] a wedding 決定婚禮的日子[地點]。**b**〔十受(十介十(代)名)〕決定〈價格〉〔爲…〕〔*at*〕：The price has been ～*ed* ***at*** two dollars. 定價爲兩美元。**c**〔十 *wh.*＿/十*wh.* 十*to* do〕決定…：Let's ～ *when* we will start. 我們來決定何時動身/Have you ～*ed where to* stay？你已決定在哪裏住宿了嗎？**d**〔十 *to* do〕決定〈做…〉(cf. *v.i.* 4)：I've ～*ed to* go to London next week. 我決定下週去倫敦。**e**〔十受〕確定〈…的地點[時期]〉：The evidence cannot ～ the time of death accurately. 該證據不能正確地確定死亡的時間。

4〔十受十介十(代)名〕歸〈罪、責任等〉〔於某人〕；把〈希望等〉寄託〔於某人〕〔*on*〕：They ～*ed* the blame ***on*** me. 他們歸罪於我。

5〔十受〕**a**《美》修理…：～ a chair [watch] 修理椅子[手錶]。**b** 整理〈頭髮〉；化妝〈臉部等〉：～ one's hair [face] 梳理頭髮[化妝臉部]。**c** 解決，處理〈糾紛〉。

6《美》**a**〔十受〕準備〈餐食等〉，調製〈食物〉：～ a salad 調製生菜沙拉。**b**〔十受十受/十受十介十(代)名〕爲〈某人〉準備〈餐食等〉；〔爲某人〕準備〈餐食等〉〔*for*〕：She ～*ed* us a snack.＝She ～*ed* a snack ***for*** us. 她爲我們準備了點心。

7〔十受〕《口語》**a** 以作弊預先安排〈賽馬等〉的定局；用不正當手段操縱[影響]〈選舉等〉。**b** 對〈人〉施加(非法的)壓力；收買，賄賂〈某人〉。

8〔十受〕《口語》(狠狠地)整〈某人〉，向〈某人〉報復；幹掉〈某人〉；懲罰…：I'll ～ you！你等著瞧！《看我以後怎麼收拾你》。

9〔十受〕《口語》將〈動物〉去勢。

10〔十受〕**a** 使〈顏色等〉持久不變，固著。**b**《攝影》定〈影〉。

11〔十受〕《化學》使〈流體〉凝固；使〈氮〉固定，使…不揮發。

12〔十受〕《生物》固定〈標本〉。

—*v.i.* **1** 固定，固著。

2〔十介十(代)名〕〈眼睛〉〔朝…〕凝視〔*on, upon*〕：My eyes ～*ed on* a distant light. 我注視著遠處的燈光。

3〔十介十(代)名〕決定〔…〕〔*on, upon*〕：They ～*ed* ***on*** May 5 *for* the wedding [*as* the wedding date]. 他們決定五月五日舉行婚禮[爲舉行婚禮的日子]/He ～*ed on* leav*ing* London. 他決定離開倫敦/They ～*ed on* me *to* break the news to you. 他們決定由我告訴你這個消息。

4〔十*for* 十(代)名十 *to* do〕決定〔某人、某事〕〈…〉(cf. *v.t.* 3d)：We ～*ed for* the meeting *to* be held on Saturday. 我們決定在星期六開會。

5〔十 *to* do〕[用進行式]《美口語・方言》計畫〈做…〉，打算，準備〈做…〉：I'*m* ～*ing to* go hunting. 我準備去打獵。

fix óver《*vt adv*》《美》重做，修改。

fix úp《*vt adv*》⑴安裝，裝置：*F*～ it *up* here. 把它裝在這裏。⑵安排〈聚會、約定、日期等〉，選定：We've ～*ed up* the meeting *for* next Monday. 我們已選定下星期一聚會。⑶爲〈某人〉準備〔東西、人〕；爲〈某人〉安排〔住處等〕〔*with*〕：～ a person *up with* a new job 爲某人安排新工作/We ～*ed* him *up with* a place to spend the night. 我們爲他安排那晚的住處。⑷〔～十受十 up〕《口語》解決〈爭端等〉，商妥：～ it [things] *up* with...與…講妥[說定]。⑸《美口語》修理；裝修；照應：He ～*ed* the room *up as* a study. 他把房間改造爲書房。⑹《美口語》治好〈某人〉的病。⑺《美口語》整理〈房間等〉；給〈房間等〉裝上〔…〕〔*with*〕. ⑻準備〈餐食〉。⑼[～ one*self*]《美口語》打扮妥當，整裝：*F*～ *yourself up.* 把你自己打扮妥當。**—**《*vi adv*》⑽《美口語》整裝。

—*n.* **1** Ⓒ[常 **a** ～]《口語》進退兩難，困境：in *a* ～ *for* money 手頭緊，缺錢/get oneself into [in] *a* ～ 陷入困境中。

2 Ⓒ(船舶、飛機等的)定位，方位。

3 [**a** ～]《口語》(比賽等的)舞弊，收買，賄賂。

4 Ⓒ《口語》注射毒品：have [take] a ～ 注射毒品/get [give a person] a ～ 接受毒品的注射[給人注射毒品]。

gèt a fíx on...《口語》(以雷達等)測知〈飛機、潛水艇等〉的位置[實際情況]。

fix·ate [ˈfɪkset; ˈfikseit] *v.t.* **1** 使…固定，使…固著。**2** 凝視。**3**《精神分析》固戀(cf. fixation 6a). **—***v.i.* **1** 固著，固定。**2**《精神分析》固戀。

fix·a·tion [fɪksˈeʃən; fikˈseiʃn] «fix, fixate 的名詞»**—***n.* ⓊⒸ **1** 固定，安裝，裝置。**2** 凝視，注視。**3**《化學》凝固，不揮發。**4**《攝影》定影。**5**《染色》定色(法)。**6 a**《精神分析》固戀《指對情慾對象的依戀》〔*on*〕. **b** 固戀，固結，病態的依戀〔某人〕〔*on*〕：He has a ～ *on* older women. 他對於年長的女人有病態的依戀。

fix·a·tive [ˈfɪksətɪv; ˈfɪksətiv] *adj.* **1** 固定的，固著的；定色的。**2** 防止褪色的。

—*n.* Ⓤ[指產品、種類時爲Ⓒ] **1**《攝影》定影劑[液]。**2**《染色》定色劑，媒染劑。

fixed [fɪkst; fikst] *adj.* (**more** ～；**most** ～) **1 a** (無比較級、最高級)〈東西〉固定的，安裝穩固的：a ～ signal (鐵路的)常置信號機。**b**〈視線〉不動的，凝視的：look at a person with a ～ gaze 凝視某人。

2〈觀念等〉固執的，受束縛的：a ～ idea 固定觀念。

3 已決定的，堅定的，不變的；穩定的：～ capital 固定資本/a ～ deposit 定期存款/a ～ loan 定期貸款/a ～ price 定價，不變的價格。

4《美口語》[不用在名詞前]〔十介十(代)名〕[常與副詞連用]〔金錢等〕獲得…供給的，〔在經濟上〕處境…的〔*for*〕：I'm comfortably [awkwardly] ～ ***for*** money. 我經濟寬裕[拮据]。

5 (無比較級、最高級)《化學》凝固的，不揮發的(↔ volatile)：a ～ acid 不揮發的酸/～ oil 不揮發的油，固定油。

～·ness [ˈfɪksɪdnɪs, ˈfɪkstnɪs; ˈfiksidnis] *n.*

fíxed ássets *n. pl.*《會計》固定資產《一年內不能變換爲現金的長期持有資產，如建築物、機器等；cf. current assets》.

fíxed chárge *n.* **1** Ⓒ固定費用；固定支出。**2** Ⓒ(繳納稅捐、購買債券等之)定期的義務。**3** [～**s**](折舊、租金、利息等之)固定資產的維持費用。

fíxed cóst *n.* Ⓒ《會計》固定成本《不因生意大小而變動的成本》。

fíxed liabílity *n.* Ⓒ《會計》固定負債《即長期負債，到期日通常爲一年者》。

fix·ed·ly [ˈfɪksɪdlɪ; ˈfiksidli] *adv.* 固定地，確定地；堅決地，不動地：He looked [stared] ～ at her. 他目不轉睛地盯著她。

fixed sátellite *n.* Ⓒ固定[靜止]人造衛星《以二十四小時繞地球一周的人造衛星(與地球運轉同步)，故從地面上觀看時好像呈靜止狀態》。

fíxed stár *n.* Ⓒ《天文》恒星(cf. planet 1).

fix·er *n.* Ⓒ **1** 安裝者，固定器。**2**《口語》(以賄賂等)代人說項[疏通]者；調停者。**3** 定影劑；定色劑。

fix·ing *n.* **1** Ⓤ固定，固著；凝固。**2** Ⓤ《攝影》定影。**3** Ⓤ安置，安裝。**4** Ⓤ《美》調整，修理。**5** [～**s**]《美口語》**a** (室內等的)設備，裝設。**b**〈菜餚的〉配料，配菜。

fix·i·ty [ˈfɪksətɪ; ˈfiksəti] *n.* Ⓤ **1** 固著，固定；不變。**2** (視線等的)不動：stare with ～ 瞪眼凝視。

fix·ture [ˈfɪkstʃɚ; ˈfikstʃə] *n.* Ⓒ **1** 固定物，裝置物，設備，公共用具：electric light [gas] ～*s* 電燈[瓦斯]設備。

2《口語》固定於某職業者；久居一地的人：He's become a ～ of that bar. 他已成爲那家酒吧的一員，就在那裡待下來了。

3《運動・賽馬》《英》(日期確定的)大會，比賽項目[節目]。

fizz [fɪz; fiz] «擬聲語»**—***v.i.*〈飲料等〉發嘶嘶聲響。

—*n.* **1** [**a** ～] 嘶嘶聲。**2** Ⓤ[指個體時爲Ⓒ]《口語》**a** 發泡性飲料：gin ～ 杜松子酒汽水。**b**《英》香檳酒(champagne).

fiz·zle [ˈfɪzl; ˈfizl] *v.i.* **1** 發微弱的嘶嘶聲：The firecracker ～*d* but didn't explode. 爆竹發出微弱的嘶嘶聲但沒有爆炸。

2〔十副〕《口語》(虎頭蛇尾般地)結束，失敗〈*out*〉：The play ～*d out* at the end. 那齣戲的結局[收場]不精采。

—*n.* Ⓒ **1** 嘶嘶聲。**2**《口語》失敗。

fiz·zy [ˈfɪzɪ; ˈfizi] *adj.* (**fizz·i·er**；**-i·est**)〈飲料〉嘶嘶起泡的，發泡的：～ drinks 發泡飲料/～ lemonade《英》檸檬汽水。

fjord [fjord, fjɔrd; fjɔːd] *n.* Ⓒ峽灣《深入海岸斷崖間的狹長海灣，多見於挪威海岸》。

fl.《略》florin；*floruit*（拉丁文＝He [She] flourished）；flourished；fluid. **Fl.**《略》Flanders；Flemish. **FL**《略》《美郵政》Florida.

Fla.《略》Florida.

flab·ber·gast [ˈflæbɚˌgæst; ˈflæbəgɑːst] *v.t.*《口語》使〈人〉大吃一驚，使〈人〉驚愕《★常用被動語態，介系詞用 *at, by*》：I *was ～ed at* the violence of the thunder. 猛烈的雷聲使我大吃一驚。

flab·by [ˈflæbɪ; ˈflæbi] *adj.* (**flab·bi·er**; **-bi·est**) **1**〈肌肉〉鬆軟的，鬆弛的，不結實的。

2〈性格〉意志薄弱的，軟弱的；〈人〉無力氣的。

fláb·bi·ly [-bɪlɪ; -bili] *adv.*-**bi·ness** *n.*

flac·cid [ˈflæksɪd; ˈflæksid] *adj.* **1**〈肌肉、人等〉癱軟的，鬆弛的。**2**〈精神等〉散漫的，鬆懈的，衰弱的。

flac·cid·i·ty [flækˈsɪdətɪ; flækˈsidəti]《flaccid 的名詞》—*n.* Ⓤ軟弱，鬆懈，無力。

flack [flæk; flæk] *n.* **1** ＝press agent. **2** ＝flak.

‡**flag**[1] [flæg; flæg] *n.* Ⓒ **1 旗**：raise a ～ 舉旗/a national ～ 國旗/a ～ of convenience（船隻）權宜船籍《為獲得較本國便利的稅制等而登記為某國（巴拿馬、賴比瑞亞等）國籍船隻時則懸掛該國國旗》/⇨black flag, red flag, white flag/⇨ DIP the flag/hang a ～ at half-mast 下半旗〔哀悼旗〕致哀。

【同義字】banner 是指寫有主義、主張等的旗子；pennant 是指船舶作標識、信號用，前端尖的細長旗子；ensign 是指船隻為表示國籍而掛的旗子；standard 是指儀式用的旗子、軍旗、隊旗。

2（英國產諜犬（setter）的）茸尾；鹿尾。

3《英》（計程車用寫有"For Hire（空車）"的）旗子：put the ～ down 放下（表示空車的）旗子《已有乘客》。

háng óut [**shów**] **the white flág** ⇨white flag.

kèep the flág flýing《口語》堅持作戰，不降下旗幟，不投降。

lówer [**stríke**] **the** [**one's**] **flág** 降下旗幟（表示敬禮、降服）；投降。

ùnder the flág of... 在…旗幟（的號召）下；受到…的保護。

—*v.t.* (**flagged**；**flag·ging**) **1**〔十受〕懸旗於…，以旗子裝飾…，懸旗點綴…。

2〔十受（十副）〕以揮旗的信號使〈火車等〉停駛〈*down*〉.

3〔十受〕打旗號通知〈某人〉，以旗子對〈某人〉打信號。

flag[2] [flæg; flæg] *n.* Ⓒ《植物》菖蒲科菖蒲屬的植物《白菖，香蒲等》。

flag[3] [flæg; flæg] *v.i.* (**flagged**；**flag·ging**) **1 a**〈帆等〉鬆弛無力地垂下。**b**〈草木〉枯萎。**2 a**〈力氣等〉衰退，減退。**b**〈話等〉變得乏味；失去吸引力。

flag[4] [flæg; flæg] *n.* **1** Ⓒ（鋪路用的）石板，扁石（flagstone）.

2 [～s] 石板路。

—*v.t.* (**flagged**；**flag·ging**) 鋪石板於…；以石板鋪〈路〉。

flág càptain *n.* Ⓒ《英》旗艦艦長。

flág dày *n.* **1** Ⓒ《英》（售旗募捐的）旗日《為慈善事業基金募款而在街上兜售小旗，把它別在捐款者胸前；cf. tag day》. **2** [F～D～]（美國的）國旗制定紀念日。

【說明】美國國旗俗稱星條旗（Stars and Stripes 或 Star-Spangled Banner），制定於 1777 年 6 月 14 日。國旗制定紀念日就在這一天。在美國除了賓夕凡尼亞州（Pennsylvania）以外其他都不放假，但全國各地都在公共建築物懸掛國旗，並舉行慶祝活動。

fla·gel·lant [ˈflædʒələnt, fləˈdʒɛlənt; ˈflædʒələnt] *n.* Ⓒ **1 a** 鞭笞者。**b**（作為宗教上的修行而）自我鞭笞者。**2** 鞭打自己（或挨鞭打）以獲得性的滿足者。

flag·el·late [ˈflædʒəˌlet; ˈflædʒəleit] *v.t.* 鞭打。

flag·el·la·tion [ˌflædʒəˈleʃən; ˌflædʒəˈleiʃn]《flagellate 的名詞》—*n.* Ⓤ鞭打。

flag·eo·let [ˌflædʒəˈlɛt; ˌflædʒəˈlet] *n.* Ⓒ《音樂》六孔豎笛，哨笛。

flág·ging[1]《源自 flag[3]》—*adj.* **1** 下垂的。**2** 有些鬆懈傾向的，行情趨疲的；逐漸減少〔衰退〕的。～**·ly** *adv.*

flág·ging[2]《源自 flag[4]》—*n.* Ⓤ **1** 鋪砌石板。**2** [集合稱] 鋪砌用的石板類（flagstones）.

fla·gi·tious [fləˈdʒɪʃəs; fləˈdʒiʃəs] *adj.*《文語》窮兇極惡的，罪大惡極的；無恥的，可惡的，惡名昭彰的。

flág·man [-mən; -mən] *n.* Ⓒ（*pl.* **-men** [-mən; -mən]）**1** 旗手。**2** 以旗子打信號者；《美》（鐵路的）信號手，平交道看守人。

flág òfficer *n.* Ⓒ **1** 海軍將官《即有權在艦上懸旗以示其軍銜者》。**2** 艦隊司令。

flag·on [ˈflægən; ˈflægən] *n.* Ⓒ **1 a**（有把手、壺蓋的）細頸壺。**b**（裝酒出售的）大肚酒瓶《容量為普通酒瓶的兩倍》。**2** 細頸壺〔大肚酒瓶〕的容量〔*of*〕.

flagon 1 a

flág·pòle *n.* Ⓒ旗竿。

flá·grance [-grəns; -grəns] *n.* ＝flagrancy.

fla·gran·cy [ˈflegrənsɪ; ˈfleigrənsi]《flagrant 的名詞》—*n.* Ⓤ惡名昭彰；極惡。

flág rànk *n.* Ⓤ（海軍的）將官軍銜。

fla·grant [ˈflegrənt; ˈfleigrənt] *adj.* 惡名昭彰的，窮兇極惡的；明目張膽的：～ disrespect for the law 目無法紀。～**·ly** *adv.*

flág·shìp *n.* Ⓒ **1** 旗艦。**2**（同種類中的）最大〔最佳〕者，佼佼者：a ～ station of a national radio network 全國廣播網中最大的廣播站。

flág·stàff *n.* Ⓒ旗竿（flagpole）.

flág stàtion *n.* Ⓒ信號停車站《只在打信號旗時火車才停之車站》。

flág·stòne *n.* Ⓒ石板，鋪路石，扁石。

flág stòp *n.* ＝flag station.

flág-wàving *n.* Ⓤ搖旗吶喊《訴諸情感以激起強烈愛國心或民族感情之努力》。

flail [flel; fleil] *n.* Ⓒ連枷《舊時用以打麥〔穀〕；現在多用脫穀機（thresher）》.

—*v.t.* **1** 用連枷打〈穀〉。**2** 敲，打〈東西〉。**3** 揮動〈雙臂等〉。

—*v.i.* **1** 用連枷打。**2**〔十副〕（用連枷打似地）胡亂揮動〈*about, around*〉：He *～ed about* madly with a baseball bat. 他瘋狂地揮動球棒。

flail

flair [flɛr, flær; flɛə] *n.* Ⓤ [又作 **a** ～] 敏銳的嗅覺〔覺察力〕，鑑別力；才能，天賦〔*for*〕：He has *a ～ for* good poetry [*for* mak*ing* money]. 他有鑑別好詩〔賺錢〕的本領。

flak [flæk; flæk] *n.* Ⓤ **1** 高射砲（火）。**2** 抨擊，指責，責難：He took a lot of ～ for his stand against abortion. 他因堅持反對墮胎而飽受責難。

***flake**[1] [flek; fleik] *n.* Ⓒ **1 a**（硬石塊等剝落的）**薄片**：soap ～s 肥皂的薄片/fall *in ～s* 成薄片剝落，一片片地落下。**b** 雪片，羽毛片；火花：Only a few ～*s* of snow fell. 只降下稍許雪片。**2**（食品的）薄片狀：⇨ cornflakes. **3**《美俚》與衆不同的人，怪人。

—*v.i.*〔動（十副）〕（成片）剝落，（雪片般）飄落，降下〈*off*〉：The paint has *～d* (*off*) in some places. 有些地方的油漆成片剝落。

flake[2] [flek; fleik] *v.i.*〔十副〕《口語》**1**（因疲憊而）入睡，睡著〈*out*〉. **2** 昏倒，不省人事〈*out*〉.

flak·y [ˈflekɪ; ˈfleiki]《flake[1] 的形容詞》—*adj.* (**flak·i·er**；**-i·est**) **1** 容易剝落的。**2** 由薄片構成的，成薄片狀的。**3**《美俚》與衆不同的，古怪的。**flák·i·ness** *n.*

flam [flæm; flæm] *n.* ⓊⒸ《口語》謊話；詐欺；虛偽；虛構。

—*v.t.* & *v.i.* (**flammed**；**flam·ming**) 欺騙，詐騙。

flam·beau [ˈflæmbo; ˈflæmbou]《源自法語'flame'之義》—*n.* Ⓒ（*pl.* ～**s**, **-beaux** [～z; ～z]）**1** 火炬。**2** 有華麗裝飾的大燭台。

flam·boy·ance [flæmˈbɔɪəns; flæmˈbɔiəns]《flamboyant 的名詞》—*n.* Ⓤ火紅；華麗；艷麗；燦爛奪目。

flam·boy·ant [flæmˈbɔɪənt; flæmˈbɔiənt]《源自法語「火焰」之義》—*adj.* **1** 火焰似的，艷麗的，燦爛奪目的：～ colors 艷麗的色彩。**2**〈人、言行等〉誇張的，虛飾的。

‡**flame** [flem; fleim]《源自拉丁文「燃燒者，火焰」之義》—*n.* **1** Ⓤ [常 ～s] **火焰**：in ～*s* 在火焰中，燃燒著/burst into ～(*s*) 燃燒起來/commit...to the ～*s* 將…付之一炬，將…燒掉。**2** Ⓒ火焰似的光芒；光輝：the ～(*s*) of sunset 火紅〔火焰似〕的晚霞。**3** Ⓒ熱情，情火，激情：a ～ of anger 怒火/fan the ～ (of one's passion) 激發熱情；激起思慕之情。**4** Ⓒ [常 **old** ～]《口語》情人，愛人：an *old* ～ of his 他的舊情人。

—*v.i.* **1**〔十副〕**發火焰**；燃燒〈*out, up*〉.

2 a〔動（十補）〕火焰似地發出〈火紅的、鮮明的〉光輝〔光芒〕；〈臉〉發紅，變紅：The fire ～*d* bright. 火燒得很旺；火光熊熊/His face ～*d* (red). 他的臉發紅。**b**〔十介十（代）名〕〔因…而〕發出燃燒似的〔火紅的〕光輝〔*with*〕：Our garden ～*s with* red tulips. 我們的花園被紅色鬱金香點綴得一片火紅。

3 a〔動（十副）〕〈熱情、怒火等〉燃起，升起〈*out, up*〉：A hot anger ～*d* in his heart. 他怒火中燒/Her passion ～*d out*. 她的熱情被激發起來了。**b**〔（十副）十介十（代）名〕〔對…〕發怒，發火〈*up*〉〔*at*〕：He ～*d up at* the words. 他聽到那些話勃然大怒。**c**〔十介十（代）名〕〔熱情、憤怒等〕爆發，迸發〔*with*〕：He ～*d with* anger. 他勃然大怒。

fla·men·co [flə'mɛŋko, -'mɛn-; flə'meŋkou] *n.* Ⓤ佛拉明柯舞(曲)《西班牙的吉卜賽舞蹈或舞曲，配合吉他而拍手頓足的熱情舞蹈》。

flamenco

fláme-òut, fláme òut *n.* Ⓒ《航空》(噴氣發動機)燃燒中斷；熄火。
fláme projèctor *n.* =flamethrower.
fláme·thròwer *n.* Ⓒ火焰噴射器。
flám·ing *adj.* [用在名詞前] **1** 熊熊燃起的，吐著火舌的。**2**〈色彩〉燃燒似的，火紅的：a ~ red dress 火紅的衣服。**3** 熱情的，熱烈的；目光炯炯的。**4** [用以强調語氣]《英俚》非常的：a ~ fool 一個大傻瓜。~·**ly** *adv.*
fla·min·go [flə'mɪŋgo; flə'miŋgou]《源自葡萄牙語，原義爲「火焰」，由於紅鶴的紅色翅膀有如晃動的火焰，故名》—*n.* Ⓒ(*pl.* ~es, ~s)《鳥》紅鶴，火鶴。

flamingo

flam·ma·ble ['flæməbl; 'flæməbl] *adj.* 可燃性的，易燃的。
flan [flæn; flæn] *n.* Ⓒ **1** 果餡餅《含有乳酪、水果等之餡餅》。**2** (硬幣)坯子《已成錢幣形但尚未印模之金屬塊》。
Flan·ders ['flændɚz; 'flɑ:ndəz] *n.* 法蘭德斯《包括現在比利時西北部的兩省與法國北部一小地區的臨北海地方》。
flange [flændʒ; flændʒ] *n.* Ⓒ **1 a** 法蘭(盤)，凸緣。**b** (車輪的)輪緣。**c** (鐵軌等的)凸緣。**d** (鐵管等邊端的)凸緣，凸邊。**2** (裝飾衣服用的)滾邊。—*v.t.* 裝凸緣於…。

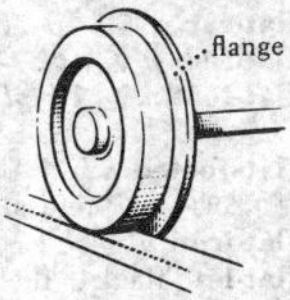

flange 1 b

flank [flæŋk; flæŋk] *n.* Ⓒ **1 a** 側腹。**b** 腰窩部分割下來的肉(⇨beef 插圖)。**2** (建築物、山等的)側面。**3**《軍》(隊形的)側面，(左右)翼(wing)：a ~ attack 側翼攻擊/turn the enemy's ~ [the ~ *of* the enemy] 由側面包抄敵人。
in flánk《軍》在[從]側面。
—*v.t.* [十受] **1** 放[排]在…的側面《★常以過去分詞當形容詞用，介系詞用 *with, by*》：a road ~*ed* **with** [**by**] trees 兩旁有樹的道路。**2**《軍》側擊〈敵軍〉。
flánk spèed *n.* Ⓤ(船之)全速。
flan·nel ['flænl; 'flænl]《源自威爾斯語「毛織品」之義》—*n.* **1** Ⓤ **a** 法蘭絨。**b**《美》棉絨。**2** [~s] **a** 法蘭絨製品《繃帶、內衣》。**b** (尤指運動用的)法蘭絨長褲。**c**《口語》毛織的厚內衣。**3** Ⓒ《英》法蘭絨布塊[毛巾，抹布(等)]。**4** Ⓤ《英口語》蠢話；阿諛。
—*adj.* [用在名詞前] 法蘭絨製的：a ~ skirt 法蘭絨裙子。
—*v.t.* (**flan·neled,**《英》**-nelled; flan·nel·ing,**《英》**-nel·ling**) **1** 使…穿上法蘭絨衣服。
2 用法蘭絨布塊擦…。
3《英俚》**a** [十受] 奉承，阿諛〈某人〉。**b** [十受] 說奉承話欺騙…；以奉承擺脫…。**c** [十受十介十(代)名] 奉承〈某人〉[使…] [*into*].
—*v.i.*《英俚》阿諛，恭維。
flan·nel·ette [ˌflænl'ɛt; ˌflænl'et] *n.* Ⓤ(內衣用的)棉織法蘭絨。
flap [flæp; flæp] (**flapped; flap·ping**) *v.i.* **1 a**〈鳥〉鼓翼。**b** [十副詞(片語)] 鼓翼而飛，拍翅飛行：The eagle *flapped away.* 那隻鷹拍著翅膀飛走/The large bird *flapped up* the stream. 那隻大鳥鼓翼向河上游飛去。
2 a〈旗、窗帘等〉啪噠啪噠地飄動[拍打]，飄揚：The flags in the stadium *flapped* in the wind. 運動場上的旗子在風中飄揚。**b** [十介十(代)名] [對著…]啪噠啪噠地拍打[*against*]：The curtains were *flapping* ***against*** the window. 窗帘啪噠啪噠地拍打著窗子。
3〈帽緣等〉飄動著下垂。
4《口語》惴惴不安；神經緊張。
—*v.t.* **1** [十受]〈鳥〉拍動〈翅膀〉，鼓〈翼〉：The bird *flapped* its wings. 那隻鳥拍動翅膀。
2 a [十受] (用寬平有彈性的東西等)拍打。**b** [十受十副] (用寬平有彈性的東西)趕走，拍走〈*away, off*〉；輕輕煽熄〈火〉〈*out*〉：He *flapped* the flies ***away*** [***off***]. 他把蒼蠅拍走/~ ***out*** a candle 煽熄燭火。
3 [十受] (風)使〈帆、窗帘等〉啪噠啪噠地拍動[拍打]，飄動：The gale *flapped* the flags. 强風使旗子啪噠啪噠地飄動。
—*n.* **1** Ⓒ **a** (用寬平有彈性的東西)拍打，拍擊；(鳥)拍動翅膀：He doused the candle with a ~ of his hand. 他用手煽熄燭火。**b** (旗子、窗帘等的)拍擊，飄動。**2** [用單數；常 **the** ~] **a** 拍打聲；鼓翼聲。**b** (旗子、窗帘等的)拍擊聲。**3** Ⓒ(飄動的)垂下物：**a** (口袋)蓋。**b** (圓桌周邊可放下成爲方桌的)活邊，折板；蓋板。**c** (帽子的)邊緣；(禦寒用)耳罩。**d** (信封的)口蓋。**4** Ⓒ《航空》(飛機的)襟翼。**5** [**a** ~]《口語》惴惴不安，神經緊張：be in *a* ~ 感到惴惴不安，慌作一團/get into *a* ~ 開始變得惴惴不安。**6** Ⓒ《語音》閃音，拍音《使舌頭與口蓋垂僅顫動一次所發的音》。

flaps 3

flaps 4

fláp·dòodle *n.* Ⓤ《口語》囈語，夢話，胡言亂語。
fláp·jàck *n.* Ⓒ **1** =pancake 1. **2**《英》加入燕麥的甜薄煎餅。
fláp·per *n.* Ⓒ **1 a** 輕拍的人[東西]。**b** 蒼蠅拍(flyswatter). **c** (擊拍作聲用以嚇鳥的)拍板[叫子]。**d** (連枷(flail)的)打禾棍。**2 a** (海獸的)鰭狀前肢。**b** (蝦子等的)扁平尾。**3** 拍動翅膀學飛的雛鳥。**4**《口語》(1920 年代追求自由，服裝奇異，舉止輕浮的)摩登[輕佻]女郎。
flare [flɛr, flær; fleə] *v.i.* **1**〈火焰〉熊熊地燃燒，(遇風而)搖曳，閃耀：The torches ~*d* in the wind. 那些火炬的火焰在風中搖曳。**2**〈裙子、長褲〉成喇叭狀，(下襬)向外張開。
—*v.t.* [十受] **1**〈風等〉使〈火焰〉閃耀[搖曳]。**2** 用閃光打…信號。**3** 使〈裙子、長褲〉成喇叭狀。
fláre úp [**óut**]《*vi adv*》(1)突然燒起；驟然加劇；突然發作《★用法 常與 again, anew 等副詞一起使用》：My stomach ulcer has ~*d up* again. 我的胃潰瘍突然又發作了。(2)[常 ~ **up**] 勃然大怒。
—*n.* **1** Ⓤ突然燃起：the ~ of a match 突然燃起的火柴光。**2** [用單數] 搖曳的火焰[光]。**3** Ⓒ **a** (海上等使用的)閃光信號。**b** (指示飛機夜間降落位置等的)照明。**c** 照明彈。**4** [**a** ~] [感情、音響等的]爆發，突發[*of*]：*a* ~ *of* anger 暴怒/*a* sudden ~ *of* trumpets 突然響起的喇叭聲。**5** ⓊⒸ(裙子、長褲的)喇叭狀《下襬、褲管向外張開》。
flared *adj.*〈裙子、長褲〉喇叭狀的。
fláre pàth *n.* Ⓒ(夜間飛行用之)照明跑道。
fláre-ùp *n.* Ⓒ **1 a** 驟燃[燃]。**b** (信號的)閃光。**2**《口語》**a** (感情的)爆發，暴怒，勃然大怒。**b** (問題、糾紛等平息後的)急遽再起[表面化]。**c** (疾病等的)再發。
flar·ing ['flɛrɪŋ; 'fleəriŋ] *adj.* **1** 搖曳著燃燒的。**2** 華麗的，絢麗閃耀的：the ~ neon lights of Broadway 百老匯華麗的霓虹燈光。**3** 喇叭狀的；鐘形的；向外張開的。~·**ly** *adv.*
‡flash [flæʃ; flæʃ] *n.* **1** Ⓒ **a** (光等的)閃爍，突發的火光，閃光[*of*]：a ~ *of* lightning 閃電。**b** (光的)一閃，(旗子信號的)一揮。**2** Ⓒ[興緻、機智等的]閃現[*of*]：a ~ *of* hope 希望的閃現，一線希望/a ~ *of* wit 靈機一動/I had a sudden ~ *of* memory. 往事突然在我腦際閃現。**3** [**a** ~] 瞬間：in [like] *a* ~ 忽然，一瞬間，即刻，刹那間。**4** Ⓒ簡短的新聞電訊(傳到報社、電視台及廣播電台等的)快報(news flash). **5** Ⓤ浮華，虛飾，華而不實。**6** Ⓒ《俚・謔》暴露下體。**7** ⓊⒸ《攝影》閃光燈，鎂光燈：use (a) ~ 使用閃光燈。
flásh in the pán 曇花一現的計畫(者)，虎頭蛇尾(的人)《★源自(舊式燧發槍的)空響之意，火藥雖爆發而彈不射出》。
—*v.i.* **1 a**〈光〉一閃，亮一下(⇨ shine【同義字】)：Lighthouses ~ at night. 燈塔在夜裏熠熠發光/The car's headlights ~*ed* in my eyes. 汽車的前燈對著我的眼睛閃了一下。**b** [十介十(代)名]〈眼睛〉[因…而]炯炯發光[*with*]：His eyes ~***ed with*** anger. 他的眼睛閃著怒光。**2** [十副詞(片語)]〈機智、主意等的〉閃現；掠過：The thought ~*ed through* [*across, into*] my mind. 那種想法閃過我的心頭/His old spirit ~*ed out.* 他的老脾氣又發作了/It ~*ed upon* me *that*.... 我忽然有…的念頭[主意]。**3** [十副詞(片語)] 閃過，急速通過，疾速馳過：A sports car ~*ed past.* 一輛跑車一閃而過/Our train ~*ed through* the station. 我們的火車急速馳過車站。**4**《俚》暴露下體。
—*v.t.* **1** [十受] 使〈光〉閃現；以…突然照一下：He ~*ed* a lantern in my face. 他用燈籠突然朝我臉上一照。**2** [十受]〈眼睛〉閃亮露出〈感情等〉：Her eyes ~*ed* fire. 她的眼睛閃閃發光/His

eyes ~*ed* defiance. 他眼裏閃現反抗的神色。**3 a** 〔十受〕(用光等)迅速傳達[發出]〈信號〉：~ a signal 迅速傳達信號。**b** 〔十受(十副詞(片語))〕將〈情報、信號等〉(迅速)傳達，發出：~ a message *over* the radio 以無線電迅速傳達消息/ ~ the news *to* New York 將該消息迅速傳至紐約/The news was ~*ed throughout* the country. 該消息迅速傳遍全國。**4** 〔十受十受/十受十介十(代)名〕迅速投給〈某人〉〈一瞥、微笑等〉；〔對某人〕迅速投以〈一瞥、微笑等〉〔*at*〕：He ~*ed* her a smile [glance]. = He ~*ed* a smile [glance] ***at*** her. 他對她投以(瞬間的)微笑[一瞥]。**5** 〔十受〕《口語》炫耀，賣弄，誇示…：~ a roll of bills 炫耀一疊鈔票。**6** 〔十受〕《俚》暴露〈性器官〉。

flásh báck 《*vi adv*》(1)〈光〉反射，反照。(2)〈記憶等〉突然回到過去。—《*vt adv*》(3)使〈光〉反照，使…反射。(4)瞪回去以示…：~ *back* defiance 瞪回去以示反抗。

flásh in the pán 曇花一現，虎頭蛇尾《★參照 *n.* 成語》。

—*adj.* (~·er；~·est) **1 a** 光亮而不值錢的，俗艷的，浮華的，華而不實的。**b** 《英》假的，僞造的：~ money [notes] 假錢[鈔]。**c** 外表好看的，體面的，漂亮的，時髦的：a ~ dresser 穿著時髦的人。

2 [用在名詞前]突然而短暫的，瞬間的：a ~ storm 短暫的暴風雨/a ~ flood (因山地的局部豪雨等引起的)急驟山洪。**3** [用在名詞前]盜賊輩的，不良份子間的：~ slang [language] (盜賊、娼妓、賭徒等不良份子的)隱語，黑話。

flásh·bàck *n.* ⓊⒸ《電影·文藝》倒敍《回憶往事而重現過去的場面》。

flásh·bùlb *n.* Ⓒ《攝影》閃光燈泡。

flásh bùrn *n.* Ⓒ(原子彈等放射能所造成的)閃光灼傷。

flásh càrd *n.* Ⓒ閃視卡片《上面有單字、數字、畫等由教師迅速抽示給學生辨認作答的練習用卡片》。

flásh·cùbe *n.* Ⓒ《攝影》方形閃光燈《四個閃光電燈泡一個接一個亮起的裝置》。

flásh·er *n.* Ⓒ **1** 自動閃爍[斷續]裝置：**a** 自動閃爍信號。**b** (汽車的)方向指示器。**c** (巡邏車、救護車等的)旋轉燈。**2** 《俚》(性器官的)暴露狂。

flásh·gùn *n.* Ⓒ《攝影》閃光槍《照相機的閃光裝置》。

flash·ing [ˈflæʃɪŋ; ˈflæʃiŋ] *n.* ⓊⒸ **1** 閃爍；閃耀。**2** 水道中水流的驟漲。**3** 《建築》(防漏用)防雨板；防水板。

—*adj.* 閃亮的；閃爍的。

flásh làmp *n.* Ⓒ閃光燈。

***flash·light** [ˈflæʃ,laɪt; ˈflæʃlait] *n.* Ⓒ **1** 《美》**手電筒**(《英》(electric) torch)。**2** (燈塔、機場等的)閃光信號燈，(信號等的)閃光。**3** 《攝影》閃光，閃光燈，閃光裝置。

flásh pòint *n.* Ⓒ **1** 《物理·化學》閃[燃]點。**2** (形勢一觸即發的)爆發點。

flash·y [ˈflæʃɪ; ˈflæʃi] *adj.* (**flash·i·er**；**-i·est**)華麗的，俗麗的，虛飾的：a ~ coat 華麗的外套。**flásh·i·ly** [-ʃɪlɪ; -ʃili] *adv.*

flask [flæsk; flɑːsk] *n.* Ⓒ **1 a** 燒瓶，細頸瓶《化學實驗用》。**b** (裝威士忌等的)攜帶用扁瓶《玻璃或金屬製》。**2** 滿瓶(flask)的容量〔*of*〕。**3** 《英》熱水瓶(thermos)。

‡flat[1] [flæt; flæt] *adj.* (**flat·ter**；**flat·test**) **1 a** **平的，水平的；平坦的**(⇨ level【同義字】)：a ~ surface 平坦的表面。**b** (無比較級、最高級)〈盤碟等〉扁平的；淺的：a ~ face 扁平的臉/a ~ plate 淺盤子，扁平盤子。**c** (無比較級、最高級)〈腳〉扁平的：⇨ flatfoot 1. **2** [不用在名詞前](無比較級、最高級)[常當補語用] **a** 平伏的，平臥的；倒下的：Another storm will leave the wheat ~. 再一次的暴風雨會使小麥倒下來/He was lying ~ on the ground. 他平躺在地上/He fell ~ on his face. 他臉朝下地倒下/He knocked (down) the champion ~ on the canvas. 他把冠軍打倒在拳擊場的地板上。**b** 〈建築物等〉倒塌的：The whole village was laid ~ by the earthquake. 整個村莊被地震夷爲平地。**3** (無比較級、最高級)〈費用、價格等〉均一的，一律的，一樣的：a ~ rate 均一的費用[價格]/give everyone a ~ sum of 1000 dollars 給每一個人一律一千美元。**4** [用在名詞前](無比較級、最高級)斷然的；率直的；直截了當的；絕對的：give a ~ denial [refusal] 斷然否認[拒絕]/~ nonsense 一派胡言。**5 a** 單調的，刻板的，平淡無奇的，乏味的，枯燥的：a ~ lecture 枯燥的演講/feel ~ 感到乏味。**b** 沒有精神的，無精打采的。**6 a** 〈輪胎等〉洩了氣的，沒氣的：a ~ tire 沒有氣[洩氣]的輪胎/go ~ 〈輪胎等〉洩了氣的。**b** 〈啤酒、汽水等〉走了氣的。**c** 〈食物〉走味的，香味消失的。**d** 〈電池〉電用完的，沒電的。**7 a** 〈畫〉單調的。**b** 〈塗料〉無光澤的。**c** [用在名詞前]一樣的，無明暗的〈顏色〉。**8** 《商》〈市況〉蕭條的，不景氣的：The market is ~. 市場不景氣。**9 a** 音下降的：You're ~. 你的音下降了《音程不對》/a ~ singing voice 音程下降的歌聲。**b** (無比較級、最高級)[置於記號後]《音樂》降半音的，有降記號的《記號 b；cf. sharp 13》。**10** 《語音》〈字母 a〉發音成 [æ; æ, ɑː] 的，平舌的《如 ask 等字的母音發成 [æ; æ] 音；cf. broad 8a》。**11** 《文法》沒有(表示詞類的)字尾[記號]的：a ~ adverb 單純形副詞《沒有 -ly，與形容詞同形而用作副詞的 quick, slow 等》。

be flát óut 《口語》筋疲力竭。

fáll flát (1)⇨ *adj.* 2a. (2)全告失敗；毫無效果，全無反應《★此成語的 flat 也可視爲*adv.*》：His joke *fell* ~. 他的笑話毫無效果《一點也不好笑》。

in nóthing flát ⇨ nothing *pron.*

Thàt's flát. 《口語》絕對是這樣，說一不二：I won't answer, and *that's* ~！我不會回答，而且說一不二！《我說不會回答就是不會回答》。

—*adv.* (無比較級、最高級) **1** 斷然地：I tell you ~. 我直截了當地告訴你/go ~ against orders 斷然反抗命令。**2** 完全地，全然：He is ~ broke. 他完全破產；他身無分文。**3** [置於重量、數值、時間等之後]正好，恰好，整：3 seconds ~ 三秒整《比賽記錄》/run a course in 10 seconds ~ 以十秒整跑完全程。**4** 《音樂》降半音地：sing ~ 以降半音唱。

flát óut 《口語》(1)以最高速度，以全速：drive ~ *out* 以全速開車。(2)率直地，直截了當地：speak ~ *out* 率直地說。

—*n.* Ⓒ **1** 平面；平坦的部分[一側]〔*of*〕：the ~ *of* a hand [sword] 手掌心[劍面]。**2** 扁平的東西：**a** 平底船(flatboat)。**b** 《建築》平頂。**c** 《礦》水平層，水平礦脈。**d** 《戲劇》背景屏《套在框架上的東西，構成舞台背景的一部分，可從舞台的活板門推出的設備》。**3** [常 ~s] **a** 平地，平原。**b** 淺灘，沙洲，退潮後露出的沙灘。**4** 《美口語》沒有氣[洩了氣]的輪胎：I've got a ~. 我的輪胎洩氣了。**5** 《音樂》降半音；降半音記號《♭；cf. sharp *n.* 1》：⇨ SHARPs and flats.

on the flát 在平面，在紙上，在平地。

~**·ness** *n.*

flat[2] [flæt; flæt] **«源自古英語「地板，房屋」之義»**—*n.* 《英》 **1** Ⓒ(樓房的)**一層(公寓)**；(同一層樓的)一套房間(《美》apartment)。**2** [~s] **公寓**，公寓式的共用住宅(《美》apartment house)：a block [building] of ~*s* 一棟公寓。

【說明】flat 常見於英國的都市，相當於我國的公寓，是在同一層樓具有臥室、飯廳、廚房、浴室等供一戶使用的住宅。

flát·bòat *n.* Ⓒ(內陸水路運貨用)平底船。

flát-bóttomed *adj.* 〈船〉平底的。

flát·càr *n.* Ⓒ《美》(無頂篷及邊板的)鐵路平臺型運貨車，平板車。

flát·fìsh *n.* Ⓒ(*pl.* ~, ~·**es**)《魚》鰈科魚類《鰈、比目魚、平魚等》。

flát·fóot *n.* Ⓒ **1** (*pl.* **-feet**)扁平足。**2** [⌐⌐](*pl.* ~**s**, **-feet**)《俚》(巡邏)警員。

flát-fóoted *adj.* **1** 扁平足的。**2** 《口語》**a** 難看的，笨拙的。**b** 斷然的：a ~ refusal 斷然拒絕。~**·ly** *adv.*

flát·ìron *n.* Ⓒ熨斗。

flat·let [ˈflætlɪt; ˈflætlit] *n.* Ⓒ《英》小公寓(⇨ flat[2] 1)。

flát·ly *adv.* **1** 水平地；平坦地《★用法作此義解而修飾動詞時一般都如 fall *flat*, 使用 flat[1] *adj.* 2，而 flatly 則與形容詞、現在分詞等連用》。

2 單調地；無生氣地；無精打采地：a ~ delivered speech 說得無精打采的演講。

3 斷然：He ~ rejected [refused] my proposal. 他斷然否決[拒絕]我的提議。

flát-nósed *adj.* 蹋鼻子的。

flát-óut *adj.* [用在名詞前] **1** 全力的，全速的，最快速度的：a ~ dash for the finish 朝終點全力的衝刺。**2** 率直的，全然的，不折不扣的：a ~ lie 不折不扣的謊言。

flát ràce *n.* Ⓒ(對障礙賽跑[賽馬]而言的)平地賽跑[賽馬] (cf. hurdle race, steeplechase)。

flát róof *n.* Ⓒ平頂(⇨ roof 插圖)。**flát-róofed** *adj.*

flát sìlver *n.* Ⓤ銀製餐具《指刀、叉匙等》。

flát spín *n.* Ⓒ《航空》(飛機的)平螺旋(狀態)。

gò ìnto [be in] a flát spìn 《口語》非常困惑[狼狽]，在無法控制的狀態中，處於精神的混亂狀態。

flat·ten [ˈflætn; ˈflætn] **«flat[1] 的動詞»** —*v.t.* **1 a** 〔十受(十副)〕使…平，把…弄平〈*out*〉：~ the ground 把地面弄平/He ~*ed* ***out*** the bent plate. 他把彎曲的金屬板弄平。**b** 〔十受十介十(代)名〕[~ one*self*]趴〔在…〕〔*on*〕；平貼〔於…〕〔*against*〕：He ~*ed himself* ***on*** the floor. 他趴在地板上/Tom ~*ed himself* ***against*** the wall. 湯姆使身子平貼[緊貼]在牆上。

2 〔十受〕使〈人〉洩氣，把〈人〉打垮：The unexpected bad news ~*ed* him. 意外的壞消息使他洩氣。

3 〔十受〕《音樂》使〈音〉降半音。

—*v.i.* **1** 〔動(十副)〕變平〈*out*〉。**2** 《音樂》降低半音。

flátten óut 《*vt adv*》(1)⇨ *v.t.* 1a. (2)《航空》使〈上升或下降中的機身〉取水平姿勢。—《*vi adv*》(3)⇨ *v.i.* 1. (4)《航空》〈上升或下降中的機身〉取水平姿勢。

flat·ter [ˈflætɚ; ˈflætə] **«源自古法語「使平滑」之義»**—*v.t.* **1**

〔十受〕奉承，阿諛〈某人〉：～ one's boss 奉承老闆。
2 a 〔十受〕恭維〈某人〉：Oh, you ～ me. 啊，你過獎了。**b** 〔十受十介十(代)名〕(爲使人高興而)恭維地誇獎〈某人〉〔…事〕〔*on, about*〕：They *～ed* him ***about*** his diligence. 他們恭維地誇獎他的勤勞。
3 〔十受十介十(代)名〕捧〈某人〉使〔…〕〔*into*〕：They *～ed* her ***into*** sing*ing*. 他們捧她唱歌。
4 〔十受〕討好〈某人〉《★常以過去分詞當形容詞用；⇨ flattered》.
5 〔～ one*self*〕**a** 〔十受〕自滿，自鳴得意。**b** 〔十受十(*that*)_〕〈對…〉自鳴得意，自以爲〈…〉：I ～ *myself that* I'm the best golfer in the club. 我自認是這個俱樂部裏高爾夫球打得最好的人。
6 〔十受〕滿足於〈感官〉的刺激：～ the senses 使五官[耳目等]得到滿足。
7 〔十受〕〈照片、畫像、畫家〉使〈某人〉顯得較實際上美：This portrait *～s* him. 這幅畫像比他本人好看。

flát·tered *adj.* [不用在名詞前] **1** 〔十介十(代)名〕〈某人〉〔對…〕高興的〔*at, by*〕：I feel greatly ～ ***at*** [***by***] your compliment. 我對你的稱讚感到受寵若驚(cf. 2). **2** 〔十 *to* do〕〈某人〉〈因…而〉高興的：I feel greatly ～ *to* have been complimented by you. 承蒙稱讚，不勝榮幸(cf. 1, 3). **3** 〔十(*that*)_〕〈某人〉〈對…〉感到高興的：I feel greatly ～ *that* you complimented me. 承蒙稱讚，不勝榮幸。

flat·ter·er [ˈflætərɚ; ˈflætərə] *n.* Ⓒ馬屁精，奉承者。

flat·ter·ing [ˈflætərɪŋ; ˈflætəriŋ] *adj.* **1** 諂媚的；恭維的；阿諛的：a ～ remark 恭維話。**2** 比本人[實物]好看的：a ～ portrait [painter] 畫得比本人[實物]好看的畫像[畫家]。～**·ly** *adv.*

flat·tery [ˈflætərɪ; ˈflætəri] «flatter 的名詞» —*n.* ⓊⒸ恭維，巴結；甜言蜜語(⇨ compliment【同義字】).

flat·tish [ˈflætɪʃ; ˈflætiʃ] *adj.* 略平的；稍單調的；稍淺薄的。

flát·tòp *n.* Ⓒ《美口語》**1** 平頭《髮式》。**2** 航空母艦。**3** 平頂建築物。

flat·u·lence [ˈflætʃələns; ˈflætjuləns] «flatulent 的名詞»—*n.* Ⓤ **1** (腸胃內的)氣脹，胃腸氣積。**2** 虛張聲勢，浮誇，空虛。

flat·u·lent [ˈflætʃələnt; ˈflætjulənt] *adj.* **1 a** 〈人〉〈腹部〉氣積的，氣脹的。**b** 〈食物〉易引起胃腸氣脹的。**2** 〈言語等〉誇張的，浮誇的。**3** 〈人〉自負的，自大的。

flát·wàre *n.* Ⓤ [集合稱] **1** 扁平的餐具；盤碟類《plate, saucer 等；cf. hollowware》. **2** 銀製餐具，鍍銀餐具類《knife, fork, spoon 等》。

Flau·bert [floˈbɛr; flouˈbɛə], **Gus·tave** [gusˈtav; gusˈtɑːv] *n.* 福樓拜《1821–80；法國寫實主義小說家》。

flaunt [flɔnt, flant; flɔːnt] *v.i.* **1** 〈旗子等〉飄揚：Flags are *～ing* in the breeze. 旗子在微風中飄揚。**2** 誇示，炫耀。
—*v.t.* **1** 得意地揮舞〈旗子等〉。**2** 炫耀，誇示〈財富、衣服等〉：～ one's riches in public 在大衆面前炫耀自己的財富。
—*n.* Ⓤ炫耀，誇耀，誇示。

flaut·ist [ˈflɔtɪst; ˈflɔːtist] *n.* ＝flutist.

***fla·vor** [ˈflevɚ; ˈfleivə] «源自古法語「氣味」之義»—*n.* **1** ⓊⒸ(獨特的)味道，風味：a ～ *of* garlic 大蒜味/What *～(s)* of ice-cream do you like? 你喜歡哪一種口味的冰淇淋？

【同義字】flavor 指某物特有的氣味；taste 是一般性的味道。

2 Ⓒ滋味，情趣，風味：a phrase with a literary ～ 帶有文學氣息的說法[措辭]/There was a ～ *of* romance about the affair. 那件事帶有一點浪漫色彩。
—*v.t.* 〔十受十介十(代)名〕**1** 〔用…〕給…添加風味[香味]，給…調味〔*with*〕：～ a sauce ***with*** onion 用洋葱調醬。**2** 〔以…〕給…添加情趣〔*with*〕：～ the evening ***with*** a poetry reading 以詩歌朗誦給夜晚添加情趣。

flá·vored *adj.* [常構成複合字] 加有…[香]味的，風味…的：lemon-*flavored* cakes 有檸檬味的蛋糕。

flá·vor·ing [-vərɪŋ; -vəriŋ] *n.* **1** Ⓤ調味。**2** Ⓤ [指種類時爲Ⓒ] 調味料，香料，佐料《爲使食物有特定風味而添加的物質，如香草、蘭姆酒(rum)、咖啡等多種》。

***fla·vour** [ˈflevɚ; ˈfleivə] *n.*, *v.* 《英》＝flavor.

flaw[1] [flɔ; flɔː] «源自中古英語「(雪的)一片，(火焰的)一道」之義»—*n.* Ⓒ **1** (寶石、瓷器等的)瑕疵，裂縫，裂痕。**2** 缺點，弱點，缺陷〔*in*〕：a ～ *in* character 性格上的缺陷。
—*v.t.* **1** 使…生裂縫，使…有裂紋。**2** 使…有瑕疵，使…失效。
—*v.i.* 產生裂縫[裂痕]。

flaw[2] [flɔ; flɔː] *n.* Ⓒ **1** 突然颳起的狂風。**2** (夾有雨或雪的)一陣暴風。

fláw·less *adj.* **1** 無瑕疵的。**2** 完美無缺的：a ～ performance 完美的演奏[演技]。～**·ly** *adv.*

flax [flæks; flæks] *n.* Ⓤ **1** 《植物》亞麻。**2** 亞麻纖維。**3** 亞麻布(linen).

flax·en [ˈflæksn̩; ˈflæksən] «flax 的形容詞» —*adj.* **1** 亞麻的；亞麻製的。**2** 似亞麻的；〈頭髮〉亞麻色[淡黃色]的：～ hair 亞麻色的頭髮。

fláx·sèed *n.* ＝linseed.

flay [fle; flei] *v.t.* **1** 剝〈獸〉皮。**2** 用鞭子猛抽〈某人〉。**3** 嚴厲批評…，把…說得一文不值[貶到底]。

fl. dr. 《略》fluid dram.

flea [fli; fliː] *n.* Ⓒ《昆蟲》跳蚤。
a fléa in one's **éar** 逆耳忠言，刺耳的話，譏諷：send a person away [off] with *a* ～ *in* his *ear* 用譏諷的話氣走某人。

fléa·bàg *n.* Ⓒ **1** 《美》跳蚤窩《破舊的廉價旅館》；睡袋。**2** 骯髒的動物。

fléa·bìte *n.* Ⓒ **1** 蚤咬的紅斑。**2** 小痛癢，小傷："You're bleeding!"—"It's a mere ～." 「你在流血！」「只是小傷而已。」

fléa-bìtten *adj.* **1** 被蚤咬的。**2** 〈馬〉白底有紅褐色斑點[條紋]的。

fléa còllar *n.* Ⓒ(狗的)除蚤用頸圈《內有滅蚤藥》。

fléa màrket [fàir] *n.* Ⓒ(露天攤賣廉價品的)跳蚤市場，廉價市場。

fleck [flɛk; flek] *n.* Ⓒ **1** (顏色、光線的)斑點，斑紋〔*of*〕. **2** (皮膚的)斑點，雀斑。**3** [常用於否定句]小片，微粒〔*of*〕：*not* a ～ *of* dust 一塵不染，沒有一點灰塵。
—*v.t.* 在…加斑點；使…有斑點[斑紋]《★常用被動語態，介系詞用 *with*》：The sky *was ～ed* ***with*** clouds. 天空白雲朵朵。

flecked *adj.* 有斑點的，有斑紋的。

flec·tion [ˈflɛkʃən; ˈflekʃn] *n.* **1** Ⓤ屈曲，彎曲。**2** Ⓒ彎曲部分，彎處。**3** ⓊⒸ《文法》詞尾變化，屈折。～**·al** [-ʃənl; -ʃənl] *adj.*

fled [flɛd; fled] *v.* **flee, fly**[1] B 的過去式・過去分詞。

fledge [flɛdʒ; fledʒ] *v.i.* 〈雛鳥〉羽毛長成。
—*v.t.* **1** 〈雛鳥〉長羽毛於…。**2** 餵養〈雛鳥〉到羽毛豐滿。

fledged *adj.* **1** 〈鳥〉羽毛豐滿的；可離巢的。**2** 成人的(cf. full-fledged).

fledg·ling, fledge·ling [ˈflɛdʒlɪŋ; ˈfledʒliŋ] *n.* Ⓒ **1** 羽毛剛長成的[剛離巢的]雛鳥。**2** 初出茅廬的年輕人，年輕無經驗的人：a ～ actress 剛出道的女演員。

flee [fli; fliː] «源自古英語「飛行(fly)」之義»—(**fled** [flɛd; fled])《★[語形]現在常爲 fly[1] *v.* B 的文章用語，但過去式及過去分詞的 fled 則常用》*v.i.* **1 a** 逃走，逃跑：The enemy *fled* in disorder. 敵人狼狽逃竄。**b** 〔十介十(代)名〕逃避[追踪者等]，〔從…〕逃出[危險等]〔*from*〕：He *fled* ***from*** the enemy. 他逃離敵人。**c** 〔十介十(代)名〕(避開危險)逃走，避難[至安全處]〔*to*〕：～ ***to*** a place of safety 逃到安全處，避難於安全處。**2** 消失；〈時間等〉飛逝：Life had [was] *fled*. 生命已消逝/Time *fled* (past [away]). 時間飛逝。
—*v.t.* 〔十受〕逃離〈場所〉，避開〈人〉：They *fled* the town because of an earthquake. 他們因地震而逃離該城。

fleece [flis; fliːs] *n.* **1 a** Ⓤ(羊、羊駝等的)毛皮；羊毛。**b** Ⓒ一隻羊一次所剪的羊毛：⇨ Golden Fleece. **2** Ⓒ羊毛狀的東西：**a** 白雲。**b** 片片飄落的雪花。**c** 絨毛般柔軟的紡織品。
—*v.t.* **1** 〔十受〕剪〈羊〉毛。**2 a** 〔十受〕詐騙〈某人〉。**b** 〔十受十介十(代)名〕詐取〈某人〉〔錢財〕〔*of*〕：I was *～d* ***of*** what little I had. 我僅有的一點錢都被騙走了。

fleec·y [ˈflisɪ; ˈfliːsi] «fleece 的形容詞» —*adj.* (**fleec·i·er**; **-i·est**) **1** 披蓋有羊毛的。**2** 羊毛狀的，蓬鬆的：～ clouds 如絮的白雲。

fle·er[1] [ˈfliɚ; ˈfliːə] *n.* Ⓒ逃走者，逃亡者；逃避者。

fleer[2] [flɪr; fliə] *v.i.* 〔動(十介十(代)名)〕嘲笑，譏笑〔…〕〔*at*〕.
—*n.* Ⓒ嘲笑，譏笑，嘲弄。

fleet[1] [flit; fliːt] «源自古英語「船」之義» —*n.* Ⓒ **1** 艦隊：a combined ～ 聯合艦隊。**2 a** (商船、漁船等的)船隊。**b** (飛機的)機羣。**c** (運輸車、戰車等的)車隊。**d** (同一家公司所有的)全部車輛：a ～ of taxis (一家車行所有的)全部計程車。

fleet[2] [flit; fliːt] *adj.* **1** 《文語》快速的，敏捷的：a ～ horse 快馬/He is ～ *of* foot. 他健步如飛。**2** 《詩》短暫的，瞬間的，無常的。
—*v.i.* 〔動(十副)〕《文語》飛逝，疾馳〈*away*〉.
～**·ly** *adv.* ～**·ness** *n.*

fléet àdmiral *n.* Ⓒ《美海軍》元帥。

fléet-fóoted *adj.* 跑得很快的。

fléet·ing *adj.* 《文語》**1** 〈時間等〉飛逝的。**2** 轉眼間的，短暫的，無常的：～ moments 短暫的時刻。～**·ly** *adv.*

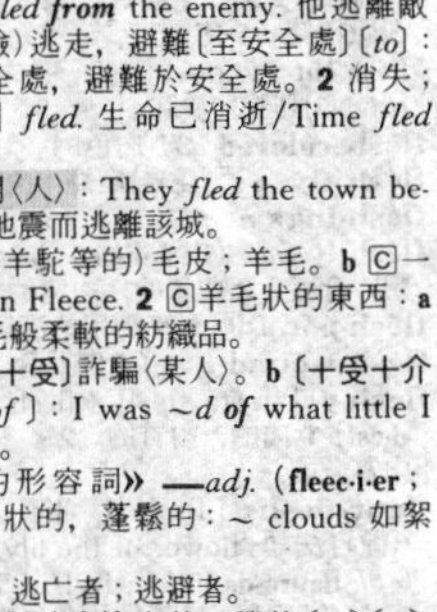

Fleet Street 1

Fléet Strèet *n.* **1** 符立德街，艦隊街《倫敦市報館集中的一條街》。**2** 英國的新聞界[報業界]。

Flem. 《略》Flemish.

Flem·ing¹ [ˈflɛmɪŋ; ˈflemiŋ] *n.* Ⓒ(比利時的)法蘭德斯(Flanders)人；講法蘭德斯語(Flemish)的比利時人。

Flem·ing² [ˈflɛmɪŋ; ˈflemiŋ], Sir **Alexander** *n.* 佛來明《1881–1955；英國細菌學家，於 1929 年發明盤尼西林(penicillin)》.

Flem·ish [ˈflɛmɪʃ; ˈflemiʃ] «Flanders 的形容詞»—*adj.* **1** 法蘭德斯的。**2** 法蘭德斯人[語]的。

—*n.* Ⓤ **1** 法蘭德斯語《荷蘭語的方言；與法語同爲比利時的公用語言；略作 Flem.》. **2** [the ～；集合稱]法蘭德斯人。

***flesh** [flɛʃ; fleʃ] *n.* **1** Ⓤ **a** (人類、動物的)肉《皮膚和骨頭之間的部分》：lose ～ 變瘦，消瘦/put on ～ 長肉，發胖/gain [get] ～ 長胖，長肥/grow in ～ 發胖。**b** (身體的)肌膚：make a person's ～ creep [crawl] 使人毛骨悚然。**2** Ⓤ **a** (食用的)肉《★比較現在一般用 meat》：live on ～ 肉食，吃肉爲生。**b** (與魚肉、鳥肉有別的)獸肉：fish, ～ and fowl 魚肉、獸肉與鳥肉。**3** Ⓤ **a** (與水果的皮、種子有別的)果肉：the ～ of a melon 甜瓜的果肉。**b** (蔬菜等的)葉、莖等可吃的部分。**4** [**the** ～] **a** (與靈魂(soul)、精神(spirit)有別的)肉體：the ills of *the* ～ 肉體的疾病。**b** (人的)肉慾，情慾，獸性：the sins of *the* ～ 肉慾之罪，不貞之罪。**5** [**one's (own)** ～]親骨肉。**6** Ⓤ[集合稱]人類；生物：all ～ 一切生物，衆生，人類《★出自聖經「創世記」》。**7** (又作 **flésh side**) Ⓤ(獸皮)附有肉的一面，皮的裏面(cf. grain 5a). **8** Ⓤ肉色。

becòme [be màde] óne flésh 結爲夫妻，成爲一體《★出自聖經「創世記」》。

flésh and blóod (1)肉體(body)；血肉之軀，活人：It is difficult to imagine a god appearing in ～ *and blood.* 神以活人顯身是難以想像的事/Such things are more than ～ *and blood* can stand [bear, tolerate]. 這種事情不是人所能承受[忍受]的。(2)人性，情慾。(3)[**one's own** ～]自己的親骨肉，子女。(4)[當形容詞用]現在活著的，活生生的，現實的。

gò the wáy of áll flésh ⇨ way.

in the flésh (1)活生生地。(2)(非攝影、畫等而)以實物；親自，本人直接地：I've never met her *in the* ～. 我從未見過她本人。

one's **póund of flésh** 苛刻的要求《★出自莎士比亞(Shakespeare)的「威尼斯商人(*The Merchant of Venice*)」》.

—*v.t.* 〔十受〕 **1 a** 把〈刀劍等〉刺入肉中；試〈刀劍等〉的利鈍。**b** 實地試〈文筆、才能等〉。**2 a** 餵食〈獵狗、鷹等〉獵物肉以刺激其殺戮情緒。**b** 使〈士兵等〉嘗知流血的滋味。

flésh óut 《*vt adv*》(1)使…長肉。(2)增加[充實]…的內容。—《*vi adv*》(3)長胖，發胖。

flésh-cólored *adj.* 肉色的。

flésh flỳ *n.* Ⓒ《昆蟲》麻蠅；肉蠅《其幼蟲以腐肉爲食》。

flésh·ings *n. pl.* (如芭蕾舞者穿的)肉色緊身衣。

flésh·ly *adj.* (**flesh·li·er**；**-li·est**) **1** 肉體的：the ～ envelope 肉體，身體。**2** 肉慾的，肉感的。

flésh·pòt *n.* Ⓒ **1** 烹調用的深鍋[肉鍋]。**2** [常 ～s]歡樂場所。

flésh wòund *n.* Ⓒ(未傷及骨、內臟的)輕傷，皮肉之傷。

flesh·y [ˈflɛʃɪ; ˈfleʃi] «flesh 的形容詞» —*adj.* (**flesh·i·er**；**-i·est**) **1** 肉的，肉質的。**2 a** 多肉的，肥胖的；過肥的。**b** 〈果實〉肉質多的。

fleur-de-lis [ˌflɝdəˈli, -ˈlis; ˌflə:dəˈli:, -ˈli:s] «源自法語 'flower of the lily' 之義»—*n.* Ⓒ (*pl.* **fleurs-de-lis** [ˌflɝdəˈliz, -ˈlis; ˌflə:dəˈli:z]) **1** 《植物》鳶尾《菖蒲科的多年生草本植物》。**2** 鳶尾[百合]花形紋章《1147 年以來的法國王室紋章》。

fleur-de-lis 2

‡**flew** [flu; flu:] *v.* fly¹ A 的過去式。

flex¹ [flɛks; fleks] *v.t.* 使〈肌肉、關節〉彎屈。

flex² [flɛks; fleks] «flexible 之略»—*n.* Ⓤ [指個體時爲Ⓒ]《英》《電學》花線，皮線。

flex·i·bil·i·ty [ˌflɛksəˈbɪlətɪ; ˌfleksəˈbiləti] «flexible 的名詞»—*n.* Ⓤ **1** 易曲性，柔韌性，撓性。**2** 易於控制；柔順。**3** 適應性，通融性，彈性。

***flex·i·ble** [ˈflɛksəbl; ˈfleksəbl] *adj.* (**more** ～；**most** ～) **1** 易彎曲的，有撓性的，柔韌的：a ～ cord 彎曲自如的花線[皮線]《電燈用的電線》/a ～ pipe 撓性管，彎曲自如的管子。

> **【同義字】** flexible 指具有於彎曲時不會折斷伸縮性的；elastic 指彎曲或拉伸後會恢復原形。

2 a 柔順的，易於控制的：a ～ character 柔順的個性。**b** [不用在名詞前]〔十介十(代)名〕聽任〔某人〕擺布〔*with*〕：You are too ～ ***with*** her. 你太聽任她的擺布了。**3** 可通融的，有適應性的，有彈性的：work ～ hours 自由選擇作業[彈性上班]時間。

-i·bly [-səblɪ; -səbli] *adv.*

flex·ile [ˈflɛksɪl; ˈfleksail] *adj.* ＝flexible.

flex·or [ˈflɛksɚ, -sɔr; ˈfleksə] *n.* Ⓒ《解剖》屈肌(↔ extensor).

flex·time [ˈflɛksˌtaɪm; ˈflekstaim], 《英》 **flex·i·time** [ˈflɛksɪˌtaɪm; ˈfleksitaim] *n.* Ⓤ從業人員可自由選擇上下班時間的制度，彈性上班制。

flex·ure [ˈflɛkʃɚ; ˈflekʃə] *n.* **1** Ⓤ屈曲；彎曲；彎曲狀態。**2** Ⓒ彎曲部分。

flib·ber·ti·gib·bet [ˈflɪbətɪˌdʒɪbɪt; ˌflibətiˈdʒibit] *n.* Ⓒ饒舌而輕浮者《尤指女子》。

flick [flɪk; flik] «擬聲語，或爲 flicker 的逆成字»—*n.* **1** Ⓒ **a** (用鞭子等的)輕打；(用指尖等的)彈開。**b** 輕打[輕彈]聲。**2** Ⓒ (擊球時手腕等的)抽動。**3** Ⓒ(泥、水等的)飛濺。**4** [**the** ～**s**；集合稱]電影：go to *the* ～*s* 去看電影。

—*v.t.* **1 a** 〔十受〕(用鞭子等)輕打…；(用指尖等)彈開…：～ a horse 輕輕地鞭打馬。**b** 〔十受十介十名〕(用指尖等)輕彈〈人等〉〔身體的某部位〕〔*in,on*〕《★用法表示身體部位的名詞前用 the》：He ～*ed* me ***in the*** face. 他(用指尖)輕彈我的臉。**c** 〔十受十介十(代)名〕〔用鞭子等〕輕打…；〔用指尖等〕彈開…〔*with*〕：～ a horse ***with*** a whip 用鞭子輕輕打馬。**d** 〔十受十介十(代)名〕〔朝某人〕彈〈指〉〔*at*〕：～ one's fingers ***at*** a person 朝某人彈指《★表示輕蔑的動作》。

2 〔十受十副詞(片語)〕把…彈開[彈落]；輕輕拂去…：She ～*ed* the butterfly *away* [*off* her sleeve]. 她輕輕拂去[停在袖子上的]蝴蝶。

3 〔十受十補〕啪的一聲轉動〈開關等〉使…：I ～*ed* on [off] the light. 我啪的一聲打開[關掉]電燈/He ～*ed* open the book. 他啪的一聲打開書本。

—*v.i.* 〔十副詞(片語)〕〈東西〉突然動一下；〈蛇的舌、尾等〉抽動：The lizard's tongue ～*ed out* and caught a mosquito. 蜥蜴突然伸出舌頭，捉到一隻蚊子。

flíck thróugh 《*vt adv*》(用手指快速翻頁)迅速[漫不經心]地讀〈文件、書籍等〉：～ *through* a book 迅速翻閱一本書。

flick·er¹ [ˈflɪkɚ; ˈflikə] *v.i.* **1** 〈燈火〉閃爍[明滅]不定，搖曳；〈希望等〉忽隱忽現：The candle ～*ed* [was ～*ing*]. 燭光(在)閃爍。**2** 〈樹葉、影子等〉微微顫動，擺動；〈旗子等〉飄揚，飛揚：The leaves are ～*ing* in the wind. 葉子在風中顫動。**3** (電視的畫面)跳動不定。

—*n.* **1** Ⓒ[常用單數](火焰、光的)搖曳；明滅的火焰[光]。

> **【同義字】** flicker 指快要熄滅似地閃爍著的火(焰)；blaze 指熊熊燃起的大火(焰)。

2 Ⓒ[常用單數](樹葉等的)搖動，擺動。**3** [**a** ～](希望等的)閃動：entertain *a* ～ of hope 懷著渺茫的希望。

flick·er² [ˈflɪkɚ; ˈflikə] *n.* Ⓒ《鳥》金翼啄木鳥《美洲產的彎嘴小啄木鳥》。

flíck·er·ing·ly [-kərɪŋlɪ; -kəriŋli] *adv.* 明滅地，閃爍不定地，「搖晃地。」

flíck knìfe *n.* Ⓒ《英》(按鈕式)彈簧刀(《美》switchblade).

fli·er [ˈflaɪɚ; ˈflaiə] *n.* Ⓒ **1** 空中飛行物：**a** 鳥，飛魚，昆蟲(等)。**b** 飛行員。**2** 快速行駛者：**a** 快艇，快馬，快車。**b** 《美》特快車。**3 a** (直行階梯的)一級。**b** [常 ～s]直行階梯。**4** 《美口語》投機，押寶，冒險：take a ～ 冒險行事。**5** 《美》傳單，廣告，招貼。

‡**flight**¹ [flaɪt; flait] «fly¹ 的名詞»—*n.* **1 a** ⓊⒸ飛行，飛翔：a long-distance ～ 長距離飛行/take ～ 〈鳥〉起飛/make a test ～ 試飛/refuel the bombers in ～ 給轟炸機空中加油/*F*～ is natural to birds. 飛翔是鳥類的天性。**b** Ⓒ飛行距離：a ～ of 300 kilometers 三百公里的飛行。**2** Ⓒ **a** (航空公司的)飛行班次，班機：take a 9:30 ～ 搭九點半的班機/CAL *F*～ 22 中華航空公司第二十二班機/a domestic ～ 國內班機/book [cancel] a ～ 預定[取消]班機。**b** 搭飛機旅行：Did you have a good ～? 這次飛行還順利吧？ **3** Ⓒ **a** 飛行的鳥羣，(同時離巢的)雛鳥羣(⇨ group). **b** 飛行小隊。**c** (候鳥、昆蟲等的)成羣遷徙。**4** Ⓤ **a** (雲等的)疾行，飛馳〔*of*〕. **b** 〔時間的〕飛逝〔*of*〕：the ～ *of* the years 歲月的飛逝。**5** Ⓒ **a** 〔野心、想像等的〕飛躍，天馬行空；〔言行的〕奔放〔*of*〕：a ～ *of* fancy 幻想的奔馳，異想天開。**b** 〔才智等的〕煥發〔*of*〕.

6 Ⓒ **a** (樓梯的)一段：a ～ *of* stairs 一段樓梯。**b** (樓與樓間的)樓梯：Her room is three ～*s* down. 到她的房間要下三段樓梯。**c** (台階等的)一段：a ～ *of* stone steps 一段石階。**7 a** Ⓤ《箭術》射遠比賽。**b** Ⓒ射至遠處的箭。

in the fírst flíght 《英》(1)領頭[先]地；佔主要地位。(2)一流的，優秀的。

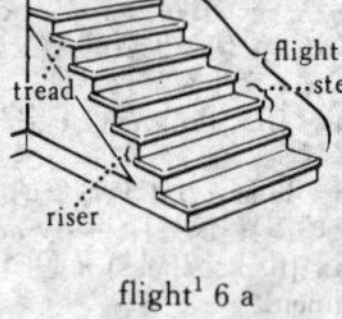

flight¹ 6 a

flight² [flaɪt; flait] «flee 的名詞»—*n.* ⓊⒸ逃走，潰竄，逃亡：put...to ～ 使…潰竄/take (to) ～ 逃亡。

flíght bàg *n.* Ⓒ(專爲航空旅行設計之)有肩帶的輕便手提包。
flíght chàrt *n.* Ⓒ航空圖，飛行圖。
flíght contròl *n.*《航空》**1** Ⓤ(指揮飛機降落起飛的)飛行管制。**2** Ⓒ飛行指揮室。
flíght dèck *n.* Ⓒ **1** (航空母艦的)飛行甲板。**2**《航空》飛機的駕駛艙[儀器艙]。
flíght engineèr *n.* Ⓒ隨機機械員，空勤員。
flíght fèather *n.* Ⓒ撥風羽，發翔羽《鳥翅及尾部爲飛行時所必需之硬桿羽毛》。
flíght·less *adj.* 〈鳥〉不會飛的。
flíght lieuténant *n.* Ⓒ《英空軍》上尉。
flíght òfficer *n.* Ⓒ(二次大戰時美國)空軍軍官。
flíght recòrder *n.* Ⓒ飛行記錄裝置[黑盒子](cf. black box).
flíght sìmulator *n.* Ⓒ(地面訓練飛行人員的)飛行模擬裝置。
flight·y [ˋflaɪtɪ; ˈflaiti] *adj.* (**flight·i·er**; **-i·est**)〈女子、女子行爲〉古怪的，輕浮的，善變的。**flíght·i·ness** *n.*
flim·flam [ˋflɪm͵flæm; ˈflimflæm]《口語》*n.* ⓊⒸ **1** 囈語，夢話，胡說。**2** 詐欺，詭計。
—*v.t.* (**flim·flammed**; **-flam·ming**)欺騙，欺詐…。
flim·sy [ˋflɪmzɪ; ˈflimzi] *adj.* (**flim·si·er**; **-si·est**) **1 a** 〈布、紙等〉薄的。**b** 〈東西〉脆弱的，容易損壞的。**2** 〈藉口、理由等〉薄弱的：a ~ excuse [argument]站不住脚的藉口[薄弱的論據]。
—*n.* Ⓒ薄紙，複寫紙。**flím·si·ly** [-zɪlɪ; -zili] *adv.* **-si·ness** *n.*
flinch [flɪntʃ; flintʃ] *v.i.* **1** 退縮，畏縮：Without ~*ing* he dashed into the burning house to save the children. 他毫不畏縮地衝進正在燃燒的房屋中救小孩。**2** 〔十介十(代)名〕退避，逃避〔危險、責任等〕〔*from*〕《★可用被動語態》：He did not ~ ***from*** his duty. 他不逃避自己的職責。
—*n.* Ⓒ退縮，畏縮。
flin·ders [ˋflɪndɚz; ˈflindəz] *n. pl.* 破片；碎片。
fling** [flɪŋ; fliŋ] (**flung** [flʌŋ; flʌŋ]) *v.t.* **1 a** 〔十受〕(猛然)投，擲，扔，拋〈東西〉(⇨ throw【同義字】)：~ a die 擲骰子。**b** 〔十受十受/十受十介十(代)名〕投給…〈東西、視線〉，〈惡言〉罵〈人〉；把〈東西、視線〉投向…，把〈惡言〉投向〔某人〕〔*at*〕：He *flung* me a stream of abuse.＝He *flung* a stream of abuse ***at me. 他衝著我亂罵一通。**2 a** 〔十受十介十(代)名〕使〈人〉陷入某種狀態，把〈人〉關進某處〔*into*〕：He was *flung* ***into*** jail. 他被關進監獄/They were *flung into* confusion. 他們陷入混亂狀態。**b** 〔十受十補〕(猛烈地)移動…使〈成…狀態〉：The door was *flung* open [shut]. 那扇門被猛然推開[關閉]。**3** 〔十受十副詞(片語)〕**a** 突然伸出〈雙臂等〉；用力搖動〈頭、頸〉：She angrily *flung up* her head. 她生氣地昂起頭/He *flung* his arms *round* my neck. 他猛然伸出雙臂抱住我的脖子。**b** 〔~ one*self*〕猛然投身，激烈地移動身體：He *flung himself about.* 他暴跳如雷/He *flung himself into* a chair [the river]. 他猛然坐進椅子裏[躍進河裏]/She *flung herself into* her mother's arms. 她猛然投入母親的懷抱中。**4** 〔十受十介十(代)名〕〔~ one*self*〕**a** 依賴，依靠…〔*on, upon*〕：He *flung himself* ***on*** my generosity. 他依賴我的慷慨大方。**b** 投入〔工作等〕〔*on, upon, into*〕：He *flung himself* ***on*** [***into***] his work. 他全心投入[埋頭]工作中。**5** 〔十受〕**a** (摔角等)把〈人〉摔倒。**b** 〈馬〉把〈騎者〉摔下。
—*v.i.* 〔十副詞(片語)〕突進；猛衝；憤然離席，奔出；〈馬等〉暴跳，亂跳：She *flung off* in anger. 她憤然離去/He *flung into* the room. 他衝進房間裏。
flíng awáy《*vt adv*》(1)拋棄，摔開…。(2)放棄〈機會等〉；浪費。
—《*vi adv*》(3)飛出，奔出。
flíng ín《*vt adv*》投入…。
flíng...in a person's **téeth** [**fáce**] 當面指責某人〈過失等〉。
flíng óff《*vi adv*》(1)⇨ *v.i.* **—**《*vt adv*》(2)甩掉，拋棄…：~ *off* one's coat 匆匆脫掉上衣。
flíng ón《*vt adv*》匆匆披上，急忙穿上〈衣服等〉：~ one's coat *on*＝~ *on* one's coat 匆匆披上上衣。
flíng óut《*vt adv*》(1)把〈雙臂等〉突然伸出。(2)口出〈惡言〉：~ *out* a stream of invective 口出一連串的惡言。**—**《*vi adv*》(3)〈馬〉亂踢亂跳。(4)〈人〉口出惡言，謾罵。
flíng...to the wínds ⇨ wind[1].
flíng úp《*vt adv*》(1)把…丟[拋]上去：The boys *flung up* their caps when their team won. 那些男孩子當他們的球隊獲勝時，把帽子拋向空中。(2)⇨ *v.t.* 3 a.
—*n.* **1** Ⓒ扔，擲，拋，投：a ~ of the dice 骰子的一擲/give a ~ 投擲，扔出，甩出。
2 Ⓒ **a** 揮動(手腳等)。**b** 一種活潑的蘇格蘭舞。
3 Ⓒ **a** 急衝；突進。**b** (悍馬等的)暴跳。
4 [**a** ~, **one's** ~] (短暫的)恣情放肆：have one's ~ 爲所欲爲，盡情放蕩，花天酒地。
hàve [**tàke**] **a flíng at...** 嘗試，試圖…。
f' nt [flɪnt; flint] *n.* **1** Ⓤ[指個體時爲Ⓒ]燧石，打火石：a ~ and steel 打火用具[打火石及打火刀]/⇨ flintlock. **2** Ⓒ(打火機的)打火石。**3** Ⓤ極爲堅硬的東西；冷酷無情的事：a heart of ~ 鐵石心腸。
(**as**) **hárd as** (**a**) **flínt** 堅如燧石的，頑固的。
flínt glàss «源自從前使用火石粉»**—***n.* Ⓤ火石玻璃，鉛玻璃《主用以製透鏡、稜鏡等光學用鏡片的高級玻璃》。
flínt-héarted *adj.* 鐵石心腸的。
flínt·lòck *n.* Ⓒ燧發槍《以燧石發火的舊式槍》。
flint·y [ˋflɪntɪ; ˈflinti] «flint 的形容詞» **—***adj.* (**flint·i·er**; **-i·est**) **1** 燧石的；燧石般的；很堅硬的。**2** 很頑固的；無情的，冷酷無情的：a ~ heart 冷酷的心。

flintlock 的點火部分

flip[1] [flɪp; flip] «擬聲語» **—**(**flipped**; **flip·ping**) *v.t.* **1 a** 〔十受〕(以指尖等)彈，輕打…；將〈硬幣等〉拋上去：~ a coin 將硬幣拋上去(猜其掉落時之正反面以決定勝負或先後順序)。**b** 〔十受十副詞(片語)〕將…彈掉[彈去]：She *flipped* the insect *from* her face. 她將昆蟲從臉上彈掉。
2 a 〔十受十副詞(片語)〕把〈東西〉扔，擲：He *flipped* a lighter *onto* the desk. 他把打火機往桌上一扔/I *flipped* a coin *into* the offering box. 我把一枚硬幣擲入捐獻箱。**b** 〔十受十副〕急速將〈唱片、荷包蛋等〉翻過來〈*over*〉.
3 a 〔十受〕快速移動〈東西〉；快速翻〈書頁等〉。**b** 〔十受十補〕快速動〈書本等〉使〈成…狀態〉：I *flipped* my fan open [shut]. 我猛然打開[合上]扇子。
—*v.i.* **1 a** (用指尖)彈；猛然一動，突然跳動[奔出]。**b** 〔十副〕把錢幣擲向空中(以決定勝負)〈*up*〉.
2 〔十介十(代)名〕(用鞭子等)抽打〔…〕〔*at*〕：She *flipped* ***at*** the fly with a swatter. 她用蒼蠅拍打那隻蒼蠅。
3 〔十介十(代)名〕快速翻〔書〕頁；迅速過目〔書等〕〔*through*〕：~ ***through*** a book 快速翻閱一本書。
4《俚》**a** 〔動(十副)〕精神失常，發瘋〈*out*〉. **b** 〔動(十介十(代)名)〕〔對…〕著迷，入迷；熱中於〔…〕〔*over*〕：He *flipped* ***over*** his new stereo. 他熱中於他那台新的立體音響。
—*n.* Ⓒ **1** 用指頭彈，輕打：give a person a ~ on the cheek 輕彈某人的面頰。**2** 翻觔斗。
flip[2] [flɪp; flip] *n.* Ⓤ[指個體時爲Ⓒ][常與修飾語連用]香甜熱酒《在啤酒、白蘭地中加入鷄蛋、香料、糖等調製而成的熱飲料》：egg ~ 蛋酒。
flip[3] [flɪp; flip] «flippant 之略»**—***adj.* 言語輕佻的，輕浮的。
flíp-flòp [-͵flɑp; -flɔp] *n.* **1** [**a** ~] (洗濯物、旗子、涼鞋等的)啪嗒啪嗒響聲。**2** 朝後翻的觔斗：do a ~ 朝後翻觔斗。**3** Ⓒ[常 ~s] (橡膠製的)人字平底拖鞋《常用於海灘、游泳池等》。
—*adv.* 啪嗒啪嗒地。
—*v.i.* 啪嗒啪嗒作響。
flip·pan·cy [ˋflɪpənsɪ; ˈflipənsi] «flippant 的名詞»**—***n.* **1** Ⓤ輕薄，輕率，輕浮。**2** Ⓒ輕浮的言語[舉動]。
flip·pant [ˋflɪpənt; ˈflipənt] *adj.* 輕浮的，不客氣的，輕率的，無禮的。**~·ly** *adv.*
flip·per [ˋflɪpɚ; ˈflipə] *n.* Ⓒ **1** 鰭狀肢《海龜的腳、鯨類的前鰭、企鵝的翼、潛水用的橡皮腳掌等》。**2** (潛水者用的)橡皮腳掌，蛙鞋。
flip·ping [ˋflɪpɪŋ; ˈflipiŋ]《英俚》*adj.* [用作輕微的咒罵語]差勁的，可惡的：a ~ awful hotel 差勁的旅館。**—***adv.* 過分地，非常，極：It is ~ hot today. 今天很熱。
flíp sìde *n.* Ⓒ《口語》唱片的反面，B 面。
flíp-tòp *adj.* 〈罐子等〉易開罐的(cf. pop-top).
flirt [flɝt; flə:t] *v.i.* **1 a** (尤指)〈女子〉賣弄風騷。**b** 〔十介十(代)名〕〔與異性〕打情罵俏，調情〔*with*〕《★可用被動語態》：She was ~*ing* ***with*** her boyfriend. 她與男友在打情罵俏。**2** 〔十介十(代)名〕玩弄〔思想等〕；半開玩笑地開始搞〔…〕〔*with*〕：~ ***with*** the idea of giving up the plan 不認眞地想放棄該計畫[腦子裏閃過想放棄該計畫的念頭]。**3** 〔十副詞(片語)〕抽動，跳動，翩翩飛舞。
—*v.t.* 活潑地搖動〈尾巴等〉；急速揮動〈扇子〉。
—*n.* Ⓒ **1** 輕浮的女人，調情者，賣弄風騷者。**2** (抽動的)急速動作；搖動(扇子等)。
flir·ta·tion [flɝˋteʃən; flə:ˈteiʃn] *n.* **1** ⓊⒸ(男女的)調情，打情罵俏，不專情：carry on a ~ 亂搞男女關係。**2** Ⓒ〔對某事的〕一時的興趣[關心]；玩弄〔*with*〕.
flir·ta·tious [flɝˋteʃəs; flə:ˈteiʃəs←] *adj.* **1** (尤指)〈女子〉調情的，打情罵俏的。**2** 輕浮的；喜調情的，玩愛情遊戲的，不專情的。

flit [flɪt; flit] **«**源自古北歐語「搬運」之義**»** —*v.i.* (**flit·ted**; **flit·ting**) **1**〔十副詞(片語)〕**a**〈蛾、蝙蝠、鳥等〉輕快地飛，飛來飛去(⇨ fly[1] A【同義字】)：Bats ~ *about* in the twilight. 蝙蝠在暮色中飛來飛去/bees *flitting from* flower *to* flower 在花間穿梭的蜜蜂。**b**〈人〉輕快地走過去。**c**〈時間〉飛逝，〈幻想等〉掠過：Sweet fancies *flitted through* his mind. 甜蜜的幻想掠過他的腦際。**2**《北英·蘇格蘭》遷居。
—*n.* Ⓒ **1** 飛過(去)。**2**《英口語》(為躲債等而)夜逃；(悄悄)搬走：do a (moonlight) ~ 夜逃；(趁夜)悄悄搬家。

flitch [flɪtʃ; flitʃ] *n.* Ⓒ(醃燻的)豬脇肉。

fliv·ver [ˈflɪvɚ; ˈflivə] *n.* Ⓒ《美俚》(尤指用舊的)小型廉價汽車。

Flo [flo; flou] *n.* 芙羅《女子名；Florence 的暱稱》。

‡**float** [flot; flout] *v.i.* **1 a** 浮，浮起(於水面上)(↔ sink)；漂浮(在空中)；懸於(半空中)：Ironwood doesn't ~. 堅質木材不浮於水面上/motes of dust ~*ing* in the air 飄浮於空中的微塵。**b**〔十副詞(片語)〕(在水上)漂(流)；(在空中)飄浮，飄動：The raft ~*ed out to* sea. 那個筏子漂到海上/The balloon ~*ed up into* the air. 那個氣球飄浮升空。**2**〔十介十(代)名〕〈幻想等〉浮現〔在眼前〕〔*before*〕；浮現〔於心中等〕〔*through, in*〕：The sight ~*ed* ***before*** my eyes. 那景象浮現在我的眼前/Confused ideas ~*ed* ***through*** my mind. 紊亂的想法浮現在我的心頭。**3**〔十副詞(片語)〕〈謠言等〉散布，流傳：The rumor ~*ed about* (the town). 那個謠言在城裏到處流傳著。**4 a**〔十副詞(片語)〕〈人〉(漫無目的地)東飄西蕩，流浪：~ *from* place *to* place 從一處遊蕩到另一處，到處遊蕩。**b**〈節操、政策等〉不堅定，搖擺不定；〈思想〉不穩定。**5**〔十副〕[常用進行式]〈尋找物、被問起之物〉在附近某處〈*about, around*〉："Where's my hat?"—"It must *be* ~*ing* ***about***."「我的帽子在哪裏？」「它一定在這附近某處。」**6**《經濟》〈貨幣〉採取變動的匯兌行市，浮動。—*v.t.* **1 a**〔十受〕使…(漂)浮(在水上)；使〈氣球等〉飄浮；使…下水：We ~*ed* our new yacht today. 我們今天讓新造遊艇下水/~ bubbles on the wind 使肥皂泡在風中飄浮。**b**〔十受十副詞(片語)〕使〈東西〉漂浮，使…漂流：~ a raft *down* the river [*downstream*] 使筏子漂下河流[往下游漂流]。**c**〔十受十副詞(片語)〕〈流水、潮水等〉把〈船等〉沖走：Our boat was ~*ed to* shore by the current. 我們的船被潮水沖到岸邊。**2**〔十受〕**a** 散布〈謠言等〉。**b** 提出〈想法等〉。**3**〔十受〕《商》創立〈公司等〉。**4**〔十受〕《經濟》使〈貨幣〉成為機動匯率制度，使…浮動。
—*n.* Ⓒ **1**(能)漂浮之物：**a**漂流物。**b**筏子。**c**(水車的)蹼板。**d**(水上飛機的)浮筒。**e**浮標。**f**(魚的)浮囊；魚鰾。**g**救生衣。**h**(調節貯水池水量的)浮球。**2**(釣魚線或魚網邊上的)浮標；浮子。**3**有棚有輪子的活動攤子；遊行花車；運煤車。**4**[當作食品名稱時為Ⓤ]汽水冰淇淋《汽水上漂浮著冰淇淋》。**5**《商》(商店開始營業時準備的)周轉零錢。**6**《經濟》機動匯兌行市，浮動。

float 1 d

float 3

float·a·ble [ˈflotəbl; ˈfloutəbl] *adj.* **1** 能浮起的，漂浮性的。**2**〈河流〉可使船[筏]漂浮的，可航行船隻的。

float·age [ˈflotɪdʒ; ˈfloutidʒ] *n.* =flotage.

floa·ta·tion [floˈteʃən; flouˈteiʃn] *n.* =flotation.

flóat·er *n.* Ⓒ **1** 漂浮者[物]。**2**《口語》經常遷移[改行]的人，流動工，臨時工。**3**《美》(在多處投票的)非法投票者；(未決定投給任何一方的)流動[浮動]投票者。**4**(公司的)發起人。

flóat glàss *n.* Ⓤ用浮標法製造的玻璃板。

flóat·ing *adj.* **1** 漂浮的，漂流的，浮動的：a ~ pier 浮碼頭。**2** 流動性的，不一定的：the ~ population 流動人口。**3**《經濟》〈資本等〉不固定的，流動的：~ capital 流動資本。**4**《經濟》變動的〈貨幣、匯兌〉。

flóating brídge *n.* Ⓒ浮橋(⇨ bridge[1] 插圖)。

flóating débt *n.* Ⓒ流動債務，短期債務。

flóating dóck *n.* Ⓒ浮船塢。

flóating ísland *n.* Ⓒ **1** 浮島。**2** 覆有蛋白[奶油]之乳蛋羹。

flóating kídney *n.* Ⓒ《醫》遊走腎，浮動腎。

flóating ríb *n.* Ⓒ《解剖》浮肋《前面未附著的肋骨；人最下面的兩對肋骨》。

flóating stóck *n.* ⓊⒸ流動股票。

flóating vóte *n.* **1** Ⓒ流動票。**2** [the ~；集合稱]不固定支持某黨派的投票者。

flóating vòter *n.* Ⓒ(未決定投給任何一方的)流動投票者。

flóat·plàne *n.* Ⓒ《航空》水上飛機。

floc·cu·late [ˈflɑkjəlet; ˈflɔkjuleit] *v.t.* & *v.i.* (使…)凝聚[絮凝]。

floc·cu·lent [ˈflɑkjələnt; ˈflɔkjulənt] *adj.* **1** 羊毛(似)的；叢毛狀的。**2** 柔毛的；覆有柔毛的。

flock[1] [flɑk; flɔk] **«**源自古英語「人羣」之義**»** —*n.* Ⓒ[集合稱] **1**(尤指羊、山羊、鵝、鴨、鳥等的)羣《★用法視為一整體時當單數用，指全部個體時當複數用；⇨ group【同義字】》：~*s* and herds 羊羣與牛羣，牛羊家畜/I saw a ~ *of* birds flying by. 我看到一羣鳥飛過。**2**《口語》(人)羣；(物的)多數〔*of*〕《★用法與義 1 相同》：a ~ *of* children 一羣小孩/come in ~*s* 成羣地來，大舉而來，紛至沓來。**3**(基督教的)教徒，會衆《★用法與義 1 相同》：the ~ of Christ 基督教教徒。
—*v.i.*〔十副詞(片語)〕聚集，羣集；成羣而來[去]：Birds of a feather ~ *together.* ⇨ feather *n.* 4/The people ~*ed to* the church. 人們成羣進入教堂。

flock[2] [flɑk; flɔk] *n.* **1 a** Ⓒ一叢羊毛[毛髮]。**b** [~s](塞入牀墊等內的)毛屑，棉絮，破布屑。**2** Ⓤ(用於裝飾壁紙等的)柔軟的羊毛狀物質。

flóck·bèd *n.* Ⓒ(內充毛絨等物之)床褥。

floe [flo; flou] *n.* Ⓒ[常 ~s](漂浮在海面上的)大片浮冰，大片浮冰破裂而成的浮冰塊。

flog [flɑg; flɔg] *v.t.* (**flogged**; **flog·ging**) **1 a**〔十受〕鞭打〈人〉。**b**〔十受十介十代(名)〕處以(鞭打的)體罰教〔某人〕…〔*into*〕：~ learning ***into*** a boy 以體罰使孩子讀書。**c**〔十受十介十(代)名〕以(鞭打的)體罰除去〔某人〕…〔*out of*〕：~ laziness ***out of*** a boy 以體罰矯正孩子的懶惰習慣。**2**〔十受十介十(代)名〕鞭打[驅策]〈某人〉使做…〔*into*〕：He was *flogged* ***into*** confess*ing* [confession]. 他被鞭打至供認為止。**3**《英俚》(非法)出售〈東西〉，賣〈贓物〉。
flóg…to déath《口語》過於重覆〈話、要求等〉而失效[使人生厭]：a thesis subject which has been *flogged to death* by graduate students. 被研究生使用過多而使人生厭的論文題目。

flóg·ging *n.* ⓊⒸ鞭打，(當作體罰的)笞打：give a person a ~ 鞭打某人。

‡**flood** [flʌd; flʌd] **«**源自古英語「(水的)流動」之義**»** —*n.* **1 a** Ⓒ[常 ~s]洪水，水災，大水：There was a bad ~ [There were bad ~*s*] after the typhoon. 颱風後釀成大水災。**b** [the F~]《聖經》諾亞時代的大洪水。**2** [a ~ 或 ~s]氾濫，激烈的流出[流入]，充溢，大量湧到，洶湧〔*of*〕：*a* ~ *of* tears [phone calls] 淚如泉湧[紛紛打來的電話]/~*s of* rain 傾盆大雨，豪雨/~*s of* words 滔滔不絕的話/a ~ *of* light in the room 滿室通明。**3** Ⓒ漲潮，滿潮(↔ ebb)。**4**《口語》=floodlight 1.
at the flóod (1)(潮水)正當高漲：The tide is *at the* ~. 潮水正在高漲。(2)正值高潮，在恰好的時機。
befòre the Flóod《口語》在太古時期，在很久以前《★源自「在諾亞時代的洪水前」之意》。
in flóod〈河川〉氾濫，變成洪水。
—*v.t.* **1**〔十受〕**a** 使〈河水〉氾濫，使〈土地〉淹沒《★常用被動語態，介系詞用 *with, by*》：The typhoon ~*ed* the river. 颱風使河水氾濫/The river *was* ~*ed* ***by*** heavy rains [***with*** rainwater]. 那條河因豪雨而氾濫；豪雨使那條河氾濫。**b** 使水流入〈牧地等〉，灌溉。**2 a**〔十受〕〈光等〉充滿〈某處〉《★常用被動語態，介系詞用 *with, by*》：Autumnal sunlight ~*ed* the room.=The room *was* ~*ed* ***with*** autumnal sunlight. 那個房間充滿了秋天的陽光。**b**〔十受十介十(代)名〕使〔光等〕充滿〈某處〉〔*with*〕：~ the stage ***with*** light 使燈光照亮舞台/The stage *was* ~*ed with* light. 舞台上燈光燦爛。**3**〔十受〕〈信函、申請書等〉大量湧至〈某人、某處〉《★常用被動語態，介系詞用 *with, by*》：Applicants ~*ed* the office. 應徵者湧到辦公室/The millionaire was ~*ed* ***with*** requests for money. 大批要求資助的函件潮湧般寄到百萬富翁處。
—*v.i.* **1**〈河水〉氾濫。**2**〈潮水〉漲(↔ ebb)。**3**〔十副詞(片語)〕**a**〈人、物〉(像洪[潮]水般)湧入，湧到：Fan letters ~*ed in.* 崇拜者的信像潮水般湧來/Sunlight ~*ed into* the room. 陽光瀉入室內。**b**〈人們〉大舉前往：People ~*ed from* Ireland *to* America. 人們自愛爾蘭大舉湧入美國。
flóod óut《*vt adv*》〈洪水〉迫使〈人〉離家《★常用被動語態》：People living near the river *were* ~*ed out.* 住在那條河附近的居民因受洪水所迫而離家。

flóod contròl *n.* Ⓤ《土木》防洪，治洪。

flóod·ed *adj.* 淹水的，浸水的，受到水災的：~ districts 水災地區。

flóod·gàte *n.* Ⓒ **1** 水門，水閘；(防止漲潮的)防潮門，防洪閘門。**2**(怒氣等的)發洩處，出口：open the ~*s* (*of* anger) 打開(怒氣的)出口，發洩怒氣。

flood·ing [ˋflʌdɪŋ; ˈflʌdiŋ] *n.* Ⓤ **1** 氾濫。**2**〖醫〗血崩。

flóod·lìght *n.* Ⓒ **1** [常 ~s] 汎光[巨光]照明。**2** 汎光燈，巨光燈，强力照明燈。
—*v.t.* (~·ed, -lit) 以汎光[巨光]燈照明〈某處〉。

floodlight 2

flóod tìde *n.* Ⓒ [常 the ~] (↔ ebb tide) **1** 漲潮，滿潮：*on the* ~ 在順利進展中，在興隆中。**2** 最高潮。

floor [flor, flɔr; flɔ:] *n.* **1** Ⓒ (房間的)**地板**，室內的地面：a bare ~ 未鋪地毯的地板/sit on the ~ 坐在地板上。
2 Ⓒ (建築物的)**層**，樓：the upper ~(*s*) 上層/*on* the second ~《美》在二樓，《英》在三樓/This elevator stops at every ~. 這部電梯每層都停。

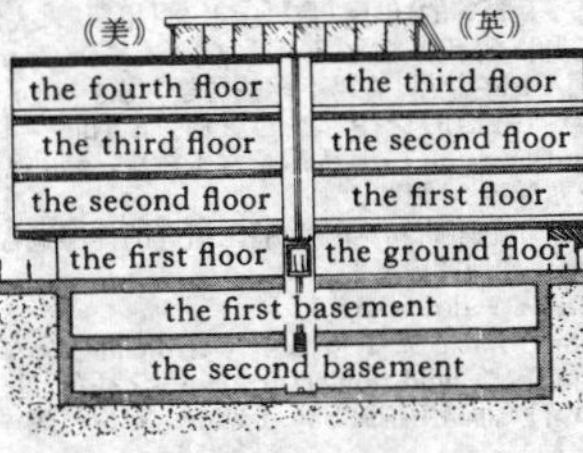

floor 2

【說明】在美國與我國同樣地把地面上的最下面一層稱爲 the first floor (一樓)，把從地面上第二層樓稱爲 the second floor (二樓)，但在英國把第一層稱爲 the ground floor, 把第二層稱爲 the first floor, 與美國、我國的說法差一層。

3 Ⓒ (海、河川、山谷等的)底。
4 Ⓒ **a** (如牀一般)平坦之處，路面：the ~ of a bridge 橋面。**b** [常與修飾語或 of... 連用] (特殊目的用的)場地：a dance ~ 跳舞(用)的舞池/the ~ *of* the Exchange 交易所內的市場。
5 [the ~] **a** 議員席，議場。**b** (議員的)發言權：get [have, ask for] *the* ~ (在會議中)獲得[有，要求]發言權。
6 Ⓒ (價格、租金等的)最低數值[限度]。
tàke the flóor (1)(爲發言而)起立，參加討論。(2)(爲跳舞而)起身，開始跳。
wálk the flóor 《美》(因擔心等)在室內來回走動。
wípe [móp, swéep] the flóor with... 《口語》痛擊…，徹底擊敗〈對方〉。
—*v.t.* **1 a** 〔十受〕在…上鋪地板。**b** 〔十受十介十代(名)〕〔用…〕鋪設…的地面〔*with*〕：~ a room **with** pine boards 用松木板鋪設房間的地面。**2** 〔十受〕**a** 把〈對方〉打倒在地上。**b**《口語》徹底打敗〈某人〉：I got ~*ed.* 我被打敗了，我認輸了。**c**《口語》〈議論、難題等〉使〈人〉難倒，使〈人〉困惑：He ~*ed* me with that question. 他以那個問題把我難倒/I was ~*ed* by that question. 我被那個問題難倒了。

flóor·bòard *n.* Ⓒ (做地板用的)木材，一塊地板《可掀起的活動地板》，汽車底部板。
flóor·clòth *n.* Ⓒ **1** 擦地板的抹布。**2** 鋪地板之物《代替地毯的亞麻油氈、漆布、油布等》。
flóor èxercise *n.* Ⓒ〖體操〗自由體操，地板體操《在地毯上表演翻觔斗、用手倒立等動作》。
floor·ing [ˋflorɪŋ, ˋflɔrɪŋ; ˈflɔ:riŋ] *n.* **1** Ⓤ 鋪地的木板[材料]。**2 a** Ⓒ 地板。**b** Ⓤ [集合稱] 鋪設地板。
flóor làmp *n.* Ⓒ (置於地板上的)長腳座燈，落地燈。
flóor lèader *n.* Ⓒ《美》議會中的政黨領袖 (cf. whip *n.* 3 a)。
flóor mànager *n.* Ⓒ **1** 政黨提名大會中候選人之助選員。**2** 旅館、百貨公司等中分別管理每一層業務之經理。
flóor plàn *n.* Ⓒ 建築物之平面圖，樓面布置圖。
flóor prìce *n.* Ⓒ 最低價格。
flóor sàmple *n.* Ⓒ 商店中做示範用過的電器用品[家具]等《常以廉價出售》。
flóor shòw *n.* Ⓒ 歌舞秀[表演]《夜總會等在地板上表演的音樂、歌舞等餘興》。
flóor spàce *n.* ⓊⒸ 房間[房屋]面積；建坪。
flóor-thròugh *n.* Ⓒ (佔有整層樓的)公寓住所。
flóor·wàlker *n.* Ⓒ《美》(百貨公司等的)巡視員《其職務爲引導顧客、戒備竊賊、監督店員》(《英》shopwalker)。

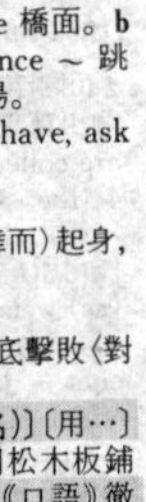

floor lamp

floo·sy, floo·zy [ˋfluzɪ; ˈflu:zi] *n.* Ⓒ《口語》妓女，娼妓。
flop [flɑp; flɔp] «由 flap 轉訛而來»—(**flopped**; **flop·ping**) *v.i.* **1** 〔十副詞(片語)〕**a** 啪嗒啪嗒地動[搖動]：A number of fish were *flopping on* the deck. 數條魚在甲板上啪嗒啪嗒亂跳。**b** 啪嗒一聲倒[躺，坐，跳]下去：He *flopped down on to* a seat. 他啪嗒一聲坐到座位上。**2**《美》變節，突然改變態度。**3**《口語》〈戲劇、計畫等〉以失敗收場，垮台。**4**《俚》睡著。
—*v.t.* 〔十受十副詞(片語)〕砰然敲擊…；啪嗒啪嗒地拍動〈翅膀等〉；笨重地投，笨重地放[落]下，撲的一聲投擲[放下]：They *flopped down* the heavy parcel. 他們撲的一聲放下那件沉重的包裹。
—*adv.* 撲通一聲地，啪嗒一聲地：fall ~ into the water 撲通一聲掉到水裏。
—*n.* **1** [a ~] **a** 啪嗒一聲的倒[坐]下，撲的一聲的掉下：sit down *with a* ~ 啪嗒一聲坐下去。**b** 撲通的掉落聲，啪嗒的倒下聲。**2** Ⓒ《口語》失敗(者)；(書、戲劇、電影等的)失敗之作。**3** Ⓒ〖田徑〗(跳高的)仰跳《背面朝下，頭先過竿的跳法》。
flóp·hòuse *n.* Ⓒ《美俚》(流浪者常光顧的)廉價旅社 (cf. doss house)。
flóp·òver *n.* Ⓒ〖電視〗畫面不斷的上下跳動。
flop·py [ˋflɑpɪ; ˈflɔpi] *adj.* (**flop·pi·er**; **-pi·est**)《口語》**1** 鬆懈的，無精神的，懶散的。**2** 鬆垂的，軟弱的。
flóppy dísk *n.* Ⓒ〖電算〗軟磁碟，柔性碟《塗有磁性材料可儲存電腦數據的小型塑料軟性磁碟》。
flo·ra [ˋflorə, ˋflɔrə; ˈflɔ:rə] *n.* **1** Ⓤ [集合稱，指個體時爲Ⓒ]〔某一地域或時代的〕所有植物，植物羣；(分布上的)植物區系〔*of*〕(cf. fauna 1)。**2** Ⓒ〔某一地域或時代所特有的〕植物誌〔*of*〕。
Flo·ra [ˋflorə, ˋflɔrə; ˈflɔ:rə] *n.* **1** 芙羅拉《女子名》。**2**〖羅馬神話〗芙羅拉《花神》。

Flora 2

flo·ral [ˋflorəl, ˋflɔrəl; ˈflɔ:rəl] «flower 的形容詞» —*adj.* 花的；如花的；花紋的：~ designs 花的圖案/a ~ tribute 花束禮物。**~·ly** [-rəlɪ; -rəli] *adv.*
flóral clóck *n.* Ⓒ 花鐘。
flóral émblem *n.* Ⓒ 代表國家、州、城市等的花[植物]。
flóral énvelope *n.* Ⓒ〖植物〗花蓋，花被。
flóral léaf *n.* Ⓒ〖植物〗花葉。
Flor·ence [ˋflɔrəns, ˋflɑr-; ˈflɔrəns] *n.* **1** 佛羅倫斯《義大利中部的一城市，又名翡冷翠；義大利名 Firenze [fɪˋrɛndzɛ; fiˈrendze]》。**2** 芙羅倫絲《女子名》。
Flor·en·tine [ˋflɔrən͵tin; ˈflɔrəntain] «Florence 的形容詞»—*adj.* 佛羅倫斯的，翡冷翠的。—*n.* Ⓒ 佛羅倫斯人，翡冷翠人。
flo·res·cence [floˋrɛsns, flɔ-; flɔ:ˈresns] «florescent 的名詞»—*n.* Ⓤ **1** 開花；花期，開花期。**2** 全盛期，興盛期，繁榮期。
flo·res·cent [floˋrɛsnt, flɔ-; flɔ:ˈresnt] *adj.* **1** 開花的；花盛開的。**2** 全盛時期的。
flo·ret [ˋflorɪt, ˋflɔrɪt; ˈflɔ:rit] *n.* Ⓒ **1** 小花。**2**〖植物〗(菊科植物之)小筒花。
flo·ri·bun·da [͵florɪˋbʌndə; ͵flɔ:riˈbʌndə] *n.* Ⓒ〖植物〗花束玫瑰《人工培植的一種具有一簇簇花束的玫瑰》。
flo·ri·cul·tur·al [͵florɪˋkʌltʃərəl, ͵flɔ-; ͵flɔ:riˈkʌltʃərəl] «floriculture 的形容詞» —*adj.* 花卉栽培的，種花的。
flo·ri·cul·ture [ˋflorɪ͵kʌltʃɚ, ˋflɔ-; ˈflɔ:rikʌltʃə] *n.* Ⓤ 花卉栽培(法)，種花，園藝。
fló·ri·cùl·tur·ist [-tʃərɪst; -tʃərist] *n.* Ⓒ 花卉栽培家，花匠。
flor·id [ˋflɔrɪd; ˈflɔrid] «源自拉丁文「花(開的)」之義»—*adj.* **1** 〈人〉臉色[氣色]好的；〈臉〉變紅的，紅潤的。**2** 華麗的，絢爛的；華美的，炫耀的：a ~ (prose) style 華麗的文體/a ~ speaker 辭句華麗的演說家。**~·ly** *adv.* **~·ness** *n.*
Flor·i·da [ˋflɔrədə; ˈflɔridə] «源自西班牙語「花(祭)」之義»—*n.* 佛羅里達《美國東南端的一州及其南部的半島；首府塔拉哈西 (Tallahassee [͵tæləˋhæsɪ; ͵tæləˈhæsi])；略作 Fla.,〖郵政〗FL；俗稱 the Sunshine State》。
Flor·i·dan [ˋflɔrədən; ˈflɔridən], **Flo·rid·i·an** [floˋrɪdɪən, flɔ-; ˈflɔridiən] «Florida 的形容詞»—*adj.* 佛羅里達(人)的。
—*n.* Ⓒ 佛羅里達州的居民。
flo·rid·i·ty [floˋrɪdətɪ, flɔ-; flɔˈriditi] «florid 的名詞»—*n.* Ⓤ **1** 鮮紅，紅潤。**2** 華麗，華美；花俏刺目。
flor·in [ˋflɔrɪn, ˋflɑr-, ˋflor-; ˈflɔrin] *n.* Ⓒ 佛羅林銀幣《1849 年以來在英國流通的二先令銀幣；1971 年 2 月起當作十便士使用》。
flor·ist [ˋflorɪst, ˋflɔr-, ˋflɑr-; ˈflɔrist] *n.* Ⓒ 花商；花匠；花卉栽培家：at a ~'s 在花店。
floss [flɔs; flɔs] *n.* Ⓤ **1** 蠶繭外層的粗絲，蠶繭棉。**2 a** (又作

flóss sìlk)未捻的絲線《用於刺繡等》。b《齒》牙線《用以除去牙縫間食物碎屑的絲線》。3 絲棉。4 絲棉狀的東西《玉蜀黍鬚等》。

floss·y [ˈflɔsɪ; ˈflɔsi] «floss 的形容詞» —*adj.* (**floss·i·er**; **-i·est**) **1** 絲棉似的；輕軟的，毛茸茸的。**2**《美俚》(服裝等)時髦的；華麗的。

flo·tage [ˈflotɪdʒ; ˈfloutidʒ] *n.* **1** Ⓤ漂浮；浮力。**2** Ⓒ漂流物。**3** Ⓒ(江、河面上之)船、筏等。**4** Ⓤ(船身之)吃水線以上的部分。

flo·ta·tion [floˈteʃən; flouˈteiʃn] «float 的名詞»—*n.* **1** Ⓤ漂浮，浮力：the center of ~《物理》浮心《浮體的重心》。**2** ⓊⒸ(發行股票、債券等)籌集資金；(公司的)設立；創業。

flo·til·la [floˈtɪlə; flouˈtilə] *n.* Ⓒ **1** 小艦隊。**2** (小型船的)船隊。

flot·sam [ˈflɑtsəm; ˈflɔtsəm] *n.* Ⓤ **1 a** (遇難船隻的)殘骸[漂流貨物]。**b** 破爛物。**2** [集合稱]流浪者。

flótsam and jétsam (1)遇難船隻的殘骸或漂流貨物《漂浮於海上或被浪沖到岸邊的貨物》。(2)破爛東西，不值錢的東西。(3)[集合稱]流浪者。

flounce^1 [flauns; flauns] *v.i.* 〔十副詞(片語)〕 **1** 衝出，衝入：He ~d *out* (*of* the room) in anger. 他生氣地衝出(房間)。**2 a** 扭動身體，掙扎，打滾：She ~d *up* and *down*. 她跳上跳下。**b** 誇張地扭動身體：The clown ~d *about* the circus ring. 那個小丑以誇張的動作在馬戲場中走動。

—*n.* Ⓒ掙扎；(憤怒地)搖動身體。

flounce^2 [flauns; flauns] *n.* Ⓒ (女裙下襬的)荷葉邊褶飾。

—*v.t.* 給〈裙子〉鑲荷葉邊。

flounce^2

flounc·ing [ˈflaunsɪŋ; ˈflaunsiŋ] *n.* **1** Ⓤ衣裙材料；裙褶料。**2** Ⓒ衣裙上之荷葉邊裝飾。

floun·der^1 [ˈflaundɚ; ˈflaundə] «founder^2 與 blunder 的混合語» —*v.i.* **1** 〔十副詞(片語)〕 **a** 掙扎，打滾，(為抵抗而)手腳亂動：~ *in* the deep snow 在深雪中掙扎/~ *about* 手腳亂動。**b** 掙扎著前進：~ *through* the snow 在雪中掙扎著前進。**2** 慌亂地行動[說話等]：She could only ~ through her song. 她只能慌亂地唱完她的歌。

—*n.* Ⓒ掙扎，錯亂而笨拙的動作[行動]。

floun·der^2 [ˈflaundɚ; ˈflaundə] *n.* Ⓒ (*pl.* ~, ~**s**)《魚》鰈《比目魚科的魚類，為食用魚》。

‡**flour** [flaur; ˈflauə] «中古英語 'flower' 的特殊用法；源自「(小麥的)最好的部分」之義»—*n.* Ⓤ **1** 麪粉，小麥粉；穀粉 (cf. meal^2). **2** 粉末，細粉。

—*v.t.* 〔十受〕 **1** 撒麪粉於…。**2**《美》把〈小麥等〉研成粉末。

flour·ish [ˈflɝɪʃ; ˈflʌriʃ] «源自古法語「花開」之義»—*v.i.* **1** 〈草木〉茂盛，繁盛：Roses ~ in the English climate. 玫瑰花在英國的氣候中長得茂盛。**2** 〈生意、事業等〉興隆；繁榮：His business seems to be ~*ing*. 他的生意看起來興隆發達。**3 a** 〔十介十(代)名〕〈人〉活躍，在世〔於歷史上的某一時期〕〔*in, at*〕：Archimedes ~*ed* **in** the 3rd century B.C. 阿基米德活躍於紀元前三世紀；阿基米德是紀元前三世紀的人。**b**《謔》〈人〉身體健康。**4** 揮動[擺動]手臂(等)。

—*v.t.* 〔十受〕 **1** (非攻擊而是炫耀地)揮舞[揮動]〈武器、鞭子等〉；揮〈手、手帕等〉：The guard ~*ed* his pistol at the crowd. 那個警衛對羣眾揮動手槍。**2** 誇示，炫耀…：He ~*ed* his credit card. 他炫耀他的信用卡。

—*n.* Ⓒ **1 a** (武器、手等的)揮動，揮舞：give one's sword a ~ = give [make] a ~ with one's sword 舞劍。**b** 誇張的動作：with a ~ 誇張地，誇大地。**2 a** (雕刻、印刷的)蔓草裝飾花紋。**b** (花體字、簽名等的)裝飾書寫。**3 a** (大官等進場時喇叭的)響亮吹奏。**b**《音樂》帶有顫音的花腔。

flóur·ish·ing *adj.* **1** 茂盛的，繁茂的。**2** 繁榮的，興隆的，盛大的。~**·ly** *adv.*

flóur mìll *n.* Ⓒ **1** 磨粉機。**2** 麪粉廠，磨坊。

flour·y [ˈflaurɪ; ˈflauəri] «flour 的形容詞» —*adj.* **1** 麪粉的，粉狀的：~ potatoes 柔軟如泥[粉狀]的馬鈴薯。**2** 沾滿(麪)粉的：~ hands 沾滿(麪)粉的手。

flout [flaut; flaut] *v.t.* 侮蔑，藐視，輕視，嘲笑…。

—*v.i.* 〔十介十(代)名〕藐視，嘲笑〔…〕〔*at*〕.

—*n.* Ⓒ侮蔑的話；輕視，嘲笑。

‡**flow** [flo; flou] *v.i.* **1** 〔動(十副詞(片語))〕 **a** 〈液體、河水等〉(不斷地)流，流動，流出：The water was ~*ing out*. 水流出來了/The oil ~*ed over* the rim of the drum. 油從汽油桶的邊緣流出[溢出]/Tears ~*ed from* his eyes. 淚從他眼裏流出/The river ~*s into* the bay. 那條河流入海灣/The Thames ~*s through* London. 泰晤士河流過倫敦市。**b** 〈東西、歲月〉如流水般移動[逝去]：Scientific brains ~*ed into* America. 科學界的精英[科學家]流入美國/Years ~ *away*. 歲月流逝。**c** 〈人、車等〉川流不息；〈口才等〉流暢；〈頭髮等〉飄垂；〈旗等〉迎風招展：Traffic ~*s along* the street all day. 街上的來往車輛整天川流不息/Orders for the new product ~*ed in upon* him. 他源源不斷地收到新產品的訂單/Her long hair ~*ed down* her shoulders. 她的長髮飄垂在肩膀上。**d** 〈血液的〉循環，〈電等的〉流通。

2 〈血〉流出：Blood will ~. (事件未解決以前)會發生流血事件。

3 〔十介十(代)名〕〔由…〕產生，發生；來〔自…〕〔*from*〕：Success ~*s* **from** health and intelligence. 成功源自健康與才智。

4 〈潮〉漲 (↔ ebb).

5 〔十介十(代)名〕充滿，充溢…：a land ~*ing* **with** milk and honey 充滿牛奶與蜜的土地《★出自聖經「出埃及記」》/The streets ~*ed* **with** men and women. 街上充滿了男男女女。

—*n.* **1 a** Ⓤ流，流水，流動：the ~ *of* a river 河水的流動。**b** [常 a ~](電、瓦斯等的)供應(量)〔*of*〕. **2** [用單數]大量的流出，(不斷的)流動，暢流，滔滔不絕〔*of*〕：a ~ *of* conversation [music] 滔滔不絕的談話[悠揚不絕的音樂]/the ~ *of* soul (一團和氣的)聯歡，融洽的交往，推心置腹。**3** [**the** ~]漲潮 (↔ ebb)：The tide was *on* [*at*] *the* ~. 潮水在漲。**4** Ⓤ氾濫，洪水。**5** Ⓤ(衣服、頭髮等的)飄拂。

flów·chàrt *n.* Ⓒ流程圖，作業圖《將工廠等的作業過程、電腦程式製作的順序等作成圖表者》。

flów dìagram *n.* =flowchart.

‡**flow·er** [ˈflauɚ; ˈflauə] *n.* **1** Ⓒ **a** 花：artificial ~*s* 人造花/the national ~ 國花/⇨ wild flower/arrange ~*s* 插花/No ~*s*. 懇辭花圈[花圈敬辭]《訃聞用詞》/Say it with ~*s*. 用花表達您的心意《花店的標語》。

b 花卉：grow [plant] ~*s* 栽培[種]花卉。

> 【同義字】flower 指花卉的花或草花；bloom 指觀賞植物的花；blossom 是果樹的花。
> 【說明】英國沒有國花。但各地都有代表該地的花卉，如英格蘭的薔薇(rose)，蘇格蘭的薊花(thistle)，威爾斯的韮葱(leek)和黃水仙(daffodil)，愛爾蘭的山酢漿草(shamrock)等。薔薇被用作王室的徽章。在美國並沒有國花，不過各州都有州花，例如加州的州花是金英花(California poppy).

2 Ⓤ開花，盛開：in ~ 開著花，正盛開著，怒放/come into ~ 開出花來。**3** [**the** ~]精粹，精華〔*of*〕：an anthology in which are collected *the* ~ *of* English poets 收集英國詩人精粹的詩集。**4** [**the** ~]青春，壯年，盛年，盛時〔*of*〕：*the* ~ *of* one's youth 年輕力壯的時期，青春時代。**5** [~**s**；當單數用]《化學》華《昇華作用所形成的粉狀物》：~*s* of sulfur 硫華。

(as) wélcome as (the) flówers in Máy 大受歡迎的；令人感激的。

—*v.i.* **1** 開花。**2** 〔動(十副詞(片語))〕興旺，繁榮：Great talents ~ late. 大器晚成/The Renaissance ~*ed in* Leonardo da Vinci. 文藝復興在達文奇時代達到顛峯。

—*v.t.* 〔十受〕使…開花，以花紋裝飾…。

flówer arràngement *n.* Ⓤ插花(術)。

> 【說明】在英美人們用花當裝飾但沒有像日本人那種插花的習慣。英國人愛好園藝和盆栽，美國人喜愛剪下的鮮花，或贈送友人，或作為廳房中的裝飾。

flówer·bèd *n.* Ⓒ花壇，花牀。

flówer bùd *n.* Ⓒ《植物》花苞，蓓蕾。

flówer chìld *n.* Ⓒ花兒，(尤指 1960 年代的)嬉皮《反對傳統社會價值觀，以佩戴花來表示他們對愛、美、和平的信仰》。

flów·ered *adj.* **1** 覆以花的；有花紋(裝飾)的。**2** [常構成複合字]有…花的，開…花的：single- [double-] *flowered* 開單[重]瓣花的。

flow·er·er [ˈflauərɚ; ˈflauərə] *n.* Ⓒ 開花植物。

flow·er·et [ˈflaurɪt; ˈflauərit] *n.* Ⓒ小花。

flówer gàrden *n.* Ⓒ花園。

flówer gìrl *n.* Ⓒ **1** 賣花女。**2**《美》(結婚時持花陪著新娘的)花童。

flow·er·ing [ˈflauərɪŋ; ˈflauəriŋ] *adj.* **1** 有花的，會開花的：a ~ plant《植物》開花結果的植物，顯花植物。**2** 花盛開的，開花的：a ~ orchard 花朵盛開的果樹園。

—*n.* Ⓒ [常用單數]開花(期)；極盛[全盛]期：the ~ of New England 新英格蘭全盛期《十九世紀前半期》。

flówering dógwood *n.* Ⓒ《植物》開花山茱萸。

flówer·less *adj.* **1** 無花的，不開花的。**2**《植物》隱花的：a ~ plant 隱花植物。

flówer pìece *n.* Ⓒ花卉繪畫。

flówer·pòt *n.* Ⓒ花盆，花鉢。

flówer shòp *n.* Ⓒ花店(cf. florist).

flówer shòw *n.* Ⓒ花卉展覽，花展。
flówer stàlk *n.* Ⓒ《植物》花梗。
flow·er·y [ˈflaurɪ; ˈflauəri] **《**flower 的形容詞**》**—*adj.* **1**〈田野等〉多花的，百花齊放的。**2** 似花的，花狀的；用花裝飾的；有花紋的。**3**《輕蔑》〈文體等〉華麗的，絢麗的。
-i·ness [-ɪnɪs; -inis] *n.*
flów·ing *adj.* **1** 流動的；如流的；連續不斷的；流暢的。**2**〈衣服、頭髮等〉飄垂的：～ locks 垂髮/a ～ robe 飄拂的長袍。**3** 漲潮的：the ～ tide 漲潮。～**·ly** *adv.*
‡**flown** [flon; floun] *v.* fly[1] A 的過去分詞。
fl. oz. 《略》fluid ounce.
***flu** [flu; flu:] **《**influenza 之略**》**—*n.* Ⓤ[有時 **the** ～]《口語》**流行性感冒**：have [catch] (*the*) ～ 患[染]流行性感冒/He is in bed *with* (*the*) ～. 他患流行性感冒而臥病在牀。
flub [flʌb; flʌb]《美口語》(**flubbed**；**flubbing**) *v.t.* 弄糟，做錯…。—*v.i.* 搞壞，搞錯，弄糟。—*n.* Ⓒ錯誤，過失。
fluc·tu·ate [ˈflʌktʃuˌet; ˈflʌktjueit] **《**源自拉丁文「如波浪一樣移動」之義**》**—*v.i.* **1** 波動，動搖。**2**〔十介十(代)名〕〈市價、溫度〉〔在…之間〕變動，上下移動；〈意見等〉動搖不定〔*between*〕：～ *between* hopes *and* fears 徘徊於希望與恐懼之間，忽喜忽憂/My weight ～*s between* 106 *and* 120 pounds. 我的體重在 106 與 120 磅之間變動。
fluc·tu·a·tion [ˌflʌktʃuˈeʃən; ˌflʌktjuˈeiʃn] **《**fluctuate 的名詞**》**—*n.* ⓊⒸ **1** 變動，〈行市〉混亂。**2** 波動，起伏，漲落。
flue [flu; flu:] *n.* Ⓒ **1 a** (煙囱裏的)煙道。**b** (暖氣的)通氣管，瓦斯送氣管。**c** (鍋爐的)焰管，焰路。**2** (又作 **flúe pìpe**)(管風琴的)唇管(口)。
flu·en·cy [ˈfluənsɪ; ˈflu:ənsi] **《**fluent 的名詞**》**—*n.* Ⓤ流暢，流利：with ～ 流暢地。
flu·ent [ˈfluənt; ˈflu:ənt] **《**源自拉丁文「流動」之義；⇨ fluid**》**—*adj.* (**more** ～；**most** ～) **1 a**〈說話〉**流暢的**，善辯的，滔滔不絕的；〈文筆〉流暢的：a ～ speaker 口若懸河的演說家。**b** [不用在名詞前]〔十介十(代)名〕精通〈語言〉的〔*in, at*〕：He is ～ *in* [*at*] English [several languages]. 他精通英語[數種語言]。**2**〈言語〉流利的，流暢的：speak ～ English 說流利的英語。**3**〈運動〉緩慢的，動量小的，〈曲線等〉緩和的，曲度小的。
～**·ly** *adv.*
fluff [flʌf; flʌf] *n.* **1 a** Ⓤ(呢絨等的)絨毛，棉毛。**b** Ⓒ輕而蓬鬆的東西[一團]：a ～ of clouds 輕飄飄的雲。**2** Ⓤ **a** (鳥獸的)胎毛，柔毛。**b** 剛長出來的鬍鬚。**3** Ⓒ失敗，錯誤，(台詞)說錯，(演奏)出錯。**4** [**a bit** [**piece**] **of** ～]《英俚》(有性魅力的)年輕女子。
—*v.i.* **1** 起絨毛。**2**《口語》(比賽、演奏等)失敗，出錯，說錯(台詞)。—*v.t.* **1**〔十受(十副)〕使…起絨毛；使…蓬鬆，鼓起，使…變鬆散〈*out, up*〉：～ ***up*** one's hair 使某人的頭髮蓬鬆/The bird ～*ed* itself [its feathers] *up* [*out*] *into* a ball. 那隻鳥把自己的羽毛鼓成圓球形。**2**《口語》**a** 把〈比賽、演戲等〉做錯[弄糟]…。**b** 說錯〈台詞〉。
fluff·y [ˈflʌfɪ; ˈflʌfi] *adj.* (**fluff·i·er**；**-i·est**) **1** 絨毛的；有絨毛的，棉毛的。**2** 蓬鬆的。**3** 不精彩的，沒有價值的，無聊的。
flúff·i·ness *n.*
flu·id [ˈfluɪd; ˈflu:id] **《**源自拉丁文「流動」之義，與 fluent 同字源**》**—*adj.* (**more** ～；**most** ～) **1 流動的**；流體的 (cf. solid 1 a)：Mercury is a ～ substance. 水銀是流體物質[流質]。**2**〈意見、情勢等〉易變的；未凝固的，流動性的：The situation is very ～. 情勢很不穩定[極易改變]。—*n.* Ⓤ[指種類時爲Ⓒ]《物理》**流體**《液體和氣體的總稱；cf. liquid》. ～**·ly** *adv.*
flúid drám [**dráchm**] *n.* Ⓒ液量特拉姆《液量單位；等於 1/8 fluid ounce, 60 minims；略作 fl. dr.》.
flu·id·ics [fluˈɪdɪks; flu:ˈidiks] *n.* Ⓤ流體力學。
flu·id·i·ty [fluˈɪdətɪ; flu:ˈidəti] **《**fluid 的名詞**》**—*n.* Ⓤ **1** 流動性[狀態]。**2** 容易改變。
flúid óunce *n.* Ⓒ液量盎斯《液量單位；等於 8 fluid drams；《美》爲 1/16 pint, 《英》爲 1/20 pint；略作 fl. oz.》.
flu·i·dram [ˈfluɪˌdræm; ˈflu:idræm] *n.* ＝ fluid dram.
fluke[1] [fluk; flu:k] *n.* Ⓒ **1** [常 ～**s**] 錨爪，錨鈎。**2** (魚叉、槍、箭、釣魚鈎等的)尖端倒鈎 (⇨ anchor 插圖)。
fluke[2] [fluk; flu:k] *n.* ⓊⒸ **1** 僥倖的擊中；僥倖：win *by* (a) ～ 僥倖得勝。**2**《撞球》僥倖的一擊，倖中。
fluke[3] [fluk; flu:k] *n.* Ⓒ《獸醫》肝蛭《寄生於家畜肝臟的吸血蟲》。
fluk·y, fluk·ey [ˈflukɪ; ˈflu:ki] **《**fluke[2] 的形容詞**》**—*adj.* (**fluk·i·er**；**-i·est**) **1** 僥倖擊中的，僥倖的。**2** 不定的，易變的。

flume 1

flume [flum; flu:m] *n.* Ⓒ **1** (灌溉、發電等用的)人工水道，(輸送木材的)水道。**2** (水流急而狹窄的)峽溝，峽流，溪澗。
flum·me·ry [ˈflʌmərɪ; ˈflʌməri] *n.* **1** Ⓤ[常 **flummeries**] 愚蠢的話，虛僞的奉承(話)；多餘的事物。**2** Ⓒ[當作食品名稱時爲Ⓤ] 乳蛋甜點《一種用牛奶、蛋、麪粉製造的柔軟點心》。
flum·mox [ˈflʌməks; ˈflʌməks] *v.t.*《口語》使〈人〉狼狽，使…驚慌失措，使…嚇破膽子《★常用被動語態》。
flump [flʌmp; flʌmp] **《**擬聲語**》**—*v.i.*〔動(十副)〕砰然落下[倒下]〈*down*〉. —*v.t.*〔十受(十副)〕猛然摔下[放下]…〈*down*〉.
—*n.* [**a** ～] 砰然聲，重落(聲)：sit down *with a* ～ 砰然一聲坐下。
***flung** [flʌŋ; flʌŋ] *v.* **fling** 的過去式・過去分詞。
flunk [flʌŋk; flʌŋk] **《***fl*inch 與 f*unk* 的混合語**》**—《美口語》*v.t.* **1** 使〈考試等〉不及格，通不過〈課程等〉的考試；使…失敗；當掉〈學分〉：He ～*ed* the course. 他那一科考試不及格。**2 a**〔十受〕給〈人〉不及格的分數，使…不及格。**b**〔十受十副〕因成績差而將〈人〉退學〈*out*〉.
—*v.i.*〔十介十(代)名〕〔考試等〕失敗，不及格〔*in*〕. **2**〔十副〕考試不及格[成績不好]而退學〈*out*〉. **3** 死心，放棄，退出。
—*n.* Ⓒ **1** (考試等的)失敗。**2** 不及格(的分數)。
flunky, flunk·ey [ˈflʌŋkɪ; ˈflʌŋki] *n.* Ⓒ《輕蔑》**1** 穿制服的僕人《工友、看門人等》。**2** 卑鄙的諂媚者，馬屁精。
flu·or [ˈfluɚ; ˈflu:ɔ:] *n.* ＝fluorite.
fluo·resce [ˌfluəˈrɛs; fluəˈres] **《**fluorescence 的逆成字**》**—*v.i.* 發螢光。
fluo·res·cence [ˌfluəˈrɛsn̩s; ˌfluəˈresns] *n.* Ⓤ《物理》螢光性的發光；螢光。
fluo·res·cent [ˌfluəˈrɛsn̩t; ˌfluəˈresnt] *adj.* 螢光(性)的；發螢光的：a ～ screen [substance] 螢光幕[質]/a ～ lamp 螢光燈。
fluo·ri·date [ˈflɔrəˌdet, ˈflurəˌdet; ˈfluərideit] *v.t.* (爲防止蛀牙)加氟化物於〈飲水等〉。**fluo·ri·da·tion** [ˌflɔrəˈdeʃən, ˌflur-; ˌfluəriˈdeiʃn] *n.*
fluo·ride [ˈflɔraɪd, ˈfluraɪd; ˈfluəraid] *n.* ⓊⒸ《化學》氟化物。
flu·o·ri·dize [ˈflurɪˌdaɪz; ˈfluəridaiz] *v.t.* 用氟化物處理〈牙齒等〉。
fluo·rine [ˈfluəˌrin; ˈfluəri:n] *n.* Ⓤ《化學》氟《符號 F》.
fluo·rite [ˈfluəˌraɪt; ˈfluərait] *n.* Ⓤ[指個體時爲Ⓒ]《礦》氟石，螢石。
flu·o·ro·scope [ˈflurəˌskop; ˈfluərəskoup] *n.* Ⓒ螢光屏；螢光鏡；X 光影屏。
flu·or·spar [ˈfluɔrˌspɑr; ˈfluəspɑ:] *n.* ＝fluorite.
flur·ry [ˈflɝɪ; ˈflʌri] *n.* **1** Ⓒ **a** (一陣)疾風，急風：a ～ of wind 一陣疾風。**b** 驟雪[雨]。**2** [**a** ～] **a**〔興奮、感情等〕突然的波動[混亂]〔*of*〕：*a* ～ *of* excitement 一陣興奮。**b** 內心的動搖；狼狽：in *a* ～ 慌慌張張地，驚慌地。
—*v.t.* 使〈人〉慌張[激動]，使…狼狽《★常用被動語態》：get *flurried* 慌張，狼狽。
flush[1] [flʌʃ; flʌʃ] **《**flash 與 blush (或 gush) 的混合語**》**—*v.i.* **1 a**〔動(十副詞(片語))〕〈臉、頰〉**驟然發紅**，〈人〉臉紅；〈血色〉突然湧上臉；〈顏色〉發亮，〈光〉輝耀，〈天空〉變成玫瑰色：She ～*ed with* embarrassment. 她因不好意思而臉紅/She ～*ed* (*up*) *to* the ears. 她臉紅耳赤/I felt the blood ～ *into* my face. 我感到血湧到臉上。**b**〔十補〕〈臉、頰〉突然變成〈紅色〉，飛紅；〈人〉臉發〈紅〉：He [His face] ～*ed* red as flame. 他臉紅似火。**2**〈水〉奔流，湧出。—*v.t.*〔十受〕**1 使〈臉、頰〉發紅**，漲紅《★常用被動語態，介系詞用 *with*》：Shame ～*ed* his face. 羞恥使他臉紅/His face *was* ～*ed* ***with*** shame. 他的臉因羞恥而變紅。**2 a** 沖〈水、液體〉。**b** 用水沖洗〈廁所、街道等〉：～ the toilet 用水沖洗廁所。**c** 使〈牧場等〉淹水。**3** 使〈人等〉興奮，使…得意洋洋《★常以過去分詞當形容詞用；⇨ flushed 2》.
—*n.* **1 a** Ⓒ臉紅：⇨ hot flush. **b** [**a** ～] (臉、頰等的) 暈紅：with *a* ～ on one's face 紅著臉，臉紅地。**2** [**a** ～] **a** 排水，(突然的)漲水〔*of*〕. **b** 沖水；沖洗(廁所)，洗淨 (cf. flush toilet). **3 a** [**a** ～] 突然的感情〔*of*〕：feel [have] *a* ～ *of* excitement 感到一陣的興奮。**b** Ⓤ[常 **the** ～]〔感情等的〕高昂，興奮，得意洋洋〔*of*〕：in *the* full [first] ～ *of* triumph [success] 陶醉在勝利[成功]的興奮中。**4** [用單數] (草木等的) 發芽，茂盛；(萌發的)嫩葉〔*of*〕：*a* ～ *of* greenness 一片嫩葉/the first ～ *of* spring 春天初萌的嫩葉[草木的初茂]。**5** Ⓤ[常 **the** ～] 活力，鮮亮；(氣勢、精力的)旺盛：in *the* first ～ *of* life 在年富力强時。
flush[2] [flʌʃ; flʌʃ] *adj.* **1** [不用在名詞前]〔十介十(代)名〕〈河〉〔因水而〕盈滿的，泛濫的〔*with*〕：The river is ～ ***with*** rain [melted snow]. 那條河因雨[融雪]而泛濫。**2** [不用在名詞前]《口語》**a** 富裕的，有很多錢的：Let him pay；he's ～ tonight. 讓他付，他今晚有很多錢。**b**〔十介十(代)名〕〔金錢等〕很多的，豐足的〔*with*〕：be ～ ***with*** money 有很多錢。**3 a** [不用在名詞

前]〔十介十(代)名〕〔與…〕同一平面的，齊平的，同高的〔*with*〕：windows ~ ***with*** the wall 與牆壁齊平的窗子。**b**〈甲板等〉平面的，平坦的：a ~ deck 平甲板。

—*adv.* **1** 齊平地，同高地。**2** 直接地，正面地：The ball hit him ~ on the head. 那個球不偏不倚地打中他的頭。

—*v.t.* 使…齊平，把…弄平。

flush³ [flʌʃ; flʌʃ] *v.i.* 〈鳥〉突然飛起。**—*v.t.*** **1 a** 〔十受〕使〈鳥〉驚起：The dog ~*ed* a quail. 那隻狗使鵪鶉驚起。**b**〔十受十介十(代)名〕使〈鳥〉〔從…〕驚起〔*from*〕：The dog ~*ed* a pheasant ***from*** the bushes. 那隻狗使雉從灌木叢中驚起。**2 a**〔十受十副〕將〈犯人〉(從隱藏處等)趕出〈*out*〉. **b**〔十受十介十(代)名〕將〈犯人〉〔從隱藏處等〕趕出〔*out of, from*〕.

—*n.* **1** Ⓤ飛起，驚起。**2** Ⓒ(受驚而突然飛起的)鳥羣。

flush⁴ [flʌʃ; flʌʃ] *n.* Ⓒ《紙牌戲》同花順，清一色《五張同花色的一手牌(⇨ poker²【說明】)》。

flushed *adj.* **1** 臉紅的，變紅的。**2** [不用在名詞前]〔十介十(代)名〕〈人等〉〔因喝酒、勝利、驕傲等〕臉上發紅的，興奮的，得意洋洋的〔*with*〕(cf. flush¹ *v.t.* 3)：Our team was ~ ***with*** its great victory. 我們的球隊因大勝而洋洋得意。

flúsh tóilet *n.* Ⓒ抽水馬桶，沖水式廁所。

flus·ter [ˈflʌstɚ; ˈflʌstə] *v.t.* **1** 使〈人〉慌亂，使…驚慌《★常用被動語態》：get ~*ed* 驚慌。**2** [~ one*self*]慌亂，慌張。

—*n.* [*a* ~]慌張，狼狽：all in *a* ~ 一陣慌亂，驚慌失措。

flute [flut; flu:t] *n.* Ⓒ **1** 笛，橫笛。**2**《建築》(柱子上的)長凹槽，凹槽雕刻。**3**《裁縫》(女裝的)圓凹褶。

—*v.i.* **1** 吹笛子[橫笛]。**2** 以笛子般的聲音唱歌[說話]。

—*v.t.* 〔十受〕**1** 在〈柱子等上面〉刻凹槽。**2** 用橫笛演奏〈曲子〉。

flút·ed *adj.* 刻有凹槽的〈柱子等〉；〈平板玻璃〉附有溝紋的。

flút·ing *n.* **1** Ⓤ長笛的吹奏。**2** Ⓤ[集合稱]《建築》(柱子等的)凹槽雕刻[飾紋]，柱槽(⇨ capital² 插圖)。**3** Ⓤ[集合稱]《服飾》管狀褶襇，褶邊。

flút·ist [-tɪst; -tist] *n.* Ⓒ吹奏長笛者，橫笛手。

flut·ter [ˈflʌtɚ; ˈflʌtə] **«源自古英語「浮」之義»—*v.i.*** **1**〈旗子等〉**飄動**，〈翅膀等〉拍動；顫動：The curtain ~*ed* in the breeze. 窗帘在微風中飄動。**2 a**〈鳥等〉**拍翅**，**鼓翼**。**b**〔十副詞(片語)〕振翅而飛；〈蝴蝶等〉翩翩飛舞[啪噠啪噠地飛]，飛來飛去：The dead leaves ~*ed about* in the wind. 枯葉在風中飛舞/A petal ~*ed to* the ground. 一片花瓣飄落到地上。**3 a**〈脈搏、心臟〉快速而不規則地跳動：Her heart began to ~ ***with*** fear. 她的心因害怕而開始怦怦跳。**b**〈眼皮、機器等〉無規律地快速跳動。**4**〔十副詞(片語)〕煩躁[坐立]不安地動[動來動去]：He ~*ed back* and *forth* in the corridor. 他在走廊上煩躁不安地來回走動。

—*v.t.* **1**〔十受〕**a** 使〈旗子等〉**飄動**。**b** 啪嗒啪嗒地揮動〈手帕等〉。**2**〔十受十副詞(片語)〕〈鳥等〉拍動〈翅膀〉，振〈翅〉：The bird ~*ed* its wings *up* and *down.* 那隻鳥上下地拍動翅膀。**3**〔十受〕使〈眼皮等〉跳動。**4**〔十受〕**a** 使〈心臟〉撲通撲通地跳。**b** 使〈人〉煩躁[坐立]不安。

—*n.* **1 a** [用單數]鼓翼，拍翅；(旗子等)飄動，飄揚。**b** Ⓒ(心臟)不規則的跳動，急跳。**2** [*a* ~](內心的)動搖，慌亂；(社會的)騷動：in *a* ~ 慌張的[地]，心緒不寧的[地]/fall into *a* ~ 變得心慌意亂/put a person in [into] *a* ~ ＝throw a person into *a* ~ 使〈人〉忐忑不安/make [cause] *a* great ~ 轟動社會，轟動一時。**3** Ⓒ[常用單數]《英口語》(賭博、投機的)小冒險，賭一下。**4** Ⓤ《電學》(唱機、錄音機等的)閃擾，擺動；放音失真。**5** Ⓤ《電視》(映像的)忽明忽暗。**6** Ⓤ《航空》(機翼等因氣動力而產生的週期性不穩定的)顫振，自激振動(self-excitation).

flútter kìck *n.* Ⓒ(俯泳或仰泳時小腿部分的)上下擊水。

flut·y [ˈflutɪ; ˈflu:ti] **«flute 的形容詞» —*adj.*** (**flut·i·er**；**-i·est**) 笛聲的，〈音調〉似笛聲的，柔和而清亮的。

flu·vi·al [ˈfluvɪəl; ˈflu:vjəl] *adj.* **1** 河川的。**2** 因河流的作用而形成的。**3** 生[棲]於河中的。

flux [flʌks; flʌks] **«源自拉丁文「流動」之義»—*n.*** **1** [*a* ~]流，流動。**2** Ⓤ漲潮：~ and reflux 潮水的漲落；勢力的消長，盛衰，浮沈。**3** Ⓤ改變，變遷，不斷的變化：All things are in a state of ~. 萬物都在不斷地變動。**4** Ⓤ《化學》熔接劑，助熔劑。

flux·ion [ˈflʌkʃən; ˈflʌkʃn] *n.* Ⓤ **1** 流動。**2** 不斷的變化。**3**《醫》充血；流出；溢出。**4**《數學》流數。

‡fly¹ [flaɪ; flai] *v.i.* **A** (**flew** [flu; flu:]；**flown** [flon; floun]) **1**(利用翼或機器)**飛**，飛行：〔**動(十副詞(片語))**〕**a**〈鳥、蟲等〉飛：~ *about* 翱翔/⇨ FLY high/The crow *flew up into* a high tree. 那隻烏鴉飛進一棵高樹裡/The bird *flew out of* its cage. 那隻鳥飛出了籠子《飛走了》/The bird is [has] *flown.* ⇨ bird 1.

【同義字】fly 是「飛行」之意的最普通用語，與 walk, swim 相對；flit 是輕快[翩翩]地飛；hover 是緩慢地搖動翅膀盤旋於空中。

b〈飛機、子彈、箭、雲等〉飛，飛行，飛馳，飛過：The airplane was ~*ing south.* 那架飛機正往南飛/I saw the clouds ~*ing across* the sky. 我看見雲在天空飄移/The ball *flew over* the fence. 那個球飛越過籬笆/The cup *flew into* pieces [bits, fragments]. 那個茶杯摔成了碎片。**c**〈人〉駕駛(飛機)，(坐飛機)航行；(乘太空船)飛行太空：~ *across* the Pacific 飛越太平洋/He *flew from* New York *to* Rome. 他從紐約飛到羅馬。**2**〔**動(十副詞(片語))**〕**a**《口語》〈人〉**飛似地奔跑[飛奔]**，急行：I *flew for* a doctor. 我飛奔去請醫生/I *flew* to meet him. 我快步向前迎接他/I [We] must ~. 我[我們]必須快去/He *flew up* the stairs. 他飛奔上樓。**b**〈光陰〉如箭般飛過去：Time *flies.*《諺》光陰似箭。**c**〈金錢、財產等〉飛也似地消失，被揮霍掉：He's just making the money ~. 他揮霍無度。**3**〔**動(十副詞(片語))**〕**a**(隨風等)飛[飄]上去；〈火花〉飛散：The dust *flew about* in clouds. 團團塵土到處飛揚。**b**〈旗子、頭髮等〉隨風飄揚：She stood in the wind with her hair ~*ing.* 她站在風中，頭髮隨風飄揚著。**4 a**〔十補〕突然移動〈成…狀態〉《★補語常用 open》：The window *flew* open. 窗子突然開了。**b**〔十介十(代)名〕突然變成〔…〕〔*into*〕：~ ***into*** a passion [temper, rage] 突然發怒[勃然大怒，狂怒]/~ *into* raptures 欣喜若狂。**5**〔十介十(代)名〕**a** 撲向〔獵物〕；邁向〔理想等〕〔*at*〕：~ ***at*** high game 懷大志，樹雄心。**b** 撲向〔人、物〕；責罵〔…〕；攻擊〔…〕〔*at*〕：The cat *flew* ***at*** the dog. 那隻貓撲向那隻狗/~ *at* a person 攻擊[責罵]某人(cf. let FLY¹ (2)).

—B (**fled** [flɛd; fled]) **1 a** 逃，逃走《★《口語》代替 flee》. **b**〔十介十(代)名〕〔從…〕逃出〔*from*〕；逃〔到…〕〔*to*〕：~ ***from*** one's country 從自己的國家逃走，亡命國外。**2**〈霧等〉消散。

—C (**flied**)《棒球》**1** 打高飛球。**2**〔十副〕擊出高飛球被接殺而出局〈*out*〉.

—*v.t.* **A** (**flew** [flu; flu:]；**flown** [flon; floun]) **1**〔十受〕**a** 使〈鳥等〉飛，放〈鳥、風箏〉。**b** 懸〈旗〉，使〈旗子〉飄動：The ship is ~*ing* the British flag. 那艘船懸掛著英國國旗。**2 a**〔十受〕駕駛〈飛機、太空船〉：~ a spaceship 駕駛太空船。**b**〔十受〕飛越〈某處〉，飛過〈某距離〉：We *flew* the Pacific. 我們飛越了太平洋。**c**〔十受十介十(代)名〕用飛機把〈人、貨物等〉〔載到…〕〔*to*〕：Doctors and nurses were *flown* ***to*** the scene of disaster. 醫師與護士被空運到災禍現場。

—B (**fled** [flɛd; fled])〔十受〕從…逃走；逃出，逃避…《★用法《口語》代替 flee》：~ the country 逃出國境，亡命國外/~ the approach of danger 臨危逃跑。

flý blínd《航空》(僅靠儀器而)盲目飛行。

flý hígh (1)高飛。(2)懷大志，有雄心。

flý in the fáce of... 大膽反抗[反駁]…。

flý lów (1)低飛，作低空飛行。(2)無大志，不抱大的希望。(3)不露鋒芒，避人耳目。

flý óff《vi adv》飛散，飛去，快速離去。

lèt flý (1)射出〈子彈、箭、石頭等〉，投射：The hunter *let* ~ an arrow *at* the deer. 獵人朝那隻鹿射出一箭。(2)〔對…〕口出怒言；怒斥，罵〔*at*〕：*let* ~ *at* a person 怒斥[責罵]某人(cf. *v.i.* A 5 b).

—*n.* **1** Ⓒ **a** (長褲等的)鈕釦[拉鏈]遮蓋：Your ~ is undone. 你褲子的鈕釦[拉鏈]遮蓋沒有蓋好《開著》。**b**(帳篷等的)門帘《出入口》。**2** Ⓒ(旗幟的)布幅；旗布的外端《未繫於旗竿的一端》。**3** (又作 **flý báll**) Ⓒ《棒球》高飛球。**4** Ⓒ(*pl.* ~s [~z; ~z])《英》(從前的)輕便出租馬車。**5** [**the flies**]《戲劇》(舞台上)頂棚《操縱大道具[布景]之處》。

on the flý (1)飛行中的。(2)《美》〈飛球〉未著地以前：catch a ball *on the* ~ 接住飛球。(3)《口語》忙來忙去；急忙地，匆忙地。

fly²** [flaɪ; flai] **«源自「飛行(fly¹)者」之義» —*n. **1** Ⓒ《昆蟲》[常構成複合字] **a 蒼蠅**：⇨ housefly/die like *flies* (像蒼蠅似地)紛紛死亡。**b** 飛行的昆蟲：⇨ butterfly, dragonfly, firefly. **2** Ⓤ(危害植物、家畜的)蠅類或小蟲的蟲害。**3** Ⓒ《釣魚》用作魚餌的眞蠅[假蚊鉤]：tie a ~ 繫上假蚊鉤。

a flý in the óintment (1)膏油中的蒼蠅；美中不足《★出自聖經「使徒行傳」》。(2)掃興的事[東西]。

There are [There's] nó flíes on him [her, etc.]. (1)他[她]不是個傻瓜[很精明]。(2)他[她]十全十美[無毛病可挑剔]。

would nót húrt [hárm] a flý 〈(看來令人害怕的)人、動物〉(其實)很溫和。

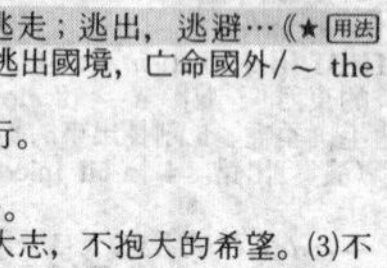

fly² 3

flý·awày *adj.* **1** 隨風飄揚的〈頭髮、衣服等〉。**2**〈人〉輕浮的，輕率的。**3** 隨時能飛[空運]的。

flý·blòw *v.t.* (**-blew** [-ˌblu; -blu:], **-blown** [-ˌblon; -bloun])產蠅卵於〈肉等〉之中。

—*n.* Ⓒ蠅卵；蛆。

flý·blòwn *adj.* **1** 有蒼蠅卵的，生蛆的〈肉等〉。**2** 被污染的，弄髒的，腐壞的。**3 a** 變舊的。**b** 落伍的，陳腐的。
flý·bỳ *n.* Ⓒ《美》〖航空〗空中分列飛行(flyover)；飛機或太空船的飛越定點。
flý-by-nìght *adj.* (尤指在金錢上)不負責任的，靠不住的，不能信賴的。
—*n.* Ⓒ《口語》(在金錢上)靠不住的人，(尤指)夜間潛逃的賴債人。
flý càsting *n.* Ⓤ用假蚊釣魚。
flý·càtcher *n.* Ⓒ **1** 〖鳥〗鶲科食蟲鳥《捕食蠅類的小鳥》。**2** 〖植物〗捕蠅草。**3** 捕蠅器。
fly·er [ˈflaɪɚ; ˈflaiə] *n.* ＝flier.
flý-fìsh *v.i.* 〖釣魚〗用假蠅作餌釣魚。
flý-fìshing *n.* Ⓤ用假蚊釣魚。
flý·flàp *n.* Ⓒ蠅拍。
flý hálf *n.* ＝standoff half.
fly·ing [ˈflaɪɪŋ; ˈflaiiŋ] *adj.* [用在名詞前] **1 a** (會)飛的，飛行的：a ～ bird 飛鳥。**b** 跑跳的〈跳躍等〉：⇨ flying jump [leap]. **2** 浮於空中的；(隨風)飄揚的，飄動的。**3** 飛快的，火急的，匆促的；飛逃的：a ～ trip [visit] 匆促的旅行[訪問]。
with flýing cólors ⇄ with cólors flýing ⇨ color *n.*
—*n.* **1** Ⓤ飛，飛行；坐飛機的旅行：high [low] ～ 高空[低空]飛行。**2** [當形容詞用] 飛行(用)的：～ clothes 飛行服/a ～ field 小飛機場《比 airport 的規模小；cf. airstrip》.
flýing bòat *n.* Ⓒ飛艇，水上飛機(cf. seaplane).

flying boat

flýing bòmb *n.* Ⓒ飛彈(robot bomb).
flýing brìdge *n.* Ⓒ浮橋；艦橋。
flýing búttress *n.* Ⓒ〖建築〗拱扶垛(⇨ Gothic 插圖)。
flýing cólors *n. pl.* **1** 迎風飄揚的旗幟。**2** 勝利；成功。
flýing cólumn *n.* Ⓒ〖軍〗游擊隊，機動隊。
flýing dóctor *n.* Ⓒ坐飛機應診的醫師《坐飛機前往偏遠地區作緊急應診的醫師》。
flýing drágon *n.* Ⓒ〖動物〗飛龍《東印度羣島所產的一種蜥蜴》。
Flýing Dútchman *n.* [the ～] **1** (傳說中的)荷蘭鬼船，幽靈船。**2** 漂流的荷蘭水手，荷蘭鬼船船長。

flying buttress

【說明】據傳說，從前有一艘荷蘭船因爲船長誇口說在暴風雨之中也能航海而觸怒了神，被罰永遠不能靠近海岸，因而注定永遠在海上飄流直到最後審判日(Judgment Day)．有暴風雨時，這艘船會出沒於好望角(the Cape of Good Hope)附近。凡是看到這艘荷蘭鬼船或其船長的人都會遭遇厄運。

flýing fìsh *n.* Ⓒ(*pl.* ～, ～·es)〖魚〗文鰩魚；飛魚。
flýing fóx *n.* Ⓒ〖動物〗狐蝠(fruit bat)《頭狀如狐，好食果實》。
flýing jíb *n.* Ⓒ〖航海〗船頭的斜桅帆[三角帆]。
flýing júmp [léap] *n.* Ⓒ助跑跳高。
flýing lémur *n.* Ⓒ〖動物〗貓猴《產於菲律賓、東南亞等地》。
flýing machìne *n.* Ⓒ飛機；飛船。
flýing-òff *n.* Ⓒ〖航空〗起飛，離陸；離艦。

flying fish

flýing òfficer *n.* Ⓒ〖英空軍〗中尉《略作 F.O.》.
flýing sáucer *n.* Ⓒ飛碟(cf. UFO).
flýing squàd *n.* Ⓒ[集合稱] **1** 緊急派遣隊；(警察的)緊急行動小組《★用法視爲一整體時當單數用，指個別成員時當複數用》。**2** [常 F～ S～]《英》倫敦警察廳(Scotland Yard)的機動警察隊《★用法與義 1 相同》。
flýing squàdron *n.* Ⓒ游擊[機動]艦隊。
flýing squìrrel *n.* Ⓒ〖動物〗飛鼠，鼯鼠。
flýing stárt *n.* [a ～] **1** 〖運動〗助跑起步法《從起跑線前起跑，到起步線時全力飛跑》。**2** 迅速[順利]的起步[開始]：get [go] off to *a* ～ 開始迅速[順利]的起步。
flýing wíng *n.* Ⓒ〖航空〗無尾翼(飛行)機；全翼(飛行)機。
flý·lèaf *n.* Ⓒ(*pl.* **-leaves**) **1** 扉頁《書籍卷首、卷末的空白頁》。**2** (廣告單或節目單等的)空白頁。
flý·òver *n.* Ⓒ **1** 〖航空〗空中分列飛行《爲供觀賞而低空飛行某處上空》。**2** 《英》＝overpass.
flý·pàper *n.* Ⓤ捕蠅紙。
flý·pàst *n.* Ⓒ《英》〖航空〗空中分列飛行(flyover).
flý shèet *n.* Ⓒ **1** (印在一張紙上的)傳單，廣告單，宣傳單。**2** (摺疊成小冊子的)說明書(等)。
flý·shèet *n.* Ⓒ(雨天時加蓋在帳篷上面的)防雨罩。
flý·spèck *n.* Ⓒ **1** 蠅糞斑。**2 a** 小污點。**b** 小缺點。
—*v.t.* 使…沾上小污點。
flý·swàtter *n.* Ⓒ蒼蠅拍。
flý·tràp *n.* Ⓒ **1** 捕蠅器。**2** 〖植物〗食蟲植物《pitcher plant》.
flý·wèight *n.* Ⓒ〖拳擊〗蠅量級選手《體重一百二十磅以下的選手》。
flý·whèel *n.* Ⓒ飛輪，整速輪《用以調節旋轉速度》。
Fm 《符號》〖化學〗fermium. **fm.** 《略》fathom；from. **FM, F.M.** 《略》〖通信〗frequency modulation (cf. AM). **F.M.** 《略》Field Marshal.
fn. 《略》footnote.
f-num·ber [ˈɛfˌnʌmbɚ; ˈefˌnʌmbə] *n.* Ⓒ〖攝影〗F[f] 數，F 值，光圈數值《透鏡焦距除以直徑所得的數值，用以表示透鏡的明亮度；數值愈小則亮度愈大；符號 f》.
F.O. 《略》〖英空軍〗flying officer；《英》Foreign Office.
foal [fol; foul] *n.* Ⓒ(尤指未滿一歲的)馬[驢，騾]仔，小馬(⇨ horse 相關用語)。
—*v.i.* 〈雌馬〉產(小馬)。
***foam** [fom; foum] *n.* Ⓤ **1 a** (形成於液體表面的白色)水泡，泡沫(堆)。**b** (滅火用的)泡沫狀物質。**2** (馬等的)汗珠。**3** (又作 **fóam rúbber**)泡沫乳膠《海綿狀橡膠》。
—*v.i.* **1 a** 〈啤酒等〉起泡。**b** [十副詞(片語)]起泡溢出：The beer ～*ed over onto* the table. 啤酒起泡溢流在桌上/She poured too vigorously and half the gingerale ～*ed away.* 她倒得太猛，一半的薑汁汽水冒泡溢出。**2** 〈馬〉出汗珠。**3** [十介十(代)名] **a** [因生氣而]吐口沫[*with*]：～ *with* anger 震怒。**b** [對人](吐口沫表示)震怒[*at*]：～ *at* a person 對人震怒。
fóam extínguisher *n.* Ⓒ泡沫滅火器。
foam·y [ˈfomɪ; ˈfoumi] «foam 的形容詞» **—***adj.* (**foam·i·er**; **-i·est**)泡沫的，(會)起泡的，泡沫狀的，多泡沫的。
fóam·i·ness *n.*
fob[1] [fɑb; fɔb] *n.* Ⓒ **1** (男褲上、西裝背心之)裝錶的小口袋(⇨ suit 插圖)。**2** (又作 **fób chàin**)手錶的鏈子[帶子，絲帶](⇨ suit 插圖)。**3** 《美》錶鍊(fob chain)末端的小飾物。
fob[2] [fɑb; fɔb] *v.t.* (**fobbed**; **fob·bing**)《★僅用於下列成語》。**fób óff** 《*vt adv*》⑴[用劣貨、贋品等]混騙，搪塞〈某人〉[*with*]；用〈劣貨、贋品〉(冒充上等貨、眞品)推銷，賣給[某人][*on, upon*]：～ a person *off with* an imitation gem 用仿造寶石混騙某人《★用劣貨或其他任何東西搪塞，想趕走某人之意》/～ *off* an imitation gem *on* a person 用仿造寶石(冒充眞寶石)推銷給某人《★以銷售劣貨爲目的》。⑵[～＋受＋*off*][以虛僞的諾言]搪塞〈某人〉[*with*]：～ a person *off with* empty promises 用空洞的諾言搪塞某人。⑶避開，忽視〈要求、人等〉。
f.o.b., F.O.B. 《略》free on board(⇨free 成語)。
fób wàtch *n.* Ⓒ懷錶。
fo·cal [ˈfokḷ; ˈfoukl] «focus 的形容詞» **—***adj.* 焦點的：(the) ～ point 焦點；(話題、活動等的)中心/(the) ～ distance [length] 焦距。
fo·cal·ize [ˈfokḷˌaɪz; ˈfoukəlaiz] *v.t.* **1** ＝focus. **2** 〖醫〗使〈感染等〉侷限於局部。
fó·cal-plane shùtter *n.* Ⓒ〖攝影〗焦點平面快門。
***fo·ci** [ˈfosaɪ; ˈfousai] *n.* **focus** 的複數。
fo'c'sle, fo'c's'le [ˈfoksḷ; ˈfouksl] *n.* ＝forecastle.
fo·cus** [ˈfokəs; ˈfoukəs] «源自拉丁文「爐火中心」之義»**—n.* (*pl.* ～**·es, fo·ci** [-saɪ; -sai]) **1** Ⓒ〖物理·數學〗焦點。**2** Ⓤ(眼鏡、透鏡等的)對準焦點：in ～ 對準焦點的；清晰的/out of ～ 離開焦點的，焦點沒有對準的，模糊的/bring the camera *into* ～ 對準照相機的焦點。**3** Ⓤ[常 **the** ～][興趣、活動等的]中心[*of*]：*the* ～ *of* interest 興趣的中心。**4** Ⓤ(地震的)震源。

—*v.t.* (~(s)ed [~t; ~t]; ~(s)ing) **1 a** 〔十受〕對準…的焦點，使…聚焦：~ a camera (lens) 對準相機(鏡頭)的焦點。**b** 〔十受十介十(代)名〕把…的焦點對準〔在…上〕〔*on, upon*〕：He ~*ed* his binoculars ***on*** the bird. 他把雙筒望遠鏡的焦點對準在那隻鳥上。**2** 〔十受十介十(代)名〕集中〈注意力、關心〉〔於…上〕〔*on, upon*〕：Try and ~ your mind ***on*** your lessons. 試著把你的注意力集中在功課上/Everybody's eyes were ~*ed* ***on*** her. 大家的視線都集中在她身上。

—*v.i.* **1 a** 對準焦點，聚焦。**b** 〔十介十(代)名〕把焦點對準〔於…〕〔*on, upon*〕：He was too shortsighted to ~ ***on*** the object. 他由於近視過深而無法把視力焦點對準在該物體上《無法看清楚該物體》。**c** 〔十介十(代)名〕集中〔於…〕〔*on, upon*〕：His anger ~*ed* ***on*** me. 他的憤怒衝著我而來。**2** 集中思考，清晰地思考。

fod·der [ˈfɑdɚ; ˈfɔdə] *n.* Ⓤ **1** (家畜的)飼料，秣。**2** 《謔》(人的)食物。**3** [常與修飾語連用]爲供應不斷的需求而被使用的人[東西]：factory ~ 工廠的受雇人員[作業人員]/⇨ cannon fodder. **—***v.t.* 以飼料[秣]餵〈家畜〉。

foe [fo; fou] *n.* Ⓒ《文語》敵人(enemy).

foehn, föhn [fen; fein] **《源自德語》—***n.* Ⓒ越山吹來的高溫乾燥熱風，焚風《常來自阿爾卑斯山北部盆地的暑熱南風》：a ~ phenomenon 焚風的現象。

foe·man [ˈfomən; ˈfoumən] *n.* Ⓒ (*pl.* **-men** [-mən; -mən]) 《古·詩》敵人，敵兵。

foe·tal [ˈfitl; ˈfi:tl] *adj.* =fetal.

foe·tid [ˈfitɪd, ˈfɛt-; ˈfi:tid] *adj.* =fetid.

foe·tus [ˈfitəs; ˈfi:təs] *n.* =fetus.

F

***fog** [fɑg, fɔg; fɔg] *n.* **1** Ⓤ[表示狀態或期間時爲Ⓒ] (濃)霧《★[比較] 指比 mist (薄霧)濃者，較 mist 淡者稱 haze (靄，霾)》：a dense ~ 濃霧/I don't like ~. 我不喜歡霧/A ~ rolled over the city. 濃霧籠罩該城/We had bad ~*s* this winter. 今年冬天濃霧瀰漫/The ~ cleared [lifted]. 霧散了。

> 【說明】fog 通常呈乳白色，能見度低，形成交通上的一大障礙。倫敦的霧特別出名，與工廠和住宅排出的煤煙混合成爲煙霧(smog)，被稱爲黃色濃霧(pea-souper)，但現在由於採取種種管制措施，已改善不少。在美國以霧聞名的是舊金山(San Francisco)。

2 ⓊⒸ《攝影》(底片的)模糊，朦霧。

in a fóg 《口語》困惑不解，在五里霧中，迷惘。

—*v.t.* (**fogged**; **fog·ging**) **1** 〔十受(十副)〕霧[靄]籠罩…，使〈眼鏡等〉模糊，朦朧，使…含混不清〈*up*〉：They used dry ice to ~ the stage. 他們用乾冰使舞台變得一片朦朧/The steam *fogged* my glasses. 蒸氣使我的眼鏡變模糊。**2** 〔十受〕使〈人〉(頭腦)不清，使…迷惘[困惑]《★常用被動語態》：I *was fogged* by his question. 我被他的問題搞糊塗了；他的問題使我困惑。**3** 〔十受〕《攝影》使〈底片〉模糊，使…起朦霧。**—***v.i.* 〔動(十副)〕**1** 被霧籠罩〈*up*〉：The valley has *fogged* ***up***. 山谷已被霧籠罩。**2** 因霧而變模糊[朦朧]，含混不清〈*up, over*〉：The windshield has *fogged* ***up***. (汽車的)擋風玻璃已經模糊了。

fóg·bànk *n.* Ⓒ霧堤；霧層《在海上成層雲狀籠罩的濃霧》。

fóg bèll *n.* Ⓒ霧鐘《海岸所設，起霧時用以警告船隻者》。

fóg·bòund *adj.* **1** 爲霧所籠罩的。**2** 〈船、飛機等〉因濃霧而無法航行的。

fo·gey [ˈfogɪ; ˈfougi] *n.* =fogy.

fog·gy [ˈfɑgɪ, ˈfɔgɪ; ˈfɔgi] **《fog 的形容詞》—***adj.* (**fog·gi·er**; **-gi·est**) **1** 有濃霧[靄]的，霧深的：a ~ night 霧夜。**2 a** 爲霧籠罩而朦朧的。**b** 〈思想等〉模糊不清的：“What on earth are they doing?”—“I haven't the *foggiest* idea [notion].”「他們究竟在做什麼？」「我一點也不知道。」/He hasn't the *foggiest* idea [notion] (of) what he is doing. 他一點也不知道自己在做什麼。**3** 《攝影》〈底片〉模糊的，有朦霧的。

fóg·gi·ly [-gɪlɪ; -gili] *adv.* **-gi·ness** *n.*

fóg·hòrn *n.* Ⓒ **1** 《航海》霧號《爲警告霧中航行的船隻而鳴的號角》。**2** 粗嗄的聲音。

fóg làmp [lìght] *n.* Ⓒ《汽車》霧燈《汽車在霧中行駛時用的強光燈》。

fóg sìgnal *n.* Ⓒ濃霧信號[警報]。

fo·gy [ˈfogɪ; ˈfougi] *n.* Ⓒ[常 **old** ~]落伍者，老頑固。

~·ish [-ɪʃ; -iʃ] *adj.*

foi·ble [ˈfɔɪbl; ˈfɔibl] *n.* Ⓒ **1** (性格、行爲上可愛的)弱點，小缺點。**2** 《劍術》劍身的前段《中央至尖端；殺傷力較弱的部分；cf. forte[1] 2》.

foie gras [fwɑˈgrɑ; ˌfwɑ:ˈgrɑ:] **《源自法語 'goose liver' 之義》—***n.* Ⓤ鵝肝；⇨ pâté de foie gras.

foil[1] [fɔɪl; fɔil] **《源自拉丁文「葉子」之義》—***n.* **1** Ⓤ **a** [常構成複合字]**金屬薄片**，箔(cf. leaf 5)：gold [tin] ~ 金[錫]箔。**b** (包裝食品、香煙等的)鋁箔。**2** Ⓤ(鏡子)背面的銀箔《水銀合金》。**3** Ⓒ襯托物；陪襯者〔*for, to*〕：Her quiet character serves as a ~ *to* his brilliance. 她文靜的性格襯托出他的傑出。**4** Ⓒ《建築》葉形裝飾《哥德式的花瓣形雕刻圖案》。

—*v.t.* 〔十受〕**1** 鋪箔於，以箔襯托…。**2** 《建築》以葉形飾裝飾…。

foil[2] [fɔɪl; fɔil] *v.t.* **1** 挫敗〈對方、策略等〉：His attempt to escape was ~*ed*. 他逃亡的企圖遭到挫敗。**2** 〔十受十介十(代)名〕阻撓〈某人〉使〔企圖〕落空，使…失敗〔*in*〕《★常用被動語態》：He *was* ~*ed* ***in*** his attempt to escape. 他想逃亡的企圖因遭到阻撓而落空了。

foil[3] [fɔɪl; fɔil] *n.* 《劍術》**1** Ⓒ鈍頭劍，無鋒劍《(練習時)爲避免刺傷而把劍端作成鈕扣形的細劍；cf. épée, saber 2 a》。**2** [~s] (使用鈍頭劍的)擊劍比賽項目。

foist [fɔɪst; fɔist] *v.t.* **1** 〔十受十介十(代)名〕把〈(不屬於原文的)文句等〉偷偷地插入〔…〕〔*in, into*〕：Translators should not ~ their own opinions ***into*** the original book. 譯者不應把自己的意見偷偷地插入原著中。**2** 〔十受(十副)十介十(代)名〕把〈贋品、無價值的東西等〉强迫推銷〔給某人〕，以〈贋品等〉蒙騙〔某人〕〈*off*〉〔*on, upon*〕：He tried to ~ some inferior goods (***off***) ***on*** me. 他企圖把一些劣質貨强售給我[他企圖以劣質貨蒙騙我]。

‡**fold**[1] [fold; fould] *v.t.* **1 a** 〔十受(十副詞(片語))〕摺(疊)〈紙、布等〉(⇨ bend[1]【同義字】)；摺起〈邊端等〉：~ a letter 把信摺疊起來/~ *up* a map 把地圖(整齊地)摺疊起來/~ a handkerchief *in* four 把手帕摺成四折《對摺兩次》/~ *back* the sleeves of one's shirt 把襯衫的袖子摺起來/~ *down* the corner of the page 將那一頁摺角。**b** 〔十受〕〈鳥等〉把〈翅膀〉疊起，收攏。**2** 〔十受〕交疊，抱攏〈兩臂〉，交叉〈兩手〉：with one's arms ~*ed* =with ~*ed* arms 兩臂抱攏[交叉]地/~ one's hands 叉手《兩手手指互叉握持》。**3** 〔十受十介十(代)名〕**a** 〈兩臂等〉圍繞〔於…〕〔*about, around*〕：She ~*ed* her arms ***around*** his neck. 她用雙臂圍住[摟住]他的脖子。**b** 將〈小孩等〉抱〔在兩臂中〕〔*in*〕；抱〔在胸前〕〔*to*〕：She ~*ed* her baby ***in*** her arms [***to*** her breast]. 她把她的嬰兒抱在懷中[胸前]。**4** 〔十受(十副)〕包圍，裹住，籠罩…〈*up*〉《★常用被動語態，介系詞用 *in*》：The mountains *were* ~*ed* (***up***) ***in*** clouds. 羣山被雲籠罩著。**5** 《烹調》**a** 〔十受十副〕(用湯匙、竹製刮刀等)(緩慢、小心地)混合〈蛋等〉〈*in*〉：*F*~ *in* two eggs. 把兩個蛋慢慢混合。**b** 〔十受十介十(代)名〕(用湯匙、竹製刮刀等)把…混[拌]入〔…中〕〔*into*〕：~ an egg ***into*** the batter 把一個蛋打入奶油麪糊中拌合。

—*v.i.* **1** 〔動(十副)〕(可)摺疊〈*up, back*〉：The doors ~ ***back***. 那些門可向後摺疊。**2** 〔十副〕《口語》〈企業等〉倒閉，破產，〈戲劇等〉失敗〈*up*〉。

—*n.* Ⓒ **1 a** 摺疊。**b** 摺痕；(裙子等的)褶(層)，活褶：the ~ of a skirt 裙子的摺層。**2 a** (土地、峽谷等的)凹處。**b** 《地質》(地層的)褶曲。

fold[2] [fold; fould] *n.* **1** Ⓒ畜欄，(尤指)羊欄。**2** [**the** ~] **a** (欄中的)羊羣。**b** (基督教會的)集會，信徒(cf. flock[1] 3).

retúrn to the fóld (1)重回老家。(2)〈皈依其他宗教的人等〉回歸基督教會。**—***v.t.* 把〈羊〉圍起，把…關入欄內。

fold[1] 2 b

-fold [-fold; -fould] [字尾] [形容詞、副詞字尾]…倍[重]的[地]：two*fold*; mani*fold*.

fóld·awày *adj.* [用在名詞前]〈椅子、牀等〉摺疊式的：a ~ bed 摺疊式的牀。

fóld·er *n.* Ⓒ **1** 摺疊者，摺疊器。**2** 紙[文書]夾。**3** 摺疊的印刷品[廣告單]。

folders 3

fol·de·rol [ˈfɑldəˌrɑl; ˈfɔldərɔl] *n.* **1** Ⓒ華麗顯眼卻不值錢的小裝飾品。**2** Ⓤ廢話，無聊話。

fóld·ing *adj.* [用在名詞前] (可)摺疊的，摺疊式的：a ~ bed [chair, baby carriage] 摺疊牀[椅子，嬰兒車]/a ~ door [常 ~ doors] 摺疊式的門，疊門，百褶門。

fold·out [ˈfoldˌaut; ˈfouldaut] *n.* Ⓒ (雜誌、書中之)摺頁。

fo·li·a·ceous [ˌfolɪˈeʃəs; ˌfouliˈeiʃəs] *adj.* **1** 葉(狀)的。**2** 有葉的，有葉狀器官的。**3** 由葉狀薄層組成的《如某些岩石》。

fo·li·age [ˈfolɪɪdʒ; ˈfouliidʒ] **《源自拉丁文「葉子」之義》—***n.* Ⓤ [集合稱] **1** (一棵樹或一枝花草的)(全部)葉子，簇葉，羣葉(leaves). **2** (裝飾、圖案等的)葉形飾。

fóliage plànt *n.* Ⓒ觀葉植物《秋海棠等》。

fo·li·ate [ˈfolɪɪt, -ˌet; ˈfouliət, -lieit] *adj.* **1** [常構成複合字]《植物》有…葉的；有(…片)葉子的：5-*foliate* 五葉的。**2** 似葉的，葉狀的。
— [ˈfolɪˌet; ˈfouliet] *v.i.* **1** 生葉，發葉。**2** 分裂成薄片[薄葉]。
—*v.t.* **1 a** 把…打成薄片[箔]。**b** 鋪箔於…。**2** 把〈書籍〉的張數編號《非頁數；cf. page[1]》。**3**《建築》以葉形飾裝飾…。
fo·li·a·tion [ˌfolɪˈeʃən; ˌfouliˈeiʃn] *n.*

fó·lic ácid *n.* Ⓤ《生化》葉酸。

fo·lio [ˈfolɪˌo; ˈfouliou] **《**源自拉丁文「葉子」之義**》—***n.* (*pl.* ~s) **1 a** Ⓒ對開[對摺]的紙《成兩張或四頁；cf. format 1》。**b** Ⓒ對開本，對摺本。**c** Ⓤ對開本的大小，對開版：in ~〈書籍〉成對開的[地]。**2** Ⓒ(原稿、草稿等僅在表面有編號的)一張。**3** Ⓒ《簿記》(帳簿的借方、貸方左右)兩頁的一面。
—*adj.* 對開(版)的。

fo·li·um [ˈfolɪəm; ˈfouliəm] *n.* Ⓒ(*pl.* **-li·a** [-lɪə; -liə], ~s) **1** (岩石之)薄層。**2**《幾何》葉形線。**3** (紙等的)一張，兩頁。

***folk** [fok; fouk] *n.* **1** [集合稱；當複數用] **a** 人們《★用法作此義解時無複數，但在美國口語用 ~s；現在一般用 people》：A treat has been arranged for the old ~. 款待老人的事已作了安排。**b** [常與修飾語連用](特定的)人們《★用法與義 1 a 相同》：country [town] ~ 鄉下[城市]人/old ~*s* 老人們。**c** [~s；用於親密的稱呼]各位。**2** [**one's** ~s]《口語》家人，親屬；(尤指)雙親：my ~*s* 我的父母/How are your young ~*s*? 你家裏的孩子們都好嗎？**3** [**the** ~；當複數用]庶民，國民，老百姓。
—*adj.* [用在名詞前] **1** 民間的：~ medicine (靠經驗而使用藥草等療病的)民間醫學/a ~ remedy 民間療法。**2 a** 民俗的：~ art 民間藝術/a ~ dance 土風舞，民族舞蹈。**b** 民謠(曲調)的：⇨ folk music, folk song.

fólk etymólogy *n.* ⓊⒸ民俗[通俗]語源，文字的通俗變化《如將 *asparagus* 解釋爲 *sparrowgrass* 等非學術上的語源解釋》。

folk·ie [ˈfokɪ; ˈfoki:] *n.* Ⓒ民歌歌手。

fólk·lòre *n.* Ⓤ **1** [集合稱]民俗，民間代代相傳之事《風俗、習慣、信仰、傳說、諺語等》。**2** 民俗學。

fólk·lòr·ist [-ˌlorɪst, -ˌlɔrɪst; -ˌlɔ:rist] *n.* Ⓒ民俗學者。

fólk mùsic *n.* Ⓤ **1** 民俗音樂，民間音樂。**2** (現代化的)民歌音樂。

fólk-ròck *n.* Ⓤ民歌搖滾舞曲。
—*adj.* 民歌搖滾舞曲的。

fólk·sìnger *n.* Ⓒ民謠歌手；(現代化的)民歌手。

folk song [ˈfoksɔŋ; ˈfouksɔŋ] *n.* Ⓒ **1** 民謠，民歌。**2** (現代化的)民歌。

fólk stòry *n.* =folktale.

folk·sy [ˈfoksɪ; ˈfouksi] *adj.* (**folk·si·er**；**-si·est**)《口語》**1** 容易親近的，平易近人的；不擺架子的：His ~ manner has endeared him to his neighbors. 他平易近人的態度使他受到鄰居們的喜愛。**2** 民間藝術風格的《★有時用以表示輕蔑》。

fólk·tàle *n.* Ⓒ民間故事，民間傳說。

fólk·wàys *n. pl.*《社會學》社會習俗；民風《同一社會中全體人民共同的生活、思考、行爲模式》。

fol·li·cle [ˈfɑlɪkḷ; ˈfɔlikl] *n.* Ⓒ **1**《植物》蓇葖。**2**《解剖》濾泡；小囊。

‡fol·low [ˈfɑlo, -ə; ˈfɔlou] *v.t.* **1 a** [十受(十副詞(片語))]跟隨…(去[來]…)；跟在…後面；伴隨…：~ a person *out* [*in*, *home*] 跟隨某人出去[進入，回家]/Please ~ me. 請跟我來/I ~*ed* the crowd *into* the stadium. 我跟著羣衆進入運動場/The doctor was ~*ed* by a number of nurses. 醫師後面跟著許多護士。**b** [十受]追；追趕；跟踪；追求〈某人等〉：~ an enemy 追踪敵人/We are being ~*ed*. 我們正被跟踪。**2** [十受]〈時間、順序〉接著…而來；繼起於…之後；因…而發生[起]：Summer ~*s* spring. 夏天接著春天而來；春去夏來/One misfortune ~*s* another. 一件件不幸的事接踵而來；禍不單行/Economic depression often ~*s* war. 經濟不景氣常因戰爭所致/The food was ~*ed* by wine. 喝酒後接著用餐。**3** [十受] **a** 順著〈道路等〉前進：*F*~ this street to the first corner. 順著這條街道走到第一個轉角處。**b** 遵循，奉行〈方針、計畫等〉：~ a course of action 遵循行動方針。**c** 從事〈某種職業〉：~ the law 從事法律工作，執律師業，當律師/~ the plow 從事農業/~ the sea 當船員；去航海/~ the stage 以表演爲業；當演員。**4** [十受] **a** 順從，仿照〈先例、習俗等〉：~ the fashion [a custom, precedent] 趕時髦[隨俗，援例]。**b** 聽從〈忠告、指導者等〉，服從〈命令〉，遵守〈教訓〉；仿效，模倣…：~ a person's advice 聽從某人的忠告/~ the lead of... 照…的榜樣。**c** 信奉〈某人的學說、教條、主義〉：~ Confucius 信奉孔子的學說。**5** [十受] **a** 密切注意，注視，目送；聽取，聆聽…：All eyes ~*ed* the baseball as it cleared the fence. 全體觀衆都注視著那棒球飛過圍牆/They ~*ed* his lecture with great attention. 他們聚精會神地聆聽他的講課。**b** 感興趣地注意…，對…關注：She ~*ed* his rise to fame with great interest. 她密切關注他的聲譽高升。**c** 聽得懂〈議論、說明等〉；跟得上，瞭解…：I don't quite ~ you [what you say]. 我聽不大懂你說的話。
—*v.i.* **1** [十副詞(片語)]追隨；跟著去[來]；繼之而來，跟在後，伴隨(…)：*F*~ *after* me. 跟我來《★比較一般用 Follow me.》/We ~*ed* close behind. 我們緊跟在後面。
2 a 繼起，跟[接]著發生：No one knows what may ~. 沒有人知道接著會發生何事。**b** [十介十(代)名]緊跟〔在…〕的後面；由〔…〕的結果而起[發生]〔*on*〕：His death ~*ed* close **on** his failure. 他失敗後不久即死亡。
3 a 發生爲當然的結果，產生後果：That does not always [necessarily] ~. 事情未必都有那樣的結果；那樣的後果未必都會發生。**b** [以 it 爲主詞] [十 *that*__] 〔由…推斷〕結果當然是〈…事〉〔*from*〕：*From* this evidence *it* ~*s that* he is not the murderer. 由這項證據推斷，他當然不是兇手/Just because he is poor, *it* does not ~ *that* he is unhappy. 只從他貧窮這一點不能斷定他就不快樂。
4 模仿，仿效。
5 懂，理解：He spoke so quickly (that) I couldn't ~. 他說得那樣快所以我聽不懂。
as fóllows 如下《★用法此 follow 爲非人稱動詞，不論其有關的主要子句的主詞是什麼，都用第三人稱單數現在式》：His words were *as* ~*s*. 他所說的話如下。
fóllow abóut [**aróund**] 《*vt adv*》[~十受十about [around]] 到處跟著〈某人〉：His dog ~*ed* him *about*. 他的狗到處跟著他。
fóllow ón 《*vi adv*》(1)中斷片刻後繼續。(2)(結果)發生〔某情況〕。
fóllow óut 《*vi adv*》貫徹…，徹底實行…，把…做到底：He ~*ed* *out* his orders to the letter. 他嚴格地徹底執行命令。
fóllow thróugh 《*vi adv*》(1)(高爾夫、網球、棒球等)擊出球後乘勢將球桿[球拍，球棒]揮到底，完成弧形的揮棒[桿]動作。—《*vt adv*》(2)把…貫徹到底。
fóllow úp 《*vt adv*》(1)追究…到底，嚴加追蹤…，緊追…：He ~*ed* *up* the subsequent history of the patients. 他追蹤調查病人隨後發生的情況。(2)(乘機，趁勢)把…幹到底；〔用…〕追擊…，對…落井下石〔*with*, *by*〕：~ *up* a blow *with* a kick 給予一擊再踢上一腳。
to fóllow (當作)下一道菜。

fol·low·er [ˈfɑloə; ˈfɔlouə] *n.* Ⓒ **1 a** 隨從，隨員。**b** 臣下；黨羽，手下，部下。**2** 信徒，信奉者，門徒，弟子〔*of*〕：a ~ *of* Martin Luther King 馬丁·路得·金恩的信徒。**3** 追者，追蹤者；模倣者〔*of*〕。

‡fol·low·ing [ˈfɑloɪŋ; ˈfɔlouiŋ] *adj.* (無比較級、最高級) **1** [用在名詞前] [**the** ~] **a** 後面的，下面的，其次的：in *the* ~ year＝in the year ~ 在第二年，在翌年/the ~ page [pages] 次頁《略作 f, ff.》。**b** 下述的，以下的：to *the* ~ effect 大意如下，如下。**2** [**the** ~；當名詞用]下述的事，以下[下列](的人[物])《★用法視內容而當單數或複數用》：*The* ~ *is* his answer [*are* his words]. 以下是他的回答[話]。**3** [用在名詞前]《航海》後面吹來的，順風的〈風〉；後面湧來的，順潮的〈潮水〉。
—*prep.* 接著…，在…以後：*F*~ the meeting, tea will be served. 會後有茶水招待。
—*n.* Ⓒ[常用單數；集合稱]隨從，隨員，臣下；門徒，弟子；擁護者；崇拜者：a leader with a large ~ 有很多擁護者的領袖。

fóllow shòt *n.* Ⓒ **1**《電影・電視》隨事物之移動所攝取的鏡頭。**2**《撞球》造成母球在擊中目標球後繼續向前滾動的一擊。

fóllow the léader *n.* Ⓤ跟領袖《一種兒童遊戲，參加者須模仿領導人之一舉一動》。

fóllow-thròugh *n.* ⒸⓊ完成[後續]動作《打高爾夫、網球、棒球等在擊球後，乘勢把球桿[球棒]揮到底，完成弧形的揮桿[棒]動作》。

fóllow-ùp *n.* Ⓤ[又作 **a** ~] **1** 追蹤，追求；追蹤調查。**2** (報紙、廣播等的)繼續[追蹤]報導。
—*adj.* [用在名詞前] **1** 後續的，接著的，補充的：a ~ letter (寄給買方的)補充函《廣告信等》。**2** 追蹤的：a ~ survey 追蹤調查/a ~ story (報紙等的)追蹤[後續]報導；續篇小說。

fol·ly [ˈfɑlɪ; ˈfɔli] *n.* **1** Ⓤ愚蠢，愚笨。**2** Ⓒ[常複數]愚行，愚蠢的見解[想法]，荒唐事：commit a ~ 做荒唐事，做蠢事/youthful *follies* 年輕時的放蕩行爲。**3** Ⓒ耗費鉅大而又無實益的龐大建築，華而不實的大建築《常冠以設計者之名》：Allen's *F*~ 艾倫的荒唐大建築。

fo·ment [foˈmɛnt; fouˈment] *v.t.* **1** 熱敷，熱罨〈患處〉。**2** 助長，煽動，挑起〈叛亂、不和等〉。

fo·men·ta·tion [ˌfomənˈteʃən, -mɛn-; ˌfoumenˈteiʃn] **《***foment* 的名詞**》—***n.* **1 a** Ⓤ熱敷(法)。**b** Ⓒ熱罨劑。**2** Ⓤ(不平、不滿等的)助長，挑起。

‡fond [fɑnd; fɔnd] **《**源自中古英語「愚蠢的」之義**》—***adj.* (~·er；~·est) **1** [不用在名詞前] [十介十(代)名] **a** 喜歡[愛好，喜愛]

F

〔…〕的〔*of*〕: She is ~ ***of*** children [music, play*ing* the piano]. 她喜歡小孩[音樂, 彈鋼琴]。**b**《諷刺》有〔做…〕惡習的〔*of*〕: He is ~ ***of*** go*ing* out in the evening for pleasure. 他有外出夜遊的惡習。

2 a 溫柔的, 情深的: Absence makes the heart grow ~*er*.《諺》別離使愛更深《小別勝新婚》。**b** 溺愛的, 寵愛的: a ~ mother 寵愛孩子的母親。**c**〈希望〉不大可能實現的, 渺茫的;〈信念〉盲目相信的: His ~ hopes were dashed. 他那不切實際的希望破滅了。

fon·dant [ˋfandənt; ˈfɔndənt] *n.* Ⓒ[當作食品時爲Ⓤ]一種入口即化的軟糖。

fon·dle [ˋfandl; ˈfɔndl] *v.t.* 溫柔地撫摸, 愛撫〈人、動物、東西等〉。

fónd·ly *adv.* **1** 喜愛地; 溫柔地, 情深地。**2** 寵愛地; 盲信地。

fónd·ness *n.* **1** Ⓤ慈愛; 溺愛: with the greatest ~ 非常鍾愛地。**2** [*a* ~]喜愛, 嗜好〔*for*〕: He has *a* (great) ~ ***for*** travel [read*ing*]. 他(非常)喜愛旅行[閱讀]。

fon·du(e) [ˋfandu, fanˋdu; fɔnˈduː] *n.* Ⓒ[當作菜名時爲Ⓤ]酒味乾酪醬《在白葡萄酒中加入乾酪, 用火加熱熔化, 用以沾麵包吃的瑞士食物》。

font[1] [fant; fɔnt] *n.* Ⓒ **1** (教堂的)洗禮盆: the name given at the ~ 洗禮名, 本名。**2** (天主教會的)聖水盆。

font[1] 1

font[2] [fant; fɔnt] *n.* Ⓒ《美》《印刷》一套同一型號的鉛字(《英》fount[2])。

‡**food** [fud; fuːd] *n.* **1** Ⓤ[指種類時爲Ⓒ]食物, 糧食; (對飲料而言的)食品: ⇨ ANIMAL food, VEGETABLE food/ ~ and drink 食物和飲料; 飲食/bad ~ 沒有營養的食物/Spaghetti is one of my favorite ~*s*. 義大利麵是我喜歡的食品之一。**2** Ⓤ **a** (精神上的)食糧; 資料: mental ~ 精神食糧《書籍等》。**b** 餌食〔*for*〕: ~ *for* powder 砲灰, 士兵《諷刺的說法》/ ~ *for* thought [reflection] 該思索[反省]的事/ ~ *for* wonder 令人驚嘆的事物, 驚奇的根源/be [become] ~ *for* (the) fish(es) 葬身魚腹; 淹死/be ~ *for* (the) worms 成爲蛆蟲之糧; 死亡。

fóod àdditive *n.* Ⓒ食品添加劑。

fóod chàin *n.* Ⓒ《生態》食物鏈《捕食與被食的生物之間的連鎖關係》。

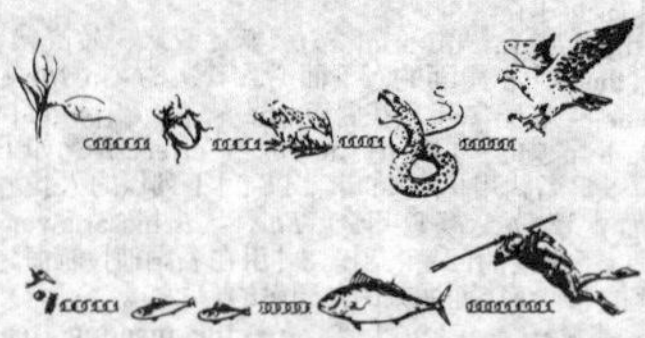

food chains

fóod cỳcle *n.* Ⓒ《生態》食物環。

fóod fàddist *n.* Ⓒ相信某種食物有其特殊醫效的人。

fóod-gàthering *adj.* 靠漁獵或採食野生植物爲生的。

fóod pòisoning *n.* Ⓤ食物中毒。

fóod pròcessor *n.* Ⓒ食物處理機《可將食物予以切片、攪拌、切碎等》。

fóod stàmp *n.* Ⓒ(美國聯邦政府發給貧民之)食品券。

fóod·stùff *n.* Ⓒ[常 ~s](常指成爲食品原料的)食料, 糧食。

‡**fool**[1] [ful; fuːl] «源自拉丁文「風箱、袋子」之義;「裏面空虛的(人)」之義» —*n.* Ⓒ **1** [(you) ~ 用於呼叫對方]呆子, 傻瓜: a natural ~ 天生的呆子/What a ~ he was to leave school! 他輟學眞是個傻瓜!/Don't be a ~. 別當傻瓜, 別做傻事[說蠢話]/He was ~ enough *to* marry her. 他娶她眞夠傻《★用法 enough 前的 fool 已一半變成形容詞, 故無冠詞》/*Fools* rush in where angels fear to tread. ⇨angel 1/There is no ~ like an old ~. 《諺》老而蠢最蠢《★指老年人的戀愛等》。**2** (昔日王侯、貴族所豢養的)弄臣, 小丑: play [act] the ~ 扮演小丑; 做蠢事, 當傻瓜。**3** 被愚弄者, 被嘲笑者: ⇨April fool/be the ~ *of* fate 被命運所愚弄/He is no [nobody's] ~. 他不是個會受騙的人; 他是個精明的人。**4**《俚》**a** 非常喜愛[愛好]〔…〕的人〔*for*〕: He is a ~ *for* sports. 他非常喜愛運動。**b** [常與現在分詞的形容詞連用]…的高手, 狂熱者: a ski*ing* ~ 滑雪狂[高手]。

be a fóol for one's **páins** 做徒勞無功[吃力不討好]的事。

fóol to onesèlf 《英》好意行事反遭人怨的人。

màke a fóol of... 愚弄, 嘲笑〈某人〉《★可用被動語態》: My classmates tried to *make a* ~ *of* me. 我的同班同學企圖愚弄我。

màke a fóol of onesèlf 鬧笑話, 出洋相。

(the) mòre fóol you [him, them, etc.] (我)認爲你[他, 他們等]做…是傻瓜: You lent him money? *More* ~ *you*; you'll never see it again. 你借錢給他了? 你是個傻瓜; 你再也看不到你的錢了。

fool[1] 2

—*adj.* [用在名詞前]《美口語》愚蠢的, 傻的(foolish)。

—*v.i.* **1** 幹傻事; 做滑稽的動作, 戲謔。**2**《美》開玩笑。**3**〔十副〕無所事事, 游手好閒; 鬼混〈*about, around*〉: Don't ~ ***around*** [***about***]. 不要鬼混。**4**〔(十副)十介十(代)名〕《口語》玩弄, 擺弄〔…〕〈*about, around*〉〔*with*〕: He wounded somebody when he was ~*ing with* a gun. 他在玩弄槍時(因走火)傷了人。

—*v.t.* **1**〔十受〕愚弄〈某人〉。**2 a**〔十受〕欺騙〈某人〉: He has been ~*ing* me all the time. 他一直都在欺騙我。**b**〔十受十介十(代)名〕自〈某人〉騙取〔…〕〔*out of*〕; 欺騙〈某人〉〔使做…〕〔*into*〕: She was ~*ed* ***out of*** all her money. 她被騙走了所有的錢/He ~*ed* her ***into*** do*ing* the task. 他騙她去做那件工作。**c**〔十受〕[~ one*self*] 自欺; 想錯: Don't ~ *yourself*. She doesn't love you. 別欺騙你自己了, 她並不愛你。**3**〔十受十副〕《口語》把〈時間、金錢、健康等〉花在蠢事上; 浪費…〈*away*〉: Don't ~ ***away*** your time. 別浪費你的時間。

You còuld have fóoled me! 《美口語》你可能在騙我!, 你在說謊!: "I'm exhausted."—"*You could have* ~*ed me*!" 「我筋疲力盡了」「你一點也看不出[你可能在騙我]」《你一點也看不出疲倦的樣子》。

fool[2] [ful; fuːl] *n.* Ⓒ[當作點心名時爲Ⓤ]《英》奶油果蓉《煮熟的水果加入生奶油混合製成的一種餐後冷甜點》。

fool·er·y [ˋfulərɪ; ˈfuːləri] *n.* **1** Ⓤ愚行; 蠢事。**2** Ⓒ[常 **fooleries**]愚蠢的言行。

fool·har·dy [ˋful,hardɪ; ˈfuːl,hɑːdi] *adj.* (**fool·har·di·er**; **-har·di·est**) 魯莽的, 蠻勇的, 有勇無謀的。

-hàr·di·ly [-dɪlɪ; -dəli] *adv.* **-hàr·di·ness** *n.*

‡**fool·ish** [ˋfulɪʃ; ˈfuːliʃ] *adj.* (**more** ~; **most** ~) **1 a** 愚蠢的, 不智的, 可笑的(↔ wise): a ~ person 愚蠢的人。

【同義字】foolish 指智力不足而無法作正確判斷的; silly 雖無精神上的缺陷, 但其行爲不合乎常識的; stupid 是天生智力程度低, 缺乏正常的理解力的。

b〔十 *of*十(代)名(十*to* do)/十*to* do〕〔某人〕〈做…是〉愚蠢的[傻的];〈某人〉〈做…是〉愚蠢的[傻的]: It is ~ ***of*** you ***to*** do a thing like that. ＝You are ~ ***to*** do a thing like that. 你做像那樣的事眞是愚蠢。**2** 顯得愚蠢[糊塗]的, 可笑的: a ~ action [idea] 顯得愚蠢的行爲[想法]。

~·**ness** *n.*

fóol·ish·ly *adv.* 愚蠢地, 可笑地。

fóol·próof *adj.* **1**〈規則〉不會遭到誤解的;〈計畫等〉沒有失敗之虞的, 確實的。**2**〈機器等〉蠢人也能操縱的, 極爲簡單[堅固]的。

fools·cap [ˋfulz,kæp; ˈfuːlskæp] «源自從前紙張裏有 fool's cap 的水印» —*n.* **1** Ⓤ大頁書寫紙(cf. format 1): **a**《英》一般爲 17×13½吋(大約 43 公分×34 公分)。**b**《美》約 16×13 吋《大約 40.5 公分 × 33 公分》。**2** ＝fool's cap.

fóol's càp *n.* Ⓒ(從前的)小丑帽, 繫鈴帽(cap and bells)《圓錐形, 綴有雞冠、驢耳和鈴》。

fool's cap

fóol's érrand *n.* [a ~]空[白]跑, 白費工夫, 徒勞: go *on a* ~ 白跑一趟, 去做徒勞無功的差事/send a person *on a* ~ 使人白跑, 派人去做徒勞無功的事, 使人作無謂的奔走。

fóol's góld «源自顏色似黃金» —*n.* Ⓤ《礦》黃鐵礦, 黃銅礦。

fóol's páradise *n.* [a ~]愚人的天堂, 幸福的幻影, 空指望: be [live] in *a* ~ 在[生活在]幻想的幸福[希望]中。

‡**foot** [fut; fut] *n.* (*pl.* **feet** [fit; fiːt]) **1** Ⓒ **a** 脚, 足《★脚踝以下的部分; ⇨body 插圖》。**b** 足部《軟體動物的觸脚》。**c** [常用單數](襪子的)納足部分。

2 a Ⓤ[又作 a ~]步子, 脚步: with heavy ~ 以沈重的脚步/have *a* light ~ 步子輕捷/be swift [slow, sure] *of* ~ 脚步快[慢, 踏實]。**b** Ⓤ徒步: ⇨on FOOT.

3 Ⓤ[常 the ~]足部〔*of*〕: **a** (床、墓等的)下面部分, 末端(cf. head 2). **b** (器具、杯子的)脚。**c** 山麓, 山脚: at *the* ~ *of* the mountain 在山麓。**d** (階梯、東西等的)最下面，最低部分；末席[位]：at *the* ～ *of* a page 在頁底。

4 Ⓒ呎(長度單位；＝⅓ yard, 12 inches, 30.48 cm；★源自脚長度的名稱，略作 ft, ′).

語法(1)複數一般用 feet, 但以下情形在口語中一般也用 foot：He is six *feet* [*foot*] tall. 他有六呎高；他身高六呎 (cf. height 1 b) /five *foot* [*feet*] six＝five *feet* six inches 五呎六吋。(2)與數詞連用，構成複合字時常爲 foot：a five-*foot* tree 五呎高的樹/an eight-*foot* wide path 八呎寬的小徑。

5 [集合稱；當複數用]《英古》步兵《★作此義解時無複數》：a regiment of ～ 步兵團/horse and ～ 騎兵與步兵。

6 Ⓒ《韻律》音步，韻脚《詩行的節奏單位，英詩由强弱，古典詩由長短組合而成；cf. iambus, trochee, anapaest, dactyl》.

at a person's **féet** (1)在某人的脚下[門下，手下]。(2)被人迷住。(3)任人擺佈，服從某人。

be cáught on the wróng fóot 〈人〉措手不及；冷不防遭到襲擊。

cárry a person **féet fóremost** 將某人(脚朝前地)納棺搬運 (cf. with one's feet foremost⇨foot 成語)。

cárry [**swéep**] a person **óff** his **féet** (1)〈風、浪等〉把人吹[沖]倒。(2)使人熱中[狂熱]：He was *carried* [*swept*] *off* his *feet* by her charm. 他被她的魅力迷住了。

dróp [**fáll**] **on** one's **féet** ＝land on one's feet (⇨foot 成語(2)).

fáll on one's **féet** ＝land on one's feet(⇨ foot 成語)。

féel one's **féet** (1)感到脚步踏實，安心。(2)產生自信，感到有把握。

find one's **féet** (1)〈嬰兒、小動物等〉能站立[行走]，起身。(2)開始有自信，能自立：He's *found* his *feet* in the business world. 他在企業界已站穩了腳跟[已能自立]。(3)習慣於新環境：She's beginning to *find* her *feet* at her new school. 她開始習慣新的學校。

find [**gèt, hàve, knów, tàke**] **the léngth of** a person's **fóot** ⇨ length.

gèt [**hàve**] **a fóot in** (**the dóor**) 獲得入會等的機會《尤指難加入的會》。

gèt [**hàve**] **cóld féet** ⇨cold feet.

hàve a fóot in bóth cámps 通往[屬於]兩個陣營；腳跻[踏]兩條船。

hàve [**kèep**] one's **féet** (**sét** [**plánted**]) (**fírmly**) **on the gróund** (1)脚踏實地。(2)重現實[講實際]。

hàve óne fóot in the gráve 行將就木，離死不遠。

hàve the báll at one's **féet** ⇨ ball[1].

kéep one's **féet** (1)站穩，不跌倒。(2)謹愼行動。

lánd on one's **féet** 《口語》(1)順利度過危險的處境，逃過劫數。(2)運氣好：He always *lands on* his *feet*. 他(最後)總是能順利過關《★源自貓由高處跳下後能站穩不倒》。

my fóot！[承前言]怪啦！我不相信！："You are mistaken."—"Mistaken, *my* ～！"「你錯了。」「錯了？怪啦！」

on fóot (1)步行，徒步：Shall we go by bus or *on* ～？我們坐公共汽車還是走路去？(2)〈事情〉在進行中；展開，着手：set a plan *on* ～ 着手一項計畫。

on one's **féet** (1)站立；(爲發言而)起立：be *on* one's *feet* 站着；站起來/get *on* one's *feet* 站起來。(2)(從病中)康復：be *on* one's *feet* 恢復健康，病癒。(3)(經濟上)獨立：stand *on* one's (own) *feet* 自立，自食其力/set a person *on* his *feet* 使某人自立。

pùt a fóot wróng [常用於否定句、條件句]說錯話，做錯事：If you *put a* ～ *wrong* you're fired. 你如果做錯事就會被開除。

pùt one's **bést fóot fórward** [**fóremost**] [常用祈使語氣](1)盡量快走。(2)盡全力，全力以赴。

pùt one's **féet úp** 《口語》(坐着時)把脚放在高處《使身體歇着》。

pùt one's **fóot dówn** (1)立定脚跟；堅持立場。(2)《口語》採取强硬[堅定]的態度：When I said I would marry her, my father really *put* his ～ *down*. 我說要娶她時，我父親採取了强硬的(反對)態度。(3)《英俚》(踩汽車油門)加快速度。

pùt one's **fóot in it** 《口語》不小心說錯話，說失禮的話；多管閒事惹出麻煩；弄糟《★源自「踩到動物的糞便」之意》。

sèt fóot in [**on**]... 脚踏入…，造訪…。

to *one's* **féet** 站立：rise [get] *to* one's *feet* 站起來/raise [bring] a person *to* his *feet* 使人站起來；扶起某人/jump [start] *to* one's *feet* 跳起來，躍起/help a person *to* his *feet* 幫助某人站起。

ùnder fóot (1)在脚下；阻礙，妨礙：tread [trample] ...*under* ～ 虐待，踐踏，蹂躪…/The puppies were always *under* ～ when he went for a walk. 他去散步時小狗總是(跟在脚邊)礙脚。(2)在脚下，在地上：wet [damp] *under* ～ 地面[脚下]潮濕。(3)被控制，處於屈從地位。

ùnder a person's **fóot** [**féet**] (1)在某人脚下。(2)任人擺佈，服從[屈服]於某人。

with bóth féet 斷然地，堅決地：He leapt into the task *with both feet*. 他斷然地着手該工作。

with one's **féet fóremost** (1)脚向前地。(2)被納入棺材中，死去(cf. carry a person feet foremost ⇨ foot 成語)。

with one's **féet** (**sét** [**plánted**]) (**fírmly**) **on the gróund** (1)脚踏實地地。(2)現實[實際]地。

—*v.t.* 〔十受〕**1** 給〈襪子〉做足部。**2** 《口語》(常指爲他人)付〈帳〉：～ a bill 付帳/⇨foot the BILL[1] (1). **3** [～ **it**]《口語》跳舞；步行。

foot·age [ˈfʊtɪdʒ; ˈfutidʒ] *n.* Ⓤ **1** 以呎爲計算單位的長度。**2** (影片、木材等的)呎數，長度。

fóot-and-móuth disèase *n.* Ⓤ《獸醫》口蹄疫，口蹄病《牛、羊、豬等的傳染病》。

‡foot·ball [ˈfʊtˌbɔl; ˈfutbɔ:l] *n.* **1** Ⓤ足球、橄欖球和美式足球的統稱。

> 【說明】(1)英國 football 通常是指足球 (soccer, association football)而言。足球在十九世紀初以前是中下階層人們的體育運動，但後來在私立寄宿學校(public school)學生之間流行起來。在今天已經和板球(cricket)一樣成爲最受歡迎的運動，在秋冬兩季舉行比賽。橄欖球(Rugby football, rugger)是由足球產生。足球有職業隊，但橄欖球則沒有。
>
> (2)在美國 football 是指橄欖球(American football)，源自英式橄欖球(Rugby)，但規則大不相同。在美國橄欖球從棒球季節結束的晚秋開始舉行比賽到次年春季，是最受歡迎的大學體育運動，並且在職業體育運動中也和棒球、籃球同樣地最受到歡迎。

a 《英》＝soccer. **b** 《英》＝rugby. **c** 《美》＝American football.

2 Ⓒ足球，橄欖球《指球》。

3 Ⓒ受到粗暴對待的人或物。**～·er** *n.*

fóotball pòols *n. pl.* [常 **the** ～]《英》足球賭博《賭比賽的結果》。

fóot·bàth *n.* Ⓒ **1** 洗脚(處)。**2** 洗脚盆。

fóot-bìnding *n.* Ⓤ(中國古時婦女之)纏足。

fóot·bòard *n.* Ⓒ **1 a** 踏台，踏脚板。**b** (電車、巴士等)上下車用的踏板。**c** (馬車夫)擱脚的脚板。**2** (牀等靠脚一端的)豎板(cf. headboard).

footboard 1 b

fóot bràke *n.* Ⓒ(汽車等的)脚煞車。

fóot·brìdge *n.* Ⓒ(尤指火車站等跨越鐵路線的)天橋，步行用的橋，人行橋。

fóot-cándle *n.* Ⓒ《光學》呎燭光《標準燭光一呎距離之照明度，爲亮度單位》。

fóot-dràgging *n.* Ⓤ遲疑不決，拖延。

fóot·ed *adj.* **1** 有脚的。**2** [常構成複合字]有…脚的：a four-*footed* animal 四脚獸。

fóot·er *n.* **1** Ⓒ[常構成複合字]身高[長]…呎的人[物]：a six-*footer* 身高六呎的人；長六呎的東西。**2** 《英口語》＝soccer.

fóot·fàll *n.* Ⓒ **1** 脚步。**2** 脚步聲。

fóot fàult *n.* Ⓒ《網球》脚部犯規《發球時踩線或越線的犯規》。

fóot-fàult *v.i.* 《網球》脚部犯規。

fóot·gèar *n.* Ⓤ[集合稱]穿在脚上的東西《鞋、拖鞋等，有時也包括襪子》。

Fóot Guàrds *n. pl.* [**the** ～]《英》禁衞步兵連隊《有 Grenadier Guards 等五個連隊，略作 F.G.》.

fóot·hìll *n.* Ⓒ[常 ～**s**]山麓的小丘[丘陵地帶]。

fóot·hòld *n.* Ⓒ **1** (攀登岩石等時的)立足處，立足點。**2** [常用單數]據點；堅定的立場：gain [get] a ～ in... 在…獲得據點[建立地位]。

fóot·ing *n.* **1 a** Ⓤ[又作 **a** ～]脚下；立足處；登高用的架子[鷹架]：Mind your ～. 當心脚下，別跌倒《登山等時的警告》/keep one's ～ 保持立足地[地位]，堅守立場/lose one's ～ 失足，失去立場。**b** [**a** ～](在社會上等的)穩固的地位，立足地，基礎：get [gain, obtain] *a* ～ in society 在社會上佔有地位[取得立足點]。**2** [常用單數；常與修飾語連用] **a** 地位，身分，資格：on an equal ～ (with...) 處於(與…)平等的地位/stand on the same ～ 站在相同的立場。**b** 交情，關係：be on a friendly ～ with... 與…有親密的關係[交情好]。**3** [**a** ～；常與修飾語連用](軍隊等的)編制，體制：on *a* peace [war] ～ 按平時[戰時]編制。

fóot-in-móuth *adj.* 不適合的；輕率的；感覺遲鈍的。

foo·tle [ˈfutl; ˈfu:tl] 《口語》*v.i.* 〔動(十副)〕閒蕩〈*about, around*〉.
—*v.t.* 〔十受十副〕虛擲〈光陰〉，浪費〈時間〉〈*away*〉.

fóot·less *adj.* **1** 沒有脚的。**2** 無支撐[基礎]的；無實質的。**3** 《口語》笨拙的；無能的。

fóot·lights *n. pl.* **1** 脚燈，脚光《舞台前端的照明裝置》。**2** [**the** ～]演戲；演員的行業：smell of *the* ～ 像在演戲，裝模作樣。

F

appéar [cóme] befóre the fóotlights 上台演戲，登台獻藝。
behind the fóotlights 在台下(看戲)，在觀衆席上。
foot·ling ['futlɪŋ; 'futliŋ] *adj.*《口語》沒有價值的，微不足道的，愚蠢的。
fóot·lòose *adj.* [不用在名詞前] (無家務、工作等束縛而) 行動自由的，能隨心所欲的：～ and fancy-free 自由自在無憂無慮的。
fóot·man [-mən; -mən] *n.* Ⓒ(*pl.* **-men** [-mən; -mən]) (穿制服的) 侍者《擔任招待客人、餐廳服務、開關車門等工作》。
fóot·màrk *n.* Ⓒ足跡。
fóot·nòte *n.* Ⓒ(書頁下欄的) 註脚，註釋《略作 fn.》：*in* a ～ 在註脚中/*in* ～ 3 在註釋 3.
—*v.t.* 在〈文件、書頁〉上加註脚[註釋，附註]。
fóot·pàce *n.* Ⓒ平常的步伐。
fóot·pàd *n.* Ⓒ《古》(徒步的) 攔路賊 (cf. highwayman).
fóot pàssenger *n.* Ⓒ步行者；通行者。
fóot·pàth *n.* Ⓒ(*pl.* ～s) (原野等中供人步行的) 小徑，小路 (⇨ path 同義字)。
fóot-póund *n.* Ⓒ(*pl.* ～s)《物理》呎磅《能的單位，將一磅重的物體舉高一呎所需的能量》。
fóot·prìnt *n.* Ⓒ足跡，脚印 (footmark).
fóot ràce *n.* Ⓒ競走，賽跑。
fóot·rèst *n.* Ⓒ脚凳。
fóot ròt *n.* Ⓤ **1**〖植物〗根腐病。**2**〖獸醫〗(牛、羊等患之) 腐蹄病。
fóot rùle *n.* Ⓒ《英》一呎長的直尺。
fóot·scràper *n.* Ⓒ置於門口擦鞋底用的金屬棒。
foot·sie ['futsɪ; 'futsi] «foot 的兒語»—*n.* ★用於下列成語。
plày fóotsie with... 《口語》(1)與〈異性〉(在桌下互碰腿) 調情。(2)與…暗中勾搭[秘密交易]：He's *playing* ～ *with* the conservatives. 他與保守黨員在暗中勾結。
foot·slog ['fut,slag; 'futslɔg] *v.i.* (**-slogged, -slog·ging**) (在泥濘中) 費力地行進。
foot·slog·ger ['fut,slagə; 'fut,slɔgə] *n.* Ⓒ長途步行者《尤指步兵》。
fóot sòldier *n.* Ⓒ步兵 (infantryman).
fóot·sòre *adj.* 脚走痛了的；鞋底磨損了的。
***foot·step** ['fut,stɛp; 'futstep] *n.* Ⓒ **1** 脚步，步伐，步幅，足跡。**2** 脚步聲。**3** 台階，階梯。
fóllow in a person's fóotsteps (1)跟着某人走。(2)步某人的後塵，效法某人。
fóot·stòol *n.* Ⓒ(供坐着的人擱脚的) 脚凳。
fóot wàrmer *n.* Ⓒ溫足裝置；脚爐。
fóot·wày *n.* Ⓒ **1** 步行小徑。**2** 人行道。
fóot·wèar *n.* Ⓤ[集合稱] 穿在脚上的東西《鞋、靴、拖鞋、襪子等》。
fóot·wòrk *n.* Ⓤ(球技、拳擊、舞蹈等的) 步法，脚的動作，脚技，腿功；跑腿的工作。
fóot·wòrn *adj.* **1** 踩踏而磨損的：a ～ carpet 踩踏磨損的地毯。**2** 走累了的，傷了脚的。
foo·zle ['fuzḷ; 'fu:zl] *v.t.* **1** 做壞，弄糟。**2** (高爾夫球等) 笨拙地擊〈球〉。
—*n.* Ⓒ **1** 失手，失誤，笨拙的動作。**2** (高爾夫球的) 笨拙的揮桿。
fop [fap; fɔp] *n.* Ⓒ好時髦打扮的人，紈袴子，花花公子。
fop·per·y ['fapərɪ; 'fɔpəri] *n.* ⓊⒸ(男人的) 打扮時髦，紈袴習氣。
fóp·pish [-pɪʃ; -piʃ] *adj.* 〈男人、男性衣着等〉時髦的，浮華的；有紈袴子弟習氣的。～**·ly** *adv.* ～**·ness** *n.*
‡**for** [(輕讀) fə; fə; (重讀) fɔr; fɔ:] *prep.* **A 1** [表示利益、影響] 爲了…，對…：give one's life ～ one's country 爲國家捐軀[犧牲生命]/work ～ an oil company 爲一家石油公司工作，在一家石油公司上班/Can I do anything ～ you? 我能爲你做什麼事[替你服務]嗎？/Smoking is not good ～ your health. 吸煙對你的健康有害/It was fortunate ～ you that he was there. 你眞幸運他在那裡。
2 a [表示敬意] 爲紀念…，爲…：A party was held ～ them. 設宴招待他們。**b** [表示模倣]《美・文語》由於…，以…命名[取名] (《英》 after)：He was named James ～ his grandfather. 他以祖父的名字被命名[取名] 爲詹姆斯。
3 [表示收受的預定者，收件人] 爲給…，…收：a present ～ you 給你的禮物/I've got some good news ～ you. 我有一些好消息要告訴你/Who is it ～？ 那是給誰的？/Bill, there's a call ～ you. 比爾，有人打電話給你/She bought a new tie ～ Tom. 她買了一條新領帶給湯姆《★變換 可換寫成 She bought Tom a new tie.》.
4 [表示目的地、要前往之處] 向…，往…去；爲進入…：start [leave] ～ India 向印度出發，動身往印度去/Is this train ～ Edinburgh? 這班列車是開往愛丁堡的嗎？/Did you get the tickets ～ the game? 你買到那場比賽的入場券了嗎？
5 [表示目的、意向] 爲了…，以…爲目的；打算成爲[當]…：go ～ a walk [a swim] 去散步[游泳]/I bought the book ～ studying at home. 我爲了在家自修而買了那本書/What did you do that ～？ 你爲什麼做那件事？/He volunteered ～ the task. 他志願去做那件工作。
6 [表示獲得、追求、期待的對象] 爲獲得…，爲(求)…：an order ～ tea 茶葉的訂單/send ～ a doctor 派人去請醫生/wait ～ an answer 等待答覆/We wrote to him ～ advice. 我們寫信向他求教/Everyone wishes ～ happiness. 大家都希望幸福/He was thirsty ～ knowledge. 他渴望求知。
7 [表示準備、保全、防止] 爲準備…，爲保持[治療]…：study ～ an exam 爲考試而用功/⇨for one's LIFE/a good remedy ～ headaches 治療頭痛的良藥/The meeting is at 6:30～7. 聚會在七點請於六點半出席《★正式請帖上的用語；一般的寫法是 As the meeting is set for 7:00, please be there [here] at 6:30.》.
8 [表示用途、指定、適當與否] 適合…，…用：a cupboard ～ dishes 放餐具用的櫥櫃《食櫥，碗櫥》/a time ～ action (適於) 行動的時刻/a room ～ study 讀書用的房間《書房》/a magazine ～ boys 適合少年的雜誌《少年雜誌》/"What's this tool ～？"—"It's ～ cutting wood (with)."「這個工具是做什麼用的？」「它是伐木用的」。
9 [表示指定的時日、慶祝日] 在〈何時、何日〉；在…時候；爲慶祝…：an appointment ～ the afternoon 下午的約會/The wedding has been fixed ～ May 5th. 婚禮訂於五月五日/She was Miss Universe ～ 1983. 她是 1983 年的環球小姐/I gave him a baseball mitt ～ his birthday. 我送他一隻棒球手套做爲生日禮物。
10 [表示時間、距離] 在…期間(一直)；(預定的)…期間《★用法《口語》作此義的 for 常略去》：～ hours [days, years] 幾小時[天，年]之久；有(好)幾小時[天，年]/～ the last ten years 過去十年來；在最近的十年期間/～ all time 永久/～ days (and days) on end 連續好幾天/stay there (～) three weeks 在那裏停留三週/walk (～) three miles 走三哩路/The snowy weather lasted (～) the whole time we were there. 我們在那裏的整個期間一直都是下雪的天氣/I haven't spoken to her ～ two months. 我已有兩個月沒有和她說話/*F*～ miles and miles there was nothing but sand. 有好幾哩之遠除沙外別無他物/He didn't work ～ a long time [～ (very) long]. 他很久沒有工作[他工作不(太)久《不久即辭去》]/They went down to the sea ～ a [the] day. 他們去海邊一天《當天來回》/The TV station stopped broadcasting ～ the day. 電視公司結束了當天的播放/That's all ～ today. 今天到此爲止。
11 [表示數量、金額] 計…，達…：a check ～ $10 一張十元的支票/Put me down ～ £5. 請記下我的五鎊份。
12 [表示代理、代用] 代替…，爲了…：a substitute ～ butter 奶油的代用品/speak ～ another 代替他人說話，代言/Say hello ～ me. 請代我問候。
13 a [表示「表示」] 表示…，表達…：What's (the) German ～ 'water'? 德語「水」怎麼表達[怎麼說]？/U.N. stands ～ the United Nations. U.N. 是 United Nations (聯合國) 的縮寫[U.N. 代表 United Nations]/A (is) ～ Apple. A 表示 Apple。**b** [表示「代表」] 代表…：the Member of Parliament ～ Liverpool 代表利物浦[由利物浦地方選出] 的國會議員。
14 [表示交換、代償] 交換…；爲〈商品等〉；以…的金額[價錢]：He gave her his camera ～ her watch. 他用自己的相機交換她的手錶/I paid $50 ～ the camera. 我付了五十美元買那相機/I bought it ～ $50. 我以五十美元買了那個東西/These eggs are 2 dollars ～ 10 [10 ～ 2 dollars]. 這些雞蛋是十個二美元。
15 [表示補償、報答] 對〈好意、成果等〉，作爲…的報答：five points ～ each correct answer 每一正確答案給五分/give blow ～ blow 以打還打，挨了打就打回去/⇨an EYE for an eye/We thanked him ～ his kindness. 我們對他的好意致謝。
16 [表示贊成、支持] 支持…，爲…(←→ against)：vote ～ Smith 投票支持史密斯/Are you ～ or against the war? 你贊成或反對戰爭？/She's all ～ going shopping. 她完全贊成去購物/I'm ～ call*ing* it a day. 今天的工作就到此爲止/Three cheers ～ our team! 爲我們球隊歡呼三聲！
17 [表示感情、嗜好、適合性等的對象] **a** 對…，理解…：a great affection ～ her 對她的深愛/an eye ～ beauty 審美的眼光/I'm sorry ～ you. 我爲你感到遺憾[惋惜]。**b** [用於 cause, reason, ground, motive, foundation 等字後面] 對…的，該…的：You have no cause ～ worry. 你沒有該擔心的理由，你不必擔心。
18 [表示原因、理由] **a** 由於…，爲了…：～ many reasons 爲了許多理由/shout ～ joy 由於高興而喊叫/a city known ～ its beauty 由於美麗而聞名的城市/I can't see anything ～ the fog. 由於濃霧我什麼都看不見/She could hardly sleep that night ～ thinking of George. 她那天晚上因想到喬治而難以入睡/I was

angry with him ~ being late. 我為了他的遲到而生氣/He was rewarded ~ saving the girl's life. 他由於救了那個女孩一命而得到獎賞/He was fined ~ speeding. 他因超速而被罰款。**b** [常用於"the＋比較級"之後] (作為)…的結果，歸因於…：He felt (*the*) *better* ~ having said it. 他由於把事情說了出來而覺得好些/⇨be the BETTER[1] for, be the worse for WEAR[1] *n.*

19 [表示關連]**關於…，就…(情形)而言**：~ that matter 就那件事而言/be pressed ~ money 為錢所困，缺錢/So much ~ that. 關於那件事，說到此為止/There's nothing like wool ~ keeping you warm. 就(使你)保暖而言，沒有東西比得上羊毛/*F*~ the use of *far*, see p. 500. 關於 far 的用法，參閱第 500 頁。

20 [表示基準]**以…(標準)來說，鑒於…**：He is young ~ his age. 以他的年紀來說，他算是年輕的/It is cold ~ May. 以五月天來說，這種天氣算是冷的/*F*~ a learner, he swims well. 以初學者來說，他游得蠻好。

21 [主要用"too＋形容詞・副詞＋for, 或 enough＋for"的句型；⇨too 2a, enough *pron.* 1]**對…(來說)，對於做…(太)…**：That hat is *too* small ~ me. 那頂帽子對我來說是太小了/It's *too* cold ~ tennis. 對於打網球，天氣太冷了/There was *enough* food ~ us all. 有足夠我們大家(吃)的食物。

22 [表示資格、屬性]**(當)作…，是…**《★用法 此用法常在後面接形容詞或分詞》：He is often taken ~ his brother. 他常被誤認為是他的兄弟/I know it ~ a fact. 我知道那是事實/He was given up ~ lost [dead]. 他被當作已失踪[死亡]而被放棄/⇨take...for GRANTED.

23 [表示對比、比例] **a** [用於 each, every 或數詞之前]**對…**：There is one Chinese passenger ~ *every* five English. 乘客的比例是五個英國人對一個中國人/Use four cups of water ~ *one* cup of dry beans. 一杯乾豆對四杯水/*F*~ *every* mistake you make I will deduct 5 points. 你每錯一個我要扣五分。**b** [前後用同一名詞] (將相同資格、重要性、價值等的)…**與…比較(時)**：Dollar ~ dollar, you get more value at this store than at the other one. 同樣的一塊錢在這家商店使用要比在別家有價值《可買到更多東西》/⇨MAN for man, POINT for point, WORD for word.

—B 1 [表示不定詞的主詞關係]：It is necessary ~ travelers *to* carry a passport. 旅行者攜帶護照是必要的《★變換 可換寫成 It is necessary that travelers (should) carry a passport.》/His idea is ~ us *to* travel in two cars. 他的想法是我們坐兩部車去旅行《★變換 可換寫成 His idea is that we (should) go in two cars.》/It is time ~ me *to* go. 是我該走的時候了《★變換 可換寫成 It is time I went.》/I stood aside ~ him *to* enter. 我站在一旁以便他進入《★變換 可換寫成I stood aside so that he might enter.》/*F*~ a girl *to* talk to her mother like that! 一個女孩子竟那樣的對她母親說話！/I am waiting ~ her *to* come. 我在等她來。

語法 (1)本辭典中使用的句型為〔＋*for*＋(代)名＋ *to* do〕. (2)此句型若形容詞表示 good, bad 等的利害情形，或表示 easy, difficult [hard] 等的難易情形時，則變成「對…」的意思：It is difficult ~ me *to* read this book. 讀這本書對我(來說)是困難的/It is not good ~ you *to* smoke. 吸煙對你不好。**2** [常用 "it is *for* a person *to* do" 的句型]**適合由…(做…)，(是)…該做的事**：That's ~ you *to* decide. 那件事由你決定好了/It is not ~ me *to* say how you should do it. 你該如何做，不應由我來說。

be fór it 《英口語》勢必受罰[挨罵]：You'll *be* ~ *it* if he catches you. 如果被他逮到，你一定會挨罵。

be ín for... ⇨in *adv.*

bùt for ⇨but *prep.*

for áll... (1)儘管…：~ *all* that 儘管如此；雖然這樣/*F*~ *all* his riches he is not happy. 儘管他富有，他並不快樂。(2)[常與 that 連用，當連接詞用]《英罕》雖然…：*F*~ *all* (*that*) he said he would come, he didn't. 雖然他說會來，但是他並沒有來。(3)考慮到…(並沒有什麼了不起)：*F*~ *all* the good it has done, I might just as well not have bought this medicine. 考慮到它的藥效(並不怎樣)，我可以不買這種藥的。

for áll [《古・文語》**áught**] **...cáre** ⇨care.

for áll [《古・文語》**áught**] **...knów** ⇨know.

for áll the wórld like [**as if**] **...** ⇨world.

for bétter (**or**) **for wórse** ⇨better[1] *n.*

for éver (**and éver**) 永久地，永遠。

for féar of... ⇨fear *n.*

for góod (**and áll**) ⇨good *n.*

fòr it 應付的手段[方法]《★it 指不明的情況》：There was nothing ~ *it* but to run. (對付該情況)除逃走外別無他法。

for mý pàrt ⇨part *n.*

for óne ⇨one *n.* **for óne thìng** ⇨thing.

for oneséIf ⇨oneself.

If it were nót [**had nót been**] **for** ⇨if.

Ó [**Óh**] **for...!** ⇨O[3].

Thát's...for you. [引起對方的注意] (1)你看，那是…：*That's* a big fish ~ *you.* 你看，那是一條大魚呢。(2)那是…常有的事[…的麻煩之處]：*That's* life ~ *you.* 那是人生常有的事，人生就是那樣子。

Thát's what...is fòr. 如果是…那是理所當然的事，…就該那樣子：*That's what* friends *are for.* 朋友就該那樣子。

Thère's...for you. [引起對方的注意] (1)你看，有…：*There's* a fine rose ~ *you.* 你看，有一朵漂亮的玫瑰花。(2)《輕蔑》算是…《眞叫人感到意外》：*There's* gratitude ~ *you.* 那樣就算是感謝啦。

—*conj.* [前面常有逗點、分號，當作對前句的附加說明、理由]**因為；其理由是…**《★用法 為文章用語，不用於會話》：It will rain, ~ the barometer is falling. 天要下雨了，因為氣壓計在下降。

for. 《略》foreign；forestry.

for- [fɔr-, fə-; fɔ:-, fə-] 字首 表示「禁止」「除外」「忽視」等之意：*for*bid, *for*get, *for*give, *for*go, *for*sake.

f.o.r., F.O.R. 《略》《商》free on rail (⇨ free 成語)。

fo·ra *n.* **forum** 的複數。

for·age [ˈfɔrɪdʒ; ˈfɔridʒ] *n.* **1** Ⓤ(牛馬的)糧草，飼料，芻秣。**2** Ⓤ[又作 **a** ~]徵收[搜索]糧草。

—*v.t.* **1** 向…搜索[徵收]糧草。**2** 飼〈馬〉，給〈馬〉餵糧草。

—*v.i.* **1 a** 〔十副〕搜尋糧草[馬糧]〈*about*〉. **b** 〔十介十(代)名〕四處搜尋[食物等]〔*for*〕. **2** 〔十副(十介十(代)名)〕(亂翻)搜尋〔…〕〈*about*〉〔*for*〕：~ ***about for*** a book 翻尋一本書。**fór·ag·er** *n.*

fórage càp *n.* Ⓒ《軍》(昔日)步兵便帽。

fóraging pàrty *n.* Ⓒ糧草徵集隊。

for·as·much as [ˌfɔrəzˈmʌtʃəz; fərəzˈmʌtʃəz, ˌfɔ:r-] *conj.* 《文語》《法律》由於，鑒於…(since).

for·ay [ˈfɔre; ˈfɔrei] *v.i.* **1** (為掠奪而)襲擊，劫掠。**2** 〔十介十(代)名〕(為掠奪而)襲擊[敵地]〔*into*〕.

—*n.* Ⓒ **1** 襲擊；劫掠。**2** 〔對異於日常活動領域的〕一時的插手，稍稍的介入〔*into*〕：a ~ *into* politics 對政治的稍稍插手。

***for·bade** [fəˈbæd; fəˈbæd], **for·bad** [fəˈbæd; fəˈbæd] *v.* **forbid** 的過去式。

for·bear[1] [fɔrˈbɛr, fə-; fɔ:ˈbɛə] (**-bore** [-ˈbor, -ˈbɔr; -ˈbɔ:]; **-borne** [-ˈborn, -ˈbɔrn; -ˈbɔ:n]) *v.t.* **1** 〔十 do*ing*/十 *to* do〕**愼於；克制，忍耐；避免〈做…〉**《★〔十 do*ing*〕與〔十 *to* do〕可互相換寫》：I could not ~ smil*ing*. 我忍不住微笑《★比較 與 I could not help smiling. 的用法比較，較屬於文章用語 (⇨ help *v.t.* 5)》/We should ~ *to* go into details. 我們應避免詳述。**2** 〔十受〕抑制〈感情等〉：~ one's rage 抑制憤怒。

—*v.i.* **1** 忍耐，容忍 (⇨ refrain[1]【同義字】)：Bear and ~ [ˈfɔrbɛr; ˈfɔ:bɛə]! 忍耐再忍耐。**2** 〔十介十(代)名〕**克制**〔不做…〕，避免〔做…〕〔*from*〕：He *forbore* ***from*** ask*ing* questions. 他克制自己不發問。

for·bear[2] [ˈfɔrˌbɛr; ˈfɔ:bɛə] *n.* ＝forebear.

for·bear·ance [fɔrˈbɛrəns, fə-; fɔ:ˈbɛərəns] 《forbear[1] 的名詞》**—*n.*** Ⓤ **1** 寬容，寬恕，原諒。**2** 忍耐，忍受；自制，節制，克制。

for·béar·ing [-ˈbɛrɪŋ; -ˈbɛəriŋ] *adj.* **1** 能忍受的。**2** 寬容的。

***for·bid** [fəˈbɪd; fəˈbid] *v.t.* (**for·bade** [-ˈbæd; -ˈbæd], **-bad** [-ˈbæd; -ˈbæd]; **for·bid·den** [-ˈbɪdn; -ˈbidn], ~; **for·bid·ding**) **1 禁止。**

【同義字】forbid 是以命令、規則禁止；prohibit 是以規則、法律等禁止的正式用語。

a 〔十受〕禁止，不准，禁止使用[帶入(等)]…：Cameras (are) *forbidden.* 《告示》禁止攝影/The law ~*s* animals in hotel rooms. 法律禁止帶動物入旅館房間。**b** 〔十 do*ing*〕禁止，不准〈做…〉：Smok*ing* is *forbidden* here. 此地禁止吸煙。**c** 〔十受十受〕禁止，不准〈某人〉…；禁止〈某人〉使用[帶入(等)]…《★用法 以直接受詞為主詞的被動，有時在間接受詞前用 to》：The doctor *forbade* him alcohol. ＝Alcohol was *forbidden* (*to*) him by the doctor. 醫生禁止他喝酒。**d** 〔十受[所有格]十 do*ing*〕禁止，不准〈人〉〈做…〉：I *forbade* him [his] enter*ing* the house. 我禁止他進入屋內。**e** 〔十受十 *to* do〕不准，禁止〈某人〉〈去做…〉：Her father *forbade* her *to* marry the man. 她父親不准她嫁給那個人/Foreigners were *forbidden to* enter the country. 外國人被禁止進入該國。**2** 〔十 *that*_〕[以 God [Heaven] 為主詞，用假設語氣]但願絕對不會有〈…事〉：*God* ~ *that* war *should* break out. 但願戰爭不會爆發。

***for·bid·den** [fəˈbɪdn; fəˈbidn] *v.* **forbid** 的過去分詞。

—*adj.* [用在名詞前] (無比較級、最高級)**被禁止的，嚴禁的**：the ~ degrees (of marriage) ⇨ degree 5.

Forbídden Cíty *n.* [the ~] (北京之)紫禁城。

forbídden frúit *n.* **1** [the ~]《聖經》禁果。

【說明】上帝禁止亞當(Adam)與夏娃(Eve)採食種在伊甸園(Eden)中央「智慧之樹」(tree of knowledge)的果實。不久，夏娃因受到蛇(serpent)的慫恿而吃了禁果，與亞當一起被趕出伊甸園。這種果實在中世紀時被認為是蘋果，但在伊斯蘭教[回教]裏則說是無花果(聖經舊約「創世記」第二章)；cf. Eden【說明】

2 ⓊⒸ 由於被禁而更想要的東西；不道德的快樂。

forbídden gróund *n.* Ⓤ **1** 禁地。**2** 不准討論的問題。

for·bíd·ding *adj.* **1** 難以接近的，陰森的，險惡的。**2** 嚴峻的，令人害怕的：a ~ countenance 嚴峻的面孔。**~·ly** *adv.*

for·bore [fɔrˋbor, fə-, -ˋbɔr; fɔːˈbɔː] *v.* **forbear**[1] 的過去式。

for·borne [fɔrˋborn, -ˋbɔrn; fɔːˈbɔːn] *v.* **forbear**[1] 的過去分詞。

‡**force** [fors, fɔrs; fɔːs] 《源自拉丁文「强」之義》**—*n.*** **1** 力：Ⓤ **a** (物理上的)力：The wind blew against the windows with great ~. 風猛烈地對着窗吹颳。**b** 力氣，暴力(⇨ power【同義字】)：by main ~ 憑力氣[暴力]，以武力/take...from a person by ~ 强奪某人…/I had to use ~ in opening the door. 我不得不用力開那一扇門。**c** (精神上的)力量，魄力，說服力：~ of character 人格的力量/the ~ of an argument 議論的說服力。

2 Ⓒ具强大勢力[影響力]的人[物]，有力者；勢力：the ~*s* of nature 自然力《暴風雨、地震等》/social [political] ~*s* 社會[政治]勢力/He is a great ~ in the Republican Party. 他是共和黨內的巨頭/The influence of parents is a major ~ in the development of character. 父母的影響是人格發展的主要因素。

3 Ⓒ[常 ~*s*] **a** (陸、海、空軍之)軍力，兵力，軍隊；(一國之)武裝力量，武力：the air ~ 空軍/the armed ~*s* (一國的)三軍[武裝力量]/the police ~ 警力，警察隊。**b** (共同行動的)隊：A ~ of 50 policemen raided the house. 由五十名警察組成的警察隊突襲了那棟房子。

4 a Ⓤ(言語表達的)魄力，效果；眞正意義，主旨：He writes with ~. 他的文筆鏗鏘有力/It is difficult to convey completely the ~ of this poem. 要充分表達這首詩的眞義很難。**b** Ⓤ影響力，力量：I just acted out of ~ of habit. 我只是出於習慣(的力量)而做/⇨ by FORCE of. **c** ⓊⒸ《物理》力；(力的)强度：the ~ of gravity [gravitation] 重[引]力/magnetic ~ 磁力。

5 Ⓤ(法律、規則、契約等的)效果，效力：put a law *into* ~ 實施法律/come *into* ~ 〈法律等〉實施，生效/Wage and price controls have been *in* ~ since 1975. 工資及物價管制已自 1975 年起實施。

by fórce of... 藉…的力量，靠…，用…：*by* ~ *of* contrast 經由對比/*by* ~ *of* example 靠樣本[習帖]/*by* ~ *of* numbers 憑多數，靠人多/*by* sheer ~ *of* will 全靠意志力。

in fórce (1)⇨ 5. (2)大舉，大批地：People will gather *in* ~. 人們會大批聚集。

jóin fórces 〔與…〕聯合，合力，通力合作〔*with*〕：*join* ~*s with* the public *against* crime 與大衆聯合對抗犯罪。

—*v.t.* **1** 〔+受+ *to* do〕**a** 强迫〈人〉〈做…〉，使〈人〉不得不〈做…〉《★常用被動語態，變成「被迫做…」或「不得不做…」的意思；⇨ compel【同義字】》：They ~*d* him *to* sign the document. 他們强迫他簽署那份文件/He won't do it unless you ~ him (*to*). 他不會做那件事除非你强迫他去做/He *was* ~*d to* confess. 他被迫而供認/I *was* ~*d to* accept his offer. 我不得不接受他的提議。**b** [~ *oneself*]勉强(自己)〈做…〉：He ~*d himself to* smile [swallow the medicine]. 他勉强微笑[吞下藥]。**2 a** 〔+受〕硬把…趕走，硬向…前進：~ one's pace 加緊步伐；更敏捷地做，勉强地努力/~ a person's [the] pace 使人勉强前進；(拍屁股)催趕某人。**b** 〔+受+副詞(片語)〕硬把…趕[推進]〔到…〕：They ~*d* an entry *into* the house. 他們硬闖入那棟房子/He ~*d* his horse *on through* the storm. 他迫使馬在暴風雨中前進/She ~*d back* her tears. 她强忍住眼淚。**c** 〔+受+副詞(片語)〕[~ *oneself*]闖入，强行進入〔…〕：They ~*d themselves into* her room. 他們闖入她的房間。**d** 〔+受+介+(代)名〕硬把…塞入〔狹小的容器等內〕〔*into*〕：Don't ~ your foot ***into*** the shoe；it's too small for you. 不要硬把你的脚塞入鞋子裏；它對你來說太小了。**e** 〔+受+副詞(片語)〕[~ one's way]勉强前進〔到…〕：He ~*d* his way *in* [*out, through* the bushes]. 他勉强進入[出去，穿過灌木叢]。**3** 〔+受+介+(代)名〕硬把…加之〔於某人〕，硬使〔某人〕接受…〔*on, upon*〕：~ one's views ***on*** others 硬把自己的意見加之於他人，强使他人接受自己的意見/I am sorry to ~ the task ***on*** you. 我很抱歉把工作推給你。**4 a** 〔+受〕强迫，强求，硬要…：~ a confession 强迫供認/Illness ~*d* his retirement. 生病迫使他退休。**b** 〔+受+介+(代)名〕〔從…〕引出…，迫使〔…〕說出…〔*from, out of*〕：~ a confession ***from*** a person 迫使某人供認/~ a secret [an answer] ***out of*** a person 硬從某人身上探出秘密[迫使某人說出答案]。**5 a** 〔+受〕硬把〈門等〉撞開；把〈鎖等〉撬開：He ~*d* the lock with a penknife. 他用削鉛筆刀撬開鎖。**b** 〔+受+補〕[補語常用 open]把…强行〈打開〉：The door was ~*d* open. 門被撞開了。**6 a** 〔+受〕勉强做出〈笑容等〉：~ a smile 强作笑臉，强顏歡笑。**b** 〔+受(+副)〕勉强發出〈聲音等〉，用力大聲叫出…〈*out*〉：The singer ~*d* his low notes. 那位歌手勉强唱出低音/He ~*ed* ***out*** the words. 他勉强擠出話來。**7** 〔+受〕**a** 以人工栽培促成〈植物〉早熟[生長]。**b** 加速〈某人〉的學業。

fórce a person's **hánd** ⇨ hand.

fórce óut 《*vt adv*》(1)⇨ 6 b. (2)把…趕出去。(3)使…喪失資格。

forced [forst, fɔrst; fɔːst] *adj.* [用在名詞前]**1** 被迫的，强迫的，强制的：~ labor 强迫勞動/a ~ march《軍》强行軍。**2** 勉强的，牽强的，不自然的：a ~ interpretation 牽强的解釋/a ~ laugh [smile]勉强的笑[微笑]；强笑。**3** 緊急時所做的，不時的：a ~ landing(飛機的)迫降。

forc·ed·ly [ˋforsɪdlɪ, ˋfɔr-; ˈfɔːsidli] *adv.* 勉强[强迫]地。

fórce-féed *v.t.* (-fed)强餵〈人、動物〉食物。

force·ful [ˋforsfəl, ˋfɔrs-; ˈfɔːsful] *adj.* 〈人、言語等〉(合乎邏輯而)有說服力的，强有力的。**~·ly** [-fəlɪ; -fuli] *adv.* **~·ness** *n.*

fórce-lánd *v.i.* 〈飛機〉迫降。

force ma·jeure [fɔrsmaˋʒœr; ˌfɔːsmæˈʒəː] 《源自法語 'superior force' 之義》**—*n.*** Ⓤ **1** 不可抗力。**2** (强國加之於弱國的)逼迫，强迫。

fórce·mèat *n.* Ⓤ(絞碎作填料用的)調味肉，五香肉。

fórce-òut *n.* Ⓒ《棒球》封殺。

for·ceps [ˋfɔrˌseps, -səps; ˈfɔːseps] *n.* Ⓒ(*pl.* ~)鉗子，鑷子：a ~ delivery 產鉗分娩/a pair [two pairs] of ~ 一把[兩把]鉗子。

fórce pùmp *n.* Ⓒ壓水唧筒。

forc·ible [ˋforsəbl̩, ˋfɔrs-; ˈfɔːsəbl] *adj.* [用在名詞前]**1** 强迫的，强制(性)的：(a) ~ entry 非法侵入。**2** 强有力的；有說服力的；有效的：a ~ argument 有說服力的議論。

fórc·i·bly [-səblɪ; -səbli] *adv.* **1** 憑暴力，非法地，强制性地。**2** 猛烈地，强有力地。

ford [ford, fɔrd; fɔːd] *n.* Ⓒ(河、湖水等可徒步、騎馬、坐車等渡過的)淺灘。

—*v.i.* 涉過淺灘。**—*v.t.*** 涉水過〈河川〉。

Ford [fɔrd; fɔːd] *n.* **1 Henry** ~ 亨利·福特《1863–1947；美國的汽車製造業者》。**2** Ⓒ福特公司製造的汽車。

ford·a·ble [ˋfordəbl; ˈfɔːdəbl] *adj.* 〈河流等〉可涉水過去的。

for·done, fore·done [fɔrˋdʌn; fɔːˈdʌn] *adj.* 《古》筋疲力竭的。

fore [for, fɔr; fɔː] *adj.* [用在名詞前](無比較級、最高級)前方[前面]的：the ~ part of the brain 腦的前部。

—*adv.* (無比較級、最高級)《航海》在船首，朝向船首(⇨ ship 插圖)；《航空》在(飛機的)機首，朝向機首(↔ aft)：~ and aft 從船首到船尾，全船。

—*n.* [the ~] **1** 前部，前面。**2** 《航海》船首部分；前桅。

at the fóre 《航海》(懸掛於)前桅上；在最前面。

to the fóre (1)在前面。(2)在顯著的地位；活躍地，引人注目地：As a writer he has not come *to the* ~ until recently. 作為一名作家，他直至最近才引人注目。

—*interj.* 《高爾夫》前面的人注意[讓開]！《對於站在擊球方向者所作的警告聲》。

fore- [for-, fɔr-; fɔː-] [構成動詞、分詞形容詞、名詞的複合用詞]表「前；先；預」之意：*fore*bode, *fore*man, *fore*noon, *fore*runner, *fore*thought.

fóre·àrm[1] *n.* Ⓒ前臂《肘至手腕的部分；cf. UPPER arm；⇨ body「插圖」》。

fòre·árm[2] *v.t.* **1** 預先武裝…《★常用被動語態》。**2** 〔+受+介+(代)名〕[~ *oneself*]預先準備〔應付困難等〕〔*against*〕《★也用被動語態，變成「預先準備着」之義》：~ *oneself* ***against*** attack 準備對付攻擊/Forewarned is ~*ed.* ⇨ forewarn 1.

fóre·bèar *n.* Ⓒ[常 ~*s*]祖先(ancestor)。

fore·bode [forˋbod, fɔr-; fɔːˈboud] *v.t.* **1** 〈事情〉為…(不祥)的前兆[預兆]；預示…：Those black clouds ~ rain. 那些烏雲是下雨的前兆。**2 a** 〔+受〕預感〈不祥的事〉，有…預感：She ~*d* her failure in the exam. 她預感自己會考試不及格。**b** 〔+(*that*)_〕預感〈…事〉：I ~*d that* I might fail. 我預感自己可能會失敗。

fòre·bód·ing *n.* ⓊⒸ **1** (會發生凶事的)預感，預知，預兆。**2** 〔+ *that*_〕〈…事的〉預感，預知：She had a ~ *that* he might have [meet with] an accident. 她預感他可能會遭到意外事故。

fóre·bràin *n.* Ⓒ《解剖》前腦。

fore·cast [forˋkæst, fɔr-; ˈfɔːkɑːst, fɔːˈkɑːst] *v.t.* (**fore·cast, ~·ed**) **1 a** 〔+受〕預報〈天氣〉；預料，預測〈未來等〉(⇨ foretell【同義字】)：~ the weather 預報天氣/The radio ~*s* snow (for) this afternoon. 廣播預報今天下午會下雪。**b** 〔+(*that*)_〕預料，預測〈…事〉：He ~ *that* it would rain. 他預測會下雨。**c** 〔+ *wh.*_〕預料，預測〈…〉：We cannot ~ *how* long the war will last. 我們無法預測戰爭會持續多久。**2** 〔+受〕為…的前兆[預兆]：Such events ~ disaster. 這樣的事件是災害的預兆。

—*n.* Ⓒ **1** 預料，預測〔*of*〕；(天氣)預報：a weather ~ 天氣預

報。**2** 〔＋ *that*＿〕〈…事的〉預料，預測：The ～ *that* war would break out proved true. 戰爭會爆發的預測被證實了。

fóre·càst·er *n.* Ⓒ預測者；天氣預報者。

fore·cas·tle [ˋfoksl; ˈfouksl] *n.* Ⓒ《航海》**1** 船首樓，艏艛《船首高起的部分；↔ poop；cf. quarterdeck 1》. **2** (又作 **fóre-castle dèck**)艏艛甲板。

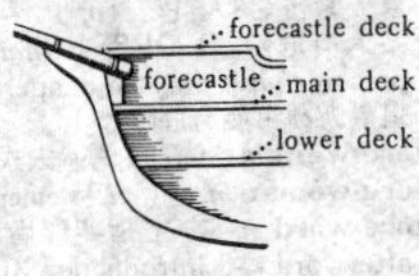

forecastle 1

fore·close [forˋkloz, fɔr-; fɔ:ˈklouz] *v.t.* **1 a** 除去，排除，逐出…。**b** 事先解決[結束]〈問題等〉。**2** 《法律》**a** 使〈抵押人〉喪失抵押品的贖回權。**b** 取消〈抵押品〉的贖回權，使…流當。

—*v.i.* 〔＋介＋(代)名〕《法律》取消贖回〔抵押品〕的權利，流當〔抵押品〕〔*on*〕.

fòre·clósure *n.* ⓊⒸ《法律》抵押品贖取權的喪失，抵押品的流當。

fóre·còurse *n.* Ⓒ《航海》(前桅最下面的)大橫帆。

fóre·còurt *n.* Ⓒ **1** (建築物的)前庭；前院。**2** (網球、羽毛球等的)前場《球場靠網的前半部；網球為 service line 與 net 之間；↔ backcourt》.

fóre·dèck *n.* Ⓒ《航海》前甲板。

fore·dóom *v.t.* 事先注定。

—*n.* [ˊ-ˋ-] Ⓤ《古》事先注定；預定之命運。

fòre·dóomed *adj.* [不用在名詞前]〔＋介＋(代)名〕注定〔…〕命運的〔*to*〕：His plan was ～ *to* failure. 他的計畫注定要失敗。

fore·fa·ther [ˋfor͵fɑðɚ, ˋfɔr-; ˈfɔ:͵fɑ:ðə] *n.* Ⓒ [常 ～**s**] 祖先 (ancestor) (cf. descendant).

Fórefathers' Dày *n.* (美國的)祖先之日《英國清教徒(Pilgrim Fathers) 1620 年登陸美國大陸的紀念日，一般為 12 月 22 日》。

fóre·fìnger *n.* Ⓒ食指(⇨ hand 插圖)。

fóre·fòot *n.* Ⓒ(*pl.* **-feet**)(四足動物的)前腳。

fóre·frònt *n.* [the ～] **1** 最前部，最前面，最前線。**2** (活動、興趣等的)中心〔*of*〕.

in the fórefront of... (1)〈戰鬥等〉在…最前線。(2)成為…的最前鋒[中心]：His company is *in the* ～ *of* the chemical industry. 他的公司成為化學工業的前鋒。

fore·gáther *v.i.* ＝forgather.

fòre·gó[1] (**-went**；**-gone**) *v.t.* 比…先行，領先…。

—*v.i.* 居先，先行。

fore·gó[2] *v.* ＝forgo[1].

fòre·góing *adj.* **1** [用在名詞前][常 **the** ～]先前的，前面的，前述的。**2** [**the** ～；當名詞用]前述者，前文。

fore·gone [ˊ-ˋ-] *adj.* [用在名詞前]先前的，既往的，過去的。

fóregone conclúsion *n.* [**a** ～] **1** 從頭就知道的結論，定論。**2** 不可避免的結果，不容懷疑的事：Defeat is *a* ～. 戰敗[失敗]是早可看出的結果[已成定局]。

fóre·gròund *n.* [**the** ～] **1** (風景、繪畫的)前景(cf. background 1). **2** 最前面，表面，最顯著的位置。

fóre·hànd *n.* Ⓒ **1** 馬身的前部《騎者的前面部分》。**2** (網球等的)正拍擊球。

—*adj.* **1** 居前的，前面的(front)；最前部的。**2** (網球等)正擊的(↔ backhand)：a ～ stroke 正拍擊球。

—*adv.* (網球等)以正擊。

forehand 2

backhand

fóre·hánded *adj.* **1** 《美》**a** 對將來有準備的；節儉的。**b** 富裕的，欣欣向榮的。**2** (網球等)順擊的，正擊的。

‡**fore·head** [ˋfɔrɪd, ˋfor͵hɛd; ˈfɔrid, ˈfɔ:hed] *n.* Ⓒ **1** 額，前額，腦門：rub one's ～ 摸前額《努力想某事時的動作》。**2** (東西的)前部。

‡**for·eign** [ˋfɔrɪn; ˈfɔrən] 《源自拉丁文「在外」之義》**—***adj.* (無比較級、最高級) **1 a** 外國的(↔ home, domestic, interior)；外國產的；往國外的：a ～ accent 外國口音，洋腔/a ～ country 外國/～ exchange 外匯/～ goods 舶來品，外國貨/a ～ language [tongue]外國語/～ travel 海外[外國]旅行/～ mail 外國郵件。**b** 對外的；在外的：～ policy 外交政策，對外政策/a ～ settlement 外人居住區，外僑區/～ aid 對外援助，外援/～ trade 對外貿易，國際貿易。**2** [不用在名詞前]〔＋介＋(代)名〕〔與…〕性質不同的；不相容的，無關的〔*to*〕：Your argument is ～ *to* the question. 你的議論與該問題無關/Flattery is ～ *to* his nature. 諂媚與他的本性不合，諂媚非他的本性。**3** [用在名詞前](非固有的)外來的，異質的：a ～ substance [body] in the eye 眼中的異物。

rub *one's* forehead
【插圖說明】試著想出某事時的動作。

fóreign affáirs *n. pl.* 對外事務，外交事務。

fóreign bíll *n.* Ⓒ外國匯票。

fóreign-bórn *adj.* 生於國外的。

fóreign correspóndent *n.* Ⓒ(新聞機構之)國外特派員。

‡**for·eign·er** [ˋfɔrɪnɚ; ˈfɔrənə] *n.* Ⓒ外國人。

> 【說明】此語予人有「外人」的感受，不太適宜，因此以 person [people] from abroad [other countries] 取代；對於暫時性的觀光客，用 visitor 等較好。對於不同國籍者也稱 alien.

fóreign légion *n.* Ⓒ外籍兵團。

fóreign-máde *adj.* 外國製的。

Fóreign Òffice *n.* Ⓤ [**the** ～；集合稱]《英》外交部《★用法 視為一整體時當單數用，指全部個體時當複數用；略作 F.O.；正式名稱為 the Foreign and Commonwealth Office》.

fóreign relátions *n. pl.* 外交關係[事務]。

fóreign sécretary *n.* Ⓒ《主英》外務大臣，外交部長。

fore·júdge *v.t.* 推斷；預斷；臆斷。

fòre·knów *v.t.* (**-knew**；**-known**)事先知道，預知…。

fòre·knówledge 《foreknow 的名詞》**—***n.* Ⓤ預知，先見之明〔*of*〕.

fore·land [ˋforlənd, ˋfɔr-; ˈfɔ:lənd] *n.* Ⓒ(突出於海面的)地角，海岬(↔ hinterland).

fóre·lèg *n.* Ⓒ(四足動物的)前肢。

fóre·lòck *n.* Ⓒ額髮[毛]。

tàke tíme by the fórelock 抓住[不錯過]時機[機會]，乘機《★源自「時光老翁(Father Time)」被畫成僅在前額有頭髮的老人》。

tóuch one's **fórelock** 〈人〉〔向上司〕打招呼〔*to*〕《★源自從前鄉下人拉人額髮粗野的招呼方式》。

fóre·man [-mən; -mən] *n.* Ⓒ(*pl.* **-men** [-mən; -mən]) **1** 工頭，領班，監工。**2** 《法律》陪審團的主席，首席陪審員。

fóre·màst *n.* Ⓒ《航海》船的前桅：a ～ seaman [man, hand] 前桅員，普通水手，水兵。

fore·most [ˋfor͵most, ˋfɔr-, -məst; ˈfɔ:moust] *adj.* [用在名詞前] (無比較級、最高級) [**the** ～] **1** 最前的，最先的。**2** 居主流的，主要的：He is one of the world's ～ composers. 他是世界主要作曲家之一。

—*adv.* (無比較級、最高級)最先，最前，第一：carry a person feet ～ ⇨ foot 成語。

first and fóremost ⇨ first *adv.*

héad fóremost ⇨ head.

pùt one's **bést fóot fóremost** ⇨ foot.

fóre·nàme *n.* Ⓒ(在姓前的)名字，教名《★拘泥用語；⇨ name【說明】》。

fóre·námed *adj.* [用在名詞前]前述的，上述的。

fóre·nòon *n.* Ⓒ《文語》午前，上午《尤指八、九時至正午止》：in the ～ 在上午。

fo·ren·sic [fəˋrɛnsɪk, fo-; fəˈrensik, fɔ-] *adj.* [用在名詞前] **1** 法庭的，有關法庭的。**2** 辯論的，討論的。

forénsic médicine *n.* Ⓤ法醫學。

fo·ren·sics [fəˋrɛnsɪks, fo-; fəˈrensiks] *n.* Ⓤ討論[辯論]術。

fòre·ordáin *v.t.* **1** 預定…，注定…。**2 a** 〔＋受＋介＋(代)名〕注定〈某人〉〔…〕〔*to*〕：He was ～*ed to* failure. 他注定失敗(cf. 2b). **b** 〔＋受＋ *to* do〕注定〈某人〉〈要做…〉：He was ～*ed to* fail. 他注定要失敗(cf. 2 a). **c** 〔＋ *that*＿〕預定，注定〈…事〉：God has ～*ed that* he (should) die young. 上帝預定他早死《★用法《口語》大都不用 should》.

fore·or·di·na·tion [͵forɔrdnˋeʃən, ͵fɔr-; fɔ:rɔ:diˈneiʃn] *n.* Ⓤ **1** (神職之)預先任命。**2** 預定命運，注定，宿命。

fóre·pàrt *n.* Ⓒ **1** 前部〔*of*〕. **2** (時間的)起先的一段，前段〔*of*〕.

fóre·pàw *n.* Ⓒ(狗、貓等的)前腳。

fóre·plày *n.* Ⓤ性交前的愛撫。

fore·rún *v.t.* (**-ran**; **-run**; **-run·ning**) **1** 預告；預示。**2** 爲…之先驅；在…之前。**3** 跑在…前面。**4** 超越。

fóre·rùnner *n.* Ⓒ **1** 先驅，(提前趕到的)通報者，前兆，預兆，跡象〔*of*〕: Swallows are the ~*s of* spring. 燕子是春天來臨的前兆；燕子是報春的鳥。**2** 先人，祖先〔*of*〕: Anglo-Saxon is the ~ *of* modern English. 盎格魯撒克遜語是現代英語的先驅。

fore·sail [ˈfor͵sel, ˈfɔr-; ˈfɔːseil, ˈfɔːsl] *n.* Ⓒ《航海》前桅帆。

fore·see [forˋsi, fɔr-; fɔːˈsiː] *v.t.* (**fore·saw** [-ˋsɔ; -ˈsɔː]; **-seen** [-ˋsin; -ˈsiːn]) **1** 預知，預料…: ~ trouble 預知困難。**2 a**〔+(*that*)＿〕預料〈…事〉，認爲…: I ~ *that* there will be problems. 我預料[認爲]會有問題。**b**〔+ *wh.*＿〕預料〈…〉: ~ *what* will happen 預料會發生何事。

fore·see·a·ble [forˋsiəbl, fɔr-; fɔːˈsiːəbl] *adj.* **1** 可預知的，可預料的。**2**〈未來等〉不遠的: in the ~ future 在不久的將來，不久。

fòre·shádow *v.t.* 預示〈未來之事等〉，爲…的前兆[預兆]。

fóre·shòre *n.* [the ~] **1** (高潮線與低潮線之間的)前灘。**2 a** (漲潮則淹，退潮則現的)水邊，水濱，前灘。**b** 水邊與耕地[住宅用地]之間的土地，海埔地。

fòre·shórten *v.t.* **1**《繪畫》(以遠近法)縮短…的深度而畫；照遠近比例縮小而畫…。**2** 縮短，縮小…。

fòre·shów *v.t.* (~ed; **-shown**)預示，預告；出現…的前兆。

fore·sight [ˈfor͵saɪt, ˈfɔr-; ˈfɔːsait] *n.* **1** Ⓤ **a** 先見(之明)，洞察，遠見。**b** (對未來的)慎重，謹慎，深謀遠慮。**2** Ⓒ (槍砲上的)瞄準器，準星。

fóre·sìght·ed *adj.* 有先見之明的；(對未來)慎重的；深謀遠慮的。**~·ly** *adv.* **~·ness** *n.*

fóre·skìn *n.* Ⓒ (陰莖的)包皮。

‡for·est [ˈfɔrɪst; ˈfɔrist] *n.* **1** Ⓒ [集合稱爲Ⓤ] (地域廣大的)森林《有鳥獸的自然林》《★[比較]小森林，普通森林稱 wood(s)》: a natural ~ 自然林/cut down a ~ 砍伐林木/fifty acres of ~ 五十英畝的森林/The mountain is covered with ~(*s*). 那座山被森林遮蔽《滿山都是森林》。**2** [a ~] **a** 林立之物: *a* ~ *of* chimneys [TV antennas] 林立的煙囪[電視天線]。**b** 許多，很多: *a* ~ *of* questions 很多問題。**3** Ⓒ《英》(從前屬於王室等的)狩獵場，禁獵地《沒有圍牆，樹林不多的地區》。
—*adj.* [用在名詞前]森林的，森林地帶的: a ~ fire 森林火災/a ~ tree 森林的樹。—*v.t.*〔+受〕造林於…。

fòre·stáll *v.t.* **1** 領先，搶先…。**2** 先發制…；搶在…之前。**3** 壟斷〈市場、商品〉: ~ the market 壟斷市場。

for·est·a·tion [͵fɔrɪsˋteʃən; ͵fɔrisˈteiʃn] *n.* Ⓤ 造林，植林 (afforestation).

fór·est·er *n.* Ⓒ **1** 林務官。**2** 林中居民。**3** 森林中的鳥獸。

fórest rànger *n.* Ⓒ《美》森林警備員[保護員]《★也單稱 ranger》.

for·est·ry [ˈfɔrɪstrɪ; ˈfɔristri] *n.* Ⓤ **1** 森林學；林業。**2** 山林管理法，林政。

fòre·swéar *v.* =forswear.

fóre·tàste *n.* [a ~] **1**〔對於未來的甘苦的〕滋味的預嘗；試食；指望，預測，預料〔*of*〕: Her caustic remark gave him *a* ~ *of* her anger. 她的刻薄話使他預感到她的憤怒。**2** 前兆，預兆〔*of*〕: The briny air gave *a* ~ *of* the nearby sea. 鹹空氣是快近海的前兆。

fore·tell [forˋtel, fɔr-; fɔːˈtel] *v.t.* (**-told** [-ˋtold; -ˈtould]) **1**〔+受(+介+(代)名)〕預告，預言〔某人〕…〔*to*〕: ~ a person's failure [the course of events] 預言[預測]某人的失敗[事件的發展]。

> 【同義字】foretell 是表示預言、預知之義最廣泛的用字；forecast 是對於預期之事作推測性的述說，用於天氣、自然現象等；predict 是根據過去的事實、經驗的推斷而作預言。

2 a〔+(*that*)＿〕預告[預言，預示]〈…事〉: He *foretold that* there would be an earthquake. 他預言將有地震。**b**〔+ *wh.*＿〕預告[預言，預示]〈…〉: She could ~ *what* his reaction would be. 她能預先說出他會有什麼反應。

fóre·thòught *n.* Ⓤ事先的考慮[盤算]；預謀；先見；謹慎。

fóre·tòken *n.* Ⓒ前兆，預兆(omen).
—[ˋ ˊ ˉ] *v.t.* 成爲…的前兆，預示…。

fore·told [forˋtold, fɔr-; fɔːˈtould] *v.t.* **foretell** 的過去式・過去分詞。

fore·top [ˈfor͵tɑp, ˈfɔr-; ˈfɔːtɔp] *n.* Ⓒ **1**《航海》前桅樓；前桅平臺。**2** (馬等之)額毛。

***for·ev·er** [fəˋɛvə; fəˈrevə] *adv.* **1** 永久地 (eternally)《★[用法]《英》有分開寫成 for ever 兩個字的傾向》: I am yours ~. 我永遠屬於你《我永遠愛你》/He has gone away ~. 他永遠地離開了。**2** [常與動詞的進行式連用]不斷地，總是(always): He is ~ complain*ing*. 他總是在埋怨。

forévér and éver=forévér and a dáy 永久，永遠《★强調說法》。

forèver·móre *adv.* =forever.

fòre·wárn *v.t.* **1** 預先警告…: *Forewarned* is forearmed.《諺》預得警告就是早得防患；警惕即警戒。**2 a**〔+受+介+(代)名〕事先警告〈某人〉〔…〕〔*of*〕: ~ a person *of* the danger 事先警告某人有危險。**b**〔+受+ *that*＿〕事先警告〈某人〉〈…事〉: ~ a person *that* it may be dangerous to swim here 事先警告某人在這裏游泳可能有危險。

fore·wént *v.t.* **forego** 的過去式。

fóre·wòman *n.* Ⓒ (*pl.* **-women**) foreman 的陰性。

fóre·wòrd *n.* Ⓒ (尤指非作者本人所寫的)前言，緒言，序 (cf. afterword；⇨ introduction 3【同義字】)。

for·feit [ˈfɔrfɪt; ˈfɔːfit]《源自古法語「違反」之義》—*n.* **1** Ⓒ (因犯罪、失職、過失等的)罰款，罰鍰；追繳金；沒收物；(紙牌戲等因失敗或未達到條件而)被取走的東西: His life was the ~ *of* his crime. 他因犯罪而喪命《他以生命抵罪》。**2** Ⓤ〔權利、名譽等的〕喪失，被剝奪〔*of*〕.
—*v.t.* **1** (因犯罪等受到懲罰被沒收或被剝奪而)失去[喪失]〈財產等〉: He ~*ed* his estate by treason. 他因叛亂罪而被沒收地產。**2** 喪失…，失去〈權利〉: ~ one's life on the battlefield 在戰場喪失生命，戰死，陣亡。
—*adj.* [不用在名詞前]〔+介+(代)名〕被〔…〕沒收的，喪失〔於…〕的〔*to*〕: His lands were ~ (*to* the state). 他的土地被(國家)沒收了。

for·feit·ure [ˈfɔrfɪtʃə; ˈfɔːfitʃə]《forfeit 的名詞》—*n.* **1** Ⓤ〔財產的〕沒收；〔名譽、權利等的〕喪失，〔契約等的〕失效〔*of*〕. **2** Ⓒ沒收物，罰金，罰款。

for·gath·er [fɔrˋgæðə; fɔːˈgæðə] *v.i.*《文語》聚集，聚會。

‡for·gave [fəˋgev; fəˈgeiv] *v.* **forgive** 的過去式。

forge[1] [fordʒ, fɔrdʒ; fɔːdʒ]《源自拉丁文「工作室」之義》—*n.* Ⓒ **1** 熔爐，鍛鐵爐。**2** 鍛鐵場，鐵工廠。
—*v.t.*〔+受〕**1** 打〈鐵〉；鍛造…。**2** 策畫，想出〈計畫等〉。**3** 捏造，編造〈謊言等〉。**4** 僞造〈紙幣、票據等〉，仿造…。
—*v.i.* 僞造，仿造。

forge[1] 1

forge[2] [fordʒ, fɔrdʒ; fɔːdʒ] *v.i.*〔+副詞(片語)〕**1** 徐徐前進: ~ *ahead*〈船〉漸漸前進；〈賽跑者〉穩健地跑在前面；領先。**2**〈船、跑者等〉突然加速前進。

fórg·er *n.* Ⓒ **1** 僞造者，捏造者: a passport ~ 僞造護照者。**2** 鐵匠，鍛冶工。

forg·er·y [ˈfordʒərɪ, ˋfɔr-; ˈfɔːdʒəri]《forge[1] 的名詞》—*n.* **1** Ⓤ 僞造。**2** Ⓒ僞造物，贗品。**3** Ⓤ《法律》僞造文書罪。

‡for·get [fəˋgɛt; fəˈget] (**for·got** [-ˋgɑt; -ˈgɔt]; **for·got·ten** [-ˋgɑtn; -ˈgɔtn],《美》**for·got**) *v.t.* **1** 忘 (↔ remember)《★[用法]也用 have forgotten，但爲較拘泥的說法》: **a**〔+受〕忘記，想不出…，記不起…: I ~ your name. 我忘了你的名字/I *forgot* all about it. 我全忘了那件事/I shall never ~ your kindness. 我決不會忘記你的好意。**b**〔+ *to* do〕忘記〈做…〉《★[用法]表示在時間上較 forget 晚的行爲時使用，不能換寫成〔+ do*ing*〕》: I *forgot to* answer the letter. 我忘了回那封信/Don't ~ *to* sign your name. 別忘了簽你的名字。**c**〔+ do*ing*〕忘記〈做過…〉《★[用法]表示在時間上較 forget 早的經驗時使用，不能換寫成〔+ *to* do〕；常用否定的未來式》: I *shall never* ~ hear*ing* the President's address. 我將永不忘記聽過總統演說的事。**d**〔+ *that*＿〕忘記〈…事〉: I quite *forgot* (*that*) you were coming. 我全忘了你要來的事。**e**〔+ *wh.*＿/+*wh.*+ *to* do〕忘記〈是否(做)…〉: I *forgot whether* he would come on Monday or Tuesday. 我忘了他要在星期一或星期二來/I've *forgotten when to* start. 我已忘記要在什麼時候動身。**2**〔+受〕遺忘〈東西〉，忘記拿[買]…回來《★[用法]不與表示具體場所的介系詞一起使用，因此 I *forgot* my umbrella *on* the train. 是錯誤的說法，應改爲 I *left*....》: I'*m forgetting* my umbrella. 我忘了我的傘《★拿傘前說的話》/I almost *forgot* my umbrella. 我差一點就忘了我的傘《★拿傘後說的話》/He *forgot* the ticket and went back for it. 他忘了帶車票而回去拿。**3**〔+受〕忽略…，疏忽…: Never ~ your duties. 絕不可怠忽你的職守/⇨ not FORGETting. **4**〔+受〕〔~ *oneself*〕**a** 忘我，失態，忘記自己的身分；發脾氣；做粗心大意的事: *Forgetting himself*, he burst out in a string of oaths. 他失了態，連珠炮似地咒罵起來/I *forgot myself* so far as to tell it to him. 我太大意竟告訴他那件事/"Bloody hell!"—"You ~ *yourself*, sir." 「畜牲！」「你失態了，先生《別忘了有女士在場》。」**b** (忘了自己而)爲他人做事[設想]，奮不顧身。

—v.i. 〔動(＋介＋(代)名)〕忘記〔…〕；〔對…〕不放在心上〔*about*〕：Let's forgive and ～. 讓我們把過去的事[仇恨]全忘了吧；不念舊惡，不記仇/I *forgot* ***about*** promis*ing* her that. 我忘了對她允諾的那件事。

Forgét it. 《美》(那樣的事)沒關係，別再提了：“I'm sorry I stained your book.”—“*F～ it.*”「對不起，我把你的書弄髒了。」「沒關係。」

nót forgétting… …也，也包括…：Bring some presents back for Kate and me, *not forgetting* the maid. 給凱蒂和我帶一些禮物回來，女傭的(禮物)也別忘了。

forget-me-not

for·get·ful [fəˋgetfəl; fəˈgetful] *adj.* **1 a** 健忘的，善忘的：a ～ person 健忘的人/grow [become, get] ～ 變得健忘。**b** [不用在名詞前]〔＋介＋(代)名〕忘記〔…〕的〔*of*〕：He is often ～ ***of*** his students' names. 他常忘記學生的名字。**2** [不用在名詞前]〔＋介＋(代)名〕常疏忽[忽略]…的：be ～ ***of*** one's responsibilities 常疏忽職責。**～·ly** [-fəlɪ; -fuli] *adv.*

for·gét·ful·ness *n.* Ⓤ健忘症；忘却。

forgét-me-nòt *n.* Ⓒ《植物》勿忘我《紫草科勿忘草屬植物，象徵誠意、友愛，爲美國阿拉斯加州(Alaska)的州花》。

【字源】根據德國的傳說，一個與情人在多瑙河(the Danube)畔談情的青年，爲了摘下河邊的花送給情人，不愼掉進激流中。據說他把摘下的花擲給情人，叫着「不要忘了我。」而後便消失在激流中。這就是 forget-me-not(勿忘我)的由來。

fórg·ing *n.* **1** Ⓤ鍛造；僞造。**2** Ⓒ鍛造品。

for·gív·a·ble [fəˋgɪvəbl; fəˈgivəbl] *adj.* 可原諒[寬恕]的：a ～ offense 可寬恕的犯規。

‡for·give [fəˋgɪv; fəˈgiv] 《源自古英語「放棄」之義》**—(for·gave** [-ˋgev; -ˈgeiv]；**-giv·en** [-ˋgɪvən; -ˈgivn]) *v.t.* **1 a** 〔＋受〕赦免，原諒，寬恕〈某人，罪行〉：～ a person's sin 寬恕某人的罪惡/*F～* me if I am wrong. 如果我錯了，請原諒我/If you will ～ my quot*ing* these sentences again, ... 如果你肯恕我再引用這些句子…。

【同義字】forgive 是對於他人的罪行或過失拋棄憤怒與處罰等之情而予以寬恕；pardon 是對於罪行或惡事予以免除處罰；excuse 是原諒不太嚴重的失敗或錯誤等。

b 〔＋受＋介＋(代)名〕〔對…〕原諒〈人〉，原諒〈某人〉〔…〕〔*for*〕：I *forgave* the boy ***for*** steal*ing* it. 我原諒那個男孩偷了那東西/*F～* me ***for*** be*ing* late. 原諒我的遲到。**c** 〔＋受＋受〕原諒〈某人〉〈罪〉：～ a person his sin 原諒某人的罪/He *was forgiven* his negligence. 他的疏忽被寬恕了/*F～* us our trespasses. 赦免我們的罪吧《★出自聖經的「主禱文」》。

2 a 〔＋受〕免除〈債務等〉。**b** 〔＋受＋受〕免除〈某人〉〈債務〉：Will you ～ me the [my] debt？你能免除我的債務嗎？

—v.i. 原諒，寬恕：Let's ～ and forget. 讓我們把過去的事[仇恨]忘了吧；不念舊惡，不記仇/He ～*s* easily. 他容易原諒別人。

‡for·giv·en [fəˋgɪvən; fəˈgivn] *v.* **forgive** 的過去分詞。

for·gíve·ness *n.* Ⓤ **1** (罪等的)原諒，寬恕；(債務的)免除：ask for a person's ～ 懇求某人的寬恕。**2** 寬大，寬容。

for·gív·ing *adj.* (爽快地)原諒別人的，寬大的，仁慈的：a ～ nature 寬容的天性。**～·ly** *adv.*

for·go [fɔrˋgo; fɔːˈgou] *v.t.* (**for·went** [-ˋwent; -ˈwent]；**-gone** [-ˋgɔn; -ˈgɔn]) 放棄，拋棄〈樂趣等〉；對…斷念：～ a pay raise 放棄加薪。

‡for·got [fəˋgɑt; fəˈgɔt] *v.* **forget** 的過去式・過去分詞。

‡for·got·ten [fəˋgɑtn; fəˈgɔtn] *v.* **forget** 的過去分詞。

‡fork [fɔrk; fɔːk] *n.* Ⓒ **1** (餐桌用的)叉子，肉叉：a table ～ 餐叉/a fish ～ 吃魚肉用叉子/a knife and ～ 刀叉《★比較 不說 fork and knife》.

【說明】刀叉在使用前是放在餐巾上，但是一旦使用後一定要放在盤子上。叉子可用任何一隻手拿。餐後刀叉要平行地斜放在盤子上；cf. table manners【說明】

2 (農業用)草叉，鐵耙。**3** 叉狀物：**a** 樹叉，木叉。**b** (道路、河流等的)分岔，岔路，支流：a ～ *in* the road 道路的分岔。**c** 叉狀閃電。**4** 《音樂》音叉：⇨tuning fork.

—adj. [用在名詞前] (用餐)站著吃的：a ～ dinner 站著吃的晚餐。

—v.i. **1** 〈道路、河流等〉成叉狀，分岔。**2** 〈人、道路等〉在分歧點轉向(向右或左)前行：～ (to the) right [left] (從分歧點)向右[左]行。

—v.t. 〔＋受(＋副詞(片語))〕用叉子戳[刺，叉起]〈食物〉；(用草叉、鐵耙等)拋舉〈乾草等〉，以耙耙起…：～ *in* [*up*] manure 用鐵耙將肥料耙入[耙起]。

fórk óut [**óver, úp**] 《*vt adv*》[～＋out [over, up]＋*n.*]《口語》(1)(不情願地)把〈錢〉交[付]〔給…〕〔*for, on*〕：He ～*ed out* a pile to buy the house. 他不情願地付出一大筆錢買那棟房子。**—**《*vi adv*》(2)(不情願地)交[付]錢〔給…〕〔*for, on*〕：Come on！*F～ out*！Everyone else has paid. 來吧！付錢！其他的人都已經付了。

forked *adj.* **1** 分叉的，叉狀的，有叉的：～ lightning 叉狀閃電。**2** [常構成複合字]有…叉的：three-*forked* 三叉的。

fórked tóngue *n.* Ⓒ《美》謊言，假話，欺騙：speak with a ～ 扯謊，說假話。

fork·ful [ˋfɔrkfəl; ˈfɔːkful] *n.* Ⓒ一叉所舉之量。

fórk·lìft *n.* Ⓒ《機械》叉架升降機，堆高機。

fórklift trùck *n.* Ⓒ堆高卡車。

for·lorn [fəˋlɔrn; fəˈlɔːn] 《源自古英語「遺失」之義》**—adj.** 《文語》**1** 〈人〉無倚無靠的，孤獨的，寂寞的；無助的，〈情況等〉淒涼的，悲慘的。**2** 〈地方〉荒涼的，蕭條的，被遺棄的。

～·ly *adv.* **～·ness** *n.*

forlórn hópe 《荷蘭語「行踪不明的部隊」的發音轉化而被解釋成 forlorn＋hope 者》**—n.** [用單數] **1** 絕望的敢死隊行動；敢死隊。**2** 微乎其微[渺茫]的希望。

‡form [fɔrm; fɔːm] 《源自拉丁文「形狀」之義》**—n.** **1** ⓊⒸ形，形狀；樣子，姿態，外觀(⇨figure A【同義字】)：a devil in human ～ 化成人形的魔鬼/in the ～ of... 以…的形體[樣子]/take ～ 成形，有輪廓，具體化/take the ～ of... 取…的形式/a woman of delicate ～ 體態苗條的婦女。**2** Ⓒ人影，物影：I saw a ～ in the dark. 我在黑暗中看到一個人影。**3** Ⓒ型；方式；種類，形態：a ～ of government 政體。**4** Ⓤ(與內容相對的)形式，外形(↔ content)；表現的形式：*in* book ～ 以書本的形式，以單行本/*in* due ～ 正式地，照規定的格式/a piece of music in sonata ～ 奏鳴曲形式的音樂作品。**5 a** ⓊⒸ禮節，禮儀：be out of ～ 不合乎禮節。**b** Ⓤ[與 good, bad 等修飾語連用]禮節，禮貌：It is good [bad] ～ to do.... 做…是有禮貌的[無禮的]。**6** Ⓒ格式，表格；表格紙：an application ～ 申請表格/fill in [out, up] a ～ 塡寫表格/*after* the ～ of... 照…的格式/a telegraph ～ 電報紙。**7** Ⓤ(賽馬、運動選手等的)體能狀態，健康狀況，競技狀態：in [on] ～ 健康情況良好/out of [off] ～ 健康情況不好/He is in good ～. 他的健康情況良好。**8** ⓊⒸ《文法》形式，語形，形態。**9** Ⓒ《英》(中學的)年級《一般從 first form(一年級)到 sixth form(六年級)爲止》：Tom is now *in* the sixth ～. 湯姆現在讀六年級。**10** Ⓤ《哲》形式。

as a máter of fórm 作爲一種形式(上的事)，禮貌上。

for fórm's sàke 爲劃一形式，形式上；官樣文章地，僅爲了做做樣子。

fórm of addréss (口頭或書面上的)稱呼法，尊稱，頭銜。

—v.t. **1 a** 〔＋受〕使〈東西〉成形，形成：～ a thing from [on, upon] a pattern 用模型使東西成形/～ a circle with one's thumb and forefinger 用拇指與食指作成圓圈《OK 的記號》。**b** 〔＋受＋介＋(代)名〕把〈東西〉做成〔…形狀〕〔*into*〕；〔從…〕做出〈東西〉，把〔…〕做成〈東西〉〔*out of*〕：～ dough ***into*** loaves 從麪團做出麪包；把麪團做成麪包/～ a doll ***out of*** clay 用黏土做出娃娃。**2** 〔＋受〕**a** (以訓練、教育)培養，鍛鍊〈人物、能力、品性〉：a mind ～*ed* by military education 以軍事教育鍛鍊出來的精神。**b** 養成〈習慣〉：～ good habits 養成良好的習慣。**3** 〔＋受〕**a** 組成，成立〈內閣、會等〉：～ a cabinet 組閣。**b** 形成〈行列、隊形等〉，排〈隊〉，編成〈隊形〉：～ a queue 排隊。**c** 結成〈同盟、關係〉。**4** 〔＋受〕成爲…的組成部分，成爲…：～ one [part] of... 成爲…的一員[組成部分]/Water freezes and ～*s* ice. 水凍結而成冰。**5** 〔＋受〕〈嘴唇〉發出〈言語、聲音等〉。**6** 〔＋受〕構成〈思想〉，形成〈概念、意見等〉。**7** 〔＋受＋介＋(代)名〕《軍》使〈士兵〉排成〔…〕〔*into*〕：The soldiers were ～*ed* ***into*** columns. 那些士兵排成縱隊。

—v.i. **1** 〈東西〉形成：Ice ～*s* at a temperature of 32°F. 冰在華氏 32 度時形成。**2 a** 〈思想、信心、希望等〉產生：An idea ～*ed* in his mind. 他想出了一個主意。**b** 〈淚水〉含在眼裏；〈人潮等〉形成：Tears ～*ed* in her eyes. 淚水含在她的眼裏，她眼裏含著淚/A crowd ～*ed* in the town square. 城市廣場中形成人潮[人山人海]。**3 a** 〔動(＋副)〕排隊，作成隊形〈*up*〉. **b** 〔(＋副)＋介＋(代)名〕排成〔…〕隊形〈*up*〉〔*into, in*〕：～ (***up***) ***in*** columns 排成縱隊。

-form [-fɔrm; -fɔːm] [形容詞複合用字]表「…形[狀]的」「…樣式的」之意：cruci*form*.

***for·mal** [ˋfɔrml; ˈfɔːml] 《form 的形容詞》**—adj.** (**more** ～；**most** ～) **A** **1** 正式的(↔ informal)：a ～ receipt 正式收據/a ～ contract 正式契約/in ～ dress 穿正式服裝[禮服]。**2** 禮貌上的，禮節上的：a ～ visit [call] 禮節性拜訪，正式訪問。**3** 形式

上的，拘泥形式的，規規矩矩的，拘謹的(←→ informal)：~ words [expressions, style] 正式的字[措辭，文體]《例如 *cease*(=stop), *commence*(=begin), *purchase*(=buy), *vessel*(=ship)等》。

—**B 1** (無比較級、最高級)**形的，外形的**：~ semblance 外形的類似。**2** (無比較級、最高級)(缺乏內容的)**形式上的，表面上的**，外表的，有名無實的：~ obedience 表面上的服從。**3** 〈庭園、圖形等〉左右對稱的，成幾何學圖形的：a ~ garden 成幾何學圖形配置的庭園。**4** 《哲·邏輯》形式的(←→ material)：~ logic 形式邏輯。

form·al·de·hyde [fɔrˋmældəˏhaɪd; fɔːˈmældihaid] *n.* Ⓤ《化學》甲醛《防腐劑、消毒劑》。

fórmal educátion *n.* Ⓤ正規教育《尤指學校教育》。

for·ma·lin [ˋfɔrməlɪn; ˈfɔːməlin] *n.* Ⓤ《藥》甲醛水，福馬林《殺菌、消毒、防腐用》。

fór·mal·ism [-ḷˏɪzəm; -lizəm] *n.* Ⓤ **1** 極端的形式主義，虛禮。**2** (宗教、藝術上的)形式主義(←→ idealism)；形式論。

fór·mal·ist [-lɪst; -list] *n.* Ⓒ **1** 形式主義[形式論]者。**2** 拘泥形式者，刻板的人。

for·mal·is·tic [ˏfɔrmḷˋɪstɪk; ˏfɔːməˈlistik] *adj.* **1** 形式主義的。**2** 過於拘泥形式的。

for·mal·i·ty [fɔrˋmælətɪ; fɔːˈmæləti] **«formal 的名詞»—*n.* 1** Ⓤ拘泥形式，拘禮，拘謹：without ~ 不拘形式地。**2** Ⓒ正式手續：legal *formalities* 法律上的正式手續/go through due *formalities* 辦理正式的手續《乘坐飛機的手續等》。**3** Ⓒ(缺乏內容的)形式上的行為[事]。

for·mal·ize [ˋfɔrmḷˏaɪz; ˈfɔːməlaiz] *v.t.* **1** 給予…一定的形式，使…形式化。**2** 使…成為正式。**for·mal·i·za·tion** [ˏfɔrmḷɪˋzeʃən; ˏfɔːməlaiˈzeiʃn] *n.*

for·mal·ly [ˋfɔrmḷɪ; ˈfɔːməli] *adv.* **1** 正式地，公式地。**2** 形式地，形式上。**3** 拘泥禮儀地；拘謹地。**4** 《哲·邏輯》在形式上(←→ materially)。

for·mant [ˋfɔrmənt; ˈfɔːmənt] *n.* Ⓒ《語音》構形成分。

for·mat [ˋfɔrmæt; ˈfɔːmæt] *n.* Ⓒ **1** (書刊等的)開本，版式(cf. duodecimo, folio 1 a, foolscap 1, octavo 2, quarto 1)：reissue a book *in* a new ~ 以新版式重新發行一本書。**2** (節目、企劃等的)構成，方式。**3** 《電算》(排列)形式，格式。

***for·ma·tion** [fɔrˋmeʃən; fɔːˈmeiʃn] *n.* **1** Ⓤ**構成，編成，成立；形成**：the ~ of a cabinet 組閣/the ~ of character 人格的形成。**2** Ⓤ構造，形態。**3** Ⓒ形成物，組成物，構成物。**4** ⓊⒸ **a** 《軍》隊形；編隊：in battle ~ 成[以]戰鬥隊形/~ flying [flight] 編隊飛行。**b** 《美式足球》排列(成某種隊形)：⇨wingback formation. **5** Ⓒ《地質》層，岩層。

form·a·tive [ˋfɔrmətɪv; ˈfɔːmətiv] *adj.* **1** [用在名詞前]造形的；形成的：the ~ arts 造形藝術。**2** 發展的：one's ~ years 人格形成的時期。

—*n.* Ⓒ《文法》造字的要素《字首、字尾等》。

‡for·mer[1] [ˋfɔrmɚ; ˈfɔːmə] **«源自古英語 *forma*「第一的」的比較級»—*adj.*** [用在名詞前](無比較級、最高級) **1 以前[從前]的，在前的，前任的**：in ~ days [times] 從前，往昔/his ~ wife 他的前妻。**2** [**the** ~；對後者(the latter)的相對性用法] **a 前者的**：I prefer *the* ~ picture to the latter. (比較起來)我喜歡前一幅畫而不喜歡後者；我喜歡前一幅畫勝於後者。**b** [當代名詞用] **前者**《★用法 承接單數名詞時當單數用，承接複數名詞時當複數用》：in *the* ~ 在前者的情形/Canada and the United States are in North America；*the* ~ lies north of the latter. 加拿大與美國均在北美；前者位於後者以北。

form·er[2] [ˋfɔrmɚ; ˈfɔːmə] **«源自 *form v.*» —*n.*** Ⓒ **1** 形成者，構成者。**2** 鑄型，模型，成形[型]設備。**3** [常構成複合字]《英》…年級學生：a sixth ~ 六年級學生。

***for·mer·ly** [ˋfɔrmɚlɪ; ˈfɔːməli] *adv.* (無比較級、最高級)**從前，以前**：He ~ worked for the government. 他以前為政府工作；他以前是公務員。

for·mic [ˋfɔrmɪk; ˈfɔːmik] *adj.* **1** 《化學》甲酸的；蟻酸的。**2** 螞蟻的。

For·mi·ca [fɔrˋmaɪkə; fɔːˈmaikə] *n.* Ⓤ《商標》佛麥卡《用於處理家具表面等的一種强力合成樹脂》。

fórmic ácid *n.* Ⓤ《化學》蟻酸，甲酸。

for·mi·da·ble [ˋfɔrmɪdəbḷ; ˈfɔːmidəbl] **«源自拉丁文「引起恐懼的」之義»—*adj.*** (**more** ~；**most** ~) **1** (引起不安的)**可怕的**，令人畏懼的：a ~ appearance 令人畏懼的長相[外貌]。**2** 〈敵人〉**難以對付的**；〈工作等〉艱鉅的，艱難的：a ~ enemy 難以對付的敵人，强敵/a ~ project [plan] 艱鉅的工程[計畫]。**3** 龐大的；非常傑出的；顯著的：a ~ knowledge of astronomy 對天文學的深刻了解。

fór·mi·da·bly [-dəblɪ; -dəbli] *adv.* **~·ness** *n.*

fórm·less *adj.* **1** 無形狀的，無定形的。**2** 混沌的，形體不明的。

~·ly *adv.* **~·ness** *n.*

fórm lètter *n.* Ⓒ格式信函《印刷或複印的信，只需個別填入日期、收信人名字及地址》。

For·mo·sa [fɔrˋmosə; fɔːˈmousə] *n.* 台灣(Taiwan).

For·mo·san [fɔrˋmosən; fɔːˈmousə] *adj.*, *n.* =Taiwanese.

for·mu·la** [ˋfɔrmjələ; ˈfɔːmjulə] **«源自拉丁文「小小的形式(form)」之義»—*n. (*pl.* ~**s**, -**lae** [-ˏli; -liː]) **1** Ⓒ **a 客套話**，固定的說法，(致辭等用的)套語，慣用語句。**b** (無意義的)敷衍的話，空洞的話。**2** Ⓒ(一定的)**方式**，固定的形[格]式；習慣性的作法，老套。**3** Ⓒ **a** 處方，配方[*for*]. **b** (調整對計畫、提案等不同意見的)處理方案，打開僵局的辦法[*for*]. **4** Ⓤ《美》調合乳。**5** Ⓒ《數學·化學》公式，式：a binomial ~ 二項式/a molecular ~ 分子式/a structural ~ 構造式，結構式/the chemical ~ *for* water 水的化學式(H_2O)。

—*adj.* [用在名詞前]符合規格的〈跑車〉《車重、引擎排氣量、車身形狀等符合一定規格者》。

for·mu·la·ic [ˏfɔrmjuˋleɪk; ˏfɔːmjuːˈleiik] *adj.* 公式[套語]的，由公式[套語]構成的。

for·mu·lar·y [ˋfɔrmjəˏlɛrɪ; ˈfɔːmjuləri] *n.* Ⓒ **1** 儀式文[祭文]集，套語集。**2** (教會的)儀式書。**3** 《藥》處方[配方]集，藥典。

—*adj.* **1** 公式[固定格式]的；規定的。**2** 儀式上的。

for·mu·late [ˋfɔrmjəˏlet; ˈfɔːmjuleit] *v.t.* **1** 明確[有組織，有系統]地陳述…。**2** 使…成為公式[固定格式]化，把…作成公式。**3** 使〈計畫、意見等〉有組織[系統]，整理…。

for·mu·la·tion [ˏfɔrmjəˋleʃən; ˏfɔːmjuˈleiʃn] **«formulate 的名詞»—*n.* 1** Ⓤ公式[固定格式]化，組織化。**2** Ⓒ有系統[明確]的陳述[說明]。

for·mu·lize [ˋfɔrmjəˏlaɪz; ˈfɔːmjulaiz] *v.t.* =formulate.

fórm wòrd *n.* Ⓒ《文法》形式詞，虛詞《句中表示關係[文法意義]之字，如介系詞，連接詞，助動詞屬之》。

for·ni·cate [ˋfɔrnɪˏket; ˈfɔːnikeit] *v.i.* 私通，通姦。

for·ni·ca·tion [ˏfɔrnɪˋkeʃən; ˏfɔːniˈkeiʃn] **«fornicate 的名詞»—*n.*** Ⓤ **1** 私通，通姦。**2** 《聖經》姦淫。

for·rad·er [ˋfɑrədɚ; ˈfɔrədə] *adv.* 《英口語》forward 的比較級(⇨forward *adv.* 1).

for·sake [fɚˋsek; fəˈseik] *v.t.* (**for·sook** [-ˋsuk; -ˈsuk]；**-sak·en** [-ˋsekən; -ˈseikən])〔十受〕**1** 背棄，遺棄，拋棄〈朋友等〉：She *forsook* him *for* another. 她為了另一個人而拋棄他。**2** 放棄，捨棄〈習慣等〉：~ formalities for the sake of brevity 為了簡潔而放棄(缺乏內容的)形式主義。

for·sak·en [fɚˋsekən; fəˈseikən] *v.* **forsake** 的過去分詞。

—*adj.* 被遺棄的，孤獨的：a ~ child [lover] 被遺棄的小孩[情人]/You look very ~ tonight. 你今晚看來滿孤單的樣子。

for·sook [fɚˋsuk; fəˈsuk] *v.* **forsake** 的過去式。

for·sooth [fɚˋsuθ; fəˈsuːθ] *adv.* 《古·諷刺》的確，真的，確實；當然。

for·swear [fɔrˋswɛr; fɔːˈswɛə] *v.t.* (**-swore** [-ˋswor, -ˋswɔr; -ˈswɔː]；**-sworn** [-ˋsworn, -ˋswɔrn; -ˈswɔːn]) **1 a** 〔十受〕發誓[斷然]革除，放棄…；發誓否定[否認]…。**b** 〔十 do*ing*〕發誓[斷然]放棄〈做…〉。**2** [~ one*self*]作偽誓[偽證]。

for·syth·i·a [fɚˋsɪθɪə, fɔr-, -ˋsaɪθ-; fɔːˈsaiθjə] *n.* Ⓤ《植物》連翹(屬植物)《春天開黃花》。

fort** [fort, fɔrt; fɔːt] **«源自拉丁文「堅固」之義»—*n. Ⓒ **1 要塞；堡壘**；碉堡；城堡(cf. fortress). **2** 《美》(北美印地安人區的)交易市場《從前設有碉堡》。**3** 《美》常設的陸軍駐紮地。

hóld the fórt (1)防守要塞。(2)維持現狀；堅守崗位；堅持立場。

forte[1] [fort, fɔrt; ˈfɔːtei, fɔːt] *n.* **1** [**one's** ~]長處，擅長，優點，拿手好戲：Singing is not really my ~, but I'll try. 唱歌實在不是我擅長的，但是我試著唱唱看。**2** Ⓒ《劍術》劍腰《劍柄至中央部分，為劍身最强的部分；cf. foible 2》.

for·te[2] [ˋfɔrtɪ, -te; ˈfɔːti] **«源自義大利語「堅固」之義»—** 《音樂》*adj.* & *adv.* 强音的[用强音]《略作 *f.*；←→ piano》：~~= fortissimo/~ piano 强(接著)轉弱《略作 *fp*》.

—*n.* Ⓒ强音(部分)。

***forth** [forθ, fɔrθ; fɔːθ] *adv.* (無比較級、最高級)《文語》**1** [用於表示時間的名詞之後](…)**以後**《★常用於下列片語》：from this [that] day ~ 從今天[那天]起。**2** [常與動詞連用]**向前(方)**，往可被看見的顯處探出；(離家等)向外《★參閱動詞 bring, burst, come, give, go, hold, put, set 等項》。

and só fòrth ⇨and.

báck and fórth ⇨back *adv.*

forth·com·ing [ˋforθˋkʌmɪŋ, ˋfɔrθ-; ˏfɔːθˈkʌmiŋ] *adj.* **1** 即將到來[出現]的，下一次的：a list of ~ books 即將出版的書籍目錄，近期書目/the ~ week 下週。**2** [不用在名詞前] [常用於否定句]手頭有的，隨時可得的，現有的：We needed money, but *none* was ~. 我們需要錢，但一點也沒有籌到[著落]。**3** [常用於否定句] **a** 《口語》立刻[主動]幫助的：*None* of them were ~. 他們

沒有人願意幫忙。**b** 〈人等〉外向的，善交際的：She's *not* a very ~ kind of girl. 她不是善於交際的那一種女孩。

fórth·rìght *adv.* 一直往前地：march ~ 徑直前進。
—*adj.* **1** 直進的。**2** 直率的。~·**ness** *n.*

forth·with [forθ'wɪθ, fɔrθ-, -'wɪð; ˌfɔ:θ'wiθ, -'wið] *adv.* 立即，立刻。

for·ti·eth** ['fɔrtɪɪθ; 'fɔ:tiiθ] «源自 forty ＋ -th¹ (構成序數的字尾)» **—adj.* **1** [常 the ~] **第四十(個)的**。**2** 四十分之一的。
—*n.* **1** Ⓤ [常 the ~] (序數的)第四十《略作 40th》. **2** Ⓒ四十分之一。
—*pron.* [the ~] 第四十(個)的人[物]。

for·ti·fi·ca·tion [ˌfɔrtəfə'keʃən; ˌfɔ:tifi'keiʃn] «fortify 的名詞» **—***n.* **1** Ⓤ築城(法，術，學)。**2** Ⓒ [常 ~s] 防禦工程，碉堡，要塞。**3** Ⓤ加强；增加(葡萄酒中的)酒精量；增加(食物的)營養價值。

fór·ti·fied wíne *n.* Ⓤ [指個體時爲Ⓒ] 强力葡萄酒《加入白蘭地等以增加酒精成分者，如雪莉(sherry)酒》。

for·ti·fy ['fɔrtəˌfaɪ; 'fɔ:tifai] «源自拉丁文「强化」之義» **—***v.t.* 〔十受〕**1** 在…**建設防禦工事**；把…變成要塞，鞏固…的防備。**2 a** 强化〈組織、構造〉。**b** 加强〈體力〉，使〈意志〉堅强，給〈人〉以勇氣，使〈人〉精神振奮。**3** 在〈酒〉中加入酒精《增加烈性》；(添加維他命等)提高〈食品〉營養價值。**—***v.i.* 築要塞。

for·tis·si·mo [fɔr'tɪsəˌmo; fɔ:'tisimou] «義大利語 forte² 的最高級» **—**《音樂》*adj.* &*adv.* 最强音的[用最强音]《略作 *ff.* ↔ pianissimo》. **—***n.* Ⓒ(*pl.* ~s)最强音(部分)。

for·ti·tude ['fɔtəˌtud, -ˌtjud; 'fɔ:titju:d] «源自拉丁文「强」之義» **—***n.* Ⓤ**剛毅**；堅忍，不屈不撓的精神：*with* ~ 毅然。

fort·night ['fɔrtnaɪt; 'fɔ:tnait] «源自古英語「十四夜」之義» **—***n.* Ⓒ [常用單數]《英》**兩週**，兩星期《★ 比較 《美》一般用 two weeks》：Monday ~ 兩週後[前]的星期一/today ~＝this day ~ 兩週後[前]的今天。

fórt·nìght·ly *adj.* 兩週一次的；隔週發行的，雙週刊的。
—*n.* Ⓒ雙週刊。
—*adv.* 每兩週[隔週]地。

FORTRAN ['fɔrˌtræn; 'fɔ:træn] «*for*mula *tran*slation 之略» **—***n.* Ⓤ《電算》公式翻譯程式，福傳《主要用於科技計算的程式語言；cf. COMPUTER language》.

for·tress ['fɔrtrɪs; 'fɔ:tris] «源自法語「小要塞」之義» **—***n.* Ⓒ **1** (規模大而具永久性的)要塞；城砦。**2** 堅固的場所。

fortress 1

for·tu·i·tism [fɔr'tjuəˌtɪzəm, -'tu-; fɔ:'tju:itizəm] *n.* Ⓤ《哲》偶然說，偶然論。

for·tu·i·tous [fɔr'tuətəs, -'tju-; fɔ:'tju:itəs] «fortuity 的形容詞» **—***adj.* **1** 意外的，偶然的。**2** 好運的《★非標準用法》。~·**ly** *adv.*

for·tu·i·ty [fɔr'tjuətɪ; fɔ:'tju:iti] *n.* **1** Ⓤ偶然性，偶然。**2** Ⓒ偶然事件。

For·tu·na [fɔr'tjunə, -'tu-; fɔ:'tju:nə] *n.* 《羅馬神話》福圖娜《幸福與機運之女神》。

for·tu·nate** ['fɔrtʃənɪt; 'fɔ:tʃənət] «fortune 的形容詞» **—adj.* (**more** ~；**most** ~) **1 a** **好運的，幸運的，幸福的**(⇨happy 3【同義字】)：a ~ person 幸運者/make a ~ decision 做了幸運的決定/That was ~ for you. 那是你的運氣好/It is ~ *that* you have such good friends. 你有這樣的好友是你的運氣。**b** [不用在名詞前]〔十介十(代)名〕〔在…方面〕幸運的〔*in*〕：She is ~ *in* hav*ing* such a kind husband. 她有這樣一位好心的丈夫，眞是幸運。**c** [不用在名詞前]〔十 *to* do〕幸而〈做…〉的：We were ~ *to* get a house like that. 我們幸而獲得一棟像那樣的房子。**2** [**the** ~；當複數名詞用] 幸運者。**3** 帶來幸運的，好預兆的：a ~ piece of news 好預兆的消息。

Fortuna

***for·tu·nate·ly** ['fɔrtʃənɪtlɪ; 'fɔ:tʃənətli] *adv.* (**more** ~；**most** ~) **1 幸虧**，幸運地。**2** [修飾整句] **幸虧**，幸而：*F*~ the weather was good. 幸虧天氣好。

‡for·tune ['fɔrtʃən; 'fɔ:tʃu:n] «源自拉丁文「運氣」之義» **—***n.* **1 a** Ⓤ**機會**：by good [bad, ill] ~ 幸好[不幸]/try one's ~ 碰碰運氣；冒險。**b** 〔十 *to* do〕[**the good** [**bad**] ~]〈做…的〉運氣：have *the good* ~ *to* succeed 幸而成功。**2 a** Ⓤ**幸運，幸福，繁榮，成功，發跡**：seek one's ~ (離家去)尋找出路，碰運氣/have ~ on one's side 走運。**b** 〔十 *to* do〕[**the** ~]〈…的〉幸運：I had *the* ~ *to* obtain his services. 我幸而得到他的幫助。**3** Ⓒ**運氣**，(將來的)命運：tell ~*s* 〈占卜者〉算命/tell a person's ~ 〈命相者〉替人算命[看相]/have one's ~ told 請人算命。**4 a** Ⓤ**財富**，財產：a man of ~ 富人，財主/make one's ~ 成功立業；發跡；發財。**b** Ⓒ巨款，大筆錢，財產：have [make] a ~ 有財產[發一筆財]/That must have cost a ~. 那一定很貴/come into a ~ (繼承遺產等而)得到一筆財產。**5** [**F**~] Ⓤ命運女神：*F*~ favors the brave [bold].《諺》命運的女神[好運]垂青勇士《勇者成功》。

a smáll fórtune 《口語》相當的金額，大筆錢：spend *a small* ~ on... 在…上花大錢。

márry a fórtune 娶富家女，與有錢女人結婚《★ fortune 古語爲「女財主」之意》。

the fórtunes of wár 戰運。

fórtune còokie *n.* Ⓒ幸運籤餅《一種夾層餅，內含一張印有預言吉凶禍福或格言、妙句等的字條》。

fórtune hùnter *n.* Ⓒ(尤指藉結婚)想得到財產者，尋找富有的結婚對象者。

fórtune-tèller *n.* Ⓒ算命者，看相的人。

fórtune-tèlling *n.* Ⓤ算命；看相；占卜。

> **【說明】**在英美有不少人以占星術或紙牌算命作消遣。在英國的遊樂區有時可看到所謂水晶球算命者(crystal gazer)在聚精會神地凝視水晶球，根據水晶球上出現的形狀或花紋爲人算命，但美國沒有這種算命者。

F

‡for·ty ['fɔrtɪ; 'fɔ:ti] *adj.* **1** [用在名詞前] **四十的**，四十個的，四十人的：He is ~ years old [of age]. 他的年紀是四十歲/⇨ forty winks. **2** [不用在名詞前] 四十歲的：He is ~. 他四十歲。
—*n.* **1 a** ⓊⒸ [一般無冠詞] (基數的) **四十**。**b** Ⓒ四十的記號《40, xl, XL》. **2 a** Ⓤ四十歲，四十美元[英鎊，分，便士(等)]：a man of ~ 四十歲的男人。**b** [**the forties**] (世紀的)四十年代。**c** [**one's forties**] (年齡)四十來歲《四十至四十九歲》。**d** [**the Forties**] 蘇格蘭東北岸與挪威西南岸之間的海域《★因深度在四十噚以上而得名》：⇨the ROARING forties. **3** Ⓤ《網球》(在一局中得)三分(⇨tennis【說明】)：*F*~ love. 三比零。
—*pron.* [當複數用] 四十個，四十人：There are ~. 有四十個[人]。

fórty-fíve *n.* **1** ⓊⒸ [一般無冠詞] (基數的) 四十五。**2** Ⓒ四五口徑手槍《常寫作 .45》. **3** Ⓒ每分鐘四十五轉的唱片《常寫作 45》.

fòrty-nín·er [-'naɪnɚ; -'nainə] *n.* Ⓒ《美口語》1849 年因淘金熱而湧向加州的人。

fórty wínks *n. pl.* [當單數或複數用]《口語》晝間小睡，午睡：catch [have, take] ~ 小睡一會兒。

fo·rum ['forəm, 'fɔrəm; 'fɔ:rəm] «源自拉丁文「公開的場地，廣場」之義» **—***n.* Ⓒ(*pl.* ~s, **fo·ra** ['forə, 'fɔrə; 'fɔ:rə]) **1** (古羅馬城鎮中之)公共廣場[市場]《爲法律、政治事務之傳導處》。**2** 法庭。**3** (輿論的)裁判，制裁：the ~ of conscience 良心的制裁。**4** 公開的討論會。

‡for·ward ['fɔrwɚd; 'fɔ:wəd] *adv.* (有時 ~·er；~·est) **1 向[在]前方**，向前(進)(↔ backward)(⇨ onward【同義字】)：rush ~ 向前衝/lean ~ 向前挺身/look ~ 向前看(cf. 2a)/step ~ two paces [take two steps ~] 向前走兩步/He drew his chair a little ~ and sat down on it. 他把椅子向前拉一些，然後坐下去/*F*~!《軍》前進！**2 a** (朝向)**未來**，今後；(把時鐘、錶等)向前(撥)，(撥)快：look ~ 考慮未來，向前看(cf. 1a)/move [put] a clock ~ 把時鐘(的時間)向前撥(快)。**b** [用於名詞之後]…以後：from this time ~ 從今以後，此後/from that day ~ 從那一天以後。**c** 《商》預塡日期，塡未來的日期：date a check ~ 在支票上預塡以後的日期；開遠期支票。**3** (把日期等)提早：bring (the date of) one's party ~ from the 12th to the 5th of May 把聚會的日期從五月十二日提早到(五月)五日。**4** [常與動詞連用] 顯著地，醒目地，向外(提出)地，公開地：⇨ BRING forward, COME forward, PUT forward.

lóok fórward to... ⇨look.

pùt [**sèt**] **onesèlf fórward** 出面，挺身而出。

—*adj.* (有時 ~·er；~·est) **1** [用在名詞前] (無比較級、最高級) **a 向前方的**；前進的，前去的(↔ backward)：(a) ~ movement 前進/~ speed 前進速度。**b** 前方的，前面的：a ~ seat on a bus 公車上的前面座位。**2** [用在名詞前] (無比較級、最高級) **a** 對未來的：~ planning 未來的計畫。**b** 《商》預先的；預約的，預定的；期貨的：a ~ contract 預約；期貨契約/~ delivery 遠期[來日]交貨。**3 a** 前進的，促進的《★常用於輕蔑之意》：a ~

movement 促進運動。b〈意見等〉進步的，激進的：～ measures 激進的措施/He has very ～ ideas about sex education. 他對於性教育有非常激進的看法。4 a〈季節、時期等〉(比平常)早的：a ～ spring 早來的春天。b〈農作物、小孩等〉發育[生長]早的，早熟的：a ～ child 早熟的孩子/The crops are rather ～ this year. 今年的農作物早熟。5 a〈年輕人〉魯莽的，唐突的：a very ～ young lady 一位極魯莽的年輕女士。b [不用在名詞前]〔十介十(代)名〕〔對…〕魯莽的，唐突的〔*with*〕：He's too ～ ***with*** adults. 他對大人(的態度)太魯莽。c [不用在名詞前]〔十*of*十(代)名(十*to* do)/十*to* do〕〔某人〕〈做…是〉魯莽的，唐突的；〈某人〉〈做…是〉魯莽的，唐突的：It's rather ～ ***of*** you to say such things.＝You are rather ～ *to* say such things. 你說這樣的話實在太魯莽了。6 [不用在名詞前]〔十介十(代)名〕〈人〉〔在工作、計畫等〕前進的，進展的〔*with, in*〕：He is well ～ ***with*** the work. 他的工作進展順利。7 [不用在名詞前] a〔十介十(代)名〕〈人〉〔對…〕熱心的〔*with, in*〕：She is always ～ ***with*** help [***in*** help*ing*]. 她總是熱心助人。b〔十 *to* do〕〈人〉主動〈做…〉的：She is always ～ *to* help others. 她總是主動地幫助別人。

—*n.* Ⓒ [指守備位置時爲Ⓤ]《足球・曲棍球等》前鋒《略作 fwd.；cf. back 4》：left [right] ～ 左[右]前鋒。

—*v.t.* 1〔十受(十介十(代)名)〕將〈信件等〉〔從…〕轉寄，轉交〔到…〕〔*from*〕〔*to*〕(cf. readdress 2)：Your letter has been ～*ed* ***to*** me ***from*** my former address. 你的信已經從我的舊址轉寄過來了。2 a〔十受〕寄送，運送〈訂購物品〉：Please ～ the article on receipt of our check. 一收到我們的支票請即發貨。b〔十受十受/十受十介十(代)名〕寄給〈某人〉〈訂購貨品〉；寄送〈訂購物品〉〔給某人〕〔*to*〕：We will ～ you the merchandise [We will ～ the merchandise ***to*** you] after we receive your check. 收到你的支票後我們會把貨品寄送給你。3〔十受〕a 推展，促進，促成〈計畫、運動、行爲等〉：～ a plan [movement] 推展計畫[運動]/～ one's interests 增加自己的利益。b 促進〈植物等〉的生長，使…發育。

—*v.i.* 轉送(郵件)《★一般都寫在郵件上》：Please ～ (if not at this address). 如果不在此地址請轉遞。

fór·ward·er *n.* Ⓒ 1 促進[助成]者。2 轉運[運送]者，運輸業者《尤指運輸代理商》。

fór·ward·ing *n.* 1 Ⓤ運送；運輸(業)，轉運。2 [當形容詞用]運送的，運輸的，轉運的：a ～ agent 運輸業者/a ～ address 轉遞(郵件)的地址。

fórward-lóoking *adj.* 進取的，前瞻性的，積極的，進步的。

fór·ward·ly *adv.* 向前地，魯莽地，唐突地，逾越地。

fór·ward·ness *n.* Ⓤ 1 (進步的)快速；(季節的)早到，(農作物等的)早熟。2 魯莽，唐突。

fórward páss *n.* Ⓒ《橄欖球・美式足球》向前傳球《在一次的攻擊中只准一次的前進傳球》。

‡**for·wards** [ˋfɔrwədz; ˈfɔːwədz] *adv.* ＝forward.

for·went [fɔrˋwɛnt; fɔːˈwent] *v.t.* **forgo** 的過去式。

foss [fɑs, fɔs; fɔs] *n.* ＝fosse.

fos·sa [ˋfɑsə, ˋfɔsə; ˈfɔsə] *n.* Ⓒ (*pl.* **fos·sae** [-si, -saɪ; -siː])《解剖》(鼻子等的)孔，窩，凹穴：the nasal *fossae* 鼻腔。

fosse [fɔs; fɔs] *n.* Ⓒ 1 溝渠，運河。2 (城堡、要塞周圍的)壕溝(moat)。

fos·sil [ˋfɑsl; ˈfɔsl] 《源自拉丁文「被挖出」之義》—*n.* Ⓒ 1 化石。2 [常 **old** ～]《口語》落伍者，守舊的人。

—*adj.* [用在名詞前] 1 化石的，成化石的：a ～ leaf 葉子化石。2 挖掘的；出土的。3 陳腐的；落伍的。

fóssil fúel *n.* ⓊⒸ化石燃料《煤、石油、天然氣等礦物燃料》。

fos·sil·if·er·ous [ˌfɑsəˋlɪfərəs; ˌfɔsiˈlifərəs] *adj.* 含有化石的。

fos·sil·i·za·tion [ˌfɑslɪˋzeʃən; ˌfɔsiliˈzeiʃn, ˌfɔsəlai-] 《fossilize 的名詞》—*n.* Ⓤ 1 化石作用。2 古板化。

fos·sil·ize [ˋfɑslˌaɪz; ˈfɔsilaiz] 《fossil 的動詞》—*v.t.* 1 使…變成化石。2 使…僵化[落伍，過時]。—*v.i.* 1 a 變成化石。b〔十介十(代)名〕經化石作用而成〔…〕〔*into*〕：～ ***into*** coals 化石作用而成爲煤。2 變得落伍[過時]。

fos·ter [ˋfɔstɚ; ˈfɔstə] *v.t.*〔十受〕1 (當親生子般)養育，撫養；照顧〈非親生子〉：～ a child 撫養小孩/～ the sick 看護病人。2 培養，促進，助長…：Ignorance ～*s* superstition. 無知助長迷信。3 心懷〈希望等〉：～ fond hopes 懷著渺茫的希望。

—*adj.* [用在名詞前]有親子般關係的，養育的，收養的〈非親子者〉：a ～ brother [sister] 養兄弟[姊妹]/a ～ child 養子，螟蛉子/a ～ daughter 養女/a ～ father 養父/a ～ mother 養母/a ～ nurse 奶媽/a ～ parent 養父[母]/a ～ son 養子。

Fos·ter [ˋfɔstɚ; ˈfɔstə], **Stephen Col·lins** [ˋkɑlɪnz; ˈkɔlinz] *n.* 傅斯特《1826–64；美國歌謠作詞及作曲家》。

fos·ter·ling [ˋfɔstɚlɪŋ; ˈfɔstəliŋ] *n.* Ⓒ養子[女]。

‡**fought** [fɔt; fɔːt] *v.* **fight** 的過去式・過去分詞。

foul [faul; faul] 《源自古英語「發惡臭的」之義》—*adj.* (～·**er**；～·**est**) 1 a 有惡臭的，噁心的：～ breath 口臭，臭氣/a ～ smell [odor] 惡臭。b 不潔的，污穢的，骯髒的《★比較 意思較 dirty 强》；〈空氣、水〉污濁的：～ air 污濁的空氣。c〈食物等〉腐爛的，腐敗的。2 a〈天氣〉惡劣的，暴風雨要來似的：～ weather 壞天氣，惡劣的天氣。b [用在名詞前](無比較級、最高級)逆向的〈風、潮水〉：a ～ wind 逆風，迎面吹來的風(←→ a fair wind)。3〈言詞、心等〉卑鄙的，下流的，猥褻的：a ～ tongue 下流的話，惡言/～ talk 淫猥的話。4 a〈罪行等〉惡劣的，可憎惡的：～ murder 用卑鄙手段的謗殺。b [不用在名詞前]〔十*of*十(代)名(十 *to* do)/十 *to* do〕〔某人〕〈做…是〉卑鄙的；〈某人〉〈做…是〉卑鄙的：It was ～ ***of*** him *to* betray her.＝He was ～ *to* betray her. 他背叛她，眞是卑鄙。5 [用在名詞前](無比較級、最高級)(比賽時)犯規的；不正當的(←→ fair)：win by ～ play 以不正當的手段獲勝(⇨ foul play 1)。6《口語》令人很不舒服[不愉快]的：a ～ breakfast 很差勁的早餐/This soup is absolutely ～. 這種湯簡直不能喝/be a ～ dancer 舞跳得很蹩脚[差勁]。7 [用在名詞前](無比較級、最高級) a 滿是污泥的，泥濘的〈道路〉：a ～ road 泥濘的道路。b (因煤煙、油垢而)阻塞[堵塞]的〈管子、煙囪等〉。8 (無比較級、最高級)《航海》〈繩索、鎖鍊等〉糾纏的，纏在一起的：get ～ 纏在一起，糾結。9 (無比較級、最高級)《棒球》〈球〉界外的：⇨ foul ball. 10〈校樣等〉(因錯誤或改正太多而)髒亂的(←→ clean)：～ copy 髒亂的原稿。

fáll [**gò, rùn**] **fóul of...** (1)與〈他船等〉相撞。(2)〈人〉與…相爭[打架]；使…生氣。(3)抵觸〈法律等〉。

—*adv.* (～·**er**；～·**est**) 1 不正當地，犯規地，違法地。2 (無比較級、最高級)《棒球》成爲界外球，到界外。

hít fóul《拳擊》違規打擊(對方)。

pláy a person **fóul** (比賽等時)用違法手段對待某人；對人採取(偷襲、暗算等的)卑鄙手段。

—*n.* Ⓒ 1 (比賽時的)犯規。2《航海》(船、槳等的)相撞；(繩索等的)糾結，纏繞。3《棒球》界外球《略作 f.》。

—*v.t.*〔十受〕1 把〈東西〉弄髒；毀損〈名譽等〉：～ a person's name 毀損某人的名譽，污衊某人/～ one's hands *with...* 因…而把手弄髒；牽涉到…而毀掉名譽。2 使〈槍、煙囪等〉阻塞。3《航海》使〈繩索等〉糾結，纏繞；〈繩索等〉纏住…《★常用被動語態》。4《運動》犯規阻礙〈對方〉。5《棒球》使〈球〉出界。

—*v.i.* 1 變髒。2〈槍等〉阻塞。3《航海》〈繩索等〉糾結，纏繞。4《運動》犯規。5《棒球》打出界外球。

fóul óut《*vi adv*》(1)《籃球》因犯規而退場。(2)《棒球》打出界外球被接殺出局。

fóul úp《*vt adv*》(1)《口語》弄糟，搞壞…：I'm afraid I've ～*ed up* your typewriter. 我擔心我已經把你的打字機搞壞了。—《*vi adv*》(2)搞砸，弄糟。

～·**ness** *n.*

fou·lard [fuˋlɑrd, fə-; ˈfuːlɑː] *n.* ⓊⒸ 1 (通常印有花紋之)軟薄綢。2 (用該種薄綢所製之)領帶、頭巾、手帕等。

fóul báll *n.* Ⓒ《棒球》界外球(←→ fair ball)。

fóul lìne *n.* Ⓒ《球戲》(棒球的)界線，(籃球的)邊線；罰球線。

foul·ly [ˋfaullɪ, ˋfaulɪ; ˈfaulli, ˈfauli] *adv.* 1 骯髒地，污穢地。2 (說話)下流地。3 毒辣地；不正當地：be ～ murdered 遭暗殺。

fóul-móuthed [ˋfaulˋmauðd, -θt; ˈfaulmauðd] *adj.* 說話猥褻[下流]的，說話不乾淨的。

fóul pláy *n.* Ⓤ 1 (比賽的)犯規(cf. fair play)。2 欺詐，欺騙；卑鄙的行爲[手段]。3 犯罪，行兇，殺人：The police suspect ～. 警方懷疑有犯罪的行爲。

fóul shòt *n.* Ⓒ《籃球》＝free throw 1.

fóul-spóken *adj.* ＝foulmouthed.

fóul típ *n.* Ⓒ《棒球》擦棒球。

fóul-ùp *n.* Ⓒ《口語》1 (由於疏忽、笨拙所造成的)混亂，亂七八糟。2 (機器的)故障，失靈。

‡**found**[1] [faund; faund] *v.* **find** 的過去式・過去分詞。

found[2] [faund; faund] 《源自拉丁文「裝底於…」之義；與 fund 同字源》—*v.t.* 1〔十受〕a 創立，建立…：The immigrants ～*ed* a colony on the continent. 那些移民在落脚的大陸上建立了一個殖民地。b〈富者等〉(捐贈基金)設立…：～ a hospital 設立醫院。2〔十受十介十(代)名〕〔根據…〕建立…；〔以…〕爲…的根據〔*on, upon*〕《★常用被動語態》：They ～*ed* their principles ***on*** classic art. 他們根據古典藝術建立他們的原則/Marriage should *be* ～*ed on* love. 婚姻應該建立在愛情的基礎上。3〔十受〕根據…《★常以過去分詞當形容詞用；⇨ founded 1》。

found[3] [faund; faund] *v.t.* 1 鑄，熔鑄〈金屬〉。2 鑄造〈物品〉。

***foun·da·tion** [faunˋdeʃən; faunˈdeiʃn] 《found[2] 的名詞》—*n.* 1 Ⓤ創設，創立：the ～ of a municipal zoo 市立動物園的創設。2 a Ⓤ(靠繳付的基金產生的)設立。b Ⓒ(靠捐獻基金)設立的機構，財團，基金會《學校、醫院、社會事業團體等》：the Carnegie *F*～ 卡內基基金會。c Ⓒ基金；捐款。3 Ⓤ(報導、謠言等的)根據，依據：a rumor without ～ 沒有根據的謠言。4 Ⓒ a (思想、學

F

說等的)基礎，基本原理[原則]，出發點：Socrates laid the ~s of logic. 蘇格拉底奠定了邏輯學的基礎。b [常 ~s]〈建築物的〉屋基，基礎，地基。*5 Ⓤ a 粉底《底層化妝所用的化妝品》。b 顏料下面的塗底《畫油畫時塗在畫布上》。
on the foundátion 《英》向基金會領取費用的，靠基金維持的。
foundátion crèam *n.* Ⓤ (化妝用的)粉底霜。
foundátion gàrment *n.* Ⓒ緊身褡《婦女用於調整體型的 corset, girdle, brassiere 等緊身內衣》。
foundátion schòol *n.* Ⓤ[指設施時爲Ⓒ]基金會設立的學校。
foundátion stòne *n.* Ⓒ **1** 基石《刻有紀念文字的石頭，在建築物奠基儀式時安放；cf. cornerstone 1》。**2** 基礎(basis)。
fóund·ed *adj.* **1** [不用在名詞前] [與 well, ill 連用]基礎[根據]…的：This conjecture is well [ill] ~. 這種推測的根據充分[薄弱]。**2** [用在名詞前] [與 well, ill 連用，構成複合字]基礎[根據]…的：⇨ ill-founded, well-founded.
fóund·er[1] [ˈfaundɚ; ˈfaundə] «源自 found[2]» **—n.** Ⓒ創辦者，設立者，財團創辦人；始祖，開山祖：the ~ of a school 學校的創辦人。
fóund·er[2] [ˈfaundɚ; ˈfaundə] *v.i.* **1** 〈船〉浸水而沉沒。**2** 〈馬〉搖晃而倒下；成跛行。**3** 〈土地、建築物等〉陷落；坍塌，倒塌。**4** 〈計畫等〉失敗，垮掉。
—v.t. 使〈船〉浸水沉沒。
fóund·er[3] [ˈfaundɚ; ˈfaundə] «源自 found[3]» **—n.** Ⓒ鑄造者，鑄造工，翻砂工。
fóunder mèmber *n.* Ⓒ創辦[基本]會員，發起人。
fóunders' shàres *n. pl.* 《財政》(公司等的)發起人股份。
fóund·ing fáther *n.* **1** Ⓒ創始人，創立者。**2** [**the Founding Fathers**] (1787 年的)美國憲法制定者。
found·ling [ˈfaundlɪŋ; ˈfaundliŋ] *n.* Ⓒ棄兒，棄嬰，撿來的小孩。
fóundling hòspital *n.* Ⓒ棄兒養育院，育嬰堂。
found·ress [ˈfaundrɛs; ˈfaundres] *n.* Ⓒ **1** 女創立者。**2** 女性的寄贈基金者。
found·ry [ˈfaundrɪ; ˈfaundri] «found[3] 的名詞» **—n. 1** Ⓤ鑄造(業)，翻砂。**2** Ⓤ[集合稱]鑄物類。**3** Ⓒ鑄造工廠，翻砂廠。
fount[1] [faunt; faunt] *n.* Ⓒ **1** 《詩・文語》泉，噴泉。**2** 泉源，來源(source)〔*of*〕。
fount[2] [faunt; faunt] *n.* 《英》=font[2].
***foun·tain** [ˈfauntn̩; ˈfauntin] «源自拉丁文「泉」之義» **—n.** Ⓒ **1 a** 噴泉。**b** 噴水池，噴水盤，噴水塔。**2 a** =drinking fountain. **b** =soda fountain. **3** 《詩》泉；水源，源流。**4** 泉源，根源〔*of*〕：a ~ *of* wisdom 智慧的泉源。
fóuntain·hèad *n.* Ⓒ [常用單數] 《文語》源頭，水源，泉源；根源(source)〔*of*〕。
fóuntain pèn *n.* Ⓒ自來水筆；鋼筆。
‡**four** [for, fɔr; fɔ:] *adj.* **1** [用在名詞前]**四的，四個的，四個人的**：He is ~ years old [of age]. 他四歲/ ~ balls 《棒球》四壞球 /⇨ four corners.
2 [不用在名詞前]四歲的：He is ~. 他四歲。
to the fóur wínds 向四面八方：scatter...*to the* ~ *winds* 把…撒向四面八方。
—n. 1 a ⓊⒸ[常無冠詞] (基數的)**四**：*F*~ and ~ make eight. 四加四等於八。**b** Ⓒ四的數字[符號]《4, iv, IV》. **2** Ⓤ四點；四歲；四美元[英鎊，分，便士等]：at ~ 四點/a child of ~ 四歲的小孩/⇨ all fours. **3 a** Ⓒ四個[人]一組：in ~*s* 以四個一組。**b** [four horses 之略，無冠詞] 駟馬：a carriage [coach] and ~ 四匹馬拉的馬車。**c** Ⓒ四槳艇，四槳艇的划手。**d** [~**s**]四槳艇競賽。**4** Ⓒ (紙牌、骰子等的)四點。**5** [~**s**]《軍》四列縱隊。
on áll fóurs ⇨ all fours.
—pron. [當複數用]四，四個，四人：There are ~. 有四個[人]。
four·bag·ger [ˈforˈbægɚ, ˈfɔr-; ˈfɔ:ˈbægə] *n.* Ⓒ《棒球》全壘打。
fóur córners *n. pl.* [**the** ~]全部領域[範圍]：*the* ~ of the earth 地球的全部領域。
fóur-cỳcle *adj.* (內燃機之)四程循環的。
fóur-dimènsional *adj.* 《數學》四維的，四次元的。
fóur-èyed *adj.* **1** 有四隻眼的。**2** 《口語・謔》戴眼鏡的，四眼田雞的。
fóur·èyes *n.* Ⓒ(*pl.* ~)《口語・謔》四眼田雞，戴眼鏡的人。
4-F [ˈforˈɛf; ˈfɔ:ˈef] *n.* **1** Ⓤ美國徵兵制度中之一體位分類《指身、心等不適於服兵役的》。**2** Ⓒ被列爲 4-F 體位者。
fóur flùsh *n.* Ⓒ《紙牌戲》玩撲克牌時拿到四張同花色與一張不同花色的一手牌《flush 是一手同花色的五張牌；⇨ poker[2]【說明】》。
fóur·flùsher *n.* Ⓒ吹噓者；虛張聲勢者。
fóur·fóld *adj.* **1** 四倍的，四重的。**2** 有四部分[要素]的。
—adv. 四倍地，四重地。
fóur-fóoted *adj.* 四脚的。
fóur fréedoms *n. pl.* [**the** ~]四大自由。

【說明】1941 年 1 月美國羅斯福(F. D. Roosevelt)總統所宣布的人類四大基本自由；freedom of speech and expression(言論的自由)，freedom of worship(信仰的自由)，freedom from want(不虞匱乏的自由)，freedom from fear(免於恐懼的自由)。

fóur-hánded, fóur-hànd *adj.* **1** 〈遊戲等〉四人玩的。**2** 《音樂》(鋼琴)兩人合奏的。
Fóur-H clùb, 4-H clùb [ˈforˋetʃ-, ˈfɔr-; ˈfɔ:ˈeitʃ-] *n.* Ⓒ四健會《以 *h*ead, *h*ands, *h*eart, *h*ealth 爲座右銘，並以提高農業技術，推展公民教育爲宗旨的美國農村青年教育機構》。
Fóur Húndred, 400 *n.* [**the** ~] (某一地方之)最體面最上流的社交界(人士)《★源自奧斯特夫人(Mrs. J.J. Astor)在紐約的舞廳的容納量只限 400 人，由此認爲紐約的社交名流僅此 400 位》。
fóur-in-hànd *n.* Ⓒ **1** 《美》打活結的領帶。**2** 一人駕馭的四馬馬車。**—adj.** 四匹馬拉的。**—adv.** 以一人駕馭四馬馬車：drive ~ 駕馭四馬馬車。
fóur-lèaf(ed) clóver [-ˌlif(t)-; -li:f(t)-] *n.* Ⓤ [指個體時爲Ⓒ] 四葉苜蓿。

【說明】(1)一般認爲四葉苜蓿會給發現它的人帶來好運，因此結婚儀式上都用四葉苜蓿和玫瑰(rose)一起灑在新郎與新娘身上。也有人將它放在左邊鞋子內，相信這樣願望就會實現(cf. superstition【說明】)。四片葉子分別代表 faith(信仰)、hope(希望)、love(愛)和 luck(幸運)，四者是四健會(Four-H club)的象徵標記，而其中 faith, hope, love 三者在聖經中被視爲至高的品德。
(2)four-leaf clover 象徵的是 good luck(幸運)。

fóur-lèaved clóver *n.* =four-leaf clover.
four-legged [ˈforˋlɛgɪd, ˈfɔr-, -ˋlɛgd; ˈfɔ:legd, ˌfɔ:ˈlegid] *adj.* **1** 四足的。**2** 《航海》(帆船)有四根桅檣的。
fóur-lètter wórd *n.* Ⓒ粗俗不雅的字，猥褻的言詞《通常與性、排泄有關，由四個字母構成的單音節的詞；如 cunt, fuck, shit 等》。
fóur-másted *adj.* 《航海》(船之)四桅的。
fóur-o'clòck *n.* Ⓒ《植物》紫茉莉。
fóur-pàrt *adj.* [用在名詞前]《音樂》四部合唱的《由 soprano, alto, tenor, bass 所組成》。
four·pence [ˈforpəns, ˈfɔr-; ˈfɔ:pəns] *n.* Ⓤ《英》四便士。
four·pen·ny [ˈfɔrˌpɛnɪ; ˈfɔ:pəni] *adj.* [用在名詞前] 值四便士的：a ~ loaf 四便士一塊[條]的麵包。
fóurpenny one *n.* [**a** ~] 《英口語》猛擊，重打：I'll give you a ~. 我要揍你。
fóur-póster *n.* (又作 **fóur-póster béd**)Ⓒ四柱臥牀。
fóur-póunder *n.* Ⓒ一種發射四磅砲彈的大砲；重四磅的東西《魚等》。
fóur·scóre *adj.* 《古・文語》八十的(eighty)：~ and seven years ago 八十七年前。

【說明】fourscore 是文章用語，出現於林肯(Lincoln)總統蓋茨堡演說的起頭(cf. Gettysburg Address【說明】)：Fourscore and seven years ago our fathers brought forth on this continent, a new nation, conceived in Liberty, and dedicated to the proposition that all men are created equal. (八十七年前，我們的祖先在這塊大陸上建立了一個新的國家，孕育於自由，並且獻身給一種理論，就是所有人類生下來都是平等的。)

four·some [ˈforsəm, ˈfɔr-; ˈfɔ:səm] *n.* Ⓒ **1** 四人一組。**2** 《高爾夫》**a** 四人對抗賽；雙打《四人分成兩組，每組各用一球交互打的比賽法；cf. single 7》：a mixed ~ 混合雙打《指各組由男女各一人組成》。**b** 雙打比賽的選手們。
fóur·squáre *adj.* **1** 正方形的，四方的。**2** 〈建築物等〉堅固的；堅定的；穩健的。**3** 率直的，坦白的。**—adv.** 堅定地；率直地。
fóur-stár *adj.* 《美》**1** 四星的：a ~ general 《口語》四星上將。**2** 優秀的，傑出的。
‡**four·teen** [forˋtin, fɔr-; ˌfɔ:ˈti:n] *adj.* **1** [用在名詞前]**十四的，十四個的，十四人的**：He is ~ years old [of age]. 他十四歲。
2 [不用在名詞前]十四歲的：He is ~. 他十四歲。
—n. 1 a ⓊⒸ[常無冠詞] (基數的)**十四**。**b** Ⓒ十四的符號《14, xiv, XIV》. **2** Ⓤ十四歲；十四美元[英鎊，分，便士等]：a boy of ~ 十四歲的少年。**—pron.** [當複數用]十四個，十四人：There are ~. 有十四個[人]。
‡**four·teenth** [forˋtinθ, fɔr-; ˌfɔ:ˈti:nθ] «源自 fourteen + -th[1] (構成序數的字尾)» **—adj. 1** [常 **the** ~]**第十四的**。**2** 十四分之一的。**—n. 1** Ⓤ[常 **the** ~] **a** (序數的)**第十四**《略作 14th》. **b** (每月的)十四日。**2** Ⓒ十四分之一。
‡**fourth** [forθ, fɔrθ; fɔ:θ] «源自 four + -th[1] (構成序數的字尾)» **—adj. 1** [常 **the** ~]**第四的**：⇨ fourth dimension, fourth estate. **2** 四分之一的：a ~ part 四分之一。

—*adv.* 在第四。

—*n.* **1** Ⓤ[常 the ~] **a** (序數的)第四《略作 4th》. **b** (每月的)四日，初四。**c** [the F~]《美》＝the FOURTH of July. **2** Ⓒ四分之一(quarter)：three ~*s* 四分之三/About one [a] ~ of the earth is dry land. 地球約四分之一是陸地。**3** Ⓒ《音樂》第四度音，四度音程。**4** [~s]《商》四等品。

—*pron.* [the ~]第四個人[物]。

the Fóurth of Julý 七月四日《是日爲美國獨立紀念日(Independence Day)》. **~·ly** *adv.*

fóurth cláss *n.* Ⓤ《美》(郵局的)第四類郵件，郵包(parcel post)《除了第一類至第三類以外的物品、印刷品》。

fóurth-cláss 《美》*adj.* & *adv.* 第四類郵包的[以第四類郵包]。

fóurth diménsion *n.* [the ~]第四維，第四度空間《構成空間的長、寬、高之外的第四度空間，即時間》。

fóurth estáte *n.* [the ~；常 F~ E~]《文語·諧》第四階級，新聞界《★略帶輕蔑之意，指繼神職人員、貴族、平民等三階級之後而起的新興勢力；⇨ estate 5》。

Fóurth Wórld *n.* [the ~]第四世界《泛指資源貧乏而未開發的國家》。

fóur-whéel(ed) *adj.* **1** 四輪(式)的。**2** 四輪驅動的：*four-wheel* drive (車子的)四輪驅動式。

fóur·whéeler *n.* Ⓒ四輪車；(一匹馬拉的)四輪馬車。

fowl [faul; faul] «源自古英語「鳥(一般)」之義» —*n.* (*pl.* ~s, [集合稱] ~) **1** Ⓒ家禽《鴨、火雞等》，(尤指)雞：a barnyard [domestic] ~ 雞/keep ~*s* 飼養雞[家禽]。**2** Ⓤ鳥肉；雞肉：⇨ neither FISH, flesh, fowl, nor good red herring. **3** Ⓒ **a** [常構成複合字]…鳥：⇨ seafowl, waterfowl, wildfowl. **b** 《古·詩》鳥：the ~*s* of the air 空中的飛鳥《★源自聖經「馬太福音」》。

—*v.i.* 獵禽；捕鳥，打鳥：go ~*ing* 去獵鳥。

fowl·er [ˋfaulɚ; ˈfaulə] *n.* Ⓒ捕鳥者。

fowl·ing [ˋfaulɪŋ; ˈfauliŋ] *n.* Ⓤ捕[獵]鳥。

fówling piece *n.* Ⓒ鳥槍；獵槍。

‡**fox** [fɑks; fɔks] *n.* (*pl.* ~·es, [集合稱] ~) **1** Ⓒ **a** 狐《★【相關用語】雄狐稱作 dog fox, 雌狐是 vixen, bitch fox, 幼狐是 cub；cf. Reynard；叫聲與狗相同爲 bark；foxhunting(獵狐)是英國貴族的一種代表性運動》。**b** 雌狐(cf. vixen 1).

【說明】狐自「伊索寓言」(*Aesop's Fables*)的時候開始，一直有不良的形象，例如在 a fox in a lamb's skin(披著羔羊皮的狐；僞善者)；a fox's sleep(假睡，假裝的漠不關心)的這些說法中，狐給人的印象是「狡猾、僞善、欺騙」。

2 Ⓒ狡猾的人；滑頭：an old ~ 老狐狸，老奸巨滑的人。**3** Ⓤ狐的毛皮。**4** Ⓒ《美俚》性感的女人。

(as) crázy as a fóx ＝**crázy like a fóx** 《美口語》(像狐狸一般)狡猾的，精明的，不容易受騙的。

pláy the fóx 耍滑頭，玩滑頭。

—*v.t.* 〔十受〕**1** 使〈書頁、印畫等〉變色《★常用被動語態》：*be* badly ~*ed* 顏色變得很厲害。**2** 《口語》**a** 欺詐，欺騙〈人〉。**b** 〈問題等〉過於困難使〈人〉困惑。

—*v.i.* 《口語》**1** 行詐。**2** 假裝，裝蒜。

Fox [fɑks; fɔks], **George** *n.* 福克斯《1624–91；英國宗教家、作家、基督教教友派(the Society of Friends ⇨ friend)的創立者》。

fóx brùsh *n.* Ⓒ狐尾。

fóx·fìre *n.* Ⓤ狐火《腐爛樹木發出的磷火》。

fóx·glòve *n.* Ⓒ《植物》指頂花，毛地黃(digitalis).

fóx·hòle *n.* Ⓒ《軍》散兵坑《在戰鬥區內可供一人或兩人掩蔽用的小戰壕》。

fóx·hòund *n.* Ⓒ《獵》狐猩《中型獵狐用狗；動作快，嗅覺靈敏》。

fóx·hùnt *n.* Ⓒ獵狐《盛行於貴族間，利用多隻獵犬追逐目標物的一種騎馬獵狐運動》。—*v.i.* 獵狐。**~·er** *n.*

foxglove

fóx·hùnting *n.* Ⓤ獵狐。

【說明】指一大羣人騎馬，帶著幾十隻獵狐猩(foxhound)獵狐，是十八世紀以來貴族與大地主熱中的戶外運動。在英國，提到狩獵(hunting)，一般都指獵狐(fox hunting).

foxhound

fóx·tàil *n.* Ⓒ **1** 狐尾。**2** 《植物》狐尾草。

fóx térrier *n.* Ⓒ一種獵狐小犬《主要是養著玩，過去專司將狐趕出洞中之職》。

fóx-tròt *n.* Ⓒ **1 a** 狐步舞《兩人跳的 4/4 拍子的較快速舞步，爲一種交際舞》。**b** 狐步舞曲。**2** 《馬術》狐步，小快步《由快步(trot)轉爲慢步(walk)，或由慢步轉爲快步時的小跑步》。

—*v.i.* 跳狐步舞。

fox terrier

fox·y [ˋfɑksɪ; ˈfɔksi] «fox 的形容詞» —*adj.* (**fox·i·er**; **-i·est**) **1** 如狐的；要賴的，狡猾的。**2 a** 狐色的。**b** 〈紙等〉變成狐色的。**3** 《美口語》〈女性〉(肉體)具有魅力的，性感的：a ~ lady 性感的女人。

foy·er [ˋfɔɪɚ, ˋfɔɪ·e; ˈfɔiei] «源自法語» —*n.* Ⓒ (戲院、旅館等的)休息室，門廳，走廊(lobby).

f.p. 《略》fireplug, foolscap；foot-pound；freezing point.

Fr 《記號》《化學》francium.

fr. 《略》fragment；franc(s)；from.

Fr. 《略》Father；France；Frau；French；Friar；Friday.

Fra [frɑ; frɑ:] «源自義大利語「兄弟」之義» —*n.* [用作稱呼，用在義大利教士姓名前]兄弟。

fra·cas [ˋfrekəs, ˋfræ-; ˈfrækɑ:] «源自法語» —*n.* Ⓒ (*pl.* ~·es, 《英》~ [-z; -z]) (一大堆人)吵鬧，喧嚷，騷動，打架。

***frac·tion** [ˋfrækʃən; ˈfrækʃn] «源自拉丁文「割開」之義» —*n.* **1 a** Ⓒ斷片，碎片，小部分〔*of*〕：a ~ *of* a marble statue 大理石像的碎片。**b** Ⓒ微量，少量〔*of*〕：in a [the] ~ *of* a second 一秒鐘的幾分之幾，一刹那，頃刻/There is not a ~ *of* truth in his statement. 他說的話一點也不眞實。**c** [a ~；當副詞用]微量：The door opened *a* ~. 門開了一條小縫。**2** Ⓒ《數學》**a** 分數《★【相關用語】分子 numerator；分母 denominator；整數 integer》：a common [vulgar] ~ 普通分數/a complex [compound] ~ 繁分數/a proper [an improper] ~ 眞[假]分數。**b** 零數：⇨ decimal fraction.

fráction·al [ˋfrækʃənl; ˈfrækʃənl] «fraction 的形容詞» —*adj.* **1** 片斷的，零數的，少量的：~ currency 輔幣。**2** 《數學》分數的：a ~ expression 分數式。**~·ly** [-ʃənlɪ; -ʃənəli] *adv.*

frac·tion·ate [ˋfrækʃən,et; ˈfrækʃəneit] *v.t.* 《化學》**1** 將…分餾。**2** 用分餾法取得。

frac·tious [ˋfrækʃəs; ˈfrækʃəs] *adj.* **1** 〈小孩、老人〉易怒的，任性的，乖僻的。**2** 〈動物〉難駕馭的。

frac·ture [ˋfræktʃɚ; ˈfræktʃə] «源自拉丁文「裂開」之義» —*n.* **1** Ⓤ (骨等的)破裂，折斷，斷裂。**2** Ⓒ《外科》骨折，挫傷：a compound [simple] ~ 複雜[單純]骨折/suffer a ~ 受到挫傷，骨折。**3** Ⓒ裂縫，裂口。

—*v.t.* 〔十受〕使…破裂[斷裂]；使〈胳膊、骨〉折斷，使…骨折。

—*v.i.* 破裂，斷裂，骨折，挫傷。

frag [fræg; fræg] *v.t.* (**fragged, frag·ging**) 《美俚》《軍》(尤指用手榴彈)蓄意傷害〈長官等〉。

frag·ile [ˋfrædʒəl; ˈfrædʒail] «源自拉丁文「割開」之義；與 frail 同字源» —*adj.* (**more** ~；**most** ~) **1** 易碎的，脆弱的：Crystal is ~. 水晶易碎。**2** 虛弱的，薄弱的，纖弱的：~ health 虛弱的體質。**3** 短暫的，易消失的：this ~ life 這個短暫的人生。

fra·gil·i·ty [fræˋdʒɪlətɪ, frə-; frəˈdʒiləti] «fragile 的名詞» —*n.* Ⓤ **1** 脆弱性，易壞。**2** 虛弱。**3** 短暫性。

frag·ment [ˋfrægmənt; ˈfrægmənt] «源自拉丁文「破裂品」之義» —*n.* Ⓒ **1** 碎片，斷片，片斷：*in ~s* 成碎片地；破碎地。**2** 斷章，斷簡殘篇，未完成的遺稿。

— [ˋfrægmənt, frægˋmɛnt; frægˈment] *v.i.* 〔動(十介十(代)名)〕破碎，分解，分裂〔成…〕〔*into*〕：~ *into* small pieces 碎成小片。

—*v.t.* 〔十受〕使…成碎片，使…分解。

frag·men·tal [frægˋmɛntl; frægˈmentl] *adj.* **1** ＝fragmentary. **2** 《地理》碎屑質的；斷岩的：~ rock 碎屑岩。

frag·men·tar·i·ly [ˋfrægmən,tɛrɪlɪ; ˈfrægməntərəli] *adv.* 成斷片地；支離破碎地。

frag·men·tar·y [ˋfrægmən,tɛrɪ; ˈfrægməntəri] «fragment 的形容詞» —*adj.* **1** 破片的，碎片的。**2** 由斷片構成的；片斷的；殘缺不全的。

frag·men·ta·tion [,frægmənˋteʃən; ,frægmenˈteiʃn] «fragment 的名詞» —*n.* **1** Ⓤ分裂，破碎。**2** Ⓒ分裂[破碎]之物。

fragmentátion bòmb *n.* Ⓒ《軍》碎裂彈，殺傷彈。

frag·ment·ed [ˋfrægməntɪd; ˈfrægməntid] *adj.* **1** 碎片的。**2** 不完整的；片斷的；無組織的。

fra·grance [ˋfregrəns; ˈfreigrəns] «fragrant 的名詞» —*n.* **1** Ⓤ香氣，香味(⇨ smell 2【同義字】). **2** Ⓒ芬芳，芳香。

fra·grant [ˋfregrənt; ˈfreigrənt] *adj.* 有香味的，芬芳的，芳香的。**~·ly** *adv.*

frail [frel; freil] *adj.* (~·**er**; ~·**est**) **1** 脆弱的，薄弱的：a ~ intellect 薄弱的思惟力[推理能力]。**2** (身體)虛弱的：He is old and rather ~. 他年老而且相當虛弱。**3** 短暫的，易逝的：Life is ~. 生命是短暫的。**4** 易受誘惑而墮落的，操守不堅的。

frail·ty [ˋfreltɪ; ˈfreilti] «frail 的名詞»**—n. 1** Ⓤ **a** 脆弱。**b** 短暫性。**c** 虛弱。**d** 易受誘惑。**2** Ⓒ弱點，短處；過失。

fram·b(o)e·si·a [fræmˋbiʒɪə, -ʒə; fræmˈbi:ziə] *n.* =yaws.

‡**frame** [frem; freim] «源自中古英語「利益，效用」之義»**—n. 1** Ⓒ **a** 〈建築物的〉骨架。**b** 〈車輛的〉車身骨架。**c** 〈飛機的〉機身骨架。**d** 〈船舶的〉骨架。**2** Ⓤ〔又作 **a ~, one's ~**〕〈動物，尤指人類的〉**體格**，骨骼；身體：a man of fragile [robust] ~ 體格纖弱[強健]的人/a horse of *a* strong ~ 體格強健的馬匹/Sobs shook her ~. 她哭得全身顫動。**3 框**：**a** Ⓒ窗框：⇨ window frame. **b** Ⓒ框架：a picture ~ 畫框。**c** Ⓒ〈栽培植物用的〉溫牀，溫牀框架。**d** Ⓒ〈刺繡等的〉工作台，框架。**e** 〔~s〕鏡框；眼鏡框。**4** Ⓒ **構造**；構成，組織，機構，體制《★ 比較 作此意時常用 framework》：the ~ of government 政府機構。**5** 〔常 **a** 〔**the**〕**~ of mind**〕心情，心境：in *a* sad ~ *of mind* 心情悲傷/He was in *the* ~ *of mind to* accept any offer. 他處於願接受任何提議的心境中，他想要接受任何的提議。**6** 〔**a** ~〕背景，舞台：The mountains make *a* good ~ to the park. 山成爲公園的好背景。**7** Ⓒ《電影》畫面，鏡頭。**8** Ⓒ《電視》播放中的一個完整的畫面或形像。**9** Ⓒ《保齡球》一回《十回爲一場(game)》. **10** Ⓒ《電算》框，結構《電腦設備的一套裝置》。

fráme of réference (1)參考系(統)，關係架構《作爲判斷特定事物等的關係體系》。(2)見解，理論。(3)《數學・物理》座標系統，參考系統，參考座標。

—v.t. 1 〔十受〕**組成**；製造，建造…；爲…造形：~ a house 建造房子。

2 〔十受〕**a** 擬；想出，設計〈計畫〉：~ a sentence 造句/~ an idea 構思一主意。**b** 發〈言〉，說出…。

3 〔十受〕給〈畫等〉裝框[架]；鑲邊於…：~ a picture 給一幅畫裝框。

4 〔十受〕成爲…的背景[舞台]。

5 a 〔十受〕陷害，誣陷〈人〉：~ a person 陷害某人。**b** 〔十受十介十(代)名〕誣賴〔某人〕…〔*on*〕：~ a murder ***on*** a person 誣賴某人殺人。

—v.i. 《英》〔與 well, ill 等狀態副詞連用〕〈計畫等〉進行，有眉目；〈人〉有前途，有希望。

fráme úp 《*vt adv*》《口語》(惡意)捏造〈事件〉；陷害〈人〉。

fráme àerial [antènna] *n.* Ⓒ《電學》框形天線。

fráme hóuse *n.* Ⓒ〈木材骨架上鋪以木板的〉木造房子，構架房屋。

fráme-ùp *n.* Ⓒ《口語》**1** 〈入人於罪的〉陰謀，誣害，僞證，虛構的罪名。**2** 暗中事先設計的安排[計謀]；不誠實的比賽。

***frame·work** [ˋfremˌwɝk; ˈfreimwə:k] *n.* Ⓒ **1 框架**。**2** 〈動物的〉**骨骼**，〈建築物等的〉骨架，支架。**3** 〈觀念、組織等的〉結構，體制：within the ~ of the existing organization 在現存組織的結構之內。**4** =FRAME of reference.

frám·ing *n.* **1** Ⓤ結構；組織；籌畫，策畫，構想。**2** Ⓒ骨架。

franc [fræŋk; fræŋk] «拉丁文「法蘭克族(Franks)王」之義；源自貨幣上的鑄像»**—n.** Ⓒ **1** 法郎《法國、比利時、盧森堡、瑞士等的貨幣單位；等於 100 centimes；符號 F., fr.》. **2** 一法郎貨幣。

‡**France** [fræns; frɑ:ns] «源自拉丁文「法蘭克族(Franks)」之義»**—n.** 法國，法蘭西《歐洲西部的共和國；首都巴黎(Paris)》.

Fran·ces [ˋfrænsɪs; ˈfrɑ:nsis] *n.* 法蘭西絲《女子名；暱稱 Fannie, Fanny, Frankie, Francie》.

fran·chise [ˋfræntʃaɪz; ˈfræntʃaiz] *n.* **1** Ⓤ〔常 **the** ~〕參政權，選舉權。**2** Ⓒ《美》**a** 〈政府給予特定公司等的〉特權，特許。**b** 〈製造商所授與的某特定地區的〉經銷權：the ~ for a fast-food restaurant 速食餐廳的經營權。**3** Ⓒ《棒球》《職業棒球聯盟所給與的》加盟權[資格]。

fran·chi·see [ˌfræntʃaɪˋzi; ˌfræntʃaiˈzi:] *n.* Ⓒ〈由製造商所授權的某特定地區的〉經銷商。

Fran·cie [ˋfrænsɪ; ˈfrɑ:nsi] *n.* 法蘭西《女子名；Frances 的暱稱》。

Fran·cis [ˋfrænsɪs; ˈfrɑ:nsis] *n.* 法蘭西斯《男子名；暱稱 Frank, Frankie；cf. Frances》.

Fran·cis·can [frænˋsɪskən; frænˈsiskən] *adj.* 方濟會的。

—n. 1 〔**the** ~**s**〕方濟會《1209 年義大利亞西濟(Assisi [əˋsizɪ; əˈsi:zi])城市的修道士聖方濟(Saint Francis, 1182–1226)創立的修會；由於身著灰色修道服，所以亦稱 Gray Friars》.

2 Ⓒ方濟會的修道士。

fran·ci·um [ˋfrænsɪəm; ˈfrænsiəm] *n.* Ⓤ《化學》鍅《放射性鹼性金屬元素；符號 Fr》.

Fran·co [ˋfrɑŋko; ˈfrɑ:ŋkou], **Fran·cis·co** [frænˋsɪsko; frænˈsiskou] *n.* 佛朗哥《1892 – 1975；西班牙將軍，1939–47 爲西班牙元首》。

Fran·co- [fræŋko-; fræŋkou-] 〔複合用詞〕表示「法國(的)」之意：*Franco*-German 法德的。

Fran·co·phone [ˋfræŋkəˌfon; ˈfræŋkəfoun] *n.* Ⓒ說法語者《尤指在通用兩種或兩種以上語言的國家》。**—adj.** 說法語的。

Fránco-Prússian Wár *n.* 〔**the** ~〕普法戰爭《1870–71》.

fran·gi·ble [ˋfrændʒəbl; ˈfrændʒibl] *adj.* 易斷的，易碎的，脆弱的。

Frang·lais [frɑŋˋgle; frɑ:ŋˈglei] «源自 Fran(cais)(=French)與(An)glais(=English)»**—n.** Ⓤ法語中的英語外來語《★法文裏的英語字句》。

***frank**[1] [fræŋk; fræŋk] *adj.* (~·**er**, ~·**est**; **more** ~, **most** ~) **1 率直的**，直言不諱的：a ~ opinion 坦率的意見/What do you think of my book? Please be ~ (about it). 你認爲我的書如何？請坦白告訴我。

> 【同義字】frank 指毫無隱藏地表達意見、態度；outspoken 指毫無顧慮地直言不諱；open 指率直的態度。
> 【字源】frank 一字係來自從前控制法國(France)的法蘭克(Frank)族族名。法蘭克族是完全自由的統治者，因此 frank 一字就有了「自由的」之義。英語的 frank 從前也有「自由的」之義，但不久演變成「不掩飾的，坦白的，率直的」之義。

2 〔不用在名詞前〕〔十介十(代)名〕〔對…〕毫無隱瞞的〔*with*〕：He is ~ ***with*** me *about* everything. 他對我一點也不隱瞞[他對我每件事都坦白]。

to be fránk with you 老實說，坦白對你說。

—v.t. 〔十受〕**1** 免費遞送〈信件等〉，免費寄送…。**2** 在〈信封等〉上蓋免費遞送[郵資已付]印戳。

—n. Ⓒ **1** 免費郵寄的簽字[印戳]《★從前英國的貴族與國會議員在信封上簽名即可享受免費郵寄》。**2** 免費寄發的郵件。**3** 免費郵寄的特權。~·**ness** *n.*

frank[2] [fræŋk; fræŋk] 《略》*n.* 《美》=frankfurter.

Frank[1] [fræŋk; fræŋk] *n.* 法蘭克《男子名；Francis, Franklin 的暱稱》。

Frank[2] [fræŋk; fræŋk] *n.* **1 a** 〔**the** ~**s**〕法蘭克族《居住在萊茵河(Rhine)流域的日耳曼民族》。**b** Ⓒ法蘭克族人，法蘭克人。**2** Ⓒ〈近東地方的〉西歐人。

Frank·en·stein [ˋfræŋkənˌstaɪn; ˈfræŋkənstain] *n.* **1** 法蘭肯斯坦《英國作家瑪麗・雪萊(Mary Shelley, 1797–1851)所著的怪異小說 Frankenstein (1818) 中的主角；後爲自己創造的怪物所滅》。**2** Ⓒ **a** 被自己創造的東西所毀滅的人；作法自斃者。**b** 自尋的禍害[煩惱]。

Fránkenstein's [Fránkenstein] **mònster** *n.* **1** 〔**the** ~〕法蘭肯斯坦創造的怪物。**2** =Frankenstein 2 b.

Frankenstein's monster 1

frank·fort(·er) [ˋfræŋkfɚt(ɚ); ˈfræŋkfət(ə)] *n.* = frankfurter.

frank·furt [ˋfræŋkfɚt; ˈfræŋkfət] *n.* = frankfurter.

frank·furt·er [ˋfræŋkfɚtɚ; ˈfræŋkfə:tə] *n.* Ⓒ法蘭克福香腸《★牛肉與豬肉混合製成的臘腸》。

> 【字源】法蘭克福香腸(frankfurter)的名稱起源於「(德國城市名的)法蘭克福」。大概這種香腸最初是在法蘭克福製造的。將捲麪包縱切，夾入烤熱的法蘭克福香腸，即成 hot dog；而 hot dog 原本是 frankfurter 的俗稱。

Fran·kie [ˋfræŋkɪ; ˈfrɑ:ŋki] *n.* 法蘭吉《女子或男子名；Frances, Francis 的暱稱》。

fran·kin·cense [ˋfræŋkɪnˌsens; ˈfræŋkinˌsens] *n.* Ⓤ乳香《自非洲、西亞的木材中採集到的橡膠樹脂；自古以來即作爲祭神時焚燒的香料》。

Frank·ish [ˋfræŋkɪʃ; ˈfræŋkiʃ] *adj.* 法蘭克族的；西歐人的。

—n. Ⓤ法蘭克語《古代法蘭克族的語言》。

frank·lin [ˋfræŋklɪn; ˈfræŋklin] *n.* Ⓒ《英》〈十四至十五世紀的〉擁有土地的富農。

Frank·lin [ˋfræŋklɪn; ˈfræŋklin] *n.* 富蘭克林《男子名；暱稱 Frank》.

Frank·lin [ˋfræŋklɪn; ˈfræŋklin], **Ben·jamin** *n.* 富蘭克林《1706–90；美國的政治家、外交官、作家及物理學家》。

frank·ly [ˋfræŋklɪ; ˈfræŋkli] *adv.* (**more** ~; **most** ~) **1 率直地**，坦白地，老實地：He speaks ~. 他坦率地說。**2** 〔修飾整句〕坦白地說：*F*~, I think you are talking nonsense. 老實說，我認爲你是在講廢話。

Franklin

fránkly spéaking 坦白說，老實說。

fran·tic [ˈfræntɪk; ˈfræntik] *adj.* (**more** ～；**most** ～) **1 a** (因恐怖、興奮、喜悅等而)**瘋狂的**，狂亂的：～ cries for help 狂呼求救。**b** [不用在名詞前]〔十介十(代)名〕(因恐怖、興奮、喜悅等而)瘋狂的，狂亂的〔*with*〕：She was ～ ***with*** grief. 她悲痛得發狂。**2**《口語》火急的，緊急的，著急的：with ～ haste 火急地/I was ～ to finish the report on schedule. 我十萬火急地要按預定時間完成報告。

frán·ti·cal·ly [-klɪ; -kəli] *adv.*

frap [fræp; fræp] *v.t.* (**frapped, frap·ping**)《航海》(以繩子、鍊子等)拉緊，縛緊。

frap·pé [fræˋpe; ˈfræpei] «源自法語»**—adj.** [常用在名詞之後，或作敍述用法]〈食物，(尤指)飲料〉冰過的：wine ～ 冰凍葡萄酒。

—n. Ⓤ **1** 冰凍飲料：**a** 冰涼果汁。**b** 刨冰冷飲《在刨冰中加酒》。**2** (又作 **frappe** [fræp; fræp])《美東部》濃奶昔(milk shake).

frat [fræt; fræt] «fraternity 之略»**—n.** Ⓒ《口語》大學男生聯誼社；兄弟會。

fratch [frætʃ; frætʃ] *v.i.*《英方言》爭論；吵架。

—n.《英方言》Ⓒ爭論；吵架。

fra·ter·nal [frəˋtɝnḷ; frəˈtəːnl] «源自拉丁文「兄弟的」之義»**—** *adj.* **1** [用在名詞前]兄弟的；如兄弟的(brotherly)：～ love 兄弟愛。**2** 友愛的；兄弟會的。～**·ly** *adv.*

fratérnal órder [**society, association**] *n.* Ⓒ《美》兄弟會；共濟會；互助會。

fratérnal twín *n.* Ⓒ[常 ～s]異卵雙胞胎(中的一人)《同性或異性；cf. identical twin》.

fra·ter·ni·ty [frəˋtɝnətɪ; frəˈtəːnəti] «fraternal 的名詞»**—n. 1** Ⓤ **a** 兄弟關係。**b** 手足之情，友愛，同胞愛，博愛。**2** Ⓒ **a** 有共同目標的團體。**b** (尤指)宗教團體；共濟會。**c** [集合稱]《美》(大學等的)男生聯誼社，兄弟會(cf. sorority)《★用法視爲一整體時當單數用，指個別成員時當複數用》。**3** Ⓒ[集合稱]同行；同好；同仁《★用法與義 2 c 相同》：the writing ～ 寫作同仁。

fratérnity hòuse *n.* Ⓒ(美國大學)兄弟會會所。

frat·er·nize [ˈfrætɚ͵naɪz; ˈfrætənaiz] *v.i.*〔十介十(代)名〕**1**〔與人〕結兄弟之交；親善；友善地交往〔*with*〕. **2**〈士兵〉〔與敵國國民、被佔領國國民〕親善〔*with*〕.

frat·ri·cid·al [͵frætrəˋsaɪdḷ; ͵frætriˈsaidl←] «fratricide 的形容詞»**—adj.** 殺害兄弟[姊妹]的；兄弟[同胞]自相殘殺的。

frat·ri·cide [ˈfrætrə͵saɪd; ˈfrætrisaid] *n.* **1** Ⓤ殺害兄弟[姊妹](的罪行)。**2** Ⓒ殺害兄弟[姊妹]者。

Frau [frau; frau] «源自德語»**—n.** (*pl.* ～***s***, ***Frauen*** [ˈfrauən; ˈfrauən]) **1** [德國對婦女的尊稱，相當於 Mrs., 或 Madam]夫人。**2** Ⓒ妻，太太；德國婦女。

fraud [frɔd; frɔːd] *n.* **1 a** Ⓤ**詐欺，欺騙**：get money *by* ～ 詐取錢財；騙錢。**b** Ⓒ詐欺的行爲，不正當的手段；舞弊：⇨ PIOUS fraud/ commit a ～ 詐欺；舞弊。**2** Ⓒ **a** 騙子。**b** 騙人的東西；僞品。

fraud·u·lence [ˈfrɔdʒələns; ˈfrɔːdjuləns] «fraudulent 的名詞»**—n.** Ⓤ欺騙，詐欺，詭詐；不誠實。

fraud·u·lent [ˈfrɔdʒələnt; ˈfrɔːdjulənt] *adj.* 詐欺(行爲)的；詐取的。～**·ly** *adv.*

fraught [frɔt; frɔːt] *adj.* **1** [不用在名詞前]〔十介十(代)名〕隱藏著[伴隨著，充滿著]〔危險等〕的〔*with*〕：an enterprise ～ ***with*** danger 充滿危險的事業。**2**《口語》稍稍不安的，煩惱的。

Fräu·lein [ˈfrɔɪlaɪn; ˈfrɔilain] «源自德語» **—n.** (*pl.* ～(***s***)) **1** [德國對未婚婦女的尊稱，相當於 Miss]小姐。**2** Ⓒ未婚的德國婦女。

fray[1] [fre; frei] *n.* [**the** ～]《文語》爭吵，騷動，打架，吵鬧；混戰；爭論：be eager for *the* ～ 希望發生事端，惟恐天下不亂。

fray[2] [fre; frei] *v.t.* **1** 磨破，磨斷，磨損〈布等〉：an old ～*ed* coat 一件破舊的外衣。**2** 使…緊張[衰弱]：His nerves were ～*ed* by the noise of traffic. 他被交通噪音弄得神經緊張[衰弱]。**—v.i. 1** 磨損，磨斷，磨破。**2**〈神經等〉緊張。

fraz·zle [ˈfræzl; ˈfræzl] *v.t.* **1** 磨損[磨破]〈布等〉。**2**《口語》使〈人〉疲憊。

—v.i. 1〈布等〉磨損[磨破]。**2**《口語》〔動(十副)〕〈人〉疲倦〈*out*〉.

—n. [**a** ～] **1** 破損的狀態。**2**《口語》(因疲倦而呈)筋疲力盡狀態：be beaten to *a* ～ 被打得死去活來；完全被打敗。

F.R.B.《略》Federal Reserve Bank.

freak [frik; friːk] *n.* **1** ⓊⒸ反覆無常，異想天開，奇想：It was a ～ of mine to wear pink pajamas. 穿上粉紅色睡衣是我一時的奇想。**2** Ⓒ **a** 畸形，變種：a ～ of nature 造化的作弄《指畸形物、龐然大物等》。**b**《口語》(思想、習慣等)反常的人，奇異的人。**c** 奇異的事，偶發事件。**3** Ⓒ《俚》**a** [常與修飾語連用](…的)狂熱者：a film [camera] ～ 電影[照相機]的愛好者。**b** 經常使用迷幻藥的人，吸毒成癮者。

—adj. [用在名詞前]反常的，奇特的，怪異的：～ weather (跟平常不一樣的)反常的天氣。

—v.t.〔十受十副〕《俚》(用迷幻藥)使〈人〉呈幻覺狀態，使…興奮〈*out*〉.

—v.i.〔十副〕《俚》(因迷幻藥而)引起幻覺狀態，興奮〈*out*〉.

fréak·ish [-kɪʃ; -kiʃ] *adj.* **1** 異想天開的，怪異的，荒誕的。**2** 畸形的，奇形怪狀的。～**·ly** *adv.* ～**·ness** *n.*

fréak-òut *n.* Ⓒ《俚》**1 a** (因迷幻藥而導致的)幻覺狀態。**b** (藉服迷幻藥而產生幻覺之)逃避現實。**2** 利用迷幻藥引起幻覺的人。

freck·le [ˈfrɛkḷ; ˈfrekl] *n.* Ⓒ[常 ～s]雀斑；小斑點，褐斑。

—v.i. 長雀斑。**—v.t.** 使…生雀斑。

fréck·led *adj.* 有雀斑的。

freck·ly [ˈfrɛklɪ; ˈfrekḷi] *adj.* (**freck·li·er**；**-i·est**)多雀斑的；多小斑點的。

Fred [frɛd; fred] *n.* 佛雷德《男子名；Alfred, Frederick 的暱稱》。

Fred·dy [ˈfrɛdɪ; ˈfredi] *n.* 佛雷狄《男子名；Frederick 的暱稱》。

Fred·er·ick [ˈfrɛdərɪk, ˋfrɛdrɪk; ˈfredrik] *n.* 佛雷德瑞克《男子名；暱稱 Fred, Freddy》.

‡**free** [fri; friː] «源自古英語「親愛的」之義»**—adj.** (**fre·er**；**fre·est**) **A 1 自由的**：**a** 不受束縛的，不受拘束的，行動自由的：set a prisoner ～ 釋放犯人/set a bird ～ from a cage 把鳥從鳥籠中放出/get ～ (of…) (從…)獲得自由，逃脫/Let him go ～. 放他自由。**b** (人權、政治上)自由的，自主獨立的；自由主義的；自由參加的，開放的，自由制的：a ～ country [people] 自由的國家[人民]/⇨ free world/～ enterprise 自由企業/～ trade 自由貿易/a ～ market 自由市場/a ～ competition 自由競爭/～ speech 言論自由。**c**《美》不承認奴隸制的：⇨ free state. **d**〈思想、行動等〉無偏見的，不受傳統[權威]等拘束的；自由意志的，自發的，隨意的：～ love 自由戀愛/a ～ action 自由行動/⇨ free will, freethinker. **e** 不受規則[樣式]拘束的，不拘泥於固定形式的；〈運動等〉自由(形)式的：～ skating 自由式溜冰/～ composition 自由作文/⇨ free verse. **f** 不受(文字、字義等)約束的：a ～ translation 意譯。

2 [不用在名詞前]〔十 *to* do〕**可以自由〈從事某事〉的**：You are ～ *to* choose as you please. 你可以隨意挑選/⇨ feel FREE to do.

3 a〈道路、通行等〉無障礙的，可自由通行的：～ passage 可自由通行的通道/have ～ access to [use of] a library 可以自由進出[使用]圖書館[圖書室，書庫]。**b** [不用在名詞前]〔十介十(代)名〕可以自由使用[進出]〔…〕的〔*of*〕：make a person ～ ***of*** one's house 允許某人自由進出[使用]房屋。

4 (無比較級、最高級) **a**〈人〉不忙的，可做其他事的，有空閒的：Are you ～ tomorrow evening [～ for dinner tonight]? 你明天晚上有空嗎？[你今晚有空吃個晚餐嗎？]/I won't be ～ until eight o'clock. 我在八點之前沒有空。**b**〈時間〉工作外的：My ～ day is Wednesday. 我禮拜三不工作。**c**〈物、場所等〉空著的，沒有使用的：a ～ taxi 一部空計程車/Do you have a room ～? 你有空房間嗎？/Is this seat ～? 這個位子有人坐嗎？

5 a 無顧慮的，直率的；隨便的，無限制的：～ manners 直率的態度/make ～ use of… 自由使用…。**b** [不用在名詞前]〔十介十(代)名〕〔對…〕無顧慮的；隨便的〔*with*〕：He is too ～ ***with*** his boss. 他對上司太隨便/⇨ make FREE with.

6 a 不吝嗇的：a ～ spender 花錢大方的人。**b** [不用在名詞前]〔十介十(代)名〕〔對金錢等〕大方的，不吝嗇的〔*with*〕：be ～ ***with*** one's money 用錢大方/He is ～ *with* his advice to his pupils. 他直言無隱地向學生提出忠告。**c** 無拘束的，樂天的：⇨ FREE and easy.

7 (無比較級、最高級) **a** 未固定的，沒有繫著的：leave one end of a rope ～ 鬆開繩子的一端。**b**〈手、脚〉能自由活動的：⇨ have one's hands FREE.

8 (無比較級、最高級)《化學》游離的：a ～ acid 游離酸。

—B 1 (無比較級、最高級)**免費的，免稅的**：～ imports 免稅進口貨/～ medical care 免費醫療/a ～ ride 免費乘車/a ～ ticket [pass] 免費票[乘車券，入場券]/Is this lecture ～ or do we have to pay? 這個演講是免費的，還是要付錢的？**2** [不用在名詞前]〔十介十(代)名〕沒有〔…〕的，免於〔…〕的〔*from, of*〕：a day ～ ***from*** wind 無風的日子/～ *from* [*of*] care 無憂無慮的/The crew remained ～ *from* [*of*] scurvy. 那些船員仍然沒有患壞血病之虞。**3** [不用在名詞前](無比較級、最高級)〔十介十(代)名〕**a** 免除〔義務、稅等〕的〔*of*〕：～ ***of*** charge [cost] 免費/～ *of* duty [tax] 免稅。**b** 免於受〔不愉快的人、危險物〕折磨的；免於〔…〕的〔*of*〕：keep a wound ～ ***of*** infection 使傷口免於受到[細菌的]感染/The road was ～ *of* snow. 這條道路沒有雪/At last he was ～ *of* his teacher. 他終於不再受老師的折磨[擺脫老師]。**c**〔從…〕離開的〔*of*〕：The ship was ～ ***of*** the harbor. 那艘船離開了港口/He lived in a quiet place ～ *of* noise. 他住在

F

一個遠離噪音的安靜地方。

féel frée to dó [常用祈使語氣]請自由地…：Please *feel* ~ *to* use my car [*to* take as much time as you need]. 請自由地使用我的車子[任你開多久]。

for frée 《口語》免費(for nothing).

frée and éasy (1)無顧慮的，融洽的，豪爽的。(2)[副詞]無憂無慮地，悠閒地：live ~ *and easy* 悠閒地生活。(3)不拘小節的，隨便的。

frée on bóard 《商》《英》船上交貨[離岸價格]；《美》(船上、鐵路貨車上)交貨(價格)《略作 f.o.b., F.O.B.》.

frée on ráil 《商》鐵路貨車上交貨(價格)《略作 f.o.r., F.O.R.》.

hàve one's **hánds frée** (1)手空著，可以自由行動。(2)無事。

màke frée with... (1)〈人〉對…隨便，對…舉止隨便。(2)隨意[隨便]使用…：She *made* ~ *with* my books. 她隨意使用我的書本。

—*adv.* (**fre·er**；**fre·est**) **1** 自由地：run ~ 自由地跑。**2** (無比較級、最高級)免費地：An excellent lunch is provided ~. 免費供應一頓美好的午餐/All members admitted ~. 所有會員免費入場。

—*v.t.* (**freed** [frid; fri:d]) **1 a** [十受]釋放〈人、動物〉，使…自由：~ the hostages 釋放人質。**b** [十受十介十(代)名][從…]釋放〈人、動物〉[*from, of*]：~ a bird ***from*** a cage 把鳥從籠中放出去。

2 [十受十介十(代)名] **a** 免除〈某人〉[義務、債務、困難等]，使〈某人〉脫離[…][*from, of*]：~ a person ***from*** [***of***] debt 使某人脫離債務，免除某人的債務。**b** [~ one*self*]脫離[義務、債務、困難等][*from, of*]：~ *oneself* ***from*** one's difficulties 脫離[擺脫]自身的困難。

3 [十受十介十(代)名] **a** 從…除去[障礙物等][*of, from*]：~ the road ***of*** snow 清除道路上的雪。**b** [~ one*self*]拂去，排除[障礙物等]；(終於)解開[不容易脫落之物][*of, from*]：She tried to ~ *herself* ***of*** the thought. 她試著拂去[排除]那種想法/He was unable to ~ *himself* ***from*** the seat belt before the train hit the car. 他無法在火車撞上汽車之前解開安全帶。

-free [-fri; -fri:] [複合用詞] **1** 無…的：smog-*free* 無煙的/⇨ carefree. **2** 免除(…的)支付的：tax-[duty-]*free* 免稅的。

frée ágent *n.* Ⓒ **1** 行動自由者。**2** 《美》《運動》(可解約加入他隊的)自由身運動員。

frée associátion *n.* ⓊⒸ 《心理》自由聯想(法)《一種讓患者自由聯想，以解明其無意識世界的方法》。

free·bie, free·bee ['fribɪ; 'fri:bi] *n.* Ⓒ《美俚》免費提供之物，免費贈品。

frée·bòard *n.* ⓊⒸ《航海》乾舷《自吃水線至甲板間的距離》。

frée·bòot *v.i.* 做海盜；淪爲流寇。

frée·bòot·er *n.* Ⓒ掠奪者；(尤指)海盜。

frée·bórn *adj.* (非奴隸)生而自由的。

frée chúrch *n.* **1** Ⓒ(由國教分離出來的)自由[獨立]教會《不受國家的壓制》。**2** [**the Free Churches**]《英》非國教教會。

frée cíty *n.* Ⓒ自由市《國際機構共管下的半自治城市》。

freed·man ['fridmən; 'fri:dmən] *n.* Ⓒ(*pl.* **-men** [-mən; -mən]) (古羅馬時代或美國南北戰爭後的，從奴隸身分被解放出來的)自由人(cf. freeman 1).

free·dom** ['fridəm; 'fri:dəm] **«free 的名詞»—n.* **1 a** ⓊⒸ自由：~ of speech [the press] 言論[出版]自由/the *F*~ of the Seas 《國際法》(戰時中立國船隻的)自由航海權；航行公海的自由/the ~ of the will 意志的自由/⇨ four freedoms.

> 【同義字】freedom 表示廣意的自由，指拘束、障礙等不存在之意；liberty 的意思與 freedom 大致相若，但含有選擇的自由，自束縛中解放之意。

b Ⓤ(十 *to* do)〈做…的〉自由：He had ~ *to* do what he liked. 他有爲所欲爲的自由。

2 a Ⓤ(行動的)自由自在；任意，不客氣，放縱，隨便：speak with ~ 隨心所欲地說；直言。**b** Ⓒ隨便的舉止：take [use] ~*s with* a person 對某人隨便；對某人放肆。

3 Ⓤ[精神負擔的]解除，免除[*from*]：~ *from* care 免於憂慮[勞心]，無憂無慮/~ *from* duty 免稅/The people enjoy ~ *from* poverty. 人們享有免於窮困的生活。

4 [**the** ~] **a** 出入的自由，自由使用權[*of*]：have *the* ~ *of* a library 可以自由出入[使用]圖書館。**b** 特權；特准[*of*]：*the* ~ *of* a city (贈與賓客的一種)榮譽市民權。

fréedom fighter *n.* Ⓒ自由鬥士《尤指反抗專制者》。

fréedom ride *n.* Ⓒ[有時 F~ R~]自由乘車(運動)《反對種族隔離的黑人及白人故意乘公共汽車到南方實施種族隔離的各州旅行，以表抗議》。

fréed·wòman *n.* Ⓒ(*pl.* **-women**)(解脫奴隸身分而獲得自由之)女自由人。

frée-fáll *n.* **1** Ⓤ(物體靠重力作用而)自由落下。**2** ⓊⒸ(降落傘張開之前的)降落。

frée fíght *n.* Ⓒ《口語》羣毆混戰，一場混戰。

frée-fíre zòne *n.* Ⓒ自由射擊區《在該區內，任何移動的物體均將被射擊》。

frée-flóating *adj.* **1** 不受(特定的目的、政黨等)約束的。**2** (無明確原因)模糊不清的，曖昧的：~ anxiety 游離焦慮，無緣無故的煩惱《一種欠缺明確對象的不安》。

frée-for-áll *adj.* 可自由入場的，可自由加入的。

—[⌐-⌐-⌐] *n.* Ⓒ **1** 可自由參加的比賽[競賽，辯論]。**2** 混戰，打羣架。

frée fórm *n.* Ⓒ **1** 《語言》自由形式《本身可單獨成立之語言形式；如 fire, book 等；cf. bound form》. **2** (抽象的藝術、工業的設計等的)自由造型[形式]，不規則造型[形式]。

Frée Frénch *n.* [**the** ~]自由法國運動《第二次世界大戰中戴高樂(de Gaulle)領導的光復法國運動》。

frée hánd *n.* [**a** ~]自由行動權，自由裁量權，全權：have [get] *a* ~ 得以自由行動/give a person *a* ~ 給人全權。

frée·hànd *adj.* (不用圓規、尺等器具)手畫的：a ~ drawing 徒手畫，寫意畫。**—***adv.* 不用繪圖儀器地，徒手地。

frée·hánded *adj.* (花錢)大方的，慷慨的，不受拘束的。

frée·héarted *adj.* **1** 坦白的；豪爽的。**2** 寬大的；慷慨的。

~·ly *adv.*

frée·hòld *n.* 《法律》**1** Ⓤ(不動產或官職的)自由保有權《世襲或終身享有的權利；cf. copyhold 1》. **2** Ⓒ自由保有的不動產[官職]。

—*adj.* 具有自由保有權的。

frée·hòlder *n.* Ⓒ自由保有權的所有者，具有自由保有不動產權利的人。

frée hóuse *n.* Ⓒ《英》自由酒店《可賣數種啤酒的酒店；cf. tied house》.

frée kíck *n.* Ⓒ《橄欖球・足球》自由球《由於對方犯規而取得的自由踢球》。

frée lánce *n.* Ⓒ **1** (無特別契約的)自由作家，自由記者，自由演員。**2** (中世紀時，爲許多君主工作的)傭兵。

frée-lánce *adj.* 無契約約束的，自由投稿的：a ~ reporter [photographer, writer]自由記者[攝影師，作家]。

—*adv.* 無契約約束地，自由作家[演員]地：He works ~. 他不爲任何雇主工作。

—*v.i.* 自由工作。

frée-láncer *n.* =free lance 1.

frée líst *n.* Ⓒ可免稅輸入之貨物名單。

frée-líver *n.* Ⓒ沈溺於吃喝玩樂的人。

frée-líving *adj.* 縱情享樂的，講究吃的；獨立生存的。

frée-lóad *v.i.* 《美口語》吃白食，寄食，仰賴他人維生。**~·er** *n.*

free·ly ['frilɪ; 'fri:li] *adv.* (**more** ~；**most** ~) **1** 自由地，隨意地：I was able to speak ~. 我能隨意說話。**2** 隨便地，毫不客氣地，直率地：He borrowed ~ from all his friends. 他毫不客氣地跟所有朋友借錢。**3** 慷慨地，不吝惜地。**4** 大量地：Wine was distributed ~. 葡萄酒大量配給。

free·man ['frimən; 'fri:mən] *n.* Ⓒ(*pl.* **-men** [-mən; -mən]) **1** (非奴隸的)自由人(cf. freedman). **2** 自由市民，公民。

Free·ma·son ['fri,mesn; 'fri:,meisn] *n.* [常 **f~**]Ⓒ共濟會會員(cf. mason 2).

> 【說明】共濟會(the Free and Accepted Masons)乃是以互助、友愛爲宗旨的秘密團體，會員原爲石匠(mason)工會的會員，但至十七世紀時，非石匠也可成爲會員。該會在世界各地設有分會(lodge)，以捐款給醫院或捐贈房屋給窮人等方式提倡博愛，並以實現理想社會爲其目標。

Free·ma·son·ry ['fri,mesnrɪ; 'fri:,meisnri] *n.* Ⓤ **1** [常 **f~**]共濟會的主義[制度或慣例]。**2** [**f~**]彼此間自然同情與瞭解；同病相憐。

frée pórt *n.* Ⓒ自由港《進出口均免稅的港口》。

frée·pòst *n.* Ⓤ《英》(郵費)另外繳納的方式。

frée-ránge *adj.* [用在名詞前]《英》(不限制活動範圍的)放養的〈雞等〉。

frée réin *n.* Ⓤ行動完全自由：give ~ to a person 給人自由。

free·si·a ['friʒə; 'fri:zjə] *n.* Ⓒ《植物》香雪蘭，小菖蘭，福蘭《鳶尾科的球根植物》。

frée-spénding *adj.* 浪費的，揮金如土的。

frée-spóken *adj.* 直率的，直言無諱的。

frée-stánding *adj.* 〈雕刻、建築物〉(沒有支柱)自立的，自力撐持的。

frée státe *n.* [常 **F~ S~**]Ⓒ(美國的南北戰爭前不蓄奴隸的北部)自由州(cf. slave state).

frée·stòne *n.* **1** Ⓤ容易切割的岩石。**2** Ⓒ果核與果肉容易分離的果實。

frée·stỳle *n.* Ⓤ **1**〖游泳〗自由式。**2**〖角力〗自由招式。**—***adj.* 自由式的。
frée·swímmer *n.* Ⓒ〖動物〗可自由游泳的動物《如魚等》。
frée·swímming *adj.*〖動物〗可自由游泳的。
frée·thínker *n.* Ⓒ (尤指宗教上的) 自由思想家。
frée thóught *n.* Ⓤ自由思想《尤指宗教上不受傳統束縛的思想》。
frée thrów *n.* Ⓒ **1**〖籃球〗罰球。**2** (擲骰子遊戲的) 搖擲的特權。
frée tráder *n.* Ⓒ提倡自由貿易者。
frée univérsity *n.* Ⓤ [指設施時爲Ⓒ] 自由大學《由學生們自己組織的獨立大學，與一般的大學不同，偏重於討論、研究學生感興趣的問題》。
frée vérse *n.* Ⓤ自由詩體。
frée·wày *n.* Ⓒ《美》(通常爲多車道的) 高速公路 (cf. expressway).
frée·whéel *n.* Ⓒ(脚踏車、汽車的) 自由輪，飛輪《自行廻轉的裝置》。
—*v.i.* **1** (騎自行車或開汽車時，脚停踏或切斷動力) 靠慣性[飛輪]滑行。**2** 自由自在(隨意)地行動。
frée·whéeler *n.* Ⓒ **1** 可滑行的車輛。**2** 獨立自主者。
frée·whéel·ing *adj.*〈人〉無拘無束的，隨心所欲的：lead ~ lives 過著自由自在的生活。
frée wíll *n.* Ⓤ **1** 自由意志：of one's own ~ 出於某人的自由意志，自願地，自動地。**2**〖哲〗自由意志說。
frée-wíll *adj.* [用在名詞前] 出於自由意志的，隨意的，自發的。
frée wórld *n.* [**the** ~；常 **F~ W~**] (與共產集團相對的) 自由世界。

‡freeze [friz; fri:z] (**froze** [froz; frouz]; **fro·zen** [ˈfrozn; ˈfrouzn]) *v.i.* **1** [常以 it 爲主詞] **a** 結冰。**b**《口語》冰冷，寒冷：*It froze* hard last night. 昨夜酷寒。
2 a〔動(十副)〕〈水、水面等〉結冰，凍結〈*up, over*〉：The pond *froze over.* 池塘結了一層冰。**b**〔十補〕冰凍〈成…狀態〉：The jelly has *frozen* solid. 果凍凝固了。
3 a 感到冰冷：The explorers *froze to* death. 那些探險家凍死了/I'm *freezing*(*to* death). 我快凍死了。**b**〔動(十介十(代)名)〕〔因恐怖等而〕戰慄，嚇呆〔*with*〕：He *froze with* terror. 他因恐怖而嚇呆/make a person's blood ~ 使人毛骨悚然[嚇得不能動彈]。
4〔動(十副)〕**a**〈人〉態度變冷淡〈*up*〉：He gradually *froze up* and stopped visiting us. 他態度漸漸轉淡，終於不再探望我們。**b**〈表情、感情〉變僵硬，冷淡〈*up*〉：He *froze up* when we mentioned his debts. 我們談到他的欠款時，他的表情變僵硬。**c** 不能動彈，(因恐懼、膽怯而) 呆立不動〈*up*〉：*F*~！不要動！《★搶劫銀行時的用語；又，脚邊有蛇時也用此語》。
5 [與 well 等狀態副詞連用]〈食物〉冷凍，冷藏：This fish ~*s* well. 這條魚容易冷藏。
6〔動(十副)〕〈引擎等〉冷却[低溫]而無法轉動〈*up*〉.
—*v.t.* **1 a**〔十受(十副)〕使〈水、水面等〉**凍結**〈*up, over*〉：The river was *frozen over.* 河面結冰了。**b**〔十受十補〕使〈水、水面等〉凍結〈成…狀態〉：~ the water solid 使水冷凍成冰。**c**〔十受〕冷凍(保存)〈食品〉(⇨ frozen 1b).
2 a〔十受(十副)〕使〈人〉凍僵，使〈人〉感覺寒冷，使〈物〉冷却〈*up*〉：We were *frozen* by the cold. 我們因寒冷而凍僵/His change of heart *froze* her *up.* 他的變心使她熱情冷却了/The stew was *frozen* by the time it reached the table. 那燉菜在送達餐桌時就已經變冷了。**b**〔十受十補〕使…凍冷〈成…狀態〉：He was *frozen* dead. 他凍死了。**c**〔十受〕使…凍死：The dog was *frozen* (*to* death). 那條狗凍死了。
3 a〔十受〕使…戰慄：~ a person's blood 使人戰慄，使人心寒。**b**〔十受十介十(代)名〕〔以…〕使〈人〉戰慄〔*with*〕：He *froze* me *with* a frown. 他皺眉的樣子使我害怕。
4〔十受〕**a** 對〈人〉態度冷淡。**b** 使〈表情、感情〉變冷淡。**c** 使〈人〉(因恐懼而) 戰慄[動彈不得]。
5〔十受〕《口語》**a** 穩固〈物價、工資〉。**b** 凍結〈資產等〉。**c**〈政府〉凍結〈外國人的銀行存款〉。
6〔十受〕使〈機器〉因冰冷[低溫]而無法動彈：The cold has *frozen* the engine. 寒冷使引擎無法轉動。
fréeze ín《*vt adv*》使〈船〉凍住[封於冰中]《★通常用被動語態》。
fréeze (ón) to…《美口語》緊附於，揪緊，抓緊，固著於…。
fréeze óut《*vt adv*》(1)《口語》(以冷淡態度、憑暴力) 逼走，排擠〈人、物〉。(2)因嚴寒而無法舉行〈會議等〉：The outing was *frozen out.* 遠足因嚴寒而取消。
—*n.* [用單數] **1** 結冰；冰凍期；嚴寒期。**2** [常與修飾語連用] (物價、工資等的) 固定，凍結：a wage ~ ＝a ~ *on* wages 工資的凍結。
fréeze-drý *v.t.* 冷凍乾燥[凍乾]〈食物〉。
fréez·er *n.* Ⓒ 冷凍機；(電冰箱的) 冷凍室，冷凍庫。
fréez·ing *adj.* **1 a** 冰凍的，嚴寒的，極冷的：~ weather 嚴寒的天氣。**b** [當副詞用]《口語》冰凍般地：~ cold 冰凍般地寒冷。**2**〈態度等〉冷淡的，冷冰冰的，使人打冷顫的。
—*n.* Ⓤ **1 a** 冷凍，結冰。**b** [當形容詞用] 冷凍用的。**2** (資產等的) 凍結。
belòw fréezing 在冰點以下。
~·ly *adv.*
fréezing pòint *n.* Ⓒ (尤指水的) 冰點《0℃，32°F；cf. boiling point》。
belòw (the) fréezing pòint 在冰點以下：at 20° *below* ~ 在零下二十度。

***freight** [fret; freit] *n.* **1** Ⓤ **a** 普通貨運《★比較 比 express 慢但較便宜》：Please send the goods by ~. 這些物品請照普通貨物方式寄送《★用法《英》常省略 by》。**b** 運費，租船費：~ forward 運費由提貨人支付/~ free 運費免付/~ paid [prepaid] 運費付訖[已預付]。**2** Ⓤ**貨物**；船貨。**3** (又作 **fréight tràin**) Ⓒ《美》貨運列車(《英》goods train).
—*v.t.* **1 a**〔十受〕裝貨於…。**b**〔十受十介十(代)名〕裝載〔貨物〕於…〔*with*〕：a ship ~*ed with* coal 一艘裝載煤的船。**2**〔十受〕運送，裝運〈貨物〉。
freight·age [ˈfretɪdʒ; ˈfreitidʒ] *n.* Ⓤ **1** 貨運。**2** 運費。**3** 運送的貨物，裝載的貨物。
fréight càr *n.* Ⓒ《美》貨車(《英》goods waggon).
fréight·er *n.* Ⓒ **1** 貨船；運輸機。**2** (貨物的) 託運人，運輸業者。

freighter 1

fréight·lìner *n.* Ⓒ《英》貨櫃列車。

‡French [frentʃ; frentʃ]《France 的形容詞》**—***adj.* 法國(人，式)的，法語的。
—*n.* **1** Ⓤ法語：⇨ Norman French. **2** [**the** ~；當複數用] 法國人，法國國民；法軍。
Frénch Acádemy *n.* [**the** ~] 法國翰林院《1635 年成立，由四十名學者及作家組成，以保持法語純粹性爲宗旨》。
Frénch béan *n.* Ⓒ《英》**1** 青豆 (snap bean). **2** 菜豆 (kidney bean).
Frénch bréad *n.* Ⓤ法國麪包《硬皮的長條麪包》。
Frénch Canádian *n.* ＝Canadian French.
Frénch-Canádian *adj.* 法裔加拿大人的；加拿大法語的。
—*n.* Ⓒ法裔加拿大人。
Frénch chálk *n.* Ⓤ滑石，石鹼石《用以在布帛上畫線》。
Frénch Commúnity *n.* [**the** ~] 法蘭西國協《由法國本國與其舊殖民地所組成，制定於 1958 年》。
Frénch cúrve *n.* Ⓒ [有時 **f~ c~**] 曲線板[規]。
Frénch dóor *n.* Ⓒ [常 ~**s**] 法式的雙扇玻璃門。
Frénch dréssing *n.* Ⓤ法國式生菜調味品《由橄欖油、醋、鹽、香料等製成》。
Frénch fríed potátoes *n. pl.* ＝French fries.
Frénch fríes *n. pl.*《美》炸薯條(《英》(potato) chips)《切成細條的馬鈴薯油炸而成》。
Frénch hórn *n.* Ⓒ〖音樂〗法國號《漩渦狀的銅管樂器》。
Frénch·i·fy [ˈfrɛntʃəˌfaɪ; ˈfrentʃifai] *v.t.* [有時 **f~**] 使…法國化。
Frénch kíss *n.* Ⓒ法國式接吻《舌頭相觸的熱吻》。
Frénch-kíss *v.t.* & *v.i.* (與…) 做法國式接吻。
Frénch léave *n.* Ⓤ不辭而別：take ~ 擅自離去，不辭而別，悄悄離去。

【字源】take French leave 的說法，源自十八世紀的法國習俗，參加宴會的客人不向主人辭別而自行離去。但在法語中同樣有「英國式的悄悄離去」的說法。兩國的說法都含有對對方國民的偏見。

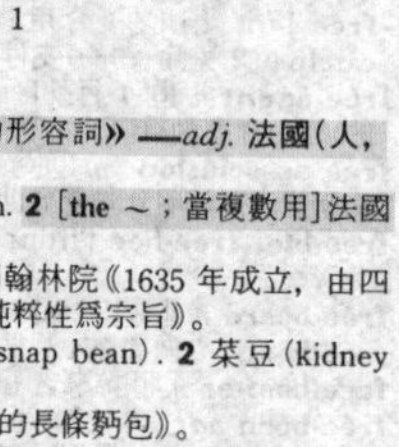

French horn

Frénch létter *n.*《英口語》＝condom.
Frénch lóaf *n.* Ⓒ (*pl.* **French loaves**) 長條圓形的法國麪包。

***French·man** [ˈfrɛntʃmən; ˈfrentʃmən] *n.* Ⓒ (*pl.* **-men** [-mən; -mən])法國人；(尤指)法國男人。
Frénch pólish *n.* Ⓤ法國漆《蟲膠(shellac)與酒精混合而成的透明漆，用於塗家具》。
Frénch-pólish *v.t.* 在〈家具的木製部分〉塗上法國漆。
Frénch Revolútion *n.* [**the** ～]**法國大革命**(1789–1799).
Frénch séam *n.* Ⓒ《裁縫》法式接縫《內外均加縫以遮沒布邊的窄縫》。
Frénch tóast *n.* Ⓤ法式土司《蘸牛奶、雞蛋後輕炸的麪包片》。
Frénch wíndow *n.* Ⓒ[常 ～**s**]雙扇落地窗《朝庭院或陽台，向外開的玻璃門；⇨ window 插圖》。
Frénch·wòman *n.* Ⓒ (*pl.* **-women**)法國婦女。
fre·net·ic [frəˈnɛtɪk; frəˈnetik] *adj.* 狂熱的，激動的。
-i·cal·ly [-klɪ; -kəli] *adv.*
fren·zied [ˈfrɛnzɪd; ˈfrenzid] *adj.* 狂熱的；狂亂的；狂暴的：～ rage 盛怒/become ～ 發狂。
fren·zy [ˈfrɛnzɪ; ˈfrenzi] *n.* Ⓤ [又作 **a** ～] 狂亂，發狂，狂熱：drive a person to [into] ～ 使某人發狂/in *a* ～ of excitement 在極度的興奮中(興奮得近於狂亂)/work oneself up into a ～ 逐漸狂暴起來。
fre·quen·cy [ˈfrikwənsɪ; ˈfri:kwənsi] «frequent 的名詞»—*n.*
1 Ⓤ**時常發生，頻仍，頻繁**〔*of*〕：the ～ *of* earthquakes in Japan 日本地震之頻繁/with considerable ～ 相當頻繁地[屢次]。
2 Ⓒ(統計等的)次數。
3 Ⓒ《物理》頻率；周率：a high [low] ～ 高[低]頻率。
fréquency bànd *n.* Ⓒ《通信》頻(率)帶。
fréquency modulátion *n.* Ⓤ《通信》調頻，(尤指)調頻播送《略作 FM, F.M.；cf. amplitude modulation》.
‡**fre·quent** [ˈfrikwənt; ˈfri:kwənt] «源自拉丁文「擁擠」之義»—*adj.* (**more** ～；**most** ～) **1 時常發生的，屢次的，頻繁的**：It is a ～ occurrence. 那是常常發生[常有]的事/have ～ headaches 時常頭痛/as is ～ *with*... 常有…。**2 經常的，慣常的**：a ～ guest 常客。
—[frɪˈkwɛnt; friˈkwent] *v.t.* 〔十受〕 **1** 常常前往〈場所〉：She ～*s* beauty parlors. 她常去美容院。**2** 與…時常交往，親近…：～ learned men 常與飽學之士交往。
fre·quen·ta·tion [ˌfrikwɛnˈteʃən; ˌfri:kwenˈteiʃn] *n.* Ⓤ常去；屢訪；經常出入〔*of*〕.
fre·quen·ta·tive [frɪˈkwɛntətɪv; friˈkwentətiv] 《文法》*adj.* (動作的)反覆的；反覆(表示)的：～ verbs 反覆動詞。
—*n.* Ⓒ **1** (動詞的)反覆相。
2 反覆動詞《如：twinkle, flicker》.
fre·quént·er *n.* Ⓒ常去者，常往來者，常客。
***fre·quent·ly** [ˈfrikwəntlɪ; ˈfri:kwəntli] *adv.* (**more** ～；**most** ～) **常常，時常，經常，頻繁地**《★[比較] 較 often 拘泥，特別表示短期間內的反覆》：He wrote home ～. 他經常寫信回家/Earthquakes occur ～ in Japan. 日本時常發生地震。
fres·co [ˈfrɛsko; ˈfreskou] «源自義大利語»—*n.* (*pl.* ～**es**, ～**s**)
1 Ⓤ壁畫法《在剛塗上灰泥的牆壁上作畫的壁畫法》：in ～ 用壁畫法。**2** Ⓒ用壁畫法作成的畫，壁畫。
—*v.t.* **1** 在〈牆壁〉上作畫。**2** 用壁畫法畫〈畫〉。
‡**fresh**[1] [frɛʃ; freʃ] «源自古英語「不加鹽」之義»—*adj.* (～**·er**；～**·est**) **1 新鮮的**：**a** 剛生的，剛摘的：～ vegetables 新鮮蔬菜/～ eggs 鮮蛋/～ fish 鮮魚，生魚。**b** [用在名詞前](無比較級、最高級)新製的，剛作的：a ～ pot of coffee 一壺剛泡的咖啡/～ bread 剛出爐的麪包。**c** [用在名詞前](無比較級、最高級)新產生[發現]的，新到的：～ footprints 印上去不久的脚印/～ news 新的消息/throw ～ light on a subject 對一個問題給予新的解釋；重新解釋一個問題。**d** [用在名詞前](無比較級、最高級)尚未使用的，新的：～ clothes 新衣/a ～ piece of paper 未使用過[新]的紙張。**e** (無比較級、最高級)〈漆〉剛塗上去的：～ paint 未乾的油漆(cf. (as) fresh [smart] as PAINT). **f** 〈顏色〉鮮明的。
2 [不用在名詞前](無比較級、最高級)〔十介十(代)名〕**a** 〔從…〕**剛完成的**〔*from*〕：The pie is ～ ***from*** the oven. 這個派是剛從烤箱拿出來的。**b** 剛〔從…〕出來的〔*from, out of*〕：He is ～ ***from*** [***out of***] college. 他剛從大學畢業/I was ～ *out of* (《美》the) hospital. 我剛出院。
3 〈空氣〉**清爽的**，清涼的：～ air 清爽的空氣/in the ～ air 在戶[野]外。
4 a [不用在名詞前]**生氣蓬勃的**，強健的，活潑的，有精神的：She felt ～ after a walk. 她散步後覺得精神不錯/Everything looked ～ after the rain. 雨後萬物看起來生氣蓬勃。**b** 〈臉色、膚色等〉氣色好的，健康的：a ～ complexion 健康的膚色。
5 [用在名詞前](無比較級、最高級) **a** 沒有鹽分的，可以喝的〈水〉：～ water 淡水。**b** 未加鹽的，未燻製的，未經過罐裝[冰凍處理]的〈食物〉：～ meat 未加鹽的肉。
6 [用在名詞前](無比較級、最高級)重新的，再度的：a ～ start 再度出發/make a ～ start 重新開始；從頭做起。
7 (無比較級、最高級) **a** [不用在名詞前]〔十介十(代)名〕〔對…〕無經驗的，不習慣的〔*to*〕：He is ～ ***to*** the work. 他對那個工作還不習慣。**b** 不熟練的，初學的，新進的，生手的：a ～ hand 無經驗者，生手/green and ～ 未熟練的；幼嫩的；初出茅廬的。
8 [不用在名詞前]《口語》〈天氣〉涼而有風的：It's a little ～ today. 今天稍稍涼爽而且有風。
9 《氣象》〈風〉強的：⇨ fresh breeze, fresh gale.
(as) frésh as a róse [**a dáisy**] 精神飽滿的。
bréak frésh gróund ⇨ ground 1.
—*adv.* [常與動詞的過去分詞構成複合字]剛剛，新近：*fresh-caught* fish 剛捕獲的魚/a *fresh*-paint*ed* door 新漆的門；剛上漆的門。
—*n.* **1** Ⓤ(日、年、人生等的)初期，開始的時候；清新時期：in the ～ of the morning 清晨。**2** ＝freshet. ～**·ness** *n.*
fresh[2] [frɛʃ; freʃ] «源自德語»—*adj.* [不用在名詞前]〔十介十(代)名〕《口語》〔對異性〕冒失的，無禮的，傲慢的〔*with*〕：He is too ～ ***with*** his secretary. 他對他的秘書十分無禮。
frésh-áir *adj.* 戶外的；戶外生活的。
frésh bréeze *n.* Ⓒ《氣象》疾風《五級風》(⇨ wind scale).
fresh·en [ˈfrɛʃən; ˈfreʃn] «fresh[1] 的動詞» —*v.t.* 〔十受十副〕 **1** 使…新鮮，使…有生氣〈*up*〉：～ ***up*** one's makeup 補妝。**2 a** 使〈人〉清爽[有精神]：The bath has ～*ed* us *up*. 我們洗澡後感到神清氣爽。**b** [～ one*self*] (利用洗臉、沐浴等)使…清爽[有精神]〈*up*〉. **3** 使…清新〈*up*〉.—*v.i.* **1** 〔十副〕(因洗臉、沐浴等而)覺得乾淨爽快〈*up*〉. **2** 〈風〉變強。
frésh·er *n.* 《英口語》＝freshman 1.
fresh·et [ˈfrɛʃɪt; ˈfreʃit] *n.* Ⓒ **1** 《詩》(流入海中的淡水)河流。**2** 《美》(因豪雨、雪融所造成的)洪水，河水暴漲。
frésh gále *n.* Ⓒ《氣象》強風《八級風》(⇨ wind scale).
frésh·ly *adv.* **1** [常置於動詞的過去分詞前]重新，新近，最近：～ gather*ed* fruit 剛採收的水果/Her nails were ～ manicur*ed.* 她的指甲剛修過。**2** 新鮮地；清新地；生氣勃勃地。
fresh·man [ˈfrɛʃmən; ˈfreʃmən] *n.* Ⓒ (*pl.* **-men** [-mən; -mən]) **1** 新生，一年級學生《★《美》用於大學或高中，《英》僅用於大學》。

> **【說明】**美國的四年制大學，自一年級到四年級的學生依序稱爲 freshman, sophomore, junior, senior.
> 小學、初中、高中的就讀年數，通常合計爲十二年。在採用 8-4 制的學校，相當於高中的最後四年(即自九年級至十二年級)多半採用與大學相同的稱呼，九年級到十二年級的學生分別稱爲 freshman, sophomore, junior, senior. 這兩種大學與高中階段的稱呼也適用於女學生。若是採用 6-3-3 制，在相當於三年制的高中(senior high school)，則分別以 freshman, junior, senior 區別不同年級的學生。

2 《美》(議員、企業等的)新進，新加入者。
—*adj.* [用在名詞前]《美》(high school 或 college 的)一年級的：the ～ year 第一學年/a ～ course 一年級的課程/～ English (大學的)大一英文。
frésh·wáter *adj.* [用在名詞前] **1 a** 淡水的，含淡水的：a ～ lake 淡水湖。**b** 淡水產的(↔ saltwater)：～ fish 淡水魚。**2 a** (只習慣淡水航行而)未慣於航海的〈船員〉。**b** 不習慣的，缺乏經驗的，未熟練的。**3** 《美》鄉下的，無名的：a ～ college 地方性的大學；不出名的大學。
fret[1] [frɛt; fret] «源自古英語「食盡」之義» —(**fret·ted**；**fret·ting**) *v.t.* **1 a** 〔十受〕使〈人〉煩躁，使…煩惱：The noise ～*s* me. 噪音使我煩躁。**b** 〔十受十介十(代)名〕[～ one*self*]〔因某事而〕煩躁，煩惱〔*about, over*〕：You need not ～ *yourself* ***about*** that. 你不必爲那件事自尋煩惱。**c** 〔十受十副〕煩悶地度過〈時間、生涯〉〈*away, out*〉：Don't ～ ***away*** [***out***] your life. 別在煩惱中過日子。
2 〈風〉吹縐〈水面〉，使〈水面〉起波紋。
3 〈銹、水等〉逐漸侵蝕…。
—*v.i.* **1 a** 煩躁，苦悶；〈嬰兒〉哭鬧，磨人：He was *fretting* with impatience. 他因不耐煩而煩躁不安。**b** 〔十介十(代)名〕〔因某事〕苦悶，煩惱〔*about, over, at*〕：You had better not ～ ***about*** your mistakes. 你最好不要爲你的錯誤而煩惱/She is *fretting* ***at*** her son's idleness. 她正爲了兒子的遊手好閒而擔憂。**2** 〈水面〉起波紋。**3** 〈銹、水等〉腐蝕。
frét (, fúss) and fúme 〔對…〕焦急發怒〔*over, about*〕.
—*n.* [用單數]焦急；煩惱：*in* a ～ ＝ *on* the ～ 焦急，煩悶。

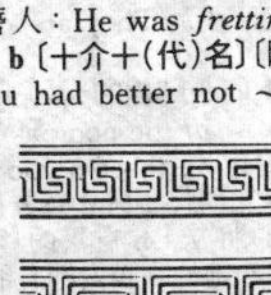
frets[2] 1

fret[2] [frɛt; fret] *n.* Ⓒ **1** 《建築》迴紋飾，卍

字浮雕。2〖紋章〗廻紋圖案。

—v.t. (**fret·ted**; **fret·ting**) 以廻紋裝飾…。

fret[3] [frɛt; fret] *n.* Ⓒ(吉他等的)琴格《橫過指板的細條，彈奏時用以表示弦的位置》。

fret·ful [ˈfrɛtfəl; ˈfretful] 《源自 fret[1]》 **—*adj.*** 焦躁的，苦悶的，易怒的，愛挑剔的。~**·ly** [-fəlɪ; -fuli] *adv.* ~**·ness** *n.*

frét sàw *n.* Ⓒ線鋸；細工鋸，鋼絲鋸。

frét·wòrk *n.* **1** Ⓤ(廻紋等的)裝飾細工；(天花板等的)廻紋細工。**2** Ⓒ[常用單數]廻紋物。

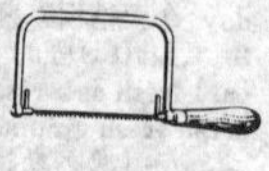

fret saw

Freud [frɔɪd; frɔid], **Sig·mund** [ˈsɪgmənd; ˈsigmənd] *n.* 佛洛伊德《1856–1939；倡導精神分析的奧地利醫師》。

Freud·i·an [ˈfrɔɪdɪən; ˈfrɔidjən] 《Freud 的形容詞》**—*adj.*** **1** 佛洛伊德(學說)的。**2**《口語》無意識層中關於性的。

—*n.* Ⓒ佛洛伊德學說的信徒。

Fréudian slìp *n.* Ⓒ(無意中洩露眞實欲望的)說溜嘴。

Fri. 《略》Friday.

fri·a·ble [ˈfraɪəbl; ˈfraiəbl] *adj.* 易碎的，脆弱的。

fri·a·bil·i·ty [ˌfraɪəˈbɪlətɪ; ˌfraiəˈbiləti] *n.*

fri·ar [ˈfraɪɚ; ˈfraiə] 《源自拉丁文「兄弟」之義》**—*n.*** Ⓒ〖天主教〗修道士 (cf. monk)：Black [Gray, White] *Friars* 道明會 (Dominicans) [聖方濟會 (Franciscans)，加爾默羅聖母會 (Carmelites)] 的修道士。

fri·ar·y [ˈfraɪərɪ; ˈfraiəri] *n.* Ⓒ修道院；修道會；寺院；教團。

fric·as·see [ˌfrɪkəˈsi; ˌfrikəˈsi:, ˈfrikəsi:] 《源自法語》**—*n.*** Ⓒ[作菜名時Ⓤ]燉[油煎]肉丁《將細切的雞肉、小牛肉、兔肉用醬油燉成的一道法國菜》。

—*v.t.* 將〈肉〉做成燉[油煎]肉丁。

fric·a·tive [ˈfrɪkətɪv; ˈfrikətiv] 〖語音〗*adj.* 〈子音〉由摩擦而產生的，摩擦音的。

—*n.* Ⓒ摩擦音《[f, v, ʃ, ʒ, θ, ð] 等子音》。

***fric·tion** [ˈfrɪkʃən; ˈfrikʃn] *n.* **1** Ⓤ**摩擦**。**2** ⓊⒸ(意見的)衝突，傾軋，不和。

fríc·tion·al [-ʃənḷ; -ʃənl] 《friction 的形容詞》**—*adj.*** 摩擦的；由摩擦而生的。~**·ly** [-ʃənḷɪ; -ʃənli] *adv.*

‡**Fri·day** [ˈfraɪdɪ, -de; ˈfraidi, -dei] *n.* [原則上無冠詞Ⓤ；只是隨著意思的轉化而會出現冠詞；也出現Ⓒ] **星期五**《一個禮拜的第六天；略作 F., Fr., Fri.》：Today is ~. 今天是星期五/⇨ Good Friday/next [last] ~ =*on* ~ next [last] 下[上]週五《★後者主要用在《英》》/*on* ~ 在星期五/*on* ~*s* 每星期五，每逢星期五/*on* a ~ (過去、未來的)某個星期五/*on*(《英》the) ~ of next week 下週五/⇨ man Friday.

—*adj.* [用在名詞前]星期五的：*on* ~ afternoon 在星期五下午。

—*adv.* 《美》在星期五(⇨ Fridays)：See you ~. 星期五見。

【字源】Friday 的意思是 the day of Frigg(獻給芙莉格(Frigg)的日子)。Frigg 是北歐神話中主神歐丁(Odin)之妻，爲愛與美之神。星期五是耶穌被釘死的日子，在基督教國家被認爲是不祥的日子。

Fri·days [ˈfraɪdɪz, -dez; ˈfraidiz, -deiz] *adv.* 《美》在星期五，每逢星期五。

fridge [frɪdʒ; fridʒ] 《refrigerator 之略》 **—*n.*** Ⓒ《口語》冰箱。

fried [fraɪd; fraid] *v.* **fry**[1] 的過去式・過去分詞。

—*adj.* 油煎的，油炸的：~ fish 油炸魚。

fried·cake [ˈfraɪdˌkek; ˈfraidkeik] *n.* Ⓒ小煎餅《尤指油煎圈餅》。

Fried·man [ˈfridmən; ˈfri:dmən], **Milton** *n.* 傅利曼《1912– ；美國經濟學家，1976 年諾貝爾經濟學獎得主》。

Fried·man·ite [ˈfridmənˌaɪt; ˈfri:dmənait] *n.* Ⓒ贊成傅利曼貨幣理論者。

‡**friend** [frɛnd; frend] *n.* Ⓒ **1 友人，朋友**：He is a ~ of mine [my father('s)]. 他是我的[我父親的]朋友《★ 用法 my [my father's] ~ 指的是特定的朋友，也可用同格的說法 my ~ John Smith》/They are good [great] ~*s*. 他們是好朋友[親密的朋友]。

2 同一陣線的人 (↔ enemy)；贊助者，支持者；同情者 [*to, of*]：a ~ *of* the poor 窮人的朋友/a ~ *to* [*of*] liberty 自由的支持者/He has been a good ~ *to* me. 他一向待我很好。

3 a 同伴；與人爲友的動物：The dog is a ~ of man. 狗是人類的朋友。**b** 有幫助[可靠(等)]之物：Her shyness was her best ~. 她的靦腆對她有很大幫助。

4 [one's ~；用於稱呼] (吾)友：my learned ~ ⇨ learned 1 a.

5 [F~] 教友派 (the Society of Friends) 的一員，戰慄教徒 (Quaker).

be [kèep, màke] fríends with... 與…做朋友，和…要好[親密]。

màke fríends agàin 言歸於好，重修舊好。

the Society of Friends 基督教教友派。

【說明】1668 年由福克斯 (G. Fox) 所創立的基督教新教的一派。教徒間彼此以 Friend 相稱，穿着注重樸素，儘量避免使用頭銜，言談注重單純，並且强烈反對戰爭。由於教徒們在熱心祈禱時會使身體發抖，通常被稱作戰慄教徒 (Quakers).

fríend·less *adj.* 沒有朋友的，孤獨的。~**·ness** *n.*

fríend·li·ness *n.* Ⓤ友誼，親切，友好；親善，親睦。

‡**friend·ly** [ˈfrɛndlɪ; ˈfrendli] *adj.* (**friend·li·er**; **-li·est**) **1 a 友好的**，善意的；沒有敵意的；易親近的：a ~ nation 友好國家，友邦/a ~ dog 友善的狗/a ~ match [game] 友誼賽《目的不在於贏得獎杯》。**b** [不用在名詞前] [十介十(代)名] [對…] 友善的，善意的 [*to*]：She is ~ *to* everyone she meets. 她對每一個她遇見的人都很友善。**2** [十介十(代)名] [與…] **友好的** [*with*]：be on ~ terms *with* a person 與某人親善[友好]/He wasn't particularly ~ *with* Henry. 他與亨利並沒有特別友好。**3 a 友愛的**，親切的，溫柔的：a ~ face [smile] 親切的面孔[微笑]。**b** [不用在名詞前] [十介十(代)名] [人] 親切的 [*of*]：That's very ~ *of* you. 你眞親切。**4 a** 〈物〉有助益的，適用的：a ~ shower 及時雨，甘霖。**b** [不用在名詞前] [對…] 贊助的，支持的 [*to*]：I am not ~ *to* his policy. 我不贊成他的政策。**—*n.*** Ⓒ《英》友誼賽。

fríendly socìety *n.* [常 F~ S~] Ⓒ《英》=benefit society.

***friend·ship** [ˈfrɛndˌʃɪp; ˈfrendʃip] *n.* ⓊⒸ **1 友情**，友愛，友誼：The ~ between John and Peter lasted many years. 約翰與彼得之間的友誼持續了很多年。**2** 朋友關係，友好(關係)。

fri·er [ˈfraɪɚ; ˈfraiə] *n.* =fryer.

Frie·sian [ˈfriʒən; ˈfri:zjən] *n.* 《英》=Holstein.

Fries·land [ˈfrizlənd; ˈfri:zlənd] *n.* 夫里斯蘭《荷蘭北部的「一省」》。

frieze[1] [friz; fri:z] *n.* Ⓒ **1**〖建築〗中楣，雕帶《在柱頂盤 (entablature) 中，介於上楣 (cornice) 與下楣 (architrave) 之間作爲裝飾用的橫條，多雕刻圖案、花紋等；⇨ entablature 插圖》。**2** 帶狀裝飾。

frieze[2] [friz; fri:z] *n.* Ⓤ起絨粗呢《一面出現絨毛，做外衣用的厚呢料；愛爾蘭特產》。

frig [frɪg; frig] *v.i.* 《鄙》 **1** 性交；自慰。**2** [十副] 閒逛，廝混 〈*about, around*〉.

frig·ate [ˈfrɪgɪt; ˈfrigit] *n.* Ⓒ **1** (18–19 世紀初期的) 木造快速帆船《上下甲板備有 28–60 門大砲》。**2**〖英・加海軍〗(反潛、護航用的) 護航艦，小型驅逐艦。**3**〖美海軍〗等級介於巡洋艦與驅逐艦之間的軍艦。

frigate 1

frígate bìrd *n.* Ⓒ〖鳥〗軍艦鳥《產於熱帶的大型鳥》。

Frigg [frɪg; frig] *n.* 〖北歐神話〗芙莉格《歐丁 (Odin) 的妻子，司夫婦之愛與美的女神》。

frig·ging [ˈfrɪgɪŋ; ˈfrigiŋ] *adj.* 《鄙》討厭的，可恨的。

frigate bird

fright [fraɪt; frait] *n.* **1** Ⓤ[又作 *a* ~] (忽然襲來的) 恐怖；驚駭；驚嚇 (⇨ fear【同義字】)：He was trembling *with* ~. 他嚇得發抖/in *a* ~ 吃驚地，驚恐地/give a person *a* ~ 使某人大吃一驚/have [get] *a* ~ 感到恐懼，害怕起來/take ~ (at...) (因…) 驚恐，(對…) 害怕。**2** [*a* ~]《口語》奇醜的人[物]：He looked *a* perfect ~. 他看起來奇醜無比。

fright·en** [ˈfraɪtn̩; ˈfraitn] 《fright 的動詞》**—*v.t. **1** [十受] **使**〈人、動物等〉**突生恐怖之心**，使…害怕，使…吃驚《★常以過去分詞當形容詞用；⇨ frightened》：I'm so sorry I ~*ed* you. 很對不起我讓你受驚了/The rattlesnake ~*ed* me. 那條響尾蛇嚇了我一跳。

【同義字】frighten 是使人突然害怕之意；terrify 指引起激烈的、無法自制的恐懼；scare 指使人突然畏懼。

2 a [十受十介十(代)名] 恐嚇〈人〉[使做…] [*into, to*]；恐嚇〈人〉[使離開…]，恐嚇〈人〉[使停止做…] [*out of*]：They ~*ed* him *into* submission [tell*ing* the secret]. 他們嚇得他屈服[說出祕密]/He ~*ed* his son *out of* the house [drink*ing*]. 他使兒子嚇得離開家[不敢喝酒]。**b** [十受十副] 把〈人〉嚇跑〈*away, out, off*〉：The alarm ~*ed* the thief *away*. 警鈴把小偷嚇跑了。

fright·ened *adj.* **1** 受驚的；受到恐嚇的：a ~ child 受驚的小孩。**2** [不用在名詞前] **a** [十介十(代)名] 受到[…]驚嚇的，[對…] 感到害怕的 [*by, at*]：She was ~ *by* the dog. 她被那條狗嚇壞了/He was ~ *at* the sound [sight]. 他聽到那聲音[看到那景象]

非常驚恐。b〔＋ *to* do〕〈因做…而〉被嚇到的，感到害怕的：She was ～ *to* see a figure in the dark. 她在黑暗中看到人影，心裏感到害怕。c〔＋ *that*__〕害怕〈…事〉的：She was ～ *that* there might be a ghost in the dark. 她害怕黑暗中可能有鬼[幽靈]。3〔不用在名詞前〕〔十介十(代)名〕〔對…〕習慣性害怕的〔*of*〕《★在這種情形下多以 afraid 代替 frightened》：He is ～ *of* thunder. 他害怕打雷。

fright·ful [ˋfraɪtfəl; ˈfraitful] *adj.* (**more** ～; **most** ～) **1** 可怕的，令人毛骨悚然的：a ～ sight 可怕的景象。**2** 醜惡的，很難看的。**3**《口語》**a** 不愉快的，討厭的：have a ～ time 覺得很不愉快。**b** 非常的，極端的：a ～ mess 極端混亂。～**·ness** *n.*

fríght·ful·ly [-fəlɪ; -fuli] *adv.* **1** 可怕地。**2**《口語》非常：I'm ～ fond of her. 我非常喜歡她。

frig·id [ˋfrɪdʒɪd; ˈfridʒid] «源自拉丁文「冷」之義»—*adj.* **1**〈氣候等〉嚴寒的，極寒的。**2** 冷的，冷淡的；疏遠的，冷漠的，生硬的：a ～ look 冷漠的表情/a ～ bow (冷淡的)形式上的鞠躬。**3**〈女性〉患冷感症的，性冷感的。～**·ly** *adv.*

fri·gid·i·ty [frɪˋdʒɪdətɪ; friˈdʒidəti] «frigid 的名詞»—*n.* Ⓤ **1** 寒冷；冷淡。**2** 呆板。**3** (女性的)冷感症。

Frígid Zòne *n.* [the ～]寒帶(cf. Temperate Zone)：the North [South] ～ 北[南]寒帶。

frill [frɪl; fril] *n.* **1** Ⓒ **a** 縐邊，褶邊。**b** 紙製縐邊。**2** Ⓒ (鳥獸的)縫毛，頸毛。**3** Ⓒ不必要的裝飾；(爲誇示而增加之)多餘之物：No ～*s.* (商品標示)無添加物《如糖、鹽、防腐劑等》。**4** [～s] 作態，擺架子：put on ～*s* 擺架子；裝腔作勢。
—*v.t.* 加縐邊[緣飾]於…。

frilled *adj.* 鑲有縐邊的，附有飾邊的：a ～ handkerchief 有飾邊的手帕。

fríllled lízard *n.* Ⓒ《動物》一種大型蜥蜴《產於澳洲，頸部有皺褶狀皮膜》。

frilled lizard

frill·ing [ˋfrɪlɪŋ; ˈfriliŋ] *n.* Ⓤ Ⓒ縐邊。

frill·y [ˋfrɪlɪ; ˈfrili] «frill 的形容詞» —*adj.* (**frill·i·er**; **-i·est**) **1**〈衣服等〉飾褶邊的。**2** 裝飾得過分[雜亂無章]的。

fringe [frɪndʒ; frindʒ] *n.* Ⓒ **1** (披肩、衣服下襬等的)鬚邊，綫飾，緣飾。**2** 邊，邊緣，外緣〔*of*〕：a park with a ～ *of* trees 周邊有樹木的公園/a ～ *of* beard on the chin 長在下巴的一圈鬍鬚/*on* the ～(*s*) *of* a forest 在森林的邊緣。**3** (女人額頭上的)垂髮，劉海。**4** (動植物的)縫毛。**5** (學問、運動等的)初步，皮毛〔*of*〕：a mere ～ *of* philosophy 哲學的初步知識。**6** [集合稱](社會、政治、文化等的)脫離主流者；偏激論者，極端論者[集團]：⇨ lunatic fringe.
—*v.t.* **1** 給…加縫飾，以縫飾裝飾…。**2 a**〔十受〕成爲…的邊緣，沿著…並排：Flowers ～ the path. 花朵點綴在小徑上。**b**〔十受十介十(代)名〕〔以…〕在…鑲邊〔*with, by*〕：The road was ～*d with*[*by*] flowering azaleas. 道路兩旁點綴著盛開的杜鵑花。

fríngе àrea *n.* Ⓒ接收邊緣區《因遠距離、障礙物等導致收聽或收視不良的地區》。

fríngе bènefit *n.* Ⓒ[常 ～s]附加福利，補貼《薪俸以外的撫恤金、假期、健康保險等》。

fríngе gròup *n.* Ⓒ非主流派。

frip·per·y [ˋfrɪpərɪ; ˈfripəri] *n.* **1 a** Ⓤ (服飾的)俗氣的裝飾。**b** Ⓒ[常 **fripperies**]廉價的服飾品。**2** Ⓤ矯飾，虛榮，虛飾。

Fris·bee [ˋfrɪzbi; ˈfrizbi:] «Frisbie 食品公司的餅乾罐蓋，作爲遊戲用»—*n.* [常 f～] Ⓒ《商標》飛盤《遊戲時互相投擲的小型塑膠盤》：throw a ～ 投擲飛盤。

Fris·co [ˋfrɪsko; ˈfriskou] *n.*《口語》＝San Francisco.

Fris·i·an [ˋfrɪʒən, ˋfrɪʒɪən; ˈfriziən, -ʒən] *adj.* 夫里斯蘭(人)的；夫里斯蘭語的。
—*n.* **1** Ⓒ夫里斯蘭人。**2** Ⓤ夫里斯蘭語。

frisk [frɪsk; frisk] *v.i.*〈小孩、動物〉(輕快地)跳躍，戲躍；雀躍；嬉戲，耍鬧。
—*v.t.* **1** (輕快地)搖動…。**2**《口語》〈警察等〉從衣服上觸摸搜查〈某人〉身體《以確定有無武器》，對…搜身：The policeman ～*ed* him for hidden weapons. 警察對他搜身，以確定有無隱藏武器。
—*n.* **1** [a ～]雀躍，戲躍，歡欣鼓舞。**2** Ⓒ《口語》搜身。

frisk·y [ˋfrɪskɪ; ˈfriski] «frisk 的形容詞» —*adj.* (**frisk·i·er**; **-i·est**)活蹦亂跳的，嬉戲的。
frís·ki·ly [-kɪlɪ; -kili] *adv.* **-ki·ness** *n.*

fris·son [friˋsɔ̃; fri:ˈsɔ̃] «源自法語»—*n.* Ⓒ (因興奮、喜悅而引起的)顫抖。

frith [frɪθ; friθ] *n.* ＝firth.

frit·ter[1] [ˋfrɪtɚ; ˈfritə] *v.t.*〔十受十副(十介十(代)名)〕把〈時間、金錢等〉浪費〔在…上〕〈*away*〉〔*on*〕：～ ***away*** one's time (***on*** play*ing* cards) 浪費某人的時間(在玩紙牌戲上)。

frit·ter[2] [ˋfrɪtɚ; ˈfritə] *n.* Ⓒ[常構成複合字]《烹飪》果肉餡油炸餅《水果、肉等薄片裹麪粉油炸者》：apple ～*s* 蘋果餡油炸餅/oyster ～*s* 牡蠣餡油炸餅。

fritz [frɪts; frits] *n.* ★用於下列成語。
on the frítz《美口語》〈機器等〉故障；〈身體等〉狀況不好，欠安。

Fritz [frɪts; frits] *n.* **1** Ⓒ《俚》德國兵《通常爲輕蔑語》。**2** 佛里兹《男子名》。

friv·ol [ˋfrɪvl; ˈfrivl] *v.i.* (**-ol(l)ed**; ～**·(l)ing**)《口語》浪費時間，瞎混；做無聊之事。
—*v.t.* 把〈時間〉浪費在瑣事上。

fri·vol·i·ty [frɪˋvɑlətɪ; friˈvɔləti] «frivolous 的名詞»—*n.* **1** Ⓤ膚淺，輕浮；不正經。**2** Ⓒ[常 **frivolities**]輕浮的言語舉止，無聊的事。

friv·o·lous [ˋfrɪvələs; ˈfrivələs] «源自拉丁文「沒有價值」之義»—*adj.* **1** 膚淺的，輕浮的：a ～ girl 輕浮的少女。**2** 不足取的，不重要的，瑣碎的；愚蠢的：～ complaints 無聊的抱怨。
～**·ly** *adv.* ～**·ness** *n.*

frizz [frɪz; friz]《口語》*v.t.*〔十受(十副)〕使〈毛髮〉成鬈曲狀，爲〈某人〉捲髮〈*up, out*〉.
—*n.* [a ～]鬈曲；鬈髮，捲毛。

friz·zle[1] [ˋfrɪzḷ; ˈfrizl]《口語》*v.t.*〔十受(十副)〕使〈毛髮等〉鬈曲〈*up*〉. —*v.i.*〔動(十副)〕捲曲〈*up*〉.
—*n.* [a ～]鬈髮。

friz·zle[2] [ˋfrɪzḷ; ˈfrizl] *v.t.* 把〈肉等〉炸酥；把…炸[炒]得吱吱響，炸焦。—*v.i.* 把肉炸酥[炸焦，炸得吱吱響]。

friz·zly [ˋfrɪzlɪ; ˈfrizli] *adj.* (**friz·zli·er**; **-zli·est**)＝frizzy.

friz·zy [ˋfrɪzɪ; ˈfrizi] «frizz 的形容詞» —*adj.* (**friz·zi·er**; **-zi·est**)鬈髮的，鬈曲的。

fro [fro; frou] *adv.* 向那邊，向後(away)《★用於下列成語》。
tó and fró ⇨ to *adv.*

frock [frɑk; frɔk] *n.* Ⓒ **1** (婦女、小女孩穿的)連身裙，洋裝。**2** (寬袖下襬長的)修道士衣服，僧袍。**3** (農夫、工人等的寬鬆)工作服，罩衫。**4** (又作 **fróck còat**)(十九世紀男子所穿的)長禮服。

frock 4

Froe·bel [ˋfrebḷ; ˈfroubl], **Frie·drich** [ˋfridrɪk; ˈfri:drik] *n.* 佛勒貝爾《1782–1852；德國教育家，幼稚園體制的創始者》。

***frog** [frɑg, frɔg; frɔg] *n.* Ⓒ **1**《動物》蛙《具有滑溜皮膚及強而有勁的後腿，水陸兩棲；cf. tadpole, toad 1》。**2** (用金屬線或繩子做的紡錘形的)飾釦。**3** (腰帶上的)掛劍圈，掛武器環。**4**《鐵路》轍叉《由於形狀似青蛙的後腿》。**5** «源自法國人常吃青蛙» [F～]《口語・輕蔑》法國人。
a fróg in the thróat《口語》聲音嘶啞。

frog 1

toad

fróg·èater *n.* Ⓒ **1** 食蛙之人。**2** [F～]＝frog 5.

frogged *adj.*〈衣服等〉具有飾釦的。

fróg kìck *n.* Ⓒ《游泳》蛙式。

fróg·man [-ˌmæn, -mən; -mən] *n.* Ⓒ (*pl.* **-men** [-ˌmɛn, -mən; -mən]) 潛水員；(尤指)蛙人。

fróg·màrch *v.t.*〔十受十副詞(片語)〕**1** 蛙式抬運〈反抗者、醉漢〉《使其面朝下，由四人抬著四肢行走》。**2**《英》迫使〈人〉舉起雙手放腦後(或背後)前進。

fróg·spàwn *n.* Ⓤ蛙卵。

frol·ic [ˋfrɑlɪk; ˈfrɔlik] «源自荷蘭語「快樂」之義»—*n.* **1 a** Ⓒ玩耍，嬉戲，作樂。**b** Ⓤ歡鬧，快活。

frogmen

2 Ⓒ嬉鬧，狂歡的聚會。
—*v.i.* (**frol·icked**; **-ick·ing**)〔動(+副)〕嬉戲，玩樂，歡鬧〈*about*〉.

frol·ic·some [ˈfrɑlɪksəm; ˈfrɔliksəm] *adj.* 愛嬉戲的；歡樂的，快活的。

‡**from** [(弱) frəm; frəm; (强) frɑm, frʌm; frɔm] *prep.* **1** [表示運動、移動等的起點；cf. to *prep.* A 1b] **由…，從…**：go ~ London *to* Paris 從倫敦到巴黎/walk home ~ the station 從車站走路回家/fall ~ the sky 從天空落下/hang ~ the ceiling 自天花板垂吊而下/Come *down* ~ that tree at once! 立刻從那棵樹上下來！/He turned *away* ~ her. 他轉過身避開她；他不理睬她/The bee moved ~ flower *to* flower. 蜜蜂徘徊於花朵間《★用法 在 from... to... 的句型中，附在名詞前的冠詞常省略；特別以同一名詞反覆出現時，以及成語化的句子居多》/⇨ from DOOR to door, from HOUSE to house, from HAND to hand, from MOUTH to mouth.

2 [表示時間、空間等的起點；cf. to *prep.* A 1 a, 5 a, till *prep.* 1, until *prep.* 1] **自，從，由…**：~ early this morning 從今天一大早起/~ childhood [a child] 自幼；從童年起/~ the (very) first 從最初[最早]/~ now on 今後/~ then [that time] on 從那時以後/The Rocky Mountains extend ~ the United States *into* Canada. 洛磯山脈從美國延伸至加拿大/How far is it ~ here *to* the station? 從這裏到車站多遠？/work ~ morning *to* [*till*] night 從早工作到晚/~ Monday *to* Friday 從星期一到星期五《★用法《美》常省略 from 作 Monday through Friday》/~ just after the war *until* the present time 從戰後到現在/Ten minutes ~ now we will go. 十分鐘後我們就出發/He will be on vacation ~ April 1 (onward). 他將從四月一號起開始休假《★用法 單純表示時間時：School begins *at* eight [*on* April 1, *in* April].「學校八點[四月一日，四月份]開始上課」》。

3 [表示數量、價錢的下限] **從…**：Count ~ 1 *to* 20. 從一數到二十/The journey should take us ~ two *to* three hours. 旅行將花掉我們兩、三個小時《★用法 把 from... to... 當作一個數詞，用來修飾名詞》/We have cheese(s) ~ $2 per pound. 本店的乾酪售價從一磅二美元起。

4 [表示視點、觀點] **從…(來看)**：~ a child's point of view 站在小孩子的立場來看/*F*~ the top of the hill [*F*~ where we stood] we could see the whole town. 從山頂[我們所站之處]可以看見全城鎮/The view ~ his house is beautiful. 從他家望出去可看到一片美麗的景色/He lives up [down, across] the road ~ me. 從我這邊望去，他住在道路的那一頭[對面]。

5 [表示距離、不在] **從…(離開)**：absent [away] ~ home 不在家/The town is 3 miles (*away*) ~ here. 城鎮離這裏三哩/The house is back ~ the road. 那房子遠離道路。

6 [表示分離、除去] **從…(除去)**：If you take [subtract] 2 ~ 10, 8 remains. = 2 ~ 10 is [leaves] 8. 十減去二是八/He took the knife (*away*) ~ the child. 他從孩子那兒取走了刀。

7 [表示隔離、解放] **從…**：release a person ~ prison 從監獄釋放某人/We are safe ~ the rain here. 我們在這裏淋不到雨/We were excused ~ homework. 我們獲准不用做功課。

8 [表示抑制、防止] **a 從…**：His friend saved him ~ the fire. 他的朋友自大火中救出他。**b** [與 do*ing* 連用] **抑制[防止]…**：refrain ~ laugh*ing* 忍住笑/The rain prevented us ~ go*ing* there. 雨使我們無法去那裏。

9 [表示選擇] **從…當中**：Choose a book ~ (among) these. 從這些書中挑選一本。

10 [表示區別、差異] **與…，和…**：know [tell] black ~ white 能辨別黑白/differ [be different] ~ ... 與…不同/⇨ not know a person from ADAM.

11 [表示發信人、行動者] **從…(的)**：a letter ~ Jim *to* his wife 一封由吉姆寄給他妻子的信/We had a visit ~ our uncle yesterday. 昨天伯父來探視我們/Tell him ~ me that he should have phoned me. 請轉告他說他應該打電話給我。

12 [表示出處、起源、由來] **從…(來，取得)；從…的，自…出身的，…產的**：quotations ~ Shakespeare 自莎士比亞作品引來的文句/draw a conclusion ~ the facts 從事實引出結論/They obtained rock samples ~ the moon. 他們從月球上獲得岩石的樣品/A strange sound was heard ~ within. 從裏面傳來奇怪的聲音/I met a man ~ across the street. 我遇到一位住在對街的人/"Where are you ~?"—"I'm ~ Florida."「你是哪裏人？」「我是佛羅里達人。」/Where do you come ~? 你是哪裏人？《★比較 Where did you come ~? 是「你從哪兒來的？」之意》/These oranges come [are] ~ Spain. 這些柳橙來自西班牙。

13 [表示原料、材料] **從…，以…，用…**《★與 make... *of* 之差異，請參照 make *v.t.* A 1c》：make wine ~ grapes 用葡萄釀酒。

14 [表示變化、推移] **從…(至…)**：go ~ bad *to* worse 從壞到更壞；愈來愈壞；每況愈下/He changed ~ a shy person *into* quite a politician. 他從一個害羞的人轉變爲出色的政治家/*F*~ (be*ing*) boys they became men. 他們從少年變爲大人/This book has been translated ~ English *into* Chinese. 這本書已從英文翻成中文。

15 [表示根據、動機] **a 基於…，根據…**：speak ~ notes [memory] 看稿子演講[憑記憶而談]/I know ~ experience that.... 我從經驗中瞭解…/The cut on his face was ~ shaving. 他臉上的傷是刮臉時造成的/act ~ a sense of duty 基於責任感而行動。**b 從…(判斷)**：Judging ~ [*F*~] her looks, she seemed to be tired. 從她的外表來判斷，她似乎很疲倦。

16 [表示依據格式、範例、準繩] **以…爲範例，仿照…**：Did you paint the picture ~ nature? 你這幅畫是寫生的嗎？

17 [表示原因、理由] **爲了…，…的結果**：suffer ~ gout 患痛風；因痛風而受苦/die ~ a wound 因傷而死 (cf. die[1] *v.i.* 1b 用法)/*F*~ no fault of his own, he became bankrupt. 他的破產不是本身犯錯而造成的。

às from ⇨ as *conj.*

from òff... 《文語》從…，由…(from).

from òut (of)... 從…，自…，由…《★out of 的强調形式》。

...wéek(s) [mónth(s), yéar(s)] from todáy [tomórrow, etc.] 從今天[明天(等)]開始過了…週[…月，…年]，…週[…月，…年]後的今天[明天(等)]：I'll see you three *weeks* [*months*] ~ *tomorrow.* 明天起三週[月]後我將見到你/⇨ a WEEK from today.

frond [frɑnd; frɔnd] *n.* Ⓒ《植物》**1** (羊齒、棕櫚等的) 複葉。**2** (海草、地衣等的) 葉狀體《分不出葉與莖》。

‡**front** [frʌnt; frʌnt] 《源自拉丁文「額頭」之義》—*n.* **1** Ⓒ (↔ back) [常 **the** ~] **a 前面，最前面的位子**〔*of*〕《★用法 並無「有距離的前方」之意》：sit in [at] *the* ~ *of* the class 坐在班上最前面的位子。**b** (報紙的) 第一版；(雜誌、書籍等的) 扉頁。**2** Ⓒ **a** [常 **the** ~] (建築物的) **正面，前面**《★比較 旅館的櫃枱，在英文裏是 front [reception] desk；cf. *interj.*》：*the* ~ *of* a church 教堂的正面。**b** [常 **the** ~；與修飾語連用] (建築物等的) **面，側**：the east ~ *of* the building 建築物的東側。**3** [**the** ~]《英》(避暑地等濱海、湖邊的) **漫步道，散步道路，海岸區**：a hotel *on the* (sea) ~ 濱海的旅館。**4** Ⓒ **a 衣服的前部。b 襯衫的胸口** (shirtfront). **5 a** [**the** ~；常 **F**~]《軍》**最前線，第一線(部隊)；戰線，戰場**；《政治》**陣線**：go [be sent] to *the* ~ 上前線，出征。**b** Ⓒ [常與修飾語連用] (政治、社會運動等的) **陣線，協力，合作**：the labor ~ 勞工陣線/the popular [people's] ~ 人民陣線/present [show] a united ~ 展示聯合陣線。**c** [**the** ~] **活動的場所**；[集合稱] **在活動場所上的人們**：progress on *the* educational ~ 教育方面的進展/get the strong support of *the* kitchen ~ 得到廚房陣線(婦女方面)的强有力的支持。**6 a** [**a** ~；常與修飾語連用] **態度**：present [put on, show] *a* bold [calm] ~ 顯出大膽[冷靜]的態度。**b** [**a** ~] **模樣，架子，裝成有錢人[上流階級]的模樣，一副偉大的模樣**：present [put on, show] a bold ~ 裝出[表現出]一副膽大的樣子。**7** Ⓒ **a** (團體、公司等的) **名譽負責人。b**《口語》(掩護不法行爲的) **幌子，掩護物**〔*for*〕：The restaurant is a ~ for a gambling operation. 那家餐廳爲賭博活動的掩護處。**8** Ⓒ《語音》**舌面前。9** Ⓒ《氣象》**鋒面**：a cold [warm] ~ 冷[暖]鋒。

at the frónt (1)在正面；在最前席。(2)在戰線，出征。(3)〈問題等〉公開化。

chánge frónt(s) (1)《軍》改變攻擊方向。(2)改變方針[立場]；改變論調。

cóme to the frónt 出現在前面，變得顯著，出風頭，出名：New issues have *come to the* ~. 新的問題已經引人注目。

frónt of... 《美》= in FRONT of.

gèt in frónt of onesèlf 《美口語》趕緊。

in frónt (1)在前面[方] (ahead)：go *in* ~ 走在前面。(2)(衣服等) 前面的部分。(3)在前席，在最前排。

in frónt of... (1)在…之前 (↔ behind, at [in] the rear of)：I stood *in* ~ *of* the teacher's desk. 我站在老師的書桌前面/cut *in* ~ *of* other cars 擠到其他車子前面。(2)在〈人〉的面前：Don't use swear words *in* ~ *of* the children. 不要在孩子面前使用罵人的字眼。

òut frónt 《美》(1)在門外。(2)《戲劇》在觀衆席中，在觀衆中。(3)在(競賽者) 前列。

ùp frónt 《美》(1)《籃球》在前場。(2)《運動》在前鋒的位置。(3)《美口語》坦白地，毫不隱諱地：He was *up* ~ with me. 他坦白對我說。

—*adj.* [用在名詞前] **1 正面的，前面的** (↔ back)，**最前的；正對面的** (↔ back)：the ~ seat 車子前排座位，助手位《★除了駕駛座 (the driver's seat) 以外的前面位子》/the ~ desk (旅館等的) 櫃台/the ~ wheels 前輪/a ~ view 正面的景觀/one's ~ teeth 門牙。**2**《口語》**僞裝的，招牌的**：a ~ man 出面人物；掛名負責人。**3**《語音》**前舌發音的** (↔ back).

—*adv.* 向正面，向前方：Eyes ～！⇨ eye *n.* 1.
frónt and réar 前後地[的]，在[從]腹背兩面。
—*interj.* 1 [口令]請到(正面)櫃台！《旅館櫃台人員對侍者的呼叫》。2《軍》[口令]前進！向前！
—*v.i.* 1 [十副詞(片語)]朝(…)，面向(…)：The house ～*s on* the sea. 那棟房子面向海/The house ～*s east* [*toward* the east]. 那棟房子朝東。2 [十介十(代)名]成爲[…的]僞裝[*for*]：The laundry ～*s for* a brothel. 那家洗衣店是以洗衣作掩護的妓院《掛著洗衣招牌從事色情勾當》。3《軍》〈隊伍〉向正面。
—*v.t.* 1 [十受]朝向…，面向…：The villa ～*s* the lake. 那幢別墅面向著湖。2 [十受十介十(代)名][以…]裝飾〈建築物〉的正面[*with*]《★常用被動語態》：The building *was* ～*ed with* bricks. 那棟建築物以磚塊裝飾正面；那棟建築物的正面是以磚砌成的。3 [十受]《古》面對，對抗，反抗…：～ danger 面對危險，不怕危險。
front·age [ˈfrʌntɪdʒ; ˈfrʌntidʒ] *n.* Ⓒ 1 (建築物的)正面，前面。2 (臨街道、河川的)空地；屋前空地。
fróntage ròad *n.* Ⓒ《美》側道(service road)《與高速公路等平行的連絡道路》。
fron·tal [ˈfrʌntl; ˈfrʌntl] «front 的形容詞» —*adj.* [用在名詞前] 1 正面[前面]的，朝向正面的(←→ back, rear)：a ～ attack 正面攻擊。2《解剖》額的，前額的。3《氣象》前線的。
—*n.* Ⓒ 1《解剖》前額骨。2《建》正面(facade).
frónt bénch *n.* Ⓤ[the ～；集合稱]《英》(議會的)正面席《★議長面對的左右各最前排，右側爲內閣大臣，左爲在野黨領袖席；cf. back bench, crossbenches；★用法視爲一整體時當單數用，指個別成員時當複數用》。
frónt béncher *n.* Ⓒ《英議會》前座議員，政黨領袖。
frónt dóor *n.* Ⓒ(住家的)正門。

【說明】雖然因房屋構造不同而可能有不同的情形，但一般而言，在英美，頑皮的小孩都不從正門出入，而從廚房門(kitchen door)或側門(side door)進出。這是因爲大人認爲在外面玩的孩子弄得一身髒，而對小孩實施的一種教育。

***fron·tier** [frʌnˈtɪr, ˈfrʌntɪr; ˈfrʌntiə] *n.* 1 a Ⓒ**國境，邊境**。b [the ～]《美》(西部未開拓時，開拓地與未開拓地之間的)邊界地帶，西部邊區：live in log huts *on the* ～ 住在西部邊區的小木屋裏。2 Ⓒ[常 ～s][知識、學問等的]最前端，最尖端；新範圍；未開拓的領域[*of*]：the latest ～*s of* medical research 醫學研究的最新領域[最尖端部分]/the vast ～*s of* space science 太空科學廣大的新領域。
—*adj.* [用在名詞前] 1 國境[邊疆]的；在邊疆[境]的：～ disputes 邊境糾紛/a ～ town 邊城。2《美》西部邊境的：～ life(西部)邊境的生活/ ～ spirit 開拓者精神，拓荒精神。
fróntiers·man [-mən; -mən] *n.* Ⓒ(*pl.* **-men** [-mən; -mən])邊疆居民，邊境的開拓者。

【說明】在美國的拓荒時期，一路西進的開拓地最前線稱爲 frontier；而在最前線與大自然苦鬥或刻苦耐勞的生活中所養成的開朗、單純、特立獨行的精神，積極解決問題的民族性，以及人人平等的主義，統稱爲 frontier spirit.

fron·tis·piece [ˈfrʌntɪsˌpis; ˈfrʌntispiːs] *n.* Ⓒ 1 (書籍中的)卷頭插畫《尤指臨扉頁的一頁圖畫》。2《建築》a 正面。b (門等的)裝飾壁，三角楣飾。
front·let [ˈfrʌntlɪt; ˈfrʌntlit] *n.* Ⓒ 1 附於額前之物《如額飾、頭帕》。2 (鳥、獸等之)前額部。
frónt líne *n.* [the ～] 1 (在活動、爭鬥中，站在有責任立場的)最前線，最前頭。2《軍》第一線，前線。**frónt-líne** *adj.*
frónt mòney *n.* Ⓤ預付之訂金；創業[投資]之資金。
frónt óffice *n.* Ⓒ《美》(公司等的)本店；總公司；(尤指)總管理處，總部。
frónt pàge *n.* Ⓒ 1 (書籍的)標題頁(←→ back page). 2 (報紙的)第一版，頭版。
frónt-páge *adj.* [用在名詞前]適於刊在第一版的；重要的〈新聞〉：a ～ story 第一版消息/The story received ～ coverage. 那則報導[消息]刊登在第一版。
—*v.t.* 把〈新聞〉刊登[報導]於第一版。
frónt ránk *n.* [the ～]一流。
frónt-ránk *adj.* [用在名詞前]一流的：a ～ singer 一流的歌手。
frónt róom *n.* Ⓒ前屋；(尤指)起居室。
frónt-rúnner *n.* Ⓒ 1 (比賽中)領先者[馬]。2 最有實力的選手[候補人]。
frónt vówel *n.* Ⓒ《語音》前(舌)母音《[i, e, ɛ, æ] 等》。
frónt-whéel *adj.* 前輪的；前輪帶動的：～ drive(車的)前輪驅動方式。
frónt yárd *n.* Ⓒ(房子的)前院(cf. backyard).
***frost** [frɔst; frɔst] *n.* 1 Ⓤ**霜**：⇨ black frost, hoarfrost/*F*～ has formed on the ground. 地面結了霜/The windows are covered with ～. 窗子覆滿著霜/We will have ～ tomorrow morning. 明天早上將會結霜。2 Ⓒ結霜般的嚴寒；草木凋零的時節：a hard [heavy, sharp] ～ 酷寒，嚴寒/⇨ Jack Frost. 3 Ⓤ冰點以下的溫度：five degrees of ～《英》(華氏)冰點下五度《★of frost 是指華氏冰點《32度》以下的溫度，因此 five degress of frost 相當於華氏的 27 度，約攝氏零下 3 度》。4 Ⓤ(態度等的)冷淡，冷漠。5 Ⓒ《口語》(戲劇、出版物等的)失敗，做得不好：The drama was quite a ～. 那戲劇徹底地失敗。
—*v.t.* [十受] 1 a 在〈稻田、窗戶〉上覆以霜。b 凍壞[凍傷，凍死]〈植物等〉。2 使〈玻璃、金屬的表面〉無光澤。3 在〈蛋糕〉上加糖霜。
—*v.i.* [動(十副)]〈稻田、窗戶等〉被霜覆蓋〈*over*〉.
fróst·bìte *n.* Ⓤ凍傷《★比較比 chilblain 嚴重》。
fróst·bìtten *adj.* 被凍傷的，生凍瘡的；受霜害的。
fróst·bòund *adj.* 〈地面〉冰凍的，凍結的。
frost·ed [ˈfrɔstɪd; ˈfrɔstid] *adj.* 1 霜的；降霜的。2 冰凍的；凍結的。3 凍傷的，受霜害的。4 覆以糖霜的。5 表面呈霜狀的；閃光的。6 冷淡的；冷酷的。7 用冰淇淋做的。8 速凍的。
—*n.* ⓊⒸ一種濃飲料《由牛乳、糖漿、冰淇淋做成》。
fróst·ing *n.* Ⓤ 1 (撒在糕點上的)糖霜(icing). 2 (玻璃、金屬等的)無光澤面。
fróst·wòrk *n.* Ⓤ 1 (凝結於玻璃窗等上的)霜花。2 (銀器等上的)霜花花紋。
frost·y [ˈfrɔstɪ; ˈfrɔsti] «frost 的形容詞» —*adj.* (**frost·i·er**；**-i·est**) 1 降霜的；凍寒的。2 a 覆蓋著霜的：a ～ field 覆蓋著霜的田地。b 〈頭髮〉半白的，灰白的，霜白的。3 沒有溫情的，冷漠的；冷淡的：a ～ smile 冷淡的微笑。
fróst·i·ly [-tɪlɪ; -tili] *adv.* **-i·ness** *n.*
froth [frɔθ; frɔθ] *n.* 1 Ⓤ[又作 a ～](啤酒等的細小白色的)泡，泡沫。2 Ⓤ淺薄的談話[意見]；空談，空想。
—*v.t.* [十受(十副)]使…起泡沫〈*up*〉：(*up*) ～ eggs 攪拌使蛋起泡。—*v.i.* 1 〈馬等〉吐泡沫：～ at the mouth 口吐泡沫。2 a 〈啤酒等〉起泡沫。b [十副]〈啤酒等〉起泡沫溢出〈*over*〉.
froth·y [ˈfrɔθɪ; ˈfrɔθi] «froth 的形容詞» —*adj.* (**froth·i·er**；**-i·est**) 1 似泡沫的；多泡沫的；全是泡沫的(foamy). 2 缺乏內容的，淺薄的。**fróth·i·ly** [-θɪlɪ; -θili] *adv.* **-i·ness** *n.*
frou·frou [ˈfrufru; ˈfruːfruː] «擬聲語»—*n.* Ⓤ 1 (女子絲綢衣裙發出的)沙沙聲。2 (衣服、裙子上的)過多裝飾。3《口語》過分華麗；做作的高雅。
fro·ward [ˈfroəd, ˈfrowəd; ˈfrouəd] *adj.* 剛愎的；倔强的。
～·ly *adv.* **～·ness** *n.*
frown [fraun; fraun] *v.i.* 1 a (生氣或思考時)**皺眉頭，蹙額**：My father ～*ed* when I came home late last night. 我昨夜晚歸時，父親皺著眉頭/He sat ～*ing* over a crossword puzzle. 他坐著皺著眉頭在思考縱橫字謎。b [十介十(代)名][對…]皺眉蹙額，面露不悅[不滿][*at*]：Don't ～ *at* me. 別對我皺眉頭。2 [十介十(代)名]不承認[…]，不贊成[…]，[對…]面露難色[*on, upon*]：～ *on* a person's plan 不贊同某人的計畫/He ～*s on* my smoking. 他對我的吸煙表示不悅。3 [動(十副)]〈事物〉呈威壓之勢〈*down*〉：The castle ～*ed down upon* the field. 城堡呈威壓之勢俯視原野。
—*v.t.* 1 [十受]板著臉表示〈不贊成、厭惡〉。2 [十受十副]以皺眉頭威壓〈人〉〈*down, off, away*〉：～ a person *down* 皺起眉頭使人不敢吭聲；繃起臉使人屈服/ ～ the interruption *down* 以皺眉頭警告莫打岔。
—*n.* Ⓒ 1 (生氣或思考時)皺眉，蹙額；板著臉：draw one's brows together in a ～ 板著臉皺著眉頭。2 不悅[不贊成]的表情。
frowst [fraust; fraust]《英口語》*n.* [a ～](室內的)窒悶的空氣。
—*v.i.* 置身於(室內的)窒悶空氣中。
frows·ty [ˈfraustɪ; ˈfrausti] *adj.* (**frows·ti·er**；**-est**)《英口語》〈房間等〉窒悶的。
frow·sy [ˈfrauzɪ; ˈfrauzi] *adj.* (**frow·si·er**；**-si·est**)＝frowzy.
frow·zy [ˈfrauzɪ; ˈfrauzi] *adj.* (**frow·zi·er**；**-zi·est**) 1 〈房間等〉悶熱的，霉臭的。2 〈人、衣服等〉不整潔的，邋遢的。
‡**froze** [froz; frouz] *v.* **freeze** 的過去式。
‡**fro·zen** [ˈfrozn̩; ˈfrouzn] *v.* **freeze** 的過去分詞。—*adj.* 1 a **結凍的**：a ～ lake 結了冰的湖。b 結冰的，冷凍的：～ fish [meat] 冷凍魚[肉]。2 極冷的：the ～ zone 寒帶。3 冷漠的，冷淡的；〈感情等〉被壓抑的，鬱積的。4 (因驚嚇、害怕而)身體無法動彈的，畏縮的。5《口語》〈資金等〉凍結的；〈物價等〉不變的，固定的：～ assets 凍結資產。**～·ly** *adv.*
frs.《略》francs.
F.R.S.《略》Fellow of the Royal Society.
frt.《略》freight.
fruc·ti·fi·ca·tion [ˌfrʌktəfəˈkeʃən; ˌfrʌktifiˈkeiʃn] «fructify 的名詞»—*n.* Ⓤ 1 (植物的)果實。2 結果。

F

fruc·ti·fy [ˋfrʌktə͵faɪ; ˈfrʌktifai] *v.i.* **1**〈植物〉結果實。**2**〈努力〉產生成果。**—*v.t.*** **1** 使〈植物〉結果。**2** 使…產生成果，使…成功。
fruc·tose [ˋfrʌktos; ˈfrʌktous] *n.* Ⓤ《化學》果糖。
fruc·tu·ous [ˋfrʌktʃuəs; ˈfrʌktjuəs] *adj.* 肥沃的；生[多]產的；有利的。
frug [frug; fru:g] *n.* Ⓒ呼嚕舞《一種類似扭扭舞的舞蹈》。
—*v.i.* (**frugged**；**~·ging**)跳呼嚕舞。
fru·gal [ˋfrugḷ; ˈfru:gl] *adj.* (**more ~**；**most ~**) **1 a** 節儉的(⇨ economical【同義字】). **b** [不用在名詞前]〔十介十(代)名〕節約〔…〕的，節省〔…〕的〔*of, with*〕: be ~ *of* [*with*] money節省金錢。**2**〈飲食、生活等〉節儉的，節省的。**~·ly** [-glɪ; -gəli] *adv.*
fru·gal·i·ty [fruˋgælətɪ; fru:ˈgæləti] **«frugal 的名詞»—*n.*** **1** Ⓤ 節約，節儉：with ~ 節儉地/live in ~ 生活節儉。**2** Ⓒ [常 **frugalities**]節儉[儉樸]之物。
‡fruit [frut; fru:t] **«源自拉丁文「農產品，收益」之義»—*n.*** **1** Ⓤ [指種類時爲Ⓒ] [集合稱] **水果**《★甚少指單個水果》：much [plenty of] ~ 很多水果《★用法many fruits 指種類很多時》/~ and vegetables 水果與蔬菜/grow ~ 種[栽培]水果/Do you like ~? 你喜歡水果嗎？/The apple is a ~ which ripens in the fall. 蘋果是秋天成熟的水果《★用法除了指種類以外，不可使用 a fruit》/Apples and oranges are ~*s*. 蘋果與柳橙是水果《★表示複數種類時》/Would you like a piece [a slice] of ~? 你要不要來個[一片]水果？/She bought several kinds of ~. 她買了好幾種水果。
2 Ⓒ[集合稱Ⓤ]〈植物的〉**果實**，實：the ~ of a rose tree 玫瑰樹的果實/This tree bears a red ~. 這種樹結紅色的果實/a tree in ~ 結果實的樹。
3 [~s]〈農作物的〉收穫，產物：the ~*s* of the earth 大地的產物/⇨ first fruits.
4 Ⓒ[常 ~s]〔…的〕產物，產品，結果，成果，報酬，收益〔*of*〕：the ~*s of* industry 勤勉的成果；勤勞的收穫/the ~*s of* one's labor(s) 某人辛勞[努力]的結果/the ~*s of* virtue 美德的報酬。
5 Ⓒ《美俚》男同性戀者。
béar [**prodúce**] **frúit** ⑴結果實。⑵產生效果。
—*v.i.* 〈植物〉結果實：Our cherry trees don't ~ well. 我們的櫻桃樹果實結得不好。
fruit·age [ˋfrutɪdʒ; ˈfru:tidʒ] *n.* Ⓤ **1** 結果實。**2** [集合稱]水果，果實。**3** 成果。
fruit bàt *n.* Ⓒ《動物》大蝙蝠[狐蝠]科的蝙蝠《臉似狐，喜好果實》。
frúit·bèaring *adj.* 結果實的。
frúit·càke *n.* Ⓤ[指個體時爲Ⓒ] 水果蛋糕《攙有葡萄、胡桃等的糕點》。
(as) nútty as a frúitcake〈人〉傻的，瘋的。
frúit cócktail [**cùp**] *n.* Ⓤ[指個體時爲Ⓒ] 加酒什錦水果《在餐前或餐後飲用》。
fruit·er [ˋfrutɚ; ˈfru:tə] *n.* Ⓒ **1** 種果樹者；果農。**2** 裝運水果的船。
fruit·er·er [ˋfrutərɚ; ˈfru:tərə] *n.* Ⓒ《英》青果商；水果商：at a ~'s (shop)在水果店。
frúit flỳ *n.* Ⓒ《昆蟲》果蠅《果實的害蟲》：⇨ Mediterranean fruit fly.
fruit·ful [ˋfrutfəl; ˈfru:tful] *adj.* (**more ~**；**most ~**) **1 a** 果實纍纍的，成果豐碩的：a ~ meeting 卓有成效的會議。**b** 收穫多的，有益的，有利的：a ~ occupation 收入豐厚的職業。**2** 帶來豐收的：~ showers 滋雨。**3**《古》〈植物〉多果實的；多產的。
~·ly [-fəlɪ; -fuli] *adv.* **~·ness** *n.*
fru·i·tion [fruˋɪʃən; fru:ˈiʃn] *n.* Ⓤ **1** 達成，實現，成果：come [be brought] to ~〈計畫等〉達成，實現。**2** (享有、實現的)喜悅。**3** (植物的)結果實。
frúit jùice *n.* Ⓤ[指個體時爲Ⓒ] 果汁。
frúit knìfe *n.* Ⓒ水果刀《常爲銀製》。
frúit·less *adj.* **1** 不結果實的，無果實的(⇨ futile【同義字】)。**2** 無結果的，無效的，無用的，無益的，徒然的：All my efforts were ~. 我所有的努力都白費了。**~·ly** *adv.*
frúit machìne *n.* Ⓒ《英》一種賭博機器《以拼水果圖案賭錢的吃角子老虎(slot machine)》。
frúit sálad *n.* **1** Ⓒ[當作菜名時爲Ⓤ]水果沙拉。**2** Ⓤ《美口語》(軍服胸前的)勳章，綵帶[綬帶]。
frúit sùgar *n.* Ⓤ果糖(fructose).
frúit trèe *n.* Ⓒ果樹。
fruit·y [ˋfrutɪ; ˈfru:ti] **«fruit 的形容詞» —*adj.*** (**fruit·i·er**；**-i·est**) **1** 像水果的，有水果味道[風味]的：a ~ wine 一種味醇的葡萄酒。**2**〈聲音等〉圓潤的，甜美的，響亮悅耳的。**3**《俚》**a**〈談話等〉下流的，猥褻的。**b**《美俚》(男性)同性戀的。
frump [frʌmp; frʌmp] *n.* Ⓒ **1** 衣著邋遢的女[男]人。**2** 衣著舊式的人。**~·ish** [-pɪʃ; -piʃ], **frump·y** [ˋfrʌmpɪ; ˈfrʌmpi] *adj.*

frus·trate [ˋfrʌstret; ˈfrʌstreit, frʌˈstreit] **«源自拉丁文「枉然，失望」之義»—*v.t.*** **1**〔十受〕使〈計畫、希望等〉受挫，使…失敗：The police ~*d* the bandits' attempt to rob the bank. 警方使歹徒搶劫銀行的企圖無法得逞/The plan was ~*d* by the opposition of a majority of the board. 那個計畫遭到委員會過半數的反對而無法實施。**2**〔十受十介十(代)名〕[在某方面]使〈人〉遭到妨礙，使〈人〉挫敗〔*in*〕《★常用被動語態》：He *was* ~*d in* his ambition. 他的野心受挫。**3**〔十受〕使〈人〉產生受挫之感，使〈人〉灰心喪氣。
frus·tra·tion [frʌsˋtreʃən; frʌˈstreiʃn] **«frustrate 的名詞»—*n.*** ⓊⒸ **1** 挫折，頓挫，失敗；失望。**2**《心理》欲望得不到滿足。
frus·tum [ˋfrʌstəm; ˈfrʌstəm] *n.* Ⓒ (*pl.* **~s, frus·ta** [-tə; -tə]) 《幾何》平截頭體，截頭錐體。
***fry**[1] [fraɪ; frai] *v.t.* 〔十受〕用油煎[炸，炒]…《★比較沾麵粉，麵衣油炸時，用 deep fry 較正確；⇨ cook【同義字】》。
—*v.i.* **1** 油煎，油炸，炒。**2**《口語》曬黑，(皮膚)灼傷。
hàve óther fish to frý ⇨ fish.
—*n.* Ⓒ **1** 油炸物；(尤指)炸馬鈴薯。**2**《美》吃油炸食物的聚餐(常在戶外舉行)：a fish ~ 備有炸魚的野外餐會。
fry[2] [fraɪ; frai] *n.* Ⓒ (*pl.* ~) **1** 魚苗，幼魚。**2** [集合稱]小東西《小孩、小動物等》：⇨small fry.
frý·er *n.* Ⓒ **1** 做油炸食物的人。**2** [常構成複合字]油炸[煎]鍋《★尤指用在 deep fry 方面》：a fish ~ 炸魚用的鍋。**3** 油炸用的食品《尤指雞肉；cf. broiler 2》。
frý·ing pàn [ˋfraɪɪŋ-; ˈfraiiŋ-] *n.* Ⓒ煎鍋；油炸鍋(《美》skillet).
jùmp [**lèap**] **óut of the frýing pàn ínto the fíre** 逃脫小難反陷大難。

frying pan

frý·pàn *n.* =frying pan.
frý-úp *n.* Ⓒ《英口語》**1** 油炸，油煎。**2** 油炸食物。
ft.《略》feet；foot；fort(ification).
FTC《略》Federal Trade Commission《美》聯邦貿易委員會。
fth(m).《略》fathom.
ft-lb《略》foot-pound.
fub·sy [ˋfʌbzɪ; ˈfʌbzi] *adj.* (**fub·si·er, -si·est**)《英方言》肥胖的；臃腫的。
fuch·sia [ˋfjuʃə; ˈfju:ʃə] *n.* Ⓒ《植物》吊金鐘屬植物；燈籠海棠。
fuck [fʌk; fʌk]《鄙》*v.i.* 性交。**—*v.t.*** 與…性交。
fúck aróund [**abóut**]《*vi adv*》⑴《鄙》胡鬧，做愚蠢事。⑵雜交。
fúck óff《*vi adv*》《鄙》⑴[常用祈使語氣]滾開。⑵《美》=FUCK around.
fúck úp《*vt adv*》《鄙》破壞…，搞糟…，使…泡湯：I spilled coffee and ~*ed up* my new suit. 我弄翻了咖啡，使一套新衣服泡湯了/He was ~*ed up* by his parents' divorce. 他因爲父母親的離婚而受到精神上的打擊。
—*n.* **1** Ⓒ[常用單數]性交。**2** Ⓒ性交的對象《女》。**3** [**the** ~；加強語氣]究竟，到底：What *the* ~ is it? 那到底是什麼？
nót cáre [**gíve**] **a fúck**《鄙》毫不在乎。
—*interj.* [常 **~ you**，表厭惡、困惑]他媽的！混帳！哎呀！
fúck·er *n.* Ⓒ《鄙》**1** 性交的人。**2** 傻瓜。
fúck·ing《鄙》*adj.* [用在名詞前]過分的，可恨的。
—*adv.* [强調語氣]非常，很：She's ~ rich. 她十分富有。
fúcking héll *interj.*《鄙》=fuck.
fúck-ùp *n.* Ⓒ《鄙》差勁的人[物]，愚蠢。
fud·dle [ˋfʌdḷ; ˈfʌdl] *v.t.* (用酒)使〈人〉神志不清；使…爛醉。
—*n.* [**a** ~]腦筋模糊不清，糊塗，混亂。
fud·dy-dud·dy [ˋfʌdɪ͵dʌdɪ; ˈfʌdi͵dʌdi] *n.* Ⓒ老派的人，守舊的人，古板的人。
fudge [fʌdʒ; fʌdʒ] *n.* **1** Ⓤ[指個體時爲Ⓒ]一種軟糖《用糖、奶油、牛奶、巧克力等製成》。**2** Ⓤ胡言。
—*interj.* 胡說！
—*v.t.* 〔十受(十副)〕虛構，隨便捏造〈報導的材料等〉〈*up*〉：~ *up* the evidence 捏造證據。**—*v.i.*** **1** 做假，蒙混。**2**〔十介十(代)名〕〔對…〕敷衍應付〔*on*〕.
***fu·el** [ˋfjuəl; ˈfju:əl, fjuəl] *n.* **1** Ⓤ[指種類時爲Ⓒ] **燃料**，木炭，木柴：⇨fossil fuel/run out of ~ 用完燃料/Coal, wood, and oil are ~*s*. 煤、柴和油是燃料。**2** Ⓤ刺激〔感情等〕之物，煽動之物〔*to*〕：add more ~ *to* inflation 使通貨膨脹愈發嚴重。
ádd fúel to the fíre [**flámes**] 火上加油《使怒上加怒或恨上加恨等》：His attempts to appease her only *added* ~ *to the fire.* 他試著安撫她，結果卻造成火上加油的局面。
—*v.t.* (**fu·eled,**《英》**-elled**；**fu·el·ing,**《英》**-el·ling**)〔十受〕給…添木柴，加燃料於…。
—*v.i.* 〔動(十副)〕〈船、飛機〉加[補給]燃料〈*up*〉.
fúel cèll *n.* Ⓒ燃料電池。
fúel-efficient *adj.* 〈車等〉燃料用得有效的。

fúel òil *n.* Ⓤ燃料油。

fug [fʌg; fʌg] *n.* [**a** ～]《英口語》(房間等的)空氣悶濁。

fu·ga·cious [fju'geʃəs; fju:'geiʃəs] *adj.* **1** 難捉摸的；易逃走的；疾逝的；暫時的。**2**《植物》易逝的；早謝的；早落性的。

fug·gy ['fʌgɪ; 'fʌgi] 《fug 的形容詞》—*adj.* (**fug·gi·er**；**-est**)《英口語》〈房間、房間的空氣〉窒悶的，通風不良的。

fu·gi·tive ['fjudʒətɪv; 'fju:dʒitiv] 《源自拉丁文「跑走」之義》—*n.* Ⓒ **1** 逃亡者，逃脫者；亡命者〔*from*〕：a ～ *from* justice 逃犯。**2** 飛逝之物；難以捕捉的東西。
—*adj.* **1** [用在名詞前]逃亡的，逃跑的；亡命的：a ～ soldier 逃兵。**2** 瞬間即逝的，短暫的，一時的；即興的：～ colors 易褪的顏色。

fugue [fjug; fju:g] *n.* Ⓒ《音樂》復格曲；遁走曲。

Füh·rer ['fɪrɚ, 'fju-; 'fjuərə] 《源自德語》—*n.* **1** Ⓒ指導者。**2** [**der** ～]元首《納粹德國希特勒(Hitler)的稱號》。

-ful[1] [-fəl; -ful] 字尾 [形容詞字尾]充滿…的，多…的；有…性質的：beauti*ful*, forget*ful*.

-ful[2] [-fʊl; -ful] 字尾 [名詞字尾] 滿…(之量)：a cup*ful*, two mouth*fuls* / a bottle*ful* *of* lemonade 一瓶裝的檸檬水。

ful·crum ['fʌlkrəm; 'fʌlkrəm, 'ful-] *n.* Ⓒ(*pl.* ～**s**, **-cra** [-krə; -krə]) **1**《機械》(槓桿的)支點。**2** (影響力等的)支柱，重心。

fulcrum 1

***ful·fill, ful·fil** [fʊl'fɪl; ful'fil] *v.t.* 〔十受〕(**ful·filled, -fill·ing**) **1 a** 履行，完成〈義務、職務等〉：～ one's duties [obligations] 完成任務[義務]。**b** 履行[遵守]〈約定等〉：～ one's promises 履行承諾。**c** 履行[實行]〈命令、條件等〉。**2 a** 達成〈願望、野心等〉。**b** 實現〈預言、夢等〉《★常用被動語態》：The oracle *was* ～*ed.* 神諭被應驗了。**c** 滿足〈需求、要件等〉：He ～*s* all the conditions for employment. 他完全符合雇用的條件。**3** 結束〈期限、工作等〉。**4** [～ one*self*] 完全發揮自己的素質[資質]，實現自我：He was not able to ～ *himself* in business, so he became a writer. 在商業方面他無法將自己的資質完全發揮出來，所以他選擇了作家之路。

ful·fil(l)·ment [-mənt; -mənt] 《fulfil 的名詞》—*n.* ⓊⒸ履行，完成；實踐；實現，達成；(預言的)應驗。

ful·gent ['fʌldʒənt; 'fʌldʒənt] *adj.* 燦爛的，輝耀的。

ful·gu·rant ['fʌlgjərənt; 'fʌlgjuərənt] *adj.* (如閃電般)閃爍的。

ful·gu·rate ['fʌlgjəˌret; 'fʌlgjuəreit] *v.i.* 閃爍；閃現。
—*v.t.*《醫》以電擊[電灼]治療〈腫瘤等〉。

‡full[1] [fʊl; ful] *adj.* (～**·er**；～**·est**) **1 a** 〈容器等〉滿滿的，(無比較級、最高級)滿杯的，到了溢出來的程度的：a ～ cup of tea 一滿杯的茶/fill one's glass ～ 斟滿杯子/speak with one's mouth ～ 嘴巴塞滿食物地說著話/The bottle is two thirds ～. 這瓶子裏還有三分之二滿。**b** [不用在名詞前]〔十介十(代)名〕充滿〔…〕的，(無比較級、最高級)〔…〕滿滿的〔*of*〕：a glass ～ *of* wine 盛滿葡萄酒的杯子/The people were ～ *of* life and joy. 那些人充滿了活力與歡樂/a sky ～ *of* stars 滿天星斗。**c** 〈交通工具、場所等〉滿載的，客滿的：a ～ train 擁擠的火車/The bus [hall] is ～. 公車[會館]客滿。**d** [不用在名詞前]〔十介十(代)名〕擠滿〔人、物〕的〔*of*〕：The hall was ～ *of* people. 大廳擠滿了人。**e**《口語》滿腹的；胸口發脹的：a ～ stomach 滿腹/I'm ～. 我吃飽了/My heart is too ～ for words. 我激動得說不出話來。**f** [不用在名詞前]〔十介十(代)名〕滿腦子〔…〕的，熱衷〔於…〕的〔*of*〕：be ～ *of* one's own affairs 滿腦子自己的事情/be ～ *of* oneself 心中只有自己，只考慮到自己的事，驕傲自滿。**2 a** [用在名詞前][與數詞連用]足足的，整整的：a ～ mile [hour] 足足一哩[小時]/(for) three ～ days 整整三天(的時間) (cf. fully 2). **b** [用在名詞前](無比較級、最高級)(資格)正式的：a ～ member 正式會員/a ～ professor《美》正教授。**c** 充足的，滿的：a ～ supply 十足[充分]的供給/～ marks 滿分/one's ～ name 全名/～summer 盛夏/～ size 原尺寸/in ～ bloom 盛開的/in ～ view 看到全體，完全看得見。**3** [用在名詞前](無比較級、最高級)最高的，最高限度的，充分的：at ～ speed 以全速；以最快速度/～ strength 全力/in ～ activity [swing] 處於最活躍[最高潮]的狀態中；正盛；正起勁/turn...to ～ account 充分利用…。**4 a** 豐富的，有很多的：a ～ meal 豐盛的一餐/a ～ harvest 豐收。**b** 充實的：a ～ and fruitful life 一個充實而豐富的人生。**c** (內容)緊湊的，排得滿滿的：a ～ schedule 排得滿滿的預定[日程]表/Tomorrow will be a very ～ day. 明天會是個很忙的日子。**d** [不用在名詞前]〔十介十(代)名〕許多〔…〕的〔*of*〕：a river ～ *of* fish 魚多的河川/a book ～ *of* good things 一本內容充實而又健康的書。**5 a** 〈形狀、體型、臉等〉又胖又圓的，豐滿的：～ lips [breasts] 渾厚的唇[豐滿的胸部]/a ～ figure 圓胖的身材。**b** [不用在名詞前]〔十介十(代)名〕〔…〕豐滿的，胖的〔*in*〕：be ～ *in* the hips 豐滿的臀部。**c** 〈衣服〉寬鬆的，多褶縐的：a ～ skirt 寬鬆的裙子。**6** [用在名詞前] **a** 宏亮的〈聲量〉。**b** 濃郁的〈葡萄酒〉。**7**《航海》〈帆〉張滿的；〈船〉滿帆的。

fúll of hónors 功成名就的。

fúll of yéars 享盡天年的。

fúll úp《口語》(1)滿滿的，裝滿了的：The bathtub is ～ *up.* 浴缸滿了。(2)塞滿〔…〕〔*with*〕：The box was ～ *up with* toys. 這個箱子塞滿了玩具/The train is ～ *up.* 火車客滿。(3)《口語》滿腹的，吃飽的：I'm ～ *up.* 我吃飽了。

—*adv.* (無比較級、最高級) **1** 正，恰好，正面地：look a person ～ in the face 正視某人的臉。**2** [與數詞連用]《古》充足地，足足，整整《★現在使用 fully》：～ ten miles 足足十哩。**3 a** [～ **well**]非常地：know ～ *well that...* 十分了解…事。**b** [修飾形容詞、副詞]《文語・詩》非常地，十分地：～ soon 很快地，立刻/～ many a... 無數的…，好多的…。

—*n.* Ⓤ **1** 全部；充分：tell the ～ of it 把它全部說出來。**2** (季節、月等的)極盛期，頂點(height)：past the ～ 過了鼎盛[滿月]的時期。

at the fúll 極盛時，在顛峯狀態，月圓時：The moon is *at the* ～. 月亮正圓。

in fúll 全部，全額；完全地，不省略地，詳細地：payment *in* ～ 全付，付全額/Sign your name *in* ～. 簽你的全名《全部姓名，不得省略》。

to the fúll 充分地，盡情地：enjoy oneself *to the* ～ 盡情享樂。
—*v.t.* 〔十受〕把〈衣服、袖子等〉做得寬鬆[多褶縐]。

full[2] [fʊl; ful] *v.t.* (經漿洗或蒸)使…的布紋[布料]變細密；漂洗，縮〈呢絨〉。

F

fúll áge *n.* Ⓤ成年。

fúll·bàck *n.* Ⓒ[指守備位置時Ⓤ]《足球・曲棍球等》後衛。

fúll blòod *n.* **1** Ⓒ純種的人[動物]。**2** Ⓤ同父母之關係。

fúll-blóoded *adj.* [用在名詞前] **1** 純種的；純血統的：a ～ Cherokee 純柴拉基族印地安人。**2** 多血質的；精神旺盛的。**3** 純粹的；完整無缺的。～**·ness** *n.*

fúll-blówn *adj.* **1** 〈花〉盛開的；十分成熟的。**2** 充分發展的；成熟的：a ～ theory 成熟的理論。

fúll-bódied *adj.* **1** 〈酒等〉濃郁的。**2** 〈人〉肥胖的。

fúll bróther *n.* Ⓒ 同父母的兄[弟]，胞兄[弟]。

fúll círcle *adv.* 周而復始循環地。

fúll dréss *n.* Ⓤ盛裝；禮服；正式的晚禮服。

fúll-dréss *adj.* [用在名詞前] **1** 禮服的，穿禮服的。**2** 正式的：a ～ uniform (軍服的)全裝，禮服 / a ～ rehearsal 正式排演，彩排。

full dress

fúll·er 《源自 full[2]》—*n.* Ⓒ蒸洗工，縮絨工；漿洗布疋者。

fúller's éarth *n.* Ⓤ漂布泥《做爲去油漬之用》。

fúll-fáce *adj.* =full-faced 2.
—*adv.* 向正面地。

fúll-fáced *adj.* **1** 圓臉的。**2** 向正面的：a ～ photograph 正面照片。**3**《印刷》=boldfaced 2.

fúll-fáshioned *adj.*《美》〈襪子〉編織得合腳的，〈毛衣〉合身的。

fúll-flédged *adj.*《美》**1** 〈鳥〉羽毛長全的。**2** 發育齊全的；有充分資格的：After one's internship one becomes a ～ physician. 經過實習醫生的階段，某人成爲一位完全合格的醫師。

fúll-grówn *adj.* 長成的；發育完全的；成熟的。

fúll hánd *n.* =full house 2.

fúll-héarted *adj.* =wholehearted.

fúll hóuse *n.* Ⓒ **1** 客滿的戲院，大客滿。**2** 玩撲克牌戲時拿到三張相同及另兩張相同的一手牌《⇨poker[2]【說明】》。

fúll-léngth *adj.* [用在名詞前] **1 a** 全身的〈照片、畫等〉：a ～ mirror 全身鏡/a ～ portrait 全身像。**b** 長及地面上的，拖地的〈衣服〉。**2** 標準長度的；未刪節的〈小說等〉。
—*adv.* 全長地，全身地。—*n.* Ⓒ全身像。

fúll móon *n.* **1** [**the** ～, **a** ～]滿月 (cf. half moon 1). **2** ⓊⒸ滿月時：at ～ 在滿月時。

fúll nélson *n.* Ⓒ《角力》雙肩下握頸《用雙手由對方背後從腋下將其頭部壓在地上的一種架式；cf. half nelson》.

fúll·ness *n.* Ⓤ **1** 滿；充滿，十分，充分：a feeling of ～ after dinner 餐後的飽足感/the ～ of the heart 無限的感慨；眞情，滿腔熱情/in its ～ 十分，毫無遺憾地。**2** 肥滿。**3** (音色等的)豐富。

in the fúllness of tíme《文語》時機成熟時；在預定的時間。

fúll-páge *adj.* [用在名詞前]全頁的，全面的。

fúll-rígged *adj.* **1**《航海》〈帆船〉全副裝備的。**2** 裝備完整的。

fúll-scále *adj.* **1** 〈畫、模型等〉照原尺寸的；實體大的：a ~ model 實體大的模型。**2** [用在名詞前]全面性的，完全徹底的；傾全力的：a ~ history of Japan 日本全史/a ~ attack 總攻擊/(a) ~ war 全面戰爭。

fúll síster *n.* Ⓒ同父母的姊[妹]，胞姊[妹]。

fúll stóp *n.* Ⓒ(表示句子終了的)句點《★ 比較《美》一般用 period》。

cóme to a fúll stóp 完全停止。

pùt a fúll stóp to... 使…完全停止，為…打上終止符：I'm going to *put a ~ to* this nonsense. 我要制止這種愚蠢的事。

—*interj.*《英口語》[强調談話(演講)結束時的用語]就此打住，到此為止(不必多說了)(《美》period)：That's all I'm going to say on the subject, ~. 關於這個問題我想說的就是這些，沒有其他的了。

fúll-térm *adj.*《醫》(懷孕)期滿的；足月的。

fúll-thróated *adj.* 大聲的(loud)。

fúll tíme *n.* Ⓤ **1** (工作等的)全部時間。**2**《運動》比賽時間結束。

full-time [ˈfulˈtaɪm; ˌfulˈtaim˜] *adj.* **全部時間的**；專任的，專職的(cf. part-time)：a ~ teacher 專任教師/a ~ job《口語》專任的工作。**—***adv.* 專任地：work ~ 專職工作。

fúll-tímer *n.* Ⓒ專任的人，專職者。

fúll wòrd *n.* Ⓒ《文法》(尤指中文文法中之)實詞，完全詞《即一般的名詞、形容詞、動詞等》。

***ful·ly** [ˈfulɪ; ˈfuli] *adv.* (**more ~**；**most ~**) **1 十分地，完全地**：eat ~ 吃個十分飽/I was ~ aware of the fact. 我十分清楚那件事實。**2** (無比較級、最高級)[置於數詞之前]足足，整整(cf. full *adj.* 2a)：~ ten days 整整十天。

fúlly-fáshioned *adj.*《英》=full-fashioned.

fúlly-flédged *adj.*《英》=full-fledged.

fúlly-grówn *adj.*《英》=full-grown.

ful·mar [ˈfulmɚ; ˈfulmə] *n.* Ⓒ《鳥》管鼻鸌《一種北極海燕》。

ful·mi·nate [ˈfʌlməˌnet; ˈfʌlmineit] *v.i.* **1** 〔十介十(代)名〕怒喝，大聲叱責〔…〕〔*against, at*〕。**2** 發出爆炸聲，猛烈爆發。

—*v.t.* 大聲發出〈責難等〉；使…爆炸。

ful·mi·na·tion [ˌfʌlməˈneʃən; ˌfʌlmiˈneiʃn] «fulminate 的名詞»**—***n.* ⓊⒸ **1** 嚴厲譴責，怒喝。**2** 爆炸。

ful·ness [ˈfulnɪs; ˈfulnis] *n.* =fullness.

ful·some [ˈfulsəm; ˈfulsəm] *adj.* 〈諂媚等〉過分的，令人生厭的，令人作嘔的。**~·ly** *adv.*

Ful·ton [ˈfultn̩; ˈfultən], **Robert** *n.* 福爾敦《1765–1815；美國發明家及工程師，輪船之發明人》。

fum·ble [ˈfʌmbl; ˈfʌmbl] *v.i.* **1 a** 〔十副〕摸索，搜索，搜尋〈*about, around*〉：I ~*d* **about** trying to find my spectacles in the dark. 我在黑暗中摸索試著找我的眼鏡。**b** 〔十介十(代)名〕摸索，找尋〔…〕〔*for, at*〕：He ~*d* in his pocket **for** his lighter. 他在口袋中搜尋打火機/The drunken fellow was *fumbling* **at** the keyhole. 那個醉漢在摸索鑰匙孔。**c** 〔十介十(代)名〕笨拙地擺弄〔…〕〔*at, with*〕：~ **with** a ribbon 笨拙地撫弄絲帶。**2** 笨拙地使用[處理]；失誤。

—*v.t.* 〔十受〕**1** 笨拙地處理…，搞砸…。**2**《運動》漏接〈球〉。

—*n.* Ⓒ《棒球》漏接。**fúm·bler** *n.*

fume [fjum; fju:m] «源自拉丁文「煙」之義» **—***n.* **1** [~s] (令人窒息的)煙霧；蒸氣，熱氣；(刺激性的)煙。**2** [~s]毒氣(★被想像為由胃部冒到頭上)：the ~*s* of wine 酒的毒氣，酒氣。**3** [a ~]《罕》臉上發紅，怒氣，無緣無故的生氣：in *a* ~ 勃然大怒，怒氣沖沖。

—*v.i.* **1** 冒煙，燻，蒸發，發出氣味。**2 a** 忿怒，發怒：He ~*d* **with** rage because she did not appear. 因為她沒出現，所以他大發雷霆。**b** 〔十介十(代)名〕〔對…〕生氣，發怒〔*at, about*〕：My father always ~*d* **about** [**at**] the slowness of the buses. 我父親總是為了公車行駛緩慢而生氣。**—***v.t.* 燻〈木材〉。

frét (, fúss) and fúme ⇨fret[1].

fu·mi·gate [ˈfjuməˌget; ˈfju:migeit] *v.t.* (以煙)燻…，使…冒煙，煙燻…以消毒。

fu·mi·ga·tion [ˌfjuməˈgeʃən; ˌfju:miˈgeiʃn] «fumigate 的名詞»**—***n.* Ⓤ煙燻，煙燻消毒(法)。

fú·mi·gà·tor [-tɚ; -tə] *n.* Ⓒ **1** 煙燻消毒的人[物]。**2** (除害蟲之)煙燻器。

fum·y [ˈfjumɪ; ˈfju:mi] «fume 的形容詞» **—***adj.* (**fum·i·er**；**-i·est**) **1** 多煙霧的；冒煙的。**2** 煙霧狀的。

‡**fun** [fʌn; fʌn] *n.* Ⓤ **1 嬉戲**，玩笑：He is fond of ~. 他愛開玩笑/make ~ of...=poke ~ at... 嘲弄，取笑…。

2 樂趣，有趣，消遣：have ~ 作樂，玩樂/The child had a lot of ~ *with* the toys. 那個小孩子玩玩具玩得很開心/I didn't see the ~ of playing cards. 我看不出打紙牌有什麼好玩的。

3 [常作 be 的補語]《口語》**有趣的事[物，人]**《★用法附加形容詞但不加不定冠詞》：It is ~ picking up various shells on the beach. 在海濱撿各種貝殼是很有趣的/What ~！好有趣，眞愉快/He is good [great] ~. 他眞有趣《他是個有趣的人》。

for fún (1)開玩笑，為了樂趣：read a book *for* ~ 為了樂趣而讀書。(2)=in FUN.

for the fún of it [**the thìng**] 為了好玩，鬧著玩地，當作玩笑地：play cards just *for the ~ of it* 玩紙牌只為了好玩《★不為賭錢》。

fún and gámes [當單數或複數用]嬉鬧，歡鬧。

in fún 開玩笑地，鬧著玩地：Don't take offense. I said it *in* ~. 別生氣，我只是說著玩的。

—*adj.* [用在名詞前]《美》快樂的，有趣的：a ~ party 快樂的宴會。

func·tion** [ˈfʌŋkʃən; ˈfʌŋkʃn] «源自拉丁文「完成」之義»**—n.* **1** Ⓒ **a 機能**，功能，作用，目的：the ~ *of* the heart [kidneys] 心臟[腎臟]的功能/Universities have the supreme ~ *of* train*ing* the rising generation. 大學肩負教育年輕人的至高任務。**b** 職務，職責，任務。**2** Ⓒ **a 儀式**，慶典，典禮，祝典。**b**《口語》(大規模的)社交集會，宴會：a social ~ 社交集會，招待會。**3** Ⓤ《文法》功能。**4** Ⓒ **a**《數》函數。**b** 具有函數性質者，與他物有密切關係的性質[事實(等)]〔*of*〕：His temper is a ~ *of* his digestion. 他的脾氣與他的消化情形有連帶關係《他脾氣的好壞視消化情形而定》。

—*v.i.* **1** 發生效用，產生功能，起作用：The elevator was not ~*ing*. 那部電梯停開了《那部電梯發生故障了》。**2** 〔十*as* 補〕完成〈…的〉職責[任務]，擔任〈…的〉工作：Kate ~*ed as* mother to the child while his parents were away. 凱蒂在那個孩子的雙親不在時擔任起母親的工作。

fúnc·tion·al [-ʃənl̩; -ʃnl] «function 的形容詞»**—***adj.* **1**《醫》機能的，官能的(↔ organic)：a ~ disease 官能病。**2** 職務[功能]上的。**3** 〈建築物、家具等〉功能本位的，實用的，便利的。**4**《數》函數的。

fúnc·tion·al·ism [-ʃənl̩ˌɪzəm; -ʃn̩əlizəm] *n.* Ⓤ(家具、建築物等的)機能主義；實用主義。

fúnc·tion·al·ist [-ʃənl̩ɪst; -ʃnəlist] *n.* Ⓒ機能[實用]主義者。

—*adj.* 機能[實用]主義(者)的。

fúnc·tion·al·ly [-ʃənl̩ɪ; -ʃn̩əli] *adv.* **1** 機能上。**2** 職務上。**3**《數》函數地。

fúnc·tion·ar·y [-ʃənˌɛrɪ; -ʃn̩əri] *n.* Ⓒ《輕蔑》職員，官吏，公務員：a petty ~ 小官，小職員。

fúnction wòrd *n.* Ⓒ《文法》功能詞《主要用以表示語法關係的詞，如冠詞、代名詞、介系詞、連接詞、助動詞、關係詞等》。

fund** [fʌnd; fʌnd] «源自拉丁文「底部」之義»**—n.* **1** Ⓒ**資金**，基金，專款(cf. capital 3)：~ raising 籌款，籌募資金/a relief ~ 救濟基金/a reserve ~ 公積金/⇨sinking fund. **2** [~s]財源；(手頭上的)現款，存款：in [out of] ~*s* 有[缺]錢。**3** [**the ~s**]《英》公債。**4** [**a ~**]〔知識等的〕貯存，儲備〔*of*〕：*a ~ of* knowledge 豐富的知識。

—*v.t.* 〔十受〕**1** 提供〈研究、企劃等〉資金。**2** 把〈短期借款〉轉為長期公債；儲存資金以支付〈借款〉的利息。**3**《英》將〈錢〉投資於公債。

fun·da·men·tal** [ˌfʌndəˈmɛntl̩; ˌfʌndəˈmentl˜] «源自拉丁文「基礎」之義»**—adj.* (**more ~**；**most ~**) **1 a 基本的**，基礎的，根本的：~ colors 原色/the ~ form 基本形/~ human rights 基本人權/a ~ note《音樂》基音《和音的基礎之音》/a ~ principle [rule]基本原則[規則]。**b** [用在名詞前](無比較級、最高級)天生的，屬於本來性質[性格]的：one's ~ faults 天生的缺點。**2** (無比較級、最高級) **a** [用在名詞前]**重要的**，主要的：the ~ cause of his success 他成功的主要原因。**b** [不用在名詞前]〔十介十(代)名〕〔對…〕必須的〔*to*〕：Moderate exercise is ~ **to** good health. 適度的運動對健康是絕對必要的。

—*n.* **1** Ⓒ [常 ~*s*]基本，根本，基礎；原理，原則〔*of*〕：training *in* ~*s* 基礎訓練。**2** Ⓒ《音樂》基音。**3** Ⓒ《物理》基頻，基諧波。

fùn·da·mén·tal·ism [-tl̩ˌɪzəm; -təlizəm] *n.* [常 F~] Ⓤ《基督教》基要主義，基本主義《第一次世界大戰後興起於美國的新教的一派，堅信聖經的創造說，而排斥進化說；cf. modernism 2a》。

-ist [-tl̩ɪst; -təlist] *n., adj.*

fùn·da·mén·tal·ly [-tl̩ɪ; -təli] *adv.* 根本地，完全地，從基礎上。

fúnded débt *n.* Ⓒ固定負債；長期債款《如公債等》。

fu·ner·al** [ˈfjunərəl; ˈfju:nərəl] «源自拉丁文「死，埋葬」之義»**—n.* **1 a** Ⓒ**葬禮**，喪禮；《美》葬儀；告別式：attend a ~ 參加葬禮/a public [state] ~ 公[國]葬。

【說明】(1)在英美，遺體(remains)經酒精等消毒後，穿好整齊衣服，置入有黃銅裝飾物的棺木中，再將棺木安置於客廳，讓家屬或朋友瞻仰惜別。這時候參加者通常各把一朵白百合(white lily)放入棺木中。雖然有時會供應簡單餐食或飲料，不過一般都不供應酒類。參加親友不送奠儀，有時只送花，喪家通常會取下名片作為擺飾。牧師讀聖經、做禱告、介紹死者的簡歷，告別式在短時間內即告結束。如果死者的朋友多，則在教堂舉行告別式。舉行過喪禮後，遺體運到教堂的墓地(churchyard)、公共墓地(cemetery)安葬《近來較婉轉說法是 memorial park 等》。遺體若要火葬(cremation)，則運至火葬場，由牧師做最後的禱告。
(2)葬禮時，美國人通常對喪家說 I'm so sorry.(我覺得很難過。)；英國人則說 Please accept my sympathy.(請接受我衷心的弔慰。)

b Ⓒ[常用單數]出殯行列。**2** [**one's** ～]《口語》討厭的工作；該做的事，責任：That's your ～. 那是你的事[責任]《若不聽忠告，發生了事情，我這邊不負責的》。
—*adj.* [用在名詞前]葬禮的；出殯用的：a ～ ceremony [service] 葬禮/a ～ column 訃聞欄/a ～ home [parlor]《美》殯儀館《用以舉行葬禮的建築物》/a ～ director《美》承辦喪葬者/a ～ march 送葬進行曲/a ～ pall 棺衣，柩衣/a ～ pyre 火葬用的柴堆/a ～ procession [train] 送葬的行列/～ rites 葬禮/a ～ urn 骨甕。

fu·ner·ar·y ['fjunə,rɛrɪ; 'fju:nərəri] *adj.* [用在名詞前]葬禮的。

fu·ne·re·al [fju'nɪrɪəl; fju:'niəriəl] *adj.* (適於)葬禮的；(尤指)悲哀而嚴肅的；陰森的；憂鬱的。～**·ly** *adv.*

fún·fàir *n.* Ⓒ《英》**1** 公共露天遊樂園。**2** 遊藝場，遊樂園(amusement park).

fun·gi *n.* **fungus** 的複數。

fun·gi·cide ['fʌndʒə,saɪd; 'fʌndʒisaid] *n.* Ⓤ[指個體製品時爲Ⓒ]殺菌劑，殺黴菌藥。

fun·goid ['fʌŋgɔɪd; 'fʌŋgoid] *adj.* 黴菌狀的；黴菌性的。

fun·gous ['fʌŋgəs; 'fʌŋgəs] **《fungus 的形容詞》—***adj.* **1** 黴菌的，黴菌性的。**2** 突然產生的，暫時性的。

fun·gus ['fʌŋgəs; 'fʌŋgəs] **《源自拉丁文「蘑菇」之義》—***n.* (*pl.* **-gi** [-dʒaɪ; -gai, -dʒai], ～**·es**) **1** Ⓤ[指個體時爲Ⓒ]眞菌類，菌類《包括 mushroom, toadstool, mildew, mold》. **2** Ⓤ[又作 **a** ～](像細菌般)突然發生之物[令人討厭之物]。**3** (又作 **fúngus inféction**)Ⓤ菌症《★如香港脚、頑癬等；cf. athlete's foot》.

fún hòuse *n.* Ⓒ《美》(遊樂園等的)驚險的遊樂宮《內有種種令遊客感到心驚的設施》。

fu·nic·u·lar [fju'nɪkjələ; fju:'nikjulə] *n.* (又作 **funícular ráilway**)Ⓒ纜車道：by ～ 利用纜車道《★無冠詞》。

funk [fʌŋk; fʌŋk] *n.* **1** [**a** ～]《口語》恐懼，害怕：be in *a* ～ 害怕，膽怯。**2** Ⓒ膽小鬼。**3** Ⓤ早期的爵士音樂。
(in) a blúe fúnk 畏首畏尾(戰戰兢兢)。
—*v.t.* **1** 恐懼，害怕…。**2** 使…恐懼；使…畏怯。
—*v.i.* 畏懼；畏縮。

funk·y ['fʌŋkɪ; 'fʌŋki] **《funk 的形容詞》—***adj.* (**funk·i·er**；**-i·est**) **1** 膽顫心驚的，害怕的。**2** 〈爵士樂〉早期帶有鄉土味道的。**3** 《美俚》**a** 極好的：Hey, that's a ～ car. 嘿！那是一部頂呱呱的車。**b** 性感的。**4** 《美俚》難聞的，惡臭的。

fun·nel ['fʌnl; 'fʌnl] *n.* Ⓒ **1** 漏斗。**2 a** (漏斗狀的)通風[採光]孔。**b** (火車、輪船等的)煙囪。
—*v.t.* (**fun·neled,** 《英》**-nelled**；**fun·nel·ing,** 《英》**-nel·ling**) **1** 把〈手等〉彎成漏斗狀。**2** 〔十受十介十(代)名〕**a** 用漏斗把〈液體等〉注入〔…〕〔*into*〕：～ oil *into* a can 使用漏斗把油注入罐中。**b** 把〈錢、情報等〉送入，注入〔…〕〔*to, into*〕：The parent corporation ～*ed* money *into* its subsidiaries. 總公司把錢匯入分公司。**c** 集中〈精力等〉〔於…〕〔*into*〕：He ～*ed* his energy *into* his writing. 他集中精力於寫作。
—*v.i.* 〔十副詞(片語)〕〈人羣等〉通過狹窄地方。

fun·ni·ly ['fʌnɪlɪ; 'fʌnili] *adv.* **1** 有趣地，好笑地，滑稽地。**2** 奇妙地：～ enough 說也奇怪，怪的是，說來眞奇。

‡**fun·ny** ['fʌnɪ; 'fʌni] **《fun 的形容詞》—***adj.* (**fun·ni·er**；**-ni·est**) **1 滑稽的，**逗人發笑的：a ～ story 滑稽的故事/a ～ man 引人發笑的人；喜劇演員/What's (so) ～? 什麼事(那樣)好笑？

【同義字】funny 指奇妙、滑稽而引人發笑的；amusing 與 interesting 均指好玩、愉快、使人快樂的；ludicrous 指過於愚蠢，而引人發笑的。

2 《口語》**a 怪的，**奇特的：It's ～ that he should say so. 他說那話，有些奇怪。**b** 不當行爲的；作假的，可疑的：～ business 可疑的行動，愚蠢的動作，不誠實的勾當/There's something ～ about it [his business]. 那件事[他的生意]有一點奇怪[可疑]。
3 [不用在名詞前]《口語》**a** 身體狀況不好的：feel a little ～ 覺得有點不舒服。**b** 難爲情的，不好意思的：I felt a little ～ accepting the gift. 我接受該禮物覺得有點不好意思。**c** 《委婉語》有點精神錯亂的：She is a bit ～ in the head. 她腦筋有點古怪。
4 [用在名詞前][常 ～ **old...**，小孩用語]有趣的，很棒的：Look at that ～ *old* car. 看那部好棒的車。
5 [用在名詞前]《美》漫畫(欄)的：a ～ column [paper] (報紙的)漫畫欄《★星期日版上，funny papers 單獨地佔了數頁》/a ～ book 漫畫書。
gèt fúnny with... 對〈人〉不敬。
—*n.* [**funnies**]連載漫畫；(報紙、雜誌的)漫畫欄(comics).

fún·ni·ness *n.*

fúnny bòne *n.* Ⓒ(肘上方的)肱骨內髁(《美》crazy bone)《打該處會引起麻痺感》。

fúnny fárm *n.* Ⓒ《美謔》精神病院。

fúnny hà·há *adj.* [不用在名詞前]《英口語》好笑的，滑稽的。

fúnny mòney *n.* Ⓤ《俚》**1** 僞造的貨幣。**2** 來源不明[有問題]的錢。**3** 膨脹[貶值]的通貨。**4** 外國的貨幣。

fúnny pecúliar *adj.* [不用在名詞前]《英口語》奇怪的，奇妙的。

‡**fur** [fɝ; fə:] *n.* **1** Ⓤ(兔子、貂、海狸等之柔軟的)**毛皮。2** Ⓤ[集合稱]毛柔軟的動物：～ and feather 獸類與鳥類/hunt ～ 獵野兔。**3** Ⓒ[常 ～**s**]毛皮製品，皮衣，毛皮圍巾(等)：a fine fox ～ 純狐毛皮/wear expensive ～*s* 穿昂貴的皮衣。**4** Ⓤ **a** (鐵壺等的)水銹。**b** 《醫》舌苔。**c** (葡萄酒表面所生的)一層薄膜。
màke the fúr flý 引起大騷動。
stróke a person's fúr the wróng wáy 激怒某人。
—*adj.* [用在名詞前]毛皮(製)的：a ～ coat 皮大衣。
—*v.t.* (**furred**；**fur·ring**)〔十受〕**1** 給…加上毛皮；用毛皮襯[鑲]…。**2 a** 使〈水壺內側〉生水銹。**b** 使〈舌〉生舌苔。
—*v.i.* 〔動(十副)〕生水銹[舌苔]〈*up*〉.

furs 3

fur·be·low ['fɝbl,o; 'fə:bilou] *n.* Ⓒ[常 ～**s**] **1** (女裝的)邊飾；裙襬的褶飾。**2** 俗麗的裝飾：frills and ～*s* 不必要的華麗裝飾。

fur·bish ['fɝbɪʃ; 'fə:biʃ] *v.t.* 〔十受(十副)〕**1** 把〈未使用的金屬、家具等〉擦亮，磨光〈*up*〉. **2** 使…面目一新，使〈舊物〉如新，把…翻新；溫習〈功課等〉〈*up*〉：You need to ～ *up* your French before you go to France. 去法國以前你必須把法語溫習一下。

fur·cate ['fɝket; 'fə:keit] *adj.* 分叉的。
—*v.i.* 分叉，分歧。

Fu·ries ['fjurɪz; 'fjuəriz] *n. pl.* [**the** ～]《希臘・羅馬神話》復仇三女神《其頭髮是蛇》。

fu·ri·ous ['fjurɪəs; 'fjuəriəs] **《fury 的形容詞》—***adj.* (**more** ～；**most** ～) **1 a 狂怒的：**a ～ quarrel 狂怒的爭論/～ anger 大怒。**b** [不用在名詞前]〔十介十(代)名〕〔對人〕大發雷霆〔*with*〕；〔對事物〕大發雷霆〔*at*〕：He was ～ *with* her [*at* what she had done]. 他對她[對她所做的事]大發雷霆。**2** 〈風、海等〉狂暴的，激烈的：a ～ sea 怒海。**3 a** 〈速度、活動等〉猛烈的，激烈的：at a ～ pace 以最高速度。**b** 〈歡樂等〉狂亂的。～**·ly** *adv.*

furl [fɝl; fə:l] *v.t.* 捲起〈旗、帆等〉；將〈傘等〉折起。
—*v.i.* 捲起，收疊。
—*n.* [**a** ～]捲收，收疊：Give it *a* neat ～. 把它捲好。

fur·long ['fɝlɔŋ; 'fə:lɔŋ] *n.* Ⓒ弗隆《長度的單位；＝220 碼，201.168 公尺》。

fur·lough ['fɝlo; 'fə:lou] *n.* ⓊⒸ(軍人、公務員等的)休假：two weeks' ～ 兩個禮拜的休假/have a ～ every five years 每五年休假一次/be *on* ～ 在休假中/go home *on* ～ 休假回國。

fur·nace ['fɝnɪs; 'fə:nis] **《源自拉丁文「暖爐、烤爐」之義》—***n.* Ⓒ **1 爐，**爐灶，暖氣爐。**2** 熔鐵爐：⇨ blast furnace. **3 a** 酷熱的地方，煉獄。**b** 試練場：be tried in the ～ 受過嚴格的磨鍊[考驗]；飽經風霜；吃過苦頭。

‡**fur·nish** ['fɝnɪʃ; 'fə:niʃ] **《源自古法語「完成，補給」之義》—***v.t.* **1 a** 〔十受〕供給〈必需品〉(⇨ provide【同義字】)：Atomic fission ～*es* enormous energy. 原子分裂可提供大量的能源/This hotel ～*es* clean sheets every day. 這家旅館每天換上乾淨的牀單。**b** 〔十受十介十(代)名〕供給〈人〉〔物〕〔*with*〕；把〈物〉供給〔人〕〔*to*〕(★用法 雖有〔十受十受〕的句型，但非一般用法)：He ～*ed* the refugees *with* food and clothes. ＝He ～*ed* food and clothes *to* the refugees. 他供給難民食物與衣服《他把食物與衣服供給難民》。**2 a** 〔十受〕給〈房子、房間〉**裝備家具；陳設[佈置]**〈房間〉(★常用被動語態；cf. furnished)：The room *was* luxuriously ～*ed*. 這房間陳設奢華。**b** 〔十受十介十(代)名〕爲〈房子、房間〉安裝[家具]〔*with*〕(★常用被動語態)：The room *was* ～*ed with* a desk, telephone and hat stand. 這房間備有一張寫字桌、一部電話機以及帽架。**c** 〔十受十介十(代)名〕在〈場所〉裝備〔必需品〕〔*with*〕：～ a library *with* books 爲圖書館備置書籍。

F

fúr·nished *adj.* 附有家具的(⟷ unfurnished)：*F*~ House 附家具的(出租)房子《廣告辭》/a tastefully ~ living room 備有雅致、美觀家具的起居室。

fúr·nish·ings [-ʃɪŋz; -ʃiŋz] *n. pl.* **1** (房子、房間的)陳設品，裝修：soft ~*s*《英》窗簾類。**2**《美》服飾品(accessories)：men's ~ = ~ *for* men 男用服飾品。

‡fur·ni·ture [ˈfɝnɪtʃɚ; ˈfə:nitʃə] **«**源自 furnish**»**—*n.* Ⓤ[集合稱]**家具**，設備品，日用器具：a piece [an article] of ~ 一件家具/We hadn't much [had little] ~. 我們家具不多[很少]。

fu·ror [ˈfjurɔr; ˈfjuərɔ:] *n.* Ⓤ[又作 **a** ~]《美》**1** 興奮，大騷動。**2** 狂熱的讚賞[流行]：make [create] *a* ~ (書籍、劇本等的)風靡一時；受到狂熱的讚賞。

fu·rore [ˈfjurɔr; fjuəˈrɔ:ri, ˈfjuərɔ:] *n.*《英》=furor.

furred [fɝd; fə:d] *adj.* **1** 覆有軟毛的。**2** 毛皮製的，附有毛皮的，有毛皮襯裏[鑲邊]的。**3 a** 附著水銹的。**b** 生舌苔的。

fur·ri·er [ˈfɝɪɚ; ˈfʌriə] *n.* Ⓒ **1** 毛皮商。**2** 皮貨商，毛皮匠。

fur·ri·er·y [ˈfɝɪərɪ; ˈfʌriəri] *n.* ⓊⒸ **1** [集合稱]《古》毛皮類。**2** 皮貨業；修理皮貨者之業務。

fur·ring [ˈfɝɪŋ; ˈfə:riŋ] *n.* ⓊⒸ **1** (衣類的)毛皮裝飾；毛皮襯裏。**2** 舌苔。

fur·row [ˈfɝo; ˈfʌrou] *n.* Ⓒ **1** (田地壟與壟之間的)犂溝。**2 a** (水溝似的)細長凹地。**b** (船通過的)痕跡，航跡；轍跡，輪溝。**3** (臉上的)深皺紋。

furrow 1

plów a lónely fúrrow (沒有朋友、援助者)一個人工作，孤獨行動。

—*v.t.* **1** 在…作出凹溝；犂；耕。**2** 使〈臉等〉起皺紋：a face ~*ed* by old age 因年老而起深皺紋的臉/He ~*ed* his brow in thought. 他皺起眉頭思考。

—*v.i.* 起皺紋：His brow ~*ed* as he read the bank statement. 他在看銀行的報告單時眉頭皺了起來。

fur·ry [ˈfɝɪ; ˈfə:ri] **«**fur 的形容詞**»**—*adj.* (**fur·ri·er**；**-ri·est**) **1** 毛質柔軟的；覆有毛皮的。**2** 附有毛皮的；毛皮製的。**3 a** 附有水銹的。**b** 生舌苔的。

fúr sèal *n.* Ⓒ《動物》海狗。

‡fur·ther [ˈfɝðɚ; ˈfə:ðə] (《★ 用法 當作副詞與形容詞時，一般表示時間、數量、程度上的差距都使用 further；表示空間上的差距則使用 farther，但實際上，後者的情形也傾向於用 further》*adv.* [far 的比較級] **1** (距離、空間、時間)較遠；更遠：go ~ away 走得更遠/not ~ than a mile from here 離此地不到一哩的地方。

fur seal

2 (程度)更進一步地：inquire ~ into the problem 更進一步地調查該問題/Give it no ~ thought. 不要再想那個問題了/I'll give you ten dollars, but I cannot go any ~. 給你十美元，但是我無法再多給了。

3 再者，此外(《★ 比較 多用 furthermore》：And ~, we must remember.... 再者，我們必須記住…。

fúrther to... [商業應用文]補充，附帶說…。

sée a person fúrther《口語》[對別人的要求生氣，拒絕時]礙難從命。

wísh a person fúrther《口語》希望某人儘快滾蛋。

—*adj.* [用在名詞前][far 的比較級] **1** (距離上)**較遠的**，更遠的：on the ~ side (of the road) 在(道路的)那一端。

2 更多的，進一步的：For ~ particulars apply to our personnel office. 詳情向我們的人事課洽詢/~ news 進一步的消息；續報/until [till] ~ notice 直到進一步通知/We walked on without ~ conversation. 我們不再多說地往前走。

—*v.t.* [十受]推展，促進，助長…：~ one's own interests 促進自己的利益；謀私利。

fur·ther·ance [ˈfɝðərəns, -ðrəns; ˈfə:ðərəns] **«**further *v.* 的名詞**»**—*n.* Ⓤ促成，推廣，促進[*of*]：for the ~ *of* world peace 爲了促進世界和平。

fúrther educátion *n.* Ⓤ《英》成人教育(《美》adult education)。

fur·ther·more [ˈfɝðɚˌmor, -ˌmɔr; ˌfə:ðəˈmɔ:] *adv.* **再者**，而且，加上(cf. further *adv.* 3)。

fúrther·mòst *adj.* **1** [用在名詞前]最遠的。**2** [不用在名詞前][十介十(代)名]離[…]最遠的[*from*]：He sat on the seat ~ *from* the TV set. 他坐在離電視機最遠的位子上。

‡fur·thest [ˈfɝðɪst; ˈfə:ðist] *adj.* & *adv.* =farthest.

fur·tive [ˈfɝtɪv; ˈfə:tiv] *adj.* **1** 偷偷的，鬼鬼祟祟的，祕密的：a ~ glance 偷看/a ~ look 鬼鬼祟祟的表情。**2** [不用在名詞前][十介十(代)名][舉止等]鬼鬼祟祟的[*in*]：He is ~ *in* his manner. 他的樣子鬼鬼祟祟。~**·ly** *adv.* ~**·ness** *n.*

fu·run·cle [ˈfjurʌŋkl; ˈfjuərʌŋkl] *n.* Ⓒ《醫》癤；疔。

fu·ry [ˈfjurɪ; ˈfjuəri] *n.* **1 a** Ⓤ**狂怒**，憤怒：be filled *with* ~ 氣憤塡膺。**b** [**a** ~]憤怒的狀態：in *a* ~ 在狂怒中/fly into *a* ~ 勃然大怒。**2 a** Ⓤ[戰爭、暴風雨、疾病等的]激烈，威猛，狂暴[*of*]：the ~ *of* the elements 狂風暴雨/in the ~ *of* battle 在激戰中/burn *with* great ~ 熊熊燃燒。**b** [**a** ~][感情的]強烈興奮狀態[*of*]：He is in *a* ~ *of* excitement. 他在極度的興奮當中。**3** Ⓒ **a** [F~]《希臘·羅馬神話》復仇女神之一(⇨ Furies)。**b** 狂怒的女人，狂暴的女人。

líke fúry《口語》猛烈地；迅速地：run *like* ~ 拚命地跑。

furze [fɝz; fə:z] *n.* Ⓤ《植物》荊豆(屬)(gorse)。

fuse[1] [fjuz; fju:z] *n.* **1** Ⓒ(炸彈等的)**導火線**；引信[信管]。**2 a** Ⓒ《電學》**保險絲**。**b** [**a** ~]保險絲燒斷而使電燈不亮的情形。**3** =fuze 1.

blów a fúse (1)使保險絲燒斷。(2)《口語》勃然大怒。

—*v.t.* [十受]給…裝信管[保險絲]。

—*v.i.* 〈電燈〉因保險絲燒斷而熄滅。

fuse[2] [fjuz; fju:z] **«**源自拉丁文「熔化」之義**»**—*v.t.* **1** [十受]使〈金屬等〉熔解[熔合]；使〈核子〉融合：Copper and zinc are ~*d* to make brass. 熔合銅和鋅製成黃銅。**2** [十受(十副)]使…聯合[結合]〈*together*〉。

—*v.i.* **1** 熔解，熔化；融合。**2** [動(十副)]結合〈*together*〉。

fu·see [fjuˈzi; fju:ˈzi:] *n.* Ⓒ **1** 耐風火柴。**2** 信管。**3**《獸醫》(馬脚的)骨腫。**4** (鐵路顯示危險之)紅色閃光信號。

fu·se·lage [ˈfjuzlɪdʒ, -ɑʒ; ˈfju:zilɑ:ʒ, -lidʒ] *n.* Ⓒ(飛機的)機身。

fú·sel oil *n.* Ⓤ《化學》雜醇油。

fúse wìre *n.* Ⓤ 保險絲《作保險絲用的金屬絲》。

fu·si·bil·i·ty [ˌfjuzəˈbɪlətɪ; ˌfju:zəˈbiləti] *n.* Ⓤ **1** 易熔性；熔解性；可熔性。**2** 熔解度。

fu·si·ble [ˈfjuzəbl; ˈfju:zəbl] *adj.* 易熔解的；可熔解的；易熔性的。

fu·sil [ˈfjuzl, -zɪl; ˈfju:zil] *n.* Ⓒ燧石鎗；燧發鎗《用火石引發的舊式長鎗》。

fu·si·leer [ˌfjuzlˈɪr; ˌfju:ziˈliə] *n.* =fusilier.

fu·sil·ier [ˌfjuzlˈɪr; ˌfju:ziˈliə] *n.* Ⓒ **1** 燧石鎗手。**2** [~s]燧石鎗團。

fu·sil·lade [ˌfjuzlˈed; ˌfju:ziˈleid] *n.* Ⓒ **1** 槍砲的齊射，連續射擊。**2** [質問、非難等的]一連串[*of*]：a ~ *of* questions 一連串的質問。

—*v.t.* 齊射…。

fu·sion [ˈfjuʒən; ˈfju:ʒn] **«**fuse[2] 的名詞**»** —*n.* **1 a** Ⓤ熔解；融合。**b** Ⓒ熔解物。**2** Ⓤ《核子物理》原子核的結合[融合]，聚變(⟷ fission)：nuclear ~ 核子融合，核聚變。**3 a** ⓊⒸ(政黨、黨派等的)聯合，合併，合作。**b** Ⓒ結合體。

fúsion bòmb *n.* Ⓒ聚變彈，氫彈。

fuss [fʌs; fʌs] *n.* **1** Ⓤ[又作 **a** ~]**大驚小怪**，忙亂：*a* great ~ *about* nothing 無謂紛擾/make *a* ~ *about* nothing [trifles] 無事[瑣事]自擾，小題大做/You're making too much ~ *about* it. 你對那件事太大驚小怪了/make *a* great ~ *of* [*over*] a person 過於關心[照料]某人。**2** [**a** ~] **a** (因小事而)焦急[興奮]，心焦：get into *a* ~ 焦急，忙亂。**b** 吵架。

fúss and kerfúffle ⇨ kerfuffle.

—*v.i.* **1** [動(十副)]急躁不安；大驚小怪；急躁地走來走去〈*about, around*〉：He ~*es* ***around***. 他急得團團轉/He was ~*ing* ***about***. 他急躁不安地走來走去。**2** [十介十(代)名][因…]焦急，大驚小怪，擔心[*about, over*]：Don't ~ ***about*** the work [~ ***over*** your pupils]. 不要爲那件工作[爲你的學生]過分操心。

—*v.t.* [十受]使〈人〉煩惱，煩擾：Stop ~*ing* me. I'm busy. 不要再煩我，我很忙。

frét(, fúss) and fúme ⇨ fret[1].

fúss úp《美》(《*vt adv*》裝飾…，把…裝飾得漂漂亮亮。—(《*vi adv*》裝飾得漂亮。

fuss·budg·et [ˈfʌsˌbʌdʒɪt; ˈfʌsˌbʌdʒit] *n.* Ⓒ愛吹毛求疵的人；無事自擾[小題大做]的人。

fuss·pot [ˈfʌsˌpɑt; ˈfʌspɔt] *n.*《新英格蘭·紐約》=fussbudget.

fuss·y [ˈfʌsɪ; ˈfʌsi] **«**fuss 的形容詞**»**—*adj.* (**fuss·i·er**；**-i·est**) **1 a** (因細故、瑣事而)大驚小怪的；愛挑剔的；神經質的：a ~ old lady 愛挑剔的老婦人。**b** [不用在名詞前][十介十(代)名][對…]挑剔[嘮叨]的[*about, over*]：He is very ~ ***about*** his food. 他對於食物非常挑剔。**c** [不用在名詞前][常用於否定句或疑問句]〈人〉介意的："Which do you prefer, tea or coffee？"—"I'm *not* ~." 「你喜歡茶或咖啡?」「隨便，都可以。」**d** [不用在名詞前][(十

介）＋ *wh.*＿］［常用於否定句或疑問句］介意〔…〕的〔*about*〕《★用法常省略介系詞》：Are you ～（***about***）*what* you wear？你介意［在意］自己的穿著嗎？**2**〈服裝、文章等〉過於裝飾的，過於講究細節的；過火而令人生厭的。

fúss·i·ly [-sɪlɪ; -sili] *adv.* **-i·ness** *n.*

fus·tian [ˋfʌstʃən; ˈfʌstiən] *n.* Ⓤ斜紋棉布《一面起絨毛的燈芯絨，天鵝絨等的斜紋織棉布》。

—*adj.* [用在名詞前] **1** 斜紋棉布的。**2** 誇張的；無價值的。

fus·ti·gate [ˋfʌstə͵get; ˈfʌstigeit] *v.t.* **1** 棒打；以棍打。**2** 抨擊；批評。**fus·ti·ga·tion** [͵fʌstɪˋgeʃən; ͵fʌstiˈgeiʃn] *n.*

fus·ty [ˋfʌstɪ; ˈfʌsti] *adj.* (**fus·ti·er**；**-i·est**) **1**〈房間、箱子等〉(長時間關閉而發出的)霉臭的。**2** 跟不上時代的，過時的；保守的。

fúst·i·ly [-tɪlɪ; -tili] *adv.* **-i·ness** *n.*

fut. 《略》future.

fu·tile [ˋfjutḷ, -tɪl; ˈfju:tail] *adj.* (**more** ～；**most** ～) **1**〈行爲、言談等〉無用的，徒勞的：～ talk 空談，廢話。

> **【同義字】**futile 是指目的沒達成，努力白費；vain 指努力、行動未能達到預期的結果；fruitless 指長期間的努力白費了。

2〈人〉沒出息的。**～·ly** *adv.* **～·ness** *n.*

fu·til·i·ty [fjuˋtɪlətɪ; fju:ˈtiləti] **《futile 的名詞》—*n.*** **1** Ⓤ無用，無益。**2** Ⓒ[常 **futilities**] 無用的行動［話］。

fu·ton [ˋfu͵tan; ˈfu:tɔn] *n.* Ⓒ鋪於地板充作牀用的墊子。

fu·tu·ram·a [͵fjutʃəˋræmə; ͵fju:tʃəˈræmə] *n.* Ⓒ **1** 描寫將來生活情景的展覽。**2** 對將來總括性的展望。

‡fu·ture [ˋfjutʃə; ˈfju:tʃə] **《源自拉丁文「往後發生」之義》—*n.*** **1** Ⓤ[常 **the** ～] **未來**，將來(cf. present[1] 1, past 1)：the youth of *the* ～ 未來的青年/in (*the*) ～ 將來，今後《★用法in the ～ 特別是在與 in the past, in the present 形成對照時使用》/in *the* near ～ ＝in no distant ～ ＝in the not too distant ～ 在不久的將來/for *the* ～ 將來，今後《★比較in future 較爲一般化》/provide for *the* ～ 爲將來作準備《儲蓄等》。

2 a Ⓒ(有希望的)前途，遠景：have a bright [brilliant] ～ (before one) 有光明的前途/have no ～ 沒有前途，前途無望。**b** Ⓤ成功的可能性。

3 Ⓤ[常 **the** ～]《文法》未來時態，未來式(cf. present[1] 2, past 3)。

4 Ⓒ[常 **～s**]《商》期貨，期貨契約：deal in ～*s* 作期貨交易；做投機生意。

—*adj.* [用在名詞前] **1** 未來的，將來的；來世的：～ ages 後世，未來的時代/the [a] ～ life 來世，來生/one's ～ wife 某人未來的妻子/for ～ use 爲了將來使用。**2**《文法》未來的(cf. present[1] 3, past 4)：the ～ tense 未來時態，未來式。

fúture·less *adj.* 沒有前途的，前途無望的。

fúture pérfect *n.* Ⓒ《文法》未來完成式。

fú·tur·ism [-tʃə͵rɪzəm; -tʃərizəm] *n.* [常 **F～**] Ⓤ未來主義《1910 年左右興起於義大利的藝術運動，由立體派(cubism)發展而出，爲一反對因襲傳統的新議》。**-ist** [-ɪst; -ist] *n., adj.*

fu·tur·is·tic [͵fjutʃəˋrɪstɪk; ͵fju:tʃəˈristik] *adj.* **1** 未來派的。**2**《口語》新奇的，新潮的。

fu·tu·ri·ty [fjuˋturətɪ, -ˋtjur-; fju:ˈtjuərəti] *n.* **1** Ⓤ未來，將來；來世，後世。**2** Ⓒ[常 **futurities**] 未來的事物。

fu·tu·rol·o·gy [͵fjutʃəˋralədʒɪ; ͵fju:tʃəˈrɔlədʒi] *n.* Ⓤ未來學。

fuze [fjuz; fju:z] *n.* Ⓒ **1** (地雷、水雷等的)信管，電管，引爆裝置。**2** ＝fuse[1] 1.

fu·zee [fjuˋzi; fju:ˈzi:] *n.* ＝fusee.

fuzz [fʌz; fʌz] *n.* **1** Ⓤ細毛，絨毛。**b** Ⓤ[又作 **a** ～] 微毛，鬈毛。**2**《俚》**a** Ⓤ[常 **the** ～；集合稱] 警察《★用法視爲一整體時當單數用，指個別成員時當複數用》。**b** Ⓒ警官；刑事。

fuzz·y [ˋfʌzɪ; ˈfʌzi] **《fuzz 的形容詞》—*adj.*** (**fuzz·i·er**；**-i·est**) **1**〈布、衣服〉似絨毛的，起［絨］毛的。**2**〈毛髮〉鬈縮的。**3**〈物、想法等〉模糊不清的。**fúzz·i·ly** [-zɪlɪ; -zili] *adv.* **-i·ness** *n.*

FWD, fwd 《略》forward；four-wheel drive；front-wheel drive.

-fy [-faɪ; -fai] 字尾「使成…」，「…化」：beauti*fy*, satis*fy*, paci*fy*.

fyl·fot [ˋfɪlfat; ˈfilfɔt] *n.* Ⓒ卍字形 (swastika 1).

F

G g **G g** *G g*

g, G[1] [dʒi; dʒi:] *n.* (*pl.* **g's, gs, G's, Gs** [~z; ~z]) **1** ⓊⒸ英文字母的第七個字母。**2** Ⓤ(一序列事物之)第七個。

G[2] [dʒi; dʒi:] *n.* (*pl.* **G's, Gs** [~z; ~z]) **1** ⒸG字形(之物)。**2** Ⓤ《音樂》**a** G音《全音階唱名之第七音，簡譜之第五音》：*G* flat [sharp] 降[升]G音。**b** G調：*G* major [minor] G大調[小調]。**3** Ⓒ《物理》重力加速度。**4** «grand 之略» Ⓤ《美俚》一千美元：10*G* 一萬美元。

G 《略》《美》《電影》general audiences 普通級電影(⇨movie【說明】)；《符號》guilder.

g. 《略》game；gauge；gender；genitive；gold；good；grain；gram(s)；gramme(s)；gravity；guinea(s).

G. 《略》German；Germany；Gulf.

Ga 《符號》《化學》gallium.

GA 《略》《美郵政》Georgia. **Ga.** 《略》Georgia.

GA, G.A. 《略》General Agent；General American；General Assembly.

gab [gæb; gæb] 《口語》*n.* Ⓤ廢話，喋喋，饒舌：Stop your ~. 住嘴，閉嘴/⇨the GIFT of (the) gab. **—*v.i.*** (**gabbed**；**gab·bing**) 說廢話，閒聊，喋喋不休。**gáb·ber** *n.*

gab·ar·dine [ˈgæbə˞ˏdin, ˏgæbə˞ˈdin; ˈgæbədi:n, ˏgæbəˈdi:n] *n.* **1** Ⓤ軋別丁《一種以毛、棉或人造絲混織之斜紋布料》。**2** Ⓒ軋別丁製之衣服。

G

gab·ble [ˈgæbl; ˈgæbl] «擬聲語» **—*v.i.*** **1** 〔動(十副)〕急促而不清楚地說話，喋喋不休〈*away, on*〉. **2** 〈鵝等〉嘎嘎叫(⇨goose 相關用語)。**—*v.t.*** 〔十受(十副)〕急促而不清楚地說〈話等〉，疾言妄語地說…〈*out*〉.
—*n.* Ⓤ〔又用單數〕**1** 急促而不清楚的話，疾言妄語。**2** (鵝等之)嘎嘎叫聲。**gáb·bler** *n.*

gab·by [ˈgæbɪ; ˈgæbi] *adj.* (**gab·bi·er**；**gab·bi·est**)《口語》喋喋不休的，饒舌的，愛說話的。

ga·belle [gəˈbɛl; gæˈbel] *n.* Ⓒ **1** 《法國史》法國 1789 年革命以前之鹽稅。**2** 稅；國稅。

gab·er·dine [ˈgæbə˞ˏdin, ˏgæbə˞ˈdin; ˏgæbəˈdi:n, ˈgæbədi:n] *n.* ＝gabardine.

gab·fest [ˈgæbˏfɛst; ˈgæbfest] *n.* Ⓒ《美口語》長時間的談話，非正式的聚談。

ga·bi·on [ˈgebɪən; ˈgeibiən] *n.* Ⓒ **1** (築堡壘等防禦工事用之)泥籃，泥籮。**2** (築河堤、碼頭等用之)石籃，石筐，石籠。

ga·ble [ˈgebl; ˈgeibl] *n.* Ⓒ《建築》〈尖頂屋兩端之〉山形牆，三角牆《兩邊被斜面屋頂圍成三角形之牆》。

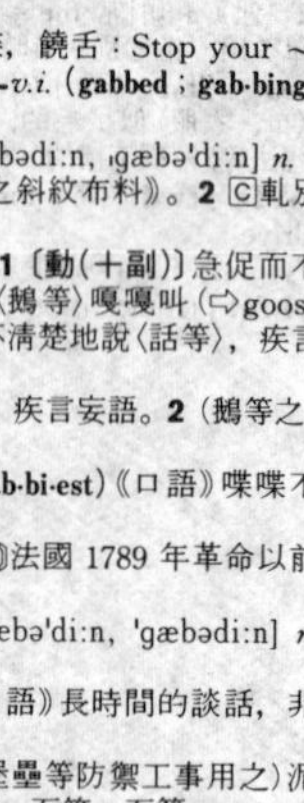
gable

gá·bled *adj.* 有山形牆的，山形牆構造的。

gáble ròof *n.* Ⓒ山形屋頂，人字形屋頂(⇨roof 插圖)。

gáble wíndow *n.* Ⓒ **1** 山形牆上之窗《開在山形牆上》。**2** 上面有三角形飾物之窗。

Ga·bon [gæˈbɔ̃; gæˈbɔn] *n.* 加彭《非洲西南部之一共和國；首都自由市(Libreville [ˈlibrəˏvɪl; ˌli:brəˈvil])》.

Ga·bo·nese [ˏgæbəˈniz; ˌgæbəˈni:z ←] «Gabon 的形容詞» **—*adj.*** 加彭(人)的。**—*n.*** Ⓒ(*pl.* ~)加彭人。

Ga·bri·el [ˈgebrɪəl; ˈgeibriəl] *n.* **1** 蓋布列爾《男子名》。**2** 加百列《七大天使之一，曾預告處女瑪利亞將懷孕生下耶穌基督》。

ga·by [ˈgebɪ; ˈgeibi] *n.* Ⓒ《英俚》愚人，呆子，蠢物。

gad[1] [gæd; gæd] *v.i.* (**gad·ded**；**gad·ding**)〔十副詞(片語)〕遊蕩，閒逛，找樂子，找刺激：~ *about* [*around*] gossiping 四處遊蕩閒聊/He ~*s about* Europe a lot. 他常到歐洲漫遊。
—*n.* ★用於下列成語。**on** [**upòn**] **the gád** 閒逛著，遊蕩。

gad[2] [gæd; gæd] *n.* Ⓒ **1** (趕牲畜用之)刺棒，刺棍(goad). **2** 《石工、礦山》鑽孔機。

Gad, gad[3] [gæd; gæd] «God 的委婉語» **—*interj.*** 哎呀！天哪！**by Gád** 哎呀！天哪！

gád·abòut *n.* Ⓒ《口語》遊蕩者；好閒逛者。

gád·flỳ *n.* Ⓒ **1** 《昆蟲》(喜聚於牲畜身上之)牛虻，牛蠅。**2** (愛批評或要求而)令人討厭之人，囉哩囉嗦的人。

gad·get [ˈgædʒɪt; ˈgædʒit] *n.* Ⓒ《口語》**1** (不適於專業用，但可供家庭用等之)(小)裝置，精巧[別緻]的小玩意，小器具：a ~ for opening cans 開罐器。**2** 設計精巧之小機械。

gad·get·ry [ˈgædʒɪtrɪ; ˈgædʒitri] *n.* Ⓤ[集合稱]《口語》(家庭用等的)小工具[機器]類；(器具類的)雜七雜八的東西。

ga·did [ˈgedɪd; ˈgeidid] *adj.* 鱈科的。
—*n.* Ⓒ《魚》鱈科之魚。

gad·o·lin·i·um [ˏgædəˈlɪnɪəm; ˌgædəˈlinjəm] *n.* Ⓤ《化學》釓《一種稀土族的金屬元素；符號 Gd》.

Gae·a [ˈdʒiə; ˈdʒi:ə] *n.* 《希臘神話》吉亞《大地之女神》。

Gael [gel; geil] *n.* Ⓒ蓋爾人《在蘇格蘭高地及愛爾蘭之塞爾特(Celt)人》。

Gael. 《略》Gaelic.

Gael·ic [ˈgelɪk; ˈgeilik] «Gael 的形容詞» **—*adj.*** **1** 蓋爾人的。**2** 蓋爾語的。
—*n.* Ⓤ蓋爾語。

gaff[1] [gæf; gæf] *n.* Ⓒ **1** 大魚叉，鉤魚竿《竿之一端有大鐵鉤；用以將釣到之大魚拖上船》。**2** 《航海》(縱帆上緣或三角帆下緣之)斜桁。**stánd the gáff** 《美俚》忍受痛苦[苛待，嘲笑等]而屹然不動。
—*v.t.* 用鉤魚竿把〈魚〉拖上[釣住]。

gaff[2] [gæf; gæf] *n.* ★用於下列成語。**blów the gáff** 《英俚》〔向…〕洩漏秘密，密告〔*to*〕.

gaffe [gæf; gæf] *n.* Ⓒ(無意中使對方不愉快之)言行，失言，失態：make a bad ~ 嚴重地失言[失態]。

gaf·fer [ˈgæfə˞; ˈgæfə] *n.* Ⓒ[也用於稱呼] **1** 鄉下老頭兒(cf. gammer). **2** 《英俚》**a** 工頭，領班。**b** (啤酒屋(pub)的)老闆。

gag [gæg; gæg] «模仿窒息聲的擬聲語» **—*n.*** Ⓒ **1** 堵咀物，箝口具《塞在他人口中使之不能講話或出聲之物，如大手帕等》。**2** 言論箝制，對言論自由之壓制。**3** 《口語》**a** (演員在舞台上自由加入以娛觀眾之)插科打諢，臨時插入之額外台詞或動作。**b** 戲言，詼諧；惡作劇：for a ~ 開玩笑地。
—*v.t.* (**gagged**；**gag·ging**) **1** 〔十受(十介十(代)名)〕〔以…〕塞[貼]住〈人〉之口〔*with*〕：~ a person (*with* adhesive tape) (以膠帶)貼住某人的嘴巴。**2** 禁止…發言，箝制…之言論：~ the newspapers 封鎖報紙(的報導)，壓制新聞報導的自由。
—*v.i.* **1** 〈演員〉臨時加入額外之台詞或動作，插科打諢。**2** 〔動(十介十(代)名)〕《美》〔因…〕作嘔，窒息〔*on*〕.

ga·ga [ˈgaga; ˈga:ga:] *adj.* 《俚》**1** (尤指因年老而)糊塗的，頭腦不清的，愚蠢的，低能的：go ~ 變得昏庸[愚蠢，低能]。**2** [不用在名詞前]〔十介十(代)名〕〔對…〕狂熱的，著了迷的〔*about, over*〕：She is ~ ***about*** jazz. 她對爵士樂著了迷。

gage[1] [gedʒ; geidʒ] *n.* Ⓒ **1** 象徵挑戰之物《如往昔男子邀對方決鬥時投擲地上之手套或帽子；若對方拾起，即表示接受挑戰》：throw down the ~ 挑戰。**2** 抵押[擔保]品。**3** 《美》廉價之威士忌。
—*v.t.* 《古》以…爲擔保，抵押。

gage[2] [gedʒ; geidʒ] *n.*, *v.* ＝gauge.

gag·gle [ˈgægl; ˈgægl] «擬聲語» **—*n.*** Ⓒ **1** 鵝羣。**2** (尤指)〔饒舌女人等的〕亂哄哄的一羣，嘈雜的一羣〔*of*〕：a ~ *of* women 一羣嘈雜的女人。

gai·e·ty** [ˈgeətɪ; ˈgeiəti] «gay 的名詞» **—*n. **1** Ⓤ歡樂，愉快，興高采烈；歡樂之景象。**2** Ⓤ[又作 **gaieties**] (宗教節慶等之)嘈雜熱鬧，狂歡，樂事。**3** Ⓤ(服裝之)華美，華麗。

gai·ly [ˈgelɪ; ˈgeili] *adv.* (**more** ~；**most** ~) **1** 快活地，歡樂地，愉快地，興高采烈地：sing ~ 歡樂地歌唱。**2** 華麗地，華美地：a ~ dressed girl 衣著華美的女孩。

‡**gain** [gen; gein] *v.t.* **1** 得到，獲得(↔ lose)(⇨get *pl.* A 2【同義字】)：**a** 〔十受〕(經努力)得到，取得〈對自己有益之物、所欲之物〉：~ a person's confidence 得到某人的信賴/~ experience 獲得經驗/~ one's end(s) 達到目的/~ admission to a university 獲得大學的入學許可/He ~*ed* a bad reputation. 《諷‧謔》他博得壞名聲。**b** 〔十受〕(以勤勞等)得到，獲得〈生計等〉；賺得〈錢〉：~ one's living 得到生計，謀生/~ a thousand pounds 賺得一千英鎊。**c** 〔十受十受/十受十介十(代)名〕〈事物〉使〈人〉得到…，帶給〈人〉…；〔替人〕贏得…，〔爲人〕帶來…〔*for*〕：His kindness ~*ed* him popularity. ＝His kindness ~*ed* popularity ***for*** him. 他的親切使他博得[帶給他]名望。
2 〔十受〕(經過一番競爭)獲得〈獎、勝利等〉；打勝〈戰爭、官司等〉

(↔ lose)：～ (the) first prize 得首獎/～ a victory *over* an enemy 打敗敵人贏得勝利。
3〔十受〕〈鐘錶〉**走快**〈某一長度之時間〉(↔ lose)：My watch ～*s* three minutes a day. 我的錶每天快三分鐘。
4〔十受〕**增加**〈速度、重量、力量等〉(↔ lose)：～ strength (病後)增加體力，增强/He ～*ed* (five kilos in) weight. 他體重增加(五公斤)/The train ～*ed* speed. 火車增加了速度。
5〔十受〕《文語》(經一番努力)到達〈目的地〉《★[比較]一般較常用 reach》：～ the summit 到達山頂。
—*v.i.* **1**〔動(十介十(代)名)〕〔藉、由…〕獲利，得到財富〔*by, from*〕：～ ***by*** an enterprise 藉事業獲利/～ ***from*** an experience 從經驗中獲益。**2 a**〔十介十(代)名〕〔健康、體重、人緣等〕**增加**〔*in*〕：～ ***in*** weight 體重增加/～ ***in*** popularity 人緣變得更好，名望增高/The child is ～*ing in* wisdom. 這孩子的智慧逐漸在增加。**b** 體重增加。**c**〈病人〉逐漸痊癒：The patient ～*ed* daily. 那病人日益痊癒。**3**〈鐘錶〉走快(↔ lose). **4**〔十介十(代)名〕**a** 逼近，追及，趕上〔…〕〔*on, upon*〕：The squad car ～*ed* ***on*** us. 那輛巡邏車逼近我們。**b** 超過[勝過]〔追趕者、賽跑對手等〕〔*on, upon*〕.
—*n.* **1 a** Ⓤ**收益，利益**(↔ loss)：without ～ or loss 沒有損益(地)；不賺不賠(地)/personal ～ 個人的利益，私利/He would do anything for ～. 爲了牟利他什麼事都幹得出來。**b** Ⓒ[常 ～*s*] 盈餘，利潤；報酬，'得分：ill-gotten ～*s* 不正當的利潤，不義之財/No ～*s* without pains.《諺》不辛勞，無所獲。**2** Ⓒ〔數量、價值、力量等之〕增加，增强，增進〔*in, of, to*〕：a ～ *in* efficiency 效率的提高/a ～ *in* weight 體重的增加/a ～ *of* a mile an hour 每小時一哩的加速/a ～ *to* knowledge 知識的增加。**3** Ⓤ獲得：The ～ of so much money blinded him. 獲得鉅款令他智昏。

gáin·er *n.* Ⓒ **1** 獲得者；獲利者；勝利者(↔ loser). **2**《游泳》倒栽葱《一種花式跳水》。

gain·ful [ˋgenfəl; ˈgeinful] *adj.* 有利益的，賺錢的；有報酬的。

gáin·ful·ly [-fəlɪ; -fuli] *adv.* 有利益地；有報酬地：He is ～ employed. 他是領薪受雇。

gain·ings [ˋgenɪŋz; ˈgeiniŋz] *n. pl.* 獲得物；所得；收入；收益；獎品；獎金。

gain·ly [ˋgenlɪ; ˈgeinli] *adj.*《方言》**1**〈態度、動作等〉輕捷的；優美的。**2** 合適的，妥當的，相宜的。

gain·say [genˋse; ˌgeinˈsei] *v.t.* (**-said** [-ˋsed, -ˋsɛd; -ˈseid, -ˈsed]) [常用於否定、疑問句]《文語》否認[否定]…，反駁[反對]…：There is *no* ～*ing* his innocence. 他的清白不容否認。

(')gainst [gɛnst, genst; genst, geinst] *prep.*《詩》＝against.

gait [get; geit] *n.* Ⓒ **1** 步態，步伐：with [in] a slow ～ 以緩慢的步伐。**2**《馬術》步法《★馬的步[跑]法；由慢至快依次爲 walk, amble, trot, pace, rack, canter, gallop；⇨gallop【說明】》。

gáit·ed *adj.* [常構成複合詞]步態[步伐]…的：heavy-*gaited* 步伐沉重的。

gai·ter [ˋgetɚ; ˈgeitə] *n.* Ⓒ[常 ～*s*] **1** 綁腿《★以布或皮革製成，用以覆蓋踝部或自踝至膝之部位；作成小腿形之管狀以細繩綁緊而不像綁帶般纏繞》：a pair of ～*s* 一副綁腿。**2**《美》(兩側均可鬆緊而無帶之)靴。

gaiters 1

gal [gæl; gæl] 《**girl 的變形**》**—***n.* Ⓒ《口語》女孩子，少女。

gal.《略》gallon(s).

Gal.《略》《聖經》Galatians.

ga·la [ˋgelə, ˋgæ-; ˈgeilə, ˈgɑː-] 《**源自義大利語「歡樂」之義**》**—***adj.* 節日的，慶祝的；快樂的，歡樂的；特別之大衆娛樂[表演]的：a ～ day 節日，慶祝日/a ～ concert 節慶音樂會/⇨gala night.
—*n.* Ⓒ節日，慶祝；特別的大衆娛樂[表演]。

ga·lac·tic [gəˋlæktɪk; gəˈlæktik] 《**galaxy 的形容詞**》**—***adj.* **1**《天文》**a** 銀河(系)(Galaxy)的。**b** 星雲的。
2 乳汁的，奶的，得自乳汁的。
3 巨大的。

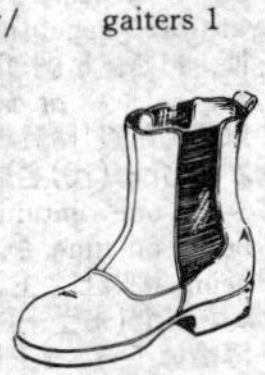

gaiter 2

ga·lac·tose [gəˋlæktos; gəˈlæktous] *n.* Ⓤ《化學》半乳糖。

Gal·a·had [ˋgæləˌhæd; ˈgæləhæd] *n.* 加拉哈特《亞瑟王傳說中圓桌武士之一；因其純潔與高貴而尋獲聖盤》。

gála nìght *n.* Ⓒ(劇院等之)特別演出之夜。

gal·an·tine [ˋgælənˌtin; ˈgælənti:n] *n.* Ⓤ《烹飪》冷肉捲《將雞肉、小牛肉等去骨，加佐料調味紮緊煮熟後冷食》。

ga·lán·ty shòw [gəˋlæntɪ-; gəˈlænti-] *n.* Ⓒ(以剪紙之圖像所映演之)影子戲。

Ga·lá·pa·gos Íslands [gəˋlɑpəˌgos-; gəˈlæpəgəs-] *n. pl.* [the ～]加拉巴哥羣島《在南美洲厄瓜多爾西方太平洋上，屬於該國之羣島；富於各種獨特之動物》。

Ga·la·ti·a [gəˋleʃə, -ʃɪə; gəˈleiʃjə] *n.* 加拉太《小亞細亞中部之塞爾特人古國》。

Ga·la·ti·an [gəˋleʃən, -ʃɪən; gəˈleiʃjən] 《**Galatia 的形容詞**》**—***adj.* 加拉太(人)的。
—*n.* **1** Ⓒ加拉太人。**2** [the ～*s*；當單數用]《聖經》加拉太書 (The Epistle of Paul the Apostle to the Galatians)《聖經新約中一書；略作Gal.》.

gal·ax·y [ˋgæləksɪ; ˈgæləksi] 《**源自希臘文「乳之路」之義**》**—***n.* **1 a** [the G～]《天文》銀河系，天河《包括地球所屬太陽系在內之恆星、星團等之旋渦狀大集團》。**b** Ⓒ(銀河系以外之)星雲，銀河，小宇宙。**2** Ⓒ〔美人、才子等之〕有名[出衆]之一羣〔*of*〕.

gale [gel; geil] *n.* Ⓒ **1 a** 强風，狂風：It was blowing a ～. 那時候正在刮强風。**b**《氣象》强風(⇨wind scale).
2 [常 ～*s*]〔感情、笑等之〕驟發〔*of*〕：go [be thrown] into ～*s* *of* laughter 大笑起來[被逗得放聲大笑]。

ga·le·na [gəˋlinə; gəˈli:nə] *n.* Ⓤ方鉛礦。

Gal·i·le·an[1] [ˌgæləˋliən; ˌgæliˈli:ən] 《**Galilee 的形容詞**》**—***adj.* 加利利(人)的。**—***n.* **1 a** Ⓒ加利利人。**b** [the ～]基督。**2** Ⓒ《古》基督教徒。

Gal·i·le·an[2] [ˌgæləˋleən, -ˋliən; ˌgæliˈli:ən] *adj.* 伽利略(Galileo)的。

gal·i·lee [ˋgæləˌli; ˈgælili:] *n.* Ⓒ(英國教堂入口處的)門廊，玄關。

Gal·i·lee [ˋgæləˌli; ˈgælili:] *n.* 加利利《巴勒斯坦(Palestine)北部；基督傳福音之地》。
the Séa of Gálilee 加利利海《在巴勒斯坦東北部之湖》。

Gal·i·le·o [ˌgæləˋlio; ˌgæliˈli:ou, -ˈleiou] *n.* 伽利略《1564–1642；義大利天文、物理學家；本名 Galileo Galilei [ˌgæləˋleˌi; ˌgɑ:liˈleii]》.

gal·i·ot [ˋgælɪət; ˈgæliət] *n.* Ⓒ《航海》**1** (昔日地中海上用的)一種帆櫓並用的小快艇。**2** 輕快的荷蘭貨船。

gall[1] [gɔl; gɔ:l] *n.* Ⓤ **1** (動物之)膽汁(★[比較]稱「人之膽汁」時，用 bile). **2** 苦味，苦物；怨恨，惡毒。**3**〔十 *to* do〕[the ～]《口語》〈膽敢…之〉厚顏無恥，大膽：He had *the* ～ *to* doubt me. 他竟厚顏無恥地[膽敢]懷疑我。
gáll and wórmwood 極令人不愉快[令人討厭]之事物《★出自聖經「耶利米哀歌」中「膽汁和苦艾」之意》。
write in gáll ＝**díp one's pén in gáll** ⇨pen[1].

gall[2] [gɔl; gɔ:l] *n.* Ⓒ **1** (尤指馬鞍在馬背上造成之)鞍傷，磨傷，擦傷。**2** 憂慮；煩惱(之原因)，令人煩惱之事物。
—*v.t.* **1** 擦傷，磨傷〈皮膚〉。**2** 使〈人〉惱怒[煩惱]；傷害〈人〉之感情，羞辱[激怒]〈人〉：His rude remarks ～*ed* her. 他不禮貌的話語傷害了她的感情。

gall[3] [gɔl; gɔ:l] *n.* Ⓒ《植物病理》蟲癭《因癭蠅(gallfly)等昆蟲或菌類之寄生而產生於植物之葉、莖、根上之瘤；爲染色、鞣皮用墨汁之原料》。

gall.《略》gallons.

gal·lant[1] [ˋgælənt; ˈgælənt] 《**源自古法語「行樂」之義**》**—***adj.* (**more ～, most ～；～·er, ～·est**) **1**〈人、行爲等〉**勇敢的，英勇的，豪俠的**《★[比較]較 brave 爲拘泥》：a ～ deed 英勇的行爲/You made a ～ effort. 你作了極大的努力。**2**〈物〉華美的，華麗的，漂亮的；壯麗的，堂皇的；雄偉的，雄壯的：a ～ hat 華麗的帽子/a ～ march 雄壯的行進。**～·ly** *adv.*

gal·lant[2] [gəˋlænt, ˋgælənt; ˈgælənt, gəˈlænt]《文語》*adj.*〈男人〉對婦女親切[慇懃]的。
—*n.* Ⓒ **1** 時髦男士，情人，風流紳士。**2** 對婦女親切[慇懃]的男人。**～·ly** *adv.*

gal·lant·ry[1] [ˋgæləntrɪ; ˈgæləntri] 《**gallant**[1] **的名詞**》**—***n.* **1** Ⓤ勇敢，英勇。**2** Ⓒ英勇行爲。

gal·lant·ry[2] [ˋgæləntrɪ; ˈgæləntri] 《**gallant**[2] **的名詞**》**—***n.*《文語》**1** Ⓤ(對婦女的)慇懃[親切]。**2** Ⓒ(對婦女)慇懃的行爲[話]。

gáll blàdder *n.* Ⓒ《解剖》膽囊。

gal·le·on [ˋgælɪən; ˈgæliən] *n.* Ⓒ西班牙大帆船《十五至十八世紀有三[四]層甲板之西班牙大帆船；用作戰艦或貿易船》。

gal·le·ria [ˌgæləˋrɪə; ˌgæləˈriə] *n.* Ⓒ裝有玻璃圓頂的散步場所或庭院《如見於購物中心者》。

gal·ler·y** [ˋgælərɪ; ˈgæləri] 《**源自古法語「教堂的入口」之義**》**—n.* **1** Ⓒ **a** (教堂、大廳等之)**壁面突出之席位，樓廂**《與會者或唱詩班等之座位》。**b** (議會、法庭等之)旁聽席：the Strangers' G～《英》(下院之)旁聽席/⇨press gallery.
2 a Ⓒ**頂層樓座**《在劇院頂層，票價最低廉之座位；⇨theater 插圖》。**b** Ⓤ[the ～；集合稱]頂層樓座之觀衆，一般觀衆《★[用法]視爲一整體時當單數用，指個別成員時當複數用》：⇨play to the GALLERY.

3 Ⓒ[集合稱]〈網球、高爾夫球等比賽之〉觀衆《★用法與義2 b同》。

4 Ⓒ **a** **畫廊**，美術品陳列室《兼售美術品》。**b**美術館(museum).

5 Ⓒ廻廊，柱廊，走廊《有屋頂及立柱而無牆》。

6 Ⓒ **a** (供特殊用途之)細長房間：⇨shooting gallery. **b**《美》攝影室。

7 Ⓒ **a** (鼴鼠等之)地下通道。**b** (礦場之)坑道。

pláy to the gállery (1)作迎合大衆趣味的表演。(2)奉承庸俗之輩，迎合俗流[低級趣味]。

gal·ler·y·go·er [ˈgælərɪ͵goɚ; ˈgæləri͵gouə] *n.* Ⓒ常常參觀藝術畫廊者。

gal·ley [ˈgælɪ; ˈgæli] *n.* Ⓒ **1** (自古代希臘、羅馬至中世紀由奴隸或囚犯划槳之)帆槳兩用船艦。**2** (船艦、飛機之)廚房。**3**《印刷》**a** 長方形活字盤。**b** (又作 **gálley pròof**) [常 ~s] 尚未分成頁之校樣；長條校樣。

galley 1

gálley slàve *n.* Ⓒ(古希臘、羅馬至中世紀)被罰划 galley 之奴隸。

gáll·flỳ *n.* Ⓒ《昆蟲》生癭昆蟲，癭蠅《會在植物上形成蟲癭(gall)之昆蟲的總稱》。

Gal·lic [ˈgælɪk; ˈgælik] «Gaul 的形容詞» **—*adj.*** **1** 高盧(Gaul)的；高盧人的：the ~ Wars (Julius Caesar 征服高盧之) 高盧戰役 (58–51 B.C.). **2** 法國(人)的 (French)：~ wit 法國式的機智。

gal·li·cism [ˈgælə͵sɪzəm; ˈgælisizəm] *n.* ⓊⒸ[常 G~] **1** (另一語言中之)法國成語[辭句]。**2** 法國人之特性[習俗]，法國(人)的氣質。

Gal·li·cize, gal·li·cize [ˈgælə͵saɪz; ˈgælisaiz] *v.t.* & *v.i.* (使…)法國化。

gal·li·gas·kins [͵gæləˈgæskɪnz; ͵gæliˈgæskinz] *n. pl.* **1** (十六、十七世紀時之)寬鬆男褲。**2**《英方言》皮綁腿；護脛。

gal·li·mau·fry [͵gæləˈmɔfrɪ; ͵gæliˈmɔːfri] *n.* Ⓒ《文語》**1** 雜亂混合物。**2** 雜燴；雜湊食品。

gall·ing [ˈgɔlɪŋ; ˈgɔːliŋ] *adj.* 令人苦惱的，可恨的，難堪的，令人生氣的。**~·ly** *adv.*

gal·li·nule [ˈgælə͵nul, -͵njul; ˈgælinjuːl] *n.* Ⓒ《鳥》鷭類的水鳥；鷭。

gal·li·ot [ˈgælɪət; ˈgæliət] *n.* = galiot.

gal·li·pot [ˈgælə͵pɑt; ˈgælipɔt] *n.* Ⓒ **1** 陶製的藥罐。**2**《俚》草藥商人，藥劑師。

gal·li·um [ˈgælɪəm; ˈgæliəm] *n.* Ⓤ《化學》鎵《稀有金屬元素；符號 Ga》.

gal·li·vant [ˈgælə͵vænt; ͵gæliˈvænt] *v.i.* 〔動(十副)〕[常 ~ing]《口語》遊蕩，閒逛〈*about, around*〉：go ~*ing* 去遊蕩[閒逛]。

gáll·nùt *n.* Ⓒ五倍子，沒食子《植物上長的贅瘤，由蟎、菌及昆蟲等所引起》。

gal·lon** [ˈgælən; ˈgælən] «源自中古法語「碗」之義» **—*n. Ⓒ加侖：**a** 液量單位；等於 4 quarts；《美》約 3.7853 公升《又稱 U.S. gallon》，《英》約 4.546 公升《又稱 imperial gallon》；略作 gal. **b**《英》乾量單位；等於1/8bushel；略作 gal.

gal·loon [gəˈlun; gəˈluːn] *n.* Ⓒ(常含有金、銀之棉、毛、絲、緞等的)細帶，縧帶，金銀帶，金銀絲花邊。

gal·lop [ˈgæləp; ˈgæləp] «源自古法語「跑得好」之義» **—*n.*** **1** **a** [a ~] **疾馳**，飛奔《馬等每步四蹄同時離地之最快跑法；cf. gait 2》.

【說明】walk 及 amble 是指馬等(四足獸)在步行及緩緩步行的狀態，trot 是介於步行和跑步之間，即快步或小跑，canter 是較 gallop 慢的奔跑。gallop 是最快的跑法，即疾馳，每一步四蹄同時離地。

b Ⓒ騎馬疾馳：go for a ~ 去騎馬疾馳[騎快馬]。**2** [a ~]全速，火急，趕緊。

(at) fúll gállop = at a gállop (1)〈馬〉飛馳著。(2)以最快速度；以全速，趕緊地。

—*v.i.* 〔動(十副詞(片語))〕**1** 〈馬〉**疾馳**，飛奔；〈騎者〉騎快馬，騎馬疾馳：The horse ~*ed away* [*off*]. 那匹馬疾馳而去/He ~*ed across* the field. 他騎馬飛馳穿過原野。**2** 〈人、時間等〉飛馳；倉促而做，匆匆地做。

—*v.t.* 〔十受〕使〈馬〉疾馳。

gál·lop·ing *adj.* **1** 疾馳的。**2** 〈疾病、通貨膨脹等〉快速發展的：~ consumption 奔馬癆，百日癆。

gal·lows [ˈgæloz; ˈgælouz] *n.* (*pl.* ~, ~·es) **1** Ⓒ絞架。**2** [the ~]絞刑：come [go, be sent] to *the* ~ 上絞架，被處絞刑。

gállows bìrd *n.* Ⓒ《口語》應處絞刑之人；窮兇極惡該殺的人。

gállows hùmor *n.* Ⓤ悽慘之幽默；(正面臨災難者戲謔譏嘲其悲慘遭遇之)充滿怨恨的幽默。

gáll·stòne *n.* Ⓒ《醫》膽石。

Gál·lup pòll [ˈgæləp-; ˈgæləp-] «源自創始的美國統計學家之名» **—*n.*** Ⓒ蓋洛普民意測驗。

gal·op [ˈgæləp; ˈgæləp] *n.* Ⓒ **1** 流行於十九世紀的一種 2/4 拍之輕快圓舞。**2** 此種舞蹈之舞曲。

—*v.i.* 跳 galop 舞。

ga·lore [gəˈlor, -ˈlɔr; gəˈlɔː] *adj.* & *adv.* [置於名詞之後]很多的[地]，豐富的[地]：Bargains ~! 備有豐富之特價品《★大減價之廣告詞句》/There are toughs and drifters ~ in this town. 這城鎮裏有很多惡棍和流浪者。

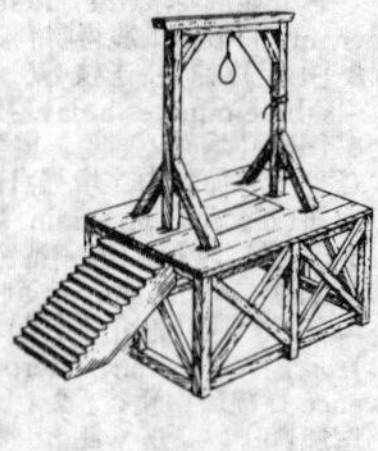

gallows 1

ga·losh [gəˈlɑʃ; gəˈlɔʃ] *n.* Ⓒ[常 ~es] 橡膠套鞋《用橡膠製成，呈靴形，套在鞋上以作防水、防寒之用》：a pair of ~*es* 一雙橡膠套鞋。

galosh

gals. 《略》gallons.

Gals·wor·thy [ˈgɔlz͵wɝðɪ, ˈgæl-; ˈgɔːlzwəːði, ˈgæl-], **John** *n.* 高爾斯華綏《1867–1933；英國小說家及劇作家；曾獲 1932 年諾貝爾文學獎》。

ga·lumph [gəˈlʌmf; gəˈlʌmf] «*gal*lop 和 tri*umph* 的混合語；Lewis Carroll 所創造的» **—*v.i.*** 《口語》昂首闊步地前進；踩重脚步得意揚揚地走。

gal·van·ic [gælˈvænɪk; gælˈvænik] «galvanism 的形容詞» **—*adj.*** **1**《電學》以化學作用產生電流的。**2** 〈動作、笑等〉如被電擊的，似抽搐[痙攣]的，驟發的；使人驚嚇的。

gal·va·nism [ˈgælvə͵nɪzəm; ˈgælvənizəm] *n.* Ⓤ **1** 由化學作用產生之電。**2**《醫》化電療法。

gal·va·nize [ˈgælvə͵naɪz; ˈgælvənaiz] *v.t.* **1** 通電以刺激〈肌肉等〉。

2 **a** 〔十受〕突然刺激〈人〉，使…驚嚇；使…振奮。**b** 〔十受十介十(代)名〕激勵〈人〉[採取…]〔*into*〕：The shot ~*d* them *into* action. 那槍聲激起他們採取行動。

3 以鋅電鍍〈鐵板等〉《★常以過去分詞當形容詞用》：~*d* iron 鍍鋅鐵板《白鐵皮等》。

gal·va·nom·e·ter [͵gælvəˈnɑmətɚ; ͵gælvəˈnɔmitə] *n.* Ⓒ(用以測試微量電流之)電流計；檢流計。

gal·va·no·scope [gælˈvænə͵skop, ˈgælvənə-; ˈgælvənəskoup] *n.* Ⓒ電流檢查器。

gam[1] [gæm; gæm] *n.* Ⓒ **1** 鯨魚羣。**2**《美方言》(海上捕鯨船間)社交性訪問，交際。

—*v.i.* (**gammed**；**gam·ming**) **1** 〈鯨魚〉結集成羣，聚攏。**2**《航海》〈海上兩艘捕鯨船間〉作社交性訪問。

gam[2] [gæm; gæm] *n.* Ⓒ《美俚》(人的)腿；(尤指女人的)美腿。

Ga·ma [ˈgæmə; ˈgɑːmə], **Vas·co da** [ˈvæskodə; ˈvæskoudə] *n.* 伽馬《1469?–1524；葡萄牙航海家；於 1498 年發現好望角航路》。

Gam·bi·a [ˈgæmbɪə; ˈgæmbiə] *n.* 甘比亞《非洲西部之大英國協內一獨立共和國；首都班竹(Banjul [ˈbɑn͵dʒul; ˈbændʒuːl])》.

Gam·bi·an [ˈgæmbɪən; ˈgæmbiən] «Gambia 的形容詞» **—*adj.*** 甘比亞(人)的。**—*n.*** Ⓒ甘比亞人。

gam·bit [ˈgæmbɪt; ˈgæmbit] *n.* Ⓒ **1**《西洋棋》(開局時，預先權衡得失而犧牲一卒[兵](pawn)等以取得優勢之)第一著棋。**2** (於交涉、會談等時，預先想妥下文之)開始，開場白：as an opening ~ 做爲開始[開場白]。

gam·ble [ˈgæmbl; ˈgæmbl] «源自古英語「玩」之義» **—*v.i.*** **1** **a** **賭博**，打賭。**b** 〔十介十(代)名〕[以…]賭博，[以…]賭錢，賭[…]〔*at, on*〕：~ *at* cards 以紙牌賭博[賭紙牌]/~ *on* horse races 以賽馬賭錢[賭賽馬]。

2 〔十介十(代)名〕依靠[…]，指望[…]〔*on*〕《★可用被動語態》：~ *on* one's intuition 靠直覺，憑直覺/I cannot ~ *on* the bus be*ing* on time. 我不能指望這(兒的)公車準時《★the bus 爲 being 意味上之主詞(sense subject)》.

—*v.t.* **1** 〔十受十副〕賭輸〈錢〉〈*away*〉：~ *away* one's wages 賭博輸掉工錢。**2** 〔十受十介十(代)名〕把〈金錢、名譽等〉下注[於…]，以…賭[…]〔*on*〕：~ one's fortune *on* the Stock Exchange 把財產下注於股票買賣，以財產冒險做股票投機。

—*n.* **1** [a ~] (孤注一擲之)**冒險**，投機：take *a* ~ (on it) 孤注一擲地試一試(它)/It's a bit of *a* ~. 這件事頗有幾分冒險。**2** Ⓒ賭博，賭。

gám·bler *n.* Ⓒ(尤指以賭爲生之)賭徒，好賭錢之人；投機商人。

gám·bling *n.* Ⓤ賭博，投機，冒險。

gámbling dèn *n.* Ⓒ賭場，賭窟。

gam·boge [gæmˈbodʒ, -ˈbuʒ; gæmˈbuːʒ] «源自產地名高棉 (Cambodia)» —*n.* Ⓤ **1** 雌黃，藤黃《一種褐色之樹脂；用於醫藥、顏料》。**2** 雌黃色《略帶紅色之黃色》。

gam·bol [ˈgæmbl; ˈgæmbl] *n.* Ⓒ[常 ~s]〈小羊、小孩等之〉跳躍，嬉戲，歡跳，雀躍。
—*v.i.* (**gam·boled,** 《英》 **-bolled**；**gam·bol·ing,** 《英》 **-bol·ling**)〔動(十副)〕〈小羊、小孩等〉跳躍，嬉戲，蹦蹦跳跳〈*about*〉.

gam·brel [ˈgæmbrəl; ˈgæmbrəl] *n.* Ⓒ **1** (獸類，尤指馬的)後腳踝關節。**2** (又作 **gámbrel stick**)(屠夫用以掛肉的)馬腳狀鐵鉤。

gám·brel ròof [ˈgæmbrəl-; ˈgæmbrəl-] *n.* Ⓒ《建築》斜折綫形屋頂 (⇨roof 插圖)。

game[1] [gem; geim] «源自古英語「遊戲，嬉戲」之義» —*n.* **1** Ⓒ **a** 遊戲，娛樂：a ~ of tag (小孩之)捉人遊戲/play ~s with... 與…玩遊戲。**b** (以盤等玩之)遊戲器具[設備]，比賽用具。**2** Ⓒ **a** 競技，競賽，比賽《★比較《美》通常用於 baseball, football 等附加 -ball 之各種球類運動比賽；《英》一般用 match》：indoor ~s 室內比賽[遊戲]/outdoor ~s 戶外比賽[遊戲]/a ~ of chance [skill] 靠運氣[技巧]之比賽[遊戲]。**b** (一場)比賽，勝負：⇨ called game, DRAWN game/a close [heated] ~ 一場難分勝負的[激烈的]比賽/no ~ 《棒球》無效的比賽/win [lose] a ~ 贏[輸]一場比賽。**c** (網球、紙牌戲等之)一局(⇨tennis【說明】)：win six ~s in the first set 在第一盤贏六局/Let's have a ~ of chess. 我們來下一局西洋棋吧。**3** Ⓒ[通常與修飾語連用]表現得…的比賽；比賽方式[樣式]：play a losing [winning] ~ 參加無[有]獲勝希望的比賽；幹無益[有益]的事/play a dangerous ~ 做冒險的事，玩危險的玩藝兒/He played a good [conventional] ~. 他(在比賽時)採用高明[傳統]的手法。**4 a** Ⓒ比賽狀況，比分，勝負情形；(比賽中之)得分，積分：How is the ~? 比賽的狀況[勝負]如何？/The ~ is 4 all [love forty]. 比賽的積分是四比四[零比三]。**b** [**the** ~]勝算，勝利：have *the* ~ in one's hands 穩操勝券，有把握獲勝/*The* ~ is mine [ours]. 勝利屬於我[我們]。**5 a** [~s；當單數用](做爲學科之)體育運動。**b** [(**the**) ...**Games**；當單數或當複數用](國際性)運動會，競技會，比賽會：⇨Olympic Games. **6** Ⓒ玩笑，戲言，戲謔：Stop your ~s. 別再開玩笑/He was only playing a ~ with you. 他只是在跟你開玩笑。**7** Ⓒ **a** (外交、政治等之)策略：the ~ of politics 政治策略/play a waiting ~ 採取伺機而動之策略。**b** (擊敗對方之)花招，詭計，計謀：give the ~ away (不愼)洩漏計畫[秘密]/play a double ~ 玩弄表裏不一致的手段/None of your (little) ~s! 別跟我耍花招！《我不吃你這一套》/The ~'s up. 計畫失敗了，事情全糟了/What's your ~? 你在打什麼鬼主意[你在想什麼詭計]？/Two can play at that ~. 你能耍我，我也能耍你《別以爲只有你一個人會這一套》。**8** [**the** ~；常與修飾語連用]《美口語》(帶有競爭性之)行業，職業：He is in *the* newspaper ~. 他從事新聞業。**9** Ⓤ **a** [集合稱]被視爲狩獵目標的鳥[獸]類；獵獲之物：winged ~ 有翅膀的獵物，獵鳥/⇨ big game/We shot twenty head of ~. 我們射中了二十頭獵物。**b** 獵物的肉。**c** [常 **fair** ~]〔攻擊、嘲笑、追趕等之〕(恰好之)目標〔*for*〕.

ahéad of the gáme 《美口語》(1)居於有利之立場的，佔優勢的。(2)早的[地]，過早的[地]。

béat a person **at his ówn gáme** (以對方擅長之手法)反擊敗〈對方〉，以其人之道還治〈其人之身〉。

gáme áll =**gáme and gáme** 《網球》一比一。

gáme ánd =**gáme and sét** 《網球》一局結束。

gáme, sét and mátch (1)《網球》比賽結束《★比較表示棒球之比賽結束時，用 Game over. 或 That's the game.》. (2)〔…之〕完全勝利，壓倒性勝利〔*to*〕.

máke gáme of a person 取笑[戲弄]某人。

on [**òff**] one's **gáme** 〈與賽者等〉情況佳[不佳]。

pláy a person's **gáme** =**pláy the gáme of** a person (無意中)讓某人得到好處，使某人獲益。

pláy the gáme [常用祈使語氣或否定](1)(比賽時)遵守規則。(2)光明正大地幹。

Whát's the gáme? 《口語》發生了什麼事？怎麼搞的？

—*adj.* (**gam·er**；**gam·est**) **1** 勇敢的，有膽量的，有鬥志的：a ~ fighter 勇敢的鬥士。**2** (無比較級、最高級)[不用在名詞前] **a**〔十介十(代)名〕不討厭〔…〕的，〔對…〕有興致的〔*for*〕：Are you ~ *for* a swim? 你有興趣游泳嗎？**b**〔十 *to* do〕樂意〈做…〉的，不嫌[不怕]〈做…〉的：He was ~ *to* do anything. 他敢[樂意]做任何事。

díe gáme 奮鬥至死，壯烈成仁。

—*v.i.* 《文語》賭輸贏，賭博。**~·ly** *adv.*

game[2] [gem; geim] *adj.* 〈腳〉跛的；受傷的；無用的。

gáme ànimal *n.* Ⓒ獵獸《法律上不禁獵的動物》。

gáme bàg *n.* Ⓒ獵物袋。

gáme bìrd *n.* Ⓒ(法律上未禁獵之)獵鳥。

gáme·còck *n.* Ⓒ(雄)鬥雞。

gáme fìsh *n.* Ⓒ(*pl.* ~, ~es)獵魚《供釣者垂釣的食用魚；cf. sport fish》.

gáme fòwl *n.* Ⓒ鬥雞。

gáme·kèeper *n.* Ⓒ獵場看守人。

gam·e·lan [ˈgæməˌlæn; ˈgæmilæn] *n.* **1** Ⓤ甘姆藍《使用以弓拉奏之琴、笛及各種打擊樂器合奏之印尼音樂》。**2** Ⓒ甘姆藍《於演奏 gamelan 時使用之一種似木琴(xylophone)之打擊樂器》。

gáme làw *n.* [常 ~s]狩獵法。

gáme lìcense *n.* Ⓒ狩獵許可證[執照]。

gáme plàn *n.* Ⓒ《美》**1** (足球等之)戰略，作戰計畫。**2** (經過周密計畫之長程)行動方針，策略。

gáme pòint *n.* Ⓒ《球戲》一局中決勝負之一分 (cf. set point, match point).

gáme presèrve *n.* Ⓒ野生動物保護區，禁獵區。

gámes·man·shìp [-mən-; -mən-] *n.* Ⓤ競賽時使用雖不光明但並非犯規之取巧方法；花招。

game·some [ˈgemsəm; ˈgeimsəm] *adj.* 好戲謔的，好玩的，好作樂的。**~·ly** *adv.*

game·ster [ˈgemstɚ; ˈgeimstə] *n.* Ⓒ賭徒，賭棍(gambler).

gáme(s) thèory *n.* (又作 **theory of game(s)**) Ⓤ[指個體時爲Ⓒ]《數學》競賽理論《使在競賽中利害關係對立之競賽者運用以選擇最有利之策略之一種數學理論；又被應用於經濟、外交、軍事現象之分析》，博弈論。

ga·mete [ˈgæmit, gəˈmit; ˈgæmiːt, gəˈmiːt] *n.* Ⓒ《生物》接合體，配(偶)子《高等動物之卵與精子之通稱》。

gáme wàrden *n.* Ⓒ(某一地區之)狩獵法監督官。

gam·ey [ˈgemɪ; ˈgeimi] *adj.* (**gam·i·er**；**gam·i·est**) =gamy.

gam·in [ˈgæmɪn; ˈgæmin] «源自法語» —*n.* Ⓒ街頭流浪兒。

gam·ing *n.* **1** Ⓤ賭博。**2** [當形容詞用]賭博用的：a ~ table 賭桌。

gam·ma [ˈgæmə; ˈgæmə] *n.* ⓊⒸ **1** 伽瑪《希臘字母的第三個字母 Γ, γ；相當於英文字母的 G, g；⇨Greek alphabet 表》。**2** 第三個，第三級：~ plus [minus] 《英》(學業成績的)丙上[下]，C^+ [C^-].

gam·ma·di·on [gəˈmedɪən; gəˈmeidiən] *n.* Ⓒ (*pl.* **-di·a** [-dɪə; -diə])由四個大寫的希臘字母 gamma(Γ)自同一中心向四方放射而構成之圖形《尤指成卍形者》。

gámma glób·u·lin [-ˈglabjəlɪn; -ˈglɔbjulin] *n.* Ⓤ《生化》伽瑪球蛋白《健康人血球蛋白，富於防止疾病之抗體》。

gámma rày *n.* Ⓒ[常 ~s]《物理》伽瑪射線。

gam·mer [ˈgæmɚ; ˈgæmə] *n.* Ⓒ《古》(鄉下)老太婆 (cf. gaffer 1).

gam·mon[1] [ˈgæmən; ˈgæmən] 《英口語》 *n.* Ⓤ胡說，謊騙，欺詐。
—*v.i.* **1** 胡說。**2** 裝糊塗。—*v.t.* 謊騙。

gam·mon[2] [ˈgæmən; ˈgæmən] *n.* 《英》**1** Ⓒ豬脇肉下部《靠近臀部之部分》。**2** Ⓤ燻[醃]豬脇肉[腿肉]。

gam·my [ˈgæmɪ; ˈgæmi] *adj.* (**gam·mi·er**；**gam·mi·est**)《口語》= game[2].

gamp [gæmp; gæmp] «源自 Dickens 作品 *Martin Chuzzlewit* 中護士 Mrs. Sarah Gamp 所有之大雨傘» —*n.* Ⓒ《英口語·謔》大雨傘。

gam·ut [ˈgæmət; ˈgæmət] *n.* [用單數；常 **the** ~] **1** 《音樂》全音階；音域。**2** 〔…的〕整個範圍，全部〔*of*〕：run *the* whole ~ *of* man's experience 備嘗人生之經歷。

gam·y [ˈgemɪ; ˈgeimi] «源自 game[1] *n.* 9» —*adj.* (**gam·i·er**；**gam·i·est**) **1** 〈獵物肉〉(未烹煮前開始腐爛而)有輕微(臭)味道的《爲美食家等所喜好；cf. hang *v.t.* 3, high *adj.* 10》. **2** 有膽量的，勇敢的。**3** 《美》下流的，猥褻的。

-ga·my [-gəmɪ; -gəmi] [名詞複合用詞]「…結婚」：big*amy*, exog*amy*.

gan·der [ˈgændɚ; ˈgændə] *n.* Ⓒ **1** 《鳥》雄鵝(↔ goose). **2** 蠢貨，笨蛋。**3** «源自鵝伸長脖子環視之動作»《口語》一看，一眼《★常用於下列片語》：take a ~ at... 看…一眼。

Gan·dhi [ˈgandɪ, ˈgæn-; ˈgɑːndi, ˈgæn-], **Mo·han·das K(ar·am·chand)** [ˈmohənˈdasˌkʌrəmˈtʃʌnd; ˈmouhənˈdɑːsˌkʌrəmˈtʃʌnd] *n.* 甘地《1869–1948；印度民族運動領袖暨社會改革者，被稱爲 Mahatma Gandhi, 即聖雄甘地》。

Gan·dhi·an [ˈgandɪən, ˈgæn-; ˈgɑːndiən, ˈgæn-] *adj.* 甘地的；甘地主義的。

ga·nef [ˈganəf; ˈgɑːnəf] *n.* Ⓒ《俚》小偸；騙子；扒手。

gang [gæŋ; gæŋ] *n.* Ⓒ **1** [集合稱] **a** (工人、奴隸、囚犯等之)一羣，一隊《★用法視爲一整體時當單數用，指個別成員時當複數用》：a road ~ 一羣築路工人。**b** (歹徒、惡人等之)一幫，一夥；暴力集團，匪幫《★比較指一名盜匪、匪徒等時用 gangster；★用法與義 1 a 同》：a ~ *of* rascals [thieves] 一幫流氓[盜賊]。**c** (有排他性之)(孩童等之)遊伴，(尤指)不良少年幫派《★用法與義 1 a 同》：a motorcycle ~ 飆車黨。**2** 〔獎等同時使用之工具之〕一組，一套〔*of*〕：a ～ *of* oars [saws] 一組槳[鋸]。
—*v.i.*《口語》**1 a**〔十副〕(爲某種目的而)結成一夥，聯合在一起，勾結一起，成黨〈*together, up*〉：They ～*ed* **together**. 他們結成一夥/We ～*ed* **up** *with* them. 我們與他們聯合起來。**b**〔十副十介十(代)名〕結夥攻擊〔…〕；聯合對抗[反對]〔…〕〈*up*〉〔*on, against*〕. **2**〔十副詞(片語)〕成羣結隊行動：They ～*ed into* the snack bar [*toward* the door]. 他們成羣湧進小吃店[湧向門口]。

gáng·bòard *n.* Ⓒ《航海》跳板《連接船首樓(forecastle)和船尾甲板(quarterdeck)之間的梯板》。

gáng·er *n.* Ⓒ《英》工頭。

Gan·ges [ˋgændʒiz; ˈgændʒiːz] *n.* [the ～] 恆河《發源於喜馬拉雅(Himalaya)山脈、注入孟加拉灣(the Bay of Bengal)之一條印度大河；爲印度人心目中之聖河》。

gáng·lànd *n.* Ⓒ盜匪充斥之街區。

gan·gle [ˋgæŋgḷ; ˈgæŋgl] 《gangling 的逆成字》—*v.i.* 笨拙地移動。

gan·gli·a *n.* **ganglion** 的複數。

gan·gling [ˋgæŋglɪŋ; ˈgæŋgliŋ] *adj.* 〈人〉(身體)瘦長而難看的。

gan·gli·on [ˋgæŋglɪən; ˈgæŋgliən] *n.* Ⓒ(*pl.* **-gli·a** [-glɪə; -gliə], ～s) **1 a**《解剖》神經節。**b**《病理》腱鞘囊腫《主要發生於腕內腱膜或肌腱上之良性囊腫》。**2**〔力量、活動、興趣等之〕中心〔*of*〕.

gan·gly [ˋgæŋglɪ; ˈgæŋgli] *adj.* (**more** ～, **most** ～; **gan·gli·er, -gli·est**)＝gangling.

gáng·plànk *n.* Ⓒ《航海》(連結船與碼頭、舢板等，供上下船用之)舷梯。

gangplank

gan·grene [ˋgæŋgrin; ˈgæŋgriːn] *n.* 《醫》Ⓤ壞疽，脫疽《引起身體之局部腐爛或脫落》。

gan·gre·nous [ˋgæŋgrənəs; ˈgæŋgrinəs] 《gangrene 的形容詞》—*adj.* (生了)壞疽的，腐爛的。

gang·ster [ˋgæŋstə; ˈgæŋstə] *n.* Ⓒ歹徒，匪徒《指單獨一人》，暴力集團之一員。

gáng·wày 《源自古英語「路」之義》—*n.* Ⓒ **1**《英》(劇院、大禮堂、巴士、火車等兩排座位間之)通道。**2**《航海》**a**＝gangplank. **b**(船之)舷門《船側之出入口》。**3**(設於建築工地等之)臨時通道《搭在建材上之木板路等》。
—*interj.* [在人羣中等]讓開路！走開！

gan·net [ˋgænɪt; ˈgænit] *n.* Ⓒ(*pl.* ～s, [集合稱] ～)《鳥》塘鵝。

gant·let[1] [ˋgæntlɪt, ˋgɔn-; ˈgæntlit, ˈgɔːn-] *n.* ＝gauntlet[1].

gant·let[2] [ˋgæntlɪt, ˋgɔn-; ˈgæntlit, ˈgɔːn-] *n.* ＝gauntlet[2].

gant·let[3] [ˋgæntlɪt, ˋgɔn-; ˈgæntlit, ˈgɔːn-] *n.* Ⓒ《鐵路》套式軌道[線]《二組鐵路在經過隧道或橋時滙合成一組之部分》。

gan·try [ˋgæntrɪ; ˈgæntri] *n.* Ⓒ **1**(高架起重機之)構台。**2**《鐵路》(支持信號裝置之)跨軌信號架。**3**《太空》(火箭)發射準備台。**4**《軍》飛彈[火箭]發射台。**5**(四脚之木製)桶架《用以平放桶》。

gantry 3

gaol [dʒel; dʒeil] *n., v.* 《英》＝jail.

gáol·bìrd *n.* 《英口語》＝jailbird.

gaol·er [ˋdʒelə; ˈdʒeilə] *n.* 《英》＝jailer.

***gap** [gæp; gæp] *n.* Ⓒ **1**〔牆壁等之〕**裂縫**，縫隙，缺口，漏洞〔*in*〕：a ～ *in* a hedge 籬笆的缺口。**2**〔意見、年齡等之〕**差異**，隔閡，歧異，差距，距離〔*in, between*〕：⇨generation gap/the ～ *in* their ages 他們的年齡差距/the ～ *between* theory and practice 理論與實際之間的差異。**3 a**〔連續之物的〕間斷，中斷，空白，脫漏〔*in, between*〕：a ～ *between* programs 兩個節目間的中斷《演出之中斷》/There are several ～*s in* the record. 這記錄有幾個空白[脫漏]處。**b**〔時間、空間之〕間隔，空檔，空隙，間隙〔*of*〕：a ～ *of* three years [miles] 三年的空檔[三哩的間隔]。**4**《美》**a** 山間窄徑，山凹，隘口。**b** 峽谷，山峽。

bridge [**fill, stóp**] **a gáp** (1)堵塞空隙。(2)彌補缺陷，補缺。

gape [gep, gæp; geip] 《源自古北歐語「張嘴」之義》—*v.i.* **1 a** (因驚訝或贊許等而)張口：Don't stand around *gaping*. 別張著嘴呆立在那兒。**b**〔十介十(代)名〕張嘴注視，張口呆看〔…〕〔*at*〕：They ～*d* **at** the kite. 他們張嘴呆望著風箏。
2 a〈傷口、裂口、貝殼等〉張開(著)；〈地面等〉裂開(成坑溝)：a blouse *gaping* at the neck 在領口處開口的短上衣。**b**〔十補〕[～ **open**] 張大(著)，張開(著)，開(著)：All the drawers ～*d open*. 所有的抽屜都開著。
3《古》打呵欠。
—*n.* **1** Ⓒ **a** 張口呆看。**b**(成大窟窿的)裂口，裂縫。**2** [the ～s；當單數或當複數用]呵欠之(連續)發作。**3** [**the** ～**s**；當單數或當複數用](鳥之)呵欠病《張嘴而死》。

gáp·ing·ly *adv.* 張著嘴地。

gap·o·sis [gæˋposɪs; gæˈpousis] *n.* Ⓒ因衣服太緊致使鈕扣間現出的裂口；代溝問題。

gáp-tóothed *adj.* (因牙齒脫落或未長滿而)牙齒與牙齒之間有縫隙的。

gar [gɑr; gɑː] *n.* Ⓒ(*pl.* ～, ～s)長嘴硬鱗魚《產於美國，嘴長而堅硬有力，喜食其他魚類》。

gar

***ga·rage** [gəˋrɑʒ, -ˋrɑdʒ, ˋgærɑʒ; ˈgærɑːdʒ, -ridʒ] 《源自法語「庇護」之義》—*n.* Ⓒ **1**(汽車之)車庫。**2**(汽車之)修護廠，修車廠《又兼有加油站者》。
—*v.t.*〔十受〕將〈汽車〉置於車庫，使〈汽車〉入車庫；送〈汽車〉入修車廠。

garáge·màn *n.* Ⓒ(*pl.* **-men**)汽車技工，修車工人。

garáge sàle *n.* Ⓒ《美》(在車庫中進行之)舊貨出售。

【說明】美國人較常搬家。他們在搬家之前或在搬入新家具、裝潢屋內等時，會把不必要的東西擺在車庫裏出售，稱爲 garage sale. 出售啓事則徵得同意張貼在附近雜貨店(drugstore)等的牆壁上。

garb [gɑrb; gɑːb] 《源自古法語「優雅」之義》—*n.* Ⓤ[與修飾語連用]《文語・謔》(各職業、地位特有之)服裝，裝束；打扮：priestly ～ 僧侶的[教士的]裝束/in the ～ *of* a soldier 穿著軍人的服裝。
—*v.t.* **1**〔十受十介十(代)名〕[～ one*self*] 穿，穿著〔…〕〔*in*〕《★又用被動語態》：The widow *was* ～*ed* **in** black. 那寡婦穿著黑衣服。**2**〔十受十*as* 補〕[～ one*self*] 裝扮〈成…〉《★又用被動語態》：He ～*ed himself as* a sailor. 他裝扮成水手。

***gar·bage** [ˋgɑrbɪdʒ; ˈgɑːbidʒ] *n.* Ⓤ《美》**1 a** (由廚房清出的)**剩菜殘羹**。

【字源】據說在從前是指供食用的家禽內臟，但由於富裕人家不吃這些部分而將其丟棄，因此後來變成「廚房的垃圾和渣屑」的意思。

b 垃圾，破爛，廢物。**2** [集合稱]《口語・輕蔑》無價值的東西；無用的想法：literary ～ 無價值的讀物。

gárbage càn *n.* Ⓒ《美》(屋外用)垃圾桶(《英》dustbin)《★置於屋前以便垃圾車(garbage truck)來收》。

garbage can

gárbage collèctor *n.* Ⓒ《美》收垃圾的人，垃圾搬運夫(《英》dustman).

gárbage dispòser *n.* Ⓒ《美》(裝在洗碗槽底之)垃圾處理機《用以粉碎垃圾，使之能直接流入下水溝》。

gárbage trùck *n.* Ⓒ《美》垃圾車(《英》dust cart).

gar·ble [ˋgɑrbḷ; ˈgɑːbl] *v.t.* **1** (故意)曲解〈話、事實等〉，對…斷章取義，竄改〈報導等〉。**2** (無意中)使〈引用之語句、事實等〉混亂[不清楚]。

gár·bled *adj.* 〈報導等〉曲解事實的，斷章取義的，經竄改的；〈說明等〉(混亂)不清楚的。

gar·çon [garˋsõ; gɑːˈsɔŋ] 《源自法語「少年」之義》—*n.* Ⓒ(旅館等之)男侍者，男服務生。

‡gar·den [ˋgardṇ; ˈgɑːdn] 《源自法語「圍起來的地」之義》—*n.* **1 a** Ⓒ[表示「花園之廣闊」時爲Ⓤ](附屬於住宅而種有花、樹、蔬菜等之)庭園(⇨yard[1]【同義字】)：a rock ～ 岩石庭園/a roof ～ 屋頂庭園/a Japanese ～ 日本庭園/We have only a small ～. 我們家只有一個小庭園/We have not much ～. 我們家的庭園不大。**b** Ⓒ花園，果園，菜圃：a flower ～ 花園/a fruit ～ 果園/⇨kitchen garden, market garden.

【說明】在英國郊區的普通住宅前大都有較小的前庭花園(front garden)，種植花木，後面爲較廣闊的後花園(backyard)，種有草坪。美國的普通住宅庭院前面則爲與人行道相連的草坪院子，與鄰家之間通常不築高牆或籬笆等。後面大都爲草坪院子，其中一部分作菜圃或花圃。

2 Ⓒ **a** [常 ~s] (有草坪、花園、長凳等之)遊樂園，公園；植物園；動物園：Kensington *Gardens* (倫敦之)肯津頓公園/Kew *Gardens* (倫敦西郊一村鎮邱(Kew)之)邱植物園/a botanical ~ [botanical ~*s*] 植物園/a zoological garden [zoological ~*s*] 動物園。**b** (有桌椅等之)露天設施，露天飲食店：a beer ~ 露天啤酒店。
3 [~s；置於地名之後]《英》…道，…街，…廣場《略作 Gdns.》：Abbey *Gardens* 阿比道。
—*adj.* [用在名詞前]庭園(用)的；園藝用的；栽培的：a ~ chair [seat] 庭園(用)的椅子/a ~ flower 庭園用[栽培]的花/~ plants 園藝植物。
léad a person **ùp** [**dòwn**] **the gárden pàth** 《口語》(故意)使〈人〉迷惑；欺騙〈人〉；使〈人〉誤入歧途。
the Gárden of Éden 伊甸園。
the Gárden of Éngland 「英國的庭園」《指肯特郡(Kent)，昔日烏斯特郡(Worcestershire)等土地肥沃風光明媚之地方》。
—*v.i.* 造園；栽培花木；從事園藝。
gárden apártment *n.* Ⓒ《美》(低層之)花園公寓。
gárden cíty *n.* Ⓒ花園城市。
gar·den·er [ˋgardnə; ˈgɑːdnə] *n.* Ⓒ **1** 園丁，花匠；造園業者。**2** 園藝家；愛好園藝花木之人。
gar·de·nia [garˋdinɪə; gɑːˈdiːnjə] *n.* Ⓒ **1** 《植物》梔子。**2** 梔子花《白色或黃色，帶有甜蜜之香味》。
gár·den·ing *n.* Ⓤ造園，造園的技術；園藝。
gárden pàrty *n.* Ⓒ園遊會。
gárden plòt *n.* Ⓒ庭園地。
Gárden Státe *n.* [the ~]美國新澤西州(New Jersey)之別稱。
gárden stùff *n.* Ⓤ《英》蔬菜類；水果類。
gárden súburb *n.* Ⓒ《英》花園式的郊外住宅區。
gárden-variety *adj.* 普通的，平凡的，平常的。
gár·fìsh *n.* (*pl.* ~·es，[集合稱]~)＝gar.
gar·gan·tu·an [garˋgæntʃuən; gɑːˈgæntjuən] «源自法國作家拉伯雷 (Rabelais [ˌræblˋe, ˋræblˌe; ˈræblei])小說中食慾驚人的巨人 Gargantua [garˋgæntʃuə; gɑːˈgæntjuə]» **—*adj.*** 巨大的；遠大的，龐大的：a ~ appetite 驚人的食慾/a ~ project 遠大的計畫。
gar·gle [ˋgargl; ˈgɑːgl] *v.i.* **1** 〔動(十介十(代)名)〕〔以水等〕漱口；漱喉〔*with*〕：~ *with* salt water 以鹽水漱口[喉]。**2** 發出漱口似的咕嚕聲；以咕嚕咕嚕的喉嚨聲說話。
—*n.* **1** [a ~] 漱口 [喉]。**2** Ⓤ漱咽藥；含漱劑。
gar·goyle [ˋgargɔɪl; ˈgɑːgɔil] «源自古法語「喉嚨」之義» **—*n.*** Ⓒ《建築》(在哥德式建築上，作成怪物形狀之)承霤口，筧嘴《用以排放積在屋頂上的雨水》。

gargoyles

gar·i·bal·di [ˌgærəˋbɔldɪ; ˌgæriˈbɔːldi] *n.* Ⓒ **1** (婦女[小兒]穿的)寬鬆上衣《因形狀似十九世紀義大利國家統一運動領袖加里波的(Garibaldi)將軍之士兵所穿的紅襯衫而得名》。**2** 《英》夾有葡萄乾之餅乾。**3** (美國加州產之)一種紅魚。
gar·ish [ˋgɛrɪʃ; ˈgɛəriʃ] *adj.* 〈光、眼等〉(刺目地)閃耀的，耀眼的；〈衣服、色調等〉過於艷麗的，過分虛飾的，華麗而俗氣的。
~·ly *adv.* **~·ness** *n.*
gar·land [ˋgarlənd; ˈgɑːlənd] *n.* Ⓒ **1** (以花、葉等作成，戴在頭、頸上以表示勝利、榮譽或作裝飾用之)花圈，花環，花冠。**2** (勝利、成功之)榮冠；榮譽：gain [carry away, win] the ~ 贏得勝利的榮冠。**3** (詩文)選集。
—*v.t.* 以花圈[花環]裝飾…。
gar·lic [ˋgarlɪk; ˈgɑːlik] *n.* Ⓤ **1** 《植物》蒜。**2** (用於烹飪之)蒜之球莖，大蒜；蒜頭：a clove of ~ 一瓣[片]大蒜/food with too much ~ in it 放了太多蒜頭的食物。

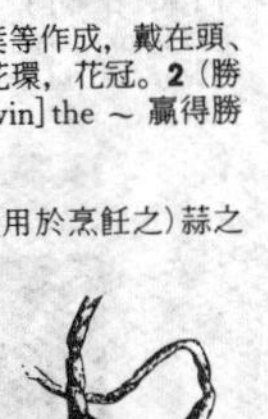
garlic 2

gar·lick·y [ˋgarlɪkɪ; ˈgɑːliki] «garlic 的形容詞» **—*adj.*** 有大蒜[蒜頭]臭味[味道]的。
gar·ment** [ˋgarmənt; ˈgɑːmənt] «源自古法語「護身之物」之義» **—*n. 《文語》**1 a** Ⓒ (coat, dress 等)一件衣服，(尤指)外衣，外套，長袍。**b** [~s] 衣服，成衣類《★用法尤為製衣廠商所使用之用語》：This store sells ladies' ~*s.* 這家商店賣女裝。**2** Ⓒ (物之)外觀，外表。
gárment bàg *n.* Ⓒ (旅行用之)外衣袋《以塑膠等製成；中間有提手或掛鈎以便攜帶或吊掛》。
gar·ner [ˋgarnə; ˈgɑːnə] 《詩・文語》*v.t.* **1** 〔十受(十副)〕收藏，儲藏〈穀物等〉〈*up*〉：~ (*up*) a crop 儲藏作物。
2 (經努力而)獲得，得到…：~ good reviews 得到[博得]好評。
—*n.* Ⓒ **1** 穀倉，倉庫。**2** 積蓄，貯藏；所收藏之物。
gar·net [ˋgarnɪt; ˈgɑːnit] *n.* **1** Ⓤ [指寶石個體時為Ⓒ] 柘榴石 (⇨ birthstone 表)。**2** Ⓤ柘榴紅色，深紅色，暗紅色。
gar·nish [ˋgarnɪʃ; ˈgɑːniʃ] «源自古法語「保護」之義» **—*n.*** Ⓒ **1** 菜餚上之配頭，食物上之裝飾。**2 a** 裝飾品。**b** 文章之修飾，華麗之詞藻。
—*v.t.* **1 a** 〔十受〕給〈菜餚〉加配頭，裝飾：use parsley to ~ salads 使用荷蘭芹給沙拉做配頭[以裝飾沙拉]。**b** 〔十受十介十(代)名〕〔以…〕給〈菜餚〉加配頭〔*with*〕：The roast chicken was ~*ed with* slices of lemon. 加檸檬片在烤雞上作裝飾[那烤雞以檸檬片做配頭]。**2** 〔十受(十介十(代)名)〕〔以…〕裝飾〈物〉〔*with*〕：~ a coat *with* fur 以毛皮裝飾外套。
gar·nish·ee [ˌgarnɪˋʃi; ˌgɑːniˈʃiː] *v.t.* 《法律》**1** 據扣押令扣押〈債務人之財產〉。**2** 通告〈人〉扣押其財產。
gár·nish·ment «garnish, garnishee 的名詞» **—*n.*** **1** ⓊⒸ裝飾。**2** Ⓒ《法律》發給第三債務人的扣押令。
gar·ni·ture [ˋgarnɪtʃə; ˈgɑːnitʃə] *n.* **1** Ⓤ裝飾。**2** Ⓒ飾物；(衣服之)配件，裝飾物。
gar·ret [ˋgærɪt; ˈgærət, -rit] «源自古法語「瞭望塔」之義» **—*n.*** Ⓒ (一般指簡而簡陋窄小的)頂閣室，閣樓。
gar·ri·son [ˋgærəsn; ˈgærisn] «源自古法語「防衛」之義» **—*n.*** Ⓒ **1** [集合稱]衛戍部隊，要塞防守部隊，駐軍《★用法視為一整體時當單數用，指個別成員時當複數用》。**2** (防守部隊所駐守之)要塞，(衛戍部隊之)衛戍地。
—*v.t.* **1 a** 派衛戍部隊駐守[鎮守]〈城市、要塞等〉。**b** 〈軍隊〉駐守〈城市等〉。**2** 派〈軍隊、兵〉駐守。
gárrison státe *n.* Ⓒ實行軍國主義的國家。
gárrison tówn *n.* Ⓒ有軍隊駐紮之市鎮。
gar·rote, gar·rotte [gəˋrot, gəˋrat; gəˈrɔt] *n.* **1 a** [the ~] (西班牙之)鐵環絞刑《旋緊套於犯人頸上鐵環之螺釘而將之絞死》。**b** Ⓒ此種絞刑所使用之鐵環。**c** Ⓒ (突擊隊員等用以絞殺敵人、哨兵等之)絞殺器[繩，帶(等)]。**2** ⓊⒸ (扼人咽喉使之失去抵抗力而劫財物之)扼喉搶劫；勒殺。
—*v.t.* **1** 以(西班牙之)鐵環絞刑絞死〈罪犯〉。**2** 扼〈人〉咽喉劫錢財，勒殺〈人〉搶劫。
gar·ru·li·ty [gəˋrulətɪ; gæˈruːləti, gə-] «garrulous 的名詞» **—*n.*** Ⓤ饒舌，多嘴。
gar·ru·lous [ˋgærələs; ˈgærələs] *adj.* 〈人〉愛說(閒)話的，多嘴的，絮聒的。
~·ly *adv.* **~·ness** *n.*
gar·ter [ˋgartə; ˈgɑːtə] «源自古法語「腿肚」之義» **—*n.*** **1 a** Ⓒ [常 ~s] 襪帶：a pair of ~*s* 一副襪帶。**b** [~s] 《美》(附於女用束腹等之)吊襪帶(《英》suspenders)。**2** [**the G~**] **a** 嘉德勳位 (the Order of the Garter)《Knight 之最高勳位》：a Knight of *the G~* 嘉德勳爵士《略作 K.G.》。**b** (表示此勳位之)嘉德勳章。

the Garter

【字源】嘉德勳章[勳位]是於 1348 年左右由英王愛德華(Edward)三世所制定。據說在一次舞會中，索爾斯堡(Salisbury)伯爵夫人不慎掉落襪帶時，國王急中生智，立即把它拾起繫在自己膝下而替伯爵夫人解了圍。嘉德勳章(the Garter)的名稱源自這個典故。這勳章由襪帶及首飾、星章等而組成，男子將襪帶繫於左膝下，女子則繫於左臂上；cf. blue ribbon【說明】

gárter bèlt *n.* Ⓒ《美》吊襪帶(《英》suspender belt)。
gárter snàke *n.* Ⓒ《動物》(北美常見的)一種有黃色條紋的無毒小蛇。
gas**[1] [gæs; gæs] «由希臘語 'chaos'(空氣)之義新創的字» **—*n. (*pl.* ~·es；《美》又作 ~·ses) **1** Ⓤ [指種類時為Ⓒ] 氣體 (cf. fluid, liquid 1, solid)：Oxygen and nitrogen are ~*es.* 氧和氮都是氣體。
2 Ⓤ **a** (燃料、暖氣、烹飪用之)瓦斯：liquid [natural] ~ 液態[天然]瓦斯/turn on [off] the ~ 開[關]瓦斯。**b** (麻醉用之)笑氣 (laughing gas)。**c** 催淚瓦斯(tear gas)。**d** 《軍》毒氣。
3 Ⓤ《口語》空談，瞎吹牛。
4 Ⓒ [常用單數]《俚》很滑稽[令人愉快]的事[東西，人]；《諷》一點都不好玩的事[東西，人]：It's a real ~. 真好玩；《諷》真沒趣。
—*adj.* [用在名詞前]瓦斯的，氣體的。
—*v.t.* (**gas·es**；**gassed**；**gas·sing**) 〔十受〕**1 a** 以毒氣攻擊[殺傷]〈人等〉。**b** [~ one*self*] 用瓦斯自殺。**2** 供應…瓦斯。
—*v.i.* 〔十副〕[常 ~ing]《口語》(長時間)空談，吹牛。

gas² [gæs; gæs] «*gas*oline 之略»——《美口語》*n.* Ⓤ汽油(《英》petrol).

stép on the gás 《美口語》(1)踩(汽車的)油門，加快速度。(2)趕緊，匆忙(hurry).

——*v.t.* (**gassed**; **gas·sing**)〔十受(十副)〕給〈汽車〉加汽油〈*up*〉: You'd better ~ ***up*** the car. 你最好給車加油。

——*v.i.*〔動(十副)〕給汽車加(汽)油〈*up*〉.

gás attàck *n.* Ⓒ《軍》毒氣攻擊。

gás·bàg *n.* Ⓒ **1** (飛艇、氣球等之)蓄氣囊。**2**《美俚》廢話連篇的人，愛瞎吹的人。

gás bòmb *n.* ＝gas shell.

gás bràcket *n.* Ⓒ (突出於牆壁上之)煤氣燈座。

gás bùrner *n.* Ⓒ **1** 煤氣爐。**2** (如煤氣爐上的)煤氣噴嘴。

gás chàmber *n.* Ⓒ(行刑用之)毒氣室。

Gas·con [ˋgæskən; ˈgæskən] *n.* Ⓒ **1** (法國)格斯肯尼(Gascony)人《此地的居民以好吹噓聞名》。**2** [**g~**]好吹噓者。

gas·con·ade [ˏgæskənˋed; ˌgæskəˈneid] *n.* Ⓤ誇口，吹噓，吹牛。——*v.i.* 吹噓，誇口，吹牛。

gás còoker *n.* Ⓒ《英》煤氣爐(《美》gas range).

gas·e·lier [ˏgæsəˋlɪr; ˌgæsəˈliə] *n.* ＝gasolier.

gás èngine *n.* Ⓒ氣體引擎，煤氣機。

gas·e·ous [ˋgæsɪəs; ˈgæsiəs] «gas¹ 的形容詞»——*adj.* **1** 氣體的，似氣體的，氣體狀態的。**2**〈情報、議論等〉無實質的，不得要領的。

gás fìeld *n.* Ⓒ天然氣田。

gás fìre *n.* Ⓒ《英》煤氣爐。

gás fìtter *n.* Ⓒ煤氣工人，煤氣匠，承裝煤氣的業者。

gás fìtting *n.* **1** Ⓤ煤氣匠的工作。**2** [~**s**]煤氣裝置《如煤氣管、燈頭等》。

gás gàuge *n.* Ⓒ《美》(汽車之)汽油表。

gás gúz·zler [-ˋgʌzlɚ; -ˈgʌzlə] *n.* Ⓒ《美口語》耗油量大之(大型)汽車。

gás-gùz·zling [-ˋgʌzlɪŋ; -ˈgʌzliŋ] *adj.*《美口語》〈汽車〉耗油量大的。

gash [gæʃ; gæʃ] *n.* Ⓒ(長而深之)切痕，創傷。

——*v.t.* 劃深而長的切口於…，深切…。

gás hèlmet *n.*《軍》＝gas mask.

gás·hòlder *n.* Ⓒ **1** 煤氣容器，煤氣罐，煤氣槽，煤氣筒。**2**《美》汽車之油箱。

gás·hòuse *n.* ＝gasworks.

gas·i·fi·ca·tion [ˏgæsəfəˋkeʃən; ˌgæsifiˈkeiʃn] «gasify 的名詞»——*n.* Ⓤ瓦斯化，氣化。

gas·i·fy [ˋgæsəˏfaɪ; ˈgæsifai] «gas¹ 的動詞»——*v.t.* 使…成爲氣體，使…氣化，使…瓦斯化：~ coal 使煤炭氣化，使煤成爲瓦斯。

——*v.i.* 成爲瓦斯[氣體]，氣化。

gás jèt *n.* **1** ＝gas burner 2. **2** Ⓤ煤氣燈的火焰。

gas·ket [ˋgæskɪt; ˈgæskit] *n.* Ⓒ **1** [常 ~**s**]《航海》束帆索《用以將摺起之帆繫於帆桁上之繩索》。**2**《機械》塡塞物《裝於活塞周圍或鐵管接頭以免漏氣之橡膠、蔴辮、金屬墊圈或帶形塡隙料》。

gás làmp *n.* Ⓒ(街頭的)煤氣燈。

gás·lìght *n.* **1** Ⓤ煤氣火焰[燈光]。**2** Ⓒ煤氣燈。

gás lìghter *n.* Ⓒ **1** 煤氣點燃器。**2** 氣體打火機。

gás màin *n.* Ⓒ埋於地下之煤氣總管《輸送煤氣給裝設於住宅、工廠等中的支管》。

gás·màn *n.* Ⓒ(*pl.* **-men**) **1** 煤氣抄表人；瓦斯收費員。**2** 煤氣匠，煤氣工人。**3** 礦坑中檢查通風狀況以防沼氣爆炸之人。

gás màntle *n.* ＝mantle 3.

gás màsk *n.* Ⓒ防毒面具。

gás mèter *n.* Ⓒ瓦斯表。

gas·o·hol [ˋgæsəˏhɔl; ˈgæsəhɔ:l] «*gaso*line 和 alco*hol* 的混合語»——*n.* Ⓤ汽油酒精《汽油與酒精混合之燃料》。

gas·o·lier [ˏgæsəˋlɪr; ˌgæsəˈliə] *n.* Ⓒ(吊在天花板之)瓦斯花燈。

***gas·o·line, gas·o·lene** [ˋgæslˏin, ˏgæslˋin; ˈgæsəli:n] *n.* Ⓤ《美》汽油(《英》petrol).

gas·om·e·ter [gæsˋɑmətɚ; gæˈsɔmitə] *n.* Ⓒ **1** (實驗室用之)煤氣計量器。**2**《英》煤氣罐，煤氣槽，蓄氣器。

gasp [gæsp; gɑ:sp] «源自古北歐語「張大嘴」之義»——*n.* Ⓒ **1** 喘氣，喘息：in short ~*s* 急促地喘著。**2** (因恐怖、驚嚇等引起之)屏息：give a ~ of surprise 驚訝得屏息。

at one's [the] lást gásp (1)氣力用盡的。(2)奄奄一息，即將斷氣，臨終。

——*v.i.* **1** 喘氣：~ *for* breath 因呼吸困難而喘氣，喘息。**2 a** (因恐怖、驚嚇等而)屏息，透不過氣：It made me ~. 它使我(嚇得)透不過氣來。**b**〔十介十(代)名〕〔由於驚訝等而〕屏息〔*with, in*〕；〔看到或聽到…而〕透不過氣來〔*at*〕：~ ***with*** horror 嚇得透不過氣來/~ ***in*** amazement 因驚愕而屏息。

——*v.t.* **1**〔十受(十副)〕喘著氣說〈話〉〈*out*〉：He ~***ed out*** a few words. 他喘著氣說出幾個字。

2〔十引句〕喘著氣說…："Help! Help!" he ~*ed.* 他喘著氣說「救命啊！救命啊！」。

gasp·er [ˋgæspɚ, ˋgɑspɚ; ˈgɑ:spə] *n.* Ⓒ《英俚》低廉的香煙。

gásp·ing·ly *adv.* 氣喘吁吁地，喘著氣。

gás rànge *n.* Ⓒ煤氣爐。

gás rìng *n.* Ⓒ一種圓形之輕便煤氣爐。

gás·ser *n.* Ⓒ(噴出煤氣之)天然煤氣井。

gás shèll *n.* Ⓒ《軍》毒氣炸彈。

gás stàtion *n.* Ⓒ《美》(汽車、機車之)加油站(《英》petrol station).

gás stòve *n.* Ⓒ煤氣爐。

gas·sy [ˋgæsɪ; ˈgæsi] «gas¹ 的形容詞»——*adj.* (**gas·si·er**; **-si·est**) **1 a** (似)氣體的，(似)瓦斯的：a ~ odor 像瓦斯的氣味。**b** 氣體狀的。**c** 含有[充滿]瓦斯的。**2**《口語》愛瞎聊天的，愛誇張的，好吹牛的。**gás·si·ness** *n.*

gás tànk *n.* Ⓒ **1** 煤氣槽；油箱。**2**《美》(汽車、飛機等的)油箱(《英》petrol tank).

Gast·ar·beit·er [ˋgæsˏtɑrbaɪtɚ; ˈgæstˌɑ:baitə] «源自德語»——*n.* Ⓒ外國籍勞工。

gas·ter·o·pod [ˋgæstrəˏpɑd; ˈgæstrəpɔd] *n.* ＝gastropod.

gás·tìght *adj.* **1** 不漏氣的。**2** 在一定壓力下某種氣體打不進去的。

gas·tric [ˋgæstrɪk; ˈgæstrik] *adj.* [用在名詞前]胃(部)的：~ cancer 胃癌/~ ulcer 胃潰瘍/the ~ juices 胃液。

gas·tri·tis [gæsˋtraɪtɪs; gæˈstraitis] *n.* Ⓤ《醫》胃炎，(尤指)胃黏膜炎。

gàs·tro·cámera [ˋgæstro-; ˈgæstrou-] *n.* Ⓒ《醫》胃鏡照相機。

gas·tro·en·ter·i·tis [ˋgæstroˏɛntəˋraɪtɪs; ˌgæstrouentəˈraitis] *n.* Ⓤ《醫》胃腸炎。

gas·tro·en·ter·ol·o·gy [ˏgæstroˏɛntəˋrɑlədʒɪ; ˌgæstrouentəˈrɔlədʒi] *n.* Ⓤ《醫》胃腸病學，胃腸學。

gas·tro·in·tes·ti·nal [ˏgæstroɪnˋtɛstənl; ˌgæstrouinˈtestinl⁻] *adj.* 胃腸(部)的：a ~ disorder 胃腸病。

gas·tro·je·ju·nos·to·my [ˋgæstroˏdʒɪdʒuˋnɑstəmɪ; ˈgæstrouˌdʒidʒu:ˈnɔstəmi] *n.* Ⓤ《外科》胃空腸吻合術。

gas·trol·o·gy [gæsˋtrɑlədʒɪ; gæsˈtrɔlədʒi] *n.* Ⓤ胃(病)學。

gas·tro·nome [ˋgæstrəˏnom; ˈgæstrənoum], **gas·tron·o·mer** [gæsˋtrɑnəmɚ; gæsˈtrɔnəmə] *n.* Ⓒ美食家(epicure).

gas·tro·nom·ic [ˏgæstrəˋnɑmɪk; ˌgæstrəˈnɔmik⁻] «gastronomy 的形容詞»——*adj.* 美食(法)的；烹飪學[法]的：~ delights 美食的樂趣。

gàs·tro·nóm·i·cal [-mɪkl; -mikl⁻] *adj.* ＝gastronomic.

~**·ly** [-klɪ; -kəli] *adv.*

gas·tron·o·my [gæsˋtrɑnəmɪ; gæˈstrɔnəmi] *n.* Ⓤ美食(學)；烹飪學[法]。

gas·tro·pod [ˋgæstrəˏpɑd; ˈgæstrəpɔd] *n.* Ⓒ《動物》腹足類動物《如蝸牛等》。

——*adj.* 腹足類動物的。

gas·tro·scope [ˋgæstrəˏskop; ˈgæstrəskoup] *n.* Ⓒ《醫》胃(內視)鏡。

gás tùrbine *n.* Ⓒ汽油渦輪。

gás·wòrks *n.* Ⓒ(*pl.* ~)煤氣廠。

gat¹ [gæt; gæt] *v.*《古》get 的過去式。

gat² [gæt; gæt] *n.* Ⓒ《美俚》手槍。

‡**gate** [get; geit] «源自古英語「開著的地方」之義»——*n.* Ⓒ **1 a** 大門，出入口；城門：the main ~ *of* [*to*] the school 學校正門。**b** 門扉，柵欄門，門扇《★用因左右兩開者用複數形，成「門」之意》：go [pass] through the ~*s* 進門。**c**〔達…之〕門徑，路，門路，門〔*to*〕：a ~ *to* success 成功之路；成功之門。

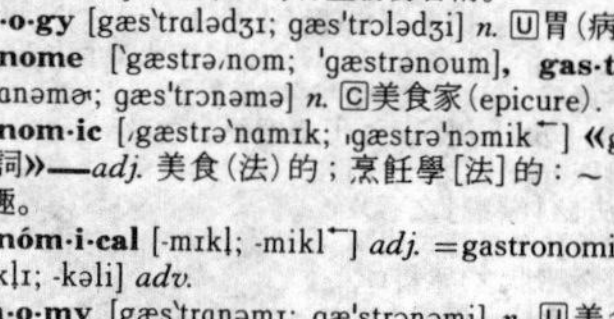

gate 2 b

2 門：**a** (機場之)登機門。**b** (賽馬之)起跑門，起賽柵門。**c** (收費道路等之)收費關卡。**d** (運河、船塢等之)水門，閘門。**e** 剪票口。**f**《滑雪》(在彎道滑雪比賽時，選手必須畫 Z 字形軌跡通過之)旗門《由插在斜坡上之許多旗桿所排成》。

3（道路、鐵路平交道等之）柵欄。
4 a（運動會、比賽、展覽會等之）觀衆數：a record ～破記錄的觀衆數。**b**（比賽、展覽會等之）門票收入（總額）：a ～ of $5000 五千美元的門票收入。
gèt the gáte《美俚》被解雇；被情人甩掉。
gìve a person **the gáte**《美俚》解雇〈人〉；甩掉〈情人〉。
gâ·teau [gɑ`to; 'gætou] **《源自法語》——***n.*（*pl.* **gâ·teaux** [～(z); ～(z)]）Ⓤ[指個體時或種類時爲Ⓒ]一種奶油蛋糕。
gáte-cràsh《口語》*v.t.* 未受邀請[未持入場票券]而擅自參加〈聚會等〉[入場欣賞〈表演等〉]。
——*v.i.* 未受邀請[未持入場票券]而擅自參加[入場]，作不速之客，白看戲（等）。
gáte-cràsher *n.* Ⓒ《口語》沒有門票的擅行入場者，白看戲（等）者；未受邀請而參加舞會、茶會或其他集會者，不速之客。
gáte·fòld *n.* Ⓒ（圖書、雜誌等之）附圖及表格等因其面積過大而摺疊使不露出書緣者，大張折裝插頁。
gáte·hòuse *n.* Ⓒ **1**（獵場等之）看守小屋，門房。**2**（水庫等之）閘門控制室。
gáte·kèeper *n.* Ⓒ **1** 門房；看門人；大門警衛。**2** 鐵路平交道看守人
gáte-lèg(ged) táble [-ˌlɛg-, -ˌlɛgɪd-, -ˌlegd-; -leg-, -legd-] *n.* Ⓒ摺疊式桌子；活動桌。

gate-leg table

gáte mòney *n.* Ⓤ（運動會等的）入場費（收入額）。
gáte·pòst *n.* Ⓒ大門的門柱。
betwèen yóu and mé and the gátepost ⇨ between.
gáte·wày *n.* Ⓒ **1**（有圍牆、籬笆、柵欄等之）出入口。**2**〔通往…之〕入口，門路，途徑，門徑，路，方法〔*to*〕：a [the] ～ *to* success 臻至成功之路。
‡**gath·er** ['gæðɚ; 'gæðə] **《源自古英語「使合一」之義》——***v.t.* **1 a**〔十受〕集合，聚集，聚合〈分散之物、人〉（在一處）（↔ scatter）（⇨collect【同義字】）：～ material for a dictionary 收集編字典的材料。**b**〔十受十副〕集合〈物、人〉（在一起），將…聚合起來，收拾…〈*up, together*〉：*G*～ your toys *up* [*together*]. 把你（四散）的玩具收拾在一起。**c**〔十受十介十（代）名〕將〈物、人〉聚集〔在…周圍〕〔*around, round, about*〕：The preacher ～*ed* a crowd ***around*** [***about***] him. 那傳教者聚合了一羣人在他周圍。
2 a〔十受〕摘取，採集〈花、果實等〉；撿〈木柴等〉，採〈薪〉：～ flowers 摘花/ ～ nuts [firewood] 撿堅果[採薪]/～ roses ⇨ rose[1] 成語。**b**〔十受十受/十受十介十（代）名〕摘〈花等〉給〈人〉；〔爲某人〕摘〈花等〉〔*for*〕：The children ～*ed* me flowers [～*ed* flowers ***for*** me]. 孩子們摘花給我。**c**〔十受（十副）〕收割，收穫〈穀物等〉〈*in*〉：The farmers ～*ed* (***in***) their crops. 農人收割穀物。
3〔十受〕**a**〈物〉積聚〈苔、灰塵等〉：Unread books ～ dust. 不看的書積灰塵/A rolling stone ～*s* no moss. ⇨ rolling stone. **b**（逐漸）累積，蓄積〈經驗、知識等〉。**c** 搜集〈事實、情報等〉：～ facts [information] about UFOs 搜集有關幽浮[不明飛行物體]的事實[資訊]。
4 a〔（十介十（代）名）十（*that*）＿〕〔由…〕**推斷**，推測〈…事〉〔*from*〕（⇨ infer【同義字】）：I ～*ed* (***from*** her words) *that* she was happy. 我（從她的話）推測她是幸福的。**b**〔I ～，與主句並列或插入使用〕想〈…事〉：You want to eat more, *I* ～? 我想你還要吃吧？**c**〔十受十介十（代）名〕〔由…〕知道，獲得〈消息〉〔*from*〕：We didn't ～ much ***from*** his statement. 從他的供述中我們所獲不多。
5 a〔十受〕（逐漸）增加〈速度、體力等〉，增長…：The train ～*ed* speed. 火車增加了速度。**b**〔十受（十副）〕鼓起〈勇氣等〉，振作〈精神等〉，恢復〈健康等〉〈*up*〉：The patient is ～*ing* strength. 病人正逐漸恢復體力。**c**〔十受〕集中〈精力、智力等〉；整合〈思緒〉：～ one's energies 集中精力/ ～ one's wits 聚精會神。**d**〔十受（十副）〕〔～ one*self*〕振起精神，提起精神；穩住心神〈*together*〉.
6〔十受十介十（代）名〕**a** 拉緊，緊圍，緊裹〈衣服等〉〔在…之周圍〕〔*around, round, about*〕：～ one's overcoat ***around*** one 把大衣緊緊地裹在身上。**b** 將〈人〉抱〔入…中〕〔*into*〕：He ～*ed* her ***into*** his arms. 他把她抱入懷中。**c**〔～ one*self*〕（準備撲上去而）縮身，蜷曲身體：He ～*ed himself for* a leap. 他蜷曲身體準備躍起。
7〔十受〕**a** 皺〈眉〉：～ one's brows (into a frown) 皺眉（露出不悅之色）。**b** 給〈布料、衣服等〉打褶襉，給…縫縐褶《★常以過去分詞當形容詞用》：a ～*ed* skirt 褶裙。
——*v.i.* **1**〔動（十副詞（片語））〕**聚集**，集合，聚合，集結（↔ scatter）：Clouds were ～*ing*. 雲正在集結/Children ～*ed* to watch the magician. 孩子們聚集著看魔術師/*G*～ *round*! 集合！/A crowd ～*ed at* the scene [*in* the street]. 一羣人聚集在那現場[街道]。**2**〔動（十副詞（片語））〕〈灰塵、眼淚等〉積聚，積，蓄積（在…）：Tears ～*ed in* her eyes. 眼淚湧進她的眼睛裏[她的眼睛裏含著眼淚]。**3**〈不安、暮色等〉漸增[濃]：Dusk is ～*ing*. 暮色漸濃。**4 a**〈眉、額〉縮，蹙；〈皺〉起：His eyebrows ～*ed in* a frown. 他皺眉露出不高興的臉色。**b**〈衣服之一部分〉起皺褶。**5**〈腫疱〉化膿。
be gáthered to one's **fáthers**《委婉語》死。
——*n.* Ⓒ[常 ～s]《洋裁》（布料或衣服等之）褶。
*__gath·er·ing__ ['gæðrɪŋ, -ðərɪŋ; 'gæðəriŋ] *n.* Ⓒ **1**（非正式而氣氛融洽之）**集會**，聚集（⇨ meeting【同義字】）：a family ～（耶誕節時等之）一家人之團聚/a social ～ 社交聚會，聯歡會。**2**《服飾》（衣服等之）褶。
gáthering gròund *n.* Ⓒ水源地。
GATT [gæt; gæt] General Agreement on Tariffs and Trade 關稅暨貿易總協定。
gauche [goʃ; gouʃ] **《源自法語「左手」之義》——***adj.* 不善交際的；不機智的；笨拙的。
gau·che·rie [ˌgoʃə'ri; 'gouʃəri:] **《源自法語》——***n.* **1** Ⓤ無機智；笨拙。**2** Ⓒ笨拙之舉動[言語]。
gau·cho ['gautʃo; 'gautʃou] *n.* Ⓒ（*pl.* ～**s**）高楚（牧）人《南美洲之牧人；爲西班牙人及印地安人之混血種族》。
gaud [gɔd; gɔ:d] *n.* Ⓒ廉價之裝飾品，俗麗之廉價品。
gaud·y[1] ['gɔdɪ; 'gɔ:di] **《gaud 的形容詞》——***adj.*（**gaud·i·er**；**-i·est**）〈服裝、裝飾等〉過分華美（而顯得低俗）的，華而不實的，俗麗的：a ～ dress 俗麗的衣服。
gáud·i·ly [-dɪlɪ; -dili] *adv.* **-i·ness** *n.*
gáud·y[2] ['gɔdɪ; 'gɔ:di] *n.* Ⓒ《英》（大學每年一度的）宴會。
gauge [gedʒ; geidʒ] **《源自古法語「計量竿」之義》——***n.* Ⓒ **1 a 標準度量**，規格。**b**（槍砲之）標準口徑；（鐵板之）標準厚度；（鐵線之）標準直徑[粗細]：a 12-*gauge* shotgun 一枝十二口徑的獵槍。**c**《鐵路》兩軌間之距離，軌幅：the standard ～ 標準軌距《4 呎 8.5 吋，即 1.435m》/the broad [narrow] ～ 寬[窄]軌《標準軌距以上[以下]之軌幅》。**d**（汽車等之）輪距《左右車輪間之距離》。
2 a（測定用）**計量器**《雨量計、溫度計、水位計、風速計、壓力計等》：a gasoline ～ 汽油計量器。**b**（木匠所用之）畫線器《用以畫平行線》。
3（評價、判斷等之）標準，尺度〔*of*〕：Popularity is seldom a true ～ *of* one's ability. 憑聲望難以正確地測出一個人的能力。
tàke the gáuge of... 估計…，評估…；判斷…：*take the* ～ *of* the situation 判斷狀況。
——*v.t.* **1**〔十受（十介十（代）名）〕〔以計量器〕正確地測定…〔*with*〕：～ the rainfall (***with*** a rain gauge)（以雨量計）測定降雨量。**2**〔十受〕評價〈事物、能力等〉；判斷〈狀況等〉。
gáuge glàss *n.* Ⓒ（鍋爐之）水位計玻璃管《用以觀測水位者》。
gaug·er ['gedʒɚ; 'geidʒə] *n.* Ⓒ **1** 度量的人；度量物；計量者[器]。**2**（國內貨物稅的）收稅官。
Gau·guin [go'gæn; gou'gæn]，(**Eugène Henri** [-ɑŋ'ri; -ɑ:ŋ'ri:]) **Paul** *n.* 高更《1848–1903；法國畫家》。
Gaul [gɔl; gɔ:l] *n.* **1** 高盧《古代塞爾特人之地，包括現在義大利北部、法國、比利時等》。**2** Ⓒ **a** 高盧人。**b** 法國人。
Gaull·ist ['golɪst; 'goulist] *n.* Ⓒ **1** 戴高樂之支持者。**2** 第二次世界大戰期間在納粹（Nazi）占領下從事反抗運動的法國人。
gaunt [gɔnt, gɑnt; gɔ:nt] *adj.*（～**·er**；～**·est**）**1**〈人〉（因飢餓、病等而）瘦削的，憔悴的。**2**〈地方〉荒涼的，蕭瑟的：the ～ moors 荒涼的曠野。～**·ly** *adv.* ～**·ness** *n.*
gaunt·let[1] ['gɔntlɪt, 'gɑn-; 'gɔ:ntlit] *n.* Ⓒ **1**（中世紀之騎士所著甲冑之）鐵護手。**2**（騎馬、劍術、工作用之）長手套。
tàke [**píck**] **úp the gáuntlet**（拾起對方擲到地上的護手）接受挑戰。
thrów dówn the gáuntlet 挑戰《★中世紀之騎士擲護手表示挑戰》。

gaunt-let[1] 1

gaunt·let[2] ['gɔntlɪt, 'gɑn-; 'gɔ:ntlit] *n.* [**the** ～]（從前軍隊所使用的）夾笞刑《使犯過者跑過兩排人之間受鞭打》。
rún the gáuntlet (1)受夾笞刑。(2)冒危險。(3)受〔…之〕磨練；受〔…之〕凌厲攻擊[嚴厲批評]〔*of*〕。
gaun·try ['gɔntrɪ, 'gɑn-; 'gɔ:ntri] *n.* ＝gantry.
gauss [gaus; gaus] **《源自德國數學家之名》——***n.* Ⓒ（*pl.* ～, ～**·es**）《物理》高斯《磁感應或磁場強度單位》。
Gau·ta·ma ['gɔtəmə, 'gau-; 'gautəmə, 'gɔ:-] *n.* 喬答摩《釋迦牟尼（566？–480？B.C.）之初名；爲印度哲學家，佛教創始者》。
gauze [gɔz; gɔ:z] **《源自最先織薄紗之巴勒斯坦城鎮 Gaza 之名》——***n.* Ⓤ **1 a** 棉紗，薄紗，羅紗。**b** 紗布。**2**（以塑膠絲、金屬絲織成之）網，鐵紗，銅紗（等）。**3** 薄霧，煙霧。
gauz·y ['gɔzɪ; 'gɔ:zi] **《gauze 的形容詞》——***adj.*（**gauz·i·er**；**-i·est**）如紗的，如煙霧的；薄得透明的：a ～ mist 薄霧。

‡**gave** [gev; geiv] *v.* **give** 的過去式。

gav·el [ˋgævḷ; ˈgævl] *n.* Ⓒ(議長、法官、拍賣人等所用之)槌。

gavel

ga·vi·al [ˋgevɪəl; ˈgeiviəl] *n.* Ⓒ《動物》恆河鱷。

ga·votte [gəˋvɑt; gəˈvɔt] *n.* Ⓒ **1** 嘉禾舞《一種輕快的4/4拍法國舞蹈》。**2** 嘉禾舞曲。

gawk [gɔk; gɔːk] *n.* Ⓒ笨拙的人，愚蠢的人，呆子。
—*v.i.* 〔動(十介十(代)名)〕張口呆視〔…〕〔*at*〕《★可用被動語態》。

gawk·y [ˋgɔkɪ; ˈgɔːki] 《gawk 的形容詞》**—***adj.* (**gawk·i·er**; **-i·est**)拙笨的，呆頭呆腦的，魯鈍的。**gáwk·i·ness** *n.*

gawp [gɔp; gɔːp] *v.i.* 〔動(十介十(代)名)〕張口呆視〔…〕〔*at*〕.

***gay** [ge; gei] *adj.* (~·er; ~·est)《★用法《口語》令人强烈地意識到義 4 之語意，故須注意》**1** 〈人、性質、行爲等〉**歡欣的，快活的，快樂的**(↔ grave, sober)：~ voices 歡欣的聲音/a ~ dance 輕快的舞蹈/in a ~ mood 興高采烈的[地]。**2** 〈色彩、服裝等〉**華美的，華麗的，鮮豔的**：a ~ dress 豔麗的衣服。**3** 《委婉語》放蕩的，淫蕩的：~ quarters 風化區，花街柳巷。**4** 《口語》**a** 〈男、女〉同性戀的。**b** 〈場所等〉同性戀者聚集的：a ~ bar 同性戀酒吧。
—*n.* Ⓒ《口語》同性戀者。**~·ness** *n.*

gay·e·ty [ˋgeətɪ; ˈgeiəti] *n.* =gaiety.

gay·ly [ˋgelɪ; ˈgeili] *adv.* =gaily.

Gay-Pay-Oo [ˋgeˌpeˋu; ˈgeiˈpeiˈuː] *n.* =GPU.

gaz. 《略》gazette; gazetteer.

Gàza Stríp [ˋgɑzə-, ˋgezə-; ˈgɑːzə-, ˈgeizə-] *n.* 加薩走廊《地中海東岸之一狹長地帶》。

gaze** [gez; geiz] *v.i.* 〔動(十介十(代)名)〕(以驚訝、喜悅、興趣的眼光)**注視，凝視**〔…〕〔*at, into, on, upon*〕《★可用被動語態》(⇨ look A【同義字】)：I ~*d* and ~*d*. 我一直凝視著/He stood *gazing* ***at the stars. 他站著凝望星星/She ~*d* ***on*** me in bewilderment. 她迷惑地注視著我/He ~*d* ***into*** the stranger's face. 他盯著那陌生人的臉看。
—*n.* [用單數]**凝視**，注視，凝望：His ~ fell upon me. 他盯著我看/He looked at me with a fearless ~. 他不畏怯地注視著我。

ga·ze·bo [gəˋzibo, -ˋze-; gəˈziːbou] *n.* Ⓒ(*pl.* ~s)(公園、庭園等之)眺望台，露台，陽台；(適於眺望景致之)涼亭。

ga·zelle [gəˋzɛl; gəˈzel] *n.* Ⓒ(*pl.* ~s, [集合稱] ~)《動物》瞪羚《生長於非洲及西亞的一種美麗的小型羚羊》。

gazelle

gáz·er *n.* Ⓒ 凝視者。

ga·zette [gəˋzɛt; gəˈzet] 《源自相當於一份報紙價格的古時威尼斯(Venice)小額貨幣名稱》**—***n.* Ⓒ **1** [通常用於報紙名稱]…報：the Westminster *G*~ 西敏報。**2** 《英》**a** 官報《略作 gaz.》：an official ~ 政府公報/the London *G*~ 倫敦官報《在倫敦每週發行兩次》。**b** (大學之)學報：Oxford University *G*~ 牛津大學學報。
—*v.t.* 《英》**1** 刊載〈任命、命令等〉於公報上《★通常用被動語態》：His retirement *was* ~*d* yesterday. 他的退職(的消息)昨天刊載於公報上。**2** 〔十受十補〕在公報上公告任命〈人〉〈爲…〉《★通常用被動語態》：He *was* ~*d* major. 公報上公告他被任命爲陸軍少校。

gaz·et·teer [ˌgæzəˋtɪr; ˌgæzəˈtiə] *n.* Ⓒ **1** 地名辭典。**2** (在地圖書籍、辭典卷尾之)地名索引。**3** 新聞記者；公報撰稿人。**4** 政府公報發行官。

ga·zump [gəˋzʌmp; gəˈzʌmp] *v.t.* 《英俚》(在簽房地產買賣契約時)〈賣方〉向〈買方〉要求較雙方已談妥者更高之價格，抬價敲詐…。

G.B. 《略》Great Britain.

G.B.E. 《略》Knight [Dame] Grand Cross of the British Empire 英帝國大十字最高級勳爵士[英帝國大十字最高級女勳爵士]。

G.B.S. 《略》George Bernard Shaw.

Gc 《略》gigacycle.

G.C. 《略》George Cross.

GCA 《略》ground-controll(ed) approach《航空》地上誘導著陸(方式)。

g-cal 《略》gram calorie(s).

G.C.D., g.c.d. 《略》greatest common devisor.

GCE, G.C.E. 《略》General Certificate of Education.

G.C.F., g.c.f. 《略》greatest common factor 最大公因子。

G cléf *n.* Ⓒ《音樂》高音譜號(⇨ clef 插圖)。

G.C.M., g.c.m. 《略》greatest common measure 最大公測度。

G.C.M.G. 《略》Knight Grand Cross of St. Michael and St. George《英》聖邁克爾和聖喬治大十字最高級勳爵士。

G.C.V.O. 《略》Knight [Dame] Grand Cross of the Royal Victorian Order《英》維多利亞大十字最高級勳爵士[維多利亞大十字最高級女勳爵士]。

Gd 《符號》《化學》gadolinium.

G.D. 1 Grand Duchess 大公爵夫人；女大公爵。**2** Grand Duchy 大公國；大公爵領地。**3** Grand Duke 大公爵；大公。

Gdns. 《略》Gardens.

GDP 《略》gross domestic product 國內生產毛額。

GDR, G.D.R. 《略》German Democratic Republic.

gds. 《略》goods.

Ge 《符號》《化學》germanium.

GE 《略》General Electric (Company)《美》通用電氣公司《或譯作「奇異公司」》。

gear** [gɪr; giə] 《源自古北歐語「準備」之義》**—n.* **1 a** Ⓒ《機械》**齒輪**；(使用齒輪之)傳動裝置；齒輪裝置，聯動機；(汽車之)排檔：a car with four [automatic] ~*s* 有四檔之汽車。**b** Ⓤ排檔[傳動裝置]之搭合位置[狀態]：⇨ bottom gear, low gear, high gear, top gear/change into third [reverse] ~ 將排檔換成三[倒]檔/He put the car in ~ and drove away. 他將車子上檔然後開走/The car is not *in* ~ [is *out of* ~]. 車子沒有上檔[未搭齒輪]。**2** Ⓤ(駕駛飛機、船等時，供某種用途之)裝置：⇨ steering gear/the landing ~ of an airplane 飛機的起落架。**3** Ⓤ[集合稱] **a** [通常與修飾語連用](供某種用途之)(一組)用具，(一套)工具，裝備：fishing ~ 釣具/sports ~ 體育用品。**b** 馬具。**c** (船之)索具。**d** 家具，家當。**4** Ⓤ[集合稱] **a** [常與修飾語連用](供某種用途之)衣服，服裝：hunting ~ 狩獵裝《指服裝及身上之各種裝備》/rain ~ 雨具/police in riot ~ 著鎮暴裝的警察。**b** 《英俚》衣服：teenage ~ (約初、高中就學年齡之)少年、少女的衣服。

chánge géar (1)換檔，變速。(2)改變對問題之處理方法，改變方式。

gèt [gò, móve] ìnto géar 開始順利地運轉，上軌道。

gèt [gò, móve] ìnto hígh géar 開始以全速運轉，開始全力進行生產，開始熱烈地進行。

in géar (1)⇨ 1b. (2)〈事〉進行順利，情況良好：Everything is *in* ~. 一切順利。

in hígh géar (1)搭上高速檔，以高速(運轉)。(2)〈事〉(上軌道而)進入高效率或高潮，熱烈地進行中：The work is now *in high* ~. 這工作現在正在熱烈進行中[已進入高潮]。

òut of géar (1)⇨ 1b. (2)情況不正常《出毛病》：throw [put] a person *out of* ~ 使某人出毛病[走樣，不靈光]。

shíft géar 《美》=change GEAR.

—*v.t.* **1** 〔十受〕給〈機器〉裝上傳動[齒輪]裝置。**2** 〔十受十介十(代)名〕**a** 使〈機器〉連於〔…〕〔*to*〕：~ the wheels ***to*** the motor 使車輪連於發動機。**b** 使…配合，適合〔計畫、需要等〕〔*to*〕《★常用被動語態》：~ production ***to*** the new demand 使生產配合新的需求/This program *is* ~*ed to* housewives. 這個節目是爲迎合家庭主婦的喜好而製作的。**—***v.i.* **1** 〈齒輪〉搭上，扣上。**2** 〔十介十(代)名〕適合，配合〔…〕；〔與…〕一致〔*with*〕.

géar dówn 《*vi adv*》(1)換上低速檔，減速。**—**《*vt adv*》(2)減少〈生產等〉。(3)降低〈…之量、程度〉〔至…〕〔*to*〕：~ *down* the course *to* beginners' level 把課程的程度降低到初學者的水準。

géar úp 《*vi adv*》(1)換上高速檔，加速。(2)〔爲…而〕加强準備〔*for*〕：The team is ~*ing up for* the game. 該隊爲了比賽正在加强準備。**—**《*vt adv*》(3)促進〈工業、經濟等〉：~ *up* industry 擴大產業。(4)使…準備《★通常以過去分詞當形容詞用，表示「〔爲…〕準備妥當〔*for*〕；準備妥隨時〈做…〉〈*to do*〉」之意》：They are ~*ed up for* the start [*to* start]. 他們已爲出發準備妥當[已準備好隨時出發]。

géar·bòx *n.* Ⓒ **1** 《機械》齒輪箱[匣]。**2** (汽車之)變速[排檔]裝置。

géar·chànge *n.* 《英》=gearshift.

gear·ing [ˋgɪrɪŋ; ˈgiəriŋ] *n.* Ⓤ **1** 裝置齒輪之工作。**2** 傳動，聯動：in [out of] ~ 在[不在]傳動。**3** 傳動裝置，齒輪裝置。

géar lèver [stìck] *n.* 《英》=gearshift.

géar·shìft *n.* Ⓒ《美》(汽車等之)變速桿(《英》gear lever [stick]).

géar whèel *n.* Ⓒ(大)齒輪。

geck·o [ˋgɛko; ˈgekou] *n.* Ⓒ(*pl.* ~s, ~es)《動物》壁虎。

gee¹ [dʒi; dʒi:] *interj.* [常 ~up]快，快！轉右邊！《催牛、馬走快或向右轉時之吆喝聲；↔ haw》.

gee² [dʒi; dʒi:] 《Jesus 的委婉簡稱》 —*interj.* 《美口語》[表示驚訝、喜悅、讚美等]咦！哇！啊！呀！

gée-gèe *n.* Ⓒ《英口語・兒語》馬。

***geese** [gis; gi:s] *n.* **goose** 的複數。

gée whíz *interj.* 《美口語》＝gee².

gee·zer [ˋgizɚ; ˈgi:zə] *n.* Ⓒ《俚》古怪之人；(尤指)古怪之老人：an old ~ 古怪的老頭子。

Ge·hen·na [gɪˋhɛnə; giˈhenə] *n.* **1** 火焚谷《耶路撒冷(Jerusalem)附近之希農(Hinnom)谷；★出自聖經「列王記」下篇》。**2** ＝Hell 1. **3** Ⓒ苦難之地，地獄。

Gei·ger(-Mül·ler) còunter [ˋgaɪgɚˋmjulɚ; ˈgaigəˈmju:lə] *n.* Ⓒ《物理》蓋氏計算器《用以測量放射作用及測驗宇宙線質點等》。

gei·sha [ˋgeʃə; ˈgeiʃə] *n.* Ⓒ(日本之)藝妓。

gel [dʒɛl; dʒel] *n.* ⓊⒸ《化學》凝膠，膠滯體，乳膠體《膠質物凝固成果凍狀之物；如凝固之動物膠、洋粉等；cf. sol³》.
—*v.i.* (**gelled**；**gel·ling**) **1** 膠化，成凝膠狀。**2** 《英》〈計畫、想法等〉固定下來。

gel·a·tin [ˋdʒɛlətn̩; ˌdʒeləˈtin], **gel·a·tine** [-tn̩; -ˈti:n] *n.* Ⓤ膠，動物膠，明膠。

ge·lat·i·nous [dʒəˋlætn̩əs; dʒəˈlætinəs] 《gelatin 的形容詞》—*adj.* 膠質的，膠狀的，含膠的。

gélatin pàper *n.* Ⓤ《攝影》明膠相紙。

gélatin pláte *n.* Ⓒ《攝影》白明膠乾板。

gélatin prócess *n.* Ⓒ《印刷》膠版印刷法。

geld [gɛld; geld] *v.t.* (**geld·ed, gelt** [gɛlt; gelt]) **1** 閹割〈馬等〉，將…去勢；去除…之卵巢。**2** 將…去骨；削弱…。

géld·ing *n.* Ⓒ去勢之馬(⇨ horse 相關用語)。

gel·id [ˋdʒɛlɪd; ˈdʒelid] *adj.* **1** 似冰的，冰冷的；極寒冷的。**2** (性質、態度等)冷淡的。

gel·ig·nite [ˋdʒɛlɪgˌnaɪt; ˈdʒelignait] *n.* Ⓤ一種含有硝化甘油之炸藥。

gelt *v.* **geld** 之過去式・過去分詞。

gem [dʒɛm; dʒem] *n.* Ⓒ **1** (尤指經過琢磨之)寶石，珠寶。**2** 如寶石般美麗[寶貴]之物[人]，貴重物品，精華：the ~ *of* the collection 收集物品中的珍品/a ~ *of* a poem 一首珍貴的詩。
—*v.t.* (**gemmed**；**gem·ming**) [十受]以寶石鑲[裝飾]…。

gem·i·nate [ˋdʒɛməˌnet; ˈdʒemineit] *v.t.* 使…成雙[對]。
—*v.i.* 成雙[對]。
—*adj.* 〈葉、花等〉雙生的，成對的，成雙的。

Gem·i·ni [ˋdʒɛməˌnaɪ; ˈdʒeminai] *n.* **1** 《天文》雙子星座(the Twins). **2** 《占星》**a** 雙子星，雙子宮(cf. the signs of the ZODIAC). **b** Ⓒ屬雙子座之人，出生於雙子宮時段之人。

gem·ma [ˋdʒɛmə; ˈdʒemə] *n.* Ⓒ(*pl.* **-mae** [-mi; -mai, -mi:]) **1** 《植物》無性芽，子芽，芽。**2** 芽體，分芽子。

gem·mate [ˋdʒɛmet; ˈdʒemeit] *adj.* 《生物》有子芽的，發芽生殖的。—*v.i.* 有芽，生芽，發芽生殖。

gem·my [ˋdʒɛmɪ; ˈdʒemi] *adj.* (**-mi·er**；**-mi·est**) 鑲著許多寶石的，似寶石的，燦爛的。

gem·ol·o·gist, gem·mol·o·gist [dʒɛˋmɑlədʒɪst; dʒeˈmɔlədʒist] *n.* Ⓒ寶石學家[鑑定師]。

gem·ol·o·gy, gem·mol·o·gy [dʒɛˋmɑlədʒɪ; dʒeˈmɔlədʒi] *n.* Ⓤ寶石學。

gems·bok [ˋgɛmzbɑk; ˈgemzbɔk] *n.* Ⓒ《動物》(南非產之)大羚羊。

gém·stòne *n.* Ⓒ寶石用原石；適於作爲飾物之寶石。

gen [dʒɛn; dʒen] 《*gen*eral information 之略》《英口語》—*n.* Ⓤ[常 the ~]〔有關…之〕(正確或完整之)消息，情報〔*on*〕.
—*v.* (**genned**；**gen·ning**) ★用於下列成語。**gén úp** 《*vi adv*》(1)獲得〔有關…之〕情報[消息]；學習，獲知〔…〕〔*about, on*〕：I'll have to ~ *up about* the rules. 我必須熟悉這些規則。—《*vt adv*》(2)提供，告知〈人〉〔有關…之〕情報[消息]〔*about, on*〕：He *genned* me *up on* the subject. 他提供我有關這個問題的情報[資料]。

gen. 《略》gender；general；genitive；genus.

Gen. 《略》General；《聖經》Genesis.

-gen [-dʒən, -dʒɪn; -dʒən, -dʒin] [名詞複合用詞] **1** 表「產生…之物」：oxy*gen*. **2** 「由…所生之物」：anti*gen*.

gen·darme [ˋʒɑndɑrm; ˈʒɑ:ndɑ:m] 《源自法語「武裝的士兵」之義》—*n.* Ⓒ(*pl.* ~s)(法國等之)警官，憲兵。

gen·dar·me·rie, gen·dar·mer·y [ʒɑnˋdɑrmərɪ; ʒɑ:nˈdɑ:məri] 《源自法語》—*n.* Ⓒ[集合稱]憲兵隊，憲兵警察。

gen·der [ˋdʒɛndɚ; ˈdʒendə] 《源自拉丁文「種類」之義》—*n.* Ⓤ Ⓒ **1** 《文法》性：the masculine [feminine, neuter, common] ~ 陽[陰，中，通]性/⇨ natural gender/German has three ~*s*. 德語有三個性。**2** 《口語》性別(sex).

gene [dʒin; dʒi:n] *n.* Ⓒ《生物》遺傳因子，基因。

Gene [dʒin; dʒi:n] *n.* 金《男子名；Eugene 的暱稱》。

ge·ne·a·log·i·cal [ˌdʒinɪəˋlɑdʒɪkl; ˌdʒi:njəˈlɔdʒikl←] 《genealogy 的形容詞》—*adj.* 宗譜的；家譜的，(表示)家系的：a ~ table [chart] 家譜。~·**ly** [-klɪ; -kəli] *adv.*

ge·ne·al·o·gist [ˌdʒinɪˋælədʒɪst; ˌdʒi:niˈælədʒist] *n.* Ⓒ系譜學家，家系學家。

ge·ne·al·o·gy [ˌdʒinɪˋælədʒɪ; ˌdʒi:niˈælədʒi] *n.* **1** Ⓒ **a** 家系，宗譜，血統。**b** (動植物、語言之)系統，系圖。**2** Ⓤ **a** 家系學，系譜學。**b** (動植物等之)系統研究。

géne engineéring *n.* Ⓤ基因工程。

géne pòol *n.* Ⓤ《生物》基因庫《某一品種的遺傳結構中所含的全部基因》。

genera *n.* **genus** 的複數。

‡gen·er·al [ˋdʒɛnərəl, ˋdʒɛnrəl; ˈdʒenərəl] 《源自拉丁文「某一種類(整體)的」之義》—*adj.* (**more** ~；**most** ~) **1** (無比較級、最高級)(非特殊的而是)**一般的**，總括的，全面的，普遍的(↔ special, particular)：⇨ general agent/a ~ attack 總攻擊/a ~ catalog 總目錄/a ~ manager 總經理/a ~ meeting [council] 大會，全會/⇨ general strike/a ~ war 全面戰爭。**2** (無比較級、最高級)(不限於某一部門而是)**一般的**；各種各樣的(↔ special)：~ affairs 庶務，總務/a ~ clerk 庶務[總務]人員/~ culture course 一般教養[文化]課程/a ~ dealer 雜貨商/a ~ magazine 綜合性雜誌/a ~ reader (非專家的)一般讀者。**3** (不詳細而)**概略的**，大體的，大致的(↔ specific)：a ~ outline 概要/~ principles 通則；總則/~ rules 一般原則/in ~ terms 總括地說，籠統地/I'll give you a ~ idea of it. 我會把這件事概略地告訴你。**4** (無比較級、最高級)**社會大衆的**，與社會之大部分通用的，普通的：a ~ custom 社會上一般的習俗/a ~ opinion 輿論/the ~ public 大衆，公衆/~ welfare 大衆的福利/a matter of ~ interest 一般人所關心的事/a word in ~ use 通用的字；一般人廣泛使用的字/work for the ~ good 爲公益而工作。**5** [用在名詞前](無比較級、最高級)將官級的：a ~ officer (陸軍、空軍、陸戰隊之)將官。**6** [附加於官銜之後]總…，…長(官)：a governor ~ 總督/⇨ attorney general, Postmaster General, secretary-general.

as a géneral rúle [修飾整句]通常，照例地，一般而言(in general)：*As a ~ rule*, our hottest weather comes in July. 最熱的天氣通常在七月來臨。

as is géneral with... 這事在…而言是平常的。

in a géneral wáy 普通，大致上，通常。

—*n.* Ⓒ **1 a** [又用於稱呼]《美陸空軍・陸戰隊・英陸軍》上將；將軍《略作 gen., Gen.；★在美國，將官之官階係以所佩戴之星數表示，即准將、少將、中將、(四星)上將，五星[一級]上將，五個階級分別稱爲 a one-star [two-star, three-star, four-star, five-star] general [admiral]》：⇨ major general, lieutenant general/a full ~ [用以表示有別於其他將官]陸軍上將/a *G*~ of the Army《美》陸軍一級上將/a *G*~ of the Air Force《美》空軍一級上將/*G*~ Grant 格蘭特將軍。**b** [常與修飾語連用](…的)戰略[兵法]家：a good [bad] ~ (善於作戰之)名將[(作戰拙劣之)庸將]/He's no ~. 他根本不是戰略家《不善於用兵》。**2 a** 《基督教》(修會之)總會長。**b** (救世軍之)大將。

in géneral (1)[修飾整句]**一般而言**，就大體而論，大致上：*In* ~, she is a good cook. 大致說來，她是位好廚師。(2)[置於名詞之後]一般的，大概的：the world *in* ~ 大千世界，社會/People *in* ~ dislike being criticized. 一般人[人們通常]不喜歡被批評。

géneral ágent *n.* Ⓒ總代理人；總代理店〔*for*〕《略作 GA》.

Géneral Américan *n.* Ⓤ通用美語《除東北部之新英格蘭(New England)各州及南部以外，在美國中西部全區使用之典型美語；略作 GA》.

Géneral Assémbly *n.* [the ~] **1** 聯合國大會《略作 GA》. **2** (美國某些州之)州議會。**3** (長老教會等之)總會，大會。

Géneral Certíficate of Educátion *n.* 《英》 **1** Ⓒ普通教育證明書《略作 GCE》. **2** [the ~](爲獲得上述證明書而接受之)普通教育修業證明考試《略作 GCE》.

> **【說明】** General Certificate of Education 是爲志願升學就讀英格蘭或威爾斯之大學或希望謀得專門職業之中學(secondary school)高年級學生舉行之聯考，考試及格者便發給證書；考試科目依難度分爲以十六歲以上者爲對象之普通課程考試(O(＝ordinary) level)及以十八歲以上者爲對象之高級課程考試(A(＝advanced) level)兩種，其成績對於日後之升大學及就業具有重大影響；後者另爲希望獲得大學獎學金者設有獎學金課程考試(S(＝scholarship) level).

géneral delívery *n.* Ⓤ《美・加郵政》存局待取郵件(部門)(《英》poste restante)《★常寫在郵件上》：have one's mail directed to ~ 以存局候領之方式寄郵件。

G

géneral éditor *n.* Ⓒ總編輯，主編。

géneral educátion *n.* Ⓤ[又作 a ～]（與專科[技術]教育相對的）一般教育，普通教育(cf. LIBERAL education)。

géneral eléction *n.* Ⓒ大選，普選《在英國指於五年以內舉行一次之下院議員選舉；在美國泛指地方、州、全國之大選》。

Géneral Eléction Dày *n.* (美國的)大選日《每隔四年之十一月的第一個星期一之後的星期二》。

géneral héadquàrters *n. pl.* 《美陸軍》總司令部《略作 GHQ》。

géneral hóspital *n.* Ⓒ **1** 綜合醫院。**2** 陸軍總醫院《收容野戰醫院送來的傷患的醫院》。

gen·er·al·is·si·mo [ˌdʒɛnərəlˈɪsəˌmo; ˌdʒenərəˈlisimou] *n.* Ⓒ (*pl.* ～s) **1** (某些國家中的)總司令，大元帥。**2** (在中國及蘇聯的)最高統帥，委員長。

gén·er·al·ist [-lɪst; -list] *n.* Ⓒ具有多方面知識之人，博學之人，萬事通，萬能博士(↔ specialist)《★用法 有時被專家用作輕蔑語》。

gen·er·al·i·ty [ˌdʒɛnəˈrælətɪ; ˌdʒenəˈræləti] 《general 的名詞》—*n.* **1** Ⓤ一般，一般性，普遍性：a rule of great ～ 非常普遍的規則。**2** Ⓒ概論；通則；概說；通論：come down from *generalities* to particulars 由概論進入細節[詳述]/talk in *generalities* 概略地說。**3** [the ～；當複數用]《文語》(…之)大部分，大多數，大半〔*of*〕《★比較 一般較常用 majority》：*The* ～ *of* students work hard. 大多數的學生努力用功/in *the* ～ *of* cases 在一般[大半]的情形下。

gen·er·al·i·za·tion [ˌdʒɛnərələˈzeʃən, ˌdʒɛnrəl-, -laɪˈz-; ˌdʒenərəlaiˈzeiʃn, -liˈz-] 《generalize 的名詞》—*n.* **1** Ⓤ一般化，普遍化；綜合，概括。**2** Ⓒ(綜合、概括後所得之)概念，歸納的結果；泛論：make sweeping ～*s* 做總括的概論。

gen·er·al·ize [ˈdʒɛnərəlˌaɪz, ˈdʒɛnrəl-; ˈdʒenərəlaiz] 《general 的動詞》—*v.i.* **1** 〔動(＋介＋(代)名)〕(籠統而)概括地談論，泛論〔…〕；〔對…〕做出結論，一概而論〔*about*〕：It is dangerous to ～ ***about*** people. 以偏概全地談論人是危險的。
2 〔＋介＋(代)名〕〔由…〕概括，做出結論；歸納，綜合〔自…〕〔*from*〕：～ ***from*** a large collection of data 從一大堆資料中概括地歸納出結論。
—*v.t.* **1** 〔＋受(＋介＋(代)名)〕〔從…〕歸納出〈一般法則、結論等〉〔*from*〕. **2** 〔＋受〕使〈原理、規則等〉一般化，使…普遍，推廣…，使…普及。

géneral lédger *n.* Ⓒ《會計》總分類帳。

‡**gen·er·al·ly** [ˈdʒɛnərəlɪ, ˈdʒɛnrəlɪ; ˈdʒenərəli] *adv.* (**more** ～；**most** ～) **1** 一般地，廣泛地，普遍地：It is ～ believed that.... 一般(人)相信…/Our new plan was ～ welcomed. 我們的新計畫廣泛地受到[受到大多數人的]歡迎。
2 通常：He ～ goes to bed at ten. 他通常十點就寢。
3 大概，大體上：This book is ～ accurate. 這本書大體上[大致]正確。

génerally spéaking ＝**spéaking génerally** [通常置於句首]一般而言，一般說來，概言之：*G～ speaking*, boys like active sports more than girls do. 一般說來男孩子比女孩子喜歡劇烈的運動。

géneral póst *n.* **1** [the ～]（郵件)上午第一次的發送。**2** Ⓤ《主英》職務的大變動。

Géneral Póst Óffice *n.* [the ～]《美郵政》郵政總局《略作 GPO 或 G.P.O.》。

géneral practítioner *n.* Ⓒ(與專科醫師相對的)全科[普通]醫師，一般診療醫師(cf. specialist 2)《★比較《口語》又稱 family doctor；略作 GP》。

géneral-púrpose *adj.* [用在名詞前]供多種用途的，用途廣泛的，多目標的：a ～ tool 萬能工具。

géneral·shìp *n.* **1** Ⓤ **a** 大將之才[風]。**b** 用兵、戰略之手腕。**c** 指揮能力，統率[統御]能力。**2** Ⓒ大將[將軍]之職[地位，身分]。

géneral shóp *n.* 《英》＝general store.

géneral stáff *n.* Ⓤ[the ～；集合稱]（師團、軍團等之)參謀(部)，幕僚《★用法 視爲一整體時當單數用，指個別成員時當複數用》。

géneral stóre *n.* Ⓒ《美》(鄉下之)雜貨店。

géneral stríke *n.* Ⓒ總罷工。

Géneral Wínter 《因冬季給予軍事行動極大之影響》—*n.* 冬將軍《將冬季擬人化》。

gen·er·ate [ˈdʒɛnəˌret; ˈdʒenəreit] 《源自拉丁文「產生」之義》—*v.t.* 〔＋受〕**1 a** 《物理・化學》(以物理、化學方法)產生，引起〈熱、電等〉。**b** 《幾何》(因點、線、面之移動而)造成，形成〈線、面、立體等〉。**c** 《語言》〈規則〉生成，孳生，衍生；形成〈句等〉。**d** 《生物》產生〈新個體〉。
2 《文語》引起，招來，招致，導致〈結果、狀態、行動、感情等〉《★比較 一般較常用 cause》：His actions ～*d* a good deal of suspicion. 他的行動招來不少的猜疑。

génerating stàtion *n.* Ⓒ發電廠。

*****gen·er·a·tion** [ˌdʒɛnəˈreʃən; ˌdʒenəˈreiʃn] 《generate 的名詞》—*n.* A Ⓒ **1** [集合稱] **a** 同時代[同一輩，同一代]的人：the present [last, coming] ～ 這一代[上一代，下一代]的人/the rising [younger] ～ 年輕的一代，青年/Our ～ has seen immense change. 我們這一代經歷了極大的變遷。**b** 在同一時代持有共同的思想或共同行動的人們，…族[世代]：⇨ beat generation/the rock-'n'-roll ～ 搖滾族。
2 一代《自子女取代父母時起至被自己子女所取代前之個人活動期間，約爲三十年》：a ～ ago 一代以前。
3 (父母之一代、兒女之一代的)代：first-*generation* Americans 第一代美國人《於父母移民至美國後，在美國出生並成長之美國人》/three ～*s* 三代《祖父母、父母、子女》/for ～*s* 一連好幾代。
4 (將已往之機型加以發展而成之機器等之)…代[型]：third-*generation* computers (使用集體電路之)第三代(型)電子計算機/the new ～ of supersonic airliners 新型[一代]的超音速客機。
—B Ⓤ **1 a** 《物理・化學》產生〔*of*〕：the ～ *of* electricity *by* nuclear power 以核子爲動力之發電。**b** 《幾何・語言》形成，造成，生成，孳生，衍生。**c** 《生物》發生，產生，生出，生殖。**2** 〔感情等的〕引發，發生，產生，形成〔*of*〕：the ～ *of* ill feeling 惡感的發生。

from generátion to generátion ＝**generátion àfter generátion** 一代接一代；世世代代，代代相傳。

generátion gàp *n.* Ⓒ代溝：bridge the ～ 彌補代溝。

gen·er·a·tive [ˈdʒɛnəˌretɪv; ˈdʒenərətiv, -nəreit-] 《generate 的形容詞》—*adj.* **1** 生產[生殖]的；有生產[生殖]力的；發生[產生，生長]的；有發生[產生，生長]力的：a ～ cell [organ] 生殖細胞[器]/～ force [power] 發生[生殖]力。**2** 《語言》衍生的，生成的。

génerative grámmar *n.* Ⓤ《語言》衍生[生成]語法，孳生語法。

gén·er·à·tor *n.* Ⓒ **1** 使發生之人[物]，產生之人[物]。**2 a** 發電機。**b** 產生煤氣或蒸汽等之機器[裝置]。

géne recombinátion *n.* Ⓤ基因重組合。

ge·ner·ic [dʒəˈnɛrɪk; dʒiˈnerik] 《genus 的形容詞》—*adj.* **1** 《生物》(分類上之)屬的，類的；屬通有的：a ～ difference 屬差/a ～ name [term] 屬名，類名。**2** 〈名稱等〉一般的，普通的，通有的(↔ specific)：'Furniture' is a ～ term for beds, chairs, tables, etc.「家具」是牀，椅，桌等的通稱。**3** 《文法》全稱的：the ～ singular 總稱單數《例如 The *dog* is a faithful animal. 之 dog》。**ge·nér·i·cal·ly** [-ɪklɪ; -ikəli] *adv.*

*****gen·er·os·i·ty** [ˌdʒɛnəˈrɑsətɪ; ˌdʒenəˈrɔsəti] 《generous 的名詞》—*n.* **1 a** Ⓤ慷慨大方：show ～ *with* one's money 顯示用錢大方。**b** Ⓒ[常 generosities]慷慨的行爲。**2 a** Ⓤ寬大，寬容，雅量，大度：show ～ *in* forgiv*ing* the faults of others 寬大爲懷地原諒別人的過失。**b** Ⓒ[常 generosities]寬大的行爲。

‡**gen·er·ous** [ˈdʒɛnərəs, ˈdʒɛnrəs; ˈdʒenərəs] 《源自拉丁文「出生高貴」之義》—*adj.* (**more** ～；**most** ～) **1 a** 慷慨的，不吝嗇地給東西[錢，援助(等)]的，大方的：a ～ giver 慷慨的給予者/a ～ gift 大方的贈品。**b** [不用在名詞前]〔＋介＋(代)名〕〔於…方面〕慷慨大方的，不吝嗇的〔*with, in*〕：He was ～ ***with*** his money [***in*** giv*ing* help]. 他慷慨出錢[助人]。**c** [不用在名詞前]〔＋*of*＋(代)名(＋*to* do)/＋*to* do〕〈人〉〈做…〉(實在)慷慨的；〈人〉慷慨的〈(居然)做…〉：It is ～ *of* you *to* pay for us.＝You are ～ *to* pay for us. 你替我們付錢[破費]，眞是大方。
2 a 寬大的，有雅量的：～ remarks 寬大的[有雅量的]話。**b** [不用在名詞前]〔＋介＋(代)名〕〔於…方面〕寬大的〔*to, in*〕：Try to be ～ ***in*** your judgment of others. 評價別人時要力求寬大爲懷。**c** [不用在名詞前]〔＋*of*＋(代)名(＋*to* do)/＋*to* do〕〈人〉〈做…〉(實在)寬大的；〈人〉有雅量的〈(居然)做…〉：It is most ～ *of* you *to* forgive me.＝You are most ～ *to* forgive me. 你原諒我眞是寬宏大量。
3 豐饒的，豐富的，豐盛的；大的：a ～ helping of food 一份豐盛的食物/a ～ bosom 豐滿的胸部。
4 〈葡萄酒〉醇而烈的，濃郁的。
5 〈土地〉肥沃的。～**·ness** *n.*

gén·er·ous·ly *adv.* **1** 慷慨地，大方地，不吝嗇地：Give ～ to the charity. 請慷慨捐贈給慈善事業《★鼓勵捐贈之詞句》。**2** [修飾整句](眞)寬大：*G～*, the teacher forgave us. 眞是寬大爲懷，老師原諒了我們。**3** 豐富地。

gen·e·sis [ˈdʒɛnəsɪs; ˈdʒenisis] 《源自希臘文「起源」之義》—*n.* (*pl.* **-ses** [-ˌsiz; -si:z]) **1** [G～]《聖經》創世記《聖經舊約之首卷；略作 Gen.》。**2** Ⓒ[常 the ～]起源，根源；創始，發生，誕生，發端〔*of*〕：*the* ～ *of* civilizations 文明的起源。

géne-splícing *n.* Ⓤ《生物》基因接合，基因[遺傳因子]之重新組合。

gen·et[1] [ˈdʒɛnɪt; ˈdʒenit] *n.* Ⓒ《動物》**1** (非洲、南歐、西亞產之)獛。**2** Ⓤ獛之皮毛。

gen·et[2] [ˈdʒɛnɪt; ˈdʒenit] *n.* ＝jennet.

ge·net·ic [dʒəˋnɛtɪk; dʒiˈnetik] *adj.* **1**《生物》遺傳學的；遺傳上的；基因的，遺傳因子的：a ~ disorder 遺傳病。**2** 起源的，發生(論)的。

ge·nét·i·cal [-tɪkḷ; -tikl] *adj.* =genetic. ~·**ly** [-kḷɪ; -kəli] *adv.*

genétic códe *n.* Ⓤ Ⓒ《生化》遺傳信息。

genétic engineéring *n.* Ⓤ遺傳工程(學)。

ge·nét·i·cist [-təsɪst; -tisist] *n.* Ⓒ遺傳學家。

ge·net·ics [dʒəˋnɛtɪks; dʒiˈnetiks] *n.* Ⓤ遺傳學。

Ge·ne·va [dʒəˋnivə; dʒiˈni:və] *n.* 日內瓦《瑞士西南部 Geneva 湖畔之城市；國際紅十字會，ILO, WHO 等總部之所在地》。

Genéva Convéntions *n. pl.* [**the** ~] 日內瓦公約《自 1864 年起在日內瓦舉行數次之國際會議上締結；公約中約定在戰爭期間對待俘虜、傷病官兵等之事項》。

Genéva cróss *n.* Ⓒ紅十字(red cross).

Ge·ne·van [dʒəˋnivən; dʒiˈni:vən] *adj.* **1** 日內瓦(人)的。**2** 喀爾文(Calvin)教派的：~ theory 喀爾文派神學。
—*n.* Ⓒ **1** 日內瓦人。**2** 喀爾文教派之信徒。

Gen·e·vese [ˏdʒɛnəˋviz; ˌdʒinəˈvi:z] *adj., n.* =Genevan.

Gen·ghis Khan [ˋdʒɛŋ·gɪzˋkɑn; ˌdʒeŋgisˈkɑ:n] *n.* 成吉思汗《1162–1227；征服亞洲之大部分及歐洲東部之蒙古帝國始祖，即元太祖》。

ge·nial [ˋdʒinjəl; ˈdʒi:njəl] «源自「獻給守護神(genius)的；祭祀的，快樂的」之義» —*adj.* (**more** ~；**most** ~) **1** 〈性情、態度等〉**明朗而溫柔的**，和藹的，和顏悅色的，友好的，親切的：a ~ disposition 明朗溫柔的性情/a ~ welcome 慇懃的歡迎。**2** 〈氣候等〉溫和的，溫暖的，舒適的，宜人的：a ~ climate 溫和的氣候。~·**ly** [-əlɪ; -əli] *adv.*

ge·ni·al·i·ty [ˏdʒinɪˋælətɪ; ˌdʒi:niˈæləti] «genial 的名詞» —*n.* **1** Ⓤ親切，溫柔，和藹。**2** Ⓒ[常 **genialities**]親切的行爲。

ge·nie [ˋdʒinɪ; ˈdʒi:ni] *n.* (*pl.* ~**s**, **ge·ni·i** [-nɪˏaɪ; -niai]) =jinn.

ge·ni·i *n.* **genius, genie** 的複數。

gen·i·tal [ˋdʒɛnətḷ; ˈdʒenitl] *adj.* 生殖(器)的：the ~ organs 生殖器，外陰部。
—*n.* [~**s**] =genitalia.

gen·i·ta·li·a [ˏdʒɛnəˋtelɪə; ˌdʒeniˈteiliə] *n. pl.* 生殖器，(外)陰部。

gen·i·ti·val [ˏdʒɛnəˋtaɪvḷ; ˌdʒeniˈtaivl] *adj.*《文法》屬格(形)的。

gen·i·tive [ˋdʒɛnətɪv; ˈdʒenitiv]《文法》*adj.* 屬格的，所有格的：the ~ case 屬格，所有格。
—*n.* Ⓒ屬格，所有格。

***ge·nius** [ˋdʒinjəs; ˈdʒi:njəs] «源自拉丁文「守護神」之義» —*n.* (*pl.* 義 2 ~·**es**；義 5 **ge·ni·i** [ˋdʒinɪˏaɪ; ˈdʒi:niai]) **1** Ⓤ(科學、藝術等方面之創作性)**天才**，非凡的才能，天賦(⇨ ability【同義字】)：a man of ~ 天才/show ~ 展示天才。
2 Ⓒ**天才(之人)**，英才〔*in*〕：a ~ at [*in*] mathematics 一名數學天才/an infant ~ 神童。
3 [**a** ~]〔對…之〕**特殊才能**，〔…之〕天性，傾向〔*for*〕《★【用法】也用於諷刺惡性之才能》：He has *a* ~ *for* music [mak*ing* people angry]. 他有音樂的天份[他具有惹人生氣之天性]。
4 [用單數；常 **the** ~] **a** 〔民族、語言、制度等之〕特徵，特質；〔時代、社會等之〕趨向，精神，潮流〔*of*〕：*the* ~ *of* modern civilization [the English language] 現代文明[英語]的特質。**b** 〔某處之〕氣氛，〔某地之〕風氣〔*of*〕：be influenced by *the* ~ *of* the place 爲該地的風氣所影響。
5 Ⓒ[通常與修飾語連用]〈人、地方等之〉守護神，神靈：one's evil [good] ~ 附在人身上的魔鬼[守護神]；給與人壞[好]影響的人。

génius ló·ci [-ˋlosaɪ; -ˈlousai] *n.* Ⓒ[常用單數]〈地方之〉氣氛，風氣。

genned-up [ˋdʒɛndˋʌp; ˈdʒendˈʌp⁻] *adj.* [不用在名詞前]〔十介十(代)名〕《英口語》〔對於…〕消息靈通的，通曉〔…〕的〔*about, on*〕(cf. GEN up)：He's all ~ ***about*** finance. 他通曉財政問題。

Gen·o·a [ˋdʒɛnəwə; ˈdʒenouə] *n.* 熱那亞《義大利西北部之一海港》。

gen·o·ci·dal [ˏdʒɛnəˋsaɪdḷ; ˌdʒenəˈsaidl⁻] «genocide 的形容詞» —*adj.* 集體[大]屠殺的，種族滅絕的：a ~ weapon 大屠殺的武器。

gen·o·cide [ˋdʒɛnəˏsaɪd; ˈdʒenəsaid] *n.* Ⓤ(對某人種、民族等有計畫之)集體大屠殺。

Gen·o·ese [ˏdʒɛnəˋwiz; ˌdʒenouˈi:z] *adj.* 熱那亞(Genoa)的，熱那亞人的。
—*n.* Ⓒ(*pl.* ~)熱那亞人。

ge·no·type [ˋdʒɛnoˏtaɪp; ˈdʒenoutaip] *n.* Ⓒ《生物》遺傳型，基因型《某生物個體之基本遺傳構造[遺傳因子之類別]；cf. phenotype》.

gen·re [ˋʒɑnrə; ˈʒɑ:ŋrə] «源自法語「種類」之義» —*n.* Ⓒ(尤指藝術作品的)類型，形式，式樣。

gens [dʒɛnz; dʒenz] *n.* Ⓒ (*pl.* **gen·tes** [ˋdʒɛntiz; ˈdʒenti:z]) **1** 《古羅馬》(同祖先且爲父系的)氏族。**2** 氏族《尤指父系氏族》。

gent [dʒɛnt; dʒent] «gentleman 之略» —*n.* Ⓒ **1**《謔》紳士，男人，傢伙《★非標準語》：Let's have a drink, ~*s*！大家來喝一杯！**2** ⇨ Gents.

Gent., gent. gentleman, gentlemen.

gen·teel [dʒɛnˋtil; dʒenˈti:l⁻] «源自法語 'gentle' 之義» —*adj.* **1** 〈人、態度等〉擺上流架子的，裝紳士派頭[裝高尚]的：affect ~ ignorance 假裝不知道以顯示自己的高貴。
2《古》出身名門的，有教養的；上流社會的；嫻雅的，優雅的。
~·**ly** *adv.* ~·**ness** *n.*

gen·téel·ism [-lɪzəm; -lizəm] *n.* Ⓒ上流語，雅語《例如：用 gateau 代替 cake, 用 perspire 代替 sweat 以表示優雅》。

gen·ti·an [ˋdʒɛnʃən; ˈdʒenʃiən] *n.* Ⓤ[指個體時爲Ⓒ]《植物》龍膽《其根用以製健胃劑》。

gen·tile [ˋdʒɛntaɪl; ˈdʒentail] *n.* Ⓒ[常 G~] **1** (猶太人眼中之)非猶太人；(猶太教徒眼中之)異教徒；(尤指)基督教徒。**2**《美》非摩門教徒(Mormon).
—*adj.* [常 G~] **1** (在猶太人眼中)非猶太人的，異邦人的；(尤指)基督教徒的，非猶太教徒的。**2**《美》非摩門教徒(Mormon)的。

gen·til·i·ty [dʒɛnˋtɪlətɪ; dʒenˈtiləti] «genteel 的名詞» —*n.* Ⓤ假充上流，假裝文雅；假派頭：shabby ~ 打腫臉充胖子，勉強擺闊氣。

‡**gen·tle** [ˋdʒɛntḷ; ˈdʒentl] «源自法語「良家的」之義» —*adj.* (**gen·tler**；**gen·tlest**) **1 a** 〈人、氣質、聲音等〉**溫柔的**，柔和的，溫和的，安詳的，和善的；〈態度等〉和藹的，高尚的(↔ harsh)：a ~ disposition [mother] 溫柔的性情[母親]/in a ~ voice 以柔和的聲音/~ manners 彬彬有禮。**b** [不用在名詞前]〔十介十(代)名〕〔對…〕溫柔的〔*with, to*〕：He is ~ ***with*** children. 他對孩童溫柔。
2 a 〈自然現象等〉**溫和的**，平穩的，平靜的：a ~ rain [wind] 細雨[和風]。**b** 〈聲音、動作等〉低聲的，輕柔的(light)：give a ~ push 輕輕一推。**c** 〈斜坡等〉平緩的：a ~ slope 平緩的斜坡。**d** 〈統治、處罰、批評等〉留情的，不嚴厲的，寬大的，溫和的：a ~ reproach 溫和的譴責/by ~ means 以平和的手段。
3 〈藥等〉不強烈的，溫和的。
4 (無比較級、最高級)《古》**a** 〈門第〉體面的，良好的：of ~ birth [blood] 出身良家[名門]的。**b** 〈人〉出身名門的，家世良好的；高尚的，文雅的。
~·**ness** *n.*

géntle árt [**cráft**] *n.* [**the** ~] 釣魚。

géntle bréeze *n.* Ⓒ **1** 和風。**2**《氣象》微風(⇨ wind scale).

géntle·fòlk *n.* [集合稱；當複數用]出身名門[有身分]的人，上流人士《★此語又有 gentlefolks 之形》。

‡**gen·tle·man** [ˋdʒɛntḷmən; ˈdʒentlmən] «源自法語» —*n.* (*pl.* **-men** [-mən; -mən]) **1** Ⓒ **a** **紳士**，君子，雅士《有教養，對人彬彬有禮而重名譽之男子↔ lady》.

【說明】昔日英國紳士之典型特徵是：圓頂禮帽(bowler)，黑西裝，不論陰天晴天，出門時手持摺捲整齊成細棒之雨傘充拐杖；但現已少見。

b《古》有錢有地位無需工作以謀生之男人。
2 a Ⓒ[爲表示禮貌而用以代替 man 之尊稱]**先生**，男士《★【用法】下列情形時用 'gentleman' 之尊稱以代替 'man'，(1)說話者所提之人在自己面前時，(2)主人與僕人間提到不在場之第三者時，除此以外則被視爲假充上流之用法》：This ~ wishes to see the manager. 這位先生想見經理/A ~ called to see you while you were out. 你外出的時候有位男士來探望你。**b** [**gentlemen**；用以稱呼男性聽衆]各位先生！(↔ lady)：Ladies and *Gentlemen*！各位(女士和各位先生)[各位先生(和)各位太太小姐]！**c** [**Gentlemen** 用作商業書信開頭之問候語(salutation)]敬啓者。
3 [(**the**) **Gentlemen**('**s**) 當單數，也用於告示]《英》男用(公共)廁所(《美》men's room).
4 [**the** ~ **from...**]《美》(…選出之)國會議員：*the* ~ *from* Alabama 阿拉巴馬州選出之議員。
5 Ⓒ《英》(宮廷、貴族等之)侍從，隨從人員，從僕(valet)《★通常用於下列片語》：a ~'s ~ 從僕。

géntleman-at-árms *n.* Ⓒ(*pl.* **gentlemen-**)《英》儀仗侍衛《於重大儀式中伴從國王[女王]之四十侍衛之一》。

géntleman-cómmoner *n.* Ⓒ(*pl.* **gentlemen-commoners**)昔時在牛津大學享有特殊待遇的平民學生。

géntleman fármer *n.* Ⓒ(*pl.* **gentlemen farmers**)爲消遣而從事農業之大地主[大財主]。

gén·tle·man·ly *adj.* 紳士的；紳士風度的，舉止高雅的，有禮貌的。

géntleman's [**géntlemen's**] **agréement** *n.* Ⓒ君子協定。

G

géntleman-úsher *n.* Ⓒ(*pl.* **gentlemen-ushers**)(英國王室中招待貴賓等的)禮官；(拜謁者的)引見人。

géntle séx *n.* [the ～；集合稱]女性，婦女(women)《★用法視爲一整體時當單數用，指個別成員時當複數用》。

géntle·wòman *n.* Ⓒ(*pl.* **-women**)《古》**1** 上流婦女，貴婦，淑女，女士。**2** (昔日服侍貴婦之)侍女。

gent·ly [ˋdʒɛntlɪ; ˈdʒentli] *adv.* (**more** ～；**most** ～) **1 優雅地**；溫和地；輕輕地：speak ～ 溫和地講話。
2 逐漸地，和緩地：The road curves ～ to the left. 那條路徐緩彎向左邊。
3 出身高貴地，有教養地：～ born [bred]家世良好[有教養]的。

gen·try [ˋdʒɛntrɪ; ˈdʒentri] *n.* [常 **the** ～；集合稱；當複數用]《★此語無複數》**1** 紳士[上流]階級之人士。
2 [與修飾語連用]《輕蔑》(某一地區、職業或階級、社團之)人物，人們：*the* local ～ 地方上的人物/these ～ 這些人物。

Gents, Gents' [dʒɛnts; dʒents] *n.* Ⓒ(*pl.* ～)[常 **the** ～]《口語》男用(公共)廁所(cf. Ladies)。

gen·u·flect [ˋdʒɛnjuˏflɛkt; ˈdʒenju:flekt] *v.i.* **1** (指爲了禮拜而)屈一膝。**2** 作出卑躬屈膝的態度。

gen·u·flec·tion,《英》**gen·u·flex·ion** [ˏdʒɛnjuˋflɛkʃən; ˌdʒenju:ˈflekʃn] **«**genuflect 的名詞**»**—*n.* ⓊⒸ **1** (爲了禮拜所行的)屈(單)膝；跪拜。**2** 卑躬屈膝的態度。

***gen·u·ine** [ˋdʒɛnjuɪn; ˈdʒenjuin] **«**源自拉丁文「天生的，本來的」之義**»**—*adj.* (**more** ～；**most** ～) **1** (無比較級、最高級) **a** 〈物〉**眞正的**，純正的，非假冒的(↔ spurious)：a ～ vintage wine 眞正的佳釀品牌葡萄酒/This signature is ～. 這署名是眞跡。**b** 〈人〉名符其實的，非假冒的，眞正的：a ～ conservative 眞正的保守主義者。
2 〈感情〉衷心的，誠懇的，眞實的，不虛僞的：～ regret 由衷的悔恨/Her love was ～. 她的愛是眞誠的。
3 (無比較級、最高級)純種的，純粹的：the ～ breed of bulldog 純種的牛頭犬。
～·ly *adv.* **～·ness** *n.*

ge·nus [ˋdʒinəs; ˈdʒi:nəs] **«**源自拉丁文「種類」之義**»**—*n.* Ⓒ(*pl.* **gen·er·a** [ˋdʒɛnərə; ˈdʒenərə]) **1**《生物》(動植物分類上之)屬(cf. classification 1 b)：the ～ *Homo* 人類。**2** 種類，類。

-ge·ny [-dʒənɪ, -dʒɪnɪ; -dʒəni, -dʒini] 字尾 表示「原始，產生，發生，發展」之意的名詞字尾：proge*ny*.

Geo.《略》George.

ge·o- [dʒio-; dʒi:ou-] [複合用詞]表示「地球、土地」：*geo*physics.

gèo·céntric [-ˋsɛntrɪk; -ˈsentrik˴] *adj.* **1** 以地球爲中心的：～ theory 地球中心說。**2** 從地球中心所見[所測量]的：the ～ latitude [longitude]地心緯度[經度]。

gèo·chémist *n.* Ⓒ地球化學家。

gèo·chémistry *n.* Ⓤ地球化學。

gèo·chronólogy *n.* Ⓤ地質年代學。

ge·o·des·ic [ˏdʒiəˋdɛsɪk; ˌdʒi:əˈdesik˴] *adj.* 測地線的：a ～ line 測地線/a ～ dome 測地線圓頂《組合多角形格子而成之輕形圓頂；內部不需用支柱》。

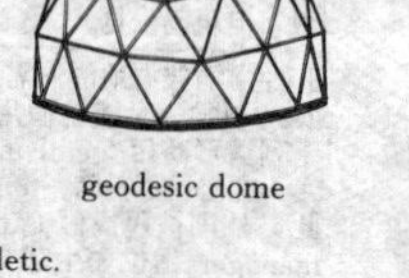

geodesic dome

ge·od·e·sist [dʒiˋɑdəsɪst; dʒi:ˈɔdisist] *n.* Ⓒ測地學家。

ge·od·e·sy [dʒiˋɑdəsɪ; dʒi:ˈɔdisi] *n.* Ⓤ測地學，大地測量學。

ge·o·det·ic [ˏdʒiəˋdɛtɪk; ˌdʒi:ouˈdetik˴] *adj.* 以測地學測定的；測地學的。

ge·o·det·i·cal [-tɪkḷ; -tikl˴] *adj.* =geodetic.

Geoff [dʒɛf; dʒef] *n.* 傑夫《男子名；Geoffrey 之暱稱》。

Geof·frey [ˋdʒɛfrɪ; ˈdʒefri] *n.* 傑夫利《男子名；暱稱 Geoff》。

geog.《略》geographic(al)；geography.

ge·og·ra·pher [dʒiˋɑgrəfɚ; dʒiˈɔgrəfə] *n.* Ⓒ地理學家。

ge·o·graph·ic [ˏdʒiəˋgræfɪk; dʒiəˈgræfik˴] *adj.* =geographical.

ge·o·graph·i·cal [ˏdʒiəˋgræfɪkḷ; dʒiəˈgræfikl˴] **«**geography 的形容詞**»**—*adj.* (無比較級、最高級)**地理學(上)的**，地理的：～ distribution 地理分布/～ features 地勢。
～·ly [-kḷɪ; -kəli] *adv.*

geográphical míle *n.* =mile 1.

***ge·og·ra·phy** [dʒiˋɑgrəfɪ; dʒiˈɔgrəfi] *n.* **1** Ⓤ**地理學**：human [historical, economic] ～ 人文[歷史，經濟]地理學/⇨ physical geography.
2 [**the** ～] **a** 〔某地區之〕地理，地勢，地形〔*of*〕：*the* ～ *of* New England [the moon,《口語》the neighborhood]新英格蘭[月球，附近]的地理。**b**《英口語》〔房屋〕房間之配置，格局；《委婉語》洗手間之位置〔*of*〕：Will you show me *the* ～ (*of* the house)? (這房子的)洗手間在哪兒？

geol.《略》geologic(al)；geology.

ge·o·log·i·cal [ˏdʒiəˋlɑdʒɪkḷ; ˌdʒiəˈlɔdʒikl˴] *adj.* 地質學的，地質的：a ～ epoch 地質年代/a ～ map [survey]地質圖[調查]。
～·ly [-kḷɪ; -kəli] *adv.*

ge·ól·o·gist [-dʒɪst; -dʒist] *n.* Ⓒ地質學家。

ge·ol·o·gy [dʒiˋɑlədʒɪ; dʒiˈɔlədʒi] *n.* Ⓤ **1 地質學**。**2** [**the** ～]〔某一地區之〕地質〔*of*〕。

geom.《略》geometrical；geometry.

ge·o·mag·net·ic [ˏdʒiomægˋnɛtɪk; ˌdʒi:oumægˈnetik˴] *adj.* 地磁的。

gèo·mágnetism *n.* Ⓤ地磁學；地磁。

ge·o·med·i·cine [ˏdʒioˋmɛdəsn; ˌdʒi:ouˈmedsin, -disin] *n.* Ⓤ風土醫學《研究地理環境及氣候對人類健康、疾病等方面影響之醫學》。

ge·om·e·ter [dʒiˋɑmətɚ; dʒiˈɔmitə] *n.* Ⓒ幾何學家。

ge·o·met·ric [ˏdʒiəˋmɛtrɪk; ˌdʒiəˈmetrik˴] **«**geometry 的形容詞**»**—*adj.* (**more** ～；**most** ～) **1** (無比較級、最高級)幾何學的：～ figures 幾何學圖形/a ～ proof 幾何的證明。**2** 〈花紋、線條等〉(似)幾何學圖形的：a ～ design [pattern]幾何圖案。

ge·o·mét·ri·cal [-kḷ; -kl˴] *adj.* =geometric.
～·ly [-kḷɪ; -kəli] *adv.*

geométric(al) progréssion *n.* Ⓒ幾何[等比]級數。

geométrical propórtion *n.* ⓊⒸ《數學》等比。

ge·o·met·ri·cian [ˏdʒiəməˋtrɪʃən; ˌdʒiəməˈtriʃn] *n.* =geometer.

geométric méan *n.* Ⓒ《數學》幾何平均數，等比中項[中數]。

ge·om·e·try [dʒiˋɑmətrɪ; dʒiˈɔmətri] *n.* Ⓤ**幾何學**：plane [solid, spherical] ～ 平面[立體，球面]幾何學。

> 【字源】此字源自古代埃及人的土地測量。geo 義指「土地」，metry 義指「測量」。古代埃及人在尼羅河(the Nile)氾濫之後必須重新測量土地以劃明洪水沖失的所有土地界線。

geo·morphólogy *n.* Ⓤ地形學《研究地形特徵，起源及發展等之科學》。

gèo·phýsical **«**gèophysics 的形容詞**»**—*adj.* 地球物理學(上)的。

gèo·phýsicist *n.* Ⓒ地球物理學家。

gèo·phýsics *n.* Ⓤ地球物理學。

ge·o·pol·i·tic [ˏdʒioˋpɑlətɪk; ˌdʒi:ouˈpɔlətik˴] *adj.* 地緣政治學的。

ge·o·po·lit·i·cal [-tɪkḷ; -tikl˴] *adj.* =geopolitic.

ge·o·pol·i·ti·cian [ˏdʒioˏpɑləˋtɪʃən; ˌdʒi:ouˌpɔliˈtiʃn] *n.* Ⓒ地緣政治學者。

gèo·pólitics *n.* Ⓤ地緣政治學《研究政治現象與地理條件之關係的科學》。

George [dʒɔrdʒ; dʒɔ:dʒ] *n.* **1** 喬治《男子名》。
2 喬治《英國國王之名》：～ Ⅰ(在位 1714–27)/～ Ⅱ(在位 1727–60)/～ Ⅲ(在位1760–1820)/～ Ⅳ(在位 1820–30)/～ Ⅴ(在位 1910–36)/～ Ⅵ(在位 1936–52)。
3 [**St.** ～]聖喬治《英格蘭的守護聖徒》。

> 【說明】(1)聖喬治的紀念日爲 4 月 23 日，正好與莎士比亞(Shakespeare)的生日同一天。相傳他因信基督教而受迫害，終於殉教。關於他的傳說以英勇除去龍(dragon)一則最有名。英國最高的嘉德勳章(the Order of the Garter)上就有聖喬治騎著馬與龍奮戰的圖案。因爲他以該龍的血在他的盾上畫了十字(cross)，所以白底紅十字的旗幟(Saint George's Cross)便成爲代表英格蘭(England)的旗幟；cf. Union Jack.
>
> 
>
> (2)by George「眞的！」中的 George 就是指 Saint George.

by Géorge! [表示驚訝、決心、發誓等]眞的！

St. Géorge's cróss 聖喬治十字《白底紅十字；cf. Union Jack》。

Géorge Cróss *n.* [**the** ～]喬治十字勳章《英國國王喬治六世於 1940 年所制定；爲表揚民間人士勇敢行爲所頒之高等勳章；略作 G.C.》。

Géorge·tòwn *n.* **1** 喬治城《南美英屬蓋亞納(Guyana)之首府》。**2** (又作 **Géorge Tòwn**)檳城《Penang 的舊名》。**3** 美哥倫比亞特區(District of Columbia)內之住宅區。

geor·gette [dʒɔrˋdʒɛt; dʒɔ:ˈdʒet˴] **«**源自巴黎一裁縫師名**»**—*n.* Ⓤ喬治紗《一種透明的細薄縐紗；通常用作女裝衣料》。

Geor·gia [ˋdʒɔrdʒə; ˈdʒɔ:dʒjə] *n.* **1 «**源自英國國王 George 二世**»**喬治亞州《美國東南部之一州；首府亞特蘭大(Atlanta)；略

作 Ga., 〖郵政〗GA；俗稱 the Empire State of the South》. **2** «源自 St. George»喬治亞《蘇聯高加索南部之一個共和國；首都第比利斯(Tbilisi [təbəˈlisi; təbəˈli:si:])》.

Geor·gian¹ [ˈdʒɔrdʒən; ˈdʒɔ:dʒjən] «George 的形容詞»**—***adj.* **1 a** (英國)喬治王朝時代的《指 George I–George IV (1714–1830)》. **b**〈建築、美術、工藝形式等〉喬治王朝時代風格的：~ architecture 喬治王朝風格的建築。**2** 喬治五世及六世時代(1910–52)的。
—*n.* Ⓒ喬治王朝時代之人[作家，款式]。

Geor·gian² [ˈdʒɔrdʒən; ˈdʒɔ:dʒjən] «Georgia 的形容詞»**—***adj.* **1** 美國 Georgia 州的。**2** (亞洲西部之)喬治亞(共和國)的。
—*n.* **1** Ⓒ(美國的)Georgia 州人。**2 a** Ⓒ喬治亞人。**b** Ⓤ喬治亞語。

Geórgia píne *n.* Ⓒ美國松《美國南部產》。

gèo·státionary *adj.*〈人造衛星〉與地球旋轉同步的，由地球看起來靜止的：a ~ satellite 對地靜止衛星。

ge·o·ther·mal [ˌdʒioˈθɝml; ˌdʒiouˈθə:ml⁻] *adj.* 地熱的：a ~ (generating) plant 地熱發電廠。

ge·o·ther·mic [ˌdʒioˈθɝmɪk; ˌdʒiouˈθə:mik⁻] *adj.* = geothermal.

ge·ot·ro·pism [dʒiˈɑtrəˌpɪzəm; dʒiˈɔtrəpizəm] *n.* 〖生物〗向地性，屬地性。

ger. 〖略〗gerund.

Ger. 〖略〗German(ic)；Germany.

Ger·ald [ˈdʒɛrəld; ˈdʒerəld] *n.* 傑拉爾德《男子名；暱稱 Jerry》.

Ger·al·dine [ˈdʒɛrəldˌin; ˈdʒerəldi:n] *n.* 婕拉爾汀《女子名；暱稱 Jerry》.

ge·ra·ni·um [dʒəˈrenɪəm; dʒiˈreinjəm] *n.* Ⓒ〖植物〗牻牛兒《天竺葵屬之植物；開紅、白、紫色等之花》。

> 【字源】牻牛兒在歐洲被用來裝飾窗邊，為衆所週知的花，其名稱意指「小鶴」。古代希臘人因其果實狀似「鶴嘴」而取名為「小鶴」。

ger·bil, ger·bille [ˈdʒɝbɪl; ˈdʒə:bil] *n.* Ⓒ〖動物〗沙鼠《生長於亞洲、非洲沙漠、草原之中小型老鼠；頭與身長合計五至二十公分，尾長五至二十三公分，全身及尾均有長毛；供作實驗或做寵物》。

ger·fal·con [ˈdʒɝˌfɔlkən, -ˌfokən; ˈdʒə:ˌfɔ:lkən] *n.* =gyrfalcon.

ger·i·at·ric [ˌdʒɛrɪˈætrɪk; ˌdʒeriˈætrik⁻] *adj.* [用在名詞前]老人的，老人病科的：a ~ hospital [ward]老人病科醫院[病房]。

ger·i·a·tri·cian [ˌdʒɛrɪəˈtrɪʃən; ˌdʒeriəˈtriʃn] *n.* Ⓒ老人病科醫師。

ger·i·at·rics [ˌdʒɛrɪˈætrɪks; ˌdʒeriˈætriks] *n.* Ⓤ老人病科；老人病學，老人醫學。

ger·i·a·trist [ˌdʒɛrɪˈætrɪst; ˌdʒeriˈætrist] *n.* =geriatrician.

germ [dʒɝm; dʒə:m] «源自拉丁文「芽，蕾」之義»**—***n.* Ⓒ **1** 細菌，病菌：influenza ~*s* 流行性感冒的病菌。**2** [常 the ~]〔事物之〕萌芽；根源，起源〔*of*〕：*the* ~ *of* an idea 某種想法的萌芽。**3**〖生物〗**a** 幼芽，胚，胚種。**b** (又作 **gérm cèll**)生殖細胞，胚種細胞。
in gérm 在萌芽狀態，尚未發達。

ger·man [ˈdʒɝmən; ˈdʒə:mən] [形容詞複合用詞]「出自同父母[祖父母]的」之意：a brother-[sister-] *german* 同父母所生的兄弟[姊妹]/⇨ cousin-german.

‡Ger·man [ˈdʒɝmən; ˈdʒə:mən] «Germany 的形容詞»**—***adj.* **1** 德國的。**2** 德國人[語]的。
—*n.* (*pl.* ~s) **1** Ⓒ德國人。**2** Ⓤ德語：⇨ High German.

Gérman-Américan *adj.* 德美的；德裔美國人的。**—***n.* Ⓒ德裔美國人。

Gérman Democrátic Repúblic *n.* [the ~]德意志民主共和國《統一前的東德(East Germany)之正式名稱》(⇨ Germany).

ger·mane [dʒɝˈmen; dʒə:ˈmein⁻] *adj.* [不用在名詞前]〔十介十(代)名〕〈觀念、言詞等〉〔與…〕有密切關係的；〔對於…〕恰當的〔*to*〕《★ 比較 一般較常用 relevant》：The fact is not ~ ***to*** this issue. 此事實與此問題無密切關係。

Gérman Féderal Repúblic *n.* [the ~]=West Germany.

Ger·man·ic [dʒɝˈmænɪk; dʒə:ˈmænik] *adj.* **1** 日耳曼民族[語]的：~ languages 日耳曼語《英語、德語、荷蘭語、丹麥語等》/ ~ peoples 日耳曼民族《英國人、德國人、荷蘭人、丹麥人等》。**2 a** 德國(人)的：the ~ Empire 德意志帝國。**b**〈款式等〉德國式[風格]的。
—*n.* Ⓤ日耳曼語(系)《包含英語、德語、荷蘭語、丹麥語等；略作 Gmc》.

Ger·man·ise [ˈdʒɝməˌnaɪz; ˈdʒə:mənaiz] *v.* 《英》=Germanize.

ger·ma·ni·um [dʒɝˈmenɪəm; dʒə:ˈmeiniəm] *n.* Ⓤ〖化學〗鍺《稀有金屬元素；符號 Ge》.

Ger·man·ize [ˈdʒɝməˌnaɪz; ˈdʒə:mənaiz] *v.t.* **1** 使…德國化。**2** 把…譯為德語。**—***v.i.* 具有德國人之態度、習慣等，德國化。

Gérman-máde *adj.* 德國製的。

Gérman méasles *n.* Ⓤ風疹，德國痲疹(rubella).

Gérman Ócean *n.* [the ~]北海(the North Sea).

Ger·man·o·phile [dʒɝˈmænəˌfaɪl; dʒə:ˈmænəfail] *n.* Ⓒ親德者，崇拜德國者。

Ger·man·o·phobe [dʒɝˈmænəˌfob; dʒə:ˈmænəfoub] *n.* Ⓒ厭惡德國者，畏懼德國者，排德主義者。

Gérman shépherd *n.* Ⓒ《美》德國牧羊犬，狼犬《用作警犬，導盲犬》。

German shepherd

Gérman sílver *n.* Ⓤ〖化學〗德國銀《鋅、銅、鎳的合金》。

‡Ger·ma·ny [ˈdʒɝmənɪ; ˈdʒə:məni] *n.* 德國。

> 【說明】自 1949 年起分割為 East Germany(東德，正式名稱為 the German Democratic Republic 即德意志民主共和國；首都東柏林(East Berlin))與 West Germany (西德，正式名稱為 the Federal Republic of Germany 即德意志聯邦共和國；首都波昂(Bonn))；東德和西德已於 1990 年統一；略作 G., Ger.

ger·mi·ci·dal [ˌdʒɝməˈsaɪdl; ˌdʒə:miˈsaidl⁻] «germicide 的形容詞»**—***adj.* 殺菌的，有殺菌力的：a ~ lamp 殺菌燈。

ger·mi·cide [ˈdʒɝməˌsaɪd; ˈdʒə:misaid] *n.* Ⓤ[指製品個體，或種類時為Ⓒ]殺菌劑。

ger·mi·nal [ˈdʒɝmənl; ˈdʒə:minl] «germ 的形容詞»**—***adj.* **1** 幼芽的；胚種的。**2** 初期的，未成熟的：a ~ idea 初期的觀念。

ger·mi·nant [ˈdʒɝmənənt; ˈdʒə:minənt] *adj.* 發芽的；開始發達的；發端的；有成長力的。

ger·mi·nate [ˈdʒɝməˌnet; ˈdʒə:mineit] «源自拉丁文「發芽(germ)」之義»**—***v.i.* **1**〈種子〉發芽，萌芽，發育。**2**〈觀念、感情等〉發生，產生。**—***v.t.* **1** 使〈種子〉發芽，使…萌芽，使…發育。**2** 使〈觀念等〉產生，使…發生。

G

ger·mi·na·tion [ˌdʒɝməˈneʃən; ˌdʒə:miˈneiʃn] «germinate 的名詞»**—***n.* Ⓤ發芽；萌芽；發生。

gérm plàsm *n.* Ⓤ〖生物〗生殖(細胞)質，種質。

gérm wárfare *n.* Ⓤ細菌戰。

ge·ron·tic [dʒəˈrɑntɪk; dʒiˈrɔntik] *adj.* 老年的，老年人的。

ger·on·toc·ra·cy [ˌdʒɛrənˈtɑkrəsɪ; ˌdʒerənˈtɔkrəsi] *n.* **1** Ⓤ老年人統治，老人政治。**2** Ⓒ由老年人所統治之國家[掌政之政府]。

ger·on·tól·o·gist [-dʒɪst; -dʒist] *n.* Ⓒ老人學家。

ger·on·tol·o·gy [ˌdʒɛrənˈtɑlədʒɪ; ˌdʒerɔnˈtɔlədʒi] *n.* Ⓤ老人學《研究老年期的變化與特徵、問題等》。

Ger·ry [ˈgɛrɪ; ˈgeri] *n.* 蓋瑞《男子名》。

ger·ry·man·der [ˈgɛrɪˌmændɚ, ˈdʒɛrɪ-; ˈdʒerimændə] *n.* Ⓒ為己黨之利益所作之選區的擅自改劃。

> 【字源】在 1812 年美國麻薩諸塞州(Massachusetts)州長艾布烈治・蓋瑞(Elbridge Gerry)為了圖利己黨而擅自改劃選區，結果選區劃分圖呈現蠑螈(salamander)之形狀，因而產生混合州長姓氏 *Gerry* 和 sala*mander* 而成的 gerrymander 這個字。按 Gerry 為美國獨立宣言簽署者之一。

—*v.t.* **1** 為己黨之利益擅自改劃〈選區〉。**2** 竄改〈事實、規則等〉以謀取利益。
—*v.i.* 擅自改劃選區。

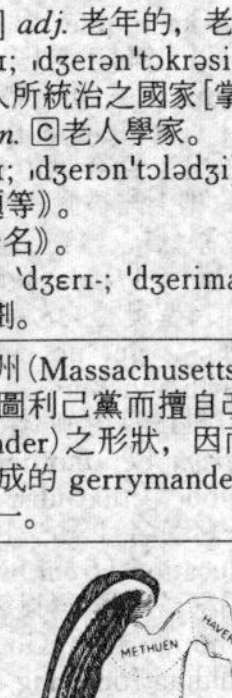

gerrymander

Ger·trude [ˈgɝtrud; ˈgə:tru:d] *n.* 格楚德《女子名》。

ger·und [ˈdʒɛrənd; ˈdʒerənd] *n.* Ⓒ〖文法〗動名詞《有名詞功能之動詞加 -ing 之形式；可當主詞、受詞、補語或副詞》。

ge·run·di·al [dʒəˈrʌndɪəl; dʒiˈrʌndiəl] *adj.* =gerundive.

ge·run·dive [dʒəˈrʌndɪv; dʒiˈrʌndiv] *adj.* 動名詞的，似動名詞的。
—*n.* Ⓒ〖文法〗(拉丁文中)動詞狀形容詞。

gest [dʒɛst; dʒest] *n.* Ⓒ《古》**1** (尤指中世紀的)冒險故事，武俠故事。**2** 冒險，武功，功績。

ge·stalt [gəˈʃtɑlt; gəˈʃtɑ:lt] «源自德語「形」之義»**—***n.* Ⓒ (*pl.* ~s, **ge·stal·ten** [-tn̩; -tn])〖心理〗格式塔，完形《以機能的、力學的體系為基礎，將知覺形態或心理現象做整體性的說明》。

Gestált psychólogy *n.* Ⓤ完形心理學，格式塔心理學。

Ges·ta·po [gəˈstɑpo; geˈstɑ:pou] *n.* Ⓤ[常 the ~；集合稱]蓋世太保《納粹德國的祕密警察》《★ 用法 視為一整體時當單數用，指個別成員時當複數用》。

ges·ta·tion [dʒɛsˋteʃən; dʒeˈsteiʃn] *n.* **1 a** Ⓤ懷孕。**b** (又作 **gestátion pèriod**)[用單數]懷孕期。
2 [用單數](思想、計畫等之)孕育，醞釀，形成：This film was two years in ～. 這部電影醞釀了兩年《★in ～ 無冠詞》。

geste [dʒɛst; dʒest] *n.* ＝gest.

ges·tic·u·late [dʒɛsˋtɪkjəˏlet; dʒeˈstikjuleit] *v.i.* 做表情或達意的動作或姿態，打手勢。**—***v.t.* 以動作表達…。

ges·tic·u·la·tion [ˏdʒɛstɪkjəˋleʃən; dʒeˏstikjuˈleiʃn] 《gesticulate 的名詞》**—***n.* ⓊⒸ做手勢、表情或達意之動作[姿態]，比手畫脚。

ges·tic·u·la·tive [dʒɛsˋtɪkjəˏletɪv; dʒeˈstikjuleitiv] *adj.* 做姿態[手勢]的，以手勢或姿態表示的，比手畫脚的。

ges·tic·u·la·to·ry [dʒɛsˋtɪkjələˏtorɪ, -ˏtɔrɪ; dʒeˈstikjulətəri] *adj.* 做姿態[手勢]的，以手勢或姿態表示的，比手畫脚的。

ges·tur·al [ˋdʒɛstʃərəl; ˈdʒestʃərəl] 《gesture 的形容詞》**—***adj.* 手勢的，姿態的，比手畫脚的。

ges·ture** [ˋdʒɛstʃɚ; ˈdʒestʃə] 《源自拉丁文「行動」之義》**—n.* **1 a** Ⓒ(附帶或不附帶說話之)**姿態**，姿勢，手勢，比手畫脚；(戲劇、演說等之)動作，身段，表情：make a ～ of despair 做出絕望的姿態[表情]。**b** Ⓤ做姿態[手勢]：communicate by ～ 以手勢溝通[交談]/Japanese don't use as much ～ as Europeans. 日本人使用手勢沒有歐美人那樣多。

【說明】(1)中國人在向對方表達自己意思時較少比手畫脚，但歐美人可說是「用身體說話」，小小的舉止、手的動作或身體的活動方式等都含有某種意思。瞭解這種「不藉語言的交談」與瞭解用語言進行交談是同樣的重要。
(2)有關 gesture 的插圖和照片，請參照下列單字及其片語：akimbo, emphasize, forehead, get, hitchhiking, nose, OK, shoulder, swear, thumb, victory, V sign.

2 Ⓒ **a** (心意等之)表示：The Australian Government gave us a koala bear as a ～ of friendship. 澳洲政府贈送給我們一隻無尾熊做爲友誼的表示。**b** 故弄玄虛之言行，(表面上假裝之)姿態，樣子：His refusal was a mere ～. 他的拒絕只是一種作態而已。
—*v.i.* **1** 作表情[手勢]，以表情[手勢]表示。**2 a** 〔＋介＋(代)名〕〔向…〕作表情[手勢]示意[想要…]〔*to*〕〔*for*〕：He ～*d* (*to* the waiter) *for* another drink. 他(向服務生)作手勢示意再來一杯酒。**b** 〔＋*for*＋(代)名＋ *to* do〕以手勢(等)示意〔…〕〈做…〉：I ～*d for* him *to* keep quiet. 我用手勢示意他保持安靜。
—*v.t.* 〔＋受〕以表情[手勢]表達[表示]…。

géstureˌlánguage *n.* Ⓤ手勢語言。

*****get** [gɛt; get] (**got** [gɑt; gɔt]; **got,** 《美》**got·ten** [ˋgɑtn̩; ˈgɔtn]; **get·ting**) 《★ 語形 在複合詞中《美》《英》均用 **-got·ten,** 如 ill-*gotten*》 *v.t.* 《★原則上無被動語態》 **A 1 收到：a** 〔＋受(＋介＋(代)名)〕〔由…〕收到〈信、禮物、薪資等〉；(經要求、懇求)獲得，得到〈許可、答覆等〉〔*from, out of*〕：～ a doll for Christmas 得到一個玩偶作爲聖誕禮物/ ～ help *from* one's friends 從朋友那裏得到幫助/⇨ get no CHANGE out of a person/This room doesn't ～ much sunshine. 這房間曬不到什麼陽光。**b** 〔＋受(＋介＋(代)名)〕〔自…〕得到〈性情、想法等〉〔*from*〕：She ～*s* her good looks *from* her mother. 她的美貌係得自母親的遺傳/Where did you ～ that idea (*from*)？你從哪裏得到那主意？**c** 〔＋受(＋介＋(代)名)〕〔由…〕接受，學得〈知識、教育等〉〔*from*〕：～ a good education (*from* him) (從他)接受良好的教育。**d** 〔＋受〕[以動作名詞爲受詞]得以…，給…，被…：～ some sleep 小睡/ ～ a promotion 晉陞/Go and ～ a haircut. 去(讓人)理髮吧/He *got* a scolding for being late. 他因遲到而被罵。
2 得到。

【同義字】get 爲表示「得到」之意之最普通的用語，與有無意志或有無努力無關；gain 指努力地或逐漸地取得對自己有益或有需要之物；obtain 指努力工作或奮力而得到所需要之物；acquire 指長期努力而獲得。

a 〔＋受(＋介＋(代)名)〕(努力)〔自…〕得到…，把…弄到手；掙得，賺得〈錢等〉；贏得，博得，獲得〈獎、名譽、知識等〉〔*from*〕：～ one's living 謀生/She *got* an A *in* [*on*] the exam. 她考試得 A [甲]/I don't ～ much *from* his lectures. 我從他的講課中所獲不多。**b** 〔＋受〕得到〈結果、答案等〉，得〈分〉：He *got* a different total from me. 他所得的合計和我所得的不同/They *got* two touchdowns. 他們得了兩個觸地得分《美式足球》。
3 得到：a 〔＋受(＋介＋(代)名)〕〔在…〕買，購得〈物〉〔*at*〕：I ～ bread *at* that store. 我在那家商店買麪包/Where did you ～ that hat？你在哪兒買到那頂帽子？/I *got* this camera cheap. 我便宜地買到這架照相機。**b** 〔＋受＋受/＋受＋介＋(代)名〕爲〈人〉買[取得]〈物〉；〔爲人〕買[取得]〈物〉〔*for*〕：He *got* me a job [a taxi]. 他爲我找到一個工作[叫了一部計程車]/Will you ～ me a ticket？＝Will you ～ a ticket *for* me？ 請你爲我買一張票好嗎？/I *got* her a doll for Christmas. 我買了一個玩偶給她作爲聖誕禮物/He *got* himself a car. 他(給他自己)買了一部汽車。
4 取來：a 〔＋受(＋介＋(代)名)〕〔自…〕取來，拿來…〔*from*〕：*G*～ your hat. 去拿你的帽子/I'll come and ～ you *from* the station. 我會去車站接你《我會去把你從車站接來》。**b** 〔＋受＋受/＋受＋介＋(代)名〕爲〈人〉取[拿，帶]來〈物〉；〔爲人〕取[拿，帶]來〈物〉〔*for*〕：Please ～ me a glass of water. ＝Please ～ a glass of water *for* me. 請拿一杯水來給我/Such conduct will ～ him a bad name. 這樣的行爲會給他帶來壞名聲。
5 捉住，捕獲：〔＋受〕**a** 捕獲〈魚等〉；抓住，捉到〈人等〉：We chased him until we *got* him. 我們追他直到捉到他爲止。**b** 趕上〈火車等〉：I just *got* the train. 我剛好趕上了那班火車。
6 (憑智力或感覺)**掌握，摸清：**〔＋受〕**a** 學會…，學得…：～ a poem by heart 默記一首詩/Have you *got* your grammar lesson perfectly？你已完全瞭解文法了嗎？**b** 《口語》瞭解…，明白…，懂…：I ～ the idea [the point of the joke]. 我明白這是怎麼一回事[這個笑話的主旨]/Do you ～ me？ 你明白我的話嗎？/I *got* you. 我懂你的意思/Did you ～ *what* he was talking about？ 你瞭解他在說什麼嗎？/Don't ～ me wrong. 別誤解我的意思/⇨ GET it (2). **c** 《口語》聽清楚，聽懂，聽見…：I'm sorry I didn't ～ your name. 對不起，我沒聽清楚你的名字。**d** (畫、歌等)巧妙地重現…：You haven't quite *got* the tune. 你還沒完全把音調弄對。**e** 《俚》注視…：*G*～ the look on his face！ 看他臉上的表情！
7 〔＋受＋副詞(片語)〕**將〈人、物〉拿[帶]去，移動，搬運**(至某地方、位置)；將〈人、物〉(從某地方、位置)拿[帶]去，移開，搬走：～ a person *home* [*to* hospital] 把某人帶回家[帶去醫院]/I can't ～ all these books *into* the bag. 我沒法子把這些書統統放進袋子裏/*G*～ that bicycle *out of* the street. 把那自行車從街道上移開/ ～ a desk *upstairs* [*downstairs*] 把書桌搬到樓上[到樓下]/Where does that ～ us？那對我們有什麼效果(cf. GET somewhere).
8 a 〔＋受〕得，生，感染上〈病〉：～ a cold 患感冒。**b** 〔＋受＋介＋(代)名〕〔自…〕感染上〈病〉〔*from*〕：She *got* mumps *from* her brother. 她從她弟弟那兒感染了流行性腮腺炎。**c** 〔＋受〕《口語》迷上，沾染，醉心於〈思想等〉，對〈毒品等〉上癮，〈毒品等〉使…上癮：～ socialism 醉心於社會主義/ ～ religion 開始信教，入教。
9 〔＋受〕**a** 受，蒙受，遭，挨，吃〈打擊、敗北、失敗、敗戰、虧〉：～ a blow [a whipping] 挨一拳[鞭打]/I *got* a broken arm. 我把手臂弄斷了/He *got* a bad bruise on the back. 他背部受了嚴重的碰傷。**b** 做爲處罰受…，被處…(刑)，被判…(罪)：He *got* six months (in prison). 他被判六個月(徒刑)/He *got* what was coming to him. 他受到應得的報應。
10 a 〔＋受(＋介＋(代)名)〕〔從收音機、電視上〕收聽，收看〈廣播電台、電視台、頻道等〉〔*on*〕：～ London *on* the radio 從收音機中收聽倫敦的廣播/We can ～ 7 TV channels. 我們能收看七個電視頻道。**b** 〔＋受(＋介＋(代)名)〕〔在電話中〕與〈人、地方〉聯絡上，接通…；叫〈人〉接〈電話〉〔*on*〕：Please ～ Mr. Smith *on* the phone. 請叫史密斯先生接電話/I've just *got* London (*on* the phone). 我剛剛在電話中與倫敦聯絡上。**c** 〔＋受＋受〕給〈人〉(在電話中)接通…：*G*～ me extension [room] 363, please. 請(替我)接 363 號分機[房間]。
11 〔＋受〕**a** 準備〈餐飲〉：Help me (to) ～ dinner (ready). 幫我準備晚飯吧。**b** 《口語》吃〈餐食等〉：Go and ～ your lunch. 去吃午餐吧。
12 《口語》**a** 〔＋受〕(以子彈)打中，擊中…：I *got* the bird first shot. 我一槍就打中了那隻鳥《★first shot 即 at the first shot》。**b** 〔＋受＋介＋名〕〈子彈、毆擊等〉擊中〈目標〉〔之某部位〕〔*in, on*〕《★ 用法 名詞前加 the》：The bullet *got* him *in the* arm. 子彈打中他的手臂。
13 《口語》〔＋受〕**a** 壓倒；擊垮〈人〉，(於辯論等)贏，戰勝〈對手〉；殺死，幹掉〈人〉；向…報仇：The illness *got* him. 那場病弄死了他/The pain ～*s* me here. 我這裏痛/I'll ～ you for this. 我要找你算這筆帳[報這個仇]/Boy, did we ～ him！ 哈，我們鬥垮了他！**b** 破壞〈農作物等〉：Frost *got* the tomatoes. 霜凍壞了蕃茄。**c** 難倒〈人〉，使〈人〉爲難，使…煩惱，使…困惑：This problem ～*s* me. 這個問題難住[難倒]了我。**d** 使〈人〉受感動；惹〈人〉歡喜；迷住，吸引〈人〉；使…興奮，使…心情動盪：That tune ～*s* me. 這首曲子使我心蕩神馳。**e** (於棒球比賽等)使〈人〉被殺出局。
14 a [以完成式 have got 之形式]⇨ HAVE² got. **b** 〔＋受〕[You [We] ～]《口語》有…：*You* ～ the book in the library. 圖書館裏有這本書/*We* ～ women studying law. 有女人在讀法律。
—B 1 a 〔＋受＋補〕**使…成爲**〈…之狀態〉，把…弄〈成…〉：～ dinner ready 準備妥晚餐/I *got* my feet wet. 我把脚弄濕了。**b**

〔＋受＋ do*ing*〕使…〈做…〉：Can you ～ the clock go*ing* again？你能使這個時鐘再走嗎？
2〔＋受＋過分〕**a** 使…被…：～ one's shoes shin*ed* 請人擦鞋子《直譯爲「使鞋子被擦」》/Go and ～ your hair *cut.* 去理髮/I'll ～ your dinner *sent* in. 我會叫人把你的晚餐送來。**b** 把…被…：I *got* my arm *broken.* 我(因打架或事故等)把手臂(被)弄斷了。**c** (自己)把…完成：I want to ～ my work *done* [finish*ed*] by noon. 我要在中午以前把我的工作做完[完成]。**d** 使…成爲〈被…之狀態〉：We can't ～ the door *shut.* 我們無法把門關上/I can't ～ the car start*ed.* 我無法發動車子/He managed to ～ himself promot*ed* last week. 他上星期總算升級了。
3〔＋受＋ *to* do〕促使…〈做…〉，勸[說服]〈人〉〈做…〉：*G*～ your friends *to* help you. 說服你的朋友們幫助你吧/We couldn't ～ her *to* accept the offer. 我們沒能勸她接受那提議/I can't ～ this door *to* shut properly. 我無法把這個門關好。
—*v.i.* **1**〔＋副詞(片語)〕到達，抵達，去到；達到(某場所、地位、狀態)《★有關與 *adv.* 或與 *prep.* 之連結參照成語欄》：～ *home* late [*to* work on time] 晚到家[準時到勤]/～ *near* (*to*) a ship 接近船/～ *as far as* page 10 進[讀]到第十頁/Can you ～ here by lunchtime？你能在午餐以前到達這兒嗎？/How can I ～ *to* the police station？我要怎樣才能到警察局？/⇨ GET there, GET somewhere.
2 a〔＋補〕[以形容詞爲補語]變得〈…〉：～ ready 準備/My mother has *got* quite well. 我母親已經完全好了/It was *getting* dark. 天色漸漸變黑/I *got* wet in the shower, then *got* dry again as I walked along. 我在驟雨中淋濕了，但是在我繼續往前走時衣服又變乾了。**b**〔＋(*to be*)補〕[以名詞爲補語]成爲，變成〈…〉《★用法《英》有時省略 *to be* 而以名詞爲補語》：He's *getting to be* a pest. 他漸漸變成一個討厭的人了。**c**〔＋過分〕[以形容詞性質之過去分詞爲補語]成爲〈…之狀態〉：He was *getting* more and more annoy*ed.* 他愈來愈感到厭煩/*G*～ *set*！(賽跑時)(各就各位！)預備！/～ tir*ed* 變得疲倦/～ *drunk* 醉了/～ *used* to... 對…習慣/～ marri*ed* 結婚。
3〔＋過分〕被…《★用法(1)此句構爲著重動作之結果之被動語態，用以代替 "be ＋過分" 之形式，因此 get 屬助動詞性質；(2)因於行爲者不明時常使用，故除某種特殊情形以外不使用 by...》：I *got caught* in the rain. 我爲驟雨所困/He *got* scold*ed* for being late. 他因遲到而被罵/He *got* promot*ed* last week. 他上星期晉陞了。
4〔＋ *to* do〕**a** 會…起來：You will soon ～ *to* like it. 你不久就會喜歡上它/How did you ～ *to* know her？你是怎樣認識她的呢？**b** 得以，能夠〈做…〉：I didn't ～ *to* go to college. 我沒能進大學。
5 a〔＋ do*ing*〕《口語》開始〈做…〉：Let's ～ mov*ing* [go*ing*]. 我們開始進行[動身]吧/When those two women ～ talk*ing*, they go on for hours. 那兩個女人談起話來就連續幾個鐘頭/Things haven't *got* go*ing* yet. 事情還沒有起步[尚未上軌道]。**b**〔＋過分〕[～ **started**]出發，開始：Let's ～ *started.* 我們出發[開始]吧。
6 [通常用祈使語氣]《俚》趕快離去，滾：You ～！滾！
get about [《*vi adv*》 ∸ abóut] (1)到處走[活動]；(在病後)開始能(出去)走動。(2)《口語》(四處)旅行。(3)〈消息等〉傳開，散播：The story [It] soon *got about* that.... 不久傳說…。—[《*vi prep*》 ∸ abòut...] (4)徘徊，逡巡。
gèt abóve onesèlf ⇨ above *prep.*
gèt abréast of... 與…並肩，與…拉平[不分勝負]，與…並駕齊驅。
get across [《*vi prep*》 ∸ acróss...] (1)過，渡過〈橋、街道等〉；越過〈國境等〉。(2)《英口語》惹怒〈人〉，使…苦惱。—[《*vi adv*》 ∸ acróss] (3)渡〔到…〕，橫過〔到…〕〔*to*〕. (4)〈論點、意思等〉傳[到]對方]，[被對方]瞭解；〈人〉使想法等傳[到對方]，使[人]瞭解〔*to*〕：The words didn't ～ *across to* her. 那些話未爲她所瞭解。(5)〈戲劇等〉投[觀衆等]所好，博得好評，風行，成功〔*to*〕：The singer's new song has failed to ～ *across.* 這歌手的新歌沒能博得好評[沒能唱紅]。—[《*vt prep*》 ∸ ...acròss...] (6)使〈人等〉渡過…，將〈物〉運過…：～ an army *across* a river 使軍隊渡河。—[《*vt adv*》 ∸ acróss] (7)[～＋受＋across]使…渡過，將…運過去。(8)[～＋受＋across]使[對方]瞭解〈論點、笑話等〉〔*to*〕：He couldn't ～ it *across to* her. 他沒能使她瞭解這件事。(9)[～＋受＋across]使〈戲劇等〉被[觀衆等]接收，使…搏得好評，使…受歡迎，使…成功〔*to*〕：They could not ～ the play *across.* 他們無法使那齣戲賣座。
gèt áfter... (1)追…。(2)責罵…。(3)〔＋ *to* do〕央求，敦促…〈做…〉：My wife is *getting after* me *to* buy her a new dress. 我太太在央求我給她買件新衣服。
gèt ahéad《*vi adv*》(1)超前，超越，超過，勝過〔…〕；〔較…〕進步〔*of*〕：～ *ahead of* Bill in arithmetic 在算術方面勝過比爾。(2)〔在…〕發跡，成功〔*in*〕：～ *ahead in* the world 在社會上發跡。
gèt alóng《*vi adv*》(1)前進。(2)〈工作等〉進展；〈人〉進行[推展]〔工作等〕〔*with*〕：How is your work *getting along*？你的工作進展如何？/How are you *getting along with* your English？你的英語進展[學]得怎樣？(3)[通常用進行式]〈時間〉推移，變晚；〈人〉變老：He's *getting along* (in years). 他已漸衰老了。(4)(設法)過活，度日：～ *along* well [ill] 過得好[不好]/We can't ～ *along with* so little money [*on* such a small income, *without* her]. 我們靠這麼少的錢[靠這麼微薄的收入，如果沒有她]無法過日子。(5)〔與…〕處得好，相處〔*with*〕：He and Jim ～ *along* well [fine] together. 他和吉姆相處得很好/How is he *getting along with* his wife？他跟他太太相處得怎樣？(6)《口語》走，離開：It's time for me to be *getting along.* 是我該走的時候了。—《*vt adv*》[～＋受＋along] (7)使…走在前面。(8)把…送[拿，帶]去〔…〕〔*to*〕.
Gèt alóng with you！《口語》(1)滾開！滾蛋！(2)胡說！少來！
gèt ánywhere [用於疑問句、否定句]《*vi adv*》(1)成功，有成就；收效；有結果，有進展，進步；順利進行；有用，有好處：My thesis does*n't* seem to be *getting anywhere.* 看樣子我的論文完成不了。—《*vt adv*》(2)[～＋受＋anywhere]使〈人〉成功，使…有所成就：Such an idle life wo*n't* ～ you *anywhere.* 如果這樣懶散地生活，你就不會成功。
get around [《*vi adv*》 ∸ aróund] (1)＝GET about (1)(2)(3). (2)避開(障礙)。—[《*vi prep*》 ∸ aróund...] (3)＝GET about (4). (4)(巧妙地)避開，克服〈困難等〉；規避，逃避〈法律、責任等〉。(5)說服，哄騙〈人等〉；得寵於[巴結，籠絡]〈上司〉；影響…。—[《*vt adv*》 ∸ aróund] [～＋受＋around] (6)將…帶來[帶去](訪問等)；拜訪〔…〕〔*to*〕.
gèt aróund to... (在延遲之後)達到做…之階段[得到做…之機會]：I finally *got around to* read*ing* his novel. 我終於有時間讀他的小說。
gét at... (1)到達，夠[拿]得到；及；得到；找到；對準[針對]…《★罕用被動語態》：I can't ～ *at* the book on the shelf. 我拿不到[手夠不著]架上的書/He could not *be got at.* 無法找到他。(2)抓住，了解；看出；知曉〈意思、真理等〉《★罕用被動語態》：It is impossible to ～ *at* the truth. 要了解這眞相是不可能的。(3)(在延遲之後)著手於〈工作等〉。(4)暗示；意指…《★通常以進行式用於下列語句》：What *are* you *getting at*？你說這話是什麼意思？(5)[通常用進行式或動名詞](一再地)挖苦〈人〉；責難，攻擊，愚弄，作弄〈人〉《★可用被動語態》：He *is* always *getting at* me. 他一天到晚在作弄我。(6)《英口語》收買，賄賂〈人〉《★常用被動語態》：Some of the politicians have *been got at* to let the law be changed. 有些政客已被收買去修改這法律。
gèt awáy《*vi adv*》(1)〔自…〕離去，離開，出外(旅行、渡假等)〔*from*〕：～ *away* (*from* work) at five 在五點鐘(下班)離開。(2)〔自…〕逃脫，逃離〔*from*〕：～ *away from* prison 越獄。(3)[通常用於否定句]逃避〔事實等〕，不承認〔…〕〔*from*〕：There's *no getting away from* it. 這件事無法廻避/You can*not* ～ *away from* the fact. 你不能不承認這個事實。(4)(於賽跑等)開始，出發。—《*vt adv*》[～＋受＋away] (5)將〈人〉載[帶，送，移]走：～ a person *away* to the country 把某人帶到鄉下。(6)將〈多餘之物〉〔自…〕去除〔*from*〕.
gèt awáy from it áll《口語》逃避日常生活的煩惱。
gèt awáy with... (1)拿走[帶跑]…。(2)不受處罰地[不被發現地]做〈壞事〉，爲〈惡〉得逞而逃脫處罰：～ *away with* a crime [cheating] 犯罪[行騙]而逍遙法外/⇨ get away with MURDER. (3)僅受〈輕微之責罵、處罰等〉倖免[了事]：～ *away with* a mere apology [a fine] 僅以道歉[受罰款]了事。
Gèt awáy with you！《口語》＝GET along with you！
gèt báck《*vi adv*》(1)回到(家等)；回(到原來)：～ *back* home before dark 在天黑之前回家/～ *back to* the original question 回到原來的問題/I'll ～ *back to* you on that. 我會就那件事再找你[跟你聯絡]。(2)〈政黨等〉重掌政權。(3)[常用於祈使句]退(後)。—《*vt adv*》(4)收回，取回…：I didn't ～ the money *back.* 我沒有收回那筆錢。(5)[～＋受＋back]使…回(到原來)；將〈人〉送回：～ a person *back* home 送某人回家。
gèt báck at [**on**]...《口語》對〈某人〉報復[報仇]。
get behind [《*vi adv*》 ∸ behínd] (1)(較其他爲)遲，落後。(2)〔工作等〕落後；〔付款等〕延遲，延誤，拖欠〔*with, in*〕：I have *got* terribly *behind with* [*in*] my work. 我的工作落後了很多。—[《*vi prep*》 ∸ behínd...] (3)繞到…之後。
get by [《*vi adv*》 ∸ bý] (1)通過，穿過：Please let me ～ *by.* 請讓開路讓我過去。(2)〔以…〕勉强度過[應付過去]〔*on, with*〕：～ *by on* [*with*] little money 以微少的錢勉强度日。(3)躲過(人的)眼睛，矇騙過去。(4)〈工作等〉勉强通過，勉强及格。—[《*vi prep*》 ∸ bý...] (5)通過〈難關等〉：～ *by* a slow car 超越一輛慢行的汽車。(6)躲過…的眼睛；受到…的肯定。—[《*vt adv*》 ∸ bý] (7)[＋受＋by]使〈人〉躲過。—[《*vt prep*》 ∸ ...bý...] (8)使〈人〉躲過…：

～ a person *by* a policeman 使某人躲過警察。

gèt dóne with... 《口語》做成，完成，結束…：Let's do it now and ～ *done with* it. 讓我們現在就來把它做完。

get down [《*vi adv*》～ dówn] (1)〔自樹、火車、馬背上〕**下來**〔*from, off*〕. (2)《英》〈小孩〉〈在飯後〉從椅子上下來。(3)彎下身：～ *down on* all fours 趴下/～ *down on* one's knees〈跪下來〉祈禱。(4)意氣消沉，鬱悶《★通常用於下列片語》：～ *down* in the dumps [mouth] 心情憂鬱[沮喪]。——[《*vi prep*》～ dówn...] (5)下…：～ *down* a ladder 下梯子。——[《*vt adv*》～ dówn] (6)**將…〔由…〕放下**，取下〔*from*〕：Please ～ me the box *down from* the shelf. 請把那箱子從架上拿下來。(7)降低，減低〈比例等〉：～ unemployment *down* 減低失業率。(8)〈勉强〉嚥下[吞下]〈藥等〉。(9)記下，抄下〈物〉。(10)[～＋受＋down]使〈人〉憂鬱，使…沮喪：Rainy days always ～ me *down*. 下雨天總是使我悶悶不樂。——[《*vt prep*》～ ... dówn...] (11)將…由…放下[取下]〔到…〕〔*to, onto*〕：～ a trunk *down* the stairs 把皮箱拿到樓下去。

gèt dówn to... (1)下[降]到…：～ *down to* the ground 降落到地上。(2)〈靜下心〉著手，處理〈工作等〉：⇨ get down to BRASS TACKS. (3)追根究底到…：when you ～ *down to* it 當你開始認眞對待[處理]它時。

gèt fár (1)走遠，遠及。(2)進步，成功：He'll ～ *far* in life. 他會飛黃騰達。(3)〔在…方面〕進展〔*with*〕：He hasn't *got far with* his thesis yet. 他的論文還沒進展《尚在開頭的階段》。

get in [《*vi adv*》～ ín] (1)**進入(裏面)**，入(內)；〈雨、光等〉進入：～ *in* between two people 介入兩個人之間/The burglar *got in* through the window. 强盜由窗門進入。(2)上〈車等〉；親近。(3)〈火車等〉進站；〈飛機〉進機場；到達；〈人〉到〈家、公司等〉：What time does the train ～ *in*? 火車幾點到達？(4)當選爲議員：He *got in for* Chester. 他當選却斯特區選出的議員。(5)〈在考試之後〉入學，入會。(6)〔與…〕結交〔*with*〕：～ *in with* gangsters 結交歹徒。(7)加入〔活動、旅行等〕〔*on*〕：～ *in on* a discussion 參加討論/⇨ get in on the ACT. ——[《*vi prep*》～ in...] (8)進入…(之中)：～ *in* a car 進入汽車裏面。——[《*vt adv*》～ ín] (9)**將…放入(之中)**，將…帶進；使〈人〉上〈車〉。(10)收〈晾乾之衣服等〉；收割〈農作物等〉；收回〈借款等〉。(11)進〈貨〉，採購〈商品〉；收回〈借款等〉，募〈捐〉。(12)請〈醫生、工人等〉來〈到家裡工作〉：～ a doctor *in* 請醫生到家裡來(看病)。(13)插〈話〉：May I ～ a word *in*? 我可以插句話嗎？(14)播，撒〈種子〉；插〈秧〉，種〈苗〉。(15)[～＋受＋in]使〈人〉入學[入會]：Those exam results should ～ her *in*. 她考試得了那樣的成績理應可以入學。——[《*vt prep*》～ ...in...] (16)使…進入…(之中)：He *got* a splinter *in* his foot. 他的腳上扎進了一根刺。

gèt into... 《*vi prep*》(1)**進入…(之中)**；進入〈車子裏〉，上〈車〉：～ *into* bed 上牀，就寢/～ *into* a car [an elevator] 進入車[電梯]中。(2)〈火車等〉抵達，到…。(3)入〈學、會等〉；就(任)〈職(務)〉；經當選進入〈議會〉：～ *into* business 進入工商業界，從商/～ *into* a new trade 開始做新的生意。(4)穿上，著〈衣服、鞋等〉：～ *into* one's dress 穿上衣服。(5)進入，陷入，成〈…狀態〉；開始〈談話、吵架等〉：～ *into* a rage 勃然大怒/～ *into* debt 負債/～ *into* trouble 惹上[陷入]麻煩/～ *into* specifics 進入細節。(6)《口語》開始習慣於〈做法等〉，養成〈惡習等〉；開始對〈嗜好、書等〉有興趣，開始熱中於…：～ *into* Buddhism 開始對佛教有興趣。(7)〈想法等〉迷住〈人〉，沖上〈人〉的頭：I don't know what has *got into* him. 我不知道是什麼念頭鑽進他的腦子(他才會做這種事)。——《*vt prep*》(8)**使…進入…(之中)，將…放入…(之中)**；使…上〈車〉：I *got* a splinter *into* my finger. 我手指上扎了刺/I can ～ five *into* my car. 我能供五個人搭我的車子。(9)使…抵達…，使…到(達)…：The bus *got* us *into* London at noon. 那輛巴士使我們在正午抵達倫敦。(10)〈勉强〉使〈人〉穿上〈衣服〉：～ one's child *into* a new suit 給孩子穿上一套新衣服。(11)使〈人〉陷入〈不良之狀態〉：～ *oneself into* trouble [debt] 陷入麻煩[背上債務]/～ a woman *into* trouble《口語・委婉語》使未婚女子懷孕。

gét it (1)拿到手，接到：I('ve) *got it*! 我拿到了《在拿到之前亦用》/You('ve) *got it*! 接好《我現在要遞給你啦》！(2)《口語》了解，懂，明白：Now I ～ *it*. 現在我懂了/*G*～ *it*? 你懂了嗎？/You've *got it*! 對啦[你說得對]《你明白了》！(3)《口語》挨罵，受處罰：He'll ～ *it* now. 他這回將挨一頓大罵。(4)〈聽到電話、門鈴、敲門聲等而〉接電話，應門鈴(等)：I'll ～ *it*. 我來接。

gèt it ìnto one's **héad that...** ⇨ head.

gèt néar to... 接近…，靠近…。

gèt nówhere 不成功，無成就；不收效；無結果；無進展[進步]；〔…〕進行得不順利；無用，沒有好處〔*with*〕：He will ～ *nowhere with* his plans. 他的計畫將不會成功/The discussion *got* us *nowhere*. 那種討論對我們沒有用。

get off [《*vi adv*》～ óff] (1)〈由火車、飛機等〉下，下車，下飛機《★比較 下計程車或轎車，則用 get out (of...)；↔ get on》：I ～ *off* at the next station. 我在下一個車站下車。(2)**出發**；動身，啓程：～ *off to* school 動身去上學/～ *off on* one's journey 啓程去旅行/～ *off to* a good [slow, bad, etc.] start〈人、事〉起步[開始]得順利[慢，不好(等)]。(3)〈信件等〉被發出。(4)免除處罰[不幸，災禍]；〔僅受輕微之責罵、處罰、傷等而〕倖免〔*with*〕：He *got off with* a fine. 他被罰款了事[獲釋]/You've *got off* cheaply [easy]. 你沒受什麼大害處[沒受什麼重罰]。(5)由工作脫身，收工，下班：What time do you ～ *off* (*from* work)? 你幾點可以放下工作[下班]？(6)入睡：The baby at last *got off* (*to* sleep). 嬰兒終於入睡。(7)《美口語》沈溺〔於毒品等〕，〔因吸食毒品等而〕感到飄飄然〔*on*〕. ——[《*vi prep*》～ òff...] (8)**下〈火車、飛機、騎乘之車馬〉**：What station did you ～ *off* the subway at? 你在什麼站下地下火車？(9)由〈屋頂、樓梯上〉下〔到地面〕。(10)不踩到〈草坪等〉，不踏入…：*G*～ *off* the grass. 勿踐踏草地/⇨ get off a person's BACK. (11)離開，脫離；停止〈話題等〉：Let's ～ *off* the topic. 我們不要再談這個話題吧。(12)離開〈工作〉，收〈工〉，下〈班〉：～ *off* work early 早下班。——[《*vt adv*》～ óff] (13)[～＋受＋off]**除掉**，去掉…；脫下〈衣服等〉；取下〈(手指上之)指環〉；除去〈污點等〉：～ one's overcoat [ring] *off* 脫下大衣[取下指環]。(14)將〈人〉送走，送出〔到…〕〔*to*〕：～ one's children *off to* school 送孩子們(出去)上學。(15)發[寄]出〈信件、電報等〉：～ a letter *off* by express 以快遞寄一封信/～ *off* a long pass 投出一個長傳球。(16)[～＋受＋off]使〈人〉免於[減輕]刑罰[災禍]；使〈人〉〔僅受輕微之責罵、處罰、傷等而〕倖免〔*with*〕：His counsel *got* him *off* (*with* a fine). 他的辯護律師使他(以罰款)獲釋。(17)[～＋受＋off]使〈人〉入睡：～ a baby *off* (*to* sleep) 使嬰兒入睡。(18)《美口語》說〈笑話等〉。——[《*vt prep*》～ ...óff...] (19)**將…由…上除去[取下]**；將…由…上放下：～ a stalled car *off* the road 把拋錨的汽車拖離馬路/*G*～ your hands *off* me! 把你的手從我的身上移開！放開我！/⇨ get the WEIGHT off one's feet. (20)使〈乘客等〉下〈火車、飛機等〉：～ passengers *off* a bus 使乘客下巴士。(21)使〈人〉脫免…。(22)《口語》由…取得…：I *got* this ticket *off* Bill. 我自比爾那裏取得[弄到]這張票。

gèt (...) óff on the wróng [ríght] fóot 出師不利[順利]，做一個錯誤的[正確的]開端。

gèt óff with... 《英口語》〈未經介紹而〉與〈異性〉結識[親熱起來]。

Gèt óff with you! ＝GET along with you!

get on [《*vi adv*》～ ón] (1)**搭上**，登上〈巴士等大型交通工具〉，騎上〈馬、機車、自行車等〉《★比較 上計程車或轎車，則用 get in (...)；↔ get off》：～ *on at* Bath 在巴兹搭乘(巴士)。(2)〈工作等〉順利進行[進展]；進行〔工作等〕〔*with*〕：How is your work *getting on*? 你的工作進行得怎樣？/He is *getting on with* his studies. 他的研究進行得順利。(3)[常用進行式]〈時間〉推移，變晚；〈人〉變老；〈時、年齡、數等〉接近，快要〔…〕〔*to, toward,* 《英》*for*〕：It's *getting on for* [*to, toward*] midnight. 快要午夜了/He *is getting on for* [*toward*] seventy. 他快要七十歲了。(4)過日子，生活：How is your mother *getting on*? 你母親過得怎麼樣？(5)〔與…〕處得好，和睦相處〔*with*〕：Does your wife ～ *on with* your mother? 你太太跟你母親相處得好嗎？(6)〈在中斷之後再〉繼續〔…〕〔*with*〕：～ *on with* business 繼續做[繼續談]生意。(7)〔在…上〕成功〔*in*〕：～ *on in* business [the world] 事業發達[在社會上出人頭地，發跡]。(8)趕快：*G*～ *on* (with it)! 趕快！快！——[《*vi prep*》～ òn...] (9)**登上[爬上]**…，爬到…(之上)：～ *on* a roof [wall] 爬到屋頂[圍牆]上。(10)**搭[騎]**上〈巴士、火車、自行車等〉：～ *on* the subway at the same station 在同一車站搭地下火車。——[《*vt adv*》～ ón] [～＋受＋on] (11)使〈人、物〉上〈交通工具等〉。(12)穿上〈衣服〉；裝上〈物〉：He *got* his boots *on*. 他穿上靴子/～ a lid *on* 蓋上蓋子。(13)添〈劈柴〉；點〈燈〉。(14)使〈學生〉上進，使…進步：～ pupils *on* 使學生成績進步。——[《*vt prep*》～ ...on...] (15)使…上[乘]…：He *got* his sister *on* her bicycle. 他(幫著)使他妹妹騎上自行車。

gét on one's **féet [légs]** ⇨ foot, leg.

gèt ónto... 《*vi prep*》(1)登上[爬上]…，爬到…(之上)：He *got onto* my shoulders. 他爬到我的肩膀上。(2)搭上〈交通工具〉：Where did you ～ *onto* this bus? 你在哪兒搭這巴士？(3)識破，查明，探出…：～ *onto* the scent [track, trail] of... 開始追踪…。(4)〈用電話〉與〈人〉聯絡。(5)開始談[處理，著手]〈另一問題等〉。(6)成爲…之一員，被選[被任命]爲…。(7)〔＋*to* do〕〈絮叨地〉督促〈人〉〈做…〉：～ *onto* a person *to* clean his nails 絮叨地叫人把指甲弄乾淨。——《*vt prep*》(8)將〈人、物〉載[裝]上…。(9)使〈人〉進行…：We *got* him *onto* the subject of golf. 我們使他談高爾夫的事。

Gèt ón with you! ＝GET along with you!

get out [《*vi adv*》～ óut] (1)**出去(外面)**；外出；〈自建築物、房間等〉走開，離開：*G*～ *out*! (你給我滾)出去！《俚》亂講！胡說！

(2)〈自計程車、轎車等〉下車：～ *out at* 32nd Street 在第三十二街下車。(3)逃脫。(4)〈祕密等〉洩露出去，被人知道：The secret *got out* at last. 祕密終於洩露出去了。

Get out!
【插圖說明】說「出去!」時常做的手勢。

——[《*vi prep*》～ óut...](5)由〈門、窗等〉出去。——[《*vt adv*》～ óut](6)**取出，弄出；拔出〈塞子、刺、牙齒等〉**：*G*～ *out* your books and turn to page ten. 拿出書翻到第十頁。(7)將〈人〉救出，使…逃脫。(8)(自圖書館等)將〈書〉借出。(9)提取〈存款等〉。(10)出版[發行]〈書等〉。(11)生產…。(12)(勉強)說出〈話〉，發出〈聲音〉。(13)[～＋受＋out] 找出〈問題等〉之答案，解出〈問題〉。——[《*vt prep*》～...òut...](14)將…弄出〈門、窗〉。

gèt óut of... 《*vi prep*》(1)**自〈某處〉出來[出去]**：*G*～ *out of* here [bed]！從這裡滾出去[下[起]牀]！/*G*～ *out of* the way. 走開！讓開路！(2)脫〈衣服〉：*G*～ *out of* those wet clothes. 把濕的衣服脫下。(3)下〈計程車、小型汽車〉：～ *out of* a car [taxi] 下小汽車[計程車]《★[比較]下巴士則通常用 get off》. (4)到…所不及之處[在…之範圍之外]：～ *out of* sight 消失不見/It *got out of* my mind. 這件事我忘了。(5)擺脫，退出，放棄〈承諾、工作等〉；自…退休：～ *out of* one's work 退出[擺脫]工作。(6)革除，戒絕〈惡習等〉：～ *out of* a bad habit 革除壞習慣。(7)避免，逃避〈應做之事〉：He wanted to ～ *out of* his homework [attend*ing* the meeting]. 他想要逃避做功課[參加會議]。——[《*vt prep*》～ ...óut of...](8)**將…由…弄[取]出[除去]**：*G*～ me *out of* here. 設法讓我離開這裡/～ a book *out of* the library 自圖書館將書借出/I can't ～ it *out of* my mind. 我無法忘掉這件事。(9)由〈對方〉探出[打聽出，索取]〈眞相、錢等〉；由…謀取，獲得〈利益等〉：～ a lot *out of* a lecture 從講課中學到不少東西。(10)使〈人〉免脫…，使…免於…：Apologizing won't ～ you *out of* your punishment. 道歉並不會使你免受處罰。(11)使〈人〉革除〈惡習等〉：～ a child *out of* the habit of sucking his thumb 使孩子戒掉吸拇指的習慣。(12)使〈人〉逃避〈義務等〉，使…避免…，使…逃過…：His illness *got* him *out of* hav*ing* to see her. 他因病而得以不必會見她。

get over [《*vi prep*》～ óver...](1)**越過〈柵欄、牆等〉，渡過〈河、橋〉**《★可用被動語態》：～ *over* a hedge 越過籬笆。(2)**克服〈障礙、困難等〉**《★可用被動語態》：～ *over* a difficulty 克服困難。(3)自〈疾病、打擊、創傷、驚嚇等〉復元，康復；復原，恢復《★可用被動語態》：～ *over* one's bad habit [shyness] 克服壞習慣[羞怯]/～ *over* (the shock of) the death of one's son 忘却[克服]喪子的打擊而振作起來。(4)[常 **I [we] can't ～ over ....**]《口語》對…不勝驚訝[驚訝不已]：*I* just *can't* ～ *over* Jane's cheek [Jane behav*ing* like that]. 我對珍的厚臉皮[那種行爲]不勝驚訝。(5)[常用於否定句]否定〈事實等〉：We can*not* ～ *over* the fact. 我們不能否定這事實。(6)走完〈某一段距離、路〉：They *got over* the whole course in ten hours. 他們在十小時內走完全程。——[《*vi adv*》～ óver](7)**渡過[到…]，趨訪[…]**〔*to*〕：～ *over to* the other side 渡過到另一邊。(8)《口語》〈想法等〉被[人]了解〔*to*〕. ——[《*vt prep*》～...óver...](9)**使…越過〈柵欄等〉**，使…渡〈河等〉：～ the children *over* the fence 使孩子們越過柵欄。——[《*vt adv*》～ óver](10)**使〈人、動物等〉越過**，使…渡過。(11)使〈想法等〉被[人]了解〔*to*〕：I couldn't ～ the importance of the matter *over to* him. 我未能使他了解事情的重要性。(12)[～＋受＋over] 完成，處理掉〈討厭的工作等〉：Let's ～ the job *over* quickly. 讓我們很快地把工作做完。

gèt...óver (and dóne) with 《口語》處理〈討厭的工作等〉《★[用法] with 不加受詞》：Let's ～ the work *over with* quickly. 讓我們趕快把工作處理掉。

gèt róund ＝GET around.

gèt róund to... ＝GET around to.

gèt sómewhere [使…]成功，有效〔*with*〕；使〈事〉成功：I hope he will ～ *somewhere with* his plans. 我希望他的計畫成功/Discussion may ～ us *somewhere*. 討論可能對我們有好處。

gét thère 達到目的，成功。

get through [《*vi prep*》～ thróugh...](1)**穿過…[而到達目的地]**〔*to*〕. (2)**熬過〈一段困難之時間〉**；度〈時〉。(3)**完成[辦完]…**《★可用被動語態》：～ *through* college 念完大學，完成大學學業/～ *through* (read*ing*) a book in one evening 在一夜之間讀完一本書。(4)**通過〈考試等〉**：～ *through* a driving test 通過駕駛考試。(5)使〈議案等〉通過。(6)用盡〈錢〉；吃[喝]光〈飲食品〉《★可用被動語態》。——[《*vi adv*》～ thróugh](7)**穿過**，穿透；(由洞孔等)鑽過，〈雨等〉漏。(8)**度過**(困難、病等)，克服。(9)(考試等)**通過**，考及格：Jack failed but his sister *got through*. 傑克沒考及格，但他妹妹及格了。(10)〈議案〉獲得通過。(11)〈人、口信、補給品等〉(好容易)到達[抵達]〔目的地〕〔*to*〕：～ *through to* the finals (力爭上游)取得決賽權。(12)(電話等)接通，聯絡到，聯絡上[對方(之號碼)]〔*to*〕：I couldn't ～ *through to* her (by [on the] phone). 我沒能(以電話[在電話中])聯絡上她。(13)把想法等使[對方]了解；〈想法等〉〔爲…所〕了解〔*to*〕：I just can't seem to ～ *through to* him. 我似乎無法使他了解。(14)完成[辦完]〔工作等〕〔*with*〕：I will soon ～ *through with* my work. 我很快就會做完工作。——[《*vt prep*》～ ...thróugh...](15)**使…穿過…**：～ a box *through* the window 把箱子從窗口放進[拿出]去。(16)使…通過〈考試等〉：～ wine *through* customs 使葡萄酒通過海關(的檢查)。(17)使〈議案等〉通過〈議會〉，使〈議案等〉在〈議會〉獲得通過[承認]。——[《*vt adv*》～ thróugh](18)**使…穿過**，穿入(孔等)：～ one's finger *through* 把手指穿過。(19)使…及格[通過]：It was her English that *got* her *through*. 她是靠英語才通過的《是她的英語(能力)使她通過》。(20)使〈議案等〉獲得通過[獲得承認]。(21)使…到達〔目的地〕〔*to*〕. (22)(電話等)給…接通[接到]〔對方〕〔*to*〕：Please ～ me *through to* London. 請幫我(把電話)接倫敦。(23)使…爲〔對方〕所了解，使〔對方〕了解…〔*to*〕：I can't ～ (it) *through to* him that.... 我無法使他了解…《★有時省略 it》.

gét to... (1)⇨*v.i.* 1. (2)著手〈工作〉；開始〈用餐等〉：～ *to* work 著手工作/I *got to* remember*ing* those good old days. 我開始想起那些美好的往日。(3)《口語》與〈人〉接觸[(取得)聯繫]：Can I ～ *to* you by phone? 我可以用電話跟你聯繫嗎？(4)(以威脅、賄賂等方式)影響〈人〉。(5)《美口語》(爲勸誘、賄賂、威脅等目的而)接近〈人〉，賄賂〈人〉，誘惑〈人〉，(以金錢等)使…屈服。

gèt togéther 《*vi adv*》(1)**聚集，聚首**：～ *together for* Christmas [a drink] 聚會慶祝耶誕節[聚會喝一杯]/When will we ～ *together*? 我們什麼時候來聚聚？(2)《口語》〔就…〕商議；達成協議，意見一致，談攏〔*on, over*〕. (3)團結，協力。——《*vt adv*》(4)**集合…**。(5)收集，收拾〈携帶物品等〉。(6)[～ one*self* together]《口語》自制，抑制感情。

get under [《*vi prep*》～ únder...](1)從…之下通過。——[《*vi adv*》～ únder](2)進入下面。——[《*vt prep*》～ ...únder...](3)將…放入…之下。——[《*vt adv*》～ únder](4)將…放入下面。(5)[＋受＋under] 控制〈火勢等〉，鎭服〈暴動等〉。

get up [《*vi adv*》～ úp](1)**起牀**，起身；(病後)離牀：*G*～ *up* (out of bed)！起牀！(2)(從地上)**起來**；[從座位等]**站起來，起立**〔*out of, from*〕：Please don't ～ *up*. 請坐著[不要站起來]/He *got up from* the chair. 他從椅子上站起來。(3)上，爬上，登上〔…〕；騎上〔馬、自行車等〕〔*on, onto*〕：～ *up on* the roof 爬上屋頂/The temperature *got up to* 80°. 氣溫升到八十度/She *got up behind* me. (在馬、自行車等上)她騎在我的後面。(4)〈陣風、暴風雨等〉颳起；〈風力、火勢等〉變强；〈海浪〉變大：There's strong wind *getting up* outside. 外頭正颳起强風。(5)[用祈使語氣]前進《對人、馬喊之口令》！——[《*vi prep*》～ úp...](6)**上〈階梯、梯子等〉，爬(上)〈樹、山等〉**：～ *up* a ladder to the roof 爬梯子上屋頂。——[《*vt adv*》～ úp](7)[～＋受＋up]**使〈人〉起牀**，使…起來；使〈人〉(在病癒後)離牀：Can you ～ me *up* at six tomorrow? 你能在明天六點鐘叫我起牀嗎？(8)[～＋受＋up]使〈人〉起立[站起來]：The teacher *got* the pupils *up*. 老師叫學生起立。(9)[～＋受＋up] 使…上，使…登上；舉起〈行李等〉；使〈人〉騎上(馬等)。(10)[～＋up＋受]**準備，籌劃**；安排，組織，舉辦〈活動、聚會等〉：～ *up* a picnic 籌辦野餐/～ *up* a subscription for... 爲…舉辦募捐。(11)《口語》替〈人〉整理服裝[頭髮等]；[～ one*self* up] 打扮，裝飾，穿戴〔…〕〔*in*〕；裝扮[作…]〔*as*〕《★又常用被動語態，成「裝飾著，穿戴著，裝扮著」之意》：She *got herself up in* a new dress. 以穿新裝來打扮自己/He *was got up as* [to look like] a sailor. 他裝扮成水手[的模樣]。(12)將〈書〉製成，裝訂：The book is well *got up*. 這本書印刷與裝訂都很好。(13)激起〈感情〉，引起〈動搖、食慾等〉，鼓起〈勇氣〉：～ *up* speed 增加速度/⇨get up STEAM (⇨steam 3). (14)《英》學習〈科目等〉，重新學習；研究；調查；精通。——[《*vt prep*》～ ...úp...] 使…上〈階梯等〉，將…搬上…：He couldn't ～ himself *up* the stairs. 他無法上階梯。

gèt úp agàinst... (1)靠近[站在]…的旁邊。(2)與〈人〉鬧翻[起衝突]。——[get＋受＋up against...；get up＋受＋against...](3)將〈家具等〉移近[置於]〈牆壁等〉之旁。

gèt úp and gó [通常用祈使語氣]《口語》敏捷地行動起來；趕快。

gèt úp to... (1)接近…，到達…；趕上…，追及…：Where did we ～ *up to* last week? 我們上星期上[讀]到哪兒？(2)從事〈惡作劇等〉：What are the boys *getting up to*? 這些男孩在搞什麼鬼？——[get up＋受＋to...](3)使〈人、物〉接近[到達]…，將〈人、物〉拖上…。

gèt wíth it 《口語》(1)趕上時髦，不落伍。(2)努力工作[讀書]。

It's gót so (that).... 《美口語》情形[方式]是這樣，(即…)。

téll a person **whére to gèt óff** [**whére** he **can gèt óff**, **whére** he

G

gèts óff]《口語》對〈人〉警告不禮貌,(直言不諱地)譴責〈人〉《★源自巴士車掌對不禮貌之乘客下逐客令而命其下車之意》。

get·at·a·ble [gɛt'ætəbl; get'ætəbl] *adj.*《口語》**1**〈地點等〉可到達的。**2**〈書籍等〉可[易]得到的;〈人〉可[易]接近的。

gét·awày *n.* [用單數]《口語》**1**(罪犯等之)逃走,逃亡:make one's ~ 逃走。**2**(車之)開動;(賽跑等之)起跑。

Geth·sem·a·ne [gɛθ'sɛmənɪ; geθ'semәni] *n.* **1** 客西馬尼《耶路撒冷(Jerusalem)附近之一座花園,爲耶穌受難之處》。**2** [g~] Ⓒ使人受苦難之處[時]。

gét·òut *n.* ★常用於下列成語。

as [like, for] àll gét-out《口語》非常地,極爲…,…得不得了。

gét-togèther *n.* Ⓒ《口語》(融洽之)社交聚會,懇親會,聯歡會。

gét-tóugh *adj.* 嚴厲的,堅決的,强硬的。

Get·tys·burg ['gɛtɪz,bɝg; 'getizbə:g] *n.* 蓋茨堡《美國賓州(Pennsylvania)南部之一城鎮;爲南北戰爭之古戰場,有該地戰役陣亡將士之國家公墓》。

Géttysburg Addréss *n.* [the ~] 蓋茨堡演說《1863 年 11 月 19 日 Lincoln 在 Gettysburg 國家公墓獻禮上所作之演說。該篇演說中有表現民主主義精髓之 "government of the people, by the people, for the people" (民有,民治,民享之政治)之語句》。

【說明】Gettysburg Address 是林肯(Lincoln)於 1863 年在蓋茨堡國家公墓所作有關美國民主政治(democracy)的演說;其中有一段:"We here highly resolve...that government of the people, by the people, for the people, shall not perish from the earth."(我們在此堅定地決意…使那民有、民治、民享的政治必不致從地球上消滅。);cf. fourscore【說明】

gét·ùp *n.* Ⓒ《口語》**1**(顯眼,與衆不同之)裝束,打扮,服裝。**2** 外觀,外表。

gét-ùp-and-gó *n.* Ⓤ《口語》熱情,幹勁,魄力,精力,積極性:He has a lot of ~. 他很有幹勁。

gew·gaw ['gjugɔ; 'gju:gɔ:] *n.* Ⓒ華而不實之物;虛有其表之物。

gey·ser ['gaɪzɚ; 'gaizə] 《源自冰島之間歇泉之名》—*n.* Ⓒ **1** 間歇泉。**2** ['gizɚ; 'gi:zə]《英》(安裝於廚房、浴室等之)熱水器,熱水爐。

在美國 Yellowstone 國家公園的 geyser 1

Gha·na ['gɑnə; 'gɑ:nə] *n.* 迦納《位於非洲西部,大英國協內之一個共和國;1957 年獨立;首都阿克拉(Accra ['ækrə, ə'krɑ; ə'krɑ:])》。

Gha·na·ian, Gha·ni·an ['gɑnɪən; gɑ:'neiən] *adj.* 迦納的,迦納人的。—*n.* Ⓒ迦納人。

ghar·ry, ghar·ri ['gærɪ; 'gæri] *n.* Ⓒ(印度、埃及等處的)馬車;出租馬車。

ghast·ly ['gæstlɪ; 'gɑ:stli] 《源自中古英語「受驚嚇的」之義》—*adj.* (-li·er, -li·est; more~, most ~) **1** 可怕的,令人毛骨悚然的,令人不寒而慄的:a ~ accident 可怕的事故/a ~ sight 令人毛骨悚然的景象。**2**〈人、相貌等〉像死人[鬼魂]似的,蒼白的:He looked ~. 他面孔蒼白。**3**《口語》非常不(愉)快的,討厭的,糟透的:have a ~ time 遭遇討厭的[很糟的]事/I feel ~ about it. 我覺得那樣很討厭[很糟糕],我對此很反感。

ghást·li·ness *n.*

ghat, ghaut [gɔt; gɔ:t] *n.* Ⓒ《印度》山道;山脈;懸崖;河邊的石階。

ghee [gi; gi:] *n.* Ⓤ(尤指印度人烹飪用的)奶油《用水牛的乳製成》。

gher·kin ['gɝkɪn; 'gə:kin] *n.* Ⓒ(做醃菜用之)小黃瓜。

ghet·to ['gɛto; 'getou] 《源自義大利語「翻沙廠」之義,因從前威尼斯(Venice)之翻沙廠附近被劃定爲猶太人居住區》—*n.* Ⓒ*pl.* (~s, ~es) **1**(昔日在歐洲城市之)猶太人地區;猶太人街。**2**(大都市中之)少數民族居住區;(少數民族所居住之)貧民街。

***ghost** [gost; goust] 《源自古英語「靈魂」之義》—*n.* **1** Ⓒ幽魂;幽靈;鬼(cf. walk *v.i.* 2);cf. walk *v.i.* 2:lay [raise] a ~ 驅[召]鬼。

【說明】東方和西方都有人相信 ghost 的存在。在古老的民謠和民間鬼故事(ghost story)以及莎士比亞(Shakespeare)的戲劇中也常常有 ghost 的出現。據說 ghost 在午夜十二時出現,並隨着雞鳴而消失。在美國萬聖節(Halloween)時有些孩童披上床單扮鬼。在英國各地有鬼屋(haunted house),甚至印有其觀光指南。

2 [用單數] 少許〔之…〕,一點一絲〔之…〕;痕跡;幻影〔*of*〕《★用法《英》通常作 **the** ~》:He doesn't have a [《英》hasn't (got) *the*] ~ *of* a chance of passing the exam. 他決沒有考試及格的可能。

3 Ⓒ《古》靈魂:⇨ Holy Ghost.

4 Ⓒ《電視》複影,重複之影像。

5《口語》=ghostwriter.

(as) pále [whíte] as a ghóst〈面色〉蒼白的。

gìve úp the ghóst (1)死《★指「放棄靈魂」之意,出自聖經「創世記」等》。(2)《口語》放棄,死心。

—*v.*《口語》=ghostwrite.

ghóst·lìke *adj.* 幽靈似的;陰森恐怖的。

ghóst·ly 《ghost 的形容詞》—*adj.* (-li·er, -li·est) **1** 鬼的,幽靈的;似鬼的;朦朧的:a ~ figure似鬼[幻影般]的形象。**2** [用在名詞前]《古·文語》靈的,精神的,宗教的。**ghóst·li·ness** *n.*

ghóst stòry *n.* Ⓒ鬼故事。

ghóst tòwn *n.* Ⓒ《美》鬼城,被遺棄的城鎮《由於礦山之被廢棄等而變成無人之城鎮》。

【說明】1849 年加利福尼亞州(California)發現金礦後,大批民衆湧入這個新的金礦區居住,稱爲 gold rush. 但這種突趨繁榮之後也有城鎮由於礦山的封閉、不景氣或災害,以致居民移居他去。在居民離去之後只留下空無人居的屋子及陰森可怕的建築物,令人想起鬼魂(ghost);cf. gold rush【說明】

ghóst wòrd *n.* Ⓒ因錯誤而產生的字《如誤讀,抄錯等》。

ghóst·wrìte (-wrote; -written) *v.t.* 代撰;代寫〈演說稿、文學作品等〉;爲…捉刀。

—*v.i.* 〔動(+介+(代)名)〕〔爲…〕代撰〔*for*〕.

ghóst·wrìter *n.* Ⓒ代筆人,捉刀人。

ghoul [gul; gu:l] *n.* Ⓒ **1** 食屍鬼《回教國家神話中盜墓食屍肉之惡鬼》。**2** 盜屍之人。**3** 嗜做[看]殘忍之事之人。

ghóul·ish [-lɪʃ; -liʃ] *adj.* **1** 似食屍鬼的。**2** 殘忍的;殘酷的。
~·**ly** *adv.* ~·**ness** *n.*

GHQ, G.H.Q.《略》General Headquarters.

ghyll [gɪl; gil] *n.* Ⓒ峽谷;谿。

GHz《略》gigahertz.

GI ['dʒi'aɪ; ˌdʒi:'ai] *n.* (*pl.* GI's, GIs [~z; ~z])《美口語》Ⓒ美軍士官兵;美國大兵。

【字源】GI 是 *g*overnment *i*ssue(政府發的補給品)起首字母的縮寫。美國陸軍週刊雜誌的漫畫中曾以混合這個 GI 和 Joe(Joe 在第二次世界大戰期間以「傢伙、老兄」的意思廣爲使用)而成 GI Joe 爲名的角色登場。這個名字後來成爲「美國大兵」的代名詞,並且省略 Joe 而成爲 GI. 換句話說,士兵就是「什麼都是由政府補給的傢伙」。美國的女兵則稱作 GI Jane.

—*adj.* [用在名詞前] **1** 政府發給的;軍隊規格的:~ shoes 軍鞋/get a ~ haircut 剪美國大兵頭《剪短之髮型》。**2** 美軍士兵的:~ Joe 美國大兵《男》/~ Jane 美國女兵。

***gi·ant** ['dʒaɪənt; 'dʒaiənt] 《源自希臘文「巨大的人」之義》—*n.* Ⓒ **1**(神話、傳說、故事中之)巨人,巨無霸,巨大之怪物。**2 a** 彪形大漢。**b** 巨大之物[動物,植物]:a corporate ~ 龐大的企業。**3**(具有卓越才能、性格等之)偉人,傑出人物,大人物,「巨人」:a scientific ~ 科學界的巨人,偉大的科學家。

—*adj.* [用在名詞前] 巨大的,特大的(↔ dwarf):a ~ cabbage 巨大的甘藍菜。

gi·ant·ess ['dʒaɪəntɪs; 'dʒaiəntis] 《giant 的陰性形》—*n.* Ⓒ女巨人。

gí·ant·ìsm [-,tɪzəm; -tizəm] *n.* Ⓤ《醫》巨大發育;巨大畸形。

gíant kìller 《源自英國的兒童故事 *Jack the Giant Killer*(殺死巨人的傑克)》—*n.* Ⓒ擊敗具有壓倒性優勢的對方的人或球隊等。

gíant pánda *n.* Ⓒ《動物》大熊貓《生長於中國、西藏之浣熊科動物;⇨panda 照片》。

gíant sequóia *n.* Ⓒ《植物》美國巨杉(《美》big tree)《產於美國加利福尼亞(California)州之巨大針葉樹,有高達一百公尺者;⇨sequoia 照片》。

gíant slálom *n.* Ⓒ《滑雪》大型障礙滑雪比賽。

gíant stár *n.* Ⓒ《天文》巨星《其直徑爲太陽之十倍至一百倍之巨大恆星》。

giaour [dʒaur; 'dʒauə] 《源自波斯語「拜火教徒」之義》—*n.* Ⓒ邪教徒,異教徒《爲回教徒用語,指不信回教者,尤指基督教徒》。

gib·ber ['dʒɪbɚ, 'gɪbɚ; 'dʒibə] 《擬聲語》—*v.i.* **1**(因驚嚇或恐懼)急促而不連貫地說。**2**〈猿、猴等〉嘰嘰喳喳地叫。

gib·ber·ish ['dʒɪbərɪʃ; 'dʒibəriʃ] *n.* Ⓤ快而不清的話,嘰哩呱啦之言;亂語。

gib·bet ['dʒɪbɪt; 'dʒibit] *n.* Ⓒ(ㄱ型之)絞架,絞台《★將罪犯處以絞刑之後仍吊在其上示衆》。

—*v.t.* **1** 將〈罪犯〉吊於絞架上。**2** 公開侮辱或嘲弄〈人〉。

gib·bon ['gɪbən; 'gibən] *n.* Ⓒ《動物》長臂猿《尤指東南亞及東印度產者》。

Gib·bon [ˋgɪbən; ˈgibən], **Edward** *n.* 吉朋《1737–94；英國歷史學家》。

gib·bos·i·ty [gɪˋbɑsətɪ; giˈbɔsəti] *n.* **1** Ⓒ凸圓；凸彎曲。**2** Ⓤ圓形凸出；隆起；駝背。

gibbons

gib·bous [ˋgɪbəs; ˈgibəs] *adj.* **1** [用在名詞前]大於半圓的，凸圓的，在半圓後圓滿前之形狀的〈月球、行星等〉：the ～ moon 凸月。**2 a** 凸狀的；隆起的。**b** 駝背的，佝僂的。**～·ly** *adv.*

gibe [dʒaɪb; dʒaib] *v.i.* [十介十(代)名]〔因…而〕嘲弄，嘲笑，譏笑〔…〕〔*at*〕〔*for*〕《★～ at 可用被動語態》：They ～*d* ***at*** my mistakes. 他們嘲笑我的錯誤/They ～*d* ***at*** me ***for*** my cowardice. 他們因我的膽小而嘲弄我。**—***v.t.* 嘲笑…；愚弄…。

—*n.* Ⓒ嘲笑；愚弄；譏笑〔*at, about*〕：make ～*s at* [*about*]愚弄…。

GI Bill (of Rights) *n.* Ⓒ士兵福利法案《美國國會制定之法案，其目的在協助第二次大戰期間之退役士兵接受教育或職業訓練及購買房屋等》。

gib·lets [ˋdʒɪblɪts; ˈdʒiblits] *n. pl.* 禽類內臟(之雜碎)。

Gi·bral·tar [dʒɪˋbrɔltɚ; dʒiˈbrɔ:ltə] *n.* 直布羅陀《西班牙南端屬英國直轄領土之一個小半島；爲地中海之要衝；有海、空軍基地》。

the Stráit of Gibráltar 直布羅陀海峽《在西班牙與摩洛哥(Morocco)之間的海峽；連接大西洋及地中海》。

gid·dy [ˋgɪdɪ; ˈgidi] **《源自古英語「瘋狂」之義》—***adj.* (**gid·di·er**；**-di·est**) **1 a** 發暈的，眼花的，暈眩的：a ～ feeling 暈眩的感覺，發暈。**b** [不用在名詞前][十介十(代)名]〔因…而〕暈眩的；如醉如狂的〔*from, with*〕：I felt ～ ***from*** the unaccustomed exercise. 我因(做了)不習慣的[罕做的]運動而暈眩/They were ～ ***with*** success. 他們因成功而如醉如狂。**2**〈高處、速度、舞蹈等〉令人暈眩的，令人眼花的，急速旋轉的：a ～ height 令人暈眩的高度/at a ～ speed 以令人眼花的速度。**3** 輕浮的；輕佻的，輕率的：a ～ fool [young flirt] 輕浮的傻瓜[輕佻的風騷女孩]/⇨act [play] the giddy GOAT.

My gíddy áunt! [表示驚訝]《俚》咦！哎！

gíd·di·ly [-dlɪ; -dili] *adv.* **-ness** *n.*

Gide [ʒid; ʒi:d], **André** [ˋændrɪ, ˋandre; ˈændri, ˈɑ:ndrei] *n.* 紀德《1869–1951；法國小說家，批評家及散文家，1947 年得諾貝爾獎》。

Gid·e·on [ˋgɪdɪən; ˈgidiən] *n.* 《聖經》基甸《以色列之英雄，曾率衆擊敗米甸人(Midianites)，並任以色列士師(judge)達四十年之久》。

Gídeon Society *n.* [the ～]美國聖經寄贈協會《成立於 1899 年》。

‡**gift** [gɪft; gift] *n.* **1** Ⓒ **a 贈品**，贈送品，禮品，禮物《★比較 爲較 present 正式之字，指有價值之贈送品；⇨present[2]【同義字】》：Christmas [birthday] ～*s* 耶誕[生日]禮物。**b**〔…〕所賜之物，恩惠〔*of, from*〕：the ～*s of* civilization 文明的賜予。

【說明】除了耶誕禮物以外，從贈送者手中收受禮物時，宜當面拆開並道謝。贈送禮物給異性時，若不是家族或情侶等特別親近的人應避免贈送戴在身上的東西。贈送金錢時以公債或其他有價證券、支票等爲理想。贈送書籍時宜附上寫有 With the compliments of...(…敬贈)等卡片。

2 Ⓒ〔…之〕**天賦**，天才，天資，才能〔*for, of*〕(⇨ability【同義字】)：a person of many ～*s* 有多種才能的人；多才多藝者/She has a ～ *for* painting [languages]. 她有繪畫[語言]的天才/He has the ～ *of* mak*ing* friends. 他有交朋友的才能。

3 Ⓒ[常用單數]《口語》特價品；輕而易舉之事：It's a ～. 那眞是撿到便宜；這件事很簡單。

4 Ⓤ《古》贈與；贈與權：by (free) ～ 白送地，免費地/The post is *in* [*within*] his ～. 授與這個職位的權限在於他。

a gift from the Góds 好運，天賜之良機。

a Gréek gift 圖謀害人的禮物。

as a gift [通常用於否定句]白送《★常用於下列片語》：I would*n't* have [take] it *as a* ～. 白送我也不要。

the gíft of (the) gáb 《口語》雄辯之才，口才《★用法 附加 the 爲英國語法》：He has *the* ～ *of* (*the*) *gab.* 他具有雄辯之才[他口才很好]。

—*v.t.* [十受十介十(代)名] **1**〔以…〕贈送〈人〉，〔以…〕授予〈人〉〔*with*〕《★比較 用 gift 爲刻意裝文雅之說法，一般多用 present》。**2** 賦與〈人〉〔…之性格〕〔*with*〕《★通常以過去分詞當形容詞用；⇨gifted 2》。

gíft·bòok *n.* Ⓒ贈送用之(美麗之)書；贈閱本，寄贈書。

gíft certìficate *n.* Ⓒ(百貨公司等之)禮券。

gíft còupon *n.* Ⓒ(附於商品之)贈品交換券《可憑券領取贈品》。

gíft·ed *adj.* **1 a** 有天賦才能的，有才華的，傑出的：a ～ pianist 有天才的鋼琴家/a ～ child 天才兒童，智能高的兒童。**b** [不用在名詞前][十介十(代)名]〔在…方面〕有天才的，有〔…之〕才能的〔*in*〕：He is ～ ***in*** music. 他有音樂的才能。

2 [不用在名詞前][十介十(代)名]賦有〔…(之天才)〕的〔*with*〕：She is ～ ***with*** a good memory. 她天生具有好的記憶力。

gíft hòrse *n.* Ⓒ 贈送的馬《★用於下列成語》。

lóok a gíft hòrse in the móuth [常用否定之祈使語氣]挑剔所受禮物之缺點。

【字源】由於看馬的前齒即可知牠的年齡，因此「看別人所送之馬的嘴裏」即意指「檢查馬的優劣」，等於對所受禮物的價值有所批評，因而轉變成「挑剔」的意思。在拉丁文、德語、法語中也有類似的語句。

gíft shòp *n.* Ⓒ手工藝品店，禮品店。

gíft tàx *n.* ⓊⒸ《美》贈與稅(《英》capital transfer tax)。

gíft tòken [vòucher] *n.* ＝gift certificate.

gíft-wràp *v.t.* (**-wrapped**；**-wrap·ping**)(用緞帶等)把〈物品〉包裝作贈送之用。

gíft·wràpping *n.* Ⓒ送禮包裝用之包裝紙、絲帶等。

gig[1] [gɪg; gig] *n.* Ⓒ **1** (昔時之)輕便二輪單馬車。**2** 裝在船上之(船長所用)小艇。

gig[1] 1

gig[2] [gɪg; gig] *n.* Ⓒ(刺魚用之)魚叉。

gig[3] [gɪg; gig] 《口語》*n.* Ⓒ(依一次一次之契約表演之爵士樂師等之)工作，活兒；爵士樂之短期表演。

—*v.i.* 從事爵士樂師的工作。

gi·ga·cy·cle [ˋgɪgə͵saɪkl, ˋdʒɪgə-; ˈdʒigə͵saikl] *n.* Ⓒ千兆周《略作 Gc》。

gíga·hèrtz [ˋdʒaɪgə-, ˋdʒɪgə-; ˈdʒigə-] *n.* Ⓒ(*pl.* ～)《電學》千兆赫《頻率單位；略作 GHz》。

gi·gan·tic [dʒaɪˋgæntɪk; dʒaiˈgæntik] **《giant 的形容詞》—***adj.* (**more** ～；**most** ～) **1 巨大的**；龐大的：a ～ tanker 巨大油輪。**2** 巨人似的：a man of ～ build [strength] 巨人似的大漢[像巨人般地有力氣的人]。**gi·gán·ti·cal·ly** [-tɪkḷɪ; -tikəli] *adv.*

gi·ga·ton [ˋgɪgə͵tʌn, ˋdʒɪg-; ˈdʒigətʌn] *n.* Ⓒ十億噸《略作 GT》。

gig·gle [ˋgɪgl; ˈgigl] **《擬聲語》—***v.i.* [動(十介十(代)名)]〔看到[聽到]…而〕吃吃地笑，癡笑〔*at*〕(⇨laugh【同義字】)：The girls couldn't stop *giggling.* 那些女孩子無法止住吃吃笑/She ～*s* ***at*** everything. 她看到什麼都吃吃地笑。

—*v.t.* 吃吃笑地表示〈感情〉：～ one's amusement 吃吃地笑，表示好玩[高興]。

—*n.* Ⓒ(女孩等之)吃吃笑；傻笑，癡笑：give a ～ 吃吃地笑/have (a fit of) the ～*s* (不由得)吃吃地笑起來。

for a giggle 《口語》感到好玩地，鬧着玩地。

gig·gly [ˋgɪglɪ; ˈgigli] **《giggle 的形容詞》—***adj.* (**gig·li·er**；**-li·est**)吃吃地笑的，癡笑的。

gig·o·lo [ˋdʒɪgə͵lo; ˈdʒigəlou, ˈʒi-] **《源自法語》—***n.* Ⓒ(*pl.* ～s) **1** 靠(較自己年長之)女人贍養之男人，小白臉，吃軟飯的男人。**2** (伴女人跳舞之)職業舞男。

Gil [gɪl; gil] *n.* 吉爾《男子名；Gilbert 的暱稱》。

Gíla mónster [ˋhilə-; ˈhi:lə-] *n.* Ⓒ《動物》美洲大毒蜥蜴《產於墨西哥(Mexico)及美國西南部新墨西哥州(New Mexico)與亞利桑那州(Arizona)等地之沙漠地帶》。

Gil·bert [ˋgɪlbɚt; ˈgilbət] *n.* 吉伯特《男子名；暱稱 Bert, Gil》。

gild[1] [gɪld; gild] *v.t.* (～**·ed, gilt** [gɪlt; gilt]) **1 a** 給…貼上金箔，將…鍍[燙]金。**b** 將…塗成金色，塗金色於…：～ a frame 把畫框鍍金/The setting sun ～*ed* the sky. 落日把天空染成金色。**2** [十受(十介十(代)名)]〔以…〕使…光彩奪目，裝飾…使放光輝〔*with*〕：The dusk was ～***ed with*** fireflies. 薄暮被螢火蟲點綴得金光閃閃。

gild[2] [gɪld; gild] *n.* ＝guild.

gíld·ed *v.* gild[1] 的過去式・過去分詞。**—***adj.* **1** 貼上金箔的，鍍[塗，燙]上金的；金光閃閃的：a ～ frame 塗金的畫框。**2** 有錢的，富裕的：～ youth 上流社會的富有青年；闊氣的青年時期。

Gílded Áge *n.* [the ～](美國南北戰爭後之)《經濟》大繁榮時期《財閥開始介入政治之時期》。

gíld·ing *n.* Ⓤ **1 a** 貼金箔，鍍金，塗金，燙金，飛金，裝金。**b** (鍍上或塗上之)金箔，金粉，泥金。**2** (美麗之)表面裝飾，粉飾，虛飾。

gill[1] [gɪl; gil] *n.* Ⓒ[常 ～s] **1** (魚等之)鰓。**2** 《口語・謔》人之頤邊肉，顎下肉《★常用於下列片語》。

gò gréen [whíte] abòut [aròund] the gílls《口語》(因恐怖、病等)面色變蒼白。

gill² [dʒɪl; dʒil] *n.* Ⓒ其爾《液量單位；等於¼pint》.

Gill [dʒɪl; dʒil] *n.* [有時 g~] Ⓒ女人，少女；愛人，妻(Jill)《★用因除與 Jack 連用時以外爲《古》》。

gil·lie, gil·ly [ˈgɪlɪ; ˈgili] *n.* Ⓒ **1** (蘇格蘭高地之)獵人之從僕。**2** (昔日蘇格蘭高地之)酋長之從僕。**3** 僕人，隨從。

gil·li·flow·er [ˈdʒɪlɪˌflaʊɚ; ˈdʒiliflauə] *n.* =gillyflower.

gíll nèt [ˈgɪl-; ˈgil-] *n.* Ⓒ(垂直張掛在水中以捕魚之)刺網。

gil·ly·flow·er [ˈdʒɪlɪˌflaʊɚ; ˈdʒiliˌflauə] *n.* Ⓒ《植物》**1** 紫羅蘭。**2** 麝香石竹。

gilt [gɪlt; gilt] *v.* **gild¹** 的過去式・過去分詞。

—*adj.* 貼金(箔)的，燙金的，塗金的，鍍金的；金色的：a ~ edge 金邊/~ letters 金字/a ~ top(書籍)頂端切面之燙金。

—*n.* Ⓤ **1** 金箔，金粉，泥金。**2** 外表之美，表面之裝飾，虛飾。

tàke the gílt òff the gíngerbread《英口語》剝去美麗之外表，使現原形《★從前之薑餅爲求美觀塗成金色》。

gílt-édged *adj.* **1** 〈紙、書籍等〉金邊的。**2** «源自從前所用之紙張燙金邊»〈證券等〉優良的；上等的；頭等的：~ securities [shares, stocks] 績優股票[證券]；(尤指)公債。

gim·crack [ˈdʒɪmˌkræk; ˈdʒimkræk] *n.* Ⓒ虛有其表之廉價物；虛華而無用之物；小飾物，小擺設。

—*adj.* 虛有其表的，外表好看卻不值錢的。

gim·crack·er·y [ˈdʒɪmkrækərɪ; ˈdʒimkrækəri] *n.* Ⓤ[集合稱]虛華而不實之物[裝飾]。

gim·let [ˈgɪmlɪt; ˈgimlit] *n.* **1** Ⓒ螺絲錐，鑽子(cf. auger). **2** Ⓤ[指個體時爲Ⓒ]以杜松子酒爲主所調配之一種鷄尾酒。

gimlet 1

gímlet èye *n.* Ⓒ **1** 銳利的一瞥。**2** 銳利的眼睛：a man with a ~ for the future 對將來具慧眼的人。

gímlet-éyed *adj.* 眼光銳利的。

gim·me [ˈgɪmɪ; ˈgimi] «'give me' 讀音的變形»**—*adj.***《俚》貪婪的，貪得無厭的。

—*n.* [the gimmes]《俚》貪婪，貪得無厭。

gim·mick [ˈgɪmɪk; ˈgimik] *n.* Ⓒ《口語》**1**《美》(魔術師等之)秘密裝置，暗機關。**2** (廣告等所用以引人注目之)花招，噱頭，手法，伎倆；新發明的物件[玩意兒]：an advertising ~ 廣告噱頭。

gim·mick·ry [ˈgɪmɪkrɪ; ˈgimikri] *n.* Ⓤ《口語》**1** [集合稱] **a** 各種騙人之裝置。**b** 用以引人注目之各種裝置。**2** 使用裝置。

gim·mick·y [ˈgɪmɪkɪ; ˈgimiki] «gimmick 的形容詞»**—*adj.***《口語》**1** 騙人裝置[玩意兒]的。**2** (僅)玩弄伎倆的，用以引人注目的。

gimp, gymp [gɪmp; gimp] *n.* Ⓒ(用以裝飾女裝、制服、帘帷、家具等之)絨絲帶；棉帶《有時以金屬絲爲心織成》。

gin¹ [dʒɪn; dʒin] «Geneva 之略»**—*n.*** Ⓤ[指個體時爲Ⓒ]杜松子酒《以黑麥、玉米爲原料，加杜松子(juniper)香味之蒸餾酒；用作各種鷄尾酒之主體》：⇨ pink gin/~ and it《英》用杜松子酒與義大利苦艾酒調製成之鷄尾酒/~ and tonic 杜松子酒加滋補品。

gin² [dʒɪn; dʒin] «古法語 engine(引擎)之字首消失的變體字»**—*n.*** Ⓒ **1** 軋棉機(cotton gin). **2** (狩獵用之)陷阱。

—*v.t.* (**ginned**; **gin·ning**)用軋棉機軋〈棉〉去籽。

gín fízz *n.* Ⓤ[指個體時爲Ⓒ]杜松子酒蘇打水《杜松子酒與糖、檸檬汁、蘇打水調製成之鷄尾酒》。

gin·ger [ˈdʒɪndʒɚ; ˈdʒindʒə] *n.* Ⓤ **1 a**《植物》薑。**b** 薑根《藥用、香辣調味料、糖果用》。**2** 淡赤黃色，赤[黃]褐色；《英》(頭髮之)紅色《★因紅髮稀奇，故也常以 Ginger(紅毛)用作人之綽號》。**3**《口語》元氣，活力，精神：Put some ~ into your work. 要用心做你的工作。**—*adj.*** **1** [用在名詞前]薑味的。**2** 〈頭髮〉淡赤黃色的；《英》紅色的。

—*v.t.* **1** [十受]以薑調味…。**2**《口語》[十受十副]使〈人、活動〉有活力，使…有生氣[元氣]；刺激，鼓舞〈人〉〈*up*〉：~ ***up*** a fund-raising campaign 使資金籌募活動更爲活潑。

gínger ále [《口語》**pòp**] *n.* Ⓤ[指個體時爲Ⓒ]薑汁汽水《調以薑汁而成略帶甜味之碳酸清涼飲料》。

gínger bèer *n.* Ⓤ[指個體時爲Ⓒ]薑汁啤酒《類似薑汁汽水而含有少量酒精》。

gínger·brèad *n.* Ⓤ **1** [指個體時爲Ⓒ]薑餅《作成各種形狀，從前爲求美觀塗成金色》：a ~ man作成人形的薑餅。**2** (家具、房屋等之)俗麗而無價值之裝飾。

tàke the gílt òff the gíngerbread ⇨ gilt.

gínger gròup *n.* Ⓒ[集合稱]《英》(尤指在同一政黨中鼓舞、煽動消極之領導者或多數派之)積極的少數派《★用因視爲一整體時當單數用，指個別成員時當複數用》。

gínger·ly *adj.* & *adv.* (尤指接觸物等時)非常小心的[地]；極爲愼重的[地]。

gínger nùt *n.*《英》=gingersnap.

gínger·snàp *n.* Ⓒ[當作點心時爲Ⓤ]《美》薑汁餅干(《英》ginger nut).

gin·ger·y [ˈdʒɪndʒərɪ; ˈdʒindʒəri] «ginger 的形容詞»**—*adj.*** **1 a** 薑的。**b** 有薑味的，辛辣的；〈批評等〉尖刻的；〈女人〉潑辣的。**c** 淡赤黃色的，赤[黃]褐色的；《英》〈頭髮〉略帶紅色的，紅色的。**2** 精力充沛的，充滿活力的。

ging·ham [ˈgɪŋəm; ˈgiŋəm] *n.* Ⓤ條紋或方格花紋的棉布或亞麻布。

gin·gi·li [ˈdʒɪndʒəlɪ; ˈdʒindʒili] «源自阿拉伯語»**—*n.*** Ⓤ **1** 芝麻(sesame). **2** 芝麻油。

gin·gi·vi·tis [ˌdʒɪndʒəˈvaɪtɪs; ˌdʒindʒiˈvaitis] *n.* Ⓤ《病理》齒齦炎。

gink·go, ging·ko [ˈgɪŋko; ˈgiŋkou] «源自日語「銀杏」之羅馬字拼音；因將 ginkyo 之 y 誤寫作 g 而成»**—*n.*** Ⓒ(*pl.* ~es)《植物》銀杏，白果樹(maidenhair tree).

gínkgo nùt *n.* Ⓒ銀杏(果實)；白果。

gín mìll *n.* Ⓒ《美俚》(尤指低級之)酒吧，酒館，酒店(saloon).

gín pàlace *n.* Ⓒ《美》裝飾華麗而庸俗的酒店。

gin·seng [ˈdʒɪnsɛŋ; ˈdʒinseŋ] «源自中文(人參)之羅馬字拼音 jên shên»**—*n.*** **1** Ⓒ **a**《植物》人參，高麗參。**b** 人參[高麗參]之根《中國人用作藥物》。**2** Ⓤ用人參所製成之藥品。

Gio·con·da [dʒoˈkɑndə, -ˈkondɑ; dʒouˈkɔndə, -ˈkoundɑː] «源自義大利語»**—*n.*** =Mona Lisa.

Giot·to [ˈdʒɑto; ˈdʒɔtou], **di Bon·do·ne** [dɪbonˈdone; dibounˈdounei] *n.* 喬托《1266？–1337；義大利佛羅倫斯(Florence)的畫家及建築家》。

Gip·sy [ˈdʒɪpsɪ; ˈdʒipsi] *n.* =Gypsy.

gi·raffe [dʒəˈræf; dʒiˈrɑːf] *n.* (*pl.* ~**s**, [集合稱] ~) **1** Ⓒ《動物》長頸鹿。**2** [the G~]《天文》鹿豹座。

gird¹ [gɝd; gəːd] *v.t.* (**gird·ed, girt** [gɝt; gəːt])《文語》**1** [十受十介十(代)名] **a** [以帶等]束，束緊，束縛；纏…[*with*]；繫，纏，束〈帶等〉[於腰部等][*round, around*]：She ~*ed* her waist ***with*** a sash.=She ~*ed* a sash ***round*** [***around***] her waist. 她以飾帶束腰，她把飾帶束在腰上。**b** [~ one*self*][把…]纏[繫]在身[腰]上[*with*]：He ~***ed himself with*** a rope. 他把一條繩子繫在腰上。**2** [十受十副] **a** 佩帶〈劍、甲冑〉〈*on*〉：~ ***on*** one's sword 佩帶劍。**b** 以帶繫著〈衣服等〉〈*up*〉。**3 a** [十受十介十(代)名][~ one*self*]準備[…的]行動[*for*]：They ~***ed themselves for*** battle. 他們準備作戰。**b** [十受十 *to* do][~ one*self*]收起(鬆懈的)心〈以…〉：I ~***ed myself to*** face the examination. 我收起心來以面對考試。**4** 〈城牆、壕溝、軍隊等〉圍繞，包圍〈城市、城堡等〉。

gird² [gɝd; gəːd] *n.* Ⓒ《古》嘲笑，譏誚。

—*v.i.* [十介十(代)名]嘲笑[譏誚][…][*at*]：I shall not ~ ***at*** realism. 我不會譏誚現實主義。

—*v.t.* [十受]嘲弄，譏誚…：The British public has never ceased ~*ing* him. 英國的民衆從未停止嘲弄他。

gird·er [ˈgɝdɚ; ˈgəːdə] *n.* Ⓒ《建築》桁；樑：a ~ bridge 桁橋。

gir·dle [ˈgɝdl̩; ˈgəːdl] «源自古英語「纏繞(gird)之物」之義»**—*n.*** Ⓒ **1** 帶子；腰帶。**2** 束腰衣《婦女用作腰、臀部整形之緊身褡》。**3**《文語》圍繞(周圍)之物：a ~ of trees round [around] a pond 圍繞池塘的樹木/within the ~ of the sea 四面環海。

—*v.t.* [十受(十副)]成帶狀圍繞…，以帶束縛…〈*about, round, around*〉《★常用被動語態，介系詞爲 *with, by*；★比較此爲較拘泥之字，一般多用 surround》：The city *is* ~*d* ***about with*** gently rolling hills. 該市爲平緩起伏的丘陵所圍繞著。

‡girl [gɝl; gəːl] «源自中古英語「(不分性別)年輕人」之義»**—*n.*** **1** Ⓒ(↔ boy) **a** (通常指十七至十八歲以下之)女孩，少女：a ~*s'* school 女子學校。**b** (對成年人而言之未成年之)女孩，未婚女子。**2** Ⓒ[常 **one's** ~](與年齡無關)女兒：This is my little ~. 這是我的小女兒。**3** [**the** ~**s**](未婚、已婚通用)一家的女兒們；同爲女性之伙伴(們)，女性的一伙人(↔ the boys). **4** Ⓒ **a** [常構成複合字]女職員，女性勞工：an office ~ 女事務員/⇨ salesgirl. **b** (尤指年輕的)女傭人。**5** Ⓒ[常 **one's** ~](女)愛人，女朋友：Tom's ~ 湯姆的愛人。**6** Ⓒ[也用於稱呼對方]《口語》(與年齡及已婚或未婚無關)女人：gossipy old ~*s* 長舌的老太婆們/my dear ~ (我的好)太太《對妻等之暱稱、稱呼》/⇨ old girl.

—*adj.* [用在名詞前]女的，(像)女孩的：a ~ cousin 堂[表]姊[妹]/a ~ student 女學生。

gírl Fríday «仿效 man Friday 所創造的字»**—*n.*** Ⓒ(*pl.* **girls Friday(s)**)[常 **one's** ~](忠實的)女助理，女秘書。

***girl·friend** [ˈgɝlˌfrɛnd; ˈgəːlfrend] *n.* Ⓒ **1** (做爲愛人的)女朋友，愛人(cf. boyfriend 1). **2** (女子所交往之)女性朋友。

gírl guíde *n.* Ⓒ《英》女童軍《1910 年在英國成立之女童軍(the Girl Guides)(七歲至十七歲)之一員；cf. girl scout》.

【說明】繼童子軍(the Boy Scouts)於 1908 年在英國組成之後，朱麗葉・戈登・婁(Juliette Gordon Low)於 1912 年在美國喬治亞州成立了女童軍(the Girl Guides)，後來改稱爲 the Girl Scouts.
女童軍自七歲到十七歲分成不同年齡的四個階段。口號是 Do a good turn daily.(日行一善。)

girl·hood [ˈgɝlhʊd; ˈgə:lhud] *n.* Ⓤ **1** 少女時代：one's ～ friend 少女時代的朋友/in one's ～ (days) 在少女時代。**2** 少女身分。

girl·ie [ˈgɝlɪ; ˈgə:li]《口語》*n.* Ⓒ [當暱稱用] 妞兒，姑娘。**—*adj.*** [用在名詞前] (以) 裸體女人(爲號召)的〈雜誌、表演等〉：a ～ magazine [show] 刊載裸女照片的雜誌[裸女表演、脫衣秀]。

gírl·ish [-lɪʃ; -liʃ] *adj.* **1** 少女的，少女時代的：one's ～ youth 年輕少女時代。**2** 少女似的；像個少女樣子的；天眞無邪的，未經世故的：～ laughter 像少女般天眞無邪的笑。**3**〈男孩〉女孩子氣的；娘娘腔的。～**·ly** *adv.* ～**·ness** *n.*

gírl scòut *n.* Ⓒ《美》女童軍《1912 年成立於美國之女童軍(the Girl Scouts)(七歲至十七歲)之一員；cf. girl guide》.

girl·y [ˈgɝlɪ; ˈgə:li] *n., adj.* ＝girlie.

gi·ro, Gi·ro [ˈdʒaɪro; ˈdʒairou]《源自希臘文「旋轉」之義》**—*n.*** Ⓤ西歐各國所使用之銀行、郵政轉帳制度。
Nátional Gíro《英》1968 年在英國開始之郵政轉帳制度《可與 EC(歐洲共同組織)之各會員國進行轉帳》。

Gi·ronde[1] [dʒəˈrɑnd; dʒiˈrɔnd] *n.* **1** 吉倫特灣《在法國西南岸》。**2** 吉倫特《法國西南部之一縣；首邑波爾多(Bordeaux)》.

Gi·ronde[2] [dʒəˈrɑnd; dʒiˈrɔnd] *n.* 吉倫泰黨《1791–1793，法國大革命時期代表大工商業資產階級利益的政黨》。

Gi·ron·dist [dʒəˈrɑndɪst; dʒiˈrɔndist] *n.* Ⓒ吉倫泰黨員。**—*adj.*** 吉倫泰黨的。

girt [gɝt; gə:t] *v.* **gird** 的過去式・過去分詞。
—*adj.*《文語》被圍繞的：a sea-*girt* isle 四面環海的島。

girth [gɝθ; gə:θ] *n.* **1** ⓊⒸ (物之) 周圍(長度)，周長；(人之)腹[腰]圍：the ～ of a tree trunk 樹幹的周長/My ～ is increasing. 我的腰圍愈來愈大了[我愈來愈胖了]/This tree is 3 meters in ～. 這棵樹周長有三公尺。**2** Ⓒ (用以繫馬鞍或貨物於馬背上之)肚帶，繫帶。

gis·mo [ˈgɪzmo; ˈgizmou] *n.* (*pl.* ～**s**)＝gizmo.

Gis·si·mo [ˈdʒɪsəˌmo; ˈdʒisəmou]《Generalissimo 之略》**—*n.*** Ⓒ(*pl.* ～**s**)總司令，大元帥。

Gis·sing [ˈgɪsɪŋ; ˈgisiŋ], **George** (**Robert**) *n.* 吉辛《1857–1903；英國小說家》。

gist [dʒɪst; dʒist] *n.* [**the** ～] [···之]要點，要旨，要義[*of*]：He is quick in grasping *the* ～ *of* a book. 他敏於瞭解書中的要點。

git·tern [ˈgɪtən; ˈgitə:n] *n.* ＝cittern.

give [gɪv; giv] (**gave** [gev; geiv]；**giv·en** [ˈgɪvən; ˈgivn]) *v.t.* **1** 給與《★用法通常用於下列句型，有時省略間接受詞，但經常不省略直接受詞》：[(十受)十受/十受十介十(代)名] **a** 給與〈人〉〈物〉，將〈物〉給與〈人〉；給與[人]〈物〉，將〈物〉給與[人][*to*]：He *gave* me a book.＝He *gave* a book *to* me. 他給我一本書[他把一本書給我]/My uncle *gave* me a watch for my birthday [as a birthday present]. 我伯父送給我一隻錶作生日禮物/*G*～ me that flower. 把那朵花送給我《★比較 一般較常用 Could I have that flower?》/Who(m) did you ～ the present *to*? 你把禮物送給了誰?《★用法可說 To whom did you ～ the present? 但不可說 Who(m) did you ～ the present?》/I *gave* it (*to*) her. 我把它給了她《★用法在 it 之類做爲直接受詞之人稱代名詞後面省略 to 之情形多見於英國語法；I gave her it. 屬錯誤之用法》/The girl *was given* a doll. 那女孩接到別人贈送的玩偶《★用法被動語態之句構一般多以間接受詞做爲主詞》/A doll *was given* (*to*) the girl. 一個玩偶被贈送給那女孩《★用法在以直接受詞做主詞之被動語態句構中，間接受詞前省略 to 屬罕用》。

【同義字】present 爲較 give 拘泥之字，指給與對方作禮物；award 係指經審查之後頒授獎賞等；grant 指授與或讓與權利、金錢等；bestow 則指授與或贈與榮譽、稱號等。

b 提供···〈方便、勞力、援助等〉；提供〈方便、勞力、援助等〉[給···][*to*]：～ blood 捐血/He *gave* her a lift in his car. 他讓她搭他的車/*G*～ me a hand here. 幫我拿一下這個/Rich countries should ～ more aid *to* developing countries. 富有的國家應對開發中的國家多予援助。**c** 給與[授與]〈人〉〈獎賞、地位、才能、信賴等〉；把〈獎賞、地位、才能、信賴等〉給與[授與][某人][*to*]：～ Bill the first prize ＝ ～ the first prize *to* Bill 給比爾頭獎；把頭獎給比爾/⇨ Give me STRENGTH!

2 交給：**a** [十受十受/十受十介十(代)名] 遞交給〈某人〉〈東西〉；端給〈某人〉〈飲食品〉；給，施予〈某人〉〈藥、治療等〉；把〈東西〉遞交給[某人]；把〈飲食品〉端給[某人]；把〈藥、治療等〉給與[施予][某人][*to*]：Please ～ me the salt. 請遞給我鹽/*G*～ this book *to* your brother *from* me. 代我把這本書交給你哥哥。**b** [十受十受十補] 把〈飲食品〉(以···狀態)端給〈某人〉：She *gave* us our coffee black. 她端給我們(不加糖、牛奶的)黑咖啡。**c** [十受十受/十受十介十(代)名] 交[託，借]給〈某人〉···，委託〈人〉管理···；把···交[託，借]給[某人]，把···的管理委託給[某人][*to*]：I *gave* the porter my bags to carry. 我把袋子交給脚夫搬運/*G*～ me your newspaper to read. 把你的報紙借給我看。**d** [十受十介十(代)名] 把···委託給[···管理][*into*]：～ a thing *into* the hands of... 把某物委託給···。

3 a [(十受)十受十介十(代)名/十受十介十(代)名] 出讓，出售〈某人〉〈東西〉[以交換···]；[爲···]付給〈某人〉〈錢〉[*for*]；把〈東西〉出讓，出售給[某人][以交換···]；[爲···]把〈錢〉付給[某人][*to*][*for*]：I *gave* him my camera *for* a tape recorder. 我把我的相機給他以交換錄音機/How much [What (price)] will you ～ me *for* the car? 你想出多少錢買我這輛車子?/I *gave* £6 *for* his help. 我對他的幫助酬以六英鎊/I would ～ my right arm [ears, eyeteeth] *for* such a chance. 我願意付出任何代價以換取那樣的機會；爲獲得那樣的機會我願意付出任何代價/I *gave* it *to* him *for* $5. 我以五美元代價把它賣給他。**b** [(十受)十受十 *to* do/十受十介十(代)名十 *to* do] (爲了···而)交[讓]給〈某人〉···；(爲了···而)把···交[讓]給[某人][*to*]：I would ～ (you) a lot [anything, the world] *to* know where he went. 爲了知道他去那裏，我什麼都可以給你。

4 [十受十受] **a** 認可，准許〈人等〉〈時間、機會、許可、休息等〉《★用法這種構句不用[十受十介十(代)名]》：*G*～ him a week to do it. 給他一週的時間去做那件事/I *gave* myself an hour for the journey. 我給自己一小時跑那一段路程。**b** 向〈對方〉承認···是事實《★用法與義 4a 同》：He's a good worker, I ～ you that, but.... 我承認他是一位好工人，但是···/That I'll ～ you. 這一點我承認。

5 a [十受十受/十受十介十(代)名] 派給···〈場地、角色等〉，指定〈學生〉〈課題等〉；把〈場地、角色等〉派給[···]，出〈課題等〉給[學生][*to*]：～ an actress a good role＝ ～ a good role *to* an actress 派給女演員一個好角色/～ homework *to* a class 給班上出家庭作業。**b** [(十受)十受] 給〈某人〉指定〈時日〉：*G*～ the starting time for the race. 爲賽跑指定起跑的時間。

6 a [十受十受/十受十介十(代)名] 對···加以〈注意、考慮等〉；[對···]加以〈注意、考慮等〉[*to*]：She *gave* it special attention. 她特別注意那件事/ ～ thought *to* a problem 考慮一個問題。**b** [十受十介十(代)名] 花費〈時間〉[在···上]，[對···]付出，貢獻〈努力〉[*to*]；[爲···]犧牲〈生命等〉[*for*]《★用法這種構句不用[十受十受]》：He *gave* all his free time *to* golf. 他把閒暇時間全花在打高爾夫球上/He *gave* his life *to* the research [*for* his country]. 他獻身於這項研究工作[他爲國而犧牲生命]。**c** [十受十介十(代)名] [～ *oneself*] 埋頭，熱中[於···][*to*]《★也以過去分詞當形容詞用；⇨ given 2》：He *gave himself to* the horse racing. 他熱中於賽馬。

7 a [(十受)十受]〈人、事情〉(結果)給···帶來〈利益、損害〉；使···產生〈感情、狀態等〉；給與···〈印象、想法等〉：～ a person a lot of trouble (帶)給某人許多麻煩/Does your foot ～ you pain? 你的脚會痛嗎?/It ～*s* me great pleasure to meet you again. 我很高興再見到你/This ～*s* him a right to complain. 這使他有抱怨的權利。**b** [十受十受/十受十介十(代)名] 傳給〈某人〉〈疾病〉；把〈疾病等〉傳給[某人][*to*]：Somebody has *given* me a cold. 有人把感冒傳染給我。**c** [十受十受/十受十介十(代)名] 使···具有，添加〈性質、情況〉；[給···]帶來〈性質、情況〉[*to*]：～ order *to* chaos 整治混亂(的局面)，治亂/The furniture *gave* the room a modern look. 那些家具給房間增添現代化的感覺。

8 [(十受)十受] **a**〈動植物、事情〉生產，供給···〈產物等〉：Cows ～ (us) milk. 母牛供給(我們)牛奶/This lamp ～*s* little light. 這盞燈暗。**b**〈女子[男子]〉(與···)生有〈孩子〉：She *gave* him two sons. 她與他生有二子；她替他生了兩個兒子。**c**〈計算、分析等〉產生···結果：2 times 5 [2 into 20] ～*s* 10. 二乘五[二十除以二]得十。

9 [(十受)十受/十受十介十(代)名] **a** 傳〈口信等〉給〈人〉，(當作保證而)給與〈人〉···；把〈口信等〉傳給[人]，把···(當作保證而)給與[人][*to*]：*G*～ my regards [love] *to* your mother. 請代我問候你母親/ ～ one's word 約定。**b** 傳達[告訴，告知]···〈事實、消息、名字、意見等〉；把〈事實、消息、名字、意見等〉傳達[告訴，告知][···][*to*]：～ one's name and address 告知某人的名字與住址/She *gave* him all the details. 她告訴他一切詳情/The newspaper *gave* the true facts. 報紙報導確切的事實。**c** 給〈人〉〈話、答覆、命令、問候等〉；把〈話、答覆、命令、問候等〉[對人]陳述，說[*to*]：～ a person one's blessing 祝福某人/You haven't *given* me an answer to my question. 你對我的問題沒有

G

給我答覆/You should follow the directions *given*. 你應該遵照規定的用法說明。**d**《口語》對〈人〉說〈難以相信的事〉: Don't ～ me that! 別對我說那樣的話《我不相信》。

10 a 〔十受十受〕對〈人〉伸出〈手、手臂〉《★不可用被動語態》: ～ a person one's hand 向某人伸出手《希望被拉起來等》/She *gave* him her cheek to kiss. 她讓他吻她的面頰。**b** 〔十受十介十(代)名〕〔～ one*self*〕〈女子〉委身〔於人〕〔*to*〕.

11 a 〔(十受)十受〕對〈人〉提示[舉出]〈案子、理由、證據等〉;〈書等〉刊載…: He *gave* (us) no reason for his absence. 他沒有說明自己缺席的理由/The book ～*s* a table of measure. 該書刊有度量衡的表。**b** 〔(十受)十受〕對〈人〉舉〈例〉[示〈範〉]; 顯示, 露出〈徵兆、前兆〉: Can you ～ me an example of how this word is used? 你能舉例說明如何用這個字嗎? /She *gave* no sign of having met him. 她一點也沒有顯示出曾經見過他的跡象。**c** 〔(十受)十受〕〈計器等〉對〈人〉指示〈分量〉: The thermometer *gave* 80°. 溫度計指著八十度。**d** 〔十受十受〕向…提議爲〈人、事〉乾杯: Gentlemen, I ～ you the Queen. 各位先生, 我提議爲女王乾杯。

12 〔(十受)十受/十受十介十(代)名〕 **a** 〈爲…〉舉辦[召開]〈會〉;〔爲…〕舉辦[召開]〈會〉〔*for*〕: They *gave* a show in aid of charity. 他們爲資助慈善事業而舉辦表演會/She *gave* a dinner **for** ten people. 她爲十個人舉辦晚餐會。**b** 《在聽衆前》爲…演〈戲等〉, 講〈課〉, 唱〈歌〉;〔爲…〕演〈戲〉, 講〈課〉, 唱〈歌〉〔*for*〕: *G*～ us a song! 唱一首歌給我們聽吧! /He's *giving* them a French lesson. 他在給他們上法文課。

13 a 〔十受〕〔主要以動詞原形的名詞爲受詞〕(尤指突然或禁不住地)做出〈動作、舉動〉; 發出〈叫聲、嘆息、聲音等〉: She *gave* a smile [sigh]. 她露出微笑[發出嘆息]《★ 變換 可換寫成 She smiled [sighed].》/～ a cry [groan, yawn, laugh, sudden shout of surprise] 發出叫聲[呻吟, 打呵欠, 笑聲, 突然的驚叫聲] /He *gave* a shrug of the shoulders [a shake of his head]. 他聳聳肩膀[搖頭]。**b** 〔十受十受〕對…做〈動作〉; 給…〈打擊等〉: The boy *gave* him a kick in the shin. 那個男孩踢了一下他的脛骨/ ～ a person a kiss [pat, ring, wink, reprimand] 吻某人[拍某人, 打電話給某人, 向某人眨眼, 申斥某人]/ ～ a thing a polish [pull, push, rub, shake, wash] 磨光[拉, 推, 擦, 搖晃, 洗]某件東西/She *gave* me a kindly smile [a long look]. 她對我親切地微笑[凝視]/The table was *given* a quick wipe. 那張桌子被很快地抹了一下/I *gave* him a whip*ping* [scold*ing*]. 我抽打[罵]了他一頓。**c** 〔十受十受〕使〈人〉做〈某動作〉: *G*～ me a ride on your shoulders. 讓我騎在你的肩膀上/She *gave* him a look at her album. 她給他看了一下相簿。

14 a 〔(十受)十受〕對〈人〉下〈判決等〉[宣〈判〉], 把〈人〉處以〈某期限〉的徒刑: ～ the case [it] for [against] a person 對某人作出有利[不利]的判決/The judge *gave* him two years (in prison). 法官判他兩年徒刑。**b** 〔十受十補〕《英》(打板球等時)〈裁判〉判〈選手〉〈…〉《★常用被動語態》.

15 a 〔十受十 *to* do〕使〈人〉〈做…〉《★常用被動語態》: He *gave* me *to* understand that he might help me. 他使我認爲他可能會幫助我/I *am given to* understand that.... 我聽說是…, 我了解的是…。**b** 〔十受十介十(代)名十 *to* do〕《文語》〈神〉賦予〔人〕〈做…〉的力量〔*to*〕: It was *given* **to** him *to* achieve it. 他被賦予完成它的力量。

16 〔十受十受〕〔常用祈使語氣〕(打電話時)將〈某人〉接到〈對方(的號碼)〉: *G*～ me the police, please. 請接警察局。

17 〔十受(十介)十(代)名〕〔常用於否定句〕〔對…事〕承認〈…程度〉的價值; 有…程度的關心〔*for, about*〕《★ 用因 有時省略介系詞》: I do*n't* ～ a damn [a hang] (*for*) what you think. 我一點也不在乎你怎麼想。

—*v.i.* 1 〔動(十介十(代)名)〕施捨東西[錢]〔給…〕, 捐款〔給…〕〔*to*〕: He *gave* generously (*to* charity). 他慷慨捐助(慈善事業)。

2 a (受到壓力等)移動, 〈門〉開; 彎曲; 鬆動, 倒塌, 崩潰: The ice *gave* under his foot. 冰在他的腳下破裂/His knees *gave*. ＝He *gave at* the knees. 他的膝蓋癱了[發軟]《站不起來》。**b** 有彈性, 反彈, 凹下: This mattress ～*s* too much. 這牀墊太鬆軟。**c** 〈氣候〉變溫和, 〈嚴寒〉緩和; 〈霜〉融解: The frost is *giving*. 霜在融化; 嚴寒漸趨緩和。**d** 〈人〉變融洽, 讓步。**e** 〈勇氣等〉受挫, 氣餒。

3 〔十介十(代)名〕〈門、窗等〉面向, 通往〔…〕〔*on, upon, onto, into*〕《★法文語法》: The window ～*s* **on** [*upon*] the street. 那窗子臨街。

4 〔用祈使語氣〕《口語》說, 快說: *G*～! 快說!

give and táke (1)公平交易; 互讓; 妥協。(2)交換意見。

give as góod as one **géts** 以牙還牙。

give awáy 《*vt adv*》(1)(免費)給, 捐贈, 贈送〔人〕…〔*to*〕: At $10 I'm practically *giving* it *away*. 以十美元價格(出讓), 我實際上等於免費把它送給人。(2)(在婚禮中)父親等將〈新娘〉引交新郎《★常用被動語態》: Margaret *was given away* by her father. 瑪格麗特由父親引交給新郎。(3)(有意識、無意識地)〔對…〕透露, 洩漏〈祕密、答案等〉〔*to*〕: ～ a secret *away* 洩漏祕密/ ～ the game *away* (⇨ game[1] 7b)。(4)〔～十受十away〕〈人、事情〉暴露…的身分[眞面目]: ～ oneself *away* 露出馬腳/His accent *gave* him *away*. 他的口音暴露了他的身分。(5)〔～十受十away〕〔向…〕密告…, 出賣〈某人〉〔*to*〕.(6)失去, 錯過〈良機、比賽等〉。**—**《*vi adv*》(7)〈橋等〉坍塌。

give báck 《*vt adv*》(1)〔十受十受/十受十介十(代)名〕還給〈物主〉…; 把…歸還, 還給〔物主〕〔*to*〕: *G*～ her *back* the book. ＝*G*～ the book *back to* her. 把那本書還給她。(2)回報, 報復…: ～ *back* insult for insult [an insult with interest] 以侮辱報復侮辱[連本帶利地報復侮辱]。(3)〔十受十受/十受十介十(代)名〕〈事情〉使…恢復〈健康、自由等〉; 〈事情〉使〈健康、自由等〉回到〔…〕〔*to*〕. (4)使〈聲音〉回響, 折回; 使〈光等〉反射。

give fórth 《文語》＝GIVE off (1).

give ín 《*vt adv*》(1)把〈文件、答案等〉〔向…〕提出, 交出〔*to*〕: *G*～ *in* your (examination) papers now. 現在交出你們的試卷。(2)〔向…〕登記〈名字〉(爲候選人等)〔*to*〕. **—**《*vi adv*》(3)屈服, 投降: I ～ *in*—what's the answer? 我投降[認輸]了, 答案是什麼? (4)(屈服而)順從〔某人、願望等〕; 〔爲感情等〕控制, (感情)用事〔*to*〕: He always *gave in to* me [my wishes]. 他總是順從我[我的意願]。

gíve it to a person **hót** [**stráight**] 《口語》痛罵; 毆打, 狠揍〈某人〉: I'll ～ *it* (*to*) him. 我要狠狠地揍他《★ 用因 有時略去 to》.

Gíve me.... (1)給我…, 我寧願…, 我比較喜歡…: *G*～ *me* Italy for holidays any time. 任何時間休假我寧願去義大利/As for me, ～ *me* liberty or ～ *me* death! 至於我, 不自由毋寧死《★美國獨立戰爭時雄辯家派屈克·亨利(Patrick Henry, 1736–99)的名言》。(2)⇨ *v.t.* 16.

gíve of... (不吝地)分給…: ～ *of* one's best 盡最大的努力/ ～ *of* oneself (爲別人)獻身[努力]。

give óff 《*vt adv*》〔～十off十*n.*〕(1)放出〈蒸氣、臭氣〉; 發出〈光、聲等〉: These plants ～ *off* a terrible smell. 這些植物散發出可怕的惡臭。(2)長出〈樹枝〉。

gíve or táke... (數量、時間上)即使有…程度的出入(差不多是…): He's 60, ～ *or take* a year. 即使有一歲的出入, 他差不多也有六十歲。

give óut 《*vt adv*》(1)分發, 散發〈獎品、用紙、宣傳單等〉〔給…〕〔*to*〕. (2)發表, 公布…; 〔十受十 *to be* [*as, for*] 補〕把…公布, 發表〈爲…〉; 〔十*that*__〕公布, 發布〈…事〉: He was *given out to be* [*as, for*] dead. ＝It was *given out that* he was dead. 他的死訊已被發布。(3)發出〈聲音、氣味〉。(4)《板球·棒球》判〈打者〉出局。**—**《*vi adv*》(5)〈供給物品、力量等〉用盡; 〈道路〉到盡頭: The food [His patience] *gave out*. 食物已用盡[忍耐已至極限]。(6)〈引擎、時鐘等〉不動, 停擺; 〈人〉疲憊: The engine *gave out*. 引擎停了/Her legs *gave out*. 她的腿走不動了。(7)《美口語》〔以聲音、笑等〕表達心情, 毅然發出〔…〕〔*with*〕: ～ *out with* a smile [cry of pain] 露出微笑[發出痛苦的叫聲]。

give óver 《*vt adv*》(1)〔～十受十 over〕把…交給, 委託, 讓給〔…〕; 把〈犯人等〉引交〔警察等〕〔*to*〕. (2)把〈場所、時間等〉充作, 專用於〔某種用途〕〔*to*〕《★常用被動語態》: The whole area *is given over to* factories. 整個地區都闢爲工廠區。(3)獻〈生〉〔於…〕〔*to*〕. (4)〔～ one*self*〕沉迷〔於…〕〔*to*〕《★也用被動語態, 變成「正耽〔於…〕, 正沉迷〔於…〕」之意》: ～ *oneself over to* drink 沉迷於喝酒/He *is given over to* gambling. 他正沉迷於賭博。(5)〔常用祈使語氣〕《英口語》停止…(stop): *G*～ *over* whistling! 停止吹口哨! **—**《*vi adv*》(6)《英口語》停止: Do ～ *over*! 停!

give úp 《*vt adv*》(1)〔～十up十*n.*〕放棄〈習慣等〉, 停止…的使用: ～ *up* smok*ing* [cigarettes, one's hobby] 停止吸煙[戒除抽雪茄, 放棄嗜好]。(2)〔～十up十*n.*〕放棄〈努力、希望〉, 停止〈思考等〉, 捨去〈解決…〉的念頭: He *gave up* (try*ing* to solve) the problem. 他放棄(想解決)該問題(的念頭)/I ～ it *up*. 我放棄了《不猜了》/This idea must be *given up*. 這種想法必須打消/Don't ～ *up* hope. 不要放棄希望[別失望]。(3)〔十受十*as*[*for*]補〕〔～十受十up〕認爲〈病人等〉…而放棄: They *gave* her *up for* lost [*for* [*as*] dead]. 他們認爲她已死而放棄。(4)〔～十受十up〕認爲〈某人〉不來[見不到〈某人〉]而放棄: We had almost *given* Tom *up*, when he suddenly walked in! 我們對湯姆之來幾乎不再抱有希望時, 他突然走進來了! (5)斷絕與〈情人、朋友等〉的關係; 丟下〈孩子等〉: He hated to ～ *up* his friends. 他厭惡與朋友斷絕交往。(6)放棄〈信仰、信念、工作、地位等〉。(7)把…交給〔…〕; 把〈土地、房屋等〉讓渡, 交出〔給…〕; 讓〈座〉〔給人〕〔*to*〕: The fort was *given up to* the enemy. 要塞拱手讓給敵人。(8)把〈犯人〉引交〔警察〕〔*to*〕. (9)〔～ one*self* up〕〈犯人〉〔向警察〕自首〔*to*〕. (10)〔向…〕透露〈祕密等〉; 將…〔向…〕密告〔*to*〕. (11)獻身〔於

…〕，將〈時間等〉花在〔…上〕〔*to*〕. ⑿〔～ one*self* up〕專心〔埋頭，耽〕於〔…〕；聽任〔感情等〕〔*to*〕：He *gave himself up to* melancholy. 他陷入極度的憂鬱。⒀《棒球》〈投手〉容許〈安打、得分等〉：～ *up* two walks（以四壞球）保送二人上壘。—《vi adv》⒁（認爲不能解難題〔無法實行〕而）放棄，死心，投降，認輸：I ～ *up*—what's the answer？我放棄了一答案是什麼？

give úp on…《口語》⑴對…不抱希望〔不指望〕：I ～ *up on* him. 我對他不抱希望。⑵對…死心，放棄…：I won't ～ *up on* (try*ing* to solve) the problem. 我不放棄(去解決)該問題。

Whát gives(with…)?《口語》(…)怎麼了？出了什麼事？《★源自德文 *Was gibt's?* (What is going on？, What's the matter？) 的翻譯》。

—*n.* Ⓤ **1** (因壓力而)(鬆)動；彈性，可彎性。**2** (人的)適應性。

gíve-and-táke *n.* Ⓤ **1** 公平條件下的交換〔妥協〕，互讓。**2** (言語等的)你來我往；意見的交換。

gíve·awày *n.*《口語》**1** 〔用單數〕洩漏〔暴露〕(祕密、眞面目等的)事物：His fingerprints were the 〔a dead〕 ～. 他的指紋成爲暴露他眞面目的關鍵。**2** Ⓒ《美》**a** (爲促銷的)贈品，特價品，免費樣品。**b** 《廣播・電視》有獎猜謎節目。

at gíveaway prices《口語》以免費贈送似的低價，以拋售的賤價。

‡giv·en [ˈgɪvən; ˈgivn] *v.* **give** 的過去分詞。

—*adj.* **1** 〔用在名詞前〕給與的，一定的，特定的：at a ～ time and place 在指定〔約定〕的時間與地點。**2** 〔不用在名詞前〕〔十介十(代)名〕習慣〔時常，熱中，癖好〕〔…〕的〔*to*〕(cf. give *v.t.* 6c)：a lady ～ *to* black dresses 一位時常〔非常喜歡〕穿黑衣的女士/He is ～ *to* drink [boast*ing*]. 他有喝酒〔誇耀〕的習慣。**3** 〔當介系詞或連接詞用〕假使…，如果有…《★用法常與 *that* 子句連用》：*G*～ good health〔(*that*) one is in good health〕, one can achieve anything. 假使一個人健康，什麼事他都能做得到。**4** 《數學・邏輯》(當作計算的基礎、前提)已知的，給與的，假設的。**5** 〔記於公文末尾〕作成〔蓋印〕的：*G*～ under my hand and seal on the 25th of June, in the year 1985. 於 1985 年 6 月 25 日親筆簽署作成〔蓋印〕。

gíven náme *n.* Ⓒ《美》(姓前的)名字，教名(Christian name) (⇨ name【說明】)。

gív·er *n.* Ⓒ給與者；贈送者；捐贈者：a generous ～ 慷慨的贈與者/⇨ Indian giver.

Gi·za, Gi·zeh [ˈgizə; ˈgi:zei, -zə] *n.* 吉扎《埃及開羅(Cairo)近郊的一個城市，以金字塔和獅身人面像聞名》。

giz·mo [ˈgɪzmo; ˈgizmou] *n.* Ⓒ (*pl.* ～s)《美俚》(名稱已被遺忘或尚未定名的)機器，玩意兒，裝置。

giz·zard [ˈgɪzəd; ˈgizəd] *n.* Ⓒ沙囊《鳥的第二胃》。**stick in one's gízzard** ＝stick in one's THROAT.

GK., GK《略》Greek.

Gl《符號》《化學》glucin(i)um.

gla·brate [ˈglebret, -brɪt; ˈgleibreit, -brit] *adj.* **1** 《動物》＝glabrous. **2** 《植物》變成無毛的，有點光禿的。

gla·brous [ˈglebrəs; ˈgleibrəs] *adj.* 《動物・植物》光禿的，無毛的，平滑的：the ～ leaves of some plants 某些植物平滑的葉子/the ～ skin of the American Indian 美洲印地安人平滑的皮膚。

gla·cé [glæˈse; ˈglæsei] «源自法語「冰凍的」之義»**—*adj.*** **1 a** 〈水果、糕餅等〉有糖衣的，覆以糖霜的：⇨ marron glacé. **b**《美》〈水果等〉冰過的，冰凍的。**2** 〈絲綢、皮革等〉光滑的。

gla·cial [ˈgleʃəl; ˈgleisjəl, -ʃjəl] *adj.* **1 a** 冰(似)的。**b**《口語》冰冷的：a ～ wind 冰冷的風。**c** 冷淡的，冷冰冰的：a ～ look [manner] 冷淡的表情〔態度〕。**2 a** 冰河時代的。**b** 冰河作用形成的。**c** (如冰河形成般)緩慢的，遲緩的：a ～ change 極緩慢的變化。 **～·ly** [-ʃəlɪ; -ʃəli] *adv.*

glácial pèriod 〔**èpoch**〕 *n.* 〔the ～〕《地質》冰河時代〔期〕。

gla·ci·ate [ˈgleʃɪˌet; ˈgleiʃieit] *v.t.* **1** 使…結冰。**2** 《地質》使…受冰河作用《★常以過去分詞當形容詞用》：a ～*d* valley 由冰河作用形成的河谷。

gla·ci·a·tion [ˌgleʃɪˈeʃən; ˌgleisiˈeiʃn] «glaciate 的名詞»**—*n.*** Ⓤ冰河作用。

gla·cier [ˈgleʃə; ˈglæsjə] «源自法語「冰」之義»**—*n.*** Ⓒ冰河。

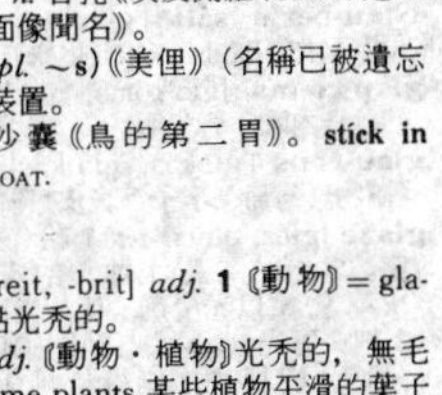

glacier

‡glad¹ [glæd; glæd] *adj.* (**glad·der**；～**·dest**) **1** 〔不用在名詞前〕(↔ sad) **a** 高興的，歡喜的(⇨ happy【同義字】)：I was very ～. 我很高興/He felt [looked] ～. 他感到〔看來〕高興。**b** 〔十介十(代)名〕〔對…〕感到高興〔歡喜〕的〔*about, of, at*〕：I am ～ *about* your success. 我對於你的成功感到高興/I would be ～ *of* your help. 有你的幫助我會很高興《★比較of 後面不用 do*ing*》/They were ～ *at* the news. 他們很高興聽到那消息。**c** 〔十 (*that*)＿〕高興〈…事〉的：I'm very ～ (*that*) I wasn't there. 我很高興我(當時)不在那裏。**d** 〔十 *to* do〕高興〈做…〉的：I'm very ～ *to* meet you. 我很高興見到你。

【字源】glad 在古英語中是「平滑的，光亮的」之義，但因人在高興時會容光煥發，而開始變成「高興」的意思。

2 〔不用在名詞前〕〔十 *to* do〕〔常用未來式〕高興〔樂於〕〈做…〉的：I shall be ～ *to* do what I can. 我將樂意做我所能做的事/“Will you be coming？”—“Yes, I'll be ～ *to*.”「你會來嗎?」「是的，我樂意。」/I should be ～ *to* know why.《諷》我倒想知道爲什麼。**3** 〔用在名詞前〕**a** 歡喜的，喜孜孜的，興高采烈的〈臉、表情、聲音等〉：a ～ smile 喜悅的微笑/give a ～ shout 發出歡呼。**b** 令人高興〔愉快〕的，可喜的〈消息、發生的事等〉：～ news 好消息，佳音，喜訊/a ～ occasion 喜事。**4** 〔用在名詞前〕明媚的，美麗的〈大自然等〉：a ～ autumn morning 美麗的秋日早晨。

～·ness *n.*

glad² [glæd; glæd] «gladiolus 之略»**—*n.***《口語》＝gladiolus.

glad·den [ˈglædn̩; ˈglædn] «glad¹ 的動詞» **—*v.t.*** 使〈人、心〉高興〔歡喜〕。

glade [gled; gleid] *n.* Ⓒ森林中的空地。

glád èye *n.* 〔the ～〕(想吸引人的)秋波，媚眼：give a person *the* ～ 向某人送秋波〔拋媚眼〕。

glád hànd *n.* 〔the ～〕(有某種企圖或虛情假意的)熱烈〔熱情〕的歡迎：give a person *the* ～ 熱烈地歡迎某人。

glád-hand *v.i.* & *v.t.*《俚》**1** 熱烈歡迎。**2** 虛情假意地歡迎。 **～·er** *n.*

glad·i·a·tor [ˈglædɪˌetə; ˈglædieitə] «源自拉丁文「使用劍者」之義»**—*n.*** Ⓒ **1** (古羅馬的)鬥劍者《與其他鬥劍者或猛獸戰鬥以娛樂市民》。**2** (在討論會等代表自己那一派的)爭論者，辯士。

glad·i·a·to·ri·al [ˌglædɪəˈtorɪəl, -ˈtɔr-; ˌglædiəˈtɔ:riəl] *adj.* **1** 古羅馬鬥士的；格鬥的。**2** 爭論(者)的。

glad·i·o·lus [ˌglædɪˈoləs; ˌglædiˈouləs] «源自拉丁文「短劍」之義；由於形狀近似»**—*n.*** Ⓒ (*pl.* **-li** [-laɪ; -lai], ～**·es**)《植物》劍蘭《菖蒲科的觀賞植物》。

glad·ly [ˈglædlɪ; ˈglædli] *adv.* (**more** ～；**most** ～)高興地，樂意地，欣然：I'll ～ come. 我會欣然前來。

glád ràgs *n. pl.* 〔常 one's ～〕《口語》最考究的衣服《尤指參加宴會或社交活動所穿的禮服》。

glad·some [ˈglædsəm; ˈglædsəm] *adj.*《文語》可喜的，高興的；歡喜的；快樂的。 **～·ly** *adv.*

Glad·stone [ˈglædˌston; ˈglædstən] *n.* (又作 **Gládstone bàg**) Ⓒ (由中間向左右對開的)輕便旅行提包。

Gladstones

Glad·ys [ˈglædɪs; ˈglædis] *n.* 格萊蒂絲《女子名》。

glair(e) [glɛr; glɛə] *n.* Ⓤ **1** (用於釉光或釉漿的)蛋白。**2** (用蛋白製成的)釉光，釉漿《用於裝訂書本或製餅》。**3** 蛋白狀物質。**—*v.t.*** 在…塗以蛋白。

glaive [glev; gleiv] *n.* Ⓒ《古》劍，(特指)闊劍。

glam·or [ˈglæmə; ˈglæmə] *n.*《美》＝glamour.

glam·or·i·za·tion [ˌglæmərɪˈzeʃən; ˌglæməraiˈzeiʃn] «glamorize 的名詞»**—*n.*** Ⓤ有魅力，顯眼；美化。

glam·or·ize [ˈglæməˌraɪz; ˈglæməraiz] «glamour 的動詞»**—*v.t.*** **1** 使〈人、東西〉有魅力〔顯眼〕。**2** 浪漫地處理〔美化〕〈事情〉。

glam·or·ous [ˈglæmərəs; ˈglæmərəs] «glamour 的形容詞»**—*adj.*** 〈人、東西等〉富有魅力的，迷人的：a ～ blonde 富有魅力的金髮美女/a ～ job [life] 吸引人的工作〔生活〕。 **～·ly** *adv.*

glam·our [ˈglæmə; ˈglæmə] «源自「魔法」之義的 grammar 的蘇格蘭語形；cf. grammar»**—**《★拼法即使在美語中，寫成 glamour 較 glamor 普遍》 *n.* Ⓤ **1** (使人迷惑的、神祕的)魅力，魔力：the magic ～ of the moon 月亮神秘的美。**2** (女子的)(性)魅力，姿色的魅力：an actress of great ～ 富於性魅力的女演員。

glámour bòy *n.* Ⓒ有魅力的男子《如演員、冒險者》。

glámour gìrl *n.* Ⓒ衆所周知、魅力十足的美女《如演員、模特兒》。

***glance** [glæns; glɑ:ns] *n.* Ⓒ **1** 匆匆的一看，一瞥，掃視〔*at, into, over etc.*〕：give [shoot] a person a ～ 匆匆看某人一眼/cast [throw] a ～ *at*… 對…投以一瞥/steal a sideways ～ *at*… 偷偷對…瞟一眼/take a ～ *into* the mirror 朝鏡子裏看一眼/One ～ *at* her face told me (that) she was happy. 朝她的臉看一眼就知道她是快樂的。

G

【同義字】glance 指匆匆的一瞥；glimpse 是隱約的顯現，因此用 glance 時有 give [take] a glance 的說法；但用 glimpse 時，雖然可以說 get [catch] a glimpse, 卻不可以說 give a glimpse.

2〔…的〕閃光[閃耀，一閃]〔*of*〕.
3〔刀、子彈、球等〕歪向一旁〔*of*〕.
at a glánce 一看(就)，一見(就)：I recognized him *at a* ～. 我一看就認出他。
—*v.i.* **1**〔十副詞(片語)〕看一眼，一瞥，掃視(…)(⇨look A【同義字】)：I ～*d at* my wrist watch. 我看了一下手錶/He ～*d down* the list. 他把清單匆匆地掃視了一下/He ～*d over* [*through*] the papers. 他掃視了一下文件/The teacher ～*d round* (the classroom). 教師匆匆地環視教室。
2〈東西〉閃一下，反射光，閃耀：The moon ～*d* brightly on the lake. 月光在湖面上閃耀。
3〔十介十(代)名〕略微談到〔…〕；影射〔…〕〔*at, over*〕：He only ～*d* **at** the topic. 他只是略微談到該話題。
—*v.t.* **1**〔十受十副詞(片語)〕[～ **one's eye**]〈眼睛〉朝(…)看一下，瀏覽：He ～*d* his *eye down* the list [*over* the titles] of the books. 他瀏覽了一下書的一覽表[書名]。
2〔十受〕〈刀、子彈等〉碰到…而歪向一旁，擦[掠]過…：The arrow ～*d* his armor. 箭掠過他的盔甲。
glance off [《*vi adv*》～ óff](1)〈刀、子彈、球等〉輕觸而歪向一邊，掠過，擦過：The bullet ～*d off*. 那顆子彈掠過去。—[《*vi prep*》～ òff…](2)〈刀、箭等〉輕觸…而歪向一邊，掠過…：The bullet ～*d off* his helmet. 那顆子彈掠過他的頭盔。(3)〈責備、勸戒等〉不被…了解，對…不發生作用[無效]：Reproaches ～ *off* him. (多次)譴責對他不生效。
glánc·ing *adj.* [用在名詞前] **1** 若無其事的〈談到、觸及〉；隨便的，偶而的。**2** 歪向一邊的〈打擊等〉；偏離正軌的。～**·ly** *adv.*
gland [glænd; glænd] *n.* Ⓒ《解剖》腺：a ductless [lymphatic] ～ 內分泌[淋巴]腺/⇨sweat gland.
glan·ders [ˋglændɚz; ˈglændəz] *n.* Ⓤ《醫》馬鼻疽，鼻疽。
glan·du·lar [ˋglændʒəlɚ; ˈglændjulə, -dʒələ] 《gland 的形容詞》**—*adj.*** **1**《解剖》腺的，淋巴腺的：～ fever《醫》淋巴腺熱。**2** 先天(性)的，天生的。**3** 性的。
glare[1] [glɛr, glær; glɛə] *n.* [用單數] **1** [常 the ～] 耀眼[眩目，刺目]的光：*the* ～ of neon lights 霓虹燈眩目的光。**2** [常 the ～] 醒目，顯眼，燦爛，華麗：in *the* full ～ of publicity 在眾目睽睽之下，非常地顯眼。**3** 瞪眼，怒視：a ～ of hatred 憎恨的怒視。
—*v.i.* **1**〔十副詞(片語)〕發射耀眼[強烈]的光，閃耀：The sun ～*d down* relentlessly. 太陽毫不留情地發出強烈的光。**2**〔十介十(代)名〕(帶著憤怒或懷著敵意)怒視，瞪眼看〔…〕〔*at*〕：He ～*d* **at** me with rage. 他憤怒地瞪眼看我。**3**〈錯誤等〉醒目，顯著；〈顏色〉刺目：misprints *glaring* from the page 在書頁上的顯著的印刷錯誤。
—*v.t.* 〔十受(十介十(代)名)〕〔對…〕怒視以表示〈憎恨、反抗之意等〉〔*at*〕：He ～*d* defiance **at** me. 他對我怒視以示反抗。
glare[2] [glɛr; glɛə] *n.* Ⓒ(冰等的)光滑的表面。
—*adj.* 光滑而發亮的，似鏡面的：～ ice 光滑而發亮的冰。
glar·ing [ˋglɛrɪŋ; ˈglɛəriŋ] *adj.* **1**〈光等〉耀眼的；刺目的：bright ～ sunlight 明亮耀眼的陽光。**2**〈缺點、錯誤、矛盾等〉特別醒目[顯著]的；〈顏色、裝飾等〉俗麗的，刺目的：a ～ error 顯著的錯誤/a ～ lie 顯然的謊言/The contrasts are ～. 差異顯明。**3**〈眼睛〉瞪著眼看的，怒視的。～**·ly** *adv.* ～**·ness** *n.*
glar·y [ˋglɛrɪ; ˈglɛəri] *adj.* (**glar·i·er**; **-i·est**) **1** 眩目的，閃耀的。**2**《美》〈冰等〉極光滑的。
Glas·gow [ˋglæsgo, -sko; ˈglɑ:sgou] *n.* 格拉斯哥《蘇格蘭西南部的港市》。
glas·nost [ˋglæsnɑst; ˈglɑ:snɔst] 《源自俄語「開放 (openness)」之義》**—*n.*** Ⓤ公開性，開放性《尤指蘇聯領導人戈巴契夫提倡的政策的開放性，旨在實行政治或經濟改革》。
‡**glass** [glæs; glɑ:s] 《源自古英語「輝耀」之義》**—*n.*** **1** Ⓤ **a** 玻璃；窗玻璃：frosted [hardened] ～ 磨沙[強化]玻璃/broken ～ 碎玻璃/three panes of ～ 三塊窗玻璃。**b** 玻璃狀[質]的東西：⇨fiberglass, water glass. **2** Ⓤ[集合稱]玻璃製品：～ and china 玻璃製品與陶瓷器。**3** Ⓒ **a** 杯子，玻璃杯(★【比較】glass 一般用以裝冷飲；cup 用以裝熱飲)：raise one's ～ (to…) (爲…而)乾杯[舉杯]。**b** 杯子[玻璃杯]的一杯〔*of*〕：a ～ *of* water [milk] 一杯水[牛奶]。**4** Ⓒ **a**《英口語》鏡子，穿衣鏡 (looking glass). **b** 沙漏 (sandglass). **c** [常 the ～] 晴雨表：*The* ～ is falling [rising]. 晴雨表的水銀柱在下降[上升]。**5 a** [～es] 眼鏡：a pair of ～*es* 一副眼鏡/I need ～*es* when I read a book. 我看書時需要眼鏡。**b** [～es] 雙目望遠鏡。**c** Ⓒ望遠鏡。**d** Ⓒ放大鏡；顯微鏡。
hàve a gláss tòo múch (喝得太多而)醉了。
—*adj.* [用在名詞前] **1** 玻璃(製)的：a ～ bottle [door] 玻璃瓶[門]。**2** 用玻璃圍起的：a ～ porch 玻璃圍起的門廊/People [Those] who live in ～ houses shouldn't throw stones.《諺》居住玻璃屋者不宜以石擲人《自己有缺點者不該批評他人》。
—*v.t.* **1**〔十受〕給…鑲[裝]玻璃：～ a window 給窗子裝玻璃。**2**〔十受十副〕將…罩[圍]以玻璃〈*in*〉：～ **in** a veranda 將陽台圍以玻璃。
gláss·blòwer *n.* Ⓒ(以吹氣製造玻璃器具的)吹玻璃工人。
gláss·blòwing *n.* Ⓤ玻璃製品的吹製法。
gláss cùtter *n.* Ⓒ **1** 切割玻璃(的工具)。**2** 切割玻璃的工人，鏤刻玻璃的工匠。
gláss èye *n.* Ⓒ **1** 玻璃製的義眼。**2** (馬眼的)黑內障病。
gláss fìber *n.* Ⓤ玻璃纖維。
glass·ful [ˋglæsˏful; ˈglɑ:sful] *n.* Ⓒ玻璃杯一杯(的量)〔*of*〕：a ～ *of* water (玻璃杯)一杯的水。
gláss·hòuse *n.* **1** Ⓒ《美》玻璃廠。**2** Ⓒ《英》溫室，玻璃屋。**3** [the ～]《英俚》軍人監獄，(軍營的)禁閉室。
gláss jáw *n.* Ⓒ《拳擊》(禁不起打擊的)脆弱下巴。
gláss·màker *n.* Ⓒ玻璃(器具)製造[業]者，玻璃工匠。
gláss·màking *n.* Ⓤ 玻璃(器具)製造工業(工藝)。
gláss pàper *n.* Ⓤ 砂紙，磨紙《塗有玻璃粉之紙》。
gláss snàke *n.* Ⓒ《動物》蛇蜥《北美南部產的一種無足蜥蜴，其尾脆如玻璃》。
gláss·wàre *n.* Ⓤ[集合稱]玻璃製品；(尤指)玻璃製餐具類。
gláss wóol *n.* Ⓤ玻璃棉，玻璃絨《濾酸、包裝、隔熱、隔音等用》。
gláss·wòrk *n.* Ⓤ **1** 玻璃製造(業)。**2** [集合稱]玻璃製品[工藝]。
gláss·wòrker *n.* Ⓒ玻璃工人[工匠]。
gláss·wòrks *n.* Ⓒ(*pl.* ～)玻璃廠。
gláss·wòrt *n.* Ⓒ《植物》海蓬《藜科海蓬屬草本植物，歐洲產，生於鹽水沼澤，昔日自其燒成的灰提取製造玻璃用的蘇打灰》。
glass·y [ˋglæsɪ; ˈglɑ:si] 《glass 的形容詞》**—*adj.*** (**glass·i·er**; **-i·est**) **1 a** 玻璃狀[質]的。**b**〈水面等〉如鏡面般光滑[平穩]的：the moonlit ～ lake 月光照亮的平靜湖面。**2**〈眼神、表情等〉(因厭倦而)呆滯的，沒有神采的。**gláss·i·ly** [-səlɪ; -sili] *adv.* **-i·ness** *n.*

glassworks

glássy-èyed *adj.* 目光遲鈍的，表情呆滯的。
Gláu·ber's sált [ˋglaubɚz-; ˈglaubəz-] *n.* Ⓤ(又作 **Gláuber sàlt**)《化學》芒硝，硫酸鈉。
glau·co·ma [glɔˋkomə; glɔ:ˈkoumə] *n.* Ⓤ《醫》綠內障，青光眼。
glau·cous [ˋglɔkəs; ˈglɔ:kəs] *adj.* **1** 淡綠藍的，藍綠色的。**2**《植物》(葡萄、李子等表皮)覆有粉霜的。
glaze [glez; gleiz] *v.t.* **1** 給〈窗子等〉裝玻璃；給〈建築物〉裝玻璃窗。**2 a** 給〈陶瓷〉上釉；給〈畫等〉塗上透明顏料。**b** 給〈紙、布、皮革等〉塗以光滑劑，使…光滑。**c** 在〈糕餅、食物等〉上澆糖漿。**3** 把…磨光。**—*v.i.*** [動(十副)]〈眼神、表情等〉(因厭倦等而)變呆滯，變模糊，變得無神采〈*over*〉：His eyes ～*d* **over** with boredom. 他的眼神因厭倦而變呆滯。
—*n.* Ⓤ[指種類時爲Ⓒ] **1 a** (陶瓷的)釉。**b** (紙等的)光滑劑。**c** (塗在畫面上的)透明或半透明顏料。**d** (使糕餅或食物表面光滑或爲添加風味而澆上去的)糖漿。**2** 光滑的表面，(表面的)釉料：the china's ～ 陶瓷器的釉料。**3**《美》凍結的冰面：a ～ *of* ice on the road 道路上凍結的一層冰面。**4** (形成於眼睛的)翳子。
glázed *adj.* **1** 裝有玻璃(窗)的：a double-*glazed* window 雙層玻璃窗。**2 a** 上了釉的，上面塗了光滑劑的。**b** 使光滑的，有光澤的。**c** 澆了糖漿的。**3**〈眼神、表情等〉呆滯的，無神采的。
gla·zier [ˋgleʒɚ; ˈgleizjə] *n.* Ⓒ裝玻璃的人。
glaz·ing [ˋglezɪŋ; ˈgleiziŋ] *n.* **1** Ⓤ鑲嵌玻璃[上釉]的工作。**2** Ⓒ(嵌於窗、框的)玻璃。**3** Ⓤ上釉，加光。**4** Ⓤ釉，光滑劑。**5** Ⓤ上釉的表面，加光面。
G.L.C.《略》Greater London Council 大倫敦市議會。
gleam [glim; gli:m] *n.* Ⓒ **1 a** (在微暗處閃耀的)微光：the ～ of dawn 黎明的微光。

【同義字】glimmer 指閃爍不定，搖晃的微光。

b (瞬間性的)閃爍：I saw the ～ *of* her white teeth between her parted lips. 從她張開的嘴唇中間我看見她白色的牙齒閃著微光。**2**〔感情、機智、希望等的〕閃現〔*of*〕：a ～ *of* intelligence 智慧的閃現/There was not a ～ *of* hope. 一線希望也沒有。
—*v.i.* **1** 發微光；閃爍：A fire ～*ed* in the darkness. 火在黑暗中發出微光。**2** [動(十介十(代)名)]〈感情〉閃現[於眼中]〔*in*〕：Amusement ～*ed* **in** his eyes. 愉快的神情閃現於他的眼中。
gleam·ing [ˋglimɪŋ; ˈgli:miŋ] *adj.* 閃爍的。
glean [glin; gli:n] *v.t.* **1 a** 拾取〈落穗等〉。**b** 從〈田裏〉拾取收割

G

後的殘穗。**2**〔十受(十介十(代)名)〕〔從…〕(一點一點地辛苦)蒐集〈情報、事實、知識等〉〔*from*〕: He ~*ed* these facts ***from*** government white papers. 他從政府發行的白皮書中蒐集了這些事實。**—***v.i.* 拾取落穗。

gléan·er *n.* Ⓒ拾穗者。

gléan·ing *n.* **1** Ⓤ拾取落穗。 **2** [~s] **a** (撿起收集的)落穗。 **b** (一點一滴的辛苦)蒐集物;拾遺集。

glebe [glib; gli:b] *n.* **1** Ⓤ《詩》土地, 田地。 **2** (又作 **glébe lànd**) Ⓒ教會附屬地, 聖職領耕地。

glee [gli; gli:] *n.* **1** Ⓤ**歡天喜地,** 高興《★用法 也用於幸災樂禍的情形》: in high ~ 興高采烈地[的]/dance with ~ 高興地跳舞。 **2** Ⓒ《音樂》(無伴奏, 由三部或三部以上構成的)男聲合唱曲。

glée clùb *n.* Ⓒ《美》(尤指男聲)合唱團。

glee·ful [ˈglifəl; ˈgli:ful] 《glee 的形容詞》**—***adj.* 歡天喜地的, 興高采烈的, 快樂的, 開心的。 **~·ly** [-fəlɪ; -fuli] *adv.*

glee·man [-mən; -mən] *n.* Ⓒ(*pl.* **-men** [-mən; -mən])《古》吟遊詩人。

glee·some [-səm; -səm] *adj.* 《古》=gleeful.

glen [glɛn; glen] *n.* Ⓒ[常用於地名](蘇格蘭或愛爾蘭山間的)峽谷, 山谷: *G*~ Affric 亞弗利克峽谷。

Glen [glɛn; glen] *n.* 葛倫《男子名》。

glen·gar·ry, Glen·gar·ry [glɛnˋgærɪ; glenˈgæri] *n.* (又作 **gléngarry bónnet** [**cáp**])Ⓒ(蘇格蘭高地人所戴的)船形無邊帽(⇨kilt 1 插圖)。

glengarry

Glenn [glɛn; glen] *n.* 葛倫《男子名》。

glib [glɪb; glib] *adj.* **1** 伶牙俐齒的, 能言善道的, 只在嘴上滔滔不絕的: a ~ salesman [politician] 能言善道的推銷員[政治家]/He has a ~ tongue. 他口齒伶俐。 **2** 〈辯解、說明等〉膚淺的, 表面的, 好像有道理的: a ~ answer 好像有道理的回答/a ~ excuse 油腔滑調的藉口。 **~·ly** *adv.* **~·ness** *n.*

glide [glaɪd; glaid] *v.i.* **1** 〔十副詞(片語)〕 **a** **滑動,** 滑行: The swan ~*d across* the lake. 那隻天鵝掠過湖面。 **b** 悄悄地走, 無聲響地迅速移動: He ~*d out of* the room. 他悄悄地走出房間。 **2** 〔十副〕〈時間等〉不知不覺地溜走, 飛逝〈*by, past, on, along*〉: The years ~*d* ***by***. 歲月飛逝。 **3** 〔十副詞(片語)〕 **a** 〈滑翔機、飛機〉滑翔。 **b** 〈人〉以滑翔機飛行。

—*v.t.* 〔十受十副詞(片語)〕 **1** 使〈飛機〉滑翔。 **2** 使〈船〉滑行。

—*n.* Ⓒ **1** 滑似的動作, 滑行。 **2** (裝在家具底部便使於移動的)滑輪。 **3** (滑翔機、飛機的)滑翔: ⇨glide path. **4** 《音樂》滑唱[奏]。 **5** 《語音》由甲音移到乙音時自然產生的過渡音《如 length [lɛŋkθ, lɛŋθ; leŋθ, leŋkθ] 中的[k]音》, 滑音。

glíde pàth *n.* Ⓒ《航空》滑降航道《地上雷達指示的降落航道》, 滑翔台。

glid·er [ˈglaɪdɚ; ˈglaidə] *n.* Ⓒ **1** 《航空》 **a** **滑翔機。** **b** 滑翔機駕駛者。 **2** 《美》(放置於走廊等處的)鞦韆椅。

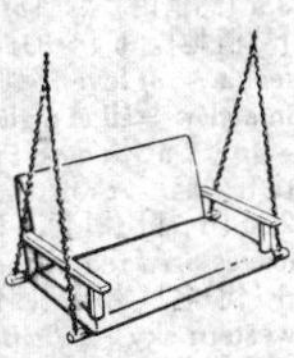

glider 2

glíd·ing *n.* Ⓤ(滑翔機的)滑翔。

glim [glɪm; glim] *n.* Ⓒ《俚》 **1** 燈火, 燈光, 蠟燭。 **2** 微弱的跡象[光線]: There was not a ~ of hope. 一點希望也沒有。 **3** 眼睛。

glim·mer [ˈglɪmɚ; ˈglimə] *n.* Ⓒ **1** (閃爍不定, 搖晃的)微光(⇨gleam【同義字】): a ~ from a distant lighthouse 來自遠處燈塔的閃爍微光。 **2** **a** 〔希望、關心等〕輕微的表露, 跡象〔*of*〕: a ~ *of* hope 一線希望/without a ~ *of* truth 毫無眞實性。 **b** 〔…的〕模糊的了解〔*of*〕: I didn't have a ~ *of* what he meant. 我一點也不了解他話中的意思。

—*v.i.* **1** 閃爍不定, 發出忽明忽暗的微光: The candle ~*ed* and went out. 蠟燭閃爍幾下便熄滅了。 **2** 朦朧[微微]地出現。

gò glímmering 〈希望等〉漸漸消失。

glím·mer·ing [-mərɪŋ; -məriŋ] *n.* Ⓒ **1** 微光。 **2** [常 ~s]〔…的〕輕微的表露, 跡象〔*of*〕: A few ~*s of* hope appeared. 出現些微希望。

***glimpse** [glɪmps; glimps] *n.* Ⓒ **1** **瞥見;一瞥,** 看一眼〔*of*〕(⇨glance【同義字】): I only caught [got] a ~ *of* the speeding car. 我只瞥見那部疾馳的車子。 **2** 〔…的〕模糊感覺, 隱約的察覺〔*of*〕: I had a ~ *of* his true intention. 我隱約知道他的意圖。

—*v.t.* 〔十受〕**瞥見**…: I thought I ~*d* him in the crowd. 我覺得好像在人羣中瞥見他。

—*v.i.* 〔動(十介十(代)名)〕瞥見〔…〕〔*at*〕.

glint [glɪnt; glint] *v.i.* 閃閃發光, 閃耀: The windows ~*ed* in the sun. 窗子在陽光中閃耀。**—***v.t.* 使…閃閃發光[閃耀]。

—*n.* Ⓒ **1** 閃光, 閃耀。 **2** 〔…的〕輕微表露, 跡象〔*of*〕: There was a ~ *of* humor in his eyes. 他的眼裡閃現幽默的神情。

glis·sade [glɪˋsɑd, -ˋsed; gliˈsɑ:d] 《源自法語「滑行」之義》**—***n.* Ⓒ **1** (登山)制動滑降《邊用滑雪用的鎬制動, 邊從覆有冰雪的斜坡滑下》。 **2** 《芭蕾》滑步《滑行的舞步》。

—*v.i.* **1** 制動滑降[滑下]。 **2** 跳滑步。

glis·san·do [glɪˋsando; gliˈsɑ:ndou] 《源自義大利語「滑行」之義》**—***n.* Ⓒ(*pl.* **-di** [-di; -di:], ~**s**)《音樂》 **1** 滑奏(法)《使手指迅速在鍵或弦上滑移的彈奏法》。 **2** 滑奏的樂節, 滑奏音部分。

—*adv.* & *adj.* 以滑奏法演奏地[的]。

glis·ten [ˈglɪsn̩; ˈglisn] *v.i.* 〔動(十介十(代)名)〕〈濕的東西、磨光的東西等〉〔因…而〕**閃爍[閃耀, 發亮]**〔*with*〕;〈某物〉〔在…〕閃耀[發亮]〔*on, in*〕: His brow ~*ed* ***with*** perspiration. = Perspiration ~*ed* ***on*** his brow. 他的前額因汗水而發亮;汗水在他的前額上發亮。**—***n.* Ⓒ閃爍, 閃耀, 發光。

glis·ter [ˈglɪstɚ; ˈglistə] *n.* 《古》=glitter, glisten.

glitch [glɪtʃ; glitʃ] *n.* Ⓒ(偶發的)故障, 毛病, 失常。

glit·ter [ˈglɪtɚ; ˈglitə] *v.i.* **1** **a** **閃閃發光**(⇨shine【同義字】): All that ~*s* is not gold. = All is not gold that ~*s*. 《諺》閃閃發光者未必都是黃金。 **b** 〔十介十(代)名〕〈寶石、星等〉〔在…〕閃閃發光〔*in, on*〕;〈衣服、天空等〉〔因寶石、星等而〕閃閃發光〔*with*〕: Diamonds ~*ed* ***on*** her ears. = Her ears ~*ed* ***with*** diamonds. 鑽石在她的耳垂閃閃發光;她的耳垂因鑽石而閃閃發光。 **2** 〔十介十(代)名〕〔因…而〕閃亮, 燦爛奪目〔*with*〕: The film ~*s* ***with*** many stars. 那部影片因許多明星參與演出而大爲生色。

—*n.* **1** [用單數]**閃耀;** 光輝: the ~ of diamonds 鑽石的光耀。 **2** Ⓤ燦爛, 華麗: the ~ of a parade 遊行的壯觀。 **3** Ⓤ[集合稱]亮晶晶的小件裝飾品[首飾(等)]。

glít·ter·ing [-tərɪŋ; -təriŋ] *adj.* [用在名詞前] **1** 閃閃發亮的, 閃爍的;燦爛的: a ~ starry night 星星閃爍的夜晚。 **2** 華麗的, 燦爛奪目的, 耀眼的: a ~ future 燦爛的未來/a ~ film star 熠熠紅影星。

glit·ter·y [ˈglɪtərɪ; ˈglitəri] *adj.* =glittering.

gloam·ing [ˈglomɪŋ; ˈgloumiŋ] *n.* [the ~]《詩》黃昏, 薄暮。

gloat [glot; glout] *v.i.* 〔十介十(代)名〕 **1** 心滿意足[貪婪]地注視, 凝視〔…〕〔*over*〕: He ~*ed* ***over*** his gold. 他心滿意足地注視著自己的黃金。 **2** 〔對他人的不幸〕竊喜, 幸災樂禍〔*over*〕: He ~*ed* ***over*** his rival's failure. 他對敵手的失敗幸災樂禍。

glóat·ing·ly *adv.* **1** 心滿意足地。 **2** 幸災樂禍地。

glob [glab; glɔb] *n.* Ⓒ **1** 水珠。 **2** (可塑性物質的)一團, 一堆: a little ~ of clay 一小團黏土/a huge ~ of whipped cream 一團攪打過的乳脂[攪奶油]。

glob·al [ˈglobl̩; ˈgloubl] 《globe 的形容詞》**—***adj.* **1** 全世界的, 全球的: ~ inflation 全球性的通貨膨脹/the dream of ~ peace 世界和平的夢想。 **2** 整體的, 總體的, 綜合的: take a ~ view of... 整體[綜合]地觀察…。 **3** 球狀的;球形的。

~·ly [-blɪ; -bli] *adv.*

glob·al·ism [-l̩ɪzəm; -lizəm] *n.* Ⓤ全球性干涉政策。

glob·al·ist [-lɪst; -list] *n.* Ⓒ贊成全球性干涉政策者。**—***adj.* 贊成全球性干涉政策的。

glo·bate [ˈglobet; ˈgloubeit] *adj.* 球形的, 球狀的。

globe** [glob; gloub] 《源自拉丁文「球」之義》**—n.* **1** Ⓒ**地球儀, 天體儀。** **2** **a** [the ~]**地球**(⇨earth【同義字】)。 **b** Ⓒ天體《太陽、行星等》。 **3** Ⓒ球, 球體。 **4** Ⓒ球狀物: **a** 燈罩;燈泡。 **b** 球形玻璃容器《如金魚缸》。 **c** 金球《象徵王權》。

glóbe·fish *n.* (*pl.* ~, ~s) **1** Ⓒ《魚》河豚。 **2** Ⓤ河豚的肉。

glóbe·flòwer *n.* Ⓒ《植物》金梅草。

Glóbe Théatre *n.* [the ~] 環球戲院《1599 年建於倫敦 (London) 的沙札克 (Southwark), 爲多齣莎士比亞 (Shakespeare) 劇本初演之處》。

glóbe-tròtter *n.* Ⓒ環球觀光的旅行者;(因工作而)經常飛往世界各地的人。

glo·bose [ˈglobos, gloˋbos; ˈgloubous] *adj.* 球狀的, 圓形的。 **~·ly** *adv.*

glob·u·lar [ˈglabjəlɚ; ˈglɔbjulə] 《globule 的形容詞》**—***adj.* **1** 由小球體構成的。 **2** (成)球狀的, 球形的。

glob·ule [ˈglabjul; ˈglɔbju:l] *n.* Ⓒ(尤指液體的)小球體;小滴: ~*s* of sweat 汗珠。

glob·u·lin [ˈglabjəlɪn; ˈglɔbjulin] *n.* Ⓤ Ⓒ《生化》球蛋白, 球朊。

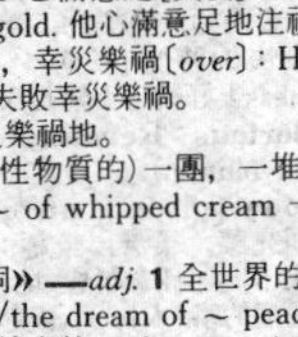

glockenspiel

glock·en·spiel [ˈglakən͵spil; ˈglɔkənspi:l] 《源自德語 'bell play' 之義》**—***n.* Ⓒ鐘琴, 鐘組樂器, 鐵琴。

glom·er·ate [ˈglamərɪt; ˈglɔmərit] *adj.* 聚成球狀的, 密集成簇的。

G

gloom [glum; glu:m] «源自中古英語「皺眉」之義»—*n.* **1** Ⓤ陰暗，幽暗，黑暗。**2** Ⓤ[又作 **a** ~]〈心中的〉陰影，憂鬱〈的情緒〉，悲傷：be deep in ~ 悶悶不樂，愁眉深鎖/A ~ fell over the country. 陰影籠罩全國；擧國憂傷。
—*v.i.* **1**〈人〉變得陰沈，愁眉不展。**2** [以 it 爲主詞] 變〈幽〉暗。
—*v.t.*〔十受〕使…變〈幽〉暗。

gloom·y [ˋglumɪ; ˈglu:mi] «gloom 的形容詞»—*adj.* (**gloom·i·er**; **-i·est**) **1**〈房間、天色等〉〈微〉暗的；陰暗的：a ~ winter day 陰暗的冬天。
2〈人、情緒等〉憂鬱的，悶悶不樂的，情緒低落的：in a ~ mood 心情憂鬱地[的]/He looked ~. 他看來憂鬱。
3 令人憂鬱的，悲傷的，黯淡的：~ news 令人憂傷的消息/take a ~ view 持悲觀的看法。
glóom·i·ly [-mɪlɪ; -mili] *adv.* **-i·ness** *n.*

glop [glap; glɔp] *n.* Ⓒ《美俚》**1** 軟膠質物，濃稠的半流體物。**2** 乏味的東西。

Glo·ri·a[1] [ˋglɔrɪə, ˋglɔr-; ˈglɔ:riə] «源自拉丁文「光榮」之義»—*n.* **1** [the ~]〈祈禱書(the Liturgy)中的〉榮耀頌，頌榮歌[樂]。**2** Ⓒ[g~]圓光；光輪。**3** Ⓤ[g~]絲毛合織的薄綢。

Glo·ri·a[2] [ˋglɔrɪə, ˋglɔr-; ˈglɔ:riə] *n.* 葛洛麗雅《女子名》。

glo·ri·fi·ca·tion [ˌglɔrəfəˋkeʃən, ˌglɔr-; ˌglɔ:rifiˈkeiʃn] «glorify 的名詞»—*n.* ⓊⒸ **1**〈對神〉榮耀的歌頌，讚美。**2**〈受人〉稱讚。**3**〈超過實際的〉美化。

glo·ri·fy [ˋglorəˌfaɪ, ˋglɔr-; ˈglɔ:rifai] «glory 的動詞»—*v.t.* **1 a** 歌頌〈神、聖人等〉的榮耀；讚美〈神等〉。**b** 授與〈殉教者等〉天上的榮耀。**2** 讚賞[表揚]〈人、行動等〉：~ a hero 表揚英雄。**3** 授與…榮耀，給與…榮譽：Their deeds *glorified* their school. 他們的行爲帶給學校榮譽。**4** 使…看起來較實際美麗[氣派]，美化…：This novel *glorifies* war. 這本小說把戰爭美化了。

***glo·ri·ous** [ˋglorɪəs, ˋglɔr-; ˈglɔ:riəs] «glory 的形容詞»—*adj.* (**more** ~; **most** ~) **1** 光榮的，輝煌的，光輝的，榮耀的：a ~ achievement 輝煌的業績，偉業/a ~ victory 輝煌的勝利/the ~ Fourth of July 光輝的七月四日《美國獨立紀念日》/die a ~ death 光榮地犧牲，死得光榮。**2** 壯麗的；燦爛的，堂皇的：a ~ day 光榮的日子；好天氣/a ~ sunset 壯麗的落日。**3**《口語》**a** 愉快的，快樂的，美好的：have a ~ time [holiday] 過一段愉快的時光[假期]。**b**《反語》驚人的，非常的：What a ~ mess! 好亂呀！亂七八糟！ **~·ly** *adv.*

Glórious Revolútion *n.* [the ~] 光榮革命 (⇨ English Revolution).

***glo·ry** [ˋglorɪ, ˋglɔrɪ; ˈglɔ:ri] «源自拉丁文「光榮」之義»—*n.* **1 a** Ⓤ光榮，榮譽，榮耀：win ~ 獲得榮譽/covered in [crowned with] ~ 滿載榮譽〈地〉，載譽。**b** Ⓒ[常 **glories**]給與光榮的事[人]，榮耀的事[人]，可讚美[誇耀]的事物：the *glories of* Rome 羅馬帝國的偉業/His son is his crowning ~. 他的兒子是他最大的自豪。
2 Ⓤ **a** 榮華；成功[繁榮等]的顛峯，極盛：Solomon *in* all his ~ was not arrayed like one of these. 即使所羅門王極榮華的時候，他所穿戴的，還不如這些花中任何一朶。《★出自聖經「馬太福音」》。**b** 極得意，開心：He is *in* his ~ now. 他現在正得意。
3 Ⓤ壯觀，美觀；美麗，漂亮：the ~ of the woods in autumn 秋天森林之美。
4 Ⓤ **a**〈歸於神的〉榮耀；榮華：*G~* be to God. 榮耀歸於神。**b** 天上的榮耀，天國：saints in ~ 住於天國的聖徒/go to ~《口語》死；升天/send a person to ~《口語》殺死某人。
Glóry bé!《口語》⑴哎呀！糟了！⑵謝天謝地！成了！要命！《★Glory be to God 之略》。
—*v.i.*〔十介十(代)名〕打從心裏歡喜〔…〕，以〔…〕自豪，得意〔於…〕〔*in*〕：He *glories* **in** his success. 他以自己的成功自豪；他得意於自己的成功。

glóry hòle *n.* Ⓒ《英口語》放雜物[不用物品]的房間[抽屜，櫥]。

Glos.《略》Gloucestershire.

gloss[1] [glɔs; glɔs] «源自古北歐語「光輝」之義»—*n.* Ⓤ[又作 **a** ~] **1** 光澤，光彩：the ~ of silk 絲綢的光澤/*a* lovely ~ on her hair 她頭髮上的美麗光澤。**2** 虛飾，假裝的外表，虛僞〔*of*〕：*a* ~ *of* good manners 假裝[表面]的禮貌。
—*v.t.* **1**〔十受(十介十(代)名)〕〔用…〕使…有光澤[發亮，發光]〔*with*〕：She ~*ed* the furniture (**with** wax). 她用蠟打磨家具使之有光澤。
2〔十受十副〕掩飾[掩蓋]…，搪塞…〈*over*〉：He tried to ~ *over* his errors. 他企圖掩飾自己的過失。

gloss[2] [glɔs; glɔs] «gloze 的變體字»—*n.* Ⓒ **1 a**〈寫在行間或欄外的〉語句註解，解釋。**b**〈附於書頁下或卷末的簡單〉註釋，註解，評註。**2** =glossary.
—*v.t.* 給…作註釋，註解…。

glos·sa·ry [ˋglɑsərɪ; ˈglɔsəri] «源自 gloss[2]» —*n.* Ⓒ〈難語、廢語、術語、特定作家用語等的〉小辭典，詞彙：A Shakespeare *G~* 莎士比亞用語彙編。

gloss·y [ˋglɑsɪ, ˋglɔsɪ; ˈglɔsi] «gloss[1] 的形容詞»—*adj.* (**gloss·i·er**; **-i·est**) **1** 有光澤的，光滑的，光亮的：~ hair 有光澤的頭髮/a ~ photograph 光面的照片。**2** 似是而非的，好像有道理的。
—*n.* (又作 **glóssy mágazine**) Ⓒ《口語》〈紙面光滑而多圖片的〉美觀的高級雜誌(《美口語》slick).
glóss·i·ly [-sɪlɪ; -sili] *adv.* **-i·ness** *n.*

glot·tal [ˋglɑtḷ; ˈglɔtl] *adj.*《解剖》聲門的。

glóttal stóp *n.* Ⓒ《語音》聲門閉鎖音《發音符號爲[ʔ]》.

glot·tis [ˋglɑtɪs; ˈglɔtis] *n.* Ⓒ (*pl.* ~**·es**, **glot·ti·des** [-təˌdiz; -tədi:z])《解剖》聲門。

Glouces·ter [ˋglɑstɚ, ˋglɔs-; ˈglɔstə] *n.* **1** 格洛斯特《英格蘭西南部 格洛斯特郡(Gloucestershire)之首府》。**2** =Gloucestershire.

Glouces·ter·shire [ˋglɑstɚˌʃɪr, -ʃɚ, ˋglɔs-; ˈglɔstəˌʃiə, -ʃə] *n.* 格洛斯特郡《英格蘭西南部的一郡，首府格洛斯特(Gloucester)；略作 Glos.》.

***glove** [glʌv; glʌv] *n.* Ⓒ **1**〈五指分開的〉手套(cf. mitten 1)：a pair of ~*s* 一副手套/put on [take off] one's ~*s* 戴[脫]手套。
2 a《棒球》手套。**b**《拳擊》手套。
fit (a person) like a glóve〈對某人〉非常合適，貼[合]身：The jacket you bought me *fits* (me) *like a* ~. 你買給我的夾克很合身。
hánd and [in] glóve (with...) ⇨hand.
hándle [tréat] ... with kíd glóves 溫和地對待[愼重應付]…：We must *handle* her [the situation] *with kid* ~*s.* 我們必須溫和地對待她[愼重應付情勢]。
tàke óff the glóves ⑴認眞作戰，認眞起來，毫不留情(地打擊)。⑵⇨1.
thrów dówn [tàke úp] the glóve 挑戰[應戰]。
withòut glóves =**with glóves óff** ⑴粗暴地，毫不留情地。⑵認眞地，大膽地，毅然。
—*v.t.*〔十受〕**1** 給…戴上手套。**2**《棒球》用手套接〈球〉。

glóve bòx *n.* Ⓒ **1** 手套箱《封存放射性物質等的玻璃容器，由附裝的橡膠手套可將手伸入，作安全處理》。**2**《英》=glove compartment.

glóve compàrtment *n.* Ⓒ〈在汽車儀表盤(dash board)上〉存放小物件的凹處；手套箱(glove box).

glóve pùppet *n.* Ⓒ布袋戲木偶《把手伸入裏面操作》。

glov·er [ˋglʌvɚ; ˈglʌvə] *n.* Ⓒ製造手套者；手套商。

***glow** [glo; glou] *n.* [用單數] **1 a** 白熱，灼熱；(紅)光，光輝：the ~ of embers [sunset] 餘燼的紅光[落日的光輝]。**b**〈面頰上的〉紅光，紅暈，紅潤的氣色；〈眼睛的〉光亮：a ruddy ~ of health on her cheeks 她面頰上健康的紅潤氣色。
2〈身體的〉發熱，溫暖：a pleasant ~ after a hot bath 熱水澡後舒暢的溫暖。
3 a〔感情的〕激昂〔*of*〕：in a ~ *of* anger [enthusiasm] 憤怒地[熱情地]。**b**〔…的〕〈舒暢的〉喜悅感，〈滿足的〉幸福感〔*of*〕：feel a ~ *of* love 感到愛情的幸福。
in a glów =**áll of a glów** 熱烘烘的，通紅的。
—*v.i.* **1 a**〈鐵等〉發白熱光，變通紅。**b**〈木柴、煤等〉燒得通紅《但沒有火焰》。**c**〈燈、螢火蟲等〉發光，發亮。
2 a〔十補〕〈樹葉、花等〉顯示〈燃燒般的顏色〉：The maple leaves ~*ed* red in the sun. 楓葉在陽光中顯示火紅色。**b**〔十介十(代)名〕〈場所〉〔因色彩而〕發出光輝，明亮耀眼〔*with*〕：The western sky ~*ed* **with** purple and crimson. 西邊的天空發出紫紅色的光輝。
3 a〈健康、運動後等〉〈臉頰〉發紅，變紅潤；〈人〉身體發熱。**b**〔十介十(代)名〕〈眼睛、臉、面頰〉〔因强烈感情而〕發亮，發紅〔*with*〕：His eyes ~*ed* **with** anger. 他的眼睛因生氣而發紅[他氣得兩眼冒火]/He ~*ed* **with** pride. 他因得意而臉上發亮[得意洋洋]。

glow·er [ˋglauɚ; ˈglauə] *v.i.*〔動(十介十(代)名)〕皺眉怒視〔…〕〔*at*〕：He just ~*ed* (**at** me) without speaking. 他一言不發地皺眉怒視著我。
—*n.* Ⓒ〈憤怒的〉瞪眼；愁眉苦臉。

glow·er·ing [ˋglauərɪŋ; ˈglauəriŋ] *adj.* [用在名詞前] 皺眉頭的；瞪眼的；怒目而視的。 **~·ly** *adv.*

glów·ing *adj.* **1 a** 白熱的，灼熱的，通紅的。**b** [當副詞用] 燃燒似地，火紅地：~ hot 火熱的，熾熱的。**2**〈色彩等〉耀眼的，鮮明的；光輝的。**3**〈臉頰〉發紅的；〈健康等〉極好的。**4**〈表現等〉熱情的，熱烈的，熱心的：~ praise 熱烈的讚辭。 **~·ly** *adv.*

glów làmp *n.* Ⓒ《電子》輝光燈。

glów·wòrm *n.* Ⓒ《昆蟲》發光蟲《螢火蟲等

glowworm

的幼蟲或無翅的雌成蟲，在黑暗中會發出微光》。

gloze [gloz; glouz] *v.t.* 〔十受(十副)〕對…作似是而非的說明；掩飾…〈*over*〉.

glu·cin·i·um [gluˋsɪnɪəm; glu:ˈsiniəm] *n.* ＝glucinum.

glu·ci·num [gluˋsaɪnəm; glu:ˈsainəm] *n.* Ⓤ《化學》鈹《爲 beryllium 之舊稱》。

glu·cose [ˋglukos; ˈglu:kous] *n.* Ⓤ《化學》葡萄糖。

***glue** [glu; glu:] 《源自古法語「黏鳥膠」之義》—*n.* Ⓤ〔指產品或種類時爲Ⓒ〕膠，膠水；黏著劑：instant ～ 瞬間黏著劑。

—*v.t.* (**glu·ing**, ～·**ing**) **1 a** 〔十受(十副)〕用膠水[黏著劑]黏…〈*together*〉：～ a broken cup ***together*** 用黏著劑把破杯子黏合。**b** 〔十受十介十(代)名〕用黏著劑把…黏〔在…〕〔*to, onto, into*〕：He ～*d* his photograph ***into*** his passport. 他把照片黏貼在護照上。**2** 〔十受十介十(代)名〕〔～ one*self*〕(膠著似地)熱中〔於…〕〔*to*〕《★也以過去分詞當形容詞用；⇨glued 2》：He ～*s himself to* his books [study]. 他專心於書本[研究]。

glúed *adj.* [不用在名詞前]〔十介十(代)名〕**1** 〈眼、耳等〉緊貼〔於…〕的〔*to*〕：with his eye [ear] ～ ***to*** the keyhole 把他的眼睛[耳朵]緊貼於鑰匙孔(看[聽])。**2** 〈人〉集中注意力〔於…〕的，熱中〔於…〕的〔*to*〕(cf. glue 2)：The boy is always ～ ***to*** the television. 那個男孩總是熱中於看電視。

glue·y [ˋgluɪ; ˈglu:i] 《glue 的形容詞》—*adj.* (**glu·i·er**；**-i·est**) **1** 塗有膠水[黏著劑]的。**2** 膠質[狀]的；黏性的。

glum [glʌm; glʌm] *adj.* (**glum·mer**；**glum·mest**) (意氣消沉而)陰鬱的，(憂鬱而)悶悶不樂的：a ～ mood 不高興/Don't look so ～！別那樣悶悶不樂。～·**ly** *adv.* ～·**ness** *n.*

glut [glʌt; glʌt] 《源自拉丁文「喝下去」之義》—*v.t.* (**glut·ted**；**glut·ting**) **1 a** 〔十受〕滿足〈食慾、慾望〉：～ one's appetite 充分地滿足食慾，吃得很飽。**b** 〔十受十介十(代)名〕〔～ one*self*〕吃得太多，飽食〔…〕〔*with*〕：She *glutted herself* ***with*** sweets. 她飽食甜點。**2** 〔十受十介十(代)名〕過多地供應〔商品〕給〈市場〉〔*with*〕《★常用被動語態》：The market *was glutted* ***with*** wheat. 小麥充斥市場。

—*n.* Ⓒ[常用單數]充斥；〔商品的〕供應過多〔*of*〕：a global oil ～ 全球性的石油供應過多[過剩]/a ～ in [on] the market 市場的存貨過剩。

glu·ten [ˋglutn̩; ˈglu:tən] *n.* Ⓤ《化學》穀膠，麩筋；麩質。

glu·te·nous [ˋglutn̩əs; ˈglu:tnəs] *adj.* **1** 似麩筋的；麩質的。**2** 包含大量麩筋的。

glu·ti·nous [ˋglutɪnəs; ˈglu:tinəs] *adj.* 膠質的；黏著性的；「黏的。」

glut·ton[1] [ˋglʌtn̩; ˈglʌtn] *n.* Ⓒ **1** 貪食者，老饕：You ～！你這個貪吃鬼！**2** 《口語》〔對…〕入迷的人；熱心者〔*for, of*〕：a ～ *for* work 工作狂，閒不住的人/a ～ *of* books 酷愛讀書的人，手不釋卷的人/a ～ *for* punishment 熱心於做困難[不愉快，別人討厭做]的事之人；自己虐待自己的人；不怕挨打的拳擊手。

glut·ton[2] [ˋglʌtn̩; ˈglʌtn] *n.* Ⓒ《動物》狼獾《歐洲產的鼬鼠科食肉獸，北美產者稱 wolverine》.

glutton[2]

glut·ton·ous [ˋglʌtn̩əs; ˈglʌtnəs] 《glutton[1] 的形容詞》—*adj.* 貪吃的；暴食的；貪婪的。～·**ly** *adv.*

glut·ton·y [ˋglʌtn̩ɪ; ˈglʌtni] *n.* Ⓤ 貪吃，暴飲[食]。

glyc·er·in, glyc·er·ine [ˋglɪsrɪn; ˈglisərin] *n.* Ⓤ《化學》甘油。

glyc·er·ol [ˋglɪsə͵rol, -͵rɑl; ˈglisərɔl] *n.* ＝glycerin(e).

glyc·o·gen [ˋglaɪkədʒən; ˈglikədʒen] *n.* Ⓤ《化學》糖原，肝糖。

glyph [glɪf; glif] *n.* Ⓒ繪畫文字；傳達信息的符號。

GM 《略》general manager；General Motors 通用汽車公司《美國的汽車公司》；guided missile.

gm. 《略》gram(s)；gramme(s).

G-màn 《Government *man* 之略》—*n.* Ⓒ(*pl.* **-men**)《美口語》聯邦調查局(FBI)的調查員。

> 【說明】G-man 是指美國聯邦調查局(FBI, 成立於 1908 年)的特別探員，主要負責解決國家安全問題以及其他重要事件。
> 聯邦政府從主修法律、經濟等的二十三歲到四十歲大學畢業的美國公民中挑選人員並施以武器使用、搜索、逮捕、及作證方法等嚴格訓練之後分發到第一線。據說"G-man"的稱呼是 1933 年由一名叫凱利("Machine-Gun"Kelly「機關槍凱利」)的匪徒使用之後而廣爲流傳。

Gmc 《略》Germanic.

GMP 《略》Good Manufacturing Practice. 優良藥品製造及品質管制基準。

G(M)T 《略》Greenwich (Mean) Time.

gnarl[1] [nɑrl; nɑ:l] *v.i.* **1** (狗等發怒時)嗥；吼；咆哮。**2** 咆哮而言；怒吼。

gnarl[2] [nɑrl; nɑ:l] 《源自 gnarled 的逆成字》—*n.* Ⓒ(樹木的)節，瘤。

gnárled *adj.* **1** 〈樹木、樹幹等〉多節[瘤]的。**2** 〈手、手指等〉骨節突起的。

gnarl·y [ˋnɑrlɪ; ˈnɑ:li] *adj.* (**gnarl·i·er**；**-i·est**)＝gnarled.

gnash [næʃ; næʃ] *v.t.* 咬〈牙〉，切〈齒〉：～ one's teeth (憤怒、懊悔而)咬牙切齒。—*v.i.* 〈人〉咬牙切齒。

gnat [næt; næt] *n.* Ⓒ《昆蟲》**1** 蚋。**2** 《英》蚊。

stráin at a gnát (忽略大事而)計較小事《★出自聖經「馬太福音」》。

gnaw [nɔ; nɔ:] *v.t.* **1 a** 〔十受〕啃[咬]…(⇨bite【同義字】)：The dog was ～*ing* a bone. 那條狗在啃骨頭。**b** 〔十受十副〕咬去，咬斷…〈*away, off*〉：Rats have ～*ed* the corner of the box ***away*** [***off***]. 老鼠把箱角囓掉了。**c** 〔十受十介十(代)名〕〔把…〕咬成〈洞等〉〔*through*〕：Mice ～*ed* a hole ***through*** the panel. 老鼠把鑲板咬穿一個洞。**d** 〔十受十介十(代)名〕〔～ **one's way**〕咬而侵入〔…〕〔*into, through*〕：Mice ～*ed* their way ***into*** the box. 老鼠咬穿箱鑽到裏面。

2 〈憂慮、疾病等〉使〈人、心等〉痛苦，使…苦惱，折磨〈人等〉：Worry ～*ed* her mind. 煩惱使她內心痛苦/He was ～*ed* by hunger. 他受饑餓的折磨。

—*v.i.* **1 a** 〔(十副)(十介十(代)名)〕咬[啃，囓]〔…〕〈*away*〉〔*at, on*〕：～ ***at*** [***on***] an apple 啃蘋果。**b** 〔十介十(代)名〕咬〔…〕成洞〔*into*〕：～ ***into*** a wall 〈老鼠〉把牆咬穿一個洞。

2 〔(十副)十介十(代)名〕〔使…〕不斷地痛苦，〔使…〕苦惱，〔使…〕煩惱，折磨〔…〕〈*away*〉〔*at, on*〕：Anxiety ～*ed* ***at*** his mind. 不安折磨他的心。

gnáw·ing *adj.* [用在名詞前] **1** 咬的，囓的：～ animals 囓齒動物。**2** 使人苦惱的，極爲痛苦的。～·**ly** *adv.*

gneiss [naɪs; nais] *n.* Ⓤ《岩石》片麻岩。

gnoc·chi [ˋnɑkɪ; ˈnɑ:ki] *n. pl.* [當單數或複數用]《烹飪》義大利湯圓《有餡的湯圓；通常以馬鈴薯泥做餡料，食時沾調味醬》。

gnome[1] [nom; noum] *n.* **1** Ⓒ **a** (傳說中在地下守護寶物的)地精，小鬼怪，土地神。**b** (飾於庭院等的)土地神像。**2** [**the** ～**s**]《口語》國際金融[銀行]業者：*the* ～*s* of Zurich 蘇黎世的金融家《瑞士的大銀行家》。

gnome[2] [nom; noum] 《源自希臘文「知道」之義》—*n.* Ⓒ箴言，格言。

gno·mic [ˋnomɪk; ˈnoumik] 《gnome[2] 的形容詞》—*adj.* 箴言的，格言的。

gno·mon [ˋnomɑn; ˈnoumɔn] *n.* Ⓒ **1** 日晷儀；日規。**2** (日規的)指時針。**3** 《幾何》磬折形《自平行四邊形之一角，除去一相似形所餘之形》。

GNP, G.N.P. 《略》gross national product《經濟》國民生產毛額。

gnu [nu, nju; nu:, nju:] *n.* Ⓒ(*pl.* ～, ～**s**)《動物》牛羚，角馬《南非產》。

gnu

‡go[1] [go; gou] (**went** [wɛnt; went]；**gone** [gɔn; gɔn]；**go·ing**) *v.i.* (⇨going, gonna, gone) **A 1** 去《★用法 以出發點爲中心；⇨come A 用法》：**a** 〔動(十副詞(片語))〕往〈某場所、他人(處)、方向〉去：*go* abroad [upstairs] 出國[上樓]/We sometimes *go* ***to*** the sea [*into* (the) town]. 我們有時去海邊[進城]/*Go back to* your seat. 回到你的座位去/He has *gone to* France. 他已經去法國了《★用法 have gone 表示「已去現已不在此」之意，但美國語法也用於表示「曾去過」之意；cf. have been (⇨been *v.i.* 1b 用法(2)(3))》/⇨be GOING to do. **b** 〔十介十(代)名〕(爲從事活動等而)去，上〔某處〕〔*to*〕《★用法 表示設施、種類等時有冠詞，爲可數名詞，但表示其「目的」時，名詞無冠詞而爲不可數名詞》：*go* ***to*** school [church, market] 上學[教堂，市場]/*go to* bed 就寢，睡覺/*go to* the vocational school [a private school] 上職業學校[私立學校]/⇨go to SEA, go on the stage (⇨stage A 2)/I *went to* his lecture. 我去聽他的講課。**c** 〔十介十(代)名〕(爲某目的)去〔做…〕〔*for, on*〕：*go* ***on*** a journey [hike, walk, demo, visit] 去旅行[遠足，散步，示威，訪問]/*go* ***for*** a drive [walk, swim] 去兜風[散步，游泳]。**d** 〔十 do*ing*〕去〈做…〉《★doing 原爲 a-doing 的脫落而成者；★用法 do*ing* 後面接表示運動、娛樂活動等的動詞，因此 go study*ing* [work*ing*] 是錯誤的用法；cf. *v.i.* A 17》：*go* ski*ing* [hik*ing*, walk*ing*, danc*ing*, hunt*ing*, swimm*ing*, shop*ping*, sightsee*ing*] 去滑雪[遠足，散步，跳舞，打獵，游泳，購物，觀光]/My father often *goes*

G

fish*ing* in the river. 我父親常去那一條河釣魚《★ 比較 ...goes fish*ing to* the river.是錯誤》。**e**〔十 *to* do〕去〈做…〉《★ 用法《美口語》現在式時有時接無 to 的原形動詞；也可用 go and do；⇨ GO and do》：*go* (*to*) visit 去訪問/"Where are you *going* now?"—"I'm *going to* do some shopping."「你現在要去哪裏？」「我要去採購一些東西。」

2〔十副詞(片語)〕〈火車、公車等〉**運行，**通行：This train *goes between* Glasgow *and* Edinburgh. 這列火車來往於格拉斯哥與愛丁堡之間/The train is ～*ing along* the valley. 火車沿著山谷行駛。

3 a〔動(十副詞(片語))〕**移動，**前進：*go* 10 miles *along* [*down*] the road 沿路前進十哩/The car's *going* too fast [(*at*) 90 miles an hour]. 那部車子跑得太快[以時速九十哩在跑]/We can talk as we *go*. 我們可以邊走邊談/There he *goes*! 他在那裏走！**b**〔十介十(代)名〕搭〔…〕去〔*by, on*〕：*go* **by** rail [ship, air, land, sea] 搭火車[搭船，搭飛機，由陸路，由水路]去《★ 用法 by 後面表示交通工具的名詞無冠詞》/*go* **on** foot《★無冠詞；★ 比較 一般用 walk》/*go on* horseback [*on* a horse] 騎馬去/*go by* bicycle [*on* a bicycle] 騎腳踏車去。

4 a〔動(十副詞(片語))〕**(離)去，**出去，出發，動身：It is time to *go*. 該走[離去]的時候了/Well, I must *go* [be *going*] now. 嗯，我現在得走了/He came at two and *went* at five. 他兩點來，五點離去/She *went off* without saying good-bye. 她沒說再見[告別]即離去/Where do we *go from* here? 我們從這裏要去哪兒？；《口語》我們接下去做什麼？**b** 開始行動：One, two, three, *go*! 一，二，三，跑[開始]！《★ 比較 起跑的信號，也說 Ready, steady [On your mark, get set], *go*! 就位，準備，跑！》/Here *goes*! 好，幹了！**c**〔動(十副)〕〈時間、期間〉過去，經過〈*by, on*〉：Sundays *go* quickly. 星期日很快過去/Two hours *went* **by** without his noticing. 在他不知不覺間已過了兩小時/in days *gone by* 在過去的時候，往昔。

5 被運去：a〔動(十副詞(片語))〕〈東西〉被送往(…)；〈問題等〉(為檢討等)被轉到(…)，被提出：The ball *went through* the window. 那球穿過窗子飛去/The message *went* by wire. 該信息以電報發出。**b**〔十介十(代)名〕〈東西〉落入〔…的手中〕；給與，歸於[某人]；〈財產、地位等〉讓[給…]〔*to*〕：The prize *went* **to** his rival. 獎品落入他的對手的手中[歸於他的對手]/Victory does not necessarily *go to* the strong. 勝利不一定歸於强者。**c**〔動(十介十(代)名)〕賣得[若干金額]，[以某金額]出售〔*for, at*〕：The eggs *went* **for** [**at**] 30 pence [a high price]. 那些蛋以三十便士[高價]售出/How much did it *go for*? 它賣了多少錢？/The house *went* very cheaply [cheap] at auction. 那棟房子在拍賣時以很低價賣出/*Going, going, gone* (*for* ten thousand dollars)! 要賣了，要賣了，(一萬元)賣了！《拍賣時用語》。**d**〔十介十(代)名〕〈金錢、時間等〉用[花]〔在…〕〔*in, on, for, to, toward*〕：Her money *goes* **on** [**for**] clothes. 她的錢花在衣服上/Most of his time *goes* **in** watch*ing* TV. 他的大部分時間都用在看電視/This money *goes* **to** charity. 這筆錢要用於慈善事業。**e**〔十 *to* do〕被使用〈做…〉：This money will *go to* build a new church. 這筆錢將用於蓋新教堂。

6〔十副詞(片語)〕〈東西〉**被納入**[放置於，裝入](該放之處等)：This atlas *goes here* [*on* this shelf]. 這本地圖集可放在這裏[這架子上]/*Where* do the knives *go*? 這些刀子要放在哪裏？/This letter won't *go into* the envelope. 這封信裝不進這個信封/The coat won't *go round* him. 這件外衣(太小)他穿不下。

7〔十介十(代)名〕**a**〈數字〉包含[於其他數字中]；〈某數〉可除[某數]〔*into, in*〕：Six *goes* **into** twelve twice.＝Six *into* twelve *goes* twice [two]. 六除十二得二。**b**〈數量〉相當[於…]〔*to, into*〕：How many pence *go* **to** the pound? 多少便士是[相當於]一英鎊？

8 變沒有：a[常用於 must, have to, can 之後]被放棄，被廢止，被除去：That paragraph will *have to go*. 那一段不得不除去。**b**〔動(十副詞(片語))〕消失：The pain has *gone* (*away*) now. 疼痛現已消失/All my money has [*is*] *gone*. 我的錢全沒有了《★ 用法 用 be gone 表示完成後的狀態》/*Where* has my watch *gone* (to)? 我的錶到哪裏去了？**c** 死，逝世，失去意識：Poor Tom has [*is*] *gone*. 可憐的湯姆死了《★ 用法 與義 8b 同》。**d** 衰退，衰弱，變壞：His sight is *going*. 他的視力在衰退。**e**〈東西〉倒塌，壞掉，折斷；磨斷：The roof *went*. 那個屋頂倒塌了/The bulb has *gone*. 燈泡不亮了/I thought the branch would *go* every minute. 我以為那樹枝隨時會斷。

9〔十副詞(片語)〕**及，達到：a**〈道路等〉通到(…)；〈土地等〉擴展(至…)；〈手、線等〉伸(至…)："How *far* [*Where*] does this road *go*?"—"It *goes to* Tokyo."「這條路延伸至多遠？[通往哪裏？]」「這條路通往東京。」/This cord won't *go* as far as the wall outlet. 這條電線接不到牆壁的插座上《太短》/His left hand *went to* the glass. 他的左手伸向玻璃杯。**b**〈人〉(言行等)帶來[…]；付[到…的金額]〔*to*〕：*go to* a lot of trouble for a person 為某人惹了很多麻煩[令人費了很多神]/He'll *go* (*up*) *to* [*as high as*] eighty dollars for it. 他會出到八十美元的金額買它。**c** 維持，持續(某期間)：My money will not *go so far*. 我的錢維持不了那麼久/These animals can *go* for weeks without water. 這些動物可以無水度過幾週。

10 a〈機器、器官等〉**運作，轉動，開動**：The clock isn't *going*. 那個鐘沒有在走[停了]/It *goes* well [smoothly]. 情況良好[順利]/This machine *goes* by electricity. 這部機器用電運作。**b**[常與擬聲語連用]〈動物等〉(…)叫；〈鐘、砲等〉(…)作響："How do cats *go*?"—"They *go* miaow."「貓怎樣叫？」「牠們喵喵叫。」/A buzzer *went* on the table. 蜂音器在桌上嗡嗡叫/There *goes* the bell. 鐘在響。

11 a〈人〉**舉止，**舉動：While speaking, he *went* like this (with his hand). 他說話時，(用手)這樣作手勢。**b**〈人〉活動，進行工作：I tried to keep *going*. 我試著工作下去[繼續活動]/He *went* according to the rules. 他依照規則行動。

12 a〈事情〉**進展；**順利，成功：get a party *going*＝make a party *go* 使聚會(有生氣而)成功/Let it *go*. 讓它去，不要理它/The new manager will make things *go*. 新經理會使業務進展。**b**〔動(十介十(代)名)〕[與 well 等表示情況的副詞連用]〈事情〉(對…而言)進展(成某情形)〔*with*〕：How are things *going*? 情形如何？/How is it *going*? 事情進展如何？/Everything *went* well [badly] (**with** him). 一切對他都順利[不順利]。**c**〔十介十(代)名〕〈競爭、選舉、決定等〉結果〔對…有利，對…不利〕〔*for, against*〕：The election *went* **for** [**against**] him. 選舉結果對他有利[不利]。**d**〔動(十介十(代)名)〕〈東西〉〔與…〕適合[相配]〔*with*〕：That paint doesn't *go* (**with** the door). 那種油漆(與那扇門)不相配/Is there an envelope to *go with* this notepaper? 有沒有適合這種信紙的信封？**e**〔十介十(代)名〕〈事情〉〔根據…〕決定〔*by, on, upon*〕：*go* **by** the rules 依照規定做/Promotion *goes by* seniority. 升遷依據年資。

13 a[用於 as 引導的子句]一般是…，一般說來…，與普通的…作比較(則)《★ 用法 主詞通常為不可數名詞或複數名詞》：*as* the world *goes* 一般說來，按一般情形/He is young *as* statesmen *go* nowadays. 以現在的政治家來說，他算是年輕的/It's cheap *as* things *go* these days. 以最近的物價來說，它算是便宜的。**b**〔十副詞(片語)〕〈表現、話、歌等〉是…，展開…：*as* the proverb [saying] *goes* 如同諺語所說的/*How* does the first line *go*? 第一行是怎樣的？/The story *went* (something) *like* this. 故事(大概)就像這樣/*Thus goes* the Bible. 聖經上這樣寫著。**c**〔十 *that*＿〕〈謠言等〉據說〈…事〉：The story [report] *goes that*.... 聽說[據說]…。**d** 有關係：⇨ as far as... GO.

14 a〔動(十副詞(片語))〕〈貨幣等〉通用：Dollars *go anywhere*. 美元到處都通用。**b**〔十介十(代)名〕稱為，叫做〔…名字〕〔*by, under*〕：He *goes* **by** the name of Rob. 他名叫羅勃。**c** 被認可，(有必要)被接受：Anything *goes* in this club. 在這家俱樂部可做任何事/What I say *goes*, so stop arguing. 我說的話該被接受，所以停止爭論。**d**〔十介十(代)名〕適用〔於…〕〔*for*〕：What I told him *goes* **for** you too. 我對他說的話也適用於你/She thinks it's expensive, and that *goes for* me too. 她認為它太貴，我也那樣認為。

15 a〔十 *to* do〕〈對於做…〉有用：That *goes to* prove [show] that he is innocent. 那可用以證明[顯示]他的清白/These are the qualities that *go to* make a hero. 這些是造成英雄的特質。**b**〔十介十(代)名〕〔對…〕有用，有益，有貢獻〔*to, toward*〕：the qualities which *go* **to** the making of a scientist 有助於造成科學家的特質/⇨ GO a long way to.

16 a〔十介十(代)名〕訴諸〔手段等〕；依賴〔權威等〕〔*to*〕：*go* **to** court [law] 提起訴訟，打官司/*go to* war 訴諸武力，開戰。**b**〔十介十(代)名〕開始，著手〔工作、行動等〕〔*to*〕：*go* **to** work 開始工作。**c**〔十 *to* do〕想〈做…〉：*go to* get up from a chair 想從椅子上站起。

17〔十 do*ing*〕《口語》[常帶有非難、輕蔑之意；常用於否定句、疑問句]做類似…樣的(糊塗)事(cf. *v.i.* A 1 d)：Don't *go* break*ing* any more things. 別再做打破東西的事/Why should you *go* pok*ing* around my home? 你為什麼要在我家周圍閒蕩？

18〔常 ～ **somewhere**〕《口語》上廁所。

—B 1 a〔十補〕(通常)**變成，轉變為**〈不好的情況〉：*go* mad 發瘋/*go* Japanese〈外國人〉變成有日本人的作風[過日本式的生活]/⇨ go NATIVE *adj.* /All the eggs *went* bad. 所有的蛋都壞了/The tire has *gone* flat. 輪胎變扁[沒氣]了/He *went* gray [bald]. 他的頭髮變灰白[他的頭漸漸禿]了。**b**〔十介十(代)名〕〔從…〕變成，陷入〔…的狀態〕〔*from*〕〔*into, to*〕：*go* **into** fits of laughter 哄然大笑/*go into* deep thought 陷入沉思/*go into* a coma 陷入昏睡狀態/*go* **from** bad **to** worse 從壞變成更壞，每況愈下。

2〔十補〕〈國家、選區、掌權者、政治家等〉(在政治上)轉變成〈某方〉，採取〈…的〉立場《★用法名詞無冠詞》：*go* Communist [Labour, Democrat] 共產主義化[變成勞工黨，轉向民主黨]。
3〔十補〕〈人〉(常常，習慣上)處於〈…〉狀態《★用法表示習慣時用 always, often, used to 等》：They always *go* naked [hatless]. 他們習慣裸體[不戴帽子]/*go* hungry [thirsty, armed] 挨餓[口渴，武裝著]/*go* in rags 衣衫襤褸。
4〔十補〕[主要與 un- 的形容詞連用]〈不該…卻〉保持〈…的〉狀態：*go* unnoticed [unpunished]〈不該被注意[受罰]卻〉保持未被注意[未受罰]的狀態。
—*v.t.* 1〔十受〕[常用於否定句]《口語》忍受[忍耐]…：I ca*n't* *go* this arrangement. 我不能忍受這種安排。
2〔(十受)十受十介十(代)名〕[就某事]〈與〈某人〉〉賭〈錢等〉(bet)〔*on*〕：I'll *go* (you) a dollar ***on*** the outcome of the game. 我跟你就比賽的結果打賭一塊錢。
3〔十受〕《口語》吃〈食物〉，喝〈飲料〉：Could you *go* a beer? 喝一杯啤酒如何？
4〔十受〕《英》〈時鐘等〉報〈時〉：It has just *gone* two. (時鐘)剛敲了兩下[敲過兩點]。
5〔十引句〕《口語》說…：She *~es,* "I'm studying abroad." 她說：「我要去留學」。

as fàr as...gó 就某事[其本身]而論；在某範圍內來說《★用法表示有妥當性、範圍的限制》：Their reports are accurate *as far as* they *go,* but.... 他們的報告本身是正確的，但…/*as far as* that *goes* 就那事而論，老實說/She did a good job *as far as* she *went,* but she did not finish it. 就工作本身而言，她做得不錯，但沒有做完。

be gòing to dó《★《美口語》常唸成 [ˈgɔnə, gənə; ˈgɔːnə, gənə]；cf. gonna》(1)將要…，就要…，正要…《★用法《英》一般都避免用 be going to go [come]，但美國口語則可用》：I *am* (just) *going to* write a letter. 我正要寫一封信/The train *was* just *going to* start when we arrived. 我們到達時火車正要開。(2)打算[預備]做…：My father was a sailor and I *am going to* be one, too. 我父親(以前)是水手，我也打算當水手/Where *are* you *going* (*to* go) for your vacation? 你打算到哪裏度假？/Tomorrow *is going to* be a busy day. 明天將是個忙碌的日子。(3)[表示說話者的決意]打算使[讓]人做…：He's not *going to* cheat me. 我不會讓他來欺騙我。(4)[表示希望、確信](不久)可能會…；應該會…：He is very ill; I'm afraid he *is going to* die. 他病得很重，我擔心他不久於人世/It's *going to* rain this evening. 今晚可能會下雨。(5)[表示不久的未來]將會…：He *is going to* win by a knockout. 他將會以一擊打倒對方而獲勝/I'*m going to* be thirty next month. 下個月我就三十歲了。

go about [《*vi adv*》～ abóut](1)走來走去；(病癒後)四處走動：*go about* criticiz*ing* others 到處批評人。(2)〈謠言〉流傳。(3)〔與人〕交往〔*with*〕。(4)《航海》調轉船頭，改變航路。**—**[《*vi prep*》～ abòut...](5)忙於〈工作等〉：*Go about* your business! (走開)去做你自己的事；別管閒事。(6)開始〈工作〉，著手處理〈問題等〉：He *went about* repair*ing* the car. 他開始修車。

go across [《*vi prep*》～ acróss...](1)穿越…。**—**[《*vi adv*》～ acróss](2)穿越〔往…〕去〔*to*〕：*go across to* a store 到對面的商店去。(3)〈話等〉流傳：The joke didn't *go across.* 那則笑話沒有流傳。

gó àfter... (1)追趕…，追求〈女子等〉。(2)尋求〈工作、獎賞等〉。

gó agàinst... (1)違背〈人、意向等〉。(2)〈事情〉違反〈信念等〉，不符合…的心意：It *went against* my conscience to do it. 做那種事違背我的良心。(3)⇨ *v.i.* A 12 c.

gò ahéad ⇨ ahead.

gò áll óut ⇨ALL out *adv.* (2).

gò alóng《*vi adv*》(1)進行；前進，進展：I check as I *go along.* 我邊做邊查對。(2)〔與…〕同行[一起去]；〈東西〉附帶〔於…〕〔*with*〕：I *went along with* him to the party. 我和他一起去參加聚會。(3)贊成〔某人、提案等〕；採取與〔…〕同一步調；與〔…〕合作〔*with*〕：I'll *go along with* you on this question [in this plan]. 關於這一個問題[計畫]我會與你採取同一步調。

gò a lóng wáy (1)[常用於否定句]〈金錢等〉很管用：Ten dollars do*n't go a long way* these days. 近來十美元已不管用。(2)[常用未來式]〈人〉〔因…而〕成功，成名〔*in*〕：I'm sure he *will go a long way in* business. 我相信他會因經商而成功。

gò a lóng wáy toward(s) [to]... [常用未來式]對…大有用處《★用法有時也可變成 go a little way toward(s) [to]...「對…有一點用處」的用法》：Your contribution will *go a long way toward* help*ing* the poor. 你的捐款對於幫助窮人將大有用處。

gò a lóng wáy with a person 對〈人〉大有效力，對〈人〉大有影響《★用法有時也可變成 go a little way with...「對…有一點效力」的用法》。

Gò alóng with you!《口語》(1)滾開！去你的！(2)胡說！

gò and dó (1)[通常用不定詞或祈使語氣]去做…《★用法僅用現在式；★變換可換寫成 go to do》：*Go and* see what he's doing. 去看看他在做什麼《★比較變成過去式時 do 不是目的而表示結果：I *went and bought* some bread. 我出去買些麪包》。(2)《口語》[沒有動作之意，而僅用以强調](令人驚奇[愚蠢，倒霉]地)做…；任意地做…：Don't *go and* make a fool of yourself. 別幹傻事/He *went and* broke the vase [*and* won the race]! 他打破了花瓶[贏了賽跑]！/*Go and* be miserable! 去受罰吧！不關我的事/Now you've *gone and* done it. 現在你竟做出那樣差勁的事。

go around [《*vi adv*》～ aróund](1)巡廻；迂廻走；巡視。(2)看似在旋轉；〈頭〉發昏。(3)四處走動；(到處)旅行；走訪：I *went around to* see him yesterday. 我昨天順便去看他。(4)〔與人〕出去走走，交往〔*with*〕。(5)〈謠言〉流傳；〈疾病等〉流行，散布：There's a story *going around* that.... 有…的謠言在流傳，謠言流傳說…。(6)〈飲料、食品等〉分配給大家：There aren't enough (ices) to *go around.* (冰淇淋)不夠分配給大家。**—**[《*vi prep*》～ aróund...](7)巡廻…；繞著…去：The moon *goes around* the earth. 月球繞行地球。(8)巡視，參觀〈建築物等〉。(9)〈句子、念頭等〉在〈腦子裏〉打轉：There's a strange idea *going around* my head. 有一種奇怪的念頭在我的腦子裏打轉。(10)〈謠言〉流傳…；〈疾病等〉散布[流行]於…。(11)〈皮帶等〉(長度)夠繞…一圈：The belt won't *go around* his waist. 那條皮帶的長度不夠繞他的腰圍。(12)〈飲料、食品等〉足夠分給每一個人。

gò as fár as dóing [to dó] ＝GO so far as doing [to do].

gó at... (1)襲擊[撲向]…；(以嚴厲的口氣)攻擊…：⇨ go at it HAMMER and tongs. (2)(盡全力)展開〈工作等〉：*go at* it for all one is worth 盡全力去應付。(3)⇨ *v.i.* A 5 c.

gò awáy《*vi adv*》(1)離開；去〔休假、新婚旅行等〕〔*for, on*〕：a nice dress to *go away* in 可穿著出門的漂亮衣服/*go away for* the summer 去避暑。(2)帶走〔…〕；〔與…〕私奔〔*with*〕：Somebody *went away with* my umbrella. 有人帶走了我的傘。(3)⇨ *v.i.* A 8 b.

Gò awáy (with you)!《口語》(1)滾開！(2)胡說！

gò báck《*vi adv*》(1)回，回去〔到…〕；回到〔原來的話題、習慣等〕〔*to*〕：*go back to* school (after a vacation) (假期後)返校。(2)〈時鐘〉(冬令時間過後)指針被撥回原來時間。(3)追溯〔到過去〕；回想〔…〕〔*to*〕：His family *goes back to* the Pilgrim Fathers. 他的家族可追溯到(最初移民美國的)清教徒祖先/My memory doesn't *go back* so far. 我無法回想起那麼久遠的事。(4)〈植物〉不再生長，過了繁盛期。

gò báck on [upòn]... (1)毀〈約〉；食〈言〉；撤回…《★罕用被動語態》：*go back on* one's word 違背諾言。(2)出賣[背叛]〈某人〉。

go before [《*vi prep*》～ befòre...](1)(爲辯明等而)出席在…前面；〈問題等〉對…提出。(2)走在…前面，領先…：those who have *gone before* us 先人。**—**[《*vi adv*》～ befóre](3)領先〈某人、某事〉。

gò belów ⇨ below.

gó betwèen... (1)經過…的中間。(2)可放進…之間。(3)成爲〈兩人〉的中間人。

gó beyònd... (1)越過…前進；〈道路等〉延伸到…的那一邊。(2)超過…的範圍；超過〈期待等〉：*go beyond* one's duty 做超越職務[權限]的事/That's *gone beyond* a joke. 那已超出開玩笑的範圍。

gò beyónd oneself ⇨ beyond *prep.* 成語。

go by [《*vi adv*》～ bý](1)經過(旁邊)。(2)⇨ *v.i.* A 4 c. (3)〈機會〉被錯過；〈錯誤等〉被忽略：He let the insult *go by.* 他無視於侮辱。**—**[《*vi prep*》～ by...](4)經過…的旁邊[前面]。(5)⇨ *v.i.* A 3 b. (6)⇨ *v.i.* A 12 e. (7)⇨ *v.i.* A 14 b.

go down [《*vi adv*》～ dówn](1)〔往…〕下去，下降；〈幕等〉落下〔*to*〕：He *went down* by this route. 他由這條路下去。(2)〈飛機等〉墜落，落下；〈船、船客等〉沉沒。(3)〈太陽、月亮等〉落下。(4)〈人、建築物〉倒下；〔向對方〕屈服，敗〔於…〕〔*before, to*〕：*go down on* one's knees 下跪/*go down* fighting 敗北，吃敗仗/England *went down to* Spain 2−1. (足球)英國以一比二敗給西班牙[西班牙以二比一打敗英國]。(5)《英》〔因疾病而〕倒下，罹患〔疾病〕〔*with*〕：*go down with* flu 患感冒。(6)〈計器(的水銀)、溫度、水位、標準等〉下降；〈物價、稅等〉下降。(7)〈東西〉(品質)降低；〈對人、土地等〉(評估)低落；跌價〔到…〕〔*to*〕：This neighborhood has *gone down* in the last ten years. 這一帶的居住品質在最近十年間已降低。(8)〈波浪、風勢、火勢〉減弱，變平靜。(9)〈腫〉消退；〈輪胎、氣球等〉漏氣：The swelling in my foot has *gone down* a bit. 我的腳腫已經消了一些。(10)〈書、報導等〉提及〔某一點〕〔*to*〕：This book *goes down to* 1945. 這本書述及一九四五年(發生的事)。(11)傳給〔後世〕〔*to*〕；留名〔於歷史等〕，〔在…〕被記(錄)下來〔*in*〕：*go down* (*in* history) *as* a hero 成爲英雄名垂青史。(12)〈食物、藥等〉被吞下，下喉：*go down*

G

the wrong way 下錯管道，進入氣管/This cake *goes down* very well [easily]. 這種蛋糕很容易下喉[很好吃]。⒀〈人、言行、提案等〉爲〔他人〕接受；〈戲劇等〉受〔觀衆等〕歡迎〔*with*〕：He [His speech] didn't *go down* at all well (*with* the crowd). 他[他的演說]完全不被(羣衆)接受。⒁《英》(因放假、畢業、退學等)離開(大學)；離校返家，退學，休學〔*to*〕.—[《*vi prep*》～ down...]⒂走下…：*go down* the stairs 走下階梯。

gò fár =GO a long way.

gò fár towàrd(s) [to]... =GO a long way toward(s) [to].

gò fífty-fífty ⇨ fifty-fifty.

gó for... ⑴**去拿[要求，尋求]**〈某物〉，去叫〈某人〉：*go for* a newspaper [doctor] 去買報紙[請醫生]。⑵⇨ *v.i.* A 1 c. ⑶追求…，以…爲目標，想得到[做]…。⑷爲…所吸引，熱中於…；喜歡…：He *goes for* her in a big way. 他很喜歡她/I don't much *go for* blondes [television]. 我不太喜歡金髮的人[看電視]。⑸選擇，擁護[支持]…：They *go for* socialism. 他們擁護社會主義。⑹⇨ *v.i.* A 5 c. ⑺⇨ *v.i.* A 5 d. ⑻襲擊…，攻擊…；(用言語)抨擊[非難]…《★可用被動語態》。⑼被認[視]爲…。⑽⇨ *v.i.* A 14 d. ⑾對…有利：You have everything *going for* you. 你具有一切有利條件，你事事順利。⑿[與表示程度的 much, little 等字連用]對…(很有，沒有)效用：His efforts *went for* little [much, nothing, something]. 他的努力沒有什麼[大有，毫無，有些]用處。

gò fórth 《*vi adv*》《文語》⑴外出，出去。⑵〈命令等〉被發布。

gò hálves ⇨ half *n.* **gò háng** ⇨ hang.

go in [《*vi adv*》～ ín] ⑴**進入**(屋子等)**裏面**；〈太陽、月亮等〉進入雲間。⑵〈東西〉恰好能進去[裝入]。⑶參加(比賽等)：*Go in* and win! 去參加贏取勝利吧！《對參加比賽、考試者的鼓勵話》。⑷《軍》攻擊。⑸〈學校〉開學，〈戲〉上演。⑹〈事情〉被了解。—[《*vi prep*》～ in...] ⑺進入〈房間等〉。⑻(恰好)能放進…中：Those shoes *go in* this box. 這些鞋子恰好能放進這個盒子裏。⑼⇨ *v.i.* A 5 d.

G

gò ín and óut 進進出出。

gò ín for... ⑴參加〈比賽，考試等〉。⑵想求得[追求]…。⑶有志於〈某職業等〉，參與…；(在大學)專攻…。⑷(當作嗜好、習慣等)做…；對…熱中，喜歡…：She *goes in for* (wear*ing*) big earrings. 她喜歡(戴)大耳環。

gò into... ⑴**進入**…：We *went into* the country *for* a picnic. 我們到鄉下去野餐。⑵(當作職業等)進入[從事]…，成爲…的一員，參加…：*go into* business 進入實業界。⑶把手等伸入〈抽屜、桌子等〉裏面：Don't *go into* my desk. 不要(隨便)伸手到我的桌子裏面。⑷穿[換成]〈某件衣服、鞋子等〉：*go into* long trousers 穿[換成]長褲。⑸撞到…：His car *went into* the wall. 他的車子撞到牆壁。⑹〈門等〉通往…。⑺(詳細)調查，檢討，討論，陳述…《★可用被動語態》：*go* deeply *into* a question 深入探討問題/He didn't *go into* details. 他沒有詳細說明。⑻⇨*v.i.* A 6. ⑼⇨*v.i.* A 7 a. ⑽⇨*v.i.* B 1 b.

gò ín with... 加入爲…的一份子；與…合作。

gó it 《口語》[常用進行式]使勁地前進[跑，幹]。

gó it alóne 《口語》獨自幹，獨力做。

gò néar to dóing ⇨ near *adv.*

go off [《*vi adv*》～ óff] ⑴**離去**；〈演員〉退場：*go off on* a journey 出去旅行。⑵搶[拐]走〔…〕；〔與…〕私奔〔*with*〕. ⑶〈炸彈、火花等〉爆發，爆炸；〈槍砲〉走火：*go off* (with a) bang 砰然一聲爆炸/The pistol *went off* by accident. 手槍意外走火。⑷〈鬧鐘、警報器等〉(開始)鳴響。⑸〈人〉突然變成〔…狀態〕；突然發出〔笑聲等〕〔*into*〕：*go off into* hysterics [a fit of laughter] 引發歇斯底里症[哄然大笑]。⑹〈煤氣、自來水、電熱器等〉中斷；〈電燈等〉熄滅：Every night at ten the heater *goes off*. 每晚十點時電熱器關閉。⑺失去知覺；入睡；死：The baby has *gone off* (to sleep). 嬰兒睡著了。⑻〈疼痛等〉消失。⑼[常與 well, badly 等表示情況的副詞連用]〈事情〉進展；實施(得…)：The performance [Everything] *went off* well [fine]. 表演[一切]進行得很順利/How did your recital *go off*? 你的演唱[奏]會進行得怎樣？⑽〈東西〉被運[送]〔往…〕〔*to*〕：This parcel must *go off* by today's mail. 這個包裹必須以今天的郵件送出去。⑾品質[技能]下降；〈姿色等〉衰退。⑿〈食品等〉變壞；腐爛。—[《*vi prep*》～ óff...] ⒀從…消失；從〈舞台〉退出。⒁對…失去興趣，變成討厭…：*go off* coffee [music] 變成討厭咖啡[音樂]。⒂變成不用…，放棄…。

go on [《*vi adv*》～ ón] ⑴(更)〔向…〕**前進，到下一個**(約定的)**地點**；進行，移向〔下面的話題、項目〕〔*to*〕：*go on to* college 進一步升入大學/*go on to* a four-day week 採用[過渡到]一週四天的工作制。⑵**繼續**(行動、關係等)；繼續〔工作等〕〔*with, in*〕：I want to *go on* work*ing* [be*ing* a nurse]. 我想要繼續工作下去[當護士]/Prices *go on* ris*ing*. 物價繼續在上漲/*Go on with* your work. 繼續你的工作，繼續工作下去/⇨ Go on (with you)! ⑶〔＋ *to* do〕更進一步[接著]〈做…〉：He *went on to* show her how to do it. 他更進一步教她如何去做那件事。⑷繼續採取(不好的)態度[舉動]：Don't *go on* like that. 不要再那樣做。⑸滔滔不絕地講〔…事〕〔*about*〕；〔對人〕不斷地發牢騷〔*at*〕：He *went on* (and *on*) *about* his pets. 他滔滔不絕地講他的寵物/She *went on at* her husband *for* being late. 她爲了丈夫遲到而對他嘮叨不停。⑹〈事態等〉繼續下去；〈東西〉繼續存在：The concert *went on* for hours. 音樂會繼續了好幾小時。⑺[常～ing]〈事情〉發生；〈按照慣例舉辦的儀式等〉舉行：What's *going on*? 發生什麼事？⑻〈工作等〉(順利)進行；〈人〉〔在某方面〕有進展〔*with, in*〕. ⑼《口語》(設法)度過〔…事〕〔*for*〕：How did you *go on for* money? 你如何設法籌錢？⑽〈時間〉過去。⑾登上(舞台)，登台。⑿〈電燈等〉亮起；〈煤氣、自來水等〉開始供應。⒀〈衣服〉可穿在身上，合身；〈鞋子〉可穿：These gloves won't *go on*. 這些手套戴不進去《太小》。—[《*vi prep*》～ on...] ⒁⇨ *v.i.* A 1 c. ⒂⇨*v.i.* A 3 b. ⒃⇨ *v.i.* A 5 d. ⒄⇨ *v.i.* A 6. ⒅〈衣服等〉合…穿：The shoe *goes on* this foot. 那隻鞋子合這隻腳穿。⒆⇨ *v.i.* A 12 e. ⒇(變成)接受…(的救濟)：⇨ go on the PARISH. ㉑開始用…：*go on* a diet [the pill] 開始吃規定的飲食[口服避孕藥]。㉒[常 ～ing]接近〈某時刻、年齡等〉，快要[即將]變成…：It's *going on* two o'clock. 快要兩點鐘了/He's ten(,) *going* (*on*) eleven. 他十歲，即將十一歲(★用法 有時略去 on)。㉓[常用於否定句]《美口語》喜歡…：I do*n't go* much *on* him. 我不太喜歡他。

gò óne bétter (than...) =**gò...óne bétter** 《口語》(比對方)棋高一著，佔上風；超過[勝過]〔…〕。

gò ón for... 《英》接近，將近〈某時刻、年齡〉：It's ～*ing on for* twelve. 將近十二點了。

Gò ón (with you)! 《口語》別開玩笑！決不可能！

go out [《*vi adv*》～ óut] ⑴**出外，出去**〔到…〕〔*to, into*〕；〔爲娛樂、社交等而〕外出〔*for*〕：He *went out into* the street. 他出去到街上/We're *going out for* dinner [drink*ing*] tonight. 我們今晚要出去吃飯[喝酒]。⑵進入社交界，出去交際。⑶[常 ～ing]〔與異性〕出遊，交往〈*together*〉〔*with*〕：They've been *going out* (*together*) for eighteen months. 他們交往已有十八個月了。⑷到〔國外〕去，移民〔國外〕〔*to*〕. ⑸〈女子〉離家外出工作：*go out to* work 出外工作。⑹〈電燈、火等〉熄滅；〈熱忱等〉消失。⑺失去知覺，睡著，《委婉語》死亡：*go out* like a light 很容易昏過去[睡著]。⑻〈潮水〉退落。⑼《文語》〈歲月等〉過去，流逝。⑽〈流行〉過時，不流行；〈事物〉變成不流行：Long skirts have *gone out*. 長裙已不流行了。⑾〈內閣、政黨〉失去政權，下台。⑿《板球》(一局比賽結束後打擊者)退出。⒀〈工人〉罷工：They *went out* (on strike) *for* higher wages. 他們爲提高工資而罷工。⒁被公開，被廣播；被分發給〔有關者〕〔*to*〕. ⒂〈愛情、同情等〉被投注〔於某人〕〔*to*〕：His heart *went out to* her on the death of her son. 他對於她兒子之死寄以同情。⒃《美》〈水壩〉倒塌。⒄《美》〈引擎等〉停止。⒅《高爾夫》打前半段的九洞。—[《*vi prep*》～ óut...] ⒆《美》從〈門、窗等〉出去。

gò óut for... 《口語》努力追求…；《美》以進入〈球隊等〉爲目標，有志於加入〈球隊等〉：*go out for* football 有志於加入足球隊。

gò óut of... ⑴從…出去(外面)：*go out of* a room 從房間出去。⑵〈熱烈的氣氛、緊張、憤怒等〉由…消失：The heat *went out of* the debate. 討論會上的熱烈氣氛消失了。⑶從…脫離，離開…：*go out of* business 歇業/*go out of* fashion 不再風行，不再流行/*go out of* print 成絕版。

go over [《*vi prep*》～ óver...] ⑴**渡過**[越過]…。⑵〈費用〉超過…。⑶(能)覆蓋…；普及於…。⑷勘查〈建築物、房間等〉；察[查]看〈工廠等〉《★可用被動語態》：The prospective buyer *went over* the house [car] very carefully. 未來的買主很仔細地察看房子[車子]。⑸仔細調查〈貨物、犯人等〉《★可用被動語態》。⑹(再次)檢查〈車子、房間等〉；清掃…《★可用被動語態》：She *went over* the floor with mop. 她用拖把將地板拖乾淨。⑺查對〈目錄、帳簿、答案等〉；(再次)檢討，討論〈事實、根據等〉《★可用被動語態》。⑻重覆〈說明等〉；複習；重讀；重寫；練習…《★可用被動語態》：The teacher [pupil] *went over* the lesson before the exam. 考試前教師[學生]複習功課。—[《*vi adv*》～ óver] ⑼**越過**(街道、河、海等)〔到對面〕；去拜訪〔某人的家等〕〔*to*〕. ⑽[常與 well, badly 等表示情況的副詞連用]〈話、公演等〉受〔觀衆等〕歡迎〔*with*〕：The play *went over* well [《口語》big]. 那齣戲大受歡迎。⑾〔從…〕轉到，轉移，轉向〔其他政黨、球隊、宗派〕〔*from*〕〔*to*〕：*go over to* Rome 改信天主教。⑿改變，採用〔爲其他方式〕；轉成〔從…的廣播〕〔*to*〕：The country *went over to* driv*ing* on the right. 該國把車輛改爲靠右行駛/Let's *go over to* New York to hear.... 讓我們改往紐約去聽…。⒀〈樹等〉倒下；〈車等〉翻覆。

gò públic ⇨ public *adj.*

gò róund =GO around.

gò so fár as dóing [to dó]... 甚至做⋯：She *went so far as to* permit me to dine with her. 她甚至容許我跟她一道吃飯。

gò stéady ⇨ steady.

go through [《*vi prep*》 ∼ thróugh...] (1)穿過[通過]⋯：He *went through* the ticket barrier. 他通過剪票口/⇨ go through a RED LIGHT. (2)〈疾病、謠言等〉在⋯蔓延：Measles *went through* the entire school. 痲疹蔓延整個學校/A shiver *went through* me. 一陣顫慄穿過我的全身。(3)經歷〈苦難等〉，對⋯忍受到底《★可用被動語態》：*go through* an operation 接受手術/*go through* hardship 經歷苦難/*go through* it 吃苦。(4)(仔細地)檢查，搜查〈房間、口袋、貨物等〉《★可用被動語態》：He *went through* every drawer of his desk. 他仔細檢查過桌子的每一個抽屜。(5)細查〈帳簿〉，檢討〈問題等〉《★可用被動語態》。(6)(逐一詳細)重估⋯，(反覆)記[做]《★可用被動語態》：*go through* a scene three times 某一幕劇反覆演練三次。(7)舉行〈儀式等〉，參加⋯；修完⋯(的全部課程)《★可用被動語態》：*go through* a few formalities 辦理若干手續/*go through* college 完成大學教育；唸完大學(的課程)。(8)〈法案等〉經〈議會等〉通過，被⋯承認：Proposals have to *go through* the proper channels. 提案須通過適當的途徑呈交。(9)用完〈儲存物、食物、金錢等〉；穿破〈鞋等〉《★可用被動語態》：*go through* two pairs of shoes in three months 三個月內穿破兩雙鞋。(10)〈書〉再版：The book has *gone through* three printings. 那本書已重印了三次。——[《*vi adv*》 ∼ thróugh] (11)穿過[通過][至⋯][*to*]. (12)〈電話等〉接通。(13)〈法案、申請等〉通過，獲得認可：The bill *went through* with a big majority. 該議案以壓倒性的多數通過。(14)〈交易等〉完成，進行順利。(15)磨斷[⋯處][*at*].

gò thróugh with... 做完〈某事〉，實行〈計畫、決定等〉《★可用被動語態》：*go through with* one's plan 貫徹自己的計畫。

gò togéther (1)一起去，同行。(2)《口語》當情侶交往，經常作伴：They have been *going together* for two years. 他們當情侶交往已有兩年。(3)〈事情〉共存，兩立。(4)相配，調和：This tie and your suit *go* well *together*. 這條領帶跟你的西裝很相配。

gó to it 《口語》[常用祈使語氣]全力以赴。

gó tòo fár (1)〈事情〉太過分：That's *going too far*. 那太過分。(2)[批判、玩笑等]做[說]得過火，太過分[*in*]：*go* a bit *too far in* one's criticism 批評得過分了一點。

go under [《*vi adv*》 ∼ únder] (1)沉沒；溺水。(2)走[經過]下面。(3)〈人、公司等〉(因經商等)失敗，破產。(4)屈服[於⋯]，輸[給⋯][*to*]. (5)(尤指被麻醉而)失去知覺。——[《*vi prep*》 ∼ únder...] (6)經過[進入，沉入]⋯的下面。(7)⇨ *v.i.* A 14 b.

go up [《*vi adv*》 ∼ úp] (1)上升，登上；〈手等〉向上抬；〈幕、氣球等〉上升：*go up to* bed 上樓睡覺/Her eyebrows *went up*. 她的雙眉一抬。(2)〈道路等〉[往⋯]上升，到達[*to*]. (3)〈計器(的水銀)、溫度、壓力、物價等〉上升。(4)〈人、東西〉評價[價值]提高；〈品質等〉提高。(5)〈建築物〉蓋起，〈告示牌〉豎起。(6)〈炸彈等〉爆炸；〈建築物、橋等〉(因爆炸等)飛散，起火燃燒。(7)《美口語》破產。(8)〈喊叫聲等〉傳來，發出：A scream of delight *went up from* the audience. 聽衆發出愉快的尖叫聲。(9)〈演員等〉(一時忘記臺詞而)困惑：*go up in* [*on*] one's lines 忘記臺詞。(10)《英》上[返回，升]大學[*to*]：*go up* (*to* Oxford) in September 九月上[回](牛津)大學。(11)《英》志願參加[考試等][*for*]. ——[《*vi prep*》 ∼ úp...] (12)〈山、牆壁、梯子、階梯等的〉攀登。

gò úp in flámes [**smóke**] (1)燃燒起來；焚毀。(2)〈希望、計畫等〉破滅。

gò úp to... 去⋯處，走近⋯。

gó with... (1)陪⋯一起去，與⋯同行：He *went with* his parents *to* France. 他陪父母一起去法國。(2)與⋯共行動，跟著⋯走；同意⋯：*go with* the crowd [the tide, the times, the stream] 跟著羣衆[潮流，時代]走/I *go with* you there [*on* that]. 關於那一點，我同意你。(3)《口語》與〈異性〉交往；《委婉語》與⋯有性關係。(4)〈事物〉伴隨，附帶⋯；與⋯一起給與〈買者、借者等〉：Disease often *goes with* poverty. 疾病常隨貧窮而來/The house *goes with* the job. 那棟房屋是隨該工作給與的《就該職即可獲得該屋》。(5)⇨ *v.i.* A 12 d. (6)⇨ *v.i.* A 12 b.

go without [《*vi prep*》 ∼ withòut...] (1)沒有⋯；沒有⋯而將就度過：*go without* a hat 不戴帽子就走；沒有帽子而將就一下/When I am busy, I *go without* lunch. 我忙碌時就不吃午餐。——[《*vi adv*》 ∼ withóut] (2)儘管缺乏某物也得生活[繼續]：Even if there's no time for lunch, you must not *go without*. 即使沒時間吃午餐，你也不可不吃。

It gòes withòut sáying that.... ⇨ say.

lèt...gó ⇨ let¹.

so fàr as...gó ＝as far as...GO.

to gó [常用於帶有數詞的名詞後面] (1)〈時間、距離、出售物品等〉剩下，還有(left)：There are still two years *to go*. 還剩下兩年。(2)《美》〈餐廳等食品〉帶走[回]的：I ordered two sandwiches *to go*. 我叫了兩個外帶的三明治/Is this to eat here or *to go*? 這是要在這裏吃的還是帶走的《★速食店等店員的問話》。

to gò [**be gòing**] **ón with** [常用於 enough, something 之後]充作目前用的，足夠目前用的；眼前的，當前的：That will be *enough to go on with*. 那已足夠目前用。

——*n.* (*pl.* ∼es) **1** Ⓤ去；進行：the come and *go* of waves 波浪的來而復去。**2** Ⓤ《口語》精力，精神；幹勁，熱忱：He has plenty of *go* [is full of *go*]. 他精力充沛。**3** Ⓒ《口語》試，嘗試[*at*]：Have a *go at* it. 試一試，試一下/He had another *go* [several *goes*] *at* opening the bottle. 他再試一次[試過幾次]去打開瓶子/I read the book at [in] one *go*. 我一口氣看完那本書/He passed the test (at the) first *go*. 他一次就通過考試。**4** Ⓒ[常用單數](比賽等的)輪到某人：It's your *go* next. 下一個就輪到你啦。**5** Ⓒ《英口語》(酒等)喝一口的量，一杯：a *go of* brandy 一杯白蘭地。**6** Ⓒ《口語》**a** 順利，成功：It's a sure *go*. 一定成功/make a *go of* (one's) marriage 結婚順利/It's no *go*. 不行，不順利。**b** 決定《★常用於下列片語》：It's a *go*. 就這樣決定了。**7** Ⓒ[常用單數]《英口語》事態，(棘手的)事：It's a queer [rum] *go*. 這是件怪[難]事。

a néar gó 《英口語》千鈞一髮[危險萬分]之際。

from the wórd gó 《口語》從頭；自始。

it's áll gó 極爲忙碌：*It's all go* in Tokyo. 東京是個極爲忙碌的都市。

on the gó 《口語》不斷地在活動[工作]，忙個不停：He is always *on the go*. 他總是忙個不停。

——*adj.* [不用在名詞前]《口語》準備好了的；順利的：All systems (are) *go*! (太空船的)裝置一切正常！一切準備完成！可發射了！

go² [go; gou] *n.* Ⓒ(日本之)圍棋。

Go·a ['goə; 'gouə] *n.* 果阿《印度西海岸之一地區，原屬葡萄牙，現爲印度版圖》。

goad [god; goud] *n.* Ⓒ **1** (趕家畜等用的)刺棒。**2** (精神上的)刺激(物)，激勵(物)。

——*v.t.* **1** [十受十副]用刺棒刺[趕]〈家畜等〉〈*on*〉：∼ an ox **on** 趕牛向前走。

2 a [十受十副]刺激〈人〉〈*on*〉：Stop ∼*ing* him **on**. 不要再刺激[煽動]他。**b** [十受十副十 *to* do]煽動[驅使]〈某人〉〈做⋯〉〈*on*〉：Hunger ∼*ed* the boy **on** *to* steal the apple. 飢餓驅使那個男孩去偷蘋果。**c** [十受十介十(代)名]刺激〈某人〉[成⋯狀態][*into*]：The jeers ∼*ed* him **into** a fury [*into* los*ing* his temper]. 他因遭到戲弄而大怒[發脾氣]。

gó-a·hèad 《口語》*adj.* [用在名詞前] **1** 積極[進取]的〈人〉，有創業精神的〈公司〉。**2** 前進的，向前的：a ∼ signal 前進[放行]的信號。

——*n.* **1 a** Ⓤ《美》活力，精力，進取心。**b** Ⓒ充滿活力[積極]的人。**2** [用單數；常 the ∼]前進[放行]的信號[命令，許可]：get [give] *the* ∼ 獲得[給與]許可。

***goal** [gol; goul] 《源自中古英語「境界」之義》——*n.* Ⓒ **1 a** [常 **one's** ∼](努力、野心等的)目標，目的(aim)：obtain [reach] one's ∼ 達成目的。**b** [十 *to* do]〈做⋯的〉目標，目的：a ∼ *to* strive for 努力的目標。**2 a** 《運動》(賽跑的)終點，決勝線。**b** 目的地，前往的地方。**3** 《足球》**a** 球門《設於門線(goal line)上的門柱》。**b** 踢進球門所得的分數：get [kick, make, score, win] a ∼ 踢進一球，得一分，贏一球。

goal·ie ['golɪ; 'gouli] *n.* 《口語》＝goalkeeper.

góal·kèeper *n.* Ⓒ《足球・曲棍球等》守門員。

góal lìne *n.* Ⓒ《運動》決勝線[終點]。

góal·mòuth *n.* Ⓒ(足球等運動的)球門區。

góal·pòst *n.* Ⓒ《運動》球門柱。

gó-aròund *n.* **1** Ⓒ回合；巡迴。**2** Ⓤ推托；拖延。**3** Ⓒ(職責、事件等的)一連串。

gó-as-you-pléase *adj.* 《口語》無拘束的，隨意的。

***goat** [got; gout] 《源自古英語「雌山羊」之義》——*n.* **1 a** Ⓒ《動物》山羊《★ 相關用語 小山羊稱 kid；羊的叫聲爲 baa》：a billy- [he-] *goat* 公山羊/a nanny- [she-] *goat* 母山羊。

> 【說明】山羊生性兇暴、繁殖力强，象徵好色，傳說牠是魔鬼所創造的，使人聯想到罪行和邪惡。相反地，綿羊(sheep)被當作純潔、溫順和天眞無邪的象徵，在聖經的馬太福音中有 separate the sheep from the *goats*「分開綿羊和山羊」即表示「將好人與壞人分開」的成語。

b Ⓤ羊皮。**2** Ⓒ《口語》好色者，色狼。**3** 《美口語》＝scapegoat. **4** [the G∼]《天文》山羊座；磨羯宮(Capricorn).

áct the (**gíddy**) **góat** 做愚蠢[輕率]的事；胡鬧：Stop *acting the* ∼！別胡鬧！

gét a person's **góat** 《口語》(故意)觸怒人，使人煩躁。

séparate the shéep and [**from**] **the góats** ⇨ sheep.

goa·tee [go'ti; gou'ti:] *n.* Ⓒ(長在下顎的)山羊鬍子。

G

góat·hèrd *n.* Ⓒ牧山羊者。

goat·ish [ˋgotɪʃ; ˈgoutiʃ] *adj.* **1** 似山羊的。 **2** 淫亂的；好色的。

góat·skìn *n.* **1** Ⓤ山羊皮。**2** Ⓒ **a** 山羊皮製的袋子《用以裝酒》。**b** 山羊皮製的衣服。

góat·sùcker *n.* Ⓒ〖鳥〗蚊母鳥；歐夜鷹(nightjar).

goatee

gob[1] [gab; gɔb] *n.* Ⓒ《俚》**1**〔黏土、奶油、雲等的〕塊，團〔*of*〕：a ~ *of* whipped cream 一團打成泡沫狀的奶油。**2**〔常 **~s**〕《美》很多，許多，大量〔*of*〕：He has ~*s of* money. 他有很多錢。

gob[2] [gab; gɔb] *n.* Ⓒ《美俚》水兵(sailor).

gob[3] [gab; gɔb] *n.* Ⓒ《英俚》口(mouth)：Shut your ~！閉嘴！

go·bang [goˋbaŋ; gouˈbæŋ] *n.* Ⓒ(日本用圍棋盤下的)五子棋。

gob·bet [ˋgabɪt; ˈgɔbit] *n.* Ⓒ〔生肉等的〕一塊〔*of*〕.

gob·ble[1] [ˋgabl; ˈgɔbl] *v.t.*〔十受(十副)〕大口猛吃，狼吞虎嚥…〈*up*〉：They ~*d* (*up*) hot dogs. 他們猛吃熱狗。
—*v.i.* 狼吞虎嚥，貪婪地吃。

gob·ble[2] [ˋgabl; ˈgɔbl] **《擬聲語》—*v.i.*** 〈火雞〉咯咯叫。
—*n.* Ⓒ火雞叫聲。

gob·ble·dy·gook, gob·ble·de·gook [ˋgabḷdɪˌguk; ˈgɔbldiˌguk] *n.* Ⓤ《俚》冗長而費解的言語[文章]；官腔；官樣文章。

gob·bler [ˋgablɚ; ˈgɔblə] *n.* Ⓒ雄火雞。

Go·be·lin [ˋgobəlɪn; ˈgoublin] **《源自十五世紀法國巴黎染色家之名》—*n.*** Ⓒ 葛布林織品。
—*adj.* 葛布林織的：~ tapestry 葛布林織掛氈《以繪畫般的設計聞名》。

gó-betwèen *n.* Ⓒ中間人，掮客。

Go·bi [ˋgobɪ; ˈgoubi] *n.* [**the** ~] 戈壁《亞洲之一大沙漠，大部分在中國之蒙古境內》。

gob·let [ˋgablɪt; ˈgɔblit] *n.* Ⓒ高腳杯《無把手而有底座的玻璃杯》。

gob·lin [ˋgablɪn; ˈgɔblin] *n.* Ⓒ頑皮[邪惡]的醜小鬼，小妖精(cf. hobgoblin).

go·by [ˋgobɪ; ˈgoubi] *n.* Ⓒ(*pl.* ~, **-bies**)〖魚〗蝦虎魚。

gó-bỳ *n.*《口語》(假裝沒看見地)走過《★用於下列成語》。
gèt the gó-by 受到冷落，被忽視。
give...the gó-by 故意迴避…，忽視…。

goblet

gó-càrt *n.* Ⓒ **1**《美》**a** (幼兒的)學步車。**b** 折疊式嬰兒車。**2** 手推車。**3** 有引擎的遊戲用小汽車。

‡**God** [gad; gɔd] *n.* **1** Ⓤ(尤指基督教的)上帝，造物主：Almighty ~ 全能的神/the Lord ~ 主，上帝/ ~ the Father, the Son and the Holy Ghost 聖父，聖子，聖靈，三位一體。

> 【說明】(1)一般人認為，西方人對罪惡的感受重於恥辱，基督教對神的信仰對他們的精神生活有很大的影響。西方人相信對神虔誠的禱告，時時把神放在心裡才能上天堂。一個典型的例子是在法庭的宣誓(oath). 宣誓人把左手放在聖經(Bible)上說："I swear to tell this court, the truth；the whole truth, nothing but the truth. So help me, God."(我發誓把事實，把全部的事實，只把事實告訴這法庭。所以主啊，幫助我！)(cf. swear【說明】)。此外像不識字者以畫一個十字(架)(make one's cross)代替簽名等，也是對神信仰和敬畏的表現；cf. cross *v.t.* 3【說明】，prayer[1]【說明】
> (2)基督教的神是唯一的神，所以寫成 God，以便和其他宗教的諸神(gods)有所區別。

2 [**g~**] Ⓒ **a** (異教的)神；(神話等的)男神(cf. goddess 1)：the *gods* of Greece and Rome 希臘、羅馬的諸神/the *god* of day 太陽神(⇨ Apollo)/the *god* of fire 火神(⇨ Vulcan)/the *god* of heaven 天神(⇨ Jupiter 2)/the *god* of hell 地獄之神(⇨ Pluto 1)/the *god* of love 愛神(⇨ Cupid 1)/the *god* of the sea 海神(⇨ Neptune 1)/the *god* of this world 魔王(⇨ Satan)/the *god* of war 戰神(⇨ Mars 2 a)/the *god* of wine 酒神(⇨ Bacchus). **b** 神像，偶像；如神般受崇拜的人；崇拜的對象：⇨ tin god/make a *god* of... 把…當作崇拜的對象，過於重視…/Money is his *god.* 錢就是他的神。

3 Ⓤ[用於感嘆、咀咒、祈願等]《★用法 有時對於引證 God(神)有所顧忌而略去 God，或以 Gad, gosh, gum 等取代，或用 by —(用破折號)》：by ~ 對神發誓，一定，必定，絕對/for ~'s sake 看在上帝的面上，求求您/Good ~！＝My [Oh] ~！天哪！哎呀，眞的嗎？不可能！好痛！糟糕！豈有此理！悲哉！《表示驚訝、痛苦、憤怒、悲哀等》/(~) bless you [her, him, etc.]！＝(~) bless your heart [his soul, etc.]！天哪！哎呀！嚇我一跳！《表示感謝、驚訝等》/(~) bless me [my soul]！天哪！不得了啦！《表示驚愕》/(~) bless you！謝謝您！哎呀！[對打噴嚏的人說]請保重！/~ damn you [him, etc.]！畜生！該死！/~ forbid (that)...！上天不容…！求上帝不要發生…事！絕無…事！/~ grant (that)...！求上帝賜…！但願…！/~ help you [him, etc.]！願上帝保佑你[他]！眞可憐！/⇨ God KNOWS, So HELP me (God)/Thank ~！謝天謝地！感謝上帝！《★用法 也用作插入語》。

4 [**the gods**；集合稱](戲院)頂層樓座；頂層樓座的觀衆《★用法 視為一整體時當單數用，指個別成員時當複數用》：sit in *the gods* 坐在頂層樓座觀看。
Gód wìlling 上帝允許的話；如情況許可。
with Gód 死後在天國(與主同在)。

gód-áwful **《源自 *god*damned 與 awful》—*adj.*** 《俚》非常討厭的，可憎的，令人毛骨悚然的，極可怕的：~ weather 非常討厭的天氣。

gód·chìld *n.* Ⓒ(*pl.* **-children**)教子，教女《受洗時由教父[教母]取名的孩子》。

god·dam·mit [ˋgadˋdæmɪt; ˈgɔdˈdæmit] *interj.* ＝goddamnit.

gód·dámn, gód·dám **《源自 God 與 damn》—**[常 **G~**]《口語》*n.*, *v.* ＝damn.
—*adj.* & *adv.* ＝damned.

gód·dámned *adj.* & *adv.* [常 **G~**] ＝damned.

god·damn·it [ˋgadˋdæmɪt; ˈgɔdˈdæmit] *interj.* [有時 **G~**]《口語》用以表示憤怒，困惑，驚異等。

gód·dàughter *n.* Ⓒ教女(cf. godchild).

‡**god·dess** [ˋgadɪs; ˈgɔdis] **《God 的陰性》—*n.*** Ⓒ **1** (神話等的)女神(cf. God 2)：the ~ of liberty 自由女神/the ~ of corn 司五穀的女神(⇨ Ceres)/the ~ of heaven 天后(⇨ Juno 1)/the ~ of hell 地獄女神(⇨ Proserpina)/the ~ of love 愛之女神(⇨ Venus 1)/the ~ of the moon 月之女神(⇨ Diana 1)/the ~ of war 戰爭女神(⇨ Bellona)/the ~ of wisdom 智慧女神(⇨ Minerva). **2** 受崇拜[成為偶像]的女人；絕世美女。

gód·fàther *n.* Ⓒ **1** 教父：stand ~ to a child 成為孩子的教父《★用法 表示任務時無冠詞》。

> 【說明】天主教會、英國國教會或路得教會等在嬰兒出生後不久會舉行受洗儀式並取洗禮名[教名]，此時會同作證並監護其日後健全成長及負責其宗教教育的男性監護人便是孩子的 godfather；在同一時候扮演同樣角色的女性監護人為 godmother，兩者合稱 godparents，而受洗的小孩是 godchild. 這可以說是宗教信仰上的親子關係；cf. baptism【說明】

2 (某人、事業的)援助者，監護者《如提拔無名作家的編輯等》。**3** [常 **G~**]《口語》黑手黨[暴力組織]的首領。

Gód-fèaring *adj.* [又作 **g~**] **1** 敬畏上帝的，遵守基督教教義的。**2** 虔誠的。

gód·forsàken *adj.* [又作 **G~**] **1** 〈地方〉荒涼的，悽涼的，偏僻的：a ~ dump [hole] 偏僻之處。**2** 〈人〉為神所棄的；完全墮落的：a ~ wretch 完全墮落的可憐蟲。

God·frey [ˋgadfrɪ; ˈgɔdfri] *n.* 高佛里《男子名》。

Gód-gìven *adj.* **1** 神賜的。**2** 絕好的；受歡迎的；適宜的。

gód·hèad *n.* **1** Ⓤ神格，神性。**2** [**the G~**] 神。

gód·hòod *n.* Ⓤ 為神的身分[地位]，神格，神性。

Go·di·va [goˋdaɪvə; gouˈdaivə], **Lady** *n.* 葛黛娃夫人(⇨ Peeping Tom).

gód·less *adj.* **1** 否定上帝存在的，不信神的：~ doings 不敬畏神的作為。**2** 不虔誠的，不敬的；邪惡的。
~·ly *adv.* **~·ness** *n.*

gód·lìke *adj.* 如神的，神聖的。

gód·ly *adj.* (**god·li·er**；**-li·est**)敬神的；信神的；虔誠的。
gód·li·ness *n.*

Gód-mán *n.* **1** 耶穌基督。**2** Ⓒ(*pl.* **-men**)[**g~**]神人，半神半人。

gód·mòther *n.* Ⓒ 教母；〖天主教〗教母 (cf. godfather 1, godparent).

gó·dòwn *n.* Ⓒ(印度等在港口的)倉庫。

gód·pàrent *n.* Ⓒ 教父[母] (⇨ godfather 1, godmother, godchild).

Gód's ácre *n.* Ⓒ《文語》(附屬於教會的)墓地。

Gód Sáve the Quéen *n.*「神佑女王」《★英國國歌，由國王統治時則為 God Save the King》.

> 【說明】英國的國歌如下：God save our gracious Queen！(願上帝保佑我們仁慈的女王)/Long live our noble Queen！(我們高貴的女王萬歲！)/God save the Queen！(願上帝保佑女王！)/Send her victorious(求神賜女王勝利)/Happy and glorious(幸福而榮耀輝煌)/Long to reign over us(永遠君臨我們國家)/God save the Queen！(願上帝保佑女王！)

gód·sènd **《源自中古英語「神諭」之義》—*n.*** Ⓒ天賜之物；飛來

的鴻運：It's a ~ to meet you here. 在這裏遇見你眞是喜出望外。

god·ship [ˋgadʃɪp; ˈgɔdʃip] *n.* ＝godhood.

gód·sòn *n.* Ⓒ教子(cf. godchild).

Gód·spéed *n.* Ⓤ成功；成功[幸運]的祝福[祈禱]：bid [wish] a person ~《古》祝某人一路平安[事業的成功等]。

> 【字源】這是把 God speed you.（祝你成功）的 you 省略並連起來而成的字。speed 本來是「成功，幸運；使…成功」的意思，而 Godspeed 則爲從前祝福出外旅行者旅途平安的問候語。

go·er [ˋgoɚ; ˈgouə] *n.* Ⓒ **1 a** 去的人[東西]：comers and ~*s* 來往的人《旅客、客人等》。**b** [常與修飾語連用]腳…的人[東西]：a good [slow] ~ 腳有力[弱]的人；腳步快[慢]的馬；會走動[常常慢]的鐘錶(等)。**2** [構成複合字]經常出席的人：⇨ churchgoer, theatergoer.

Goe·the [ˋgetɪ, ˋgetə; ˈgə:tə], **Jo·hann Wolf·gang von** [ˋjohan ˋvɔlfgaŋfən; ˈjouha:nˈvɔ:lfga:ŋfən] *n.* 哥德《1749–1832；德國詩人及劇作家》。

go·fer [ˋgofɚ; ˈgoufə] *n.* Ⓒ《俚》(專司跑腿差事的)雇員。

Gog and Ma·gog [ˋgagənˋmegag; ˈgɔgənˈmeigɔg] *n.*《聖經》歌革與瑪各《新約啓示錄中提到的兩國，將由撒旦(Satan)率領，在哈米吉多頓(Armageddon)與諸國交戰》。

gó-gét·ter *n.* Ⓒ《口語》(做工作等快速的)能幹者，能手，有幹勁和進取心的人《★[比較]《英》用作「隨自己意思工作」的壞意思》。

gog·gle [ˋgagl; ˈgɔgl] *v.i.* **1** 〈眼珠〉轉動。**2**〔動(＋介＋(代)名)〕〈人〉(吃驚地)瞪大眼睛看〔…〕[*at*]。

—*n.* **1** Ⓤ[又作 **a** ~]瞪眼，睜大眼睛。**2** [~s] (賽馬者等的)擋風[遮灰]眼鏡，(蛙人的)潛水鏡。

goggles 2

góggle-bòx *n.* Ⓒ《英俚》電視機。

góggle-éyed *adj.* (尤指) 驚愕而睜大眼睛的。

Gogh *n.* ⇨ van Gogh.

go-go [ˋgoˏgo; ˈgougou] **《源自 Paris 的迪斯可舞廳之名》—***adj.* [用在名詞前] **1** 阿哥哥舞的〈舞者、音樂等〉：a topless ~ dancer 上空裝扮的阿哥哥舞者。**2** 活潑的，精力充沛的。**3** 時髦的，最新的。

—*n.* Ⓤ阿哥哥(舞)。

Go·gol [ˋgogal; ˈgɔgəl], **Nikolai Vasilievich** [ˋnɪkəˏlaɪvəˋsiljəvɪtʃ; ˈnikəlaivəˈsi:ljəvitʃ] *n.* 果戈里《1809-52；俄國小說家，劇作家》。

‡go·ing [ˋgoɪŋ; ˈgouiŋ]go 的現在分詞。

be gòing to dó ⇨ go 成語。

Góing, góing, góne! ⇨ go *v.i.* A 5 c.

góing on... ⇨ GO on (22).

—*n.* Ⓤ **1 a** 去：*G*~ was easier than getting back. 去比回來容易。**b** [構成複合字]去…：⇨ churchgoing, theatergoing.

2 [one's ~] **a** 出發，動身，啓程：His ~ was unexpected. 他的啓程是出乎意外的。**b** 死去。

3 [常與修飾語連用] **a** 道路[跑道等]的狀況，行走的情況：The ~ is good since the road has been repaired. 由於道路已修復，路面狀況良好。**b** 前進的方法[情形]：heavy [hard] ~ 困難的進行，緩慢的進展/The snow made it hard [heavy] ~ for the car. 積雪使車子難行/You'll find the work heavy ~. 你會發現該工作難於進行。**c** 進行速度：Seventy miles an hour is pretty good ~. 每小時七十哩是相當快的速度。

while the góing is góod 趁形勢有利時；趁好走時(離開，逃走)。

—*adj.* (無比較級、最高級) **1** [用在名詞前] **a** 運轉[運行]中的，活動中的：in ~ order 在運轉的狀態，在正常狀態。**b** 生意興盛的，賺錢的：a ~ business [concern]興隆的生意[公司]。**2** [用在名詞前]現行的，慣例的：the ~ rate 現行率/the ~ price for gold 黃金的現價[市價]。**3** [置於名詞之後]《口語》現有的，現成的，可到手的：He is the biggest fool ~. 他是當今最笨的人/Is there any beer ~? 有沒有啤酒？

góing-óver *n.* Ⓒ(*pl.* **goings-over**)《口語》**1** 徹底的調查[盤問，檢查]：give the document [patient] a thorough ~ 徹底檢查文件[病患]。**2** 痛毆，痛斥。

góings-ón *n. pl.* 《口語》(不良的) 舉止，行爲。

goi·ter, 《英》**goi·tre** [ˋgɔɪtɚ; ˈgɔitə] *n.* Ⓤ《病理》甲狀腺腫。

gó-kàrt [-ˏkart; -ka:t] *n.* Ⓒ幼兒的學步車，折疊式嬰兒車，手推車，有引擎的遊戲用小汽車(＝go-cart)。

‡gold [gold; gould] *n.* Ⓤ **1** 金《金屬元素；符號 Au》；黃金。**2 a** [集合稱]金幣：pay in ~ 以金幣支付。**b** [集合稱]黃金製品。**c** 鍍金，金粉，金色顏料，金絲，金箔子，金箔(等)。**3** (龐大的)財富，財寶，金錢：greed for ~ 貪財。**4** 金色，金黃色：the red and ~ of autumn leaves 秋葉的紅色與金黃色。**5 a** 黃金般貴重的東西：a voice of ~ 美麗的聲音，金嗓子。**b** 親切，溫和：a heart of ~ 仁慈的心，心地善良的人。

(as) góod as góld 〈小孩〉很溫順的，乖的；非常親切的。

wórth one's [its] **wéight in góld** 《口語》非常貴重的《★有與自己體重等重的黃金價值之意》：He is *worth* his *weight in* ~. 他是個很有價值的人[不可或缺的人物，不可多得的人才]。

—*adj.* **1** 金的，金製的(cf. golden 2)：a ~ coin 金幣/a ~ watch 金錶/⇨ gold medal. **2** 金色的，黃金色的《★[比較]作此義解時一般用 golden 1》：~ paint 金黃色油漆。

góld·bèater *n.* Ⓒ金箔匠。

góld·brìck *n.* Ⓒ **1** 《口語》**a** 假金磚。**b** 假貨。**2** 《美軍俚》逃避勤務的士兵。

—*v.i.* 《軍俚》逃避勤務，偷懶，磨洋工。

góld·bùg *n.* Ⓒ **1** 《昆蟲》金甲蟲。**2** 《口語》主張金錢本位的人。

Góld Còast *n.* **1** [the ~]黃金海岸《西非海岸之一地區，原屬英，現爲迦納(Ghana)國土之一部分》。**2** Ⓒ高級住宅區。

góld dìgger *n.* Ⓒ **1** 尋找金礦者，掘金者；淘金者。**2** 《俚・罕》以美色騙取男人錢財的女子。

góld dùst *n.* Ⓤ沙金，金粉。

be like góld dùst 《口語》(如沙金般)珍貴的，貴重的。

‡gold·en [ˋgoldn; ˈgouldən] **《gold 的形容詞》—***adj.* (無比較級、最高級) **1** 金色的，金黃色的：~ hair 金髮/the ~ sun 金黃色的太陽。**2** 金(製)的《★[比較]作此義解時一般用 gold *adj.* 1》：a ~ crown 金冠。**3** [用在名詞前] **a** 貴重的，極好的；寶貴的：~ hours 無比快樂的時刻/a ~ opportunity 大好機會；千載難逢的良機/a ~ saying 金玉良言。**b** 全盛的：one's ~ days 全盛時期。**4** [用在名詞前]第五十周年的(cf. silver 4)：a ~ anniversary 五十周年紀念日[紀念慶典]/⇨ golden jubilee, golden wedding.

gólden áge *n.* [the ~] **1** [常 **the G~ A~**]《希臘・羅馬神話》黃金時代《傳說的四個時代中最早的時代，據說當時的人過著純潔、幸福、繁榮的生活；Golden Age 後依序爲 Silver Age, Bronze Age, Iron Age》. **2** 〔藝術、文學等的〕黃金時代，鼎盛時期〔*of*〕。

gólden-àg·er [-ˏedʒɚ; -eidʒə] *n.* Ⓒ《美口語・委婉語》(六十五歲以上的)老人，年老者。

gólden bálls *n. pl.* 三個金黃色的球《當舖的招牌》。

gólden cálf *n.* [the ~] **1** 《聖經》金犢(以色列人崇拜的偶像)。**2** (作爲崇拜對象的)財富，金錢。

gólden éagle *n.* Ⓒ《鳥》鷲《頭部、頸部爲金黃色》。

Gólden Fléece *n.* [the ~]《希臘神話》(傑生 (Jason) 率同亞哥號人員(Argonauts)遠征所得到的)金羊毛。

Gólden Gáte *n.* [the ~]金門灣《在美國加利福尼亞州(California)西岸，爲連接舊金山灣(San Francisco Bay)與太平洋的海峽》。

golden balls

Gólden Gáte Brídge *n.* [the ~]金門大橋《金門灣(Golden Gate)上長 1,280 公尺的大鐵橋》。

gólden góose *n.* Ⓒ《希臘神話》金鵝《傳說中每日下一金蛋之鵝，後爲其貪心的主人所殺》。

gólden hándshake *n.* [a ~]《英》(大筆) 退休金。

Gólden Hórn *n.* [the ~]金角灣《在土耳其東部博斯普魯斯海峽 (Bosporus) 的一個小灣》。

gólden júbilee *n.* Ⓒ(國王[女王]登基的) 五十周年慶典。

gólden méan *n.* [用單數；常 **the** ~]中庸(之道)。

gólden óriole *n.* Ⓒ《鳥》金鶯《產於歐洲及亞洲》。

gólden·ròd *n.* Ⓤ《植物》紫菀科植物，秋麒麟草。

golden eagle

gólden rúle *n.* [用單數；常 **the** ~]《聖經》金科玉律，金箴《★聖經「馬太福音」7：12；「路加福音」6：31 的教訓，簡略的通俗說法爲 'Do (to others) as you would be done by.'(己所欲，施於人，推己及人)》。

gólden séction *n.* [the ~]《美術・數學》黃金分割《即矩形短邊與長邊之比例等於長邊與長短二邊和之比例》。

Gólden Státe *n.* [the ~]美國加利福尼亞州(California)之別稱。

gólden sýrup *n.* Ⓤ金黃色糖漿《由糖蜜製造，用以塗抹麵包或烹調》。

gólden wédding *n.* (又作 **gólden wédding annivérsary**) Ⓒ金婚紀念《結婚後第五十年所舉行的紀念儀式》。
góld fèver *n.* Ⓒ採金熱，淘金狂。
góld·fìeld *n.* Ⓒ金礦區；採金地。
góld-fìlled *adj.* 包金的，鍍金的。
góld·fìnch *n.* Ⓒ《鳥》 **1** 五彩金翅雀《歐洲產》。**2** 金翅雀《北美產》。
góld·fish *n.* Ⓒ(*pl.* ～, ～·**es**)金魚。
góldfish bówl *n.* Ⓒ **1** 金魚缸。**2**《口語》無法保有隱私權的狀態[場所]，大庭廣衆。
góld fòil *n.* Ⓤ金箔《比 gold leaf 厚》。
gold·i·locks [ˈgoldɪˌlɑks; ˈgouldilɔks] *n.* Ⓒ (*pl.* ～) [當單數用] 金髮的人。
góld léaf *n.* Ⓤ金箔(cf. gold foil).
góld médal *n.* Ⓒ金牌，金質獎章《比賽等的頭獎》。

goldfinch 1

góld mìne *n.* Ⓒ **1** 金礦，金山。**2 a** 寶庫〔*of*〕: a ～ *of* information 知識的寶庫。**b** 搖錢樹，聚寶盆〔*for, to*〕: The new product became a ～ *for* the company. 該項新產品成了該公司的聚寶盆。
góld pláte *n.* Ⓤ **1** [集合稱] 金製餐具。**2** 包金；鍍金。
góld-pláte *v.t.* 鍍金於⋯。
góld-pláted *adj.* 包金的；鍍金的。
góld resèrve *n.* Ⓒ黃金儲備(量)。
góld rùsh *n.* Ⓒ 淘金熱，湧向新金礦區的熱潮。

【說明】所謂 gold rush 原指發生於 1849 年的人羣湧向加利福尼亞州(California)等新金礦區的熱潮而言。據說發現黃金之後，有多達八萬的人羣想撈一筆錢財而自全美各地湧至該地，轉眼之間發展成爲舊金山(San Francisco)這個大都市。由於這個緣故，加州至今仍被稱爲 Golden State. 此外，1896 年在加拿大克隆代克河(Klondike)發現砂金時也曾經發生 gold rush；cf. ghost town【說明】

G

góld·smith *n.* Ⓒ金匠。
góld stàndard *n.* [**the** ～] (通貨的) 金本位。
***golf** [gɑlf, gɔlf; gɔlf] 《源自荷蘭語「棍棒」之義？》—*n.* Ⓤ高爾夫球(運動) (⇨ par 相關用語): play ～ 打高爾夫球。
—*v.i.* [常 ～**ing**] 打高爾夫球: go ～*ing* 去打高爾夫球。
gólf bàll *n.* Ⓒ高爾夫球。
gólf càrt *n.* Ⓒ高爾夫車《搬運高爾夫球用具袋的手推車或載打高爾夫球者的電動車》。

gólf clùb *n.* Ⓒ **1** 高爾夫球桿。**2** 高爾夫俱樂部《愛好打高爾夫球者組成的團體或有高爾夫球設施的場所 [建築物]》。
gólf còurse *n.* Ⓒ高爾夫球場。
gólf·er *n.* Ⓒ打高爾夫球的人。
gólf lìnks *n.* Ⓒ (*pl.* ～) 高爾夫球場《★ 比較《美》一般用 golf course》。

golf cart

gólf wìdow *n.* Ⓒ《口語》高爾夫寡婦《被高爾夫球迷的丈夫一年到頭冷落在家中的妻子》。

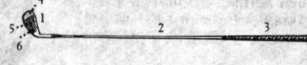

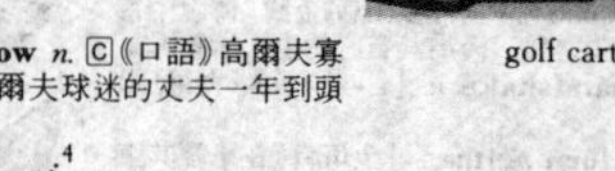

golf club (iron) 1
1 head; 2 shaft; 3 grip; 4 toe; 5 face; 6 heel

Gol·go·tha [ˈgɑlgəθə; ˈgɔlgəθə] *n.* **1**《聖經》各各他《耶穌被釘於十字架之地，爲耶路撒冷(Jerusalem)附近的小山，拉丁文名稱爲 Calvary》。**2** [**g**~] Ⓒ **a** 墓地。**b** 受難之地。
Go·li·ath [gəˈlaɪəθ; gəˈlaiəθ] *n.* **1**《聖經》葛利亞《被牧羊人大衞(David)所殺死的非利士族(Philistine)巨人》。**2** [常 **g**~] Ⓒ巨人，大力士。
gol·li·wog(g) [ˈgɑlɪˌwɑg; ˈgɔliwɔg] *n.* Ⓒ頭髮豎起，黑臉的醜怪玩偶；奇形怪狀的人。
gol·ly [ˈgɑlɪ; ˈgɔli] 《God 的委婉語》 —*interj.* [表示驚訝、感嘆等]《口語》哎呀！天哪！**By** [**My**] **gólly** 天哪！
go·losh [gəˈlɑʃ; gəˈlɔʃ] *n.* ＝galosh.
Go·mor·rah, Go·mor·rha [gəˈmɔrə, -ˈmɑr-; gəˈmɔrə] *n.* **1**《聖經》蛾摩拉《罪惡之城，與所多瑪城 (Sodom) 同被神毀滅》。**2** Ⓒ罪惡的城市。
-gon [-gɑn; -gɔn, -gən] [名詞複合用詞] 表示「⋯角形」: hexa*gon*, poly*gon*.
gon·ad [ˈgɑnæd; ˈgounæd] *n.* Ⓒ《解剖》性腺；生殖腺《指睪丸或卵巢》。
gon·do·la [ˈgɑndələ; ˈgɔndələ] 《源自義大利語》 —*n.* Ⓒ **1** 威尼斯(Venice)的平底遊覽船: by ～ 搭乘平底遊覽船《★無冠詞》。**2** (飛艇的) 吊船；(氣球、電纜車、高處工程等用的) 吊籃。**3**《美》(又作 **góndola càr**) 車身低的無蓋大型貨車。**4** 平底框架《超級市場或零售商店用以擺放商品的陳列架》。

gondola 1

gon·do·lier [ˌgɑndəˈlɪr; ˌgɔndəˈliə] *n.* Ⓒ平底遊覽船(gondola)的船夫。
‡**gone** [gɔn; gɔn] *v.* go 的過去分詞。
—*adj.* (**more** ～; **most** ～) **1** (無比較級、最高級) **a** 過去的: memories of ～ summer 去夏的回憶/Those days are past and ～. 那個時代已過去了。**b** [不用在名詞前]《委婉語》死了的，已死的 (cf. go *v.i.* A 8 c): They are all dead and ～. 他們全都死了。**2** (無比較級、最高級) [用在名詞前] **a** 無望的，無可挽救的: a ～ case 無可挽救的事[狀態]；沒有希望的人/a ～ goose [gosling]《口語》無可救藥的人，無能爲力的事。**b** 虛弱的，昏眩的；沮喪的: a ～ feeling [sensation] 昏眩的感覺；沮喪的情緒。**3** (無比較級、最高級)《口語》**a**《英》(時間、年齡) 超過的，超過⋯的，⋯以上的: He won't come back until ～ six. 他過六點才會回來/It's ～ three years since we met last. 從上次我們見面已經過了三年/a man ～ eighty years of age 八十歲以上的人。**b** 懷孕(一段期間)的: She is already six months ～. 她已懷孕六個月。**4** [不用在名詞前] (十介十(代)名) **a** [常 **far** ～] 深陷〔⋯〕的，深入〔⋯〕的〔*in*〕《★ 用法 有 further ～, furthest ～ 的比較級》: He is *far* ～ *in* crime [debt]. 他深陷罪惡中[負債纍纍]。**b**《口語》〔對異性〕著迷的，迷戀的〔*on*〕: He is quite ～ *on* that girl. 他對那個女孩十分著迷。

氣球的 gondola 2

gon·er [ˈgɔnɚ, ˈgɑnɚ; ˈgɔnə] *n.* Ⓒ《口語》無可救藥者；無望的事[人]: If the teacher finds out, we're ～*s*. 如果被老師發現，我們就完蛋了。
gon·fa·lon [ˈgɑnfələn; ˈgɔnfələn] *n.* Ⓒ從橫木垂下的旗子，旌旗。
gong [gɔŋ, gɑŋ; gɔŋ] 《擬聲語》—*n.* Ⓒ **1** 鑼《用膳或船隻出航時用以敲打作信號》: ring [sound] a ～ 敲鑼。**2** (又作 **góng bèll**) (用電引發響聲的) 盤形鐘《★ 比較 拳擊賽等使用者稱 bell》。**3**《英俚》獎章，勳章。
gon·na [ˈgɔnə; ˈgɔnə] 《由 going to 轉化者》—《美口語》＝going to《★《英》非標準用語》: I'm ～ do it. 我想要做那件事/They're ～ be here soon. 他們不久就會來這裏。

gonfalon

gon·or·rhe·a, 《英》 **gon·or·rhoe·a** [ˌgɑnəˈriə; ˌgɔnəˈriə] *n.* Ⓤ《醫》淋病。
goo [gu; gu:] *n.* Ⓤ《口語》 **1** 黏黏[黏性]的東西。**2** 多愁善感。
goo·ber [ˈgubɚ, ˈgubɚ; ˈgu:bə] *n.* (又作 **góober pèa**) Ⓒ《植物》(美國中南部之) 落花生。
‡**good** [gud; gud] 《源自古英語；其比較級、最高級 better, best 來自其他字源》—*adj.* (**bet·ter** [ˈbɛtɚ; ˈbetə]; **best** [bɛst; best]) (↔ bad) **1 a** (品質、內容、外觀等) 良好的，優秀的，優良的，不錯的，漂亮的；〈食物〉好吃的: a ～ book 好書/a ～ house 好房子/a ～ family 良好家庭/～ manners 得體的舉止/～ looks 美貌/～ weather 好天氣/～ luck 幸運，好運/～ news 吉報，好消息/⇨ good thing/～ tools 好工具/speak [write] ～ English 說[寫]漂亮的英語[文]/Bad money drives out ～ (money). 劣幣逐良幣《★Gresham 的法則》。**b** (學生成績五等評分中) 優等的，乙等的，B 的 (⇨ grade *n.* 3): get a ～ result in the exam 考試得優等成績。
2 a (道德上) 良好的，善良的，有品德的；忠實的: a ～ wife 賢

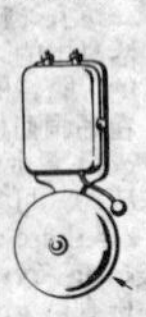
gong 2

妻/a ~ deed 善行/lead a ~ life 過光明磊落的生活，過幸福的[不愁吃穿的，富裕的]生活。**b** [the ~；當複數名詞用；集合稱]善良的人們：*The* ~ die young.《諺》好人早死[不長壽]。

3 〈孩子〉**乖的，規規矩矩的**：⇨ (as) good as GOLD/Be ~ (while I am away). (我不在時)要乖/There's [That's] a ~ boy [girl, fellow]. 那才是好孩子；(你聽了話)是個乖孩子。

4 和好的，親密的《★[比較]用 intimate 容易遭到誤解而用此字》：a ~ friend 親友，好友。

5 a 親切的，體貼的：do a person a ~ turn 待人親切/He's a real [very] ~ sort.《口語》他是個性情很溫和的人/Will you be ~ enough [be so ~ as] to open the window? 請你打開窗子好嗎？**b** [不用在名詞前]〔+介+(代)名〕〔對…〕親切的〔*to*〕：He is ~ *to* us. 他對我們親切。**c** [不用在名詞前]〔+ *of*+(代)名(+ *to* do)/+ *to* do〕〔某人〕〈做…〉是親切的；〈某人〉〈做…〉是親切的：It is ~ *of* you *to* invite me. = You are ~ *to* invite me. 你邀請我，眞是親切；承蒙邀請，十分感謝/How ~ *of* you! 你眞親切[好]《★省略 *to* do 的說法》。

6 a [用在名詞前]**高明的，有能力的，擅長的，熟練的**：a ~ doctor 高明的醫師，名醫/a ~ swimmer 游泳好手/He is a ~ driver. 他是個好司機；他擅長開車《★[變換]可換寫成 He is ~ *at* driving.；cf. 6b》。**b** [不用在名詞前]〔+介+(代)名〕擅長[善於]〔…〕的，〔對…〕拿手的〔*at, in, on, with*〕：She is ~ *at* cook*ing* [languages, remember*ing* dates]. 她擅長烹飪[精通多種語言，擅長記日期]/He is ~ *at* carpentry. 他擅長木工/She is ~ *on* the piano. 她善於彈鋼琴/She is ~ *with* children [the telephone, faces]. 她善於對待小孩[應接電話；記住面孔]。

7 〔+介+(代)名〕**a** 〈人〉**適合**〔於某地位等〕**的，有〔…〕資格的**〔*for*〕：He is a ~ man *for* the position. 他是那個職位的合適人選/He is ~ *for* nothing. 他一無所長。**b** [不用在名詞前]〔金錢上〕付得起的，有財力的〔*for*〕：I am ~ *for* $50. 我付得起五十美元。

8 a (對某目的)**情形良好的，合適的，理想的**：a ~ answer [question] 一個適切的答覆[問題]/I thought it ~ to do so. 我認爲那樣做是合適的/That is not [hardly] ~ enough.《口語》那不夠好。**b** 〔+介+(代)名〕〔對…〕有益的，有幫助的；有效的，合適的〔*for*〕：It's a ~ day *for* swimming [a walk]. 這是個適合游泳[散步]的日子/Exercise is ~ *for* the health. 運動有益於健康/This medicine is ~ *for* colds. 此藥對治感冒有效。**c** 〔+ *for* +(代)名+ *to* do〕〔某人〕〈做…是〉好的，有益的：It is ~ *for* you *to* be out in the sun. 出去曬太陽會對你有益的/It is not ~ *for* a man *to* be alone. 男人獨處是不好的。**d** [不用在名詞前]〔+ *to* do〕〈做…是〉合適的《★[用法]主詞處於 *to* do 的受詞關係時的說法》：This water is ~ *to* drink. 此水適於飲用。**e** [不用在名詞前](無比較級、最高級)〔+介+(代)名〕〔在某期間內〕有效的，可維持〔某期間〕的〔*for*〕：This ticket is ~ *for* one week. 這張車票一週內有效/This house is ~ *for* another fifty years. 這棟房子可再維持五十年。

9 快樂的，愉快的；宜人的，可喜的，有趣的：a ~ joke 有趣的笑話/have a ~ time (of it) 過得快樂；玩得痛快/It is ~ to be home. 在家眞好，回到家令人覺得舒暢/That's a ~ one ['un].《口語》那眞是趣聞；《反語》說謊話適可而止《不要過火》。

10 [用在名詞前](無比較級、最高級)[用以强調] **a** [常 a ~]**充分的，十足的；相當的**：*a* ~ while 相當長的時間/*a* ~ five hours 足足五小時/give a person *a* ~ beating 痛打某人/have *a* ~ laugh [cry] 痛快地笑[哭]/have a ~ night's sleep 好好睡一晚/go a ~ distance 走相當遠的距離。**b** [在形容詞之前，當副詞用]《口語》頗，相當地(cf. GOOD and)：a ~ long time 相當長的時間/a ~ many books 相當多的書/It's ~ hard work. 頗難的工作。

11 (無比較級、最高級)〈食品〉新鮮的，未腐敗的：This fish won't keep [《英》stay] ~ overnight. 這種魚隔夜就不新鮮了。

12 健全的，强壯的，精力充沛的：His (eye)sight is still ~. 他的視力仍然很好/I enjoy ~ health. 我身體健康/I feel ~ this morning.《口語》今天早上我覺得渾身舒暢[精神很好]。

13 (商業上)有信用的，可靠的，安全的：a ~ debt 可收回的貸款/a ~ investment 安全的投資/~ securities 優良證券。

14 [用在名詞前](無比較級、最高級)[常 ~**old**, 用於稱呼、尊稱]親愛的：my ~ friend 我親愛的朋友《★有時作諷刺或生氣時用》/How's your ~ man [lady]? 您先生[夫人]好嗎？

15 [用在名詞前](無比較級、最高級) **a** [用於打招呼的成語]：⇨ good afternoon, good-bye, good day, good evening, good morning, good night. **b** [用於表示强烈感情或驚訝等的片語]：*G*~ gracious! = *G*~ God [heavens]! 哎呀！天哪！

a gòod déal ⇨ deal[1] *n.* B.

a gòod féw ⇨ few.

áll in góod tíme ⇨ time.

as góod as [在形容詞、動詞之前，當副詞用]和…一樣；事實上等於…：As I have had my car repaired, it looks *as* ~ *as* new. 我的車子經過修理，看起來和新的一樣/He is *as* ~ *as* dead. 他像是死了一樣/He *as* ~ *as* promised it. 他事實上等於答應了。

gòod and [ˌgʊdn̩; ˌgudn] ...[在形容詞、副詞之前當副詞用]《美口語》非常，十分：~ *and* fresh 非常新鮮/I'm ~ *and* ready. 我全準備好了/They tied him up ~ *and* proper. 他們把他五花大綁。

Góod for yóu!《英方言》= **Gòod ón you!**《口語》好！幹得好！

in góod tíme ⇨ time.

màke a góod thíng of... ⇨ thing.

màke góod《★[用法]下列是以 make good 之(1)－(5)作爲及物動詞；(6)作爲不及物動詞》(1)賠償〈損失等〉；彌補〈不足等〉：The damage was *made* ~. 損失獲得賠償。(2)《英》使〈破損處〉復原，修復。(3)履行〈諾言〉；完成〈計畫〉，實現〈逃亡〉，達到〈目的〉：*make* ~ a promise 履行諾言/They managed to *make* ~ their escape. 他們設法逃掉。(4)證明，證實〈言論、責難等〉：*make* ~ a boast 證明誇耀的事正確。(5)保持[確保]〈地位、立場等〉：*make* ~ a position 保持某一地位。(6)成功(succeed)：He *made* ~ in business [as a businessman]. 他經商成功[成功地成爲實業家]。

—*interj.* [表示贊成、滿意等]好！行！可以！

—*adv.*《口語》好，不錯地(well)：He's pitching pretty ~ today. 他今天投球投得相當好/It suits you ~. 它對你恰恰好[很合適]。

hàve it góod ⇨ have[1].

—*n.* A [U] **1** (↔ evil) **a 善，善良，美德，優點，長處**：⇨ do GOOD/know ~ from evil 分辨善惡/Try to see the ~ in people. 試著去看人們的長處。**b** 好事[東西，結果]：for ~ or evil 不論好壞/come to no ~ 〈事情〉以不幸的結果收場，失敗；〈人〉做出壞事，沒有好結果。

2 利益；幸福，福利：the greatest ~ of the greatest number 最大多數的最大幸福《★Bentham 的功利主義的原則》/I'm scolding you for your own ~. 我之所以責備你是爲你好。

3 a 好處，用處，價值：What ~ is it? = What is the ~ of it?《反語》那有什麼好處？《那沒有什麼好處》/This ballpoint is no ~ [= not much ~]. 這支原子筆沒多大用處/What is the ~ *of* do*ing* it?《反語》做那件事有何益處？《不會有益處》。**b** 〔(+介)+ do*ing*〕[當形容詞用]〔對做…〕有用的〔*in*〕《★[比較]此用法的 good 較 use 口語化；★[用法]in 常略去》：It is no ~ (my) talk*ing* to him. (我)對他說是沒用的/Is there any ~ *in* argu*ing* with the inevitable? 對無可避免的事爭長論短有何用？

—B ⇨ goods.

be úp to nó góod 在策劃做壞事，不懷好意。

dò góod (1)行善；表現親切。(2)有用，有效：Do you think it will *do* any ~? 你認爲它會有什麼用處嗎？

dò a person góod 對〈人(的身體)〉有益：Smoking won't *do* you any ~. 吸煙對你的身體無益/It will *do* you more harm than ~. 它對你的害處多於益處；它對你有害無益/Much ~ may it do you!《反語》但願它對你大有用處《它對你沒什麼用處》。

for góod (and áll) 永久地；一勞永逸地；以此爲最後地：I am going *for* ~ (*and all*). 我此去就不回了。

in góod with...《美口語》爲…所喜愛：He's *in* ~ *with* the boss. 他爲老闆所喜愛。

to the góod (1)有效果，有利，有好處：That's all *to the* ~. 那很好[有好處]。(2)在貸方，作爲純益，淨賺；多出，領先：I was $10 *to the* ~. 我賺了十美元/Our team is now five points *to the* ~. 我們的球隊現在領先五分。

‡**good afternoon** [ˌgʊdæftəˈnun; gudɑːftəˈnuːn] *interj.* [午後的打招呼] **1** (見面時)**午安！您好！** **2** (告別時)**再見！**

Góod Bóok *n.* [the ~]《口語》聖經。

‡**good-bye, good-by** [gʊdˈbaɪ; ˌgudˈbai]《★[拼法]常不用連字號而連寫作 goodby(e)》**—*interj.*** **再見！再會！**：I must say ~ now. 現在我必須告辭了。

> 【字源】這是 God be with ye. (願上帝與你同在。)縮短而成的詞句。據說是受了 Good night. 等的影響 God 才變成爲 good.
> 【說明】中文的「媽媽再見！」「媽，我要上學[出去]了！」在英語說法是 Bye-bye, Mom! 而對此回答的「你去[走]吧！」是 Good-bye! 或是 See you later. 至於從外面回到家裏時說的問候語除 Hi! [haɪ; hai] 之外有 I'm home, Mom. (媽，我回來啦！)，而「你回來啦！」則說 Hello! 或 Hi! 等。good-bye 在美國口語中對親近的人也可用 Take it easy. (再見。)；cf. hi.

—*n.* [C] (*pl.* ~**s**) **告別的話，再見！告辭！告別**：We said our ~*s* and went home. 我們道別而回家。

góod chéer *n.* [U] **1 興高采烈；勇氣。** **2 宴飲行樂。** **3 美酒佳餚。**

Góod Cónduct Mèdal *n.* [C] (美軍之)品德優良獎章。

gòod dáy *interj.* [白天用拘泥的招呼用語] **1** [ˌgʊdˈde; ˌgudˈdei]

(見面時)日安！您好！**2** [ˋgud-; ˈgud-] (告別時)再見！

góod égg *n.* Ⓒ《口語》好人。

‡**good evening** [ˌgudˋivnɪŋ; ˌgudˈi:vniŋ] *interj.* [用於晚上的打招呼語] **1** (見面時)晚安！**2** (告別時)再見！

góod fáith *n.* Ⓤ誠懇正直。

góod-féllowship *n.* Ⓤ友誼，友情。

góod-for-nóthing *adj.* 〈人〉毫無用處的，毫無價值的。
—*n.* Ⓒ窩囊廢，廢物。

Góod Fríday *n.* 耶穌受難日《Easter 前的星期五》。

> 【說明】(1)Good Friday 是指耶穌基督(Jesus Christ)在耶路撒冷(Jerusalem)各各他(Golgotha)的小山被釘死於十字架上的日子。Good 是 holy 的意思；cf. fast day【說明】
> (2)這一天是悲傷和禁食祈禱的日子，從前的愛爾蘭(Ireland)人在耶穌受難日只喝茶或水，而在英格蘭(England)則只進食以牛奶煮成的米飯。這兩種習俗都曾持續很久，但現在這種宗教意義已漸轉淡。由於這是漫長冬天後的首次銀行休假日(bank holiday)，因此也有不少人把這一天視爲全家休閒遊樂的日子，而以輕鬆愉快的心情等待它的來臨。

góod-héarted *adj.* 好心的，親切的，體貼的，仁慈的。
～·ly *adv.* **～·ness** *n.*

Gòod Hópe, the Cape of *n.* 好望角《在非洲南端的一海角》。

góod húmor *n.* Ⓤ高興的情緒。

góod-hú·mored *adj.* 心情好的，高興的，愉快的；和藹可親的。
～·ly *adv.* **～·ness** *n.*

good·ie[1] [ˋgudɪ; ˈgudi] *n.* Ⓒ(西部片、犯罪小說等中的)好人，善人(↔ baddie)。

good·ie[2] [ˋgudɪ; ˈgudi] *interj.* ＝goody[2].

good·ish [ˋgudɪʃ; ˈgudiʃ] *adj.* [用在名詞前] **1** 還好的，尚可的，差强人意的：a ～ wine 味道馬馬虎虎的酒。**2** [**a** ～ ...] (數量、大小等)頗大的：It's *a* ～ distance from here. 從這裏去距離頗遠。

góod Jóe *n.* Ⓒ《口語》古道熱腸者；好好先生。

góod-lóoker *n.* Ⓒ面貌姣好的人，美人。

‡**good-look·ing** [ˋgudˋlukɪŋ; ˌgudˈlukiŋ] *adj.* (**better-, best-; more ～, most ～**)〈人〉**美貌的**，漂亮的(★[用法]可用於男、女；⇨beautiful【同義字】)；〈衣服等〉很合身的；〈車子等〉式樣好看的：a ～ girl 漂亮的女孩/ ～ legs 美腿。

góod·ly *adj.* (**-li·er; -li·est**) [用在名詞前]《文語・古》**1** 漂亮的，美觀的，優美的：a ～ sight 美景。**2** [**a** ～ ...] (數量、大小等)可觀的，大的，頗多的：*a* ～ heritage 一筆可觀的遺產/*a* ～ amount of money 一筆相當可觀的錢。

‡**gòod mórning** [ˌgudˋmɔrnɪŋ; ˌgudˈmɔ:niŋ] *interj.* [用於上午的打招呼語] **1** (見面時)早！早安！**2** (告別時)再見！

góod náture *n.* Ⓤ和藹；和善；溫厚。

good-na·tured [ˋgudˋnetʃəd; ˌgudˈneitʃəd] *adj.* (**more ～; most ～**)性情好[溫和]的，好脾氣的，和善的。
～·ly *adv.* **～·ness** *n.*

góod-néighbor *adj.* [用在名詞前] (國與國)有友好關係的，睦鄰的：a ～ policy 睦鄰政策。

***good·ness** [ˋgudnɪs; ˈgudnis] *n.* **1** Ⓤ **a** (與生俱來的)**美德**，善(良)，善行，仁慈，好意。**b** [＋ *to* do] [**the** ～]〈做…的〉好意，好意〈去做…〉：He had *the* ～ *to* accompany me. 他好意地陪伴我/Have *the* ～ *to* listen！請注意聽。**2** [**the** ～]好處，長處，精華；(尤指食物的)養分。**3** [當感嘆詞用；當作 God 的委婉語，用以表示驚訝或詛咒等]《口語》：Thank ～！謝天謝地(★[用法]也用作插入語)/*G*~ (gracious)！＝My ～！＝*G*~ me！哎呀！天哪！
for góodness(') sàke ⇨sake[1].
Góodness knóws ＝God KNOWS.
wish [hópe] to góodness (that)... 《口語》非常希望，但願…：I *wish to* ～ you'd be quiet. 我非常希望你們安靜。

‡**good night** [ˌgudˋnaɪt; ˌgudˈnait] *interj.* [用於夜晚時的告別，就寢時的打招呼語]再見！晚安！

góod óffices *n. pl.* ⇨office 6.

‡**goods** [gudz; gudz] 《源自 good 的名詞用法》**—*n. pl.*** **1 a** **商品**，物品；貨物：canned ～ 罐頭物品/convenience ～ 日用雜貨品/leather ～ 皮革製品/war ～ 戰爭物資。**b** [有時當單數用]《美》布料：dress ～ 女用衣料/⇨dry goods. **2** [常作形容詞使用；⇨*adj.*]《英》(對乘客(passenger)而言的鐵路)**貨物**。**3 a** (現金、證券以外的)動產，家財，一切家具雜物，所有物：household ～ 家財，家庭用品，家具雜物/～ and chattels《法律》私人財物《個人的一切所有物》。**b**《經濟》財：consumer [producer] ～ 消費[生產]財。**4**《口語》**a** [**the** ～；有時當單數用]正合希望[正想要]的東西[人]：It's *the* ～. 那正是想要的東西。**b** [**a piece of** ～]人，(尤指)女子：She's *a* sexy *piece of* ～. 她是個性感的女子。
delíver [prodúce] the góods 《口語》實行諾言，不負所望。
gèt [hàve] the góods on a person 《美口語》獲得[掌握]某人罪證。
—*adj.* [用在名詞前] (鐵路)貨物的：a ～ agent 貨運行/a ～ station 貨物站/a ～ train《英》貨物列車(《美》freight train)/a ～ wagon《英》貨車(《美》freight car).

góod Samáritan *n.* Ⓒ[有時 G~]好心的撒馬利亞人；行善者。

> 【字源】這個字出自聖經：一個平常被猶太人所蔑視的撒馬利亞人，在路上救助了一名遭盜匪搶劫後被打得半死的猶太人，並爲他療傷，帶到客棧徹夜看護(聖經新約「路加福音」10:30–37)。

góod sénse *n.* Ⓤ良知，見識，辨別力。

Góod Shépherd *n.* [**the** ～]耶穌基督。

góod-sízed *adj.* 相當大的。

gòod spéed *n.* Ⓤ佳運；成功。

góods tràin *n.*《英》＝freight train.

góod-tém·pered *adj.* 好脾氣的，性情溫和的。

góod thíng *n.* [**a** ～]《口語》**1** 好事，所希望的事：Free trade is *a* ～. 自由貿易是件好事[理想的事]。**2** 好工作[差事]：He's really on to *a* ～. 他眞正找到了一份好差事。
It is a góod thíng (that).... 《口語》所幸…，還好…：*It's a* ～ we checked the time of the train. 還好，我們核查了火車時刻。
tòo múch of a góod thíng ⇨too.

góod·will *n.* Ⓤ **1** 善意，親切；親善：international ～ 國際親善/a ～ envoy [tour] 親善使節[旅行]。**2**《商》(商店、生意的)商譽，無形資產，招牌，營業權：sell the ～ of a shop 把店的招牌賣了《即把店面讓渡他人》。

good·y[1] [ˋgudɪ; ˈgudi] *n.* Ⓒ《口語》**1** [常 **goodies**] **a**好吃的東西；(尤指)糖果，糕餅，冰淇淋(等)。**b**特別吸引人[好]的東西。**2** ＝goodie[1].

good·y[2] [ˋgudɪ; ˈgudi] *interj.* [尤指小孩子表示喜悅的叫聲]好啊！好棒！

good·y[3] [ˋgudɪ; ˈgudi] *n.* Ⓒ《古》**1** (身分低微之)老婦；嫗；媼。**2** 對身分低微老婦之稱呼。

good·y[4] *adj.* (**good·i·er; -i·est**)＝goody-goody.

góody-góody 《口語》*n.* Ⓒ(*pl.* **goody-goodies**)僞善者，僞君子。
—*adj.* 僞善的，假道學的。

goo·ey [ˋguɪ; ˈgu:i] 《goo 的形容詞》**—*adj.*** (**goo·i·er; -i·est**)《口語》**1** 〈糕餅、糖果等〉甜膩的，黏的。**2** 過於傷感的。

goof [guf; gu:f] 《俚》*n.* Ⓒ **1** 呆子，傻瓜。**2** 大錯，失敗。
—*v.i.* **1** 犯錯，弄砸，失敗。**2** [十副] 閒蕩，混日子〈*off, around*〉：～ *off on* the job 怠工，工作偸懶，磨洋工。

góof-òff *n.* Ⓒ《美俚》偸懶的人，吊兒郎當的人。

goof·y [ˋgufɪ; ˈgu:fi] 《goof 的形容詞》**—*adj.*** (**goof·i·er; -i·est**)《俚》笨的，愚蠢的。

goo·gly [ˋguglɪ; ˈgu:gli] *n.* Ⓒ《板球》曲球《先轉向一方，繼而轉向他方之球》。

goon [gun; gu:n] *n.* Ⓒ《俚》**1** 笨蛋。**2**《美》(尤指受僱來破壞罷工的)暴徒，打手。

goop [gup; gu:p] *n.* **1** Ⓒ《口語》態度粗野的人。**2** Ⓤ《俚》油膩[黏性]物質。

***goose** [gus; gu:s] *n.* (*pl.* **geese** [gis; gi:s]) **1 a** Ⓒ《鳥》**鵝**，雌鵝(★[相關用語]雄鵝是 gander，幼鵝 gosling；叫聲爲 gabble)：⇨wild goose/All his *geese* are swans.《諺》敝帚自珍，自誇自讚《原意爲「他所有的鵝都是天鵝」》/The old woman is plucking her ～. 下雪了(★[用法]小孩子對於下雪的說法)。**b** Ⓤ鵝肉。
2 Ⓒ《口語》呆子，笨蛋，傻瓜。
3 Ⓒ(*pl.* **goos·es**)《美俚》(爲了使人嚇一跳)用手[手指]戳某人的臀部。
càn't [còuldn't] sáy bóo to a góose ⇨boo.
cóok a person's **góose** 《口語》使某人的[計畫，希望，評價、聲望]受挫。

> 【字源】cook a person's goose 源自一首十九世紀中葉的英國民謠歌詞中 If they come here we'll cook their goose, The Pope and Cardinal Wiseman. (如果教皇和樞機主教魏斯曼來的話，我們要烹他們的鵝。)當時羅馬教皇庇護九世(Pius IX)計畫改組英國天主教神職者的組織而任命魏斯曼爲西敏寺(Westminster Cathedral)大主教。這首民謠的歌詞反應着當時英國國民對此事强烈的反感。

kill the góose that láys the gólden éggs 爲貪圖眼前的利益而犧牲未來的利益，殺雞取卵。

> 【字源】這句諺語源自「伊索寓言」[Aesop's Fables)，故事是說有一個人飼養了會生金蛋的鵝，爲了想要一次得到大量的金蛋發大財，而把那隻鵝殺死。

—*v.t.* [十受]《美俚》(爲使人嚇一跳)用手[手指]戳〈人〉的臀部。

goose·ber·ry [ˋgusˏbɛrɪ, ˋguz-, -bərɪ; ˈguzbəri] *n.* Ⓒ **1**《植物》醋栗《虎耳草科的落葉灌木》。**2** 醋栗果實。

pláy góoseberry《英口語》夾在兩個想單獨在一起的人(如情侶)之間，當電燈泡。

góoseberry búsh *n.* Ⓒ 醋栗樹(叢)：I found him [her] under a ～.《諺》我在醋栗樹叢下發現他[她]《★一種解釋小孩出生於何處的用語》。

gooseberry

góose ègg 《把零 (0) 比做蛋》 —*n.* Ⓒ《美俚》(比賽的)零分。

góose·flèsh *n.* Ⓤ (因寒冷或恐懼而起的) 雞皮疙瘩：be ～ all over 渾身起雞皮疙瘩。

góose·fòot 《因其葉子似鵝脚》—*n.* Ⓒ(*pl.* ～s)《植物》藜《如菠菜、甜菜等》。

góose·hèrd *n.* Ⓒ飼鵝者。

góose·nèck *n.* Ⓒ鵝頸；S [U]字形管，鵝頸管：a ～ lamp 活動曲頸檯燈。

góose pìmples *n. pl.* ＝gooseflesh.

góose·skin *n.* ＝gooseflesh.

góose stèp *n.* [用單數；常 the ～] 正步(伸直腿不彎膝的步法)。

góose-stèp *v.i.* (**-stepped, ～·ping**)以正步行進。

G.O.P., GOP 《略》Grand Old Party.

go·pher [ˋgofɚ; ˈgoufə] *n.* Ⓒ《動物》地鼠《北美產》。

Gópher Stàte *n.* [**the** ～] 美國明尼蘇達(Minnesota)州之別稱。

gooseneck lamp

Gor·ba·chev [ˋgɔrbətʃɔf, -tʃɑf; ˈgɔ:bətʃɔf], **Mi·kha·il Ser·ge·ye·vich** [mɪˋkaɪlsɛrˋgejɪvɪtʃ; miˈkailsɛəˈgeijivitʃ] *n.* 戈巴契夫《1931－；蘇聯政治家；曾任蘇共總書記 (1985–91) 及總統 (1990–91)》.

Gór·di·an knót [ˋgɔrdɪənˋnɑt; ˈgɔ:djənˈnɔt] *n.* [**the** ～] 哥帝爾斯難結；難題，難事。

cút the Górdian knót 快刀斬亂麻；以大刀闊斧的手段解決困難。

gopher

【字源】Gordian knot 是指古代佛里幾亞(Phrygia)的國王哥帝爾斯(Gordius [ˋgɔrdɪəs; ˈgɔ:djəs])所結複雜的難結。據神諭，能解開此結者，將成為亞細亞王，亞歷山大大帝(Alexander the Great)立即以其劍斬斷這個結將它解開，由此產生了「快刀斬亂麻」的說法。

Gor·don [ˋgɔrdn; ˈgɔ:dn], **Charles George** *n.* 戈登《1833–85；英國名將，曾協助清廷平定太平天國之亂》。

gore[1] [gor, gɔr; gɔ:]*n.* Ⓤ《文語》(傷口的)凝血，血塊。

gore[2] [gor, gɔr; gɔ:]*v.t.* 〈牛等〉用角牴…；〈野豬等〉以獠牙刺…。

gore[3] [gor, gɔr; gɔ:]*n.* Ⓒ衽，襠《以三角布片縫入裙子中；縫合數片做成裙子》。

—*v.t.* 在…上縫上三角布片《★常以過去分詞當形容詞用》：a ～*d* skirt 有襠的裙子。

gorge [gɔrdʒ; gɔ:dʒ] 《源自古法語「咽喉」之義》—*n.* Ⓒ **1** (兩側形成絕壁的)峽谷，深谷《★也常加地名》：the Cheddar *G*～ 切德峽谷。**2**《美》(堵塞河流、通道等的)聚集物，障礙物：An ice ～ has blocked the shipping lane. 冰塊阻礙了航道。

One's **górge rises at...** 見到…就作嘔；厭惡。

màke a person's **górge ríse** 使某人作嘔，使某人厭惡。

—*v.t.* 〔十受(十介十(代)名)〕[～ one*self*] 胡亂地塞入〔食物〕，貪婪地吃〔…〕，〔以…〕塞飽〔*on, with*〕：The children ～*d themselves* (**on** cake) at the party. 小孩在宴會上貪婪地吃(蛋糕)[(以蛋糕)塞飽肚子]。

gore[3]

—*v.i.* 〔動(十介十(代)名)〕貪吃，狼吞虎嚥〔…〕〔*on*〕.

gor·geous [ˋgɔrdʒəs; ˈgɔ:dʒəs] 《源自古法語「咽喉(gorge)的褶飾」之義》—*adj.* (**more** ～；**most** ～) **1** 絢爛豪華的，華麗的，壯麗的；燦爛的：a ～ sunset 燦爛的落日/The garden is ～ *with* azaleas. 花園裡盛開著絢麗的杜鵑花。**2**《口語》〈人、物〉好看的；很美的，好極的：a ～ meal 豐盛的一餐/a ～ actress 迷人的女演員。

～**·ly** *adv.* ～**·ness** *n.*

gor·get [ˋgɔrdʒɪt; ˈgɔ:dʒit] *n.* Ⓒ (甲冑的)護喉。

Gor·gon [ˋgɔrgən; ˈgɔ:gən] *n.* Ⓒ **1**《希臘神話》蛇髮女怪《據傳其髮為蛇，能使見者因過度驚恐而化為石頭的三姊妹之一；尤指被柏修斯(Perseus)所殺的么妹女怪墨杜沙(Medusa)》。**2** [**g**～] **a** 可怕的女人，奇醜無比的女人。**b** 恐怖的事物。

Gor·gon·zo·la [ˏgɔrgənˋzolə; ˌgɔ:gənˈzoulə] 《源自義大利原產地名》—*n.* Ⓤ [指個體時為Ⓒ] 羊乳製白乾酪《味道强烈》。

gorge 1

go·ril·la [gəˋrɪlə; gəˈrilə] 《源自希臘文「多毛女人的種族」之義》—*n.* Ⓒ **1**《動物》大猩猩。**2**《口語》醜人；兇漢，粗暴的人。

Gor·ki, -ky [ˋgɔrkɪ; ˈgɔ:ki], **Max·im** [ˋmæksɪm; ˈmæksim] *n.* 高爾基《1868－1936；俄國小說家、劇作家》。

gor·mand [ˋgɔrmənd; ˈgɔ:mənd] *n.* ＝gourmand.

gor·man·dize [ˋgɔrmənˏdaɪz; ˈgɔ:məndaiz] *v.i.* 大吃[狼吞虎嚥]。

gorm·less [ˋgɔrmlɪs; ˈgɔ:mlis] *adj.*《英口語》愚蠢的，沒有頭腦的。～**·ly** *adv.*

gorilla 1

gorse [gɔrs; gɔ:s] *n.* Ⓤ《植物》荊豆。

gor·y [ˋgorɪ, ˋgɔrɪ; ˈgɔ:ri] 《gore[1] 的形容詞》—*adj.* (**gor·i·er**；**-i·est**) **1**《文語》染血的；滿是血的；血淋淋的，血腥的：a ～ battle 血腥的戰爭。**2** 殘酷的，駭人聽聞的：a ～ film (多血腥場面的)殘酷的影片。

gosh [gɑʃ; gɔʃ] 《為 God 的委婉語》—*interj.* [表示驚訝]哎呀！糟了！

gos·hawk [ˋgɑsˏhɔk; ˈgɔshɔ:k] *n.* Ⓒ《鳥》蒼鷹。

Go·shen [ˋgoʃən; ˈgouʃn] *n.* **1**《聖經》歌珊《出埃及以前以色列人所居住之埃及北部的肥沃牧羊地》。**2** Ⓒ豐饒樂土。

gos·ling [ˋgɑzlɪŋ; ˈgɔzliŋ] *n.* Ⓒ **1** 小鵝(goose). **2** 小毛孩，愚蠢而無經驗的人。

gó-slów *n.* Ⓒ《英》故意拖延的戰術(《美》slowdown)《罷工的一種方式》。

gos·pel [ˋgɑspl; ˈgɔspl] 《源自古英語「好消息」之義；後來，前半與 God 混同，成為「神諭」之義》—*n.* **1** [**the** ～] 福音：**a** 與救世主、救贖、神的王國有關的信息。**b** 耶穌與使徒們的教誨，基督教的教義：preach *the* ～ 傳福音；佈道。**2** [**G**～] Ⓒ福音書《記述基督生平與教誨的聖經新約的頭四卷》：the *G*～ according to St. Matthew [Mark, Luke, John] 馬太[馬可，路加，約翰]福音。**3** Ⓤ絕對的眞理：take...as [for] ～ 視…為眞理，視…為絕對正確的/What he says is ～. 他說的絕對正確。**4** Ⓒ《諧》信條，主義：the ～ *of* efficiency 效率主義/Drink plenty of milk；that is my ～. 多喝牛奶；那是我的信條。

gós·pel·er,《英》**gós·pel·ler** *n.* Ⓒ **1** (在聖餐式中)讀福音書的人。**2** 福音宣傳者，傳道師。

góspel sìde *n.* [**the** ～] (基督教堂內的面向)聖壇之左側。

góspel sòng *n.* Ⓒ **1** 福音歌《根據福音書譜成的歌》。**2** 黑人的宗教音樂。

góspel trúth *n.* [常 **the** ～]《口語》＝gospel 3.

gos·sa·mer [ˋgɑsəmɚ; ˈgɔsəmə] *n.* Ⓤ **1** 遊絲《飄浮在空中或懸掛在草上的纖細小蜘蛛網[絲]》。**2** 薄紗。**3** (像遊絲般的)纖細[虛幻，無常]之物：the ～ of youth's dreams 青春的虛幻之夢。

gos·sip [ˋgɑsəp; ˈgɔsip] 《源自古英語「命名的人」之義；其後轉變為「親近同伴間的閒話」之義》—*n.* **1** ⓊⒸ (有關別人私事的)街談巷議，閒話。**2** Ⓤ (刊登在報紙、雜誌上的有關名人等的)流言蜚語，花邊新聞：a ～ writer 漫談專欄作家，寫花邊新聞的記者/a ～ column(報章雜誌的)花邊新聞，隨筆[漫談]專欄。**3** Ⓒ碎嘴子，饒舌者，到處傳閒話的人。

【字源】基督教國家的小孩在出生後需接受洗禮並取教名。被請當作監護人的人(即 godfather(教父)及 godmother(教母))通常會參加受洗儀式並親自為小孩命名。gossip 原來是指這 godfather 和 godmother. 不久因為熟知那小孩家庭情形的教父、教母在別處閒談這一家的事，而成為「喜歡說閒話的人」之意，到今天便成為「沒根據的閒言」之意。

G

—*v.i.* 〔動(＋介＋(代)名)〕 **1** 〔與…〕聊〔有關…的〕閒話〔*with*〕〔*about*〕：She is always ~*ing* ***with*** her friends ***about*** her neighbors. 她老是跟朋友閒聊她鄰居的事。**2** 寫〔有關…的〕傳聞，閒語〔*about*〕.

gos·sip·mon·ger [ˋgɑsəpˏmʌŋgɚ, -ˏmɑŋ-; ˈgɔsipˏmʌŋgə] *n.* Ⓒ散布謠言者；愛談東家長西家短者；傳小道消息[內幕新聞]的人。

gos·sip·y [ˋgɑsəpɪ; ˈgɔsipi] **《gossip 的形容詞》**—*adj.* **1** 〈人〉愛閒談的，饒舌的。**2** 〈報章雜誌等〉刊登花邊新聞的。

‡got [gɑt; gɔt] *v.* **get** 的過去式及過去分詞。

Goth [gɑθ, gɔθ; gɔθ] *n.* **1 a** [**the** ~s] 歌德族《三至五世紀時入侵羅馬帝國，並在義大利、法國、西班牙建立王國的一支日耳曼民族》。**b** Ⓒ哥德人。**2** Ⓒ無教養的野蠻人。

Go·tham [ˋgɑtəm; ˈgoutəm] *n.* 哥譚鎮，愚人村《英國諾丁安郡(Nottinghamshire)的一村鎮；相傳其從前的居民皆為愚人》。

wíse mán of Gótham 愚人，呆子。

Goth·ic [ˋgɑθɪk; ˈgɔθik] *adj.* **1** 《建築・美術》哥德式的：~ art 哥德式藝術/a ~ cathedral 哥德式大教堂/⇨Gothic architecture. **2** 《文學》哥德派的《以中世紀為背景，題材怪誕的》：a ~ novel 哥德式小說，怪異小說。**3 a** 《印刷》哥德體的。**b** (手寫字體) 哥德體的：in ~ script 用哥德體的字。**4** 哥德族[語]的。—*n.* Ⓤ **1** 《建築・美術》哥德式。**2** 《印刷》 **a** 《英》哥德體活字《歐洲過去使用的粗鉛字體；⇨ type 插圖》。**b** 《美》= sans serif. **3** 哥德語《古代哥德人的語言》。

Gothic cathedral
1 boss 2 rib 3 pinnacle 4 flying buttress 5 buttress

Góthic árchitecture *n.* Ⓤ哥德式建築《十二至十六世紀常見於西歐的建築形式，其特色為尖拱》。

got·ta [ˋgɑtə; ˈgɔtə] 《俚》= (have [has]) got to (⇨HAVE² got(2))：I ~ go. 我得走啦。

‡got·ten [ˋgɑtn̩; ˈgɔtn] *v.* 《美》 **get** 的過去分詞。—*adj.* [構成複合字] (以…方式)得到的：ill-*gotten* 以不當手段獲得的。

gouache [gwɑʃ, guˋɑʃ; guˈɑːʃ] **《源自法語》**—*n.* **1** Ⓤ **a** 樹膠水彩畫原料(含樹脂的不透明水彩畫原料)。**b** 樹膠水彩畫法。**2** Ⓒ樹膠水彩畫。

Gou·da [ˋgaudə, ˋgu-; ˈgaudə] *n.* (又作 **Góuda chéese**) Ⓤ [指個體時為Ⓒ] 荷蘭扁圓形乾酪《荷蘭原產，狀扁平，外表常塗上紅蠟》。

gouge [gaudʒ; gaudʒ] *n.* Ⓒ **1** 半圓鑿；鑿槽。**2** 《美口語》敲詐，勒索。

—*v.t.* **1** 〔＋受(＋副)〕(用半圓鑿) 鑿[雕]〈槽、孔、圖案等〉〈*out*〉：~ ***out*** one's initials on a tree 在樹上鑿刻某人的姓名字首。**2** 〔＋受＋副〕挖出〈眼珠〉〈*out*〉：He had his eyes ~*d* ***out***. 他兩眼被挖出。**3** 《美口語》欺詐，勒索。

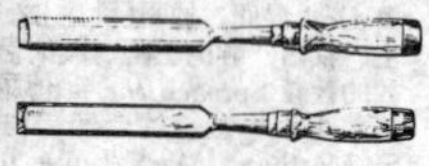
gouges 1

gou·lash [ˋgulæʃ, -lɑʃ; ˈguːlæʃ] *n.* Ⓒ [當菜名時為Ⓤ] 蔬菜燉牛肉《一種以乾紅椒粉(paprika)調味甚濃的匈牙利式菜餚》。

gourd [gɔrd, gurd; guəd] *n.* Ⓒ **1 a** 《植物》瓜科的植物《葫蘆、絲瓜等》。**b** 葫蘆。**2** 葫蘆製的容器《瓢、碟子等》。

gourde [gurd, gurd; guəd] *n.* Ⓒ古德《海地之貨幣單位》。

gour·mand [ˋgurmənd; ˈguəmənd] **《源自法語》**—*n.* Ⓒ貪吃者，饕餮，喜美食者。

gour·met [ˋgurme; ˈguəmei] **《源自法語「品嚐葡萄酒的人」之義》**—*n.* Ⓒ美食者，講究飲食的人。

gout [gaut; gaut] *n.* Ⓤ《醫》痛風。

gout·y [ˋgautɪ; ˈgauti] **《gout 的形容詞》** —*adj.* (**gout·i·er**; **-i·est**) **1 a** 痛風的，患痛風的。**b** 痛風引起的。**2** 因痛風而腫脹的。

gov., Gov. 《略》Government；Governor.

‡gov·ern [ˋgʌvɚn; ˈgʌvn] **《源自拉丁文「掌船舵」之義》**—*v.t.* 〔＋受〕 **1 a** 治理，統治〈國家、國民〉：The king ~*ed* the country wisely. 那位國王英明地統治國家。

【同義字】govern 指擁有權力者行使權力，實施政治；rule 指行使權力，直接，完全地控制；reign 指帝王擁權，統治國家。

b 管理，營運〈公共機關等〉：~ a public enterprise 經營公共企業。**2 a** 支配，左右〈人等〉；決定〈行動等〉：Self-interest ~*s* all his decisions. 私利左右他的決定/He is easily ~*ed* by the opinions of others. 他很容易受別人意見的影響。**b** 控制[抑制]〈情緒等〉：He couldn't ~ his temper. 他無法控制自己的脾氣。**c** [~ one*self*] 克制自己，自制。**3** 〈原則、政策等〉決定…《★常用被動語態》：Prices *are* ~*ed by* supply and demand. 價格取決於供給與需求(之關係)。**4** 《文法》〈動詞、介系詞〉需用[限定]〈某種受詞〉。—*v.i.* 統治；支配，管理：The British sovereign reigns but does not ~. 英國君主統而不治。

gov·ern·a·ble [ˋgʌvɚnəbl; ˈgʌvnəbl] *adj.* 〈國民等〉可統治的，容易統治的。

gov·er·nance [ˋgʌvɚnəns; ˈgʌvnəns] *n.* Ⓤ《古》統治，管理，支配。

gov·ern·ess [ˋgʌvɚnɪs; ˈgʌvnis] *n.* Ⓒ (住在雇主家負責教育幼兒的) 女家庭教師。

gôv·ern·ing *adj.* [用在名詞前] 統治的；支配[管理]的；統制的：a ~ body 管理機關，董事會/the ~ classes 統治階級/a ~ principle 指導原理。

‡gov·ern·ment [ˋgʌvɚmənt, ˋgʌvɚnmənt; ˈgʌvnmənt] **《govern 的名詞》**—*n.* **1** Ⓤ政治，施政，統治(權)，行政(權)：the ~ of a country 一國的政治/~ of the people, by the people, for the people 民有、民治、民享的政治(cf. Gettysburg Address)。**2** Ⓤ 政治體制，政治[國家]組織：constitutional [democratic, republican] ~ 立憲[民主，共和]政體。**3** Ⓒ [集合稱；常 G~] 政府，內閣《★用法 視為一整體時當單數用，指個別成員時當複數用》：the British [United States] *G*~ 英[美]國政府/form a *G*~ 《英》〈首相〉組閣/The *G*~ *has* [*have*] approved the budget. 政府核准預算案。**4** Ⓤ《文法》支配《某字對另一字的格或陳述語氣的影響》。

gov·ern·men·tal [ˏgʌvɚnˋmɛntl; ˏgʌvnˈmentl˜] **《government 的形容詞》**—*adj.* [用在名詞前] 政府的，政治(上)的；公營[公立]的。

gov·ern·ment·ese [ˏgʌvɚnmɛnˋtiz, -ˋtis; ˏgʌvənmenˈtiːz, -ˈtiːs] *n.* Ⓤ官話；官腔。

Góvernment Hòuse *n.* [**the** ~] (舊時英國殖民地等的) 政府大廈；總督官邸。

góvernment-in-éxile *n.* Ⓒ流亡政府。

góvernment íssue, G- I- *n.* Ⓒ《美》政府發給軍人的供給品《如士兵的軍服等；cf. GI》.

***gov·er·nor** [ˋgʌvənɚ, ˋgʌvnɚ, ˋgʌvɚnɚ; ˈgʌvənə] *n.* Ⓒ **1 a** [有時 G~；也用於稱呼] (美國各州的) 州長(略作 Gov.)。**b** (縣市等的) 地方長官。**c** = governor-general. **2 a** (銀行的) 總裁；(政府機構的) 主管人員，院長：the ~ of the Bank of England 英國銀行總裁/the ~ of the prison 典獄長。**b** (學校、協會等的) 董事。**3** [也用於稱呼] 《英口語》父親；首領；老闆；老大。**4** 《機械》調整器，調速器，調壓器。

góvernor-géneral *n.* Ⓒ (*pl.* **governors-general**, ~**s**) (英國聯邦內的獨立國、從前殖民地等的) 總督。

góv·er·nor·shìp *n.* Ⓤ州長[長官，總裁等]的職位[地位，任期]。

govt., Govt., Gov't 《略》Government.

gown [gaun; gaun] **《源自拉丁文「毛皮衣服」之義》**—*n.* **1** Ⓒ **a** 《美・英古》(婦女穿的) 長服《在社交宴會上穿的正式長禮服》：⇨ evening gown. **b** (大學教授、學生、市長、法官、律師、教士等穿的黑色的) 工作服，學士服，法衣，禮服：an academic ~ 學士服/a judge's ~ 法官服/in cap and ~ 穿戴學士帽與學士服《★無冠詞》/in wig and ~ 穿著(包括假髮的)正式法官服《★無冠詞》。**c** 化妝時穿的寬外衣；睡袍。**d** (外科醫師的) 手術衣。**2** Ⓤ [集合稱] (與市民相對的) 大學的教授、學生等《★常用於下列片語》：town and ~ 一般市民與大學人士。

gowns·man [ˋgaunzmən; ˈgaunzmən] *n.* Ⓒ (*pl.* **-men** [-mən; -mən]) 因職業上需要穿長袍者《如法官、律師、大學教授等》。

Go·ya [ˋgɔjə; ˈgoujɑː], **Francisco de** [frænˋsɪskodə; frænˈsiskoudə] *n.* 哥雅《1746–1828；西班牙畫家》。

GP, G.P. 《略》general practitioner；Grand Prix.

GPA 《略》grade point average 《教育》學業成績總平均。

GPO, G.P.O. 《略》General Post Office.

GPU [ˋdʒiˏpiˋju, ˋgeˏpeˋu; ˈdʒiːˏpiːˈjuː, ˈgeiˏpeiˈuː] **《源自俄語的縮寫》**—*n.* 格別烏，秘密警察《1922–35；蘇聯的特務組織》。

gr. 《略》grade；grain(s)；gram(s)；grammar；gravity；great；gross；group. **Gr.** 《略》Grecian；Greece；Greek.

grab** [græb; græb] (**grabbed**; **grab·bing**) *v.t.* **1 a** 〔＋受〕抓住〈某物〉；逮捕〈某人〉；把握〈機會等〉：~ a robber 逮捕強盜/~ power [a chance] 掌握權力[抓住機會]。**b** 〔＋受＋介＋名〕抓住〈人〉〔身體、衣服的某部位〕〔*by*〕《★在身體、衣服之前加 the》：He *grabbed* me ***by the arm. 他抓住我的手臂。**c** 〔＋受＋介＋(代)名〕〔從…〕抓住[奪取]…〔*from*〕：He *grabbed* the toy ***from*** her hand. 他從她手中奪取玩具。**2** 〔＋受〕(以不當手段) 奪取，侵佔〈座位、土地等〉：~ the best seat 搶奪最好的位子/~ public land 侵佔公有地。**3** 〔＋受〕《口語》急抓…，急著利用…：~

a shower [taxi] 快速地沖個澡[趕搭計程車]/I *grabbed* a sandwich and a cup of coffee. 我胡亂吃了一個三明治及喝了一杯咖啡。**4** 〔+受〕《美俚》抓住〈人〉的心：~ an audience 抓住觀衆的心，吸引住觀衆/How does that ~ you? 你對它的印象如何？
—*v.i.* 〔+介+(代)名〕**抓住**〔…〕〔*at*〕《★可用被動語態》：~ ***at*** an opportunity 抓住機會/He *grabbed at* her purse. 他搶奪她的皮包。
—*n.* Ⓒ **1 a** 抓握；大把抓：make a ~ at... 攫取[抓取]…。**b** 搶奪，侵佔，奪取。**2** 《機械》挖泥機，挖掘機。**úp for grábs** 《口語》供人競購，供人爭取[贏得]。**gráb·ber** *n.*

gráb bàg *n.* Ⓒ **1** 《美》摸彩袋；幸運袋(《英》lucky dip)。**2** 《口語》各式各樣的東西：a ~ of toys 各式各樣的玩具。

grab·by [ˈgræbɪ; ˈgræbi] «grab 的形容詞» **—*adj.*** (**grab·bi·er**; **-bi·est**) 《口語》貪婪的。

Grac·chus [ˈgrækəs; ˈgrækəs], **Gaius Sempronius** [ˈgeəssemˈpronɪəs; ˈgeiəssemˈprouniəs] *n.* 格拉古(153—121B.C.；與其兄 Tiberius Sempronius [taɪˈbɪrɪəs-; taiˈbiriəs-] (163—133B.C.)同爲羅馬政治家)。

grace** [gres; greis] «源自拉丁文「優美」之義» **—*n. **1 a** Ⓤ (動作、態度、言談等的)**優美，優雅，溫文，高雅**：~ of bearing [deportment, expression] 擧止[態度，表達]優雅/She danced *with* much ~. 她優雅地跳舞；她舞步優雅。**b** Ⓒ [常 ~s] (吸引人的)優點，魅力：one's saving ~ 可以彌補缺點的優點，可取之處/have all the social ~*s* 具備了所有社交上的魅力[風度]。**c** [~s] 作態，裝腔作勢《★常用於下列片語》：airs and ~*s* 裝腔作勢，矯揉造作。**2 a** Ⓤ 仁慈，親切，善意：an act of ~ 恩典，恩赦/by special ~ 以特別的處置。**b** [**the** ~] 〔+ *to* do〕〈做…的〉雅量：She had *the* ~ *to* apologize. 她有道歉的雅量。**c** [~s] 眷顧，知遇：in a person's good [bad] ~*s* 得寵[失寵]於某人；受到某人的喜愛[憎惡]。**d** Ⓤ 《古》慈悲，寬大。**3** Ⓤ〈付款、工作等的〉寬限(期間)：days of ~ (票據付款的)寬限日期/give a person a week's ~ 予人一週的寬限。**4** ⓊⒸ 飯前[後]的感恩禱告：say (*a*) ~ 禱告。**5** Ⓤ《基督教》神的恩典，恩寵：by the ~ of God 蒙上帝的恩典《★用法 尤用於正式文件中國王名字之後》/⇨ fall from GRACE. **6** [G~] Ⓒ [公爵，公爵夫人，大主教的尊稱] 閣下，夫人：Your *G*~ 閣下/His [Her] *G*~ 閣下[夫人]。**7** [**the** (**three**) **Graces**] 《希臘神話》三美神《象徵光輝、喜悅、開花的三位姊妹女神》。
by (**the**) **gráce of...** 藉著…的力量[幫助]。
fáll from gráce [fall 爲動詞] (1)(因做錯事而)失寵，〔被…〕嫌惡〔*with*〕。(2)失去上帝的恩寵，失去天恩；墮落。**—**[fall 爲名詞Ⓒ] (3)惹長輩[上位者]不愉快。(4)做出(惹人不愉快的)愚蠢事[壞事]。
with (**a**) **bád gráce** 不情願地；勉强地。
with (**a**) **góod gráce** 爽快地；主動地，欣然地。
—*v.t.* 《文語》**1** 〔+受+介+(代)名〕〔因…〕使…增光，有榮譽〔*with*〕《★常用被動語態》：The queen ~*d* the dinner ***with*** her presence. 女王駕臨爲晚宴增光。**2** 〔+受〕使…優美，使…增加光彩：Some beautiful pictures ~ his study. 數張漂亮的畫使他的書房增色不少。

Grace [gres; greis] *n.* 格雷絲《女子名》。

grace·ful [ˈgresfəl; ˈgreisful] «grace 的形容詞» **—*adj.*** (**more** ~; **most** ~) **1** 〈人、動作、態度等〉**優美的，優雅的，高尚的**(⇨ delicate【同義字】)：a ~ girl 擧止優雅的女孩/(as) ~ as a swan 姿態十分優美，擧止十分端莊。**2** 〈言語、感情等〉坦率的：a ~ apology 坦率的道歉。**~·ly** [-fəlɪ; -fuli] *adv.* **~·ness** *n.*

gráce·less *adj.* **1** 難看的，不美觀的，不雅的。**2** 沒規矩的，不知禮的，粗野的。**~·ly** *adv.* **~·ness** *n.*

gráce nòte *n.* Ⓒ《音樂》裝飾音。

gra·cious [ˈgreʃəs; ˈgreiʃəs] «grace 的形容詞» **—*adj.*** (**more** ~; **most** ~) **1** (偉人、上位者對下位者)**懇摯的**，善意的，親切的，寬大的：a ~ hostess 親切的女主人/The queen was ~ enough to invite us. 女王親切地邀請了我們。**2** [慣例上用於國王或女王] 仁慈的，莊重的：Her *G*~ Majesty Queen Elizabeth 伊利莎白女王陛下/the ~ speech from the throne 《英議會》開[閉]會式的詔勅。**3** [用在名詞前]〈生活等〉優雅的：~ living 優雅的生活。**4** 〈神〉充滿恩惠的；很慈悲的。
—*interj.* [表示驚訝] 天哪！哎呀！不得了！糟了！《★用法 常用 Good(ness) *G*~!, *G*~ me!, (My) *G*~! 的形式》。
~·ly *adv.* **~·ness** *n.*

grad [græd; græd] «graduate 之略» **—*n.*** Ⓒ 《口語》(大學的)畢業生：a ~ school [student] 研究所[研究生]。

gra·date [ˈgredet; grəˈdeit] *v.i.* 〈色等〉逐漸轉變。
—*v.t.* **1** 使〈色彩〉逐漸轉變。**2** 使…按等級[次序]排列。

gra·da·tion [greˈdeʃən; grəˈdeiʃn] «grade 的名詞» **—*n.*** **1 a** Ⓤ 逐漸改變，漸變：by ~ 逐漸地。**b** Ⓒ (轉變、變化的)階段，層次：the ~*s* of color in the rainbow 彩虹的各種層次的顏色/every ~ of feeling from joy to grief 從喜悅到悲傷程度上有差異的感情。**2 a** Ⓤ 分等級；分類，定次序。**b** Ⓒ 等級，階段，類別，次序。**3** Ⓤ《繪畫》(色彩、色調的)漸變，濃淡法，漸明或漸暗。

‡grade [gred; greid] «源自拉丁文「樓梯」之義» **—*n.*** **1** Ⓒ **a** **等級，階級，品位**：persons of every ~ of society 社會各階層的人/*G*~ A milk A 級的牛奶。**b** (熟練、智能、課程等的)程度：a high ~ of intelligence 高程度的智能[智力]。**c** [集合稱] 同一等級[階級，程度]的人或物。**2** 《美》**a** Ⓒ (小學、國中、高中的)**年級**(《英》form) 《★不用於大學》：boys in the twelfth ~ 十二年級的男生。**b** [**the** ~；集合稱] 同年級的所有學生《★用法 視爲一整體時當單數用，指個別成員時當複數用》：*The* first ~ was allowed to leave school early. 一年級學生獲准提早離校。**c** [**the** ~**s**] 小學：teach *in the* ~*s* 教小學。**3** Ⓒ《美》(學生的)**成績，分數，評分**(mark) 《★一般爲下列的五種評分：A (Excellent), B (Good), C (Fair, Average, Satisfactory), D (Passing), F (Failure)；D 以上爲及格》：Mary always gets a high ~ in math. 瑪麗的數學總是得到高分。**4** Ⓒ《美》**a** (道路與鐵路等的)坡度，傾斜度(《英》gradient)：a ~ of one in ten 十分之一的坡度/⇨ on the down [up] GRADE. **b** 斜面，坡道；傾斜的鐵路：a steep ~ 陡峭的坡道。
at gráde 《美》(鐵路與道路的)平面交叉。
màke the gráde 達到標準；成功；及格《★源自「爬上坡」之意》。
on the dówn [**úp**] **gráde** 下[上]坡；衰敗[興隆]：Business is *on the down* [*up*] ~. 生意衰敗[興隆]。
—*v.t.* **1** 〔+受〕分…的等級，爲…分等級：Apples are ~*d* according to size and quality. 蘋果是依照大小及品質分等級的。**2** 《美》**a** 〔+受〕評…的分數，打…的分數(《英》mark)：~ the papers 評閱考卷。**b** 〔+受+補〕在…打上〈…的〉成績：His paper was ~*d* A. 他的考卷被打上 A 的成績。**3** 〔+受〕減少[減緩]…的坡度。
—*v.i.* **1** 〔+補〕屬〈某種〉等級，被評〈爲…〉：This beef ~*s* prime. 這牛肉屬上等品。**2** 〔+介+(代)名〕漸次轉變〔爲…〕，遞變〔爲…〕〔*into*〕。
gráde dówn 《*vt adv*》把…的等級[階級]降爲〔…〕〔*to*〕。
gráde úp 《*vt adv*》把…的等級[階級]提昇[至…]〔*to*〕。

gráde cròssing *n.* Ⓒ《美》(鐵路與道路等的)平面交叉，平交道(《英》level crossing)。

gráde·màrk *n.* Ⓒ (表示貨品等級之)記號。
—*v.t.* 在…上作貨品等級之記號。

grád·er *n.* Ⓒ **1** [與序數詞連用]《美》…年級學生：a fourth ~ 四年級學生。**2** 分等級的人。**3** 《美》評分者。**4** (土木工程用的)平地機。

gráde schòol *n.* Ⓤ [指設施時爲Ⓒ]《美》小學(《英》primary school)。

gráde separàtion *n.* Ⓒ《美》(鐵路與道路等的)立體交叉。

gra·di·ent [ˈgredɪənt, -djənt; ˈgreidjənt] *n.* 《英》= grade *n.* 4.

grad·u·al [ˈgrædʒʊəl; ˈgrædʒuəl] «grade 的形容詞» **—*adj.*** **1** 徐徐的，逐漸的，漸進的，緩緩的：a ~ change 逐漸的變化/His health showed ~ improvement. 他的健康逐漸恢復。**2** 〈斜坡等〉平緩的：a ~ rise [slope] 平緩的上坡[斜坡]。
~·ness *n.*

grád·u·al·ìsm [-lˌɪzəm; -lizəm] *n.* Ⓤ 漸進主義；按部就班主義。

‡grad·u·al·ly [ˈgrædʒʊəlɪ; ˈgrædʒuəli] (**more** ~; **most** ~) *adv.* 徐徐地，逐漸地，漸漸地，緩緩地。

grad·u·ate** [ˈgrædʒʊˌet; ˈgrædjueit, -dʒueit] «與 grade 同字源» **—*v.i. **1** [**動**(+介+(代)名)] **畢業**〔於…〕，〔從…〕畢業〔*in*, *from*〕《★用法 in 之後是科名、系名，而 from 之後是學校名；★比較《英》只用於取得學位，自大學畢業的情況，《美》大學以外的各種學校也可用 graduate；但《英》在這種情形時則用 leave school, finish [complete] the course (of...) 等，而不用 graduate》：~ with honors 以優等成績畢業/He ~***d from*** Yale [Oxford] in 1933. 他於 1933 年畢業於耶魯[牛津]大學/He ~*d* ***in*** medicine *from* [*at*] Edinburgh. 他畢業於愛丁堡大學的醫科。**2** 〔+介+(代)名〕〔從某個階段〕進入〔高的階段〕〔*from*〕〔*to*〕：The children will soon ~ ***from*** comics ***to*** novels. 孩子們的興趣很快就會從漫畫轉入小說。
—*v.t.* **1** 《美》**a** 〔+受〕**使〈學生〉畢業，送走〈畢業生〉**：The university ~*s* 1000 students every year. 這所大學每年送走一千名畢業生。**b** 〔+受+介+(代)名〕使〈學生〉〔從學校〕畢業〔*from*〕《★常用被動語態；★比較 *v.i.* 1 較普遍》：She *was* ~***d from*** high school last year. 她去年自高中畢業。**2** 〔+受〕分…的等級，定…的階級，使…累進：The income tax is ~*d*. 所得稅是分等累進的。**3** 〔+受+介+(代)名〕在〈溫度計、尺等〉刻上〔…的〕刻度〔*in*〕：This ruler is ~*d* ***in*** centimeters. 這把尺上刻有公分刻度。
— [ˈgrædʒʊɪt, -ˌet; ˈgrædʒuət, -djuət] *n.* Ⓒ **1 畢業生**《★用法《美》常構成複合字，形成各種學校的畢業生，《英》指取得學位的大學畢業生》：high school ~*s* 《美》高中畢業生/a ~ *in*

economics 經濟系的畢業生/a ～ *of* London University 倫敦大學的畢業生。**2**《美》研究生。

—*adj.* [用在名詞前](無比較級、最高級) **1** (大學)畢業生的；已得學士學位的：a ～ student 研究生。**2**《美》爲(大學)畢業生的；研究生的(postgraduate)：a ～ course 研究生課程/ ～ studies 研究生的學習/a ～ school《美》研究所《取得 bachelor(學士)後，爲攻讀 master (碩士)，doctor (博士)學位者所就讀》。

grád·u·àt·ed *adj.* **1** 有刻度的：a ～ flask 有刻度的燒瓶。**2 a** 分等級的；定階級的：a ～ series of textbooks 分等級的教科書系列。**b** 累進的：～ taxation 累進課稅法。

gráduate núrse *n.* Ⓒ(從護理學校畢業的)護理人員，護士。

grad·u·a·tion [ˌgrædʒuˈeʃən; ˌgrædjuˈeiʃn, -dʒuˈeiʃn] «graduate 的名詞»**—*n.*** **1** Ⓤ**畢業**《★用因《美》指從各種學校的畢業，《英》指大學畢業》：He went to college after ～ *from* high school. 他高中畢業後進入大學。**2** Ⓒ《美》**畢業典禮** (cf. commencement 2 b)；《英》大學的畢業典禮：hold the ～ 舉行畢業典禮。**3 a** Ⓤ分度，刻度。**b** Ⓒ(刻上的)分度；刻度。

Grae·cism [ˈgrisɪzəm; ˈgrisizəm] *n.* 《主英》＝Grecism.

Grae·co-Ro·man [ˌgrikoˈromən, ˌgrɛko-; ˌgri:kouˈroumən] *adj.* 《主英》＝Greco-Roman.

graf·fi·ti [grəˈfitɪ; grəˈfi:ti] «源自義大利語»**—*n. pl.*** (*sing.* **-fi·to** [-to; -tou]) (出現在牆壁等之上的)塗鴉，塗寫[畫]。

graft [græft; grɑ:ft] «源自希臘文「鐵筆」之義，由於形狀相似»**—*n.*** **1** Ⓒ接木，接枝，嫁接。**2** Ⓒ《外科》移植組織《皮膚、骨骼等》：a skin ～ *on* the burnt hand 移植到燒傷手上的皮膚。**3** Ⓤ《美》**a** 瀆職；收賄。**b** (因貪污而得的)不正當利益。

—*v.t.* **1 a** 〔十受(十副)〕使…接枝〈*together*〉：～ two varieties *together* 把兩樣變種接在一起。**b** 〔十受十介十(代)名〕把〈接枝〉接在〔砧木上〕〔*on, onto*〕：～ a vine **onto** a disease-resistant rootstock 把葡萄樹接到抗菌力强的砧木上。**2** 〔十受(十副)〕《外科》**a** 移植〈皮膚、骨骼等〉〈*on, in*〉：～ (**on**) a new skin 移植新的皮膚。**b** 〔十受十介十(代)名〕移植〈皮膚等〉〔至…〕〔*into, onto*〕：Skin from his back was ～*ed* **onto** his face. 他背部的皮膚被移植到臉上去。**3** 〔十受十介十(代)名〕使…接合[融合]〔於…上(中)〕〔*on, onto*〕：～ new customs **on** [**onto**] old traditions 使新的風俗融合到古老傳統中。

—*v.i.* **1** 〔動(十介十(代)名)〕〈樹木〉適於接枝〔在…〕〔*on*〕：Roses ～ well **on** brier roots. 玫瑰很適於接枝在石南根上。**2** 《美》瀆職，受賄。

gráft·er *n.* Ⓒ **1** 接枝者。**2** 《美》瀆職公務員[政治家]。

graft·ing [ˈgræftɪŋ; ˈgrɑ:ftiŋ] *n.* ＝graft *n.* 1, 2.

gra·ham [ˈgreəm; ˈgreiəm] *adj.* 《美》全麥的：～ flour 全麥粉/～ bread [crackers] 全麥麵包[餅乾]。

Gra·ham [ˈgreəm; ˈgreiəm] *n.* 格雷安《男子名》。

Grail [grel; greil] *n.* ＝Holy Grail.

‡grain [gren; grein] «源自拉丁文「穀粒」之義»**—*n.*** **A 1 a** Ⓤ[集合稱] (尤指小麥等的)**穀物，穀類**。**b** Ⓒ(穀物的)穀粒：eat up every ～ of rice 吃完每一粒飯[一粒也不剩地吃光]。

2 Ⓒ(沙、鹽、砂糖等的)一粒：a ～ of sand 一粒沙。

3 Ⓒ[常用於否定句]少許，(極)微量[…]〔*of*〕：He has*n't* a ～ *of* sense. 他一點判斷力也沒有[一點道理也不懂]/His story has a few ～*s of* truth. 他的話裏有一些是眞話。

4 Ⓤ **a** (又作 **gráin side**)(皮的)粗糙面《長毛的一面；cf. flesh 7》。**b** (皮表面的)顆粒，褶縐。

5 Ⓒ喱《重量的最小單位；等於 0.0648 g；略作 gr., g.》：**a** (常衡 (avoirdupois)) ＝ 0.036 drams, 0.002285 ounces. **b** (金衡 (troy weight)) ＝ 0.042 pennyweight, 0.002083 ounces. **c** (藥衡 (apothecaries' weight)) ＝ 0.05 scruples, 0.002083 ounces, 0.0166 drams.

—B Ⓤ **1 a** (木材的)木紋：woods of straight [cross] ～ 筆直紋理[紋理不規則]的木材/saw across the ～ 沿著木紋鋸。**b** (石頭的)紋理，石紋。**c** (紡織品的)孔，格。**2** (人的)性情，氣質。

agàinst the [**one's**] **gráin** 違反本性地；不情願地：Such an act goes *against the* ～ with me [*against* my ～]. 此種行爲有違我的本性[違背我的天性]。

> 【字源】grain 有「木材的紋理」的意思。如果逆著木頭的紋理用刨子刨木頭會不順利，因而成爲「做不合於本性的事」的意思。

in gráin 天生的。

tàke...with a gráin of sált ⇨ salt.

gráin àlcohol *n.* ＝alcohol 1.

grained [grend; greind] *adj.* **1** (木、石等)有紋理的。**2** 粗糙的。**3** [常構成複合字]成顆粒狀的。**4** [常構成複合字]具有某種特質的。

gráin èlevator *n.* Ⓒ《美》穀倉。

gráin·field *n.* Ⓒ穀田。

‡gram [græm; græm] «源自希臘文「一點點重量」之義»**—*n.*** Ⓒ 克；公分《十進制的重量單位，即攝氏四度時水 1 cc. 的重量；略作 g., grm., gr.》。

-gram [-græm; -græm] [名詞複合用詞]表示「書寫[畫]…之物」：epi*gram*, tele*gram*.

grám àtom *n.* Ⓒ《化學》克原子。

gra·mer·cy [grəˈmɝsɪ; grəˈmə:si] *interj.* 《古》表示驚訝、感謝、突然的强烈情感之嘆詞。

***gram·mar** [ˈgræmɚ; ˈgræmə] *n.* **1** Ⓤ **a** 文法；文法學：comparative [descriptive, historical] ～ 比較[記述，歷史]文法(學)。**b** (合文法的)語法：That is bad [good] ～. 那是(語法上)錯誤的[正確的]說法。**2** (又作 **grámmar bòok**) Ⓒ文法書，文典：a Russian ～ 俄語的文法書。

> 【字源】在古時候說到 grammar 就是指「拉丁文的文法」。一般人以爲通曉難懂的拉丁文文法的人一定是非同小可的大人物，後來更有人相信這樣的人能夠施行「魔法」。因此 grammar 便有了「魔法」的意思。但在今天 grammar 已失去了「魔法」的意思，而由 glamour(魅力、魔力)所代替。glamour 源自 grammar，而「文法、魔法、魅力」三者之間有密切的關係；cf. glamour.

gram·mar·i·an [grəˈmɛrɪən; grəˈmɛəriən] *n.* Ⓒ文法家，文法學者。

grámmar schòol *n.* Ⓤ[指設施時爲Ⓒ] **1** (英國的)中等學校。

> 【說明】創始於十六世紀，原來是英國教拉丁文和希臘文的文法學校，1944 年以後，專門招收通過 11^+ (eleven-plus)考試的學生，是大學預科學校。但現在指公立中等學校，即主要以升大學爲目的，教授小學(primary school)畢業生升學必修學科的五年制公立中等學校。進入大學者另再接受一年的預備教育；cf. school[1]【說明】(2).

2 (美國的)初級中學《八年制小學中的後四年；與前四年的 primary school 相對》。

gram·mat·i·cal [grəˈmætɪkḷ; grəˈmætikl] «grammar 的形容詞»**—*adj.*** **1** [用在名詞前]文法上的：a ～ category《文法》文法範疇《性、數、格、人稱等》/a ～ error 文法上的錯誤。**2** 合乎文法的；文法上正確的。

～·ly [-kḷɪ; -kəli] *adv.* **～·ness** *n.*

grammátical géndeṙ *n.* ⓊⒸ《文法》語法上的性。

gramme [græm; græm] *n.* ＝gram.

grám-molécular wéight *n.* ＝gram molecule.

grám mòlecule *n.* ＝mole[4].

Gram·my [ˈgræmɪ; ˈgræmi] *n.* Ⓒ (*pl.* ～**s, -mies**) 葛萊美獎《由美國唱片藝術科學學院每年頒發的最佳唱片、最佳歌星和歌曲等獎》。

gram·o·phone [ˈgræməˌfon; ˈgræməfoun] *n.* Ⓒ《英・罕》留聲機《★比較現在以 record player 較爲普遍》。

gram·pus [ˈgræmpəs; ˈgræmpəs] *n.* Ⓒ **1** 《動物》逆戟鯨，鯱。**2** (像逆戟鯨、鯱一般)呼吸粗沉的人。

whéeze like a grámpus 粗重地喘氣。

gran [græn; græn] «*gran*dmother 之略»**—*n.*** Ⓒ[也用於稱呼]《英口語・兒語》祖母，奶奶。

Gra·na·da [grəˈnɑdə; grəˈnɑ:də] *n.* **1** 格拉那達《十三世紀時摩爾人(Moors)在西班牙南部地中海沿岸所建之王國》。**2** 格拉那達《今西班牙南部之一城市；原爲該王國之首府，爲摩爾人在西班牙之最後據點》。

gra·na·ry [ˈgrænərɪ; ˈgrænəri] *n.* Ⓒ **1** 穀物貯藏所，穀倉。**2** 盛產穀類的地方，穀倉地帶。

Gran Chaco [ˈgrɑnˈtʃɑko; ˈgrɑ:nˈtʃɑ:kou] *n.* [**the** ～] 大廈谷《南美洲中南部廣大的低地地區》。

‡grand [grænd; grænd] «源自拉丁文「大的」之義»**—*adj.*** (**～·er; ～·est**) **1 a** 〈自然、建築物等〉**雄偉的，雄壯的**：～ mountain scenery 雄偉的山景。

> 【同義字】grand 指所形容之人或物顯著突出的偉大，且含示感人之莊嚴或宏麗；magnificient 尤指豐富而予人豪華感覺；stately 指看來高雅、堂皇；majestic 指堂皇而有威嚴，外觀壯麗。

b 〈儀式、方法等〉盛大的，豪華的，華麗的：a ～ dinner 盛大的晚宴/live in ～ style 過著豪華的生活。**2 a** 〈人〉**有威嚴的，堂皇的，偉大的**：a lot of ～ people 一羣顯赫的人士/⇨ grand old man/He looked ～ in his military uniform. 他穿軍服看起來很有威嚴。**b** 〈思想、構想、樣式等〉遠大的，崇高的，莊嚴的：a ～ design [plan] 遠大的構想[計畫]/the ～ style (文學的)莊嚴的風格。**3** 〈人、態度等〉**尊貴的，高傲的，擺架子的**：with ～ gestures 擺出高傲的姿態/give oneself ～ airs 裝出一副偉大的模樣。**4** 〈事物、事件等〉重大的，嚴重的：a ～ imposture 大騙局/a ～ mistake 重大的錯誤。**5** 《口語》極好的；非常令人滿意的：～ weather 好天氣/We had a ～ time at the party. 聚會時我們過得很愉快。**6** [用在名詞前](無比較級、最高級) **a** [用於頭銜]最高位的：the ~ champion 最高的優勝者；冠軍/a ~ master(象棋、橋牌等的)棋王[大師]《僅次於世界冠軍的最高頭銜》。b (建築物中)主要的：the ~ ballroom 大舞廳/the ~ entrance [staircase] (大邸宅等的)正門[正面大樓梯]。7 [用在名詞前](無比較級、最高級) a 包含全部的，總括的，全體的：a ~ finale(歌劇、表演等的)大團圓，大結局/a ~ total 總計。b 《音樂》大合奏用的，大規模的：a ~ orchestra 大管弦樂團/⇨ grand opera.

—*n.* Ⓒ **1** 《口語》大鋼琴，平台鋼琴：a concert ~ 演奏會用的大鋼琴。**2** (*pl.* ~)《美俚》千元：five ~ 五千元。

~·ly *adv.* **~·ness** *n.*

grand- [grænd-; grænd-] [複合用詞]表示「(血緣關係)相隔兩代之關係的」：⇨ grandfather.

gran·dad [ˈgrænˌdæd; ˈgrændæd] *n.* =granddad.

gran·dam [ˈgrændəm; ˈgrændæm], **grandame** [ˈgrændem, -dəm; ˈgrændeim, -dəm] *n.* Ⓒ **1** 祖母；外祖母。**2** 老太婆。

gránd·àunt *n.* Ⓒ 祖父母的姊或妹；姑婆；姨婆。

Gránd Bánks *n. pl.* [the ~]大瀬《紐芬蘭(Newfoundland)東南方的淺瀨，爲世界性的漁場》。

Gránd Canál *n.* [the ~]大運河《中國東部運河，爲世界上最長、最古老的運河》。

Gránd Cányon *n.* [the ~]大峽谷《在美國亞里桑那州(Arizona)西北部科羅拉多河(the Colorado)的大峽谷，爲國家公園的一部分》。

Grand Canyon

gránd·chíld *n.* Ⓒ(*pl.* **-children**)孫子；孫女；外孫；外孫女。

gránd·dàd [ˈgrænˌdæd; ˈgrænddæd] *n.* Ⓒ[也用於稱呼]《口語·兒語》爺爺；祖父。

gránd·dàddy *n.* Ⓒ《口語》祖父；外祖父。

grand·daugh·ter [ˈgrænˌdɔtɚ, ˈgrænd-; ˈgrænˌdɔːtə] *n.* Ⓒ孫女；外孫女。

gránd dúchess *n.* Ⓒ **1** 大公夫人《大公爵的妻子[未亡人]》。**2** 女大公爵《大公國的女君主》。

gránd dúchy *n.* Ⓒ大公國。

the Gránd Dúchy of Lúxemburg 盧森堡大公國。

gránd dúke *n.* Ⓒ大公爵《大公國的君主》。

gran·dee [grænˈdi; grænˈdiː] *n.* Ⓒ **1** 大公《西班牙、葡萄牙的最高貴族》。**2** 大官，大人物；顯貴。

gran·deur [ˈgrændʒɚ, -dʒʊr; ˈgrændʒə] 《grand 的名詞》**—*n.*** Ⓤ**1** 雄偉，宏大：the ~ of the Alps 阿爾卑斯山脈的雄偉。**2** 豪華，華麗。**3** 威嚴，威勢，偉大。**4** 崇高，莊嚴。

‡grand·fa·ther [ˈgrænˌfaðə, ˈgrænd-; ˈgrænˌfaːðə] *n.* Ⓒ **1** 祖父，爺爺。**2** [常 ~s](男的)祖先。

grándfather clóck 《H. C. Work(美國的歌謠作家)所作的歌詞 *My Grandfather's Clock*(爺爺的老時鐘)》**—*n.*** Ⓒ爺爺鐘《有鐘擺的舊式直立高背時鐘》。

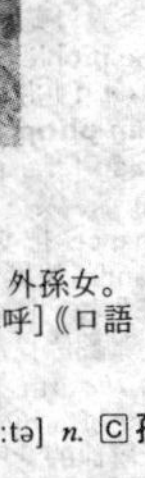

grandfather clock

grándfàther·ly *adj.* **1** 祖父似的。**2** 慈祥的。

grándfather's clóck *n.* =grandfather clock.

gran·dil·o·quence [grænˈdɪləkwəns; grænˈdiləkwəns] 《grandiloquent 的名詞》**—*n.*** Ⓤ 大話，豪語，誇口。

gran·dil·o·quent [grænˈdɪləkwənt; grænˈdiləkwənt] *adj.* 〈言語〉誇張的；〈人〉浮華的，誇大的。**~·ly** *adv.*

gran·di·ose [ˈgrændɪˌos; ˈgrændious] *adj.* **1** 裝模作樣的，了不起似的，誇張的。**2**宏偉的，崇高的，莊嚴的，堂皇的。

gran·di·os·i·ty [ˌgrændɪˈɑsətɪ; ˌgrændiˈɔsəti] 《grandiose 的名詞》**—*n.*** Ⓤ**1**誇張，浮誇，舖張。**2**堂皇，宏偉。

gránd júror *n.* Ⓒ大陪審員《grand jury 的一員》。

gránd júry *n.* Ⓒ[集合稱]《美法》大陪審團《由十二至二十三人組成，決定起訴、不起訴，其一員稱爲 grand juror；★用因視爲一整體時當單數用，指個別成員時當複數用；cf. petty jury》.

Gránd Láma *n.* [the ~]=Dalai lama.

grand·ma [ˈgrændmɑ, ˈgrænmɑ; ˈgrænmɑː], **grand·mama** [-ˌmɑmə, -məˌmɑ; -məˌmɑː] *n.* Ⓒ[也用於稱呼]《口語》奶奶；祖母。

grand mal [ˈgrænˈmæl; ˈgrænˈmæl] *n.* Ⓒ《醫》(癲癇)大發作。

gránd márch *n.* Ⓒ開舞時賓客繞場一周之儀式。

‡grand·moth·er [ˈgrænˌmʌðɚ, ˈgrænd-; ˈgrænˌmʌðə] *n.* Ⓒ **1** 祖母，奶奶。**2** [常 ~s](女的)祖先。

téach one's grándmother (how) to súck éggs 《口語》孔子面前賣文章；關公面前耍大刀；班門弄斧《★源自「教奶奶吸蛋」之意》。

gránd·mòther·ly *adj.* **1** 祖母似的。**2** 慈祥的；溺愛的。

Gránd Nátional *n.* [the ~]全國大賽馬《英國的利物浦市(Liverpool)每年三月舉行的障礙賽馬》。

gránd·nèphew *n.* Ⓒ姪孫；姪外孫(great-nephew).

gránd·nìece *n.* Ⓒ姪孫女；姪外孫女。

gránd òld mán *n.* **1** Ⓒ **a** 老偉人。**b** 元老，長老。**2** [the Grand Old Man]大長老《英國的政治家 W. E. Gladstone 以及 Winston Churchill 的暱稱；略作 G.O.M.》.

Gránd Òld Párty *n.* [the ~]美國共和黨(the Republican Party)的俗稱；略作 G.O.P., GOP.

gránd ópera *n.* Ⓤ[當個別算時爲Ⓒ]大歌劇《連對話也用歌唱的純歌劇》。

grand·pa [ˈgrænpɑ, ˈgrænd-; ˈgrænpɑː], **grand·pa·pa** [-ˌpɑpə, -pəˈpɑ; -pəˌpɑː] *n.* Ⓒ[也用於稱呼]《口語》祖父；外祖父。

grand·parent [ˈgrænˌpɛrənt, ˈgrænd-; ˈgrænˌpɛərənt] *n.* **1** Ⓒ祖父。**2** Ⓒ祖母。**3** [~s]祖父母。

【說明】在美國或英國的家庭稱呼祖父時通常使用 Grandpa，此外也稱 Grandpapa, Granddad 等。稱呼祖母則用 Grandma，此外也稱 Grandmama 等；cf. father, mother【說明】

gránd piáno *n.* Ⓒ大鋼琴；平臺型鋼琴。

grand prix [granˈpri; grɑːnˈpriː] 《源自法語 'grand prize' 之義》**—*n.*** (*pl.* ~, ***grands prix***[~], ~***es***[~z; ~z])Ⓒ大獎，最高獎。

Gránd Príx *n.* (*pl.* ~, **Grands Prix**, ~**es** [~z; ~z])國際長途大賽車。

gránd·sire *n.* Ⓒ **1** 《古》老人；祖先。**2** 祖父。

gránd slám *n.* Ⓒ **1** 《紙牌戲》(玩橋牌的)大滿貫。**2** 《棒球》滿壘時的全壘打。**3** 《運動》全勝《高爾夫球、網球等一季比賽中贏了所有的比賽》。

grand·son [ˈgrænˌsʌn, ˈgrænd-; ˈgrænˌsʌn] *n.* Ⓒ孫子，外孫。

gránd·stànd *n.* Ⓒ(賽馬場、比賽場地等的)正面大看臺[觀衆席]。

—*v.i.* 《美口語》賣弄技巧。

gránd·stànd·er *n.* Ⓒ《美口語》賣弄技巧的人。

grándstand plày *n.* Ⓒ《美口語》**1** (比賽者爲了博取觀衆喝采的)技巧賣弄：make a ~ 賣弄技巧。**2** 博得喝采的演技，做作的表情或動作。

gránd tóur *n.* Ⓒ **1** [常 the ~]歐洲巡遊旅行《以往英國上流社會，爲完成其子弟的最後教育學程由教師陪伴其子弟作巡遊歐洲各大城市的旅行》。**2** 《口語》(爲了觀摩、進修的)巡廻旅行。

gránd·ùncle *n.* Ⓒ伯祖；叔祖；伯外祖；叔外祖。

grange [grendʒ; greindʒ] *n.* Ⓒ[常 G~，用於宅邸名](附有種種建築物的)農莊；(鄉下的)大地主的宅邸：Badley *G*~ 巴德里宅邸。

grang·er [ˈgrendʒɚ; ˈgreindʒə] *n.* Ⓒ **1** (美國西北地區之)農民。**2** [G~]農民協進會會員。

gran·ite [ˈgrænɪt; ˈgrænit] 《源自義大利語「穀粒」之義》**—*n.*** Ⓤ 花崗岩，花崗石。

Gránite Cíty *n.* [the ~]格拉尼特城《美國伊利諾州(Illinois)西南部之一城市》。

Gránite Ståte *n.* [the ~]美國新罕布夏(New Hampshire)州之別稱。

gránite·wàre *n.* Ⓤ有花崗石花紋的陶器[琺瑯器]。

gran·ny, gran·nie [ˈgrænɪ; ˈgræni] *n.* Ⓒ **1** [也用於稱呼]《兒語》奶奶；祖母。**2** 《口語》多管閒事的人；大驚小怪的人。**3** (又作**granny knòt**)祖母結《一種縱結的繩結，容易散開》。

grant** [grænt; grɑːnt] 《源自古法語「信用」之義》**—*v.t. **1 a** 〔十受〕允許，答應，應允〈請求、請願等〉：Please ~ our request. 請答應我們這項請求。**b** 〔十受十受/十受十介十(代)名〕答應〈某人〉…；答應〔某人〕…〔*to*〕：The king ~*ed* her her request.=The king ~*ed* her request *to* her. 國王答應她的請求。

2 a 〔十受〕承認〈某人〉所說的話：I ~ you. 我肯定你說的話；你

說得沒錯。**b** 〔(十受)十受〕承認〈某人〉…：I had to ～ (him) the reasonableness of his argument. 我必須承認他的論點有道理/This (being) ～*ed*, what next? 就算這個沒錯，但下一個呢？**c** 〔(十受)十 *that*__〕(向〈人〉)肯定〈…事〉：I ～ (you) *that* I was wrong. 我(向你)承認我錯了。**d** 〔十受〕〔I ～ (you), 當插入語用〕沒有錯：He is young, *I* ～ (*you*), but he is wise. 他年輕，沒有錯，但他聰明。**e** 〔十受十 *to* do〕《罕》承認，認爲…〈做…〉：I ～ him *to* have told the truth. 我認爲他說了實話。**f** 〔十受十 *to* be 補〕認爲〈某人〉〈是…〉：I ～ him *to* be innocent. 我認爲他是無辜的。

3 a 〔十受〕(答應請求而正式地)給予…(⇨give【同義字】)：～ permission 給予許可/～ a right 給予權利。**b** 〔十受十受/十受十介十(代)名〕授與〈人〉…；給予〔人〕…〔*to*〕：He ～*ed* the student a sum of $2000.＝He ～*ed* a sum of $2000 ***to*** the student. 他贈給該學生兩千美元。

Gód gránt (that)... ⇨God 3.

Gránted. (承認對方所言)確實如此，不錯《★用法常後接 But...》：*G*～. But do you still believe him? 不錯，但是你還相信他嗎？

gránted [gránting] (that) ... 假定…，縱使…：*Granted* [*Granting*] *that* what you say is true, it is no excuse. 縱然你所說的是眞話，但那不是理由/*Granted* his cleverness, he may still be mistaken. 就算他聰明，他也可能會錯。

tàke...for gránted (1)〔十 *that*__〕認…爲當然之事：I *took* (*it*) *for* ～*ed that* he had received the letter. 我認爲他當然收到了信。(2)(忘記感謝而)視…爲當然之事[物]；不把…當成特別需要注意的人[物]：He *takes for* ～*ed* all that I do for him. 他把我爲他所做的一切視爲理所當然/She *takes* her husband *for* ～*ed*. 她認爲她先生不需要特別關注。

—*n.* 1 Ⓒ(國家給予的)補助金，獎助金，獎學金：a ～ *for* medical research 醫學研究的獎助金/a Government ～ *to* universities 政府給予大學的補助金。**2** Ⓤ **a** 許可，認可。**b** 授與，授與之物；讓與；賜與。**3** Ⓒ(從前由政府)授與的土地。

G

Grant [grænt; grɑ:nt], **Ulysses Simpson** [-ˋsɪmpsn̩; -ˈsimpsn] *n.* 格蘭特《1822—85；美國將軍，於 1869—77 任美國第十八位總統》。

grant·ee [grænˋti; grɑ:nˈti:] *n.* Ⓒ《法律》(財產)承讓人。

gránt-in-áid *n.* Ⓒ(*pl.* **grants-in-aid**)(國家給予公共事業等的)補助金，撥款，獎助金。

gran·tor [ˋgræntɚ, grænˋtɔr; grɑ:nˈtɔ:] *n.* Ⓒ《法律》(財產)讓與人。

gran·u·lar [ˋgrænjəlɚ; ˈgrænjulə] «granule 的形容詞»**—*adj.*** **1** 粒狀的；含顆粒的。**2** (表面)粗糙的。

gran·u·late [ˋgrænjə,let; ˈgrænjuleit] «granule 的動詞»**—*v.t.*** 使…成粒狀，使…粗糙《常以過去分詞當形容詞用》。

—*v.i.* 成粒狀。

grán·u·lat·ed súgar *n.* Ⓤ砂糖。

gran·u·la·tion [,grænjəˋleʃən; ,grænjuˈleiʃn] «granulate 的名詞»**—*n.*** Ⓤ造[變]成粒狀；粗糙。

gran·ule [ˋgrænjul; ˈgrænju:l] *n.* Ⓒ小粒，細粒；微粒。

***grape** [grep; greip] *n.* **1** Ⓒ〔當食物時爲Ⓤ〕**葡萄**《一粒果實》：a bunch of ～*s* 一串葡萄/⇨sour grapes. **2** Ⓒ《植物》葡萄藤。

the grápes of wráth 憤怒的葡萄《象徵神怒》。

grápe·frùit «像葡萄似地結成簇狀之故»**—*n.*** (*pl.* ～, ～*s*) **1** 〔當食物時爲Ⓤ〕Ⓒ**葡萄柚**。**2** (又作 **grápefruit trèe**) Ⓒ《植物》葡萄柚樹。

grapefruit 1

【說明】因果實大小與柚子相似並像葡萄似地結成簇狀，故被稱作 grapefruit. 加州產的葡萄柚以味美而特別著名。因較柑橘(orange)酸，常加糖或蜂蜜食用。美國和英國人在早餐常先吃葡萄柚；cf. orange, apple【說明】

grápe·shòt *n.* Ⓤ葡萄彈《從前由大砲同時射出的一羣小彈丸》。

grápe·stòne *n.* Ⓒ葡萄核；葡萄子。

grápe sùgar *n.* Ⓤ葡萄糖(dextrose)。

grápe·vìne *n.* **1** Ⓒ葡萄藤；葡萄樹。**2** 〔**the** ～〕謠言流傳的途徑，謠傳：I heard (about) it *through* [*on*] *the* (neighborhood) ～. 我是經(附近的)謠傳聽到這事情的。

grápevine tèlegraph *n.* ＝grapevine 2.

***graph** [græf; græf] *n.* Ⓒ**曲線圖**；圖表；圖解：a bar [circle, line] ～ 條線圖[圓形圖，折線圖]：make a ～ of... 把…製作成圖表。

—*v.t.* 〔十受〕圖解，以圖解表示，以曲線圖表示…。

-graph [-græf; -græf, -grɑ:f] 〔名詞複合用詞〕**1** 表示「書寫[描畫或記錄]…的器具」：phono*graph*. **2** 表示「…所寫或所畫之物」：photo*graph*.

graph·ic [ˋgræfɪk; ˈgræfik] «graph 的形容詞»**—*adj.*** 〔用在名詞前〕**1** 〈敘述等〉逼眞的，生動的，栩栩如生的(vivid)：a ～ description of the accident 事故的生動描述。**2 a** 用圖表示的，圖解的：a ～ formula《化學》構造式/the ～ method 圖解法。**b** 平面藝術的；筆寫藝術的：a ～ artist 平面藝術家/～ design 平面設計/a ～ designer 平面設計家。**3** 文字的，記號上的，根據文字[記號]的：a ～ error 筆誤/a ～ symbol 筆寫記號《文字、圖形等》。

—*n.* Ⓒ平面藝術的作品。

gráph·i·cal [-fɪkl; -fikl] *adj.* ＝graphic. ～**·ly** [-kl̩ɪ; -kəli] *adv.*

gráphic árts *n. pl.* 〔**the** ～〕筆寫藝術；平面(造型)藝術《在固定的平面上書寫、繪製、印刷文字、繪畫等的技術、藝術的總稱；cf. plastic arts》。

graph·ics [ˋgræfɪks; ˈgræfiks] *n.* **1** Ⓤ製圖法，圖解法。**2** Ⓤ圖解計算，圖式計算。**3** Ⓤ《電算機》電子計算機圖解法《把電子計算機的計算結果以圖解顯示在陰極射線管上，以及用電筆等來操作的技術》。**4** 〔當複數用〕＝graphic arts.

graph·ite [ˋgræfaɪt; ˈgræfait] *n.* Ⓤ石墨，鉛筆粉《用於製造鉛筆筆芯》。

gra·phól·o·gist [-dʒɪst; -dʒist] *n.* Ⓒ筆跡學者，筆相學者。

gra·phol·o·gy [græˋfɑlədʒɪ; græˈfɔlədʒi] *n.* Ⓤ筆跡學，筆相學。

gráph pàper *n.* Ⓤ座標紙；方格紙。

-gra·phy [-grəfɪ; -grəfi] 〔名詞複合用詞〕**1** 表示「畫的風格、書法、記錄法」：litho*graphy*, steno*graphy*. **2** 表示「記述之物，…誌，…記」：geo*graphy*, bio*graphy*.

grap·nel [ˋgræpnəl; ˈgræpnl] *n.* Ⓒ鈎錨，爪錨《小船等的錨，或用於疏浚水底》。

grap·ple [ˋgræpl; ˈgræpl] *v.i.* **1 a** 〔動(十副)〕(互相)揪打，格鬥〈*together*〉. **b** 〔十介十(代)名〕〔與…〕互相揪打，格鬥〔*with*〕：The two boys ～*d* ***with*** each other. 那兩個男孩互相揪打[扭打在一起]。**2** 〔十介十(代)名〕設法解決〔克服〕〔難題、困難等〕〔*with*〕：We ～*d* ***with*** the problem. 我們設法去解決那個問題。

grapnel

—*n.* 1 Ⓒ揪打，格鬥。**2** ＝grapnel.

gráp·pling ìron [hòok] *n.* ＝grapnel.

grasp** [græsp; grɑ:sp] *v.t.* **1 a** 〔十受〕(用手)**抓住…，緊握…**(⇨take A【同義字】)：～ any chance 把握任何機會/He ～*ed* both my hands. 他緊握住我的雙手/*G*～ all, lose all. 《諺》樣樣都要，統統失掉；貪多必失。**b** 〔十受十介十名〕抓住〈人等〉〔身體、衣服的某部位〕〔*by*〕(★在身體、衣服等名詞之前加 the)：He ～*ed* me ***by *the* arm. 他抓住我的手臂。**2** 〔十受〕**理解…，把握…**：～ the gist of a matter 抓住問題的要點/I don't ～ his meaning. 我不了解他的意思。

—*v.i.* 〔十介十(代)名〕**1 想抓住**〔…〕〔*at, for*〕：The children were ～*ing* ***at*** the dangling ropes. 小孩們想抓住懸擺著的繩索/He ～*ed* ***for*** the handrail. 他想抓住扶手。**2** 企盼獲得〔機會等〕〔*at*〕：He ～*ed* ***at*** the offer. (上渡船時)他急盼別人伸出手來扶他一把。

—*n.* 〔用單數〕**1 抓牢**；緊握；抱緊：have a firm ～ *on*... 抓緊[握緊]…。

2 控制，支配；佔有：in the ～ of... 在…的掌握中；在…控制之下/fall into the enemy's ～ 落入敵人之手。

3 理解(力)：He has a good ～ *of* foreign affairs. 他對於外交事務很了解[有把握]。

beyònd [withìn] a person's grásp (1)爲某人達不到[可及]之處。(2)爲某人所不能[能]理解。

tàke a grásp on onesèlf 抑制自己的感情。

grásp·ing *adj.* (金錢方面)貪心的，貪婪的。～**·ly** *adv.*

****grass** [græs; grɑ:s] *n.* **1 a** Ⓤ〔指種類時爲Ⓒ〕〔集合稱〕(家畜吃的)**草**，**牧草**：blades [leaves] of ～ 一片片草葉/Cattle feed on ～. 牛吃草/Clover and milkworts are ～*es*. 苜蓿和遠志全都是牧草。**b** Ⓒ《植物》禾本科植物《包括穀類、蘆葦、竹等》。

2 Ⓤ **a 草坪**：Keep off the ～. 《告示》請勿踐踏草地/The ～ is (always) greener on the other side of the fence [hill]. 《諺》籬笆[山丘]另一邊的草地總是比較青翠；別人家的總是比自家的好。**b** 草地，草原：lie down on the ～ 躺在草地上。**c** 牧草地，牧場：10 acres of ～ 十畝的牧草地。

3 Ⓤ《俚》大麻：smoke ～ 吸大麻。

4 Ⓒ《英俚》(對警察)提供情報者，告密者，線民。

as gréen as gráss 《口語》未經世故的，無生活經驗的，少不更事的。

gò to gráss (1)〈家畜〉到牧場去。(2)〈人〉歇工；休息。

lèt the gráss gròw ùnder one's féet 〔常用否定句〕錯失機會，懈怠《★源自「使草在脚下長出來」之義》。

pùt [sénd, tùrn]…óut to gráss (1)把〈家畜〉趕到牧場。(2)辭退〈某人〉，解雇〈某人〉。
—*v.t.* **1** 〔十受(十副)〕給〈土地〉覆以草皮〈*over*〉. **2** 〔十受〕《美》把〈家畜〉趕到牧場。
—*v.i.* 〔動(十介十(代)名)〕《英俚》(向警察)密告〔…事〕〔*on*〕.
grass·hop·per [ˈgræsˌhɑpɚ; ˈgrɑːsˌhɔpə] *n.* Ⓒ《昆蟲》蚱蜢。
knée-hígh to a grásshopper ⇨knee-high.
gráss·lànd *n.* Ⓤ[常 ~s] **1** 牧草地，牧場。**2** 大草原。
gráss·plòt *n.* Ⓤ草坪；草地。
gráss róots *n. pl.* [常 the ~] **1** (構成輿論等重大因素的)一般民衆，基礎羣衆，「草根」: democracy at *the* ~ 民衆[基層]的民主。

【說明】grass roots 指農業畜牧地帶和其居民，也指一般民衆或社會大衆。在美國農民和選舉的政治利益關係特別密切。

2 (思想等的)根本；基礎：*the* ~ of international cooperation 國際合作的基礎/get [go] back to (*the*) ~ 回到原點。
gráss-ròot(s) *adj.* [用在名詞前]一般民衆的；由一般民衆興起的；鄉下的：a ~ movement 民衆運動，「草根運動」/get ~ support 得到民衆的支持。
gráss snàke *n.* Ⓒ《動物》(沼澤中之)無毒小蛇。
gráss wídow *n.* Ⓒ丈夫經常離家而獨居的女人；與丈夫分居的女人；離了婚的女人。
gráss wídower *n.* Ⓒ太太經常離家而獨居的男人；與太太分居的男人；離了婚的男人。
grass·y [ˈgræsɪ; ˈgrɑːsi] **«grass 的形容詞» —***adj.* (**grass·i·er**; **-i·est**) **1** 多草的；草深的；草覆蓋的。
2 (似)草的；草綠色的。
grate[1] [gret; greit] **«源自拉丁文「編織的手工藝品」之義»—***n.* Ⓒ **1** (暖爐等的)爐格子，爐架(《其上擺置柴薪、煤等》)。**2** (窗等的)(鐵)格子。

grate[1] 1

grate[2] [gret; greit] *v.t.* **1** 使…相軋；使…發出嘎嘎的磨擦聲：~ one's teeth 把牙磨得嘎嘎響。**2** 磨碎〈乾酪、蘋果等〉。
—*v.i.* **1** 〔十介十(代)名〕刺激〔人、耳朵、神經等〕〔*on*〕: This music ~*s on* my ear [nerves]. 這音樂使我感到刺耳[刺激我的神經]。**2** 〔動(十介十(代)名)〕相軋，〔與…〕軋得發聲，磨擦出聲〔*against, on*〕: The window was *grating* in the wind. 風把窗戶吹得嘎嘎響/The boat ~*d* **against** [**on**] the rocks. 船與岩石相軋，發出嘎嘎響。
G-ràted *adj.* (電影)G 級的，老少咸宜的，普級的。
‡**grate·ful** [ˈgretfəl; ˈgreitful] *adj.* (**more** ~; **most** ~) **1** [不用在名詞前] **a** 〔十介十(代)名〕感激〔人〕的〔*to*〕；〔對行爲等〕表示感激的〔*for*〕: I shall be ~ **to** you all my life. 我將一輩子感激你/I am ~ **for** your sympathy. 我對你的同情表示感激。

【同義字】grateful 指對於別人的善意與親切等表示感激；thankful 指對於自己的幸運表示感謝。

b 〔十 *to* do〕感謝〈做…〉的：He will be very ~ *to* know that. 他知道那件事會很感激的。**c** 〔十 *that*_〕慶幸〈…事〉的：I was ~ *that* it was nothing serious. 我很慶幸那不嚴重。**2** [用在名詞前]表示謝意的：a ~ glance 感激的眼神/a ~ letter 一封謝函。~·**ly** [-fəlɪ; -fuli] *adv.* ~·**ness** *n.*
grát·er *n.* Ⓒ擦菜板[器具]，擦子：a cheese ~ 乾酪擦子。

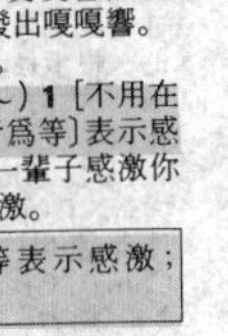
grater

grat·i·fi·ca·tion [ˌgrætəfəˈkeʃən; ˌgrætifiˈkeiʃn] **«gratify 的名詞»—***n.* **1** Ⓤ **a** 使滿足[使喜悅]之事〔*of*〕: the ~ *of* one's wishes 某人願望的滿足。**b** 滿足，滿足感〔*of*〕: He had the ~ *of* know*ing* that he had done his best. 他了解自己已盡了最大努力而感到滿足。**2** Ⓒ令人滿意[喜悅]的事物：His success is a great ~ to us. 他的成功對我們是一大喜事。
grát·i·fied *adj.* **1** 滿足的；喜悅的：in a ~ tone 以滿足的語調。**2** [不用在名詞前] **a** 〔十介十(代)名〕〔對…〕感到欣慰的〔*with, at*〕: I was ~ **with** the news [**at** the result]. 我聽到那消息[結果]感到欣慰。**b** 〔十 *to* do〕〈做…〉喜悅的：They were ~ *to* see her. 他們見到她很高興。
grat·i·fy [ˈgrætəˌfaɪ; ˈgrætifai] **«源自拉丁文「使快樂」之義»—***v.t.* **1** 〔十受〕使〈人〉高興；使…滿足(《★常以過去分詞當形容詞用；⇨gratified》): It *gratifies* me to learn.… 獲悉…使我很高興/Praise *gratifies* most people. 讚美使大多數人感到高興。**2 a** 〔十受〕滿足〈慾望、一時的高興等〉：~ one's curiosity [wishes] 滿足好奇心[願望]。**b** 〔十受十介十(代)名〕〔以…〕滿足〈慾望等〉〔*with*〕: ~ one's thirst **with** cold beer 以冰啤酒解渴。

grát·i·fỳ·ing *adj.* (達成希望)令人滿意的；使人滿足的；舒服的；令人愉快的：a ~ reception 令人愉快的歡迎。~·**ly** *adv.*
grat·in [ˈgrætæ̃; ˈgrætæ̃] **«源自法語»—***n.* Ⓒ[當菜名時爲Ⓤ]奶汁烤菜(⇨au gratin).
grat·ing[1] [ˈgretɪŋ; ˈgreitiŋ] **«源自 grate**[1]**» —***n.* Ⓒ(窗子等的)(鐵)格子，柵欄；(艇底等的)鐵格子蓋，格子板。
grat·ing[2] [ˈgretɪŋ; ˈgreitiŋ] **«源自 grate**[2]**» —***adj.* **1** 〈聲音〉磨擦的，嘎嘎作響的，刺耳的。**2** 〈態度、言語等〉刺激神經的，令人不舒服的。~·**ly** *adv.*
grat·is [ˈgretɪs; ˈgreitis] *adj.* [不用在名詞前][常 **free** ~]免費的：This sample is ~. 這樣品是免費的。
—*adv.* 免費地：You can get the sample ~. 你可以免費得到樣品。
grat·i·tude [ˈgrætəˌtud, -ˌtjud; ˈgrætitjuːd] *n.* Ⓤ〔對人〕感謝(的心情)〔*to*〕；〔對行爲等的〕謝意〔*for*〕: *with* ~ 感激地/*out of* ~ 出自感謝；爲了報恩/express one's ~ *to* a person 向某人表示謝意/He showed no ~ *for* the service done. 他對於所得到的服務沒有表示感謝之意。
gra·tu·i·tous [grəˈtuətəs, -ˈtju-; grəˈtjuːitəs] **«gratuity 的形容詞»—***adj.* **1** 免費的，無報酬的：~ service 免費服務。**2** 無故的；沒有根據的：a ~ insult 無故的侮辱/His criticism is quite ~. 他的批評完全沒有根據。~·**ly** *adv.* ~·**ness** *n.*
gra·tu·i·ty [grəˈtuətɪ, -ˈtju-; grəˈtjuːəti] **«源自法語「贈品」之義»—***n.* Ⓒ **1** 賞金；賀儀；小費(《★[比較]一般用 tip》): No *gratuities* accepted.《告示》不收小費。**2** 《英》(退伍、退休等時所領取的)獎金；慰勞金；退休金。
gra·va·men [grəˈvemɛn; grəˈveimen] *n.* Ⓒ (*pl.* **-vam·i·na** [-ˈvæmɪnə; -ˈveiminə])《法律》**1** 訴苦；冤情；委屈；不平。**2** 訴訟理由；控訴要點。
‡**grave**[1] [grev; greiv] **«源自古英語「洞穴」之義»—***n.* **1** Ⓒ墳墓，埋葬屍體的墓穴：in one's ~ 已死/see [visit] one's mother's ~ 上母親的墳/Someone is walking on [over] my ~. 有人在我墳上走(《★[用法]無故打冷顫時所說的話》)。

【同義字】grave 是墳墓的最普遍用語，泛指埋葬屍體的場所；tomb 指不管地上，地下，爲了埋葬屍體而選的場所，常立有墓碑、紀念碑等。

2 [the ~]《文語》死：*The* ~ comes to all men. 死神造訪每個人。
(as) sílent [quíet] as the gráve (1)(像墳墓般)寂靜的。(2)(對於祕密)完全沉默的，守口如瓶的。
díg one's **ówn gráve** 自掘墳墓，自取滅亡。
from the crádle to the gráve ⇨cradle 2a.
hàve óne fóot in the gráve ⇨foot.
màke a person **túrn (óver) in** his **gráve** 使人死不瞑目；使人難安於九泉之下：Your conduct would *make* your father *turn in* his ~. 你的行爲會使你的父親死不瞑目。
túrn (óver) in one's **gráve** 〈已故者〉在墓中難安：Your father would *turn in* his *grave* to see your conduct. 你父親看到你這種行爲會難安於九泉之下的。
grave**[2] [grev; greiv] **«源自拉丁文「重」之義»—adj.* (**grav·er**; **grav·est**) **1 a** 〈責任、問題、決定等〉重大的，重要的：a ~ decision 重大的決定/~ doubts 强烈的疑念/~ news 重大的消息。**b** 〈事態、疾病、錯誤等〉嚴重的，不得了的，孕育著危機的：a ~ error 嚴重的過失/a ~ situation 嚴重的局勢。
2 〈人、臉色、態度、儀式等〉莊重威嚴的，嚴謹的，嚴肅的，認眞的(⇨serious【同義字】)：a ~ ceremony 莊嚴的儀式/His face was ~. 他臉上露出嚴肅的神情[鐵板著臉]。
3 〈顏色〉樸素的；陰暗的。
4 (無比較級、最高級)《語音》附有抑音符號(ˋ)的，低音的：a ~ accent 抑音。~·**ly** *adv.* ~·**ness** *n.*
grave[3] [grev; greiv] **«源自古英語「挖掘」之義»—***v.t.* (~**d**; **grav·en** [ˈgrevən; ˈgreivn], ~**d**)《文語》**1** 雕刻(《★常以過去分詞當形容詞用》)：a *graven* image 雕像，偶像。**2** 〔十受十介十(代)名〕銘記…〔於心〕〔*on, in*〕(《★常用被動語態》)：His words *were graven* [~*d*] **on** my mind. 他的話銘記在我的心頭。
gráve·clòthes *n. pl.* 壽衣，屍衣。
gráve·dìgger *n.* Ⓒ掘墓者；挖墓的工人。
grav·el [ˈgrævl; ˈgrævl] *n.* Ⓤ**1** [集合稱]砂礫；碎石(⇨stone【同義字】)。**2** 《醫》**a** 尿砂(《比結石還小》)。**b** 尿砂症。
—*v.t.* (**grav·eled**, 《英》**-elled**; **grav·el·ing**, 《英》**-el·ling**) 〔十受〕
1 用碎石鋪…(《★常以過去分詞當形容詞用》)：a ~*ed* path 碎石路/~ a road 以碎石鋪路。
2 a 《英》使〈人〉慌張失措；使…困惑。**b** 《美口語》使〈人〉惱怒，使…焦躁。
gráv·el·ly [-vlɪ; -vli] **«gravel 的形容詞» —***adj.* **1** 多砂礫的；含有砂礫的；如碎石的。**2** 〈聲音〉哇啦哇啦的。

G

grável pìt *n.* Ⓒ小石(採取)坑；碎石採取場。
grav·en *v.* **grave**³ 的過去分詞。
gráv·er 《源自 grave³》—*n.* Ⓒ **1** (銅版用的)雕刻刀。**2** 雕刻師。
gráve·stòne *n.* Ⓒ墓石，墓碑。

【說明】原來是指橫擺在墳墓上的墓石，但現在也包括豎立於死者頭部或腳部上的墓石。墓石上刻有死者的姓名、生卒年月日及與死者有關的詞句、悼念詞等；cf. epitaph【說明】

gráve·yàrd *n.* Ⓒ墓地。
gráveyard shìft *n.* Ⓒ[常 the ~]夜班。
gra·vi·me·ter [grəˈvɪmətɚ; grəˈvimitə] *n.* Ⓒ **1**《化學》比重計。**2**《物理》重力計。
gráving dòck *n.* Ⓒ《航海》(尤指修理船底用的)乾船塢(dry dock)。
grav·i·tate [ˈgrævəˌtet; ˈgræviteit] 《源自拉丁文「使變重」之義》—*v.i.* 〔十介十(代)名〕**1** 被引力吸引〔至…的方向〕〔*toward, to*〕：The earth ~*s* ***toward*** the sun. 地球(由於引力而)向太陽移動[地球受太陽吸引]。**2**〈人、關心、物等〉自然地被吸引〔至…〕〔*toward, to*〕：Children ~ ***toward*** home at dusk. 黃昏時，小孩就自然地回家。
grav·i·ta·tion [ˌgrævəˈteʃən; ˌgræviˈteiʃn] 《gravitate 的名詞》—*n.* Ⓤ**1**《物理》引力(作用)，重力：terrestrial ~ 地球引力/universal ~ 萬有引力/Newton's law of ~ 牛頓引力定律。**2**〔從…〕〔往…的〕自然傾向〔*from*〕〔*to, toward*〕：the ~ of the population *from* the country *to* the cities 人口從鄉村向都市集中的傾向。
gràv·i·tá·tion·al [-ʃənl; -ʃənl⁺] 《gravitation 的形容詞》—*adj.* 引力(作用)的，重力的：~ force [pull] 引力。
gravitátional fíeld *n.* Ⓒ《物理》引力場；重力場。
*__grav·i·ty__ [ˈgrævətɪ; ˈgrævəti] 《grave² 的名詞》—*n.* Ⓤ**1 a** 重大，重要；(罪、疾病等的)嚴重性：the ~ of the situation 事態的嚴重性/an offence of great ~ 重罪。**b** 認真；嚴肅；莊重；沈著：with ~ 認真地/keep one's ~ 持重；不苟言笑。**2 a**《物理》地心引力，重力；引力《略作 g》。**b**《物理》重力加速度《略作 g》。**c** 重量：⇨specific gravity/the center of ~ 《物理》重心。
gra·vure [ˈgrevjɚ, -jʊr; grəˈvjuə] 《源自法語「雕刻」之義》—*n.* **1** Ⓤ照相凹版。**2** Ⓒ照相凹版的印刷品[照片]。
gra·vy [ˈgrevɪ; ˈgreivi] *n.* Ⓤ**1 a** 肉汁《從調製的肉中滴下的肉汁》。**b** 肉湯調製的濃湯。**2**《俚》意外之財，容易取得的利益(cf. gravy train)。
grávy bòat *n.* Ⓒ盛肉汁的船形盤子。
grávy tràin *n.* Ⓒ《俚》輕易賺大錢的工作，肥缺(cf. gravy 2)：get on [jump, climb aboard, ride] the ~ 工作清閒而報酬高。
‡**gray** [gre; grei] *adj.* (~·er; ~·est)《★ 拼法《美》gray,《英》grey》**1** 灰色的：a ~ coat 灰色外套/~ eyes 灰色的眼睛。
2 (無比較級、最高級) **a**〈人〉灰白頭髮的，華髮的，〈頭髮〉灰白的：a ~ old man 花白頭髮的老人/get ~ (hair)《口語》(因擔心而)白髮增多/He [His hair] is turning [going] ~. 他[他的頭髮]變灰白了。**b**〈經驗、智慧等〉老年的，老成的，圓熟的：~ experience 老練。
3 (因疾病、恐懼等)臉色蒼白的，土灰的：He turned [looked] ~ with fatigue. 他因疲勞而臉色[看起來]蒼白。
4 a〈天氣等〉微暗的；陰沈沈的：a ~ day [sky] 陰天/It is ~ outside. 外面陰暗。**b** 陰暗的；〈工作等〉乏味的：the ~ office routine 乏味的例行公事。
—*n.* **1** Ⓤ[指種類時爲Ⓒ]灰色，老鼠色。**2** [the ~]微暗；微明；薄暮：in *the* ~ of the daybreak 在黎明時。**3** Ⓤ **a** 灰色[老鼠色]的衣服(布料)：dressed in ~ 穿著灰色衣服。**b** [常 G~]《美》(南北戰爭時南軍的)灰色制服(cf. blue *n.* 2b)。**4** Ⓤ灰色[老鼠色]的顏料[染料]。
the blúe and the gráy ⇨blue *n.*
—*v.i.* **1** 變成灰色。**2**〈頭髮〉變成白髮。
—*v.t.* 〔十受〕**1** 使…成灰色。
2 使〈頭髮〉變白髮：Worry ~*ed* his hair. 焦慮使他的頭髮變白。
~·**ness** *n.*
Gray [gre; grei], **Thomas** *n.* 格雷《1716－71；英國詩人》。
gráy·bèard *n.* Ⓒ《文語》老人。
Gráy Fríar *n.* Ⓒ(穿灰色衣服的)方濟會的修道士(Franciscan)。
gráy-héaded *adj.* **1** 白髮的。**2** 年老的；老練的。
gráy·hòund *n.* =greyhound.
gray·ish [ˈgre·ɪʃ; ˈgreiiʃ] *adj.* 略帶灰色[鼠色]的。
Gráy Làdy *n.* Ⓒ《美》紅十字會義務女護士。
gráy·làg *n.* Ⓒ《鳥》(歐洲之普通)灰色雁。
gray·ling [ˈgrelɪŋ; ˈgreiliŋ] *n.* Ⓒ **1**《魚》鱒類。**2**《昆蟲》數種灰色或褐色之蝶類。
gráy márket *n.* Ⓒ灰市《稀有貨物之秘密買賣而未至公然犯法程度者；以別於黑市買賣》。

G

gráy mátter *n.* Ⓤ **1**《解剖》(腦、脊髓的)灰白質(cf. white matter)。**2**《口語》頭腦；智力。
gráy squírrel *n.* Ⓒ《動物》灰色大松鼠《北美產的大型松鼠》。
graze¹ [grez; greiz] *v.i.* 〈家畜〉吃草：The cattle were *grazing* in the field. 牛在原野上吃青草。
—*v.t.* 〔十受〕**1** 使〈家畜〉吃青草；放牧〈家畜〉。**2** 把〈草地〉當牧場使用。
graze² [grez; greiz] *v.t.* **1** 輕輕擦過…，掠過…：The bullet ~*d* my shoulder. 子彈擦過我的肩膀。**2** (輕輕)擦破…：He ~*d* his knee on the stone. 他的膝蓋碰上石頭擦破了。
—*v.i.* 掠過。
—*n.* **1** Ⓤ擦；擦過。**2** Ⓒ[常用單數]擦破；擦傷。
gra·zier [ˈgreʒɚ; ˈgreizjə, -ʒə] *n.* Ⓒ畜牧業者。
gráz·ing *n.* Ⓤ **1** 放牧。**2** 牧場。
Gr. Br(it). 《略》Great Britain.
*__grease__ [gris; gri:s] *n.* Ⓤ **1** 油脂《潤滑劑，髮油等半固體的油性物質》。**2** (柔軟的)獸脂，脂。— [gris, griz; gri:z, gri:s] *v.t.* 〔十受〕**1 a** 在…塗油脂；給…擦以油：~ a car 給汽車加潤滑油。**b** 塗油脂於…：~ a frying pan 在煎鍋上塗油。**2 a** 使〈事情〉順利進行，促進…。**b** 賄賂…。
gréase cùp *n.* Ⓒ油杯，油壺《機械軸承上盛潤滑油之杯狀物》。
gréase gùn *n.* Ⓒ(爲機器注入潤滑油的)滑脂槍，注油槍。
gréase mònkey *n.* Ⓒ《俚》(汽車、飛機的)機械工，技工。
gréase·pàint *n.* Ⓤ(演員化妝用的)油彩。
gréase·próof *adj.* [用在名詞前]防油脂的，不吸油脂的。
greas·er [ˈgrisɚ; ˈgri:zə, ˈgri:sə] *n.* Ⓒ **1** (汽車的)修理工；《英》(輪船的)伙伕長。**2**《美・輕蔑》拉丁美洲人；(尤指)墨西哥人。
greas·y [ˈgrisɪ, ˈgrizɪ; ˈgri:si, -zi] 《grease 的形容詞》—*adj.* (**greas·i·er**; **-i·est**) **1 a** 塗有油脂的。**b** 油污的：~ overalls 有油污的工作服。**2 a** 油膩的，含油脂的：This food is ~. 這個食物油膩。**b** 多油脂的：~ skin 油性的皮膚。**3**〈道路等〉滑溜溜的。**4**《口語》〈態度、語調、人等〉拍馬屁的；阿諛奉承的：a ~ smile 諂媚的微笑。**gréas·i·ly** [-sɪlɪ, -zɪlɪ; -sili, -zili] *adv.* **-i·ness** *n.*
gréasy spóon *n.* Ⓒ《美謔》低級廉價的餐館。
‡**great** [gret; greit] *adj.* (~·er; ~·est) **1** [用在名詞前] **a** (規模、數量、程度等)大的，巨大的(⇨big【同義字】)：a ~ city 大都市/the ~ house《英、美國南部》大莊園或農場的主宅/a ~ river 大河。**b** (含有吃驚、讚賞、輕蔑等感情在內)大的：He put his ~ foot on the flowerbed. 他的大腳踩在花壇上。**c** (無比較級、最高級)[具有副詞性質，用來强調下列表示大的形容詞]《口語》非常，十分：a ~ big fish 好大的一條魚/a ~ thick stick 很粗的一根手杖。**d** (無比較級、最高級)(在同種類中，與其他作一區別)大的：⇨great ape, Great Britain, Great Charter. **e** (無比較級、最高級)[the G~；用於稱號，加在歷史人物等後面]…大王[帝]：Alexander *the G~* 亞歷山大大帝/Peter *the G~* 彼得大帝。**f** (無比較級、最高級)[the G~][與歷史上的建築物、事件等連用]有名的，著名的：⇨Great Fire, Great Wall (of China), Great War.
2 a (能力、價値、重要性等)偉大的，傑出的，卓越的：a ~ book 巨著；名著/a ~ man 偉人/a ~ statesman 傑出的[偉大的]政治家。**b** 崇高的，深遠的：a ~ deed 崇高的行爲/a ~ idea 深遠的思想。
3 [用在名詞前] **a** [常與表數量的名詞連用]多數的；多量的；許多的：a ~ crowd 衆多人羣/a ~ deal ⇨ deal¹ B1/a ~ many books 非常多的書/a ~ number of people 許許多多的人/the ~ majority [body, part] of... …的大部分/in ~ multitude(s) 大羣地/the ~*est* happiness of the ~*est* number 最大多數的最大幸福《★Jeremy Bentham 的功利主義的原則》。**b**〈時間、距離等〉長的：a ~ while ago 很久以前/live to a ~ age 活到高齡/It is no ~ distance to the station. 到火車站距離不遠。
4 a [用在名詞前]大的，很大的：a ~ liar 天大的說謊者/a ~ reader 非常喜愛讀書的人/a ~ talker 健談的人/a ~ friend 知己的朋友，摯友/a ~ fool 大傻瓜/a ~ mistake 大錯/~ learning 大學問。**b** [用在名詞前]重大的，重要的：a ~ occasion 重大的時期，危機；節日/It's no ~ matter to me. 這對我不重要。**c**〈疼痛等〉强烈的；〈聲音等〉大的：a ~ noise 巨響/The pain was too ~ to bear. 疼痛過劇而無法忍受。**d** 細心的，十分的：in ~ detail 十分詳細地。
5 [用在名詞前](身分)高的；地位高的，高貴的：a ~ lady 貴婦人/the ~ families 名門望族/the ~ world 上流[貴族]社會。
6 (無比較級、最高級)[用在名詞前][the ~] **a** 最大的，中心的：*the* ~ attraction of the circus 馬戲團最叫座的表演。**b** 主要的，顯眼的〈建築物等〉：*the* ~ hall 大廳。
7 [用在名詞前]喜愛用的，常用的：a ~ word among scientists 科學家愛用的詞語。
8《口語》極美的；極好的：That's ~！那好極了！/What a ~

idea it is! 那眞是好主意!/I'm feeling ~. 我感覺舒服/We had a ~ time at the seashore. 我們在海濱玩得很痛快。
9 [不用在名詞前]〔十介十(代)名〕《口語》**a**〔對…〕高明的，擅長〔於…〕的〔*at, on*〕: She is ~ ***at*** tennis [mathematics]. 她擅長網球[數學]/This team is ~ ***on*** the attack. 這一隊擅長於攻擊。 **b** 熱中〔於…〕的；精通〔於…〕的〔*on*〕: He is ~ ***on*** science fiction. 他熱中於科幻小說[對科幻小說，無所不知]。
10 (無比較級、最高級) [不用在名詞前]〔十介十(代)名〕**a**《文語》〔爲感情而〕激動的〔*with*〕: He was ~ ***with*** anger. 他極爲憤怒。 **b**《古・方言》懷孕的〔*with*〕: She is ~ ***with*** child. 她懷孕了。
the gréater [gréatest] pàrt of... …的大部分，…的大半: He spent *the ~er part of* the day reading a book. 他把那一天大部分時間用來讀書。
—*n.* 1 Ⓒ偉人，一流人士，大師，名家。**2** [the ~(s)；集合稱；當複數用]偉人們，大師們: *the* scientific ~*(s)* 科學界的大師們。**3** [the ~est]《口語》非常出色的人[物]: She's *the ~est.* 她最爲出色。
—*adv.* 《美口語》滿足地，順利地: Things are going ~. 事事都進行很順利。
~·ness *n.*
great- [gret-; greit-] [複合用詞]表示「(血緣關係)更遠一輩」(cf. grand-): *great*-aunt / *great*-grandfather.
gréat ápe *n.* Ⓒ《動物》大猿《chimpanzee, gorilla 等》。
Gréat Assíze *n.* [the ~]最後的審判(Judgment Day).
gréat-àunt *n.* Ⓒ父母親的伯[姑、嬸、舅、姨]母；姑婆，嬸婆，舅婆，姨婆。
Gréat Bárrier Rèef *n.* [the ~]大堡礁《在澳大利亞之東北，是世界最大的珊瑚礁》。
Gréat Básin *n.* [the ~]大盆地《在美國西部，包括內華達州(Nevada)之大部分及加利福尼亞州(California)，愛達荷州(Idaho)，猶他州(Utah)，懷俄明州(Wyoming)及俄勒岡州(Oregon)諸州之一部分》。
Gréat Béar *n.* [the ~]《天文》大熊座(Ursa Major) (cf. Little Bear；⇨ dipper 4 a).
Gréat Beyónd *n.* [the ~]死後的世界，來世。
‡Grèat Británn «與 Little Britain (對岸的法國不列塔尼(Brittany)地方)相比而取的名稱» **—*n.* 1** 大不列顚《★英格蘭、蘇格蘭與威爾斯的合稱，亦可單稱爲 Britain；包括北愛爾蘭，形成英國(the United Kingdom)；略作 G. B., Gr. Br(it)., Gt. Br(it).》. **2**《俚》英國(the United Kingdom).

Great Britain
【插圖說明】把 Great Britain, Ireland, Isle of Man 等諸島嶼合稱爲 the British Isles(不列顚羣島)。

gréat cálorie *n.* =calorie b.
Gréat Chárter *n.* [the ~]大憲章(⇨ Magna Carta).
gréat círcle *n.* [用單數] **1** (球面的)大圓《通過球中心的平面與球面所切成的圓》。**2** (地球面上的)大圈《以地心爲中心點的地球外圈》。
gréat-círcle sáiling *n.* Ⓤ《航海》大圈航法。
gréat·còat *n.* Ⓒ(士兵穿的)厚質料大衣，外套。
Gréat Dáne *n.* Ⓒ大丹狗《大型畜犬的一種》。

Great Dane

Gréat Depréssion *n.* [the ~]大蕭條《1929 年 10 月股市大崩盤後，發生在美國及其他資本主義國家的經濟危機，持續至 1930 年代》。
Gréat Divíde *n.* [the ~] **1** (北美)大陸的主要分水嶺《尤指 Rocky Mountains》. **2** [又作 the g~ d~]重大時期，危機；生死之界。
cróss the Gréat Divíde《委婉語》越過陰陽界；死亡。
Gréat Dóg *n.* [the ~]《天文》大犬座(Canis Major).
Great·er ['gretɚ; 'greitə] *adj.* [指都市及其周邊地區時則冠上地名]大…: ~ New York 大紐約/⇨ Greater London.
Gréater Lóndon *n.* 大倫敦。

【說明】1965 年以後把前 Middlesex 的大部分和前 Essex 以及 Kent, Surrey, Hertfordshire 等各郡的一部分併入舊倫敦市(the City (⇨ city 4a))而成的行政區域稱爲 Greater London, 即指現在的倫敦(London)；1986 年廢止。

Gréat Fíre *n.* [the ~]倫敦大火《指 1666 年 9 月的大火，燒掉了倫敦的大部分地區》。
gréat gó *n.* Ⓒ《英口語》**1** (尤指牛津大學)獲得古典文學和數學學士學位的最後考試。**2** 上述學位之課程。
gréat-grándchild *n.* Ⓒ曾孫，曾孫女；外曾孫；外曾孫女。
gréat-gránddaughter *n.* Ⓒ曾孫女；外曾孫女。
gréat-grándfather *n.* Ⓒ曾祖父，外曾祖父。
gréat-grándmother *n.* Ⓒ曾祖母，外曾祖母。
gréat-grándparent *n.* Ⓒ曾祖父[母]；外曾祖父[母]。
gréat-grándson *n.* Ⓒ曾孫；外曾孫。
gréat-héarted *adj.* **1** 高貴的，心胸寬闊的，寬大的。**2** 勇敢的，大膽的。**~·ness** *n.*
Gréat Lákes *n. pl.* [the ~]五大湖《在美國與加拿大國境，由東起依序爲安大略湖(Ontario)，伊利湖(Erie)，休倫湖(Huron)，密西根湖(Michigan)，蘇必略湖(Superior)；只有密西根湖全部在美國境內》。
***great·ly** ['gretlɪ; 'greitli] *adv.* (無比較級、最高級) **1** [常修飾動詞、過去分詞、少數的比較級形容詞]**大大地**；非常地；極；很: He ~ desired to meet her. 他很想見她/I was ~ amused. 我甚覺有趣/It is ~ superior. 它非常出色。**2** 偉大地，崇高地，高貴地，寬大地。
gréat-néphew *n.* =grandnephew.
gréat-nìece *n.* =grandniece.
Gréat Pláins *n.* [the ~]大草原《北美的落磯山脈(Rocky)以東至密西西比河(Mississippi)》.
gréat pówer *n.* Ⓒ[常G~ P~]强國；大國。
Gréat Sált Láke *n.* 大鹽湖《位於美國猶他州(Utah)，爲西半球最大的鹹水湖》。
gréat séal *n.* [常 the G~ S~]國[州]的印章，國璽《重要文件上所蓋的國家印章；⇨ seal¹ 1 插圖》。
gréat-ùncle *n.* Ⓒ父母親的伯[叔]父；伯[叔]祖，外伯[叔]祖。
Gréat Wáll (of Chína) *n.* [the ~] (中國的)萬里長城(Chinese Wall).
Gréat Wár *n.* [the ~]第一次世界大戰。
Gréat White Wáy *n.* [the ~]大不夜街《紐約市(New York City)的百老滙(Broadway)和時報廣場(Times Square)附近劇院鬧區之俗稱》。
greave [griv; gri:v] *n.* Ⓒ[常 ~s]脛甲；護脛。
grebe [grib; gri:b] *n.* Ⓒ《鳥》鸊鷉《一種水鳥》。
Gre·cian ['griʃən; 'gri:ʃn] «Greece 的形容詞» **—*adj.*** (古代)希臘(式)的《★[比較]Grecian 用以指建築、美術、人的容貌等；其他則用 Greek》: a ~ profile 希臘型的側面像/a ~ urn (古代)希臘甕《有座腳與耳，用以裝死者的骨灰》。
Grécian nóse *n.* Ⓒ希臘鼻《自額部至鼻尖成一直線的鼻子；⇨ nose 插圖》。
Gre·cism ['grisɪzəm; 'grisizəm] *n.* ⓊⒸ **1** 希臘成語；希臘語風。**2** 希臘文化精神；希臘藝術精神。
Gre·co-Ro·man [ˌgriko'romən, ˌgreko-; ˌgrekou'roumən, ˌgri:k-] *adj.* 希臘羅馬的；受希臘與羅馬影響的。
Gréco-Ròman wréstling *n.* Ⓤ希臘羅馬式摔角《只能攻上半身；cf. catch-as-catch-can》.
Greece [gris; gri:s] *n.* **希臘**《歐洲東南部，巴爾幹半島南部的共和國；舊名 Hellas；首都雅典(Athens)》.
greed [grid; gri:d] «源自 greedy 的逆成字» **—*n.*** Ⓤ貪心；貪婪〔*for*〕: ~ *for* money 貪財。
greed·y ['gridɪ; 'gri:di] *adj.* (greed·i·er；-i·est) **1** 貪吃的，嘴饞的: a ~ boy 貪吃的男孩。**2 a** 貪心的；貪婪的: a ~ miser 貪婪的吝嗇鬼/with ~ eyes 用貪婪的目光。**b** [不用在名詞前]〔十介十(代)名〕渴望，熱望〔…〕的〔*for, of*〕: a man ~ ***of*** money 貪財的人/The plants are ~ ***for*** water. 植物極需水分。**c** [不用在名詞前]〔十 *to* do〕渴望[急欲]〈做…〉的: He is ~ *to* gain power. 他急欲得到權力。**gréed·i·ly** [-dɪlɪ; -dili] *adv.* **-i·ness** *n.*
Greek [grik; gri:k] «Greece 的形容詞» **—*adj.* 1** 希臘(人)的，希臘文化的(⇨ Grecian [比較]): ~ mythology 希臘神話/the ~ philosophers 希臘的哲學家。**2** 希臘語的。
—*n.* 1 Ⓒ希臘人。**2** Ⓤ希臘語。**3** Ⓤ《口語》完全不懂的語言；莫名其妙的事物: It's (all) ~ to me. 這我完全不懂。

【字源】希臘文(Greek)非常難，因而 Greek 被用作這樣的意思。這句話是出自莎士比亞(Shakespeare)的作品「凱撒大帝(*Julius Caesar*)」，謀殺凱撒的暗殺者之一的羅馬將軍喀司客(Casca)把通曉希臘羅馬文的元老院議官西塞羅(Cicero)用希臘語講的話以雙關語評爲…it was Greek to me.

Gréek álphabet *n.* [the ~]希臘語字母表，希臘文字。

Α α alpha	Ι ι iota	Ρ ρ rho
Β β beta	Κ κ kappa	Σ σ ς sigma
Γ γ gamma	Λ λ lambda	Τ τ tau
Δ δ delta	Μ μ mu	Υ υ upsilon
Ε ε epsilon	Ν ν nu	Φ φ phi
Ζ ζ zeta	Ξ ξ xi	Χ χ chi
Η η eta	Ο ο omicron	Ψ ψ psi
Θ θ theta	Π π pi	Ω ω omega

the Greek alphabet

Gréek Chúrch *n.* [the ~]＝Greek Orthodox Church.
Gréek cróss *n.* Ⓒ希臘十字，正十字形(⇨ cross 2 插圖)。
Gréek fíre *n.* Ⓤ希臘火藥《一種混合性可燃物；拜占庭(Byzantine)帝國時期的希臘人(Greek)用以攻擊敵艦》。
Gréek gíft *n.* Ⓒ別有用心[存心害人]的禮物。

【字源】源自古代希臘詩人荷馬(Homer)的史詩「伊里亞特」(*the Iliad*)中的特洛伊木馬(Trojan horse)的故事。話說希臘軍因無法攻陷特洛伊(Troy)，把裏面藏匿着勇士的巨型木馬留下後假裝撤退，而事實上希臘軍乘船出海躲在一島嶼後側。特洛伊市民把木馬拖入城內設宴慶功。此時藏在木馬中的希臘勇士出來開城門，接應希臘軍衝入城內，使特洛伊在一夜之間被攻陷；cf. Trojan horse【字源】

Gréek-lètter fratérnity [sorórity] *n.* Ⓒ《美》男子[女子]希臘文字聯誼會《以社交、學術爲目的的大學生的全國性聯誼會》。
Gréek Órthodox Chúrch *n.* [the ~]《基督教》希臘正教會《東方正教會(Orthodox Eastern Church)的一部分，希臘的國教》。

G

‡**green** [grin; gri:n] *adj.* (~·er; ~·est) **1 a** 綠(色)的，草綠色的：a ~ dress 綠色的衣服/The grass was ~*er* after the rain. 雨後草地更加翠綠。**b** 〈信號〉綠色的：⇨ green light.
2 a 綠油油的，青葱的：~ fields [hills] 綠色的原野[山丘]。**b** 〈冬季、耶誕節〉沒有被雪覆蓋的；溫暖的：A ~ Christmas [winter] makes a full [fat] churchyard. ⇨ churchyard.
3 青菜的，菜葉的，蔬菜的：~ crops 青菜/~ food 蔬菜/a ~ salad 蔬菜沙拉/~ vegetables 青菜，蔬菜類。
4 a 〈水果等〉未熟的：a ~ apple/These bananas are too ~ to eat. 這香蕉還沒成熟，不能吃。**b** 〈酒、乾酪等〉不陳的，未熟的。**c** 〈木材、香煙等〉未乾的，生的。
5 a 〈人〉未成熟的；無經驗的；生手的：a ~ hand 生手/⇨ as green as GRASS. **b** [不用在名詞前]〔十介十(代)名〕未熟練〔於…〕的，不習慣〔…〕的〔*at, in*〕：He is still ~ ***at*** his job [***in*** the army]. 他仍然對工作不熟悉[他仍然不習慣軍隊生活]。**c** 容易受騙的，輕信的。
6 a (因疾病、恐懼等)臉色蒼白的，臉色發青的。**b** [不用在名詞前]〔十介十(代)名〕〔因嫉妒等〕臉色發青的〔*with*〕《★常用於下列構句》：She was ~ ***with*** envy [jealousy]. 她因羨慕[嫉妒]而面色發青；她充滿羨慕[嫉妒]。
7 a 有精神的，年輕的：a ~ old age 矍鑠的老年/young and ~ at heart 人老心不老，老當益壯。**b** 〈記憶等〉鮮明的：My memories of him are still ~. 我對他記憶猶新。
—*n.* 1 Ⓤ[指種類時爲Ⓒ]綠色，草色：a variety of ~*s* 各種綠色。
2 Ⓤ綠色的顏料[塗料，染料]。
3 Ⓤ綠色的衣服(布料)：a girl dressed *in* ~ 穿綠衣的少女。
4 Ⓒ **a** 草地，草原，草坪，綠地。**b** (位於鎮、村中心的)公共草地：a village ~ 村中公有草地《供村民遊憩之用》。
5 Ⓒ《高爾夫》**a** 球洞區，果嶺(putting green). **b** 高爾夫球場。
6 [~s] **a** 《美》(裝飾用的)綠葉，綠枝：Christmas ~*s* 耶誕節的綠枝裝飾。**b** 青菜，蔬菜，烹調好的蔬菜。
—*v.i.* 變成綠色。
—*v.t.* 〔十受〕使…成綠色；使…染成綠色；綠化…。
~·ness *n.*

gréen·bàck 《源自裏側爲綠色之義》**—*n.*** Ⓒ《美口語》(美國的)紙幣，美鈔。
gréen·bèlt *n.* Ⓤ[指個體時爲Ⓒ](都市周圍的)綠化地帶。
Gréen Berèt *n.* **1** Ⓒ美國特種部隊(Special Forces)隊員。**2** [the Green Berets]「綠色貝雷帽」《美國特種部隊的別稱》。
gréen càrd *n.* Ⓒ **1** 《英》國際汽車事故傷害保險證。**2** 《美》綠卡《永久居留權卡(permanent visa)之別稱》。
gréen còrn *n.* Ⓤ《美》玉米筍《當蔬菜吃的柔軟未成熟的玉蜀黍》。

Greene [grin; gri:n], **Graham** *n.* 格林《1904–91；英國小說家》。
green·er·y [ˋgrinərɪ, ˋgrinrɪ; ˈgri:nəri] *n.* Ⓤ[集合稱](裝飾用的)綠葉，綠枝。
gréen-éyed *adj.* 嫉妒的(cf. green *adj.* 6 b)：the ~ monster 綠眼的怪物《嫉妒》。

【字源】green 的正面意義象徵年輕、歡喜和新鮮，負面意義則象徵不成熟和嫉妒等。*green* with envy(充滿嫉妒)，a *green* eye(嫉妒的眼睛)等語句是源自莎士比亞所用過的 *green-eyed* jealousy(出自「威尼斯商人(*The Merchant of Venice*)」)和 the *green-eyed* monster(出自「奧賽羅(*Othello*)」)。但也有學者說，在聖經新約「啓示錄」中的龍(dragon)就是象徵魔鬼的 the *green-eyed* monster.

gréen·fìnch *n.* Ⓒ《鳥》鶯《歐洲產》。
gréen fíngers *n. pl.* 《英口語》＝green thumb.
gréen·flỳ *n.* Ⓒ(*pl.* ~, **green·flies**)《英》《昆蟲》綠色蚜蟲。
gréen·gàge *n.* Ⓒ李的一種。
green·gro·cer [ˋgrin͵grosɚ; ˈgri:n͵grousə] *n.* Ⓒ《英》**蔬菜水果商**，菜販：a ~'s (shop) 果菜店。
gréen·gròcery *n.* 《英》**1** Ⓒ果菜店。**2** Ⓤ[集合稱]果菜類。
gréen·hòrn 《源自「剛長出角的牛」之義》**—*n.*** Ⓒ **1** 生手，無經驗的人。**2** 容易受騙的人，未經世故的人；愚蠢的人。**3** 《美》新到的移民。
gréen·hòuse *n.* Ⓒ溫室。
gréenhouse effèct *n.* Ⓤ溫室效應《地球大氣吸收太陽輻射能，使地表熱度增加》。
green·ing [ˋgrinɪŋ; ˈgri:niŋ] *n.* Ⓒ **1** 綠皮蘋果。**2** 恢復青春；再生；返老還童。
gréen·ish [-nɪʃ; -niʃ] *adj.* 淺綠色的，略帶綠色的。
Green·land [ˋgrinlənd; ˈgri:nlənd] 《爲了吸引移民的一種美稱》**—*n.*** 格陵蘭《北美洲東北方的世界第一大島，屬丹麥》。
gréen líght *n.* **1** Ⓒ(交通號誌的)綠燈，安全信號(⇨ traffic light【說明】)。**2** [the ~](對於計畫等的)許可，核准：get [give] *the* ~ 得到[給與]許可。
gréen·màil *n.* Ⓤ《股票》大量購股勒索《大量買進某公司的股票，預期該公司爲防止被持股者接收而會以更高的股價買回股票》。
gréen manúre *n.* Ⓤ **1** 綠肥。**2** 尙未經過腐爛之肥料。
Gréen Móuntain Stàte *n.* [the ~]美國佛蒙特州(Vermont)之別稱。
gréen ónion *n.* Ⓒ小洋葱。
gréen pépper *n.* Ⓒ青椒。
gréen revolútion *n.* Ⓒ《農》綠色革命《由於糧食作物新品種的發展和農業技術的改進，引起收成的極大增長》。
gréen·ròom 《源自牆壁塗上綠色之義》**—*n.*** Ⓒ《戲劇》演員休息室；後臺。
gréen·stùff *n.* Ⓤ青菜，蔬菜類。
gréen·swàrd *n.* Ⓤ綠色的草地，草皮。
gréen téa *n.* Ⓤ綠茶(cf. black tea).
gréen thúmb *n.* [a ~]《美口語》園藝的才能(《英口語》green fingers)：have *a* ~ 有園藝的才能，擅長培育花及植物。
gréen túrtle *n.* Ⓒ《動物》綠龜《肉可食用》。
gréen vítriol *n.* Ⓤ《化學》綠礬；皂礬。
Green·wich [ˋgrɪnɪdʒ, ˋgrɛn-, -ɪtʃ; ˈgrinidʒ, ˈgren-, -itʃ] *n.* 格林威治《爲倫敦郊外，泰晤士河(Thames)畔的自治區；爲格林威治皇家天文臺(the Royal Greenwich Observatory)所在地；該處爲經度之起算點；目前該天文臺在東薩克西斯郡(East Sussex)內》。
Gréenwich (Méan) Tìme *n.* Ⓤ格林威治(標準)時間《英國的標準時間；在通信，航空上，地方時刻(local time)產生不便時所採行的世界通用的時刻；略作 G(M)T；⇨ standard time【說明】》。
Gréen·wich Víllage [ˋgrɛnɪtʃ-; ˈgrenitʃ-] *n.* 格林威治村《在美國紐約市曼哈坦島(Manhattan)西南部，爲藝術家、作家聚集之地區》。

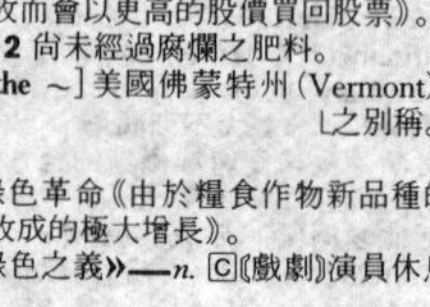
Greenwich Village

gréen·wòod *n.* [the ~]《文語》蓊鬱的森林，綠林。
‡**greet** [grit; gri:t] 《源自古英語「靠近」之義》**—*v.t.* 1** 〔十受〕向〈人〉問候，對…打招呼：They were waiting at the entrance to ~ the Queen. 他們在入口處等待，向女王問候。
2 〔十受十介十(代)名〕〔以打招呼、敬禮、嘲笑、憎惡〕迎接，歡迎〈人〉〔*with, by*〕：She ~*ed* me ***with*** a smile [***by*** nod*ding* her

head]. 她以微笑[點頭]迎接我/His speech was ~*ed with* [*by*] general cheers [jeers]. 他的演講受到大家的歡迎[揶揄]。**3** 〔十受〕映入〈眼簾〉; 傳入〈耳〉: A delicious odor [terrible sight] ~*ed* me when I opened the door. 當我打開門時, 一陣香味撲鼻而來[一個可怕景象呈現在我眼前]。

greet·ing [ˋgritɪŋ; ˈgri:tiŋ] *n.* **1** Ⓒ(會面時的)**問候**; 致敬: a few words of ~ 簡單的歡迎辭/give a friendly ~ 友善地打招呼。

【說明】遇到熟人或老朋友時, 通常行握手禮(handshake), 特別親密的朋友則互握雙手。近來也常可看到男人親密地互相擁抱。如果是男性和女性, 有時男性會親吻對方的臉頰, 而不行鞠躬禮(bow). 在一般情形通常打招呼用 "How are you?"(你好嗎?)英國人則通常會談天氣, 除了說 "Good morning."(早安。)等之外還說 "Nice day, isn't it?" "Lovely day, isn't it?" (天氣眞好, 不是嗎?)之類的問候語。美國人不常這樣應答, 而常說 "Nice to meet you." (幸會。)或問對方的近況, 如 "Anything new?"(最近好嗎?) "What's new?"(近來怎麼樣?)初次見面時不論是英國人或美國人都首先輕輕點頭(nod), 或互相握手, 一邊說 "How do you do?"(你好。)(較 How are you? 鄭重的說法), 然後再說 "I'm very glad to meet you."(很高興和您認識。); cf. weather【說明】

2 [~s] **問候語, 祝賀**: Christmas ~*s* 耶誕節的祝賀/With the ~*s* of the season 順頌時祺《★禮物所附的卡片上的句子》/Please give my ~*s to* your mother. 請將我的祝賀帶給你媽媽[請代我向你媽媽祝賀]。**3** Ⓒ《美》書信開端的稱呼(《英》salutation)《Dear Mr. ... 等》。

Séason's Gréetings! 耶誕節愉快, 恭賀耶誕《耶誕卡上的問候語》。

gréeting càrd *n.* Ⓒ(耶誕節、生日等的)賀卡《通常有圖片》。

gre·gar·i·ous [grɪˋgɛrɪəs; griˈgɛəriəs] *adj.* **1** **a** 〈人、動物〉羣居[羣生]的, 羣居性的。**b** 〈植物〉羣生的, 叢生的。**2** 〈人〉喜愛羣居的, 愛社交的。

~·**ly** *adv.* ~·**ness** *n.*

Gre·go·ri·an [grɛˋgorɪən, -ˋgɔr-; griˈgɔ:riən] «Gregory 的形容詞»—*adj.* **1** 羅馬教皇 Gregory(常指一世或十三世)的。**2** 格里高里曆的, 根據格里高里曆的: the ~ style (1582 年以後的)新曆。

Gregórian cálendar *n.* [the ~] 格里高里曆《1582 年教皇 Gregory 十三世將凱撒曆(Julian calendar)修訂而成的現行太陽曆》。

Gregórian chánt *n.* Ⓤ[指個體時爲Ⓒ] [常 the ~]《天主教》格里高里聖歌《據說是 Gregory 一世完成的淸唱聖歌》。

Greg·o·ry [ˋgrɛgərɪ; ˈgregəri] *n.* **1** 格里高里《男子名》。**2** 格里高里《歷代某些羅馬教皇之名》。

grem·lin [ˋgrɛmlɪn; ˈgremlin] *n.* Ⓒ《口語》(傳說在二次世界大戰中損毀飛機引擎的)小妖精。

Gre·na·da [grɪˋnedə; greˈneidə] *n.* 格瑞納達《位於西印度羣島東部, 屬英國聯邦成員國; 首都聖喬治(St. George's)》.

gre·nade [grɪˋned; griˈneid] «源自古法語「石榴」之義, 因形狀類似之故»—*n.* Ⓒ **1** 《軍》手榴彈。**2** **a** 滅火彈。**b** 催淚彈。

grenáde làuncher *n.* Ⓒ《軍》槍榴彈發射器。

gren·a·dier [ˌgrɛnəˋdɪr; ˌgrenəˈdiə] *n.* **1** Ⓒ(從前的)手榴彈兵, 擲彈兵。**2** 《英》**a** [the Grenadiers] 近衛步兵第一團。**b** Ⓒ[常 G~]該團的士兵。

Grénadier Guárds *n. pl.* [the ~] 《英》近衛步兵第一團(cf. Foot Guards).

gren·a·dine [ˌgrɛnəˋdin, ˋgrɛnəˌdin; ˌgrenəˈdi:n] *n.* Ⓤ一種以石榴汁製成的糖漿《用以調製鷄尾酒》。

Gresh·am [ˋgrɛʃəm, ˋgrɛsəm; ˈgreʃəm], Sir **Thomas** *n.* 葛萊興《1519–79; 英國財政家》。

Grésh·am's láw [ˋgrɛʃəmz-; ˈgreʃəmz-] «源自英國財政家 Sir Thomas Gresham (1519–79) 之名»—*n.* Ⓤ《經濟》葛氏定律《Bad money drives out good. (劣幣驅逐良幣的法則)》。

Gre·ta [ˋgrɛtə, ˋgretə; ˈgri:tə, ˈgretə, ˈgreitə] *n.* 格麗塔《女子名; Margaret 的暱稱》。

‡**grew** [gru; gru:] *v.* **grow** 的過去式。

grew·some [ˋgrusəm; ˈgru:səm] *adj.* =gruesome.

‡**grey** [gre; grei] *adj., n., v.*=gray.

gréy·hòund *n.* **1** Ⓒ靈猩《一種體瘦、腿快、目光銳利的獵犬》。**2** [G~] **a** 灰狗巴士《美國最大長程巴士公司》。**b** Ⓒ該巴士公司的巴士: Go *G*~ 坐灰狗巴士去《★該公司的標語》。

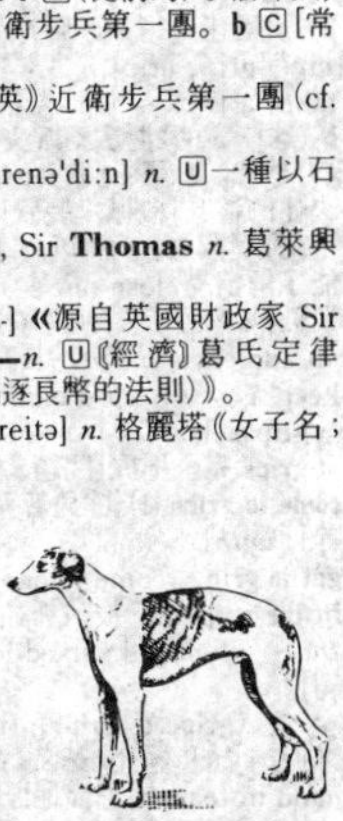

greyhound 1

gréyhound rácing *n.* Ⓤ獵犬賽《以靈猩追軌道上的電動假兔以決勝負的一種賽狗》。

gréy·làg *n.* =graylag.

grid [grɪd; grid] *n.* **1** Ⓒ(鐵)格子。**2** Ⓒ **a** (烤肉、魚用的)烤架。**b** (車頂的)格子狀行李架。**3** [the ~](電線、水道、瓦斯等的)鋪設網, 輸電網。**4** Ⓒ **a** (街道的)棋盤格: a road ~ 棋盤狀道路網。**b** (地圖上的)座標方格。**5** Ⓒ《無線》柵極《眞空管的陰陽極之間的金屬柵》。**6** =gridiron 2.

grid·dle [ˋgrɪdl; ˈgridl] *n.* Ⓒ(烤餅等用的)鐵盤; 平底鍋。

gríddle càke *n.* Ⓒ[當點心名時爲Ⓤ] (用 griddle 烤成的)薄烤餅。

gride [graɪd; graid] *v.i.* 擦[刮]響。—*v.t.* 刺穿; 切開。—*n.* Ⓒ粗厲之擦刮聲。

grid·i·ron [ˋgrɪdˌaɪən; ˈgridˌaiən] *n.* Ⓒ **1** (烤肉、魚用的)烤架。**2** 《美》足球場; 橄欖球場《畫有許多平行線, 兩線間的距離爲五碼》。

gridiron 1

‡**grief** [grif; gri:f] «grieve 的名詞» —*n.* **1** Ⓤ(因死別、後悔、絕望等而)**悲傷, 悲嘆, 悲痛**(⇨ sorrow【同義字】): ~ *for* the death of a friend 爲一位友人的死哀傷/She became thin with ~. 她因憂傷而消瘦。**2** Ⓒ**悲傷[煩惱]的事由**: His son is a ~ *to* him. 他的兒子令他煩惱。

gridiron 2

brìng ... to gríef 使…失敗, 使…毀滅。

còme to gríef 遇難, 失敗。

Gòod [Grèat] gríef! [表示驚訝、不信等的感嘆詞]哎呀! 呀!

gríef-strìcken *adj.* 憂傷的, 極爲悲痛的。

griev·ance [ˋgrivəns; ˈgri:vns] «grieve 的名詞»—*n.* Ⓒ(尤指對不當對待的)不平(的原因), 不滿(的原因); 寃情, 委屈, 怨憤: nurse a ~ 心懷不滿; 滿心委屈/have many ~*s* against... 對…心懷許多不滿。

grieve** [griv; gri:v] «源自拉丁文「加重」之義»—*v.i.* **1** 〔動(十介十(代)名)〕〔對…〕**悲傷**〔*at, about, for, over*〕《★比較 較 be sorry 或 be sad 更文言, 意思也較强》: He ~*d* ***at the sad news [***about*** the matter, ***for*** his failure, ***over*** his son's death]. 他爲這件悲傷的消息[那件事, 他的失敗, 他兒子的死亡]而感到傷心。**2** **a** 〔十 *to* do〕〈做…而〉悲痛: We ~*d to* hear of your loss. 聽到你蒙受損失, 我們感到痛心。**b** 〔十 *that*__〕〈爲…事〉憂愁, 憂傷, 悲痛: I ~*d that* he should take offense. 他竟然動怒, 使我感到遺憾。—*v.t.* 〔十受〕**使〈人〉悲傷; 使…悲痛**《★常以過去分詞當形容詞用; ⇨ grieved 2》: It ~*d* me to see her unhappy. 我看到她不快樂而感到難過。

grieved *adj.* **1** 悲傷的: a ~ look 悲傷的表情。**2** [不用在名詞前] **a** 〔十 *to* do〕〈做…而〉感到悲傷的: He was terribly ~ *to* hear it. 聽到那件事, 他十分悲傷。**b** 〔十 *that*__〕〈對…事〉感到悲傷的: I am ~ *that* he should leave. 他要離去, 我感到傷心。

griev·ous [ˋgrivəs; ˈgri:vəs] «grieve 的形容詞»—*adj.* [用在名詞前] **1** 重大的, 難以原諒的〈過失、罪等〉: a ~ fault 重大的過失。

2 嚴重的, 難受的〈傷、疼痛等〉: a ~ wound 重傷/~ pain 劇痛/a ~ injury 重傷。

3 可嘆的, 可悲的, 悲慘的: a ~ loss 慘痛的損失/a ~ traffic accident 悲慘的交通事故/in a ~ state 處於悲痛的狀態。**4** 悲痛的: a ~ cry 悲痛的號叫。~·**ly** *adv.* ~·**ness** *n.*

grif·fin [ˋgrɪfɪn; ˈgrifin] *n.* Ⓒ《希臘神話》半獅半鷹的怪獸。

【說明】griffin 頭、翼、前足似鷹, 身軀、後足及尾似獅, 傳說爲守護金礦及寶藏的怪獸。因具備獸王和鳥王兩者的特性而被視爲最强者, 用於徽章象徵勇氣, 而紅色 griffin 是威爾斯(Wales)的象徵。

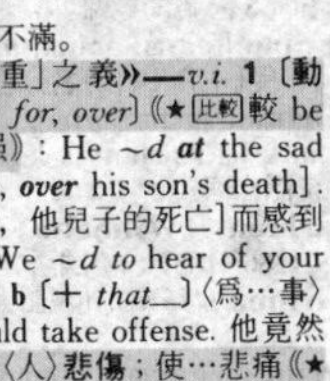

griffin

grif·fon [ˋgrɪfən; ˈgrifən] *n.* Ⓒ **1** 鼻子朝上的小型狗。**2** =griffin.

grig [grɪg; grig] *n.* Ⓒ《英方言》**1** 《昆蟲》蟋蟀; 螽斯[蚱蜢]。**2** 《魚》小鰻魚。**3** 精力充沛的人。

grill [grɪl; gril] *n.* Ⓒ **1** (烤肉等用的)烤架。**2** (在烤架、烤爐上燒烤的)肉[魚]: a mixed ~ (各種烤肉[烤魚]混在一起的)什錦烤肉。**3** (旅館等的)簡單餐廳, 燒烤店, 或是烤肉專門店。

—*v.t.* **1** 用烤架[烤爐]烤〈肉等〉《★比較《美》一般用 broil;

G

⇨ cook【同義字】》。**2**〈太陽等〉使〈人〉受酷熱：The scorching sun ~*ed* us. 炙熱的太陽把我們烤焦了。**3**《口語》〈警察等〉嚴加拷問〈人〉。

—*v.i.* **1** 受燒烤。**2** 受到酷熱。

grille [grɪl; gril] «源自法語 'grill' 之義»**—***n.* Ⓒ **1**（門、窗等具有裝飾圖案的）鐵格子，鐵柵。**2**（銀行出納口、售票口、監獄面會處等的）格子窗。**3**（汽車的）散熱器的窗形格子框（⇨ car 插圖）。

grille 2

grill·ròom *n.* ＝grill 3.

grilse [grɪls; grils] *n.* Ⓒ（*pl.* ~，~s）（爲產卵而初次從海裏游到河流來的）幼鮭。

grim [grɪm; grim] *adj.* (**grim·mer**；**grim·mest**) **1 a**〈人、表情等〉**嚴厲的**；嚴格的：a ~ face 嚴厲的表情。**b** 恐怖的，冷酷的，殘忍的：a ~ struggle 恐怖的搏鬥，激戰，生死之鬥。**2**〈笑等〉令人毛骨悚然的：a ~ smile 獰笑。**3**《口語》不愉快的，討厭的：a ~ task 討厭的工作/I had a pretty ~ day yesterday. 我昨天很不愉快。**4**〔用在名詞前〕**a** 嚴酷的，不可否認的〈事實等〉：a ~ reality [truth] 嚴酷的事實[眞理]。**b** 頑强的；不屈的〈決心等〉：~ determination 堅定的決心/~ courage 不屈的勇氣。

háng [hòld] ón like grím déath ⇨ death.

~·ly *adv.* **~·ness** *n.*

grim·ace [grɪˋmes; ˈgriməs, griˈmeis] *n.* Ⓒ（表示痛苦、不愉快、厭惡等的）愁眉苦臉：make a ~ 露出苦相。

—*v.i.*〔動(十介十(代)名)〕〔因…而〕面部歪扭〔*with*〕；〔看見…而〕皺眉頭〔*at*〕：~ ***with*** pain 因痛苦而面部歪扭/Mother ~*d* ***at*** the sight of the disorder in the room. 母親看到房裏亂糟糟，就皺起眉頭。

gri·mal·kin [grɪˋmælkɪn, -ˋmɔl; griˈmælkin] *n.* Ⓒ **1** 貓。**2** 老母貓。**3** 惡毒的老婦。

grime [graɪm; graim] *n.* Ⓤ（黏在皮膚上的）灰塵，污垢。**—***v.t.*〔十受(十介十(代)名)〕〔因污垢、灰塵等〕使…變黑[變髒]〔*with*〕.

Grimm [grɪm; grim], **Ja·kob Lud·wig Karl** [ˋjɑkɑpˋlutvɪk-kɑrl; ˈjɑːkɔpˈluːtvik kɑːl] *n.* 格林《1785-1863；德國語言學家及童話作家》。

Grimm, Wil·helm [ˋvɪlhɛlm; ˈvilhelm] **Karl** *n.* 格林《1786-1859；德國語言學家及童話作家；Jakob 之弟》。

Grímm's láw *n.* Ⓤ《語言》格林定律《日耳曼系語言之子音變化規律》。

grim·y [ˋgraɪmɪ; ˈgraimi] «grime 的形容詞»**—***adj.* (**grim·i·er**；**-i·est**) 因污垢[塵土等]而變骯髒的；污穢的：~ buildings 骯髒的建築物。

grin [grɪn; grin] «源自古英語「露出牙齒」之義»**—**(**grinned**；**grin·ning**) *v.i.* **1**〔動(十介十(代)名)〕**a**〔因高興、滿足等〕**露齒而笑**〔*with*〕（⇨ laugh【同義字】）：~ ***with*** pleasure 高興地露齒而笑。**b**〔對…〕露齒而笑〔*at*〕：He *grinned* ***at*** me. 他對我露齒而笑。**2 a**（因痛苦等而）咬緊牙關。**b**〔十介十(代)名〕（因憤怒、輕蔑等而）〔對…〕露出牙齒〔*at*〕：The dog *grinned* ***at*** the stranger. 狗對陌生人咧嘴露牙。**—***v.t.*〔十受〕以露齒表示〈感情〉：He *grinned* his defiance. 他咧嘴表示反抗。

grín and béar it（對不愉快的事情）苦笑着忍受；逆來順受。

grín from éar to éar 咧嘴大笑。

grín like a Chéshire cát ⇨ Cheshire.

—*n.* Ⓒ **1** 露齒而笑，咧嘴大笑：a happy [silly] ~ 開懷的笑[傻笑]/Take [Wipe] that ~ off your face! 別笑我[別笑我說的話]。**2**（因痛苦等）露齒。

grind [graɪnd; graind] (**ground** [graʊnd; graund]) *v.t.* **1 a**〔十受(十副)〕(以磨子)**碾**〈穀物等〉；〈以石頭等〉搗碎…〈*down, up*〉：~ coffee beans 碾咖啡豆/~ (***down***) rocks 碾碎石頭。**b**〔十受(十副)十介十(代)名〕把〈穀物、石頭等〉磨成〔粉、碎片等〕〈*down, up*〉〔*into, to*〕：~ (***up***) wheat ***into*** flour 把小麥磨成麪粉。**c**〔十受〕磨成〈粉、碎片等〉：~ flour 磨麵粉。**2**〔十受〕**a**（用堅硬之物）**研磨**〈鏡片等〉：~ diamonds [lenses] 研磨鑽石[鏡片]。**b** 磨〈刀具、利器等〉：~ an ax *on* a grindstone 以磨刀石磨斧頭/~ a knife *to* a sharp edge 把刀磨利。**3 a**〔十受(十副)〕**磨**〈牙齒等〉〈*together*〉：~ one's teeth (***together***) in anger [while sleeping]（某人）氣得咬牙切齒[睡覺時磨牙]。**b**〔十受十介十(代)名〕把…使勁地〔往…〕磨擦，按〔*into*〕：He *ground* his fist ***into*** his opponent's face. 他用拳頭使勁地擠壓對方的臉。**4**〔十受〕轉動〈磨機等〉；搖奏〈手風琴〉：~ a coffee mill 轉動磨咖啡機/~ a barrel organ 搖奏手風琴。**5 a**〔十受十介十(代)名〕把…踩〔在腳下〕〔*under*〕：~ a cigarette end [the people] ***under*** one's heel 用腳後跟踩踏煙蒂[凌虐人民]。**b**〔十受(十副)〕折磨，虐待，壓迫〈人〉〈*down*〉《★常用被動語態》：~ ***down*** the poor 虐待窮人/Heavy taxes ~ us *down.* 我們受重稅的壓榨/They *were ground* by tyranny. 他們受暴政壓迫。**6**〔十受十介十(代)名〕《口語》**a** 賣力地教授〈人〉〔知識、科目等〕〔*in*〕：~ the boys ***in*** Latin 賣力教那些男孩拉丁文。**b** 塡塞，灌輸〈知識、科目等〉〔於人〕〔*into*〕：~ the need for hard work ***into*** the students 向學生反覆强調勤勉的必要性。**—***v.i.* **1 a** 磨粉。**b**〔與狀態副詞連用〕磨成粉，可磨成粉：This corn ~*s* well [fine]. 這種穀物容易磨成粉[可被磨細]。**c**〔(十副)十介十(代)名〕可磨碎〔成…〕〈*down*〉〔*to*〕：The wheat ~*s* (***down***) ***to*** a fine flour. 小麥可被磨碎成細麪粉。**2 a**〈齒輪、交通工具等〉磨擦轆軋：~ *to* a halt〈交通工具等〉嘎的一聲停止。**b**〔十介十(代)名〕轆軋〔於…〕〔*on, against*〕：The ship *ground* ***against*** the rocks. 船碰到了岩石，發出嘎吱聲。**3 a**〔(十副)十介十(代)名〕《口語》努力〔於…〕〈*away*〉〔*at*〕；《美口語》〔爲…而〕苦學〈*away*〉〔*for*〕（《英》swot）：~ ***away at*** one's English 拚命苦學英語/~ (*away*) ***for*** an exam 勤苦地準備考試。**b**〔十副十 *to* do〕努力；孜孜不倦〈做…〉〈*away*〉：~ ***away*** *to* support one's family 爲養家而拚命地工作。**4**《俚》（跳脫衣舞等）〈女子〉扭擺腰。

grínd óut《*vt adv*》(1)碾成〈粉、碎片等〉。(2)搓滅〈香煙等〉。(3)咬牙切齒地說：~ *out* an oath 咬牙切齒地詛咒。(4)〔十引句〕咬牙切齒地說…："Damn it!" he *ground out.* 他咬牙切齒地說：「該死！畜生！」(5)（以手風琴）搖奏〈曲子〉。(6)機械性地做出〈作品、曲子等〉：~ *out* popular books 一本接一本地出版受歡迎的暢銷書。

grínd the fáces of the póor 搾取貧民的膏血；苛待貧民《★源自「踐踏窮人的臉」之意》。

—*n.* **1 a** Ⓤ碾；磨碎。**b** Ⓒ（粉的）碾磨情況：coffee of a fine ~ 磨細的咖啡。**2**〔用單數〕《口語》辛苦枯燥的工作[學習]；乏味令人討厭的工作[學習]：the daily ~ 每天重覆的乏味工作。**3** Ⓒ《美口語》孜孜不倦的學生；死用功的學生（《英》swot）. **4** Ⓒ 跳脫衣舞時扭腰的動作。

grínd·er *n.* **1** Ⓒ〔常與修飾語連用〕**a** 碾者；研磨者；磨刀匠：a knife ~ 磨刀匠/a lens ~ 鏡片研磨工。**b** 磨器；研磨機，磨刀石：a coffee ~ 磨咖啡機。**2**《口語》**a** Ⓒ臼齒 (molar). **b**〔~s〕《口語》牙齒。

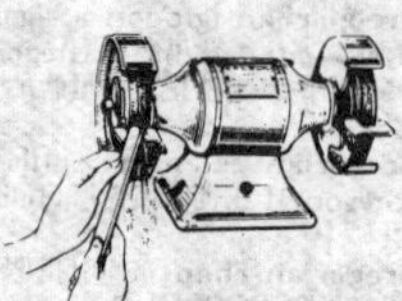

grinder 1 b

grínd·ing *n.* Ⓤ **1** 碾；磨；研磨。**2** 轆軋，摩擦。**3**《口語》塡鴨式的教學[唸書]方法。

—*adj.* **1 a** 轆軋的，嘎嘎作響的：come to a ~ halt [stop]〈交通工具〉嘎的一聲停止。**b**〈聲音〉刺耳的。**2** 費事的；乏味的，厭煩的：~ toil 費事的苦役。**3** 壓迫的；壓制的；折磨人的：~ poverty 赤貧（折磨人的貧困）。**4** 疼痛難捱的：a ~ pain 難忍的疼痛。

grínd·stòne *n.* Ⓒ磨石；迴轉研磨盤；輪形磨石。**hàve [hòld, kèep] one's nóse at [to] the gríndstone** ⇨ nose.

grin·go [ˋgrɪŋgo; ˈgriŋgou] *n.* Ⓒ（*pl.* ~s）《輕蔑》（中南美地方的）外國佬；（尤指）英美人。

***grip**[1] [grɪp; grip] *n.* **1** Ⓒ〔常用單數〕**a 抓牢**；緊握：have [get, take] a firm ~ *on*… 緊握…/let go one's ~ *on*… 鬆開所握之…。**b**（球棒等的）握法；抓法：shorten [lengthen] one's ~ 短握[長握]球棒。**2** Ⓒ **a**（器具的）**柄，把手**（⇨ golf club 插圖）。**b** 拑住，夾住的道具[機械，裝置]：a hair ~《英》髮夾。**3**〔用單數〕〔對…的〕理解力，了解〔*of, on*〕：have a good ~ *of* a situation 很能了解情勢/lose one's ~ *on* reality 失去對現實的了解。**4**〔用單數〕**a** 吸引〔…〕注意的力量〔*on, of*〕：have a good ~ *on* [*of*] an audience 很能吸引聽衆。**b**〔對…的〕統率[支配]力量〔*on*〕：keep a ~ *on* one's emotions 抑制自己的感情。**5**《美·英古》＝gripsack.

at gríps 完全把握〔問題、情勢等〕〔*with*〕.

còme to gríps (1)〈摔角者等〉〔與…〕揪扭〔*with*〕. (2)努力對付〔問題等〕〔*with*〕.

gèt to gríp ＝come to GRIPS（⇨ grip[1] 成語(2)）.

in the gríp of… 被…抓住，成爲…的俘虜，受…的支配：be *in the* ~ *of* envy [a fixed idea] 爲嫉妒所驅使[受到固定觀念的束縛]。

—*v.t.* (**gripped, gript** [grɪpt; gript]；**grip·ping**)〔十受〕**1 a 抓牢，緊握**…《★比較 比 grasp 還要强烈》：She *gripped* her mother's hand in fear. 她恐懼地握緊她母親的手。**b**〈機械等〉扣住，煞住…。**2** 掌握〈人〉的心；吸引〈人的關心、注意力等〉：His new play *gripped* (the attention of) the audience. 他的新戲吸引觀衆。

—v.i. 〔動(十介十(代)名)〕緊抓，控制〔…〕〔*on*〕：These tires don't ～ **on** wet roads. 這些輪胎在濕路上不好控制。

grip² [grɪp; grip] *n.* [the ～]＝grippe.

gripe [graɪp; graip] *v.i.* **1** 腹部絞痛：My stomach ～*d.* 我的胃很痛。**2** 〔動(十介十(代)名)〕《口語》〔對人〕(不斷地)訴說〔…的〕不滿〔*at*〕〔*about*〕：He's always *griping* **at** me **about** something. 他總是爲某事對我發牢騷。

—v.t. **1** 使〈人〉腹部絞痛。**2** 《美俚》使〈人〉苦惱，使〈人〉焦躁。

—n. **1** [the ～s]《口語》突然的劇烈腹痛：get *the* ～*s* 突然腹部絞痛。**2** Ⓒ《俚》苦惱的事；牢騷。

grippe [grɪp; grip] *n.* [the ～]流行性感冒。

grip·per [ˋgrɪpɚ; ˈgripə] *n.* Ⓒ **1** 握住者。**2** (各種)挾握之器具；夾子，夾具。

gríp·ping *adj.* 〈故事等〉引人入勝的，吸引人的。～**·ly** *adv.*

gríp·sàck *n.* Ⓒ《美・英古》手提包；旅行袋。

***gript** [grɪpt; gript] *v.* **grip¹** 的過去式・過去分詞。

gris·ly [ˋgrɪzlɪ; ˈgrizli] *adj.* (**gris·li·er**；**-li·est**) (令人聯想到死的)使人毛骨悚然的，恐怖的：a ～ murder 恐怖的謀殺。

grist [grɪst; grist] *n.* Ⓤ《古》製粉用的穀物：All is ～ that comes to his mill.《諺》他凡事必加以利用；他善於利用一切機會。

(áll) gríst to [for] one's [the] míll (某人)獲利，(對某人)有利。

gris·tle [ˋgrɪsl; ˈgrisl] *n.* Ⓤ (食用肉的)軟骨。

gris·tly [ˋgrɪslɪ; ˈgrisli] «gristle 的形容詞»**—adj.** (**gris·tli·er**；**-tli·est**)軟骨的；軟骨似的。

gríst·mill *n.* Ⓒ磨粉廠；磨坊。

grit [grɪt; grit] *n.* Ⓤ **1** [集合稱] (堵塞機器的)砂粒；(鋪在道路上的)砂礫：a piece of ～ 砂粒。**2** 《口語》勇氣，氣概，鬥志：He has a lot of ～. 他很有勇氣。**3** ⇨ grits. **—v.t.** (**grit·ted**；**grit·ting**) **1** 磨擦輾軋…(★常用於下列片語)：～ one's teeth 咬緊牙關，下定決心。**2** 鋪砂礫於〈道路〉上。**—v.i.** 磨擦輾軋。

grits [grɪts; grits] *n. pl.* [當單數或複數用] (穀物的)粗碾；(尤指)粗碾玉蜀黍。

grit·ty [ˋgrɪtɪ; ˈgriti] «grit 的形容詞»**—adj.** (**grit·ti·er**；**-ti·est**) **1** 有砂的；如砂的；多砂的：a ～ wind 有砂的風。**2** 《口語》勇敢的。

griz·zle [ˋgrɪzl; ˈgrizl] *v.i.* 《英口語》**1** 〈小孩〉啼哭，磨人。**2** 〔動(十介十(代)名)〕發〔…的〕牢騷，埋怨〔…〕〔*about*〕.

—v.t. 〔十 *that*__〕發〈事…〉的牢騷，埋怨〈…事〉。

griz·zled [ˋgrɪzld; ˈgrizld] *adj.* **1** 頭髮斑白的。**2** 帶灰色的；灰色的。

griz·zly [ˋgrɪzlɪ; ˈgrizli] *adj.* (**griz·zli·er**；**-zli·est**)＝grizzled. **—n.** (又作 **grízzly bèar**)Ⓒ《動物》大灰熊《北美西部產的大熊》。

grizzly

groan [gron; groun] *n.* Ⓒ **1** 疼痛的哼聲；呻吟聲(⇨ moan 比較)：give a ～ 發出呻吟聲。**2** (對演說者等表示)不贊成[不滿]的罵聲。**3** 吱吱聲。**—v.i.** **1** 〔動(十介十(代)名)〕〔因痛苦、悲傷等〕呻吟〔*with*〕：The wounded lay ～*ing* (**with** pain). 受傷者(痛苦地)躺著呻吟。**2** 〔動(十介十(代)名)〕〔對…〕發出不滿之聲〔*at*〕：They ～*ed* **at** his dirty joke. 他們對他下流的笑話發出不滿之聲。**3** 〔十介十(代)名〕〈餐桌、架子等〉擺滿〔…〕〔*with*〕：The table was ～*ing* **with** food. 餐桌上擺滿了菜餚。**4** 〔動(十介十(代)名)〕〔在…的重壓下〕受折磨〔*under*〕：They ～*ed* **under** injustice [heavy taxes]. 他們因受到不公平的待遇[重稅的壓榨]而痛苦呻吟。

—v.t. **1** **a** 〔十受(十副)〕呻吟地說出…〈*out*〉：The old woman ～*ed* **out** her sad story. 那個老婦人呻吟地說出她的悲慘故事。**b** 〔十引句〕呻吟地說…："Never !" he ～*ed.* 他呻吟地說：「決不!」**2** 〔十受十副〕把〈演講人等〉噓下來〈*down*〉：The audience ～*ed* the speaker **down.** 聽眾把演講人噓下臺。～**·er** *n.*

groat [grot; grout] *n.* Ⓒ **1** 英國從前的四便士銀幣。**2** 區區小錢：I don't care a ～. 我不在乎這一點小錢。

groats [grots; grouts] *n. pl.* [當單數或複數用]去殼碾碎的燕麥[小麥]。

***gro·cer** [ˋgrosɚ; ˈgrousə] «源自古法語「批發商」之義»**—n.** Ⓒ食品雜貨商《除咖啡、砂糖、麪粉、罐頭、乳製品外，通常也兼售肥皂、蠟燭、火柴、香煙、報紙、雜誌等用品》：a ～'s (shop) 食品雜貨店。

gro·cer·y [ˋgrosərɪ, -srɪ; ˈgrousəri] *n.* **1** (又作 **grócery stòre**)Ⓒ食品雜貨店。**2** [**groceries**；《英》集合稱Ⓤ] 食品雜貨類。

grog [grɑg; grɔg] *n.* Ⓤ [指個別時爲Ⓒ]攙水的烈酒。

grog·gy [ˋgrɑgɪ, ˋgrɔgɪ; ˈgrɔgi] «源自 grog»**—adj.** (**grog·gi·er**；**-gi·est**)[不用在名詞前]《口語》**1** (因疲勞、生病而)虛弱無力的；(拳擊時被打而)站不穩的，搖搖晃晃的：feel ～ 站不穩的/become ～〈拳擊手〉搖搖晃晃的。**2** 《英》〈房屋、桌腳等〉不穩的，搖搖欲墜的。**gróg·gi·ly** *adv.* **-gi·ness** *n.*

【字源】十八世紀的英國海軍總督愛德華・韋能(Edward Vernon, 1684–1757)常穿著以一種叫做 grograme 的布料裁製成的外套而被冠上 Old Grog(老葛魯格)的綽號。當時英國海軍習慣發蘭姆酒(rum)給水兵，但韋能下令禁止喝不加水的純蘭姆酒而規定攙水稀釋。因此攙水的蘭姆酒被稱作 grog, 而水手們因喝攙了水的蘭姆酒而醉得搖搖晃晃的狀態便說成 groggy.

grog·ram [ˋgrɑgrəm, ˋgrɔg-; ˈgrɔgrəm] *n.* **1** Ⓤ一種絲與毛的混合織物。**2** Ⓒ此種織物製成之衣服。

grógshòp *n.* Ⓒ《英》酒店《尤指低級酒吧》。

groin [grɔɪn; grɔin] *n.* Ⓒ **1** 《解剖》鼠蹊《股與腹交接的凹處；⇨ body 插圖》。**2** 《建築》穹稜《圓形天花板等穹窿的交接線》。**3** 《土木》防砂堤；海岸防波堤。

groin 2

grom·met [ˋgrɑmɪt; ˈgrɔmit] *n.* Ⓒ金屬孔眼《一種固定住孔的金屬製圓圈》。

groom [grum, grʊm; gru:m, grum] «源自中古英語「少年」之義»**—n.** Ⓒ **1** 馬夫。**2** «bridegroom 之略»新郎：the bride and ～ 新娘與新郎。

—v.t. **1** 〔十受〕照顧〈馬匹、狗等〉。**2** 〔十受〕[～ one*self*]整飾，修飾《★常以過去分詞當形容詞用》：a well [badly] ～*ed* woman 穿戴整潔[不整潔]的婦女/She ～*ed herself* for the party. 她爲參加宴會而穿戴整潔。**3** 〔十受〕給〈猴子等〉梳理毛髮。**4** **a** 〔十受十介十(代)名〕把〈人〉調教〔成適合某種職業〕〔*for*〕：He ～*ed* his son **for** political office. 他訓練兒子擔任政界的職位。**b** 〔十受十 *as* 補〕把〈人〉培訓〈成…〉：The party ～*ed* him **as** a presidential candidate. 黨培訓他當總統候選人。**c** 〔十受十 *to* do〕訓練〈人〉〈做…〉：～ a person *to* operate a computer 訓練某人操作電腦。

gróoms·man [-mən; -mən] *n.* Ⓒ(*pl.* **-men** [-mən; -mən])(結婚典禮上的)男儐相《★男儐相有數人時，其最主要者稱爲 best man；cf. bridesmaid》。

groove [gruv; gru:v] *n.* Ⓒ **1** **a** (堅硬表面上的)細長的凹槽。**b** (唱片、門檻等的)溝紋。**c** 車轍。**2** (行動、想法等的)固定型態：get into a ～ 落入老套，拘泥於固定型態。

in the gróove 《俚》情況良好；處於最佳狀況《★源自唱針與唱片溝紋完全吻合地發出聲音之意》；演奏得出色的；時髦的；老於世故的；墨守成規的[地]。

—v.t. 挖[雕]溝槽於…。

gróov·er *n.* Ⓒ《俚》時髦的人。

groov·y [ˋgruvɪ; ˈgru:vi] *adj.* (**groov·i·er**；**-i·est**)《俚》很帥的，絕妙的；時髦的；墨守成規的：～ clothes [people] 很好的衣服[人]。

grope [grop; group] *v.i.* **1** **a** 〔十副〕摸索〈*about, around*〉. **b** 〔(十副)十介十(代)名〕摸索尋找〔…〕〈*about, around*〉〔*for*〕：I ～*d* in my pocket **for** the key. 我在口袋中搜尋鑰匙。**2** 〔十介十(代)名〕探求，暗中摸索〔…〕〔*after, for*〕：～ **after** the truth 追求眞理/～ **for** a plausible excuse 尋求合理的辯白。

—v.t. **1** 〔十受十副詞(片語)〕[～ **one's way**]摸索而行：I ～*d* my way *in* [*out, toward* the door]. 我摸索著走進[出去，到門口]。**2** 〔十受〕《俚》觸摸[愛撫]〈女子〉的身體。

—n. Ⓒ摸索。

gróp·ing·ly *adv.* 摸索著[一面摸索]，暗中摸索著。

gros·beak [ˋgros,bik; ˈgrousbi:k] *n.* Ⓒ《鳥》蠟嘴鳥。

***gross¹** [gros; grous] «源自拉丁文「厚，大」之義»**—adj.** (～**·er**；～**·est**) **A** **1** [用在名詞前] (無比較級、最高級) (扣除之前的)全部的，整個的，總共的(⇨ whole【同義字】；↔ net)：the ～ amount 總額/(the) ～ area 總面積/～ income [sales] 總收入[銷售額]/(the) ～ weight 毛重/⇨ gross national product. **2** 粗略的，概略的：～ judgments 粗略的判斷/a ～ outline 概略的輪廓，概要。

—B **1** **a** 大的；肥大的；肥胖臃腫的：a ～ body 肥壯的身體/～ features 粗大臃腫的相貌。**b** 〈草木〉茂密的；濃密的；蔓延的：～ vegetation 茂密的植物。**c** 〈空氣、液體等〉濃厚的；稠密的：a ～ fog 濃霧。**2** [用在名詞前]顯著的；顯然的；重大的；厲害的：a ～ error 大錯/a ～ fool 大傻瓜/～ injustice 極端不公平/a ～ lie 大謊言/～ negligence《法律》重大的過失。**3** 〈人、態度、言語等〉下流的，粗鄙的，粗野的：～ remarks 下流的言語。**4** **a** 〈食物〉粗劣的，差的：～ food 粗劣的食物。**b** 〈人等〉粗食的，什麼都吃的：a ～ feeder 濫吃的人；粗食者；耗用肥料的植物。c〈感覺〉遲鈍的：a ～ palate 遲鈍的味覺。
—*n.* [the ～]全體，總計。
in (《美》the) gróss 總括地，大體上，大批地。
—*v.t.* 〔十受〕總共賺得…：We ～*ed* $100,000 last year. 去年我們總共賺得十萬美元。 ～·**ness** *n.*

gross[2] [gros; grous] *n.* Ⓒ(*pl.* ～, ～·es)《商》籮《十二打，一百四十四個；★用法與數字連用時，單複數同形》：a ～ [ten ～] *of* buttons 一籮[十籮]鈕釦/a great ～ 十二籮《一千七百二十八個》/a small ～ 十打《一百二十個》/Pencils are sold in dozens and ～*es.* 鉛筆是以打及籮爲單位來賣的。
by the gróss 整批地；大批地。

gróss·ly *adv.* **1** 非常；很《★用法用以强調不好的事情》：～ unfair 非常不公平/～ underpaid 薪水或工資很低的。**2** 粗野地，下流地。

gróss nátional próduct *n.* Ⓤ《經濟》國民生產毛額《略作 GNP, G.N.P.》。

gróss tón *n.* Ⓒ長噸(⇨ ton 3a)。

grot [grɑt; grɔt] *n.*《文語》=grotto.

gro·tesque [groˈtɛsk; grouˈtesk] 《源自義大利語「洞穴(的畫)」之義；指常出現在洞穴中以怪獸爲題材的畫》—*adj.* (more ～；most ～) **1 a 怪誕的**，怪異的，古怪的：a ～ Halloween costume 萬聖節前夕穿的奇異服裝。b 滑稽的，可笑的，愚蠢的：～ mistakes 愚蠢的錯誤。**2**《藝術》怪異派的；奇異風格的。
—*n.* **1** [the ～] a《美術》怪異派(裝飾)《蔓草花紋中糾纏有怪異人像、動物像、果實、花等形象的裝飾樣式》。b《文學》怪異派；怪誕主義。**2** Ⓒ《美術》怪異派的裝飾[圖案，雕刻，繪畫]。**3** Ⓒ怪誕之物。 ～·**ly** *adv.* ～·**ness** *n.*

grot·to [ˈgrɑto; ˈgrɔtou] *n.* Ⓒ(*pl.* ～es, ～s) **1** 小洞穴。**2** (以貝殼等裝飾美觀的)洞室，岩屋《避暑用》。

grot·ty [ˈgrɑtɪ; ˈgrɔti] *adj.* (**grot·ti·er**；**-ti·est**)《英俚》〈房間等〉不清潔的，骯髒的。

G

grouch [grautʃ; grautʃ] *n.* Ⓒ **1** 牢騷，不滿。**2** 經常發牢騷[抱怨]的人。
—*v.i.* 〔動(十介十(代)名)〕〔對…〕發牢騷〔*about*〕。

grouch·y [ˈgrautʃɪ; ˈgrautʃi] 《grouch 的形容詞》—*adj.* (**grouch·i·er**；**-i·est**)《口語》〈人、態度等〉慍怒的，發牢騷的，不滿的，不悅的：in a ～ tone of voice 以不悅的聲音。

‡**ground**[1] [graund; graund] *n.* **A 1 a** [the ～] **地面**，地(表)：lie on *the* ～ 躺在地上/It was buried deep under *the* ～. 它被深埋在地下。**b** Ⓤ土壤；土地：rich [poor] ～ 肥沃[貧瘠]的土地/low [rising] ～ 低地[高台]。**c** Ⓤ海底，水底：⇨ touch GROUND[1] (1). **2** Ⓒ[常 ～s；常構成複合字](爲特別目的而劃分出來的)**場地**，用地，…場；運動場，廣場《★比較不單獨出現》：⇨ burial ground, playground, stamping ground/a baseball ～ 棒球場/picnic ～*s* 野餐場地。**3** [～s](在建築物周圍的廣大)庭園，境內《包括草坪、樹叢、人行道等》：well-kept ～*s* 整修得很好的庭園/the school ～*s* 學校的校園。**4** Ⓤ《美》《電學》地線，接地(《英》earth)。
—**B 1** Ⓤ[常 ～s] **a 根據**，理由〔*for*〕：on firm [shaky] ～〈議論等〉以確定[不確定]的根據/*on* the ～ [*on* (the) ～*s*] of... 以…的理由，因爲…/There is no ～ *for* fear. 沒有理由害怕/He has good ～*s for* believ*ing* it. 他有充分的根據去相信它。**b** 〔十 *that*_〕〈…的〉根據，理由：He resigned *on* (the) ～*s that* it would be a breach of confidence. 他可能是因爲背信而辭職。**2** Ⓤ **a** (議論等的)**立場**，**意見**：⇨ common ground/⇨ hold one's GROUND[1], shift one's GROUND[1]/He takes his ～ on intuition. 他的意見是憑直覺。**b** 〔十 *that*_〕〈…的〉立場，意見：He took the ～ *that* it was not right to support such a government. 他所持的見解是支持這樣的政府是不對的。**3** Ⓤ[常無冠詞](研究等的)領域；話題，題目：forbidden ～ 忌諱的話題；禁區/⇨ cover (the) GROUND[1] (2). **4** Ⓒ **a** (裝飾的)背景。**b** (繪畫、蝕刻版畫、塗漆等的)底色。**c** (浮雕的)板面。**d** (織品等的)底色，質地。**5** [～s]沈澱物；渣滓：coffee ～*s* (殘留於杯底的)咖啡渣。
abòve gróund 尙在人間，活著。
belòw gróund 被埋於地下；死去。
bréak gróund (1)耕田。(2)破土，動工，開工：*break* ～ *for* a new school 新學校破土動工。
bréak néw [frésh] gróund 開闢處女地；開拓新天地；打開新局面。
búrn(...) to the gróund 完全燒毀(…)；使(…)完全燒毀。
cóver (the) gróund [ground 常與 much, a lot of 連用](1)走，前進(某段距離)：They *covered* a lot of ～ that day. 他們那一天走了許多路。(2)〈演說(者)、報告(者)等〉涉及某範圍：The inquiry *covers* a great deal of new ～. 那項調查涉及很廣的新範圍。
cút the gróund from ùnder a person [a person's **féet**] 破壞某人的計畫；先發制人。
dówn to the gróund 《口語》(1)徹底地，充分地：It suits me *down to the* ～. 這完全適合我；這對我很方便。(2)確實，眞正：That's him [Tom] *down to the* ～. 那眞正適合他[湯姆]；那確實是他[湯姆]可能做的事[可能說的話]。
fáll on stóny gróund 〈忠告等〉無效。
fáll to the gróund 〈計畫等〉歸於失敗；〈希望等〉落空。
from the gróund úp (1)重新開始；從頭做起：rebuild the house *from the* ～ *up* 重建家園。(2)徹底地，完全地。
gáin gróund (1)〈軍隊〉佔領陣地。(2)前進。(3)逼近〔…〕〔*on*〕。(4)〈主義、主張等〉獲得牢固的地位，普及，流傳。
gèt óff the gróund (1)〈飛機〉起飛。(2)〈計畫等〉順利開始。
gìve gróund (1)退却；落伍。(2)〈議論等〉讓步。
gò to gróund (1)〈狐狸等〉逃入穴內。(2)〈犯人等〉隱遁；過避人耳目的生活。
hóld one's **gróund** (1)一步也不退讓。(2)堅守自己的崗位[立場，主張]。
kíss the gróund (1)匍伏。(2)屈辱。
lóse gróund (1)〈軍隊〉失去陣地，後退。(2)〈主義、主張等〉失去優勢，失利。(3)[議論等]讓步[*in*]。
on one's **ówn gróund** 在擅長的領域裏，在自己最熟悉的方面或情況下。
rún...into the gróund 把〈事情〉做得過分。
shíft one's **gróund** (被追問而認爲不利時)改變立場[議論]。
stánd one's **gróund** =hold one's GROUND[1].
tóuch gróund (1)〈船〉觸到水底。(2)〈議論〉涉及本題，言歸正傳。
—*adj.* [用在名詞前]地面(附近)的，地上(任職)的：～ fog 出現在地表附近的霧/～ troops 地面部隊/a ～ hostess 地勤的空姐。
—*v.t.* **1** 〔十受十介十(代)名〕使〈議論、主張等〉建立〔在…〕基礎上〔*on, in*〕：I always ～ my arguments *on* facts. 我總是以事實做爲我議論的根據。**2** 〔十受十介十(代)名〕教〈人〉〔…的〕基礎[入門知識]〔*in*〕《★常用被動語態》：The class *is* well ～*ed* **in** grammar. 這班的文法根底很好/⇨ well-grounded. **3** 〔十受〕**a** 把…放在地上：～ arms(爲表示投降)把武器放在地上。**b**《航海》使〈船〉觸礁。**4** 〔十受〕《美》《電學》使〈器具〉接地(《英》earth)。**5** 〔十受〕**a**《航空》〈濃霧、故障等〉使〈飛機〉不能起飛：Engine trouble ～*ed* his plane for three hours. 引擎故障使他的飛機三個小時無法起飛。**b**《口語》(作爲處罰)禁止〈人〉外出。
—*v.i.* **1**《航海》**a** 〈船〉觸礁。**b** 〔十介十(代)名〕擱淺〔在…〕〔*on*〕：The boat ～*ed* **on** a sand bank. 船隻擱淺在沙洲上。**2**《棒球》**a** 擊出滾地球。**b** 〔十副〕以滾地球出局〈*out*〉。

ground[2] [graund; graund] *v.* **grind** 的過去式・過去分詞。
—*adj.* **1** 磨碎的；磨成粉的：～ beef 絞牛肉/～ pepper 胡椒粉。**2** 研磨：a finely ～ edge 磨得銳利的刀刃。

gróund bàit *n.* Ⓤ《釣魚》投餌《投到水底以吸引魚羣》。

gróund báll *n.* =grounder.

gróund báss *n.* Ⓒ《音樂》基礎低音。

ground·break·er [ˈgraundˌbrekɚ; ˈgraundˌbreikə] *n.* Ⓒ 創始者；改進者。

ground·break·ing [ˈgraundˌbrekɪŋ; ˈgraundˌbreikiŋ] *n.* Ⓤ(建築工程之)破土(典禮)。

gróund chèrry *n.* Ⓒ《植物》酸漿《在夏季結球形漿果》。

gróund clòth *n.* Ⓒ《美》(露營時)鋪地用的防水布(《英》groundsheet)。

gróund connèction *n.* Ⓒ《電學》接地。

gróund contròl *n.* Ⓤ《航空》(飛機、太空船等的)地面管制。

gróund-controll(ed) appròach *n.* Ⓤ《航空》地面進場管制(方式)《略作 GCA》。

gróund crèw *n.* Ⓒ[集合稱]《美》(機場的)地勤人員(《英》ground staff)《★用法視爲一整體時當單數用，指個別成員時當複數用》。

gróund·er *n.* Ⓒ(棒球、板球等之)滾地球。

gróund flóor *n.* Ⓒ《英》一樓(《美》first floor)。
gèt [be] in on the gróund flóor 《口語》(考慮到事業、計畫等有展望)一開始即加入以[而]取得有利的地位，進入企業[機構等]由最低級的工作做起《★源自「從一樓進去」之意》。

gróund gláss *n.* Ⓤ **1** 毛玻璃。**2** (當研磨劑用的)玻璃粉。

gróund·hòg *n.* Ⓒ《動物》土撥鼠(woodchuck)。

Gróundhog Dày 《據傳這一天土撥鼠會跑出洞穴，如果看到自己的影子，就再折回洞穴冬眠》—*n.*《美》土撥鼠出洞日《★預測春天到來的日子；一般爲 2 月 2 日》。

gróund·ing *n.* Ⓤ[又作 a ～]基本訓練；入門；初步〔*in*〕：*a* good ～ *in* English 良好的英文基礎[底子]。

gróund kèeper *n.* Ⓒ《美》(公園、運動場地等的)管理員，看守人員(《英》groundsman)。

gróund·less *adj.* 無根據的；無理由的；無緣由的：～ fears [rumors]無緣由的恐懼[無根據的謠言]。～·**ly** *adv.* ～·**ness** *n.*

ground·ling [ˋgraundlıŋ; ˈgraundliŋ] *n.* Ⓒ **1** 生在靠近地面的植物[動物]。**2** 生活在水底的魚類。**3** 坐在劇場廉價座位上的觀衆。**4** 趣味低級之觀衆[讀者]。

gróund·nùt *n.* Ⓒ《英》花生(peanut).

gróund pìne *n.* Ⓒ《植物》歐洲產薄荷屬之一種草本植物。

gróund plàn *n.* Ⓒ **1** (建築物的)平面圖。**2** 初步計畫，草案。

gróund rènt *n.* Ⓤ[當個別算時爲Ⓒ](建築物的)地租《在英國契約常爲九十九年》。

gróund rùle *n.* Ⓒ[常 ~s] **1**《運動》球場規則。**2** (特定行動的)基本原則。

ground·sel [ˋgraunsl̩, ˋgraundsl̩; ˈgraundsl] *n.* Ⓤ《植物》千里光《開黃花，種子可用以飼鳥》。

gróund·shèet *n.*《英》=ground cloth.

gróunds·kèeper *n.*《英》=groundkeeper.

gróunds·man [-mən; -mən] *n.* (*pl.* **-men** [-mən; -mən])《英》=ground keeper.

gróund spèed *n.* Ⓤ(飛機的)對地速度(cf. airspeed).

gróund squìrrel *n.* Ⓒ《動物》一種棲息於地洞的松鼠《如花栗鼠之類》。

gróund stàff *n.* Ⓒ[集合稱]《英》**1** (運動場地等的)管理員，保修人員《★[用法]視爲一整體時當單數用，指個別成員時當複數用》。**2** =ground crew.

gróund swèll *n.* **1** Ⓤ[又作 **a** ~](由遠處暴風雨引起的)巨浪，餘波。**2** Ⓒ[常用單數][輿論、情緒等的]高漲[*of*].

gróund-to-áir *adj.*《軍》地對空的：a ~ missile 地對空飛彈。

gróund-to-gróund *adj.*《軍》地對地的：a ~ missile 地對地飛彈。

gróund·wàter *n.* Ⓤ地下水。

gróund wìre *n.* Ⓒ《美》《電學》地線。

gróund·wòrk *n.* Ⓤ[常 **the** ~]基礎，地基；基礎準備[作業，研究]：*the* ~ *for* a good education 良好教育的基礎。

gróund zéro *n.* Ⓒ爆心投影點；彈著點《核子爆炸時正下方[正上方]的地面[水面]》。

‡**group** [grup; gru:p] «源自法語「塊」之義»**—***n.* Ⓒ **1** [集合稱]羣《★[用法]視爲一整體時當單數用，指全部個體時當複數用》：**a** 集團，團體：a ~ *of* people [trees, rocks, stars] 一羣人[一叢樹，一堆岩石，一羣星星]/*in* a ~ 蜂擁地；成羣地/*in* ~*s* 成羣結隊地；三五成羣地。

【同義字】group 表示動物等聚集在一起的最普通用語；herd 一般指一起生活的家畜、動物羣；drove 指移動的家畜羣；pack 指獵犬或野狼羣；flight 指飛行的鳥羣；flock 指綿羊、山羊、鵝、鴨、鳥羣等；swarm 指蜂、螞蟻等昆蟲羣；school 指結隊的魚、鯨羣；shoal 指同一種類的魚羣。

b (主義、興趣相同者的)集團，羣：a dance ~ 舞蹈小組/a research ~ 研究小組/The ~ are [is] divided in their [its] opinions. 那個集團意見分歧。**c** (黨、教會等的)…派：the free trade ~ 自由貿易派。**d**《英》(企業間的)聯合，集團：Smith *G*~ Limited 史密斯集團有限公司。**e** (流行音樂、爵士樂等的)小演奏樂團：a pop ~ 通俗音樂演奏樂團。**2** 羣；型：a blood ~ 血型。**3**《語言》羣，組《語族(family)以下的單位》。**4**《數學》羣。**5**《化學》基，團。

—*adj.* [用在名詞前] **1** 集團的，團體的：a ~ discussion 集體[集團]討論。**2**《文法》由語羣構成的：a ~ verb 動詞組，動詞羣。

—*v.t.* **1** [十受(十副詞(片語))] **a** 把…聚集(在…的周圍)，使…成一團：~ all the pupils (*together*) for a photograph 集合所有學生照相。**b** [~ *oneself*]聚集(於…的周圍)《★常用被動語態，形成「集合」之意》：The family ~*ed themselves* [*were* ~*ed*] *around* the fire. 家人聚集在火爐旁。**2 a** [十受(十副)十介十(代)名]把…分類[於…的項目下]，對…進行(有系統的)分類〈*together*〉[*by, under*]：~ all the books (**together**) **by** Author 把所有書本依著作者分類。**b** [十受十介十(代)名]把…分類[爲…][*into*]：~ flowers **into** several types 把花分類爲數種。

—*v.i.* [十副詞(片語)]聚集(於…的周圍)，成羣；成爲一團：The family ~*ed* (*together*) *around* the table. 家人聚集在桌子的周圍。

gróup cáptain *n.* Ⓒ[也用於稱呼]《英空軍》上校。

group·er [ˋgrupɚ; ˈgru:pə] *n.* Ⓒ(*pl.* ~, ~s)《魚》鱸科魚。

group·ie [ˋgrupı; ˈgru:pi] *n.* Ⓒ《俚》**1** 緊隨流行歌曲樂團的熱情女歌迷；崇拜名人的少年。**2**《英》=group captain.

gróup·ing *n.* Ⓒ[常用單數]歸組，分組，分類。

gróup insùrance *n.* Ⓤ《美》團體保險。

gróup márriage *n.* Ⓒ集體結婚(communal marriage).

gróup práctice *n.* ⓊⒸ團體診療《不同專長的醫師們共同開業》。

gróup representátion *n.* Ⓤ職業代表制《別於區域代表制》。

gróup thérapy *n.* Ⓤ《心理》團體[小組]治療法《一組病人通過討論各自的問題緩解感情上的矛盾和緊張，以溝通思想取得心態上的平衡》。

grouse[1] [graus; graus] *n.* (*pl.* ~) **1** Ⓒ《鳥》松雞《爲獵鳥之冠，種類繁多》：~ shooting 獵松雞《在英國主要以蘇格蘭的荒野爲獵場，每年八月至十二月爲獵期》。**2** Ⓤ松鷄肉。

grouse[2] [graus; graus]《口語》*v.i.* [動(十介十(代)名)]抱怨[…事][*about*]：~ **about** one's job 抱怨工作。

—*n.* Ⓒ[常用單數]怨言；牢騷。

grove [grov; grouv] *n.* Ⓒ **1** (樹下無雜草適於散步等的)小樹林；樹叢《★[比較]比 wood 還小》。**2** (尤指柑橘類的)果樹園：an orange ~ 一片橘林。

grov·el [ˋgrɑvl̩, ˋgrʌvl̩; ˈgrɔvl] *v.i.* (**grov·eled,**《英》**-elled**；**grov·el·ing,**《英》**-el·ling** [-vl̩ıŋ; -vliŋ]) [十介十(代)名] **1** (因服從或畏懼而)匍匐[在人的腳邊][*at*]：The frightened slaves ~*ed* **at** the feet of their cruel master. 那些嚇壞了的奴隸匍匐在殘暴的主人腳下。**2** 跪拜，屈服[在…之前][*before, to*]：~ **before** authority [a conqueror] 屈服在權威[征服者]之前。

gróv·el·er,《英》**gróv·el·ler** [-vl̩ɚ; -vlə] *n.* Ⓒ奴顏婢膝者，卑躬屈節者。

‡**grow** [gro; grou] (**grew** [gru; gru:]；**grown** [gron; groun]) *v.i.* **1 a** 〈生物等〉成長，茁壯；〈草木〉生長，產生：Rice ~*s* in warm climates. 稻米生長在溫暖的地區。**b** [十介十(代)名][從…]成長，長[*from*]：Plants ~ **from** seeds. 植物由種子生長而來。**c** [十介十(代)名]成長[成…]，生長[成…][*into, to*]：He has *grown* **into** a robust young man. 他已長成強壯的青年/The ostrich ~*s* **to** a height of eight feet. 駝鳥長成八呎高。**d** 〈頭髮、指甲等〉伸長：Hair ~*s* at an average rate of six inches a year. 頭髮平均每年長六吋。**2 a** 增大，發展：The cities are ~*ing* every year. 城市年年在發展。**b** [十介十(代)名]發達[發展][至…][*into*]：The skirmish *grew* **into** a major battle. 小衝突擴大形成大戰鬥/The week *grew* **into** a month. 一週延長爲一個月。**3 a** [十補](逐漸)變成〈…〉：He's ~*ing* old. 他漸漸老了/The forest *grew* thicker as we walked on. 我們愈往前走，森林愈茂密/I *grew* very fond of the young man. 我變得很喜歡這年輕人了。**b** [十*to* do](逐漸)形成…：He *grew to* be obedient. 他變得聽話了/She had *grown to* know him well. 她已很瞭解他了。

—*v.t.* **1** [十受]使〈植物、作物〉生長；種植，栽培…：What do you ~ in your fields? 你在田裏種什麼？**2 a** [十受]使〈頭髮、角等〉生長：He started ~*ing* a beard. 他開始留鬍子了。**b** [十受十補]使〈頭髮等〉生長〈成…〉：He has *grown* his hair long. 他的頭髮留長了。**3** [十受]〈植物〉覆蓋〈場所〉《★常以過去分詞當形容詞用；⇨ grown *adj.* 2》.

gròw awáy from... 與〈家族、老朋友〉的關係日漸疏遠：He was ~*ing away from* his wife. 他與太太的關係逐漸疏遠。

gròw ìnto... (1)⇨ *v.i.* 1 c. (2)⇨ *v.i.* 2 b. (3)長大而使〈衣服〉合身。(4)習慣於〈工作(場所)等〉。

grów on [upòn]... (1)漸成〈某人〉的習慣：The bad habit *grew on* him. 他漸漸養成惡習。(2)漸漸爲〈人〉所喜歡：That picture is ~*ing on* me. 我漸漸喜歡起那幅畫來了。

gròw óut of... (1)由…而生：All arts ~ *out of* necessity. 所有的藝術都由需要而生。(2)因長大而戒掉〈惡習等〉；成長[發展]得不需〈某事、某物〉(outgrow)《★可用被動語態》：He has *grown out of* that bad habit. 他(因長大)已戒掉那種壞習慣。(3)(因長大而)穿不下〈衣服等〉：He has *grown out of* that jacket. 他長大了穿不下那件夾克。

gròw úp 《*vi adv*》(1)〈人〉長大；舉止似大人：~ *up into* a nice young man 長大成一位好青年/What are you going to be when you ~ *up*? 你長大後想當什麼？/All of his children are *grown up*. 他的小孩都已經長大了《★[用法]grown up 也可視爲形容詞；cf. grown-up *adj.*》/*G*~ *up*! 別孩子氣。(2)〈習慣、關係、感情等〉產生，發展：A warm friendship *grew up* between us. 深摯的友誼在我們之間產生了。

grów·er *n.* Ⓒ **1** [常構成複合字](花卉、水果、蔬菜的)栽培者：a fruit [tomato] ~ 水果[番茄]栽培者。**2** [與修飾語連用]…植物：a slow [fast, quick] ~ 晚[早]熟植物。

grów·ing *adj.* **1** 正值發育時期的：a ~ boy 正在發育中的男孩。**2** 增大[擴張，強化]的，發展中的：There is a ~ tendency among them to accept this theory. 他們漸漸傾向於接受此種理論。**3** 適合生長的，促進成長的：the ~ season 植物的成長[茂盛]期。

grówing pàins *n. pl.* **1** (由少年到青年的)成長期的四肢神經痛；青春期的苦惱。**2** (事業等的)初期的困難；生產之苦[產痛]。

growl [graul; graul] «擬聲語»**—***v.i.* **1** [動(十介十(代)名)] **a** 〈狗等〉(發怒而)[向…]咆哮[吼叫][*at*] (⇨ bark[1]【同義字】)：The dog ~*ed* **at** the stranger. 那條狗對著陌生人狂吠。**b** 〈人〉[向…]吼叫；鳴不平[*at*]。**2** 〈雷等〉隆隆作響，〈風等〉呼呼地颳著。

G

—*v.t.* **1** 〔十受(十副)〕生氣地說，怒罵…〈*out*〉：He *~ed* (***out***) a refusal. 他咆哮地表示拒絕。**2** 〔十引句〕生氣地說，怒罵…："Get away !" he *~ed*.「滾開！」他怒吼著。

—*n.* Ⓒ **1 a** 〈狗等的〉咆哮聲。**b** 〈人的〉怒罵聲。**2** 〈雷等的〉隆隆聲。

grówl·er *n.* Ⓒ **1** 咆哮者；抱怨者。**2** 〈對船隻造成危險的〉小冰山，浮冰冰塊。

grówl·ing *adj.* **1** 咆哮的，吼叫的。**2** 嘮嘮叨叨的，發牢騷的：in a ~ voice 用不滿的聲音。**3** 隆隆作響的。~**·ly** *adv.*

‡**grown** [gron; groun] *v.* **grow** 的過去分詞。

—*adj.* (無比較級、最高級) **1** [用在名詞前]長成的；成熟的：a ~ man 成人，大人/⇨ fullgrown. **2** [不用在名詞前]〔十介十(代)名〕長滿〔…〕的，〔…〕茂盛的〔*with*〕(cf. grow *v.t.* 3)：The garden was ~ ***with*** weeds. 那花園長滿了雜草。

grown-up [ˈgronˌʌp; ˌgrounˈʌp⁻] *adj.* (無比較級、最高級) **1** 已成熟的；成年的；成人的：a ~ daughter 已成年的女兒。**2** 適於成年人的；像大人的：~ manners 成年人的舉止。

— [ˈgronˌʌp; ˈgrounʌp] *n.* Ⓒ《口語》大人，成人。

***growth** [groθ; grouθ] «**grow** 的名詞»—*n.* **1** Ⓤ成長，生長，發育：*G~* is rapid in infancy. 幼兒期的成長相當快。**2 a** Ⓤ發展，發達：industrial ~ 工業的發展。**b** Ⓤ[又作 **a** ~]增大，增加，擴張，擴展：There has been *a* gradual ~ in membership for the last ten years. 最近十年來，會員逐漸增加。**3** Ⓤ栽培，培養〔*of*〕：the ~ *of* a plant 植物的栽培/apples *of* foreign [home] ~ 外國產[國產]的蘋果/fruits *of* one's own ~ 自己栽培的水果。**4** Ⓒ **a** 生長物《草木、鬍鬚、指甲等》：There was a thick ~ *of* weeds around there. 那一帶雜草叢生/He had a week's ~ *of* beard on his face. 他臉上的鬍鬚留了一個禮拜了。**b** 腫瘍，瘤狀物：a malignant ~ 惡性腫瘤/a cancerous ~ 癌腫。

grówth hòrmone *n.* Ⓒ《植物》生長激素，生長荷爾蒙。

grówth ìndustry *n.* ⓊⒸ發展速度超過整個經濟成長之工業，迅速發展的行業。

grówth stòck *n.* Ⓒ[常 ~**s**]成長股《很有發展前途的公司所發行的股票》。

groyne [grɔɪn; grɔin] *n.* 《土木》=groin 3.

grub [grʌb; grʌb] *n.* **1** Ⓒ螬蠐，蛆《金龜子、獨角仙等的幼蟲》。**2** Ⓤ《口語》食物(food).

—*v.t.* (**grubbed**；**grub·bing**) 〔十受十副〕**1 a** 挖〈地〉；挖出〈土地中的殘株〉〈*up, out*〉. **b** 挖地以清除〈根等〉〈*up, out*〉. **2** 〈記錄、書籍等〉費力地翻出[找出]…〈*up, out*〉：~ ***up*** one's family history 費力地找出某人的家史。

—*v.i.* **1 a** 〔十副〕掘出〈*about, around*〉. **b** 〔(十副)十介十(代)名〕挖掘[找尋…]〈*about, around*〉〔*for*〕：~ in the earth ***for*** potatoes 在土中挖掘馬鈴薯。**2 a** 〔十副〕費力地搜尋〈*about, around*〉. **b** 〔(十副)十介十(代)名〕費力地搜尋〔…〕〈*about, around*〉〔*for*〕：She was *grubbing* (***about***) in the room ***for*** her ring. 她在房間四處尋找她的戒指。

grub·by [ˈgrʌbɪ; ˈgrʌbi] «**grub** 的形容詞» —*adj.* (**grub·bi·er**；**-bi·est**) **1** 生蛆的。**2** 污穢的，髒的。

grub·stake [ˈgrʌbˌstek; ˈgrʌbsteik] *n.* Ⓤ《美》(貸與新經營者、窮困者的)資金。—*v.t.* 供〈人〉資金。

Grúb Strèet «原爲貧窮作家集居的倫敦(London)以前的一條街名»—*n.* Ⓤ[集合稱]窮苦文人。

grúb·strèet *adj.* [用在名詞前][常 **G~**]窮文人的：a ~ hack 窮苦文人。

grudge [grʌdʒ; grʌdʒ] «源自古法語「抱怨」之義»—*v.t.* **1 a** 〔十受〕吝於給…；不願給…；捨不得給…：I don't ~ the expenses. 我不吝惜這項費用。**b** 〔十受十受〕吝於給〈人〉…：He *~d* me my salary. 他吝於給我薪水。**c** 〔十 do*ing*〕捨不得〈做…事〉：I ~ wast*ing* time on that. 我捨不得浪費時間在那件事上。**2 a** 〔十受〕嫉妒〈人的成功等〉：He *~s* my success. 他嫉妒我的成功。**b** 〔十受十受〕嫉妒〈人〉〈成功等〉，嫉妒〈人〉獲得[持有]…：He *~s* me my success. 他嫉妒我的成功/They *~d* him his prize [his pretty wife]. 他們嫉妒他得獎[擁有美麗的太太]。

—*n.* Ⓒ怨恨，宿怨〔*against*〕：bear a person a ~ =have [hold] a ~ *against* a person (因過去的事情)對某人懷恨/pay off an old ~ 報一箭之仇/owe a person a ~ (有正當的理由)懷恨某人。

grúdg·ing *adj.* **1 a** 不情願的；勉强的：give a ~ consent 勉强同意。**b** [不用在名詞前]〔十介十(代)名〕不情願〔於…〕的〔*in*〕：He was ~ ***in*** his praises. 他不情願稱讚別人。**2** 吝嗇的，小氣的：a ~ allowance 給得吝嗇的零用錢。~**·ly** *adv.*

gru·el [ˈgruəl; gruəl, ˈgru:əl] *n.* Ⓤ(給病人、老人食用的)稀麥片粥。

grú·el·ing, 《英》**grú·el·ling** *adj.* 使人極度疲勞的；嚴厲的：a ~ training 累人的訓練。~**·ly** *adv.*

grue·some [ˈgrusəm; ˈgru:səm] *adj.* 令人毛骨悚然的；令人戰慄的；可怕的：a ~ tale 令人毛骨悚然的傳說。

~**·ly** *adv.* ~**·ness** *n.*

gruff [grʌf; grʌf] *adj.* **1** 有時因壞脾氣而〈聲音〉沙啞的；粗嗄的：in a ~ voice 以沙啞的聲音。

【同義字】hoarse 因感冒等原因而形成的沙啞聲。

2 〈人、態度等〉粗暴的；魯莽的：a ~ manner 魯莽的態度/give ~ thanks 莽撞地[不和氣地]道謝。~**·ly** *adv.* ~**·ness** *n.*

grum·ble [ˈgrʌmbl̩; ˈgrʌmbl] «擬聲語» —*v.i.* **1** 〔動(十介十(代)名)〕〔對人〕抱怨，訴苦〔…事〕〔*at, to*〕〔*about, over*〕：They *~d* ***at*** the boss ***about*** their wages. 他們向老闆抱怨工資的事。**2** 〈雷等〉隆隆作響：The thunder *~d* in the distance. 遠處雷聲隆隆。

—*v.t.* **1** 〔十受(十副)〕抱怨地說…〈*out*〉：He *~d* (***out***) his reply. 他抱怨地回答。**2** 〔十引句〕不滿地說…："It cannot be helped," he *~d*.「那是沒辦法的，」他不滿地說。

—*n.* **1** Ⓒ怨言，不滿。**2** [用單數；常 **the** ~]〈雷等的〉隆隆聲。~**·er** *n.*

grump·y [ˈgrʌmpɪ; ˈgrʌmpi] *adj.* (**grump·i·er**；**-i·est**) 性情乖戾的；脾氣暴躁的；難以討好的；不悅的。**grúmp·i·ly** [-pɪlɪ; -pili] *adv.* **-i·ness** *n.*

Grun·dy [ˈgrʌndɪ; ˈgrʌndi] «源自十八世紀喜劇「Speed the Plough」劇中人之名»—*n.* [**Mrs.** ~]話多的人；多嘴的人；世人；世評。

Whát will Mrs. Grúndy sáy? 世人將會怎麼說呢？

Grún·dy·ìsm [-dɪˌɪzəm; -diizəm] *n.* Ⓤ《英》褊狹而愚昧地拘泥習俗，過分守禮。

grunt [grʌnt; grʌnt] *v.i.* **1** 〈豬等〉發咕嚕聲。**2** 〈人〉發哼聲，喃喃發怨言：~ in discontent 不滿而發哼聲[咕嚕地抱怨]。

—*v.t.* **1** 〔十受(十副)〕不高興地嘮叨…〈*out*〉：He *~ed* (***out***) his apology. 他咕嚕地道歉。**2** 〔十引句〕抱怨地說…："I'm too busy," he *~ed*.「我太忙了，」他抱怨地說。

—*n.* Ⓒ咕嚕聲：give a ~ of discontent 咕嚕地抱怨。~**·er** *n.*

grunt·ling [ˈgrʌntlɪŋ; ˈgrʌntliŋ] *n.* Ⓒ幼豬；乳豬。

Gru·yère (chéese) [gruˈjɛr, grɪˈjɛr; ˈgru:jɛə] «源自原產地瑞士的地名»—*n.* Ⓤ[當個別算時爲Ⓒ]格魯耶乾酪《瑞士 Gruyère 產的淡黃色，穿孔的硬乾酪》。

gryph·on [ˈgrɪfən; ˈgrifn] *n.* =griffin.

G.S., g.s. 《略》general staff；ground speed；girl scout.

Ǵ-strìng *n.* Ⓒ **1** [常 G s~]《音樂》(小提琴的)G 弦。**2** (脫衣舞孃圍住下體的)兜襠布。

Ǵ sùit «Gravity *suit* 之略»—*n.* Ⓒ《航空・宇宙》耐加速用抗壓衣[飛行服]《防止受到加速度的影響》。

GT 《略》gigaton.

Gt. Br(it). 《略》Great Britain.

Guam [gwam; gwa:m] *n.* 關島《太平洋馬里亞納(Mariana)羣島的主島；屬美國》。

gua·na·co [gwaˈnako; gwəˈna:kou] *n.* Ⓒ(*pl.* ~**s**, [集合稱] ~)栗色駱馬《產於南美安地斯山脈(Andes)》。

gua·no [ˈgwano; ˈgwa:nou] *n.* Ⓤ海鳥糞；鳥糞石《秘魯太平洋沿岸產，爲海鳥糞多年堆積硬化而成者；做爲肥料》。

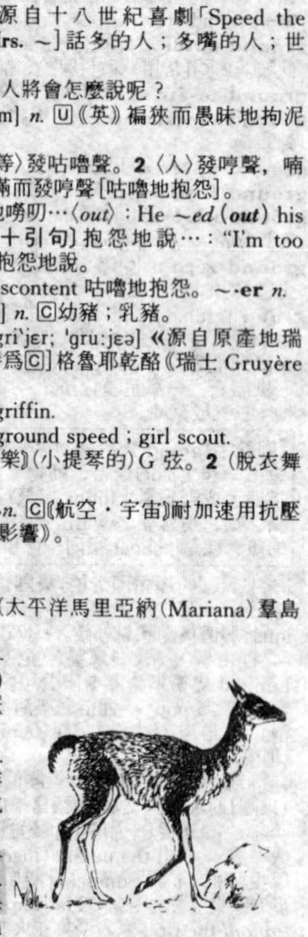
guanaco

***guar·an·tee** [ˌgærənˈti; ˌgærənˈti:] «**guaranty** 的變形»—*n.* Ⓒ **1 a** (製品等的一定期間的)保證；保證書：a ~ *on* a camera 照相機的保證書/This car has a six-month ~ *for* all repairs. 這部車子可以保修六個月。**b** 〔十 *to* do〕〈做…的〉保證(書)，約定：a ~ *to* provide a job 給與工作的保證。**c** 〔十 *that*_〕〈…的〉保證(書)：I give my ~ *that* I'll pay your money tomorrow. 我保證明天付給你錢。**2** 《口語》**a** 〔…的〕保證(之物)〔*of*〕：Wealth is no ~ *of* happiness. 財富並非幸福的保證。**b** 〔十 *that*_〕〈…的〉保證，約定：There is no ~ *that* we will succeed. 不能保證我們會成功。**3** 擔保(物件)：put up one's house as a ~ 提供房子作爲擔保。**4** 保證人，擔保人。

—*v.t.* **1** 保證：**a** 〔十受〕當〈債務等〉的保證人，爲…做保：~ a person's debts 爲某人的債務作保。**b** 〔十受〕保證〈商品等〉：This watch is *~d* for five years. 這隻手錶保用五年。**c** 〔十受十 *to* do〕保證〈商品等〉〈…事〉：The maker *~s* this hair dye *to* stay on three weeks. 製造商保證染髮劑使用後的有效期間爲三星期。**d** 〔十受十(*to be*)補〕保證〈商品等〉〈…〉：He *~d* the jewel (*to be*) genuine. 他保證這珠寶是眞的。**e** 〔十受十介十(代)名〕保證〈人〉〔免於損害、危險等〕〔*against, from*〕：This insur-

ance ~*s* you ***against*** loss in case of fire. 這項保險保證你在發生火災時不受金錢上的損失。
2 保證：**a**〔十受〕保證；約定…：I wouldn't ~ its success. 我不敢保證它會成功。**b**〔十(*that*)__〕保證…：Who can ~ *that* his story is true？誰能保證他的話是眞的呢？**c**〔十 *to* do〕保證〈做…〉：I ~ *to* be present. 我保證一定出席。**d**〔十受十受/十受十介十(代)名〕對〈人〉約定，保證…；〔對人〕約定，保證…〔*to*〕：Will you ~ us regular employment？＝Will you ~ regular employment ***to*** us？你願意保證定期雇用我們嗎？
guar·an·tor [ˋgærəntɚ, -tɔr; ˌgærən'tɔ:] *n.* Ⓒ《法》保證[擔保]人。
guar·an·ty [ˋgærəntɪ; 'gærənti]《與 warrant(保證)同字源》—*n.* Ⓒ《法律》**1**(尤指支付的)保證(契約)；保證書。**2** 抵押品，擔保。
‡**guard** [gard; gɑ:d]《源自古法語「看守」之義》—*v.t.* **1 a**〔十受〕(防備攻擊、危險等)**守護**…，**護衛**…(⇨protect【同義字】)：~ one's life 守護性命/~ the palace 護衛宮殿。**b**〔十受十介十(代)名〕守護[保護]…〔以防…，免於…〕〔*against, from*〕：A watchdog [The wall] ~*ed* the house ***against*** thieves. 看門狗[圍牆]保護房子以防小偷/He ~*ed* us ***from*** all harm. 他保護我們免於受到任何傷害。
2〔十受〕**a** 看守，監視〈囚犯等〉：The prisoner was ~*ed* night and day. 那名囚犯日夜被看守著。**b** 看守〈門、入口等〉。
3〔十受〕抑制〈言詞、憤怒等〉：~ one's temper [tongue] 控制憤怒[言詞]。
4〔十受〕給…裝上防止危險的裝置。
—*v.i.*〔十介十(代)名〕**警戒**，留心〔使免於…〕〔*against*〕《★可用被動語態》：~ ***against*** accidents [catch*ing* a cold] 小心防止意外[感冒]。
—*n.* **1** Ⓤ**看守**，監視，警戒；《軍》步哨：*on* ~ 守望；警戒著；站崗/keep ~ on [over]... 看守…，監視…。**2** Ⓒ〔也作集合稱〕**a** 看守人，監視(者)，守衛《★用法視爲一整體時當單數用，指個別成員時當複數用》。**b** 護衛者，警衛官[隊]，保鏢《★用法與義 2a 同》：a coast ~ 水上警察，海防警衛隊/There was a ~ [were ~*s*] around the president. 在總統周圍有數位警衛官。**c** (監獄的)看守《★用法與義 2a 同》。**d**《軍》步哨，衛兵；護衛兵，(俘虜等的)護送隊；守衛隊《★用法與義 2a 同》。**e** 禁衛軍；禁衛兵；衛士隊《★用法與義 2a 同》；[**the Guards**]《英》禁衛軍：the Changing (of) *the G~* (白金漢宮等的)衛兵的換崗/⇨ Horse Guards, Life Guards, Foot Guards, Grenadier Guards. **3** Ⓒ《英》(火車的)管理員，煞車員(《美》conductor)。**4** Ⓒ〔常構成複合字〕**a** 防禦物，危險防止器。**b** (刀劍的)護手。**c** 護腿。**d** (槍上的)保險栓。**e** (火爐的)爐圍，炭欄。**f** 扶手。**g** (車子的)擋泥板。**5** Ⓒ〔…的〕預防藥物，防止劑〔*against*〕：a ~ *against* infection [tooth decay] 傳染病預防劑[蛀牙預防藥物]。**6** Ⓤ(西洋劍、拳擊等)防守的姿勢，防衛：get in under one's opponent's ~ 攻破對方的防衛。**7** Ⓤ《美式足球・籃球》後衛。
One's **guárd is úp** [**dówn**] (1)採取[不採取]警戒姿態。(2)控制[不控制]感情[言詞]《★源自拳擊採取[不採取]防備姿態》。
móunt [**stánd**] **guárd** (1)站崗，放哨。(2)監視，看守。
òff one's **guárd** 不提防；疏忽：throw [put] a person *off* his ~ 使某人不提防/catch a person *off* his ~ 乘人不備。
òn one's **guárd** 守望；警戒著：put [set] a person *on* his ~ 使某人提防/Be *on* your ~ *against* pickpockets. 謹防扒手。
guárd bòat *n.* Ⓒ《軍》巡邏艇；監視船。
guárd chàin *n.* Ⓒ錶等之扣鍊；錶鍊。
guárd·ed *adj.* **1** 被防護著的；被監視著的。**2**〈言語等〉謹慎的；愼重的。 **~·ly** *adv.*
guárd·hòuse *n.* Ⓒ **1** 衛兵哨亭。**2** 禁閉室。
guard·i·an [ˋgardɪən; 'gɑ:djən] *n.* Ⓒ **1** 保護者，守護者，監視者；保管所。**2**《法律》(未成年者、孤兒等的)監護人。
guárdian ángel *n.* Ⓒ **1** (個人、社會、地方的)守護天使。**2** 關心他人福利的人。
guárdian·shìp *n.* Ⓤ〔又作 **a** ~〕**1**《法律》監護人的職責。**2** 保護，守護：under the ~ of... 在…的保護下。
guárd·ràil *n.* Ⓒ **1** (道路等的)護欄(欄干等的)扶手。**2**《鐵路》(彎角等處防止出軌用的)護軌。
guárd·ròom *n.* Ⓒ衛兵室[警衛室]。
guárds·man [-mən; -mən] *n.* Ⓒ(*pl.* **-men** [-mən; -mən]) **1**《美》各州的國民兵(National Guard)。**2**《英》禁衛軍(Guards)的軍人，禁衛兵。
guárd's ván *n.* Ⓒ《英》(鐵路貨車最後面的)警衛車廂(《美》caboose)。
Gua·te·ma·la [ˌgwatəˋmalə; ˌgwæti'mɑ:lə←] *n.* 瓜地馬拉《中美洲的一個共和國；首都瓜地馬拉(Guatemala City)》。
gua·va [ˋgwavə; 'gwɑ:və] *n.* **1** Ⓒ《植物》番石榴樹，芭樂樹《產於熱帶非洲，果實可製果汁、果凍》。**2** Ⓒ〔當食物時爲Ⓤ〕番石榴，芭樂。
gua·yu·le [ˌgwaˋjulɪ, wa-; gwɑ:'ju:li] *n.* **1** Ⓒ《植物》銀膠菊《熱帶美洲產之膠樹》。**2** Ⓤ由該樹採取之膠。
gu·ber·na·to·ri·al [ˌgjubɚnəˋtorɪəl, -ˋtɔr-; ˌgju:bənə'tɔ:riəl←]《governor 的形容詞》—*adj.* [用在名詞前]《美》州長的：a ~ election 州長的選舉。
gud·geon [ˋgʌdʒən; 'gʌdʒən] *n.* Ⓒ **1**《魚》白楊魚《歐洲產的鯉科淡水魚；很容易捕捉，除食用外常作爲魚餌用》。**2** 易受騙的人。
guél·der róse [ˋgɛldɚ-; 'geldə-] *n.* Ⓒ[常用單數]《植物》莢蒾，綉球花《開白色小花，成綉球狀》。
guer·don [ˋgɝdn; 'gə:dən] *n.* ⓊⒸ《詩》報酬；奬賞。
—*v.t.*《詩》酬勞；奬賞。
Guern·sey [ˋgɝnzɪ; 'gə:nzi] *n.* **1** 根西島《海峽羣島(Channel Islands)中的第二大島》。**2** Ⓒ根西乳牛《根西島原產》。**3** [**g~**] Ⓒ(藍色的)厚毛衣《主要爲船員用》。
guer·ril·la, gue·ril·la [gəˋrɪlə; gə'rilə]《源自西班牙語「小戰爭」之義》—*n.* Ⓒ游擊隊隊員，非正規軍隊。
—*adj.* [用在名詞前]游擊隊隊員的：~ activity 游擊活動/~ warfare 游擊戰。
guerrílla théater *n.* Ⓒ流動劇團[戲劇]；街頭諷刺短劇演出隊。
‡**guess** [gɛs; ges]《源自中古英語「判斷」之義》—*v.t.* **1**〔十受〕(猜測地)**說中**，猜出，猜對…：~ (the answer to) a riddle 猜出謎語/"I suppose you got up late again."—"You've ~*ed* it." 「我猜你又起晚了。」「你猜對了。」
2 (不十分了解)**推測**(⇨imagine【同義字】)：**a**〔十受〕推測…：~ the population 推測人口。**b**〔十 *that*__〕推測〈…事〉：I ~*ed* *that* he was an ex-serviceman. 我猜想他是一名退役軍人。**c**〔十 *wh.*__/十 *wh.*十 *to* do〕預估，猜中〈…〉：No one could ~ *how* old she was. 沒有人能猜出她幾歲/*G~ which* hand I have a coin in. 你猜我哪隻手裏有錢幣。**d**〔十受十 *to be* [*as*] 補〕推測〈人〉〈是…〉：I ~*ed* him *to be* 45.＝I ~*ed* his age *as* 45. 我推測他是四十五歲。**e**〔十受十介十(代)名〕推測…〔爲…〕〔*at*〕：I ~*ed* his age ***at*** 45. 我推測他是四十五歲。
3《美口語》**a**〔十(*that*)__〕認爲…《★無進行式》：I ~ I'll go to bed. 我想我要去睡覺了/I ~ so. 我想是吧《★用法這個 so 是承接前句 *that* 子句的代用》。**b** [**I** ~，與主要子句並列]想[認爲]…：You're pretty tired, I ~. 我看你相當累了。
—*v.i.*〔**動(十介十(代)名)**〕**推測**，猜想〔…〕〔*at*〕《★可用被動語態》：I'm just ~*ing*. 我只是推測而已/I ~*ed* ***at*** her age, but could not hit upon it. 我猜了猜她的年齡，但是沒猜中。
kèep a person **guéssing** 讓人捉摸不定[猜不透]。
—*n.* Ⓒ**推測**，猜測，臆測：a fair [wild] ~ 一項準確[荒唐]的推測/have [make] a ~ *at*... 推測…，預估…/My ~ is that.... 依我的看法…/That figure is just a ~. 這個數字只是個推測/Your ~ is as good as mine. 我跟你一樣不知道。
ánybody's guéss《口語》全憑臆測的事；無法確知的事：It's *anybody's* ~. 這是誰也拿不準的事。
at a guéss ＝**by guéss** 依推測，憑估計：She was, *at a* ~, thirty. 依推測，她三十歲。
guéss·wòrk *n.* Ⓤ 猜測；推測：by ~ 憑推測。
‡**guest** [gɛst; gest]《源自古北歐語「陌生人」之義》—*n.* Ⓒ **1** (接受招待的)**客人**；賓客；來賓(⇨visitor【同義字】)：the ~ of honor (晚宴等的)主客；貴賓。
2 特邀的人，臨時會員。
3 (客棧、旅館等的)旅客；宿客：a paying ~ (私宅的)寄宿者。
4 (電視、廣播等的)特別來賓，客串演出者，(管弦樂團的)客串演奏者。
Bé my guést.《口語》請便《請自由使用，請吃等等》："May I use your phone？"—"*Be my* ~." 「我可以借用你的電話嗎？」「請用。」
—*adj.* [用在名詞前] **1** 賓客的，被邀請的，客串的，臨時會[演]員的：~ players 特邀選手/a ~ speaker 邀請來的演講者/a ~ professor 客座教授/a ~ conductor 客座指揮。
2 待客用的，接待用的：a ~ towel 客人用的毛巾。
—*v.i.*〔十介十(代)名〕《美》〔在廣播、電視等〕客串演出，以特別來賓身分演出〔*on*〕。
guést·chàmber *n.* ＝guest room.
guést·hòuse *n.* Ⓒ(上等)旅館，賓館《供食宿》。
guést níght *n.* Ⓒ(俱樂部等的)招待賓客之夜晚。
guést ròom *n.* Ⓒ賓客用寢室。
guff [gʌf; gʌf] *n.* Ⓤ《俚》胡扯，瞎扯。
guf·faw [gʌˋfɔ, gəˋfɔ; gʌ'fɔ:] *n.* Ⓒ突然的大笑；哄笑；(下流的)癡笑。
—*v.i.* 大聲傻笑。
Gui·a·na [gɪˋænə, gɪˋanə; gai'ænə] *n.* 圭亞納《南美洲北部之一地區，分屬英、荷、法三國；英屬圭亞那於 1966 年獨立成爲蓋亞納(Guyana)》。
guid·a·ble [ˋgaɪdəbl; 'gaidəbl] *adj.* 可引導的；可指導的。

guid·ance [ˋgaɪdn̩s; ˈgaidns] «guide 的名詞» —*n.* Ⓤ **1** 引導, 指導, 教導, 指示：under a person's ～ 在某人的引導[指導]下。**2** (給與學生唸書、生活、職業方面的) **指導**, 輔導：vocational ～ 就業輔導。**3** (太空船、飛彈等的) 導航。

‡**guide** [gaɪd; gaid] *v.t.* **1** 〔十受(十副詞(片語))〕**a** 引導〈人〉; 引領〈觀光客〉(⇨lead¹【同義字】)：The Indian ～*d* the explorers. 那印地安人引導探險隊/The usher ～*d* us *in* [*to* our seats]. 招待員引領我們進入[入座]/A light ～*ed* them *on to* a mountain hut. 一盞燈引導他們進入山上的小木屋/I was ～*d around* London by a friend of mine. 朋友領著我逛倫敦。**b** 使〈車、船、飛彈等〉朝〈某個方向〉前進：He skillfully ～*d* his car *through* the heavy traffic. 他熟練地駕車穿過交通擁擠的街道。
2 a 〔十受十介十(代)名〕**指導**, 教導〈人〉〔唸書、方針等〕〔*in*〕：～ students ***in*** their studies 指導學生唸書/Your advice ～*d* me *in* my final choice. 你的勸告指引我做最後的選擇。**b** 〔十受〕管理〈國事〉, 領導〈國家等〉：～ a country *through* its difficulties 領導國家度過難關。
3 〔十受〕〈思想、感情等〉支配, 控制…《★常用被動語態》：*Guided* by his sense of duty, he helped needy people. 他出於責任感而對貧困的人提供援助。
—*n.* Ⓒ **1 a** (觀光客、博物館、山等的) **引導者**; **導遊**：employ [hire] a ～ 雇一位導遊。**b** 指導者, 教導者, 前輩。
2 (行動、思想等的) **指針**, **準則**; **依據**：His advice is a safe ～. 他的勸告是安全的指引。
3 a 指南, 手册, 入門書〔*to*〕：A *G*～ *to Good Wines*「上等葡萄酒入門」《書名》。**b** 旅行指南(guidebook)〔*to*〕：a～ *to* Paris 巴黎旅行指南。
4 路標(guidepost).
5 《機械》導桿。
6 [常 G～]《英》女童子軍團員。

guíde·bòard *n.* Ⓒ路標; 路牌。

guíde·bòok *n.* Ⓒ旅行指南〔*to*〕.

guíded míssile *n.* Ⓒ導引飛彈。

guíde dòg *n.* Ⓒ導盲犬, 引導盲人的狗。

guíded tóur *n.* Ⓒ有人引導的(觀光)旅行。

guíde·lìne *n.* [～s] (政策等的)指導方針, 指標〔*on*〕.

guíde·pòst *n.* Ⓒ路標。

guíde wòrd *n.* Ⓒ(字典類的)欄外引導字, 索引字。

guidepost

gui·don [ˋgaɪdn̩; ˈgaidən] *n.* Ⓒ《軍》**1** (原爲英國騎兵隊所用的)三角旗。**2** (爲部隊標幟之)部隊旗; 旗手。

guild [gɪld; gild] *n.* Ⓒ **1** (中世紀工商業者的)基爾特。**2** (近代的)同業公會; 協會。

guil·der [ˋgɪldɚ; ˈgildə] *n.* Ⓒ **1** 基爾德《荷蘭的貨幣單位; 等於 100 cents; 符號 G》. **2** 一基爾德的銀幣。

guíld·háll *n.* **1** Ⓒ[常用單數]市政廳, 市公所。**2** [the G～] (倫敦的)市會議廳《用以舉行市議會、市長選舉、正式宴會等》。

guilds·man [ˋgɪldzmən; ˈgildzmən] *n.* Ⓒ (*pl.* **-men** [-mən; -mən]) 同業公會會員。

guíld sócialism *n.* Ⓤ行[公]會制社會主義《全部產業國有化, 由行[工]會管理的一種社會主義思想; 二十世紀初葉由英國所提倡》。

guile [gaɪl; gail] *n.* Ⓤ狡猾, 狡詐：by ～ 狡詐地。

guile·ful [ˋgaɪlfəl; ˈgailful] *adj.* 狡猾的, 詭計多端的。
～**·ly** [-fəlɪ; -fuli] *adv.* ～**·ness** *n.*

guíle·less *adj.* 不狡猾的, 誠實的, 純眞的。
～**·ly** *adv.* ～**·ness** *n.*

guil·le·mot [ˋgɪlə͵mɑt; ˈgilimɔt] *n.* Ⓒ《鳥》海鳩類的海鳥。

guil·lo·tine [ˋgɪlə͵tin; ͵gilə'ti:n, ˈgil-] *n.* **1** [the ～] 斷頭臺：go to *the* ～ 上斷頭臺, 在斷頭臺上斬首。

【字源】源自發明者法國醫師季勒當(Guillotin) (1738–1814) 的姓。據說他是在法國革命時代爲儘可能減少死刑囚犯的痛苦而發明斷頭臺作爲行刑用具。斷頭臺在法國一直使用至 1981 年。

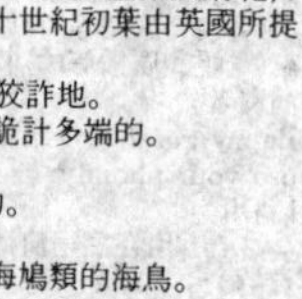
guillotine 1

2 Ⓒ(紙等的)切斷機。**3** Ⓒ《外科》環狀刀《割除扁桃腺等的器具》。**4** [the ～]《英議會》(爲避免妨害議事而)停止討論。
—*v.t.* **1** 用斷頭臺斬〈某人〉的頭。**2** 《英議會》停止〈討論〉, 迅速表決〈議案〉。

***guilt** [gɪlt; gilt] «源自古英語「罪」之義» —*n.* Ⓤ **1 有罪**, 犯罪; 罪行(↔ innocence)：establish a person's ～ 確立某人的罪/confess one's ～ 坦承犯罪, 認罪。
2 犯罪[過失]的責任：The ～ lies with him. 錯在他。
3 罪惡感, 自責, 內疚。

guílt·i·ly [-təlɪ, -tɪlɪ; -tili] *adv.* 內疚地。

guílt·less *adj.* **1** 無罪的, 清白的：a ～ man 清白的人。
2 [不用在名詞前]〔十介十(代)名〕沒有犯〔…〕罪的; 不知〔…〕的〔*of*〕：I am ～ ***of*** offend*ing* him. 我不記得傷害了他的感情。
～**·ly** *adv.* ～**·ness** *n.*

guilt·y** [ˋgɪltɪ; ˈgilti] «guilt 的形容詞» —*adj.* (**guilt·i·er**; **-i·est**) **1 a 有罪的**(↔ innocent)：the ～ party 犯罪的一方, 犯人/Is he ～ or not ～? 他是有罪還是無罪呢?/He was found ～. 他被判有罪。**b** [不用在名詞前]〔十介十(代)名〕犯〔…的〕罪的〔*of*〕：He is ～ ***of a crime [*of* murder, *of* theft]. 他犯了罪[殺人罪, 盜竊罪]。
2 a 自覺有罪的, 心虛的, 於心有愧的, 良心不安的, 內疚的：a ～ look 自覺有罪的表情/a ～ conscience [deed] 良心不安, 內疚。**b** [不用在名詞前]〔十介十(代)名〕〔對…〕內疚的〔*about, over, for*〕：He felt ～ ***about*** it. 他對那件事感到內疚。
nót guílty 無罪《★用法陪審團的判決》：He was found *not* ～. 他被判無罪/The defendant was given the verdict of "*not* ～." 那名被告被判無罪。
pléad guílty [**nót guílty**] 〔對…〕認罪[申述無罪]〔*to*〕：He *pleaded* ～ [*not* ～] *to* the crime. 他承認[不承認]罪行。
guílt·i·ness *n.*

guin·ea [ˋgɪnɪ; ˈgini] «因以 Guinea 產的金鑄造而得名» —*n.* Ⓒ **1** 基尼金幣《相當於二十一先令的英國昔日的金幣》。**2** 基尼。

【說明】在現在的貨幣制度上(1971 年以後) guinea 僅用作計算的單位, 用以計算給醫生、律師的酬勞, 馬、繪畫、土地的買賣, 賽馬的賞金、捐款等費用; 一基尼相當於現行的一英鎊五便士。

Guin·ea [ˋgɪnɪ; ˈgini] *n.* 幾內亞《非洲西部的一個共和國; 首都柯那克里(Conakry [ˋkɑnəkrɪ; ˈkɔnəkri])》.

Guínea-Bis·sáu [-bɪˋsaʊ; -biˈsau] *n.* 幾內亞比索《非洲西部海岸地區的一共和國; 首都比索(Bissau [bɪˋsaʊ; biˈsau])》.

guínea fòwl *n.* Ⓒ (*pl.* ～)《鳥》珠雞《非洲原產》。

guinea fowl

guínea hèn *n.* Ⓒ《鳥》母珠雞。

guínea pìg *n.* Ⓒ **1** 《動物》天竺鼠, 豚鼠《★俗稱土撥鼠, 但與 marmot 不同》。**2** 供作實驗或觀察的人[物]：use a person as a ～ 用人當試驗品。

Guin·ness [ˋgɪnɪs; ˈginis, giˈnes] *n.* Ⓤ《商標》金氏《愛爾蘭金氏(Guinness)公司所產的黑啤酒》。
The Guínness Bóok of Récords 金氏世界記錄《金氏釀酒公司每年發行, 記載各種世界記錄的書籍》。

gui·pure [gɪˋpjʊr; giˈpjuə] *n.* Ⓤ以線穿連圖案而成之花邊; 將剪下之細白葛布的圖案附在線網上之花邊。

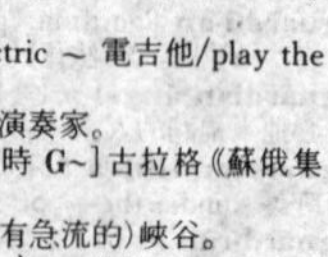
guinea pig 1

guise [gaɪz; gaiz] *n.* Ⓒ[常用單數] **1** [常 **in a ... ～**] (尤指爲了欺騙人而僞裝出來的)外觀, 樣子：an old idea *in a* new ～ 新外觀老觀念, 舊酒換新瓶。**2** [常 **in the ～ of**] 服裝, 裝扮; 打扮：a thief *in the* ～ *of* a salesman 作推銷員打扮的小偷。
3 [常 **under the ～ of**] 假裝; 藉口：*under the* ～ *of* friendship 以友誼爲幌子; 藉友善爲名。

‡**gui·tar** [gɪˋtɑr; giˈtɑ:] *n.* Ⓒ**吉他**：an electric ～ 電吉他/play the ～ 彈吉他。

gui·tár·ist [-ˋtɑrɪst; -ˈtɑ:rist] *n.* Ⓒ吉他演奏家。

gu·lag [ˋgu͵lɑg, -͵læg; ˈgu:lɑ:g] *n.* Ⓒ[有時 G～] 古拉格《蘇俄集中營》。

gulch [gʌltʃ; gʌltʃ] *n.* Ⓒ《美》(兩邊陡峭有急流的)峽谷。

gul·den [ˋgʊldən; ˈguldən] *n.* (*pl.* ～**s**, ～) = guilder.

gules [gjulz; gju:lz]《紋章》*n.* Ⓒ紅色。
—*adj.* 紅色的。

***gulf** [gʌlf; gʌlf] *n.* Ⓒ **1 海灣**《★比較通常比 bay 大且深長》：the *G*～ of Mexico 墨西哥灣/the Persian *G*～ 波斯灣。
2 (地表的)深坑; 深淵, 鴻溝。
3 (意見等的)隔閡, 分歧：the ～ *between* rich and poor [theory and practice] 貧富[理論與實際]的懸殊。

Gúlf Stàtes *n. pl.* [the ～] **1** 美國瀕墨西哥灣諸州《墨西哥灣沿岸的美國五州：佛羅里達州(Florida), 阿拉巴馬州(Alabama), 密西西比州(Mississippi), 路易西安那州(Louisiana), 德克薩斯州(Texas)》. **2** 海灣國家《波斯灣沿岸的石油生產國：伊朗(Iran),

伊拉克(Iraq)，科威特(Kuwait)，沙烏地阿拉伯(Saudi Arabia)，巴林(Bahrain)，卡達(Qatar)，阿拉伯聯合大公國(the United Arab Emirates)及阿曼王國(Oman)等八國》。

Gúlf Strèam *n.* [the ~] 墨西哥灣流《自墨西哥灣沿北美洲大陸向東北流到不列顛羣島的大西洋中的一道暖流；該暖流使歐洲西部冬季溫暖》。

gúlf·wèed *n.* Ⓒ《植物》馬尾藻屬海草《大堆漂浮於墨西哥灣流和馬尾藻海的熱帶海域，由如葉片的枝組成，其上有漿果狀小液囊，其中充滿空氣，使其飄浮》。

gull[1] [gʌl; gʌl] *n.* Ⓒ《鳥》(海)鷗。

gull[2] [gʌl; gʌl] *v.t.* **1** 欺騙〈人〉。**2** 〔＋受＋介＋(代)名〕 **a** 欺騙[詐騙]〈人〉〔…〕〔*out of*〕: He was ~*ed* ***out of*** his money. 他的錢被騙走了。**b** 欺騙〈人〉〔使做…〕〔*into*〕: He was ~*ed* ***into*** buy*ing* rubbish. 他被騙買了廢物。

—*n.* Ⓒ易受騙的人；易受愚弄的人；笨蛋。

gull[1]

gul·let [ˋgʌlɪt; ˈgʌlit] *n.* Ⓒ《口語》食道；咽喉。

gull·i·bil·i·ty [ˌgʌləˋbɪlətɪ; ˌgʌləˈbiləti] «gullible 的名詞»**—***n.* Ⓤ易受騙。

gull·i·ble [ˋgʌləbl; ˈgʌləbl] *adj.* 容易受騙的。**gúll·i·bly** [-blɪ; -bli] *adv.*

Gúl·li·ver's Trávels [ˋgʌləvɚz-; ˈgʌlivəz-] *n.* 格利佛遊記《英國作家斯威夫特(Jonathan Swift)所著之諷刺小說》。

gul·ly [ˋgʌlɪ; ˈgʌli] *n.* Ⓒ **1** (受到雨水侵蝕所形成的)小峽谷《通常指乾涸的峽谷》。**2** (人工的)溝渠，陰溝。

gulp [gʌlp; gʌlp] «擬聲語»**—***v.t.* **1** 〔＋受(＋副)〕(快速)吞飲〈液體〉；大口地吞食〈食物〉〈*down*〉. **2** 〔＋受＋副〕抑制〈哭泣〉，忍住〈怒氣〉〈*back, down*〉: ~ ***back*** [***down***] one's tears [rage] 抑制淚水[怒氣]。

—*v.i.* **1** 大口地喝，狼吞虎嚥。**2** (因吃驚而)屏息。

—*n.* Ⓒ吞飲；吞飲之聲；一口喝下的量: at [in] one ~ 一口地。

***gum**[1] [gʌm; gʌm] *n.* **1** Ⓤ **a** 膠質，樹膠《由數種植物的樹皮分泌而出的乳狀液；★比較 彈性橡皮 rubber》. **b** 樹脂，樹液。**2** Ⓤ膠水: stick...with ~ 用膠黏住…。**3** (又作 **gúm trèe**)Ⓒ《植物》**a** 橡膠樹《生產樹膠》。**b** 《澳》尤加利樹(eucalyptus)。**4 a** Ⓤ口香糖。**b** 《英》=gumdrop. **5** Ⓤ眼屎。

úp a gúm trèe 《英口語・謔》進退維谷；進退兩難《★源自動物爲了脫逃，卻爬上了發黏的橡樹之窘境》。

—*v.t.* (**gummed**; **gum·ming**)〔＋受＋副〕**1** 用膠黏…〈*down, together*〉: ~ a stamp ***down*** 用膠水黏住郵票。**2** 《口語》弄砸〈計畫、工作等〉〈*up*〉: ~ ***up*** the works 搞亂了全部，使整個事情亂成一團。

—*v.i.* **1** 分泌膠質[樹脂]。**2** 〔動(＋副)〕變黏〈*up*〉.

gum[1] 3 a

gum[2] [gʌm; gʌm] *n.* Ⓒ[常 ~s]牙齦，齒齦。

gum[3] [gʌm; gʌm] «God 的委婉語»**—***n.* Ⓤ《口語》神《★用於下列的誓言》: By ~！我敢發誓！眞的！

gúm ammóniac *n.* =ammoniac.

gúm árabic *n.* =acacia 2.

gum·bo [ˋgʌmbo; ˈgʌmbou] *n.* (*pl.* ~s)《美》**1** Ⓒ《植物》黃秋葵(okra). **2** Ⓒ[當菜名時爲Ⓤ]甘寶湯《加秋葵莢之肉菜濃湯》。

gúm·bòil *n.* Ⓒ《口語》《齒科》齒齦膿腫。

gúm bòot *n.* Ⓒ[常~s]橡膠靴。

gúm·dròp *n.* Ⓒ《美》橡皮水果糖(《英》gum)《一種膠糖果》。

gúm elàstic *n.* Ⓤ彈性樹膠。

gum·my [ˋgʌmɪ; ˈgʌmi] «gum[1] 的形容詞»**—***adj.* (**gum·mi·er**; **-mi·est**) **1** 樹膠(質)的；黏性的。**2** 塗有樹膠的，黏的。**3** 分泌樹膠液的。**gúm·mi·ness** *n.*

gump·tion [ˋgʌmpʃən; ˈgʌmpʃn] *n.* Ⓤ《口語》積極性，進取精神。

gúm rèsin *n.* Ⓤ樹膠脂《樹膠與樹脂的混合物》。

gúm·shòe *n.* Ⓒ《美》**1** [常 ~s] **a** 橡膠套鞋。**b** 膠底(運動)鞋。**2** 《俚》警察。

gúm·wòod *n.* Ⓤ橡膠樹的木料。

‡**gun** [gʌn; gʌn] *n.* Ⓒ **1 a** 大砲，火砲(cf. cannon 1a). **b** 步槍，來復槍。**c** 獵槍。
2 a 手槍: a ~ law 槍支取締法/carry [fire] a ~ 帶槍[開槍]。**b** (競賽時的)鳴槍。

【字源】據說 gun 是北歐古時候一個女子的名字 Gunnhildr 簡略而成。在西歐女子名常用作颱風的俗稱或武器的名稱。gunnhildr 原義爲「戰爭」，可能因此被轉用作武器的名稱。
【說明】在美國始自西部拓荒時代「自己的安全由自己負責」的傳統到現在仍然存在。據說全國五分之一以上的人口持有槍械。槍砲管理(gun control)因州而異，而且沒有外國來得嚴格。在某些州幾乎能自由取得手槍或來復槍等。

3 a (殺蟲劑、藥品等的)噴霧器；(噴漆等的)噴器。**b** (潤滑油、機油等)油槍。**4** 大砲的發射《禮砲、賀砲、致哀的鳴砲、號砲等》: a salute of seven ~*s* 七響禮砲。**5** 《美口語》用槍的職業殺手: a hired ~ 一位職業殺手。**6** [常~s]《英》狩獵隊的隊員: a party of six ~*s* 有六名成員的狩獵隊。

revolver

hunting rifle

shotgun

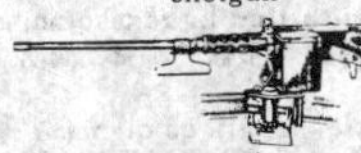
machine gun

cannon

各式各樣的 guns 1

blów (gréat) gúns 《口語》〈風〉狂吹；颳大風。

brìng úp [óut] one's bíg gúns ⇨big gun.

gíve it the gún 《口語》車子[交通工具]加速。

gò gréat gúns [常用進行式]《口語》(1)〈人〉快速而有效率地做。(2)〈事情〉一帆風順。

júmp the gún (1)《運動》未聽發令槍響就起跑，搶跑。(2)行動過早。

són of a gún ⇨son.

spíke a person's **gúns** 阻止人的計畫[行動，攻擊]，使對手無能爲力《★源自古代在砲口打上大釘子，使大砲無法發射》。

stíck [《英》**stánd**] **to** one's **gúns** 堅守立場；堅持自己的主張；不屈服。

—*v.i.* (**gunned**; **gun·ning**) **1** 用槍打獵: go *gunning* (for...) 去狩獵(…)。**2** 〔＋介＋(代)名〕[常用進行式] **a** (尤指用槍)追殺，加害〔某人〕〔*for*〕. **b** 意圖攻擊或懲罰〔某人〕〔*for*〕. **c** 努力求得〔地位等〕〔*for*〕. **—***v.t.* **1** 〔＋受(＋副)〕開槍射擊〈沒有防備的人〉〈*down*〉. **2** 〔＋受〕《口語》給…加大油門，給…加馬力。

gún·bòat *n.* Ⓒ砲艇《小型的沿海警備艇》。

gúnboat diplómacy *n.* Ⓤ(暗示軍事力量的介入)砲艇外交，武力外交。

gún càrriage *n.* Ⓒ(載運大砲的)砲車，砲架。

gún·còtton *n.* Ⓤ棉火藥，强藥棉。

gún dòg *n.* Ⓒ獵犬《pointer, setter 等》。

gún·fìght *n.* Ⓒ《美》槍擊戰。

gún·fìght·er *n.* Ⓒ《美》(西部開拓時代的)槍戰能手，神槍手。

gún·fìre *n.* Ⓤ砲火，砲擊，槍擊。

gunge [gʌndʒ; gʌndʒ] *n.* 《英俚》=gunk.

gung ho [ˋgʌŋˋho; ˈgʌŋˈhou] «源自中文「一起工作，工業合作社，工合」之義»**—***adj.* 《口語》非常熱心的，狂熱的: a ~ admirer 狂熱的讚美者[仰慕者]。

gunk [gʌŋk; gʌŋk] *n.* Ⓤ《美俚》黏嗒嗒，令人不舒服的東西。

gún·lòck *n.* Ⓒ槍機。

gún·man [-ˌmæn, -mən; -mən] *n.* Ⓒ (*pl.* **-men** [-ˌmɛn, -mən; -mən]) **1** 持槍的歹徒，殺手。**2** =gunfighter.

gún·mètal *n.* Ⓤ **1** 砲銅《古代用於製造槍身，今日爲器具、機械的材料》。**2** (又作 **gúnmetal gráy**)暗灰色。

gún mòll *n.* Ⓒ《美俚・古》歹徒的情婦。

gun·nel [ˋgʌnl; ˈgʌnl] *n.* =gunwale.

gun·ner [ˋgʌnɚ; ˈgʌnə] *n.* Ⓒ **1 a**《陸軍・空軍》砲手，射擊手。**b** 《海軍》砲長《士官長》。**2** 槍獵者。

gun·ner·y [ˋgʌnərɪ; ˈgʌnəri] *n.* Ⓤ **1** 砲術。**2** [集合稱]砲，槍砲。

gun·ning [ˋgʌnɪŋ; ˈgʌniŋ] *n.* Ⓤ 槍獵；槍獵法。

gun·ny [ˋgʌnɪ; ˈgʌni] *n.* Ⓤ粗麻布，麻布袋。

gúnny·sàck *n.* Ⓒ麻布袋《裝馬鈴薯、煤等》。

gún pìt *n.* Ⓒ **1** 掩護砲及砲兵之土坑。**2** 砲座；砲位。

gún·plày *n.* Ⓤ《美》手槍戰。

gún·pòint *n.* Ⓒ槍口《★常用於下列成語》。

at gúnpoint 在槍口威脅下，用槍威脅。

gún·pòwder *n.* Ⓤ火藥。

Gúnpowder Plòt *n.* [the ~](英國的)火藥陰謀事件《1605 年 11 月 5 日以 Guy Fawkes 爲主謀者的舊教徒企圖炸毀英國國會的陰謀事件；cf. Guy Fawkes Day》。

G

gún ròom *n.* Ⓒ **1** 軍械室；軍械庫。**2**《英》(軍艦上之)下級軍官室。

gún·rùnner *n.* Ⓒ走私軍火者。

gún·rùnning *n.* Ⓤ軍火走私。

gún·ship *n.* Ⓒ武裝直昇機。

gún·shòt *n.* **1** Ⓒ射出的砲彈。**2** Ⓒ射擊(聲)，發砲(聲)，砲擊(聲)。**3** Ⓤ (砲的)射程：within [out of, beyond] ～ 在射程內[外]。

gún·shỳ *adj.* 〈獵犬、馬等〉怕槍砲聲的。

gún·slìnger *n.*《美俚》＝gunman.

gún·smith *n.* Ⓒ槍砲匠；槍砲工人。

gún·stòck *n.* Ⓒ槍托；槍柄。

gun-tot·ing [ˋgʌn͵totɪŋ; ˈgʌntoutiŋ] *adj.* 經常帶槍的。

gun·wale [ˋgʌnl̩; ˈgʌnl] *n.* Ⓒ《航海》舷緣，舷側上緣。

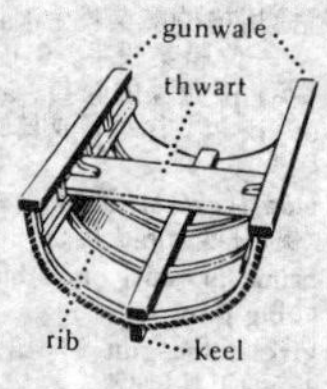

gunwale

gup·py [ˋgʌpɪ; ˈgʌpi] «源自最早將此魚介紹到英國的英國人名字»—*n.* Ⓒ《魚》虹鱂，孔雀魚《西印度羣島產的熱帶胎生小魚；用於觀賞》。

gur·gi·ta·tion [͵gɝdʒəˋteʃən; ͵gə:dʒiˈteiʃn] *n.* Ⓤ液體的沸騰；洶湧；漩洄之壯。

gur·gle [ˋgɝgl̩; ˈgə:gl] *v.i.* **1** 〔十副詞(片語)〕〈水等〉潺潺而流；作汩汩聲：The wine *～d out of* the bottle. 葡萄酒自瓶中汩汩流出。**2** 〈嬰兒等〉(高興得)作咯咯聲。

—*n.* [用單數；常 the ～] 潺潺聲；汩汩聲。

gur·goyle [ˋgɝgɔɪl; ˈgə:gɔil] *n.* ＝gargoyle.

guppy

Gur·kha [ˋgurkə; ˈguəkə] *n.* (*pl.* ～s, [集合稱] ～)廓爾喀族《居住於尼泊爾之一勇猛種族》。

gur·nard [ˋgɝnəd; ˈgə:nəd] *n.* Ⓒ (*pl.* ～s, ～)《魚》魴鮄。

gu·ru [ˋgu͵ru, ˋguru; ˈguru:] *n.* Ⓒ **1** (印度教的)個人精神導師。**2**《謔・口語》(精神上的)指導者。

gush [gʌʃ; gʌʃ] *v.i.* **1** 〔十副詞(片語)〕〈液體等〉流出；冒出；湧出；噴出：Blood *～ed* (*out*) *from* the wound. 血從傷口湧出來。**2** 〔動(十介十(代)名)〕〈女性〉(感傷地[誇張地])談論〔…〕〔*about, over*〕：She *～ed* on and on ***about*** [***over***] her son. 她滔滔不絕地談論自己的兒子。

—*n.* [用單數] **1** (液體等的)噴出，迸出：a ～ *of* oil 油的噴出 / *in* a ～ 形成急流地。**2** (感情的)迸出：a ～ *of* enthusiasm 熱情奔放。

gúsh·er *n.* Ⓒ **1** 噴油井；(油自動流出的)油井。**2** 誇張地表現情感的人；易動感情的人。

gúsh·ing *adj.* **1** [用在名詞前] 迸出的；湧出的；噴出的：a ～ fountain 水大量噴出的噴泉。**2** 誇張地表現情感的；亂動感情的：～ remarks 過於激動的言詞。～·**ly** *adv.*

gush·y [ˋgʌʃɪ; ˈgʌʃi] *adj.* (**gush·i·er**；**-i·est**)＝gushing 2.

gúsh·i·ly [-ʃɪlɪ; -ʃili] *adv.* **-i·ness** *n.*

gus·set [ˋgʌsɪt; ˈgʌsit] *n.* Ⓒ **1** 三角布[襠，衽]《插接於衣服的腋下、手套等的接縫處的三角形[菱形]布[皮]；用以增强或撐大》。**2**《建築》角撐板；角板《用以增强桁架(truss)的支撐力等的鐵板》。

gust [gʌst; gʌst] *n.* Ⓒ **1 a** 突然颳起的强風，一陣風〔*of*〕：chilly *～s of* wind 陣陣寒風。**b** 陣雨〔*of*〕. **c** 突然噴出的煙〔*of*〕. **d** 突然冒起的火〔*of*〕. **2** 〔淚、笑、感情等的〕迸出，爆發〔*of*〕：a ～ *of* laughter [tears] 一陣爆笑[泉湧般的淚水] / He felt a ～ *of* anger. 他感到一陣憤怒。

—*v.i.* 〈風〉陣陣吹。

gus·ta·to·ry [ˋgʌstə͵torɪ, -͵tɔrɪ; ˈgʌstətəri] *adj.* 味覺的：～ buds《解剖・生理》(舌面上的)味蕾。

gus·to [ˋgʌsto; ˈgʌstou] *n.* Ⓤ **1** (飲食時所感到的)滋味：eat *with* ～ 吃得津津有味。**2** (做某事時的)由衷快樂[喜悅]：talk *with* ～ 談笑風生。

gust·y [ˋgʌstɪ; ˈgʌsti] «gust 的形容詞» —*adj.* (**gust·i·er**；**-i·est**) **1 a** 〈風〉陣陣吹的：a ～ wind 陣風。**b** 〈天氣等〉多陣風的：a dark ～ day 陰暗颳風的日子。**2** 〈笑等〉爆發性的，突發的。

gut [gʌt; gʌt] *n.* **1 a** Ⓒ [集合稱時爲Ⓤ] 腸：the blind ～ 盲腸 / the large [small] ～ 大[小]腸。**b** [～s] 內臟。**2** Ⓤ **a** (作爲樂器的弦，外科縫傷口的)腸線。**b** (釣魚用的)絲線。**3** [～s]《口語》**a** (書籍等的)內容；價值：His book has no *～s* in it. 他的書內容貧乏。**b** (問題等的)本質，實質：the *～s* of a problem 問題的重點。**c** (機械等的)中心部分：the *～s* of a clock 鐘的心臟[中心]部分。**4** [～s]《口語》**a** 勇氣，耐性，毅力，膽量：He has (a lot of) *～s.* 他很有膽量。**b** 〔十 *to* do〕〈做…的〉勇氣，毅力：He didn't have the *～s to* do it. 他沒有做那件事的毅力。**5** Ⓤ《口語》感情，本能，直覺：appeal to the ～ rather than the mind 與其說是訴諸理性，不如說是訴諸感情。

—*adj.* [用在名詞前]《口語》**1** 根本的〈問題等〉：a ～ issue 關鍵問題，根本問題。**2** 本能的，直覺的：a ～ feeling 第六感。

háte a person's **gúts**《口語》非常討厭某人。

swéat [**wórk**] one's **gúts óut**《口語》拼命地工作。

—*v.t.* (**gut·ted**；**gut·ting**) **1** 取出〈魚、鳥等〉的內臟。**2 a** 〈火災〉破壞〈建築物等〉的內部《★常用被動語態》：The building *was gutted* by the fire. 那棟建築物的內部被火焚毀。**b** 破壞…的實質上的效力：Inflation *gutted* the economy. 通貨膨脹破壞經濟機能。

gút còurse *n.* Ⓒ《美口語》(大學的)容易(取得學分)的課程。

Gu·ten·berg [ˋgutn̩͵bɝg; ˈgu:tnbə:g], **Johannes** [joˋhɑnəs; jouˈhænis] *n.* 古騰堡《1400？－1468；德國活字印刷發明人》。

gút·less *adj.*《口語》沒有勇氣[毅力]的，膽小的。～·**ness** *n.*

guts·y [ˋgʌtsɪ; ˈgʌtsi] *adj.* (**guts·i·er**；**-i·est**)《口語》有勇氣的，有毅力的。

gut·ta-per·cha [ˋgʌtəˋpɝtʃə; ͵gʌtəˈpə:tʃə] *n.* Ⓤ馬來樹膠《由樹汁乾燥製成的膠狀物質，用作絕緣體、補牙及製造高爾夫球等的材料》。

gut·ter [ˋgʌtɚ; ˈgʌtə] *n.* **1** Ⓒ (屋簷的)簷槽。**2** Ⓒ **a** (車道與人行道交接的)排水溝，側溝。**b**《保齡球》(球道兩側的)溝，槽。**3** [the ～] 赤貧生活[最下層的社會]，貧民窟：rise from *the* ～ 從下層社會中發跡 / end up in *the* ～ 落魄而死。

—*v.i.* **1** (成溝)流下。**2** 〈蠟燭〉淌蠟。

gútter prèss *n.* [the ～] (專門刊登醜聞、個人私生活的)低級報紙。

gútter·snipe *n.* Ⓒ貧民窟的孩子，流浪兒。

gut·tle [ˋgʌtl̩; ˈgʌtl] *v.t.* & *v.i.* 貪食；大嚼。

gut·tur·al [ˋgʌtərəl; ˈgʌtərəl] *adj.* **1 a** 咽喉的。**b** 出自喉嚨的。**2**《語音》喉音的。—*n.* Ⓒ《語音》喉音《[k, g, x] 等》。

gut·ty [ˋgʌtɪ; ˈgʌti] *adj.* (**gut·ti·er**；**-ti·est**)＝gutsy.

guv [gʌv; gʌv], **guv·nor, guv'nor** [ˋgʌvnɚ; ˈgʌvnə] «governor 之訛語»—*n.* [用於稱呼]《英俚》父親，老爺子，師傅。

***guy**[1] [gaɪ; gai] «源自 Guy Fawkes 之名»—*n.* Ⓒ **1** [常與形容詞連用；也用於稱呼]《口語》(男)人，(…的)傢伙：an odd ～ 奇怪的傢伙 / a nice ～ 好人；好好先生 / a regular ～ 好傢伙，好漢 / a good [bad] ～ 好[壞]人[傢伙]；(出現在西部電影或電視上的)好人[壞蛋] / Hi, *～s*！喂！各位《★ 用法《美》也使用在對方全是女性的時候》。

2《英口語》奇裝異服的人；樣子奇怪的人。

3 [常 G～] Guy Fawkes 的滑稽[怪誕]人像(⇨ Guy Fawkes Day).

【說明】Guy Fawkes 於 1605 年 11 月 5 日企圖在英國國會炸死國王詹姆斯(James)一世和議員，但在事前被發覺而被處死。guy 是指這項陰謀的罪魁 Guy Fawkes 的怪異人像而言。紀念這個火藥陰謀事件(Gunpowder Plot)的日子就是火藥陰謀事件紀念日(Guy Fawkes Day).

—*v.t.* (～ed)〔十受〕(以滑稽方式模仿)嘲笑，嘲弄…。

guy[2] [gaɪ; gai] *n.* (又作 **gúy ròpe**) Ⓒ **1** 支索；張索《使吊在起重機上的貨物穩定》。**2** (旗竿、煙囪、電線桿、帳篷等的)拉線[綱]，張索。

Guy·an·a [gaɪˋænə; gaiˈænə] *n.* 蓋亞納《南美北部的共和國；首都喬治城(Georgetown [ˋdʒɔrdʒ͵taun; ˈdʒɔ:dʒtaun])》.

Guy Fawkes [ˋgaɪˋfɔks; ͵gaiˈfɔ:ks] *n.* 蓋・佛克斯《1570－1606；火藥陰謀事件(Gunpowder Plot)的主謀》。

Gúy Fáwkes Dày *n.* 火藥陰謀事件紀念日《十一月五日》。

【說明】⑴在英國十一歲以下的小孩到了十一月就作蓋・佛克斯(Guy Fawkes)的人像放在小板車上遊行，並說 "A penny for the guy."(請給這個人一便士。)向過路的大人索錢。十一月五日在學校操場或鄉鎮的公共廣場點起篝火(bonfire)，把蓋・佛克斯的人像投入其中焚燒，同時鳴鞭砲或放煙火取樂；cf. Halloween【說明】

⑵guy 一字變成「怪異的人像」之後再演變成「奇裝異服的人」之義，在美國則是口語，意爲「傢伙」。

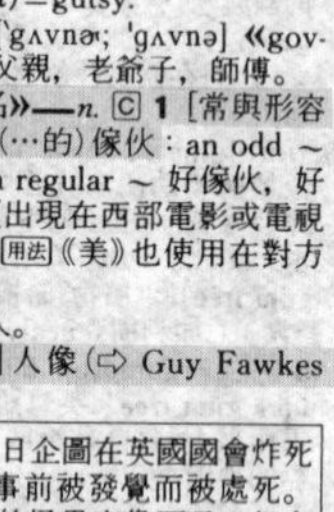
Guy Fawkes 芻像

guz·zle [ˋgʌzl̩; ˈgʌzl] *v.i.* 〔動(十副)〕暴飲；暴食；狼吞虎嚥〈*away*〉. —*v.t.* 狂飲[豪飲]…，大吃…。

gúz·zler *n.*

***gym** [dʒɪm; dʒim] *n.*《口語》**1**《gymnasium 之略》Ⓒ**體育館**，健身房。**2**《gymnastics 之略》Ⓤ(當成一門學科的)體育，體操。

gym·kha·na [dʒɪmˋkɑnə; dʒim'kɑ:nə]《源自北印度語「網球場」之義》—*n.* Ⓒ賽馬大會；運動大會；障礙賽車。

***gym·na·si·um** [dʒɪmˋnezɪəm, -zjəm; dʒim'neizjəm]《源自希臘文「訓練身體的地方」之義》—*n.* Ⓒ(*pl.* ~s, **-si·a** [-zɪə; -ziə]) **1 體育館**，(室內)運動場，健身房。**2** (歐洲的)大學預科《尤指德國的大學預科學校的九年制中等學校》。

gym·nast [ˋdʒɪmnæst; 'dʒimnæst] *n.* Ⓒ體操選手，體育教師，體育家。

gym·nas·tic [dʒɪmˋnæstɪk; dʒim'næstik] *adj.* [用在名詞前]體操的，體育的：~ apparatus 體操器械/ ~ exercises 體操/a ~ team 體操隊。**-ti·cal·ly** [-kl̩ɪ; -kəli] *adv.*

gym·nas·tics [dʒɪmˋnæstɪks; dʒim'næstiks] *n.* **1** [可作單複數用](在體育館舉行的)體操：practice ~ 做體操/apparatus ~ 器械體操/mental ~ 頭腦體操[心智的訓練]。**2** Ⓤ(作爲一門學科的)體育，體操。

gým shòe *n.* Ⓒ[常 ~s](膠底)運動鞋，球鞋。

gým sùit *n.* Ⓒ運動衣。

gyn- [dʒɪn-, gɪn-, dʒaɪn-, gaɪn-; dʒain-, dʒin-, gain-, gin-] [複合用詞]表示「婦女」「雌性」之意《用於母音前》。

gỳn·ae·cól·o·gist [-dʒɪst; -dʒist] *n.*《英》=gynecologist.

gyn·ae·col·o·gy [ˌdʒaɪnɪˋkɑlədʒɪ, ˌgaɪnɪ-; ˌgaini'kɔlədʒi] *n.*《英》=gynecology.

gỳn·e·cól·o·gist [-dʒɪst; -dʒist] *n.* Ⓒ婦科醫生。

gyn·e·col·o·gy [ˌdʒaɪnɪˋkɑlədʒɪ, ˌgaɪnɪ-; ˌgaini'kɔlədʒi] *n.* Ⓤ《醫》婦科醫學。**gyn·e·co·log·ic** [ˌdʒaɪnɪkəˋlɑdʒɪk, ˌgaɪn-; ˌgainikə'lɔdʒik˹], **gỳn·e·co·lóg·i·cal** [-dʒɪkl̩, -dʒikl˹] *adj.*

gyp[1] [dʒɪp; dʒip]《美口語》*n.* Ⓒ **1** 欺騙，詐欺。**2** 騙子。
—*v.t.* **1** 欺騙〈人〉。**2** [+受+介+(代)名]欺騙[詐騙]〈人〉[…] [*out of*]：~ a person ***out of*** his money 騙取某人的錢。

gyp[2] [dʒɪp; dʒip] *n.* Ⓤ《英俚》苦難《★用於下列片語》：give a person ~ 使人活受罪[痛苦不堪]；〈傷等〉使人疼痛。

gýp jòint *n.* Ⓒ《口語》**1** 從事欺詐之賭場。**2** 任何買賣不誠實之商店。

gyp·soph·i·la [dʒɪpˋsɑfɪlə; dʒip'sɔfilə] *n.* Ⓒ《植物》霞草屬植物。

gyp·sum [ˋdʒɪpsəm; 'dʒipsəm] *n.* Ⓤ《礦》石膏《作爲水泥、熟石膏(plaster of Paris)的原料，肥料等》。

Gyp·sy [ˋdʒɪpsɪ; 'dʒipsi]《Egyptian 的頭音消失；十六世紀初出現在英國時，被誤解成來自 Egypt》—*n.* **1** Ⓒ[《英》又作 **g~**]吉普賽人。

> 【說明】吉普賽人是擁有黑髮、深色皮膚的一支印度族系的流浪民族，據說大約在十五世紀自印度遷入歐洲，大致分布於歐、亞各地。現在英國等國家訂有吉普賽人保護法，確保他們的居住權和兒童教育等。在職業方面也不再僅限於占卜者(fortuneteller)，補鍋匠(tinker)等，而從事多方面的工作，融入一般社會之中。

2 Ⓤ吉普賽語(Romany). **3** [**g~**]Ⓒ **a** 似吉普賽人的人，(尤指)膚色淺黑的女人。**b** 有流浪癖的人。
—*adj.* [用在名詞前]吉普賽的：a ~ caravan 吉普賽的篷車/a ~ fortune-teller 吉普賽的占卜師。

gýpsy mòth *n.* Ⓒ《昆蟲》舞蛾《森林的害蟲》。

gy·rate [ˋdʒaɪret; ˌdʒaiə'reit]《源自拉丁文「迴轉」之義》—*v.i.* 迴旋。

gy·ra·tion [dʒaɪˋreʃən; ˌdʒaiə'reiʃn]《gyrate 的名詞》—*n.* **1** Ⓤ迴旋；迴轉。**2** Ⓒ[常 ~s]迴旋的動作，迴轉運動。

gy·ra·to·ry [ˋdʒaɪrəˌtorɪ, -ˌtɔrɪ; 'dʒaiərətəri] *adj.* 迴旋的；旋轉(運動)的。

gyr·fal·con [ˋdʒɝˌfɔlkən, -ˌfɔkən; 'dʒə:fɔ:lkən] *n.* Ⓒ《鳥》矛隼《產於歐洲寒帶地方的大鷹(gerfalcon)》.

gy·ro [ˋdʒaɪro; 'dʒaiərou] *n.* Ⓒ(*pl.* ~s) **1** =gyroscope. **2** =gyrocompass.

gy·ro- [dʒaɪro-, -rə-; dʒaiərou-, -rə-] [複合用詞]表示「環，輪，螺旋」之意。

gýro·còmpass [ˋdʒaɪro-; 'dʒaiərou-] *n.* Ⓒ迴轉羅盤，陀螺羅盤《利用迴轉儀、陀螺儀的羅盤》。

gy·ro·scope [ˋdʒaɪrəˌskop; 'dʒaiərəskoup] *n.* Ⓒ迴轉儀，陀螺儀《利用迴轉體慣性作用的一種裝置》。

gy·ro·scop·ic [ˌdʒaɪrəˋskɑpɪk; ˌdʒaiərə'skɔpik˹] *adj.*

gỳro·stábilizer *n.* Ⓒ迴轉穩定器《利用迴轉儀(gyroscope)以防止船隻、飛機、飛艇搖晃的裝置》。

gyve [dʒaɪv; dʒaiv] *n.* Ⓒ[常 ~s]《古》腳鐐；手銬；《美俚》大麻烟捲，大麻。

G

H h **H h** *H h*

h, H[1] [etʃ; eitʃ] *n.* (*pl.* **h's, hs, H's, Hs** [~ɪz; ~iz]) **1** Ⓤ Ⓒ英文字母的第八個字母(cf. eta)。**2** Ⓤ(一序列事物的)第八個。

dróp one's **h's** [**áitches**] (發音時)漏略 h 音《★諸如將 hair [hɛr; hɛə] 發音成 'air [ɛr; ɛə] 之類；漏略 h 音爲倫敦口音(cockney)之特徵》。

H[2] [etʃ; eitʃ] *n.* (*pl.* **H's, Hs** [~ɪz; ~iz]) **1** ⒸH 字形(之物)。**2** Ⓤ《俚》海洛因(heroin)。

H 《略》hard《表示鉛筆心之硬度，如 H, HH, HHH 或 H, 2H, 3H 等，H 愈多表示硬度愈大；cf. B》；〖電學〗henry；〖符號〗〖化學〗hydrogen. **h., H.** 《略》harbor；hardness；height；high；〖棒球〗hit(s)；hour(s)；hundred.

ha [hɑ; hɑ:] **《擬聲語》——***interj.* [表示驚訝、悲傷、歡喜、疑惑、不滿、躊躇等的聲音]哈！噢！哎呀！咦！

ha. 《略》hectare(s).

Hab. 《略》〖聖經〗Habakkuk.

Ha·bak·kuk [həˋbækək, ˋhæbəˏkʌk; 'hæbəkək, hə'bækək] *n.* 〖聖經〗哈巴谷書《聖經舊約之一書；略作 Hab.》.

ha·ba·ne·ra [ˏhɑbəˋnɛrə; ˌhɑ:bə'nɛərə] **《源自西班牙語「哈瓦那(Havana)的」之義》——***n.* Ⓒ哈巴傢拉《起源於古巴之一種緩慢四分之二拍舞蹈(曲)》。

ha·be·as cor·pus [ˋhebɪəsˋkɔrpəs; ˌheibjəs'kɔ:pəs] **《源自拉丁文》——***n.* Ⓤ〖法律〗**1** (又作 **a writ of hábeas córpus**)出庭傳票；人身保護令《爲保障人權，要求拘捕機關將被拘捕人移送法院出庭，以聽取被拘捕人有關被拘事實及理由等之供述(以調查應否受拘留等而)發出之命令(文件)。**2** 人身保護令之請求權。

hab·er·dash·er [ˋhæbəˏdæʃə; 'hæbədæʃə] *n.* Ⓒ **1** 《美》男子服飾經售商《專售男用襯衫、衣領、袖扣、帽子、領帶、手套等之商人》。**2** 《英》縫紉用品雜貨商《經售細繩、針、線、鈕扣、緞帶等之商人》。

hab·er·dash·er·y [ˋhæbəˏdæʃərɪ; 'hæbədæʃəri] *n.* **1** 《美》**a** Ⓤ[集合稱]男子服飾用品。**b** Ⓒ男子服飾用品店。**2** 《英》**a** Ⓤ[集合稱]縫紉用品雜貨。**b** Ⓒ縫紉用品雜貨店。

ha·bil·i·ments [həˋbɪləmənts; hə'bilimənts] *n. pl.* 《文語》(特定場合、職業等之)衣服，服裝。

‡hab·it [ˋhæbɪt; 'hæbit] **《源自拉丁文「持有之狀態，態度」之義》——***n.* **A 1 a** Ⓤ Ⓒ(個人之)**癖好**，習性，習慣(⇨ custom A【同義字】)：by ~ 由於習慣/from force of ~ 出於習慣的力量/out of (sheer) ~ (完全)出於習慣/the ~ *of* smok*ing* [drink*ing*]吸煙[飲酒]的習慣/acquire the ~ *of* read*ing* 養成閱讀的習慣/He had fallen [got] into the ~ *of* putt*ing* his hands in his pockets. 他已養成把手插在口袋裏的習慣/He is *in the* ~ *of* stay*ing* [sitt*ing*] up late. =He has a ~ of stay*ing* [sitt*ing*] up late. 他有熬夜的習慣/It is a ~ *with* him to take a daily walk. 每天散步是他的習慣/*H*~ is second nature. 《諺》習慣是第二天性。**b** Ⓒ(動植物之)習性。**2** Ⓒ[常 **the** ~]《口語》麻醉劑中毒，毒癮。**3** [用單數]《英古》**a** [常 ~ **of mind**]氣質，性情：a cheerful ~ *of mind* 開朗的性情。**b** 體質：a man of corpulent ~ 體質易胖的人。

——B Ⓒ **1** 婦女騎馬裝：⇨ riding habit. **2** (尤指修道士或修女之)衣服：a monk's [nun's] ~ 僧侶[修女]之修道服。

hab·it·a·ble [ˋhæbɪtəbl; 'hæbitəbl] *adj.* 可[適於]居住的。

hab·it·ant [ˋhæbətənt; 'hæbitənt] *n.* Ⓒ居民，居住者。

hab·it·at [ˋhæbəˏtæt; 'hæbitæt] *n.* Ⓒ **1** 〖生物〗(動植物之)產地，棲息地，繁殖地〔*of*〕. **2** 住所，住處。**3** 居留地。

hab·i·ta·tion [ˏhæbəˋteʃən; ˌhæbi'teiʃn] *n.* 《文語》**1** Ⓤ居住。**2** Ⓒ住所；住居，住宅；部落，社區。

hábit-fòrm·ing *adj.* 〈麻醉藥等〉有習慣性的，會上癮的。

ha·bit·u·al [həˋbɪtʃuəl, -tʃul; hə'bitjuəl, -tʃul] **《habit 的形容詞》——***adj.* (無比較級、最高級) **1** [用在名詞前]**習慣性的**，慣常的：one's ~ breakfast 某人慣常吃的早餐。

> 【同義字】habitual 指由於個人習慣之結果而固定的；customary 指與個人之習慣或社會之慣例一致的；usual 指可由過去之經驗認爲通常的。

2 習以爲常的：a ~ criminal 慣犯。

~·ly [-tʃuəlɪ; -tjuəli, -tʃuli] *adv.*

ha·bit·u·ate [həˋbɪtʃuˏet; hə'bitjueit, -tʃu-] **《habit 的動詞》——***v.t.* 〔十受十介十(代)名〕**1** 使〈人等〉習慣〔於…〕，使〈人等〉〔對…〕習慣〔*to*〕：Wealth ~*d* him *to* luxury. 財富使他習慣於奢侈。**2** [~ one*self*]習慣〔於…〕，〔對…〕習慣〔*to*〕《★又用被動語態，成爲「習慣〔於…〕之意》：~ *oneself* **to** hardship [gett*ing* up early] (使自己)習慣於困苦[早起]/They *are* ~*d to* hard work. 他們習慣於艱苦的工作。**ha·bit·u·a·tion** [həˏbɪtʃuˋeʃən; həˌbitʃu'eiʃn] *n.*

hab·i·tude [ˋhæbəˏtud, -ˏtjud; 'hæbitju:d] *n.* **1** Ⓤ性質；氣質。**2** Ⓒ習慣；習性。

ha·bi·tu·é [həˋbɪtʃuˏe; hə'bitjuei] **《源自法語》——***n.* Ⓒ常客，常去[來]的人；有毒癮之人，癮君子〔*of*〕：a ~ *of* the pub 那酒館的常客。

Habs·burg [ˋhæpsbɝg; 'hæpsbə:g] *n.* =Hapsburg.

ha·ci·en·da [ˏhɑsɪˋɛndə; ˌhæsi'endə] **《源自西班牙語》——***n.* Ⓒ **1** (中、南美洲有住家之)大農場，農園，大牧場。**2** (農場、牧場之)主房，住家。

hack[1] [hæk; hæk] **《源自古英語「剁碎」之義》——***v.t.* **1 a** 〔十受十副詞(片語)〕(以斧頭等)亂劈，亂砍，亂切，剁〈物〉(⇨ cut【同義字】)：He ~*ed* the box *apart* [*to* pieces] with his ax. 他用斧頭劈開[剁碎]了那個箱子/ ~ *down* [*off*] a bough 砍下[砍斷]粗枝。**b** 〔十受十副詞(片語)〕[~ **one's way**]披荆斬棘前進：~ *one's way through* (a forest)披荆斬棘通過(森林)。**c** 〔十受十介十(代)名〕〔將…〕雕成〈物〉〔*out of*〕：~ a figure ***out of*** a rock 將岩石雕成人像。**2** [~ **it**；常用於否定句]《美口語》完成，達成：He ca*n't* ~ *it.* 他無法完成這件事。**3** 〖橄欖球〗踢〈對方〉之外脛《犯規》。**4** 〖籃球〗打[拉](帶球之)〈對方〉之手臂《犯規》。**5** 〖電算〗設法處理〈程式設計〉。

——*v.i.* **1** 〔動(十副)(十介十(代)名)〕(以開山刀等)〔向大樹等〕(亂)砍，(亂)劈〈*away*〉〔*at*〕：He ~***ed away at*** the tree. 他一個勁兒地砍那棵樹。**2** (頻頻)乾咳。**3** 〖電算〗設法處理程式設計。

háck aróund 《*vi adv*》《美口語》遊蕩，尋樂，胡鬧。

——*n.* Ⓒ **1 a** [常用單數]亂砍，亂劈，亂剁：make a ~ *at*... 砍…，劈…。**b** (用鋤、斧等砍劈之)裂口，刻痕，切傷。**2** 《美》短促的乾咳。**3** 〖橄欖球〗踢脛；踢對方[被踢]外脛所致之傷。

tàke a háck at... 嘗試，試作…。

hack[2] [hæk; hæk] *n.* Ⓒ **1 a** 雜用之馬；《尤指乘用之》出租之馬。**b** 駑馬，無用之馬。**c** (與競賽用馬、獵馬、軍用馬區別稱呼)乘用馬。**2 a** 《美》出租馬車。**b** 《美口語》出租(小)汽車，計程車。**3 a** 爲錢忙碌地工作的人。**b** (受雇於著作家之)助手：a literary ~ 筆耕(者)，受雇從事辛苦而乏味之寫作的人；劣等之文人。

——*adj.* [用在名詞前]**1** 受雇的，爲錢工作的；助手的；受雇爲他人捉刀的：a ~ writer 受雇爲他人捉刀之作家；低劣之文人。**2** 用舊了的，陳腐的。

——*v.t.* **1** 將〈馬〉出租(供人乘用)。**2** 任意驅使…。

——*v.i.* **1** 《英》(遊山玩水等)乘租賃之馬(車)，乘租賃之馬(車)出遊。**2** 《美口語》駕駛出租汽車。

háck·bèrry *n.* **1** Ⓒ〖植物〗(美國產之)朴樹；朴子。**2** Ⓤ朴樹之木材。

háck·er *n.* Ⓒ《俚》電腦程式設計者[迷]。

hack·ie [ˋhækɪ; 'hæki:] *n.* Ⓒ《美口語》計程車司機。

háck·ing cóugh *n.* Ⓒ短促之乾咳。

hack·le[1] [ˋhækḷ; 'hækl] *n.* **1** [~s] **a** (雄雞等發怒時蓬起之)頸部細長羽毛，鳥類頸部羽毛。**b** 狗後頸部之毛。**c** 《喻》怒氣，暴怒。**2** Ⓒ麻梳。**3** Ⓒ蠅鉤(釣魚用之)《用雄雞等頸部細長毛製成》。

gèt a person's **háckles úp** 激怒某人，惹人生氣。

hàve one's **háckles úp** 在生氣。

with one's **háckles úp** (公雞、狗、人)擺出欲搏鬥之架勢；發怒。

hack·le[2] [ˋhækḷ; 'hækl] *v.t.* 剁碎，亂砍，亂劈。

hack·ney [ˋhæknɪ; 'hækni] *n.* Ⓒ **1** 騎乘之馬。**2** 哈克尼(馬)《步行時將脚舉高之一種馬》。**3** (又作 **háckney còach** [**càrriage**]) **a** (昔日之)出租馬車。**b** 《文語》出租(小)汽車，計程車。

hack·neyed [ˋhæknɪd; 'hæknid] *adj.* 〈措詞等〉陳舊的，平凡的，陳腐的：a ~ phrase 陳腐的詞句。

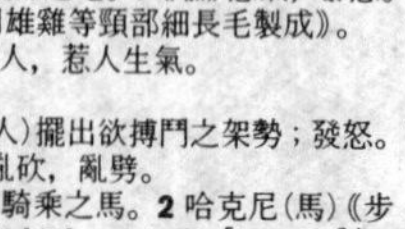

hacksaw

háck·sàw *n.* Ⓒ(鋸金屬用之)弓形鋸，鋼鋸。

háck·wòrk *n.* **1** Ⓤ(以掙錢爲目的之)賣文工作。**2** Ⓒ(以掙錢爲目的

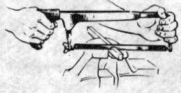

H

之)劣等作品《尤指文學作品》。

‡**had** [hæd; hæd] *v.* **have** 的過去式・過去分詞《★除下列之例句以外，參考 have[1]》. **1** 有過，曾有。**2** [用於假設語氣]《★[用法] Had.... 之句型用於文章》：If I ～ [*H*～ I] any money, I would lend you some. 要是(現在)我有錢，我願意借給你一些(但現在沒有)《★與現在事實相反之假設》/If I *had* [*Had* I] ～ any, I would have lent him some. 要是(那時候)我有的話，就會借給他一些的《★與過去事實相反之假設》。

—*aux.* [(輕讀) həd, hɛd, əd; həd, əd; (重讀) hæd; hæd] ⇨ have[2].

had as sòon dó as ⇨ soon.

had bést dó... 最好…，宜…：You ～ *best* do as he says. 你最好照他所說的去做。

had ['d] bétter [həd'bɛtə, d'bɛtə; həd'betə, d'betə] **dó...** 最好…，宜…《★[用法](1)除主詞爲第一人稱時以外，含有勸告、命令或威嚇之意，因此尤其對第二人稱之長上不宜使用；(2)《口語》略去 had 作 I *better* go now.，而對於第二人稱有時略去主詞 you 而說成 *Better* go now.》：We ～ [We'*d*] *better* go now, *hadn't* we？我們最好現在去吧？《★[用法]附加疑問句中不用 better》/You ～ *better* do whatever he says. 他怎麼說你最好就怎麼做/You'*d better not* stay up late. 你最好不要熬夜/*Hadn't* we *better* tell him too？我們也告訴他不是好些嗎？/I'*d better* have accepted his offer. 我早該接受他的提議。

had like to have dóne 差點就[幾乎，險些兒]…了：I ～ *like to have* said something indecent. 我差點就說了不敬的話。

had sòoner dó than... ⇨ soon.

ha·dal ['hedl; 'heidl] *adj.* 超深淵的，大洋深達六千公尺以下水層的。

had·dock ['hædək; 'hædək] *n.* (*pl.* ～, ～s) **1** Ⓒ《魚》黑線鱈《北大西洋所產鱈魚之一種》。**2** Ⓤ黑線鱈之肉。

Ha·des ['hediz; 'heidi:z] *n.* **1**《希臘神話》**a** 死者靈魂之住處，冥府，陰間，黃泉(cf. Sheol). **b** 冥王，閻王(cf. Pluto). **2** [h～] Ⓤ《口語》地獄(hell).

hadj [hædʒ; hædʒ] *n.* ＝hajj.

hadj·i ['hædʒi; 'hædʒi:] *n.* ＝hajji.

‡**had·n't** ['hædnt; 'hædnt] **had not** 之略。

had·ron ['hæd,rɑn; 'hædrɔn] *n.* Ⓒ《物理》强子。

hadst [(輕讀) hədst, ədst; hədst, ədst; (重讀) hædst; hædst]《古》have 之第二人稱單數之過去式《★[用法]以 thou 爲主語時使用；cf. hast》：thou ～ ＝you had.

hae·mat·ic [hi'mætɪk; hi:'mætik] *adj.* ＝hematic.

haem·a·tite ['hɛmə,taɪt; 'hemətait] *n.*《英》＝hematite.

hae·mo- [himə-, hɛmə-; hi:mə-, hemə-]《英》＝hemo-.

hae·mo·glo·bin [,himə'globɪn, ,hɛmə-; ,hi:mə'gloubin] *n.*《英》＝hemoglobin.

hae·mo·phil·i·a [,himə'fɪlɪə, ,hɛmə-; ,hi:mə'filiə] *n.*《英》＝hemophilia.

haem·or·rhage ['hɛmərɪdʒ, 'hɛmrɪdʒ; 'heməridʒ] *n.*《英》＝hemorrhage.

haem·or·rhoids ['hɛmə,rɔɪdz, 'hɛm,rɔɪdz; 'hemərɔidz] *n. pl.*《英》＝hemorrhoids.

haf·ni·um ['hæfnɪəm; 'hæfniəm] *n.* Ⓤ《化學》鉿《一種四價之稀金屬元素；符號 Hf》.

haft [hæft; hɑ:ft] *n.* Ⓒ(小刀、匕首等之)柄(hilt).

hag [hæg; hæg] *n.* Ⓒ **1** (尤指心地不好的)老醜婆，惡婆：an old ～ 心地不好的老醜婆。**2** 巫婆，女巫(witch). **3** 女妖。

Hag.《略》《聖經》Haggai.

Hag·ga·i ['hægɪ,aɪ, 'hægaɪ; 'hægeiai, -gai] *n.*《聖經》哈該書《聖經舊約中之一書；略作 Hag.》.

hag·gard ['hægəd; 'hægəd] **«**源自古法語「野生之鷹」之義**»**

—*adj.* **1** (因無睡眠或年老等而)眼睛塌陷面龐消瘦的，憔悴的，形容枯槁的。**2**〈被捕之鷹〉未馴服的，不依順的；狂野的。

—*n.* Ⓒ(被捕之)野鷹。**～·ly** *adv.*

hag·gis ['hægɪs; 'hægis] *n.* Ⓒ[當作菜名時爲Ⓤ]肚包羊雜《蘇格蘭之一種食物；將羊之心、肺、肝等內臟剁碎加燕麥片及香辣調味料塞入其胃囊中煮成》。

hág·gish [-gɪʃ; -giʃ] *adj.* **1** 巫婆[老女妖]似的。**2** (老而)醜惡的；枯槁醜陋的。

hag·gle ['hægl; 'hægl] *v.i.* 〔**動**(＋介＋(代)名)〕〔爲條件、價格等〕〔與人〕討價還價，爭論；執拗地殺價〔*about, over*〕〔*with*〕：～ ***about*** [***over***] the price of an article ***with*** a person 爲物品的價格而與某人討價還價。

—*n.* Ⓒ(價格等之)討價還價，爭論；殺價。

hag·i·og·ra·phy [,hægɪ'ɑgrəfɪ; ,hægi'ɔgrəfi] *n.* **1** Ⓤ聖徒生平之研究。**2** Ⓒ聖徒傳記，將主角理想化之傳記[書]。

hág·rìdden *adj.*《文語》受惡夢驚擾的，受夢魘的；被恐怖等心理所騷擾的。

Hague [heg; heig] *n.* [**The** ～] 海牙《荷蘭西部之一個都市；是政府所在地，有國會、皇宮及國際法庭等；正式首都爲阿姆斯特丹(Amsterdam)》.

hah [hɑ; hɑ:] *interj.* ＝ha.

ha-ha[1] ['hɑ'hɑ, ,hɑ'hɑ; ,hɑ:'hɑ:] *interj., n.* Ⓒ哈哈！《笑聲》，啊哈哈！《大笑》。

ha-ha[2] ['hɑ,hɑ; 'hɑ:hɑ:] *n.* Ⓒ(*pl.* ～s)＝sunk fence.

hai·ku ['haɪku; 'haiku:] **«**源自日語**»—*n.*** Ⓒ(*pl.* ～)俳句《由五音節、七音節、五音節之三句共十七個音節所組成之短詩》。

hail[1] [hel; heil] *n.* **1** Ⓤ[集合稱]霰，雹《★[比較]指個體時用 hailstone 或 a piece [pellet] of ～》. **2** [**a** ～ **of** ...](如雹之)一陣：*a* ～ *of* bullets 一陣彈雨/*a* ～ *of* questions [curses] 一陣質問[咒罵]。

—*v.i.* [以 it 爲主詞]下霰[雹]。

—*v.t.* 〔十受＋介＋(代)名〕將〈毆打、咒罵等〉如冰雹般地加〔於人等〕〔*on, upon*〕：The mob ～*ed* stones ***on*** the policemen. 暴民將石頭像雹[如雨]似地投在警察人員身上。

háil dówn 《vi adv》〔自…〕如雹般地落下〔在…上〕〔*on, from*〕：Bullets ～*ed down on* the troops from a fighter plane. 子彈如雹般地從一架戰鬥機上射向部隊。

hail[2] [hel; heil] **«**源自古英語「完全的，健康的」之義**»—*v.t.*** **1 a** 〔十受〕向〈人〉歡呼，向〈人〉致敬：The crowd ～*ed* the winner. 羣衆向獲勝者歡呼。**b** 〔十受＋(*as*)補〕高呼[歡呼]擁護〈人〉〈爲…〉：They ～*ed* him (*as*) king. 他們高呼擁立他爲王。**c** 〔十受＋(*as*)補〕認定〈物〉〈爲優良之物〉：The critics ～*ed* his work *as* a masterpiece. 評論家們認定他的作品爲傑作。**2** 〔十受〕喊[呼]叫，招呼〈船、車、人〉：～ a taxi(大聲)叫計程車。

—*v.i.* 〔十介＋(代)名〕〔向人、他船等〕呼叫，呼喚，招呼〔*to*〕：She ～*ed* ***to*** him from across the busy street. 她隔著熱鬧的街道向他招呼。

háil from...《美》(1)〈船〉來自…：The ship ～*s from* Boston. 這艘船來自波士頓。(2)〈人〉出身於…：Where does he ～ *from*？他是哪裏人[他出身何地]？

within háiling dístance ⇨ distance.

—*n.* Ⓒ呼聲，喊叫，歡呼；招呼，問候，致敬；歡迎。

within [óut of] háil 在〔…之〕呼聲能達到的距離之內[外]〔*of*〕.

—*interj.* 《詩》啊！萬歲！萬福！《表歡迎、祝福之問候語》。

Áll háil！＝Háil to yóu！萬歲！歡迎！

Háil Colúmbia (1)「美國萬歲」《★美國愛國歌曲，1798 年 Joseph Hopkinson (1770–1842) 所作；開頭爲 Hail Columbia, happy land！(美國萬歲，幸福之地！)》。(2)**«**hell 的委婉語**»** Ⓤ [**h～ C～**]《美俚》責罵，刮鬍子，臭罵：give a person ～ *Columbia* 把某人臭罵一頓。

háil-féllow-wéll-mét *adj.* **1** 非常親密的。**2** [不用在名詞前]〔十介＋(代)名〕〔與人〕親暱的，極要好的，熱絡的；很隨便的〔*with*〕：He is ～ ***with*** everybody. 他跟每一個人都親暱。

Háil Máry *n.* ＝Ave Maria.

háil·stòne *n.* Ⓒ霰，雹《指一粒；cf. hail[1] 1》.

háil·stòrm *n.* Ⓒ夾有雹之暴風雨，雹暴。

‡**hair** [hɛr; hɛə] *n.* **1 a** Ⓤ[集合稱]毛；毛髮，頭髮；(動物之)體毛：do up one's ～ 結髮，梳頭/put up one's ～ ＝put one's ～ up(女人)束髮，結髻/put down one's ～ 解開[拆散](呈束髮、辮子、髻等之)頭髮/⇨ let one's HAIR down/wear one's own ～(頭上)長著自己的頭髮(而不是戴著假髮)/He had his ～ cut. 他(叫人)理了髮。

> **【說明】**頭髮的顏色，歐美人可說是各色各樣，不盡相同。一般說來義大利、西班牙人多爲黑髮，而北歐則多金髮。髮色被認爲具有吸引力者依次大致爲金黃的(golden, blond(e), fair, yellow)，深褐色的(brunet)，黑色的(black, dark)，紅色的(red). 從前羅馬貴婦人多喜以北歐女性的金髮做假髮(wig).

b Ⓒ(一根)毛：I found a ～ [two ～*s*] in the gravy. 我在肉湯裏發現一根[兩根]頭髮。**2** [**a** ～] **a** 細微(之物)，極微，微小；微不足道(jot)：be not worth a ～ 一文不値/⇨ by a HAIR, to a HAIR. **b** [當副詞用]些微地，稍微：Retail sales were off *a* ～ in January. 零售(的銷售總量)在一月份稍微減少/He hasn't changed *a* ～ in the last ten years. 他在最近十年間絲毫沒有改變。**3** Ⓒ毛狀物。**4** Ⓒ[集合稱爲Ⓤ]《植物》(生長在葉、莖表面之)茸毛。**5** Ⓒ《機械》(鐘錶等之)游絲，渦狀細發條，毛狀金屬絲：⇨ hairspring.

a [the] háir of the dóg (that bít one)《口語》用以攻毒之毒，用以解宿醉喝之一杯酒《★因昔時迷信自狂犬身上拔取之一根毛可治癒其所咬成之傷》。

by a háir 少許，一點：win *by a* ～ 以毫髮之差險勝。

by a [the] túrn of a háir 險些兒，差一點兒。

gèt [have (gòt)] a person by the shórt háirs《口語》(於辯論、爭執等)完全控制某人，任意操縱[擺佈]某人，抓住某人辮子。

gèt in a person's **háir**《口語》使某人煩惱，使某人焦躁，激怒某人。

háng by a (síngle) háir 岌岌可危，千鈞一髮《★源自希臘神話敍述古代 Syracuse 暴君 Dionysius 一世令其諂臣 Damocles 以一髮懸劍燕飲其下之故事；cf. the sword of DAMOCLES》。

kèep one's **háir ón** [通常用祈使語氣]《俚》保持鎮靜，不慌不忙；不發怒。

lèt one's **háir dówn** (1)〈女人〉解開頭髮使其垂下。(2)《口語》(在拘束、乏味之集會等之後)放輕鬆。

lóse one's **háir** (1)頭髮掉落成禿，頭變禿。(2)《俚》發怒。

màke a person's **háir cúrl**《口語》使人嚇破膽子，使人毛骨悚然。

màke a person's **háir stánd on énd** 使人(因恐怖)毛骨悚然。

nót hárm a (síngle) háir on a person's **héad** 不傷某人一根頭髮，經常對人和藹親切。

nót túrn a háir《口語》(在困境中仍)鎮定，不動聲色，泰然自若。

splìt háirs (尤指於辯論等)作無用之[極端之]細微分析，拘於細節，作過分的挑剔(cf. hairsplitting)。

téar one's **háir** (悲傷或憤怒之餘)扯頭髮。

téar one's **háir óut** 極度地興奮[擔心]。

téar a person's **háir óut** 使某人傷心。

to a háir 分毫不差地，精確地 (exactly)：measure the ingredients *to a* ~ 精確地量材料。

háir·brèadth *n.* [a ~]一髮之差[寬，距離]；毫厘。

by a háirbreadth 以一髮之差，間不容髮地(cf. miss by a HAIR's BREADTH)：escape death *by a* ~ 九死一生，死裏逃生。

to a háirbreadth 分毫不差地。

withìn a háirbreadth 險些兒，差一點就：He was *within a* ~ *of* death. 他差一點就死了。

—*adj.* [用在名詞前] **1** 極狹窄的。**2** 間不容髮的：have a ~ escape 於千鈞一髮之際獲救，勉強逃脫，九死一生。

~**·like** *adj.*

háir·brùsh *n.* Ⓒ髮刷，毛刷。

háir·clòth *n.* **1** Ⓤ毛布《以馬鬃、馬尾或駱駝毛作緯線並以棉質線爲經線織成之布；主用於製造衣領、椅子等之襯布；cf. horsehair》。**2** ＝hair shirt.

***hair·cut** [ˈhɛrˌkʌt; ˈhɛəkʌt] *n.* Ⓒ **1** 理髮：get [have] a ~ 去理髮，上理髮廳。**2** (男子之)髮式，髮型。

háir·dò *n.* Ⓒ(*pl.* ~s) **1** (婦女之)梳髮，燙髮。**2** (婦女之)髮式，髮型：the latest ~ 最新的髮型。

háir·drèsser *n.* Ⓒ **1** (尤指專爲婦女理髮之)理髮師，美容師，髮型美容師：a ~'s (salon)美容院，髮廊。**2 a** 美容院，髮廊。**b**《英》(爲男子理髮之)理髮師(barber)。

háir·drèssing *n.* **1** Ⓤ(尤指婦女之)理髮，做頭髮，梳頭，燙髮。**2** [當形容詞用](尤指女髮)做頭髮(的)；美髮業(的)；髮型(的)；美髮用化妝品(的)《在英國包括男髮》：a ~ salon (髮型)美容院，髮廊，美髮院；《英》理髮店。

haired *adj.* **1** 有頭髮的，有毛的，遍長毛髮的。**2** [常構成複合字](有)…髮的：fair-*haired* 金髮的。

háir·grìp *n.* Ⓒ《英》髮夾(《美》bobby pin)。

háir·less *adj.* **1** 沒有頭髮的，禿頭的(bald)。**2** 無毛的，無髮的：the ~ ape 無毛猿《指人類》。

háir·lìne *n.* Ⓒ **1** 額頭髮根與無頭髮部分之界限，髮根在額頭形成之輪廓。**2 a** (細如毛之)細線。**b** (又作 **háirline cráck**)毛裂，毛狀微裂痕《金屬內部之細短裂痕》。**3**《光學》焦鏡、瞄準器等之細線(刻度)。

—*adj.* [用在名詞前]非常細的；(空間、間隙)非常狹窄的：a ~ fracture 裂痕骨折。

háir·nèt *n.* Ⓒ(通常爲婦女所用之)髮網。

háir·pìece *n.* Ⓒ **1** (婦女用)加在頭髮上之小假髮。**2** (男子用)假髮。

háir·pìn *n.* Ⓒ **1** (束髮用之 U 字形)髮夾，夾叉，夾髮針；簪。**2**《美俚》女人，女學生。

—*adj.* [用在名詞前]U 字形的：a ~ bend U 形急彎(路)/a ~ turn [curve]U 形急轉彎。

háir-ràiser *n.* Ⓒ驚人的故事；令人毛骨悚然之事[物]。

háir-ràising *adj.* 令人毛骨悚然的，令人恐懼的：a ~ adventure [mystery story]令人恐懼的冒險[推理小說]。

háir-restòrer *n.* Ⓤ[指製品個體或種類時爲Ⓒ]生髮劑。

háirs·brèadth, háir's brèadth *n., adj.* ＝hairbreadth.

míss by a háir's brèadth 以絲毫之差錯失…：He [His arrow] *missed* the target *by a* ~. 他[他的箭]以絲毫之差未射中靶心。

háir shírt *n.* Ⓒ(昔時苦行僧等所著之)粗毛布襯衣或腰帶。

háir slìde *n.*《英》＝barrette.

háir·splìtter *n.* Ⓒ吹毛求疵[挑剔，鑽牛角尖]的人，拘泥於細節的人。

háir·splìtting *adj.* 吹毛求疵的，挑剔的，拘泥細節的。

—*n.* Ⓤ吹毛求疵，挑剔，鑽牛角尖，拘泥細節。

háir sprày *n.* Ⓤ[指製品個體或種類時爲Ⓒ]噴霧髮膠水。

háir·sprìng *n.* Ⓒ(鐘錶之)游絲，渦狀細發條。

háir stròke *n.* Ⓒ(印刷或書寫的)細線。

háir·stỳle *n.* Ⓒ髮型，髮式。

háir stỳlist *n.* Ⓒ(爲婦女做頭髮的)髮型專家。

háir trìgger *n.* Ⓒ **1** (槍之)微力扳機，輕觸即發扳機。**2** 有微力扳機之手槍。

háir-trìgger *adj.* [用在名詞前]一觸即發的。

háir·wàsh *n.* Ⓤ[指製品個體或種類時爲Ⓒ]《英》染髮[洗髮]液。

hair·y [ˈhɛrɪ; ˈhɛəri]《hair 的形容詞》—*adj.* (**hair·i·er**; **-i·est**) **1** 有長毛的，多毛的，毛茸茸的。**2** 似毛的。**3**《俚》**a** 令人毛骨悚然的，令人恐懼的。**b** 費力的，困難的；危險的，刺激的。**4** 粗糙的，凹凸不平的。**hair·i·ness** *n.*

Hai·ti [ˈhetɪ; ˈheiti] *n.* **1** 海地島《西印度羣島中之一個島，舊稱爲 Hispaniola 島》。**2** 海地《佔海地島西部約三分之一之黑人共和國；首都太子港 (Port-au-Prince [ˌportoˈprɪns, ˌpɔrt-; ˌpɔːtouˈprins])；⇨ Hispaniola》。

Hai·ti·an [ˈhetɪən; ˈheiʃjən, -tiən]《Haiti 的形容詞》—*adj.* 海地的；海地島(人)的。

—*n.* **1** Ⓒ海地(島)人。**2** Ⓤ海地語。

hajj [hædʒ; hædʒ] *n.* Ⓒ(回教徒之)麥加朝聖。

haj·ji [ˈhædʒi; ˈhædʒiː] *n.* Ⓒ[常 H~，又用作頭銜]哈吉(hadji)《往麥加朝聖過之回教徒》。

hake [hek; heik] *n.* (*pl.* ~, ~s) **1** Ⓒ《魚》鱈魚，鱈魚類之魚《可食用，多產於美國東北部沿岸之外海》。**2** Ⓤ鱈魚之肉。

Ha·ken·kreuz [ˈhɑkənˌkrɔɪts; ˈhɑːkənkrɔits]《源自德語》—*n.* Ⓒ(*pl.* **-kreu·ze** [-ˌkrɔɪtsə; -krɔitsə])卐字；鉤十字《舊德國納粹黨旗之紋章》。

Hal [hæl; hæl] *n.* 哈爾《男子名；Henry, Harold 之暱稱》。

ha·la·tion [heˈleʃən; həˈleiʃn] *n.* Ⓤ《攝影》(照相底片上顯現之)光暈《曝强光之部分的白色模糊影像》。

hal·berd [ˈhælbəd; ˈhælbəːd, -bəd] *n.* Ⓒ戟《十五至十六世紀左右所使用之兼矛、鉞兩種用途的武器》。

halberd

hal·berd·ier [ˌhælbəˈdɪr; ˌhælbəˈdiə] *n.* Ⓒ持戟之兵。

hal·bert [ˈhælbət; ˈhælbət] *n.* ＝halberd.

hal·cy·on [ˈhælsɪən; ˈhælsiən] *n.* Ⓒ **1** 翡翠鳥《傳說中於冬至前後築浮巢於海上，使風浪平靜而產卵並孵化之一種鳥；現被視同翠鳥》。**2**《鳥》翠鳥(kingfisher)。

—*adj.* [用在名詞前]《文·詩》**1** (似)翡翠鳥[翠鳥]的。**2** 平靜的，太平的。

hálcyon dàys *n. pl.* **1** [the ~]冬至前後天候平穩寧靜之兩週期間。**2** 太平的日子。

hale[1] [hel; heil] *adj.*《文》(尤指)〈老人〉健壯的，老當益壯的，矍鑠的。

hále and héarty 〈老人、病癒之人〉健壯的，老而益壯的。

hale[2] [hel; heil] *v.t.* 猛拉；拖曳。

‡**half** [hæf; hɑːf] *n.* (*pl.* **halves** [hævz; hɑːvz]；當作 3, 5 b 之義解時爲 ~s, halves) **1** ⒸⓊ一半，二分之一，(概略分之)約一半《★用法 half of... 之形式時，加不定冠詞之用法屬罕用語》：two miles and a ~ 二哩半《★比較 此用法較 two and a ~ miles 爲普遍》/the longer ~ of a piece of string 一條細繩的較長的半截/5 *halves* make(s) 2½. 五個二分之一成爲二又二分之一/*H*~ *of* twelve is six. 十二的一半是六/That's not *the* ~ *of* it. (話等)還沒到一半；精彩的[好戲]從現在開始[在後頭]。**2** Ⓤ半小時，三十分鐘：at ~ past five 在五點半/It is ~ past three. 三點半了《★常發音作 [ˈhæpæs(t); ˈhɑːpəs(t)]》。**3** Ⓒ **a**《口語》半哩。**b**《英口語》半品脫(half-pint)。**c**《英口語》(小孩等之)半票：Two and a ~ to Oxford, please. (請給我)到牛津的全票兩張，半票一張。**d**《美》五角；《英》半便士。**4** Ⓒ《英》半學年，(一學年兩學期制之)第二學期。**5** Ⓒ **a**《運動》比賽之前[後]半場(cf. quarter *n.* A 1 n)。**b**《足球·曲棍球等》＝halfback. **c**《棒球》上半局，下半局(cf. top[1] *n.* 11, bottom *n.* 7)：the first [second] ~ *of* the seventh inning 第七局的上半[下半]。

by hálf (1)一半：I reduced the number of students *by* ~. 我把學生的人數減少了一半。(2)[too...by half；當反語用]《英口語》過分地…(到令人不舒服之程度)：You are *too* clever *by* ~. 你太[過分地]聰明了。

by hálves [常用於否定句]半途而廢地，不完全地，有始無終地：It is*n't* my way to do things *by halves.* 做事半途而廢不是我的作風。

gò hálves《口語》〔與人〕平分，均分〔費用、利潤等〕各半〔*with*〕〔*in, on*〕。

in hálf＝**ìnto hálves** 成兩半地，二等分地：Break it *in* ~. 把它折斷成兩半/Cut it *into* exact *halves.* 把它精確地切成二等分。

—pron. (物、集團等之)一半(之物，人)《★[用法]當作主詞時，接於 of 之後之名詞或 half 所指內容之數若爲單數，則用單數形動詞，若爲複數則用複數形動詞；cf. *adj.* 1 b[用法](3)》：*H~ of* the apple *is* rotten. 這個蘋果有一半是腐爛的/*H~ of* the apples *are* rotten. 這些蘋果有半數是腐爛的/*H~* (*of* them) are dead.(他們)半數已死。

—adj. (無比較級、最高級) **1 a** 一半的，二分之一的；約一半的：a ~ share 一半的份/ ~ speed(全速之)半速/a ~ length 〖賽船〗半段艇身；〖賽馬〗半匹馬身。**b** [置於冠詞或所有格人稱代名詞之前]…的一半的《★[用法](1)此爲當名詞用之 half 接 of the (等) [his(等)]之形式省略 of 而成；(2)一般之字序爲 half a mile，但美國語法或複合形時爲 a half mile, a half hour；(3)當作主詞時，接於 half 之後之名詞若爲單數則用單數形動詞，若爲複數則用複數形動詞》：*H~ a loaf is* better than no bread.《諺》一半總比沒有好/*H~* his *time was* wasted. 他有一半的時間被浪費掉了/*H~* the *apples are* bad. 這些蘋果半數是腐爛的。**2** 不足的，不完全的，局部的：~ knowledge 一知半解的知識/A ~ smile came to his lips. 似有若無的微笑浮現在他的嘴唇。

—adv. (無比較級、最高級) **1** 半，一半地，部分地：His face was ~ hidden by a leather cap. 他的臉有一半被皮帽遮掩著。**2** 一半地；不徹底地，馬馬虎虎地，半生不熟地；半途地：be ~ cooked 煮得半熟/*half*-educated 未受完整教育的，受教育不多的。**3**《口語》有幾分，相當；幾乎，差不多：be ~ dead 累得半死/He ~ wanted to go and see her at once.他有點想立刻去見她。**4**《英口語》(時間)過三十分：~ 5 五點半。

hálf and hálf =half-and-half.

hálf as mùch [màny] (...) agàin (as...) (…的)一倍半(的…)：I drank two pints of bitter and he drank ~ *as much* [*many* pints] *again* (*as* that). 我喝了兩品脫苦啤酒，而他喝了(我的)一倍半《即三品脫》。

hálf as mùch [màny] (...) as... …的一半(的…)：He only has ~ *as much* (money) *as* me [I have]. 他擁有的(錢)只有我的一半。

hálf the tíme《口語》幾乎經常，大半時間：*H~ the time*, the students don't even listen. 學生大半時間連聽都不聽。

nòt hálf (1)根本不…，絲毫不…：It is *not* ~ long enough. 它根本不夠長。(2)[常 not ~ bad]一點也不，壓根兒不，毫不《接形容詞》：It's *not* [It is*n't*] ~ *bad*. 一點也不壞，相當好。(3)[當反語用]《英口語》很，極：It's *not* ~ fine, today. 今天天氣很好。(4)一點也不…《接動詞》：I do*n't* ~ like it. 我一點也不喜歡它。(5)[當反語用]《英口語》…得很厲害，大…，特…：She did *not* [did*n't*] ~ cry. 她哭得很厲害/"Do you like beer?"－"Oh, *not* ~!"「你喜歡啤酒嗎？」「啊，好喜歡噢！」

nòt hálf as...as... 不及…的一半：He is *not* ~ *as* hardworking *as* she. 他不及她一半用功。

hálf-a-crówn *n.* **1** [C] (*pl.* **half crówns**)半克朗《英國舊貨幣單位，相當於二先令六便士[2½先令]》。**2** =half crown 1.

hálf-and-hálf *adj.* 一半一半的，兩者各半[兼有]的；既非此又非彼的，模稜兩可的。

—adv. 等量地，各半地，等分地：Divide it ~. 把它二等分。

—n. [U] [指個體時爲[C]] **1**《美》牛奶與乳脂之混合物：coffee with ~ 牛奶咖啡。**2**《英》(尤指麥酒(ale)與黑啤酒(porter)之)混合啤酒。

hálf·bàck *n.* [C] [指守備位置時爲[U]]〖足球・曲棍球等〗中衛(之位置)(cf. back *n.* 4)：the left [right] ~ 左[右]中衛。

hálf-báked *adj.* **1** 〈麵包等〉烤半熟的。**2 a** 〈計畫〉不周全的，不充分的；〈想法等〉不成熟的，不徹底的；不完全的：a ~ idea [rumor]不成熟的想法[隨便說說的謠言]。**b** 〈人〉缺少智慧[經驗]的，愚蠢的。

hálf-bàth *n.* [C] **1** 僅有盥洗台與便器設備之房間(cf. bathroom). **2** (無浴缸而僅有蓮蓬頭之)簡便淋浴室。

hálf bìnding *n.* [U]〖裝訂〗半革裝訂《僅書脊及四隅用皮革》。

hálf blòod *n.* **1 a** [U] (兄弟、姊妹之)同父異母[同母異父]之關係，半血親之關係(cf. full blood). **b** [C]同父異母[同母異父]之兄弟[姊妹]，半血親之兄弟[姊妹]。**2** =half-breed.

—adj. =half-blooded.

hálf-blóoded *adj.* 混血的；雜種的；同父異母的[同母異父]的，半血親的。

hálf-bóiled *adj.* 半沸的；半熟的。

hálf bòot *n.* [C] [常 ~s] (長及膝蓋與踝之中間的)半長統靴。

hálf-bréd *adj.* =half-blooded.

hálf-brèed *n.* [C] **1**《輕蔑》(尤指美洲印地安人與白人之)混血兒。**2**〖動物・植物〗雜種(hybrid). **—adj.** =half-blooded.

hálf bròther *n.* [C]同父異母[同母異父]兄弟(cf. full brother, stepbrother).

hálf-càste《輕蔑》*n.* [C] **1** (尤指歐洲人與亞洲人等之)混血兒(cf. Eurasian). **2**《英》(英國人與印度人之)混血兒。

—adj. (英、印之)混血兒的。

hálf cóck *n.* [U](槍在子彈上膛之後)槍機半引而無法擊發之狀態[半擊發位置](cf. cock[1] B 2 b).

gò óff (at) hálf cóck (1)〈手槍等〉在槍機半引之狀態下被發射(失敗)。(2)〈事情〉開始得過早(而失敗)。(3)〈人〉準備不周即行動手。

hálf-cócked *adj.* **1** 〈槍〉槍機半引的。**2** 準備不周的；行動過早的。

gò óff hálf-cócked =go off (at) HALF COCK (3).

hálf crówn *n.* [C] **1** (英國舊幣制之)半克郎《值二先令六便士[2½先令]的白銅幣；原爲銀幣，1971 年廢止》。**2** =half-a-crown 1.

hálf dèck *n.* [C]〖航海〗半甲板。

hálf dìme *n.* [C](美國昔時之)五分銀幣。

hálf dóllar *n.* [C]《美・加》五角銀幣(⇨ coin 1★).

hálf éagle *n.* [C](美國昔時之)五元金幣。

hálf gàiner *n.* [C]〖游泳〗半倒翻斗跳《面向池直立跳起後在空中向後翻觔斗半圈以倒立姿勢垂直入水之一種跳水方式》。

hálf-hárdy *adj.* 〖園藝〗〈植物〉半耐寒性的《冬季須防霜》。

hálf-héarted *adj.* 〈人、行爲等〉無興趣的，不踴躍的，冷淡的，不熱心的；敷衍的：a ~ attempt 不熱心的嘗試/a ~ reply 草率的回答。**~·ly** *adv.* **~·ness** *n.*

hálf-hóliday *n.* [C]《英》半日休假，上半天(班)。

hálf hóse *n.* [C]半長統襪。

hálf hóur *n.* **1** [C]半小時，三十分鐘。**2** [**the** ~] (正時)三十分：on *the* ~ 於(每)正時三十分《即 01:30, 02:30, 03:30…》.

hálf-hóur *adj.* [用在名詞前] **1** 半小時[三十分鐘]的。**2** 每半小時[每三十分鐘]的。

hálf-hóurly *adj.* **1** 半小時[三十分鐘]的。**2** 每半小時[每三十分鐘]的。**—adv.** 每半小時[每三十分鐘]地。

hálf lèather *n.* =half binding.

hálf-léngth *adj.* 半身的，半身肖像畫的；一半長度的；上半身的。**—n.** [C]半身像[肖像畫]；一半長度之物；短外套。

hálf-lìfe *n.* [U]〖物理〗半衰期《放射性元素或原質點衰變至其原子或原質點數量減少成原來之半數所需要的時間》。

hálf-lìght *n.* [U]半強度之光；晦暗之光線。

hálf-mást *n.* [U]桅之中間位置；(表示悼念或遭難之意而將旗幟懸掛於旗竿中間之)下半旗位置。**(at) hálf-mást** (1)〈旗〉在半旗之位置：hang a flag *at* ~ 下半旗。(2)《謔》〈長褲〉褲管太短(得腳踝顯露)的。**—adv.** 在桅[旗竿]之中間位置，在下半旗之位置。**—v.t.** 將〈旗〉懸掛於下半旗的位置，使〈旗〉下半旗。

hálf mèasure *n.* [C]姑息手段；權宜辦法。

hálf-mòon *n.* [C] **1** 半月(cf. full moon 1). **2** 半月形(之物)。

hálf mòurning *n.* [U] **1** 半喪服(較黑色爲淺，如灰色等，在重孝期後之半喪期間穿著之衣服；cf. deep mourning). **2** 半喪期，著半喪服之期間。

hálf nélson *n.* [C]〖角力〗單手扼頸(cf. full nelson).

hálf nòte *n.* [C]《美》〖音樂〗二分音符(《英》minim).

hálf páy *n.* [U] **1** 半薪。**2** (軍官退休或半退休時所領的)核減薪水。

half·pence [ˈhepəns; ˈheipəns] *n. pl.* **1** halfpenny 2 之複數。**2** [常 **a few** ~]零錢。

half·pen·ny [ˈhepnɪ, ˋhepənɪ; ˈheipəni] *n.* [C] (*pl.* (義 1) **half·pen·nies** [ˈhepnɪz, ˋhepənɪz; ˈheipniz, ˈheipəniz], (義 2) **half·pence**) **1 a** (英國貨幣制度之)半便士銅幣(½p)(⇨ coin【說明】)。**b** (英國舊貨幣制度之)半便士銅幣《½d；cf. penny【說明】》。**c** (英國以外之國家之)半便士貨幣。**2** 半便士(之價值)。

nót hàve twó [2] hálfpennies to rúb togéther《英》非常[極爲]貧窮。

nót wórth a hálfpenny《英》毫無價值[一文不值]的，微不足道的：His opinion is *not worth a* ~. 他的意見毫無價值。

—adj. **1** 半便士的：a ~ stamp 一張半便士的郵票。**2** 便宜的，無價值的。

half·pen·ny·worth [ˈhepnɪˌwɝθ; ˈheipniwə:θ] *n.* [**a** ~]價值半便士之物〔*of*〕.

hálf-pínt *n.* [C] **1** 半品脫(=¼quart). **2**《美俚》矮個子的人；微不足道的人。

hálf-sèas óver *adj.* **1**《俚》半醉的。**2** (航海中)半途的。

hálf sìster *n.* [C]同父異母[同母異父]姊妹。

hálf-slìp *n.* [C] **1** 短襯裙。**2** 襯裙(petticoat).

hálf sòle *n.* [C](鞋底之)前掌。

hálf-sòle *v.t.* 加前掌於〈鞋底〉。

hálf sóvereign *n.* [C]英國之金幣名《值十先令》。

hálf-stáff *n.*《美》=half-mast.

hálf stèp *n.* [C] **1**《美》〖音樂〗半音。**2**〖美軍〗半步《快步爲十五吋，跑步爲十八吋》。

hálf térm *n.* [C]《英》期中放假[休假]《通常爲二、三天至一星期》：*at* ~ 在期中放假《★無冠詞》。

hálf tíde *n.* [C]半潮《在滿潮和退潮之間》。

hálf-tímbered *adj.* 〈房屋〉半露木的，木骨架構造的《指木架間塗以灰泥而成之款式》。

half-timbered house

hálf·tìme *n.* Ⓤ（足球等之）上半場與下半場之間的休息時間。

hálf-tímer *n.* Ⓒ **1** 作半工者；半日勞動者。**2**《英》上課半天另半天到工場工作之學童；半工半讀的學生。

hálf·tòne *n.* Ⓒ **1**〔印刷・攝影〕**a** 網版，網版圖。**b** 間色，半調色《指深色與淺色之間的顏色》。**2**《美》〔音樂〕半音。

hálf-tràck *n.* Ⓒ（僅前輪可自由轉向之）半履帶式汽車《一般爲軍用車或工程車》。

hálf-trùth *n.* ⓊⒸ部分之眞實，僅含片面眞理之言詞《常遺漏最重要之部分》。

hálf vólley *n.* Ⓒ〔球戲〕球落地後一彈起即打[踢]之一擊[一踢]《網球，板球，足球等》。

hálf-vòlley *v.t.* & *v.i.*〔球戲〕(於球落地甫彈起時)擊出。

‡**half·way** [ˈhæfˈwe; ˌhɑːfˈwei⁻] *adj.*（無比較級、最高級）[用在名詞前]**1** 中間的，在中途的：the ～ line〔足球・橄欖球〕中線。**2** 不徹底的，不完全的。

—*adv.* （無比較級、最高級）**1** 在[至]中途：An old ivy vine climbed ～ up the brick wall. 一棵常春藤爬到磚牆的一半 / He was ～ through his breakfast. 他早餐才吃了一半。**2** 不徹底地，不完全地。**3** 差不多；多多少少。

méet a person **hálfway** 對某人讓步，與某人妥協。

méet tróuble hálfway 杞人憂天，自尋煩惱。

hálfway hòuse *n.* Ⓒ **1** 在(二地)中間之旅舍；(變化、改革、進步等之)前一半終了之階段，中間點；折衷辦法；暫時性之地點。**2** 重返社會訓練所《爲協助出院之精神病患、酒精中毒者或即將出獄之受刑人等重新適應社會而施以更生訓練之觀護所、戒護所、職訓中心等》。

hálf-wit *n.* Ⓒ魯鈍者，愚蠢者，笨貨。

hálf-wítted *adj.* 愚笨的，笨頭笨腦的(stupid)。

～·ly *adv.*

hálf-yéarly *adj.* & *adv.* 每半年的[地]。

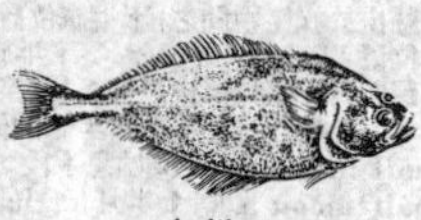
halibut

hal·i·but [ˈhæləbət; ˈhælibət] *n.* **1** Ⓒ（*pl.* ～s, [集合稱]～）〔魚〕庸鰈，大比目魚《北大西洋及北太平洋產之食用魚》。**2** Ⓤ大比目魚之肉。

【字源】表示「神聖的扁魚」之意。因爲在禁食肉的聖日，基督教徒吃此種魚，因而得名。

hal·ide [ˈhælaɪd, ˈhelaɪd; ˈhælaid], **hal·id** [ˈhælɪd, ˈhelɪd; ˈhælid] *n.* Ⓒ〔化學〕鹵化物。**—*adj.***〔化學〕鹵化物的。

Hal·i·fax [ˈkæləˌfæks; ˈhælifæks] *n.* **1** 哈利法克斯《加拿大東南部之一城市》。**2** 哈利法克斯《英格蘭北部之一城市》。

hal·ite [ˈhælaɪt, ˈhelaɪt; ˈhælait] *n.* Ⓤ〔化學〕石鹽。

hal·i·to·sis [ˌhæləˈtosɪs; ˌhæliˈtousis] *n.* Ⓤ〔醫〕口臭。

‡**hall** [hɔl; hɔːl] 《源自古英語「有屋頂的寬敞場所」之義》**—*n.*** **1** Ⓒ **a** [常 H～]（用於集會、公務等之）會館，會堂；(公會、團體、組織等之)辦公處，總部，本部：⇨ city hall, town hall. **b**（設在會館內或音樂會、演講會用之）集會場，大廳：a concert ～ 音樂廳/⇨ Carnegie Hall. **2** Ⓒ **a** 玄關廳堂；玄關。**b**《美》門廳，走廊，過道(hallway)。**3** [常 H～] Ⓒ **a**《美》(大學之)獨立校舍《…館，…教學大樓等》，講堂，附屬會館：the Students' *H*～學生會館。**b**（大學的）學生宿舍：a ～ of residence 學生宿舍/live *in* ～ 住在學生宿舍，住校《★ in ～ 無冠詞》。**c**（某些大學之）學系，《英》學院(college)。**4** Ⓒ《英》(大學之)大餐廳：dine *in* ～ 在大學裡的餐廳聚餐，參加聚餐《★ in ～ 無冠詞》。**5** Ⓒ《英》(王公貴族宅邸之)大廳。**6** [**the H～**]《英》鄉間之地主宅邸；(昔時的)莊園領主之宅邸(manor house)。

Háll of Fáme 榮譽廳《在美國紐約市陳列偉人或功勳卓著者半身像、畫像之名人紀念堂》。

hal·le·lu·jah, hal·le·lu·iah [ˌhæləˈlujə; ˌhæliˈluːjə] 《源自希伯來語「讚美耶和華(Jehovah)」之義》**—*interj.*, *n.*** Ⓒ哈利路亞(alleluia)《讚美上帝之歡呼或歌》。

Hal·ley [ˈhælɪ; ˈhæli], **Edmund** *n.* 哈雷《1656－1742；英國天文學家》。

Hálley's cómet [ˈhælɪz-; ˈhæliz-] 《源自英國天文學家 E. Halley 之姓》**—*n.*** 哈雷彗星《最近一次之出現在 1986 年，周期約爲七十六年》。

hal·liard [ˈhæljəd; ˈhæljəd] *n.* ＝halyard.

háll·màrk 《因昔時在 London 的 Goldsmiths' Hall 檢驗金、銀、白金的純度》**—*n.*** Ⓒ **1**（金、銀之）純度檢驗印記。**2**（人、物之）人品[品質]優良證明；保證書，優良標記〔*of*〕：a work bearing the ～ *of* a genius 證明作者爲天才的作品。

—*v.t.* 加蓋純度[品質]檢驗證明印記於…，證明[保證]…品質優良。

hal·lo, hal·loa [həˈlo; həˈlou] 《擬聲語；hollo 的變形》**—**(又作 **hal·loa**) *interj.* **1 a** 喂！嗨！《向人招呼或引人注意之聲音》。**b**《英》[在電話中]喂(喂)！(hello)。**2**《英》哎呀！《表示驚訝之聲音》。

—*n.* Ⓒ（*pl.* ～s, ～es [～z; ～z]）hallo 之喊聲。

—*v.t.* 向〈人〉喊「喂[嗨]！」。

—*v.i.* **1** 喊「喂[嗨]！」。**2**《英》[在電話中]說「喂(喂)」。

hal·loo [həˈlu; həˈluː] *interj.* **1** 馳！《狩獵時嗾使獵犬行動之聲音》。**2** 嗨！喂！啊！《喊叫他人、表驚訝之聲音》：cry ～ 喊「嗨！」。

—*n.* Ⓒ嗾獵犬聲；爲引人注意而發之大叫聲。

—*v.t.* **1** 大聲嗾〈獵犬〉。**2** 大聲喊叫以引〈人〉注意。

—*v.i.* 喊「馳[嗨]！」：Don't ～ till you are out of the wood(s).《諺》未走出森林[未脫險]前別歡呼，別高興得太早。

hal·low¹ [ˈhælo; ˈhælou] *v.t.* 將…視爲神聖而崇敬；使…神聖；將…獻給神《★常用被動語態》：～*ed* ground 神聖的土地/*Hallowed* [ˈhæləwɪd; ˈhæloud] be thy name!〔聖經〕願人都尊你的名爲聖《出自聖經新約「馬太福音」6:9》。

hal·low² [həˈlo; həˈlou] *interj.*, *n.*, *v.t.*, *v.i.* ＝hallo.

Hal·low·een, Hal·low·e'en [ˌhæloˈin; ˌhælouˈiːn⁻] 《All Hallow's Even（衆聖人的節日的前夕）之略》**—*n.*** 萬聖節前夕《萬聖節(All Saints' Day)前一天夜晚；即 10 月31 日晚上》。

【說明】近年來萬聖節前夕的宗教色彩已逐漸變淡。在英格蘭無特別之活動，但在蘇格蘭，尤其在美國爲一重要之節慶。孩童們在這晚，都會以女巫(witch)等各式各樣的裝扮，手持以南瓜(pumpkin)做成妖怪狀的空心南瓜燈籠(jack-o'-lantern)，挨家挨戶去拜訪，並模仿妖怪(bogeyman [ˈbogɪˌmæn; ˈbougimæn])惡作劇，或者說"Trick or treat!（不給點心就要搗蛋哦！）"來索取糖果、糕餅。一般家庭也都裝飾着南瓜燈籠等孩童們來。年輕人則舉行舞會或同樂會熱烈慶祝。
　據說在古曆法上的除夕，巫婆會聚集一堂歡宴。萬聖節前夕的習俗可能是沿襲這一傳說而來。
cf. Guy Fawkes Day【說明】

Hal·low·mas [ˈhæloˌmæs, -məs; ˈhæloumæs, -məs] *n.*《古》＝All Saints' Day.

háll·stànd *n.* Ⓒ（常附有鏡子，可放置雨傘之）落地式衣帽架。

háll trèe *n.*《美》＝clothes tree.

hal·lu·ci·nate [həˈlusn̩ˌet; həˈluːsineit] *v.t.* 使〈人〉產生幻覺。

—*v.i.* 〈人〉產生幻覺。

hal·lu·ci·na·tion [həˌlusn̩ˈeʃən; həˌluːsiˈneiʃn] 《hallucinate 的名詞》**—*n.*** **1** ⓊⒸ幻覺：be subject to ～*s* 易產生[易有]幻覺。**2** Ⓒ（因幻覺而產生之）幻想，妄想。

hal·lu·ci·na·to·ry [həˈlusnəˌtorɪ, -ˌtɔrɪ; həˈluːsinətəri] *adj.* **1** 幻覺的；幻覺狀的。**2** 引起幻覺的。

hal·lu·cin·o·gen·ic [həˌlusnəˈdʒɛnɪk; həˌlusinəˈdʒenik⁻] *adj.* 〈藥劑等〉引起幻覺的。

háll·wày *n.* Ⓒ《美》玄關，門廳；走廊。

hal·ma [ˈhælmə; ˈhælmə] *n.* Ⓒ一種跳棋《棋盤有 256 目》。

ha·lo [ˈhelo; ˈheilou] *n.* Ⓒ（*pl.* ～s, ～es）**1 a**〔美術〕(聖像頭部或全身周圍之)光環，後光。**b**（圍繞着一個理想人物或有價值之物的）光輝，榮光。**2**〔氣象〕(太陽、月球之)光圈，暈輪，光環。

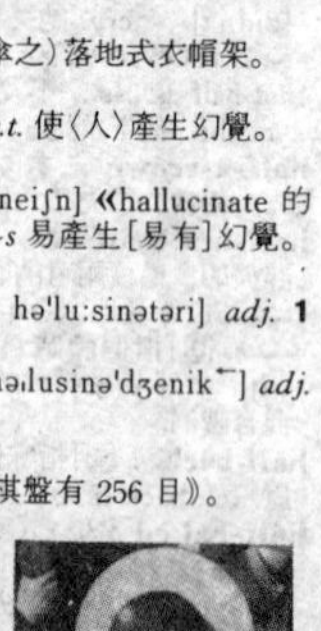
haloes 1 a

hal·o·cline [ˈhæloˌklaɪn, ˈhælə-; ˈhæləklain] *n.* Ⓒ（海洋）鹽躍層。

hal·o·gen [ˈhælədʒən, -dʒɪn; ˈhælədʒən, -dʒin] *n.* Ⓤ〔化學〕鹵素。

hal·oid [ˈhælɔɪd, ˈhelɔɪd; ˈhælɔid] *adj.*〔化學〕鹵素的。**—*n.*** Ⓤ鹵素之金屬鹽。

halt¹ [hɔlt; hɔːlt] *v.i.* 立定，停止行進；休止，停止：Company ～!《號令》全連立定！**—*v.t.*** 〔十受〕使…停止，使…停下來：The accident ～*ed* traffic on the highway. 那事故使公路上的交通停頓。

—*n.* **1** [**a** ～]立定，停止行進；停止，休止：call *a* ～ 命令停止，叫停/come *to a* ～ ＝make *a* ～ 停止/bring one's car *to a* ～ 停車。**2** Ⓒ《英》**a**（鐵路之）小站。**b**《口語》(巴士之)停車站(stop)。

halt² [hɔlt; hɔːlt] *v.i.* **1** 躊躇，猶豫。**2** 猶豫地行走[說話]。**3 a**〈詩、韻文〉有錯誤音步。**b**〈議論等〉有瑕疵，不合邏輯。

hált betwèen twó opínions 躊躇於兩種意見之間《★出自聖經新約「列王紀上」》。

—_adj._《古》**1** 跛的，蹣跚的。**2** [the ～；集合稱；當複數用] 跛足的人們。

hal·ter [ˈhɔltɚ; ˈhɔ:ltə] _n._ Ⓒ **1 a** 韁繩《繫於牛馬絡頭(headstall)上之繩》。**b** 無馬銜(bit)之絡頭。**2** 絞首用繩索，絞刑用之絞索：come to the ～ 被處以絞刑。**3** 婦女之袒肩露背胸衣。

halter 1

hálter·nèck _adj._〈女裝等〉在項背打結而袒肩露背的。

hált·ing _adj._ **1** 說話吞吞吐吐的，躊躇的，逡巡的，曖昧的；猶豫的，優柔寡斷的：speak in a ～ way 猶豫地說。**2**〈議論、演說等〉不完全的，有瑕疵的，不合邏輯的。

～·ly _adv._

halve [hæv; hɑ:v] «half 的動詞» **—**_v.t._ **1**〔十受(十介十(代)名)〕**a**〔與人〕將…二等分；平分〔_with_〕：I'll ～ expenses _**with**_ you. 我要跟你平均分攤費用。**b** 將…〔在兩者之間〕二等分，將…平分〔給兩者〕〔_between_〕：He ～_d_ the apple _**between**_ the two children. 他把那個蘋果平分給這兩個小孩。**2** 將…減半：They are going to ～ my salary. 他們準備把我的薪水減半。**3**《高爾夫》**a**〔十受〕以同樣桿數完成…：～ a match 以同樣桿數完成一次比賽。**b**〔十受(十介十(代)名)〕〔與對手〕以同樣桿數做〈比賽〉；〔與…〕以同樣桿數打完〈一洞〉〔_with_〕：～ a hole _**with**_ another 與對手以同樣桿數打完一洞。

‡**halves** [hævz; hɑ:vz] _n._ **half** 的複數。

hal·yard [ˈhæljɚd; ˈhæljəd] _n._ Ⓒ《航海》(帆、旗等之)升降索。

***ham**[1] [hæm; hæm] _n._ **1** Ⓤ[指個體時爲Ⓒ]火腿《將以鹽醃製之豬腿加以燻製而成》：a slice of ～ 一片火腿/～ and eggs 火腿煎蛋。**2 a** Ⓒ豬之大腿。**b** Ⓤ豬之大腿肉。**3** Ⓒ[常 ～s] 臀部，屁股：I have a pain in the ～(_s_). 我屁股痛。

ham[2] [hæm; hæm] «因昔時演員使用火腿肥肉卸妝» **—**_n._ Ⓒ《俚》**1** 笨拙之演員或表演者。**2** 領有執照之業餘無線電玩家。

—_v.i._《俚》演技誇張。

—_v.t._〔十受(十副)〕〈演員〉將〈角色、姿勢〉表演得過火〈_up_〉。

hám it úp 表演得過火。

Ham [hæm; hæm] _n._《聖經》哈姆《Noah 之次子》。

hám áctor _n._ Ⓒ笨拙的演員，演技糟糕的演員。

> **【字源】**十九世紀美國黑人樂團《演奏黑人音樂，人數不多的滑稽樂團，多由白人塗黑臉孔扮成者》的表演(show)中，常有誇張戲謔的演出。有一首"_The Hamfat Man_"這首歌即源自這種演員。ham fat 意指火腿的肥肉，演員們常用它來卸去臉上的妝，故有此稱呼。另一說法是源自人名。

ham·a·dry·ad [ˌhæməˈdraɪəd; ˌhæməˈdraiəd] _n._ Ⓒ **1**《希臘·羅馬神話》哈瑪瑞阿德《樹神，樹靈》。**2**《動物》**a** = king cobra. **b** (非洲之)大狒狒《被古埃及人視爲神聖》。

ha·mar·ti·a [ˌhɑmɑrˈtiə; ˌhɑ:mɑ:ˈtiə] _n._ = tragic flaw.

Ham·burg [ˈhæmbɚg; ˈhæmbə:g] _n._ **1** 漢堡《西德之一港市》。**2** [常h～]《美》= hamburger.

***ham·burg·er** [ˈhæmbɚgɚ; ˈhæmbə:gə] _n._ Ⓒ[當作食物名時爲Ⓤ] **1 漢堡牛肉餅**。**2**《美》漢堡《在圓麵包(bun)間夾牛肉餅之食品》。

> **【字源】**原爲德國漢堡(Hamburg)一般家庭的食品，由德國移民傳入美國而得名。

Hámburg(er) stèak _n._ [有時爲 h～ s～] = humburger 1.

hám-físted _adj._《英》= ham-handed.

hám-hánded _adj._ (手)笨拙的，笨手笨脚的。

Ham·il·ton [ˈhæml̩tən; ˈhæmltən], **Alexander** _n._ 哈密爾敦《1757-1804；美國政治家》。

Ham·ite [ˈhæmaɪt; ˈhæmait] _n._ Ⓒ **1** (Noah 之次子) Ham 之子孫。**2** 哈姆族人《北非原始土著民族；雖屬高加索民族，膚色黑，頭髮卷曲，臉呈蛋形，身材頎長》。

Ha·mit·ic [hæmˈɪtɪk; hæˈmitik] «Hamite 的形容詞» **—**_adj._ **1** 哈姆族的。**2** 哈姆語族的(cf. Semitic)：the ～ languages 哈姆語(族)《包括 Egyptian, Berber, Coptic》。

—_n._ Ⓤ哈姆語。

ham·let [ˈhæmlɪt; ˈhæmlit] _n._ Ⓒ村落，小村莊。

Ham·let [ˈhæmlɪt; ˈhæmlit] _n._ 哈姆雷特《莎士比亞(Shakespeare)四大悲劇中之一；其劇中之主角》。

> **【說明】**哈姆雷特(Hamlet)想要對殺死他父親的叔父復仇，却一直猶豫不決；哈姆雷特常被比喻爲憂鬱而優柔寡斷的人物。但本世紀也有人反而認爲他是位富行動力的人。

‡**ham·mer** [ˈhæmɚ; ˈhæmə] _n._ Ⓒ **1** 鎚，鐵鎚。**2** 鎚形之物：**a** 撞鐘槌。**b** (手槍等之)擊鐵。**c** (鋼琴之)琴槌。**d** (電鈴之)小鎚子。**e** (拍賣者所用之)木槌(mallet). **3** (田賽用之)鏈球：～ throw(ing) = throwing the ～ 擲鏈球。**4**《解剖》(中耳之)槌骨。

Hamlet 舞台之一景

brìng [**sénd**] **... to the hámmer** 將…拿出去拍賣。

còme ùnder [**gò to**] **the hámmer** 被拍賣。

hámmer and tóngs 猛烈地，竭力，拼命《★源自鐵匠工具》：go [be] at it ～ _and tongs_〈二人〉激烈地吵架[爭辯]。

the hámmer and síckle 蘇俄之國旗《★鎚象徵勞工，鐮刀象徵農民》。

—_v.t._ **1 a**〔十受十副詞(片語)〕鎚，鎚打，敲擊…：～ nails _into_ a board 把釘子敲入木板/～ nails _in_ 釘釘子/He ～_ed down_ the lid of the packing case. 他把包裝箱蓋釘好。**b**〔十受(十副)十補〕將〈金屬等〉鎚〈成…〉〈_out_〉：I ～_ed_ (**_out_**) the metal flat [very thin]. 我把這塊金屬鎚平[鎚薄]。**c**〔十受(十副)〕用鎚打造[用鎚和釘拼合]…〈_out, together_〉：～ a box _**together**_ 釘製一個箱子。**2**〔十受〕**a** 猛擊…，用拳頭痛打…。**b**《口語》用砲猛烈轟擊〈對方〉；(於戰鬥、比賽等)徹底擊敗…，打垮…。**3 a**〔十受十介十(代)名〕將〈思想等〉强行灌輸〔於人(之腦[心])等〕，〔向人〕灌輸〈思想等〉〔_into_〕：～ an idea _**into**_ a person [a person's head [mind]] 向某人灌輸某種思想[把某種思想强行灌輸進某人的腦中]。**b**〔十受十副〕灌輸〈思想等〉，銘記…〈_in, home_〉：～ _**in**_ [_**home**_] the difficulty of the present situation 硬是反覆說明(使人認清)當前處境之困難。**4**〔十受〕《英》(於倫敦證券交易所因不履行債務)宣布〈某人〉爲不履行債務者(而處以拒絕往來)《★令職員以木槌敲打講台(rostrum)三次而行》。

—_v.i._ **1 a** 用鎚[槌]打，鎚打，敲打。**b**〔(十副)十介十(代)名〕〔在…上〕連續鎚[敲]打〈_away_〉〔_at, on_〕：Somebody ～_ed_ (**_away_**) **_at_** [**_on_**] the door. 有人連連敲了門。**2**〔(十副)十介十(代)名〕埋首〔於…〕，埋頭研究〔…〕〈_away_〉〔_at_〕：～ (**_away_**) **_at_** one's studies 埋頭讀書。

hámmer óut《_vt adv_》(1)⇨ _v.t._ 1 b, c. (2)用鎚打平〈凸出處等〉，用鎚打掉…。(3)苦心想出〈方案等〉；絞盡腦汁以解決〈問題等〉；努力打開〈僵局〉。

～·er _n._

hámmer-and-tóngs _adj._ [用在名詞前]猛烈的，勁頭十足的。

hámmer·hèad _n._ Ⓒ **1** 錘頭。**2**《魚》雙髻鮫；撞木鮫。

ham·mer·less [ˈhæmɚlɪs; ˈhæməlis] _adj._ 無槌的；〈槍、砲等〉撞針錘不露於外的。

hámmer·lòck _n._ Ⓒ《角力》扼臂《將對方之一隻手扭彎至背後之動作》。

hámmer thrôw _n._ [the ～] 擲鏈球運動。

hámmer thrôwer _n._ Ⓒ擲鏈球運動員。

***ham·mock** [ˈhæmək; ˈhæmək] «源自西班牙語» **—**_n._ Ⓒ(帆布或繩編之)吊牀：sling [lash, put up] a ～ 吊掛[繫綁，掛起]吊牀/sleep _in_ a ～ 睡在吊牀上。

hámmock chàir _n._ Ⓒ可折疊的帆布躺椅。

Hám·mond órgan [ˈhæmənd-; ˈhæmənd-] «源自其美籍發明者之姓» **—**_n._ Ⓒ電子風琴。

hammer throw

hammock

Ham·mu·ra·bi [ˌhɑməˈrɑbɪ, ˌhɑmʊ-; ˌhæmuˈrɑːbi] *n.* 漢摩拉比《西元前十八世紀左右古代巴比倫第一王朝之第六代國王；以制定漢摩拉比法典聞名》。

ham·per[1] [ˈhæmpɚ; ˈhæmpə] *v.t.* 使…不能行動自如，妨礙…，阻礙…：He was ~*ed* by his long cloak. 他因長披風礙手礙腳而行動不能自如。

ham·per[2] [ˈhæmpɚ; ˈhæmpə] *n.* Ⓒ **1** (裝蔬菜、食物等之)有蓋籃子。**2** (裝換洗衣服之)換洗衣物籃《多置於浴室》。

Hamp·shire [ˈhæmpʃɪr, -ʃɚ; ˈhæmpʃə, -ˌʃiə] *n.* 漢普郡《英格蘭南部海岸之一郡，首府 Winchester, 略作 Hants.》。

ham·ster [ˈhæmstɚ; ˈhæmstə] *n.* Ⓒ《動物》(歐洲、亞洲產之)倉鼠《有大頰囊；作寵物或用於實驗》。

ham·string [ˈhæmˌstrɪŋ; ˈhæmstriŋ] *n.* Ⓒ **1** (人之)腿筋。**2** (四腳獸之)後腳踝關節(hock)後之腿筋。
—*v.t.* (**ham·strung**) **1** 將〈人、馬等〉斷腿筋使成殘廢，使…跛。**2** 使…無力，使…受挫折《★通常用被動語態》：The whole operation *was hamstrung* by [for] lack of funds. 整個作業因資金不足而受挫。

Han [hɑn; hæn] *n.* **1** [**the** ~] (在中國中部之)漢水。**2** 漢朝《中國之一朝代，206 B.C.–A.D. 220》。**3** Ⓒ漢人。

‡**hand** [hænd; hænd] *n.* **1** Ⓒ **a** 手《★(1)包括 palm, thumb, fingers 而不包括 wrist(手腕)；中文之「手」有時包括臂，但於英語則手爲 hand，而臂爲 arm；⇨body 插圖。(2)象徵抓物之物或握物之物》：the back of the ~ 手背/clap one's ~*s* 拍手，鼓掌/rub one's ~*s* 搓手，揉手《★感到滿意時之動作》/A bird in the ~ is worth two in the bush.⇨bird 1. **b** (動物之)能抓物之部分；(猿猴、蛙等之)前肢[前脚]；(蟹、蝦等之)螯《★比較 一般較常用 claw(s)》。

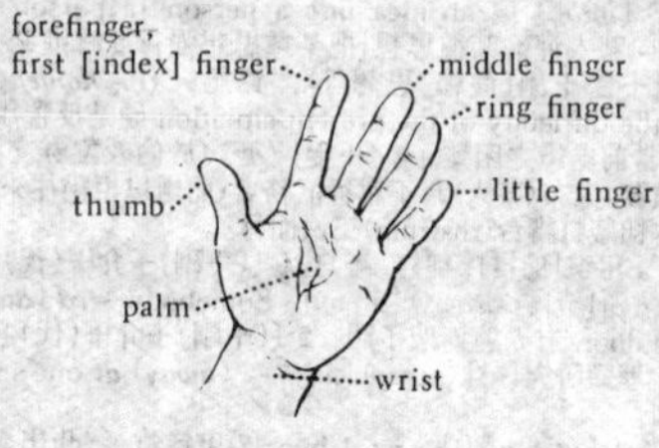

hand

2 Ⓒ(一方之手所示之)側，面，邊；方面：*on* both ~*s* 在兩側/*on* the right [left] ~ of 在…的右[左]側/⇨on all HANDS, on every HAND, on (the) one HAND, on the other HAND.

3 Ⓒ如手之物：**a** (鐘錶、儀器等之)(指)針：the hour [minute, second] ~ 時[分，秒]針。**b** 手示標誌，指標《☞》。**c** (香蕉之)串：a ~ of bananas 一串香蕉。**d** (將菸葉葉柄紮緊之)葉束。

4 Ⓒ主要以手從事工作之人：**a** [通常構成複合字]做手工之人，勞工，工人，職工，雇工：a farm ~ 莊稼漢/a factory ~ (工廠之)工人。**b** 人手，「手」：a work by various ~*s* 藉各種各樣人的手作成的作品。**c** (船之)隨船人員，船員：All ~*s* on deck! 全體船員集合！《★對水手之號令》。**d** [常與 good, poor, old 等形容詞連用] (…之)(好[高，熟，老，生])手；專家，行家 [*at*]：He is a *good* [*poor*] ~ *at* baseball. 他是棒球好手[他棒球技術差]《★比較 一般較常用 He is good [poor] at baseball.》/⇨old hand.

5 用手作(寫)成之物：**a** [**a** ~；與修飾語連用]筆跡，書法；字體：write *a* good ~ 寫得一手好字/write *in a* clear [legible] ~ 以清晰[易讀]的筆跡寫字。**b** [**one's** ~]《文語》簽名：under one's ~ and seal 簽名蓋章。**c** [**a big** ~, **a good** ~]鼓掌喝采：give a person *a good* [*big*] ~ 對某人熱烈地鼓掌喝采/get *a good* [*big*] ~ 獲得熱烈的鼓掌喝采。**d** [**a** ~](援助之)手，幫助，助力，一臂之力：⇨lend...a (helping) HAND/This is rather heavy. Can you give me *a* ~? 這個相當重，你能助我一臂之力[你能幫我一下]嗎？**e** [**a** ~；與修飾語連用](布、皮革等之)手感，手覺：This cloth has *a* smooth ~. 這塊布手感平滑。

6 a Ⓒ[常 ~**s**](擁有之)手，所有：The property fell [came] *into* [passed *out of*, went *out of*] his ~*s*. 那筆財產落入他的手中[離了他的手]。**b** Ⓒ[常 ~**s**]管理，支配，監督，控制，掌握；照顧，照料，保護 [*of*]：put the matter *in* the ~*s of* the police 把這事件交給警察處理/leave a child *in* her [good] ~*s* 把孩子託她照顧[好好保護]。**c** Ⓤ[又 **a** ~]支配力，影響力；管理權：strengthen one's ~ 强化支配力/keep one's ~ [*a* firm ~] on... 掌握着…的支配權，統制着…/Things are getting out of ~. 形勢愈來愈難控制。**d** [**a** ~]參加，參與，干與；關係，牽涉：have [take] *a* ~ *in* a plot 參與一項陰謀[與一項陰謀有關係]。

7 a Ⓒ手法，本領，本事，才能，技巧 [*for, in*]：a ~ *for* bread 做麵包的本領/He has good ~*s*. 他很會防守[打球《手操球拍》，騎馬《手操韁繩》(等)]，他防守[打球，騎馬(等)]的手法高明/His ~ is out. 他(的本領)已經不行了/⇨try one's HAND at. **b** [**a** ~；與修飾語連用]手段，做法，方法：with *a* light ~ 輕易地，不費力地/with *a* high ~ 武斷地，高壓地/⇨with a heavy HAND, with an iron HAND.

8 a Ⓒ(做爲友誼之象徵之)握手：Give me your ~. 咱們握個手/shake ~*s with* a person＝shake a person's ~ 與某人握手。**b** [用單數；常**one's** ~](女性之)婚約；約定，誓約《★由於昔日婚約或契約等談定時握手》：win (a lady's) ~ 向某女士求婚成功/He asked for her ~. 他向她求婚/She gave her ~ to him. 她與他訂了婚。

9 Ⓒ掌幅尺《約四吋或十公分；爲量馬之高度用之尺度》。

10 Ⓒ《紙牌戲》**a** 手上的牌，手：have a bad [wretched, poor] ~ 手氣不好，有一手壞牌/⇨show one's HAND (1), throw in one's HAND (1). **b** 一次勝負[交手]，一局[回合](round)。**c** 競技[交手]者(之一人)。

11 Ⓒ[常 ~**s**]《足球》手觸球《犯規動作》。

at first hand 直接，第一手：He got the news *at first* ~. 他直接[第一手]得到那消息。

at hand (1)在手頭上，在近處，在手邊：I always keep the dictionary (near [close]) *at* ~. 我經常把字典放在手邊。(2)即將到來：Christmas is (near [close]) *at* ~. 耶誕節即將到來。

at a person's **hánd(s)**＝**at the hánd(s) of...** 出自某人之手，在某人手下；假手某人：I will not receive any help *at* his ~. 我不想接受他的幫助。

at sécond hánd (1)間接，第二手地，經過一手地。(2)以半新半舊的狀態《買中古車等》。

béar a hánd (1)幫助，出一把力。(2)參與，干與。

bíte the hánd that féeds one 咬飼主之手，恩將仇報。

by hánd (1)(不靠機器而)用手，以手工：made *by* ~ 手工做的/write a letter *by* ~ (不用打字機等而)用手寫信。(2)(不郵寄而)用手交的[地]，差人遞交的[地]：deliver a letter *by* ~ 親手[差人]遞交信件。(3)用奶瓶等；親手(撫養)。

chánge hánds 易手，易主，換主人：The house has *changed* ~*s* several times. 那房子已經易主數次了。

cléan one's **hánds of...** 斷絕與…之關係，擺脫與…之關係：He *cleaned* his ~*s of* an affair with her. 他結束了與她的曖昧關係。

còme to hánd (1)到手，弄到手：He used whatever *came to* ~. 凡是拿到手的東西他都加以使用。(2)〈物〉被找到，出現。

éat [**féed**] **òut of** a person's **hánd** 順從某人，唯某人之命是從。

fórce a person's **hánd** (1)《紙牌戲》迫使某人出手中之牌。(2)(在未做好準備前)强迫某人行動[表態]。

for one's **ówn hánd** 爲自己之利益，爲本身：play *for* one's *own* ~ 爲自己的利益而行動。

from hánd to hánd 一手過一手，從甲手到乙手，用手傳遞。

from hánd to móuth 僅夠餬口(毫無積蓄的)：live *from* ~ *to mouth* 生活僅夠餬口；做一天吃一天；他們過着當天掙當天花的生活。

gèt one's **hánd ín** 使自己熟練[熟習]。

gìve a person **a frée hánd** ⇨free hand.

gìve a person **the glád hánd**《口語》(常指虛情假意)歡迎〈某人〉，鄭重[慇懃]地向〈某人〉(伸手[握手])問候。

hánd and fóot (1)手脚一起：bind [tie] a person ~ *and foot* 把某人手脚一起綑綁。(2)盡全力，忠實地，慇懇地：nurse a person ~ *and foot* 懃懃懇懇地看護某人。

hánd and [**in**] **glóve** (**with...**) (與…)極親蜜的；(尤指做惡事)同謀的，同夥的，勾結的。

hánd in hánd (1)手牽手地，攜手，共同地：go ~ *in* ~ with... 與…步調一致。(2)相伴隨；相關連的：Hygiene and health go ~ *in* ~. 衛生和健康是息息相關的。

hánd òver físt [**hánd**] (1)(爬繩或升旗時等)左右手交互地：climb a rope ~ *over* ~ 左右手交互地爬上繩子。(2)一直不斷地，很快地：make money ~ *over fist* 一直賺錢。

hánds dówn (1)不費力地，輕易地：We won ~*s down*. 我們贏得輕鬆。(2)明白地，明確地。

Hánds óff! (1)不許碰！不許觸摸！不許動手！(2)不要干涉！

Hánds úp! 把手舉起來[舉手]！《表示贊成或投降》。

hánd to hánd 短兵相接地，近距離地：fight ~ *to* ~ 短兵相接，格鬥，進行肉搏戰，扭打成一團。

hàve cléan hánds＝**kèep** one's **hánds cléan** 清白，廉潔《★出自聖經舊約「詩篇」》。

hàve one's **hánds fúll** 忙得無法分身；盡力而爲。

hàve [**gèt, gáin, wín**] **the úpper hánd** ⇨upper hand.

hóld a person's **hánd** (1)攙着某人之手。(2)(在有困難時)安慰並扶助某人。
hòld one's **hánd** 勒住[按住，控制住](處罰等之)手，手下留情。
hóld hánds (尤指)〈男女〉互相手攙手(示愛)。
in hánd (1)在手中：She went out with a bag *in* ~. 她手裏帶着提包出去。(2)在手邊的[地]，在手頭的[地]：I have no cash *in* ~. 我手頭沒有現款。(3)已着手，正在進行中：I have a new work *in* ~. 我在創作新作品。(4)在控制下，統制着，掌握着：have [hold] a person *in* ~ 控制(着)某人/Everything is *in* ~. 一切都在掌握中。
jóin hánds (1)互相握着手，手拉手，攜手：*join* ~*s* in a circle 手拉手圍成圈子。(2)〔與…〕結成同夥，成爲夥伴；〔與…〕結婚〔*with*〕：*join* ~*s in* marriage 結婚。
kèep one's **hánd ín** (不斷地練習以)保持熟練。
kèep (one's) **hánds óff** 不插手，不加干涉。
kíss hánds [**the hánd**]《英》吻國王[女王]之手《大臣等之就任儀式》。
kíss one's **hánd to** a person 向〈某人〉拋飛吻。
láy hánds on... (1)攫…，拿住…，抓住…。(2)襲擊〈人〉；傷害〈人〉。(3)〈神父、牧師〉對〈人〉按手祝福；按手使〈人〉擔任神職。
lénd ... a (**hélping**) **hánd** 幫助〈人〉〔做…〕〔*with*〕：Could you *lend* me *a* (*helping*) ~ *with* my homework？你能幫我做功課嗎？
líft one's **hánd** 發誓，舉手宣誓。
líft one's **hánd to** [**agàinst**]... 向…舉手；攻擊，毆打…；撲向…；嚇唬…。
líft (**úp**) one's **hánds** 舉雙手禱告。
nóte of hánd 期票。
nót líft a hánd＝nót dò a hánd's túrn 不做任何事，不肯出力幫助。
òff hánd 不加準備地，立即，馬上：I can't tell you *off* ~. 我不能馬上告訴你。
òff one's [a person's] **hánds** 脫離自己[某人]之手中，不在自己[某人]之掌握中；擺脫[完成]責任[任務]。
óil a person's **hánd**＝ oil a person's PALM[1].
on áll hánds＝on èvery hánd (1)在[自]四面八方[各方面]：There was chaos *on all* ~*s*. 到處一片混亂。(2)每一地；普遍地。
on hánd (1)現有，在手頭：Will there be water *on* ~ at the camp？營地現有水嗎？(2)出席；(剛好)在近處：Be *on* ~ during the meeting please. 會議當中請勿離席。(3)迫在眼前：The examination is already *on* ~. 考試已經迫在眼前。
on one's [a person's] **hánds** (1)成爲自己之[某人之]責任，在自己[某人]監督或掌握中：I have his children *on* my ~*s*. 我負責帶他的孩子。(2)成爲自己之[某人之]累贅，無法應付：I have a lot of work *on* my ~*s*. 我工作很多應付不過來/Time hangs heavy *on* my ~*s*. ⇨hang *v.i.* 7.
on (one's) **hánds and knées** 〈人〉以四肢趴著。
on (**the**) **óne hánd** 在一方面(cf. on the other HAND).
on the óther hánd 在另一方面，反過來說(cf. on (the) one HAND)：Food was abundant, but *on the other* ~ water was running short. 食物很充裕，可是(另一方面)水却短缺。
òut of hánd (1)即時。(2)⇨6c.
òut of one's [a person's] **hánds** 〈事〉在自己[某人]監督或掌握之外，非自己[某人]所能控制[對付]：The matter is *out of* my ~*s*. 這件事我無能爲力[此事非我所能處理]。
overpláy one's **hánd** 過高地估計自己；做得過分。
pláy one's **hánd for áll it is wórth** (採取某種手段)全力以赴，盡全力。
pláy into a person's [**one anóther's**] **hánds** 不知不覺地或中圈套而爲某人之利益行動[在互利情形下行動]。
pùt one's **hánd**(**s**) **on...**＝ lay HANDS on (1).
pùt one's **hánd to...**＝ turn one's HAND to.
ráise one's **hánd agàinst** [**to**]... 以手打…，威脅…。
réady to (one's) **hánd** 在手邊，在(自己)保管之下，隨時可用。
sèt one's **hánd to...**＝ turn one's HAND to.
shów one's **hánd** (1)《紙牌戲》攤牌。(2)顯示想法[意向]，透露動機，表示態度。
sít on one's **hánds** (1)不(輕易)鼓掌喝采，不表示贊同[熱心]。(2)袖手旁觀，躊躇着不採取行動。
tàke...in hánd (1)著手…。(2)處理…。(3)照料，承受…。(4)管教〈難駕御之小孩等〉。
the [**an**] **íron hánd in the** [**a**] **vélvet glóve** 外柔內剛《★源自「在天鵝絨手套中藏着鐵手」之意》。
thrów ín one's **hánd＝thrów** one's **hánd ín** (1)《紙牌戲》放棄手中之紙牌，退出牌局。(2)(眼看無望而)罷手，作罷。
thrów úp one's **hánds** (表示投降、絕望而)舉起雙手；放棄。
típ one's **hánd**＝show one's HAND (2).
to hánd (1)在手邊：Your letter [Yours] *to* ~.《商》大函收悉。(2)在手中，所有着。
trý one's **hánd at...** 試做，試行…：I'd like to *try* my ~ *at* surfing. 我想試試衝浪運動。
túrn one's **hánd to...** 從事…；着手…：He could *turn* his ~ *to* any kind of task. 他能從事任何種類的工作。
ùnder one's **hánd** 在手邊，在(自己)保管之下，即可使用，來得及。
underpláy one's **hánd** 含蓄[保留]地展示自己之能力[計畫，主意等]，故意不充分發揮。
wásh one's **hánds** (1)《委婉語》洗手；上洗手間，上廁所：Where can I *wash* my ~*s*？洗手間[廁所]在哪兒？(2)〔與…〕斷絕關係；不再管〔…〕，不再爲〔…〕負責，洗手不幹〔…〕〔*of*〕《★出自聖經新約「馬太福音」》：I *wash* my ~*s of* you [the matter]. 我跟你一刀兩斷[這件事做到此爲止，我不再幹這件事]。
wín hánds dówn 《口語》輕易地獲勝：He *won* the election *hands down*. 他輕易地贏得選舉。
with a héavy hánd (1)拙笨地：play the piano *with a heavy* ~ 拙笨地彈鋼琴。(2)以高壓手段，以鐵腕[强硬手段]。
with a hígh hánd 高壓地；自大地；武斷地。
with an íron hánd 以鐵腕，壓制地，嚴厲地：rule *with an iron* ~ 以鐵腕統治。
with cléan hánds (清白)廉潔地。
—*v.t.* **1** 〔十受十受/十受十介十(代)名〕**a** 交給〈人〉〈物〉，將〈物〉交給〔人〕〔*to*〕：He ~*ed* me a ticket [a ticket ***to*** me] at the entrance. 他在入口交給我票[把票交給我]。**b** (在用餐時)拿給，傳給，遞給〈人〉〈食物等〉；將〈食物等〉拿給，傳給，遞給〔人〕〔to〕：Please ~ me the salt.＝Please ~ the salt ***to*** me. 請把鹽遞給我。**2** 〔十受十介十(代)名〕扶，以手助〈人〉〔入，上…〕〔*into*〕；扶〈人〉〔至…〕〔*to*〕；扶〈人〉〔出，下…〕〔*out of*〕：He ~*ed* his mother ***into*** [***out of***] the car. 他扶他的母親上[下]汽車。
hánd aróund＝HAND round.
hánd báck 《*vt adv*》將…交還(原來之所有人)。
hánd dówn 《*vt adv*》(1)傳下…，遞下…；將〈人〉(自車等)扶下。(2)《美》宣布〈判決〉。(3)將〈物〉留下作遺產；將〈習俗、傳統等〉傳給〔後代〕〔*to*〕《★常用被動語態》：This clock *was* ~*ed down to* my father *from* great-grandfather. 這個時鐘是我曾祖父傳給我父親的。

H

hánd ín 《*vt adv*》(1)將…交給(家人等)。(2)向上級(等)提出，呈上，遞進，繳交…：~ *in* one's resignation⇨resignation/They ~*ed in* their homework. 他們交了功課。
hánd it to a person [通常用於 have (got) to 後 must 之後]承認〈人〉之偉大[長處]，向〈人〉表示敬意，向〈人〉認輸[折服]：You'*ve got to* ~ *it to* him, he's very good with children. 你不得不承認，他對小孩很有辦法。
hánd ón 《*vt adv*》(1)依次傳遞…。(2)＝HAND down (3).
hánd óut 《*vt adv*》(1)分…[給…]，分配…〔予…〕，分發…〔給…〕〔*to*〕：*H*~ these pamphlets *out* [*out* these pamphlets] *to* visitors. 把這些小册子分發給來訪的人。(2)(不斷地)給予，提出〈勸告等〉：The medical profession keeps ~*ing out* warnings about smoking. 醫師們不斷地提出有關吸烟的警告。**—**《*vi adv*》(3)出[花]錢。
hánd óver 《*vt adv*》手交…，提交…；讓渡，移交〈統治權等〉〔給…〕〔*to*〕.
hánd róund 《*vt adv*》依次傳遞；分配…：*H*~ *round* the tea, please. 請依次把茶遞過去/Three waiters ~*ed round* the dishes. 三名服務生分送菜餚(給大家)。
hand·bag [ˈhændˌbæg, ˈhænˌbæg; ˈhændbæg] *n.* Ⓒ **1** (女用)手提包。**2** 手提袋。
hánd bàggage *n.* Ⓤ手提行李。
hánd·bàll *n.* **1** Ⓤ手球(戲)：**a** 用手傳送以投入球門之球戲。**b** 用手將球擊向牆壁而讓對方去接之一種球戲。**2** Ⓒ手球《手球(戲)用之球》。
hánd·bàrrow *n.* Ⓒ **1** (前後二人搬運之)擔架。**2** 手推車(handcart).
hánd·bèll *n.* Ⓒ手搖鈴。
hánd·bìll *n.* Ⓒ (用手分發之)傳單，廣告單。
hánd·bòok *n.* Ⓒ **1** 便覽，手册(manual)〔*of*〕. **2** 指南；旅行指南〔*to, of*〕.
hánd bràke *n.* Ⓒ(汽車等之)手煞車。
hánd·brèadth *n.* Ⓒ掌幅，掌幅尺《現在約四吋》。
hánd·càrt *n.* Ⓒ手推[拉]車。
hánd·clàp *n.* Ⓒ拍手，鼓掌：a slow ~ (表示不贊成、厭倦之意之)緩慢拍手。
hánd·clàsp *n.* Ⓒ (表示歡迎、分手、約定等之)握手。
hánd·cùff *n.* Ⓒ [常 ~**s**；常 **a pair of** ~**s**] 手銬。**—***v.t.* **1** 加手銬於〈人〉，給〈人〉上手銬。**2** 束縛〈人等〉，使…無力。

handbell

hánd·ed *adj.* **1** 有手的。**2** [常構成複合字] **a** 手…的，有(…的)手的；(慣)用(…)手的：left-*handed* (慣)用左手的/a two-*handed* catch 雙手捕[接]球《棒球等》/small-*handed* 手小的。**b** 由(…)人進行的，有…人參加的：a four-*handed* game 由四人玩的遊戲[比賽]。

Han·del [ˈhændl; ˈhændl], **George Frederick** *n.* 韓德爾《1685−1759；出生於德國之英國作曲家》。

‡hand·ful [ˈhænd͵ful, ˈhæn͵ful; ˈhændful] *n.* Ⓒ **1** 一把，一握〔*of*〕：a ~ *of* sand 一把沙。**2** [常 **a** ~]少量，少數，一撮〔*of*〕：*a* ~ *of* supporters 少數的支持者。**3**《口語》難控制之人，棘手之事，難馴之動物，難處理之物：That boy is a ~. 對那個男孩沒辦法。

hánd glàss *n.* Ⓒ **1** 手鏡。**2** (讀書等用之)放大鏡。

hánd grenàde *n.* Ⓒ手榴彈，(手擲之)滅火瓶。

hánd·grìp *n.* Ⓒ **1** 握手，有力的握手；握法：He has a strong ~. 他握手有力。**2** (如自行車、機車把手上之)手把；(網球拍、高爾夫球桿、刀劍等之)握柄。

còme to hándgrips 開始扭打。

hánd·gùn *n.* Ⓒ《美》手槍(pistol)。

hánd·hòld *n.* Ⓒ **1** (手之)把握，手抓。**2** (攀登時之)抓頭，手可抓住之處[物]。

hand·i·cap** [ˈhændɪ͵kæp; ˈhændikæp] «源自 hand in cap (昔時一種抽籤遊戲名稱，抽中置於帽中之籤者須受罰)»**——n.* Ⓒ **1 a**〘運動〙(優劣懸殊者作比賽時，為平衡其得勝之機會)給予優者之不利條件或障礙[給予劣者之有利條件或優待]，差距，差點《如於高爾夫比賽為優待劣者自其實際桿數扣除某一數目之桿數，於棋賽優者讓子或於賽馬優者讓劣者某一段距離等》：He has a ~ of four at golf. 他的高爾夫差點是四。**b** 設有差點[差距]的比賽[賽馬]。**2 a** (泛指)不利條件，障礙，困難；不利，差別待遇；累贅。**b** 身心殘障。**c** 給予優者不利條件[給予劣者有利條件]之比賽，讓分比賽。

——*v.t.* (**hand·i·capped**；**-cap·ping**)〔十受〕使…有差距[差點]；加障礙於…，使…受障礙；使…處於不利的地位。

hánd·i·càpped *adj.* **1** 設有差距的；受障礙的，處於不利地位的，有不利條件的。**2 a** 〈人〉身心殘障的：a physically [mentally] ~ person 身體[精神]殘障者。**b** [**the** ~；當複數名詞用]身心[精神]殘障者。

hand·i·craft [ˈhændɪ͵kræft; ˈhændikrɑːft] *n.* **1** Ⓒ [常~**s**]手工藝品，手藝，手工活。**2** Ⓤ手之熟練[靈巧]。

hánd·i·cràfts·man [-mən; -mən] *n.* Ⓒ (*pl.* **-men** [-mən; -mən]) 手藝工人，工匠，幹手工活的人，手工業者。

Hand·ie-Talk·ie [ˈhændɪˈtɔkɪ; ˈhændiˈtɔːki] *n.* Ⓒ〘商標〙一種可隨身攜帶的小型輕便無線電報[電話機]。

hand·i·ly [ˈhændɪlɪ; ˈhændili] *adv.* **1** 技術高明地，巧妙地，靈巧地。**2** 輕易地；方便地。

hand·i·work [ˈhændɪ͵wɜk; ˈhændiwəːk] *n.* **1 a** Ⓤ手工藝，手藝，手工。**b** Ⓒ手工藝品，手工製品。**2** Ⓤ **a** (顯示特定之人的特徵之)製作物，作品〔*of*〕。**b** (特定之人之)所為〔*of*〕：God's [the Devil's] ~ 上帝之[魔鬼之]創造物。

‡hand·ker·chief [ˈhæŋkətʃɪf; ˈhæŋkətʃif] «源自「以手使用的kerchief」之義»**——***n.* Ⓒ (*pl.* ~**s** [~s; ~s])手帕。

【說明】莎士比亞(Shakespeare)的四大悲劇之一「奧塞羅(*Othello*)」的主角奧塞羅中了部下伊阿格(Iago)的毒計，看見自己送給妻子戴絲笛夢娜(Desdemona)的手帕落在副官卡西歐(Cassio)手中，竟以為這便是妻子不貞的證據，而親手把她窒死。
　贈送手帕通常表示「向對方明示自己的心意」，容易導致各種誤解，因此一般人對此比較慎重或避而不為。

hánd-knít(ted) *adj.* 手工編織的。

hánd lànguage *n.* Ⓤ(聾啞者之)手語。

‡han·dle [ˈhændl; ˈhændl] «源自古英語「用手觸摸」之義»**——***n.* Ⓒ **1** 柄，把手，可供手握之處。

2《口語・謔》**a** (Sir 等)頭銜：have a ~ *to* one's name 有頭銜。**b** 名字：What's your ~? 你叫什麼名字？

flý óff the hándle《口語》自制不住，發怒。

——*v.t.* 〔十受〕**1** 觸，摸，摸弄…；執，持…。

2 使用〈工具等〉；操縱…。

3 處理…；指揮，統御…：The court has many cases to ~. 法院有許多案件待處理。

4 a 對待〈人〉，待…，遇…，對付…：He was rather severely ~*d* in the witness box. 他在證人席上[他當證人作證時]受到痛苦的折磨。**b** 論，談，討論〈問題等〉。

5〘商〙買賣，經營，經銷〈商品〉：~ groceries 買賣食品雜貨。

——*v.i.* [與 well 等表樣式之副詞連用]〈車、船等〉駕駛起來(…)，操作起來(…)：This car ~*s* well [easily]. 這部車很好駕駛。

hándle·bàr *n.* Ⓒ **1** [常 ~**s**] (自行車之)把手。**2** (又作 **hándlebar moustáche**)《口語》八字鬍。

han·dled [ˈhændld; ˈhændld] *adj.* 有柄的，有把手的。

hán·dler *n.* Ⓒ **1 a** 〔…之〕處理者，操作者〔*of*〕。**b**《英》買贓品者。**c** 使用手之人。**2** (馬、狗等之)訓練[調教]師。**3**〘拳擊〙教練，經理人，副手。

hand·less [ˈhændlɪs; ˈhændlis] *adj.* **1** 無手的。**2** 笨拙的。

han·dling [ˈhændlɪŋ; ˈhændliŋ] *n.* Ⓤ **1** 以手觸摸；執握；利用。**2** 管理；處理。

hánd·lòom *n.* Ⓒ手搖紡織機。

hánd lùggage *n.* Ⓤ《英》手提行李。

hánd·máde *adj.* 手製的，手工做的(↔ machine-made)。

hánd·màid(en) *n.* Ⓒ **1**《古》女僕，婢女，侍女。**2** 作為輔助之事物，(對發展、進步、成功等)有貢獻之事物〔*of*〕：A good dictionary is the ~ *of* the linguist. 一部好字典對語言學家的幫助甚大。

hánd-me-dòwn *n.* Ⓒ [常 ~**s**]《美口語》現成之衣服；年長者使用後傳給年少者之衣服；舊衣服(《英口語》reach-me-down)。

——*adj.* 現成的；便宜的；舊的。

hánd mòney *n.* Ⓤ定金。

hánd òrgan *n.* Ⓒ(街頭音樂師使用之)手搖風琴(cf. barrel organ)。

hand organ

hánd·òut *n.* Ⓒ **1 a** (折疊之)廣告傳單。**b** (在教室等分發之)印刷物，講義。**2** (給貧窮之人之)施捨物品。**3**《美》(報紙上發表之)公開聲明[啓事]。

hánd·òver *n.* Ⓤ移交。

hánd-píck *v.t.* **1** 用手摘…。**2** 用手挑選，精心挑選…。

hánd-pícked *adj.* **1** 用手摘的。**2** 精選的。

hánd·pòst *n.* Ⓒ路標。

hánd·prìnt *n.* Ⓒ手印。

hánd·ràil *n.* Ⓒ 扶手，欄杆(⇨balustrade 插圖)。

hánd·sàw *n.* Ⓒ(用單手推之)手鋸。

hánds-dówn *adj.* 簡單的，輕易的。

hand·sel [ˈhænsl; ˈhænsl] *n.* Ⓒ《古》**1** (新年、開張等之)賀禮；新年紅包。**2** 第一筆生意所得之款項；(分期付款的)第一次付款；初試；初嘗。

hánd·sèt *n.* Ⓒ(主要指無線電的)手持話機，聽筒《兼有收、發功能者；★比較 電話機的聽筒通常用 receiver》。

hánd·séw *v.t.* 用手縫…。

hánd·séwn *adj.* 手工縫製的。

hánds·frèe *adj.* 不需使用手的。

hánd·shàke *n.* Ⓒ **1** 握手。**2** ＝golden handshake.

【說明】握手之際，在對方伸出手時，自己也必須伸出手。這是由於握手禮乃源自伸出持武器的手以表示沒有敵意的習俗之故。當然伸出去的應該是右手。男性相互之間，通常是由長輩或上司先伸手，有一方為女性時，經常由女性先向男性伸手而男性則不可先伸出手。邊握手邊低頭不合乎禮節，會讓人覺得奇怪；cf. etiquette【說明】

hánds-óff *adj.* [用在名詞前]不干涉的，不插手的，袖手旁觀的：a ~ policy 不干涉政策。

‡hand·some [ˈhænsəm; ˈhænsəm] «源自中古英語 easily handled 之義»**——***adj.* (**hand·som·er**；**-som·est**) **1 a** 〈男子〉容貌[外貌]美觀的，漂亮的，英俊的，清秀的，英挺的(⇨beautiful【同義字】)：a ~ young man 英俊的年輕人。**b** 〈女子〉體態健美而俊俏的，風度像男人的。

2 〈物〉美觀的，漂亮的，有氣派的。

3 a 〈金額、財產、禮物等〉可觀的，大方的，慷慨的：a ~ income [salary] 可觀的收入[薪水]/~ treatment 優待/a ~ present 一份厚禮。**b** 〔十*of*十(代)名(十*to* do)〕〔人〕〈做…是〉大方的：It is ~ *of* him *to* give me a present. 他(眞)大方，給了我禮物。

4《美》靈巧的；巧妙的，高明的。

Hándsome ís as hándsome dóes.《諺》唯善為美，行為美才是眞正美，「貌美何如心田好」《★後面的 handsome 是副詞用法；即指 Handsome is he who does handsomely 之意》。

~·ly *adv.*　**~·ness** *n.*

hánds-ón *adj.* [用在名詞前]《美》實地的，實踐的。

hánd·spìke *n.* Ⓒ木梃《移動笨重東西用的粗木棍，尤指船上所用者》。

hánd·sprìng *n.* Ⓒ(手按在地上做之)翻筋斗。

hánd·stànd *n.* Ⓒ(用手支撐身體之)倒立(cf. headstand)。

hánd-to-hánd *adj.* [用在名詞前]交手的，白刃戰的，肉搏的：~ combat 格鬥，白刃戰，肉搏戰。

hánd-to-móuth *adj.* [用在名詞前]無隔宿之糧的，勉強餬口的：lead a ~ existence 過勉強餬口的生活，過掙一天吃一天的生活。

hánd·wórk *n.* Ⓤ(對機器製造而言的)手工，精細手工藝。
hánd·wórked *adj.* 手工的，手工製造的。
hand·writing [ˈhændˌraɪtɪŋ; ˈhændˌraitiŋ] *n.* **1** Ⓤ**手寫**。**2** Ⓤ[又作 **a** ~]**手跡**，筆跡；書法，筆風。**3** Ⓒ手寫之物，手稿。
sée the hándwriting on the wáll 察覺災難的徵兆《★出自聖經舊約「但以理書」；原意爲「看見在牆上寫字的手」》。
hánd·wrítten *adj.* 手寫的：a ~ letter 手寫的信。
hánd·wróught *adj.* =handworked.
hand·y** [ˈhændɪ; ˈhændi] *adj.* (**hand·i·er**；**-i·est**) **1** [不用在名詞前]〔十介十(代)名〕〈人〉〔於…〕(手)**靈巧的**，巧妙的，敏捷的，手巧的〔*with, at, about*〕：He is ~ ***with any tool. 他對任何工具的使用都很在行/He is ~ ***at*** repair*ing* watches. 他善於修理錶。
2 (使用起來)**便利的**，方便的，正合用的：a ~ tool 便利的工具/This dictionary is very ~. 這字典很好用。
3《口語》[不用在名詞前] **a** 在手邊的，馬上可使用的：Do you have a pen and notebook ~？ 你手邊有鋼筆和筆記簿嗎？**b** 馬上可以去的，就在附近的：The post office is ~. 郵局就在附近。
còme ín hándy ⇨COME in ⑽. **hánd·i·ness** *n.*
hándy·màn *n.* Ⓒ(*pl.* **-men**) **1** 受僱做雜事的人。**2**《俚》水手。
‡**hang** [hæŋ; hæŋ] (**hung** [hʌŋ; hʌŋ])《★[語形]當 *v.t.* 2, *v.i.* 2 義解時用 **hanged**》—*v.t.* **1 a**〔十受〕**懸**，掛，吊，垂〈物〉(於高處等)：~ curtains 掛窗帘。**b**〔十受十介十(代)名〕懸掛[垂，吊]〈物〉〔於牆、窗等之上〕〔*on*〕；〔自…〕垂[吊]〈物〉〔*from*〕：~ one's hat ***on*** a peg 把帽子掛在掛釘上/~ curtains *on* a window 掛窗帘於窗上/~ a chandelier ***from*** the ceiling 把枝形吊燈架吊在天花板上。**c**〔十受〕垂〈頭〉：He *hung* his head in shame. 他羞愧地垂[低]着頭。
2 (**hanged** [hæŋd; hæŋd])〔十受〕**a** 將〈人〉**處以絞刑**，絞死，吊死：be ~*ed for* murder 因殺人而被處絞刑《★[用法]《美》有時用 be hung》/One may [might] as well be ~*ed* for a sheep as (for) a lamb.⇨sheep 1. **b** [~ one*self*]自縊，上吊。**c** [用於較溫和之詛咒、加重語氣]詛咒：I'll be [I'm] ~*ed if* I obey him. 我死也不會聽他的話/*H*~ you！=Be ~*ed* (*to* you)！該死的東西！/English be ~*ed*！該死的英語！/*H*~ it (all)！ 豈有此理！該死！
3〔十受〕吊掛〈肉、獵獲之鳥獸等〉(至適於食用之狀態)。
4 a〔十受十介十(代)名〕〔以壁氈、畫、窗帘等〕裝飾〈房間、牆壁、窗等〉，給…掛上〔…〕〔*with*〕《★常用被動語態》：The fronts of the houses *were hung* ***with*** flags. 家家門前懸掛着旗幟/Let us ~ the windows *with* blue curtains. 我們給窗戶掛上藍窗帘吧。**b**〔十受〕貼〈壁紙〉。
5 a〔十受〕(活動[開閉]自如地)裝設〈門扉等〉。**b**〔十受十副十(代)名〕將〈門扉等〉裝〔在鉸鏈上〕〔*on*〕：~ a door ***on*** the hinges 將門裝在鉸鏈上。
6〔十受〕將〈畫〉在畫廊[展覽會場]展示，陳列《★常用被動語態》：I'll ~ the pictures as high as I can. 我將儘可能把這些畫掛得高高的/His picture *is hung* at eye level. 他的畫掛在適於眼睛看的高度。
—*v.i.* **1**〔十副詞(片語)〕**懸**，掛，吊，垂下：~ *down* 垂下/The picture was ~*ing on* the wall. 那幅畫懸掛在牆上/There were curtains ~*ing over* the window. 窗子上掛着窗帘/There is something ~*ing out of* your pocket. 有東西露在你的口袋外面(cf. 8b)。
2 (**hanged** [hæŋd; hæŋd])被吊死，被處以絞刑。
3〈肉等〉懸掛(至適於食用之狀態)。
4〔十介十(代)名〕〈門(扉)〉〔裝在鉸鏈上〕活動自如〔*on*〕。
5 a [與 well, badly 等狀態副詞連用]〈衣服等〉(合[不合])身：The dress ~*s* well [badly]. 這件衣服合身[不合身]。**b**〔動(十補)〕〈張掛、拉緊之物〉鬆弛而(中間部分)低垂：⇨HANG loose.
6〔十介十(代)名〕**a** 垂掛，低垂，籠罩〔在頭上、半空中〕〔*over*〕：The fog *hung* ***over*** the fields. 霧籠罩在曠野之上。**b**〈氣味、煙等〉〔在…〕蕩漾，飄浮；磨蹭，停滯〔*in*〕：The smell of sulphur *hung* ***in*** the air. 硫礦的氣味飄浮在空中。
7〔(十補)十介十(代)名〕〈以…狀態〉附着，殘存〔於…〕；纏住〔…〕；〔在…〕磨蹭，賴着不走〔*in, on*〕：The idea ~*s* ***in*** my mind [head]. 這個觀念一直縈迴在我腦海裏/Time ~*s* heavy ***on*** my hands. 我沒法子打發時間無聊死了《原意爲「時間沉重地附掛在我手上」》。
8〔十介十(代)名〕**a**〈岩石等〉突出，傾斜〔在…上面〕〔*over*〕. **b**〔自…〕挺出身體，伸出，前靠〔*out of*〕(cf. 1)：He *hung out of* the window. 他把身體伸出窗外。**c** 接近，逼近，臨近；威脅〔…〕〔*over*〕：A danger is ~*ing* ***over*** him. 他面臨着某種危險。
9〔十介十(代)名〕**a** 依恃，斜靠，纏住〔…〕；不願讓〔人等〕走開[停下、離去]〔*on, to, about*〕：~ ***on*** a person's arm靠在某人的臂上/~ ***on to*** a strap 緊抓住吊帶。**b**〔在…附近〕(無目的地)徘徊，閒蕩，閒逛〔*about, around*〕.
10〔十介十(代)名〕有賴〔於…〕，取決〔於…〕，視〔…〕而定〔*on, upon*〕：His victory ~*s* ***on*** [***upon***] one vote. 他的當選取決於一票。
11〔十介十(代)名〕(專心地)傾聽〔…〕，注意力專注〔於…〕〔*on, upon*〕：~ ***on*** a person's words 專心聽某人所說的話/⇨hang on a person's LIPS.
12《棒球》〈曲球、變化球〉(失靈而)不呈曲線，誤成直球。
be [gèt] húng up on [abòut]...《俚》因…而不安[掛心]的，心中始終惦記着[擺脫不掉]…的，對…上癮的，迷上…的。
gò háng ⑴[Go ~ yourself！]滾開！見鬼去吧！⑵[常 let...go ~]《口語》不管…，不關心…，不理會…：She *lets* things *go* ~. 她對事物漫不經心[漠不關心]/"There's a special delivery letter for you."—"*Let* it *go* ~."「有一封給你的限時專送信件。」「別去管它。」
háng abóut [aróund]《*vi adv*》⑴(漫無目的地)閒蕩，徘徊。⑵磨蹭。⑶無所事事地等待。
háng báck《*vi adv*》躊躇不前，退縮。
háng behínd《*vi adv*》磨蹭，慢吞吞，落後。
háng fíve [tén] (做衝浪運動時)把單脚[雙脚]脚趾鈎住衝浪板之前緣衝浪。
háng in the bálance ⇨in the BALANCE.
háng in the wínd= HANG in the balance.
háng ín (thère)《美口語》堅忍不拔，堅持[撐]下去。
háng lóose ⑴(張掛、拉緊之物)鬆弛而(中間部分)低垂。⑵《美俚》保持心情輕鬆[舒暢]。
háng óff《*vi adv*》=HANG back.
háng ón《*vi adv*》⑴抱住，纏住〔…〕〔*to*〕；持續，不放手，堅持下去。⑵緊抱不放，孜孜不倦地做事，固守崗位。⑶不掛斷(電話)(↔ hang up)。
háng one ón ⑴《美口語》毆打某人，重擊。⑵《美俚》酩酊大醉，爛醉如泥。
háng óut《*vi adv*》⑴伸出身體。⑵《口語》住，住宿〔在…〕〔*in, at*〕. ⑶《口語》〔在…〕閒蕩，徘徊，出入〔*in, at*〕：~ *out in* bars [a bar] 常出入酒吧[在酒吧閒散度日]。⑷《英》頑强地要求〔加薪等〕〔*for*〕：~ *out for* higher wages 頑强地要求提高工資《不達到目的不罷休》。—《*vt adv*》⑸將〈招牌、旗幟等〉懸掛在外面。⑹將〈洗好的衣服等〉晾[曬]在外面。
háng óver《*vi adv*》⑴〈決定、案件等〉被擱置，被留待解決。⑵〈常規等〉〔自…〕延續，被遺留〔*from*〕.
háng róund《*vi adv*》=HANG about.
háng togéther《*vi adv*》⑴團結，一致，同心協力：We must all ~ *together*, or we shall all ~ separately. 我們大家必須團結一致，要不然我們必將分別被處以絞刑《★B. Franklin 於美國獨立宣言時所言之 hang 之雙關語》。⑵〈話等〉前後一致，合乎邏輯：His alibi ~*s* together. 他所提的案發時他不在場的答辯前後不矛盾。
háng úp《*vt adv*》⑴掛，吊〈物〉。⑵拖延，耽擱…；妨礙…之進行；中止，擱置…《★常用被動語態》：The signing of the contract *was hung up* over a minor disagreement. 簽約因小小的意見不合而被拖延。—《*vi adv*》⑶掛斷[某人]電話〔*on*〕(↔ hang on)《★[比較]《英》一般較常用 ring off》。
lèt it áll háng óut《口語》⑴不隱瞞，率直地說出(一切)。⑵無顧忌，無牽掛，做自己所喜歡做的事：People used to be very inhibited, but now we *let it all* ~ *out*. 人們過去常常很受拘束，但現在我們喜歡做[說]什麼就做[說]什麼。
—*n.* **1** Ⓒ[常 **the** ~]懸掛(的情形)，垂吊(的樣子)，垂下(的狀態)：There is something wrong with *the* ~ *of* the curtains. 窗帘掛得有點不對勁。
2 [**the** ~]《口語》處理方法，使用法，做法；竅門；(問題、議論等之)意義，旨趣〔*of*〕：get [have] *the* ~ *of*... 領會…的秘訣[訣竅]，懂得…的用法；瞭解…的意義，理解…。
nót cáre [gìve] a háng《口語》不擔心，(毫)不在乎《★[比較] a hang 爲較 'a damn' 溫和之用語》：I do*n't care a* ~ (*about* his health [*whether* he is well or not]). 我一點也不在乎(他的健康[他是否安好])。
han·gar [ˈhæŋɚ, ˈhæŋgɑr; ˈhæŋə, -ŋgə] *n.* Ⓒ(飛機之)飛機庫，棚廠；庫房(shed)。

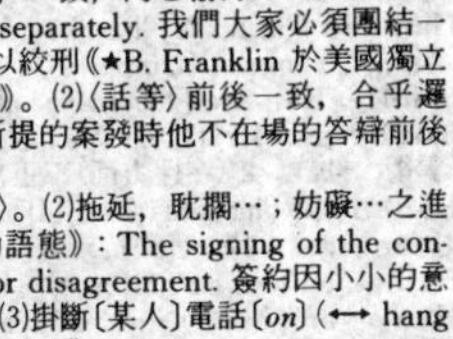
hangars

háng·bìrd *n.* Ⓒ《鳥》懸巢鳥《在樹枝上懸巢的鳥，如金鶯、燕雀等》。
háng·dòg *n.* Ⓒ下流[卑鄙，下賤]的人。
—*adj.* [用在名詞前]鬼鬼祟祟的，下賤的，卑鄙的，卑躬屈膝的：a ~ smile 逢迎的笑臉。

H

háng·er *n.* Ⓒ **1 a** 衣架：⇨coat hanger. **b** 掛物之物，掛鉤，吊環。**2** 懸吊(東西)者，懸掛者；絞刑吏。**3** 懸掛於皮帶之一種短劍。

hánger-ón *n.* Ⓒ(*pl.* **hangers-on**, ～s)依附他人者，食客；跟班，隨從，嘍囉。

háng glider *n.* Ⓒ **1** 滑翔翼。**2** 從事滑翔翼運動之人。

hang glider

háng glìding *n.* Ⓤ 滑翔翼運動。

háng·ing *n.* **1** Ⓤ懸掛，垂吊；懸垂(狀態)。**2** Ⓤ Ⓒ 絞刑：death by ～ 絞刑。**3** Ⓒ [常～s] 掛布；窗帘，壁毯，門簾；帷幔；壁紙。
—*adj.* [用在名詞前] **1** 應處絞刑的：a ～ matter [offense] 應處絞刑之事件[罪]。**2** 懸掛的；傾斜的；位於高處或坡上的：a ～ garden 空中花園。**3** 迫近的。**4** 垂頭喪氣的。

háng·man [-mən; -mən] *n.* Ⓒ(*pl.* **-men** [-mən; -mən])執行絞刑之人，絞刑吏。

háng·nàil *n.* Ⓒ(指甲根上之)肉刺，逆臚。

háng·òut *n.* Ⓒ《俚》(流氓等之)巢穴；聚集所。

háng·òver *n.* Ⓒ **1 a** 宿醉〔*from*〕：I have a ～ (this morning). 我(今天早上)宿醉還沒好。**b** (藥物之)副作用。**2** 殘留物，遺物〔*from*〕：The policy is a ～ *from* the last Administration. 這個政策是前一個政權的遺物。

Han·gul [ˈhɑŋgul; ˈhɑːŋguːl] *n.* Ⓒ韓文的拼音字母《包括十四個子音和十一個母音》。

háng·ùp *n.* Ⓒ《俚》**1** (心理的)障礙；困難；問題；苦衷，苦惱：a sexual ～ 性的苦惱。**2** 障礙(obstacle).

hank [hæŋk; hæŋk] *n.* Ⓒ **1** (紗線之)一束，一捲《棉紗爲 840 碼，毛線爲 560 碼》。**2** 束，綹〔*of*〕：a ～ *of* hair 一束頭髮。

han·ker [ˈhæŋkɚ; ˈhæŋkə] *v.i.*《口語》**1** 〔十介十(代)名〕〔對得不到之物〕嚮往，渴望，熱望，切望〔*after, for*〕：～ ***after*** [***for***] affection 渴望獲得愛情/～ *for* fame [praise] 追求名聲[讚美]。**2** 〔十 *to* do〕渴望〈做…〉：He has been ～*ing to* spend an evening talking with you. 他一直渴望能找一天跟你談一晚。

hán·ker·ing [-kərɪŋ, -krɪŋ; -kəriŋ] *n.* Ⓒ [常 **a** ～]《口語》**1** 〔對得不到之物之〕切望，渴望〔*after, for*〕：have *a* ～ *for* [*after*] power 渴望擁有權力，擁有對權利的慾望。**2** 〔十 *to* do〕〈盼能…之〉熱望：He had *a* ～ *to* own a car. 他渴望擁有汽車。

Han·kow [ˈhænˈkau, ˈhæŋˈkau; ˌhænˈkau, ˌhæŋˈkau] *n.* 漢口《中國長江(Yangtze Kiang)中游之一大都市》。

han·ky, han·kie [ˈhæŋkɪ; ˈhæŋki] *n.*《口語》＝handkerchief.

han·ky-pan·ky [ˈhæŋkɪˈpæŋkɪ; ˌhæŋkiˈpæŋki] *n.* Ⓤ《口語》**1** 騙術，欺詐。**2** (在性方面)不正當之行爲[關係]。

Han·ni·bal [ˈhænəbḷ; ˈhænibl] *n.* 漢尼拔《247–183 B.C.；迦太基(Carthage)大將，曾對抗羅馬及侵入義大利》。

Ha·noi [hæˈnɔɪ; hæˈnɔi] *n.* 河內《越南首都》。

Han·o·ver [ˈhænovɚ; ˈhænouvə] «源自德國北部出身地之地名»**—***n.* Ⓒ(英國之)漢諾威王室之人。
the Hóuse of Hánover 漢諾威王室《自喬治(George)一世起至維多利亞(Victoria)女王止之英國王室(1714–1901)；出身德國》。

Han·o·ve·ri·an [ˌhænoˈvɪrɪən; ˌhænouˈviəriən ˉ] *adj.* (英國之)漢諾威王室的。**—***n.* Ⓒ漢諾威王室。

Hans [hæns, hænz; hæns, hænz] *n.* 漢斯《男子名》。

han·sa [ˈhænsə, -zə; ˈhænsə, -zə], **hanse** [hæns; hæns] *n.* Ⓒ **1** (中世紀北歐城市中的)商業工會。**2** (加入商業工會的)會費。

Han·sard [ˈhænsɚd, -sɑrd; ˈhænsɑːd, -səd] «源自英國最早出版國會議事錄者之名» **—***n.* Ⓤ(英國之)國會議事錄。

han·sel [ˈhænsḷ; ˈhænsl] *n.* ＝handsel.

Hán·sen's disèase [ˈhænsn̩z-; ˈhænsnz-] «源自發現此病的挪威醫師之名» **—***n.* Ⓤ痲瘋病(leprosy).

han·som [ˈhænsəm; ˈhænsəm] *n.* (又作 **hánsom cáb**) Ⓒ漢孫式馬車《御者座位在車廂後方高處之一馬二輪有蓋雙人座街區出租小馬車；在倫敦等地普遍使用至二十世紀初》。

hansom

Hants. [hænts; hænts]《略》Hampshire.

hap [hæp; hæp] «源自古北歐語「幸運」之義» **—**《古》*n.* Ⓤ 偶然，運氣，僥倖。
—*v.i.* (**happed**；**hap·ping**) ＝ happen.

hap·haz·ard [ˌhæpˈhæzɚd; ˌhæpˈhæzəd ˉ] «源自 hap ＋ hazard» **—***n.* Ⓤ偶然：at [by] ～ 偶然地；胡亂地，隨便地。
—*adj.* 偶然的；隨便的(⇨random【同義字】)：a ～ occurrence 偶然事件。
—*adv.* 偶然地，胡亂地，隨便地。
～**·ly** *adv.* ～**·ness** *n.*

háp·less *adj.*《詩》不幸的，倒楣的(unlucky).

háp·ly *adv.*《古》偶然地；僥倖地；或許。

ha'p'orth [ˈhepɚθ; ˈheipəθ] *n.*《英口語》＝halfpennyworth.

‡hap·pen [ˈhæpən; ˈhæpən] *v.i.* **1 a** 〈事件等〉**發生**：Something is likely to ～. 像要發生什麼事情/Accidents will ～. ⇨accident 1. **b** 〔十介十(代)名〕〈意外等〉發生，降臨〔到…上〕〔*to*〕：Please let me know, if anything ～*s* ***to*** her. 假若她發生什麼事[意外]，請告訴我/What can have ～*ed to* this lock？這個鎖到底怎麼搞的？/What's ～*ing*？出了[在發生]什麼事？

【同義字】occur 爲較 happen 正式之用語，而兩者均指某事偶然發生；take place 指某事照預定舉行或發生。

2 a 〔十 *to* do〕**偶然，碰巧**：I ～*ed to* sit by Mary. 我碰巧坐在瑪麗的旁邊/Should you ～ *to* need anything, I am entirely at your service. 萬一你需要什麼，我隨時效勞。**b** 〔十 *that*＿〕[以非人稱之 it 作主詞]碰巧…：*It* ～*ed that* we were in London then. 碰巧當時我們在倫敦/*It so* ～*ed that* a mouse had just been caught in the trap. 碰巧有隻老鼠剛剛被捕鼠器捕捉了。
3 a 〔十介十(代)名〕偶然遇見[想到，發現]〔…〕〔*on, upon, across*〕：I ～*ed* ***on*** [***upon***] the very thing I wanted. 我偶然發現了正是我想要的那件東西。**b** 〔十副詞(片語)〕《口語》偶然在[來，去]：He ～*ed along* [*by, in*]. 他偶然來[經過，進來]/He ～*ed into* the room when we were talking about him. 我們在談論他的時候他碰巧進來房間。
as it háppens 碰巧，湊巧，不巧，不湊巧：*As it* ～*s*, I have left the book at home. 很不巧，我把書留在家裏了。
háppen what máy [**wíll**] 無論如何(一定)，無論發生任何事。

***hap·pen·ing** [ˈhæpənɪŋ; ˈhæpəniŋ] *n.* Ⓒ **1** [常 ～s]**事情**，意外事件，事件(event). **2**《美》(戲劇等的)即興式[臨時插入]的表演或情節。

hap·pen·stance [ˈhæpənˌstæns; ˈhæpənstæns] *n.* Ⓒ《美》意外的事情，偶然的事件。

‡hap·pi·ly [ˈhæpɪlɪ; ˈhæpili] *adv.* (**more** ～；**most** ～) **1 幸福地**，愉快地，高興地；適當地，巧妙地：go ～ together 相處得好/He did not die ～. 他含恨而終(cf. 2)/I'm very ～ married. 我婚後很幸福[生活很美滿]/They lived ～ ever after. 他們以後一直過着快樂的生活《★常用於兒童故事結尾之語句》。
2 [修飾整句]**幸運地**，幸而，好在：*H*～(,) he did not die. 幸而他沒死(cf. 1).

‡hap·pi·ness [ˈhæpɪnɪs; ˈhæpinis] *n.* Ⓤ **1 幸福**，滿足，快樂：the ～ *of* lov*ing* and be*ing* loved 愛人並被人愛的幸福。**2** 幸運，好運。**3** (措辭等之)巧妙，適當〔*of*〕.

‡hap·py [ˈhæpɪ; ˈhæpi] «hap 的形容詞；原義指「幸運的」»**—***adj.* (**hap·pi·er**；**-pi·est**) **1 a** 〈人〉幸福的，幸運的，快樂的，滿足的：live a ～ life 過幸福的生活。

【同義字】happy 指如意而感到喜悅與滿足，其狀未必顯露於表面；cheerful 指「心情開朗而愉快」，其狀顯露於表情，態度等；gay 指愉悅活潑，無憂無慮，精神昂揚，充滿活力的；merry 指歡樂而充滿談笑歡唱等之聲音與樂趣的；glad 表示「高興的，歡喜的」指較 happy 强之一時之喜悅。

b 〔十介十(代)名〕〔對…〕感到滿足的〔*with, about*〕：He is ～ ***with*** his new job. 他對新的工作很滿意/I am not ～ ***about*** [*with*] the plan. 我對這個計畫不滿意/Are you ～ (*about* this point)？Or, shall I explain it again？(關於這一點)你認爲可以嗎[你瞭解了嗎]？或者要我再說明？**c** 〈表情等〉(顯得)幸福的，高興的，快樂的：a ～ smile 快樂的微笑。
2 [不用在名詞前] **a** 〔十 *to* do〕〈人〉**高興**〈做…〉的，樂於〈做…〉的《★比較 在 2 a, b, c 之中，以 a 爲最常見之用法》：I am very [most] ～ *to* meet you. 我很高興跟你見面/I shall be ～ *to* accept your invitation. 我會樂於接受你的邀請。**b** 〔十 *that*＿〕〈對…〉覺得高興的：I'm ～ *that* you have come to our party. 我很高興你來參加我們的聚會。**c** 〔十介十(代)名〕〔因…而〕覺得高興的〔*at, in*〕《★用法 有時省略介系詞》：I am ～ (***at***) hav*ing* a good job. 我因擁有一份好的工作而感到高興。
3 [用在名詞前] **a** 幸運的，幸福的：I met him by a ～ chance. 我由於幸運而遇到他/You are a ～ man *to* have such a beautiful wife. 你有這麼漂亮的太太眞是個幸運的男人。

【同義字】happy 着重「蒙受幸運」之概念；lucky 着重意外或純係偶然機緣之意；fortunate 指由於某種極有利之境遇而蒙受較應享之幸運更大之幸運。

b 增添［產生］幸福的；可喜的，值得高興的：a ～ event《委婉語》小孩出生《喜事》。

4 a〈措辭、想法等〉適當的，巧妙的，高明的：a ～ idea 好主意，好點子/a ～ choice of words 言辭的恰當選擇。b［不用在名詞前］〔十介十（代）名〕〔在…方面〕適當的，巧妙的，高明的〔*in*〕：He is ～ ***in*** his choice of expression(s). 他善於措辭。

5［用在名詞前］（無比較級、最高級）［用作祝賀用語］恭賀…，恭喜…，（祝你）…快樂：(A) *H*～ New Year！恭賀新年！（祝你）新年快樂！/*H*～ Birthday (to you).（祝你）生日快樂！

6《口語》醉的，微醉的，稍有醉意的。

7［構成複合字］《口語》a 頭腦發暈的：punch-*happy* 被拳打得頭腦發暈的。b 熱中的，被迷住的，迷上的，喜歡的，愛用的：sports-*happy* 着迷於運動的/⇨trigger-happy.

(as) háppy as a lárk ⇨lark[1].

as háppy as háppy can bé 幸福無比，快樂無比。

(as) háppy as the dáy is lóng＝**(as) háppy as a kíng** 非常幸福；非常快樂［高興］。

háppy-gò-lúcky *adj.*〈人、行為等〉無憂無慮的，快樂的，樂天的；隨遇而安的，聽天由命的，逍遙自在的。

háppy húnting gròund *n.* **1**［the ～］(北美印地安人之)極樂世界。**2** Ⓒ《譴》〔對尋求某物之人〕合適之處，天堂，樂園〔*for, of*〕.

háppy médium *n.* Ⓒ［常用單數］中庸之道：strike a ～ 採取中庸之道。

Haps·burg, Habs- [ˈhæpsbɝg; ˈhæpsbə:g] *n.* 哈布斯堡皇族《為歐洲著名之家族，於 1276 至 1918 年間統治奧國；1516 至 1700 年統治西班牙》。

ha·ra-ki·ri [ˈhɑrəˈkɪrɪ, ˈhærə-; ˌhærəˈkiri] **《**源自日語「切腹 (seppuku)」之同義字「腹切」之羅馬字拼音**》——***n.* Ⓤ切腹《★拼法又由於語音轉訛而稱作 hari-kari》：perform [commit] ～ 切腹(自殺)。

ha·rangue [həˈræŋ; həˈræŋ] *n.* Ⓒ(時而將非難之矛頭指向聽衆)大聲疾呼之長篇演說，長篇之高談闊論；猛烈之口頭攻擊。

——*v.t.* 向〈人〉作長篇之高談闊論，向〈人〉滔滔不絕地訓話［說教］。**——***v.i.* 作長篇之高談闊論，滔滔不絕地訓話［說教］。

ha·rass [ˈhærəs, həˈræs; ˈhærəs] *v.t.* 〔十受〕**1** 使〈人〉苦惱，使…煩擾；困擾，折磨〈人〉《★常用被動語態，成「〈人〉〔為…所〕困擾，煩擾，受苦」之意；介系詞為 *by, with*；⇨harassed 1》：I *was ～ed with* debt(s). 我為債務而苦惱。**2**（不斷地攻擊以）侵擾，擾亂：Our advance was ～*ed* by the enemy. 我軍的前進受到敵軍(一再)的騷擾。

【字源】源自古法語本義是「嗾狗」，嗾狗來追人會造成對方的困擾。但此字源自打獵時獵人嗾狗去追獵物而發出的叫聲，對象原來並不是人而是動物。

ha·rássed *adj.* **1** 憂心忡忡的，非常不安［擔憂］的：She has a ～ look. 她一臉憂心忡忡。**2** 疲憊的：You look very ～. 你顯得很疲倦。**3** 表示厭煩的。

ha·ráss·ment [-mənt; -mənt] **《**harass 的名詞**》——***n.* **1** Ⓤ煩惱；侵擾；困苦。**2** 使煩惱之事物；侵擾之事物。

Har·bin [ˈhɑrˈbɪn; ˈhɑ:ˈbin] *n.* 哈爾濱《中國東北之一都市》。

har·bin·ger [ˈhɑrbɪndʒɚ; ˈhɑ:bindʒə] *n.* Ⓒ《文語》先驅，先鋒；先行報信者；先兆，預兆〔*of*〕.

‡har·bor [ˈhɑrbɚ; ˈhɑ:bə] **《**源自古英語「(軍隊的)避難所」之義**》——***n.* ⒸⓊ **1** 港，海港《★具有避難、保護之象徵》：a natural ～ 天然港/an artificial ～ 人工港/enter (a) ～ 進港/We were *in* ～ for a week. 我們在港中停泊了一星期。

【同義字】harbor 指藉自然之地形，適於避風浪之港口，port 指有為商船裝卸貨物之碼頭之港口。

2 避難所，藏匿處，躲藏所，潛伏處：give ～ to... 窩藏〈犯人等〉。**——***v.t.* 〔十受〕**1** 窩藏〈犯人等〉。**2** 心懷〈感情、思想等〉：We all ～ fears about the future. 我們大家都對未來懷有恐懼。

——*v.i.*〈船〉在港口避難［停泊］；躲藏。**～·er** [-bərɚ; -bərə] *n.*

har·bor·age [ˈhɑrbərɪdʒ; ˈhɑ:bəridʒ] *n.* **1** Ⓤ避難，保護。**2** Ⓒ(船之)避難所，停泊處；隱藏處。

hárbor màster *n.* Ⓒ港務局長。

hárbor sèal *n.* Ⓒ《動物》斑海豹《產於北美北大西洋沿海》。

har·bour [ˈhɑrbɚ; ˈhɑ:bə] *n., v.*《英》＝harbor.

‡hard [hɑrd; hɑ:d] *adj.* (～·er；～·est) A **1** 堅硬的(↔ soft)：a〈物〉(不易切割或彎曲地)硬的，堅固的；硬質的：a ～ bed 硬(板)床/～ rubber 硬質橡膠/get [become] ～ 變硬，硬化/boil eggs ～ 把蛋煮老［硬］。b〈書〉精裝的，硬封面的。c《貨幣》(不是紙幣而是)金屬鑄造的：*hard* money⇨money 1.

2 a〈身體〉結實的，強壯的：a ～ constitution 強壯的體格。b〈辨別力、長知等〉可靠的，穩固的，堅定的：～ common sense 健全的常識。

3 a〈人〉熱心的，勤奮的，刻苦的，堅忍的：a ～ worker 辛勤的工作者，苦幹的人，努力用功的人《★比較表示「努力用功的人」時，不說 a hard student》/try [do] one's ～*est* 竭盡全力。b［不用在名詞前］〔十介十（代）名〕辛勤地［努力］從事〔於…〕的〔*at*〕：be ～ ***at*** work [one's studies] 努力工作［用功］。

4 激烈的，猛烈的；過度的：a ～ blow 重擊/a ～ fight 一場苦戰/～ drinking 狂飲，酗酒/a ～ drinker 酒量大的人。

5 a〈性情、行為等〉激烈的，嚴厲的；無情的，冷酷的，殘酷的：a ～ heart 薄情的［硬心腸的］人；鐵石心腸/a ～ look 嚴厲的臉色［眼神］(cf. 6 c)/a ～ bunch of boys 一羣倔強的［不好惹的］男孩/～ dealing 虐待/～ words 惡言，刻薄的話，爭吵/⇨drive a hard BARGAIN/No ～ feelings！《口語》不要見怪(我沒有惡意)！b［不用在名詞前］〔十介十（代）名〕〈人〉〔對人〕嚴厲的；〈事物〉〔令人〕難堪的〔*on, upon*〕：He was ～ ***on*** his little girl. 他待小女兒很嚴厲/His parent's divorce was ～ *on* him. 他父母親的離婚令他難堪。c 吝嗇的，小氣的，刻薄的。

6［用在名詞前］a 昭然的，無可爭辯［否認］的，確鑿的，有可靠性的，有具體性的〈事實、證據等〉：～ facts [evidence] 鐵一般的［無可否認的］事實［確鑿的證據］。b 冷靜的，現實的：～ thinking 冷靜的思考/a ～ view of life 現實的人生觀。c 敏銳的，仔細的〈觀察等〉：take a ～ look at... 仔細研究〈計畫等〉。

7 難忍受的，辛苦的：a ～ life 辛苦的生活/～ times 不景氣(之時期)/have a ～ time of it 受苦，吃苦頭，受難，遭殃/⇨hard luck.

8〈天候等〉嚴酷的，惡劣的，猛烈的，強烈的，狂暴的：a ～ winter 嚴冬，寒冬/a ～ frost 嚴霜/a ～ rainstorm 強烈的暴風雨。

9 a〈聲音等〉刺耳的，金屬性的，堅硬的。b〈色彩、輪廓等〉過於分明的，強烈的。

10〈水〉硬質的《不太能溶解肥皂》，硬水的，含有鹽分的(↔ soft).

11〈酒〉含酒精成分多的，烈性的：～ liquor [drink]＝the ～ stuff 烈酒《如威士忌酒等》。

12（無比較級、最高級）a〈麻醉藥等〉被認為對身體有害的《如 heroin, morphine 等；cf. soft 11 a》。b〈色情文學等〉性的描寫露骨的。

13《商》〈行情等〉看漲的，堅挺的(↔ soft).

14（無比較級、最高級）《語音》〈c, g 為〉硬音的《指在 a, o, u 之前分別發 [k] [g] 音而言》。

——B **1** a 難於理解［說明］的，難的(difficult)(↔ easy)：a ～ problem 難題/a ～ saying 難懂的話，難守的箴言。b〈工作等〉需要努力的，費力氣的，辛苦的：a ～ task 費力氣的苦差事/～ work 辛苦的工作。

【同義字】hard 指需要肉體上、精神上之努力；difficult 指需要特別之知識、技術、判斷力等。

2 a 難做的，困難的：I found it ～ to believe this. 我感到此事難以置信。b［不用在名詞前］〔十介十（代）名〕〔對人而言〕困難的〔*for*〕：This question is too ～ ***for*** me. 這個問題對我而言是太難了/It is ～ *for* an old man to work as long as a youngster. 老年人要工作得和年輕小伙子一樣久是困難的。c〔十 *to* do〕〈…起來〉困難的，難以〈做…〉的，不好〈做…〉的：The hill is ～ *to* climb. 這山很難爬《★變換在此句中，主詞 The hill 在意義上為 climb 之受詞，可換寫成 It is ～ to climb the hill.》/He's ～ *to* convince.＝He's a ～ man *to* convince. 要說服他是很難的［他(這個人)是很難說服的］。d［不用在名詞前］〔十介十（代）名〕《文語》〔對…〕有困難的〔*of*〕：～ ***of*** access⇨access 1/～ ***of*** hearing (耳朵)重聽的。

(as) hárd as (a) stóne ⇨stone.

(as) hárd as náils ⇨nail.

be hárd on... (1)⇨A 5 b. (2)(粗暴地使用而)很快地用壞〈鞋、衣服等〉：That boy *is* ～ *on* his clothes. 那個男孩很快就把衣服穿壞了。

pláy hárd to gèt ⇨play.

the hárd wày (1)辛辛苦苦地，孜孜地：do things *the* ～ *way* 辛辛苦苦地作事/He learned German *the* ～ *way.* 他下了不少功夫才學會德語。(2)根據(痛苦的)經驗。

——*adv.* (～·er；～·est) **1** a 拚命地，費力氣地，努力地《★比較須注意避免與 hardly 混淆》：try ～ 盡力而為/work ～ 努力工作［用功］/think ～ 認真地想/be ～ at it⇨AT it. b［構成複合字］(經過一番)辛苦而…，煞費苦心而…，好不容易才…：*hard*-earned 辛苦賺得的/*hard*-sought 煞費苦心求得的。

2 a 激烈地，猛烈地：It is raining [blowing] ～. 雨［風］正下［吹］得很猛/He drinks ～. 他狂飲酒［酗酒］。b 認真地，熱心地：look [gaze, stare] ～ at a person 目不轉睛地盯着某人。c 充分地：sleep ～ 熟睡。

3 緊緊地，牢牢地(tightly)：hold a rope ～ 緊握住繩子。

H

4 辛苦地，好不容易地，勉强地：He is breathing ～. 他呼吸困難/⇨DIE[1] hard.
5 接近地，緊隨地：～ by 近傍，就近/follow ～ after him 緊跟在他的後面/～ *on* [*upon*]... 就在…的後面[前面]/～ *on* a person's heels 緊跟在某人之後。
be hárd dóne bý ⑴被虧待，被虐待。⑵在生氣，不高興。
be hárd hít ⇨hit.
be hárd préssed ⑴非常忙；〔爲…而〕感到窘迫，〔…〕很緊，迫切需要〔…〕〔*for*〕：I'*m* ～ *pressed for* time [money]. 我迫切需要時間[金錢]。⑵[be ～ pressed (to it)]＝be HARD put ⑵.
be hárd pút (to it) ⑴極端困難，陷於窘境，不知所措。⑵〔＋*to* do〕〈做…〉極端困難，〈做…〉陷於窘境：He *was* ～ *put* (*to it*) *to* raise the money. 他籌募那筆錢困難重重/I *am* ～ *put to* finish my homework on time. 我不知如何才能按時做完功課。
be hárd úp 極需某物(尤指金錢)；苦於沒有〔…〕，缺乏〔…〕〔*for*〕：They *are* ～ *up for* money [an excuse]. 他們極需用錢[找不到藉口]。
còme hárd 難做，做起來難，變得困難：English *comes* ～ *to* me. 英語對我而言很難學/It has *come* ～ to bear his lack of feeling. 他那種無動於衷的樣子眞叫人受不了。
gò hárd with a person 使〈人〉吃不消[受苦，受窘，爲難]：It will *go hard with* him if he fails. 他如果失敗了，他日子就不好過[將吃苦頭]。
hárd and fást 堅固地，牢固地：The boat was tied up ～ *and fast*. 船被牢固地繫住。
tàke it hárd 深以爲苦，耿耿於懷，悲傷不已：He *took it* very ～ *that* you didn't tell him of your marriage. 你沒有告訴他你的婚事，他對此耿耿於懷。
～**·ness** *n.*

hárd-and-fást *adj.* [用在名詞前]不能修改的，嚴格的〈規則等〉：a ～ rule 嚴格的規則。
hárd·bàck *n., adj.* ＝hardcover.
hárd·bàll *n.* ＝baseball.
hárd-bítten *adj.* **1** 〈人〉(尤指因身經嚴酷之磨練而)不屈不撓的，堅忍的：a ～ colonel 堅忍不屈的上校。**2** 頑强的，倔强的。**3** 咬起來凶狠的。
hárd·bòard *adj.* Ⓤ《建築》硬質纖維板《用於牆板、地板、家具等》。
hárd-bóiled *adj.* **1** 〈蛋等〉煮硬了的，煮老了的(cf. soft-boiled). **2** 《口語》**a** 感覺遲鈍的，不動感情的。**b** 現實的，(金錢方面)不講人情的。**c** 〈文學、作風〉冷酷的，無情的；理智的：novels of the ～ school 冷酷[理智]派的小說。

【說明】由「煮老了」而轉化爲「無感覺的，現實的；冷酷的」之意，在美國此字特指在文學作品中儘可能少用形容詞而以簡短的對白表現純粹的客觀，不加入絲毫道德批判的文藝作品風格：a novel of the *hard-boiled* school「冷酷派小說」。其字源可能不是源自「煮老的蛋」。較通行的說法有兩種：其一是早期美國移民的衣服洗濯後均經煮過並且漿得很硬。其二是第一次世界大戰時，訓練新兵的教官都穿著領子漿得很硬的軍服，而且十分嚴格，因此衍生出這種意思。

hárd·bóund *adj.* ＝hardcover.
hárd cáse *n.* Ⓒ **1** 積習難改的人，頑强[難以對付]的人。**2** 難處理的事情；棘手案件。
hárd cásh *n.* Ⓤ硬幣；(與支票、票據相對之)現款。
hárd cóal *n.* Ⓤ無煙煤(anthracite).
hárd córe *n.* **1** Ⓒ(道路之)碎磚[石]墊層。**2** Ⓤ[常 **the** ～；集合稱](黨派等之)核心《★用法 視爲一整體時當單數用，指全部個體時當複數用》。
hárd-córe *adj.* [用在名詞前] **1** 核心的：a ～ group 核心的小集團。**2** 徹底的，堅定的；不妥協的：～ ideologists 堅定的意識形態主義者。**3** 極端露骨的，赤裸裸的〈色情影片、書刊等〉。**4** 成癮難癒的〈毒癮等〉。**5** (由於教育程度低等因素而)始終無法就業的〈失業者〉。
—*n.* Ⓒ **1** 極端露骨而大膽之色情電影或書刊。**2** (由於教育程度等因素而)長期失業者。
hárd còurt *n.* Ⓒ《網球》(柏油、混凝土等鋪成之)硬地網球場。
hárd-còurt *adj.*
hárd·cóver *n.* **1** Ⓒ精裝書，精裝本。**2** Ⓤ精裝版：*in* ～ 精裝地[的]。
—*adj.* 精裝的，硬皮的。
hárd cúrrency *n.* ⓊⒸ《經濟》强勢貨幣，硬通貨《指穩定可靠之貨幣；尤指能自由兌換他國貨幣之美元，西德馬克，英鎊，法國法郎等》。
hárd drúg *n.* Ⓒ《醫》成癮性毒品《使人生理與心理都上癮的毒品，如海洛英、嗎啡等》。
hárd-éarned *adj.* 辛苦得到的，憑血汗掙得的。
hard·en [ˈhardn̩; ˈhɑːdn] «hard 的動詞» —*v.t.* **1** 〔十受〕使〈物〉變硬，使…堅固，使…硬化(⟷ soften)：～ steel (淬火)煉鋼。**2** 〔十受〕使〈身體〉强健，鍛鍊…，使…剛毅。**3 a** 〔十受(十介十(代)名)〕使〈人、性格等〉〔對…〕變得冷酷無情；硬起〈心腸〉〔*against, toward*〕：～ one's heart [*oneself*] ***against*** [***toward***]... 對…硬起心腸。**b** 〔十受十介十(代)名〕使〈人〉〔對…〕無感覺〔*to*〕《★常用被動語態；⇨hardened》：He had *been* ～*ed* ***to*** all shame. 他已變得對一切羞恥麻木不仁。
4 〔十受〕使〈水〉變成硬質《★常用被動語態》。
—*v.i.* **1 a** 〈物〉變硬，硬化，凝固；變堅固。**b** 〈臉部表情〉繃緊，拘板，緊張。**2** 變强，變堅强；變强健。**3** 變冷酷無情，變殘酷，變無感覺。**4** 〈水〉變成硬質。
hárd·ened *adj.* 硬化的，變得堅固[强健]的；冷酷無情的，冷淡的，臉皮厚的；一成不變的；根深柢固的：a ～ criminal 慣犯，累犯。
hárd·en·ing [ˈhardn̩ɪŋ; ˈhɑːdn̩iŋ] *n.* **1** Ⓤ硬化。**2** Ⓒ硬化劑。
hárd-fávored *adj.* 面貌嚴厲的；面貌難看的；面目可憎的。
hárd-féatured *adj.* ＝hard-favored.
hárd-físted *adj.* **1** (因勞動而)雙手結實的。**2** 吝嗇的，小氣的。
hárd-hánded *adj.* **1** (特指因勞動而)手粗硬的。**2** 手段强硬的；嚴酷的，苛刻的。
hárd hát *n.* Ⓒ **1** 安全帽。**2** 《美》建築工人《★因頭戴安全帽，故名》。
hárd·hèad *n.* Ⓒ講求實際的人；不感情用事的人。
hárd·héaded *adj.* **1** (在工作方面等)實際的，現實的，脚踏實地的，精明的，冷靜的。**2** 頑固的，死腦筋的；一意孤行的。
hárd·héarted *adj.* 無情的，冷酷的，心腸硬的，薄情的。
～**·ly** *adv.* ～**·ness** *n.*
har·di·hood [ˈhardɪˌhud; ˈhɑːdihud] «hardy 的名詞» —*n.* **1** Ⓤ大膽；厚臉皮，厚顏無恥。**2** 〔十 *to* do〕[**the** ～]〈做…的〉厚臉皮：He had *the* ～ *to* deny the fact. 他竟然膽敢否認事實。
hár·di·ly [-dɪlɪ; -dili] *adv.* **1** 大膽地；剛毅地；厚顏地；魯莽地：He stared back ～. 他大膽地回瞪。**2** 刻苦耐勞地。
hárd knócks *n.* Ⓤ《口語》艱苦；挫折。
hárd lábor *n.* Ⓤ **1** 《法律》(做爲刑罰之)苦役，勞役：five years *at* ～＝five year's ～ 五年的苦役[勞役]。**2** 劇烈的勞動，苦活。
hárd líne *n.* Ⓒ(政治等之)强硬路線《★常用於下列成語》：take a ～ 採取强硬路線。
hárd-líne *adj.* [用在名詞前](主張)强硬論[路線]的：a ～ policy 强硬政策。
hárd-lín·er *n.* Ⓒ主張走强硬路線[採取强硬政策]之人。
hárd línes *n. pl.* 《英》苦境，不幸，壞運氣〔*on*〕：*H*～！運氣不好！《表同情》。
hárd lúck *n.* Ⓤ不幸，壞運氣：have ～ 運氣不好/That's ～！那眞不幸/*H*～！運氣不好！眞遺憾[可惜]！
hárd-lùck stóry *n.* Ⓒ(爲了引起他人同情之)有關自己不幸遭遇的故事。
‡**hard·ly** [ˈhardlɪ; ˈhɑːdli] *adv.* **1** 幾乎不…，殆不…，大概不…《★比較 須注意避免與 hard *adv.* 混淆》：I can ～ believe it. 我幾乎不能相信這件事/I gained ～ anything. 我幾乎一無所獲/*H*～ any money was left. 幾乎沒有一點錢剩下[留下]/"Did many people come?"—"No, ～ anybody." 「有許多人來嗎？」「幾乎沒有任何人(來)。」

【同義字】hardly 指幾乎沒有餘，其所表之語義接近否定；scarcely 所表之語義大致與 hardly 同，但 hardly 較常使用；barely 之否定語氣較 hardly 與 scarcely 弱。

語法 作 hardly 1 之義解時，其在句中之最普通之位置在其被修飾語之前，但句中有助動詞時則在助動詞之後，若助動詞有兩個以上時，則在第一個助動詞之後。⑴在形容詞之前：That is *hardly* true.(那件事大概不是眞的)/I had *hardly* any time.(我幾乎沒有什麼時間)。⑵在代名詞之前：*Hardly* anybody noticed it.(幾乎沒有人注意到這件事)。⑶在副詞之前：He *hardly* ever reads books now.(他現在很少看書)。⑷在動詞之前：I *hardly* know how to explain it.(我簡直不知道該怎麼解釋這件事)。⑸在助動詞之後：She can *hardly* endure the winter.(她簡直無法熬過這個冬天)/You would *hardly* have recognized him.(你也許會認不出他來)。

2 一點也[全然]不…，絕不…：This is ～ the time for going out. 現在絕不是外出的時間/I can ～ demand money from him. 我怎麼也不能向他要錢。
hárdly éver 很少…：He ～ *ever* smiles. 他很少有笑容。
hárdly... when [befóre] ... 剛…就(cf. SCARCELY...when [before], no SOONER...than)：The car *had* ～ start*ed when* I *heard* a man call my name.＝*H*～ *had* the car start*ed*.... 車子剛剛才發動我就聽到有個人喊我的名字《★比較 將 hardly 置於句首之用法屬文語》。
hárd·mouthed [ˈhardˈmauðd; ˌhɑːdˈmauðd] *adj.* **1** 〈馬等〉嘴硬

的；不易駕馭的。**2** 頑强的；難駕馭的。**3** 言語粗暴的。

hárd néws *n.* Ⓤ硬新聞《政治、外交方面的嚴肅新聞，有別於特寫報導等》。

hárd-nósed *adj.* 《口語》**1** 不屈不撓的；倔强的，頑固的。**2** 精明的；不講感情而只講實際的(unsentimentally practical)。

hárd-of-héaring *adj.* 聽覺不靈的；聽覺有問題的。

hárd-òn *n.* Ⓒ《鄙》勃起。

hárd pálate *n.* Ⓒ硬顎(↔ soft palate)。

hárd·pàn *n.* Ⓤ **1** 硬土層《在軟土下面由黏土、砂、石所構成之硬質地層》；堅硬的未開墾地。**2** 根基，基礎，根底；底價；(問題之)核心，本質〔*of*〕。

hárd-préssed *adj.* **1** 受强烈之壓力的；受緊壓的。**2** 財政緊迫的。

hárd science *n.* Ⓒ自然科學。

hard·scrab·ble [ˈhardˌskræbl; ˈhaːdskræbl] *adj.* 非常窮困的；辛苦勞動才能勉强維持生活的。

hárd séll *n.* Ⓤ[常 the ~]强力推銷(法)《强力地直接訴求商品優點的推銷[廣告](法)；↔ soft sell》。

hárd-séll *v.t.* 積極推銷。

hárd-sét *adj.* **1** 變硬的；堅硬的；凝固的。**2** 堅決的；頑固的。**3** 陷於困境的。

hárd-shéll(ed) *adj.* **1** 硬殼的。**2** 《口語》堅持己見的，頑固的，不妥協的。

hard·ship [ˈhardʃɪp; ˈhaːdʃip] *n.* ⓊⒸ艱難，辛苦，困苦，缺乏，困境《指金錢方面之貧窮，劇烈的勞動，或其他難以忍受之艱苦生活條件等》：bear [suffer] ~ 忍受苦難/the ~*s* of life in a city 都市生活的艱苦。

hárd stùff *n.* Ⓤ《俚》**1** 藥性强的麻醉藥。**2** 烈酒。

hárd·tàck *n.* Ⓤ硬麪包，硬餅乾《用作軍隊等之乾糧》。

hárd·tòp *n.* Ⓒ硬頂轎車《頂篷為金屬製而窗與窗之間無支柱之汽車》。

***hard·ware** [ˈhardˌwɛr; ˈhaːdwɛə] *n.* Ⓤ[集合稱] **1** 五金器具，鐵器類，五金類：a ~ house[《美》store] 五金行《★除五金器具之外，兼售坐鐘、電化用品等》。**2** (軍用之)武器[機材]類。**3** 硬體《電子計算機、視聽教室、太空船等所使用之器材設備的總稱；cf. software》。

hard·ware·man [ˈhardˌwɛrmən; ˈhaːdwɛəmən] *n.* Ⓒ(*pl.* **-men** [-mən; -mən])五金製造商；五金器具商。

hárd wáter *n.* Ⓤ硬水(↔ soft water)。

hárd-wéar·ing *adj.* 《英》〈衣服等〉耐穿的，耐用的(《美》longwearing)。

hárd·wòod *n.* **1** Ⓤ硬木，硬木材《如 oak, cherry, ebony, mahogany 等》。**2** Ⓒ闊葉樹。

***har·dy** [ˈhardɪ; ˈhaːdi] 《源自古法語「使成大膽」之義》—*adj.* (**har·di·er**; **-di·est**) **1 a** 〈人、動物〉能吃苦耐勞的，健壯的，强健的。**b** 〈植物等〉耐寒性的：a ~ annual 耐寒性的[經得起霜凍之]一年生植物/⇨half-hardy. **2** 〈運動等〉需要有耐力的。**3** 大膽的，有膽量的；臉皮厚的。**hár·di·ness** *n.*

Hardy

Har·dy [ˈhardɪ; ˈhaːdi], **Thomas** *n.* 哈代《1840–1928；英國小說家、詩人》。

hare [hɛr; hɛə] *n.* Ⓒ **1** 野兔(⇨rabbit[說明]，插圖)：First catch your ~ (then cook him).《諺》先逮着兔子(後再談烹調)；先確定事實，勿打如意算盤。**2** (撒紙追逐遊戲(hare and hounds)之)野兔角色。

(as) mád as a (Márch) háre (像三月裏交配期的野兔一樣)發瘋的，野性大發的；無常的，輕率的，粗暴的。

hare 1

【字源】野兔發情期在三月，此時它會十分興奮。在路易斯·卡洛(Lewis Carroll)的作品「愛麗絲夢遊仙境」(*Alice's Adventures in Wonderland*)中愛麗絲說：「三月的野兔發情若狂，現在是五月，大概它不會像三月時那樣狂暴吧！」

(as) tímid as a háre 極為膽怯的。

háre and hóunds Ⓤ追紙遊戲(paper chase)《一種兒童遊戲，由二人扮兔，邊撒碎紙邊逃，其餘之人則做獵犬隨後追趕》。

háre and tórtoise 龜兔賽跑《不憑才能而憑堅忍致勝之比賽、工作、事業等》。

rún with the háre and húnt with the hóunds 無定見[節操]；兩面討好。

stárt a háre (1)使野兔從穴中跳出。(2)(於辯論等)把話岔開主題，提出不相干之問題。

—*v.i.* 〔十副〕《英口語》快跑，逃跑，跑開〈*off, away*〉。

háre·bèll *n.* Ⓒ《植物》山小菜，藍鈴花《生長於乾燥土地之百合科植物，在夏、秋季開淡藍色花；cf. bluebell》。

harebell

háre·bráined *adj.* 輕率的，鹵莽的；急躁的。

háre·héarted *adj.* 膽小的，怯懦的。

háre·lìp *n.* ⓊⒸ唇裂，兔唇。**háre·lípped** *adj.*

ha·rem [ˈhɛrəm; ˈhaːriːm, ˈhɛərəm] 《源自阿拉伯語》—*n.* Ⓒ **1 a** 回教徒之婦女房[閨房]。**b** [集合稱]閨房中之婦女，女眷，妻妾。**2** [集合稱]《動物》共配一雄性動物的一羣雌性動物；《謔》與同一男人鬼混的一羣女人。

har·i·cot [ˈhærɪˌko; ˈhærikou] *n.* (又作 **háricot bèan**)Ⓒ扁豆，菜豆(kidney bean)。

ha·ri-ka·ri [ˈharɪˈkarɪ; ˈhaːriˈkaːri] *n.* = hara-kiri.

hark [hark; haːk] *v.i.* [主要用祈使語氣]《文語》聽(listen)〔*at, to*〕：*H*~ (ye)！聽！/Just ~ at him！[當反語用]《英口語》(且)聽他(在胡說)！

Hárk awáy [fórward, óff]！《*vi adv*》追！去！跑！《嗾狗之吆喝聲》。

hárk báck 《*vi adv*》(1)〈獵犬〉循原路而返以找嗅跡。(2)談及〔過去等〕之快樂回憶〔*to*〕(★可用被動語態)：~ *back to* one's childhood [the past]說起小時候[從前]之快樂回憶。

hark·en [ˈharkən; ˈhaːkən] *v.i.* =hearken.

Har·lem [ˈharləm; ˈhaːləm] *n.* 哈林區。

【說明】位於紐約(New York)市中心曼哈坦島(Manhattan)中間的中央公園(Central Park)北側約四公里處，是美國最大的黑人住宅區。現在的建築物大都建於 1910 年以前，由於黑人人口增加，白人無法居留，而有許多地方已成為貧民區。據說犯罪率是全美第一。為重整市容，該區也有許多高樓在興建中。

har·le·quin [ˈharləkwɪn; ˈhaːlikwin] *n.* Ⓒ **1** [常 H~]哈勒昆《啞劇(pantomime)中主角，為老丑角(Pantaloon)之僕役，柯倫萍(Columbine)之愛人》。**2** (啞劇或芭蕾舞劇中之)諧角《剃光頭，帶假面具，穿雜色服裝而手持木劍者》。

Harlequin 1

har·le·quin·ade [ˌharləkwɪnˈed; ˌhaːlikwiˈneid] *n.* Ⓒ(啞劇中)哈勒昆出場之場面[諧角戲]。

Hár·ley Strèet [ˈharlɪ-; ˈhaːli-] *n.* 哈利街《倫敦街名；為著名醫師聚居之地區》；哈利街之醫師們。

har·lot [ˈharlət; ˈhaːlət] *n.* Ⓒ **1** 《古》娼妓，妓女。**2** 人盡可夫之女人。—*v.i.* 〈女人〉賣身，賣春。

‡harm [harm; haːm] *n.* Ⓤ **1** (精神上、肉體上、物質上之)害，傷害，危害：Bad books do more ~ than bad companions. 壞書比壞朋友害處更大/He has done more ~ than good. 他之所為害多於利/No ~ done. 無人受傷，全體平安無事/I meant no ~. 我(說那種話)並沒有惡意。**2** 〔…之〕害處，妨礙，不妥〔*in*〕：I see [There is] no ~ *in* your try*ing* the experiment. 你不妨試做一下這項實驗/What [Where] is the ~ *in* accept*ing* the proposal？接受那提議有什麼[有哪一點]不好？

còme to hárm [常用於否定句]受害，吃大虧，遭不幸，吃苦頭，受不良影響：He *came to no* ~. 他沒有受害。

òut of hárm's wáy 在安全之處，安然無恙地，無害地，無事地。

—*v.t.* 〔十受〕危害，加害，傷害，損害…：Most animals won't ~ you unless they are frightened. 除非受到驚嚇，大多數動物不會危害人/⇨ would not harm a FLY[2].

***harm·ful** [ˈharmfəl; ˈhaːmful] *adj.* (**more** ~；**most** ~) **1** 有害的：a ~ insect 害蟲/How ~ is coffee？咖啡對身體有害到什麼程度[害處有多大]？**2** [不用在名詞前]〔十介十(代)名〕〔對…〕有害的，有害〔於…〕的〔*to*〕：Too much drinking is ~ *to* (the) health. 飲酒過度有害健康。

~**·ly** [-fəlɪ; -fuli] *adv.* ~**·ness** *n.*

hárm·less *adj.* **1** 無害(處)的，不危害的，不加害的，無損害的；無辜的，無惡意的：a ~ insect [snake]無害的昆蟲[蛇]。**2** [不用在名詞前]〔十介十(代)名〕〔對…〕無害的，不加害〔於…〕的〔*to*〕：This drug kills germs but is ~ *to* pets and people. 這種藥劑殺菌但對寵物和人無害。

~**·ly** *adv.* ~**·ness** *n.*

har·mon·ic [harˈmanɪk; haːˈmɔnik] 《harmony 的形容詞》—*adj.* **1** 《古》調和的，和諧的。**2** 《音樂》和聲的，和音的，悅耳的：a ~ tone 泛音，和音。**3** 《數學》調和的。

H

—*n.* 1 Ⓒ《物理・音樂》泛音(overtone). 2 [~s]《無線》高調波。

har·món·i·cal·ly [-kḷɪ; -kəli] *adv.*

har·mon·i·ca [harˋmanɪkə; hɑːˈmɔnikə] *n.* Ⓒ 口琴 (mouth organ).

harmónic progréssion *n.* Ⓒ《數學》調和級數。

har·mon·ics [harˋmanɪks; hɑːˈmɔniks] *n.* Ⓤ《音樂》和聲學《研究 harmony 之性質及作曲技巧之學科》。

har·mo·ni·ous [harˋmonɪəs; hɑːˈmounjəs ˉ] «harmony 的形容詞»—*adj.* (more ~; most ~) 1 **a** 調和的: ~ colors 調和的色調。**b** 融洽的, 和睦的: a ~ family [couple] 和睦的一家人[夫妻]。2《音樂》和音的, 和聲的; 和諧的, 悅耳的。

~·**ly** *adv.* ~·**ness** *n.*

har·mo·nist [ˋharmənɪst; ˈhɑːmənist] *n.* Ⓒ 和聲學者; 對和聲有特長的作曲家。

har·mo·ni·um [harˋmonɪəm; hɑːˈmounjəm] *n.* Ⓒ 簧風琴《reed organ 之一種; 尤指用風箱擠壓空氣以吹響笛簧之腳踏式(小)風琴》。

har·mo·ni·za·tion [ˌharmənaɪˋzeʃən; ˌhɑːmənaiˈzeiʃn] «harmonize 的名詞»—*n.* Ⓤ 調和; 一致, 變得和諧[融洽]。

har·mo·nize [ˋharməˌnaɪz; ˈhɑːmənaiz] «harmony 的動詞»—*v.t.* 1 **a** 〔十受〕使〈相異之事物〉調和, 使…一致, 使…融洽; 調停…: ~ two different opinions 把兩種不同意見調和折衷一下。**b** 〔十受十介十(代)名〕使…〔與…〕調和, 使…〔與…〕一致〔*with*〕: ~ one's ideas ***with*** reality 使觀念與現實一致。2 〔十受〕《音樂》加調和音於…, 加上和聲於…: ~ a melody 把(低音的)和聲加於旋律中。

—*v.i.* 1 **a** 〈色彩、樣式等〉調和, 相稱, 相配; 和諧, 一致, 諧調。**b** 〔十介十(代)名〕〔與…〕調和, 一致〔*with*〕: Their costumes ~*d* ***with*** the background. 他們的戲裝與背景相稱。

2《音樂》加調和音; 和諧地演奏[唱]。

***har·mo·ny** [ˋharmənɪ; ˈhɑːməni] «源自希臘文「音樂上的一致」之義»—*n.* 1 Ⓤ [有時 **a** ~] 調和, 一致, 和諧, 和睦, 融洽: in [out of] ~ (*with*...)(與…)調和[不調和]。

2 ⓊⒸ《音樂》諧調, 和聲, 和音(↔ discord).

the hármony of the sphéres =the MUSIC of the spheres.

har·ness [ˋharnɪs; ˈhɑːnis] «源自古法語「武具」之義»—*n.* Ⓒ [常用單數; 集合稱爲Ⓤ] 1 (馬車、馬之)馬具。2 似馬具之物《降落傘的背帶、牽小孩走路之繩帶等》。

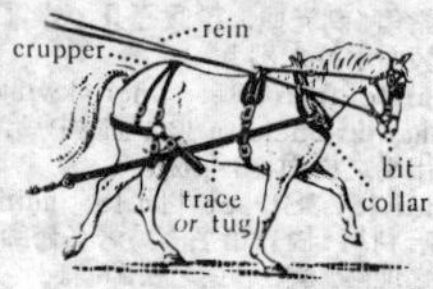

harness 1

díe in hárness 死於現職, 殉職: The old man says that he intends to *die in* ~. 那老人說他打算工作到死。

gèt báck ìnto hárness 回到平常的工作崗位。

—*v.t.* 1 **a** 〔十受〕給〈馬〉繫上馬具, 以馬具束〈馬〉。**b** 〔十受(十副)十介十(代)名〕以馬具繫〈馬〉〔於馬車等〕〈*up*〉〔*to*〕: ~ (***up***) a horse ***to*** a carriage 將馬繫於馬車。**c** 統制, 管理…。2 〔十受〕支配利用〈風、水等〉之動力: The Aswan Dam ~*ed* (the waters of) the Nile. 阿斯安水壩利用尼羅河(的水流)產生動力。

Har·old [ˋhærəld; ˈhærəld] *n.* 哈羅德《男子名; 暱稱 Hal》.

harp [harp; hɑːp] *n.* Ⓒ 豎琴: play the ~ 彈奏豎琴。

—*v.i.* 彈奏豎琴。

harp on [《*vi prep*》 ∽ on...] (1)反覆申說…之苦[悲傷]《★可用被動語態》: ~ *on* the death of one's daughter 反覆申說喪女之苦。—[《*vi adv*》 ∽ ón] (2)囉嗦, 嘮叨: Stop ~*ing on* like that. 別再那樣嘮叨。(3)囉囉嗦嗦說〔…〕, 反反覆覆講〔…〕〔*about*〕: Why do you keep ~*ing on about* the same grievance? 你爲什麼一直反覆發同樣的牢騷?

harpoon

hárp·ist [-pɪst; -pist] *n.* Ⓒ 豎琴彈奏者, 豎琴家。

har·poon [harˋpun; hɑːˈpuːn] *n.* Ⓒ (捕鯨用之)魚叉, 銛。

—*v.t.* 把魚叉射入〈鯨魚等〉, 用銛殺死…。

~·**er** *n.*

harpóon gùn *n.* Ⓒ 發射鯨叉之砲。

harp·si·chord [ˋharpsɪˌkɔrd; ˈhɑːpsikɔːd] *n.* Ⓒ 大鍵琴《鋼琴之前身, 風行於十六至十八世紀, 現仍被使用之一種鍵盤樂器》。

har·py [ˋharpɪ; ˈhɑːpi] *n.* Ⓒ 1 [常 H~]《希臘神話》哈爾比《首及身似女人而有鳥類尾巴及爪之貪婪怪物之一》。2 貪婪無饜之人; 貪婪兇惡之女人。

har·que·bus [ˋharkwɪbəs; ˈhɑːkwibəs] *n.* Ⓒ 火槍。

harpsichord

har·ri·dan [ˋhærədən; ˈhæridən] *n.* Ⓒ 惡婆, 惡婦; 年老色衰之娼妓。

har·ri·er[1] [ˋhærɪə; ˈhæriə] «源自「追野兔(hare)者」之義»—*n.* 1 Ⓒ 獵兔狗《較 foxhound 小, 用以獵野兔》。

2 [~s] 獵兔之獵人與獵狗《總稱》。

3 Ⓒ 越野賽跑者。

har·ri·er[2] [ˋhærɪə; ˈhæriə] «源自 harry»—*n.* Ⓒ 1 掠奪者; 侵略者。

2 困擾者。

Har·ri·et, Har·ri·ot [ˋhærɪət; ˈhæriət] *n.* 哈莉艾特《女子名; 暱稱 Hatty》.

Harpy 1

Har·ro·vi·an [həˋrovɪən; həˈrouvjən] «Harrow 的形容詞»—*adj.* 哈洛學校 (Harrow School)的。

—*n.* Ⓒ 哈洛學校之學生[校友]。

har·row [ˋhæro; ˈhærou] *n.* Ⓒ 耙子《耙掘田地用之農具》。

—*v.t.* 1 用耙子耙掘〈土地〉, 用耙子耙平。

2 (在精神上)使〈人〉痛苦, 使…悲傷, 使…苦惱《★常用被動語態, 介系詞爲 *with*》: He *was* ~*ed* ***with*** guilt. 他內疚於心, 深感不安。

—*v.i.* 〈土地〉受耙, 被耙鬆。

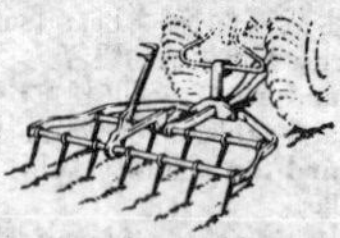
harrow

Har·row [ˋhæro; ˈhærou] *n.* 哈洛《London西北部之自治區; 1571 年創立之著名私立寄宿中學 (public school) 哈洛學校 (Harrow School) 所在地》。

hár·row·ing *adj.* 令人痛心的, 悲慘的。

har·ry [ˋhærɪ; ˈhæri] *v.t.* 1 一再地攻擊; 侵犯, 侵略, 蹂躪, 掠奪〈敵人等〉: Guerrillas *harried* our rear. 游擊隊執拗地攻擊我們的後方。2 **a** 〔十受〕不斷地困擾〈人〉, 使…苦惱 (harass). **b** 〔十受十介十(代)名〕糾纏不休地向〈人〉要求[催促]〔…〕〔*for*〕.

Harrow School

Har·ry [ˋhærɪ; ˈhæri] *n.* 哈利《男子名; Henry 之暱稱》。

harsh [harʃ; hɑːʃ] *adj.* (~·er; ~·est) 1 **a** 〈物〉粗糙的: a ~ texture 粗糙的紡織品質地/ ~ *to* the touch (手)摸起來粗糙的。**b** 〈聲音〉刺耳的, 〈色彩等〉刺眼的; 令人不舒服的: a ~ voice 刺耳的聲音/in the ~ glare of the sun 在刺眼的強烈陽光裏。

2 **a** 〈人、處罰等〉嚴厲的, 苛刻的; 殘酷的, 無情的; 難聽的; 刻薄的: a ~ master 嚴厲的主人/~ punishment 嚴罰。**b** [不用在名詞前] 〔十介十(代)名〕〔對…〕嚴厲的〔*to, with*〕: She was ~ ***to*** [***with***] her servants. 她待傭人苛刻。

~·**ly** *adv.* ~·**ness** *n.*

hart [hart; hɑːt] *n.* Ⓒ《英》雄鹿《尤指五歲以上之雄性赤鹿 (red deer)》.

har·tal [harˋtal; hɑːˈtɑːl] *n.* ⓊⒸ (印度甘地派之)杯葛運動; (印度民族運動者對英國貨之)消極抵制運動。

har·te·beest [ˋhartəˌbist; ˈhɑːtibiːst] *n.* Ⓒ (*pl.* ~**s**, [集合稱] ~)《動物》狷羚《產於非洲大陸》。

hárts·hòrn *n.* 1 Ⓒ 雄鹿之角。2 Ⓤ 鹿角精。

har·um-scar·um [ˋhɛrəmˋskɛrəm; ˌheərəmˈskeərəm ˉ] *adj.* & *adv.* 輕率的[地]; 混亂的[地]; 慌張的[地], 冒失的[地], 鹵莽的[地]。

—*n.* Ⓒ 鹵莽之人[行爲], 冒失鬼。~·**ness** *n.*

Har·vard [ˋharvəd; ˈhɑːvəd] *n.* 哈佛大學《在麻薩諸塞州 (Massachusetts) 劍橋 (Cambridge) 市之美國最古老大學, 創立於 1636 年》。

***har·vest** [ˋharvɪst; ˈhɑːvist] «源自古英語「收穫期, 秋」之義»—*n.* 1 Ⓒ (穀物、水果、蔬菜等之)收穫, 收割, 採收, 收成: this year's rice ~ 今年米的收穫。

2 Ⓒ **a** (穀物、水果等)收穫物, 農作物, 產物: an oyster ~ 牡

穫的收穫/reap [gather] a ~ 收割[採收]作物。**b** (一季之)收穫[採收]量：an abundant [a good, a rich] ~ 豐收/a bad [poor] ~ 歉收。
3 Ⓒ收割期，收穫期。
4 [用單數](工作、行爲之)結果，成果，報酬〔*of*〕：reap the ~ *of* one's labors 獲得辛勞的成果/The research yielded [produced] a rich ~. 該項研究有[帶來]了豐碩的成果。
—*v.t.* **1 a** 收割〈穀物〉，收穫，採收；貯藏：~ crops 收割農作物。**b** 自〈田地等〉收割農作物。**2** 獲得〈行爲、努力之結果〉。
—*v.i.* 收穫。
hár·vest·er *n.* Ⓒ **1** 收穫者，收割工人(reaper). **2** 收割機(cf. combine 2).

harvester 2

hárvest féstival *n.* Ⓒ《英》收穫節《感謝豐收之教會祭典》。
hárvest hóme *n.* ⓊⒸ **1** [農作物的]收穫歸倉，收割結束；收穫期。**2 a** (英國之)收穫節。**b** 收穫節所唱之歌。
hárvest·man [-mən; -mən] *n.* Ⓒ (*pl.* **-men** [-mən; -mən]) **1** 收割者。**2**《動物》盲蛛。
hárvest móon *n.* Ⓒ秋分前後之滿月《據稱將使穀物結實豐碩》。
hárvest móuse *n.* Ⓒ《動物》茅鼠《歐洲產的小型鼠，築巢於穀莖叢間》。
hárvest·tìme *n.* Ⓤ收穫期。
Har·vey ['hɑrvɪ; 'hɑ:vi] *n.* 哈維《男子名》。
‡**has** [*v.* hæz; hæz; *aux.* (輕讀) həz, əz; həz, əz; (重讀) hæz; hæz] *v.* have 之直說法第三人稱單數現在式。
hás-bèen *n.* Ⓒ《口語》曾經紅極一時[全盛時期已過]的人[物]；跟不上時代的人，過時的人[物]。
hash[1] [hæʃ; hæʃ] *n.* **1** ⓊⒸ熟肉末炒馬鈴薯泥；切細[剁碎]作成之菜餚；《口語》食物。**2** Ⓒ重申，重新作[拼湊]〔*of*〕. **3** [a ~] 拼湊而成之物，大雜燴：make a ~ of... 將〈工作等〉弄糟[搞得一團糟]。
séttle a person's **hásh**《口語》使(難對付之)人服貼，使某人啞口無言，使某人屈服而不再找麻煩。
—*v.t.* 〔十受十副〕 **1** 將〈肉〉切細，剁碎〈*up*〉. **2** 弄糟…〈*up*〉.
hásh óut《*vt adv*》《口語》徹底討論後解決〈困難之問題等〉。
hash[2] [hæʃ; hæʃ] «hashish 之略» **—*n.*** Ⓤ《俚》印度大麻葉製造之一種麻醉藥。
hash·eesh ['hæʃiʃ; 'hæʃi:ʃ] *n.* ＝hashish.
hásh·hèad *n.* Ⓒ《俚》(吸食麻醉品或大麻的)癮君子。
hash·ish ['hæʃiʃ; 'hæʃi:ʃ] «源自阿拉伯語» **—*n.*** Ⓤ經過乾燥之印度大麻葉《爲一種麻醉藥；cf. hemp 2》.
‡**has·n't** ['hæznt; 'hæznt] **has not** 之略。
hasp [hæsp; hɑ:sp] *n.* Ⓒ **1** 搭扣，鎖搭。**2** 一束紗或線。**—*v.t.*** 用搭扣扣上…。
has·sle ['hæsl; 'hæsl]《美口語》*n.* Ⓒ **1** 口角，激烈之爭論。**2** 費力氣之工作[事]。
—*v.i.* 〔動(十介十(代)名)〕〔與人〕口角，激烈地爭論〔*with*〕. **—*v.t.*** 使〈人〉困擾。

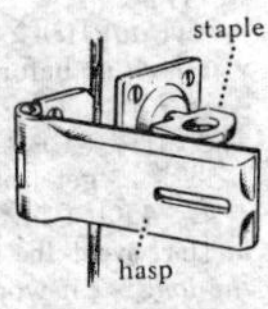

hasp 1

has·sock ['hæsək; 'hæsək] *n.* Ⓒ **1 a** 膝墊《祈禱時下跪用》。**b** 一種有墊之腳榥。**2** ＝tussock.
hast [*v.* hæst; hæs; *aux.* (輕讀) həst, əst; həst, əs; (重讀) hæst; hæst] *v.*《古》have 之第二人稱單數直說法現在式《★用法 在以 thou 爲主詞時使用；cf. hadst》：thou ~ ＝you have.
***haste** [hest; heist] *n.* Ⓤ **1** 緊迫，急速《★比較 爲較 hurry 形式化之用語》：in hot [great] ~ 急速地，緊急地，趕緊地/make ~《文語》趕緊，趕快《★比較 日常口語中常用 hurry》.
2 著急，匆忙，急忙，性急；輕率：*H*~ makes waste.《諺》忙中有錯，欲速則不達/More ~, less [worse] speed.＝Make ~ slowly.《諺》欲速則不達。
in háste (1)倉促地，急忙地，匆忙地，驚慌地；貿然，草率地(in a hurry). (2)[用於書信之結尾語]草上，匆覆：*In* ~, Smith 史密斯草上。
—*v.i.*《古》＝hasten.
has·ten ['hesn; 'heisn] «haste 的動詞» **—*v.t.*** 〔十受(十副)〕催促〈人、行動〉，促進…；使…加快，加速〈*along*〉《★比較 較 hurry 形式化之用語》。
—*v.i.* **1** 〔十副詞(片語)〕趕快，急行，趕緊去：~ *out of* the house 趕快出門/ ~ *across* the street 趕快越過街道/He ~*ed downstairs* [*to* school]. 他趕緊下樓[去上學]。
2 〔十 *to* do〕匆匆〈做…〉：I ~ *to* reply to your letter. 匆匆敬覆大函。
***hast·i·ly** ['hestɪlɪ; 'heistili] *adv.* (**more** ~; **most** ~) **1** 急忙地，急速地，倉促地，驚慌地。**2** 貿然，草率地，率爾地。
Has·tings ['hestɪŋz; 'heistiŋz] *n.* 哈斯丁斯《英格蘭東薩西克斯郡(East Sussex)東南岸之海港城市，征服者威廉(William the Conqueror)所率領之諾曼(Norman)人於 1066 年在此地擊敗英軍》。
hast·y** ['hestɪ; 'heisti] «haste 的形容詞» **—*adj. (**hast·i·er**; **-i·est**) **1** 匆匆做[作]的；急忙的，匆匆忙忙的，倉促的《★比較 爲較 quick 拘泥之用語》：have a ~ breakfast 匆匆地吃早餐/make a ~ departure 匆匆地出發。**2** 貿然的，冒失的，輕率的，草率的：come to [draw] a ~ conclusion 貿然斷定。**3** 性急的，壞脾氣的，易怒的：~ words 一時性急的氣話/a ~ temper 易怒的脾氣。**hást·i·ness** *n.*
hásty púdding *n.* ⓊⒸ **1**《美》玉米粥。**2**《英》速成布丁《將小麥粉或麥片放入煮開的牛奶或開水中，混合而成的布丁》。
‡**hat** [hæt; hæt] *n.* Ⓒ **1** (有帽簷之)帽。

> **【同義字】**cap 指無帽簷或如棒球帽、鴨嘴帽等僅在前方有帽簷之帽；女用帽稱 hat 與其有無帽簷無關。
> **【說明】**hat 對女性而言爲其服飾之一，在室內、拜訪他人或用餐時都可以不脫下帽子，在劇場時，若是大帽子必須脫下來才合乎禮儀。男性在室內必須脫下帽子，且在室外與女性、牧師、長輩談話時也要脫下帽子，在電梯與女性一起時，即使不認識對方也要脫下帽子；cf. etiquette**【說明】**

各種 hats 1

2 [bad ~]《英俚》行爲不好[不老實]的人。
(as) **bláck as** one's **hát** 純黑的，漆黑的。
at the dróp of a hát ⇨ drop.
háng úp one's **hát** (1)停止從事慣常之活動《尤指長年做慣之工作》。(2)死(die).
háng úp one's **hát in anóther's hóuse** 長久待在他人家裏做客。
hát in hánd (1)把帽子(像按在胸前似地)拿在手裏《表示敬意》。(2)＝CAP in hand.
I'll éat my hát if....《口語》我打賭絕對不會…《我打賭，如果…我就吃帽子》。
líft one's **hát** 把帽稍微(自頭上)舉起《致意》。
My hát!《俚》唉呀！天啊！
óld hát ⇨ old hat.
páss (**róund**) [**sénd róund**] **the hát**＝**gò róund with the hát** 募捐。
ráise [**tàke óff, tóuch**] one's **hát** 舉[脫，觸]帽〔向人〕致意[打招呼]〔*to*〕.
tàke one's **hát óff to...** 對〈人〉表示敬意；讚美…。
tálk through one's **hát**《口語》說大話，吹牛，不知眞相而信口亂說。
thrów [**tóss**] one's **hát in the ríng** (1)宣布出場。(2)出馬競選。
ùnder one's **hát**《口語》秘密地：Don't tell it to anybody; keep it *under* your ~. 不要告訴任何人，要保守秘密。
wéar twó [**mány**] **háts**《口語》一人兼兩[多]職，一人扮演兩個[許多]角色。
—*v.t.* (**hat·ted**; **hat·ting**) 〔十受〕給〈人〉戴帽《★通常用被動語態》。
hát·bànd *n.* Ⓒ帽上之緞帶；帽上服喪之黑帶。
hát·bòx *n.* Ⓒ帽盒。
hatch[1] [hætʃ; hætʃ] *v.t.* 〔十受(十副)〕 **1** 孵〈蛋〉，自蛋中孵出〈小雞〉〈*out*〉：~ an egg 孵蛋/⇨ count one's CHICKENS before they are *hatched*. **2** 策劃，圖謀，醞釀，(暗中)擬定；設計，準備，

安排〈陰謀、計畫等〉〈*up*〉：～ a conspiracy 策劃陰謀。
—*v.i.*〔動(十副)〕〈蛋〉孵化；〈小鷄〉出殼〈*out*〉.
—*n.* Ⓒ **1** 孵化。
2 一窩所孵之小雞(等)。
hátches, cátches, mátches, and dispátches《諧》(報紙上之)出生、訂婚、結婚、死亡消息欄。

hatch[2] [hætʃ; hætʃ] *n.* Ⓒ **1 a** (船隻甲板之)昇降口蓋，艙口，艙門。**b** (飛機之)艙門。**c** (坦克車等之)頂門。
2 a (厨房與餐廳間之)遞菜口。**b** 半門，(大門上或大門旁之)小門，便門(wicket).
3 閘門(flood gate).
Dówn the hátch!《口語》乾杯！《★將 hatch 1 a 比喻成 mouth 而來》。
ùnder hátches (1)《航海》在甲板下；非值勤[值班]的；被禁閉的。(2)屈從的；沮喪的。(3)已死的。

hatch[3] [hætʃ; hætʃ] *v.t.*《製圖・雕刻》畫[刻]細密的平行線於…，加影線於…。
—*n.* Ⓒ《製圖・雕刻》影線。

hátch·bàck *n.* Ⓒ《汽車》**1** 裝有向上開之門之後部。**2** 後背裝有向上開之門之汽車。

hatchback 2

hát·chèck *adj.* [用在名詞前]《美》保管(衣帽等)寄存物(之用)的：a ～ girl 衣帽間女服務生。

hatch·er·y [ˈhætʃərɪ; ˈhætʃəri] *n.* Ⓒ魚卵孵化場；大型幼豬養殖場。

hatch·et [ˈhætʃɪt; ˈhætʃit] *n.* Ⓒ **1** 手斧，小斧頭《柄短而較 ax(e) 小之斧頭》。**2** (北美印地安人之)鉞[戰斧](tomahawk).
búry the hátchet《口語》修睦，休戰，媾和《★源自北美印地安人於媾和時將戰斧埋於土中之習俗》。

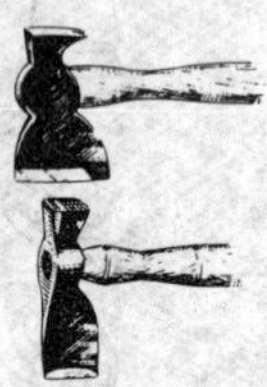
hatchet 1

hátchet fàce *n.* Ⓒ瘦削之臉。
hátchet-fáced *adj.* 面貌瘦削的。
hátchet màn *n.* Ⓒ《美口語》**1** (尤指職業)殺手，刺客。**2** (受雇)撰寫中傷他人之報導的記者(等)。
hátch·ing *n.*《製圖》Ⓤ **1** [集合稱](由細密平行線所成之)影線。**2** (加)影線。
hatch·ment [-mənt; -mənt] *n.* Ⓒ《紋章》忌中紋標《方形黑框中畫死者之紋章者，揭於門前或墓前》。
hátch·wày *n.* Ⓒ(船隻甲板之)昇降口，艙口。

‡**hate** [het; heit] *v.t.*《★通常無進行式》**1**〔十受〕憎恨，憎惡，極度地討厭，厭惡…《★比較 具有感情較 dislike, do not like 更强烈之意義》：She ～*s* cats. 她很討厭貓/He ～*d* uniforms of any kind. 凡是制服他都討厭。

【同義字】hate 指心懷敵意或惡意强烈地厭惡；detest 指心懷輕蔑强烈地厭惡。

2 a〔十 *to* do/十do*ing*〕**不喜歡**，不願意〈做…〉：I ～ *to* disturb you. 我很不願意打擾你/I ～ get*ting* to the theater late. 我不喜歡上劇場遲到/Mother ～*s* my eat*ing* peas with a knife. 母親不喜歡我用刀子吃豌豆。**b**〔十受十 *to* do/十受十do*ing*〕不喜歡…〈做…〉，不願意讓…〈做…〉：She ～*d* her husband *to* use such vulgar words. 她不高興丈夫用那種粗魯的字眼/I ～ anyone talk*ing* [～ *to* have anyone talk] shop at a party. 我受不了在社交聚會上聽人談生意經。
3《口語》〔十 *to* do/十do*ing*〕遺憾〈做…〉：I ～ not *to* see [not see*ing*] you any more. 我很遺憾不能再見到你。
háte a person's **gúts** ⇨gut.
—*n.* **1** Ⓤ憎恨，憎惡《★比較 hatred 常表某人實際對他人或某物所懷之具體之感情；hate 常表不屬某人，而是一般普通而抽象之感情，較屬文語，多用於詩中》：love and ～ 愛與恨/be filled with ～ *for*... 對〈敵人等〉充滿憎恨，對…恨之入骨。**2** Ⓒ《口語》極度厭惡之人[物]：one's pet ～ 討厭的人[東西]。

háte càll *n.* Ⓒ故意騷擾人的(無聊的)電話。
hate·ful [ˈhetfəl; ˈheitful] *adj.* 可恨的，很討厭的，可惡的。
～**·ly** [-fəlɪ; -fuli] *adv.* ～**·ness** *n.*
háte màil *n.* Ⓒ故意騷擾人的(無聊的)信。
háte·mònger *n.* Ⓒ挑撥他人使對某人[某一集團]懷恨者。
hát·er *n.* Ⓒ[對人、事物]感厭惡[憎恨]的人〔*of*〕：a ～ *of* formality 討厭拘泥形式的人。
hat·ful [ˈhætˌful; ˈhætful] *n.* Ⓒ **1** 一帽所裝之量。**2** 很多。
hath [*v.* hæθ; hæθ; *aux.* (輕讀) həθ, əθ; həθ, əθ; (重讀) hæθ; hæθ] *v.*《古・詩》have 之直說法第三人稱單數現在式：he ～ = he has.

hát·less *adj.* 沒戴帽的，無帽的。
hát·pìn *n.* Ⓒ(從前女帽的)別針。
hát ràck, hát·ràck *n.* Ⓒ帽架。

*__ha·tred__ [ˈhetrɪd; ˈheitrid]《hate 的名詞》**—*n.*** Ⓤ[又 **a** ～](由厭惡、仇恨等而產生之)**怨恨**，憎惡；仇恨；《口語》討厭〔*of, for*〕《★比較 較 hate 更爲具體而較偏向於個人之情形》：have *a* ～ of [for]... 痛恨…；《口語》恨透…，討厭透…/in ～ of... 由於憎恨…而，痛恨…之餘。

hát·ter *adj.* 製帽人；帽商。
(as) mád as a hátter《口語》發狂；狂怒，氣瘋。

【字源】源自做帽子的人的故事。他總是把所有的東西送給窮人，自己卻到山上採拾植物度日。又有一說乃源自做帽子的人爲了製作氈帽而使用藥物，結果患上舞蹈症，看來像個瘋子。也有一種說法不認爲 hatter 是製帽商，而是一種毒蛇，其毒液會使人瘋狂。在路易斯・卡洛(Lewis Carroll)的小說「愛麗絲夢遊仙境」(*Alice's Adventures in Wonderland*)中使用此語之後才成爲普遍化的成語。

hát trèe *n.* **1** = clothes tree. **2** = hallstand.
hát trick *n.* Ⓒ **a** (板球賽)以三個球將對方三名打擊手三振出局。**b** (足球、曲棍球賽等)一個人在一場比賽中獨得三分。

【字源】源自板球的說法。從前板球投手(bowler)如果能將對方打者三振，則贈以一頂新帽子嘉許其球技(trick「妙技」之義)。

Hat·ty [ˈhætɪ; ˈhæti] *n.* 海蒂《女子名，Harriet, Harriot 之暱稱》。
hau·berk [ˈhɔbɝk; ˈhɔːbəːk] *n.* Ⓒ(中世紀之)連環甲，鱗鎧，鎖子甲。
haugh·ty [ˈhɔtɪ; ˈhɔːti]《源自古法語「高的」之義》**—*adj.*** (**haugh·ti·er; -ti·est**)〈人、行爲等〉傲慢的，高傲的，不遜的。
háugh·ti·ly [-tɪlɪ; -tili] *adv.* **-ti·ness** *n.*

haul [hɔl; hɔːl] *v.t.* **1**〔十受(十副詞(片語))〕(用力)拖，拉，牽引，曳，繞拉…：The fishermen were ～*ing in* [*up*] the net. 漁夫們正在把網拉進[上]/The horses ～*ed* the logs *to* the mill. 那些馬把圓木拖到製材廠/Let's ～ the boat *up on* the beach. 我們來把小船拖到海灘上。
2 (用火車、船等)運輸…，搬運：～ freight 運輸貨物。
3〔十受十副詞(片語)〕《航海》使〈船〉改變航向。
—*v.i.* **1**〔動(十介十(代)名)〕拖，拉，牽引，曳〔*at, on, upon*〕：All ～ together! One, two, three, ～! 大家一起拉！一，二，三，拉！/～ *at* [*on*] a rope (使勁地)拉繩。
2〔十副詞(片語)〕《航海》改變航向；〈風〉改變方向：The sailboat ～*ed round* [*into* the wind]. 那艘帆船轉了彎[轉向上風]。
hául dówn one's [**the**] **flág** [**cólors**] 偃旗息鼓；投降。
hául óff《*vi adv*》《美俚》縮回手臂(以便打人)；擺好架勢準備一拼：He ～*ed off* on me. = He ～*ed off* and hit [slugged] me. 他(突然)把手臂往後一縮就打了我。
hául a person **òver the cóals** ⇨ coal.
hául úp《*vi adv*》(1)《航海》〈船〉改變航向；轉向上風。(2)〈船〉停止；停步。
—《*vt adv*》(3)⇨ *v.t.* 1. (4)《口語》傳喚〈某人〉(到法庭等)：He was ～*ed up* before the judge. 他被傳喚到法官面前。
—*n.* **1** [**a** ～]用力拖；牽引，拉，曳，繞拉。**2** [**a** ～；與修飾語連用]搬運(距離)，運輸(距離)：*a* long ～ 長距離。**3** Ⓒ一網(之漁獲)：get [make] a fine [good, big] ～ 捕到大量魚，大撈一筆。**4** Ⓒ(尤指贓物等之)收穫，利潤。
in [**for, òver**] **the lóng hául** 經過一段長時間，終歸，終究：*In the long* ～, it won't make much difference. 以長遠的眼光來看那不會有多大變化[那不會起多大作用]。

haul·age [ˈhɔlɪdʒ; ˈhɔːlidʒ] *n.* Ⓤ **1** 牽引。**2** 運輸(業)。**3** 牽引力，牽引量。**4** 運輸費，拖運[牽引]費。
hául·er *n.* Ⓒ拖運者，搬運者，搬運工，運輸業者。
haul·ier [ˈhɔljɚ; ˈhɔːljə] *n.*《英》= hauler.
haulm [hɔm; hɔːm] *n.* Ⓤ[集合稱]《英》(收成後之)豆類、馬鈴薯等之殘莖；麥桿，稻草。
haunch [hɔntʃ; hɔːntʃ] *n.* Ⓒ **1** [常 ～**es**](人、動物之)臀部：sit on one's ～*es* 蹲。**2** (做爲食品之)動物之腿與腰部。
háunch bòne *n.* = hipbone.

haunt [hɔnt; hɔːnt] *v.t.*〔十受〕**1** 常去，常到〈場所〉《★通常無進行式》：He ～*s* bars. 他常上酒吧。
2〈鬼魂等〉出現於〈某地〉，出沒於…《★常用被動語態；⇨ haunted》：*Is* this castle ～*ed*? 這城堡鬧鬼嗎？
3〈思想等〉不斷地纏〈人〉，縈繞於…之腦海中《★通常用被動語態》：Everyone *was* ～*ed* by the fear of war. 人人經常心中害怕戰爭。
—*n.* Ⓒ[常 ～**s**]常到之處，常出入之場所；〔動物等〕常出沒之處，棲息地〔*of*〕：the favorite ～*s of* crickets 蟋蟀喜歡[常]出沒[棲息]的地方。

háunt·ed *adj.* **1** 鬼魂出沒的，鬼怪作祟的：a ～ house 鬼屋。**2** 〈人、臉、眼神等〉(好像)被鬼魂纏住的；好像有所牽掛的，煩惱的。

háunt·ing *adj.* 常縈繞於心頭的，不易忘懷的：a ～ melody [memory] 難忘的旋律[回憶]。～**·ly** *adv.*

haut·bois, haut·boy [ˈhobɔɪ, ˈobɔɪ; ˈoubɔi, ˈhoubɔi] *n.* Ⓒ《古》雙簧管(oboe)。

haute cou·ture [ˌotkuˈtʊr; ˌoutku:ˈtuə] 《源自法語「高級裁縫」之義》**—*n.*** **1** Ⓤ高級服裝製作[設計]。**2** Ⓤ[集合稱]名時裝設計師；高級時裝店；高級時裝界。**3** Ⓤ[集合稱]高級時裝店製作[名時裝設計師設計]的時裝。

haute cui·sine [ˌotkwɪˈzin; ˌoutkwiˈzi:n] 《源自法語 'high kitchen' 之義》**—*n.*** Ⓤ高級烹飪，名菜，佳餚。

hau·teur [hoˈtɝ, oˈtɝ; ouˈtə:, ˈoutə:] 《源自法語》**—*n.*** Ⓤ《文語》傲慢，高傲，自大。

haut monde [oˈmɔ̃d; ouˈmɔ̃:nd] 《源自法語》**—*n.*** Ⓤ上流社會。

Ha·van·a [həˈvænə; həˈvænə] *n.* **1** 哈瓦那《古巴共和國之首都》。
2 Ⓒ哈瓦那雪茄煙。

‡**have**[1] [hæv; hæv] *v.t.* (**had**；**hav·ing**)《★ 語形 第三人稱單數現在式爲 **has**；《古》第二人稱單數現在式爲 (thou) **hast**, 同上之過去式爲 (thou) **hadst**；縮寫 **I've, he's, I'd** 等，否定形縮寫 **have·n't, has·n't, had·n't**》.

A 語法 (1)《口語》常用 HAVE[2] got以代替 have；(2)疑問、否定句時通常在美國語法中使用助動詞 do 如 Do you have...?，I do not have [don't have].... 而在英國語法中則不使用 do 而做 Have you...?，I have not [haven't] ....(或 Have you got...?，I haven't got....)；(3)表此義之 have 通常無進行式或被動語態。

1 擁有，有，持有：a〔十受(十副詞(片語))〕有…，擁有…：He *has* a pen (*in* his hand). 他(手裏)有鋼筆/I ～ a car and so *does* [*has*] Bill. 我有汽車而比爾也有/He *has* a lot of money. 他(擁)有很多錢/She *has* a box *in* her arms [*under* her arm]. 她懷裡抱著[腋下夾著]一個盒子 / The store *has* antique furniture *for* sale. 這家商店有骨董家具出售[有賣骨董家具]/He *has* a large room *to* himself. 他獨自佔有一個大房間。**b**〔十受十介十(代)名〕〔身上〕帶有…，懷帶…〔*about, on, with, around*〕(cf. HAVE[1] on)：Do you ～ [*H*～ you (got)] any money ***with*** [***on, about***] you? 你身上帶着錢嗎？/She *had* a scarf ***around*** her neck. 她脖子上圍着圍巾。**c**〔十受〕[受詞常被形容詞用法之 to 不定詞修飾]持有，有，被賦予，具有〈(應[可]…之)事、時間等〉：I ～ a letter *to* write. 我有信要寫/Do you ～ [*H*～ you] anything *to* declare? 你有東西申報嗎[你有要申報的東西嗎]？/We ～ a long way *to* go. 我們有一段遠路要走/I *did*n't ～ [*had*n't] time *to* see her. 我沒有時間去見她。

2 (表示)有(某種關係)：〔十受〕**a** 有〈親人、朋友等〉在，有…；雇有〈傭人等〉：They ～ two [no] children. 他們有兩個[沒有]孩子/She *has* a nephew in the navy. 她有個侄子在海軍服役/We ～ a kind boss. 我們有一位仁慈的老闆《我們的老闆爲人仁慈》/The organization *has* a paid staff of ten *at* its Washington headquarters. 該機構在華盛頓總部有十位支薪的職員。**b** 飼養〈動物〉(當寵物)：He *has* a pet dog. 他養一條狗當寵物。

3 具有(部分、屬性)：〔十受〕**a**〈人〉具有〈身體部分、身體特徵、特質、能力等〉，〈人〉有…：She *has* a sweet voice. 她有甜美的聲音《★此句可譯成「她的聲音甜美」》/*Does* she ～ [*Has* she (got)] brown hair? 她的頭髮是褐色的嗎？/I ～ a bad memory for names. 我記不住人名/He *has* the ability [no authority] to do that. 他有能力[沒有權力]做那件事。**b**〈東西〉具有〈部分、附屬物、特徵等〉，(含)有…：This room *has* five windows. 這個房間有五個窗戶《★ 變換 可換寫成 There are five windows in this room.》/How many months *does* a year ～ [*has* a year]? 一年有幾個月？/That hall *has* excellent acoustics. 那個廳的音響效果極佳/The book *had* a chapter on cooking. 該書有一章寫的是烹飪/Her bag *has* no name *on* it. 她的袋子上沒有名字。

4 a〔十受〕(心裏)**懷有，存有**〈感情、想法等〉：Do you ～ [*H*～ you (got)] any questions? 你有什麼問題嗎？/I'*ve* no idea [notion] at all about [as to] his age. 關於他的年紀我毫無概念《我摸不清他的年紀》/He *has* no fear of death. 他沒有死的恐懼；他不怕死。**b**〔十受十介十(代)名〕〔對…〕懷〈恨等〉〔*against*〕：I ～ a grudge ***against*** him. 我對他懷恨在心/I don't know what she *has against* me. 我不知道她恨我什麼。**c**〔十受十介十(代)名〕(於態度、行動上)〔對…〕表示〈感情等〉〔*on, for*〕：*H*～ some consideration ***for*** others. 要多體諒別人一些/He *has* no pity ***on*** us. 他對我們不表同情。**d**〔十受〕[受詞與 "the ＋抽象名詞＋ *to* do" 連用]有〈(做…)的好意[勇氣等]〉：He *had the* kindness *to* give me a present. 他有送我禮物的好意《他好意送我禮物》《★ 變換 可換寫成 He was kind enough to give me a present.》/*H*～ *the* kindness *to* help me. 求你幫助我《★不滿意對方時有禮貌的祈使語氣說法》/He *has* (got) *the* nerve *to* come uninvited. 他竟然厚著臉皮不請自來。

5〔十受〕**患[正患着]**〈病等〉，受〈病痛〉之苦：a ～ a slight [bad] cold 患輕微[嚴重]的感冒/ ～ a headache [(a) toothache] 頭[牙]痛/ ～ diabetes [gout] 患糖尿病[痛風]/*Do* you often ～ colds? 你常患感冒嗎？/*Do* you ～ [*H*～ you (got)] a cold now? 你現在患感冒嗎？

—B 語法 《美》《英》均在疑問句、否定句中用助動詞 do：*Do* you ～ a bath every day? /*Did* you ～ a good time? /How often *do* you ～ your hair cut?

1 得到，獲得《★無進行式；僅 a 可用被動語態》：**a**〔十受〕得到，拿到，接受…：I'll let you ～ the camera for ten dollars. 我以十美元讓給你那部相機/You may [can] ～ it for the asking. 你想要它，儘管說好了/We *don't* ～ classes on Saturday afternoons. 我們星期六下午沒課/You ～ my sympathy. 我同情你/Nothing venture, nothing ～. ⇨ venture *v.t.* 4/There was nothing to be *had* at that store. 在那家店沒什麼東西好買。**b**〔十受十介十(代)名〕〔從…〕得到，拿到，接受…〔*from*〕：She *had* a letter [a telephone call] ***from*** her mother. 她接到母親的信[電話]。**c**〔十受〕(選)取，要…：I'll ～ that blue sweater. 我要[選取]那件藍色毛衣/Do you ～ butter on your toast? 你要土司上塗奶油嗎？**d**〔十受〕得到，獲悉〈情報、消息〉：May I ～ your name, please? 請問尊姓大名？/We must ～ the whole story; don't hold anything back. 我們必須知道全盤的事，不要隱瞞任何事/⇨HAVE[1] it (3).

2 a〔十受〕用〈餐等〉；吃，喝〈飲食品〉；抽〈煙〉《★有進行式，可用被動語態》：He is *having* breakfast. 他正在吃早餐/Breakfast can be *had* at seven. 七點可吃早餐/Will you ～ another cup of tea? 你要再來一杯茶嗎？/What *did* you ～ for supper? 你晚餐吃了什麼？/*H*～ a cigarette. 抽一根煙吧。**b**〔十受十補〕〈以…方法〉吃[喝]〈飲料、食品〉：How do you ～ your steak? 你怎麼吃牛排？/I like to ～ my steak rare. 我喜歡吃半熟的牛排。

3〔十受〕[常以表示動作、行爲，帶不定詞的名詞爲受詞]《口語》**做…，有…行爲**《★ 用法 (1)有進行式，不可用被動語態；(2)較單獨用動詞淺顯的說法；(3)不用 have got》：～ a dance 跳舞/ ～ a lie-down 躺一躺/ ～ a swim 游泳/ ～ a walk 散步/ ～ a dream 做夢/ ～ a talk [an argument] with... 與…談話[議論]/ ～ a drink of water 喝(一杯)水/ ～ another try 再試一次/*Did* you ～ a good sleep? 你睡得好嗎？/ ～ a look at... 看一看…。

4〔十受〕**a 經驗…，享受…，遭遇**〈意外事故等〉《★有進行式，不可用被動語態》：～ fun [trouble] 享受樂趣[遭遇困難]/ ～ an adventure 冒險/ ～ an accident 遭遇意外事故/I'm *having* trouble with the computer. 我正爲那部電腦傷腦筋/I'm *having* an operation next week. 我下週要動手術/Do they ～ much snow in Boston in winter? 波士頓的冬天常下雪嗎？/*H*～ a nice day. 願你有個美好的日子《★道別語》/*H*～ a nice trip. 祝你旅途愉快。**b** 度過〈時光等〉《★有進行式，可用被動語態，但屬於例外而固定的說法：～ a good [bad] time 過得好[不好]，過得快樂[不快樂]》/We were *having* a good time. 我們過得快樂/A good time was *had* by all. 大家都過得快樂。

5〔十受〕**舉行，舉辦**〈聚會等〉《★有進行式》：～ a party [a conference] 舉行聚會[召開會議]/ ～ a game 舉行比賽/We are *having* a picnic tomorrow. 我們明天去郊遊。

6〔十受(十副詞(片語))〕迎接〈某人〉(爲客人等)，邀請〈(…)過來(…)〉《★進行式僅表示不久的未來之事，無被動語態》：We *had* a lot of visitors. 我們有很多客人來訪/We are *having* the Smiths (*over* [*round*]) *for* [*to*] dinner this week. 我們本週要請史密斯夫婦來聚餐。

7〔十受〕〈人、動物〉產〈子〉《★進行式僅表示不久的未來之事，不可用被動語態》：She is [We are] *having* a baby in April. 她將在四月間生小孩[我們將在四月間添一子]/My dog *had* pups. 我的狗產下小狗。

8〔十受〕**a** 抓住，抓到…《★無進行式及被動語態》：Now I ～ you. 現在我可抓到你了。**b**《口語》(在比賽、議論等)擊敗…《★無進行式及被動語態》：I *had* him in the argument. 我在議論時駁倒他/You ～ me there. 那件事你說得對《你擊敗了我》；我(不知道)無法回答。**c**《口語》欺騙；收買〈人〉《★常用被動語態》：You have *been had*. 你受騙[上當]了。

9《口語》**a**〔十受〕佔有〈女子〉，與〈女子〉性交《★有進行式，不可用被動語態》。**b**〔十受十介十(代)名〕[～ **sex**]〔與…〕性交〔*with*〕.

10〔十受十受〕[～ one*self*]《美口語》享受…：～ one*self* a time [steak] 快活一下，玩個痛快[痛痛快快地吃一頓牛排]。

11〔十受〕《古》懂得，知道〈言語、科目等〉《★無進行式、被動語態》：Thou *hadst* small Latin and less Greek. 拉丁文你懂得不多，希臘文知道得更少《★Ben Johnson 對 Shakespeare 的評語》。

—C《★不可用被動語態》**1 a**〔十受十副詞(片語)〕將…保持(在…的位置、狀態)：He *had* his back *to* me. 他把背對着我/He *had* his arm *around* her shoulders. 他用手臂抱住她的肩膀/He *had* the sun *at* his back. 他背受陽光/You'll ～ the car *in* the ditch if you are not careful. 如果你不小心你會使車子陷入溝中/*H*～ pencil and paper *near* you. 把紙筆放在身邊(備用)/We'll ～ the small table *here* [*over there*]. 我們把小桌子放在這裏[那裏]/They *had* their heads *out* (*of* the window). 他們把頭伸出(窗子)外面。**b**〔十受十補〕把…〈…〉，使…〈成爲…〉：I want to ～ my room clean and tidy. 我要使我的房間保持整潔/I'll ～ him a good cook before long. 我不久要使他成爲一名好廚師。**c**〔十受十 do*ing*〕把〈人、東西〉保持〈…〉；使〈人〉〈做…〉：We ～ friends stay*ing* with us. 我們把朋友留在我們處(我們有朋友同住)/I ～ several problems troubl*ing* me. 有幾個問題使我困擾；我有幾個問題困擾着我/He *had* us all laugh*ing*. 他使我們發笑。**2**〔十受十過分〕**a** 請人把〈東西、人〉〈…〉：When *did* you last ～ your hair *cut*? 你上一次(請人)理髮是何時？/I am *having* a suit *made*. 我正請人定製套裝/I *had* my composition correct*ed* by our teacher. 我請老師批改我的作文/You should ～ your head examine*d* [test*ed*, *seen* to].《口語》你該請人檢查你的頭腦(你居然做出那種事)。**b** 使…〈被…〉《★用法 表示主詞經歷某事之意的被動語態；★比較 His wallet was stolen.》：He *had* his wallet *stolen*. 他的皮夾子被偷了/I *had* my hat *blown* off. 我的帽子被吹走了。**c** 把…〈…了〉《★用法 表示完成，多用於美國口語中》：She *had* little money *left* in her purse. 她的皮夾子裏沒剩下什麼錢了/They *had* a chart *spread* (*out*) on the table. 他們把海圖展開在桌上/*H*～ your work *done* by noon. 在中午前把你的工作做完。**3**〔十受十原形〕**a** 使〈人〉做〈…〉，讓〈人〉〈…〉《★比較 字意不如 make 强，表示使役》：*H*～ him *report*. 讓他報告吧/*H*～ him *come* early. 讓他早點來。**b**〔與 will, would 連用〕《文語》一定要…〈做…〉，堅持…〈做…〉：What *would* you ～ me *do*? 你要我做什麼？**c** 被〈人、事物〉〈…〉《★使役的意思弱，接近經驗之意的說法》：Tom *had* a man *rob* him last night. 湯姆昨晚被人搶了《★比較 一般用 Tom was robbed by a man last night.》/I have never *had* that *happen* to me. 我從沒遭遇過那樣的事。**4**〔常與第一人稱主詞連用；用 will, can 的否定式或進行式〕**a**〔十受〕准許，忍受…：I *won't* ～ any noise [any fighting] here. 我不容許這裏有吵雜聲[打架事]/We'*ll* ～ *no* more of that. 我們再也不能容忍那種事。**b**〔十 do*ing*〕准許，忍受〈做…〉：I am *not having* sing*ing* here. 我不許(有人)在這裏唱歌。**c**〔十受十 do*ing*〕准許，忍受…〈做…〉：I *won't* ～ her be*ing* so rude. 我不容許她如此無禮/I *can't* ～ you play*ing* outside with a bad cold! 我不准你患了重感冒還在外面玩！《★用法 用 can't 時常變成「對對方不好而不能讓他(她)那樣做」的意思》。**d**〔十受十過分〕容許，忍受…〈被…〉：We *won't* ～ him bulli*ed*. 我們不能讓他受欺負。**e**〔十受十原形〕容許，忍受…〈…〉：I *won't* ～ her *talk* to me like that. 我不容許她那樣跟我說話。

háve at...《古》[常用祈使語氣]攻擊…：*H*～ *at* you! 我要攻擊你了！

hàve báck《*vt adv*》《★不可用被動語態》⑴**把〈出借之物〉要回，**取回：When can I [can you let me] ～ my book *back*? 你什麼時候還我的書？我什麼時候可要回我的書？⑵[～＋受＋back]把〈分手的丈夫、妻子、情人、同事等〉再接回。⑶[～＋受＋back]回請〈款待自己的人〉。

hàve dówn《*vt adv*》接待[招待]〈某人〉(下鄉)作客《★不可用被動語態》(cf. HAVE^1 up).

have hád...《口語》⑴對…感到厭煩：I *have had* the lecture. 那種講課我已聽膩了。⑵《英》(似乎)已不能得到…：It's 2 o'clock already. I'm afraid we'*ve had* the 1.55 train. 已經兩點鐘，恐怕我們不能搭一點五十五分的火車了。

have hád it《口語》⑴《美》已經厭煩[膩]了，夠了：I'*ve had it with* her. 我對她厭煩了。⑵《美》到此爲止不行了，完了，無希望：If he's caught, he'*s had it*. 如果他被逮到，他就完了/You'*ve had it*! 你不要期待了！沒希望了！⑶力竭；已過時，老舊：The car *has* really *had it*. 那部車子已經很舊了。

have ín [～＋受＋in]《★不可用被動語態》⑴**讓**〈工匠、醫生等〉**進入**(屋裏、房間)；把〈某人〉招[叫]進(屋裏)。⑵儲存，囤積〈東西〉(在屋裏、店裏等)。

háve it ⑴贏，獲勝，有利：The ayes ～ *it*. 贊成者佔多數。⑵[以 I 爲主詞]知道(答案等)：I *have* [*I've got*] *it*! 我知道(答案)了！⑶[從…]獲知，知道[*from*]：I ～ *it from* him [*from* the horse's mouth]. 我從他[有關者]那裏獲知。⑷[十*that*＿]說，明言，主張…：Rumor *has it that*.... 有謠言說…/They will ～ *it so*. 他們堅決主張那樣/*As* Kant *has it*.... 正如康德所說…。⑸(以某種方法)做事：*H*～ *it* your own way. (不再爭論)隨便你吧。⑹[與 will, would 連用；用於否定句]承認，接受：I tried to excuse but he *would not* ～ *it*. 我試着去辯解但他不接受。⑺〈命運等〉支配，控制：⇨as LUCK would have it. ⑻《口語》被〈子彈等〉擊中；受懲罰，挨罵：I let him ～ *it*. 我好好地教訓他一頓。

hàve it áll óver... ＝HAVE^1 it over [on]....

hàve it awáy《英俚》[與…]性交[*with*].

hàve it cóming (**to** one)《口語》(尤指處罰、非難等)〈某人〉值得承受；應得報應，活該：I *had it coming*. 我活該，我自作自受。

hàve it góod《口語》富裕；享受快樂的時光：He's never *had it* so *good*. 他從沒有過得這樣好。

hàve it ín for a person《口語》對〈人〉懷恨，厭惡〈某人〉：She *has it in for* Americans. 她討厭美國人。

hàve it ín one (**to** dó)《口語》某人有(做…的)本質[能力，勇氣]：You will succeed if you ～ *it in you*. 如果你有勇氣去做，你會成功/He doesn't ～ *it in* him *to* be mean. 他不會做卑鄙的事；做卑鄙事不是他的本性。

hàve it óff《英俚》[與…]性交[*with*].

hàve it óut [與…]不客氣地爭論；[與…]經由爭論[吵架]解決問題[爭端等][*with*].

hàve it óver [**on**]... ⑴[因…而]較〈對方〉有利，優異[*in*]. ⑵[＋*that*＿]〈因…事而〉較〈對方〉佔優勢：She *has it over* me *that* she's been abroad and I haven't. 她曾經出過國而我沒有，這一點她比我佔優勢。

hàve nóthing on...《口語》⑴《謔》沒有一點勝過〈某人〉的地方。⑵《警察》沒有找到〈某人〉犯罪[不利於某人]的證據。

hàve óff《*vt adv*》[～＋受＋off]《★不可用被動語態》⑴把〈星期幾等〉作爲休息日：We ～ Monday *off*. 我們星期一休業。⑵卸下[取下]…：～ one's hat *off* 把帽子拿下[脫掉]。⑶切斷…：This knife may ～ your finger *off*. 這把小刀也許會切斷你的手指。⑷背誦…：I ～ the poem *off* (by heart) already. 我已經把那首詩背下來了。⑸寄出…：I'll ～ the book *off* in the next mail. 我在下次郵遞時會寄出那本書。

have on《★除⑸以外不可用被動語態》[《*vt adv*》～ ón]⑴**穿着**〈衣服、鞋子等〉，戴着〈帽子等〉：He *had* nothing *on* except a pair of shorts. 他除了一條短褲外什麼也沒穿。⑵[～＋受＋on](在某時)有〈約定、該做的事等〉，預定要〈見面等〉；正在〈工作等〉：This afternoon I ～ [I've got] a lecture *on*. 今天下午我要講課/I *have* nothing *on* (for) tonight. 我今晚沒有預定要做的事。⑶[～＋受＋on]開着〈燈、收音機等〉。⑷[～＋受＋on][常用進行式]《英口語》欺騙〈人〉，使〈人〉上鉤。

—[《*vt prep*》～...on...] ⑸⇨A 1 b. ⑹握有對〈人〉不利的…：⇨HAVE^1 nothing on ⑵, HAVE^1 something on.

hàve ónly to dó ⇨only *adv.*

hàve óut《*vt adv*》[～＋受＋out]《★不可用被動語態》⑴把…拿出外面。⑵使〈牙齒〉被拔去，割除〈扁桃腺等〉：He's *having* a tooth *out*. 他在(請人)拔牙。⑶關掉〈照明等〉。⑷把…解決掉[搞出個結果來]；[與…]徹底討論…[*with*]：⇨HAVE^1 it out. ⑸《英》使〈睡眠等〉繼續到最後，使…不被打斷：Let him *have* his sleep *out*. 讓他繼續睡下去(直到自然醒來)。

have over《★不可用被動語態》[《*vt adv*》～ óver]⑴[～＋受＋over]**迎接…**(到家)**作客**。⑵[～＋受＋over]使…傾覆[翻倒]：You'll ～ the sailboat *over* if you are not careful. 如果你不小心你會使帆船傾覆。

—[《*vt prep*》～...òver...] ⑶〈因某事〉較…爲優[佔優勢]：What does he *have over* me? 他有什麼地方比我好[勝過我]？/⇨HAVE^1 it over.

hàve róund ＝HAVE^1 over ⑴.

hàve sòmething ón a person 握有〈某人〉的弱點。

hàve sómething [**nóthing, líttle,** etc.] **to dó with...** ⇨do^1.

hàve to dó [be]《★通常 have to 讀作 [ˈhæftə; ˈhæftə (子音之前), ˈhæftʊ; ˈhæftu (母音之前)], has to 唸成 [ˈhæstə; ˈhæstə (子音之前), ˈhæstʊ; ˈhæstu (母音之前)], had to 唸成 [ˈhættə; ˈhættə (子音之前), ˈhættʊ; ˈhættu (母音之前)]》⑴**不得不**〈做…〉《★用法 ⑴must 當過去式或在其他助動詞後面等時用法受限制，故以 have to 代替；⑵have to 比 must 更適於表示由客觀情形所造成的必要，反應也柔和》：I always ～ *to* work hard. 我總是不得不努力工作/I ～ *to* write a letter. 我不得不寫一封信/*Do* you ～ *to* go? ＝《英》*H*～ *you* (got) *to* go? 你非去不可嗎？/He *had to* [will ～ *to*] buy some new shoes. 他不得不買些新鞋子。⑵[用於否定句](不)必…《★注意 do not have to [have not to] 與 must not 的差別》：You *don't* ～ [《英》*haven't* (got)] *to* work so hard. 你不必那樣辛苦工作/We did*n't* [*won't*] ～ *to* wait long. 我們[將]不必久等。⑶《美》一定…，必定…：This *has to* be the best novel of the year. 這必定是今年最好的小說/Judging by the noise, there *has to* have been an explosion. 從那種噪音判斷，必定發生了爆炸。

hàve to dò with... ⇨do^1.

hàve úp《*vt adv*》[～＋受＋up]⑴請〈某人〉(到樓上、市區、城市)

H

作客《★不可用被動語態》(cf. HAVE[1] down). (2)《英口語》〔爲…〕把〈某人〉叫出來；控告〈某人〉〔*for*〕：I'll ～ him *up for* slander. 我要告他誹謗/He was *had up for* speeding. 他被控超速。(3)把〈東西〉舉起，掛起〈帳篷等〉《★不可用被動語態》：The shops *had* their shutters *up*. 那些商店都拉起百葉窗。

háve whàt it tákes ⇨what *pron.* **have yèt to dó** ⇨yet. **nòt háving àny** 《口語》⇨any *pron.* **You háve me thére.** ⇨ there *adv.* A 3.

—*n.* 1 〔～s；常 **the** ～〕有產者；有資源〔核子武器等〕的國家：*the* ～*s* and the *have*-nots 有產者與無產者；富人與窮人；富國與窮國(cf. have-not)/*the* nuclear ～*s* 擁有核子武器的國家。**2** Ⓒ《英口語》詐欺，詐騙。

‡**have**[2] [(輕讀) həv, əv; həv, əv; (重讀) hæv; hæv] *aux.* (變化形式與 have[1] 同)《★與動詞的過去分詞結合而構成完成式，表示「完了、結果、經驗、繼續」等之意》**1** [現在完成式]：**a** [表示現在完成]**(剛)完成**…(★用法 常與 just, now, already, recently 及(用於疑問句、否定句的) yet 等副詞連用》：I ～ [I've] *done* it. 我已做了那件事/*H*～ you *finished yet*? 你做完了嗎？——Yes, I ～. 是的，做完了——No, I *haven't*. 不，沒做完/I ～ *been* to the station to see him off. 我已到過車站送他。**b** [表示結果]…了：He *has* [He's] *gone*. 他已經走了《現已不在這裏》/She *hás grown*! [*Has*n't she *grówn*!] 她長大了！/What I ～ *written*, I ～ *written*. 我已經寫了的就是寫了《無法變更》。**c** [表示經驗]**曾經**…(過)《★用法 常與 ever, never, before (now) 等副詞連用》：She *has not* [*hasn't*] *seen* a koala. 她不曾見過(澳洲的)無尾熊/This is the biggest animal that I ～ *ever seen*. 這是我見過的最大的動物/I ～ *been* all over the world. 我去過世界各地。**d** [表示繼續]**(一直)在**…《★用法 常與表示「狀態」的動詞在一起或用完成進行式，多半與表示「期間」的副詞片語連用》：We ～ *known* each other for ten years. 我們彼此認識十年了/I ～ [I've] *been* learning English for five years. 我已學了五年的英文(還在學)。**e** [以副詞子句代替未來完成式]：Let's have tea after we ～ *finished* the work. 做完工作後我們來喝茶。

2 [過去完成式]：**a** [表示在過去一定時間時的完成或表示結果]：*Had* he *finished* it when you saw him? 你看到他時，他已經做完了嗎？——Yes, he *had*. 是的，他已做完了——No, he *hadn't*. 不，他沒做完。**b** [表示到過去某一定時間爲止的動作、狀態的繼續]：I *had been* ill for a week when he called on me. 當他來訪時我已經病了一星期。**c** [表示到過去某一定時間爲止的經驗]：That was the smallest fish I *had* ever *seen*. 那是我見過的最小的魚。**d** [表示發生在過去某時間以前的事]：He lost the watch his uncle *had given* him as a birthday present. 他丟失了叔父[伯父]送給他當生日禮物的手錶。**e** [用於假設語氣]：*Had* I *found* it [If I *had found* it], I would have returned it to you. 如果我(當時)找到它，我早就把它還給你了。**f** [與 expect, hope, intend, mean, think, want 等動詞連用，表示「未實現的希望、意圖」等]：I *had intended* to make a cake, but I ran out of time. 我原想做個蛋糕，但沒有時間。

3 [未來完成式]：**a** [表示在未來某一定時間爲止的完成]：I *shall* [He *will*] ～ *written* the letter by the time she comes back. 到她回來時，我[他]將已寫好了這封信。**b** [表示到未來某一定時間爲止的動作、狀態的繼續]：He *will* ～ *been* absent (for) three years next January. 到明年一月止他將已離開三年了。

4 [完成式不定詞]：**a** [表示某事發生於主要動詞之前]：He seems [seemed] *to* ～ *been* ill. 他好像生過病《★變換 可換寫成 It seems [seemed] that he *was* [*had been*] ill.》。**b** [與助動詞連用，談及過去、完成的事]：He should [ought to] ～ *helped* her. 他理應[本應]幫助她《但沒有》/He may ～ *left* last Monday. 他可能上星期一已經離開了/It's six o'clock; they will [should] ～ *arrived* home by now. 六點了，他們現在該到家了吧《★用法 will 不表示「未來」，而是「推測」之意；cf. 3》。**c** 用於表示「希望、意圖、預定」等動詞的過去式之後，表示「未實現的事」：I should like *to* ～ *seen* it. 我很想看到它《但沒看到》《★變換 可換寫成 I should have liked *to* see [*to* ～ *seen*] it.》/She was *to* ～ *bought* some stamps. 她打算要買一些郵票(但忘了)。**d** [用在 claim, expect, hope, promise 等之後，表示「未來完成的事」]：He *expects* [*hopes*] *to* ～ *finished* by May. 他預期[希望](最遲)五月前完成《★變換 可換寫成 He expects [hopes] that he will have finished by May.》。

5 [完成式分詞；常用分詞構句]…後，由於…：*Having written* the letter, he went out. 寫完那封信後他就出去/*Having failed* twice, he didn't want to try again. 經過了兩次失敗，他不想再試。

6 [完成式動名詞]做過…事：I regret *having been* so careless. 我後悔自己那樣的不小心。

have gòt 《★用法 (1)《口語》have got 取代 have, have got to 取代 have to；(2)一般而言，have got (to) 較 have (to) 更表示強調》(1)持有(have)：I've *gotten* dollars. 我帶有十美元/Helen *has*n't *got* blue eyes. 海倫的眼睛不是藍的/"*H*～ you *got* a newspaper?"—"Yes, I *have* [《美》Yes, I *do*]."「你有報紙嗎？」「有。」(cf. "*Do* you HAVE a newspaper?"—"Yes, I do.")/I've *got* a kettle boil*ing* now for tea. 爲了泡茶，我讓茶壺的水沸騰着(cf. HAVE[1] C 1 c)。(2)〔＋*to* do [be]〕不得不〈做…〉(have to)：I've *got to* write a letter. 我不得不寫一封信/You've *got to* eat more vegetables. 你得(再)多吃一點蔬菜。(3)[用於否定句]〔＋*to* do [be]〕(不)必〈做…〉(need not)：We *haven't got to* work this afternoon. 我們今天下午不必工作。(4)〔＋*to* be [do]〕《美》一定，必定〈是…〉(must)：It's *got to be* the postman. 那一定是郵差/You've *got to be* kidding. 你一定是在開玩笑。

語法 (1)have [has] got 常縮寫成 've got ['s got]，尤其美語中較通俗易懂的說法，有時省略 have [has]，而單用 got (cf. gotta)：I *got* an idea. 我有個主意/You *got* to see a doctor. 你一定要去看醫生。(2)have got 除以下情形外，一般不用於助動詞之後，也不用不定詞[分詞，動名詞]；也不用祈使句：He may ～ *got* [seems to ～ *got*] a key to the car. 他或許[好像]有車子的鑰匙。(3)尤其在美國語法中用 had got (to) 代替過去的 had (to) 的情形很罕見。(4)上述用法，在英國語法不以 gotten 取代 got，但美國語法常用：He *has*n't *got* a ticket. 他沒帶票(cf. He *has*n't *gotten* a ticket. 他沒有弄到票)。

ha·ven [ˋhevən; ˈheivn] *n.* Ⓒ **1** 避難所，安息所(shelter)：⇨ tax haven. **2** 《文語》港口，停泊處。

háve-nòt *n.* Ⓒ [常 **the** ～s]《口語》無產業者；沒有資源[核子武器]的國家(cf. have[1] *n.* 1)。

‡**have·n't** [ˋhævn̩t; ˈhævnt] **have not** 之略。

ha·ver [ˋhevə; ˈheivə] *v.i.* 《蘇格蘭·英》瞎扯，胡說八道。

hav·er·sack [ˋhævəˏsæk; ˈhævəsæk] *n.* Ⓒ《罕》(士兵、旅行者斜掛在肩上的)糧袋，背袋。

‡**hav·ing** [ˋhævɪŋ; ˈhæviŋ] *v.* **have**[1] 的現在分詞·動名詞：**1** [以 be＋having 構成進行式]《★常作「持有」之意不用進行式》：He *is* ～ a bath. 他在洗澡。

2 [分詞構句]：*H*～ a lot of money, she spends freely. 她有很多錢，可自由花用。

—*aux.* [分詞構句]：*H*～ done my home work, I went out. 做完家庭作業，我就外出了/*H*～ been ill, he stayed at home. 由於生病，他留在家裏。

—*adj.* 《罕》貪婪的，貪心的。

—*n.* Ⓒ [常 ～s] 所有物，財產。

hav·oc [ˋhævək; ˈhævək] **《源自古法語「掠奪(時的信號)叫聲」之義》—*n.*** Ⓤ (自然力、暴動等造成的)**大破壞**，浩劫；大混亂：do [cause, raise, work] ～ 摧殘，蹂躪，造成嚴重破壞/wreak ～ *on*...＝play ～ *with*...＝make ～ *of*...大肆破壞[摧毀]…，使…遭受慘重的災害/cry ～ (對逼近的危險等)發出警告，告急。

Ha·vre [ˋhɑvə, ˋhɑvrə; ˈhɑːvrə, ˈhɑːvə] *n.* ＝Le havre.

haw[1] [hɔ; hɔː] *n.* Ⓒ山楂(hawthorn)，山楂的果實。

haw[2] [hɔ; hɔː] *v.i.* (支支吾吾、裝腔作勢地在說話中)說「呃，嗯」。

hém [húm] and háw ⇨HUM and haw.

—*n.* Ⓒ呃，嗯，支吾聲。

haw[3] [hɔ; hɔː] *interj.* 豁！《吆喝馬等左轉時的喝聲；↔ gee[1]》。

Ha·wai·i [həˋwaɪjə, -ˋwɑjə; həˈwaiiː, -ˈwɑːi] *n.* **1 夏威夷州**《美國的一州，由夏威夷羣島構成；首府火奴魯魯(Honolulu)，一名檀香山；《美郵政》HI；俗稱 the Aloha State》。**2** 夏威夷島《夏威夷羣島中最大的島》。

Ha·wai·ian [həˋwaɪjən, -ˋwɑjən; həˈwaiiən, hɑːˈw-] **《Hawaii 的形容詞》—*adj.*** 夏威夷(人，語)的。

—*n.* 1 Ⓒ夏威夷人。**2** Ⓤ夏威夷語。

Hawáiian guitár *n.* Ⓒ夏威夷吉他《起源於夏威夷的鋼弦吉他》。

Hawáiian Íslands *n. pl.* [**the** ～] 夏威夷羣島。

haw-haw [ˋhɔˏhɔ; ˈhɔːhɔː] *interj.* 哈哈！**—*n.*** Ⓒ哈哈大笑，高聲大笑，哄笑。**—*v.i.*** 哈哈大笑，哄笑。

hawk[1] [hɔk; hɔːk] *n.* Ⓒ **1** 《鳥》**鷹**。**2** 魚肉[剝削]他人的人，貪心者，詐欺者。**3** (糾紛、政治上等的)鷹派人物，強硬論者[派]，主戰者[派](↔ dove)。

knów a háwk from a hándsaw 富於判斷力，有常識《★出自 Shakespeare 的「哈姆雷特(*Hamlet*)」》。

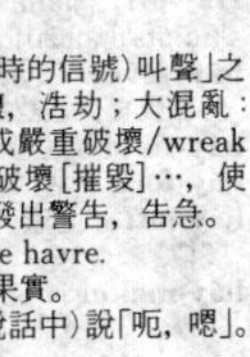
hawk[1] 1

hawk[2] [hɔk; hɔːk] **《hawker**[2] **的逆成字》**

—*v.t.* 1 叫賣兜售〈東西〉：～ one's wares 叫賣商品。**2** 〔十受(十副)〕散布〈消息、謠言〉〈*about*〉：～ news **about** 散布消息。

hawk[3] [hɔk; hɔːk] **《擬聲語》—*v.i.*** 清嗓子[喉嚨]。**—*v.t.*** 咳出〈痰等〉。

háwk·er[1] **《源自 hawk**[1]**》—*n.*** Ⓒ放鷹行獵者，馴鷹者。

háwk·er² *n.* Ⓒ叫賣的商人[小販]：a street ～ 沿街叫賣的小販。
háwk-èyed *adj.* **1** (如鷹般)目光銳利的。**2** 警覺性高的〈人〉。
hawk·ing [ˋhɔkɪŋ; ˈhɔːkiŋ] *n.* Ⓤ以鷹行獵。
háwk·ish [-kɪʃ; -kiʃ] *adj.* **1** 似鷹的。**2**《口語》鷹派的，强硬派的(⟷ dovish).
～**·ness** *n.*
hawse [hɔz; hɔːz] *n.* Ⓒ《航海》有錨鏈管的船首部分。
haw·ser [ˋhɔzɚ; ˈhɔːzə] *n.* Ⓒ《航海》(拖航、下錨等用的)粗纜，大索。
haw·thorn [ˋhɔ͵θɔrn; ˈhɔːθɔːn] *n.* Ⓒ《植物》山楂，(尤指)西洋山楂。

hawthorn

【說明】(1)在英國鄉村常稱作 quickset (hedge)，用作樹籬的薔薇科灌木，五月開白色或紅色的花，所以也稱作 mayflower 或 may；五月一日勞動節時用以裝飾五月柱(Maypole)，九月時會結小小的果實，稱作 haw.
(2)由於基督頭上荊冠是 hawthorn 的樹枝，因此 hawthorn 被視為不吉祥，有一種迷信是把紅白相間的花帶回家就會造成不幸；cf. superstition【說明】
(3)hawthorn 的花語是 hope (希望)。

Haw·thorne [ˋhɔ͵θɔrn; ˈhɔːθɔːn], **Nathaniel** *n.* 霍桑《1804–64；美國小說家》。
***hay** [he; hei] *n.* Ⓤ乾草，飼草。

【說明】在畜牧業十分發達的歐美各國乾草是十分重要的家畜飼料。把三葉草(clover)、紫苜蓿(alfalfa)等割下曬乾便可作爲牧草之用。在英國，六月時第一次收割，八月作第二次收割。美國則在八、九月間進行收割。收割後的牧草先放在地上曬[風]乾，再收入穀倉(silo, barn)貯藏，以備漫長寒冬之需。製作牧草是非常重要的工作，所以有一句諺語說：Make *hay* while the sun shines.

hít the háy《口語》就寢，上牀睡覺。
màke háy 割曬成乾草：*Make* ～ while the sun shines.《諺》趁晴曬秣草；打鐵趁熱；把握[勿失]良機。
màke háy of... 使…混亂，弄亂…。
háy·còck *n.* Ⓒ《英》(圓錐形的)乾草堆《堆在一起成 haystack》.
Hay·dn [ˋhaɪdn̩; ˈhaidn], **Franz Jo·seph** [ˋfrants'dʒozəf; ˈfrɑːntsˈdʒouzif] *n.* 海頓《1732–1809；奧地利作曲家》。
háy fèver *n.* Ⓤ枯草熱，花粉熱《初夏時侵害眼、鼻、喉而引發的黏膜炎，被認爲是由空中的花粉刺激所引起》。
háy·fìeld *n.* Ⓒ種牧草的草圃，牧草場，(牧草)打草場。
háy·fòrk *n.* Ⓒ **1** 乾草叉。**2** 自動堆高[放下]乾草的機器。
háy·lòft *n.* Ⓒ乾草堆置場，乾草棚，秣棚《一般在馬廄或穀倉的閣樓》。
háy·màker *n.* Ⓒ **1** 曬製乾草的人，乾草機。**2**《俚》强而有力的一擊。
háy·màking *n.* Ⓤ[常 **the** ～]曬製乾草《★養家畜的農家夏天的重要工作》。

haymaking

háy·mòw [-͵maʊ; -mou] *n.* Ⓒ **1** (乾草庫的)乾草堆。**2** ＝hayloft.
háy·ràck *n.* Ⓒ **1** 乾草架。**2** (運送乾草等時裝設在貨車四周的)框架；裝有草架的貨車。
háy·rìck *n.* ＝haystack.
háy·sèed *n.* (*pl.* ～, ～s) **1** Ⓒ[集合稱Ⓤ](掉落的)乾草種子。**2** Ⓤ[集合稱]乾草屑。**3** Ⓒ(*pl.* ～s)《美俚》鄉下人，老百姓。
háy·stàck *n.* Ⓒ大乾草堆《爲避免因雨水腐爛而以棚架覆蓋者》。
lóok for a néedle in a háystack ⇨needle.
háy·wìre *n.* Ⓤ用以將乾草捆成束的鐵絲。
—*adj.* [不用在名詞前]《口語》**1**〈人〉驚慌失措的，興奮的，瘋狂的。**2** 混亂的，出毛病的，故障的。
gò háywire《口語》(1)神魂顛倒，興奮，發瘋。(2)〈東西〉失常，混亂；故障。
haz·ard [ˋhæzɚd; ˈhæzəd] «源自古法語「骰子遊戲」之義»**—***n.* **1** **a** Ⓒ危險；風險〔*to*〕(⇨danger【同義字】)：at all ～*s* 排除萬難地，務必，冒着一切危險地/a ～ *to* health 危害健康的因素/That rock is a ～ *to* ships. 那塊岩石對船隻構成威脅。**b** Ⓤ偶然，運氣；孤注一擲：run the ～ 冒險一試，冒險。**2** Ⓒ《高爾夫》障礙地帶《坑窪(bunker)等》。**3** Ⓒ《撞球》擊出的母球使被撞到的他球落入袋中的擊球法。
at the házard of... 以…爲賭注，冒…的危險。
by házard 偶然地，碰巧(by chance).
in [**at**] **házard** 在危險中，瀕臨危機：He put his life *in* [*at*] ～ in order to save me. 他爲了救我而使生命遭受危險。
—*v.t.* **1**〔十受〕冒〈生命、財產等〉的危險，賭…。**2** **a**〔十受〕冒險試[說]…，放大膽子去試[說]…：～ a guess 瞎猜，胡亂猜測。**b**〔十引句〕放大膽子說…：“May I interrupt you？” he ～*ed.*「我可以打擾你嗎？」他放大膽子說。
házard lìght *n.* Ⓒ《汽車》(緊急刹車、停車時會忽明忽暗的)緊急用燈。
haz·ard·ous [ˋhæzɚdəs; ˈhæzədəs] «hazard 的形容詞»**—***adj.* 冒險的，危險的，驚險萬分的：a ～ journey [operation] 危險的旅行[手術]。～**·ly** *adv.* ～**·ness** *n.*
haze¹ [hez; heiz] «hazy 的逆成字»**—***n.* **1** Ⓤ[表示狀態或期間時爲Ⓒ]靄，霾，薄霧，煙霧《★比較 較 fog, mist 薄者；cf. fog》：a ～ *of* cigar smoke 雪茄煙的薄煙霧。**2** Ⓒ(精神狀態的)模糊不清，疑惑，朦朧，懵懂：a ～ *of* illusion 恍惚的幻想/be in a ～ 在朦朧中；茫然。
—*v.i.*〔動(十副)〕起霧，變朦朧〈*over*〉：At evening the lake ～*d over.* 黃昏時湖上籠罩着靄。**—***v.t.*〔十受(十副)〕使…籠罩着煙霧[靄]，使…朦朧不清〈*over*〉.
haze² [hez; heiz] *v.t.*《美》**1** (在大學)〈高年級學生〉欺負，戲弄〈新生〉。**2** 折磨〈船員等〉，使…做苦工。
ha·zel [ˋhezl; ˈheizl] *n.* **1** Ⓒ《植物》榛，榛子。**2** Ⓤ榛木。**3** Ⓤ淡褐色，栗色。
—*adj.* 榛的；栗色的(nut-brown)《尤指眼睛的顏色》。
házel·nùt *n.* Ⓒ榛子(filbert).
ha·zy [ˋhezɪ; ˈheizi] «haze¹ 的形容詞» **—***adj.* (**ha·zi·er**；**-zi·est**) **1** 有霧的，籠罩着煙霧的，煙霧瀰漫的：～ weather 有霧的(熱)天氣。**2** **a**〈事情〉不清楚的，模糊的，茫然的：a ～ idea 隱隱約約的念頭/The economic outlook is ～. 經濟展望一片茫然。**b** [不用在名詞前]〔(十介)十 *wh.* 子句・片語〕〔關於…〕不清楚的，不確知的〔*about*〕：I'm rather ～ **about** *how to* reply. 我不清楚如何回答。**ház·i·ly** [-zlɪ; -zili] *adv.* **-i·ness** *n.*
Hb《略》《生化》hemoglobin. **HB**《略》《鉛筆》hard black.
H.B.M. His [Her] Britannic Majesty.
H-bòmb «hydrogen bomb 之略»**—***n.* Ⓒ氫彈。
H.C.《略》House of Commons (cf. H.L.).
H.C.F., h.c.f.《略》《數學》highest common factor.
Hd., hd.《略》head.
hdbk.《略》handbook.
hdqrs.《略》headquarters.
‡**he**¹ [(輕讀) i,ɪ,hɪ;iː, i, hi; (重讀) hi; hiː] *pron.*《★語形 所有格 **his**, 受格 **him**, 所有格代名詞 **his**, 複合人稱代名詞 **himself**；⇨ they》**1** [第三人稱單數男性主格]他《★在有關宗教的文脈中指 God，與其相距頗遠時，有時用 He [His, Him] 的大寫》：“Where's your father now？”—“*He*'s in London.”「你父親現在哪裏？」「他在倫敦。」**2** **a** [所指人的性別不詳或無需指明其性別時]那個人：Go and see who is there and what *he* wants. 去看看誰在那裏，他要幹什麼。**b** [用以稱呼男嬰]你，寶寶：Does *he* want *his* toy？寶寶要玩具嗎？**3** [當作關係代名詞的先行詞]《文語》凡…者[的人]：*He who* carries nothing loses nothing.《諺》不帶東西的人不會失去東西/*He that* runs may read. ⇨read *v.i.* 1. **4**《口語》[指車子、飛機等]它：Which way is *he* going？它[那部車子]往哪裏去？
— [hi; hiː] *n.* Ⓒ(*pl.* **hes, he's** [～z; ～z]) **1** 男人，男子：Is your baby [Is it] a *he* or a she？你的嬰兒是男的還是女的？**2** 雄，公(male) (cf. she)：Is your cat a *he* or a she？你的貓是公的還是母的？
— [hi; hiː] *adj.* [用在名詞前] **1** [冠於動物名等之前構成複合字]雄的，公的(male)：a *he*-goat 公山羊/a *he*-wolf 公狼。**2** [構成複合字]男性的，男子氣概的：⇨ he-man.
he² [hi; hiː] *interj.* [常重覆，表示可笑，嘲笑]嘻嘻！：*He*！*he*！＝*He*, he！嘻嘻！哈哈！
He《符號》《化學》helium.
H.E.《略》His Eminence；His Excellency.

‡head [hɛd; hed] *n.* **1** Ⓒ **a** (包括臉的)頭，頭部，首《★指頸部以上的整個「頭部」(⇨body 插圖)》: bow one's ~ 彎下頭，鞠躬/Better be the ~ of an ass than the tail of a horse.《諺》「寧爲雞首，不爲牛後」《原意爲「寧爲驢頭，不爲馬尾」》。**b** (指人的眼睛以上部分的)頭: hit [strike] a person *on* the ~ 毆打某人的頭/My ~ aches terribly. 我的頭痛死了。**c** 頭的長度: win *by* a ~ 以一頭之優勢獲勝/He was a ~ taller than me [I am]. 他比我高一個頭。

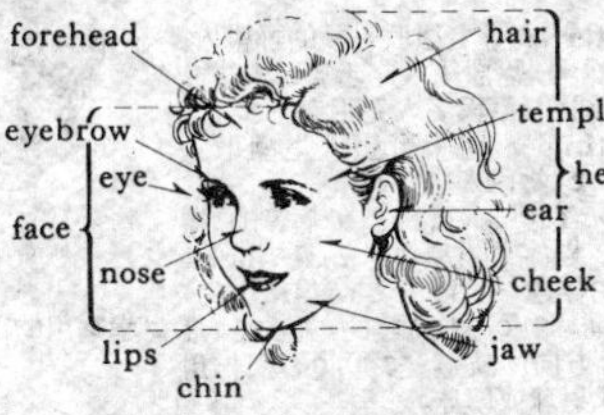

head 1

2 Ⓒ **a** (當作知性、思考等所在之處的)頭；腦力，頭腦，智力；智慧，理解力，理智(cf. heart 2 a, mind 1): use one's ~ 運用頭腦，思考/~ and heart 理智與感情《★因成對句而無冠詞》/have [keep] a clear ~ 有[保持]明晰的頭腦/put something *into* [*out of*] a person's ~ 使人想起[忘記]某事/get something *out of* one's ~ 變成不相信[想]某事/⇨get it into one's HEAD that, take it into one's HEAD that [to do]/Two ~*s* are better than one.《諺》一人不抵二人智，「三個臭皮匠勝過諸葛亮」。**b** 與生俱來的才智，才能，能力: He has a (good) ~ *for* math. 他有數學頭腦[有數學天才]/I have no [a bad] ~ *for* heights. 我攀高時會頭暈；我不適應登高。**c** 冷靜，鎮靜: keep one's ~ 冷靜，沉着/⇨lose one's HEAD. **3 a** Ⓒ(權力、統轄的)主管，頭目，首領，領袖，支配者，指揮者，長官，主席，會長，總經理: the ~ *of* state 元首/The Pope is the ~ of the Roman Catholic Church. 教宗是羅馬天主教會的領袖。**b** [the H~]《英口語》校長。**4** Ⓒ首位，首席；上座；主席座位；(隊伍、跳舞的)帶頭者: He is [stands] at the ~ *of* his class. 他是班上的第一名/march at the ~ 帶頭前進/take the ~ 領頭，帶頭/sit at the ~ *of* the table (宴會時)坐於上座。**5** Ⓒ **a** [常 ~s, 當單數用] (擲硬幣時)硬幣的正面《有國王、總統等人頭像的一面；cf. tail *n.* 6》: ⇨HEADS or tails. **b** (雕像等的)頭部，頭像。**6** Ⓒ(*pl.* ~) **a** (動物的)頭，頭數，匹數: forty ~ of cattle 四十頭牛/⇨count HEADS. **b** 每人(份)，每客: $2 a ~ 每人二美元。**7** Ⓒ **a** (對東西底部(foot)而言的)上部，上端；頂端，頂(top)〔*of*〕: the ~ *of* a valley 谷頂/at the ~ *of* a ladder [stairs] 梯子[階梯]的上部/the ~ *of* a bed 牀頭《放枕頭的部分》/the ~ *of* a grave 墳墓上方《遺體頭部所在的一邊》。**b** (河、湖、泉等的)源頭，水源〔*of*〕: the ~ *of* the Nile 尼羅河的水源/the ~ *of* a lake 湖口《河水流入口》/⇨ fountainhead. **c** (海灣、洞穴的)深處。**d** 前端，鼻，懸崖邊端；海角，岬《★常以 H~ 用作地名》: the ~ *of* a pier 碼頭前端/Diamond *H*~ 鑽石岬《在 Hawaii 的一海角》。**e**《航海》(船的)船首；《俚》(船上的)厠所。**f** (橋的一)端: the ~*s of* a bridge 橋的兩端。**8** Ⓒ **a** (鐵鎚、釘子、大頭針等的)頭。**b** (高爾夫球桿的)頭(擊球的部分；⇨golf club 插圖)。**c** (桶)蓋。**d** (鼓)面(有皮的部分)。**e** (砲彈的)彈頭(部分)。**9** Ⓤ Ⓒ **a** (啤酒等的)泡沫〔*on*〕: the ~ *on* (a glass of) beer (一杯)啤酒上的泡沫/There is too much ~ *on* this beer. 這種啤酒冒泡太多。**b**《英》牛奶表面的乳脂。**10** Ⓒ **a** (樹的)頂梢。**b** (花草的)頭部(頭狀花序，頭狀葉)，穀穗；(包心菜等的)球狀部分，結球: three ~*s of* lettuce [cabbage] 三個萵苣[包心菜]。**11** Ⓒ (膿腫的)化膿部分: ⇨come to a HEAD, gather to a HEAD. **12** Ⓒ **a** (書頁等的)上部，開頭。**b** (問題的)題目，項目。**c** (文章、章節等的)標題；(報紙的)大標題。**13** Ⓒ(錄音機、錄影機的)磁頭。**14** Ⓒ **a** (水車、發電廠用的)水源地。**b** (水的)落差；(水、水蒸氣等的)水壓。**15** Ⓒ《口語》(宿醉等引起的)頭痛: have a (morning) ~ 因宿醉而頭痛。**16** Ⓒ《俚》吸毒者，吸食麻醉藥品者。**17** Ⓒ《建築》楣石，臺石。**18** =headword 2.

abòve a person's **héad** =**abòve the héad of** a person 對某人而言太深奧的，某人所不能理解的。

báng [**béat, knóck, rún**] one's **héad agàinst a** (**brìck** [**stóne**]) **wáll**《口語》嘗試不可能的事《★原意爲「頭撞(磚[石])牆」》。

béat a person's **héad óff** 大敗某人，徹底擊敗某人。

bíte a person's **héad óff**《口語》(爲芝麻小事而)疾言厲色地回答[說話]；厲言頂撞: I said hello to him and he *bit* my ~ *off.* 我向他打招呼，他卻沒有給我好臉色。

brìng...to a héad 使…陷入危機[窮途末路]《★源自 *n.* 11》: His action has *brought* matters *to a* ~. 他的行動使事態陷入不可挽回的困境。

búry one's **héad in the sánd** 逃避現實，假裝看不見[不知道]，採取鴕鳥政策《★傳說鴕鳥(ostrich)遇敵追襲時，只把頭藏入沙中》。

cannót màke héad or táil of... =**can màke nèither héad nor táil of...** 對…莫名其妙，根本不了解…: I *couldn't make* ~ *or tail of* what he said. 我根本不了解他說什麼。

còme to a héad (1)〈膿包〉即將破裂出膿(cf. *n.* 11). (2)〈時機〉成熟；〈事態〉瀕臨危機，瀕臨〈緊要關頭〉《★源自 *n.* 11》.

cóunt héads 計算(出席者、贊成與反對者等的)人數。

éat one's **héad óff**《口語》〈牲畜〉吃得多事做得少，〈人〉好吃懶做。

from héad to fóot [**héel**] (1)從頭到脚，全身: He was covered with mud *from* ~ *to foot.* 他全身都是泥。(2)完全，徹底。

gáther héad (1)增加速度，〈風勢等〉增强。(2)增强勢力。

gáther to a héad =come to a HEAD (2).

gèt one's **héad dówn**《口語》(1)回到工作。(2)躺下來(睡覺)。

get it ìnto a person's **héad that...**《口語》費神地使人了解[領悟]…: I just couldn't *get it into* his ~ *that* he should keep his money in a safe place. 我就是無法使他懂得他應該把錢放在安全的地方。

gèt it ìnto one's **héad that...** =take it into one's HEAD that.

gèt...through a person's **héad** 使人了解[明白]…。

gèt...through one's **héad** 了解…。

gìve a person **his héad** 讓〈某人〉自由行動，讓〈某人〉隨意而爲。

gó to a person's **héad** (1)〈酒〉使人醉。(2)〈勝利等〉使人興奮[興高采烈]。(3)〈稱讚等〉使人自負。

háng (**dówn**) one's **héad** 深以爲恥，(羞愧得)垂下頭；垂頭喪氣。

háng óver a person's **héad**〈災難〉可能降臨於某人(身上)，某人有發生災難之虞。

hàve a (**góod**) **héad on** one's **shóulders** 有實務的才能；有見識與判斷力。

hàve an óld héad on yóung shóulders 少年老成，年輕而有智慧[可靠]。

hàve...hánging óver one's **héad** 覺得可能(隨時)要發生〈什麼討厭的事〉: He *has* an examination *hanging over* his ~. 他擔心隨時會有考試。

hàve one's **héad in the clóuds** 不切實際，耽於空想。

hàve one's **héad scréwed ón** (**ríght** [**the ríght wáy**])《口語》有判斷力，頭腦清醒，沒有疏忽。

héad and shóulders abòve... 遠勝過…: As a baseball player he is ~ *and shoulders above* the others. 作爲一名棒球選手，他遠勝過其他選手。

héad fírst [**fóremost**] (1)頭朝下地: He dived into the river ~ *first.* 他頭朝下地跳入河水中；他一頭栽進河裏。(2)魯莽地，不顧前後地，輕率地: He threw himself ~ *first* into the fight. 他冒冒失失地投入打架中。

a person's **héad óff** 大大地《★參照各動詞的成語》。

héad of háir [**a** ~；常與修飾語連用] (蓬鬆的)頭髮: She has *a* lovely ~ *of hair.* 她有一頭漂亮的蓬鬆頭髮。

héad ón 頭[船頭，車前部]朝前，迎面，從正面(cf. head-on): The cars collided ~ *on.* 車子正面相撞。

héad òver éars in... =over HEAD and ears in.

héad òver héels=**héels òver héad** (1)頭朝下地；倒栽葱地。(2)深陷〔…〕地，完全地〔*in*〕: be ~ *over heels in* love 深陷情網/be ~ *over heels in* debt 深陷於債務中，債臺高築。

héads or táils 正面或反面《擲硬幣決定先後或輸贏時的用語，等於划拳；⇨5 a》。

Héads úp!《口語》注意！當心！

héad to héad =HEAD ON.

híde one's **héad** =hang (down) one's HEAD.

hóld one's **héad hígh** (面臨困難而)不畏縮地，堅强地。

hóld one's **héad úp** 表現自大[傲慢]。

kèep one's **héad abòve wáter** (1)保持浮在水面上[未淹沒]。(2)(免於負債地)靠自己收入過活。(3)不怕失敗地支撑着。

kèep one's **héad dówn** (1)(低頭)隱藏着。(2)(等待演變而)不使自己惹人注目，自重。

knóck...on the héad ⇨knock.

knóck their héads togéther《口語》以武力制止爭吵；使人明白道理。

láugh one's **héad óff** 大笑，狂笑。

láy our [**your, their**] **héads togéther** = put our [your, their] HEADS together.

líft (**úp**) one's [**its**] **héad** (1)露頭角；恢復精神。(2)感到驕傲，保持自尊。

H

lóse one's **héad** (1)慌張，不知所措(cf. 2 c)。(2)〔對…〕着迷；迷戀〔…〕〔*over*〕：*lose one's* ～ *over* a girl 對一個女孩子着迷。

màke héad 推進，前進：We [Our boat] couldn't *make* ～ (*against* the current). 我們[我們的船]不能(逆流)前進。

màke a person's **héad spín** [**gò róund**] 〈事情〉使人頭腦混亂[頭暈]。

nèed to [**òught to, shòuld**] **hàve** one's **héad exámined** 《口語》頭腦有問題，失常《★源自「頭腦該受檢查」之意》。

òff [**òut of**] one's **héad** 《口語》(1)精神失常的：go *off* one's ～ 發瘋，發狂。(2)狂熱的，入迷的。

on [**upòn**] one's **héad** (1)倒立着：stand *on* one's ～ 倒立。(2)輕易地，易如反掌地：I can do it (standing) *on* my ～. 我能輕易[不費吹灰之力]地做這件事。(3)由自己負責：Let success or failure be *on* my (own) ～. 成敗由我自己負責吧/Be it *on* your (own) ～. (如果事情做不好)那是你的責任，你自己負責《不關我的事》。

òver a person's **héad** ＝**òver the héad of...** (1)＝above a person's HEAD. (2)不與人商量(而逾越…)；至較高的職位上：He was promoted *over the* ～*s of* his colleagues. 他被晉陞到他的同事之上。

òver héad and éars in... 深陷於…，因…而不能自拔：be *over* ～ *and ears in* debt 債臺高築，深陷於債務中/be *over* ～ *and ears in* love 深深墜入情網，陷入熱戀中。

pùt our [**your, their**] **héads togéther** 聚集研商。

réar one's **héad** (1)抬起頭：The snake *reared* its ～. 那條蛇抬起頭來。(2)《諧》〈邪念等〉抬頭，出現：Graft again *reared* its (ugly) ～. 貪污醜聞又出現。(3)〈人〉嶄露頭角，出人頭地。

shóut [**scréam**] one's **héad óff** 《口語》長聲大叫。

snáp a person's **héad óff** ＝bite a person's HEAD off.

tàke it ìnto one's **héad that** [**to dó**]... 《口語》(1)開始相信…：He *took it into* his ～ *that* everybody was persecuting him. 他開始相信每一個人都在迫害他。(2)突然決定…，起…的念頭，忽然想要…：He has *taken* it *into* his ～ *to* go abroad. 他忽然想要出國。

tálk one's **héad óff** 《口語》滔滔不絕地講，喋喋不休。

túrn a person's **héad** (1)〈成功等〉使人得意忘形[自負]：Don't let the compliments *turn* your ～. 別讓恭維話使你得意忘形。(2)使人墜入情網。

—*adj.* [用在名詞前]首席的，居首位的(chief)：a ～ coach 總教練，總指揮/a ～ cook 主廚[大廚司]/a ～ boy《英》(由學校班長(prefect)中選出的)總班長。

—*v.t.* **1** 〔十受〕**a** 站在…的前頭：His name ～*s* the list. 他的名字列於名單之首。**b** 居於…之首，成爲…的首長：～ a new government 成爲新政府的首長。**2** 〔十受十副詞(片語)〕把〈船、車等〉轉向(…)，使…(朝…方向)前進：The captain tried to ～ the ship *for* the channel. 船長試着把船駛向海峽/He ～*ed* the boat north [*toward* (the) shore]. 他把船駛往北方[岸邊]。**3 a** 〔十受〕給〈大頭釘、釘子等〉製頭。**b** 〔十受(十補)〕給…冠以〈…的〉標題[信的地址與日期]：He ～*ed* the article "Politics." 他給那篇文章冠以「政治」的標題。**4** 〔十受(十副詞(片語))〕《足球》用頭頂〈球〉：He ～*ed* the ball *into* [*toward*] the goal. 他用頭把球頂入球門。

—*v.i.* **1** 〔十副詞(片語)〕(朝…)前進：The plane is ～*ing* south. 飛機正朝南飛行/Now we'd better ～ *for* home. 現在我們最好回家/Where are you ～*ing for*? 你要到哪裏去？**2** 〔動(十副)〕〈植物〉長出頭，結球〈*out*〉. **3** 〔十介十(代)名〕〈河流〉發源〔於…〕〔*from, in*〕.

héad óff 《*vt adv*》(1)改變…的航路。(2)阻止，廻避，防止…的發生：～ *off* a crisis 廻避危機，防止危機發生。—《*vi adv*》(3)朝着去：She ～*ed off toward* town. 她朝着鎮上去。(4)出發，動身：It's about time we ～*ed off*. 該是我們動身的時候了。

***head·ache** [ˋhɛdˏek; ˈhedeik] *n.* Ⓤ Ⓒ **1 頭痛**：have a (bad) ～ 頭(很)痛/suffer from ～*s* 因頭痛而苦惱，常患頭痛。**2** 《口語》頭痛的事，煩惱事。

head·ach·y [ˋhɛdˏekɪ; ˈhedeiki] *adj.* **1** 頭痛的，有頭痛病的。**2** 會頭痛的，使人頭痛的。

héad·bànd *n.* Ⓒ紮頭帶；頭飾帶，束髮帶。

héad·bòard *n.* Ⓒ床頭板《床頭的垂直板；cf. footboard 2》.

héad·chèese *n.* Ⓒ[當作菜名時爲Ⓤ]《美》碎肉凍(《英》brawn)《將豬的頭、脚肉等細切，與香辣調味料同煮，作成凍膠質凝固的菜餚》。

héad còld *n.* Ⓒ(鼻塞、流鼻涕的)感冒，傷風。

héad cóunt *n.* Ⓒ **1** 清點人數。**2** 清點出的人數。**3** 調查；民意調查。

héad·drèss *n.* Ⓒ **1** (印地安人等的)頭飾。**2** 頭髮的梳理式樣。

héad·ed *adj.* **1** [構成複合字]頭部爲…的，…頭的：two-*headed* 雙頭的/clear-*headed* 頭腦清楚的。**2** 〈信紙等〉(上面)印有住址等的。

héad·er *n.* Ⓒ **1** 《口語》頭朝下的跳入[跌落]，倒栽葱：He stumbled and took a ～ *into* the ditch. 他跌了一跤而栽到溝裏去了/try a ～ *off* a diving board 嘗試從跳板頭朝下地跳下去。**2** 《足球》頭頂式射球[傳球]。

héad·fírst, héad·fóremost *adv.* ＝HEAD first [foremost].

héad gàte *n.* Ⓒ水門。

héad·gèar *n.* Ⓤ[又作 **a** ～]頭飾，頭上戴的東西《帽子類的總稱；⇨ hat【同義字】》.

拳擊用的 headgear

héad·hùnter *n.* Ⓒ **1** 獵取人頭的野蠻人。**2 a** 物色(公司)幹部級人才者。**b** 人才介紹所。**3** 《諧》喜歡與名人亮相者。

héad·hùnting *n.* Ⓤ **1** 野蠻人之獵取人頭的習俗。**2** 物色人才。

héad·ing *n.* **1** Ⓒ **a** (書頁、文章等的)標題，題目，題字詞；項目：*under* the ～ *of*... 在…的標題[項目]下。**b** (信紙上的)地址與日期。**2** Ⓒ(船頭等的)方向；(飛機的)飛行方向，航道。**3** Ⓤ Ⓒ《足球》用頭頂球方式射球或傳球。

héad·làmp *n.* ＝headlight.

head·land [ˋhɛdlənd; ˈhedlənd] *n.* Ⓒ岬，海角。

héad·less *adj.* **1** 無頭的。**2** 《諧》沒有領導人的。**3** 沒有判斷力的，欠思考的，愚蠢的。

head·light [ˋhɛdˏlaɪt; ˈhedlait] *n.* Ⓒ[常 ～s](汽車等的)前燈(⇨ car 插圖)。

head·line [ˋhɛdˏlaɪn; ˈhedlain] *n.* **1** Ⓒ **a** (新聞報導等的)**標題**。**b** 書頁[報紙]的上欄。**2** [～s]《英》《廣播》(新聞報導開始時先報出的)新聞提要。**gò ìnto héadlines**＝**hít** [**máke**] **the héadlines** (1)成爲報紙的大標題。(2)成名。

—*v.t.* 〔十受〕在…加標題；大肆宣傳…；擔綱演出…。

héad·lìner *n.* Ⓒ《口語》紅星，明星。

héad·lòck *n.* Ⓒ《角力》挾頭《將對方的頭緊挾於腋下》。

head·long [ˋhɛdˋlɔŋ; ˈhedlɔŋ] *adv.* (無比較級、最高級) **1 頭向前地**，倒栽葱地：He threw himself ～ into the water. 他一頭栽進水中。**2** 輕率地，驚慌地：plunge ～ into the fray 輕率地加入爭吵。

—*adj.* (無比較級、最高級) **1** 頭向前的，倒栽葱的。**2** 輕率的，魯莽的；急速的。

head·man *n.* Ⓒ(*pl.* **-men**) **1** [ˋhɛdmən, -ˏmæn; ˈhedmæn, -mən; *pl.* -mən, -ˏmɛn; -men, -mən] (未開化部落等的)酋長，首領。**2** [ˋhɛdmən; ˌhedˈmæn, ˈhedmæn; *pl.* -mən; -ˈmen, -men] 工頭，領班。

héad·máster *n.* Ⓒ **1** 《英》(小學、中學的)校長。**2** 《美》(私立男校的)校長。

héad·místress *n.* Ⓒheadmaster 的女性。

héad·mòst *adj.* 最先的，最前頭的(foremost)。

héad·nòte *n.* Ⓒ頂批；眉批。

héad òffice *n.* [又作 H～ O～] Ⓒ Ⓤ 總公司，總店，總局(cf. home office)：the ～ in New York＝the New York ～ 在紐約的總公司/call [speak to] ～ 打電話給總公司[對總公司說]。

héad-ón *adj.* 正面的，迎面的(cf. HAND on)：a ～ collision 正面相撞；正面衝突。

—*adv.* [ˊˊ]從正面；直接地：collide ～ 從正面相撞。

héad·phòne *n.* Ⓒ[常 ～s](戴在頭上的)雙耳式耳機，受話器(cf. earphone 1)。

héad·pièce *n.* Ⓒ **1** 頭盔；帽子。**2** 《俚》頭；頭腦(brain)：have a good ～ 有好腦筋，有智慧。**3** 《印刷》(書籍等章節開頭或書頁上端的)裝飾插圖(cf. tailpiece 3)。

héad·pìn *n.* Ⓒ(保齡球戲中之)先頭之瓶。

***head·quar·ters** [ˋhɛdˋkwɔrtɚz; ˌhedˈkwɔːtəz] *n. pl.* [常當單數用]**總部**，大本營，司令部，指揮部；總署(略作 hdqrs.)；總公司，總局：general ～ 總司令部/at ～ 在總部[總公司]。

héad règister *n.* Ⓒ《音樂》頭聲區，上音域，高音區。

héad·rèst *n.* Ⓒ(理髮店、牙醫診所坐椅或汽車座位上方的)頭靠，頭墊，頭枕。

héad·ròom *n.* Ⓤ (交通工具等內部)乘客頭頂至車頂的空間，(橋、隧道等)頭上的空間(高度)。

héad séa *n.* Ⓒ《航海》頂頭浪；逆浪。

héad·sèt *n.* 《美》＝headphone.

héad·shìp *n.* Ⓤ Ⓒ 領導者的職位[權威]，指導的地位[職務]。

héad·shrìnker *n.* Ⓒ **1** 獵取敵人頭顱後使其乾縮製成戰利品的人。**2** 《俚・諧》精神科醫師；精神分析學家。

heads·man [ˋhɛdzmən; ˈhedzmən] *n.* Ⓒ(*pl.* **-men** [-mən; -mən]) 劊子手。

héads or táils *n. pl.* [當單數用] **1** 擲銅板猜正反面之遊戲。**2** 以上述方法解決問題。

héad·sprìng *n.* Ⓒ **1** (河流之) 水源。**2** 源泉，起源。
héad·stàll *n.* Ⓒ(套在馬等頭上的)絡頭，馬籠頭。
héad·stànd *n.* Ⓒ(頭着地的)倒立(cf. handstand)。
héad stárt *n.* Ⓒ **1**《運動》(在賽跑等時獲得讓步的)有利的起跑。**2** 有利[吉兆]的開始〔*over, on*〕: He lived in America for a year, so he has a ~ *on* [*over*] the other students in English. 他在美國住過一年，所以學英語的起步較其他學生快。
héad·stòne *n.* Ⓒ **1** (墳墓的)墓頭石《立於死者頭部的石碑》。**2**《建築》牆基石。
héad·strèam *n.* Ⓒ(河川的)源流。
héad·stròng *adj.*〈人〉頑固的，倔强的。
héad-to-héad *adj.* [用在名詞前]《美》短兵相接的；(比賽等)勢均力敵的。
héad tòne *n.* Ⓒ頭聲《由頭腔發出的共鳴》。
héad vòice *n.* Ⓒ《音樂》頭聲《從頭部發出似的高音域聲音；cf. chest voice》。
héad·wàiter *n.* Ⓒ (餐館等之)侍者管理員，領班。
héad·wàters *n. pl.* (河川的)源流，上流，上游〔*of*〕《★指全部支流》。
héad·wày *n.* Ⓤ **1** 前進；進步(progress): gain ~ 前進/make ~ 進行，前進；進展。**2** (船、火車開行時間的)間隔。
héad wìnd *n.* Ⓒ頂頭風，逆風，迎面風。
héad·wòrd *n.* Ⓒ **1** (辭典等粗體的)標題字，首字，(書籍章節的)標題。**2**《文法》主要詞《形容詞所修飾的名詞等》。
héad·wòrk *n.* Ⓤ腦力[勞心]工作，思考，思維；《足球》以頭頂球的頭功[技術]。
héad·wòrker *n.* Ⓒ勞心者。
head·y [ˈhɛdɪ; ˈhedi] *adj.* (**head·i·er**；**-i·est**) **1 a**〈人〉輕率的，魯莽的。**b**〈思想、行動等〉急躁的。**2**〈酒等〉容易使人醉的。**3 a** (使人)興奮而飄飄然的: a ~ triumph 令人興奮的勝利。**b** [不用在名詞前]〔十介十(代)名〕〔因…而〕飄飄然的，心花怒放的〔*with*〕: He is ~ ***with*** success. 他因成功而飄飄然。
héad·i·ly [-dlɪ; -dili] *adv.* **-i·ness** *n.*

***heal** [hil; hiːl] *v.t.* **1 a**〔十受〕**醫治**〈傷、痛〉，修理〈故障等〉: Time ~*s* all sorrows. 時間可治癒一切悲傷。

【同義字】heal 一般指醫治外傷；cure 指治療疾病、傷，使恢復原來的健康狀態；remedy 指用藥物或特別方法治療症狀、痛苦。

b〔十受十介十(代)名〕《文語》醫治，治癒〈人〉〔傷、病〕〔*of*〕: He was miraculously ~*ed* ***of*** cancer. 他的癌症被奇蹟似地治癒。**2** 使和解[和好]。
—*v.i.*〔動(十副)〕治癒，痊癒〈*over, up*〉: The wound has not ~*ed* yet. 傷口尚未癒合。
héal-àll *n.* Ⓒ萬靈藥。
héal·er *n.* Ⓒ治療者[物]；(尤指)施行信仰療法的人: Time is a great ~. 時間是偉大的治療者《時間是治癒創傷的良藥》。
heal·ing [ˈhilɪŋ; ˈhiːliŋ] *adj.* **1** 有治療功用的。**2** 改善中的；復原中的。
—*n.* Ⓤ復原；痊癒。~**·ly** *adv.*

‡**health** [hɛlθ; helθ] **«源自古英語「完全」之義»**—*n.* **1** Ⓤ **a** (指身心的)**健康，健全**: the ~ of body and mind 身心的健康[健全]/the value of good ~ 良好健康的價值[可貴]/Early rising is good for *the* [*your*] ~. 早起對健康[你的健康]有益/*H*~ is better than wealth.《諺》健康勝於財富。**b 身體狀況，健康狀態**: be out of ~ 身體狀況不好/He enjoys [is *in*] good ~. 他身體健康/He is *in* bad [poor] ~. 他身體不健康。**2** Ⓤ**健康法，保健；衛生**: mental ~ 精神上的健康[心理健康]/public ~ 公共衛生/the Department of Health and Social Security(英國的)衛生暨社會安全部(cf. HEW)。**3** ⓊⒸ(祝健康的)乾杯: drink (*to*) the ~ of a person＝drink (*to*) a person's ~＝drink a ~ *to* a person 祝某人健康而乾杯，舉杯祝某人健康/(To) your (good) ~! 祝你健康《敬酒時用語》!
bíll of héalth ⇨ bill¹.
héalth cènter *n.* Ⓒ《英》綜合診所，保健[健康]中心。
héalth fòod *n.* Ⓒ健康[保健]食品。
health·ful [ˈhɛlθfəl; ˈhelθful] *adj.*〈場所、食物等〉有益健康的，衛生的；(對精神上)有益的(⇨ healthy【同義字】): ~ exercise 有益健康的運動。~**·ly** [-fəlɪ; -fuli] *adv.* ~**·ness** *n.*
héalth insùrance *n.* Ⓤ健康保險。
héalth resòrt *n.* Ⓒ休養地。
héalth sèrvice *n.* Ⓤ[常 H~ S~；集合稱]公共醫療(設施)，社會保健服務。
héalth vìsitor *n.* Ⓒ《英》(訪問家庭的)巡廻保健人員。

‡**healthy** [ˈhɛlθɪ; ˈhelθi] **«health 的形容詞»**—*adj.* (**health·i·er**；**-i·est**) **1 a**〈人、動物等〉**健康的，健全的**: Early to bed and early to rise makes a man ~, wealthy, and wise.《諺》早睡早起使人健康，富裕而聰明/I feel *healthier* after a visit to the countryside. 到鄉下走了一趟後我覺得身體(比以前)更健康。

【同義字】healthy 指無患病而體力充沛的；healthful 指有益健康的或增進健康的；well 指在特定場合健康而無病痛的。

b〈臉色、食慾等〉看來健康的: look ~＝have a ~ look 看來健康，有健康的氣色。**2 a 有益健康的，衛生的**(healthful): a ~ diet 有益健康的飲食。**b** (道德上)健全的，有益的: a ~ idea 健全的思想。**héalth·i·ly** [-θəlɪ; -θili] *adv.* **-i·ness** *n.*

***heap** [hip; hiːp] **«源自古英語「衆多」之義»**—*n.* Ⓒ **1 堆積，(一)堆**: in a ~＝in ~*s* 成山，成堆，許多。**2**《口語》**a** [常 **a ~ of...** 或 **~s of...**] 許多，大量《★比較 一般用 a lot of, lots of》: You do know *a* ~ *of* things, don't you? 你知道很多事，不是嗎?/ ~*s of* times 屢次，多次/There is ~*s of* time. 有充裕的時間/There were ~*s of* people there. 那裏有一大堆人。**b** [~s；當副詞用]大大地，很，多: The patient is ~*s* better. 病人已好多了/Thanks ~*s*. 多謝。
be strúck [**knócked**] **áll of a héap**《口語》嚇成一團；撲地倒下。
—*v.t.* **1**〔十受(十副)〕堆積；積蓄…〈*up*〉: ~ (***up***) stones 堆積石頭/ ~ *up* riches 累積財富。**2**〔十受十介十(代)名〕**a**〔以…〕盛滿〈盤子等〉〔*with*〕；把…盛滿〔在盤子等上〕〔*on, upon*〕: ~ a plate ***with*** strawberries＝~ strawberries ***on*** a plate 在盤中盛滿草莓。**b** 一再地〔對某人〕加以〈侮辱，稱讚〉〔*on, upon*〕: ~ insults [praise] ***on*** a person 一再地對某人加以侮辱[稱讚]。
—*v.i.*〔動(十副)〕堆積成山，成堆〈*up*〉: The snow ~*ed* ***up*** *against* the walls. 雪靠着牆堆積如山。

‡**hear** [hɪr; hiə] (**heard** [hɝd; həːd]) *v.t.* **1 a**〔十受〕**聽見，聽到**…《★【同義字】listen (to) 指有意識地傾聽》: He didn't ~ what I said. 他沒有聽見我說的話/You *hear* me! 正如所聞；正是那樣。**b**〔十受十原形〕聽見…〈做…〉: I *heard* somebody cry out. 我聽見某人大叫《★用法 被動語態時不定詞用 to: Somebody *was heard to* cry out.》.**c**〔十受十 do*ing*〕聽見…〈在做…〉: He *heard* branches mov*ing* as the wind grew stronger. 風力增强時他聽見樹枝在搖動的聲音/A bird was *heard* sing*ing*. 聽見鳥啼聲。**d**〔十受十過分〕聽見…〈被…〉: She *heard* her name call*ed*. 她聽見有人喚她的名字。
2 a〔十受〕**得知，聞知，聽到**〈消息等〉: We haven't yet *heard* any news of the event. 關於那事件我們還沒聽到任何消息/Nothing has been *heard of* him since. 從那時起完全沒有聽到他的消息(cf. *v.i.* 2 c)。**b**〔十(*that*)__〕(從傳言)**聞知，傳聞，聽說**〈…事〉: I am sorry to ~ [I ~ with regret] *that* your mother is ill. 聽說你母親生病，我眞難過/"He is going to resign."—"So I ~." 「他將要辭職。」「我聽說是這樣。」《★用法 so 承接前句，取代 that 子句》。**c**〔十受十過分〕**聽到…〈被…之事〉，聽見有人說〈…事〉**: I once *heard* it said *that* we are never so happy or unhappy as we suppose. 我曾聽人說過我們絕不會如我們所想像的那樣幸福或不幸。
3〔十受〕**a 注意聽，傾聽**…《★比較 作此義解時一般用 listen to》: Let's ~ his explanation. 讓我們來聽聽他的解釋。**b** 聽〈演講、演奏等〉；旁聽〈課程等〉: ~ a lecture 聽課。**c**《法律》審問[審理]〈案件等〉: Which judge *heard* the case? 哪一位法官審理這案子?**4**〔十受〕聽取，答應〈祈願等〉: Lord, ~ my prayer. 主啊！請答應我的祈願吧。
—*v.i.* **1** (耳朶)**聽得見**: He doesn't ~ well. 他的耳朶重聽《★比較 He doesn't *listen* well. 他不太聽話》。
2〔十介十(代)名〕**a 得到〔…的〕消息[聯絡]**〔*from*〕《★可用被動語態》: Haven't you *heard* ***from*** him since you came here? 自從你來到此地後有沒有他的信息[通電話，聯絡]? **b 聞知〔…的存在[事實]〕**〔*of*〕《★可用被動語態》: I've *heard* ***of*** him, but I haven't met him. 我聽過他的事，但不曾見過他/I have never *heard of* such a thing. 我從未聽過這樣的事/I have never *heard of* (their [them]) drink*ing* the blood of a snake. 我從未聽說過(他們)喝蛇血的事。**c 聽到〔…的〕事，聽到〔…的〕消息**〔*of*〕《★可用被動語態》: I've ~*d* much [a lot] ***of*** him. 我聽到很多(關於)他的事(cf. *v.t.* 2 a)/He has never been *heard of* since. 從那時起就沒有聽到他的消息/Have you *heard of* him recently? 你最近有他的消息嗎? **d** 聽到[關於…的消息]〔*about*〕: Have you *heard about* him? 你聽到關於他的事了嗎?
3 [用祈使語氣]《英》仔細聽！傾聽: *H*~! *H*~! [常當反語用]傾聽！聽哪！贊成！說得好！
héar óut 《*vt adv*》[~＋受＋out]把〈某人〉的話從頭聽到尾；聽完: *H*~ me *out*. 聽我把話講完。
hèar sáy [**téll**]《口語》(1)聽別人說，風聞，傳聞，據說…〈*that*〉《★hear people say [tell] 之略；cf. hearsay》: I've *heard say* [*tell*] *that* he has sold his house. 我聽(別人)說他已賣掉他的房子。(2)風聞〔…之事〕〔*of*〕.
héar to...《美》傾聽…(listen to).

Lèt's héar it for.... 《美口語》聲援…，對…喝采。
màke oneself **héard** (1)(因噪音等而提高聲音)使別人聽得見自己的聲音。(2)把自己的意見[主張]說給別人聽。
wòn't [wòuldn't] héar of [《美》**to**]... 不聽從[不願考慮，不允許，不贊同]…：My father *won't* ～ *of* it. 我父親不會允許此事/I *won't* ～ *of* you [your] com*ing* to meet me at the station. 我怎麼也不讓你到車站來接我。

‡**heard** [hɝd; hə:d] *v.* **hear** 的過去式・過去分詞。

hear·er [ˈhɪrɚ; ˈhiərə] *n.* Ⓒ聽者；旁聽者。

hear·ing [ˈhɪrɪŋ; ˈhiəriŋ] *n.* **1 a** Ⓤ **聽力**，聽覺：His ～ is poor. 他的聽覺差/She is hard [quick] *of* ～. 她的聽覺遲鈍[敏銳]/lose one's ～ 喪失聽力，失聰。**b** ⓊⒸ聽，聽取：at first ～ 最初聽到時。**2** Ⓤ聽得到的距離[範圍]：in a person's ～ 在某人聽得到的地方，(故意)大聲(讓某人聽見)地/out of [within] ～ 在聽不到[聽得到]的地方。**3** Ⓒ **a** 聽聞，傾聽；說給人聽[發言]的機會：gain [get] a ～ 獲得申辯[發言]的機會/give a person a (fair) ～ (公平地)聽某人的申辯[主張]。**b** (委員會等的)聽證會：a public ～ 公聽會。**4** Ⓒ《法律》審問，聽訟，調查庭：a preliminary ～ 預審，初審。

héaring àid *n.* Ⓒ助聽器：wear a ～ 戴助聽器。

heark·en [ˈhɑrkən; ˈhɑ:kən] *v.i.* 〔動(十介十(代)名)〕《文語》傾聽〔…〕〔*to*〕.

Hearn [hɝn; hə:n], **Laf·ca·di·o** [læfˈkædɪ,o; læfˈkɑ:diou] *n.* 赫恩，小泉八雲《1850–1904；歸化日本的美國作家》。

héar·sày *n.* Ⓤ風聞，謠傳，道聽塗說，馬路消息(cf. HEAR say)：have it *by* [*from, on*] ～ 由傳聞得知。

héarsay èvidence *n.* Ⓤ《法律》傳聞證據《證人根據傳言提供的證據》。

hearse [hɝs; hə:s] *n.* Ⓒ靈(柩)車。

‡**heart** [hɑrt; hɑ:t] *n.* **1** Ⓒ心臟；胸(部)：He has a weak ～. 他的心臟不好/My ～ stood still.＝My ～ (nearly) stopped beating. (因恐懼、驚嚇)我(差點)被嚇得心臟停止跳動/He put his hand on his ～. 他將手按在胸口上/She pressed her child to her ～. 她將孩子緊抱在胸前。**2** Ⓒ **a** (代表情感、仁慈的)心，感情(cf. head 2 a；⇨ mind【同義字】)：*at* the bottom of one's ～ 在內心裏/pity a person from (the bottom of) one's ～ 打從心裏同情某人/touch a person's ～ 打動某人的心/search the [one's] ～ 反省，自省/set one's ～ at rest 安心，放心，寬心/She has a kind ～. 她有一顆仁慈的心，她爲人仁慈/My ～ bleeds *for* them [*at* the sight]. ⇨ bleed *v.i.* 2. /Have a ～!《口語》同情[寬恕]我吧！**b** (與理智、心意有所區別的)心，心情，心境：with a heavy [light, cheerful] ～ 心情沉重[輕鬆，愉快]地/What the ～ thinks, the mouth speaks.《諺》心裏想什麼，嘴就說什麼；言爲心聲。**3** Ⓤ愛情；同情心：an affair of the ～ 韻事，戀愛/a man of ～ 性情中人，眞感情/have no ～ 薄情，冷酷/have (plenty of) ～ 重情誼/have a person's ～ 獲得某人的愛[歡心]/steal a person's ～ 在不知不覺中巧妙地獲得某人的歡心/steel the ～ 硬起心腸/win the ～ of a person＝win a person's ～ 贏得某人的愛/give [lose] one's ～ to... 愛上…。**4 a** Ⓤ精神，勇氣，氣力，元氣：in (good) ～ 有精神的，精神抖擻的/out of～ 沮喪，意志消沉/keep ～ 不喪失勇氣/lose ～ 失去勇氣，意志消沈/take [pluck up] ～ 鼓起勇氣，打起精神，獲得鼓舞/put ～ into a person 使某人振作起來[打起精神]。**b** 〔十 *to* do〕[常 **have the** ～；用於否定句、疑問句]有勇氣〈做…〉，忍心〈做…〉；〈做…的〉冷酷，無情：How can you *have the* ～ *to* disappoint the child? 你怎能忍心使孩子失望呢？/I did *not have the* ～ *to* say that. 我沒有勇氣[不忍心]提那件事。**c** Ⓤ熱忱；關心，興趣：have one's ～ *in*... 投注心血於…/put one's ～ *into*... 熱中於…/My ～ is not *in* the work. 我無心於該工作；我對該工作毫無興趣。**5** Ⓒ **a** [用於暱稱]心愛的人，情人：dear(est) ～ 最心愛的人/⇨ sweetheart. **b** [常與修飾語連用]人，勇士：a true ～ 眞正的勇士/a noble ～ 高貴的人。**6** Ⓒ **a** 〔花、水果等的〕心，核，樹木的中心部分〔*of*〕. **b** 〔場所等的〕中心(部分)〔*of*〕：(deep) in the ～ *of* the city [forest] 在市[森林]中心。**c** 〔問題等的〕核心，關鍵，本質〔*of*〕：get to the ～ *of* a problem 觸及問題的核心/go to the ～ *of* a matter 掌握事件的核心。**7** Ⓒ心形(物)。**8** Ⓒ《紙牌戲》紅心：the ten [queen] of ～*s* 紅心十點[皇后，十二點]。

àfter one's **ówn héart** 符合自己心意的，稱心如意的；正中下懷的：She is a woman *after* my *own* ～. 她是個深得我心的女人；她是個合我心意的女人。
at héart (1)在心底，實際上，本質上：He isn't a bad man *at* ～. 本質上他不是個壞人；他心地不壞。(2)放在心上：have the matter *at* ～ 把那件事放在心上，對那件事深切關心。(3)深深地，深切地：⇨ SICK at heart.
bréak a person's **héart** 使人很傷心[極爲失望]。
by héart 憑記憶：learn *by* ～ 默記，背誦。
chánge of héart (1)《基督教》皈依，改信。(2)心情[想法]的改變。
cróss one's **héart (and hópe to díe)** 《俚》發誓(所說的是眞的)。
crý one's **héart óut** 痛哭，號啕大哭。
dò the [a person's] **héart góod** 使某人非常高興；使人感到溫馨：It *does* my ～ *good* to see him being so kind to his neighbors. 看到他對鄰居那樣親切我很高興。
éat one's **héart óut** (1)〔因…而〕深覺憂傷；傷心欲絕〔*for, over*〕. (2)非常想念[渴望]〔…〕〔*for*〕.
find it in one's **héart** [oneself] **to dó** [常與 can [could] 連用，用於否定句、疑問句](無論如何)想要…，意欲(做)…：I *couldn't find it in* my ～ *to be* angry with the child. (無論如何)我無意生那個孩子的氣。
gò to a person's [**the**] **héart** 使人受感動；使人傷心：It *goes to the* ～ to see such kindness. 看到如此的仁慈使人深受感動。
hàve one's **héart in** one's **móuth** [**bóots**] 《口語》提心吊膽；沮喪，洩氣。
hàve one's **héart in the ríght pláce** 眞心誠意；好心好意。
héart and sóul [**hánd**] 全心全意地，賣力地，熱心地。
One's **héart léaps ìnto** one's **móuth.** 大吃一驚，嚇一大跳。
One's **héart sínks** (**lów within** one).＝One's **héart sínks to** [**ìnto**] one's **bóots** [**héels**]. 愕然，驚駭，焦急，緊張。
héart to héart 坦白地，坦率地。
in one's **héart** (**of héarts**) 在內心深處；暗自；實際上《★出自 Shakespeare 的「哈姆雷特」(*Hamlet*)》.
láy...to héart 把…銘記於心；仔細考慮…。
lift (**úp**) one's **héart** 《文語》勉勵，提起精神。
néar [**néarest, néxt**] (**to**) one's **héart** 親近的，最親愛的；重要的，寶貴的：This work is *near to* my ～. 這件工作對我很重要；我很重視這件工作/I want you to keep this child *next to* your ～. 我要你比任何人更疼愛這個孩子。
sèt one's **héart on** [**upòn**]... 指望[渴望]…，熱中於…，決心想…：I've *set* my ～ *on going* abroad. 我決心出國。
tàke...to héart (1)把…放在心上，介意…。(2)對…想不開：Don't *take* the failure *to* ～. 想開一點，別爲那次失敗難過[傷心]了。
tàke...to one's **héart** 非常喜歡…。
to one's **héart's contént** ⇨ content[2] *n.*
wéar one's **héart on** [**upòn**] one's **sléeve** 露骨地表達感情，毫不隱瞞[直率]地說《★出自 Shakespeare 悲劇「奧賽羅」(*Othello*)」》.
with áll one's **héart**＝**with** one's **whóle héart** 誠心誠意地；眞心地；欣然。
with one's **héart in** one's **móuth** 提心吊膽地，戰戰兢兢地。

héart·àche *n.* Ⓤ心痛，悲傷，傷心。

héart attàck *n.* Ⓒ《醫》心臟病發作，心臟痲痺。

héart·bèat *n.* **1** Ⓤ [指個體時爲Ⓒ]心臟的跳動，心搏。**2** Ⓤ心跳聲。

héart·blòod *n.* (又作 **héart's blòod**)Ⓤ生命力；生命。

héart·brèak *n.* **1** Ⓤ悲傷，悲痛，心碎。**2** Ⓒ悲痛的原因。

héart·brèaker *n.* Ⓒ令人傷心的人[事]；(尤指)寡情的美女。

héart·brèaking *adj.* **1** 令人悲痛[心碎]的。**2** (因無聊而)使人厭煩[失望]的：～ work [labor] 無聊而辛苦的工作[勞動]。
～·ly *adv.*

héart·bróken *adj.* 極悲痛的，絕望的，悲痛欲絕的。
～·ly *adv.*

héart·bùrn *n.* Ⓤ **1** 胃[心口]灼熱。**2** ＝heartburning.

héart·bùrning *n.* Ⓤ心煩，不滿，不平，怨恨，嫉妒。

héart disèase *n.* ⓊⒸ心臟病。

héart·ed *adj.* [常構成複合字]有…心的，心(腸)…的：faint-*hearted* 怯懦的。

heart·en [ˈhɑrtn; ˈhɑ:tn] 《源自 heart 4》—*v.t.* 〔十受(十副)〕使…振作(精神)；鼓勵，激勵…〈*up*〉：The manager tried to ～ (*up*) the players. 經理設法爲選手們打氣/She was ～*ed* by the news. 那個消息使她振作起來。

héart·en·ing [-tnɪŋ; -tniŋ] *adj.* 使人振作的，令人振奮[鼓舞]的：～ news 令人振奮的消息。**～·ly** *adv.*

héart fàilure *n.* Ⓤ心臟衰弱，心力衰竭。

héart·félt *adj.* (尤指以親切、溫馨的言詞或行爲所表達的)衷心的，由衷的(⇨ sincere【同義字】)：a ～ expression of thanks 衷心感謝的表示。

hearth [hɑrθ; hɑ:θ] *n.* Ⓒ **1** 爐牀《起爐火的地面》；爐邊《★有一家團圓的象徵》。**2** 家庭：～ and home 家庭《★因係對句而無冠詞》。

héarth·rùg *n.* Ⓒ鋪在壁爐前的地毯。

héarth·sìde *n.* Ⓒ爐邊(fireside).

héarth·stòne *n.* Ⓒ **1** 爐石《鋪在爐牀的石頭》。**2** 爐邊；家庭。

heart·i·ly [ˈhɑrtɪlɪ; ˈhɑ:tili] *adv.* **1** 衷心地，眞心地；熱心地；眞摯地：I ～ thank you.＝I thank you ～. 我衷心地感謝你。**2**

a 有精神地，有幹勁地。b 飽滿地，痛快地：laugh ～ 痛快地笑 /We ate ～. 我們飽餐一頓。3 完全，全然，十分：I am ～ tired of it. 我對它十分厭倦。

héart·lànd *n.* Ⓒ 1《地緣政治學》心臟地帶，核心地區。2 任何方面之重要地區。

héart·less *adj.* 1 無情的，寡情的，冷酷的：a ～ killer 冷酷的殺手。2 [不用在名詞前]〔＋*of*＋(代)名(＋ *to* do)/＋*to* do〕〔某人〕〈做…是〉無情的；〈某人〉〈做…是〉無情的：It was ～ *of* you [you were ～] *to* leave without saying good-bye. 你不告而別實在太狠心了。～**·ly** *adv.* ～**·ness** *n.*

héart-lúng machìne *n.* Ⓒ心肺機《心臟手術時臨時代替病人心肺的機器》。

héart·rènding *adj.* 斷腸的，令人悲痛的：a ～ sight 令人悲痛的景象。～**·ly** *adv.*

héart's blòod *n.* ＝heartblood.

héart-sèarching *adj.* 反省的，自省的。

héarts·èase, héart's-èase *n.* Ⓤ野生的三色菫《★pansy 爲其改良品種》。

héart-shàped *adj.* 心形的。

héart·sìck *adj.* 悲痛的，意志消沉的。～**·ness** *n.*

héart·sòre *adj.* 痛心的，悲痛的。
—*n.* Ⓤ悲痛，痛心。

héart·strìcken, héart-strùck *adj.* 1 悲痛欲絕的。2 驚慌的，狼狽的。

héart·strìngs *n. pl.* 心弦；深摯的感情[愛情]：tug [pull] at a person's ～ 打動某人的心弦。

héart·thròb *n.* Ⓒ 1 心跳，心悸。2《俚》a [～s] 柔情；感情。b 情人，愛人；偶像《尤指異性的歌手、演員等》。

héart-to-héart *adj.* 率直的，坦率的(frank)；誠懇的(sincere)：a ～ talk 開誠布公的談話。

héart-wàrming *adj.* 溫馨感人的，可喜的。

héart-whóle *adj.* 1 不爲愛情所動的，情竇未開的。2 專心的，一心一意的；誠實的。3 勇敢的，有膽量的。

héart·wòod *n.* Ⓤ心材《樹幹中心略帶紅色的部份》。

heart·y [ˈhɑrtɪ; ˈhɑ:ti] «heart 的形容詞» —*adj.* (heart·i·er; -i·est) 1 衷心的，親切的，眞摯的，熱誠的(⇨ sincere【同義字】)：receive a ～ welcome 受到熱誠的歡迎/give a ～ laugh 縱聲大笑，開心地笑。2 有精神的，强健的；旺盛的：have a ～ appetite 有好胃口/⇨ HALE and hearty. 3 [用在名詞前] a 豐盛的，豐富的〈飯菜〉：take [have] a ～ meal 吃豐盛的一餐。b 食慾旺盛的，食量大的〈人〉：a ～ eater 食量大的人。4《英口語》(表示友好的)歡鬧的。
—*n.* Ⓒ 1 a [常 **my hearties**, 主要用以稱呼水手們] 健兒；伙伴：*My hearties*! 伙伴們！b 水手，船員。2《英口語》(大學裏討厭念書但)擅長運動的學生。**héart·i·ness** *n.*

heat [hit; hi:t] «hot 的名詞» —*n.* 1 Ⓤ[又作 a ～] a (溫度上與「冷」相對的)熱(↔ cold)：the ～ of the sun 太陽的熱。b (氣溫上與「寒」相對的)暑，暑熱，暑氣：(an) intense ～ 酷暑/(in) the ～ of the day (在)白天的暑氣《★出自聖經「馬太福音」》/suffer from the ～ 受暑氣之苦。2 Ⓤ溫暖，暖氣：enjoy the ～ 享受暖氣。3 Ⓤ a 熱度，溫度：the ～ *of* blood 血液的溫度。b [常與修飾語連用](身體的)熱；(因熱等而引起的)發紅，熱紅：⇨ prickly heat. 4 Ⓤ(辣椒、胡椒等的)辛辣，辣味。5 Ⓤ a 熱烈，熱情；激烈，猛烈。b 興奮，激怒：with ～ 興奮地，大怒地。6 [the ～]〔鬥爭、討論等的〕最高潮，最激烈的階段〔*of*〕：*in the* ～ *of* the argument 在爭論最激烈時。7 a [a ～] 一次的動作[努力]；一舉：at a ～ 一口氣地。b Ⓒ《運動》預選，預賽(的一場)：preliminary [trial] ～*s* 預賽，初賽/⇨ dead heat. 8 Ⓤ(雌獸的)發情，發情期；交尾期(cf. rut² 1)：be *in* [《英》*on the*] ～〈雌獸〉發情，在交尾期。
in the héat of the móment 在(辯論等)最熱烈[激烈]的時刻。
—*v.t.* 〔＋受(＋副)〕1 a 使…變熱，使…溫暖〈*up*〉：I ～*ed* myself by rapid walking. 我以快速行走使身體暖和/The room was comfortably ～*ed* (*up*). 那個房間變得暖和舒適了。b 把〈變冷的食物〉加熱〈*up*〉：～ *up* soup 把湯加熱。
2 使〈人〉興奮，使…激動〈*up*〉.
—*v.i.* 〔動(＋副)〕1 變熱，變溫暖〈*up*〉：The engine will soon ～ *up*. 引擎很快會變熱。
2 興奮；〈競爭等〉變激烈〈*up*〉.

héat·bàrrier *n.* Ⓒ《航空・太空》熱障。

héat·ed *adj.* 1 加熱的，熱的。2 激昂的，興奮的；憤怒的：a ～ discussion 激烈的討論。～**·ly** *adv.*

héat ènɡine *n.* Ⓒ熱(力)機《將熱能轉變爲機械能的引擎》。

héat·er *n.* Ⓒ加熱者；加熱器；暖氣機：a gas ～ 煤氣爐/an oil ～ 煤油爐。

héat exchànger *n.* Ⓒ《機械》熱交換器。

héat exhàustion *n.* Ⓤ《醫》中暑衰竭。

heath [hiθ; hi:θ] *n.* 1 Ⓤ《植物》石南《開紫、白或粉紅色鐘形小花的小灌木，多產於英國山野的荒地；cf. heather, ling¹》。2 Ⓒ《英》(石南叢生的)荒地，荒野(cf. moor²).

hea·then [ˈhiðən; ˈhi:ðn] *adj.* (more ～; most ～) 1 [用在名詞前](無比較級、最高級)異教徒的，異教的；不信神的：～ days 異教時代/ ～ gods 異教的諸神。2 未開化的，野蠻的。
—*n.* (*pl.* ～s, [集合稱] ～) 1 a Ⓒ異教徒《基督教徒、猶太教徒、回教徒所指的其他宗教信徒》。

【字源】本來的意思是「住在長著石南(heath)的荒野之人」。羅馬帝國時代，基督教在都市比在鄉村擴展得迅速，所以住在長著石南的荒野(意指鄉村)之人多半不是基督徒。因此 heathen 就轉變爲「異教徒」之意。

b Ⓒ《聖經》異邦人《非猶太人的國民或民族的人》。c [the ～; 集合稱；當複數用] 異邦人；異教徒。2 Ⓒ 不信神者，無宗教信仰者；未開化者。3 Ⓒ 未受教育的人，野蠻人。

héathen·dom [-dəm; -dəm] *n.* Ⓤ 1 異教，異端；異教國。2 [集合稱] 異教徒。

héa·then·ish [-nɪʃ; -niʃ] *adj.* 1 異教(徒)的；非基督教的。2 野蠻的。
～**·ly** *adv.*

héa·then·ìsm [-nˌɪzəm; -nizəm] *n.* Ⓤ 1 異教(之教義)，異端；偶像崇拜。2 野蠻，未開化(barbarism).

heath·er [ˈhɛðɚ; ˈheðə] *n.* Ⓤ石南屬植物(cf. heath).

héather mìxture *n.* Ⓤ《英》一種混色的毛織品，雜色呢。

heath·er·y [ˈhɛθərɪ; ˈheθəri] *adj.* 石南的，像石南的；石南叢生的，《紡織》混色的，雜色的。

heath·y [ˈhiθɪ; ˈhi:θi] «heath 的形容詞» —*adj.* (heath·i·er; -i·est) 石南的，像石南的；石南叢生的(heathery).

héat·ing *n.* 1 Ⓤ加熱(作用)；暖氣(裝置)：⇨ central heating. 2 [當形容詞用] 加熱[暖氣](用)的：a ～ apparatus [system] 暖氣裝置[設備]/a ～ element (電熱器的)發熱元件。

heather

héat làmp *n.* Ⓒ紅外線燈。

héat lìghtning *n.* Ⓤ(在暑熱的夏夜等時見於水平線附近)沒有雷鳴的閃電，熱閃電《被認爲係遠處閃電反射於雲者》。

héat·próof *adj.* 耐熱的。

héat pùmp *n.* Ⓒ 1 熱泵《將熱氣由低溫物體移向高溫物體的裝置》。2 (大廈等的)冷暖氣裝置。

héat ràsh *n.* Ⓤ痱子，汗疹(prickly heat).

héat shìeld *n.* Ⓒ《太空》防熱屏《太空船的前端部分，用以防止太空船衝破大氣層返回地球時表面過熱》。

héat sìnk *n.* Ⓒ吸熱器。

héat·stròke *n.* Ⓤ中暑，日射病。

héat wàve *n.* Ⓒ 1 (長期的)酷暑。2《氣象》熱浪(cf. cold wave 2).

heave [hiv; hi:v] (～d, 《航海》**hove** [hov; houv]) *v.t.* 1〔＋受＋副詞(片語)〕a (用力)舉起〈重物〉：He ～*d* the box *out of* the cart [(*up*) *into* the cart]. 他把箱子擡出[進]運貨車。b [～ *oneself*] 舉起身體：He ～*d himself out of* the armchair. 他從扶椅上(吃力地)撐起身體[吃力地站起來]。2 使〈胸部〉挺起，脹起：Pity ～*d* her breast [bosom]. 惻隱之心在她胸中起伏。3 〔＋受(＋副)〕a 〈人〉痛苦地發出〈嘆聲、呻吟〉〈*out*〉：～ a sigh 嘆一口氣/～ a groan 發出一聲呻吟。b 吐出〈東西〉〈*up*〉. 4 〔＋受＋副詞(片語)〕《口語》投(出)，拋…：The sailors *hove* [～*d*] the anchor *overboard*. 那些水手們把錨(自船上)投入海中/Somebody ～*d* a brick *at* us. 有人朝我們投擲磚塊。5《航海》提〈錨〉，拉〈纜〉：⇨ heave ANCHOR.
—*v.i.* 1 a 隆起，鼓起，升高(rise). b 〈波浪、海水等〉洶湧，起伏；〈胸部〉挺起，脹起：the *heaving* billows《文語》洶湧的巨浪。2 a 喘息。b 〔動(＋副)〕噁心，嘔吐〈*up*〉. 3 〔＋介＋(代)名〕(用全力)拉〔…〕〔*at, on*〕：～ *at* [*on*] a rope 用力拉繩索。4《航海》用手[捲揚機]拉[捲，絞]〔錨鏈、繩索〕。
Héave hó! ⑴《航海》用力拉[捲]！《水手起錨時的吆喝》。⑵嗨喲《舉起重物時的吆喝》。
héave in sìght [víew] 《謔》〈船等〉從遠處出現，駛入視線內。
héave tó [-ˈtu; -ˈtu:] (*vt adv*) ⑴使〈船〉的船首向風停駛。—(*vi adv*) ⑵〈船〉停止：The ship *hove to*. 船停了。
—*n.* 1 Ⓒ a (用力的)舉起(重物)。b (重物的)投擲：He gave the discus a tremendous ～. 他猛一使勁擲出鐵餅。2 [用單數] 鼓起，隆起：the ～ *of* the sea 海水的起伏，海浪。3 Ⓒ [常 ～s] 噁心，反胃：I've got the ～*s*. 我覺得反胃。4 Ⓒ《地質》(斷層引起之地層、鑛脈的)橫差，橫[水平]斷距。

H

‡heav·en [ˋhɛvən; ˈhevn] **《源自古英語「天空」之義》——*n.*** **1** Ⓤ [又作 **the ~s**] 天，天空 (sky)：the starry *~s* 星空/the eye of ~ 太陽/the fowls of ~ 飛禽。**2** Ⓤ **a** 天國，天堂，極樂世界 (↔ hell)《★古代天文學家認為天有七層 [九層]，其最上層為神及天使之居處》：go to ~ 上天堂，死/be in ~ 在天堂，已死。**b** [集合稱] 天堂居民，諸神，天人，神佛。**3 a** Ⓤ極幸福的狀態：I am *in* ~. 我非常幸福。**b** Ⓒ極快樂的場所，樂園：This is a ~ on earth. 這是地上的樂園 [人間天堂]。**4 a** [H~] Ⓤ神，上帝《★用以代替 God》：*H*~ be praised！＝Thank *H*~！謝天謝地！感謝上蒼！/By *H*~！老天在上！老天為憑！/for *Heaven's* sake 看在老天的份上/*H*~ forbid！上天不容！絕無此事！/*Heaven's* vengeance is slow but sure.《諺》上蒼的懲罰即使來得遲，也必然會來；天網恢恢，疏而不漏/Inscrutable are the ways of *H*~. 天意難測。**b** [**Heaven** 或 **Heavens**；當感嘆詞用] 啊！天哪！：*Heavens, no*！天哪，不要！/*Heavens*, what is that？天哪！那是什麼？/Good [Gracious, Great] *Heavens*！哎呀！天哪！糟了！《表示驚愕、哀嘆的聲音》。

Héaven knóws ⇨ know.

in (the) héaven's náme [強調疑問詞] 到底，究竟：Where *in ~'s name* have you been？你到底到哪裏去了？

in (the) séventh héaven 在七重天，在極樂世界，在極幸福中，在狂喜中《★七重天是猶太人認為神與天使居住的最上層天；⇨ 2 a》.

móve héaven and éarth to dó... 盡全力去做…。

heav·en·ly [ˋhɛvənlɪ; ˈhevnli] **《heaven 的形容詞》——*adj.*** (**heav·en·li·er**；**-li·est**) **1** [用在名詞前] **a** 天的，天空的 (celestial)：a ~ body 天體。**b** 天堂(似)的，神聖的；來自天上的，絕妙的：a ~ voice 美妙的聲音；天籟。**2**《口語》極好的，漂亮的。**héav·en·li·ness** *n.*

héaven-sènt *adj.* 天賜的；適時發生的，極巧的：a ~ opportunity 天賜良機。

heav·en·ward [ˋhɛvənwəd; ˈhevnwəd] *adj.* 向天上 [天空，天國] 的 (cf. earthward). **——*adv.*** 向天上 [天空，天國] 地。

héav·en·wards [-wədz; -wədz] *adv.* ＝heavenward.

heav·i·ly [ˋhɛvɪlɪ; ˈhevili] *adv.* (**more ~**；**most ~**) **1** 很重地；重重地：a ~ loaded truck 重載的卡車。
2 沉重地，很重似地；懶洋洋地；緩慢地；沉悶地：walk ~ 腳步沉重地走着。
3 厲害地，猛烈地，大大地，嚴厲地：be ~ powdered [made up] 濃粧艷抹/drink ~ 痛飲/His English is ~ accented. 他的英語帶有很重的口音/Past experience will weigh ~ in the selection process. 在(人才)挑選的過程中過去的經驗佔有很重的分量。
4 濃密地；茂密地：a ~ populated district 人口稠密的地區。

‡heav·y [ˋhɛvɪ; ˈhevi] *adj.* (**heav·i·er**；**-i·est**) **1 a** 重的 (↔ light)：a ~ load 重載，沉重的負荷/This luggage is too ~ *for* me *to* lift. 這件行李太重，我提不起來。**b** [不用在名詞前] [十介十(代)名] [因…而] 沉重的 [*with*]：a tree ~ ***with*** fruit 果實纍纍的樹/a heart ~ *with* sorrow 充滿悲傷的心/The air was ~ *with* tobacco smoke. 空氣裏瀰漫着濃厚的煙味。**2 a** 猛烈的，激烈的；(酒) 豪飲的，(香煙) 大量吸的；〈睡眠等〉深沉的：~ fighting 激烈的戰鬥/a ~ blow 重擊，沉重的打擊/a ~ frost 嚴霜/a ~ rain 大雨，豪雨/a ~ injury 重傷/a ~ smoker [drinker] 抽煙 [喝酒] 過多的人/a ~ sleep 沉睡，酣睡/a ~ silence 沉寂。**b**《口語》〈性關係〉濃情的：~ petting《口語》深情 [親暱] 的愛撫。**3 a** 大量的：a ~ vote 大量的得票。**b** [不用在名詞前] [十介十(代)名] 大量消耗 […] 的 [*on*]：This car is ~ ***on*** oil. 這種車子耗油量大。**4 a** 難忍耐的，辛苦的，(工作) 繁重的，困難的：~ work 繁重的工作/a ~ day 辛苦的一天/⇨ heavy GOING 3 b. **b** 沉悶的；無聊的，乏味的，難讀的，難懂的：a ~ style 枯燥乏味的文體/a ~ book 乏味 [難懂] 的書/Time hangs ~ on my hands. ⇨ hang *v.i.* 7. **c** [不用在名詞前] [十介十(代)名] [對…] 嚴厲的 [*on*]：He is ~ ***on*** us. 他待我們十分嚴厲。**5 a** 〈食物〉(因油膩而) 難消化的：a ~ cake 難消化的蛋糕。**b** 〈麵包〉未發酵好的。**6 a** 〈地面、土壤〉發黏的；難耕作的。**b** 〈道路〉難行走的，泥濘的。**c** 〈香味〉不容易消失的。**7 a** 憂鬱的，悲傷的，頹喪的：with a ~ heart 心情沉重地，垂頭喪氣地，沮喪地。**b** 疲倦的，無生氣的；提不起勁的：feel ~ 感到疲倦/look ~ 無精打采，面露倦容。**c** (令人) 悲傷的：~ news 噩耗，令人悲傷的消息。**8 a** 〈天空〉陰沉的，陰暗的：~ clouds 濃密陰暗的雲/a ~ sky 陰暗的天空。**b** 〈海上〉波濤洶湧的：a ~ sea 波濤洶湧的海。**9 a** 笨拙的；〈腳步等〉沉重的：a ~ step 沉重的腳步/have a ~ hand 雙手笨拙。**b** 遲鈍的：a ~ fellow 遲鈍的人。**10** 重大的，重要的：a ~ matter [problem] 重要問題/a ~ responsibility 重大的責任。**11** 〈產業〉重的，重型的：⇨ heavy industry. **12**《戲劇》〈角色〉莊重的，嚴肅的；悲劇性的；反派的：a ~ part 反派 [莊重] 的角色。**13**《軍》重裝備的：a ~ tank 重戰車/~ cavalry 重騎兵/⇨ heavy artillery. **14**《化學》重的《指同位素含有較大原子量者》：~ hydrogen 重氫/~ nitrogen 重氮。**15**《語音》重讀的。

héavy with chíld《文語》懷孕(的)。

líe [sít, wéigh] héavy on [upòn]... 使…負擔過重，使…苦惱：The decision whether to go to war *lay* ~ *upon* the President. 總統心事重重，正在考慮是否要作出開戰的決定。

màke héavy wéather of... ⇨ weather.

with a héavy hánd ⇨ hand.

——*n.* Ⓒ **1**《戲劇》莊嚴的角色；(尤指) 反派角色。**2**《英口語》(拳擊、角力等的) 重量級選手；(橄欖球等的) 噸位重 [大個子] 的選手。**——*adv.*** ＝heavily. **héav·i·ness** *n.*

héavy-ármed *adj.* 重裝備的。

héavy artíllery *n.* Ⓤ [集合稱] **1** 重砲。**2** 重砲兵 (★用法 視為一整體時當單數用，指全部個體時當複數用)。

héavy bómber *n.* Ⓒ重轟炸機。

héavy-dúty *adj.* [用在名詞前] 堅固的，耐用的；重型的，重負荷的；關稅高的〈衣服、機器等〉：~ shoes [tires] 耐用的鞋子 [輪胎]。

héavy-fóoted *adj.* **1** 步伐沉重的，腳步緩慢的。**2** 〈動作〉遲鈍的，笨拙的。

héavy-hánded *adj.* **1** 高壓的，暴虐的。**2** 拙劣的。
~·ly *adv.* **~·ness** *n.*

héavy-héarted *adj.* 心情沉重的，憂鬱的，悲傷的。
~·ly *adv.* **~·ness** *n.*

héavy índustry *n.* Ⓤ [又作 **heavy industries**] 重工業《製鐵、造船、機械工業等；↔ light industry》.

héavy-láden *adj.* **1** 負荷重的，載重的。**2** 心情沉重的，憂心忡忡的，煩心的。

héavy métal *n.* **1** Ⓒ《化學》重金屬《比重 5.0 以上》。**2** Ⓤ重金屬音樂《以重拍子與電子裝置的金屬音為特徵的搖滾樂》。

héavy óil *n.* Ⓤ重油。

héavy·sét *adj.* 〈人〉身體矮胖的。

héavy wáter *n.* Ⓤ重水《重氫和氧合成的水》。

héavy·wèight *n.* Ⓒ **1 a** 平均體重以上的人。**b**《拳擊》重量級拳手。**2** 有權勢者，要人，舉足輕重的人：a ~ *in* the political world 政界的要人。
——*adj.* [用在名詞前] **1 a** 平均體重以上的。**b**《拳擊》重量級的。**2** 有權勢的，有影響力的；要人的。

Heb.《略》Hebrew；《聖經》Hebrews.

heb·dom·a·dal [hɛbˋdɑmədl; hebˈdɔmədl] *adj.* 每週的，每星期的 (weekly). **~·ly** *adv.*

He·be [ˋhibɪ; ˈhi:bi:, -bi] *n.*《希臘神話》希比《青春之女神，為宙斯 (Zeus) 與希拉 (Hera) 的女兒，初為奧林帕斯山 (Olympus) 眾神酒宴的招待，後嫁海克力斯 (Hercules) 為妻》。

He·bra·ic [hiˋbre·ɪk; hi:ˈbreiik] **《Hebrew 的形容詞》——*adj.*** 希伯來人 [語，文化] 的。

He·bra·ism [ˋhibrɪ,ɪzəm; ˈhi:breiizəm] *n.* **1** Ⓤ希伯來主義 [文化]《希伯來人以神為中心的倫理性之人生觀；cf. Hellenism 1》. **2** Ⓒ希伯來語法。**3** Ⓤ希伯來人的宗教；猶太教 (Judaism).

Hé·bra·ist [-ɪst; -ist] *n.* Ⓒ **1** 希伯來語文學家。**2** 希伯來宗教信仰者；猶太教信徒。

He·bra·is·tic [,hibrɪˋɪstɪk; ,hi:breiˈistik] *adj.* 希伯來式的；希伯來語文學家的；希伯來語的。

Hè·braís·ti·cal·ly [-tɪklɪ; -tikəli] *adv.*

He·brew [ˋhibru; ˈhi:bru:] *n.* **1** Ⓒ **a** 希伯來人；以色列人；猶太人 (Jew). **b**《聖經》希伯來人《外國人所指的以色列人》。**2** Ⓤ **a** 古希伯來語《聖經舊約所使用的語言；略作 Heb.》. **b** (又作 **Módern Hébrew**) 現代希伯來語《以色列公用的語言》。**c**《口語》聽不懂的語言 [話] (cf. Greek *n.* 3, double Dutch)：It's ~ to me. 那我一點也聽不懂。**3** [**~s**；當單數用]《聖經》希伯來書 (The Epistle of Paul the Apostle to the Hebrews)《聖經新約中的一書；略作 Heb.》.
——*adj.* 希伯來人 [語] 的；猶太人的：the ~ Bible 希伯來語聖經《聖經舊約》。

Heb·ri·des [ˋhɛbrə,diz; ˈhebridi:z] *n. pl.* [**the ~**] 海布里地羣島《位於蘇格蘭西方，約有五百個島嶼》。

Hec·a·te [ˋhɛkətɪ; ˈhekəti] *n.*《希臘神話》黑卡蒂《原為司月、天地、冥界的女神，後來也司魔法》。

hec·a·tomb [ˋhɛkə,tom, -tum; ˈhekətu:m, -toum] *n.* Ⓒ **1** (古希臘的) 大祭《獻公牛一百頭》。**2**《文語》大量的犧牲；大屠殺，大殺戮。

heck [hɛk; hek] *n.* Ⓤ《俚・委婉語》[發怒等的聲音或作強調語] 到底，究竟：What *the* [*in* (*the*)] ~ are you doing with my car？你到底要把我的車子怎麼樣？

a héck of a...《口語》很嚴重的，很糟糕的，夠受的：I had *a* ~ *of a* time. 我好慘。

——*interj.*《俚》畜牲！

heck·le [ˋhɛkl; ˈhekl] *v.t.* 接連質問[砲轟，奚落]〈當衆演講的候選人等〉。**héck·ler** *n.*

hec·tare [ˋhɛktɛr; ˈhektɑ:, -tɛə] *n.* Ⓒ公頃《面積單位；等於一百公畝，一萬平方公尺；略作 ha.》。

hec·tic [ˋhɛktɪk; ˈhektik] *adj.* **1** 興奮的，狂熱的；極其忙碌的，手忙腳亂的。**2 a** 消耗熱的，發燒的(feverish)：a ～ fever 消耗熱，癆病熱。**b** (臉色)潮紅的：a ～ flush 癆病性潮紅。

héc·ti·cal·ly [-klɪ; -kəli] *adv.*

hec·t(o)- [hɛkt(o, ə)-; hekt(ou, ə)-] 《源自希臘文》——表「一百」之意的複合用詞(⇨ metric system)。

hécto·gràm,《英》**hécto·gràmme** *n.* Ⓒ百公克《重量單位；＝100 grams；略作 hg., hectog.》。

hécto·gràph *v.t.* 以膠版印刷。

——*n.* Ⓒ(印刷用之)膠版。

hécto·lìter,《英》**hécto·lìtre** *n.* Ⓒ百公升《容量單位；＝100 liters；略作 hl., hectol.》。

hécto·mèter,《英》**hécto·mètre** *n.* Ⓒ百公尺《長度單位；＝100 meters；略作 hm., hectom.》。

hec·to·pas·cal [ˋhæktəˏpæskl; ˈhæktəpɑ:skəl] *n.* Ⓒ《物理》百帕《氣壓單位，一百帕等於一毫巴(millibar)》。

hec·tor [ˋhɛktɚ; ˈhektə] 《源自在古代戲劇中 Hector 被描寫成虛張聲勢的人物》——*v.t.* 對…吼叫，欺負，嚇唬。

——*v.i.* 虛張聲勢。

——*n.* Ⓒ吼叫者，虛張聲勢的人，欺負弱小者。

Hec·tor [ˋhɛktɚ; ˈhektə] *n.* **1** 赫克特《男子名》。**2** 赫克特《荷馬(Homer)史詩伊里亞特(*Iliad*)中特洛伊戰爭(Trojan War)的勇士，爲阿奇里斯(Achilles)所殺》。

‡**he'd** [hid, hɪd; hi:d, hid] **he had, he would** 之略。

hedge [hɛdʒ; hedʒ] *n.* Ⓒ **1** (用灌木等圍成的)**樹籬**《★在英國也常用以隔開房屋用地或田地，常種植的有山楂(hawthorn)或水蠟樹(privet)等；⇨ fence【同義字】》：a quickset ～ 樹籬。**2 a** 障礙，障壁〔*of*〕：a ～ *of* convention 因襲(造成)的障礙，習俗的束縛。**b**〔對損失、危險等的〕預防措施〔*against*〕：as a ～ *against* inflation 作爲預防通貨膨脹的對策。

hedge 1

——*v.t.* **1**〔十受(十副)(十介十(代)名)〕以〔…的〕樹籬圍住…〈*in, about, around*〉〔*with*〕：～ a garden **with** privet 用水蠟樹形成的樹籬圍住花園。**2**〔十受十副十介十(代)名〕〔用…〕包圍，圍守…；〔以規則等〕約束[限制]…的行動〈*in, about, around*〉〔*with*〕《★常以過去分詞當形容詞用》：He felt ～*d* **in with** rules. 他覺得受到規則的限制。**3**〔十受〕兩方下賭注以防〈賭博等〉的損失；做兩面投機[套頭交易]以防〈投資等〉的損失：～ a [one's] bet 賭兩面，兩方下賭注。**4** 迴避〈問題〉。

——*v.i.* **1** 圍樹籬；修樹籬。**2** (爲避免賭博、投機的全部損失而)賭兩面，作套頭交易。**3** 說話留餘地[退路]，作模稜兩可的回答，支吾其詞，迴避問題。

hedge·hog [ˋhɛdʒˏhɑg; ˈhedʒhɔg] *n.* Ⓒ **1**《動物》**a** 刺猬。**b**《美》＝porcupine. **2**《口語》易怒的人，難相處的人。

hedgehog 1

hédge·hòp *v.i.* (爲散布農藥等而)低空飛行。

hédge·hòpper *n.* Ⓒ低空飛行的飛機[駕駛員]。

hédge·ròw [-ˏro; -rou] *n.* Ⓒ(形成樹籬的)一排灌木(⇨ bank¹ 1 b)。

hédge spàrrow *n.* Ⓒ《鳥》籬雀《常見於英國、歐洲大陸，築巢於樹籬，產青色蛋的岩鷚類》。

he·don·ic [hiˋdɑnɪk; hi:ˈdɔnik] *adj.* **1** 快樂的。**2** 唯樂論的；快樂主義(者)的。

he·don·ism [ˋhidnˏɪzəm; ˈhi:dounizəm] *n.* Ⓤ《哲》歡樂[享樂]主義。

hé·don·ist [-nɪst; -nist] *n.* Ⓒ享樂主義者。

he·do·nis·tic [ˏhidnˋɪstɪk; ˌhi:dəˈnistik] *adj.* 享樂主義(者)的。

hee·bie-jee·bies [ˋhibɪˋdʒibɪz; ˌhi:biˈdʒi:biz] *n. pl.* [the ～]《口語》**1** (緊張、煩惱等引起的)焦躁，緊張不安。**2** 強烈的厭惡：The way she sings gives me *the* ～. 她唱歌的樣子使我覺得非常厭惡。

heed [hid; hi:d]《文語》*v.t.* 留心，注意，留意：～ traffic regulations 注意交通規則。

——*v.i.* 注意。

——*n.* Ⓤ注意，留心，留意《★尤用於下列成語》。

gìve [pày] héed to... 注意…，對…加以注意[留意]。

tàke héed 注意，提防，重視〔…〕〔*of*〕：*Take* ～ *of* my advice. 留意我的忠告/He *takes* no [little] ～ *of* what others say. 他不[很少]留意別人的話。

heed·ful [ˋhidfəl; ˈhi:dful] *adj.* **1** 很注意的，小心翼翼的。**2**〔不用在名詞前〕〔十介十(代)名〕注意〔…〕的〔*of*〕：be ～ **of** a person's warning 注意某人的警告。

～·ly [-fəlɪ; -fuli] *adv.* **～·ness** *n.*

héed·less *adj.* **1** 不注意的，欠考慮的；不在意的；漫不經心的：a ～ man 漫不經心的人。**2**〔不用在名詞前〕〔十介十(代)名〕不在意〔…〕的，忽視〔…〕的〔*of, about*〕：He is ～ **of** expenses. 他不在意費用。**～·ly** *adv.* **～·ness** *n.*

hee·haw [ˋhiˏhɔ; ˌhi:ˈhɔ:] *n.* Ⓒ **1** 驢的叫聲。**2** 傻笑。

——*v.i.* **1**〈驢〉叫。**2** 傻笑。

***heel**¹ [hil; hi:l] *n.* Ⓒ **1 a** (人的)**腳後跟，踵**(⇨ body 插圖)。**b** (馬等的)蹄後部。**c** (鞋、襪的)後跟(⇨ shoe 插圖)。**2** 踵狀物：**a** (物品的)邊端；(尤指)土司麵包的邊。**b** 尾部，末端；末尾〔*of*〕。**c**《高爾夫》桿跟《球桿擊球的杓頭彎曲部位；⇨ golf club 插圖》。**3**《口語》(尤指對女子不誠實的)卑劣的男人；卑鄙的傢伙。**4**《橄欖球》並列爭球時用腳後跟傳球。

at héel 緊跟在後面，跟隨在後。

at [on, upòn] a person's **héels** 緊跟在某人後面。

brìng...to héel (1)使…跟着來。(2)使〈人〉就範[服從]。

còme to héel (1)〈狗〉跟着來。(2)〈人〉(毫無異議地)順從，服從。

cóol one's **héels** (不情願地)久等，苦候。

díg ín one's **héels＝díg** one's **héels ín** 堅持自己的立場[意見]。

dówn at (the) héel(s) (1)〈鞋子〉穿壞後跟的。(2)〈人〉穿着後跟壞了的鞋子的；邋遢的。

kíck one's **héels**《英》＝cool one's HEELS.

kíck úp one's **héels** (在工作後)狂歡，逍遙自在地享樂。

láy a person **by the héels** (1)《口語》監禁〈某人〉，逮捕〈某人〉入獄。(2)打敗〈某人〉，使〈某人〉無能爲力，阻止〈某人〉。

lift úp one's **héel agàinst...** 向…踢；欺負…。

màke a héel (用腳)踢。

on the héels of... 緊跟在…之後，緊接着…：One disaster followed close [hard] *on the* ～*s of* another. 一件災難緊接着另一件(災難)而至《禍不單行》。

shów one's **héels＝shów a cléan páir of héels＝tàke to** one's **héels** 拚命逃走，逃之夭夭。

tréad on a person's **héels＝tréad on the héels of...** (1)〈人〉緊隨某人之後，踏着某人的足跡前進。(2)〈人、事件等〉接踵而至。

túrn on one's **héel** 突然向後轉身；忽然不悅地轉身離去。

ùnder héel 屈服，被征服：The country was brought *under* ～. 這個國家被征服了。

ùnder the héel of...＝ùnder a person's **héel** 在某人的蹂躪下，受某人的虐待。

——*v.t.* **1**〔十受〕緊隨在…之後，尾隨…。**2**〔十受〕給〈鞋子等〉裝後跟。**3**〔十受〕**a** 用腳後跟跳〈舞〉。**b**《高爾夫》用球桿的杓頭彎曲部分擊〈球〉。**4**〔十受(十副)〕《橄欖球》(並列爭球時)用腳後跟向後踢〈球〉〈*out*〉。

——*v.i.* **1**〔常用祈使語氣〕〈狗〉跟着來：*H*～！(對狗喊)跟我來！**2** 用腳跟跳舞。

heel² [hil; hi:l] *v.i.*〔十副〕〈船〉(橫着)傾斜〈*over*〉。

——*v.t.* 使〈船〉傾斜。

——*n.* Ⓒ(船的)傾斜。

héel-and-tóe *adj.*《運動》競步(走法)的《後腳的腳尖還未離地前，前腳的腳跟着地的走法》：a ～ walking race 競走。

héel·bàll *n.* Ⓤ蠟墨《蜜蠟與油煙混合之墨，擦鞋跟或鞋底用；或作碑刻等拓片之用》。

heeled *adj.* **1** 有後跟的。**2**《口語》**a** 有錢的：⇨ well-heeled. **b** (以手槍等)武裝的，帶着手槍的。

héel·tàp *n.* Ⓒ **1** (鞋子的)後跟皮。**2** (杯底的)殘酒。

heft [hɛft; heft]《口語》*n.* Ⓤ《美》**1** 重，重量。**2** 重要(的地位)，勢力：He carries a lot of ～. 他很有勢力。

——*v.t.* **1** 舉起〈東西〉。**2** 舉起〈東西〉測重。

heft·y [ˋhɛftɪ; ˈhefti] *adj.* (**heft·i·er**; **-i·est**)《口語》**1** 重的(heavy)。**2 a** 健壯的，魁梧的，肌肉發達的。**b** 猛烈的，强有力的：a ～ blow 重重的一擊。**3** 相當大的，頗多的：a ～ price 相當高的價格。**héft·i·ly** *adv.*

He·gel [ˋhegl; ˈheigl], **Georg Wil·helm Frie·drich** [ˋgeɔrk ˋvɪlhɛlmˋfridrɪk; ˈgeiɔ:kˈvilhelmˈfri:drik] *n.* 黑格爾《1770–1831；德國的哲學家》。

He·ge·li·an [heˋgelɪən, hɪˋdʒi-; heiˈgi:ljən, hiˈg-] *adj.* 黑格爾的；黑格爾哲學的。

——*n.* Ⓒ 黑格爾派哲學家；黑格爾之門徒。

he·gem·on·ism [hiˋdʒɛməˏnɪzəm; hiˈgemənizəm] *n.* Ⓤ 霸權主義。

H

he·gem·o·ny [hiˋdʒɛmənɪ, ˋhɛdʒə͵monɪ; hiˈgeməni, ˈhedʒiməni] 《源自希臘文「指導者」之義》——*n.* Ⓤ(尤指同盟國中大國的)領導權，霸權〔*over*〕：hold ~ *over*... 對…握有領導[統治，支配]權。

He·gi·ra [hiˋdʒaɪrə, ˋhɛdʒərə; hiˈdʒaiərə, ˈhedʒirə] *n.* **1** [the ~] **a** 穆罕默德(Mohammed)由麥加(Mecca)到麥地那(Medina)的逃亡《紀元 622 年》。**b** 伊斯蘭教紀元。**2** [h~] Ⓒ(大舉)遷移，逃亡〔*of*〕.

hé-góat *n.* Ⓒ公羊(↔ she-goat).

Hei·del·berg [ˋhaɪdl̩͵bɝg; ˈhaidlbə:g] *n.* 海德堡《德國西南部之一城市》。

heif·er [ˋhɛfɚ; ˈhefə] *n.* Ⓒ **1** (未滿三歲且未生過小牛的)小母牛。**2** 《俚》年輕女子。

heigh [he, haɪ; hei] *interj.* 《英》[表示注意、質問、鼓勵、歡喜等]嗨！喂！

héigh-hó [-ˋho; -ˈhou] *interj.* [表示驚訝、疲倦、無聊、灰心等]嗨喲！

‡**height** [haɪt; hait] 《high 的名詞》——*n.* **1 a** Ⓤ高。

【同義字】height 與程度無關，是表示「高度」之意的最普通用字；altitude 一般指從地球表面、海上測量的相當高度；elevation 尤指地面上的海拔。

b ⓊⒸ身高：What is your ~? 你多高？/He is six feet *in* ~. 他身高六呎。**2** Ⓒ高度，海拔，標高：*at* a ~ of 5000 feet 在五千呎高度。**3** Ⓒ[常 ~s]高處，高地，山丘：a castle *on* the ~s 在山丘上的城堡/From the mountain ~s we could see far miles. 從高山上我們可看到幾哩遠處。**4** [the ~, its ~] **a** 頂點。**b** 卓越，最盛時，極點，極致，絕頂〔*of*〕：*the* ~ *of* genius 天才的極致/*the* ~ *of* folly [absurdity] 愚蠢之極，荒謬之至/*in the* ~ *of* summer 在盛夏/She was dressed *in the* ~ *of* fashion. 她穿着極時髦的衣服/He was then *at the* ~ *of* his popularity. 當初他紅極一時/The season was *at its* ~. 該季正值最盛時節。

height·en [ˋhaɪtn̩; ˈhaitn] 《high, height 的動詞》——*v.t.* **1** 升高，加高，提高；使…高尚(↔ lower). **2** 增加，加強〈效果、速度、吸引力〉；誇張〈描寫等〉：~ an effect 提高效果/~ a person's anxiety 增加某人的焦慮。
——*v.i.* 升高，變高；增加，加強。

heil [haɪl; hail] 《源自德語》——*v.t.* 向…歡呼，向…呼萬歲。
——*interj.* 嗨！萬歲《表示歡呼或致賀之聲》。

Hei·ne [ˋhaɪnə; ˈhainə], **Heinrich** [ˋhaɪnrɪx; ˈhainrix] *n.* 海涅《1797–1856；德國詩人、批評家》。

hei·nous [ˋhenəs; ˈheinəs] *adj.* 〈歹徒、罪行〉可憎的，極兇惡的。~·**ly** *adv.* ~·**ness** *n.*

heir [ɛr; ɛə] 《⇨ heredity》——*n.* Ⓒ **1** 〔財產、地位等的〕繼承人(cf. heiress)〔*to*〕：an ~ *to* property [a house] 遺產[房屋]繼承人/an ~ *to* the throne 王位的繼承人/He [She] *is* ~ *to* large estates. 他[她]是龐大地產的繼承人《★常無冠詞》/fall ~ to... 成爲…的繼承人，繼承…《★無冠詞》/She made her nephew her ~. 她立她的侄子爲繼承人。**2** 後繼者，承受人〔*of, to*〕：He is (an) ~ *to* his father's fine brain. 他承襲[繼承]了他父親的聰明頭腦/Englishmen are the ~*s of* liberty. 英國人是自由的繼承者。

héir appárent *n.* Ⓒ(*pl.* **heirs apparent**) **1** 《法律》法定繼承人《被繼承人亡故時，成爲當然法定繼承人者》。**2** 確實要繼承〔地位、職務等〕的人〔*to, of*〕.

heir·ess [ˋɛrɪs; ˈɛəris] 《heir 的女性》——*n.* Ⓒ(尤指富有的)女繼承人。

héir·less *adj.* 無繼承人的，無後嗣的。

heir·loom [ˋɛrˋlum; ˈɛəlu:m] *n.* Ⓒ **1** 祖傳的家財[寶物]〔*from*〕. **2** 《法律》(隨不動產被繼承的)法定繼承動產。

héir presúmptive *n.* Ⓒ(*pl.* **heirs presumptive**) 《法律》假定繼承人《雖有繼承權但當繼承順位較前的近親出現時即喪失繼承權的人》。

héir·ship *n.* Ⓤ繼承人之地位[權利]。

He·ji·ra [hiˋdʒaɪrə, ˋhɛdʒərə; hiˈdʒaiərə, ˈhedʒirə] *n.* = Hegira.

hek·tare [ˋhɛktɛr, -tær; ˈhektɑ:, -tɛə] *n.* =hectare.

hek·to·gram [ˋhɛktə͵græm; ˈhektəgræm] *n.* =hectogram.

‡**held** [hɛld; held] *v.* **hold** 的過去式・過去分詞。

Hel·en [ˋhɛlɪn, -ən; ˈhelin, -ən] *n.* **1** 海倫《女子名；暱稱 Nell, Nellie, Nelly；又作 Ellen》。**2** 《希臘神話》海倫《斯巴達(Sparta)王梅納雷阿斯(Menelaus)之妻，爲絕世美女，因被特洛伊(Troy)王子帕里斯(Paris)帶走而引起特洛伊戰爭，常被稱爲 Helen of Troy(特洛伊的海倫)》。

Hel·e·na [ˋhɛlɪnə, hɛˋlinə; ˈhelinə, heˈli:nə] *n.* 海倫娜《女子名》。

hel·i·borne [ˋhɛlɪ͵born; ˈhelibɔ:n] *adj.* 用[靠]直升機輸送的。

hel·i·coid [ˋhɛlɪ͵kɔɪd; ˈhelikɔid] *adj.* 螺旋形(狀)的。
——*n.* Ⓒ《幾何》螺旋體；螺旋面。

Hel·i·con [ˋhɛlɪ͵kɑn, -kən; ˈhelikən, -kɔn] *n.* **1** 《希臘神話》赫利孔山《希臘南部的一座山，高 1749 公尺；相傳阿波羅(Apollo)與繆斯女神(Muses)曾居此山；曾有被視爲詩思源泉的泉水》。**2** [h~] Ⓒ赫利孔大號《低音大喇叭(tuba)》.

***hel·i·cop·ter** [ˋhɛlɪ͵kɑptɚ; ˈhelikɔptə] 《源自希臘文「螺旋翼」之義》——*n.* Ⓒ直升機。

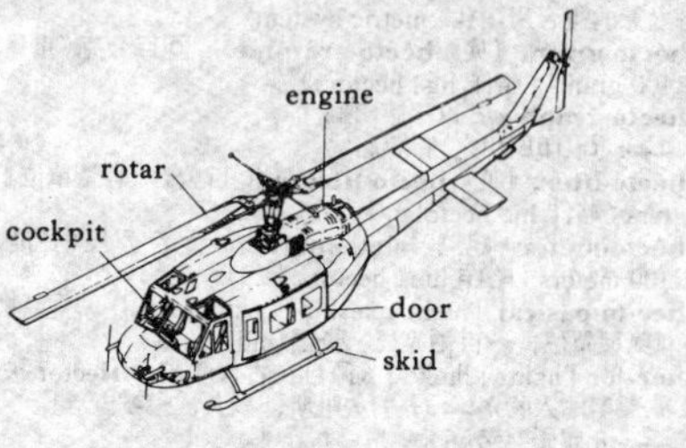

helicopter

he·li·o- [hilɪo-, hilɪə-; hi:liou-, hi:liə-] 《源自希臘文》——[複合用字]「太陽」之意。

he·li·o·cen·tric [͵hilɪoˋsɛntrɪk; ͵hi:liouˈsentrik] *adj.* 以太陽爲中心的：the ~ theory [system] (哥白尼(Copernicus)的)太陽中心說。

he·li·o·gram [ˋhilɪə͵græm; ˈhi:liəgræm] *n.* Ⓒ(用日光反射信號機發出的)日光反射信號。

heli·o·graph [ˋhilɪə͵græf; ˈhi:liəgrɑ:f] *n.* Ⓒ **1** 日光反射信號機，回光儀。
2 《天文》太陽照相儀《拍攝太陽的儀器》。
3 《氣象》(記錄日照時間的)日照計。

He·li·os [ˋhilɪ͵ɑs; ˈhi:liɔs] *n.* 《希臘神話》希里阿斯《太陽神，亥伯龍(Hyperion)之子，相當於羅馬神話中的梭爾(Sol)；cf. Apollo》.

he·li·o·scope [ˋhilɪə͵skop; ˈhi:ljəskoup] *n.* Ⓒ觀日望遠鏡，太陽目視[觀測]鏡。

he·li·o·ther·a·py [͵hilɪoˋθɛrəpɪ; ͵hi:liouˈθerəpi] *n.* Ⓤ日光療法。

he·lio·trope [ˋhiljə͵trop; ˈheljətroup, ˈhi:l-] *n.* **1** Ⓒ《植物》天芹菜屬植物《原產於秘魯，開白或紫色小花，氣味芬芳》，向日性植物。**2** Ⓤ **a** 淡紫色。**b** 由天芹菜花提煉的香水。

hel·i·o·trop·ic [͵hiljəˋtrɑpɪk; ͵heljəˈtroupik, ͵hi:l-] *adj.* 《植物》向日性的。

he·li·ot·ro·pism [͵hilɪˋɑtrə͵pɪzəm; ͵hi:liˈɔtrəpizəm] *n.* Ⓤ《植物》向日性：positive [negative] ~ 向[背]日性。

he·li·o·type [ˋhilɪə͵taɪp; ˈhi:ljətaip] *n.* =collotype.

hel·i·pad [ˋhɛlə͵pæd; ˈhelipæd] *n.* =heliport.

hel·i·port [ˋhɛlə͵port; ˈhelipɔ:t] *n.* Ⓒ直升機場，直升機起降處。

he·li·um [ˋhilɪəm; ˈhi:ljəm] *n.* Ⓤ《化學》氦《稀有氣體元素；符號 He》.

he·lix [ˋhilɪks; ˈhi:liks] *n.* Ⓒ(*pl.* ~·**es**, **hel·i·ces** [ˋhɛlɪsiz; ˈhelisi:z]) **1** 《幾何》螺旋線。**2** 《建築》(柱頭之)渦卷，螺旋飾。**3** 《解剖》耳輪。

***hell** [hɛl; hel] 《源自古英語「冥府」之義》——*n.* **1** Ⓤ地獄(↔ heaven). **2** Ⓒ **a** 地獄般的地方，苦境，悲境；魔界，魔窟。**b** 賭窟，賭場。**3** Ⓤ[表示憤怒或加強語氣]《俚》：(Oh,) *H*~! 該死！畜生！/Bloody ~! 《英》畜生！/To ~ with...! …該死！…滾蛋！/What *the* [*in* (*the*)] ~ have I done with my keys? 我究竟把鑰匙丟在哪裏了？/Why *the* [*in* (*the*)] ~ don't you shut up? 你究竟爲什麼不閉嘴？**4** [The ~；對對方的意見表示強烈的異議，當副詞用]《俚》絕不："They know what they are doing."—"*The* ~ they do." 「他們知道自己在做什麼。」「他們知道才有鬼。」/*The* ~ you say! 鬼話！怎麼會！

a héll of a... 《口語》⑴極度…，非常…：take *a* ~ *of a* time 極費時間。⑵非常可怕的，很糟糕的：have *a* ~ *of a* time 玩得很不愉快《★用法 此語有歧義，也可作「玩得很痛快」解，視上下文而定》。⑶極好的，出類拔萃的，出色的：*a* ~ *of a* (good) book 出色的(好)書。

a héll of a lót 《口語》非常，極：I like you *a* ~ *of a lot.* 我非常喜歡你/He has *a* ~ *of a lot* of money. 他很有錢。

còme héll and [or] **hígh wáter** 《口語》不管發生何事。

gìve a person héll＝gìve héll to a person 《口語》責打[申斥]某人；使某人不好受。

Gò to héll! 《口語》畜生！該死！滾蛋！去你的！

(júst) for the héll of it《口語》只是爲了好玩。
héll for léather《口語》以全速[最快速度]，開足馬力地：go [ride] ~ *for leather* 以全速去[駛去]。
héll to páy《口語》很麻煩的事，重大[不得了]的事：There'll be ~ *to pay* if you do that. 如果你做那種事就不得了啦。
líke héll《口語》(1)猛烈地，不顧死活地，拼命地：run *like* ~ 拼命跑。(2)[置於句首]《諷刺》根本不…，絕不…："Did you go?"—"*Like* ~ (I did)."「你去了嗎？」「我去個鬼。」
pláy héll with...《口語》(1)破壞，糟蹋〈東西〉：Influenza has *played* ~ *with* the school timetable. 流行性感冒把學校的時間表搞得亂七八糟。(2)《英》對〈人〉大發雷霆。
ráise héll《俚》(1)引起大騷動。(2)胡鬧。

‡**he'll** [hil, hɪl; hi:l] **he will** [**shall**] 之略。
Hel·las [ˋhɛləs; 'helæs] *n.* 希臘(Greece)的古名。
héll·bènder *n.* Ⓒ《動物》(北美產之)大鯢魚。
héll·bént *adj.* **1** [不用在名詞前] **a**〔十介十(代)名〕一心一意[不顧一切，堅決]〔要做…〕的〔*on*〕：He was ~ ***on*** *going* in spite of the heavy rain. 儘管下著大雨，他還是堅決要出去。**b**〔十 *to* do〕(不惜冒險)決心〈做…〉的，決心無論如何要〈做…〉的：He was ~ *to* ski down Mt. Everest. 他決心無論如何要滑下埃佛勒斯峯。**2** 以全速疾馳的：a ~ car 全速疾馳的車子。
héll·càt *n.* Ⓒ **1** 巫婆；悍婦，潑婦。**2** 魔女。
Hel·lene [ˋhɛlin; 'heli:n] *n.* Ⓒ(尤指古代的)希臘人。
Hel·le·nic [hɛˋlɛnɪk, -ˋlin-; he'li:nik] *adj.* (尤指古代)希臘人[語]的。
Hel·le·nism [ˋhɛlɪn͵ɪzəm; 'helinizəm] «源自 Hellene»—*n.* **1** Ⓤ希臘主義[精神，文化]《古代希臘人以自由的求知精神爲中心的人生觀；與 Hebraism 共同構成西歐文明的源流》。**2** Ⓒ希臘語法。
Hél·le·nist [-nɪst; -nist] *n.* Ⓒ(古代)希臘語學家；希臘文化的研究者；使用希臘語者；採用希臘風格者；以希臘語爲母語的人《尤指猶太人》。
Hel·le·nis·tic [͵hɛlɪnˋɪstɪk; ͵heli'nistik ˉ] *adj.* 與 Hellenism [Hellenist]有關的。
Hel·len·ize [ˋhɛlɪ͵naɪz, ˋhɛlə-; 'helinaiz] *v.t.* & *v.i.* (使…)希臘化；(使…)成希臘語風；(使…)受希臘文化之薰陶。
hel·ler [ˋhɛlɚ; 'helə] *n.* Ⓒ(*pl.* ~)海勒《通行至一九二五年之奧國靑銅幣；＝1/100克朗(krone)》。
Hel·les·pont [ˋhɛlə͵spɑnt; 'helispɔnt] *n.* [**the** ~]赫勒斯龐特海峽《達達尼爾海峽(the Dardanelles)的舊稱》。
héll·fíre *n.* Ⓤ **1** 地獄之火。**2** 地獄的刑罰[苦難]；極端的痛苦。
héll·hòle *n.* Ⓒ **1** 不舒服、不清潔、無秩序的地方。**2** 從事非法[不道德之事]的地方，藏垢納汚之處。
hel·lion [ˋhɛljən; 'heljən] *n.* Ⓒ《美口語》粗暴的人，惡棍；(尤指)淘氣[愛惡作劇]的小孩。
héll·ish [-lɪʃ; -liʃ] «hell 的形容詞»—*adj.* **1** 地獄(似)的；殘忍的：~ fires (地獄般)恐怖的大火災。**2**《口語》可怕的；惡魔似的；令人很討厭[不愉快]的：~ weather 令人很討厭的天氣/have a ~ time 經歷可怕的[很不愉快的]一段時間。
—*adv.*《口語》非常，極：a ~ difficult problem 極難的問題。
~·**ness** *n.*
héll·ish·ly *adv.* **1** 殘暴地，殘酷地。**2**《口語》非常，極：It is ~ hot here in August. 此地八月極熱。
‡**hel·lo** [hɛˋlo, həˋlo; hə'lou, he'lou] «hallo 的變體字»—*interj.* **1** [用以引起在遠處人的注意]喂！**2** [用於打招呼]嗨！哈囉！：*H*~, Tom! 嗨，湯姆！**3**《電話》喂：*H*~, this is (Mr.) Brown speaking. 喂，我是布朗/*H*~, this is 557-2496. 喂，這裏是557-2496《★讀法 five five (或 double five) seven two four nine six》。**4** [表示驚訝]《英》啊！
—*n.* Ⓒ(*pl.* ~s)說 hello 的問候聲：My family send a ~. 我家人來信問好。
sày hello to... [常用新使語氣]向…問好：*Say* ~ *to* Mary (*for* me). (代我)向瑪麗問好。
—*v.i.* 叫[說]hello.
héllo gìrl *n.* Ⓒ女電話接線生。
hell·u·va [ˋhɛləvə; 'heləvə] *adj.* & *adv.*《俚》＝a HELL of a.
helm [hɛlm; helm] *n.* **1** Ⓒ《航海》舵柄，舵輪，操舵裝置，舵機：put the ~ up [down]將舵向上[下]轉；轉舵使船迎[背]風/ease the ~ 將舵轉回中央位置/Down [Up] (with the) ~! 轉舵背[迎]風！**2** [**the** ~]支配(權)，領導：take the ~ *of* state (affairs)掌握政權。
be at the hélm (1)掌(船的)舵。(2)居於領導地位，掌握實權。
hel·met [ˋhɛlmɪt; 'helmit] *n.* Ⓒ **1 a** (中世紀騎士所戴的)頭盔。**b** (消防人員、警員、摩托車騎士所戴的)安全帽：⇨ crash helmet. **c** (軍人的)鋼盔。**d**《劍術・棒球》護面盔。**e**《美式足球》塑膠頭盔。**2** 頭盔狀物。
hél·met·ed *adj.* 戴着頭盔的。

helmets 1 b(上段及左下)和 1 a(右下)

helms·man [ˋhɛlmzmən; 'helmzmən] *n.* Ⓒ(*pl.* **-men** [-mən; -mən])舵手。
Hel·ot [ˋhɛlət; 'helət] *n.* Ⓒ **1** 古代斯巴達的奴隸。**2** [**h**~]農奴，奴隸(serf).
hel·ot·ry [ˋhɛlətrɪ; 'helətri] *n.* Ⓤ **1** 農奴[奴隸]制度；農奴[奴隸]的身分。**2** [集合稱]農奴；奴隸。
‡**help** [hɛlp; help] *v.t.* **1** 幫助《★用法 義 1 以「人」爲受詞，而不以「工作(等)」爲受詞；cf. 1 c；⇨ save[1]【同義字】》。

【同義字】help 指爲達成目的而作必要的積極援助；aid 指提供被認爲需要的援助，因此暗示被助者爲弱者，助者爲强者；assist 指對於別人的工作等作輔助性的幫忙。

a〔十受〕〈人〉援助，救助，幫忙〈某人〉：Heaven ~s those who ~ themselves.《諺》天助自助者《★後面的 help oneself 是「靠自力而不依賴他人」之意；cf. self-help》/May [Can] I ~ you, sir? 先生，我可幫什麼忙嗎？《★店員對顧客的招呼語》。**b**〔十受十副詞(片語)〕幫助〈某人〉(做…)：~ a person *down* (*from* a bus)扶某人(從公車)下來/~ a person *up* 扶某人起身[站起]/~ a person *into* a train 扶某人上火車/~ a person *out of* danger 幫助某人脫險。**c**〔十受十介十(代)名〕幫忙〈某人〉〔…〕〔*in*, *with*〕：She ~*ed* her mother ***with*** the work in the kitchen. 她幫助母親做廚房的工作/*H*~ me *on* [*off*] *with* my overcoat, please. 請幫我穿上[脫下]大衣/They agreed to ~ me ***in*** the business. 他們同意在生意上[事業上]幫助我。**d**〔十受十 *to* do/十受十原形〕幫助〈某人〉〈做…〉《★用法 help 後面用原形不定詞大都爲美國語法，用不定詞 to 大都爲英國語法，但口語中不論英、美，一般均用原形不定詞》：I ~ my father (*to*) water the crops. 我幫助父親給農作物灑水/He offered to ~ me find it. 他表示願意[主動提出]幫我去找它/She was ~*ed to* carry the parcels. 她有人幫忙提拎包裹《★用法 被動語態時用不定詞 to》。**e**〔十 *to* do/十原形〕幫忙〈做…〉《★用法 與義 1 d 同》：He ~*ed* (*to*) build a boat. 他幫忙造一條小船/Go and ~ wash up at the sink. 到(廚房)洗滌槽去幫忙洗碗盤吧！**2 a**〔十受〕〈物品〉有助於治〈病等〉；促進，助長〈事情〉：A fresh coat of paint will ~ the appearance of the room. 塗上一層新油漆會增添這房間的美觀/Honey will ~ your cough. 蜂蜜有助於治咳。**b**〔十受十 *to* do/十受十原形〕〈物品〉促進，助長…〈做…〉《★用法 與義 1 d 同》：This will ~ you (*to*) attain your end. 這將有助於你達成目的。**c**〔十 *to* do/十原形〕〈物品〉對〈做…〉有用，有助於〈做…〉《★用法 與義 1 d 同》：This dictionary will ~ (*to*) improve your understanding of English. 這本辭典有助於你提高英語的理解能力。**3 a**〔十受十介十(代)名〕[將飲食品等]端給〈某人〉，勸〈某人〉取食〔…〕〔*to*〕：She ~*ed* me ***to*** some wine. 她倒給我一些葡萄酒。**b**〔十受(十介十(代)名)〕[~ *oneself*]自由[隨意]取用〔食物等〕〔*to*〕：Please ~ *yourself*. 請隨意取食/*H*~ *yourself* ***to*** a cigar. 請隨意取用雪茄。**c**〔十受〕《口語》分配〈菜餚〉；(分開)盛〈飲料、食品〉：Use this spoon to ~ the gravy. [對傭人等說]用這湯匙取肉汁。**4**〔十受〕[用於 can (not), could (not)之後] **a** 避免，阻止…：I did it because I *couldn't* ~ it. 我是迫不得已才那樣做的/That [It] *can't* be ~*ed*. 那是無法避免的[不得已的]/I won't stay so late [that long], *if* I *can* ~ it. 如果我能夠(避免)[我有辦法]，我不會留到那麼晚[留得那麼久]/Don't spend more than you *can* ~. 儘量不要花錢/Don't be longer than you *can* ~. 儘量不要躭擱太久[儘量快]《★用法 (1)以上兩個口語化的構句，主要子句雖爲否定句，但附屬子句中的 can ~,

在意義上等於 cannot ～，也就是整句意思由「如果可以不…就不…」而變成「儘量不…，若非必要就不要…」；(2)對於上述兩句，較容易懂的說法是 ...than you have to do [be]》。**b** 〔～ one*self*〕不能自制，不由自主。**5** [用於 cannot, could not 之後] **a** 〔＋do*ing*〕抑制〈做…〉，忍住〈做…〉《★help 之義與義 4 a 同》：I *cannot* ～ laugh*ing*. 我忍不住笑/I *cannot* ～ be*ing* poor. 我是窮，可是沒有辦法呀/I *cannot* ～ wonder*ing* about the child. 我不免對那個孩子感到驚奇(⇨ cannot but do ⇨ can¹ 成語[比較])。**b** 〔＋受[所有格]＋do*ing*〕對…〈做…〉無可奈何[無能爲力]《★[用法]用所有格較口語化》：We *can't* ～ him [his] be*ing* so foolish. 他這麼愚蠢，我們無能爲力/I *cannot* ～ my wife hav*ing* poor relations. 我太太有不少窮親戚，我也無可奈何[沒有法子]。

—*v.i.* **1 a** 救助，幫助：*H*～！～！救命！救命！**b** 〔＋介＋(代)名〕幫忙〔…〕〔*with*〕：We all ～*ed* ***with*** the harvest [dishes]. 我們都幫忙收割[洗碗盤]。**2** 有用，有幫助：Crying doesn't [won't] ～. 哭沒有用。

Gód hélp him！眞可憐！可憐的人！

hélp óut 《*vt adv*》(1)(有困難時)幫助〈某人〉完成〔…〕〔*with*〕：～ a person *out with* his work 幫助某人做完工作。(2)補助〈某人〉費用(cf. *v.t.* 1 b)．**—**《*vi adv*》(3)(有困難時)幫助，幫忙〔…〕〔*with*〕.

hélp onesélf to... (1)⇨ *v.t.* 3 b. (2)《委婉語》自由取用…；偸取…(steal).

So hélp me (Gód)！(1)[用作誓言]天神共鑒！我敢對天發誓！(2)必定，無誤。(3)我說的是實話[眞話]。

—*n.* **1** [U]幫助，幫忙，救助；援助；救濟：cry for ～ 呼救，求救/give some [one's] ～ 幫助，援助，協助/They are so small that they can be seen only *with* the ～ *of* a microscope. 它們太小了，只有借助顯微鏡才看得見。**2** [C]有用[可貴]的東西〔*to*〕：She has been a great ～ *to* me. 她一直對我大有幫助。**3** [U][用於否定句]避免的方法，逃路〔*for*〕：There's *no* ～ *for* it. 無可避免[無可救藥]。**4 a** [C]幫忙者，助手；(尤指)傭人，女傭：a mother's ～ (幫忙簡單家事或照顧小孩的)幫傭，保姆。**b** [U][集合稱；當複數用]《美》雇員，員工，從業員；(尤指)女管家：*H*～ Wanted 徵求女傭《廣告》。

be (of) hélp 有用，有益：His warning *was* (*of*) much ～ *to* me. 他的警告對我大有裨益/I hope I can *be of* some ～ *to* you. 我希望我對你有所幫助。

hélp·er *n.* [C]幫助者；幫手，助手，救助者：a mother's ～《美》(幫忙做簡單家事或照顧孩子的)女傭。

‡help·ful [ˈhɛlpfəl; ˈhelpful] *adj.* (**more** ～；**most** ～) **1** 有幫助的，有用的，有益的：～ advice 有益的忠告/a ～ boy 有幫助的少年。**2** [不用在名詞前]〔＋介＋(代)名〕〔對…〕有用的〔*to, in*〕：This will be ～ ***to*** you when you are grown up. 當你長大時，這將對你有用/She was very ～ ***in*** prepar*ing* my manuscript. 她在我撰寫原稿時幫了大忙。**3** 主動幫忙的。

～·ly [-fəlɪ; -fuli] *adv.* **～·ness** *n.*

hélp·ing *n.* **1** [U]援助，支援。**2** [C]〔食物的〕一人份，一客，一杯〔*of*〕：another [a second] ～ 第二份[杯]/He ate [had] three ～*s of* pie. 他吃了三人份的派。

hélping hánd *n.* [C]幫助，援助，援手。

hélp·less *adj.* **1** 無助的，無以仰賴的，無依無靠的：a ～ orphan 無依無靠的孤兒。**2** (對自己)無能爲力的，孤弱的，不中用的，無能力的：a ～ invalid [baby]生活不能自理的病人[嬰兒]/I was left ～ with pain and fever. 我因疼痛與發燒而變得全身無力。**3** [不用在名詞前] **a** 〔＋*to* do〕〈對做…〉無用的，無能力的：I was ～ *to* comfort them. 我無法安慰他們。**b** 〔＋介＋(代)名〕《口語》〔對…〕無用的，無能力的〔*at*〕：I'm ～ ***at*** math(s). 我數學實在不行。**～·ness** *n.*

hélp·less·ly *adv.* **1** 無依無靠地；無用地：This directory is ～ out of date. 這本姓名地址錄過時了，沒有用。**2** 無能爲力地，無助地。

help·mate [ˈhɛlpˌmet; ˈhelpmeit], **help·meet** [ˈhɛlpˌmit; ˈhelpmi:t] *n.* [C] **1** 合作者，夥伴。**2** 伴侶，配偶；(尤指)妻子。

Hel·sin·ki [ˈhɛlsɪŋkɪ; ˈhelsiŋki] *n.* 赫爾辛基《芬蘭的首都及海港》。

hel·ter-skel·ter [ˈhɛltəˈskɛltə; ˌheltəˈskeltə⁻] *adv.* **1** 手忙腳亂地；慌張地。**2** 雜亂地，胡亂地。

—*adj.* **1** 手忙腳亂的；慌張的。**2** 雜亂的，亂七八糟的，漫無計畫的：What ～ handwriting！多亂的筆跡啊！/Everything in the room was ～. 房間裏一切都亂七八糟。

—*n.* **1** [U][C]慌張，狼狽，混亂。**2** [C]《英》(在遊樂園等的)旋轉滑梯。

helve [hɛlv; helv] *n.* [C](斧、鎚等的)柄。

Hel·ve·tia [hɛlˈviʃə, -ʃɪə; helˈvi:ʃjə] *n.* **a** 海爾維希《(古羅馬的)阿爾卑斯地方》。**b** 海爾維希《瑞士(Switzerland)的拉丁語名稱；郵票上標示的名稱》。

hem¹ [hɛm; hem] *n.* [C] **1** (衣服的)褶邊《爲避免剪邊綻線而折縫的部分》。**2** 邊，緣。

—*v.t.* (**hemmed**；**hem·ming**) **1** 給〈布、裙子等〉縫邊，給…鑲邊。**2** 〔＋受＋副〕包圍，圍繞；關閉…〈*in, around, about*〉：They were *hemmed* ***in*** by the enemy. 他們被敵人包圍/The yard was *hemmed* ***around*** [***about***] by an iron fence. 庭院有鐵柵欄圍繞着/I feel *hemmed in* in such a small space. 在如此狹小的地方我有種被緊閉[束縛]的感覺。

hem² [*interj.* hɛm; mm, hm; *n., v.* hɛm; hem] 《擬聲語》**—***interj.* [表示猶豫、爲了引起注意]哼！**—***n.* [C]哼聲，咳聲。

—*v.i.* (**hemmed**；**hem·ming**)發哼聲；發清嗓咳痰聲；吞吞吐吐地說：～ and haw＝HUM and haw.

hé-mân *n.* [C](*pl.* **-men**)《口語》有男性氣概的男人。

he·mat·ic [hiˈmætɪk; hi:ˈmætik] *adj.* 血的，血色的；多血的。

hem·a·tite [ˈhɛməˌtaɪt; ˈhemətait] *n.* [U]《礦》赤鐵礦《鐵的主要原礦》。 **hem·a·tit·ic** [ˌhɛməˈtɪtɪk; ˌheməˈtitik⁻] *adj.*

hem·i- [hɛmɪ-; hemi-] 《源自希臘文》**—** [字首]表示「半(half)」之意(cf. semi-, demi-, bi-)：*hemi*glyph《建》半豎槽。

Hem·ing·way [ˈhɛmɪŋˌwe; ˈhemiŋwei], **Ernest (Miller)** *n.* 海明威《1899–1961；美國小說家》。

he·mip·ter·ous [hɪˈmɪptərəs; hiˈmiptərəs] *adj.* 《昆蟲》半翅目的。

hem·i·sphere [ˈhɛməsˌfɪr; ˈhemiˌsfiə] *n.* [C] **1** 半球體；(地球、天體的)半球：*in* the Northern [Southern, Eastern, Western] ～ 在北[南，東，西]半球。**2** 《解剖》(大腦、小腦的)半球：a cerebral ～ 大腦半球。

hem·i·spher·ic [ˌhɛməˈsfɛrɪk; ˌhemiˈsferik⁻] *adj.* 半球(狀)的；半球體的。

hèm·i·sphér·i·cal [-rɪkl; -rikl⁻] *adj.* ＝hemispheric.

hém·lìne *n.* [C](衣、裙等的)下襬(線)，底邊；下襬離地的高度：raise [lower] the ～ 提高[放低]下襬。

hem·lock [ˈhɛmlɑk; ˈhemlɔk] *n.* **1** [C]《植物》毒胡蘿蔔。**2** [U]由毒胡蘿蔔中採取的劇毒藥《★據說蘇格拉底在獄中遭到毒殺時所用者》。

hemlock 1

hem·mer [ˈhɛmə; ˈhemə] *n.* [C]縫邊者；(縫紉機上之)縫邊器。

he·mo- [himə-, hɛmə-; hi:mə-, hemə-] [複合用詞]表示「血」之意(《英》haemo-).

hèmo·diálysis *n.* [U][C]血液滲析，血液透析。

he·mo·dy·nam·ics [ˌhimədaɪˈnæmɪks; ˌhi:mədaiˈnæmiks] *n.* [U]血循環動力學；血流力學。

he·mo·glo·bin [ˌhiməˈglobɪn; ˌhi:məˈgloubin] *n.* [U]《生化》紅血球素，血紅素《在紅血球中的色素；略作 Hb》.

he·mo·phil·i·a [ˌhiməˈfɪlɪə; ˌhi:məˈfiliə] *n.* [U]《醫》血友病。

he·mo·phil·i·ac [ˌhiməˈfɪlɪæk; ˌhi:məˈfiliæk] *n.* [C]《醫》血友病患者。

hem·or·rhage [ˈhɛmərɪdʒ; ˈhemərid͡ʒ] *n.* [U][C]《醫》出血：cerebral ～ 腦出血，腦溢血/have a ～ 出血。

hem·or·rhoids [ˈhɛməˌrɔɪdz; ˈhemərɔidz] *n. pl.* 《醫》痔瘡，痔(piles).

hemp [hɛmp; hemp] *n.* [U] **1 a** 《植物》麻，大麻。**b** 大麻纖維。**2** 大麻《由大麻製成的麻醉藥；cf. hashish, marijuana》.

hemp 1 a

hemp·en [ˈhɛmpən; ˈhempən] *adj.* 大麻製的；似大麻的。

hém·stìtch *n.* [U]抽絲花飾縫《抽去少些橫線，將縱線每數根交叉縫束於底部的縫法》。

—*v.t.* 使〈布等〉作抽絲花飾縫；以抽絲法做〈花邊〉。

***hen** [hɛn; hen] *n.* [C] **1** 母雞 (⇨ cock¹ [相關用語])。**2** (鳥的)雌性者(cf. peahen)；(魚、甲殼類等的)雌性者。**3** 《俚》女人；(尤指)多嘴的老太婆。

like [(as) fússy as] a hén with òne chícken (像帶着一隻小雞的母雞)大驚小怪，無事忙。

—*adj.* [用在名詞前] **1** 雌的：a ～ crab [lobster] 雌蟹[龍蝦]。**2** 女性的，婦女的：⇨ hen party.

hén·bàne *n.* **1** [C]《植物》天仙子，莨菪《茄科的有毒植物》。**2** [U]採自莨菪的毒。

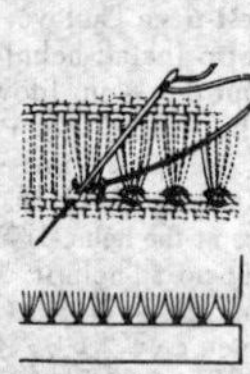

hemstitch

hence** [hɛns; hens] 《源自古英語「從此」之義》**—adv.* (無比較級、最高級) **1** 《文語》因此《★[用法]常略去 come 等的動詞；比 so that, consequently, therefore 更堅決的

說法》: He was ~ unable to agree. 因此他不能同意/*H*~ it follows that.... 因此，就變成…/*H*~ (comes) the name.... 因此有…之名。**2**《文語》今後(from now): five years ~ 今後五年，五年之後。**3**《古・詩》由此，從此(from here)《★用因常省略表示運動的動詞》: *H*~! 去死！/*H*~ with him! 把他帶走！

hénce·fòrth, hènce·fórward *adv.*《文語》[用於表示約定、決心等]今後，從現在起，從今以後(from now on).

hench·man [ˋhɛntʃmən; ˈhentʃmən] *n.* Ⓒ (*pl.* **-men** [-mən; -mən]) **1 a** 可信賴的部屬，親信，心腹。**b** (盜匪的)黨羽，嘍囉。**2** (政治上的)支持者，擁護者；狗腿子，走狗。

hén·còop *n.* Ⓒ雞塒，飼養家禽的欄棚。

hen·di·a·dys [hɛnˋdaɪədɪs; henˈdaiədis] *n.* Ⓤ《修辭》重名法《用"名詞＋and＋名詞"等形式表示"形容詞＋名詞"等意思的修辭法，例如: bread and butter (= buttered bread)/death and honor (=honorable death)/nice and cool (=nicely cool)》.

hén·hòuse *n.* Ⓒ養雞棚，雞舍。

hen·na [ˋhɛnə; ˈhenə] *n.* Ⓤ **1**《植物》指甲花《產於埃及等地的水蠟樹類植物，花白色有芳香，其葉可製染料》。**2** 指甲花染料《可將指甲、頭髮、鬍鬚等染成紅褐色》。

hén·naed [-nəd; -nəd] *adj.* 以指甲花染料(henna)染的。

hen·ne·ry [ˋhɛnərɪ; ˈhenəri] *n.* Ⓒ養雞場，養雞棚。

hén pàrty *n.* Ⓒ《口語》婦女的聚會(↔ stag party).

hén·pèck *v.t.* 駕馭〈丈夫〉；對〈丈夫〉囉嗦。

hén·pècked *adj.* 〈男人、丈夫〉怕老婆的，懼內的。

Hen·ri·et·ta [ˌhɛnrɪˋɛtə; ˌhenriˈetə] *n.* 恒麗艾塔《女子名》。

hen·ry [ˋhɛnrɪ; ˈhenri] *n.* Ⓒ《電學》亨利《傳導係數的實用單位；略作 H》.

Hen·ry [ˋhɛnrɪ; ˈhenri] *n.* **1** 亨利《男子名，暱稱 Harry, Hal》. **2** ⇨ O. Henry.

hep [hɛp; hep] *adj.* =hip[4].

he·pat·ic [hɪˋpætɪk; hiˈpætik] *adj.* **1 a** 肝臟的。**b** 對肝臟有影響的。**2** 肝臟色的，深褐色的。

he·pat·i·ca [hɪˋpætɪkə; hiˈpætikə] *n.* Ⓒ (*pl.* ~**s, -cae** [-ˌsi; -si:])《植物》地錢屬植物。

hep·a·ti·tis [ˌhɛpəˋtaɪtɪs; ˌhepəˈtaitis] *n.* Ⓤ《醫》肝炎。

Hep·burn [ˋhɛpbɚn; ˈhebə:n, ˈhepb-], **James Curtis** *n.* 赫本《1815–1911；美國傳教士、醫師及語言學家；赫本式羅馬字拼法的創始者》。

He·phaes·tus [hɪˋfɛstəs; hiˈfi:stəs] *n.*《希臘神話》希費斯德斯《火與鍛鐵之神，宙斯(Zeus)與希拉(Hera)之子，相當於羅馬神話中之法爾坎(Vulcan)》.

hep·ta- [hɛptə-; heptə-], **hept-** [hɛpt-; hept-] [複合用詞] 表示「七」之意。

hep·ta·gon [ˋhɛptəˌgɑn; ˈheptəgən] *n.* Ⓒ七角[邊]形。

hep·tag·o·nal [hɛpˋtægənl; hepˈtægənl] *adj.*

hep·tam·e·ter [hɛpˋtæmətɚ; hepˈtæmitə]《詩學》*n.* Ⓒ七音步(的詩): an iambic ~ 抑揚[強弱]七音步。
—*adj.* 七音步的。

hep·tarch·y [ˋhɛptɑrkɪ; ˈheptɑ:ki] *n.* **1** Ⓒ七頭政治。**2** [the H~] (英國的) 七王國《五至九世紀左右時的七個王國》。

hep·tar·chic [ˌhɛpˋtɑrkɪk; ˌhepˈtɑ:kik], **-chi·cal** *adj.*

‡**her** [(輕讀) hɚ, ɚ; ə:, hə, ə; (重讀) hɝ; hə:] *pron.* **1** [she 的受格]: **a** [直接受詞] 她: They love ~. 他們愛她。**b** [間接受詞] 她: I gave ~ a book. 我給她一本書。**c** [介系詞的受詞]: I gave the book *to* ~. 我把那本書給了她。**2** [she 的所有格] 她的: ~ mother 她的母親/~ admirers 她的崇拜者。**3 a** [用作 be 的補語]《口語》=she: It's ~. 就是她。**b** [在 as, than, but 之後當主詞用]《口語》=she: I can run faster *than* ~. 我能跑得比她快。**4**《古・詩》她自己(herself): She laid ~ down. 她躺下來。

her.《略》heraldic; heraldry.

He·ra [ˋhirə; ˈhiərə] *n.*《希臘神話》希拉《宙斯(Zeus)之妻；相當於羅馬神話的茱諾(Juno)》.

Her·a·cles [ˋhɛrəˌkliz; ˈherəkli:z] *n.* = Hercules.

her·ald [ˋhɛrəld; ˈherəld] *n.* **1 a** Ⓒ發布人，報導者；使者。**b** [H~；用於報紙名稱]: the *New York H*~ 紐約前鋒論壇報。**2** Ⓒ先驅，預兆: This balmy weather is a [the] ~ *of* spring [《文語》 is ~ *to* spring]. 這種溫和的天氣是春天的預兆(★be ~ to 無冠詞)。**3** Ⓒ (英國的) 紋章官，掌禮官: the *Heralds'* College (英國的) 宗譜紋章院。**4** Ⓒ (英國從前的) 傳令官《正式公布國王即位、駕崩等國家大事的官員》。

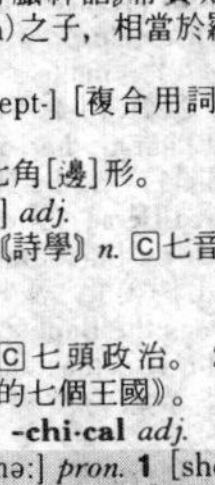

Hera

—*v.t.* **1** [十受] 通報，公告…。**2** [十受(十副)] 預先通知[預告]…〈*in*〉: The song of birds ~*s* (*in*) spring. 鳥兒的歌唱預報春天到[預告春天的來臨]。

heraldry 3

he·ral·dic [hɛˋrældɪk; heˈrældik] *adj.* 紋章(學)的。

her·ald·ry [ˋhɛrəldrɪ; ˈherəldri] *n.* Ⓤ **1** 紋章官的任務。**2** 紋章學。**3** [集合稱] 紋章(blazonry).

herb [ɝb, hɝb; hə:b] *n.* Ⓒ **1** 藥用[食用，香料]植物，藥草，香草。**2** (開花後除根部以外會枯萎的)草，草本。

Herb [hɝb; hə:b] *n.* 赫布《男子名；Herbert 的暱稱》。

her·ba·ceous [hɝˋbeʃəs; hə:ˈbeiʃəs] 《herb 的形容詞》—*adj.* 草的，草本的，草質的。

hérbaceous bórder *n.* Ⓒ(花園沿邊)種植多年生草本植物之花壇。

herb·age [ˋɝbɪdʒ, ˋhɝb-; ˈhə:bidʒ] *n.* Ⓤ [集合稱] **1** 草，草本類；(尤指)牧草。**2** 藥草(類)。

herb·al [ˋhɝbl, ˋɝbl; ˈhə:bl] *adj.* 草的，草本的；藥草的，由藥草製成的: a ~ medicine 藥草劑，中藥。

hérb·al·ist [-lɪst; -list] *n.* Ⓒ **1** 中醫師。**2** 藥草商。

her·bar·i·um [hɝˋbɛrɪəm; hə:ˈbeəriəm] *n.* Ⓒ (*pl.* ~**s, -i·a** [-rɪə; -riə]) **1** (乾燥)植物標本集。**2** 植物標本箱[室，館]。

hérb dòctor *n.* =herbalist.

Her·bert [ˋhɝbɚt; ˈhə:bət] *n.* 赫伯特《男子名；暱稱 Bert, Bertie, Herb》.

her·bi·cide [ˋhɝbəˌsaɪd; ˈhə:bisaid] *n.* Ⓒ除草藥劑。

her·bi·vore [ˋhɝbəˌvɔr; ˈhə:bivɔ:] *n.* Ⓒ草食動物。

her·biv·o·rous [hɝˋbɪvərəs; hə:ˈbivərəs] *adj.* 〈動物〉草食性的，食草的(cf. carnivorous 1 a, omnivorous 1).

hérb tèa *n.* Ⓤ草藥煎成的湯藥。

herb·y [ˋɝbɪ, ˋhɝ-; ˈhə:bi] *adj.* (**herb·i·er**; **-i·est**) **1** 草本性的；草本的。**2** 多草的；如草的。

Her·cu·le·an [hɝˋkjulɪən; ˌhə:kjuˈli:ən] 《Hercules 的形容詞》—*adj.* **1** 海克力士的。**2 a** [有時 h~] 海克力士似的，力大無比的: ~ strength 大力。**b** [h~] 需要大力氣的，非常困難的: a *herculean* task 非常困難的工作。

Her·cu·les [ˋhɝkjəˌliz; ˈhə:kjuli:z] *n.* **1**《希臘神話》海克力士《主神宙斯(Zeus)之子，爲完成十二項艱鉅任務的大力士英雄》。**2** [又作 h~] Ⓒ力大無比的人。**3**《天文》武仙座。

the Píllars of Hércules ⇨ pillar.

***herd**[1] [hɝd; hə:d] *n.* **1** Ⓒ (屬同一種類而被一起飼養[棲息一處]的) 家畜 [動物] 羣〔*of*〕(⇨ group【同義字】): a ~ *of* cattle [elephant(s), whale(s)] 牛[象，鯨]羣。**2**《輕蔑》**a** [the (common) ~] 民衆，下層階級。**b** Ⓒ羣集，大衆〔*of*〕. —*v.i.* **1** [動(十副)] 羣集〈*together*〉. **2** [十副詞(片語)] 成羣。
—*v.t.* 使〈牛、羊等〉羣集，聚集〈人〉。

herd[2] [hɝd; hə:d] *n.* Ⓒ [通常用於複合字] 牧人。

Hercules 1

hérd ìnstinct *n.* [the ~]《心理》羣居本能。

hérds·man [-mən; -mən] *n.* (*pl.* **-men** [-mən; -mən]) **1** Ⓒ牧人，牧者；家畜羣的所有者[看顧者]。**2** [the H~]《天文》牧人座(Boötes).

‡**here** [hɪr; hiə] *adv.* (無比較級、最高級) **1** (↔ there) **a** [表示場所、方向] 在[到，向]這裏: He lives ~ in Taipei. 他住在台北這裏/Put your bag ~. 把你的手提包放在這裏/He will be ~ in a minute. 他馬上[即刻]會來這裏/Look ~! ⇨ look A 1 d/See ~! ⇨ see[1] 成語。**b** [常與表示方向的副詞連用] 向這裏: Come (over) ~ [kəm (ˋovɚ) ˋhɪr; kəm (ˈouvə) ˈhiə]. 向[到]這裏來。**c** [當介系詞、及物動詞的受詞；當名詞用] 這裏，這一點: from ~ 從這裏/in ~ (在房間等)在這裏面/near ~ 在這附近/up to ~ 直到此/I leave ~ next week. 我下週離開這裏。**2** [用於句首] **a** [尤指用於喚起對方的注意] 在這兒，向這裏: *H*~ is *a* book I bought the other day. 我前些日子買的書在這兒/*H*~ is *the* book you wanted. 你要的書在這兒/*H*~ comes the teacher. 老師(向這裏)來了《★用因主詞爲代名詞時，詞序爲 *H*~ he comes.》/*Here*'s your tea. 你的茶來了，這是你的茶/*Here*'s the ticket for you. 這是給你的車票/*Here*'s the postman. 郵差來了。**b** [到達目的地時，出示在尋找或所希望的東西時] 到了；在這裏: *H*~ I am. 我到了；我回來了/*H*~ we are. 我們到了；(我們要的東西)在這裏/*H*~ you are. 你(回)來了；你要的東西在這

H

裏/*H*~ it is. (它)在這裏/*Here's* your keys. 你的鑰匙在這裏，這裏有你的鑰匙《★[用法]《口語》複數名詞也用 Here's》. **3** [用於句首] **a** 在這一點，在這裏：*H*~ he paused and looked around. 在這裏他停下來，看看四周/*H*~ he is wrong. 在這一點上他是錯誤的。**b** 這時候，現在：*H*~ it is December and Christmas is coming. 現在是十二月，耶誕節就要來了。**4** [用於名詞之後]《口語》在這裏，這個：this man ~ 在這裏的這個人《★[比較] this here man 爲非標準用法》/The boy ~ saw the accident. 在這裏的這個男孩目睹了那意外事件。**5** 在這個世界，在現世：~ below 在今世；在這世界上。

hére and nów 在此時此地，即刻，馬上。

hére and thére 到處，處處，各處：Some birds are flying ~ *and there.* 有些鳥兒在到處飛翔。

Hére góes！《口語》要開始了！

Hére's to yóu！＝Hére's to your héalth.＝Hére's lúck (to you). 敬您一杯！祝您健康[好運]！《乾杯時用語》。

Hére's where....《口語》…之處在此，這是…之處：*Here's where* he is wrong. 他的錯處在此。

hére, thére, and éverywhere 到處，各處。

hére todáy and [hére todáy], góne tomórrow (1)飄忽無常，行蹤不定。(2)〈人〉剛來又走掉，席不暇暖。

Hére we gó (agáin)！《口語》(討厭的事)又來了。

néither hére nor thére《口語》問題以外的，無關本題的，無關緊要的：Whether your fiance is rich or not is *neither* ~ *nor there.* 你的未婚夫是否富有並不是問題。

(the) hére and nów (就在)現在，現在此刻。

—*interj.* **1** [用於對點名的回答]有，到。**2** [用於喚起別人的注意或規戒孩子]喂，好了：*H*~, that's enough. 好了，夠了！/*H*~, ~, don't cry！好了，別哭了！

hére·abòut(s) *adv.* 在這一帶，在這附近：somewhere ~ (在)這附近某處。

hère·áfter *adv.*《文語》**1** 此後，今後，將來。**2** 在來世。
—*n.* [the ~, a ~] **1** 將來，未來。**2** 來世：believe in *a* ~ 相信來世。

hère·át *adv.* 此時；因此。

hère·bý *adv.*《文語》由此，以此，藉此，玆，特此《★[用法]尤其用於儀式、法律文件等》：I ~ pronounce you man and wife. 特此宣告你們爲夫妻。

he·red·i·ta·ble [həˋrɛdətəbl; hiˈreditəbl] *adj.* ＝heritable.

her·e·dit·a·ment [ˏhɛrəˋdɪtəmənt; ˌheriˈditəmənt] *n.* Ⓒ《法律》可繼承的財產，世襲財產《尤指不動產》。

he·red·i·tar·y [həˋrɛdəˏtɛrɪ; hiˈreditəri] «heredity 的形容詞»**—*adj.*** **1** 遺傳(性)的(↔ acquired)：a ~ character(istic)《生物》遺傳特質[特徵]。**2** 世襲的；祖傳的，代代相傳的：a ~ peer 世襲貴族/~ property 世襲財產。
he·red·i·tar·i·ly [hɪˏrɛdəˋtɛrəlɪ; hiˈreditərəli] *adv.*

he·red·i·ty [həˋrɛdətɪ; hiˈredəti] «源自拉丁文「繼承」之義»**—*n.*** Ⓤ **1** (特質)遺傳，遺傳性。**2** 繼承，世襲。

Here·ford [ˋhɛrəfəd; ˈherifəd] *n.* **1** 赫里福《舊 Herefordshire 的首府》。**2** [ˋhɜfəd; ˈhə:fəd] Ⓒ赫里福種(食用牛)《白斑紅毛》。

Héreford and Wórces·ter [ˋwustə; ˈwustə] *n.* 赫里福‧烏斯特郡《英格蘭西部的一郡，一九七四年設立；首府 Worcester》.

Her·e·ford·shire [ˋhɛrəfədˏʃɪr, -ʃə; ˈherifədʃə, -ˌʃiə] *n.* 赫里福郡《英格蘭西部的舊郡；首都 Hereford》.

hère·in *adv.*《文語》於此，在此中，據此看來《★[用法]尤其用於法律文件等》。

hèrein·áfter *adv.*《文語》(文件等內容用)以下，在下文中《★[用法]尤其用於法律文件等》。

hèrein·befóre *adv.*《文語》(文件等內容用的)以上，在上文中《★[用法]尤其用於法律文件等》。

hère·ínto *adv.* 到這裏面；此中。

hère·óf *adv.*《文語》於此，關於這一點[這個]《★[用法]尤指用於法律文件等》。

hère·ón *adv.* ＝hereupon.

‡here's [hɪrz; hiəz] **here is** 之略。

her·e·sy [ˋhɛrəsɪ; ˈherəsi] «源自希臘文「選擇」之義»**—*n.*** ⓊⒸ 異教，異端，邪說。

her·e·tic [ˋhɛrətɪk; ˈherətik] *n.* Ⓒ異教徒，異端者，提倡異端邪說者。

he·ret·i·cal [həˋrɛtɪkl; hiˈretikl] «heresy 的形容詞»**—*adj.*** 異教[異端，邪說]的。~**·ly** [-klɪ; -kəli] *adv.*

hère·tó *adv.*《文語》於此，到此，關於這個，至此《★[用法]尤其用於法律文件等》：attached ~ 附於此。

hère·to·fòre *adv.*《文語》至今，至此；向來，以前《★[用法]尤其用於法律文件等》。

hère·únder *adv.*《文語》在下(文)，依此(記載)《★[用法]尤其用於法律文件等》。

hère·únto *adv.* ＝hereto.

hére·upòn *adv.*《文語》**1** 關於此，於此。**2** 在此刻，隨後即刻，馬上。

hère·wíth *adv.*《文語》**1** 同此，附此，(隨函)附上《★[用法]尤其用於商函》：enclosed ~ 隨函附上，附於信內。**2** 藉此(機會)，因此，據此《★[用法]尤其用於商函》。

her·i·ta·bil·i·ty [ˏhɛrətəˋbɪlətɪ; ˌheritəˈbiləti] «heritable 的名詞»**—*n.*** Ⓤ可遺傳，遺傳力，可繼承。

her·i·ta·ble [ˋhɛrətəbl; ˈheritəbl] *adj.* **1 a** 〈財產等〉可傳讓的。**b** 〈人〉可繼承的。**2** 〈性質、疾病等〉遺傳性的。

her·i·tage [ˋhɛrətɪdʒ; ˈheritidʒ] «源自拉丁文「繼承(inherit)」之義»**—*n.*** Ⓒ[常用單數] **1** 世襲[繼承]財產。**2** 祖先遺留的事物；遺產：a cultural ~ 文化遺產。**3** 天性，天賦的命運。

her·maph·ro·dite [hɜˋmæfrəˏdaɪt; hə:ˈmæfrədait] *n.* Ⓒ **1** 陰陽人，兩性人。**2**《生物》雌雄同體，兩性動物。
—*adj.* ＝hermaphroditic.

her·maph·ro·dit·ic [hɜˏmæfrəˋdɪtɪk; həːˌmæfrəˈditik˝] *adj.* **1** 雌雄同體[同株]的。**2** 具有相反兩種性質的。

Her·mes [ˋhɜmiz; ˈhə:mi:z] *n.*《希臘神話》賀密士《衆神的使者，司科學、辯論等的神；相當於羅馬神話的莫丘里(Mercury)》.

Hermes

her·met·ic [hɜˋmɛtɪk; hə:ˈmetik˝] *adj.* **1** 密封[密閉]的：a ~ seal (玻璃容器等的)鎔接密閉。**2** [H~] **a**《古》鍊金術的：*H*~ art [philosophy, science] 鍊金術。**b** 秘方的；深奧的。

her·mét·i·cal·ly [-klɪ; -kəli] *adv.* 密閉[密封]地：be ~ sealed 密閉[密封]着。

her·mit [ˋhɜmɪt; ˈhə:mit] «源自希臘文「孤獨的」之義»**—*n.*** Ⓒ **1 a** (初期基督教時代)**隱居的修士**。**b** **隱士**，隱居者，遁世者。**2** 獨居性的動物。

her·mit·age [ˋhɜmɪtɪdʒ; ˈhə:mitidʒ] *n.* Ⓒ **1** 隱士的居處；遠離塵囂之處。**2** [H~] 法國南部產的一種紅葡萄酒。

hérmit cràb *n.* Ⓒ《動物》寄居蟹。

hern [hɜn; hə:n] *n.*《俚》＝heron.

her·ni·a [ˋhɜnɪə; ˈhə:njə] *n.* ⓊⒸ《醫》疝氣，脫腸(rupture).
her·ni·al [ˋhɜnɪəl; ˈhə:njəl] *adj.*

‡he·ro [ˋhɪro, ˋhiro; ˈhiərou] *n.* Ⓒ(*pl.* ~**es**) **1 英雄**，勇士；受人崇拜的人物：make a ~ of a person 把某人英雄化，推崇某人。**2** (詩、戲劇、小說等的)主人翁，男主角。

Her·od [ˋhɛrəd; ˈherəd] *n.*《聖經》希律王《基督誕生時的猶太王，以殘虐聞名；cf. the (Holy) INNOCENT's Day》.

out-hérod Hérod ⇨ out-herod.

He·ro·di·as [həˋrodɪəs; heˈroudiæs] *n.*《聖經》希羅底《希律王(Herod)的後妻，莎樂美(Salome)之母，唆使其夫殺死施洗者約翰(JOHN the Baptist)》.

He·rod·o·tus [həˋrɑdətəs; heˈrɔdətəs] *n.* 希羅多德《484？—？425BC；希臘的歷史學家；被稱爲史學之父(the Father of History)》.

he·ro·ic** [hɪˋro·ɪk; hiˈrouik] «hero 的形容詞»**—*adj. (**more** ~；**most** ~) **1 英雄的**，勇士的；以英雄[勇士]爲題材的，歌頌英雄的：a ~ poem 英雄詩。**2 a** 英勇的，雄壯的，壯烈的：~ conduct 英勇的行爲。**b** 大膽的，冒險的，果敢的：a ~ remedy 大膽[冒險]的補救辦法。**3** 〈文體〉崇高的，高雅的；〈聲音等〉宏大的；〈語言〉誇張的。**4**《美術》〈雕像等〉較實物大的。
—*n.* **1 a** Ⓒ英雄詩。**b** [~s]＝heroic verse 2. **2** [~s] 誇張的言辭[行爲，感情]：go into ~*s* 誇張地表達感情，慷慨陳詞。
he·ró·i·cal·ly [-klɪ; -kəli] *adv.*

heróic áge *n.* [the ~] (古希臘的)英雄時代。

heróic cóuplet *n.* Ⓒ《詩學》偶句英雄詩體《每兩行押韻成對句，含有抑揚五音步的兩行詩；cf. heroic verse》.

heróic vérse *n.* **1** Ⓒ英雄詩，史詩。**2** ⓊⒸ《詩學》英雄詩體《英詩爲抑揚五音步》。

he·ro·in [ˋhɛro·ɪn; ˈherouin] *n.* Ⓤ海洛英《嗎啡製的鎮定劑；麻醉藥的一種》。

her·o·ine [ˋhɛro·ɪn; ˈherouin] «hero 的女性»**—*n.*** Ⓒ **1 女傑**，女英雄，烈婦。**2** (詩、戲劇、小說等的)**女主角**。

hér·o·ism [-ˏɪzəm; -izəm] *n.* Ⓤ **1 a** 英雄氣概(氣質)。**b** 壯烈，勇敢雄壯。**2** 英雄的行爲。

her·on [ˋhɛrən; ˈherən] *n.* Ⓒ《鳥》蒼鷺。

her·on·ry [ˋhɛrənrɪ; ˈherənri] *n.* Ⓒ蒼鷺聚集孵卵的巢穴。

héro sándwich *n.* Ⓒ[當作菜名時爲Ⓤ]《美俚》英雄三明治《將外皮硬的麵包從中切開，夾入火腿、蔬菜等的大型三明治》。

héro wòrship *n.* Ⓤ英雄崇拜，對個人的盲目崇拜。

héro-wòrship *v.t.*《英》把…當作英雄崇拜。

her·pes [ˋhɝpiz; ˈhə:pi:z] *n.* Ⓤ《醫》疱疹。

her·pet·ic [hɝˋpɛtɪk; hə:ˈpetik] *adj.*《醫》疱疹性的；(似)疱疹的。

her·pe·tol·o·gy [ˌhɝpəˋtɑlədʒɪ; ˌhə:piˈtɔlədʒi] *n.* Ⓤ爬蟲學《探討爬蟲類與兩棲類的動物學的一分科》。

heron

Herr [hɛr; hɛə]《源自德語》——*n.* (*pl.* ~·**en** [ˋhɛrən; ˈhɛərən]) **1** [相當於英語 Mr. 的德語尊稱]…先生，…君。**2** Ⓒ德國紳士。

her·ring [ˋhɛrɪŋ; ˈheriŋ] *n.* (*pl.* ~, ~**s**) **1** Ⓒ《魚》鯡魚。**2** Ⓤ鯡魚肉；kippered ~ 燻鯡魚《★英國人常在早餐食用》。

hérring·bòne *n.* Ⓒ **1** 鯡魚骨。**2** 人字形[鯡骨狀，箭尾形]圖案(的織法、縫法)。——*adj.* [用在名詞前]人字形[鯡骨狀]的。

herringbone 2

‡**hers** [hɝz; hə:z] *pron.* **1** (*pl.* ~) [she 的所有代名詞]她的東西[所有物] (cf. mine[1])《★用法 視所指內容而作單數或複數用》：It's ~, not mine. 那是她的東西，不是我的/His hair is darker than ~. 他的頭髮比她的黑/*H*~ are the red ones. 她的是紅色的。**2** [**of** ~]她的《★用法 her 不能與 a, an, this, that, no 等連用於名詞之前，故把 her 變成 hers 而置於名詞之後》：*that* book *of* ~ 她的那本書。

‡**her·self** [hɚˋsɛlf, ɚˋsɛlf; hə:ˈself, həˈs-, ə:ˈs-] *pron.*《★she 的反身代名詞；⇨ oneself》**1** [用於强調]她自己：**a** [與第三人稱單數女性(代)名詞連用，當同位格用]：She ~ came to see me.＝She came to see me ~. 她親自來看我《★比較 後者較爲口語化》。**b** [用以代替 she, her；and ~]：Her mother *and* ~ were invited to the party. 她母親和她被邀請參加聚會(⇨ myself 1 b 語法)。**c** [在 as, like, than 之後用以代替 she, her]：I can do it better *than* ~. 我能比她本人做得更好。**d** [用以特別表示獨立構句的主詞關係]《文語》：*H*~ poor, she understood the situation. 她自己也窮，所以她了解那種情況。**2** [反身用法]她自己：**a** [用作反身動詞的受詞] (⇨ myself 2a ★)：She hurt ~. 她傷了自己。**b** [用作一般動詞的受詞]：She made ~ a new dress. 她給自己做了一件新衣。**c** [用作介系詞的受詞]《★另參照成語》：He wished Jane to take good care of ~. 他希望珍好好照顧她自己。**3** 平時[正常]的她《★用法 常用作 be 的補語》：She is not ~ today. 她今天反常。

besíde hersèlf ⇨ oneself. **by hersélf** ⇨ oneself. **for hersélf** ⇨ oneself. **to hersélf** ⇨ oneself.

Hert·ford·shire [ˋhɑrfɚdˌʃɪr, -ʃɚ; ˈhɑ:fədʃə, -ˌʃiə] *n.* 哈特福郡《英格蘭東南部之一郡；首府 Hertford [ˋhɑrfɚd; ˈhɑ:fəd]；略作 Herts.》。

Herts. [hɑrts; hɑ:ts]《略》Hertfordshire.

hertz [hɝts; hə:ts] *n.* Ⓒ (*pl.* ~)《電學》赫《頻率、振動數的單位，每秒一周，略作 Hz, hz》。

Hértz·i·an wáves [ˋhɝtsɪən-; ˈhə:tsiən-]《源自德國物理學家 H. Hertz (赫玆)發現的電磁波》——*n. pl.*《物理》電磁波，赫玆波。

‡**he's** [(輕讀)hiz, hɪz, iz, ɪz; hiz, iz; (重讀)hiz; hi:z] **he is** [**has**] 之略。

He·si·od [ˋhisɪəd, ˋhɛs-; ˈhi:siəd, ˈhes-] *n.* 海希奧德《紀元前八世紀之希臘詩人》。

hés·i·tance [-təns; -təns] *n.* ＝hesitancy.

hes·i·tan·cy [ˋhɛzətənsɪ; ˈhezitənsi] *n.* Ⓤ遲疑，躊躇，猶豫。

hes·i·tant [ˋhɛzətənt; ˈhezitənt] *adj.* **1** 躊躇的；遲疑的，猶豫不決的：He is very shy and ~ in company. 他在別人面前很害羞且猶豫不決。**2** [不用在名詞前] **a** [＋介＋(代)名][對…]躊躇的[*about*, *over*]：He was ~ ***about*** giving her the secret. 他對是否告訴她祕密還猶豫不決/No nation is more ~ ***over*** nuclear power than Japan. 對於核能(的開發利用)，沒有國家像日本那樣猶豫不決。**b** [＋*to* do]〈對做…〉躊躇不前的，有疑慮的，不願的：He was ~ *to* mention it. 他很不願意提起那件事。
~·**ly** *adv.*

‡**hes·i·tate** [ˋhɛzəˌtet; ˈheziteit]《源自拉丁文「附着」之義》——*v.i.* **1 a** **躊躇**，猶豫不決：He ~*d* before replying. 他在回答以前遲疑了一下/He who ~*s* is lost.《諺》躊躇不前者錯失良機。

【同義字】hesitate 是無法下定決心而躊躇；waver 是看似已下了決心，但隨後又感到猶豫；falter 是因缺乏勇氣、恐懼而退縮。

b [＋介＋(代)名][對…]躊躇[*about*, *at*, *in*, *over*]：He ~*d* ***about*** the propriety of asking her. 他對於該不該問她猶豫不決/He ~*s* ***at*** nothing to achieve his purposes. 他爲達到自己的目的，他什麼事都幹得出來/Don't ~ ***in*** do*ing* anything good. 做好事切勿遲疑。**c** [(＋介)＋ *wh.*＿/＋wh.＋*to* do][關於…]猶豫不決，躊躇不前[*about*]；猶豫不知〈如何[是否該]做…〉：I ~*d* (***about***) *what* I should do.＝I ~*d what to* do. 到底該做什麼，我拿不定主意。**d** [＋ *to* do]遲疑於〈做…〉；不想〈做…〉：He ~*d to* spend so much money on books. 他不想在書本上花那麼多錢/Please don't ~ *to* call me. (若有事)不必猶豫，打電話給我好了。**2** 吞吞吐吐，支支吾吾。

hés·i·tàt·ing·ly *adv.* 支吾其辭地，吞吞吐吐地，猶豫不決地。

hes·i·ta·tion [ˌhɛzəˋteʃən; ˌheziˈteiʃn]《hesitate 的名詞》——*n.* ⓊⒸ **1 a** **躊躇**，猶豫，吞吞吐吐：after some ~ 稍作猶豫後/without (the slightest) ~ (毫)不猶豫，馬上，爽快地，斬釘截鐵地/There was a ~ before she began to speak. 她開始說話前猶豫了一下。**b** [做…的]猶豫，躊躇[*in*]：He had [felt] no ~ *in* accept*ing* the offer. 他毫不猶豫地接受該提議。**2** 吞吞吐吐，支支吾吾。

Hes·per [ˋhɛspɚ; ˈhespə] *n.* ＝Hesperus.

Hes·pe·ri·an [hɛsˋpɪrɪən; heˈspiəriən⁻] *adj.* **1** 西方的，西方國家的(Western). **2**《詩》Hesperides 的。

Hes·per·i·des [hɛsˋpɛrəˌdiz; heˈsperidi:z] *n. pl.* [**the** ~]《希臘神話》**1** 海絲佩拉蒂《看守金蘋果園的四姊妹》。**2** [當單數用]海絲佩拉蒂的果園，金蘋果園。

Hes·per·us [ˋhɛspərəs; ˈhespərəs] *n.* 黃昏星，長庚星(evening star, Vesper)，金星(Venus) (cf. Phosphor).

Hes·se [ˋhɛsɪ; ˈhesi], **Her·mann** [ˋhɛrmɑn; ˈhɛəmɑ:n] *n.* 赫塞《1877–1962；德國詩人及小說家，1946 年獲諾貝爾文學獎》。

hes·sian [ˋhɛʃən; ˈhesiən] *n.* Ⓤ(用麻等製成之結實的)包裝布。

Hés·sian bóot *n.* Ⓒ[常 ~**s**]赫斯長靴《美國獨立戰爭時英國所雇德國赫斯州士兵最先穿的長靴，膝蓋處有飾縫，十九世紀初流行於英國》。

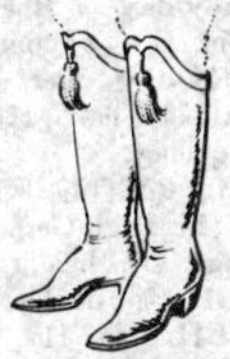

Hessian boots

hest [hɛst; hest] *n.* Ⓒ《古》命令，訓諭(behest).

Hes·ter [ˋhɛstɚ; ˈhestə] *n.* 賀絲達《女子名》。

Hes·ti·a [ˋhɛstɪə; ˈhestiə] *n.*《希臘神話》海絲蒂雅《火與爐灶的女神；相當於羅馬神話的維斯妲(Vesta)》。

het [hɛt; het] *adj.* ★用於下列成語。
hét úp《俚》〈人〉[對…]興奮的，激動的(excited)；焦慮不安的，勃然大怒的[*about*].

het·er·o [ˋhɛtəro; ˈhetərou] *adj.*《口語》向異性的，非同性愛的。——*n.* Ⓒ (*pl.* ~**s**)《口語》非同性戀者。

het·er(·o)- [hɛtər(o, ə)-; hetər(ou, ə)-]《源自希臘文》[複合用詞]表示「其他的，相異的」之意(↔ homo-, iso-).

het·er·o·dox [ˋhɛtərəˌdɑks; ˈhetərədɔks] *adj.* 異教的；異說的，異端的(↔ orthodox).

het·er·o·dox·y [ˋhɛtərəˌdɑksɪ; ˈhetərədɔksi] *n.* Ⓤ異教；異說；異端。

het·er·o·ge·ne·i·ty [ˌhɛtərədʒəˋniətɪ; ˌhetərədʒiˈni:əti] *n.* Ⓤ **1** 異種，不均勻性。**2** 異類混合；不同成分。

het·er·o·ge·ne·ous [ˌhɛtərəˋdʒinɪəs; ˌhetərouˈdʒi:njəs⁻] *adj.* 異質的，異種的；由不同成分構成的(↔ homogeneous).
~·**ly** *adv.* ~·**ness** *n.*

het·er·o·nym [ˋhɛtərəˌnɪm; ˈhetəˈrɔnim] *n.* Ⓒ同拼法異音異義字《例：tear [tɪr; tiə] (淚)與 tear [tɛr; tɛə] (撕裂)；cf. homograph, homonym, synonym》。

het·er·o·sex·u·al [ˌhɛtəroˋsɛkʃuəl; ˌhetərouˈseksjuəl⁻] *adj.* 異性愛的：~ love 異性愛。——*n.* Ⓒ異性愛者。~·**ly** *adv.*

het·er·o·sex·u·al·i·ty [ˌhɛtəroˌsɛkʃuˋælətɪ; ˌhetərouˌseksjuˈæləti] *n.* Ⓤ異性愛。

heu·ris·tic [hjuˋrɪstɪk; hjuˈristik] *adj.* 幫助(學習者)發現的；促使自行研究的，啓發式的：the ~ method of teaching 啓發式教學法。——*n.* [~**s**；當單數用]啓發式教學法。
heu·rís·ti·cal·ly [-klɪ; -kəli] *adv.*

hew [hju; hju:] (~**ed**；~**n** [hjun; hju:n], ~**ed**) *v.t.* **1 a** [＋受＋副詞(片語)] (用斧等)砍〈樹等〉，劈開…：The cottage was *hewn asunder* [*in* two] by an earthquake. 那棟小屋被地震震得崩裂[震裂爲兩半]了。**b** [＋受(＋副)]砍倒〈樹等〉〈*down*〉：~ ***down*** a tree 砍倒一棵樹。
2 [＋受(＋副詞(片語))] **a** 切割，切開〈石材等〉；(爲…而)切割…：~ stone for building 爲建築用而切割石材/They ~*ed* a path *through* the forest. 他們在森林中開闢了一條小徑。**b** [~ **one's way**]開路前進，打開進路，排難而進。
3 [＋受(＋副)]努力獲得〈地位等〉；艱苦地開拓〈進路、命運等〉〈*out*〉：~ ***out*** a career 艱苦地開創事業。
——*v.i.* **1 a** 砍，劈。**b** [＋介＋(代)名][朝樹等]砍[*at*]：He ~*ed* ***at*** the tree. 他朝那棵樹砍去。

H

2《美》〔十介十(代)名〕遵守，恪守，堅持，承襲〔規則，方針等〕〔*to*〕：～ ***to*** the political line 堅守政黨的方針。

HEW《略》Department of Health, Education, and Welfare 衛生、教育及福利部《1953–79 年美國聯邦機構之一》。

héw·er *n.* Ⓒ砍(樹)者；切割(石材)者；採煤工人。

héwers of wóod and dráwers of wáter《文語》劈柴挑水者，做苦工的人，下層階級《★出自聖經「約書亞記」》。

***hewn** [hjun; hju:n] *v.* **hew** 的過去分詞。

hex [hɛks; heks]《美》*n.* Ⓒ **1** (常指邪惡的)魔法，詛咒；不吉利的東西，不祥的人。**2** 魔女。**—***v.t.* 對…施魔法，詛咒…。

hex(·a)- [hɛks(ə)-; heks(ə)-] [複合用詞] 表示「六」之意。

hex·a·dec·i·mal [ˌhɛksəˋdɛsəml; ˌheksəˈdesiml] *adj.* 十六進制的。

hex·a·gon [ˋhɛksəˌgɑn; ˈheksəgən] *n.* Ⓒ六角[邊]形。

hex·ag·o·nal [hɛksˋægənl; hekˈsægənl] *adj.*

hex·a·gram [ˋhɛksəˌgræm; ˈheksəgræm] *n.* Ⓒ六角星形(✡)《兩個三角形的組合，被認為是「大衛之星」，為猶太教的象徵》。

hex·a·he·dron [ˌhɛksəˋhidrən; ˌheksəˈhedrən, -ˈhi:d-] *n.* Ⓒ (*pl.* ～**s, -he·dra** [-trə; -trə]) 六面體。

hex·am·e·ter [hɛksˋæmətɚ; hekˈsæmitə]《詩學》*n.* Ⓒ六音步(的詩)。

—*adj.* 六音步詩體的。

‡**hey** [he; hei] *interj.* [表示驚愕、喜悅、疑問、注意等] 嗐！嘿！啊！

Héy for...!《英》…好棒！了不起！

Héy présto!《英》(1)[魔術師用語] 嗐，說變就變！啊，眞奇怪！(2)突然，忽然。

héy·dày[1] *n.* [**the** ～, **one's** ～] 正盛，全盛(時期) (prime)〔*of*〕：in *the* ～ *of* youth 在血氣方剛時，在年輕力壯時。

héy·dày[2] *interj.*《古》表示喜悅、驚愕等之聲。

hf《略》half. **Hf**《符號》《化學》hafnium. **H.F.**《略》high frequency.

Hg «源自拉丁文 hydrargyrum»《符號》《化學》mercury. **HG**《略》High German. **hg.**《略》hectogram(me)(s).

hgt.《略》height.

HH《略》double hard(鉛筆的 2H).

H.H.《略》His [Her] Highness；His Holiness《對教皇的尊稱》。

hhd《略》hogshead.

H-hòur *n.* Ⓒ《軍》攻擊開始時刻。

‡**hi** [haɪ; hai] *interj.* **1**《英》[用以引起對方的注意] 喂！(hey). **2**《口語》[用於打招呼] **嗨！你好！**《★用法比 hello 更親切的說法，《美》常用》。

【說明】美國人在打招呼時通常多用 Hi！孩童離家去學校時用 Bye [baɪ; bai]！回家時則以 Hi 來打招呼。與友人相遇或店主對客人打招呼也是用 Hi！

HI《略》《美郵政》Hawaii. **H.I.**《略》Hawaiian Islands.

hi·a·tus [haɪˋetəs; haiˈeitəs] *n.* Ⓒ (*pl.* ～**es**, ～) **1** 裂縫，缺口，罅隙。**2** (文章中的)脫漏，漏字。**3**《語音》兩相接母音間之稍停[間歇]《以母音終了的字與以母音開始的字毗鄰時，或音節中有兩個相連母音時，發音的短促停頓；如 he entered；cooperation》.

hi·ber·nac·le [ˋhaɪbɚˌnækl; ˈhaibənækl] *n.* Ⓒ動物冬眠處。

hi·ber·nac·u·lum [ˌhaɪbɚˋnækjələm; ˌhaibəˈnækjuləm] *n.* Ⓒ (*pl.* **-la** [-lə; -lə]) **1** (動物或植物之芽的)冬眠[過冬]用之外被；冬芽。**2** ＝hibernacle.

hi·ber·nal [haɪˋbɝnl; haiˈbə:nl] *adj.*《文語》冬天(似)的。

hi·ber·nate [ˋhaɪbɚˌnet; ˈhaibəneit] *v.i.* **1**〈動物〉冬眠，蟄伏(cf. estivate 1). **2**〈人〉避寒；過冬；蟄居。

hi·ber·na·tion [ˌhaɪbɚˋneʃən; ˌhaibəˈneiʃn] «hibernate 的名詞»**—***n.* Ⓤ冬眠。

Hi·ber·ni·a [haɪˋbɝnɪə; haiˈbə:njə] *n.*《詩》海巴尼亞《愛爾蘭(Ireland)的拉丁文名稱；cf. Albion》.

Hi·ber·ni·an [haɪˋbɝnɪən; haiˈbə:njən] «Hibernia 的形容詞»**—***adj.* 愛爾蘭(人)的。**—***n.* Ⓒ愛爾蘭人(Irishman).

hi·bis·cus [haɪˋbɪskəs, hɪ-; hiˈbiskəs] *n.* Ⓒ《植物》木槿，扶桑《朱槿屬植物》。

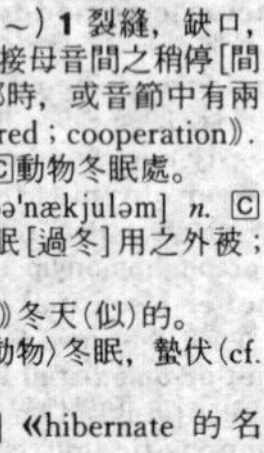
hibiscus

hic [hɪk; hik] *interj.* 呃《打嗝聲》。

hic·cough [ˋhɪkʌp, -kəp; ˈhikʌp] *n.*, *v.* ＝hiccup.

hic·cup [ˋhɪkʌp, -kəp; ˈhikʌp] «擬聲語»**—***n.* Ⓒ [常 ～**s**] 打嗝(聲)：have [get] (《美》the) ～*s* 打嗝。**—** *v.i.* (**hic·cuped, -cupped**; **hic·cup·ing, -cup·ping**) **1** 打嗝。**2** 發出似打嗝的聲音。

hic ja·cet [ˋhɪkˋdʒesɛt; ˈhikˈdʒeiset] «源自拉丁文 'here lies' 之義»**—**永眠於此《墓碑的起首兩個字，略作 H.J.》. **—***n.* Ⓒ墓碑，墓誌銘(epitaph).

hick [hɪk; hik]《美口語》*n.* Ⓒ鄉下人，鄉巴佬。

—*adj.* [用在名詞前] 鄉下(人)的，土裏土氣的：a ～ town 鄉下小鎮。

hick·o·ry [ˋhɪkərɪ; ˈhikəri] *n.* **1** Ⓒ **a**《植物》山胡桃《北美產的胡桃科植物》。**b** 山胡桃果《可食用》。**2 a** Ⓤ山胡桃木《材質堅固，用以製造雪橇等》。**b** Ⓒ山胡桃木製的手杖。

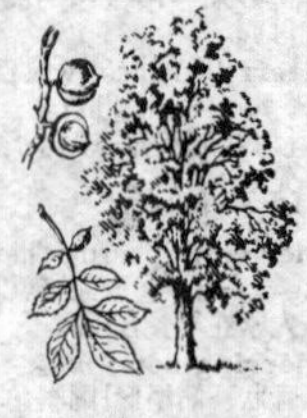
hickory

‡**hid** [hɪd; hid] *v.* **hide**[1] 的過去式・過去分詞。

hi·dal·go [hɪˋdælgo; hiˈdælgou] *n.* Ⓒ (*pl.* ～**s**) 西班牙之紳士。

‡**hid·den** [ˋhɪdn; ˈhidn] *v.* **hide**[1] 的過去分詞。

—*adj.* **1 a** (被)隱藏的：a ～ camera 隱藏的照相機/a ～ meaning 隱藏的意義，言外之意。**b** 秘密的：one's ～ troubles 隱憂，不能對人說的煩惱。**2** 無法說明的，不可思議的，神秘的。

‡**hide**[1] [haɪd; haid] (**hid** [hɪd; hid]; **hid·den** [ˋhɪdn; ˈhidn], **hid**) *v.t.* **1 a** 〔十受(十副詞(片語))〕**隱藏**…：～ one's head [face] 蓋住頭[臉]《怕[羞於]見人》。

【同義字】hide 為表示隱藏之意最普通的用語；conceal 表示隱藏的意圖及不願被人看到的意願。

b 〔十受(十副詞(片語))〕[～ one*self*] 掩藏，躲藏(在…)：The moon *hid itself behind* the clouds. 月亮掩藏於雲後。**c** 〔十受十介十(代)名〕〔從…〕把〈人、東西〉藏起來，藏匿〈人、東西〉[使…看不到]〔*from*〕：～ a person ***from*** the police 藏匿某人以避開警方。**2 a** 〔十受〕掩飾〈感情、意圖等〉：～ one's intentions 掩飾意圖。**b** 〔十受十介十(代)名〕〔對人等〕隱藏〈感情、意圖等〉〔*from*〕：He tried to ～ his feelings even ***from*** his friends. 他企圖對他的朋友掩飾自己的感情；他設法不在朋友的面前流露出自己的的感情。

—*v.i.* 〔動(十副詞(片語))〕**躲藏**，潛伏：He must be *hiding behind* the door. 他一定躲藏在門後/Are you *hiding from* the police？你在躲避警方嗎？

híde awáy《*vi adv*》(1)＝HIDE[1] out. **—**《*vt adv*》(2)隱藏…〔以免被…看到〕〔*from*〕.

híde óut [**úp**]《*vi adv*》(為逃避憲警的耳目而)潛伏，隱藏。

—*n.* Ⓒ **1** 隱藏處。**2**《英》(狩獵或觀察野生動物用的)隱蔽場所(cf. blind *n.* 3).

hide[2] [haɪd; haid] *n.* **1** Ⓤ [指個體時為Ⓒ] (尤指可製成皮革的)獸皮。**2** Ⓒ《口語・謔》(人的)皮膚：have a thick ～ 臉皮厚《感覺遲鈍或不知羞恥等》。

híde or [**nor**] **háir** [用於否定句]《口語》〔行踪不明的人或遺失物等的〕(無)影踪〔*of*〕：I have*n't* seen ～ *or hair of* her. 我根本沒有見到她的影踪。

tán a person's híde＝tán the híde òff a person《口語》痛揍某人；〈父母〉打小孩屁股(作為懲罰)。

—*v.t.*《口語》狠狠地(鞭)打〈某人等〉(beat).

híde-and-séek, híde-and-gò-séek *n.* Ⓤ捉迷藏。

pláy (at) híde-and-séek (1)〔與…〕玩捉迷藏〔*with*〕. (2)躲避〔…〕，瞞騙〔…〕〔*with*〕.

【說明】最普通的捉迷藏是由鬼(It)找出藏起來的人，躲的人藏好了就說 "Hy spy [ˋhaɪˌspaɪ; ˈhaiˌspai]！" 扮鬼的人則說 "Ready or not. Here I come." 然後開始找人。如果找到 Jack 就說 "I spy Jack." 因此捉迷藏又稱作 hy spy 或 I spy [ˋaɪˌspaɪ; ˈaiˌspai]，類似的遊戲有 tag(捉人遊戲)，treasure hunt(尋寶)，hare and hounds 或 paper chase(追紙遊戲)，bopeep(躲躲貓)，odd man out(鬼留下)等；cf. tag[2]【說明】

híde·awày *n.* Ⓒ《口語》隱藏處；僻靜[隱秘]的地方。

—*adj.* [用在名詞前] 隱秘的，隱蔽的。

híde·bòund *adj.* **1**〈家畜〉皮包骨的，瘦骨嶙峋的。**2**〈人、思想〉偏狹的，頑固的，氣量狹窄的；極保守的，死板的：a ～ conservative 頑固的保守主義者。

hid·e·ous [ˋhɪdɪəs; ˈhidiəs] «源自古法語「恐怖」之義»**—***adj.* (**more** ～; **most** ～) **1 極醜的**，醜惡的；令人恐怖的，可怕的：a ～ monster 可怕的怪物/a ～ noise 驚人的響聲。**2** 令人作嘔的，可憎的：a ～ crime 可憎的罪行。～**·ly** *adv.* ～**·ness** *n.*

híde·òut *n.* Ⓒ《口語》(盜賊等的)隱匿處，巢穴。

híd·ing[1] «源自 hide[1] *v.*»**—***n.* **1** Ⓤ隱藏，躲藏；隱蔽，隱匿：be *in* ～ 在藏匿中/go *into* ～ 躲藏起來/come [be brought] *out of* ～ 從躲藏處出來[被帶到人前]。**2** Ⓒ隱藏之所。

H

híd·ing² «源自 hide² *v.*»**—***n.* Ⓒ《口語》鞭打，鞭笞：give a person a good ~ 痛打某人一頓；(父母)打小孩屁股(作爲處罰)。

hie [haɪ; hai] (**hy·ing, hie·ing**)《古·謔》*v.i.* 〔十副詞(片語)〕急行，快走。**—***v.t.* 〔十受十副詞(片語)〕[~ one 或 ~ one*self*] 急行，快走：*H*~ thee！趕快！/He ~*d* him [*himself*] *homeward* [*to* the office]. 他趕緊回家[趕往辦公室]。

hi·er·arch [ˈhaɪəˌrark; ˈhaiərɑːk] *n.* Ⓒ **1** 教主，高僧。**2** 有權勢者，高官，要人。

hi·er·ar·chal [ˌhaɪəˈrarkl; ˌhaiəˈrɑːkl˜] *adj.* ＝hierarchical.

hi·er·ar·chic [ˌhaɪəˈrarkɪk; ˌhaiəˈrɑːkik˜] *adj.* ＝hierarchical.

hi·er·ar·chi·cal [ˌhaɪəˈrarkɪkl; ˌhaiəˈrɑːkikl˜] *adj.* **1** 階級組織的，階級制的；階層的：a conservative, ~ society 保守而有階級制度的社會。**2** 神職[僧侶]階級制的，僧侶統治的，神職政治的。**~·ly** [-klɪ; -kəli] *adv.*

hi·er·ar·chy [ˈhaɪəˌrarkɪ; ˈhaiərɑːki] «源自希臘文「神聖的統治」之義»**—***n.* **1 a** ⒸⓊ(政府機構等的金字塔形)階級組織[制度]：the inflexible ~ of a company 公司呆板的階級制度/fit into a ~ 〈人〉順應職級制度。**b** Ⓒ 等級，階層：a ~ of values [priorities] 價值[序列]級系[等級體系]。**c** [the ~；集合稱]全體神職集團《★用法視爲一整體時當單數用，指全部個體時當複數用》。**2 a** ⒸⓊ神職階級制度。**b** Ⓤ神職統治[政治]。**3** Ⓒ《生物》階層《綱、目、科、屬等的分類等級》。**4**《神學》**a** Ⓒ天使輩，天使的階級。

> 【說明】天使的三大類別之一，每一大類又分爲三小類，總共有九個階級，由上而下依序爲：熾愛天使(seraphim)，普智天使(cherubim)，上座天使(thrones)；治權天使(dominations)，力天使(virtues)，大能天使(powers)；掌權天使(principalities)，總領天使(archangels)，奉遣天使(angels)(有時 virtues 與 principalities 對調)。

b [the ~；集合稱]天使羣《★用法視爲一整體時當單數用，指全部個體時當複數用》。

hi·er·at·ic [ˌhaɪəˈrætɪk; ˌhaiəˈrætik] *adj.* **1** 聖職的；僧侶的。**2** 供神聖用途的；僧侶用的。**3** 古埃及僧侶所用之簡略象形文字的。

hi·er·o·glyph [ˈhaɪərəˌglɪf; ˈhaiərəglif] *n.* Ⓒ(古埃及等的)象形[圖畫]文字。

hi·er·o·glyph·ic [ˌhaɪərəˈglɪfɪk; ˌhaiərəˈglifik˜] «hieroglyph 的形容詞»**—***adj.* **1 a** 象形文字(式)的，圖畫文字的。**b** 用象形文字寫的。**2** 潦草難解的。

—*n.* [~s] **1 a** 象形文字；圖畫文字。**b** 用象形文字寫的東西。**2** 潦草難懂的文字[符號]。

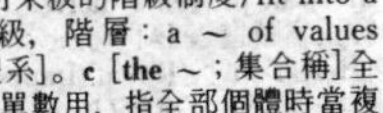

hieroglyphics 1

hi-fi [ˈhaɪˈfaɪ; ˈhaiˈfai˜] «*high-fi*delity 之略»**—**《口語》*n.* (*pl.* ~s) **1** Ⓤ高傳眞(⇨ high fidelity). **2** Ⓒ高傳眞裝置《唱機、音響等》。**—***adj.* [用在名詞前]高傳眞的。

hig·gle [ˈhɪgl; ˈhigl] *v.* ＝haggle.

hig·gle·dy-pig·gle·dy [ˈhɪgldɪˈpɪgldɪ; ˌhigldiˈpigldi˜] *adj.* & *adv.*《口語》極雜亂的[地]，亂七八糟的[地]。

‡high [haɪ; hai] *adj.* (~·er；~·est) **1** 高的(↔ low)：**a** (高度)高的《★用法通常不用於人、動物；cf. 1 d, tall》：a ~ building 高的建築物/~ heels 高跟(鞋)/a ~ wave 大浪(cf. high sea). **b** (在離牀)高處的：a ~ ceiling 高的天花板/a ~ window 高窗。**c** 往[自]高處的；高空的：a ~ dive (游泳的)高臺跳水/~ flying 高空飛行/⇨ HIGH up (1). **d** [與數詞連用]高…的《★用法《英》對個子極矮的人，有時可用作「身高…高的」之意，但問身高時很少用 How *high* is he？或 Is he *high*？；cf. tall 2》：a tower 40 feet ~ 塔高四十呎/The mountain is about five thousand feet ~. 那座山高約五千呎/The house is three stories ~. 那棟房子有三層樓高/He is five feet ~.《英》他身高五呎。**2 a** 〈身分、地位等〉高的，高貴的：a ~ official 高級官員/(the) ~ life 上流社會的生活/~ society 上流社會/a man of ~ birth 出身高貴[名門]的人/⇨ in HIGH places. **b** 高貴的，崇高的，高尙的，淸高的，遠大的：a ~ tone (精神上的)高格調/a ~ character 高尙的人格/~ ideals 崇高的理想/~ culture 高尙的文化/plain living and ~ thinking ⇨ living *n.* 1 a. **c** 〈品質等〉上等的，高級的：(a) ~ quality 高品質/(a) ~ class 高級。**d** (學問、文化程度)高度進步的，高水準的，高等的：~*er* animals 高等動物/ ~*er* mathematics 高等數學/ ~*er* education 高等教育/on a ~*er* plane (生活程度和思想)高人一等的；水平較高的/⇨ high technology. **3 a** 〈物價、價格、費用等〉高價的，高的，昂貴的(cf. expensive)：~ pay 高薪/Railroad fares are getting ~*er* and ~*er*. 鐵路運費愈來愈高。**b** 奢侈的：~ living 奢侈的生活/a ~ liver 生活奢侈的人。**c** (價值、評價等)高的：have a ~ opinion of a person 對某人評價很高/Your reputation is ~. 你的聲望高[名氣大]。**4 a** 〈强度、速度、壓力等〉高的：at ~ speed 以高速度/a ~ (atmospheric) pressure 高氣壓/a ~ voltage《電學》高電壓/⇨ with a high HAND. **b** 激烈的，强烈的：a ~ wind 强風/The wind was then much ~*er*. 那時風愈颳愈大。**c** 〈意見、感情等〉强烈的，極端的：in ~ anxiety 很擔憂，在極不安中/praise in ~ terms 極力稱讚/in ~ favor with... 很受…寵愛，甚得…歡心。**d** (程度、比率等)高的：a ~ percentage 高比率/a ~ explosive 高爆[烈性]炸藥/have [get] ~ marks in a test 考試得高分。**e** [不用在名詞前]〔十介十(代)名〕〈東西〉〔…〕含量高的〔*in*〕：a food ~ *in* protein 含高蛋白的食物。**5 a** 〈意氣〉煥發的，〈精力〉旺盛的，有精神的：be in ~ spirits 精神充沛的。**b** 〈歡樂等〉方酣的；〈冒險等〉令人捏把汗的，提心吊膽的：a ~ adventure in the wilds of Africa 在非洲荒地的驚駭冒險。**6 a** 高傲的，傲慢的，盛氣凌人的：a ~ manner 傲慢的態度。**b** 憤怒的，激昂的：~ words 激烈議論，爭論，激辯。**7 a** 〈聲音〉高的，尖銳的：a ~ note 高音調，高音/in a ~ voice 以尖銳的聲音。**b** 〈顏色〉濃的，紅的：have a ~ color [complexion] 臉色紅潤，氣色好。**8** [用在名詞前](無比較級、最高級) **a** 正盛的，正濃的〈時節〉：~ summer 盛夏/~ noon 中午，正午/~ Renaissance 全盛時期的文藝復興(風格)/~ time ⇨ time *n.* A 5 c, 5 f. **b** 最高潮的，顚峯的：the ~ point of a play 戲劇的最高潮。**9 a** [用在名詞前]主要的：the ~ altar 中央祭壇/⇨ High Street. **b** 重大的，嚴重的：a ~ crime 重罪/~ treason (對國家、元首等的)叛逆[國]罪。**10 a** 〈肉、野味等〉開始變味的，有氣味的；〈食物〉最合於季節的，最美味的：Pheasant should be a little ~ before you eat it. 雉肉在烹食前略有變味較好。**b** 〈(一般的)食用肉〉腐敗的，有腐臭味的。**11** [不用在名詞前]《口語》**a** 陶陶然的，醉了的。**b** 〔十介十(代)名〕〔因酒、麻醉藥而〕恍惚的〔*on*〕：be [get, become] ~ *on* marijuana 吸食大麻煙而變得精神恍惚[神魂顚倒]。**12** [H~]高派教會的：⇨ High Church. **13**《紙牌戲》(點數)高的，王牌的。**14**《語音》〈母音〉舌位高的：~ vowels 高母音《[ɪ; i], [ʊ; u]等》。

hígh and drý (1)〈船〉擱淺，開上岸邊。(2)〈人〉孤立無援，被遺棄；落後，過時：be left ~ *and dry* 被大家所遺棄。

hígh and lów 不論(身分)高低[貴賤]，各階層的(人)(cf. *adv.*).

hígh úp (1)高高在上地，在極高處：The airplane is ~ *up* in the sky. 飛機在高空中。(2)(地位等)居上位的，偉大的：The book is ~ *up* on the best-seller lists. 那本書高居暢銷書排行榜。

in hígh pláces 列入高官(的)，居高位(的)。

—*adv.* (~·er；~·est) **1** 高高地(cf. highly)；居高位地：stand ~ 佔居高位/Aim ~ and you will strike ~. 瞄得高就打得高/⇨FLY¹ high *v.* **2** (價值等)高地，高價地：be rated ~ 獲得高評價/bid ~ 出高價。**3** 奢侈地：live ~ 生活過得奢侈。**4** 强烈地，激烈地，高調地：speak [sing] ~ 高聲說話[歌唱]。

hígh and lów 上上下下，到處(cf. *adj.*)：We searched ~ *and low* for the missing jewelry. 我們到處找遺失的珠寶。

líve hígh on [off] the hòg＝éat hígh òff the hóg ⇨ hog.

rùn hígh (1)〈海〉浪高。(2)〈言詞、感情等〉激動，興奮：Feelings *ran* ~ during the game. 在比賽中情緒高漲。(3)〈行情〉升高：Speculation *ran* ~ as to the result. 對結果如何，推測紛紜。

—*n.* **1** Ⓤ高處，天(空)《★常用成語 on high》。**2** Ⓒ高水準，高額的數字；(股票、物價的)高價：a new ~ 新高價，新記錄。**3**《美口語》＝high school. **4** [the H~]《英口語》＝High Street. **5** Ⓒ《口語》(尤指吸食麻醉藥引起的)陶醉狀態，精神恍惚(狀態)。**6** Ⓤ《美》《汽車》最高速，高速擋(《英》top)(cf. low¹ *n.* 2)：in ~ 以高速擋/move into ~ 換成高速擋。**7** Ⓒ《氣象》高氣壓(圈)(cf. low¹ *n.* 3).

on hígh 在[向]高處，高高地；在[向]天堂：from *on* ~ 從天上[天堂]；從高處[上面]。

-hígh [複合用詞]表示「…高度的」：⇨ knee-high, sky-high.

hígh-and-míghty *adj.*《口語》傲慢的，專橫的，趾高氣揚的。

hígh·bàll *n.*《美》**1** Ⓤ[指個體時爲Ⓒ]威士忌等加水或汽水的飲料《★比較現在一般用 whiskey and water, Scotch [bourbon] and soda 等》。**2** Ⓒ(對列車的)指示火車全速前進的信號。

—*v.i.*《俚》以全速[最快速度]跑。

hígh béam *n.* Ⓒ《汽車》遠光《遠距離用的向上的前燈光線；cf. low beam》。

hígh blóod prèssure *n.* Ⓤ高血壓。

hígh·bórn *adj.* 出身高貴[名門]的。

hígh·bòy *n.* Ⓒ《美》高腳衣櫥(《英》tallboy)(cf. lowboy).

hígh·bréd *adj.* **1** 出身高貴的。**2** 有教養的，教養好的；純種的，血統純正的。

hígh·bròw [-ˌbraʊ; -brau]《口語》*n.* Ⓒ知識分子，有教養的人；自以爲有學識的人(↔ lowbrow). **—***adj.* (適於)知識分子的。

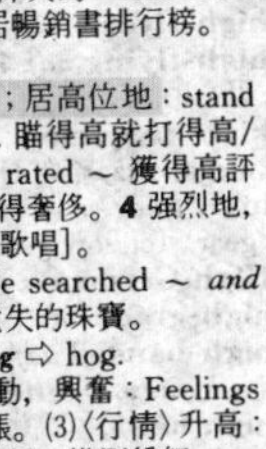

highboy

H

hígh·brówed *adj.* **1** 額頭高的。**2** (似)有教養的；(似)有高深學問的。
hígh cámp *n.* Ⓤ(藝術上)對平庸題材深奧微妙的處理；手法高明的低級趣味(cf. low camp)。
hígh cháir *n.* Ⓒ(餐廳裏)小孩用的高脚椅。
Hígh Chúrch *n.* [the ~]高派教會《英國國教教會的一教派，注重教會權威、控制與儀式》。
hígh-cláss *adj.* **1** 高級的：a ~ hotel 高級旅館/ ~ whiskey 高級威士忌。**2** 上流的。
hígh-cólored *adj.* **1** 色彩强烈的；鮮明的。**2** 紅的；櫻紅色的。**3** 誇張的。
hígh cómedy *n.* Ⓒ高級喜劇《主題嚴肅，含意深長的喜劇》。
hígh commánd *n.* [the ~] **1**《軍》最高司令部[指揮部]，統帥部。**2** (機關中的)領導部門。
hígh commíssioner *n.* [常 H~ C~]Ⓒ高級行政長官《大英國協會員國派駐在殖民地的首席事務官》。
hígh cóurt *n.* Ⓒ高等法院。
Hígh Cóurt (of Jústice) *n.* [the ~]《英》高等法院《英格蘭、威爾斯的最高法院民事部》。
hígh dày *n.* Ⓒ節日，假日：~*s* and holidays 節日與假日。
higher críticism *n.* Ⓤ高等批評[考證]《研究聖經之一部門，注重作者、日期之考證以供批評研究之根據者》(↔ lower criticism)。
higher-úp *n.* Ⓒ[常 ~s]《口語》高階層的人，上級，上司，長官，要人(cf. high-up)。
high·fa·lu·tin [ˌhaɪfəˈlutn; ˌhaifəˈluːtin] *adj.*《口語》〈人、態度等〉裝模作樣的，誇張的。
hígh fáshion *n.* **1** =high style. **2** =haute couture.
hígh-fáshion *adj.* 最新流行的。
hígh fidélity *n.* Ⓤ(電唱機、立體音響等原音重現的)高度傳眞(cf. hi-fi)。
hígh-fidélity *adj.* [用在名詞前]高度傳眞的〈電唱機、立體音響等〉(cf. hi-fi)。
hígh-flíer *n.* Ⓒ **1** 高空飛行者；高飛的鳥[輕汽球(等)]。**2** 期望[抱負]很高的人，野心家，自命不凡的人。
hígh-flówn *adj.* **1** 空想的，有野心的(ambitious)。**2**〈言詞〉誇大的，誇張的，小題大作的。
hígh-flýer *n.* =high-flier.
hígh-flýing *adj.* **1** 高飛的，高空飛行的。**2** 有雄心大志的，有野心的。
hígh fréquency *n.* Ⓒ《電學》高頻(率)；《通信》短波《3-30 megahertz, 略作 H.F.》。
hígh géar *n.* Ⓤ《美》《汽車》高速齒輪；高速擋(high,《英》top gear)(cf. low gear)。
Hígh Gérman *n.* Ⓤ高地德語《今日全德國的標準語》。
hígh-gráde *adj.* 優秀的，高級的。
hígh-hánded *adj.* 高壓的，專橫的，蠻橫的。
~·**ly** *adv.* ~·**ness** *n.*
hígh hát *n.* Ⓒ高帽，大禮帽(top hat)。
hígh-hát《美口語》(**-hat·ted**；**-hat·ting**) *v.t.* 藐視〈人〉；對〈人〉擺架子，冷落〈某人〉。
—*v.i.* 自命不凡，自大。
—*adj.* 擺架子的，盛氣凌人的。
hígh-héeled *adj.*〈鞋〉高跟的：wear ~ shoes 穿高跟鞋。
hígh hórse《源自從前顯貴騎高馬之義》**—***n.* [**one's** ~]傲慢；不高興：get [be] *on* one's ~ 逞威風，擺架子；(變得)不高興。
high·jack [ˈhaɪˌdʒæk; ˈhaidʒæk] *v.* =hijack.
hígh jìnks *n. pl.* 喧鬧，狂歡作樂：have [hold] ~ 狂歡喧鬧。
hígh jùmp *n.* [the ~]《運動》跳高。
be for the hígh jùmp《英口語》眼看就要受到嚴責[處罰]。
hígh-kéyed *adj.* **1**〈聲音、聲響〉調子高的，高調子的。**2** 極興奮[緊張]的，神經質的。
high·land [ˈhaɪlənd; ˈhailənd] *n.* **1** Ⓒ[常 ~s]**高地**，高原，山地(↔ lowland)。**2** [**the Highlands**]蘇格蘭高地《蘇格蘭北部和西北部；cf. lowland 2》。
—*adj.* **1** [用在名詞前]高地的。**2** [H~]蘇格蘭高地(特有)的。
hígh·land·er *n.* Ⓒ **1** 高地人。**2** [H~](蘇格蘭)高地人(★有氏族(clan)之分，服裝與條紋圖案均因氏族而不同；⇨ kilt 插圖》。
Híghland flíng *n.* Ⓒ蘇格蘭高地一種活潑的舞蹈。
hígh-lével *adj.* [用在名詞前]**1** 高級的：a ~ government official 高級政府官員。**2** 高階層的，領導階層的；高官的：a ~ conference 高階層會議。
hígh·light *n.* Ⓒ[常 ~s](歷史、故事的)精彩場面，最有興趣的事件，最重要點，最吸引人[最受歡迎]的部分。**2**《繪畫·攝影》最明亮的部分。
—*v.t.* **1** 使…醒目[顯著]，强調…，使興趣集中於…(emphasize)。**2**《繪畫·攝影》對…投上强光，使〈畫面的一部分〉特別明亮[顯著]。
***high·ly** [ˈhaɪlɪ; ˈhaili] *adv.* (**more** ~；**most** ~) **1 高度地**《★比較 與 high *adv.* 不同，用作比喻性「高度地」之意》：speak ~ of... 激賞，讚揚…/think ~ of... 尊重，尊敬，重視…/I value it ~. 我給予它很高評價；我重視它的價值。
2 [用作强調語]**大大地，非常，極**(very)：~ amusing 極有趣的/ ~ professional 高度專業化的/be ~ pleased 非常高興。
3 (身分)高地，居高位地，高貴地：be ~ connected 與達官顯要有親戚關係的[有交情的]。
4 高額地：be ~ paid 領高薪。
híghly-strúng *adj.* =high-strung.
Hígh Máss *n.* ⓊⒸ《天主教》(有燒香、奏樂等儀式的)大彌撒(⇨ Mass)。
hígh-mínded *adj.* **1**《古》高傲的。**2** 品格高尚的。
~·**ly** *adv.* ~·**ness** *n.*
hígh-nécked *adj.*〈女裝等〉高領的(cf. low-necked)。
hígh·ness *n.* **1** Ⓤ高，高度，高位，高比率，高價：The ~ of the wall prevents theives from entering. 那堵牆砌得很高，可防止竊賊進入《★比較 the *height* of the wall 牆的高度》。**2** [His [Her, Your] (Royal, Imperial) H~；用於對皇族的尊稱及直接稱呼]殿下：Your *H~* 殿下《★用以代替第二人稱，以此爲主詞的動詞則用第三人稱單數》/His [Her] *H~* 殿下《★用以代替第三人稱》/Their (Royal, Imperial) *Highnesses* 殿下《★用於兩人以上》。
hígh-óctane *adj.*〈汽油等〉高辛烷值的，含辛烷值高的。
hígh-pítched *adj.* **1**〈聲音等〉聲調高的，尖銳的。**2**〈屋頂等〉傾斜度大的。**3**〈議論、選舉運動等〉(情緒上)緊張的，激烈的。**4**〈目標、抱負等〉遠大的(lofty)。
hígh-pówer(ed) *adj.* **1**〈引擎等〉馬力大的，大功率的，(放大鏡等)放大率高的。**2** 精力旺盛的，活動力强的。
hígh-préssure *adj.* **1** (用)高壓的。**2** 高壓性的，硬要的，强迫的：~ salesmanship 强迫性推銷術。**3**〈工作等〉有高度壓力的。
—*v.t.*《美》**1** 强迫〈人〉。**2**〔十受十介十do*ing*〕强迫〈某人〉〔使做…〕〔*into*〕：He ~*d* the client *into* buy*ing*. 他强迫那位顧客買下。
hígh-príced *adj.* 高價的。
hígh príest *n.* Ⓒ **1** 高僧；(尤指古代猶太教的)大祭司。**2** (主義、運動等的)主要提倡者，領導者〔*of*〕。
hígh-príncipled *adj.* 有遠大的主義的，操守清高的。
hígh prófile *n.* 高姿態；明確的立場[態度]。
hígh-prófile *adj.* 高姿態的；立場[態度]明確的。
hígh-próof *adj.* (酒之)含酒精量高的。
hígh-ránking *adj.* [用在名詞前]高階級的，高位的：a ~ officer 高官；高級將官。
hígh-rèsolútion *adj.* 高解像力的。
hígh rìse *n.* Ⓒ高層建築(物)。
hígh-ríse *adj.* [用在名詞前]**1** 高層的〈大廈、公寓〉：a ~ apartment 高層公寓。**2** 多高層建築的〈地區等〉。**3 a** 高的〈腳踏車的把手〉。**b** 把手高的〈腳踏車〉。
hígh·ròad, hígh ròad *n.* Ⓒ**1**《英》大道，公路，幹道(highway)。**2**〔通往成功等的〕最平坦的[最好的]路〔*to*〕：*the* ~ *to* success 通往成功之路。
***high school** [ˈhaɪˌskul; ˈhaiskuːl] *n.* Ⓤ[指設施時爲Ⓒ](美國的)**中等學校，高級中學**：go to ~ 上中學。**hígh-schòol** *adj.*

【說明】美國學制之區分並未特別加以制度化；除小學、中學、高中教育年限(共計十二年)一致以外，其他則各州不同。其區分以 6-3-3 制最普遍，此外有 4-4-4, 6-4-2, 6-2-4, 8-4, 6-6 等區分法。完成上述四年、六年或八年初等教育的小學後，接下來就是六年或四年的 high school 期間。在 6-3-3 制中，前三年爲 junior high school, 後三年爲 senior high school, 而 senior high school 則有綜合制、普通課程、職業課程等，其選課方法，學校學風均與大學相類似，也有許多學校比國內大學更具大學規模。美國人在高中畢業後多有離開雙親獨立生活的傾向；cf. school[1]【說明】

hígh séa *n.* [常 the ~s]公海；外海。
hígh séason *n.* Ⓤ[常 the ~](↔ low season)**1** (生意、工作等)最繁忙的時期，旺季。**2** 價格最高的時期。
hígh shériff *n.* ⇨ sheriff 2.
hígh-sóunding *adj.*〈言詞、思想等〉誇大的，誇張的；動聽的，高調的。
hígh-spéed *adj.* [用在名詞前]高速度的：a ~ engine 高速引擎/ ~ film《攝影》高感度軟片/ ~ gasoline 高速用汽油/ ~ steel 高速鋼。
hígh-spírited *adj.* **1**〈人，(尤指)婦女、行動〉有精神的；有朝氣[勇氣]的。**2**〈馬〉烈性的。

H

high spót *n.* Ⓒ(活動中)最顯著[精彩]的部分，(尤指)最值得回憶的部分〔*of*〕: Meeting you was the ～ *of* the day. 遇見你是那一天最快樂的事。

Hígh Strèet *n.* Ⓒ《英》大街《在牛津(Oxford)通常叫 the High ; cf. Main Street》.

high-strúng *adj.* 〈人、神經〉(極度)緊張的；容易興奮的，敏感的；神經過敏的。

high-stýle *adj.* 最時髦的，最新款式的。

high stýle *n.* Ⓤ最時髦的[最新流行的]高級式樣。

high táble *n.* Ⓤ《英大學》主要餐桌《餐廳內設於較高處的教授席》；貴賓桌。

high téa *n.* ⓊⒸ《英》黃昏茶點，「高茶」。

> 【說明】在英國，下午五至六時之間食用簡單的紅茶、糕餅與肉等的餐點，稱作 high tea, 如用肉類食品時，則稱 meat tea, 通常用以取代簡單的晚餐(supper)；cf. afternoon tea.

hígh téch *n.* ＝high technology. **hígh-téch** *adj.*

high technólogy *n.* Ⓤ高度[尖端]科技。

hígh-ténsion *adj.* 高(電)壓的：a ～ current 高壓電流/a ～ wire 高壓電線。

hígh-tést *adj.* **1** 經嚴格試驗的。**2** 〈汽油〉沸點低的。

high tíde *n.* **1** (↔ low tide) ⓊⒸ高潮[滿潮](時)：at ～ 在高潮[滿潮]時。**2** Ⓒ[常用單數]最高點，最高潮，頂點〔*of*〕: This period was the ～ *of* Romanticism. 這是浪漫主義的顛峯時期。

hígh tíme *n.* ⇨ time *n.* A 5 c, 5 f.

hígh-tóned *adj.* **1** 調子高的。**2** 《美口語》(模仿)上流階級的；高尚的，時髦的，裝高尚的。**3** 崇高的；自命高雅的，自命不凡的《常作戲謔或諷刺用》。

hígh-úp *adj.* 〈人〉地位高的，偉大的(cf. HIGH up *adj.* (2)).
—*n.* Ⓒ社會地位高的人，上層階級的人，要人。

high wáter *n.* Ⓤ (↔ low water) **1** 漲[高]潮(時)；(河川、湖泊等的)高水位：*at* ～ 在滿潮時。**2** 頂點，最高峯，最高潮(high tide).
còme héll or hígh wáter ⇨ hell.

hígh-wáter màrk *n.* Ⓒ **1** 高水標，(海岸)高潮線的痕跡。**2** 最高水平，頂點〔*of*〕.

***high·way** [ˈhaɪˌwe; ˈhaiwei] *n.* **1 a** 公路，大道，幹道。**b** 公用水道，(水路的)航道。**2** [導致成功、失敗等的]一般途徑，正常路線〔*to*〕(cf. highroad 2)：take *the* ～ *to* success 步向成功的途徑。

highwayman

híghway·man [-mən; -mən] *n.* Ⓒ(*pl.* **-men** [-mən; -mən])(從前常騎馬出沒於公路上的)攔路強盜。

hígh wíre *n.* [the ～] (尤指馬戲團中表演走鋼索時用的)高空鋼索。

hígh-wróught *adj.* **1** 精巧的。**2** 激動的。

H.I.H. 《略》His [Her] Imperial Highness (日本等的)太子[太子妃]。

hi·jack [ˈhaɪˌdʒæk; ˈhaidʒæk] *v.t.* 〔十受〕**1** 劫持〈飛機等〉。**2 a** 劫奪，盜取〈運輸中的貨物〉；搶奪〈走私卡車等〉的貨物。**b** 搶劫〈人〉。**c** 搶奪〈財物〉。
—*n.* Ⓒ劫持飛機(事件)。

> 【字源】出處不甚明確，一說是由於持手槍的強盜說着"Stick'em (them＝arms) up high, Jack."(喂，把手舉起來)威脅對方而來。Jack 是用以呼喚不相識的人，如："Hey, Jack !"(喂，你！)。現在「劫機」也稱作 skyjack.

hí·jack·er *n.* Ⓒ劫機者，搶劫犯。

hí·jack·ing *n.* ⓊⒸ搶劫，劫機(cf. skyjacking).

hi·jinks [ˈhaɪˌdʒɪŋks; ˈhaidʒiŋks] *n.* ＝high jinks.

***hike** [haɪk; haik] 《口語》*v.i.* (爲出遊、運動而往郊區)遠足，作徒步旅行：go *hiking* (in the country) (往鄉間)去遠足。
—*v.t.* **1** 〔十受〕《美》猛提高〈房租、物價等〉：～ prices 猛提高物價。**2** 〔十受十副〕《美》揚起，拉高；拉起〈褲子等〉(hitch) 〈*up*〉：～ *up* one's pants 把褲子拉高。
—*n.* Ⓒ **1** (往鄉間的)遠足，徒步旅行(⇨ picnic【同義字】)：go on a ～ 作徒步旅行。**2** 《美》〔薪資、物價等的〕提高，上漲〔*in*〕：a ～ *in* prices 物價的上漲。

hík·er *n.* Ⓒ徒步旅行者。

hik·ing [ˈhaɪkɪŋ; ˈhaikiŋ] *n.* Ⓤ遠足，徒步旅行(⇨ picnic【同義字】)。

hi·lar·i·ous [həˈlɛrɪəs; hiˈleəriəs] *adj.* **1** 非常快活的，非常快樂的；歡鬧的。**2** 引人大笑的：a ～ joke 引人大笑的笑話。
～**·ly** *adv.* ～**·ness** *n.*

hi·lar·i·ty [həˈlærətɪ; hiˈlærəti] *n.* Ⓤ歡鬧，狂歡。

Hil·a·ry [ˈhɪlərɪ; ˈhiləri] *n.* 希拉里《男子[女子]名》。

Hil·da [ˈhɪldə; ˈhildə] *n.* 希爾達《女子名》。

‡hill [hɪl; hil] *n.* Ⓒ **1** 小山，山丘《★比較 通常指較 mountain 低者》。**2** (道路的)斜坡，坡道：go up a ～ 上坡。**3** 《美》(積在農作物根部的)土墩。**4** 土堆：⇨ anthill, molehill.
a híll of béans [用於否定句]《美口語》微量，小量：*not* worth *a* ～ *of beans* 沒什麼價值/I do*n't* care *a* ～ *of beans.* 我一點也不在乎。
(as) óld as the hílls 非常古老的《★出自聖經舊約「約伯記」》。
òver the híll 《口語》(1)〈疾病等〉過了危險期，好轉。(2)〈人〉過了青春期[全盛期]，開始邁入老年期；走下坡路：As a poet he was *over the* ～ at twenty. 作爲一個詩人，他在二十歲時就已過了全盛期。
the Séven Hílls (of Róme) ⇨ seven.
úp híll and dówn dále 上山下谷，四處，到處。

hill·bil·ly [ˈhɪlˌbɪlɪ; ˈhilbili] *n.* Ⓒ《美口語》(尤指生長在南部山岳地帶的)鄉下人，山地男人。

híllbilly mùsic *n.* Ⓤ山地民謠《以濃重的美國南部山岳地帶腔調唱的鄉村音樂》。

hill my·na [ˈhɪlˌmaɪnə; ˈhilmainə] *n.* Ⓒ《鳥》鷯哥。

hill·ock [ˈhɪlək; ˈhilək] *n.* Ⓒ **1** 小丘。**2** 土堆。

híll·sìde *n.* Ⓒ山腰，丘陵的斜面：on the ～ 在山腰上[山坡上]。

híll stàtion *n.* Ⓒ(印度等國官員的)山中避暑地。

híll·tòp *n.* Ⓒ山丘[小山]頂上。

hill·y [ˈhɪlɪ; ˈhili] 《hill 的形容詞》**—***adj.* (**hill·i·er** ; **-i·est**) **1** 多小山的。**2** 小山似的，丘陵性的，陡峭的(steep).

hilt [hɪlt; hilt] *n.* Ⓒ(刀劍的)柄。
(ùp) to the hílt (1)(深刺)至刀柄處。(2)徹底地，完全地。

‡him [(輕讀) hɪm, ɪm; im; (重讀) hɪm; him] *pron.* **1** [he¹ 的受格]：**a** [直接受詞]他：I know ～. 我認識他。**b** [間接受詞]他：I gave ～ a book. 我給他一本書。**c** [介系詞的受詞]他：I went *with* ～. 我和他同行[一起去]。**2 a** [作 be 動詞的補語]《口語》＝he：It's ～. 是他/That's ～. 就是他。**b** [在 as, than, but 之後當主詞用]《口語》＝he：She is as tall *as* ～. 她和他一樣高/You are worse *than* ～. 你比他更壞[更差]。**3** [用作動名詞意義上的主詞]＝his：What do you think of ～ becom*ing* a teacher ? 你對於他當老師有何看法。**4** 《古・詩》[反身用法]他自己(himself)：He went to a tailor and got ～ a suit. 他到西裝店爲自己定製一套西裝/He laid ～ down to sleep. 《古》他躺下來睡覺。

H.I.M. 《略》His [Her] Imperial Majesty 皇帝[皇后]陛下《間接提及時用》。

Hi·ma·lá·ya Móuntains [hɪˈmɑljə-, ˌhɪməˈleə-; ˌhiməˈleiə-] *n. pl.* [the ～] ＝Himalayas.

Hi·ma·la·yan [hɪˈmɑljən, ˌhɪməˈleən; ˌhiməˈleiən⁻] *adj.* 喜馬拉雅(山脈)的。

Hímalayan cédar *n.* Ⓒ《植物》喜馬拉雅杉[雪松]。

Hi·ma·la·yas [hɪˈmɑljəz, ˌhɪməˈleəz; ˌhiməˈleiəz] *n. pl.* [the ～] 喜馬拉雅山脈。

‡him·self [hɪmˈsɛlf; himˈself] *pron.* 《★he¹ 的複合人稱代名詞；⇨oneself》**1** [强調用法]他自己：**a** [與第三人稱單數男性(代)名詞連用，當作同位格]：He ～ says so.＝He says so ～. 他自己[親口]這樣說的《★比較 後者較口語化》/I saw the man ～. 我見過他本人《確實見過》。**b** [用以代替 he, him ; **and** ～]：His father *and* ～ were invited to the party. 他的父親和他被邀請參加宴會(⇨ myself 1 b 語法)。**c** [在 as, like, than 之後，用以代替 he, him]：I can do it better *than* ～. 我能做得比他更好。**d** [用以特別表示獨立構句的主詞關係]：*H*～ poor, he understood the situation. 他本身貧窮，他了解那種處境。
2 [一一] [反身用法]他自己：**a** [當反身動詞的受詞用] (⇨ myself 2 a ★)：He dressed ～. 他自己穿上衣服/He killed ～. 他自殺了。**b** [當一般動詞的受詞用]：He bought ～ a camera. 他爲自己買了一部照相機。**c** [當介系詞的受詞用]《★參照其他成語》：The money I gave him is for ～. 我給他的那筆錢，是給他本人的(不是給別人的)。
3 平時的他，正常的他《★用法 常用作 be 動詞的補語》：He is ～ again. 他清醒了；他已恢復正常[復原了]/He is not ～ today. 他今天反常《精神失常，身體有異狀》。
beside himsèlf ⇨ oneself. **by himsélf** ⇨ oneself. **for himsélf** ⇨ oneself. **to himsélf** ⇨ oneself.

Hi·na·ya·na [ˌhinəˈjɑnə; ˌhiːnəˈjɑːnə] 《源自梵文 'the Little Vehicle' 之義》**—***n.* Ⓤ《佛教》小乘(↔ Mahayana)：～ Buddhism 小乘佛教。

hind¹** [haɪnd; haind] 《源自 behind 之略》**—adj.* [用在名詞前]後面的，後部的《★用法 與前後成對者的「前」(fore)相對照，主要指獸類的腿；其他情形則用 hinder》：～ legs (獸類的)後腿。

hind² [haɪnd; haind] *n.* Ⓒ(*pl.* ～**s**, [集合稱]～)母鹿《尤指三歲以上的雌紅鹿》。

hind[3] [haɪnd; haind] *n.* Ⓒ **1** 農夫；鄉下人。**2** (英格蘭北部及蘇格蘭等地的)有經驗的農人；農場管理人。

Hind. 《略》Hindu；Hindustan(i).

hin·der[1] [ˋhɪndɚ; ˈhində] **«源自古英語「壓住」之義»——*v.t.*** **1 a** 〔十受〕**妨礙，阻礙**…：The mud ~*ed* the advance of the troops. 泥淖阻礙了部隊的前進。

【同義字】hinder 指阻礙某行為或某行為之進行而帶來損害及困擾；obstruct 指設置障礙物於途中以妨礙進行、運動；impede 是故意使人或物的進行、運動暫時性地遲緩。

b 〔十 do*ing*〕妨礙〈做…〉：Age ~*s* his mov*ing* swiftly. 年齡(的增長)使他動作不再敏捷[動作遲緩]。**c** 〔十受十介十(代)名〕阻礙〈某人〉〔…〕〔*in*〕：Nothing ~*ed* me ***in*** my progress. 沒有任何事物阻礙我前進。

2 〔十受十介十do*ing*〕阻止〈某人〉〔做…〕，使〈人〉無法〔做…〕〔*from*〕《★ 比較 一般用 prevent》：~ a person ***from*** go*ing* out 阻止某人出去/I was ~*ed from* finish*ing* my work by illness. 我因生病而未能完成工作。

hind·er[2] [ˋhaɪndɚ; ˈhaində] *adj.* [用在名詞前]後面的，後部的(⇨ hind[1] 用法)：the ~ part 後面的部分，後部。

Hin·di [ˋhɪndi; ˈhindiː] *n.* Ⓤ印地語《印度北部的方言，屬印歐語系，為印度的公用語》。
——*adj.* **1** 北印度的。**2** 印地語的。

hínd·mòst **«hind[1] 的最高級»——*adj.*** 最後的，最後面的。

Hin·doo [ˋhɪndu; ˌhinˈduː] *n.* =Hindu.

hínd·quàrter *n.* Ⓒ[常 ~**s**](獸肉的)臀部及後腿。

hin·drance [ˋhɪndrəns; ˈhindrəns] **«hinder[1] 的名詞»——*n.*** **1** Ⓤ妨礙，阻礙〔*to*〕：without ~ 毫無阻礙地，暢行無阻地。**2** Ⓒ阻礙的人[物]，累贅，障礙物〔*to*〕：The heavy bag was a great ~ *to* me. 那件重提袋成了我的大累贅。

hínd·sìght *n.* **1** Ⓤ事後聰明，後見之明：with ~ (愚蠢者)事後恍然大悟地，後來一想。**2** Ⓒ(槍的)照門。

Hin·du [ˋhɪndu; ˌhinˈduː] *n.* Ⓒ **1 a** 信奉印度教的印度人《屬阿利安族的印度人》。**b** 印度教徒。**2** 印度人。
——*adj.* **1** 印度人的。**2** 印度教的。

Hin·du·ism [ˋhɪnduˌɪzəm; ˈhinduːizəm] *n.* Ⓤ**印度教**《以婆羅門教(Brahmanism)的哲學為基礎，加入民間信仰等宗教的總稱》。

Hin·du·stan [ˌhɪnduˋstæn; ˌhinduˈstɑːn, -ˈstæn] *n.* 印度斯坦《指印度北部地區或整個印度半島》。

Hin·du·sta·ni [ˌhɪnduˋstænɪ; ˌhinduˈstɑːni, -ˈstæni] *adj.* 印度斯坦(人，語)的。
——*n.* Ⓤ印度斯坦語《印地語(Hindi)的一種方言》。

hinge [hɪndʒ; hindʒ] **«源自中古英語「吊掛」之義»——*n.*** Ⓒ **1** **鉸鏈**：A door swings *on* ~*s*. 門靠鉸鏈轉動/The gates were *off* their ~*s*. 大門的鉸鏈脫落了。**2** 關鍵，樞紐，要點〔*of*〕.

òff the hínges (1)⇨ 1. (2)(身體、精神的)情況失常。
——*v.t.* 〔十受〕給…裝鉸鏈。
——*v.i.* **1** 靠鉸鏈轉動。**2** 〔十介十(代)名〕〔以…〕取決(depend)〔*on, upon*〕：His acceptance will ~ ***on*** [***upon***] the terms. 他的接受與否將視條件而定。

hinged *adj.* 有鉸鏈的：a ~ door 有鉸鏈的門。

hin·ny [ˋhɪnɪ; ˈhini] *n.* Ⓒ駃騠，騾《公馬和母驢交配的雜種；cf. mule[1] 1》.

*__hint__ [hɪnt; hint] **«源自中古英語「捕捉」之義»——*n.*** **1** Ⓒ**a** **略微表示，暗示，啓發**：a broad ~ 明顯的提示，明白的示意/give [drop, let fall] a ~ 暗示一下，給與暗示/take a ~ 領會暗示。**b** 〔十 *that*__〕〈…的〉暗示，提示：I gave him a ~ *that* I might resign. 我暗示他我可能會辭職。**c** 〔(十介)十 *wh.* 子句・片語〕〔關於…的〕暗示，提示〔*on, about, as to*〕：Will you give me a ~ (***as to***) *what* I ought to do？請你提示我該做什麼好嗎？**2** [**a** ~]微小的徵兆；微量，一點點〔*of*〕：*A* ~ *of* spring was in the air. 空氣中帶著些許春天的氣息/*a* ~ *of* onion 有一點洋蔥的味道。**3** Ⓒ[常 ~**s**]有益的建議，忠告，心得〔*on*〕：~*s on* housekeeping [*for* housewives]料理家務指南[對主婦的有益的忠告或啓示]/~*s on* how to travel on ten dollars a day 如何以一天十美元旅行的心得體會。
——*v.t.* **1** 〔十受(十介十(代)名)〕〔對…〕**暗示，示意**…〔*to*〕(⇨ suggest 2【同義字】)：~ one's disapproval (***to*** them) (對他們)暗示不贊成。**2 a** 〔十受(十介十(代)名)〕暗示〔某人〕…〔*to*〕：Gray skies ~*ed* (***to*** us) the probability of an early winter. 灰色的天空暗示(我們)冬天有早到的可能(cf. 2 b). **b** 〔(十介十(代)名)十 *that*__〕〔對人〕暗示〈…事〉〔*to*〕：Gray skies ~*ed* (***to*** us) *that* winter would be early. 灰色的天空暗示(我們)冬天可能會早到(cf. 2 a).
——*v.i.* **1** 給與暗示，示意：Stop ~*ing* and tell me frankly. 別暗示，坦白告訴我。**2** 〔十介十(代)名〕暗示〔…〕〔*at*〕(★可用被動語態)：She ~*ed* ***at*** his rashness. 她暗示過他的魯莽。

hin·ter·land [ˋhɪntɚˌlænd; ˈhintəlænd] **«源自德語»——*n.*** ⒸⓊ **1** (河岸、海岸地帶的)後方地區(↔ foreland). **2** 腹地，內地。

*__hip__[1] [hɪp; hip] *n.* Ⓒ **1** **臀部，屁股，腰**《連接腿與軀幹的突起部分，包括骨盤、大腿骨部分；⇨ body 插圖》：carry a gun on one's ~ 佩戴槍於腰間/have broad ~*s* 臀部大，腰圍寬。**2** =hip-joint. **3** 《建築》屋脊《傾斜的屋頂與屋頂的交接處》；⇨HIPPED[1] roof》.

shóot from the híp ⇨ shoot[1].

hip[2] [hɪp; hip] *interj.* 喝采[歡呼]聲。

híp, híp, hurráh！加油！萬歲！

hip[3] [hɪp; hip] *n.* Ⓒ[常 ~**s**](成熟時變紅的)薔薇果。

hip[4] [hɪp; hip] *adj.* (**hip·per**；**hip·pest**)《美俚》**1 a** 消息靈通的，熟悉內情的；懂事的，通情達理的：a ~ guy 消息靈通人士，熟悉流行事物的行家。**b** [不用在名詞前]〔十介十(代)名〕熟悉〔…〕的，〔對…〕內行的〔*to*〕：get [be] ~ ***to*** movies (變成)對電影內行/I'm ~ *to* your little tricks, baby. 我已經識破了你的小花招《我再也不上你的當了》，寶貝。**2** 最新流行的，時髦的，好看的；趕時髦的：Her gear is ~, man！喂，她的衣服很時髦呢！**3** 嬉皮的。

híp bàth *n.* Ⓒ坐浴，半身浴。

híp·bòne *n.* Ⓒ髖骨，無名骨。

híp flàsk *n.* Ⓒ携帶用的扁平小酒瓶《放於後面的褲袋中》。

híp-hug·gers [ˋhɪpˌhʌgɚz; ˈhipˌhʌgəz] *n. pl.* (短檔)緊裹臀部的褲子。

híp-jòint *n.* Ⓒ《解剖》髖關節。

hipped[1] *adj.* **1** [常構成複合字]臀部…的：broad-*hipped* 臀部大的。**2** 《建築》〈屋頂〉有斜脊的：a ~ roof 有斜脊的屋頂(⇨ roof 插圖)。

hipped[2] *adj.* [不用在名詞前]〔十介十(代)名〕《美口語》〔對…〕熱中的，著迷的(obsessed)〔*on*〕：He is ~ ***on*** jazz. 他熱中於爵士樂。

hip·pie [ˋhɪpɪ; ˈhipi] **«源自 hip[4]»——*n.*** Ⓒ嬉痞。

【說明】1960 年代出現於美國的反對傳統社會之價值觀的青年人，他們否定既有的社會制度、物質文明、性觀念等，尋求直接表達愛的方式的人際關係。他們留長髮，蓄鬍子，穿奇裝異服，時常共同生活、吸毒等。現在有時稱留長髮或奇裝異服的年輕人為嬉痞。

hip·po [ˋhɪpo; ˈhipou] **«hippopotamus 之略»——*n.*** Ⓒ (*pl.* ~**s**)《口語》河馬。

hip·po·cam·pus [ˌhɪpəˋkæmpəs; ˌhipəˈkæmpəs] *n.* Ⓒ (*pl.* **-pi** [-paɪ; -pai])《希臘・羅馬神話》海怪《拖海神之車的馬頭魚尾怪獸》。

híp pòcket *n.* Ⓒ(褲子的)臀部口袋，後口袋。

Hip·poc·ra·tes [hɪˋpɑkrəˌtiz; hiˈpɔkrətiːz] *n.* 希波克拉底(460？－？377 BC)《古希臘名醫；有醫學之父(the Father of Medicine)之稱》。

Híp·po·crat·ic óath [ˋhɪpəˌkrætɪk-; ˈhipəˌkrætik-] **«據說由 Hippocrates 起草而來» ——*n.*** [**the** ~]醫師倫理綱領的宣誓(與醫德有關之誓約)。

Hip·po·cre·ne [ˋhɪpəˌkrin, ˌhɪpəˋkrini; ˌhipəˈkriːniː, ˈhipəkriːn] *n.* **1** 《希臘神話》希波克里尼《赫利孔山(Helicon)的繆斯(the Muses)的靈泉》。**2** Ⓤ詩的靈感。

hip·po·drome [ˋhɪpəˌdrom; ˈhipədroum] *n.* Ⓒ **1** (古希臘、羅馬的賽馬、賽戰車用的)比賽場，競技場。**2** 馬術表演場；馬戲場(circus).

hip·po·griff [ˋhɪpəˌgrɪf; ˈhipəgrif] *n.* Ⓒ(神話中)半馬半鷲之怪物。

hip·po·pot·a·mus [ˌhɪpəˋpɑtəməs; ˌhipəˈpɔtəməs] **«源自希臘文** *hippos*(馬)與*potamos*(河)之義**»——*n.*** Ⓒ (*pl.* ~·**es**, **-mi** [-ˌmaɪ; -mai])《動物》河馬。

hip·py [ˋhɪpɪ; ˈhipi] *n.* =hippie.

híp ròof *n.* Ⓒ《建築》斜脊屋頂(⇨roof 插圖)。

hip·ster[1] [ˋhɪpstɚ; ˈhipstə] **«源自 hip[4]»——*n.*** Ⓒ《美俚》**1** 內行，行家；爵士通，爵士樂迷。**2** 趕時髦的人。**3** 披頭族的一員(beatnik).

hip·ster[2] [ˋhɪpstɚ; ˈhipstə] **«源自 hip[1]» ——*adj.*** [用在名詞前]只到臀部而不及腰部的〈褲子、裙子等〉《以臀部為腰線》。
——*n.* [~**s**]只到臀部的緊身褲。

‡**hire** [haɪr; ˈhaiə] **«源自古英語「工資」之義»——*v.t.*** **1** 〔十受〕(付工資)**雇，雇用**〈人〉(⇨ employ【同義字】)：He ~*d* a workman *to* repair the fence. 他雇用一個工人修理圍牆。**2 a** 〔十受〕(付租金)(暫時)**借用，租用**…《★ 比較 《美》一般用 rent；⇨ borrow【同義字】》：~ a car by the hour 租用論鐘點計費的汽車/a ~*d* car (付租金)租來的車子。**b** 〔十受十受〕把…租給〈某人〉；為〈某人〉租用…。

híre óut 《*vt adv*》(1)(收租金)出租…：~ *out* boats 出租小船。

(2)〔~ oneself out〕受雇〔爲…〕〔as〕: She ~d herself out as a secretary. 她受雇爲秘書。—《vi adv》(3)《美》受雇，被雇用〔爲僕人、工人〕〔as〕: He ~d out as an interpreter. 他受雇爲口譯員。
—n. U 1 (東西的)租借；(人的)雇用。2 租金，使用費。
for [on] híre (1)出租的，供租用的: cars for [on] ~ 出租汽車/let out horses on ~ 出租馬匹。(2)〈人〉受雇: work for ~ 受雇工作。

hire·ling [ˈhaɪrlɪŋ; ˈhaiəliŋ] n. C《輕蔑》1 爲金錢而工作的人。2 傭工；傭兵。—adj. [用在名詞前]爲金錢而工作的。

híre púrchase n. U《英》分期付款式的購買(法): by [on] ~ 以分期付款方式。

hir·er [ˈhaɪrɚ; ˈhaiərə] n. C 1 雇主。2《英》承租(動產)的人，租借者。

Hir·o·shi·ma [ˈhɪrəˈʃimə; hiˈrɔʃimə, ˌhirəˈʃi:mə] n. 廣島《日本本州西南岸城市，1945年8月6日爲美國原子彈所襲擊》。

hir·sute [ˈhɝsut, -sjut; ˈhə:sju:t] adj. 1〈人〉多毛的。2〈人〉(頭髮、鬍子)蓬亂的，鬍子長而亂的。

‡**his** [(輕讀) hɪz, ɪz; iz; (重讀) hɪz; hiz] pron. 1 [he¹ 的所有格]他的: ~ book 他的書《他擁有的或著作的書》。2 [hɪz; hiz] [與he¹ 對應的所有代名詞] 他的東西 (cf. mine¹)《★用法 視所指內容而當單數或複數用》: That book is ~. 那本書是他的/H~ are the white ones. 他的是白色的。3 [of ~]他的《★用法 his 不能與 a, an, this, that, no 等連用置於名詞之前，故用 of his, 置於名詞之後》: a friend of ~ 他的一位朋友/that pride of ~ 他的那種高傲。

His·pa·ni·a [hɪsˈpenɪə; hisˈpeiniə] n.《詩》西班牙(Spain)。

His·pan·ic [hɪsˈpænɪk; hiˈspænik] adj. 西班牙的(Spanish)；拉丁美洲(裔)的。
—n. C《美》(在美國講西班牙語的)拉丁美洲人，拉丁美洲裔的居民。

His·pan·io·la [ˌhɪspənˈjolə; ˌhispənˈjoulə] n. 希斯巴紐拉島《西印度羣島中第二大島；包含海地 (Haiti) 和多明尼加共和國 (the Dominican Republic)兩國；舊名海地(Haiti)島》。

hiss [hɪs; his] 《擬聲語》—v.i. 1〈蒸氣、蛇、鵝等〉發出嘶嘶聲。2〔+介+(代)名〕(表示不滿，譴責)〔對…〕發出噓聲〔at〕: ~ at a play [an actor] 對戲劇[演員]發出噓聲地喝倒采。
—v.t. 1〔+受(+介+(代)名)〕〔對…〕發出噓聲表示〈不滿、譴責等〉〔to〕: ~ a lecturer 對演說者發出不滿的噓聲/ ~ disdain (to a person) (對某人)表示輕蔑地發噓聲。2〔+受+副詞(片語)〕發噓聲使…(…)；作噓聲申斥[制止]…: ~ a speaker away [down] 發噓聲把演講者轟走[轟下台]/They ~ed the actor off the stage. 他們把演員噓下台。
—n. 1 a U C 噓《表示制止、不滿、輕蔑、憤怒等所發之聲》。b C 嗤嗤聲；噓聲；嘶嘶聲。2《語音》=hissing sound.

híss·ing sòund n. C《語音》「ㄙ」音《指牙齒磨擦音中的[s, z]；⇨ hushing sound》。

hist [st, hɪst; s:t, hist] interj.《古》噓！肅靜！《喚起注意或制止講話的發聲》。

hist.《略》histology；historian；historical；history.

his·ta·mine [ˈhɪstəˌmin, -mɪn; ˈhistəmi:n, -min] n. U《生化》組織胺《蛋白質分解而產生的一種氨基酸，在體內積存時會引起過敏》。**his·ta·min·ic** [ˌhɪstəˈmɪnɪk; ˌhistəˈminik] adj.

his·to·log·i·cal [ˌhɪstəˈlɑdʒɪkl; ˌhistəˈlɔdʒikl] adj. 組織學的。~·ly [-klɪ; -kəli] adv.

his·tol·o·gy [hɪsˈtɑlədʒɪ; hisˈtɔlədʒi] n. U《生物》組織學《研究生物組織的構造、發生、分化等》。

his·to·pa·thol·o·gy [ˌhɪstopəˈθɑlədʒɪ; ˌhistoupəˈθɔlədʒi] n. U 病理組織學。

***his·to·ri·an** [hɪsˈtorɪən, -ˈtɔr-; hiˈstɔ:riən] n. C 歷史學家，史學家。

***his·tor·ic** [hɪsˈtɔrɪk; hiˈstɔrik] 《history 的形容詞；cf. historical》—adj. (more ~；most ~) 1 歷史上有名的，有歷史性的，具有重大歷史意義的，歷史上的: ~ scenes 史跡，古蹟/a(n) ~ city 歷史上著名的城市(⇨ an 用法(1))。
2 (無比較級、最高級)〈年代、記載等〉歷史上可查證的[有記載的]: a(n) ~ document 歷史性的文件/ ~ times 有史記載的時期，有史時期。

***his·tor·i·cal** [hɪsˈtɔrɪkl; hiˈstɔrikl] 《history 的形容詞；cf. historic》—adj. (無比較級、最高級) 1 歷史的，史學的: ~ science 史學，歷史學/ ~ studies 歷史研究。
2 根據史實的，歷史上確實存在的，眞實的: ~ evidence 史實，歷史上的證據/a(n) ~ novel [play] 歷史小說[歷史劇] (⇨ an 用法(1))。
3 歷史上的，有關歷史的；史學方法的: the ~ method 歷史的研究法/ ~ geography 歷史地理學/ ~ grammar 歷史文法/ ~ materialism 唯物史觀。~·ly [-klɪ; -kəli] adv.

his·to·ric·i·ty [ˌhɪstəˈrɪsətɪ; ˌhistəˈrisiti] n. U 史實性；歷史的眞實性；歷史的根據。

históric [histórical] présent n. [the ~]《文法》歷史現在時[式]《爲了把過去的事實敍述得生動而用現在時態》。

his·to·ri·og·ra·pher [ˌhɪstorɪˈɑgrəfɚ, -ɔrɪ-; ˌhistɔ:riˈɔgrəfə] n. C 歷史家；史料編纂者；史官。

his·to·ri·og·ra·phy [ˌhɪstorɪˈɑgrəfɪ, -ɔrɪ-; ˌhistɔ:riˈɔgrəfi] n. U 史料編纂(法)，編史(工作)，歷史編纂學。

‡**his·to·ry** [ˈhɪstrɪ, ˈhɪstərɪ; ˈhistəri] 《源自希臘文「得知，由調查而獲得的知識」之義》—n. 1 U 歷史；史學: study ~ 研究歷史/a student of ~ 歷史研究者，歷史學家/local ~ 地方誌/⇨ ancient history, medieval history, modern history. 2 C a 歷史書，史書: a ~ of England 英國史。b (學問、語言等的)發展史，變遷: a ~ of English 英語(發展)史。c《古》歷史劇。3 C a 經歷，來歷，沿革，由來，富於變化的經歷: a personal ~ 個人的經歷，履歷/a house [woman] with a ~ 有來歷的房子[女人]。b 病歷: ⇨ case history. c (有關某事件的)敍述，故事。4 U (自然界的)有系統的記述: ⇨ natural history. 5 U 過去的事，往事: pass into ~ 成爲往事/That is all (old) ~. 那都是過去的事了。
becòme hístory 成爲歷史。
gò dówn in hístory 留在歷史上，載入史册。
màke hístory 創造歷史，做名垂青史的事: The landing of Apollo 11 on the moon's surface made ~. 太陽神十一號(Apollo 11)太空船創造了登陸月球表面的歷史。

his·tri·on·ic [ˌhɪstrɪˈɑnɪk; ˌhistriˈɔnik] adj. 1 演員的；戲劇上的。2 像做戲似的，裝腔作勢的，誇張的。

his·tri·on·ics [ˌhɪstrɪˈɑnɪks; ˌhistriˈɔniks] n. 1 U 演戲，演藝。2 [當複數用]裝模作樣的動作。

‡**hit** [hɪt; hit] 《源自古英語「遇見」之義》—(hit；hit·ting) v.t. 1 a〔+受(+介+(代)名)〕〈人〉〔用…〕打〈球等〉〔with〕(⇨ strike【同義字】): ~ a ball with a bat 用球棒打球。b〔+受〕《棒球》擊出〈安打等〉: He ~ a single [a home run]. 他擊出一壘安打[全壘打]。2 a〔+受〕毆打〈人〉: You should never ~ a child. 你絕對不可以毆打小孩。b〔+受+介+名〕毆打〈人〉〈身體的某部位〉〔in, on〕《★用法 表示身體部位的名詞前要用 the》: He ~ me on the head [in the face]. 他敲[摑]我的頭[臉]。c〔+受+受〕給〈人〉〈一擊〉: I ~ him a hard blow. 我給他重重的一擊/I was ~ a crack on the head. 啪的一聲我頭上挨了一擊。d〔+受〕〈暴風雨、地震等〉襲擊〈某地〉: A heavy earthquake ~ the city. 該城市遭受了一次强烈地震/The village was ~ by floods. 那個村莊遭到洪水[水災]的襲擊。e〔+受〕〈盜賊〉搶劫，襲擊〈商店等〉: ~ a bank 搶銀行。3 a〔+受〕打中，命中〈目標等〉: The arrow ~ the bull's-eye. 那支箭射中靶心。b〔+受+介+名〕擊中，打中〈人〉〔身體的某部位〕〔in, on〕《★用法 在表示身體部位的名詞前要用 the》: The ball ~ him in the eye [on the nose]. 球打中他的眼睛[鼻子]。4 a〔+受〕碰到，撞到…: The car ~ the pole. 那部車子撞到電線桿。b〔+受+介+(代)名〕把…撞[碰]〔在…〕〔against, on〕: She ~ her forehead against the shelf [on the door]. 她的前額撞著了架子[門]。5〔+受〕a (偶然或碰巧)發現，遇見…: ~ the right path 碰巧找到正確的路。b 碰巧猜中〈答案等〉: ~ the right answer 碰巧猜中[找到]正確答案。c〔~ it〕猜中，說對: You've ~ it. 你猜對了。d 符合〈目的、喜好〉: It ~ her fancy. 它正合她的意。6〔+受〕a〈念頭、主意等〉出現於〈某人〉心裏；〈人〉想到〈某主意〉: An idea ~ me. 我想到一個主意/It suddenly ~ me that the shops would be closed. 我突然想到那些商店可能關門了。b 給…印象: How did the scene ~ you? 那情景給你怎樣的印象[你覺得那情景如何]? 7〔+受〕a 給予…精神上的打擊: The increased cost of living ~s our domestic economy. 生活費用的上漲嚴重地影響我們的家庭經濟。b〈諷刺的話等〉傷害〈某人〉感情: What he said ~ me hard. 他所說的話深深刺傷了我。c 嚴厲地批評[譴責]…: His new novel was ~ by the reviewers. 他的新小說受到評論家的嚴厲批評。8〔+受〕a《口語》達到；到達，抵達…: ~ the top of the mountain 到達山頂/The book ~ the bestseller list. 那本書列在暢銷書單上。b〈魚〉咬〈餌〉。9〔+受〕正確地表達，巧妙地模仿…: ~ a likeness 逼眞地複製[描畫]。10〔+受〕《口語》(以打擊或碰觸)操縱…；煞〈車〉: ~ the brakes 緊急煞車/ ~ the accelerator 用力踩油門[加速器]/ ~ a light 開燈。11〔+受+介+(代)名〕《俚》向〈人〉要求〔工作、借錢等〕〔for〕: He ~ me for a thousand dollars. 他向我要求借一千美元。
—v.i. 1〔動(+介+(代)名)〕打〔…〕，〔朝…〕打去〔at〕: She ~ at him. 她朝他打去。2〔+介+(代)名〕碰[撞]到〔…〕〔on, against〕: ~ against the wall 撞到牆。3〔+介+(代)名〕忽然想起〔…〕，偶然想到〔…〕〔on, upon〕《★可用被動語態》: At last she ~ on [upon] a plan [device]. 她終於想到一個計畫[方法]。
be hárd hít＝be hít hárd (在物質上、精神上)受到重大打擊: He

was hard ～ by the defeat. 他受到敗北的重大打擊。

hít and rún (1)〈駕車〉撞到人後逃逸(⇨ *n.* 成語)。(2)《棒球》打帶跑。

hít báck 《*vi adv*》〔向…〕報復〔*at*〕.

hít a person **for síx** 《英口語》(在議論等)擊敗[駁倒]〈對方〉《★源自板球》。

hít hóme (1)打中目標。(2)觸及[擊中](對方的)要害：His criticism ～ *home.* 他的評論觸及要害。

hít it óff 《口語》〔與人〕相處得很好，情投意合，性情相投〔*with*〕.

hít óff 《*vt adv*》(1)巧妙(敏捷)地描畫…。(2)(常作諷刺)模仿…：The actor ～ *off* the Prime Minister's voice perfectly. 那位演員把首相的聲音模仿得唯妙唯肖。

hít or míss [當副詞用]不論中或不中[成敗]，孤注一擲地，冒險地：He answered the exam questions ～ *or miss.* 他不管對或不對地放手作答。

hít óut 《*vi adv*》(1)憤怒地(用拳頭等)毆打〔…〕〔*at*〕. (2)猛烈譴責[攻擊]〔…〕〔*at, against*〕.

hít whére it húrts ＝HIT home.

—*n.* Ⓒ **1 a** 打，擊，擊中，命中；中靶，命中的子彈。**b** 碰撞。**c** 《棒球》安打：a sacrifice ～ 犧牲打。**2 a** (偶然的)成功。**b** 《口語》(戲劇、歌曲等的)成功：make a big [lucky] ～ 大受歡迎[幸運地成功](cf. make [be] a HIT with). **3** 一針見血的話，擊中要害的諷諷[挖苦]，恰當的評語〔*at*〕：That's a ～ *at* you. 那是對你的挖苦/His answer was a clever ～. 他的回答是一句巧妙的俏皮話《他答得妙》。**4** 《俚》(流氓的同伙所幹的)殺人，殺害。**5** 《俚》毒品的(一次的)注射；吸一口：take a ～ 吸一口大麻；注射一次痲醉劑。

hít and rún (1)〈汽車〉撞到人逃逸。(2)《棒球》打帶跑《打擊者與跑者同時打擊及跑壘》。

màke [be] a hít with... 《口語》博得〈別人〉喜愛，受〈人〉歡迎(cf. 2 b)：He *made* [*was*] *a* ～ *with* everyone at the party. 他在聚會上受到大家的歡迎。

hít-and-rún *adj.* [用在名詞前] **1** 撞到人而逃逸的：a ～ accident 撞到人而逃逸的意外事故。**2** 閃電式的，迅雷不及掩耳的〈空襲、攻擊等〉。**3** 《棒球》打帶跑的。

hitch [hɪtʃ; hitʃ] «源自中古英語「移動」之義»**—*v.t.*** **1** 〔十受十副詞(片語)〕(用環、鉤子、繩子)鉤住，栓住；套住〈牛、馬等〉；把〈牛馬〉繫[栓]於〈樁等〉：He ～*ed* his horse *to* a tree. 他把他的馬繫在一棵樹上/I ～*ed* the rope *round* a bough of the tree. 我把繩子套在樹枝上/The dress got ～*ed on* a nail. 衣服被釘子鉤住(cf. *v.i.* 1). **2** 〔十受十副詞(片語)〕急拉，猛扭，急拖…(到…)：He ～*ed* his chair *nearer* the fire [*to* the table]. 他把椅子移近火爐[桌子]一些。**3** 《口語》**a** 〔十受〕搭〈便車〉：～ a ride [lift]搭便車。**b** 〔十受(十副詞(片語))〕[～ **one's way**]搭便車去。

—*v.i.* **1** 〔十介十(代)名〕被〔…〕絆住[鉤住]〔*on*〕：The dress ～*ed on* a nail. 衣服被釘子鉤住(cf. *v.t.* 1). **2** 急動，猛然被拉動。**3** 《美》拖著一隻腳走，跛行。**4** 《口語》＝hitchhike.

gèt [be] hítched 《俚》結婚。

hítch úp 《*vt adv*》(1)把…拉上去：～ *up* one's trousers 把長褲拉上去。(2)把〈馬等〉栓[在車上]〔*to*〕.

—*n.* Ⓒ **1** 猛拉，急動：Give your trousers a ～. 把你的長褲往上拉一下。**2** 《美》跛行。**3 a** 掛住，鉤住。**b** 障礙，故障：There's a ～ somewhere. 某處有故障/It went off without a ～. 事情順利進展。**4** 《航海》(套住的)索結，結索。**5** 《美俚》(兵役)期間。

hitch·hike [ˈhɪtʃˌhaɪk; ˈhitʃhaik] *v.i.* 〔動(十副詞(片語))〕(免費)搭便車旅行：～ *to* the next town 搭便車到下一個城鎮。

> 【說明】hitchhike 是指徒步旅行者在路邊伸出大拇指或舉着寫有前往目的地的紙片攔經過的車子，也可說 thumb a ride [lift], thumb up. 對行駛中的車輛用一根大拇指[鉤拉過來](hitch)，再加上 hiking 便產生 hitchhiking；1920 年代後半美國汽車普及化以後，搭便車的風氣漸盛。

hítch·hìker *n.* Ⓒ搭便車的旅行者。

hítch·hìking *n.* Ⓤ搭便車。

hith·er [ˈhɪðɚ; ˈhiðə] *adv.* 《古》到這裏，向此處(here).

híther and thíther 《文語》到處，向各處。

—*adj.* 《文語》這裏的，這邊的；〈年齡〉不到…歲的：on the ～ side of the river 在河的這邊/on the ～ side of sixty 還不到六十歲。

híther·mòst *adj.* 靠此方向最近處的。

hith·er·to [ˌhɪðɚˈtu; ˌhiðəˈtu:] *adv.* 至今，迄今；到目前為止(尚未)。

hitchhiking

Hit·ler [ˈhɪtlɚ; ˈhitlə], **A·dolf** [ˈædɑlf; ˈɑ:dɔlf] *n.* 希特勒《1889–1945；德國元首(Führer)；發動第二次世界大戰，於柏林淪陷時自殺身亡》。

Hitler

Hit·ler·ite [ˈhɪtləˌraɪt; ˈhitlərait] *n.* Ⓒ希特勒主義者，納粹黨徒。

—*adj.* 希特勒主義者的，納粹黨徒的。

hít màn *n.* Ⓒ《美俚》職業殺手。

hít-or-míss *adj.* (不管打中或不中)隨便的，敷衍的：a ～ way of doing things 隨隨便便[漫無計畫]的做事方法。

hít paràde *n.* Ⓒ流行歌[暢銷曲]等的排行榜，暢銷曲目錄。

hít·ter *n.* Ⓒ打擊者，打者(cf. batter[1])：a hard ～ (棒球等)强棒，强打者。

Hit·tite [ˈhɪtaɪt; ˈhitait] *n.* **1 a** [**the** ～**s**]希太族《在小亞細亞地方的古代民族》。**b** Ⓒ希太族人。**2** Ⓤ希太語《使用楔形文字、象形文字》。

—*adj.* 希太人[語]的。

hive [haɪv; haiv] *n.* Ⓒ **1 a** 蜂巢，蜂房，蜂箱；蜂巢狀物(beehive). **b** 一大羣忙人麕集的地方，充滿朝氣的場所〔*of*〕：The office [classroom] was a ～ *of* industry. 那間辦公室裏一片繁忙的景象[那間教室充滿著勤奮學習的氣氛]。**2 a** 蜂巢[蜂房]中的蜂羣。**b** 熙攘的人羣。

—*v.t.* **1** 使〈蜜蜂〉入蜂箱，使〈蜜蜂〉聚集於蜂巢。**2** 將〈蜜〉貯於巢箱。**3** (為將來)貯備〈東西〉，積蓄〈錢〉。

—*v.i.* **1** 〈蜜蜂〉入蜂房。**2** 羣居。

híve óff 《*vi adv*》(1)〈蜜蜂〉分封《從舊巢移到新巢的分房》。(2)〔從團體[集團]中〕分出〔*from*〕；分[成…]〔*into*〕. (3)《英口語》消失，不在，不告而別，躲藏起來。**—**《*vt adv*》(4)將…〔從…〕分離出來〔*from*〕. (5)把〈部分工作〉畫分〔給下屬部門等〕〔*to*〕.

hives [haɪvz; haivz] *n. pl.* [當單數或複數用]蕁痲疹(nettle rash)《★醫學的專門用語是 urticaria》.

H.J. 《略》*hic jacet.*

hl., hl 《略》hectoliter(s). **H.L.** 《略》House of Lords (cf. H.C.).

hm., hm 《略》hectometer(s). **H.M.** 《略》His [Her] Majesty.

h'm [hm; hm] *interj.* ＝hem[2]; hum.

H.M.S. 《略》《英》His [Her] Majesty's Ship；《英》His [Her] Majesty's Service.

H.M.S.O. 《略》Her [His] Majesty's Stationery Office (英國的)官方文書局。

ho, hoa [ho; hou] «擬聲語»**—*interj.*** **1** 《文語》[表示呼喚，注意，驚愕，讚賞，嘲笑等]嗬！喂！：*Ho,* there！喂！/What *ho*！嗬！什麼！**2** 停！《叫馬等停止的喊聲》。

Wéstward hó！《航海》喂！向西去啊！

Ho 《符號》《化學》holmium. **H.O.** 《略》Home Office.

hoa·gie, hoa·gy [ˈhogɪ; ˈhougi] *n.* (*pl.* **-gies**) Ⓒ ＝hero sandwich.

hoar [hor, hɔr; hɔ:] *adj.* 《古・詩》＝hoary.

hoard [hord, hɔrd; hɔ:d] «源自中古英語「寶物」之義»**—*n.*** Ⓒ **1 a** (財物等的)隱藏，收藏。**b** (知識等的)蘊藏，寶庫。**c** (食物等的)儲藏；囤積。**2** [常 ～**s**]大量，很多〔*of*〕：a ～ *of* anecdotes 很多的趣聞[軼事]。

—*v.t.* 〔十受(十副)〕貯藏〈食物等〉，積聚〈財寶〉〈*up*〉：～ *up* treasure 積聚財寶/A squirrel ～*s* nuts for the winter. 松鼠為過冬貯藏堅果。

—*v.i.* 儲藏；囤積。**～·er** *n.*

hóard·ing[1] *n.* **1** Ⓤ隱藏，收藏，積壓，積累，囤積。**2** Ⓒ[常 ～**s**]收藏[貯藏]物。

hóard·ing[2] *n.* Ⓒ《英》**1** (建築物、修理場等的)板牆，圍籬《★在英國常張貼廣告、傳單》。**2** 廣告牌，告示板(《美》billboard).

hóar·fròst *n.* Ⓤ(尤指冬天降在草、葉子上等的)白霜。

hoarse [hors, hɔrs; hɔ:s] *adj.* (**hoars·er**；**-est**)〈聲音〉沙啞的；〈人〉聲音沙啞的(⇨ gruff【同義字】)：shout one*self* ～ 喊得聲音沙啞。**～·ly** *adv.* **～·ness** *n.*

hoar·y [ˈhorɪ, ˈhɔrɪ; ˈhɔ:ri] *adj.* (**hoar·i·er**；**-i·est**) **1** 〈頭髮〉(年老而)白的，灰白的。**2** 〈人〉白髮的；年老的。**3** 古老的，古色蒼然的；(古色古香而)莊嚴的。**4** 《口語》老套的，陳腐的：a ～ old excuse 老套的辯白。**-i·ness** *n.*

hóary-héaded *adj.* 鬢髮斑白的。

hoax [hoks; houks] *v.t.* **1** 使〈人〉上當；欺騙，愚弄〈人〉。**2** 〔十受十介十do*ing*〕戲弄〈人〉[使做…]〔*into*〕：They ～*ed* me *into* believ*ing* it. 他們哄騙得我相信它。

—*n.* Ⓒ騙局，惡作劇，愚弄。**～·er** *n.*

hob[1] [hɑb; hɔb] *n.* Ⓒ壁爐(fireplace)兩側的架子《可放茶壺、鍋等；⇨ fireplace 插圖》。

hob² [hab; hɔb] *n.* Ⓒ淘氣鬼(hobgoblin).
pláy hób with... 《口語》危害…，加害…。
ráise hób with... 《口語》跟…搗亂，毀壞…。
hob·ble [ˈhabl̩; ˈhɔbl] *v.i.* 〔動(十副)〕跟蹌地走，蹣跚，跛行〈*along*〉：～ ***along*** on a cane 倚著拐杖蹣跚而行。
—*v.t.* **1** 將〈馬等〉的雙腳綁在一起。**2** 妨礙…，使…困難：～ a plan 妨礙計畫。
hob·ble·de·hoy [ˈhabl̩dɪˌhɔɪ; ˌhɔbldiˈhɔi] *n.* Ⓒ笨拙的小伙子。
hóbble skìrt *n.* Ⓒ膝蓋以下狹窄的裙子，窄裙。
***hob·by** [ˈhabɪ; ˈhɔbi] *n.* Ⓒ興趣，嗜好，癖好《★不用於運動方面，指個人默默進行的一種嗜好》：Stamp collecting is my ～ [a ～ of mine]. 收集郵票是我的興趣。
hóbby·hòrse *n.* Ⓒ **1** (merry-go-round 的)木馬；可搖動的木馬。**2** 竹馬《棒端裝有馬頭的玩具；小孩子騎著玩》。**3** 喜歡[反覆]的話題；拿手好戲，看家本領：ride [get on] one's ～ 拿出看家本領。

hobbyhorse 2

hob·gob·lin [ˈhabˌgablɪn; ˈhɔbgɔblin] *n.* Ⓒ **1** 調皮的小鬼[小妖精] (cf. goblin). **2** 鬼怪。
hób·nàil *n.* Ⓒ(釘在鞋底的)平頭釘。
hób·nàiled *adj.* 〈鞋子等〉釘了平頭釘的。
hob·nob [ˈhabˌnab; ˈhɔbnɔb] *v.i.* (**-nobbed**；**-nob·bing**) **1** 〔十副〕親密地交往〈*together*〉. **2** 〔十介十(代)名〕〔與人〕親密地交往〔*with*〕：～ ***with*** the rich [the powerful] 與有錢人[有權勢的人士]親密地交往。
ho·bo [ˈhobo; ˈhoubou] *n.* (*pl.* ～**s**, ～**es**) **1** 流動工人。**2** 流浪漢，無業遊民。
Hób·son's chóice [ˈhabsn̩z-; ˈhɔbsnz-] *n.* Ⓤ沒有選擇《僅能接受或拒絕被提供之物》，不許挑選，無選擇餘地的選擇。

> 【字源】由於英國劍橋(Cambridge)有位出租馬的人(Thomas Hobson, 1544–1631)，出租馬匹給客人時，全按靠近馬房入口的順序行事，不准客人選擇。故有此語。

Hó Chì Mính Cíty [ˈhoˈtʃɪˈmɪn-; ˈhouˈtʃiˈmin-] *n.* 胡志明市《越南南部城市；舊稱西貢(Saigon)》。
hock¹ [hak; hɔk] *n.* Ⓒ **1** (狗、馬等後腳的)膝蓋，踝關節(↔ knee). **2** (尤指豬的)腿肉，肘子。
hock² [hak; hɔk] *n.* 《英》＝Rhine wine.
hock³ [hak; hɔk] 《俚》*n.* Ⓤ **1** 典當；借款：in ～ 〈物〉在抵押中；〈人〉欠著債/out of ～ 〈物〉贖出；〈人〉已不欠債。**2** 監獄：in ～ 入獄。
—*v.t.* 把…典當，抵押(pawn).
hock·ey [ˈhakɪ; ˈhɔki] 《源自古法語「彎曲的拐杖」之義》**—***n.* **1** Ⓤ曲棍球《★《美》常指 ice hockey，《英》常指 field hockey》. **2** (又作 **hóckey stìck**)Ⓒ曲棍球棒。
ho·cus [ˈhokəs; ˈhoukəs] *v.t.* (**-cused**；～**·ing**；《英》**-cussed**；～**·sing**)欺騙。
ho·cus-po·cus [ˈhokəsˈpokəs; ˌhoukəsˈpoukəs] *n.* Ⓤ **1** (魔術師等的)咒文，咒語。**2** 魔術，戲法，把戲。**3** 任何轉移注意力的話[行動]；詭計，欺騙：Don't believe that ～. 不要相信那套騙人手法。
hod [had; hɔd] *n.* Ⓒ **1** 搬運斗，磚斗《附有長柄可置於肩上扛磚塊、灰泥等的容器》。**2** 煤斗。
hód càrrier *n.* Ⓒ搬運工；泥水匠的助手。
Hodge [hadʒ; hɔdʒ] *n.* **1** 賀治《男子名；Roger 的暱稱》。**2** Ⓒ《英》(典型的)農夫，鄉下人。
hodge·podge [ˈhadʒˌpadʒ; ˈhɔdʒpɔdʒ] *n.* [a ～]《美》混雜(《英》hotchpotch)〔*of*〕：This box is *a* ～ *of* clothes, old toys and things. 這個箱子裏，衣服、舊玩具及其他物品混雜在一起。

hod

hod 1

Hódg·kin's disèase [ˈhadʒkɪnz-; ˈhɔdʒkinz-] *n.* Ⓒ《醫》何杰金氏病，惡性肉芽腫。
hód·man [-mən; -mən] *n.* Ⓒ(*pl.* **-men** [-mən; -mən])《英》＝ hod carrier.
hoe [ho; hou] *n.* Ⓒ鋤頭《鬆土、除草時使用的長柄農具》。

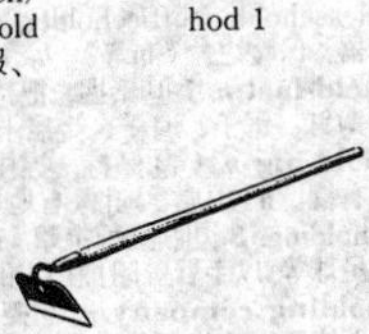
hoe

—*v.t.* 〔十受(十副)〕 **1** 用鋤鬆〈土〉，耕作…〈*up*〉. **2** 用鋤頭鏟除〈雜草〉〈*up*〉. **—***v.i.* 用鋤頭耕作。
hóe·càke *n.* ⓊⒸ《美》玉米餅。
hóe·dòwn *n.* Ⓒ《美》**1 a** 一種農村舞。**b** 農村舞的曲子《帶有民謠色彩》。**2** 農村舞舞會，喧鬧的舞會。
hog [hag, hɔg; hɔg] *n.* Ⓒ **1 a** 《美》豬(cf. pig 1). **b** 閹過的公豬：eat like a ～ 像豬般貪婪地吃/behave like a ～ 行爲像豬般粗野。**2** [也用於稱呼]《口語》(像豬般)好吃[貪吃]的人；貪婪者，自私的人；下流的人；齷齪的人：You ～！豬！/⇨ road hog.
bríng one's hógs to a bád márket ＝ bring one's eggs to a bad market (⇨ egg¹ 成語)。
gò the whóle hóg ⇨ whole hog.
líve hígh on [òff] the hóg＝éat hígh òff the hóg 《口語》過奢侈的生活。
—*v.t.* (**hogged**；**hog·ging**)《俚》**1** 〔十受〕想獨佔…。**2** 〔十受十副〕貪吃…〈*down*〉：I hate the way he ～*s* ***down*** his food. 我討厭他那副狼吞虎嚥的吃相。
—*v.i.* 《口語》猛開快車。
ho·gan [ˈhogan; ˈhougən] *n.* Ⓒ(北美印地安人拿佛和族(Navaho)所住的)泥蓋木屋。
hóg·gish [-gɪʃ; -giʃ] *adj.* **1** 似豬的。**2** 卑鄙的，貪婪的；骯髒的。
～**·ly** *adv.* ～**·ness** *n.*
Hog·ma·nay [ˌhagməˈne; ˈhɔgmənei] *n.* Ⓤ《蘇格蘭》**1** 大年夜，除夕(New Year's Eve). **2** 除夕的宴會[贈禮]。
hóg·pèn *n.* ＝pigpen.
hogs·head [ˈhagzˌhɛd, ˈhɔgz-; ˈhɔgzhed] *n.* Ⓒ **1** 大桶《容量依地區、用途而異；通常爲 63–140 加侖》。**2** 液量單位《《美》63 加侖；《英》52.5 加侖》。
hóg·wàsh *n.* Ⓤ **1** 豬食，餿水。**2** 無用的東西；廢話，無聊話。
Hoh·en·zol·lern [ˈhoənˌzalən; ˌhouənˈzɔlən] *n.* 霍恩索倫王室《歐洲歷史上的著名王朝》。
hoi pol·loi [ˈhɔɪpəˈlɔɪ; ˌhɔiˈpɔlɔi] 《源自希臘文》**—***n. pl.* [**the** ～]《輕蔑》羣衆，民衆(the masses).
hoise [hɔɪz; hɔiz] *v.t.* (**hoised** *or* **hoist** [hɔɪst; hɔist])《古》＝ hoist.
hoist [hɔɪst; hɔist] *v.t.* 〔十受(十副)〕 **1** 升起〈旗等〉；捲起，吊起〈重物〉(⇨ lift【同義字】)〈*up*〉. **2** [～ one*self*]站起來〈*up*〉：～ *oneself* (***up***) *from* a chair 從椅子上站起來。
—*n.* Ⓒ **1** 推舉，升高；舉起，吊起；升起：give a person a ～ 將人往上一推。**2 a** 吊車，起重機(cf. crane 2 a, winch). **b** 《英》(運貨用的)升降機。
hoi·ty-toi·ty [ˈhɔɪtɪˈtɔɪtɪ; ˌhɔitiˈtɔiti˝] *adj.* **1** 傲慢的。**2** 易怒的。**3** 《英》浮誇的；輕浮的；反覆無常的。
—*interj.* [表示嘲笑、驚訝]哎喲！喲！眞是！
ho·key-po·key [ˈhokɪˈpokɪ; ˌhoukiˈpouki˝] *n.* Ⓤ《俚》騙局。
ho·kum [ˈhokəm; ˈhoukəm] *n.* Ⓤ《俚》**1** (戲劇、電影中)惹人落淚[感傷]的手法，噱頭。**2** 無聊的事，無聊的話，瞎扯蛋。
‡hold¹ [hold; hould] 《源自中古英語「飼養家畜」之義》**—**(**held** [hɛld; held]) *v.t.* **1 a** 〔十受〕拿住〈物〉，握…：～ a pen firmly 緊握筆/They *held* hands [each other's hands]. 他們互握著手。**b** 〔十受十介十名〕抓住〈人〉〔手、腕等〕〔*by*〕《★用因 在表示身體部位、衣服的名詞前加 the》：He *held* me ***by*** *the* arm. 他揪住了我的手臂。**c** 〔十受十介十(代)名〕〔用手、腕等〕支撐，抱著…〔*in*, *between*〕：The girl was ～*ing* a doll ***in*** her hand [some packages *in* her arms]. 那女孩抱著洋娃娃[抱著一些包裹]/He *held* his head *in* his hands. 他用雙手托著頭/The gentleman was ～*ing* a pipe ***between*** his teeth. 那紳士叼著煙斗。**2 a** 〔十受十補〕使…保持〈某種狀態、姿態等〉：～ the door open (for someone) (爲某人)(用手頂)把門開著/～ one*self* still [erect] 使身體保持不動[筆直]/*H*～ your head straight a second. 把你的頭擡直一會兒/～ a person in suspense 使人不安/Astonishment *held* me dumb. 我驚愕得說不出話來/⇨ hold one's HEAD high. **b** 〔十受十介十(代)名〕把〈物〉固定，貼〔在…〕〔*to*, *on*〕：～ binoculars ***to*** one's eyes 把雙眼望遠鏡貼著眼睛/She was ～*ing* an ice pack ***to*** her head. 她把冰袋放在頭上。**3** 〔十受〕**a** 〈容器等〉盛裝〈液體等〉《★無進行式》：This bottle ～*s* half a pint. 這個瓶子裝半品脫/This box ～*s* all my clothes. 這個箱子裝了我全部的衣服。**b** 〈房間等〉容納〈人〉：This room can ～ fifty people. 這個房間可容納五十人。**c** 含有…：His tone *held* reproach [accusation] (in it). 他話中帶有責備的口氣。**4** 〔十受〕《★無進行式》**a** 擁有〈金錢、土地等〉：～ shares 擁有股份。**b** 佔據〈職位、地位等〉；擁有〈學位〉：～ an MD 擁有醫學博士學位/He held office for eight years. 他就任公職有八年。**c** (軍事上)佔領，防守〈陣地等〉：～ a fortress 堅守堡壘。**5 a** 〔十受〕(心)持，懷〈信念、意見等〉：～ a belief [an opinion] 抱持某種信念[意見]。**b** 〔十受十介十(代)名〕把…留〔在記憶中〕〔*in*〕：～ the event ***in*** memory 把那事件留在記憶中。**c** 〔十受十介十(代)名〕認爲〈人等〉〔值

得尊敬等〕〔*in*〕: Many people *held* him ***in*** respect [esteem, contempt]. 許多人尊敬[輕視]他。**6**《★無進行式》**a**〔+ *that*＿〕**認爲，想，相信**〈…事〉: Plato *held that* the soul is immortal. 柏拉圖認爲靈魂不朽。**b**〔+受+(*to be*)補〕把…視爲〈是…〉；把…判決〈爲…〉: ~ a person dear 惦念[愛]某人/~ a person [thing] cheap 輕視某人[某物]/I ~ myself responsible for what my son did. 我對我兒子過去的所作所爲負責/The court found him innocent, but I still ~ him (*to be*) guilty. 法庭裁決他無罪，但我仍然認爲他有罪。**c**〔+受〕[與狀態副詞連用]把…視爲(…): She ~*s* his opinions lightly. 她輕視他的意見。**7**〔+受〕**a 壓抑，抑制，節制**…: ~ one's breath 屏住呼吸/~ one's temper 抑制脾氣，忍住怒氣/There is no ~*ing* him. 拿他沒辦法，管不了他。**b** 不發〈言語、聲音等〉: *H*~ your tongue [noise, jaw]. 別吵，住口。**8**〔+受〕**召開**〈會議等〉；舉行〈祭典、典禮、儀式〉《★常用被動語態》: ~ a press conference [a meeting] 召開記者會[召開會議]/Court is to *be held* tomorrow. 預定明天開庭。**9**〔+受〕**a 保持，維持**…: ~ silence 繼續保持沈默/~ the course 〈船、飛機等〉不偏離航線，持續前進。**b 吸引**〈愛情、注意等〉: He couldn't ~ her affection any longer. 他再也無法留住她的愛情/The sight *held* his attention. 這景象引起了他的注意。**10**〔+受〕**a**〈物〉**耐得住，支撐**〈重量等〉《★常用被動語態》: The roof *is held* by several pillars. 這屋頂由數根柱子支撐著/The shelf will not ~ much weight. 這架子無法承受太大的重量。**b** 不喝醉〈酒〉: ~ one's liquor [drink] 喝了酒也不胡鬧。**11**〔+受+介+(代)名〕使〈人〉信守〔約定〕，使〈人〉盡〔義務〕，使〈人〉負〔責任〕〔*to*〕: ~ a person ***to*** his word 使某人守信。**12**〔+受(+介+(代)名)〕〈事物〉〔爲…〕準備…〔*for*〕: This contest ~*s* a scholarship ***for*** the winner. 這場競賽爲優勝者準備了一份獎學金/Who knows what the future ~*s*? 誰也不知道將來會發生什麼事。

—*v.i.* 1 a〈繩子、船錨等〉**持久不壞，經久耐用**: If too many people get in the elevator, the cable won't ~. 如果太多人進入電梯，鋼纜將承受不住。**b**〔+介+(代)名〕握住，抓住〔…〕〔*onto, to*〕: ~ ***onto*** a rope 抓住繩子。**2 a**〈天氣等〉**不變**: I hope the weather will ~. 我希望這種天氣會持續下去/His luck was still ~*ing*. 他的好運持續著。**b**〔+補〕**持續**〈…的狀態〉；持續〈做…〉: The weather *held* warm. 天氣持續暖和/Please ~ still. 請不要動/*H*~ tight! 抓緊！**c** 繼續前進: ~ *on* one's way [course] 繼續前進。**3 a 有效，可適用**: The rule does not ~ in this case. 這規則不適用於此一事例。**b**〔+補〕持續擁有〈…的〉效力: The argument [promise] still ~*s* good [true]. 此論據[諾言]仍然適用[有效]《★囲因常省略 good [true]》。**4**〔+介+(代)名〕固守〔…〕〔*by, to*〕《★可用被動語態》: *H*~ ***to*** your resolution. 不要動搖你的決心。**5**〔+介+(代)名〕[常用於否定句]〔與…〕意見相同；贊成〔…〕〔*by, with*〕: I do*n't* ~ ***with*** [***by***] the proposal. 我不贊成那個提案。

hóld...agàinst a person 以…理由怨恨某人: She still ~*s* it *against* him that he criticized her once. 她因他曾經一度批評過她而至今仍懷恨在心。

hòld báck《*vt adv*》(1)抑止；制止，打消〈意念〉。(2)把…〔自…〕隱藏起來〔*from*〕: ~ *back* goods *from* market 囤積居奇，貨不出售。(3)抑制〈感情〉。**—**《*vi adv*》(4)保持緘默；祕而不宣；克制〔…〕〔*from*〕。(5)躊躇，猶豫。

hòld dówn《*vt adv*》(1)抑制〈物價等〉: They failed to ~ costs *down*. 他們未能抑制費用的增長。(2)控制〈人〉的自由；使〈人〉屈從。(3)維持〈工作、職位〉；保有〈地位〉。

hòld fórth《*vt adv*》(1)發表，提議，提供〈意見等〉。**—**《*vi adv*》(2)《輕蔑》滔滔不絕地陳述〔…〕〔*on*〕。

hòld ín《*vt adv*》(1)抑制〈感情等〉: ~ *in* one's temper 抑制怒氣。**—**《*vi adv*》(2)克制，忍耐，沈默。

Hóld it!《口語》不要動！等等！

hòld óff《*vt adv*》(1)不使〈敵人等〉挨近，阻止…靠近: I'll ~ *off* the bill collectors until pay day. 在發薪日到來之前，我將避開收款人。(2)《美》延緩〈決定、行動等〉，拖延…。**—**《*vi adv*》(3)離開，不靠近〔…〕〔*from*〕: The ship *held off from* the coast until the storm died down. 在暴風雨停止之前船隻沒有靠近海岸。(4)遲，拖拉: *H*~ *off* for a minute. 稍等片刻(做)。(5)〈雨等〉遲遲不下，沒下。

hòld ón《*vi adv*》(1)繼續下去，持續。(2)纏住〔…〕，抱住〔…〕〔*to*〕《★可用被動語態》: The child *held on to* his coat. 那小孩緊抓住他的上衣。(3)(不管困難而)繼續，堅持下去；拒絕投降。(4)[常用祈使語氣]不要掛斷電話；稍待，停住: *H*~ *on*, please. (不要掛電話)請稍等一下。

hòld óut《*vt adv*》(1)伸出〈手等〉。(2)提供〈獎賞等〉，給與〈承諾、希望等〉: The company ~*s out* the promise of promotion to inventive young men. 那公司承諾擢遷富有創意的年輕職員。(3)《口語》扣留，不交出〈該交出的東西〉。**—**《*vi adv*》(4)繼續抵抗，堅持到最後，撐下去: They *held out against* the enemy attacks for a month. 他們在敵人的攻擊下堅持抵抗達一個月。(5)〈庫存品、金錢等〉維持，保持不耗盡。

hòld óut for... 堅持要…: The strikers *held out for* higher wages. 罷工者堅持要提高工資。

hòld óut on...《口語》(1)不向〈人〉洩漏秘密(等): Stop ~*ing out on* me. 不要瞞著我。(2)拒絕〈某人〉的要求。

hòld óver《*vt adv*》(1)將〈會議等〉延期《★常用被動語態》。(2)(超出原定的期限)繼演[映]〈戲劇、表演、電影等〉《★常用被動語態》。

hóld...òver a person 以…勒索[威脅]某人 (cf. have a HOLD[1] on [over] (2)): They *held* the threat of a salary cut *over* us. 他們以減薪威脅我們。

hòld togéther《*vt adv*》(1)使…在一起，集合…。(2)把〈物〉黏住(不使分散): Glue ~*s* things *together*. 膠把東西黏起來。(3)使…結合[團結]: Their mutual danger *held* them *together*. 共同感受到的危險使他們團結在一起。**—**《*vi adv*》(4)〈物〉黏住，不分散，不變形。(5)團結；持續。

hòld úp《*vt adv*》(1)〔對…〕舉起[提出]…〔*to*〕: The cashier *held* the money *up to* the light. 出納員把錢拿起來對著燈光照。(2)把…暴露〔於…〕；把…當成〔笑柄等〕〔*to*〕: ~ a person *up to* ridicule 把某人當笑柄。(3)舉〈某人等〉〔作爲榜樣〕〔*as*〕: People used to ~ him *up as* a model (of hard work) to [for] younger students. 人們常常舉出他作爲年輕學生的(勤勉)榜樣。(4)舉出[舉起]〈手等〉。(5)妨礙…；阻止…《★常用被動語態》: The traffic *was held up* by an accident. 交通因意外事故而堵塞。(6)(以手槍等對準著)命令停止…，攔住〈某人〉而搶奪；〈强盜〉襲擊〈商店等〉: ~ *up* a gas station 襲擊加油站。**—**《*vi adv*》(7)堅持，保持: His theory still ~*s up*. 他的理論仍然有用。(8)保持步伐。(9)〈好天氣〉持續。(10)站穩《★囲因通常於馬跟踣時喊的話，「不要跌倒！」》。

—*n.* 1 Ⓤ Ⓒ **a** (手)持，握: Don't let go your ~ (*on* the rope). 別鬆手《別放鬆繩子》/⇨ catch HOLD[1] of. **b** Ⓒ《摔角》壓住對方 (cf. toehold 2). **2** Ⓤ [又作 **a** ~] **a** 掌握，支配力，威力，影響力〔*on, over*〕: lose one's [its] ~ *on*...〈人、物〉失去對…的影響力，無法再抓住…的心。**b** 把握力；理解力〔*on, upon, of*〕. **3** Ⓒ (尤指登山時等的)抓點，腳踏處；支撐物。**4** Ⓒ (著手、執行等的)暫緩(通告): announce a ~ *on* all takeoffs 宣告所有起飛暫停。**5** Ⓒ (發射飛彈等時的)停止讀秒。

càtch hóld of... (1)抓住…。(2)捉拿…，逮捕…: *catch* ~ *of* a monkey *by* the tail 抓住猴子的尾巴。

gèt hóld of... (1)=catch HOLD[1] of. (2)得到…。(3)理解…。(4)連絡〈人〉；逮到〈人〉。

hàve a hóld on [òver]... (1)對…具有支配力[影響力]。(2)抓住〈某人〉的要害[弱點] (cf. HOLD[1] ... over a person).

kèep hóld on... (緊緊)抓著…，抓牢…，握緊…。

láy hóld of [on, upòn]... (1)抓住…，握住…: *Lay* ~ *of* it firmly. 緊緊抓住它。(2)捕獲…，逮捕…: They *laid* ~ *of* him and threw him in prison. 他們抓住他，把他關進監獄。(3)發現…，得到…。

lóse hóld of... (1)從…放手。(2)失去…的線索。

on hóld《美》〈人〉(在電話中)等候: Mr. White is *on* ~. Will you speak to him? [辦公室的秘書等]懷特先生打電話來，您要跟他談嗎？

séize hóld of... =catch HOLD[1] of.

tàke hóld〈事物〉固定，確立: Grassroots democracy has not *taken* ~ in this country. 在這個國家，基層的民主尚未鞏固。

tàke hóld of... (1)抓住…，逮捕…。(2)抓住，支配〈人心等〉: Fear *took* ~ *of* him [his heart]. 恐懼攫住了他[他的心]。(3)〈人〉被〈麻藥等〉沾染上。

hold[2] [hold; hould] *n.* Ⓒ **1**《航海》船艙: stow the ~ 將貨物裝進船艙。**2** (飛機的)貨艙。

hóld·àll *n.* Ⓒ《英》(旅行用等的)大行囊；(布製的)大帆布袋。

hóld·bàck *n.* Ⓤ妨礙，阻礙 (hindrance).

hóld·dòwn *n.* Ⓒ壓制；阻止。

hóld·er *n.* Ⓒ [常構成複合字] **1** 持有者，所有人，保持者: ⇨ leaseholder, officeholder, stockholder. **2** 支持物，支撐物，容器；保暖之物《布等》: ⇨ cigarette holder, penholder.

hóld·fàst *n.* **1** Ⓤ緊握，把持。**2** Ⓒ緊握之物，把持之物《如鉤子、鉤釘、鋸子、鍋子、金屬卡子、釘絆等》。

hóld·ing *n.* **1** Ⓤ保持，握住。**2 a** Ⓤ土地保有(條件)，佔有；所有權。**b** Ⓒ [常 ~s] 保有地；保有物；(尤指)持有股份: ⇨ small holding. **3** Ⓤ《運動》拳擊: **a**《排球》持球的犯規動作。**b**《籃球・足球等》以手臂等阻擋對方的妨礙行爲。

hólding còmpany *n.* Ⓒ控股公司，母公司《擁有某公司的股權而能壟斷或控制該公司的投資公司》。

hóld·òut *n.* **1** Ⓤ (頑强的)抵抗；毅力，忍耐。**2** Ⓒ (在集團活動、交涉中) 拒絕協調 [妥協] 的人。

hóld·òver *n.* Ⓒ《美口語》**1** 繼任人員，留任者〔*from*〕：He is a ~ *from* the last Administration. 他是前內閣的留任者。**2** 殘餘，遺痕，遺物〔*from*〕.

hóld·ùp *n.* Ⓒ **1** (尤指持槍作案的)攔劫；搶劫(stickup)；强索高價，敲竹槓；(對火車、汽車或其乘客的)非法扣留；(以辭職等爲要挾的)强求改善待遇行爲。**2** (交通等的)停滯，停止。

—*adj.* [用在名詞前] 搶劫的：a ~ man (尤指帶槍的)攔路强盜。

‡hole [hol; houl] **《源自中古英語「凹陷(hollow)(場所)」之義》**

—*n.* Ⓒ **1** 洞；(鞋底等的)破洞；(道路等的)坑洞：dig a ~ in the ground 在地上挖一個洞。**2 a** [常構成複合字] (兔子、狐狸等的)巢穴。**b**《口語》(像洞穴般窄小)簡陋的住所，亂糟糟的家。**3**《口語》窘境；(尤指)經濟上的困境：be in a ~ 陷於窘境；經濟困難。**4** 缺點，破綻，錯誤：I can't find any *~s* in his theory. 我無法在他的理論上發現任何破綻。**5**《高爾夫》**a** 球洞。**b** 從球墊(tee)到洞的路線：make a ~ in one 一桿進洞。

búrn a hóle in a person's **pócket** ⇨ pocket.

évery hóle and córner 每一個角落：They searched *every ~ and corner* for the criminal. 他們地毯式地搜索犯人。

in hóles 〈鞋底等〉千瘡百孔，有破洞。

in the hóle《美口語》虧空；有赤字：I'm fifty dollars *in the ~* this month. 我這個月透支五十美元。

màke a hóle in... (1)在…挖洞。(2)用掉…的大部分了：He has really *made a ~ in* my finances. 他的確動用了我的資金的大部分。

píck hóles in... (實際上沒缺點卻)對…吹毛求疵；在…找缺點。

—*v.t.* **1 a** 〔十受〕鑽洞[穴]於…。**b** 〔十受十介十(代)名〕鑿〈隧道〉〔貫穿…〕〔*through*〕：They *~d* a tunnel ***through*** the hill. 他們鑿了一條穿山隧道。**2** 〔十受〕把〈兔子等〉趕入穴中。**3** 〔十受〕《高爾夫》打〈球〉入洞。

—*v.i.* 〔動(十副)〕《高爾夫》打球入洞〈*out*〉：~ in one 一桿進洞/~ ***out*** at par 以標準桿進洞。

hóle úp 《*vi adv*》(1)《動物》(進入洞穴裏)冬眠。(2)《美俚》〈犯罪者等〉藏匿〔在…〕〔*in*〕.

hóle-and-córner *adj.* [用在名詞前] 偷偷的，躲避旁人耳目的，秘密的〈行動〉。

‡hol·i·day [ˈhɑləˌde; ˈhɔlədi, -dei] **《源自中古英語「神聖之日(holy day)」之義》—***n.* Ⓒ **1** 節日，假日，休業日：⇨ legal holiday/a national ~ 國定假日/⇨ busman's holiday, Roman holiday/Sunday is a ~ in Christian countries. 在基督教國家禮拜日是假日。**2** [常 ~s]《英》長期休假，假期；(休假的)旅行(《美》vacation)：take a (week's) ~ 休假(一週)/be home for the ~(*s*) 回家度假/⇨ Christmas holidays/the Easter *~s* 復活節假期《春假》/the summer ~(*s*) 暑假/I went *on* [*for*] a ~ to [in] France last year. 去年我休假去法國旅行。**3** ＝holy day.

màke a hóliday of it 休假玩樂。

màke hóliday 《英》(停業)休假。

on hóliday＝on one's **hólidays** 《英》在休假中(《美》on vacation).

—*adj.* [用在名詞前] **1** 假日的，休假中的：a ~ task《英》(學校的)假期作業。**2** 像節日的；愉快的；出外的：~ clothes (節日穿的)盛裝/~ English 莊重講究[一本正經]的英語。

—*v.i.* 《英》休假[旅行]，度假(《美》vacation)：He's gone *~ing* in the Mediterranean. 他去地中海度假。

hóliday cámp *n.* Ⓒ《英》(海邊等永久性)休假用露營場所，假日野營地《附有娛樂設施》。

hóliday·màker *n.* Ⓒ《英》假日遊客，遊樂度假的人(《美》vacationist).

hóliday·màking *n.* Ⓤ假日遊覽。

hol·i·days [ˈhɑləˌdez; ˈhɔlədiz, -deiz] *adv.* 在假日，每逢假日。

hó·li·er-than-thóu *adj.* 裝出聖人模樣的，自以爲是的《★出自聖經「以賽亞書」》：I don't like his ~ attitude. 我不喜歡他那副僞裝虔誠的樣子。

hó·li·ness *n.* **1** Ⓤ神聖，神聖性。**2** [**His** *or* **Your H~**；對羅馬教皇的尊稱] 教宗陛下。

ho·lism [ˈholɪzəm; ˈhɔlizm] *n.* Ⓤ《哲》整體論。

ho·lis·tic [hoˈlɪstɪk; hɔˈlistik⁻] *adj.*

hol·la [ˈhɑlə, həˈlɑ; ˈhɔlə, hɔˈlɑː] *interj., n.* (*pl.* ~s [~z; ~z]), *v.* ＝hallo.

Hol·land [ˈhɑlənd; ˈhɔlənd] **《源自荷蘭語「樹國」之義》—***n.* **1** 荷蘭(⇨ Netherlands). **2** [**h~**] Ⓤ荷蘭布。

Hólland gín *n.* ＝Hollands.

Hol·lands [ˈhɑləndz; ˈhɔləndz] *n. pl.* [當單數用] 荷蘭杜松子酒。

hol·ler [ˈhɑlɚ; ˈhɔlə] **《hollo 的變形》—**《口語》*v.i.* **1 a** 呼叫，喊，嚷，大聲地說，大聲斥責。**b** 〔十介十(代)名〕〔對…〕喊叫，大聲斥責；責罵〔…〕〔*at*〕《★可用被動語態》：I got *~ed* ***at*** for not doing my homework. 我因爲沒做功課而被責罵。**2** 〔動(十介十(代)名)〕抱怨〔…〕〔*about*〕.

—*v.t.* **1** 〔十受(十介十(代)名)〕〔對人〕大聲說，喊叫…〔*at, to*〕. **2 a** 〔十(*that*)_〕大聲說，喊叫〈…事〉：He *~ed* (*that*) a train was coming. 他大聲地喊火車來了！ **b** 〔十引句〕大聲喊叫…："Leave me alone!" he *~ed.*「不要管我！」他大聲喊叫。

—*n.* Ⓒ叫喊，大聲叫；呼叫：let out a ~ 大聲呼叫。

hol·lo, hol·loa [ˈhɑlo, həˈlo; ˈhɔlou] *interj.* [表示注意、應答] 喂—！**—***n.* Ⓒ(*pl.* ~s [~z; ~z])(尤指狩獵時)吆喝聲。**—***v.i.* 大聲喊喂。**—***v.t.* **1** 對…大聲喊喂。**2** 吆喝〈獵犬〉。

hol·low** [ˈhɑlo; ˈhɔlou] **《與 hole(洞)同字源》—adj.* (**more ~, most ~**；**~·er, ~·est**) **1** 空心的，中空的(↔ solid)：a ~ tube 空心管/a ~ wall《建築》空心的牆壁/Bamboo is ~. 竹子是中空的。**2** 〈身體的某部位〉凹陷的，塌陷的；瘦削的：~ cheeks 瘦削的面頰/~ eyes 凹陷的眼睛。**3** 〈聲音〉空洞的，不清楚的。**4** 〈言語、感情等〉不誠實的，只止於表面的，虛僞的：~ compliments 假奉承，假意的恭維/~ pretence 虛假的託辭。

—*adv.* (無比較級、最高級)《口語》徹底地：beat a person (all) ~ 把某人打得遍體鱗傷。

—*n.* Ⓒ **1 a** 凹處：the ~ of the hand 手心/the ~ of the neck 頸窩。**b** 窪地，盆地。**2** 洞，穴，孔；(樹幹、岩石的)穴，空洞。

—*v.t.* **1** 〔十受十副〕使…凹陷；剜…；鑿[挖]穿〈洞穴〉〈*out*〉. **2** 〔十受十介十(代)名〕〔鑿空…〕製造…〔*out of*〕：~ a dugout ***out of*** a log 鑿圓木頭製造一艘獨木舟。

~·ly *adv.* **~·ness** *n.*

hol·lo·ware [ˈhɑloˌwɛr; ˈhɔlouwɛə] *n.* ＝hollowware.

hóllow-éyed *adj.* 眼睛凹陷的。

hóllow-héarted *adj.* 不誠實的；虛僞的。

hóllow·wàre *n.* Ⓤ[集合稱] 深凹的餐飲食器類《dish, bowl, cup, kettle；cf. flatware 1》.

hol·ly [ˈhɑlɪ; ˈhɔli] *n.* Ⓤ[指個體時爲Ⓒ]《植物》冬青屬植物《★其樹枝有暗綠色葉子和艷紅果實，耶誕節裝飾用》。

hólly·hòck *n.* Ⓒ《植物》蜀葵《多年生草本植物》。

Hol·ly·wood [ˈhɑlɪˌwud; ˈhɔliwud] **《源自「holly 的森林」之義》—***n.* **1** 好萊塢《美國加州洛杉磯(Los Angeles)市的一區，爲電影事業的中心》。**2** 美國電影界[電影事業]。

holly

【說明】從前電影製片廠在紐約、芝加哥等地較多。爲了拍外景方便，二十世紀初期轉移到一年四季幾乎不下雨的好萊塢，但是大多數電影公司均座落在其周圍而不在 Hollywood 中。

Hol·ly·wood·ish [ˈhɑlɪˌwudɪʃ; ˈhɔliwudiʃ] *adj.* 好萊塢(電影事業)的；不實際的。

holm[1] [hom; houm] *n.* ＝holm oak.

holm[2] [hom; houm] *n.* Ⓒ《英方言》**1** (河或湖中之)小島。**2** 河邊低地。

Holmes [homz; houmz] *n.* ＝Sherlock Holmes.

hol·mi·um [ˈholmɪəm; ˈhoulmiəm] *n.* Ⓤ《化學》鈥《稀土族金屬元素；符號 Ho》.

hólm òak *n.* Ⓒ《植物》冬青櫟。

hol·o·caust [ˈhɑləˌkɔst; ˈhɔləkɔːst] *n.* **1** Ⓒ燔祭《猶太教的祭典，燒全獸祭神的祭禮》。**2** Ⓒ(尤指由於火災的)大慘事，大量焚毀。**3** [**the H~**] (第二次世界大戰中納粹對猶太人的)大屠殺。

hol·o·graph [ˈhɑləˌgræf; ˈhɔləgrɑːf] *n.* Ⓒ親筆文書[證書]。

—*adj.* [用在名詞前] 親筆的。

ho·log·ra·phy [həˈlɑgrəfɪ; hɔˈlɔgrəfi] *n.* Ⓤ《光學》雷射光立體攝影術。**ho·lo·graph·ic** [ˌhɑləˈgræfɪk; ˌhɔləˈgræfik⁻] *adj.*

hols [hɑlz; hɔlz] *n. pl.* 《英口語》休假(cf. holiday 2).

Hol·stein [ˈholstaɪn, ˈholstin; ˈhɔlstain] **《源自西德地名》—***n.* Ⓒ《美》好斯坦種乳牛《原產於荷蘭，有黑白斑紋的優良品種乳牛》(《英》Friesian).

hol·ster [ˈholstɚ; ˈhoulstə] *n.* Ⓒ(腰、肩配帶的)手槍皮套。

***ho·ly** [ˈholɪ; ˈhouli] *adj.* (**ho·li·er**；**-li·est**) **1** 神聖的，聖潔的；祭神的：~ bread [loaf] 儀式[彌撒]用的麵包/⇨holy day/~ ground 聖地/a ~ place 聖地，靈場；聖殿/a ~ war 聖戰《十字軍東征等；cf. jihad》. **2** 〈人、生活等〉信仰虔誠的；德高的，聖人般的：a ~ man 信仰虔誠的人/live a ~ life 過聖潔的生活。**3** 《俚·委婉語》嚴重的，駭人的，困擾的《★常用於下列片語》：a ~ terror 令人束手無策的傢伙，難以對付的人；非常頑皮的小孩。

—*n.* **1** Ⓒ神聖之物[地方]。**2** [**the H~**] 至聖者《基督、神的尊稱》。

the Hóly of Hólies (1)(猶太神殿的)至聖所、內院《放置聖約櫃》。(2)[**the ~ of holies**] 最神聖的地方；很少讓人進入的房間。

Hóly Allíance *n.* [**the ~**] 神聖同盟《1815 年，俄、奧、普締結於巴黎》。

Hóly Bíble *n.* [the ~]聖經。
Hóly Cíty *n.* [the ~]聖城《耶路撒冷(Jerusalem)，麥加(Mecca)等》。
Hóly Commúnion *n.* ⇨communion 3.
hóly dày *n.* Ⓒ(主要指宗教上的)節日《禮拜日除外》。
Hóly Fámily *n.* [the ~]聖家庭《繪畫或雕刻時，描繪聖母瑪利亞(the Virgin)、約瑟(St. Joseph)及嬰兒時之耶穌(Christ)者》。
Hóly Fáther *n.* [the ~]羅馬教皇。
Hóly Ghóst *n.* [the ~]聖靈《三位一體之第三位；透過耶穌而及於世人的神靈》。
Hóly Gráil *n.* [the ~]聖杯(the Grail).

【說明】依中世紀的傳說，指耶穌最後的晚餐時使用的酒杯。耶穌被釘死於十字架時聖杯曾用來盛接他的血，後來聖杯被運到英國，但因被汚穢的人接近而消失了。亞瑟王(King Arthur)傳說中的圓桌武士們(Knights of the Round Table)爲了尋找此酒杯而四處旅行。

Hóly Lànd *n.* [the ~]聖地《指巴勒斯坦(Palestine)》.
Hóly Òne *n.* [the ~]神，上帝，耶和華，基督。
hóly órders *n. pl.* 聖職：take ~ 就任聖職[牧師]。
Hóly Róman Empire *n.* [the ~]神聖羅馬帝國《962-1806 年間德意志帝國之稱》。
Hóly Sáturday *n.* 復活節前一週的星期六。
Hóly Sée *n.* [the ~]⇨see[2].
Hóly Sépulcher *n.* [the ~](耶穌躺臥至復活爲止的)聖墓。
Hóly Spírit *n.* [the ~]=Holy Ghost.
ho·ly·stone [ˈholɪˌston; ˈhoulistoun] *n.* Ⓒ(磨甲板之)磨石。
—*v.t.* & *v.i.* 用磨石磨(…)。
Hóly Thúrsday *n.* (耶穌)升天節(Ascension Day)；《天主教》復活節前一週的星期四(Maundy Thursday).
hóly wàter *n.* Ⓤ聖水。
Hóly Wèek *n.* 受難週(Passion Week)《復活節(Easter)前的一星期》。
Hóly Wrít *n.* [the ~]聖經(the Bible).
hom·age [ˈhɑmɪdʒ, ˈɑm-; ˈhɔmidʒ] *n.* Ⓤ **1** 敬意，尊敬：pay [do] ~ (*to*...) (對…)表敬意。**2** (封建時代的)臣服之禮；效忠的宣誓：do [render] ~ 宣誓效忠。

hom·burg [ˈhɑmbɝg; ˈhɔmbəːg] 《源自最初製造此物的西德之地名》 **—***n.* Ⓒ翹邊帽《帽緣翹起，中央凹陷》。

homburg

‡home [hom; houm] *n.* **1 a** Ⓤ(生活場所的)家，自宅《★通常帶有家人生活、團圓的意味》：There's nothing [no place] like ~. 世上沒有什麼地方能比得上家/a letter from ~ 家書，從家鄉來的信/leave ~ 離家/make one's ~ 安家落戶，定居。**b** Ⓒ家，住宅(house)：the Smith ~ 史密斯家，史密斯寓所/He has two ~*s*. 他有兩處住宅。**2 a** Ⓒ家庭：a sweet ~ 甜蜜的家庭。**b** Ⓤ家庭生活：

home

house

the joys of ~ 家庭的歡樂，天倫之樂。**3** Ⓤ出生的家；娘家；家鄉；本國；祖國：Where is your ~？您的家鄉在哪兒？/He left ~ for the United States. 他離開祖國前往美國。**4** Ⓒ〔動物的〕棲息地；生長地〔*of*〕：the ~ *of* tigers 老虎的棲息地。**5** Ⓒ〔思想、制度等的〕發祥地，發源地〔*of*〕：the ~ *of* parliamentary democracy 議會制民主的發源地。**6** Ⓒ(爲窮困者等設立的)收容所；招待所；療養院；孤兒院(等)〔*for*〕：a sailor's ~ 船員宿舍[招待所]，水手之家/a ~ *for* the blind 盲人之家/⇨MENTAL home. **7** Ⓤ **a** (遊戲的)陣地。**b** 《運動》終點。**8** (又作 **hóme pláte**) Ⓤ[常無冠詞]《棒球》本壘，本壘的位置[守備]。
(a) hóme from hóme =《美》**(a) hóme awày from hóme** (自在得)像自己家的地方，賓至如歸的地方。
at hóme (1)在家；在家[會客]的日子(cf. at-home)：Is Jane *at* ~？珍在家嗎？/I am not *at* ~ *to* anybody today. 我今天不接見任何人。(2)在本國，在國內(⟷ abroad)：inflation *at* ~ and abroad 國內外的通貨膨脹。(3)輕鬆無掛慮；自在，舒暢：He felt *at* ~. 他覺得自在/Please make yourself *at* ~. 請不要客氣，請不要拘禮。(4)習慣；精通，熟習〔於…〕〔*with, in, on*〕：I am quite *at* ~ *with* children. 跟小孩子相處，我已經很習慣了/He is *at* ~ *in* modern English poetry [*on* this subject]. 他精通現代英詩[這個問題]。(5)在本地；在主場：Is the match *at* ~ or away？[足球、棒球等]這場比賽是在本地還是外地舉行？
from hóme (1)從家[本國](的)。(2)不在，外出；離開家[國]：He is (away) *from* ~. 他外出了。
gò to one's **lást hóme** 長眠，死亡。
—*adj.* [用在名詞前]**1 a** 家庭的：~ life 家庭生活/~ cooking 家庭烹飪/~ study (在家)自修/~ work=homework/~ industries 家庭工業(cf. 2)。**b** 故鄉的：one's ~ city 出生地，故鄉/one's ~ country 祖國，本國/⇨homeland, hometown. **2** 本國的，國內的，內政的(⟷ foreign)：~ consumption 國內消費/~ industries 國內工業(cf. 1 a)/the ~ market 國內市場/~ products 國產貨。**3** 本部的：⇨home office. **4** 擊中要害的，激烈的；觸及核心的，一針見血的(cf. *adv.* 3 b)：a ~ thrust 擊中要害的一刺；一針見血的評語/a ~ truth 感人肺腑的眞理；至理名言。**5** 《運動》終點的；決賽的。**6** 《棒球》(安全跑回)本壘的：⇨home run. **7** (運動比賽等)在自己球場的，在當地的，主場的，主隊的(⟷ away)：a ~ team (地)主隊，本地球隊。
—*adv.* 《★[用法]與 be 動詞連用時，也可視爲 *adj.*》**1 a** 往家[本國，祖國]：come [go] ~ 回家[國](cf. 3 b)/send [write] ~ 送[寫信]回國[家]/drive a person ~ 用車送某人回家/He was on his [the] way ~. 他在回家的途中；他在歸途中。**b** 回(家，國)：He is ~. 他回來在家/I'm ~. 我回來了/I'll be ~ at six today. 我今天六點回家/Will you be ~ for dinner？你要回家吃晚飯嗎？(《★[用法]帶有 'come home' 之意時用》)。**c** 《美》在家裡，沒外出：I stayed [was] ~ all day. 我一整天都在家。
2 《棒球》向[往]本壘地。
3 a 深及要害地；〈鐵釘等〉深入地；充分地：drive a nail ~ 將釘子敲到頭/thrust a dagger ~ 深深插入一把短劍。**b** 痛切地，感人肺腑地(cf. *adj.* 4)：come ~ (*to*...)深切地感動[觸動](…的)心(cf. 1 a)/⇨drive... HOME (to a person).
bring...hóme (to a person**)** 使(某人)深切領悟到…，(向某人)深切訴說…；使某人確信[認清]〈其過錯等〉：This *brings* it ~！這眞令人傷心！/The result of the test *brought* ~ *to* me how little I had learned [*brought* it ~ *to* me that I had learned very little]. 測驗成績一公布使我深切領悟到自己學得太少了。
dríve...hóme (to a person**)** 讓(人)理解…，讓(人)同意…；强調…：He gave a lot of examples to *drive* his point ~. 他舉了很多例子來闡明他的觀點。
gèt hóme (1)回到(家)。(2)命中：*get* ~ *to* a person 打中某人的要害。(3)一舉抵達(目標等)。(4)讓[人]充分理解〔*to*〕.
gò hóme (1)⇨*adv.* 1 a. (2)《口語》死，歸西。
hít hóme ⇨hit.
nóthing to wríte hóme abòut 沒什麼特別值得提的，不値一提的。
stríke hóme (1)〈子彈等〉命中。(2)打中要害；打動人心。
—*v.i.* 〈鴿子等〉回巢，回家(⇨homing).
hóme ín on... 〈飛彈等〉朝著〈目標等〉。
hóme báse *n.* =home 8.
hóme·bòdy *n.* Ⓒ《美口語》常留在家中的人，家庭主義者(stay-at-home).
hóme-bóund *adj.* =homeward-bound.
hóme-bréd *adj.* **1 a** 在家裡飼養的。**b** 當地產的；國產的。**2** 沒教養的，未經琢磨的，未經世故的。
hóme bréw *n.* Ⓤ[指個體或種類時爲Ⓒ]自釀的啤酒(等)。
hóme-bréwed *adj.* 〈啤酒等〉自己釀造的。
hóme·bùilding *n.* Ⓤ住宅建設。
hóme·còming *n.* Ⓒ **1** 回家；回鄉。**2** 《美》(大學等一年一度的)校友會，同窗會《★大學的畢業生一年回母校一次；在校園裏展開各項裝飾、布置，通常這種校友會會選足球賽舉行的當天辦》。
hóme compúter *n.* Ⓒ家庭用電腦。
Hóme Cóunties *n. pl.* [the ~]倫敦(London)周圍諸郡《原爲 Middlesex, Essex, Kent, Surrey；現在包括 Essex, Kent, Surrey 等三郡，有時將 East Sussex, West Sussex 及 Hertfordshire 也包括在內》。
hóme éc [-ˈɛk; -ˈek] *n.* 《口語》=home economics.
hóme económics *n.* Ⓤ家政學(domestic science).
hóme frónt *n.* [the ~] **1** (戰爭時的)大後方。**2** [集合稱]大後方的國民。
hóme gròund *n.* [one's ~] **1** 體育隊所在的體育場，(地)主隊所在地，主場：*on* one's ~ 在(地)主隊所在地。**2** 拿手的範圍[話題]。
hóme-grówn *adj.* **1** 〈蔬菜等〉自家栽培的。**2** 本地產的；國產的。
hóme guárd *n.* 《英》**1** Ⓒ國民兵。**2** Ⓤ[the H~ G~；集合稱](第二次大戰中的)國民軍《★[用法]視爲一整體時當單數用，指個別成員時當複數用》。

hóme hélp *n.* Ⓒ《英》家庭幫手《由醫護、社工機構派去幫助生病或年老者料理家事的婦女》。
hóme·kèeping *adj.* 不喜歡外出的，不離開家的。
hóme·lànd *n.* Ⓒ祖國，本國，出生國。
hóme·less *adj.* 無家可歸的；無飼主的。～**·ness** *n.*
hóme·like *adj.* 像在家似的，賓至如歸的；舒適的；自在的，無拘束的；融洽的。～**·ness** *n.*
hóme·ly *adj.* (**home·li·er**; **-li·est**) **1**《美》〈人、臉等〉不漂亮的。**2**《英》家常的，家庭式的；樸素的，不華麗的。
hóme·li·ness *n.*
home·made [ˋhomˋmed; ˌhoumˈmeidˉ] *adj.* (無比較級、最高級)〈食品、衣類等〉自製的；自家做的；國產的：～ pies 自製的餡餅。
hóme·màker *n.* Ⓒ主婦。
hóme·màking *n.* Ⓤ **1** 持家，家政。**2**《美》(學校的)家庭管理科。

【說明】主婦的工作有烹飪、洗衣、清潔、購物等等，但那些是 housekeeping (家事) 而不是 homemaking (持家)。把 homemaking 譯成「持家，家政」，但其意義不只是安排家計，使一家人的生活無憂無慮，而且有製造祥和溫馨的家庭生活之意。homemaking 是「個人發展」(the development of a person) 的基礎。

hóme óffice *n.* Ⓒ總公司，總店，總局。
Hóme Òffice *n.* [the ～] (英國的) 內政部《處理司法、自治等的行政事務；cf. Home Secretary》。
ho·me·op·a·thy [ˌhomɪˋapəθɪ; ˌhoumiˈɔpəθi] *n.* Ⓤ《醫》順勢[類似]療法(↔ allopathy)。
ho·meo·path·ic [ˌhomɪəˋpæθɪk; ˌhoumiəˈpæθikˉ] *adj.*
hóme·òwner *n.* Ⓒ房主。
hóme·plàce *n.* Ⓒ出生地；祖籍。
hóme pórt *n.* Ⓒ《航海》母港，船籍港。
hom·er [ˋhomɚ; ˈhoumə] *n.* Ⓒ **1**《棒球》全壘打(home run)。**2** 傳書鴿，信鴿。
—*v.i.*《英》《棒球》擊出全壘打。
Ho·mer [ˋhomɚ; ˈhoumə] *n.* 荷馬《古希臘詩人；史詩伊里亞特(*Iliad*) 和奧德賽(*Odyssey*) 的作者》：(Even) ～ sometimes nods.⇨nod *v.i.* 3 b.
Ho·mer·ic [hoˋmɛrɪk; houˈmerik] «Homer 的形容詞» **—*adj.*** 荷馬(風格)的。
Homéric láughter *n.* Ⓤ縱聲大笑。

【字源】出自荷馬史詩伊里亞特(*Iliad*) 中的內容。在希臘神話中有一則描述諸神看到掌管火及打鐵工作的兩位神跛足而行時大笑的故事。

hóme·ròom, hóme ròom *n.*《美》《教育》**1** Ⓒ **a** 本級教室《同年級全體學生每天集合以備點名或接受各項通知的教室》。**b** [集合稱] 本級教室裏的全體學生。**2** Ⓤ本級教室的時間[課程]。
hóme rúle *n.* Ⓤ地方自治。
hóme rún *n.* Ⓒ《棒球》全壘打：hit a ～ 擊出一支全壘打。
hóme-rùn *adj.* [用在名詞前] 全壘打的：a ～ hitter 全壘打打者。
Hóme Sécretary *n.* [the ～] (英國的) 內政部長 (cf. Home Office)。
home·sick [ˋhomˌsɪk; ˈhoumsik] *adj.* (**more** ～; **most** ～) **1** 想家的，思鄉的：become [get] ～ 想家，思鄉。**2** [不用在名詞前] [十介十(代)名] 懷念[…] 的[*for*]：become ～ ***for*** English food 懷念起英國的食物。
hóme·sickness *n.* Ⓤ鄉愁，懷鄉病 (nostalgia)。
hóme·spùn *adj.* **1**〈布〉手織的。**2** 樸素的，粗糙的，平凡的。
—*n.* Ⓤ **1** 手織品；一種鬆疏而堅韌的毛織品。**2** 樸素之物。
hóme·stày *n.* Ⓒ《美》客居外國家庭(期間)。

【說明】留學生或短期旅客在居留的國家住入一般家庭成爲其家中的臨時成員之一。其目的在於透過個人的接觸，以了解對方國家的生活方式及文化，促進國際間的相互了解。在歐洲等地要花少許費用，而在美國則免費的情形較多。

hóme·stèad *n.* Ⓒ **1 a** 家園。**b** (指有附屬建築物的) 農家 (farmstead)。**2**《美·加》(政府授與的) 自耕農場。
hóme·stèad·er *n.* Ⓒ **1**《美》領有自耕農地者。**2** homestead 的所有者。
hómestead làw *n.* Ⓒ有關公地開墾的法律。
hóme·stráight *n.*《英》＝homestretch.
hóme·strétch *n.* Ⓒ **1**《運動》最後的直線跑道 (cf. backstretch)。**2** (工作的) 最後部分，完成階段。
hóme·tòwn *n.* Ⓒ生長的家鄉，故鄉；住慣的城市。
home·ward [ˋhomwɚd; ˈhoumwəd] *adj.* 回家的，歸途的；(向本國) 回航的：the ～ journey 返家之旅程。
—*adv.* 向家；朝向本國(的方向)：start ～ 踏上歸途。
hómeward-bóund *adj.* 往本國的，回航(中)的(↔ outward-bound)：a ～ ship 回航中的船。
hóme·wards [-wɚdz; -wədz] *adv.* ＝homeward.
‡**home·work** [ˋhomˌwɝk; ˈhoumwəːk] *n.* Ⓤ **1** (學童等的) 家中作業[功課]，預習《★比較《美》常用 assignment 表作業，習題》。**2** (會議等的) 預先準備：do one's ～ 做預先準備。**3** 在家做的工作；家庭工業，家庭副業。
hóme·wórker *n.* Ⓒ家裏的傭人《如女傭、園丁、雜工等》。
hom·ey [ˋhomɪ; ˈhoumi] «home 的形容詞» **—*adj.*** (**hom·i·er**; **-i·est**)《美口語》像家一樣的；無拘束的，舒暢的；融洽的：a restaurant with a ～ atmosphere 有家庭氣氛的餐廳。
hom·i·cid·al [ˌhaməˋsaɪdḷ; ˌhɔmiˈsaidl ˉ] *adj.* 殺人的：a ～ maniac 殺人狂。
hom·i·cide [ˋhaməˌsaɪd; ˈhɔmisaid] *n.*《法律》**1 a** Ⓤ殺人(罪) (cf. murder)：～ in self-defense 爲自衛而殺人/Murder is intentional ～. 謀殺是蓄意殺人。**b** Ⓒ殺人行爲。**2** Ⓒ殺人犯。
hom·i·let·ic [ˌhaməˋlɛtɪk; ˌhɔməˈletikˉ] *adj.* **1** 說教的，講道的。**2** 說教術[學]的。
hom·i·let·ics [ˌhaməˋlɛtɪks; ˌhɔməˈletiks] *n.* Ⓤ說教術，說教學。
hom·i·list [ˋhaməlɪst; ˈhɔmilist] *n.* Ⓒ說教者，講道家。
hom·i·ly [ˋhamḷɪ; ˈhɔmili] *n.* Ⓒ **1** 說教，講道。**2** (冗長的) 訓戒，說教。
hóm·ing *adj.* [用在名詞前] **1** 回家的；有歸巢本能的〈鴿子等〉：～ instinct 歸巢[回歸] 本能/a ～ pigeon＝carrier pigeon. **2** (朝目標) 自動導向[追踪] 的：a ～ torpedo 自動導向式魚雷/～ devices (導引飛彈等的) 自動導向裝置。
—*n.* Ⓤ **1** 歸來；(鴿子等的) 歸巢本能。**2** (飛彈等的) 自動導向。
hóming device *n.* Ⓒ使飛機[飛彈] 自動飛向目標之裝置，自導引裝置。
hom·i·nid [ˋhamənɪd; ˈhɔminid] *n.* Ⓒ《人類》原始人類；原人。
hom·i·nize [ˋhaməˌnaɪz; ˈhɔminaiz] *v.t.* 使…人性化。
hom·i·ni·za·tion [ˌhamənaɪˋzeʃən; ˌhɔminaiˈzeiʃn] *n.*
hom·i·ny [ˋhamənɪ; ˈhɔmini] *n.* Ⓤ《美》輾碎的玉米。
ho·mo [ˋhomo; ˈhoumou]《略》*n.* Ⓒ (*pl.* ～s)《俚》＝homosexual.
Ho·mo [ˋhomo; ˈhoumou] «源自拉丁文» **—*n.*** Ⓤ《分類》人屬：⇨Homo sapiens.
ho·mo- [homo-, -mə-; houmou-, -mə-] «源自希臘文» **—**[複合用詞] 表示「相同 (the same)」《★常用於希臘語系中；↔ hetero-》。
ho·moe·op·a·thy [ˌhomɪˋapəθɪ; ˌhoumiˈɔpəθi] *n.* ＝homeopathy.
ho·mo·ge·ne·i·ty [ˌhomədʒəˋniətɪ, ˌham-; ˌhɔmoudʒeˈniːəti] «homogeneous 的名詞» **—*n.*** Ⓤ **1** 同種，同性，同質。**2**《數學》齊性。
ho·mo·ge·ne·ous [ˌhoməˋdʒinɪəs, ˌham-; ˌhɔməˈdʒiːnjəsˉ] *adj.* **1** 同種[類，質，性] 的(↔ heterogeneous)。**2**《數學》齊性的，齊次的。～**·ly** *adv.* ～**·ness** *n.*
ho·mog·e·nize [hoˋmadʒəˌnaɪz; həˈmɔdʒənaiz] *v.t.* **1** 使…均勻，使…類同。**2** 使…均質：～*d* milk 均質牛奶。
hom·o·graph [ˋhaməˌgræf; ˈhɔməgrɑːf] *n.* Ⓒ同形異義字《如 seal「海豹」與 seal「印章」等；cf. heteronym, homonym》。
hom·o·graph·ic [ˌhaməˋgræfɪk; ˌhɔməˈgræfikˉ] *adj.*
hom·o·log [ˋhaməˌlɔg; ˈhɔməlɔg] *n.* ＝homologue.
ho·mol·o·gous [hoˋmaləgəs; hɔˈmɔləgəs] *adj.* **1**〈性質、位置、構造等〉一致的。**2**《數學》同調的。**3**《化學》同族的。**4**《生物》相同(器官)的，異體同源的。
hom·o·logue [ˋhaməˌlɔg; ˈhɔməlɔg] *n.* Ⓒ **1** 同系物。**2**《生物》同源器官。**3**《化學》同族體。
ho·mol·o·gy [hoˋmalədʒɪ; hɔˈmɔlədʒi] *n.* Ⓤ **1** 相同關係。**2**《生物》(異種的部分、器官的) 同源，相同 (cf. analogy 3)。**3**《化學》同族關係。**4**《幾何》同調。
hom·o·nym [ˋhaməˌnɪm; ˈhɔmənim] «源自希臘文「同名」之義» **—*n.*** Ⓒ **1** 同音異義字《如 pail「桶」與 pale「樁」和 pale「蒼白的」等；cf. heteronym, synonym》。**2** ＝homograph. **3** ＝homophone. **ho·mon·y·mous** [hoˋmanəməs; hɔˈmɔniməs] *adj.*
ho·mo·phile [ˋhoməˌfaɪl; ˈhouməfail] *n.* Ⓒ同性戀者。
—*adj.* 關心同性戀者之權利[福利] 的；同性戀的。
hom·o·phone [ˋhaməˌfon; ˈhɔməfoun] *n.* Ⓒ **1** 同音字母[音標]《如 c [s; s] 與 s，或 c [k; k] 與 k》。**2** 異形同音異義字《如 right, write, wright 等》。**3** ＝homonym 1.
hom·o·phon·ic [ˌhaməˋfanɪk; ˌhɔməˈfɔnikˉ] *adj.* **1** 同音的；同音異語的。**2**《音樂》齊唱[奏] 的；主調音樂的。
ho·moph·o·nous [hoˋmafənəs; hɔˈmɔfənəs] *adj.* ＝homophonic.
ho·moph·o·ny [hoˋmafənɪ; hɔˈmɔfəni] *n.* Ⓤ **1** 同音(性)。**2**《音樂》齊唱[齊奏]；主調音樂 (cf. polyphony)。
ho·mor·gan·ic [ˌhomɔrˋgænɪk; ˌhɔmɔːˈgænik] *adj.* 由同一器官發聲的。

H

Hómo sá·pi·ens [ˋhomoˋsepɪ,ɛnz; ˌhoumouˈsæpienz] 《源自拉丁文 'wise man' 之義》 —*n.* Ⓤ《生物》人，人類。

ho·mo·sex·u·al [ˏhoməˋsɛkʃuəl; ˌhoməˈseksjuəl] *adj.* 同性戀的(cf. gay, lesbian). —*n.* Ⓒ同性戀者。

hom·o·sex·u·al·i·ty [ˏhoməsɛkʃuˋælətɪ; ˌhoməseksjuˈæləti] *n.* Ⓤ **1** 同性戀(cf. lesbianism). **2** 同性戀的行爲。

hom·y [ˋhomɪ; ˈhoumi] *adj.* ＝homey.

hon [hʌn; hʌn] 《honey 之略》 —*n.* ＝honey 3.

Hon., hon. 《略》Honorary；Honor；Honorable.

hon·cho [ˋhantʃo; ˈhɔntʃou] *n.* Ⓒ (*pl.* ～**s**)《口語》主理人；老闆；頭頭。

Hon·du·ras [hanˋdurəs; hɔnˈdjuərəs] *n.* 宏都拉斯《中美洲之一共和國；略作 Hond.；首都德古斯加巴 (Tegucigalpa) [təˏgusɪˋgælpə; təɡu:siˈɡælpə]》.

Hon·du·ran [hanˋdurən; hɔnˈdjuərən] *adj., n.*

hone [hon; houn] *n.* Ⓒ(剃刀等的)磨刀石(whetstone).

—*v.t.* **1** 用磨刀石磨〈刀具〉。**2** 磨鍊〈技術等〉。

‡**hon·est** [ˋanɪst; ˈɔnist] 《源自拉丁文「名譽(honor)」之義》

—*adj.* (**more** ～; **most** ～) **1 a** 〈人〉**正直的**，率直的；誠實的，可靠的：an ～ man 正直的人。

【同義字】honest 指眞實、公正、率直的；upright 指遵循道德規範的；conscientious 指依據道德觀念行動、本著良心做事的。

b [不用在名詞前] [＋ *of* ＋(代)名(＋ *to* do)/＋ *to* do] [人]〈做…是〉坦率的；〈人〉〈做…是〉坦率的：It was ～ *of* you *to* tell me your troubles. ＝ You were ～ (enough) *to* tell me your troubles. 你很坦率，告訴了我你的煩惱。**c** [不用在名詞前] [＋介＋(代)名] [在…方面]坦率的，誠實的[*in, about*]：He was ～ ***in*** business. 他做事[生意]誠實/He was ～ *in* tell*ing* me about his quarrel with his family. 他直率地告訴我他和家人吵架的事/She was ～ ***about*** it. 她坦白說了那件事。**d** [不用在名詞前] [＋介＋(代)名] [對人]誠實的[*with*]：To be ～ (***with*** you) [用於句首]老實(對你)說。

2 〈臉、行爲等〉表現出誠實的：an ～ face 誠實的臉。

3 a 〈言行等〉不虛僞的，率直的：an ～ opinion 率直的意見。**b** [用在名詞前]正當的，誠實地工作而獲得的〈獲利等〉：make an ～ living 過正經[正當]的生活/⇨turn an honest PENNY.

4 純淨[正]的，眞貨的：～ beer [milk] 純正啤酒[牛乳]。

hónest to Gód [**góod**]《俚》眞正地，完全地(really).

màke an hónest wóman of... 娶〈與自己發生性關係的女人〉爲妻，與…結婚《★現在常用於戲謔》。

to be quite hónest abóut it 老老實實地說，說實在話，坦白說。

—*adv.* [當感歎詞用]《口語》眞正地，的確，無疑地：I didn't steal it, ～！我沒有偷，眞的！

hon·est·ly [ˋanɪstlɪ; ˈɔnistli] *adv.* (**more** ～; **most** ～) **1 a 眞誠地**；率直地：He spoke ～ about his involvement in the affair. 他直言不諱地說了他與該事件有牽連。**b** 老實地，眞正地：I got the money ～. 這筆錢我是以正當的手段掙來的。**2** (無比較級、最高級) [修飾整句；常用於句首]坦白說，的確，無疑地：*H*～, that's all the money I have. 老實說，我的錢只有這麼多。

hónest-to-góodness *adj.* [用在名詞前]《口語》純粹的，未攙雜的；眞貨的。

***hon·es·ty** [ˋanɪstɪ; ˈɔnisti] 《honest 的名詞》—*n.* Ⓤ**正直**，率直；誠實：～ of purpose 誠心誠意，眞心實意/in all ～ 坦白說/*H*～ is the best policy. 《諺》誠實爲上策。

***hon·ey** [ˋhʌnɪ; ˈhʌni] *n.* (*pl.* ～**s**) **1** Ⓤ**蜂蜜**：(as) sweet as ～ 像蜜一般甜；和藹可親。**2** Ⓤ(如蜜一般)甜的東西；甜蜜的人。**3** Ⓒ[也用於稱呼]《美口語》愛人，心肝寶貝：(my) ～ (我)親愛的《對妻、愛人等的稱呼》/Yes, ～！是，親愛的！**4** Ⓒ《美口語》很棒的東西，一級品：*a* ～ *of a* dress 漂亮的衣服/That car is a real ～. 那部車子眞的很棒。

—*adj.* [用在名詞前] **1** (蜂)蜜的。**2** (甜度)像蜜的；甘美的，蜂蜜顏色的。

hóney·bèe *n.* Ⓒ《昆蟲》蜜蜂(bee).

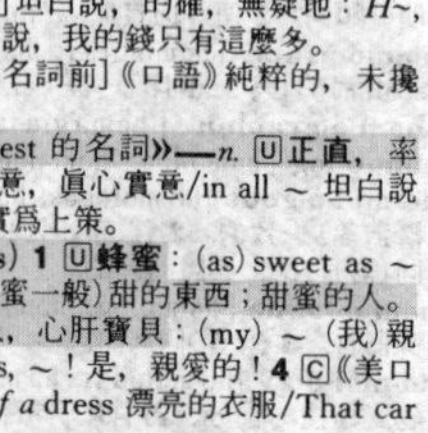

honeycomb

hóney·còmb *n.* Ⓒ **1** 蜂巢(cf. hive 1 a). **2** 蜂巢狀之物。

hóney·còmbed *adj.* **1** 蜂巢狀的。**2** [不用在名詞前] [＋介＋(代)名] [因…而]成蜂巢狀的[*with*]：a city ～ ***with*** subways 地鐵密布的都市。

hóney·dèw *n.* **1** Ⓤ(熱天時，從植物的葉、莖處分泌出的)甜汁樹蜜；(蚜蟲等分泌出的)蜜。**2** Ⓤ《詩》甘露。**3** (又作 **hóney-dew mèlon**) Ⓒ[當作食物時爲Ⓤ]蜜瓜《甜瓜(muskmelon)的一種；果肉甜，呈淺綠色》。

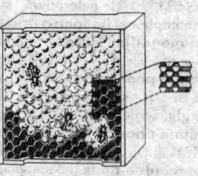

hón·eyed *adj.* **1 a** 有[多]蜜的。**b** 加了蜜的，很甜[過甜]的。**2** 〈言語等〉和藹可親的，嘴巴甜的；甜言蜜語的；恭維[奉承]的。

hon·ey·moon [ˋhʌnɪˏmun; ˈhʌnimu:n] *n.* Ⓒ **1 蜜月旅行**：go (off) *on* a ～ 去蜜月旅行。

【字源】從前在斯堪的那維亞(Scandinavia)或英國的結婚宴席上飲用蜜做的蜜酒(mead)，新婚夫婦在結婚生活的第一個月也有飲用這種酒之習慣。moon 也是「月」(month)的意思，所以新婚第一個月便稱作 honeymoon. 但是據另外一種說法，honeymoon 暗示着夫婦的愛很容易產生變化，就像有盈便有虧的月亮一樣。

2 a (結婚後)蜜月期間。**b** (短時期的)諧調關係。

—*v.i.* [＋副詞(片語)]去新婚[蜜月]旅行，度蜜月：They ～*ed in* Paris. 他們在巴黎度蜜月。～·**er** *n.*

honeysuckle

hon·ey·suck·le [ˋhʌnɪˏsʌkl; ˈhʌniˌsʌkl] *n.* Ⓤ[指個體時爲Ⓒ]《植物》忍冬，金銀花。

hóney-swéet *adj.* 甜如蜜的。

Hong Kong, Hong·kong [ˋhaŋˋkaŋ; ˌhɔŋˈkɔŋ] *n.* 香港《位於中國大陸廣東省南岸的一個小島，爲英國殖民地；預定 1997 年歸還中國》。

hon·ied [ˋhʌnɪd; ˈhʌnid] *adj.* ＝honeyed.

honk [hɔŋk, haŋk; hɔŋk] 《擬聲語》—*n.* Ⓒ **1** 雁(wild goose)的叫聲。**2** (汽車的)喇叭聲。

—*v.i.* **1** 〈雁〉鳴叫。**2** 〈車輛〉鳴喇叭。—*v.t.* 鳴〈喇叭〉。

hon·kie, hon·ky [ˋhɔŋkɪ; ˈhɔŋki] *n.* Ⓒ[也用於稱呼]《美俚》白人《★黑人對白人的輕蔑語》。

honk·y-tonk [ˋhɔŋkɪˏtɔŋk; ˈhɔŋkitɔŋk] *n.* Ⓒ《美俚》(喧嘩的)廉價酒吧[舞廳](等)。

—*adj.* **1** 廉價酒吧的。**2** 《爵士》輕快、歡樂的《鋼琴彈奏》。

Hon·o·lu·lu [ˏhanəˋlulə, -lu; ˌhɔnəˈlu:lu:] *n.* 檀香山，火奴魯魯《美國夏威夷州之首府；在歐胡(Oahu)島上》。

‡**hon·or,** 《英》**hon·our** [ˋanɚ; ˈɔnə] 《源自拉丁文「名聲，美」之義》—*n.* **1** Ⓤ **a** (得到社會認同的)**名譽**，榮譽，面子，體面，信用，名聲：die with ～ on the battlefield 光榮地死在戰場上/a point of ～ (若不履行)攸關體面之事/pledge one's ～ 以自己的名譽保證/on [upon] one's ～ 以名譽擔保/win ～ 獲得榮譽/save [stain] one's ～ 保住[毀損]名譽/*H*～ is satisfied. (接受決鬥或謝罪而)保全面子。**b** [**the** ～] (領受上位者的好意，邀請的一種)光榮，特權[*of*]《★用法慎重的表現方式》：I have *the* ～ *of* perform*ing* before you all. 我很榮幸地在各位面前表演/Will you do us *the* ～ *of* din*ing* with us next Saturday？你能賞光於下星期六與我們共進晚餐嗎？**c** [＋ *to* do] 〈做…的〉光榮《★用法與義 1 b 同》：I have *the* ～ *to inform* you that.... 謹此奉告…。**2** Ⓤ **a 廉恥心，榮譽心，自尊心**：a man of ～ 正直的人/There is ～ among thieves. 《諺》盜亦有道。**b** (女性的)貞節：womanly ～ 貞節/lose one's ～ 《謔》失去貞操。**3** Ⓤ**尊敬**，敬意：pay [give] ～ to... 向…致敬/have [hold] a person in ～ 尊敬人。**4** [**an** ～] **被引爲榮譽[光榮]的物[人]**[*to*]：He is *an* ～ *to* the country [school, family]. 他是國家[學校，家庭]的光榮；他爲國[校，家]增光/I take your visit as *a* great ～. 您的來訪是我莫大的光榮/I think it *a* great ～ to accept your invitation. 我認爲能受到您的邀請是我無上的光榮。**5** Ⓒ **a** [常 ～**s**]榮譽獎，勳章。**b** [～**s**]敍勛，敍位：⇨birthday honours, honours list. **6** [～**s**] **a 儀式**：the last [funeral] ～*s* 葬禮/(full) military ～*s* 軍葬禮，(對元首等的)軍禮。**b** (主人身分的)**社交上禮儀**：do the ～*s* 擔任主人/He did the ～*s of* the table. 他在席間盡了主人之誼。**7** [～**s**] **a** (在學校中的)優等：graduate with ～*s* 以優等成績畢業。**b** [用單數]《大學》優等課程。**c** 《英大學》優等學位：pass with *honours* (in...) 通過(…的)優等學位考試。**8** [**H**～；用於對法官、市長等的尊稱]閣下：His [Your] *H*～ the Mayor 《美》市長閣下《★用法代替 he [you] 使用》。**9** [～**s**]《紙牌戲》尊牌，最高王牌《如橋牌(bridge)中的 ace, king, queen, knave, ten 五張》。**10** [**the** ～]《高爾夫》擊球優先權《球員或球隊優先從發球區發球》。

be on one's hónor to dó ＝ be (in) hónor bóund to dó 以名譽擔保一定要…[非…不可]。

dò hónor to a person ＝ **dò** a person **hónor** (1)對某人表示敬意，以禮待人。(2)(對於某人的善行等)予人榮譽，使人受到尊敬。

for the hónor of... (1)爲了…的信用。(2)爲了…的名譽。

gìve a person **one's** (**wórd of**) **hónor** 以名譽向某人擔保。

hónor bríght [用於斷定時]《口語》以人格擔保，發誓，一定。

in hónor of... 向…表示敬意，祝賀…，紀念…：A bust has been

erected *in* ~ *of* the great scientist. 爲紀念這位偉大的科學家建造了一座半身像/They gave a dinner *in* ~ *of* the illustrious visitor. 他們設宴招待那位著名的訪客。

pùt a person **on his hónor** 使〈某人〉以其名譽發誓。

the hónors of wár 給予投降者的恩典《准其攜帶武器、旗幟等》。

to a person's **hónor** 帶給某人榮譽，增加某人的光彩：It was greatly *to* his ~ that he refused the reward. 他的辭謝報酬大大地提高了他的聲譽。

—*v.t.* **1**〔十受〕尊敬〈人〉：Fear God and ~ the King [Queen]. 敬畏神，尊敬國王[女王]。**2 a**〔十受十介十(代)名〕給與〈人〉〔…的〕名譽[光榮]〔*with, by*〕《★用因愼重、客氣的表達方式》：Will you ~ me ***with*** a visit? 可否賞光駕臨/Would you ~ us ***by*** shar*ing* our dinner tonight? 今晚你是否肯賞光與我們一道用餐？**b**〔十受〕給予〈某人〉名譽[榮譽，光彩]《★常以過去分詞當形容詞用；⇨honored》。**3**〔十受十介十(代)名〕給予〈某人〉〈榮譽獎、勳章、官位等〉〔*with*〕：~ a person ***with*** a medal 授與某人獎章。**4**〔十受〕〈人、銀行等〉承兌，如期支付〈支票、滙票〉，領收…，接受…：~ a check 承兌支票/The hotel ~*s* all major credit cards. 這家旅館接受各主要的信用卡。

hon·or·a·ble,** 《英》**hon·our·a·ble** [ˋɑnərəbl; ˈɔnərəbl] **«**源自honor**»—*adj. (**more** ~; **most** ~) **1**〈人、行爲〉**可敬的**，氣節情操正直的，高尙的；值得敬佩的；有誠意的：an ~ leader 可敬的領導者/~ conduct 高尙的行爲/I'm not sure if his intentions toward my daughter are ~. 我料不準他對我女兒的求婚是否一片誠心。**2 a 光榮的**，有體面的：an ~ burial 光榮的葬禮/an ~ death 光榮死亡。**b** 有名譽的，高貴的，著名的：an ~ duty 光榮的職務/an ~ family 名門。**c** 表揚榮譽的：⇨honorable mention. **3** [H~；常 **the** ~；用於敬稱] 閣下《略作 Hon.》：*the Honourable* gentleman [member] = my *Honourable* friend《英》在會議上對其他議員的稱呼。

【說明】the Honorable 在英國是侯爵以下貴族的後代、下院議員、法官等的尊稱。在美國則是國會議員、州議員、州長、市長等的尊稱。加在人名前時除了姓以外還要加上名字或代表名字的字母，在名字不詳時則加上 Mr.：the *Hon.* John Brown 約翰・布朗閣下/the *Hon.* Mr. Brown 布朗先生閣下。

the Mòst Hónourable《英》侯爵《對擁有巴斯(Bath)勳位者的尊稱；略作 Most Hon.》。

the Ríght Hónourable《英》對伯爵以下的貴族、樞密顧問官、倫敦市長等的尊稱《略作 Rt. Hon.》。

hónorable méntion *n.* **1** Ⓤ未入選之佳作。**2** Ⓒ優異獎，表揚獎《頒給未獲頭、二、三等獎者》。

hón·or·a·bly [-rəblɪ; -rəbli] *adv.* 完美地，圓滿地，巧妙地；光榮地：be ~ discharged (from...)(從…)光榮地退職[役，伍]。

hon·o·rar·i·um [ˌɑnəˋrɛrɪəm; ˌɔnəˈreəriəm] *n.* Ⓒ(*pl.* ~**s**, **-i·a** [-ɪə; -iə])(給與演講者等的)酬謝金，謝禮(fee)。

hon·or·ar·y [ˋɑnəˌrɛrɪ; ˈɔnərəri] **«**honor 的形容詞**»—*adj.*** **1**〈給與地位、學位等〉名譽的，名譽上的；(無酬勞的)掛名的，名譽職位的：an ~ degree 名譽學位/an ~ member [office] 名譽會員[職位]/an ~ secretary 名譽幹事。**2**〈負債等〉(法律責任之外的)道義上的。**—*n.*** Ⓒ名譽職位(者)。

hón·ored *adj.* **1** 有名譽的，接受名譽的。**2** [不用在名詞前] **a** 認爲光榮的，引以爲榮的。**b**〔十介十(代)名〕視〔…〕爲榮譽的〔*by, with*〕：I feel highly ~ ***by*** your kindness. 您的好意使我感到莫大的光榮/I hope to be ~ ***with*** your orders. 我衷心期待您的吩咐。**c**〔十 *to* do〕〈做…〉感到光榮的：I am ~ *to* be asked to speak. 承蒙邀請發言，我感到光榮。**d**〔十 *that*__〕〈對…一事〉深感光榮的：I am ~ *that* you should ask me to speak. 承蒙指定發言，我深感光榮。

hónor gùard *n.* Ⓒ儀隊。

hon·or·if·ic [ˌɑnəˋrɪfɪk; ˌɔnəˈrifik] *adj.* 尊稱的，有榮譽的，表示尊敬的。**—*n.*** Ⓒ **1** 敬稱。**2** 敬語。

hónor ròll *n.* Ⓒ《美》**1** 優等生名册。**2** 榮譽名册。

hónors coùrse *n.* Ⓒ大學中獨立研究之課程《修完後提出論文或經過考試，學生即得優等學位》。

hónor sỳstem *n.* Ⓒ《美》(學校考試的)無監考制度，榮譽制度。

【說明】在美國的大學由老師在黑板寫出或以口頭宣布試題後，考生不一定要在教室考，而可自由選擇圖書館或宿舍的自己房間，在限定的時間內作好題目繳交試卷的制度。此種方式的考試通常在試卷的末尾要加上 I did not give or receive any information during this examination.(本人在這次考試中並未給與他人或從他人處接受任何有關考試的情報。)之類的聲明，並簽字以示愼重。

‡hon·our [ˋɑnə; ˈɔnə] *n., v.*《英》= honor.

***hon·our·a·ble** [ˋɑnərəbl; ˈɔnərəbl] *adj.*《英》= honorable.

hón·our·a·bly [-rəblɪ; -rəbli] *adv.*

hónours lìst *n.* Ⓒ《英》**1** 榮譽名册，授勳者名册。**2** 優等生名册。

hooch [hutʃ; huːtʃ] *n.* Ⓤ[指個體時爲Ⓒ]《美俚》酒；(尤指私釀的)威士忌。

hood[1] [hʊd; hud] *n.* Ⓒ **1** (覆蓋住臉以外的頭、頸用的)**頭巾**，兜帽《常與外套連在一起，不用時可以摘下，垂掛背後》。**2** 頭巾狀之物：**a** (代表學位的)學位服的背後垂布《長垂布是教授禮服的一部分》。**b** (用鷹打獵時的鷹、馬的)頭巾。**c** (眼鏡蛇的)傘狀頸部。**d** (馬車、嬰兒車等的)車篷。**e** (煙囪的)罩蓋。**f** (爐的)遮簷。**g** (打字機、引擎等的)蓋子。**h**《美》(汽車的)引擎蓋(《英》bonnet)(⇨car 插圖)。**i** (砲塔的)天蓋。**j** (照相機的)(鏡頭)蓋子。

hood 1

—*v.t.* **1**〔十受〕以頭巾遮蓋…。**2**〔十受十介十(代)名〕**a**〔用…〕覆蓋…〔*with*〕. **b**〔用…〕蒙蔽…〔*with*〕《★比較在這種意思下，較常用 blindfold》。

hood[2] [hud; huːd]《略》*n.* = hoodlum.

-hood [-hʊd; -hud] 字尾 [名詞字尾] **1** 表示「性質、狀態、階級、身分、境遇等」：child*hood*, man*hood*. **2** 有時接形容詞表示「狀態」：false*hood*, likli*hood*. **3** 表示集合體，意爲「圈，界，團體，社會」；priest*hood*, neighbor*hood*.

hóod·ed *adj.* **1** 戴頭巾的。**2** 附有罩[蓋]的。**3** 〈眼睛〉半閉的。**4** **a**《植物》帽子狀的。**b**《動物》有頭巾狀冠毛的。

hood·lum [ˋhudləm; ˈhuːdləm] *n.* Ⓒ《俚》不良少年；不良幫派分子，流氓。

hoo·doo [ˋhudu; ˈhuːduː]《美口語》*n.* Ⓒ(*pl.* ~**s**) **1** 掃把星；倒楣的人[東西]；瘟神；霉頭，霉運。**2** = voodoo.

—*v.t.* 使〈人〉倒楣。

hóod·wìnk *v.t.* 蒙蔽〈人〉，欺騙〈人〉。

hoo·ey [ˋhuɪ; ˈhuːi] *n.* Ⓤ《美俚》瞎說，廢話(nonsense).

—*interj.* 笨蛋！

hoof [hʊf, huf; huːf] *n.* Ⓒ(*pl.* ~**s**, **hooves** [-vz; -vz]) **1** (馬等的)蹄(cf. paw)(⇨pastern 插圖)。**2**《謔・俚》(人的)脚：⇨cloven hoof.

on the hóof 〈家畜〉尙未宰殺的，活著的：buy cattle *on the* ~ 買活生生的牛。

—*v.i.* **1**《口語》步行。**2**《俚》跳舞。

—*v.t.* **1** 用蹄踢…。**2** [~ **it**] **a**《口語》步行。**b**《俚》跳舞。

hóof·bèat *n.* Ⓒ蹄聲。

hoofed [hʊft, huft; huːft] *adj.* **1 a** 有蹄的：a ~ animal 有蹄動物。**b** [常構成複合字] 有(…之)蹄的：broad-*hoofed* 寬蹄的。**2** 蹄形的。

hóof·prìnt *n.* Ⓒ蹄印。

hoo-ha [ˋhuˌhɑ; ˈhuːhɑː] **«**擬聲語**»—*n.*** Ⓤ《口語》(對無聊事的)大驚小怪，焦慮不安。

***hook** [hʊk; huk] *n.* Ⓒ **1 a** (前端彎曲的)**鉤**。**b** 掛鉤：~*s* and eyes (衣服的)銅絲鉤，鉤眼扣；(門上的)鉤扣鉸鏈。**c** 掛鉤，可上下活動的吊鉤：a hat ~ 帽鉤。**d** (公用電話聽筒的)掛鉤。**2 a** (釣魚用的)釣鉤：a fish ~ 釣魚鉤/a ~ and line 附有釣魚鉤的釣線。**b** 陷穽，圈套(snare)。**3** [常構成複合字] 鉤形的鐮刀：⇨billhook, reaping hook. **4 a** 引號(‘ ’)。**b** (音符的)鉤符(♪♪等的旗形部分)。**5 a** (河川的)彎曲部分。**b** 伸入海中的陸地[海角，岬，沙洲等]。**6**《拳擊》鉤拳《彎著肘側擊》。**7** (高爾夫、棒球等)左曲球《球向打擊者順手的反方向飛去的球；cf. slice》。**8** [~**s**]《俚》指；手。

by hóok or (by) cróok 設法：get to the top (of a mountain) *by* ~ *or (by) crook* 設法抵達山頂。

gèt one's **hóoks ìnto** [**on**] a person《口語》〈女〉使〈男〉唯命是從；〈高利貸等〉控制〈對方〉。

gèt the hóok《俚》被免職，被開革《★古代，對於無能的演員，常用附鉤的長棒將他們自舞台上拖下來》。

hóok, líne, and sínker [當副詞用]《口語》徹底地，完全地(相信)：swallow a person's story ~, *line and sinker* [完全]相信某人的話。

【字源】hook 是「釣鉤」，line 是「釣線」，sinker 是「鉛錘」。肚子餓的魚不只吞食有釣餌的釣鉤，甚至連釣線和鉛錘都會一起吞下去，所以以此來比喻把荒唐無稽的話信以爲眞而且很容易受騙的人。

òff the hóok (1)《口語》脫離困境：He let us *off the* ~. 他拯救我們脫離困境。(2)(電話的)聽筒未掛：ring *off the* ~ 電話一個接一個地打來，鈴聲響個沒完。

on one's **ówn hóok**《口語》獨力，獨自。

on the hóok (尤指無路逃而)陷入困境。

slíng one's **hóok**《英俚》逃離，逃脫。

—*v.t.* **1 a**〔十受＋副詞(片語)〕以鉤掛住〈物〉：～ a dress *up* 把衣服掛在鉤上/～ a hat *on* [*over*] a nail 把帽子掛在釘子上。**b**〔十受(＋副)〕以鉤固定〈衣服等〉；以鉤固定〈人〉的衣服〈*up, on*〉：～ (*up*) a dress 用鉤扣住衣服/Would you ～ me *up*? 麻煩您幫我(把衣服)扣上好嗎？/This dress is ～*ed* (*up*) *at* the back. 這件衣服的鉤扣在背後。**2**〔十受〕**a** 用鉤(針)鉤住〈魚、物等〉：～ a fish 用釣魚鉤釣魚。**b**〈女〉謀得〈結婚對象〉：～ a rich husband 釣到金龜婿。**3**〔十受(＋副詞(片語))〕使…彎曲如鉤：～ one's finger 彎曲手指/～ one's arm *through* another's 彎曲手臂與人挽臂。**4**〔十受〕《口語》偷，摸走〈東西〉。**5**〔十受〕《拳擊》用鉤拳打…。**6**〔十受〕(高爾夫等)使〈球〉成左曲球。**7**〔十受〕《棒球》投〈曲球〉。

—*v.i.* **1**〔動(＋副)〕(以鉤扣)固定住〈*up, on*〉：a dress that ～*s* (*up*) *at* the back 以鉤扣在背後扣住的衣服。**2** 彎曲如鉤。**3** (高爾夫、棒球等)〈球〉成曲球。

hóok úp《*vt adv*》(1)⇨*v.t.* 1. (2)使〈收音機、電話等〉〔與電源、中央系統〕接線〔*to*〕：～ *up* a radio *to* a power supply 使收音機(的線)接上電源。—《*vi adv*》(3)⇨*v.i.* 1.

hook·ah [ˈhʊkə; ˈhukə]《源自阿拉伯語》—*n.* Ⓒ水煙管。

hookah

hóok and ládder (trùck) *n.* Ⓒ《美》附有雲梯的消防車(ladder truck).

hooked *adj.* **1** 鉤狀[鉤曲]的：a ～ nose 鷹鉤鼻。**2** 有鉤的。**3** [不用在名詞前]掛在鉤上的；被掛住的：Your coat is ～ *on* the nail. 你的大衣掛在釘子上。**4** [不用在名詞前]〔十介＋(代)名〕《口語》**a** 耽溺[於迷幻藥]的，沈迷〔於…〕的〔*on*〕. **b** 熱中〔於…〕的〔*on*〕：He is ～ *on* jazz. 他熱中於爵士樂。

hóoked schwá *n.* Ⓒ有鉤的中母音《即 [ɚ] 記號》；[ɚ] 之音。

hóok·er[1] [ˈhʊkɚ; ˈhukə] *n.* Ⓒ **1** 用鉤鉤住的物[人]。**2**《美俚》妓女。**3**《橄欖球》鉤球員《對陣爭球(scrum)時，立於最前列，鉤射出球的選手》。

hook·er[2] [ˈhʊkɚ; ˈhukə] *n.* Ⓒ《航海》**1** 荷蘭式雙桅桿的帆船。**2** (愛爾蘭、英國等的)單桅桿漁船。**3**《俚》破船。

hook·ey [ˈhʊkɪ; ˈhuki] *n.* ＝hooky.

hóok-nósed *adj.* 鷹鉤鼻的。

hóok·ùp *n.* Ⓒ **1** (收音機、電話等的)安裝，接線；接線圖。**2** (廣播電台間的)聯播，轉播：a nationwide ～ 全國聯播。**3**《口語》**a** 聯結，聯合。**b** (常指對立的國家、黨派間的)聯盟，同盟。

hóok·wòrm *n.* **1** Ⓒ鉤蟲。**2** Ⓤ鉤蟲症。

hook·y [ˈhʊkɪ; ˈhuki] *n.* Ⓤ《美口語》不正當的休息，偷懶《★常用於下列片語》：play ～ 翹課，逃學(play truant).

hoo·li·gan [ˈhulɪgən; ˈhu:ligən] *n.* Ⓒ小流氓；不良少年，地痞：a gang of ～*s* 流氓幫派，不良少年組織。

hóo·li·gan·ìsm [-nˌɪzəm; -nizəm] *n.* Ⓤ暴力行爲，暴戾，無賴行爲[習氣]。

hoop [hʊp, hup; hu:p] *n.* Ⓒ **1 a** (木桶(barrel, cask)等的)箍；輪圈；鐵環。**b** (以鐵條推滾鐵圈遊戲的)鐵圈。**2** 輪圈狀之物：**a** (馬戲團中供演員穿過的)大鐵圈。**b** (籃球的)籃圈。**c** (扁平的)戒指。**d** (昔時被用來撐大婦女襯裙襬，用鯨骨、鋼鐵等做成的)環架：⇨hoop skirt. **3**《槌球》弓形小門《讓球通過的倒 U 字形的門；cf. croquet》.

hoop 1 b

gó through the hóop(s)《口語》受考驗，吃苦《★源自特技中的穿過大鐵圈》。

júmp òut of hóops [a hóop]《口語》百依百順聽從〔某人〕〔*for*〕《★源自特技中穿過大鐵圈》。

pút a person **through the hóop**《口語》鍛鍊某人，使某人受苦難《★同上》。

—*v.t.* **1** 上箍兒於〈木桶〉。**2** 圍繞…。

hoop·er [ˈhupɚ; ˈhu:pə] *n.* Ⓒ桶匠；箍桶匠。

hóop·ing còugh *n.* ＝whooping cough.

hoop·la [ˈhupˌlɑ; ˈhu:plɑ:] *n.* Ⓤ **1** 投套環遊戲《投中時可得該物的一種遊戲》。**2** 喧鬧〔*about*〕.

hoo·poe [ˈhupu; ˈhu:pu:] *n.* Ⓒ《鳥》戴勝《產於歐洲、亞洲》。

hoopoe

hóop skìrt *n.* Ⓒ用環圈撐開的裙子。

hoo·ray [huˈre; huˈrei] *interj.*, *n.*, *v.* ＝hurrah.

Hoo·sier [ˈhuʒɚ; ˈhu:ʒə] *n.* Ⓒ美國印地安納州(Indiana)人之綽號。

Hóosier Stàte *n.* [the ～] 美國印地安納州(Indiana)之別稱。

hoop skirt

hoot [hut; hu:t]《擬聲語》—*n.* Ⓒ **1 a** 咕—《貓頭鷹的叫聲》。**b** 嗚—嗚—，嘟—《汽笛、喇叭等的聲音》。**2** 喝倒采聲，嘲笑[反對]的叫囂。**3** [用於否定句]《口語》無價值的東西，少量：*not* care [worth] a ～ [two ～*s*] 毫不在乎[毫無價值]。

—*v.i.* **1 a** 〈貓頭鷹〉咕—咕—地叫。**b** 〈汽笛、警報器、汽車喇叭等〉嘟嘟響[鳴]。**2 a** (輕蔑、忿怒等時)叫囂。**b**〔十介＋(代)名〕〔對…〕喝倒采〔*at*〕.

—*v.t.* **1** 向〈人〉喝倒采：～ an actor 向演員喝倒采。**2 a**〔十受＋副〕轟走，叫囂驅逐〈人〉〈*down, off, away*〉：The crowd ～*ed* the speaker ***down***. 羣衆把演講者轟下來。**b**〔十受＋介＋(代)名〕以叫囂聲將〈人〉逐出〔…〕〔*off*〕：They ～*ed* the actor ***off*** the stage. 他們叫囂著把演員轟下舞台。

hootch [hutʃ; hu:tʃ] *n.* ＝hooch.

hoot·en·an·ny [ˈhutnˌænɪ; ˈhu:tnæni] *n.* Ⓒ《美》(聽衆可參加的不拘形式的)民謠歌會。

hóot·er *n.* Ⓒ **1** 汽笛，號笛，(汽車等的)喇叭。**2**《英俚》鼻(nose).

Hoo·ver [ˈhuvɚ; ˈhu:və] *n.* Ⓒ《商標》(英國 Hoover 公司製造的)眞空吸塵器。

—[h～] *v.t.* 用吸塵器掃除…。

Hóo·ver Dám [ˈhuvɚ-; ˈhu:və-] *n.* [the ～] 胡佛水壩《在科羅拉多河(the Colorado)上，橫跨美國內華達(Nevada)及亞利桑那(Arizona)兩州的大水壩；1936 年完成》。

hooves *n.* hoof 的複數。

‡**hop**[1] [hɑp; hɔp]《源自中古英語「跳，舞蹈」之義》—(**hopped**; **hop·ping**) *v.i.* **1**〔動(＋副詞(片語))〕**a**〈人〉(以單足)**蹦跳**：～ *along* (*on* one leg) (單腳)跳行/～ *into* [*out of*] a train 跳上[跳下]火車。**b**〈蛙、鳥等〉蹦跳：A number of sparrows were *hopping about* (the garden). 有一羣麻雀(在花園)到處跳躍著。**2**〔十副(＋介＋(代)名)〕《口語》(搭飛機)前往〔…〕；(短期)〔到…〕旅行〈*over*〉〔*to*〕.

—*v.t.*〔十受〕**1** 跳過〈溝等〉。

2《美口語》跳上〈火車、車輛〉：～ a train 跳上火車。

3 (搭飛機)飛越，飛渡…。

4 [～ it]《英俚》快速離去。

hóp to it《美口語》迅速開始[進行](工作等)。

kèep a person **hópping** ⇨hopping *adj.*

—*n.* Ⓒ **1 a** (人的)單脚跳躍；雙脚跳躍；蛙跳。**b** (蛙、鳥等的)蹦跳。

2《口語》跳舞；(尤指非正式的)舞會。

3《口語》**a** (飛機的)飛行(flight). **b** (長程飛行中的)一段航程(stage)：fly from Taipei to London in three ～*s* 以三段航程從台北飛到倫敦。**c**《口語》(短程)旅行(trip).

4《板球》蹦飛球。

hóp, skíp and júmp (1)＝HOP[1], step and jump. (2)[**a** ～]《美》短「距離。」

hóp, stép, and júmp [the ～]《運動》三級跳遠(triple jump).

on the hóp《口語》(1)忙碌：keep a person *on the* ～ 使人忙碌。(2)出其不意[正當其時]地：The interviewer caught the President *on the* ～ with that question. 採訪記者出其不意地詢問總統那個問題。

hop[2] [hɑp; hɔp] *n.* **1** Ⓒ **a**《植物》蛇麻草，忽布。**b** [～s] 蛇麻子《★經過烘乾的蛇麻雌花毬；用來使啤酒帶苦味或作香料；在英國多產於肯特郡(Kent)》：pick ～*s* 摘蛇麻(子)。**2** Ⓤ《美俚》麻醉藥；(尤指)鴉片。

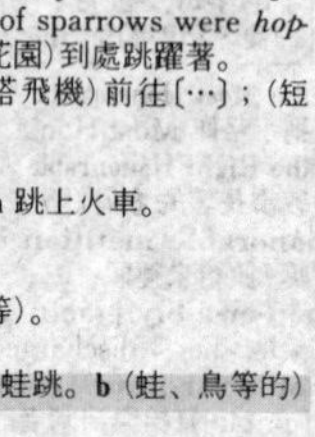
hop[2] 1 的果實

—*v.t.* (**hopped**; **hop·ping**) **1** 加蛇麻子於…，使…帶蛇麻子味。**2**〔十受＋副〕《美俚》**a** 用麻醉品刺激〈人〉〈*up*〉《★常用被動語態》：He's ***hopped up***. 他因服麻醉劑而興奮。**b** 加强〈引擎等〉的力量〈*up*〉《★常用被動語態》。

‡**hope** [hop; houp] *n.* **1** Ⓤ [又作 ～s] **指望，希望**(↔ despair)：give up ～ 放棄希望/⇨hold out HOPE/We live in ～(*s*). 《英》我們抱著希望過活/Don't get your ～*s* up. 不要期待過高[高興得太早，太過樂觀]/All ～ is gone. 一切希望都落空了/While there is life, there is ～. ⇨life 1.

2 Ⓤ [又作 ～s] **a** 期待；可能成功的機會[勝算，希望]〔*of, for*〕：be in great ～ 期待很高，抱著很大希望/raise a person's ～*s* (在毫無希望時)燃起某人的希望/The doctor expressed strong ~*s of* her recovery. 醫生對她的康復寄予厚望/I have no ~*s for* my son. 我對我兒子不抱任何希望/There was no [not much] ~ *of* their recovery [~ *of* their gett*ing* well]. 他們完全沒有康復的希望[康復的希望不大]。**b**〔＋ *that*＿〕〈…的〉希望：I have good ~ *that* she will soon be well again. 我堅信她很快就會康復。

3 Ⓒ[常用單數]給(予)人[使人懷]希望的事物，寄託〔*of*〕：He is the ~ *of* his country [school, family]. 他是國家[學校，一家]的希望所在/He is my last ~. 他是我最後的希望。

be pàst (áll) hópe (全)無希望。

hòld òut hópe〔使人〕懷抱希望〔*to*〕：The airline *held out* (*to* the relatives) the ~ *that* some passengers might have survived. 航空公司(使家屬們)對有些乘客可能生還抱著希望。

in hópe(s) of... 指望著…，期待著…：I came here *in* ~(*s*) *of* catch*ing* a glimpse of the Queen. 我來這裏希望能看女王一眼。

in (the) hópe of... 希望…：*in the* ~ *of* an early recovery 希望早日復元/Very few people join in a conversation *in the* ~ *of* learn*ing* anything new. 很少人希望藉由參加交談學到新東西。

in (the) hópe that... 期待…事：I enclose some books *in the* ~ *that* they will help you to pass the time in(《美》the) hospital. 我附寄一些書希望能幫你打發在醫院的時間。

—*v.i.* 1 希望：We are still *hoping*. 我們仍抱著希望。**2**〔＋介＋(代)名〕期望，期待〔…〕〔*for*〕《★可用被動語態》(⇨want A【同義字】)：I'm *hoping* **for** a good crop this year. 我希望今年豐收/There is nothing to *be* ~*d for*. 沒有任何可期待的了；不用抱任何希望了。

—*v.t.* 1 a〔＋ *to* do〕想〈做…〉；但願…就好了：We ~ *to* see you again soon. 我們希望不久能再見到你/I had ~*d to* meet him.＝I ~*d to* have met him. 我原來[本來]想見他一面(但是卻沒見著)《★比較 義 1 b 較口語化》。**b**〔＋(*that*)＿〕期望〈…事〉：I ~*d* I had met him. 我本來期望能見到他(但事實上卻沒見著)(cf. 1 a)。**2 a**〔＋(*that*)＿〕[以 I 作主詞]**想，相信〈…事〉**：I ~ you'll be able to come. 希望你能來/I ~ you (will) like it. 希望你(會)喜歡它/I ~ he will come [he comes]. 希望他會來/"Will he live?"—"I ~ *sò*."「他還有救嗎？」「希望有。」/"Will he die?"—"I ~ *nòt*."「他會死嗎？」「希望不會。」《★用法 上述二例的 so, not 承接前句，代替 *that* 子句》。**b** [I ~, 與主要子句並列]想，相信…：It will be fine today, I ~. 我想今天會是好天氣。

hópe agàinst hópe 在絕望中抱存希望，存萬一的希望《★出自聖經「羅馬書」》。

hópe for the bést 仍抱著樂觀的態度，冀望情況好轉：There is nothing we can do but ~ *for the best*. 除了期待順利外，別無他法。

hópe chèst *n.* Ⓒ《美》**1** 嫁妝。**2** 嫁妝箱(《英》bottom drawer)《婦女用來裝結婚用衣物的箱子》。

hope·ful [ˈhopfəl; ˈhoupful] *adj.* (more ~; most ~) **1 a** 充滿希望的：~ words 充滿希望的話。**b** [不用在名詞前]〔＋介＋(代)名〕〔對…〕抱著希望的〔*of, about*〕：I am ~ ***of*** success. 我對成功抱很大希望/He is ~ *of* attain*ing* his object. 他希望可以達到自己的目的/She feels ~ ***about*** the future. 她對前途樂觀。**c** [不用在名詞前]〔＋ *that*＿〕期待〈…事〉的：We are ~ *that* he will succeed. 我們期待他能成功。**d** [不用在名詞前][當反語用]《英口語》未必的："Do you think there will be a pay rise this year?"—"You're ~!"「你想今年薪水會提高嗎？」「未必吧！」**2 a** 抱著希望的，有希望的：a ~ sign 充滿希望的徵兆。**b** 有希望的，前途樂觀的，有前途的：a ~ pupil 有前途的學生。

—*n.* Ⓒ **1** 前途有希望的人：a young ~ 有希望的年輕人；《諷》下場不難想像的年輕人。**2 a** (有希望當選的)候選人[後補者]。**b** 有希望被錄取的投考者；有希望被錄用的申請求職者。

~·ness *n.*

hópe·ful·ly [-fəlɪ; -fuli] *adv.* **1** 懷著希望地，有希望地。**2** [修飾整句]《美》若順利，可望：*H*~, I shall finish my work by December. 若順利的話，我可望在十二月底之前完成工作。

hope·less [ˈhoplɪs; ˈhouplis] *adj.* (more ~; most ~) **1 a** 絕望的，沒有希望的：~ grief [tears] 絕望的悲痛[淚水]/feel ~ 感到絕望。**b** [不用在名詞前]〔＋介＋(代)名〕〔對…〕絕望的〔*of*〕：I am ~ ***of*** success [succeed*ing*]. 我對成功絕望了。

2 a 〈事情〉絕望的，〈病情〉康復無望的：a ~ situation 令人絕望的情勢/a ~ case 康復無望的病症[病患]。**b** [不用在名詞前]〔＋介＋(代)名〕無〔…的〕希望的〔*of*〕：The situation seems ~ ***of*** improvement. 事態似乎沒有改善的希望。

3《口語》**a** 毫無助益的，無可救藥的，無用的：a ~ idiot 無藥可救的笨蛋/You really are ~! 你眞是無藥可救。**b** [不用在名詞前]〔＋介＋(代)名〕〔…〕不行的，沒有進步的希望的〔*at*〕：I'm afraid I'm quite ~ ***at*** mathematics. 我擔心我的數學怎麼也學不好。 **~·ly** *adv.* **~·ness** *n.*

Hop·kins [ˈhɑpkɪnz; ˈhɔpkinz], **Gerard Manley** [ˈmænlɪ; ˈmænli] *n.* 霍布金斯《1844–89；英國詩人》。

hop-o'-my-thumb [ˈhɑpəmaɪˈθʌm; ˌhɔpəmiˈθʌm] *n.* Ⓒ矮人；侏儒。

hópped-úp *adj.*《俚》**1** 興奮的；過分激動的。**2** (引擎)加强過馬力的。**3** 痲醉的；經過刺激的。

hóp·per[1] «源自 hop[1]»**—*n.*** Ⓒ **1** [常構成複合字] **a** 跳躍者。**b** 會跳躍的昆蟲《蚱蜢等》：⇨grasshopper. **c** 到處走的人：a bar*hopper* 流連於酒吧的人，一家接一家地逛酒吧的人。**2 a** 漏斗狀的器皿[盒，箱子]；(碾磨機、煤爐等)漏斗《可藉以倒進加工材料、燃料等》。**b** (又作 **hópper càr**)(運送煤、沙礫等的)底卸式貨車。

hóp·per[2] «源自 hop[2]»**—*n.*** Ⓒ採蛇麻草的人。

hóp-pìcker *n.* Ⓒ **1** 採蛇麻草的人。**2** 採蛇麻草機。

hóp·ping *adj.* **1** 到處奔忙的，到了一處又一處的。**2** 忙碌的。**3** [當副詞用]極度地，激烈地《★常用於下列片語》：~ mad《口語》(暴跳如雷般的)大怒，狂怒〔*about, over, at*〕.

kèep a person hópping 使〈人〉忙碌，使…奔忙。

hóp pòle *n.* Ⓒ(供蛇麻草蔓攀爬的)支柱；高瘦的人。

hóp·scòtch *n.* Ⓤ跳房子《兒童遊戲》。

Hor·ace [ˈhɔrɪs, -rəs; ˈhɔrəs, -ris] *n.* **1** 賀瑞斯《男子名》。**2** 賀瑞斯《65–8 B.C.；羅馬詩人》。

hopscotch

Ho·ra·tian [həˈreʃən; həˈreiʃjən] «Horace 2 的形容詞»**—*adj.*** 賀瑞斯(風格)的。

Ho·ra·tio [həˈreʃo, -ʃɪo; həˈreiʃiou] *n.* 何瑞修《哈姆雷特(Hamlet)的密友》。

horde [hord, hɔrd; hɔːd] «源自土耳其語「野營地」之義»**—*n.* 1** Ⓒ遊牧羣，遊牧部落。**2** [**a** ~ **of...** 又作 ~**s of...**] 大羣：*a* ~ *of* people [locusts] 一大羣人[蝗蟲]。

ho·ri·zon** [həˈraɪzn̩; həˈraizn] «源自希臘文「限定」之義»**—*n. Ⓒ **1** **地平線，水平線**：The sun rose *above* [sank *below*] the ~. 太陽升上[落下]地平線。**2** [常 ~**s**]〔思考、知識等的〕範圍，界限，領域；展望〔*of, in*〕：beyond one's intellectual ~*s* 超過自己知識的領域。

on the horízon (1)與地平線相接，在地平線上。(2)〈事件等〉即將發生，迫近：There is trouble *on the* ~. 麻煩事即將發生。

hor·i·zon·tal** [ˌhɔrəˈzɑntl; ˌhɔriˈzɔntl] «horizon 的形容詞»**—*adj. (more ~; most ~) **1** (無比較級、最高級)**地[水]平線上的**。**2** 水平面的；平面的，水平的；水平向的；橫的(cf. vertical)：a ~ line 水[地]平線/Bottles of wine should be kept ~. 葡萄酒瓶應該平放。

—*n.* Ⓒ[**the** ~]水平位置；水平物[線，面(等)]。

~·ly [-tlɪ; -təli] *adv.*

hórizontal bár *n.* Ⓒ(體操的)單槓。

hórizóntal únion *n.* Ⓒ(按技術、職業而非工業性質組織的)同業工會。

hor·mone [ˈhɔrmon; ˈhɔːmoun] *n.* Ⓒ《生理》賀爾蒙。

hor·mo·nal [hɔrˈmonl; hɔːˈmounl], **-mo·nic** [hɔrˈmɑnɪk; hɔːˈmɔnik] *adj.*

***horn** [hɔrn; hɔːn] *n.* **1** Ⓒ **a** (牛、鹿、山羊等的)**角**。**b** (蝸牛等的)觸角，角狀的器官[突起物]。

2 Ⓤ(做爲材料的)角：a handle of ~ 角質的柄。

3 Ⓒ角製品《杯、火藥筒、鞋拔等》：a drinking ~ 角製酒杯/⇨shoehorn.

4 Ⓒ **a** [常構成複合字]號角：⇨hunting horn. **b** (汽車等的)喇叭，警報器(cf. Klaxon)：toot [sound] one's ~ 按喇叭。**c**《樂器》號，管：⇨English horn, French horn.

5 Ⓒ角狀物：**a** 新月的鈎尖。**b** (沙洲等的)突出部分；岬端；灣角。**c** [**the H**~]⇨Horn.

be on the hórns of a dilémma 進退維谷《★將 dilemma 想像成有角動物，故云》。

blów one's ówn hórn ＝blow one's own TRUMPET.

dráw [púll, hául] ín one's hórns (1)退縮，打退堂鼓，收斂傲氣。(2)《英》減少支出。

hórn of plénty ＝cornucopia 1.

lift úp one's hórn 懷有野心，趾高氣揚，擺架子，自鳴得意。

lóck hórns〔與…〕爭執，格鬥〔*with*〕《★源自鹿等以角較勁之意》。

shów one's hórns 露出兇惡本性《★由於一般認爲惡魔有角，故云》。

tàke the búll by the hórns ⇨bull.

—*v.t.*〔＋受〕以角刺…。

hórn ín《*vi adv*》《俚》干涉，闖入〔…〕〔*on*〕.

Horn [hɔrn; hɔːn], **Cape** *n.* ⇨Cape Horn.

hórn·bèam *n.* **1** Ⓒ《植物》鵝耳櫪；千金榆《北美出產的落葉樹》。**2** Ⓤ鵝耳櫪材。

hórn·bìll *n.* Ⓒ《鳥》犀鳥《長嘴上有角質隆起物》。

horn·blende [ˋhɔrn͵blɛnd; ˈhɔːnblend] *n.* Ⓤ《礦》(普通)角閃石。

hórn·bòok *n.* Ⓒ **1** 角帖書《紙頁上印有文字，上覆透明角片，兒童認字用》。**2** 初學入門書。

horned *adj.* **1** [常構成複合字]有角的：a ～ beast 有角的動物/a large-*horned* deer 大角鹿。**2** 角狀的：a ～ moon《詩》新月。

hórned ówl *n.* Ⓒ《鳥》角鴞。

hórned tóad *n.* Ⓒ《動物》角蟾。

hor·net [ˋhɔrnɪt; ˈhɔːnit] *n.* Ⓒ《昆蟲》大黃蜂(⇨wasp 插圖)。

brìng a hórnet's nést abòut one's **éars** ＝**stír úp** [**aróuse**] **a hórnet's nést** 捅馬蜂窩；四處樹敵；招惹麻煩。

hórn·less *adj.* 無角的。

hórn·pìpe *n.* Ⓒ **1** 角笛號管《昔日的一種木製笛子，兩端有角》。**2 a** 號管舞《昔日流行於水手間的活潑舞蹈》。**b** 號管舞曲。

hórn-rímmed *adj.* 〈眼鏡等〉框用塑膠[玳瑁，角]框的：～ glasses 玳瑁框的眼鏡。

hórn-ríms *n. pl.* 角質邊的眼鏡。

horn·y [ˋhɔrnɪ; ˈhɔːni] 《horn 的形容詞》—*adj.* (**horn·i·er**；**-i·est**) **1 a** 角的；角製的。**b** 角狀[質]的，堅硬如角的：～ hands 粗硬的手。**2**《鄙》猥褻的，好色的。

hornbill

horned owl

hor·o·loge [ˋhɔrə͵lodʒ, ˋhɑrə-; ˈhɔrəlɔdʒ] *n.* ＝timepiece.

ho·rol·o·gy [hoˋrɑlədʒɪ; hɔˈrɔlədʒi] *n.* Ⓤ鐘錶學，鐘錶製作法；測時法。

hor·o·scope [ˋhɔrə͵skop; ˈhɔrəskoup] *n.* Ⓒ **1** (占星用的)天宮圖，十二宮圖。**2**《占星》占星術。

cást a hóroscope 作命運圖；占星。

hor·ren·dous [hɔˋrɛndəs; hɔːˈrendəs] *adj.* 恐怖的，可怕的：～ weather 十分惡劣的天氣。～**·ly** *adv.*

hor·ri·ble [ˋhɔrəbl, ˋhɑr-; ˈhɔrəbl] 《源自 horror》—*adj.* (**more** ～；**most** ～) **1** 恐怖的，可怕的，令人毛骨悚然的：a ～ monster 可怕的怪物/The sight of the battlefield was ～. 戰場的情景令人毛骨悚然。**2**《口語》令人討厭的；很糟的：～ weather 很惡劣的天氣。～**·ness** *n.*

hor·ri·bly [ˋhɔrəblɪ, ˋhɑr-; ˈhɔrəbli] *adv.* **1** 可怕地；令人討厭地。**2**《口語》…透了；…死了；好…：～ expensive 貴死了。

hor·rid [ˋhɔrɪd; ˈhɔrid] 《源自 horror》—*adj.* **1** 恐怖的，令人驚恐的，可怕的：a ～ fate 可怕的命運。**2**《口語》**a** 很糟的；好討厭的：The children's room is in a ～ mess. 小孩的房間亂七八糟。**b** [不用在名詞前]〔十介十(代)名〕〔對…〕不親切的，不友善的〔*to*〕：He was ～ *to* the children. 他對小孩們極不友善。

～**·ly** *adv.* ～**·ness** *n.*

hor·rif·ic [hɔˋrɪfɪk, hɑ-; hɔˈrifik] *adj.* 恐怖的，可怕的。

hor·ríf·i·cal·ly [-fɪklɪ; -fikəli] *adv.*

hor·ri·fi·ca·tion [͵hɔrəfəˋkeʃən; ͵hɔrifiˈkeiʃn] 《horrify 的名詞》—*n.* **1** Ⓤ恐懼。**2** Ⓒ可怕的東西。

hor·ri·fy [ˋhɔrə͵faɪ, ˋhɑr-; ˈhɔrifai] 《horror 的動詞》—*v.t.* 使〈人〉恐怖，使…毛骨悚然；使〈人〉厭惡《★常用被動語態，前置詞爲 *at, by*》：I *was horrified* **at** the idea of having to give a speech in front of so many people. 一想到必須在那麼多人面前演講，我就感到可怕。

hór·ri·fỳ·ing *adj.* 可怕的，使人不寒而慄的；令人震驚的：a ～ disaster [murder] 可怕的災害[謀殺]。

hor·ror [ˋhɔrɚ, ˋhɑr-; ˈhɔrə] 《源自拉丁文「(因恐怖而)毛倒立」之義》—*n.* **1** Ⓤ恐怖(⇨fear【同義字】)：draw back *in* ～ 嚇得往後退/be filled with ～ at... 對…感到恐怖/to one's ～ 使某人感到恐怖。

2 [**a** ～]〔對…的〕厭惡〔*of*〕：have *a* ～ *of*... 討厭…/He has *an* absolute ～ *of* spiders [meet*ing* strangers]. 他最討厭蜘蛛[會見陌生人]。

3 Ⓒ **a** 可怕的東西；令人憎惡的事物[人]：Snakes are his ～ [a ～ *to* him]. 他憎惡蛇[蛇是他厭惡之物]。**b** [**the** ～**s**]慘事，慘案：*the* ～*s* of war 戰爭的慘狀。

4 Ⓒ《口語》**a** 壞透了的東西，很糟的東西：His clothing was a ～. 他的服裝糟透了。**b** 難以對付的人，淘氣鬼：He's a ～. 他很難對付[他是個搗蛋鬼]。

5 [**the** ～**s**]《口語》**a** 戰慄的感覺，打冷顫；憂鬱。**b** (酒精中毒發作的)顫抖，震顫譫妄。

the Chámber of Hórrors ⇨chamber.

—*adj.* [用在名詞前]恐怖的，令人戰慄的：a ～ film 恐怖電影。

hórror-strùck, hórror-strìcken *adj.* **1** 驚恐的，戰慄的。**2** [不用在名詞前] **a** 〔十介十(代)名〕〔對…〕感到恐怖的〔*at*〕：He was ～ *at* the scene. 他看到那種情景，嚇得打冷顫。**b** 〔十 *to* do〕〈做…而〉感到恐怖的，嚇得發抖的：He was ～ *to* see a horrible scene. 他看到可怕情景，嚇得發抖。

hors de com·bat [ˋɔrdəˋkɑmbɑ; ͵ɔːdəˈkɔ̃ːbɑː] 《源自法語 'out of combat' 之義》—*adv.* & *adj.* [不用在名詞前](負傷而)失去戰鬥力地[的]。

hors d'oeu·vre [ɔrˋdɝv, -ˋdʌv; ɔːˈdəːvrə] 《源自法語》—*n.* Ⓒ (*pl.* ～**s** [～z; ～z]，～)[常 ～**s**]開胃小菜《正菜前的開胃食品；canapé》。

‡horse [hɔrs; hɔːs] *n.* **1** Ⓒ馬《★ 相關用語 馬嘶嘶的叫聲是 neigh，高興的叫聲是 whinny，馬蹄聲是 clop-clop》：a ～ and cart 馬車/⇨dark horse, gift horse/You can lead a ～ to water, but you cannot make him [it] drink.《諺》你可以把馬牽到有水的地方，但是你無法叫牠喝水《比喻，當事人不想做的事，即使再怎麼指導，也枉費功夫》；善意不足以成事。

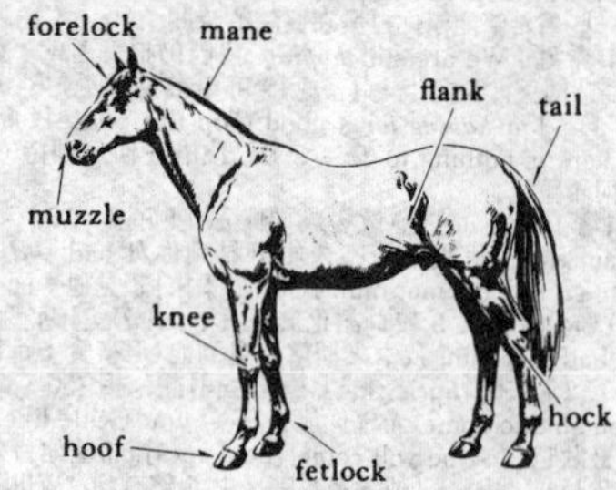

horse 1

【說明】(1)基督教以馬爲勇氣和寬容的象徵；國家、地方、行業等的守護聖人(patron saint)，如英國(England)的守護聖人聖喬治(Saint George)即常以騎馬之姿態出現。
(2)雄馬是 horse，種馬稱作 stallion，去勢的馬是 gelding，雌馬是 mare，未滿四歲的小雄馬稱作 colt，小母馬稱作 filly，未滿一歲的小馬爲 foal，高度 4.3 至 4.7 呎(約 1.5 公尺)的小型的馬稱作 pony，常用來供小孩乘坐。
(3)在英美一般人稱呼飼養的馬爲 Dobbin (杜賓)。

2 Ⓤ[集合稱；當複數用]騎兵，騎兵隊：light ～ 輕騎兵/⇨HORSE and foot.

3 Ⓒ **a** 木馬；(體操用)鞍馬：⇨vaulting horse, long horse, rocking horse. **b** [常構成複合字]吊架，衣架，腳架：⇨clotheshorse, towel horse. **c** 鋸木臺，掛物架。

4 Ⓒ《輕蔑・謔》傢伙：a willing ～ 自覺努力工作的人，心甘情願的幫手。

5 Ⓒ《美口語》小抄，抄襲本，翻譯本。

6 Ⓤ《俚》海洛英。

a hórse of anóther [**a dífferent**] **cólor** (完全)不同的事情，另外一回事。

báck the wróng hórse《口語》(1)(賽馬時)下錯賭注。(2)支持失敗的一方。

béat [**flóg**] **a déad hórse** 事後議論；企圖以陳舊的話題引人興趣；枉費心力《★源自「鞭打死馬，枉費心力」之意》。

chánge hórses in mídstream (1)變節，臨陣換將；中途換馬。(2)(計畫等)中途變卦。

éat like a hórse 大吃。

hóld one's **hórses** [常用祈使語氣]沈住氣，鎮靜！稍安勿躁。

hórse and fóot ＝**hórse, fóot and dragóons** (1)騎兵和步兵，全軍。(2)全力以赴。

on one's **hígh hórse** ⇨high horse.

pláy the hórses《美》賽馬，賽馬賭博。

(**stráight**) **from the hórse's móuth**《口語》(直接)來自最可靠的消息；直接得自有關人士。

Téll that to the (**hórse**) **marínes!** ⇨marine.

To hórse! (用於口令等)上馬！

wórk like a hórse 努力[賣力，忠誠]地工作，苦幹，踏實地幹。

—*v.t.* 〔十受〕**1** 爲〈人等〉備馬；使…騎。**2** 繫馬於〈馬車〉。**3** 背…。**4**《口語》猛推…，猛拉…。**5**《俚》作弄〈人〉。

—*v.i.* **1** 騎馬，乘馬而行。**2** 〔十副〕《口語》起哄，胡鬧〈*around, about*〉.

hórse-and-búggy *adj.* [用在名詞前]《美口語》**1** (汽車出現之前的)馬車時代的。**2** 舊式的，古老的。

***horse·back** [ˈhɔrsˌbæk; ˈhɔːsbæk] *n.* Ⓤ馬背《★現在只用於下列成語》。**a mán on hórseback** (身爲軍人而有獨裁傾向的)領導者；獨裁者。**on hórseback** 騎在馬背上。
—*adv.* 騎著馬：go [ride] ～ 騎馬而行。

hórseback rìding *n.* Ⓤ《美》騎馬。

hórse·bòx *n.* Ⓒ(賽馬等的)馬匹搬運車。

hórse·càr *n.* Ⓒ《美》**1** (昔日的)鐵路馬車。**2** 載運馬匹的車輛。

hórse chèstnut *n.* Ⓒ **1**《植物》七葉樹《常用作行道樹；葉子如手掌狀，春天開白色或粉紅色的花穗，秋天結圓果實》。**2** 七葉樹的果實 (cf. conker 2).

hórse·clòth *n.* Ⓒ馬衣；馬被。

hórse-fàced *adj.* 馬面的；臉長的。

hórse·flèsh *n.* Ⓤ **1** 馬肉。**2** [集合稱] 馬 (horses)：a good judge of ～ 擅長鑑定馬的人，伯樂。

hórse·flỳ *n.* Ⓒ《昆蟲》馬蠅，虻《雌虻專吸牛等的血》。

Hórse Guàrds *n. pl.*《英》**1 a** [the ～] 禁衛騎兵旅《三個團》。**b** [the (Royal) ～] 禁衛騎兵第二團 (cf. Life Guards). **2** [the ～；當單數用] (在倫敦 Whitehall 的)英國陸軍總司令部《原爲禁衛騎兵團司令部》。

the Horse Guards 的一員

hórse·hàir *n.* Ⓤ **1** 馬毛《鬃毛或尾毛；用來做墊子等的塡塞物》。**2** 馬毛呢《從前被用來做椅子的表面；cf. haircloth 1》.

hórse·hìde *n.* Ⓤ馬皮，馬革[鞣皮]。

hórse látitudes *n. pl.* 馬緯度，回歸線，無風帶。

hórse·làugh *n.* Ⓒ 哄笑，大聲狂笑 (guffaw).

hórse màckerel *n.* Ⓒ《魚》正竹筴魚。

hórse·man [-mən; -mən] *n.* Ⓒ (*pl.* **-men** [-mən; -mən])騎馬者；騎師；馬術師。

hórseman·shìp *n.* Ⓤ **1** 馬術；騎術。**2** 騎馬。

hórse marìne *n.* Ⓒ **1** (想像中之)騎馬水兵。**2** 用非所長者；外行；不適應環境的人。

hórse·mèat *n.* ＝horseflesh 1.

hórse òpera *n.* Ⓒ《俚·謔》(電視、電影的)西部片；(小說的)西部故事情節 (western).

hórse·plày *n.* Ⓤ喧鬧的娛樂，胡鬧，惡作劇。

hórse·plàyer *n.* Ⓒ沈溺於賭馬的人。

horse·pow·er [ˈhɔrsˌpauɚ; ˈhɔːsˌpauə] *n.* Ⓒ (*pl.* ～)《機械》馬力《略作 h.p., hp》：an engine of 100 ～ 一百馬力的引擎。

hórse ràce *n.* Ⓒ賽馬。

hórse ràcing *n.* Ⓤ賽馬。

【說明】賽馬在英美不僅是一種賭博，也是相當刺激的社交性國民體育，極受歡迎。英國在十八世紀以來就十分盛行賽馬，有德貝賽馬 (the Derby) 或奧克斯賽馬 (the Oaks)，還有時髦而有名的阿司谷脫賽馬 (Ascot)，障礙賽馬中，全國大賽馬 (the Grand National) 特別聞名。在美國賽馬也被視爲健康的娛樂，廣受喜愛，肯塔基賽馬 (the Kentucky Derby)、普瑞克尼斯賽馬 (the Preakness Stakes) 等都聞名遐邇。

hórse·ràdish *n.* **1** Ⓒ [當作食物時爲Ⓤ]《植物》西洋山葵菜《其根可磨成醬，用在烤牛肉上》。**2** Ⓤ西洋山葵菜根醬。

hórse sènse *n.* Ⓤ《口語》(粗淺實用的)常識。

hórse·shìt《美鄙》*n.* Ⓤ**1** 馬糞。**2** 蠢話，無聊，荒謬。
—*interj.* 胡說！笨！

horse·shoe [ˈhɔrʃˌʃu, ˈhɔrsˌʃu; ˈhɔːsʃuː, ˈhɔːʃʃuː] *n.* Ⓒ **1** 蹄鐵。

【說明】有迷信說撿到蹄鐵是吉兆，將它釘在門口可以避邪。還有以其爲幸運象徵而印在手帕上當花樣者；cf. superstition【說明】

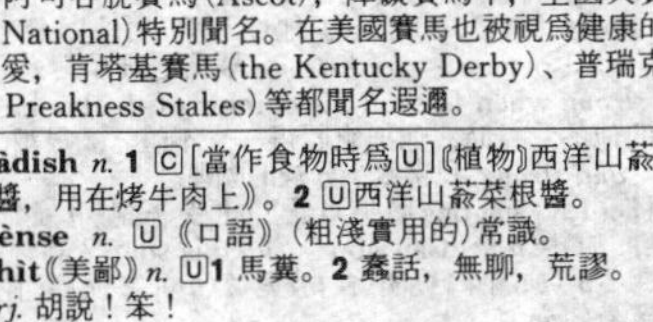
horseshoe 3

2 a 蹄鐵[馬蹄]形之物《做爲結婚的贈物，象徵幸運》。**b** U 字形之物：a ～ magnet 蹄形磁鐵。**3** [～s；當單數用]擲蹄鐵遊戲。
—*v.t.* 裝蹄鐵於…。

hórseshoe cràb *n.* Ⓒ《動物》鱟 (⇨ king crab 1).

hórse shòw *n.* Ⓒ馬展。

hórse·tàil *n.* Ⓒ **1** 馬尾。**2**《植物》木賊屬之植物。

hórse tràde *n.* **1 a** Ⓒ馬匹買賣[交易]。**b** [the ～]馬匹買賣業：He is in *the* ～. 他從事馬匹買賣。**2** Ⓒ精明的交易[討價還價]。

hórse tràder *n.* Ⓒ **1** 買賣馬匹的人，馬販。**2** 精於討價還價的人。

hórse-tràding *n.* Ⓤ **1** 精明的討價還價[交易]。**2** 馬匹買賣。

hórse·whìp *n.* Ⓒ馬鞭。**—***v.t.* 以馬鞭抽打；嚴厲懲罰。

hórse·wòman *n.* Ⓒ (*pl.* **-women**)騎馬的婦人，女騎士。

hors·y, hors·ey [ˈhɔrsɪ; ˈhɔːsi] «horse 的形容詞»**—***adj.* (**hors·i·er**；**-i·est**) **1** (似)馬的：a ～ face 馬臉，長臉。**2** 愛馬的，愛賽[騎]馬的。**hórs·i·ness** *n.*

hor·ta·tion [hɔrˈteʃən; hɔːˈteiʃn] *n.* Ⓤ (熱心的)勸告；獎勵，鼓勵。

hor·ta·tive [ˈhɔrtətɪv; ˈhɔːtətiv], **hor·ta·to·ry** [ˈhɔrtəˌtorɪ, -ˌtɔrɪ; ˈhɔːtətəri] *adj.* 勸告[獎勵](性)的；鼓勵的：～ remarks 激勵的話。

hor·ti·cul·ture [ˈhɔrtɪˌkʌltʃɚ; ˈhɔːtikʌltʃə] *n.* Ⓤ園藝(學)。

hor·ti·cul·tur·al [ˌhɔrtɪˈkʌltʃərəl; ˌhɔːtiˈkʌltʃərəl] *adj.*

hor·ti·cul·tur·ist [ˌhɔrtɪˈkʌltʃərɪst; ˌhɔːtiˈkʌltʃərist] *n.* Ⓒ園藝家。

Hos.《略》《聖經》Hosea.

ho·san·na [hoˈzænə; houˈzænə] *n.* Ⓒ《聖經》和散那《讚美上帝之詞》。**—***interj.*《聖經》和散那。

hose [hoz; houz] *n.* (*pl.* **～s**, ～) **1** (*pl.* **～s**, [有時] ～) Ⓤ [指個體時爲Ⓒ] 輸水管，橡皮管：a fire ～ 救火水管/20 feet of plastic ～ 二十呎長的塑膠管。
2 a [集合稱；當複數用]《商》長統襪《★此義無複數形》：6 pair(s) of ～ 六雙長襪子。**b** Ⓒ (*pl.* ～) (昔日男子用)緊身長褲；(長及膝的寬鬆的)短褲。
—*v.t.* 〔十受(十副)〕用水管澆洗…〈*down, out*〉：～ *down* a car 用水管把車子沖洗得徹底/～ *out* a garbage can 用水管把垃圾桶沖洗得乾淨。

Ho·se·a [hoˈziə; houˈziə] *n.*《聖經》**1** 何西阿《希伯來先知》。**2** 何西阿書《聖經舊約中的一書；略作 Hos.》.

ho·sel [ˈhozəl; ˈhouzəl] *n.* Ⓤ《高爾夫》(高爾夫球棒鐵頭上裝棒用的)插鞘。

hóse·pìpe *n.* ＝hose 1.

ho·sier [ˈhoʒɚ; ˈhouziə] *n.* Ⓒ經售襪子、內衣等的商人。

ho·sier·y [ˈhoʒərɪ; ˈhouziəri] *n.* Ⓤ [集合稱] **1** 襪子類。**2**《英》針[編]織(內)衣物。

hosp.《略》hospital.

hos·pice [ˈhɑspɪs; ˈhɔspis] *n.* Ⓒ **1** (宗教團體等所經營的)旅客住宿所《供朝聖者或參拜者等之用》。**2**《英》(爲末期病人而設的)醫院，療養院。

hos·pi·ta·ble [ˈhɑspɪtəbl; ˈhɔspitəbl] «源自拉丁文「待客」之義»**—***adj.* (**more** ～；**most** ～) **1 a** 善於招待[款待]〈人〉的：a ～ family 善於待客的家庭。**b** 好客的，款待的：a ～ welcome 熱情招待。**c** [不用在名詞前]〔十*of*十(代)名(十 *to* do)/十 *to* do〕〈在…方面〉〔人〕善於待客的：It was very ～ *of* you [You were very ～] *to* have us stay. 您這麼親切地招待我們留下來，眞是謝謝您。
2 a 〈環境等〉宜人的，適合居住的：a ～ environment for wild birds 適合野生鳥類居住的環境。**b** [不用在名詞前]〔十介十(代)名〕〈環境等〉〔對…而言〕宜人的，適合居住的〔*to*〕：an environment ～ *to* wild life 適合野生動物居住的環境。
3 [不用在名詞前]〔十介十(代)名〕欣然接受〔…〕的〔*to*〕：a mind ～ *to* new ideas 欣然接受新思想的頭腦。

hós·pi·ta·bly [-təblɪ; -təbli] *adv.*

‡hos·pi·tal [ˈhɑspɪtl; ˈhɔspitl] *n.* Ⓒ **1** 醫院《★用法 指住院、出院的意思時，hospital 在英國語法不用冠詞，在美國語法則加 the》：be *in* [*out of*] (*the*) ～ 住[出]院/go into [enter] (*the*) ～ 入院/leave (*the*) ～ 出院/He was sent to (*the*) ～. 他被送到醫院[住院]了/I have been to the ～ to see a friend. 我去了醫院看個朋友/The doctor comes to the ～ every other day. 那位醫生每隔一天來醫院一次/Dr. Smith goes to a different ～ every day of the week. 一個禮拜中，史密斯醫生每天去不同的醫院。**2** (昔日的)慈善機構；養育院，收容所。
—*adj.* [用在名詞前]醫院的；在醫院工作的：a ～ nurse 醫院護士/a ～ ship 醫療船，運送傷病患者的船。

【字源】此字與 hotel(旅館)、host(款待客人的主人)等有關；原來的意思是「招待不相識的人之處」。從前，即使是不相識的人要求借宿一晚，也會基於道德上的義務答應對方。所以「旅館、男主人、醫院」都有接待別人的含義。

hos·pi·tal·i·ty [ˌhɑspɪ'tælətɪ; ˌhɔspi'tæləti] «hospitable 的名詞»—*n.* Ⓤ慇懃招待，款待：give [show] a person ~ 慇懃招待人/Afford me the ~ of your columns. 請貴刊[報]惠予採用《★投稿者的拜託之詞》。

hos·pi·tal·i·za·tion [ˌhɑspɪtḷə'zeʃən; ˌhɔspitəlai'zeiʃn] *n.* ⓊⒸ **1** 入院(治療)。**2** 住院期間。

hospitalizátion insúrance *n.* Ⓤ醫療保險。

hos·pi·tal·ize ['hɑspɪtḷˌaɪz; 'hɔspitəlaiz] *v.t.* 使〈人〉入院《★常用被動語態》：He *was* ~*d for* diagnosis and treatment. 他入院接受診療。

***host**[1] [host; houst] «源自拉丁文「客人」之義»—*n.* Ⓒ **1** (款待客人的)主人，東道主(cf. hostess 1)；(大會等的)主持人：act *as* (the) ~ at a party 在宴會中擔任主人/play [be] ~ *to*... 擔任…的主人，主持…《★~ to... 時，不加冠詞》/He was the ~ for a TV talk show. 他是一個電視脫口秀[談話節目]的主持人/They are good ~*s*. 他們招待周到。

> 【說明】招待客人的 host 及 hostess 不限於夫妻，也可能是父女或母子，情況各不相同。寄出請帖的是 hostess，在正門迎接並引導客人進入客廳(living room)而替客人介紹的是 host，餐廳(dining room)的引導則由 hostess 來擔任。宴席上 hostess 須坐在靠近廚房的位置，然後是男女交互就坐。重要的女性客人在 host 的右邊，她的丈夫則在 hostess 的右邊。有必要將肉、湯(soup)分給客人時，原則上由 host 來做；cf. invitation【說明】

2《古・諧》(旅館等的)業主；老闆。

3〖生物〗(寄生動、植物的)寄主(cf. parasite 1, 2)：a ~ plant(對寄生植物而言)寄主植物。

réckon withòut one's **hóst** 忽略重點而下結論[訂計畫]，獨斷地考量[下結論]《★源自不問帳房就結帳之意》。

—*adj.* [用在名詞前] 主人角色的，主持人的：the ~ country for the Olympic Games 奧林匹克運動會的主辦國。

—*v.t.* 〔十受〕 **1** 在〈宴會等〉擔任主人[東道主]角色：~ a dinner 主持[負責]晚餐會。**2** 主辦〈國際會議等〉：~ the Olympics 主辦奧林匹克運動會。

host[2] [host; houst] «源自拉丁文「敵人，軍勢」之義»—*n.* [a ~ of... 或 ~s of...] 許多，大羣，極多，衆多：~*s* [*a* ~] *of* difficulties 極多的困難/*a* ~ *of* friends 衆多的朋友。

Host [host; houst] *n.* [**the** ~]〖基督教〗聖餐儀式中的麵包；〖天主教〗聖體。

hos·tage ['hɑstɪdʒ; 'hɔstidʒ] *n.* Ⓒ人質：free the ~*s* 釋放人質。

give hóstages to fórtune 擁有(隨時可能喪失的)不長久的人[東西]《★用法 常指妻兒等》；有家室之累；把一切託付給命運；擔風險。

hóld [**táke**] a person **hóstage** 扣留某人作人質。

hos·tel ['hɑstḷ; 'hɔstl] «源自古法語「旅館」之義»—*n.* Ⓒ **1** = youth hostel. **2**《英》大學宿舍。

hós·tel·(l)er [-tḷɚ; -tələ] *n.* Ⓒ利用青年招待所的旅行者。

hos·tel·ry ['hɑstḷrɪ; 'hɔstəlri] *n.* Ⓒ《古》旅社，客棧。

***host·ess** ['hostɪs; 'houstis] «host[1] 的女性形»—*n.* Ⓒ **1** 女主人(cf. host[1] 1). **2**《古・諧》(旅館等的)女老闆。**3** [也用於稱呼](火車、長途巴士等的)服務小姐，(客機的)空中小姐(cf. air hostess). **4** (夜總會、舞廳等的)女服務生《★除了夏威夷外，美國本土及英國甚少有酒吧、夜總會雇用女服務生接待男客人》。

hóstess gòwn *n.* Ⓒ女主人接待客人時穿的長袍。

hos·tile ['hɑstḷ, -tɪl; 'hɔstail] *adj.* (**more** ~；**most** ~) **1 a** 敵方的，敵對國家的：a ~ army [country] 敵軍[國]。**b** 含有敵意的：have ~ relations with... 與…有敵對關係/a ~ critic 含有敵意的評論家。

2 [不用在名詞前]〔十介十(代)名〕〔對…〕敵對的〔*to*〕：a man ~ *to* reform 反對改革的人。

3 a (對人、事)不利的：a ~ environment 不良環境，逆境。**b** [不用在名詞前]〔十介十(代)名〕〈氣候、環境等〉不適合〔…〕的〔*to*〕：The climate [environment] is ~ *to* most forms of life. 這氣候[環境]不適合大部分的生物。~**·ly** *adv.*

hos·til·i·ty [hɑs'tɪlətɪ; hɔs'tiləti] «hostile 的名詞»—*n.* **1** Ⓤ敵意，敵對，敵愾心〔*to, toward*〕：open [hidden] ~ 公然[隱藏]的敵意/feel [have] ~ *toward* a person 對某人懷敵意/show ~ *to* a person 對某人顯示敵對的態度。**2 a** Ⓤ敵對(行為)：an act of ~ 敵對行為。**b** [**hostilities**] 戰爭行為，交戰：long-term *hostilities* 長期交戰/open [suspend] *hostilities* 開[休]戰。

hos·tler ['hɑslɚ, 'ɑslɚ; 'ɔslə] *n.*《美》=ostler.

‡hot [hɑt; hɔt] *adj.* (**hot·ter**；**hot·test**) **1 a** (溫度上)熱的，溫度高的《★雖然熱、冷大致上的順序為 hot, warm, tepid, cool, cold, 不過有時會因人而異》：~ water 熱水/boiling ~ water 開水/Strike while the iron is ~.《諺》打鐵趁熱，把握時機。**b** (氣溫上與「寒冷」相對的)熱的：a ~ day 熱天/It is ~ today. 今天很熱。**c** (身體)發燒的，發熱的：I am ~ *with* fever. 我發燒了/I felt ~ *with* shame. 我羞得臉發熱。**d** 〈飲食等〉熱騰騰的，剛煮好的，加熱吃的：a cup of ~ coffee＝a ~ cup of coffee 一杯熱咖啡/eat food ~ 食物趁熱吃。

2 a《口語》〈報導等〉最新的：~ news 最新的消息，熱門的報導，轟動的新聞/books ~ from [off] the press 剛印刷好的書，剛出版的書。**b**《口語》〈商品等〉受人喜愛的，流行中的：a ~ item 熱門商品/~ sellers 暢銷品/the *hottest* car of the year 一年中銷售量最高的汽車。**c**《英口語》〈紙幣〉剛發行的。

3 (追踪、追究等)差一點就…的，逼近的(cf. cold 5 b, warm 7)：in ~ pursuit of... 窮追…/~ *on* the heels *of*... 緊跟…之後/be ~ *on* the track of... 緊追…不捨/You are getting ~. 你快答對了[差一點就答對]。

4 〈胡椒、咖哩粉等〉辣的，辛辣的：This curry is too ~. 這咖哩太辣了。

5 a 〈動作、言語等〉激烈的；憤怒的：a ~ contest 激烈的競爭/~ words 激烈的言語。**b** 〈感情、情緒〉容易激動的，憤怒的；興奮的：a ~ temper 容易激動的性情，暴躁的脾氣/get ~ 興奮，發怒。**c** [不用在名詞前]〔十介十(代)名〕〔因…〕興奮的；憤怒的〔*with*〕：be ~ ***with*** anger 發怒，大發脾氣。

6 a 熱情的：a ~ baseball fan 熱情的棒球迷。**b** [不用在名詞前]〔十介十(代)名〕熱心〔於…〕的〔*on, for*〕：He is ~ ***on*** [***for***] reform. 他熱心於改革。**c** [不用在名詞前]〔十 *to* do〕頻頻想〈做…〉的：He was ~ *to* tell me about it. 他極想告訴我那件事。

7《口語》**a** 〈人〉好色的，慾火中燒的；正在發情的。**b** 〈書等〉淫亂的，令人興奮的。

8《美俚》〈爵士音樂〉節奏急促强烈的，即興演奏的(cf. cool 5)：~ jazz 節奏急促强烈的爵士樂。

9 a《口語》〈演員、比賽選手等〉技術高明的，出衆的：not so ~《口語》平凡，普通。**b** [不用在名詞前]〔十介十(代)名〕深深理解〔…〕的，精通〔於…〕的〔*on, in*〕：be ~ ***on*** [***in***] science 通曉科學。

10《俚》**a** 〈贓物〉剛偷到的，不好銷售[脫手]的。**b** 〈犯人等〉被通緝的。

11〖獵〗〈遺臭味〉强烈的(cf. warm 6).

12《俚》**a** 有强放射性的，具强放射能的。**b** 〈研究所等〉處理放射性物質的。

gèt tòo hót for a person 〈事情〉使人待不下去。

hót and bóthered 焦慮擔心的。

hót and cóld (旅館等的)熱水與冷水《★hot and cold water 之略》。

màke it tòo hót for a person (用迫害等方法)使人待不下去：The police *made it too* ~ *for* him here so he escaped abroad. 警察追得緊，使他在這裏待不下去而逃到國外。

—*adv.* (**hot·ter**；**hot·test**) 炎熱地；熱心地；激烈地：The sun shone ~ in my face. 太陽炙熱地照在我的臉上《★hot 的這種用法可視為形容詞的敍述用法》。

blów hót and cóld ⇨ blow[1].

gèt [**cátch**] **it hót**《英口語》被痛駡一頓。

gìve it (**to**) a person **hót**《英口語》嚴厲責怪某人，痛駡某人。

hàve it hót《英口語》被嚴厲地責駡，被申斥。

hót and stróng《口語》⑴苛刻的[地]，猛烈的[地]，極力的[地]：give it (to) a person ~ *and strong* 嚴厲地訓斥某人/He came ~ *and strong* when I asked his opinion of the book. 當我就這本書詢問他的意見時，他把它貶得一文不值。⑵很辣的：I like curry ~ *and strong*. 我喜歡十分辣的咖哩。

—*v.t.* (**hot·ted**；**hot·ting**)《英口語》〔十受十副〕 **1 a** 把〈冷的食物〉溫熱，加熱〈*up*〉：Can you ~ *up* this soup? 請你把這湯熱一下好嗎？**b** (加調味料)使〈食物〉變辣〈*up*〉. **2** 使〈事情〉轉劇烈，使…趨緊湊〈*up*〉.

—*v.i.* 〔十副〕 **1** 變溫暖〈*up*〉：The room will soon ~ *up*. 房間很快就會暖和起來。

2 變激烈，變活絡〈*up*〉：The labor dispute is *hotting up*. 勞工紛爭逐漸激烈起來[愈演愈烈]。

~**·ness** *n.*

hót áir *n.* Ⓤ **1 a** 熱氣。**b** (暖氣的)熱風。**2**《口語》誇張之辭，大話。**hót-áir** *adj.*

hót átom *n.* Ⓒ熱原子《具有放射核的原子》。

hót·bèd *n.* Ⓒ **1**〖園藝〗溫牀。**2** 〔罪惡等的〕溫牀〔*of*〕：a ~ *of* vice [crime] 罪惡[犯罪]的溫牀。

hót-blóoded *adj.* **1** 熱情的，熱烈的；熱血的，血氣方剛的：~ and full of vigor 熱情而充滿精力的。**2** 易怒的，激昂的，魯莽的，情慾旺盛的。**3** 〈馬〉純種的。

hót-bráined *adj.* =hot-headed.

hót càke *n.* Ⓒ[當作菜名時為Ⓤ] 薄煎餅。

like hót càkes 暢銷地：The book is selling *like* ~*s*. 這本書很暢銷。

【字源】對剛剛移民定居於新大陸的人們而言，以玉米(Indian corn)粉作成的餅(cake)，特別是剛剛出爐的，是最好吃而受到歡迎的點心，此語即源於此。

hotch·potch [ˈhatʃ,patʃ; ˈhɔtʃpɔtʃ] *n.* **1** Ⓒ[當作菜名時爲Ⓤ](蔬菜和羊肉等的)雜燴。**2**《英》=hodgepodge.
hót cròss bún *n.* Ⓒ[當作點心名時爲Ⓤ]十字霜糖麵包《上有十字形霜糖，內加葡萄乾的圓形小麵包；在 Good Friday 時食用》。
hót dòg *n.* **1** Ⓒ[當作菜名時爲Ⓤ]熱狗《★把麵包捲(roll)切開，中間夾入法蘭克福香腸(frankfurter)的一種三明治；與 hamburger 同爲典型的美國食物；⇨ frankfurter 字源》。

【字源】其起源有各種不同的說法。其中的一種是常常光顧的客人戲稱其中所用的香腸是以狗肉做成的。另有一說則謂細香腸像獵獾狗(dachshund)而有此語。

2 Ⓒ《美俚》(在衝浪或滑雪上)技術高超的人；賣弄特技的人。
—*interj.*《美口語》[表示贊成、滿足、高興時]太棒了！太好了！
hót dògging *n.* Ⓤ《口語》吃熱狗。
‡ho·tel [hoˈtel; houˈtel ˉ] **«源自法語；原義爲「接待客人之處」»—*n.*** Ⓒ**大飯店**，旅館：put up at a(n) ～ 在旅館住宿(⇨ an 用法(1))/run a(n) ～ 經營旅館。

【說明】旅館是先登記(check-in)住宿，而後從櫃臺拿房間的鑰匙。在旅館內，鑰匙自行負責保管。旅客行李可由侍者(bellboy)送到房間，但須給小費。走廊視同公用道路所以不可穿拖鞋(slippers)或睡衣在走廊上行走。用餐通常在餐廳(dining room)，以打領帶穿著整齊爲原則。女侍(maid)在客人外出時會前往打掃房間、換浴巾。不想受到干擾時，則於門前掛上"Don't Disturb."(請勿打擾)的牌子。離開時，要辦結帳(check-out)手續，付清旅館費用。在美國十三是不祥的數字，所以沒有十三樓或十三號房。旅館的呼叫或廣播用語如下：Attention, please! Paging Mr. Smith!(請注意，史密斯先生有人找您。)

ho·tel·ier [,otəlˈje, ,hotlˈɪr; houˈteliei] **«源自法語»—*n.*** =hotelkeeper.
hotél·kèeper *n.* Ⓒ旅館經營者[老闆]，旅館業者。
hót flásh [《英》**flúsh**] *n.* Ⓒ[常 ～es](更年期等的)陣發性發熱感。
hót·fòot《口語》*adv.* 火急地，飛快地。**—*v.t.*** [～ **it**]急忙趕去，急行：He ～*ed it* out of town. 他火急地出城去。
hót·hèad *n.* Ⓒ性急[暴躁]的人；易怒[易激動]的人。
hót-héaded *adj.* 性急的，易怒的；易激動的：Don't be so ～. You'll have an accident. 不要那麼性急！你會發生意外的。
～·ly *adv.*
hót·hòuse *n.* Ⓒ **1** 溫室。**2** =hotbed 2.
—*adj.* [用在名詞前]**1** 溫室(栽培)的。**2** 溫室中生長的：a ～ plant 在溫室中生長的植物[成長的人]。
hót lìne *n.* Ⓒ **1** (兩國政府首腦以電信方式直接討論緊急事務的)熱線。**2**《美》電話諮詢服務。**3** 直接聯繫，熱絡交流。
hót·ly *adv.* **1** 猛烈地，激烈地；熱心地。**2** 興奮地；發怒地。**3** 炎熱地。
hót móney *n.* Ⓤ《口語》熱錢《爲避免貶值或爲更高利潤從一國突然轉移到另一國的資金》；《俚》偷來的錢。
hót pàck *n.* Ⓒ **1** 熱敷布(cf. cold pack 1)。**2** (罐頭的)快裝法，熱裝處理法。
hót pànts *n. pl.* 熱褲《女性短褲》。
hót pépper *n.* **1** Ⓤ(非常辣的)辣椒。**2** Ⓒ **a**《植物》辣椒樹(cf. cayenne 2 a)。**b** 辣椒樹的果實。
hót pínk *n.* Ⓤ螢光色系的粉紅色。
hót plàte *n.* Ⓒ **1** 烹調用鐵板。**2** 火爐上的扁平炊具，電爐，瓦斯爐。**3** 食物保溫盤。
hót pòt *n.* Ⓒ[當作菜名時爲Ⓤ]羊肉、牛肉和馬鈴薯等入鍋合燉的菜。
hót potáto *n.* Ⓒ **1**《英口語》烤洋芋。**2**《口語》棘手的問題，難題，燙手山芋。
dróp...like a hót potáto 匆忙地[毫不吝嗇地]扔掉〈人、物〉：He *dropped* her *like a* ～ when he heard her political views. 當他聽到她的政治觀點後，他立刻與她分手。
hót-prèss *n.* Ⓒ(紙等之)加熱壓平機。**—*v.t.*** 加熱壓平。
hót ròd *n.* Ⓒ《美俚》(舊車拆卸改裝的)減重高速汽車。
hót-ród·der *n.* Ⓒ《美俚》駕駛減重高速汽車的人；飛車黨的人。
hót sáw *n.* Ⓒ熱鋸《能切斷熱鋼材的鋸子；cf. cold saw》。
hót sèat *n.* [**the** ～]《口語》**1** (死刑用的)電椅。**2** 困境。
hót·shòt《美俚》*n.* Ⓒ **1** 快速貨車。**2 a** 有能力[了不起]的人，大人物。**b** (運動方面的)好手，高手〔*at*〕：He's a ～ *at* archery. 他是箭術高手。
—*adj.* [用在名詞前]有能力的，有才幹的；賣弄的，炫耀的：a ～ young newspaperman 年輕有才幹的新聞記者。
hót spòt *n.* Ⓒ《口語》**1** (政治、軍事的)紛爭地帶。**2** 夜總會，遊樂街。
hót spríng *n.* Ⓒ[常 ～s]溫泉。

【說明】英美也有溫泉，但數量並不多，英國以溫泉水作爲治療、飲用或沐浴。美國則以觀光而非醫療爲主要目的。黃石(Yellowstone)國家公園的間歇溫泉(geyser)《一定時間就會噴出的溫泉》特別有名。

hót·spùr *n.* Ⓒ性急的人，魯莽的人。
hót stúff *n.* Ⓤ《俚》**1** 能力傑出的人物；品質優良的東西：Don't underestimate him. He is really ～. 不要低估他，他是個不同凡響的人。**2** 性感的女人；淫穢之物《春宮電影、黃色書刊等》。
hót-témpered *adj.* 易怒的，暴躁的。
Hot·ten·tot [ˈhatn,tat; ˈhɔtntɔt] *n.* **1 a** [**the** ～**s**]何騰托族《南非洲的土著》。**b** Ⓒ何騰托人。**2** Ⓤ何騰托語。
—*adj.* 何騰托人[語]的。
hót wár *n.* [常 H～ W～]Ⓒ熱戰《正式的戰爭；⟷ cold war》。
hót wáter *n.* Ⓤ **1** 熱水。**2** 麻煩：be in [get into] ～ 處於[陷入]困境。
hót-wáter bòttle [**bàg**] *n.* Ⓒ熱水瓶[袋]《通常是橡膠製的》。
hou·dah [ˈhaudə; ˈhaudə] *n.* =howdah.
hough [hak; hɔk] *n.* =hock[1].
hound [haund; haund] **«源自中古英語「狗」之義；此義後爲 dog 所代替»—*n.*** Ⓒ **1** [常用於複合字]**獵犬**，(尤指)獵狐犬。**2**《遊戲》「犬」《撒紙遊戲 'hare and hounds' 中的追趕者》。**3** 卑鄙的人，討厭的傢伙。**4** [常用於複合字]《口語》熱衷…的人，…迷：a jazz ～ 爵士樂迷/an autograph ～ 愛請人簽名題字的人。
fóllow (the) hóunds=ride to hóunds (狩獵狐狸時)帶獵犬騎馬狩獵。
—*v.t.* **1** 〔十受〕帶獵犬狩獵〈獵物〉。**2** 〔十受〕追捕，追趕；迫害〈人〉。**3 a** 〔十受十介十(代)名〕唆使〈狗〉追逐〈獵物〉〔*at*〕。**b** 〔十受(十副)〕督促，煽動，教唆〈人〉〈*on*〉。
hóund dówn《*vt adv*》=HUNT down.
hóund's tòoth *n.* (又作 **hóund's-tòoth chéck**)Ⓤ[又作 **a** ～]犬牙格子花樣《像犬齒形狀的格子花紋》。
‡hour [aur; ˈauə] **«源自拉丁文「時期，時節」之義»—*n.*** **1 a** Ⓒ一小時《六十分鐘；cf. minute[1] 1, second[3] 1》：There are 24 ～*s* in a day. 一天有二十四小時/half an ～ =《美》a half ～ 半小時，三十分鐘/by the ～ 按時(計酬)/for ～*s* (and ～*s*) 好幾個鐘頭/for ～*s* together 一連好幾個小時/The town is an ～ [an ～'s walk] from here. 從這兒到[走到]那市鎮有一小時的路程/long ～*s* of hard work 長時間的辛苦工作。**b** [**the** ～]準…點鐘，整點《★「…點00分」》：This clock strikes *the* ～(*s*). 這個鐘是整點報時的/The murder was committed between a quarter to ten and *the* ～. 兇殺案在九點四十五分至十點之間發生。
2 a Ⓒ(特定的)…時節，時代：golden ～*s* 絕好時期，黃金時期/in the ～ of adversity 在逆境的時候/He deserted me in my ～ of need. 他在我困難的時候遺棄了我/the happiest ～*s* of my life 在我一生中最快樂的時期。**b** [**the** ～]現在，目前：the question *of the* ～ 目前的問題/the man *of the* ～ 時下的熱門人物/books *of the* ～ 目前風評好的書刊。**c** [**the** ～, **one's** ～]重大時期，下決心的時候；死期：His ～ has come. 他的末日到了；他的死期到了/*The* ～ has come. 到了下決心的時候。
3 Ⓒ **a** (鐘、錶指示出的)時刻：ask the ～ 詢問時間/at an early [a late] ～ 在很早[晚]時/⇨ small hours. **b** [常 ～**s**](以二十四個小時所示的)時刻《★用法通常是以四個數字來表示，前兩個代表「小時」，後兩個代表「分」》：as of 0100 ～ 到上午一點爲止《★讀法讀作 oh one hundred hours》/at 1800 ～*s* 於十八時，於下午六時《★讀法讀作 eighteen hundred hours》/at 1142 ～*s* 於上午十一時四十二分《★讀法讀作 eleven-forty-two hours》。
4 a Ⓒ固定時間：the lunch ～ 午飯時間/his usual ～ for bed 他平常的睡覺時間。**b** [～**s**]辦公時間：business [office, school] ～*s* 營業[上班，上課]時間。
5 Ⓒ《天主教》定時的祈禱。
àfter hóurs 下班後，打烊後，下課後，放學後。
at áll hóurs 無論任何時刻，隨時。
at the eléventh hóur ⇨ eleventh.
(évery hóur) on the hálf hóur (每小時的)三十分。
(évery hóur) on the hóur 整點：These trains leave *on the* ～. 火車每小時正開出。
hóur by hóur 時時。
impróve éach [the] shíning hóur 充分利用時間。
in a góod [háppy] hóur 幸運地，幸好：I met her *in a happy* ～. 我很幸運地遇見了她。
in an évil [ill] hóur 不幸地，在不利的或倒楣的時間，不巧。
kèep éarly [góod] hóurs 早睡早起；早睡[起]。

H

kèep láte [bád] hóurs 晚睡晚起，晚回家。
kèep régular hóurs 生活有規律；早睡早起。
òut of hóurs (平常的)上班[上課]時間以外：*Out of ~s*, telephone 01-347-6521 下班[下課]後，請撥 01-347-6521.
to [till] áll hóurs 到了三更半夜。
to an [the] hóur 按時(不早不晚)；恰好，恰巧《沒錯過時間》。

hóur·glàss *n.* Ⓒ(尤指計算一小時用的)沙漏，水[水銀]計時器(cf. sandglass).

hourglass

hóur hànd *n.* Ⓒ(鐘錶的)時針，短針。

hou·ri [ˈhʊrɪ, ˈhaʊrɪ; ˈhuəri] *n.* Ⓒ **1**《回教》天堂的美麗女神。**2** 美艷的女性，迷人的美女。

hóur·ly *adj.* **1 a** 以每小時計的；一小時的：at ~ intervals 每隔一小時/There are ~ buses to the airport. 每隔一小時有巴士開往機場。**b**〈工資等〉以小時爲單位的：an ~ wage 按小時計算的工資。**2** 不斷的。
—*adv.* **1** 以小時計地，每小時地。**2** 常常地，不絕地，頻繁地：expect a person ~ 時刻盼著某人到來。

‡**house** [haʊs; haus] *n.* (*pl.* **hous·es** [ˈhaʊzɪz; ˈhauziz]) **1** Ⓒ **a** 家，家屋，住宅，房子(cf. home 1 a【說明】)：the Smith ~ 史密斯的家，史密斯住宅/He lives in this ~. 他住在這房子裏/He is about [around] the ~. 他在家附近。**b** [集合稱]住在家裏的人，全家《★用法 視爲一整體時當單數用，指全部個體時當複數用》：The whole ~ gathered in the living room. 全家聚集在客廳。

【說明】(1)英美典型的獨棟住宅大多是兩層樓房，地下室(basement)有取暖火爐(furnace)、食物貯藏室等。一樓有門廊(porch)、大廳(hall)、客廳(living room)、飯廳(dining room)、廚房(kitchen)等。二樓有幾間寢室(bedroom)及有全套衛浴設備的浴室(bathroom). 俗諺說"An Englishman's *house* is his castle."(英國人的家便是他的城堡。)可見英國人很重視家庭的私生活。
(2)美國人的房子沒有圍牆，也沒有門牌，所以訪客只能靠住家號碼(house number (cf.【說明】))去尋找。

2 Ⓒ[常構成複合字] **a** (家畜等的)欄柵，舍；倉庫。**b** (作爲特定用途的)建築物：⇨ customhouse, courthouse, storehouse. **c** 旅館，酒館：⇨ public house. **3** Ⓒ店，商店；公司行號：a publishing ~ 出版社/a stock and bond ~ 證券公司。**4** Ⓒ **a** 戲院：a picture ~ 電影院/⇨ opera house. **b** [常用單數]表演，演出：The second ~ starts at 6 o'clock. 第二場表演於六點開始。**c** [集合稱；當單數用]觀衆，聽衆：a full [poor] ~ 客滿[門可羅雀](cf. full house 1). **5** Ⓒ **a** 家庭：~ and home [以相同頭韻作強調用]家庭《★無冠詞》/A man's [An English man's] ~ is his castle. ⇨ castle 1. **b** [當名字時 H~]家族，家系，王室：the *H~* of Windsor 溫莎王族《英國王室》/the Imperial [Royal] *H~* 皇[王]室。**6 a** Ⓒ議會，國會；議院：the *H~* of Parliament《英》國會/⇨ Lower House, Upper House. **b** Ⓒ[集合稱；常 the ~]議員《★用法 與義 1 b 同》。**c** [the H~]下[上]議院：*the H~ of* Commons (英國的)下議院/the *H~ of* Lords (英國的)上議院/⇨ the HOUSE of Representatives. **d** Ⓤ[the H~；集合稱]下議院《★用法 與義 1 b 同》：enter [be in] *the H~* 擔任(下議院)議員。**7** [the H~]《英口語》《股票》倫敦證券[股票]交易所(the (London) Stock Exchange). **8** Ⓒ **a** (全體寄宿制的學校(boarding school)的)宿舍。**b** [集合稱]住宿生《★用法 與義 1 b 同》。**c**《英》(大學的)學生宿舍(college). **d** (爲了比賽而分成的)組。**9** Ⓒ《占星》黃道十二宮之一。

(as) sáfe as hóuses [a hóuse]《英口語》十分安全的。
brìng dówn the hóuse = brìng the hóuse dówn《口語》〈戲劇、演技〉引起哄堂大笑，博得滿堂采。
cléan hóuse (1)打掃房屋，大掃除。(2)徹底掃除，肅清(弊病、害處等)。
dríve a person òut of hóuse and hóme 把〈不繳房租的人〉趕出房子。
éat a person òut of hóuse and hóme《口語》把〈人〉的財產吃空。
from hóuse to hóuse 挨家挨戶。
gèt ón [alóng] like a hóuse on fíre 馬上[順利地]成爲好朋友。
hóuse of cáll (1)常去的場所。(2)工人待僱處。
hóuse of cárds (1)(小孩)用紙牌作成的房子。(2)不牢靠的結構[計畫]：collapse like a ~ *of cards* 容易崩潰。
hóuse of corréction《古》(收容輕罪犯的)感化院。
hóuse of Gód 教堂(church).
hóuse of íll fáme [ill repúte] 妓院。
kèep hóuse 成家；料理家務；和…同住：My sister *keeps* ~ for me. 我妹妹幫我料理家務/*keep* ~ with one's friends 和朋友住在一起。
kèep ópen hóuse ⇨ open house.
kéep the [one's] hóuse 在家，(因疾病等)留在家裏不出門。
móve hóuse 搬家。
on the hóuse (費用)由酒店店主或公司負擔；免費地：They had a drink *on the* ~. 他們由主人招待喝酒/It [This one] is *on the* ~！這是店主請客(儘量喝吧)！
pláy hóuse 辦家家酒《小孩遊戲》。

【說明】辦家家酒是十歲以下女孩子主要的遊戲之一。給洋娃娃穿上服裝，放在嬰兒車(baby buggy)上推去散步，或穿上母親的舊衣服玩，從玩具店可以買到玩家家酒遊戲用的茶具(tea set)，幾個人一起玩。男孩子即使被邀請當客人，通常都不願意參加。

sèt [pùt] one's hóuse in órder 整頓家中財政、事務等；恢復秩序。
the Hóuse of Represéntatives (美國國會的)衆議院(⇨ congress【說明】)。

【說明】美國衆議院按州的人口每二年改選一次。衆議院議員(Congressman)必須具備年滿二十五歲以上，擁有美國公民權七年以上的條件才可以擔任。制度上參議院(Senate)、衆議院兩院的職權大體上是平等的，但在社會地位上參議員(Senator)高很多。稅務法案等須先提交衆議院審議。英國的下議院稱作 House of Commons.

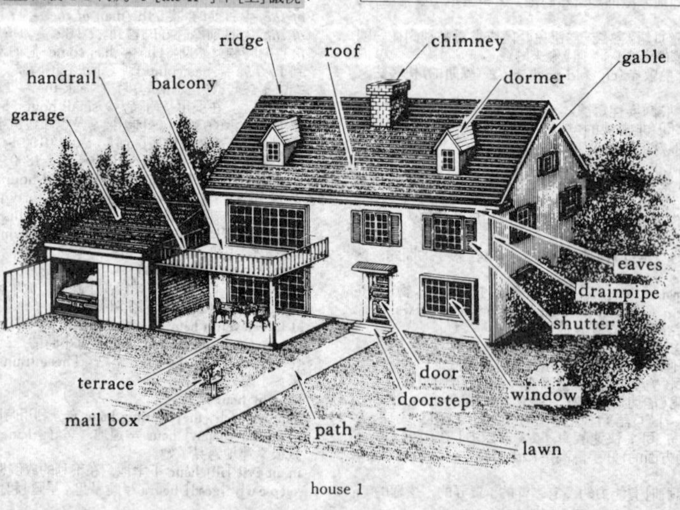

house 1

H

—adj. [用在名詞前] **1** 家的；家裏飼養的：a ～ cat 家貓。**2** 適合工作人員的，公司職員用的：a ～ journal [organ] 公司內部報紙/a ～ phone 內線[公司內部]電話。**3** 《實習醫師》駐院的：⇨ houseman, house physician, house surgeon.

— [hauz; hauz] *v.t.* **1** 〔十受〕(臨時或長期)讓〈人〉住下來，留宿；收容〈人〉；提供〈家族、住民等〉房子[住所]：～ a friend for the night 留朋友在家過一夜/～ and feed one's family 扶養家人。**2** **a** 〔十受〕囤積，儲藏，收藏〈物品〉：a library *housing* tens of thousands of books 收藏有好幾萬册書籍的圖書館。**b** 〔十受十介十(代)名〕把〈物〉儲藏〔於…〕〔*in*〕：～ garden tools *in* a shed 把園藝用的工具存放在儲藏室裏。

—*v.i.* 〔動(十副)〕投宿，住〈*up*〉.

hóuse àgent *n.* 《英》＝estate agent.

hóuse arrèst *n.* Ⓤ(不准離家的)軟禁：be under ～ 被軟禁在家中。

hóuse·bòat *n.* Ⓒ **1** (居住用的)船屋；水上住宅。**2** 附有住宿設備的遊艇。

houseboat 1

hóuse·bòund *adj.* (因天氣壞、生病等)無法外出的，待在家裏的。

hóuse·bòy *n.* Ⓒ(在家、旅館工作的)男僕，雜工。

hóuse·brèaker *n.* Ⓒ **1** 入屋行竊的人；侵入家宅者《★《英》原本指白天侵入家宅的强盜，現在則無區別；⇨ thief【同義字】》。**2** 《英》拆房屋的人(《美》wrecker).

hóuse·brèaking *n.* Ⓤ **1** 入屋行竊(cf. burglary). **2** 《英》拆屋(業)。

hóuse·bròken *adj.* **1** 《美》〈狗、貓等寵物〉經訓練有家居衛生習慣的(《英》house-trained). **2** 《謔》〈人〉有管教的。

hóuse càll *n.* Ⓒ (醫生等的)出診；(維修人員的)上門服務：make a ～ 出診。

hóuse·clèan *v.t.* 清理，打掃；改革，肅清。

hóuse·clèaning *n.* Ⓤ [又作 **a** ～] **1** 大掃除：spring ～ (春季的)大掃除。**2** 肅清，改革：*a* thorough ～ 徹底肅清《尤指政治上的大改革》。

hóuse·còat *n.* Ⓒ(婦女在家穿的)便服。

hóuse·cràft *n.* Ⓤ《英》家政學；(學校的)家事課《★比較 較常用 domestic science》。

hóuse detèctive *n.* Ⓒ(旅館、商店等的)保全人員，警衛。

hóuse dòg *n.* Ⓒ(看)家犬，守門狗。

hóuse·drèss *n.* Ⓒ(女人的)家居服。

hóuse·fàther *n.* Ⓒ男舍監；男監護人。

hóuse·flỳ *n.* Ⓒ《昆蟲》家蠅，蒼蠅。

house·ful ['haus͵ful; 'hausful] *n.* Ⓒ滿屋，一屋子〔*of*〕：have a ～ *of* dogs 養了一屋子的狗。

hóuse·guèst *n.* Ⓒ在家過夜的訪客。

***house·hold** ['haus͵hold; 'haushould] *n.* **1** Ⓒ[集合稱]家族，家眷，家屬《★常用於國力調查時；★用法 視爲一整體時當單數用，指全部個體時當複數用》：a large ～ 大家族。**2** [the H～]《英》王室：*the* Imperial [Royal] *H*～ 皇室[王家]《包含侍僕》。

—adj. [用在名詞前] **1** 家族的，家眷的；家庭的，一家的：～ affairs 家事/～ goods 家產，家當《★法律用語》/～ stuff 家庭用具，家當/～ arts 家政(學)。**2** 切身的，聽[看，講]慣的：a ～ name [word] 家喻戶曉的名字[字]。**3** 《英》王室的：the ～ troops 御林軍(cf. guard *n.* 2 e).

household cávalry *n.* Ⓤ[常 the ～；集合稱]護衛國王的騎兵隊《★用法 視爲一整體時當單數用，指個別成員時當複數用》。

hóuse·hòlder *n.* Ⓒ家長，戶長，房主，一家之主。

household gód *n.* Ⓒ **1** (古羅馬之)家庭守護神。**2** 家庭必需品。

household wórd *n.* Ⓒ家喻戶曉的字[用語，名字]《偉人名、格言等》。

hóuse-hùnting *n.* Ⓤ找房子。

hóuse·kèeper *n.* Ⓒ **1** 家庭女傭《住進他人家裏，幫忙家事的女性》；女管家(cf. butler). **2** (一家的)主婦。

hóuse·kèep·ing *n.* **1** Ⓤ家計；家務管理：set up ～ 成家。**2** [當形容詞用]家庭(用)的：～ money 家計費。

hóuse·less *adj.* **1** 無家可歸的；居無定所的。**2** 無房屋的。

hóuse·lìghts *n. pl.* (戲院等的)觀衆席照明燈。

hóuse·màid *n.* Ⓒ女僕，女傭(cf. chambermaid).

hóusemaid's knée 《由於清掃地板時，經常蹲下又站起之故》**—***n.* Ⓤ膝蓋黏液囊腫，髕前囊炎。

hóuse·man [-mən; -mən] *n.* Ⓒ(*pl.* **-men** [-mən; -mən]) **1** (家中、旅館等的)男僕，雜工。**2** 《英》(駐院的)實習醫師(《美》intern).

hóuse màrtin *n.* Ⓒ《鳥》家燕《在住家的牆壁上築巢》。

hóuse·màster *n.* Ⓒ《英》(男生寄宿制學校的)舍監。

hóuse·mòther *n.* Ⓒ女舍監。

hóuse nùmber *n.* Ⓒ住家的號碼，門號。

> 【說明】英美沒有數家同號碼的情形，而且不用門牌。號碼通常按街道一旁爲奇數，另一旁爲偶數，依序排列。郵件通常不是依受信人姓名，而是按門號(house number)分送，因此短期居留者不一定要寫上相當於「由…先生轉交」的 c/o Mr. ...《讀作 care of Mr. ...》.

hóuse pàrty *n.* Ⓒ 招待客人過夜的別墅宴會；參加此類宴會的賓客們。

hóuse physìcian *n.* Ⓒ **1** (醫院的)駐院實習內科醫師(cf. house surgeon, resident 3). **2** (飯店等的)常駐[專屬]內科醫師。

hóuse-pròud *adj.* 〈主婦等〉熱中於家事、家庭裝飾的；講究家庭擺設的。

hóuse-ràising *n.* Ⓤ《美》在鄉村中鄰居彼此幫忙蓋房子的聚會。

hóuse·ròom *n.* Ⓤ家裏的空間，放東西的地方：I would not give it ～. 那個東西我不想要《因爲佔地方》。

hóuse-sìt *v.i.* 《美》(幫別人)看守房子。

hóuse sìtter *n.* Ⓒ《美》(幫別人)看守房子的人。

hóuse slìpper *n.* Ⓒ室內拖鞋。

hóuse spàrrow *n.* Ⓒ《鳥》棲於家宅的麻雀，家雀。

hóuse sùrgeon *n.* Ⓒ(駐院的)實習外科醫師(cf. resident 3).

hóuse-to-hóuse *adj.* [用在名詞前]挨家挨戶的：make ～ visits 作挨戶訪問。

hóuse·tòp *n.* Ⓒ屋頂。

procláim [crý, shóut] ... upòn [on, from] the hóusetops 公開宣揚…《★出自聖經新約「路加福音」》。

hóuse tràiler *n.* Ⓒ《美》(用汽車拖曳的)活動房屋《cf. trailer 照片》。

hóuse-tràined *adj.* 《英》＝housebroken.

hóuse·wàres *n. pl.* 家庭用品《廚房用具、玻璃器皿等》。

hóuse·wàrming *n.* Ⓒ遷入新居的慶宴，喬遷慶宴。

***house·wife** *n.* Ⓒ **1** ['haus͵waɪf; 'hauswaif](*pl.* **-wives** [-͵waɪvz; -waivz])家庭主婦：a good ～ 善於持家的主婦。**2** ['hʌzɪfs; 'hʌzifs](*pl.* ～s, **-wives** ['hʌzɪvz; 'hʌzivz])針線盒。

house·wìfe·ly *adj.* 似主婦的，精於家事的；節儉的。

house·wife·ry ['haus͵waɪfərɪ; 'hauswaifəri] *n.* Ⓤ家事，家務。

hóuse·wòrk *n.* Ⓤ家事。

hóuse·wrècker *n.* Ⓒ《美》拆房屋的人。

hous·ing[1] ['hauzɪŋ; 'hauziŋ] *n.* **1** Ⓤ住宅的供給：the ～ problem 住的問題。**2** Ⓤ[集合稱]住宅：a ～ shortage 房荒，住宅荒。**3** Ⓒ《機械》(支撐機械某部分的)套，殼。

hous·ing[2] ['hauzɪŋ; 'hauziŋ] *n.* **1** Ⓒ [常 ～s] (裝飾用或防寒用的)馬衣；鞍褥。**2** [～s]裝飾。

hóusing associàtion *n.* Ⓒ(一羣人以建屋自用或購屋爲目的而成立的)房屋協會。

hóusing devèlopment *n.* Ⓒ《美》(公營)住宅社區，社區的集團住宅(《英》housing estate).

hóusing estàte *n.* 《英》＝housing development.

hóusing pròject *n.* Ⓒ《美》(通常指爲低收入家庭而設計的)(公營)住宅社區。

hóusing stàrt *n.* Ⓒ住宅興建之動工。

Hous·ton ['hjustən; 'hju:stən] *n.* 休斯頓《美國德克薩斯州(Texas)東南部的港市、工業都市；美國太空總署(NASA)之太空飛行管制中心的所在地》。

Hou·yhn·hnm [hu'ɪnəm, 'hwɪnəm; 'huinəm, hu'inəm] 《英國諷刺小說家斯威夫特(Swift)所造的字，源自馬的叫聲》**—***n.* Ⓒ 通人性的馬《斯威夫特(Swift)所著的格列佛遊記(*Gulliver's Travels*)中的通人性的馬；它控制了人形獸雅虎(Yahoo)》.

hove [hov; houv] *v.* heave 的過去式・過去分詞。

hov·el ['hʌvl; 'hʌvl, 'hɔvl] *n.* Ⓒ **1** (只有屋頂沒有圍牆的)放雜物的地方，棚舍。**2** 簡陋的房屋。

hov·er ['hʌvɚ; 'hʌvə, 'hɔvə] *v.i.* 〔十副詞(片語)〕 **1** **a** 〈鳥〉(展翅)在空中盤旋[翱翔]；〈直昇機〉盤旋於空中(⇨ fly[1] A【同義字】)：A hawk was ～*ing over* its prey. 一隻老鷹在其獵物上空盤旋。**b** 〈笑容等〉浮現：A smile ～*ed on* her lips. 她的唇上浮現了笑容。**2** 〈人〉徘徊：～ *about* 徘徊不定/He is always ～*ing around* her. 他老是在她周圍徘徊。**3** 徬徨，躊躇：～ *between* two courses [life *and* death] 在兩種方針間[生死之間]徘徊。

～·er *n.*

Hov·er·craft [ˋhʌvə͵kræft; ˈhɔvəkrɑːft] *n.* Ⓒ(*pl.* ～)《商標》氣墊船[車]；水翼船《藉引擎吹向水面或地面的高壓空氣形成氣墊，以漂浮狀態前進的交通工具》：by ～ 搭氣墊船《★無冠詞》。

Hovercraft

hov·er·train [ˋhʌvə͵tren; ˈhɔvətrein] *n.* Ⓒ氣墊火車。

‡**how** [haʊ; hau] *adv.* (無比較級、最高級) A [疑問詞] **1** [詢問方法、手段] **a** 怎麼？如何？用什麼方法[手段]：*H～* shall I do it？我應該怎麼做？/“*H～* do I go there？＝*H～* can I get there？”—“(You can go there) by bus.”「我如何去那裏？」「(你可以)搭巴士去。」/*H～* else can I say it？要不然我要怎麼說才好呢？ **b** [引導 *to* do 或子句]〈做…的〉方法，怎樣做…：He knows ～ *to* play chess. 他懂得如何下西洋棋/Tell me ～ I can get there. 告訴我怎樣才能到那裏/I can't imagine ～ the thief got in. 我無法想像小偷是怎麼進來的。

2 [詢問健康狀況] **身體怎樣**：*H～* is she now？她目前身體如何？/“*H～* are you？”—“Fine (, thanks). And you？”「你好嗎？」「很好(，謝謝)。你怎麼樣呢？」/*H～* goes it (*with* you)？＝*H～* is it going (with you)？＝*H～* are things going (*with* you)？近況如何？還好嗎？/*H～* have you [things] been？你過得怎麼樣呀？《★用法 久不見面的人見了面時的寒暄語》/*How's* your father？你父親[令尊]好嗎？/*H～* did you leave your parents？(你離家時)令尊令堂好嗎？

3 [徵求對方的意見，要求說明等] **如何，怎麼樣**：*H～*？《美》[用於反問]如何？/*H～* will your father take it？令尊會如何看待這件事？/*H～* would it be to start tomorrow？明天啓程如何？

4 [詢問理由] **爲什麼，爲何，什麼理由，怎麼**：*H～* can you live alone？你怎麼能一個人生活？/*H～* is it that you didn't come？你怎麼搞的，爲什麼沒來？/*H～* comes it (that) you have taken my notebook？你怎麼把我的筆記本拿走了呢？《★用法 連接詞 *that* 常被省略；cf. How come...？》/“Where is Tom？”—“*H～* should I know？”「湯姆在哪裏？」「我怎麼知道？《此事與我無關》。」

5 [詢問程度] **a** 多少，什麼程度：*H～* old is he？他年紀多大[幾歲]？/*H～* long is it？它有多長？/*H～* do you like Japan？你覺得日本如何？你喜不喜歡日本？/*H～* is sugar [the dollar] today？今天糖[美金](的行情)如何？ **b** [引導子句]：I wonder ～ old he is. 我不知道他幾歲/I don't know ～ many people joined the party. 我不知道有多少人參加該聚會。

6 [用於驚嘆句中] **a** 何等的！多麼的！(cf. what A 2)：*H～* foolish (you are)！(你)多麼愚蠢啊！《★比較 How foolish a boy (you are)！的用法甚少，一般用 What a foolish boy (you are)！；複數形則是 What foolish boys (you are)！不可用 How foolish boys (you are)！》/*H～* kind of you！你實在太好了！/*H～* well she sings！她的歌唱得多好啊！/*H～* I wish I could travel (a)round the world！我多麼盼望我能去環遊世界！/*H～* it rains！雨下得好大啊！ **b** [引導子句]：I saw ～ sad he was. 我了解他有多傷心/You cannot imagine ～ wonderfully he sang. 你無法想像他唱得有多棒。

—B [關係詞] **1** [引導名詞子句] **a** (事情發生的)方式；(做事的)方法《★用法 the way ＋ how... 這種用法現在甚少用，一般用 how，或用 the way》：That is ～ it happened. 事情就是這樣發生的/That's [This is] ～ I began to understand his intention. 就是這個原因，使我開始瞭解他的意圖。 **b**《口語》所謂…之事《★用法 也可算是連接詞》：I told him ～ I had read it in the papers. 我告訴他說我是在報上看到這件事的《★用法 以 how 代替 that 的用法，是以講故事的方式來敘述較複雜的事情時使用》。

2 [引導副詞子句] 儘可能…：Do it ～ you can. 盡力去做吧！

and hów [ən(d)ˋhaʊ; ən(d)ˈhau]《美口語》非常，一點也沒錯，的確如此，那還用說：Prices are going up, *and* ～！物價正在上漲，可不是！

ány òld hów《口語》草率地，粗魯地，雜亂地。

as hów [當連接詞用]《方言》(1)所謂…之事(that). (2)是否…(if, whether).

Hére's hów！《口語》乾杯！

Hów abòut...？…怎麼樣；對於…作何想法(cf. WHAT about...？)：*H～ about* the result？結果怎麼樣？/*H～ about* a game of chess？下盤棋如何？/*H～ about* go*ing* for a swim？去游泳好不好？

Hòw abóut thàt！《口語》那太棒了！眞好！

Hòw cóme...？《口語》爲何？怎麼？《★How did it come that...？之略；cf. A 4》：*H～ come* you didn't come and see me yesterday？你昨天怎麼沒來看我？

Hòw cóme you to dó ...？你爲什麼要這樣(做)？：*H～ come you to* say that？你爲什麼要說那種話呢？

Hów do you dó？[ˋhaudjuˋdu; ͵haudjuˈduː] 你好嗎？你好！

> 【說明】初見面時的寒暄語；回答的人也用相同句子回答；會話體是 *Howd'yedo*？[ˋhaudɪˋdu; ͵haudiˈduː]；予人裝腔作勢的感覺。

Hòw éver [in the wórld, on éarth, the dévil, etc.]...？究竟…怎麼了？(cf. however 2)：Good heavens！John！*H～ in the world* did you get here？天哪！約翰！你是怎麼來的？

Hòw fár(...)？(1)[詢問距離]有多遠(的距離)：*H～ far* is it from here to your school？從這裏到你的學校有多遠？(2)[詢問程度]多少《大小，遠近》，什麼程度：I don't know ～ *far* we can trust him. 我不知道我們能信任他到什麼程度。

Hów is thát agáin？《美》[反問時]什麼，再說一次。

Hów is thát for...？[與形容詞或名詞連用]《口語》何等…：*H～ is that for* impudence？何等傲慢呀！

Hòw lóng(...)？〈長度、時間〉多少？多久？多長？多少年[月，日，小時，分鐘(等)]？從何時至何時：*H～ long* would [will] it take (me) to go there by bus？坐公共汽車到那裏要多久？

Hòw mány(...)？多少：*H～ many* apples are there in the box？盒子裏有多少個蘋果？

Hòw múch？(1)⇨ much *adj., pron., adv.* (2)《英俚》什麼？再說一次！

Hòw nów？《古》這是怎麼回事？這是什麼意思？

Hòw óften(...)？幾次[遍，回]？多久？：*H～ often* are there trains to Taipei？往台北的火車多久一班？/*H～ often* do you use this dictionary？這本字典你多久用一次《用了多少次》？

Hów só？怎麼會這樣？爲什麼？

Hòw sóon(...)？多快？：*H～ soon* can I expect you？你最快什麼時候能來？

Hòw's thát？(1)《口語》那是怎麼回事？爲什麼會那樣？(2)《美口語》(什麼？)再說一次！(3)《板球》(面對裁判)這個球你怎麼判《打者是不是出局》？

Hów thèn？這是怎麼回事？結果又怎麼樣？還有什麼？(果眞如此)又哪裏錯了？

—*n.* [the ～]方法，方式：*the* ～ and the why of it 它的方法和理由。

How·ard [ˋhaʊəd; ˈhauəd] *n.* 霍華德《男子名》。

how·be·it [haʊˋbiɪt; hauˈbiːit] *adv.*《古》雖然如此；然而。

—*conj.*《古》雖然，雖說。

how·dah [ˋhaʊdə; ˈhaudə] *n.* Ⓒ(印度的)象轎《在象背上裝上椅座的轎子，通常有篷蓋，可供數人乘坐》。

howdah

how-do-you-do [ˋhaudjuˋdu; ͵haudjuˈduː] *n.*《口語》[**a fine [pretty]** ～]困境，窘境：Here's *a fine* ～！這下糟了！這下麻煩了！

how·dy [ˋhaʊdɪ; ˈhaudi] **《**how do you do 之略**》—*interj.***《美口語》[用於寒暄]喂！你好！

how·e'er [haʊˋɛr; hauˈɛə] *adv.* however 之略。

‡**how·ev·er** [haʊˋɛvə; hauˈevə] *adv.* (無比較級、最高級) **1** [引導讓步的副詞子句] **無論如何**…(no matter how)：*H～* long a vacation is, I always feel I want a few days more. 無論假期有多長，我總覺得想再多幾天休息休息/*H～* tired you may be, you must do it. 不管你有多累，你非做不可/He will never pass the examinations, ～ hard he works. 無論他怎樣努力，他永遠無法通過考試/*H～* much [little] he earns, ... 無論他賺得怎麼多[少]…。 **2** [用以強調疑問詞 how]《口語》到底[究竟]如何《★拼法 以 how ever 兩字的寫法爲正式；cf. whatever *pron.* B》：*H～* did you manage it？這件事你究竟如何處理的《表驚訝》？/*H～* did you go yourself？你一個人究竟是怎麼去的《表感動》？ **3** [當連接副詞]可是，然而，不過《★用法 however 雖然也用於句首或句尾，但通常與逗點並用，出現在句中，比 but 之意弱，且較 but 拘泥形式》：Later, ～, he made up his mind to do that. 可是，後來他就下定決心去做了/He said that it was so; he was mistaken, ～. 他說事情就是那樣，不過他錯了/*H～*, I will do it in my own way. 可是，我將照我的方式去做。 **—*conj.*** 不管用什麼方法[方式]：You may act ～ you like. 你可以照自己喜歡的方式行動。

how·itz·er [ˋhaʊɪtsə; ˈhauitsə] *n.* Ⓒ《軍》榴彈砲。

howl [haul; haul] **《擬聲語》—*v.i.* 1 a** 〈狗、狼等〉狂吠，長嗥(⇨ bark[1]【同義字】)。**b** 〔動(十副詞(片語))〕〈風等〉怒吼，呼嘯，怒號：the wind *~ed through* the woods [*among* the trees, *down* the valley]. 風呼嘯穿過森林[在林間怒號，呼嘯而下出谷]。**2** 〔動(十介十(代)名)〕〈人〉哭泣，號啕大哭；〔發出笑聲地〕狂笑〔*with*〕：The boy *~ed with* laughter [*with* pain]. 那男孩高聲狂笑[痛得號啕大哭]。**—*v.t.* 1** 〔十受(十副)〕大聲喊叫〈言語等〉〈*out*〉：~ (*out*) obscenities 高聲喊出淫穢之語。**2 a** 〔十受十副〕以吼叫迫使〈人〉沈默〈*down*〉：The mob *~ed down* the lecturer. 羣衆以吼叫聲迫使演講者停止演說。**b** 〔十受十介十(代)名〕吼叫[哈哈大笑]使〈人〉〔…〕〔*off*〕：They *~ed* him *off* the platform. 他們大吼[哈哈大笑]把他從講台上趕下來。

—*n.* Ⓒ **1** (狗、狼的)**狂吠聲**，嗥叫，呼號。**2 叫嚷**；狂笑：a ~ of pain 痛苦的喊叫聲/~*s* of laughter 縱聲大笑。**3** 〘通信〙干擾聲。

hówl·er *n.* Ⓒ **1** 咆哮的野獸(吼猿)。**2** 號哭的人，哭泣的人。**3** 《口語》(遭人恥笑的)大錯誤，愚蠢的錯誤。

hówl·ing *adj.* [用在名詞前] **1** 狂吠的，咆哮的，號叫的：a ~ dog 狂吠的狗/a ~ storm 怒吼的暴風雨。**2** 孤寂的，荒涼的：a ~ wilderness 孤寂的荒野《★出自聖經舊約「申命記」》。**3** 《口語》極端的，非常的：a ~ shame 奇恥大辱/a ~ success 極大的成功。

hòw·so·éver *adv.* 《古·文語》無論如何《★however 的强調式》。

hów-tó *adj.* [用在名詞前] 提供具體可行的方法或指導的〈文章等〉：a ~ book on golf 高爾夫球入門書。

hoy [hɔɪ; hɔi] *interj.* 嗬！喂！《呼喊或趕牲畜之聲》。

hoy·den [ˈhɔɪdn; ˈhɔidn] *n.* Ⓒ淘氣的姑娘，野丫頭。

hóy·den·ish [-dnɪʃ; -dniʃ] *adj.* 淘氣的，喧鬧的，頑皮女孩似的。

Hoyle [hɔɪl; hɔil] **《源自英國紙牌戲權威者之名》—*n.*** Ⓒ紙牌遊戲規則書。

accórding to Hóyle 依照規則[的]，公正地[的]。

hp, h.p., HP, H.P. 《略》high pressure；hire purchase；horsepower.

hq, h.q., HQ, H.Q. 《略》headquarters.

hr. 《略》hour(s). **H.R.** 《略》Home Rule；House of Representatives.

H.R.H. 《略》His [Her] Royal Highness.

hrs. 《略》hours.

h.s. 《略》high school.

H.S.H. 《略》His [Her] Serene Highness.

ht. 《略》heat；height. **H.T., HT** 《略》high tension 〘電學〙高[電壓。]

hub [hʌb; hʌb] *n.* Ⓒ **1** (車輪的)轂，輪軸。**2** (活動的)中心(地)，中樞：a ~ *of* industry [commerce] 工業[商業]中心。

hub·ba hub·ba [ˈhʌbəˈhʌbə; ˈhʌbəˈhʌbə] *interj.* 《俚》表示贊同，熱心的感嘆詞《尤指第二次大戰期間美國士兵看到美麗少女時發出之聲》。

hub·ble-bub·ble [ˈhʌbl,bʌbl; ˈhʌbl,bʌbl] *n.* Ⓒ **1** 沸騰聲。**2** 水煙筒(hookah).

hub·bub [ˈhʌbʌb; ˈhʌbʌb] *n.* [用單數] 吵鬧聲，叫嚷聲，吶喊聲〔*of*〕；騷動，喧嘩。

hub·by [ˈhʌbɪ; ˈhʌbi] *n.* Ⓒ《口語》丈夫(husband).

húb·càp *n.* Ⓒ輪軸蓋《遮蓋汽車輪軸外側的金屬盤；⇨ car 插圖》。

Hu·bert [ˈhjubət; ˈhju:bət] *n.* 休伯特《男子名》。

hu·bris [ˈhjubrɪs; ˈhju:bris] **《源自希臘文》—*n.*** Ⓤ狂妄自大，傲慢，目中無人。

huck·a·back [ˈhʌkə,bæk; ˈhʌkəbæk] *n.* Ⓤ一種粗麻布或棉布《作毛巾用》。

huck·le·ber·ry [ˈhʌkl,bɛrɪ; ˈhʌklbəri, -,beri] *n.* Ⓒ **1** 〘植物〙越橘類《產於北美的灌木》。**2** 越橘類的果實《紫黑色，可食用》。

huck·ster [ˈhʌkstə; ˈhʌkstə] *n.* Ⓒ《★陰性形 **-stress** [-strɪs; -stris]》 **1** 叫賣商人；(果菜等的)挑賣小販。**2** 《美口語》(廣播、電視的)廣告商。

HUD, H.U.D. 《略》Department of Housing and Urban Development (美國)住宅與都市發展部。

hud·dle [ˈhʌdl; ˈhʌdl] *v.t.* **1** 〔十受十副〕《英》將〈東西〉堆成一堆[擠成一團，胡亂塡塞]〈*up, together*〉. **2** 〔十受(十副)〕[one*self*] 縮成一團〈*up*〉《★也可用被動語態》：He lay *~d* (***up***) in a corner. 他把身體縮成一團躺在角落裏/The cat *~d itself up* on the cushion. 貓在坐墊上將身子縮成一團。

—*v.i.* 1 〔十副詞(片語)〕擠成一團：They *~d together around* the fire. 他們圍著火擠成一團/The terrified boys *~d up to* the teacher. 受驚嚇的男孩子們緊緊靠攏老師。**2** 聚集商談，碰頭商議。**3** 〘美式足球〙碰頭商討戰術(⇨ *n.* 4).

húddle ón 《*vt adv*》急忙[胡亂]穿上〈衣服〉。

húddle óver [thróugh, úp] 《*vt adv*》匆忙地做〈事等〉，草率從事…。

—*n.* Ⓒ **1** 混雜，雜亂，擁擠：all in a ~ 雜亂地。**2** (人、物)雜亂的一羣；羣衆。**3** 《口語》(避開他人的)密談。**4** 〘美式足球〙(比賽前選手們聚集在一起)碰頭商討戰術。

gò ìnto a húddle 《口語》〔與人〕祕密會商，密談〔*with*〕.

Húd·son Báy [ˈhʌdsn-; ˈhʌdsn-] *n.* 哈德遜灣《加拿大東北部的海灣》。

Húdson (Ríver) *n.* [the ~] 哈德遜河《流經美國紐約州(New York)東部的河流》。

hue[1] [hju; hju:] **《源自中古英語「形狀，模樣」之義》—*n.* 1** ⓊⒸ **a** 色彩，色調：a change in ~ 色調上的變化。**b** 顏色：a cold [warm] ~ 寒[暖]色/the ~*s* of the rainbow 彩虹的顏色。**2** Ⓒ (意見、態度等的)特色，傾向：His speech has an aggressive ~. 他的談話中有挑釁的意味。

pùt a dífferent húe on màtters 改變事物的外貌。

hue[2] [hju; hju:] *n.* ★僅用於下列成語。

húe and crý (追捕、警戒、反對、責備時)〔對…的〕叫嚷；嘈雜的責備聲〔*against*〕：raise a ~ *and cry* (*against*...) 〈輿論、報導等〉(對不當行爲)發出强烈的指責聲。

huff [hʌf; hʌf] *n.* [**a** ~] 憤怒，生氣：go off in *a* ~ 憤怒[忿忿]地離去/get [go] into *a* ~ 發怒。

—*v.t.* 使〈人〉發怒《★常用被動語態》：*be ~ed* 發怒，被激怒。

—*v.i.* 1 氣憤，生氣。**2** (像登山時一般地)喘氣。

húff·ish [-fɪʃ; -fiʃ] *adj.* =huffy.

huff·y [ˈhʌfɪ; ˈhʌfi] *adj.* (**huff·i·er**；**-i·est**) **1** 不高興的，生氣的。**2** 自大的，傲慢的。**húf·fi·ly** [-fɪlɪ; -fili] *adv.* **-i·ness** *n.*

hug [hʌg; hʌg] *v.t.* (**hugged**；**hug·ging**) **1 a** 〔十受〕(通常指表示愛情地)**擁抱**，緊抱〈人、玩偶等〉：He *hugged* her tightly. 他緊緊地抱住她。**b** 〔十受〕〈熊〉用前足抱住〈人等〉：The bear *hugged* him *to* death. 熊緊抱著他而把他勒死。**c** 〔十受十介十(代)名〕把〈東西〉抱在〔…〕〔*against, to*〕：He *hugged* a large box ***against*** his body. 他抱著一個大盒子。**2** 〔十受〕抱持，固執〈偏見等〉；珍愛〈物等〉：~ the middle of the road 執著於中間路線。**3 a** 〈步行者、車〉靠近(道路等)走：During the fog, we had to ~ the side of the road. 霧出現的時候，我們不得不沿著路邊走。**b** 〈船〉沿著〈海岸〉航行。**4** 〔十受十介十(代)名〕[~ one*self*] 〔因爲…而〕高興，沾沾自喜，竊喜〔*on, for, over*〕：There he sat, *hugging himself* ***over*** my failure. 他坐在那裏，對於我的失敗竊喜不已。

—*n.* Ⓒ **1** 擁抱：Mother gave me a ~. 媽媽緊抱著我。**2** 〘角力〙緊抱住對方：⇨ bear hug 1.

***huge** [hjudʒ; hju:dʒ] *adj.* (**hug·er**；**-est**) **1** (形狀、體積等)**巨大的**；龐大的：a ~ rock [building] 巨大的岩石[建築物]/a ~ profit 龐大的利潤。

> 【同義字】huge 表示體積、數量、程度等非常大的；enormous 指超過普通的體積、程度、數量而顯得巨大的；immense 表示非一般衡量標準所能衡量的巨大；tremendous 意爲巨大到令人驚恐的程度；vast 指面積、範圍、數量非常的大。

2 (程度、性質等)無限的：a ~ success [victory] 莫大的成功[勝利]。**~·ness** *n.*

húge·ly *adv.* 《口語》極大地，非常地：be ~ pleased 極大地快樂，非常地高興。

hug·ga·ble [ˈhʌgəbl; ˈhʌgəbl] *adj.* 逗人愛的；使人想擁抱的。

hug·ger-mug·ger [ˈhʌgə,mʌgə; ˈhʌgə,mʌgə] *n.* Ⓤ **1** 雜亂，混亂。**2** 祕密。

—*adj.* & *adv.* 1 雜亂的[地]。**2** 祕密的[地]。

Hugh [hju; hju:] *n.* 修《男子名》。

Hu·go [ˈhjugo; ˈhju:gou], **Victor (Marie)** *n.* 雨果《1802–85；法國詩人、小說家及劇作家》。

Hu·gue·not [ˈhjugə,nɑt; ˈhju:gənɔt] *n.* Ⓒ胡格諾教徒《16–17 世紀法國喀爾文(Calvin)派的新教徒》。

huh [(略帶鼻音) hʌ; hʌ] *interj.* [表示驚奇，不贊成，疑問，輕視等] 哼！哈！什麼？

hu·la [ˈhulə; ˈhu:lə], **hu·la-hu·la** [ˈhuləˈhulə; ˈhu:ləˈhu:lə] *n.* Ⓒ(夏威夷的)草裙舞：dance the ~ 跳草裙舞。

húla skìrt *n.* Ⓒ **1** 夏威夷土人的草裙。**2** 模仿草裙之裙子。

hulk [hʌlk; hʌlk] *n.* Ⓒ **1** 廢船的船身。**2** 大而笨重的男子[物品]；大個子，大漢，笨重的東西：*a* ~ *of a* man 巨大笨重的男人。

húlk·ing *adj.* [用在名詞前] 笨重的，粗大的；大得難以處理的；笨拙的，

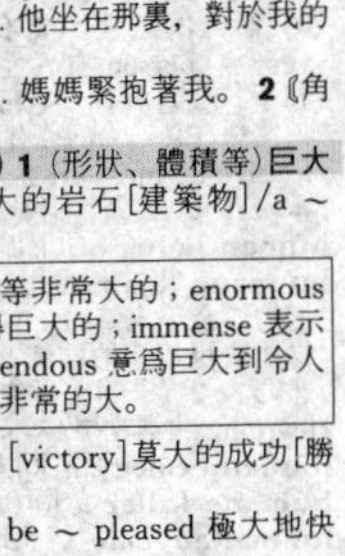

hula-hula

粗率的：a great, ～ idiot 大而無用的笨蛋/a ～ lout 笨拙的粗人。

hull[1] [hʌl; hʌl] *n.* Ⓒ **1** a (穀粒、種子等的)外皮，殼；果皮；(尤指豆的)莢。b (草莓等的)蒂，果托。**2** 覆被物。**—*v.t.*** 〔十受〕剝除…的殼[皮，莢]：～*ed* corn《美》已去皮的玉米/～*ed* rice 已去殼的稻米，糙米。

hull[2] [hʌl; hʌl] *n.* Ⓒ **1** 船身。**2** (飛艇的)艇身；(水上飛機的)機身。

húll dówn〔航海〕(只見船桅不見船身的)遠方(far away).

hul·la·ba·loo [ˈhʌləbəˌlu; ˌhʌləbəˈlu:] *n.* Ⓒ (*pl.* ～s)〔常 a ～〕喧囂，喧嘩，吵鬧：make *a* ～ 吵鬧/There was *a* ～ about it. 那件事引起一陣騷動。

hul·lo, hul·loa [həˈlo; həˈlou] *interj., n.*《英》＝hello.

hum [hʌm; hʌm] **«擬聲語»—(hummed; hum·ming)** *v.i.* **1** a 〈蜂、陀螺、機械等的〉嗡嗡作響，營營作響：The car engine *hummed* idling. 車子的引擎發出空轉的聲響。b 閉口哼唱，用鼻子哼唱：The old man was *humming* to himself. 那老人獨自哼著小調。**2**〔動(十介十(代)名)〕〈事業等〉〔因…〕情況好轉，忙碌，活躍起來〔*with*〕：make things ～ 使情況好轉，使事物更有生氣/The town was *humming* ***with*** activity. 該市鎮生氣勃勃，呈現一片熱鬧的景象。**—*v.t.*** **1** 以鼻音哼唱〈歌〉：She *hummed* a song to herself. 她獨自哼著一首歌。**2**〔十受十介十(代)名〕低聲哼唱而使〈人〉〔…〕〔*to*〕：She *hummed* her baby ***to*** sleep. 她低聲哼著歌哄嬰兒睡覺。

húm alóng《*vi adv*》〈汽車等〉飛馳。

húm and háw《英》吞吞吐吐；猶豫。

—*n.* **1**〔用單數〕a 嗡嗡聲：the ～ of bees 蜜蜂的嗡嗡聲。b 遠方的吵雜聲，喧嘩：a ～ of voices 喧嘩的人聲。c (收音機等的)雜音。**2** Ⓒ《英》(表示躊躇、不滿)哦…：～*s* and ha's [haws]支支吾吾。

—[həm; həm] *interj.*《英》〔表示疑惑、不同意等〕哼！哦！(《美》hem).

‡hu·man [ˈhjumən, ˈjumən; ˈhju:mən] **«源自拉丁文「人(homo)」之義»—*adj.*** **(more ～; most ～) 1 人的**；人類的(↔ divine)：～ affairs 與人類有關的事/⇨human nature/a ～ touch 人性，人情味/the ～ race 人類/～ rights 人權/a ～ sacrifice (獻給神的)活人的犧牲。**2 有人性的**；通人情的；人所能做到的：a very ～ person 有人性的人，通人情的人/more [less] than ～ 超乎[不合]人性/～ interest《新聞》人類的興趣，一般的興趣；人情味/Be ～！(更)有人情味點！(更)溫柔點！/To err is ～, to forgive divine.⇨err 2.

—*n.* **1** Ⓒ (與動物相對的)人(human being). **2**〔**the** ～〕人類。

húman béing *n.* Ⓒ (與動物、神、幽靈等相對的)人類，人。

hu·mane [hjuˈmen; hju:ˈmein] **«human 的變形»—*adj.*** **1** 人道的，合乎人道的，有人情味的，慈悲的；親切的《對他人、動物所表現出來的同情心，愛心；↔ inhuman》：～ feelings 慈悲心。**2**〈學問、研究等〉使人高尚的，優雅的，文雅的：～ learning 古典文學/～ studies 人文科學。**～·ness** *n.*

húman ecólogy *n.* Ⓤ人類生態學。

húmane kíller *n.* Ⓒ (尤指牲口)無痛屠宰機。

hu·máne·ly *adv.* 慈悲地，富人情味地，人道地。

húman engineéring *n.* Ⓤ **1** 人類工程學，人體工學(ergonomics). **2** 人事管理。

humáne society *n.* Ⓒ〔常 H～ S～〕促進仁慈的社會團體《尤指倡導愛護動物之社團》。

húman geógraphy *n.* Ⓤ人文地理學。

hu·man·ism [ˈhjumənˌɪzəm; ˈhju:mənizəm] *n.* Ⓤ **1 人本主義。** **2** 人文主義；人文學《尤指文藝復興時期的古典文學研究》。**3** 人道主義《★比較 較常用 humanitarianism》.

hú·man·ist [-nɪst; -nist] *n.* Ⓒ **1** 人本主義者。**2** 人文主義者《尤指古典文學研究家》。**3** 人道主義者。**—*adj.*** ＝humanistic.

hu·man·is·tic [ˌhjuməˈnɪstɪk; ˌhju:məˈnistik] *adj.* **1** 人本主義的。**2** 人文學的，人文主義的。**3** 人道主義的(humanitarian).

hu·man·i·tar·i·an [hjuˌmænəˈtɛrɪən; hju:ˌmæniˈtɛəriən] *adj.* 人道主義的；博愛的《★比 philanthropic 更直接關心人類福祉的增進》。**—*n.*** Ⓒ人道主義者，博愛者。

hu·màn·i·tár·i·an·ism [-nˌɪzəm; -nizəm] *n.* Ⓤ人道主義，博愛(主義)。

hu·man·i·ty** [hjuˈmænətɪ; hju:ˈmænəti] **«human 的名詞»—*n. **1** a Ⓤ**人性**：the question of the divinity or ～ of Christ 基督是神或是人的問題。b〔**humanities**〕人的屬性。**2** Ⓤ〔集合稱〕**人類**，人《★用法 視為一整體時當單數用，指全部個體時當複數用》：*H*～ has suffered more from war in this century than ever before. 人類在本世紀所遭受的戰禍較以往更多更慘。**3** a Ⓤ**人類愛**，慈愛，慈悲，人情，親切：treat animals with ～ 憐恤動物。b Ⓒ慈善行為。**4**〔**the humanities**〕(希臘、拉丁的)人文學，古典文學；人文科學。

hu·man·ize [ˈhjumənˌaɪz; ˈhju:mənaiz] **«human 的動詞»—*v.t.*** **1** a 使…具有人的屬性，賦予…人性：～ gods 使神人格化。b 使…通人情：～ education [the curriculum] 使教育[課程]合乎人情。**2** 使…合乎人道，教化…。

—*v.i.* 變得有人性，變得通人情。

húman·kìnd *n.* Ⓤ〔集合稱〕《文語》人類，人(mankind)《★用法 視為一整體時當單數用，指全部個體時當複數用》。

hú·man·ly *adv.* **1** 像人地；在人情上。**2** 依人類的角度來判斷，以人的力量：～ speaking 站在人類的立場來說，就人類智慧[力量]而言；在人類智慧[力量]所及的範圍之內。

húman náture *n.* Ⓤ **1** 人性。**2** 人情。

hu·man·oid [ˈhjuməˌnɔɪd; ˈhju:mənɔid] *adj.* (形態、行動等)酷似人類的。

—*n.* Ⓒ **1** 類似人類的生物。**2** 科幻小說(SF)中的人型機器，外星人。

húman relátions *n. pl.*〔常當單數用〕**1** 人際關係：He has difficulty with ～. 他的人際關係不好。**2** 人際關係(論)。

Hum·ber [ˈhʌmbɚ; ˈhʌmbə] *n.*〔**the** ～〕漢柏《英國東部的一個河流入海口》。

Hum·ber·side [ˈhʌmbɚˌsaɪd; ˈhʌmbəsaid] *n.* 漢柏塞《1974 年新設於英格蘭東北部的一郡；首府 Kingston upon Hull [ˈkɪŋ·stənəˌpɑnˈhʌl; ˈkiŋstənəˌpɔnˈhʌl]》.

hum·ble** [ˈhʌmbl, ˈʌmbl; ˈhʌmbl] **«源自拉丁文「低」之義»—*adj. **(hum·bler; -blest) 1** a **謙虛的**；客氣的；謙恭的；謙遜的(⇨shy[1]【同義字】)：a ～ smile 謙恭的微笑。b〔不用在名詞前〕〔十介十(代)名〕〔在…方面〕謙虛的，客氣的〔*about*〕：Don't be so ～ ***about*** your work；it is excellent. 對自己的作品不要那麼謙虛，它是上乘之作。**2** a〈身分、地位等〉微賤的，卑下的：a man of ～ birth [origin] 出身卑賤的人。b 卑下無價值的：in my ～ opinion 依我的淺見/⇨your humble SERVANT. **3** 粗糙的，簡陋的：～ fare 粗茶淡飯《簡陋的食物》/a ～ house 簡陋的家。

—*v.t.* 〔十受〕**1** a 使〈人、心〉變謙虛。b〔～ *oneself*〕謙遜，謙恭。**2** 挫〈人的權威、傲氣等〉：～ a person's pride 挫某人的傲氣。

húmble píe *n.* **1** ⓊⒸ (昔日於狩獵後給僕人吃的)鹿等動物之內臟做的餡餅。**2** Ⓤ屈辱；丟臉。

【字源】貴族王侯在食用獵獲的鹿肉時，射到鹿的獵人却吃鹿的內臟做的餡餅《指得到很差的待遇》。由此而衍生此片語。

húm·bly *adv.* **1** 謙恭地，低聲下氣地：speak [behave] ～ 說話[舉止]謙虛。**2** 微賤地，卑下地：～ born 出身微賤。

hum·bug [ˈhʌmˌbʌg; ˈhʌmbʌg] *n.* **1** Ⓤ a 騙局，欺詐。b 大謊話；廢話(nonsense). **2** Ⓒ騙子；蓋仙。**3** Ⓒ幌子。**4** Ⓒ《英》一種薄荷糖。

—*v.t.* **(hum·bugged; -bug·ging) 1** 欺騙〈人〉。**2**〔十受十介十(代)名〕騙〈人〉〔使做某事〕〔*into*〕；騙取〈人〉〔某物〕〔*out of*〕：I *humbugged* him ***into*** think*ing* that there was a ghost in the house. 我騙得他相信屋裏有鬼/～ a person ***out of*** a few pence 從某人那兒騙取一些便士。

—*v.i.* 欺騙；弄虛作假。

—*interj.* 胡說！豈有此理！

hum·ding·er [ˈhʌmˈdɪŋɚ; hʌmˈdiŋə] *n.* Ⓒ《美口語》非常出色的人[物]。

hum·drum [ˈhʌmˌdrʌm; ˈhʌmdrʌm] *adj.* 平凡的，普普通通的；單調的，乏味的。

hu·me·rus [ˈhjumərəs; ˈhju:mərəs] *n.* Ⓒ〔解剖〕肱骨。

hu·mer·al [ˈhjumərəl; ˈhju:mərəl] *adj.*

hu·mid [ˈhjumɪd; ˈhju:mid] *adj.* 〈氣候、空氣等〉有濕氣的，潮濕的(⇨wet【同義字】)：Summer in Taipei is hot and ～. 台北的夏天悶熱潮濕。

hu·míd·i·fi·er *n.* Ⓒ濕潤器。

hu·mid·i·fy [hjuˈmɪdəˌfaɪ; hju:ˈmidifai] *v.t.* 使…濕潤，使…潮濕：～ the air [a room] 使空氣[屋子]增濕。

hu·mid·i·ty [hjuˈmɪdətɪ; hju:ˈmidəti] **«humid 的名詞»—*n.*** Ⓤ **1** 濕氣，潮濕。**2**〔物理〕濕度。

hu·mi·dor [ˈhjumɪˌdɔr; ˈhju:midɔ:] *n.* Ⓒ **1** (可保持適當濕度的)保濕煙罐[煙盒]，保濕器。**2** 保濕室，防乾室。

hu·mil·i·ate [hjuˈmɪlɪˌet; hju:ˈmilieit] *v.t.* 〔十受〕**1** 使〈人〉蒙羞，傷害…的自尊：He felt utterly ～*d*. 他感到莫大的屈辱。**2**〔～ *oneself*〕丟臉，蒙羞。

hu·míl·i·àt·ing *adj.* 屈辱的，丟人的，不體面的：a ～ experience [event] 不光彩的經歷[事件]。

hu·mil·i·a·tion [hjuˌmɪlɪˈeʃən; hju:ˌmiliˈeiʃn] **«humiliate 的名詞»—*n.*** ⓊⒸ **1** 羞辱。**2** 屈辱；恥辱，丟人：a national ～ 國恥。

hu·mil·i·ty [hjuˈmɪlətɪ; hju:ˈmiləti] **«humble 的名詞»—*n.*** **1** Ⓤ謙恭，卑下(↔ conceit). **2**〔**humilities**〕《罕》謙恭的行為。

húm·ming *adj.* **1** 用鼻哼唱的；發嗡嗡聲的。**2**《口語》有精神的，活潑的。

húmming·bìrd *n.* Ⓒ《鳥》蜂鳥，蜂雀《美國出產的小鳥；翅膀拍動快速，會發出嗡嗡聲》。

húmming tòp *n.* Ⓒ發響聲之陀螺。

hum·mock [ˈhʌmək; ˈhʌmək] *n.* Ⓒ小山，山丘(hillock).

hu·mon·gous [hjuˈmʌŋgəs; hju:ˈmʌŋgəs] *adj.* 《俚》非常龐大的。

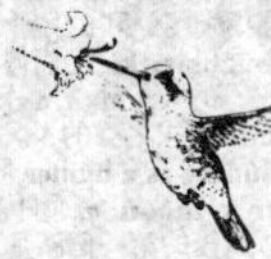

hummingbird

‡hu·mor [ˈhjumɚ, ˈju-; ˈhju:mə] 《源自拉丁文「濕氣」之義；由於一般認爲體液會左右人的氣質》**—n. 1** Ⓤ(瞭解)**幽默**；可笑，滑稽：a sense of ~ 幽默感/⇨black humor / I don't see the ~ of it. 我看不出那有什麼幽默。

【同義字】與 wit 比較起來，humor 較偏向於打動人心的一種滑稽，而 wit 較偏向於機智方面。
【說明】所謂 humor(幽默)並不是指「笑話，開玩笑」，而是指一種能以寬大的胸懷把一般易受人嘲笑的事物加以思索的心情。因此，有 a sense of humor(幽默感)的人，能夠在他人失敗時不隨便責備他，而懂得如何體諒他的立場，使他減輕心裡的負擔；另一方面，自己失敗時也不致過分悲觀而失去重新再振作起來的力量。在英美兩國，幽默感在日常生活中很受重視。因爲培養幽默感，首先必須要能夠以客觀的態度看待自己；而做到這一點又會使自己對他人更能寬容，因此對促進人際關係的和諧甚有幫助。同時幽默感也被認爲是社會領導者所必須具備的條件；cf. black humor【說明】

2 Ⓤ(人的)氣質，性情：Every man has his ~.《諺》人各有他的脾氣。

3 Ⓤ[又作 **a** ~] **a** (一時的)興致，心情，情緒；任性(⇨mood[1]【同義字】)：when the ~ takes me 當我心血來潮時/*in a* good [*a* bad, *an* ill] ~ 心情好[不佳]/out of ~ 情緒不佳，沒有精神，無精打采。 **b** [做事情的]心情，心〔*for*〕：in the ~ *for*...有興致做〈工作等〉，有做…的興致/He is not *in* the ~ *for* mak*ing* jokes.=He is *in* no ~ *for* mak*ing* jokes. 他無心開玩笑。 **c** 〔+*to* do〕〈做…的〉心情，心：I am in no ~ *to* waste time. 我無心浪費時間。

4 a Ⓤ《生理》液體：aqueous ~ (眼球的)水狀液體，眼前房水。 **b** Ⓒ《古生理》體液：the cardinal ~*s* 四種體液《即 blood, phlegm, choler, black bile》.

【字源】從前的醫學認爲人體流著四種體液：血液(blood)，黏液(phlegm)，膽汁(choler)，黑膽汁(black bile). 這四種體液配合的比例決定人的性情、脾氣等。四種體液能平均的話則人的性情可以圓滿無缺，血液太多則會快樂活潑(sanguine)，黏液太多則會導致笨拙、冷漠(phlegmatic)，膽汁太多則會易怒、急躁(choleric)，黑膽汁太多則會導致憂鬱(melancholic). 由此而產生「氣質、情緒」之意味。

—*v.t.* 〔+受〕滿足〈人、興趣、性情等〉；適應〈某人〉，遷就〈某人〉：A sick person has to be ~*ed.* 病人須予遷就。

hú·mored *adj.* [常構成複合字]情緒[脾氣，氣質]…的：⇨good-humored, ill-humored.

hu·mor·esque [ˌhjuməˈresk; ˌhju:məˈresk] *n.* Ⓒ《音樂》幽默曲《輕快詼諧的曲子》。

hu·mor·ist [ˈhjumərɪst, ˈju-; ˈhju:mərist] *n.* Ⓒ **1** 有幽默感的人。 **2** 幽默作家。

húmor·less *adj.* 不風趣的，不幽默的，缺乏幽默感的；拘謹的。

hu·mor·ous** [ˈhjumərəs, ˈju-; ˈhju:mərəs] 《humor 的形容詞》**—*adj. (**more** ~；**most** ~)**有幽默感的**；滑稽的；好笑的：a ~ writer 幽默作家/a ~ gesture 滑稽的動作，怪樣子。
~·ly *adv.* **~·ness** *n.*

hu·mor·some [ˈhjumɚsəm, ˈju-; ˈhju:məsəm] *adj.* 情緒不定的；易怒的；滑稽的；可笑的。

hu·mour [ˈhjumɚ, ˈju-; ˈhju:mə] *n.*, *v.* 《英》=humor.

hump [hʌmp; hʌmp] 《源自 humpback 的逆成字》**—*n.* 1** Ⓒ **a** (人背部的)隆肉。 **b** (駱駝等的)背部隆肉，(駝)峯：a camel with two ~*s* 雙峯駱駝。 **c** 圓丘。 **2** [**the** ~]《英口語》憂鬱，煩悶：get *the* ~ 心情鬱悶，煩躁，情緒低落/That gives me *the* ~. 那使我心煩。

òver the húmp 《口語》脫離危機；越過山峯。

—*v.t.* 1 使〈背〉弓起成圓形，使…駝背：A cat often ~*s* its back. 貓常弓起背部。 **2** 〔+受+副詞(片語)〕《口語》(使盡力氣)背著運送〈重物〉：~ a big sack of coal *over* a hill [*across* a road, *into* a house] 背了一大袋煤越過山丘[過馬路，到家裏]。 **3** 《鄙》與…性交。 **—*v.i.* 1** 使背弓起成圓形，使成駝背；隆起，弓起。 **2** 《俚》 **a** 努力。 **b** 疾馳。

húmp·bàck *n.* Ⓒ **1** 駝背(的人)，傴僂者。 **2** (又作 **húmpback whàle**)《動物》座頭鯨。

húmp·bácked *adj.* **1** 駝背的，傴僂的。 **2** 弓起的，隆起的：a ~ bridge 弓形橋。

Humpty Dumpty 1

humped *adj.* 有肉瘤[隆肉]的；駝背的。

humph [hmmm; mmm]《★此字單獨發音時 [hʌmf; hʌmf]》《擬聲語》**—*n.*** Ⓒ哼聲。
—*interj.* [表示懷疑、輕蔑、不滿]哼!

Hum·phrey [ˈhʌmfrɪ; ˈhʌmfri] *n.* 韓福瑞《男子名》。

Hump·ty-Dump·ty [ˈhʌmptɪˈdʌmptɪ; ˌhʌmptiˈdʌmpti] *n.* **1** 哈姆地·達姆地。

【說明】Humpty-Dumpty 是出現在「鵝媽媽童謠集(Mother Goose)」裏的蛋，有臉也有手腳；從圍牆上掉下來摔破了；在猜謎(riddle)的兒歌中表示「蛋」之意；在路易斯·卡洛(Lewis Carroll)的「愛麗絲夢遊仙境」的續集「愛麗絲在鏡子之國(*Through the Looking-Glass*)」中是任意轉換字句的意思，指令人討厭的人物。

2 Ⓒ **a** 矮胖的人。 **b** 一旦弄壞就不能恢復原狀的東西；一倒難起的人。

hump·y [ˈhʌmpɪ; ˈhʌmpi] 《hump的形容詞》**—*adj.*** (**hump·i·er**；**-i·est**) **1 a** 有肉瘤[駝峯]的。 **b** 弓起的，突起的。 **2** 駝背的。

hu·mus [ˈhjuməs; ˈhju:məs] *n.* (又作 **húmus sóil**)Ⓤ腐植土。

Hun [hʌn; hʌn] *n.* **1 a** [**the** ~*s*] 匈奴《在四至五世紀侵略歐洲的亞洲游牧民族》。 **b** Ⓒ匈奴人。 **2** [常 **h~**] Ⓒ(文化等的)破壞者，野蠻人(vandal). **3** Ⓒ《俚·輕蔑》德國人；(尤指第一次及第二次世界大戰的)德國兵。

hunch [hʌntʃ; hʌntʃ] *n.* Ⓒ **1** 肉峯；隆起的肉塊；圓形的隆起物(hump). **2** 厚片；厚塊(lump). **3** 《口語》 **a** 預感，直覺：play one's ~ 憑直覺行動。 **b** 〔+ *that*_〕〈…的〉預感，直覺，第六感：I had a ~ *that* the plan would end in failure. 我有預感那項計畫會失敗。
—*v.t.* 〔+受(+副)〕弓起〈背等〉〈*up*〉：He sat at the table (with his shoulders) ~*ed* (**up**). 他聳著肩坐在桌旁。

húnch·bàck *n.* Ⓒ駝子(humpback). **húnch·bácked** *adj.*

‡hun·dred [ˈhʌndrəd; ˈhʌndrəd] *n.* **1** Ⓒ **a** [與數詞或表示數的形容詞連用時，複數形也是~](基數的)百；一百美元[英鎊(等)]《★讀法 通常在百位和十位之間加 and [ən(d); ən(d)]，但在美國口語中有時省略 and；《口語》通常把一百唸成 a hundred, 較少唸成 one hundred》：two ~ 兩百/two ~ (and) ten 兩百一十/a few ~ (of them) 數百/some [about a] ~ 約一百/the ~ and first 一百零一號/in 1500 在 1500 年《★讀法 讀作 in fifteen hundred》. **b** 一百的符號《100, C》. **2** [~*s*] 數[幾]百：~*s of* people 數百人，好幾百人/some ~*s* of people 數百人。 **3** [**the** ~]《運動》百碼賽跑。 **4** Ⓒ《英》村落《昔日的 county 或 shire 的構成單位》。

a gréat [lóng] húndred 一百二十。

a [óne] húndred percént 《美》百分之百；完全地(cf. hundred-percent)："Do you trust me?"—"*A ~ percent.*"「你信任我嗎？」「百分之百信任。」

a húndred to óne (1)幾乎完全正確，十之八九：*A ~ to one,* you will meet a nice girl and get married. 十之八九，你將會碰到一個好女孩，並且跟她結婚。 (2)幾乎沒有希望[可能性]。

by húndreds =**by the húndred(s)** 好幾百，衆多。

húndreds and thóusands 小糖粒《用來撒在糕餅上，做裝飾用》。

—*pron.* [當複數用]一百個，一百人：There are a [one] ~. 有一百個[人]。

—*adj.* 1 a [用在名詞前]一百的，一百個的，一百人的《★常附加 a, an 或 one, four 等數詞》：two ~ people 兩百個人。 **b** [不用在名詞前] [**a** ~] 一百歲：He is *a* ~. 他一百歲。 **2** [用在名詞前] [**a** ~] 好幾百的；衆多的：*a* ~ students 衆多學生。

a húndred and óne 非常多的。

Húndred Dáys *n. pl.* [**the** ~]《法國史》百日天下[王朝]《拿破崙一世(Napoleon I)從厄爾巴(Elba)島逃回法國復辟，至其失敗退位爲止，日期爲 1815 年 3 月 20 日至 6 月 28 日》。

húndred·fóld *adj.* & *adv.* 一百倍的[地]。
—*n.* [**a** ~] 一百倍。

húndred-percént *adj.* [**a** ~] 百分之百的，完全的，徹底的，確定的：I can't give you *a* ~ answer. 我無法給你一個確定的答覆。
—*adv.* [**a** ~] 完全地，徹底地：You are *a* ~ wrong. 你完全錯了。

húndred-percént·er *n.* Ⓒ《美》極端民族主義[國家主義]分子。

***hun·dredth** [ˈhʌndrədθ; ˈhʌndrədθ] 《源自 hundred + -th[1](構成序數的字尾)》**—*adj.* 1** [常 **the** ~] 第一百(號)的。 **2** 百分之

一的。

—*n.* **1** Ⓤ[常 the ~](序數的)第一百《略作 100th》. **2** Ⓒ百分之一。

—*pron.* [the ~]第一百號的人[物]。

hun·dred·weight [ˋhʌndrədˏwet; ˈhʌndrədweit] *n.* Ⓒ(*pl.* ~s; [在數詞之後]~)英擔《重量單位;略作 cwt.》:**a**《美》=100 pounds, 0.05 short tons, 45.36 kg. **b**《英》=112 pounds, 0.05 long tons, 50.80kg. **c** (公尺制)=50kg《也稱爲 metric hundredweight》:a [three] ~ *of* coal 1[3]英擔的煤。

Húndred Yéars' [Yéars] Wár *n.* [the ~]百年戰爭(1337–1453)《英法兩國在此百餘年間斷斷續續的戰爭》。

‡hung [hʌŋ; hʌŋ] *v.* hang 的過去式・過去分詞。

Hung. 《略》Hungarian; Hungary.

Hun·gar·i·an [hʌŋˋgɛrɪən; hʌŋˈgɛəriən] 《Hungary 的形容詞》**—***adj.* 匈牙利[人,語]的。

—*n.* **1** Ⓒ匈牙利人。 **2** Ⓤ匈牙利語。

Hun·ga·ry [ˋhʌŋgərɪ; ˈhʌŋgəri] *n.* 匈牙利《歐洲中部的共和國;首都布達佩斯(Budapest)》.

‡hun·ger [ˋhʌŋgɚ; ˈhʌŋgə] 《hungry 的名詞》**—***n.* **1** Ⓤ**飢餓**;空腹:die *of* ~ 餓死/feel ~ 感到飢餓/satisfy one's ~ 充飢/*H*~ is the best sauce.《諺》飢餓是最好的調味品;飢不擇食。 **2** Ⓤ飢饉。 **3** [a ~]熱望,渴望〔*for, after*〕:He has *a* ~ *for* kindness [*after* fame]. 他渴求仁慈[名聲]。

—*v.i.* **1** 飢餓,餓。 **2** 〔十介十(代)名〕渴望,熱望〔…〕〔*for, after*〕:~ *for* peace 熱望和平/~ *for* [*after*] affection 渴望愛情。

húnger màrch *n.* Ⓒ反飢餓遊行《失業者的示威運動》。

húnger strìke *n.* Ⓒ絕食抗議:go [be] on (a) ~ [正在]進行絕食抗議。

húnger strìker *n.* Ⓒ參加絕食抗議的人。

húng júry *n.* Ⓒ[集合稱]《美法》懸而不決的陪審團《★用法 視爲一整體時當單數用,指個別成員時當複數用》。

hung·o·ver [ˋhʌŋˋovɚ; hʌŋˈouvə] *adj.* **1** 感到宿醉的。 **2** 如宿醉一般難過的。

hún·gri·ly [-grɪlɪ; -grəli] *adv.* **1** 飢餓地,狀似飢餓地,狼吞虎嚥地:She looked at the roast ~. 她飢餓地盯著烤肉看。 **2** 貪婪地,渴望地:go at [to] it ~ 猛幹起來。

‡hun·gry [ˋhʌŋgrɪ; ˈhʌŋgri] 《hunger 的形容詞》**—***adj.* (**hun·gri·er**; **-gri·est**) **1 飢餓的,空腹的**:feel ~ 感到飢餓/go ~ 餓著,挨餓/a ~ look 飢餓的臉色。

2 引起食慾的;使人飢餓的:~ work 易使人飢餓的工作。

3 [不用在名詞前]〔十介十(代)名〕渴望〔…〕的,憧憬〔…〕的〔*for*〕:He is ~ *for* success [glory]. 他渴望成功[榮耀]。

4 〈土地〉不毛的,貧瘠的:~ soil 貧瘠的土壤。

hunk [hʌŋk; hʌŋk] *n.* Ⓒ《口語》(尤指肉、麪包等的)大塊,厚片[*of*].

hun·kers [ˋhʌŋkɚz; ˈhʌŋkəz] *n. pl.* 臀部,屁股:*on* one's ~ 蹲下。

‡hunt [hʌnt; hʌnt] *v.t.* **1** 〔十受〕**狩獵,獵取,獵捕**…(⇨hunting【說明】):~ big game 獵捕(獅、虎等)大獵物/~ the fox 獵捕狐狸。

2 〔十受〕**a** 使用〈馬、獵犬等〉狩獵:~ a pack of hounds 使用一羣(四、五十隻)獵犬獵捕(狐狸)。 **b** (帶領獵犬)在〈某個地區〉狩獵:~ a forest [the fields] 在森林[原野]狩獵。

3 a 〔十受〕搜索,追捕…;追蹤,尋找…:~ a clue 找尋線索/~ a job 找工作/He is being ~*ed* by the police. 他正被警方追緝《是通緝犯》。 **b** 〔十受十介十(代)名〕〔爲了找尋…而〕(到處)搜索〈場所〉〔*for*〕:He ~*ed* the room *for* the missing papers. 他在房間到處找尋遺失的文件。

4 〔十受十副詞(片語)〕逐出[趕走]…:I ~*ed* the cat *away* [*out of* the garden]. 我把那隻貓趕走了[趕出花園]。

—*v.i.* **1 a** 狩獵:go (out) ~*ing* 出外打獵。 **b**《英》獵捕狐狸。

2 〔十介十(代)名〕**a** (到處)搜索,找尋〔…〕〔*in, through*〕:I ~*ed in* my pocket *for* the ticket. 我摸索著口袋找(車)票/He ~*ed through* the drawers to find the ring. 他搜遍抽屜尋找戒指。 **b** 搜尋〔…〕〔*for, after*〕:~ *for* clues [bargains] 找尋線索[廉價品]/~ *after* knowledge 探求知識。

húnt dówn 《*vt adv*》窮追,追捕…:The police ~*ed down* the murderer. 警方追捕殺人犯。

húnt óut 《*vt adv*》(1)=HUNT down. (2)=HUNT up. (3)在〈某場所〉狩獵(至獵物被獵光了爲止)《★常用被動語態》:The forest is ~*ed* out. 這個森林的獵物被狩獵殆盡。

húnt úp 《*vt adv*》搜尋,搜查,搜出,找出〈隱匿的東西等〉:~ *up* old records 找尋舊記錄。

—*n.* Ⓒ **1** [常構成複合字]狩獵:a bear-*hunt* 獵熊/⇨foxhunt/have a ~ 獵捕/go on a ~ 去狩獵。

2 《英》**a** 獵狐。 **b** 獵狐地區;狩獵區。 **c** 獵狐隊;狩獵隊[會]。

3 追蹤;探索〔*for*〕:have a [be on the] ~ *for...* 搜尋…。

húnt bàll *n.* Ⓒ《英》(獵狐會的)獵人舞會《男子穿深紅色的衣服》。

hunt·er [ˋhʌntɚ; ˈhʌntə] *n.* Ⓒ **1** 獵人[獸];狩獵者。 **2 a** 獵犬。 **b** (尤指獵狐用的)獵馬《通常由強健的雌馬和純種馬(thoroughbred)交配而得的英國混血種馬》。 **3** 〔…的〕探究者,搜尋〔…〕的人〔*for, after*〕:a fortune ~ 貪圖財產的求婚者/a ~ *for* fame 追求名聲的人。 **4** 獵狐人帶的懷錶。

(**as**) **húngry as a húnter** 肚子餓癟,飢腸轆轆。

húnter's móon *n.* Ⓒ[常 the ~]狩獵月《中秋滿月(harvest moon)以後的第一個滿月》。

hunt·ing [ˋhʌntɪŋ; ˈhʌntiŋ] *n.* **1 a** Ⓤ狩獵;《英》(尤指)獵狐。

> 【說明】hunting 被當作一種運動,在英國使用獵犬(hound),去獵捕狐、兔、鹿等稱作 hunting,使用獵槍獵捕野雉、野鴨則稱作 shooting. 在美國無論哪一種都稱作 hunting. 在英國獵狐(foxhunting)、槍獵(shooting)與賽馬(racing)並列爲三大運動。

b [當形容詞用]狩獵(用)的:a ~ dog 獵犬。 **2** Ⓤ探求,追尋,搜索:job [apartment] ~ 找工作[公寓]。

húnting bòx *n.* Ⓒ《英》獵舍《打獵期間居住之處;cf. shooting box》.

húnting càp *n.* Ⓒ獵帽。

húnting càse *n.* Ⓒ(附有保護錶面玻璃之蓋的)錶殼。

húnting cròp *n.* Ⓒ狩獵用的短鞭。

Hun·ting·don·shire [ˋhʌntɪŋdənˏʃɪr, -ʃɚ; ˈhʌntiŋdənʃə, -ˌʃiə] *n.* 漢庭頓郡《英格蘭中東部的一個舊郡;略作 Hunts》.

hunting cap

húnting gròund *n.* Ⓒ **1** 獵場。 **2** 搜查地點。

húnting hòrn *n.* Ⓒ狩獵用的號角。

húnting knìfe *n.* Ⓒ獵刀。

húnting pínk *n.* Ⓤ(獵狐者所穿的)深紅色。**—***adj.* 深紅色的。

hunt·ress [ˋhʌntrɪs; ˈhʌntris] *n.* Ⓒ女獵人。

Hunts. [hʌnts; hʌnts] 《略》Huntingdonshire.

hunts·man [ˋhʌntsmən; ˈhʌntsmən] *n.* Ⓒ(*pl.* **-men** [-mən; -mən]) **1** 狩獵者,獵人(hunter). **2** 《英》(獵狐時的)獵犬管理人。

hunting horn

hur·dle [ˋhɝdl; ˈhəːdl] *n.* **1 a** Ⓒ障礙物,跨欄。 **b** (又作 **húrdle ràce**)[the ~s;當單數或複數用]障礙賽跑,跨欄賽跑:the high [low] ~*s* 高[低]欄賽跑/run the ~*s* 參加障礙賽跑。 **2** Ⓒ障礙,困難:There are numerous ~*s* on the road to success. 在通往成功的路上會有許多障礙。 **3** Ⓒ《英》臨時圍欄《以樹枝等編成可移動的柵欄》。

—*v.t.* **1** 〔十受(十副)〕用圍欄圍住…〈*off*〉. **2 a** 跳越〈障礙物〉。 **b** 克服〈障礙、困難〉。

—*v.i.* 跨欄,跨越障礙。

húr·dler *n.* Ⓒ **1** 編製臨時柵欄者。 **2** 跨欄賽跑者。

hur·dy-gur·dy [ˋhɝdɪˏgɝdɪ; ˈhəːdiˌgəːdi] *n.* Ⓒ **1** 絞弦琴《中世紀至十八世紀左右的一種弦樂器》。 **2** 《口語》=barrel organ.

hurl [hɝl; həːl] 《擬聲語》**—***v.t.* **1** 〔十受十副詞(片語)〕**a** 猛力投擲…(⇨throw【同義字】):The Indian ~*ed* his spear *at* the coyote. 那印地安人將他的長矛用力擲向那隻土狼。 **b** [~ *oneself*](向…)猛撞,猛撲:They ~*ed themselves into* the fight. 他們投身於戰鬥/The brave little dog ~*ed itself on* the bear. 那隻勇敢的小狗向熊猛撲過去。 **2** 〔十受十介十(代)名〕〔對…〕激烈地說出…,〔對…〕(口)出〈惡言〉〔*at, against*〕:She ~*ed* abuse *at* [*against*] me. 她謾罵了我一頓。

—*n.* Ⓒ[常用單數]用力投擲。

húrl·er *n.* Ⓒ **1** 投擲者。 **2** 《棒球》投手。

hurl·ing [ˋhɝlɪŋ; ˈhəːliŋ] *n.* Ⓤ 愛爾蘭式球戲。

hur·ly-bur·ly [ˋhɝlɪˏbɝlɪ; ˈhəːliˌbəːli] *n.* Ⓤ[又作 **a** ~]騷動,混亂。**—***adj.* 混亂的。

Hu·ron [ˋhjurən; ˈhjuərən], **Lake** *n.* 休倫湖《在美國密西根州(Michigan)與加拿大安大略省(Ontario)之間,爲五大湖(the Great Lakes)中的第二大湖》。

hur·rah [həˋrɔ, -ˋrɑ; huˈrɑː], **hur·ray** [həˋre; huˈrei] 《擬聲語》**—***interj.* 萬歲!加油!:*H*~ *for* the Queen! 女王萬歲!

híp, híp, hurráh! ⇨hip².

—*n.* Ⓒ歡呼[萬歲]聲。

—*v.i.* 呼萬歲。

—*v.t.* 〔十受〕以歡呼迎接[鼓勵]…,向…歡呼。

‡hur·ri·cane [ˋhɝɪˏken; ˈhʌrikən, -kein] *n.* Ⓒ **1**《氣象》颶風《尤指西印度羣島附近的大旋風；⇨wind scale；★美國一向爲這種颶風取女性名字，但最近也開始使用男性名；⇨storm【同義字】》。**2**［感情等的］暴發，大風暴(storm)〔*of*〕：a ～ *of* applause 掌聲如雷/a ～ *of* tears 淚如雨下。

húrricane dèck *n.* Ⓒ(內河船上的)上層甲板。

húrricane làmp *n.* Ⓒ有玻璃燈罩的防風煤油燈。

húr·ried *adj.* 急忙的，匆促的；急迫的，匆忙的：a ～ letter 急忙[匆促]寫的信/a ～ departure 匆促的出發/with ～ steps 快步地/snatch a ～ lunch 匆忙吃頓午飯。 **～·ness** *n.*

húr·ried·ly *adv.* 匆促地，慌忙地：put on one's clothes ～ 匆忙穿上衣服《★用法通常不用於肯定祈使句；不說 Eat *hurriedly*！而說 Eat *quickly*！》。

‡hur·ry [ˋhɝɪ; ˈhʌri] *n.* Ⓤ **1 a** 匆促，急忙：Everything was ～ and confusion. 一切都(顯得)匆促與混亂。**b**〔十 *to* do〕〈由於做…的〉急促：In my ～ *to* leave for school, I left my lunchbox in my room. 爲了趕上學，在匆忙中我把飯盒遺忘在房間裏了。

2 [用於否定句、疑問句]有趕(緊)的必要，有趕時間的必要〔*for, about*〕：Is there any ～？需要趕時間嗎？/There is *no* ～ *about* [*for*] it. 不用趕《時間充足》/What's your [the] ～？你急什麼呢？

in a húrry ⑴匆忙地，急[忙]於：go out *in a* ～ 急忙出去/He was *in a* (great) ～ *to* start. 他(非常)急著要出發/(I'm afraid) I am *in* (rather) *a* ～ today. Can you come again tomorrow？對不起，我今天(比較)忙，可不可以請你明天再來呢？⑵焦躁：He is *in* (too much of) *a* ～ *to* succeed. 他急著想要成功。⑶[常用於否定句]《口語》(不)高興，願意…：I wo*n't* see him again *in a* ～. 我不想再見到他。 ⑷[常用於否定句]《口語》馬上，容易地：You wo*n't* have another chance *in a* ～. 你不容易再遇到另一次的機會。

in nó húrry to dó ⑴不急於…：I'm *in no* ～ *to* do it. 我並不急著要做它。 ⑵遲遲不(做)…：He was *in no* ～ *to* leave. 他遲遲不離去。 ⑶不願意…：I am *in no* ～ *to* help him. 我不願意幫他。

—*v.t.* 1〔十受〕催促〈人、動作等〉，催趕…，使…加快：Don't ～ the work. 那工作趕不得/I *hurried* my steps. 我加快了脚步。**2**〔十受十介十(代)名〕使〈人〉快速前往〔…〕；把〈物〉快速送往〔…〕〔*to*〕：They *hurried* the injured person **to** the hospital. 他們急速把傷者送往醫院。

3〔十受十副詞(片語)〕使〈人〉趕緊(做…)：I was *hurried down* (the stone steps). 我被催趕走下(石階)/Troops were *hurried to* the war zone. 軍隊緊急被調往交戰地區。

—*v.i.* 1〔動(十副詞(片語))〕趕快，急忙，趕往：Don't ～. 不用急；不要慌/～ *home* 趕回家/～ *up* the stairs 匆忙上樓梯/～ *along* [*on*] 趕往，急忙前往/He *hurried over* the difficult passages. 他讀到那些難懂的章句就草率地一帶而過/～ *through* the work 急忙地趕完工作/I picked up my hat and *hurried away* [*off*]. 我拿起帽子匆匆離去/He *hurried back to* his seat. 他趕緊回到他的座位/～ *into* one's clothes 急忙穿上衣服/He *hurried through* his tea. 他匆忙地喝了茶。

2〔十 *to* do〕匆忙〈做…〉：Hearing that war had broken out, he *hurried to* get home. 聽到戰爭爆發，他匆忙趕回家。

húrry úp《*vi adv*》⑴[主要用祈使語氣]趕快：*H*～ *up*, or you'll be late for breakfast. 快點，否則你會來不及吃早餐的。**—**《*vt adv*》〔～＋受＋*up*〕⑵催促〈人、動作等〉：*H*～ him *up*！催他趕快！ ⑶催趕〈工作等〉。

húr·ry·ing·ly *adv.* 匆忙地，急忙地。

húr·ry-scúr·ry [-skúr·ry] [ˋhɝɪˋskɝɪ; ˌhʌriˈskʌri] *adv.* 慌張地，急忙地。

—*adj.* 慌張的，慌忙的：lead a ～ life 過著慌張的生活。

—*n.* Ⓤ[又作 **a** ～]慌張，手忙脚亂；混亂。

—*v.i.* 驚慌失措，手忙脚亂。

‡hurt [hɝt; həːt] (**hurt**) *v.t.* 〔十受〕**1 a** 使〈人、身體的某部位〉受傷；弄痛…(⇨injure【同義字】)：He has ～ his left knee. 他傷了左膝/It ～*s* me to cough. 我咳嗽就會痛/get ～ 受傷/He was badly [seriously] ～ in the accident. 他在那次意外事故中受了重傷《★用法在此語義下，不用 very, much 等副詞；cf. 2 a》。**b** [～ one*self*]受傷：He ～ *himself* in a fight. 他在打架中受傷。**c** 損壞〈東西等〉，危害…：～ furniture 損壞家具/⇨would not hurt a FLY[2]. **d** 傷害〈名聲、風評等〉：The rumors ～ his reputation badly. 流言蜚語大大地損害了他的名譽。**2 a** 傷害〈某人的情感〉《★常用被動語態》：I *was* very (much) ～ *at* [*by*] what was said. 聽了那些話眞叫我十分痛心《★用法在此語義下，不用 badly, seriously 等副詞；cf. 1 a》/She *was* [felt] ～ *to* find that nobody took any notice of her. 她發現沒有人理她而感到難過。**b** [用於否定句]《口語》妨礙…，對…不方便：Another glass wo*n't* ～ you. 再喝一杯對你無妨/*It* wo*n't* ～ him *to* wait a while. 讓他等一會兒沒什麼關係。

—*v.i.* 1 a 疼痛：It ～*s*. (會)痛/Where does it ～ (most)？哪裏(最)痛呢？/My foot ～*s* awfully. 我的腳很痛/Will the injection ～, doctor？醫生，打針會痛嗎？**b** 破壞[傷害]人的心情[感情]：Her remarks really ～ [～ a lot]. 她的話實在傷人[傷人很深]。**2** [用於否定句]《口語》妨礙，有害，困擾：*It* wo*n't* ～ *to* wait for a while. 多等一會兒沒什麼關係。

hít where it húrts ⇨hit.

—*n.* 1 ⓊⒸ創傷；疼痛，(精神上的)痛苦：a slight [serious] ～ 輕[重]傷/a ～ *from* a blow 撞傷，碰傷/I meant no ～ *to* his feelings. 我無意傷害他的感情/It was a great ～ *to* his pride. 那對他的自尊心是極大的傷害。**2** Ⓤ損害，損失：do ～ *to*... 傷害…。

—*adj.* 1 a 受傷的；負傷的：a ～ look [expression] 委屈的神色[表情]。**b** [**the** ～；當複數名詞用]受傷的人們。**2**《美》〈物品等〉損壞的：a ～ book 破損的書。

hurt·ful [ˋhɝtfəl; ˈhəːtful] *adj.* **1** (給肉體上、精神上)帶來痛苦的：a ～ sight 悲慘的景象/a ～ remark 刻薄[損人]的言詞。**2** [不用在名詞前]〔十介十(代)名〕〔對健康等〕有害的〔*to*〕《★比較現在較常用 harmful》. **～·ly** [-fəlɪ; -fuli] *adv.* **～·ness** *n.*

hur·tle [ˋhɝtḷ; ˈhəːtl] *v.i.* 〔十副詞(片語)〕〈石頭、火車、箭等〉(以猛烈的速度)飛出去，前進，嘘一聲射出去：meteors *hurtling through* space 飛馳於太空中的流星/We saw rocks and stones *hurtling down* the mountain. 我們看到岩石以飛快的速度從山上滾落下來。

—*v.t.* 〔十受十副詞(片語)〕投擲，抛…：Without gravity we would be ～*d* (*off*) *into* space. 如果沒有地心吸力，我們將被抛入太空中。

hur·tle·ber·ry [ˋhɝtḷˏbɛrɪ; ˈhəːtlbəri] *n.* ＝whortleberry.

húrt·less *adj.* 無害的。

‡hus·band [ˋhʌzbənd; ˈhʌzbənd] 《源自北歐語「住在家裏的人」之義》**—*n.*** Ⓒ丈夫(cf. wife 1)：～ and wife 夫婦《★由於是對句，所以無冠詞》/You'll make her a good ～. 你可當她的好丈夫。

—*v.t.* 〔十受〕節省，節約；珍視…：～ one's supplies 節省糧食。

hús·band·man [-mən; -mən] *n.* Ⓒ(*pl.* **-men** [-mən; -mən])《古》農夫，莊稼人(farmer).

hus·band·ry [ˋhʌzbəndrɪ; ˈhʌzbəndri] *n.* Ⓤ **1** 農業，耕種：animal ～ ⇨animal *adj.* **2** 節約(thrift).

hush [hʌʃ; hʌʃ] *v.t.* **1**〔十受〕使…安靜，使…沈默：The news ～*ed* us. 那個消息使我們都沈默了下來。**2**〔十受十介十(代)名〕使〈人〉安靜[做…]〔*to*〕：She ～*ed* the crying child **to** sleep. 她哄哭泣的孩子入睡。**3**〔十受(十副)〕平息，撫慰〈不安等〉〈*up*〉：～ (*up*) a person's anxiety 安撫某人的不安。**—*v.i.* 1** 安靜，靜下來，保持沈默。**2**「噓！」：Stop ～*ing*. 停止噓聲！

húsh úp《*vt adv*》⑴⇨*v.t.* 3. ⑵不洩漏〈祕密等〉，閉口不談…，掩蓋〈惡評等〉：～ *up* the truth 隱瞞事實/The suicide was ～*ed* up. 那個自殺事件被隱瞞了下來。

— [hʌʃ; ʃː, hʌʃ] *interj.* 噓！肅靜！

—*n.* ⓊⒸ安靜：the ～ of (the) evening 傍晚的寧靜/A ～ fell over the village. 村子裡鴉雀無聲。

hush·a·by [ˋhʌʃəˏbaɪ; ˈhʌʃəbai] *interj.* 乖乖睡《哄幼兒入睡之聲》。

hushed *adj.* 肅靜的，安靜的。

húsh-húsh *adj.*《口語》〈計畫等〉(極)機密的(secret)：～ experiments 祕密實驗。

húsh·ing sòund *n.* Ⓒ《語音》噓音《齒擦音中的 [ʃ,ʒ]；⇨hissing sound》.

húsh mòney *n.* Ⓤ塞嘴的賄賂，封口錢。

husk [hʌsk; hʌsk] *n.* Ⓒ **1 a** (穀類等的)殼，莢，皮。**b**《美》玉米苞。**2** (無用的)廢物；剩下外殼的東西〔*of*〕：He's a mere ～ *of* his former self. (因爲生病等原因)他只剩下個軀殼。

—*v.t.* 去…的殼[莢]。

húsk·i·ly [-kɪlɪ; -kili] *adv.* 嗄聲地，沙啞地。

húsk·ing *n.* Ⓤ《美》剝玉米苞。

húsking bèe *n.* Ⓒ《美》剝玉米苞的聚會《鄰人或友人聚集來幫忙，結束後跳舞作樂；cf. bee 3》.

husk·y[1] [ˋhʌskɪ; ˈhʌski] *adj.* (**husk·i·er**；**-i·est**) **1 a** 皮[殼]的。**b** 空的。**2 a** 〈人〉嗄聲的。**b** 〈聲音〉沙啞的。**c** 〈爵士歌手的聲音〉沙啞而有磁性的。

husk·y[2] [ˋhʌskɪ; ˈhʌski]《口語》*adj.* (**husk·i·er**；**-i·est**)粗壯的，健壯的，體格棒的：a ～ farmer 體格健壯的農夫。**—*n.*** Ⓒ健壯的人，彪形大漢。**húsk·i·ness** *n.*

husk·y[3] [ˋhʌskɪ; ˈhʌski] *n.* Ⓒ(*pl.* **husk·ies**)哈斯基犬《北極地區原產的一種愛斯基摩犬，全身毛髮簇生》。

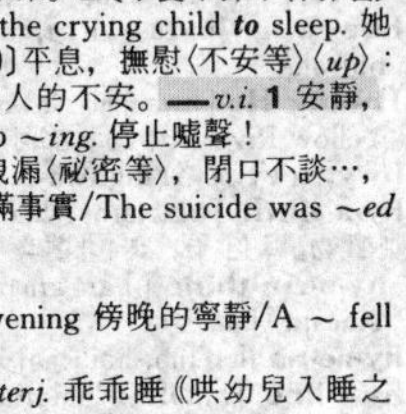

husky[3]

hus·sar [hʊˋzar; huˈzɑː] *n.* Ⓒ輕騎兵。

hus·sy [ˋhʌsɪ, ˋhʌzɪ; ˈhʌsi, ˈhʌzi] *n.* Ⓒ野丫頭；輕浮的女子：a brazen [shameless] ～ 厚臉皮[不知廉恥]的潑婦，蕩婦。

hus·tings [ˋhʌstɪŋz; ˈhʌstiŋz] *n. pl.* [**the** ～；當單數或複數用] **1 a** (國會議員)選舉的手續。**b** 選舉運動[演說，遊說]。**2 a** 選舉演說的講壇[會場]。**b** (1872 年以前的英國國會議員候選人的)作爲指名與政見發表用的講壇。

on the hústings 在選舉運動中。

hus·tle [ˋhʌsl; ˈhʌsl] *v.t.* **1** 〔十受十副詞(片語)〕**a** 猛推，胡亂地推…；將…推擠(進[出]…)：～ a person *out* (*of* the room) 把人推擠出(房間)/The police ～*d* the tramps *into* the patrol car. 警察將那些流浪者强行推入巡邏車中/Stop *hustling* me. 不要推我。**b** [～ one's way] 擠進，擠過(人羣等)：～ one's way *through* a crowded street 擠過擁擠的街道。**c** 催促〈人、工作等〉：～ a person *off to* the office 催促某人到辦公室。**2** 〔十受十介十(代)名〕硬使〈人〉〔做…〕〔*into*〕：Don't ～ me *into* buy*ing* it [*into* a decision]. 不要逼我買它[作決定]。**3** 〔十受(十介十(代)名)〕《口語》**a** 欺騙〈人〉；欺騙〈人〉奪取〔物品、錢財〕〔*for*〕. **b** 騙取〈財物〉；〔從人〕騙取〈財物〉〔*out of*〕. **4** 《美俚》强行推銷〈物品〉。

—*v.i.* **1** 〔十介十(代)名〕**a** 〔與…〕推擠〔*against*〕：The boys ～*d* ***against*** one another. 那些男孩互相擠來擠去。**b** 擠進，擠過〔…〕〔*through*〕：I had to ～ ***through*** the crowded street. 我不得不擠過擁擠的街道。

2 〔動(十副詞(片語))〕趕快：～ *off* 匆忙離去。

3 積極地做，趕忙著做；奮起。

4 《美俚》**a** 以不正當的手段賺錢。**b** 〈妓女〉拉客。

—*n.* Ⓤ **1** 急忙，推擠；嘈雜：～ and bustle 擠來擠去，忙亂。**2** 《口語》精力充沛的活動，奮發，振作。**3** 《美俚》不當的賺錢。

hús·tler *n.* Ⓒ **1** 行動家；活躍人物；有才幹的人：He's a real ～. 他是個眞正有才幹的人。**2** 《美俚》**a** 騙子。**b** 妓女。

***hut** [hʌt; hʌt] *n.* Ⓒ **1** (圓木)小屋，茅屋；(山中供人使用的)休息所，棚屋。**2** 《軍》臨時軍營：⇨QUONSET hut.

hutch [hʌtʃ; hʌtʃ] *n.* Ⓒ **1** (飼養兔子等小動物的)籠子：a rabbit ～ 兔籠子。**2** 箱，櫃。

hut·ment [ˋhʌtmənt; ˈhʌtmənt] *n.* Ⓒ臨時營房；野營地。

Hux·ley [ˋhʌkslɪ; ˈhʌksli], **Al·dous Leonard** [ˋɔldəs-; ˈɔːldəs-] *n.* 赫胥黎《1894–1963；英國小說家、詩人及散文家》。

H

huz·za(h) [həˋzɑ, hʊˋzɑ; huˈzɑː, hʌˈzɑː] *interj., n., v.* 《古》＝hurrah.

Hwang Ho [ˋhwæŋˋho, ˋhwɑŋ-; ˌhwæŋˈhou] *n.* [**the** ～] 黃河(the Yellow River)《中國北部河川》。

hwy, hwy. 《略》highway.

hy·a·cinth [ˋhaɪəˏsɪnθ; ˈhaiəsinθ] *n.* **1** Ⓒ《植物》風信子。**2** Ⓤ堇紫色，紫藍色。

hy·a·cin·thine [ˏhaɪəˋsɪnθɪn, -θaɪn; ˌhaiəˈsinθain] *adj.*

hy·ae·na [haɪˋinə; haiˈiːnə] *n.* ＝hyena.

hy·a·line [ˋhaɪəlɪn; ˈhaiəlin] *adj.* 玻璃狀的，似水晶的，透明的。

hy·a·lite [ˋhaɪəˏlaɪt; ˈhaiəlait] *n.* Ⓤ Ⓒ《礦》玻璃蛋白石。

hy·a·loid [ˋhaɪəˏlɔɪd; ˈhaiəlɔid] 《解剖》*adj.* 玻璃狀的，透明的。

—*n.* (又作 **hýaloid mèmbrane**) Ⓒ (眼球的)玻璃狀體膜。

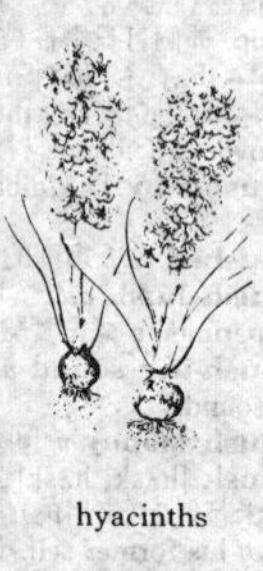

hyacinths

hy·brid [ˋhaɪbrɪd; ˈhaibrid] 《源自拉丁文「飼養的豬與野豬的混種」之義》**—***n.* Ⓒ **1** (動植物的)混血兒；雜種；混合物。**2** 《語言》混合語《不同語言之間的要素混合》。

—*adj.* **1** 雜種的：a ～ animal [rose] 雜種的動物[玫瑰花]。**2** 混合的：a ～ word 混合字。

hý·brid·ism [-dˏɪzəm; -dizəm] *n.* Ⓤ **1** 混血，雜種，混合；交配。**2** 《語言》混合語。

hy·brid·i·za·tion [ˏhaɪbrɪdəˋzeʃən, -aɪˋz-; ˌhaibridaiˈzeiʃn] *n.* Ⓤ異種交配，雜交。

hy·brid·ize [ˋhaɪbrɪdˏaɪz; ˈhaibridaiz] 《hybrid 的動詞》**—***v.t.* 《動物・植物》使…產生雜種；使…交配。

—*v.i.* 產生雜種。

Hyde [haɪd; haid], **Mr.** *n.* 海德(先生)(⇨Jekyll).

Hýde Párk *n.* 海德公園：a ～ orator 在海德公園演講的演講者。

Hyde Park

【說明】倫敦的幾個大公園中，最有名且最大的是海德公園(Hyde Park，又稱作 the Park)．海德公園位於市中心，是市民休憩的好去處。公園東北方有一個門叫 Marble Arch，靠近入口處有 Speakers' Corner(演講會場)，是很有名的街頭演講場所。在此除了不能批評王室之外，講什麼都可以。星期日下午，很多人會聚集在此聽一些多采多姿的演說家演講，或洗耳恭聽，或大喝倒采，不一而足。這個公園也以其野鳥保護區聞名。

hydr- [haɪdr-; haidr-] (接於母音或 h 之前時的) hydro- 的變種。

hy·dra [ˋhaɪdrə; ˈhaidrə] *n.* **1** [H～]《希臘神話》九頭海蛇怪《被海克力斯(Hercules)殺死的九頭怪蛇；相傳被斬除一頭會立生二頭》。**2** Ⓒ難根絕的災害；不斷產生的難題。**3** Ⓒ《動物》水螅《腔腸動物的一種》。**4** [H～]《天文》海蛇座。

Hydra 1

hy·dran·gea [haɪˋdrendʒə; haiˈdreindʒə] *n.* Ⓒ《植物》八仙花，繡球花。

hy·drant [ˋhaɪdrənt; ˈhaidrənt] *n.* Ⓒ消防栓，給水栓。

hy·drar·gy·rum [haɪˋdrɑrdʒərəm; haiˈdrɑːdʒirəm] *n.* Ⓤ《化學》汞。

hy·drate [ˋhaɪdret; ˈhaidreit] *n.* 《化學》**1** Ⓤ Ⓒ水化物，水合物。**2** ＝hydroxide.

—*v.t.* 使…與水化合，使…成氫氧化物。

—*v.i.* 與水化合，成氫氧化物。

hy·drau·lic [haɪˋdrɔlɪk; haiˈdrɔːlik] *adj.* **1 a** 水力的，水壓的，以水力[水壓]發動的：a ～ crane 水壓起重機/ ～ power [pressure] 水力[水壓]/a ～ press 水壓機/ ～ brakes 油壓制動機/a ～ valve 調水閥。**b** 水力學的，水力工學的。**2** 在水中硬化的：～ cement [mortar] 水硬水泥[灰泥]。

hy̆·dráu·li·cal·ly [-klɪ; -kəli] *adv.*

hy·drau·lics [haɪˋdrɔlɪks; haiˈdrɔːliks] *n.* Ⓤ水力學。

hy·dra·zide [ˋhaɪdrəˏzaɪd; ˈhaidrəzaid] *n.* Ⓤ《化學》酰肼；痨得治《一種肺病特效藥》。

hy·dric [ˋhaɪdrɪk; ˈhaidrik] *adj.* 《化學》(含)氫的。

hy·dride [ˋhaɪdraɪd, -drɪd; ˈhaidraid, -drid] *n.* Ⓒ《化學》氫化物。

hy·dro [ˋhaɪdro; ˈhaidrou] *n.* (*pl.* ～s)《口語》**1** Ⓒ《英》**a** ＝hydropathic. **b** 水力發電所。**2** Ⓤ《加》水力發電。

hy·dro- [haɪdro-, -drə-; haidrou-, -drə] [複合用詞] 表示「水…，氫…」。

hy̆dro·áirplane *n.* Ⓒ水上飛機。

hy̆dro·cárbon *n.* Ⓒ《化學》碳氫化合物，烴。

hy̆dro·céph·a·lus [-ˋsɛfələs; -ˈsefələs] *n.* Ⓤ《醫》腦水腫，腦積水。

hy̆dro·chló·ric [-ˋklorɪk; -ˈklɔːrik] *adj.* 《化學》氯化氫的：～ acid 氫氯酸，鹽酸。

hy̆dro·cràck *v.t.* 氫化裂解，加氫裂化。

hy̆dro·cràcker *n.* Ⓒ氫化裂解器，加氫裂化器。

hy̆dro·cy·án·ic [-saɪˋænɪk; -saiˈænik] *adj.* 《化學》氰化氫的：～ acid 氫氰酸。

hy̆dro·dynámics *n.* Ⓤ流體動力學。

hy̆dro·eléctric *adj.* 水力發電的：a ～ dam 水力發電水壩。

-li·cal·ly [-klɪ; -kəli] *adv.*

hy̆dro·electrícity *n.* Ⓤ水力發電。

hy·dro·flu·or·ic [-fluˋɑrɪk; -fluːˈɔrik] *adj.* 《化學》氟化氫的：～ acid 氫氟酸。

hy·dro·foil [ˋhaɪdrəˏfɔɪl; ˈhaidrəfɔil] *n.* Ⓒ **1** 水翼。**2** 水翼船：by ～ 以[搭]水翼船《★無冠詞》。

hydrofoil 2

hy̆dro·gasificátion *n.* Ⓤ《化學》加氫氣化。

***hy·dro·gen** [ˋhaɪdrədʒən; ˈhaidrədʒən] *n.* Ⓤ《化學》氫《符號 H》：～ chloride 氯化氫/ ～ (mon)oxide 氧化氫《水》/ ～ peroxide [dioxide] 過氧化氫/ ～ sulfide 硫化氫。

【字源】源自希臘文「製水」之意的字。希臘文 hydro 是「水」，gen 是「製造」之意。氫經燃燒後就會與氧化合而成水，所以近代化學之祖法國的化學家拉瓦澤（Lavoisier [lə'vwɑzɪ,e; lə'vwɑ:zi,ei]）便將氫如此命名。

hy·dro·gen·ate [ˋhaɪdrədʒən,et; 'haidrədʒəneit] *v.t.*《化學》加氫處理…；使…氫化；使…與氫結合。

hýdrogen bòmb *n.* Ⓒ氫彈（H-bomb）.

hýdrogen ion *n.* Ⓒ《化學》氫離子。

hy·drog·en·ize [ˋhaɪdrədʒən,aɪz; 'haidrədʒinaiz] *v.t.* = hydrogenate.

hy·drog·e·nous [haɪˋdrɑdʒənəs; hai'drɔdʒinəs] *adj.* 氫的；含氫的；含水的。

hýdrogen peróxide *n.* Ⓤ《化學》過氧化氫。

hy·drog·ra·phy [haɪˋdrɑgrəfɪ; hai'drɔgrəfi] *n.* Ⓤ水文學；水道測量（術）。**hy·dro·graph·ic** [,haɪdrəˋgræfɪk; ,haidrə'græfik], **-i·cal** [-fɪkl; -fikəl] *adj.* **-i·cal·ly** [-klɪ; -kəli] *adv.*

hy·droid [ˋhaɪdrɔɪd; 'haidrɔid] *n.* Ⓒ《動物》水螅類動物。

—*adj.*《動物》水螅蟲的；水螅類的；似水螅的。

hýdro·kinétics *n.* Ⓤ流體動力學。

hy·drol·y·sis [haɪˋdrɑləsɪs; hai'drɔlisis] *n.* Ⓤ Ⓒ（*pl.* **-y·ses** [-,siz; -si:z]）《化學》加水分解。

hy·dro·lyze [ˋhaɪdrə,laɪz; 'haidrəlaiz] *v.t.* & *v.i.*《化學》（使…）水解；（使…）起水解的作用。

hýdro·magnétics *n.* Ⓤ磁流體動力學。

hy·drom·e·ter [haɪˋdrɑmətɚ; hai'drɔmitə] *n.* Ⓒ液體比重計，浮秤。**hy·dro·met·ric** [,haɪdrəˋmɛtrɪk; ,haidrə'metrik], **-ri·cal** [-trɪkl; -trikl] *adj.*

hy·drom·e·try [haɪˋdrɑmətrɪ; hai'drɔmitri] *n.* Ⓤ液體比重測定。

hy·dron·ic [haɪˋdrɑnɪk; hai'drɔnik] *adj.* 循環加熱［冷卻］的。

hy·dro·path·ic [,haɪdrəˋpæθɪk; ,haidrə'pæθik] *adj.* 水療法的：～ treatment 水療法。

—*n.* Ⓒ《英》水療旅館，水療院，水療療養地。

hy·drop·a·thy [haɪˋdrɑpəθɪ; hai'drɔpəθi] *n.* Ⓤ（飲用水、礦泉或以之沐浴的）水療法。

hy·dro·pho·bi·a [,haɪdrəˋfobɪə; ,haidrə'foubjə] *n.* Ⓤ **1**《醫》恐水病，狂犬病（rabies）. **2** 對水的恐懼。**hỳ·dro·phó·bic** [-ˋfobɪk; -'foubik] *adj.*

hy·dro·phyte [ˋhaɪdrə,faɪt; 'haidrəfait] *n.* Ⓒ水生植物。

hýdro·plàne *n.* Ⓒ **1** 水面快艇《擁有水翼（hydrofoil）的汽艇》。**2** 水上飛機。**3**（潛水艇的）水平舵。

—*v.i.*〈汽車〉在濕路上打滑，車輪空轉。

hy·dro·pon·ic [,haɪdrəˋpɑnɪk; ,haidrə'pɔnik] *adj.* 水耕［水栽］的。

hy·dro·pon·ics [,haɪdrəˋpɑnɪks; ,haidrə'pɔniks] *n.* Ⓤ《農》水耕（法），水栽（法）《在含有養分等之溶液中栽培蔬菜的方法》。

hy·dro·pow·er [ˋhaɪdro,paʊɚ; 'haidroupauə] *n.* Ⓤ用水力發電所產生之電。

hy·dro·qui·none [,haɪdrokwɪˋnon; ,haidrəkwi'noun] *n.* Ⓤ《化學》氫醌；對苯二酚《一種顯影劑》。

hy·dro·scope [ˋhaɪdrə,skop; 'haidrəskoup] *n.* Ⓒ深水探視儀［望遠鏡］（cf. water glass 1）.

hy·dro·sphere [ˋhaɪdrə,sfɪr; 'haidrəsfiə] *n.* Ⓒ《化學》水圈《地球表面上，成爲江、湖、河、海的液體部分》。

hy·dro·stat [ˋhaɪdrə,stæt; 'haidrəstæt] *n.* Ⓒ **1**（水庫等之）水位計。**2** 汽鍋控制器《防止汽鍋因水少而爆炸之裝置》。

hy·dro·stat·ic [,haɪdrəˋstætɪk; ,haidrə'stætik] *adj.* 靜水學的；流體靜力學的：a ～ press＝HYDRAULIC press.

hỳ·dro·stát·i·cal [-tɪk]; -tikl] *adj.* ＝hydrostatic.

hýdro·státics *n.* Ⓤ流體靜力學，靜水（力）學。

hýdro·thérapy *n.* Ⓤ（將患部浸在水或礦泉中的）水療法。

hy·drot·ro·pism [haɪˋdrɑtrə,pɪzəm; hai'drɔtrəpizəm] *n.* Ⓤ（動、植物的）向水性。

hy·dro·trop·ic [,haɪdrəˋtrɑpɪk; ,haidrə'trɔpik] *adj.*

hy·drous [ˋhaɪdrəs; 'haidrəs] *adj.* 含水的；水合的；水化的。

hy·drox·ide [haɪˋdrɑksaɪd; hai'drɔksaid] *n.* Ⓒ《化學》氫氧化物。

hy·drox·yl [haɪˋdrɑksɪl; hai'drɔksil] *n.* Ⓤ《化學》羥（基）；氫氧基。

hy·dro·zo·an [,haɪdrəˋzoən; ,haidrə'zouən] 《動物》*adj.*（腔腸動物門）水螅綱的。

—*n.* Ⓒ水螅綱的動物《如水螅（hydra），僧帽水母（Portuguese man-of-war）等》。

hyena

hy·e·na [haɪˋinə; hai'i:nə] *n.* Ⓒ《動物》土狼，鬣狗《產於亞洲、非洲，嗜吃死肉，屬夜行性野獸，其吠叫聲被比喻爲魔鬼的笑聲》。

Hy·ge·ia [haɪˋdʒiə; hai'dʒi:ə] *n.*《希臘神話》海吉亞《司健康之女神》。

hy·giene [ˋhaɪdʒin; 'haidʒi:n] 《源自希臘文「健康的（技術）」之義》**—***n.* Ⓤ **1** 衛生；健康法：public ～ 公共衛生。**2** 衛生學，保健學（hygienics）：mental ～ 心理衛生學/dental ～ 齒科衛生學。

hy·gi·en·ic [,haɪdʒɪˋɛnɪk; hai'dʒi:nik] *adj.* **1** 衛生學的。**2** 衛生（上）的，有益健康的：～ storage [packing] 衛生儲藏［包裝］。

hỳ·gi·én·i·cal·ly [-klɪ; -kəli] *adv.*

hy·gi·en·ics [,haɪdʒɪˋɛnɪks; hai'dʒi:niks] *n.* Ⓤ衛生學。

hy·gien·ist [ˋhaɪdʒɪənɪst; 'haidʒi:nist] *n.* Ⓒ衛生學家。

hy·gro- [haɪgro-; -grə-; haigrou-, -grə-]［複合用詞］表示「溼氣」。

hy·grom·e·ter [haɪˋgrɑmətɚ; hai'grɔmitə] *n.* Ⓒ溼度計。

hy·grom·e·try [haɪˋgrɑmətrɪ; hai'grɔmitri] *n.* Ⓤ溼度測定（法）。

hy·gro·met·ric [,haɪgrəˋmɛtrɪk; ,haigrə'metrik] *adj.*

hy·gro·scope [ˋhaɪgrə,skop; 'haigrəskoup] *n.* Ⓒ測濕器。

hy·gro·scop·ic [,haɪgrəˋskɑpɪk; ,haigrə'skɔpik] *adj.* 吸溼性的；可用測溼器測量的。

hy·ing [ˋhaɪɪŋ; 'haiiŋ] *v.* **hie** 的現在分詞。

Hyk·sos [ˋhɪksos, -sɑs; 'hiksɔs] *n.*［當複數用］希克撒斯王朝《自紀元前十八世紀至十六世紀統治埃及的王朝》。

hy·men [ˋhaɪmən; 'haimen] *n.* **1** Ⓒ《解剖》處女膜。**2** [H～]《希臘神話》海曼《婚姻之神》。

hy·me·ne·al [,haɪməˋniəl; ,haime'ni:əl] *adj.*［用在名詞前］婚姻的，結婚的。

hymn [hɪm; him] *n.* Ⓒ（教會的）讚美詩，聖詩，聖歌；讚美歌。**—***v.t.*〔十受〕（唱讚美歌）讚美〈神等〉；（唱讚美歌）表示〈讚美、感謝等〉。**—***v.i.* 唱讚美歌。

hym·nal [ˋhɪmnəl; 'himnəl] 《hymn 的形容詞》**—***adj.* 讚美歌的，聖歌的。**—***n.* ＝hymnbook.

hýmn·bòok *n.* Ⓒ讚美詩集，聖歌集。

hym·no·dy [ˋhɪmnədɪ; 'himnədi] *n.* Ⓤ **1** 唱讚美詩。**2** 讚美詩［聖歌］學。**3**［集合稱］讚美詩；聖歌。

hym·nol·o·gy [hɪmˋnɑlədʒɪ; him'nɔlədʒi] *n.* Ⓤ **1** 讚美詩學。**2** 讚美詩之編作。**3**［集合稱］讚美詩。

hyp- [hɪp-; hip-] hypo- 用於母音之前時的變體。

hype[1] [haɪp; haip] 《hypodermic 之略》**—***n.* Ⓒ《俚》**1** 皮下注射。**2** 皮下注射針。**3** 常使用麻藥的人。

hype[2] [haɪp; haip]《俚》*n.* **1** Ⓒ詐欺，詭計。**2** Ⓤ誇大的宣傳［廣告］。

—*v.t.* **1 a** 欺騙〈人〉。**b** 對…（在找零錢時）耍花招。**2** 誇張地宣傳…。**3** 增加…：～ sales 提高銷售額。**4**（注射毒品似地）使…興奮。

hýped-úp *adj.*《俚》興奮的：He's ～ *on* drugs. 他因注射毒品而處於興奮狀態中。

hy·per- [haɪpɚ-; haipə-]［複合用詞］表示「越過…的」「過度的」「非常的」（↔ hypo-）.

hỳper·ácid *adj.*〈胃〉酸過多的。

hỳper·acídity *n.* Ⓤ《醫》〈胃〉酸過多（症）。

hỳper·áctive *adj.* 極度［異常］活躍的：a～child 極度活躍的小孩。

hy·per·bar·ic [,haɪpɚˋbærɪk; ,haipə'bærik] *adj.* **1**（氣體）高壓的。**2** 高比重的。

hy·per·bo·la [haɪˋpɝbələ; hai'pə:bələ] *n.* Ⓒ（*pl.* ～**s**, **-lae** [-,li; -li:]）《幾何》雙曲線。**hy·per·bol·ic** [,haɪpɚˋbɑlɪk; ,haipə'bɔlik], **-i·cal** [-lɪkl; -likl] *adj.*

hy·per·bo·le [haɪˋpɝbə,li, -lɪ; hai'pə:bəli] *n.* **1** Ⓤ《修辭》誇張（法）《如 They *died* laughing.（笑死了）等》。**2** Ⓒ誇張的語句。

hy·per·bol·ic [,haɪpɚˋbɑlɪk; ,haipə'bɔlik], **-i·cal** [-lɪkl; -likl] *adj.*

hy·per·bo·re·an [,haɪpɚˋborɪən, -ˋbɔr-; ,haipəbɔ:'ri:ən] *n.* **1** Ⓒ [H～]《希臘神話》北方淨土之民。**2** Ⓒ極北之人；北方人。

—*adj.* **1** [H～] 北方淨土之人的。**2** 極北的；酷寒的。

hýper·chàrge *n.* Ⓒ《物理》超荷。

hỳper·crítical *adj.* 苛評的；吹毛求疵的，找碴兒的。

～·ly [-klɪ; -kəli] *adv.*

hy·per·crit·i·cism [,haɪpɚˋkrɪtə,sɪzəm; ,haipə'kritisizəm] *n.* Ⓤ酷評；苛求；吹毛求疵。

hy·per·in·fla·tion [,haɪpərɪnˋfleʃən; ,haipərin'fleiʃn] *n.* Ⓤ過度通貨膨脹。

Hy·pe·ri·on [haɪˋpɪrɪən; hai'piəriən] *n.*《希臘神話》亥伯龍《Uranus 與 Gaea 的兒子；Helios, Selene, Eos 之父；常與 Apollo 混爲一談》。

hýper·màrket *n.* Ⓒ《英》大型百貨超級市場《位於城郊，擁有廣大停車場》。

hy·per·me·tro·pi·a [ˌhaɪpəmɪˈtropɪə; ˌhaipəmiˈtroupiə] *n.* = hyperopia.

hy·per·o·pi·a [ˌhaɪpəˈopɪə; ˌhaipəˈroupiə] *n.* Ⓤ《醫》遠視 (↔ myopia). **hy·per·op·ic** [ˌhaɪpəˈɑpɪk; ˌhaipəˈrɔpik] *adj.*

hỳper·sénsitive *adj.* **1** 過度敏感的；(對藥物、過敏源等易產生反應地) 過敏性的。**2** [不用在名詞前]〔十介十(代)名〕〔對…〕過於敏感的，過於神經質的〔*to, about*〕：He is ~ ***to*** what people say about him. 他對別人談論有關他的事過於神經質[敏感]。

hỳper·sensitívity *n.* ⓊⒸ過敏(性)，敏感〔*to, about*〕：have [develop] a ~ *to* noise 對雜音敏感。

hỳper·sónic *adj.* 超高音速的《比音速快五倍(以上)；cf. sonic》.

hỳper·tènsion *n.* Ⓤ《醫》高血壓(症)。

hỳper·tén·sive [-ˈtɛnsɪv; -ˈtensiv] 《醫》 *adj.* 高血壓(發作)的。**—*n.*** Ⓒ患高血壓的人。

hy·per·tro·phy [haɪˈpɝtrəfɪ; haiˈpə:trəfi] *n.* Ⓤ **1** 《醫》(營養過多等所引起的異常之)肥大，肥厚：cardiac ~ 心臟肥大。**2** 異常發達。**—*v.i.*** 變肥大。

hy·phen [ˈhaɪfən; ˈhaifn] 《源自希臘文「一起，共同」之義》**—*n.*** Ⓒ**連字號**《連接二字，或跨行把一字連結起來的符號(-)》.
—*v.t.* =hyphenate.

hy·phen·ate [ˈhaɪfənˌet; ˈhaifəneit] *v.t.* 用連字號把〈字〉連接。

hý·phen·àt·ed *adj.* **1** 用連字號連接的 (cf. solid *adj.* 11)：a ~ word 用連字號連成的複合字《如 red-hot 等》。**2 a** 〈市民〉外國裔的：~ Americans 外國裔的美國人《如 Irish-Americans (愛爾蘭裔美國人)，Japanese-Americans (日裔美國人) 等》。**b** 《英諺》上流階級的，貴族的《由於貴族、名門通常有雙姓 (double-barreled name) 之故》。

hy·phen·a·tion [ˌhaɪfənˈeʃən; ˌhaifəˈneiʃn] 《hyphenate 的名詞》**—*n.*** Ⓤ以連字號連接。

hyp·no·pe·di·a [ˌhɪpnəˈpidɪə; ˌhipnəˈpi:diə] *n.* Ⓤ在睡眠中學習 (sleep learning).

Hyp·nos [ˈhɪpnɑs; ˈhipnɔs] *n.* 《希臘神話》許普諾斯《司睡眠之神，摩非斯 (Morpheus) 之父；相當於羅馬神話中的森奈斯 (Somnus)》.

hyp·no·sis [hɪpˈnosɪs; hipˈnousis] *n.* Ⓤ催眠(狀態)：under ~ 受催眠，陷於催眠狀態中。

hyp·not·ic [hɪpˈnɑtɪk; hipˈnɔtik] *adj.* 催眠的；催眠術的：~ suggestion 催眠暗示。
—*n.* Ⓒ **1** 催眠劑。**2** 陷入催眠狀態的人，易受催眠的人。
hỳp·nót·i·cal·ly [-klɪ; -kəli] *adv.*

hyp·no·tism [ˈhɪpnəˌtɪzəm; ˈhipnətizəm] *n.* Ⓤ催眠(術)；催眠狀態 (hypnosis)：by ~ 以[藉]催眠術。

hýp·no·tist [-tɪst; -tist] *n.* Ⓒ催眠術士。

hyp·no·tize [ˈhɪpnəˌtaɪz; ˈhipnətaiz] *v.t.* **1 a** 對…施以催眠術。**b** (像施以催眠術般) 使…無法動彈。**2** 魅惑…，使…著迷 (fascinate)：We were ~*d* by her beauty. 我們被她的美貌迷住了。**hýp·no·tìz·er** *n.*

hy·po[1] [ˈhaɪpo; ˈhaipou] *n.* Ⓤ《攝影》硫代硫酸鈉《沖洗相片時作定影之用》。

hy·po[2] [ˈhaɪpo; ˈhaipou] 《略》*n.* (*pl.* ~**s**) 《口語》=hypodermic.

hy·po- [haɪpo-, -pə-; haipou-, -pə-] [複合用詞] 表示「在下」「以下」「少」；《化學》表示「低」「次」(↔ hyper-) 《★在母音前作 hyp-》.

hy·po·blast [ˈhaɪpəˌblæst, ˈhɪpə-; ˈhaipəblæst] *n.* Ⓤ內胚層，下胚層。

hýpo·cènter *n.* Ⓒ **1** (核爆的)中心地。**2** (地震的)震源地。

hy·po·chon·dri·a [ˌhaɪpəˈkɑndrɪə; ˌhaipəˈkɔndriə] *n.* Ⓤ《醫》憂鬱症，疑病症。

hy·po·chon·dri·ac [ˌhaɪpəˈkɑndrɪˌæk; ˌhaipəˈkɔndriæk] *adj.* 憂鬱症的；懷疑有病而焦慮的。
—*n.* Ⓒ患憂鬱症的人；疑病症患者。

hy·po·chon·dri·a·cal [ˌhaɪpəkɑnˈdraɪəkl; ˌhaipəkɔnˈdraiəkl] *adj.* =hypochondriac. **~·ly** [-klɪ; -kəli] *adv.*

hy·po·cot·yl [ˌhaɪpəˈkɑtl, ˈhɪpə-; ˌhaipəˈkɔtl] *n.* Ⓒ《植物》胚軸。

hy·poc·ri·sy [hɪˈpɑkrəsɪ; hiˈpɔkrəsi] 《源自希臘文「在舞台表演」之義》**—*n.*** **1** Ⓤ**僞善**。**2** Ⓒ僞善的行爲。

hyp·o·crite [ˈhɪpəˌkrɪt; ˈhipəkrit] 《源自希臘文「回答者、演員」之義》**—*n.*** Ⓒ**僞善者**，僞君子：play the ~ 假裝君子。

hyp·o·crit·i·cal [ˌhɪpəˈkrɪtɪkl; ˌhipəˈkritikl] *adj.* 僞善的，僞君子的。**~·ly** [-klɪ; -kəli] *adv.*

hy·po·der·mic [ˌhaɪpəˈdɝmɪk; ˌhaipəˈdə:mik] *adj.* 皮下的：a ~ injection [needle, syringe] 皮下注射[注射針，注射器]。
—*n.* Ⓒ **1** 皮下注射。**2** 皮下注射器。
-mi·cal·ly [-klɪ; -kəli] *adv.*

hy·po·gas·tric [ˌhaɪpəˈgæstrɪk; ˌhaipəˈgæstrik] *adj.* 下腹部的；胃下的。

hy·po·phos·phate [ˌhaɪpəˈfɑsfet; ˌhaipəˈfɔsfeit] *n.* ⓊⒸ《化學》連二磷酸鹽。

hy·poph·y·sis [haɪˈpɑfəsɪs, hɪ-; haiˈpɔfəsis] *n.* Ⓒ (*pl.* **-ses** [-ˌsiz; -si:z]) 《解剖》腦垂體。

hy·pos·ta·sis [haɪˈpɑstəsɪs; haiˈpɔstəsis] *n.* Ⓒ (*pl.* **-ta·ses** [-ˌsiz; -si:z]) 《哲》自立體，主體，基礎；根本原理。

hy·pos·ta·tize [haɪˈpɑstəˌtaɪz; haiˈpɔstətaiz] *v.t.* 把〈概念等〉視爲實存，使…實體化。

hy·po·sul·fite, 《美》**-phite** [ˌhaɪpəˈsʌlfaɪt; ˌhaipəˈsʌlfait] *n.* ⓊⒸ《化學》次亞硫酸鹽。

hy·po·tax·is [ˌhaɪpəˈtæksɪs; ˌhaipəˈtæksis] *n.* Ⓤ《文法》附屬(結構)，從屬關係 (↔ parataxis).

hỳpo·ténsion *n.* Ⓤ《醫》低血壓(症)。

hỳpo·tén·sive [-ˈtɛnsɪv; -ˈtensiv] 《醫》 *adj.* 低血壓(發作)的。**—*n.*** Ⓒ低血壓的人。

hy·pot·e·nuse [haɪˈpɑtnˌus, -ˌjus, -z; haiˈpɔtənju:z, -nju:s] *n.* Ⓒ《幾何》(直角三角形的)斜邊。

hy·po·thal·a·mus [ˌhaɪpəˈθæləməs, ˌhɪpə-; ˌhaipəˈθæləməs] *n.* Ⓒ (*pl.* **-mi** [-maɪ; -mai]) 《解剖》丘腦下部，視丘下部。

hy·poth·e·cate [haɪˈpɑθəˌket; haiˈpɔθikeit] *v.t.* 抵押，擔保。

hy·poth·e·nuse [haɪˈpɑθəˌnus, -ˌnjus; haiˈpɔθənju:s] *n.* = hypotenuse.

hy·po·ther·mal [ˌhaɪpəˈθɝml; ˌhaipəˈθə:ml] *adj.* 體溫過低的；低溫的。

hy·po·ther·mi·a [ˌhaɪpəˈθɝmɪə; ˌhaipəˈθə:miə] *n.* Ⓤ《醫》體溫過低(症)。

hy·poth·e·sis [haɪˈpɑθəsɪs; haiˈpɔθisis] *n.* Ⓒ (*pl.* **-e·ses** [-ˌsiz; -si:z]) **假說**，**假定**；前提。

hy·poth·e·size [haɪˈpɑθəˌsaɪz; haiˈpɔθəsaiz] *v.i.* 假設。
—*v.t.* **1** 假定…。**2** 〔十 *that*__〕假定〈…事〉：We will ~ *that*.... 我們假定…。

hy·po·thet·i·cal [ˌhaɪpəˈθɛtɪkl; ˌhaipəˈθetikl] *adj.* **1** 假設[假想]的。**2** 《邏輯》假定的；假說的。**~·ly** [-klɪ; -kəli] *adv.*

hy·son [ˈhaɪsn; ˈhaisn] *n.* Ⓤ熙春茶《中國綠茶之一種》。

hy spy [ˈhaɪˌspaɪ; ˈhaispai] *n.* =hide-and-seek.

hys·sop [ˈhɪsəp; ˈhisəp] *n.* Ⓤ《植物》牛膝草《薄荷之一種，從前做爲藥用》。

hys·ter·ec·to·mize [ˌhɪstəˈrɛktəˌmaɪz; ˌhistəˈrektəmaiz] *v.t.* 《外科》切除…的子宮。

hys·ter·ec·to·my [ˌhɪstəˈrɛktəmɪ; ˌhistəˈrektəmi] *n.* ⓊⒸ《醫》子宮切除(術)。

hys·te·ri·a [hɪsˈtɪrɪə; hiˈstiəriə] 《源自希臘文「子宮」之義；被視爲子宮的疾病》**—*n.*** Ⓤ《醫》(尤指婦女的)歇斯底里症，病態的興奮狀態，癔病。

hys·ter·ic [hɪsˈtɛrɪk; hiˈsterik] *adj.* =hysterical.
—*n.* Ⓒ(患)歇斯底里[症]的人，癔病患者。

hys·ter·i·cal [hɪsˈtɛrɪkl; hiˈsterikl] 《hysteria 的形容詞》**—*adj.*** **1** (患)歇斯底里[症]的：a ~ temperament 歇斯底里質[性情]。**2 a** 過度興奮的：~ laughter 狂笑。**b** 《口語》十分可笑的，令人捧腹的：a ~ play [movie] 十分可笑的表演[電影]。
~·ly [-klɪ; -kəli] *adv.*

hys·ter·ics [hɪsˈtɛrɪks; hiˈsteriks] *n. pl.* [當單數或複數用] **1** 歇斯底里症發作；癔病發作：go (off) into ~ =fall into ~ = have ~ 陷入歇斯底里狀態。**2** 《口語》笑不止：have [get into] ~ (太可笑了以致) 笑個不停。

Hz, hz 《略》《物理》hertz.

I i I i *I i*

i, I[1] [aɪ; ai] *n.* (*pl.* **i's, is, I's, Is** [～z; ～z]) **1** Ⓤ[指個體時爲Ⓒ]英文字母的第九個字母《cf. iota》。**2** Ⓤ(一序列事物的)第九個。**3** Ⓤ(羅馬數字的)一：*II*[*ii*]＝2/*III*[*iii*]＝3/*IX*[*ix*]＝9/X*I*[x*i*]＝11.

dót the [one's] **i's** [ˋaɪz; 'aiz] (如寫 i 時不忘加一點那樣)極爲愼重[細心]。

dót the [one's] **i's** [ˋaɪz; 'aiz] **and cróss the** [one's] **t's** [ˋtiz; 'ti:z] 做得非常[更加]愼重；對細節一絲不苟；詳細記下[說明]《★源自「寫 i 時要加一點，寫 t 時要加一橫」之義》。

I[2] [aɪ; ai] *n.* Ⓒ (*pl.* **I's, Is** [～z; ～z])I 字形(之物)。

‡**I**[3] [aɪ; ai] *pron.* 《★ 語形 所有格 **my**, 受格 **me**, 所有格代名詞 **mine**, 反身代名詞 **myself**；⇨ we》[第一人稱單數主格]我《★ 用法 I 在句中也用大寫是因從前書寫時爲避免常發生錯誤而採取的權宜之計》：*I* am hungry. 我肚子餓(⇨ I'm)/Am *I* not right? 是我不對嗎？《★ 比較《口語》用 Aren't [Ain't] *I* right?》/It's *I*. 那是我《★ 比較《口語》用 It's *me*. 較普遍》。

語法 (1)列舉不同人稱的人稱代名詞或名詞時，依照慣例的排列順序是第二人稱、第三人稱、第一人稱：You[He, She, My wife] and I are.... ；⇨ we 1 用法。(2)between you and I 或 He will invite you and *I*. 等在文法上是錯誤，但有時用於口語。

—*n.* Ⓒ (*pl.* **I's**) **1** (在小說等中)第一人稱單數(我)：He uses too many *I's* in his novels. 他在他的小說中用了太多的「我」。**2** 《哲》自我，我(ego)：the *I* 我/another *I* 另一個我。

I 《符號》《化學》 iodine.

i. 《略》 interest；《文法》 intransitive； island.

I. 《略》 Idaho； Independent；Island(s).

IA 《略》《美郵政》 Iowa.

Ia. 《略》 Iowa.

IAEA 《略》 International Atomic Energy Agency 國際原子能總署《1957 年創立》。

I·a·go [ɪˋɑgo; i'ɑ:gou] *n.* 依阿高《莎士比亞(Shakespeare)悲劇「奧塞羅」(*Othello*)中的一個陰險邪惡的人物》。

-i·al [-ɪəl; -iəl] 字尾 ＝-al.

i·amb [ˋaɪæmb; 'aiæm*b*] *n.* 《詩學》＝iambus.

i·am·bi *n.* **iambus** 的複數。

i·am·bic [aɪˋæmbɪk; ai'æmbik] 《**iambus** 的形容詞》**—** 《詩學》 *adj.* (英詩的)抑揚格的：an ～ pentameter 抑揚五音步的詩行。

—*n.* Ⓒ[常～s](英詩的)抑揚格的詩(行)。

i·am·bus [aɪˋæmbəs; ai'æmbəs] *n.* Ⓒ(*pl.* **～·es, -bi** [-baɪ; -bai]) 《詩學》(英詩的)抑揚格《×∸；例：The cúr｜few tólls｜the knéll｜of párt｜ing dáy. (Gray)；cf. foot *n.* 6》。

I·an [ˋiən; 'i:ən] *n.* 伊安《男子名；相當於 John 的蘇格蘭字》。

-i·an [-ɪən; -iən] 字尾 ＝-an.

IATA, I.A.T.A. [aɪˋɑtə; ai'ɑ:tə] 《略》 International Air Transport Association 國際空運協會。

ib. 《略》 ibidem.

I·be·ri·a [aɪˋbɪrɪə; ai'biəriə] 《源自拉丁文「西班牙人」之義》**—*n.*** 伊伯利亞《伊比利半島(Iberian Peninsula)的舊稱》。

I·be·ri·an [aɪˋbɪrɪən; ai'biəriən] 《**Iberia** 的形容詞》**—*adj.*** **1 a** 伊比利半島的。**b** 西班牙及葡萄牙的。**2** 古代伊伯利亞人[語]的。

—*n.* **1** Ⓒ **a** 伊比利半島上的居民, 伊比利人。**b** 古代伊伯利亞人。**2** Ⓤ古代伊伯利亞語。

Ibérian Península *n.* [the～]伊比利半島《包括西班牙及葡萄牙的半島》。

i·bex [ˋaɪbɛks; 'aibeks] *n.* Ⓒ(*pl.* **～·es, ib·i·ces** [ˋɪbɪˌsiz, ˋaɪ-; 'ibisi:z], [集合稱]～)《動物》(棲息於阿爾卑斯、亞平寧、庇里牛斯山脈等的)高地山羊。

ibid. [ˋɪbɪd; 'ibid], **i·bi·dem** [ɪˋbaɪdɛm; i'baidem] 《源自拉丁文 'in the same place' 之義》**—** *adv.* 在同一處，在同一書[章，節]；同上，同前《★ 用法 通常以 ibid. 或 ib. 的縮寫用於引句、註腳等》。

i·bis [ˋaɪbɪs; 'aibis] *n.* Ⓒ(*pl.* **～·es**, [集合稱]～)《鳥》朱鷺，䴉：⇨ sacred ibis.

-i·ble [-əbḷ; -əbl] 字尾 表示「能…」「可…」之意的形容詞字尾《★表示與 -able 同義》：impress*ible*, reduc*ible*.

IBM International Business Machines (Corporation)《商標》國際商業機器(公司)。

IBRD 《略》 International Bank for Reconstruction and Development 國際復興開發銀行《世界銀行(the World Bank)的正式名稱，1945 年聯合國所創設的國際金融機構；cf. IDA》。

ibis

Ib·sen [ˋɪbsṇ; 'ibsn], **Hen·rik** [ˋhɛnrɪk; 'henrik] *n.* 易卜生《1828－1906；挪威的劇作家及詩人》。

IC 《略》《電子》 integrated circuit.

-ic [-ɪk; -ik] 字尾 **1** 表示「…的」「似…的」「…性的」之意的形容詞字尾：hero*ic*, rust*ic*, magnet*ic*；sulphur*ic*.

2 [名詞轉用]：crit*ic*, publ*ic*；《學術名》log*ic*, mus*ic*, rhetor*ic*.

-i·cal [-ɪkḷ; -ikəl] 字尾 表示「關於…的」「(似)…的」之意的形容詞字尾：geometr*ical*(geometric＜geometry)/mus*ical*(＜music).

-i·cal·ly [-ɪklɪ; -ikəli] 字尾 形容詞字尾爲 -ic (al) 的副詞字尾：crit*ically*《★publ*icly*, impolit*icly* 例外》。

ICAO 《略》 International Civil Aviation Organization 國際民航組織《1947 年創立》。

Ic·a·rus [ˋɪkərəs, ˋaɪ-; 'ikərəs, 'ai-] *n.* 《希臘神話》伊卡勒斯。

> **【說明】**雅典(Athens)工匠德狄勒斯(Daedalus)與子同築克里特島(Crete)的迷宮(labyrinth)之後，兩人都被克里特島之王邁諾斯(Minos)囚禁於塔中，後來發明用蠟與羽毛造成之翼逃出。其子伊卡勒斯因爲飛得太高，蠟翼被太陽融解，墜海而死。

ICBM, I.C.B.M. 《略》 intercontinental ballistic missile 洲際彈道飛彈(cf. IRBM, MRBM).

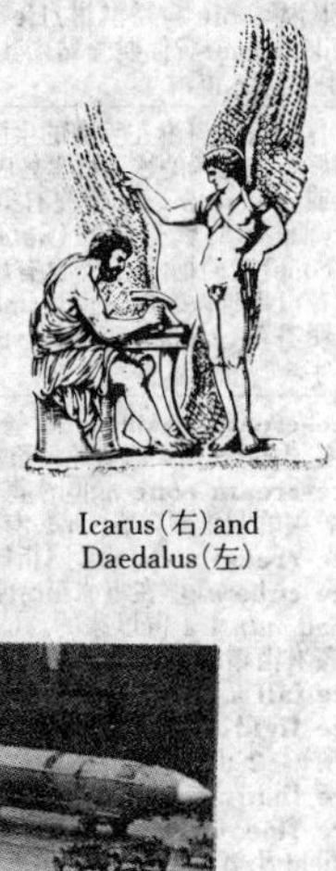
Icarus(右) and Daedalus(左)

‡**ice** [aɪs; ais] *n.* **1 a** Ⓤ 冰：a piece of～一塊冰 / *I*～ has formed on the water. 水面已結冰。**b** [the～](結成一層的)冰，冰面：break through *the*～(人等)因冰破而掉下；(用鎚子等)破冰前進。**2** Ⓒ **a** 《美》果凍。**b** 《英》冰淇淋：two ～*s* 兩客冰(淇淋)。**3** Ⓤ(灑在糕點上的)糖霜《★ 比較 一般都用 icing, frosting》。**4** Ⓤ(態度等的)冷淡。

bréak the íce (1)(爲使氣氛融洽而)開口說話；緩和緊張。(2)着手做(困難[危險]的事)；(毅然)開始。

cút nó [**nót múch**] **íce** (**with a person**) (對人)毫無效果，不太有效；毫無用處，沒有多大用處：Flattery *cuts no* ～ *with* him. 對他說恭維話是沒有用的。

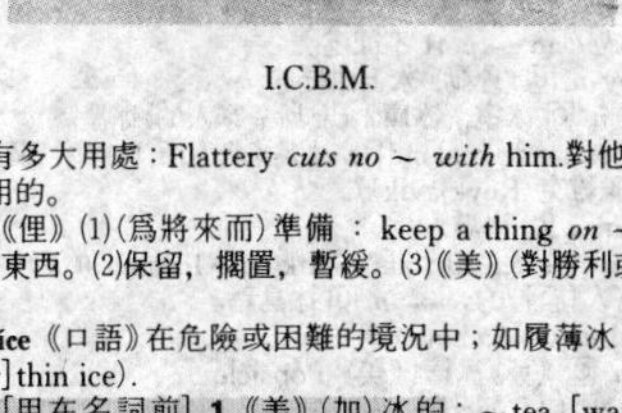
I.C.B.M.

on íce 《俚》(1)(爲將來而)準備：keep a thing *on* ～(爲將來而)保存東西。(2)保留，擱置，暫緩。(3)《美》(對勝利或成功)有把握。

on thín íce 《口語》在危險或困難的境況中；如履薄冰(cf. SKATE[1] on[over] thin ice).

—*adj.* [用在名詞前] **1** 《美》(加)冰的：～tea [water] 冰茶[水]。**2** 冰上的：an ～ show 冰上的溜冰表演。**3** 製冰的。

—*v.t.* **1** 〔十受〕冰凍，冷藏…。**2** 〔十受(十副)〕以冰覆蓋〈某物〉

〈*over, up*〉: The lake is already ～*d over.* 湖面已結了冰。**3**〔十受〕加糖衣於〈糕點等〉上。
—*v.i.* 〔十副〕結冰，被冰覆蓋〈*over, up*〉: The windshield has ～*d up* [*over*]. 擋風玻璃已被冰蓋住。
-ice [-ɪs; -is] [字尾]表示「狀況、性質」等之意的名詞字尾：just*ice*, serv*ice*.
íce àge *n.* [the ～]《地質》**1** 冰河時代(glacial epoch). **2** [I～ A～]更新世冰河期。
íce àx [《英》áxe] *n.* Ⓒ (用以在冰面作立足據點的登山用)冰斧，冰鎬。
íce bág *n.* =ice pack 2.
ice·berg [ˋaɪs,bɝg; ˈaisbəːg] 《源自荷蘭語「冰山」之義》— *n.* Ⓒ 冰山。
the típ of the [**an**] **iceberg** 冰山之頂端；(可能出現大問題、大錯誤的)苗頭[跡象]。
íce·bòat *n.* Ⓒ **1** (運動用的)冰上滑行船。**2** = icebreaker 1.
ice·boat·ing [ˋaɪs,botɪŋ; ˈais,boutiŋ] *n.* Ⓤ 駕駛冰上滑行船的運動。
íce·bóund *adj.* 冰封的，結滿了冰的：an ～ harbor 冰封的港口。
íce·bòx *n.* Ⓒ **1** (使用冰塊的) 冷藏庫。**2**《美》(電) 冰箱(refrigerator). **3** (冷藏庫的)冷凍室[庫]。**4** 監獄內的單人囚房。
íce·brèaker *n.* Ⓒ **1** 破冰船。**2** 碎冰機。**3** 使氣氛融洽者，緩和緊張者。
íce-brèaking，íce·brèaking *adj.* **1** 破冰的。**2** 打開僵局的，打破沉悶氣氛的。

iceboat 1

íce búcket *n.* =ice pail.
íce càp *n.* Ⓒ **1** (覆蓋兩極、高山頂部常積不融的)冰蓋，冰帽。**2** (冰頭部用的)冰袋。
íce còffee *n.* Ⓤ冰咖啡。
íce-cóld *adj.* **1** 冰冷的。**2** 〈感情、態度等〉冷淡的，冷若冰霜的；冷靜的：～ nerves 冷靜的神志。
ice cream [ˋaɪsˋkrim; ,aisˈkriːm] *n.* Ⓤ [指個體或種類時爲Ⓒ]冰淇淋：soft ～霜淇淋/He likes ～. 他喜歡冰淇淋/Would you like some～? 你要一點冰淇淋嗎？/Please give me two～*s.* 請給我兩客冰淇淋。

【說明】冰淇淋在英美的生活中，與紅茶及咖啡同爲英美人士所好。在街角的冰淇淋專售店稱作 ice-cream parlor(有桌子的店)或 ice-cream stand(沒有桌子的店)。冰淇淋有很多種類，放入圓錐形的威化餅乾(wafer)中者稱爲冰淇淋蛋捲(ice-cream cone)或簡稱 cone. 也有用汽車載冰淇淋到住宅區販賣者，這種汽車叫做 ice-cream van，對小孩而言特別親切。購買時要指明香草(vanilla)或草莓(strawberry)口味，不單用冰淇淋這個字。

íce-cream cháir 《因置於冰淇淋店，故稱》—*n.* Ⓒ《美》小圓凳子《放在露天咖啡座，沒有扶手的圓形小凳子》。
íce-cream còne *n.* Ⓒ冰淇淋蛋捲；甜筒：**a** 裝冰淇淋的威化餅乾製的圓錐形容器。**b** 裝有冰淇淋的甜筒。
íce-cream sóda *n.* Ⓒ [指飲料名爲Ⓤ]《美》冰淇淋蘇打。
íce cùbe *n.*Ⓒ(在電冰箱冷凍室做的)小冰塊。
iced *adj.* **1 a** 覆以冰的。**b** 含冰的；冰過的：～ water 冰水。**2** 覆有糖霜的：an ～ cake 覆有糖霜的蛋糕。
íce·fàll *n.* Ⓒ冰瀑 (cf. waterfall).
íce fìeld *n.* Ⓒ **1** (兩極地方海上的)冰原《漂浮於海面的大塊冰層》。**2** (陸地上的)冰原。
íce fìshing *n.* Ⓤ 冰上挖洞釣魚。
íce flòe *n.* Ⓒ (海上漂浮的)小冰原；(板狀的)浮冰《指較 ice field 小者》。
íce-frée *adj.* 不冰凍的，不結冰的，沒有結冰的：～ waters 不結冰的海域 / an ～ port 不凍港。
íce hòckey *n.* Ⓤ《運動》冰上曲棍球。
íce·hòuse *n.* Ⓒ 冰室，冰庫；(愛斯基摩人的)冰屋。
Ice·land [ˋaɪslənd; ˈaislənd] *n.* 冰島《北大西洋中的一個共和國；首都雷克雅維克(Reykjavik)》.
Íce·land·er *n.* Ⓒ 冰島人。
Ice·lan·dic [aɪsˋlændɪk; aisˈlandik] 《Iceland 的形容詞》— *adj.* 冰島(人[語])的。— *n.* Ⓤ 冰島語。
íce-lòcked *adj.* =icebound.
íce-lólly *n.* Ⓒ《英》冰棒(《美》Popsicle).
íce·màn *n.* Ⓒ(*pl.* -men)**1**《美》送冰人，售冰人；善於在冰上行動者；溜冰場上的冰地管理員。**2**《美俚》珠寶竊賊；職業殺手。**3**《美俚》頭腦冷靜的人。
íce-òut *n.* Ⓤ(水面冰塊)融化(↔ ice-up 1).
íce pàck *n.* Ⓒ **1** (海中的)大塊浮冰羣。**2** 冰袋，冰枕。
íce pàil *n.* Ⓒ冰桶《裝冰塊的容器》。
íce pìck *n.* Ⓒ(碎冰用的)冰鋤。
íce plànt *n.* Ⓒ **1**《植物》晶葉菊牡丹《松葉菊屬的常綠多年生草本植物，原產於南非》。**2** 製冰廠。
íce·rìnk *n.* Ⓒ(室內的)溜冰場。
íce shèet *n.* Ⓒ大冰原《見於南極大陸或格林蘭(Greenland)，範圍極廣的冰河》。
íce skàte *n.* Ⓒ[常～s] (附於鞋上溜冰用的)冰刀。
íce-skàte *v.i.* 溜冰，滑冰。
íce-skàter *n.* Ⓒ 溜冰者。
íce skàting *n.* Ⓤ 溜冰《運動》。
íce tòngs *n. pl.* [常**a pair of** ～]夾冰塊的鉗子。
íce trày *n.* Ⓒ(在電冰箱的冷凍室用以製造冰塊的)製冰盤。
íce-ùp *n.* Ⓤ **1** (雪、水的)結冰，凍結(↔ ice-out). **2**《航空》(指飛機飛過冰冷的天空時，機翼上產生的)冰層。
Ich·a·bod [ˋɪkə,bad; ˈikəbɔd] *n.* 伊卡巴德《男子名》。
ich·neu·mon [ɪkˋnumən, -ˋnju-; ikˈnjuːmən] *n.* Ⓒ**1**《動物》貓鼬《又名埃及獴》。**2** (又作 **ichnéumon flỳ**)《昆蟲》姬蜂。
i·chor [ˋaɪkɔr, -kɚ; ˈaikɔː] *n.* Ⓤ**1**《希臘神話》(諸神血管中的)靈液。**2**《醫》膿水。
ich·thy·ol·o·gy [,ɪkθɪˋalədʒɪ; ,ikθiˈɔlədʒi] *n.* Ⓤ魚類學。
-i·cian [-ɪʃən; -iʃn] [字尾]表示「精於…的人」「學…的人」「…家」之意的名詞字尾，加在字尾爲 -ic(s)的名詞、形容詞之後：mathemat*ician*, mus*ician*.
i·ci·cle [ˋaɪ,sɪkḷ; ˈaisikl] *n.* Ⓒ 冰柱，垂冰。
ic·ing *n.* Ⓤ**1** 糖霜《用糖、蛋白、牛奶製成，覆於糕點上的一層糖衣》。**2**《航空》(結在機翼上的)冰層。
ICJ《略》International Court of Justice 國際法庭《在荷蘭的海牙(The Hague)》.
ick·y [ˋɪkɪ; ˈiki] *adj.* (**ick·i·er; -i·est**)《美俚》**1 a** 黏糊糊[發黏]的。**b** 不愉快的，討厭的。**2**〈爵士樂、歌詞等〉太多愁善感的，太嗲的。**3** 未經琢磨的，不俊俏的。
i·con [ˋaɪkan; ˈaikɔn] 《源自希臘文「像」之義》— *n.* Ⓒ**1 a** (繪畫、雕刻的)像，肖像；偶像。**b**《東方正教》(基督、聖母、聖徒等的)聖畫像，聖像。**2**《邏輯・語言》圖像，類似記號，指號。
i·con·ic [aɪˋkanɪk; aiˈkɔnik] 《icon 的形容詞》— *adj.* **1** (肖)像的；偶像的；聖(畫)像的。**2**《美術》〈聖像〉依據(拜占庭)傳統形式的，因襲的。**3**《邏輯・語言》圖像上的。
i·con·o·clasm [aɪˋkanə,klæzəm; aiˈkɔnəklæzəm] *n.* Ⓤ**1** 聖像[偶像]破壞。**2** 破除迷信。
i·con·o·clast [aɪˋkanə,klæst; aiˈkɔnəklæst] *n.* Ⓒ**1** (主張)破壞聖像[偶像]者《在第八至九世紀東歐天主教會中企圖破除禮拜聖徒畫像的習俗者》。**2** 主張破除傳統或迷信者。
i·con·o·clas·tic [aɪ,kanəˋklæstɪk; ai,kɔnəˈklæstik] *adj.* **1** 破壞聖像[偶像](者)的。**2** 破除迷信的。
i·co·nog·ra·phy [,aɪkənˋagrəfɪ; ,aikoˈnɔgrəfi] *n.* Ⓤ **1** 圖像學；肖像[聖像]研究《尤指對某一人畫像的研究》。**2** 圖像畫法。
ICPO《略》⇨ Interpol.
-ics [-ɪks; -iks] [字尾]表示「…學」「…術」等之意的名詞字尾(★[用法] 原爲複數形式，但通常作爲(1)「學術或技術名稱」時爲Ⓤ：econom*ics*, linguist*ics*, mathemat*ics*, opt*ics*.(2)指具體的「活動、現象」時當複數用：athlet*ics*, gymnast*ics*, hyster*ics*.(3)其中也有當作單、複數兩用者：acoust*ics*, eth*ics*, polit*ics*)。
ICU《略》intensive care unit.
***i·cy** [ˋaɪsɪ; ˈaisi] 《ice 的形容詞》— *adj.* (**ic·i·er; -i·est**)**1 a** 冰的；覆蓋著冰的：an ～ road 結冰[滑溜]的道路。**b** 似冰的；很冷的。**c** [當副詞用]似冰地，冰一般地：His hands were ～ cold. 他的手冰冷。**2** 冷冷的，冷漠的，冷淡的：receive an ～ welcome 受到冷淡的歡迎。**i·ci·ly** *adv.* **i·ci·ness** *n.*
id [ɪd; id] 《源自拉丁文》— *n.* [the ～]《精神分析》本我《構成自我(ego)基質的本能衝動》。
ID《略》《美郵政》Idaho.
‡I'd [aɪd; aid] **I had** [**would, should**]之略。
id. idem(拉丁文=the same).
Id., Ida.《略》Idaho.
I·da [ˋaɪdə; ˈaidə] *n.* 艾達《女子名》。
IDA《略》International Development Association 國際開發協會《IBRD 的相關機構，1960 年由聯合國創設，主要辦理對開發中國家的貸款；cf. IBRD》.
I·da·ho [ˋaɪdə,ho; ˈaidəhou] 《源自北美印地安語的種族名》— *n.* 愛達荷州《美國西北部的一州；首府布宜斯(Boise [ˋbɔɪsɪ; ˈbɔisi])；略作 Id(a).,《郵政》ID；俗稱 the Gem State》.
I·da·ho·an [ˋaɪdə,hoən; ˈaidəhouən] 《Idaho 的形容詞》— *adj.* 愛達荷州的。
—*n.* Ⓒ 愛達荷州人。

ID càrd [ˈaɪˈdi-; ˌaiˈdi:-] *n.* =identity card.

-ide [-aɪd; -aid] 字尾表示「…化合物」之意的名詞字尾：sulph*ide*, cyan*ide*, chlor*ide*.

‡**i·de·a** [aɪˈdiə, aɪˈdɪə; aiˈdiə] 《源自希臘文「形態、樣子」之義》—— *n.* **1** Ⓒ (心中浮現的) 思想：**a** 主意，構想，念頭〔*of, for*〕：a man of ～*s* 主意[點子]多的人，足智多謀的人/That's an [a good] ～. 那是個好主意/An ～ struck me. 我突然想到一個主意/He is full of (original) ～*s*. 他富於創新見解/Have you got the ～? 你了解這個見解了嗎？《你懂了嗎？》/She had to give up the ～ *of* visit*ing* the place. 她不得不放棄訪問該地的念頭/I have an～ *for* it [do*ing* it]. 關於(做)那件事，我有個主意/Whose bright ～ was that? 《口語・反語》那是誰出的餿主意？

【同義字】thought 是指訴諸理性而浮現腦海的思想；notion 多用作與 idea 相同的意義，但有時意指漠然或不明確的意圖、思想。

b 想法，觀念，思想：the ～*s* of the young 小孩子的想法/Eastern ～*s* 東方思想/force one's ～*s* on others 把自己的想法强加於他人。**c** [＋*that*__]〈…的〉想法，意見，見解：I believe in the ～ *that* time is money. 我認爲「時間就是金錢」的想法是對的。**d** 想到〔*of*〕：I feel shocked at the bare ～ *of* his death [meet*ing* him]. →想到他死亡[要和他見面]這件事，我就感到震驚。

2 ⓊⒸ **a** 〔(十介)＋*wh.* 子句・片語〕[通常用於否定句]〔對於…的〕了解，認識〔*of*〕《★用法 have no idea 的意思是「不知道」；口語時則省略 of》：You do*n't* have the slightest [faintest, least] ～ (*of*) *how* much she has missed you. 你一點都不知道她多麼想念你/He had *no* [*little*] ～ *what* these words meant. 他根本[幾乎]不知道這些話的含義/I have *no* ～ *how to* get there. 我完全不知道如何去那裏。**b** 〔關於…的〕知識，推測，概念〔*of, about*〕：The book will give you some [a very good] ～ *of* life in London. 讀這本書你就會知道一些[很清楚]有關倫敦的生活/I think you will get some ～ *of* it. 我想你對它會有所了解《我想你大概會了解》/I haven't an ～ [the least ～, the vaguest ～, the faintest ～, the remotest ～, 《英口語》 the foggiest ～] *about* it. 那件事我一點都不知道。

3 Ⓒ **a** [＋(*that*)__]〈對…事的〉(漠然)感覺，預感，直覺：I had no ～ *that* you were coming. 我沒有想到你會來/I have an ～ *that* he is still living somewhere. 我覺得他還活在某個地方/I had an ～ we'd win. 我覺得我們會贏。**b** 空想，幻想，想像：get ～*s* into one's head 抱有(難以實現的)妄想/put ～*s* into a person's head＝give a person～*s* 把(難以實現的)種種想法灌輸到某人腦子裏，使某人心生妄想。**c** [＋*that*__]〈對…事的〉空想，幻想，妄想：have the ～ *that* ...＝get the ～ into one's head *that* ... 存[抱]有…的妄想。

4 [one's ～；通常用於否定句] 理想中的典型〔*of*〕：That is *not* my ～ *of* happiness. 那不是我所認爲的幸福。

5 ⓊⒸ 《哲》觀念，理念。

6 Ⓒ 《心理》表象，觀念。

fórm an idéa of ... (1)在心中描繪…。(2)解釋[瞭解]…。

gèt the idéa that ... (往往錯誤地)相信…。

The idéa (of it)! ＝Whát an idéa! 《口語》(竟有那樣想法)眞過份！豈有此理！

Whát's the (bíg) idéa? 《口語》是什麼了不起的主意啊？那是什麼意思[怎麼回事]？搞什麼名堂？

***i·de·al** [aɪˈdiəl, aɪˈdɪəl; aiˈdiəl, aiˈdi:əl] *n.* Ⓒ **1** 理想：a man of ～*s* 理想家[主義者]。**2 a** 理想的事物[人]，典型〔*of*〕：the ～ *of* the aggressive salesman 積極推銷員的典型[楷模]。**b** 崇高[理想]的目標[原則]。

—*adj.* (無比較級、最高級) **1 a** 理想的：an ～ husband 理想的丈夫。**b** [不用在名詞前]〔＋介＋(代)名〕〔對…是〕理想的，完美的〔*for*〕：This weather is ～ ***for*** a picnic. 這是出外野餐的理想天氣。

2 觀念上的，想像中的，空想的。

3 《哲》關於觀念的，觀念論的，唯心論的。

i·dé·al·ism [-ˌɪzəm; -izəm] *n.* Ⓤ **1** 理想主義(↔ realism)；將…理想化的習性。**2** 《哲》觀念論，唯心論(↔ materialism)。**3** 《藝術》觀念主義《尊重觀念、思想甚於形態或事實的主義；↔ formalism》。

i·dé·al·ist [-lɪst; -list] *n.* Ⓒ **1** 理想主義者；愛幻想[空想，夢想]的人。**2** 唯心論者，觀念論[主義]者。

—*adj.* =idealistic.

i·de·al·is·tic [ˌaɪdiəlˈɪstɪk; aiˌdiəˈlistik] *adj.* (**more** ～；**most** ～) **1** 理想主義的。**2** 觀念[唯心]論的。

-ti·cal·ly [-klɪ; -kəli] *adv.*

i·de·al·i·ty [ˌaɪdrˈælətɪ; ˌaidiˈæləti] *n.* **1** Ⓤ 理想的事；[常 **idealities**] 理想的東西。**2** Ⓤ 想像力。**3** Ⓤ 《哲》觀念性(↔ reality)。

i·de·al·ize [aɪˈdiəlˌaɪz; aiˈdiəlaiz] *v.t.* 將…理想化，認爲…爲理想。—*v.i.* 抱有理想，理想化。

i·de·al·i·za·tion [aɪˌdiələˈzeʃən, -aɪˈz-; aiˌdiəlaiˈzeiʃn] *n.*

i·dé·al·ly *adv.* **1 a** 理想地，完美地：He is ～ suited to his occupation. 他非常適宜從事現在的職業。**b** [修飾整句] 按照理想，就理想而言：*I*～, we should have one teacher for every 10 students. 最理想的是，我們每十個學生應該有一位教師。**2 a** 觀念上。**b** [修飾整句] 在觀念上，從觀念上而言。

idéa·màn *n.* Ⓒ (在商業機構中)提供新構想、新計畫的人；謀士。

i·de·a·tion [ˌaɪdrˈeʃən; ˌaidiˈeiʃn] *n.* Ⓤ 觀念作用；觀念化。

i·dée fixe [ideˈfiks; i:deiˈfi:ks] 《源自法語 'fixed idea' 之義》—*n.* Ⓒ (*pl.* ***idées fixes*** [～]) 固定觀念；對一事的偏執。

i·dem [ˈaɪdɛm; ˈaidem] 《源自拉丁文 'the same' 之義》—*pron., adj.* 同著者(的)；同字(的)；同書[典故](的)；同上(的)《★用法 通常用縮寫 id.》。

i·dem·po·tent [aɪˈdɛmpətənt, ˈaɪdəmˈpotənt; aiˈdempətənt, ˈaidəmˈpoutənt] *adj.* 《數學》冪等的。

—*n.* Ⓒ 《數學》冪等。

i·den·tic [aɪˈdɛntɪk; aiˈdentik] *adj.* 《外交》同文的：an ～ note 同文通知[照會]；相同文件。

i·den·ti·cal [aɪˈdɛntɪkl; aiˈdentikl] 《identity 的形容詞》—— *adj.* (無比較級、最高級) **1** [常 **the** ～] [用在名詞前] **完全相同的，同一的** (⇨ same【同義字】)：*the* ～ person 同一人，本人/This is *the* ～ umbrella that I have lost. 這正是我遺失的那一把雨傘。

2 a 〈兩個或以上的東西〉相同的，相等的：The guns are all ～ *in* appearance. 這些槍的外表都相同。**b** [不用在名詞前]〔十介＋(代)名〕〔與…〕完全一致的，完全符合的〔*with, to*〕：His fingerprints were ～ ***with*** those left on the door. 他的指紋和留在門上的指紋完全吻合。

3 《數學》同一的，恒等的：an ～ equation 《數學》恒等式。

i·dén·ti·cal·ly [aɪˈdɛntɪklɪ; aiˈdentikəli] *adv.* [常用以强調 alike, the same 等] 完全相同地，同樣地，相等地。

idéntical twín *n.* Ⓒ [常 ～*s*] 同卵雙胞胎(中的一人)《常爲同性；cf. fraternal twin》。

i·den·ti·fi·a·ble [aɪˈdɛntəˌfaɪəbl; aiˈdentifaiəbl] *adj.* **1** 可證明爲同一的，可認明身分的。**2** 可視爲同一的。

***i·den·ti·fi·ca·tion** [aɪˌdɛntəfəˈkeʃən; aiˌdentifiˈkeiʃn] 《identify 的名詞》—*n.* ⓊⒸ **1 a** 同一，同一的證明[確認，鑑定]；身分證明，身分確認。**b** 證明身分的證件，身分證。**2 a** 同一化，成爲一體的感覺〔*with*〕。**b** 《精神分析》認同，視爲同一。

identificátion càrd *n.* Ⓒ 身分證。

identificátion paràde *n.* Ⓒ 《英》列隊辨認嫌疑犯；嫌犯的行列《使嫌犯列隊以供人當面指認；《美》lineup》。

***i·den·ti·fy** [aɪˈdɛntəˌfaɪ; aiˈdentifai] 《identity 的動詞》—— *v.t.* **1 a** 〔十受〕**認明**…；確認…；分辨…：～ a body [corpse] 驗明屍體，認定死者身分/The child was *identified* by the clothes it wore. 那小孩因所穿的衣服而被認出。**b** 〔十受十*as* 補〕看清，鑑定，證明〈某人、某物〉〈爲…〉：She *identified* the bag *as* hers by saying what it contained. 她以說出手提包裏有什麼東西來證明那是她的。**c** 〔十受(十*as* 補)〕[～*oneself*] 自稱〈是…〉：He *identified himself as* a close friend of Jim's. 他自稱是吉姆的密友。

2 〔十受十介十(代)名〕把〈人、物〉〔與…〕視爲同一〔*with*〕：The mayor *identified* the interests of the citizens ***with*** his own prosperity. 市長把市民的利益與他自己的成功當作是同一回事《市長認爲確保市民的利益即是他成功的關鍵》。

3 〔十受十介十(代)名〕[～ one*self*]〔與政黨、政策等〕共行動，同心同德；支持，參與〔…〕；與〔…〕起共鳴〔*with*〕《★常以過去分詞當形容詞用，表示「合作、參與」之意》：～ *oneself* ***with*** a movement 參與[支持]一種運動/become *identified with* a policy 支持[贊同]某項政策。

—*v.i.* 〔十介十(代)名〕**1** 〔把…〕與自己視爲同一；〔與…〕融爲一體〔*with*〕：The audience quickly *identified* ***with*** the characters of the play. 觀衆很快地與劇中人物融爲一體。**2** 〔與…〕有同感，〔對…〕起共鳴〔*with*〕；同情〔…〕。

i·den·ti·kit [aɪˈdɛntəkɪt; aiˈdentikit] *n.* Ⓒ (有成套臉部各部分透明畫的)剪輯臉部照片的拼集裝置，容貌拼具。

—*adj.* [用在名詞前] 用容貌拼具拼成的：an ～ picture 一張用容貌拼具拼成的照片。

***i·den·ti·ty** [aɪˈdɛntətɪ; aiˈdentiti] 《源自拉丁文「同一」之義》—*n.* **1** Ⓤ 同一，同一的性質，一致。**2** ⓊⒸ **a** 同一人[物]，本人；眞面目，身分：a case of mistaken ～ 認錯人的案子/establish [prove] a person's ～ 驗明某人身分/conceal one's ～ 隱瞞身分。**b** 本質，獨自性，主體性，本性：lose one's ～ 失去個性[獨自性]/double ～ 雙重人格。**3** Ⓒ 《美口語》身分證。**4** Ⓒ 《數學》恒等(式)；恒等函數。

idéntity càrd *n.* Ⓒ 身分證(ID card).

【說明】由政府機關發給證明持有者身分的證件，載有持有者的姓名、簽名(signature)和照片(photograph)；護照(passport)或信用卡(credit card)也可通用爲 ID card. 但最能獲得信賴的是駕駛執照(driver's license). 美國也有獨自發行 ID card 的州；英國則基於對個人的尊重，一般身上都不帶身分證，連駕駛執照上也沒有照片。

idéntity crìsis *n.* Ⓒ 自我認識的危機，性格認同危機《尤指青春期的自我認識的動搖、自我喪失所引起的心理危機》：have an ~ 患自我喪失。

i·de·o·gram [ˋɪdɪə͵græm, ˋaɪdɪə-; ˈidiəgræm, ˈaidiə-] *n.* Ⓒ 會意[表意]文字《中文及其他象形文字；cf. phonogram》.

i·de·o·graph [ˋɪdɪə͵græf, ˋaɪdɪə-; ˈidiəgrɑːf, ˈaidiə-] *n.* = ideogram.

i·de·o·log·ic [͵aɪdɪəˋlɑdʒɪk; ˌaidiəˈlɔdʒik] *adj.* = ideological.

i·de·o·log·i·cal [͵aɪdɪəˋlɑdʒɪkl; ˌaidiəˈlɔdʒikl] *adj.* **1** 意識[觀念]形態的：~ differences 意識形態的差異。**2** 觀念學的；空論的。**~·ly** *adv.*

ì·de·ól·o·gist [-dʒɪst; -dʒist] *n.* Ⓒ**1** 特定意識形態的信徒。**2** 空論者，空想者，理論家。**3** 觀念學家。

i·de·ol·o·gy [͵aɪdɪˋɑlədʒɪ, ͵ɪd-; ˌaidiˈɔlədʒi, ˌid-] *n.* **1** ⓊⒸ**意識[觀念]形態**。**2** Ⓤ空論。

ides [aɪdz; aidz] *n. pl.* [常 the ~]《文語》古羅馬曆(三、五、七、十各月的)十五日；(其他各月分的)十三日。

Bewáre the Ídes of Márch. 注意三月十五日。

【字源】出自預言三月十五日爲暗殺凱撒大帝(Julius Caesar)之日的典故；也用於對凶事的警告；出自莎士比亞(Shakespeare)的戲劇「凱撒大帝」。

id est [͵ɪdˋɛst; ˌidˈest]《源自拉丁文 'that is' 之義》**—**即，換句話說《★[用法]通常略作 i.e. 讀作 [ˋaɪˋi; ˌaiˈiː] 或 [ˋðætˋɪz; ˌðætˈiz]；⇨ i.e.》.

id·i·o·cy [ˋɪdɪəsɪ; ˈidiəsi] *n.* **1** Ⓤ白癡。**2** Ⓒ白癡[極愚蠢]的言行。

id·i·o·lect [ˋɪdɪə͵lɛkt; ˈidiəlekt] *n.* ⒸⓊ《語言》個人語型，個人言語特點。

id·i·om** [ˋɪdɪəm; ˈidiəm]《源自希臘文「製造自己的東西」之義》**—*n. **1** Ⓒ**習慣用語**，成語。**2** ⓊⒸ(某一國家、民族、個人的)特有用語，慣用句：English ~ 英文成語/He has a peculiar ~. 他有獨特的習慣用語。

id·i·o·mat·ic [͵ɪdɪəˋmætɪk; ˌidiəˈmætik]《idiom 的形容詞》**—*adj.*** **1 a** (關於、合於)慣用語[成語、習語]的。**b** 慣用的：He speaks ~ English. 他說道地的英語。**2** 多[包含]慣用語法的。

id·i·o·mat·i·cal [͵ɪdɪəˋmætɪkl; ˌidiəˈmætikl] *adj.* = idiomatic. **~·ly** *adv.*

id·i·o·syn·cra·sy [͵ɪdɪəˋsɪnkrəsɪ, -ˋsɪŋ-; ˌidiəˈsiŋkrəsi] *n.* Ⓒ **1 a** (個人特有的)特質，特異傾向，癖好。**b**《口語》奇特的行爲。**2** (某作者特有的)表現手法，風格。**3**《醫》特異體質(cf. allergy).

id·i·o·syn·crat·ic [͵ɪdɪosɪnˋkrætɪk; ˌidiəsiŋˈkrætik]《idiosyncrasy 的形容詞》**—*adj.*** **1 a** (個人)特有的。**b** 奇異的，與衆不同的。**2** 特異體質的。**-i·cal·ly** [-tɪklɪ; -tikəli] *adv.*

id·i·ot [ˋɪdɪət; ˈidiət]《源自希臘文「無知者」之義》**—*n.*** Ⓒ《口語》**傻瓜**，笨蛋。

ídiot bòx *n.* Ⓒ[常the ~]《俚》電視機(television set).

id·i·ot·ic [͵ɪdɪˋɑtɪk; ˌidiˈɔtik]《idiot 的形容詞》**—*adj.*** **1 a** 極蠢的，傻瓜的。**b** [不用在名詞前][+*of*+(代)名](+*to* do)/+*to* do][某人]〈做…是〉愚蠢的，傻的；〈某人〉〈做…是〉愚蠢的，傻的：It was ~ ***of*** you *to* leave the safe open. = You were ~ *to* leave the safe open. 你讓保險櫃開著，眞是蠢。**2** 白癡(似)的：an ~ expression on his face 他臉上的癡呆表情。

-i·cal·ly [-tɪklɪ; -tikəli] *adv.*

ídiot-pròof *adj.* 簡單易解的，容易操作的，誰都會做的。

i·dle** [ˋaɪdl; ˈaidl]《源自古英語「空洞的，無價值的」之義》**—*adj. (i·dl·er; i·dl·est) **1 a** 〈人〉**沒有工作的**，不在工作的，閒散的(⇨ lazy【同義字】)：the ~ rich 遊手好閒的富人/an ~ spectator 袖手旁觀的人。**b**《美》〈選手、球隊等〉沒有比賽的：an ~ player 閒著[沒有比賽]的選手/The team is ~ today. 那個球隊今天沒有比賽。**c** 〈人〉懶惰的，遊手好閒的《★[比較]表示此意時多半用 lazy》。**2** 〈機器、工廠、金錢等〉閒置的，沒有被使用的：have one's hands ~ 手空著，沒事做/lie ~ 閒置著；〈金錢等〉成爲游資的，未加以利用的。**3** 〈時間〉空的，閒著的：an ~ moment 閒暇時/books for ~ hours 閒暇時閱讀的書。**4 a** 沒有根據的，無聊的，無意義的：an ~ rumor 沒有根據的謠言/~ talk 閒聊，廢話。**b** 沒有特別目的的，偶然的，無由的：from [out of] ~ curiosity 出於偶然的好奇心。**5** 無用的，無益的，無效的：an ~ attempt 徒勞無益的嘗試/It is ~ to say that .... 說…也沒用。

rún ídle 〈機器〉(以低速)空轉。

—*v.i.* **1** [動(+副)] 遊手好閒，閒混；〈人〉閒蕩〈*about*〉：Don't ~ (*about*). 不要閒蕩。**2** 〈引擎等〉(以低速)空轉。

—*v.t.* **1** [+受+副] 虛擲，浪費〈時間〉〈*away*〉：He **~*d away*** the whole morning. 他浪費了整個上午的時間。**2** [+受] 使〈引擎等〉(以低速)空轉。**3**《美》[+受]〈不景氣、減產等〉使〈勞工等〉停工[閒著]。

i·dle·ness [ˋaɪdlnɪs; ˈaidlnis] *n.* Ⓤ**遊手好閒**，無所事事，閒散，安逸：*I~* is the parent of all vice.《諺》懶惰爲萬惡之源。

éat the bréad of ídleness ⇨ bread.

í·dler *n.* Ⓒ**1** 懶惰者，遊手好閒者，遊民。**2**《機械》**a** (又作 **ídler gèar**) 惰齒輪。**b** (又作 **ídler pùlley**)惰輪，游輪。**c** (又作 **ídler whèel**)空轉輪，惰輪《用於兩個齒輪之間的齒輪》。

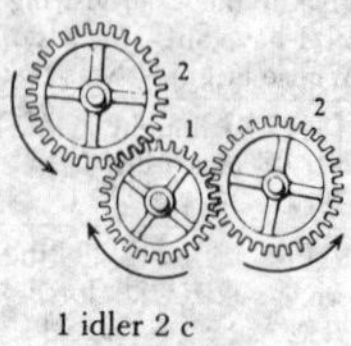

1 idler 2 c
2 cogwheels

í·dly *adv.* **1** 懶惰地，閒散地，無所事事地：sit ~ by while others work 別人在工作時無所事事地坐在一旁。**2** 心不在焉地：He was ~ leafing through a book. 他漫不經心翻著一本書。**3** 徒然地。

i·dol** [ˋaɪdl; ˈaidl]《源自希臘文「形狀、幻影」之義》**—*n. Ⓒ **1 a偶像**；聖像。**b** 神像，假神，邪神。**2** 受崇拜的人[物]，寵愛物：a popular ~ 大衆偶像/a fallen ~ 倒下的偶像，聲望跌落的人，不再受愛戴的人。**3**《邏輯》錯誤的認識，謬論。

màke an ídol of ... 崇拜…。

i·dol·a·ter [aɪˋdɑlətɚ; aiˈdɔlətə] *n.* Ⓒ**1** 偶像崇拜者。**2** (盲目的)崇拜者 [*of*].

i·dol·a·tress [aɪˋdɑlətrɪs; aiˈdɔlətris] *n.* Ⓒ女的 idolater.

i·dol·a·trous [aɪˋdɑlətrəs; aiˈdɔlətrəs] *adj.* **1** 偶像崇拜的。**2** (盲目)崇拜的。

i·dol·a·try [aɪˋdɑlətrɪ; aiˈdɔlətri] *n.* Ⓤ**1** 偶像[邪神]崇拜。**2** 盲目的崇拜。

i·dol·ize [ˋaɪdl͵aɪz; ˈaidəlaiz] *v.t.* **1** 把…偶像化，視…爲偶像。**2** 醉心於…。**—*v.i.*** 崇拜偶像。**i·do·li·za·tion** [͵aɪdələˋzeʃən, -aɪˋz-; ˌaidəlaiˈzeiʃn] *n.*

IDP《略》**1** integrated data processing《電算》積體資料處理。**2** International Driving Permit 國際駕駛執照。

i·dyl(l) [ˋaɪdl; ˈaidil, ˈidil] *n.* Ⓒ**1** 田園詩，牧歌；(適於作田園詩的)浪漫故事。**2** 田園風景[生活(等)]。**3**《音樂》田園詩歌。

i·dyl·lic [aɪˋdɪlɪk; aiˈdilik]《idyl(l) 的形容詞》**—*adj.*** **1** 田園詩(般)的，牧歌的。**2** 美妙的，美好的。

-li·cal·ly [-klɪ; -kəli] *adv.*

-ie [-ɪ; -i] [字尾]**1** 附於名詞，表示「親暱、小」之意的名詞字尾：dogg*ie* 小狗/lass*ie* 小姑娘。**2** 附於形容詞、動詞，變成表示「有…性質」之意的名詞字尾：cut*ie*, mov*ie*.

i.e. [ˋaɪˋi, ˋðætˋɪz; ˌaiˈiː, ˌðætˈiz]《拉丁文 *id est*(= that is)之略》**—**即，就是，換句話說《★[用法]除用於參考書及論文以外，通常都用 that is；⇨ that A *pron.* 片語》。

IEA《略》International Energy Agency 國際能源總署《1974 年創立》。

-i·er [-ɪɚ; -iə] [字尾] [名詞字尾] 表示「做…者」之意《★表示職業；cf. -yer》：gláz*ier*, hós*ier*, gondol*íer*, grenad*íer*.

‡if [ɪf; if] *conj.* **A1** [表示假設、條件]如果…，假使…：**a** [就現在、過去、未來可能實現之事加以推測時]《★[用法]即使是未來[未來完成]的事，if 子句用現在[現在完成]式；使用假設語氣的動詞是古語》：*If* you are tired, we will go straight home. 如果你疲倦了，我們就直接回家/*If* you have finished reading this book, please return it to me. 如果你念完這本書，請把它還給我/*If* he did it, he committed a crime. 如果他做了那件事，他就犯了罪/I'll be hanged [damned] *if* I obey him.《口語》我才不會聽他的話/Do you mind *if* I open the window? 如果我打開窗子，你介意嗎？《我可以打開窗子嗎？》/I shall tell him *if* he comes. 如果他來了，我會告訴他。

[語法] 以下情形時 if 子句中要用助動詞 will：(1)if 子句表示與其主詞意志有關的假設、條件時：*If* you *will* help, we'll [we shall] finish sooner. 如果你願意幫忙，我們可以更快地完成任務。(2)雖然 if子句表示未來的假設、條件，但整句與現在事實有關時：*If* it *will* help, I'll give you support. 如果這件事對你有幫助，我會支持你。

b [表示與現在的事實相反的假設]《★[用法]if 子句中用過去式(be 動詞用 were)，結論的主句中通常要用 would, should 等助動詞的過去式》：*If* you *knew* how I suffered, you would pity me. 如果你知道我多麼受苦，你會同情我/*If* I *were* you, I would help him. 如果我是你，我會幫助他。

c [表示與過去的事實相反的假設時]《★[用法]if 子句中用過去完成式，結論的主句通常用助動詞的過去式＋have＋過去分詞的形式》: *If* I *had known*, I wouldn't have done it. 假使我知道，我就不會做那件事/*If* he *had followed* my advice, he wouldn't be in such difficulty now.如果他聽從我的勸告，他現在就不會陷入如此的困境《★用法條件子句表示與過去事實相反的事，結論的主句則表示與現在的事實相反的事》。

d [表示不太可能的未來假設時]《★用法所有人稱均用 if ... should；譯成「萬一…」》: *If* it *should* rain tomorrow, I shall not [shan't, won't] come. 萬一明天下雨，我就不來《★比較If it *rains* tomorrow, ... 僅表示預料而已》。

e [表示未來的純粹假設時]《★用法if 子句中要用 were to》: *If* I *were to* die tomorrow, what would you do? 要是我明天死了，你怎麼辦?

語法書寫時，b 至 e 的情形，有時不用 if 而將主詞與（助）動詞的詞序顚倒，以示假設；《美》有時也用於口語: *Were I* in your place, ...= *If I were* in your place, ... /*Had I* known this, ...= *If I had* known this, .../*Should it* be necessary, ... = *If it should* be necessary, ...

2 a [表示讓步]**即使**…(even though)《★用法if 子句中不用假設語氣，但古語用》: *If* he be ever so rich....《古》即使他很富有─/*If* I am wrong, you are not absolutely right. 即使我錯，你也不一定絕對正確/He is a good *if* mischievous boy. 他即使頑皮，還是個好孩子/His manner, *if* patronizing, was not unkind. 他的態度即使有點傲慢，也不能說是不和善/I don't care *if* I go.《口語》我可以去；我去也可以《對於邀請的肯定回答》/⇨ even IF, IF not.

b [表示對照]即使…，然而…(whereas): *If* he was not industrious in his youth, he now works very hard. 誠然，他年輕的時候不勤奮，然而現在他工作很賣力。

語法《文語》有時不用 if，而將主詞與動詞的詞序顚倒: Home is home, be it ever so humble. ⇨ EVER so(2).

3 [表示時候]每逢…時，不論何時(whenever)《★用法if 子句中的動詞與主句動詞的時態通常相同》: *If* I feel any doubt, I ask. 每逢有疑問時我就發問。

4 [省略結論的主句，單獨用作表示驚嘆、願望等的感嘆句]: *If* I *only* knew! = *If only* I knew! 要是我知道的話該多好!《★可補充 how happy I should be 等句》/*If* I haven't lost my watch! 要是沒丟掉錶該多好!《該死，丟了錶!》《★前面補充 I'm blessed 等句》/Why, *if* it isn't Mr. Smith! 嗨，那不正是史密斯先生!

—B [引導間接疑問句]**是不是**…(whether): Ask him *if* it is true. 問他那是不是眞的/I wonder *if* he is at home. 我不知道他是否在家。

語法(1)用作 ask, doubt, know, try, wonder 等動詞的受詞(間接疑問句)，不像 whether 那樣用於主句。(2)與 whether 不同，後面不能接不定詞(⇨ whether 1).(3)在 Send me a telegram *if* you are coming. 這一句中，if 有A 與 B 的兩種解釋，但作B 解時用 whether 較好。

as if ⇨ as.

èven if **即使**《★if A 2 的强調說法》: *Even if* you do not like it, you must do it. 即使你不喜歡那件事，你也得去做。

if a dáy [**an ínch, a pénny**, etc.] 一天[一吋，一便士]不少，確實，至少: He is seventy *if a day.* (一天也不差)他確實有七十歲《★用 if he is a day old 較清楚》/The enemy is 2000 strong, *if a man.* (一個也不少)敵軍至少有兩千人/He measures six feet, *if an inch.* (一吋也不少)他至少有六呎高/I have walked 15 miles, *if a yard.* (一碼也不少)我確實已走了十五哩。

if ány 即使有，如果有的話: There are few (books), *if any.* 即使有(書)也很少/There is little (wine), *if any.* 即使有(葡萄酒)也很少/Correct errors, *if any.* 如果有錯誤，即予以訂正。

if ánything 要說有什麼區別的話，甚至可能，說起來: Things are, *if anything,* improving. 事態甚至可能好轉/True greatness has little, *if anything,* to do with rank and power. 說起來，眞正的偉大與地位權力沒什麼關係。

if ánywhere 如有任何地方。

if at áll ⇨ at ALL.

Ìf it had nót been for.... [表示與過去的事實相反的假設]如果沒有…的話(But for....): *If it had not been for*(=Had it not been for) your advice, I couldn't have done it. 如果沒有你的忠告，我不可能完成那件事。

Ìf it were nót for.... [表示與現在的事實相反的假設]如果沒有…的話(But for...): *If it were not for* (= Were it not for) the sun, nothing could live. 如果沒有太陽的話，任何東西都不能生存。

if nécessary [**póssible**] 如果有必要，如果可能: I will do so, *if necessary.* 如果有必要，我會這樣做。

if nòt (1)即使不是…: It is highly desirable, *if not* essential, to draw the distinction. 即使非屬必要，但仍然宜加以區別。(2)如果不是…: Where should I get stationery, *if not* at a department store? 如果不在百貨公司，我該在哪裏買文具?

if ónly (1)⇨ *conj.* A 4. (2)即使只…: We must respect him *if only for* his honesty [*if only because* he is honest]. 即使只爲了他的誠實這一點，我們也必須尊敬他/I want to go *if only to* see his face. 光是爲了見他一面，我也要去。

if you like ⇨ like².

if you pléase ⇨ please.

Whát if...? ⇨what *pron.*

—*n.* Ⓒ(*pl.* ~s)條件；假設，假使: There are too many *ifs* in his speech. 他的說話中有太多的「假使」。

ífs and búts 事情延後的理由[藉口]: Do it now, and no *ifs and buts*! 現在就做，不要儘找藉口拖延!

IFC 《略》International Finance Corporation 國際金融公司《1956 年設立的聯合國機構》。

íf-clàuse *n.* Ⓒ《文法》if 引導的條件[假定]子句。

if·fy [ˋɪfɪ; ˈifi] «if *n.* 的形容詞» **—*adj.*** (**if·fi·er; if·fi·est**)《口語》〈局面等〉不安定的，靠不住的，可疑的，視條件而定的。

-i·form [-əfɔrm; -ifɔːm] 字尾 = -form.

-i·fy [-əˏfaɪ; -ifai] 字尾 = -fy.

ig·loo [ˋɪglu; ˈiglu:] «源自愛斯基摩語「家」之義» **—*n.*** Ⓒ(*pl.* ~s)**1** (用冰雪凝塊砌成的)愛斯基摩人圓頂形住屋。**2** 圓頂形的建築[構造]物。

igloo 1

ign. **1**《略》ignition. **2** ignotus(拉丁文= unknown).

ig·ne·ous [ˋɪgnɪəs; ˈigniəs] «源自拉丁文「火」之義» **—*adj.*** **1**《地質》火成的: ~ rocks 火成岩。**2** (似)火的。

ig·nis fat·u·us [ˋɪgnɪsˋfætʃuəs; ˌignisˈfætjuəs] «源自拉丁文 'foolish fire' 之義»**—*n.*** Ⓒ (*pl.* **ig·nes fat·u·i** [ˋɪgnizˋfætʃuˏaɪ; ˌignizˈfætjuai])**1** 鬼火，燐火(will-o'-the-wisp). **2** 引人入迷途的東西[理想，目標]。

ig·nite [ɪgˋnaɪt; igˈnait] *v.t.* **1 a** 使…發火[着火]；點燃…。**b**《化學》使…灼熱，燃燒…。**2** 挑起〈人〉的感情；使〈感情〉激動。**—** *v.i.* 着火，發火。

ig·nít·er *n.* Ⓒ**1** 點火者。**2** 點火器[裝置]。

ig·ni·tion [ɪgˋnɪʃən; igˈniʃn] «ignite 的名詞» **—*n.*** **1** Ⓤ點火，發火；燃燒。**2** Ⓒ(引擎等的)點火裝置: switch on [turn off] the ~ of a car 打開[關掉]汽車的點火開關。

ignítion kèy *n.* Ⓒ(汽車等的)點火[起動]鍵。

ig·no·ble [ɪgˋnobl; igˈnoubl] «源自拉丁文「無名的，身分低微的」之義» **—*adj.*** **1 a** 〈人、性格、舉止等〉卑鄙的，下流的。**b** 〈事物〉不名譽的，可恥的。**2**《古》〈出身〉低賤的。

-bly [-blɪ; -bli] *adv.*

ig·no·min·i·ous [ˏɪgnəˋmɪnɪəs; ˌignəˈminiəs] *adj.* 沒面子的，不名譽的，可恥的。**~·ly** *adv.*

ig·no·min·y [ˋɪgnəˏmɪnɪ; ˈignəmini] *n.* **1** Ⓤ丟臉，不名譽，屈辱。**2** Ⓒ可恥的行爲，醜行。

ig·no·ra·mus [ˏɪgnəˋreməs; ˌignəˈreiməs] *n.* Ⓒ無知的人。

ig·no·rance [ˋɪgnərəns; ˈignərəns] «ignorant, ignore 的名詞» **—*n.*** Ⓤ **1 無知**: *I*~ is bliss.《諺》無知便是福。**2** [對…事的]不知，不熟悉[*of*]: be *in* ~ *of*...不知道…/I was *in* complete ~ *of* his intentions. 我完全不知道他的意圖/*I*~ *of* the law is no excuse [excuses no man].《諺》不知法律並不能成爲藉口[並不能免罪]。

ig·no·rant [ˋɪgnərənt; ˈignərənt] «源自拉丁文「不知」之義» **—*adj.*** (**more** ~; **most** ~) **1 a 無知識的**，缺乏知識的: an ~ person 無知的人。

【同義字】ignorant 指缺乏一般或某一科目的知識的；illiterate 指不能閱讀、書寫的，即文盲的；uneducated 則指沒受過有系統教育的。

b [不用在名詞前]〔十介十(代)名〕〔對於…〕**無知的**，**不知道的**〔*in, about*〕: I am ~ ***in*** classical music. 我不懂古典音樂。

c 〈人、行爲等〉無知所造成的；《口語》(由於對社交的無知而)失禮的，無知的，沒禮貌的: ~ behavior 無知的行爲。

2 [不用在名詞前] **a**〔十介十(代)名〕〈人〉不知道〔…〕的，沒有發覺〔…〕的〔*of, about*〕: He was ~ ***of*** the world. 他不懂事，他不諳世故/I was ~ ***about*** the time. 我忘了時間。

b〔(十介)十 *wh.* 子句・片語〕〈人〉不知道〔何時…〕的〔*of, about*〕《★用法《英》〔*wh.* 子句・片語〕前的介系詞 of, about 有時被省略》: I was quite ~ (***of***) *when* the earthquake (had) happened. 我完全不知道地震是什麼時候發生的。

c〔十(*that*)＿〕〈人〉不知道〈…事〉的: He appeared to be utterly

~ *that* he had made that noise. 他好像完全沒有發覺自己製造出那種聲音。

íg·no·rant·ly *adv.* 無知地，不知地。

ig·nore** [ɪgˋnor, -ˋnɔr; ig'nɔ:] «源自拉丁文「不知道」之義» **—v.t.* 〔十受〕忽視…，不理睬…，對…裝作不知(⇨ neglect【同義字】)：He tried to ~ my remarks. 他試圖不理我的意見。

i·gua·na [ɪˋgwɑnə; i'gwɑ:nə] *n.* Ⓒ《動物》鬣鱗蜥《美洲熱帶地方所產的一種大蜥蜴》。

iguana

IGY, I.G.Y. 《略》International Geophysical Year 國際地球觀測年。

IHP, I.H.P., ihp, i.h.p. 《略》indicated horsepower 指示馬力。

Ike [aɪk; aik] *n.* **a** 艾克《男子名；Isaac 的暱稱》。**b** 艾克《美國第三十四位總統艾森豪(D. D. Eisenhower)的暱稱》。

i·kon [ˋaɪkɑn; 'aikɔn] *n.* = icon.

Il 《略》illinium.

IL 《略》《美郵政》Illinois.

il- [ɪl-; il-] 字首 in- 在l之前的變體：*il*logical, *il*luminate.

Il Duce [ɪlˋdutʃɪ; il'du:tʃi] «源自義大利語「元首」(the leader)之義» **—***n.* 義大利法西斯黨首領墨索里尼 (Benito Mussolini) 的稱號(cf. FÜHRER)。

-ile [-aɪl; -ail] 字尾 **1** 表示「關於…的；能…的」之意的形容詞字尾：serv*ile*, contract*ile*. **2** 表示「與…有關者」之意的名詞字尾：miss*ile*.

il·e·a [ˋɪlɪə; 'iliə] *n.* **ileum** 的複數。

il·e·um [ˋɪlɪəm; 'iliəm] *n.* Ⓒ (*pl.* **-e·a** [-ɪə; -iə])《解剖》迴腸。

i·lex [ˋaɪlɛks; 'aileks] *n.* Ⓒ《植物》冬青；冬青屬植物。

Il·i·ad [ˋɪlɪəd; 'iliəd] «源自希臘文「Ilium (古代 Troy 城的拉丁名)的史詩」之義» **—***n.* **1** [the ~] 伊里亞特《吟唱特洛伊(Troy)之戰的敍事詩，相傳係荷馬(Homer)的作品；cf. Odyssey》。**2** Ⓒ 伊里亞特風格的敍事詩；長篇故事。**3** Ⓒ接二連三的不幸[苦難]：an ~ *of* woes 一連串的不幸。

ilk [ɪlk; ilk] *n.* [用單數]同類；家族，同地《★現在通常用於下列片語中》。**of thát ílk** 同(種)類的：people *of that* ~ 諸如此類的人；那一幫人。

I

‡ill [ɪl; il] *adj.* (**worse** [wɝs; wə:s]；**worst** [wɝst; wə:st]) **1 a** [不用在名詞前]生病的，不舒服的；《美》想吐的(←→ well)《★用法 (1)《美》ill 是略爲拘泥的說法，通常都用 sick[1]；(2) 如 mentally [seriously, very] *ill* people (精神病[重病]者)一樣，與副詞連用時可當修飾用法，但一般作修飾用法時都用 sick》：fall [get, become] ~ 生病，患病/be ~ in bed 生病臥牀。**b** [不用在名詞前]〔十介十(代)名〕生〔…〕病的，患〔…〕病的〔*of, with*〕：be ~ *of* [*with*] fever 患熱病，發高燒/He is critically ~ *with* pneumonia. 他因患肺炎而病危。**c** [用在名詞前]不好的，欠佳的〈健康情形〉：~ health 健康不佳。

2 [用在名詞前]壞的：**a** (道德上)敗壞的，不道德的，邪惡的：~ deeds 惡行/ ~ fame 惡名，聲名狼藉。**b** 不順利的；不祥的，不吉的，不幸的：~ news 壞消息，凶訊/ ~ fortune [luck]不幸，惡運/*I*~ news runs apace.《諺》惡事傳千里/*I*~ weeds grow apace [are sure to thrive].《諺》莠草蔓延快；雜草易滋；(喻)小人當道/It's an ~ wind that blows nobody (any) good.《諺》吹起來對任何人都無益的風才是惡風《再怎麼惡劣的風，還是有人獲益；幾家歡樂幾家愁》。**c** 不懷好意的，有敵意的，不親切的；暴躁的，脾氣壞的：~ nature 壞心眼，心地邪惡，惡意/⇨ ill will/do a person an ~ turn 危害某人，做不利於某人的事/There is ~ feeling between them. 他們之間情緒對立《互懷惡意》/He's in an ~ temper [humor]. 他現在脾氣[心情]不好。**d** 拙劣的，差勁的，不適當的，有缺點的：~ success 不成功/~ manners 不良[無禮]的態度。

— *n.* **1** Ⓤ惡事，邪惡，傷害，罪惡：She has done him no ~. 她沒有對他做過什麼壞事。**2** Ⓒ [常 ~s] 使人痛苦的事，麻煩；不幸，災難，苦難：a social ~ 社會上的惡事[弊病]/the various ~*s of* life 人生的種種不幸。

for góod or íll 好歹。

—*adv.* (**worse** [wɝs; wə:s]；**worst** [wɝst; wə:st]) (←→ well) [常構成複合字] **1** 不親切地，惡意地；苛酷地：use [treat] a person ~ 虐待某人/take one's words ~ 將別人的話作惡意的解釋《往壞處想》。**2** 不利地，倒楣地：It would have gone ~ with him if he hadn't ducked. 如果他沒有閃避，他就遭殃了。**3 a** 不當地，不完全地，不充分地：~ equipped [provided] 裝備[供應]不足/It ~ becomes him to speak so. 他那樣說法不適合他的身分；他不應該那樣說。**b** 幾乎沒有…：I can ~ afford the expense. 我幾乎無力負擔那筆費用。**4** 邪惡地，不正地：*I*~ got, ~ spent.《諺》貨悖而入者，亦悖而出；不義之財散得快。

be ìll óff 過得不好，生活拮据。

ìll at éase ⇨ ease. **spéak ìll of** ⇨ speak.

thìnk íll of ⇨ think.

‡I'll [aɪl; ail] I will [shall]之略。

ill. 《略》illustrated; illustration; illustrator.

Ill. 《略》Illinois.

íll-advísed [-ədˋvaɪzd; -əd'vaizd ˉ] *adj.* 〈人、行爲等〉欠考慮的，愚蠢的(unwise)。

íll-advísedly [-ədˋvaɪzɪdlɪ; -əd'vaizidli] *adv.* 草率地，欠考慮地。

íll-affécted *adj.* 不懷好意[好感]的，不服[平]的。

íll-assórted *adj.* 不調和的，不相稱的；不相配的：an ~ pair 不相配的一對(夫妻)。

íll-at-éase *adj.* [不用在名詞前]不安的，不自在的，不舒服的。

íll-bálanced *adj.* 不均衡的。

íll-beháved *adj.* 舉止無禮的，行爲粗魯的，不懂禮貌的。

íll-béing *n.* Ⓤ惡劣的狀態，貧困，不幸，病態。

íll blóod *n.* = bad blood.

ill-boding [ˋɪlˋbodɪŋ; ˌil'boudiŋ] *adj.* 不祥的，不吉利的。

íll-bréd *adj.* 教養不良的，粗野的，無禮的。

íll-bréeding *n.* Ⓤ教養不良，粗野，無禮。

íll-condítioned *adj.* 性惡的，心地壞的；壞脾氣的；情況不佳的。

íll-consídered *adj.* 考慮欠周的，不智的，不當的，不宜的。

íll-defíned *adj.* 〈輪廓、界限〉不清楚的，不明確的。

íll-dispósed *adj.* **1** 懷惡意的，有敵意的。**2** [不用在名詞前]〔十介十(代)名〕〔對…〕不懷好意的，有惡意的〔*toward*〕。

il·le·gal [ɪˋligl; i'li:gl ˉ] *adj.* (無比較級、最高級)非法的，違法的；犯法的：an ~ sale 非法出售/an ~ alien 非法入境的外國人/It is ~ to sell alcohol to children. 賣酒給兒童是違法的。

~**·ly** [-glɪ; -gəli] *adv.*

il·le·gal·i·ty [ˌɪlɪˋgælətɪ; ˌili:'gæləti] «illegal 的名詞» **—***n.* **1** Ⓤ違法，非法。**2** Ⓒ非[違]法行爲。

il·leg·i·bil·i·ty [ˌɪlɛdʒəˋbɪlətɪ; iˌledʒi'biləti] «illegible 的名詞» **—***n.* Ⓤ〈文字等〉模糊不清，難讀，不能辨識。

il·leg·i·ble [ɪˋlɛdʒəbl; i'ledʒəbl ˉ] *adj.* 〈文字等〉難讀的，難以辨識的。**-bly** [-blɪ; -bli] *adv.*

il·le·git·i·ma·cy [ˌɪlɪˋdʒɪtəməsɪ; ˌili'dʒitiməsi] «illegitimate 的名詞» **—***n.* Ⓤ **1** 違法，非法。**2** 私生。**3** 沒有條理，不合理。

il·le·git·i·mate [ˌɪlɪˋdʒɪtəmɪt; ˌili'dʒitimit ˉ] *adj.* **1** 〈行爲等〉不合規定的，不合法的，違法的：~ business 非法買賣。**2** 〈小孩〉私生的，非婚生的：an ~ child 私生子。**3** 〈結論等〉不合邏輯的，根據錯誤推斷的。**4** 〈字、成語等〉誤用的。

—*n.* Ⓒ 非婚生子。 ~**·ly** *adv.*

íll-fámed *adj.* 聲名狼藉的，惡名昭彰的(notorious)。

íll-fáted *adj.* **1** 苦命的，命運多舛的，不幸的。**2** 帶來惡運[不幸]的，不吉利的。

íll-fávored *adj.* **1** 〈人、臉等〉難看的，醜的(ugly)。**2** 令人不快的，討厭的(unpleasant)。

íll-fítted *adj.* 不適宜〔…〕的〔*for*〕：An Eskimo is ~ *for* living in the tropics. 愛斯基摩人不適於在熱帶生活。

íll-fítting *adj.* 不合適的：an ~ dress 不合身的衣服。

íll-fóunded *adj.* [用在名詞前]缺乏根據的，沒有正當理由的：an ~ argument 缺乏根據的辯論。

íll-gótten *adj.* 以不正當手段得來的，來路不正的：~ gains 不當的利益[不義之財]。

íll-húmored *adj.* 不高興的；容易生氣的，壞脾氣的。

~**·ly** *adv.*

il·lib·er·al [ɪˋlɪbərəl; i'libərəl ˉ] *adj.* **1** 氣度狹隘的，褊狹的，偏執的，不開明的。**2** 吝嗇的(stingy)。~**·ly** [-rəlɪ; -rəli] *adv.*

il·lib·er·al·i·ty [ˌɪlɪbəˋrælətɪ; iˌlibə'ræləti] «illiberal 的名詞» **—***n.* Ⓤ **1** 氣度狹小，不開明。**2** 吝嗇。

il·lic·it [ɪˋlɪsɪt; i'lisit ˉ] *adj.* 不法的，不正的；被禁止的，法所不許的：an ~ distiller 釀私酒者/ ~ intercourse 私通，通姦。

~**·ly** *adv.* ~**·ness** *n.*

il·lim·it·a·ble [ɪˋlɪmɪtəbl; i'limitəbl ˉ] *adj.* 無限的，廣大的，無邊際的。**-a·bly** [-təblɪ; -təbli] *adv.*

íll-infórmed *adj.* 孤陋寡聞的，消息不靈通的(←→ well-informed)。

il·lin·i·um [ɪˋlɪnɪəm; i'liniəm] *n.* Ⓤ《化學》鉯《金屬元素；符號 Il；現已改稱「鉅」(promethium)》。

Il·li·nois [ˌɪləˋnɔɪ, -ˋnɔɪz; ˌili'nɔi ˉ] «源自北美印地安語「人」之義» **—***n.* 伊利諾州《美國中部的一州；首府春田市 (Springfield [ˋsprɪŋˌfild; 'spriŋfi:ld])；略作 Ill.,《郵政》IL；俗稱 the Prairie State》。

Il·li·nois·an [ˌɪləˈnɔɪən, -ˈnɔɪzən; ˌili'nɔiən] «Illinois 的形容詞» —*adj.* 伊利諾州的。
—*n.* Ⓒ伊利諾州人。
il·lit·er·a·cy [ɪˈlɪtərəsɪ; i'litərəsi] «illiterate 的名詞» —*n.* Ⓤ文盲，未受教育，無學識。
il·lit·er·ate [ɪˈlɪtərɪt; i'litərət] *adj.* **1 a** 不識字的，不能讀寫的（⇨ ignorant【同義字】）。**b** 缺乏教育的，知識淺陋的。**2**〈措詞、表達等〉不通順的，多差錯的，粗鄙的。
—*n.* Ⓒ文盲，不識字的人。
íll-júdged *adj.* 不明智的；欠考慮的，愚蠢的，判斷錯誤的。
íll-lóoking *adj.* **1**〈人〉相貌醜的。**2** 樣子可怕的。
íll-mánnered *adj.* 不禮貌的，不客氣的，粗野的。
íll-mátched, -máted *adj.* 不相配的，不適合的：an ~ couple 不相配的一對。
íll-nátured *adj.* 性惡的，心地邪惡的。~**·ly** *adv.*
‡**ill·ness** [ˈɪlnɪs; 'ilnis] *n.* Ⓤ[指個體或種類時爲Ⓒ]**疾病**：have a severe [slight] ~ 患重病[輕微的病]/various ~*es* 各種疾病/Measles is a children's ~. 痲疹是兒童的疾病/He is absent because [on account] of ~. 他因病而缺席/We have had a great deal of ~ here this winter. 今年冬天此地多疾病。

【同義字】illness 通常指不太嚴重的疾病；sickness 比 illness 略爲口語化；disease 指較 illness 具體的疾病，有明確的病名者，如某種傳染病或可成爲醫學研究、治療的對象者。

il·log·i·cal [ɪˈlɑdʒɪkl; i'lɔdʒikl] *adj.* 不合邏輯的，不合常理的，沒有條理的：He is often ~. 他常說些不合邏輯的話。

【同義字】irrational 指不合道理的，無理性的；unreasonable 指缺乏理性的，脫離常識的。

~**·ly** [-klɪ; -kəli] *adv.*
il·log·i·cal·i·ty [ɪˌlɑdʒɪˈkælətɪ; iˌlɔdʒi'kæləti] «illogical 的名詞» —*n.* **1** Ⓤ不合邏輯，不合理。**2** Ⓒ不合理的[愚蠢的]事[物]。
íll-ómened *adj.* 不吉利的；惡運的，惡兆的。
íll-spént *adj.* 浪費的；使用不當的。
íll-stárred *adj.*《文語》星運不佳的；倒楣的。
íll-súited *adj.* 不合適的，不適宜的，不相稱的。
íll-témpered *adj.* 暴躁的；易怒的；壞脾氣的。
íll-tímed *adj.* 不合時宜的，時機不對的：an ~ joke 一個不合時宜的玩笑。
íll-tréat *v.t.* 虐待，苛待。
íll-tréatment «ill-treat 的名詞» —*n.* Ⓤ虐待，苛待。
il·lume [ɪˈlum; i'lju:m] *v.t.*《詩》=illuminate.
il·lu·mi·nant [ɪˈlumənənt; i'lju:minənt] *adj.* 發光的，照亮的。—*n.* Ⓒ光源，發光體[物]《電燈等》。
il·lu·mi·nate [ɪˈluməˌnet; i'lju:mineit] «源自拉丁文「照出」之義» —*v.t.* **1**〔十受〕**點燈於…**：The street was ~*d* by streetlights. 街燈照亮了街道。
2〔十受〕**照亮**，照明…《★常用被動語態，介系詞用 *with, by*》：The sky *was* ~*d* **with** searchlights. 探照燈照亮了天空/Her face *was* ~*d* **by** a smile. 她的微笑使她臉上容光煥發。
3 a〔十受〕使…發亮[發光]《★常以過去分詞當形容詞用；⇨ illuminated 1》。**b**〔十受十介十(代)名〕〔以照明燈等〕裝飾…〔*with*〕：~ a Christmas tree **with** small lamps 用小燈泡裝飾聖誕樹。
4〔十受〕以彩紋、飾字等裝飾〈書稿等〉《★常以過去分詞當形容詞用；⇨ illuminated 2》。
5〔十受〕**a** 啓迪，啓發…：~ the [a person's] mind 啓發人心。**b** 闡明，說明…；把…解釋清楚：The book ~*d* our problem. 那本書把我們的問題解釋得很明白。**c** 給…添加光彩，使…成名：Shakespeare ~*d* Elizabethan drama. 莎士比亞爲伊利莎白王朝的戲劇增添光彩(使其變得更輝煌)。
il·lú·mi·nàt·ed *adj.* **1** 裝有燈飾的（cf. illuminate 3 a）：an ~ car《美》花燈電車。**2**〈書稿等〉有彩飾的（cf. illuminate 4）：an ~ manuscript 彩色燙金的手抄本。
il·lú·mi·nàt·ing *adj.* **1** 照耀的，照亮的。**2** 闡明的，啓迪性的，啓發性的：an ~ remark 發人深思的話。
il·lu·mi·na·tion [ɪˌluməˈneʃən; iˌlju:mi'neiʃn] «illuminate 的名詞» —*n.* **1** Ⓤ **a 照明，照亮**，被照亮的狀態。**b** 亮度。**2** [~s]燈飾，照明裝飾。**3** Ⓤ啓迪；闡明。**4** [常~s]（手抄本的）彩飾。
il·lu·mi·na·tive [ɪˈluməˌnetɪv; i'lju:minətiv] *adj.* **1** 照明的。**2** 啓發性的。
il·lú·mi·nà·tor [-tɚ; -tə] *n.* Ⓒ**1** 給予光明的人[物]；負責照明工作者，照明器，發光體。**2** 啓迪[發]者。**3** 書稿彩飾師傅。
il·lu·mine [ɪˈlumɪn; i'lju:min] *v.t.*《文語》**1** 照亮，照明…。**2** 啓迪，啓發〈人(心)〉。**3** 使〈心、心情等〉明朗[開朗]。
íll-úsage «ill-use 的名詞» —*n.* Ⓤ虐待，苛待。
íll-úse [ˈɪlˈjuz; ˌil'ju:z] *v.t.* 虐待，苛待。
— [ˈɪlˈjus; ˌil'ju:s] *n.* =ill-usage.

il·lu·sion [ɪˈluʒən; i'lu:ʒn] «源自拉丁文「戲弄」之義» —*n.* **1** ⓊⒸ**幻覺**，幻影，幻象：Life is only (an) ~. 浮生若夢。
2 Ⓒ**a 錯誤的想法[判斷]**，錯覺，幻想；誤解：a vain ~ 虛無的幻想/A warm day in winter gives an ~ of spring. 冬天裏的溫暖日子給人以春天的錯覺/It is an ~ to think [believe] that all wisdom is contained in books. 以爲[相信]一切學問知識盡在書中的看法是錯誤的。**b**〔十 *that*__〕〈…的〉錯誤想法[判斷]，錯覺：be under an [no] ~ *that*... 有[沒有]…的錯誤想法/She has [cherishes] the ~ *that* she is the prettiest in her class. 她誤以爲自己是班上最漂亮的人。
3 Ⓒ《心理》錯覺：an optical ~ 視錯覺。
~**·al** [-ʒənl; -ʒnl], ~**·ary** [-ʒənˌɛrɪ; -ʒənəri] *adj.*
il·lú·sion·ìsm [-ʒənˌɪzəm; -ʒənizəm] *n.* Ⓤ**1** 幻想說，迷妄論《認爲現世只是幻影》。**2**《藝術》幻覺法，使人產生錯覺的圖畫畫法。
il·lú·sion·ist [-ʒənɪst; -ʒənist] *n.* Ⓒ**1** 迷妄論者，幻想家。**2** 魔術師。
il·lu·sive [ɪˈlusɪv; i'lu:siv] *adj.* =illusory. ~**·ly** *adv.*
il·lu·so·ry [ɪˈlusərɪ; i'lu:səri] *adj.* **1** 引起[根據]錯覺的，迷惑人的。**2** 虛幻的，沒有實體的。
-ri·ly [-rəlɪ; -rəli] *adv.* **-ri·ness** *n.*
illus(t).《略》illustrated; illustration.
***il·lus·trate** [ˈɪləstret, ɪˈlʌstret; 'iləstreit] «源自拉丁文「使發亮，使明白」之義» —*v.t.* **1 a**〔十受〕(以實例、比較等)**說明，闡明…**：The fact is well ~*d* in history. 該事實在歷史中有充分的例證。**b**〔十 *wh.*__〕說明，表明〈如何…〉：This picture ~*s how* the blood circulates through the body. 這張圖畫說明血液如何在體內循環。**c**〔十受十介十(代)名〕〔舉出實例〕說明…，證明…〔*with, by*〕：He ~*d* the new theory **with** [**by** giving] several examples. 他舉出幾個例子來說明新學說。
2 a〔十受〕**加插畫[圖]於**〈書本等〉，圖解…《★常以過去分詞當形容詞用；⇨ illustrated》。**b**〔十受十介十(代)名〕〔把圖畫等〕插入〈書本等〉〔*with*〕：The author has ~*d* the book **with** some excellent pictures. 作者爲該書加了一些極精美的插圖。
—*v.i.* 舉例說明，例示。
íl·lus·tràt·ed *adj.* 有照片[插圖]的，附圖解的：an ~ book [newspaper] 有插圖的書[報紙]。
il·lus·tra·tion [ˌɪləsˈtreʃən, ɪˌlʌsˈtreʃən; ˌilə'streiʃn] «illustrate 的名詞» —*n.* **1** Ⓒ（書本的）**插圖**，圖解。**2 a** Ⓤ例解，例證：by way of ~ 作爲實例，舉例說明/in ~ of... 當作…的例證。**b** Ⓒ實例，引例：as an ~ 作爲一個(實)例。
il·lus·tra·tive [ɪˈlʌstrətɪv, ˈɪləsˌtretɪv; 'iləstrətiv] «illustrate 的形容詞» — *adj.* **1** 成爲實例[例證]的：an ~ sentence 例句。
2 [不用在名詞前]〔十介十(代)名〕說明〔…〕的，例示〔…〕的〔*of*〕：This is an example ~ **of** the issue under discussion. 這是一個說明討論中問題的例子。~**·ly** *adv.*
íl·lus·trà·tor [ˈɪləsˌtretɚ, ɪˈlʌsˌtretɚ; 'iləstreitə] *n.* Ⓒ畫插圖者；圖解[說明]者。
il·lus·tri·ous [ɪˈlʌstrɪəs; i'lʌstriəs] *adj.* (**more** ~; **most** ~) **1** 有名的，著名的。**2**〈成就等〉顯赫的，輝煌的。
~**·ly** *adv.* ~**·ness** *n.*
íll wíll *n.* Ⓤ惡意，敵意，反感，憎恨：bear a person ~ 對某人懷有惡意。
íll-wísher *n.* Ⓒ幸災樂禍者，希望他人不幸者。
ILO, I. L. O.《略》International Labor Organization 國際勞工組織《創設於 1919 年，1946 年成爲聯合國的一個機構》。
ILS《略》《航空》instrument landing system 儀器著陸系統。
I. M.《略》Isle of Man.
‡**I'm** [aɪm; aim] **I am** 之略。
im- [ɪm-; im-，在 m 前面是 ɪ-; i-] 字首 in- 在 b, m, p 前的變體。
‡**im·age** [ˈɪmɪdʒ; 'imidʒ] «源自拉丁文「類似，肖像」之義» —*n.* Ⓒ**1 a 像**，肖像，雕像，畫像。**b** 聖像，偶像，神像，形象。**c**《古》形，姿態〔*of*〕：God created man in his own ~. 上帝依照自己的形象創造人《★出自聖經「創世記」》。
2 a 酷似的人[物]〔*of*〕：He is the spitting ~ *of* his father. 他的相貌酷似他的父親。**b** 象徵，典型，化身〔*of*〕：She is the ~ *of* chastity. 她是貞節的典範。
3 a（由鏡子、透鏡造成的）**像，映像，影像**：one's ~ in a mirror 某人在鏡中的映像/a real [virtual] ~ 實[虛]像。**b**（浮現於心頭的）映像，心像；面貌：an ~ imprinted on one's mind 深印在腦子裏的映像/The ~ of my father is still fresh in my mind. 父親的容貌依然鮮明地留在我的腦海中。
4 a（個人所描繪的）**心象，印象**：I fell in love with my ~ of him. 我愛上自己想像中的他《非真實的他》。**b**（大衆心目中的）形象，觀念：He has a good [bad] ~. 他(在大衆心目中)形象良好[不良]。
5 a（寫實的）描寫，表現：a vivid ~ of prison life 獄中生活的生動描寫。**b**《修辭》比喻(的表現)，直喻，隱喻：speak in ~*s*

I

用比如說。

— *v.t.* 〔十受〕**1** 造[描繪]…的像：～ a saint in bronze 用青銅鑄成一尊聖像。

2 在心中描繪[想像]…。

3 栩栩如生地描繪…。

4 反映，映出…：trees ～*d* in a pond 映在池水中的樹影《池水映出樹影》。

im·ag·er·y [ˈɪmɪdʒrɪ, -dʒərɪ; ˈimidʒəri] *n.* Ⓤ[集合稱]**1** 像，雕像；心像。**2**《文藝》[用於比喩的說法]形象，意象。

i·mag·in·a·ble [ɪˈmædʒɪnəbl, -dʒnəbl; iˈmædʒinəbl] *adj.* [通常爲加强語氣而與形容詞最高級或 all, every, no 等連用]可想像的，可能的：*every* method ～ ＝*every* ～ method 一切可能的方法/the great*est* difficulty ～ 可想像得到的最大困難《即幾乎無法想像的困難》。 **-a·bly** [-nəblɪ; -nəbli] *adv.* **～·ness** *n.*

***i·mag·i·nar·y** [ɪˈmædʒə͵nɛrɪ; iˈmædʒinəri] *adj.* (**more** ～; **most** ～) **1** **想像的**，假想的，虛構的：an ～ enemy 假想敵。

【同義字】imaginary 指某事物僅存在於想像中，非現實而不可信的；imaginative 指想像力豐富的，運用想像力的。

2《數學》虛數的(←→ real)：an ～ number 虛數。

i·mag·i·nar·i·ly [ɪˈmædʒə͵nɛrɪlɪ; iˈmædʒinərəli] *adv.*

***i·mag·i·na·tion** [ɪ͵mædʒəˈneʃən; i͵mædʒiˈneiʃn] **《imagine 的名詞》** **—** *n.* **1 a** ⓊⒸ**想像(力)**(⇨ fancy【同義字】)：a strong ～ 豐富的想像力/beyond all ～ 無法想像的/by a stretch of (the) ～ 想像力之過分使用，憑一陣幻想/see in (the) ～ 在想像中看見。**b** Ⓤ(作家等的)創作力，想像力。**2** Ⓤ[又作 **one's** ～]《口語》想像(的產物，結果)；空想：Her bad health is a product of her ～. 她的病是她想像出來的《自以爲生病，其實什麼病也沒有》/It's all (in) your ～. 這都是你的想像《不是眞實的》。

i·mag·i·na·tive [ɪˈmædʒə͵netɪv; iˈmædʒinətiv] *adj.* **1** (關於)想像的；富於想像力的：the ～ faculty 想像力。**2** 喜愛[沉溺於]想像的(⇨ imaginary【同義字】)：an ～ thinker 想像力豐富的思考者。 **～·ly** *adv.*

‡i·mag·ine [ɪˈmædʒɪn; iˈmædʒin] **《源自拉丁文「描繪於心」之義》** **—** *v.t.* **1** **想像**。

【同義字】imagine 是指將某種情況或想法浮現於腦海中；suppose 是推測而思考；guess 與 suppose 的意思大致相同，但較爲口語化。

a 〔十受〕想像，在心頭描繪…：She couldn't ～ her husband without a mustache. 她無法想像她丈夫無鬚的樣子/You are *imagining* things. 那是你的想像《不是眞實的》。

b 〔十受十(*to be*)補/十受十*as* 補〕把…想像〈成…〉：*I*～ yourself (*to be*) in his place. 想像你處於他的地位《替他想想看》/I always ～*d* him *as* a soldier. 我總是把他想像成軍人。

c 〔十do*ing*〕想像〈做…事〉《★ 用法 不可用〔十 *to* do〕》：Mary could not ～ marry*ing* John. 瑪麗無法想像嫁給約翰這種事。

d 〔十受[所有格]十do*ing*〕想像〈某人做…〉《★用法《口語》用受格代替所有格》：Can you ～ them [their] becom*ing* more friendly with each other? 你能想像他們會變得彼此更友好嗎？

e 〔十 (*that*)＿〕想像〈…事〉：*I*～ *that* you are Gulliver. 我想像你就是格利佛《格利佛遊記(*Gulliver's Travels*)的主角》。

f 〔十 *wh.*＿〕想想看〈如何…〉：Just ～ *how* angry I was! 想想看我有多生氣！

2《口語》**a** 〔十 (*that*)＿〕(尤指誤會或毫無證據地)**以爲，認爲**〈…(事)〉：She ～*s* (*that*) he doesn't love her. 她以爲他不愛她/"Has he gone to New York yet?"－"I ～*so*."「他去紐約了嗎？」「我猜去了。」《★用法這個 so 承受前句的意思，以代替 *that* 子句》。

b [用 I ～ 與主要子句並列或插入主要子句](猜)想：He'll come back, *I* ～. 我想，他會回來。

c 〔十 *wh.*＿〕推測，猜測〈…事〉：I can't ～ *how* you dare (to) tell me such things. 我想不到你竟敢告訴我這種事。

— *v.i.* 想像。

(Jùst) imágine (it)！ 想想看！《不奇怪嗎？怎麼可能！？》

im·ag·ism [ˈɪmə͵dʒɪzəm; ˈimi͵dʒizəm] *n.* Ⓤ《文藝》意象主義《爲對浪漫派的反動，1912 年左右起於英美的自由詩運動；以意象的明確表現爲其綱領之一》。

ím·ag·ist [-dʒɪst; -dʒist] *n.* Ⓒ意象主義者。

— *adj.* 意象主義(者)的。

i·ma·go [ɪˈmego; iˈmeigou] *n.* Ⓒ (*pl.* **i·ma·gi·nes** [ɪˈmædʒɪ͵niz; iˈmeidʒini:z], ～s) **1** 《昆蟲》(蝴蝶、蛾等的)成蟲 (cf. larva 1, pupa). **2**《精神分析》(雙親等的)影像《幼兒期時所愛對象的被理想化者》，成像，無意識意象。

I·mam [ɪˈmɑm; iˈmɑ:m] *n.* Ⓒ**1** 回教國家對宗教領袖的稱號。**2** [i～] (回教清眞寺的)祭司，導師。

im·bal·ance [ɪmˈbæləns; imˈbæləns] *n.* ⓊⒸ不均衡，不安定，不平衡〔*between*〕《★比較 unbalance 主要用以指精神上的不安定，一般則用 imbalance》：(an) economic [social] ～ 經濟[社會]上的不均衡。

im·bál·anced *adj.* 不均衡的，不平衡的。

im·be·cile [ˈɪmbəsl, -͵sɪl; ˈimbisi:l] *adj.* 低能的，愚蠢的，極笨的(stupid). **—** *n.* Ⓒ笨蛋，傻瓜。 **～·ly** [-slɪ, -͵sɪlɪ; -si:li] *adv.*

im·be·cil·i·ty [͵ɪmbəˈsɪlətɪ; ͵imbiˈsiləti] **《imbecile 的名詞》** **—** *n.* **1** Ⓤ低能；愚蠢。**2** Ⓒ愚蠢的言行。

im·bed [ɪmˈbɛd; imˈbed] *v.t.* (**im·bed·ded; im·bed·ding**)＝embed.

im·bibe [ɪmˈbaɪb; imˈbaib] *v.t.* **1** 吸收，攝取〈養分、水分等〉。**2** 飲，喝〈酒〉。**3** 吸收，接受〈思想等〉。

— *v.i.* 飲；吸收，吸取。

im·bro·glio [ɪmˈbroljo; imˈbrouliou] **《源自義大利語'confusion'之義》** **—** *n.* Ⓒ[～s] **1** (戲劇的)複雜情節。**2** 糾纏，糾紛，糾葛，齟齬。

im·brue [ɪmˈbru; imˈbru:] *v.t.* 〔十受(十介十(代)名)〕〔以血〕染汚〈手、劍〉〔*with, in*〕：～ one's sword ***with*** [*in*] blood 以血染劍。

im·bue [ɪmˈbju; imˈbju:] *v.t.* 〔十受十介十(代)名〕**1** 〔將感情、意見等〕輸入，灌注於〈人、心〉〔*with*〕《★常用被動語態》：～ a mind ***with*** new ideas [patriotism] 將新思想[愛國心]灌輸進(人的)頭腦/a mind ～*d with* liberalism 受自由主義薰陶的心靈。**2** 將〈某物〉染成〔…色〕〔*with*〕.

IMCO 《略》Inter-Governmental Maritime Consultative Organization (聯合國)政府間海事諮詢組織。

IMF 《略》International Monetary Fund (聯合國)國際貨幣基金會。

im·i·ta·ble [ˈɪmɪtəbl; ˈimitəbl] *adj.* 可模仿的。 **ìm·i·ta·bíl·i·ty** [-təˈbɪlətɪ; -təˈbiləti] *n.*

‡im·i·tate [ˈɪmə͵tet; ˈimiteit] **《源自拉丁文「模仿」之義》** **—** *v.t.* 〔十受〕**1** **效法**〈人、事物〉，將…作爲榜樣。**2** **模仿**，仿效〈別人的態度、說話等〉：A parrot ～*s* human voices. 鸚鵡學人聲。

【同義字】imitate 是「模仿」的一般用語，不含有戲謔、愚弄的意思；mimic 是出於戲謔、愚弄而模仿別人的說話與動作；copy 是要造出與原物完全相同的東西。

3 **臨摹**…，仿造…，冒[假]充…；模擬…：The wood was painted to ～ stone. 木頭被塗上油漆假充石頭。

***im·i·ta·tion** [͵ɪməˈteʃən; ͵imiˈteiʃn] **《imitate 的名詞》** **—** *n.* **1** Ⓤ **a** **模仿**，仿效。**b** 仿造，複製：in ～ of...模仿…，仿效…。

2 Ⓒ模擬：give an ～ of...學…的樣子給人看。

3 Ⓒ仿造[僞造]品，贗品，仿冒的作品。

— [˗˗˗˗ˊ] *adj.* [用在名詞前]僞造的，仿造的，人造的：～ leather [pearls] 人造皮[珍珠]/ ～ milk 人造牛奶。

im·i·ta·tive [ˈɪmə͵tetɪv; ˈimitətiv] *adj.* **1** 喜模仿的。

2 a 模仿的，仿造的，複製的：～ arts 模仿藝術《繪畫、雕刻等》/～ music 擬聲音樂。**b** [不用在名詞前]〔十介十(代)名〕模仿〔…〕的〔*of*〕：be ～ ***of*** ... 模仿…。

3 擬聲的：～ words 擬聲字。

～·ly *adv.* **～·ness** *n.*

ím·i·tà·tor [-tɚ; -tə] *n.* Ⓒ模仿[仿造，僞造]者。

im·mac·u·late [ɪˈmækjəlɪt; iˈmækjulət] *adj.* **1** 潔淨的；無汚點的：an ～ white shirt 純白的襯衫。**2** 沒有缺點的，完美的：an ～ writing style 無瑕疵的文體。**3** 淸淨的，純潔的，潔白的：lead an ～ life 過淸白的生活。 **～·ly** *adv.*

Immáculate Concéption *n.* [**the** ～]《天主教》(聖母瑪利亞的)無玷始胎(說)，無原罪的懷胎《瑪利亞從她懷胎的那一瞬間起即已免除原罪；其慶祝日爲十二月八日；cf. virgin birth》.

im·ma·nence [ˈɪmənəns; ˈimənəns] **《immanent 的名詞》** **—** *n.* Ⓤ**1** 內在(性)，內涵。**2**《神學》**a** (神在宇宙中的)內在[普遍存在](性)。**b** 內在論。

ím·ma·nen·cy [-nənsɪ; -nənsi] *n.* ＝immanence.

im·ma·nent [ˈɪmənənt; ˈimənənt] *adj.* **1** (性質)內在的，內在性的(inherent).**2**《哲》只起於心中的，主觀性的。**3**《神學》(宇宙)內在(性)的。

Im·man·u·el [ɪˈmænjuəl; iˈmænjuəl] **《源自希伯來文 'God is with us.' 之義》** **—** *n.* **1** 伊曼紐爾《男子名》。**2** 以馬內利《救主基督(Christ)的別稱》。

im·ma·te·ri·al [͵ɪməˈtɪrɪəl; ͵iməˈtiəriəl ˉ] *adj.* **1** 不重要的，不足取的：That is ～ *to* me. 那對我無關緊要。**2 a** 非實體的，無形的，非物質的。**b** 精神上的，心靈的(spiritual).

im·ma·te·ri·al·i·ty [͵ɪmə͵tɪrɪˈælətɪ; ˈimə͵tiəriˈæləti] **《immaterial 的名詞》** **—** *n.* **1 a** Ⓤ非物質性，非實體性。**b** Ⓒ非物質性[非實體]的東西。**2** Ⓤ無重要性，不重要。

im·ma·ture [͵ɪməˈtʊr, -ˈtjʊr; ͵iməˈtjuəˉ] *adj.* **1** 未成熟的，未成人的；未臻完美的，粗糙的：an ～ understanding of life 對人生未成熟的瞭解/a powerful but ～ style of writing 有力但未臻

成熟的文體。**2**〘地質〙〈地質〉幼年期的。～**·ly** *adv.*

im·ma·tu·ri·ty [ˌɪmə'turətɪ, -'tjur-; ˌimə'tjuərəti] «immature 的名詞» ——*n.* Ⓤ未成熟；未臻完美。

im·meas·ur·a·ble [ɪ'mɛʒrəbl; i'meʒərəbl⁻] *adj.* 不能衡量的，不可計量的，無限的；無邊際的，廣大的。
-a·bly [-rəblɪ; -rəbli] *adv.*

im·me·di·a·cy [ɪ'midɪəsɪ; i'mi:djəsi] «immediate 的名詞» ——*n.* Ⓤ直接；即時(性)。

***im·me·di·ate** [ɪ'midɪɪt; i'mi:djət] *adj.* (無比較級、最高級) **1 直接的**(↔ mediate)：an ～ cause 直接原因/～ information 直接[第一手的]消息。
2 即刻的，即時的，立即的：～ cash (即付)現款/～ delivery [payment] 立即交貨[付款]/an ～ answer [reply] 迅速的回答/take ～ action 採取立即行動/We require ～ notice of a change of address. 地址若變更請立刻通知我們。
3 緊鄰的，鄰接的：an ～ neighbor 緊鄰的鄰居/to his ～ left 緊接他左鄰的/in the ～ vicinity of... 在…的近鄰。
4 a 當前的，目前的：our ～ plans 目前的計畫。**b**〈未來、關係等〉很近的：in the ～ future 在不久的將來/one's ～ relatives 某人的近親。～**·ness** *n.*

immédiate constítuent *n.* Ⓒ〘語言〙直接構成要素，直接成分《例如 See him come. 可先分析爲 See 與 him come，接着把 him come 分析爲 him 與 come 的各直接成分；cf. ultimate constituent》.

‡im·me·di·ate·ly [ɪ'midɪɪtlɪ; i'mi:djətli] *adv.* (無比較級、最高級) **1** 立即，即刻(⇨ soon【同義字】)：I wrote him an answer ～. 我立刻給他寫了回信。**2 a** 直接地：be ～ responsible to...直接對…負責。**b** 在鄰近，緊接着：He sat in the seat ～ in front of me. 他就坐在我前面的那個座位上。
——*conj.*《英》一…就(as soon as)：He did all sorts of mischief ～ my back was turned. 我一轉身，他就做出各種惡作劇。

im·med·i·ca·ble [ɪ'mɛdɪkəbl; i'medikəbl⁻] *adj.* 無法治療的；不可挽救的，無可救藥的。

im·me·mo·ri·al [ˌɪmə'morɪəl; ˌimi'mɔ:riəl⁻] *adj.* (人所不能記憶的，沒有紀錄的)太古的，極古的。
from [since] tíme immemórial 從太古以來。

im·mense [ɪ'mɛns; i'mens] «源自拉丁文「不能測量的」之義»——*adj.* (**more** ～, **most** ～；**im·mens·er, -est**) **1 巨大的**，廣大的，龐大的(⇨ huge【同義字】)：an enterprise of ～ size 龐大的企業。
2 不可測的，無限的，無邊的：the ～ distances of space 太空的無邊無際。
3《口語》好極的，很棒的：He has an ～ grasp of nuclear physics. 他對核子物理學有極深的瞭解。

im·ménse·ly *adv.* **1** 龐大地，廣大地，無限地：an ～ large sum of money 龐大的金額。**2**《口語》非常，極(greatly)：He is ～ popular with his classmates. 他深受同學的歡迎。

im·men·si·ty [ɪ'mɛnsətɪ; i'mensəti] «immense 的名詞» ——*n.* **1** Ⓤ廣大，龐大，無數，無量，無際；無限的空間。**2** [**immensities**] 龐大的東西[數量]。

im·merge [ɪ'mɝdʒ; i'mə:dʒ] *v.i.* & *v.t.* 沉入，浸，沒入〔…〕〔*into*〕：There is no need to ～ further *into* this topic. 無須對這題目作更深入的探討。

im·merse [ɪ'mɝs; i'mə:s] *v.t.* **1**〔十受十介十(代)名〕**a** 將…浸入[泡進]〔液體等〕〔*in*〕：*I*～ the cloth *in* the boiling dye. 把那塊布浸入沸騰的染料中。**b** [～ one*self*] 把自己泡入[浸入]〔…〕〔*in*〕：～ *oneself in* a hot bath 泡入熱水池中。
2〘基督教〙爲〈人〉施洗禮(⇨ immersion 2).
3〔十受十介十(代)名〕[～ one*self*] 熱衷〔於…〕，埋首〔於…〕，專心〔於…〕〔*in*〕《★過去分詞也用作形容詞；⇨ immersed 2》：～ *oneself in* study 埋首研究。

im·mérsed *adj.* **1** 被浸入(液體)的。**2** [不用在名詞前]〔十介十(代)名〕熱衷〔於…〕的，埋首〔於…〕的〔*in*〕(cf. immerse 3)：I am wholly ～ *in* this business at present. 我目前完全投入於這工作。

im·mer·sion [ɪ'mɝʃən; i'mə:ʃn] «immerse 的名詞» ——*n.* **1** Ⓤ(在液體中的)浸泡。**2** ⓊⒸ〘基督教〙洗禮《全身浸入水中的洗禮儀式》：total ～ 全身洗禮。**3** Ⓤ熱衷，專心；沉溺〔*in*〕.

immérsion hèater *n.* Ⓒ浸入式加熱器《直接浸入水中將水煮沸的電熱器》。

im·mi·grant ['ɪməgrənt; 'imigrənt] *n.* Ⓒ**1** (來自外國的)**移民**，(入境)移住者(cf. emigrant). **2** 自國外引進的植[動]物。
——*adj.* [用在名詞前] (無比較級、最高級)自外國移入的，移住的。

im·mi·grate ['ɪməˌgret; 'imigreit] «源自拉丁文「移入其中」之義» ——*v.i.*〔十介十(代)名〕〔自外國〕移入，移住〔到某國〕〔*from*〕〔*to, into*〕(⇨ migrate【同義字】；cf. emigrate).

im·mi·gra·tion [ˌɪmə'greʃən; ˌimi'greiʃn] «immigrate 的名詞» ——*n.* **1** ⓊⒸ(入境)移居(cf. emigration 1). **2** Ⓒ(一定期間內的)

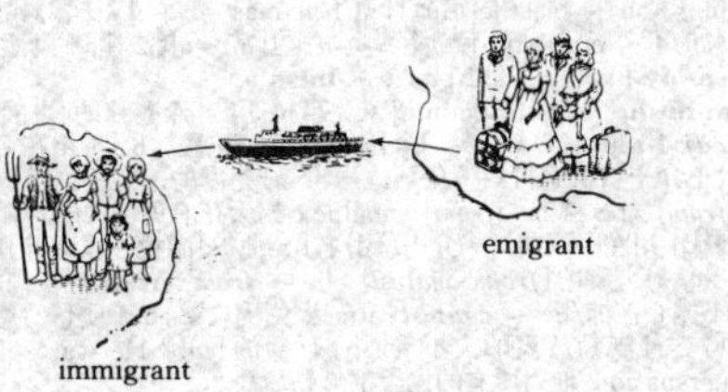

移民數。**3** Ⓤ入境管理[檢查]：pass [go] through ～ 通過入境管理處(的檢查)。

im·mi·nence ['ɪmənəns; 'iminəns] «imminent 的名詞» —— *n.* **1** Ⓤ迫切，逼近〔*of*〕. **2** Ⓒ逼近的危險[事情]。

ím·mi·nen·cy [-nənsɪ; -nənsi] *n.* ＝imminence 1.

im·mi·nent ['ɪmənənt; 'iminənt] «源自拉丁文「罩在上面」之義» —— *adj.* (無比較級、最高級)〈危險等〉**迫在眉睫的**，逼近的，即將來臨的：～ danger 近在眼前的危險/Rain seemed ～. 似乎要下雨了。～**·ly** *adv.*

【同義字】impending 指「壞事或討厭的事似乎快要發生」而有不安的心情；imminent 較能表達迫在眉睫的迫切感。

im·mis·ci·ble [ɪ'mɪsəbl; i'misəbl] *adj.* 難混合的，不能融和的。

im·mo·bile [ɪ'mobl̩, -bil; i'moubail, -bi:l⁻] *adj.* 不能移動的，固定的，不動的；靜止的。

im·mo·bil·i·ty [ˌɪmo'bɪlətɪ; ˌimou'biləti] «immobile 的名詞» ——*n.* Ⓤ不動(的狀態)，不動性，固定；靜止。

im·mo·bi·lize [ɪ'mobl̩ˌaɪz; i'moubilaiz] «immobile 的動詞» —— *v.t.* **1 a** 使…不動，固定：Industry was ～*d* by a general strike. 工業因總罷工而告停頓。**b** (以石膏繃紮等)固定〈關節、患處等〉。**2** 停止〈貨幣〉的流通；使〈流動資本〉固定資本化。

im·mo·bi·li·za·tion [ɪˌmobl̩ə'zeʃən; iˌmoubilai'zeiʃn] *n.*

im·mod·er·a·cy [ɪ'mɑdərəsɪ; i'mɔdərəsi] «immoderate 的名詞» —— *n.* Ⓤ無節制，過度，過分。

im·mod·er·ate [ɪ'mɑdərɪt; i'mɔdərit⁻] *adj.* **1** 無節制的，不符合中庸的。**2** 過度的，過分的，極端的(extreme)：～ demands 過分的要求。～**·ly** *adv.* ～**·ness** *n.*

im·mod·est [ɪ'mɑdɪst; i'mɔdist⁻] *adj.* **1** (尤指)〈女子行爲〉放肆的，不端莊的，下流的，不貞的；〈女子衣着〉過於暴露的。**2** 無禮的，厚顏無恥的；自誇的。～**·ly** *adv.*

im·mod·es·ty [ɪ'mɑdɪstɪ; i'mɔdisti] «immodest 的名詞» —— *n.* **1** Ⓤ不端莊，下流，無禮，厚顏無恥。**2** Ⓒ粗魯無禮的言行。

im·mo·late ['ɪməˌlet; 'iməleit] *v.t.*〔十受(十介十(代)名)〕**1** 宰殺…供奉〔給…〕〔*to*〕. **2** 把…作爲〔…的〕犧牲品〔*to*〕. **3** 殺死…。

ím·mo·la·tor [-tɚ; -tə] *n.*

im·mo·la·tion [ˌɪmə'leʃən; ˌimə'leiʃn] «immolate 的名詞» —— *n.* **1** Ⓤ爲祭神而犧牲。**2** Ⓒ祭物，供奉的牲禮；犧牲。**3** Ⓤ自殺。

im·mor·al [ɪ'mɔrəl; i'mɔrəl⁻] *adj.* **1 a** 違反道德的，不道德的。**b** 行爲不端的，品行不好的，荒淫的，淫蕩的。**2**〈書、畫、影片等〉猥褻的。～**·ly** *adv.*

im·mo·ral·i·ty [ˌɪmə'rælətɪ; ˌimə'ræləti] «immoral 的名詞» —— *n.* **1** Ⓤ不道德；品行不端正，淫蕩，不貞，猥褻。**2** Ⓒ[常 **immoralities**] 不道德[敗德]的行爲，醜行，猥褻的行爲，有傷風化的行爲。

im·mor·tal [ɪ'mɔrtl; i'mɔ:tl⁻] *adj.* (無比較級、最高級) **1 不死的**：No man is ～. 沒有人是不死的《人都會死》。**2 不滅的**，不朽的，流芳百世的；永遠的，永恒的：an ～ work of art 不朽的藝術作品/～ glory 永恒的光榮。**3** 具有不朽名聲的。
——*n.* **1** Ⓒ不死的人。**2** Ⓒ名聲不朽的人《尤指作家、詩人》。**3** [～**s**] (古希臘、羅馬的)衆神。

im·mor·tal·i·ty [ˌɪmɔr'tælətɪ; ˌimɔ:'tæləti] «immortal 的名詞» —— *n.* Ⓤ**1** 不死，不朽[不滅]的性質，永恒性；永遠的生命。**2** 不朽的名聲。

im·mor·tal·ize [ɪ'mɔrtl̩ˌaɪz; i'mɔ:təlaiz] «immortal 的動詞» —— *v.t.* **1** 使…成爲不滅[不朽]，使…具有永恒性。**2** 使…享有不朽的名聲，使…名垂千古。

im·mór·tal·ly [-tlɪ; -təli] *adv.* **1** 永遠，永久。**2**《口語》無限；非常，極：an ～ beautiful woman 絕世美女。

im·mov·a·bil·i·ty [ɪˌmuvə'bɪlətɪ; iˌmu:və'biləti] «immovable 的名詞» —— *n.* Ⓤ不動(性)，固定(性)。

im·mov·a·ble [ɪ'muvəbl; i'mu:vəbl⁻] *adj.* **1** 不能移動的，固定的；不動的，靜止的：an ～ chair 固定椅。**2** 堅定不移的，堅決的；不受感情影響的，無動於衷的，冷靜的：an ～ heart 鐵石心腸。**3**〈節日、紀念日等〉每年同一日期的，固定的(↔ movable)：an ~ feast 固定節日《Christmas 等》。**4**《法律》〈財產〉不動的：~ property 不動產。**—*n.*** Ⓒ[常 ~**s**]《法律》不動產。

-a·bly [-vəblɪ; -vəbli] *adv.* ~**·ness** *n.*

im·mune [ɪ'mjun; i'mju:n] **《源自拉丁文「無義務的」之義》** — *adj.* **1 a** 免疫的：an ~ body 免疫體，抗體。**b** [不用在名詞前]〔十介十(代)名〕〔對傳染病、病毒等〕免疫的，有免疫(性)的〔*to, from*〕：be ~ ***to*** [***from***] smallpox 對天花有免疫力的。

2 [不用在名詞前]〔十介十(代)名〕**a** 免於〔課稅、攻擊等〕的，無受〔…〕之虞的〔*from, against*〕：be ~ ***from*** arrest 無被捕之虞，不擔心被捕/be ~ ***against*** attack 免受攻擊。**b** 不受〔…〕感動的，〔對…〕無動於衷的，不受〔…〕影響的〔*to*〕：He was ~ ***to*** all persuasion. 他對所有的勸說都無動於衷。

—*n.* Ⓒ免疫者；免除者。

im·mu·ni·ty [ɪ'mjunətɪ; i'mju:nəti] **《immune 的名詞》** — *n.* Ⓤ **1**〔對傳染病等的〕免疫(性)，免疫力〔*from, to*〕。**2 a**〔責任、義務等的〕免除〔*from*〕：~ ***from*** taxation 免稅。**b**（駐外國外交人員的）豁免權：⇨ DIPLOMATIC immunity.

im·mu·ni·za·tion [ˌɪmjunə'zeʃən; ˌimju:nai'zeiʃn] **《immunize 的名詞》** — *n.* **1** Ⓤ〔對疾病〕有免疫力〔*against*〕；免疫作用，免疫法。**2** Ⓒ(免疫)預防針：give a person a cholera ~給某人打霍亂預防針。

im·mun·ize ['ɪmjəˌnaɪz, -jʊ-; 'imju:naiz] **《immune 的動詞》** — *v.t.* 〔十受(十介十(代)名)〕使〈人〉〔對某種疾病〕免疫〔*against*〕：Vaccination ~*s* people ***against*** smallpox. 種痘能使人免患天花。

im·mu·no·de·fi·cien·cy [ˌɪmjənodɪ'fɪʃənsɪ, ˌɪmju-; ˌimju:noudi'fiʃnsi] *n.* Ⓤ《醫》免疫缺陷。

im·mu·no·e·lec·tro·pho·re·sis [ˌɪmjənoɪˌlɛktrofə'risɪs, ˌɪmju-; ˌimju:noiˌlektrəfə'ri:sis] *n.* Ⓤ《生理》免疫電泳(法)。

im·mu·no·glob·u·lin [ˌɪmjəno'glabjəlɪn, ˌɪmju-; ˌimju:no'glɔbjulin] *n.* Ⓒ免疫球蛋白。

im·mu·nol·o·gy [ˌɪmjə'nalədʒɪ; ˌimju:n'ɔlədʒi] *n.* Ⓤ免疫學。

im·mu·no·sup·pres·sion [ˌɪmjənosə'prɛʃən, ˌɪmju-; ˌimju:nousə'preʃn] *n.* Ⓤ《醫》免疫抑制。

im·mure [ɪ'mjʊr; i'mjuə] *v.t.* 〔十受(十介十(代)名)〕**1** 將…監禁，幽禁，囚禁〔於…〕〔*in*〕。**2 a** 將…關入〔…〕〔*in*〕。**b** [~*oneself*]把自己關閉〔在…〕，閉居〔於…〕〔*in*〕。~**·ment** *n.*

im·mu·ta·bil·i·ty [ɪˌmjutə'bɪlətɪ; iˌmju:tə'biləti] **《immutable 的名詞》—*n.*** Ⓤ不變(性)，不易性。

im·mu·ta·ble [ɪ'mjutəbl; i'mju:təbl] *adj.* 不變的(unchangeable)：~laws 不變的定律。

-bly [-təblɪ; -təbli] *adv.* ~**·ness** *n.*

imp [ɪmp; imp] *n.* Ⓒ **1** 小鬼，小魔鬼(little devil)。**2** 淘氣鬼，頑童。

imp. 《略》imperative; imperfect; imperial; impersonal; import; imported; importer; imprimatur.

im·pact** ['ɪmpækt; 'impækt] *n.* ⓊⒸ **1** 撞擊，衝突；撞擊力〔*on, upon, against*〕：the ~ of sound ***on the ear 聲音對耳朵的衝擊/***on*** ~ 由於撞擊，相撞時。

2（強烈的）影響(力)，效果，感化〔*on, upon*〕：have an ~ ***on*** [***upon***]... 對…有影響。

— [ɪm'pækt; im'pækt] *v.t.* 〔十受(十介十(代)名)〕把…用力裝入[塞入]〔…〕〔*into, in*〕：The bullet was ~***ed in*** the wall. 子彈嵌入牆壁中。

— *v.i.* **1**〔十介十(代)名〕強烈地衝擊〔…〕〔*on, upon*〕。**2** 強烈地影響〔…〕〔*on, upon*〕：The embargo ~***ed on*** export revenues. 禁運對出口總收入有很大的影響。

im·páct·ed *adj.* **1**（如楔子般）擠入的，插緊的；(尤指)〈牙齒〉陷在顎骨中長不出的：an ~ tooth 阻生牙。**2**《美》**a** 人口稠密的。**b**〈地區〉公共設施緊缺的；(因人口劇增或學校等的公共設施增設而)財政困窘的。

im·pair [ɪm'pɛr; im'pɛə] **《源自拉丁文「使更壞」之義》** — *v.t.* 削弱；損害，傷害〈價值、優點、健康〉。~**·ment** *n.*

im·pal·a [ɪm'pælə, -'palə; im'pɑ:lə, -'pælə] *n.* Ⓒ《動物》飛羚《非洲產的中型羚羊，奔跑姿態優美》。

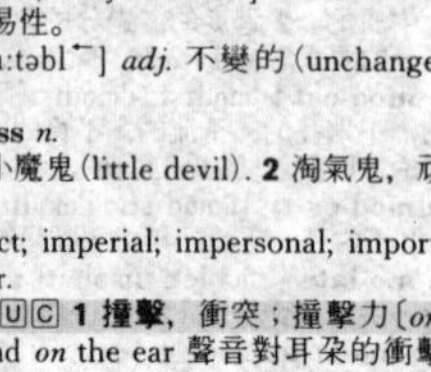

impala

im·pale [ɪm'pel; im'peil] *v.t.* 〔十受(十介十(代)名)〕〔以尖的東西〕刺住，刺穿…〔*on*〕：She had the butterflies ~***d on*** small pins. 她用小針把蝴蝶釘住。~**·ment** *n.*

im·pal·pa·ble [ɪm'pælpəbl; im'pælpəbl] *adj.* **1 a** 用手無法感觸到的。**b** 沒有實體的，無形的：~shadows 沒有實體的影子。**2** 難以[不易]理解的；玄妙的：the ~ power of faith 信仰的玄妙力量。

-bly [-pəblɪ; -pəbli] *adv.*

im·pan·el [ɪm'pænl; im'pænl] *v.t.* (**im·pan·eled**,《英》**-elled; im·pan·el·ing**,《英》**-el·ling**)《法律》**1** 將〈人名〉列於陪審名單上。**2**（從陪審名單中）選任〈陪審員〉。

im·part [ɪm'part; im'pɑ:t] **《源自拉丁文「分配」之義》** — *v.t.* 〔十受(十介十(代)名)〕《文語》**1 a** 把〈東西〉分給，授與〔人〕〔*to*〕。**b** 使〔東西等〕添加〈性質等〉〔*to*〕：Your presence will ~ an air of elegance ***to*** the party. 您的光臨將會給宴會增添優雅的氣氛。

2 將〈知識〉傳授〔給人〕；將〈消息、秘密等〉通知，告知〔人〕〔*to*〕：I have no secret to ~ ***to*** you. 我沒有什麼秘密可向你透露。

im·par·tial [ɪm'parʃəl; im'pɑ:ʃl] *adj.* 不偏不倚的，沒有偏見的；公平的，光明正大的(⇨ fair[1]【同義字】)。

~**·ly** [-ʃəlɪ; -ʃəli] *adv.*

im·par·ti·al·i·ty [ˌɪmparʃɪ'ælətɪ, -ʃ'æl-; 'imˌpɑ:ʃi'æləti] **《impartial 的名詞》** — *n.* Ⓤ不偏不倚，公平無私，光明正大。

im·pass·a·bil·i·ty [ˌɪmpæsə'bɪlətɪ; 'imˌpɑ:sə'biləti] **《impassable 的名詞》** — *n.* Ⓤ不能通行[通過]。

im·pass·a·ble [ɪm'pæsəbl; im'pɑ:səbl] *adj.* **1**〈道路等〉不能通行的，不能通過的，不能穿越的，不能越過的。**2**〈難關、困難等〉不能度過的，不能克服的：~difficulties 進退維谷[兩難]的困境。

-a·bly [-səblɪ; -səbli] *adv.* ~**·ness** *n.*

im·passe [ɪm'pæs, 'ɪmpæs; æm'pɑ:s] **《源自法語》** — *n.* Ⓒ[常用單數] **1** 死路，死巷。**2** 僵局，絕境：reach an ~ 走不過去，行不通；陷入僵局。

im·pas·sioned [ɪm'pæʃənd; im'pæʃnd] *adj.*〈演說等〉充滿熱情的，熱情奔放的，慷慨激昂的，熱烈的(ardent)：make an ~ speech 發表一篇慷慨激昂的演說。

im·pas·sive [ɪm'pæsɪv; im'pæsiv] *adj.* **1** 沒有表情的，不動感情的；不在乎的，鎮靜的。**2** 麻木的，不感到痛苦的，無知覺的。**3** 沒有意識的。**4** 不能傷害的。~**·ly** *adv.* ~**·ness** *n.*

im·pas·siv·i·ty [ˌɪmpæ'sɪvətɪ; ˌimpæ'sivəti] **《impassive 的名詞》** — *n.* Ⓤ **1** 無表情，不動情；無動於衷，鎮靜。**2** 無感覺。

im·pa·tience [ɪm'peʃəns; im'peiʃns] **《impatient 的名詞》** — *n.* Ⓤ[又作 **an** ~] **1** 無耐性，不耐煩，性急；焦急，焦慮；(對痛苦、壓迫等的)不能忍受：feel ~ ***with*** lazy students 對懶惰的學生感到不耐煩/with ~ 焦急地，焦躁地/~ ***of*** restraint 對於約束[束縛]的焦躁[不能忍受]。

2 a〔對…的〕渴望，渴求〔*for*〕：one's ~ ***for*** fame 求名聲的渴望。**b**〔十 *to* do〕〈做…的〉渴望，切望：He was full of ~ ***to*** leave those people. 他急於要離開那些人。

im·pa·tient [ɪm'peʃənt; im'peiʃnt] *adj.* (**more** ~; **most** ~) **1 a** 不耐煩的，性急的，不能忍受的：an ~ reply 不耐煩的回答/get[grow] ~ 變得焦躁。**b** [不用在名詞前]〔十介十(代)名〕〔對…〕不耐煩的，着急的〔*with, at*〕：Don't be ~***with*** the children. 別對孩子們不耐煩/I was ~ ***at*** his delay in answering. 我對他的遲延答覆感到不耐煩。**c** [不用在名詞前]〔十介十(代)名〕〔對…〕不能忍受的，忍不住的〔*of*〕：He was ~ ***of*** interruption. 他不能容忍被打岔。

2 [不用在名詞前] **a**〔十 *to* do〕急着要〈做…〉的：The children are ~ ***to*** go. 孩子們急着要去。**b**〔十*for* 十(代)名十*to* do〕渴望〔…〕的：We were ~ ***for*** the airplane ***to*** take off. 我們渴望飛機快一點起飛。**c**〔十介十(代)名〕盼望著〔…〕的〔*for*〕：He was ~ ***for*** his pay. 他渴待着領薪水。~**·ly** *adv.*

im·pawn [ɪm'pɔn; im'pɔ:n] *v.t.* **1** 典當；抵押。**2** 許諾，保證〈忠誠等〉。

im·peach [ɪm'pitʃ; im'pi:tʃ] *v.t.* **1**《法律》〔十受(十介十(代)名)〕**a** 指責，告發，控告，非難…；加〔罪〕於〈人〉〔*of, with*〕：He has been ~***ed of*** high treason [***with*** the error]. 他被控犯叛國罪[有過失]。**b**《美》彈劾，檢舉〈公務員〉〔…事〕〔*for*〕：They ~*ed* the judge ***for*** taking a bribe. 他們彈劾[檢舉]法官受賄。**2** 懷疑〈某人的名譽、人格等〉：~ a person's motives [loyalty, character] 懷疑某人的動機[忠誠，品格]。

im·peach·a·ble [ɪm'pitʃəbl; im'pi:tʃəbl] *adj.* 可彈劾[非難，告發]的，可檢舉的。

im·péach·ment [-mənt; -mənt] **《impeach 的名詞》** — *n.* ⓊⒸ **1**《法律》彈劾(權)。**2** 非難；檢舉，告發。

im·pec·ca·bil·i·ty [ɪmˌpɛkə'bɪlətɪ; imˌpekə'biləti] **《impeccable 的名詞》** — *n.* Ⓤ **1** 無罪，無過。**2** 完善，無瑕疵。

im·pec·ca·ble [ɪm'pɛkəbl; im'pekəbl] *adj.* **1** 不犯罪的，無罪[過失]的。**2** 沒有缺點[瑕疵]的，完善的：her ~ manners 她無可挑剔的端莊舉止。

im·péc·ca·bly [-kəblɪ; -kəbli] *adv.*（穿着等）無瑕疵地，完美地，無懈可擊地：She was ~ dressed in the latest fashion. 她穿着最新流行的衣服顯得完美無瑕。

im·pe·cu·nious [ˌɪmpɪ'kjunɪəs; ˌimpi'kju:njəs] *adj.*《諧・委婉語》沒有錢的，一文莫名的，貧窮的。~**·ly** *adv.*

im·ped·ance [ɪm'pidəns; im'pi:dəns] *n.* Ⓤ[又作 **an** ~]《電學》阻抗《在交流電路中電壓對電流之比，相當於直流電的電阻》。

im·pede [ɪm'pid; im'pi:d] *v.t.* 妨礙，阻礙(⇨ hinder¹【同義字】)。

im·ped·i·ment [ɪm'pɛdəmənt; im'pedimənt] «impede 的名詞» —— *n.* Ⓒ **1** 妨礙(物)，阻礙，障礙〔*to*〕(⇨ obstacle【同義字】)。**2** 身體障礙；(尤指)語言障礙：an ~ *in* speech＝a speech ~ 語言障礙，口吃。

im·ped·i·men·ta [ˌɪmpɛdə'mɛntə; imˌpedi'mentə] «源自拉丁文 'impediment' 之義» —— *n. pl.* **1** 妨礙行動的東西；手提行李。**2** 《軍》輜重《器械、彈藥、糧食、材料等軍需品》。

im·pel [ɪm'pɛl; im'pel] «源自拉丁文「塞入裏面」之義» —— *v.t.* (**im·pelled**; **im·pel·ling**) **1 a** 〔十受(十介十(代)名)〕〈思想、感情等〉驅使〈人〉〔使…〕〔*to*〕(⇨ compel【同義字】)：He was *impelled* by strong passion. 他被强烈情感所驅使/Poverty *impelled* him *to* crime. 窮困迫使他犯罪。**b** 〔十受十*to* do〕〈思想、感情等〉迫使[促使]〈人〉〈做…〉(force)：Hunger *impelled* him *to* steal bread. 飢餓迫使他偷麵包。**2** 〔十受十副詞(片語)〕推進，推動，驅使…：The strong wind *impelled* their boat *to* shore. 强風把他們的船吹到岸邊/The prisoners were *impelled forward* by the butt ends of the soldiers' rifles. 俘虜們被士兵們用來福槍的槍托推着向前走。

im·pel·lent [ɪm'pɛlənt; im'pelənt ˉ] «impel 的形容詞» —— *adj.* 推進的，推走的；驅使的，强迫的。—*n.* Ⓒ推進者，推進力。

im·pend [ɪm'pɛnd; im'pend] *v.i.* **1** 懸空，懸掛〔在…〕〔*over*〕：There was a profuse crop of hair ~*ing over* the top of his face. 一大綹頭髮垂在他額頭上。**2** 〈危險等〉迫近，逼近〔…〕〔*over*〕。

im·pend·ing [ɪm'pɛndɪŋ; im'pendiŋ] *adj.* 〈凶事〉可能就要發生的；迫在眉睫的，迫近的(⇨ imminent【同義字】)：an ~ storm 即將來臨的暴風雨/an~ battle 迫在眉睫的戰鬥。

im·pen·e·tra·bil·i·ty [ˌɪmpɛnətrə'bɪlətɪ; imˌpenitrə'biləti] «impenetrable的名詞» —*n.* Ⓤ **1** 不能貫穿，不能預料，不可測知。**2** 無知覺，頑固。**3** 不可理解。

im·pen·e·tra·ble [ɪm'pɛnətrəbl; im'penitrəbl ˉ] *adj.* **1 a** 不能穿過的，不能進入的，莫測高深的，不能預料[推測]的：~ rock 不能貫穿的岩層/ ~ forests 不能進入的森林/ ~ darkness 漆黑，伸手不見五指的黑暗。**b** [不用在名詞前]〔十介十(代)名〕〔使…〕不能貫穿的，通[透]不過的〔*to, by*〕：a sheet of steel ~ *by* a bullet 子彈打不穿的鋼板/ ~ *to* light 不透光的。
2 a 〈人、心等〉頑固的，固執的。**b** [不用在名詞前]〔十介十(代)名〕〈人、心等〉不接納〔思想、感情等〕的，〔對…〕不動心的〔*to, by*〕：a man ~ *by* [*to*] pity 不動情的人，無情的人。
3 〈神秘等〉不可測知的，不可思議的，不能理解的：an ~ mystery 不可思議的神秘。**-bly** [-trəblɪ; -trəbli] *adv.*

im·pen·i·tence [ɪm'pɛnətəns; im'penitəns] «impenitent 的名詞» —— *n.* Ⓤ **1** 不悔改，不悔悟，無悔意。**2** 頑固，剛愎。

im·pen·i·tent [ɪm'pɛnətənt; im'penitənt ˉ] *adj.* **1** 無悔意的，不悔悟的：an ~ murderer 無悔意的殺人犯。**2** 頑固的，固執的。—*n.* Ⓒ **1** 不悔改的人。**2** 頑固的人。~**·ly** *adv.*

imper., imperat. 《略》imperative.

im·per·a·tive [ɪm'pɛrətɪv; im'perətiv] «源自拉丁文「命令的」之義» —— *adj.* **1** 非做不可的；急需的；必要的；緊要的：an ~ duty 非履行不可的義務/An immediate operation was ~. 非立刻動手術不可/It is ~ that we (should) act at once. 我們必須立刻採取行動《★用法《口語》多半不用 should》/It is utterly ~ for you to carry [get] this message to them. 你必須把這口信帶給他們。
2 命令式的，斷然的；有威嚴的，不容分辯的：in an ~ tone 用命令式的語調[口氣]。
3 《文法》祈使法的(cf. mood² 1)：the ~ mood 祈使語氣/an ~ sentence 祈使句。
—*n.* **1** Ⓒ**a** 命令：legal ~*s* 法令。**b** (因情勢等的)必要(性)，義務，要求：moral ~*s* 必須遵循的道德準則。**2** 《文法》[**the** ~] **a** 祈使法。**b** Ⓒ祈使法的動詞[句子]。

im·pér·a·tive·ly *adv.* 命令式地，不容分辯地；有威嚴地。

im·per·cep·ti·ble [ˌɪmpə'sɛptəbl; ˌimpə'septəbl ˉ] *adj.* **1 a** 不能感覺到的，眼睛看不見的：He gave me an almost ~ nod. 他極輕微地對我點頭。**b** [不用在名詞前]〔十介十(代)名〕無法察覺[感覺]到〔…〕的，不知道〔…〕的〔*to*〕：The difference is ~ *to* me. 我感覺不出那差異。**2** 細微的，一點一點的；極微小的：an ~ change 極細微的變化。

ìm·per·cép·ti·bly [-təblɪ; -təbli] *adv.* **1** 不被察覺地，細微地，極緩慢地。**2** 不知不覺地。

imperf. 《略》imperfect.

im·per·fect [ɪm'pɝfɪkt; im'pə:fikt ˉ] *adj.* (無比較級、最高級) **1** 不完全的，不充分的；有缺點[缺陷]的。
2 《文法》未完成的，半過去的：the ~ tense 未完成時式，(尤指)半過去式《相當於英語的過去進行式；如：He *was singing.*》。
—*n.* Ⓒ《文法》未完成時式[動詞]。~**·ly** *adv.* ~**·ness** *n.*

im·per·fec·tion [ˌɪmpə'fɛkʃən; ˌimpə'fekʃn] «imperfect 的名詞» —— *n.* **1** Ⓤ不完全，不完善。**2** Ⓒ缺點，缺陷，瑕疵(fault)。

im·per·fo·rate [ɪm'pɝfərɪt; im'pə:fərət ˉ] *adj.* **1** 沒有開孔的，無孔的。**2** 《郵票》無齒孔的。—— *n.* Ⓒ無齒孔的郵票。

im·pe·ri·al [ɪm'pɪrɪəl; im'piəriəl] «源自拉丁文「帝國(empire)的，皇帝(emperor)的」之義» —— *adj.* (**more** ~ ; **most** ~) **1** (無比較級、最高級) **a** 帝國的。**b** [常 *I*~] 英帝國的：the *I*~ Conference 大英帝國會議《★英國本國與各自治領總理之間的連繫會議，現已不用此名稱，而稱 the Premiers' Conference》/~ preference 大英帝國內的優惠關稅。
2 (無比較級、最高級)皇帝的，皇后的，皇室的：the ~ crown 皇冠/the ~ family [household] 皇室/the *I*~ Palace 皇宮/His [Her] *I*~ Majesty 國王[王后]陛下。
3 (無比較級、最高級)帝位的，帝權的，至上權利的，最高權威的。
4 a 莊嚴的，堂皇的。**b** 傲慢的，自大的。
5 〈商品等〉特大的，質量特優的。
6 (無比較級、最高級)〈度量衡〉依照英國本國法定標準的：⇨ imperial gallon.
—*n.* **1** Ⓒ皇帝鬍《模仿拿破崙三世蓄於下唇下面的尖形小鬚》。
2 Ⓤ(紙的)一種尺寸《《美》23×31 吋，《英》22×30 吋》。
3 Ⓒ特大號商品；上品，特等品。~**·ly** *adv.*

imperial 1

impérial gállon *n.* Ⓒ英國法定加侖《約爲 4.546 公升，略作 imp. gal.; cf. gallon a》。

im·pé·ri·al·ism [-lˌɪzəm; -lizəm] *n.* Ⓤ **1** 帝政，帝國主義；領土擴張主義。**2** 對開發中國家的控制(政策)；霸業：economic ~ 對開發中國家的經濟控制。

im·pé·ri·al·ist [-lɪst; -list] *n.* Ⓒ **1** 擁護帝政者。**2** 帝國主義者。—— *adj.* ＝imperialistic.

im·pe·ri·al·is·tic [ɪmˌpɪrɪəl'ɪstɪk; imˌpiəriə'listik ˉ] *adj.* **1** 帝政的。**2** 帝國主義的。
-ti·cal·ly [-klɪ; -kəli] *adv.*

im·per·il [ɪm'pɛrəl; im'perəl] *v.t.* (**im·per·iled,** 《英》**-illed; im·per·il·ing,** 《英》**-il·ling**) 危及〈生命、財產等〉，使〈生命、財產等〉陷入危險中(endanger)。

im·pe·ri·ous [ɪm'pɪrɪəs; im'piəriəs ˉ] *adj.* **1** 傲慢的，專橫的：an ~ manner [woman] 一副蠻橫的態度[傲慢的女人]。**2** 緊急的；不可避免的；必需的：an ~ command 一道緊急命令。
~**·ly** *adv.* ~**·ness** *n.*

im·per·ish·a·bil·i·ty [ˌɪmpɛrɪʃə'bɪlətɪ; imˌperiʃə'biləti] «imperishable 的名詞» —— *n.* Ⓤ **1** 不滅(性)，不朽，永恒(性)。**2** (食品等的)不腐敗性。

im·per·ish·a·ble [ɪm'pɛrɪʃəbl; im'periʃəbl ˉ] *adj.* **1** 不滅的，不死的，不朽的。**2** 〈食品等〉不會腐敗的。
-a·bly [-ʃəblɪ; -ʃəbli] *adv.*

im·per·ma·nence [ɪm'pɝmənəns; im'pə:mənəns] «impermanent 的名詞» —*n.* Ⓤ[又作**an**~]非永久(性)，非恒久[永續]性；暫時性，短暫。

im·per·ma·nent [ɪm'pɝmənənt; im'pə:mənənt ˉ] *adj.* 非永久(性)的，不持久的，暫時的。~**·ly** *adv.*

im·per·me·a·ble [ɪm'pɝmɪəbl; im'pə:mjəbl ˉ] *adj.* **1** 不能貫穿的，不能通過的。**2** [不用在名詞前]〔十介十(代)名〕不透〔水、氣體等〕的，〔對…有〕不透性的〔*to*〕。

impers. 《略》impersonal.

im·per·son·al [ɪm'pɝsn̩l; im'pə:snl ˉ] *adj.* **1** 非關於[指]〈特定的〉個人的，非個人的；不摻雜個人感情的，客觀的：~ remarks 非指特定者的[客觀的]批評[評論]。
2 不具人格的，不屬於人的：~ forces 不屬於人的力量《自然力等》。
3 《文法》無人稱的：an ~ construction 無人稱結構/an ~ 'it' 無人稱的 it《表示時間、環境、距離等非特定主詞[受詞]的 it》/an ~ verb 無人稱動詞《時間、環境、距離等非特定主詞以 it 表示的動詞，常用第三人稱單數；如：It *rains* [*snows, freezes*].》。
—*n.* Ⓒ《文法》無人稱動詞[代名詞]。

im·per·son·al·i·ty [ˌɪmpɝsn̩'ælətɪ; imˌpə:sə'næləti] «impersonal 的名詞» —*n.* **1** Ⓤ非個人性；非人格性《不具人格性質或狀態》。**2** Ⓒ無關特定個人的事；非人格性的事物。

ìm·pér·son·al·ly [-n̩lɪ; -nəli] *adv.* **1** 非人格[非個人]地。**2** 《文法》作爲無人稱動詞[代名詞]。

im·per·son·ate [ɪm'pɝsn̩ˌet; im'pə:səneit] *v.t.* **1** 〈演員等〉飾演[扮演]…角色。**2 a** 裝成，模仿〈某人的態度、樣子等〉；模擬…的聲調[表情]。**b** 冒充：The man was accused of *impersonating* a policeman. 那個男人被控冒充警員。
—— [-nɪt, -ˌet; -nit, -eit] *adj.* 具體表現的，人格化的。

im·per·son·a·tion [ˌɪmpɝsn̩ˋeʃən, ɪmˌpɝs-; imˌpə:sə'neiʃn] «impersonate 的名詞»—*n.* ⓊⒸ **1** 扮演，演技。**2** 模擬，假嗓。

im·pér·son·à·tor [-tɚ; -tə] *n.* Ⓒ **1** 扮演者，模擬(某人的)聲調[表情]者。**2** 演員，明星；模擬的演藝人員：a female ～ 旦角《演女子角色的男演員》。

im·per·ti·nence [ɪmˋpɝtn̩əns; im'pə:tinəns] «impertinent 的名詞» —*n.* **1** Ⓤ **a** (尤指對長輩的)無禮，鹵莽，僭越，傲慢：What ～！多麼無禮！**b** 〔＋*to* do〕[the ～]〈做…的〉無禮[鹵莽]：They had *the* ～ *to* say I stole the money. 他們說我偷了那筆錢，實在是荒謬。**2** Ⓒ **a** 無禮的行爲[言詞]。**b** 無禮[傲慢]的人。**3** **a** Ⓤ不適當，不切題，不相干。**b** Ⓒ不適當的行爲[言詞]。

im·per·ti·nent [ɪmˋpɝtn̩ənt; im'pə:tinənt] *adj.* **1** **a** 傲慢的，無禮的，鹵莽的，僭越的：an ～ young man 自大無禮的年輕人。

> 【同義字】impertinent 表示「厚臉皮的踰越、冒昧」的無禮；impudent 指除了 impertinent 外，還帶有「不知恥的厚顏」之意，表示無禮的程度較強；insolent 指「自大無禮的」。

b [不用在名詞前]〔＋介＋(代)名〕〔對人〕傲慢的，無禮的〔*to*〕：Don't be ～ *to* your elders. 不可對長輩無禮。**c** [不用在名詞前]〔＋*of*＋(代)名(＋*to* do)/＋*to* do〕〔某人〕〈做…是〉傲慢的，無禮的；〈某人〉〈做…是〉傲慢的，無禮的：It is ～ *of* him [He is ～] *to* break in when I'm talking. 當我在說話時他插嘴是無禮的。**2** **a** 不適當的，不對題的：an ～ remark 不適當的話[意見]。**b** [不用在名詞前]〔＋介＋(代)名〕〔與…〕無關的〔*to*〕：a fact ～ *to* the matter 與該問題無關的事實。～**·ly** *adv.*

im·per·turb·a·ble [ˌɪmpɚˋtɝbəbl̩; ˌimpə'tə:bəbl] *adj.* 不易激動的，沉着的，鎮靜的：～ equanimity 泰然自若。
-a·bil·i·ty [-bəˋbɪlətɪ; -bə'biləti] *n.* **-a·bly** [-bəblɪ; -bəbli] *adv.*

im·per·vi·ous [ɪmˋpɝvɪəs; im'pə:vjəs] *adj.* [不用在名詞前]〔＋介＋(代)名〕**1**〈東西〉不透〔水、空氣等〕的，不〔受…〕浸透的〔*to*〕：a fabric ～ *to* water 不透水的布。**2** 不受〔批評〕影響的；不受〔…〕損傷的，經得起〔…〕的，不爲〔…〕所動的〔*to*〕：a mind ～ *to* criticism 不爲批評所動的心。**3**〔對…〕無感覺的，遲鈍的〔*to*〕：a mind ～ *to* reason 不接受道理的頭腦《冥頑不化的腦袋》。～**·ly** *adv.* ～**·ness** *n.*

im·pe·ti·go [ˌɪmpɪˋtaɪgo; ˌimpi'taigou] *n.* Ⓤ《醫》膿疱病《一種接觸傳染性的皮膚病》。

im·pet·u·os·i·ty [ˌɪmpɛtʃʊˋɑsətɪ; imˌpetju'ɔsəti] «impetuous 的名詞» —*n.* **1** Ⓤ激烈，猛烈；熱烈；性急，急躁。**2** Ⓒ急躁的[激烈的]言行。

im·pet·u·ous [ɪmˋpɛtʃʊəs; im'petjuəs] «impetus 的形容詞» —*adj.* **1**〈風、水流、速度等〉狂暴的，猛烈的，飛快的。**2**〈性情、行動等〉激烈的，急躁的，衝動性的：She regretted her ～ decision. 她後悔自己做了衝動的決定。～**·ly** *adv.*

im·pe·tus [ˋɪmpətəs; 'impitəs] *n.* **1** ⓊⒸ衝力，衝勁，刺激：give [lend] (an) ～ to... 刺激，促進…。**2** Ⓤ《機械》運動量。

imp. gal. 《略》imperial gallon.

im·pi·e·ty [ɪmˋpaɪətɪ; im'paiəti] «impious 的名詞»—*n.* **1** Ⓤ(對宗教、信仰)不虔誠；不敬，不恭；不孝。**2** Ⓒ無信仰[不敬，邪惡]的行爲[言詞]。

im·pinge [ɪmˋpɪndʒ; im'pindʒ] *v.i.* 〔＋介＋(代)名〕**1** 打擊，碰到，撞到〔…〕〔*on, upon, against*〕：Sight is made possible by rays of light *impinging* **on** the retina. 由於光線射到視網膜上，眼睛才看得見/Towering waves ～*d* **upon** the shore. 怒濤沖擊海岸。**2** 侵犯，侵害〔他人的權利、財產等〕〔*on, upon*〕：～ **on** [**upon**] another's rights 侵害他人的權利。**3** 影響〔…〕〔*on, upon*〕：～ **on** a person's way of thinking 影響一個人的想法。
～**·ment** *n.*

im·pi·ous [ˋɪmpɪəs; 'impiəs] *adj.* 不信神的，不虔誠的；不敬的。～**·ly** *adv.*

ímp·ish [-pɪʃ; -piʃ] *adj.* (像)小鬼的；頑皮的，淘氣的，惡作劇的 (mischievous)：an ～ smile 淘氣的微笑。
～**·ly** *adv.* ～**·ness** *n.*

im·plac·a·bil·i·ty [ˌɪmplekəˋbɪlətɪ, -læk-; imˌplækə'biləti, -ˌpleik-] «implacable 的名詞»—*n.* Ⓤ難撫慰，難和解，記仇心重。

im·plac·a·ble [ɪmˋplekəbl̩, -ˋplæk-; im'plækəbl, -'pleik-] *adj.* 〈敵人〉難和解的，仇恨很深的；〈憎恨〉難撫慰的，難平息的；執拗的，無情的：(an) ～ hatred 無法消解的仇恨。
～**·ness** *n.* **-bly** [-blɪ; -bli] *adv.*

im·plant [ɪmˋplænt; im'plɑ:nt] *v.t.* **1**〔＋受＋介＋(代)名〕把〈思想等〉植入，注入，灌輸給〔人、心〕〔*in, into*〕；〔以思想等〕灌注〈人、心〉〔*with*〕：He ～*ed* these ideas **in** their minds. ＝He ～*ed* their minds **with** these ideas. 他把這些想法灌輸到他們的腦子裏。**2**〔＋受＋介＋(代)名〕把…緊緊插[嵌]入〔…〕〔*in*〕：～ a diamond **in** a ring 把鑽石嵌入戒子裏。**3**《醫》移植〈活的組織片等〉。
—*n.* Ⓒ《醫》植入物，植入片。～**·er** *n.*

im·plan·ta·tion [ˌɪmplænˋteʃən; ˌimplɑ:n'teiʃn] «implant 的名詞»—*n.* ⓊⒸ **1** 教導，灌輸，鼓吹；種植。**2**《醫》(腫瘤細胞的)內移植，植入；移植性轉移《轉移到新的部位》。

im·plau·si·ble [ɪmˋplɔzəbl̩; im'plɔ:zəbl] *adj.* 難以相信的，不似眞實的：an ～ statement 令人難以相信的申述。**-si·bíl·i·ty** [-zəˋbɪlətɪ; -zə'biləti] *n.* **-si·bly** [-zəblɪ; -zəbli] *adv.*

im·ple·ment [ˋɪmpləmənt; 'implimənt] «源自拉丁文「用以裝滿裏面的東西」之義»—*n.* **1** **a** Ⓒ道具，用具，器具(⇨ instrument【同義字】)：agricultural [farm] ～*s* 農具。**b** [～s]用具[家具]。**2** Ⓒ手段；起工具作用的人。
—[-ˌmɛnt; -ment] *v.t.* **1** 履行，實行，實施〈契約、計畫等〉。**2** 滿足〈要求、條件〉，補充〈不足等〉。**3** 提供〈人〉道具[手段]。

im·ple·men·tal [ˌɪmpləˋmɛntl̩; ˌimpli'mentl] *adj.* 工具的；作爲工具[手段]的；有幫助的。

im·ple·men·ta·tion [ˌɪmpləmɛnˋteʃən; ˌimplimen'teiʃn] «implement *v.* 的名詞» —*n.* Ⓤ **1** 履行，實行，實施。**2** 補充，彌補。

im·pli·cate [ˋɪmplɪˌket; 'implikeit] «源自拉丁文「捲入其中」之義»—*v.t.* 〔＋受＋介＋(代)名〕《文語》使〈某人〉牽連[涉及]〔犯罪等〕；把〈人〉捲入〔犯罪等〕〔*in*〕《★常用被動語態》：He *is* ～*d* **in** that crime. 他與那宗案件有牽連。

im·pli·ca·tion [ˌɪmplɪˋkeʃən; ˌimpli'keiʃn] «義 1 是 implicate，義 2 是 imply 的名詞»—*n.* **1** Ⓤ牽連，密切的關係，關聯〔*in*〕：～ *in* a crime 捲入罪案。
2 ⓊⒸ包含，含蓄；含意，暗示，言外之意〔*of*〕：by ～ 含蓄地，暗示地，不露痕跡地/There is an ～ *of* "in spite of difficulty" in the verb "manage." manage 這個動詞意含「儘管有困難」之意。

im·plic·it [ɪmˋplɪsɪt; im'plisit] *adj.* **1** **a** 暗示的，不明說的，暗含的，含示的(↔ explicit)：an ～ threat 暗示的威脅/give ～ consent 表示默許。**b** [不用在名詞前]〔＋介＋(代)名〕暗示〔於…〕的〔*in*〕：consent ～ **in** his glance 他眼神中表示的默許。
2 [用在名詞前]絕對的，盲目的：～ obedience 盲從/～ faith (將所有教義完全接受的)盲信/～ trust絕對的信賴。
～**·ly** *adv.* ～**·ness** *n.*

im·plíed [-ˋplaɪd; -'plaid] *adj.* 含蓄的，暗含的，暗示的，言外的，不言而喻的(↔ express)。～**·ly** [-ˋplaɪɪdlɪ; -'plaiidli] *adv.*

im·plode [ɪmˋplod; im'ploud] *v.i.* **1**〈眞空管等〉向內破裂。**2**《語音》〈封閉音〉內爆。
—*v.t.*《語音》使〈封閉音〉內爆。

im·plore [ɪmˋplor, -ˋplɔr; im'plɔ:] «源自拉丁文「向…哭叫」之義»—*v.t.* 懇求：**a** 〔＋受〕苦求，哀求〈饒恕，慈悲等〉：I ～*d* his forgiveness. 我懇求他的原諒。**b** 〔＋受＋介＋(代)名〕苦求，懇求〈人〉〔饒恕、慈悲等〕〔*for*〕：She ～*d* him **for** mercy. 她懇求他大發慈悲。**c** 〔＋受＋*to* do〕苦求〈人〉〈做…〉：He ～*d* her *to* marry him. 他苦求她嫁給他。

im·plór·ing [-ˋplorɪŋ, -ˋplɔrɪŋ; -'plɔ:riŋ] *adj.* 苦求的，哀求的：an ～ glance 哀求的眼光。～**·ly** *adv.*

im·plo·sion [ɪmˋploʒən; im'plouʒn] «implode 的名詞» —*n.* ⓊⒸ **1** (眞空管等的)向內破裂。**2**《語音》(封閉音的)內爆(↔ explosion)。

im·plo·sive [ɪmˋplosɪv; im'plousiv] «implode, implosion 的形容詞»—《語音》*adj.* 〈封閉音〉內爆的。
—*n.* Ⓒ內爆音(↔ explosive)。

***im·ply** [ɪmˋplaɪ; im'plai] «源自拉丁文「包含在內」之義»—*v.t.* **1** 〔＋受〕包含[含有]…的意思；暗含，暗指…：Speech *implies* a speaker. 話必有人說出來；事必有因/Silence often *implies* resistance. 沉默往往表示反抗。
2 **a** 〔＋受〕〈人、態度等〉暗示，略微透露…：Her smile *implied* her consent to our proposal. 她的微笑暗示她贊成我們的提議。**b** 〔＋(*that*)＿〕〈人、態度等〉暗示，略微透露〈…事〉：His manner *implied that* he had fallen in love with her. 他的態度暗示著他已愛上她。

im·po·lite [ˌɪmpəˋlaɪt; ˌimpə'lait] *adj.* **1** 不客氣的，無禮的，粗魯的：an ～ manner 無禮的態度。
2 [不用在名詞前] **a** 〔＋介＋(代)名〕〔對…〕不客氣的，無禮的〔*to*〕：Take care not to be ～ *to* the customers. 注意別對顧客無禮。**b** 〔＋*of*＋(代)名(＋*to* do)/＋*to* do〕〔某人〕〈做…是〉不客氣的，無禮的；〈某人〉〈做…是〉不客氣的，無禮的：It was ～ *of* you not *to* answer the question. ＝You were ～ not *to* answer the question. 你沒有回答問題是無禮的。
～**·ly** *adv.* ～**·ness** *n.*

im·pol·i·tic [ɪmˋpɑlə,tɪk; im'pɔlətik] *adj.* 〈言行〉欠考慮的，不明智的，失策的。～**·ly** *adv.*

im·pon·der·a·ble [ɪmˋpɑndərəbl̩; im'pɔndərəbl] *adj.* **1**〈重量等〉無法衡量的；沒有重量的，極輕的。**2**〈效果、重要性等〉無法評估的，無法估計的：～ significance 無法估量的重要性。

—*n.* Ⓒ[常～s]無法計量[評估]的東西。
-a·bly [-dərəblɪ; -dərəbli] *adv.*

***im·port** [ɪm`port, -`pɔrt; im'pɔ:t] «源自拉丁文「搬入」之義»—*v.t.* **1** 〔十受(十介十(代)名)〕〔由…〕輸入, 進口〈商品〉〔*from*〕〔*into*〕(↔ export)：～*ed* goods 輸入品/Europe ～*s* coal *from* America. 歐洲自美國輸入煤/～foodstuffs *into* the city 將糧食運入市內。
2 〔十受十介十(代)名〕把〈意見、感情、習慣等〉帶進〔…〕〔*into*〕：Don't ～ personal feelings *into* a discussion. 不要把個人的感情帶入討論中。
3 a 〔十受〕含有…的意思, 表示…意思：Clouds ～ rain. 多雲表示要下雨。**b** 〔十(*that*)__〕意味着〈…事〉：His remarks ～*ed that* some change should be made in the plans. 他的話意味着那些計畫應該稍作變更。
—*v.i.* 有重大關係。
— [`ɪmport, -pɔrt; 'impɔ:t] *n.* **1 a** Ⓤ輸入, 進口(↔ export). **b** Ⓒ[常～s]輸入品, 進口貨。**c** Ⓒ[常～s]輸入額。
2 Ⓤ[常 the ～]《文語》意義, 涵義〔*of*〕：What was *the* ～ *of* his speech? 他那篇演說的涵意是什麼?
3 Ⓤ重要(性)：The matter was *of* great ～. 那件事極爲重要。
—*adj.* [用在名詞前]輸入的, 進口的：an ～ duty [tax]進口稅。

im·port·a·ble [ɪm`portəbl̩, -`pɔr-; im'pɔ:təbl] *adj.* 可輸入[進口]的。

‡**im·por·tance** [ɪm`portn̩s; im'pɔ:tns] «important 的名詞»—*n.* Ⓤ **1** 重要(性)：be *of* ～ 重要的/ a matter *of* great ～ 極重要[重大]的事/ *of* no ～ 微不足道的, 不重要的。**2** 重要的地位[分量, 身價]：a person [position] of ～ 重要的人物[地位]/be conscious of one's own ～ 自以爲了不起, 擺出一副了不起的樣子。**3** 自大, 擺架子：with an air of ～ 神氣十足地, 自以爲了不起地。

‡**im·por·tant** [ɪm`portn̩t; im'pɔ:tnt] «源自拉丁文「帶來(結果)」之義»—*adj.* (more ～; most ～) **1 a** 重要的, 重大的, 要緊的：The matter is ～ *to* us. 那件事對我們很重要/It is ～ *for* you *to* do that. 對你來說, 做那件事是很重要的/It is very ～ that students (should) read good books. 學生讀好書是非常重要的《★用法《口語》多半不用 should》. **b** [more ～, most ～ 當插入句用](更[最])重要的是：He said it, and (what is) *more* ～, he actually did it. 他那樣說, 而更重要的是, 他眞的那樣做了。
2 〈人、地位等〉有力的, 有影響力的, (在社會上)重要的, 著名的：an ～ family 名門/a very ～ person 非常重要的人物(cf. VIP).
3 自大的, 擺架子的：with an ～ look 裝出神氣活現[了不起]的樣子。

im·pór·tant·ly *adv.* **1** 重大地, 重要地, 要緊地；自以爲了不起地。**2** [more ～, most ～在句首用以修飾整句](更[最])重要的是。

im·por·ta·tion [ˌɪmpor`teʃən, -pɔr-; ˌimpɔ:'teiʃn] «import *v.* 的名詞»—*n.* (↔ exportation) **1** Ⓤ輸入, 進口。**2** Ⓒ輸入品, 進口貨。

im·pór·ter *n.* Ⓒ輸入(業)者, 進口商；輸入國。

im·por·tu·nate [ɪm`portʃənɪt; im'pɔ:tjunət] *adj.* **1** 不斷要求的, 堅決請求的, 纏擾不休的：～creditors 纏擾不休的債權人。**2** [不用在名詞前]〔十介十(代)名〕不斷[糾纏不休]地要求〔…〕的〔*for*〕：She was ～ *for* the return of her money. 她糾纏不休地要求退還她的錢。～**·ly** *adv.*

im·por·tune [ˌɪmpɚ`tun, -`tjun, ɪm`portʃən; im'pɔ:tju:n, -tʃu:n, ˌimpɔ:'tju:n] *v.t.* **1** 〔十受十介十(代)名〕**a** 不斷[糾纏不休]地要求[央求]〈某人〉〔某事〕〔*for*〕：He ～*d* me *for* a position in my office. 他不斷地央求我安排他在我辦公室裏工作。**b** 〔以…〕煩, 困擾〈人〉〔*with*〕：～ a person *with* demands 以不斷的要求煩人。**2** 〔十受十 *to* do〕再三[不斷]央求〈某人〉〈做…〉：My daughter ～*d* me *to* buy the expensive dress. 我的女兒再三央求我買那件昂貴的女裝。

im·por·tu·ni·ty [ˌɪmpɚ`tunətɪ, -`tjun-; ˌimpɔ:'tju:nəti] «importune 的名詞»—*n.* **1** Ⓤ[又作 an ～]執拗。**2** Ⓒ強求, 堅請。

***im·pose** [ɪm`poz; im'pouz] «源自拉丁文「置於上面」之義»—*v.t.* **1** 〔十受(十介十(代)名)〕**a** 將〈義務、負擔、懲罰〉加於〔人〕, 課〈稅〉於〔人〕〔*on, upon*〕：～ the death penalty *on* a person 將人處以死刑/Our teacher always ～*s* heavy tasks *on* us. 我們老師總是給我們很重的功課。**b** 將〈意見等〉強加於〔人〕〔*on, upon*〕：～one's opinion *upon* others 將自己的意見強加於他人《強使他人接受自己的意見》。**c** [～ one*self*]插手〔…〕, 管〔人(的事)〕, 擅至〔某人處〕〔*on, upon*〕：～ *oneself upon* others 插手他人的事；擅至他人處。**d** 強使〔人〕買受〈贋品等〉〔*on, upon*〕：～ bad wine *on* customers 強銷劣質葡萄酒給顧客。
2 〔十受〕《印刷》把…拼版, 把…裝版。
—*v.i.* 〔十介十(代)名〕《★可用被動語態》**1 a** 利用〔人的好意等〕；〔給…〕添麻煩〔*on, upon*〕：～ *on* [*upon*] a person's kindness 利用某人的好意/ "Why don't you stay at my house?"—"Oh, I don't want to ～ *on* you."「爲什麼你不留在我家?」「我不想給你添麻煩。」**b** 欺騙〔…〕〔*on, upon*〕：I will not be ～*d upon*. 我不會上當。**2** 〔對他人(的事)〕插手, 插嘴〔*on, upon*〕.

im·pós·ing *adj.* 給人深刻印象的, 顯眼的, 堂皇的：an ～ presence 相貌堂堂。～**·ly** *adv.* ～**·ness** *n.*

im·po·si·tion [ˌɪmpə`zɪʃən; ˌimpə'ziʃn] «impose 的名詞»—*n.* **1** Ⓤ〔義務、稅等的〕負擔, 重負〔*of*〕〔*on, upon*〕：the ～ *of* a poll tax *on* voters 對選舉人人頭稅的課徵。**2** Ⓒ**a** 課徵物, 稅, 負擔。**b** 《英》(處罰學生的)作業。**3** Ⓒ欺騙, 欺詐。**4** Ⓒ〔對人的好意等的〕利用, 佔便宜〔*on, upon*〕. **5** Ⓒ《印刷》整版, 拼版。

im·pos·si·bil·i·ty [ˌɪmpɑsə`bɪlətɪ, ɪmˌpɑs-; imˌpɔsə'biləti] «impossible 的名詞»—*n.* **1** Ⓤ不可能(性)。**2** Ⓒ不可能的事：perform *impossibilities* 做不可能的事/It is an ～ *for* you *to* do so. 你那樣做是不可能的事。

‡**im·pos·si·ble** [ɪm`pɑsəbl̩; im'pɔsəbl⁻] *adj.* (more ～; most ～)
1 (無比較級、最高級) **a** 無法完成的：～ tasks 無法完成的工作/It is ～ *to* answer the question. 要回答那問題是不可能的。**b** [不用在名詞前]〔十介十(代)名〕〔對人〕不可能的, 做不到的〔*for, to*〕：Nothing is ～ *to* him. 他沒有做不到的事/It is ～ *for* me to run as fast as you. 我不可能和你跑得一樣快《★也可視爲〔十*for*十(代)名十*to* do〕的句型, 但〔for 十(代)名〕受形容詞限制的感覺較強；cf. for 21》. **c** 〔(十*for* 十(代)名)十*to* do〕〔對…來說〕難以〈做…〉的《★用法主詞成爲*to* do 的受詞關係時的說法》：That tiger is ～ *to* tame. 那隻老虎難以馴服《★變換可換寫成 It is ～ to tame that tiger.》/The question was ～ *for* him *to* answer. 那個問題他難以回答。**d** [不用在名詞前]〔十介十(代)名〕《文語》無法〔…〕的〔*of*〕：be ～ *of* achievement [attainment, execution] 無法達成[達到, 實行]。**e** [the ～；當單數名詞用]不可能的事情：attempt *the* ～ 嘗試不可能的事。
2 a 不可能有的, 令人難以相信的：an ～ rumor 令人難以相信的謠言/It is ～ that such a thing can happen. 不可能發生這樣的事/It's not ～ that he'll show up tonight. 他今晚會來不是不可能的《說不定他今晚會來》。**b** [不用在名詞前]〔十 *for* 十(代)名十 *to* do〕〔人〕〈做…事是〉不可能的：It is ～ *for* him *to* believe her. 要他相信她是不可能的。
3 《口語》**a** 〈人、情況等〉令人無法忍受的, 棘手的, 難應付的, 很討厭的：an ～ child 難應付的小孩/an ～ person 很討厭的人/Driving in Taipei is quite ～ nowadays. 現在在台北開車, 令人無法忍受《因交通阻塞等原因》。**b** 〈東西等〉非常古怪的：an ～ hat 樣子很怪的帽子。

im·pós·si·bly [-səblɪ; -səbli] *adv.* [通常修飾形容詞]不可能地, 難以相信地, 極端地：an ～ difficult problem 很難應付的難題, 非常棘手的問題/an ～ cold morning 極爲寒冷的早上。

im·post [`ɪmpost; 'impoust] *n.* Ⓒ **1** 稅；(尤指)進口稅, 關稅。**2** 《賽馬》(當作障礙的)負載重量。
—*v.t.* (爲課稅而)把〈進口貨〉分類。

im·pos·tor [ɪm`pɑstɚ; im'pɔstə] *n.* Ⓒ(冒充他人的)騙子。

im·pos·ture [ɪm`pɑstʃɚ; im'pɔstʃə] *n.* ⒸⓊ(冒充他人的)欺騙(行爲)。

im·po·tence [`ɪmpətəns; 'impətəns] «impotent 的名詞»—*n.* Ⓤ **1** 無力, 無行動能力, 虛弱, 衰老。**2** 《醫》陽萎, 腎虛。

ím·po·tency [-tənsɪ; -tənsi] *n.* =impotence.

im·po·tent [`ɪmpətənt; 'impətənt] *adj.* **1 a** 無力的, 無行動能力的；無能的：an ～ feeling 無力感。**b** [不用在名詞前]〔十 *to* do〕沒有能力〈做…〉的：He is ～ *to* help her. 他沒有能力幫助她《★變換可換寫成1 c》. **c** [不用在名詞前]〔十介十do*ing*〕無力〔做…〕的〔*in*〕：He is ～ *in* help*ing* her. 他沒有幫助她的能力《★變換可換寫成1 b》. **2** 無效力的, 無能爲力的：an ～ rage 乾冒火, 無濟於事的盛怒。**3** 沒有體力的, 虛弱的, 衰老的。**4** 《醫》〈男性〉不能性交的, 陽萎的。～**·ly** *adv.*

im·pound [ɪm`paund; im'paund] *v.t.* **1** 將〈跑出來的家畜等〉關入欄內：～ stray cattle 將走失的牛關入欄中。**2** (爲灌溉用而)貯〈水〉：～*ed* water 貯存的水。**3** 《法律》拘留, 監禁〈人〉；扣留, 沒收〈物〉。～**·ment** *n.*

im·pov·er·ish [ɪm`pɑvərɪʃ, -vrɪʃ; im'pɔvəriʃ] *v.t.* **1** 使〈人、國家等〉窮困《★常用被動語態》。**2** 使〈土地等〉貧瘠, 使…成不毛之地《★常用被動語態》。～**·ment** *n.*

im·prac·ti·ca·bil·i·ty [ˌɪmpræktɪkə`bɪlətɪ, ɪmˌpræk-; imˌpræktikə'biləti] «impracticable 的名詞»—*n.* **1** Ⓤ不能實行[實施]。**2** Ⓒ不能辦到的事。

im·prac·ti·ca·ble [ɪm`præktɪkəbl̩; im'præktikəbl⁻] *adj.* 不能實行的。**-bly** [-kəblɪ; -kəbli] *adv.*

im·prac·ti·cal [ɪm`præktɪkl̩; im'præktikl⁻] *adj.* **1** 〈人等〉不切實際的, 昧於實際的, 沒有良好判斷力的。**2** 〈想法、計畫等〉不能實行的, 不實用的。～**·ly** *adv.*

im·prac·ti·cal·i·ty [ˌɪmpræktɪˋkælətɪ; imˌprækti'kæləti] «impractical 的名詞»—*n.* **1** Ⓤ非實際性，不能實行。**2** Ⓒ不切實際[不能實行]的事。

im·pre·cate [ˋɪmprɪˌket; 'imprikeit] *v.t.* 〔十受(十介十(代)名)〕祈求天降〈禍、災難〉〔於人〕〔*on, upon*〕：～ a curse ***upon*** a person 詛咒某人。**ím·pre·cà·tor** [-tɚ; -tə] *n.*

im·pre·ca·tion [ˌɪmprɪˋkeʃən; ˌimpri'keiʃn] «imprecate 的名詞»—*n.* **1** Ⓤ(對人降禍的)祈求。**2** Ⓒ詛咒，咒語(curse)。

im·pre·cise [ˌɪmprɪˋsaɪs; ˌimpri'sais] *adj.* 不正確的；不精確的：～ astronomical observation 不正確的天文觀測。

im·preg·na·bil·i·ty [ˌɪmprɛgnəˋbɪlətɪ; 'imˌpregnə'biləti] «impregnable 的名詞»—*n.* Ⓤ難攻陷；堅固。

im·preg·na·ble [ɪmˋprɛgnəbḷ; im'pregnəbl⁻] *adj.* **1** 難攻陷的，不能攻破的。**2** (對批評、議論、誘惑等)不動搖的，不受影響的；〈信心〉堅定的。**-bly** [-nəblɪ; -nəbli] *adv.*

im·preg·nate [ɪmˋprɛgnet; 'impregneit, im'p-] *v.t.* **1 a** 使…懷孕[受胎]。**b** 《生物》使…受精。**2** 〔十受十介十(代)名〕**a** 〔以…〕浸透…，使…飽和，使…充滿〔*with*〕《★常用被動語態》：a handkerchief ～*d* ***with*** perfume 充滿香水的手帕/The air of this room *is* ～*d with* damp. 這房間充滿着濕氣。**b** 使〔…〕滲入〈人心〉，〔以…〕使…得到深刻印象；〔以思想等〕灌輸於，植入，注入…〔*with*〕：His books ～*d* my mind ***with*** new ideas. 他的著作灌輸我新思想。
— [ɪmˋprɛgnɪt; im'pregnit] *adj.* **1** 懷孕的。**2** [不用在名詞前]〔十介十(代)名〕**a** 充滿〔…〕的，浸透着〔…〕的〔*with*〕. **b** 被灌輸〔…〕的〔*with*〕.

im·preg·na·tion [ˌɪmprɛgˋneʃən; ˌimpreg'neiʃn] «impregnate 的名詞»—*n.* Ⓤ **1** 受胎，懷孕；受精。**2** 飽和，充滿。**3** 鼓吹，注入，灌輸。

im·pre·sa·ri·o [ˌɪmprɪˋsɑrɪˌo; ˌimpri'sɑ:riou] «源自義大利語「承包人」之義»—*n.* Ⓒ(*pl.* ～s)**1** (歌劇團、芭蕾舞團、樂團等的)經理人，主持人。**2** 製作人，指揮者，經營者。

***im·press**[1] [ɪmˋprɛs; im'pres] «源自拉丁文「蓋在上面」之義»—*v.t.* **1 a** 〔十受〕給予〈人〉印象：～ a person favorably 給予某人好印象/be favorably [unfavorably] ～*ed* 獲得良好[惡劣]印象。**b** 〔十受十*as* 補〕給予〈人〉〈…的〉印象《★*as* 補語係對主格而言》：He ～*ed* me *as* honest [an honest person]. 他給我的印象是個老實人。
2 〔十受十介十(代)名〕**a** 使〈人、心等〉銘記〈事、物〉〔*on, upon*〕：That accident ～*ed* ***on*** me the necessity of traffic regulations. 那次車禍使我深感交通規則的必要。**b** 〔～ one*self*〕〈事、物〉銘記，銘刻〔於人、心等〕〔*on, upon*〕：His words ～*ed themselves* ***on*** my memory. 他的話銘刻在我的記憶裏。**c** 使〈人〉深切[强烈]地感到〔…〕〔*with*〕：He ～*ed* me ***with*** the importance of the task. 他使我深感那工作的重要性。
3 〔十受十介十(代)名〕〔以…〕感動〈人〉，〔以…〕打動〈人心〉〔*with, by*〕《★常以過去分詞當形容詞用；⇨ impressed》：He ～*ed* the world ***with*** his adventure. 他以他的冒險使全球的人深受感動。
4 〔十受十介十(代)名〕〔以…〕蓋印於…，壓記號於…〔*with*〕；蓋…〔在…上〕〔*on*〕：He ～*ed* the wax ***with*** a seal. ＝He ～*ed* a seal ***on*** the wax. 他在封蠟上蓋章。
— [ˋɪmprɛs; 'impres] *n.* Ⓒ **1** 蓋印，刻的印章；痕跡。**2** 特徵〔*of*〕. **3** 印象，銘感；影響。

im·press[2] [ɪmˋprɛs; im'pres] *v.t.* **1** (從前)强迫〈男子〉服海軍役。**2** 徵召，徵用。

im·préssed *adj.* [不用在名詞前]〔十介十(代)名〕深受〔…〕感動的，銘記〔…〕的〔*by, at, with*〕(cf. impress[1] 3)：Many people were ～ ***by*** [*with, at*] the success of the adventure. 那次冒險的成功令許多人深受感動/I was deeply ～ *with* [*at*] the sight. 那情景令我銘記於心。

im·press·i·ble [ɪmˋprɛsəbḷ; im'presəbl] *adj.* 易感動的，敏感的，感受性强的(susceptible). **-i·bly** [-səblɪ; -səbli] *adv.*

***im·pres·sion** [ɪmˋprɛʃən; im'preʃn] «impress[1] 的名詞»—*n.* **1** Ⓒ印象，銘感：auditory [visual] ～*s* 聽覺[視覺]的印象/Those are his first ～*s* of Tokyo. 那些是他對東京的初次印象/leave a favorable ～ *on* a person 給人留下好印象/make an ～ *on*... 給…印象，使…感動。
2 Ⓒ[常用單數]**a** (不確定的)感覺，模糊的想法：My ～ is that she is unwilling to join our party. 我覺得她不願意參加我們的集會。**b** 〔十 *that*_〕〈…事的〉(不明確的)感覺，想法：He had a vague ～ *that* he had left his house unlocked. 他覺得自己出門時好像沒鎖門/I am under the ～ *that* I'm still in London. 我覺得自己好像還在倫敦。
3 Ⓤ效果，影響〔*on, upon*〕：Punishment made little ～ *on* him. 懲罰對他沒有什麼效用。
4 a ⓊⒸ蓋印，銘刻。**b** Ⓒ印，痕跡。
5 Ⓒ《印刷》印同一版的總數；(原版的)印刷(⇨edition【同義字】)：the second ～ of the fifth edition 第五版的第二次印行。

im·pres·sion·a·ble [ɪmˋprɛʃənəbḷ; im'preʃṇəbl] *adj.* 易受感動的，敏感的，易受外來影響的。 **im·pres·sion·a·bil·i·ty** [ɪmˌprɛʃənəˋbɪlətɪ; imˌpreʃṇə'biləti] *n.*

im·prés·sion·ism [-ʃənˌɪzəm; -ʃṇizəm] *n.* Ⓤ[常 I~]《藝術》印象派[主義]《不拘泥於事物的外形，而要表現原來所得的印象》。

im·prés·sion·ist [-ʃənɪst; -ʃṇist] *n.* Ⓒ **1** [常 I~] 印象主義者；印象派畫家[雕刻家，作家]。**2** 模仿名人的演藝人員。
—*adj.* [常I~]印象派[主義]的。

im·pres·sion·is·tic [ɪmˌprɛʃənˋɪstɪk; imˌpreʃə'nistik⁻] *adj.* 印象主義的，印象派的。

***im·pres·sive** [ɪmˋprɛsɪv; im'presiv] «impress[1], impression 的形容詞»—*adj.* (**more** ～；**most** ～)給人深刻印象的，令人難忘的，感人的：an ～ picture 留給人深刻印象的畫[照片]。
～**·ly** *adv.* ～**·ness** *n.*

im·pri·ma·tur [ˌɪmprɪˋmetɚ; ˌimpri'meitə] *n.* **1** [用單數](尤指天主教會發給的)印刷[出版]許可。**2** Ⓒ許可，准許，執照，承認。

im·pri·mis [ɪmˋpraɪmɪs; im'praimis] «源自拉丁文»—*adv.* 第一，首先(firstly, in the first place)。

im·print [ˋɪmprɪnt; 'imprint] *n.* Ⓒ **1 a** (蓋出來的)印，印跡，印記：the ～ of a foot 足跡。**b** 痕跡，跡象；印象：the ～ of anxiety *on* a person's face 表現於臉上的憂慮神色。**2** (書籍等)封底或內封面上所印的發行人、印刷者住址、姓名等。
— [ɪmˋprɪnt; im'print] *v.t.* 〔十受(十介十(代)名)〕**1** 〔在…上〕蓋〈印章等〉〔*on*〕；〔以印章等〕蓋印於…〔*with*〕：～ a postmark ***on*** a letter ＝～ a letter ***with*** a postmark 蓋郵戳於信上。**2** 使…深印[銘記]〔於心裏、記憶等〕〔*on, upon, in*〕《★常用被動語態》：The scene *was* ～*ed* ***on*** [***in***] my memory. 那情景深深地留在我的記憶裏。

im·print·ing [ɪmˋprɪntɪŋ; im'printiŋ] *n.* Ⓤ《心理》印刻，銘記。

im·pris·on [ɪmˋprɪzṇ; im'prizn] *v.t.* 〔十受〕**1** 將〈人〉關入牢獄，禁錮。**2** 禁閉，監禁〈人〉(shut up)。

im·prís·on·ment [-mənt; -mənt] «imprison 的名詞»—*n.* Ⓤ **1** 坐牢，入獄，拘禁，禁錮：life ～ 終身監禁/～ at hard labor 勞役刑。**2** 監禁，幽禁，束縛。

im·prob·a·bil·i·ty [ˌɪmprɑbəˋbɪlətɪ; imˌprɔbə'biləti] «improbable 的名詞»—*n.* **1** Ⓤ未必有[發生]，無或然性，似不可信〔*of*〕：the ～ *of* its recurrence 此事未必會再發生。**2** Ⓒ未必有[發生]的事，似不可信的事。

im·prob·a·ble [ɪmˋprɑbəbḷ; im'prɔbəbl⁻] *adj.* 未必發生[有]的，似不可信的，似不確實的(unlikely)：an ～story 似不可信的故事/It's *not* ～ that she will pass. 她未必不會通過《或許她會通過》。

im·prób·a·bly [-bəblɪ; -bəbli] *adv.* 未必然地，似不確實地。

im·promp·tu [ɪmˋprɑmptu, -tju; im'prɔmptju:] «源自拉丁文 'in readiness' 之義»—*adv.* 未事先準備地，立刻地，即席地，即興地；臨時地：verses written ～ 即興詩。
—*adj.* **1** 〈演說、吟詩等〉未事先準備的，即席的，即興的：make an ～ speech 做即席演說。**2** (用餐等)臨時的，湊合的。
—*n.* Ⓒ **1** 即席演說[演奏]，即興詩。**2** 《音樂》即興曲(等)。

im·prop·er [ɪmˋprɑpɚ; im'prɔpə⁻] *adj.* (**more** ～；**most** ～)**1** (地點、目的等)不合適的，不適當的：～ study habits 不適當的學習習慣。**2** 不合標準的，錯誤的，不妥的：(an) ～ usage 不規範的用法。**3 a** 無禮的，不道德的：～ manners 無禮的態度/It's ～ to eat peas with a spoon. 用湯匙舀取豌豆吃是不合禮節的。**b** 下流的，猥褻的：～ language 猥褻的話，下流話。
～**·ly** *adv.*

ímproper fráction *n.* Ⓒ《數學》假分數[分式]《分子比分母大的》。

im·pro·pri·e·ty [ˌɪmprəˋpraɪətɪ, ˌɪmpəˋpraɪətɪ; ˌimprə'praiəti] «improper 的名詞»—*n.* **1 a** Ⓤ不適當，不妥當，不正當，錯誤。**b** Ⓒ(言語的)誤用。**2 a** Ⓤ無禮，下流。**b** Ⓒ無禮[猥褻]的行爲[言詞]。

im·prov·a·ble [ɪmˋpruvəbḷ; im'pru:vəbl] *adj.* 可改良[改善]的。

‡**im·prove** [ɪmˋpruv; im'pru:v] «源自古法語「謀利」之義»—*v.t.* **1 a** 〔十受〕改良，改善…；使…進步：～ one's health 增進健康/～ one's English through constant practice 以不斷的練習使英文進步/His health is much ～*d*. 他的健康大有起色。**b** 〔十受十介十(代)名〕〔～ one*self*〕〔在…方面〕使自己進步〔*in, at*〕：He is anxious to ～ *himeslf* ***in*** [*at*] English. 他急於想提高自己的英文水平。**2** 〔十受〕利用，善用…：～ the time 利用[善用]時間/He ～*d* the occasion [opportunity] to learn French. 他利用機會學法語。**3** 〔十受〕(以農耕、建設等)增高〈土地、不動產〉的價值：～ a lot by building on it 在一塊土地上興建房屋以增值。
—*v.i.* **1** 〔動(十介十(代)名)〕〔於…方面〕改善，好轉，進步，增進〔*in*〕：His knowledge is *improving*. ＝He is *improving* ***in***

knowledge. 他的知識在增進中/He has ~*d* much *in* health. 他的健康大有起色。**2** 〔十介十(代)名〕**a** 改良〔…〕〔*on, upon*〕《★可用被動語態》: This can hardly be ~*d* **on** [*upon*]. 幾乎生產不出比這更好的東西《要超過它幾乎是不可能的》。**b** 更新, 改良〔…(紀錄等)〕〔*on, upon*〕《★可用被動語態》: ~ **on** one's own record 刷新自己的紀錄。**3** 〈股價、市況等〉回升, 好轉。

im·prove·ment** [ɪmˋpruvmənt; imˈpru:vmənt] «improve 的名詞» **—n.* **1 a** Ⓤ 改良, 改善, 進步, 上進〔*of*〕: the ~ *of* diplomatic relations 外交關係的改善。**b** Ⓒ(同一物的)改良[改善]者, 改良[改善]之處〔*in*〕; (比以前的東西)更進步者〔*on, upon*〕: You may hope for an ~ *in* the weather. 你可以期望天氣會好轉/It was certainly an ~ *on* [*upon*] the previous attempt. 那確實較上次的嘗試進步。**c** ⓊⒸ裝修, 修建: add ~*s to* [put ~*s into*] a house 裝修房屋。**2** Ⓤ(機會等的)利用, 善用〔*of*〕.

im·prov·i·dence [ɪmˋprɑvədəns; imˈprɔvidəns] «improvident 的名詞» **—***n.* Ⓤ **1** 無先見之明, 淺見, 缺乏遠見, 欠考慮。**2** 不事積蓄, 不節儉。

im·prov·i·dent [ɪmˋprɑvədənt; imˈprɔvidənt] *adj.* **1** 無先見之明的, 不顧未來的。**2** 〈人〉(在經濟上)不爲未來做準備的, 不事積蓄的。 ~·**ly** *adv.*

im·prov·i·sa·tion [ˌɪmprəvaɪˋzeʃən; ˌimprəvaiˈzeiʃn] «improvise 的名詞» **—***n.* **1** Ⓤ即席而作, 即席創作, 即興。**2** Ⓒ即席而作[創作]的事物《如即興詩[曲], 即席繪畫[演奏]等》。

im·prov·i·sa·tor [ɪmˋprɑvəˌzetɚ; imˈprɔvizeitə] *n.* Ⓒ即興詩人, 即興作曲[演奏]家。

im·pro·vise [ˋɪmprəˌvaɪz, ˌɪmprəˋvaɪz; ˈimprəvaiz] *v.t.* **1** 即席作〈詩、曲〉, 即興演奏〈音樂〉。**2** 臨時製作…: ~ a bandage out of a clean towel 用一條乾淨的毛巾臨時製作一條繃帶。
—*v.i.* (演奏、演說等)即席[即興]而作。

ím·pro·vìsed *adj.* 即席而作的, 即興的。

im·pru·dence [ɪmˋprudṇs; imˈpru:dəns] «imprudent 的名詞» **—***n.* **1** Ⓤ輕率, 考慮欠周, 不謹愼。**2** Ⓒ輕率的言行。

im·pru·dent [ɪmˋprudṇt, imˈpru:dənt] *adj.* **1** 輕率的, 無思慮的, 不謹愼的: ~ behavior 輕率的舉動。**2** [不用在名詞前]〔十*of*十(代)名十(*to* do)/十*to* do〕〔人〕〈做…是〉輕率的, 考慮欠周的; 〈人〉〈做…是〉輕率的, 考慮欠周的: It was ~ **of** you *to* say so. ＝You were ~ *to* say so. 你這樣說是輕率的。 ~·**ly** *adv.*

im·pu·dence [ˋɪmpjədəns, -pjʊ-; ˈimpjudəns] «impudent 的名詞» **—***n.* **1** Ⓤ**a** 厚臉皮, 鹵莽, 狂妄, 目中無人。**b** 〔十 *to* do〕[**the** ~]〈做…的〉狂妄, 目中無人: George had *the* ~ *to* talk back to his teacher. 喬治竟狂妄得跟老師頂嘴。**2** Ⓒ狂妄的言行: None of your ~! 別太狂妄!

im·pu·dent [ˋɪmpjədənt, -pjʊ-; ˈimpjudənt] *adj.* **1** 厚臉皮的, 無恥的(⇨ impertinent 【同義字】): an ~ person 厚臉皮的人。
2 [不用在名詞前]〔十*of*十(代)名(十*to* do)/十 *to* do〕〔某人〕〈做…是〉厚臉皮的; 〈某人〉〈做…是〉厚臉皮的: It is ~ **of** him *to* say so.＝He is ~ *to* say so. 他這樣說, 眞是厚顏無恥。
~·**ly** *adv.*

im·pugn [ɪmˋpjun; imˈpju:n] *v.t.* 《文語》對〈人的行動、意見、誠實等〉表示異議; 駁斥, 非難, 攻擊〈人〉。 ~·**ment** *n.*

im·pugn·a·ble [ɪmˋpjunəbḷ; imˈpju:nəbl] *adj.* 可提出異議的, 可抨擊的。

im·pu·is·sance [ɪmˋpjuɪsəns; imˈpju:isns] *n.* Ⓤ無能; 無力; 虛弱。

im·pu·is·sant [ɪmˋpjuɪsənt; imˈpju:isnt] *adj.* 無能的; 無力的; 虛弱的。

im·pulse** [ˋɪmpʌls; ˈimpʌls] «源自拉丁文「推」之義» **—n.* **1** Ⓒ(物理的)衝擊, 推進力; (外來的)刺激, 鼓勵: give an ~ to ... 刺激; 促進…。**2** ⓊⒸ **a** (心裏的)衝動, 一時的高興, 心血來潮: a man of ~ 易衝動的人/on the ~ of the moment 因一時的高興, 由於一時的衝動/under the ~ of curiosity 在好奇心的驅使之下。**b** 〔十 *to* do〕〈想做…的〉衝動: He felt an irresistible ~ *to* cry out at the sight. 他看到那景象, 情不自禁想要大聲叫喊。**3** Ⓒ《力學》衝力, 衝量《力與時間的積》。**4** Ⓒ《生理》衝動; 慾望。**5** Ⓒ《電學》衝擊, 脈衝。
on (an) ímpulse 衝動之下, 衝動地, 不加思索地: She often buys clothes *on* ~. 她常常憑衝動購買衣服/He grasped her hand *on an* ~. 他情不自禁地握緊她的手。

ímpulse bùying *n.* Ⓤ衝動性購買, 未經考慮或計畫之購買行爲。

im·pul·sion [ɪmˋpʌlʃən; imˈpʌlʃn] *n.* ⓊⒸ **1** 衝擊, 刺激; 推進(力)。**2** 衝動, 一時的興致[高興]。

im·pul·sive [ɪmˋpʌlsɪv; imˈpʌlsiv] «impulse 的形容詞» **—***adj.* **1** 推進的: an ~ force 推進力。**2** 〈人、言行等〉受一時感情驅使的, 衝動的, 感情容易衝動的: an ~ boy 感情容易衝動的少年/an ~ marriage 出於一時衝動的婚姻。**3** 《力學》衝力的。
~·**ly** *adv.* ~·**ness** *n.*

im·pu·ni·ty [ɪmˋpjunətɪ; imˈpju:nəti] *n.* Ⓤ刑罰[傷害, 損失]的免除《★常用於下列片語》。
with impúnity 不受懲罰[損害]地, 無虞地, 平安無事地: You cannot do this *with* ~. 你不可能做這事而不受罰《你做這事必受罰》。

im·pure [ɪmˋpjʊr; imˈpjuə] *adj.* **1** 〈水、空氣等〉汚穢的, 髒的, 不潔的。**2 a** 不純的, 混有雜物的。**b** 〈顏色〉混合顏色的。**c** 〈文體、用法等〉混淆的, 非慣用的。 **3 a** 〈動機等〉不純的: ~ motives 不純的動機。**b** 不道德的, 猥褻的: an ~ desire 淫猥的慾望。**c** (宗教上)不潔的, 非聖潔的, 不神聖的: In some religions pork is considered ~. 某些宗教認爲豬肉是不聖潔的。
~·**ly** *adv.* ~·**ness** *n.*

im·pu·ri·ty [ɪmˋpjʊrətɪ; imˈpjuərəti] «impure 的名詞» **—***n.* **1 a** Ⓤ不潔, 不純。**b** Ⓒ不純的東西, 混雜物: *impurities* in food 食物中的雜質/remove *impurities* 除去混雜物[雜質]。**2 a** Ⓤ淫亂, 猥褻。**b** Ⓒ不道德的行爲, 醜行。

im·put·a·ble [ɪmˋpjutəbḷ; imˈpju:təbl] *adj.* [不用在名詞前]〔十介十(代)名〕〈罪等〉可歸咎於〔…〕的〔*to*〕: sins ~ *to* weakness 可歸咎於柔弱個性的罪行/No blame is ~ *to* him. 他沒有任何過失[責任]。

im·pu·ta·tion [ˌɪmpjʊˋteʃən; ˌimpju:ˈteiʃn] «impute 的名詞» **—***n.* **1** Ⓤ(罪等的)歸咎〔*to*〕.
2 Ⓒ**a** 非難, 毀謗, 汚名: an ~ of greed 貪婪的毀謗[非難]/cast an ~ *on* [make an ~ *against*] a person's name 損害某人的名譽。**b** 〔十 *that*__〕非難, 毀謗〈…事〉: the ~ *that* he is greedy 說他爲人貪婪的責難。

im·pute [ɪmˋpjut; imˈpju:t] *v.t.* 〔十受十介十(代)名〕將〈罪等〉歸咎〔於…〕, 把〈罪等〉推到〔…之上〕, 認爲〈罪等〉係〔…〕的行爲所致〔*to*〕: He ~*d* his failure **to** ill health. 他把自己的失敗歸咎於健康不佳/How dare you ~ the failure *to* me? 你怎敢把失敗歸罪於我?

‡in [ɪn; in] *prep.* **1** [表示場所、位置、方向等] **a** 在…內[中], 在…裏面: *in* the house 在家裏/a bird *in* a cage 籠中的鳥/*in* a crowd 在羣衆中/in the world 在世界上。**b** 在…(⇨ at 1 a 用法): *in* Japan 在日本/*in* London 在倫敦/meet a person *in* the street 《★又作 *on* the street》/There is some reason *in* what he says. 他說的話有些道理。**c** 在[向, 從]…方向: *in* that direction 在那方向/The sun rises *in* the east. 太陽從東方升起。**d** 乘坐〈車子等〉(⇨ by[1] 3 a; on 1): *in* a car 在車上, 坐車。**e** [着眼於場所的功能, 不用冠詞]在…內[中, 上]: *in* school 在校內, 在學校裏/*in* class 在上課中/*in* bed 在牀上, 臥着。
2 [與表示移動的動詞連用, 以表示行爲、動作的方向]《口語》…的裏面, …之中: fall *in* a river 掉入河裏/put one's hands *in* one's pockets 把手插入口袋裏[中]/Throw it *in* the wastebasket. 把它扔入字紙簍裏。
3 a [表示狀態]在…狀態中: *in* bad [good] health 健康欠佳[良好]/*in* confusion 在混亂中, 混亂地/*in* full blossom 〈花〉盛開中/*in* excitement 興奮地, 在興奮中/*in* alarm 在驚恐中, 驚慌地/*in* haste 在急忙中, 急忙地/*in* a rage 盛怒着, 在激怒中/*in* despair 在絕望中, 絕望地。**b** [表示環境]在…中: *in* the dark 在黑暗中/go out *in* the rain [snow] 冒雨[雪]出門/sit *in* the sun 坐在陽光中。
4 a [表示行爲、活動、從事某事]做着…, 在做…時《★用法《口語》後接 do*ing* 時略去 in》: *in* search of truth 追求眞理/be engaged *in* read*ing* 正忙着讀書/They are busy (*in*) prepar*ing* for the examination. 他們忙着準備考試。**b** [表示所屬、職業]屬於…, 在…裏[中]; 在做…: *in* the army 在軍中, 在當兵/*in* society 在社會上, 在社交界/He is *in* computers. 他從事與電腦有關的工作。
5 [表示穿戴]穿着…, 戴着…: *in* uniform 穿着制服/a girl *in* blue 穿藍衣的女孩/a man *in* spectacles [an overcoat; a red tie] 戴着眼鏡[穿着外套, 結紅領帶]的男人。
6 a [表示範圍]在…, 在…(範圍)內: *in* (one's) sight 在視界內/*in* one's power 在勢力範圍內, 力量所及/*in* the second chapter 在第二章/*in* my opinion 根據我的意見[看法, 想法]。**b** [表示特定部分]在…(部位), 關於…: a wound *in* the head 頭部的傷/wounded *in* the leg 腳部受傷/He is blind *in* one eye. 他一隻眼睛失明/He looked me *in* the face. 他正視我的臉。**c** [限定數量等]在…方面; 就…而言: a foot *in* length 長一呎/seven *in* number 數目爲七/vary *in* size [color] 大小[顏色]不同/equal *in* strength 力量相等。**d** [限定性質、能力、才藝等領域]在…方面: strong [weak] *in* algebra 擅長[不擅長]代數/rich *in* vitamin C 富於維他命 C. **e** [限定(相當於)最高級的形容詞]就…方面而言: the latest thing *in* cars 最新型的汽車。
7 [表示時間] **a** 在…時(間), 在…(時間)內[中]《★ 用法 表示比 at 更長的時間》: *in* another moment 不一會兒, 轉眼間/ *in* the morning [afternoon, evening] 在上午[下午, 晚間]/*in* January

I

在一月/*in* (the) spring 在春天/*in* the 79th year of the Republic of China 在中華民國七十九年/*in* (the) future 在未來/*in* one's boyhood在少年時代/*in* one's life [time, lifetime] 在一生中/*in* one night 在一夜之間。**b** 經過…(時間)，在…(時間)以內《★用法主要用於未來式；《美口語》常與 within 同義》：He will be back *in* a few days. 他過兩三天就會回來。**c** 在…期間中，…(期間)以來：the hottest day *in* ten years 十年中[以來]最熱的一天/I haven't seen him *in* years. 我已經好幾年沒見到他了。

8 a [表示與全體之間的關係]在…中：the longest river *in* the world 世界上最長的河流/ the tallest boy *in* the class 班上個子最高的男孩。**b** [表示比率、程度]論…；每…中有：sell *in* dozens 論打出售/packed *in* tens 包裝成每包十個/nine *in* ten 十中有九，十之八九/One man *in* a thousand can do it. 每一千人中有一個能做那件事。

9 [表示人的能力、性格、才能]在(能力)範圍內，在(性格)中：as far as *in* me lies 在我能力所及的範圍內/He had something of the hero *in* his nature [*in* him]. 他天性有些英雄氣概。

10 [表示工具、材料、表現的式樣等]用…，以…(製作的)：paint *in* oils 用油畫顏料繪畫/work *in* bronze 用青銅加工[鑄造]/a statue (done) *in* bronze 用青銅鑄造的像/speak *in* English 用英語說/write *in* pencil 用鉛筆寫。

11 [表示方法、形式]用[以]…：*in* that manner 以那種方式/*in* this way 用這個方法，這樣做/*in* a loud voice 大聲地。

12 [表示配置、形狀]形成…，成爲…：*in* a (big) circle 圍成一個(大)圓圈/The boys came out of the room *in* a crowd. 男孩子們成一大羣地走出房間/The villagers gathered *in* groups. 村民成羣地聚集在一起。

13 a [表示理由、動機]由於…，因爲…：cry out *in* alarm 驚叫/rejoice *in* one's recovery 因康復而高興。**b** [表示目的]爲了…目的：*in* self-defense 爲了自衛。**c** 作爲…：*in* return for his present 作爲他贈禮的回禮/a letter *in* reply to an inquiry 對詢問的回函。**d** [表示條件]在…下，萬一(…的情形)時：*in* the circumstances 在這種情形下；情形既然如此/*in* that case (萬一)在那種情形下。

14 [表示同位格的關係]叫做…的；就是：I have found a friend *in* Jesus. 我已經找到一位朋友，他就是耶穌/*In* him you have a good leader. 他就是你的一位好領導人。

be ín it (úp to the néck)《口語》(1)〈人〉陷入困境。(2)深陷，關係很深。

be nòt ín it《口語》根本敵不過[…]，[與…]無法相比〔*with*〕：He's got a fantastic car. A Rolls-Royce *isn't in it*! 他有一輛好棒的車子，連勞斯萊斯都比不上它！

in áll ⇨ all *pron.*

in as múch as…＝inasmuch as.

in itsélf ⇨ itself.

in so fár as… ＝insofar as.

in so múch that … 到…的程度[地步]。

in that … 在…這一點上；因爲…，由於…(since, because)：Men differ from animals *in that* they can think and speak. 人與動物的區別在於能思考、能說話。

—adv. (無比較級、最高級) **1 a** [表示運動、方向]在[向]裏面[內] (←→ out)：Come *in* 請進/Come on *in*. 來，請進/⇨ CUT in. **b** 進…之內：You can write *in* the page numbers later. 你可以以後再把頁數寫進去。

2 在家：Is he *in*? 他在家嗎？/He will be *in* soon. 他很快會回家/This evening I am going to eat *in*. 今晚我要在家裏吃飯。

3 a 〈車、船〉到達，到[進]站，靠碼頭：The train is *in*. 火車到站了。**b** 〈季節等〉到來，來臨：The summer is *in*. 夏天到了。

4 〈水果、食品等〉正當時令：Oysters are now *in*. 現在牡蠣正當時令[正上市]。

5 在流行：Miniskirts are *in* again. 迷你裙又流行了。

6 a 〈政黨〉當政，執政：The Liberals were *in*. 自由黨當政[執政]。

b 〈政治家〉在職，當選：Smith is *in* again. 史密斯又當選了。

7 〈消息等〉刊登於，刊載於〈書、雜誌等〉：Is my article *in*? 我的論文刊登了嗎？

8 〈火〉燃燒着：The fire is *in*. 火在燃燒/keep the fire *in* 使火燃燒着。

9 〈潮水〉漲潮，滿潮。

10〖運動〗攻隊，攻方。

11〖網球〗〈球等〉在線內。

12〖高爾夫〗完成(十八洞賽程的)後半(九洞)，比賽的後半部。

áll ín《口語》筋疲力竭。

be ín at … 〈某人〉於〈獵物死亡、特別變故時〉在場，列席：I *was in at* his death. 他死亡時我在場。

be ín for …《口語》受〈壞天氣、討厭事情等的〉連累；不能免，注定要遭受〈懲罰等〉：He behaved badly and *is in for* a beating. 他行爲不檢點，非受鞭打不可/We *are in for* a rainy season. 雨季是不可避免的。

be ín on …《口語》與〈秘密等〉有關聯[關係]；參與…：I *wasn't in on* the deal. 我沒有參與該交易。

be [kèep] ín with …《口語》與…親近[要好]，與…熟悉；深得…的歡心[信任]。

bréed ín (and ín) ⇨ breed.

hàve it ín for a person ⇨ have[1].

ín and óut (1)進進出出地：go *in and out* 進進出出。(2)忽隱忽現地；迂迴地：The brook winds *in and out* among the bushes. 那條溪流迂迴地流經灌木叢。(3)裏裏外外，完全地：I know him *in and out*. 我對他非常了解。

in betwéen ⇨ between *adv.*

—adj. [用在名詞前] (無比較級、最高級) **1** 內(部)的：an *in* patient 住院病人/ the *in* party 執政黨。

2《口語》只有特殊的少數人才知道的，只限於同夥間的：an *in* vocabulary 同夥間使用的語彙。

3《口語》上流社會的，流行的，時尙的：*in* words 時下流行的話/an *in* restaurant 現在流行的餐廳。

4〖板球〗攻方的：the *in* side [team]攻方，擊球的一邊。

5〖高爾夫〗(十八洞賽程的)後半(九洞)的，比賽後半部的。

—n. 1 [the ~s] 執政黨：*the ins* and the outs 執政黨與在野黨 (⇨ the INS and outs)。

2 Ⓒ《美口語》門路，關係，受提拔的機會〔*with*〕：He has an *in with* the boss. 他和老板有關係[交情深]。

3 [the ~s]〖板球〗攻方。

the íns and óuts (1)(河流等的)曲折。(2)裏裏外外，詳情〔*of*〕。

In《符號》〖化學〗indium.

IN《略》〖美郵政〗Indiana.

in.《略》inch(es).

in-[1] [ɪn-; in-] 字首 表示「無…」「不…」(not)之意的字首(cf. un-, non-)《★用法在 l 的前面用 il-；在 b, m, p 的前面用 im-；r 的前面則用 ir-》。

in-[2] [ɪn-; in-] 字首 表示 in, on, upon, into, against, toward 之意的字首《★用法在 l 的前面用 il-；在 b, m, p 的前面用 im-；r 的前面則用 ir-》。

in·a·bil·i·ty [ˌɪnəˋbɪlətɪ; ˌinəˈbiləti] «unable 的名詞» **—n.** Ⓤ [又作 **an** ~] **1** 無能力，無力，無才能：one's ~ *in* [*at*] English 沒有使用英語的能力。**2** [＋ *to* do] 無〈做…的〉能力[力量]：the ~ *to* sleep 不能睡，睡不着/I must confess my ~ *to* help you. 我得承認我無力幫助你。

in ab·sen·ti·a [ˌɪnæbˋsɛnʃɪə; ˌinæbˈsentiɑ:] «源自拉丁文 'in (one's) absence' 之義» **—adv.** 不在；缺席：be awarded a degree ~ 未在現場接受學位。

in·ac·ces·si·bil·i·ty [ˌɪnəkˌsɛsəˋbɪlətɪ, ˌɪnæk-; ˈinækˌsesəˈbiləti] «inaccessible 的名詞» **—n.** Ⓤ 難接近，難到達，難獲得。

in·ac·ces·si·ble [ˌɪnəkˋsɛsəbl, ˌɪnæk-; ˌinækˈsesəbl] *adj.* **1 a** 〈場所等〉難接近的，難到達的；〈東西〉難到手的：an ~ mountain 難攀登的山/The village is ~ by car in winter. 冬天時車子開不進該村。**b** [不用在名詞前] [＋介＋(代)名]〈場所等〉〔人〕難到達的；〈東西〉〔人〕難獲得的〔*to*〕：materials ~ *to* us 我們不易獲得的資料。**2 a** 〈人等〉難以親近的，(態度)疏遠的：an ~ person 令人難以親近的人。**b** [不用在名詞前] [＋介＋(代)名]〔對人〕不接近的，疏遠的〔*to*〕：He is ~ *to* his employees. 他與員工有隔閡。**c** [不用在名詞前] [＋介＋(代)名]〈感情等〉不爲〔…〕所動的，不受〔…〕影響的〔*to*〕：He is ~ *to* fear [pity]. 他不懂得恐懼[憐憫]。**d** 〈作品等〉難懂的，難解的。

-bly [-səblɪ; -səbli] *adv.*

in·ac·cu·ra·cy [ɪnˋækjərəsɪ; inˈækjurəsi] «inaccurate 的名詞» **—n. 1** Ⓤ 不正確，不精確。**2** Ⓒ [常 ~s] 錯誤；不精確的言詞[描述]。

in·ac·cu·rate [ɪnˋækjərɪt; inˈækjurət] *adj.* 不正確的，杜撰的，錯誤的。**~·ly** *adv.*

in·ac·tion [ɪnˋækʃən; inˈækʃn] *n.* Ⓤ 不做事，不活動，懶散，怠惰。

in·ac·ti·vate [ɪnˋæktəˌvet; inˈæktiveit] *v.t.* **1** 使…不活動。**2** 撤銷〈政府機構等〉。**3**〖化學〗減除…的活性。

in·ac·tive [ɪnˋæktɪv; inˈæktiv] *adj.* **1 a** 不活動的，不活潑的：an ~ volcano 休火山。**b** 怠惰的。**c** 〈機器等〉停止運轉的，停用的。**2**〖物理·化學〗非活性的；無放射性的。**3**〖軍〗非現役的。**~·ly** *adv.*

in·ac·tiv·i·ty [ˌɪnækˋtɪvətɪ; ˌinækˈtivəti] «inactive 的名詞» **—n.** Ⓤ 不活動；不活潑；無力；怠惰。

in·ad·e·qua·cy [ɪnˋædəkwəsɪ; inˈædikwəsi] «inadequate 的名詞» **—n. 1** Ⓤ [又作 **an** ~] 不適當；不充分，不完備；無能。**2** Ⓒ [常 ~s] 不適當[不充分]之處。

in·ad·e·quate [ɪn'ædəkwɪt; in'ædikwət⁻] —*adj.* **1 a** 不充分的，不完備的：an ～ income 不足的收入。**b**〔十介十(代)名〕〔對…〕不充分的，不足夠的〔*for, to*〕：～ preparation ***for*** an examination 對考試未充分的準備。**c**〔不用在名詞前〕〔十 *to* do〕〈對做…〉不充分的，不足的；無力〈做…〉的：The production is wholly ～ *to* meet the demand. 那樣的產量完全不足以應付需求。**2**〔不用在名詞前〕〔十介十(代)名〕〔對…〕不適當的，不合適的〔*to, for*〕：The road is ～ ***for*** the amount of traffic which it carries. 那條道路無法負荷現在的交通量/He is ～ ***to*** [*for*] the present job. 他不適合做現在的工作。**3**〈人〉(在社會上)缺乏適應性的，不適應社會的。～·**ly** *adv.*

in·ad·mis·si·bil·i·ty [ˌɪnədˌmɪsə'bɪlətɪ; 'inədˌmisə'biləti] 《inadmissible 的名詞》—*n.* Ⓤ不可承認，不可容許。

in·ad·mis·si·ble [ˌɪnəd'mɪsəbḷ; ˌinəd'misəbl⁻] *adj.* 不可容許的，不可承認的，不可接受的。**-bly** [-blɪ; -bli] *adv.*

in·ad·vert·ence [ˌɪnəd'vɝtṇs; ˌinəd'və:tns] 《inadvertent 的形容詞》—*n.* **1** Ⓤ不注意，粗心。**2** Ⓒ(不小心所造成的)疏忽，錯誤。

ìn·ad·vért·en·cy [-tṇsɪ; -tnsi] ＝inadvertence.

in·ad·vert·ent [ˌɪnəd'vɝtṇt; ˌinəd'və:tnt⁻] *adj.* **1** 不注意的，粗心的，疏忽的：an ～ error 不小心的錯誤。**2** 非故意的，偶然的，無意的：an ～ insult 無意的侮辱。～·**ly** *adv.*

in·ad·vis·a·ble [ˌɪnəd'vaɪzəbḷ; ˌinəd'vaizəbl⁻] *adj.* 不妥的，失策的，不明智的(unwise)。**-a·bly** [-zəblɪ; -zəbli] *adv.*

ìn·ad·vìs·a·bíl·i·ty [-zə'bɪlətɪ; -zə'biləti] *n.*

in·a·lien·a·ble [ɪn'eljənəbḷ; in'eiljənəbl⁻] *adj.* 〈權利等〉不能讓與的，不可剝奪的：the ～ rights of man 人類不可剝奪的權利。**-a·bly** [-nəblɪ; -nəbli] *adv.*

in·al·ter·a·ble [ɪn'ɔltərəbḷ; in'ɔ:ltərəbl⁻] *adj.* 不可變動[變更]的，不變的。**-a·bly** [-tərəblɪ; -tərəbli] *adv.*

in·am·o·ra·ta [ɪnˌæmə'rɑtə; inˌæmə'rɑ:tə] 《源自義大利語》—*n.* Ⓒ情婦；姘婦；情人。

in·am·o·ra·to [ɪnˌæmə'rɑto; inˌæmə'rɑ:tou] 《源自義大利語》—*n.* Ⓒ情郎；姘夫。

in·ane [ɪn'en; i'nein] *adj.* **1** 空的，空虛的。**2** 無意義的，愚蠢的：an ～ remark 愚蠢的話。
—*n.* [the ～]空虛，無限的空間，太空，太虛；空洞之物，無實體之物。～·**ly** *adv.*

in·an·i·mate [ɪn'ænəmɪt; in'ænimət⁻] *adj.* **1** 無生命的；失去知覺的：～ matter [nature] 無生物[無生物界]。**2** 無生氣[活力]的，死氣沉沉的。～·**ness** *n.*

in·a·ni·tion [ˌɪnə'nɪʃən; ˌinə'niʃn] *n.* Ⓤ **1** 空，空虛(emptiness)。**2** 營養失調。**3** 無力，無精神。

in·an·i·ty [ɪn'ænətɪ; i'nænəti] 《inane 的名詞》—*n.* **1** Ⓤ **a** 空，空虛。**b** Ⓒ愚蠢的事，愚鈍。**2** Ⓒ無意義的行爲[言詞，事情]。

in·ap·pli·ca·ble [ɪn'æplɪkəbḷ; in'æplikəbl⁻] *adj.* **1** 不能應用[適用]的。**2**〔不用在名詞前〕〔十介十(代)名〕〔對…〕不適合的，不適宜的〔*to*〕。**in·ap·pli·ca·bil·i·ty** [ˌɪnæplɪkə'bɪlətɪ; 'inˌæplikə'biləti] *n.*

in·ap·po·site [ɪn'æpəzɪt; in'æpəzit⁻] *adj.* **1** 不適當的。**2**〔不用在名詞前〕〔十介十(代)名〕〔對…〕不適合的〔*to, for*〕。
～·**ly** *adv.* ～·**ness** *n.*

in·ap·pre·ci·a·ble [ˌɪnə'priʃɪəbḷ; ˌinə'pri:ʃəbl⁻] *adj.* 微小得感覺不到的，微不足道的。**-bly** [-blɪ; -bli] *adv.*

in·ap·pre·cia·tive [ˌɪnə'priʃɪˌetɪv; ˌinə'pri:ʃjətiv⁻] *adj.* **1** 不認識眞價的，沒有眼光的，無鑑賞力的。**2**〔不用在名詞前〕〔十介十(代)名〕〔對…〕不能正確評價的〔*of*〕：He was ～ ***of*** her efforts. 他未能對她的努力作出正確的評價《他不瞭解她所做的努力》。

in·ap·pre·hen·si·ble [ˌɪnæprɪ'hɛnsəbḷ; ˌinæpri'hensəbl⁻] *adj.* 無法理解的，令人費解的。

in·ap·proach·a·ble [ˌɪnə'protʃəbḷ; ˌinə'proutʃəbl⁻] *adj.* **1** 不可接近的，難於接近的。**2** 無敵的，無法抗衡的。**3** 疏遠人的，難以親近的。

in·ap·pro·pri·ate [ˌɪnə'proprɪɪt; ˌinə'proupriət⁻] *adj.* **1**〈言詞等〉不適當的，不妥當的，不得體的。**2**〔不用在名詞前〕〔十介十(代)名〕〔對…〕不適合的，不相稱的〔*for, to*〕。～·**ly** *adv.* ～·**ness** *n.*

in·apt [ɪn'æpt; in'æpt⁻] *adj.* **1**〔不用在名詞前〕〔十介十(代)名〕不善〔…〕的〔*at, in*〕：be ～ ***at*** dancing 不善於跳舞。**2 a** 不適宜的，不合適的。**b**〔不用在名詞前〕〔十介十(代)名〕〔對…〕不適宜的〔*for*〕。～·**ly** *adv.* ～·**ness** *n.*

in·apt·i·tude [ɪn'æptəˌtud, -ˌtjud; in'æptitju:d] 《inapt 的名詞》—*n.* Ⓤ **1** 不適合，不適當〔*for*〕。**2** 不擅長，笨拙，拙劣。

in·ar·tic·u·late [ˌɪnɑr'tɪkjəlɪt; ˌinɑ:'tikjulət⁻] *adj.* **1**〈說話等〉(發音)不清楚的，不成爲語言的：～ sounds 非語言的(無意義的)聲音。**2 a**〈人〉(因興奮、痛苦等)不能說話的，說不出話來的：He becomes ～ when angry. 他生氣時會說不出話來。**b**〈痛苦、激情等〉說不出來的，難以言喻的：～ passion 難以言喻的激怒。**3**〈人〉不能清楚地表達意見的：politically ～ 政治上不善辭令的。**4**《解剖・動物》無關節的。～·**ly** *adv.* ～·**ness** *n.*

in·ar·tis·tic [ˌɪnɑr'tɪstɪk; ˌinɑ:'tistik⁻] *adj.* **1**〈藝術作品等〉非藝術性的。**2**〈人〉不懂藝術的，無藝術興趣的。

ìn·ar·tís·ti·cal [-tɪkḷ; -tikl⁻] *adj.* ＝inartistic. ～·**ly** *adv.*

ìn·as·múch as *conj.*《文語》**1** 因爲，既然(because)。**2**《罕》只要(insofar as)。

in·at·ten·tion [ˌɪnə'tɛnʃən; ˌinə'tenʃn] 《inattentive 的名詞》—*n.* Ⓤ **1** 不注意，漫不經心：through ～ 由於不注意[粗心，疏忽]。**2**〔對人的〕不理會，不在乎〔*to*〕。

in·at·ten·tive [ˌɪnə'tɛntɪv; ˌinə'tentiv⁻] *adj.* **1** 不注意的，漫不經心的：an ～ pupil (上課)不專心的學生。**2**〔不用在名詞前〕〔十介十(代)名〕〔對…〕不注意的，怠慢的〔*to*〕：She is ～ ***to*** her guests. 她對客人招待不周。～·**ly** *adv.* ～·**ness** *n.*

ìn·au·di·bíl·i·ty [ˌɪnɔdə'bɪlətɪ, ɪnˌɔdə-; inˌɔ:də'biləti] *n.* Ⓤ聽不到，聽不見。

in·au·di·ble [ɪn'ɔdəbḷ; in'ɔ:dəbl⁻] *adj.* 聽不見的，無法聽到的。

in·áu·di·bly [-dəblɪ; -dəbli] *adv.* 使〈人〉聽不見[不到]地。

in·au·gu·ral [ɪn'ɔgjərəl, ɪn'ɔgərəl; i'nɔ:gjurəl] *adj.*〔用在名詞前〕就職(典禮)的，開始[開幕]的：an ～ address 就職演說；開幕辭/an ～ ceremony 就職[開幕]典禮。
—*n.* Ⓒ《美》就職演說；就職典禮。

in·au·gu·ra·te [ɪn'ɔgjəˌret; i'nɔ:gjureit] 《源自拉丁文「占卜」之義，因古時先占卜(augur)後行事》—*v.t.* **1** 使…舉行就職典禮，使〈重要人物〉就職《★常用被動語態》：A President of the United States *is* ～*d* every four years. 美國總統的就職典禮每四年舉行一次。**2** 舉行落成[通車，成立]典禮以啓用〈公共設施〉；舉行…的開幕典禮。**3** 開創，開始，展開〈新時代〉：Watt ～*d* the age of steam. 瓦特開創了蒸汽時代。

in·au·gu·ra·tion [ɪnˌɔgjə'reʃən, -ˌɔgə-; iˌnɔ:gju'reiʃn] 《inaugurate 的名詞》—*n.* **1** ⓊⒸ就任，就職〔*of*〕。**2** ⓊⒸ正式開始，開幕，成立〔*of*〕。**3** Ⓒ就職典禮；落成[通車，開幕]典禮〔*of*〕。

Inaugurátion Dày *n.* (美國總統)就職日。

> 【說明】選舉翌年的 1 月 20 日；1934 年以前是 3 月 4 日。當天，美國總統站在最高法院院長(Chief Justice)前面，左手放在聖經上，舉起右手作就職宣誓。

in·au·gu·ra·tor [ɪn'ɔgjəˌretɚ; i'nɔ:gjureitə] *n.* Ⓒ主持就職典禮者；開創者，創辦人；創始者。

in·aus·pi·cious [ˌɪnɔ'spɪʃəs; ˌinɔ:'spiʃəs⁻] *adj.* 不吉利的，不祥的，不幸的：an ～ beginning 不祥的開始/It is ～ to walk under a ladder. 從梯子下走過是不吉利的。
～·**ly** *adv.* ～·**ness** *n.*

ín-básket *n.* ＝in-tray.

ín-betwèen *adj.* 介乎中間的。
—*n.* Ⓒ介乎中間的事物：There should be no ～, no compromises. 不應有折衷，不應有妥協。

ín·bòard *adj.*〔用在名詞前〕& *adv.* (↔ outboard) **1**《航海》**a** 在船內的[地]。**b** 船內載有〈引擎〉的[地]。**c**〈汽艇(motor boat)〉船內備有引擎的[地]。**2**《航空》近(飛機)機身那一邊的[地]。
—*n.* Ⓒ船內的馬達；內有馬達的船。

ín·bórn *adj.* 天生的，天賦的，與生俱來的，先天的：～ traits 天生的特質。

ín·bòund *adj.* (↔ outbound) **1** 開向本國的，歸航的。**2**〈交通工具等〉開往市內的：catch an ～ bus 趕上開往市內的公共汽車。

ín·bréd *adj.* **1** (幼時被灌輸而變成)如同天生的，天賦的。**2** 同血統繁殖的，近親交配的。

ín·brèeding *n.* Ⓤ 同種繁殖，近親交配。

inc. 《略》inclosure；including；inclusive；income；〔常 I～〕《美》incorporated；increase.

In·ca ['ɪŋkə; 'iŋkə] *n.* (*pl.* ～s，～) **1 a** [the～(s)]印加族《居於南美安地斯(Andes)山脈地方，具有高度文化的印地安人》。**b** Ⓒ印加人。**2** [the I～]印加國王《西班牙人未入侵以前的秘魯國王》。

In·ca·ic [ɪŋ'ke·ɪk; iŋ'keiik] *adj.* ＝Incan.

in·cal·cu·la·ble [ɪn'kælkjələbḷ; in'kælkjuləbl⁻] *adj.* **1** 數不盡的，無法計數的，無數的：an ～ loss 無法計數的損失。**2 a** 不能預料的，難以逆料的，無法估計的。**b** 不可信賴的，不可靠的，反覆無常的。**-bly** [-ləblɪ; -ləbli] *adv.*

In·can ['ɪŋkən; 'iŋkən] 《Inca 的形容詞》—*adj.* 印加人[王國，文化]的。—*n.* Ⓒ印加人。

in·can·desce [ˌɪnkən'dɛs, -kæn-; ˌinkæn'des] *v.i.* & *v.t.* (使…)白熱。

in·can·des·cence [ˌɪnkən'dɛsṇs; ˌinkæn'desns] 《incandescent 的名詞》—*n.* Ⓤ白熱。

in·can·des·cent [ˌɪnkənˋdɛsn̩t; ˌinkænˈdesnt˘] *adj.* **1** 白熱的，發白熱光的：an ~ lamp [light] 白熱燈。**2** 光亮的，閃亮的。

in·can·ta·tion [ˌɪnkænˋteʃən; ˌinkænˈteiʃn] *n.* Ⓤ Ⓒ 咒文，念咒，符咒，魔法。

in·ca·pa·bil·i·ty [ˌɪnkepəˋbɪlətɪ, ɪnˌkep-; inˌkeipəˈbiləti] «incapable 的名詞»**—***n.* Ⓤ無能，無資格，無力，不能勝任。

in·ca·pa·ble [ɪnˋkepəbl; inˈkeipəbl˘] *adj.* (**more** ~ ; **most** ~) **1** [不用在名詞前] 〔十介十(代)名〕**a** 〈人等〉不能〔…〕的〔*of*〕：I was momentarily ~ ***of*** speech. 我一時說不出話來/He was ~ ***of*** realiz*ing* the situation. 他不能了解那狀況。**b** 〈人〉(在人格上) 怎麼也不會〔…〕的〔*of*〕：He is ~ ***of*** (tell*ing*) a lie. 他怎麼也不會說謊。**c** 〈人〉(在法律上) 沒有〔…〕資格的〔*of*〕：A foreigner is ~ ***of*** becom*ing* a member of the society. 外國人沒有資格成爲該協會會員。

2 [不用在名詞前] 〔十介十(代)名〕〈事物〉不容許〔…〕的〔*of*〕：The plan is ~ ***of*** alteration [be*ing* altered]. 該計畫不容許變更。**3** 無能的，無力的：~ workers 沒有能力的工人/drunk and ~ ⇨ drunk *adj.* 1 a.

-bly [-pəblɪ; -pəbli] *adv.* **~·ness** *n.*

in·ca·pac·i·tate [ˌɪnkəˋpæsəˌtet; ˌinkəˈpæsiteit] *v.t.* **1 a** 〔十受〕使〈人〉不能，使…不適宜。**b** 〔十受十介十(代)名〕使〈人〉沒有〔…〕能力：His illness ~*d* him ***for*** work [work*ing*]. 生病使他不能工作。**2** 《法律》〔十受十介十(代)名〕奪去〈人〉〔…〕的資格〔*form*〕：Criminals are ~*d* ***from*** vot*ing*. 罪犯被剝奪投票權利。

in·ca·pac·i·ty [ˌɪnkəˋpæsətɪ; ˌinkəˈpæsəti] *n.* **1** Ⓤ [又作 **an** ~] **a** 無能，無力〔*for*〕：~ *for* work [*for* work*ing*] 沒有工作能力。**b** 〔十 *to* do〕沒有〈做…的〉能力：*an* ~ *to* lie 不會說謊。**2** Ⓤ《法律》無能力，無資格，資格的褫奪[喪失]。

in·car·cer·ate [ɪnˋkarsəˌret; inˈkɑːsəreit] *v.t.* 《文語》監禁，禁閉〈人〉，將…關入牢獄。

in·car·cer·a·tion [ɪnˌkarsəˋreʃən; inˌkɑːsəˈreiʃn] «incarcerate 的名詞»**—***n.* 《文語》Ⓤ監禁，下獄，禁閉。

in·car·na·dine [ɪnˋkarnəˌdaɪn; inˈkɑːnədain] 《詩》 *adj.* **1** 肉色的，淡紅色的。**2** 血紅色的，深紅的。**—***n.* Ⓤ **1** 肉色。**2** 深紅色。

—*v.t.* 把…染成肉色[深紅色]。

in·car·nate [ɪnˋkarnɪt, -net; inˈkɑːneit, -nit] *adj.* [常置於名詞後] **1** 具有肉體的，成爲人形的，化身的：a devil ~ ＝an ~ fiend 魔鬼的化身。**2** 〈觀念、抽象物等〉具體化的：Liberty ~ 自由的化身。

— [ɪnˋkarnet; ˈinkɑːneit, inˈk-] *v.t.* **1 a** 〔十受十介十(代)名〕使…具有〔…〕的肉體[形體]〔*in*〕《★常用被動語態，變成「具有〔…〕的肉體[形體]」之意》：the devil ~*d* ***in*** a black dog 具有黑狗形體的魔鬼《化成黑狗的魔鬼》。**b** 〔十受十*as* 補〕使…具有〈…〉的肉體[形體]《★常用被動語態，變成「具有〈…〉的肉體[形體]」之意》：the devil ~*d as* a serpent 具有蛇形體的魔鬼《化成蛇的魔鬼》。

2 〔十受十介十(代)名〕使〈觀念等〉具體化，實現〔於…〕〔*in*〕《★常用被動語態》：His ideals *were* ~*d* ***in*** his poems. 他的理想具體地體現在他的詩中。

in·car·na·tion [ˌɪnkarˋneʃən; ˌinkɑːˈneiʃn] «incarnate 的名詞»**—***n.* **1** Ⓤ肉體[形體]的賦與，具體化，實現。**2** [**the** ~] 〔觀念、性質等的〕化身〔*of*〕：He is *the* ~ *of* honesty. 他就是誠實的化身。**3** Ⓒ (人、事物在變化或轉變時的) 暫時性(的形體，形態)：(in) a previous ~ 前身。**4** [**the I**~] (上帝化爲基督的) 道成肉身，降生成人。

in·case [ɪnˋkes; inˈkeis] *v.t.* ＝encase.

in·cau·tious [ɪnˋkɔʃəs; inˈkɔːʃəs˘] *adj.* 輕率的，魯莽的(rash)；粗心大意的，不謹愼的。**~·ly** *adv.* **~·ness** *n.*

in·cen·di·a·rism [ɪnˋsɛndɪəˌrɪzəm; inˈsendjərizəm] *n.* Ⓤ **1** 放火，縱火(arson)。**2** 煽動。

in·cen·di·ar·y [ɪnˋsɛndɪˌɛrɪ; inˈsendjəri] *adj.* [用在名詞前] **1** 放火的，縱火的。**2** 引起燃燒的：an ~ bomb 燃燒彈。**3** 煽動性的〈人、言行等〉。

—*n.* Ⓒ **1** 縱火[放火]者。**2** 燃燒彈[物質]。**3** 煽動者(agitator)。

in·cense[1] [ˋɪnsɛns; ˈinsens] «源自拉丁文「被焚燃的東西」之義»**—***n.* Ⓤ **1 a** (供神所焚燒的) 香，香料：a stick of ~ 一炷香。**b** (香所發的) 香氣[煙]，芳香。**2** 諂媚，奉承，恭維話。

—*v.t.* **1** 焚香燻染。**2** 對…上香[敬香]。

in·cense[2] [ɪnˋsɛns; inˈsens] «源自拉丁文「燃燒」之義»**—***v.t.* 使〈人〉非常生氣《★常以過去分詞當形容詞用，變成「〈人〉激怒，大怒」之意。指對言行時，介系詞用 *at, by*；指對人時用 *with, against*》：She was ~*d* ***by*** his conduct [***at*** his remarks]. 她對他的行爲[他的話]感到憤怒/He was ~*d* ***against*** the slanderer. 他對中傷者非常生氣/He became ~*d* ***with*** me. 他對我很生氣。

íncense bùrner *n.* Ⓒ香爐。

in·cen·tive [ɪnˋsɛntɪv; inˈsentiv] *n.* **1** ⓊⒸ **a** 〔對行動等的〕刺激，動機〔*to*〕(⇨ motive【同義字】)：an ~ *to* hard work 努力工作的刺激[動機]。**b** 〔十 *to* do〕〈做…的〉誘因，動機：an ~ *to* study history 研究歷史的動機。**c** Ⓒ獎金，報酬。**2** Ⓤ [常用於否定句] 〔想做…的〕魄力，原動力〔*to, for*〕：He *no* longer had much ~ *to* [*for*] study*ing*. 他已沒有多少動力去作進一步鑽研了《他不再想作進一步鑽研了》。

—*adj.* **1** 刺激性的，鼓舞的：an ~ speech 激勵的演說。**2** [用在名詞前] (提高效率等) 獎勵(用)的，報酬的：an ~ bonus 獎金/~ goods [articles] 獎品。

in·cep·tion [ɪnˋsɛpʃən; inˈsepʃn] *n.* Ⓒ 《文語》開始，開端 (beginning)：at the ~ *of* ...在…的開頭[端]。

in·cep·tive [ɪnˋsɛptɪv; inˈseptiv] *adj.* **1** 開始的，起初的。**2** 《文法》表示動作開始的，表始的：an ~ verb 表始動詞。

—*n.* Ⓒ《文法》表始動詞《如 begin (to do [doing]) 之類的動詞》。

in·cer·ti·tude [ɪnˋsɝtəˌtud, -ˌtjud; inˈsəːtitjuːd] *n.* Ⓤ不確實；不(確)定(uncertainty)。

in·ces·sant [ɪnˋsɛsn̩t; inˈsesnt˘] *adj.* 不絕的，不斷的，不停的：~ chatter 喋喋不休。**~·ly** *adv.* **~·ness** *n.*

in·cest [ˋɪnsɛst; ˈinsest] *n.* Ⓤ血親相姦，亂倫。

in·ces·tu·ous [ɪnˋsɛstʃuəs; inˈsestjuəs˘] «incest 的形容詞»**—***adj.* 血親相姦的，亂倫的。

‡**inch** [ɪntʃ; intʃ] «源自拉丁文「(1 呎的) 1/12」之義» **—***n.* **1** Ⓒ 吋《長度單位，＝1/12 foot，2.54 cm；略作 in.，″》：an ~ of rain 一吋的雨量/He is five feet and eight ~*es* (tall). 他身高五呎八吋《★ 比較《口語》也說 He is five foot eight.》/Give him an ~ and he'll take an ell [a yard, mile]. 《諺》「給他一吋，他要一呎」《得寸進尺》。

2 a [**an** ~] 少量，少數，少許：win by *an* ~ 險勝《以些許之差獲勝》。**b** [當副詞用] 少許距離，一點點：Move *an* ~ farther back, please. 請再退後一點點。**c** [用於否定句；當副詞用] 一點也不：Do*n't* yield [give, budge] *an* ~ . 一點也不要退讓。

by ínches (1)逐漸地，一點一點地：die *by* ~*es* 逐漸死去/kill a person *by* ~*es* 慢慢地殺人。(2)勉强地，好不容易地：escape death *by* ~*es* 好不容易死裏逃生。

évery ínch (1)〔…的〕各角落〔*of*〕；He knows *every* ~ *of* Taipei. 他熟悉台北的各個角落。(2)[當副詞用] 徹頭徹尾地，十足地，完全地：He is *every* ~ a scholar. 他是一個典型[十足]的學者；他完全是一副學者的派頭。

ínch by ínch 漸漸地，一步一步地。

to an ínch 絲毫不差地，精確[密]地。

withìn an ínch of... 距離…很近；只差一點點[幾乎]就…：I came *within an* ~ *of* being killed. 我差一點就被殺死。

—*v.t.* 〔十受十副詞(片語)〕**1** 一點一點地移動…。**2** [~ **one's way**] 緩慢前進，不知不覺地貼近。

—*v.i.* 〔十副詞(片語)〕緩慢地[一點一點地]移動。

inch·meal [ˋɪntʃˌmil; ˈintʃmiːl] *adv.* 一吋一吋地，漸漸地。

by ínchmeal ＝inchmeal.

in·cho·ate [ɪnˋko·ɪt; ˈinkoueit] *adj.* 《文語》**1** 〈願望、計畫等〉剛開始的，初期的。**2** 不完全的，未完成的。

ínch·wòrm *n.* Ⓒ《昆蟲》尺蠖(looper)。

in·ci·dence [ˋɪnsədəns; ˈinsidəns] «incident *adj.* 的名詞»**—***n.* **1** [用單數] **a** 〔事件、影響等的〕發生；發生率〔*of*〕：a high ~ *of* lung cancer 肺癌的高發病率/decrease the ~ *of* a disease 減少某疾病的發病率。**b** 〔稅等的〕課徵範圍〔*of*〕：What is the ~ *of* the tax？該稅由誰負擔？《課稅的範圍如何？》**2** ⓊⒸ《物理》投射，入射；入射角。

in·ci·dent** [ˋɪnsədənt; ˈinsidənt] «源自拉丁文「降臨，(突然) 發生」之義»**—n.* Ⓒ **1 a** 事件；(尤指具有演變成重大事件危險性的) 附帶事件，小事件，糾紛：frontier ~*s* 邊界事件。

【同義字】accident 指意外的事故；event 指重要事件。

b (小說、詩、戲劇等中的) 枝節，插曲。**2** 《法律》附帶事宜[條件，權利]《附帶的負擔等》〔*of*〕.

—*adj.* (無比較級、最高級) **1** [不用在名詞前] 〔十介十(代)名〕**a** 容易發生〔於…〕的，〔…〕常有的〔*to*〕：weaknesses ~ ***to*** human nature 人性常有的弱點。**b** 附帶[附屬]〔於…〕的〔*to*〕. **2** 《物理》**a** 投射的，入射的：the ~ angle 入射角/~ rays 入射光線。**b** [不用在名詞前] 〔十介十(代)名〕投射〔於…〕的〔*on, upon*〕：rays of light ~ ***on*** [***upon***] a mirror 投射於鏡面的光線。

in·ci·den·tal [ˌɪnsəˋdɛntl̩; ˌinsiˈdentl˘] «incident *n.* 的形容詞»**—***adj.* **1 a** 附屬的，附帶的：an ~ image 殘像。**b** 〔十介十(代)名〕隨〔…〕而發生的，〔…〕常有的〔*to*〕：~ music ***to*** a play 附屬於戲劇的[伴奏]音樂《戲劇的配樂》/Fatigue is ~ *to* a journey [*to* travel*ing*] in a strange land. 在陌生的地方旅行，容易疲勞/That is ~ *to* my story. 那是附帶的話《★ to 以下有時省略》。**2** 附帶的，枝節的；偶然的，偶發的：~ expenses 臨時費用，雜費。

—n. **1** Ⓒ附帶[偶發]事件。**2** [~s]雜費。

in·ci·den·tal·ly [ˌɪnsəˋdɛntḷɪ; ˌinsiˈdentḷi] *adv.* **1** 附帶[偶發]地。**2** [常用於句首；修飾整句]順便說[一提]。

in·cin·er·ate [ɪnˋsɪnəˌret; inˈsinəreit] *v.t.* **1** 將〈不要的東西〉燒成灰《★常用被動語態》。**2** 將〈人、屍體〉火葬(cremate).

in·cin·er·a·tion [ɪnˌsɪnəˋreʃən; inˌsinəˈreiʃn] 《incinerate 的名詞》**—n.** Ⓤ **1** 焚燒。**2** 火葬。

in·cín·er·à·tor [-təː; -tə] *n.* Ⓒ **1** (垃圾等的)焚化爐。**2** 火葬爐。

in·cip·i·ence [ɪnˋsɪpɪəns; inˈsipiəns] *n.* =incipiency.

in·cip·i·en·cy [ɪnˋsɪpɪənsɪ; inˈsipiənsi] *n.* Ⓤ **1** 《文語》最初，開端。**2** 《醫》(疾病等的)初期。

in·cip·i·ent [ɪnˋsɪpɪənt; inˈsipiənt] *adj.* **1** 《文語》開始的，開端的：the ~ light of day 黎明之光，曙光。**2** 《醫》初期的：the ~ stage of a disease 疾病的初發階段。**~·ly** *adv.*

in·cise [ɪnˋsaɪz; inˈsaiz] *v.t.* **1** 切入，切開《★常以過去分詞當形容詞用》：an ~*d* leaf 《植物》有鋸齒狀邊緣的葉子。**2** 雕，刻。

in·ci·sion [ɪnˋsɪʒən; inˈsiʒn] 《incise 的名詞》**—n.** **1** **a** Ⓤ切入，刻入，切開。**b** Ⓒ切痕，切口。**2** ⓊⒸ《外科》切開：make an ~ 切開。

in·ci·sive [ɪnˋsaɪsɪv; inˈsaisiv] *adj.* **1** 〈刀劍等〉鋒利的，銳利的。**2** **a** 〈頭腦等〉敏銳的，機敏的。**b** 〈言辭等〉尖刻的，尖銳的，單刀直入的：~ criticism 尖刻的批評/have an ~ tongue 說話尖刻。**~·ly** *adv.* **~·ness** *n.*

in·ci·sor [ɪnˋsaɪzəː; inˈsaizə] *n.* Ⓒ《解剖》切齒，門牙。

in·ci·ta·tion [ˌɪnsaɪˋteʃən; ˌinsaiˈteiʃn] *n.* =incitement.

in·cite [ɪnˋsaɪt; inˈsait] 《源自拉丁文「在裏面激動」之義》**—v.t.** **1** [十受(十介十(代)名)]〔在…之中[間]〕引起，激起〈憤怒，好奇心等〉〔*in, among*〕：The remarks ~*d* anger ***in*** him. 那些話引起他(心中的)憤怒/His action ~*d* curiosity ***among*** us. 他的行動勾起了我們的好奇心。

2 **a** [十受十介十(代)名]驅使，煽動〈人〉〔行動〕〔*to*〕：His words ~*d* them ***to*** rebellion. 他的話驅使[煽動]他們反叛。**b** [十受十*to* do]唆使，刺激，鼓勵〈人〉〈做…〉：Their captain's example ~*d* the men *to* fight bravely. 指揮官的榜樣鼓舞士兵們勇敢作戰。

in·cíte·ment [-mənt; -mənt] 《incite 的名詞》**—n.** **1** Ⓤ刺激，鼓舞，煽動〔*to*〕. **2** Ⓒ刺激物；誘因〔*to*〕：an ~ *to* riot 暴動的誘因。

ín-cìty *adj.* 市內的：the ~ edition of a paper 報紙的市內版。

in·ci·vil·i·ty [ˌɪnsəˋvɪlətɪ; ˌinsiˈviləti] 《uncivil 的名詞》**—n.** **1** Ⓤ無禮，粗魯。**2** Ⓒ無禮[失禮]的言行。

incl. 《略》inclosure；including；inclusive(ly).

in·clem·en·cy [ɪnˋklɛmənsɪ; inˈklemənsi] 《inclement 的名詞》**—n.** Ⓤ(天氣的)惡劣，(氣候的)嚴寒；冷酷無情。

in·clem·ent [ɪnˋklɛmənt; inˈklemənt⁻] *adj.* 〈天氣、氣候〉(因寒冷或風雨而)惡劣的，嚴酷的；冷酷無情的：an ~ climate 惡劣[嚴寒]的氣候。

in·cli·na·tion [ˌɪnkləˋneʃən; ˌinkliˈneiʃn] 《incline 的名詞》**—n.** **1** ⓊⒸ[常 ~s] **a** 〔朝向…的〕(性質上的)傾向，趨勢〔*toward, for*〕：He has an ~ *for* hard work. 他有努力工作的意向《他很想努力工作》/Has he any ~*s toward* life as a lawyer? 他有任何嚮往律師生活的傾向嗎？**b** 〔對…的〕喜愛〔*for, toward*〕：I have a strong ~ *for* sports. 我很喜愛運動/He's just following his own ~*s*. 他只是隨心所欲。**c** [十 *to* do]〈做…的〉意向，意願，意思：She felt no ~ *to* marry. 她沒有結婚的意思。

2 Ⓒ[常用單數][十 *to* do]《文語》〈有…的〉(體質上)傾向：She has an ~ *to* get headaches. 她常常頭痛。

3 **a** [用單數]傾斜，傾斜度〔*of*〕：with a slight ~ *of* one's head 微微傾首，輕輕點頭。**b** Ⓒ 傾斜面，斜坡。

in·cline** [ɪnˋklaɪn; inˈklain] 《源自拉丁文「傾斜」之義》**—v.t.** **1** **a** [十受十 *to* do]使〈人〉傾向〈做…趨勢〉《★常以過去分詞當形容詞用；⇨ inclined 1 a》：The letter ~*d* her *to* set off at once. 那封信使她想即刻動身。**b** [十受十介十(代)名]使〈人心〉傾向〔於…〕，使〈人〉偏向〔於…〕〔*to, toward*〕《★常以過去分詞當形容詞用；⇨ inclined 2》：The news ~*d* him ***to anger. 那消息使他生氣。

2 [十受] **a** 使〈東西〉偏歪，使…傾斜。**b** 彎曲〈身體〉；低下〈頭〉：~ one's head in (a bow of) thanks 點頭致謝。

—v.i. **1** **a** [十 *to* do]想〈做…〉，容易〈做…〉：They ~ *to* think so. 他們往往這樣想。**b** [十介十(代)名]〈人〉傾向〔於…〕，有意〔於…〕；有〔…〕的傾向〔*to, toward*〕：He is *inclining* ***toward*** my view. 他正傾向我的意見/She ~*s* ***to*** stoutness. 她有發胖的趨勢。

2 **a** [動(十介十(代)名)]〈東西〉傾向，傾斜〔於…〕〔*to, toward*〕：~ *to* one side [the left] 朝一邊[左邊]傾斜/~ ***toward*** the river 向河傾斜。**b** [動(十副詞(片語))]〈人〉身體傾向(…)：~ forward 把身體前傾。

— [ˈɪnklaɪn, ɪnˋklaɪn; inˈklain] *n.* Ⓒ傾斜(面)，坡度：a steep ~ 陡坡。

in·clined [ɪnˋklaɪnd; inˈklaind] *adj.* **1** [不用在名詞前] **a** [十 *to* do]想〈做…〉的，有意〈做…〉的(cf. incline *v.t.* 1 a)：I am ~ *to* believe that he is innocent. 我倒相信他是無辜的。**b** [十介十(代)名]想〔做…〕的〔*for*〕：She was ~ ***for*** a walk. 她想去散散步。**2** [不用在名詞前] **a** [十介十(代)名](體質，性格上)顯示〔…〕傾向[性向]的〔*to, toward*〕(cf. incline *v.t.* 1 b)：He was ~ ***to*** corpulence. (體質上)他有發胖的趨勢/The boy is mechanically ~. 那男孩生性喜歡機械(方面的東西)。**b** [十 *to* do]有〔…〕體質的，易於〔…〕的：She is ~ *to* get tired easily. 她容易疲倦。

3 〈東西等〉傾斜的，歪的：an ~ tower 斜塔。

in·clíned pláne *n.* Ⓒ斜面。

in·cli·nom·e·ter [ˌɪnklɪˋnɑmətəː; ˌinkliˈnɔmitə] *n.* Ⓒ傾角計，傾斜計。

in·close [ɪnˋkloz; inˈklouz] *v.* =enclose.

in·clo·sure [ɪnˋkloʒəː; inˈklouʒə] *n.* =enclosure.

‡in·clude [ɪnˋklud; inˈklu:d] 《源自拉丁文「關在裏面」之義》**—** *v.t.* 包括，包含(爲全體中的一部分)(↔ exclude)(⇨ contain【同義字】)：**a** [十受]包含，包括…；把…考慮[計算]在內：This price ~*s* service charges. 這個價錢包括服務費在內。

b [十 do*ing*]包括〈做…〉：His duties ~ guard*ing* against accidents. 他的任務包括防範意外事故的發生。

c [以 including 當介系詞用，或以過去分詞當獨立分詞用]包含…在內：All on the plane were lost, *including* the pilot. 所有飛機上的人，包括駕駛員在內，全部喪生/Price £1, postage ~*d* [*including* postage]. 包括郵資在內，價款一英鎊。

d [十受十介十(代)名]把…包括〔在…之內〕，把…算在〔…之內〕〔*in, among*〕：He ~*s* me ***among*** his supporters. 他把我列爲他的支持者之一《他把我算作他的支持者》。

in·clu·sion [ɪnˋkluʒən; inˈklu:ʒn] 《include 的名詞》**—n.** **1** Ⓤ包含，包括；算入。**2** Ⓒ包含的東西，含有物。

in·clu·sive [ɪnˋklusɪv; inˈklu:siv] 《include, inclusion 的形容詞》**—adj.** (**more** ~；**most** ~)(↔ exclusive) **1** 包含的，包括一切的：~ terms 一切包括在內的費用。**2** (無比較級、最高級)[用於數字後面]包括…在內的：pages 5 to 24 ~ 第五頁至二十四頁《包括第五頁與二十四頁》/from July 1 to 31 (both) ~ 七月一日至三十一日止《包括一日與三十一日在內》《★《美》說 from July 1 through 31；⇨ through *prep.* 3 c》.

inclúsive of... [當介系詞用]包括…在內，算入…：a party of ten, ~ *of* the host 包括主人在內，共十人的宴會。

~·ly *adv.*

in·cog [ɪnˋkɑg; inˈkɔg] 《略》**—** *adj., adv., n.* 《口語》=incognito.

in·cog·i·ta·ble [ɪnˋkɑdʒətəbl; inˈkɔdʒitəbl] *adj.* 不可理解的；無法想像的。

in·cog·ni·to [ɪnˋkɑgnɪˌto; inˈkɔgnitou] 《源自義大利語「不爲人知」之義》**—adj.** **1** [常置於名詞後]〈偉人、名人〉化名的，隱姓埋名的，微行的：a king ~ 一個微行的國王。**2** [不用在名詞前]不爲人知的：remain ~ 保持不爲人知。

—adv. 化名地，隱姓埋名地，微行地：travel ~ 微服出遊，化名旅行。

—n. Ⓒ(*pl.* ~**s**)隱姓埋名的人，微行者。

in·co·her·ence [ˌɪnkoˋhɪrəns; ˌinkouˈhiərəns] 《incoherent 的名詞》**—n.** **1** Ⓤ沒有條理，不聯貫，支離破碎。**2** Ⓒ不聯貫的思想[言詞]。

ìn·co·hér·en·cy [-rənsɪ; -rənsi] *n.* =incoherence.

in·co·her·ent [ˌɪnkoˋhɪrənt; ˌinkouˈhiərənt⁻] *adj.* 〈議論等〉無條理的，沒有邏輯性的，不聯貫的，前後不一致的，支離破碎的。

~·ly *adv.*

in·com·bus·ti·bil·i·ty [ˌɪnkəmˌbʌstəˋbɪlətɪ; ˈinkəmˌbʌstəˈbiləti] 《incombustible 的名詞》**—n.** Ⓤ不燃性。

in·com·bus·ti·ble [ˌɪnkəmˋbʌstəbl; ˌinkəmˈbʌstəbl⁻] *adj.* 不燃性的，不能燃燒的。**—n.** Ⓒ不能燃燒的東西。

***in·come** [ˈɪnˌkʌm, ˈɪŋˌk-; ˈiŋkʌm, ˈink-] 《源自中古英語「進入裏面者」之義》**—n.** ⓊⒸ(定期獲得的)收入，所得(cf. revenue)：earned [unearned] ~ 工作[非工作]收入/have an ~ of $100 a week 每週有一百元的收入/live within [beyond] one's ~ 過著量入爲出[透支]的生活《★比較 live within [beyond] one's means 較爲普遍》。

íncome accòunt *n.* Ⓒ損益計算書，收益帳。

íncomes pòlicy *n.* Ⓒ 所得[收入]政策。

íncome tàx *n.* ⓊⒸ 所得稅。

ín·còming (↔ outgoing) *adj.* [用在名詞前] **1** 進來的：the ~ tide 漲潮/an ~ call 打進來的電話。**2** 下次來的，接著來的，繼任的，新任的：the ~ mayor 繼任[新任]市長。

—n. **1** ⓊⒸ進來，到來〔*of*〕：the ~ *of* spring 春天的來臨。**2** [~s]收入，所得：~*s* and outgoings 收入與支出《收支》。

in·com·men·su·ra·ble [ˌɪnkəˈmɛnʃərəbl̩; ˌinkəˈmenʃərəbl←] *adj.* **1 a** 不能用同一標準計量的, 不能比較的。**b** [不用在名詞前]〔十介十(代)名〕不配〔與…〕比較的, 〔與…〕相差懸殊的〔*with*〕: an explanation ～ ***with*** the facts 與事實相距甚遠的說明。**2**《數學》不能通約的, 無公約數的。
—*n.* Ⓒ **1** 不能以同一標準計量的東西。**2**《數學》不能通約的數[量]。

in·com·men·su·rate [ˌɪnkəˈmɛnʃərɪt, -sərɪt; ˌinkəˈmenʃərət] *adj.* **1** [不用在名詞前]〔十介十(代)名〕〔與…〕不相稱的, 不成比例的〔*with, to*〕. **2** ＝incommensurable.

in·com·mode [ˌɪnkəˈmod; ˌinkəˈmoud] *v.t.*《文語》使〈人〉感到不方便, 給…添麻煩(trouble); 阻礙, 妨礙…。

in·com·mo·di·ous [ˌɪnkəˈmodɪəs; ˌinkəˈmoudjəs←]《文語》*adj.* **1** 不方便的, 不舒服的。**2**〈房間等〉狹小的。

in·com·mu·ni·ca·ble [ˌɪnkəˈmjunɪkəbl̩; ˌinkəˈmju:nikəbl] *adj.* 不能傳達的, 不能以言語表達的。

in·com·mu·ni·ca·do [ˌɪnkəˌmjunɪˈkado; ˈinkəmju:niˈka:dou]《源自西班牙語'isolated'之義》—*adj.* [不用在名詞前], *adv.* **1**〈人〉被禁止與外界聯絡[接觸]的[地]: (be) held ～ 被監禁而不能與外界接觸。**2**〈犯人等〉被監禁的[地]: (be) kept ～ 被監禁著。

in·com·mu·ni·ca·tive [ˌɪnkəˈmjunəˌketɪv; ˌinkəˈmju:nikətiv←] *adj.* 不愛說話的, 沈默寡言的, 不愛交際的。

in·com·mut·a·ble [ˌɪnkəˈmjutəbl; ˌinkəˈmju:təbl←] *adj.* **1** 不能交換的。**2** 不能變換的, 不變的。

in·com·pa·ra·ble [ɪnˈkampərəbl̩, -prə-; inˈkɔmpərəbl←] *adj.* **1** 不能比較的, 無比的(matchless): one's ～ beauty 無與倫比的美《罕有的美》。**2** [不用在名詞前]〔十介十(代)名〕〔與…〕不能比較的〔*with, to*〕: His income is ～ ***with*** mine. 他的收入不能與我的相比。

in·cóm·pa·ra·bly [-rəblɪ; -rəbli] *adv.* 不能比較地, 格外地。

in·com·pat·i·bil·i·ty [ˌɪnkəmˌpætəˈbɪlətɪ; ˈinkəmˌpætəˈbiləti]《incompatible 的名詞》—*n.* ⓊⒸ 不能兩立, 相反, 性格的不一致。

in·com·pat·i·ble [ˌɪnkəmˈpætəbl̩; ˌinkəmˈpætəbl] *adj.* **1**〈人〉(彼此)個性不投合的, 不相容的, 不能共存的, 難以兩立的: They seem to be ～ (*with* each other). 他們似乎(彼此)合不來。**2** [不用在名詞前]〔十介十(代)名〕〔與…〕不兩立的, 矛盾的〔*with*〕: a theory ～ ***with*** the facts 與事實相矛盾的理論。
-bly [-blɪ; -bli] *adv.*

in·com·pe·tence [ɪnˈkampətəns; inˈkɔmpitəns]《incompetent 的名詞》—*n.* Ⓤ無能力; 不能勝任; 無資格。

in·cóm·pe·ten·cy [-tənsɪ; -tənsi] *n.* ＝incompetence.

in·com·pe·tent [ɪnˈkampətənt; inˈkɔmpitənt←] *adj.* **1 a** 無能的, 不能勝任的, 無資格的: an ～ surgeon 無能的外科醫師 /He is ～ *as* manager of the hotel. 他沒有能力當那家旅館的經理。**b** [不用在名詞前]〔十介十(代)名〕沒有〔…〕能力的〔*for, at*〕: He is ～***for*** manag*ing* a hotel. 他沒有經營旅館的能力/He is ～ ***at*** manag*ing* the hotel. 他不善於經營那家旅館。**c** [不用在名詞前]〔十 *to* do〕不能勝任[沒有能力]〈做…〉的: He is ～ *to* do the job. 他不能勝任那工作。**2**《法律》無能力的, 無資格的。
—*n.* Ⓒ **1** 無能力者, 不能勝任者。**2**《法律》無資格者。
～·ly *adv.*

in·com·plete [ˌɪnkəmˈplit; ˌinkəmˈpli:t←] *adj.* 不完全的, 不充分的, 不足的, 不完備的: an ～ (intransitive[transitive]) verb《文法》不完全(不及物[及物])動詞。
～·ly *adv.* **～·ness** *n.*

in·com·ple·tion [ˌɪnkəmˈpliʃən; ˌinkəmˈpli:ʃn]《incomplete 的名詞》—*n.* Ⓤ不完全, 不充分, 未完成, 不完備。

in·com·pli·ant [ˌɪnkəmˈplaɪənt; ˌinkəmˈplaiənt] *adj.* **1** 不服從的; 不讓步的, 固執的。**2** 不柔軟的; 不能彎曲的。

in·com·pre·hen·si·bil·i·ty [ˌɪnkamprɪˌhɛnsəˈbɪlətɪ; inˌkɔmprihensəˈbiləti]《incomprehensible 的名詞》—*n.* Ⓤ 無法理解, 不可思議。

in·com·pre·hen·si·ble [ˌɪnkamprɪˈhɛnsəbl̩; inˌkɔmpriˈhensəbl←] *adj.* **1** 無法理解的: for some ～ reason 由於某種無法理解的理由。**2** [不用在名詞前]〔十介十(代)名〕非〔人〕所能理解的〔*to*〕: His explanation was ～ ***to*** me. 他的解釋我無法理解。

in·còm·pre·hén·si·bly [-səblɪ; -səbli] *adv.* **1** 無法理解地, 費解地。**2** [修飾整句]令人費解的是。

in·com·pre·hen·sion [ˌɪnkamprɪˈhɛnʃən; inˌkɔmpriˈhenʃn] *n.* Ⓤ 不了解, 缺乏理解力。

in·com·press·i·ble [ˌɪnkəmˈprɛsəbl; ˌinkəmˈpresəbl←] *adj.* 不能壓縮的。

in·con·ceiv·a·bil·i·ty [ˌɪnkənˌsivəˈbɪlətɪ; ˈinkənˌsi:vəˈbiləti]《inconceivable 的名詞》—*n.* Ⓤ不可思議, 不能想像。

in·con·ceiv·a·ble [ˌɪnkənˈsivəbl̩; ˌinkənˈsi:vəbl←] *adj.* **1 a** 想像不到的: an ～ event 想像不到的事件。**b** [不用在名詞前]〔十介十(代)名〕〔…〕所想像不到的〔*to*〕: That event was ～ ***to*** us. 那事件是我們所想像不到的。
2《口語》難以相信的, 似乎不可能有的: It's ～ that she should do something like that. 她居然會做那樣的事眞令人難以相信。
-a·bly [-vəblɪ; -vəbli] *adv.*

in·con·clu·sive [ˌɪnkənˈklusɪv; ˌinkənˈklu:siv←] *adj.*〈議論等〉未獲得結論的, 不能使人信服的, 非決定性的, 未確定的, 不得要領的。**～·ly** *adv.* **～·ness** *n.*

in·con·gru·ence [ɪnˈkaŋgruəns; inˈkɔŋgruəns] *n.* Ⓤ 不協調, 不和諧。

in·con·gru·ent [ɪnˈkaŋgruənt; inˈkɔŋgruənt] *adj.* 不協調的, 不和諧的; 不合適的。

in·con·gru·i·ty [ˌɪnkaŋˈgruətɪ; ˌinkɔŋˈgru:əti]《incongruous 的名詞》—*n.* **1** Ⓤ不和諧, 矛盾, 不合適。**2** Ⓒ不相稱[不合理, 不合適]的東西。

in·con·gru·ous [ɪnˈkaŋgruəs; inˈkɔŋgruəs←] *adj.* **1 a** 不調和的, 不和諧的: ～ colors 不調和的顏色。**b**〔十介十(代)名〕〔與…〕不相稱的, 矛盾的〔*with*〕: His private opinions were ～ ***with*** his public statements. 他私下的見解和他公開的談話相矛盾。
2〈話等〉矛盾的, 前後不一致的;〈態度等〉不適宜的。
～·ly *adv.* **～·ness** *n.*

in·con·se·quence [ɪnˈkansəˌkwɛns; inˈkɔnsikwəns]《inconsequent 的名詞》— *n.* Ⓤ不合理, 矛盾; 不切題; 不調和, 不合邏輯。

in·con·se·quent [ɪnˈkansəˌkwɛnt; inˈkɔnsikwənt←] *adj.* **1** 不合條理的, 前後不一致的, 不合邏輯的(illogical).
2 不得當的, 不切題的, 估計錯誤的。
3 不足取的, 微不足道的。
～·ly *adv.*

in·con·se·quen·tial [ˌɪnkansəˈkwɛnʃəl; ˌinkɔnsiˈkwenʃl←] *adj.* **1** 不足取的, 微不足道的。**2** 不合條理的。

in·con·sid·er·a·ble [ˌɪnkənˈsɪdərəbl̩; ˌinkənˈsidərəbl←] *adj.* 不重要的, 不足取的, 微小的(small): His contribution was not ～. 他的捐款不算少。**-a·bly** [-dərəblɪ; -dərəbli] *adv.*

in·con·sid·er·ate [ˌɪnkənˈsɪdərɪt; ˌinkənˈsidərət←] *adj.* **1 a** 不體諒[貼](別人)的, 不顧及他人的: an ～ person 不體諒別人的人。**b**〔十*of* 十(代)名(十 *to* do)/十*to* do〕〔某人〕〈做…是〉不體諒別人的;〈某人〉〈做…是〉不體諒別人的: It is ～ ***of*** you ***to*** disturb our pleasure.＝You are ～ ***to*** disturb our pleasure. 我們高興時你來打擾, 實在是不體諒別人。
2 [不用在名詞前]〔十介十(代)名〕不顧及〔…〕的, 不關心〔…〕的〔*of*〕: He was ～ ***of*** the effect of his words. 他不顧及他說的話的後果。**～·ly** *adv.*

in·con·sis·ten·cy [ˌɪnkənˈsɪstənsɪ; ˌinkənˈsistənsi]《inconsistent 的名詞》—*n.* **1** Ⓤ不一致, 矛盾; 無定見。**2** Ⓒ矛盾的事物。

in·con·sis·tent [ˌɪnkənˈsɪstənt; ˌinkənˈsistənt←] *adj.* **1 a** 矛盾的, 多矛盾的: an ～ argument 矛盾的議論。**b** [不用在名詞前]〔十介十(代)名〕〔與…〕不一致的, 不調和的〔*with*〕: The results of the experiment were ～ ***with*** his predictions. 實驗的結果與他的預測不一致。**2**〈人、言行等〉無定見的, 多變的, 反覆無常的。**～·ly** *adv.*

in·con·sol·a·ble [ˌɪnkənˈsoləbl; ˌinkənˈsouləbl←] *adj.* 無法安慰的, 極悲傷的。**-a·bly** [-ləblɪ; -ləbli] *adv.*

in·con·spic·u·ous [ˌɪnkənˈspɪkjuəs; ˌinkənˈspikjuəs] *adj.* 不引人注意的, 不顯眼的。**～·ly** *adv.* **～·ness** *n.*

in·con·stan·cy [ɪnˈkanstənsɪ; inˈkɔnstənsi] *n.* **1** Ⓤ易變, 不定(性)。**2 a** Ⓤ見異思遷; 用情不專。**b** Ⓒ[常～s]輕浮, 輕佻。

in·con·stant [ɪnˈkanstənt; inˈkɔnstənt←] *adj.*《文語》**1**〈人、行動等〉反覆無常的; 不忠實的(unfaithful). **2** 易變的, 不定的, 多變化的。**～·ly** *adv.*

in·con·test·a·ble [ˌɪnkənˈtɛstəbl̩; ˌinkənˈtestəbl←] *adj.*〈事實、證據等〉沒有爭論餘地的, 不容置疑的, 明顯的。
-a·bly [-təblɪ; -təbli] *adv.*

in·con·ti·nence [ɪnˈkantənəns; inˈkɔntinəns] *n.* Ⓤ **1** 不能自制: ～ of tongue[speech] 饒舌, 多嘴。**2** 淫亂。**3**《醫》大小便失禁。

in·con·ti·nent [ɪnˈkantənənt; inˈkɔntinənt←] *adj.* **1 a** 不能自制的: an ～ talker 說話滔滔不絕的人, 說個不停的人。**b** [不用在名詞前]〔十介十(代)名〕不能抑制〔…〕的〔*of*〕: be ～ ***of*** curiosity 不能抑制好奇心的。**2** 不節制的; 淫亂的。**3**《醫》失禁的。

in·con·trol·la·ble [ˌɪnkənˈtroləbl; ˌinkənˈtrouləbl] *adj.* ＝uncontrollable.

in·con·tro·vert·i·ble [ˌɪnkantrəˈvɝtəbl; ˌinkɔntrəˈvə:təbl←] *adj.* 無爭論餘地的, 明白的: ～ evidence 明白的證據。
-i·bly [-təblɪ; -təbli] *adv.*

in·con·ve·nience [ˌɪnkənˈvinjəns; ˌinkənˈvi:njəns]《inconvenient 的名詞》—*n.* **1** Ⓤ不便, 不自由, 麻煩: cause ～ to a person＝put a person to ～ 麻煩某人, 使某人感到不便。

2 Ⓒ不便[不自由，麻煩]的事：You know the ~*s of going* to the office from such a remote quarter of the city. 從這樣偏遠的市區去上班帶來的種種不便想必你是知道的。

—*v.t.* 使〈人〉感到不便，給…添麻煩：I hope it won't ~ you. 我希望它不會給你添麻煩[使你不便]。

in·con·ve·nient [ˌɪnkən'vinjənt; ˌinkən'vi:njənt⌐] *adj.* (**more** ~; **most** ~) **1 不方便的，麻煩的**：at an ~ time 在不方便的時候/Would 6 o'clock be ~? 六點鐘會不方便嗎？

2 [不用在名詞前] [十介十(代)名] [對…]不方便的，不適的，麻煩的〔*to, for*〕《★用法不以「人」爲主詞》：if (it is) not ~ *to* [*for*] you 如果對你不會不方便的話。

~·ly *adv.*

in·con·vert·i·ble [ˌɪnkən'vɝtəbl; ˌinkən'və:təbl⌐] *adj.* **1** 不能變換的。**2** 〈紙幣〉不能兌換的。

in·con·vin·ci·ble [ˌɪnkən'vɪnsəbl; ˌinkən'vinsəbl⌐] *adj.* 無法使人信服的，難以說服人的。

in·cor·po·rate [ɪn'kɔrpəˌret; in'kɔ:pəreit] 《源自拉丁文「給與裏面肉體」之義》—*v.t.* **1** [十受(十介十(代)名)] **a** 使…〔與…〕合併，結合〔*with*〕：~ one firm *with* another 使一家公司與另一家合併。**b** 把…併入，把…編入〔…〕〔*in, into*〕：Part of Germany was ~*d into* Poland according to the Treaty of Versailles. 依照凡爾賽條約，德國的部分地區[領土]被併入波蘭。

2 a 把〈事業等〉變爲法人[公司]組織。**b** 《美》把…變爲(有限)公司[股份有限公司]。

3 a [十受]使〈人〉加入(某團體)。**b** [十受十補]使〈人〉成爲《(團體等的)一員》：I was ~*d* a member of the society for the annual fee of $500. 我被吸收爲該會的會員，每年繳交會費五百元。

4 a [十受]使〈思想等〉具體化。**b** [十受十介十(代)名]把〈想法等〉編入〔…〕〔*in, into*〕：He ~*d* his new idea *in* [*into*] the experiment. 他把新觀念引入實驗中。

—*v.i.* **1** [動(十介十(代)名)]〔與…〕合併，結合〔*with*〕：His company ~*d with* mine. 他的公司和我的公司合併。

2 a 成爲法人[公司]組織。**b** 《美》成爲(有限)公司[股份有限公司]。

— [-pərɪt, -prɪt; -pərət] *adj.* 〈公司等〉法人組織的。

in·cór·po·ràt·ed *adj.* **1** 結合[合併，併入]的。**2 a** 法人[公司]組織的。**b** 《美》有限責任的《★用法略作 Inc., 附於公司名稱後；相當於英國的 Ltd. (= Limited)》：The U.S. Steel Co., *Inc.* /Smith & Co., *Inc.*/ an ~ company 有限公司。

in·cor·po·ra·tion [ɪnˌkɔrpə'reʃən; inˌkɔ:pə'reiʃn] 《incorporate 的名詞》—*n.* **1** Ⓤ結合，合併，併入。**2** Ⓒ結社，法人團體，公司。**3** Ⓤ《法律》組成法人團體[公司]。

in·cór·po·rà·tor [-tɚ; -tə] *n.* Ⓒ **1** 結合[合併]者。**2** 《美》法人[公司]設立者。

in·cor·po·re·al [ˌɪnkɔr'porɪəl, -pɔr-; ˌinkɔ:'pɔ:riəl⌐] *adj.* 沒有形體的，無形的；精神的(spiritual)。 ~·**ly** *adv.*

in·cor·rect [ˌɪnkə'rɛkt; ˌinkə'rekt⌐] *adj.* 不正確的，錯誤的，不合宜的。~·**ly** *adv.* ~·**ness** *n.*

in·cor·ri·gi·ble [ɪn'kɔrɪdʒəbl, -'kɑr-; in'kɔridʒəbl⌐] *adj.* **1** 〈人、行爲等〉不能矯正的，積習難改的，無可救藥的：an ~liar 無可救藥的說謊者。

2 〈小孩〉難以對付的，任性的。

3 〈習慣等〉根深蒂固的。

—*n.* Ⓒ無可救藥[難以對付]的人。

in·cor·ri·gi·bil·i·ty [ˌɪnkɔrɪdʒə'bɪlətɪ; inˌkɔridʒə'biləti] *n.*

in·cór·ri·gi·bly [-dʒəblɪ; -dʒəbli] *adv.* 無法矯正地，根深蒂固地。

in·cor·rupt·i·ble [ˌɪnkə'rʌptəbl; ˌinkə'rʌptəbl⌐] *adj.* **1** 不腐敗的，不腐朽的：The body is corruptible but the spirit is ~. 肉體會腐敗，但精神不腐朽。**2** 〈人〉不被收買的，不貪污受賄的，清廉的。**in·cor·rùpt·i·bíl·i·ty** [-tə'bɪlətɪ; -tə'biləti] *n.* **-bly** [-təblɪ; -təbli] *adv.*

‡**in·crease** [ɪn'kris; in'kri:s] 《源自拉丁文「在…上面成長」之義》—*v.i.* (↔ decrease) **1 a** (數量等)**增多，增加；(程度)提高，增進**：~ twofold 增加兩倍/The percentage has ~*d by* 15 *to* 44. 百分比已由十五增加到四十四。

【同義字】enlarge 指大小、量等增加；multiply 指數量倍增似的增加。

b [十介十(代)名]增加，提高，增强〔…〕〔*in*〕：As I walked up the street, the rain ~*d in* force. 當我沿街走去時，雨勢逐漸增强。**2** 增殖，繁殖。

—*v.t.* [十受] **1** (數量、程度等方面)**增加，提高**…(↔ diminish) :This will ~ our difficulties. 這會增加我們的困難/the ~*d* cost of living 生活費的增加。**2** 擴大〈領土等〉。

— ['ɪnkris; 'inkri:s] *n.* **1** ⓊⒸ**增加，增大，增進，增殖**〔*in, of*〕：~ *in* population 人口的增加/the ~ *of* drug addicts 吸毒者的增加。

2 Ⓒ增加額，增加量〔*in, of*〕：a wage ~ *of* 50 cents an hour 每小時五角錢的工資增額/There was a steady ~ *in* population. 人口平穩地增加。

òn the íncrease 在增加中：The membership of the club is *on the* ~. 該俱樂部的會員(數)日趨增多。

in·créas·ing *adj.* [用在名詞前]愈來愈多的，日益增多的：An ~ number of people are buying cars. 買車的人愈來愈多《買車的人數日益增多》。

the láw of incréasing retúrns 《經濟》收穫遞增法則。

***in·creas·ing·ly** [ɪn'krisɪŋlɪ; in'kri:siŋli] *adv.* (無比較級、最高級)**越發，逐漸地，漸增地**。

in·cred·i·bil·i·ty [ˌɪnkrɛdə'bɪlətɪ; inˌkredi'biləti] 《incredible 的名詞》—*n.* Ⓤ不可信，無法相信。

***in·cred·i·ble** [ɪn'krɛdəbl; in'kredəbl⌐] *adj.* (**more** ~; **most** ~) **1** (無比較級、最高級)〈事物等〉(令人)**無法相信的，不可信的**：an ~ story 不可信的故事/It is ~ *to* me that there should be an afterlife. 我無法相信有來世這回事/The story seems ~ *to* me. 我覺得那故事似乎不可置信。**2** 《口語》驚人的，非常的，難以置信的：an ~ memory 驚人的記憶力/His appetite was ~. 他的食慾驚人。

in·créd·i·bly [-dəblɪ; -dəbli] *adv.* **1** 難以置信地。**2** 《口語》非常地，驚人地：She was ~ beautiful. 她非常美麗。

in·cre·du·li·ty [ˌɪnkrə'dulətɪ, -'djul-; ˌinkri'dju:ləti] 《incredulous 的名詞》—*n.* Ⓤ不輕信，深疑，疑心重。

in·cred·u·lous [ɪn'krɛdʒələs; in'kredjuləs⌐] *adj.* **1 a** 〈人〉不肯輕信的，深疑的。**b** [不用在名詞前] [十介十(代)名]〈人〉不輕易相信〔…〕的〔*of, about*〕：We are ~*about* [*of*] ghosts. 我們不輕易相信有鬼。**2** 懷疑的：an ~ smile [look] 懷疑的微笑[眼神] /She looked ~. 她顯出懷疑的樣子。

~·ly *adv.*

in·cre·ment ['ɪnkrəmənt; 'inkrimənt] 《源自拉丁文「增加」之義》—*n.* **1** Ⓤ **a** 增加，增大，增進，增值。**b** 利益，盈餘：unearned ~《經濟》(地價等的)自然[不勞而獲的]增值。**2** Ⓒ增加量，增額。

in·crim·i·nate [ɪn'krɪməˌnet; in'krimineit] *v.t.* **1** 使〈人〉有罪[負罪]。**2 a** (以證詞等)入罪於〈人〉。**b** [~ one*self*] (因承認反證而)自陷於罪。**3 a** [十受十*as* 補]將〈事物〉視爲〈…的原因〉：Exhaust gas has been ~*d as* one of the causes of air pollution in cities. 廢氣被視爲城市空氣污染的原因之一。**b** [十受十介十(代)名]把…當作〔…的〕原因〔*in*〕：Exhaust gas has been ~*d in* air pollution in cities. 廢氣已被視爲城市空氣污染的原因。

in·crim·i·na·tion [ɪnˌkrɪmə'neʃən; inˌkrimi'neiʃn] *n.*

in·crim·i·na·to·ry [ɪn'krɪmənəˌtorɪ, -ˌtɔrɪ; in'kriminətəri] *adj.* 使負罪的，使成爲有罪的。

ín-cròwd *n.* (又作**ín-gròup**)Ⓒ小圈子，小集團，派系；(小圈子裏的)熟人，小集團成員。

in·crust [ɪn'krʌst; in'krʌst] *v.* = encrust.

in·crus·ta·tion [ˌɪnkrʌs'teʃən; ˌinkrʌs'teiʃn] *n.* **1** Ⓤ覆以外皮。**2** Ⓒ外皮，外殼，疤。**3** Ⓤ **a** 鑲嵌工藝(品)。**b** 表面裝飾。

in·cu·bate ['ɪnkjəˌbet; 'inkjubeit] *v.t.* **1** 孵〈蛋〉，孵〈卵〉。**2** 籌策〈計畫〉，想出〈主意〉。**3** 培養〈細菌等〉。

—*v.i.* **1 a** 孵卵。**b** 〈卵〉孵化。**2** 〈計畫、主意等〉產生，形成；具體化。

in·cu·ba·tion [ˌɪnkjə'beʃən; ˌinkju'beiʃn] 《incubate 的名詞》—*n.* Ⓤ **1 a** 孵蛋，孵化：artificial ~ 人工孵卵。**b** 孵卵期間。**2** 《醫》**a** 潛伏。**b** 潛伏期。

ín·cu·bà·tor [-tɚ; -tə] *n.* Ⓒ **1** 孵卵器，孵雛器。**2** (早產兒)保育器。**3** 細菌培養器。

in·cu·bus ['ɪnkjəbəs; 'iŋkjubəs] *n.* Ⓒ (*pl.* ~·**es**, **-bi** [-ˌbaɪ; -bai]) **1** (據說會侵犯睡眠中女人的)夢魔 (cf. succubus). **2 a** 夢魘，惡夢 (nightmare). **b** (無法揮去的)心中重擔，煩惱事《如負債、考試等》。

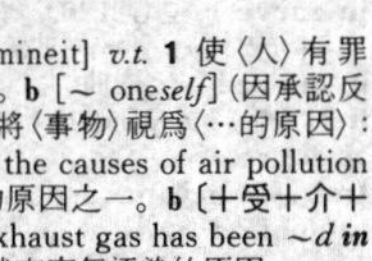

incubus 1

in·cul·cate [ɪn'kʌlket, 'ɪnkʌlˌket; 'inkʌlkeit] *v.t.* **1 a** (反覆)灌輸〈思想、知識等〉，諄諄教誨…。**b** [十受十介十(代)名]將〈思想、知識等〉灌輸〔給人〕，〔向人〕重述，鼓吹…〔*on, upon*〕；使〈思想、知識等〉植於〔人心〕〔*in, into*〕：~ ideas *on* [*upon*] a person [*in* a person's mind] 把思想灌輸給某人[於某人腦中]。

2 [十受十介十(代)名] [將思想、感情等]灌輸給〈人〉，〔將…〕植入〈某人心中〉〔*with*〕：~ young men *with* patriotism 將愛國心[精神]灌輸給年輕人。

in·cul·ca·tion [ˌɪnkʌlˋkeʃən; ˌinkʌlˈkeiʃn] «inculcate 的名詞»—*n.* Ⓤ(反覆)灌輸，(諄諄)教誨〔*of*〕：the ~ *of* new ideas 新思想的鼓吹[培植]。

in·cul·pate [ɪnˋkʌlpet, ˋɪnkʌlˌpet; ˈinkʌlpeit, inˈkʌlpeit] *v.t.* 歸罪於〈人〉，連累〈人〉受罪；指責〈人〉。

in·cum·ben·cy [ɪnˋkʌmbənsɪ; inˈkʌmbənsi] *n.* **1** ⓊⒸ公職者、領聖俸者(incumbent)的職位，Ⓒ在職期間。**2** Ⓒ義務，職務(duty)。

in·cum·bent [ɪnˋkʌmbənt; inˈkʌmbənt] *adj.* **1** [不用在名詞前]〔十介十(代)名〕使〔人〕負有義務的〔*on, upon*〕：It is ~ ***on*** [***upon***] you to answer his question. 你有責任回答他的問題。**2** [用在名詞前]現任的，在職的：the ~ mayor 現任市長。
—*n.* Ⓒ **1** 領聖俸者，牧師(cf. benefice 1)．**2**《美》在職者，現職者。

in·cum·ber [ɪnˋkʌmbɚ; inˈkʌmbə] *v.* ＝encumber.

in·cum·brance [ɪnˋkʌmbrəns; inˈkʌmbrəns] *n.* ＝encumbrance.

in·cu·nab·u·la [ˌɪnkjuˋnæbjələ; ˌinkju:ˈnæbjulə] *n.* *pl.* **1** 初期，早期。**2** 紀元 1500 年以前印行之書籍，古版本。

in·cur [ɪnˋkɝ; inˈkə:] «源自拉丁文「碰到…」之義»—*v.t.* (**in·curred**；**in·cur·ring**)(因某行爲的結果而)負〈債〉，蒙受〈損失等〉；招致〈危險、不愉快〉：~ a person's displeasure [wrath] 惹人不高興[生氣] / The city *incurred* great losses in the earthquake. 該市在這次地震中蒙受重大損失。

in·cur·a·bil·i·ty [ˌɪnkjurəˋbɪlətɪ; inˌkjuərəˈbiləti] «incurable 的名詞»—*n.* Ⓤ **1** 不能醫治。**2** 不能矯正。

in·cur·a·ble [ɪnˋkjurəbl; inˈkjuərəbl˞] *adj.* **1** 不能醫治的，不能治癒的：an ~ disease 不治之症。**2** 不能矯正[改良，勸導]的：an ~ fool 無可救藥的傻瓜。
—*n.* Ⓒ患不治之症者。**-a·bly** [-rəblɪ; -rəbli] *adv.*

in·cu·ri·ous [ɪnˋkjurɪəs; inˈkjuəriəs˞] *adj.* **1** 無好奇心的，無興趣的。**2** 不關心的，不注意的。

in·cur·sion [ɪnˋkɝʒən; inˈkə:ʃn] *n.* Ⓒ(突然的)入侵，侵犯，襲擊(invasion)〔*on, upon, into*〕.

in·cur·sive [ɪnˋkɝsɪv; inˈkə:siv] *adj.* 入侵的，來犯的，襲擊的。

ín·cùrve *n.* Ⓒ(向內的)彎曲。
—[ˌ—ˊ] *v.t.* 使…內曲。

in·cúrved *adj.* 內曲的。

ind.《略》independent；index；indicated；indicative；indirect；industrial.

Ind.《略》India(n); Indiana; Indies.

in·debt·ed [ɪnˋdɛtɪd; inˈdetid] *adj.* [不用在名詞前]〔十介十(代)名〕**1**〔就…事〕受到〔人〕恩惠的，感激〔人〕的〔*to*〕〔*for*〕：I am deeply ~ ***to*** you ***for*** your assistance. 我很感激你對我的幫助。
2〔對某人〕有〔某金額的〕負債〔*to*〕〔*for*〕《★比較 常用in a person's DEBT》.

in·débt·ed·ness *n.* Ⓤ **1** 受恩；負債。**2** 負債額。

in·de·cen·cy [ɪnˋdisn̩sɪ; inˈdi:snsi] «indecent 的名詞»—*n.* **1** Ⓤ無禮，下流，猥褻。**2** Ⓒ 粗鄙的言行。

in·de·cent [ɪnˋdisn̩t; inˈdi:snt˞] *adj.* **1** 無禮的，下流的，猥褻的，粗鄙的：an ~ joke 下流的笑話/~ assault[exposure] 猥褻性的非禮[有傷風化的暴露]/It is ~ to say that. 說那樣的話是很不禮貌的。
2《口語》**a**〈量、質等〉不適當的，不合理的《★太少或太多時都可用》：~ pay 不合理的薪金/an ~ amount of work 不當的工作量。**b** 不體面的，不像樣的《★常用於下列片語》：with [in] ~ haste 不像樣的慌亂[慌張]。~**·ly** *adv.*

in·de·ci·pher·a·ble [ˌɪndɪˋsaɪfrəbl, -fərə-; ˌindiˈsaifərəbl˞] *adj.* (密碼)無法譯解[破譯]的，不能辨讀的。

in·de·ci·sion [ˌɪndɪˋsɪʒən; ˌindiˈsiʒn] *n.* Ⓤ無決斷力，優柔寡斷，猶豫不決。

in·de·ci·sive [ˌɪndɪˋsaɪsɪv; ˌindiˈsaisiv˞] *adj.* **1** 非決定性的，沒有決斷力的：an ~answer 非決定性的回答。**2**〈人的性格〉優柔寡斷的，不果斷的。

in·de·cí·sive·ly *adv.* **1** 無決斷力地。**2** 猶豫不決地。

in·de·clin·a·ble [ˌɪndɪˋklaɪnəbl; ˌindiˈklainəbl˞]《文法》*adj.* 字尾詞形不變化的，不變格的。
—*n.* Ⓒ無詞形變化的詞(particle)《沒有格變化的字；名詞、代名詞、形容詞以外的詞類》。

in·dec·o·rous [ɪnˋdɛkərəs, ˌɪndɪˋkorəs; inˈdekərəs˞] *adj.*《文語》無禮的，不得體的，不雅的。~**·ly** *adv.* ~**·ness** *n.*

in·de·co·rum [ˌɪndɪˋkorəm, -ˋkɔr-; ˌindiˈkɔ:rəm] *n.* **1** Ⓤ無禮，不得體，不雅。**2** Ⓒ無禮的行爲。

‡**in·deed** [ɪnˋdid; inˈdi:d] «in deed (實際上，事實上)的結合字»—*adv.* (無比較級、最高級)**1** [用於强調]**a** 的確，眞正地，實在：I am ~ glad. ＝I am glad ~. 我實在高興/Do you ~ believe so?你眞的相信是這樣嗎？/A friend in need is a friend ~.⇨ need *n.* 3. **b** [置於very＋形容詞或副詞後用以强調]眞正地，的確，實在：Thank you *very* much, ~. 實在感謝你/It is *very* kind ~.那眞是很親切。**c** [强調對問話的回答]的確，非常："Are you comfortable?"－"Yes, ~!"「舒服嗎?」「嗯！」
2 a [反覆前言，表示同感，有時當反語用]的確："What is that noise?"－"What is that, ~!"「那是什麼聲音？」[表示同感]「的確，那是什麼聲音啊！」；[當反語用]「你問那是什麼聲音呀？眞是的！」**b** [强調前言]而且，豈止如此：It is useful; ~, it is indispensable. 它是有用的；非但如此，它還是不可或缺的。
3 [~ ... **but** 表示讓步]誠然，不錯(但是…)：*I~* it may be so, *but* it is not so always.誠然，它或許如此，但並不經常如此。
—*interj.* **1** [表示驚訝、懷疑、憤慨、諷刺等]眞的！哦！哼！；[當反語用]怎麼會！
2 [表示求證的疑問]眞的？："He won(the) first prize."－"*I~?*"「他獲得首獎。」「眞的？」

indef.《略》indefinite.

in·de·fat·i·ga·ble [ˌɪndɪˋfætɪgəbl; ˌindiˈfætigəbl˞] *adj.* 不疲[厭]倦的，不屈不撓的。**-bly** [-gəblɪ; -gəbli] *adv.*

in·de·fea·si·ble [ˌɪndɪˋfizəbl; ˌindiˈfi:zəbl] *adj.* 不能取消的，不能廢止的。

in·de·fen·si·ble [ˌɪndɪˋfɛnsəbl; ˌindiˈfensəbl˞] *adj.* **1** 難以防守的。**2** 不能辯護的，無可辯解的，站不住脚的。
-bly [-səblɪ; -səbli] *adv.*

in·de·fin·a·ble [ˌɪndɪˋfaɪnəbl; ˌindiˈfainəbl˞] *adj.* **1** 不能限定的：an ~ boundary 不明確的邊界。**2** 不能下定義[說明]的，無法表達的；模糊的，曖昧的(vague).**-a·bly** [-nəblɪ; -nəbli] *adv.*

in·def·i·nite [ɪnˋdɛfənɪt; inˈdefinət˞] *adj.* (**more** ~; **most** ~)**1 a** 不明確的，不確定的，不清楚的：His plans are still ~. 他的計畫尙未確定。**b** (無比較級、最高級)(尤指)〈時間、期限〉未確[決]定的：for an ~ time 無期限地。**2** (無比較級、最高級)《文法》不定的：an ~ pronoun 不定代名詞《some(body), any(thing), none 等》。~**·ness** *n.*

índefinite árticle *n.* Ⓒ《文法》不定冠詞《a或 an; cf. definite article》.

in·déf·i·nite·ly *adv.* **1** 不明確地，模糊地。**2** 無期限地：postpone a meeting ~ 無限期延期開會。

in·del·i·bil·i·ty [ˌɪndɛləˋbɪlətɪ, ɪnˌdɛl-; inˌdeliˈbiləti] *n.* Ⓤ不能消除，難刪；難忘。

in·del·i·ble [ɪnˋdɛləbl; inˈdeləbl˞] *adj.* **1**〈墨汁等〉不能消除的。**2**〈汚點〉無法抹消的，〈印象等〉難忘的。

in·dél·i·bly [-ləblɪ; -ləbli] *adv.* 無法消除地；永久地。

in·del·i·ca·cy [ɪnˋdɛləkəsɪ; inˈdelikəsi] «indelicate 的名詞»—*n.* **1** Ⓤ下流，粗鄙，猥褻，無禮。**2** Ⓒ下流[猥褻]的舉止[言詞]。

in·del·i·cate [ɪnˋdɛləkət, -kɪt; inˈdelikət˞] *adj.* **1** 下流的，粗野的。**2**〈話等〉猥褻的，粗鄙的。**3** 不體貼的；無禮的；遲鈍的。
~**·ly** *adv.*

in·dem·ni·fi·ca·tion [ɪnˌdɛmnəfəˋkeʃən; inˌdemnifiˈkeiʃn] «indemnify 的名詞»—*n.* **1** Ⓤ保障；保證，免除責任；賠償，補償。**2** Ⓒ保證金[物]，賠償金[物]。

in·dem·ni·fy [ɪnˋdɛmnəˌfaɪ; inˈdemnifai] *v.t.* 〔十受(十介十(代)名)〕**1** 補[賠]償〈人〉〔已發生的損害等〕〔*for*〕：They offered to ~ us ***for*** our losses. 他們提出要賠償我們的損失。
2〔對於可能發生的損害、受害〕(在法律上)保護[障]〈人〉〔*from, against*〕：~ a person ***from*** [***against***] harm 保護某人免受傷害。
3〔對於行爲〕使〈人〉免負責任[刑責]，給予…免除責任的保證〔*for*〕：~ a person ***for*** an action 保證某人不必對某行爲負責。
-fi·er *n.*

in·dem·ni·ty [ɪnˋdɛmnətɪ; inˈdemnəti] *n.* **1 a** Ⓤ(對於損害或損失的)保險；賠償。**b** Ⓒ保障的東西；賠償金，賠款。**2** Ⓤ(刑罰的)免除，赦免。

in·dent[1] [ɪnˋdɛnt; inˈdent] «源自拉丁文「裝牙」之義»—*v.t.* **1** 把…做成鋸齒狀，使…成鋸齒狀。
2 a 將〈作成正副本的兩份契約書等〉用不規則的騎縫分割。**b** 將〈契約書等〉做成兩份，製作〈契約書等〉之複本。**c**《英》(用一式兩聯的訂單)正式訂購《一聯存查》。
3〈海〉使〈海岸線等〉彎入《★常以過去分詞當形容詞用》：an ~*ed* coastline 曲折的海岸線。
4 將〈每章、段的首行〉較他行縮進排印[書寫]。
—*v.i.* **1** 形成鋸齒狀邊緣。
2 較他行縮進書寫[排印]。
3《英》〔十介十(代)名〕〔向人、商店等〕正式訂購〔物品〕〔*on, upon*〕〔*for*〕：~ ***upon*** a person ***for*** some goods 向某人訂購一些貨物。
— [ɪnˋdɛnt, ˋɪndɛnt; ˈindent, inˈdent] *n.* Ⓒ **1** 缺口，鋸齒狀缺痕。
2 (每章、段首行的)縮排[縮格]。
3 兩聯單的契約書。
4《英》**a** 申請，請求。**b** 訂購單；購買委託書。**c** 受託採購的貨物。

in·dent² [ɪnˋdɛnt; inˈdent] *v.t.* **1** 留凹痕於…，使…凹入。**2** 蓋〈印等〉。

—[ˋɪndɛnt; ˈindent] *n.* Ⓒ凹痕，凹處；窪地。

in·den·ta·tion [ˏɪndɛnˋteʃən; ˌindenˈteiʃn] «indent¹ 的名詞»**—***n.* **1** Ⓤ成鋸齒狀。**2** Ⓒ **a** 鋸齒狀。**b** (海岸線等的)彎入，凹進處。**3** ＝indention 1.

in·den·tion [ɪnˋdɛnʃən; inˈdenʃn] «indent¹ 的名詞»**—***n.* **1** 《印刷》**a** Ⓤ(行首的)縮進。**b** Ⓒ(縮進留下的)空格。**2** ＝indentation 1, 2.

in·den·ture [ɪnˋdɛntʃɚ; inˈdentʃə] *n.* Ⓒ **1** (作成兩份蓋章的)契約書，證書，字據。**2** [常～s] (從前的)定期雇傭(學徒)契約書，定期服務合同。

tàke úp [be òut of] one's indéntures 完成雇傭[服務]期限，服務期滿。

—*v.t.* **1** 以契約書決定〈人〉的雇用，以合同簽定〈人〉的定期服務。**2** 使〈人〉定期服務《★常以過去分詞當形容詞用》：an ～*d* servant 簽有定期服務合同的傭工。

in·de·pen·dence** [ˏɪndɪˋpɛndəns; ˌindiˈpendəns] «independent 的名詞»**—n.* Ⓤ**獨立**，自立；獨立性，自主〔*of, from*〕：the ～ *of* India *from* Britain 印度脫離英國的獨立/～ *of* outside help 不依賴外援而自立/不接受外來援助。

Indepéndence Dày *n.* (美國的)獨立紀念日《又稱 the Fourth of July》.

【說明】⑴為美國國定的紀念日之一，紀念 1776 年 7 月 4 日大陸會議的獨立宣言(the Declaration of Independence). 美洲殖民地脫離英國而獨立，其直接、具體的原因是英國政府相繼強制施行「印花稅法案」(Stamp Act, 1765)等苛政所致。第一任總統喬治・華盛頓(George Washington)於 1789 年 4 月 30 日就任；⇨ declaration【說明】
⑵此日，美國全國舉行大規模的慶祝活動，如遊行、紀念典禮、放煙火、音樂會等。此日也被視為夏季的開始，喜歡外出的美國人紛紛出外遊山玩水。

Indepéndence Háll *n.* 獨立紀念館《位於美國賓州(Pennsylvania State)費城(Philadelphia)；1776 年 7 月 4 日在此發表獨立宣言；館後保存有自由鐘(Liberty Bell)》.

【照片說明】慶祝 Independence Day 的焰火。

in·de·pen·den·cy [ˏɪndɪˋpɛndənsɪ; ˌindiˈpendənsi] *n.* **1** Ⓤ獨立，獨立性，自主。**2** Ⓒ獨立國。**3** [I～] Ⓤ《基督教》(公理教會(Congregational Church)的)獨立教會主義。

***in·de·pen·dent** [ˏɪndɪˋpɛndənt; ˌindiˈpendənt⁻] *adj.* (**more** ～；**most** ～) **1 a** **獨立的**，自主的，自治的，自由的；不依賴(他人)的，自主性的：an ～ country 獨立國。**b** [不用在名詞前]〔十介十(代)名〕〔從…〕獨立的；不依賴[依存]〔…〕的〔*of*〕(cf. INDEPENDENT of)：He is ～ *of* his parents. 他不依賴父母生活《★用法 dependent 與 on 連用，但 independent 與 on 或from 連用是錯誤的》。

2 獨立性强的，自尊心强的：an ～ young woman 獨立自主的年輕婦女。

3 a 〈人〉獨立生活的，自力謀生的。**b** (無比較級、最高級)不工作也可生活的：a man of ～ means 不工作也可以生活的有產者。

4 不受他人影響的，有獨自見解的：an ～ thinker 有獨立思想的人，有自己的想法的人/～ proofs (與他人的證據無關的)獨立的證據。

5 (無比較級、最高級)《政》無黨無派的，中立的。

6 (無比較級、最高級) [I～]《基督教》公理教會派的。

7 (無比較級、最高級)《文法》〈子句〉獨立的(cf. main clause)：an ～ clause 獨立子句，主要子句。

indepéndent of ... [引導副詞片語]獨立於…以外的，與…無關的(apart from)：A wife can have property ～ *of* her husband. 妻子可擁有與丈夫無關的財產。

—*n.* Ⓒ **1 a** 獨立的人[物]。**b** 無黨派的人[議員]。**2** [I～]《基督教》公理教會派的人(Congregationalist).

ìn·de·pén·dent·ly *adv.* 獨立地，自主地。

indepéndently of ＝INDEPENDENT of.

indepéndent schóol *n.* Ⓤ [指設備時為Ⓒ]《英》(沒有接受政府援助的)私立學校《public school 等》。

ín-dépth *adj.* [用在名詞前]詳細的，周密的，徹底的：an ～ study 周密的研究/～ data 詳細的資料/～ news coverage 詳細的消息報導。

in·de·scrib·a·ble [ˏɪndɪˋskraɪbəbl; ˌindiˈskraibəbl⁻] *adj.* **1** 難以形容的，不可名狀的，莫名其妙的。**2** 無法用言語表達的，無法描寫的。**-a·bly** [-bəblɪ; -bəbli] *adv.*

in·de·struct·i·ble [ˏɪndɪˋstrʌktəbl; ˌindiˈstrʌktəbl⁻] *adj.* 不能破壞的，不可毀滅的，不滅的。**-bly** [-təblɪ; -təbli] *adv.* **ìn·de·strùc·ti·bíl·i·ty** [-təˋbɪlətɪ; -təˈbiləti] *n.*

in·de·ter·mi·na·ble [ˏɪndɪˋtɝmɪnəbl; ˌindiˈtəːminəbl⁻] *adj.* 不能確定的，不能探明的，無法解決的。**-bly** [-nəblɪ; -nəbli] *adv.*

in·de·ter·mi·nate [ˏɪndɪˋtɝmənɪt; ˌindiˈtəːminət⁻] *adj.* **1** 不(確)定的。**2** 不明確的，模糊不清的，曖昧的：an ～ vowel《語音》含糊母音，不定元音《[ə]》. **3** 未解決的，未定的。
～**·ly** *adv.*

in·de·ter·mi·na·tion [ˏɪndɪˏtɝməˋneʃən; ˈindiˌtəːmiˈneiʃn] *n.* Ⓤ **1** 不定，不確定。**2** 不果斷，優柔寡斷。

in·de·ter·mi·nism [ˏɪndɪˋtɝmənˏɪzəm; ˌindiˈtəːminizəm] *n.* Ⓤ《哲》非定命論，非決定論，自由意志論。

in·de·tér·mi·nist [-nɪst; -nist] *n.* Ⓒ非決定論者，非定命論者，自由意志論者。

in·dex** [ˋɪndɛks; ˈindeks] «源自拉丁文「所指的東西，食指」之義»**—n.* Ⓒ(*pl.* ～**·es**, **in·di·ces** [ˋɪndəˏsiz; ˈindisiːz]) **1** (*pl.* ～**·es**) **a** (書等的)**索引**。**b** 卡式索引(card index).

2 (磅秤等的)刻度，指針。

3 標記；指針，指標，表徵〔*of*〕：Style is an ～ *of* the mind. 作風是心的表徵。

4 (又作**index nùmber**)《統計》指數：⇨price index.

5 《印刷》指標《☞》。

6 《數學》(*pl.* **in·di·ces**)指數；(對數的)指標。

—*v.t.* 〔十受〕**1** 給〈書〉編索引。**2** 將…編入索引中。

in·dex·a·tion [ˏɪndɛkˋseʃən; ˌindekˈseiʃn] *n.* Ⓤ指數調整法。

índex càrd *n.* Ⓒ索引卡。

índex fìnger *n.* Ⓒ食指(⇨hand 插圖)。

‡In·di·a [ˋɪndɪə, ˋɪndjə; ˈindjə, -diə] «源自希臘文「印度河(Indus)」之義»**—***n.* **1** 印度《位於亞洲南部》。**2** 印度共和國《1950 年獨立，為大英國協內一共和國，首都新德里(New Delhi)》.

Índia ínk *n.* Ⓤ《美》墨，墨汁。

Índia·man [-mən; -mən] *n.* Ⓒ(*pl.* **-men** [-mən; -mən]) (從前)從事印度貿易的商船《尤指屬於東印度公司的船隻》。

‡In·di·an [ˋɪndɪən, -djən; ˈindjən, -diən] «India 的形容詞»**—***adj.* **1** 印度的；印度人的。**2** 美國印地安人的；美國印地安語的。
—*n.* **1** Ⓒ印度人(cf. Hindu). **2 a** Ⓒ美國印地安人。**b** Ⓤ《俚》印地安語。

【字源】為了與印度人有所區別，美洲原住民印地安人的正確說法是 American Indian 或 Red Indian; Indian 的由來據說是哥倫布(Columbus)於 1492 年發現美洲大陸時，以為該地是印度(India),故稱其住民為印地安人(Indian)；⇨ America【字源】
【說明】常在西部電影中出現的美洲大陸土著柯曼奇(Comanche)、阿帕契(Apache)等是其中的部族。自十七世紀初期英國殖民地成立後，他們被白人逐漸地驅往西部，其人口從哥倫布發現美洲時的一百二十萬銳減到 1870 年的二萬五千餘人。但是隨著 1924 年賦與印地安人美國公民權及保護印地安人政策的盛行，人口也逐漸增加，到了 1980 年代，已恢復到八十餘萬。他們主要住在亞利桑那州(Arizona)、俄克拉荷馬州(Oklahoma)、新墨西哥州(New Mexico)、南達柯塔州(South Dakota)等指定保留地(reservation)，但已溶入白人社會的也很多。

In·di·an·a [ˏɪndɪˋænə; ˌindiˈænə⁻] «源自(新)拉丁文「印地安人(Indian)的土地」之義»**—***n.* 印地安那州《美國中部一州；首府印地安納波利(Indianapolis [ˏɪndɪənˋæplɪs; ˌindiəˈnæpəlis])；略作 Ind.,《郵政》IN；俗稱 the Hoosier [ˋhuʒɚ; ˈhuːʒə] State》.

Índian clùb *n.* Ⓒ (體操用的)瓶狀木棒《成對，用以強化手臂肌肉》。

Índian córn *n.* Ⓤ《英》玉蜀黍，玉米《★ 相關用語《美・加・澳》單稱 corn,《英》又作 maize》.

Índian Émpire *n.* [the ～]印度帝國《印度獨立以前尚為英國殖民地時的總稱；1947 年瓦解》。

Índian fìle «源自美國印地安人襲擊敵人時排成的縱隊»**—***n.* Ⓤ單行縱隊：march *in* ～ 成單行縱隊行進。
—*adv.* 成單行縱隊地。

Índian gìft *n.* Ⓒ《美》期待還禮(或對方送回)的禮物。

Índian gìver «源自從前美國印地安人的習慣»**—***n.* Ⓒ把禮物送人後又索回者，期待回報的服務者。

Índian hémp *n.* Ⓤ《植物》**1** 印度大麻(hemp). **2** (北美產)夾竹桃科的灌木。

In·di·an·i·an [ˏɪndɪˋænɪən, -njən; ˌindiˈæniən] *adj.* 印地安那州的。**—***n.* Ⓒ印地安那州人。

Índian ínk *n.* 《英》＝India ink.

I

Índian méal *n.* Ⓤ《英》碾碎的玉蜀黍粉。
Índian Mútiny *n.* [the ~] 英軍印度兵的叛變《1857–59, 印度人傭兵(sepoys)對英國控制印度的叛變》。
Índian Ócean *n.* [the ~]印度洋。
Índian púdding *n.* ⓊⒸ《美》玉米奶油布丁。
Índian súmmer *n.* Ⓒ **1** (天氣的)小陽春。**2** (指人生晚年)一段寧靜而幸福的時期, 回春期, 小陽春。

【字源】此語的起源不很清楚, 但是據說這現象在美國新英格蘭(New England)初次引起注意時, 很多人把原因歸於當地住著許多美洲印地安人之故。
【說明】在美國, 從深秋(十月)到初冬(十一月)期間寒冷的天氣會一變而持續數天春天似的風和日麗的天氣。白天的氣溫會奇怪地上昇而常有霧靄。在英國, 同樣的十月天氣稱作 St. Luke's summer, 十一月稱作 St. Martin's summer.

Índian Térritory *n.* [the ~]印地安特別保護區《從前美國爲保護印地安人而特別設置的準州(1834–90);現在俄克拉荷馬州(Oklahoma)的東部地區》。
Índian wéed *n.* [the ~]煙草(=tobacco).
Índia pàper *n.* Ⓤ聖經紙, 字典紙《紙質薄、堅固而不透明的上等印刷用紙;誤傳印度所產, 故稱》。
Índia rúbber *n.* [有時i~ r~] **1** Ⓒ橡皮擦《擦鉛筆字用》。**2** Ⓤ 彈性橡膠。
In·dic [ˋɪndɪk;ˈindik] *adj.* **1** 印度(人)的。**2**《語言》(印歐語族的)印度語系的。
—*n.* Ⓤ《語言》(印歐語族的)印度語系。
in·di·cate [ˋɪndə͵ket; ˈindikeit] «源自拉丁文「指示」之義»—*v.t.*
1 [十受] **a** (以手、手指等)指示⋯: ~ the door 指著門《指示出去》/~ a chair 指著椅子《指示坐下》。**b** 指出⋯: ~ an error in a sentence 指出句中錯誤。
2 a [十受]表示, 標示⋯(show): ~ assent by nodding 以點頭表示同意/The signpost ~*s* the right way to go. 路標標示正確的前進路線。**b** [十(*that*)__]指出〈⋯事〉: Statistics ~ *that* our living standards have risen. 統計數字表明我們的生活水準已提高。**c** [十*wh.*__]表示〈⋯〉: The arrow ~*s where* we are. 箭頭表示我們現在所在之處。**d** [十受]〈司機、車子〉(以方向指示器等)指示〈轉彎方向〉。
3 a [十受](以手勢、動作等)暗示⋯: ~ a willingness to negotiate 暗示願意協商。**b** [十(*that*)__]暗示〈⋯事〉: His silence ~*d that* he wished to close the debate. 他的沈默暗示他想要結束討論。
4 [十(*that*)__]簡述〈⋯事〉: The leader ~*d that* the plans had failed. 領導者簡略地說, 該計畫已失敗。
5 [十受]表示⋯的徵兆: Fever ~*s* illness.發燒表示生病。
6 [十受] **a**《醫》〈徵狀等〉表示需要〈某種療法〉《★常用被動語態》: An operation *is* ~*d*. 非動手術不可。**b** 必需要⋯, 希望⋯《★常用被動語態》: Prompt action *is* ~*d* in a crisis. 危急時必需要迅速行動。
índicàted hórsepòwer *n.* Ⓒ指示馬力《略作 i.h.p.》.
in·di·ca·tion [͵ɪndəˋkeʃən; ͵indiˈkeiʃn] «indicate 的名詞»—*n.*
1 ⓊⒸ**a** 指示, 指出;表示, 標示, 徵候〔*of*〕: Faces are a good ~ *of* age. 臉孔是年齡的良好標示《看臉就能看出年齡》/His face gave no ~ *of* discontent. 他臉上沒有露出不滿的樣子。**b** [十*that*__]〈⋯事的〉指示, 表示, 徵候: There are ~*s* [There is no ~] *that* unemployment will decrease.有[沒有]失業人數減少的跡象/His face gave every ~ *that* her statement was a great shock to him. 從他的臉上可看出她的話給了他重大打擊。
2 Ⓒ(磅秤等計器的)刻度, 度數指示〔*of*〕.
in·dic·a·tive [ɪnˋdɪkətɪv; inˈdikətiv] «indicate 的形容詞»—*adj.* **1** [不用在名詞前] **a** [十介十(代)名]指示[表示, 暗示]〔⋯〕的〔*of*〕: Her gesture was ~ ***of*** contempt. 她的動作表示輕視。**b** [十(*that*)__]表示[暗示]〈⋯事〉的: His silence was ~ *that* he was unwilling to undertake the work. 他的沉默表示他不願意擔任那件工作。**2**《文法》直陳法的, 敍述法的(cf. mood² 1): the ~ mood 直陳法, 直說法。
—*n.*《文法》=INDICATIVE mood.
in·díc·a·tive·ly *adv.*《文法》以直陳法。
ín·di·cà·tor [-tɚ; -tə] *n.* Ⓒ **1** 指示者。**2** 指示物: **a** (信號)指示器, 標誌。**b**《英》(汽車的)方向指示器《方向燈》。**c**《機械》壓力指示器《壓力錶》, 指針。**d**《化學》指示劑。
***in·di·ces** [ˋɪndə͵siz; ˈindisi:z] *n.* **index** 的複數。
in·dict [ɪnˋdaɪt; inˈdait] *v.t.* **1** [十受(十介十(代)名)]《法律》〔以⋯事項〕起訴[控告]〈某人〉〔*for*〕;〔以⋯罪〕起訴[控告]〈某人〉〔*on*〕: ~ a person ***for*** murder[***on*** a charge of murder] 以殺人罪起訴某人。**2** [十受十*as* 補]將〈某人〉〈當作⋯〉起訴[控告]: ~ a person *as* a murderer 將某人當作殺人犯起訴。
~·**er**, ~·**or** [-tɚ; -tə] *n.*

in·dict·a·ble [ɪnˋdaɪtəbl; inˈdaitəbl] *adj.* 〈某人、行爲〉應予起訴的: an~ offense《法律》可提起公訴的罪行, 刑事罪。
in·dict·ee [͵ɪndaɪˋti; ͵indaiˈti:] *n.* Ⓒ被起訴者, 被告。
in·díct·ment [-mənt; -mənt] «indict 的名詞» —*n.* **1** Ⓤ起訴(手續), 控告。**2** Ⓒ起訴狀[書]: bring in an ~ *against* a person 起訴某人;對某人提起公訴。
In·dies [ˋɪndɪz; ˈindiz] *n. pl.* [the ~] **1** 印度區域《包括印度、中南半島、東印度羣島在內的區域舊稱》。**2** ⇨ East Indies, West Indies.
in·dif·fer·ence [ɪnˋdɪfrəns, -fərəns; inˈdifrəns, -fərəns] «indifferent 的名詞»—*n.* Ⓤ **1 不關心**, 冷淡, 無興趣, 不重視〔*to, toward*〕: show ~ *to* ... 對⋯漠不關心/the ~ of the general public *toward* politics 一般大衆對政治的不關心。**2** 不重要, 無關緊要: a matter *of* ~ (*to* me) (對我來說)無關緊要[無所謂]的事。
with indifference 漠不關心地, 冷淡地, 隨隨便便地, 草率地: treat a person's request[one's work] *with* ~草率地處理某人的要求[自己的工作]。
in·dif·fer·ent [ɪnˋdɪfrənt, -fərənt; inˈdifrənt, -fərənt] *adj.* (**more** ~; **most** ~)**1** [不用在名詞前][介十(代)名]〈人〉〔對⋯〕**漠不關心的**, 冷淡的, 不在乎的〔*to, toward*〕: He is ~ ***to*** [***toward***] fame [money, worldly success]. 他不在乎名聲[金錢, 名利]。
2 [不用在名詞前][十介十(代)名]〈事物〉〔對某人〕不重要的, 無關緊要的, 無所謂的〔*to*〕: It was utterly ~ ***to*** her who he was. 對她來說, 他是誰根本是無關緊要的事。
3 [用在名詞前]不好不壞的, 平凡的, 差的: a very ~ player 平庸的競賽[演奏]者/There are exhibited all kinds of paintings—good, bad, and ~. 展出有各種畫—好的, 壞的, 普通的。
4 不偏不倚的, 中立的: ~ justice 不偏不倚的公正。
5《物理》中性的。
—*n.* Ⓒ(對宗教或政治)不關心的人。~·**ly** *adv.*
in·dif·fer·ent·ìsm [-tɪzəm; -tizəm] *n.* Ⓤ **1** 不關心主義, 冷淡[旁觀]主義。**2**《基督教》信教無差別論。
in·di·gence [ˋɪndədʒəns; ˈindidʒəns] «indigent 的名詞»—*n.* Ⓤ《文語》貧困。
in·dig·e·nous [ɪnˋdɪdʒənəs; inˈdidʒinəs] *adj.* **1 a** (某地、國家)土產的, 原產的。**b** [不用在名詞前][十介十(代)名]〈動植物〉〔爲該地〕固有的, 原產的〔*to*〕(↔ exotic): The plants are ~ ***to*** Mexico. 那些植物(原)產於墨西哥。**2 a** 與生俱來的, 天生的。**b** [不用在名詞前][十介十(代)名]〔爲⋯〕固有的〔*to*〕: Love and hate are emotions ~ ***to*** all humanity. 愛與恨是人類固有的感情。~·**ly** *adv.*
in·di·gent [ˋɪndədʒənt; ˈindidʒənt] *adj.*《文語》貧乏的, 貧窮的(poor).
in·di·gest·i·bil·i·ty [͵ɪndə͵dʒɛstəˋbɪlətɪ; ˈindi͵dʒestəˈbiləti] «indigestible 的名詞»—*n.* Ⓤ **1** 不消化。**2** 難理解。
in·di·gest·i·ble [͵ɪndəˋdʒɛstəbl; ͵indiˈdʒestəbl˜] *adj.* **1** 〈食物〉難消化的, 不消化的。**2** 〈學說等〉難理解的。
-**i·bly** [-blɪ; -bli] *adv.*
in·di·ges·tion [͵ɪndəˋdʒɛstʃən; ͵indiˈdʒestʃn] *n.* Ⓤ **1** 不消化;消化不良: I am suffering from ~. 我正患消化不良症。**2** 不能理解, 不懂。
***in·dig·nant** [ɪnˋdɪgnənt; inˈdignənt] «源自拉丁文「視爲無價值的」之義»—*adj.* (**more** ~; **most** ~)**1** (對不正當或卑鄙行爲表示)**憤憤不平的**, 氣憤的, 充滿[表示]憤怒的, 憤慨的: write an ~ letter 寫一封氣憤的信。
2 [不用在名詞前][十介十(代)名]〔對人〕〔爲某事〕氣憤的〔*with*〕〔*for*〕;〔對行爲〕憤怒的, 憤慨的〔*at, about, over*〕: She was ~ ***with*** him ***for*** beat*ing* his little brother. 她因他打他的小弟而氣憤/The man was hotly ~ ***at*** the insult. 那個人對所受的侮辱感到極爲氣憤/He was ~ ***over*** his rough treatment. 他因受到粗暴的對待而感到憤慨。
in·díg·nant·ly *adv.* 憤慨地, 氣憤地。
in·dig·na·tion [͵ɪndɪgˋneʃən; ͵indigˈneiʃn] «indignant 的名詞»—*n.* Ⓤ**憤怒**, 義憤, 憤慨《★[用法]對人用 *with, against*, 對行爲用 *at, about, over*》: righteous ~ 義憤/feel great ~ *against* the ruler 對統治者懷著强烈的憤慨情緒/his ~ *with* the public [*at* the injustice] 他對大衆[不公平]的憤慨/His face reddened *with* ~. 他的臉因氣憤而漲紅。
in·dig·ni·ty [ɪnˋdɪgnətɪ; inˈdignəti] *n.* **1** Ⓤ輕蔑, 侮辱。**2** Ⓒ侮辱性的言行, 侮蔑的對待: submit a person to *indignities* 對某人加以侮辱。
in·di·go [ˋɪndɪ͵go; ˈindigou] «源自希臘文「印度的(染料)」之義»—*n.* (又作**índigo blúe**)Ⓤ靛青, 藍靛。
***in·di·rect** [͵ɪndəˋrɛkt; ͵indiˈrekt˜] *adj.* (**more** ~; **most** ~)(↔ direct)**1** 〈道路等〉**不是直的**, 迂廻的。
2 〈表達等〉**間接的**, 兜圈子的, 不直率的。

3 非直接相關的，次要的：(an) ～ tax [taxation] 間接稅/～ lighting 間接照明，分散照明。
4 (無比較級、最高級)《文法》間接的：an ～ object 間接受詞《例如 She gave *him* a watch. 中的 him》/～ narration [discourse, speech] 間接敍述法《例如 He said *that he was ill.* 等》。
～**·ly** *adv.* ～**·ness** *n.*

índirect cóst *n.* ⓒⓤ《經濟》間接成本。

in·di·rec·tion [ˌɪndəˋrɛkʃən; ˌindiˈrekʃn] *n.* ⓤ **1** 迂廻，兜圈子。**2** 不誠實；詐欺。**3** 無目標。

in·dis·cern·i·ble [ˌɪndɪˋzɝnəbḷ, -ˋsɝn-; ˌindiˈsə:nəbl, -diˈzə:-ˊ] *adj.* (黑暗或小得) 不能加以識別的，難辨認的，難分辨的，看不見的。**—*n.*** ⓒ不易識別的事物。**-i·bly** [-nəblɪ; -nəbli] *adv.*

in·dis·ci·pline [ɪnˋdɪsəplɪn; inˈdisiplin] *n.* ⓤ無紀律，無秩序。

in·dis·creet [ˌɪndɪˋskrit; ˌindiˈskri:tˊ] *adj.* (尤指關於發言) 欠考慮的，不愼重的，輕率的。～**·ly** *adv.*

in·dis·crete [ˌɪndɪˋskrit; ˌindiˈskri:tˊ] *adj.* 未(個別)分開的，非個別的，渾然一體的。～**·ly** *adv.* ～**·ness** *n.*

in·dis·cre·tion [ˌɪndɪˋskrɛʃən; ˌindiˈskreʃn] 《indiscreet 的名詞》**—*n.*** **1** ⓤ **a** 不謹愼，欠考慮，輕率 [*in*]：I warned him against ～ *in* his conversation [*in* choos*ing* his friends]. 我告誡他談話[擇友]切忌輕率。**b** 〔＋*to* do〕[**the** ～]〈做…的〉鹵莽：He had *the* ～ *to* accept the money. 他竟會冒失地接受那筆錢。**2** ⓒ輕率的言行，不謹愼的行爲。

in·dis·crim·i·nate [ˌɪndɪˋskrɪmənɪt; ˌindiˈskriminətˊ] *adj.* **1** 不加以區別的，不辨善惡的，不分皂白的：～ killing 不分青紅皂白的亂殺/give ～ praise不分好壞的隨便誇獎/My brother is ～ *in* collect*ing* stamps. 我的弟弟不加選擇地亂集郵票。**2** 雜亂的，混亂的。～**·ly** *adv.*

in·dis·pens·a·bil·i·ty [ˌɪndɪˌspɛnsəˋbɪlətɪ; ˈindiˌspensəˈbiləti] 《indispensable 的名詞》**—*n.*** ⓤ緊要性，絕對必要，不可或缺。

in·dis·pens·a·ble [ˌɪndɪˋspɛnsəbḷ; ˌindiˈspensəblˊ] *adj.* **1 a** 不可缺的，絕對必要的(⇨ necessary【同義字】)：an ～ dictionary 絕對必要的字典。**b** [不用在名詞前]〔十介十(代)名〕〔對…〕必要的，不可缺的〔*to, for*〕：Health is ～ ***to*** everyone. 健康是人人所必要的。**2** 〈義務等〉不可避免的，責無旁貸的：an ～ duty 不可推卸的義務。
—*n.* ⓒ絕對必要的人[物]。

ìn·dis·pénsa·bly [-səblɪ; -səbli] *adv.* 不可或缺地，必要地。

in·dis·pose [ˌɪndɪˋspoz; ˌindiˈspouz] *v.t.* 《文語》**1 a** 〔十受十 *to* do〕使〈人〉不願意[厭惡]〈做…〉《★常以過去分詞當形容詞用；⇨ indisposed 1 a》：Heavy taxes ～ a citizen *to* work hard. 重稅使國民不願意辛勤工作。**b** 〔十受十介十(代)名〕使〈人〉〔對…〕生厭〔*for, to, toward*〕《★常以過去分詞當形容詞用；⇨ indisposed 1 b》：Ill-treatment ～*d* him ***toward*** his boss. 老闆的虐待使他對老闆產生反感。**2** 〔十受十介十(代)名〕使〈人〉〔對…〕變爲不適當[不合適，無能爲力]〔*for*〕：Ill health ～*d* him ***for*** physical labor. 健康不佳使他不能從事體力勞動。**3** 使〈人〉罹患輕病《★現在常以過去分詞當形容詞用；⇨indisposed 2》。

ìn·dis·pósed *adj.* [不用在名詞前] **1 a** 〔十*to* do〕不願意〈做…〉的 (cf. indispose 1 a)：She seems ～ *to* play tennis. 她似乎不想打網球。**b** 〔十介十(代)名〕〔對…〕沒有興趣的，不起勁的〔*for, to, toward*〕(cf. indispose 1 b)：I am [feel] ～ ***for*** any work. 我對任何工作都不感興趣。**2** 《文語》**a** 身體不舒服的，微恙的 (cf. indispose 3)：He became suddenly ～. 他突然覺得不舒服。**b** 〔十介十(代)名〕患〔…〕疾病的〔*with*〕：I am ～ ***with*** a headache. 我頭痛了，感到不舒服。

in·dis·po·si·tion [ˌɪndɪspəˋzɪʃən; ˌindispəˈziʃn] 《indispose 的名詞》**—*n.*** ⓤⓒ **1** 不舒服，輕微的疾病《頭痛、感冒等》：She has fully recovered from her recent ～. 近來，她常感到不舒服，而現在已完全恢復健康。**2 a** 〔十*to* do〕〈對做…的〉嫌惡，不願意：I felt a certain ～ *to* face reality. 我多少有些不願意面對現實。**b** 〔對人、物〕生厭，厭惡〔*to, toward*〕：her ～ *to* automobiles 她對汽車的厭惡。

in·dis·put·a·ble [ˌɪndɪˋspjutəbḷ, ɪnˋdɪs-; ˌindiˈspju:təblˊ] *adj.* 無爭辯[議論]餘地的，不容置辯的，明白的，確實的：an ～ right 不容置辯的權利。**-a·bly** [-təblɪ; -təbli] *adv.*

in·dis·sol·u·ble [ˌɪndɪˋsɑljəbḷ; ˌindiˈsɔljublˊ] *adj.* **1** 〈物質〉不能分解[分離，溶解]的。**2** 堅固的，持久的，不變的：an ～ friendship 牢不可破的友誼。**-bly** [-blɪ; -bli] *adv.*

in·dis·tinct [ˌɪndɪˋstɪŋkt; ˌindiˈstiŋktˊ] *adj.* 〈形狀、記憶等〉不清楚的，模糊的。～**·ly** *adv.* ～**·ness** *n.*

in·dis·tinc·tive [ˌɪndɪˋstɪŋktɪv; ˌindiˈstiŋktivˊ] *adj.* **1** 不顯著的，沒有特色的。**2** 無[不加以]區別[差別]的。

in·dis·tin·guish·a·ble [ˌɪndɪˋstɪŋgwɪʃəbḷ; ˌindiˈstiŋgwiʃəblˊ] *adj.* **1** 不能區別的。**2** [不用在名詞前]〔十介十(代)名〕**a** 〔與…〕不能辨別的〔*from*〕. **b** 〔對…而言〕不能辨別的〔*to*〕：The star is ～ ***to*** the naked eye. 那顆星是肉眼所不能辨別的。

in·dite [ɪnˋdaɪt; inˈdait] *v.t.* 創作；撰寫：～ a poem 寫一首詩。

in·di·um [ˋɪndɪəm; ˈindiəm] *n.* ⓤ《化學》銦《金屬元素；符號In》.

‡in·di·vid·u·al [ˌɪndəˋvɪdʒuəl; ˌindiˈvidjuəlˊ] 《源自拉丁文「不可分」之義》**—*adj.*** (**more** ～; **most** ～) **1** [用在名詞前] (無比較級、最高級) **個別的，單獨的**：in ～ cases 以個別的情況/We use ～ towels.我們各用自己的毛巾。**2** [用在名詞前] (無比較級、最高級) **一個人的，個人(用)的**：～ instruction 個別教導/an ～ locker 個人用的有鎖櫥櫃。**3 獨特的，特有的，發揮個性的**：an ～ style 獨特的文體/in one's ～ way 以自己特有的方法。
—*n.* ⓒ **1** (集團中一份子的) **個人**：a private ～ 私人。**2** [與修飾語連用]《口語》**人**：an amusing ～ 有趣的人。**3 a** 《哲・邏輯》個體，個別的東西。**b** (東西的)一單位 (unit). **c** 《生物》個體 (cf. colony 5).

ìn·di·víd·u·al·ìsm [-ˌɪzəm; -lizəm] *n.* ⓤ **1** 個人主義 (cf. totalitarianism).**2** 利己主義 (egoism).

ìn·di·víd·u·al·ist [-lɪst; -list] *n.* ⓒ **1** 個人主義者。**2** 利己主義者 (egoist).

in·di·vid·u·al·is·tic [ˌɪndəˌvɪdʒuəlˋɪstɪk; ˈindiˌvidjuəˈlistikˊ] *adj.* **1** 個人主義(者)的。**2** 利己主義(者)的。

in·di·vid·u·al·i·ty [ˌɪndəˌvɪdʒuˋælətɪ; ˈindiˌvidjuˈæləti] 《individual 的名詞》**—*n.*** **1 a** ⓤ個性，個人的人格 (⇨ character A 2【同義字】)：a man of marked ～ 一個有特異個性的人。**b** ⓒ個體，個人，單一體。**2** [**individualities**] (個人的)特性，特質。

in·di·vid·u·al·ize [ˌɪndəˋvɪdʒuəlˌaɪz; ˌindiˈvidjuəlaiz] 《individual 的動詞》**—*v.t.*** **1** 使…發揮[有]個性。**2** 個別處理，一一列舉，個別詳述。**3** 使…適合個人的愛好[個別的情形(等)]。

ìn·di·víd·u·al·ly [-dʒuəlɪ; -djuəli] *adv.* **1** 以個人身份，就個人而論。**2** 個別地，單獨地，各個地。

in·di·vis·i·bil·i·ty [ˌɪndəˌvɪzəˋbɪlətɪ; ˈindiˌviziˈbiləti] *n.* ⓤ **1** 不可分性。**2** 《數學》不能除盡。

in·di·vis·i·ble [ˌɪndəˋvɪzəbḷ; ˌindiˈvizəblˊ] *adj.* **1** 不能分割的，不可分的。**2** 《數學》除不盡的。
—*n.* ⓒ不能分割的東西；極微分子，極少量。
-bly [-zəblɪ; -zəbli] *adv.*

In·do- [ɪndo-; indou-] [複合用詞] 表示「印度(人)的 (Indian)」之義。

Índo·chína, Índo-Chína *n.* 中南半島。

> 【說明】包括越南 (Vietnam), 高棉 (Cambodia), 寮國 (Laos), 緬甸 (Burma), 泰國 (Thailand), 馬來西亞 (Malaysia) 等國的半島。

Índo·chinése, Índo-Chinése 《Indochina, Indo-China 的形容詞》**—*adj.*** 中南半島的。
—*n.* ⓒ (*pl.* ～) 中南半島人。

in·doc·ile [ɪnˋdɑsḷ, -sɪl; inˈdousailˊ] *adj.* 難教的，難處理的，不順從的，不聽話的。

in·do·cil·i·ty [ˌɪndoˋsɪlətɪ; ˌindouˈsiləti] 《indocile 的名詞》**—*n.*** ⓤ難教，不順從，難制馭。

in·doc·tri·nate [ɪnˋdɑktrɪnˌet; inˈdɔktrineit] *v.t.* 〔十受(十介十(代)名)〕向…灌輸〔學說、信仰等〕，教〈某人〉〔教義等〕〔*in, with*〕《★常用被動語態》：～ a person ***in*** dogmas [***with*** an idea] 向某人灌輸教義[一種思想]。

in·doc·tri·na·tion [ɪnˌdɑktrɪˋneʃən; inˌdɔktriˈneiʃn] 《indoctrinate 的名詞》**—*n.*** ⓤ灌輸，教化。

in·doc·tri·na·tion·al [ɪnˌdɑktrɪˋneʃənḷ; inˌdɔktriˈneiʃənl] *adj.* 有教化性質的；施以思想訓練的。

Índo-Européan *n.* ⓤ印歐語系《★包括印度、西亞、歐洲各國使用的大部分語言在內之一大語系，英語也爲其中之一》。
—*adj.* 印歐語系的。

in·do·lence [ˋɪndələns; ˈindələns] 《indolent 的名詞》**—*n.*** ⓤ怠惰，懶惰。

in·do·lent [ˋɪndələnt; ˈindələnt] *adj.* 怠惰的，懶惰的 (lazy).
～**·ly** *adv.*

in·dom·i·ta·ble [ɪnˋdɑmətəbḷ; inˈdɔmitəbl] *adj.* 好勝的，不認輸的，不屈的：an ～ spirit 不屈不撓的精神。
-bly [-təblɪ; -təbli] *adv.*

In·do·ne·sia [ˌɪndoˋniʃə, -ʒə; ˌindouˈni:zjəˊ] *n.* 印尼共和國《包括前荷屬東印度羣島全部領域的一個共和國；首都雅加達 (Jakarta)》.

In·do·ne·sian [ˌɪndoˋniʃən, -ʒən; ˌindouˈni:zjənˊ] 《Indonesia 的形容詞》**—*adj.*** 印尼(人，語)的。
—*n.* **1** ⓒ印尼人。**2** ⓤ印尼語。

***in·door** [ˋɪnˌdor, -ˌdɔr; ˈindɔ:ˊ] *adj.* [用在名詞前] (無比較級、最高級) **屋內的，室內的** (↔ outdoor)：an ～ (swimming) pool 室內游泳池/～ games 室內遊戲。

***in·doors** [ˋɪnˋdorz, -ˋdɔrz; ˌinˈdɔ:z] *adv.* (無比較級、最高級) **在屋[室]內**：stay [keep] ～ 留在屋內，不出門/run ～ 跑進屋裏。

in·dorse [ɪnˋdɔrs; inˈdɔ:s] *v.* ＝endorse.

in·dor·see [ɪnˌdɔr'si, ˌɪndɔr'si; ˌindɔ:'si:] *n.* ＝endorsee.
in·dorse·ment [ɪn'dɔrsmənt; in'dɔ:smənt] *n.* ＝endorsement.
In·dra ['ɪndrə; 'indrə] *n.* 《印度教》因陀羅《印度最早文獻吠陀(Veda)神話中出現的雷神》。
ín·dràft,《英》**ín·dràught** *n.* Ⓤ Ⓒ **1** 引入，吸入；吸入物。**2** 流入；內流：an ～ air 一股流入的空氣。
ín·dràwn *adj.* **1** 〈氣息等〉吸入的。**2** 內向的，保守的(reserved).
in·du·bi·ta·ble [ɪn'djubɪtəbl; in'dju:bitəbl] *adj.* 〈事實、證據等〉不容置疑的，明確的。**-bly** [-təblɪ; -təbli] *adv.*
in·duce [ɪn'dus, -'djus; in'dju:s] «源自拉丁文「導入」之義»——*v.t.* **1** 〔十受十 *to* do〕勸誘〈某人〉使其願意〈做…〉，說服〈某人〉使〈做…〉：I tried to ～ him *to* see a doctor but I failed. 我試著說服他去看醫生，但失敗了/Nothing will ～ me *to* go. 說什麼我也不會去《無論如何我都不去》。
2 引起，引發，導致，招致：Opium ～*s* sleep. 鴉片引發睡意，鴉片使人昏昏欲睡。
3 a 以人工方法引起〈陣痛，催生〉《★常用被動語態》。**b** 以人工使〈嬰兒〉出生；使〈母體〉藉人工方法生產《★常用被動語態》。
4 《邏輯》歸納(←→ deduce).
5 《電學》感應《★常以過去分詞當形容詞用》：an ～*d* current 感應電流。
——*v.i.* 人工分娩。**in·dúc·er** *n.*
in·dúce·ment [-mənt; -mənt] «induce 的名詞»——*n.* **1** Ⓤ勸誘，誘導：on any ～ 無論如何勸誘。
2 Ⓤ Ⓒ **a** 引誘[誘導]物，誘因，動機〔*to*〕《獎金、報酬等；⇨ motive【同義字】》：an ～ *to* an action 促使行動的誘因。**b** 〔十 *to* do〕使想〈做…〉的引誘物，動機，誘因：He did not have many ～*s* [much ～] *to* work. 促使他去工作的動力不足。**c** 〔十 *for*十(代)名十 *to* do〕誘使〔某人〕想〈做…〉的動機，原因：There was no [little] ～ *for* her *to* behave better. 無法[幾乎無法]誘使她行爲檢點一些。
in·duct [ɪn'dʌkt; in'dʌkt] *v.t.* 〔十受(十介十(代)名)〕**1** 《文語》使〈聖職者等〉(正式)就〔職，位〕〔*to, into*〕《★常用被動語態》：～ a clergyman ***to*** a benefice 使牧師就任有俸祿的聖職/Mr. White has *been* ～*ed* ***into*** the office of governor. 懷特先生已就任州長。**2** 《美》徵〈人〉入〔伍〕，使〈人〉服〔兵役〕〔*into*〕.
in·duc·tance [ɪn'dʌktəns; in'dʌktəns] *n.* Ⓤ Ⓒ《電學》感應(係數)。
in·duc·tion [ɪn'dʌkʃən; in'dʌkʃn] *n.* A «induce 的名詞» **1** Ⓤ感應，誘導。**2** 《邏輯》**a** Ⓤ Ⓒ歸納(法)《由特殊的[個別]事例導出一般性的結論；←→ deduction；cf. syllogism》.**b** Ⓒ歸納性的結論[推斷]。**3** Ⓤ Ⓒ(陣痛、分娩的)人工引發。**4** Ⓤ《電學》誘導，感應。
——B «induct 的名詞» **1** Ⓤ Ⓒ(聖職)就任式。**2** Ⓤ Ⓒ《美》徵兵；入伍儀式。**3** (又作 **indúction cóurse**)Ⓒ(新進職員等的)訓練。
indúction còil *n.* Ⓒ《電學》感應圈。
indúction héating *n.* Ⓤ《電學》誘導[感應]加熱《用電磁感應導入電流加熱》。
indúction mótor *n.* Ⓒ《電學》感應電動機。
in·duc·tive [ɪn'dʌktɪv; in'dʌktiv] «induce 的形容詞»——*adj.* **1** 《邏輯》歸納的(←→ deductive)：～ reasoning 歸納推理。**2** 《電學》誘導的，感應的。～**·ly** *adv.*
in·duc·tiv·i·ty [ˌɪndʌk'tɪvətɪ; ˌindʌk'tiviti] «inductive 的名詞»——*n.* Ⓤ **1** 誘導[感應]性。**2** 《電學》誘導率。
in·dúc·tor [-tɚ; -tə] *n.* Ⓒ **1** 聖職授與者。**2** 《電學》誘導子，感應器。**3** 《化學》感應物質，誘導質。
in·due [ɪn'du, -'dju; in'dju:] *v.* ＝endue.
*****in·dulge** [ɪn'dʌldʒ; in'dʌldʒ] «源自拉丁文「對…親切」之義»——*v.t.* **1** 〔十受〕**a** 使〈某人的慾望〉得到滿足；放任，縱容〈某人〉；寵壞，溺愛〈孩子〉(spoil)：Schoolboys used to be less ～*d* than they are now. 以前的學童不像現在學童那樣受縱容。**b** 隨心所欲地享受[滿足]〈慾望，嗜好〉：He spent the holidays *indulging* his passion for climbing and fishing. 他在度假期間盡情地享受登山與垂釣的樂趣。
2 〔十受(十介十(代)名)〕[～ one*self*] 耽溺〔於…〕，沈湎〔於…〕〔*in*〕：Don't ～ *yourself* too much. 不要酗酒[暴食(等)]/He often ～*s* ***himself in*** drinking. 他常常耽溺於飲酒。
——*v.i.* 〔十介十(代)名〕耽溺〔於…〕，縱情〔於…〕〔*in*〕：Don't ～ ***in*** drinking. 不要飲酒過度。
in·dul·gence [ɪn'dʌldʒəns; in'dʌldʒəns] «indulge 的名詞»——*n.* **1 a** Ⓤ〔對於不良習慣等的〕**耽溺**，沈湎〔*in*〕：constant ～ *in* bad habits 不斷耽溺於惡習。**b** Ⓒ所耽溺的事，嗜好：Smoking is his only ～.抽煙是他唯一的嗜好。**2** Ⓤ**a** 放任，驕寵。**b** 任性，放縱。**3** Ⓤ**a** 寬容，寬大：treat a person with ～ 待人寬大。**b** 恩惠。**4** Ⓤ《商》延付，寬限。**5** 《天主教》**a** Ⓤ免罪，赦免。**b** Ⓒ免罪符。
in·dúl·gen·cy [-dʒənsɪ; -dʒənsi] *n.* ＝indulgence.
in·dul·gent [ɪn'dʌldʒənt; in'dʌldʒənt] «indulge 的形容詞»——*adj.* **1** 寬容的，溺愛的，寬大的：～ parents 溺愛(孩子)的父母。**2** [不用在名詞前]〔十介十(代)名〕〔對…〕溺愛的，寬容的〔*with, to, of*〕：They are ～ ***with***[***to***] their children. 他們溺愛孩子們/He is not ～ ***of*** fools. 他不寬容傻瓜。～**·ly** *adv.*
in·du·rate ['ɪndjʊˌret, -dʊˌret; 'indjuəreit] *v.t.* **1** 使…堅硬，使…硬化。**2** 使…無感覺。**3** 〔十受十介十(代)名〕使…習慣〔於…〕〔*to*〕.
——*v.i.* **1** 變堅硬，硬化。**2** 變得無感覺。**3** 成習慣。
—— [-rɪt; -rit] *adj.* **1** 硬化的。**2** 無感覺的。
In·dus ['ɪndəs; 'indəs] *n.* [**the** ～] 印度河《發源於西藏，流經巴基斯坦，注入阿拉伯海》。
‡**in·dus·tri·al** [ɪn'dʌstrɪəl; in'dʌstriəl] «industry A 的形容詞»——*adj.* (**more** ～；**most** ～)**1** (無比較級、最高級)**a** **產業(上)的**，工業(上)的，工業用的：～ alcohol 工業用酒精/an ～ bank 工業銀行/an ～ exhibition 工業展覽會/an ～ spy 產業間諜。**b** 從事產業[工業]的；產業[工業]勞工的：～ workers 產業[工業]工人。**2** 產業[工業]高度發展的：an ～ country [nation] 工業國。～**·ly** *adv.*
indústrial archaeólogy *n.* Ⓤ工業考古學《從事過去技術發達時代，尤指工業革命後各個階段的研究》。
indústrial árts *n.* Ⓤ《美》工藝《尤指學校中的工藝科目》。
indústrial desígn *n.* Ⓤ工業設計[構想](的研究)。
indústrial desígner *n.* Ⓒ工業設計家。
indústrial diséase *n.* Ⓤ Ⓒ職業病；工業病《從事某種工業生產所引起的疾病》。
indústrial engineéring *n.* Ⓤ工業工程。
indústrial estáte *n.* 《英》＝industrial park.
indústrial insúrance *n.* (又作 **indústrial life insùrance**)Ⓤ產業工人人壽保險。
in·dús·tri·al·ìsm [-lˌɪzəm; -lizəm] *n.* Ⓤ產業主義，工業主義。
in·dús·tri·al·ist [-lɪst; -list] *n.* Ⓒ(尤指與生產有關的)(大)實業[企業]家。
in·dus·tri·al·i·za·tion [ɪnˌdʌstrɪələ'zeʃən; inˌdʌstriəli'zeiʃn] «industrialize 的名詞»——*n.* Ⓤ產業化，工業化。
in·dus·tri·al·ize [ɪn'dʌstrɪəlˌaɪz; in'dʌstriəlaiz] *v.t.* 使…產業[工業]化。
indústrial párk *n.* Ⓒ《美》工業園區《設於都市郊外的工廠集中地區》。
indústrial psychólogy *n.* Ⓤ工業心理學。
Indústrial Revolútion *n.* [**the** ～]產業革命《十八世紀末至十九世紀初，以英國爲中心，由機器、動力等發明所引發的社會組織的大改革與變遷》。
indústrial schóol *n.* Ⓤ[指設備時爲Ⓒ]工業[工藝]學校。
indústrial stóre *n.* Ⓒ員工福利商店。
indústrial únion *n.* Ⓒ(由各產業全體員工分別組成的)產業工會。
*****in·dus·tri·ous** [ɪn'dʌstrɪəs; in'dʌstriəs] «industry B 的形容詞»——*adj.* (**more** ～；**most** ～)**勤勉的**，**勤奮的**，勤於工作的(diligent). ～**·ly** *adv.*
‡**in·dus·try** ['ɪndəstrɪ; 'indəstri] «源自拉丁文「勤勉」之義»——*n.* A (cf. industrial) **1** Ⓤ**產業**；工業，製造業。**2** Ⓒ[常與修飾語連用]…業：the broadcasting ～ 廣播事業/ the shipbuilding [film] ～ 造船業[電影業]/⇨ heavy industry. **3** Ⓤ[集合稱]產業經營者。
——B (cf. industrious) Ⓤ**勤勉，勤奮**：Poverty is a stranger to ～.《諺》勤勞的人不會窮。
in·dwéll (**in·dwelt**) *v.i.* 〔十介十(代)名〕〈精神、靈魂等〉存在〔於…之中〕〔*in*〕.
——*v.t.* 存在於…之中。
in·dwéll·ing *adj.* [用在名詞前]內在的。
-ine[1] 字尾 **1** [-aɪn, -ɪn, -in; -ain, -in, -i:n] 表示「似…的，關於…的，…製的」之意的形容詞字尾：serpent*ine.* **2** [-ɪn; -in] 陰性名詞字尾：hero*ine.* **3** [-ɪn; -in] 表示抽象意義的名詞字尾：discipl*ine,* doctr*ine.*
-in(e)[2] [-ɪn, -in; -i:n, -in] 字尾《化學》鹽基及元素名字尾：anil*ine,* caffe*ine,* chlor*ine,* iod*ine.*
in·e·bri·ate [ɪn'ibrɪˌet; i'ni:brieit] *v.t.* 使〈人〉醉：the cups that cheer but not ～ 使人感到愉快而不醉的飲料《指咖啡、紅茶》。
—— [-brɪɪt; -briət] *adj.* 酒醉的，酩酊的。
——*n.* Ⓒ酒徒，醉漢(drunkard).
in·e·bri·a·tion [ɪnˌibrɪ'eʃən; iˌni:bri'eiʃn] «inebriate 的名詞»——*n.* Ⓤ酩酊，醉。
in·e·bri·e·ty [ˌɪnɪ'braɪətɪ; ˌini:'braiəti] *n.* Ⓤ醉，酩酊；嗜酒癖(←→ sobriety).
in·ed·i·ble [ɪn'ɛdəbl; in'edibl] *adj.* 不宜食用的，不能吃的。
in·èd·i·bíl·i·ty [-də'bɪlətɪ; -də'biliti] *n.*

in·ed·u·ca·ble [ɪn`ɛdʒəkəbl̩; in'edjukəbl] *adj.* (因智能不足而)不能教育的，不堪造就的。**-bly** [-kəblɪ; -kəbli] *adv.*

ìn·èd·u·ca·bíl·i·ty [-kə`bɪlətɪ; -kə'biliti] *n.*

in·ef·fa·ble [ɪn`ɛfəbl̩; in'efəbl] *adj.* **1** 說不出的，難以言語形容的：～ beauty 難以形容的美。**2** 〈神名等〉(不能說出地)神聖的：the ～ name of Jehovah 耶和華的聖名。

in·éf·fa·bly [-fəblɪ; -fəbli] *adv.* 言語難以形容[表達]地，說不出地。

in·ef·face·a·ble [ˌɪnə`fesəbl̩; ˌini'feisəbl] *adj.* 不可磨滅的，不可消除[抹去]的。**-a·bly** [-səblɪ; -səbli] *adv.*

in·ef·fec·tive [ˌɪnə`fɛktɪv; ˌini'fektiv] *adj.* **1 a** 無效的，無益的，無用的。**b** 效果不顯著的，効力不彰的。**2** 〈人〉無能的，無力的。～**·ly** *adv.* ～**·ness** *n.*

in·ef·fec·tu·al [ˌɪnə`fɛktʃuəl; ˌini'fektʃuəl] *adj.* **1** 沒有效果的，無益的。**2** 〈人〉無力的。～**·ly** [-tʃuəlɪ; -tʃuəli] *adv.*

in·ef·fi·ca·cious [ˌɪnɛfə`keʃəs; ˌinefi'keiʃəs] *adj.* 〈藥、治療等〉無效的，不生效的。～**·ly** *adv.*

in·ef·fi·ca·cy [ɪn`ɛfəkəsɪ; in'efikəsi] *n.* Ⓤ無效果，無效力。

in·ef·fi·cien·cy [ˌɪnə`fɪʃənsɪ; ˌini'fiʃnsi] 《inefficient 的名詞》—*n.* **1** Ⓤ無能。**2 a** Ⓤ無效率[效力]。**b** Ⓒ無效率之處[物]。

in·ef·fi·cient [ˌɪnə`fɪʃənt; ˌini'fiʃnt] *adj.* **1** 〈人〉無能的，無用的。**2** 〈機器等〉低效率的。～**·ly** *adv.*

in·e·las·tic [ˌɪnɪ`læstɪk; ˌini'læstik] *adj.* **1** 沒有彈力[彈性]的。**2** 無伸縮性的，無適應性的，不通融的。

in·e·las·tic·i·ty [ˌɪnɪlæs`tɪsətɪ; ˌinilæs'tisəti] 《inelastic 的名詞》—*n.* Ⓤ **1** 無彈力[彈性]。**2** 無伸縮性，無通融性。

in·el·e·gance [ɪn`ɛləgəns; in'eligəns] 《inelegant 的名詞》—*n.* **1** Ⓤ不優美，不雅，粗野。**2** Ⓒ不優雅的舉止[言語，文體(等)]。

in·el·e·gant [ɪn`ɛləgənt; in'eligənt] *adj.* **1** 〈形態、姿態等〉不優美的，不雅的，粗野的。**2** 庸俗的，俗氣的(unrefined).
～**·ly** *adv.*

in·el·i·gi·ble [ɪn`ɛlɪdʒəbl̩; in'elidʒəbl] *adj.* **1** 沒有(被選)資格的，不合格的，不適當的。**2** [不用在名詞前] **a** [十介十(代)名] [對…]不適宜的 [*for*]：He is ～ ***for*** marriage. 他不適宜結婚。**b** [十 *to* do]沒有資格〈做…〉的：He's ～ *to* vote. 他沒有資格投票。
—*n.* Ⓒ不合格者，無資格入選的人。
-bly [-dʒəblɪ; -dʒəbli] *adv.*

in·e·luc·ta·ble [ˌɪnɪ`lʌktəbl̩; ˌini'lʌktəbl] *adj.* 《文語》無法躲避的，不能避免的。**-ta·bly** [-təblɪ; -təbli] *adv.*

in·ept [ɪn`ɛpt; i'nept] *adj.* **1 a** 不合適的，不適當的，不相宜的。**b** [不用在名詞前] [十介十(代)名] [對…]不合適的；拙於[…]的 [*at, in*]：He is totally ～. 他做什麼都不行(完全沒用)/He is ～ ***at*** [***in***] ball games. 他不善於打球。**2** 〈言行等〉愚蠢的，荒謬的：an ～ remark 愚蠢的話。～**·ly** *adv.*

in·ept·i·tude [ɪn`ɛptəˌtud, -ˌtjud; i'neptitju:d] 《inept 的名詞》—*n.* **1** Ⓤ不適宜，愚蠢。**2** Ⓒ愚蠢的言行。

in·e·qual·i·ty [ˌɪnɪ`kwɑlətɪ; ˌini'kwɔləti] 《unequal 的名詞》—*n.* **1 a** Ⓤ不同，不等，不平等；不公平：～ *in* size 大小不相等。**b** Ⓒ [常 ～s] 不平等的事，不平之處：social *inequalities between* these two districts 這兩地區在社會上的不平等之處。**2 a** Ⓤ (表面的)粗糙。**b** [～s] (表面的)高低[凹凸]不平：the *inequalities* of the ground 地面的高低[凹凸]不平。**3** ⓊⒸ《數學》不等式。

in·eq·ui·ta·ble [ɪn`ɛkwɪtəbl̩; in'ekwitəbl] *adj.* 不公平的，不公正的(unjust). **-bly** [-təblɪ; -təbli] *adv.*

in·eq·ui·ty [ɪn`ɛkwɪtɪ; in'ekwəti] *n.* **1** Ⓤ不公正，不公平。**2** Ⓒ不公平的事[行爲]。

in·e·rad·i·ca·ble [ˌɪnɪ`rædɪkəbl̩; ˌini'rædikəbl] *adj.* 不能根絕的，根深蒂固的。**-bly** [-kəblɪ; -kəbli] *adv.*

in·ert [ɪn`ɝt; i'nə:t] 《源自拉丁文「無技術」之義》—*adj.* **1** 《物理》〈物質〉無自動力的。
2 《化學》非活性的，不起化學作用的：～ gases 非活性氣體。
3 〈人、心等〉遲鈍的，緩慢的，不活潑的(inactive).
～**·ly** *adv.* ～**·ness** *n.*

in·er·ti·a [ɪn`ɝʃə; i'nə:ʃjə] 《inert 的名詞》—*n.* Ⓤ **1** 《物理》慣性，惰性，慣量：moment of ～ 轉動慣量。**2** 不活潑，懶惰，遲鈍。**3** 《醫》無力(症)，不活動。

in·es·cap·a·ble [ˌɪnə`skepəbl̩; ˌini'skeipəbl] *adj.* 無法逃避的，免不了的，不可避免的。**-a·bly** [-pəblɪ; -pəbli] *adv.*

in es·se [ɪn`ɛsɪ; in'esi] 《源自拉丁文》—*adv.* & *adj.* 實際存在地[的] (cf. in posse).

in·es·sen·tial [ˌɪnə`sɛnʃəl; ˌini'senʃl] *adj.* 非必要的，可有可無的。—*n.* Ⓒ [常～s]可以不要的東西，非必要的東西。

in·es·ti·ma·ble [ɪn`ɛstəməbl̩; in'estiməbl] *adj.* **1** 不能估計的，無法計算的。**2** (很貴重而)無法評估的，非常貴重的，無價的：a thing of ～ value 極爲貴重的東西，無價之寶。
-bly [-məblɪ; -məbli] *adv.*

in·ev·i·ta·bil·i·ty [ˌɪnɛvətə`bɪlətɪ; inˌevitə'biləti] 《inevitable 的名詞》—*n.* Ⓤ不可避免，必然(性)：historical ～ 歷史的必然性。

***in·ev·i·ta·ble** [ɪn`ɛvətəbl̩; in'evitəbl] 《源自拉丁文「不能避免的」之義》—*adj.* (無比較級、最高級) **1 不可避免的，**免不了的，必然的，當然的：an ～ result 必然[當然]的結果/Death is ～. 死是無法避免的/It is almost ～ that a war between the two nations will break out. 那兩國之間爆發戰爭幾乎是不可避免的。
2 [用在名詞前] [**one's** ～, **the** ～] 《口語》一成不變的，經常的：an English gentleman with his ～ umbrella 老帶著雨傘的英國紳士。
3 [**the** ～；當單數名詞用]無法避免的事，註定的命運：accept *the* ～ with grace 爽快地[欣然地]接受不能避免的事。

in·év·i·ta·bly [-təblɪ; -təbli] *adv.* 必然地，必定，不可避免地。

in·ex·act [ˌɪnɪg`zækt; ˌinig'zækt] *adj.* 不精確的，不正確的。
～**·ly** *adv.* ～**·ness** *n.*

in·ex·act·i·tude [ˌɪnɪg`zæktəˌtud, -ˌtjud; ˌinig'zæktitju:d] 《inexact 的名詞》—*n.* **1** Ⓤ不正確，不精確。
2 Ⓒ不正確的東西。

in·ex·cus·a·ble [ˌɪnɪk`skjuzəbl̩; ˌinik'skju:zəbl] *adj.* 無法辯解的，不能原諒的：an ～ error 無法辯解的過失。
-a·bly [-zəblɪ; -zəbli] *adv.*

in·ex·haust·i·ble [ˌɪnɪg`zɔstəbl̩; ˌinig'zɔ:stəbl] *adj.* **1** 用不完的，無窮盡的，取之不盡的：an ～ supply 取用不盡的供應。**2** 不知疲倦的，有耐性的。**-i·bly** [-təblɪ; -təbli] *adv.*

in·ex·o·ra·ble [ɪn`ɛksərəbl̩; in'eksərəbl] *adj.* **1** 〈人、言行〉冷酷[無情]的，不寬容的：his ～ resolution 他斷然的決心。**2** 不屈的，不能變動[改變]的：the ～ passage of the seasons 人力不能改變的四季轉移[季節交替]。**-bly** [-rəblɪ; -rəbli] *adv.*

in·èx·o·ra·bíl·i·ty [-rə`bɪlətɪ; -rə'biliti] *n.*

ìn·ex·pé·di·ence [-dɪəns; -diəns] *n.* ＝inexpediency.

in·ex·pe·di·en·cy [ˌɪnɪk`spidɪənsɪ; ˌinik'spi:djənsi] 《inexpedient 的名詞》—*n.* Ⓤ不方便，失策，不得當。

in·ex·pe·di·ent [ˌɪnɪk`spidɪənt; ˌinik'spi:djənt] *adj.* [不用在名詞前]不方便的，失策的，不得當的。

in·ex·pen·sive [ˌɪnɪk`spɛnsɪv; ˌinik'spensiv] *adj.* 費用不高的，便宜的，不貴的(★比較沒有 cheap 的「不值錢的」感覺)。
～**·ly** *adv.*

in·ex·pe·ri·ence [ˌɪnɪk`spɪrɪəns; ˌinik'spiəriəns] *n.* Ⓤ無[缺乏]經驗，不熟練，不成熟，不諳世故，沒見過世面。

in·ex·pe·ri·enced [ˌɪnɪk`spɪrɪənst; ˌinik'spiəriənst] *adj.* **1** 〈人〉無經驗的：an ～ young man 無經驗的年輕人。**2** [不用在名詞前] [十介十(代)名] [對…]不習慣的，不熟(練)的 [*in, at*]：He is ～ ***in*** the academic world. 他對學術界不熟/He is ～ ***at*** driving. 他開車不熟練。

in·ex·pert [ˌɪnɪk`spɝt; in'ekspə:t, ˌinik'spə:t] *adj.* 外行的，不熟練的，拙劣的，笨拙的。～**·ly** *adv.* ～**·ness** *n.*

in·ex·pi·a·ble [ɪn`ɛkspɪəbl̩; in'ekspiəbl] *adj.* 〈罪等〉不能抵償的，不能贖的，罪重的。

in·ex·plic·a·ble [ɪn`ɛksplɪkəbl̩; ˌinik'splikəbl, in'eksplikəbl] *adj.* 不能說明[解釋]的，不可思議的：a completely ～ phenomenon 完全無法解釋的現象。

ìn·ex·plic·a·bíl·i·ty [-kə`bɪlətɪ; -kə'biləti] *n.*

ìn·ex·plíc·a·bly [-kəblɪ; -kəbli] *adv.* **1** 不可思議地。**2** [修飾整句]無法解釋的是，不可思議的是：*I*～, Mary said she hated John. 眞是不可思議，瑪麗說她恨約翰。

in·ex·press·i·ble [ˌɪnɪk`sprɛsəbl̩; ˌinik'spresəbl] *adj.* 無法表達的，難以形容的(indescribable).

ìn·ex·préss·i·bly [-səblɪ; -səbli] *adv.* 難以形容地，無法表達地；非常地。

in·ex·pres·sive [ˌɪnɪk`sprɛsɪv; ˌinik'spresiv] *adj.* 無表情的。

in·ex·tin·guish·a·ble [ˌɪnɪk`stɪŋgwɪʃəbl̩; ˌinik'stiŋgwiʃəbl] *adj.* **1** 〈火等〉不能撲滅的。
2 〈感情等〉無法抑制的。

in·ex·tir·pa·ble [ˌɪnɪk`stɝpəbl̩; ˌinik'stə:pəbl] *adj.* 不能消滅的；無法除去的：an ～ disease 無法根治的疾病。

in ex·tre·mis [ˌɪnɪk`strimɪs; ˌinik'stri:mis] 《源自拉丁文》—*adv.* 臨死之時；在危急狀態中。

in·ex·tric·a·ble [ɪn`ɛkstrɪkəbl̩; in'ekstrikəbl] *adj.* **1** 〈問題、困難等〉不能解決的，複雜的：in ～ confusion 在無法解決的紊亂中。
2 〈結等〉解不開的。
3 〈場所、狀態等〉不能擺脫的：an ～ maze 無法脫身的迷陣/an ～ situation 進退兩難的情況。**-bly** [-blɪ; -bli] *adv.*

INF 《略》intermediate nuclear force 中程核力量《中程導彈等》。

inf. 《略》infantry；《文法》infinitive; infinity.

in·fal·li·bil·i·ty [ˌɪnfæləˈbɪlətɪ; inˌfæləˈbiləti] «infallible 的名詞»—*n.* Ⓤ **1** 絕無錯誤；絕對確實。**2**《天主教》(教皇、樞機主教等會議的)無謬性：papal ～ 教皇無謬論。

in·fal·li·ble [ɪnˈfæləbl; inˈfæləblˉ] *adj.* **1**〈人、判斷等〉全無錯誤的：～ judgment 絕對正確的判斷/A court of law is not ～. 法院(的裁判)並非全無錯誤。**2**〈功效等〉絕對可靠的：an ～ means[method]絕對可靠的手段[方法]/an ～ remedy 確實有效的藥物[治療法]。—*n.* Ⓒ絕對可靠的人[物]。

in·fál·li·bly [-ləblɪ; -ləbli] *adv.* **1** 全無錯誤地，絕對確實地。**2**《口語》必然，萬無一失地。

in·fa·mous [ˈɪnfəməs; ˈinfəməs] *adj.* **1** 不名譽的，可恥的；邪惡的：an ～ crime 可恥的罪行。**2** 惡名昭彰的，聲名狼藉的(notorious). ～**·ly** *adv.*

in·fa·my [ˈɪnfəmɪ; ˈinfəmi] *n.* **1** Ⓤ不名譽，惡名，醜名。**2** Ⓒ[常 **infamies**]醜行，惡行，可恥的行爲。

in·fan·cy [ˈɪnfənsɪ; ˈinfənsi] *n.* **1** Ⓤ[又作 **an** ～] **a** 幼小，幼時；幼年時代：*a* happy ～ 快樂的幼年時代/in one's ～ 在幼年時，孩童時。**b** 初期，初創階段；搖籃期〔*of*〕：in the ～ *of* science 在科學的萌芽時期/The invention is still in its ～. 該項發明仍處於初級階段。**2** Ⓤ《法律》未成年《⇨ infant 2》.

in·fant [ˈɪnfənt; ˈinfənt] «源自拉丁文「不會說話」之義»—*n.* Ⓒ **1** 幼兒，嬰兒。**2**《法律》未成年者《★《美》指未滿二十一歲，《英》指未滿十八歲》。

—*adj.* [用在名詞前](無比較級、最高級) **1 a** 幼兒的，嬰兒的：one's ～ daughter 幼女/ ～ mortality 嬰兒死亡率。**b** 適於幼兒的，幼兒用的：～ food 嬰兒食品。**2** 幼稚的，初期的：～ industries 初期階段的工業。

in·fan·ta [ɪnˈfæntə; inˈfæntə] «源自西班牙語・葡萄牙語»—*n.* Ⓒ **1** (西班牙、葡萄牙的)公主。**2** 王子(infante)之妻。

in·fan·te [ɪnˈfæntɪ; inˈfænti] «源自西班牙語・葡萄牙語»—*n.* Ⓒ(西班牙、葡萄牙的)王子《但非王位繼承人》。

in·fan·ti·cide [ɪnˈfæntəˌsaɪd; inˈfæntisaid] *n.* **1** Ⓤ殺嬰[幼兒]，殺嬰罪。**2** Ⓒ殺嬰[幼兒]者；殺嬰犯。

in·fan·tile [ˈɪnfənˌtaɪl, -tɪl; ˈinfəntail] «infant 的形容詞»—*adj.* **1** 幼兒[小孩]似的，小孩一般的；孩子氣的，幼稚的：～ behavior 孩子氣[幼稚]的行爲。**2** [用在名詞前]幼兒(期)的；小孩的：～ diseases 小兒病。

ínfantile parálysis *n.* Ⓤ 小兒麻痺症(polio).

in·fan·til·ism [ˈɪnfəntaɪlˌɪzəm, ɪnˈfæntḷˌɪzəm; ˈinfəntailizəm, inˈfæntilizəm] *n.* Ⓤ **1** 幼稚[發育不全者]的言行。**2**《醫》幼稚型[病]《至成年期仍保有幼兒的特性》。

in·fan·til·i·ty [ˌɪnfənˈtɪlətɪ; ˌinfənˈtiliti] «infantile 的名詞»—*n.* Ⓤ幼兒性，幼稚。

in·fan·tine [ˈɪnfənˌtaɪn, -tɪn; ˈinfəntain] *adj.* =infantile.

ínfant pródigy *n.* (又作 **chíld pródigy**)Ⓒ神童。

in·fan·try [ˈɪnfəntrɪ; ˈinfəntri] «源自義大利語「年輕人」之義»—*n.* Ⓤ[集合稱]步兵(團)《★用法 當作集合體時用單數，意指其構成人員時則用複數》：mounted ～ 騎兵/two regiments of ～ 兩團步兵。

> 【字源】最初的意思是[侍候騎士的男孩]。騎士出外作戰時這些男孩也徒步跟著主人從軍。因此，與 infant(嬰兒，小孩)同一系統的此字就衍生出「步兵」之義。

in·fan·try·man [-mən; -mən] *n.* Ⓒ(*pl.* **-men** [-mən; -mən])(個別的)步兵(foot soldier).

ínfant schòol *n.* (又作**infants' schòol**)Ⓤ[指設施時爲Ⓒ](英國的)幼兒學校，小學的幼兒部。

> 【說明】對五至七歲低年級兒童施行的前期初等教育，完成後進入 junior school.

in·farc·tion [ɪnˈfɑrkʃən; inˈfɑ:kʃn] *n.* Ⓤ《醫》梗塞，血梗。

in·fat·u·ate [ɪnˈfætʃuˌet; inˈfætjueit] *v.t.* 使〈人〉糊塗，使…著迷《★常以過去分詞當形容詞用；⇨ infatuated 2》.

in·fát·u·àt·ed *adj.* **1** 入迷的，昏頭昏腦的：an ～ girl 對(人、事)入迷的女孩子。**2** [不用在名詞前]〔十介十(代)名〕〔對…〕入迷的，迷戀的，熱中的〔*with*〕(cf. infatuate)：Tom is ～ *with* Kate. 湯姆迷戀凱蒂/He was ～ *with* gambling. 他沉迷於賭博。

in·fat·u·a·tion [ɪnˌfætʃuˈeʃən; inˌfætjuˈeiʃn] «infatuate 的名詞»—*n.* **1** Ⓤ入迷，迷戀，醉心〔*for, with*〕：one's ～ *with* a girl 迷戀一女子。**2** Ⓒ使人入迷的東西[人]。

in·fea·si·ble [ɪnˈfizəbl; inˈfi:zəblˉ] *adj.* 不能實行的，行不通的。

in·fect [ɪnˈfɛkt; inˈfekt] «源自拉丁文「放入裏面，弄髒」之義»—*v.t.* **1 a** 〔十受〕〈疾病〉**傳染給**〈人〉，感染〈傷口〉：His flu ～*ed* his wife. 他的流行感冒傳染給他的妻子。**b**〔十受十介十(代)名〕〔將疾病〕傳染給〈人等〉〔*with*〕：～ a person *with* flu 將流行性感冒傳染給某人/He is ～*ed with* malaria. 他感染到瘧疾。**c**〔十受〕〈病菌〉侵入，進入〈傷口等〉。

2 a〔十受〕散布病毒於〈空氣、水、某地區等〉《★常以過去分詞當形容詞用》：an ～*ed* area 受(病毒)汚染的地區，傳染病流行的地區。**b**〔十受十介十(代)名〕以〔病毒〕汚染〈空氣、水、地區等〉〔*with*〕：～ the area *with* cholera 霍亂汚染該地區。**3 a**〔十受十介十(代)名〕使〈人〉沾染〔惡習〕，使〈人〉受〔惡習的〕影響〔*with*〕：He hasn't yet been ～*ed with* the evils of society. 他還沒沾染社會上的不良風氣。**b**〔十受〕予〈人〉影響。

in·fec·tion [ɪnˈfɛkʃən; inˈfekʃn] «infect 的名詞»—*n.* **1** Ⓤ **a** (病毒的)空氣傳染，感染《★ 比較 contagion 是接觸引起的感染》：acute ～ 急性傳染[感染]。**b** 染惡習，壞影響。**2** Ⓒ傳染病。

in·fec·tious [ɪnˈfɛkʃəs; inˈfekʃəs] «infect, infection 的形容詞»—*adj.* (**more** ～；**most** ～) **1 a** 〈疾病〉**傳染性的**：an ～ disease 傳染病。**b** 傳染病的：an ～ hospital 傳染病醫院。**2**《口語》易傳染的，有感染性的：～ weeping 有感染力的哭泣/Laughter is ～. 笑是有傳染性[感染力]的。～**·ly** *adv.* ～**·ness** *n.*

in·fec·tive [ɪnˈfɛktɪv; inˈfektiv] *adj.* 傳染性的；易傳染的。

in·fe·lic·i·tous [ˌɪnfəˈlɪsətəs; ˌinfiˈlisitəsˉ] *adj.* **1** 不幸的，倒楣的。**2**〈表達、行爲等〉不貼切的，不適當的。～**·ly** *adv.*

in·fe·lic·i·ty [ˌɪnfəˈlɪsətɪ; ˌinfiˈlisiti] *n.* **1** Ⓤ **a** 不幸，倒楣。**b** 〔言詞等的〕不貼切，不適當〔*of*〕. **2** Ⓒ不適當的行爲，不貼切的表達[辭句]。

***in·fer** [ɪnˈfɝ; inˈfə:] «源自拉丁文「搬入裏面」之義»—*v.t.* (**in·ferred; in·fer·ring**) **1 推論**。

> 【同義字】infer 是根據既定事實或前提的推測；deduce 是從事實、假設等的推測；conclude 是根據前提所作的結論；gather 是口語。

a〔十受(十介十(代)名)〕〔從…〕推論，推斷…〔*from*〕：He *inferred* the fact *from* the evidence he had gathered. 他從自己蒐集的證據中推斷出該事實。**b**〔(十介十(代)名)十(*that*)＿〕〔從…〕推測〈…事〉〔*from*〕：I *inferred* **from** what you said *that* he would make a scholar. 我從你所說的事推測他會成爲一位學者。**c**〔(十介十(代)名)十*wh.*＿〕〔從…〕推測〈…〉〔*from*〕：**From** the postmark he *inferred where* she lived. 他從郵戳推測她住在哪裏。

2〔十受〕(作爲結論)意味著，暗示…《★ 比較 作此義時，有人用 imply，而不認爲上述用法是正確的》。

in·fer·a·ble [ɪnˈfɝəbl, ˈɪnfərəbl; inˈfə:rəbl] *adj.* 可推斷[推論，推理]的。

in·fer·ence [ˈɪnfərəns; ˈinfərəns] «infer 的名詞»—*n.* **1** Ⓤ推論，推理：deductive[inductive] ～ 演繹[歸納]推理/by ～ 由推論；根據推斷的結果。**2** Ⓒ推論的結果，推定，結論：draw an ～ (*from*)(由…)斷定，推斷。

in·fer·en·tial [ˌɪnfəˈrɛnʃəl; ˌinfəˈrenʃlˉ] *adj.* 推理(上)的，推論(上)的，(根據)推斷的。 ～**·ly** [-ʃəlɪ; -ʃəli] *adv.*

in·fe·ri·or [ɪnˈfɪrɪɚ; inˈfiəriə] «源自拉丁文「下面的」之義的比較級»—(↔ superior) *adj.* (無比較級、最高級) **1 a** (位置、階層)**在下面的**，下級的，低的：an ～ official 下級公務員/the ～ classes《輕蔑》下層階級。**b** [不用在名詞前]〔十介十(代)名〕〔比…〕下等的，差的，下級的〔*to*〕《★ 用法 用 than是錯誤的》：A colonel is ～ *to* a general. 上校的軍銜比將軍低。**2 a** (品質、程度等)差的，下等的，劣等的；二流的：～ leather 劣等皮革/an ～ poet 二流詩人/goods of ～ quality 次等貨，二級品。**b** [不用在名詞前]〔十介十(代)名〕〔比…〕劣的，差的〔*to*〕《★ 用法 用 than 是錯誤的》：This wine is ～ *to* that in flavor. 這種葡萄酒的味道比那種差。**3**《植物》在萼[子房]下面的，下位的。**4**《印刷》在鉛字線下的《如 H_2, D_n中的2, n等》。

—*n.* Ⓒ **1 a** 劣等人[物]。**b** 下屬；下級的人；晚輩。**2**《印刷》下標文字[數字]《在鉛字線下的文字[數字]》(cf. *adj.* 4).

in·fe·ri·or·i·ty [ɪnˌfɪrɪˈɔrətɪ, -ˈɑr-, ˌɪnfɪr-; inˌfiəriˈɔ:rəti] «inferior 的名詞»—*n.* Ⓤ(↔ superiority) **1** 下級，低劣，劣勢。**2** 粗劣。

inferiórity còmplex *n.* Ⓒ **1**《精神分析》自卑心理[情結]，自卑感(↔ superiority complex). **2**《口語》自卑，弱點，短處：She has an ～ about [because of] her bad complexion. 她因自己的膚色不好而感到自卑。

in·fer·nal [ɪnˈfɝnḷ; inˈfə:nl] «源自拉丁文「橫在下面，地下的」之義»—*adj.* **1 a** 地獄的(↔ supernal)：the ～ regions 地獄。**b** 惡魔般的，兇惡的(hellish). **2** [用在名詞前]《口語》可惡的，可憎的：It's an ～ lie！可惡的謊言！

in·fér·nal·ly [-nḷɪ; -nəli] *adv.* **1** 惡魔般地，兇惡地。**2**《口語》極，非常；可惡地：an ～ lonely place 極荒涼的地方。

inférnal machíne *n.* Ⓒ定時炸彈；僞裝的炸彈。

in·fer·no [ɪnˈfɝno; inˈfə:nou] «與 infernal 同字源»—*n.* (*pl.* ～**s**) **1** [**the** ～]地獄(hell). **2** Ⓒ **a** 如地獄般的(可怕)景象[地方]。**b** 大火：The oil wells turned into a raging ～. 油井化爲熊熊的火海。

in·fer·tile [ɪnˋfɝtḷ, -tɪl; inˈfə:tail⌐] *adj.* **1**〈土地〉貧瘠的，不毛的(barren). **2** 沒有生殖[繁殖]力的：~ eggs 無受精卵。

in·fest [ɪnˋfɛst; inˈfest] 《源自拉丁文「攻打，欺負」之義》—*v.t.* **1**〈害蟲〉破壞，侵擾〈某地〉；〈盜賊等〉騷擾，蹂躪，橫行〈某地〉《★常用被動語態，介系詞用 *by, with*》：a house ~*ed* **with** rats 老鼠橫行的房子。**2**〈害蟲等〉寄生於，爬滿於〈動物身上〉《★常用被動語態》：a dog ~*ed* by fleas 滿身跳蚤的狗。

in·fes·ta·tion [ˌɪnfɛsˋteʃən; ˌinfesˈteiʃn] 《infest 的名詞》—*n.* Ⓤ Ⓒ 蹂躪，騷擾，橫行〔*of*〕：an ~ *of* locusts 蝗蟲的侵擾《蝗患成災》。

in·fi·del [ˋɪnfədḷ; ˈinfidəl] *n.* Ⓒ《古》無宗教信仰者；異教徒，異端者《★尤指從前基督教徒與回教徒間對彼此的說法》。
—*adj.* 不信教的；異教徒的，異端者的。

in·fi·del·i·ty [ˌɪnfəˋdɛlətɪ; ˌinfiˈdeləti] 《infidel 的名詞》—*n.* **1** Ⓤ 不信教，無宗教信仰。**2 a** Ⓤ 無信，背信；(夫婦間的)不貞，不忠實。**b** Ⓒ 不貞[不忠實]的行爲。

ín·field *n.* (↔ outfield) **1** [**the** ~]《棒球・板球》**a** 內野：an ~ hit 內野安打。**b** [集合稱] 內野手《★用法 視爲一整體時當單數用，指全部個體時當複數用》。**2** Ⓒ 農舍四周[附近]的田園；耕地。

ín·fielder *n.* Ⓒ 內野手 (↔ outfielder).

ín·fighting *n.* Ⓤ **1**《拳擊》近擊拳法，貼近戰，肉搏戰。**2** 內鬨，內部的糾紛，暗鬥。**3** 亂鬥，混戰。

in·fil·trate [ɪnˋfɪltret; ˈinfiltreit, inˈf-] *v.t.* **1 a** 〔+受〕滲入，滲透…：Caves form when water ~*s* limestone. 水滲透石灰石則形成洞穴。**b** 〔+受+介+(代)名〕使〈物質、思想等〉滲入，使…滲透〔…〕〔*into, through*〕. **2 a** 〔+受〕(爲偵探、破壞等目的而)潛入〈某地、某組織〉；《軍》潛入〈敵陣〉：The organization is ~*d* by communists. 該組織有共產黨員潛入。**b** 〔+受+介+(代)名〕使〈人〉滲入，潛入〔某地、某組織〕〔*into*〕：~ a spy ***into*** the enemy camp 派間諜滲入敵營。
—*v.i.* **1 a** 滲入。**b** 〔+介+(代)名〕滲入，滲透〔…〕〔*into, through*〕. **2** 〔+介+(代)名〕滲入，潛入〔…〕〔*into*〕.

in·fil·tra·tion [ˌɪnfɪlˋtreʃən; ˌinfilˈtreiʃn] 《infiltrate 的名詞》—*n.* **1** Ⓤ 滲透，滲入。**2** Ⓒ [常用單數] 潛入(組織、敵陣等的)行動〔*into*〕. **3** Ⓤ《醫》浸潤：~ of the lungs 肺浸潤。

in·fil·tra·tor [ɪnˋfɪlˌtretɚ; ˈinfiltreitə, inˈf-] *n.* Ⓒ 滲透者。

infin. 《略》《文法》infinitive.

in·fi·nite [ˋɪnfənɪt; ˈinfinət] *adj.* (無比較級、最高級) **1 a** 無限的，無窮的：~ space 無限的空間。**b** 無法計量的，無數的，龐大的，無窮盡的。
2 [ˋɪnfənɪt; ˈinˌfainait]《文法》不定詞的《指不受人稱、數、時態、語氣等限定的不定詞、分詞、動名詞的形態》：an ~ form [verb] 不定形式[不定詞動詞]。
—*n.* **1** [**the I~**] 上帝，造物主，神(God). **2** [**the** ~] 無限的空間；太空；無限量。

in·fi·nite·ly *adv.* **1** 無限地，無窮地。**2**《口語》**a** 極，非常。**b** [用於比較級前] (比…)…得多：It's ~ *worse* than I thought. 它比我所想的要壞得多。

in·fin·i·tes·i·mal [ˌɪnfɪnəˋtɛsəmḷ; ˌinfiniˈtesiml⌐] *adj.* **1** 極微的，微小的。**2**《數學》無限小的。
—*n.* Ⓒ **1** 極微量。**2**《數學》無限小。~**·ly** [-mḷɪ; -məli] *adv.*

infinitésimal cálculus *n.* Ⓤ《數學》微積分學。

in·fin·i·ti·val [ˌɪnfɪnəˋtaɪvḷ; inˌfiniˈtaivl⌐] 《infinitive 的形容詞》—*adj.*《文法》不定詞的。

in·fin·i·tive [ɪnˋfɪnətɪv; inˈfinətiv] 《源自拉丁文「不受限定的」之義》—《文法》*n.* Ⓤ Ⓒ 不定詞《如在I can *go.* /I want *to go.* 句中的 *go, to go* 指不受人稱、數、時態、語氣等限定的動詞形式；帶有 *to* 的，稱爲 *to*-infinitive (to 不定詞)；不帶 *to* 的，稱爲 bare [root] *infinitive* (原形不定詞)》：⇨ split infinitive.
—*adj.* [用在名詞前] 不定詞的。

in·fin·i·tude [ɪnˋfɪnəˌtud, -ˌtjud; inˈfinitju:d] *n.* **1** Ⓤ 無限；無邊際：the ~ *of* the universe 宇宙的無邊際。**2** [**an** ~ **of**] 無數，無限量：*an* ~ *of* varieties 無數的變化。

in·fin·i·ty [ɪnˋfɪnətɪ; inˈfinəti] *n.* **1** Ⓤ **a** 無限：(up) to ~ 無限地，無邊際地。**b**《數學》無限大《記號∞》；無限遠：at ~ 在無限遠處，無限遠的。**2** [**an** ~ **of**] 無數，無限量：*an* ~ *of* possibilities 無限的可能性。**3** Ⓤ《攝影》無限遠《記號∞》：at ~ 以無限遠，無限遠的。

in·firm [ɪnˋfɝm; inˈfə:m] *adj.* (~·**er**；~·**est**) **1** (身體)弱的，虛弱的，衰弱的(weak)：~ *with* age 衰老的。**2 a** (精神上)懦弱的；柔弱的，優柔寡斷的。**b** [不用在名詞前] 〔+介+(代)名〕〔意志、決斷力〕薄弱的〔*of*〕：~ ***of*** purpose 意志力薄弱的。
~**·ly** *adv.* ~**·ness** *n.*

in·fir·ma·ry [ɪnˋfɝmərɪ; inˈfə:məri] *n.* Ⓒ **1** (學校、工廠等的)醫務室，診療室。**2** 醫院。

in·fir·mi·ty [ɪnˋfɝmətɪ; inˈfə:məti] *n.* **1** Ⓤ 虛弱，病弱，柔弱。**2** Ⓒ 疾病。**3** Ⓒ (精神上的)缺點，弱點。

in·flame [ɪnˋflem; inˈfleim] 《源自拉丁文「點火(flame)」之義》—*v.t.* 〔+受〕**1 a** 使〈人、感情〉興奮，使…激動；鼓動…：His eloquence ~*d* the strikers. 他的雄辯使罷工者極爲激動。**b**〈感情等〉使〈人〉興奮，使…激動《★常以過去分詞當形容詞用；⇨ inflamed 2》. **2** 使〈臉等〉漲紅，使…發熱《★常以過去分詞當形容詞用；⇨ inflamed 3》. **3** 點火於…，使…燃起。**4** 使…發炎；使〈眼睛〉充血《★常以過去分詞當形容詞用；⇨ inflamed 1》.
—*v.i.* **1** 興奮。**2**〈臉等〉發熱。**3** 着火，燃燒。**4** 發炎。

in·flámed *adj.* **1**〈身體的某部位〉發炎的，紅腫的：an ~ eye 紅腫的眼睛。**2** [不用在名詞前] 〔+介+(代)名〕〈人〉〔因感情等而〕興奮的，激動的〔*with*〕：He is ~ ***with*** rage. 他氣得發火。**3 a**〈臉等〉(因憤怒而)漲紅。**b** [不用在名詞前] 〔+介+(代)名〕〈臉等〉〔因憤怒、興奮而〕漲紅著〔*with*〕：His face was ~ ***with*** anger. 他的臉因憤怒而漲得通紅。

in·flam·ma·bil·i·ty [ɪnˌflæməˋbɪlətɪ; inˌflæməˈbiləti] 《inflammable 的名詞》—*n.* Ⓤ **1** 可燃性，易燃性。**2** 易激動，易興奮。

in·flam·ma·ble [ɪnˋflæməbḷ; inˈflæməbl] *adj.* **1** 易燃的，可燃性的《★用法 字首的 in- 容易被看成表示「不」的意思而誤解爲 nonflammable (非燃性的) 之意，因此工商業用語改用 flammable 以免弄錯》。**2** 容易激動[興奮]的。—*n.* Ⓒ 可燃物。
-bly [-məblɪ; -məbli] *adv.*

in·flam·ma·tion [ˌɪnfləˋmeʃən; ˌinfləˈmeiʃn] *n.* **1** Ⓤ Ⓒ 炎症，發炎：~ of the lungs 肺炎。**2** Ⓤ 點火，著火，燃燒。**3** Ⓤ 激怒，興奮。

in·flam·ma·to·ry [ɪnˋflæməˌtorɪ, -ˌtɔrɪ; inˈflæmətəri] *adj.* **1** 引起發炎的，炎症性的。**2** 使人激動的，有煽動性的：an ~ speech 煽動性的演說。

in·flat·a·ble [ɪnˋfletəbl; inˈfleitəbl] *adj.* **1** 可充氣的，可膨脹的。**2**〈橡皮艇，備胎等〉充氣後使用的，膨脹式的。

in·flate [ɪnˋflet; inˈfleit] 《源自拉丁文「吹入」之義》—(↔ deflate) *v.t.* **1** (以空氣、氣體等)使…鼓起：~ a balloon 給氣球充氣。**2** 〔+受(+介+(代)名)〕使〈人〉〔因滿足、驕傲等而〕得意洋洋〔*with*〕《★常用被動語態》：*be* ~*d* ***with*** pride 傲氣十足。**3**《經濟》使〈物價等〉上漲；使〈通貨〉膨脹。
—*v.i.* **1** 鼓起，膨脹。**2** 發生通貨膨脹。

in·flát·ed *adj.* **1** 因空氣[氣體(等)]而膨脹的。**2 a**〈人〉得意洋洋的，自滿的。**b**〈文體、言詞〉誇大的，誇張的：~ language 誇張的言詞。**3**《經濟》〈物價〉(因通貨膨脹而)暴漲的：~ prices 暴漲的價格。

in·fla·tion [ɪnˋfleʃən; inˈfleiʃn] 《inflate 的名詞》—*n.* **1** Ⓤ 膨脹，充氣。**2** Ⓤ 自滿，得意；誇張。**3** Ⓤ Ⓒ《經濟》通貨膨脹。

> **【同義字】** inflation 指貨幣貶值，物價上漲；deflation 指通貨量緊縮，物價持續性下跌的情況；reflation 指爲了打破物價下跌的狀態，使景氣回升而使物價適度地上升。

in·fla·tion·ar·y [ɪnˋfleʃənˌɛrɪ; inˈfleiʃnəri] *adj.* (誘發)通貨膨脹的；an ~ tendency 通貨膨脹的趨勢[傾向]/an ~ spiral《經濟》膨脹螺旋《指工資增長與物價上漲之間的惡性循環》。

in·flá·tion·ìsm [-ʃənˌɪzəm; -ʃənizəm] *n.* Ⓤ 通貨膨脹政策。

in·flect [ɪnˋflɛkt; inˈflekt] *v.t.* **1** 使…內曲，使…彎曲。**2** 調節〈音調〉，使〈聲音〉有抑揚(modulate). **3**《文法》變化…的字尾，改變…的詞形。**4**《音樂》使…變調半音。
—*v.i.*《文法》〈字〉發生文法變化。

in·flec·tion [ɪnˋflɛkʃən; inˈflekʃn] 《inflect 的名詞》—*n.* **1** Ⓤ Ⓒ 彎曲，曲折。**2** Ⓤ Ⓒ 音調的變化，抑揚(intonation). **3**《文法》**a** Ⓤ 變化，詞形變化《包含 declension, conjugation》. **b** Ⓒ 變化的字形，詞形變化所用的字尾。

in·fléc·tion·al [-ʃənḷ; -ʃənl] 《inflect, inflection 的形容詞》—*adj.* **1** 曲折的，彎曲的。**2**《文法》(有)字尾變化的；屈折的：an ~ language《語言》有字形變化的語言，屈折語。

in·flex·i·bil·i·ty [ɪnˌflɛksəˋbɪlətɪ; inˌfleksəˈbiləti] 《inflexible 的名詞》—*n.* Ⓤ **1** 不屈性，不撓性。**2** 不屈不撓；剛直。

in·flex·i·ble [ɪnˋflɛksəbl; inˈfleksəbl⌐] *adj.* **1** 不(能)彎曲的。**2 a**〈人、意志等〉堅定的，毅然的，不屈的：an ~ will 堅定的意志。**b** 頑固的，剛愎的。**3**〈規則等〉不能變的，不可更易的；死板的，無通融餘地的。**-i·bly** [-səblɪ; -səbli] *adv.*

in·flex·ion [ɪnˋflɛkʃən; inˈflekʃn] *n.*《英》= inflection.

in·flict** [ɪnˋflɪkt; inˈflikt] 《源自拉丁文「打入」之義》—*v.t.* 〔+受+介+(代)名〕**1** 予〔人〕以〈痛苦、打擊〉，使〔人〕受〈傷、害〉〔*on, upon*〕：~ a blow [a wound] ***on [***upon***] a person 打擊[傷害]人。
2 科〔人〕以〈處罰〉〔*on, upon*〕：The teacher ~*ed* a punishment ***on*** the mischievous boy. 老師處罰那個頑皮的男孩。**3** [~ one*self*] 給〔人〕添麻煩，使〔人〕受累，打擾〔某人〕〔*on, upon*〕：I won't ~ *myself* ***on*** you today. 我今天不打擾你。

in·flic·tion [ɪnˋflɪkʃən; inˈflikʃn] 《inflict 的名詞》—*n.* **1** Ⓤ〔痛苦、處罰、打擊的〕施加〔於人〕〔*of*〕〔*on, upon*〕：the ~ *of* pain

***on* [*upon*]** a person 使某人遭受苦痛。**2** Ⓒ刑罰；痛苦，災難，麻煩。

in·flight *adj.* [用在名詞前] 在飛行途中的，飛機上的：~ sales [meals, movies] 飛機上的銷售[餐食、電影]。

in·flo·res·cence [ˌɪnfloˋrɛsn̩s, -flɔ-; ˌinflɔːˈresns,-flə-] 《inflorescent 的名詞》—*n.* Ⓤ **1** 花的綻放，開花。**2** [集合稱] 花。

in·flo·res·cent [ˌɪnfloˋrɛsn̩t, -flɔ-; ˌinflɔːˈresnt, -flə-ˊ] *adj.* 開花的。

ín·flòw *n.* **1 a** Ⓤ流入 (influx)：the ~ of money *into* banks 錢向銀行的流入。**b** Ⓒ流入物。**2** Ⓒ流入量。

‡**in·flu·ence** [ˋɪnfluəns; ˈinfluəns] 《源自拉丁文「流入」之義；從前占星術指星靈流入人心中而產生的力量》—*n.* **1** Ⓤ [又作 **an** ~] (某事物) (對…產生的) **影響，感化(力)** (*of*) (*on, upon, over*)：the ~ *of* the mind *on* [*upon*] the body 精神對身體的影響/Tides are caused by the ~ *of* the moon and (the) sun. 潮水(的漲退)是由太陽和月亮的作用而引起的/He had *a great* ~ *on* those around him. 他對他周圍的人有很大的影響/What ~ has the East had [exerted, exercised] *on* the West? 東方對西方產生了何種影響？

2 Ⓤ**勢力，權勢，威望，人際關係**：one's sphere of ~ 勢力範圍/*through* a person's ~ 藉某人的權勢[關係]/He has used his ~ *for* peace the last ten years. 最近十年來他借助自己的威望來促進和平《爲和平而盡力》/He used his ~ as governor to secure his son a good position. 他藉著自己當州長的權勢，爲兒子謀得好職位/You have some ~ *with* [*over*] them. 你有支配他們的力量。

3 Ⓒ**有影響(力)的人[物]，有勢力[權勢]者**：an ~ *for* good [evil] 誘向善[惡]的影響力/a good [bad] ~ (on...) (對…) 有道德上良好[不良]影響的人[物]。

4 Ⓤ《電學》誘導，感應。

5 Ⓤ《占星》(天體的運行對人的性格、命運所產生的) 感應力。

ùnder the ínfluence 《謔》酒醉之下。

ùnder the ínfluence of ... 受…的影響，被…所左右：be *under the* ~ *of* drink [liquor] 酒醉/He committed the crime *under the* ~ *of* a strong passion. 他在激情驅使下犯了罪。

—*v.t.* **1** (十受) **對…產生影響；感化，左右**〈某人、行動等〉：The body and the mind ~ each other. 肉體和精神相互影響。**2 a** (十受十*to* do) **促使**〈人〉〈做…〉：She was ~*d* by her mother *to* accept it. 她受母親的影響而接受它。**b** (十受十介十(代)名) **影響**〈人〉〈使其想…〉，促使〈人〉(…) (*into*)：They ~*d* him ***into*** accept*ing* their offer. 他們促使他接受他們的提議。

*__in·flu·en·tial__ [ˌɪnfluˋɛnʃəl; ˌinfluˈenʃl ˊ] 《influence 的形容詞》—*adj.* (**more** ~；**most** ~) **1 有勢力的，有權勢的，有影響力的**：an ~ Congressman 有權勢的眾議院議員。**2** [不用在名詞前] (十介十(代)名) (對…) 有(重大)影響的 (*in*)：Those facts were ~ ***in*** solv*ing* the problem. 那些事實對解決問題有重大的影響。~**·ly** [-ʃəlɪ; -ʃəli] *adv.*

in·flu·en·za [ˌɪnfluˋɛnzə; ˌinfluˈenzə] 《源自義大利語》—*n.* Ⓤ《醫》流行性感冒 (flu)。

> 【字源】此字源自「影響」(influence) 之意的義大利語。古人相信人的運氣受星球運行的影響，疾病也同樣受其影響。此病曾由義大利開始蔓延至全歐，當時此字便成爲英文。
> influence 本來的意思是「流入」(flow in)；顯然古人相信支配人運氣的力量是從星球流進來的。

in·flux [ˋɪnˌflʌks; ˈinflʌks] *n.* **1** ⓊⒸ流入 (*of*) (↔ efflux)。**2** [**an** ~] (人、物的) 來到，湧到 (*of*)：*an* ~ *of* visitors 訪客的湧到。**3** Ⓒ(河川主流與支流的) 會合處，河口 (estuary)。

in·fo [ˋɪnfo; ˈinfou] 《information 之略》—*n.* Ⓤ《口語》情報。

in·fold [ɪnˋfold; inˈfould] *v.t.* ＝enfold.

‡**in·form** [ɪnˋfɔrm; inˈfɔːm] 《源自拉丁文「賦與形式」之義》—*v.t.* **1 通知** (⇨ tell 【同義字】)：**a** (十受(十介十(代)名)) 通[告]知〈某人〉(…事) (*of, about*)：She ~*ed* her parents ***of*** her safe arrival. 她告知父母她已平安到達目的地 (cf. 1 b)。**b** (十受十(*that*)___) 告知〈某人〉〈…(事)〉：She ~*ed* her parents *that* she had arrived safely. 她告訴父母說她已平安抵達 (cf. 1 a)/We were ~*ed that* an earthquake had occurred in the west. 我們獲悉西部發生了地震。**c** (十受(十介)十*wh*.___/十受(十介)十*wh*.十*to* do) 通知〈某人〉(…) (*about*)：His letter ~*ed* us *how* and *when* he expected to arrive. 他來信告知我們他預定如何及何時到達/He ~*ed* me (***about***) *where* to get it. 他告訴我在何處可以獲得它。

2 a (十受)〈精神、感情等〉賦予…活力。**b** (十受十介十(代)名) 把(感情、活力等) 注入，灌輸給〈某人、心等〉；使〈某人、心等〉充滿(感情、活力等) (*with*)：~ a person's heart ***with*** love 使某人的心充滿愛。

—*v.i.* (十介十(代)名) (向警方等) 密告，告發〔某人〕(*on, upon, against*) 《★可用被動語態》：One thief ~*ed* ***against*** the others. 一個小偷告發了其他的同夥。

*__in·for·mal__ [ɪnˋfɔrml̩; inˈfɔːml ˊ] *adj.* (**more** ~；**most** ~) **1 非正式的，簡略的** (↔ formal)：an ~ visit [talk] 非正式的訪問[會談]。**2 a** 不拘形式的，照平常的 (↔ formal)；融洽的；無需著禮服的：an ~ party 非正式的宴會/~ clothes 便裝。**b**〈言辭、文體等〉會話[口語]的，通俗的。

in·for·mal·i·ty [ˌɪnforˋmælətɪ; ˌinfɔːˈmæləti] 《informal 的名詞》—*n.* **1** Ⓤ非正式，簡略。**2** Ⓒ簡略的[不拘形式的] 作法(等)。

in·fór·mal·ly [-mlɪ; -məli] *adv.* **1** 非正式地；簡略地。**2** 不拘形式地，融洽地：be ~ dressed 穿著便裝。**3** 口語(化)地。

in·for·mant [ɪnˋfɔrmənt; inˈfɔːmənt] *n.* Ⓒ **1 a** 通知者，通報者，情報提供者。**b** 密告者。**2** 《語言》資料提供者《以回答語言研究者問題的方式，提供某地固有文化、語言資料的人》。

‡**in·for·ma·tion** [ˌɪnfəˋmeʃən; ˌinfəˈmeiʃn] 《inform 的名詞》—*n.* Ⓤ **1 a 情報，知識；消息，報告，報導** (*on, about*)：for your ~ 供您參考/It was a sad piece [bit] of ~. 那是一則令人悲痛的消息/We have no ~ *on* the whereabouts of our uncle. 我們沒有得到任何有關伯[叔]父下落的消息/A dictionary gives ~ *about* words and phrases. 字典提供有關詞和片語的知識。**b** (十 *that*___)〈…的〉**情報，知識**：I have certain ~ *that* school will begin a day earlier this year. 我得到確實的消息說學校今年要提早一天開學。**c** (情報、知識的) 提供，傳達。**2 a** (車站、旅館等的) **詢問處**，服務台。**b** (電信局的) **查號台**：Call ~. 打給查號台。**3** 《電算》**a** 資訊《使電算機記憶的資料》。**b** 資訊之單位 (cf. bit⁴)。

informátion dèsk *n.* Ⓒ《美》詢問處，服務台。

informátion gìrl *n.* Ⓒ服務台小姐。

informátion òffice *n.* Ⓒ服務處：a tourist ~ 旅客[觀光客] 服務處。

informátion pròcessing *n.* Ⓤ《電算》資訊處理 (cf. data processing)。

informátion retrìeval *n.* Ⓤ資訊恢復，資訊檢索。

informátion scìence *n.* Ⓤ資訊科學。

informátion thèory *n.* Ⓤ資訊理論。

in·for·ma·tive [ɪnˋfɔrmətɪv; inˈfɔːmətiv] *adj.* **1** 給與[提供] 知識[情報] 的。**2** 有教育性的；有益的。~**·ly** *adv.*

in·fórmed *adj.* **1** 有知識[學識] 的，見聞廣的，消息靈通的：a well-*informed* man 博聞多識的人，消息靈通的人/~ sources 消息來源，消息靈通人士。**2** 需要[用到] 知識的：an ~ guess 根據詳細情報的推測[有根據的猜測]。

in·fórm·er *n.* Ⓒ **1** 通知者；(尤指犯罪的) 密告者，告發人；間諜。**2** 情報提供者。

in·fra [ˋɪnfrə; ˈinfrə] 《源自拉丁文》—*adv.* 在下面；(書籍、論文中) 在後面，以下 (↔ supra)：⇨ VIDE infra.

in·fra- [ɪnfrə-; infrə-] 字首 表示「在下，在下面 (below)」之義 (↔ supra-)。

in·frac·tion [ɪnˋfrækʃən; inˈfrækʃn] *n.* 《文語》**1** Ⓤ違反。**2** Ⓒ違反的行爲，犯規。

in·fra dig [ˋɪnfrəˋdɪg; ˌinfrəˈdig ˊ] 《源自拉丁文 'beneath one's dignity' 之義》—*adj.* [不用在名詞前]《謔》有失身分[體面] 的。

in·fra dig·ni·ta·tem [ˋɪnfrəˌdɪgnəˋtetəm; ˈinfrəˌdigniˈteitəm] 《源自拉丁文》—*adj.* [不用在名詞前] 有失身分的，有失體面的。

in·fra·red [ˌɪnfrəˋrɛd; ˌinfrəˈred] *adj.* 《物理》紅外線的。

ìnfrared ráys *n. pl.* 《物理》紅外線 (cf. ultraviolet rays)。

in·fra·son·ic [ˌɪnfrəˋsɑnɪk; ˌinfrəˈsɔnik] *adj.* (聲波) 頻率低於聽覺範圍的，次聲的。

in·fra·sound [ˋɪnfrəˌsaund; ˈinfrəsaund] *n.* Ⓤ人類聽覺聽不到的聲音，亞聲，次聲。

ínfra·strùcture *n.* Ⓒ **1** (團體、組織等的) 下部組織[構造]，基礎 (*of*)。**2** [集合稱] **a** (國家、社會等的經濟存續所必需的) 基本設施《道路、學校、交通[通訊] 機構等》。**b** 完成作戰所必需的永久性軍事設施《飛機場、海軍基地等》。

in·fré·quence [-kwəns; -kwəns] *n.* ＝infrequency.

in·fre·quen·cy [ɪnˋfrikwənsɪ; inˈfriːkwənsi] 《infrequent 的名詞》—*n.* Ⓤ稀罕，罕有。

in·fre·quent [ɪnˋfrikwənt; inˈfriːkwənt ˊ] *adj.* 稀罕的，罕有[見] 的。

in·fré·quent·ly *adv.* 罕見地：not ~ 屢次，往往。

in·fringe [ɪnˋfrɪndʒ; inˈfrindʒ] *v.t.* 侵犯，違背，侵害〈法律、誓言、專利等〉。

—*v.i.* (十介十(代)名) 侵害 (…) (*on, upon*)：~ ***on*** [***upon***] the rights of another 侵害另一個人的權利。

in·fringe·ment [ɪnˋfrɪndʒmənt; inˈfrindʒmənt] 《infringe 的名詞》—*n.* **1** Ⓤ(對法規的) 違反，違背；(專利、版權等的) 侵害：copyright ~ 版權侵害。**2** Ⓒ違反[侵害] 的行爲：an ~ of China's sovereignty 對中國主權的侵害[侵犯] 行爲。

in·fu·ri·ate [ɪnˋfjʊrɪ͵et; inˈfjuərieit] *v.t.* 激怒〈某人〉。

in·fuse [ɪnˋfjuz; inˈfjuːz] **《源自拉丁文「注入」之義》——*v.t.* 1** 〔十受十介十(代)名〕**a** 將〈思想等〉灌輸給〔人、心〕，使…滲入〔…〕〔*into*〕：He ~*d* a love of knowledge ***into*** the hearts of his pupils. 他灌輸學生熱愛知識的思想。**b** 使〈人、心〉充滿著〔希望〕〔*with*〕：We were ~*d **with*** new hope. 我們心裏充滿著新希望。**2 a** 泡[煮]〈茶〉。**b** 用(熱)水浸泡〈藥草等〉。
——*v.i.* 〈茶葉等〉泡出味道。

in·fu·si·ble [ɪnˋfjuzəbḷ; inˈfjuːzəbl] *adj.* 不溶解的，不溶性的。

in·fu·sion [ɪnˋfjuʒən; inˈfjuːʒn] **《infuse 的名詞》——*n.* 1 a** Ⓤ注入，灌輸；鼓舞。**b** Ⓒ注入物；注入液。**2 a** Ⓤ(茶等的)泡製，浸泡。**b** Ⓒ泡製的東西[液體]《茶等》。**3**〖醫〗**a** Ⓤ(靜脈的)點滴注射。**b** Ⓒ點滴液《鹽水》。

in·fu·so·ri·a [͵ɪnfjʊˋsɔrɪə; ͵infjuːˈzɔːriə, -ˈsɔː-] *n. pl.* 纖毛蟲綱。

-ing [-ɪŋ; -iŋ] 字尾 加於原形動詞後面，構成現在分詞、動名詞：go*ing*；wash*ing*.

ín·gàthering *n.* ⓊⒸ **1** 收集，收穫。**2** (人的)集合，會合。

in·ge·nious [ɪnˋdʒinjəs; inˈdʒiːnjəs] **《源自拉丁文「天賦的才能(genius)」之義》——*adj.*** (**more ~**; **most ~**) **1** 〈人〉**頭腦靈敏的，**有發明才能的；靈巧的：an ~ researcher 富於發明才能的研究者。**2** 〈東西〉富於創意的，巧妙的；獨創性的：an ~ device 巧妙[精巧]的裝置。**~·ly** *adv.* **~·ness** *n.*

in·gé·nue [æʒeˋny; ˈæʒeinjuː] **《源自法語》——*n.*** Ⓒ **1** 天眞無邪[清純]的少女。**2** 扮演天眞[清純型]少女的角色[女演員]。

in·ge·nu·i·ty [͵ɪndʒəˋnuətɪ, -ˋnju-; ͵indʒiˈnjuːəti] **《ingenious 的名詞》——*n.*** Ⓤ發明的才能；設計的才能；巧妙，精巧：exercise ~ =use one's ~ 動腦筋，運用智慧/show ~ in... 在…方面表現創意。

in·gen·u·ous [ɪnˋdʒɛnjʊəs; inˈdʒenjuəs] *adj.* **1** 率直的，坦白的，老實的。**2 a** 天眞無邪的，純眞的，誠樸的：an ~ girl [smile] 天眞的女孩[微笑]。**b** 〔十*of* 十(代)名(十*to* do)/十 *to* do〕〔某人〕〈做…是〉天眞的；〈某人〉〈做…是〉天眞的：It is ~ ***of*** you to believe what he says. =You are ~ ***to*** believe what he says. 你太天眞竟會相信他說的話。**~·ly** *adv.* **~·ness** *n.*

in·gest [ɪnˋdʒɛst; inˈdʒest] *v.t.* 攝取〈食物〉。

in·ges·tion [ɪnˋdʒɛstʃən; inˈdʒestʃən] **《ingest 的名詞》——*n.*** Ⓤ(食物等的)攝取。

in·gle [ˋɪŋgḷ; ˈiŋgl] *n.* Ⓒ《英俚》爐火；壁爐。

íngle·nòok *n.* Ⓒ爐隅，爐邊。

in·glo·ri·ous [ɪnˋglorɪəs, -ˋglɔr-; inˈglɔːriəs˝] *adj.* 不名譽的，沒面子的，可恥的。**~·ly** *adv.* **~·ness** *n.*

ín·gòing *adj.* [用在名詞前] 進來的；新進的，就任的(↔ outgoing)：an ~ tenant 新租戶。

in·got [ˋɪŋgət; ˈiŋgət] *n.* Ⓒ(金屬等的)鑄塊；金條。

ín-gràde *adj.* 加付(薪金)而不晉級的。

in·graft [ɪnˋgræft; inˈgrɑːft] *v.* =engraft.

in·grain [ˋɪn͵gren; ˈingrein] *adj.* **1** 生染的《羊毛等原料先染色後織造的》，原料染色的。**2** 〈習慣、想法等〉根深蒂固的，深植的。
——*n.* Ⓒ **1** 生染的棉紗、羊毛。**2** (又作 **ingrain cárpet**)生染地毯。
—— [ɪnˋgren; ͵inˈgrein] *v.t.* 使〈習慣、想法等〉根深蒂固，使…滲透。

in·grained [ɪnˋgrend; ͵inˈgreind] *adj.* **1** 〈習慣、想法等〉根深蒂固的，深植的：~ morality根深蒂固的德行[性]。**2** 天生的，徹底的：an ~ skeptic 天生多疑的人。

in·grate [ˋɪngret; inˈgreit] *n.* Ⓒ忘恩負義的人。

in·gra·ti·ate [ɪnˋgreʃɪ͵et; inˈgreiʃieit] *v.t.* 〔十受(十介十(代)名)〕[~ one*self*] 討好，逢迎〔…〕〔*with*〕：Bob tried to ~ ***himself with*** the teacher by giving her presents. 鮑勃想以送禮的方式來討好老師。

in·grá·ti·àt·ing *adj.* 〈人、行爲〉討好的，逢迎的：an ~ smile 逢迎的微笑。

in·grá·ti·àt·ing·ly *adv.* 討好地，逢迎地。

in·grat·i·tude [ɪnˋgrætə͵tud, -͵tjud; inˈgrætitjuːd] *n.* Ⓤ忘恩負義，不知感恩。

in·gre·di·ent [ɪnˋgridɪənt; inˈgriːdjənt] **《源自拉丁文「進入的東西」之義》——*n.*** Ⓒ **1** 〔混合物的〕**成分，**組成分子，(烹飪的)原料〔*of, for*〕：the ~*s of* [*for* (mak*ing*)] a cake (製)蛋糕的原料。**2** 構成要素，因素：The chief ~ *in* the making of a criminal is poverty. 造成罪犯的主要因素是貧窮。

in·gress [ˋɪngrɛs; ˈingres] *n.* (↔ egress) **1** Ⓤ **a** 進入，進來，入內。**b** 入場的權利[自由]。**2** Ⓒ入口(entrance).

ín·gròup *n.* Ⓒ **1** =in-crowd. **2**〖社會學〗內部集團；圈內《同一團體中因共同利益而密切結合的集團》。

ín·gròwing *adj.* [用在名詞前] **1** 向裏面[內]生的。**2** 向肉中生長的〈腳趾甲〉。

ín·gròwn *adj.* [用在名詞前] **1** 在裏面[內]生長的。**2** 生入肉中的〈腳趾甲〉。

in·hab·it** [ɪnˋhæbɪt; inˈhæbit] **《源自拉丁文「住在裏面」之義》——*v.t. 〔十受〕**1** 〈人〉(居)**住於**〈某處〉，〈動物〉棲息於〈某地〉(★比較 與 live 不同，用作及物動詞，一般都不用於個人而用於集團)：The coelacanth ~*s* the deep sea.腔棘魚棲息於深海/The island is thickly [sparsely] ~*ed*. 該島人煙稠密[稀少]/This neighborhood is ~*ed* by rich people.這個地區住著有錢人。**2** 存在於…：Such strange ideas ~ her mind! 她心裏竟存著這種怪念頭！

in·hab·it·a·ble [ɪnˋhæbɪtəbḷ; inˈhæbitəbl] *adj.* 〈地方〉適於居住的，可住的。

***in·hab·it·ant** [ɪnˋhæbətənt; inˈhæbitənt] *n.* Ⓒ **1 住戶，居民，**居住者〔*of*〕. **2** 〔棲息於某地的〕動物〔*of*〕.

in·hab·it·ed [ɪnˋhæbɪtɪd; inˈhæbitid] *adj.* 有居民的：an ~ area 有人居住的地區。

in·hal·ant [ɪnˋhelənt; inˈheilənt˝] *adj.* 吸入(用)的。
——*n.* Ⓒ吸入劑，吸入孔，吸入器。

in·ha·la·tion [͵ɪnhəˋleʃən; ͵inhəˈleiʃn] **《inhale 的名詞》——*n.* 1** ⓊⒸ吸入；吸氣(↔ exhalation)：the ~ of oxygen吸入氧氣。**2** Ⓒ吸入劑。

in·hale [ɪnˋhel; inˈheil] (↔ exhale) *v.t.* **1** 吸入〈空氣等〉。**2** 將〈香煙的煙〉吸進肺裏。
——*v.i.* **1** 吸入，吸進去：~ deeply 深深地吸氣。**2** 將香煙的煙吸進肺裏。

in·hál·er *n.* Ⓒ **1** 吸入者。**2** 吸入器。

in·har·mon·ic [͵ɪnharˋmanɪk; ͵inhɑːˈmɔnik˝] *adj.* 不調和的，不和諧的。

in·har·mo·ni·ous [͵ɪnharˋmonɪəs; ͵inhɑːˈmounjəs˝] *adj.* **1** 〈音等〉不調和的，荒腔走板的，不協調的。**2** 不和諧的，不合的。**~·ly** *adv.*

in·here [ɪnˋhɪr; inˈhiə] *v.i.* 〔十介十(代)名〕**1** 〈性質等〉(本來)存在於〔…〕，在〔…〕中〔*in*〕：Selfishness ~*s **in*** human nature. 自私原本存在於人性中《自私是人的天性》。**2** 〈權利等〉賦與〔…〕，歸屬於〔…〕〔*in*〕：Power ~*s **in*** the sovereign. 權力屬於擁有主權者。

in·her·ence [ɪnˋhɪrəns; inˈhiərəns] **《inhere 的名詞》——*n.*** Ⓤ固有，與生俱來，天賦。

in·hér·ency [-rənsɪ; -rənsi] *n.* =inherence.

in·her·ent [ɪnˋhɪrənt; inˈhiərənt] **《inhere 的形容詞》——*adj.*** (**more ~**; **most ~**) **1 固有的，**原有的，生來就有的：her ~ modesty 她天生的羞怯。**2** [不用在名詞前] 〔十介十(代)名〕存在於〔…〕裏面的，與〔生〕俱來的，〔…〕固有的〔*in*〕：A love of music is ~ ***in*** human nature. 愛好音樂是人類固有的特性《愛好音樂是人的天性》。

in·hér·ent·ly *adv.* 天生地；本質上。

in·her·it** [ɪnˋhɛrɪt; inˈherit] **《源自拉丁文「做繼承人(heir)而擁有」之義》——*v.t. 〔十受(十介十(代)名)〕**1** 〔從…〕**繼承**〈財產等〉〔*from*〕：He ~*ed* a large fortune ***from*** his father. 他繼承了他父親的一大筆財產/My brother is ~*ing* (=is to ~) the house. 我的哥哥將要繼承這棟房子(★用法 不表示進行、繼續中之意的進行式)。**2** 〔由父母、祖先〕遺傳而得〈特質等〉〔*from*〕：an ~*ed* characteristic [quality]《生物》遺傳特性[特質]/Habits are ~*ed*. 習癖是遺傳的/She ~*ed* her intelligence ***from*** her mother. 她繼承了她母親的智慧。
——*v.i.* 繼承財產。

in·her·it·a·ble [ɪnˋhɛrətəbḷ; inˈheritəbl] *adj.* **1** 可繼承的，會遺傳的。**2** 可成爲繼承者的。**3** 遺傳的：an ~ trait 遺傳特徵。

in·her·i·tance [ɪnˋhɛrətəns; inˈheritəns] **《inherit 的名詞》——*n.* 1** Ⓤ**繼承**：by ~ 由繼承。**2** Ⓒ[常用單數] **a** 繼承的財產，遺產：an ~ *of* $50,000五萬美元的遺產/He squandered (away) his ~. 他把他所繼承的遺產揮霍殆盡。**b** 繼承物〔*of*〕. **c**《生物》遺傳質[性]。

inhéritance tàx *n.* ⓊⒸ遺產稅。

in·hér·i·tor [-tɚ; -tə] *n.* Ⓒ(遺產)繼承人(heir).

in·her·i·tress [ɪnˋhɛrətrɪs; inˈheritris] *n.* Ⓒ女繼承人(↔ inheritor).

in·hib·it [ɪnˋhɪbɪt; inˈhibit] **《源自拉丁文「留住」之義》——*v.t.* 1** 抑制〈慾望、行動等〉；阻止，禁止：~ desires [impulses] 抑制慾望[衝動]/Her tight dress ~*ed* her movements. 她緊身的衣服使她不能活動自如。
2 a 〔十受〕〈某事物〉(在心理上)抑制〈人〉的自由行動：Having to converse in French ~*ed* me. 非得用法語交談不可，這使我不能暢所欲言。**b** 〔十受十介十do*ing*〕使…不能〔…〕〔*from*〕：Low temperatures ~*ed* bacteria ***from*** develop*ing*. 低溫使細菌不能繁殖/His embarrassment ~*ed* him *from* talk*ing* to her. 困窘使他無法和她談話。

in·híb·it·ed *adj.* 〈人、性格等〉(在心理上)被抑制[被壓抑]的，拘謹的：an ~ person 感情被壓抑的人，(異常)拘謹的人 / She is very ～ *about* sex. 她非常拘謹而不敢談性的問題。

in·hi·bi·tion [ˌɪnɪˋbɪʃən, ˌɪnhɪ-; ˌinhiˈbiʃn] «inhibit 的名詞» —*n.* Ⓤ Ⓒ **1** 抑制(力), 壓抑; 禁止。**2**《心理・生理》抑制: without any ～(*s*) 毫不抑制地, 儘情地, 自由地。

in·híb·i·tor [-tɚ; -tə] *n.* Ⓒ《化學》抗化劑, 抑制劑[因子]: a rust ～ 防銹劑。

in·hib·i·to·ry [ɪnˋhɪbəˌtorɪ, -ˌtɔrɪ; inˈhibitəri] *adj.* 禁止的; 抑制的。

in·hos·pi·ta·ble [ɪnˋhɑspɪtəbḷ; inˈhɔspitəbl] *adj.* **1**〈人、行爲等〉待客冷淡的, 不親切的, 不好客的。**2**〈地方等〉不適於居住的, 無處可避風雨的, 荒涼的: an ～ desert 荒涼的沙漠。

-bly [-blɪ; -bli] *adv.*

in·hos·pi·tal·i·ty [ˌɪnhɑspəˋtælətɪ; ˈinˌhɔspiˈtæləti] *n.* Ⓤ不善款待(客人), 不好客, 不親切。

ín-hóuse *adj.* [用在名詞前] 組織[機關]內的, 公司裏的: ～ newsletters 公司內(定期發行的)簡訊。

—*adv.* 在組織[機關]內。

in·hu·man [ɪnˋhjumən, -ˋjumən; inˈhjuːmən] *adj.* **1** 無情的, 不人道的, 無人性的, 冷酷的, 殘酷的(cruel)。**2** 非凡的, 超人的: Success was due to his ～ efforts. 他的成功歸功於超人般的努力。～**·ly** *adv.* ～**·ness** *n.*

in·hu·mane [ˌɪnhjuˋmen, -juˋmen; ˌinhjuːˈmein] *adj.* 不近人情的, 不人道的, 不體諒人的, 不仁慈的: ～ treatment 不人道的對待。～**·ly** *adv.*

in·hu·man·i·ty [ˌɪnhjuˋmænətɪ, -juˋmæn-; ˌinhjuːˈmænəti] «inhuman 的名詞» —*n.* **1** Ⓤ不人道, 無人性, 殘暴(cruelty)。**2** Ⓒ[常 **inhumanities**] 不人道[殘暴]的行爲: man's ～ to man 人對人的殘暴行爲。

in·im·i·cal [ɪnˋɪmɪkḷ; iˈnimikl] *adj.* **1 a** 有敵意的; 不友善的: an ～ gaze 有敵意的凝視。**b** [不用在名詞前]〔十介十(代)名〕〔與…〕反目的, 不和的〔*to*〕: a nation ～ *to* the Arabs 與阿拉伯民族反目的民族。**2** [不用在名詞前]〔十介十(代)名〕〔對…〕不利的, 有害的〔*to*〕: His policies are ～ *to* academic freedom. 他的政策不利於學術自由。～**·ly** [-klɪ; -kəli] *adv.*

in·im·i·ta·ble [ɪnˋɪmətəbḷ; iˈnimitəbl] *adj.* 無法模仿的; 獨特的, 無與倫比的, 無雙的。**-bly** [-təblɪ; -təbli] *adv.*

in·iq·ui·tous [ɪˋnɪkwətəs; iˈnikwitəs] «iniquity 的形容詞» —*adj.* 不公正的, 不法的, 邪惡的。～**·ly** *adv.*

in·iq·ui·ty [ɪˋnɪkwətɪ; iˈnikwəti] *n.* **1** Ⓤ不公正, 不法, 邪惡。**2** Ⓒ不公正[不法]的行爲。

***i·ni·tial** [ɪˋnɪʃəl; iˈniʃl] «源自拉丁文「進入裏面, 開始」之義» —*adj.* [用在名詞前] (無比較級、最高級) **1 開始的, 最初的,** 起初的: the ～ stage(s) 初期, 開始階段/～ velocity 初速/make a good ～ impression 給予良好的第一[最初]印象。**2** (在)字首的, 起頭的: an ～ letter(一字的)起首字母。

—*n.* Ⓒ **1** (一字的)起首字母。**2** [常 ～s] (姓名的)第一個字母, 開頭字母《如 John Smith 略作 J. S.》。

—*v.t.* (i·ni·tialed, 《英》-tialled; i·ni·tial·ing, 《英》-tial·ling)〔十受〕用(姓名的)第一個字母簽名於…; 草簽〈文件等〉。

i·ní·tial·ly [-ʃəlɪ; -ʃəli] *adv.* 起先, 最初(時), 開頭(時) (at first): *I*～, all went well. 最初, 一切順利。

inítial wórd *n.* Ⓒ首字母縮略[縮寫]詞。

【說明】由字首字母構成的字, 但與acronym 不同, 不能當作一個字發音, 只能將個別字母分別發音; 例如 BBC, DDT 等。

i·ni·ti·ate [ɪˋnɪʃɪˌet; iˈniʃieit] «源自拉丁文「開始」之義» —*v.t.* **1** 開始, 發起, 創始; 開口說…: ～ a plan 著手執行[擬訂]一個計畫/～ new methods 想出新方法/～ a conversation 打開話匣子《開始交談》。

2〔十受十介十(代)名〕使〈人〉加入〔會等〕〔*into*〕《★常用被動語態》: ～ a person *into* a society 使人入會。

3〔十受十介十(代)名〕**a** 以〔…的〕基礎知識傳授給, 啓蒙〈人〉〔*in, into*〕《★常用被動語態》: ～ pupils *in*[*into*] English grammar 教學生初級英文文法。**b** 將〔秘訣, 奧秘〕傳授給〈人〉〔*into*〕《★常用被動語態》: The teacher ～*d* us *into* the mysteries of judo. 教師把柔道的奧秘傳授給我們。

—[ɪˋnɪʃɪɪt, -ˌet; iˈniʃiət, -eit] *adj.* **1** 入門的, 接受秘訣的。**2** 新進的, 新入會的。

—*n.* Ⓒ **1** 接受秘訣的人, 受教者。**2** 新進者, 入會者, 入門者。

i·ni·ti·a·tion [ɪˌnɪʃɪˋeʃən; iˌniʃiˈeiʃn] «initiate 的名詞» —*n.* **1** Ⓤ開始, 創始, 創業: the ～ of a new bus route 開闢新的公共汽車路線。**2 a** Ⓤ加入, 入會, 入門〔*into*〕: ～ *into* a men's club 加入男士俱樂部。**b** Ⓒ入會式, 入社式。**3** Ⓤ **a** 啓蒙, 啓迪。**b** 傳授, 傳授秘訣。

***i·ni·tia·tive** [ɪˋnɪʃɪˌetɪv; iˈniʃiətiv] «與 initial, initiate 同字源» —*n.* **1** Ⓤ[常 the ～, one's ～] **初步**; 率先, 首倡, 主動(權): take the ～ (*in* do*ing*) 率先(做某事)。**2** Ⓤ**創始力,** 創業心, 進取心: He has a lot of ～. 他富於進取心。**3** [the ～]《政》提案權, 創制權: have[seize] *the* ～ 有[掌握]創制權。

on one's **ówn inítiative** 主動地; 自動地: The suspect reported himself to the police *on* his *own* ～. 嫌犯主動向警方報到[自首]。

i·ní·ti·à·tor [-tɚ; -tə] *n.* Ⓒ **1** 創始者; 首倡者。**2** 教導者, 傳授者。

i·ni·ti·a·to·ry [ɪˋnɪʃɪəˌtorɪ, -ˌtɔrɪ; iˈniʃiətəri] *adj.* **1** 初步的; 入門的。**2** 入會[入社, 入黨]的。

***in·ject** [ɪnˋdʒɛkt; inˈdʒekt] «源自拉丁文「投入裏面」之義» —*v.t.* **1 a**〔十受〕注入; 注射〈液體〉: ～ a drug under the skin 在皮下注射藥物。**b**〔十受十介十(代)名〕以〈藥水等〉注射[注入]〔人、手臂、血管等〕〔*into*〕; 以〔藥水等〕注射[注入]〈人、手臂、血管等〉〔*with*〕: ～ penicillin *into* a person = ～ a person *with* penicillin 給某人注射盤尼西林。

2〔十受(十介十(代)名)〕**a** 將〈新鮮事物、幽默等〉引入, 編入〔…〕〔*into*〕: He ～*ed* new ideas *into* the discussion. 他把新的想法引入討論中。**b**〔在…〕插入, 加進〈意見等〉〔*into*〕: ～ a remark *into* the conversation 在談話中插入一句話。

3〔十受十介十(代)名〕《宇宙》將〈人造衛星等〉發射到〔軌道上〕〔*into*〕: The satellite has been ～*ed* *into* its orbit. 人造衛星已被發射到軌道上。

in·jec·tion [ɪnˋdʒɛkʃən; inˈdʒekʃn] «inject 的名詞» —*n.* **1** Ⓤ Ⓒ注入, 注射; 灌腸: have [get] an ～ (*in* ...) (在…)被注射/give[make] an ～ 注射, 打針。**2** Ⓒ注射液; 灌腸藥。**3** Ⓤ Ⓒ《宇宙》射入, 發射《使人造衛星、太空船進入軌道》。**4** Ⓤ《機械》(燃料、空氣等的)噴射: fuel ～ 燃料噴射。

in·jéc·tor [-tɚ; -tə] *n.* Ⓒ **1** 注水機; 注射器; (內燃機的)燃料噴射裝置。**2** 注射者。

in·ju·di·cious [ˌɪndʒuˋdɪʃəs; ˌindʒuːˈdiʃəs] *adj.* 欠考慮的, 不明智的(unwise)。～**·ly** *adv.*

In·jun [ˋɪndʒən; ˈindʒən] *n.* Ⓒ《美俚》印地安人(Indian): He told tales of ～*s*. 他講了一些關於印地安人的故事。

in·junc·tion [ɪnˋdʒʌŋkʃən; inˈdʒʌŋkʃn] *n.* Ⓒ **1 a** 命令, 訓令, 指令: an ～ *against* ... 對…的禁止令。**b**〔十 *to* do〕〈…的〉命令: He ignored his father's ～ *to* be silent. 他不理睬他父親要他沉默的命令(cf. 1 c)。**c**〔十 *that*＿〕〈對…一事的〉命令: He ignored his father's ～ *that* he (should) be silent. 他不理睬他父親要他沉默的命令《★用法《口語》多半不用 should; cf. 1 b》。**2**《法律》(法院的)禁止令, 強制令。

‡in·jure [ˋɪndʒɚ; ˈindʒə] «injury 的動詞; 逆成字» —*v.t.*〔十受〕**1 a** (因事故等)**傷害**〈生物〉, 使…受傷, 損害…: ～ one's eye 傷了眼睛。

【同義字】injure 是指傷害、損害人或動物身體、健康、感情、名聲等最普遍的用語; hurt 與 injure 大致同義; wound 指用刀劍或槍砲等造成傷害, 對無生物則用 damage。

b〔～ one*self*〕傷害〈自己〉《★過去分詞也當形容詞用; ⇨ injured 1 b》: Don't ～ *yourself with* that tool. 不要讓那工具傷了你/He ～*d himself in* the leg. 他的腿部受傷。**2 傷害**〈名譽、感情等〉: ～ a person's feelings[pride] 傷害某人的感情[自尊心]/～ one's reputation 損害名譽。

ín·jured *adj.* **1 a** 負傷的, 受傷的: the ～ arm 受傷的手臂/the ～ party 被害者。**b** [不用在名詞前]〔十介十(代)名〕〔因…而〕受傷的〔*in*〕(cf. injure 1 b): Two people were ～ *in* the accident. 兩個人在意外事故中受了傷。**c** [the ～; 當複數名詞用] 負[受]傷者: the dead and *the* ～ 死傷者。**2** 感情受傷害的, 受冤屈的, 不高興的; 〈名譽等〉受損的: an ～ look 受冤屈的樣子[生氣的樣子]。

in·ju·ri·ous [ɪnˋdʒʊrɪəs; inˈdʒuəriəs] «injury 的形容詞» —*adj.* **1 a** 有害的(harmful): ～ faults 有害的缺點。**b** [不用在名詞前]〔十介十(代)名〕〔對…〕有害的〔*to*〕: Too much drink(ing) is ～ *to* (the) health. 暴飲對健康有害。**2**〈話等〉傷人的, 使人生氣的。～**·ly** *adv.*

***in·ju·ry** [ˋɪndʒərɪ; ˈindʒəri] «源自拉丁文「不正」之義» —*n.* Ⓤ Ⓒ **1** (意外事件引起的)**傷害,** 危害, 損害, 損傷: without ～ 無傷/suffer *injuries to* one's head 頭部受傷/do a person an ～ 加害某人, 傷害某人。

【同義字】wound 指刀劍、槍砲等造成的傷。

2〔對感情、名聲等的〕損傷; 無禮, 侮辱, 名譽的毀損〔*to*〕: ～ *to* a person's reputation 對某人名譽的毀損。

3《法律》權利的侵害, 侵害行爲。

ádd ínsult to ínjury ⇨ insult.

in·jus·tice [ɪnˋdʒʌstɪs; inˈdʒʌstis] «unjust 的名詞» —*n.* **1** Ⓤ不正, 不法, 不公平: He was the victim of ～. 他是不公平的犧牲者[受害者]。**2** Ⓒ不正的行爲, 不當的作風: do a person an ～ 對某人不公平; 不公平地判斷某人; 誤解某人。

‡**ink** [ɪŋk; iŋk] *n.* Ⓤ **1** (記筆記用的)**墨水**；(印刷用的)油墨：⇨ India ink/write a letter *in* ~ 用墨水寫信/write *with* pen and ~ 用筆墨寫字。

2 (烏賊、章魚噴出的)墨汁。

(as)bláck as ínk 黑漆漆的；實在不吉利的。

—*v.t.* **1 a** 〔十受〕用墨水寫…。**b** 〔十受(十副)〕塗油墨於…〈*up*〉：~ (*up*) a roller 在(印刷用的)滾筒上塗(滿)油墨。**2 a** 〔十受〕以墨水沾污…。**b** 〔十受十副〕以墨水劃掉〈錯字等〉〈*out*〉：~ *out* an error 以墨水劃掉一處錯誤。

ínk ín[óver] 《*vt adv*》用墨在〈鉛筆畫稿〉上描畫：~ *in* a rough drawing 用墨在草圖上描畫。

ínk bòttle *n.* Ⓒ墨水瓶。

ínk·hòrn *n.* Ⓒ(從前的)角製墨水壺[瓶]。

ink·ling [ˋɪŋklɪŋ; ˈiŋkliŋ] *n.* Ⓤ[又作 **an** ~] **1** [常用於否定句]略知，微覺〔*of*〕：I had *an* [*no*] ~ *of* what he intended to do. 我略知[不知道]他打算做什麼。**2 a** 暗示〔*of*〕：give a person *an* ~ *of* his failure 向某人暗示他的失敗(cf. 2 b). **b** 〔十 *that*__〕暗示〈…事〉：give a person *an* ~ *that* he has failed 向某人暗示他已失敗(的事)(cf. 2 a).

ínk·pàd *n.* Ⓒ打印台，印泥。

ínk·pòt *n.* Ⓒ墨水壺[瓶]。

ínk·stànd *n.* Ⓒ墨水台，墨水池。

ínk·stòne *n.* **1** Ⓒ硯臺。**2** Ⓤ綠礬。

ínk·wèll *n.* Ⓒ(嵌入桌上的)墨水池。

ink·y [ˋɪŋkɪ; ˈiŋki] **《ink 的形容詞》—*adj.*** (**ink·i·er**；**-i·est**) **1** 用墨水做記號的，染有墨水的：~ hands 染有墨水的手。

2 如墨的；墨黑的，漆黑的。

ínk·i·ly [-kɪlɪ; -kili] *adv.* **-i·ness** *n.*

ìn·láid *v.* inlay 的過去式・過去分詞。

—*adj.* 鑲嵌的，嵌入的，有嵌花裝飾的(cf. inlay)：~ work 鑲嵌細工。

***in·land** [ˋɪnlənd; ˈinlənd] *adj.* [用在名詞前](無比較級、最高級) **1 內陸的**，內地的：~ rivers 內陸河川。**2** 《英》國內的，國內經營的，本國的：an ~ duty(國內交易所課徵的)內地稅/~ trade 國內交易/⇨ inland revenue.

— [ˋɪn͵lænd, ˋɪnlənd; inˈlænd, ˌinˈlænd] *adv.* (無比較級、最高級)**向[在]內陸**，在內地：Seabirds sometimes fly ~. 海鳥有時飛向內陸。

—*n.* Ⓒ(遠離海的)內陸，內地。

in·land·er [ˋɪnləndɚ; ˈinləndə] *n.* Ⓒ內陸[內地]人。

ínland révenue *n.* 《英》**1** Ⓤ[又作 **an** ~]國內稅收(《美》internal revenue). **2** [**the I~ R~**]國內稅收機構《稅捐稽征處》。

ínland séa *n.* **1** Ⓒ內海。**2** [**the I~ S~**](日本本州的)瀨戶內海。

ín-làw *n.* Ⓒ[常 **~s**]《口語》姻親(cf. mother-in-law).

in·lay [ɪnˋle; ˌinˈlei] *v.t.* (**in·laid** [ɪnˋled; ˌinˈleid]) **1** 〔十受(十介十(代)名)〕**a** 將…嵌入[…]中〔*in, into*〕：~ ivory *into* wood 將象牙嵌入木材中。**b** 〔以…〕鑲嵌…〔*with*〕：a wooden box *inlaid with* silver 用銀鑲的木箱。**2** 《園藝》將〈枝芽〉插入台木。

— [ˋɪn͵le; ˈinlei] *n.* **1 a** Ⓤ鑲嵌(的材料)，鑲嵌的工藝。**b** Ⓒ鑲嵌圖案。**2** Ⓒ《牙科》鑲補；鑲嵌物《填塞蛀牙的合金等》。**3** Ⓒ《園藝》接枝。**~·er** *n.*

in·let [ˋɪn͵lɛt; ˈinlet] *n.* Ⓒ **1** 海口；(島與島之間的)海峽《★[比較]指比 bay 小者》。**2** (水等的)入口，引入的口，注入口(↔ outlet). **3** 插入(者)，嵌入(者)。

—*v.t.* (**in·let**；**in·let·ting**)嵌[插]入。

in lo·co ci·ta·to [ɪnˋlokosaɪˋteto; inˈloukousaiˈteitou] **《源自拉丁文 'in the place cited' 之義》—*adv.*** 在前所引用之處，在列舉之處。

in lo·co pa·ren·tis [ɪnˋlokopəˋrɛntɪs; inˈloukoupəˈrentis] **《源自拉丁文 'in the place of a parent' 之義》—*adv.*** 代替父母，以父母的立場。

in·ly [ˋɪnlɪ; ˈinli] *adv.* 《詩》**1** 在內；在心中：He was ~ excited about her. 他打心坎裏喜歡她。**2** 深深地；由衷地；親愛地。

ín·màte *n.* Ⓒ **1** 住院者；入獄者；(救濟院等的)收容者。**2** 同屋居住者；家人。

in me·di·as res [ɪnˋmidɪ͵æsˋriz; inˈmiːdiæsˈriːz] **《源自拉丁文 'in the middle of things' 之義》—*adv.*** 直入本題地《非從頭開始》；從中間某重要點開始：I shall now enter ~. 我現在就切入正題加以敍述。

in me·mo·ri·am [͵ɪnməˋmorɪ͵æm, -ˋmɔrɪ-; ˌinmiˈmɔːriəm, -æm] **《源自拉丁文 'in memory (of)' 之義》—*prep.*** 爲紀念…；爲追悼…：*In Memoriam A. H. Hallam* 爲追悼A. H. Hallam《英國桂冠詩人但尼生(Tennyson)爲追悼親友 Hallam 之死而寫的詩》。

in·mi·grant [ˋɪn͵maɪgrənt; ˈinmaigrənt] *adj.* (自國內另一地區)移來的，遷入的。

—*n.* Ⓒ(自國內另一地區)移入的人或動物。

ín·mòst **《in 的最高級；⇨ inner》—*adj.*** [用在名詞前] **1** 最內部的。**2** 內心深處的，深藏的〈感情等〉：our ~ desires 我們衷心的願[慾]望。

inn** [ɪn; in] **《源自古英語「家、旅舍」之義》—*n. Ⓒ(一般樓下經營飲食店兼小酒館的舊式兩層樓)**小旅館**，客棧《現在鄉間仍然有這種小旅館，也用於飯店、餐廳的名稱》。

the Ínns of Cóurt (擁有律師(barrister)任命權的倫敦)四法學院《the Inner Temple, the Middle Temple, Lincoln's Inn, Gray's Inn》.

in·nards [ˋɪnɚdz; ˈinədz] *n. pl.* 《口語》**1** 內臟。**2** (東西的)內部，內部機構。

in·nate [ɪˋnet, ɪnˋnet; ˌiˈneit] *adj.* 〈性質等〉生來就有的，天生的，天賦的，先天性的(↔ acquired)：an ~ instinct [characteristic]天生的本能[與生俱來的特性]。**~·ly** *adv.* **~·ness** *n.*

in·ner** [ˋɪnɚ; ˈinə] **《in 的比較級；⇨ inmost》—*adj. [用在名詞前](無比較級、最高級) **1 內(側)的**，內部的(↔ outer)：an ~ court [room]中庭[內室]/an ~ tube(輪胎之)內胎。**2 a 更親的**，自家的：an ~ circle of friends 特別親密的友人們。**b** (組織)近中樞的：⇨inner circle. **3 內面的**，內在的，精神[心靈]上的；主觀性的：the ~ life精神[心靈]生活。**4** 含蓄的，隱藏的〈感情、意義等〉。

—*n.* Ⓒ **1** (標靶的)內圈。**2** 射中內圈(的子彈、箭)。

ínner cábinet *n.* Ⓒ《英》內閣中有實力的一羣。

ínner círcle *n.* Ⓒ[集合稱](接近權力中心的)親信，內圈人物《★[用法]視爲一整體時當單數用，指全部個體時當複數用》。

ínner cíty *n.* Ⓒ **1** 市中心(部分)(cf. outer city). **2** 市中心多窮人、人口稠密的地區。

【說明】inner city 是委婉語，乃指低收入者密集的市中心貧民區(slum)；因富人遷往郊區所造成。

ínner éar *n.* Ⓒ《解剖》內耳(↔ outer ear).

ínner mán *n.* [**the** ~] **1** 精神，靈魂。**2** 《謔》胃；食慾：refresh [warm] *the* ~ 填飽肚子。

Ínner Mongólia *n.* 內蒙古(⇨ Mongolia).

ínner·mòst *adj.* ＝inmost. **—*n.*** Ⓒ最深處，最內部。

in·ning [ˋɪnɪŋ; ˈiniŋ] *n.* **1 a** Ⓒ《棒球》局：the first [second] half of the seventh ~ 第七局的上[下]半局。**b** [**~s**；當單數用]《英》《板球》輪到打擊。**2** [《英》**~s**；當單數用](政黨的)執政期間，掌權時期：The Conservative Party now has its ~*s.* 保守黨現在執政[當權]。

ínn·kèeper *n.* Ⓒ小旅館(inn)的主人，客棧老闆。

in·no·cence** [ˋɪnəsn̩s; ˈinəsns] **《innocent 的名詞》—*n. **1** Ⓤ**無罪**，清白：*I*~ is bliss. 無知便是福《眼不見耳不聞心不煩》。

2 Ⓤ[又作 **an** ~] **a 純潔**：*an* ~ without reproach 無可非難的純潔。**b** 無邪，天眞爛漫：*a* beguiling ~ 假裝無知[無辜]/in all ~ 很天眞地，毫不知情地。**c** 《罕》單純，無知。

3 Ⓤ無害，無毒。

in·no·cent** [ˋɪnəsn̩t; ˈinəsnt] **《源自拉丁文「無傷的」之義》—*adj. (**more** ~；**most** ~) **1** (無比較級、最高級) **a 無罪的**，清白的(↔ guilty)：an ~ victim被寃枉者；被(事件等)牽連的受害者。**b** [不用在名詞前]〔十介十(代)名〕沒有犯[…]的〔*of*〕：~ *of* crime 沒有犯罪的。

2 a 沒有污垢的，純潔的。**b** 無邪的，無罪的，無辜的，天眞的：an ~ child 天眞無邪的小孩/her ~ desire to be helpful 她想助人的天眞願望。**c** 好心腸的，單純的，無知的：play ~ 裝蒜/He took advantage of her ~ kindness. 他利用她好心的仁慈/She is ~ in the world. 她是沒見過世面的人。

3 a 〈東西〉無害的，無毒的：~ amusements 無害處的消遣[娛樂]。**b** 不是出自惡意的，無惡意的：an ~ lie 無惡意的謊言。

4 (無比較級、最高級)[不用在名詞前]〔十介十(代)名〕《口語》沒有[…]的，缺少[…]的〔*of*〕：an idea ~ *of* the barest intelligence 看不出有多少才智的想法。

—*n.* Ⓒ **1** 天眞無邪的人；小孩；清白的人。

2 老好人；傻瓜：a political ~ 對政治一竅不通的人。

the (Hóly) Ínnocents' Dáy 無辜嬰兒殉教者紀念日《十二月二十八日；希律王(Herod)下令屠殺幼兒的紀念日；出自聖經「馬太福音」》。

the Mássacre of the Ínnocents ⇨ massacre.

~·ly *adv.*

in·noc·u·ous [ɪˋnɑkjuəs; iˈnɔkjuəs] *adj.* **1** 〈藥、蛇等〉無害的：~ snakes 無毒的蛇/~ drugs 無害的藥劑。**2** 〈言行等〉無惡意的，無意觸怒人的。**3** 沒有刺激的，乏味的。**~·ly** *adv.*

in·no·vate [ˋɪnə͵vet; ˈinəveit] *v.i.* 〔動(十介十(代)名)〕革新，改革[…]；開創[…]的新局面〔*in, on*〕：He ~*d on* past practices. 他改革舊習。

—*v.t.* 採納，引進〈新事物〉：He ~*d* a plan for increased efficiency. 他引進提高效率的(新)方案。

I

in·no·va·tion [ˌɪnəˋveʃən; ˌinəˈveiʃn] *n.* **1** Ⓤ改革，革新，刷新：technological ~ 技術革新。**2** Ⓒ新採納之物，革新之處；新方法；新制度(等)〔*in*〕.

ín·no·và·tor [-tɚ; -tə] *n.* Ⓒ革新者，改革者。

in·nox·ious [ɪˋnɑkʃəs, ɪnˋnɑk-; iˈnɔkʃəs] *adj.* 無害的。

Inns·bruck [ˋɪnzbruk, ˋɪns-; ˈinzbruk] *n.* 因斯布魯克《奧地利西部之一城市》。

in·nu·en·do [ˌɪnjuˋɛndo; ˌinju:ˈendou] «源自拉丁文 'by hinting' 之義»—*n.* (*pl.* ~**s**, ~**es**)ⓊⒸ影射，諷刺：make ~*s about*... 對…含沙射影。

in·nu·mer·a·ble [ɪˋnumərəbl, -ˋnjum-; iˈnju:mərəbl] *adj.* (無比較級、最高級)**數不盡的,** 無數的：~ variations 無數的變化[變形]。**-a·bly** [-rəblɪ; -rəbli] *adv.*

in·nu·tri·tion [ˌɪnuˋtrɪʃən, ˌɪnnju-, -nju-; ˌinju:ˈtriʃn] *n.* Ⓤ營養不良。

in·ob·ser·vance [ˌɪnəbˋzɝvəns; ˌinəbˈzə:vəns] *n.* Ⓤ **1** 不注意，玩忽；怠慢。**2** (對規則、祭典等之)不遵守，違反；忽視。

in·oc·u·late [ɪnˋɑkjəˌlet; inˈɔkjuleit] «源自拉丁文「接枝」之義»—*v.t.* **1** 〔十受(十介十(代)名)〕**a** 給〈人、動物〉接種〔疫苗等〕〔*with*〕；接種〈疫苗等〉於〔人、動物等〕〔*into, on, upon*〕：~ a person ***with*** a virus＝~ a virus ***into***[***on***] a person 給某人接種病毒。**b** 給〈人〉做〔疾病的〕預防接種[注射]〔*against, for*〕：~ a person ***against*** [***for***] smallpox 給某人種牛痘預防天花/Have you been ~*ed* (***against*** cholera)? 你打了霍亂的預防針了嗎? **2** 〔十受十介十(代)名〕將〈思想等〉灌輸[注入]給〈某人〉〔*with*〕：~ a person ***with*** a new idea 將新思想灌輸給某人。

-la·tor [-tɚ; -tə] *n.*

in·oc·u·la·tion [ɪnˌɑkjəˋleʃən; iˌnɔkjuˈleiʃn] «inoculate 的名詞» —*n.* ⓊⒸ **1** 〖醫〗接種《★比較 疫苗接種稱 vaccination》：protective ~ 預防接種[注射]/vaccine ~ 種痘/have an ~ *against* cholera 打霍亂預防針。**2** (思想等的)灌輸，注入。

in·of·fen·sive [ˌɪnəˋfɛnsɪv; ˌinəˈfensiv˝] *adj.* **1** 無害的，無礙的。**2 a** 〈人、行爲等〉無惡意的。**b** 〈說話等〉不得罪人的。

~**·ly** *adv.* ~**·ness** *n.*

in·op·er·a·ble [ɪnˋɑpərəbl; inˈɔpərəbl˝] *adj.* **1** 不能實行的：an ~ plan 不能實行的計畫。**2** 不能動手術[開刀]的：(an) ~ cancer 不可動手術的癌。

in·op·er·a·tive [ɪnˋɑpəˌretɪv, -ˋɑpərətɪv; inˈɔpərətiv˝] *adj.* **1** 無效的，無益的。**2** 〈法律等〉沒有實施的，無效力的。

in·op·por·tune [ˌɪnɑpɚˋtun, -ˋtjun; inˈɔpətju:n˝] *adj.* **1** 失去時機的，時機不宜的，不合時宜的(ill-timed)：an ~ call 不合時宜的拜訪。**2** 〈時機〉不適當的，不方便的：at an ~ time [moment]不合時機地，不湊巧地。~**·ness** *n.*

in·òp·por·túne·ly *adv.* 不合時機地，不湊巧地。

in·or·di·nate [ɪnˋɔrdnɪt; iˈnɔ:dinət] *adj.* **1** 過度的，格外的：an ~ demand 過度的需求。**2** 無節制的，放恣的：keep ~ hours 過著不規律的生活。~**·ly** *adv.* ~**·ness** *n.*

in·or·gan·ic [ˌɪnɔrˋgænɪk; ˌinɔ:ˈgænik˝] *adj.* **1** 無生活機能的；(動植物以外的)無生物的。**2** 〈社會等〉非有機性的，缺乏有機性組織的。**3** 〖化學〗無機(性)的(↔ organic)：~ matter [compounds, chemistry]無機物[化合物，化學]。

-i·cal·ly [-klɪ; -kəli] *adv.*

ín·pàtient *n.* Ⓒ住院病人(↔ outpatient).

ín-pèrson *adj.* 親自的；在場的。

ín-plánt *adj.* 工廠中(實地)的：~ training programs 工廠中的實地訓練計畫。

in pos·se [ɪnˋpɑsɪ; inˈpɔsi] «源自拉丁文» —*adv.* & *adj.* 可能地[的](cf. in esse).

in·pour·ing [ˋɪnˌporɪŋ,-pɔr-; ˈinpɔ:riŋ] *n.* ⓊⒸ湧入，注入；增加：a great ~ of mail 郵件之大批湧到。—*adj.* 流入的，注入的。

ín·pùt *n.* Ⓤ[又作 **an** ~] **1 a** 〖機械・電學〗輸入(量)。**b** 〖電算〗輸入(信號)，輸入的資料，輸入操作〔*to*〕(↔ output). **2** 〖經濟〗(資金等的)投入(量)。

—*v.t.* (**in·put, in·put·ted**; **in·put·ting**)〖電算〗將〈資料〉輸入電子計算機。—*v.i.* 輸入。

in·quest [ˋɪnkwɛst; ˈinkwest] *n.* 〖法律〗Ⓒ **1** (根據驗屍陪審的)死因審訊；驗屍〔*on*〕. **2** [集合稱]驗屍陪審團(coroner's jury)《共十二名；★用法 視爲一整體時當單數用，指全部個體時當複數用》。

in·qui·e·tude [ɪnˋkwaɪəˌtud, -ˌtjud; inˈkwaiətju:d] *n.* Ⓤ(身心的)不安；焦慮(restlessness).

‡**in·quire** [ɪnˋkwaɪr; inˈkwaiə] «源自拉丁文「尋求」之義» —*v.t.* **1 a** 〔十受〕問，詢問…《★比較 較 ask 爲拘泥；⇨ ask【同義字】》：I will ~ his name. 我要詢問他的名字。**b** 〔十 *wh.*__/十 *wh.*十*to* do〕詢問〈何…〉：She ~*d when* the shop would open. 她詢問那家店何時開門/I will ~ *how to* get there. 我要詢問如何到達那裏。**2** 《文語》**a** 〔十受十介十(代)名〕問，詢問〔人〕〈某事〉〔*of*〕《★用法 *of*-phrase 的位置常在受詞前面》：He ~*d* ***of*** the policeman the best way to the station. 他問警察到車站最便捷的路。**b** 〔(十介十(代)名)十 *wh.*__/(十介十(代)名)十*wh.*十*to* do〕詢問〔人〕〈是否…〉〔*of*〕：I ~*ed* ***of*** him *whether* he liked it. 我問他是否喜歡它。

—*v.i.* 〔動(十介十(代)名)〕查問〔人〕〔關於…〕〔*of*〕〔*about*〕：*I*~ within. 請參閱本文；請向店內查詢《★店前等處的告示語》/I ~*ed* (***of*** him) ***about*** buses to the station. 我向他查詢到車站的公共汽車。

inquíre àfter... 問候〈某人〉，向〈某人〉問安；慰問〈某人〉的病《★可用被動語態》：She ~*d after* your mother. 她問候你的母親。

inquíre for ... (1)要求會見〈某人〉，訪問〈某人〉：Someone has been *inquiring for* you. 有人要求見你。(2)查詢〈物品〉，詢問有無〈商品〉：I ~*d for* the book at a bookstore. 我向書店查詢有沒有那一本書出售。

inquíre into ... 調查…《★可用被動語態》：The police ~*d into* the case. 警方調查該案。

in·quír·er [-ˋkwaɪrɚ; -ˈkwaiərə] *n.* Ⓒ詢問者，探詢者；調查者。

in·quír·ing [-ˋkwaɪrɪŋ; -ˈkwaiəriŋ] *adj.* **1** 探詢的，懷疑的：an ~ look 詫異的樣子。**2** 愛追根究底的；好奇的。

in·quír·ing·ly *adv.* 詫異地；探詢地。

in·qui·ry** [ɪnˋkwaɪrɪ, ˋɪnkwərɪ; inˈkwaiəri] «inquire 的名詞；cf. inquisition»—*n.* ⓊⒸ **1 a 查問,** 詢問，照會〔*about*〕：a letter of ~ 詢問函，照會文件/*on* ~ 查詢之下，經過詢問/I made *inquiries*(*about* it)at the desk. 我在櫃台詢問(那件事)。**b** 〔(十介)十 *wh.* 子句・片語〕〔有關…的〕詢問〔*about*〕《★用法 常略去 about》：She made an ~ (about***) *what* had happened. 她查詢發生了什麼事。**2 a 調查,** 審理〔*into*〕：a court of ~ 〖軍〗調查(法)庭/*by* ~ 經調查/hold a public ~ 〈議會等〉正式調查[查問]/make an ~ 〈警察〉查問；調查。**b** 研究，探究〔*into*〕：scientific ~ 科學研究/an ~ *into* the shape of the cosmos 宇宙形狀的研究。

ínquiry àgency *n.* Ⓒ調查處，徵信所。

ínquiry àgent *n.* Ⓒ《英》私家偵探。

ínquiry òffice *n.* Ⓒ《英》詢問處，服務臺(《美》information desk).

in·qui·si·tion [ˌɪnkwəˋzɪʃən; ˌinkwiˈziʃn] «inquire 的名詞；cf. inquiry»—*n.* **1** ⓊⒸ(往往忽視人權的)嚴格審訊，調查；審理。**2** [**the I**~]〖天主教〗(從前審訊異端的)宗教裁判(所)《中古時期的歐洲，尤其西班牙、葡萄牙嚴格實行的制度，1834 年西班牙最後廢止》。

in·quis·i·tive [ɪnˋkwɪzətɪv; inˈkwizətiv] *adj.* **1 a** 好問的，愛打聽的，好探究的(⇨ curious【同義字】)：an ~ person 好探[查]究的人/an ~ mind 求知心。**b** [不用在名詞前]〔十介十(代)名〕想知道〔…〕的〔*about*〕：She is ~ ***about*** everything. 她什麼都想知道。**2** (壞意思的)好管閒事的，追根究底的。

~**·ly** *adv.* ~**·ness** *n.*

in·quis·i·tor [ɪnˋkwɪzətɚ; inˈkwizitə] *n.* Ⓒ **1** (嚴格的)審訊者。**2** [I~](從前的)宗教裁判官：the Grand *I*~ 宗教裁判所長/the *I*~ General (尤指西班牙的)宗教裁判所長。

in·quis·i·to·ri·al [ɪnˌkwɪzəˋtorɪəl, -ˋtɔr-; inˌkwiziˈtɔ:riəl˝] «inquisitor 的形容詞» —*adj.* 似(嚴格)審訊者[宗教裁判官]的；尋根究底的，好問的。~**·ly** [-rɪəlɪ; -riəli]

ín-résidence *adj.* [常用於名詞後面，構成複合字]〈藝術家、醫師等〉(暫時在大學、研究所)任教[居住]的：a poet-*in-residence* at the university 在大學執教的詩人。

I.N.R.I, INRI 《略》Iesus Nazarenus, Rex Iudaeorum (拉丁文＝Jesus of Nazareth, King of the Jews)拿撒勒的耶穌，猶太人之王。

ín·ròad *n.* Ⓒ[常 ~**s**]襲擊，侵入，侵略；蠶食，侵蝕，侵害〔*on, upon, into*〕：make ~*s upon*[*into*]... 侵入；蠶食…。

ín·rùsh *n.* Ⓒ **1** 侵入，來襲。**2** 流入，湧入〔*of*〕：an ~ *of* tourists 觀光客的湧入。

ins. 《略》inches; inspector; insulated; insulation; insulator; insurance.

in·sa·lu·bri·ous [ˌɪnsəˋlubrɪəs, -ˋlju-; ˌinsəˈlu:briəs, -ˈlju:-] *adj.* 有害身體的；有害健康的(氣候、土地等)；不衛生的：~ living conditions 有害健康的生活情況。

in·sal·u·tar·y [ɪnˋsæljəˌtɛrɪ; inˈsæljutəri] *adj.* 不健全的：a thoroughly ~ outlook on life 完全不健全的人生觀。

in·sane [ɪnˋsen; inˈsein˝] *adj.* (**in·san·er, -est**; **more** ~, **most** ~) **1 患精神病的,** 瘋狂的(↔ sane).
2 (無比較級、最高級)爲精神異常者而設的：an ~ asylum [hospital]精神病院《★比較 現在一般稱爲 mental hospital》。
3 瘋狂似的，毫無見識的，愚蠢的：an ~ scheme 愚蠢的計畫。
~**·ly** *adv.*

in·san·i·tar·y [ɪnˋsænə͵tɛrɪ; inˈsænitəri] *adj.* 有害健康的，不衞生的(unhealthy)。

in·san·i·ty [ɪnˋsænətɪ; inˈsænəti] «insane 的名詞»—*n.* **1** Ⓤ精神異常，精神病，瘋狂。**2** ⓊⒸ《口語》瘋狂的行爲，愚蠢的行爲：That's ~!那是瘋狂的行爲！

in·sa·tia·ble [ɪnˋseʃɪəbl; inˈseiʃjəbl˜] *adj.* **1** 不知足的，貪得無饜的：an ~ appetite [curiosity] 無饜的食慾[好奇心]。**2** [不用在名詞前]〔+介+(代)名〕貪求〔…〕的〔*of*〕：He is ~ *of* power. 他貪求權力。**-bly** [-ʃɪəblɪ; -ʃjəbli] *adv.*

in·sa·ti·ate [ɪnˋseʃɪɪt; inˈseiʃiət] *adj.* **1** 不知足的，貪得無饜的：an ~ longing 不知足的渴望。**2** [不用在名詞前]〔+介+(代)名〕〔對…〕貪得無饜的〔*for,of*〕：He is ~ *for* [*of*] wealth. 他對財富貪得無饜。

in·scribe [ɪnˋskraɪb; inˈskraib] «源自拉丁文「寫在上面[裏面]」之義»—*v.t.* **1**〔+受(+介+(代)名)〕**a** 書寫，雕刻〈文字、名字等〉〔於石碑、金屬板、紙上等〕〔*on, in*〕《★用因寫在東西的表面時用 on；寫在裏面時用 in》；將〈文字、名字等〉書寫，雕刻於〈石碑、金屬板、紙上等〉〔*with*〕：~ names *on* a war memorial = ~ a war memorial *with* names 刻名字於戰爭紀念碑上/The tombstone is ~*d with* her name and the date of her death. 墓碑上刻有她的名字和去世的日期。**b** 使〈話、事件等〉深刻於，使銘刻於〈心中、記憶裏〉〔*in, on*〕：His mother's words were ~*d* *in* [*on*] his memory. 她母親的話他時刻銘記在心。
2〔+受(+介+(代)名)〕在〈書、照片等〉上寫獻詞〔獻給某人〕；將〈詩、歌等〉題贈[題獻]給〔某人〕〔*to, for*〕：He ~*d* those poems *to* [*for*] his patron. 他將這些詩獻給他的贊助人。
3 a (正式)列入〈姓名〉。**b**《英》登記〈股東的姓名〉：an ~*d* stock《英》記名股票。
4《幾何》使〈圓等〉內接(↔ circumscribe)《★常以過去分詞當形容詞用》：an ~*d* circle 內接圓。

in·scrip·tion [ɪnˋskrɪpʃən; inˈskripʃn] «inscribe 的名詞»—*n.* **1 a** Ⓤ刻，銘刻。**b** Ⓒ碑銘，碑文，(貨幣等的)刻印(文字)。**2** Ⓒ(寫在寄贈書上的)題字，題獻，獻詞。

in·scru·ta·ble [ɪnˋskrutəbl; inˈskru:təbl˜] *adj.* **1** 不能探索的，不可解的，不可思議的：an ~ mystery 不可測知的神秘/The riddle remains ~ *to* us. 那個謎對我們仍然是不可解的。**2** 謎似的：(an) ~ smile 謎似的[神秘的]微笑。
-bly [-təblɪ; -təbli] *adv.*

‡in·sect [ˋɪnsɛkt; ˈinsekt] «源自拉丁文「切開裏面」之義；指軀體上分段(有節)»—*n.* Ⓒ **1 a**《動物》昆蟲。

【同義字】insect 是指昆蟲最常用的字；worm 是指蚯蚓等；beetle 是甲蟲。

b《俚》蟲(bug)。**2** 卑微的人。

in·sec·ti·cide [ɪnˋsɛktə͵saɪd; inˈsektisaid] *n.* Ⓤ[指產品個體或種類時爲Ⓒ]殺蟲劑[藥]。

in·sec·ti·vore [ɪnˋsɛktə͵vor, -͵vɔr; inˈsektivɔ:] *n.* Ⓒ食蟲動物[植物]。

in·sec·tiv·o·rous [͵ɪnsɛkˋtɪvərəs; ͵insekˈtivərəs˜] *adj.* 〈動物、植物〉食蟲的。

ínsect pòwder *n.* ⓊⒸ殺蟲粉，除蟲粉。

in·se·cure [͵ɪnsɪˋkjʊr; ͵insiˈkjuə˜] *adj.* (**in·se·cur·er; -cur·est**) **1** 不安定的，危險的：an ~ footing 不穩固的立足地。**2** 不可靠的，不堅固的。**3** 〈人〉感到不安的，沒有自信的：be [feel] ~ 感到不安的。**~·ly** *adv.*

in·se·cu·ri·ty [͵ɪnsɪˋkjʊrətɪ; ͵insiˈkjuərəti] «insecure 的名詞»—*n.* **1** Ⓤ不安(定)，危險(性)；不可靠，不穩固：a sense of ~ 不安全感。**2** Ⓒ不安全的事物。

in·sem·i·nate [ɪnˋsɛmə͵net; inˈsemineit] *v.t.* **1** 播種，種植。**2** (用人工方法)使〈雌性動物、女子〉受精。

in·sem·i·na·tion [ɪn͵sɛməˋneʃən; in͵semiˈneiʃn] «inseminate 的名詞»—*n.* ⓊⒸ人工受精。

in·sen·sate [ɪnˋsɛnset, -sɪt; inˈsenseit˜] *adj.* **1** 無感覺的。**2** 無情的，殘忍的：~ brutality 殘忍的暴行。**3** 缺乏理性的：~ anger 無理的憤怒。**~·ly** *adv.*

in·sen·si·bil·i·ty [͵ɪnsɛnsəˋbɪlətɪ, ɪn͵sɛnsə-; in͵sensəˈbiləti] «insensible 的名詞»—*n.* Ⓤ[又作 **an ~**] **1** 無知覺，無感覺〔*to*〕：(*an*) ~ *to* pain 對痛苦的麻木。**2** 麻木，無意識，不省人事。**3** 遲鈍，冷淡〔*to*〕：his ~ *to* the feelings of others 他對別人的感情漠不關心。

in·sen·si·ble [ɪnˋsɛnsəbl; inˈsensəbl] *adj.* **1** [不用在名詞前]〔+介+(代)名〕〔對疼痛等〕無知覺的，無感覺的；〔對…〕遲鈍的，沒有感受性的〔*to*〕：be ~ *to* pain 不感覺痛苦的/He is ~ *to* beauty. 他對美的感覺遲鈍。**2** 麻木的，不省人事的，昏迷的：be ~ *from* cold 因寒冷而失去感覺的/be knocked ~ 被打得不省人事。**3** [不用在名詞前]〔+介+(代)名〕〔對…〕沒有知覺[察覺]的〔*of*〕：He was ~ *of* the danger. 他沒有察覺到危險。**4** 不知不覺的，不被察覺的：by ~ degrees 極爲緩慢地，不知不覺地，逐漸地。

in·sén·si·bly [ɪnˋsɛnsəblɪ; inˈsensəbli] *adv.* 不知不覺地，極爲緩慢地，徐徐地。

in·sen·si·tive [ɪnˋsɛnsətɪv; inˈsensətiv˜] *adj.* **1 a** 無感覺的，沒有感受性的：an ~ heart 感覺遲鈍的心。**b** [不用在名詞前]〔+介+(代)名〕〔對…〕沒有感覺的，感覺遲鈍的〔*to*〕：be ~ *to* light [beauty] 對光[美]沒有感覺。**2 a** 〈人、發言等〉不懂別人感受[心情]的：an ~ remark 不懂別人感受的言論。**b** [不用在名詞前]〔+ *of*+(代)名(+*to* do)/+*to* do〕〔某人〕〈做…是〉愚蠢的；〈某人〉〈做…是〉愚鈍的：It is ~ *of* you *to* mention that. = You are ~ *to* mention that. 你提那件事是愚鈍的。**~·ly** *adv.*

in·sen·si·tiv·i·ty [͵ɪnsɛnsəˋtɪvətɪ; ͵insensəˈtivəti] *n.*

in·sen·ti·ence [ɪnˋsɛnʃɪəns; inˈsenʃiəns] *n.* = insentiency.

in·sen·ti·enc·y [ɪnˋsɛnʃɪənsɪ; inˈsenʃiənsi] *n.* Ⓤ無知覺，無感覺；無生命；無情。

in·sen·ti·ent [ɪnˋsɛnʃɪənt; inˈsenʃiənt˜] *adj.* 無知覺的，無感覺的；無生命的，無情的。

in·sep·a·ra·ble [ɪnˋsɛpərəbl; inˈsepərəbl˜] *adj.* **1** 不可分開的，不能分離的：~ friends 不能分離的朋友[密友]。**2** [不用在名詞前]〔+介+(代)名〕不能〔從…〕分離的〔*from*〕：Rights are ~ *from* duties. 權利與義務是不可分的。
—*n.* [~s] 不可分的人；親友。

in·sép·a·ra·bly [-rəblɪ; -rəbli] *adv.* 不可分地，密切地。

***in·sert** [ɪnˋsɝt; inˈsə:t] «源自拉丁文「放入裏面」之義»—*v.t.* **1**〔+受(+介+(代)名)〕將〈東西〉插入〔…裏〕〔*in, into*〕：~ a coin *into* [*in*] a vending machine 將硬幣投入自動販賣機裏。**2 a**〔+受〕將〈字等〉寫入，將〈話〉插入。**b**〔+受+介+(代)名〕將〈字等〉寫入，插入〔…(之間)〕〔*in, between*〕：~ a clause *in* a sentence 將子句寫入句中。**c**〔+受+介+(代)名〕〔在報紙等上〕刊載…〔*in*〕：~ an ad *in* a newspaper 將廣告刊登於報紙上。
— [ˋɪnsɝt; ˈinsə:t] *n.* Ⓒ **1 a** 插入的東西。**b** 夾進(報紙等)的傳單。**2**《電影》插入面《插入畫面間的放大字幕等》。

in·ser·tion [ɪnˋsɝʃən; inˈsə:ʃn] «insert 的名詞»—*n.* **1** Ⓤ插入。**2** Ⓒ插入物：**a** 寫進去的字句。**b** 報紙夾帶的傳單。**c** (花邊或刺綉等)縫在衣服上的裝飾物。**3** = injection 3.

ín-sérvice *adj.* [用在名詞前]在職的。

in·set [ɪnˋsɛt; ͵inˈset] *v.t.* (**in·set, in·set·ted; in·set·ting**)〔+受(+介+(代)名)〕將〈東西〉插入〔…〕〔*in, into*〕；〔以…〕嵌入、插入〈某物〉〔*with*〕.
— [ˋɪn͵sɛt; ˈinset] *n.* Ⓒ **1** (書籍的)插頁。**2** 插入的廣告；插入的畫[圖，照片]。**3** (縫在衣服上的)鑲邊。

ín·shóre *adv.* **1** 近海岸，在沿海[近海](↔ offshore)。**2** 向海岸。
inshóre of... 比…近海岸。
—*adj.* [用在名詞前] 近海岸的，沿海的；近海的；向海岸的：~ fishery [fishing] 近海[沿海]漁業。

‡in·side [ˋɪnˋsaɪd; ͵inˈsaid, ˈinsaid] (↔ outside) *n.* **1** [用單數；常 **the ~**] **a** 內部，內側，內面〔*of*〕：*the* ~ *of* the arm 手臂的內側/lock a door on *the* ~ 從裏面鎖門。**b** (人行道等的)離車道遠的部分，內側，靠近房屋的部分：*the* ~ *of* a sidewalk 人行道的內側。
2 [用單數，常 **the ~**] **a** 內部的事情，內幕(消息)：She's *on the* ~. 她熟悉內幕；她(在內部)受到信任/He learned the trade from *the* ~. 他透過內幕才學會該行業。**b** 人的內心，本性：know *the* ~ *of* a person 知道某人的內心[眞心]。
3 [~s]《口語》腹，肚子：have a pain in one's ~(*s*) 肚子痛。
4 [**the ~**]《英》(週、月等的)中間。
inside óut [當副詞用] (1)由裏向外地，翻轉地：turn a sock ~ *out* 把襪子的裏邊向外翻/The wind has blown my umbrella ~ *out*. 風把我的雨傘吹翻了。(2)徹底地，完全地：I know London ~ *out*. 我熟悉倫敦的每一個角落《我對倫敦瞭如指掌》。
—*adj.* [用在名詞前] (無比較級、最高級) **1** (在)內側的，內部的：the ~ edge (of a skate) (溜冰鞋)冰刀的內側/the ~ pocket of one's coat 外套的內部口袋。**2** 秘密的，熟知內幕[內情]的：~ information [knowledge] 內情，內幕/the ~ story 內幕/an ~ man 線民，內線，間諜/an ~ job 內賊作的案。
—*adv.* (無比較級、最高級) **1 a** 在內部，在內側。**b** 向[在]屋內：go [stay] ~ 到屋裏去[留在屋裏]。**2** 在心中：I was miserable ~. 我內心痛苦。**3**《英俚》在獄中。
gét inside《*vi adv*》(1)進入屋內。(2)進入(組織等的)內部。(3)熟知內情[內幕]。
inside of ...《口語》(1) = inside *prep.* 1. (2) = inside *prep.* 2：He will be back ~ *of* a week. 他會在一週內回來。
— [ɪnˋsaɪd; ͵inˈsaid] *prep.* **1** 在[向]…內部，在…內側：~ the tent 在帳篷內。**2** 在…以內：~ a month 一個月以內。

in·sid·er [ɪnˋsaɪdɚ; ͵inˈsaidə] *n.* Ⓒ(↔ outsider) **1** 內部的人；局中人，會員，團員。**2**《口語》熟知內幕的人，消息靈通人士。

insíder tráding *n.* Ⓤ《股票》內線交易。

ínside tráck *n.* Ⓒ **1** (跑道的)內圈。**2**《口語》有利地位，優先權利[待遇]。

hàve [be on] the ínside tráck (1)跑內圈。(2)《口語》處於有利的地位。

in·sid·i·ous [ɪnˋsɪdɪəs; in'sidiəs] *adj.* **1** 狡猾的，陰險的，詭詐的：~ wiles 奸計。**2**〈病情等〉不知不覺間惡化的，潛襲的：the ~ approach of age 不知不覺間增添的歲月。

~·ly *adv.* **~·ness** *n.*

in·sight [ˋɪnˏsaɪt; 'insait] *n.* ⓊⒸ洞察(力)，眼光，見識：a man of (great) ~ (極)有洞察力的人，有眼光的人/He gained [had] an ~ *into* human nature. 他能洞察人性。

in·sig·ni·a [ɪnˋsɪgnɪə; in'signiə] 《源自拉丁文「識別記號」之義》**—n.** *pl.* 徽章，勳章；(表示職務等的)識別證(signs)〔*of*〕《★用法有時指個別的徽章，以 ~s 當複數用》：school ~校徽。

in·sig·nif·i·cance [ˏɪnsɪgˋnɪfəkəns; ˌinsig'nifikəns] 《insignificant 的名詞》**—n.** Ⓤ **1** 不重要，微不足道；微不足道的事。**2** 無意義；卑微的身分。

in·sig·nif·i·cant [ˏɪnsɪgˋnɪfəkənt; ˌinsig'nifikənt˝] *adj.* **1** 微不足道的，不重要的，瑣碎的；微小的：an ~person (身分低的)無足輕重的人/His influence is ~. 他的影響力微不足道。**2**〈語句、動作等〉(幾乎)無意義的。**~·ly** *adv.*

in·sin·cere [ˏɪnsɪnˋsɪr; ˌinsin'siə˝] *adj.* 言行不一致的，不說眞心話的，不誠實的，虛僞的：an ~ compliment 虛僞的恭維。**~·ly** *adv.*

in·sin·cer·i·ty [ˏɪnsɪnˋsɛrətɪ; ˌinsin'serəti] 《insincere 的名詞》**—n.** **1** Ⓤ言行不一致。**2** Ⓒ不誠實的言行。

in·sin·u·ate [ɪnˋsɪnjuˏet; in'sinjueit] 《源自拉丁文「彎身而入」之義》**—v.t.** **1** 〔(+介+(代)名)+(*that*)__〕〔對某人〕迂迴地說，暗示，暗指〈…事〉〔*to*〕(⇨ suggest【同義字】)：He ~*ed* (*to* my fiancée) *that* I was already married. 他(對我的未婚妻)暗示我曾結過婚。**2** 〔+受+介+(代)名〕使〈思想等〉慢慢地[巧妙地]滲入[人心等]〔*into*〕：~ Christianity *into* a person's mind 使基督教的教義慢慢地滲入某人的心。**3** 〔+受+介+(代)名〕[~ *oneself*] **a** 慢慢地進入〔…〕中〔*into*〕：Slang ~*s itself into* the language. 俚語慢慢地融入語言中。**b** 巧妙地奉承〔以博得別人的好感等〕〔*into*〕：~ *oneself into* a person's favor 巧妙地奉承以討好某人。

in·sín·u·àt·ing *adj.* **1** 間接諷刺的，含沙射影的，暗示的：an ~ remark 暗示的話。**2** 巧妙地奉承的，諂媚似的：in an ~ voice 以諂媚的柔聲。

in·sín·u·àt·ing·ly *adv.* **1** 暗示地，迂迴地。**2** 諂媚似地，奉承地。

in·sin·u·a·tion [ɪnˏsɪnjuˋeʃən; inˌsinju'eiʃn] 《insinuate 的名詞》**—n.** **1** **a** Ⓤ間接的諷刺，暗示：by ~ 迂迴地，含沙射影地。**b** Ⓒ間接的諷刺，暗示：make ~*s about* [*against*] a person's honesty 旁敲側擊地說某人不老實。**2** Ⓤ慢慢地[偷偷地]進入，巧妙地奉承。

in·sin·u·a·tor [ɪnˋsɪnjuˏetɚ; in'sinjueitə] *n.* Ⓒ 獻媚者；暗諷者；暗示者。

in·sip·id [ɪnˋsɪpɪd; in'sipid] *adj.* **1**〈食物〉沒有味道的，不好吃的，走味的。**2** 枯燥無味的，乏味的，無趣的：~ conversation 乏味的談話。**~·ly** *adv.*

in·si·pid·i·ty [ˏɪnsɪˋpɪdətɪ; ˌinsi'pidəti] 《insipid 的名詞》**—n.** **1** Ⓤ 沒有味道，走味，平淡，枯燥無味。**2** Ⓒ[常~s]平淡的言辭，平凡的想法。

‡in·sist [ɪnˋsɪst; in'sist] 《源自拉丁文「放在…上面，壓住…上面」之義》**—v.i.** 〔動(+介+(代)名)〕**1** (極力)主張，强調〔…〕〔*on, upon*〕：He ~*ed on* the need for prisons. 他强調監獄存在的必要性/"Let me pay."—"No, I ~."「讓我來付。」「不，我堅持我付。」**2** 强行要求，堅持〔…〕〔*on, upon*〕：Shylock still ~*ed upon* having a pound of Antonio's flesh. 賽洛克仍然堅持要一磅安東尼奥身上的肉/He ~*ed on* my pay*ing* the money. 他堅持要我付款。

—v.t. 〔+(*that*)__〕堅持；極力主張〈…事〉：She ~*ed that* he (should) be invited to the party. 她極力主張邀請他參加宴會《★用法《口語》多半不用 should》/He ~*ed that* I was wrong. 他硬是說我錯了。

in·sis·tence [ɪnˋsɪstəns; in'sistəns] 《insist 的名詞》**—n.** **1** Ⓤ Ⓒ主張，强調〔*on, upon*〕：~ *on* one's innocence 堅持某人無罪的主張。**2** Ⓤ强迫，强要〔*on, upon*〕：~ *on* obedience 强迫服從/with ~ 執拗地。

in·sís·ten·cy [-tənsɪ; -tənsi] *n.* =insistence 2.

in·sis·tent [ɪnˋsɪstənt; in'sistənt] 《insist 的形容詞》**—adj.** **1** 强要的，固執的：an ~ demand 執拗[固執]的要求/an ~ knocking at the door 急切的敲門(聲)。**2** [不用在名詞前] **a** 〔+介+(代)名〕堅持[央求，强要]〔…〕的〔*on, upon*〕：He was ~ *on* walking home. 他堅持走回家。**b** 〔+(*that*)__〕堅持〈…(事)〉的：He was ~ *that* he was innocent. 他堅持說自己無罪/He was ~ *that* I (should) go alone. 他堅持要我單獨去《★用法《口語》多半不用 should》。**3**〈色、音、調子等〉顯著的。

in·sís·tent·ly *adv.* 固執地，堅持地，執拗地。

in si·tu [ɪnˋsaɪtu, -tju; in'sitju:] 《源自拉丁文 'in (the) site' 之義》**—adv.** 在原處，在原位置。

in·snare [ɪnˋsnɛr, -ˋsnær; in'snɛə] *v.t.* 《古》=ensnare.

in·so·bri·e·ty [ˏɪnsəˋbraɪətɪ; ˌinsə'braiəti] *n.* Ⓤ無節制；暴飲，酗酒。

in·so·far as [ˏɪnsəˋfɑrəz; ˌinsə'fɑ:rəz] *conj.* 在…的範圍內；至…的程度(《★比較《英》一般用 in so far as；《口語》用as [so] far as 較爲普遍》：He is innocent ~ I know. 據我所知，他是無罪的。

in·sòle *n.* Ⓒ 鞋的內底；鞋的軟墊。

in·so·lence [ˋɪnsələns; 'insələns] 《insolent 的名詞》**—n.** **1** **a** Ⓤ無禮，傲慢，自大，蠻橫。**b** 〔+ *to* do〕[the ~]〈做…的〉無禮，傲慢：He had *the* ~ *to* tell me to leave the room. 他竟然無禮地叫我離開房間。**2** Ⓒ蠻橫[傲慢]的言行。

in·so·lent [ˋɪnsələnt; 'insələnt] 《源自拉丁文「不習慣的」之義》**—adj.** **1**〈說話、態度等〉蠻橫的，無禮的，傲慢的《★用法主要用於陳述有關部屬[晚輩]時；⇨impertinent【同義字】》：an ~ little boy 傲慢的小男孩。**2** [不用在名詞前] 〔+介+(代)名〕〔對…〕傲慢的，無禮的〔*to*〕：He is ~ *to* customers. 他對顧客無禮。**~·ly** *adv.*

in·sol·u·ble [ɪnˋsɑljəbl; in'sɔljubl˝] *adj.* **1** 不能溶解(於水中等)的，無溶解性的。**2**〈問題等〉不能解決[說明，解釋]的。

-bly [-blɪ; -bli] *adv.*

in·solv·a·ble [ɪnˋsɑlvəbl; in'sɔlvəbl˝] *adj.* 《美》=insoluble.

in·sol·ven·cy [ɪnˋsɑlvənsɪ; in'sɔlvənsi] *n.* Ⓤ《法律》無力償付債務，破產(狀態)。

in·sol·vent [ɪnˋsɑlvənt; in'sɔlvənt˝] *adj.* Ⓒ **1**《法律》無力償付債務的。**2**《謔》把錢用光的；破產的。

—n. Ⓒ **1**《法律》無力償付債務者。**2**《謔》把錢用光的人；破產的人。

in·som·ni·a [ɪnˋsɑmnɪə; in'sɔmniə] *n.* Ⓤ 失眠(症)：suffer (from) ~ 患失眠症。

in·som·ni·ac [ɪnˋsɑmnɪæk; in'sɔmniæk] *n.* Ⓒ 失眠症患者。

—adj. **1** 失眠症的。**2** **a**〈酷暑、噪音等〉使人睡不著的：~heat 使人睡不著的酷暑。**b** (因酷暑、噪音等而)睡不著的，失眠的：an ~ night失眠的夜晚。

in·so·much [ˏɪnsəˋmʌtʃ, -so-; ˌinsə'mʌtʃ] *adv.* 至…的程度〈*as,that*〉：The rain fell in torrents ~ *that* we were drenched. 傾盆大雨使我們變成落湯雞。

insomúch as ...《文語》=inasmuch as.

in·sou·ci·ance [ɪnˋsusɪəns; in'su:sjəns, -siəns] 《源自法語》**—n.** Ⓤ不注意，漫不經心；無憂無慮。

in·sou·ci·ant [ɪnˋsusɪənt; in'su:sjənt, -siənt] 《源自法語》**—adj.** 漫不經心的；無憂無慮的。

***in·spect** [ɪnˋspɛkt; in'spekt] 《源自拉丁文「看裏面」之義》**—v.t.** 〔+受〕**1** 詳細調查，檢驗，檢查…(⇨ examine【同義字】)：~ a machine 檢查機器/He ~*ed* the car *for* defects. 他詳細檢查車子有無故障。**2** (正式)視察，檢閱，巡察…：These factories are periodically ~*ed* by government officials. 這些工廠由政府官員定期檢查。

***in·spec·tion** [ɪnˋspɛkʃən; in'spekʃn] 《inspect 的名詞》**—n.** Ⓤ Ⓒ **1** 仔細調查；檢查；(文件的)閱覽：*I*~ declined [free].《告示》謝絕[自由]參觀/on (the) first ~ 經過初步調查，乍見之下。**2** (正式的)視察，監察，檢閱，查閱：an ~ tour 視察旅行。

in·spéc·tor [-tɚ; -tə] *n.* Ⓒ **1** 檢查員，視察員，檢閱官[者]；督學：a ticket ~《英》查票員。**2**《美》巡官《警官的階級，在 deputy inspector 之上，deputy chief of police 之下》;《英》巡官《職位在 sergeant 之上，chief inspector 之下》(⇨ police【說明】)。

in·spec·tor·ate [ɪnˋspɛktərɪt; in'spektərət, -rit] *n.* **1** Ⓤ檢查員[巡官(等)]的職位[任期]，Ⓒ其管區。**2** Ⓤ [集合稱]檢查員[巡官(等)]的一行，視察團《★用法視爲一整體時當單數用，指全部個體時當複數用》。

inspéctor·ship *n.* =inspectorate 1.

***in·spi·ra·tion** [ˏɪnspəˋreʃən; ˌinspə'reiʃn] 《inspire 的名詞》**—n.** **1** **a** Ⓤ靈感，啓示。**b** Ⓒ由靈感而來的構想，妙策。**c** Ⓒ《口語》(突然想到的)好主意：have an ~ 想到好主意。

2 **a** Ⓤ鼓勵，鼓舞，激勵。**b** Ⓒ給予鼓勵[激勵]的人[事]〔*for*〕。

3 Ⓤ (來自當權者的)教唆，授意〔*of*〕：The misleading report was published *at* the ~ *of* the government. 導致誤解的那一則報導是由政府授意發表的。

4 Ⓤ吸氣，吸入(←→ expiration)。

5 Ⓤ《基督教》神靈的感召。

in·spi·rá·tion·al [-ʃənl; -ʃənl˝] *adj.* **1** 憑靈感的，受靈感支配

的，給與靈感的。**2** 有鼓舞力的。

in·spire** [ɪn'spaɪr; in'spaiə] «源自拉丁文「吸氣」之義；cf. expire»**—v.t.* **1 a** 〔十受〕**鼓舞，**激勵〈人〉，使〈人〉發奮：His bravery *~d* us. 他的英勇使我們得到鼓舞。**b** 〔十受十介十(代)名〕激發〈人〉〔做…〕〔*to*〕：The failure *~d* him ***to*** greater efforts. 失敗激發他作更大的努力。**c** 〔十受十 *to* do〕鼓勵〈人〉〈做…〉：His brother's example *~d* him *to* try out for the football team. 他哥哥的榜樣激勵他去接受足球隊的選拔測試。
2 〔十受十介十(代)名〕**a 使〈人〉產生**〔某種感情、思想〕〔*with*〕：His conduct *~d* us ***with*** distrust. 他的行爲引起我們對他的不信任/The sight of blood *~s* horror in her. 見到血使她產生恐懼。**b** 將〈某種感情、思想〉灌輸給〔人〕〔*in, into*〕：He *~d* self-confidence ***in*** [***into***] his pupils. 他使學生產生自信心。
3 〔十受〕〈神〉給…以啓示，予〈人〉靈感《★常以過去分詞當形容詞用；⇨ inspired 1》。
4 〔十受〕教唆；煽動；散播〈謠言等〉：~ false stories about a person 散播關於某人的謠言。
5 〔十受〕引起，造成，導致〈某種結果〉：Honesty *~s* respect. 誠實引起別人的尊敬。
6 〔十受〕吸〈入〉〈氣〉(↔ expire)。**—***v.i.* 吸氣。

in·spíred *adj.* **1 a** 在靈感支配下的；由靈感而寫的：an ~ poet 有靈感的詩人。**b** 〈構想等豐富而〉極好的，美好的。**2** 〈報導、文章等〉受到指使的，(有關方面)授意的：an ~ article 受某方面指使而寫的文章。

in·spír·ing [-'spaɪrɪŋ; -'spaiəriŋ] *adj.* 使人振奮的，鼓舞的；啓發靈感的：an ~ sight 壯觀的景象/This textbook is not exactly ~. 這本教科書未必有多大啓發性。

in·spir·it [ɪn'spɪrɪt; in'spirit] *v.t.* ＝inspire 1.

inst.[1] ['ɪnstənt; 'instənt]《略》⇨ instant *adj.* 4.

inst.[2]《略》instrument; instrumental.

in·sta·bil·i·ty [,ɪnstə'bɪlətɪ; ,instə'biləti] *n.* Ⓤ**1** 不穩定(性)：political ~ 政治的不安定。**2** 〈心的〉不安定，易變，反覆無常。

in·stall** [ɪn'stɔl; in'stɔ:l] «源自拉丁文「置於…」之義»**—v.t.* **1 a** 〔十受〕(舉行儀式等)**使**〈管理職位者〉**就職，**任命〈人〉：~ a chairman 任命一位議長/The new college president was *~ed* last week. 新的學院院長上週就任。**b** 〔十受十介十(代)名〕使〈人〉(正式)就任〔(官)職位〕〔*in*〕：~ a person ***in*** office 使〈人〉就任(官)職。**c** 〔十受十*as* 補〕使〈人〉就任〈…〉：~ a person *as* chairman 使某人就任議長。**2** 〔十受十介十(代)名〕**a 使〈人〉入**〔席〕，就〔位〕；將〈某人〉安置〔於…位置〕〔*in*〕：~ a visitor ***in*** the best seat 使客人就上座。**b** 〔~*oneself*〕入〔席〕，就〔位〕，坐下〔*in*〕《★也用被動語態，表示「已入席，已坐下」的意思》：She *~ed herself* [*was ~ed*] ***in*** an armchair. 她在安樂椅上坐下來[坐在安樂椅中]。**3** 〔十受(十介十(代)名)〕**安裝**〈設備等〉〔於…〕〔*in*〕：~ a heating system ***in*** a house 在家中安裝暖氣設備。

in·stal·la·tion [,ɪnstə'leʃən; ,instə'leiʃn] «install 的名詞»**—***n.* **1 a** Ⓤ就任[職]。**b** Ⓒ就職典禮。**2 a** Ⓤ裝設，裝置，安裝。**b** Ⓒ設備，裝置物，裝設的機器。**3** Ⓒ軍事設施[基地]。

in·stall·ment,《英》**in·stal·ment** [ɪn'stɔlmənt; in'stɔ:lmənt] *n.* Ⓒ **1** 分期付款(的一次份)，分期攤付的錢：*by* [*in*] monthly [yearly] *~s* 按月[年]付的分期付款/pay *in* monthly *~s* of ten dollars 分期付款月付十美元。**2** 〈叢書的〉一冊，〈連載刊物等的〉一回：the first ~ of a new encyclopedia 新百科全書的第一冊/a serial *in* three *~s* 分三次連載的文章。
—*adj.* [用在名詞前]分期付款方式的：~ buying [selling] 以分期付款的方式購買[銷售]。

instállment plàn *n.* [the ~]分期付款購買(辦法)《★比較《英》一般用 hire purchase》：*on the* ~ 以分期付款，以按月付款方式。

‡in·stance ['ɪnstəns; 'instəns] «源自拉丁文「現在，逼近」之義»**—***n.* **1** Ⓒ**例，實例，事例，實證**〔*of*〕：⇨ for INSTANCE/He cited many *~s.* 他舉出[引證]許多實例。

【同義字】instance 是表示性質、特徵的代表性例子；example 是表示一般性原則、事例等的具體例子。

2 Ⓒ場合，事實；階段：in this ~在這種場合。
3 [用單數]委託，請求；建議，提議《★常用於下列片語》：*at the ~ of ...* 應…的要求，由於…的委託，由…發起。
for instance 例如(for example)。
in the first instance 第一，首先。
—*v.t.* 〔十受〕舉…爲例；引證…。

in·stant** ['ɪnstənt; 'instənt] «源自拉丁文「站在附近」之義»**—n.* **1 a** Ⓒ**瞬間，**利那，霎時(moment)：*for* an ~ 一瞬間，片刻工夫(⇨not for an INSTANT)/*in* an ~ 立即，立刻。**b** [**the** [**this, that**] ~]〈特定的〉時刻，**瞬間：***at* that ~在那一瞬間/*on* the ~ 立刻，即刻。**c** [**this** [**that**] ~；當副詞用]現在[當時]立刻，現在[當時]當場：Come *this* ~！現在立刻來！/I went *that* ~. 我當時立刻就去了。**d** [**the** ~；當連接詞用]做…的那一瞬間，一…就(as soon as)《★用法有時在 ~ 後面用 that》：Let me know *the* ~ the visitor comes. 客人一來就告訴我。
2 Ⓤ[指種類時爲Ⓒ]速食食品[飲料]；(尤指)即溶咖啡：a cup of ~ 一杯即溶咖啡。
nót for an ínstant 片刻也沒有…；一點也沒有…：He did *not* move *for an ~.* 他一點也沒有動。
—*adj.* (無比較、最高級)**1 即時的，**即刻的：an ~ reply 立即的答覆/~ glue 瞬間接合劑。
2 [用在名詞前]**緊急的，**迫切的：be in ~need of help 急需幫助。
3 [用在名詞前]**速食的，**臨時(烹調用)的：~ mashed potatoes 速食的馬鈴薯泥/~ coffee [food(s)] 即溶咖啡[速食]。
4 [用在日期後面]本月的《略作 inst.；cf. proximo, ultimo》：on the 15th *inst.* 在本月十五日《★用法過去曾用於商函，現在改爲 on the 15th of this month 或使用該月的名稱》。

in·stan·ta·ne·ous [,ɪnstən'tenɪəs; ,instən'teinjəs] *adj.* 瞬間的，即時的，立即的，立刻的：~ death 立即死亡/an ~ reaction 瞬間的反應。**~·ly** *adv.* **~·ness** *n.*

in·stan·ter [ɪn'stæntɚ; in'stæntə] *adv.* 立即，立刻。

in·stant·ize ['ɪnstən,taɪz; 'instəntaiz] *v.t.* 將〈食品〉製成速食式；將〈產品〉製成隨時可用的形式：*~d* convenience foods 簡便的速食。

***in·stant·ly** ['ɪnstəntlɪ; 'instəntli] *adv.* (無比較、最高級)**1 立刻地，立即地：**be killed ~立即被殺死。**2** [當連接詞用]一…就(as soon as)：*I~* he saw me he held out his hands. 他一見到我，就伸出雙手。

ínstant repláy *n.* Ⓒ(錄影的)即時重播。

in·state [ɪn'stet; in'steit] *v.t.* 〔十受(十介十(代)名)〕使〈人〉就任，任命〈某人〉〔…〕〔*in, into, to*〕.

in sta·tu quo [ɪn'stetju'kwo, -'stætʃu-; in,stætju:'kwou] «源自拉丁文 'in the existing [same] condition' 之義»**—***adv.* 在現況下，在同樣情況下，按原樣。

‡in·stead [ɪn'stɛd; in'sted] *adv.* (無比較級、最高級)**代替，更換：**Give me this ~. 改換這個給我吧。
instéad of ... [當介系詞用](1)**代替**…：Let's learn [do] German ~ *of* French. 我們來學德文，不要學法文/I went ~ *of* him. 我代替他去。(2)不…而…：He sent his brother ~*of* com*ing* himself. 他不親自來而派他的弟弟來。

ín·stèp *n.* Ⓒ **1** 足背。**2** 鞋襪等的足背部分。

in·sti·gate ['ɪnstə,get; 'instigeit] *v.t.* **1** 煽動〈叛亂等〉，(鼓動)使發生…：~ a riot 煽動暴亂。**2 a** 〔十受十介十(代)名〕唆使〈人〉〔採取某種行動〕〔*to*〕：They *~d* him ***to*** the evil deed. 他們唆使他做壞事。**b** 〔十受十 *to* do〕唆使[煽動]〈人〉〈做…〉(incite)：He *~d* the two boys *to* quarrel. 他挑動那兩個少年爭吵。

in·sti·ga·tion [,ɪnstə'geʃən; ,insti'geiʃn] «instigate 的名詞»**—***n.* **1** Ⓤ煽動，教唆：*at* [*by*] the ~ *of* ... 受…的教唆，由於…的煽動。**2** Ⓒ刺激(的事物)，誘因。

ín·sti·gà·tor [-tɚ; -tə] *n.* Ⓒ煽動者，教唆者。

in·still,《英》**in·stil** [ɪn'stɪl; in'stil] *v.t.* 〔十受(十介十(代)名)〕**1** 將〈思想、感情等〉逐漸灌輸給〔某人〕，循循教導〔人〕…〔*in, into*〕：~ confidence ***in*** a person 逐步培養某人的自信心/~ ideas ***into*** a person's mind 將觀念逐漸灌輸進人的頭腦。**2** 將〈液體〉一滴一滴地滴入，滴注〔…中〕〔*in, into*〕.

in·stil·la·tion [,ɪnstɪ'leʃən; ,insti'leiʃn] «instil, instill 的名詞»**—***n.* ⓊⒸ(思想等的)灌輸〔*of*〕；滴注(法)。

in·stinct[1] ['ɪnstɪŋkt; 'instiŋkt] «源自拉丁文「刺激」之義»**—***n.* **1a** ⓊⒸ**本能：**animal *~s* 動物的本能/the ~*of* self-preservation 自保的本能/an ~ *for* survival 生存的本能/⇨ herd instinct/ *by* [*from*] ~ 本能地；憑直覺/*on* ~依本能。**b** Ⓒ〔＋ *to* do〕〈做…的〉本能：an ~ *to* protect oneself 保護自己的本能。**2** Ⓒ〔常 ~**s**〕〔對…的〕直覺(能力)，第六感〔*for*〕：women's *~s* 婦女的直覺/A camel has a sure ~ *for* find*ing* water. 駱駝有找尋水源的準確直覺。

in·stinct[2] [ɪn'stɪŋkt; in'stiŋkt] *adj.* [不用在名詞前]〔十介十(代)名〕《文語》充滿〔…〕的，瀰漫〔…〕的〔*with*〕：Her face was ~ ***with*** benevolence. 她滿臉慈祥。

in·stinc·tive [ɪn'stɪŋktɪv; in'stiŋktiv] «instinct 的形容詞»**—***adj.* 本能的；直覺的：Birds have an ~ ability to fly. 鳥有飛行的天賦能力[本能]。

in·stínc·tive·ly *adv.* 本能地，直覺地：*I~,* he pushed off the centipede. 本能地，他拂去那一隻蜈蚣。

in·sti·tute** ['ɪnstə,tut, -,tjut; 'institju:t] «源自拉丁文「設立」之義»**—v.t.* **1** 〔十受〕**設立**〈制度〉，制定〈習俗等〉：~ a welfare system 設立福利制度。**2** 〔十受〕開始〈調查〉；提起〈訴訟〉：~ a search of the house 實施搜屋。**3** 〔十受(十介十(代)名)〕任命〈某人〉擔任〔某職等〕〔*to, into*〕：~ a person ***to*** [***into***] a position 任命某人就某職位。

—*n.* **1** Ⓒ(學術、美術的)學會，協會，研究所；(上述的)會館。**2** Ⓒ**a** (理工科的)專科學校，學院：an ～ of technology (理)工學院。**b** (大學附屬的)研究所。**c** (教師等的)講習會，集會：an adult ～ 成人講座/a farmer's [farming] ～ 農業講習會/a teacher's [teaching] ～教員講習[研習]會。**3** Ⓒ原則，慣例。

***in·sti·tu·tion** [ˌɪnstəˋtuʃən, -ˋtju-; ˌinsti'tju:ʃn] «institute 的名詞»—*n.* **1** Ⓤ**設立，創立；制定，設定**：the ～ of the gold standard 黃金本位制的制定。**2** Ⓒ**制度，法令，慣例**。**3** Ⓒ**學會，協會，院，團體，機構，社**(society)：a charitable ～ 慈善機構。**4** Ⓒ **a 公共設施**《學校、醫院、教會等》：an educational ～ 學校[教育機構]。**b** (與福利有關的)設施：an ～ for the aged 養老院。**5** Ⓒ《口語・謔》名產；名人，知名之士，著名人物：He's an ～ around here. 他是這一帶的名人。

in·sti·tú·tion·al [-ʃənl; -ʃənl] «institution 的形容詞»—*adj.* **1** 制度上的。**2** 學會的，協會的。

in·sti·tú·tion·al·ìze [-ʃənlˌaɪz; -ʃənlaiz] «institution 的動詞»—*v.t.* **1** 使〈習慣等〉制度化。**2** 收容〈精神病患、不良少年等〉。

in·struct** [ɪnˋstrʌkt; in'strʌkt] «源自拉丁文「堆積，築起」之義»—*v.t.* **1 a** 〔十受〕(就特定領域有系統地)**教，教導**〈某人、全班等〉(⇨teach【同義字】)。**b** 〔十受十介十(代)名〕教，教授〈某人〉〔學科〕〔*in*〕：Mr. Brown ～*s* our class ***in Latin. 布朗先生教我們這班拉丁文。

2 〔十受十 *to* do〕(詳細地)**指示**〈某人〉〈做…〉：a notice ～*ing* visitors *to* remove their shoes 指示參觀者脫鞋的告示/I ～*ed* him *to* buy the house for us. 我指示他爲我們去買那棟房屋。

3 a 〔十受十(*that*)__〕通知，告知，報告〈某人〉〈…事〉：I am ～*ed* by the chairman *that* they have been expelled from the society. 會長通知我說他們已經被協會除名了。**b** 〔十受十 *wh.* __/十受十 *wh.* 十 *to* do〕通知〈某人〉〈何…〉：I will ～ you *when* we will start. 我會通知你我們出發的時間/I will ～ you *when to* start. 我會告訴你我們該何時動身。

***in·struc·tion** [ɪnˋstrʌkʃən; in'strʌkʃn] «instruct 的名詞»—*n.* **1** Ⓤ**教授，教育**(⇨education【同義字】)；訓育，教導〔*in*〕：give [receive] ～ *in* French 教授[上]法文(課)。**2** Ⓒ〔常 ～*s*〕**a 命令，訓令，指令，指示**：follow ～*s* 聽從指示。**b** 〔十 *to* do〕〈做…的〉命令，指令：He gave his men ～*s to* start at once. 他命令部下立刻動身。**c** 〔十 *that*__〕〈…的〉命令，指令：be under ～*s that* ... 接到…的命令。**3** Ⓒ〔常 ～*s*〕(產品等的)使用說明書：Show me the ～*s* for this watch. 給我看這隻錶的使用說明書。**4** Ⓒ〔常 ～*s*〕《電算》指令《使機器依照一定程序作業的電腦用語》。**～·al** [-ʃənl; -ʃənl] *adj.*

in·struc·tive [ɪnˋstrʌktɪv; in'strʌktiv] «instruct, instruction 的形容詞»—*adj.* (**more** ～；**most** ～)**富教育(性)的，教訓的；有益的**：an ～ discussion 有益的討論/Those little hints were very ～ *to* me. 那些小暗示對我極有益。**～·ly** *adv.*

instrúc·tor [-tɚ; -tə] *n.* Ⓒ **1** 教師，指導者。**2** 《美》(大學的)專任講師(⇨professor【說明】)：an ～ *in* English *at* a university 大學的英文(專任)講師。

in·struc·tress [ɪnˋstrʌktrɪs; in'strʌktris] *n.* Ⓒ女性的 instructor.

‡in·stru·ment [ˋɪnstrəmənt; 'instrumənt] «源自拉丁文「工具」之義»—*n.* Ⓒ**1 a** (精密的)**器具，儀器，工具**：surgical ～*s* 外科用器械。

> 【同義字】instrument 多半指複雜而精密的器具；implement 指用於某種目的或工作的器具(一般用語)；tool 是指工匠等使用的較簡單工具。

b 計器，儀器：nautical ～*s* 航海儀器/fly on ～*s* 靠儀器(羅盤針、水平儀、雷達等)飛行。**2 樂器**：musical ～*s* 樂器。**3** 手段；方法；(某人的)傀儡，被利用者，被操縱者；機器人〔*of*〕：an ～ *of* the Mafia 黑手黨利用的傀儡[工具]/The nuclear bomb is a terrifying ～ *of* death. 核子彈是一種可怕的殺人利器。

in·stru·men·tal [ˌɪnstrəˋmɛntl; ˌinstru'mentl] «instrument 的形容詞»—*adj.* **1** 〔不用在名詞前〕〔十介十(代)名〕成爲〔…之〕手段的，有助於〔…〕的〔*in*〕：His father was ～ ***in*** gett*ing* him the job. 他找到這份工作，得力於父親的幫助。**2** 儀器的，使用儀器的：～errors 儀器誤差。**3** 《音樂》樂器(用)的(↔ vocal)：～ music 器樂。

ìn·stru·mén·tal·ist [-tlɪst; -təlist] *n.* Ⓒ器樂家，樂器演奏者。

in·stru·men·tal·i·ty [ˌɪnstrəmɛnˋtælətɪ; ˌinstrumen'tæləti] «instrumental 的名詞» —*n.* **1** Ⓤ媒介，幫助，助力：by [through] the ～ of ... 以…爲方法，藉…的幫助。**2** Ⓒ **a** (成爲)手段(的東西[人])，工具〔*of*〕。**b** (政府等的執行)機構〔*of*〕.

in·stru·mén·tal·ly [-tlɪ; -təli] *adv.* **1** 當作手段地，間接地。**2** 用儀器地。**3** 用樂器地。

in·stru·men·ta·tion [ˌɪnstrəmɛnˋteʃən; ˌinstrumen'teiʃn] *n.* Ⓤ **1** 《音樂》樂器演奏法；管弦樂法。**2** 器具[儀器]的使用。

ínstrument bòard [pànel] *n.* ＝dashboard.

ínstrument flýing *n.* Ⓤ《航空》儀器(導航)飛行(法)(cf. contact flying).

ínstrument lánding *n.* Ⓤ《航空》儀器(導航)著陸(法)。

in·sub·or·di·nate [ˌɪnsəˋbɔrdnɪt; ˌinsə'bɔ:dnət] *adj.* 不順從的，反抗的，反抗性的。

in·sub·or·di·na·tion [ˌɪnsəˌbɔrdnˋeʃən; 'insəˌbɔ:di'neiʃn] «insubordinate 的名詞» —*n.* **1** Ⓤ不順從，反抗。**2** Ⓒ〔常 ～*s*〕反抗行爲。

in·sub·stan·tial [ˌɪnsəbˋstænʃəl; ˌinsəb'stænʃl] *adj.* **1** 無實體的，非真實的，想像的：the ～ product of one's imagination 想像中的虛幻之物。**2** 沒有實質[內容]的；〈議論等〉缺乏內容的，薄弱的：an ～ meal 內容貧乏[吃不飽]的餐食。

in·suf·fer·a·ble [ɪnˋsʌfrəbl, -fərə-; in'sʌfərəbl] *adj.* 〈人、事物〉令人無法忍受的，難受的，討厭的：an ～ grumbler 一個令人受不了的埋怨者/an ～ fool (自命不凡)令人討厭的蠢人。

-a·bly [-rəblɪ; -rəbli] *adv.*

in·suf·fi·cien·cy [ˌɪnsəˋfɪʃənsɪ; ˌinsə'fiʃnsi] «insufficient 的名詞»—*n.* **1 a** Ⓤ〔又作 **an** ～〕不充分，不充足〔*of*〕. **b** Ⓤ〔某人〕〔對某職業的〕不合適〔*of*〕〔*for*〕：the ～ *of* the man *for* business 那個人的不適合任職企業(界)。**2** Ⓒ〔常 ～*s*〕不充足的地方，缺點。**3** Ⓤ《醫》(心臟等的)機能不全。

in·suf·fi·cient [ˌɪnsəˋfɪʃənt; ˌinsə'fiʃnt] *adj.* **1 a** 不充分的，不(充)足的：an ～ supply of fuel 燃料的供應不足/～ evidence 不充分的證據/There are ～ doctors. 醫師不足。**b** 〔不用在名詞前〕〔十介十(代)名〕缺乏〔…〕的；不足以〔…〕的〔*for, in*〕：be ～ ***in*** quantity 量不足/The water supply is ～ ***for*** the city's needs. 水的供應量不能滿足該市的需要。

2 a 沒有能力的。**b** 〔不用在名詞前〕〔十介十(代)名〕〔對…〕不適合的，不能勝任的〔*to, for*〕：He is ～ ***to*** [***for***] the work. 他不能勝任那工作。**～·ly** *adv.*

in·su·lar [ˋɪnsələ, ˋɪnsju-; 'insjulə] «源自拉丁文「島的」之義»—*adj.* **1** 島的，島國性的；島民的。**2** 島國根性的，胸襟褊狹的：～ prejudices 心胸狹隘的偏見。

ín·su·lar·ism [-lərɪzəm; -lərizəm] *n.* Ⓤ島國根性，胸襟褊狹。

in·su·lar·i·ty [ˌɪnsəˋlærətɪ, ˌɪnsju-; ˌinsju'lærəti] «insular 的名詞»—*n.* Ⓤ**1** 島(國)，島國性。**2** 島國根性，胸襟褊狹。

in·su·late [ˋɪnsəˌlet, ˋɪnsju-; 'insjuleit] «源自拉丁文「使成爲島」之義»—*v.t.* **1** 〔十受(十介十(代)名)〕使…〔與…〕隔離；使…孤立〔*from*〕：Her family ～*s* her ***from*** contact with the world. 她的家人使她與世隔絕。

2 a 〔十受〕《電學》使…與外界絕緣。**b** 〔十受(十介十(代)名)〕使…〔與…〕隔熱[隔音]；使…〔與熱、音〕隔絕〔*from, against*〕：～ a studio ***from*** noise 使工作室隔音。

in·su·lat·ed [ˋɪnsəˌletɪd, ˋɪnsju-; 'insjuleitid] *adj.* **1** 隔離的。**2** 《電學》絕緣的：(an)～ wire 絕緣線。

in·su·la·tion [ˌɪnsəˋleʃən, ˌɪnsju-; ˌinsju'leiʃn] «insulate 的名詞»—*n.* Ⓤ **1** 隔離，孤立。**2 a** 《電學》絕緣；絕緣體，絕緣物[材料]，絕緣器。**b** (建築物等的)隔熱，隔音；隔熱[隔音]材料。

ín·su·là·tor [-tɚ; -tə] *n.* Ⓒ **1** 隔離者[隔絕物]。**2 a** 《電學》絕緣體[物，材料]，絕緣器。**b** (建築物等的)隔熱[隔音]材料。

in·su·lin [ˋɪnsəlɪn, ˋɪnsju-; 'insjulin] *n.* Ⓤ《醫》胰島素《胰臟荷爾蒙；爲治療糖尿病的藥物》。

***in·sult** [ˋɪnsʌlt; 'insʌlt] «源自拉丁文「撲上去」之義» —*n.* **1 a** Ⓤ**侮辱，無禮**：They treated him with cruelty and ～. 他們以殘酷和侮辱對待他。**b** Ⓒ侮辱[無禮]的行爲〔*to*〕：Stop all these ～*s*. 停止這些侮辱性的行爲/It's an ～ *to* your dignity. 那是對你尊嚴的一種侮辱。**2** Ⓒ《醫》損傷〔*to*〕。

ádd ínsult to ínjury 傷害後又加以侮辱《如用腳踩或腳踢等》；辱上加辱。

— [ɪnˋsʌlt; in'sʌlt] *v.t.* 〔十受〕**侮辱**〈人〉，對…傲慢：First he ～*ed* me, then he took my money. 他先侮辱我，然後搶去我的錢。

in·súlt·ing *adj.* 侮辱的，無禮的：an ～ disregard for etiquette 對禮節的無禮忽視。**～·ly** *adv.*

in·su·per·a·ble [ɪnˋsupərəbl, -ˋsju-; in'sju:pərəbl] *adj.* 〈障礙等〉不能超越的，不能克服的。**-a·bly** [-rəblɪ; -rəbli] *adv.*

in·sup·port·a·ble [ˌɪnsəˋportəbl, -ˋpɔrt-; ˌinsə'pɔ:təbl] *adj.* **1** 忍不住的，不能忍受的：an ～ pain 不能忍受的痛苦。**2** 無法支持的，沒有(充分)根據的。**-a·bly** [-təblɪ; -təbli] *adv.*

in·sur·a·ble [ɪnˋʃurəbl; in'ʃuərəbl] *adj.* 可以保險的，適於保險的：～ property 可保險的財產。

***in·sur·ance** [ɪnˋʃurəns; in'ʃuərəns] «insure 的名詞»—*n.* **1 a** Ⓤ**保險；保險業**(cf. assurance 4)：accident [endowment] ～ 意外[養老]保險/fire ～ 火險/health ～ 健康保險/marine ～ 海上保險，水險/unemployment ～ 失業保險/～ *against* traffic accidents 交通意外保險/～ for life 終身保險/an ～ company

[firm]保險公司/an ~ man 保險推銷員/~ money 保險金/sell ~ 賣保險，推銷保險。**b** Ⓤ保險金(額)；保險費：~ *on* a house [*on* property]房屋[財產]保險費。**c** (又作 **insúrance pòlicy**)Ⓒ保險單：take out an ~ (*against*...) 加入(…的)保險。**2** Ⓤ[又作 **an** ~]〔對失敗、損失等的〕防備，保護〔*against*〕：as (*an*) ~ *against* bad times 作爲對不景氣的防備。

in·sur·ant [ɪn'ʃurənt; in'ʃuərənt] *n.* Ⓒ投保人；被保險者。

in·sure** [ɪn'ʃur; in'ʃuə] 《ensure (使安全)的變形》—*v.t.* **1** 〔十受(十介十(代)名)〕**a** 將〈人、房屋等〉投保〔某金額的〕〔…險〕〔*against*〕〔*for*〕：~ one's property ***against fire 爲財物投保火險/~ oneself [one's life] ***for*** £5000 給自己投保五千英鎊的壽險。**b** 〈保險業者〉接受〈人〉〔對生命、損害等的〕保險〔*against*〕。**2** 《美》**a** 〔十受〕保證…《★比較作此義解時一般用 ensure》：I ~ your success. 我確保你的成功(cf. 2 b)。**b** 〔十(*that*)__〕保證〈…事〉《★比較作此義解時一般用 ensure》：I ~ *that* you will succeed. 我保證你會成功(cf. 2 a)。

in·súred *adj.* **1** 加入保險的；投有保險的。**2** [**the** ~；當名詞用]被保險人，保戶《★用法一人時當單數用，兩人以上時當複數用》。

in·súr·er [-'ʃurə; -'ʃuərə] *n.* Ⓒ保險業者[公司]。

in·sur·gence [ɪn'sɜdʒəns; in'sə:dʒəns] 《insurgent 的名詞》—*n.* ⓊⒸ叛亂；暴動。

in·súr·gen·cy [-dʒənsɪ; -dʒənsi] *n.* =insurgence.

in·sur·gent [ɪn'sɜdʒənt; in'sə:dʒənt] *adj.* [用在名詞前]引起叛亂的：~ troops 叛軍。

—*n.* Ⓒ[常 ~**s**]**1** 暴徒，叛兵。**2** 《美》(政黨中的)叛黨者，反對份子。

in·sur·mount·a·ble [ˌɪnsə'mauntəbl; ˌinsə'mauntəbl⁻] *adj.* 〈障礙等〉難以越過的，不能克服的。**-a·bly** [-təblɪ; -təbli] *adv.*

in·sur·rec·tion [ˌɪnsə'rɛkʃən; ˌinsə'rekʃn] *n.* ⓊⒸ暴動，叛亂(rebellion)。

in·sur·rec·tion·ar·y [ˌɪnsə'rɛkʃənˌɛrɪ; ˌinsə'rekʃnəri] *adj.* 暴動的；參加叛亂的；從事暴動的。

—*n.* Ⓒ暴動者；叛徒。

in·sur·réc·tion·ist [-ʃənɪst; -ʃnist] *n.* Ⓒ暴徒，叛徒；暴動[叛亂]煽動者。

in·sus·cep·ti·ble [ˌɪnsə'sɛptəbl; ˌinsə'septəbl⁻] *adj.* **1** [不用在名詞前]〔十介十(代)名〕**a** 不接受〔…〕的〔*of*〕：a disease ~ ***of*** treatment 不易治療的疾病。**b** 不受〔…〕影響的〔*to*〕：a physique ~ ***to*** disease 不受疾病感染的體格。**2 a** 無感覺的，無知覺的。**b** [不用在名詞前]〔十介十(代)名〕不爲〔…〕所動的，〔對…〕不動情的〔*of, to*〕：a heart ~ ***of*** [***to***] pity 沒有同情心(的人)，鐵石心腸(的人)。

in·sus·cep·ti·bil·i·ty [ˌɪnsəˌsɛptə'bɪlətɪ; 'insəˌseptə'biləti] *n.*

int. 《略》interest；interior；interjection；internal；international；intransitive.

in·tact [ɪn'tækt; in'tækt] *adj.* [不用在名詞前]未觸動的，未受損傷的，原封不動的，完整無缺的：keep one's pride ~ 保持自尊心完整如初[免受損害]/The castle has remained ~ over the centuries. 那座城堡幾世紀以來一直保持原狀。

in·ta·glio [ɪn'tæljo, -'taljo; in'ta:liou]《源自義大利語 'engraving' 之義》—*n.* (*pl.* ~**s**) **1 a** Ⓤ凹刻，凹紋(cf. relief² 1)：carve a gem *in* ~ 在寶石上凹刻花紋。**b** Ⓒ凹刻的花紋。**c** Ⓒ有凹刻雕刻的寶石(cf. cameo 1 b)。**2** Ⓤ《印刷》凹刻印刷。

—*v.t.* 凹刻〈花紋〉。

ín·tàke *n.* **1** Ⓒ(水、空氣等流入的)入口，引入口(↔ outlet)。**2** Ⓤ[又作 **an** ~]吸入[攝取]量〔*of*〕：What is your daily ~ *of* calories [alcohol]? 你每天攝取的熱量[酒精量]是多少？**3** Ⓒ(瓶子、襪子等的)窄細部分，收縮處。

in·tan·gi·ble [ɪn'tændʒəbl; in'tændʒəbl⁻] *adj.* **1** 不可觸摸的。**2** 無實體的，無形的：~ assets 無形資產。**3** (雲一般)不可捉摸的，模糊不清的；難以了解的：an ~ awareness of danger 模糊的危險感覺。**-bly** [-blɪ; -bli] *adv.* **in·tan·gi·bil·i·ty** [ɪnˌtændʒə'bɪlətɪ; inˌtændʒə'biləti] *n.*

in·te·ger ['ɪntədʒə; 'intidʒə] *n.* Ⓒ**1** 完全[完整]的東西。**2** 《數學》整數(whole number)(⇨fraction 2 a)。

in·te·gral ['ɪntəgrəl; 'intigrəl]《源自拉丁文「完全的」之義》—*adj.* [用在名詞前]**1** (對構成整體)不可缺的，必需的。**2** 完整的。**3** 《數學》**a** 整數的。**b** 積分的。

—*n.* Ⓒ**1** 整體。**2** 《數學》積分。

íntegral cálculus *n.* Ⓤ《數學》積分(學)。

in·te·grate ['ɪntəˌgret; 'intigreit]《源自拉丁文「使成爲完全」之義》—*v.t.* **1 a** 〔十受〕將〈若干要素〉合併，統一：The theory ~*s* his research findings. 該理論是他研究結果的綜合。**b** 〔十受十介十(代)名〕將〈部分、要素〉整合〔爲一體〕〔*into*〕；將〈個人、羣體等〉併入，把…納入〔整體中〕〔*into*〕：~ former mental patients ***into*** society 使從前的精神病患融入社會中/He ~*d* his advisor's suggestions *into* his plan. 他把顧問的若干建議納入他的計畫。**c** 〔十受十介十(代)名〕將〈部分、要素〉〔與其他物〕合而爲一，融合〔*with*〕：~ blacks ***with*** whites 使黑人與白人融合。**2** 取消〈學校、公共設施等〉對種族[宗教]的差別待遇；使…廢除種族隔離。**3 a** 表示〈溫度、風速、面積等〉的總和[平均值]。**b** 《數學》求…的積分。—*v.i.* **1** 合併，合而爲一。**2** 〈學校等〉取消種族[宗教]的差別待遇。

ín·te·gràt·ed *adj.* **1** 統合[合成]的，完整的。**2** 沒有種族[宗教]歧視的：an ~ school 沒有種族歧視的學校。**3** 《心理》〈人格〉統合[融合]的：an ~ personality(肉體、精神、情操均保持均衡的)統合[融合]人格[完整的個性]。

íntegrated círcuit *n.* Ⓒ《電子工學》積體電路《略作 IC；cf. large-scale integration》。

in·te·gra·tion [ˌɪntə'greʃən; ˌinti'greiʃn] 《integrate 的名詞》—*n.* Ⓤ**1 a** 統合；完成。**b** 調整。**2** (學校等)種族[宗教]融合。**3** 《數學》積分。

in·teg·ri·ty [ɪn'tɛgrətɪ; in'tegrəti] 《源自拉丁文「完整」之義》—*n.* Ⓤ**1** 清高，正直，廉潔：a man of ~ 清高的人，正直的人。**2** 完整的狀態，無缺：relics *in* their ~ 保持完整狀態的遺物。

in·teg·u·ment [ɪn'tɛgjəmənt; in'tegjumənt] *n.* Ⓒ **1** 《解剖·動物·植物》外皮《皮膚、外殼、外被等》。**2** 覆蓋物。

***in·tel·lect** ['ɪntḷˌɛkt; 'intəlekt] 《源自拉丁文「識別，理解」之義》—*n.* **1** Ⓤ[(**the**) ~](對意志、感情而言的)知性，智力；理智：human ~ 人的智力/a man of ~ 多智謀的人。**2 a** Ⓒ知識分子，有識之士。**b** [**the** ~(**s**)；集合稱]知識分子，有識之士：*the* ~(*s*) of the age 當代的知識分子/*the* whole ~ of the country 全國的知識階層。

***in·tel·lec·tu·al** [ˌɪntḷ'ɛktʃuəl; ˌintə'lektjuəl⁻] 《intellect 的形容詞》—*adj.* (**more** ~；**most** ~) **1** (對意志、感情而言的)知性的，智力的：the ~ faculties 智能。

【同義字】intellectual 僅用於人，指有敏銳的知性與高度的知識的；intelligent 除人外，可用於動物，指天賦的全盤性理解力卓越的。

2 〈職業等〉需要智力的，要用腦筋的：an ~ occupation 勞心的職業/an ~ life 知性生活。

3 〈人等〉智力卓越的，理智的：an ~ person 理智的人，智者/the ~ class 知識階層。

— *n.* Ⓒ知識分子，有識之士。~**·ly** [-tʃuəlɪ; -tjuəli] *adv.*

in·tel·lec·tu·al·i·ty [ˌɪntḷˌɛktʃu'ælətɪ; 'intəˌlektju'æləti] 《intellectual 的名詞》—*n.* Ⓤ智力，智能，知性。

***in·tel·li·gence** [ɪn'tɛlədʒəns; in'telidʒəns] 《intelligent 的名詞》—*n.* **1** Ⓤ**a** 智能，理解力，思考力：human ~ 人的智能。**b** 知性，聰明，(卓越的)智慧：a man of poor ~ 智力差的人/exchange a look of ~ 互換眼色。**c** 〔十 *to* do〕[**the** ~]〈做…的〉機智，智慧，聰明：He had *the* ~ *to* put the fire out with a fire extinguisher. 他很機智地用滅火器撲滅火。**2** Ⓒ[常 I~]知性的存在；天使：the Supreme *I*~ 神，上帝。**3** Ⓤ**a** (尤指重要事情的)報導，情報：have secret ~ *of* the enemy's plans 獲悉敵方計策的機密情報/an ~ agent 情報員，間諜/an ~ department [bureau] 情報部門/an ~ office 情報局。**b** (又作 **intélligence sèrvice**) 情報機構：He is *in* [works for] ~. 他爲情報機構服務。

intélligence quòtient *n.* Ⓒ《心理》智力商數，智商《心智年齡的一百倍除以生理年齡所得的商數；略作 IQ，I.Q.》。

intélligence tèst *n.* Ⓒ《心理》智力測驗。

***in·tel·li·gent** [ɪn'tɛlədʒənt; in'telidʒənt] 《源自拉丁文「理解」之義》—*adj.* (**more** ~；**most** ~) **1** 有理解力的，理性的(⇨intellectual【同義字】)：Is there ~ life on other planets? 其他行星上也存在著有智慧的生物嗎？**2** 聰明的，領悟力強的；〈行爲等〉機靈的，伶俐的：an ~ man 聰明的人/an ~ reply 機靈的回答/Be a bit more ~! 多用一點腦筋吧！~**·ly** *adv.*

in·tel·li·gen·tsi·a, in·tel·li·gen·tzi·a [ɪnˌtɛlə'dʒɛntsɪə, -'gɛntsɪə; inˌteli'dʒentsiə] 《源自俄語》—*n.* Ⓤ[常 **the** ~；集合稱]知識階層《★用法視爲一整體時當單數用，指全部個體時當複數用》。

in·tel·li·gi·bil·i·ty [ɪnˌtɛlɪdʒə'bɪlətɪ; inˌtelidʒə'biləti] 《intelligible 的名詞》—*n.* Ⓤ可理解性，高領悟性，明瞭。

in·tel·li·gi·ble [ɪn'tɛlɪdʒəbl; in'telidʒəbl] *adj.* **1** 可理解的，明瞭的：an ~ explanation 明白易懂的解釋。**2** [不用在名詞前]〔十介十(代)名〕〔對人〕易懂的〔*to*〕：The book is ~ ***to*** anyone. 這本書任何人都看得懂。

in·tél·li·gi·bly [-dʒəblɪ; -dʒəbli] *adv.* 易理解地，明瞭地。

In·tel·sat ['ɪntɛlˌsæt; 'intelsæt] 《源自 *In*ternational *Tel*ecommunications *Sat*ellite (Consortium)》—*n.* **1** 國際電信衛星通訊機構。**2** Ⓒ國際商業通訊衛星。

in·tem·per·ance [ɪn'tɛmpərəns, -prəns; in'tempərəns] 《intemperate 的名詞》**——***n.* Ⓤ**1** 無節制，放縱，過度(excess). **2** 酗酒，暴飲，飲酒過度。

in·tem·per·ate [ɪnˈtɛmpərɪt, -prɪt; inˈtempərət] *adj.* **1** 〈人、言行等〉無節制的，過度的。**2** 酗酒的；有飲酒過度的習癖的。**3** 〈寒冷、天氣等〉酷烈的，不溫和的：～ weather 酷烈的天氣。 **～·ly** *adv.*

‡**in·tend** [ɪnˈtɛnd; inˈtend] 《源自拉丁文「伸長，專注」之義》 **——***v.t.* **1** 意圖。

【同義字】mean 與 plan 也有「打算做…」的意思，但表示「意圖」的 intend 指對重要事情的意圖，語氣最強。

a 〔十受〕意圖，想做〈某事〉：He seemed to ～ no harm. 他似乎不懷有惡意。**b** 〔十 *to* do〕打算，意欲〈做…〉：He had ～*ed to* become a lawyer. 他想當律師/He ～*ed to have* become a lawyer. 他本來打算當律師(但是沒有當律師)《★用法「＋have＋過去分詞」表示有意圖但沒有實現》。**c** 〔十do*ing*〕打算〈做…〉《★用法與〔十 *to* do〕大致同義，但較爲罕用的說法，用於強調特別意圖的行爲》：I still ～*ed* pay*ing* the bill. 我仍然打算付帳。**d** 〔十 *that*＿〕打算〈…事〉《★用法不常用的說法》：We ～ *that* these rules (should) be followed. 我們打算遵守這些規定《★用法《口語》多半不用 should》. **e** 〔十受十 *to* do〕意欲〈某人等〉〈做…〉：We ～ them *to* follow these rules. 我們想要他們遵守這些規定。

2 a 〔十受十介十(代)名〕打算將〈物〉給〔某人〕用；打算讓〈某人〉從事〔…〕〔*for*〕《★常用被動語態，變成「有〔…的〕打算」之意》：We ～ this house ***for*** you. 我們打算將這幢房子供你使用/The present *was* ～*ed for* you. 這件禮物是打算給你的。**b** 〔十受十 *to be* 補/十受十 *as* 補〕打算將…〈作爲…〉，認爲…〈是表示…〉《★常用被動語態，變成「有〈…〉打算」之意》：This portrait *is* ～*ed to be* her. 這幅畫像打算畫的是她/It *was* ～*ed as* a stopgap. 我們打算把它當作是臨時的代替物[權宜之計]。

in·tend·ant [ɪnˈtɛndənt; inˈtendənt] *n.* Ⓒ**1** 管理者；監督官。**2** 《史》(法、西、葡封建王朝的)州長。**3** (殖民主義者在南美的)地方行政長官。

in·ténd·ed *adj.* **1** 擬議[打算]中的，有企圖的，有計畫的，故意的；預期的：the ～ purpose 預期的目的/His remark had the ～ effect. 他的話產生預期的效果。**2** 已訂婚的，未婚的。
——*n.* [**one's** ～]《口語》未婚夫[妻]。

in·tense** [ɪnˈtɛns; inˈtens] 《源自拉丁文「拉緊的」之義》**——adj.* (**in·tens·er**; **-est**) **1** 〈光、溫度等〉強烈的：～ heat 酷暑。**2 a** 〈人、感情等〉熱烈的，熱情的：～ love 熱烈的愛/an ～ person 熱情的人。**b** [不用在名詞前]〔十介十(代)名〕努力於〔…〕的，專心於〔…〕的〔*in*〕：～ ***in*** one's studies 專心於學習。 **～·ly** *adv.*

in·ten·si·fi·ca·tion [ɪn͵tɛnsəfəˈkeʃən; in͵tensifiˈkeiʃn] 《intensify 的名詞》**——***n.* Ⓤ加強，強化，增強。

in·tén·si·fi·er *n.* Ⓒ**1** 加強[強化]的東西。**2** 《文法》＝intensive 2.

in·ten·si·fy [ɪnˈtɛnsə͵faɪ; inˈtensifai] 《intense 的動詞》**——***v.t.* 加強，增強：～ one's efforts 更加努力。
——*v.i.* 變強，變劇烈。

in·ten·sion [ɪnˈtɛnʃən; inˈtenʃn] *n.* Ⓤ**1** (精神的)緊張；努力，專心致志。**2** 強烈，強度。**3** 強化，增強。**4** 《邏輯》內涵(↔ extension). **5** 《經濟》密集經營。

in·tén·sion·al [-ʃənl; -ʃənl] *adj.* 《邏輯》內涵性的。

in·ten·si·ty** [ɪnˈtɛnsətɪ; inˈtensəti] 《intense 的名詞》**——n.* Ⓤ**1** 強烈，激烈，猛烈，嚴厲；熱烈：I was surprised by the ～ of his anxiety. 我對他的極度焦慮感到吃驚。**2** 強度：the degree of ～ 強烈的程度。

in·ten·sive [ɪnˈtɛnsɪv; inˈtensiv] *adj.* **1 a** 強烈的，劇烈的。**b** 徹底的，集中的，密集的：an ～ investigation 徹底的調查/～ reading 精讀。**2** 《文法》加強(語氣)的，強調的。**3** 《邏輯》內涵性的。**4** 《農》密集[集約]性的(↔ extensive)：～ agriculture [farming] 密集[集約]農業。**——***n.* Ⓒ《文法》加強語氣的字《例如 very, awfully 等》。 **～·ly** *adv.*

inténsive cáre *n.* Ⓤ《醫》強化治療，重病特別護理：an ～ unit 加護病房《略作 ICU》.

in·tent[1] [ɪnˈtɛnt; inˈtent] 《與 intend 同字源》**——***n.* Ⓤ **1** 《法律》**a** 意圖，故意，決意；意志，意向(intention)：*with* evil [good] ～ 惡[善]意地。**b** 〔十 *to* do〕〈做…的〉意圖，目的：The swindler sold the house *with* ～ *to* cheat her. 這騙子出售那棟房子存心要詐騙她。**2** 意義，意思，意旨〔*of*〕.

to áll inténts (and púrposes) 幾乎在一切方面，無論從那一點看，事實上，實際上。

in·tent**[2] [ɪnˈtɛnt; inˈtent] 《與 intense 同字源》**——adj.* (**more** ～; **most** ～) **1** 專心的，專注的：an ～ look 專心致志的樣子[急切的神情]。**2** [不用在名詞前]〔十介十(代)名〕專心〔於…〕的，埋頭〔於…〕的〔*on, upon*〕：He is ～ ***on*** his task [*on* do*ing* his best]. 他專心致志地工作。 **～·ly** *adv.* **～·ness** *n.*

in·ten·tion** [ɪnˈtɛnʃən; inˈtenʃn] 《intend 的名詞》**——n.* **1** Ⓤ**a** 意圖，意向〔*of*〕：by ～ 故意地/without ～ 非故意地，無意地/He returned with the ～ *of* spend*ing* Christmas with his family. 他爲了和家人共度耶誕節而回來/I have no ～ *of* ignor*ing* your rights. 我無意忽視你的權利。**b** 〔十 *to* do〕〈想做…的〉意圖，意向：His ～ *to* study English was satisfactory to us. 他想學英文的意向使我們感到滿意。

2 Ⓒ擬議中的事物，目的(purpose)：Her ～ was to depart a week earlier. 她有意提早一週離開[出發]/What was your ～ *in* do*ing* that? 你做那件事有何意圖？/I did it with good ～*s*. 我做那件事是出自善意《★常用於事與願違時的說法》。

3 [～s]《口語》(男子對交往中女子的)結婚意向：He has honorable ～*s*. 他有正式結婚的打算。

in·tén·tion·al [-ʃənl; -ʃənl] 《intention 的形容詞》**——***adj.* 有意的，有企圖的，故意的：an ～ insult 故意的侮辱。
～·ly [-ʃənlɪ; -ʃnəli] *adv.*

in·tén·tioned *adj.* [常構成複合字]…意向的：a well-*intentioned* lie 善意的謊言/ill-*intentioned* 惡意的。

in·ter [ɪnˈtɝ; inˈtə:] *v.t.* (**in·terred**; **in·ter·ring**) 埋，埋葬〈屍體〉(bury).

in·ter- [ɪntɚ-; intə-] 字首 表示「在…之間」，「在…之中」，「相互」：*inter*collegiate, *inter*sect.

in·ter·act [͵ɪntɚˈækt; ͵intərˈækt] *v.i.* 〔動(十介十(代)名)〕〔與…〕交互作用，互相影響〔*with*〕：Children learn by ～*ing* (***with*** one another). 孩子們在交互影響中學習。

in·ter·ac·tion [͵ɪntɚˈækʃən; ͵intərˈækʃn] 《interact 的名詞》**——***n.* ⓊⒸ交互作用，互相影響〔*between, with*〕：the ～ *between* man and his environment＝the ～ of man ***with*** his environment 人與環境的互相影響。

in·ter·ac·tive [͵ɪntɚˈæktɪv; ͵intərˈæktiv] *adj.* 交互作用的，互相影響的。

in·ter a·li·a [ˈɪntɚˈelɪə; ͵intəˈreiliə] 《源自拉丁文 'among other things' 之義》**——***adv.* 尤其，特別。

in·ter a·li·os [ˈɪntɚˈelɪ͵os; ͵intəˈreilious] 《源自拉丁文 'among other persons' 之義》**——***adv.* 其中，特別。

ìnter·bréed *v.t.* 使〈動、植物〉雜交。
——*v.i.* 栽培[培育]雜種，雜交繁殖。

in·ter·ca·lar·y [ɪnˈtɝkə͵lɛrɪ; inˈtə:kələri] *adj.* [用在名詞前] **1** 閏的〈日、月、年〉：an ～ day 閏日《二月二十九日》/an ～ year 閏年。**2** 插入的，放入中間的。

in·ter·ca·late [ɪnˈtɝkə͵let; inˈtə:kəleit] *v.t.* **1** 添加〈一日〉於曆中。**2** 把…插入[放入]中間。

in·ter·cede [͵ɪntɚˈsid; ͵intəˈsi:d] 《源自拉丁文「走中間」之義》**——***v.i.* 〔十介十(代)名〕〔向某人〕〔爲某人〕調停，說項〔*with*〕〔*for*〕：～ ***with*** a person ***for*** his son 爲其兒子向某人說情。

in·ter·cept [͵ɪntɚˈsɛpt; ͵intəˈsept] 《源自拉丁文「在中途捉住」之義》**——***v.t.* 〔十受〕**1** 在中途逮捕〈人〉，在中途搶奪〈東西〉。**2** 竊聽〈通訊〉：～ a message 竊聽[偵聽]通訊。**3** 遮斷〈光、熱等〉。**4** 《軍》攔截，迎擊〈敵機等〉：missiles that ～ missiles 攔截飛彈的飛彈。**5** 《運動》中途截取〈對方的傳球〉。**6** 《數學》在兩點[線]間截切，截取。
——*v.i.* 《運動》中途截取球。

in·ter·cep·tion [͵ɪntɚˈsɛpʃən; ͵intəˈsepʃn] 《intercept 的名詞》**——***n.* ⓊⒸ**1** 中途逮捕[奪取]，搶奪。**2** (通訊的)竊聽[偵聽]。**3** 遮斷；妨礙。**4** 《軍》迎擊，攔截。

in·ter·cep·tive [͵ɪntɚˈsɛptɪv; ͵intəˈseptiv] *adj.* 遮斷的；攔截的；阻止的。

in·ter·cép·tor [-tɚ; -tə] *n.* Ⓒ**1** 攔截者[物]。**2** 阻止者，阻礙物。**3** 《軍》攔截機。

in·ter·ces·sion [͵ɪntɚˈsɛʃən; ͵intəˈseʃn] 《intercede 的名詞》**——***n.* **1** Ⓤ仲裁，調停，說項，代爲求情：make ～ *for*... 爲…從中調停，爲…說情。**2** ⓊⒸ《基督教》(向上帝的)代禱。

in·ter·ces·sor [͵ɪntɚˈsɛsɚ; ͵intəˈsesə] *n.* Ⓒ仲裁者，調停者，代爲請求者。

in·ter·ces·so·ry [͵ɪntɚˈsɛsərɪ; ͵intəˈsesəri] *adj.* 仲裁的，調停的。

in·ter·change [͵ɪntɚˈtʃendʒ; ͵intəˈtʃeindʒ] *v.t.* **1** 互換，交換：～ gifts [letters] 交換禮物[信件]。**2** 〔十受(十介十(代)名)〕使…〔與…〕交替[輪換]〔*with*〕：～ labor ***with*** leisure 勞逸結合。**3** 把〈兩件東西〉調換，替換。
——*v.i.* 調換，交替。
—— [ˈɪntɚ͵tʃendʒ; ͵intəˈtʃeindʒ, ˈintətʃ-] *n.* **1** ⓊⒸ**a** 交換，互換：an ～ *of* insults 互相侮辱。**b** 交替。**2** Ⓒ(高速公路的)立體交流道。**3** (又作 **ínterchange stàtion**)Ⓒ(鐵路的)換車站。

in·ter·change·a·ble [͵ɪntɚˈtʃendʒəbl; ͵intəˈtʃeindʒəbl] *adj.* **1** 可交換的，可交替的，可替換的：～ car parts 可替換的汽車零件/'Problem' and 'question' are sometimes ～. 'problem' 和 'question' 有時可交替使用《有時有相同的意思》。

2 [不用在名詞前]〔十介十(代)名〕可〔與…〕交換的〔*with*〕: The parts of that car's engine are ~ ***with*** those of this one. 那輛車的引擎零件可與這輛車的引擎零件互換。

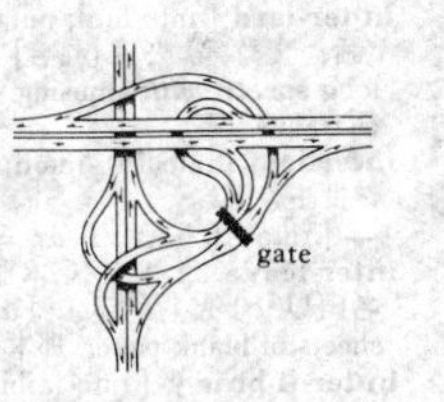

interchange 2

in·ter·change·a·bil·i·ty [ˌɪntɚˌtʃendʒəˈbɪlətɪ; ˈintəˌtʃeindʒəˈbiləti] *n.*

in·ter·cháng·e·a·bly [-dʒəblɪ; -dʒəbli] *adv.* 可交換地，可替換地；可交替地。

inter·cíty *adj.* [用在名詞前]（連結）城市間的：an ~ train 市際火車。

inter·cláss *adj.* 班級間的，班際的：~ debates 班際辯論比賽。

inter·collégiate *adj.* 大學[學院]之間的，大學間聯合[對抗]的：an ~ football game（大學的）校際足球賽。

in·ter·co·lo·ni·al [ˌɪntɚkəˈlonɪəl; ˌintəkəˈlounjəl] *adj.* 殖民地之間的；殖民地相互的。

in·ter·com [ˈɪntɚˌkɑm; ˈintəkɔm] «*intercom*munication system 之略» **—*n.*** Ⓒ《口語》（公司內、飛機內等的）內部通話（裝置），對講機。

inter·commúnicate *v.i.* 〔動(十介十(代)名)〕**1**〔與…〕互相交往，互通消息，互相通訊〔*with*〕. **2**〈房間等〉〔與…〕互通〔*with*〕: The dining room ~*s* ***with*** the kitchen. 餐廳與廚房相通。

inter·communicátion «intercommunicate 的名詞» **—*n.*** Ⓤ互通，交際，聯絡〔*between, with*〕.

inter·commúnion *n.* Ⓤ **1** 互相溝通；交際；來往。**2** 各教會間之互相交往。

in·ter·con·nect [ˌɪntɚkəˈnɛkt; ˌintəkəˈnekt] *v.t.* & *v.i.*（使…）互相連接[聯絡]。

in·ter·con·nec·tion [ˌɪntɚkəˈnɛkʃən; ˌintəkəˈnekʃn] *n.* ⓊⒸ互相聯絡；互相連繫。

inter·continéntal *adj.* 大陸間的，洲際的：an ~ ballistic missile 洲際彈道飛彈《略作 ICBM》.

inter·cóstal *adj.* 肋間的：~ neuralgia 肋間神經痛。
~·ly [-tlɪ; -tli] *adv.*

in·ter·course [ˈɪntɚˌkors, -ˌkɔrs; ˈintəkɔːs] «源自拉丁文「經過中間」之義» **—*n.*** Ⓤ**1 性交**，交媾《★用法 現在主要用作此意，因此要避免對 2, 3 產生誤解》：sexual ~ 性交。**2** 交通，交際：commercial ~ 通商（關係）/diplomatic ~ 外交/social ~ 社交/have [hold] ~ *with* ... 與…交往。**3** 心靈的溝通，靈交。

inter·cúltural *adj.* 不同文化間的：~ communication 不同文化間的交流。

inter·denominátional *adj.* 諸宗派間的。

in·ter·de·part·men·tal [ˌɪntɚdɪˌpɑrtˈmɛntl, -ˌdipɑrt-; ˌintəˌdiːpɑːtˈmentl] *adj.* 各部[局，廳，系]間的。

inter·depénd *v.i.* 互相依賴。

inter·depéndence «interdepend 的名詞» **—*n.*** Ⓤ互相依賴〔*of, between*〕: the ~ *of* labor and capital 勞資的互相依賴/~ *between* different countries 不同國家間的互相依賴。

inter·depéndency *n.* =interdependence.

inter·depéndent *adj.* 互相依賴的。**~·ly** *adv.*

in·ter·dict [ˌɪntɚˈdɪkt; ˌintəˈdikt] *v.t.* **1**（依據命令）禁止…。**2**（因空襲轟炸等）斷絕，阻礙〈運輸等〉。
— [ˈɪntɚˌdɪkt; ˈintədikt] *n.* Ⓒ **1** 禁止（命令），禁令，禁制。**2**《天主教》停止教權。

in·ter·dic·tion [ˌɪntɚˈdɪkʃən; ˌintəˈdikʃn] *n.*

inter·dísciplinary *adj.*〈研究等〉各學科間合作的，跨越多種領域的，科際的；（不同領域相互間的）共同（研究）的：~ research 科際研究/an ~ conference 跨學科研究會議。

‡in·ter·est [ˈɪntərɪst, ˈɪntrɪst; ˈintrəst] «源自拉丁文「存在於中間的，有關係的」之義» **—*n.*** **A1** ⓊⒸ**興趣**，關心〔*in*〕: take (an) ~ *in*... 對…有興趣，關心…/He seems to take no ~ at all in food. 他似乎對食物全不感興趣/He takes a great ~ *in* sport(s). 他對運動很感興趣/*with* ~ 感興趣地，津津有味地/I read the story *with* great ~. 那一篇故事我讀得津津有味/feel a great [not much] ~ *in* politics 對政治極有[不太有]興趣/lose ~ *in* one's work 對自己的工作失去興趣/He has no ~ *in* art. 他對藝術沒興趣/She showed a keen [deep] ~ *in* the new research. 她對於新的研究表現出濃厚的興趣。
2 Ⓒ**引起興趣的事物，感興趣的對象，關心的事，嗜好**：a man with wide ~*s* 有多方面興趣的人/a businessman with no outside ~*s* 除事業外別無其他愛好的企業家/Her greatest ~ in life seems to be clothes. 她生活中最大的樂趣似乎是講究穿著。
3 Ⓤ**引發興趣的力量，趣味性，興趣**〔*to*〕: a subject of general ~ *to* students 學生普遍感興趣的一個問題/places of ~ 名勝（地）/It is of no ~ *to* me. 我對它沒有興趣。
4 Ⓤ重要（性）〔*to*〕: It is a matter *of* no little ~ (*to* us). 這是一件（與我們）有重大關係的事。
—B 1 Ⓒ**a 利害關係**；（法律上的）權利，利權，權益〔*in*〕: ⇨vested interest/I have an ~ *in* the business. 我和該事業有利害關係《在該事業中有股份》/have an ~ *in* an estate 在某地產中有產權。**b**（持有的）股份，股票：buy an ~ *in*... 買進…的股票，成為…的股東。
2 a Ⓒ[常 ~*s*]**利益**，利害（關係），收益：public ~*s* 公益/know one's own ~(*s*) 對自己的私利精明/look after one's own ~*s* 圖私利/*in* the ~(*s*) *of* the country [truth] 為了國家[真理]/*in* a person's (best) ~(*s*) 為了某人/It is (*to* [*in*]) your ~ to go. 去對你有利。**b** Ⓤ私利，私心。
3 Ⓤ**a 利息，利率**：~ *at* 5% 五分利/~ *on* a loan 貸款利息/annual [daily] ~ 年[日]息/simple [compound] ~ 單[複]利/*at* 5 percent ~ 以五分利/*at* high [low] ~ 以高[低]利。**b** 附加物，額外之物：⇨with INTEREST (2).
4 Ⓒ[常 **the** ~(**s**)；集合稱]（共利害的）同業者，（有相同主張的）一派：*the* banking [iron] ~ 銀行[製鐵]業者/*the* landed ~ 地主們/*the* brewing ~ 釀造業者/*the* Protestant ~ 新教派/(*the*) business ~*s* 企業界。
with ínterest (1)⇨A 1. (2)《口語》加上利息，附帶贈品；加重地：return a blow [kiss] *with* ~ 更用力地回報一拳[更熱烈地回報一吻]。
—*v.t.* **1 a**〔十受〕使〈人〉感興趣，使…關心《★ 此字義的被動語態為 be ~*ed* by...；cf. interested 1 b》: The story did not ~ me. 這個故事引不起我的興趣。**b**〔十受十介十(代)名〕使〈人〉〔對…〕關心〔*in*〕: This is the book which first ~*ed* me ***in*** English literature. 這是最先使我對英國文學發生興趣的書。**c**〔十受十介十(代)名〕[~ one*self*]〔對…〕發生興趣〔*in*〕《★ 也以過去分詞當形容詞用；⇨interested 1 b》: I began to ~ *myself* ***in*** politics. 我開始對政治發生興趣。
2〔十受十介十(代)名〕**a** 使〈人〉〔與…〕發生關係，使…參與〔…〕，使…加入〔…〕〔*in*〕: Can I ~ you ***in*** a game of bridge？你有興趣玩一局橋牌嗎？/The agent tried to ~ him *in* (buy*ing*) the house. 經記人試圖引他購買那棟房子。**b** [~ one*self*] 參與〔…〕，加入〔…〕〔*in*〕《★ 也以過去分詞當形容詞用；⇨interested 2 b》: I ~*ed myself* ***in*** the enterprise. 我參與該企業。

‡in·ter·est·ed [ˈɪntərɪstɪd, ˈɪntrɪstɪd; ˈintrəstid] *adj.* (**more** ~; **most** ~) **1 a 感興趣的**，表現出有興趣的，有濃厚興趣的 (cf. interest *v.t.* 1): an ~ look 感興趣的樣子[表情]。**b** [不用在名詞前]〔十介十(代)名〕〈人〉〔對…〕有興趣的〔*in*〕(cf. interest *v.t.* 1 c): I am very (much) ~ ***in*** music. 我對音樂很有興趣/I'm not much [very] ~ *in* music. 我對音樂不太有興趣《★用法 如 I am *much* ~ *in* music. 這一句，單獨用 much 現已成為較拘泥的說法》/I'm ~ *in* learn*ing* French. 我想學法文。**c** [不用在名詞前]〔十 *to* do〕〈某人〉〈對做…〉有興趣的，想（做…）的：I should be ~ *to* hear how the play ended. 我想知道該劇的結局如何/I'm ~ *to* learn French. 我想學法文。
2 a [用在名詞前] 有利害關係的：~ parties（事件）利害關係者，當事者/(the) person(s) ~ 有關者。**b** [不用在名詞前]〔十介十(代)名〕〔與…〕有利害關係的，參與〔…〕的〔*in*〕(cf. interest *v.t.* 2 b): He is ~ ***in*** the enterprise. 他參與該企業《★比較 作此義解時，一般用 He has an interest *in* the enterprise.》/Every employee is ~ *in* the fate of the company. 每一位員工都與公司的命運息息相關。
3 [用在名詞前] 為私利所動的，有私心的（↔ disinterested）：~ motives 自私的動機，私心。

ín·ter·est·ed·ly *adv.* **1** 感[有]興趣地。**2** 自私地，偏私地。

‡in·ter·est·ing [ˈɪntərɪstɪŋ, ˈɪntrɪstɪŋ; ˈintrəstiŋ] *adj.* (**more** ~; **most** ~) 引起興趣的，有趣的（⇨funny【同義字】）: an ~ book 有趣的書/The story is very ~ (*to* me). 那篇故事（對我來說）是很有趣的/It is ~ to study people's expressions. 注意看人們的表情是有趣的事。
in an ínteresting condítion《古．委婉語》妊娠，懷孕。

ín·ter·est·ing·ly *adv.* **1** 有趣地，津津有味地。**2** [修飾整句] 有趣的是，饒有趣味的是：*I*~ (enough), he was only seven when he composed the sonata. 有趣的是，他寫那一首奏鳴曲時，年僅七歲。

ínter·fàce *n.* Ⓒ **1**（兩者間的）（分）界面，交界面，切點〔*between*〕；共通的問題。**2**《電算》接口《構成 CPU 與終端機連結部分的回路》。

in·ter·fa·cial [ˌɪntɚˈfeʃəl; ˌintəˈfeiʃəl] *adj.* **1** 包括在立體兩面之間的。**2** 面際的。

in·ter·faith [ˈɪntɚˈfeθ; ˌintəˈfeiθ] *adj.* 多種信仰的；各教派的；信仰不同者之間的。

in·ter·fere** [ˌɪntɚˈfɪr; ˌintəˈfiə] «源自古法語「對打」之義» **—*v.i.

1 a 〈人、事物〉妨害，阻礙：I shall come if nothing ~*s*. 如果沒有什麼阻礙，我會來/Don't ~. 別妨礙[干涉]。

【同義字】interfere 指多餘的插嘴與干涉的妨礙；meddle 指對於自己沒權利插嘴的事或不必過問的事多管閒事。

b〔十介+(代)名〕妨礙〔…〕；抵觸〔…〕〔*with*〕：The bad weather ~*d* ***with*** our plans.惡劣的天氣妨礙了我們的計畫/Don't try to ~ ***with*** other people's enjoyments. 不要試圖妨礙別人的享受。c〔十介+(代)名〕(隨便)摸弄〔別人的東西〕〔*with*〕《★ 可用被動語態》：Don't ~ ***with*** my papers. 不要隨便摸弄我的文件。

2〔十介+(代)名〕a〈人〉干涉〔…〕，插嘴〔…〕〔*in*〕：You should not ~ ***in*** private affairs. 你不該干涉私事。b〔對某事〕挺身而出；仲裁，調停〔…〕〔*in*〕.

3〔十介+(代)名〕《委婉語》强暴，汚辱，作弄〔女子〕〔*with*〕《★ 常用被動語態》：The doctor said she had *been* ~*ed* ***with***. 醫師說她被汚辱過。

4〔十介+(代)名〕《運動》(犯規地)阻擋，妨礙〔對方選手〕〔*with*〕.

in·ter·fer·ence** [ˌɪntɚˈfɪrəns; ˌintəˈfiərəns] «interfere 的名詞»—*n.* Ⓤ1 干涉，插嘴，妨礙；抵觸〔*in, with*〕：government ~ ***in private enterprises 政府對私人企業的干涉/He hates ~ ***with*** his work. 他厭惡別人妨礙他的工作。
2《運動》妨礙(行爲)。
3《物理》(光波、音波、電波等的)干擾。
4《無線》干擾，擾亂(cf. static).

in·ter·fer·ing [ˌɪntɚˈfɪrɪŋ; ˌintəˈfiəriŋ] *adj.* 干涉的；阻礙的；干擾的；愛管閒事的。

in·ter·fer·on [ˌɪntɚˈfɪran; ˌintəˈfiərɔn] *n.* Ⓤ〔指產品個體或種類時爲Ⓒ〕《生化》干擾素《應病毒的感染而生，而能抑制病毒成長的物質》。

in·ter·fuse [ˌɪntɚˈfjuz; ˌintəˈfju:z] *v.t.* 1 使…滲入；使…混合。2〔十受+介+(代)名〕使…〔與…〕混合；使…滲入〔…〕〔*with*〕.
—*v.i.* 混合，融合。

in·ter·fu·sion [ˌɪntɚˈfjuʒən; ˌintəˈfju:ʒn] *n.*

in·ter·gov·ern·men·tal [ˌɪntɚˌɡʌvɚnˈmɛntl; ˌintəˌɡʌvənˈmentl] *adj.* 政府間的。

in·ter·im [ˈɪntərɪm; ˈintərim] «源自拉丁文 'in the meantime' 之義»—*n.* [**the** ~]間歇，中間時間，暫時(meantime)：in *the* ~ 在其間，在那時候。
—*adj.* [用在名詞前]過渡時期的，間歇的，臨時的，暫時的，暫定的：an ~ certificate 臨時證書/an ~ dividend[report] (未決算前的)暫定股利[期中報告]/an ~ policy 臨時政策。

***in·te·ri·or** [ɪnˈtɪrɪɚ; inˈtiəriə˞] «源自拉丁文意爲「內部的」比較級»—*adj.* [用在名詞前](**more** ~；**most** ~)1 (無比較級、最高級)內部的，在內的，內側的(↔ exterior)：an ~ wall 內壁。2 (無比較級、最高級)遠離海岸的，內陸的，內地的。3 (無比較級、最高級)國內的〈政務等〉(↔ foreign). 4 內心的，精神上的；隱秘的，秘密的，保密的：one's ~ life 某人的隱秘[內心]生活/an ~ monologue《文學》內心獨白。
—*n.* 1 a [**the** ~]內部，內側；內面〔*of*〕：*the* ~ *of* a Chinese house 中國房屋的內部。b [**the** ~]室內。c Ⓒ室內圖，內部照片；內景，電影佈景。2 [**the** ~]內地，內陸〔*of*〕. 3 [**the** ~]內政：the Department [Secretary] of *the I*~ (美國的)內政部[部長]。4 [**the** ~]內心，本性〔*of*〕.

intérior desígn [**decorátion**] *n.* Ⓤ室內裝潢[設計]。

intérior desígner [**décorator**] *n.* Ⓒ室內裝潢設計家。

in·té·ri·or·ly *adv.* 1 在內地，在內部。2 在內心，在精神上。

interj.《略》interjection.

in·ter·ject [ˌɪntɚˈdʒɛkt; ˌintəˈdʒekt] «源自拉丁文「投入其間」之義»—*v.t.* (談話中)突然插入〈問話等〉。

***in·ter·jec·tion** [ˌɪntɚˈdʒɛkʃən; ˌintəˈdʒekʃn] «interject 的名詞»—*n.* 1 a Ⓤ(語詞、叫聲等的)突然插入，突然發出的聲音。b Ⓒ突然插入的語詞[叫聲]。2 Ⓒ《文法》感嘆詞《ah！，O！，dear me！，bless me！等；★ 本辭典中使用 *interj.* 的記號表示》。

in·ter·jéc·tion·al [-ʃənl; -ʃənl˞] «interjection 的形容詞»
—*adj.* 感嘆(詞)的；插入句的；叫聲的。
~·**ly** [-ʃənlɪ; -ʃnəli] *adv.*

in·ter·jec·to·ry [ˌɪntɚˈdʒɛktərɪ; ˌintəˈdʒektəri˞] *adj.* (如)感嘆詞的；突然插入的。

in·ter·lace [ˌɪntɚˈles; ˌintəˈleis] *v.t.* 1 a〔十受〕編織，編結〈纖維、細枝等〉：~ one's fingers 交錯手指/One makes baskets by *interlacing* reeds or fibers. 人以蘆草或纖維編結籃子。b〔十受+介+(代)名〕使…〔與…〕組合，使…〔與…〕交錯〔*with*〕：She ~*d* her fingers ***with*** mine. 她把她的手指和我的手指交錯。2〔十受+介+(代)名〕〔以…〕織入…〔*with*〕：The narrative was ~*d* ***with*** anecdotes. 敍述中夾雜不少軼事。
—*v.i.* 組合，交織。

in·ter·lard [ˌɪntɚˈlard; ˌintəˈla:d] *v.t.*〔十受(+介+(代)名)〕使〈話、文章等〉夾雜[混合]〔…〕〔*with*〕：The speaker ~*ed* his long speech ***with*** amusing stories. 演說者在他的長篇演說中穿插有趣的故事。

inter·leaf [ˈɪntɚˌlif; ˈintəli:f] *n.* Ⓒ 插頁《插入書中的空白紙，作批注等用》。
— [ˌɪntɚˈlif; ˈintəli:f] *v.t.* =interleave.

inter·léave *v.t.* 1 在〈書本〉插入空白紙頁。2〔十受+介+(代)名〕〔以…〕夾[插]入…〔*with*〕：The dictionary is ~*d* ***with*** sheets of blank paper. 那本字典夾有空白紙。

in·ter·li·brar·y [ˌɪntɚˈlaɪbrɛrɪ; ˌintəˈlaibrəri˞] *adj.* 圖書館間的：~ loan 圖書館間圖書資料等的互借制。

inter·líne[1] *v.t.* 1〔十受(+介+(代)名)〕〔以字等〕插於〈文件〉的行間〔*with*〕：The manuscript was ~*d* ***with*** his corrections. 那原稿行間插有他修改的詞語。2 將〈字、語句等〉寫[印]在〔行間〕〔*on*〕：The teacher ~*d* corrections ***on*** the pupils' compositions. 老師在學生作文的字行間作批改。

inter·líne[2] *v.t.* 加內襯於…：~ a coat 給外套加襯裏。

in·ter·lin·e·ar [ˌɪntɚˈlɪnɪɚ; ˌintəˈliniə˞] *adj.* 寫[印]在行間的：an ~ gloss 行間的註解/~ translation 行間的翻譯。

in·ter·lin·e·a·tion [ˌɪntɚˌlɪnɪˈeʃən; ˈintəˌliniˈeiʃn] *n.* ⓊⒸ 書[印]於行間；書[印]於行間之詞句。

inter·línk *v.t.* 1 連結〈兩個(以上)的東西〉：The two chains were ~*ed*. 那兩條鏈子是連結的。2〔十受+介+(代)名〕使…〔與…〕連結〔*with*〕：~ one thing ***with*** another 使一樣東西與另一樣東西連結。

inter·lóck *v.i.* 1 連結，結合，組合。2《鐵路》〈信號機等〉由聯動裝置操作：~*ing* signals 聯動式信號，連鎖信號。
—*v.t.* 連結…，組合…。

in·ter·lo·cu·tion [ˌɪntɚləˈkjuʃən; ˌintələˈkju:ʃn] *n.* ⓊⒸ 對話，問答(dialogue).

in·ter·loc·u·tor [ˌɪntɚˈlɑkjətɚ; ˌintəˈlɔkjutə] *n.* Ⓒ 對話[談話]者。

in·ter·loc·u·to·ry [ˌɪntɚˈlɑkjəˌtorɪ, -ˌtɔrɪ; ˌintəˈlɔkjutəri] «interlocution 的形容詞»—*adj.* 對話(體)的，問答體的。

in·ter·lope [ˌɪntɚˈlop; ˌintəˈloup] *v.i.* 1 無執照營業。2 干涉他人之事；闖入；妨礙。

in·ter·lop·er [ˌɪntɚˈlopɚ; ˈintəloupə, ˌintəˈloupə] *n.* Ⓒ1 (非法)闖入者。2 干涉(他人之事)者，管〔…〕閒事者。3 無執照營業者。

in·ter·lude [ˈɪntɚˌlud; ˈintəlu:d] *n.* Ⓒ1 a (多幕劇的)幕間(interval). b 幕間的表演，兩幕間插演的短劇。c (十五至十六世紀左右的)插劇《喜劇的前身》。2《音樂》間奏曲。3 (兩件事之間的)空檔時間；(塡滿兩件事之間的)穿插的事。

inter·márriage *n.* Ⓤ1 異族[不同人種、階級、種族間的]通婚〔*between*〕. 2 近親結婚〔*between*〕.

inter·márry *v.i.*〔動(+介+(代)名)〕1〈異族等〉〔與…〕通婚〔*with*〕. 2〔與…〕近親結婚〔*with*〕.

inter·méddle *v.i.*〔動(+介+(代)名)〕干涉〔…〕，管〔…〕閒事〔*with, in*〕.

in·ter·me·di·ar·y [ˌɪntɚˈmidɪˌɛrɪ; ˌintəˈmi:djəri] *adj.* 1 中間的，居間的，中繼的：an ~ stage 中間階段/an ~ post office 中繼[中介]郵局。2 媒介的：an ~ agent 介紹業。
—*n.* Ⓒ1 介紹人；媒介物；仲裁人：act as an ~ 充當介紹人。2 媒介，手段。

***in·ter·me·di·ate** [ˌɪntɚˈmidɪɪt; ˌintəˈmi:djət˞] «源自拉丁文「在正中央」之義»—*adj.* (無比較級、最高級)居間的，中間的(halfway)，中型的，中級的：an ~ range ballistic missile 中程彈道飛彈《略作 IRBM》.
—*n.* Ⓒ1 中間物。2《美》中型車。~·**ly** *adv.*

in·ter·ment [ɪnˈtɝmənt; inˈtə:mənt] «inter 的名詞»—*n.* ⓊⒸ 埋葬，土葬。

in·ter·mez·zo [ˌɪntɚˈmɛtso, -ˈmɛdzo; ˌintəˈmetsou, -ˈmedzou] «源自義大利語»—*n.* Ⓒ(*pl.* **-mez·zi** [-ˈmɛtsi, -ˈmɛdzi; -ˈmetsi:, -ˈmedzi:], ~**s**)1 (戲劇、歌劇等的)幕間表演。2《音樂》間奏曲。

in·ter·mi·na·ble [ɪnˈtɝmɪnəbl; inˈtə:minəbl˞] *adj.* 無終止的，無限的，冗長的，拖拖拉拉的，沒完沒了的：a book of ~ length 拖得很冗長的書。**-na·bly** [-nəblɪ; -nəbli] *adv.*

inter·míngle *v.t.* 1 混合。2〔十受+介+(代)名〕使…〔與…〕混合〔*with*〕：The photographs are ~*d* ***with*** news and articles. 照片之間夾雜著新聞與評論的文章。
—*v.i.* 1 混入，攙雜。2〔十介+(代)名〕〔與…〕混雜，混合〔*with*〕：The shadow ~*d* ***with*** the sunshine. 陰影與日光交錯。

in·ter·mis·sion [ˌɪntɚˈmɪʃən; ˌintəˈmiʃn] «intermit 的名詞»
—*n.* 1 ⓊⒸ活動暫停，中止，中斷：work with a short ~ at noon 中午有短暫休息時間的工作/without ~ 不休息地，不停地。2 Ⓒ《美》(戲劇等的)幕間休息，休息時間(《英》interval).

in·ter·mit [ˌɪntɚˈmɪt; ˌintəˈmit] «源自拉丁文「中間的時間送去」之義»—(**in·ter·mit·ted**；**-mit·ting**) *v.t.* 暫時停止，中止，中斷

〈suspend〉.

—*v.i.* **1** 暫時停止，中斷，中間休息。**2**〘醫〙〈脈搏〉間歇。

in·ter·mit·tence [ˌɪntəˋmɪtn̩s; ˌintəˈmitns] «intermit 的名詞»**—***n.* Ⓤ中斷，斷續，間歇。

in·ter·mit·tent [ˌɪntəˋmɪtn̩t; ˌintəˈmitnt˝] «intermit 的形容詞»**—***adj.* 時斷時續的，斷續的，間歇性的：an ~ spring 間歇泉/~ fever〘醫〙間歇熱，瘧疾熱/~ wipers〈汽車的〉間歇雨水刷，自動擦窗器/cloudy with ~ rain 陰偶陣雨。~**·ly** *adv.*

inter·míx *v.* =intermingle.

inter·míxture «intermix 的名詞»**—***n.* **1** Ⓤ 混合。**2** Ⓒ 混合物。

in·ter·mod·al [ˌɪntəˋmodl̩; ˌintəˈmoudl] *adj.* 聯運的，綜合運輸的《使用兩種或兩種以上運輸工具完成一次運輸的》。

in·tern[1] [ɪnˋtɝn; inˈtə:n] *v.t.* 拘禁，拘留〈俘虜、危險人物等〉〈於一定區域內〉。

— [ˋɪntɝn; ˈintə:n] *n.* Ⓒ被拘留者〈internee〉.

in·tern[2] [ˋɪntɝn; ˈintə:n]《美》 *n.* Ⓒ **1** 實習醫師（《英》houseman）《住在醫院見習的醫科畢業生；cf. resident 3》. **2** 教育實習生；實習教師。

—*v.i.* 任住院實習醫師。

***in·ter·nal** [ɪnˋtɝnl̩; inˈtə:nl˝] *adj.* 〈無比較級、最高級〉**1 a** 內部的（↔ external）：an ~ line 內線電話。**b** 體內的：~ organs 內臟/~ bleeding 內出血/~ medicine 內科〈學〉。**c**〘藥〙內服用的，口服的：for ~ use〈藥〉內服的。

2 內面的，內在的，本質的：~ evidence 內部證據《不依賴外物，事物本身備有的證據》。

3 國內的，內政的：~ debts [loans] 國內公債/~ trade 國內貿易/an ~ flight 國內班機/⇨internal revenue.

—*n.* **1** Ⓒ〈事物的〉本質，實質。**2** [~s] 內臟。

~**·ly** [-nl̩ɪ; -nəli] *adv.*

intérnal-combústion *adj.*〘機械〙內燃的：an ~ engine 內燃機。

in·ter·nal·ize [ɪnˋtɝnl̩ˏaɪz; inˈtə:nlaiz] «internal 的動詞»**—***v.t.* **1** 使〈思想等〉主觀化，內在化。**2** 吸收，使…適應〈文化、習慣等〉。

internal révenue *n.* Ⓤ [又作 an ~]《美》國內稅收（《英》inland revenue）.

‡**in·ter·na·tion·al** [ˌɪntəˋnæʃən̩l; ˌintəˈnæʃənl˝] *adj.* 〈more ~; most ~〉國際〈上〉的，國際間的，國際性的；萬國的：an ~ airport 國際機場/the *I*~ Code〈船舶的〉國際〈旗〉信號/an ~ conference 國際會議/an ~ exhibition 萬國博覽會/an ~ driver's [driving] license [licence] 國際駕駛執照/~ exchange 國際匯兌/~ games 國際比賽/the *I*~ Geophysical Year 國際地球物理年《略作 IGY》/the *I*~ Labor Organization 國際勞工組織《略作 ILO》/an ~ language 國際語言/the *I*~ Monetary Fund 國際貨幣基金會《略作 IMF》/the *I*~ Olympic Committee 國際奧林匹克委員會《略作 IOC》/~ law 國際〈公〉法/the *I*~ Phonetic Alphabet 國際音標《略作 IPA》/the *I*~ Phonetic Association 國際語音協會《1886 年設立；略作 IPA》/the *I*~ Scientific Vocabulary 國際科學術語詞彙《略作 ISV》.

—*n.* Ⓒ**1 a** 參加國際比賽的選手。**b** 國際比賽，國際運動大會。**2** [I~]〈社會主義、共產主義者的〉國際性組織：the First *I*~ 第一國際社會[共產]主義組織〈1864–76〉/the Second *I*~ 第二國際社會[共產]主義組織〈1889–1914〉/the Third *I*~ 第三國際社會[共產]主義組織〈1919–43〉.

Internátional Cívil Aviátion Organizàtion *n.* [the ~] ⇨ ICAO.

Internátional Cóurt of Jústice *n.* [the ~] ⇨ ICJ.

internátional dáte lìne *n.* [the ~]〈大致沿 180°子午線，通過太平洋中央的〉國際換日線。

In·ter·na·tio·nale [ˌɪntəˏnæʃəˋnæl, -ˋnɑl; ˌintənæʃəˈnɑ:l] «源自法語 'international (song)' 之義» **—***n.* [the I~] 共產國際歌《共產主義者、勞工所唱的革命歌》。

Internátional Énergy Àgency *n.* [the ~] ⇨ IEA.

ìn·ter·ná·tion·al·ìsm [-ʃən̩lˏɪzəm; -ʃnəlizəm] *n.* Ⓤ **1** 國際主義。**2** 國際性。

ìn·ter·ná·tion·al·ist [-ʃən̩lɪst; -ʃnəlist] *n.* Ⓒ **1** 國際主義者。**2** 國際法學家。

in·ter·na·tion·al·i·za·tion [ˏɪntəˏnæʃən̩ləˋzeʃən; ˈintəˌnæʃnəlaiˈzeiʃn] «internationalize 的名詞»**—***n.* Ⓤ**1** 國際化。**2** 國際管理化，置於國際管理下。

in·ter·ná·tion·al·ize [-ʃən̩lˏaɪz, -ʃnəl-; -ʃnəlaiz] «international 的動詞»**—***v.t.* **1** 使…國際化。**2** 將…置於國際管理下。

in·ter·ná·tion·al·ly [-ʃən̩lɪ; -ʃnəli] *adv.* 國際性地，國際上地。

internátional relátions *n. pl.* **1** 國際關係。**2** [當單數用] 國際關係學。

Internátional Stándard Bóok Nùmber *n.* [the ~] 國際標準書號《由左起國名符號、出版社符號、書名符號、檢查號碼的四項構成；略作 ISBN》.

Internátional Stándard Sérial Nùmber *n.* [the ~] 國際標準期刊號碼。

Internátional Télecommunicátion Ùnion *n.* [the ~] ⇨ ITU.

internátional únit *n.* Ⓒ〈生物〉國際單位《略作 IU》.

in·terne [ˋɪntɝn; ˈintə:n] *n.*《美》=intern[2].

in·ter·ne·cine [ˏɪntəˋnisɪn, -saɪn; ˌintəˈni:sain˝] *adj.* **1** 互殺的，兩敗俱傷的。**2**〈戰爭等〉〈雙方〉死傷慘重的，毀滅性的。

in·tern·ee [ˏɪntɝˋni; ˌintə:ˈni:] *n.* Ⓒ被收容者，被拘留者。

in·ter·nist [ˋɪntənɪst; ˈintənist] *n.* Ⓒ內科醫師。

in·térn·ment [-mənt; -mənt] «intern[1] 的名詞»**—***n.* **1** Ⓤ拘禁，拘留，收容：an ~ camp 俘虜營，敵國人民拘留所。**2** Ⓒ拘留期間。

íntern·shìp *n.* ⓊⒸ實習醫師的地位[身分]，醫院實習〈期間〉〈cf. residency 1〉.

ìnter·núclear *adj.* **1**〘生物〙核間的。**2**〘物理〙原子核間的。

in·ter·o·ce·an·ic [ˏɪntəˏoʃɪˋænɪk; ˈintərˌouʃiˈænik] *adj.* 兩大海洋間的；連結兩大洋的。

in·ter·pel·late [ˏɪntəˋpɛlet, ɪnˋtɝpɪˏlet; inˈtə:peleit] *v.t.* 〈議會中議員〉向〈政府官員〉質詢。

in·ter·pel·la·tion [ˏɪntəpɛˋleʃən, ɪnˏtɝpɪ-; inˌtə:peˈleiʃn] *n.* ⓊⒸ 質詢，詢問。

ìnter·pénetrate *v.t.* 浸透，滲入。**—***v.i.* 〈兩物〉互相貫穿[滲透]。

ìn·ter·pen·e·trá·tion *n.*

ìnter·pérsonal *adj.* 人與人之間的；人際關係的：~ relations 人際關係。

in·ter·phone [ˋɪntəˏfon; ˈintəfoun] *n.* Ⓒ《美》〈船舶、飛機、建築物內等的〉內部電話。

ìnter·plánetary *adj.*〘天文〙行星間的：an ~ space flight 行星間的太空飛行。

ínter·plày *n.* Ⓤ相互作用，作用及反作用〔*of*〕：the ~ *of* light and shadow 光與影的交錯，明與暗的相互作用。

In·ter·pol [ˋɪntəˏpol; ˈintəpoul] «*Inter*national *Pol*ice 之略»**—***n.* 國際刑警組織《the International Criminal Police Organization, 略作 ICPO；總部設於巴黎〈Paris〉》.

in·ter·po·late [ɪnˋtɝpəˏlet; inˈtə:pəleit] «源自拉丁文「修飾於中間」之義»**—***v.t.* **1 a**〔十受〕任意加入字句以竄改〈書、文稿〉。**b**〔十受十介十(代)名〕寫〈訂正字句等〉〔於…〕〔*in*〕. **c**〔十受〕〈談話中〉插入〈意見等〉。

2〘數學〙插入〈級數、中間項等〉，內推。

—*v.i.* **1** 添進〈字句〉，寫入。

2〘統計〙用插補法（↔ extrapolate）.

in·ter·po·la·tion [ɪnˏtɝpəˋleʃən; inˌtə:pəˈleiʃn] «interpolate 的名詞»**—***n.* **1 a** Ⓤ寫[插]入，竄改。**b** Ⓒ插入的字句[事項]：~*s* in a text 原文中竄改之處。**2** ⓊⒸ〘統計〙插補〈法〉。

in·ter·pos·al [ˏɪntəˋpozl̩; ˌintəˈpouzl] *n.* =interposition.

in·ter·pose [ˏɪntəˋpoz; ˌintəˈpouz] «源自拉丁文「置於中間」之義»**—***v.t.* **1 a**〔十受〕插入，放入…。**b**〔十受十介十(代)名〕將…放入，插入〔於…之間〕〔*between, among, in*〕：~ a translucent body ***between*** a source of light and the eye 將半透明體放在光源與眼睛之間。**2 a** 提出〈異議等〉。**b**〈談話中〉插入〈話語、意見〉。

—*v.i.* **1**〔動(十介十(代)名)〕仲裁〔…〕，調停〔…〕〔*between, among, in*〕：~ ***between*** two claimants 在兩個請求者之間調停/~ ***in*** a dispute 調解糾紛。**2** 干涉，阻礙。

in·ter·po·si·tion [ˏɪntəpəˋzɪʃən; inˌtə:pəˈziʃn] «interpose 的名詞»**—***n.* **1** Ⓤ**a** 介入〈的位置〉。**b** 仲裁。**c** 干涉；妨害。**2** Ⓒ插入物。

***in·ter·pret** [ɪnˋtɝprɪt; inˈtə:prit] «源自拉丁文「成爲兩者間的介紹人」之義» **—** *v.t.* **1**〔十受〕解釋，說明…；解析〈夢〉：Can you ~ the passage? 你能解釋這一段嗎？/How do you ~ this sentence? 你如何解釋這一句？/He ~*ed* those symbols for me. 他爲我解說那些符號。

2〔十受十*as* 補〕將…解釋〈爲…的意義〉：They ~*ed* her silence *as* concession. 他們把她的沈默解釋爲讓步。

3〔十受〕口譯〈外國語〉。

4〔十受〕〘藝術〙〈根據自己的詮釋〉演奏[演出]〈音樂、戲劇〉。

—*v.i.* 口譯：The student kindly ~*ed for* me. 那個學生親切地爲我口譯。~**·a·ble** [-təbl̩; -təbl] *adj.*

in·ter·pre·ta·tion [ɪnˏtɝprɪˋteʃən; inˌtə:priˈteiʃn] «interpret 的名詞»**—***n.* **1 a** ⓊⒸ解釋，說明；〈夢、謎等的〉解析，判斷〔*of*〕. **b** Ⓤ口譯。**2** ⓊⒸ〘藝術〙〈根據自己詮釋的〉演出，演技，演奏。

in·ter·pre·ta·tive [ɪnˋtɝprɪˏtetɪv; inˈtə:pritətiv] «interpret, interpretation 的形容詞» **—***adj.* 解釋〈用〉的，說明的；因口譯而造成的。

in·ter·pret·er [ɪn'tɝprɪtɚ; in'tə:pritə] *n.* Ⓒ**1** 解釋者，說明者〔*of*〕. **2** 翻譯者[官]。**3**《電算》譯印機，解譯器；翻譯程式。

in·ter·pre·tive [ɪn'tɝprɪtɪv; in'tə:pritiv] *adj.* ＝interpretative. **~·ly** *adv.*

ìnter·rácial *adj.* 不同人種[種族]間的，不同人種混合的。

in·ter·reg·num [ˌɪntɚ'rɛgnəm; ˌintə'regnəm] «源自拉丁文「在位期間的」之義»—*n.* Ⓒ (*pl.* **~s, -na** [-nə; -nə]) **1 a** (因帝王駕崩、退位等造成的)空位期間。**b** (因內閣更替等造成的政治上的)眞空時期，過渡期。**2** 休止[中斷]期間。

ìnter·reláte *v.t.* 使〈事物〉相互關連：~ the functions of government offices 使政府機關的功能相互關聯。

—*v.i.* 〔動(十介十(代)名)〕〔與…〕有相互關係〔*with*〕：His research project ~*s* **with** mine. 他的研究計畫與我的(研究計畫)有相互關係。

in·ter·re·lat·ed [ˌɪntɚrɪ'letɪd; ˌintəri'leitid] *adj.* 互相關聯的，相關的：an ~ series of experiments 一系列互相關聯的試驗。

ìnter·relátion *n.* ⓊⒸ相互關係〔*between*〕：the ~(*s*) *between* custom and morality 習俗與道德的相互關係。

interrelátion·shìp *n.* ⓊⒸ相互關係〔*of*〕.

in·ter·ro·bang [ɪn'tɛrəˌbæŋ; in'terəbæŋ] *n.* Ⓒ疑問感嘆號(?!)《同時表示疑問和感嘆的符號》。

interrog. 《略》interrogation；interrogative(ly).

in·ter·ro·gate [ɪn'tɛrəˌget; in'terəgeit] «源自拉丁文「訊問」之義»—*v.t.* **1** 對〈人〉提出(有系統有組織的)質問；訊問[審問]〈人〉。**2** 〔十受十介十(代)名〕質問，訊問〈人〉〔有關…的事〕〔*about*〕：The policeman ~*d* him **about** the purpose of his journey. 警察盤問他旅行的目的。

in·ter·ro·ga·tion [ɪnˌtɛrə'geʃən; inˌterə'geiʃn] «interrogate 的名詞»—*n.* ⓊⒸ質問，訊問，審問，查問；疑問。

interrogátion màrk [pòint] *n.* Ⓒ《文法》(疑)問號《?》(question mark).

*__in·ter·rog·a·tive__ [ˌɪntə'rɑgətɪv; ˌintə'rɔgətiv] «interrogate 的形容詞»—*adj.* (無比較級、最高級) **1 a** 疑問的，質問的。**b** 疑惑的：an ~ tone of voice 疑惑的語調。**2**《文法》疑問的：~ adverbs 疑問副詞《when?, where?, why?, how? 等》/~ pronouns 疑問代名詞《what?, who?, which? 等》/an ~ sentence 疑問句。

—*n.* Ⓒ《文法》**1** 疑問詞；(尤指)疑問代名詞。**2** 疑問句。

ìn·ter·róg·a·tive·ly *adv.* 疑問地，疑惑地。

in·tér·ro·gà·tor [-tɚ; -tə] *n.* Ⓒ質問者，訊問[審問]者。

in·ter·rog·a·to·ry [ˌɪntə'rɑgəˌtorɪ, -ˌtɔrɪ; ˌintə'rɔgətəri] *adj.* 疑問的，質問的，表示疑問的。

—*n.* Ⓒ **1** 疑問，質問；訊問，審問。**2**《法律》(對被告、證人等的)訊問調查書，質詢書。

‡**in·ter·rupt** [ˌɪntə'rʌpt; ˌintə'rʌpt] «源自拉丁文「中間折斷」之義»—*v.t.* **1** 〔十受〕阻擋，阻止，中斷…：The view was ~*ed* by a high wall. 視線被高牆擋住/~ one's holiday 中斷某人的假期。

2 a 〔十受〕打斷〈談話等〉：A strange sound ~*ed* his speech. 一種怪聲打斷了他的說話。**b** 〔十受十介十(代)名〕打斷〈某人〉〔說話等〕〔*in, during*〕：Don't ~ me **in** (the middle of) [**during**] my speech. 我說話時不要插嘴。

—*v.i.* 插嘴，打斷：It is rude to ~ when someone else is speaking. 別人在說話時插嘴是無禮的。

in·ter·rupt·ed [ˌɪntə'rʌptɪd; ˌintə'rʌptid] *adj.* **1** 被打斷的；被打擾的；中斷的；斷續的。**2**《植物》不對稱的；不規律的。

ìn·ter·rúpt·er *n.* Ⓒ**1** 阻擋物[者]，遮斷者。**2**《電學》(電流)斷續器。

in·ter·rup·tion [ˌɪntə'rʌpʃən; ˌintə'rʌpʃn] «interrupt 的名詞»—*n.* ⓊⒸ中斷，妨礙；阻斷，打岔：~ of electric service 停電/without ~ 無間斷地，連續地。

ìnter·scholástic *adj.* [用在名詞前](中等)學校間的，校際的。

ìnter·schóol *adj.* [用在名詞前]校際的：an ~ match 校際比賽。

*__in·ter·sect__ [ˌɪntə'sɛkt; ˌintə'sekt] *v.t.* 〔十受〕穿越，橫斷…；和…相交，和…交叉。

—*v.i.* 〈線、面等〉相交，交叉。

*__in·ter·sec·tion__ [ˌɪntə'sɛkʃən; ˌintə'sekʃn] *n.* **1** Ⓤ交叉，橫斷。**2** Ⓒ(道路的)交叉點，十字路口。**3** Ⓒ《幾何》交點，交叉線。

in·ter·serv·ice [ˌɪntə'sɝvɪs; ˌintə'sə:vis] *adj.* 陸海空各軍種之間的：an ~ conference 陸海空聯席會議。

in·ter·space ['ɪntəˌspes; ˌintə'speis] *n.* Ⓤ(兩物之間的)空間，空隙，中間。

— [ˌɪntə'spes; ˌintə'speis] *v.t.* **1** 在…之間留空間[間隔]。**2** 佔據…之間的空間。

in·ter·sperse [ˌɪntə'spɝs; ˌintə'spə:s] «源自拉丁文「散布於其間」之義»—*v.t.* 〔十受十介十(代)名〕**1** 使…散置，散布，點綴〔於…〕〔*in, among*〕《★ 常用被動語態》：Bushes *are* ~*d* **among** the trees. 灌木叢散布於樹林間。**2** 〔以…〕散布…；〔以…〕點綴…，〔以…〕配置…〔*with*〕《★ 常用被動語態，變成「〔在…〕散布有；〔以…〕點綴着，配置有…」的意思》：He ~*d* the text **with** explanatory diagrams. 他給本文配置了解說用的圖表(作爲點綴)/The field *was* ~*d with* stands of trees. 原野上點綴着樹木。

ìn·tér·spér·sion [-'spɝʃən; -'spə:ʃn] «intersperse 的名詞»—*n.* Ⓤ散布；散置，點綴。

ìnter·státe *adj.* [用在名詞前](美國、澳洲等)州與州間的，州際的(cf. intrastate)：~ commerce 各州間的通商/an ~ highway 州際公路。

ìnter·stéllar *adj.* [用在名詞前]星與星之間的，行星間的：~ space(s) 星際空間。

in·ter·stice [ɪn'tɝstɪs; in'tə:stis] *n.* Ⓒ [常~s]空隙，裂縫，裂口(crevice).

ìnter·tríbal *adj.* [用在名詞前](異)種族間的：an ~ dispute 種族間[部族間]的糾紛。

ìnter·twíne *v.t.* **1** 使…糾纏[纏結]在一起；編結，使…交織在一起，織入(interlace).

2 〔十受十介十(代)名〕使…〔與…〕纏繞在一起，使…〔與…〕撚合〔*with*〕：There was a fence ~*d* **with** ivy. 有一道纏繞着常春藤的柵欄。—*v.i.* 纏繞[糾纏]在一起。

ìnter·twíst *v.t.* 〔十受(十介十(代)名)〕使…〔與…〕絞合[纏結]，使…〔與…〕撚合〔*with*〕.

—*v.i.* 絞合[纏結]，撚合。

in·ter·u·ni·ver·si·ty [ˌɪntɚˌjunə'vɝsətɪ; 'intəˌju:ni'və:siti] *adj.* 各大學間的。

ìnter·úrban *adj.* [用在名詞前]都市間的：~ railways [highways] 都市間鐵路[公路]。

*__in·ter·val__ ['ɪntɚvl; 'intəvl] «源自拉丁文「城牆間的空間」之義»—*n.* Ⓒ**1** (時間的)間隔；(場所的)間隔，距離：*at* an ~ *of* five years 間隔五年/*at* ~*s of* fifty feet [two hours] 間隔五十呎[兩小時]/*at* long [short] ~*s* 每隔一段長時間，偶而[每隔一段短時間，常常]/*at* regular ~*s* 每隔一定的時間[距離]/*in the* ~ 在間隔的時間當中。**2**《英》(戲劇、音樂會的)幕間休息，休息時間(《美》intermission). **3**《音樂》音程。

at íntervals 時時，常常；處處，各處。

ìnter·vársity *adj.*《英》＝interuniversity.

in·ter·vene [ˌɪntɚ'vin; ˌintə'vi:n] «源自拉丁文「介於中間」之義»—*v.i.* 〔動(十介十(代)名)〕**1 a** 〈年月、時間、事件等〉介入〔…(之間)〕，插入〔…(之間)〕〔*between, in*〕：during the years that ~(*d*) 在其間的歲月/A week ~*s* **between** Christmas *and* New Year's (Day). 耶誕節與新年之間隔一個星期。**b** 〈場所等〉介於〔…(之間)〕〔*between, in*〕：an *intervening* river 流過其間的河。**c** 〈無關的事〉介入〔…(之間)〕〔*between, in*〕：I will see you tomorrow, should nothing ~. 如果沒有什麼事相阻，我明天去看你。

2 a 〈人〉仲裁，調停〔…〕〔*between, in*〕：~ **between** two quarreling parties 爲爭吵的雙方調停/~ **in** a dispute 調解爭端。**b** 干涉〔…〕〔*in*〕：~ **in** the civil war of another country 干涉他國的內戰。

in·ter·ven·tion [ˌɪntɚ'vɛnʃən; ˌintə'venʃn] «intervene 的名詞»—*n.* ⓊⒸ**1** 插入，介入。**2 a** 調停，仲裁。**b** 干涉：armed ~ 武力干涉/government [military] ~ 政府[軍事]的介入/~ *in* another country 干涉他國(的內政)。

in·ter·ven·tion·ism [ˌɪntɚ'vɛnʃənˌɪzəm; ˌintə'venʃənizəm] *n.* Ⓤ干涉(他國內政)主義。

in·ter·ven·tion·ist [ˌɪntɚ'vɛnʃənɪst; ˌintə'venʃənist] *n.* Ⓒ干涉他國內政(論)者。

—*adj.* 干涉主義的；干涉主義者的。

‡**in·ter·view** ['ɪntɚˌvju; 'intəvju:] «源自法語「互見」之義»—*n.* Ⓒ**1** 會見，會談，晤談；(應徵等的)面談〔*for, with*〕：a job ~ ＝an ~ *for* a job 求職的面談/have [hold] an ~ *with*... 與…會面/He will give an ~ to the delegation. 他將接見代表團。**2 a** (記者等的)採訪。**b** 訪問記(錄)。

—*v.t.* 〔十受〕**1** 與〈人〉會面[面談]：~ job candidates 與求職(有望)者面談。**2** 〈記者〉採訪〈人〉。

—*v.i.* 面談，晤談。

in·ter·view·ee [ˌɪntɚvju'i; ˌintəvju:'i:] *n.* Ⓒ被接見者，被訪問者，被採訪者。

ín·ter·view·er *n.* Ⓒ會見者，面談者，採訪記者。

in·ter·vo·cal·ic [ˌɪntɚvo'kælɪk; ˌintəvou'kælik] *adj.*《語音》位於兩個母音之間的：The letter 'v' in COVER is an ~ consonant. COVER 這個字裡的 v 是兩母音之間的一個子音。

in·ter·weave [ˌɪntɚ'wiv; ˌintə'wi:v] *v.t.* (**in·ter·wove** [-'wov; -'wouv], **-weaved**; **in·ter·wo·ven** [-'wovən; -'wouvn], **-wove, -weaved**) 〔十受(十介十(代)名)〕**1** 將〈某物〉〔與…〕交織，織合

〔*with*〕：～ nylon ***with*** cotton 將尼龍與棉交錯編織。**2** 使…〔與…〕混合，使…〔與…〕混雜在一起〔*with*〕：～ truth ***with*** fiction 把眞實與虛構混在一起。

in·tes·ta·cy [ɪnˋtɛstəsɪ; inˈtestəsi] *n.* Ⓤ未立遺囑。

in·tes·tate [ɪnˋtɛstet; inˈtesteit] *adj.* 未留遺囑的，未按遺囑處置的：die ～ 未留遺囑而死/an ～ estate 未按遺囑處置的財產。
—*n.* Ⓒ未留遺囑的死者。

in·tes·ti·nal [ɪnˋtɛstɪnḷ; inˈtestinl] «intestine 的形容詞»**—*adj.*** 腸的：an ～ disorder 腸的障礙，腸疾/～ worms 蛔蟲(等)。

in·tes·tine [ɪnˋtɛstɪn; inˈtestin] *n.* Ⓒ〔常 ～s〕《解剖》腸：⇨large intestine.
—*adj.* 〔用在名詞前〕**1** 內部的。**2** 國內的(domestic)：an ～ war 內戰。

in·thrall [ɪnˋθrɔl; inˈθrɔ:l] *v.* ＝enthrall.

in·throne [ɪnˋθron; inˈθroun] *v.* ＝enthrone.

in·ti·ma·cy [ˋɪntəməsɪ; ˈintiməsi] «intimate¹ 的名詞»**—*n.* 1** Ⓤ親密，親近；親友關係〔*with*〕《★用法多用作義 2 的意思，須注意》：be on terms of ～ 關係親密。
2 a Ⓤ《委婉語》(與異性的)性關係，私通。**b** Ⓒ〔常 ～s〕親熱的行爲《擁抱、吻等》。

in·ti·mate¹** [ˋɪntəmɪt; ˈintimət, -mit] «源自拉丁文「進入(內部)的」之義»**—*adj. (**more** ～；**most** ～) **1 a** 親密的，親近的《★用法多被用作義 5 的意思，所以作此義時常用 close 或 good；⇨familiar 3 a【同義字】》：～ friends [friendship] 密友[親密的交情]。**b** 〔不用在名詞前〕〔十介十(代)名〕〔與…〕親密的，親近的〔*with*〕：He was ～ ***with*** many of the greatest minds of his day. 他與當時許多傑出的文人有深交。
2 私人的，個人的：one's ～ affairs 個人的私事。
3 a 〈知識等〉詳細的，諳熟的：have an ～ knowledge of the facts 熟知那些事實。**b** 〈想法等〉出自心底的，衷心的：one's ～ feelings 個人內心的感情。
4 〈房間等〉(靜而)溫馨的，有親切感的：an ～ bar 讓人有賓至如歸之感的酒吧。
5 《委婉語》**a** 〈男女〉有性關係的。**b** 〔不用在名詞前〕〔十介十(代)名〕〔與異性〕有性關係的〔*with*〕.
be on íntimate térms with... (1)與…很親近，有親密關係。(2)《委婉語》與…有性關係。
—*n.* 〔常 **one's** ～〕親友，密友〔*of*〕(cf. *adj.* 1 a 用法)。
～·ness *n.*

in·ti·mate² [ˋɪntə͵met; ˈintimeit] «源自拉丁文「通知」之義»
—*v.t.* 1 a 〔十受(十介十(代)名)〕〔向…〕暗示…，(暗示地)〔向…〕告知…〔*to*〕：～ one's wish (**to** a person) (向某人)暗示自己的願望。**b** 〔(十介十(代)名)十(*that*)＿〕暗示性地〔向…〕告知…，〔向…〕示意…〔*to*〕：She ～*d* (**to** me) *that* she intended to marry him. 她(向我)暗示她有意嫁給他。**2** 《古》宣布，公布。

in·ti·mate·ly *adv.* 親密地，衷心地。

in·ti·ma·tion [͵ɪntəˋmeʃən; ˌintiˈmeiʃn] «intimate² 的名詞»
—*n.* ⓊⒸ **1 a** 示意，暗示(hint). **b** 〔十 *that*＿〕〈…的〉示意，暗示。**2 a** 通告，通知，發表，宣布，公布。**b** 〔十 *that*＿〕〈關於…事的〉通告，通知，宣布。

in·tim·i·date [ɪnˋtɪmə͵det; inˈtimideit] *v.t.* **1** (以暴力的威脅)使〈人〉恐懼，恐嚇〈人〉(⇨ threaten【同義字】)。**2** 〔十受十介十(代)名〕脅迫〈人〉〔…〕〔*into*〕：He was ～*d* ***into*** silence. 他受到威脅而不敢作聲。

in·tim·i·da·tion [ɪn͵tɪməˋdeʃən; in͵timiˈdeiʃn] «intimidate 的名詞»**—*n.*** Ⓤ威脅，恐嚇，脅迫：surrender to ～ 屈服於脅迫。

in·tím·i·dà·tor [-tə; -tə] *n.* Ⓒ威脅者，脅迫者。

in·ti·tle [ɪnˋtaɪtḷ; inˈtaitl] *v.t.* 《古》＝entitle.

intl. 《略》international.

‡in·to [(在母音前) ˋɪntu, ˋɪntə; ˈintu, (在子音前) ˋɪntə; ˈintə, (主要在句尾) ˋɪntu; ˈintu] *prep.* **1 a** 〔表示向內部的運動、方向〕向…裏面〔之中〕(↔ out of)：come ～ the house 進屋/look ～ a box 朝盒子裏面看/inquire ～ a matter 調查一件事/get ～ difficulties 陷入困境/get [run] ～ debt 負債/go ～ teaching 擔任教職/He was well ～ his fifties. 他五十幾歲了。**b** 〔表示時間的進行〕：far [well] ～ the night 到深夜。
2 〔表示變化、結果〕成爲…：turn water ～ ice 使水變成冰/make flour ～ bread 將麵粉製成麵包/burst ～ tears [laughter] 放聲大哭[爆笑]/translate English ～ Chinese 將英文譯成中文/The rain changed ～ snow. 雨變成雪/A caterpillar turns ～ a butterfly. 毛蟲變成蝴蝶/frighten [reason] a person ～ compliance 恐嚇[說服]某人使其應諾。
3 〔表示衝突〕撞到…：The car ran ～ a wall. 汽車撞到牆。
4 〔用於除算〕《數學》除…：2 ～ 6 goes 3 times [equals 3]. 二除六等於三。
5 《俚》對…關心的，熱中…的：She is ～ aerobics. 她熱中於有氧運動/What are you ～？你對什麼有興趣？
6 《美俚》向〈人〉借錢的：How much are you ～ him for? 你向他借了多少錢？

in·tol·er·a·ble [ɪnˋtɑlərəbḷ; inˈtɔlərəbl⁻] *adj.* (**more** ～；**most** ～) 無法忍受的，受不了的：an ～ humiliation [heat] 無法忍受的屈辱[熱度]。

in·tól·er·a·bly [-rəblɪ; -rəbli] *adv.* 無法忍受地，非常。

in·tol·er·ance [ɪnˋtɑlərəns; inˈtɔlərəns] «intolerant 的名詞»**—*n.*** Ⓤ **1** 無法忍受。**2** 無雅量，褊狹，不寬容，不容異說。

in·tol·er·ant [ɪnˋtɑlərənt; inˈtɔlərənt⁻] *adj.* **1** 〔不用在名詞前〕〔十介十(代)名〕不能忍受〔…〕的〔*of*〕：be ～ ***of*** bad manners [oppression] 不能忍受無禮[壓迫]。
2 a 〈人〉心胸狹窄的，褊狹的：an ～ person 心胸狹窄的人/Don't be so ～. 別如此沒有雅量。**b** 〔不用在名詞前〕〔十介十(代)名〕〈人〉不容〔…〕的，不承認〔異說等〕的〔*of*〕：He is ～ ***of*** heresy. 他不容異端邪說。**～·ly** *adv.*

in·tomb [ɪnˋtum; inˈtu:m] *v.t.* 《古》＝entomb.

in·to·nate [ˋɪnto͵net; ˈintouneit] *v.t.* ＝intone.

in·to·na·tion [͵ɪntoˋneʃən; ˌintouˈneiʃn] «intone, intonate 的名詞»**—*n.* 1** Ⓤ誦讀，朗誦，吟唱。**2** ⓊⒸ《語音》(聲音的)抑揚，音調，語調(cf. stress 5). **～·al** [-ʃənḷ; -ʃənl] *adj.*

in·tone [ɪnˋton; inˈtoun] *v.t.* **1** 吟唱，吟誦〈祈禱文等〉。**2** 使〈聲音〉抑揚。**—*v.i.*** 吟誦。

in to·to [ɪnˋtoto; inˈtoutou] «源自拉丁文 'in the whole' 之義»**—*adv.*** 整個地，全部，完全(as a whole).

in·tox·i·cant [ɪnˋtɑksəkənt; inˈtɔksikənt] *adj.* 醉人的，使人醉的。
—*n.* Ⓒ醉人的東西《麻醉劑，酒等》。

in·tox·i·cate [ɪnˋtɑksə͵ket; inˈtɔksikeit] «源自拉丁文「塗毒」之義»**—*v.t.* 1 a** 〔十受〕〈酒等〉使〈人〉醉《★常以過去分詞當形容詞用；⇨ intoxicated 1》：Too much drink ～*d* them. 他們因喝酒過多而醉了。**b** 〔十受十介十(代)名〕〔用酒等〕使〈人〉醉〔*with*〕：He ～*d* them ***with*** wine. 他用酒把他們灌醉了。
2 〈事物〉使〈人〉興奮，陶醉《★常以過去分詞當形容詞用；⇨intoxicated 2》.

in·tóx·i·càt·ed *adj.* **1 a** 醉酒的(cf. intoxicate 1)：an ～ person 喝醉酒的人。**b** 〔不用在名詞前〕〔十介十(代)名〕〔因…而〕醉的，陶醉的〔*with, by*〕(cf. intoxicate 1)：be [get] ～ 醉酒。**2 a** 興奮的，陶醉的，如醉如癡的(cf. intoxicate 2). **b** 〔不用在名詞前〕〔十介十(代)名〕〔因…而〕興奮的，陶醉的〔*with, by*〕(cf. intoxicate 2)：They were ～ ***with*** victory [***by*** success]. 他們因成功而狂喜。

in·tóx·i·càt·ing *adj.* **1** 醉人的，使人醉的：～ drinks 酒類。**2** 使人陶醉的，令人興奮的：an ～ charm 令人陶醉的魅力。
～·ly *adv.*

in·tox·i·ca·tion [ɪn͵tɑksəˋkeʃən; in͵tɔksiˈkeiʃn] «intoxicate 的名詞»**—*n.*** Ⓤ **1** 醉。**2** 興奮，陶醉。

intr. 《略》《文法》intransitive.

in·tra- [ɪntrə-; intrə-] *prep.* 表示「在內(部)」《★主要用於學術用語》：*intra*vascular.

in·tra·cit·y [͵ɪntrəˋsɪtɪ; ˌintrəˈsiti] *adj.* 市內的。

in·tra·com·pa·ny [͵ɪntrəˋkʌmpənɪ; ˌintrəˈkʌmpəni] *adj.* 公司內的。

in·trac·ta·bil·i·ty [͵ɪntræktəˋbɪlətɪ; in͵træktəˈbiləti] «intractable 的名詞»**—*n.*** Ⓤ **1** 難駕馭，倔强。**2** 難處理。

in·trac·ta·ble [ɪnˋtræktəbḷ; inˈtræktəbl⁻] *adj.* **1** 〈人、動物、性質等〉難駕馭的，頑固的，倔强的。**2 a** 〈事物〉難處理的。**b** 〈疾病〉難醫的。**3** 〈金屬〉難加工的。**-bly** [-təblɪ; -təbli] *adv.*

intra·molécular *adj.* (發生於)分子內的。

in·tra·mu·ral [͵ɪntrəˋmjurəl; ˌintrəˈmjuərəl⁻] *adj.* 〔用在名詞前〕(↔ extramural) **1** 校內的〈運動、課業等〉：an ～ track meet 校內徑賽/～ residence《英》校內住處。**2** 城牆內的，都市內的；建築物內的：～ burial 教堂內的埋葬。

intrans. 《略》《文法》intransitive.

in·tran·si·gence [ɪnˋtrænsədʒəns; inˈtrænsidʒəns] «intransigent 的名詞»**—*n.*** Ⓤ不妥協，不合作(的態度)。

in·trán·si·gen·cy [-dʒənsɪ; -dʒənsi] *n.* ＝intransigence.

in·tran·si·gent [ɪnˋtrænsədʒənt; inˈtrænsidʒənt] *adj.* 〈人、行爲〉(因主義、主張而)不妥協的，不讓步的，鷹派的，强硬的。
—*n.* Ⓒ不妥協的人，鷹派[强硬派]的人。**～·ly** *adv.*

in·tran·si·tive [ɪnˋtrænsətɪv; inˈtrænsitiv⁻] 《文法》*adj.* 不及物(動詞)的(↔ transitive)：an ～ verb＝a verb ～ 不及物動詞《略作 vi., v.i.；★本字典中使用 *v.i.* 的符號表示》。
—*n.* Ⓒ不及物動詞。**～·ly** *adv.*

in·tra·par·ty [͵ɪntrəˋpɑrtɪ; ˌintrəˈpɑ:ti] *adj.* 黨內的：～ rivalries 黨內鬥爭。

intra·státe *adj.* 《美》州內的(cf. interstate)：～ commerce 州內的通商。

ìntra·úterine *adj.* 子宮內的：an ～ device〖醫〗子宮內避孕裝置《略作 IUD》.

ìntra·váscular *adj.* 血管內的。

ìntra·vénous *adj.*〖醫〗靜脈內的；靜脈注射(用)的：an ～ injection 靜脈內注射/～ feeding 滴注營養補給[靜脈滴注餵養]。 **～·ly** *adv.*

ín·tray *n.* Ⓒ(辦公室的)收文架(cf. out-tray).

in·treat [ɪn`trit; in'tri:t] *v.t.*《古》＝entreat.

in·trench [ɪn`trɛntʃ; in'trentʃ] *v.* ＝entrench.

in·trench·ment [ɪn`trɛntʃmənt; in'trentʃmənt] *n.* ＝entrenchment.

in·trep·id [ɪn`trɛpɪd; in'trepid] *adj.*〈人、行爲〉勇猛的，大膽的(fearless)：～ courage 剛勇。 **～·ly** *adv.*

in·tre·pid·i·ty [ˌɪntrə`pɪdətɪ; ˌintri'pidəti] «intrepid 的名詞» —*n.* **1** Ⓤ大膽，剛勇，無畏。**2** Ⓒ大膽(無畏)的行爲。

in·tri·ca·cy [`ɪntrəkəsɪ; 'intrikəsi] «intricate 的名詞» —*n.* **1** Ⓤ複雜，錯綜，紛亂。**2** Ⓒ[常 **intricacies**] 複雜的關係[事情]。

in·tri·cate [`ɪntrəkɪt; 'intrikət] «源自拉丁文「糾纏的」之義» —*adj.* 錯綜的，複雜的；難解的：an ～ jigsaw puzzle 複雜的拼圖遊戲/an ～ problem 難題。 **～·ly** *adv.*

in·trigue [ɪn`trig; in'tri:g] «源自拉丁文「使糾結」之義» —*n.* **1** ⓊⒸ陰謀，密謀。**2** Ⓒ《文語》私通，姦情。
—*v.i.* 〔**動(＋介＋(代)名)**〕**1** 〔與人〕密謀[要陰謀]〔對付…〕〔*with*〕〔*against*〕《★ against 可用被動語態》：～ with A **against** B 與 A 密謀[要陰謀]對付 B. **2** 《文語》〔與人〕私通〔*with*〕.
—*v.t.* 激起〈某人〉的好奇心[興趣]《★ 常用被動語態，介系詞用 *by, with*》：The shapes of clouds ～ me. 雲的形狀激起我的興趣/She *was* ～*d* **by** [**with**] the apparent contradiction. 她對表面上的矛盾很感興趣。

in·trígu·er [-gɚ; -gə] *n.* Ⓒ 陰謀者。

in·trígu·ing [-gɪŋ; -giŋ] *adj.* 激起好奇心[興趣]的，有趣的，有魅力的。 **～·ly** *adv.*

in·trin·sic [ɪn`trɪnsɪk; in'trinsik] «源自拉丁文「內部的」之義» —*adj.* **1** 〈價值、性質等〉本來具備的，固有的，本質上的(inherent)：the ～ value of gold 黃金的本身價值。**2** [不用在名詞前]〔＋介＋(代)名〕本來具備〔…〕的，本質上〔…〕的〔*to,in*〕：the beauty ～ **to** [**in**] a work of art 藝術作品的內在美。
-si·cal·ly [-klɪ; -kli] *adv.*

in·tro- [ɪntrə-; intrə-] 字首 表示「向內」之意：*intro*duce, *intro*vert.

intro(d). 《略》introduction; introductory.

‡**in·tro·duce** [ˌɪntrə`dus, -`djus; ˌintrə'dju:s] «源自拉丁文「導入」之義» —*v.t.* **1** 介紹：**a** 〔＋受〕介紹〈某人〉：Mrs. White, may I ～ Mr. Green? 懷特太太，讓我向您介紹格林先生/Allow me to ～ myself. 容我介紹我自己。**b** 〔＋受＋介＋(代)名〕介紹〈某人〉〔給別人〕〔*to*〕：A hostess should ～ strangers **to** each other at a party. 女主人在宴會上應該介紹互不相識的客人。**c** 〔＋受＋介＋(代)名〕將〈年輕女子〉引進[介紹給]〔社交界〕〔*to, into*〕：～ a girl **into** [**to**] society 把女子初次引進社交界。**d** 〔＋受＋介＋(代)名〕使〈新產品〉上〔市〕，使…問〔世〕〔*into*〕：～ a new product **into** the market 在市場上推出新產品。
2 a 〔＋受〕引進，推廣，帶來〈新思想、流行、外國的東西〉：～ a new method 傳入[引進，提出]新方法。**b** 〔＋受＋介＋(代)名〕〔由…〕引進，帶入，初次輸入，傳入〈外國的東西等〉〔*from*〕〔*to, into*〕：Bread was ～*d* **into** the East **from** Portugal. 麵包由葡萄牙傳入東方/The new method was ～*d* **to** Taiwan *from* the U.S. 新方法首次由美國引進台灣。
3 〔＋受＋介＋(代)名〕使〈某人〉初次經驗〔…〕，教〈某人〉以〔…的〕初步[入門]〔*to*〕：～ people from abroad **to** the Chinese opera 傳授外國人平劇的基礎知識。
4 〔＋受＋介＋(代)名〕將〈東西〉插入〔…〕〔*into*〕：～ a key **into** a lock 將鑰匙插入鎖裏。
5 〔＋受＋介＋(代)名〕〔向…〕提出〈議案等〉〔*into*〕：～ a bill **into** Parliament 向國會提出法案。
6 a 〔＋受〕成爲…的引進[前言]部分。**b** 〔＋受＋介＋(代)名〕〔以…〕開始〈談話、文章等〉〔*with, by*〕：～ a talk **with** a joke 以笑話爲開場白。
7 〔＋受〕《文法》〈連接詞等〉引導〈子句〉。 **ìn·tro·dúc·er** *n.*

***in·tro·duc·tion** [ˌɪntrə`dʌkʃən; ˌintrə'dʌkʃn] «introduce 的名詞» —*n.* **1** ⓊⒸ介紹〔*of*〕〔*to*〕：a letter of ～ 介紹信/make an ～ **of** A **to** B 將A 介紹給 B/I'm sure he needs no ～. 我相信他不需要介紹。

> 【說明】(1)在英美宴會等場合，如果互不認識的人在近處，第三者一定照例加以介紹。通常說 "Mrs. Jones, this is Mary."(鍾斯太太，這位是瑪麗。)基本上，向年長者引介年輕者。男性自報姓名時說 "I am John Smith." 在自己姓名之前不加 Mr. 未婚女性亦同樣不加 Miss, 而說 "I am Mary Smith." 已婚女性則說"I am Jane Smith." 必要時在後面加上丈夫的姓名說 "I am Jane Smith, Mrs. John Smith." 鄭重其事地介紹時，則說 "I am Mrs. John Smith."
> (2)在介紹場合中，先到的男客，在對方(無論男女)到達時，應起立直到介紹完畢，方合正確的禮貌。

2 Ⓤ引進，創始，初次輸入，傳入〔*of*〕〔*to, into*〕：the ～ **of** robots **to** the production line 把機器人引進生產線。
3 Ⓒ **a** 緒論，序文，前言。

> 【同義字】introduction 構成書的一部分，是有關書內容的事先說明；preface 指從書的正文獨立，對有關出書的目的、構成等加以解說者；foreword 近似 preface, 但常爲作者以外的人所敍述者。

b 入門，概論，序論〔*to*〕：an ～ **to** economics 經濟學入門。
4 Ⓤ〔議案等的〕提出〔*of*〕.
5 Ⓤ插入〔*into*〕.
6 Ⓒ《音樂》序奏，前奏曲。

in·tro·duc·to·ry [ˌɪntrə`dʌktərɪ, -trɪ; ˌintrə'dʌktəri] «introduce, introduction 的形容詞» —*adj.* 介紹的，前言的，入門的，初步的：～ remarks 序言/an ～ course 入門課程。

in·tro·it [ɪn`tro·ɪt; 'introit] «源自拉丁文 'entrance' 之義» —*n.* Ⓒ **1** 《天主教》入祭文《祭司昇壇時所唱的讚美詩等》。**2** 《英國國教》聖餐式前所唱的聖歌。

in·trorse [ɪn`trɔrs; in'trɔ:s] *adj.* 《植物》內向的(↔ *extrorse*).

in·tro·spect [ˌɪntrə`spɛkt; ˌintrə'spekt] *v.i.* & *v.t.* 內省，自省，反省。

in·tro·spec·tion [ˌɪntrə`spɛkʃən; ˌintrə'spekʃn] *n.* Ⓤ內省，自省，反省。

in·tro·spec·tive [ˌɪntrə`spɛktɪv; ˌintrə'spektiv] *adj.* 內省的，自己反省的：an ～ nature 內省的天性。 **～·ly** *adv.*

in·tro·ver·sion [ˌɪntrə`vɝʃən; ˌintrə'və:ʃn] *n.* Ⓤ (↔ extroversion) **1** 內向，內省。**2** 《醫》內轉，〈器官〉內翻。**3** 《心理》內向性。

in·tro·vert [`ɪntrəˌvɝt; 'intrəvə:t] (↔ extrovert) *n.* 《心理》內向性的人，內省的人。
—*adj.* **1** 向內彎的，向內的。**2** 〈人〉內向性的。
— [ˌɪntrə`vɝt; ˌintrə'və:t] *v.t.* **1 a** 將…向內(彎)。**b** 使〈心、思想〉向內，使…內向。**2** 《動物》使〈器官〉內翻。

ín·tro·vèrt·ed *adj.* ＝introvert.

in·trude [ɪn`trud; in'tru:d] «源自拉丁文「塞入裏面」之義» —*v.t.* 〔**＋受(＋介＋(代)名)**〕**1 a** 强使〔別人〕採納〈意見等〉〔*on, upon*〕：You must not ～ your opinions **upon** others. 你不可强使別人接受你的意見。**b** 〔～ one*self*〕闖入，干擾〔某人之處〕〔*on, upon*〕：～ *oneself* **upon** a person 闖入某人之處[打擾某人]。
2 a 〔在…之中〕(硬)插入〈意見等〉〔*into*〕：～ one's views **into** the discussion 在討論中硬插入自己的意見。**b** 〔～ one*self*〕〔在…之中〕(硬)插入〔*into*〕：The man ～*d himself* **into** our conversation. 那個人在我們的談話時擅自插嘴/The suspicion ～*d itself into* his mind. 他心中頓起疑惑。
—*v.i.* **1 a** 干擾，(不受歡迎而)闖入：I hope I'm not *intruding*. 我希望我沒有打擾你。**b** 〔＋介＋(代)名〕干涉，干擾〔他人的事〕〔*on, upon*〕：I don't like to ～ **upon** your privacy. 我不喜歡干涉你的私事/He ～*s upon* our hospitality. 他硬要我們款待他[他常來叨擾我們]。
2 〔＋介＋(代)名〕闖入，侵入〔…中〕〔*into*〕：～ **into** a private park 闖入私人庭園。

in·trúd·er *n.* Ⓒ **1** 侵入者；闖入者，妨礙者，干涉者。**2** 《空軍》(夜間的)襲擊機。

in·tru·sion [ɪn`truʒən; in'tru:ʒn] «intrude 的名詞» —*n.* ⓊⒸ **1** (意見等的)强使他人採納〔*upon*〕. **2 a** 〔某場所的〕侵入〔*into*〕. **b** 〔對私事的〕干涉，干擾〔*on*〕：an ～ **on** a person's privacy 干涉某人的私事。**3** 《法律》(無權者的)非法佔有，非法進入。

in·tru·sive [ɪn`trusɪv; in'tru:siv] «intrude, intrusion 的形容詞» —*adj.* **1** 侵入的，干涉的，干擾的，冒昧的：an ～ question 冒昧的問題。**2** 《語音》插入的：an ～ r 插入的 r 音《例如 India office [`ɪndɪəˌrɔfɪs; 'indiəˌrɔfis] 中的[r]音》。 **～·ly** *adv.*

in·trust [ɪn`trʌst; in'trʌst] *v.t.* ＝entrust.

in·tu·it [`ɪntuɪt, -tju-; in'tju:it] «源自拉丁文「看」之義» —*v.t.* 憑直觀[直覺]知道[發現]。—*v.i.* 憑直觀[直覺]獲知。

in·tu·i·tion [ˌɪntu`ɪʃən, -tju-; ˌintju:'iʃn] «intuit 的名詞» —*n.* **1** ⓊⒸ直觀，直覺，第六感：by ～ 憑直覺，靠第六感。**2** Ⓒ**a** 直覺的行爲[知識]。**b** 〔＋ *that*__〕〈對…事的〉直覺知識：He had an ～ *that* there was something wrong. 他憑直覺知道有些地方不對勁。

in·tu·í·tion·al [-ʃənl; -ʃənl] «intuition 的形容詞» —*adj.* 直觀[直覺]的。 **～·ly** *adv.*

in·tu·i·tive [ɪn`tuɪtɪv, -`tju-; in'tju:itiv] «intuit, intuition 的形容詞» —*adj.* 直觀[直覺]的：an ～ person 有直覺力的人/an ～

response 直覺的反應。～·**ly** *adv.* ～·**ness** *n.*

in·tu·mesce [ˌɪntjuˋmɛs; ˌintjuˈmes] *v.i.* **1** (因熱等而)膨脹；腫大。**2** 沸騰；起泡沫。

in·tu·mes·cence [ˌɪntuˋmɛsəns, -tju-; ˌintju:ˈmesns] *n.* **1** Ⓤ膨脹；腫大；沸騰。**2** Ⓒ膨脹物；疙瘩；膨大部。

in·tu·mes·cent [ˌɪntuˋmɛsn̩t, -tju-; ˌintju:ˈmesnt] *adj.* 膨脹的；腫起的。

in·twine [ɪnˋtwaɪn; inˈtwain] *v.t.* ＝entwine.

in·un·date [ˋɪnənˌdet, ɪnˋʌndet; ˈinʌndeit] *v.t.* **1** 〈水〉使〈土地〉氾濫，淹沒《★常用被動語態，介系詞用 *with, by*》：The river ～*s* the valley each spring. 每年春天氾濫的河水淹沒了山谷/The ground *was* ～*d* ***with*** water. 地面被水淹沒。**2 a** 〔十受〕〈人、物〉(如洪水般)湧到〈某處〉《★常用被動語態，介系詞用 *with*》：a place ～*d* ***with*** visitors 遊客湧到的地方。**b** 〔十受十介十(代)名〕〔以…〕充滿，塞滿…〔*with*〕《★常用被動語態》：The publisher *was* ～*d* ***with*** orders. 出版社接到潮水般湧來的訂單。

in·un·da·tion [ˌɪnənˋdeʃən, ˌɪnʌn-; ˌinʌnˈdeiʃn] 《inundate 的名詞》—*n.* **1** Ⓤ氾濫，淹水。**2** Ⓒ洪水；充滿，湧到〔*of*〕：an ～ *of* letters (洪水般)湧到的信函。

in·ure [ɪnˋjur; iˈnjuə] *v.t.* **1** 〔十受十介十(代)名〕〔～ one*self*〕使〈自己〉習慣〔於困難等〕〔*to*〕《★又以過去分詞當形容詞用，變成「慣於〔…〕」之意》：be ～*d* ***to*** hardship 習慣於困苦。

2 〔十受十*to* do〕〔～ one*self*〕使〈自己〉慣於〈做…〉，使〈自己〉適應〈做…〉《★也以過去分詞當形容詞用，變成「慣於〈做…〉」之意》：He has ～*d himself to* accept misfortune. 他鍛鍊了自己，使自己能承受不幸。～·**ment** *n.*

inv. 《略》invented；inventor；invoice.

***in·vade** [ɪnˋved; inˈveid] 《源自拉丁文「進入裏面」之義》—*v.t.* 〔十受〕**1 侵略**〈他國〉：The enemy ～*d* our country. 敵人侵略我國。

2 〈大羣人〉**湧到**：Italy is annually ～*d* by tourists from all parts of Europe. 每年有大批來自歐洲各地的遊客湧到義大利。

3 侵害〈權利等〉：～ a person's privacy 侵擾某人的私生活。

4 a 〈疾病、感情等〉侵害，**襲擊**〈身心等〉：Terror ～*d* our minds. 我們心裏充滿着恐懼。**b** 〈聲音、香味等〉瀰漫，充滿，遍布於…。

—*v.i.* **1** 侵入。**2** 大批湧到。

in·vad·er [ɪnˋvedɚ; inˈveidə] *n.* Ⓒ**侵略者**，侵入者；侵略軍。

in·va·lid[1] [ˋɪnvəlɪd; ˈinvəlid] *adj.* (無比較級、最高級) **1 病弱的**，有病的：my ～ wife 我病弱的妻子。

2 適合病人的，供病人用的：an ～ chair 病人用椅，輪椅/an ～ diet 適合病人的飲食。

—*n.* Ⓒ病人，病弱者。

— [ˋɪnvəˌlɪd; ˈinvəli:d] *v.t.* **1** 〔十受〕使〈人〉病弱《★常用被動語態》。

2 〔十受十副詞(片語)〕《英》以病弱之故使〈人〉退役[返家]；把〈人〉列入傷患名單《★常用被動語態》：*be* ～*ed out* (*of* the army) 以傷[病]之故而退役/He *was* ～*ed home.* 他以傷[病]之故而被遣送返家。

in·val·id[2] [ɪnˋvælɪd; inˈvælid⁻] *adj.* **1** 〈議論等〉論據站不住腳的，沒有說服力的。**2** 《法律》無效的。～·**ly** *adv.*

in·val·i·date [ɪnˋvæləˌdet; inˈvælideit] *v.t.* 使…無效。

in·val·i·da·tion [ɪnˌvæləˋdeʃən; inˌvæliˈdeiʃn] *n.*

in·va·lid·ism [ˋɪnvəlɪdˌɪzəm; ˈinvəlidizəm] *n.* Ⓤ **1** 病弱，久病(的狀態)。**2** 病人在全人口中所佔的比率。

in·va·lid·i·ty [ˌɪnvəˋlɪdətɪ; ˌinvəˈlidəti] 《invalid[1,2] 的名詞》—*n.* Ⓤ **1** 無效。**2** 病弱。

in·val·u·a·ble [ɪnˋvæljəbl̩, -ˋvæljuəbl̩; inˈvæljuəbl⁻] *adj.* 無價的，非常貴重的：He is an ～ asset to the firm. 他是公司的寶貴人材。-**a·bly** [-ljəblɪ; -ljuəbli] *adv.*

In·var [ɪnˋvar; inˈvɑ:] *n.* Ⓤ《商標》不變鋼《鎳 36%，鐵 64%之合金，膨脹係數極小》。

in·var·i·a·bil·i·ty [ˌɪnvɛrɪəˋbɪlətɪ; inˌvɛəriəˈbiləti] 《invariable 的名詞》—*n.* Ⓤ不變(性)，一成不變。

in·var·i·a·ble [ɪnˋvɛrɪəbl̩; inˈvɛəriəbl] *adj.* **1** 不能變的，不變的，一成不變的。**2** 《數學》不變量的，常數的。

—*n.* Ⓒ **1** 不變的東西。**2** 《數學》常數，不變量。

in·var·i·a·bly [ɪnˋvɛrɪəblɪ; inˈvɛəriəbli] *adv.* (無比較級、最高級)**不變地**，一定地，常常，必定：His intuition is ～ correct. 他的直覺常常是正確的/*I*～, sales go up at Christmas. 耶誕節時銷售量必定上昇。

in·va·sion [ɪnˋveʒən; inˈveiʒn] 《invade 的名詞》—*n.* ⓊⒸ **1 侵入**，侵略：make an ～ *upon...* 侵入…，襲擊…。**2** 〔權利等的〕**侵害**〔*of*〕：～ *of* privacy 侵擾他人私生活。

in·va·sive [ɪnˋvesɪv; inˈveisiv] 《invade, invasion 的形容詞》—*adj.* **1** 侵入的，侵略性的。**2** 侵害的，侵犯的。

in·vec·tive [ɪnˋvɛktɪv; inˈvektiv] *n.* **1** Ⓤ惡言謾罵，痛罵，非難。**2** Ⓒ〔常～s〕謾罵的話，惡言。—*adj.* 惡言的，非難的，謾罵的。

in·veigh [ɪnˋve; inˈvei] *v.i.* 〔十介十(代)名〕〔對…〕猛烈抨擊，痛罵，謾罵〔*against*〕.

in·vei·gle [ɪnˋvigl̩, -ˋvegl̩; inˈveigl] *v.t.* 〔十受十介十(代)名〕**1** 將〈人〉誘入〔某處〕；(用甜言)誘騙〈人〉〔使…〕〔*into*〕：The salesman ～*d* the girl ***into*** buy*ing* the ring. 店員(以甜言)誘使女孩買下戒子。**2** 以討好(方式)〔自某人處〕取得…〔*from, out of*〕：～ a compliment ***from*** a person 以討好(方式)獲得某人的稱讚。

‡**in·vent** [ɪnˋvɛnt; inˈvent] 《源自拉丁文「碰見，找到」之義》—*v.t.* 〔十受〕**1 發明**，創作…：Watt ～*ed* the steam engine. 瓦特發明了蒸汽機。

> **【同義字】**invent 指動腦筋思考，創造新的或有用的東西；discover 指發現已存在而過去不爲人所知的東西。

2 虛構，捏造〈謊言，藉口等〉：～ an excuse 捏造藉口。

‡**in·ven·tion** [ɪnˋvɛnʃən; inˈvenʃn] 《invent 的名詞》—*n.* **1** Ⓤ**a 發明**：Lawn tennis is of English ～. 草地網球是英國人發明的/Necessity is the mother of ～. 《諺》需要爲發明之母。**b** 發明的才能，創作能力；虛構杜撰的能力。

2 Ⓒ**發明物**，創作物：Computers are a recent ～. 電腦是最近發明的東西。

3 Ⓒ**捏造[杜撰，虛構]的故事**：a newspaper full of ～*s* 充滿杜撰之故事的報紙。

in·ven·tive [ɪnˋvɛntɪv; inˈventiv] 《invent, invention 的形容詞》—*adj.* 發明的，有發明才能的，獨創性的：He has an ～ genius. 他有發明的天才。～·**ly** *adv.* ～·**ness** *n.*

***in·ven·tor** [ɪnˋvɛntɚ; inˈventə] *n.* Ⓒ**發明者**，發明家，創作人。

in·ven·to·ry [ˋɪnvənˌtorɪ, -ˌtɔrɪ; ˈinvəntri] 《源自拉丁文「死後發現的財產目錄」之義》—*n.* **1** Ⓒ **a** 〔商品、財產等的〕目錄，存貨清單〔*of*〕. **b** (詳細的)表，目錄〔*of*〕. **2** Ⓤ《美》盤點，清點。

tàke [màke] (an) ínventory of... ⑴編造…的目錄，開…的清單。⑵清點〈存貨、庫存品等〉。⑶評價〈技能、性格等〉。

— *v.t.* **1** 將〈家財、商品等〉列入目錄，編造…的目錄。**2** 《美》清點。

In·ver·ness [ˌɪnvɚˋnɛs; ˌinvəˈnes] *n.* 〔常 i～〕(又作 **Invernéss càpe [còat, clòak]**) Ⓒ披肩可卸除的長外衣，附有雙重披肩的外衣。

Inverness

in·verse [ɪnˋvɝs; ˌinˈvə:s⁻] 《invert, inversion 的形容詞》—*adj.* 〔用在名詞前〕逆的，反的，倒轉的：an ～ function《數學》反函數/～ proportion [ratio]《數學》反比例/the ～ square law＝the law of ～ squares《物理》平方反比定律。

—*n.* **1** 〔the ～〕相反，倒數〔*of*〕：*The* ～ *of* good is evil. 善的相反是惡/*The* ～ *of* ⅓ is 3. ⅓的倒數是3. **2** Ⓒ**a** 相反的東西。**b** 《數學》反函數。

in·vérse·ly *adv.* 相反地，倒轉地；成反比。

in·ver·sion [ɪnˋvɝʃən, -ʒən; inˈvə:ʃn] 《invert 的名詞》—*n.* ⓊⒸ **1** 逆反，倒置。**2** 《文法》倒裝(法)。**3** 《音樂》(和聲、旋律的)轉位。**4** 《語音》反轉。**5** 《醫》(性的)倒錯。

in·vert [ɪnˋvɝt; inˈvə:t] 《源自拉丁文「逆轉」之義》—*v.t.* 〔十受〕**1** 使…倒置，倒轉，顛倒：～ a glass 倒置杯子。**2** 《音樂》將…轉位。**3** 《化學》使…轉化。

— [ˋɪnvɝt; ˈinvə:t] *n.* Ⓒ **1** 《建築》仰拱。**2** 《化學》轉化。**3** 《醫》(性的)倒錯者；同性戀者。

in·ver·te·brate [ɪnˋvɝtəbrɪt, -ˌbret; inˈvə:tibrət, -breit⁻] *adj.* **1** 《動物》無脊椎(動物)的。**2** 無骨氣的，軟弱的，優柔寡斷的。

—*n.* Ⓒ **1** 《動物》無脊椎動物。**2** 無骨氣的人。

in·vért·ed cómma *n.* Ⓒ **1** 《印刷》顛倒的逗點(' 或")。**2** 〔常～s〕《英》引號 (⇨quotation marks).

in·vest** [ɪnˋvɛst; inˈvest] 《源自拉丁文「給穿上衣服」之義》— *v.t.* **1 a** 〔十受〕**投資**〈資本、金錢〉：I have no money to ～. 我沒有錢投資。**b** 〔十受十介十(代)名〕投資〈資本、金錢〉〔於…上〕〔*in*〕：He ～*ed* his money ***in stocks and bonds. 他把他的錢投資在股票和證券上。

2 〔十受十介十(代)名〕花費〈時間、精力等〉〔於…上〕〔*in*〕：～ time and energy ***in*** one's study 將時間和精力傾注於研究。

3 〔十受十介十(代)名〕**a** 使〈人〉佩戴〔…〕；授與〈人〉〔紀念章、勳章等〕〔*with*〕《★常用被動語態》：The bishop ～*ed* the king ***with*** the crown. 主教給國王戴上王冠《主教爲國王加冕》。**b** 賦與〈人〉〔性質、權力等〕，授〔權〕給〈某人〉〔*with*〕《★常用被動語態》：I ～*ed* my lawyer ***with*** complete power to act for me. 我授與我的律師全權代理我/He *was* ～*ed with* an air of dignity. 他有一種威嚴的神態。

4 〔十受〕**a** 籠罩，包圍…：Darkness began to ～ the earth. 黑

暗開始籠罩大地。b《軍》圍攻…。

—*v.i.* **1** **a** 投資。**b**〔十介十(代)名〕投資〔於…〕〔*in*〕：～ ***in*** stocks 投資於股票。**2**〔十介十(代)名〕《口語・謔》購買〔…〕〔*in*〕：～ ***in*** a new car 買新車。

in·ves·ti·gate** [ɪnˋvɛstə͵get; in'vestigeit] «源自拉丁文「在裏面追尋痕跡」(vestige)之義»**—v.t.* 〔十受〕**調查**，搜查，研究…(⇨ examine【同義字】)：We are *investigating* the cause of the accident. 我們正在調查意外事件的原因。

—*v.i.* 調查，搜查，審查。

in·ves·ti·ga·tion** [ɪn͵vɛstəˋgeʃən; in͵vesti'geiʃn] «investigate 的名詞»**—n.* Ⓤ Ⓒ **調查**，審查，搜查；研究：It is *under* ～.那件事正在調查中/*on* [*upon*] ～ 經過調查/make ～ *into*... 調查…。

in·vés·ti·gà·tor [-tɚ; -tə] *n.* Ⓒ調查者，研究者；搜查者。

in·ves·ti·ture [ɪnˋvɛstətʃɚ; in'vestitʃə] *n.* **1** **a** Ⓤ(官職、神職等的)授與，敍任。**b** Ⓒ授與式，敍任式。**2** Ⓤ(資格的)賦與〔*with*〕。**3** Ⓤ《文語》被服；衣着。

in·vest·ment** [ɪnˋvɛstmənt; in'vestmənt] «invest 的名詞»**—n.* **1** **a** Ⓤ Ⓒ**投資**，出資：make an ～ *in*... 投資於…。**b** Ⓒ投入的資本[資金]。**c** Ⓒ投資的對象，投資物件：a good [bad] ～有利[不利]的投資(物件)/Education is an ～.教育是一種投資。**2** Ⓤ(官職等的)正式就職，敍任。**3** Ⓤ衣着。**4** Ⓒ《軍》包圍，封鎖。

invéstment bànk *n.* Ⓒ投資銀行。

invéstment còmpany [**trùst**] *n.* Ⓒ投資信託公司。

in·vés·tor [-tɚ; -tə] *n.* Ⓒ **1** 投資者。**2** 敍任者，授與者。**3** 包圍者。

in·vet·er·a·cy [ɪnˋvɛtərəsɪ; in'vetərəsi] «inveterate 的名詞»**—***n.* Ⓤ **1** (習性等的)根深蒂固，(疾病的)綿延難治。**2** (感情的)執著。

in·vet·er·ate [ɪnˋvɛtərɪt; in'vetərət] «源自拉丁文「變舊」之義»**—***adj.* [用在名詞前] **1** 綿延難治的〈疾病〉；頑固的，習以爲常的，根深蒂固的，成嗜癖的〈習慣等〉：an ～ disease 痼疾，宿疾，老毛病/an ～ habit 積習，難改的習慣/an ～ smoker 有煙癮的吸煙者，老煙槍。**2** 深厚的[執著的]〈感情等〉：an ～ dislike of foreign customs 對外國風俗根深蒂固的厭惡。～**·ly** *adv.*

in·vid·i·ous [ɪnˋvɪdɪəs; in'vidiəs] *adj.* **1** 〈言行等〉惹人厭的；引起惡感的：an ～ statement 引起反感的陳述。**2** (不公平而)令人不愉快的：an ～ distinction 惹人反感[不當]的差別。**3** 〈地位、名譽等〉招嫉妬的。～**·ly** *adv.* ～**·ness** *n.*

in·vi·gi·late [ɪnˋvɪdʒə͵let; in'vidʒileit] 《英》*v.t.* 監〈考〉。

—*v.i.* 監考。

in·vig·or·ant [ɪnˋvɪgərənt; in'vigərənt] *n.* Ⓒ補品；滋補藥。

in·vig·or·ate [ɪnˋvɪgə͵ret; in'vigəreit] *v.t.* 賦與〈人〉精神[元氣]；使…有活力，使…爽快；鼓舞…：His confidence ～*d* his workers. 他的自信使他的工人得到鼓舞。

in·víg·or·àt·ing *adj.* 增添精神的，鼓舞[激勵]人的；令人爽快的：an ～ speech 激勵人的演說/an ～ climate 令人精神爽快的氣候。～**·ly** *adv.*

in·vig·or·a·tion [ɪn͵vɪgəˋreʃən; in͵vigə'reiʃn] *n.* Ⓤ鼓舞，激勵。

in·vig·or·a·tive [ɪnˋvɪgə͵retɪv; in'vigərətiv] *adj.* 增加精神的，使身心爽快的；激勵人的。～**·ly** *adv.*

in·vig·or·a·tor [ɪnˋvɪgə͵retɚ; in'vigəreitə] *n.* Ⓒ **1** 增加精神的人[物]。**2** 刺激物；强壯劑。

in·vin·ci·bil·i·ty [ɪn͵vɪnsəˋbɪlətɪ; in͵vinsi'biləti] «invincible 的名詞»**—***n.* Ⓤ無敵。

in·vin·ci·ble [ɪnˋvɪnsəbl̩; in'vinsəbl] *adj.* **1** 不能征服的，無敵的：At tennis he is ～. 論打網球，他是無敵的。**2** 〈精神等〉不屈的，頑强的；〈障礙等〉不能克服的，不能戰勝的。

-bly [-səblɪ; -səbli] *adv.*

Invíncible Armáda *n.* [the ～] (西班牙的)無敵艦隊《1588 年被英國海軍擊敗》。

in·vi·o·la·bil·i·ty [ɪn͵vaɪələˋbɪlətɪ; in͵vaiələ'biləti] «inviolable 的名詞»**—***n.* Ⓤ神聖；不可侵犯(性)，不可褻瀆。

in·vi·o·la·ble [ɪnˋvaɪələbl; in'vaiələbl] *adj.* 不可侵犯的，神聖的：～ principles 不可破壞的原則。**-bly** [-ləblɪ; -ləbli] *adv.*

in·vi·o·late [ɪnˋvaɪəlɪt; in'vaiələt] *adj.* 未受侵犯的；保持神聖的，未被褻瀆的：the ～ spirit of the law 法律所具有的神聖精神。

in·vis·i·bil·i·ty [͵ɪnvɪzəˋbɪlətɪ, ɪn͵vɪzə-; in͵vizə'biləti] «invisible 的名詞»**—***n.* Ⓤ看不見，隱藏；難辨認[察覺]。

***in·vis·i·ble** [ɪnˋvɪzəbl̩; in'vizəbl] *adj.* (無比較級、最高級) **1** **看不見的**：an ～ man (科幻小說等中的)隱形人/Germs are ～ *to* the naked eye. 細菌是肉眼看不見的。**2** 無形的，未列在統計表、帳目等上面的：an ～ asset 未登在帳目上的財產。**3** 不露面的，隱藏的：He remains ～ when out of spirits. 悶悶不樂時，他不露面。

—*n.* **1** Ⓒ看不見的東西。**2** [the ～] 靈界，幽冥世界，冥府。**3** [the I～] 神。**-bly** [-zəblɪ; -zəbli] *adv.*

invísible ínk *n.* ＝secret ink.

‡in·vi·ta·tion [͵ɪnvəˋteʃən; ͵invi'teiʃn] «invite 的名詞»**—***n.* **1** Ⓤ Ⓒ **a** **招待**，邀請，勸誘〔*to*〕：a letter of ～ 邀請函，請帖/an ～ *to* a dance 邀舞/admission *by* ～ only 憑招待券入場，非請莫入/*at* [*on*] the ～ *of*... 應…的邀請/go to a party *on* ～ 應邀赴宴。**b** 〔十 *to* do〕〈做…的〉邀請：decline [accept] an ～ *to* give a lecture 拒絕[接受]演講的邀請。

【說明】(1)邀請函有正式的(formal)和非正式的(informal)兩種，正式的寫作 Mr. and Mrs. John Brown request the pleasure of your company for dinner on April 4th, 1983 at 7:00 p.m.(我們約翰・布朗夫婦敬邀諸位參加 1983 年 4 月 4 日下午 7 時的晚餐會。)請求回答是否出席時帖末寫 R.S.V.P.(法語 *Répondez s'il vous plaît.*＝Please reply.(「是否出席，敬請答覆。」之略)，只有缺席才請求回答時，則帖末寫 Regrets only.(缺席時請回示。)其回答寫 Please accept my regrets.(恕不參加。)非正式者最後寫 To remind.(請勿忘回示。)如果要附加「服裝請便」時則加寫 "No dress"; cf host[1]【說明】
(2)主人(host)或女主人(hostess)對應邀出席的客人(guest)則應說："How nice of you to come!"(謝謝光臨。)

2 Ⓒ **a** **請柬**，請帖〔*to*〕：send out ～*s to* a party 發出宴客請帖。**b** 〔十 *to* do〕〈做…的〉請帖：send out ～*s to* dine with one 發出與某人共餐的請帖。

3 Ⓒ **a** 引誘，誘惑〔*to*〕：an ～ *to* death 死亡的誘因。**b** 〔十 *to* do〕招致，導致，誘發：Tyranny is often an ～ *to* rebel. 暴政往往導致[誘發]反叛。

invitátion càrd [**tìcket**] *n.* Ⓒ請帖，招待券。

‡in·vite [ɪnˋvaɪt; in'vait] *v.t.* **1** 〔十受(十副詞(片語))〕**邀請**〈某人〉(…)：They ～*d* me *to* the wedding. 他們邀請我參加婚禮/My father and mother have been ～*d out to* dinner. 我父母應邀外出晚餐/He ～*d* me *in* [*over*] for a drink. 他邀請我進屋[到他家]去喝一杯。

2 **a** 〔十受〕(鄭重)請求〈別人表示意見〉，要求〈別人發問〉：We ～ questions. 請發問/Suggestions are ～*d*. 請提出建議。**b** 〔十受十 *to* do〕(正式)請求[勸]〈某人〉〈做…〉：～ a person *to* be chairman 要求某人當主席/The audience were ～*d to* express their opinions. 聽衆被請求發表他們的意見。

3 **a** 〔十受〕〈事物〉引誘，誘惑〈心等〉：The heat of summer afternoon ～*s* sleep.夏日午後的炎熱令人昏昏欲睡。**b** 〔十受十 *to* do〕〈事物〉誘惑[引誘]〈某人〉〈做…〉：The warm weather ～*d* me *to* go out for a walk. 暖和的天氣誘我出去散步。

4 〔十受〕引起，招致〈非難、危險等〉：～ criticism 引起批判/His practical joke ～*d* our anger. 他的惡作劇惹我們生氣。

in·vi·tee [͵ɪnvɪˋti, ͵ɪnvaɪˋti; in͵vai'ti:] *n.* Ⓒ被邀請者。

in·vít·ing *adj.* **1** 誘惑人的，引人動心的，迷人的：an ～ smile 迷人的微笑。**2** 美好的，看來好吃的：an ～ dish 看來好吃的[誘人的]菜餚。～**·ly** *adv.*

in·vo·ca·tion [͵ɪnvəˋkeʃən; ͵invə'keiʃn] «invoke 的名詞»**—***n.* **1** Ⓤ[對神的]祈禱，祈求〔*to*〕。**2** Ⓒ(在詩首)祈求詩神靈感的話；召喚惡魔的咒語，咒文。**3** Ⓤ Ⓒ(法律的)行使，實施。

in·voice [ˋɪnvɔɪs; 'invɔis] *n.* Ⓒ《商》發票，發貨單：make an ～ of... 開…的發票。

—*v.t.* **1** 開〈貨物等〉的發票。**2** 送發票給…。

in·voke [ɪnˋvok; in'vouk] «源自拉丁文「呼喚」之義»**—***v.t.* **1** **a** 對〈神等〉呼喚求救。**b** 祈禱，祈求〈神的慈悲等〉。**c** 懇求，請求…：～ the protection of ... 祈求…的庇護。

2 **a** 求助於，依賴〈法律、權威等〉；援用〈法規〉：～ martial law 實行戒嚴。**b** 實施〈法律〉。**3** **a** (用魔法、咒文)召喚〈靈、鬼等〉；使…浮現〈心頭〉，使…聯想。**b** 引起，帶來〈某事、物〉：Human error ～*d* the disaster. 人的過失帶來災難[慘劇]。

in·vol·un·tar·i·ly [ɪnˋvɑlən͵tɛrəlɪ; in'vɔləntərəli] *adv.* **1** 不知不覺地。**2** 非出自本意地，無心地。

in·vol·un·tar·y [ɪnˋvɑlən͵tɛrɪ; in'vɔləntəri] *adj.* **1** 不知不覺的，無意識的，無意的；非故意的：an ～ movement (吃驚時等的)無意識[不由自主]的動作/～ manslaughter《法律》過失殺人(罪)。**2** 不願意的，不情願的，不感興趣的。**3** 《解剖》不隨意的(↔ voluntary)：～ muscles 不隨意肌。**-tàr·i·ness** *n.*

in·vo·lute [ˋɪnvə͵lut; 'invəlu:t] *adj.* **1** 複雜的，錯雜的。**2** **a** 《動物》〈貝殼等〉捲成螺旋狀的。**b** 《植物》〈葉子等〉內捲的，內旋的。

—*n.* Ⓒ《數學》漸伸線，切展線。

in·vo·lu·tion [͵ɪnvəˋluʃən; ͵invə'lu:ʃn] «involute 的名詞»**—***n.* **1** **a** Ⓤ複雜；錯亂。**b** Ⓒ複雜的東西，糾結。**2** Ⓤ捲入；內捲。

in·volve** [ɪnˋvɑlv; in'vɔlv] «源自拉丁文「捲入裏面」之義»**—v.t.* **1** 〔十受(十介十(代)名)〕**a** 將〈人〉捲入[議論、事件等]；連累〈某人〉〔*in*〕《★ 也以過去分詞當形容詞用；⇨involved 3 b》：His mistake ~*d* me ***in*** a great deal of trouble. 他的錯誤使我陷入極大的困擾中。**b** 使〈人〉與〔警察、犯罪者等〕發生牽連[關係]〔*with*〕《★ 常以過去分詞當形容詞用；⇨involved 3 c》.

2 a 〔十受〕(必然)伴有；意味着，需要…：An accurate analysis ~*s* intensive study. 正確的分析需要有徹底的研究/Persistent efforts were ~*d in* complet*ing* the work. 完成該工作需要堅持不懈的努力。**b** 〔十do*ing*〕(必然)牽涉，導致〈…〉：It would ~ liv*ing* apart from my family. 那必然會導致我和家人的分居。

3 〔十受十介十(代)名〕〔~ one*self*〕熱中〔於…〕，著迷〔於…〕〔*in, with*〕《★又以過去分詞當形容詞用；⇨involved 4》：You shouldn't ~ *yourself* ***with*** (the likes of) him. 你不該跟他(那樣的人)有任何瓜葛。

4 〔十受〕對…有影響[關係]：The implications of the discovery ~ us all. 該發現所含的意義對我們大家都有影響。

5 〔十受〕使〈事物〉複雜：~ matters 使事情複雜化。

in·vólved *adj.* **1 a** 牽涉在內的，複雜的；〈文體等〉難懂的：an ~ sentence (構造)複雜的句子/The plot gets more ~. 情節變得更曲折離奇。**b** 混亂的。

2 (財政上)極爲困難的。

3 a (對事件等)有關係的；投入[參與](主義、運動)的：the persons ~ 有關的人們。**b** [不用在名詞前]〔十介十(代)名〕捲入〔…〕的，涉及〔…〕的〔*in*〕(cf. involve 1 a)：He is ~ ***in*** debt [*in* a conspiracy]. 他債台高築[捲入一項陰謀活動中]。**c** [不用在名詞前]〔十介十(代)名〕〔與…〕有牽連的，有關係的〔*with*〕(cf. involve 1 b)：He got ~ ***with*** a motorcycle gang. 他變成與飛車黨有牽連。

4 [不用在名詞前]〔十介十(代)名〕熱中於〔…〕的，專注於〔…〕的〔*in, with*〕(cf. involve 3)：He is very ~ ***in*** his work. 他埋頭於工作中/He is ~ ***with*** his girlfriend. 他傾心於他的女友。

in·vólve·ment [-mənt; -mənt] «involve 的名詞»—*n.* **1** Ⓤ捲入，牽連，連累〔*in, with*〕：avoid ~ *in* an affair [*with* a person] 避免與事件[某人]有牽連。**2** Ⓒ困擾的事，麻煩；財政困難。

in·vul·ner·a·ble [ɪnˋvʌlnərəbḷ; inˈvʌlnərəbl˜] *adj.* **1** 不會受傷害的，刀槍不入的；攻不下的。**2** 〈議論等〉不能反駁的；無懈可擊的：an ~ argument 無懈可擊的議論。

-a·bly [-rəblɪ; -rəbli] *adv.*

in·ward [ˋɪnwəd; ˈinwəd] *adv.* (無比較級、最高級) **1** 向內(部)，在內(部)：The door opens ~. 那一扇門向內開。**2** 在內心，向心中：turn one's thought ~ 內省，反省。

—*adj.* (無比較級、最高級) **1 a** 內(部)的：on the ~ side 在內側。**b** 向內側的(↔ outward)：an ~ curve 向內側的彎曲[曲線]。**2** 內在的，內心的，心中的。**3** 〈聲音〉(如在內心說似地)很低的。

—*n.* [~s] [常讀作 ˋɪnədz; ˈinədz]《口語》腸，內臟。

ín·ward·ly *adv.* **1** 向內部[內側]。**2** 在心中，暗自：laugh ~ 暗笑。**3** 小聲地：speak ~ 小聲地說。

ín·ward·ness *n.* Ⓤ **1** 本質，眞意。**2** 心靈[精神]上的事；靈性(spirituality).

ín·wards [-wədz; -wədz] *adv.* =inward.

in·weave [ɪnˋwiv; ˌinˈwi:v] *v.t.* (**in·wove** [-ˋwov; -ˈwouv], **-weaved; -wo·ven** [-ˋwovən; -ˈwouvn], **-wove, -weaved**)使…交織[織入]。

in·wrought [ɪnˋrɔt, ˋɪnrɔt; ˈinˈrɔ:t, ˈinr-˜] *adj.* [不用在名詞前]〔十介十(代)名〕**1 a** 〈圖案等〉織[縫]入〔布料等〕的，刺繡〔在…〕的〔*in, on*〕：arabesques ~ ***on*** silk 織[縫]入絲綢的阿拉伯花飾。**b** 〈織物等上〉織[縫]入〔…花紋等〕的〔*with*〕：silk ~ ***with*** arabesques 織[縫]入阿拉伯花飾的絲綢 /silver ~ *with* gold filigree 以金絲細工做圖案的銀器。

2 〔與…〕混合的，交織的；混入〔…〕的〔*with*〕：His thoughts were ~ ***with*** his love for her. 他的想法中夾雜着對她的愛。

I·o [ˋaɪo; ˈaiou] *n.* 《希臘神話》愛娥《爲宙斯(Zeus)所愛，但因希拉(Hera)的嫉妬而被變成白母牛的女神》。

Io 《符號》《化學》ionium.

Io. 《略》Iowa.

IOC 《略》International Olympic Committee. 國際奧林匹克委員會。

i·o·dide [ˋaɪə͵daɪd, -dɪd; ˈaiədaid] *n.* ⓊⒸ《化學》碘化物：~ of potassium 碘化鉀。

i·o·dine [ˋaɪə͵din; ˈaiədi:n] *n.* Ⓤ **1** 《化學》碘《符號 I》：an ~ preparation 碘劑/tincture of ~ 碘酒。**2** 《口語》碘酒。

i·o·dize [ˋaɪə͵daɪz; ˈaiədaiz] *v.t.* 《化學》以碘處理…，加碘於…，使…起碘化作用。

i·o·do·form [aɪˋodə͵fɔrm; aiˈɔdəfɔ:m] *n.* Ⓤ《化學》三碘化甲烷《主要用作防腐劑；劇藥》。

I.O.M. 《略》Isle of Man.

i·on [ˋaɪən, ˋaɪɑn; ˈaiən] *n.* Ⓒ《物理・化學》離子：a positive ~ 陽離子/a negative ~ 陰離子/an ~ exchange 離子交換。

-ion [-jən; -jən; 《[ʃ, ʒ, tʃ, dʒ] 之後讀作》-ən; -ən, -n] 字尾 從形容詞、動詞作成表示「狀態」、「動作」的名詞：un*ion*, pot*ion*; reg*ion*, relig*ion*; miss*ion*.

I·o·ni·a [aɪˋonɪə, -njə; aiˈounjə] *n.* 愛奧尼亞《由小亞細亞西部的狹窄海岸與愛琴海東部島嶼構成的歷史性地區，爲古代希臘人的殖民地》。

I·o·ni·an [aɪˋonɪən; aiˈounjən] «Ionia 的形容詞»—*adj* 愛奧尼亞(人)的。—*n.* Ⓒ愛奧尼亞人。

Iónian Séa *n.* [the ~] 愛奧尼亞海《位於希臘與南義大利之間》。

I·on·ic [aɪˋɑnɪk; aiˈɔnik˜] «Ionia 的形容詞»—*adj.* **1** 愛奧尼亞(人)的。**2** 《建築》愛奧尼亞式的：the ~ order 《建築》愛奧尼亞式(⇨ order 插圖)。

i·o·ni·um [aɪˋonɪəm; aiˈouniəm] *n.* Ⓤ《化學》鍰《一種釷的放射性同位素；符號 Io》.

i·on·i·za·tion [͵aɪənəˋzeʃən; ͵aiənaiˈzeiʃn] «ionize 的名詞»—*n.* Ⓤ《化學》離子化，電離。

i·on·ize [ˋaɪən͵aɪz; ˈaiənaiz] *v.t.* 使…離子化，電離。

i·on·o·sphere [aɪˋɑnə͵sfɪr; aiˈɔnəsfiə] *n.* [the ~] 離子圈，電離層《在同溫層上方；會使無線電波反射》。

i·o·ta [aɪˋotə; aiˈoutə] *n.* **1** ⓊⒸ希臘字母的第九個字母 *I*, ι《相當於英文字母的 I, i；⇨Greek alphabet 表》。**2** [**an** ~] [用於否定句]微小，一點，極少量：*not an* ~ (of ...) 一點也沒有(…)。

IOU, I.O.U. [ˋaɪˋoˋju; ͵aiouˈju:] «源自 I owe you 的音»—*n.* Ⓒ(*pl.* ~s, ~'s)借據。

I.O.W 《略》Isle of Wight.

I·o·wa [ˋaɪəwə; ˈaiouə, ˈaiəwə] «源自北美印地安人的族名»—*n.* 愛荷華州《美國中部的一州；首府第莫恩(Des Moines [dɪˋmɔɪn; diˈmɔin])；略作 Ia.,《郵政》IA；俗稱 the Hawkeye State》.

I·o·wan [ˋaɪəwən; ˈaiəwən] «Iowa 的形容詞»—*adj.* 愛荷華州的。—*n.* Ⓒ愛荷華州人。

IPA 《略》International Phonetic Alphabet [Association].

ip·so fac·to [ˋɪpsoˋfækto; ͵ipsouˈfæktou] «源自拉丁文 'by the fact itself' 之義»—*adv.* 依照該事實，根據事實本身，事實上。

IQ, I.Q. 《略》intelligence quotient (cf. AQ).

Ir 《符號》《化學》iridium.

Ir. 《略》Ireland; Irish.

ir- [ɪ-; i-] 字首 (在 r 前面時的) in-[1,2] 的變體：*ir*rational.

IRA, I.R.A. 《略》Irish Republican Army 愛爾蘭共和軍《從事武力反英活動的北愛爾蘭地下組織》。

I·rak [iˋrɑk; iˈrɑ:k] *n.* =Iraq.

I·ran [aɪˋræn, iˋrɑn; iˈrɑ:n] *n.* 伊朗《亞洲西部的共和國；首都德黑蘭(Teheran)；舊稱波斯(Persia)》.

I·ra·ni·an [aɪˋrenɪən; iˈreinjən] «Iran 的形容詞»—*adj.* **1** 伊朗(人)的。**2** 伊朗語的。

—*n.* **1** Ⓒ伊朗人。**2** Ⓤ伊朗語。

I·raq [ɪˋrɑk; iˈrɑ:k] *n.* 伊拉克《亞洲西南部的共和國；首都巴格達(Baghdad)》.

I·ra·qi [ɪˋrɑkɪ; iˈrɑ:ki] «Iraq 的形容詞» —*adj.* **1** 伊拉克(人)的。**2** 伊拉克語的。

—*n.* (*pl.* ~s) **1** Ⓒ伊拉克人。**2** Ⓤ伊拉克語。

i·ras·ci·bil·i·ty [aɪ͵ræsəˋbɪlətɪ, ɪ͵ræsə-; i͵ræsəˈbiləti˜] —*n.* Ⓤ易怒，急躁，脾氣暴躁。

i·ras·ci·ble [aɪˋræsəbḷ, ɪˋræsə-; iˈræsəbl] *adj.* 〈人、性情等〉易怒的，暴躁的，急躁的。**-bly** [-səblɪ; -səbli] *adv.*

i·rate [ˋaɪret; aiˈreit˜] «ire的形容詞»—*adj.* 《文語》憤怒的(angry)：an ~ citizen (爲不平而)憤怒的市民《★新聞用語》。

~·ly *adv.*

IRBM, I.R.B.M. 《略》intermediate range ballistic missile 中程彈道導彈(cf. ICBM).

IRC 《略》International Red Cross 國際紅十字會。

ire [aɪr; ˈaiə] *n.* Ⓤ《詩・文語》憤怒，怒氣(anger).

Ire. 《略》Ireland.

ire·ful [ˋaɪrfəl; ˈaiəful] *adj.* 《文語》**1** (在)生氣的，憤怒的(angry). **2** 易怒的，急躁的。

~·ly [-fəlɪ; -fuli] *adv.* **~·ness** *n.*

***Ire·land** [ˋaɪrlənd; ˈaiələnd] «源自古英語「愛爾蘭人(Irish)的土地」之義»—*n.* **1 愛爾蘭** 《不列顛羣島中的一島，分爲愛爾蘭共和國(the Republic of Ireland)與北部的北愛爾蘭(Northern Ireland)》. **2** 愛爾蘭共和國。

> 【說明】1921 年以愛爾蘭自由邦(Irish Free State)的名稱，成爲大英帝國(British Empire)中的自治領，1937 年獨立，改稱爲 Eire，1949 年脫離英聯邦，現在的國名爲愛爾蘭共和國(the Republic of Ireland)，首都都柏林(Dublin).

I·rene [aɪˋrin; ˈairi:n] *n.* **1** 艾琳《女子名》。**2** [aɪˋrini; aiˈri:ni]《希臘神話》艾莉妮《和平女神》。

ir·i·des *n.* iris 的複數。

ir·i·des·cence [ˌɪrəˈdɛsn̩s; ˌiriˈdesns] «iridescent 的名詞» —*n.* Ⓤ(彩)虹色，眞珠光《因光線不同而改變色澤》；燦爛的光輝。

ir·i·des·cent [ˌɪrəˈdɛsn̩t; ˌiriˈdesnt⁻] *adj.* (彩)虹色的，眞珠光澤的；燦爛光輝的。～·**ly** *adv.*

i·rid·i·um [aɪˈrɪdɪəm, ɪ-; aiˈridiəm] *n.* Ⓤ《化學》銥《金屬元素；符號 Ir》.

i·ris [ˈaɪrɪs; ˈaiəris] «源自希臘文「彩虹」之義»—*n.* Ⓒ **1** (*pl.* ～·es, **ir·i·des** [ˈɪrəˌdiz; ˈiəriˌdi:z])《解剖》(眼球的)虹彩。
2 (*pl.* ～·es)《植物》鳶尾科鳶尾屬植物《包括菖蒲，鳶尾，花菖蒲等》。

I·ris [ˈaɪrɪs; ˈaiəris] *n.* **1** 愛麗絲《女子名》。**2**《希臘神話》愛麗絲《彩虹女神；⇨ rainbow【說明】(1)》.

I·rish [ˈaɪrɪʃ; ˈaiəriʃ] «Ireland 的形容詞» —*adj.* 愛爾蘭(人，語)的。
—*n.* **1** Ⓤ愛爾蘭語；愛爾蘭英語《略作 Ir.》. **2** [the ～；集合稱；當複數用]愛爾蘭國民；愛爾蘭軍。

Írish-Américan *adj.*, *n.* Ⓒ愛爾蘭裔美國人(的)。

Írish búll *n.* ＝bull³.

Írish Frée Stàte *n.* [the ～]愛爾蘭自由邦《愛爾蘭共和國(the Republic of Ireland)之舊稱》。

Í·rish·ism [-ʃɪzəm; -ʃizəm] *n.* **1** ⓊⒸ愛爾蘭語法，愛爾蘭腔調；愛爾蘭式；愛爾蘭人的脾氣。**2** ＝Irish bull.

Í·rish·man [-mən; -mən] *n.* Ⓒ (*pl.* **-men** [-mən; -mən])愛爾蘭人。

Írish potáto *n.* Ⓒ[當作食物時為Ⓤ]白馬鈴薯《與 sweet potato 不同》。

Írish Renáissance *n.* [the ～]愛爾蘭文藝復興《十九世紀末由葉慈(Yeats)等人發起的民族文藝運動》。

Írish Repúblic *n.* (又作**Repúblic of Íreland**)[the ～] 愛爾蘭共和國(⇨Ireland).

Írish Séa *n.* [the ～]愛爾蘭海《愛爾蘭與英格蘭之間的海》。

Írish sétter *n.* Ⓒ愛爾蘭長毛獵犬《毛長，黑褐色而柔軟光滑》。

Írish stéw *n.* Ⓒ[當作菜名時為Ⓤ]愛爾蘭蔬菜燉肉《以羊肉、白馬鈴薯、洋葱加少量水燉成的菜餚》。

Irish setter

Írish whískey *n.* Ⓤ[指個體時為Ⓒ]愛爾蘭威士忌酒《用大麥麥芽釀造的愛爾蘭產威士忌酒》。

Írish·wòman *n.* Ⓒ (*pl.* **-women**)愛爾蘭女人；有愛爾蘭血統的女子。

irk [ɝk; əːk] *v.t.* [常以 it 作主詞]令〈人〉厭煩[厭倦]：*It* ～*s* me to find spelling errors. 找拼寫的錯誤令我厭煩。

irk·some [ˈɝksəm; ˈəːksəm] *adj.* 令人厭倦的，厭煩的，麻煩的，無聊的(tedious)：an ～ task 令人厭煩的工作。
～·**ly** *adv.* ～·**ness** *n.*

‡**i·ron** [ˈaɪən; ˈaiən] *n.* **1** Ⓤ鐵《金屬元素；符號 Fe; cf. steel》：cast [pig, wrought] ～ 鑄[銑，鍛]鐵/Strike while the ～ is hot. ⇨ hot 1 a.
2 Ⓤ鋼鐵般的堅强[堅固]：a man of ～ 意志堅定的人；冷酷的人，無情漢/muscles of ～鋼鐵般的肌肉/a will of ～鐵(一般)的意志。
3 鐵製的器具[工具]：**a** Ⓒ熨斗，火鉗：⇨ curling iron. **b** Ⓒ烙印，烙鐵。**c** Ⓒ《高爾夫》鐵頭球桿；cf. wood 5b. **d** Ⓒ[常～s]馬鐙，鐙形物(stirrup). **e** [～s]鐐銬：be (put) in ～*s* 被戴上脚鐐[手銬]。**f** [～s](鋼鐵製的)下肢矯正器，支架。**g** Ⓒ《俚》手槍。
4 Ⓤ《醫》鐵分。
5 Ⓤ《藥》鐵劑。
(as) hárd as íron (1)鐵一般堅固的。(2)嚴厲的，冷酷的。
hàve (tòo) màny [séveral] írons in the fíre 同時從事多種工作《同時要辦的事太多；源自鐵匠的工作情形》。
rúle with a ród of íron ⇨ rod.
—*adj.* [用在名詞前] **1** 鐵(製)的。**2** 鐵似的，鐵一般堅固[堅强]的：an ～will 堅强的意志。**3** 冷酷的：an ～ hand 鐵腕，高壓手段，專制。
the [an] íron hánd in the [a] vélvet glóve ⇨ hand.
—*v.t.* **1** **a** 〔十受〕熨燙〈衣服、布料等〉。**b** 〔十受十受/十受十介十(代)名〕給〈某人〉燙〈衣服等〉；〔給某人〕燙〈衣服〉〔*for*〕：Won't you ～me this shirt? ＝Won't you ～ this shirt *for* me? 你能為我燙這件襯衫嗎？**c** 〔十受十介十(代)名〕以熨斗燙平〔衣服等的〕〈皺摺〉〔*form, out of*〕：He ～*ed* the wrinkles *from* [*out of*] his trousers. 他用熨斗燙平褲子上的皺摺。
2 〔十受〕使〈人〉戴上手銬[脚鐐]。
3 〔十受〕用鐵包[鑄成]…，給…裝上鐵器，裝鐵甲於…。
—*v.i.* **1** 燙衣服。
2 [與狀態副詞連用]〈衣服〉熨燙(得…)：This shirt ～*s* easily. 這件襯衫容易燙。
íron óut 《*vt adv*》(1)燙〈衣服〉；燙衣服除去〈皺摺等〉：～*out* the wrinkles [creases] in a skirt 燙平裙子上的皺摺。(2)用壓路機壓平〈道路等〉。(3)使…圓滑；調整…；除去，消除〈困難、問題等〉：The plan has a few problems that need to be ～*ed out.* 該計畫還有一些尚待解決的問題。

Íron Àge *n.* [the ～] **1** [有時**i**～ **a**～]《希臘・羅馬神話》黑鐵時代《傳說中四個時代中最後且最墮落的時代；cf. Golden Age》. **2** 《考古》鐵器時代。

íron-bóund *adj.* **1** 鐵封的，鐵包的。**2** 堅固的；不能彎曲的。**3** 〈海岸等〉多岩石的；險阻的。

íron·clád *adj.* **1** 裝有鐵甲的，裝甲的《★主要對十九世紀後半期的軍艦而言；cf. armored》. **2** 《美》〈規章、約定等〉必須遵守的，不可違反的，嚴格的。
—*n.* Ⓒ(十九世紀後半期的)裝甲艦。

Íron Cróss *n.* [The ～] (德國頒給有戰功者之)鐵十字勳章。

Íron Cúrtain *n.* [the ～] (在政治上、思想上劃分東歐共產國家與西歐諸國的)鐵幕。

íron fòundry *n.* Ⓒ鑄鐵廠，製鐵廠。

íron-gráy *adj.* 鐵灰色的《略帶綠色的灰色》。

íron-héarted *adj.* 冷酷的，無情的，鐵石心腸的。

íron hórse *n.* Ⓒ[the ～]《古・謔》機關車，火車頭；《美俚》「鐵戰馬」《指坦克》。

i·ron·ic [aɪˈrɑnɪk; aiˈrɔnik⁻] «irony的形容詞»—*adj.* 諷諷的，說諷諷話的；(用)反語的：an ～ turn of events 事件的諷刺性的轉變。

i·rón·i·cal [-nɪkl; -nikl⁻] *adj.* ＝ironic.

i·rón·i·cal·ly [aɪˈrɑnɪklɪ; aiˈrɔnikəli] *adv.* **1** 諷諷地，反諷地。**2** [修飾整句]具諷刺性的是：*I*～, the murderer was killed with his own gun. 頗具諷刺意味的是，殺人者被自己的槍所擊斃。

íron·ing *n.* Ⓤ **1** 熨平：do the ～燙衣。**2** [集合稱]待[已]燙的衣物[布]。

íroning bòard *n.* Ⓒ燙衣枱[板]。

i·ro·nist [ˈaɪrənɪst; ˈaiərənist] *n.* Ⓒ諷刺家；用反語者。

íron lúng *n.* Ⓒ鐵肺《鐵製的一種人工呼吸器，用以幫助小兒麻痺者等呼吸》。

íron mòld *n.* Ⓤ(附着於布等的)鐵銹，墨跡。

íron·mònger *n.* Ⓒ《英》鐵器商，五金商：an ～'s 五金店。

íron·mòngery *n.* 《英》**1** Ⓤ[集合稱]五金類，鐵器類。**2** Ⓤ五金業。**3** Ⓒ五金店。

íron mòuld *n.* Ⓤ《英》＝ iron mold.

íron óxide *n.* Ⓤ《化學》氧化鐵。

íron ràtions *n. pl.* 應急用攜帶口糧，野戰口糧。

íron·sìdes *n. pl.* **1** [I～]克倫威爾(Cromwell)鐵甲軍。**2** [當單數用]勇敢果斷的人。**3** 鐵甲艦。

íron·stòne *n.* Ⓤ鐵礦(石)。

íron·wàre *n.* Ⓤ[集合稱]鐵器，五金《尤指廚房用具》。

íron-wílled *adj.* 意志堅强的。

íron·wòod *n.* **1** Ⓤ(木質堅實的)木材《如黑檀(ebony)等》。**2** Ⓒ木質堅實的樹木。

íron·wòrk *n.* Ⓤ (構造物的) 鐵製部分；鐵製品。

íron·wòrker *n.* Ⓒ鐵工，鋼架工人。

íron·wòrks *n.* Ⓒ (*pl.* ～)製鐵[鐵工]廠。

i·ro·ny¹ [ˈaɪrənɪ; ˈaiərəni] «源自希臘文「假裝無知」之義»—*n.* **1** **a** Ⓤ(帶幽默而溫和的)挖苦，諷刺(cf. sarcasm)：with ～ 諷刺地，以諷刺的口氣。**b** Ⓒ諷刺的話：an illuminating ～發人深思的諷刺。
2 Ⓤ**a** 反語。**b**《修辭》反語法。
3 Ⓒ(命運等的)諷刺性結果，意外的結局：life's little *ironies* 人生的小小諷刺(性的因緣奇巧)/the ～ *of* fate [circumstances] 命運[環境]的諷刺[嘲弄]/⇨ DRAMATIC irony, SOCRATIC irony.

i·ron·y² [ˈaɪənɪ; ˈaiəni] «iron的形容詞» —*adj.* **1** 鐵的，鐵製的。**2** 鐵似的。

Ir·o·quoi·an [ˌɪrəˈkwɔɪən; ˌirəˈkwɔiən⁻] «Iroquois 的形容詞»—*adj.* 伊洛郭(Iroquois)族[語]的。
—*n.* **1** Ⓤ伊洛郭語。**2** Ⓒ伊洛郭族人。

Ir·o·quois [ˈɪrəˌkwɔɪ, -ˌkwɔɪz; ˈirəkwɔi, -kwɔiz] *n.* (*pl.* ～ [-ˌkwɔɪz; -kwɔiz]) **1** **a** [the～]伊洛郭族《現留在美國紐約(New York)，威斯康辛(Wisconsin)兩州的北美印地安人》。**b** Ⓒ伊洛郭族人。**2** Ⓤ伊洛郭語。

ir·ra·di·ance [ɪˈredɪəns; iˈreidjəns] *n.* Ⓤ光輝，燦爛。

ir·rá·di·an·cy [-dɪənsɪ; -djənsi] *n.* ＝irradiance.

ir·ra·di·ant [ɪˈredɪənt; iˈreidjənt] *adj.* 發光的；照耀的；燦爛的。

ir·ra·di·ate [ɪˈredɪˌet; iˈreidieit] «源自拉丁文「閃耀」之義»—

v.t. **1** 照亮，使…光亮。**2** 啓發〈心智、問題等〉，使〈心、問題等〉明白。**3**〈喜悅、微笑等〉使〈臉孔等〉亮麗[煥發]《★常用被動語態，介系詞用 *with, by*》：faces ～*d* **with** joy [smile] 因喜悅[微笑]而亮麗[煥發]的臉孔。**4** 對…照射放射線；以放射線治療…。

ir·ra·di·a·tion [ˌɪredɪˈeʃən, ɪˌredɪ-; iˌreidiˈeiʃn]《irradiate 的名詞》**—***n.* Ⓤ **1** 發光；照射。**2** 啓蒙，啓發。**3**(放射線的)照射；放射線治療(法)。

ir·ra·tion·al [ɪˈræʃənl; iˈræʃənl] *adj.* **1** 無理性的，失去理性的。**2 a** 沒有判斷力的，不明事理的(⇨illogical【同義字】)。**b** 不合理的，愚蠢的。**3**〖數學〗無理的，不盡根數的。
—*n.* Ⓒ〖數學〗無理數。**～·ly** [-ʃənlɪ; -ʃənli] *adv.*

ir·ra·tion·al·i·ty [ɪˌræʃəˈnælətɪ; iˌræʃəˈnæləti]《irrational 的名詞》**—***n.* **1** Ⓤ無理性。**2** Ⓤ不合理，無條理。**3** Ⓒ不合理的想法[言行]。

ir·re·claim·a·ble [ˌɪrɪˈkleməbl; ˌiriˈkleiməbl] *adj.* **1** 無法挽回的，不能回復[矯正]的。**2** 不能開墾的，不能塡平的。
-a·bly [-məblɪ; -məbli] *adv.*

ir·rec·on·cil·a·ble [ɪˈrekənˌsaɪləbl; iˈrekənsailəbl] *adj.* **1**〈人等〉不能和解的，不妥協的。**2 a**〈思想、意見等〉不能協調[相容]的：～ opinions 不能相容的意見。**b** [不用在名詞前]〔＋介＋(代)名〕〔與…〕矛盾的〔*with*〕：The theory is ～ **with** the facts. 該理論與事實不一致。
—*n.* Ⓒ不妥協者；不能兩立者。

ir·re·cov·er·a·ble [ˌɪrɪˈkʌvərəbl; ˌiriˈkʌvərəbl] *adj.* **1**〈損失等〉不能挽回的，不能回復的；〈借出的錢〉取不回的。**2**〈疾病等〉不治的，不能治癒的。**-a·bly** [-rəblɪ; -rəbli] *adv.*

ir·re·deem·a·ble [ˌɪrɪˈdiməbl; ˌiriˈdi:məbl] *adj.* **1** 不能贖回的。**2**〈人〉不能矯正的，不能挽救的。**3**〈政府公債等〉不能償還的；〈紙幣等〉不能兌現的：～ bank notes 不能兌現的紙幣。
-a·bly [-məblɪ; -məbli] *adv.*

ir·re·duc·i·ble [ˌɪrɪˈdusəbl, -ˈdjus-; ˌiriˈdju:səbl] *adj.* **1 a** 不能(比原來形式、狀態)更單純化的。**b** [不用在名詞前]〔＋介＋(代)名〕不能歸復[於某種形式、狀態等]的〔*to*〕：～ **to** rule 不能歸納爲準則，無條理可言。
2 不能減縮[削減]的。
3〖數學〗不可約的。
4〖外科〗〈骨折等〉不能整復的，難復位的。
-i·bly [-səblɪ; -səbli] *adv.*

ir·ref·ra·ga·ble [ɪˈrefrəgəbl, ɪrˈref-; iˈrefrəgəbl] *adj.* 不可辯駁的，無爭論之餘地的，不可否認的；不能改動的：～ proof 無可辯駁的證據。

ir·ref·ut·a·ble [ɪˈrefjutəbl, ˌɪrɪˈfjutəbl; iˈrefjutəbl] *adj.* 不能反駁的，無可辯駁的。**-a·bly** [-təblɪ; -təbli] *adv.*

ir·reg·u·lar** [ɪˈregjələr; iˈregjulə]《ir- (not) 和regular 構成的字》**—adj.* (more ～; most ～) **1 不規則的**，不合常規的：an ～ heartbeat 不規則的心臟跳動[不齊的心律]。
2〈形狀、配置等〉**不(整)齊的**，不同的；〈道路等〉凹凸不平的：～ teeth 不整齊的牙齒/ an ～ shape 不整齊的形狀。
3〈手續等〉違規的，不合法的；(法律上)無效的：～ procedure 違規的手續。
4〈行爲等〉無規律的，散漫的，不合道德的：～ conduct 品行不端，不檢點的行爲。
5〖軍〗非正規的：～ troops 非正規軍。
6(無比較級、最高級)〖文法〗不規則(變化)的：～ conjugation (動詞的)不規則變化/ ～ verbs 不規則動詞。
—*n.* Ⓒ **1 a** 不規則的東西。**b** [常 ～s] 不合規格的商品，次級品。**2** [常 ～s]〖軍〗(游擊隊等的)非正規軍[士兵]。**～·ly** *adv.*

ir·reg·u·lar·i·ty [ˌɪregjəˈlærətɪ; iˌregjuˈlærəti]《irregular 的名詞》**—***n.* **1** Ⓤ不規則，不合常規。**2** Ⓤ不齊，不均勻。**3** Ⓒ不規則的事(物)；違規，不合法：There is an ～ *in* your application. 你的申請書不齊全。**4** [**irregularities**] 違法的行爲，違法事件；不端的行爲。**5** [**irregularities**] (道路的)凹凸不平〔*in*〕.

ir·rel·e·vance [ɪˈreləvəns; iˈreləvəns]《irrelevant 的名詞》**—***n.* **1** Ⓤ無關係，不恰當，不相干，弄錯。**2** Ⓒ說錯的話，不切題的問題(等)。

ír·rél·e·van·cy [-vənsɪ; -vənsi] *n.* ＝irrelevance.

ir·rel·e·vant [ɪˈreləvənt; iˈreləvənt] *adj.* **1 a** 不恰當的，不相干的，不切題的：an ～ argument 離題的議論。**b** [不用在名詞前]〔＋介＋(代)名〕〔與…〕無關的，不相干的〔*to*〕：remarks ～ **to** the subject under discussion 與討論中的題目無關的意見。**2** 不重要的，無意義的。**～·ly** *adv.*

ir·re·li·gion [ˌɪrɪˈlɪdʒən, ˌɪrrɪ-; ˌiriˈlidʒən] *n.* Ⓤ無宗教，無信仰；反宗教：the abyss of ～ 無信仰的深淵。

ir·re·li·gious [ˌɪrɪˈlɪdʒəs; ˌiriˈlidʒəs] *adj.* **1** 無宗教的。**2** 反宗教性的。**3** 無宗教信仰的，不虔誠的。**～·ly** *adv.*

ir·re·me·di·a·ble [ˌɪrɪˈmidɪəbl; ˌiriˈmi:djəbl] *adj.* **1** 不能治療的，不治的。**2** 不能挽救的，不能恢復的：an ～ error 不能挽救的過失。**-a·bly** [-dɪəblɪ; -djəbli] *adv.*

ir·re·mov·a·ble [ˌɪrɪˈmuvəbl; ˌiriˈmu:vəbl] *adj.* **1**〈東西等〉不能(移)動的；不能除去的。**2**〈官職〉不可撤免的，終身職的。
-a·bly [-vəblɪ; -vəbli] *adv.*

ir·rep·a·ra·ble [ɪˈrepərəbl; iˈrepərəbl] *adj.* 不能修補[恢復]的，不能挽救的：～ damage 不能彌補的損害。
-bly [-rəblɪ; -rəbli] *adv.*

ir·re·place·a·ble [ˌɪrɪˈplesəbl; ˌiriˈpleisəbl] *adj.*〈人、物等〉不能代替的，不能替換的；難於再取得的，寶貴的，獨一無二的。

ir·re·press·i·ble [ˌɪrɪˈpresəbl; ˌiriˈpresəbl] *adj.*〈感情等〉不能抑制的，控制不住的，忍不住的。**-i·bly** [-səblɪ; -səbli] *adv.*

ir·re·proach·a·ble [ˌɪrɪˈprotʃəbl; ˌiriˈproutʃəbl] *adj.*〈人、行爲等〉無可非難的，沒有過失的，無懈可擊的：～ honesty 無可非難的誠實。**-a·bly** [-tʃəblɪ; -tʃəbli] *adv.*

ir·re·sist·i·ble [ˌɪrɪˈzɪstəbl; ˌiriˈzistəbl] *adj.* **1**〈力量等〉不能抵抗的：an ～ force 不可抗力。**2**〈感情等〉不能抑制的，禁不住的：an ～ urge 不能抑制的衝動。**3**〈魅力等〉令人神魂顚倒的；〈人、物等〉可愛的，有魅力的，令人無法抗拒的：(an) ～ charm 令人神魂顚倒的魅力。**4**〈論點、提議等〉不能反駁的。
-i·bly [-təblɪ; -təbli] *adv.*

ir·res·o·lute [ɪˈrezəˌlut, -ˈrezlˌjut; iˈrezəlu:t] *adj.* 沒有決斷力的，優柔寡斷的，猶豫不決的，不乾脆的。**～·ly** *adv.*

ir·res·o·lu·tion [ˌɪrezəˈluʃən; ˈiˌrezəˈlu:ʃn] *n.* Ⓤ無決斷力，優柔寡斷。

ir·re·spec·tive [ˌɪrɪˈspektɪv; ˌiriˈspektiv] *adj.* ★用於下列片語：**irrespéctive of**...[當介系詞用]不拘，不論…：～ *of* sex [age] 性別[年齡]不拘，不論男女[老幼]均可/It must be done, ～ *of* cost. 不論花費多少，這件事一定要做/The idea is a good one ～ *of* who may have submitted it. 不論是誰提出的，那是個好主意。

ir·re·spon·si·bil·i·ty [ˌɪrɪˌspɑnsəˈbɪlətɪ; ˈiriˌspɔnsəˈbiləti]《irresponsible 的名詞》**—***n.* Ⓤ不負責任，無責任(感)。

ir·re·spon·si·ble [ˌɪrɪˈspɑnsəbl; ˌiriˈspɔnsəbl] *adj.* **1 a** 不須負責任的，無責任(感)的：She left the baby in the ～ hands of a child. 她把嬰兒交給無責任感的孩子看管。**b** [不用在名詞前]〔＋介＋(代)名〕〔對…〕沒有責任的，不能負責的〔*for*〕：The mentally ill are ～ **for** their actions. 精神病患對自己的行爲不承擔責任《★比較一般用 be not responsible for》.
2 a 不負責任的；靠不住的：an ～ father 不負責任的父親。**b** 〔＋ *of*＋(代)名(＋*to* do)/＋ *to* do〕[某人]〈做…是〉不負責的；〈某人〉〈做…是〉不負責的：It was ～ **of** you not *to* lock the door. ＝You were ～not *to* lock the door. 你不鎖門是不負責的(行爲)。
—*n.* Ⓒ無責任感的人；不負責的人。
-bly [-səblɪ; -səbli] *adv.*

ir·re·spon·sive [ˌɪrɪˈspɑnsɪv, ˌɪrrɪ-; ˌiriˈspɔnsiv] *adj.* 無反應的；無感應的〔*to*〕.

ir·re·triev·a·ble [ˌɪrɪˈtrivəbl; ˌiriˈtri:vəbl] *adj.* 不能恢復[復原]的，不能挽救的：an ～loss 不能彌補的損失。
-a·bly [-vəblɪ; -vəbli] *adv.*

ir·rev·er·ence [ɪˈrevərəns; iˈrevərəns]《irreverent 的名詞》**—***n.* **1** Ⓤ不恭，不敬。**2** Ⓒ不敬的言行。

ir·rev·er·ent [ɪˈrevərənt; iˈrevərənt] *adj.* 不敬的，不恭的。
～·ly *adv.*

ir·re·vers·i·ble [ˌɪrɪˈvɝsəbl; ˌiriˈvə:səbl] *adj.* **1** 不能倒逆的；不能翻轉的。**2**〈決議等〉不能撤回的，不能取消[變更]的。
-i·bly [-səblɪ; -səbli] *adv.*

ir·rev·o·ca·ble [ɪˈrevəkəbl; iˈrevəkəbl] *adj.* **1** 不能喚回的，不能撤回的。
2 不能取消的：an ～ loss 不能挽回的損失。
3 不能改變[變更，廢止]的。
-bly [-kəblɪ; -kəbli] *adv.*

ir·ri·ga·ble [ˈɪrɪgəbl; ˈirigəbl] *adj.*〈土地〉可灌溉的。

ir·ri·gate [ˈɪrəˌget; ˈirigeit]《源自拉丁文「導水入…」之義》**—***v.t.* **1** 將水注[引]入〈土地〉，灌溉…。**2**〖醫〗注洗〈傷口〉。
—*v.i.* **1** 灌溉。**2**〖醫〗注洗。

ir·ri·ga·tion [ˌɪrəˈgeʃən; ˌiriˈgeiʃn]《irrigate 的名詞》**—***n.* Ⓤ **1 灌溉**；注水，灌注：an ～ canal [ditch] 灌溉渠[溝]。**2**〖醫〗注洗法。

ir·ri·ga·tive [ˈɪrəˌgetɪv; ˈirigeitiv] *adj.* **1** 灌溉的。**2** 注洗的。

ir·ri·ta·bil·i·ty [ˌɪrətəˈbɪlətɪ; ˌiritəˈbiləti]《irritable 的名詞》**—***n.* Ⓤ **1** 易怒，暴躁，急躁。**2** 過敏；興奮性。

ir·ri·ta·ble [ˈɪrətəbl; ˈiritəbl] *adj.* **1** 易怒的，暴躁的，急躁的：She's feeling ～ today. 她今天情緒不好。**2**〈身體、器官等〉(對刺激)敏感的，易興奮的。**-bly** [-blɪ; -bli] *adv.*

ir·ri·tant [ˈɪrətənt; ˈiritənt] *adj.* [用在名詞前] 刺激(性)的。
—*n.* Ⓒ刺激劑，刺激物。

***ir·ri·tate** [ˋɪrə͵tet; ˈiriteit] «源自拉丁文「使興奮」之義»—*v.t.* 〔十受〕**1** 激怒〈人〉，使〈人〉急躁，使〈人〉生氣《★又以過去分詞當形容詞用；⇨ irritated 1 b》：My son's foolish questions ～*d* me. 我兒子的愚蠢問題使我生氣。**2** 刺激〈器官〉，使…發炎，刺痛…。

ír·ri·tàt·ed *adj.* **1 a** 〈人〉急躁的，發怒的。**b** [不用在名詞前]〔十介十(代)名〕〈人〉〔對…〕不耐煩的，發怒的〔*with, against, at, by*〕《★用法對人用 with, against；對事物用at, by；cf. irritate 1》：He was ～ ***with*** [***against***] you. 他在生你的氣/She was ～ ***by*** his carelessness. 她對他的粗心大爲惱火/Don't be ～ ***at*** his odd behavior. 別爲他的古怪行爲生氣。**2** 〈皮膚，眼睛等〉發炎的，刺痛的：an ～ throat 有刺痛感的喉嚨。

ír·ri·tàt·ing *adj.* 令人生氣的；使人不耐煩的：have an ～ habit 一種惹人生氣的習慣。～**·ly** *adv.*

ir·ri·ta·tion [͵ɪrəˋteʃən; ͵iriˈteiʃn] «irritate 的名詞»—*n.* **1 a** Ⓤ煩躁，急躁，激怒，觸怒。**b** Ⓒ令人煩躁的事物，刺激物。**2 a** Ⓤ《生物·醫》刺激(狀態)。**b** Ⓒ發炎，斑疹，疼痛：eye [throat] ～*s* 眼睛[喉嚨]發炎。

ir·ri·ta·tive [ˋɪrə͵tetɪv; ˈiriteitiv] *adj.* 刺激性的。

ir·rup·tion [ɪˋrʌpʃən; iˈrʌpʃn] *n.* ⓊⒸ突然衝入，入侵，闖入〔*into*〕.

Ir·ving [ˋɝvɪŋ; ˈə:viŋ], **Washington** *n.* 歐文《1783–1859; 美國作家》。

Ir·win [ˋɝwɪn; ˈə:win] *n.* 爾文《男子名》。

‡is [《輕讀》z, s; z, s, (z, ʒ, dʒ 以外的有聲子音與母音之後讀作) z; z, (s, ʃ, tʃ 以外的無聲子音之後讀作) s; s; 《重讀》ɪz; iz] *v.i.* **be** 的第三人稱、單數、直說法、現在式。

Is. 《略》《聖經》Isaiah; Island.

Isa. 《略》《聖經》Isaiah.

I·saac [ˋaɪzək; ˈaizək] *n.* **1** 艾查克《男子名；暱稱 Ike》. **2** 《聖經》以撒《亞伯拉罕(Abraham)之子，雅各(Jacob)與以掃(Esau)之父》。

Is·a·bel [ˋɪzə͵bɛl, -bḷ; ˈizəbel] *n.* 伊莎貝兒《女子名；Elizabeth 的變體；暱稱 Bell》.

Is·a·bel·la [͵ɪzəˋbɛlə; ͵izəˈbelə] *n.* 伊莎貝拉《女子名；Elizabeth 的變體；暱稱Bell》.

I·sa·iah [aɪˋzeə, aɪˋzaɪə; aiˈzaiə] *n.* 《聖經》**1** 以賽亞《希伯來先知，爲紀元前七百二十年左右的人》。**2** 以賽亞書(The Book of the Prophet Isaiah)《聖經舊約中的一書；略作 Is(a).》.

ISBN 《略》International Standard Book Number.

Is·car·i·ot [ɪsˋkærɪət; iˈskæriət] *n.* **1** 《聖經》以色加略《出賣耶穌的猶大(Judas)之姓》。**2** Ⓒ背叛者，賣友者，背信者。

-ise [-aɪz; -aiz] 字尾《英》＝-ize.

-ish [-ɪʃ; -iʃ] 字尾表示下列意義的形容詞字尾：**1**「…的」「屬於…的」「…性的」：Engl*ish*, Ir*ish*.
2「似…的」「有…性質的」：fool*ish*, child*ish*.
3「稍微…的」「略帶…的」「偏向…的」：whit*ish*, cold*ish*.
4《口語》「大約…時候的」「…左右的，…上下的」：4.30-*ish* 大約四點半/ thirty-*ish* 三十上下[左右]的。

Ish·ma·el [ˋɪʃmɪəl; ˈiʃmeiəl, -miəl] *n.* **1** 《聖經》以實瑪利《亞伯拉罕(Abraham)之子》。**2** Ⓒ反抗社會的人；被社會唾棄的人(outcast).

Ish·ma·el·ite [ˋɪʃmɪəl͵aɪt; ˈiʃ͵miəlait] *n.* **1** Ⓒ以實瑪利(Ishmael)的子孫。**2** ＝Ishmael 2.

i·sin·glass [ˋaɪzɪŋ͵glæs; ˈaiziŋgla:s] *n.* Ⓤ **1** 魚膠《由魚鰾製造》。**2** 《礦》雲母(mica).

I·sis [ˋaɪsɪs; ˈaisis] *n.* 《埃及神話》艾塞絲《司生育和繁榮的女神；俄賽里斯(Osiris)之妹及妻》。

isl. 《略》island.

Is·lam [ˋɪsləm, ɪsˋlɑm; ˈizlɑ:m, isˈl-] *n.* Ⓤ **1** 伊斯蘭教，回教(Mohammedanism). **2** [集合稱]回教徒；回教國。

Is·la·ma·bad [ɪsˋlɑməbɑd; isˈlɑ:mɑ:bɑ:d] *n.* 伊斯蘭馬巴德《巴基斯坦(Pakistan)首都》。

Is·lam·ic [ɪsˋlæmɪk, -ˋlɑmɪk; izˈlæmik, isˈl-] «Islam的形容詞»—*adj.* 伊斯蘭教的，回教的。

Is·lam·ism [ˋɪsləm͵ɪzəm; ˈizləmizəm] *n.* Ⓤ伊斯蘭教，回教。

Is·lam·ite [ˋɪsləm͵aɪt; ˈizləmait] *n.* Ⓒ回教徒。

Is·lam·ize [ˋɪslə͵maɪz; ˈizləmaiz] *v.i.* & *v.t.* (使…)受回教影響；(使…)改信回教。

‡is·land [ˋaɪlənd; ˈailənd] «源自古英語「四面環水的土地」之義»—*n.* Ⓒ **1** 島《略作 Is.》：an uninhabited ～ 無人島/live *on* [*in*] an ～ 住在島上/*in* the Hawaiian *Islands* 在夏威夷羣島/a volcanic ～(由火山噴火而形成的)島。
2 a 似島的東西；孤立的山丘。**b** (街道中的)安全島。**c** 孤立的東西[場所，集團]：an ～ *of* quiet(喧鬧環境中)安靜的一角。
the Íslands of the Bléssed 《希臘神話》極樂島《據說好人死後居住的島》。
—*adj.* [用在名詞前] 島的：an ～ country 島國/an ～ platform 《鐵路》島式月台，雙面月台《並用於上行下行兩線的發車與進站》。
—*v.t.* 〔十受〕**1** 使…變成島；使…孤立。
2 使…(像島一般)散布《★常用被動語態，介系詞用 *with*》：The sea *was* ～*ed* ***with*** the shadows of clouds. 海上浮現如散步的島嶼般的雲影。

ís·land·er *n.* Ⓒ島上的居民，島民，島國的人民。

isle [aɪl; ail] *n.* Ⓒ《詩》島，嶼《★散文中僅用專有名詞的一部分》。**the Ísle of Mán** ⇨ Man. **the Isle of Wíght** ⇨ Wight.

is·let [ˋaɪlɪt; ˈailit] *n.* Ⓒ小島。

isls. 《略》Islands.

ism [ˋɪzəm; ˈizəm] *n.* Ⓒ主義，學說，制度，論(doctrine).

-ism [-ɪzəm; -izəm] 字尾用於表示下列意義的名詞字尾：**1** 表示「行動、狀態、作用」：barbar*ism*, hero*ism*. **2** 表示「體系、主義、信仰」：Darwin*ism*, Calvin*ism*. **3** 表示「(語言、習慣等的)特性、特徵」：American*ism*. **4** 疾病狀態：alcohol*ism*. **5** 動詞字尾爲 -ize 的名詞：bapt*ism*, ostrac*ism*.

‡is·n't [ˋɪzṇt; ˈiznt] **is not** 之略。

ISO 《略》International Standardization Organization 國際標準化組織。

i·so- [aɪso-; aisou-] [複合用詞]表示「相等」,「相同」(⟷ heter(o)-)：*iso*chronism 等時性/ *iso*dont 同形齒的。

i·so·bar [ˋaɪsə͵bɑr; ˈaisəbɑ:] *n.* Ⓒ《氣象》等壓線。

i·so·chro·mat·ic [͵aɪsəkroˋmætɪk; ͵aisəkrouˈmætik] *adj.* **1** 《光學》等色的。**2** 《攝影》正色性的。

i·soch·ro·nal [aɪˋsɑkrənḷ; aiˈsɔkrənl], **i·soch·ro·nous** [-nəs; -nəs] *adj.* 等時(性)的，時間之間隔相同的。

i·so·gloss [ˋaɪsə͵glɑs; ˈaisəglɔs] *n.* Ⓒ **1** 《語言》(方言地圖上的)等語線，同言線。**2** 特定地區的語言特點。

i·so·gon·ic [͵aɪsəˋgɑnɪk; ͵aisəˈgɔnik] *adj.* 等偏角的。
—*n.* Ⓒ等偏(角)線；等方位角線。

i·so·late** [ˋaɪsḷ͵et, ˋɪs-; ˈaisəleit] «源自拉丁文「像島一樣孤立的」之義»—*v.t.* **1 a** 〔十受〕使…孤立，使…隔離，使…分離：The people with contagious diseases were ～*d* immediately. 傳染病患者立刻被隔離。**b** 〔十受十介十(代)名〕使…〔自…〕孤立[隔離]〔*from*〕：～ oneself ***from society 使自己與世隔絕。
2 〔十受〕《電學》使…絕緣。
3 〔十受〕《化學》使…游離；《醫》分離〈細菌等〉。

í·so·làt·ed *adj.* **1 a** 孤立的：an ～ house孤立的一間屋子，(沒有四鄰的)獨屋/an ～ case(of cholera) (霍亂的)孤立病例/feel ～ 感到孤獨。**b** 被隔離的：an ～ patient 被隔離的病患。**2** 《電學》絕緣的。**3** 《化學》分離的。

ísolàting lánguage *n.* Ⓒ《語言》孤立語言(cf. agglutinative language, inflectional language).

i·so·la·tion [͵aɪsḷˋeʃən, ͵ɪs-; ͵aisəˈleiʃn] «isolate 的名詞»—*n.* Ⓤ **1** 隔離，分離；孤立，孤獨：keep...in ～ 使…保持分離[孤立]。**2** 《電學》絕緣。**3** 《化學》分離。

isolátion hóspital *n.* Ⓒ隔離醫院。

i·so·lá·tion·ìsm [-ʃən͵ɪzəm; -ʃnizəm] *n.* Ⓤ孤立主義。

i·so·lá·tion·ist [-ʃənɪst; -ʃnist] *n.* Ⓒ孤立主義者。
—*adj.* 孤立主義(者)的。

isolátion wárd *n.* Ⓒ隔離病房。

I·so·lette [͵aɪsəˋlɛt; ͵aisəˈlet] *n.* Ⓒ一種早產兒撫育器的商標。

i·so·mer [ˋaɪsəmɚ; ˈaisəmə] *n.* Ⓒ《化學》同質異構物。

i·so·mer·ic [͵aɪsəˋmɛrɪk; ͵aisəˈmerik] *adj.* 《化學》同質異構的。

i·so·met·ric [͵aɪsəˋmɛtrɪk; ͵aisəˈmetrik] *adj.* 等大[等積，等長，等角，等容]的。

ì·so·mét·ri·cal [-trɪkḷ; -trikl] *adj.* ＝isometric.

i·so·mét·ric éxercise *n.* Ⓤ肌肉等長收縮運動[靜力鍛鍊法]《如以手推牆運動》。

i·so·met·rics [͵aɪsəˋmɛtrɪks; ͵aisəˈmetriks] *n.* [當單數或複數用] ＝isometric exercise.

i·sos·ce·les [aɪˋsɑsḷ͵iz; aiˈsɔsili:z] *adj.* 《幾何》二等邊的：an ～ triangle 二等邊三角形。

i·sos·ta·sy, i·sos·ta·cy [aɪˋsɑstəsɪ; aiˈsɔstəsi] *n.* Ⓤ《地質》(地殼之)均衡：the theory of ～ 地殼均衡說。

i·so·therm [ˋaɪsə͵θɝm; ˈaisəθə:m] *n.* Ⓒ《氣象》等溫線。

i·so·therm·al [͵aɪsəˋθɝmḷ; ͵aisəˈθə:ml] 《氣象》*adj.* 等溫(線)的。
—*n.* Ⓒ等溫線。

i·so·ton·ic [͵aɪsəˋtɑnɪk; ͵aisəˈtɔnik] *adj.* 《化學》等滲壓的；《生物》等張的。

i·so·tope [ˋaɪsə͵top; ˈaisətoup] *n.* Ⓒ《化學》同位素：a radioactive ～ 放射性同位素。

i·so·tron [ˋaɪsə͵trɑn; ˈaisətrɔn] *n.* Ⓒ《物理》同位素分析器《一種同位素的電磁分離器》。

i·so·trop·ic [ˌaɪsəˋtrɑpɪk; ˌaisəˈtrɔpik⁻] *adj.*《物理》各向同性的。

Í spỳ *n.* = hy spy.

Is·ra·el [ˋɪzrɪəl; ˈizreiəl] *n.* **1** 以色列《1948 年建於亞洲西南部臨地中海的猶太人國家；首都耶路撒冷(Jerusalem)》.

2《聖經》雅各(Jacob)的別名：the children of ～ 希伯來人，猶太人。

3 [集合稱；當複數用]以色列人，猶太人；上帝的選民，基督徒。

Is·rae·li [ɪzˋrelɪ; izˈreili] *n.* Ⓒ (*pl.* **～s**，～)以色列共和國人。

—*adj.* 以色列共和國的。

Is·ra·el·ite [ˋɪzrɪəl͵aɪt; ˈizriəlait] *n.* Ⓒ **1** 以色列人，猶太人(Jew). **2** 上帝的選民。

—*adj.* 以色列的，猶太(人)的。

Is·sei [iˋse, ˋise; iːˈsei, ˈiːsei] **《源自日本語》—*n.*** [有時 **i～**] Ⓒ (*pl.* ～, **～s**)一世《移民美國的第一代日本人；⇨Japanese-American【相關用語】》。

is·su·a·ble [ˋɪʃuəbl; ˈiʃuːəbl] *adj.* **1** 可發行的，可開出[發放](票據)的。**2**《法律》可成為(訴訟上的)爭論點的，可提出抗辯的。

is·su·ance [ˋɪʃuəns; ˈiʃuːəns] **《issue 的名詞》—*n.*** Ⓤ **1** 配給，發給〔*of*〕. **2** 發行，發布〔*of*〕.

is·sue** [ˋɪʃʊ, ˋɪʃju; ˈiʃuː] **《源自古法語「外出」之義》—*v.t. **1 a** 〔十受〕發行〈通貨、郵票、出版物等〉；出版…；發出〈命令、布告、執照等〉：The commander ～*d* several orders. 司令官發出數道命令/Stamps are ～*d* by the government. 郵票由政府發行。**b** 〔十受十介十(代)名〕發…〔給…〕〔*to*〕：When was your driver's license ～*d* ***to*** you？你的駕駛執照是什麼時候發給你的？

2 〔十受〕冒出〈血、煙等〉：～ smoke 冒煙。

3 〔十受十介十(代)名〕〈政府等〉配給，交給〔人等〕〈東西〉〔*to*〕；將〔東西〕配給，交給〈人等〉〔*with*〕：They ～*d* an extra blanket ***to*** each soldier. = They ～*d* each soldier ***with*** an extra blanket. 他們額外配給各個士兵一條毛毯。

—*v.i.*1 〔(十副)十介十(代)名〕〔從…〕出來，發出，流出，噴出，冒出〈*out, forth*〉〔*from*〕：A stream ～*s* ***from*** the lake. 一條小溪從湖中流出來/Smoke ～*d* ***forth from*** the volcano. 煙從火山冒出來。

2 〔十介十(代)名〕起於〔…〕，發生〔自…〕(result)〔*from*〕：The trouble ～*d* ***from*** her lack of knowledge. 麻煩是由她的無知而引起的。

—*n.* **1 a** Ⓤ(出版物等的)發行；(命令、布告等的)頒布，(執照等的)發出：the ～ *of* stamps [a newspaper] 郵票[報紙]的發行/ the day of ～ 發行日。**b** Ⓒ發行物；(雜誌、報紙等的)…期，…版：a recent ～ *of* $10 coins 最近發行的十元硬幣/today's ～ *of* The *Times* 今天發行的泰晤士報/the eightieth-anniversary ～ *of* the magazine 該雜誌發行八十周年紀念特刊。**c** Ⓒ[常用單數]配給(物)：a daily ～ *of* bread and milk *to* schoolchildren 每天配給學童的麵包和牛奶。

2 a Ⓤ[又作 **an ～**]流出：*an* ～ *of* blood 出血。**b** Ⓒ流出物；排出物。

3 Ⓒ爭論點，關鍵[問題]所在之處(⇨question 3【同義字】)：debate [raise] an ～ 討論[提出]問題/ make an ～of ...把…變成一個問題，利用…製造事端/ The real ～ is how to call in the best brains. 眞正的關鍵在於如何招聘最好的人才。

4 Ⓒ結果，後果〔*of*〕：an ～ *of* an argument 議論的結果。

5 Ⓤ[集合稱]《法律》子，子女(children)：die without ～ 死時無子女。

at íssue 爭論中的，未[待]解決的：the point [question] *at* ～爭論點[問題]。

tàke [jóin] íssue with ... 與…爭論，與…(意見)不合，與…對立：I must *take* ～ *with* you *on* that point. 關於那一點，我不得不和你持不同意見。

is·sue·less [ˋɪʃʊlɪs, ˋɪʃju-; ˈiʃuːlis] *adj.* **1** 無子的，無後嗣的。**2** 無結果的。**3** 無爭端的。

ís·su·er *n.* Ⓒ發行人，開發票據的人。

-ist [-ɪst; -ist] 【字尾】表示「做…的人」「信奉…者」「…主義者」「…家」：cycl*ist*, novel*ist*, social*ist*, pian*ist*, pessim*ist*.

Is·tan·bul [͵ɪstɑnˋbul, ͵ɪstɑm-; ͵istænˈbuːl⁻] *n.* 伊斯坦堡《土耳其的一個城市，為舊時首都；舊稱君士坦丁堡(Constantinople)》.

isth·mi·an [ˋɪsmɪən; ˈisθmiən] **《isthmus的形容詞》—*adj.*** **1** 地峽的。**2** [**I～**] **a** 科林斯(Corinth)地峽的。**b** 巴拿馬(Panama)地峽的：the *I～* Canal Zone 巴拿馬運河地帶。

isth·mus [ˋɪsməs; ˈisməs] *n.* Ⓒ(*pl.* **～es, -mi** [-maɪ; -mai]) **1** 地峽。**2**《解剖・動物・植物》峽部。

ISV《略》International Scientific Vocabulary 國際科學術語詞彙。

‡it¹ [ɪt; it] *pron.*《★【語形】所有格 **its**，受格 **it**，反身代名詞 **itself**；⇨they；it 無所有格代名詞》**1** [第三人稱單數中性主格]它，牠《★【用法】指已提過的無生物、語句、性別不明，或指不考慮性別的幼兒、動物》："Where is my dog？"－"*It* is in the yard."「我的狗在哪裏？」「牠在院子裏。」

2 [第三人稱單數中性受格] **a** [直接受詞]它，牠《★【用法】與義 1 相同》：I saw *it*. 我看到它。I gave *it* him. 我把它給了他《★【用法】一般的語序是 I gave him a book.，但間接受詞是代名詞時不說 I gave him it.，一般都把語序倒過來，說成 I gave it to him.》. **b** [間接受詞]它，牠：I gave *it* food. 我給它食物。**c** [介系詞受詞]：I gave food to *it*. 我給它食物。

3 [指心中所想或成為問題的人、事、物、行動等]：Go and see who *it* is. 去看看是誰/*It's* me.《口語》是我《★【比較】正確的說法是 It's I.，但較為拘泥》/*It* says, "Keep to the left."它[標示]寫着「靠左邊走」/*It* says in the Bible *that*.... 聖經上說…/*It* says in the papers *that*.... 報紙上說…。

4 a [置於句首作形式上的主詞，以代表後述實際主詞的不定詞片語、動名詞片語、*that* 子句等]：*It* is impossible *to* master English in a month or two. 要在一兩個月內精通英文是不可能的/*It* will be difficult *for* him *to* come so early. 要他來得那麼早是有困難的/*It's* kind *of* you *to* give me a present. 你眞好，送我禮物/*It* is no use try*ing*. 試也白試/*It* isn't certain *whether* we shall succeed. 我們是否會成功還很難說/*It* is strange *that* he says so. 他這樣說眞奇怪/*It* is said *that* the universe is infinite. 據說宇宙是無窮盡的。**b** [作形式上的受詞，以代表後述實際主詞的不定詞片語、動名詞片語、*that* 子句等]：I make *it* a point *to* get up early. 我強調要早起/They considered *it* impossible *for* us *to* attack during the night. 他們認為我們不可能在夜間攻擊/You will find *it* very nice tak*ing* a walk early in the morning. 你會發現在清晨散步很好/I think *it* necessary *that* you (should) do it at once. 我認為你必須立刻做那件事《★【用法】《口語》多半不用 should》/I take *it* (*that*) you wish to marry her. 我以為你想和她結婚。**c** [指後述的字詞]：*It* is a nuisance, this delay. 這樣拖延眞受不了《★It 指 this delay》.

5 [作非人稱動詞(impersonal verb)的主詞]《★【用法】用作句子的形式上主詞，泛指以下事情》**a** [天氣、氣候的冷暖]：*It* is raining. 正在下雨/*It* is getting hot. 天氣漸漸變熱/*It* looks like snow. 好像要下雪的樣子。**b** [時間、日期]：*It* will soon be New Year. 快要新年了/*It* is Friday (today). 今天是星期五/How long does *it* take from here to the park？從這裏到公園要多久？/*It* takes time *to* get used to new shoes. 穿慣新鞋需要時間。**c** [距離]：*It* is 2 miles to the station. 到車站(距離)有兩哩。**d** [明暗]：How dark *it* is！好暗啊！**e** [事情、情況]：How goes *it* with you today？你今天覺得怎樣？/Had *it* not been for you, what would I have done？要不是有你(的幫助)，我會怎麼辦呢？**f** [作 seem [appear, happen, *etc.*] that... 的主詞]《★【用法】that 有時略去》：*It seems* (*that*) he has failed. 看來他已經失敗了/*It happened* (*that*) he was not present. 碰巧他沒有出席。

6《口語》**a** [作某種動詞無意義的形式上受詞]：Let's walk *it*. 我們走路去/ Damn *it* (all)！該死！糟了！/You'll catch *it* from your father. 你會挨你父親的罵/Give *it* (to) him！教訓他一頓！/⇨ GO it. **b** [用於當作臨時動詞的名詞之後，作為無意義的形式上受詞]：If we miss the bus, we'll have to foot *it*. 如果我們趕不上公共汽車，我們只好走路/cab *it*《美》坐計程車去/lord *it* ⇨lord *v.t.*/king *it* ⇨ king *v.t.*/queen *it* ⇨queen *v.t.* 2. **c** [作介系詞的無意義、形式上之受詞]：I had a good time *of it*. 我玩得很愉快/Let's make a night *of it*. 讓我們痛飲一晚吧。

7 [在"it is [was]... that [who, whom, which, *etc.*]"的句型中用以強調句子主詞、(動詞或介系詞的)受詞、副詞片語]《★【用法】it 後面的 be 動詞時態，視 clause 內的動詞而用 is 或 was；clause 內動詞的人稱須與緊接在前的名詞、代名詞一致》：*It is I that* [*who*] *am* to blame. 該受責備的是我/*It is* the price *that* frightens him. 使他嚇一跳的是那價錢/*It was* Franklin *who* wrote "God helps them that help themselves." 寫「天助自助者」這句話的人是富蘭克林/*It was* Mary (*that*) we saw. 我們看到的是瑪麗《★【用法】that 等關係代名詞常略去》/*It was* peace *that* they fought *for*. 他們作戰為的是和平/*It was* in this year *that* the war broke out. 戰爭就是在這一年爆發的/*It* was beer (*that*) you drank, not water. = *It* was beer, not water, (*that*) you drank. 你喝的是啤酒，不是水。

have hád it ⇨have¹ *v.* **hàve whàt it tákes** ⇨what *pron.* **If it had nót been for** ⇨if. **If it were nót for** ⇨ if.

it² [ɪt; it] **《it¹ 的轉借》—*n.*** Ⓤ **1** (捉迷藏等遊戲的)鬼。

2《口語》**a** 極致，理想(the ideal)：In that blue dress she was *it*. 她穿上那件藍色衣服美極了/As a Christmas gift, this is really *it*. 當作耶誕禮物，這是最理想的東西。**b** 重要人物，第一號人物，頭號人物：Among physicists he is *it*. 在物理學家中他是佼佼者。

3《俚》性的魅力，性感(sex appeal).

Thát's ít. 《口語》(1)[一一](問題)就在那裏。(2)就像那樣，那樣就可以。(3)那樣就結束，那就是全部：*That's it* for today. 今天到此為止《就此結束》。

Thís is ít. 《口語》終於到了時候[緊要關頭]；果然不出所料。

wíth it (1)不落伍的，時髦的，現代化的：get *with it* 趕上時代，順應新潮流；警覺，留神。(2)領悟力强的；精明的，機警的；知內情的。

it^{3} [ɪt; it] **《Italian vermouth 之略》** **—n.** Ⓤ《英口語》(甜味的)義大利的苦艾酒：gin and *it* 杜松子酒與甜苦艾酒的混合酒。

It., Ital. 《略》Italian; Italy.

ital. 《略》italic(s).

I·tal·ian [ɪ'tæljən; i'tæljən] **《Italy 的形容詞》—*adj.* 1** **義大利(人)的。2** 義大利語的。

—n. 1 Ⓒ**義大利人。2** Ⓤ**義大利語。**

Itálian hándwriting *n.* Ⓤ義大利字體《現今英、法所通行的書寫體》。

I·tal·ian·ize [ɪ'tæljə,naɪz; i'tæljənaiz] *v.t.* & *v.i.* (使…)有義大利風格；(使…)義大利化。

i·tal·ic [ɪ'tælɪk; i'tælik] **《源自拉丁文「義大利(Italy)」之義》—*adj.*** 用義大利(體)的，斜體的。

—n. 1 [~s]義大利體，斜字體《★用法 除用以表示報紙雜誌名、書名、船名等外，也用以表示强調的一種方法；或用於表示對英語而言的外國語句；用手寫或打字時在文字下面畫一條線標示；⇨type插圖》：in ~*s* 用義大利體，用斜字體/He said, "I'll come on Wednesday *afternoon*." (italics mine). 他說：「我星期三下午來。」(斜字體是筆者加上的。)

2 Ⓤ《印刷》義大利[斜字]體：print in ~ 用斜字體印刷。

i·tal·i·cize [ɪ'tælə,saɪz; i'tælisaiz] *v.t.* **1** 以義大利體[斜字體]印刷。**2** 用斜字體表示，在…下面畫線。

—v.i. 使用斜字體。

I·tal·o- [ɪ'tælo-; i'tælou-] [複合用詞]表示「義大利的」之意。

‡It·a·ly ['ɪtlɪ; 'itəli] *n.* **義大利**《歐洲南部的共和國；首都羅馬(Rome)》.

itch [ɪtʃ; itʃ] *n.* **1 a** [an ~]癢：I have *an* ~ *on* my back. 我的背部發癢。**b** [the ~]《醫》皮癬，疥癬：have *the* ~ 患皮癬。

2 Ⓒ[常用單數] **a** 渴望，渴想〔*for*〕：have an ~ *for* writing 渴望寫作。**b** [+ *to* do]〈做…的〉渴望的心情：He had an ~ *to* get away and explore. 他等不及要動身去探險。

—v.i. 1 癢，發癢：My back ~*es*. 我的背部發癢。

2 [常用進行式] **a** [+介+(代)名]極想〔…〕〔*for*〕：His fingers ~*ed for* a fray. 他想打架想得手指發癢。**b** [+ *to* do]極想〈做…〉：She *was* ~*ing to* know the secret. 她極想知道這秘密。**c** [+*for* +(代)名+ *to* do]渴望〔人等〕〈做…〉：She *is* ~*ing for* her boyfriend *to* come. 她渴望她的男友來。

háve an ítching pálm ⇨palm^{1}.

itch·y ['ɪtʃɪ; 'itʃi] **《itch 的形容詞》—*adj.* (itch·i·er; -i·est) 1 a** 發癢的。**b** 患皮癬[疥癬]的。

2 a 渴望的：~ feet 渴望到某處去的心情。**b** (等得)不耐煩的，焦急的。

háve an ítchy pálm ⇨palm^{1}.

‡it'd ['ɪtəd; 'itəd]《口語》**it had, it would** 之略。

-ite [-aɪt; -ait] 字尾 **1** 表示「居住於…的人(的)」，「…的信奉者(的)」之意的名詞、形容詞字尾：Israel*ite*, Sem*ite*. **2** 化石、鹽類、炸藥、商品等的名稱：ammon*ite*, sulph*ite*, dynam*ite*, ebon*ite*.

***i·tem** ['aɪtəm; 'aitəm] **《源自拉丁文「同樣地」之義》—n.** Ⓒ **1** **條，條款，項目，品目，細目**：~*s of* business 營業項目。

2 (報紙、電視新聞的)一則，一條：an ~ *of* news =a news ~ 一則新聞/local ~*s* (報紙的)地方新聞。

ítem by ítem 一項一項地，逐條地。

— ['aɪtɛm; 'aitem] *adv.* [用於逐項列舉時]同樣，又。

i·tem·ize ['aɪtəm,aɪz; 'aitəmaiz] *v.t.* 分項列出，逐項列記，詳列《★常以過去分詞當形容詞用》：an ~*d* account 帳目明細表。

it·er·ate ['ɪtə,ret; 'itəreit] *v.t.* 反覆…，重述…。

it·e·ra·tion [,ɪtə'reʃən; ,itə'reiʃn] **《iterate 的名詞》—n.** Ⓤ反覆，重述。

it·er·a·tive ['ɪtə,retɪv; 'itərətiv] *adj.* 反覆的：the ~ aspect 《文法》反複體。

Ith·a·ca ['ɪθəkə, 'ɪθɪkə; 'iθəkə] *n.* **1** 綺色佳島《希臘西方之一小島，為奧地修斯(Odysseus)之家鄉》。**2** 綺色佳《美國紐約州(New York)南部之一城市》。

i·tin·er·an·cy [aɪ'tɪnərənsɪ; i'tinərə(n)si] *n.* **1** ⓊⒸ巡迴；遊歷。**2** Ⓒ巡迴傳教會；巡迴法官團。

i·tin·er·ant [aɪ'tɪnərənt, ɪ-; i'tinərənt] **《源自拉丁文「旅行」之義》—*adj.*** [用在名詞前] **1** 巡迴的，遊歷的，周遊中的：an ~ trader 行商。**2** 巡迴地方的：an ~ judge [library]巡迴法官[圖書館]/an ~ preacher(基督教美以美教會的)巡迴傳教[佈道]士。

—n. Ⓒ周遊者：**a** 巡迴傳教士。**b** 巡迴法官。**c** 行販商人。**d** 巡迴表演者。

i·tin·er·ar·y [aɪ'tɪnə,rɛrɪ, ɪ-; ai'tinərəri] *n.* Ⓒ **1** 旅行日程(表)，旅行計畫。**2** 旅行日記，遊記。**3** 旅行指南。

—adj. [用在名詞前] **1** 旅行的；旅程的，巡迴的。**2** =itinerant.

i·tin·er·ate [aɪ'tɪnə,ret, ɪ-; i'tinəreit] *v.i.* **1** 巡迴，遊歷，周遊。**2** 巡迴傳教[審判]。

-i·tis [-aɪtɪs; -aitis] 字尾 表示下列意思的名詞字尾：**1** 《醫》「…炎」：bronch*itis* 支氣管炎。**2** 《謔》「…迷」「…狂」：golf*itis* 高爾夫球迷/telephon*itis* 電話狂。

-i·tive [-ɪtɪv; -itiv] 字尾 =-ive.

‡it'll ['ɪtl; 'itl]《口語》**it will** 之略。

‡its [ɪts; its] *pron.* [it 的所有格]**它的，牠的**(⇨it^{1} 1 用法)：The child lost ~ way. 那個小孩迷了路。

‡it's [ɪts; its]《口語》**it is, it has** 之略(cf. 'tis).

‡it·self [ɪt'sɛlf; it'self] *pron.* 《★it^{1} 的反身代名詞；⇨oneself 用法》**1** [用以作同位格的强調]**它本身，它自己**：The rectory burned but the church ~ was spared. 教區長的住宅燒毀，但教堂本身倖免/She is beauty ~. 她是美的化身《非常美麗》。

2 [反身用法]使它本身：**a** [當反身動詞的受詞用]：A good opportunity presented ~. 好機會出現了。**b** [當一般動詞的受詞用]：The hare hid ~. 野兔把自己隱藏起來。**c** [當介系詞的受詞用]《★另參照片語》：The cell is reproductive *of* ~. 細胞使它本身再生《有繁殖作用》。

3 平常狀態，正常情形《★常用作 be 的補語》：My dog is not ~ today. 我的狗今天和平時不一樣《有異狀》。

by itsélf (1)獨自，單獨地：The house stands *by* ~ on the hill. 那棟房屋孤零零地矗立在山丘上。(2)自行，自然地：The machine works *by* ~. 那機器自動運轉。

for itsélf (1)獨力，單獨地。(2)為了它本身，本身：I value honesty *for* ~. 我重視誠實本身。

in itsélf 在它本身，就其本身而論，本來，本質上：Advertising in modern times has become a business *in* ~. 在現代廣告本身已成為一種企業。

of itsélf 《古》=by ITSELF (2).

to itsélf 為它自己，作為己有：The magazine got the market all *to* ~. 該雜誌獨佔市場。

it·sy-bit·sy ['ɪtsɪ'bɪtsɪ; 'itsi'bitsi] *adj.* **1** [用在名詞前]《謔》小小的，一丁點的：an ~ puppy dog 很小的小狗。**2** 《英口語》〈東西〉(費心思但)整體不調和的，浮華而不實用的：an ~ room [design, picture]感覺不調和[華而不實]的房間[設計，圖畫]。

it·ty-bit·ty ['ɪtɪ'bɪtɪ; 'itibiti] *adj.* =itsy-bitsy 1.

ITU 《略》International Telecommunication Union (聯合國的)國際電信聯盟。

-i·tude [-ətud, -ətjud; -itju:d] 字尾 ⇨ -tude.

-i·ty [-ətɪ, -ɪtɪ; -əti] 字尾 表示「狀態」，「性質」的抽象名詞字尾：prob*ity*, par*ity*.

IUD 《略》intrauterine device.

-ium [-ɪəm, -jəm; -iəm, -jəm] 字尾 **1** 拉丁語系名詞字尾：prem*ium*. **2** 金屬元素名稱的字尾：rad*ium*.

I·van·hoe ['aɪvən,ho; 'aivənhou] *n.* 艾文豪《Sir Walter Scott 所著的小說及該書主角之名》。

‡I've [aɪv; aiv]《口語》**I have** 之略。

-ive [-ɪv; -iv] 字尾 表示「有…傾向的」「有…性質的」之意的形容詞字尾：nat*ive*, fest*ive*, sport*ive*, mass*ive*.

i·vied ['aɪvɪd; 'aivid] *adj.* 長[爬]滿常春藤(ivy)的。

i·vo·rist ['aɪvərɪst; 'aivərist] *n.* Ⓒ 從事象牙雕刻者。

i·vo·ry ['aɪvrɪ, 'aɪvərɪ; 'aivəri] *n.* **1** Ⓤ**象牙**(cf. tusk)：artificial ~ 人造象牙。

2 Ⓒ[常 ivories]《口語》象牙製品：**a** (鋼琴的)鍵盤：tickle the *ivories*《謔》彈鋼琴。**b** (撞球的)球；骰子。**c** 象牙工藝。

3 [ivories]牙齒(teeth)：show one's *ivories*《謔》露出牙齒。

4 Ⓤ象牙色。

—adj. [用在名詞前]象牙製的；象牙似的。

ívory bláck *n.* Ⓤ(象牙灰製成的)黑色顏料。

Ívory Cóast *n.* [the ~]象牙海岸《非洲西部的一個共和國；殖民地時代稱為象牙海岸，1960 年獨立，正式名稱改為 the Republic of the Ivory Coast；首都阿必尚(Abidjan [,æbɪ'dʒan; ,æbi'dʒɑ:n])》.

ívory gùll *n.* Ⓒ《鳥》象牙海鷗《北極產白色海鷗》。

ívory nùt *n.* Ⓒ象牙棕櫚(ivory palm)的果實《可從中採取植物象牙》。

ívory pàlm *n.* Ⓒ象牙棕櫚《美國產的熱帶植物；其堅硬的胚乳可用於製造鈕扣等》。

ívory tówer *n.* Ⓒ象牙塔《脫離現實社會的學問、思想、藝術或夢想的世界》。

【字源】聖經舊約「雅歌」(The Song of Solomon)第七章第四節中的 ivory tower 被用作聖母瑪利亞(the Virgin Mary)的象徵：Thy neck is as a tower of ivory. (妳的脖子像象牙塔。)十九世紀的法國著名文藝評論家聖布佛(Sainte-Beuve)用此語指詩人維尼(Alfred de Vigny 1797-1863)的隱遁生活，於是開始有「離開世俗之地」的象徵意義。維尼是法國浪漫派的著名詩人，在他的晚年，捨棄聲名，斷絕世間的往來，孤獨生活了約二十年。

ívory-tòwered *adj.* 生活在象牙塔內的，遠離實務的。

ívory-tówerism *n.* Ⓤ象牙塔主義，對世俗之事或實務冷淡的態度；不隨流俗。

ívory-whíte *adj.* 象牙色的，乳白色的。

ívory whíte [yéllow] *n.* Ⓤ象牙色，乳白色。

i·vy [ˋaɪvɪ; ˈaivi] *n.* Ⓤ《植物》常春藤：a house covered all over with ~ 一棟爬滿常春藤的房子/⇨poison ivy.
—*adj.* [用在名詞前] **1** 校園的，學術研究性的。
2 常春藤學校畢業的，名校(式)的。

Ívy Léague «源自美國古老大學的校舍爬滿 ivy»—《美》*n.* [the ~] **1** 常春藤聯盟。

【說明】指美國東部八所著名的私立大學。這些大學校園內均有 ivy (常春藤)遮蓋的古老建築，所以這些大學為運動對抗賽而設的組織就被稱為 Ivy League. 這八所大學是：哈佛大學(Harvard University)，耶魯大學(Yale University)，普林斯頓大學(Princeton University)，哥倫比亞大學(Columbia University)，賓州大學(University of Pennsylvania)，布朗大學(Brown University)，達特茅斯學院(Dartmouth College)，康乃爾大學(Cornell University). 今日 Ivy Ieague 這個詞不僅指上述各大學，也當作形容詞來表示其畢業生及其品格、作風、服裝、地位等；⇨university【說明】

2 常春藤盟校聯合運動組織。
—*adj.* [用在名詞前] [又作 **ivy-league**] **1** 常春藤大學畢業的，名校(式)的：an ~ college 一所常春藤大學。**2** 常春藤盟校樣式(裝扮)的《西裝式運動上衣配較窄的長褲等》：an ~ suit 常春藤套裝。

Ivy Léagu·er [-ˋligɚ; -ˈli:gə] *n.* Ⓒ《美》Ivy League 的大學生[畢業生]。

I.W. 《略》Isle of Wight.

IWA 《略》International Whaling Agreement 國際捕鯨協定。

IWW, I.W.W. 《略》Industrial Workers of the World 世界產業工人組織。

-ix [-ɪks; -iks] 字尾 與陽性名詞字尾 -or 相對的陰性名詞字尾：executr*ix*.

-i·za·tion [-əzeʃən, -aɪz-; -aizeiʃn, -iz-] 字尾 [與字尾 -ize 的動詞相對的名詞字尾]《★ 拼法《英》又作 -isation》：civil*ization*, organ*ization*.

-ize [-aɪz; -aiz] 字尾 表示「使成…」「使…化」之意的動詞字尾《★《英》又作 -ise》：civil*ize*, critic*ize*, organ*ize*, Japan*ize*.

Iz·ves·tia [ɪzˋvɛstɪə; izˈvestjə] *n.* 消息報《蘇聯政府機關報；俄語為「消息」的意思；cf. Pravda》.

iz·zard [ˋɪzɚd; ˈizəd] *n.* ⓊⒸ《古・方言》字母 Z：from A to ~ 自 A 到 Z；自始至終；全部。

J j **J j** *J j*

j, J[1] [dʒe; dʒei] *n.* (*pl.* **j's, js, J's, Js** [~z; ~z]) **1** Ⓤ Ⓒ 英文字母的第十個字母。**2** Ⓤ (一序列事物的)第十個。**3** Ⓤ (羅馬數字的)Ⅰ的變體《★ 用法 末尾的Ⅰ常作J，用於處方等》：II*J* [ii*j*] = 3/VI*J* [vi*j*] = 7.

J[2] [dʒe; dʒei] *n.* Ⓒ (*pl.* **J's, Js** [~z; ~z]) **1** J 字形(之物)：a *J* pen J 筆尖《有 J 字記號的寬尖鋼筆尖》。**2** 《美俚》大麻烟《★ joint 的起首字》。

J 《略》joule.

J. 《略》Journal; Judge; Justice.

Ja. 《略》January.

jab [dʒæb; dʒæb] (**jabbed; jab·bing**) *v.t.* **1** 〔十受十介十(代)名〕 **a** 〔以尖銳的東西〕刺…，戳…〔*with*〕：Don't ~ me **with** the stick. 不要用棍子戳我。**b** 以〈尖銳的東西〉抵住[頂住]〔…〕；以…刺進〔…〕〔*into*〕：He *jabbed* his gun **into** my neck. 他把槍(口)抵住我的脖子。**2** 〔十受十副〕 **a** (用尖銳的東西)剜…，挖…〈*out*〉：~ **out** a thorn 把刺挖除。**b** (戳刺而)使〈眼球等〉跳出〈*out*〉：You nearly *jabbed* my eye **out** with your umbrella. 我的眼睛差點被你的雨傘戳出來。**3 a** 〔十受〕(以拳頭等)猛搗…，撞…，擊…，碰…。**b** 〔十受十介十名〕出其不意地刺〈某人〉〔身體某部位〕〔*in*〕《★ 用法 在表示身體部位的名詞前冠 the》：He *jabbed* me **in** *the* body. 他出其不意地撞我的身體。**c** 〔十受〕《拳擊》向〈對手〉出刺拳，出拳猛擊…《★可用被動語態》。**4** 《俚》對…作皮下注射。**—***v.i.* 〔十介十(代)名〕 **1** (以臂肘、尖銳的東西等)刺，戳〔…〕〔*at*〕。**2** 《拳擊》〔向對手〕擊出刺拳〔*at*〕。**3** 《俚》作皮下注射。**—***n.* Ⓒ **1** (猛然的)戳刺。**2** 《口語》皮下注射；接種。**3** 《拳擊》刺拳。

jab·ber [ˋdʒæbɚ; ˈdʒæbə] *v.t.* 〔十受(十副)〕快而含糊地說…；〈猿猴等〉唧唧喳喳地叫…〈*out*〉：~ French 嘰哩咕嚕地講法語/~ **out** one's prayers 嘰哩咕嚕地快語禱告。

—*v.i.* 〔動(十副)〕嘰哩咕嚕地說；唧唧喳喳地叫〈*away*〉：The foreigners were ~*ing* **away**. 那些外國人在嘰哩咕嚕地說話。

—*n.* Ⓤ [又作 **a** ~]快急的[含糊不清的]話。

~·er [-bərɚ; -bərə] *n.*

Jab·ber·wock·y [ˋdʒæbɚˏwɑkɪ; ˈdʒæbəwɔki] 《源自 L. Carroll 的詩》 **—***n.* **1** Ⓤ 無意義的話。**2** Ⓒ 無意義的文章。

—*adj.* 無意義的，空洞的。

ja·bot [ʒæˋbo; ˈʒæbou] *n.* Ⓒ 胸部褶飾《女裝胸部的褶飾；昔日亦用於男裝》。

jabot

ja·cinth [ˋdʒesɪnθ, ˋdʒæsɪnθ; ˈdʒæsinθ, ˈdʒeisinθ] *n.* 《礦》 **1** Ⓤ Ⓒ 紅鋯石。**2** Ⓤ 帶紅的橙色。

jack [dʒæk; dʒæk] 《Jack 的轉借》 **—***n.* **1** [常 J~] Ⓒ 男子，傢伙，小子，少年(cf. Gill) 《★ 現用於下列的說法》：every man *J*~ = every *J*~ one (of them) 人人/*J*~ and Gill [Jill] 年輕的男女/*J*~ of all trades, and master of none. 《諺》博而不精(的人)；樣樣都懂，但無一精通(的人)。**2** Ⓒ 起重機，扛重機《螺旋起重機，水壓起重機，汽車用千斤頂等》。**3** Ⓒ 艏旗《表示國籍或信號的小旗子》。**4** Ⓤ 《俚》錢(money)。**5** Ⓒ 《英俚》警官；刑警。**6** Ⓒ 《紙牌戲》傑克(knave)《介於十點與皇后之間的牌》：the ~ of diamonds 紅方塊的傑克。**7** Ⓒ 《電學》插座《plug 的插入口》。**8** = jackstone.

—*v.t.* 〔十受十副〕用千斤頂撞[頂]起…〈*up*〉.

jáck ín 《*vt adv*》《英俚》停止〈工作等〉。

jáck úp 《*vt adv*》(1) ⇨ *v.t.*. (2) 《口語》擡高〈價格、工資等〉。(3) 《英》丟棄，放棄〈工作、計畫等〉。(4) 《美口語》申斥、責罵〈某人〉。

jack 2

Jack [dʒæk; dʒæk] *n.* 傑克《男子名；John [有時 James, Jacob] 的暱稱》。

jack·al [ˋdʒækɔl; ˈdʒækɔːl] *n.* Ⓒ **1** 《動物》胡狼，豺《非洲、印度產的一種野生狗》。**2** 《源自從前人們相信 jackal 會幫獅子尋找獵物》幫手，走狗，奴才。

jackal 1

jack·a·napes [ˋdʒækəˏneps; ˈdʒækəneips] *n.* Ⓒ (*pl.* ~) [常用單數] **1** (如猿猴般)無禮的[不規矩的]傢伙；自負的人。**2** 頑皮的兒童。**3** 《古》猴；猿。

jáck·àss *n.* Ⓒ **1** 雄驢(cf. donkey). **2** 笨蛋，蠢貨，呆子。**3** 《澳》= laughing jackass.

jáck·bòot *n.* **1** Ⓒ **a** (十七至十八世紀騎兵所用的長及膝蓋下的)馬靴。**b** (漁夫等的過膝)長靴。**2** [**the** ~] 强制[高壓]手段。

jackboots 1 a

jáck·dàw *n.* Ⓒ 《鳥》穴烏，寒鴉《以其吵鬧叫聲和盜癖著名；⇨crow[2]【說明】》。

jack·e·roo, jack·a·roo [ˏdʒækəˋru; ˏdʒækəˈruː] 《源自澳洲語》 **—***n.* Ⓒ (*pl.* ~**s**) 牧羊站僱用之無經驗之新手。

—*v.i.* **1** 在牧羊站當新手。**2** 過無憂無慮的流浪生活。

***jack·et** [ˋdʒækɪt; ˈdʒækit] *n.* Ⓒ **1 a** (有袖的)短外衣，夾克《比 coat 短的男女外衣；通常指長及臀部，前面開口，有袖，可與西裝褲搭配的上衣》：⇨Norfolk jacket, Eton jacket, dinner jacket. **b** 穿在上半身的任何衣着：⇨ life jacket, straitjacket.

jackdaw

2 (如外衣般地)覆蓋於上面之物，包覆物：**a** (防止引擎等過熱的)水套，冷水筒管。**b** (砲身等的)套子。**c** (書籍的)封面套子《★ 比較 cover 是封面》。**d** (平裝書的)封面紙《在書的兩邊緣摺向內側的封面包裝紙》；(小冊子、目錄等的)封面。**e** 《美》(裝文件等的)未加封的信封，公文卷宗。**f** 《美》(唱片的)外套(《英》sleeve). **3** 馬鈴薯的皮《★ 常用於下列片語》：potatoes boiled *in* their ~*s* 連皮煮的馬鈴薯。**4** (動物的)毛皮。**5** 鍋爐的水箱。

—*v.t.* 〔十受〕 **1** 給〈某人〉穿上短外衣。**2** 包覆…；加書套於〈書〉。**3** 《俚》給…穿上緊身衣不使動彈。

Jáck Fróst *n.* 霜，嚴寒《擬人化；cf. General Winter》：before ~ comes 在嚴寒來臨之前。

jáck-in-a-bòx *n.* Ⓒ (*pl.* **jacks-in-a-box**) = jack-in-the-box.

jáck-in-òffice *n.* Ⓒ (*pl.* **jacks-in-office**) 自命不凡的小官僚；擺架子的小職員。

jáck-in-the-bòx *n.* [有時 **J**~] Ⓒ (*pl.* ~·**es**, **jacks-in-the-box**) 玩偶盒《打開盒蓋即跳出一個玩偶的玩具盒》。

Jáck Kétch [-ˋkɛtʃ; -ˈketʃ] *n.* Ⓒ 《英》執行絞刑者；劊子手。

jáck·knìfe *n.* Ⓒ **1** 水手刀，大摺刀《作得堅固的大型摺合小刀》。**2** (又作 **jácknife dìve**) 《游泳》鐮刀式跳水《跳水者在空中向前拱腰如蝦再落水的一種花式跳水》：do a ~ 做鐮刀式跳水。

—*v.t.* **1** 用水手刀切[捅，殺]…。**2** 把…弄彎。

—*v.i.* **1** (做鐮刀式跳水時)拱腰，屈身。**2** 〈拖車或鐵路列車等〉(因失去控制在連結處)折彎(呈九十度以下的角度)。

jack-in-the-box

jàck-of-áll-tràdes *n.* [有時 **J**~] Ⓒ (*pl.* **jacks-of-all-trades**) 萬能先生，萬事通(cf. jack 1).

jack-o'-lan·tern [ˋdʒækəˏlæntɚn; ˈdʒækəˌlæntən] *n.* [有時 **J**~] Ⓒ (*pl.* ~**s**) **1** 鬼火，磷火(will-o'-the-wisp). **2** 南瓜燈。

【說明】在美國 Halloween (萬聖節前夕)使用；通常把橙黃色的大南瓜(pumpkin)裡面挖空並雕出眼、鼻、口成人面，天黑後在裡面點蠟燭擺在窗邊等處。

jáck·pòt *n.* Ⓒ **1 a** (bingo, slot machine 等的)累積賭注[獎金]。**b** (於有獎問答因無人答對而累積的)鉅額獎金。**2**《口語》(意外的)中大獎，中頭彩，大成功。**3**《紙牌戲》(撲克牌戲的)累積賭注。

hít the jáckpot (1)贏得累積賭注[獎金]。(2)《口語》中大獎；獲得大成功。

jack-o'-lantern 2

jáck·ràbbit *n.* Ⓒ《動物》傑克兔《產於北美西部的長耳大野兔》。

Jáck Róbinson *n.* ★用於下列成語。

befôre you can sây Jáck Róbinson《口語》刹那間，轉瞬間；突然。

jáck·scrèw *n.* Ⓒ螺旋千斤頂。

jáck·snìpe *n.* Ⓒ《鳥》**1** (歐、亞洲產的)小鷸。**2** 美洲產的紋胸濱鷸。

jackrabbit

Jack·son [ˋdʒæksn; ˈdʒæksn], **Andrew** *n.* 傑克遜《1765−1845；美國第七位總統(1829−37)》。

Jack·so·ni·an [dʒækˋsonɪən; dʒækˈsounjən, -niən] *adj.* (美國第七位總統)傑克遜(Jackson)的；與傑克遜有關的。
—n. Ⓒ傑克遜的追隨者。

jáck·stòne *n.* **1** Ⓒ小石或小金屬塊《遊戲用》。**2** [~s；當單數用]一種拋石遊戲《使用 jackstone》。

jáck-tár *n.* [常 J~]Ⓒ水手，水兵。

Jáck the Rípper *n.* 開膛手傑克《在英國倫敦一個不明身分的殺人狂；在 1888 年至少殺死七名妓女》。

jáck tòwel *n.* Ⓒ兩端連接掛在滾筒上用以擦手之長毛巾，環狀毛巾。

Ja·cob [ˋdʒekəb; ˈdʒeikəb] *n.* **1** 雅各《男子名》。**2**《聖經》雅各《以撒(Isaac)的次子，亞伯拉罕(Abraham)之孫》。

Jac·o·be·an [ˏdʒækəˋbiən; ˌdʒækəˈbi:ən] **«**源自 James的拉丁文**»** **—adj.** 英國國王詹姆斯一世(James I)時代(1603−25)的。
—n. Ⓒ詹姆斯一世時代的人《作家、政治家等》。

Jac·o·bin [ˋdʒækəbɪn; ˈdʒækəbin] *n.* Ⓒ**1** (法國的)道明會修士(Dominican friar)。
2 雅各賓黨黨員《法國大革命時激進的共和主義政黨黨員；因在巴黎(Paris)的道明會修道院聚會而得名；cf. sansculotte》。
3 激進派政治家，具有破壞性的改革家。

Jác·o·bin·ism [-ˏnɪzəm; -nizəm] *n.* Ⓤ**1** 雅各賓主義。**2** (政治上的)激進主義。

Jac·o·bite [ˋdʒækəˏbaɪt; ˈdʒækəbait] *n.* Ⓒ，*adj.* (英王)詹姆斯二世(James II)之擁護者(的)；斯圖亞特(Stuart)王室之支持者(的)。

Jácob's ládder *n.* Ⓒ**1**《聖經》雅各在夢中所見的登天梯子《★ 出自聖經「創世記」》。**2**《航海》繩梯(rope ladder)。

Ja·cuz·zi [dʒəˋkuzɪ; dʒəˈku:zi] *n.* Ⓒ《商標》**1** 按摩浴缸《一種裝有調溫器，以溫水循環時所產生旋渦和氣泡揉鬆筋骨的洗澡設備；與三溫暖、網球場多見於美國加州南部》。**2** 按摩浴。

jade[1] [dʒed; dʒeid] *n.* **1** Ⓤ[指寶石個體時爲Ⓒ]翡翠，玉。**2** (又作 **jáde gréen**)Ⓤ翡翠色《從青綠到黃綠的各種綠色》。
—adj. **1** 以翡翠作的。**2** 翡翠色的，綠色的。

jade[2] [dʒed; dʒeid] *n.* Ⓒ**1** (被苛酷地驅使而)疲憊不堪的馬，駑馬，老馬，瘦馬。**2**《輕蔑・謔》名譽不好的女人；水性楊花的女人。

jád·ed *adj.* **1** 〈人、表情等〉疲憊不堪的；因苦惱而憔悴的。**2** 厭倦的：a ~ appetite 吃膩了的胃口。

jae·ger [ˋjegɚ, ˋdʒe-; ˈjeigə] *n.* Ⓒ《鳥》賊鷗。

jaf·fa [ˋdʒæfə; ˈdʒæfə] *n.* [常 J~]Ⓒ雅法橘《以色列產的一種大型柑橘》。

jag[1] [dʒæg; dʒæg] *n.* Ⓒ (岩石等的)尖銳的突出；(鋸齒形的)缺口。**—v.t.** (**jagged**；**jag·ging**)**1** 在…刻上缺口。**2** 把…撕裂成鋸齒形。

jag[2] [dʒæg; dʒæg] *n.* Ⓒ《俚》**1** (酒或藥物所引起的)醉：*on* a ~ 醉的。**2** 酒宴，(喝酒)喧鬧。

jag·ged [ˋdʒægɪd; ˈdʒægid] *adj.* (~·er；~·est)〈岩石等〉鋸齒狀的，有缺口的。~·**ly** *adv.* ~·**ness** *n.*

jag·gy [ˋdʒægɪ; ˈdʒægi] *adj.* (**jag·gi·er**；**-gi·est**)=jagged.

jag·uar [ˋdʒægwɑr; ˈdʒægjuə, -gwə] *n.* Ⓒ《動物》美洲虎《中、南美產》。

jai·a·lai [ˋhaɪˏlaɪ, ˋhaɪəˏlaɪ; ˈhailai, ˈhaiəlai] **«**源自西班牙語**»** **—n.** Ⓤ回力球《一種類似手球(handball)的球類運動；主要風行於西班牙、拉丁美洲》。

***jail** [dʒel; dʒeil] **«**源自拉丁文的「檻」之義**»** **—n.**《★拼法《英》正式拼作 gaol》**1** Ⓒ拘留所；監牢，牢獄《在美國尤指拘留未判決的囚犯或犯小罪的囚犯的拘留所》。**2** Ⓤ拘留；下獄，監禁；監獄生活：be in ~ 被拘留；在獄中，在服徒刑/put a person in ~ 使某人下獄/be sent to ~ 被送往拘留所[監獄]/break [escape from] ~ 越獄。
—v.t. [+受]使〈某人〉下獄；拘留…。

jaguar

jáil·bìrd *n.* Ⓒ《口語》**1** 慣犯。
2 囚犯；有前科的人。

jáil·brèak *n.* Ⓒ越獄。

jáil delìvery *n.* Ⓒ(尤指使用暴力的)釋放囚犯，劫獄。

jáil·er, jáil·or [-lɚ; -lə] *n.* Ⓒ(拘留所、監獄的)看守，獄卒，獄吏。

Jain·ism [ˋdʒaɪnɪzəm; ˈdʒeinizəm, ˈdʒai-] *n.* Ⓤ耆那教《於紀元前六世紀左右在印度興起的二元論禁慾主義宗教》。

Ja·kar·ta [dʒəˋkɑrtə; dʒəˈkɑ:tə] *n.* 雅加達《印尼共和國的首都》。

jake [dʒek; dʒeik] *adj.*《美俚》可以的，好的，令人滿意的：It's ~ with me. 我很滿意。

JAL [dʒæl; dʒæl]《略》Japan Air Lines 日本航空公司，日航。

jal·ap [ˋdʒæləp; ˈdʒæləp] *n.* Ⓤ **1**《植物》(墨西哥產之)球根牽牛。**2** 瀉根《球根牽牛之球根，用作瀉藥》。

ja·lop·y [dʒəˋlɑpɪ; dʒəˈlɔpi] *n.* Ⓒ《口語・謔》破舊的[老爺]汽車[飛機]。

jam[1] [dʒæm; dʒæm] *n.* Ⓤ **1** 果醬：bread and ~ [ˋbrɛdṇ-; ˈbredṇ-] 塗有果醬的麵包。

【說明】被用作果醬材料的主要水果有草莓(strawberry)，杏(apricot)，黑莓(blackberry)，李(plum)，蔗莓(raspberry)等。

2《英俚》愉快[輕鬆]的事：real ~ 很快樂的事；很輕鬆的工作。

móney for jám ⇨ money.

jam[2] [dʒæm; dʒæm] (**jammed**；**jam·ming**) *v.t.* **1 a** [+受+介+(代)名]〈人〉把〈物、人〉(滿滿地)塞入，强行擠入[往狹窄處][*into*]：~ various things *into* a box 把種種東西塞入箱內。**b** [+受+副]把〈人、物〉擠[塞]入〈*in*〉：I was *jammed* ***in.*** 我被擠進去。**c** [+受+副]把〈人、物〉擠在一起[擠入一處]〈*together*〉.
2 [+受+介+(代)名][在…]夾住，擠傷〈手指等〉[*in*]：~ one's finger ***in*** the door 在門縫中壓傷手指/get one's finger *jammed in* the door 手指被門夾住。
3 a [+受+副]壓緊，擠緊…〈*on, down*〉：~ ***on*** the brakes=~ the brakes *on* 用力踩煞車/~ ***down*** the accelerator 踩緊油門。**b** [+受(+副)+介+(代)名][往…]用力放，壓緊〈物〉〈*down*〉[*on*]：He *jammed* the receiver ***down on*** the cradle. 他把聽筒猛力往支架上放下。
4 [+受]堵塞〈場所〉《★ 常用被動語態，介系詞爲 *by, with*》：The traffic *was* completely *jammed* ***by*** the crowd. 交通完全被人羣阻塞了/The street *was jammed* ***with*** people. 街道擠滿了人。
5 [+受]使〈機械(的某部分)〉發生故障[卡住]：Rough use will ~ the typewriter keys. 粗魯地使用，將會使打字機的鍵卡住。
6 [+受]《無線》(發出週率接近的電波)干擾〈廣播、訊號〉。
—v.i. **1 a** [+介+(代)名]塞滿，擠進[狹窄處][*into*]：We *jammed* ***into*** the elevator. 我們擠進電梯。**b** [+副]〈人、物〉擁塞〈*together*〉.
2 〈機械等〉(因有物阻塞而)不能動，卡住：The door has *jammed.* 門卡住了/His rifle has *jammed.* 他的來復槍(裝置)發生故障了。
3《口語》《爵士樂》即興地演奏。
—n. Ⓒ **1** 擁擠，擁塞，混雜：a traffic ~ 交通癱瘓[阻塞]。
2 (機械的)故障，停止。
3《口語》困境，困難：be in [get into] a ~ 處於[陷入]困境。
4 (又作 **jám sèssion**)《口語》即興爵士樂演奏會。

Jam.《略》Jamaica；《聖經》James.

Ja·mai·ca [dʒəˋmekə; dʒəˈmeikə] *n.* 牙買加《在西印度羣島(West Indies)，爲英聯邦內的一個獨立國家；首都京斯敦(Kingston [ˋkɪŋstən; ˈkiŋstən])》.

Ja·mai·can [dʒəˋmekən; dʒəˈmeikən] **«**Jamaica 的形容詞**»** **—adj.** 牙買加島的。
—n. Ⓒ牙買加島的人。

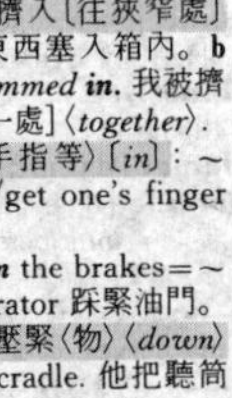

jamb 1

jamb [dʒæm; dʒæm] *n.* Ⓒ **1**《建築》(門口、窗

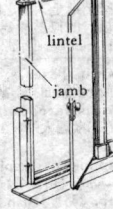

等的)側柱，邊框(cf. doorjamb)．**2** (壁爐兩側的)石壁。

jam·ba·lay·a [ˌdʒʌmbəˈlaɪə; ˌdʒʌmbəˈlaiə] *n.* **1** Ⓒ[當作菜名時爲Ⓤ]醬巴辣牙《加火腿、蝦、香腸、洋葱、香料等煮成的什錦飯；爲生長於西印度羣島和西屬美洲的歐洲人後裔克里奧人(Creole)的菜》。**2** Ⓒ《口語》(各種東西之)混合物。

jam·bo·ree [ˌdʒæmbəˈri; ˌdʒæmbəˈri:] *n.* Ⓒ **1** 歡樂的喧鬧[聚會，宴會]。**2 a** (政黨、社團等熱鬧活動的)有餘興節目的大集會。**b** 童子軍大會《尤指全國性、國際性的童子軍大會；cf. camporee》。

James [dʒemz; dʒeimz] *n.* **1** 詹姆斯《男子名；暱稱 Jim, Jimmy, Jimmie》。**2** [St. ~]《聖經》**a** (聖)雅各《耶穌十二使徒之一，爲西庇太(Zebedee)之子；★ 常稱爲 St. James the Greater(大雅各)以與義 2b 的 St. James 區別》。**b** (聖)雅各《耶穌十二使徒之一；★ 常稱爲 St. James the Less(小雅各)以與義 2a 的 St. James 區別》。**3**《聖經》雅各書(The General Epistle of James)《聖經新約中的一書；略作 Jam.》。

James I 詹姆斯一世(1566–1625)《斯圖亞特(Stuart)王室中的第一代英國國王(1603–25)，又以詹姆斯六世之稱號爲蘇格蘭王(1567–1625)；欽定本聖經(Authorized Version)在其統治期間完成；★讀法 James the first》。

James II 詹姆斯二世(1633–1701)《英國國王，又以詹姆斯七世之稱號爲蘇格蘭王(1685–88)；因光榮革命被黜王位而流亡法國；★讀法 James the second》。

James·town [ˈdʒemzˌtaʊn; ˈdʒeimztaun] *n.* 詹姆斯敦《美國維吉尼亞(Virginia)州詹姆斯(James)河口的一個廢村；北美最早的英國人定居地(1607)》。

jam·my [ˈdʒæmɪ; ˈdʒæmi] «jam[1] 的形容詞» —*adj.* (**jam·mi·er**; **-mi·est**) **1** 塗著果醬的；黏乎乎的。**2**《英口語》**a** 容易的。**b** 極爲幸運的，運氣非常好的。

jám-pácked *adj.*《口語》**1** 塞緊的，擠滿的：a ~ train 擠得透不過氣的火車。**2** [不用在名詞前][十介十(代)名]擠滿，塞滿[…]的[*with*]：The hall was ~ ***with*** people 會堂擠滿了人。

jám sèssion *n.* Ⓒ《美俚》搖滾爵士音樂之非正式演奏會；一羣演奏者爲自己舉行的非正式音樂會。

Jan.《略》January.

Jane [dʒen; dʒein] *n.* **1** 珍《女子名；暱稱 Janet, Jenny》。**2** [j~] Ⓒ《美俚》女人，少女。

Jáne Dóe *n.* ⓊⒸ《法律》甲方《在判決書等對身分不明女子所使用的假想名；cf. John Doe 1b》。

Jan·et [ˈdʒænɪt; ˈdʒænit] *n.* 珍妮特《女子名》。

jan·gle [ˈdʒæŋgl; ˈdʒæŋgl] *v.i.* **1** (鈴、金屬碰擊)發出刺耳的聲音：~ *on* a person's ears 刺激某人的耳朵《使某人的耳朵不舒服》。**2** 吵鬧地說，叫嚷；爭吵[口角]。
—*v.t.* **1** 亂鳴〈鐘等〉。**2** 使〈神經〉極度地焦躁：The noise ~*d* my nerves. 那噪音刺激我的神經[擾得我十分煩躁]。
—*n.* Ⓤ **1** (鐘等的)亂鳴，刺耳的噪音；喧鬧。**2** 吵架，口角，爭論。**ján·gler** *n.*

Jan·ice [ˈdʒænɪs; ˈdʒænis] *n.* 珍妮絲《女子名》。

jan·is·sa·ry [ˈdʒænəˌsɛrɪ; ˈdʒænisəri], **jan·i·za·ry** [ˈdʒænəˌzɛrɪ; ˈdʒænizəri] *n.* Ⓒ **1** 古土耳其王之近衛步兵。**2** 土耳其兵。**3** 壓迫者之爪牙。

jan·i·tor [ˈdʒænətɚ; ˈdʒænitə] *n.* Ⓒ **1** 管門者，看門者(doorkeeper)．**2**《美》(大樓等的)管理員。

jan·i·tress [ˈdʒænətrɪs; ˈdʒænətris] *n.* Ⓒjanitor 之女性。

‡**Jan·u·ar·y** [ˈdʒænjʊˌɛrɪ; ˈdʒænjuəri] «源自拉丁文「門神 Janus 之月」之義»—*n.* 一月(略作 Jan., Ja.)：*in* ~ 在一月/*on* ~ 5＝*on* 5 ~ ＝*on* the 5th of ~ 於一月五日。

【說明】上例《美》一般寫作 January 5,《英》寫作 5 January；January 5《美》讀作 January (the) fifth, January five,《英》讀作 January (the) fifth; 5 January《美》讀作 five January《英》讀作 the fifth of January；⇨date[1]【說明】
【字源】此字的意思是獻給羅馬神話中的堅納斯(Janus)之月。堅納斯是天國之門的守護神，因其有兩副面孔，一看前、一看後，所以被認爲適合於送舊年、迎新年的第一個月之名；cf. December【字源】

Ja·nus [ˈdʒenəs; ˈdʒeinəs] *n.*《羅馬神話》堅納斯《門神，頭部有前後兩副面孔；掌管事物的開始和結束，並守護天國之門》。

Jánus-fáced *adj.* **1** (如 Janus 似地)有兩副面孔的。**2** 懷二心的，欺騙人的。**3** 同時朝兩個相反方向看的，有兩個截然不同方面的。

Jap [dʒæp; dʒæp]《輕蔑》*n.* Ⓒ日本人。
—*adj.* [用在名詞前]日本(人)的。

Jap.《略》Japan；Japanese.

ja·pan [dʒəˈpæn; dʒəˈpæn] «源自 Japan» —*n.* Ⓤ **1** 漆(lacquer)．**2** 漆器。—*v.t.* (**ja·panned**; **ja·pan·ning**)在…上塗漆，以漆塗使…光亮。
—*adj.* (塗有)漆的，漆器的。

Janus

‡**Ja·pan** [dʒəˈpæn, dʒæ-; dʒəˈpæn] «源自中文»—*n.* 日本。
the Séa of Japán 日本海。

【字源】威尼斯出生的義大利著名旅行家馬可波羅(Marco Polo)旅行東方歸國後，寫了「東方見聞錄」。書中介紹日本爲黃金之國(Chipangu)．可能中文的「日本」(Jih-pûn)在他聽來是如此。據說這種發音就演變成英語的 Japan.

Japán Cúrrent *n.* [the ~]日本海流，黑潮《自赤道附近沿日本本州太平洋岸北上的暖流》。

‡**Jap·a·nese** [ˌdʒæpəˈniz; ˌdʒæpəˈni:z←] «Japan 的形容詞»—*adj.* **1** 日本的：a ~ lantern 日本燈籠[提燈]/~ paper 日本紙。**2** 日本人的，日語的：the ~ language 日語。
—*n.* (*pl.* ~) **1** Ⓒ日本人：a ~(一個)日本人/the ~ 日本人(全體)《★ 當複數用》。**2** Ⓤ日語。

Japanése-Américan *adj.* 日美(間)的；日裔美國人的。
—*n.* Ⓒ日裔美國人《★ 相關用語 移居美國的日本人第一代稱爲 Issei(一世)，其子稱爲 Nisei(二世)，孫稱爲 Sansei(三世)》。

【說明】從 1868 年開始，日本人以夏威夷砂糖農園的勞工身分遷往美國，1885 年以後則有正式移民取代中國人作爲廉價的勞動力遷往美國本土。1924 年日本人被禁止移居美國。太平洋戰爭開始後，日本移民被逐出西海岸各州，進入強制收容所。但第二代日裔美國人部隊對美國的忠誠在戰後獲得好評，並以其向上心和忍耐力躋身美國的中層社會。日裔美國人在夏威夷和加州最多，各住有二十二萬人左右；cf. Nisei【說明】

Jápanese béetle *n.* Ⓒ日本甲蟲《從日本傳到美國，使農作物遭受很大損害》。

Jápanese persímmon *n.* **1** Ⓒ《植物》柿子(樹)。**2** Ⓒ[當作食物時爲Ⓤ]柿子(果實)。

Jápanese quínce *n.* Ⓒ《植物》日本榲桲，貼梗海棠(果)。

Jápanese ríver fèver *n.* Ⓤ《醫》日本河熱病，恙蟲病《因被恙蟲所刺而產生的一種日本特有的熱病》。

Jap·a·nesque [ˌdʒæpəˈnɛsk; ˌdʒæpəˈnesk←] *adj.* 日本式[風格，風味，作風]的。

Já·pan·ìsm [-nˌɪzəm; -nizəm] *n.* **1 a** ⓊⒸ日本(人)的特質；日本語法。**b** Ⓤ日本風格。**2** Ⓤ日本崇拜；日本精神。

Jap·a·nize [ˈdʒæpəˌnaɪz; ˈdʒæpənaiz] *v.t.* 使…成日本式，使…日本化。—*v.i.* 成日本式，日本化。**Jap·a·ni·za·tion** [ˌdʒæpənɪˈzeʃən, -naɪˈz-; ˌdʒæpənaiˈzeiʃn, -niˈz-] *n.*

Jap·a·nol·o·gy [ˌdʒæpəˈnɑlədʒɪ; ˌdʒæpəˈnɔlədʒi] *n.* Ⓤ日本學《對日本事物的科學式的研究》。

japán wàre *n.* Ⓤ漆器。

jape [dʒep; dʒeip]《文語》*n.* Ⓒ **1** 戲謔，揶揄。**2** 玩笑；嘲弄，愚弄。—*v.i.* **1** 戲謔，揶揄。**2** 開玩笑，嘲弄，愚弄。

Jap·lish [ˈdʒæplɪʃ; ˈdʒæpliʃ] «*Jap*anese 和 Eng*lish* 的混合語»—*n.* Ⓤ **1** 亂混英語的日本語。**2** (在發音、語法等方面)日語式的英語。

ja·pon·i·ca [dʒəˈpɑnɪkə; dʒəˈpɔnikə] *n.* Ⓒ《植物》日本特產的植物《山茶(camellia)、日本榲桲(Japanese quince)等》。

‡**jar[1]** [dʒɑr; dʒɑ:] «源自阿拉伯語「土器」之義»—*n.* Ⓒ **1** (大口)瓶，壺，甕《★ 比較 不包括大口熱水瓶》：a jam ~ 果醬瓶[容器]。**2** 一瓶[一壺，一甕](之量)[*of*]。

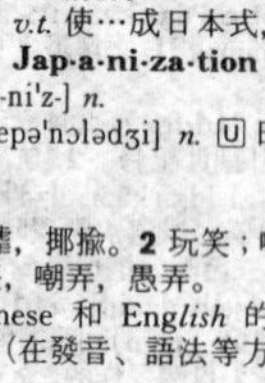

jars[1] 1

jar[2] [dʒɑr; dʒɑ:] «擬聲語»—(**jarred**; **jar·ring**) *v.i.* **1 a** (咯吱咯吱地)發出輾軋聲；嘎嘎地震動，吱嘎吱嘎地搖晃。**b** [十介十(代)名](作軋轢聲)衝擊[在…之上][*against*, *on*]：The iron gate *jarred* ***against*** the wall. 那鐵門打在牆壁上發出軋轢聲。
2 [十介十(代)名]刺激[耳朵，神經]，使[耳朵，神經]不舒服[*on*, *upon*]：The noises *jarred* ***on*** [***upon***] me [*on* my ears, *on* my nerves]. 那些噪音使我[我的耳朵，我的神經]不舒服。
3 [十介十(代)名] **a** 〈陳述、行動等〉[與…]衝突；分歧，齟齬；〈顏色等〉[與…]不調和[*with*]：His view always ~*s* ***with*** mine. 他的見解總是和我的相左。**b** [與…]爭論[*at*]：~ ***at*** each other 互相爭論。
—*v.t.* **1** 使…(軋軋、嘎嘎)震動：His heavy footsteps *jarred*

the table. 他的沈重脚步使桌子嘎嘎震動。**2** (以突然的打擊等)使〈人〉受驚嚇，給與〈人〉刺激《★ 常用被動語態》：She *was jarred* by her mother's death. 她因母親去世而受到刺激。

—n. Ⓒ **1** (刺激神經的)軋轢聲，(刺耳的)雜音。**2** 激烈的震動，衝擊；(對於身體、精神的)刺激，衝擊。**3** (意見等的)不調和，衝突，齟齬。

jar³ [dʒar; dʒɑ:] *n.* ★用於下列片語。**on (the) jár** 〈門〉半開半掩(ajar).

jar·ful [ˈdʒarˌful; ˈdʒɑ:ful] *n.* Ⓒ (*pl.* ~s)一瓶[一壺，一甕](之量)〔*of*〕.

jar·gon [ˈdʒargən; ˈdʒɑ:gən] *n.* ⓊⒸ **1** (普通人所不能理解的)專門術語，只在某行業通用的話，行話，隱語；摻雜很多專門術語的話：critics' ~ 批評家用語/business [medical] ~ 商業[醫學]術語。**2 a** 難懂的話，莫名其妙的話；夢話。**b** 怪異粗俗的方言；(未開化民族等的)土語。

—v.i. 說令人難懂的話，用令人難懂的言語說話。

jar·ring [ˈdʒarɪŋ; ˈdʒɑ:riŋ] *adj.* **1** 〈聲音等〉刺耳的，刺激神經的。**2** [用在名詞前]分岐的，齟齬的〈意見等〉；不調和的〈顏色等〉。

Jas. 《略》James.

jas·mine [ˈdʒæsmɪn; ˈdʒæsmin] *n.* **1** Ⓤ [指個體時爲Ⓒ]《植物》茉莉，素馨《印度原產的常綠灌木；其花用以製香水》。**2** Ⓤ茉莉香水。

jasmine 1

jásmine téa *n.* Ⓤ茉莉花茶。

Ja·son [ˈdʒesn; ˈdʒeisn] *n.* **1** 傑森《男子名》。**2** 《希臘神話》傑生《率領亞哥號人員(Argonauts)尋得「金羊毛」(the Golden Fleece)的勇士；cf. Argonaut》.

jas·per [ˈdʒæspɚ; ˈdʒæspə] *n.* Ⓤ [指寶石個體時爲Ⓒ]《礦》碧玉《含有不純物的一種石英；用做寶石》；墨綠色。

ja·to [ˈdʒeto; ˈdʒeitou] 《源自 *j*et-*a*ssisted *t*ake *o*ff 的頭字語》**—n.** Ⓒ噴射輔助起飛《cf. RATO》.

jaun·dice [ˈdʒɔndɪs; ˈdʒɔ:ndis] *n.* Ⓤ **1** 黃疸。**2** 妒羨，不滿，偏見。

jáun·diced *adj.* **1** 患黃疸病的。**2** 妒羨的，不滿的，有偏見的：take a ~ view of ... 對…持偏頗的看法[懷偏見]。

jaunt [dʒɔnt; dʒɔ:nt] *n.* Ⓒ《口語》(近距離的)遠足，徒步旅遊：a weekend ~ 週末小旅行。**—v.i.** 遠足，徒步旅遊。

jáunt·ing càr *n.* Ⓒ(愛爾蘭的)一種輕巧雙輪馬車《車夫後面有兩排背靠背向側方的坐椅，可坐四個人》。

jaun·ty [ˈdʒɔntɪ; ˈdʒɔ:nti] *adj.* (**jaun·ti·er**; **-ti·est**) **1 a** 〈人、態度等〉(似)快活[爽朗]的。**b** 精神抖擻的，活潑的；裝派頭的，做作的：his hat cocked at a ~ angle 他的帽子做作地歪戴着。**2** 帥的，時髦的。**jáun·ti·ly** [-təlɪ; -tili] *adv.* **-ti·ness** *n.*

Jav. 《略》Java；Javanese.

Ja·va [ˈdʒavə; ˈdʒɑ:və] *n.* **1** 爪哇《印尼共和國的主要島嶼；首都雅加達(Jakarta)》。**2** Ⓤ**a** 爪哇產的咖啡。**b** [常 j~]《美俚》咖啡。

Jáva màn *n.* Ⓤ《人類學》爪哇原人《1891 年在爪哇被發現其化石的古代人》。

Ja·van [ˈdʒavən; ˈdʒɑ:vən] *adj.*, *n.* = Javanese.

Ja·va·nese [ˌdʒævəˈniz; ˌdʒævəˈni:z˜] 《Java 的形容詞》**—adj.** **1** 爪哇的。**2** 爪哇島人的；爪哇語的。

—n. (*pl.* ~) **1** Ⓒ爪哇島人。**2** Ⓤ爪哇語。

jav·e·lin [ˈdʒævlɪn; ˈdʒævlin] *n.* **1** Ⓒ標槍(⇨lance【同義字】)。**2** (又作 **jávelin thròw·(ing)**) [**the** ~]《運動》標槍。

***jaw** [dʒɔ; dʒɔ:] *n.* **1** Ⓒ頷，顎《包括牙齒的上顎或下顎》：the lower [upper] ~ 下[上]顎/a square ~ 方形顎/He dropped his ~. 他(吃驚而)張開嘴巴。**2** [~s] (動物的)嘴《包括上下顎骨和牙齒》。**3** [~s] **a** (山谷或海峽之)狹窄的入口。**b** (鉗子、夾子等工具的)夾東西的部分，鉗口。**c** 受到死亡等之威脅的狀態，險境：*into* [*out of*] the ~*s* of death 陷入[脫離]死地。

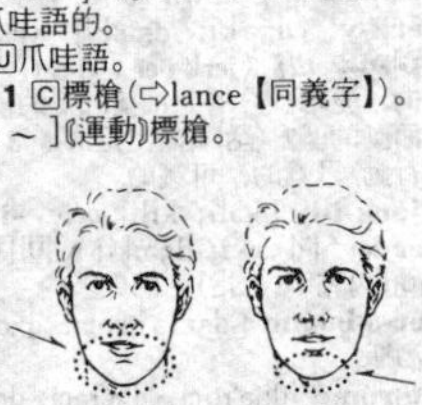
jaws 2　　chin

4 ⓊⒸ《口語》(無用的)喋喋不休，閒聊，說廢話；訓誡：Hold [Stop] your ~！不要講話！住口！

—v.i. 《口語》〔動(十介十(代)名)〕〔對人〕喋喋不休，嘮叨，囉唕〔*at*〕.

—v.t. 《口語》〔十受〕對〈人〉講道，訓誡，說教。

ja·wan [dʒəˈwan; dʒəˈwɑ:n] *n.* Ⓒ印度陸軍的士兵。

jáw·bòne *n.* Ⓒ顎骨；(尤指)下顎骨。

jaw·bon·ing [ˈdʒɔˌbonɪŋ; ˈdʒɔ:bouniŋ] *n.* Ⓤ《美俚》施壓力《爲抑制產品價格或工資等所採取的行政干預》。

jáw·brèaker *n.* Ⓒ《口語》**1** 很難發音的[拗口的]字。**2** 《美》硬糖果。

jáw·brèaking *adj.* 《口語》極難發音的，拗口的。

jay [dʒe; dʒei] 《擬聲語》**—n.** Ⓒ **1** 《鳥》樫鳥。**2** 《口語》**a** 愛說話的人。**b** 蠢貨，笨蛋。

jáy·wàlk 《由於 jay (樫鳥)斜跳的習性》**—v.i.** 《口語》無視於交通規則或標誌而穿越街道。

jay 1

~·er *n.*

***jazz** [dʒæz; dʒæz] *n.* Ⓤ **1** 《音樂》**a** 爵士樂。**b** 爵士舞：dance ~ 跳爵士舞。**2** 《俚》**a** 狂噪，興奮；活潑；熱鬧。**b** 大話，牛皮；無聊的話：Don't give me that ~. 別跟我胡扯！不要撒謊！

and áll that jázz 《口語》等等：He likes drinking, dancing, *and all that* ~. 他喜歡喝酒、跳舞等等。

—adj. [用在名詞前] **1** 爵士樂的：a ~ band 爵士樂隊/a ~ fan 爵士迷/~ music 爵士音樂/a ~ singer 爵士歌手。**2** 爵士樂式的，似爵士樂的。**3** (對比强烈的)斑駁的，雜色的。

—v.i. **1 a** 演奏爵士樂。**b** 跳爵士舞。**2** 《俚》表現得快活[有活力]。

—v.t. 〔十受十副〕**1** 把…演奏[編曲]成爵士樂風格〈*up*〉. **2** 《俚》**a** 使〈音樂、社交集會等〉熱鬧，使…活潑[興奮]〈*up*〉：Let's ~ the banquet ***up***, shall we？我們來使這宴會更熱鬧些吧！**b** 把〈裝飾等〉弄得花裏花俏〈*up*〉.

jázz·màn *n.* Ⓒ (*pl.* **-men**)爵士樂演奏家。

jazz·y [ˈdʒæzɪ; ˈdʒæzi] 《jazz 的形容詞》**—adj.** (**jazz·i·er**; **-i·est**)《口語》**1** 似爵士樂的，爵士樂風格的。**2** 狂噪的；有活力的；華麗的，花裏花俏的(flashy).

jázz·i·ly [-zlɪ; -zli] *adv.* **-i·ness** *n.*

J.C. 《略》Jesus Christ; Julius Caesar.

JCS 《略》Joint Chiefs of Staff.

jct(n). 《略》junction.

Je. 《略》June.

jeal·ous** [ˈdʒɛləs; ˈdʒeləs] 《源自拉丁文「熱心」之義；與 zealous 同字源》**—adj.** (**more** ~; **most** ~) **1 a** 嫉妒心重的，善嫉妒的：a ~ lover [husband] 善嫉妒的情人[丈夫]。**b** [不用在名詞前]〔十介十(代)名〕妒羨〔…〕的，嫉妒〔…〕的〔*of*〕：Tom is ~ ***of John's marks. 湯姆嫉妒約翰的成績。**2 a** 謹慎(得幾近猜疑)：watch with a ~ eye 審慎地看守。**b** [不用在名詞前]〔十介十(代)名〕小心翼翼地保護〔權利等〕的；愼防失去〔自己的事物〕的〔*of*〕：~***of*** one's rights 珍惜自己的權利。**~·ly** *adv.*

***jeal·ous·y** [ˈdʒɛləsɪ; ˈdʒeləsi] 《jealous 的名詞》**—n.** **1 a** Ⓤ嫉妒，吃醋；妒忌。

【同義字】jealousy 是嫉妒並憎恨比自己優越的人，是較 envy 屬於個人的感情；envy 是羨慕別人，希望自己也能有別人所擁有的東西。

b Ⓒ (特定的)妒忌，妒忌的行爲[言詞]。**2** Ⓤ審愼的考慮，警覺，警戒心：their ~ *of* entrust*ing* too much power to the State 他們對於交付政府過大權力的警覺。

jean [dʒin, dʒen; dʒein] 《源自中古英語「義大利熱那亞(Genoa)產的(棉布)」之義》**—n.** **1** Ⓤ斜紋布，細紋棉布《運動服，工作服用》。**2** [~s] 斜紋布製的褲子，以厚而粗的斜紋棉布做的褲子；牛仔褲，工作褲，工作裝：a pair of ~*s* 一條牛仔[工作，休閒運動]褲/She was in ~*s*. 她穿着牛仔[休閒運動]褲。

【字源】源於這種斜紋布最初在義大利的熱那亞(Genoa)織造。Genoa 的法語名爲 *Génes*, jene fustian (熱那亞之布)，後來被省略成此字。

十九世紀中葉時在美國這種衣服被當作勞動裝，後來卻變成年輕人的時髦裝。

Jean [dʒin; dʒi:n] *n.* **1** 琴《女子名》。**2** 傑《男子名》。

Jeanne d'Arc [ʒɑnˈdark; ʒɑ:nˈdɑ:k] *n.* ⇨Joan of Arc.

jeep [dʒip; dʒi:p] *n.* Ⓒ吉普車《一種輕便而高效率的小型汽車；商標名 Jeep》：by ~ 搭吉普車《★ 無冠詞》。

【字源】第二次世界大戰中，美國軍隊使用的小型四輪萬能車，取 *g*eneral-*p*urpose car (萬能車)的首字母而稱作 G.P. [ˈdʒiˈpi; ˈdʒi:pi:] 後來發音變成爲 [dʒip; dʒi:p]. 這和漫畫中登場的動物叫聲 jeep 聯想起來，而拼成 jeep.

jee·pers [ˈdʒipɚz; ˈdʒi:pəz] *interj.* [表示驚訝、强調等]《美》哎呀！嘿！咦！欸！

jeer [dʒɪr; dʒiə] *v.i.* 〔動(十介十(代)名)〕嘲笑，瞧不起〔人，事，物〕〔*at*〕.

—*v.t.* 嘲弄，揶揄，奚落〈人等〉。

—*n.* Ⓒ嘲笑，嘲弄，揶揄。

jéer·ing·ly [ˋdʒɪrɪŋlɪ; ˈdʒiəriŋli] *adv.* 嘲弄地，揶揄地，瞧不起地。

Jef·fer·son [ˋdʒɛfɚsn̩; ˈdʒefəsn], **Thomas** *n.* 哲斐遜《1743–1826；美國獨立宣言的起草人及第三位總統(1801–9)》.

Jefferson

Jef·fer·so·ni·an [ˏdʒɛfɚˋsonɪən; ˌdʒɛfəˈsouniən←] «Jefferson的形容詞»—*adj.* Jefferson 派(民主主義)的。

—*n.* ⒸJefferson 的崇拜者。

Jeff·rey [ˋdʒɛfrɪ; ˈdʒefri] *n.* 傑夫瑞《男子名》。

Je·ho·vah [dʒɪˋhovə; dʒiˈhouvə] *n.* **1**〖聖經〗耶和華《聖經舊約中對上帝的稱呼》。**2** 萬能之神(the Almighty).

Jehóvah's Wítnesses *n. pl.* 耶和華的見證人《1870 年在美國成立的一個基督教派；相信耶穌之再度降臨並主張絕對和平主義》。

je·hu [ˋdʒihju; ˈdʒi:hju:] *n.* Ⓒ **1**《俚》出租汽車的司機；出租馬車的車夫。**2**《謔》莽撞的司機或車夫。

je·june [dʒɪˋdʒun; dʒiˈdʒu:n] *adj.*《文語》**1 a** 缺乏營養的。**b**〈土地〉不毛的。**2** 枯燥無味的，缺乏興趣的。**3**《美》不成熟的；小孩子氣的。~·**ly** *adv.* ~·**ness** *n.*

Je·kyll [ˋdʒikl, ˋdʒɛkl; ˈdʒi:kil, ˈdʒekil], **Dr.** *n.* 吉柯博士。

> 【說明】Dr. Jekyll 是史帝文生(R.L. Stevenson)所著「吉柯博士與海德先生」(*The strange Case of Dr. Jekyll & Mr. Hyde*)中的主角。平時爲善良市民的吉柯博士(Dr. Jekyll)，服了自配的藥物之後就會變成兇暴殘忍的海德先生(Mr. Hyde)，服用解毒劑就會恢復本來的面目，但惡性逐漸佔優勢，終於犯了殺人罪。後來他再也無法恢復原來面目，最後自殺身亡。這部作品用象徵的手法表現人的雙重人格。

Jékyll and Hýde 有善惡雙重人格者：He's a real ~ *and Hyde.* 他是個眞正的雙重人格者。

jell [dʒɛl; dʒel] «jelly 的逆成字»—*v.i.* **1** 成膠狀，成膠質。**2**〈計畫、意見等〉定形，明確化：Wait till my plans ~ a bit. 待我的計畫確定些。

—*v.t.* **1** 使…成膠狀[膠質]。**2** 使〈計畫、意見等〉定形[明確]。

jél·lied *adj.* **1** 成膠狀[膠質]的。**2** 塗[覆]以膠的。

Jell-O [ˋdʒɛlo; ˈdʒelou] *n.* Ⓤ《商標》果凍《摻入各種水果而有色、香、味特色的餐後甜點》。

***jel·ly** [ˋdʒɛlɪ; ˈdʒeli] «源自拉丁文「使凍」之義»—*n.* **1 a** Ⓒ[當作菜名「凍子、果凍」時爲Ⓤ]**軟糖，膠質糖果**。**b** Ⓤ膠果醬《把果汁加糖熬成的透明果醬；塗於麪包食用》。**2** Ⓤ[又作 **a** ~]膠狀[似凍子]之物。

béat a person **to** [**ínto**] **a jélly** 痛打某人。

sháke like a jélly《口語》(1)(怕得)直發抖。(2)搖動身體，抱腹《★形容肥胖者大笑》。

—*v.t.* 〔十受〕**1** 使…成膠(狀)。**2** 把…做成膠凍[果子凍]；在…上加膠凍[果子凍]。

—*v.i.* 變[凝固]成膠(狀)，成果子凍。

jélly bèan *n.* Ⓒ **1** 豆狀彩色軟糖。**2** 窩囊廢，懦弱沒有作爲的人。

jélly·fìsh *n.* (*pl.* ~, ~·**es**) **1 a** Ⓒ《動物》海蜇，水母。**b** Ⓤ(當做食品的)海蜇(皮)。**2** Ⓒ《口語》意志薄弱的人。

jem·my [ˋdʒɛmɪ; ˈdʒemi] *n.*, *v.*《英》=jimmy.

Je·na [ˋjenə; ˈjeinə] *n.* 耶拿《德國東部之一城市，1806 年拿破崙大破普魯士軍隊於此》。

je ne sais quoi [ʒənəˏseˋkwa; ˌʒənəseiˈkwɑ:] «源自法語 'I don't know what' 之義»—*n.* Ⓒ難於描述的事物：There is an elegance, a ~, in his air. 他的態度有一種難以描述的優雅/She has a certain ~ that charms everybody. 她有一種無法形容的迷人氣質。

Jen·ghiz [**Jen·ghis**] **Khan** [ˋdʒɛngɪzˋkɑn, ˋdʒɛŋgɪz-; ˈdʒengizˈkɑ:n, ˈdʒeŋgiz-] *n.* =Genghis Khan.

Jen·ner [ˋdʒɛnɚ; ˈdʒenə], **Edward** *n.* 金納《1749–1823；英國醫生；牛痘疫苗的發現者》。

jen·net [ˋdʒɛnɪt; ˈdʒenit] *n.* Ⓒ **1** (西班牙種之)小馬。**2** 雌驢。

Jen·ni·fer [ˋdʒɛnəfɚ; ˈdʒenifə] *n.* 珍妮佛《女子名》。

jen·ny [ˋdʒɛnɪ; ˈdʒeni] «Jenny 的轉借» —*n.* Ⓒ **1** 自動起重機。**2** 紡紗機(spinning jenny).

Jen·ny [ˋdʒɛnɪ; ˈdʒeni, ˈdʒini] *n.* 珍妮《女子名；Jane 的暱稱》。

jeop·ar·dize [ˋdʒɛpɚdˏaɪz; ˈdʒepədaiz] «jeopardy 的動詞»—*v.t.* 使…瀕於危險，置…於險境。

jeop·ar·dy [ˋdʒɛpɚdɪ; ˈdʒepədi] *n.* Ⓤ [常 **in** ~] 危險《★比較 較 danger 爲拘泥》：Their lives were put *in* ~. 他們的生命處於危險中。

Jer.《略》〖聖經〗Jeremiah；Jeremy；Jersey.

jer·bo·a [dʒɚˋboə; dʒə:ˈbouə] *n.* Ⓒ《動物》(阿拉伯、非洲沙漠產的)跳鼠。

jerboa

jer·e·mi·ad [ˏdʒɛrəˋmaɪəd; ˌdʒeriˈmaiəd] *n.* Ⓒ《文語》(漫長的)悲嘆；哀嘆；悲哀的故事。

Jer·e·mi·ah [ˏdʒɛrəˋmaɪə; ˌdʒeriˈmaiə] *n.* **1**〖聖經〗耶利米《希伯來先知》。**2**〖聖經〗**a** 耶利米書(The Book of the Prophet Jeremiah)《聖經舊約中的一書；略作 Jer.》. **b** 耶利米哀歌(The Lamentations of Jeremiah)《聖經舊約中的一書；略作 Lam.》. **3** Ⓒ(對於未來的)悲觀論者。

Jer·e·my [ˋdʒɛrəmɪ; ˈdʒerimi] *n.* 傑瑞米《男子名；暱稱 Jerry》.

Jer·i·cho [ˋdʒɛrəˏko; ˈdʒerikou] *n.*〖聖經〗**1** 耶律哥《巴勒斯坦的一個古城》。**2** Ⓒ遙遠的地方。**Gò to Jéricho!**《口語》滾！滾開！

> 【字源】耶律哥在耶路撒冷(Jerusalem)的東北，約旦河谷中，被當作「與世隔絕的地方，遙遠的地方」之意使用。Go to Halifax [ˋhæləˏfæks; ˈhælifæks]！「到地獄去吧！見鬼去吧！」也是同樣用法。在英格蘭北部的工業城市哈利法克斯，輕微犯罪者也要砍頭，長久實施這樣嚴酷的法律便使人聯想到「地獄」。

***jerk**[1] [dʒɝk; dʒə:k] *n.* **1** Ⓒ**急拉**，急推[扭，撞，拋，擡，停]：give a ~ 拉一把/stop [pull] with a ~ 頓然停止[猛然一拉]。**2 a** Ⓒ(肌肉或關節的)反射作用，痙攣：⇨knee jerk. **b** [**the** ~**s**](因宗教的感動等而引起的手脚、臉等的)痙攣，抽搐。**3** Ⓒ《美俚》阿獃，笨瓜，不懂世故。

—*v.t.* **1 a**〔十受(十副詞(片語))〕使…猝然一動，猛然拉[推，撞，扭]…，急拋…：~ *out* a jackknife 猛抽出一把水手刀/They ~*ed* him *up into* the boat. 他們把他往小船(裏面)猛推[拉]上去。**b**〔十受十補〕急動[推，撞，扭]…〈使成…的狀態〉：~ a window open 把窗戶猛然推開。

2〔十受十副〕突然說出…〈*out*〉：He ~*ed* **out** an insult at me. 他突然破口對我惡言辱罵。

3《美口語》(在出售汽水、點心等食品之櫃台)備置，供應〈汽水、冰淇淋等〉。

—*v.i.* **1 a**〔動(十副詞(片語))〕急動，喀噔喀噔地顚簸而行；抽搐：Our wagon ~*ed along* [*to* a stop]. 我們的馬車喀噔喀噔地顚簸而行[頓然停下]。**b**〔十補〕急動而成〈…的狀態〉：The door ~*ed* open. 門突然開了。**2** 結結巴巴地[上氣不接下氣地]說。

jerk[2] [dʒɝk; dʒə:k] *v.t.* 把〈牛肉等〉(切成細長薄片)作成肉乾。

—*n.* =jerky[2].

jer·kin [ˋdʒɝkɪn; ˈdʒə:kin] *n.* Ⓒ **1** (16–17 世紀時男人穿的) 合身無袖短上衣《主要爲皮製》。**2** (男女用)無袖短上衣。

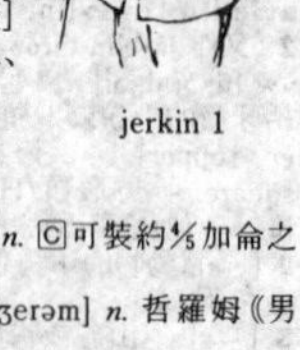
jerkin 1

jérk·wàter «源自從前鐵路支線列車的鍋爐小，經常裝運着水以備補給» —《美口語》*n.* Ⓒ(早期的)鐵路支線列車。

—*adj.* [用在名詞前] **1** 支線的。**2** 偏僻的，鄉下的：a ~ town 鄉下小鎭。

jerk·y[1] [ˋdʒɝkɪ; ˈdʒə:ki] «jerk[1] 的形容詞»—*adj.* (**jerk·i·er**；**-i·est**) **1** 急[猛]動的，痙攣(性)的，抽搐(似)的，澀滯[顚簸]而動的。**2**《話》結結巴巴的。**3**《美俚》〈人、行動〉愚蠢的，可笑的。

jérk·i·ly [-kəlɪ; -kili] *adv.* **-i·ness** *n.*

jer·ky[2] [ˋdʒɝkɪ; ˈdʒə:ki] *n.* Ⓤ[指種類時爲Ⓒ]肉乾；(尤指)牛肉乾。

jer·o·bo·am [ˏdʒɛrəˋboəm; ˌdʒerəˈbouəm] *n.* Ⓒ可裝約⅘加侖之酒瓶。

Je·rome [dʒəˋrom, ˋdʒɛrəm; dʒəˈroum, ˈdʒerəm] *n.* 哲羅姆《男子名》。

jer·ry [ˋdʒɛrɪ; ˈdʒeri] *n.* Ⓒ **1**《英俚》室內溺器，便壺。**2**《美俚》小型手槍。

Jer·ry [ˋdʒɛrɪ; ˈdʒeri] *n.* **1** 傑瑞《男子名；Jeremy, Jerome, Gerald 的暱稱》。**2** 潔莉《女子名；Geraldine 的暱稱》。

jérry-build *v.t.* 草率[偷工減料]地建造〈房屋〉。

—*v.i.* 偷工減料地建造。~·**er** *n.*

jérry-bùilder *n.* Ⓒ偷工減料的營造商。

jérry-bùilding *n.* Ⓤ偷工減料的建築工程。

jérry-bùilt *adj.* 偷工減料的；急就章[草率作成]的。

jer·sey [ˋdʒɝzɪ; ˈdʒə:zi] «源自出產地 Jersey 島»—*n.* **1 a** Ⓤ巧織毛料《一種稍有伸縮性的毛織柔軟衣料》。**b** Ⓒ(運動選手或水手所穿着的)緊身運動衫。**c** Ⓤ女用毛線緊身[衞生]內衣。**2** [**J**~]

J

Ⓒ澤西品種的乳牛。
—adj. [用在名詞前]毛織的，衛生內衣的。
Jer·sey [ˋdʒɝzɪ; ˈdʒəːzi] *n.* 澤西島《海峽羣島(Channel Islands)中最大的島》。
Je·ru·sa·lem [dʒəˋrusələm; dʒəˈruːsələm] *n.* 耶路撒冷《巴勒斯坦(Palestine)的古都；1949 年被分割爲以拉伯地區和猶太地區，前者歸屬約旦，後者則成爲以色列共和國的首都；爲基督教徒、猶太人及回教徒的朝聖聖地》。
Jerúsalem ártichoke *n.* Ⓒ[當作食物時爲Ⓤ]《植物》塊根向日葵《一種菊科向日葵屬的植物；其塊莖可食用》。
Jes. 《略》 Jesus.
Jes·per·sen [ˋjɛspəsn; ˈjespəsn], **Jens Otto Harry** *n.* 葉斯波森《1860–1943，丹麥語言學家》。
jes·sa·mine [ˋdʒɛsəmɪn; ˈdʒesəmin] *n.* ＝jasmine.
Jes·sa·mine [ˋdʒɛsəmɪn; ˈdʒesəmin] *n.* 潔思敏《女子名》。
Jes·se [ˋdʒɛsɪ; ˈdʒesi] *n.* 傑西《男子名》。
Jésse Jámes *n.* 傑西‧詹姆斯《1847–82》.

【說明】Jesse James 有「美國的羅賓漢(Robin Hood)」之稱。1866 年以自家兄弟爲中心組成强盜集團，以搶劫銀行爲主，1873 年開始，更進而搶劫火車，被重金懸賞緝拿。最後被背叛的同夥槍殺。是在美國最有名的草莽英雄；cf. Johnny Appleseed, Paul Bunyan【說明】

Jes·si·ca [ˋdʒɛsɪkə; ˈdʒesikə] *n.* 潔西卡《女子名》。
Jes·sie [ˋdʒɛsɪ; ˈdʒesi] *n.* 潔西《女子名》。
jest [dʒɛst; dʒest] «源自拉丁文「功績」之義» **—**《文語》 *n.* Ⓒ **1** 笑話，詼諧語；俏皮話；戲謔，滑稽：make [drop] a ～ 說笑話[俏皮話]/in ～ 開玩笑地，戲謔地《★ 無冠詞》。**2** 笑柄，笑料：be a standing ～ 經常成爲笑柄/make a ～ of... 嘲弄…。
—v.i. 〔動(＋介＋(代)名)〕 **1 a** 〔對…〕開玩笑，說笑話〔*about, at*〕：He often ～*s* ***about*** serious problems. 他時常拿嚴肅的問題開玩笑。**b** 取笑[譏笑]〔某人〕〔*at*〕：You mustn't ～ ***at*** me. 你不可以取笑我。**2** 開〔某人〕玩笑，嘲弄〔某人〕〔*with*〕《★ 可用被動語態》：He is not a man to ～ ***with***. 他那個人是開不得玩笑的。
jést·bòok *n.* Ⓒ 笑話集。
jést·er *n.* Ⓒ **1** 講笑話的人。**2** (尤指中世紀王侯、貴族所豢養的)小丑，弄臣。
jést·ing *adj.* 喜開玩笑的，愛說笑話的；滑稽的；鬧着玩的；打趣的：in a ～ manner 開玩笑地，打趣地。～**·ly** *adv.*
Je·su [ˋdʒizu, ˋdʒisu; ˈdʒiːzjuː] *n.* 《詩》＝Jesus.
Jes·u·it [ˋdʒɛʒuɪt; ˈdʒezjuit] «源自拉丁文「耶穌」(Jesus)»**—*n.*** Ⓒ **1** 屬於耶穌會(the Society of Jesus)的修道士，耶穌會會士。**2** 《輕蔑》陰險的人，狡猾虛僞的人；詭辯家。
Jes·u·it·ic [ˌdʒɛʒuˋɪtɪk, ˌdʒɛzju-; ˌdʒezjuˈitik] «Jesuit的形容詞»**—*adj.*** **1** 耶穌會修道士的，耶穌會的。**2** [有時 j～]《輕蔑》陰險的，心黑的，狡猾的；詭辯的。
Jès·u·ít·i·cal [-tɪkḷ; -tikl] *adj.* ＝Jesuitic. ～**·ly** *adv.*
‡**Je·sus** [ˋdʒizəs; ˈdʒiːzəs] «源自希伯來語「耶和華的拯救」之義»**—*n.*** **耶穌(基督)**。
Jésus (Chríst)！《俚》哇噻！我的天哪！眞是！
the Society of Jésus 耶穌會《天主教的修道會；1534 年創立；略作 S.J.》。
jet**[1] [dʒɛt; dʒet] «源自拉丁文「投」之義»**—*n. Ⓒ **1 a** (液體、瓦斯等從小孔的)**噴射，射出**：a ～ *of* water [gas] 水[瓦斯]的噴出。**b** 噴出物《瓦斯、液體、水蒸汽、火焰等》。
2 噴出口，噴射口。
3 (又作 **jét pláne**)噴射機：a passenger ～ 噴射客機/*by* ～ 利用[搭]噴射機《★無冠詞》。
—adj. [用在名詞前] **1** 噴射式的。
2 (利用)噴射機的：～ traveling 噴射機旅行/a ～ pilot 噴射機駕駛員/a ～ fighter 噴射戰鬥機。
—v.i. (**jet·ted**；**jet·ting**) **1** 〔＋副〕射出，噴出〈*out*〉.
2 〔＋副詞(片語)〕《口語》搭[用]噴射機去[載運]：～ *from* Tokyo *to* New York 由東京搭噴射機到紐約/～ *off to* Jamaica 搭噴射機飛往牙買加。
—v.t. 〔＋受(＋副)〕噴出…〈*out*〉.
jet[2] [dʒɛt; dʒet] *n.* Ⓤ **1** 黑玉，貝褐炭《一種漆黑的煤炭》。
2 黑玉色，漆黑。
—adj. [用在名詞前] **1** 黑玉(製)的。**2** 黑玉色的，漆黑的。
jét àge *n.* Ⓒ 噴射機時代。
jét áirplàne *n.* ＝jet plane(⇨jet[1] *n.* 3).
jét-bláck *adj.* 漆黑的(very black).
jét éngine *n.* Ⓒ 噴射引擎。
jét làg *n.* (又作 **jét fatigue**)Ⓒ噴射機症候羣，噴射飛行時差綜合症《搭乘噴射機長程旅行時因在較短時間內飛越許多時區(time zones)而引起的生活節律的失常和疲勞、感情遲鈍、漠然等徵候，正式名稱爲 jet syndrome》.

jét·lìner *n.* Ⓒ(定期的)噴射客機。
jét·pòrt «jet[1] 和 air*port* 的混合語»**—*n.*** Ⓒ噴射機用的機場。
jét-propélled *adj.* **1** 噴射[噴射推進]式的。**2** 《口語》很快的。
jét propúlsion *n.* Ⓤ 噴射推進。
JETRO [ˋdʒɛtro; ˈdʒetrou] 《略》 Japan External Trade Organization 日本貿易促進會。
jet·sam [ˋdʒɛtsəm; ˈdʒetsəm] *n.* Ⓤ **1** 拋棄貨物《船舶遇難時，爲減輕負擔而投棄於海中的貨物；⇨ FLOTSAM and jetsam》. **2** ＝ flotsam 2.
jét sèt *n.* Ⓤ [the ～；集合稱]《口語》噴射機族《搭乘噴射機等到處暢遊揮霍的富裕遊閒階級；★用法視爲一整體時當單數用，指全部個體時當複數用》。
jét sètter *n.* Ⓒ 乘噴射機到處旅行的富人。
jét strèam *n.* Ⓒ **1** 《氣象》噴射氣流。**2** 《航空》噴射引擎的噴流。
jét sỳndrome *n.* 噴射機症候羣，噴射飛行時差綜合症(⇨jet lag).
jét tánker *n.* Ⓒ 噴射空中加油機。
jet·ti·son [ˋdʒɛtəsn; ˈdʒetisn] *n.* Ⓤ **1** 拋貨《指行爲》(cf. jetsam). **2** 向船外或飛機外拋棄的貨物。
—v.t. **1** (從船上)投棄〈貨物〉；(從飛機上)投棄〈炸彈、貨物、燃料等〉。**2** 拋棄〈累贅、無用之物等〉。
jét tráiner *n.* Ⓒ噴射教練機。
jet·ty[1] [ˋdʒɛtɪ; ˈdʒeti] *n.* Ⓒ **1 a** 防波堤。**b** 碼頭(pier). **2** (建築物的)突出部。
—v.i. 〈建築物的一部分等〉突出。
jet·ty[2] [ˋdʒɛtɪ; ˈdʒeti] *adj.* (**jet·ti·er**；**-ti·est**)漆黑的。
Jew [dʒu; dʒuː] «源自希伯來語「Judah 的人」之義» **—*n.*** Ⓒ **猶太人**；希伯來人；以色列人。

【說明】猶太裔美國人佔美國人口的 3%，有六百萬人。儘管猶太人長年受到歧視、侵害，然而仍有許多猶太裔美國人在政治、新聞、學術、文學、藝術等領域中表現突出，尤其在商界的表現更是驚人。其特徵是信奉猶太教(Judaism)、熱心孩子的教育，智能優秀、擅長商業等。

—adj. 《輕蔑》猶太人的(Jewish)《★ 比較用 Jewish 較佳》。
‡**jew·el** [ˋdʒuəl; ˈdʒuːəl] *n.* Ⓒ **1 a 珠寶**。**b** (鑲有珠寶的)裝飾品，珠寶飾物。
2 《鐘錶》寶石《用於軸承的紅寶石等》。
3 a 貴重的人[物]，寶貝，寶物，瑰寶：a ～ *of* a boy 寶貴重要的男孩，寶貝兒子。**b** 似珠寶之物《如星星、露珠等》。

【字源】本來的意思是「遊戲，玩耍，玩具，消遣」，沒有「價值高的寶石」之意。所以追根究柢，寶石也只不過是玩具而已。

—v.t. (**jew·eled**，《英》 **-elled**；**jew·el·ing**，《英》 **-el·ling**)〔＋受(＋介＋(代)名)〕給…飾以珠寶；給…鑲以珠寶〔*with*〕《★ 通常以過去分詞當形容詞用》：a ～*ed* ring 鑲有珠寶的戒指/The sky *was* ～*ed* ***with*** stars. 天空鑲着一顆顆珠寶般的星星。
jéwel bòx [**càse**] *n.* Ⓒ 珠寶盒。
jéw·el·er, 《英》 **jéw·el·ler** *n.* Ⓒ **1** 珠寶匠。**2** 珠寶商，貴金屬商。
jew·el·ry, 《英》 **jew·el·lery** [ˋdʒuəlrɪ; ˈdʒuːəlri] *n.* Ⓤ **1** [集合稱]珠寶類，(鑲有珠寶的)飾物類(jewels). **2** 珠寶細工[裝飾]。
Jew·ess [ˋdʒuɪs; ˈdʒuːis] *n.* Ⓒ《輕蔑》猶太女人。
Jew·ish [ˋdʒuɪʃ; ˈdʒuːiʃ] «Jew 的形容詞» **—*adj.*** **1 猶太人的，** 猶太人特有的；似猶太人的。**2** 猶太教的。
—n. Ⓤ《口語》＝Yiddish.
Jew·ry [ˋdʒurɪ, ˋdʒjurɪ; ˈdʒuəri] *n.* **1** Ⓤ [集合稱]猶太人；猶太民族。**2** Ⓒ猶太人居住區；猶太(人)街。**3** ＝Judea.
Jéw's-[Jéws'-]hàrp *n.* Ⓒ單簧口琴《一種啣於牙間以手指撥簧彈奏的樂器》。

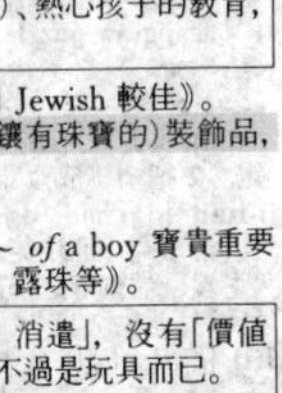
Jew's-harp

Jez·e·bel [ˋdʒɛzəbḷ; ˈdʒezəbl] *n.* **1** 《聖經》耶洗碧《紀元前第九世紀時以色列國王阿哈(Ahab)之妻，爲一殘忍淫蕩之王后》。**2** [常 j～]Ⓒ不知恥的女人，蕩婦，悍婦，妖婦：a painted ～ 濃粧艷抹的妖婦。
jib[1] [dʒɪb; dʒib] *n.* Ⓒ **1** 《航海》船首三角帆《掛在第二斜桅(jib boom)的支索；⇨ sailboat 插圖》：⇨flying jib. **2** 《機械》起重機的廻旋臂。
—v.t. (**jibbed**；**jib·bing**)《航海》把〈帆、帆桁〉從一船舷廻旋到另一舷。
—v.i. 〈帆〉廻旋。
jib[2] [dʒɪb; dʒib] *v.i.* (**jibbed**；**jib·bing**) **1** 〈馬〉(向側行或後退而)不前進，逡巡不前；〈機器〉突然停止。**2** 〔＋介＋(代)名〕〈人〉〔對於意見、提議〕躊躇，畏葸，猶豫不決〔*at*〕：He *jibbed* ***at*** undertak*ing* the job. 他躊躇不肯擔任這項工作。
jib bòom *n.* Ⓒ《航海》艏帆斜桅《船首第二斜桅》。
jibe[1] [dʒaɪb; dʒaib] *v., n.* ＝gibe.

jibe² [dʒaɪb; dʒaib] *v.i.* 〔動(十介十(代)名)〕《美口語》〔與…〕相和諧，一致〔*with*〕：They did not ~ so well. 他們之間並不太和諧/His position did not ~ ***with*** his ideal. 他的地位不合乎他的理想。

jiff [dʒɪf; dʒif], **jif·fy** [ˋdʒɪfɪ; ˈdʒifi] *n.* **[a ~]**《口語》一瞬間，一眨眼的工夫：I'll be there in *a* ~. 我馬上就到那裏。

jig [dʒɪg; dʒig] *n.* Ⓒ **1 a** 吉格舞《一種節奏輕快活潑的舞蹈》。**b** 吉格舞曲。**2** 快速的上下運動。

in jíg tíme《美口語》馬上，一眨眼就。

The jíg is úp.《俚》沒有希望了，已經沒有救了，完蛋了。

—*v.i.* (**jigged**; **jig·ging**) **1** 跳吉格舞。**2** 〔十副〕急速地上下[前後]搖動〈*up, down*〉：He *jigged* ***up*** and ***down*** in anger. 他氣得又蹦又跳。**—***v.t.* 〔十受(十副)〕急速地上下[前後]搖動〈*up, down*〉：~ a child (***up*** and ***down***) 把小孩(上下)搖動。

jig·ger¹ [ˋdʒɪgɚ; ˈdʒigə] *n.* Ⓒ **1**《美》計量杯《調製雞尾酒等時使用的小型計量杯》；一計量杯的量《通常爲 1½ 盎司》。**2**《美口語》(小小的)裝置、機關，新玩意兒，新發明。**3**《高爾夫》鐵頭球桿《一種用以把球打到球洞附近的小鐵頭桿；cf. iron *n.* 3 c》。**4**《航海》補助帆；小型漁船。**5**《通信》振動變壓器。

jig·ger² [ˋdʒɪgɚ; ˈdʒigə] *n.* Ⓒ《昆蟲》沙蚤。

jig·gered [ˋdʒɪgɚd; ˈdʒigəd] *adj.* [不用在名詞前]《英口語》**1** 著慌的，張惶失措的：Well, I'm ~. 哎呀！糟了！阿彌陀佛！/I'll be ~ if I do it! 我才不做那種事呢！**2** [~ **up**] 筋疲力竭的：I am ~ *up*. 累死了！

jígger·màst *n.* Ⓒ《航海》後桅。

jig·ger·y-po·ker·y [ˋdʒɪgərɪˋpokərɪ; ˌdʒigəriˈpoukəri] *n.* Ⓤ《英口語》欺騙，詐欺。

jig·gle [ˋdʒɪgl; ˈdʒigl] *v.t.* 輕搖，微動。

—*v.i.* 輕搖，微動。

—*n.* Ⓒ輕搖，微動。

jíg·sàw *n.* Ⓒ **1** 鋼絲鋸，鏤花鋸《一種用以鋸曲線用的鋸子》。**2** (又作 **jígsaw pùzzle**)一種拼圖玩具。

— *v.t.* (~**ed**; **-sawn** [-sɔn; -sɔːn]，《美》~**ed**) **1** 以鋼絲鋸鋸。**2** 把…排成複雜的形狀。

jigsaw 1

ji·had [dʒɪˋhad; dʒiˈhɑːd] *n.* Ⓒ **1** [常 **J**~] (回教徒的)聖戰。**2** (主義、信仰等之)狂熱的擁護[反對]運動。

Jill [dʒɪl; dʒil] *n.* **1** 姬兒《女子名》。**2** [~, **j**~] Ⓒ女人，少女，愛人；妻《★ 用法 除與 Jack 連用外爲古語》。

jilt [dʒɪlt; dʒilt] *n.* Ⓒ愛情不專的女子，抛棄戀人的女子。

—*v.t.* 〈女人〉(到最後)抛棄，遺棄〈愛人〉。

Jim [dʒɪm; dʒim] *n.* 吉姆《男子名；James 的暱稱》。

jigsaw 2

Jím Crów [-ˋkro; -ˈkrou]《美口語》*n.* [有時 **j**~ **c**~] **1** Ⓒ《輕蔑》老烏，黑人(Negro)。**2** Ⓤ對黑人的歧視[差別待遇]《★ 比較 Jim Crowism 的用法較爲普遍》。

> **【字源】** Jim 是男子名，Crow 是「烏鴉」，兩字合併是「(黑色)烏鴉吉姆」之意。1835 年美國喜劇演員賴斯(Thomas D. Rice)作了一首歌"Jim Crow"並把臉塗黑表演歌舞。他一面舞蹈一面唱有 'I jump, Jim Crow' 重複部分的主題歌，因此 Jim Crow 便廣爲流傳；cf. minstrel show.

—*adj.* [用在名詞前] 黑人(專用)的；對黑人差別待遇的：~ laws 歧視黑人的法律/a ~ car 黑人專車。

Jím Crówism [-ˋkroɪzəm; -ˈkrouizəm] *n.* [有時 **j**~ **c**~] Ⓤ《美口語》對黑人的歧視[差別待遇]。

jim·i·ny [ˋdʒɪmənɪ; ˈdʒiməni] *interj.* [表示輕微的驚訝等] 咿！《★ 通常爲兒語》。

jim·jams [ˋdʒɪmˌdʒæmz; ˈdʒimdʒæmz] *n. pl.* [**the** ~]《口語》心神不寧；神經過敏；(由於酒精中毒的)震顫性狂譫症。

Jim·mie, Jim·my [ˋdʒɪmɪ; ˈdʒimi] *n.* 吉米《男子名；James 的暱稱》。

jim·my [ˋdʒɪmɪ; ˈdʒimi]《美》*n.* Ⓒ (盜賊用的)組合式鐵橇(《英》jemmy)。

—*v.t.* 〔十受(十補)〕用〈組合式鐵橇〉橇開〈門窗等〉：The thief *jimmied* the door (open). 小偷用組合式鐵橇橇開了門。

jin·gle [ˋdʒɪŋgl; ˈdʒiŋgl] «擬聲語»**—***n.* Ⓒ **1 a** 玎玲[玎璫]的響聲。**b** 玎玲[玎璫]響之物《鈴等》。**2 a** 同音[類似音]的反覆：the ~ of a piano 鋼琴的單調聲音的反覆。**b** 只是聲調鏗鏘而沒有什麼意義的詩篇。**c** (廣告等的)聲調鏗鏘的文句。**d** (電視等的)廣告歌曲。

—*v.i.* **1 a** 玎玲[玎璫]地響：The bell ~*d*. 鐘玎璫地響。**b** 〔十副詞(片語)〕作玎璫聲而行走[前進]。**2** 〈詩句〉聲調鏗鏘；押韻。**—***v.t.* 使…玎璫響：~ the keys 把鑰匙弄得玎璫響。

jíngle bèll *n.* Ⓒ玎玲響的鈴；雪橇的鈴。

jin·go [ˋdʒɪŋgo; ˈdʒiŋgou] *n.* Ⓒ(*pl.* ~**es**) 强硬外交政策論者，主戰論者，極端的愛國者，侵略主義者。

by (the líving) jíngo!《口語》[加强語氣地表示驚訝、肯定等] 天哪！眞是！絕對！

> **【字源】** 1877 至 1878 年俄土戰爭(俄國與土耳其間的戰爭；俄國藉口住在土屬巴爾幹半島的斯拉夫民族受到土耳其鎮壓，企圖入侵巴爾幹半島，對土開戰)，當時在英國流行的反俄愛國流行歌曲的歌詞中有 by jingo, 被用作「發誓」之意。熱心唱此歌的人因而被視爲「盲目的愛國者」。據說 jingo 是在十三世紀英國國王麾下作戰的巴斯克人(Basque)的語言，意爲「神」。

—*adj.* [用在名詞前] (感情用事地)對外强硬的，主戰論的。

jín·go·ism [-goˌɪzəm; -gouizəm] *n.* Ⓤ侵略主義，沙文主義，(感情用事的)愛國主義，(盲目的)主戰論。

jín·go·ist [-goɪst; -gouist] *n.* Ⓒ侵略主義者，感情用事的[盲目的]愛國主義者，强硬外交政策論者。**—***adj.* =jingoistic.

jin·go·is·tic [ˌdʒɪŋgoˋɪstɪk; ˌdʒiŋgouˈistik⁻] *adj.* 侵略主義的，(盲目的)對外强硬主義(者)的，主戰論(者)的。

jinks [dʒɪŋks; dʒiŋks] *n. pl.* 喧嚷；狂歡作樂(high jinks).

jinn [dʒɪn; dʒin] *n.* Ⓒ(*pl.* ~**s**, ~)《回教傳說》靈魔《常化爲人或動物的妖靈；能爲人類帶來禍福》。

jin·nee, jin·ni [dʒɪˋni; dʒiˈniː] *n.* (*pl.* **jinn**) =jinn.

jin·rik·i·sha [dʒɪnˋrɪkʃə; dʒinˈrikʃə] *n.* Ⓒ《日》人力車；黃包車。

jinx [dʒɪŋks; dʒiŋks] «源自在古希臘使用於占巫術的鳥的名稱»**—**《口語》*n.* Ⓒ不祥之物[人]；掃帚星，白虎星，令人倒楣的東西，不幸，不吉：put a ~ *on* ... 使…倒楣[觸霉頭]/break [smash] the ~ 破解霉運；(於競賽中)連敗之後獲勝。

—*v.t.* 帶霉運給〈某人〉，使〈某人〉倒楣[失敗]；對…挑毛病。

jit·ney [ˋdʒɪtnɪ; ˈdʒitni] *n.* Ⓒ《美口語》**1** 五分鎳幣。**2** (特定地區的短程運輸用)小型公共汽車《★ 因車資爲五分而得名》。

jit·ter [ˋdʒɪtɚ; ˈdʒitə]《口語》*v.i.* 呈神經質，神經過敏；心神不定，焦躁。

—*n.* [**the** ~**s**] 神經過敏，心神不定；焦躁；恐慌(狀態)：have *the* ~*s* 焦躁[心神不寧]。

jit·ter·bug [ˋdʒɪtɚˌbʌg; ˈdʒitəbʌg]《口語》*n.* Ⓒ **1** 吉特巴《一種隨着搖擺樂曲而舞的奔放輕快社交舞》。**2** 跳吉特巴的人，搖擺音樂迷。**—***v.i.* 跳吉特巴。

jit·ter·y [ˋdʒɪtərɪ; ˈdʒitəri] «jitter 的形容詞»**—***adj.*《口語》神經過敏的。

jiu·jit·su [dʒuˋdʒɪtsu; dʒuːˈdʒitsuː, dʒuː-] *n.* =jujitsu.

jive [dʒaɪv; dʒaiv] *n.* **1 a** Ⓤ令人興奮的(即興)爵士樂，搖擺音樂。**b** Ⓒ隨着搖擺音樂而舞的舞蹈《如吉特巴等》。**2** Ⓤ《美俚》隨便說說的話，無意義或欺騙的話。

—*adj.*《美俚》假的；矇混的，欺騙的。

—*v.i.* 演奏搖擺音樂；隨着搖擺樂而跳舞。

Jnr., jnr.《略》junior.

Jo [dʒo; dʒou] *n.* **1** 喬《女子名；Josephine 的暱稱》。**2** 喬《男子名；Joseph 的暱稱》。

Joan [dʒon; dʒoun] *n.* 瓊《女子名》。

Jo·an·na [dʒoˋænə; dʒouˈænə] *n.* 瓊安娜《女子名》。

Joan of Arc [ˋdʒonəvˋɑrk; ˈdʒounəvˈɑːk] *n.* 貞德 (Jeanne d'Arc)《1412–31；英法百年戰爭時挽救國難的法國農家少女；後被英軍所虜並處以火刑，1920 年被列爲聖女，稱爲聖女貞德(St. Joan)》。

‡**job** [dʒab; dʒɔb] *n.* Ⓒ **1** 工作；零工，計件[計時](付工資)的活兒：a bad ~ 成效不彰的工作；失敗，白費(cf. 5)/do odd ~*s* 幹零星的活兒，做散工/a ~ of work《英口語》一件做得漂亮的工作/get on the ~ 着手工作/Tom has the ~ *of* wash*ing* the car. 湯姆有一個洗車子的工作/He gave his car a paint ~. 他油漆了他的車子。

2 職業，職位(⇨occupation【同義字】)：take [get] a steady ~ 謀得一個固定的職業/a ~ *at* [*in*, *with*] an office 在一家公司的職位[工作]/out of a ~ 失業中/He got a part-time ~ *as* a waiter. 他找到了一個做服務生的兼差工作。

3 任務，職責，職務，機能：It's my ~ *to* clean the room. 打掃房間是我的任務。

4《口語》很艱難的事：It is a ~ *to* do it in a day. 要一天做完它是件很難的事。

5《英口語》[**a good** [**bad**] ~] 事，事件；事態；運氣：a *good*

[*bad*] ～ 好的[糟糕的]局面；幸運[不幸] (cf. 1) /He didn't come—a *good* ～, too. 他沒有來，那樣反而好。
6 《俚》犯罪；(尤指)搶劫，偷竊，暴行：pull a ～ 幹搶劫的勾當。
7 (利用公職的)不當行爲，瀆職；(尤指)不公正的人事安排。
8 《口語》製品，貨《尤指品質好的機器、車輛等》：a nice little ～ 好貨。
by the jób 以包工方式，按每件工作。
dò a jób on ... 《俚》(1)狠狠地整〈某人〉。(2)破壞，嚴重地損壞…。
dò a person's **jób for** him 《英俚》幹掉，毀掉〈某人〉。
hàve a jób 《口語》(1)〈做…〉花很大的工夫，費周章，費勁〈*doing, to* do〉：I *had a* ～ find*ing* this house. 我找這房子花了很大的功夫。(2)〔爲…而〕吃苦〔*with*〕。
jóbs for the bóys 《口語》有利於同夥[擁護者]的職位，給支持者的肥缺《作爲政治報酬》。
júst the jób 《口語》正合希望[理想，需要]之物。
lìe dówn on the jób 《口語》工作偷懶，不賣力。
màke a bád [góod] jób of it 幹不好[幹得好]。
màke the bést of a bád jób ⇨ best.
òn the jób 《口語》(1)(忙碌地)工作中；(於)勤務中。(2)〈機器等〉在運轉中。(3)《俚》不疏忽的，提高警覺的。
—*adj.* [用在名詞前] **1** 工作的，職業的；零星(工作)的：～ printing 零件印刷。**2**《英》租賃(用)的，出租的。
—*v.i.* (**jobbed**；**job·bing**) **1** 做零工。**2** (利用公職)營私。
—*v.t.* **1** 〔十受〕買賣〈股票〉；批購〈貨物〉轉賣給零售商；租賃…；把〈工作〉分包給別人。**2 a** 〔十受〕爲不正當的營私利用〈公職〉。**b** 〔十受十介十(代)名〕《美》利用職權使〈某人〉就任〔…的職位〕〔*into*〕：He *jobbed* his friend ***into*** the post. 他利用職權把朋友安插到那個職位上。**3** 〔十受〕出租〈馬、馬車〉。**4** 〔十受(十副)〕把〈工作〉分包(給幾個人)〈*out*〉. **5** 〔十受〕《俚》欺騙，矇混…。

Job [dʒob; dʒoub] *n.* 《聖經》**1** 約伯《聖經舊約中耐苦、堅忍的典型》。**2** 約伯記 (The Book of Job) 《聖經舊約中的一書》。
the pátience of Jób (如約伯般的)極度的忍耐：You will need *the patience of* ～ to do it. 你做這件事將需要很大的耐心。

jób àction *n.* Ⓒ (以罷工或合法地集會遊行要求調薪等的)抗議行動。
jób·ber *n.* Ⓒ **1** 批發商《大量地購入廉價的貨品分售給零售商的商人》。**2** 做散工的人。**3** (證券交易所的) 場內經紀人 (★[比較]《美》broker 較爲普遍)。**4** 利用公職營私的人。
job·ber·y [ˈdʒabərɪ; ˈdʒɔbəri] *n.* Ⓤ (在公務上)營私謀利；瀆職行爲；貪汚舞弊。
jób·bing *adj.* [用在名詞前] 《英》做散工的：a ～ gardener (臨時雇用的)做散工的園丁。
jób·hòlder *n.* Ⓒ **1** 有一定職業的人。**2** 《美》政府職員。
jób-hòp *v.i.* 經常跳槽，經常更換僱主，頻繁更換職業[工作]。～·**er** *n.*
jób-hùnt *v.i.* 《口語》求職，找職業。
jób-hùnt·er *n.* Ⓒ求職者，找職業的人。
jób·less *adj.* **1** 無業的，失業(中)的：～ workers 失業工人。**2** [the ～；當複數名詞用]失業者。
jób lòt *n.* Ⓒ **1** 以堆計價的廉價貨。**2** 各種不同貨品攏成一堆待整批出售的貨物；混雜的一伙人。
Jób's cómforter [ˈdʒobz-; ˈdʒoubz-] «出自聖經「約伯記」» **—***n.* Ⓒ約伯的安慰者《本來要安慰別人，却反而使他更沮喪的人》。

【字源】非常富有的希伯來族長約伯(Job)，遇到上帝的考驗，爲災難及疾病所苦時，三位朋友來安慰他，但他們不經心的話反而使約伯難過(參看聖經舊約「約伯記」)。

jób wòrk *n.* Ⓤ零件印刷《別於書本或定期刊物》。
jock [dʒak; dʒɔk] *n.* Ⓒ《口語》**1 a** =jockey 1. **b** =disc jockey. **2 a** =jockstrap. **b** 《美》(尤指大學的)運動選手。
jock·ey [ˈdʒakɪ; ˈdʒɔki] *n.* Ⓒ **1** (專業的)騎手，騎師。**2** 《美俚》駕駛車輛或飛機[操作機器]的人：a truck ～ 卡車駕駛員 / a typewriter ～ 打字員。
—*v.t.* **1** (在賽馬會中當騎師)騎〈馬〉。**2** 《美俚》(巧妙地)駕駛〈車輛〉，操作〈機器等〉。**3 a** 〔十受十副〕欺騙〈某人〉使走開，把〈某人〉騙開〈*away*〉：He ～*ed* me ***away***. 他把我騙開。**b** 〔十受十介十(代)名〕騙〈某人〉使〔…〕〔*into*〕；騙取〈某人〉〔…〕〔*out of*〕：George was ～*ed* ***into*** buy*ing* the land. 喬治受騙而買了這塊地 /He ～*ed* me ***out of*** my money. 他騙了我的錢。
—*v.i.* **1** 當騎師騎馬。**2** 欺騙，幹詐欺的勾當。**3** 〔十介十(代)名〕運用手段[以謀取…]〔*for*〕：～ ***for*** power 運用手段以取得權力。
jóckey for posítion (1)《賽馬》把對手擠開而搶前。(2)《遊艇賽》巧妙地駕駛以佔有利位置。(3)《口語》(運用手段)謀取有利的地位。
jóckey càp *n.* Ⓒ 騎師帽。
jóckey clùb *n.* Ⓒ 賽馬俱樂部。
jock·strap [ˈdʒakˌstræp; ˈdʒɔkstræp] *n.* Ⓒ(男子運動選手等所用的)鬆緊三角內褲 (★[比較]較 athletic supporter 爲口語化而普遍)。
jo·cose [dʒoˈkos; dʒouˈkous˜] *adj.* 《文語》〈人〉滑稽的，戲謔的，詼諧的。～·**ly** *adv.*
jo·cos·i·ty [dʒoˈkasətɪ; dʒouˈkɔsəti] «jocose 的名詞» **—***n.* 《文語》**1** Ⓤ戲謔，詼諧，滑稽。**2** Ⓒ 戲謔的言行。
joc·u·lar [ˈdʒakjələr; ˈdʒɔkjulə] «源自拉丁文「小笑話(joke)的」之義» **—***adj.* 〈人、事〉戲謔的，滑稽的，好笑的，逗人笑的。～·**ly** *adv.*
joc·u·lar·i·ty [ˌdʒakjəˈlærətɪ; ˌdʒɔkjuˈlærəti] «jocular 的名詞» **—***n.* **1** Ⓤ滑稽，詼諧。**2** Ⓒ詼諧語；滑稽行爲。
joc·und [ˈdʒakənd; ˈdʒɔkənd] *adj.* 《文語・詩》歡樂的，快活的，高興的。～·**ly** *adv.*
jo·cun·di·ty [dʒoˈkʌndətɪ; dʒouˈkʌndəti] «jocund 的名詞» **—***n.* 《文語・詩》**1** Ⓤ歡樂，快活。**2** Ⓒ 歡樂的言談[行爲]。
jodh·purs [ˈdʒadpərz; ˈdʒɔdpəz] *n. pl.* 馬褲《大腿部分寬鬆而膝蓋至足踝部分則緊貼於身體》。
Joe [dʒo; dʒou] *n.* **1** 喬《男子名；Joseph 的暱稱》。**2** [用於稱呼不知名的對方]喂，老兄；這位仁兄。**3** [常 j~] Ⓒ《美俚》**a** 男人，人，傢伙：He's a good ～. 他是個好傢伙。**b** (美國的)大兵，士兵。**c** 美國人。**4** [常 j~] Ⓤ《美俚》咖啡。
Jóe Cóllege *n.* Ⓒ《美口語》**1** 典型的(美國)男大學生。**2** (炫耀大學畢業或裝一副名星大學學生派頭的)年輕小伙子，年輕人。
Jo·el [ˈdʒoəl; ˈdʒouel, -əl] *n.* 《聖經》**1** 約耳《希伯來先知》。**2** 約耳書《聖經舊約中一書》。
***jog** [dʒag; dʒɔg] (**jogged**；**jog·ging**) *v.t.* 〔十受〕**1** 輕輕地推[撞]，搖動；輕碰…《以促使注意》：He *jogged* me [my elbow]. 他輕輕地推了我[我的肘]/The horseman *jogged* the reins. 那騎士輕輕地搖了韁繩。**2** 《口語》喚起〈回憶〉，提醒〈某事〉：He tied a string on his finger to ～ his memory. 他把一條細繩繫在指頭上，以喚起記憶。
—*v.i.* **1** 〔十副詞(片語)〕搖晃前進；乘車搖晃而行；緩緩而行，磨磨蹭蹭地走去：～ *home* 步伐蹣跚地走回家/The cart *jogged down* (the narrow road). 貨車緩緩地(沿着狹窄的路)往前移動。**2** (爲健康)緩慢地跑，做慢跑運動：I ～ five miles a day. 我一天慢跑五哩。**3** 動身，出發，前進，行走：We must be *jogging*. 我們該動身了。**4** 〔十副〕〈人〉勉強維持(事業等)；〈事情〉總算有進展〈*along, on*〉：We are just *jogging* ***along*** [***on***]. 我們勉強維持着。
—*n.* Ⓒ **1** 輕搖；輕推，輕撞。**2** (又作 **jóg tròt**)(馬的)平穩的小步慢跑。**3** (喚起回憶的)刺激，暗示〔*to*〕.
jóg·ging *n.* Ⓤ慢跑《以增進健康爲目的，中間夾雜着步行的緩慢跑步運動；cf. jog *v.i.* 2》。
jog·gle [ˈdʒagl; ˈdʒɔgl] *v.t.* 輕搖，輕推，震動。
—*v.i.* 輕搖，震動。**—***n.* Ⓒ 輕搖，震動。
jóg tròt *n.* Ⓒ **1 a** 蹣跚，緩步。**b** =jog 2. **2** 單調的生活[程序]，例行常規。
Jo·han·nes·burg [dʒoˈhænɪsˌbɜg; dʒouˈhænisbəːg] *n.* 約翰尼斯堡《南非共和國東北部一城市》。
John [dʒan; dʒɔn] *n.* **1** 約翰《男子名；暱稱 Johnny, Jack》.
2 《聖經》施洗者約翰 (John the Baptist) 《因爲在約旦河爲耶穌施洗而得到此稱呼》。
3 [St. ～]《聖經》(聖)約翰《耶穌十二使徒之一；聖經新約中約翰福音、書信和啓示錄的作者》。
4 《聖經》**a** 約翰福音 (The Gospel According to St. John) 《聖經新約中一書》。**b** 約翰書《聖經新約中的書信；約翰第一書[第二書，第三書] (The First Epistle General [Second Epistle, Third Epistle] of John)之一》。
5 約翰王《1167?–1216；英國國王 (1199 – 1216)，1215 年簽署 Magna Carta；因失去在法國的英國領土常被稱爲 John Lackland [ˈlæklænd; ˈlæklænd] (失地王約翰)》。
6 Ⓒ《美俚》**a** [常 j~]嫖客。**b** [常 j~]厠所，便器。
Jóhn Bárleycorn *n.* 啤酒[威士忌]的別名《大麥的擬人化》。
Jóhn Búll «源自英國醫師 John Arbuthnot 所著諷刺作品 *The History of John Bull* (1712)中主角農夫的名字» **—***n.* 約翰牛《典型的英格蘭或英國人的綽號；⇨ Uncle Sam【說明】》。

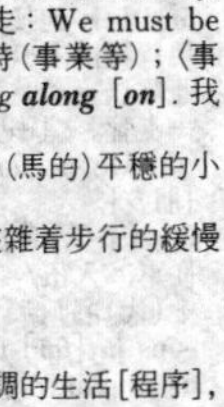
John Bull

Jóhn Dóe *n.* **1** ⓊⒸ《法律》**a** 甲方《從前英國在收回被佔土地案件中對身分不明的原告的假想名》。**b** 甲方《訴訟、合約等男性當事人的一方 (cf. Richard Roe, Jane Doe)》. **2** Ⓒ《美》張三《無名的普通人》。

Jóhn Dóry [-ˋdorɪ, -ˋdɔrɪ; -ˈdɔ:ri] *n.* (*pl.* ~s) Ⓒ《魚》海鲂《一種海魚》。

Jóhn Hán·cock [-ˋhænkɑk; -ˈhænkɔk] 《源自美國獨立宣言第一位簽名者John Hancock (1737–93)的簽名筆劃粗而易認》 **—n.** Ⓒ《美口語》親筆的簽名：Put your ~ on that line. (請)在那線上簽名。

John·ny [ˋdʒɑnɪ; ˈdʒɔni] *n.* **1** 强尼《John 的暱稱》。**2** Ⓒ《英口語》男人，傢伙，少年。**3** 《美俚》[j~] = John 6 b.

Jóhnny Ápple·seed *n.* 蘋果種子强尼。

【說明】這是美國水果栽培者約翰查普曼(John Chapman) (1774–1845)的綽號，他是美國傳說中的英雄，且眞有其人。他在美國各地流浪、說教的五十年中，逢人就給蘋果種子。據說俄亥俄(Ohio)等四個州的果園的蘋果都源自這些種子；cf. Jesse James, Paul Banyan【說明】

jóhnny·càke *n.* Ⓤ[指個體時爲Ⓒ]《美》(一種用煎鍋煎的)玉米餅。

John o'Groats [Groat's] [ˋdʒɑnəˋgrots; ˌdʒɔnəˈgrouts] *n.* 約翰奧格裘玆《蘇格蘭和大不列顛(Great Britain)最北端；cf. Land's End》.

from Jóhn o'Gróats to Lánd's Énd 從英國的一端到另一端(cf. from MAINE to California).

Jóhn Q. Públic *n.* Ⓒ《美口語》一般市民。

John·son [ˋdʒɑnsn̩; ˈdʒɔnsn], **Lyn·don** [ˋlɪndən; ˈlindən] **Baines** [benz; beinz] *n.* 詹森《1908–73；美國第三十六位總統(1963–69)》.

John·son, Samuel *n.* 約翰生《1709–84；英國文人及辭典編纂者；一般稱爲 Dr. Johnson》.

John·son·ese [ˌdʒɑnsn̩ˋiz; ˌdʒɔnsəˈni:z] *n.* Ⓤ 約翰生(Dr. Johnson)的文體《拉丁文且多誇張的文體》。

John·so·ni·an [dʒɑnˋsonɪən; dʒɔnˈsounjən] 《Johnson 的形容詞》 **—adj.** 〈文體等〉Dr. Johnson (風格)的。
—n. Ⓒ 約翰生的摹仿者[崇拜者]，約翰生研究者。

joie de vi·vre [ʒwadəˋvivr; ˌʒwɑ:dəˈvi:vrə] 《源自法語'joy of living'之義》 **—n.** Ⓤ生活樂趣。

‡join [dʒɔɪn; dʒɔin] *v.t.* **1** 結合(⇨ unite【同義字】)：**a** 〔十受(十副)〕接合，結合，聯合…〈*together, up*〉：He ~*ed* their hands *together*. 他使他們手拉手/ ~ two sheets of metal *with* solder 用銲料把兩塊金屬板連接起來。**b** 〔十受十介十(代)名〕把〈某物〉連結〔於他物〕〔*to*〕：~ one pipe *to* another 把一支管連結於另一支管。**c** 〔十受十介十(代)名〕〔於婚姻、友誼等〕撮合〈人〉〔*in*〕：~ two persons *in* marriage [friendship] 撮合兩人成爲夫妻[朋友]。
2 a 〔十受〕參加，加盟〈人、團體〉；歸〈隊、船〉：~ the army 從軍，入伍/~ a church 加入某一教會成爲信徒。**b** 〔十受十介十(代)名〕〔於遊戲、活動等〕參加〈人們〉〔*in, for*〕：Won't you ~us *in* [*for*] the game? 你要不要參加我們的遊戲？/Tom ~*ed* us *in* paint*ing* the wall. 湯姆同我們一起漆牆/The children ~ *us in* our congratulations. 孩子們也(和我們)同聲祝賀。**c** 〔十受〕與〈(等着的)人〉相會，與…會合：Wait there, and I'll ~ you soon. 你在那兒等着，我會很快就和你會合。
3 〔十受〕〈支流、小路〉與〈河川、大路〉匯合，與…合流：The stream ~*ed* the river just below the bridge. 那一條溪就在橋的下方和河流滙合。
4 〔十受〕《口語》毗連，隣接…：His farm ~*s* mine. 他的農場毗連着我的農場。
5 〔十受〕從事〈戰爭〉，會〈戰〉：~ battle 開始交戰。
6 《幾何》**a** 〔十受〕(以(直)線)連結〈兩點〉。**b** 〔十受十介十(代)名〕使〈一個點〉連接〔另一個點〕〔*to*〕.
—v.i. **1** 〔動(十副詞(片語))〕(在…)交會；〈土地等〉毗隣：*Where* do those two roads ~? 那兩條道路在哪裏滙合？/These rivers ~ *at* that town. 這些河流在那城鎭滙流。
2 a 〔十介十(代)名〕參加〔競賽、娛樂、交談等〕〔*in*〕：~ *in* the election campaign 參加競選活動。**b** 〔十副〕參加〈*in*〉：I'll ~ *in* if you are raising a subscription. 如果你在募捐，我也來參與。**c** 〔十介十(代)名〕〔就…〕〔與…〕聯合行動，携手合作〔*with*〕〔*in*〕：~ *with* another *in* an action 與別人一起參與某行動/~ *with* a person *in* his sorrow 與人同感悲傷，同情某人的不幸。

jóin úp 《*vi adv*》(1)加入。(2)入伍。
—n. Ⓒ連接處[點，線，面]，接縫處。

jóin·er *n.* Ⓒ **1** 結合者[物]。**2** 《英》細工木匠[木工]。**3** 《口語》加入種種俱樂部或社團的人。

join·er·y [ˋdʒɔɪnərɪ; ˈdʒɔinəri] *n.* Ⓤ **1 a** 細工木匠[木工]業。**b** 細工木匠[木工]的技術[工作]。**2** [集合稱]細木工製品，木製工藝品類。

***joint** [dʒɔɪnt; dʒɔint] 《源自古法語「被繫結的」之義》 **—n.** Ⓒ **1** **a** 連接處[點，線，面]，接縫處。**b** 《木工》(木材的)插接口，接合口。**c** 《機械》接頭：⇨ universal joint. **2** 關節。**3** 大塊肉，大肉塊《通常附骨頭；烹調後在餐桌切割分配》。**4** 《植物》(枝、葉的)節或根。**5** 《地質》節理《岩石中的裂縫》。**6** 《俚》**a** 不正派的場所，廉價的酒館(等)。**b** 場所，住家，店。**7** 《俚》大麻煙。

òut of jóint (1)脫臼，脫節。(2)失常，亂了步調；不協調的，不相稱的。
—v.t. 〔十受〕**1** 將…接合；用灰泥塗…的接縫。**2** 把〈肉〉由關節切斷成大塊。
—adj. [用在名詞前]共同的；合作[合辦]的，連合的，共有的；連帶的：~ authors 合著者/a ~ statement 共同聲明/a ~ committee (議會的)上下兩院共組的委員會；(會議的)由各分組共同組成的聯合委員會/~ maneuvers 聯合演習/~ ownership 共有權/a ~ resolution《美》(參衆兩院的)共同決議/~ responsibility [liability] 共同責任，連帶責任/a ~ session [meeting] (上下兩院的)聯席會議/a ~ trial (兩名以上被告的)會審/during their ~ lives《法律》在他們兩人[全部]同時在世的期間。

the Jóint Chíefs of Stáff (美國的)參謀長聯席會議《由陸、空軍參謀長與海軍作戰部長組成；略作 JCS》.

jóint accóunt *n.* Ⓒ《銀行》(兩人以上，尤指夫妻的)共同戶頭。

jóint·ed *adj.* 有接縫[關節]的：a ~ fishing rod 分節釣竿，連接式釣竿。

jóint·less *adj.* 無接縫[接頭]的，無關節的。

jóint·ly *adv.* 共同地；連帶地。

jóint stóck *n.* Ⓤ 合資，合股。

jóint-stóck còmpany *n.* Ⓒ《英》股份公司(《美》stock company).

join·ture [ˋdʒɔɪntʃɚ; ˈdʒɔintʃə] *n.* Ⓒ寡婦所得產《丈夫生前指定其死後由妻繼承的財產》。

jóint vénture *n.* Ⓒ **1** 共同投資，合營，合辦，聯營《指共同投入資產、或提供技術合作某事業》。**2** 共同投資[合營，合辦，聯營]事業[公司]。

joist [dʒɔɪst; dʒɔist] *n.* Ⓒ(支撐地板或屋頂的)托梁；小桁；擱柵。

‡joke [dʒok; dʒouk] *n.* Ⓒ **1 a** 笑話，玩笑；幽默：make [《口語》crack] a ~ *about* a thing [person] 把某事[人]當做兒戲，戲謔某事[人]/have a ~ *with* a person 與某人說笑話[開玩笑]/see [get] a ~ 明白幽默的含意/tell a ~ 說笑話。**b** 惡作劇，戲弄，作弄：⇨ practical joke/play a ~ *on* [*upon*] a person 戲弄某人。**c** [常用於否定句]可一笑置之的事；無關緊要的事：It's *no* ~. 這可不是開玩笑的事，這是緊要的事。**2** 笑料；取笑的對象，笑柄：He is the ~ *of* the town. 他是鎭上的笑柄。**3 a** (笨拙得)不像話的事物。**b** 過於容易的事。

joists

as [for] a jóke 當做玩笑地，半開玩笑地。

be [gò] beyònd a jóke 《口語》可眞不是[不能再當做]兒戲。

in jóke 開玩笑地，打趣地。

The jóke's on .... 〈施予別人的計謀、惡作劇〉反害了自己，玩笑開在自己身上了。
—v.i. 〔動(十介十(代)名)〕說笑話，開玩笑〔*about*〕《★可用被動語態》：I'm just *joking*. 我只是在開玩笑/You are *joking*. 你在開玩笑/~ *about* a person's mistake 取笑某人的過錯。

jóking apárt [asíde] 且別開玩笑，說眞的。

jóke·bòok *n.* Ⓒ 幽默集，笑話集。

jók·er *n.* Ⓒ **1** 愛講笑話的人，滑稽的人。**2** 《口語》**a** 人，傢伙(fellow). **b** 不足取的[討厭的，無能的]人。**3** 《紙牌戲》小丑牌，飛牌，百搭《不屬於四種花中任何一種的額外單獨一張牌；上面常畫有小丑，常被用作最大的王牌》。

joke·ster [ˋdʒokstɚ; ˈdʒoukstə] *n.* Ⓒ好開玩笑者。

jók·ing·ly *adv.* 開玩笑地，說笑地。

jol·li·fi·ca·tion [ˌdʒɑləfəˋkeʃən; ˌdʒɔlifiˈkeiʃn] 《jollify 的名詞》 **—n.** **1** Ⓤ歡樂，大唱大鬧。**2** Ⓒ[常 ~s]歡樂的集會[慶祝會，宴會]。

jol·li·fy [ˋdʒɑlə,faɪ; ˈdʒɔlifai] *v.i.* (飲酒)作樂；快活地[飲酒]歡鬧。

jol·li·ty [ˋdʒɑlətɪ; ˈdʒɔləti] *n.* **1** Ⓤ歡樂，快樂，愉快。**2** Ⓒ《英》歡鬧，宴會。

***jol·ly** [ˋdʒɑlɪ; ˈdʒɔli] 《源自古法語「歡樂的」之義》 **—adj.** (**jol·li·er**; **-li·est**) **1** 快樂的，愉快的，歡樂的。**2** 《口語・委婉語》(飲酒而)心情愉快的，略有醉意的：the ~ god 快樂的神《指巴克斯(Bacchus)而言》。**3** 《口語》**a** 絕妙的；宜人的，爽快的；愉悅的：a ~ fellow 有趣的傢伙。**b** [常當反語用]糟糕的：a ~ fool 大傻瓜/What a ~ mess I am in! 這下子糟了！

—*adv.* (無比較級、最高級)《英口語》…透了，非常(very)：have a ～ good time 玩得非常痛快/You are ～ late. 你來得很遲。

jólly wéll 《英口語》(1)很好，很健康。(2)充分地，…得很夠：I know him ～ *well*. 我對他非常熟悉。(3)[加强動詞語氣]確實，眞地：You should ～ *well* help him. 你確實應該幫助他。

—*v.t.* 《口語》**1 a** 〔十受十副〕奉承，恭維〈某人〉；給〈人〉戴高帽兒〈*along*〉：I was *jollied* **along** and agreed to join in the work. 我被哄得同意參加這工作。**b** 〔十受十介十(代)名〕以奉承誘使〈某人〉〔…〕〔*into*〕：He *jollied* her **into** help*ing* with the work. 他給她戴高帽子，使她幫忙做那工作。**2** 〔十受〕戲弄，嘲弄〈人〉。**—***v.i.* 《口語》奉承；給人戴高帽。

jólly bòat *n.* Ⓒ(大船上所攜帶的)小艇。

Jólly Róger [ˈrɑdʒɚ; -ˈrɔdʒə] *n.* [the～]海盜旗，骷髏旗《黑底描繪顱骨和兩根交叉骨頭的旗子；cf. SKULL and crossbones》.

【字源】除了用 Roger 當人名以外，另一說認爲從前黑話稱盜賊和乞丐爲 roger，而此 roger 意指「惡徒，乞丐」，所以 Jolly Roger 就成爲「愉快的惡徒」所乘之船，即海盜船的象徵。

jolt [dʒolt; dʒoult] *v.t.* **1 a** 〔十受〕使…(劇烈地)搖晃。**b** 〔十受十副詞(片語)〕使〈乘客等〉顚簸：The coach ～*ed* its passengers *over* the miserable road. 長途汽車在糟糕的公路上行駛，使乘客們顚簸不堪。

2 a 〔十受〕打擊〈某人〉。**b** 〔十受十介十(代)名〕打擊〈某人〉〔使陷入…的狀態〕〔*into*〕；打擊〈某人〉〔使失去…的狀態〕〔*out of*〕：The news ～*ed* him **out of** the happy mood. 那消息使他受打擊而失去了快樂的情緒。**c** 〔十受十補〕打擊〈某人〉〈使成…的狀態〉：Something had ～*ed* him awake. 他被某事驚醒。

—*v.i.* 〔動(十副詞(片語))〕搖晃，顚簸而行：The cart ～*ed along* (*over* the country road). 二輪貨車(在農村道路上)顚簸著前進。

—*n.* Ⓒ **1** 劇烈的上下跳動，劇烈的搖動。**2** 精神上的衝擊，震盪，打擊；震驚。**3** (烈酒等的)一(大)口，一飲：drink a ～ *of* whiskey 猛喝一口威士忌。

jolt·y [ˈdʒoltɪ; ˈdʒoulti] «jolt 的形容詞» **—***adj.* (**jolt·i·er**; **-i·est**)劇烈搖晃的，顚簸的。

Jo·nah [ˈdʒonə; ˈdʒounə] *n.* **1** 《聖經》**a** 約拿《希伯來先知》。**b** 約拿書(The Book of Jonah)《聖經舊約中一書》。**2** Ⓒ帶來不幸之人[物]，不祥之人[物]。

Jon·a·than [ˈdʒɑnəθən; ˈdʒɔnəθən] *n.* **1** 强納遜《男子名》。**2** 《聖經》約拿單《大衞(David)的至友》：⇨ DAVID and Jonathan.

Jones [dʒonz; dʒounz], **Daniel** *n.* 章孫《1881–1967；英國語音學家》。

Jones·es [ˈdʒonzɪz; ˈdʒounziz] «源自一般常見的名字» **—***n. pl.* [the ～] 《★常用於下列成語》：keep up with *the* ～ 努力以免落在他人之後。

【字源】源自 1913 年至 1928 年美國的連載漫畫標題"*Keeping up with the Joneses*". the Joneses 當作「住在附近的中產階級人士」之意用，據說作者本擬使用 the Smiths，但是 the Joneses 音調比較好，所以這句成語就此定型。

jon·quil [ˈdʒɑŋkwɪl; ˈdʒɔŋkwil] *n.* Ⓒ《植物》長壽花。

Jon·son [ˈdʒɑnsn̩; ˈdʒɔnsn], **Ben** *n.* 章孫《1573?–1637；英國戲劇家及詩人》。

Jor·dan [ˈdʒɔrdn̩; ˈdʒɔːdn] *n.* **1** [the ～] 約旦河《在巴勒斯坦(Palestine)境內；施洗者約翰爲耶穌施洗的河流》。**2** 約旦王國《首都安曼(Amman [æˈmæn; əˈmɑːn])》.

Jo·seph [ˈdʒozəf; ˈdʒouzif] *n.* **1** 約瑟夫《男子名；暱稱 Jo, Joe》. **2 a** 《聖經》約瑟《雅各之子》。**b** Ⓒ不爲誘惑所動的男子。**3** [St. ～] 《聖經》聖約瑟《聖母瑪利亞的丈夫；拿撒勒的木匠》。

Jo·se·phine [ˈdʒozəˌfin; ˈdʒouzifiːn] *n.* 約瑟芬《女子名；暱稱 Jo, Josie》.

josh [dʒɑʃ; dʒɔʃ] 《美口語》*v.i.* 戲弄，揶揄。

—*v.t.* 對…開玩笑，(無惡意地)戲弄〈人等〉。

—*n.* Ⓒ戲謔；玩笑，揶揄。

Josh. 《略》《聖經》Joshua.

Josh·ua [ˈdʒɑʃuə; ˈdʒɔʃwə] *n.* **1** 賈學《男子名》。**2** 《聖經》**a** 約書亞《以色列民族的領導者；摩西(Moses)的繼承人》。**b** 約書亞書(The Book of Joshua)《聖經舊約中一書；略作 Josh.》.

Jo·si·ah [dʒoˈsaɪə; dʒouˈsaiə] *n.* 約賽亞《男子名》。

Jo·sie [ˈdʒosi, -zi; ˈdʒousiː, -ziː] *n.* 約希《女子名；Josephine 的暱稱》。

joss [dʒɑs; dʒɔs] *n.* **1** Ⓒ(中國之)神像；菩薩。**2** ⓊⒸ《俚》好運；機會。**3** Ⓒ《英・澳俚》工頭；老闆。

jóss hòuse *n.* Ⓒ(中國的)神廟。

jóss stick [ˈdʒɑs-; ˈdʒɔs-] *n.* Ⓒ(中國人祭神用細條狀的)香。

jos·tle [ˈdʒɑsl; ˈdʒɔsl] *v.t.* **1 a** 〔十受〕(粗魯地)推，撞，擠〈人〉：Don't ～ me. 不要擠我嘛！**b** 〔十受十副〕擠[推]開〈人〉〈*away*〉：They ～*d* me **away**. 他們把我推開。**c** 〔十受十副詞(片語)〕[～ **one's way**] 擠過去：He ～*d* his way *out of* the hall. 他從大會堂中擠出去。**2** 緊靠〈人、房屋等〉。

—*v.i.* 〔動(十介十(代)名)〕**1 a** 〔朝…，與…〕擠〔*against*, *with*〕：The demonstrators ～*d* **against** the police. 示威者朝警方擠去。**b** 擠過〔…〕〔*through*, *into*〕：～ **through** a crowd 擠過人羣。**2** 〔與…〕競爭，比賽；〔與人〕爭奪〔物〕〔*with*〕〔*for*〕：The people ～*d* **with** one another **for** the seats. 人們爲爭佔座位而互相推擠。

—*n.* Ⓒ擁擠；推；撞。

jot [dʒɑt; dʒɔt] *n.* [**a** ～；常用於否定句] **1** 些微，少量〔*of*〕：There's *not a* ～ *of* truth in it. 其中沒有一點是眞的。**2** [當副詞用]絲毫(不…)，一點也(不…)：I do*n't* care *a* ～. 我一點也不在乎。

nòt óne[a] jót or títtle 毫不…，毫無…。

—*v.t.* (**jot·ted**; **jot·ting**)〔十受(十副)〕匆匆地[簡略地]記下…；把…摘記下來〈*down*〉：***J*～ *down*** his license number. 記下他的牌照號碼！

jót·ter *n.* Ⓒ **1** 匆匆記下事物的人。**2** 小筆記本。

jót·ting *n.* Ⓒ[常～s]簡短的備忘錄。

joule [dʒaul, dʒul; dʒuːl, dʒaul] *n.* Ⓒ《物理》焦耳《工作或電能的單位；＝10 million ergs；略作 J》.

jounce [dʒauns; dʒauns] *v.i.* **1** (上下)搖撼；震動；顚簸。**2** 〔十副詞(片語)〕顚簸而行。

—*v.t.* (上下)搖撼；震動；使…顚簸。

—*n.* Ⓒ(上下的)搖撼；震動；顚簸。

jour·nal** [ˈdʒɝnl; ˈdʒəːnl] «源自拉丁文「每日的」之義» **—n.* **1 a** Ⓒ日誌，日記《★比較 常指較 diary 具文學性的日記》：keep a ～ 寫日記。**b** [the Journals]《英》國會紀錄。**2** Ⓒ**a** 雜誌，定期刊物：a monthly ～ 月刊。**b** (學術團體等的)機關報章雜誌。**c** 日報。**3** Ⓒ《航海》航海日誌(logbook). **4** Ⓒ《簿記》分類帳。

jóurnal bòx *n.* Ⓒ《機械》軸箱。

jour·nal·ese [ˌdʒɝnlˈiz; ˌdʒəːnəˈliːz] *n.* Ⓤ《輕蔑》新聞文體[筆調]，新聞[報導]用語。

jour·nal·ism [ˈdʒɝnlˌɪzəm; ˈdʒəːnəlizəm] *n.* Ⓤ **1** 新聞學；新聞雜誌編輯[經營](業)，新聞雜誌投稿[撰寫](業)。**2** 新聞界，報章雜誌業界。**3** [集合稱](報章雜誌的)新聞報導，報章雜誌。

jour·nal·ist [ˈdʒɝnlɪst; ˈdʒəːnəlist] *n.* Ⓒ報人；報章雜誌記者[投稿者，業者]；新聞工作者。

jour·nal·is·tic [ˌdʒɝnlˈɪstɪk; ˌdʒəːnəˈlistik ⁻] *adj.* 報章雜誌(式)的；新聞事業的；新聞文字的；報章雜誌記者(作風)的：～ ethics 新聞記者的倫理。**-ti·cal·ly** [-klɪ; -kəli] *adv.*

‡jour·ney [ˈdʒɝnɪ; ˈdʒəːni] «源自拉丁文「一日的(工作、旅程)」之義» **—***n.* Ⓒ **1** (常指較長的陸上)旅行(⇨ travel【同義字】)：a ～ around the world 環遊世界旅行/a ～ of three months＝a three months' ～ ＝a three-month ～ 爲期三個月的旅行/a ～ into the country 鄉村之(旅)行/be (away) *on* a ～ 出門旅行中/go [start, set out] *on* a ～ (*to* …)啓程(到…)旅行/make [take] a ～ 旅行/A pleasant ～ to you! ＝I wish you a good [happy] ～. 祝你旅途愉快[一路順風]！**2 a** 旅程，行程：a day's ～ from here 從本地出發(需時)一天的路程。**b** (人生等的)旅途，歷程。

one's **jóurney's énd** 《文語》(1)旅程的終點。(2)(人生)旅途的終點。

—*v.i.* 〔十副詞(片語)〕《文語》旅行。

jour·ney·er [ˈdʒɝnɪɚ; ˈdʒəːniə] *n.* Ⓒ旅行者。

jóur·ney·man [-mən; -mən] *n.* Ⓒ (*pl.* **-men** [-mən; -mən]) **1** (學徒期滿而技術熟練的)工人(cf. apprentice 1). **2** (雖非一流但)優秀而有經驗的老手：a ～ artist 技藝精湛的藝術家。

jóurney·wòrk *n.* Ⓤ **1** 短工，散工。**2** 無聊的工作。

joust [dʒaust; dʒaust] *n.* Ⓒ **1** (中古騎士的)馬上長槍比武。**2** [常 ～s](中古騎士的)馬上長槍比武大會。

—*v.i.* **1** 用馬上長槍比武。**2** 《新聞用語》參加比賽[競賽]。

Jove [dʒov; dʒouv] *n.* ＝Jupiter. **by Jóve!** [表示驚訝、贊成、歡喜、厭惡等]《英口語》我向神發誓！一定！眞的！太好啦！呸！哼！

jo·vi·al [ˈdʒovɪəl; ˈdʒouviəl] «由於從前認爲木星(Jove)會使人產生快活的心情» **—***adj.* 快活的；快樂的；愉快的。**～·ly** *adv.*

jo·vi·al·i·ty [ˌdʒovɪˈælətɪ; ˌdʒouviˈæləti] «jovial 的名詞» **—***n.* **1** Ⓤ快樂；愉快；快活；高興；歡樂。**2** Ⓒ[常 **jovialities**]快樂的言詞[行爲]。

Jo·vi·an [ˈdʒovɪən; ˈdʒouviən] «Jove 的形容詞» **—***adj.* **1** Jove 神的；(像 Jove 神般)威風凜凜的。**2** 木星(Jupiter)的。

jowl[1] [dʒaul; dʒaul] *n.* Ⓒ[常 ～s] **1** 顎骨；(尤指)下顎。**2** 頰：⇨ CHEEK by jowl.

jowl[2] [dʒaul; dʒaul] *n.* Ⓒ **1** (豬、牛、鳥的)喉部垂肉。**2** (胖人的)下顎的垂肉。

jowl·y [ˈdʒaulɪ; ˈdʒauli] «jowl[2] 的形容詞» **—***adj.* (**more** ～, most ~ ; **jowl·i·er, -i·est**)下顎有垂肉的；下顎垂肉大的：a ~ old man 下顎肉鬆垂的老人。

‡joy [dʒɔɪ; dʒɔi] *n.* **1** Ⓤ**歡喜**，快樂，高興(⇨ pleasure【同義字】)：to my ~ 令我高興的是/with ~ 高興地/dance [jump] for ~ 欣喜雀躍/I give you ~！恭喜你！/I wish you ~. 恭喜你！/Oh ~！哇，好高興！

2 Ⓒ令人高興的事物：the ~*s* and sorrows of life 人生的悲歡，苦樂/She was a great ~ to her parents. 她是她父母歡樂的源泉[她給她父母帶來了歡樂]/A thing of beauty is a ~ for ever. 美麗的東西即使在消滅之後只要有回憶，它所帶來的快樂永遠持續《★引自濟慈(Keats)的詩 *Endymion*》.

3 Ⓤ[用於否定句、疑問句]《英口語》進行順利，成功，滿足：I've asked lots of people to help, but I have*n't* had any ~ yet. 我已向很多人求助，但還是一點都不順利。

in jóy and in sórrow 不論是在快樂時或是在悲傷時：My wife has been my good companion *in ~ and in sorrow.* 不論是在快樂時或是在悲傷時，內人一直都是我的好伴侶。

wish a person jóy of ... [常當諷刺用]某人且慢慢享受…吧：I *wish* you ~ *of* your long midsummer tour. 你慢慢享受你的盛夏之旅吧！

—*v.i.* 〔十介十(代)名〕《文語·詩》歡樂；欣喜；高興；慶幸〔…〕〔*in*〕：~ ***in*** a friend's success 為朋友的成功而欣喜。

Joyce [dʒɔɪs; dʒɔis] *n.* 喬伊斯《女子名、男子名》。

joy·ful [ˈdʒɔɪfəl; ˈdʒɔiful] *adj.* (**more ~ ; most ~**)**歡喜的**，高興的，快樂的；令人[表示]高興的：a ~ heart 愉快的心情/ ~ news 令人高興的消息/a ~ look 高興的樣子。

~·ly [-fəlɪ; -fuli] *adv.* **~·ness** *n.*

jóy·less *adj.* 沒有歡樂的，憂鬱的。**~·ly** *adv.* **~·ness** *n.*

joy·ous [ˈdʒɔɪəs; ˈdʒɔiəs] *adj.* 《文語》=joyful.

~·ly *adv.* **~·ness** *n.*

jóy·ride *n.* Ⓒ《口語》**1** (尤指魯莽地超速或偷開他人汽車的)兜風。**2** (不考慮費用或後果的)魯莽行動。

—*v.i.* (**joy·rode ; joy·rid·den**)開飛車兜風。**jóy·rider** *n.*

jóy stick «《英俚》源自「陰莖」之義；由於其位置在駕駛員兩腿之間» **—***n.* Ⓒ《口語》**1**〖航空〗操縱桿。**2** (各種機械的)操作桿。

JP 《略》jet propulsion.

J.P. 《略》Justice of the Peace.

JPN 《略》Japan.

Jr., jr., Jr, jr 《略》junior.

JST 《略》Japan Standard Time 日本標準時間。

ju·bi·lance [ˈdʒubləns; ˈdʒu:biləns] «jubilant 的名詞» **—***n.* Ⓤ歡喜，欣喜，喜悅。

ju·bi·lant [ˈdʒubl̩ənt; ˈdʒu:bilənt] *adj.* 歡天喜地的，喜悅的，喜氣洋洋的。**~·ly** *adv.*

ju·bi·la·tion [ˌdʒublˈeʃən; ˌdʒu:biˈleiʃn] *n.* **1** Ⓤ歡喜，歡呼。**2** Ⓒ[常~s]歡欣慶祝。

ju·bi·lee [ˈdʒubl̩ˌi; ˈdʒu:bili:] *n.* **1** Ⓒ(二十五年、五十年、六十年、七十五年等的)周年紀念；慶典；佳節：⇨ silver jubilee, golden jubilee, diamond jubilee. **2** Ⓤ歡騰。**3** Ⓒ〖聖經〗(猶太人的)五十年節《自猶太民族入迦南(Canaan)之年算起每五十年一次》。**4** Ⓒ〖天主教〗聖年，大赦年。

> 【字源】源自希伯來語「用雄羊角做的笛子」之意的字。據說從前猶太人每五十年定一特別之年，在該年年初，吹奏用雄羊角做的笛子。

Jud. Judges ; Judith ; Judicial.

Ju·dae·a [dʒuˈdiə; dʒu:ˈdiə, -ˈdi:ə] *n.* =Judea.

Ju·dah [ˈdʒudə; ˈdʒu:də] *n.* **1** 猶大《古巴勒斯坦的一個王國》。**2** 猶大《男子名》。**3**〖聖經〗猶大《雅各(Jacob)的第四子》。

Ju·da·ic [dʒuˈde·ɪk; dʒu:ˈdeiik˝] *adj.* 猶太(民族)的；猶太人的；猶太人習俗[文化]的；猶太教的(Jewish).

Ju·da·ism [ˈdʒudɪˌɪzəm; ˈdʒu:deiizəm] *n.* Ⓤ **1** 猶太教(教義)。**2** 猶太主義；猶太人氣質；猶太文化。

Jú·da·ist [-ɪst; -ist] *n.* Ⓒ猶太教教徒；猶太主義者。

Ju·da·ize [ˈdʒudɪˌaɪz; ˈdʒu:deiaiz] *v.t.* 使…有猶太人作風，使…成猶太式；使…皈依猶太教。

—*v.i.* 變成猶太人作風，變成猶太式；皈依猶太教。

Ju·das [ˈdʒudəs; ˈdʒu:dəs] *n.* **1**〖聖經〗猶大《Judas Iscariot；耶穌十二使徒之一，後來出賣了耶穌》。

> 【說明】以色加列的猶大(Judas Iscariot)是基督的十二使徒之一。他曾以三十枚銀子出賣基督，把祂交給羅馬的官吏，後來悔罪自殺。聖經「馬太福音」二十六章說：猶大在和基督相吻前，和羅馬的官員約好：「我要吻的人就是基督，你們就去抓他」。因此，猶大的吻(Judas kiss)就意味着「外表假裝好意的背叛行為」。猶大在洋蘇木(俗名猶大樹)上上吊自殺，所以這種樹也稱作 Judas tree ; cf. Last Supper【說明】

2 Ⓒ(虛情假意)出賣朋友的人。**3** [j~](又作**júdas wíndow, júdas hóle**)Ⓒ(門等的)窺視孔(peephole).

Júdas kíss *n.* Ⓒ **1** 猶大的吻《表面上虛情假意的吻；⇨ Judas【說明】》。**2** 表面上的好意，出賣。

Júdas trèe «因相傳猶大於出賣耶穌之後吊死在這種樹上» **—***n.* Ⓒ〖植物〗猶大樹《洋蘇木的俗稱》。

jud·der [ˈdʒʌdɚ; ˈdʒʌdə] *v.i.* 激烈地震動，震顫；〈歌聲〉顫動。

—*n.* Ⓒ激烈的震動，顫動；顫音。

Jude [dʒud; dʒu:d] *n.* **1** 裘德《男子名》。**2**〖聖經〗**a** 猶大。**b** 猶大書(The General Epistle of Jude)《聖經新約中一書》。

Ju·de·a [dʒuˈdiə; dʒu:ˈdiə, -ˈdi:ə] *n.* 猶太《古代羅馬所統治的南巴勒斯坦之一部分》。

Ju·de·an [dʒuˈdiən; dʒu:ˈdiən, -ˈdi:ən˝] «Judea 的形容詞» **—***adj.* 古代猶太(人)的。

—*n.* Ⓒ古代猶太人。

Judg. 《略》〖聖經〗Judges.

‡judge [dʒʌdʒ; dʒʌdʒ] *n.* **1** [常 J~]Ⓒ**審判官**，推事：a preliminary [an examining] ~ 初審推事/the chief ~ 首席推事，法院院長/a J~ of the High Court(英國的)高等法院推事。

2 Ⓒ(競賽、辯論會等的)裁判；評審員：Mr. A was a ~ at the Cannes Film Festival. A 先生擔任了坎城影展的評審員。

3 Ⓒ識貨者，鑑識家：He is no [a poor] ~ *of* art. 他沒有[不大有]鑑賞藝術的眼光/He considered himself a good ~ *of* people [character]. 他自以為很會看人[人品]。

4〖聖經〗**a** Ⓒ審判者，士師。**b** [**Judges**；當單數用]士師記(The Book of Judges)《聖經舊約中一書；略作 Judg.》.

(as) gráve as a júdge 非常威嚴。

(as) sóber as a júdge 極為嚴肅[冷靜，認眞]。

—*v.t.* **1 a** 〔十受〕**審判**，審理；裁決，判決…：~ a case 審理訴訟案件/Only God can ~ man. 只有上帝能審判人。**b** 〔十受十補〕判決…〈為…〉：The boys were ~*d* guilty by the family court. 那些少年被家事法庭判決為有罪。**c** 〔十受〕批評[譴責，抨擊]〈某人〉。

2 a 〔十受〕**評審**，鑑識，評判…：~ a race [contest] 擔任賽跑[比賽]的裁判/Who will ~ the dogs at the contest? 在比賽會中誰來評審那些狗？**b** 〔十受十補〕評定…〈為…〉：She was ~*d* "Miss America." 她被選為美國小姐。

3 a 〔十受〕**判斷**，估計…：It is difficult to ~ character. 要判斷人品是困難的。**b** 〔十受十介十(代)名〕〔根據[由]…〕判斷，估計〈人、事〉〔*by, from*〕：~ a person ***by*** his looks [***from*** his accent] 以貌取人[以口音判斷人]。**c** 〔十受十介十(代)名〕判斷，估計〈某物〉〔為…數值〕〔*at*〕：We ~*d* the altitude of the helicopter ***at*** a hundred feet. 我們估計那直昇機的高度為一百英尺。**d** 〔十受十(*to be*)補〕猜測，認為，判斷…〈是…〉：He ~*d* it better to put off his departure. 他認為延期起程較好/I ~*d* her (*to be*) about forty. 我猜測她是四十歲左右。**e** 〔十(*that*)__〕猜測，認定，判斷〈…事〉：I ~ (*that*) he was wrong. 我認為他錯了。**f** 〔十 *wh*.__/十*wh*.十*to* do〕判斷，鑑定〈是否(是)…〉：I cannot ~ *whether* he is honest or not. 我無法判斷他是否誠實/It is difficult to ~ *what to* do in such circumstances. 在這種情況下要判斷該做什麼是困難的。

—*v.i.* **1** 審判；判決。

2 〔動(十介十(代)名)〕裁判；〔在…〕擔任評審[裁判]員〔*at*〕：Mrs. White will ~ ***at*** the flower show. 懷特夫人將在花展中擔任評審。

3 a 下判斷：be quick to ~ 判斷迅速。**b** 〔十介十(代)名〕〔就…〕下判斷〔*of*〕：Don't ~ ***of*** a man by his education. 不要以教育程度判斷一個人《★比較 *v.t.* 義 3 b 的用法較 ~ of 為普通》。**c** 〔十介十(代)名〕(根據判斷)分辨[決定]〔兩者間的〕優劣〔*between*〕：We must ~ ***between*** two applicants. 我們必須在兩名報名者中選一名。

júdging from [by] 由…看來：*Judging from* what you said, he must be a very good man. 從你的話判斷，他一定是個很好的人。

júdge ádvocate *n.* Ⓒ(*pl.* **~s**)〖軍〗軍法官。

júdge ádvocate géneral *n.* Ⓒ(*pl.* **judge advocates general**)《美》陸[海，空]軍法長，(國防部)軍法局長；《英》陸[空]軍軍法局長。

judg·ment, judge·ment** [ˈdʒʌdʒmənt; ˈdʒʌdʒmənt] «judge 的名詞» **—n.* **1** ⓊⒸ判決，宣判；審判，裁判：pass ~ on a person [case] 判決某人[案件]/It is the ~ of this court that .... 本法庭判決…。

2 ⓊⒸ **a 判斷**，審查；(依據判斷的結果之)意見：in my ~ 依我的判斷[想法]/make a ~ 下判斷/form a ~ *on* [*of*] a question 對某問題持有某種看法[作出評價]。**b** 〔十 *that*__〕〈對…事的〉判斷：They accepted his ~ *that* they had better put off their departure. 他們接受了他所提出的啓程宜延期的意見。

3 Ⓤ **a 判斷力**，批判力，思考力：an error of ~ 判斷力的訛誤

/a man of sound ～ 具有正確判斷力的人。**b** 思慮；見識；批判：show ～ *in* do*ing* ... 於做…時展現見識。

4 a [(the)(Last)J～]《神學》最後審判。**b** Ⓒ(上帝所判的)天譴，報應：It is a ～ *on* you for getting up late. 這是你晚起床的報應。

agàinst one's **bétter júdgment** 不情願地，非本意地。

sít in júdgment (1)審判[某人]〔*on*〕.(2)(片面地)〔對某人[行爲](的好壞)〕下判斷；批判〔*on, over*〕.

the Dáy of Júdgment ＝Judgment Day.

Júdgment Dày *n.* [(the)～](上帝的)最後審判日(doomsday)《世界末日》。

júdgment sèat *n.* Ⓒ法官席；審判席。

ju·di·ca·to·ry [ˋdʒudɪkəˏtorɪ, -ˏtɔrɪ; ˈdʒuːdikətəri] *adj.* 審判的，司法的。

—*n.* **1** Ⓒ裁判所；法庭。**2** Ⓤ司法行政。

ju·di·ca·ture [ˋdʒudɪkətʃɚ; ˈdʒuːdikətʃə] *n.* **1** Ⓤ**a** 司法(權)，裁判(權)。**b** 司法行政。**2** Ⓤ司法官的權威[職權]。**3** Ⓒ[集合稱]法官(judges)《★用法視爲一整體時當單數用，指全部個體時當複數用》。

the Supréme Cóurt of Júdicature (英國)最高法院《由高等法院(High Court of Justice)和上訴法院(Court of Appeal)構成》。

ju·di·cial [dʒuˋdɪʃəl; dʒuːˈdiʃl] *adj.* **1** 司法的，法庭的，審判的，司法官的，依據審判的：the ～ branch (of government)(政治的)司法部門/the ～ bench法官[集合稱]/a ～ district 司法管轄區/ ～ police 法警/⇨ judicial SEPARATION. **2 a** 似[適合做]法官的。**b** 公正的，公平的。**3** 有判斷力的，評判的，考慮縝密的。

ju·dí·cial·ly *adv.* **1** 司法上；經審判；公平地。**2** 像法官似地。

Judícial Yu·án [-juˋan; -juːˈaːn] *n.* [the ～](中國之)司法院。

ju·di·ci·ar·y [dʒuˋdɪʃɪˏɛrɪ; dʒuːˈdiʃiəri] *n.* **1** [the ～]司法部。**2** Ⓒ(國家的)司法組織。**3** Ⓒ[集合稱]法官(judges)《★用法視爲一整體時當單數用，指全部個體時當複數用》。

—*adj.* 司法的，法院的。

ju·di·cious [dʒuˋdɪʃəs; dʒuːˈdiʃəs] *adj.* 深思遠慮的，有思考力的，明智的：a ～ decision 明智的決定。

～·ly *adv.* **～·ness** *n.*

Ju·dith [ˋdʒudɪθ; ˈdʒuːdiθ] *n.* 朱蒂絲《女子名；暱稱 Judy》.

ju·do [ˋdʒudo; ˈdʒuːdou] **《源自日語》** **—*n.*** Ⓤ柔道：practice ～ 練[用]柔道。

jú·do·ist [-ɪst; -ist] *n.* Ⓒ柔道家。

Ju·dy [ˋdʒudɪ; ˈdʒuːdi] *n.* **1** 朱蒂《女子名 Judith 的暱稱》。**2** 朱迪《潘趣傀儡戲(Punch and Judy)的女主角》。

jug[1] [dʒʌg; dʒʌg] *n.* **1** Ⓒ **a**《英》(口大，有把手的)水罐(pitcher). **b**《美》(常指有軟木瓶塞且口小的)陶瓷[金屬，玻璃]水罐。**2** Ⓒ一水罐的量〔*of*〕. **3** [(the)～]《俚》監獄(prison)：in (*the*) ～ 在獄中，在坐牢中。

—*v.t.* (**jugged**；**jug·ging**)〔十受〕**1** 把〈兔肉等〉放入陶製鍋燉《★常以過去分詞當形容詞用》：*jugged* hare (用陶製鍋燉的)燉野兔肉。**2**《俚》把〈某人〉關進監牢。

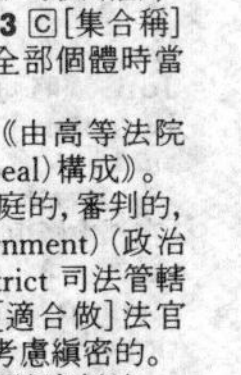

jug[1] 1 b

jug[2] [dʒʌg; dʒʌg] **《擬聲語》** **—*n.*** Ⓒ (夜鶯(nightingale)等的)啷啷的鳴聲。

—*v.i.* (**jugged**；**jug·ging**)發出啷啷聲。

jug·ful [ˋdʒʌgˏful; ˈdʒʌgful] *n.* Ⓒ **1** 一水罐(的量)〔*of*〕. **2** 大量。

Jug·ger·naut [ˋdʒʌgɚˏnɔt; ˈdʒʌgənɔːt] *n.* **1**《印度神話》札格納特《護持神毘濕奴(Vishnu)之第八化身牧牛神訖里什那(Krishna)的神像；★迷信者相信被載這尊神像遊行的車子輾死即可升天》。**2** [常 j～]Ⓒ(誘[逼]人盲目崇信而爲其犧牲的)習俗、制度、信仰等；不可抗拒的事物。**3** [j～]Ⓒ《英口語》(對其他車輛構成威脅的)長程大型卡車。

jug·gle [ˋdʒʌgl; ˈdʒʌgl] *v.i.* **1**〔動(十介十(代)名)〕(用球、刀子、盤子等)耍把戲，變戲法〔*with*〕：～ ***with*** two balls 用兩個球變戲法。**2**〔十介十(代)名〕隱瞞，竄改〔數字、事實等〕〔*with*〕《★可用被動語態》：～ ***with*** the figures 竄改數字。

—*v.t.* **1** 耍〈球、刀子、盤子等〉，以…變戲法：～ several plates 用幾個盤子耍把戲。**2** 竄改…；在〈數字、帳目等〉上做假：He ～*d* the figures to hide his embezzlement. 他爲了隱瞞挪用公款一事而在(帳目的)數字上做了手腳。**3**〔十受十介十(代)名〕欺騙〈某人〉奪取〔財物〕〔*out of*〕：He ～*d* her ***out of*** what little money she had. 他騙走了她僅有的一點錢。**4** 似漏接後又抓住〈球〉。

—*n.* Ⓒ **1** (耍球、刀子、盤子等的)把戲，變戲法。**2** 詐欺，欺騙。**3**《棒球》接球時沒有接穩而使球彈出手套之後再接住的動作。

júg·gler *n.* Ⓒ **1 a** 耍把戲的人。**b** 變戲法的人。**2** 騙子，行騙者：a ～ *with* words 詭辯家。

jug·gler·y [ˋdʒʌglərɪ; ˈdʒʌgləri] *n.* Ⓤ **1 a** (耍球、刀子、盤子等的)把戲。**b** 魔術，戲法。**2** 詐欺，欺騙。

Ju·go·sla·vi·a [ˋjugoˋslavɪə; ˌjuːgouˈslaːviə] *n.* ＝Yugoslavia.

jug·u·lar [ˋdʒʌgjəlɚ; ˈdʒʌgjulə] *adj.* **1** 頸部的；咽喉部的。**2** 頸靜脈的。

—*n.* **1** (又作 **júgular véin**)Ⓒ頸靜脈。**2** [**the** ～](對方的)最大弱點：have a person by *the* ～ 扼住對方的要害。

‡**juice** [dʒus; dʒuːs] *n.* **1** Ⓤ[指種類時爲Ⓒ](水果、蔬菜、肉等的)汁《★juice 表示果汁時指百分之百的純果汁》：a glass of orange ～ 一杯橙汁/a mixture of fruit ～*s* 綜合果汁。**2 a** Ⓤ[指種類時爲Ⓒ]分泌液：gastric [digestive] ～*s* 胃液[消化液]。**b** [**the** ～*s*]體液。**3** Ⓤ**a** 本質，精華〔*of*〕. **b**《口語》元氣，活力。**4** Ⓤ《俚》電；汽油，煤油，(其他的)液體燃料。**5** Ⓤ《美俚》酒；威士忌。**6** Ⓤ《俚》不合理的利息，暴利。

stép on the júice《英口語》開快車。

stéw in one's **ówn júice** 自作自受：Let him *stew in* his *own* ～. 讓他自作自受好了。

—*v.t.* 〔十受〕自〈水果等〉擠汁。

júice úp《*vt adv*》《美口語》(1)提高〈馬達等〉的動力；加速。(2)加油於…。(3)使〈事物〉有生氣[有趣]。(4)鼓舞[激勵]〈某人〉。

júic·er *n.* Ⓒ **1** 果汁機。**2**《美俚》酒鬼。

juic·y [ˋdʒusɪ; ˈdʒuːsi] **《juice 的形容詞》** **—*adj.*** (**juic·i·er**；**-i·est**)**1** 水分多的，多汁液的：a ～ orange 多汁的柳橙。**2 a** 〈天氣〉下雨的。**b** 濕淋淋的。**3**《口語》〈傳聞等〉很有趣的，生動的，緊張刺激的：～ gossip 很有趣的閒聊。**4**《口語》〈合約、交易等〉一本萬利的，有賺頭的。**júic·i·ly** [-səlɪ; -sili] *adv.* **-i·ness** *n.*

ju·jit·su [dʒuˋdʒɪtsu; dʒuːˈdʒitsuː] **《源自日語》** **—*n.*** Ⓤ柔術，柔道。

ju·ju [ˋdʒudʒu; ˈdʒuːdʒuː] *n.* **1** Ⓒ (非洲西部黑人所用的)護符，符咒，驅邪物(cf. fetish 1).**2** Ⓤ(符咒的)魔力。

ju·jube [ˋdʒudʒub; ˈdʒuːdʒuːb] *n.* Ⓒ **1 a**《植物》滇刺棗樹。**b** 滇刺棗。**2** (加滇刺棗的味道或香味的)小糖果，果汁軟糖《有時摻有治喉嚨痛的藥》。

ju·jut·su [dʒuˋdʒɪtsu; dʒuːˈdʒitsuː] *n.* ＝jujitsu.

júke·bòx [ˋdʒukˏbaks; ˈdʒuːkbɔks] *n.* Ⓒ自動點唱機。

Jul. 《略》July.

ju·lep [ˋdʒulɪp; ˈdʒuːlep, -lip] *n.* Ⓒ《美》**1** 威士忌或白蘭地加糖、薄荷等而成的一種飲料。**2** ＝mint julep.

Jul·ia [ˋdʒuljə; ˈdʒuːljə] *n.* 朱麗亞《女子名》。

Ju·lian [ˋdʒuljən; ˈdʒuːljən] *n.* 朱利安《男子名》。

—*adj.* Julius Caesar 的。

Ju·li·an·a [ˌdʒulɪˋænə; ˌdʒuːliˈaːnə, -ˈænə] *n.* 朱麗安娜《女子名》。

Júlian cálendar *n.* [**the** ～]羅馬儒略曆《凱撒(Julius Caesar)所定的舊太陽曆；cf. Gregorian Calendar》.

Ju·lie [ˋdʒulɪ; ˈdʒuːli] *n.* 朱莉《女子名》。

ju·li·enne [ˌdʒulɪˋɛn; ˌdʒuːliˈen] **《源自法語》** **—*n.*** Ⓤ《烹飪》胡蘿蔔、洋葱等之薄片湯。**—*adj.*** (蔬菜等)切成窄條的。

Ju·liet [ˋdʒuljət; ˈdʒuːljət] *n.* **1** 朱麗葉《女子名》.**2** 朱麗葉《莎士比亞(Shakespeare)所著悲劇「羅密歐與朱麗葉」中的女主角》。

Júliet càp *n.* Ⓒ朱麗葉女帽《帶在後腦上，常作新娘禮服的一部分》。

Ju·lius Cae·sar [ˋdʒuljəsˋsizɚ; ˈdʒuːljəsˈsiːzə] *n.* ⇨ Caesar.

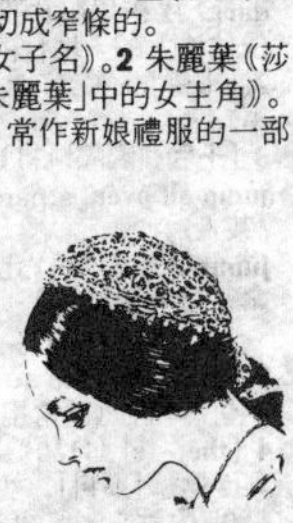

Juliet cap

‡**Ju·ly** [dʒuˋlaɪ; dʒuːˈlai] **《爲 Julius Caesar 所出生的月分，源自其名；⇨August, September》** **—*n.*** 七月《略作 Jul., Jy.》：*in* ～七月中/*on* ～5＝*on* 5 ～＝*on* the 5th of ～ 在七月五日(⇨ January【說明】)/the Fourth of ～ 七月四日《美國的獨立紀念日》。

jum·ble [ˋdʒʌmbl; ˈdʒʌmbl] *v.t.* 〔十受(十副)〕使…混亂；搞亂，混雜〈文件、衣服、思想等〉〈*up, together*〉：Don't ～ ***up*** [***together***] the things in the drawer. 不要把抽屜裏的東西弄得亂七八糟。**—*v.i.*** **1** 摻雜。**2** 混亂不堪：The children ～*d* out of the school building after school. 放學後孩子們亂哄哄地從學校出來。

—*n.* [**a** ～] **1** 混合(物)；一團，一堆〔*of*〕：*a* ～ *of* toys 亂放一堆的玩具。**2** 混亂：fall into *a* ～ 陷入一片混亂。

júmble sàle *n.* Ⓒ《英》雜物拍賣；(尤指)義賣(rummage sale).

jum·bo [ˋdʒʌmbo; ˈdʒʌmbou] *n.* Ⓒ(*pl.* ～**s**)《口語》**1** 龐然大物，巨大的東西，巨無霸；巨漢；巨獸。

> **【字源】**有兩種說法。其一是十九世紀美國著名的馬戲團團主巴南(Barnum)，把他從倫敦買到的巨象命名爲 Jumbo，因此把巨大的東西都稱爲 jumbo. 又一說法是源自非洲某一種族的語言，是指「象」的意思。

2 巨無霸噴射客機。

—*adj.* [用在名詞前]巨大的，特大的：a ～ jet 巨無霸噴射客機。

‡**jump** [dʒʌmp; dʒʌmp] *v.i.* **1 a** 〔動(＋副詞(片語))〕〈人、動物〉(用腳向上下、左右)**跳，躍起，跳躍**：～ *aside* 跳開/～ *in* 跳入/～ *off* 跳離；跳下/～ for joy 欣喜雀躍/I ～*ed up out of* the chair. 我從椅子上跳起/～ *over* a fence躍過圍牆/～ *into* a taxi 跳上計程車/～ *on*[*off*] a bus 跳上[跳下]公共汽車/～ *on to* the table 跳到桌上/～ *to* one's feet 跳起來，一躍而起。**b** 跳傘落地。
2 〔＋介＋(代)名〕**a** 撲向〔…〕〔*at*〕：The dog ～*ed* ***at*** the man('s throat). 狗撲向那人(的喉嚨)。**b** 唯恐錯過似地欣然接受〔提議，機會等〕〔*at*〕：～ ***at*** an invitation 欣然接受邀請。**c** 快速地加入，跳入，急切投入〔…〕〔*into*〕：～ ***into*** a fight [an argument] 貿然加入(別人的)爭鬥[爭論]。
3 〔＋介＋(代)名〕〔從…〕忽然跳到[改變爲]〔…〕〔*from*〕〔*to*〕：～ ***to*** conclusions 遽下結論，貿然斷定/～ ***from*** job *to* job 頻繁更換職業/He ～*ed from* one topic *to* another. 他由一個話題轉到另一個話題。
4 〔動(＋介＋(代)名)〕〈人、心〉〔因…〕嚇一跳，驚跳；猛跳〔*at*〕：The sudden explosion made me ～. 那突然的爆炸聲使我嚇了一跳/Our hearts ～*ed with* joy and anticipation. 我們的心因歡喜和期待而猛跳起來/I ～*ed* ***at*** the unexpected news. 那意外的消息嚇了我一跳。
5 〔動(＋副)〕〈數量、價格、地位等〉突升〈*up*〉：Prices have ～*ed* (*up*). 物價暴漲。
6 〔＋介＋(代)名〕《口語》**a** 突然撲〔向…〕，突然〔向…〕攻擊〔*on, upon*〕. **b** 猛烈地抨擊[嚴詞責備]〔人、缺點、過錯等〕〔*on, upon*〕：Miss Black ～*ed* ***on*** a nodding pupil. 布拉克老師突然嚴詞責備一個正在打瞌睡的學生。
7 《美口語》〈場所〉顯得活潑[熱鬧]。
8 《國際跳棋》跳過而吃對方的棋子。
—*v.t.* **1** 〔＋受〕越過，跳過…：The boy ～*ed* the ditch. 那少年跳過了水溝/The train ～*ed* the rails. 火車出了軌。
2 〔＋受〕跳過，略去，跳讀〈中間〉：～ a chapter 略去一章。
3 a 〔＋受(＋介＋(代)名)〕使〈馬等〉跳[越]過〔…〕〔*over*〕：He managed to ～ his horse ***over*** the hurdle. 他終於使馬跳過了那障礙物。**b** 〔＋受〕抬高〈價格〉。**c** 〔＋受(＋介＋(代)名)〕《美》使〈某人〉越級晉陞〔到…〕〔*into*〕：They ～*ed* him ***into*** the executive office *over* the head of the others. 他們使他越級跳過其他人而升到行政職務。
4 〔＋受〕《口語》在〈交通信號等〉發出指示之前搶先行動，闖〈紅燈〉：The taxi ～*ed* the light. 那計程車不等交通信號燈變換就開動。
5 〔＋受〕《口語》從…遠走高飛；逃離，逃開，逃避…：～ town 逃離城市/～ ship〈水手〉棄船逃亡，跳船/～ a bill 不付帳而溜走。
6 〔＋受〕《口語》**a** 猛地撲向，突然攻擊…：I was ～*ed* in the dark. 我在黑暗中突然遭到攻擊。**b** 侵佔〈權利等〉：～ a claim 侵佔他人的土地[採礦權]。
7 〔＋受〕**a** 《美口語》不付車資而乘〈火車〉。**b** 《美俚》跳上〈火車〉。
8 〔＋受〕《國際跳棋》跳過而吃〈對方的棋子〉。
júmp àll óver a person《口語》猛烈地抨擊[嚴厲地申斥，責罵]〈某人〉。
júmp to it 《口語》迅速地着手，趕(快)。
—*n.* **1** Ⓒ**a** 跳，躍，跳躍。**b** 《運動》跳躍競賽：the broad ～《美》＝《英》the long ～ 跳遠/the high ～ 跳高。
2 Ⓒ跳傘：make a ～ 跳傘降落。
3 Ⓒ《口語》(通常指乘飛機的)短程旅行。
4 [**the** ～**s**]《口語》**a** 心神不定，神經緊張。**b** (酒精中毒等的)神經性痙攣[顫抖]，震顫譫妄症。**c** 舞蹈病。
5 Ⓒ(因歡喜、吃驚等而)心猛然一跳，驚跳：give a person a ～ 使人嚇一跳/She was all of a ～. 她提心吊膽。
6 Ⓒ(話題的)不按順序的驟變；(議論等的)急轉，中斷。
7 Ⓒ(價格、行情等的)突升：a ～ *in* exports 出口之驟增。
8 Ⓒ《國際跳棋》(跳過而)吃對方棋子的一着。
at a júmp 一躍而，一跳就。
be[**stáy**] **óne júmp ahéad** 《口語》(察覺對方的意向而)先發制人，搶先行動。
gèt [**hàve**] **the júmp on** a person《口語》先發制人，(因早着手而)較〈人〉佔優勢，勝過〈人〉。
on the júmp 《口語》(1)匆匆忙忙，忙得團團轉。(2)飛快地，以全速：The second baseman threw the ball *on the* ～. 二壘手飛快地傳出球。(3)焦慮。

júmp àrea *n.* Ⓒ《軍》傘兵降落區。

júmped-úp *adj.* [用在名詞前]《口語》(因剛於社會中出頭而)自大的，傲慢的；發跡的。

júmp·er[1] *n.* Ⓒ **1 a** 跳躍者。**b** 跳躍選手。
2 跳蟲《跳蚤等》。
3 參加跳越障礙比賽的馬。

jum·per[2] [ˋdʒʌmpɚ; ˈdʒʌmpə] *n.* **1** Ⓒ《美》(婦女、孩童用的)無袖套頭外衣，背心裙(《英》pinafore dress). **2** Ⓒ《英》(穿在 blouse 等外面的)套頭毛衣，運動衫。**3** Ⓒ水手等用的帆布製工作服上衣。**4** [～**s**] 孩童穿的背心連褲子的衣服(rompers)，連衫褲童裝。

júmping jàck *n.* Ⓒ跳娃娃《玩具》。

júmp·ing-óff plàce [**pòint**] *n.* Ⓒ **1** (旅行、事業的)起點，開頭〔*for*〕. **2** 極限，止境。**3** 《美》偏僻的地方；僻壤。

jump·jet [ˋdʒʌmpˌdʒɛt; ˈdʒʌmpdʒet] *n.* Ⓒ可垂直或在短距離起落的噴射機。

júmp ròpe *n.* **1** (又作**júmp ròping**)Ⓤ跳繩(遊戲)。**2** Ⓒ跳繩遊戲用的繩。

júmp shòt *n.* Ⓒ《籃球》跳投。

jump·suit [ˋdʒʌmpˌsut; ˈdʒʌmpsu:t] *n.* Ⓒ跳傘衣。

jump·y [ˋdʒʌmpɪ; ˈdʒʌmpi] «jump 的形容詞»**—*adj.*** (**jump·i·er**；**-i·est**) **1 a** 跳動的。**b** 〈汽車等〉顛簸的。**c** 急劇變化的。**2** (病態地)抽搐的，易興奮的，神經過敏的。

jun. 《略》junior.

Jun. 《略》June; Junior.

junc·tion [ˋdʒʌŋkʃən; ˈdʒʌŋkʃn] «源自拉丁文「接合」之義»**—*n.*** **1** Ⓤ接合，連接，聯絡；聯合。**2** Ⓒ**a** 接合點；交叉點；(河川的)會合處：There is a post office *at* the ～ *of* the two streets. 在那兩條街道的交叉點有一所郵局。**b** 接駁車站，換車車站，樞紐站。**3** ⓊⒸ《文法》連接關係《如 *barking dogs* 是由語根(primary)和二級語結(secondary)結合而成的詞羣(word-group)》.

junc·ture [ˋdʒʌŋktʃɚ; ˈdʒʌŋktʃə] *n.* **1** Ⓤ接續，連結，接合。**2** Ⓒ接合點，連接點。**3** Ⓒ(隱藏着危機的)情勢，場合；轉機；危機：*at* this ～ 在這重大關頭，值此際。**4** ⓊⒸ《語言》相鄰音節之連合《指出現於字、片語、子句等的連接點的語音上之特徵，也就是語音斷續的感覺；例如 a name [əˋnem; əˈneim]與 an aim [ənˋem; ənˈeim] 以連接位置的不同而有所區別》。

‡**June** [dʒun; dʒu:n] *n.* 六月《略作 Jun., Je.》：*in* ～ 在六月/*on* ～ 5＝*on* 5 ～ ＝*on* the 5th of ～ 在六月五日(⇨ January【說明】)。

> 【字源】這是獻給羅馬神話的主神朱彼特(Jupiter)之妻，即婚姻的女神茱諾(Juno)的月分，是源自拉丁文「年輕」之義。亦有源自羅馬氏族 Junius 之說，但其字源不詳；⇨ September.

Júne brìde *n.* Ⓒ六月新娘。

> 【說明】俗語說 April shower(四月雨)，May flower(五月花)，June bride(六月新娘)，一般人認爲在六月結婚最吉祥，新娘最幸福。June 是因以羅馬神話的婚姻女神 Juno 而命名的月分，所以是一年中最美的月分。六月也是許多年輕人從學校畢業，進入新人生的月分；cf. marriage【說明】

Jung·frau [ˋjuŋˌfrau; ˈjuŋfrau] *n.* [**the** ～] 少女峯《阿爾卑斯(Alps)山脈中的高峯；位於瑞士西南部，海拔約 4, 158 公尺》。

jun·gle** [ˋdʒʌŋgl; ˈdʒʌŋgl] «源自北印度語「沙漠，未開發的森林」之義»**—*n. **1 a** [(**the**)～] (印度、馬來半島等的)**叢林**，密林：deep[thick] ～ 叢林深處[茂密的叢林]/the law of *the* ～ 叢林之法則《弱肉强食》/cut a path through *the* ～ 在叢林中開出一條路。**b** Ⓒ叢林地帶。**2** Ⓒ混亂，複雜：the red-tape ～ 繁文縟節/the ～ *of* patent laws複雜的專利法。**3** Ⓒ**a** (大都市等)複雜而危險的地方：New York is a ～ after dark. 紐約在天黑之後是複雜而危險的地方。**b** 《美俚》無情而激烈的生存競爭之地。

júngle féver *n.* Ⓤ叢林熱《一種惡性瘧疾》。

júngle fòwl *n.* Ⓒ原鷄《東印度產的野雞》。

júngle gým *n.* Ⓒ 立體方格攀登架《供兒童攀登之用》。

jún·gly *adj.* 叢林的，密林的。

‡**ju·nior** [ˋdʒunjɚ; ˈdʒu:njə] «源自拉丁文「年輕的」之義»**—** (↔ senior) ***adj.*** (無比較級、最高級) **1 年少的** (younger) 《★ 用法 《美》尤其加在同名父子的兒子或兩名同姓學生中較年輕者的姓名後面以示區別》：Smith (,) ～ 小[較年輕的]史密斯《★ 用法 父子時通常略作 Jr., jr., Jun., jun. 而寫作 John Smith (,) *Jr.* (做兒子的約翰史密斯)；對於婦女則不使用 Jr.》.

the Jungfrau

2 [不用在名詞前] 〔＋介＋(代)名〕**a** 〔較…〕年少的 (younger) 〔*to*〕《★ 用法 不用 than》：She is three years ～ ***to*** me.＝She is ～ *to* me *by* three years. 她比我小三歲。**b**〈制度、任命等〉〔較…〕後進的〔*to*〕: He is ~ *to* me *by* a year. 他比我晚一年進來。

3 後輩的，資淺的，下級的：a ~ partner 地位較低的合夥人/the ~ service《英》(與海軍相對而言的)陸軍。

4《美》(四年制大學的)三年級的；(二年制專科學校的)一年級的；(三[四]年制高中的)二[三]年級的：a ~ prom比畢業生低一年的學生的舞會。

5 a 適合年輕人的：a ~ book 適合年輕人的書。**b**〈衣服等〉年輕人(尺寸)的，適合少女穿的。

—*n.* 1 [one's ~] **a 年少者，較年輕的人**：He was three years my ~. 他比我小三歲。**b** 後輩，後進者，下屬。**2** Ⓒ《美》(四年制大學的)三年級學生；(二年制專科學校的)一年級學生；(三[四]年制高中的)二[三]年級學生(⇨ freshman【說明】)。**3** [常 J~；也用於稱呼] Ⓒ《美口語》兒子；你。**4 a** Ⓒ年輕人；(尤指)少女。**b** [用於稱呼]喂！年輕人！喂，小伙子。

júnior cóllege *n.* Ⓤ[指設施時爲Ⓒ](美國的)專科學校。

【說明】指二十世紀成立的二年制專科學校，公立和私立都有，給予一般學科和職業訓練，旨在給 high school 以上程度且準備就業者訓練的機會。相當於 college 的前兩年，畢業後可插班四年制的 college 和 university 的三年級；cf. community college, Open University【說明】

júnior hígh schòol *n.* Ⓤ[指設施時爲Ⓒ](美國的)初級中學。

【說明】6-3-3制的教育制度稱六年小學之後的三年爲 junior high school；接在 junior high school 之後的三年稱爲senior high school；⇨ high school【說明】

júnior mìss *n.* Ⓒ《俚》少女《指十三至十五、六歲者》。

júnior schòol *n.* Ⓤ[指設施時爲Ⓒ](英國的)小學。

【說明】junior school 對讀完infant school 的七至十一歲兒童施行後期初等教育；大多數兼設有 infant school，但也有獨立的 junior school.

ju·ni·per [ˈdʒunəpɚ; ˈdʒuːnipə] *n.* Ⓒ《植物》杜松《常綠喬木；松子可用以製藥或製造松子酒的香料》。

junk[1] [dʒʌŋk; dʒʌŋk] *n.* Ⓤ **1** 破爛物，垃圾，廢物《破銅爛鐵、廢紙等》。**2**《口語》無價值的東西。**3**《俚》麻醉藥；(尤指)海洛英。

—*adj.* [用在名詞前]《口語》破爛的，無用的：a ~ car破車/a ~ dealer 廢物[舊貨]商/a ~ shop 廢物商店；舊貨商店。

—*v.t.*《口語》把…(當做破爛)丟棄；拋棄，廢棄。

junk[2] [dʒʌŋk; dʒʌŋk] *n.* Ⓒ中國帆船《中國海附近的平底帆船》。

júnk àrt *n.* Ⓤ《美術》廢品藝術。

jun·ker [ˈjuŋkɚ; ˈjuŋkə] **《源自德語》—*n.*** Ⓒ **1** 德國的年輕貴族；(特指高傲偏狹的)普魯士貴族。**2** 企圖保持社會與政治特權的貴族。

junk[2]

jun·ket [ˈdʒʌŋkɪt; ˈdʒʌŋkit] *n.* **1 a** Ⓤ[指個體時爲Ⓒ]凍奶食品《凝乳(curds)加甜味的食品》。**b** Ⓒ(一份)作爲餐後甜點的凍奶。**2** Ⓒ宴會。**3** Ⓒ《美口語》**a** 旅行；遠足：go *on* a ~ to the country (for a picnic) 到郊外去(野餐)。**b** (用公款的)遊山玩水，奢侈旅行。

—*v.i.* 1 (尤指用公款)排筵，舉行野宴。**2**《美》(用公款)遊山玩水，從事奢侈的旅行。

—*v.t.* (尤指用公款)宴請，以遊宴款待《某人》。

júnk fòod *n.* Ⓤ垃圾食品《指熱量高而營養價值低的炸薯條、油煎圈餅等小吃或速食食品(fast food)》；華而不實的東西。

junk·ie [ˈdʒʌŋkɪ; ˈdʒʌŋki] *n.* Ⓒ《俚》有毒癮者，烟毒犯。

júnk màil *n.* Ⓤ《美》(由廠家、募捐者等自動寄送的廣告單、書信等)雜七雜八的郵件。

júnk·màn *n.* Ⓒ(*pl.* **-men**)買賣破爛的人；舊貨[廢物]商。

junk·y [ˈdʒʌŋkɪ; ˈdʒʌŋki] *n.* =junkie.

júnk·yàrd *n.* Ⓒ(爛鐵、報廢汽車等的)廢物堆積場。

Juno 1

Ju·no [ˈdʒuno; ˈdʒuːnou] *n.* **1**《羅馬神話》茱諾《朱比特(Jupiter)之妻，爲女性(尤其婚姻生活)之守護神；相當於希臘神話的希拉(Hera)》。**2** Ⓒ雍容華貴的婦女。**3**《天文》婚神星《小行星三號；cf. asteroid 1》。

Ju·no·esque [ˌdʒunoˈɛsk; ˌdʒuːnouˈesk] *adj.*〈婦女〉(如 Juno 般地)雍容華貴的。

jun·ta [ˈdʒʌntə; ˈdʒʌntə] **《源自西班牙語》—*n.*** Ⓒ **1** (政變之後的)軍事政權，臨時政府。**2** (西班牙、南美洲國家等的)議會，會議。**3** =junto.

jun·to [ˈdʒʌnto; ˈdʒʌntou] *n.* Ⓒ(*pl.* **~s**)(政治上的)秘密結社，私黨(faction)。

Ju·pi·ter [ˈdʒupətɚ; ˈdʒuːpitə] *n.* **1**《天文》**木星**(⇨ planet 插圖)。**2**《羅馬神話》朱比特《諸神中的主神並爲天界的主宰；相當於希臘神話的宙斯(Zeus)》。

Jupiter 2

Ju·ras·sic [dʒʊˈræsɪk; dʒuˈræsik] *adj.*《地質》侏羅紀的：the ~ period 侏羅紀《中生代中期時代》。

—*n.* [the ~] 侏羅紀[層]。

ju·rid·i·cal [dʒʊˈrɪdɪkl; ˌdʒuəˈridikl] *adj.* **1** 司法[審判]上的：~ days 審判日，開庭日。**2** 法律上的(legal)：a ~ person 法人。

~·ly [-klɪ; -kəli] *adv.*

ju·ri·met·rics [ˌdʒʊrɪˈmɛtrɪks; ˌdʒuəriˈmetriks] *n.* Ⓤ法理學《應用科學方法解決法律問題》。

ju·ris·dic·tion [ˌdʒʊrɪsˈdɪkʃən; ˌdʒuərisˈdikʃn] *n.* **1** Ⓤ **a** 司法權，審判權；支配(權)；管轄，權限：have[exercise] ~ *over* ... 管轄…。**b** 管轄權。**2** Ⓒ管轄區，管區。

ju·ris·pru·dence [ˌdʒʊrɪsˈprudn̩s; ˌdʒuərisˈpruːdns] *n.* Ⓤ法律學，法理學：medical ~ 法醫學。

ju·rist [ˈdʒʊrɪst; ˈdʒuərist] *n.* Ⓒ **1** 法律學者，法理學家；法科學生。**2** 法律專家(lawyer)《法官、律師等》。

ju·ris·tic [dʒʊˈrɪstɪk; dʒuˈristik] *adj.* **1** 法學家的，法科學生的。**2** 法學的，法律上的。

ju·rís·ti·cal [-tɪkl; -tikl] *adj.* =juristic. **~·ly** [-klɪ; -kəli] *adv.*

ju·ror [ˈdʒʊrɚ; ˈdʒuərə] *n.* Ⓒ **1** 陪審團(jury)的一員。**2** 宣誓者。**3** (競賽、比賽等的)評審委員。

ju·ry** [ˈdʒʊrɪ; ˈdʒuəri] **《源自拉丁文「發誓」之義》—*n. Ⓒ[集合稱] **1 陪審團**《★用法 視爲一整體時當單數用，指全部個體時當複數用》：a coroner's ~驗屍陪審團/⇨ grand jury, petty jury/(a) trial by ~ 陪審審判/The ~ normally renders a general verdict, and does not give reasons for its decision.陪審團通常做一般的裁決，而不陳述其決定的理由。

【說明】在英美的審判上，決定被告有罪(guilty)或無罪(not guilty)的不是審判長，而是陪審團；陪審團通常由一般市民中選出十二名陪審員(jurors)組成，負責調查或裁決有關訴訟的事實及問題。陪審的裁決以全體一致爲原則，但有時亦由多數決定。如果陪審團將有罪之裁決答覆審判長時，審判長則決定刑罰。這個制度使許多國民直接參與審判手續，有助於培養法律的實際知識和對政治健全的認識；中國則無此制度；cf. law【說明】

2 (競賽、比賽等的)評審委員會《★用法 與義 1 同》。

be [sít, sérve] on a júry 是[成爲，擔任]陪審員。

júry bòx *n.* Ⓒ(法庭的)陪審員席。

jú·ry·man [-mən; -mən] *n.* Ⓒ(*pl.* **-men** [-mən; -mən])陪審員。

júry màst *n.* Ⓒ《航海》應急桅。

ju·ry·wom·an [ˈdʒʊrɪˌwumən; ˈdʒuəriwumən] *n.* Ⓒ(*pl.* **-wom·en**)女陪審員《女性之 juryman》。

‡**just** [dʒʌst; dʒʌst] **《源自拉丁文「法律(上)的」之義》—*adj.*** (**more ~, most ~**；(有時) **~·er, ~·est**) **1**〈人、行爲等〉**正直的，公正的，光明正大的**(⇨ fair[1]【同義字】)：a ~ man 光明正大的人/a ~ law 公正的法律/He tried to be ~ *to* [*with*] all the people concerned. 他設法對所有相關的人公正/She is fair and ~ *in* judgment. 她的判斷公正/Nobody could be *more* ~ than he. 沒有人能比他更光明正大。

2〈要求、報酬等〉正當的，應當的，應得的：a ~ reward 應得的報酬/It's only ~ that he should claim it. 他提出這種要求，只能說是正當的。

3〈見解等〉十分有根據的，合理的：a ~ opinion 合理的意見。

4 a 適當的，恰好的：in ~ proportions 以適當比例，不多不少地。**b** 正確的，精確的：a ~ balance 精確的天平。

— [dʒəst, dʒɛst; dʒʌst, dʒəst] *adv.* **1 正好，恰好，剛巧**：~ then= ~ at that time 正當那時/ ~ *as* you say 正如你所說那般/ ~ *as* it is[was] 就照現在這樣[原先那樣]/ ~ there 正巧在場；(瞧！)就在那裏/It's ~ 12 o'clock. 現在正好十二點鐘/It's ~ too bad. 那眞是太不幸[可惜]了！/That's ~ the thing. 就是那個《那個正好》；就是那一點，那就是問題所在/I should ~ think so.《口語》我想是吧，這也難怪 / *J*~ like that.《口語》就是那樣。

J

2 a [與完成式、過去式連用]**剛剛**(才…) (cf. JUST now(2))《★用法 與過去式連用是美國語法，但現在有時英國語法也使用》：He *has* (only) ~ come. 他剛剛(才)來/The letter ~ came [*has* ~ come]. 信剛到。**b** [與進行式連用]**正在…**：She *was* ~ phon*ing*. 那時候她正在打電話。**c** [與進行式、狀態動詞連用]正要…：The train *is* ~ start*ing*. 火車正要開/We *are* ~ off. 我們正要離去。

3 [常與 only 連用]**幾乎不，僅，只**：*only* ~ enough food 幾乎不[勉强]夠的食物/I was (*only*) ~ in time for school. 我勉强[幾乎沒]趕上上學時間。

4《口語》完全，眞地，的確：I am ~ starving. 我眞的要餓死了/It is ~ splendid. 那實在太棒了。

5 [用於否定句、疑問句；當反語用]《英口語》完全，很："Do you like beer?"—"Don't I, ~!"「你喜歡啤酒嗎？」「我會不喜歡？喜歡得很[太喜歡了]！」

6 [dʒəst; dʒəst] 只，僅，才(only)：~ a little 只一點點/*J*~ a moment(, please). 請稍候/I came ~ because you asked me to come. 我是因爲你叫我來才來的。

7 [dʒəst; dʒəst] [委婉的祈使語氣]且…，試…，…看看，請…(較 please 爲隨便)：*J*~ look at this picture. 且看[看一下，看看]這幅畫/*J*~ think [imagine], you'll be twenty tomorrow. 想想看[想像一下]，你明天將滿二十歲。

8 大概，可能：He ~ might pass the exam. 他大概會考及格。

9 [置於疑問詞前]正確地，究竟，到底：*J*~ *what* it is I don't know. 我不確知那是什麼。

jùst abóut《口語》(1)大致，差不多；好不容易才，好歹總算："Are you finished?"—"Yes, ~ *about*."「做完了嗎？」「大致好了。」(2)[加强語氣]全部，統統：The thief took away ~ *about* everything. 小偸把所有的東西統統拿走了。

jùst nòw (1)[與狀態動詞的現在式連用]此刻，現在，正好：I'*m* very busy ~ *now*. 我此刻很忙/Mother *is* not here ~ *now*. 母親現在正好不在這裏[家]。(2)[主要與動作動詞的過去式連用]剛剛才，剛才(cf. just *adv.* 2 a)：He came back ~ *now*. 他剛回來。(3)[有時與未來式連用]不久，馬上：I'm coming ~ *now*. 我就來。

jùst òn《英口語》幾乎，將近，差不多…：It was ~ *on* 3 o'clock. 那時候將近三點。

jùst só (1)正是這般；對極了：*J*~ *so*. 正是這樣/Everything passed ~ *so*. 一切事情正是這般地進行。(2)〈事物〉井然有序，整齊：She likes everything ~ *so*. 她喜歡把所有的東西都放得整整齊齊。

jùst yét [與否定句連用]暫時(怎麼也)還不…：I ca*n't* leave the office ~ *yet*. 我現在暫時還不能下班。

***jus·tice** [ˋdʒʌstɪs; ˈdʒʌstis]《形容詞 just 的名詞》—*n.* **1** Ⓤ**正義**；公正；公平；光明正大：social ~ 社會正義。**2** Ⓤ **正當，妥當，正確(性)**：I see the ~ of his remark. 我知道他所說的是正確的。**3** Ⓤ(應得的)**回報，報應；處罰**：⇨ poetic justice. **4 a** Ⓤ**司法，審判**：the Department of *J*~ (美國的)司法部/bring a person to ~ 審判某人。**b** Ⓒ司法官；推事，法官；保安官；《英》最高法院推事：Mr. *J*~ Smith [用於稱呼]法官史密斯先生/the Chief *J*~ 法院院長；《美》最高法院院長。**5** [*J*~] 正義女神《雙手持劍和秤，雙眼用眼罩遮住》。

Justice 5

dò a person [thing] **jústice＝dò jústice to** a person [thing] (1)(應該承認的部分予以承認而)公平對待[處理，評判]〈某人[某事]〉：It is impossible to *do* ~ *to* the subject in a short article. 以一篇短文不可能充分地評論這個問題/To *do* him ~, we must say that.... 公平而論，我們必須承認他…。(2)據實表現〈人、物〉：This picture does not *do* her ~. 這一張照片照得不像她《遜於她本人》。(3)《謔》飽食，充分地吃：I *did* ample ~ *to* the dinner. 我飽餐了一頓。

dò onesèlf jústice 充分地發揮(天生的)技能[眞正的價值]。

in jústice to a person 公平而論〈某人〉。

jústice of the péace 保安官，地方執法官《審判輕微的案件並審理重大案件預審的法官；大多由在地方上有名望的人士義務擔任；除執行上述工作之外，也主持婚禮、宣誓；略作 J. P.》。

jústice·shìp *n.* Ⓤ法官的資格[地位，職務]。

jus·ti·fi·a·bil·i·ty [ˌdʒʌstəˌfaɪəˋbɪlətɪ; ˌdʒʌstəfaiəˈbiləti]《justifiable 的名詞》—*n.* Ⓤ可辯明，可辯解性；有理；正當。

jus·ti·fi·a·ble [ˋdʒʌstəˌfaɪəbl; ˈdʒʌstifaiəbl] *adj.* 可被認爲正當的，有理由的，正當的：~ homicide (執行死刑或基於自衞等)可被認爲正當的殺人，正當殺人。

jústifiable abórtion (又作 **therapéutic abórtion**)—*n.* Ⓒ正當墮胎《因懷孕將危及母體健康而行之墮胎》。

júst·i·fì·a·bly [-ˌfaɪəblɪ; -faiəbli] *adv.* 正當地；有理地。

jus·ti·fi·ca·tion [ˌdʒʌstəfəˋkeʃən; ˌdʒʌstifiˈkeiʃn]《justify 的名詞》—*n.* Ⓤ **1** (行爲的)正當化，(正當化的)辯護，(正當化的)理由，口實。

2《神學》(由上帝)證明爲正當，釋罪。

in justificátion of ... 作爲表明…正當的理由，作爲…的辯護。

jús·ti·fied *adj.* [不用在名詞前]〔十介十do*ing*〕〔做…〕是應該[正當，有理]的〔*in*〕(cf. justify 1 d)：He was fully ~ *in* leav*ing* the matter untouched. 他沒有去碰那問題是有充分理由的。

***jus·ti·fy** [ˋdʒʌstəˌfaɪ; ˈdʒʌstifai]《just 的動詞》—*v.t.* **1 a** 〔十受〕證明〈某人的言行等〉爲正當，爲〈某人的言行等〉辯護：~ one's action 爲自己的行爲辯護。**b** 〔十受〕〔~ one*self*〕爲自己的行爲辯護，證明自己正當。**c** 〔十受十介十(代)名〕〔向某人〕證明…爲正當〔*to*〕：~ one's conduct *to* others 向別人證明自己的行動是正當[對]的。**d** 〔十受十介十do*ing*〕把〈人〉〔做…〕正當化〔*in*〕《★常以過去分詞當形容詞用；⇨ justified》。**2 a** 〔十受〕成爲…的理由，〈某事〉證明〈某行爲〉爲正當：The benefit *justifies* the cost. 利潤證明成本之合理/The end *justifies* the means.《諺》爲達到目的不擇手段。**b** 〔十do*ing*〕成爲〈做…的〉正當理由：That you were drunk does not ~ your violat*ing* the rule. 喝醉酒並不能成爲你違規的理由。**3** 〔十受〕《神學》〈上帝〉證明〈罪人〉爲正當[無罪而赦免]。

—*v.i.*《法律》(對於自己的行爲)顯示充分的理由，顯示免責理由；證明合法，(以充分的理由)辯解。

Jus·tin·i·an [dʒʌsˋtɪnɪən; dʒʌˈstiniən] *n.* 查士丁尼一世《483–565；東羅馬帝國皇帝；「查士丁尼法典」(the Justinian Code)爲其在位時所編纂》。

jus·tle [ˋdʒʌsl; ˈdʒʌsl] *v., n.* ＝jostle.

júst·ly *adv.* **1** 正直地，正當地，妥當地，公正地：He has been ~ rewarded. 他得到應得的報酬。**2** [修飾整句]正當(地)：She ~ said so. 她如此說是對的。

just·ness [ˋdʒʌstnɪs; ˈdʒʌstnis] *n.* Ⓤ公平，公正；正直；正當，正確；精確。

jut [dʒʌt; dʒʌt] *v.i.* (**jut·ted**; **jut·ting**)〔十副(十介十(代)名)〕〔從…〕〔向…〕突出，伸出，凸出〈*out, forth*〉〔*from*〕〔*into*〕：The pier *jutted out* [*forth*] (*from* the shore) *into* the sea. 防波堤[碼頭](從岸邊)伸向海裏。

—*n.* Ⓒ突出部分，尖端。

jute [dʒut; dʒu:t] *n.* Ⓤ **1**《植物》黃麻。**2** 黃麻的纖維《帆布、麻袋的材料》。

Jute [dʒut; dʒu:t] *n.* **1** [**the** ~**s**]朱特族《在第五、六世紀與盎格魯族，撒克遜族(Angles, Saxons)同時侵入英國東南部的日耳曼民族》。**2** Ⓒ朱特人。

jut-jawed [ˋdʒʌtˌdʒɔd; ˈdʒʌtdʒɔ:d] *adj.* 下顎突出的。

Jut·land [ˋdʒʌtlənd; ˈdʒʌtlənd] *n.* 日德蘭半島《構成丹麥之大部分領土》。

jút·ting *adj.* [用在名詞前]突出的，凸出的：a ~ chin 突出的下巴。

ju·ve·nes·cence [ˌdʒuvəˋnɛsṇs; ˌdʒu:vəˈnesns]《juvenescent 的名詞》—*n.* Ⓤ年輕，青春(youth).

ju·ve·nes·cent [ˌdʒuvəˋnɛsṇt; ˌdʒu:vəˈnesnt⁻] *adj.* 達青年期的，接近青春期的；年輕的；返老還童的。

ju·ve·nile [ˋdʒuvənḷ, -ˌnaɪl; ˈdʒu:vənail]《源自拉丁文「年輕的」之義》—*adj.* **1** 少年[少女]的，年輕的；像孩子似的；幼稚的：~ behavior 幼稚的行爲/a ~ part [role] (扮演)少年的角色。**2** 適合少年[少女]的：a ~ book 少年讀物/~ literature 少年文學。**3** [用在名詞前]青少年(特有)的，常見於青少年的：a ~ court 少年法庭/~ delinquency (靑)少年犯罪/a ~ delinquent 少年罪犯。

—*n.* Ⓒ **1** 少年，少女，青少年。**2** 少年讀物。**3**《戲劇》童星。

júvenile ófficer *n.* Ⓒ主管少年犯罪的警官。

ju·ve·nil·i·a [ˌdʒuvɪˋnɪlɪə; ˌdʒu:viˈniliə] *n. pl.* 少年時代之作品(集)。

ju·ve·nil·i·ty [ˌdʒuvəˋnɪlətɪ; ˌdʒu:vəˈniləti]《juvenile 的名詞》—*n.* **1** Ⓤ年少，年輕；幼稚。**2** [**juvenilities**]未成熟[幼稚]的言行。

jux·ta·pose [ˌdʒʌkstəˋpoz; ˌdʒʌkstəˈpouz] *v.t.* 排列，把…並列，把…並置。

jux·ta·po·si·tion [ˌdʒʌkstəpəˋzɪʃən; ˌdʒʌkstəpəˈziʃn]《juxtapose 的名詞》—*n.* Ⓤ並列，並置。

Jy.《略》July.

K k **K k** *𝒦 𝓀*

k, K[1] [ke; kei] *n.* (*pl.* **k's, ks, K's, Ks** [~z; ~z]) **1** ⓊⒸ英文字母的第十一個字母(cf. kappa). **2** Ⓤ(一序列事物的)第十一個;(不包括J時的)第十個。

K[2] [ke; kei] *n.* Ⓒ(*pl.* **K's, Ks** [~z; ~z])K字形(之物)。

k 《略》kilo-.

K 《略》kelvin;《源自拉丁文kalium》《符號》《化學》potassium.

k., K. 《略》karat; kilogram(s); king(s); knight; knot(s).

K. 《略》《音樂》Köchel number 寇海爾(號碼)《奧地利博物學家及音樂史家寇海爾(Ludwig von Köchel)依作品年代編的莫札特(Mozart)音樂作品號碼》: *K.* 49 寇海爾第四十九號。

Kaa·ba [ˋkabə; ˈkɑːbə] *n.* [**the** ~] 卡巴聖堂(Caaba)《建於麥加(Mecca)之回教大寺院中的石造聖堂;內有回教徒膜拜時所面向的神聖方形黑石》。

ka·bu·ki [kaˋbuki; kɑːˈbuːkiː] 《源自日語》 —*n.* Ⓤ[常 **the** ~] 歌舞伎。

Ka·bul [ˋkabul; ˈkɑːbl, -bul] *n.* 喀布爾《阿富汗的首都》。

Kaf·fir [ˋkæfɚ; ˈkæfə] *n.* (*pl.* ~**s**, ~) **1** Ⓒ**a** 卡非爾人《南非洲班圖(Bantu)族的黑人》。**b**《輕蔑》非洲黑人。**2** Ⓤ卡非爾語。

Kaf·ir [ˋkæfɚ; ˈkæfə] *n.* (*pl.* ~, ~**s**) **1** **a** [**the** ~(**s**)] 卡非族《居住在阿富汗東北部的一族》。**b** Ⓒ卡非族人。**2** =Kaffir 1.

Kaf·ka [ˋkafkə; ˈkæfkə], **Franz** [frænts; frænts] *n.* 卡夫卡《1883–1924;奧地利小說家》。

kaf·ka·esque [ˌkafkəˋɛsk; ˌkæfkəˈesk] *adj.* 卡夫卡(Kafka)風格的;卡夫卡式的。

kaf·tan [ˋkæftæn; ˈkæftən] *n.* =caftan.

kail [kel; keil] *n.* =kale.

káil·yàrd *n.* =kaleyard.

kai·ser [ˋkaɪzɚ; ˈkaizə]《源自拉丁文 Caesar (皇帝)》 —*n.* [有時 K~; **the** ~] 皇帝《德意志帝國、奧地利帝國及神聖羅馬帝國皇帝的尊稱》。

kale [kel; keil] *n.* **1** Ⓒ[當作食物時爲Ⓤ] 芥藍《不結成球狀的甘藍》。**2** Ⓤ《蘇格蘭》甘藍類;蔬菜。**3** Ⓤ《美俚》錢(money).

ka·lei·do·scope [kəˋlaɪdəˌskop; kəˈlaidəskoup] *n.* Ⓒ **1** 萬花筒。**2** [常用單數] 不斷地變換的東西;(形式、色彩等的)千變萬化: the ~ of life 人生的萬花筒。

ka·lei·do·scop·ic [kəˌlaɪdəˋskapɪk; kəˌlaidəˈskɔpik] 《kaleidoscope 的形容詞》 —*adj.* [用在名詞前] 像萬花筒似的〈風景、顏色等〉;千變萬化的;五花八門的〈效果、印象等〉。

ka·lèi·do·scóp·i·cal [-pɪkl; -pikl] *adj.* =kaleidoscopic.
~**·ly** [-klɪ; -kəli] *adv.*

kal·ends [ˋkælɪndz; ˈkælindz] *n. pl.* =calends.

Ka·le·va·la [ˌkalɪˋvalə; ˌkɑːləˈvɑːlɑː] *n.* [**the** ~] 芬蘭民族史詩《倫羅特(Elias Lönnrot)於十九世紀初葉所收集古詩、神話、英雄事蹟等而編成》。

kále·yàrd *n.* Ⓒ《蘇格蘭》菜園。

ka·li·um [ˋkelɪəm; ˈkeiliəm] *n.* =potassium.

kal·so·mine [ˋkælsəˌmaɪn; ˈkælsəmain] *n.* =calcimine.

Kam·chat·ka [kæmˋtʃætkə; kæmˈtʃætkə] *n.* 堪察加半島《位於鄂霍次克海(the Sea of Okhotsk)與白令海(the Bering Sea)之間的半島》。

ka·mi·ka·ze [ˌkamɪˋkazɪ; ˌkɑːmiˈkɑːzi] 《源自日語》 —*n.* Ⓒ神風特攻隊駕駛員[飛機]《日本在第二次世界大戰期間駕駛飛機撞沉敵艦的駕駛員或飛機》。
—*adj.* 神風特攻隊的;自殺性的;莽撞而不顧一切的: a ~ attack 神風特攻隊式的攻擊。

kam·pong [ˋkamˌpɔŋ, ˋkæm-; kæmˈpɔŋ] *n.* Ⓒ馬來西亞之鄉村。

Kam·pu·che·a [ˌkæmpəˋtʃɪə; ˌkɑːmpuˈtʃiə] *n.* 高棉(Cambodia).

Kam·pu·che·an [ˌkæmpəˋtʃɪən; ˌkɑːmpuˈtʃiən] *adj.* 高棉(人)的。—*n.* Ⓒ高棉人。

Kan. 《略》Kansas.

Ka·nak·a [kəˋnækə, ˋkænəkə; ˈkænəkə] *n.* Ⓒ卡納卡人《夏威夷及南太平洋羣島上的土著》。

Kan·chen·jun·ga [ˌkʌntʃənˋdʒʌŋgə; ˌkɑːntʃənˈdʒuŋgə] *n.* 肯欽貞加峯《世界第三高峯,海拔 8,579 公尺;位於尼泊爾(Nepal)與錫金(Sikkim)之間》。

kan·ga·roo [ˌkæŋgəˋru; ˌkæŋgəˈruː] *n.* Ⓒ(*pl.* ~**s** [~z; ~z], [集合稱] ~)《動物》袋鼠。

【字源】據說英國探險家詹姆斯庫克(James Cook, 通稱Captain Cook)於 1770 年在澳大利亞(Australia)的昆士蘭(Queensland)看見這種動物,問土人這種動物叫什麼,土人回答說kangaroo. 據說 kangaroo 在當地的土話是「跳躍者」(the jumpers)之意,也是「我不懂你的話」(I don't understand.)的意思。

kángaroo cóurt 《因其審判的進行情形似袋鼠的行走般不規則而不依程序》 —*n.* Ⓒ《口語》私設的法庭;非法的法庭;(私刑式的)羣衆審判。

kangaróo ràt *n.* Ⓒ《動物》(北美西部、墨西哥產的)跳囊鼠。

Kans. 《略》Kansas.

Kan·san [ˋkænzən; ˈkænzən] 《Kansas 的形容詞》 —*adj.* 堪薩斯州的。—*n.* Ⓒ堪薩斯州人。

Kan·sas [ˋkænzəs; ˈkænzəs] 《源自北美印地安部族名》 —*n.* 堪薩斯州《美國中部的一州;首府托皮卡(Topeka);略作 Kan(s),《郵政》KS;俗稱 the Sunflower State》.

Kant [kænt; kænt], **Immanuel** *n.* 康德《1724–1804;德國哲學家》。

Kant·i·an [ˋkæntɪən; ˈkæntiən] 《Kant 的形容詞》 —*adj.* **1** 康德的。**2** 康德派哲學的。—*n.* Ⓒ康德派的學者。

Ként·i·an·ìsm [-nˌɪzəm; -nizəm] *n.* Ⓤ康德哲學。

ka·o·lin(e) [ˋkeəlɪn; ˈkeiəlin] *n.* Ⓤ**1**《礦》高嶺土《產於中國江西省景德鎮東諸山的白陶土和與其類似的製磁器用陶土》。**2**《化學》含水珪酸鋁。

ka·pok [ˋkepak; ˈkeipɔk] *n.* Ⓤ木棉,木絲棉《包在產於熱帶的喬木(木棉樹)(kapok tree)種子外面的棉花;因不能用以紡紗,被用以塡塞枕頭、救生衣、床墊等,或用於隔音裝置等》。

kap·pa [ˋkæpə; ˈkæpə] *n.* ⓊⒸ希臘字母的第十個字母, *K*, *κ*; 相當於英文字母的K, k; ⇨ Greek alphabet 表。

ka·put(t) [kəˋput; kəˈput] 《源自德語》 —*adj.* [不用在名詞前]《俚》被擊敗的;完蛋的;被毀壞的: The phonograph seems to have gone ~. 唱機好像報銷[壞]了。

Ka·ra·chi [kəˋratʃɪ; kəˈrɑːtʃi] *n.* 喀拉蚩《巴基斯坦的一個城市、海港》。

Ka·ra·jan [ˋkarəjan; ˈkɑːrɑːjɑːn], **Herbert von** *n.* 卡拉揚《1908–1989;奧地利交響樂團名指揮》。

ka·ra·o·ke [ˌkaraˋoke; ˌkɑːrɑːˈoukei] 《源自日語》 —*n.* Ⓤ卡拉OK,伴唱機。

kar·at [ˋkærət; ˈkærət] *n.* Ⓒ **1** 《美》開《以純金爲 24 karats 表示純金含量的單位;略作 kt.》: gold 18 ~*s* fine 十八開金。**2** =carat 1.

ka·ra·te [kəˋratɪ; kəˈrɑːti] 《源自日語》 —*n.* Ⓤ空手道,唐手道。

【說明】指自琉球普及到日本全國的拳法;由於李小龍(Bruce Lee)主演的香港電影的影響,歐美也興起中國功夫(kungfu; 起源於中國的拳法)熱。繼承功夫流派的空手道,是運動、是護身術、也是美容術。在女性中,也有許多愛好者。

Kar·en [ˋkærən; ˈkɑːrən, ˈkærən] *n.* 凱琳《女子名》。

kar·ma [ˋkarmə; ˈkɑːmə]《源自梵文「行爲」之義》 —*n.* Ⓤ **1** 《佛教・印度教》羯磨,業,因緣。**2** 宿命,命運(fate).

ka(r)·roo [kəˋru, kæˋru; kəˈruː] *n.* Ⓒ(南非洲的)乾燥臺地。

kart [kart; kɑːt] 《源自商標名 Go Kart》 —*n.* Ⓒ一種車身很低的賽車用單座無頂小型車。

kart·ing [ˋkartɪŋ; ˈkɑːtiŋ] *n.* Ⓤ小型單座汽車賽車運動。

Kash·mir [kæʃˋmɪr; ˌkæʃˈmiə] *n.* **1** 喀什米爾《印度西北部的一個邦》。**2** [**k**~] =cashmere.

Kate [ket; keit] *n.* 凱特《女子名; Catherine, Katherine 的暱稱》。

Kath·a·rine, Kath·e·rine [ˋkæθərɪn; ˈkæθərin] *n.* 凱瑟琳《女子名;暱稱 Kate, Kitty》.

Kath·y [ˋkæθɪ; ˈkæθi] *n.* 凱絲《女子名》。

Kat·man·du [ˌkætmænˋdu; ˌkætmænˈduː] *n.* 加德滿都《尼泊爾的首都》。

Kat·rine [ˋkætrɪn; ˈkætrin], **Loch** *n.* 卡春湖《位於蘇格蘭中部》。

ka·ty·did [ˋketɪˌdɪd; ˈkeitidid] 《擬聲語》 —*n.* Ⓒ《昆蟲》螽斯《尤指美國產》。

kau·ri, kau·ry [ˋkaurɪ; ˈkauriː] *n.* Ⓒ《植物》澳洲貝殼杉《南洋杉科常綠喬木,可採樹脂》。

K

kay·ak [ˋkaɪæk; ˈkaiæk] «源自愛斯基摩語» —*n.* Ⓒ **1** 愛斯基摩人用的皮製小船；cf. umiak. **2** (單人雙槳的)競賽用小船。

katydid

Ka·zak(h)·stan [ˏkazakˋstan; ˌkɑ:zɑ:kˈstɑ:n] *n.* 哈薩克《蘇聯中亞境內一共和國》。

ka·zoo [kəˋzu; kəˈzu:] *n.* Ⓒ (*pl.* **~s**)小笛《在筒子上開一個孔，以腸線(catgut)或羊皮紙覆蓋孔口以吹響的一種玩具樂器》。

kc, kc.《略》kilocycle(s).

k.c. [ˋkeˋsi; ˈkeiˈsi:] «King's Counsel 的頭字語» —*n.* Ⓒ《英》王室法律顧問。

K.C.《略》King's Counsel《★附加在專有名詞之後如 Sir John Brown, *K.C.*；cf. Q.C.》.

Keats [kits; ki:ts], **John** *n.* 濟慈《1795－1821；英國詩人》。

ke·bab [ˋkebab, kə-; kəˈbæb], **ke·bob** [ˋkebab, kə-; kəˈbɔb] «源自土耳其語「烤肉」之義» —*n.* Ⓒ [當菜名時爲Ⓤ]喀巴布，串烤羊肉《把調味好的羊肉小片和蔬菜一起串烤的一種菜》。

kazoo

kedge [kɛdʒ; kedʒ] *v.t.*《航海》依錨移動〈船〉之泊位。

kedg·er·ee, kedj·er·ee [ˋkɛdʒəˏri, ˏkɛdʒəˋri; ˌkedʒəˈri:] *n.* Ⓒ (東印度)魚、鷄蛋、葱、豆、奶油及調味料等做成之燴飯。

keel [kil; ki:l] *n.* Ⓒ **1**《航海》龍骨《從船首經船底通到船尾支撐船身骨架的船脊骨；⇨ gunwale, sailboat 插圖》。**2**《詩》船。

láy dówn a kéel (1)安龍骨。(2)起工造船。

on an éven kéel (1)《航海》船首和船尾的吃水一樣(的)。(2)平穩的；平放的：keep the economy *on an even* ~ 使經濟穩定。

— *v.t.* 〔十受十副〕**1** 使〈船〉傾覆〈*over*〉：The ship lay ~*ed* ***over*** at low tide. 那艘船因退潮而傾覆。**2** 使〈人〉昏[暈]倒〈*over*〉：The continued heat ~*ed* ***over*** quite a few people. 很多人因持續酷熱而昏倒。

—*v.i.* 〔十副〕**1**〈船〉傾覆〈*over*〉. **2 a** 突然倒下；暈倒〈*over*〉. **b**《口語》暈倒〈*over*〉.

kéel·hàul *v.t.* **1**《航海》把〈人〉用繩子拖過船底《從前對水手的一種處罰》。**2** 嚴厲責罵[痛斥]〈某人〉。

***keen**[1] [kin; ki:n] «源自古英語「大膽的，聰明的」之義» —*adj.* (~**·er**；~**·est**) **1 銳利的**：**a**〈尖端、刀劍等〉尖銳的，鋒利的(↔ dull, blunt)《★ 比較 現以 sharp 較爲普遍》：a knife with a ~ edge 有鋒利刀刃的小刀。**b**〈視力、知覺等〉敏銳的；敏捷的：a ~ sense of hearing 敏銳的聽覺。**c**〈洞察力、智力等〉敏銳的；聰慧[聰明]的：a ~ wit 敏銳的機智/~ powers of observation 銳敏的觀察力/a ~ brain 聰明的頭腦。**d**〈人〉精明的：a ~ salesman 精明的推銷員。

2 a〈風、寒氣等〉嚴酷的，凛烈的；刺骨的。**b**〈苦痛、競爭等〉强烈的，激烈的；深切的：~ competition 激烈的競爭。**c**〈感情、興趣〉强烈的；深厚的；濃厚的：a ~interest 熱切的關心。**d**〈言辭、議論等〉辛辣的；尖刻的：~ sarcasm 尖刻的諷刺。

3 a 熱心的：a ~sportsman 熱心的運動員。**b** [不用在名詞前]〔十介十(代)名〕熱中〔於…〕的；沉迷〔於…〕的〔*about, on*〕；切盼〔…〕的，渴望〔…〕的〔*for*〕(⇨ eager【同義字】)：Bill was very ~ ***about*** yacht*ing*. 比爾非常熱中於玩遊艇/He is ~ ***on*** his work [*on* collect*ing* stamps]. 他熱心工作[沉迷於集郵]/They are ~ ***for*** independence. 他們渴望獨立。**c** [不用在名詞前]〔十 *to* do〕渴望〈做…〉的：He is very ~ *to* go abroad. 他非常渴望出國。**d**〔十 *for* 十(代)名十 *to* do〕切望〔人〕〈做…〉的：She is ~ *for* her son *to* enter college. 她切望兒子進大學(cf. 3 e)。**e** [不用在名詞前]〔十 *that*__〕切望〈…事〉的：She is ~ *that* her son should enter college. 她切望兒子進大學(cf. 3 d)。**f** [不用在名詞前]〔十介十(代)名〕《口語》愛[喜歡]〔…〕的〔*on*〕：He is ~ *on* Helen. 他喜歡海倫。

4《英》〈價格〉很低廉的：a ~ price 低廉價格。

5《口語》很棒的，很好的。~**·ly** *adv.* ~**·ness** *n.*

keen[2] [kin; ki:n]《愛爾蘭》*n.* Ⓒ (慟哭死者的)哀歌，哀哭；輓歌。

—*v.i.* (對死者)哭叫，哀號；哭出聲音。

—*v.t.* **1** 爲…慟哭[唱輓歌]。**2** 哭叫以表露〈悲傷等〉。~**·er** *n.*

kéen-édged *adj.* 銳利的。

kéen-éyed *adj.* 眼光尖利的。

kéen·wítted *adj.* 機智敏銳的。

‡**keep** [kip; ki:p] «源自古英語「看守，守」之義» —(**kept** [kɛpt; kept]) *v.t.* **A 1 保留，保有，保存，留下**：**a**〔十受〕保存，保留〈東西〉(reserve)：She has *kept* all the letters from him. 她把他的來信全保存起來/*K*~ the change. 把要找回的餘錢留着吧[不用找錢了]《★給小費時說的客套話》。**b**〔十受十介十(代)名〕把〈東西〉保藏〔於…〕，把…存放〔在…〕〔*in*〕：*K*~ the film ***in*** a dark and cool place. 把軟片存放在陰涼的地方。**c**〔十受十介十(代)名〕〔爲…〕保存〈東西〉〔*for*〕：I'll ~ this ***for*** future use. 我要保存這東西爲將來用。**d**〔十受十受/十受十介十(代)名〕爲〈人〉留〈東西〉；留〈東西〉〔給人〕〔*for*〕：Will you ~ me this book [~ this book ***for*** me]？I'll come later. 請幫我保管這本書好嗎？我稍後來(拿)。

2 守：〔十受〕**a** 信守〈諾言、協定等〉；遵守[服從]〈法律、規則等〉(obey)：~ a promise [one's word]守約，守諾言；守信。**b** 守〈生活上的時間〉：⇨ keep early [late, regular] HOURS. **c**〈鐘錶〉(正確地)維持[守]〈時間〉：This watch ~*s* good time. 這隻錶很準。**d** 舉行〈儀式、民俗活動等〉；慶祝，紀念〈節日等〉(celebrate)：~ the Sabbath 守安息日/~ Christmas [one's birthday]慶祝耶誕節[生日]。**e** 守〈秘密〉：He cannot ~ a secret. 他無法守密。

3 使…停留：**a**〔十受〕拘留，拘禁〈人〉：The teacher *kept* the pupils after school. 老師在放學後把學生留下不讓回家。**b**〔十受十補〕使〈人〉停留〈在…的狀態〉：The snow *kept* them indoors. 雪把他們困在屋內/I won't ~ you long. 我不會耽誤你很久/The suspect was *kept* in custody for a week. 嫌犯被拘禁一星期。**c**〔十受十介十do*ing*〕妨礙，阻止〈人、物〉〔做…〕，使〈人、物〉不能〔做…〕〔*from*〕：What has *kept* you ***from*** help*ing* her？你爲什麼還沒有幫助她[什麼事妨礙你幫助她]？/She could not ~ herself *from* cry*ing*. 她忍不住便哭了/What *kept* you (*from* com*ing*)？什麼事使你耽誤了[使你不能來]？《★用法 from 以下有時省略》。**d**〔十受十介十(代)名〕〔對人〕隱瞞〈事物〉〔*from*〕：You are ~*ing* something ***from*** me. 你對我有所隱瞞。

—**B 1 保護**：**a**〔十受〕保護〈人〉；守〈球門〉：~ goal (於足球比賽等)守球門/God ~ you！願上帝保祐你！請保重！**b**〔十受十介十(代)名〕保護〈人〉〔免於危害〕〔*from*〕：~ a person ***from*** danger 保護某人免於危險。

2〔十受(十介十(代)名)〕〔替…〕**保管**〈東西〉；收存〈錢〉；儲存〈食品等〉〔*for*〕：Banks ~ money ***for*** us. 銀行爲我們保管錢/Will you ~this jewel *for* me？請你爲我保管這珠寶好嗎？/They ~ meat by drying. 他們使肉保持乾燥以便儲藏。

3〔十受〕**a** (以良好的狀態)**維護，養護，保養**〈房屋、庭院等〉：This garden is always *kept* well. 這花園經常維護得很好。**b** 經營〈商店〉，管理〈學校等〉(manage)：~ a shop 經營商店。**c** [~ one*self*]靠自己收入生活，養活自己。

4 a〔十受〕**養**〈家〉，養活，扶養(support)〈家眷〉：He ~*s* a large family. 他扶養一個大家庭。**b**〔十受(十副)〕雇用〈佣人等〉〈*on*〉. **c**〔十受〕蓄〈妾〉，金屋藏〈嬌〉。**d**〔十受〕飼養，飼育〈牲口、狗、貓等〉：~ a dog [bees, cows] 養狗[蜂，牛]。

5〔十受〕**擺[賣]着，經銷**〈商品〉：That store ~*s* imported cheeses. 那家商店出售進口乳酪/We don't ~ silver plate in stock. 我們沒有銀製餐具的現貨。

6〔十受〕**a** (持續地)**記**〈日記、帳等〉：~ a diary (習慣地)寫日記/~ books 記帳/⇨ keep ACCOUNTS. **b** 記錄〈時間〉：⇨ keep TIME.

7〔十受〕**維持**〈某種狀態、動作〉：~ silence 保持沈默《★ 比較 keep silent 較爲普遍》/~ watch 監視，警戒。

8 a〔十受十補〕**使…維持**〈…的狀態〉：I *kept* myself warm by walking about. 我到處走動以保持身體暖和/*K*~ your body [yourself] clean. 保持你身體清潔/*K*~ your head down. 把你的頭低着(以免危險)/They *kept* the back door locked. 他們一直把後門鎖着/Let's ~ it a secret. 讓我們繼續保守這秘密/He always ~*s* his room in order. 他經常保持房間整齊。**b**〔十受十do*ing*〕使…繼續〈做…〉：*K*~ the stove burn*ing*. 讓暖爐的火繼續燒着/I'm sorry I have *kept* you wait*ing* so long. 抱歉，讓你久等了。

9〔十受〕**a** 留守，不離開，守着〈座位等〉：Please ~ your seat. 請留在座位上[不要離開座位]。**b** 一直不偏離地走〈道路等〉：~ one's way 繼續走自己的路；堅守自己的目標。**c** 閉門不出〈房間等〉：~ one's room 一直留在房間裏。

10〔十受〕[~ **company**]與…做朋友，結交。

—*v.i.* **1**〔十副詞(片語)〕**a 一直留在**(某地方、位置)：~ *at* home 一直在家/~ *to* the right ＝~*right* 靠右通行/The children *kept indoors*. 孩子們一直留在屋裡。**b** 繼續前進[進行]：*K*~ straight *on*. 一直向前進/*K*~ *along* this road for two miles or so. 繼續沿這條路走二哩左右。

2 a〔十補〕**保持**〈…的狀態〉，**維持**〈原狀〉：Please ~ quiet [silent]. 請保持安靜(★ 比較 ⇨ *v.t.* B 7)/He *kept* awake. 他一直醒着/"How are you ~*ing*？"－"I'm ~*ing* very well, thank you."「你好嗎.？」「謝謝，我一直很好。」/We should ~ in touch with scientific advances. 我們應該知曉科學進展的情況。**b**〔十do*ing*〕繼續〈做…〉，一直〈做…〉：The child *kept* cry*ing*. 那孩子

哭個不停(cf. KEEP on (6) 囲法)/He *kept* say*ing* the same thing over and over again. 他一直反覆地說同一件事。

3 a 〈食物〉持久不壞，能保存下去(last)：This milk won't ～ till tomorrow morning. 這牛奶不能保存到明天早上而不壞。**b** 〈話、工作等〉被留到以後(再說[處理])：The matter will ～ till morning. 這件事可以留到早上(再處理)。

4 〔十介十(代)名〕[常 **can** [**could**] **not** ～] 抑制，約束〔做…〕〔*from*〕：She *couldn't* ～ *from* weep*ing*. 她忍不住哭了/Try to ～ *from* alcohol. 設法戒酒。

5 《美口語》〈學校〉上課：Will school ～ all day？學校整天有課嗎？

kéep áfter... (1)繼續追〈刑犯等〉；到處尾追〈女人等〉《★可用被動語態》。(2)〔就…而〕對〈人〉嘮叨[責罵]不停〔*about*〕。(3)〔＋ *to* do〕一直叫[央求]〈人〉〈做…〉：～ *after* a person *to* clean his room 一直叫某人打掃他的房間。

kèep ahéad 領先[別人]；走在〔對手、追趕者〕之前〔*of*〕：He *kept* (one step) *ahead of* his rivals. 他領先他的競爭對手(一步)。

kéep at [《vt prep》～ ...at...] (1)使〈人〉不停地做〈工作、功課等〉：I'm going to ～ them *at* their task. 我將使他們不停地工作。——[《vi prep》～ at...] (2)努力不懈地做〈工作、功課等〉，熱心地做…：*K～ at* it！堅持下去！加油！(3)＝KEEP on at.

kèep awáy 《vt adv》(1)[～＋受＋away]使〔…〕遠離〈人、物〉，阻礙〔…〕接觸〈人、物〉〔*from*〕：What *kept* you *away* last night？昨晚什麼事使你不能來？/*K～* the matches *away from* the children. 把火柴放在小孩子拿不到的地方。——《vi adv》(2)遠離〔…〕，避開〔…〕〔*from*〕：*K～ away from* the base. 不可接近基地。(3)戒〔飲食〕〔*from*〕：*K～ away from* alcohol. 不要沾酒。

kèep báck 《vt adv》(1)擋住，抑制，阻住〈人、噴嚏等〉：The mob was *kept back* by the police. 暴民被警察擋住/I couldn't ～ *back* a sneeze [a smile]. 我禁不住打噴嚏[笑]。(2)〔爲…〕留下，收藏〈物之一部分〉〔*for*〕：～ *back* some tickets *for* a friend 替朋友留幾張票。(3)〔從…〕扣除〈錢等〉〔*from*〕：He always ～*s back* ten dollars *from* his wages. 他經常從薪水中留下十美元。(4)〔對…〕隱瞞〈秘密、資訊等〉〔*from*〕：I suspect he is ～*ing* something *back from* me. 我懷疑他對我有所隱瞞。——《vi adv》(5)在後面，躲着：*K～ back*！退到後面(不要出來)！

kèep dówn 《vt adv》(1)鎮壓〈叛亂、暴民等〉：～ *down* a mob 鎮壓暴民。(2)壓抑，抑制〈感情等〉；壓低〈聲音〉：She could not ～ *down* her excitement. 她無法抑制興奮。(3)不增加，不提高〈經費、價格、數量等〉；限制〈費用等〉：～ *down* extra expenses 限制額外的開支。(4)[～＋受＋down]壓服〈居民、國家等〉；壓制〈人等〉；制止〈人〉進展：You can't ～ a good man *down*. 你不能制止能幹的人上進《能幹的人一定會嶄露頭角》。(5)[～＋受＋down]把〈食物等〉留在胃中，使…合胃：The patient can't ～ anything *down*. 那病人吃什麼都不能合胃《吃什麼都會吐掉》。——《vi adv》(6)把身體放低着，伏着身。(7)〈風等〉平靜下來。

kèep ín 《vt adv》(1)抑制〈感情〉：I could not ～ my indignation *in*. 我無法抑制我的憤慨。(2)[～＋受＋in]把…關(在屋裡)；把〈學生〉留下(以做爲處罰)。(3)[～＋受＋in]使〈火〉繼續燃燒：*K～* the fire *in*. 使火繼續燃燒着。——《vi adv》(4)閉居家中，不出門。(5)〈火〉繼續燃燒：The fire *kept in* all night. 火整夜沒有熄。

kèep ín with... (通常指爲自己的好處)與〈上司等〉保持友誼《★可用被動語態》。

kèep it úp 《口語》繼續努力，繼續加油：*K～ it up*！照這樣繼續努力！

keep off [《vt adv》～ óff] (1)防備，防止，阻擋〈敵人、災害等〉：*K～ off* the dog. 不要讓那隻狗接近/*K～* your hands *off*. 不要觸摸，手不要碰/She *kept* her eyes *off*. 她把視線避開不看。——[《vt prep》～...óff...] (2)使…與…隔離；不讓…接近[進入]…：*K～* your dirty hands *off* me. 別用你的髒手碰我/He *kept* the snow *off* the sidewalk. 他清除了人行道上的雪。(3)不讓〈人〉吃[喝]〈食物〉：The doctor *kept* him *off* cigarettes. 醫師使他戒煙。——[《vi adv》～ óff] (4)保持距離，不接近；〈雨、雪等〉停止不落下：If the rain ～*s off*, ... 如果不下雨…。——[《vi prep》～ óff...] (5)避開，不靠近，不進入：*K～ off* the grass. 〖告示〗勿踐踏草地。(6)不沾[碰]〈食物等〉：～ *off* drinks 戒酒。(7)不談，避開〈話題等〉《★可用被動語態》：try to ～ *off* a ticklish question 設法避開棘手的問題。

kèep ón 《vt adv》(1)⇨ *v.t.* B 4b. (2)[～＋受＋on] (身上)一直穿着〈衣服〉：～ one's shoes *on* 一直穿着鞋子。(3)繼續擁有[雇用，租用]〈房屋、車等〉。——《vi adv》(4)⇨ *v.i.* 1b. (5)〔就…〕一直講，不停地說〔*about*〕：He *kept on about* his adventure. 他一直在談他的歷險經過。(6)〔＋do*ing*〕繼續〈做…〉《★囲法 keep do*ing* (cf. *v.i.* 2b) 表示動作或狀態的繼續，而 keep *on* do*ing* 的語氣較前者爲强，含有反覆或執拗的意思》：He *kept on* smok*ing* all the time. 他一直不停地吸煙。

kèep ón at... (1)執拗地對〈人〉說[央求，嘮叨，謾罵，追問]。(2)〔＋ *to* do〕執拗地叫[央求]〈人〉〈做…〉：His son *kept on at* him *to* buy a new car. 他的兒子一直纏着要他買新車子。

kèep óut 《vt adv》(1)拒…入內，不讓…進入：～ a dog *out* 不讓狗入內/Shut the windows and ～ the cold *out*. 把窗戶都關上，防止寒氣進入。——《vi adv》(2)留在外面，不進入：Danger！*K～ out*！〖告示〗危險！禁止入內。

keep out of... [《vt prep》～... òut of...] (1)拒…入…內，不讓…進入…內：We ～ dogs *out of* our garden. 我們不讓狗進入花園裡。(2)阻擋〈雨、寒氣等〉進入…內：This blind ～*s* the sun *out of* the room. 這窗簾遮擋陽光進入室內。(3)使…不受〈陽光、危險等〉：*K～* those plants *out of* the sun. 不要讓那些植物曬到太陽/He tried to ～ his name *out of* the papers. 他設法不讓自己的名字上報。(4)不讓[阻止，防止]…參與〈打架等〉：She *kept* her child *out of* his way [group]. 她不讓她的孩子爲所欲爲[與他的夥伴接觸]。——[《vi prep》～ òut of...] (5)在…外面，不進到…裡面：～ *out of* a private room 不進到私人房間裡面。(6)避開〈陽光、危險等〉：～ *out of* the sun 避免曬太陽，在陰涼處。(7)不參與〈打架等〉：Try to ～ *out of* his way. 不要妨礙他。

kéep onesèlf to onesélf 獨居，不與人交際。

keep to [《vi prep》～ to...] (1)⇨ *v.i.* 1 a. (2)不偏離〈道路、路線等〉沿…行進：*K～ to* the hedge. 沿樹籬走。(3)不離〈主題、話題等〉《★可用被動語態》。(4)遵循，遵照，信守〈計畫、預定、諾言等〉；固守，堅守，遵守〈規則、信念等〉。(5)不離開〈家、牀等〉：～ *to* one's bed (因病)臥牀。——[《vt prep》～...to...] (6)使…不離〈場所、路線等〉。(7)把…保持在〈某一限度〉：～ one's remarks *to* a [the] minimum 把發言局限到最少程度。(8)使〈人〉遵循[遵照，信守]〈計畫、諾言等〉：～ a person *to* his word [promise] 使人遵守諾言。

kèep togéther 《vt adv》[～＋受＋together] (1)把〈二個以上的東西〉收攏[集，併，合]在一起：～ Christmas cards *together* 把耶誕卡片收集在一起。(2)使〈集團〉結合，使…團結：～ one's class *together* 使班上團結。——《vi adv》(3)〈東西〉挨[集，併，合]在一起。(4)團結，結合，聯合。

kéep to onesélf＝KEEP oneself to oneself.

kéep...to onesélf (1)獨佔〈東西〉，不分給別人…：He *kept* the money *to himself*. 他獨吞那筆錢。(2)隱藏，隱瞞〈消息、意圖等〉：He often ～*s* his opinions *to himself*. 他常常不把自己的意見告知別人/*K～* your silly remarks *to yourself*！我不要聽你的笨話！

keep under [《vt adv》～ únder] [～＋受＋under] (1)把〈東西〉放在下面。(2)抑制，壓制，馴服〈人〉。(3)控制〈火勢等〉；抑制[壓抑]〈感情〉：We managed to ～ the fire *under*. 我們設法控制了火勢。——[《vt prep》～ ... ùnder ...] (4)把〈東西〉放[收藏]在…下面；把…置於〈監視等〉之下：～ one's jewelry *under* lock and key 把珠寶上鎖嚴密地保管/～ a suspect *under* constant surveillance 不斷地監視嫌疑犯。

kèep úp 《vt adv》(1)把…放在上面；使…不下沈：～ oneself *up* in the water 在水中使身體不下沈。(2)維持，不降低〈價格、水準等〉。(3)保持〈體面、精神等〉：*K～ up* your spirits. 保持你的元氣(到最後)/～ *up* appearances 保持體面，裝面子。(4)[～＋up＋名]使…持續，保持〈活動、狀態等〉：～ *up* the same pace 保持同一步調/～ *up* an attack 持續攻擊/～ *up* one's German 繼續學習德語。(5)保養，維護〈房子、汽車等〉：～ *up* a large house 保養一棟大房子。(6)[～＋受＋up]使〈人〉夜不入眠：The noise *kept* me *up* till late. 那噪音使我一直到很晚才睡着。——《vi adv》(7)一直站着：The shed *kept up* during the storm. 那小屋屹立在暴風雨之中。(8)〈勇氣、精神等〉不受挫，歷久不衰，堅持，不氣餒。(9)〈價格等〉居高不下：Prices will ～ *up*. 物價將持續上漲。(10)繼續〈放晴、下雨等〉：if the weather ～*s up* 如果這種天氣繼續下去。(11)夜間不睡。(12)〈人、課業等〉跟上。(13)〈活動等〉繼續；〈課業〉繼續：Will school ～ *up* all day？學校整天都會有課嗎？

kèep úp on... 繼續注意〈事情等〉。

kèep úp with... (1)趕得上〈人、時代潮流等〉；不落在〈人、時代潮流等〉之後；與…保持同樣的速度：It is rather difficult for an old man to ～ *up with* the times. 老年人要趕上時代是很難的/⇨ keep up with the JONESES. (2)(以通信等)與〈人〉保持聯繫[繼續交往]。

—— *n.* **1** Ⓤ生活必需品；生活費《★常用於下列成語》：earn one's ～ 賺取生活費。**2** Ⓒ(砲臺或城堡的)最堅實部份或主樓。

for kéeps (1)(於小孩的遊戲等)約定贏得的東西不得歸還原所有者；玩眞地；當眞地：Let's play marbles *for* ～*s*. 我們來玩彈珠，玩眞的。(2)《口語》永遠地；永久地：You may have this *for* ～*s*. 這是給你的(不必還)《你可以永遠擁有這東西》。

keep·er [ˈkipɚ; ˈkiːpə] *n.* Ⓒ **1 a** 守衛者；看守人，監護人。**b** 《英》狩獵場管理員。

2 a 管理員，保管者。**b** (商店等的) 經營者，所有者：⇨ innkeeper, shopkeeper. **c** (博物館等的) 館長。
3 飼主；飼育員：⇨beekeeper.
4 《運動》(足球、冰上曲棍球等的) 守門員：⇨ goalkeeper, wicketkeeper.
5 (結婚戒指等的) 戒指扣。
6 [常與修飾語連用] 耐儲藏的水果[蔬菜]：a good [bad] ～ 可以[不可以]久藏的水果[蔬菜]。
the Kéeper of the Prívy Séal ⇨ Privy Seal.
the Lórd Kéeper (of the Gréat Séal) ⇨ Lord Keeper.

kéep·ing *n.* Ⓤ **1 a** 維持，保護；保存，儲藏。**b** 管理，保管，守護：in good [safe] ～ 保存[保管]得很好[安全]/The papers are *in* my ～. 文件由我保管着/have the ～ of... 保管着…。
2 a (規則等的) 遵守，遵奉。**b** (儀式等的) 舉行，執行：the ～ *of* a birthday 祝壽。
3 扶養，飼養；糧餉，飼料，食物。
4 調和，一致，呼應：*in* ～ *with*... 與…調和[一致]/What he does is *out of* ～ *with* his words. 他言行不一致。

kéep·sàke *n.* Ⓒ 紀念品 (memento)，贈品。

keg [kɛg; keg] *n.* Ⓒ 小木桶《通常容量爲五至十加侖；裝釘子則約爲五十公斤；略作 kg；⇨ barrel【同義字】》：a nail ～ 裝釘子的小(木)桶/a ～ of beer [brandy] 一小桶啤酒[白蘭地]。

Kel·ler [ˋkɛlɚ; ˈkelə], **Helen (Adams)** *n.* 海倫·凱勒《1880–1968；美國女作家；克服自幼即有的盲、聾、啞三重障礙而獻身於社會和平運動》。

Kel·ly [ˋkɛlɪ; ˈkeli] *n.* 凱莉《女子名》。

ke·loid [ˋkilɔɪd; ˈkiːlɔid] *n.* Ⓤ《醫》瘢瘤，瘢痕疙瘩。

ke·loi·dal [kiˋlɔɪdl; kiːˈlɔidəl ←] 《keloid 的形容詞》—— *adj.* 蟹狀腫[瘢痕疙瘩](狀)的。

kelp [kɛlp; kelp] *n.* Ⓤ **1** 一種海帶屬的大型海草。**2** 海草灰《碘的原料》。

kel·pie [ˋkɛlpɪ; ˈkelpi] *n.* Ⓒ《蘇格蘭》馬形水鬼《傳說中能致人溺死，或誘人自溺的水怪》。

Kelt [kɛlt; kelt] *n.* ＝Celt.

kel·vin [ˋkɛlvɪn; ˈkelvin] *n.* Ⓒ《物理》絕對溫度《熱力學溫度的單位；符號K》。

Kel·vin [ˋkɛlvɪn; ˈkelvin], **William Thomson** *n.* 愷爾文《1824–1907；英國數學家、物理學家》。

Kélvin scàle *n.* [the ～]《物理》愷氏溫標《溫度的始點爲 −273.15°C；0°C 等於 273.15K》。

Kem·pis [ˋkɛmpɪs; ˈkempis], **Thomas à** *n.* 肯比斯《1379?–1471；德國神學家、作家》。

ken [kɛn; ken] *n.* Ⓤ 知識的範圍；領悟，理解；眼界，視界：Abstract words are *beyond* [*outside, not within*] the ～ *of* children. 抽象的言辭超出小孩所理解的範圍。

Ken [kɛn; ken] *n.* 肯恩《男子名；Kenneth 的暱稱》。

Ken. 《略》Kentucky.

Ken·ne·dy [ˋkɛnədɪ; ˈkenidi], **John F(itz·ger·ald)** [fɪtsˋdʒɛrəld; fitsˈdʒerəld] *n.* 甘迺迪《1917–63；美國第三十五位總統 (1961–63)；在德克薩斯州 (Texas) 的達拉斯 (Dallas) 遇刺身亡》。

Kénnedy (Internátional) Áirport *n.* (紐約市的) 甘迺迪(國際)機場。

ken·nel [ˋkɛnl; ˈkenl] 《源自拉丁文「狗」之義》—— *n.* Ⓒ **1** 狗舍。**2** 《美》飼狗場；飼犬保管所，託犬所 (《英》kennels).
—— *v.t.* (**ken·nel(l)ed; ken·nel·(l)ing**) 把〈狗〉關[養]在狗舍。

kén·nels *n.* Ⓒ (*pl.* ～)《英》＝kennel 2.

Ken·neth [ˋkɛnɪθ; ˈkeniθ] *n.* 肯尼斯《男子名；暱稱 Ken》。

Kén·sing·ton Gárdens [ˋkɛnzɪŋtən-; ˈkenziŋtən-] *n. pl.* [常當單數用] 肯辛頓公園《在英國倫敦 (London) 與海德公園 (Hyde Park) 西邊毗連的大公園》。

Kent [kɛnt; kent] *n.* 肯特郡《英格蘭東南部的一個郡；首府美斯頓 (Maidstone [ˋmedstən; ˈmeidstən])》。

Ként·ish [-tɪʃ; -tiʃ] 《Kent 的形容詞》—— *adj.* 肯特(Kent)郡的。

Ken·tuck·i·an [kənˋtʌkɪən; kenˈtʌkiən] *adj.* 肯塔基州 (Kentucky) 的；出生於肯塔基州的。—— *n.* Ⓒ 肯塔基州居民；出生於肯塔基州的人。

Ken·tuck·y [kənˋtʌkɪ; kenˈtʌki] 《源自北美印地安語》—— *n.* 肯塔基州《美國中東部的一個州；首府法蘭克福 (Frankfort [ˋfræŋkfɚt; ˈfræŋkfət])；略作 Ky., Ken.,《郵政》KY；俗稱 the Bluegrass State》。

Kentúcky Dérby *n.* [the ～] 肯塔基賽馬《每年五月在肯塔基州 (Kentucky) 路易斯維爾 (Louisville [ˋluɪ͵vɪl; ˈluːivil]) 舉行；cf. classic races》。

Ken·ya [ˋkɛnjə; ˈkenjə] *n.* 肯亞共和國《位於東非中東部，屬大英國協一員，首都奈洛比 (Nairobi)》。

Ken·yan [ˋkɛnjən; ˈkenjən] 《Kenya 的形容詞》—— *adj.* 肯亞(人)的。—— *n.* Ⓒ 肯亞人。

ke·pi [ˋkɛpɪ; ˈkepi] *n.* Ⓒ (法國的) 平頂軍帽。

kepi

Kep·ler [ˋkɛplɚ; ˈkeplə], **Jo·han·nes** [joˋhænɪs; jouˈhænis] *n.* 克卜勒《1571–1630；德國天文學家》。

‡kept [kɛpt; kept] *v.* keep 的過去式・過去分詞。
—— *adj.* 接受金錢援助的；被人供養的；〈女人〉被男人金屋藏嬌的：a ～ woman 姘婦，情婦。

ke·ram·ic [kɪˋræmɪk; kiˈræmik] *adj.* ＝ceramic.

ker·a·tin [ˋkɛrətɪn; ˈkerətin] *n.* Ⓤ《化學》角質素《含於指甲、毛髮、角、羽毛、蹄等的一種硬蛋白質》。

ker·a·ti·tis [͵kɛrəˋtaɪtɪs; ͵kerəˈtaitis] *n.* Ⓤ《醫》角膜炎。

kerb [kɝb; kəːb] *n.* 《英》＝curb 1.

kérb·stòne *n.* 《英》＝curbstone.

ker·chief [ˋkɝtʃɪf; ˈkəːtʃif] *n.* Ⓒ **1** 頭巾《婦女披於頭頂並在下顎下打結以防頭髮散亂》。**2** 圍巾 (neckerchief). **3** 手帕 (handkerchief).

> 【字源】ker 是 cover (覆蓋) 之義，chief 是 head (頭) 之義。本來是覆蓋頭部的布，不久，轉義爲可以拿在手裡走動的布；後來加上 hand 或neck，形成 handkerchief, neckerchief, 如果直譯，就成爲「拿在手裡可用以覆蓋頭部的布」「裹在頸部覆蓋頭部的布」。

kerf [kɝf, karf; kəːf] *n.* Ⓒ **1** (鋸或斧之) 切痕；鋸口。**2** 鋸下或砍下之物。

kerchief 1

ker·fuf·fle [kɚˋfʌfl; kəˈfʌfəl] *n.* Ⓤ Ⓒ《英口語》騷動，(爲瑣事的) 爭吵〔*about, over*〕.
fúss and kerfúffle 喧鬧，(廟會等的) 嘈雜。

ker·nel [ˋkɝnl; ˈkəːnl] 《源自古英語「子、果實」之義》—— *n.* Ⓒ **1** (梅、桃等果實的) 核，仁。
2 (小麥等的) 穀粒。
3 〔問題等的〕核心，重點，中心〔*of*〕：the ～ *of* a matter [question] 事件[問題]的核心。

ker·o·sene, ker·o·sine [ˋkɛrə͵sin, ͵kɛrəˋsin; ˈkerəsiːn] 《源自希臘文「蠟」之義》—— *n.* Ⓤ《美》燈油；煤油 (《英》paraffin)：a ～ lamp 煤油燈/a ～ heater 煤油暖爐。

ker·sey [ˋkɝzɪ; ˈkəːzi] *n.* (*pl.* ～s, **ker·sies**) **1** Ⓤ 一種棉毛粗絨。**2** [～s 或kersies] 此種布做的褲子。

kes·trel [ˋkɛstrəl; ˈkestrəl] *n.* Ⓒ《鳥》茶隼《一種小型隼》。

ketch [kɛtʃ; ketʃ] *n.* Ⓒ《航海》沿岸用的一種雙桅帆船。

ketch·up [ˋkɛtʃəp; ˈketʃəp] *n.* ＝catsup.

ke·tone [ˋkiton; ˈkiːtoun] *n.* Ⓤ《化學》酮類。

ketch

***ket·tle** [ˋkɛtl; ˈketl] *n.* Ⓒ **1 a** 茶壺，燒水壺：put the ～ on 燒開水。**b** 鍋；罐。**2** 《地質》鍋穴。
anóther [a dífferent] kéttle of físh 《口語》兩回事，另一回事。
a prétty [fíne, níce] kéttle of físh 《口語》麻煩，爲難的處境，混亂 (mess) 《★ pretty, fine, nice 爲反語》。

kéttle·drùm *n.* Ⓒ《音樂》定音鼓《★ 比較 兩個或三個一組的 kettledrum 稱爲 timpani, 其演奏者稱爲 timpanist》。

Kéw Gárdens [ˋkju-; ˈkjuː-] *n. pl.* [常當單數用] 邱植物園《在英國倫敦 (London) 西郊邱 (Kew) 的一所國立植物園》。

Kew·pie [ˋkjupi; ˈkjuːpiː] 《Cupid 的變形》—— *n.* Ⓒ《美》《商標》巧比娃娃《一種用塑膠或賽璐珞製的洋娃娃；形似愛神 Cupid》。

‡key[1] [ki; kiː] *n.* **1 a** Ⓒ 鑰匙：a house [room] ～ 房屋[房間]的鑰匙/lay [put] the ～ under the door 把鑰匙放在門底下《★表示已收拾什物搬家》/turn the ～ on a person (把門) 上鎖使人無法出去[逃走]。**b** Ⓒ (給時鐘上發條用的) 鑰匙。**c** ＝ignition key.
2 Ⓒ 鑰匙形的東西《徽章、花紋等》。
3 [the ～] 地理上的要衝，門戶，關口：Gibraltar, *the* ～ *to* the Mediterranean 直布羅陀，地中海的門戶。
4 Ⓒ **a** 〔問題、事件等的〕解答，解決的關鍵[線索]，〔成功等的〕秘訣〔*to*〕：the ～ *to* a mystery [riddle] 解開奧秘[謎語]之鑰/a ～ *to* victory 致勝的秘訣/the ～ *to* (solv*ing*) a problem 解決問題的關鍵。**b** 〔外文書籍的〕翻譯本；〔試[習]題等的〕題解，解答書〔*to*〕. **c** 〔地圖、辭典等的〕體例說明〔*to*〕. **d** (密碼的) 製作[譯解]

K

說明〔to〕. e〔動植物分類特徵的〕索引(表)〔to〕.

5 Ⓒ a (打字機、電腦等的) 鍵。b 《電學》電鍵。c (風琴、鋼琴、管樂器的) 鍵。

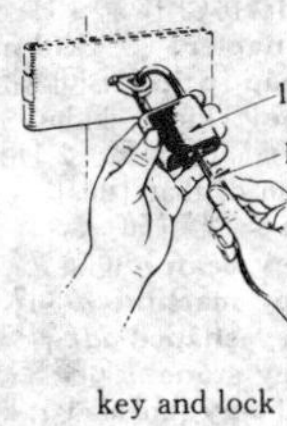

key and lock

6 Ⓒ《音樂》(長短) 調：⇨major key, minor key.

7 Ⓒ a (聲) 調：speak *in* a high [low] ～ 用高的[低的]聲調說話/all *in* the same ～ 一直用同一調子；沒有變化地；單調地。b (思想、表現等的) 基調，式樣。c ＝key word.

8 Ⓒ《美術》(畫的) 色調。

9 Ⓒ《植物》(小葉梣、榆等的) 翅果。

hóld (in hánd) the kéy of ... 掌握…的樞紐[關鍵，要害]。

in kéy 〔與…〕配合；適合〔於…〕(的)〔*with*〕.

òut of kéy 〔與…〕不配合；不適合〔於…〕(的)〔*with*〕.

— *adj.* [用在名詞前] 基本的，重要的：a ～ color 基本色/a ～ position [issue] 重要的地位[問題]。

— *v.t.* **1** 〔十受〕給…上鎖。**2** 〔十受〕爲〈樂器〉調音。**3** 〔十介十(代)名〕使〈談話、文章等〉配合〔…〕的情形〔*to*〕《★常以過去分詞當形容詞用；⇨ keyed 2》. **4** 〔十受〕爲〈習題等〉附題解。

(áll) kéyed úp 〔爲…〕(極度地)興奮[緊張]〔*about, over, for*〕：They are *all ～ed up about* an exam. 他們都爲了考試而緊張得不得了。

kéy úp 《*vt adv*》(1)提高…的音調，把…的音調高：～ a piano *up to* concert pitch 調高鋼琴的音使達到合奏的音調。(2)使…緊張[興奮]；鼓舞…(⇨(all) KEYED up)：The coach ～*ed up* the team *for* the game. 教練在賽前爲他的球隊打氣。(3)升高〈要求等〉的論調(raise).

key² [ki; ki:] *n.* Ⓒ(美國佛羅里達州外海等的) 低島，珊瑚礁(cf. Key West).

kéy·bòard *n.* Ⓒ **1** (鋼琴、電腦等的) 鍵盤。**2** (在旅館櫃枱等掛各客房鑰匙的) 鑰匙板。

—*v.t.* **1** 按〈電子計算機等〉的鍵。**2** 按鍵把〈資訊〉輸入電腦(等)。**～·er** *n.*

kéy·bòardist [-dɪst; -dist] *n.* Ⓒ鍵盤樂器演奏家。

kéy càse *n.* Ⓒ(尤指能裝鑰匙的皮革製) 鑰匙包。

kéy chàin *n.* Ⓒ(穿鑰匙的) 鑰匙鍊。

keyed [kid; ki:d] *adj.* **1** 有鍵的：a ～ instrument 鍵盤樂器《鋼琴、風琴等》。**2** [不用在名詞前] 〔十介十(代)名〕〈談話、文章等〉適合〔…〕情形的〔*to*〕(cf. key¹ *v.t.* 3)：His speech was ～ *to* the situation. 他的演講適合那場面。**3**《音樂》調整到某一(特定)音調的。

kéyed-úp *adj.* 激動的：Police feared that the ～ crowd would riot. 警方害怕激動的羣衆會暴動。

kéy·hòle *n.* Ⓒ鑰匙孔：look through [listen at] a ～ 從鑰匙孔窺視[竊聽]。

kéy índustry *n.* Ⓒ基本工業《如鋼鐵工業等》。

key·less ['kilɪs; 'ki:lis] *adj.* **1** 無鑰匙的；無鍵的。**2** 不用鑰匙上發條的《指以轉柄上發條的時鐘》。

kéy·màn *n.* Ⓒ(*pl.* **-men**) (企業等的) 主要人物，關鍵人物。

kéy mòney *n.* Ⓤ(房客在住進以前取得鑰匙時付給房東的) 保證金，押金，權利金。

Keynes [kenz; keinz], **John May·nard** ['menəd; 'meinəd] *n.* 凱因斯《1883-1946；英國經濟學家》。

Keynes·i·an ['kenzɪən; 'keinziən] **《Keynes 的形容詞》— *adj.*** 凱因斯(學說)的。

—*n.* Ⓒ凱因斯學派的學者。

kéy·nòte *n.* Ⓒ**1**《音樂》主音《音階的第一音》。**2** (演說等的) 要旨，基調；(行動、政策、性格等的) 基本方針〔*of*〕：give the ～ to ...決定…的基本方針，給…定基調/strike [sound] the ～ *of* ...談論[探討]…的主旨/The ～ *of* his speech was Christian love. 他演說的主旨是基督教的愛。

—*v.t.*《口語》**1** 在〈政黨的大會等〉發表基本方針演說。**2** 强調〈某一見解〉。

kéynote addréss [spéech] *n.* Ⓒ《美》(政黨的) 基本方針演說。

kéy pùnch, kéy·pùnch¹ *n.* Ⓒ《電算》打卡機，卡片打孔機(cf. card punch).

kéy·pùnch² *v.t.* **1** 用打孔機在〈卡片或紙帶〉上打孔。**2** 〔十受(十介十(代)名)〕把〈資料等〉用打孔機打[在紙帶等上面]〔*onto, into*〕：～ information (*onto* [*into*] a card) 用打孔機打資訊(在卡片上)。

kéy·pùncher *n.* Ⓒ打卡員。

kéy pùrse *n.* ＝key case.

kéy rìng *n.* Ⓒ(用以穿鑰匙的) 鑰匙環。

kéy sìgnature *n.* Ⓒ《音樂》調號《寫在五線譜開頭的♯(sharp), ♭(flat) 等符號》。

kéy·smìth *n.* Ⓒ 鎖匠[店]，鑰匙匠[店]《★比較 locksmith 較爲普遍》。

kéy stàtion *n.* Ⓒ《廣播・電視》主臺《主播聯播節目的電臺》。

kéy·stòne *n.* Ⓒ **1**《建築》(拱門上端的) 拱心石，楔石(⇨ arch¹ 插圖)。**2** 要旨，基本原理〔*of*〕. **3** (又作 **kéystone sàck**)《棒球俚》二壘。

Kéystòne Stàte *n.* 美國賓夕凡尼亞州(Pennsylvania)之別稱。

Key West ['ki'wɛst; 'ki:'west] *n.* **1** 基韋斯特島《美國佛羅里達州西南端的一個島嶼(cf. key²)》. **2** 基韋斯特《基韋斯特島上的港市，是美國最南端的都市》。

kéy wòrd *n.* Ⓒ **1** (對於解讀文章、密碼等) 成爲關鍵的字，關鍵字[語]。**2** (被用以舉例說明拼字、發音等的) 例字。**3** 主要字。

kg, kg. 《略》keg(s)；kilogram(s)；king.

K.G. 《略》Knight of (the Order of) the Garter.

KGB, K.G.B. **《源自俄語的縮寫》**《略》國家安全委員會《蘇聯的秘密警察；相當於美國的ＣＩＡ》.

kha·ki ['kakɪ, 'kækɪ; 'ka:ki] **《源自北印度語「塵埃」之義》— *adj.*** **1** 卡其色[茶褐色，黃褐色]的。**2** 卡其布的；土黃色的。

—*n.* **1** Ⓤ卡其色。**2** Ⓤ**a** 卡其色衣料。**b** [常 **～s**] 卡其色軍服[制服]；卡其色褲：in ～(*s*) 穿着卡其色制服(的)。

kha·lif ['kelɪf, 'kælɪf; 'ka:lif] *n.* ＝caliph.

khal·i·fate ['kelə,fet, 'kælə-; 'keilifeit] *n.* ＝caliphate.

khan¹ [kan, kæn; ka:n] *n.* Ⓒ **1** 可汗，汗《韃靼與蒙古民族對國王、皇帝的稱呼；cf. Kublai Khan》. **2** (中亞細亞、阿富汗等地) 酋長或官吏之稱號。

khan² [kan, kæn; ka:n] *n.* Ⓒ(土耳其等地供旅行者停宿的) 簡陋驛店，商棧。

Khar·t(o)um [kar'tum; ka:'tu:m] *n.* 卡土穆《蘇丹的首都；位於白尼羅河與藍尼羅河的滙合點》。

Khmer [kmɛr; kmɛə] *n.* (*pl.* ～, **～s**) **1 a** [**the ～(s)**] 高棉族《高棉(Cambodia) 的原住民族》。**b** Ⓒ高棉族人。**2** Ⓤ高棉語。

Khrush·chev [krʊʃ'tʃɔf, xrʊʃ-; krʊʃ'tʃɔf, xruʃ-], **Ni·ki·ta** [nɪ'kitə; nji'kji:tə] *n.* 赫魯雪夫《1894-1971；蘇聯共黨首領，1958-64 任總理》。

kHz 《略》kilohertz.

kib·butz [kɪ'buts, -'buts; ki:'bu:ts, ki'b-] *n.* Ⓒ(*pl.* **kib·but·zim** [,kɪbu'tsim; ki'bu:tsim], **kib·but·zes**) (以色列的) 集體農場。

kib·butz·nik [kɪ'butsnɪk, -'buts-; ki'bu:tsnik] *n.* Ⓒ(以色列) 集居區居民；集體農場農民。

kibe [kaɪb; kaib] *n.* Ⓒ(尤指足踵之) 凍瘡，皸：gall [tread on] a person's ～*s* [比喻] 傷某人的感情。

Ki·bei [ki'be; ki:'bei] **《源自日語》—*n.*** [常 **k～**] Ⓒ(*pl.* ～, **～s**) 父母爲日僑但在日本受教育的美國公民(cf. Issei, Nisei, Sansei).

kib·itz ['kɪbɪts; 'kibits] *v.i.* 《美口語》**1** (旁觀紙牌等遊戲) 多嘴出主意。**2** 多管閒事而插嘴。**～·er** *n.*

ki·bosh ['kaɪbaʃ, kɪ'baʃ; 'kaibɔʃ] *n.* ★常用於下列成語。**pùt the kíbosh ón...** 《英俚》使〈計畫等〉失敗；妨礙，阻止…；使〈人〉挫敗。

‡kick [kɪk; kik] **《源自古北歐語「彎膝」之義》—*v.t.*** **1 a** 〔十受〕踢〈球等〉：～ a ball 踢球。**b** 〔十受十介十名〕踢〈人〉〔身體的某部位〕〔*in, on*〕《★用法 在表示身體部分的名詞前加 the》：～ a person *in the* stomach 踢某人的腹部。**c** 〔十受十副詞(片語)〕踢移…：～ *off* one's shoes 踢掉鞋子/～ a dog *off* 把狗踢走/～ *over* a chair 踢倒椅子/～ *up* a stone 踢起石頭/～ *up* a cloud of dust 踢起一片塵埃/～ a person *out* 把某人(踢)趕出去(cf. KICK out (2))/～ a person *downstairs* 把某人踢下階梯；把某人趕[攆]出去。

2 〔十受〕《足球》把球踢進〈球門〉。

3 〔十受〕[常～ **the habit**]《俚》戒毒。

—*v.i.* **1 a** 〔動(十介十代(名))〕〔朝…〕踢〔*at*〕：The child was ～*ing* and crying. 那孩子又踢又哭/～ *at* a person [a thing] 踢某人[物]。**b** 〈馬〉踢跳。**c** 〈槍等〉(於發射時) 反彈。

2 〔動(十介十代(名))〕《口語》**a** 〔對…〕進行(無益的) 反抗[反對]；强烈地抗議〔…〕〔*at, against*〕：The farmers ～*ed at* [*against*] the government's measure. 農民們强烈地抗議政府的措施。**b** 〔就…〕抱怨〔*about*〕：～ *about* poor service 抱怨服務不佳。

kíck abóut ＝KICK around.

kíck agàinst the prícks ⇨prick.

kíck a mán when he's dówn (1)脚踢已倒的人；落井下石。(2)趁人之危，趁火打劫。

kick around 《口語》[《*vt adv*》～ aróund] (1)粗魯地使用〈東西〉；虐待〈某人〉。(2)[～十受十around] 多方地詳細討論[研討]〈建議等〉。**—** [《*vi adv*》～ aróund] (3)〈人〉徘徊；(仍)活着。(4)〈東西〉被擱着[未受注意]；可以得到，有。**—** [《*vi prep*》～ aróund ...] (5)時常遷居或更換工作；到處流浪。

kíck báck 《*vi adv*》(1)〔把⋯〕踢回；〔對⋯〕還擊〔*at*〕. —《*vt adv*》(2)〔～＋受＋back〕踢回⋯；對⋯還擊。(3)《口語》以〈錢的一部分〉付回扣。
kíck ín 《*vt adv*》(1)把〈東西〉踢入裡面，踢進：～ a ball *in* 把球踢進。(2)把〈門等〉(從外側)踢破：～ the door *in* 踢破門，破門而入。(3)《口語》繳付〈分攤的金額等〉，捐助〈錢〉。
kíck a person **ín the téeth** ⇨ tooth.
kíck óff 《*vt adv*》(1)⇨ *v.t.* 1 c. (2)《口語》開始；發起〈大會等〉。—《*vi adv*》(3)《足球》開球。(4)《口語》〈聚會等〉開始。(5)《口語》〈人〉開始〔茶會等〕〔*with*〕. (6)《美口語》離去。(7)《美口語》死。
kíck óut 《*vt adv*》(1)⇨ *v.t.* 1 c. (2)《口語》解雇〈人〉，炒〈某人〉魷魚；開除〈人〉。—《*vi adv*》(3)《足球》把球踢出界外。
kíck úp 《*vt adv*》(1)⇨ *v.t.* 1 c. (2)《口語》引起，惹起〈騷動、混亂等〉：～*up* a row [fuss, shindy, stink] 引起一陣騷動[喧鬧]。
kíck úp one's **héels** ⇨heel[1].
kíck a person **upstáirs** 《口語》把〈人〉明升暗降[置於沒有作爲的閒職]。
—*n.* **1** Ⓒ **a** 踢：give a ～ at... 踢⋯一脚。 **b** 《足球》踢(球)；《英》踢者(kicker)：⇨free kick, penalty kick/a good ～ 擅長踢的選手；善踢者。 **c** (發射時的槍等的)反彈，後坐力。
2 Ⓒ《口語》反對，拒絕，抗議〔*against, at*〕.
3 [the ～]《俚》解雇：get [give a person] *the* ～ 被解雇[炒某人魷魚]。
4 Ⓒ《口語》刺激，興奮，過癮：(just) for ～*s* (只)爲了尋刺激/He gets a ～ out of (reading) a comic book. 他看連環圖畫書看得津津有味。
5 Ⓤ《口語》(酒等的)刺激性，醉人的力量[勁]：This vodka has a lot of ～ in it. 這伏特加酒很夠勁兒。
6 Ⓤ《口語》彈力，力氣。
gèt móre kícks than hálfpence 得不償失[挨踢多於賺半便士]《★源自耍猴者使猴免費工作但在耍猴時頻頻挨猴踢之後只賺半便士的故事》。
off a kíck 《美俚》再也提不起精神[興致索然](↔ on a kick).
on a kíck 《美俚》正在熱中：He's *on a* yachting ～. 他現在正熱中於駕遊艇。
kíck·bàck *n.* ⓊⒸ《口語》**1** (强烈的)反應，反彈。**2** (賊贓的)退回。**3 a** 抽頭。**b** 《俚》回扣，活動[擺平，斡旋]費。
kíck·er *n.* Ⓒ**1 a** 踢者。**b** (足球等的)踢球者。**c** 難馴服的馬《好踢人者》。**2** 《口語》反抗者；喜抱不平者。**3** 反彈者。**4** 《俚》(裝在小艇外的)引擎。**5** 《美俚》**a** 意外的結局[收場]。**b** 意想不到的棘手問題。
kíck·òff *n.* Ⓒ **1** 《足球》開球《比賽開始、重新開始、球進球門後的 place-kick 或 drop-kick》. **2** 《口語》開始(start).
kíck rócket *n.* Ⓒ《航空》人造衛星底部的輔助火箭。
kick·shaw [ˈkɪkʃɔ; ˈkikʃɔ:] *n.* Ⓒ**1** 精緻的開胃菜餚。**2** 無用的裝飾；無用之物；玩具。
kíck·stànd *n.* Ⓒ(自行車、機車後輪上可收放的)支架《停車時用》。
kíck·stàrt *n.* Ⓒ **1** (機車等的)脚發動板。**2** (像機車般的)脚發動。
kíck·stàrt·er *n.* ＝kickstart 1.
kick·y [ˈkɪkɪ; ˈkiki] *adj.* **1** 時髦的。**2** 刺激的。
‡**kid**[1] [kɪd; kid] *n.* **1** Ⓒ小山羊。
2 Ⓤ **a** 小山羊肉。**b** 小山羊皮，小山羊皮革。
3 [～s] 小山羊皮手套[鞋子]。
4 Ⓒ [用於稱呼] **a** 《口語》小孩：I have three ～*s.* 我有三個小孩。**b** 《美口語》年輕人，青年(男、女)。
5 Ⓒ《美俚》(冠於拳擊選手等的名字)拳壇新秀⋯。
—*adj.* [用在名詞前] **1** 小羊皮製的。**2** 《口語》年紀較小的(younger)：one's ～ brother [sister] 弟弟[妹妹]。
kid[2] [kɪd; kid] (**kid·ded**; **kid·ding**)《口語》*v.t.* **1** 〔十受(十副)〕(一本正經地開玩笑)〈以⋯〉哄騙戲弄，嘲弄〈人〉〈*on*〉：You're *kidding* me! 你在騙我吧！/He was trying to ～ us (***on***) about it. 他想拿那件事開我們玩笑。
2 a 〔十受〕[～one*self*] 想得太天眞[樂觀]；驕傲自滿：He's *kidding himself* if he thinks he can learn it in a day. 如果他以爲一天就能夠學會的話，那他想得太天眞了。**b** 〔十受十介十(代)名〕(半開玩笑地)騙〈人〉使〔成⋯的狀態〕〔*into*〕：He *kidded* me ***into*** think*ing* he was telling the truth. 他騙我使我以爲他在說實話。
—*v.i.* **1** 戲弄，捉弄；開玩笑：You're *kidding*! 你在開玩笑吧！/No *kidding*! 並非開玩笑，我是當眞；我才不信呢。**2** 〔十副〕《美口語》戲弄〈*around*〉. **kíd·der** *n.*
kid·dy, kid·die [ˈkɪdɪ; ˈkidi] *n.* Ⓒ **1** 小山羊。**2** 《口語》小孩。
kíd glóve *n.* Ⓒ[常 ～s] 小羊皮手套，羔皮手套。
hándle [**tréat**] **... with kíd glóves** ⇨glove.
kíd-glòve *adj.* [用在名詞前] 過分講究的，過分斯文的。
kid·nap [ˈkɪdnæp; ˈkidnæp] 《kid[1] 和 nap (攫，nab 的變體)的混合語》—*v.t.* (**kid·naped**, 《英》**-napped**; **kid·nap·ing**, 《英》**-napping**) 誘拐〈小孩等〉；(爲了獲得贖金等而)綁架；勒贖〈人〉。
kíd·nap·er, 《英》**kíd·nap·per** *n.*
kíd·nàp·(p)ing *n.* Ⓤ誘拐；綁架。
kid·ney [ˈkɪdnɪ; ˈkidni] *n.* **1** Ⓒ **a** 《解剖》腎臟。**b** (當食品的牛、羊、豬等的)腎臟。**2** [用單數]《文語》氣質，種類，型(type)：a man of that [this] ～ 那種[這種]脾氣的人/a man of the right ～ 脾氣好的人。
kídney bèan *n.* Ⓒ菜豆。
kídney machìne *n.* Ⓒ人工腎臟。
kídney-shàped *adj.* 腎臟形的，菜豆形的。
kídney stòne *n.* Ⓒ腎臟結石。
kid·ol·o·gy [kɪdˋalədʒɪ; kidˈɔlədʒi] *n.* Ⓤ兒童心理學。
kíd·skìn *n.* Ⓤ小山羊皮，羔(羊)皮。
Kiel [kil; ki:l] *n.* 基爾《西德北部一海港》。
Kier·ke·gaard [ˈkɪrkə͵gard; ˈkiəkəga:d], **Sören** [ˈsœrən; ˈsə:rən] *n.* 祈克果《1813–1855；丹麥哲學家及神學家》。
Ki·ev [kiˋɛv, ˋkiɛv; ˈki:ev] *n.* 基輔《蘇聯烏克蘭共和國(the Ukraine)首都》。
kike [kaɪk; kaik] *n.* Ⓒ《美俚》《輕蔑》猶太人。
Kil·i·man·ja·ro [͵kɪləmənˋdʒaro; ͵kilimənˈdʒa:rou], **Mount** *n.* 吉力馬札羅山《坦尙尼亞(Tanzania)北部的火山；爲非洲最高峯(5895 公尺)》。
‡**kill** [kɪl; kil] *v.t.* 〔十受〕**1 a** 殺〈人〉，置⋯於死地：～ animals 宰殺動物/He was ～*ed* in the war. 他死於戰爭。

> **【同義字】** kill 是表示把人或動植物「殺死、使枯死」的一般用語；murder 指非法而有計畫地殺人；massacre 指大量地屠殺；assassinate 是爲政治理由而暗殺。

b [～one*self*] 自殺；(勞累過度而)縮短壽命。**c** 〈霜等〉使〈植物〉枯死：The frost ～*ed* the buds. 霜使嫩芽枯萎了。
2 a 削減〈病、風等〉的勁勢，鎭[止]⋯：～ the pain *with* a drug 以藥鎭痛。**b** 削弱⋯的效果；中和〈色彩等〉：That scarlet curtain ～*ed* the room. 那深紅色窗簾抵消了房間的色彩效果/The trumpets ～ the strings. 小喇叭聲掩蓋了弦樂器聲。**c** 消滅，破壞〈愛情、希望等〉；糟蹋〈機會等〉：～ a person's hopes 使某人的希望破滅/～one's affection 扼殺愛情。
3 消磨〈時間〉：～time 消遣。
4 a 否決[阻攔，擱置]〈議案、提議等〉。**b** 《美》取消[删去]〈新聞的報導等〉。**c** 《印刷》删除⋯。
5 a 停止〈引擎等〉。**b** 熄滅〈照明等〉。**c** 消〈音〉。
6 《口語》**a** 〈服裝、儀態、眼神等〉使〈人〉神魂顚倒[心蕩神馳]。**b** 〈滑稽的話等〉使〈人〉覺得好笑。**c** 〈病痛部位等〉給與〈人〉很大的苦痛[折磨]：My feet are ～*ing* me. 我的脚疼死我了！**d** 使〈人〉筋疲力竭。**e** [用於否定句]〈行爲等〉令〈人〉(不)能忍，(不會)使〈人〉受不了：It wo*n't* ～ me. 這種事還難不倒我[這種事對我不算什麼]。
7 《俚》喝[吃]光〈飲料[食物]〉；使〈酒瓶〉成空。
8 《網球》殺〈球〉過去使對方無法回球。
9 《足球》停住〈球〉。
—*v.i.* **1 a** 殺，殺人：Thou shalt not ～. 不可殺人《★出自聖經「出埃及記」》。**b** 〈植物〉枯死。
2 《口語》令人神魂顚倒[傾倒](cf. killing *adj.* 3 b)：She was dressed [got up] to ～. 她打扮得令人神魂顚倒。
3 [與 well 等狀態副詞連用]〈牛、豬等〉適合宰殺：Pigs do not ～ well [Pigs ～ badly] at that age. 長到那麼大的豬宰下的肉不好[不多]。
kíll óff 《*vt adv*》滅絕，殺死〈許多的人、動物等〉；破壞〈計畫〉：The insecticide will ～ *off* the insect pests. 這殺蟲劑可消滅害蟲。
kíll or cúre 不管三七二十一；不管是生或是死。
kíll a person **with kíndness** 愛之適足以害之；過分的好心反害其人。
—*n.* **1** [the ～] (狩獵時)射中。**2** [用單數] (狩獵的)獵獲物。
be ín at the kíll (1)獵獲物被宰殺時在現場。(2)親眼看到最後。
Kil·lar·ney [kɪlˋlarnɪ; kɪˈla:ni], **Lakes of** *n.* [the ～] 基拉尼三湖泊《位於愛爾蘭基拉尼(Killarney)附近的三個美麗湖泊》。
kill·deer [ˈkɪl͵dɪr; ˈkildiə] *n.* Ⓒ《動物》雙胸斑沙鴴《北美所產鴴科濱鳥，鳴聲嘹亮》。
kíll·er *n.* Ⓒ**1** 殺生者，殺人者；職業殺手：⇨humane killer.
2 [常～s]《口語》供屠宰用的動物。
3 (又作 **kíller whàle**)《動物》虎鯨；逆戟鯨。
kíll·ing *adj.* **1** 殺害的，致死的；使⋯枯死的：～ power 殺傷力/a ～ frost 使植物枯死的霜。
2 拚命的，要命的；累死人的：I rode at a ～ pace. 我拚命地快馬加鞭奔馳。
3 《口語》**a** 笑死人的：a ～ story 笑死人的故事。**b** 令人銷魂[傾倒]的：Jane looked ～ in gray. 珍穿着灰色衣服，眞是迷人。

K

—*n.* **1** Ⓤ殺害；屠殺。**2** [**a** ～]《口語》大賺錢：make *a* ～ *in* stocks 做股票生意大賺一筆。

kíll·ing·ly *adv.*《口語》**1** 令人無法忍受地，…得要死。**2** 令人傾倒地。**3** 惱人地。

kíll·jòy *n.* Ⓒ掃興的人；煞風景(的人)。

kiln [kɪl, kɪln; kiln] *n.* Ⓒ(用以燒磚瓦或烘乾蛇麻子等的)窰；爐：a brick [lime] ～ 磚[石灰]窰/a hop ～ 蛇麻子烘乾爐。

kiln-dry [ˈkɪlˌdraɪ; ˈkildrai] *v.t.* 把…置於窰中烘乾。

ki·lo** [ˈkɪlo, ˈki-; ˈkiːlou] **《kilogram, kilometer 的簡稱》—*n. Ⓒ(*pl.* ～s)公斤；公里。

ki·lo- [kɪlə-; kilə-] [複合用詞]「一千」之意(⇨metric system【說明】)。

kílo·càlorie *n.* Ⓒ大卡《1000 卡》。

kílo·cỳcle *n.* Ⓒ《電學》千週《週波數的單位；略作 kc.；★比較 現用千赫(kilohertz)》。

‡ki·lo·gram,《英》**ki·lo·gramme** [ˈkɪləˌgræm; ˈkiləgræm] *n.* Ⓒ公斤《十進制的重量單位；＝1000 克(grams)；略作 kg., kg》。

kílogram càlorie *n.* ＝calorie b.

kílo·hèrtz *n.* Ⓒ(*pl.* ～)《電學》千赫《週波數的單位；＝1000 赫(hertz)；略作 kHz》。

kílo·lìter,《英》**kílo·lìtre** *n.* Ⓒ公秉《十進制的容量單位；＝1000 公升(liters)；略作 kl.》。

‡ki·lo·me·ter,《英》**ki·lo·me·tre** [ˈkɪləˌmitɚ; ˈkiləˌmiːtə] *n.* Ⓒ公里《十進制的長度單位；＝1000公尺(meters)；略作 km.》。

kílo·tòn *n.* Ⓒ1000 噸；千噸《相當於一千噸黃色炸藥(TNT)的原子彈或氫彈之爆破力；略作 kt.》。

kílo·wàtt *n.* Ⓒ《電學》瓩《電力單位；＝1000 瓦特(watts)；略作 kW》。

kílowatt-hóur *n.* Ⓒ《電學》瓩時《能量、電力量單位，俗稱「度」；略作 kWh》。

kilt [kɪlt; kilt] *n.* Ⓒ **1** (蘇格蘭高地男子、軍人所穿的)格子褶裙。

【說明】指蘇格蘭(Scotland)高地的人所穿的縱褶短裙(skirt). 通常用粗糙的棋盤格花紋布製成，前方掛有皮袋(sporran). 女性固然穿，男性也穿。各氏族有不同的花樣，在各種儀式中，穿着這種 kilt 以顯耀自己的宗族、民族以及國家的傳統特色。布料既厚且重，有很多褶，又是毛料，所以很能禦寒。

2 (蘇格蘭式的)格子褶裙。

—*v.t.* **1** 爲〈裙子〉打褶。**2**《蘇格蘭》撩[捋]起〈裙子的下襬〉。

kílt·ed *adj.* **1** 穿褶疊短裙的。**2** 〈裙子〉打褶的。

kil·ter [ˈkɪltɚ; ˈkiltə] *n.* Ⓤ《美口語》(身心等的)良好狀態《★ 常用於下列片語》：out of ～ 情況不佳。

kilt 1

Kim·ber·ley [ˈkɪmbɚlɪ; ˈkimbəli] *n.* 慶伯利《南非共和國中部一城市，以產鑽石聞名》。

Kim·ber·ly [ˈkɪmbɚlɪ; ˈkimbəli] *n.* 金芭莉《女子名》。

ki·mo·no [kəˈmonə, -no; kiˈmounou] **《源自日語》—*n.*** Ⓒ(*pl.* ～s) **1** (日本的)衣服，(尤指婦女、幼兒的)和服。**2** (仿日本和服的)婦女、幼兒用長袍。

kimono 2

kin [kɪn; kin] **《源自古英語「種族」之義》—*n.*** Ⓤ[集合稱]家族；親戚(relatives)：⇨ KITH and kin/be no kin to... 與…沒有親戚關係/We are ～ *to* the President. 我們和總統是親戚。

néar of kín 近親。

néxt of kín (*pl.* ～)(1)[當複數用]最近親。(2)[常 **the** ～]《法律》最近親《無遺言死亡時繼承財產的親屬》。

of kín (1)(與…)有親屬關係的〔*to*〕. (2)(與…)性質類似的〔*to*〕.

—*adj.* [不用在名詞前]〔十介十(代)名〕〔與…〕有親屬關係的；性質類似的〔*to*〕：He is (not) ～ *to* me. 他是[不是]我的親戚。

-kin [-kɪn; -kin] 字尾《口語》小…：lamb*kin*；Sim*kin*(＜Simon, Samuel)。

‡kind[1] [kaɪnd; kaind] **《源自古英語「隨本性」之義》—*adj.*** (～·er；～·est)**1 a** 〈人、行爲、心地等〉**親切的，**溫柔的，體貼的，和藹的，慈愛的：a ～ gentleman 親切的紳士/Would you be ～ *enough to* write [be *so* ～ *as to* write] this letter for me? 請你幫我寫這封信好嗎？**b** [不用在名詞前]〔十介十(代)名〕〔對人〕親切的〔*to*〕：You were very ～ *to* us. 你們對我們很好。**c** [不用在名詞前]〔十 *of*十(代)名(十 *to* do)/十*to* do〕〔人〕〈做…〉(實在是)好心的；〈人〉(實在是)好心的〈竟…〉：It is very [so] ～ *of* you [You are very ～] *to* lend me the book. 你把這本書借給我實在太好了/That's ～ *of* you. 你眞好《★ 省略 *to* do 的口語說法》。

2 [用於書信等]由衷的(cordial)：Give my ～ regards to your brother. 請代向令兄問候/with ～ regards 謹致問候之意《用於信尾》。

‡kind[2] [kaɪnd; kaind] **《源自古英語「種類，性質」之義》—*n.*** **1 a** Ⓒ**種類**(sort)〔*of*〕：a ～ *of* apple [metal] 一種蘋果[金屬](⇨a KIND[2] of/a new ～ *of* lighter 一種新式的打火機/this [that] ～ *of* book＝a book *of* this [that] ～ 這種[那種]書/this ～ *of* metal＝metal *of* this ～ 這種金屬/This ～ *of* book is rare.＝Books *of* this ～ are rare.＝《口語》These ～ *of* books are rare. 這類[這樣的]書不多見《★用法 These ～ of.... 也有人認爲不妥》/all [different, many] ～*s of* people 各式各樣[許多種類]的人/These ～*s of* books are valuable.＝Books *of* these ～*s* are valuable. 這幾種書有價值/What ～ *of* (a) man is he? 他是怎樣的人呢？《★用法 在 ～ *of* 後的單數Ⓒ前面加 a(n)是口語的用法，多帶有感情色彩》/What ～(*s*) *of* trees are these? 這些是哪一(幾)種類的樹？《★用法 說話者認爲同一種類時用 kind, 認爲有兩種以上的樹木時用 kinds》/It wasn't anything *of* that ～. 這根本不是那回事/I'll do nothing *of* that ～. 我絕不做那種事/I wanted something *of* the ～. 我要那一類的東西。

b [**the** ～；與關係子句或 *to* do 連用](會做…的)那種(的人)：He is not *the* ～ *of* person *to* do [*who* does] things by halves. 他不是做事祇做一半[半途而廢]的(那種)人。

c [**a person's** ～]合於(某人)性情的人：She is not my ～. 她與我性情不合。

2 Ⓒ(動植物等的)類，族，種，屬：the cat ～ 貓屬/⇨mankind 1.

3 Ⓤ本質，性質：The two differ *in* ～, not in degree. 兩者性質不同，而非程度不同。

4 Ⓒ《基督教》聖餐中的一樣《麵包或葡萄酒》。

a kind of (1)⇨1 a. (2)大致稱得上…[與…近似]的(cf. KIND[2] of, of a KIND[2])：*a* ～ *of* gentleman 大致稱得上[也算]是個紳士。

áll kinds of... (1)⇨1 a. (2)數目[量]很多的…(many, much)：*all* ～*s of* money 很多的錢。

fíve of a kínd (撲克牌的)四張同號碼牌加一張 wild card 的一手牌(⇨poker[2]【說明】)。

fóur of a kínd (撲克牌的)四張同號碼牌的一手牌(⇨poker[2]【說明】)。

in a kínd 或多或少，有幾分；說起來。

in kínd (1)本質上，實質上(cf. 3). (2)以貨[實物](代錢)：payment *in* ～ 以實物支付/an allowance *in* ～ 實物津貼。(3)〈回報等〉以同種的事物，同樣地：I repaid his insult *in* ～. 我以侮辱回報他的侮辱。

kínd of《口語》[當副詞用在形容詞、動詞前]差不多，大致上，有幾分，有一點《★用法 尤其在美國語法中依其讀音寫成 kind o', kind a', kinda, kinder, 通常與形容詞連用，有時與動詞連用；cf. SORT of》：It's ～ *of* good. 大致上還好/I ～ *of* expected it. 我多少預料到/It's ～ *of* unlikely. 大致上不可能。

of a kínd (1)同種的，同類的：all *of a* ～ 全都一樣。(2)《輕蔑》(那樣也算是)一種的，虛有其名的，有疑問的，差的(cf. a KIND[2] of)：gentleman *of a* ～ 也算是個紳士/coffee *of a* ～ 不好喝[品質差]的咖啡。

thrée of a kínd (撲克牌的)三張同號碼牌的一手牌(⇨poker[2]【說明】)。

「⇨ KIND[2] of.」

kind·a [ˈkaɪndə; ˈkaində], **kind·er** [ˈkaɪndɚ; ˈkaində] *adv.*

kin·der·gar·ten [ˈkɪndɚˌgartn̩; ˈkindəˌgaːtn] **《源自德語》—*n.*** Ⓤ[指設施時爲Ⓒ](美國的)幼稚園《cf. nursery school, infant school；★用法比照 school(學校)》。

【字源】kinder 是德語「小孩」之義，相當於英語的 children. garten 是德語「庭園」之義，相當於英語的 garden. 德國著名的教育學家佛勒貝爾(Froebel)把自己所開設的幼稚園稱爲 kindergarten, 後來英語也使用此字。

【說明】在美國，有爲三至四歲的小孩而設的托兒所(nursery school)和爲四至五歲的小孩而設的幼稚園，教育期間爲一至二年。公立者多附設於小學。英美幼稚園的教育內容大致和我國相同，但特別重視在公衆面前說話能力的提早訓練。

kin·der·gart·ner, kin·der·gar·ten·er [ˈkɪndɚˌgartnɚ; ˈkindəˌgaːtnə] *n.* Ⓒ **1** 幼稚園的教員[保姆]。**2**《美》幼稚園園童。

kínd·héarted *adj.* 〈人、行爲〉親切的，慈祥的，心腸好的(kindly).
～·ly *adv.* ～·ness *n.*

kin·dle [ˈkɪndl̩; ˈkindl] *v.t.* **1** 〔十受(十介十(代)名)〕**a**〔用…〕點燃[點著]〈柴薪〉〔*with*〕：～ twigs [a fire] *with* a match 用火柴點燃小樹枝[點火]/The sparks ～*d* the paper. 火花點燃了紙。**b** 〔十受〕使…明亮，使…發紅光：The rising sun ～*d* the castle. 旭日照紅了城堡。

K

2 a 〔十受〕激起〈熱情等〉；引起〈興趣等〉：The lecturer ~*d* my interest. 那演講者引起了我的興趣。**b** 〔受十介十(代)名〕煽動[鼓舞]〈人〉[使致…]〔*to*〕：That ~*d* him ***to*** courage. 那件事使他產生了勇氣。**c** 〔十受十 *to* do〕煽動[鼓舞]〈人〉〈使做…〉：~ a person *to* undertake the work 鼓勵人接下這件工作。
—*v.i.* 1 〔動(十副)〕着火，燃燒，燒起〈*up*〉：The dry wood ~*d* ***up*** quickly. 乾燥的木頭很快地燒起來。
2 〔動(十介十(代)名)〕〈臉等〉[因…而]容光煥發；發紅；閃爍；興奮，激昂〔*with*〕：The young man's face ~*d* as he talked about his adventure. 談到他的奇遇時那年輕人的臉上露出興奮的神色/Her eyes ~*d* ***with*** curiosity. 她的眼睛因好奇而閃亮。

kínd·li·ness *n.* **1 a** Ⓤ親切，溫情。**b** Ⓒ親切的行爲。
2 Ⓤ(氣候的)溫和。

kín·dling *n.* Ⓤ **1** 點火，點燃。**2** 興奮。**3** 引火用的易燃物，(又作 **kíndling wòod**)引火木柴。

kind·ly [ˈkaɪndlɪ; ˈkaindli] *adj.* (**kind·li·er**；**-li·est**)**1** [用在名詞前](對於晚輩或下屬等)**親切的**〈人〉；和藹[慈祥]的〈言行〉：a ~smile 和藹的微笑/He gave the boy ~ advice. 他給那男孩親切的勸告。
2 〈氣候、環境等〉宜人的，爽快的。
3 [不用在名詞前]〔十介十(代)名〕〈土地等〉適合〔…〕的〔*for*〕.
—*adv.* (**kind·li·er**；**-i·est**)**1** 親切地，懇切地，慈祥地，和藹地：Speak ~ to children. 對小孩說話要和藹可親/He treated me ~. 他溫存地待我/She ~ helped me.她親切地幫了我的忙。
2 請(惠予…)：Will [Would] you ~ shut the door? 請把門關上好嗎？/Would you ~ stop talking! 請不要說話！(《★ 常較 please 帶有諷刺》)/*K~* fill out [in] the form. 請塡寫表格。
3 欣然，由衷地：I took his advice ~. 我欣然接受[善意地解釋]了他的忠告/Thank you ~. 我衷心感謝你/I would take it ~ if you would post this letter. 要是你肯寄這封信，我將十分感激。
tàke kíndly to... [常用於否定句](自然)喜歡…，適應…：He did*n't take* ~ *to* his new surroundings. 他不能適應新環境。

***kind·ness** [ˈkaɪndnɪs; ˈkaindnis] *n.* **1 a** Ⓤ**親切，仁慈，和藹；體貼**：~ of heart 好心腸/Thank you for your ~. 謝謝你的好意[親切接待]。**b** 〔十*to* do〕[**the** ~]〈做…的〉親切：Would you have [《英》do me] *the* ~ *to* pull up the window? 請你把窗戶拉上好嗎？(《★ [比較] 這是拘泥的說法，be kind enough *to* do 較爲普遍》)。**2** Ⓒ**親切的行爲**：Will you do me a ~? 請你幫我一個忙好嗎？/He has done [shown] me many ~*es*. 他幫了我很多忙。
òut of kíndness (不是爲利害而是)出於好心。

kin·dred [ˈkɪndrɪd, -əd; ˈkindrid]《源自中古英語「親戚(kin)的狀態」之義》**—*n.*** Ⓤ **1 家族關係**，血族關係(kinship)：claim ~ *with* ... 聲稱與…有親戚關係。**2** [集合稱；當複數用]家族，親屬，親戚(relatives)：All (of) his ~ are dead. 他的親屬都已死亡。
—*adj.* [用在名詞前](無比較級、最高級)**1** 同宗的，同族的。**2 a** 同一性質的：a ~ spirit 志同道合[志趣相同]的人。**b** 同源的，同類的。

kine [kaɪn; kain] *n.* 《古·詩》**cow**[1] 的複數。

kin·e·ma [ˈkɪnəmə; ˈkinimə] *n.* 《英》＝cinema.

kin·e·mat·ic [ˌkɪnəˈmætɪk; ˌkiniˈmætik] *adj.* 《物理》運動(學)的，運動學上的。

kìn·e·mát·i·cal [-tɪkl; -tikl] *adj.* ＝kinematic.

kin·e·mat·ics [ˌkɪnəˈmætɪks; ˌkiniˈmætiks] *n.* Ⓤ《物理》運動學《研究運動之幾何學性質的一種學科》。

kin·e·mat·o·graph [ˌkɪnəˈmætəˌgræf; ˌkiniˈmætəgrɑ:f] *n.* 《英》＝cinematograph.

kin·e·scope [ˈkɪnəˌskop, ˌkaɪ-; ˈkiniskoup] *n.* Ⓒ《美》《電視》光電收像器《一種影像放映眞空管》；光電收像電影。

ki·ne·sics [kɪˈnisɪks, kaɪ-; kiˈni:siks] *n.* Ⓤ《心理·語言》身勢學《對動作、姿勢、表情等的研究，尤指用作溝通者》。

ki·net·ic [kɪˈnɛtɪk, kaɪ-; kaiˈnetik] *adj.* **1** 運動(學上)的：~ art 動態藝術/~ energy《物理》動能。**2** 活動的，動的(dynamic).

ki·net·ics [kɪˈnɛtɪks, kaɪ-; kaiˈnetiks] *n.* Ⓤ《物理》動力學《研究物體在運動狀態之物理因果關係的一種學科；cf. statics》.

kín·fòlk *n.* 《美口語》＝kinsfolk.

‡king [kɪŋ; kiŋ] *n.* **1** [有時K~] Ⓒ**王，國王，君主**：the *K~* of Sweden 瑞典國王/*K~* George VI 國王喬治六世(《★ [讀法] 讀作 King George the sixth》)/He became ~ (of England) in 1936. 他在 1936 年成爲(英國)國王/*King's* weather⇨weather 1.
2 Ⓒ《口語》(某界的)鉅子；…大王(cf. lord 5)：a railroad [railway] ~ 鐵路大王/an oil ~ 石油大王。
3 Ⓒ[常 **the** ~]被比喻爲王的動物[植物(等)]〔*of*〕：*the* ~ *of* beasts 百獸之王《獅子》/*the* ~ *of* birds 鳥類之王《鷲》/*the* ~ *of* fish 魚類之王《鮭》/*the* ~ *of* the forest 森林之王《橡樹》/*the* ~ *of* the jungle 叢林之王《老虎》/*the* uncrowned ~ *of* golf 高爾夫界的無冕之王。
4 Ⓒ《紙牌》老 K：the ~ of spades 黑桃 K。
5 Ⓒ《西洋棋》王，將，帥《★ 可自由地向任何方向進一格》：check the ~ 將軍。
6 [Kings；當單數用]《聖經》列王紀(The First [Second] Book of Kings)《聖經舊約中一書；由上下二書組成》。
the Kíng of Árms (英國)紋章院(the College of Arms)院長。
the Kíng of Héaven 上帝(God).
the Kíng of Kíngs (1)上帝；耶穌基督，萬王之王。(2)王者中之王者，皇帝《古代東方諸國君王的稱號》。
the Kíng of Térrors 《聖經》死神(Death).
the Kíng of the Cástle (1)山大王遊戲《互相把他人從小土堆或沙堆上推下而自己佔據山頭稱王的一種兒童遊戲》。(2)[**(the) k~ of the c~**]組織[團體]中的最重要[中心]人物。
—*v.t.* 〔十受(十介十(代)名)〕[常 ~ **it**]君臨〔…〕；〔對…〕舉止高傲如國王，稱王稱霸，發號施令〔*over*〕.

King [kɪŋ; kiŋ], **Martin Luther, Jr.** *n.* 金恩《1929–68；美國黑人民權運動領袖；1964 年獲諾貝爾和平獎；於 1968 年遇刺身亡》。

kíng·bìrd *n.* Ⓒ《鳥》**1** (北美產)王風鳥。**2** 極樂鳥的一種。

kíng·bòlt *n.* Ⓒ《機械》中心銷；轉向軸銷。

kíng cóbra *n.* Ⓒ《動物》眼鏡王蛇《一種原產於東南亞和東印度的世界最大毒蛇》。

kíng cráb *n.* Ⓒ《動物》**1** 鱟(horseshoe crab). **2** 阿拉斯加大螃蟹《產於阿拉斯加和日本》。

king·craft [ˈkɪŋˌkræft; ˈkiŋkrɑ:ft] *n.* Ⓤ王政，王道。

kíng·cùp *n.* 《植物》**1** ＝buttercup. **2** 《英》＝marsh marigold.

***king·dom** [ˈkɪŋdəm; ˈkiŋdəm] *n.* **1** Ⓒ(由國王[女王]所統治的)**王國** (cf. queendom)：the *K~* of England 英格蘭王國/⇨United Kingdom. **2** [**the** ~, **thy** ~]《基督教》神的國：*the* ~ of heaven [God] 神的國，天國/*Thy* ~ come. 願神國來到《★ 引自聖經「馬太福音」》。**3** Ⓒ《生物》(動、植物分類上的)界(cf. classificaton 1 b)：the animal [plant, mineral] ~ 動[植，礦]物界。**4** Ⓒ **a** 所支配的地方。**b** (學問、藝術等的)世界，領域：the ~ of science 科學界。
còme into one's **kíngdom** 獲得權力[勢力]；〈婦女〉有魅力。

kíngdom cóme *n.* Ⓤ《口語》來世，天國：gone to ~ 死/blow [send] a person to ~ (用爆炸物、暴力)殺人。

kíng·fìsher *n.* Ⓒ《鳥》魚狗；翠鳥《一種羽毛美麗的水鳥；愛啄食魚》。

kingfisher

Kíng Hóliday *n.* (美國的)金恩紀念日《紀念金恩(Martin Luther King, Jr.)的日子；爲一月的第三個星期一；自 1986 年起實施》。

Kìng Jámes Vérsion [Bíble] *n.* [**the** ~]＝Authorized Version.

Kíng Kóng [-ˈkaŋ; -ˈkɔŋ] *n.* 大金剛《在美國科學幻想小說中出現的大猩猩》。

Kíng Léar [-ˈlɪr; -ˈliə] *n.* 李爾王《莎士比亞(Shakespeare)所著四大悲劇之一及其主角》。

king·let [ˈkɪŋlɪt; ˈkiŋlit] *n.* Ⓒ**1** 小王，小國之王[君主]。**2** 《鳥》戴菊鳥。

kíng·lìke *adj.* 似國王的。
—*adv.* 《詩》似國王地。

kíng·ly *adj.* (**king·li·er**；**-li·est**)**1** 王的，王者的。**2** [用在名詞前]適於君王的；國王似的；高貴的(cf. queenly).

kíng·màker *n.* Ⓒ **1** 擁立國王者。**2** (參與政府要員人事安排等的)政界實力人物；有權使候選人當選的人。

kíng·pìn *n.* Ⓒ **1** 《保齡球》主球瓶，(或)五號瓶。**2** 中心人物，首領，頭目。

kíng pòst *n.* Ⓒ《建築》桁架中柱(⇨beam 插圖)。

Kings [kɪŋz; kiŋz] *n.* ⇨king 6.

kíng sàlmon *n.* Ⓒ《魚》大鱗鮭魚《北太平洋產的一種最大的鮭魚》。

Kíng's Bénch *n.* [**the** ~]《英國法律》王座法庭《高等法院(the High Court of Justice)的一個部門》。

Kíng's Cóunsel *n.* Ⓒ(*pl.* ~)《英》王室法律顧問《略作 K.C.》《★ 由女王統治時稱爲 Queen's Counsel》.

Kíng's Énglish *n.* [**the** ~]標準英語《★由女王統治時稱爲 Queen's English》.

kíng's évil 《因古時相信經國王觸摸即可痊癒而得名》**—*n.*** [**the** ~；**the K~ E~**]《古》瘰癧(scrofula)《一種淋巴腺疾病》。

kíng·shìp *n.* Ⓤ**1** 國王的身份[地位]；王位，王權。**2** 王的尊嚴；王的統治。

kíng-sìze, kíng-sìzed *adj.* [用在名詞前]《口語》特大的：**1** 較一般爲長[大，多]的；特大的：a ~ cigarette 特大號[特長]的香烟。**2** 最大型的〈牀〉(cf. queen-size).

K

kíng's ránsom *n.* Ⓒ大量的金錢；高價：The painting was sold *for* a ～.那張畫賣了高價。

kíng's wéather *n.* Ⓤ《英口語》大好的天氣。

kink [kɪŋk; kiŋk] *n.* Ⓒ **1** (線、繩、頭髮、鍊等的)扭結；纏絡；糾纏：a ～ *in* a rope 繩子的扭結。**2**《口語》**a** (性格的)彆扭，乖僻。**b** 反覆無常。**3** (肌肉的)痙攣，抽筋。**4** (計畫等的)缺陷；困難。
—*v.i.* 〔動(＋副)〕〈繩索等〉(嚴重地)絞纏，扭結〈*up*〉.
—*v.t.* 〔＋受(＋副)〕使〈繩索等〉(嚴重地)絞纏，使…扭結〈*up*〉.

kink·y [ˈkɪŋkɪ; ˈkiŋki] «kink 的形容詞»—*adj.* (**kink·i·er**; **-i·est**) **1 a** 扭結的。**b** 〈頭髮〉捲縮的。**2**《口語》**a** 〈性格、行動等〉古怪的，乖僻的；反覆無常的。**b** 變態的，性倒錯的。

-kins [-kɪnz; -kinz] 字尾 ＝-kin.

kíns·fòlk *n.* [集合稱；當複數用]親戚，血族《★用法《美口語》又作 ～s》。

kín·ship *n.* Ⓤ[又作 a ～] **1** 親戚關係，血族關係。**2** (性質等的)類似，近似。

kins·man [ˈkɪnzmən; ˈkinzmən] *n.* Ⓒ (*pl.* **-men** [-mən; -mən])《古》親屬，親戚《指男性》。

kíns·wòman *n.* Ⓒ(*pl.* **-women**)《古》親屬，親戚《女》。

ki·osk [kɪˈɑsk, ˈkaɪɑsk; ˈki:ɔsk] «源自土耳其語»—*n.* Ⓒ**1** (土耳其等的)涼亭。**2** 土耳其涼亭式的簡單建築《在車站前、廣場、公園等賣報章雜誌、香烟等的小亭》。**3**《英》公共電話亭。

kip[1] [kɪp; kip] *n.* **1** Ⓒ小獸皮《牛犢、羔羊等的生皮》。**2** Ⓤ小獸鞣皮。

kip[2] [kɪp; kip] *n.* **1** Ⓤ[又作 a ～]《口語》睡眠：have *a* ～ 睡一覺。**2** Ⓒ《俚》廉價旅館，客棧；牀。
—*v.i.* (**kipped**; **kip·ping**)《口語》**1** 睡。**2** 〔動(＋副)〕躺下(睡覺)〈*down*〉.
kíp óut《*vi adv*》在戶外睡，露宿。

Kip·ling [ˈkɪplɪŋ; ˈkipliŋ], **Rud·yard** [ˈrʌdjəd; ˈrʌdjəd] *n.* 吉普林《1865–1936；英國作家、詩人》。

kip·per [ˈkɪpɚ; ˈkipə] *n.* **1** Ⓒ[當作菜名時爲Ⓤ]燻鯡魚《★剖開後鹽醃而燻製的鯡魚，英國人常在早餐時食用的菜餚之一；cf. bloater》。**2** Ⓒ(產卵期或產卵後的)雄鮭[鱒魚]。
—*v.t.* 把〈鮭魚、鯡魚等〉鹽醃而燻製《★常以過去分詞當形容詞用》：a ～*ed* herring 燻鯡魚。

Ki·ri·bati [ˌkɪrɪˈbɑtɪ, ˈkɪrəˌbæs; ˌki:riˈbɑ:ti] *n.* 吉里巴斯《太平洋中西部的一個共和國；首都塔拉瓦 (Tarawa [təˈrɑwə; təˈrɑ:wə])》.

kirk [kɝk; kə:k] *n.* Ⓒ《蘇格蘭・北英》教會(church).
the Kírk (of Scótland) 蘇格蘭教會。

kirsch [kɪrʃ; kiəʃ] «源自德語「櫻桃」之義»—*n.* Ⓤ[指個體或種類時爲Ⓒ]櫻桃酒《德國產櫻桃白蘭地》。

kirsch·was·ser [ˈkɪrʃˌvɑsɚ; ˈkiəʃˌvɑ:sə] «源自德語»—*n.* Ⓤ櫻桃酒。

kir·tle [ˈkɝtl; ˈkə:tl] *n.* Ⓒ《古》**1** (女用)長袍；短裙。**2** 男用短上衣。

kis·met [ˈkɪzmet; ˈkizmet] «源自土耳其語»—*n.* [有時 **K～**] Ⓤ《文語》天命，命運(destiny).

‡**kiss** [kɪs; kis] *n.* Ⓒ**1** 接吻《愛情、問候、致敬等的表徵》：give a ～ to... 給…一個吻，吻…/She gave him a ～ *on* the lips. 她吻了他的唇/blow [throw] a ～ to... 向…抛吻，給…飛吻。
2 a《詩》(微風等的)輕拂。**b**〖撞球〗(球與球的)接觸。
3 (用箔(foil)包的)小糖果：a chocolate ～ 巧克力糖。
the kíss of déath《口語》(乍看親切卻)使人喪命的[危險的]行爲《★源自猶大爲出賣耶穌而吻耶穌》。
the kíss of lífe《英》(1)口對口人工呼吸(法)。(2)起死回生之計策[物]。
—*v.t.* **1 a** 〔＋受〕吻…：～ a person's lips [cheek] 吻某人的唇[頰]。**b** 〔＋受＋介＋名〕吻〈人〉〔身體某部位〕〔*on*〕《★用法在表示身體部位的名詞前加 the》：～ a person *on the* lips [cheek] 吻某人的唇[頰]。**c** 〔＋受＋受〕吻〈某人〉〈道…〉：Father ～*ed* us good-by(e) [good morning]. 父親吻我們道別[道早安]。**2** 〔＋受〕《詩》〈微風、波浪〉輕拂…。—*v.i.* **1** 接吻：～ and be friends 接吻和好。**2**〖撞球〗〈球與球〉接觸。
kíss awáy《*vt adv*》吻去〈眼淚、煩惱、怒氣等〉：She ～*ed away* the child's tears. 她吻孩子使之停止哭泣。
kíss good-bý(e) (1)⇨ *v.t.* 1 c. (2)《口語・諷刺》失掉，放棄：You can ～ your bicycle *good-by(e)* if you don't lock it. 如果你不上鎖，自行車會丟掉。
kíss óff《*vt adv*》(1)吻掉〈對方的口紅等〉：He ～*ed* her lipstick *off.* 他把她(唇上)的口紅吻掉了。(2)《美口語》把〈事物〉想開[當作沒有]。

kiss·a·ble [ˈkɪsəbl; ˈkisəbl] *adj.* (女子)美麗而使人想吻的。

kíss·er *n.* Ⓒ**1** 接吻的人。**2**《俚》嘴；唇；臉。

kíssing cóusin *n.* Ⓒ《美口語》**1** (由於關係親密在相遇時可以接吻的)親戚。**2** 親近的人。

kíssing disèase *n.* ⒸⓊ〖醫〗傳染性單核血球病。

kit[1] [kɪt; kit] *n.* **1** Ⓒ一組工具，(旅行、運動等的)一套用具；工具箱[袋]：a first-aid ～急救箱/a golfing ～ 高爾夫用具。
2 Ⓒ(模型飛機等的)一套組合零件。
3 Ⓤ《英》**a**〖軍〗(武器以外的)裝備。**b** (特定場合的)裝備，服裝：in hunting ～ 穿著一身打獵的服裝。
4 (又作 **kít bàg**)Ⓒ《英》軍人等的行囊。
the whóle kít (and cabóodle)《口語》全部人或東西。
—*v.t.* (**kit·ted**; **kit·ting**)〔＋受＋副(＋介＋(代)名)〕〔以…〕裝備…〈*out, up*〉〔*with*〕.

kit[2] [kɪt; kit] «kitten 之略»— *n.* Ⓒ小貓。

Kit [kɪt; kit] *n.* **1** 克特《男子名；Christopher 的暱稱》。**2** 凱特《女子名；Catherine, Katherine 的暱稱》。

‡**kitch·en** [ˈkɪtʃɪn, -ən; ˈkitʃin] «源自拉丁文「烹調」之義»—*n.* Ⓒ **1** 廚房《★除了用於烹飪之外很多家庭在廚房擺設餐桌當作飯廳，也常用以做燙衣服等家事》。
2 a 烹調[炊事]場所(cuisine). **b** [集合稱]膳務。
—*adj.* [用在名詞前]廚房用的：a ～ chair [table] 廚房用椅

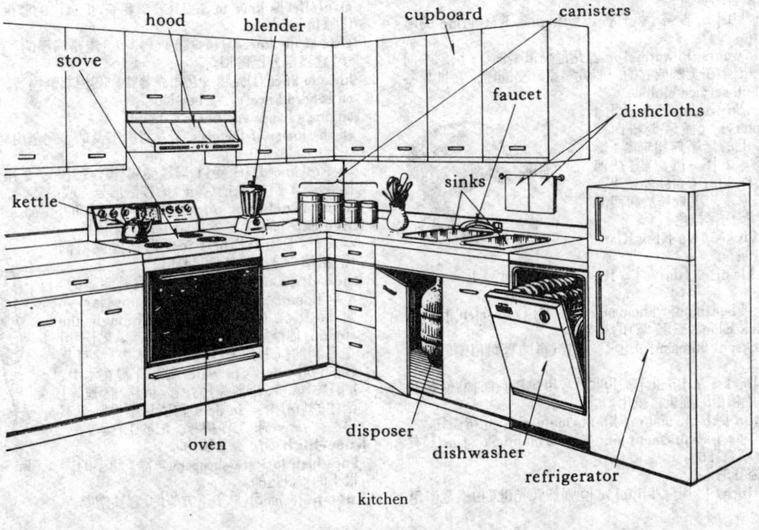

kitchen

[桌]/a ~ knife 菜刀/a ~ stove 廚房[烹調]用爐子。

kítchen càbinet *n.* Ⓒ **1** 廚房內的餐具櫃。**2**《總統等政府首長的》智囊團；「廚房內閣」《美國第七位總統傑克遜(A. Jackson)常約用友於白宮廚房商討施政大計，故云》。

kitch·en·et(te) [ˌkɪtʃɪnˋɛt, -ən-; ˌkitʃiˈnet] *n.* Ⓒ《公寓等的》簡單廚房。

kítchen gàrden *n.* Ⓒ家庭菜圃。

kítchen·màid *n.* Ⓒ燒飯女工，廚師的女助手。

kítchen mìdden *n.* Ⓒ《考古》貝塚。

kítchen políce *n.*〔美軍〕**1** Ⓤ炊事勤務《常被用作對於輕微過錯的處罰；略作 KP》。**2**〔集合稱；當複數用〕炊事(勤務)兵《★作此義解時無複數形》。

kítchen sìnk *n.* Ⓒ廚房清洗槽。

éverything [áll] but the kítchen sìnk《口語・謔》可以想像到的一切。

kítchen-sínk *adj.* [用在名詞前]廚房格調的〈戲劇等〉《尤指描寫 1950–60 年代勞工階級家庭的寫實戲劇、繪畫》。

kítchen·wàre *n.* Ⓤ[集合稱]廚房用具《壺、鍋、罐等》。

kite [kaɪt; kait] *n.* Ⓒ**1** 風箏：draw in a ~收風箏。**2**《鳥》鳶。**3**(像鳶般地)貪婪的人，騙子。**4**《口語》《商》爲借款而開的支票，空頭支票。

flý [sénd úp] a kíte (1)放風箏。(2)《口語》試探民意，試探(輿論等的)反應。

Gó flý a kíte!《美俚》滾開，少廢話！

—*v.i.*《口語》**1** (像鳶一樣)輕快地移動[跑]。**2**《商》用空頭支票弄錢。

—*v.t.*〔十受〕《商》空頭地使用〈支票〉。

kíte ballòon *n.* Ⓒ風箏汽球，繫留汽球《供軍事上觀測之用》。

Kite·mark [ˋkaɪtˌmɑrk; ˈkaitmɑːk] *n.* [the ~]風箏標記《表示符合英國標準協會規定的產品標記》。

the Kitemark

kith [kɪθ; kiθ] *n.* Ⓤ [集合稱]《古》朋友(friends)，熟人(aquaintances)《★常用於下列成語》。

kíth and kín (1)親朋好友。(2)親戚。

kitsch [kɪtʃ; kitʃ] **《源自德語》—***n.* Ⓤ投大衆所好的膚淺的[通俗的]作品，拙劣的作品，沒有價值的作品。

kitsch·y [ˋkɪtʃɪ; ˈkitʃi] *adj.*

***kit·ten** [ˋkɪtn; ˈkitn] *n.* Ⓒ **1** 小貓(⇨ cat 相關用語)。**2** 輕佻的姑娘。

hàve kíttens《口語》心煩意亂，非常興奮。

kít·ten·ish [ˋkɪtnɪʃ; ˈkitniʃ] *adj.* **1** 像小貓的；頑皮的。**2** 輕佻的；嬌媚的，賣弄風情的。

kit·ti·wake [ˋkɪtɪˌwek; ˈkitiweik] *n.* Ⓒ《鳥》三趾鷗。

kit·tle [ˋkɪtl; ˈkitl] *adj.*《蘇格蘭》難應付的；棘手的，無法預測的。

kit·ty[1] [ˋkɪtɪ; ˈkiti] *n.* Ⓒ《兒語》小貓(⇨ cat 相關用語)。

kit·ty[2] [ˋkɪtɪ; ˈkiti] *n.* Ⓒ**1**《紙牌戲》每一次輸贏的賭注總額。**2**《口語》共同集合的資金。

Kit·ty [ˋkɪtɪ; ˈkiti] *n.* 吉蒂《女子名；Catherine, Katherine 的暱稱》。

K

Ki·wa·nis [kəˋwanɪs; kiˈwɑːnis] *n.* 吉瓦尼斯俱樂部《又稱國際同濟會，一九一五年在美國成立的一個實業家社交團體，在世界各地設有分部；cf. service club》。

ki·wi [ˋkiwɪ; ˈkiːwiː, -wi] *n.* Ⓒ **1**《鳥》鷸鴕(apteryx)《僅產於紐西蘭(New Zealand)的無尾無翅走禽；屬小型鴕鳥類》。**2** [K~]《口語》紐西蘭人。**3** (又作 **kíwi frùit**)奇異果，獼猴桃《中國原產，現栽種於紐西蘭的一種水果；果肉呈綠色》。

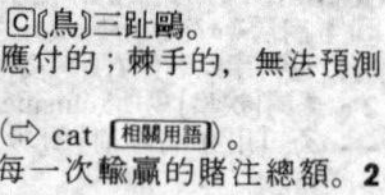

kiwi 1

K.K.K., KKK《略》Ku Klux Klan.

kl.《略》kiloliter(s).

Klan [klæn; klæn] *n.* [the ~] = Ku Klux Klan.

Klans·man [ˋklænzmən; ˈklænzmən] *n.* Ⓒ (*pl.* **-men** [-mən; -mən])Ku Klux Klan (三 K 黨)的黨徒。

Klax·on [ˋklæksən; ˈklæksn] *n.* Ⓒ《商標》汽車的警報用喇叭；高音警報器。

Kleen·ex [ˋklinɛks; ˈkliːneks] *n.* ⓊⒸ[常用單數]《商標》可麗舒《一種可充當手帕用的棉紙，紙巾》。

klep·to·ma·ni·a [ˌklɛptəˋmenɪə; ˌkleptəˈmeiniə] *n.* Ⓤ竊盜狂。

klep·to·ma·ni·ac [ˌklɛptəˋmenɪˌæk; ˈkleptəˈmeiniæk] *adj.* 有竊盜習慣的，竊盜狂的。

—*n.* Ⓒ有竊盜狂的人。

klíeg [kléig] lìght [ˋklig-; ˈkliːg-] *n.* Ⓒ強烈弧光燈《拍攝電影用者》。

KLM [ˋkeˌɛlˋɛm; ˈkeielˈem] **《源自荷蘭語 *K*oninklijike *L*uchtvaart *M*aatschappij》—***n.* 荷蘭航空公司(Royal Dutch Airlines).

Klon·dike [ˋklɑndaɪk; ˈklɔndaik] *n.* [the ~]克隆代克地區《加拿大育空(Yukon)河流域的金礦地》。

kloof [kluf ;kluːf] *n.* Ⓒ《南非的》峽谷。

klutz [klʌts; klʌts] *n.* Ⓒ《美俚》笨頭笨腦的人；笨蛋。

klutz·y [ˋklʌtsɪ; ˈklʌtsi] **《klutz 的形容詞》—***adj.* (**klutz·i·er**; **-i·est**)《美俚》笨拙的，笨頭笨腦的。

km.《略》kilometer(s).

knack [næk; næk] Ⓒ[常用單數]《口語》技巧，竅門〔*of, for*〕：get the ~ 摸到竅門/There is a ~ *in* (*doing*) it. (做)這件事要有點技巧/You can do it when you get the ~ *of* it. 摸到竅門的話你也能做/He has a [the] ~ *of* [*for*] teach*ing* mathematics. 他教數學有點技巧。

knack·er [ˋnækɚ; ˈnækə] *n.* Ⓒ《英》**1** 廢馬屠宰業者。**2** 買廢屋[報廢船]拆解的人，拆屋[拆船]業者。

knack·ered [ˋnækɚd; ˈnækəd] *adj.* [不用在名詞前]《英俚》筋疲力竭的。

knap [næp; næp] *v.t.* & *v.i.* (**knapped**; **knap·ping**) **1** 折斷；搗碎。**2** 敲，打。**3** 咬。

knap·sack [ˋnæpˌsæk; ˈnæpsæk] *n.* Ⓒ背包。

knave [nev; neiv] **《源自古英語「小孩」之義》—***n.* Ⓒ**1**《古》惡棍，無賴。**2**《古》**a** 男童。**b** 僮僕；男僕。**c** 身分低的男人。**3**《紙牌戲》傑克(jack).

knav·er·y [ˋnevərɪ; ˈneivəri] *n.*《古》**1** Ⓤ欺騙；狡猾，奸詐；賊性，惡性。**2** Ⓒ惡行，不正當的行爲。

knáv·ish [-vɪʃ; -viʃ] *adj.* **1** (像)惡棍的，無賴的，狡詐的。**2** 不正當的，可惡的。**~·ly** *adv.*

knead [nid; niːd] *v.t.* **1** **a** 搓，揉〈麵粉、粘土等〉。**b** 捏[揉]製〈麪包、陶器〉。**2** 揉，按摩〈肌肉〉。**3** 磨練〈人格等〉。

knéading tròugh *n.* Ⓒ揉麪槽，揉麵鉢。

‡knee [ni; niː] *n.* Ⓒ **1** **a** (人的)**膝蓋**，膝，膝關節(⇨ lap[1]【同義字】；⇨ body 插圖)：draw up one's ~*s* 彎雙腿豎起膝蓋/fall [go] on a ~ 一隻脚膝蓋著地/rise on the ~*s* 跪立/on one's ~*s* (爲禱告等)跪著/up to the ~*s* in water 在水中水深及膝/He was down on his ~*s*. 他跪著。**b** 膝(cf. lap[1] 1)：hold a child *on* one's ~(*s*) 把孩子放在膝上。**c** (衣褲的)膝部。

2 **a** (動物的)膝，(尤指馬、狗等前脚的)膝蓋(↔ hock). **b** (鳥類的)脛骨。

3 似膝之物：**a** 曲材。**b**《木工・機械》托架，桁架；膝台。

at one's móther's knée 在母親膝下，在孩提時候：I learned it *at* my *mother's* ~. 我小時候跟母親學了這件事。

bénd [bów] the knée to [befòre] ... (1)向…下跪；跪拜…。(2)屈服於…。

brìng a person **to his knées** 使〈人〉屈服。

dróp the knée = fáll [gò (dówn)] on one's knées (1)跪下。(2)屈膝哀求；跪拜。

gíve [óffer] a knée to ... (1)(於拳賽等)把自己的膝供…靠著休息。(2)服侍…。

góne at the knées (1)《口語》(馬、人)走路蹣跚的。(2)《口語》〈褲子〉膝蓋部分已磨損。

knée to knée (1)促膝，互相靠著膝。(2)相鄰緊挨著。

on béndеd knée(s) ⇨ bended.

on one's hánds and knées ⇨hand.

on the knées of the góds (1)人力所不及的；完全由神安排的。(2)未定的。

—*v.t.* (**kneed**)〔十受〕**1** 以膝碰觸[撞，擠]…。**2** 用曲材接合〈木框等〉。**3**《口語》把〈褲子〉的膝蓋部分弄成很寬鬆。

knée brèeches *n. pl.* (在膝蓋下方束緊的)短褲。

knée·càp *n.* Ⓒ**1** 膝蓋骨(patella). **2** 護膝。

—*v.t.* (尤指恐怖份子等做爲報復或處罰而)狙擊〈人〉的膝蓋骨[腿部]。

knée-déep *adj.* **1** 深及膝的，浸到膝蓋的：a ~ flood 深及膝的洪水/The snow lay ~. 雪積及膝/He waded ~ through the stream. 他涉過了水深及膝的溪流。**2** [不用在名詞前]〔十介十(代)名〕**a** 〈水等〉深可及膝的〔*in*〕：be ~ *in* water 膝以下浸在水中。**b** 陷於〔債務、困難等〕的，被〔債務、困難等〕困住的〔*in*〕：~ *in* debt 被債務壓得動彈不得/ ~ *in* work 工作纏身，忙於工作。

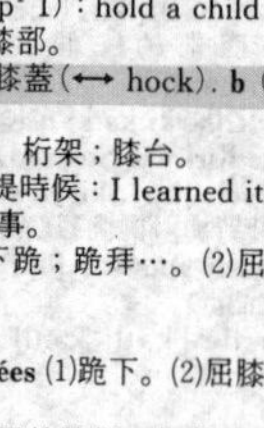

knee breeches

knée-hígh *adj.* 高及膝的。

knée-hígh to a grásshopper《口語》幼小的，很小的；很短的。

knée·hòle *n.* Ⓒ(桌子下方等的)容膝空間。

knéehole dèsk *n.* Ⓒ桌面下方兩側有抽屜而中間有容膝空間的寫字桌。

knée jèrk *n.* Ⓒ膝反射《用以診斷脚氣病等》。

knée-jèrk *adj.* [用在名詞前] **1** 反射的〈反應等〉。**2** 自動反應的，習慣性之反應的；未加思考的〈人、行動等〉：a ~ conservative 一位以直覺作出自動反應[反應機械]的保守主義者。

knée jòint *n.* Ⓒ**1** 膝關節。**2**《機械》膝形節。

kneel [nil; ni:l] **《源自古英語「膝(knee)之義」》—***v.i.* (**knelt** [nɛlt; nelt], **~ed** [-d; -d])〔動(+副)〕曲膝，跪下〈*down*〉：~ in prayer 跪著祈禱/He *knelt* to [before] his master. 他跪在主人面前/She *knelt down* to pull a weed from the flower bed. 她跪下來拔除花圃上的雜草。~·**er** *n.*

knée-lèngth *adj.* [用在名詞前] 長及膝的〈衣服、馬靴等〉：~ socks 及膝長襪。

knée·pàd *n.* Ⓒ護膝墊。

knée·pàn *n.* =kneecap 1.

knée·ròom *n.* Ⓤ(汽車等座位的)容膝空間。

knee·slap·per [ˈniˌslæpɚ; ˈni:ˌslæpə] *n.* Ⓒ《口語》引人發噱[擊膝大笑]的笑話。

knell [nɛl; nel] *n.* Ⓒ**1** 鐘聲；(尤指教堂的)喪鐘。**2** (表示事物告終的)凶兆。

ríng [sóund, tóll] the knéll of ... (1)敲…的喪鐘。(2)宣告…的廢止[滅亡]。

—*v.i.* **1** 〈喪鐘〉鳴響；發出哀傷的聲音。**2** 不吉祥地鳴響。

—*v.t.* **1** 報〈凶事等〉。**2** 鳴鐘召集〈人〉。

knelt [nɛlt; nelt] *v.* **kneel** 的過去式・過去分詞。

‡**knew** [nu, nju; nju:] *v.* **know** 的過去式。

Knick·er·bock·er [ˈnɪkɚˌbɑkɚ; ˈnikəbɔkə] *n.* Ⓒ**1** 新阿姆斯特丹(New Amsterdam, 今日的 New York City)荷蘭移民後裔。**2** 紐約人。

knick·er·bock·ers [ˈnɪkɚˌbɑkɚz; ˈnikəbɔkəz] *n. pl.* 燈籠褲《在膝蓋下紮起的寬鬆褲子》。

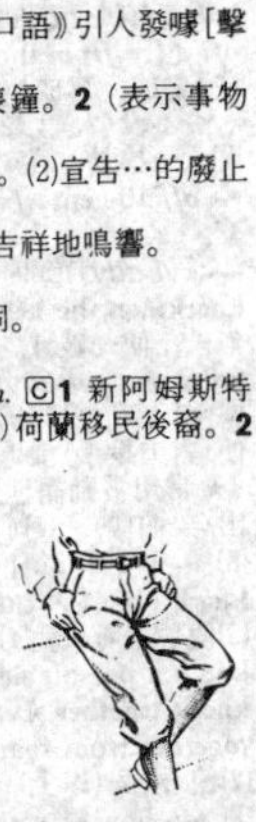

knickerbockers

knick·ers [ˈnɪkɚz; ˈnikəz] *n. pl.* **1**《美口語》= knickerbockers. **2**《英》(似燈籠褲的)婦女[女孩]用半短內褲。

hàve [gèt] one's kníckers in a twíst [常用於否定句]《英俚・謔》混亂，張惶失措。

knick·knack [ˈnɪkˌnæk; ˈniknæk] *n.* Ⓒ《口語》**1** (裝飾性的)小東西，小擺設，小飾物[衣飾]。**2** (裝飾性的)骨董。

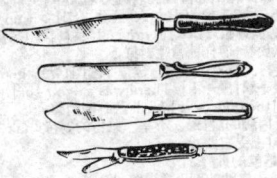

‡**knife** [naɪf; naif] *n.* (*pl.* **knives** [naɪvz; naivz]) **1** Ⓒ **a** 小刀，刀；菜刀《★[相關用語]廚房用菜刀是 kitchen knife, 切肉刀是 carving knife, 切麵包刀是 bread knife》：We eat with (a) ~ and fork. 我們用刀叉進餐《★因 knife 和 fork 成對故常不加冠詞》。**b** 短刀。

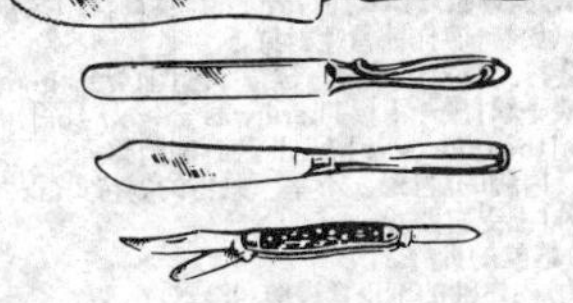

各種 knives 1

2 a Ⓒ手術刀。**b** [the ~] 外科手術：have a horror of *the* ~ 極度憎惡手術/go [come] *under the* ~ 接受手術/The patient died *under the* ~. 病人於手術中死亡。

3 Ⓒ《機械》(工具或機械中切斷時用的)刃部。

cút like a knífe 〈風等〉冷如刀割。

gèt [hàve] one's knífe ìnto [in] a person 《口語》對〈人〉懷恨[表示怨恨]。

—*v.t.* **1 a** 〔+受〕用小刀[短刀]刺[刺殺]〈人〉；用小刀切〈物〉。**b** 〔+受+介+(代)名〕用小刀刺〈人〉〔身體的某部位〕〔*in*〕《★[用法]在表示身體部位的名詞前加 the》：She ~*d* him *in the* back. 她用小刀刺他的背。**2** 〔+受〕《口語》(圖以陰險的手段)擊敗〈人〉。

—*v.i.* 〔+副詞(片語)〕破〈浪等〉而前進：~ *through* the waves 破浪前進。

knífe-èdge *n.* Ⓒ**1** 刀刃。**2** 刀刃形的山脊。

on a knífe-èdge (1)〈事情(的成敗)〉處於千鈞一髮的狀態。(2)〈人〉極度地擔心[事情的成敗]，處於[爲…]焦急的狀態〔*about*〕.

knífe grìnder *n.* Ⓒ磨刀匠[器]。

knífe plèat *n.* Ⓒ《服飾》(裙等的)劍狀褶。

knífe·pòint *n.* Ⓒ刀尖：at ~ 在刀尖脅迫下；在威脅下。

knífe rèst *n.* Ⓒ(餐桌上的)刀叉架。

knight [naɪt; nait] **《源自古英語「僕人，侍從」之義》—***n.* Ⓒ**1 a** (中世紀的)騎士。

【說明】在封建時代世家子弟由見習騎士(page)升爲騎士的隨從(squire),經立戰功後封爲騎士(knight)；接受騎士爵位的儀式稱作 accolade, 受爵者並接受領地和金製的刺馬釘。

b (從前護衛貴婦的)騎士。**2**《英》爵士。

【說明】次於從男爵(baronet)，僅限於一代的爵位；其姓名可冠以 Sir 的頭銜，如 Sir John Jones (簡稱爲 Sir John)，其妻則稱爲 Lady Jones(正式稱爲 Dame Mary Jones).

3 a (依勳章而屬於某一勳爵士團(Orders of Knighthood)的)勳爵士(cf. companion[1] 3)：a ~ of the Bath [Garter] 巴斯[嘉德]勳爵士。**b** (友愛、慈善團體等的)會員。

4 (獻身效忠主義等的)勇士，義士；爲女士奮不顧身的人。

5《西洋棋》騎士棋子《★有馬頭的棋子；其功用類似象棋的「馬」》。

the Knights of the Róund Táble 圓桌武士團(⇨ Round Table).

—*v.t.* 〔+受〕封〈人〉爲爵士，授〈人〉以爵位(cf. dub[1] 1).

knight báchelor *n.* Ⓒ(*pl.* **knights bachelors, knights bachelor**)《英》(不屬於任何一個勳爵士團的)最下級的勳爵士《kinght[2] 的正式名稱》。

knight-érrant *n.* Ⓒ(*pl.* **knights-errant**)《古》**1** (中世紀的)遊俠騎士，遊學練武的武士。**2** 俠義之士；唐・吉訶德式的人物。

kníght-érrantry *n.* Ⓤ **1** 遊學練武。**2** 騎士作風；俠義行爲。

knight·hòod *n.* **1 a** Ⓤ騎士的身分。**b** ⓊⒸ爵士的爵位，勳爵士的爵位：the Orders of *K*~ 勳爵士團/receive a ~ 受封爲爵士，受爵士爵位。**2** Ⓤ騎士本色；騎士道。**3** [the ~；集合稱]勳爵士團。

kníght·ly *adj.* (**knight·li·er**；**-li·est**) **1** 騎士的；勳爵士的。**2** 像騎士的；俠義的。

Knights Témplars *n. pl.* [the ~] 爲保護朝聖者及聖墓，於 1118 年左右在耶路撒冷(Jerusalem)所組織之僧兵團。

knish [knɪʃ; kniʃ] *n.* Ⓒ一種包有馬鈴薯、肉或乳酪餡的煎餅捲。

knit [nɪt; nit] **《源自古英語「作結子」之義》—***v.t.* (**knit·ted, knit**；**knit·ting**) **1** 編織。

【同義字】knit 指編織毛線、布料；braid 指編織頭髮。

a 〔+受〕編織…：~ cloth by machine 用機器編織布料。**b** 〔+受+介+(代)名〕〔用…〕編製〈物〉〔*out of, from*〕：~ gloves *out of* wool 用毛線編織手套。**c** 〔+受+介+(代)名〕編織〈毛線等〉〔成…物〕〔*into*〕：~ wool *into* gloves 用毛線編織手套。**d** 〔+受+受〕爲〈人〉編織〈物〉：~ a person a sweater 爲某人編織[打]毛線衣。

2 〔+受(+副)〕**a** 使…黏合[癒合]，接合…〈*together*〉：Only time will ~ broken bones. 折骨唯有經過長時間才能癒合/~ bricks *together* 黏磚。**b** 使…(以彼此的利益、婚姻等)牢固地結合〈*together*〉：The two families were ~ *together* by marriage. 這兩個家族由婚姻而結合。

3 〔+受〕皺〈眉〉：~ the [one's] brows 皺眉。

—*v.i.* **1** 編織毛線：I've been *knitting* since morning. 我從早上起一直在編織毛線。**2** 〔動(+副)〕結合；癒合〈*together*〉：The broken bones ~ (*together*). 折骨癒合(如初)。**3** 〈眉、臉等〉皺起：His forehead *knitted* into a perplexed frown. 他的額頭皺成一副愁眉苦臉。

knít úp 《*vt adv*》(1)編織…以修補，織補〈衣物〉。(2)爲〈討論等〉作結論；綜合[歸納]〈意見〉。—《*vi adv*》(3)[與 well 等狀態副詞連用]〈毛線等〉適合編織：This wool ~*s up* well. 這毛線好打。

knít·ted *adj.* [用在名詞前] 編織的，編織物的，針織的，針織法的：a ~ article 針織品/hand- [machine-] *knitted* 手[機器]織的/ ~ work 編織品。

knít·ter *n.* Ⓒ**1** 編織者，針織工。**2** 針織機。

knít·ting *n.* Ⓤ**1** 編織，編結。**2** 編織法；編織工藝。**3** 編織物；針織布料。

knítting machìne *n.* Ⓒ編織機；針織機。

knítting nèedle [pìn] *n.* Ⓒ織針，毛線針。

knít·wèar *n.* Ⓤ針織衣類，毛線衣類《編織衣類的總稱》。

‡**knives** [naɪvz; naivz] *n.* **knife** 的複數。

knob [nɑb; nɔb] *n.* Ⓒ**1 a** (門、抽屜等的)圓形或球形把手。**b** (旗竿等的)球；《建築》球形飾物；(欄干的)彫球飾。**c** (電化用具的)球形開關[把手]：Turn the ~ to the right. 握把手向右轉。**2** (樹幹等的)瘤，節。**3**《美》(獨立的)圓丘，小山。**4** 〔砂糖、奶油、煤炭等的〕(圓形)小塊〔*of*〕.

(the) sáme to yóu with (bráss) knóbs ón [用於譏誚的還嘴]你才是呢！

K

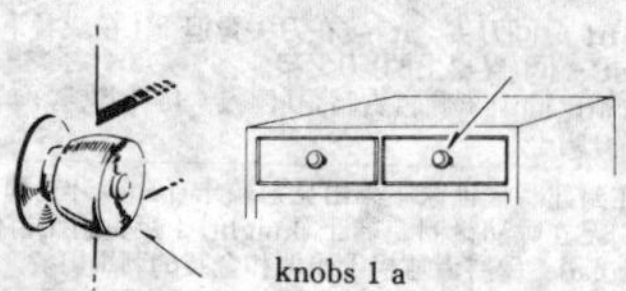

knobs 1 a

knobs 1 c

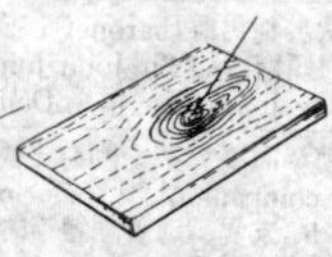

knob 2

with (bráss) knóbs ón 更加的，更厲害的；更糟的是。

—*v.t.* (**knobbed**；**knob·bing**)〔十受〕給…裝把手。

—*v.i.*〔動(十副)〕生節，長瘤〈*out*〉.

knobbed *adj.* **1** 有節[瘤]的。**2**（末端）呈球形的；有把手的。

knób·bly *adj.* (**knob·bli·er**；**-bli·est**)《英》＝knobby.

knob·by [ˈnɑbɪ; ˈnɔbi] «knob 的形容詞» **—***adj.* (**knob·bi·er**；**-bi·est**)《美》**1 a** 多節的，多瘤的：a ～ hand 多節的手。**b** 瘤狀的：a ～ nose 圓鼻子/ ～ knees 骨節突出的膝。**2** 多圓丘[小山]的。**3** 困難的。

knob·ker·rie [ˈnɑbˌkɛrɪ; ˈnɔbkeri] *n.* Ⓒ(南非洲土人用作武器的)圓頭棒。

‡**knock** [nɑk; nɔk] *v.t.* **1 打擊，敲**（⇨ strike【同義字】）：**a**〔十受十介十名〕敲〈人〉〈身體的某一部位〉〔*on*〕《★用法在表示身體部位的名詞前加 the》：Someone ～*ed* me ***on the*** head. 有人打我的頭/The bat ～*ed* him *on the* shin. 球棒打到他的外脛。**b**〔十受十補〕把…打〈得…〉：～ a person flat 把某人擊倒/The blow ～*ed* him senseless [unconscious]. 那一擊把他擊昏了。**c**〔十受十副詞(片語)〕把…打(成…)：⇨ KNOCK down, KNOCK in, KNOCK off/The boxer ～*ed* his opponent *to* the ground. 那拳擊手把對手擊倒在地上。**d**〔十受十介十(代)名〕把〈釘子等〉敲進〔…〕；〔對人〕灌輸[嚴格地傳授，教授]〈某事〉〔*into*〕：～ a nail ***into*** the wall 把釘子釘入牆/～ English grammar *into* a person's head 把英文文法灌入某人的腦中。

2〔十受十介十(代)名〕把…撞[碰]到〔…之上〕〔*against, on*〕：He ～*ed* his head ***against***[***on***] the wall. 他頭撞到牆上。

3〔十受〕《英俚》使〈人〉驚呆，使〈人〉吃驚：Her beauty ～*ed* us. 她的美使我們大爲震驚。

4〔十受〕《口語》貶低，數落，責難〈人〉。

—*v.i.* **1 a**（以拳頭或堅硬物）**敲**(出聲音)：Who's ～*ing*？是誰在敲門？**b**〔十介十(代)名〕敲打〔門等〕〔*at, on*〕《★用法at 强調行爲的對象，on 强調打擊的部位；但在美國語法中有多用 on 的趨勢》：Someone was ～*ing* ***at***[***on***] the door. 有人在敲門/⇨ knock on WOOD.

2〔十介十(代)名〕**a** 撞到，碰到，衝擊〔…〕(bump)〔*against, into*〕：The boat ～*ed* ***against*** the rocks. 小船撞到岩石。**b** 偶然遇到〔人〕〔*into*〕：I ～*ed* ***into*** him on the street. 我在街道上偶然碰到他。

3〈引擎〉引起內燃油不正常爆發的現象。

4《俚》說壞話，批評，抨擊，吹毛求疵。

knock about [**around**]《口語》《*vt adv*》[～ ＋受＋ abóut [aróund]](1)連續猛打〈人、物〉，把…亂打一陣；粗魯地對待〈人等〉：He was ～*ed about*[*around*] by the crowd. 他被羣衆亂打一陣。**—**[《*vi adv*》～ abóut[aróund]](2)流浪，漂泊；漫遊，遊蕩：He ～*ed around* in India for a year. 他在印度流浪[遊蕩]了一年。(3)[用進行式]〈物、人〉在〈某處〉。(4)《俚》〔與(不喜歡的)人〕搭伴去；〔與異性〕有(性)關係〔*with*〕. **—**[《*vi prep*》～ abóut [aróund]...](5)在〈某地〉漂泊；漫遊：～ *about* Europe 在歐洲漂泊，漫遊歐洲。(6)[常用進行式]〈物〉在…附近。

knóck abóut togéther〈兩人〉結伴在一起；〈男女〉有(性)關係。

knóck báck《*vt adv*》《英口語》(1)(猛)喝〈酒〉。(2)[～＋受＋back ＋受]〈購物〉使〈人〉花費…《★不可用被動語態》：The TV set ～*ed* me *back* 500 pounds. 這部電視機花了我五百英鎊。(3)[～＋受＋back]使〈人〉吃驚：The sight ～*ed* him *back*. 那光景使他吃了一驚。

knóck a person **cóld**《口語》(1)把〈人〉打昏。(2)使〈人〉大吃一驚。

knóck dówn《*vt adv*》(1)把〈人〉擊倒；〈汽車等〉把〈人〉撞倒：The man was ～*ed down* by a bus. 那個人被公共汽車撞倒/You could [might] have ～*ed* me *down* with a feather. 我給驚嚇得差一點昏倒《★原意指「那時用一根羽毛就能夠把我擊倒」》。(2)拆除〈房屋等〉。(3)〈爲了方便運送等而〉拆散，拆卸〈機器等〉。(4)摧毀；駁倒〈議論等〉。(5)《口語》降低〈價格〉；殺〈價〉，迫使〈人〉減價：They have ～*ed down* the prices at the store. 那家商店正在減價銷貨/We ～*ed* him *down* 5 percent. 我們使他減價百分之五/We ～*ed* him *down to* 3000 dollars. 我們使他降價到三千元。(6)(拍賣時)使〈商品〉〔以某價格〕落入〔某人手中〕〔*to*〕〔*for*〕：The picture was ～*ed down to* Mr. A *for* $150. 那幅畫以一百五十美元的價格落入 A 先生的手中《由A 先生標得》。(7)《英口語》〈司儀〉指名〈人〉〔…〕〔*for*〕：～ *down* a person *for* a song 指名某人唱歌。(8)《美口語》賺〈錢〉。

knóck hóme《*vt adv*》[～＋受＋ home](1)把〈釘子等〉牢固地釘入。(2)徹底粉碎〈議論等〉。

knóck ín《*vt adv*》把〈釘子等〉打[敲]進去：～ *in* a wedge [nail] 把楔子[釘子]打進去/*K*～ *in* the top of the barrel, please. 請把桶蓋敲進去。

Knóck it óff.《俚》住手！停止！住口！

knóck óff《*vt adv*》(1)(以敲擊)把…〔從某處〕拂[撣]開；敲掉：～ *off* a fly *from* the table 敲桌子把蒼蠅趕走。(2)《口語》即席地完成[畫成，寫成]〈作品等〉；迅速地處理〈工作〉。(3)《口語》毀滅〈人〉；殺〈人〉；擊敗〈對方〉。(4)《英口語》盜取〈物〉。(5)《口語》闖入…搶劫，從…偸竊。(6)《口語》把〈金額〉減價，減去，扣除：～ *off* 10 cents *from* the price 減價一角。(7)《俚》〈男〉與〈女〉性交。

—《*vi adv*》(8)停[休]工。(9)[常用祈使語氣]《俚》停止；住口。

knóck...on the héad (1)⇨ *v.t.* 1 a. (2)破壞〈計畫、希望等〉；使…無效，使…破滅。

knóck óut《*vt adv*》(1)敲出〈物〉；敲掉〈烟斗〉中的烟灰。(2)《拳擊》擊倒，徹底打垮〈對手〉(cf. knockout). (3)《棒球》(頻頻擊出安打而)使〈對方投手〉潰退。(4)把〈球隊等〉擊敗而使其被淘汰；使…敗退《★常用被動語態》。(5)《口語》急忙擬定〈計畫等〉；(以鋼琴)敲出〈樂曲等〉。(6)《口語》使〈人〉吃驚。(7)〈麻醉藥〉使〈人〉昏睡。(8)[～＋受＋ out]《口語》使〈人〉筋疲力竭。(9)破壞〈物〉。

knóck óver《*vt adv*》(1)打翻，翻倒〈物〉。(2)〈車等〉把〈人〉撞倒。(3)使〈人〉驚呆。(4)《美俚》盜取…；闖入…搶劫。

knóck a person **sídeways** 使〈人〉慌張。

knóck togéther《*vi adv*》(1)相撞，相碰：Her knees began to ～ *together* from fear. 她因害怕雙膝開始發抖相碰。**—**《*vt adv*》(2)使〈兩個(以上)的東西〉相撞[相碰]。(3)匆匆製成[搭成]〈物〉：Those houses were ～*ed together* after the war. 那些房屋是戰後匆匆搭建的。

knóck úp《*vt adv*》(1)把〈球等〉擊高。(2)(敲門)把〈人〉叫醒：Please ～ me *up* at six o'clock tomorrow morning. 明天早上六點請叫醒我。(3)趕緊作…：They were ～*ing up* hotels all over the city. 他們在城裏到處趕建旅館。(4)[～＋受＋up]《英口語》使〈人〉筋疲力竭[疲憊不堪]《★常用被動語態》：The climbing ～*ed* us *up*. 那次爬山弄得我們筋疲力竭。(5)《英口語》賺〈錢〉。(6)[～＋受＋up]《美俚》使〈女人〉懷孕。(7)[～＋up＋名]《板球》《英口語》擊入〈分數〉。**—**《*vi adv*》(8)《英口語》(於網球比賽等)〈雙方選手〉(於賽前)作練習性對打。

—*n.* Ⓒ**1** 敲打，擊打，毆擊，碰撞；敲門(聲)：get a ～ *on* the head 頭上挨一擊[撞一下]/There was a ～ *at* [*on*] the door. ＝A ～ *at* [*on*] the door was heard. 聽到敲門聲。

2（經濟的、精神的)打擊，不幸，惡劣的對待：take the [a] ～ 在經濟[精神]上受打擊。

3《美口語》嚴酷的批評。

4（引擎內的)內燃油的不正常爆震(聲)。

5《板球》局(innings).

knóck·abòut *adj.* [用在名詞前]**1 a** 吵鬧的。**b** 胡鬧的〈戲劇〉：a ～ comedy 鬧劇。**2** 可以不珍惜而隨便穿的，幹粗活時穿的〈衣服等〉。**3**《口語》東飄西蕩的，流浪的。

—*n.* **1 a** Ⓤ鬧劇。**b** Ⓒ鬧劇演員，丑角。**2** Ⓒ《美》一種操作簡單的單桅小型帆船。

knóck·dòwn *adj.* **1** 壓倒性的：a ～ blow 大打擊，大衝擊。**2** 可拆裝的，組合[折疊]式的：a ～ table 折疊式桌子。**3**（於拍賣)〈價格〉最低的：a ～ price 最低價格。**—***n.* Ⓒ**1** 擊倒，(使人倒下的)一擊。**2** 減價，折扣。

knóck-dòwn-drág-òut *adj.* 打倒而拖出的；猛烈的，劇烈的：a ～ fight 你死我活的打鬥。

knóck·er *n.* Ⓒ**1** 敲擊者；敲門者，來訪者。**2**（裝在門上的)敲門鎚，敲門環《來訪者握在手中敲門用的金屬物件》。**3**《英口語》挨戶訪問的推銷員。**4**《俚・輕蔑》嘴巴刻薄而好說人壞話的人，吹毛求疵的人。**5** [常 ～s]《俚》女人的乳房。

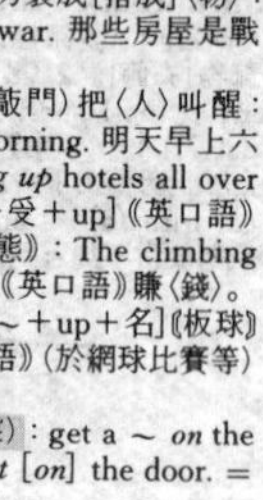

knocker 2

on the knócker《英口語》挨戶訪問[推銷]。

K

knock·ing [ˈnɑkɪŋ; ˈnɔkiŋ] *n.* **1** ⓊⒸ敲擊。**2** Ⓤ(引擎的)爆震。
knóck-knéed *adj.* 兩腿向內彎曲的。
knóck-òff, knóck-ôff *n.* Ⓒ(尤指廉價的)仿造品《如流行的成衣款式》。
knóck-òn *n.* Ⓒ《橄欖球》拍前《在接球時擊球向前》。
knóck·òut *n.* Ⓒ **1 a** 徹底的打擊。**b** 〖拳擊〗擊倒《略作 KO, K.O.》：a technical ～ 技術擊倒《略作 TKO》.
2 (又作 **knóckout competition**)《英》(運動等的)淘汰賽，勝者連賽。
3《口語》壓倒性之物：**a** 極好之物[人]：He has a ～ of a girl-friend. 他有個挺漂亮的女朋友。**b** 大賺錢，大發利市；大成功。
—*adj.* [用在名詞前] **1** 猛烈的〈打擊〉：a ～ blow 猛烈的一擊。
2《口語》極好的，絕妙的：a ～ performance 令人瞠目的演技。
knóck·ùp *n.* Ⓒ(網球等)比賽開始前的練習，熱身(warm-up).
knoll[1] [nol; noul] *n.* Ⓒ小山，圓丘；墩。
knoll[2] *v.i., v.t., n.*《古》＝knell.
***knot** [nɑt; nɔt] *n.* Ⓒ **1** 結：a ～ *in* a rope [(neck)tie] 繩子[領帶]的結/⇨running knot/make [tie] a ～ 打一個結。
2 (裝飾用的)絲帶；蝴蝶[花]結；(肩章等的)飾結。
3 緣份，情誼；結合：the marriage [nuptial] ～ 婚姻結合/tie the ～ 結婚。
4 [人、動物的]一羣，集團，一派〔*of*〕：a ～ *of* people 人羣/gather *in* ～*s* 三三五五地聚集。

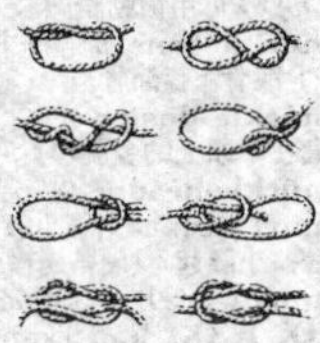

各種 knots 1

5 a (肌肉的)結，節，硬塊。**b** (樹幹的)節瘤；木板的節。
6 難事，難局，難題(cf. Gordian knot).
7〖航海〗**a** 測量船速長線上的結節。**b** 節《＝浬/時；即時速約 1852 公尺》。
at a ráte of knóts《口語》很快地(very fast).
tíe a person (úp) in [ìnto] knóts 使〈人〉(極度地)困惑[擔心]：He got *tied up into* ～*s* over the matter. 他為這件事傷透腦筋。
—*v.t.* (**knot·ted**; **knot·ting**) **1 a** 〔十受(十副)〕結〈繩子等〉；把…打成結；把〈行李〉包紮〈*together*〉：～ a parcel 紮牢包裹/～ two strings ***together*** 把兩條細繩結在一起。**b** 〔十受(十副)十介十(代)名〕把…紮成〔…〕〈*up*〉〔*into*〕：She *knotted* her things (***up***) ***into*** a bundle. 她把她的東西紮成一捆。**c** 〔十受〕把〈細繩等〉結成纓飾。**2** 〔十受〕皺〈眉〉；使〈額〉上擠出皺紋。**3** 〔十受〕使…糾結。
—*v.i.* **1** 打結，纏結：This rope does not ～. 這繩子不會纏結。
2 〔十動(十副)〕長出瘤[硬塊]〈*up*〉.
knót·hòle *n.* Ⓒ(木材的)節孔。
knót·ted *adj.* **1 a** 有節的，多節的；骨節突起的。**b** 有結的。**2** 纏結的；困難的。
Gèt knótted!《英口語》[表示輕蔑、不願、不信等]少來！開玩笑！
knot·ty [ˈnɑtɪ; ˈnɔti] «knot 的形容詞» **—***adj.* (**knot·ti·er**; **-ti·est**) **1** (有)結節的，多節[瘤]的；多結的。**2** 〈問題等〉紛亂的，困難的：a ～ question 難題。
knót·wòrk *n.* Ⓤ綴飾，編結工藝。
knout [naut; naut] *n.* Ⓒ木柄皮鞭《俄國昔日之一種刑具》。
—*v.t.* 鞭打。
‡know [no; nou] (**knew** [nu, nju; nju:]; **known** [non; noun]) *v.t.*
1 知道，懂得《★用法除特別表示動作時以外，這部動詞不用進行式》：**a** 〔十受〕知道，知悉，瞭解〈事實等〉：He ～*s* the truth of the matter. 他知道事情的眞相/I ～ all about that. 那件事我全都知道/You ought to ～ your place.你應該認清自己的身分(低)《應該懂(對待尊長的)禮節》/He ～*s* all the answers.《口語》他(似乎)無事不知《萬事通》/The space shuttle as we ～ it is still imperfect. 就我們所知，目前太空梭仍然不是完美無缺。
b 〔十(*that*)__〕知道〈…事〉：I ～ *that* she was once a singer. 我知道她從前是個歌手/You must ～ *that*.... 你必須知道…。
c 〔十(*that*)__〕[**I don't** ～]《口語》不以為…，以為不…：*I don't* ～ *that* I will attend the party. 我想我不會出席這次聚會。
d 〔十 *wh.*__/十 *wh.*十 *to* do〕知道〈何…〉：Please let us ～ *when* you are coming. 請告訴我們你什麼時候來/There is no ～*ing what* may happen to them. 我們無法知道他們將發生什麼事/She doesn't ～ *what* she is talking about. 她不知道她自己在講些什麼/Poor Mother didn't ～ *whether* [*if*] she was coming or going. 可憐的母親弄得不知如何是好/Do you ～ *how to* drive a car? 你知道怎樣駕駛汽車嗎？/I just didn't ～ *which* way *to* turn. 我完全迷失了《不知該轉向那一邊》。
e 〔十受十 *to be* 補/十受十 *as* 補〕知道…〈是…〉：I ～ him *to be* a great reader. 我知道他是個博覽羣書的人《★變換換寫成 I ～ (*that*) he is a great reader. 較為口語化》/He was *known as* a reliable man [*as* Robin Hood]. 他以可信賴的人[羅賓漢的名字]著稱《人們知道他是個可信賴的人[他的名字叫作羅賓漢]》(cf. known *adj.* 2).
2 〔十受〕與〈人〉相識[熟悉]《★又以過去分詞當形容詞用；⇨known 2》：I ～ her by sight [by name, to speak to]. 我跟她祇是面熟(並不相識)[知道她的名字，在遇到她時會講幾句話的泛泛之交而已]/I have *known* him since he was a child. 我從他小時候就認識他/They ～ each other very well. 他們彼此很熟。
3 〔十受〕**a** 熟悉，精通，懂…：She ～*s* French. 她懂[會]法語/He ～*s* his business. 他精通[熟悉]他的業務。
b (去過多次而)熟悉〈地方〉：I ～ the place well. 我對那地方很熟悉。
c 背會〈台詞等〉：The actor ～*s* his lines. 那名演員熟記台詞。
4 [用完成式或過去式]〔十受十 *to* do/十受十原形〕看[聽]過…〈做…〉《★用法〔十受十原形〕多用於英國語法；被動語態時，須加 to》：I *have* never *known* him tell a lie. (據我所知)他沒有說過謊言/I never *knew* her *to* come on time. 我從沒見她準時來過/Rules *have been known to* be broken. 法規常遭破壞。
5 a 〔十受〕嘗受，經歷，體驗〈幸、不幸等〉：She *knew* many sorrows in her early life. 她早年曾有過許多不幸的遭遇/I have seldom *known* such bitter weather. 我很少碰到過如此嚴寒的天氣。
b 〔十 *wh.*__〕(憑經驗)知道〈什麼…〉：He ～*s what* it is to go hungry. 他知道挨餓是怎麼一回事。
c 〔十受〕[常用於否定句；以無生物為主詞]經歷，體驗…：The country has *known no* war for many centuries. 好幾百年以來這個國家未曾發生過戰爭。
6 a 〔十受〕分別出，辨識出…(recognize)：I *knew* him at once. 我馬上認出他/I ～ a lady when I see one. 眞正的淑女我一看就看得出來。
b 〔十受十介十(代)名〕〔由…〕辨認…〔*by*〕：A tree is *known* ***by*** its fruit. 樹可由其果實辨別《★此句中的 by 不表示被動語態》。
c 〔十受十介十(代)名〕辨別，識別…〔與…〕〔*from*〕：She did not ～ fact ***from*** fiction. 她分辨不清事實和虛構/⇨not know a person from ADAM.
7 〔十受〕[常用於否定句]〈野心、慾望、好奇心等〉知道〈極限、例外等〉：His ambition ～*s no* bounds. 他的野心無止境。
—*v.i.* **1 a** 知道：He thinks he ～*s* better than anybody. 他以為他知道得比誰都多/I don't ～. ＝I wouldn't ～. 我不知道，我不清楚。**b** [同意對方的發言](確實)知道："Tomorrow's a holiday."—"I ～." 「明天放假。」「我知道。」
2 〔十介十(代)名〕知道，聽說過〔關於…的事〕〔*about*〕：I don't ～ ***about*** that. 那件事我不清楚；[表示懷疑等]嗯，這事我不確實知道/Do you ～ *about* him? 你知道[聽說過]他的事[一些有關他的風言風語]嗎？(cf. Do you *know* him?⇨ *v.t.* 2).
3 〔十介十(代)名〕(雖非直接)間接地知悉[聽說過]〔…的事〕〔*of*〕：I ～ ***of*** him, but I don't *know* him. 我聽說過他的事(間接地知道)，但並不認識他《★後面的 know 表示 *v.t.* 2 的意思》/This is the best method I ～ *of*. 這是我所知道的最好的方法/⇨Not that I KNOW of.
áll one knóws《口語》(1)全力：I did *all* I *knew*. 我盡了全力。(2)全力地。
and I dòn't knòw whát [whó] (élse)《口語》還有許多[各式各樣的]東西[人]。
befòre one knóws whère one ís 剎那間，一眨眼工夫；不知不覺地。
Dòn't I knów it!《口語》[表示無奈]很不幸，我知道了；我還會不知道嗎《用以表示必須做或已做了不情願做的事》：I've got to wash all those dishes, ～. 這些盤子我都得洗，我還會不知道嗎！
for áll [《古・文語》**áught**]**...knów** (不太清楚，不過據我所知)大概，也許：He may be a good man *for all* I ～. 他也許是個好人《我不太清楚》。
Gód [Héaven] knóws (1)〔十(*that*)__〕上帝知道，我發誓，的確是〈…(事)〉：*God* ～*s that* it is true. 我對天發誓那是眞的。(2)〔十 *wh.*__〕上帝才知道，天曉得，沒有人知道〈何處…〉：*God* ～*s where* he fled. 沒有人知道他逃到哪裏/The man has gone *God* ～*s where*.沒有人知道那個人的下落。(3)我不知道(I don't know)："Where has he gone?"—"*Heaven* [*God*] ～*s*."「他到哪兒去了？」「我不知道。」
knów...apárt ⇨apart.
knów...báckward and fórward ⇨backward *adv.*
knów bétter (than to dó)... 不會笨到做…的地步：I ～ *better than to* quarrel with a policeman. 我不會笨到跟警察吵架/You ought to ～ *better*. 你應該知道這是不對的《你這把年紀眞是白吃了那麼多年的米，太笨了！》/I should have *known better*

K

than to argue. 我應該早就知道我那時不該與人爭論。

knów nò bétter 聰明僅到此，最多只有這麼聰明。

màke knówn (1)把〈事情〉讓〔…〕知道；〔向人〕公告，宣布…〔*to*〕：He *made* it *known to* his friends that he was unwilling to run for the election. 他向朋友們宣布他無意競選。(2)〔向…〕介紹〈人〉〔*to*〕：I was too shy to *make* myself *known to* her. 我因爲太害羞無法向她作自我介紹。

Nòt if I knów it！《口語》誰要幹那種事！我絕對不幹！

Nòt that I knów òf《口語》據我所知事情並非如此(⇨that B *conj.* 2 e)："Has he been ill or something?"—"*Not that I ~ of.*"「他是不是生病或怎麼了？」「據我所知他沒有生病。」

(Wéll) whát do you knów (abòut thát)！《口語》竟會有那樣[這樣]的事！不會吧！

whó knóws? 誰知道？很難說，說不定：*Who ~s*, this book may become a best seller?說不定這本書會成爲暢銷書呢。

you knòw《口語》(1)[說話時在語句中間插入以停頓]你可知道；嗯，啊《★ 年輕人常使用，但切忌濫用》：He is a bit, *you ~*, crazy. 你知道的，他的腦子有點問題。(2)[常加於句尾以叮囑對方]不是嗎？是吧；你可知道：He is angry, *you ~*. 你可知道，他在生氣。

you nèver knów《口語》可能，或許(perhaps)："Do you think he will agree with us?"—"*You never ~.*"「你想他會贊成我們嗎？」「或許。」

—*n.* ★ 用於下列成語。**in the knów**《口語》熟悉(機密等)，通曉(內部)情況：He's *in the ~*. 他熟悉內情。

know·a·ble [ˋnoəbl; ˈnouəbl] *adj.* **1** 可知的；可認識的；可發現的。**2** 易於接近的；容易相識的。

—*n.* Ⓒ[常~**s**]可知的事物。

knów-àll *n.* ＝know-it-all.

knów-hòw *n.* Ⓤ《口語》實用[專門]知識，技術資訊；(製造等的)技術；秘訣(skill)：business ~ 生意的竅門/the ~ *of* space travel 太空旅行的技術。

knów·ing *adj.* **1** 知道的，認識的，有意識的。**2** 博學的，有學問的；聰穎的。**3** 機警的；狡黠的；自作聰明的：~ looks 像是什麼都知道似的[會意的]表情。**4** 有意的，存心的，故意的。

knów·ing·ly *adv.* **1** 像有什麼用意似地；假充知道地；狡黠地：He discussed it ~. 他像什麼都懂似地談論那件事。**2** 存心地，故意地：She has never ~ hurt anybody. 她從未故意傷過別人的心/ ~ kill《法律》蓄意殺人。

knów-it-àll *adj.*《口語》不懂裝懂[自以爲無所不知]的。

—*n.* Ⓒ《口語》不懂裝懂[自以爲無所不知]的人。

‡knowl·edge [ˋnɑlɪdʒ; ˈnɔlidʒ] **《know 的名詞》—*n.*** Ⓤ[又作 **a** ~]**1 a** 所知之事，知識，認識〔*of*〕：the ~ *of* good and evil 對善惡的認識/a ~ *of* the truth 對事實的瞭解/The matter came [was brought] to my ~ later. 我後來才知道那件事/He left for Paris without the ~ *of* his friends. 他啓程赴巴黎連他的朋友們都不知道。**b** [＋ *that*＿]〈…的〉知識，知悉：He took over the post in the (full) ~ *that* it might endanger his life. 他在明知他的性命有可能受到威脅的情況下接任了那職位。

2〔對…的〕**知識，情報；熟知，精通**〔*of*〕：That is now common ~. 那是現在一般人都知道的知識《是常識》/His general ~ is considerable. 他的常識相當豐富/She has *a* (good) ~ *of* [little ~ *of*] English. 她精通英文[對英文所知不多]。

3 學識，見聞，學問(learning)：beyond human ~ 超出人類知識之範圍，非人類所能知/*K~* is power.《諺》知識即是力量/A little ~ is a dangerous thing.《諺》一知半解是一件危險的事/Literature is a branch of ~. 文學是一門學問。

of one's ówn knówledge (不是間接聽到而是)直接作爲自己的知識地：*Of* your *own ~*, do you know who did it? 你本身(確實)知道那是誰做的嗎？

to (the bést of) one's knówledge 據某人所知；確實，無誤：I never saw her *to* my ~. 我記得我沒有見過她/*To the best of* my ~, what he said is true. 據我所知他所說的是事實。

knowl·edge·a·ble [ˋnɑlɪdʒəbl; ˈnɔlidʒəbl] *adj.* **1 a** 有知識的，博識的。**b** [不用在名詞前]〔＋介＋(代)名〕〔對…〕所知甚多的，知識豐富的〔*about*〕：She is very ~ ***about*** music. 她對音樂所知甚多。**2** 有見識的；聰明的。

knówl·edge·a·bly [-dʒəblɪ; -dʒəbli] *adv.* (假裝)博學多識地。

‡known [non; noun] *v.* **know** 的過去分詞。

—*adj.* (無比較級、最高級)**1** [用在名詞前](爲一般)**所知的；**已知的：a ~ criminal 公認的[已知(名)的，大家知道的]罪犯/⇨known QUANTITY.

2 [不用在名詞前]〔＋介＋(代)名〕(名字)**爲〔…〕所知的**〔*to*〕(cf. well-known)：He is ~ ***to*** the public [the police]. 他的名字爲大衆[警察當局]所知曉。

knów-nòthing *n.* Ⓒ無知的人，不識字的人；不可知論者。

—*adj.* 無知的，什麼都不懂的；不識字的。

Knox [nɑks; nɔks], **John** *n.* 諾克斯《1510?–1572；蘇格蘭宗教改革家、政治家、歷史家》。

knuck·le [ˋnʌkl; ˈnʌkl] *n.* **1 a** Ⓒ(尤指靠近手掌的第一節)指關節。**b** [**the** ~**s**](拳頭的)指關節，指關節隆起。**2** Ⓒ**a** (四脚獸的)膝關節突起。**b** (小牛、豬的)膝關節肉。**3** Ⓒ《機械》(連結的)鉤爪，關節。

gìve [gèt] a ráp on [òver] the knúckles ⇨ rap[1].

nèar the knúckle 幾乎要越軌[變成猥褻]的，近乎下流的。

ráp òver the knúckles《口語》＝give a RAP[1] on [over] the knuckles.

—*v.t.* 以指關節敲[壓，擦]。

—*v.i.* 〔動(＋副)〕《美》(彈玻璃珠時)把指關節按在地上〈*down*〉.

knúckle dówn《*vi adv*》(1)⇨ *v.i.* (2)《口語》認眞地[專心地，精力充沛地]著手〔工作等〕〔*to*〕.

knúckle únder《*vi adv*》《口語》〔向…〕屈服，投降；隨〔…〕之意〔*to*〕《★可用被動語態》。

knúckle·bòne *n.* Ⓒ**1** 指關節骨(cf. knuckle *n.* 1a)。**2** (四脚獸的)蹠骨；膝節骨。

knúckle-dùster *n.* Ⓒ 指節環(《美》brass knuckles)《打架時套在拳頭上的金屬環》。

knúckle·hèad *n.* Ⓒ《美口語》笨蛋，腦筋遲鈍的人。

knurl [nɝl; nəːl] *n.* Ⓒ**1** (樹幹的)節，瘤。**2** (金屬表面的)小顆粒，小隆起；(硬幣邊緣或瓶蓋、鑷子等側面的)刻痕。

knurl·y [ˋnɝlɪ; ˈnəːli] *adj.* 多節的；滾花的。

KO, K.O., k.o. [ˋkeˋo; ˈkeiˈou] **《*k*nock *o*ut 的縮寫》—**《口語》《拳擊》*n.* Ⓒ(*pl.* **~'s**)擊倒。

—*v.t.* (**~'s**；**~'d**；**~'ing**)擊倒〈人〉。

ko·a·la [koˋɑlə; kouˈɑːlə] *n.* (又作 **koála bèar**)Ⓒ《動物》無尾熊《澳洲產》。

koalas

koan [ˋkoɑn; ˈkouɑːn] *n.* Ⓒ公案《一種簡短而不合邏輯的問題，旨在使思想脫離理性的範疇，爲佛教禪宗沈思中重要之一環》。

Koch [kɔx; kɔx], **Robert** *n.* 柯霍《1843–1910；德國細菌學家、醫學家；發現結核菌、霍亂菌等；1905 年得諾貝爾獎》。

Köch·el nùmber [ˋkɝʃəl-; ˈkəːʃəl-, -kəl-] **《源自奧地利博物學家及音樂史家之姓》—*n.*** Ⓒ《音樂》寇海爾編號《把莫札特(Mozart)的音樂作品依作曲年代依次編列的作品號碼；cf. K.》.

Ko·dak [ˋkodæk; ˈkoudæk] *n.* Ⓒ《商標》柯達《小型照相機的商品名稱》。

koh·i·noor [ˌko·ɪˋnur; ˈkouiˌnuə] **《源自波斯語「光之山」之義》—*n.*** **1** [**the K~**]英國王室自 1849 年以來所擁有的印度大鑽石。**2** Ⓒ[常 **K~**]絕品：a ~ *of* a diamond 鑽石中的絕品。

kohl [kol; koul] *n.* Ⓤ阿拉伯婦女等用以畫眼影的銻粉末等化妝墨。

kohl·ra·bi [ˋkolˋrabɪ, ˋkolˌrabɪ; ˌkoulˈrɑːbi] *n.* Ⓒ(*pl.* **~es**)[當食物時爲Ⓤ]《植物》一種可食用的球莖甘藍。

kohlrabi

ko·la [ˋkolə; ˈkoulə] *n.* **1** (又作 **kóla trèe**)Ⓒ《植物》可樂樹(cola).

2 ＝kola nut.

kóla nùt *n.* Ⓒ可樂果《用於製造可樂(cola)》.

kol·khoz [kalˋkoz, -ˋkɔs; kɔlˈhɔz] **《源自俄語》—*n.*** Ⓒ(蘇聯的)集體農場(collective farm).

Kom·in·tern [ˋkamɪnˌtɝn, ˌkamɪnˋtɝn; ˈkɔmintəːn] *n.* ＝Comintern.

Ko·mo·do drágon [kəˋmodo-; kəˈmoudou-] *n.* Ⓒ《動物》柯莫多巨蜥《產於印尼柯莫多(Komodo)島，全長 3.5 公尺，世界最大的蜥蜴》。

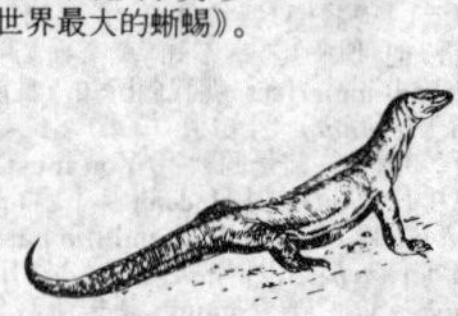

Komodo dragon

koo·doo [ˋkudu; ˈkuːduː] *n.* Ⓒ(*pl.* **~s**，[集合稱] ~)《動物》條紋羚《條紋羚亞科產於非洲南部的羚羊》。

kook [kuk; kuːk] *n.* Ⓒ《俚》(思想、行爲等)古怪的人，怪人；瘋子；傻瓜。

kook·a·bur·ra [ˋkukəˌbʌrə; ˈkukəˌbʌrə] *n.* Ⓒ《鳥》笑翡翠《澳洲產的一種鳥；其鳴聲像人的笑聲》(laughing jackass).

kook·y, kook·ie [ˋkukɪ; ˈkuːki] **《kook 的形容詞》—*adj.*** (**kook·i·er**；**-i·est**)《俚》(思想，行爲等)古怪的；愚笨的；瘋狂的。

ko·peck, ko·pek [ˋkopɛk; ˈkoupek] *n.* Ⓒ**1** 戈比《蘇聯的貨幣單位；相當於 $^1/_{100}$ ruble；略作 K., kop.》。**2** 一戈比的貨幣。

kop·je, kop·pie [ˋkɑpɪ; ˈkɔpi] *n.* Ⓒ(南非洲的)小山，丘陵。

K

Ko·ran [ko'ran, -'ræn; kɔ'rɑ:n] **«源自阿拉伯語「背誦」之義»——***n.* [**the** ~] 可蘭經《回教的經典》。
~·ic [ko'ranɪk, -'ræn-; kɔ'rænik] *adj.*

‡Ko·re·a [ko'riə, kɔ-; kə'riə] **«源自韓國語「高麗」的發音»——***n.* 韓國：⇨North [South] Korea.

Ko·re·an [ko'riən; kə'riən] **«Korea 的形容詞»——***adj.* 韓國的；韓國人的；韓國語的。
——*n.* **1** Ⓒ韓國人。**2** Ⓤ韓國語。

Koréan Wár *n.* [the ~] 韓戰(1950–53).

Koréa Stráit *n.* [the ~] 朝鮮海峽。

ko·sher ['koʃɚ; 'kouʃə] *adj.* **1** 〈食物，(尤指)肉類〉衛生合格的，經正式處理的，潔淨的《依照猶太人的規矩而烹調的》。**2** 〈餐廳、食品店等〉販賣[使用]衛生合格的[潔淨的]食品的。**3** 《口語》純正的，眞正的；正當的；正派的，合法的。
——*n.* Ⓤ《口語》合格的衛生食品[菜餚]。

kou·miss ['kumɪs; 'ku:mis] *n.* Ⓤ乳酒《亞洲的遊牧民族以馬乳或牛乳釀造的酒》。

Kow·loon ['kau'lun; 'kau'lu:n] *n.* **1** 九龍《香港對面的一個半島》。**2** 九龍港埠。

kow·tow [kau'tau; ˌkau'tau] **«源自中文「叩頭」»——***n.* Ⓒ(古時候中國的)磕頭。
——*v.i.* 〔動(十介十(代)名)〕**1** 〔對人〕磕頭〔*to*〕。**2** 卑躬屈節地奉承〔人〕，〔對人〕低三下四〔*to*〕《★可用被動語態》。

KP 《略》kitchen police.

k.p.h. 《略》kilometer(s) per hour.

Kr 《符號》《化學》krypton；《略》krona [kronor, kronur]；krone(r).

kraal [kral; krɑ:l] *n.* Ⓒ**1** (周圍有圍欄的)南非洲土人之小村莊。**2** (家畜的)圍欄，棚舍。

kraft [kræft; krɑ:ft] *n.* (又作 **kráft pàper**)Ⓤ牛皮紙《一種不易破的包裝紙；用以做成水泥袋或購物袋等》。

krait [kraɪt; krait] *n.* Ⓒ《動物》環蛇《眼鏡蛇科環蛇屬毒蛇的統稱》。

kra·ter ['kretɚ; 'kreitə] *n.* Ⓒ(古代希臘、羅馬用以混合葡萄酒和水的)調酒器。

krater

K ra·tion ['keˌræʃən, -ˌreʃən; 'kei-ˌræʃn] *n.* Ⓒ《美軍》(三包一天分的)K 號乾糧包《內有餅乾、咖啡、肉、香烟等》。

Krem·lin ['krɛmlɪn; 'kremlin] **«源自俄語「城寨」之義»——***n.* [**the** ~] **1** 克里姆林宮《在莫斯科(Moscow)的舊皇宮；現爲蘇聯政府的中樞辦公所在》。**2** 蘇聯政府(cf. White House).

Krem·lin·ol·o·gist [ˌkrɛmlɪn'alədʒɪst; ˌkremlin'ɔlədʒist] *n.* Ⓒ蘇聯政治研究家。

the Kremlin 1

Krem·lin·ol·o·gy [ˌkrɛmlɪn'alədʒɪ; ˌkremlin'ɔlədʒi] *n.* Ⓤ蘇聯政治之研究。

kreu·tzer ['krɔɪtsɚ; 'krɔitsə] *n.* Ⓒ克羅澤《昔德、奧之銅幣，與 farthing 等值》。

krill [krɪl; kril] *n.* Ⓒ(*pl.* ~)《動物》磷蝦《磷蝦目小浮游蝦狀甲殼動物的通稱》。

kris [kris; kri:s] *n.* Ⓒ(馬來人用的)波形短刀。

Krish·na ['krɪʃnə; 'kriʃnə] *n.* 《印度神話》牧牛神訖里什那《印度人所敬愛的英雄，並爲司掌世界的毘濕奴(Vishnu)的第八化身》。

Krishna

Kriss Krin·gle ['krɪs'krɪŋgl; 'kris'kriŋgl] *n.* 《美》= Santa Claus.

kro·na ['kronə; 'krounə] *n.* Ⓒ**1 a** (*pl.* **-nor** [-nɔr; -nɔ:])克朗《瑞典的貨幣單位；相當於 100 歐爾(öre)；略作 Kr》。**b** (*pl.* **-nur** [-nɚ; -nə])克朗《冰島的貨幣單位；相當於 100 埃利(aurar)；略作 Kr》。**2** 一克朗的貨幣。

kro·ne ['krone; 'krounə] *n.* Ⓒ(*pl.* **-ner** [-nɛr; -nə])**1** 克羅納《丹麥、挪威的貨幣單位；相當於 100 歐爾(öre)；略作 Kr》。**2** 一克羅納的貨幣。

kro·nor *n.* krona 1 a 的複數。

kro·nur *n.* krona 1 b 的複數。

kryp·ton ['krɪptan; 'kriptɔn] *n.* Ⓤ《化學》氪《一種稀有氣體元素；符號 Kr》.

KS 《略》《郵政》Kansas.

kt. 《略》karat [carat]；kiloton(s)；knot.

Kt. 《略》knight.

K2 ['ke'tu; 'kei'tu:] *n.* K2峯《印度喀喇崑崙山脈中最高峯(8611 公尺)；僅次於埃弗勒斯(Everest)峯的世界第二高峯》。

Kua·la Lum·pur [ˌkwalə'lumpur; ˌkwɑ:lə'lumˌpuə] *n.* 吉隆坡《馬來西亞的首都》。

Ku·blai Khan ['kublaɪ'kan; ˌkublai'kɑ:n] *n.* 忽必烈汗《1216?–94；中國元朝的開國者，即元世祖》。

ku·chen ['kukən; 'ku:kən] **«源自德語「糕餅」之義»——***n.* Ⓒ[當菜名時爲Ⓤ](*pl.* ~)《美》庫肯《摻有葡萄乾的一種德國式蛋糕》。

ku·dos ['kjudas; 'kju:dɔs] **«源自希臘文»——***n.* Ⓤ《英口語》名聲，榮譽，威信；稱讚。

kud·zu ['kudzu; 'kudzu:] **«源自日語»——***n.* Ⓤ《植物》葛。

Ku Klux Klan ['kjuˌklʌks'klæn; ˌkju: klʌks'klæn] *n.* [**the** ~] 三 K 黨《略作 K.K.K., KKK》.

> 【說明】美國南北戰爭後，爲排斥黑人和北方人在南部各州所形成的一個秘密組織，計有南卡羅來納(South Carolina)、喬治亞(Georgia)、德克薩斯(Texas)、阿拉巴馬(Alabama)、密西西比(Mississippi)、路易西安那(Louisiana)諸州。也有在第一次世界大戰中於 1915 年組成者，同樣是以排斥舊教徒、猶太人、黑人等爲目的的非法組織。

kuk·ri ['kukrɪ; 'kukri] *n.* Ⓒ(尼泊爾廓爾喀人用的)彎刀。

ku·lak [ku'lak; ku:'lɑ:k] *n.* Ⓒ **1** (俄國的)剝削貧農之富農。**2** (俄國的)自耕農。

Kul·tur [kul'tur; kul'tuə] **«源自德語»——***n.* Ⓤ **1** (象徵一民族或一時代之)文化。**2** 《輕蔑》德國文化。

ku·miss ['kumɪs; 'ku:mis] *n.* =koumiss.

küm·mel ['kɪml; 'kuməl, 'kim-] **«源自德語»——***n.* Ⓤ欽梅爾酒《以小茴香或葛縷子調味釀成的甜酒；爲德國、荷蘭、波羅的海地區的名產》。

kum·quat ['kʌmkwat; 'kʌmkwɔt] **«源自中文「金橘」»——***n.* Ⓒ《植物》金柑《樹，果》。

kung fu, kung-fu [ˌkuŋ'fu; ˌkuŋ'fu:] **«源自中文「功夫」»——***n.* Ⓤ功夫。

Ku·o·min·tang ['kwomɪn'tæŋ, -'taŋ; ˌkwoumin'tæŋ] *n.* [**the** ~] (中國)國民黨。

Kú·ril(e) Íslands ['kurɪl-; ku'ri:l-] *n. pl.* [**the** ~] 千島羣島。

Ku·ril(e)s ['kurɪlz; ku'ri:lz] *n. pl.* [**the** ~] = the Kuril(e) Islands.

Ku·ro·shi·o [ku'roʃiˌo; ku'rouʃi:'ou] **«源自日語»——***n.* [**the** ~] 黑潮(Japan Current).

ku·rus [ku'ruʃ; ku'ruʃ] *n.* Ⓒ(*pl.* ~)庫魯《土耳其貨幣單位；相當於 1/100 里拉(lira)》.

Ku·wait [kə'wet; ku'weit] *n.* 科威特《位於阿拉伯東北部，面臨波斯灣的一個國家；1961 年獨立；首都科威特市(Kuwait)》.

Ku·wai·ti [kə'wetɪ; ku'weiti] **«Kuwait 的形容詞»——***adj.* 科威特(人)的。
——*n.* Ⓒ科威特人。

kvass [kvas, kwas; kvɑ:s] *n.* Ⓤ裸麥啤酒《俄國和東歐的一種低酒精含度飲料；以裸麥、大麥或麵包加麵子釀造》。

kvetch [kvɛtʃ; kvetʃ] *v.i.* 《俚》(經常)抱怨，發牢騷。

kW, kw. 《略》kilowatt(s).

kWh 《略》kilowatt-hour(s).

KY 《略》《郵政》Kentucky.

Ky. 《略》Kentucky.

ky·a·nite ['kaɪəˌnaɪt; 'kaiənait] *n.* Ⓤ《礦》藍晶石。

ky·ri·e e·lei·son ['kɪrɪˌi ə'leəsn; 'kiəri:ei i'leisən] **«源自希臘文「求主憐憫」之義»——***n.* **1** [**the** ~；有時 **K~ E~**]《基督教》啓應禱文，啓應禱告《羅馬天主教、希臘正教和英國國教會用爲聖餐禮中及對十誡的應答句》。**2** Ⓒ《音樂》配啓應禱文的音樂。

Kyu·shu ['kjuʃu; 'kju:ʃu:] *n.* 九州《日本主要島嶼之一》。

L l L l 𝓛 𝓵

l, L[1] [ɛl; el] *n.* (*pl.* **l's, ls, L's, Ls** [~z; ~z]) **1** ⓊⒸ英文字母的第十二個字母；cf. lambda. **2** Ⓤ(一序列事物的)第十二個；(不包括 J 的)第十一個。**3** Ⓤ(羅馬數字的)50：*L*VI [*l*vi]＝56/*L*X [*l*x]＝60.

L[2] [ɛl; el] *n.* (*pl.* **L's, Ls** [~z; ~z]) **1** Ⓒ **a** L 字形(之物)。**b**《機械》L字管。**c**《建築》建築物在一端作直角伸出的側翼。**2** [the ~]《美口語》高架鐵路《★源自 elevated railroad 之略；cf. el》.

L《略》large；Latin；*libra(e)* (⇨ **£**)；lira, lire；low.

l.《略》land；latitude；league；left (fielder)；length；*libra(e)*；line；lira, lire；liter(s).

L.《略》Lady；Lake；Latin；Law；Left；Liberal；Licentiate；Lord；Low.

£《略》*libra(e)* (拉丁文＝pound(s) sterling).

la[1] [lɑ; lɑ:] *n.* (*pl.* ~**s**) Ⓤ [指個體時爲Ⓒ]《音樂》(固定唱法) C 大調音階中的第六音(cf. sol-fa).

la[2] [lɔ, lɑ; lɔ:] *interj.*《古・方言》看！呀！啊呀！《表加强語氣或驚訝之聲》。

La《符號》《化學》lanthanum. **LA**《略》《美郵政》Louisiana. **La.**《略》Louisiana. **L.A.**《略》《口語》Los Angeles.

laa·ger [ˈlɑgɚ; ˈlɑ:gə] *n.* Ⓒ《南非》(以車輛圍成以作防衛之用的)臨時陣營；車陣。

lab [læb; læb] «laboratory 之略» —《口語》*n.* Ⓒ實驗室。
—*adj.* 實驗室的。

Lab.《略》Labo(u)r；Labourite；Labrador.

La·ban [ˈlebən; ˈleibən] *n.* 雷本《男子名》。

lab·e·fac·tion [ˌlæbɪˈfækʃən; ˌlæbiˈfækʃn] *n.* Ⓤ動搖，沒落，衰弱，墮落，滅亡，頹廢。

*__la·bel__ [ˈlebl; ˈleibl] «源自古法語「剪下的碎片」之義» —*n.* Ⓒ **1** 貼紙；籤條；標籤；附箋。**2** (簡單地標示人、流派等特色的)符號，標語。**3** (辭典等中的)說明性略語《如《口語》、《植物》等》。
—*v.t.* (**la·beled**,《英》**-belled**；**la·bel·ing**,《英》**-bel·ling**) **1 a** [十受]貼[加]貼紙[附箋，標籤]於…：baggage ~*ed* for Paris 貼有運往巴黎的標籤的行李。**b** [十受十補]在…上貼[加]〈…的〉貼紙[附箋，標籤]：He ~*ed* the bottle poisonous. 他在瓶子上貼了表示有毒的標籤/The bottle was ~*ed* "Poison." 瓶子上貼有「毒藥」的標籤。**2** [十受十(*as*)補] (貼上標籤)把…分類〈爲…〉；稱…〈爲…〉，說…〈是…〉：They ~*ed* him (*as*) a demagogue [him a liar]. 他們稱他爲政治煽動家[說他是撒謊者]。

la·bi·al [ˈlebɪəl; ˈleibjəl, -biəl] *adj.* **1**《解剖・動物》唇(形)的。**2**《語音》唇音的：a ~ sound 唇音。
—*n.* Ⓒ《語音》唇音(《[p, b, m, f, v] 等》)。~**·ly** [-əlɪ; -əli] *adv.*

la·bi·a·lize [ˈlebɪəˌlaɪz; ˈleibiəlaiz] *v.t.*《語音》用唇發〈音〉；使…唇音化。

la·bi·ate [ˈlebɪˌet, -bɪɪt; ˈleibiət, -eit] *adj.* **1**《動物》(形狀、機能等)似唇的，唇狀的，有唇狀物的。**2**《植物》唇形花冠的，唇形科的。

la·bile [ˈlebl, -bɪl; ˈleibail] *adj.* 不安定的；易起化學變化的；不穩的。

la·bi·o·den·tal [ˌlebɪoˈdɛntl; ˌleibiouˈdentl˝]《語音》*adj.* 唇齒音的：a ~ sound 唇齒音。—*n.* Ⓒ唇齒音《[f, v] 等》。

‡**la·bor**,《英》**la·bour** [ˈlebɚ; ˈleibə] «源自拉丁文「辛勞」之義»
—*n.* **1** Ⓤ(以獲得工資爲目的之)**勞動**，**勤勞**：money gained by [from] ~ 靠勞動獲得的錢/manual ~ 體力勞動/mental [physical] ~ 腦力[體力]勞動/hard ~ (刑罰的)苦役，粗重的工作，苦工。
2 Ⓤ(肉體的、精神的)辛勞，費力，苦心，勞苦，勞力：with ~ 費力地。
3 Ⓒ工作：a ~ of love 出於愛心的工作《★引自聖經新約「帖撒羅尼迦前書」》/the twelve ~*s* of Hercules 海克力斯的十二項艱鉅工作。
4 Ⓤ[常 L~；集合稱](對資本家、企業家而言的)勞工；勞工階級(cf. capital[1] 4)：*L*~ and Capital 勞工與資本家，勞資/(a) shortage of ~ 勞動力之不足/the Department [Secretary] of *L*~ (美國的)勞工部[部長]。
5 [常 **Labour**](英國的)勞工黨，工黨(Labour Party).
6 Ⓤ[又作**a** ~]陣痛：easy [hard] ~ 順[難]產/be *in* ~ 分娩中。
—*adj.* [用在名詞前] **1** (有關)勞動的：a ~ dispute 勞資爭議/a ~ problem 勞工問題/ the [a] ~ force (一個企業、一個國家的)勞動力。**2** [常**Labour**](英國)勞工黨的(cf. conservative 2)：⇨ Labour Party.
—*v.i.* **1** **勞動**：**a** 勞動，努力，賣力勞動：~ in the fields 在田間工作/~ in a great cause 爲偉大的目標盡力。**b** [十介十(代)名][爲工作等]賣力，辛勞[*at*, *over*]：~ ***at*** a task努力做一項工作/ ~ ***over*** a line 爲一行字而絞盡腦汁。**c** [十介十(代)名][爲…而]辛勞，努力[*for*]；努力[追求…][*after*]：~ ***after*** wealth 拼命地追求物質財富/Let us ~ ***for*** a better future. 讓我們爲更美好的將來而努力。**d** [十*to* do]努力〈做…〉：He ~*ed to* complete the task. 他爲完成那工作而努力。
2 [十副詞(片語)]費力地前進；〈汽車等〉吃力地前進：An old woman ~*ed up* (the hill). 老婦人吃力地爬上(小山)/The ship was ~*ing through* (the) heavy seas. 船在波濤洶湧的海上顛簸地航行。
3 [十介十(代)名] **a** [因病等而]苦惱[受苦][*under*]：~ ***under*** a persistent headache 因持久不癒的頭痛而受苦。**b** 受[誤解、錯覺等]之苦[*under*]：~ ***under*** the illusion *that*... 爲…的幻想[錯覺]所苦/He is ~*ing under* a great error. 他因犯大錯而受苦。
4 受分娩之苦，受陣痛。
—*v.t.* **1** [十受]詳述，絮絮叨叨地談論，仔細地分析解釋…：~ the argument [point] 仔細地分析解釋論據[主旨]。
2 [十受(十副詞(片語))][~ **one's way**]冒着[不顧]困難而前進。

*__lab·o·ra·to·ry__ [ˈlæbrəˌtorɪ, ˈlæbərə-, -ˌtɔrɪ; ləˈbɔrətəri, ˈlæbərə-] «源自拉丁文「工作場所」之義» —*n.* Ⓒ **1 實驗室**，**試驗所**。**2 a** (教育、社會科學等具有設備的)實習室，研究室：⇨ language laboratory. **b** (大學課程中的)實習。**3** (藥品等的)製造廠。
—*adj.* [用在名詞前] **1** 實驗室(用)的：a ~ rat 實驗用的老鼠。**2** 實習的：a ~ course 實習課程。

Lábor Dày *n.* (美國、加拿大的)勞動[工]節。

> 【說明】九月的第一個星期一，爲法定假日；相當於歐洲的五月一日(May Day)；雖然也有工會的集會和遊行，但主要是勞動者從事野餐或體育運動等休閒娛樂活動以歡度一天的日子；對於學齡兒童而言則是暑假的最後假日，新學期即將於次日開學。

lá·bored *adj.* **1** 〈文章等〉詰屈聱牙的；勉强的，牽强的，不自然的；矯揉造作的：a ~ style (矯揉造作而)生硬[不流暢]的文體。**2** 〈動作、呼吸等〉困難的，痛苦的；緩慢的。

lá·bor·er [-bərɚ; -bərə] *n.* Ⓒ(從事體力勞動的)勞工；勞動者；苦力。

la·bor·ing [ˈlebərɪŋ; ˈleibəriŋ] *adj.* **1** 從事勞動的：the ~ class(es) 勞工階級。**2** 困苦的，辛勞的，痛苦的。**3** 因生產而痛苦的。**4** (船)劇烈顛簸的。

lábor-inténsive *adj.* 勞力密集的(cf. capital-intensive).

la·bo·ri·ous [ləˈborɪəs, -ˈbɔr-; ləˈbɔ:riəs] «labor 的形容詞» —*adj.* **1** 〈工作等〉費力的，辛苦的；艱難的；麻煩的：a ~ journey 吃力的旅行。**2** 〈人、動物〉勤勉的。**3** 〈文體等〉詰屈聱牙的；生硬的，不流暢的。~**·ly** *adv.* ~**·ness** *n.*

lábor màrket *n.* Ⓒ勞動市場。

lábor móvement *n.* Ⓒ工人運動。

lábor páins *n. pl.* **1** 產前陣痛。**2** 任何工作開始時所遇到的困難：the ~ of starting a new book 開始寫一本新書時所遭遇的困難。

lábor·sàving *adj.* 節省勞力的；省力的：a ~ device [appliance] 省力裝置[器具]/~ innovations 旨在節省勞力的革新。

la·bor·some [ˈlebɚsəm; ˈleibəsəm] *adj.* 費力的；困難的；麻煩的。

lábor spý *n.* Ⓒ受雇於資方刺探工會活動的人。

lábor státesman *n.* Ⓒ勞工政治家。

lábor ùnion *n.* Ⓒ《美》工會(《英》trade union).

‡**la·bour** [ˈlebɚ; ˈleibə] *n.*, *v.*《英》＝labor.

la·boured [ˈlebɚd; ˈleibəd] *adj.*《英》＝labored.

la·bour·er [ˈlebərɚ; ˈleibərə] *n.*《英》＝laborer.

Lábour Exchànge *n.* Ⓒ(英國的)勞工[職業]介紹所《★現在的正式名稱爲 Employment Service Exchange》.

la·bour·ing [ˈlebərɪŋ; ˈleibəriŋ] *adj.*《英》＝laboring.

La·bour·ite [ˈlebəˌraɪt; ˈleibərait] *n.* Ⓒ(英國的)勞工黨黨員。

Lábour Pàrty *n.* [the ~]（英國的）勞工黨，工黨《★有時候被反對黨稱爲 the Socialist Party, the Socialists（社會黨）；略作 L. P.》.

Lab·ra·dor [ˈlæbrəˌdɔr; ˈlæbrədɔː] *n.* **1** 拉布拉多半島《位於加拿大東部哈德遜（Hudson）灣與大西洋之間的半島》。**2** 拉布拉多省《半島東部》。**3**（又作 **Lábrador retríever**）Ⓒ拉布拉多獵犬《紐芬蘭（Newfoundland）種的中型獵犬》。

la·bur·num [ləˈbɝnəm; ləˈbəːnəm] *n.* Ⓤ［指個體時爲Ⓒ］《植物》金鏈花《一種豆科灌木；開黃色花；常用作復活節的裝飾》。

lab·y·rinth [ˈlæbəˌrɪnθ; ˈlæbərinθ] *n.* **1 a** Ⓒ迷宮，迷津（maze）；（庭園等的）迷園。**b** [the L~]《希臘神話》迷宮《雅典的名工匠狄德勒斯（Daedalus）爲克里特（Crete）王邁諾斯（Minos）建造以監禁怪物邁諾托（Minotaur）的迷宮》。**2** Ⓒ〔街道、建築物等〕錯綜複雜之物〔*of*〕：a ~ *of* streets 錯綜複雜的街道。**3** Ⓒ複雜的關係，糾葛〔*of*〕：a ~ *of* relationships 錯綜複雜的關係。**4** [the ~]《解剖》內耳。

labyrinth 1 a

lab·y·rin·thi·an [ˌlæbəˈrɪnθɪən; ˌlæbəˈrinθiən], **lab·y·rin·thine** [ˌlæbəˈrɪnθɪn, -θin; ˌlæbəˈrinθain] «labyrinth 的形容詞» —*adj.* [用在名詞前]**1** 像迷宮［迷津］（似）的。**2** 難懂的，難解的；迷惑的；複雜的：a ~ problem 複雜的問題。

lac[1] [læk; læk] *n.* Ⓤ蟲膠《紫膠蟲分泌於樹上的似樹脂之物質，可作漆或染料》。

lac[2] [læk; læk] *n.*《印度》**1** Ⓒ十萬（盧比（rupee））。**2** Ⓤ巨額，無數。

***lace** [les; leis] «源自拉丁文「圈套」之義» —*n.* **1** Ⓒ（繫（緊）鞋、束腹等的）細帶子，縧帶，線帶；絲帶：(a pair of) shoe ~*s*（一雙）鞋帶。**2** Ⓤ花邊：~ for a dress 女裝用的花邊。**3** Ⓤ（裝飾軍服等的）金邊，（金線、銀線搓成的）飾帶《★[比較]braid 較爲普遍》：gold [silver] ~ 金［銀］邊。

—*adj.* [用在名詞前]縧帶的，花邊的，絲帶的：a ~ curtain 花邊窗帘。

—*v.t.* **1**〔十受（十副）〕**a** 用帶繫，用帶束…〈*up*〉：~ (*up*) one's corset (tight) 繫（緊）束腹的帶子。**b**（用束腹的帶子）束〈腹〉〈*in*〉：~ one's waist *in* 用帶子束腰。

2 a〔十受十副〕穿〈帶子等〉〈*through*〉：~ a cord *through* 穿線繩。**b**〔十受十介十（代）名〕把〈帶子等〉穿過〔孔等〕〔*through*〕：~ a string *through* a hole 把線穿過孔。

3 a〔十受〕飾花邊於…。**b**〔十受十介十（代）名〕〔以金［銀］邊、花邊等〕爲…飾［鑲］邊〔*with*〕《★常用被動語態》：cloth ~*d with* gold 鑲着金邊的布。

4〔十受十介十（代）名〕**a** 把…〔與…〕組合，把…〔與…〕交叉在一起〔*in*〕：He ~*d* her fingers *in* his. 他把她的手指跟自己的交叉在一起。**b**〔用…〕交織；刺繡…〔*with*〕《★常用被動語態》：a handkerchief ~*d with* green thread 用綠線繡的手帕。**c**〔以…〕使…有條紋〔*with*〕《★常用被動語態》：a white petunia ~*d with* purple 有紫色條紋的白色牽牛花。**d** 攙〔酒〕於〈飲料〉〔*with*〕《★常用被動語態》：coffee ~*d with* brandy 攙了白蘭地的咖啡。

5〔十受〕《口語》（鞭）打…。

—*v.i.* **1**〔動（十副）〕被繫［結］以帶子；（用帶子）束腰〈*up*〉：These shoes ~ easily. 這雙鞋的鞋帶容易繫/This corset ~*s* (*up*) at the side. 這束腹的帶子是在旁邊繫的。**2**〔十介十（代）名〕《口語》（用話、毆打等）攻擊；責難，貶低〔人等〕〔*into*〕：~ *into* a person 攻擊［貶低］某人。

laced *adj.* **1** 有［繫以］帶子的；飾以花邊的。**2**〈咖啡等〉攙有少量酒的。

Lac·e·dae·mon [ˌlæsəˈdimən; ˌlæsiˈdiːmən] *n.* =Sparta.

Lac·e·d(a)e·mo·ni·an [ˌlæsədɪˈmonɪən; ˌlæsidiˈmounjən] *adj.*, *n.* =Spartan.

lac·er·ate [ˈlæsəˌret; ˈlæsəreit] *v.t.* **1**（用爪子或玻璃碎片等）撕裂，劃破〈臉、手臂等〉。**2** 折磨，傷害〈心、感情等〉。

—[-ret, -rɪt; -reit, -rit] *adj.* **1** 被撕裂的，裂成碎片的：a ~ wound 裂傷。**2**《植物》〈葉子等〉邊緣缺裂呈鋸齒狀的。

lac·er·a·tion [ˌlæsəˈreʃən; ˌlæsəˈreiʃn] «lacerate 的名詞» —*n.* **1** Ⓤ **a** 劃破，撕裂。**b**（感情等的）傷害，苦惱。**2** Ⓒ裂傷，裂口，破口。

láce·wìng *n.* Ⓒ《昆蟲》草蜻蛉。

láce·wòrk *n.* Ⓤ花邊（工藝）；鏤空工藝。

la·ches [ˈlætʃɪz; ˈleitʃiz, ˈlætʃiz] *n. pl.* [當單數用]《法律》（履行義務或主張權利之）怠慢，懈怠。

Lach·e·sis [ˈlækəsɪs; ˈlækisis] *n.*《希臘神話》蕾克希思《命運三女神之一；司職人類生命線之長度；⇨ fate 3》.

lach·ry·mal [ˈlækrəml; ˈlækriml] *adj.* **1** 眼淚的，易流淚的。**2**《解剖》分泌眼淚的（lacrimal）.

lach·ry·ma·tor [ˈlækrəˌmetɚ; ˈlækrimeitə] *n.* Ⓤ《化學》催淚物質；催淚瓦斯。

lach·ry·ma·to·ry [ˈlækrəməˌtorɪ, -ˌtɔrɪ; ˈlækrimətəri] *adj.* 眼淚的，催淚的：~ gas [shells] 催淚瓦斯［催淚彈］。

—*n.* Ⓒ淚壺《相傳在古羅馬用以盛裝送葬者眼淚的容器》。

lach·ry·mose [ˈlækrəˌmos; ˈlækrimous] *adj.* **1** 好流淚的。**2** 令人流淚的，悲慘的。~**·ly** *adv.*

lác·ing *n.* **1** Ⓤ飾花邊；刺繡。**2** Ⓤ（鞋、束腹等的）帶子類；花邊；金［銀］鑲邊。**3** [a ~]《口語》鞭打。

‡**lack** [læk; læk] «源自中古荷蘭語「缺少」之義» —*n.* **1** Ⓤ［又作 a ~］〔必要物、所希望之物的〕缺乏，不足，缺少〔*of*〕：~ *of* sleep [exercise] 睡眠［運動］不足/We have no ~ *of* fuel. 燃料不缺乏。

> 【同義字】lack 指必要的東西、想要的東西完全沒有或不充足；want 和 need 除了具有 lack 的含義之外另有迫切需要補足的意思。

2 Ⓒ不夠［缺乏］的東西。

for [from] láck of... 因缺乏…：It cannot be discussed here *for* ~ *of* space. 由於篇幅不夠，無法在此談論此事。

—*v.t.*（★無進行式、被動語態）**1**〔十受〕缺乏，缺少，沒有…：He ~*s* common sense. 他沒有常識/I ~*ed* the money with which to finish it. 我沒有錢可以完成這件事。**2**〔十受十介十（代）名〕〔就…而言〕不足…〔*of*〕：The vote ~*ed* three *of* (be*ing*) a majority. 投票結果還差三票過半數。

—*v.i.*〔動（十介十（代）名）〕缺乏，不夠〔*for, in*〕《★[用法]常用於否定句；be lacking 較爲普遍》：~ *for no*thing 不缺任何東西/They did *not* ~ *for* customers. 他們不缺少［有足夠的］主顧。

lack·a·dai·si·cal [ˌlækəˈdezɪkl; ˌlækəˈdeizikl] *adj.* 沒有精神的，無精打采的；懶散的；做作的；若有所思的；感傷的。

~**·ly** [-klɪ; -kəli] *adv.*

lack·er [ˈlækɚ; ˈlækə] *n.*, *v.* =lacquer.

lack·ey [ˈlækɪ; ˈlæki] *n.* Ⓒ **1**（穿着由主人提供的衣服的）男僕，跟班。**2**（卑躬屈膝的）黨羽；奉承者。

láck·ing *adj.* [不用在名詞前]〔十介十（代）名〕**1**〔對於…〕不夠的，缺少的〔*for*〕：Money is ~ *for* the trip. 去旅行的錢不夠。**2** 缺乏〔…〕的〔*in*〕(cf. lack *v.i.*)：She is ~ *in* common sense. 她缺乏常識。

—*prep.*《文語》如果沒有…：*L*~ anything better, use what you have. 如果沒有更好的東西，就用現有的吧。

láck·lùster,《英》**láck·lùstre** *adj.*〈眼睛等〉無光澤的，灰黯的，沒有生氣的：a ~ performance 不精采的演出［演奏，演技］。

La·co·ni·a [ləˈkonɪə; ləˈkounjə] *n.* 拉康尼亞《古希臘南部的一個國家；首都斯巴達（Sparta）》.

La·con·ian [ləˈkonɪən; ləˈkounjən] *adj.* =Spartan.

la·con·ic [ləˈkɑnɪk; ləˈkɔnik] «源自 Laconia（古希臘南部古國）人語言簡潔之義» —*adj.* **1** 簡潔的，簡明的。**2** 不說廢話的。

-i·cal·ly [-klɪ; -kəli] *adv.*

la·con·i·cism [ləˈkɑnəsɪzəm; ləˈkɔnisizəm], **lac·o·nism** [ˈlækənɪzəm; ˈlækənizəm] *n.* **1** Ⓤ（語句的）簡短；簡潔。**2** Ⓒ簡明的語句。

lac·quer [ˈlækɚ; ˈlækə] *n.* **1** Ⓤ［指種類時爲Ⓒ］**a** 天然漆，蟲漆。**b** 漆。**c** 噴霧髮膠水。**2**（又作 **lácquer wàre**）Ⓤ［集合稱］漆器（類）。

—*v.t.* 塗漆於…；噴髮膠水於〈頭髮〉。

lac·quey [ˈlækɪ; ˈlæki] *n.*, *v.* =lackey.

lac·ri·mal [ˈlækrɪml; ˈlækriml] *adj.* **1**《解剖》眼淚的，分泌眼淚的：a ~ duct [gland, sac] 淚管［腺，囊］。**2** 淚的，易流淚的（lachrymal）.

la·crosse [ləˈkrɔs; ləˈkrɔs] *n.* Ⓤ曲棍網球。

> 【說明】由兩隊《每隊十人，女子則爲十二人》進行的一種類似曲棍球（hockey）的球類運動，起源於美洲印地安人；在加拿大尤其盛行，已成爲該國有代表性的體育運動；在美國則爲在學校及俱樂部受歡迎的夏季運動。

lac·tate [ˈlæktet; ˈlækteit] *v.i.* 分泌乳液，生乳。

lac·ta·tion [lækˈteʃən; lækˈteiʃn] «lactate 的名詞» —*n.* Ⓤ乳液的分泌（期），授乳（期間）。

lac·te·al [ˈlæktɪəl; ˈlæktiəl] *adj.* **1** 乳的，乳汁的；乳狀的：a ~ gland《解剖》乳腺。**2**〈淋巴管〉輸送［輸入］乳糜的：the ~ vessels 乳糜管。

lac·te·ous [ˈlæktɪəs; ˈlæktiəs] *adj.* **1**《古》乳的；似乳的；乳白色的。**2** =lacteal.

lac·tic [ˈlæktɪk; ˈlæktik] *adj.* [用在名詞前]《化學》乳（汁）的；取自乳汁的：~ acid 乳酸。

L

lac·to- [lækto; læktou-] 字首 表「乳」之意。

lac·tom·e·ter [lækˋtɑmətɚ; lækˈtɔmitə] *n.* Ⓒ驗乳計，乳汁比重計。

lac·tose [ˈlæktos; ˈlæktouz, -tous] *n.* Ⓤ《化學》乳糖。

la·cu·na [ləˈkjunə; ləˈkju:nə] 《源自拉丁文「縫隙」之義》 ——*n.* Ⓒ(*pl.* **la·cu·nae** [-ni; -ni:], ～s) **1a** [原稿、書籍等的]脫漏(部分)，闕文；[引用句中的]原文被省略部分[*in*]．**b** [知識等的]空隙，空白，缺陷[*in*]：numerous *lacunae in* his argument 他的議論有很多漏洞。**2**《解剖》陷窩，腔隙，裂口，凹陷。

la·cus·trine [ləˈkʌstrɪn; ləˈkʌstrain, -trin], **-tri·an** [-trɪən; -triən] *adj.* **1** 湖的；湖水的；湖上的：～ dwellings 湖上的木架屋。**2** 生活在湖上的。**3**《生物》棲居於湖中的。

lac·y [ˈlesɪ; ˈleisi] 《lace 的形容詞》 ——*adj.* (**lac·i·er**；**-i·est**)(似[有])花邊的；帶狀的；絲或緞帶的。

***lad** [læd; læd] *n.* Ⓒ**1** [也用於稱呼] **a 年輕人，小伙子，少年**(←→ lass)．**b**《口語》(不分年齡)男子：my ～*s* 諸君，朋友們，弟兄們。**2**《英口語》粗野的人，無禮魯莽的人《★常用於下列片語》：a bit of a ～ 有一點粗野的人。

***lad·der** [ˈlædɚ; ˈlædə] *n.* Ⓒ**1 梯子**：climb (up) [down] a ～ 上[下]梯子。

【說明】有迷信認爲走過梯子下面會不吉利；據說這是因爲在古時候梯子被用於絞刑和火刑而暗示死亡的緣故。

2 梯狀物。**3**《英》(襪子)因脫線而成的梯形裂縫；抽絲(《美》run)．**4 a** [出人頭地等的]途徑，手段[*to, of*]：a ～ *to* [*of*] success 成功的手段[階梯]。**b** [常 **the** ～](身分、地位等的)步驟：*the* (social) ～ 立身成功的途徑。

the tóp of the ládder ⇨ top[1].

kíck dówn the ládder 捨棄幫助自己立身的朋友[職業(等)]，過河拆橋。

stárt at the bóttom of the ládder ⇨ bottom.

——《英》*v.i.* 〈襪子〉抽絲，跳絲(《美》run)．

——*v.t.* [十受]使〈襪子〉跳絲。

lad·die, lad·dy [ˈlædɪ; ˈlædi] *n.* Ⓒ[也用於稱呼]少年，年輕人，小哥(cf. lassie).

lade [led; leid] *v.t.* (**lad·ed**；**lad·en, lad·ed**) **1** [十受(十介十(代)名)][以貨物]裝〈船、車等〉[*with*]；把〈貨物〉裝上[船、車][*on*]《★比較 load 較爲普遍》。**2** (以柄勺等)舀出〈液體〉。

——*v.i.* **1** 裝貨。**2** 舀出。

lad·en [ˈledn̩; ˈleidn] *v.* lade 的過去分詞。

——*adj.* **1a** 裝了貨的，載有貨物的：a ～ ship 裝了貨的船。**b** [常構成複合字]裝了(…)的，帶有(…)的：a hay-*laden* cart 載着乾草的運貨車/a traffic-*laden* street 交通量大的街道。**c** [不用在名詞前][十介十(代)名]載[附，帶]滿[…]的，充滿[…]的[*with*]：trees ～ ***with*** fruit 結滿果實的樹/The table was ～ *with* maps, charts, and books. 檯上放滿了地圖、航海圖和書。

2 a [不用在名詞前][十介十(代)名][因…而]苦惱的[*with*]：a lady ～ ***with*** grief 充滿悲傷的婦人。**b** [常構成複合字](因…而)苦惱的：a debt-*laden* man 債台高築的人/famine-*laden* districts 遭受飢荒的地區。

la-di-da [ˌlɑdɪˈdɑ; ˌlɑ:diˈdɑ:ˉ] 《英口語》*adj.* **1** 裝模作樣的。**2** 作態的，擺架子的。

——*n.* Ⓒ **1** 裝模作樣的人，作態的人。**2** 裝模作樣，作態的舉止。

La·dies, La·dies' [ˈledɪz; ˈleidiz] *n.* Ⓒ(*pl.* ～)[常 **the** ～]《英口語》女用(公共)廁所(cf. Gents).

ládies' màn *n.* Ⓒ 喜歡接近女人的男人。

ládies' ròom *n.* [有時 L～ r～]Ⓒ《美》(旅館、戲院等的)女用廁所(cf. men's room).

lád·ing *n.* Ⓤ **1** 裝貨，裝載，裝船。**2** 船貨，貨物：⇨ BILL[1] of lading.

la·dle [ˈledl; ˈleidl] 《源自古英語「汲出(lade)者」之義》 ——*n.* Ⓒ 柄杓。

——*v.t.* **1 a** [十受(十副)]以柄杓汲[舀]出〈水、湯等〉〈*out*〉：～ (*out*) soup 舀湯。**b** [十受十介十(代)名][從…(中)]舀出…[*out of*]：～ soup ***out of*** a pot 從鍋中舀取湯。**c** [十受十介十(代)名]將…舀入[…][*into*]：～ soup ***into*** a plate 把湯舀入盤子。**2** [十受十副]《口語》(亂[濫])給[送]〈錢、禮物等〉〈*out*〉：～ ***out*** praise 大加讚揚，誇獎。

la·dle·ful [ˈledl̩fəl; ˈleidlful] *n.* Ⓒ一滿杓子[*of*].

Lad·o·ga [ˈlɑdəgə; ˈlædəgə], **Lake** *n.* 拉多加湖《在蘇聯西北部，爲歐洲最大湖》。

‡**la·dy** [ˈledɪ; ˈleidi] *n.* **1** Ⓒ **a 貴婦人**《身分尊貴的婦女》。**b 淑女**(←→ gentleman)：You are quite a young ～. 你眞是個文雅的小姐。

【字源】本來的意思是「揑麵包的人」，用以指「一家的主婦」。後來意思逐漸提高而成爲「貴婦」之意；cf. lord【字源】

【說明】在英國，此字附於有 Lord 稱號的貴族夫人或其女兒的姓(名)之前當作敬稱使用。在沒有爵位制度的美國，則不當作婦女的敬稱使用。對於有教養的女性，不稱 woman，而稱 lady，這是英美相同的，但這字只用於十五、六歲以上的女性。指稱眼前的女性時不用 this woman 而用 this lady.

2 [**L**～]《英》**a** [冠在姓氏或領地名稱前]…夫人《對女侯爵[女伯爵，女子爵，女男爵]或侯爵[伯爵，子爵，男爵]夫人的敬稱》。**b** [冠在教名前]…小姐《對公爵[侯爵，伯爵]之女的敬稱》。**c** [冠在夫的教名前]…夫人《對有 Lord 爵號(courtesy title)者之夫人[未亡人]的敬稱》。**d** [冠在姓氏前]…夫人《對有 Sir 頭銜者——即從男爵(Baronet)及勳爵士(knight)——之夫人[未亡人]的敬稱》。

3 a Ⓒ[woman 的婉轉代用字]女人，婦人，婦女；女士：Ladies first. 女士優先。

【說明】男性在各種場合給予女性優先權時的說法，但自從婦女解放(women's liberation)的觀念大行其道以後男女平等，尤其在年輕人之間，無論公開或私人場合都不使用。據說，現在如果使用此語，年輕一代的女性常會認爲是一種侮辱。

b [～s；用於稱呼女性聽衆]各位女士(←→ gentlemen)：*Ladies* and Gentlemen 各位先生和女士《★ 用法 只有婦女時僅用 Ladies》。**c** [用於稱呼]夫人，小姐《★ 用法 除下列情形之外 madam 較爲普遍》：my ～ 夫人，小姐《尤其僕人用以稱呼有 Lady 頭銜的婦女》/my dear [good] ～ 夫人，小姐/young ～《口語》小姐。**4** Ⓒ《俚·古》妻子，太太：my old ～ (我的)太太/the general's ～ 將軍夫人。

Our Lády 聖母瑪利亞。

the first lády (of the lánd) ⇨ first lady.

the lády of the hóuse 主婦，女主人。

——*adj.* [用在名詞前]女…《★ 比較 作此解時，一般多用 woman; female 多用於動物》：a ～ aviator 女飛行家。

lády·bird *n.* Ⓒ《昆蟲》瓢蟲。

【說明】會吃害蟲綠色蚜蟲(greenfly)的一種益蟲；因爲中世紀時曾獻給聖母瑪利亞(Our Lady)因而稱作 ladybird(聖母之鳥)。

lády bóuntiful *n.* Ⓒ(*pl.* ～**s, ladies bountiful**)慷慨的女慈善家：In her later years she became a ～. 她在晚年變得樂善好施。

lády·bùg *n.* Ⓒ《美》《昆蟲》瓢蟲(ladybird)《★在美國被視爲吉祥的昆蟲而受到保護，常被用於指環、別針等的圖案》。

Lády Chàpel *n.* Ⓒ 聖母[玫瑰]堂《常設於大教堂的大祭壇背後》。

Lády Dày *n.* (聖母瑪利亞之)報喜節(cf. annunciation 2b).

【說明】Lady 是指 Virgin Mary (聖母瑪利亞)，此日是天使加百列(Gabriel)告知聖母瑪利亞將懷基督的日子，即三月二十五日。在英國和愛爾蘭，是四季結賬付款日(quarter day)之一。

lády·fìnger *n.* Ⓒ 一種手指形蛋糕。

lády hélp *n.* Ⓒ《英》助理家務的婦女。

la·dy·hood [ˈledɪˌhud; ˈleidihud] *n.* Ⓤ **1** 貴婦、淑女的身分或品格。**2** [集合稱]貴婦，淑女。

lády-in-wáiting *n.* Ⓒ(*pl.* **ladies-in-wait·ing**)(女王、公主的)侍女，宮女。

lády-kìller *n.* Ⓒ甚爲女子垂青的男子，使女人一見鍾情的男人《尤指對女子無情義者》。

lády·lìke *adj.* **1** 〈女人〉風度雍容如貴婦的，高雅的；貞淑的；溫柔的。**2** 〈男人〉女人似的，娘娘腔的，柔弱的。

lády·lòve *n.* Ⓒ愛人，情人《指女性》；情婦。

lády·shìp *n.* Ⓒ [常 **L**～；**your** ～(s), **her** ～, **their** ～s]用以稱呼有 Lady 頭銜之婦女的尊稱：your ～(*s*) (各位)夫人，(各位)小姐《★ 用法 代替 you 而用於稱呼對方》/her ～ 夫人，小姐《★ 用法 用以代替 she, her》/their ～*s* 夫人們，小姐們《★ 用法 用以代替 they, them》.

lády's máid *n.* Ⓒ(負責照料貴婦衣著及化粧等的)女僕，侍女。

lády's màn *n.* ＝ladies' man.

lády('s)-slìpper *n.* Ⓒ《植物》杓蘭屬植物，蘭科喜普鞋蘭屬植物。

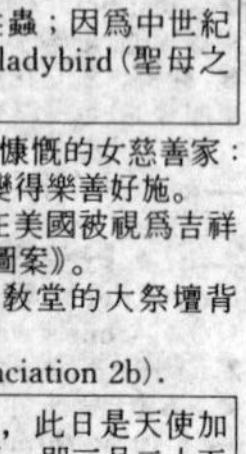
lady's-slipper

lag[1] [læg; læg] *v.i.* (**lagged**；**lag·ging**) **1 a 緩慢地走，磨蹭**。**b** 〈景氣等〉呆滯。**2 a** [動(十副)]落後〈*behind*〉：He *lagged* ***behind*** in the race. 他在賽跑中落後了。**b** [十介十(代)名][較…]落後[*behind*]：We should not ～ ***behind*** other nations in the exploitation of space. 我們在開發太空方面不應該落在其它國家之後。**3** 〈熱忱、關心等〉慢慢地減少，減退。

——*n.* Ⓒ **1** 落後，遲延：⇨ time lag, cultural lag, jet lag. **2**《機械·電學》滯後，遲滯(量)。

lag² [læg; læg] *v.t.* (**lagged**；**lag·ging**)〔十受(十介十(代)名)〕〔以保溫材料、外殼〕被覆〈鍋爐、導管等〉〔*with*〕.

lag³ [læg; læg]《英俚》*v.t.* (**lagged**；**lag·ging**) **1** 使〈人〉下獄，把…關進監牢。**2** 逮捕〈人〉。

—*n.* Ⓒ **1** 囚犯；有前科的人。**2** 服役期間。

la·ger [ˈlagɚ; ˈla:gə] «源自德語「儲藏室的啤酒」之義» —*n.* (又作 **láger béer**) **1** Ⓤ儲藏啤酒《釀成後以低溫儲藏六星期至六個月使之成熟；⇨ beer【說明】》。**2** Ⓒ 一杯[一瓶]儲藏啤酒。

lag·gard [ˈlægɚd; ˈlægəd]《古》*n.* Ⓒ動作遲鈍[緩慢]之人[物]，磨蹭之人[物]。

—*adj.* **1** 動作遲鈍的，磨蹭的。**2** [不用在名詞前]〔十介十(代)名〕〔在…方面〕磨蹭的，延宕時間的〔*in, about*〕. ~·**ly** *adv.*

lág·ging «源自 lag²» —*n.* Ⓤ **1**《機械》加以外殼《指以保溫材料[包層]被覆鍋爐、導管等》。**2** 保溫材料，被覆材料，外殼。

la·goon [ləˈgun; ləˈgu:n] *n.* Ⓒ **1 a** 潟湖《灣口等被沙州堵塞而成的淺水》。**b**《美》(與面積較大的河湖相接的)沼，池。**2** 礁湖《環礁(atoll)所圍的海面；⇨ atoll 插圖》。

La Guár·di·a Áirpórt [ləˈgwardɪə-, -ˈgar-; ləˈgwa:diə-] *n.* 勒瓜迪亞機場《位於紐約市(New York City)的國際機場》。

lah-di-dah [ˌladɪˈda; ˌla:di'da:] *adj.* =la-di-da.

la·ic [ˈleɪk; ˈleiik] *adj.* (非神職人員的)信徒的，俗人的(lay).

—*n.* Ⓒ(非神職人員的)信徒，俗人(layman).

la·i·cal [ˈleɪkl; ˈleiikl] *adj.* =laic.

‡**laid** [led; leid] *v.* lay¹ 的過去式・過去分詞。

láid-báck *adj.*《美口語》〈音樂(演奏)等〉悠哉悠哉的，逍遙自在的。

láid páper *n.* Ⓤ 羅紋[條紋]紙。

‡**lain** [len; lein] *v.* lie¹ 的過去分詞。

lair [lɛr, lær; lɛə] *n.* Ⓒ **1** (野獸的)巢穴。**2** 隱匿處，躲藏處。

laird [lɛrd; lɛəd] *n.* Ⓒ《蘇格蘭》地主《尤指富裕者》。

lais·sez-faire, lais·ser-faire [ˌlɛseˈfɛr; ˌleiseiˈfɛə] «源自法語 'let do' 之義» —*n.* Ⓤ不干涉主義，(自由)放任主義(政策)《尤指政府不干涉經濟活動》。

—*adj.* 不干涉主義的，(自由)放任主義的。

la·i·ty [ˈleətɪ; ˈleiəti] «源自lay³» —*n.* [the ~；集合稱；當複數用]《★此字無複數》**1** (非神職人員的)信徒們(↔ clergy). **2** 門外漢。

‡**lake¹** [lek; leik] *n.* Ⓒ**湖，湖水**(⇨ pond【同義字】)：*L*~ Michigan 密西根湖/the *Lakes*=Lake District/ ⇨ Great Lakes.

gò (and) júmp in the láke [用祈使語氣]《口語》出去！到那邊去！不要妨礙。

lake² [lek; leik] *n.* Ⓤ **1** 一種深紅色顏料。**2** 深紅色。

Láke Dìstrict [Còuntry] *n.* [the ~] (英格蘭西北部的)湖泊地區《以 坎布利亞(Cumbria)郡的湖泊爲中心的風光明媚之地；cf. Lake Poets》.

> 【說明】英格蘭(England)西北部湖泊地區，山明水秀，有名詩人渥玆華斯(Wordsworth)，柯爾雷基(Coleridge)，羅斯金(Ruskin)等住在此區，故與英國文學，尤其浪漫派文學有密切的關係。

láke dwèller *n.* Ⓒ(史前期)居住在湖上架屋中的人，湖上人家[居民]。

láke dwèlling *n.* Ⓒ(尤指史前期)湖上的木架屋。

láke·frònt *n.* Ⓒ [常the ~] 湖邊平地：You can see a row of neat summer cottages on the ~. 你能在湖邊平地上看到一排整齊的避暑小屋。

lake·let [ˈleklɪt; ˈleiklit] *n.* Ⓒ小湖：There was a luxurious garden surrounding a ~. 有一豪華的花園圍繞著小湖。

Láke Pòets *n. pl.* [the ~] 湖畔詩人《十九世紀初居住於英格蘭西北部湖泊地區(Lake District)的英國詩人，例如渥玆華斯(Wordsworth)，柯爾雷基(Coleridge)等》。

láke·sìde *n.* [the ~]湖岸，湖畔，湖邊。

Láke Stàte *n.* [the ~]美國密西根州(Michigan)的俗稱。

lakh [læk; læk] *n.* =lac².

lam¹ [læm; læm] (**lammed**；**lam·ming**)《俚》*v.t.* **1** (用拐杖等)打，毆打，鞭打。**2** 〔十受十介十名〕毆打〈人的〉〔頭等〕〔*on*〕《★用法 在表示身體部位的名詞前加 the》：~ a person *on the* head 打某人的頭。

—*v.i.* **1** 〔(十副)十介十(代)名〕打〔人〕〈out〉〔*at*〕：~ (*out*) *at* a person 打某人。**2** 〔十介十(代)名〕痛擊〔人〕〔*into*〕：~ *into* a person 痛擊某人。

lam² [læm; læm]《美俚》*v.i.* (**lammed**；**lam·ming**)急遽逃亡，逃走，逃脫。

—*n.* [the ~]逃走《★常用於下列成語》。

on the lám《美俚》(被警察追捕而)逃亡中。

tàke it on the lám《美俚》一溜煙地逃跑，拔腿脫逃。

Lam. 《略》《聖經》Lamentations (of Jeremiah).

la·ma¹ [ˈlamə; ˈla:mə] *n.* Ⓒ 喇嘛僧。

the Dálai [Gránd] Láma 達賴喇嘛，大喇嘛《西藏喇嘛教的教主》。

la·ma² *n.* =llama.

Lá·ma·ism [-ˌɪzəm; -izəm] *n.* Ⓤ喇嘛教。

Lá·ma·ist [-ɪst; -ist] *n.* Ⓒ喇嘛教徒。

La·marck [ləˈmark; ləˈma:k], **Jean de** *n.* 拉馬克《1744–1829；法國博物學家》。

la·ma·ser·y [ˈlaməˌsɛrɪ; ˈla:məsəri] *n.* Ⓒ喇嘛寺院。

La·maze [ləˈmaz; ləˈma:z] «源自法國醫生 Fernand *Lamáze* 之名» —*adj.* 拉梅玆無痛分娩的：the ~ method 拉梅玆無痛分娩法《利用產前教育、心理與生理調適及練習呼吸等的心理預防方法》。

***lamb** [læm; læm] *n.* **1** Ⓒ**小羊，羔羊**(⇨ sheep 相關用語)：One may [might] as well be hanged for a sheep as (for) a ~. ⇨ sheep *n.* 1.

> 【說明】羔羊被認爲是純淨、溫順的象徵，在猶太教和基督教世界中，自古爲獻給神的牲禮(sacrifice). 因此，基督教人士稱基督爲 the Lamb of God, 認定羔羊是爲人類捨命的救世主基督的象徵，表現於繪畫和雕刻中。

2 Ⓤ小羊肉(cf. mutton).

3 Ⓒ《口語》**a** 天眞的人；柔順的人；易受騙的人。**b** 親愛者：my ~ 乖孩子，小弟弟，小妹妹。

in twó shákes of a lámb's tail ⇨ shake *n.* 5.

like a lámb (to the sláughter) (像羔羊被牽到宰殺之地仍不開口般)溫順地《★出自聖經「以賽亞書」》；膽怯地；易受騙地。

the Lámb (of Gód) 上帝的羔羊，基督(Christ).

—*v.i.* 〈羊〉生小羊。

Lamb [læm; læm], **Charles** *n.* 蘭姆《1775–1834；英國散文家及批評家；筆名 Elia [ˈilɪə; ˈi:liə]》。

lam·baste [læmˈbest; læmˈbeist], **lam·bast** [læmˈbæst; læmˈbæst] *v.t.* 《俚》**1** 毆打，痛打。**2** 嚴責，抨擊。

lamb·da [ˈlæmdə; ˈlæmdə] *n.* ⓊⒸ希臘字母的第十一個字 Λ, λ《相當於英文字母的 L, l；⇨ Greek alphabet 表》。

lam·ben·cy [ˈlæmbənsɪ; ˈlæmbənsi] «lambent 的名詞» —*n.* Ⓤ **1** (火焰、光的)搖曳。**2** (眼睛、天空等的)柔和的光輝。**3** (機智等的)巧妙。

lam·bent [ˈlæmbənt; ˈlæmbənt] *adj.* **1** 〈火焰、光〉搖曳的，閃爍的。**2** 〈眼睛、天空等〉柔和地發光的。**3** 〈機智等〉巧妙的。~·**ly** *adv.*

lamb·kin [ˈlæmkɪn; ˈlæmkin] *n.* Ⓒ **1** 小羊。**2** [暱稱]乖孩子，好孩子。

lámb·lìke *adj.* **1** 似小羊的；溫和的，溫柔的。**2** 柔順的；天眞無邪的。

lámb·skìn *n.* **1** Ⓒ小羊毛皮《裝飾用》。**2** Ⓤ小羊的鞣皮。

lame [lem; leim] *adj.* (**lam·er, -est**；**more ~, most ~**) **1 a** 跛足的《★比較 稍有輕蔑的意味，因此宜用(physically) handicapped》：a ~ old man 跛足的老人。**b** [不用在名詞前]〔十介十(代)名〕〔在…〕跛的〔*in*〕：He is ~ *in* one leg. 他跛了一條腿。

2 〈理由、解釋等〉不充分的，笨拙的：Oversleeping is a ~ excuse for being late. 睡過頭不是遲到的充分理由。

3 〈韻律、詩〉不完全的，不合詩韻的：a ~ meter 不合詩韻的律格。

—*v.t.* 〔十受〕**1** 使…跛足，使…殘廢《★常用被動語態》：be ~*d* for life 終身殘廢。**2** 破壞〈事物〉；使…變得無力。

~·**ly** *adv.* ~·**ness** *n.*

la·mé [ˈlame; ˈla:mei] «源自法語 'laminated' 之義» —*n.* Ⓤ一種用金[銀]線織成的織物《用於婦女晚禮服、聖袍等》。

láme·bràin *n.* Ⓒ《口語》呆子；愚蠢的人。

láme dúck *n.* Ⓒ **1** 無用[不再有用]之人[物]；廢物。**2** 《美》再競選而失敗但現任未期滿的國會議員《尤指衆院議員》。

láme-dúck *adj.*

la·mel·la [ləˈmɛlə; ləˈmelə] *n.* Ⓒ (*pl.* ~**s**, **-mel·lae** [-ˈmɛli; -ˈmeli:])薄板[層，膜]。**la·mel·lar** [ləˈmɛlɚ; ləˈmelə], **lam·el·late** [ˈlæməˌlet; ˈlæməleit] *adj.*

la·ment [ləˈmɛnt; ləˈment] «源自拉丁文「哭泣」之義» —*v.t.* **1 a** 〔十受〕**哀悼〈人〉**；爲…悲傷，慟哭：We all ~*ed* the death of our friend. 我們都爲朋友之死而悲痛。**b** 〔十do*ing*〕哀傷：She ~*ed* hav*ing* lost her father. 她因失去父親而哀傷。**2** 〔十受〕悔恨；惋惜；抱憾：~ a person's absence 對某人不在場感到惋惜。

—*v.i.* 〔動(十介十(代)名)〕〔對…〕表示哀傷，哀悼，慟哭，悔恨，抱憾〔*for, over*〕：~ *for* the death 哀悼死者/ ~ *over* one's loss 抱憾自己的損失。

the láte laménted 已作古的人；已故者；(尤指)亡夫。

—*n.* Ⓒ **1** 悲傷，哀悼，慟哭〔*for, over*〕. **2** 哀悼之詩[歌]，哀歌，輓詩[歌]。

L

lam·en·ta·ble [ˈlæməntəbḷ; ˈlæməntəbl] *adj.* **1 a** 悲哀的，可悲的。**b** 遺憾的；可悲嘆的。**2**《古》悲慘的，悽慘的，可憐兮兮的，低劣的。**-bly** [-blɪ; -bli] *adv.*

lam·en·ta·tion [ˌlæmənˋteʃən; ˌlæmenˈteiʃn]《lament 的名詞》**—n.** **1** Ⓤ悲嘆，哀悼。**2** Ⓒ悲嘆聲；哀歌。**3** [**Lamentations**；當單數用]《聖經》耶利米哀歌 (The Lamentations of Jeremiah)《聖經舊約中一書；略作 Lam.》.

la·mi·a [ˈlemɪə; ˈleimiə] *n.* Ⓒ (*pl.* ～s, **-mi·ae** [-mɪˌi; -mii:]) **1**《希羅神話》拉彌亞《女首蛇身的妖怪》。**2** 妖婦，魔女。

【說明】拉彌亞 (lamia) 是面孔和乳房部分與女子相似的怪物。據說會吃小孩子，尤其嗜好新生嬰兒的血。曾是利比亞的女王，爲主神朱比特 (Jupiter) 所愛，但她的孩子被善妒的女神茱諾 (Juno) 奪去，爲了復仇就吃別人的小孩。十九世紀的詩人濟慈 (Keats) 的作品中有同名的詩。

lamia 1

lam·i·na [ˈlæmənə; ˈlæminə] *n.* Ⓒ (*pl.* **lam·i·nae** [-ˌni; -ni:], ～s) 薄板，薄片，薄層，薄膜。

lam·i·nal [ˈlæmɪnl; ˈlæminl] *adj.* 由薄板[薄片]組成的；成薄層的；鱗片狀的。

lam·i·nate [ˈlæməˌnet; ˈlæmineit] *v.t.* **1** 把…切成薄片。**2** 把〈金屬〉鎚打或輾壓成薄板。**3** 用薄板覆蓋…。
—*v.i.* 裂[變]成薄片。
— [-nɪt, -ˌnet; -nət, -neit] *adj.* ＝laminated.
— [-nɪt, -ˌnet; -nət, -neit] *n.* Ⓤ [指個體時爲Ⓒ] 薄片製品，疊層塑膠。

lám·i·nàt·ed *adj.* **1** 薄板狀的。**2** 由薄層組成的，疊層的：～ wood 疊層木。

lam·i·na·tion [ˌlæməˋneʃən; ˌlæmiˈneiʃn]《laminate 的名詞》**—n.** **1** Ⓤ作成薄板，成爲薄片；薄片狀。**2** Ⓒ疊層物，疊層構造物。

Lam·mas [ˈlæməs; ˈlæməs] *n.* 收穫祭《從前在英格蘭於八月一日慶祝；在蘇格蘭爲四季結帳日 (quarter day) 之一》。

lám·ming *n.* Ⓒ《俚》**1** 毆打。**2** 譏詒，嚴酷的批評。

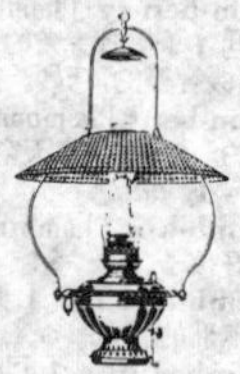
以燈油爲燃料的 lamp 1 a

‡**lamp** [læmp; læmp]《源自希臘文「火炬」之義》**—n.** Ⓒ **1 a** (電、煤氣) 燈：⇨ gas lamp, spirit lamp/the Lady of [with] the *L*～ 持燈的婦人《南丁格爾 (F. Nightingale) 的別稱；因夜晚持燈巡視醫院而得名》。**b** (醫療用等的) 電燈；燈火：an infrared ～ 紅外線燈/⇨ sunlamp. **2** (心、知識等的) 光明；智慧[希望]的源泉。**3**《詩》(太陽、月亮等發光的) 星球：the ～*s* of heaven 星球。
sméll of the lámp 〈文章、作品等〉有熬夜苦心寫作的痕跡。

lámp·blàck *n.* Ⓤ **1** 油煙。**2** 黑色顏料。

lámp chìmney *n.* Ⓒ (煤油燈用的) 玻璃燈罩。

lamp·er [ˈlæmpɚ; ˈlæmpə] *n.* ＝lamper eel 1.

lámper èel *n.* **1** ＝lamprey. **2** ＝congo snake.

lámp·lìght *n.* Ⓤ燈光；燈火：read by ～ 藉燈光看書。

lámp·lìghter *n.* Ⓒ **1** (路燈的) 點燈工人。**2**《美》點燈用具《引火木柴，紙捻等》。

lámp òil *n.* Ⓤ 燈油，煤油。

lam·poon [læmˋpun; læmˈpu:n] *n.* Ⓒ 諷刺文[詩]，譏諷嘲罵的文章。**—***v.t.* 以文章[詩] 譏諷嘲罵〈人、事〉。
～**·er**, ～**·ist** [-nɪst; -nist] *n.*

lamppost

lámp·pòst *n.* Ⓒ路燈柱。

lam·prey [ˈlæmprɪ; ˈlæmpri] *n.* Ⓒ《魚》八目鰻。

lámp·shàde *n.* Ⓒ燈罩。

la·nate [ˈlenet; ˈleineit] *adj.* 羊毛狀的；帶有羊毛狀被覆物的。

Lan·ca·shire [ˈlæŋkəˌʃɪr; ˈlæŋkəʃə] *n.* 蘭開郡《英國西北部的一個郡，首府爲普雷司登 (Preston [ˈprɛstən; ˈprestən])；略作 Lancs.》.

Lan·cas·ter [ˈlæŋkəstɚ; ˈlæŋkəstə] *n.* **1** 蘭卡斯特《英格蘭 Lancashire 的都市》。**2** (又作 **the House of Láncaster**) 蘭卡斯特王室《1399至1461年間的英國王朝；國王爲亨利四世 (Henry IV)，亨利五世 (Henry V)，亨利六世 (Henry VI)；1485 年以降使用紅薔薇 (red rose) 作族徽；cf. the Wars of the Roses (⇨ war 成語)》。

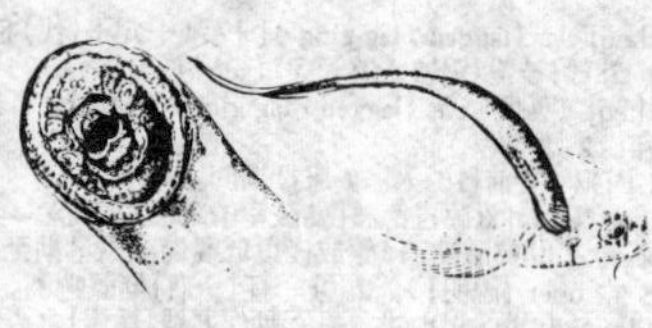
lamprey

【插圖說明】有如左圖吸盤狀的口，會咬住其他的魚而吸其血。

Lan·cas·tri·an [læŋˋkæstrɪən; læŋˈkæstriən] 《Lancaster 的形容詞》**—adj.** **1** (英格蘭) 蘭卡斯特 (Lancaster) 的；蘭開郡的。**2 a** (英國薔薇戰爭期間的) 蘭卡斯特王室的。**b** 蘭卡斯特[紅薔薇]黨的。
—n. Ⓒ **1 a** (英格蘭) 蘭開郡 (Lancashire) 的居民。**b** 蘭卡斯特 (Lancaster) 的居民。**2** 蘭卡斯特王室的人；蘭卡斯特[紅薔薇]黨員《在薔薇戰爭 (Wars of the Roses) 期間擁護蘭卡斯特；cf. Yorkist》.

lance [læns; lɑ:ns] *n.* Ⓒ **1 a** (槍騎兵所使用的) 長矛。

【同義字】spear 是作武器用的一般的矛、槍；javelin 是標槍比賽用的槍。

b 槍騎兵。**2** (刺魚、鯨魚等的) 魚叉。**3** 柳葉刀，雙刃小刀 (lancet).
bréak a láncé 〔與…〕比武[議論，競賽]〔*with*〕.
—*v.t.* 用柳葉刀 (lancet) 把〈腫瘡等〉切開。

Lance [læns; lɑ:ns] *n.* 蘭斯《男子名》。

láncé còrporal *n.* Ⓒ **1**《英陸軍》代理下士的上等兵，準下士《士官中的最低位》。**2**《美陸戰隊》上等兵。

Lan·ce·lot [ˈlænsələt, ˈlɑn-; ˈlɑ:nslət] *n.* **1** 蘭斯洛特《男子名》。**2**《亞瑟王傳說》蘭斯洛特《圓桌武士中第一勇士，桂妮維爾 (Guinevere) 之情人》。

lan·ce·o·late [ˈlænsɪəlɪt, -ˌlet; ˈlɑ:nsiəleit, -lət] *adj.* **1** 槍尖形的。**2**《植物》(葉) 披針狀的：a ～ leaf 披針狀樹葉。

lanc·er [ˈlænsɚ; ˈlɑ:nsə] *n.* Ⓒ槍騎兵。

lanc·ers [ˈlænsɚz; ˈlɑ:nsəz] *n. pl.* [**the** ～] [當單數用] 方塊舞 (quadrille) 之一種；其舞曲。

láncé sèrgeant *n.* Ⓒ《英陸軍》代理中士職務的下士；代理中士。

lan·cet [ˈlænsɪt; ˈlɑ:nsit] *n.* Ⓒ**1**《外科》柳葉刀，雙刃小刀。**2**《建築》**a** (又作 **láncet wìndow**) 尖頂窗。**b** (又作 **láncet àrch**) 尖頂拱。

lan·ci·nate [ˈlænsəˌnet; ˈlɑ:nsineit] *v.t.* 刺，戳。

Lancs. [læŋks; læŋks]《略》Lancashire.

‡**land**[1] [lænd; lænd] *n.* **1** Ⓤ (對海等而言的) 陸，陸地《★[比較] 對天空而言時爲 earth; ↔ sea》：travel by ～ 陸路旅行/clear the ～ 〈船〉離開陸地，出外海/close with the ～ 〈船〉接近陸地/make ～ ＝sight ～ 〈船、水手〉看到陸地，航行到可看見陸地的地方。
2 Ⓤ**a** [常與修飾語連用] (從土質看是否適於耕作的) 土地，地面《★[比較] earth, soil 常指植物生長的土地；ground 特指地面》：arable [barren] ～ 耕[不毛之]地/waste ～ 荒地/forest ～ 森林地帶/agricultural [farm] ～ 農地。**b** (作爲農地的) 土，土壤：work the ～ 耕作土地/work on the ～ 從事耕作[農業]/go on the ～ 成爲農夫/There was not much ～ to cultivate in the village. 那村裏可耕作的土地沒有多少。
3 Ⓤ [常 ～s] (作爲所有的) 土地，地產：private [public] ～ 私[公]有地/houses and ～*s* 房地產/He owns ～(*s*). 他擁有地產。
4 Ⓒ **a** 國家，國土，國度《★[比較] country 較爲普遍》：one's native ～ 祖國/About this time of year many visitors come here from all ～*s*. 每年這個時候許多觀光客從世界各國前來此地。**b** [集合稱] (特定地區的) 居民，國民：The ～ will rise in rebellion. 人民會揭竿而起。
5 [**the** ～] 領域，…的世界：*the* ～ of dreams 夢想之國；理想之地/in *the* ～ of the living 在現世《★出自聖經「約伯記」》/*the* ～ of the dead 冥府，陰間。
6 [**the** ～] (與都市相對的) 田園，鄉村：Back to *the* ～！重返田園！
sée hòw the lánd lìes 預先看清情勢。
the lánd of Nód (1)《聖經》諾得之地《該隱 (Cain) 殺了亞伯 (Abel) 之後逃亡的地方，位於伊甸東邊》。(2)《謔》夢鄉，睡眠《★nod 的戲謔》。
the Lánd of Prómise ＝Promised Land.
—*v.t.* **1** 〔十受十副詞(片語)〕使〈船貨、乘客等〉上岸；使…登陸[岸]：～ goods *from* a ship 從船上卸貨/ ～ troops *in* Northern Ireland 使軍隊在北愛爾蘭登陸。
2 a 〔十受(十介十(代)名)〕使〈飛機、太空船等〉〔在…〕着陸[着水]〔*at, in*〕：The pilot ~*ed* the airplane ***in*** a field. 駕駛員把飛機降落在田地。**b**〔十受十介十(代)名〕〈交通工具〉(運輸並)〔在某處〕卸〔乘客等〕，使…〔在某地〕下車[下船]〔*at, on*〕：The passengers were safely ~*ed* ***at*** the station [***on*** the island]. 乘客們平安地到站下車[在那個島下船]。

3〔十受十介十(代)名〕使〈人〉陷〔於困境等〕〔*in*〕：It ~*ed* me ***in*** great difficulties. 那件事使我陷於極大困境。

4〔十受〕**a** 把〈魚〉(捕捉[釣上鈎]而)拉[釣]上岸。**b**《口語》獲得…：~ a prize 獲獎。

5 a〔十受十受十介十名〕《口語》在〈人〉的〔…上〕加以〈打擊等〉〔*on, in*〕《★[用法]在表示身體部位的名詞前加 the》：He ~*ed* me a blow ***on the*** nose [***in the*** face]. 他朝我的鼻子[臉]打了一拳(cf. 5b). **b**〔十受十介十(代)名〕〔對人〕加以〈打擊等〉〔*on, in*〕：He ~*ed* a blow ***on*** my nose [***in*** my face]. 他朝我的鼻子[臉]打了一拳(cf. 5a).

—*v.i.* 1〔動(十副詞(片語))〕登陸(…)：The U.N. troops ~*ed in* Egypt. 聯合國軍隊在埃及登陸。

2〔動(十介十(代)名)〕**a**〈飛機、太空船等〉〔在…〕着陸，着水；〈船〉抵達〔某地〕〔*at, in, on*〕：~ ***on*** the moon 在月球上登陸/The steamer ~*ed* ***at*** the pier. 輪船到了碼頭。**b**〔從…〕下車，下〔*from*〕：~ ***from*** a train 下火車[從火車上下來]。

3〔(十副)十介十(代)名〕**a** 抵達，到〔…〕〈*up*〉〔*at, in*〕：~ ***at*** a hotel 抵達旅館。**b** 陷入〔困境中〕〈*up*〉〔*in*〕：After all he ~*ed* ***up in*** jail. 他終究落得銀鐺入獄。

4〔十介十(代)名〕〔往…〕(跳)下，着[落]地〔*on*〕：~ ***on*** one's head (倒栽葱地掉落而)把頭撞到地面。

lánd on one's **féet** ⇨ foot.

land[2] [lænd; lænd] **《lord的變體》 —*n.***《美·加口語》[當感歎詞用]主，耶穌(Lord)《★婉轉地用作輕微的斥罵或表示驚訝》：Good ~！嘿！，哎呀！，眞是！/for ~'s sake＝~('s) sake＝~ sake's (alive)求求你，拜託。

lánd àgent *n.* Ⓒ **1** 地產買賣經紀人或公司。**2**《英》地產管理人。

lan·dau ['lændɔ; 'lændɔ:] **《源自德國一城鎮名稱》—*n.*** Ⓒ蘭道馬車《一種頂篷分爲前後兩半可各別開閉的雙座四輪馬車》。

landau

lánd bànk *n.* Ⓒ土地銀行。

lánd-bàsed *adj.* 在陸地上有基地的，岸基的。

lánd brèeze *n.* Ⓒ《氣象》陸風《日落後由陸地吹向海洋的風；↔ sea breeze》.

lánd càrriage *n.* Ⓤ陸運，陸上搬運。

lánd cràb *n.* Ⓒ **1**《動物》地蟹《生活在海邊的陸地上》。**2** 不習慣於坐船的人。

lánd·ed *adj.* [用在名詞前] **1** 擁有土地的：a ~ proprietor 地主/the ~ classes 地主階級/the ~ interest 地主方(面)，地主們。**2** 土地[地皮]的，由土地[地皮]構成的：~ estate [property] 地產，所有地，不動產。**3** (從船上)卸下到陸地的。

land·er ['lændə; 'lændə] *n.* Ⓒ **1** 登陸者，着陸者。**2** 住在陸地者。

lánd·fàll *n.* Ⓒ **1 a** (在漫長的航海、飛行之後的)初見陸地：make a good [bad] ~ 按[未按]預定時間見到[發現]陸地。**b** 初見的陸地。**2** (船的)接近陸地[靠岸]；(飛機等的)着陸。

lánd·fill *n.* Ⓒ(掩埋式)垃圾處理場。

lánd fòrces *n. pl.* 陸上部隊。

lánd-gràbber *n.* Ⓒ侵佔土地者。

lánd gránt *n.* Ⓒ《美》(政府爲興建大學、建設鐵路等)撥給的公有土地。

land·grave ['lænd,grev, 'læn-; 'lændgreiv] *n.* Ⓒ **1** (十二世紀德國有領地管轄權的)伯爵。**2** [常 L~] (帝制時代德國)某些王子的稱號。

lánd·hòlder *n.* Ⓒ **1** 土地所有人，地主。**2** 租地人。

lánd·hòlding *adj.* 擁有土地的，占用土地的。

—*n.* Ⓤ擁有土地，占用土地。

***land·ing** ['lændɪŋ; 'lændiŋ] *n.* **1** ⓊⒸ登陸；上岸；《航空》着陸，着水，降落(↔ takeoff)：make [effect] a ~ 登陸；降落/a lunar [moon] ~ 登陸月球/⇨ belly landing /a forced ~ 迫降/a soft ~ 緩降。**2** Ⓒ登陸場所，卸貨處，碼頭。**3** Ⓒ樓梯頂端[底部]的走道；(樓梯間的)平台(⇨ flight[1] 插圖)。

lánding cràft *n.* Ⓒ(*pl.* ~)《海軍》登陸艇。

landing craft

lánding fìeld *n.* Ⓒ《航空》飛機起落場。

lánding gèar *n.* Ⓤ[集合稱](飛機、太空船等的)起落架《滑行輪、浮筒等》。

lánding nèt *n.* Ⓒ(用以盛接釣起之魚的)袋網，手網。

lánding pàrty *n.* Ⓒ先頭登陸部隊；先他人登陸之小組人員。

lánding plàce *n.* Ⓒ(飛機之)登陸場；埠頭。

lánding stàge *n.* Ⓒ棧橋《架在水上或浮在水面供人、貨起落之用》。

lánding strìp *n.* Ⓒ《航空》(臨時)小型機場；(臨時)飛機起落跑道。

landing net

land·la·dy ['lænd,ledɪ, 'læn-; 'lændleidi] *n.* Ⓒ **1** (旅館、寄宿舍等的)女主人，女老闆。**2** 女房東。**3** 女地主。

lánd·less *adj.* **1a** 無地產的，無土地的；無陸地的。**b** [**the** ~；當複數名詞用]無地產的人們。**2** 無陸地的。

land·line ['lænd,laɪn; 'lændlain] *n.* Ⓒ敷設在地面上或埋在地下的通訊電線。

lánd·lòcked *adj.* **1**〈國家、海灣等〉被陸地所包圍的，沒有面臨海的。**2**〈魚〉生存在與海水隔絕之水中的，生存於淡水中的。

land·lord ['lænd,lɔrd, 'læn-; 'lændlɔ:d] *n.* Ⓒ(cf. landlady) **1** (旅館、寄宿舍等的)主人，老闆。**2** 房東。**3** 地主。

lánd·lùbber *n.* Ⓒ《航海》《口語》不慣於海上生活的水手。**~·ly** *adj.*

lánd·man *n.* (*pl.* **-men**) Ⓒ **1** 生活在陸地上者；陸上工作者。**2** 地主。

land·mark ['lænd,mark, 'læn-; 'lændmɑ:k] *n.* Ⓒ **1** (可作爲陸上)目標(之物)，地標，陸標《樹、建築物等；cf. seamark》.

2 (土地的)界石，地界標。

3〔歷史上等〕顯著[劃時代]的重要事件〔*in*〕，里程碑：a ~ *in* literary criticism 文學批評方面劃時代的事件[作品]。

lánd·màss *n.* Ⓒ大塊陸地：Antarctica is the earth's coldest ~. 南極洲是地球上最冷的大陸。

lánd·mìne *n.* Ⓒ《軍》地雷。

lánd-òffice búsiness *n.* Ⓒ《美口語》突然生意興隆的工作，生意興隆：do a ~ 生意極好。

lánd·òwner *n.* Ⓒ土地所有人，地主。

lánd·own·er·shìp *n.* Ⓤ土地所有權：feudal ~ 封建的土地所有權。

lánd·òwning *adj.* **1** 擁有土地的：~ nobility 擁有土地的貴族階級。**2** 有關土地所有權的：~ interests 土地所有者，地主階級。

lánd-póor *adj.*《美》(因稅捐高或土地沒有用處)雖擁有許多土地却仍窮困的，土地多而收入少的。

lánd refòrm *n.* ⓊⒸ土地改革。

lánd ròver *n.* [常 L~ R~] Ⓒ蘭羅佛《類似吉普車的英國製四輪驅動汽車；以堅固著稱》。

***land·scape** ['lænskep, 'lænd-; 'lændskeip] *n.* **1** Ⓒ(田園風景等可以一眼眺望的)景色，風景。

2 a Ⓒ風景畫。**b** Ⓤ風景畫法。

—*v.t.*〔十受〕(以造園術)美化[綠化]〈住宅地等〉。

lándscape árchitect *n.* Ⓒ造園技師；都市美化專家。

lándscape àrchitecture *n.* Ⓤ造園術，(計劃並設計建築物、街道等之佈置的)都市美化設計術，景觀藝術。

lándscape gàrdener *n.* Ⓒ庭園設計師，造園師。

lándscape gàrdening *n.* Ⓤ造園術[法]。

lándscape pàinter *n.* Ⓒ風景畫家，山水畫家。

lándscape pàinting *n.* **1** Ⓒ風景畫。**2** Ⓤ風景畫法。

Land's End ['lændz'end, 'lænz-; ,lændz'end] *n.* [**the** ~] 地角《英格蘭康瓦耳郡(Cornwall)西南端的岬；英格蘭的最西端；cf. John o'Groats》.

lánd·slìde *n.* Ⓒ **1** 地表滑落，山崩。**2** (選舉的)壓倒性勝利。

—*adj.* [用在名詞前]壓倒性的，一面倒的〈選舉等〉：a ~ victory 壓倒性的勝利。

lánd·slìp *n.*《英》＝landslide 1.

lánds·man [-mən; -mən] *n.* Ⓒ(*pl.* **-men** [-mən; -mən]) **1** 陸居者，陸上工作者。**2**《航海》初次航海的水手[船員]。

L

lánd tàx *n.* Ⓤ Ⓒ 土地稅；地租。
land·ward [ˈlændwəd; ˈlændwəd] *adj.* & *adv.* 向陸地的[地]。
lánd·wards [-wədz; -wədz] *adv.* 《英》＝landward.
***lane** [len; lein] *n.* Ⓒ **1 a** (樹籬、房屋等之間的)**小路，巷衕，狹路，小徑**(⇨ path【同義字】)：a blind ～ 死胡同，死巷子/It is a long ～ that has no turning. 《諺》路無不轉；耐心等待終會時來運轉。**b** 〈狹窄馬路的〉巷子。
2 (道路的)**車道**：a four-*lane* highway 四線道公路/a passing ～ 《美》＝《英》an overtaking ～ 超車線道/change ～*s* (開車)變換車道。
3 (輪船、飛機等的)規定航路：⇨ air lane, sea-lane.
4 (短跑競賽的)跑道。
5 《保齡球》球道。
lang syne [ˈlæŋˈsaɪn, -ˈzaɪn; ˌlæŋˈsain] «源自蘇格蘭英語 long 和 since(＝ago)» —*adv.*, *n.* Ⓤ《蘇格蘭》昔日，很久以前：⇨ auld lang syne.
‡lan·guage [ˈlæŋgwɪdʒ; ˈlæŋgwidʒ] «源自拉丁文» —*n.* **1** Ⓤ (藉語音、文字的)**語言**：spoken ～ 口說的語言，語音語言/written ～ 書寫的語言，文字語言/⇨ COMPUTER language.

【字源】源自「舌」之義的拉丁文，因為說話需用舌頭。「能說兩種語言的」為 bilingual，bi- 是「兩個」與 bicycle(二輪車，自行車)之 bi- 同，lingual 與 language 原義同樣為「舌」，bilingual 如果照字面直譯則為「有兩個舌頭的」之意。

2 Ⓒ (一個國家、民族等的)**國語**，…**語**：a foreign ～ 外國語/the Japanese [English] ～ 日[英]語《★[比較]較 Japanese, English 為拘泥的說法》。
3 Ⓤ 專門用語，術語：the ～ of science＝scientific ～ 科學用語。
4 Ⓤ 言詞，措辭，說法：fine ～ 措詞華麗的文體/bad ～ 惡言惡語，咒罵/in strong ～ 以激烈的言詞，以不堪入耳的話/in the ～ of... 照…的說法。
5 Ⓤ **a** (不用語音、文字而是藉由某物或比手劃腳等以達意的)話語：⇨ finger language/gesture ～ 身勢語/the ～ *of* flowers 花語。**b** (鳥獸等的)鳴叫聲。
6 Ⓤ 語言學。
7 Ⓤ **下流的話，惡言惡語，咒罵**：use ～ to a person 以下流的話咒罵人。
spéak the sáme [a person's] **lánguage** 想法(等)一致，心心相印。
lánguage láboratory *n.* Ⓒ 語言實驗室，語言教室。
lánguage màster *n.* Ⓒ 語言教師。
langue [lɑ̃g; lɔŋg] «源自法語» —*n.* Ⓤ《語言》(與言語(parole)相對的)語言《由某語言社會成員所共有的抽象的語言體系；cf. parole 3》。
lan·guid [ˈlæŋgwɪd; ˈlæŋgwid] *adj.* **1a** 無生氣的，軟弱無力的。**b** 無精打采的，懶洋洋的，不活潑的：with a ～ gesture 以倦怠的樣子。**2** 毫無興趣的，漠不關心的。～·**ly** *adv.*
lan·guish [ˈlæŋgwɪʃ; ˈlæŋgwiʃ] *v.i.* **1a** 倦怠，變得無生氣[軟弱無力]，衰弱。**b** 凋萎，枯萎：All the flowers are ～*ing* from lack of water. 所有的花都因缺水而枯萎。
2 〔動(＋介＋(代)名)〕苦思，苦戀；渴望〔…〕〔*for*〕：She ～*ed for* some kind words. 她渴望聽到溫柔的話。
3 〔＋介＋(代)名〕〔在逆境中等〕受苦，受折磨，呻吟〔*under*, *in*〕.
lán·guish·ing *adj.* **1** 日趨衰弱的。**2** 〈表情等〉憂思的，苦思(似)的，渴念的；憔悴的。**3** 〈病等〉纏綿的，拖延的。
lan·guish·ment [ˈlæŋgwɪʃmənt; ˈlæŋgwiʃmənt] *n.* Ⓤ《古》**1** 衰弱；憔悴。**2** 愁思或脈脈含情的表情。
lan·guor [ˈlæŋgə; ˈlæŋgə] «languid 的名詞» —*n.* **1** Ⓤ 倦怠；無生氣，軟弱無力。
2 Ⓤ 沉悶；靜止；不活潑，無精打采；漠不關心，無興趣：the ～ of the sky 沈悶[陰暗]的天空。
3 Ⓒ [常 ～s] 憂思，憂慮。
lan·guor·ous [ˈlæŋgərəs; ˈlæŋgərəs] *adj.* **1** 懶倦的，無精打采的。**2** 發悶的，沈悶的。～·**ly** *adv.*
lank [læŋk; læŋk] *adj.* **1** 瘦的，細長的。**2** 〈頭髮〉長而柔軟的。
lank·y [ˈlæŋkɪ; ˈlæŋki] *adj.* (**lank·i·er**；**-i·est**)〈人等〉瘦長的。
lánk·i·ly [-kɪlɪ; -kili] *adv.* **-i·ness** *n.*
lan·o·lin [ˈlænəlɪn; ˈlænəlin], **lan·o·line** [-lɪn, -ˌlin; -li:n, -lin] *n.* Ⓤ 精製羊毛脂《軟膏、化粧品原料》。
lan·tern [ˈlæntən; ˈlæntən] «源自希臘文「火炬」「光」之義» —*n.* Ⓒ **1** 手燈，燈籠，煤油馬燈：a Chinese [Japanese] ～ 燈籠。**2** 幻燈機：⇨ magic lantern. **3** (燈塔的)燈室。**4** 《建築》天窗，亮窗；頂塔。
lántern-jáwed «源自由於面頰消瘦的臉看起來像角燈» —*adj.* 〈人〉面頰消瘦而下巴突出的。
lántern slìde *n.* Ⓒ 幻燈片。
lan·tha·num [ˈlænθənəm; ˈlænθənəm] *n.* Ⓤ《化學》鑭《一種金屬元素；符號 La》.
lan·yard [ˈlænjəd; ˈlænjəd] *n.* Ⓒ **1** (水手等套在頸上，以懸小刀或哨子等的)繩索。
2 《航海》繫物索。
3 《軍》(用以發射大砲的)拉火索。

lantern 1

國家(nation)	國語(language)	國民(people)
America (U.S.A)(美國)	English (英語)	American
Australia (澳大利亞)	English (英語)	Australian
Austria (奧地利)	German (德語)	Austrian
Brazil (巴西)	Portuguese (葡萄牙語)	Brazilian
Canada (加拿大)	English (英語), French (法語)	Canadian
China (中國)	Chinese (中文)	Chinese
Czechoslovakia (捷克斯拉夫)	Czech (捷克語), Slovak (斯拉夫語)	Czechoslovak
Denmark (丹麥)	Danish (丹麥語)	Dane
Egypt (埃及)	Arabic (阿拉伯語)	Egyptian
Finland (芬蘭)	Finnish (芬蘭語)	Finn
France (法國)	French (法語)	Frenchman [French]
Germany (德國)	German (德語)	German
Greece (希臘)	Greek (希臘語)	Greek
India (印度)	Hindi (北印度語), English (英語)	Indian
Ireland (愛爾蘭)	Irish (愛爾蘭語), English (英語)	Irishman [Irish]
Italy (義大利)	Italian (義大利語)	Italian
Japan (日本)	Japanese (日語)	Japanese
Korea (韓國)	Korean (韓國語)	Korean
Mexico (墨西哥)	Spanish (西班牙語)	Mexican
the Netherlands(Holland)(荷蘭)	Dutch(荷蘭語)	Dutchman [Dutch]
Norway (挪威)	Norwegian (挪威語)	Norwegian
Poland (波蘭)	Polish (波蘭語)	Pole
Portugal (葡萄牙)	Portuguese (葡萄牙語)	Portuguese
Russia (U.S.S.R.)(蘇聯)	Russian (俄語)	Russian
Spain (西班牙)	Spanish (西班牙語)	Spaniard [Spanish]
Sweden (瑞典)	Swedish (瑞典語)	Swede [Swedish]
Switzerland (瑞士)	German (德語), French (法語), Italian (義大利語)	Swiss
Turkey (土耳其)	Turkish (土耳其語)	Turk [Turkish]
United Kingdom (Great Britain, England) 聯合王國(英國)	English (英語), (部分)Welsh (威爾斯語); Scottish, Scots(蘇格蘭語)	Englishman [English]; Welshman [Welsh]; Scotsman [Scots, Scottish]

指國民全體時用「the＋複數名詞」(例如「美國人(全體)」為 the Americans,「中國人(全體)」為 the Chinese). 但加有[ ]語言的國民名稱則在其前加 the 以表國民全體(例如「法國人(全體)」並非 the Frenchmen 而是 the French).

La·oc·o·ön [le'ɑkə,wɑn; lei'ɔkouən] *n.* 《希臘神話》拉奧孔《特洛伊(Troy)城阿波羅(Apollo)神殿的祭司；因特洛伊戰爭(Trojan War)時識破希臘軍的木馬之計並警告市民而受罰，與其兩名兒子同爲雅典娜(Athena)女神所遣的兩條海蛇所纏死》。

Laocoön

Laos ['laos, 'leɑs; 'lɑ:ɔs, laus] *n.* 寮國《中南半島西北部的一個共和國；首都永珍(Vientiane [vjɛn'tjɑn; vjen'tjɑ:n])》。

La·o·tian [le'oʃən; 'lauʃiən] 《Laos 的形容詞》 **—*adj.*** 寮國(人，語)的。

—*n.* **1** Ⓒ寮國人。**2** Ⓤ寮國語。

Lao-tzu, Lao-tse, Lao-tze ['lau'dzʌ; 'lau'dzʌ] *n.* 老子《604?–531 B.C.；中國哲學家；cf. Taoism》。

lap**[1] [læp; læp] 《源自古英語「下襬，下襟」之義》**—*n. Ⓒ **1a** 膝部：hold a child *in* [*on*] one's ~ 把孩子放在膝上/sit *on*[*in*]a person's ~ 坐在某人的膝上。

【同義字】lap 指人坐下時自腰至膝蓋的整個上面部分，即放小孩或東西的地方；knee 指脚的膝或膝關節。

b 裙兜，衣兜，(衣服的)下襬。

2 a (像放小孩的母親膝部似的)哺育環境，培育之處，安樂(休息)之處〔*of*〕：*in* the ~ *of* Fortune＝*in* Fortune's ~ 在幸福的環境中，走運/live *in* the ~ *of* luxury 生活在優裕的環境中。**b** 保護，管理〔*of*〕：*in* the ~ *of* the gods 在非人力所及之處/drop [fall] *into* a person's ~ 萬事如意，一切順利/Everything fell *into* his ~. 他一切順利。

3 (山間呈膝狀的)窪地，凹處；山坳。

4 (二物之)重疊；重疊的部分(cf. dewlap)。

5 a (線、繩等的)一捲。**b** 《運動》(跑道的)一圈[周]，(游泳水道的)一次往返：*on* the last ~ 在最後一圈。

—*v.t.* (**lapped**；**lap·ping**) **1** 〔十受〕環繞；包圍…《★常用被動語態，介系詞用 *in*》：a beautiful valley *lapped* ***in*** the hills 被山丘環繞的美麗山谷/be *lapped in* luxury 生活奢侈。

2 a 〔十受十副〕以〈毯子等〉包住，裹住〈*around, round, over*〉：She *lapped* the blanket ***around***. 她圍上了毛毯。**b** 〔十受十介十(代)名〕把〈毛毯等〉纏繞，捲，覆蓋〔於…〕〔*around, round, over*〕：She *lapped* the blanket ***around*** herself. 她把毛毯纏繞於身上[以毛毯裹住身體]。**c**〔十受十介十(代)名〕把〈嬰兒等〉包，裹，捲〔在…中〕〔*in*〕：She *lapped* her baby ***in*** the blanket. 她把嬰兒裹在毛毯中。**d**〔十受十介十(代)名〕〔~ one*self*〕把身體裹〔在…中〕〔*in*〕《★也用被動語態，表示「裹在裏面」的意思》：The old man *lapped himself* [*was lapped*] ***in*** a warm blanket. 老人把自己裹在溫暖的毛毯之中[老人窩在溫暖的毛毯之中]。

3 〔十受十介十(代)名〕把…重疊〔在…之上〕〔*over*〕：~ one shingle ***over*** another 把屋頂板層層重疊排列。

4〔十受〕《運動》領先〈對方〉一圈[往返](以上)：He *lapped* the other cars. (在機車賽車中)他領先其他車一圈(以上)。

—*v.i.* **1** 〔動(十副)〕重疊，層疊〈*over*〉：The shingles of the roof *lapped* ***over*** neatly. 屋頂板重疊得很整齊。

2 〔十副(十介十(代)名)〕〈場所等〉(越過境界)延伸〔至…〕；〈集會、時間〉(超過所定時刻而)延長〔至…〕〈*over*〉〔*into*〕：The party *lapped* ***over into*** the night. 聚會延長到晚上。

3 《運動》繞一圈[周]，往返一次。

lap[2] [læp; læp] 《源自古英語「喝」之義》**—**(**lapped**；**lap·ping**) *v.t.* **1** 〔十受(十副)〕〈狗、貓等〉舐食〈牛奶等〉〈*up*〉；猛喝〈酒等〉：The cat *lapped* ***up*** all the milk in the saucer. 貓把碟中的牛奶舐得乾乾淨淨。

2 〈波浪等〉輕拍[擊]〈岸〉。

—*v.i.* **1a** 〈水等〉輕拍出聲：I hear lake water *lapping* with low sounds by the shore. 我聽見湖水輕聲拍岸《★出自葉慈(Yeats)的詩》。**b** 〔十介十(代)名〕〈水等〉發出啪喳啪喳聲〔從…溢出〕〔*over*〕：The water *lapped* ***over*** the edge of the fountain. 噴水池的水發出啪喳啪喳聲從邊緣溢出。

2 〔十介十(代)名〕〈波浪等〉輕拍，輕擊〔…〕〔*against*〕：Ripples were *lapping* ***against*** the boat. 細浪輕拍着小舟。

láp úp 《*vt adv*》(1) ⇨ *v.t.* 1. (2)把〈恭維等〉當眞，輕信〈情報等〉。

—*n.* **1** Ⓒ舐(食)，舐一次的量。

2 [用單數；the ~](輕拍岸等的)漣漪聲。

3 Ⓤ(餵狗的)流體[稀薄]食物。

lap·a·ro·scope ['læpərə,skop; 'læpərəskoup] *n.* Ⓒ《醫》腹腔鏡。

La Paz [lə'pɑs; lɑ:'pæz] *n.* 拉巴斯《玻利維亞(Bolivia)的首都》。

láp·bòard *n.* Ⓒ膝板《裁縫師等放在膝上以代替桌子的板子》。

láp·dòg *n.* Ⓒ膝狗，巴兒狗《常被放在膝上撫玩的小狗》。

la·pel [lə'pɛl; lə'pel] *n.* Ⓒ(上衣、外套等的)翻領(⇨ suit插圖)：wear a flower *in* one's ~ 領上戴着一朵花。

lap·ful ['læp,ful; 'læpful] *n.* Ⓒ(衣裙的)膝部滿滿的，滿膝的；滿圍裙的〔*of*〕。

lap·i·dar·y ['læpə,dɛrɪ; 'læpidəri] *adj.* [用在名詞前] **1** 寶石細工的，玉雕的；玉磨的。**2** 雕刻在石上的。**3** 碑文(體)的；適於碑銘的。

—*n.* **1** Ⓒ寶石匠。**2** Ⓒ寶石鑑定家，寶石專家。**3** Ⓤ寶石工藝。

lap·i·date ['læpə,det; 'læpideit] *v.t.* 以石投擊…；投石砸死…。

lap·is laz·u·li ['læpɪs'læzjə,laɪ; ,læpis'læzjulai] *n.* **1** Ⓤ[指寶石個體時爲Ⓒ]《礦》青金石，壁琉璃。**2** Ⓤ天藍色。

Lap·land ['læp,lænd; 'læplænd] *n.* 拉布蘭《歐洲最北部地區》。

Láp·land·er *n.* Ⓒ拉布蘭人(Lapp)。

La Pla·ta [lə'plɑtə; lə'plɑ:tə] *n.* 拉普拉他《阿根廷(Argentina)東部之一海港》。

Lapp [læp; læp] *n.* **1** ＝Laplander. **2** Ⓤ拉布蘭語。

—*adj.* 拉布蘭人[語]的。

lap·pet ['læpɪt; 'læpit] *n.* Ⓒ **1** (衣服、帽子等的)垂飾，垂下部分。**2 a** (肉、膜等的)垂下部分。**b** (火雞等的)肉垂。**c** 耳垂。

láp ròbe *n.* Ⓒ《美》膝布，蓋膝毛毯(《英》rug)《坐雪橇時或觀看運動競賽等時放在膝上以禦寒》。

lapse [læps; læps] 《源自拉丁文「滑」之義》 **—*n.*** Ⓒ **1** (記憶、言詞等的)(小)**錯誤**，失誤，差錯〔*of*〕：a ~ *of* the pen [tongue] 筆誤[說錯]/a ~ *of* memory 一時想不起[記錯]。

2 a 〔自信等的〕喪失；〔習慣等的〕廢止；〔興趣的〕減退〔*of, from*〕：a ~ *of* conscience 良心的喪失/a momentary ~ *from* his customary attentiveness 一時喪失慣常的專注。**b**〔從正路的〕一時的偏離，一時的失足〔*from*〕：a ~ *from* faith 背信。**c** 陷入(罪惡等)，墮落〔*into*〕：a ~ *into* crime 犯罪。

3 a 〔時間的〕經過，推移〔*of*〕：a long ~ *of* time 一段長時間的流逝/after a ~ *of* two minutes 經過兩分鐘之後。**b** (過去的短)期間，時間。

4 《法律》(權利、特權的)消滅，失效。

—*v.i.* **1** 〔動(十介十(代)名)〕**a** 陷於，墮落〔罪惡中〕；進入〔某種狀態〕〔*into*〕：~ ***into*** idleness 變得懶惰/~ *into* silence [unconsciousness] 陷於沉默[失去知覺]/~ *into* ruin 荒蕪成廢墟。**b**〔從正路〕偏離〔*from*〕：~ ***from*** good manners 行爲失檢[漸漸變壞]。

2 〔動(十副)〕〈時間〉在不知不覺之中流逝[經過]〈*away*〉：The days ~*d* ***away***. 日子在不知不覺之中過去。

3 〔動(十介十(代)名)〕《法律》**a** 〈權利、財產等〉(因缺少條件或繼承人等而)轉入〔他人手中〕〔*to*〕。**b** 失效，消滅；〈任期〉屆滿。

lapsed *adj.* [用在名詞前] **1** 墮落的，失去信仰的：a ~ Christian 離經叛道的基督教徒。**2** 荒廢的，廢止的〈慣例等〉。**3** 《法律》失去效力的，轉入他人手中的〈權利、財產〉。

lápse ràte *n.* Ⓤ[指個體時爲Ⓒ]《氣象》氣溫遞減率《氣溫與高度成比例的下降率；通常每一百公尺約爲 0.6°C》。

láp tìme *n.* Ⓤ《運動》一圈時間，一趟時間，中途時間《繞跑道一圈或游泳水道一趟往返所需要的時間》。

lap·top ['læp,tɑp; 'læptɔp] *n.* Ⓒ手提式個人電腦[電子計算機]，膝上型微電腦[電子計算機]。

La·pu·ta [lə'pjutə; lə'pju:tə] *n.* 拉普他島，飛島《英國作家斯威夫特(Jonathan Swift)所著「格利佛遊記」(*Gulliver's Travels*)中之一飛行的浮島，島上居民富幻想，而不切實際》。

La·pu·tan [lə'pjutn̩; lə'pju:tən] 《源自 Laputa》 **—*adj.*** **1** 拉普他島的。**2** 幻想的，不切實際的，虛無的。

—*n.* Ⓒ **1** 拉普他島人。**2** 空想家，幻想家。

láp·wìng *n.* Ⓒ《鳥》田鳧(pewit)。

lar·board ['lɑrbəd, -,bord, -,bɔrd; 'lɑ:bəd, -bɔ:d] *n.* Ⓤ《罕》(船舶的)左舷《★比較因易與 starboard 混淆，現用 port》。

lapwing

lar·ce·ner ['lɑrsn̩ə; 'lɑ:sinə] *n.* ＝larcenist.

lár·ce·nist [-nɪst; -nist] *n.* Ⓒ竊盜犯，盜賊。

lar·ce·nous ['lɑrsn̩əs; 'lɑ:sənəs] 《larceny 的形容詞》 **—*adj.*** 竊盜的；從事竊盜的，好偷竊的。**~·ly** *adv.*

lar·ce·ny ['lɑrsnɪ; 'lɑ:səni] *n.* ⓊⒸ **1** 竊盜，偷竊。**2** 《法律》竊盜罪[犯]。

【字源】源自拉丁文，義爲「竊盜」。此字與拉丁文的「傭兵《用錢雇用的士兵》」有關係。古代羅馬人認爲爲金錢而工作的傭兵就像小偷一樣。

L

larch [lartʃ; lɑ:tʃ] *n.* **1** Ⓒ《植物》落葉松。**2** Ⓤ落葉松木。

lard [lard; lɑ:d] *n.* Ⓤ豬油《由豬的脂肪煉製的半固體油；cf. fat》。
—*v.t.* **1** 把…塗以豬油。**2**（爲增加風味，在烹調前）把豬肉[醃燻肉]小片夾入〈瘦肉等〉之中。**3**〔十受十介十(代)名〕〔以比喩、詼諧等〕修飾〈話、文章等〉〔*with*〕：His prose is ～*ed* ***with*** pompous expressions. 他的散文夾雜着浮誇的修飾措辭。

lar·der [ˋlardɚ; ˈlɑ:də] *n.* Ⓒ **1** 食物貯藏室，食品櫥[櫃]（cf. pantry）。**2** 貯藏的食料。

lard·y [ˋlardɪ; ˈlɑ:di] *adj.*（**lard·i·er**；**lard·i·est**）似豬油的；含多量豬油的；多脂的；肥胖的：～ hogs 肥豬。

Lar·es [ˋleriz; ˈlɛəri:z] *n. pl.*（古羅馬之）家神；社稷神。

Láres and Penátes *n. pl.* **1**（古羅馬之）家神。**2** [**l～ and p～**]（寶貴的）家財；傳家寶。

‡**large** [lardʒ; lɑ:dʒ] *adj.*（**larg·er**；**-est**）（⟷ small）**1** 大的，巨大的：**a**（形狀等）大的，大型的（⇨ big【同義字】）：a ～ dog 大型狗。**b**（面積等）大的；寬敞的；遼闊的：a ～ area [room] 遼闊的[寬敞的]地區[房間]。**c**（數、量、額等）大的，多的，多數的，大數額的：a ～ amount of money 大額的錢/a ～ population 衆多的人口/a ～ income 大額的收入。**d**（範圍、規模等）廣大的，大規模的：～ powers 大權/～ insight 達觀，卓見/on a ～ scale 大規模地。**e**〈作風等〉自由的，豪放的。
2 小題大作的，誇大的，誇張的：～ talk 大話，豪言壯語/speak in a ～ way 誇張地說。
3《航海》順風的。
(as) lárge as lífe ⇨ life.
—*adv.*（**larg·er**；**-est**）**1** 大，大大地：Print ～. 以印刷體放大/writ [written] ～ ⇨ write 成語。**2** 自誇地，誇大地：talk ～ 豪言壯語，說大話。
bý and lárge ⇨ by[1] *adv.*
—*n.* ★只用於下列成語。
at lárge (1)〈嫌犯、動物等〉仍未被捕獲，仍在逃亡，自由地：The murderer is still *at* ～. 兇手仍逍遙法外。(2)[置於名詞後]整個的，一般的：the public *at* ～ 社會大衆。(3)《美》〈議員〉(不是選自劃分的某一個選區而是)從全州[郡]選出的。
in (the) lárge (1)大規模地(cf. in LITTLE, in SMALL)。(2)廣義地，一般地。
～·ness *n.*

lárge cálorie *n.* Ⓒ大卡，千卡。

lárge-héarted *adj.* 寬宏大量的；樂善好施的；慈悲的，慷慨的（generous）。**～·ly** *adv.*

lárge intéstine *n.* Ⓒ《解剖》大腸(cf. small intestine)。

***large·ly** [ˋlardʒlɪ; ˈlɑ:dʒli] *adv.*（**more ～**；**most ～**）**1**（無比較級、最高級）**主要地**，大半地：Fear of the dark is found ～ among children. 對黑暗的恐懼大半見於孩童[怕黑暗的大半是孩童]。**2 大量地，豐富地，慷慨地**。**3** 大大地，大規模地。

lárge-mínded *adj.* 度量大的，寬容[寬大]的。
～·ly *adv.* **～·ness** *n.*

lárge órder *n.* Ⓒ艱鉅工作，難以做到的事：Getting this job done without outside help is a ～ for three small boys. 要三個小孩沒有外人幫忙而做好這工作是件艱鉅的事。

lárger-than-lífe *adj.* **1** 顯眼的；令人印象極深刻的。**2** 比實物大的。

lárge-scále *adj.* **1** 大規模的。**2**〈地圖〉大比例尺的《縮尺分母小者》。

lárge-scale integrátion *n.* Ⓤ《電子》大型積體電路《略作 LSI》。

lar·gess(e) [ˋlardʒɪs; lɑ:ˈdʒes] «源自法語 'large' 之義» **—***n.* Ⓤ（來自地位、身分高者的）慷慨的贈與[援助，賙濟]；（豐厚的）禮物。

lar·ghet·to [larˋgeto; lɑ:ˈgetou] «源自義大利語» **—**《音樂》*adj. & adv.* 稍緩慢的[地]《較 largo 稍快；cf. largo》。
—*n.* Ⓒ（*pl.* **～s**）稍緩慢的樂曲[樂章]。

lárg·ish [-dʒɪʃ; -dʒiʃ] *adj.* 稍大的。

lar·go [ˋlargo; ˈlɑ:gou] «源自義大利語» **—**《音樂》*adj. & adv.* 極緩慢的[地]。
—*n.* Ⓒ（*pl.* **～s**）極緩慢的樂曲[樂章]。

lar·i·at [ˋlærɪət; ˈlæriət] *n., v.* ＝lasso.

lark[1] [lark; lɑ:k] *n.* Ⓒ《鳥》**雲雀**《★以在春天拂曉飛上高空鳴叫聲音悅耳而著稱；在詩歌中常爲報拂曉之鳥和自由的象徵》。
(as) háppy as a lárk 非常快樂。
ríse [be úp] with the lárk 早起。

lark[2] [lark; lɑ:k]《口語》*n.* Ⓒ嬉戲，玩笑，愉快：have a ～ 惡作劇，開玩笑/up to one's ～*s* 玩笑鬧得正起勁/for [as] a ～ 當作玩笑/What a ～！眞有趣！眞好玩！
—*v.i.*〔動(十副)〕嬉戲，開玩笑；鬧着玩，歡鬧〈*about, around*〉：Children are ～*ing* ***about*** on the street. 孩子們在街道上嬉戲。

lark·spur [ˋlark͵spɝ; ˈlɑ:kspə:] *n.* Ⓒ《植物》飛燕草。

lark·y [ˋlarkɪ; ˈlɑ:ki] *adj.*（**lark·i·er**；**lark·i·est**）嬉戲的，好耍鬧的。

lar·rup [ˋlærəp; ˈlærəp] *v.t.*《俚》**1** 擊打；鞭打，笞。**2** 徹底擊敗。

Lar·ry [ˋlærɪ; ˈlæri] *n.* 賴里《男子名；Laurence, Lawrence 的暱稱》。

lar·va [ˋlarvə; ˈlɑ:və] *n.* Ⓒ（*pl.* **lar·vae** [-vi; -vi:]）**1**《昆蟲》幼蟲（cf. pupa, imago）。**2**《生物》幼蟲《例如蝌蚪等》。
lár·val [-vl̩; -vəl] *adj.*

【字源】源自「假面具」之義的拉丁文。因爲昆蟲的幼蟲階段被認爲是蛻變最後形態的假面具。

la·ryn·ge·al [ləˋrɪndʒɪəl; ˌlærinˈdʒi:əl←] «larynx 的形容詞» **—***adj.*《解剖》喉頭(部)的。

lar·yn·gi·tis [͵lærɪnˋdʒaɪtɪs; ˌlærinˈdʒaitis] *n.* Ⓤ《醫》喉炎。

la·ryn·go·scope [ləˋrɪŋgə͵skop; ləˈriŋgəskoup] *n.* Ⓒ《外科》喉鏡。

lar·ynx [ˋlærɪŋks; ˈlæriŋks] *n.* Ⓒ（*pl.* **la·ryn·ges** [ləˋrɪndʒiz; ləˈrindʒi:z], **～·es**）《解剖》喉頭。

la·sa·gna [ləˋzænjə, -ˋzan-; ləˈzænjə, -ˈzɑ:n-] *n.* Ⓤ義大利式鹵汁麵條《形狀寬而扁，上澆肉末、乳酪、番茄汁等》。

las·car [ˋlæskɚ; ˈlæskə] *n.* Ⓒ **1**（歐洲船上之）東印度水手。**2**（英陸軍中之）東印度砲手。

las·civ·i·ous [ləˋsɪvɪəs; ləˈsiviəs] *adj.* **1** 淫亂的，好色的。**2** 猥褻的，挑逗性的。**～·ly** *adv.* **～·ness** *n.*

lase [lez; leiz] *v.i.* 放出雷射光。

la·ser [ˋlezɚ; ˈleizə] «*l*ight *a*mplification by *s*timulated *e*mission of *r*adiation（藉刺激輻射以擴大光能）的頭字語（acronym）»
—*n.* Ⓒ雷射《利用分子[原子]的固有振動使發光的裝置；cf. maser》。
—*adj.* [用在名詞前]雷射的，藉雷射的：～ beams 雷射光/a ～ bomb 雷射炸彈。

lash[1] [læʃ; læʃ] *n.* **1** Ⓒ**鞭帶，鞭子的柔軟的部分**。
2 a Ⓒ鞭撻。**b** [**the ～**]《古》鞭刑。
3 [**the ～**]猛烈的衝突：*the* ～ of rain on the roof 猛烈地擊打屋頂的雨。
4 Ⓒ睫毛(eyelash)。
—*v.t.* **1**〔十受〕以鞭子打，抽打…。
2〔十受〕〈雨、風、浪等〉急打…：The wind ～*ed* the sails. 風猛烈地急打船帆/Heavy rain ～*ed* the roof. 大雨打着屋頂。
3 a〔十受〕猛烈地諷刺，抨擊〈人〉。**b**〔十受(十介十(代)名)〕〔用…〕對…猛加譏諷〔*with*〕：～ a person ***with*** one's tongue（用言語）猛烈地咒罵[譏諷]某人。
4〔十受十介十(代)名〕**a** 刺激〈人〉〔使成…狀態〕〔*into*〕：～ a person ***into*** a fury 激怒某人。**b** [～ one*self*]動怒〔而成…的狀態〕〔*into*〕：～ *oneself* ***into*** a fury 盛怒。
5〔十受〕前後猛烈地擺動…，揮動…：The lion in the cage ～*ed* its tail. 檻中的獅子猛烈地擺動尾巴。
—*v.i.* **1a**〔十介十(代)名〕〔向…〕猛打〔*at*〕。**b**〔(十副)十介十(代)名〕〈雨、浪等〉〔向…〕傾盆而下，灌注，激烈地打擊〈*down*〉〔*at, against*〕：The strong easterly wind ～*ed* ***at*** our faces. 強勁的東風猛烈地吹打我們的臉/The rain was ～*ing* hard ***against*** the door. 雨猛烈地打着門。
2〔十副〕激烈地[猛然]動[到處移動]〈*about, around*〉.
lásh óut《*vi adv*》(1)攻擊，襲擊〔…〕〔*at, against*〕。(2)〔對人〕惡言惡語[說粗暴的話]〔*at, against*〕。(3)《口語》〔對於飲食品、奢侈品等〕花費金錢，散財〔*on*〕。**—**《*vt adv*》(4)《口語》對於〈飲食品、奢侈品等〉花費金錢，請人吃〈佳饌美味〉；〔在…〕投入〈錢〉〔*on*〕.

lash[2] [læʃ; læʃ] «與 lace 同字源» **—***v.t.* **1**〔十受(十副)〕(以繩、帶等)縛，繫，綁，綑，束，紮，結…〈*together, down, on*〉：They ～*ed* timbers ***together*** to make a raft. 他們把木材綁在一起作木筏/～ a thing ***down*** [***on***] 將某物紮起[綁住]/～ a hammock 把吊床摺起。**2**〔十受十介十(代)名〕**a** 把…〔與…〕綁在一起〔*to*〕：～ one piece ***to*** another 把兩片綁在一起。**b**〔用…〕綁起，繫結…〔*with*〕：We ～*ed* his ankles ***with*** cord. 我們把他的足踝用細繩綁起來。

lásh·ing[1] «源自 lash[1]» **—***n.* **1** Ⓒ鞭打；猛烈的抨擊：He gave the movie a ～. 他猛烈地抨擊那部電影。**2** [**～s**]《英口語》很多，大量〔*of*〕：～*s of* drink 大量的飲料。

lásh·ing[2] «源自 lash[2]» **—***n.* **1** Ⓤ綁縛。**2** Ⓒ繩索。

lásh·ùp *n.* Ⓒ《口語》應急辦法；應急物。

Las·ki [ˋlæskɪ; ˈlɑ:ski], **Harold Joseph** *n.* 拉斯基《1893–1950；英國政治學家及社會主義領袖》。

La Spe·zi·a [laˋspɛtsja; lɑ:ˈspetsjɑ:] *n.* 拉斯帕恰《義大利西北部之一海港》。

lass [læs; læs] *n.* Ⓒ《蘇格蘭》**1** [用於稱呼]年輕女孩，少女；姑娘（⟷ lad）。**2** 情婦，愛人。

las·sie [ˈlæsɪ; ˈlæsi] *n.* Ⓒ[用於稱呼]《蘇格蘭》小姑娘，少女，姑娘(cf. laddie).

las·si·tude [ˈlæsə,tud, -,tjud; ˈlæsitju:d] *n.* Ⓤ懶散，倦怠，疲勞；不感興趣。

las·so [ˈlæso; læˈsu:, ˈlæsou] «源自西班牙語；與 lace 同字源»**—***n.* Ⓒ(*pl.* ~s, ~es) 套索《一端有活結圈套的長繩索》。

—*v.t.* 以活結套捕〈牛、馬〉。

lasso

‡last[1] [læst; lɑ:st] «late 的最高級；cf. latest» **—***adj.* A **1** [常 **the** ~] (時間、順序)最後的，終了的，最終的(↔ first)：*the* ~ page of the book 這本書的最後一頁/*the* ~ Monday of every month 每月的最後一個星期一/*the* ~ two [three, four] days 最後的二[三，四]日《★用法與數字連用時放在數字前，但數詞的數目小時，亦可放在數字之後》/*the* second [third] ~ page＝《英》*the* ~ page but one [two] 倒數第二[三]頁。

【同義字】last 表示一序列事物的最後面的事物，但不一定表示那一序列事物的終了或結束；final 表示一序列事物到此結束；ultimate 表示某一較長過程的最後階段，表示其後不再繼續。

2 a 最後所剩的，僅存的：one's ~ hope [chance] 最後(唯一)的希望[機會]/drink to the ~ drop 喝到最後一滴/She spent her ~ cent.她把最後的一分錢花掉了[她把錢花光了，一分都沒有剩]/the ~ half 剩下的一半。**b** [常 **the** ~, **one's** ~]最終的；畢生最後的，臨終的：in one's ~ hours [moments] 在臨終前的數小時[在臨死的時候]/one's ~ days (人的)晚年/⇨ last word 1 a.

3 [**the** ~] **a** [與 *to* do 或關係子句連用]**最不可能…的，最不…的**(most unlikely)：He is *the* ~ man (in the world) I want to see. 他是我最不想見的人/ You are *the* ~ person I expected to see here. 我萬萬沒想到會在這裏遇到你(你應該是最不可能來這裏的人)/The author should be *the* ~ man *to* talk about his work. 作者應該是最不喜歡談論自己作品的人。**b** 最不適於[不配](…)的〔*for*〕：She is *the* ~ wife *for* a farmer. 她極不適合當農場主人的妻子。

4 [**the** ~]最下的，最低的(lowest)：*the* ~ boy in the class 班上成績最差的男孩。

5 [**the** ~]至高的，無上的，至上的(supreme)：It is of *the* ~ importance. 那是最重要的。

6 決定性的，具有權威性的，終極的，結論性的(final)：give the ~ explanation 做決定性[權威性]的說明。

—B 1 [用在表示時間的名詞前]**就在[這]前面的，**剛剛才過去的，昨(晚)，去(年)，上(週)《★用法又用於副詞片語[子句]；cf. next *adj.* 1 a》：~ night 昨夜，昨晚《★用法不用 last day, last morning, last afternoon 而用 yesterday, yesterday morning, yesterday afternoon》/~ year 去年《★比較the year before 前一年》/~ Monday＝on Monday ~ 上個星期一《★ 比較前者較常用》/~ January＝in January ~剛過去[上一個]的一月《今年已過去的一月；去年一月》/~ summer 剛過去[上一個]的夏天《去年夏天；今年已過去的夏天》/He looked very happy (the) ~ time I saw him. 上一次看到他時，他看起來很幸福的樣子/in [during] the ~ century 在上一世紀/in the ~ fortnight 在過去這兩星期內/for the ~week 最近一星期《★用法表示「一」的 one 只在强調時使用》。

2 [常 **the** ~, **one's** ~]最近的《★若省略後面的名詞，則 last 爲代名詞；⇨ *pron.* 2》：*The* ~ (news) I heard .... 據最近的消息…/Have you received my ~ (letter)? 上次寄的信收到沒有？

3 [**the** ~]**最新(流行)的**：*the* ~ thing *in* hats 最新型的帽子/⇨ last word 2 b.

for the lást tíme ⇨ time.

in the lást plàce ⇨ place *n.* 10.

on one's [its] **lást légs** ⇨leg.

(the) lást thìng ⇨ thing.

to the lást mán ⇨ man.

—*adv.* **1 a** (時間、順序)**最後地，**最末地：*last*-mentioned 最後提及的。**b** (作爲總結)最後：*L*~, I must emphasize this. 最後，我必須强調這一點。

2 上次，上回，最近：since I saw you ~ [I ~ saw you] 自從上次看見你以來。

lást but nòt léast 最後但不是最不重要的，還有一件重要的事沒有說《★出自莎士比亞(Shakespeare)作品「凱撒大帝」》。

lást of áll 在最後。

—*pron.* **1** [常 **the** ~；當單數或複數用] **a** 最後之物[人]：Elizabeth I was *the* ~ *of* the Tudors. 伊利莎白一世是都鐸王朝的最後一個君主。

b 〔＋ *to* do〕最後〈做…〉之物[人]：He was the first to come and *the* ~ *to* leave. 他頭一個來，最後一個走。

2 [**the** ~, **one's** ~, **this** [*etc.*] ~]最後提到的人[物]；最近的東西《消息、笑話、孩子等》：*These* ~ are my friends. 最後提到的這幾位就是我的朋友/This is *the* ~ I received from him. 這就是我從他那裏得到的最後消息。

3 [**one's** ~]最後的動作《★用法可視爲由 one's last breath [look] 省略 breath [look]；last 屬形容詞用法，breath [look] 爲一種同源受詞(cognate object)》：breathe one's ~ (呼吸最後一口氣)斷氣，死/look one's ~ (on ...)看(…)最後一眼，爲人送終。

...befòre lást 前…，上上…：the night [month, year, *etc.*] *before* ~ 前天晚上[上上個月，前年等]。

—*n.* **1** [**the** ~]最後，結尾：to [till] *the* ~至終；始終；至死；到底。

2 [**one's** ~]死，死期，末日，臨終：I thought every moment would be my ~. 我認爲我隨時都會死。

at (lóng) lást 最後，終於(finally)：*At* ~ we found it. 我們終於找到了它。

héar the lást of ... 最後一次聽到[不再聽到]…：We shall not *hear the* ~ *of* it. 這件事將一直成爲人們的話題。

sée the lást of ... 最後一次見到[不再看到]…：That was *the* ~ we *saw of* her. 那就是我們最後一次見到她。

***last**[2] [læst; lɑ:st] *v.i.* **1** 〔動(＋副詞(片語))〕(在時間上)**繼續，**持續，延續，存續：while our money ~*s* 只要我們的錢夠用/*How long* will the performance ~? 演出[演奏]將持續多久？/The lecture ~*ed* (*for*) two hours. 演講持續了兩個小時《★用法常省略 for》。

2 〔動(＋副)〕耐久，不腐壞，不衰敗，經久，持久；支撐〈*out*〉：He will not ~ much longer. 他活不了多久了/The car will ~ *out* till we get to Oxford. 車子(的汽油)將可以維持到牛津。

—*v.t.* 《★不可用被動語態》 **1 a** 〔＋受〕〈物〉可滿足〈某一期間〉的需要，足夠維持〈某一期間〉：The food will ~ two days. 食物可維持兩天。**b** 〔＋受＋受/＋受＋介＋(代)名〕可滿足〈人〉〔某一期間的〕需要，使〈人〉足夠維持〔某一期間〕〔*for*〕：This food will ~ me (*for*) a fortnight. 這些食物將足夠我維持兩星期[可滿足我兩星期的需要]。

2 〔＋受＋副〕活命度過…，拖過…〈out〉：They ~*ed out* the famine. 他們度過了飢荒/Our money will ~ *out* the year. 我們的錢將可維持過這一年。

last[3] [læst; lɑ:st] *n.* Ⓒ(木頭、金屬、塑膠製的)鞋楦，製[修]鞋用的模型。

stíck to one's lást 堅守自己的崗位，不多管閒事。

【字源】據說從前有一位鞋匠對一位畫家指出他畫中鞋子的缺點，畫家照鞋匠所說予以修正，但當鞋匠又指出其他缺點時，畫家便說 A cobbler should stick to his last.(鞋匠應該固守自己的鞋楦。)，因而有此一說。

lást dítch *n.* Ⓒ《美》最後防線：fight the enemy to the ~ 與敵人作戰到底。

lást-dítch *adj.* [用在名詞前]最後防線上的；拼命的。

lást·ing *adj.* 永續的；永久(不變)的，永恒的；持久的(↔ transient, temporary)：a ~ friendship 永恒的友誼/a ~ peace 永久的和平。~**·ly** *adv.* ~**·ness** *n.*

Lást Júdgment *n.* [**the** ~]最後審判。

【說明】根據基督教的宇宙觀，在世界末日，人會根據「生命之書」(the book of life)依生前行爲的善惡受到最後的審判(聖經新約「啓示錄」)。屆時，耶穌基督將出現，對甦醒的全體死者宣判誰該上天堂，誰該下地獄。

lást·ly *adv.* [用於句首] (列舉之後)最後一點，最後地。

lást-mínute *adj.* 最後一刻的，最後關頭的：make a ~ decision 做最後關頭的決定。

lást nàme *n.* Ⓒ《美》姓(surname) (⇨ name【說明】)。

lást stráw *n.* [**the** ~]加上去後令人無法再忍受的負擔[行爲，事情]：His laughing was *the* ~. 他那一笑令人再也無法忍受/Her sitting up all that night was *the* ~.(在連續勞累之後再加上)那天晚上的徹夜未眠終於使她累垮了。

【字源】源自諺語 It is the last straw that breaks the camel's back.(最後一根稻草壓斷駱駝的背。)這是說負荷量已達極限的駱駝，只要再加一根稻草的重量，就會壓斷駱駝的背脊；引申爲「即使是微量，如果超過限度，也會惹出大禍。」也有以馬(horse)代替駱駝，feather(羽毛)代替 straw 的諺語 cf. straw *n.* 2a.

L

Lást Súpper *n.* [the ~]（耶穌在受難前夕與十二名弟子共進的）最後晚餐。

【說明】基督在被釘十字架的前一晚，曾邀集十二名使徒進最後一餐。當時，祂拿起麵包說「這是我的身體。」又拿起酒說「這是我的血。」從此以後，基督徒重視這個意義，雖然對質的問題因宗派而解釋不同，但都繼續舉行聖餐式（(Holy) Communion）領受麵包和酒，作爲信仰的證明；cf. Judas【說明】, communion 的照片。

lást wórd *n.* [the ~] **1 a** 最後的一句話；遺言。**b** 決定性的話；最後決定權：The boss always has *the* ~. 老闆經常作最後的決定[最後總是老闆說了算數]。**2 a** 完美的[令人滿意的，無可挑剔的]事物〔*in*〕：His research is *the* ~ *in* microbiology. 他的研究在微生物學方面達到了登峯造極的地步。**b**《口語》最新流行品[發明]；最優良品〔*in*〕：*the* ~ *in* motorcars 最新型汽車。
hàve [sày] the lást wórd（於議論等）駁倒人(cf. 1 b)：Women will *have the* ~.《諺》辯論到最後贏的是女人《女人到最後又有話說》。

Las Ve·gas [lɑs'vegəs; ˌlæs'veigəs, ˌlɑ:s-] *n.* 拉斯維加斯《美國內華達州(Nevada)東南部的城市；以其賭場聞名》。

lat.《略》latitude.

Lat.《略》Latin.

latch [lætʃ; lætʃ] «源自古英語「捕捉」之義» —*n.* Ⓒ(門等的)閂，門鎖，小彈簧鎖，門鉤：set the ~ 掛上門鉤，拴上門閂/on the ~(不加鎖而)拴上門閂/off the ~ 開門閂；微開。
—*v.t.* 把拴[掛]上…的門閂[門鉤]。
—*v.i.* 門閂[門鉤]拴[掛]上：The door won't ~. 這門門閂拴不上。

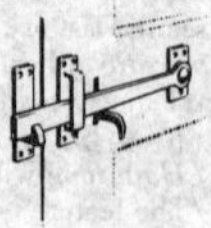
latch

látch ón to [ónto]...《口語》(1)緊握住…，把…抓住不放。(2)得到〈東西〉，把〈東西〉弄到手。(3)緊跟著不離開〈人〉；與…親密地交往：She ~*ed on to* him when they were students. 她在學生時代跟他交往親密。(4)瞭解…。

latch·et ['lætʃɪt; 'lætʃit] *n.* Ⓒ《古》鞋帶。

látch·kêy *n.* Ⓒ(尤指正門)門鎖的鑰匙。

látchkey chíld *n.* Ⓒ父母在外工作時被留在家裏無人照料的小孩；鑰匙兒。

‡**late** [let; leit] «源自古英語「遲」之義» —*adj.* (**lat·er, lat·ter** ['lætɚ; 'lætə]; **lat·est, last** [læst; lɑ:st])《★用法 later, latest表示「時間」的關係，latter, last 表示「順序」的關係；參閱各項》。**A** (↔ early) **1** 遲的：**a** 沒有趕上(某一時刻)的，遲到的：a ~ arrival 遲到者/a ~ bloomer 大器晚成的人/a ~ sleeper 晚睡的人/It is never too ~ to mend.《諺》改過永不會太遲；亡羊補牢，猶時未晚；過則無憚改。
b [不用在名詞前]〔十介十(代)名〕〔…〕遲到的〔*for*〕：I was very ~ *for* school this morning. 今早我上學遲到很久。
c [不用在名詞前]〔(十介)十do*ing*〕〔做…〕遲[變遲]的〔*in*〕《★用法 do*ing* 前面的介系詞 in 在《口語》中常省略》：Spring is ~ *in* com*ing* this year. 今年春天來得遲/You must not be ~ (*in*) get*ting* home. 你不可以晚回家。
d 比平常晚的；入夜之後的，夜深的；已過時令[季節]的：a ~ breakfast[dinner] 遲吃的早餐[晚餐]/keep ~ hours 熬夜/a ~ show(電視的)深夜節目/(a) ~ marriage 晚婚/It is getting ~. 時間不早了。
2 接近終了的，後期的，末期的：~ spring 晚春/the ~ eighteenth century 十八世紀末/the ~ period of one's life 晚年/(a boy) in his ~ teens十八、九歲的(少年)。
—**B 1** [用在名詞前](無比較級、最高級；⇨ latest)最近的，近來的(recent)：in ~ years近年來。
2 [用在名詞前](無比較級、最高級) **a** 以前的，前任的(former)《★用法 易與 b 的意思混淆時，宜避免使用》：the ~ prime minister 前(任)首相。
b [the ~, one's ~] 最近逝世的，已故的，先…：my ~ father 先父/*the* ~ Mr. Brown 已故的布朗先生。
of láte yéars 最近幾年。
(ràther [vèry]) láte in the dáy〈事〉已太遲，已失機會。
—*adv.* (**lat·er; lat·est, last**) **A** (↔ early) **1** 遲，晚，來不及：The train arrived two hours ~. 火車遲兩小時抵達/Better ~ than never.《諺》亡羊補牢，聊勝於無。
2 a (時候)晚，夜深，到很晚，到深夜：sit[stay]up ~ 熬夜/go to bed ~ 晚睡/dine ~遲進晚餐/ ~ in the morning[at night] 近午時[在深夜]。
b (時期)晚地：bloom [ripen] ~花開[成熟]得遲/They were married ~ in life. 他們晚婚。
c 接近(時期的)結束時：~ in the eighteenth century 於十八世紀末。
—**B** (無比較級、最高級) **1** 最近，近來(lately)《★除下列情形以外爲詩語》：as ~ as last month 就在上個月。
2《文語》從前，以前(formerly)：Mr. Smith, ~ *of* the UN Secretariat 以前[卸任不久的]在聯合國秘書處服務過的史密斯先生。
—*n.* ★用於下列片語中。
of láte 最近(lately).
till láte 到很晚：sit [stay] up *till* ~熬夜。
~·**ness** *n.*

láte·còmer *n.* Ⓒ遲到者〔*to*〕.

la·teen [læ'tin; lə'ti:n] *adj.*《航海》大三角帆的：a ~ sail 大三角帆《尤指在地中海所使用者》。

la·teen-rigged [læ'tin,rɪgd; lə'ti:nrigd] *adj.* 有大三角帆的。

lateen sail

Láte Gréek *n.* Ⓤ後期希臘文《紀元三世紀至六世紀間之希臘語文》。

Láte Látin *n.* Ⓤ後期拉丁文《紀元三世紀至六世紀間之拉丁語文》。

***late·ly** ['letlɪ; 'leitli] «late *adj.* B 的副詞» —*adv.* 最近，近來(★用法 尤其在英國語法中多用於否定句、疑問句中；在肯定句中則多置於句首，或作 only ~ 或 as ~ as)：I have*n't* seen him ~. 我最近沒有見過他/Has he been here ~？最近他來過這裏嗎？/She was here *only* ~ [*as* ~ *as* last Sunday]. 她最近[就在上星期日]才來過這裏。
till látely 直到最近。

láte-môdel *adj.* 新型的：a ~ car 新型汽車。

la·ten·cy ['letn̩sɪ; 'leitənsi] «latent 的名詞» —*n.* Ⓤ隱伏；潛伏，潛在。

látency pèriod *n.* Ⓒ潛伏期。

la·tent ['letn̩t; 'leitənt] *adj.* **1 a** 隱伏的，潛伏的，潛在的；看不見的：~ powers 潛在(能)力。**b** [不用在名詞前]〔十介十(代)名〕潛伏[於…]的〔*in*〕：dangers ~ *in* the situation 潛在於那情況中的危險。**2**〘醫〙〈疾病〉潛伏性[期]的：the ~ period(疾病的)潛伏期。~·**ly** *adv.*

‡**lat·er** ['letɚ; 'leitə] «late 的比較級» —*adj.* 更遲的，更後的(⇨ late *adj.* A 1, 2)：in ~ years 在後來的幾年中/ in one's ~ years 在晚年時。
—*adv.* 後來，隨後，以後：two years ~ 兩年以後/ Five years and ten novels ~, he got the prize. 他在五年之間寫過十篇小說之後獲獎。
láter ón 以後(↔ earlier on)：I'll tell it to you ~ *on.* 我以後告訴你。**Sée you láter!** ⇨ see¹. **sóoner or láter** ⇨ soon.

lat·er·al ['lætərəl; 'lætərəl] *adj.* **1** (往)旁邊的，從旁邊的；側面的(cf. longitudinal 2). **2**〘植物〙〈花、芽〉側生的。**3**〘語音〙邊音的，旁流音的：a ~ consonant 邊音《[l]》.
—*n.* Ⓒ **1** 側部；在側部之物，自側面產生之物。**2**〘植物〙側生芽[枝]。**3**〘語音〙邊音。
~·**ly** [-rəlɪ; -rəli] *adv.*

Lat·er·an ['lætərən; 'lætərən] *n.* [the ~] **1** (羅馬的)拉特蘭大教堂《天主教堂中居最高位》。**2** 拉特蘭宮(昔爲教皇之宮殿，現已改爲博物館)。

***lat·est** ['letɪst; 'leitist] «late 的最高級；⇨ last¹» —*adj.* [常 the ~, one's ~] **1** [用在名詞前]最近的，最新的：*the* ~ fashion 最新款式/*the* ~ news 最新消息/*the* ~thing 新奇之物，最新發明/his ~ novel 他的最新小說。**2** 最遲的，最後的：*the* ~ arrival 最後抵達者。
—*adv.* 最遲地，最後地：He arrived ~. 他最後抵達。
—*n.* [the ~] **1** 最新流行物。**2** 最新的消息。
at (the) látest 最晚，最遲：Be here at 9 *at* (*the*) ~. 最遲九時到這裏來。

la·tex ['letɛks; 'leiteks] *n.* Ⓤ(橡膠樹等的)乳液。

lath [læθ; lɑ:θ] *n.* (*pl.* ~s [læðz, læθs; lɑ:θs, lɑ:ðz]) **1** Ⓒ[集合稱時爲Ⓤ]〘建築〙板條，竹骨胎：~ and plaster 板條和灰泥。**2** Ⓒ **a** 薄木片。**b** 瘦子。
(as) thín as a láth 骨瘦如柴。
—*v.t.* 將〈天花板、牆等〉覆以板條[竹骨胎]。

lathe [leð; leið] *n.* Ⓒ車床。
—*v.t.* 用車床旋削。

lath·er ['læðɚ; 'lɑ:ðə, 'læðə] *n.* Ⓤ[又作 a ~] **1** 肥皂的泡沫。**2** (馬的)汗沫。
(áll) in a láther (1)滿身大汗。(2)《口語》興奮的，激動的。
—*v.t.* **1**〔十受(十副)〕(爲修刮)在…上塗以肥皂泡沫〈*up*〉：~ one's face 以肥皂泡沫塗臉。**2**《口語》痛打，痛毆〈人等〉。**3**

〔十受十副〕《口語》使〈人〉興奮[激動，緊張]〈*up*〉《★常用被動語態，表示「興奮」的意思》：He's all ～*ed* **up** about something. 他爲某事而興奮不已。**—*v.i.*** **1**〈肥皂〉起泡沫。**2**〈馬〉滿身冒汗沫。

láth·hòuse *n.* Ⓒ《園藝》遮光育苗室。

lath·ing [ˈlæθɪŋ; ˈlɑːθiŋ] *n.* Ⓤ **1** 覆以板條，釘板條。**2** [集合稱] 板條。**3** 用板條或類似之材料作成之物。

Lat·in [ˈlætn̩, ˈlætɪn; ˈlætin] **《Latium 的形容詞》—*adj.*** **1 a** 拉丁的；拉丁姆(Latium)的：the ～ Church 拉丁式典禮的教會，羅馬天主教會。**b** 拉丁系的：the ～ peoples[races]拉丁民族《法國、西班牙、葡萄牙、義大利、羅馬尼亞等各民族》。

2 拉丁文的。

—*n.* **1** Ⓒ拉丁系的人；古羅馬人。

2 Ⓤ拉丁文《略作L, L.》：classical ～ 古典拉丁文《約75 B.C.－175 A.D.》/modern ～ 近代拉丁文《紀元 1500 年以後》/⇨ Vulgar Latin.

【說明】指古羅馬人用的語言。在中世紀時分化爲義大利語、法語、西班牙語、葡萄牙語等。現在已經沒有人把它當作本國語言，但仍爲重要的古典語言、學術用語《學名等》和天主教的公用語。

3 Ⓒ(與東方正教教徒區別而稱的)(羅馬)天主教徒。

Látin América *n.* 拉丁美洲《使用西班牙語、葡萄牙語的中南美地區》。

Látin Américan *n.* Ⓒ拉丁美洲人。

Látin-Américan *adj.* 拉丁美洲(人)的。

Látin cróss *n.* Ⓒ拉丁十字，長十字形(⇨ cross 2 插圖)。

Lát·in·ism [-ˌnɪzəm; -nizəm] *n.* ⓊⒸ拉丁語式[語法]。

Lát·in·ist [-nɪst; -nist] *n.* Ⓒ拉丁語學者。

Lat·in·ize [ˈlætn̩ˌaɪz, -tɪn-; ˈlætinaiz] [有時 **l～**] *v.t.* **1** 使…成拉丁語風格；使…拉丁(語)化；把…譯成拉丁文。**2** 使…成古羅馬風格。**—*v.i.*** 使用拉丁語法。

Lat·in·i·za·tion [ˌlætənəˈzeʃən, -naɪ-; ˌlætənaiˈzeiʃn] *n.*

Látin Quàrter *n.* [**the ～**] (巴黎的)拉丁區《在塞納(Seine)河南岸；爲學生、學者、藝術家薈集的地區》。

lát·ish [-tɪʃ; -tiʃ] *adj.* & *adv.* 稍晚的[地]，稍遲的[地]。

lat·i·tude [ˈlætəˌtud, -ˌtjud; ˈlætitjuːd] **《源自拉丁文「寬度」之義》—*n.*** **1** Ⓤ**a**《地理》緯度《略作 lat.；cf. longitude 1》：north [south] ～北[南]緯/*at* ～ 18° N. 在北緯十八度的地點/The ship is *at* ～ thirty degrees twenty minutes[30°20′]north[north ～ 30°20′], and longitude thirty degrees ten minutes [30°10′] west [west longitude 30°10′]. 船在北緯三十度二十分，西經三十度十分的位置。**b**《天文》黃緯。

2 [**～s**] (從緯度看時的)地帶，地區：cold ～*s* 寒帶地方/high ～*s* (兩極附近的)高緯度地區/low ～*s* (赤道附近的)低緯度地區。

3 Ⓤ(思想、行動等的)自由範圍，自由：One should permit[give, allow] a scientist a lot of ～ *in* his research. 對於科學家應該准許[給予，容許]很大的研究自由。

òut of one's **látitude** 不是本行的，不合身分的。

lat·i·tu·di·nal [ˌlætəˈtudənl, -ˈtju-; ˌlætiˈtjuːdinl⁻] **《latitude 的形容詞》—*adj.*** 《地理》緯度的。

lat·i·tú·di·nal·ly [-nl̩ɪ; -nəli] *adv.* 就[從]緯度而言[看]。

lat·i·tu·di·nar·i·an [ˌlætəˌtudn̩ˈɛrɪən, -ˌtjud-; ˌlætitjuːdiˈnɛəriən⁻] *adj.* **1**〈思想、行動等〉寬容的，自由主義式的。**2**《基督教》不拘泥教條的，廣教派的。

—*n.* Ⓒ **1** 自由主義者。**2** [常 **L～**]《基督教》廣教派的人。

La·ti·um [ˈleʃɪəm; ˈleiʃjəm] *n.* 拉丁姆《位於現在羅馬東南部的一個古國》。

la·trine [ləˈtrin; ləˈtriːn] *n.* Ⓒ(尤指營房、露營地等之沒有下水道的)廁所。

lat·ter** [ˈlætə; ˈlætə] **《late 的比較級》—*adj. [用在名詞前] **1** [**the ～, this ～, these ～**] **a** (時間上)較後的，末了的，末尾的，後半的：*the* ～ half 後半部/*the* ～ 10 days of May 五月下旬。**b** 近來的，最近的：in *these* ～ days 近來，當今。

2 [**the ～**；與前者(the former) 成對地使用] **a** 後者的：I prefer *the* ～ picture to the former. 我喜歡後一幅畫甚於前一幅。**b** [當代名詞用] 後者《★用法 指單數名詞時接單數動詞，指複數名詞時接複數動詞》：Of the two, the former is better than *the* ～. 兩者之中前者較後者爲佳。

látter-dáy *adj.* [用在名詞前]《古》近代的，現代的，當今的。

Látter-dày Sáint *n.* Ⓒ末日聖徒《摩門教徒(Mormon)的正式名稱》。

lát·ter·ly *adv.* **1** 近來，新近地，最近(lately)。**2** 在後期，在末期。

lat·tice [ˈlætɪs; ˈlætis] *n.* Ⓒ **1** 格子框架。**2 a** (又作 **láttice window**)格子窗。**b** (又作 **láttice dòor** [**gàte**])格子門。

—*v.t.* 給…裝以格子；把…做成格子式樣。

lát·ticed *adj.* 格子狀的，裝有格子的。

láttice·wòrk *n.* Ⓤ **1** 格子工藝[細工]。**2** [集合稱]格子。

lattice 1

Lat·vi·a [ˈlætvɪə; ˈlætviə] *n.* 拉脫維亞《波羅的海沿岸的一共和國，現爲蘇聯佔領；首都里加(Riga [ˈrigə; ˈriːgə])》。

Lat·vi·an [ˈlætvɪən; ˈlætviən] **《Latvia 的形容詞》—*adj.*** 拉脫維亞(人、語)的。

—*n.* **1** Ⓒ拉脫維亞人。**2** Ⓤ拉脫維亞語。

lau·an [ˈluan, lauˈan; lauˈɑːn, ˈluɑːn] *n.* Ⓤ 柳安木(材)。

laud [lɔd; lɔːd] *v.t.* 褒獎，讚美《★ 罕用於讚美詩之外》。

laud·a·ble [ˈlɔdəbl̩; ˈlɔːdəbl] *adj.* 《文語》值得讚美的，令人欽佩的，可嘉獎的。**-a·bly** [-dəblɪ; -dəbli] *adv.*

lau·da·num [ˈlɔdn̩əm; ˈlɔdnəm] *n.* Ⓤ鴉片酊，阿片酒《鴉片的酒精溶劑；可用以止痛》。

lau·da·tion [lɔˈdeʃən; lɔːˈdeiʃn] *n.* Ⓤ頌揚，讚美。

laud·a·to·ry [ˈlɔdəˌtorɪ, -ˌtɔrɪ; ˈlɔːdətəri] *adj.* 讚美的，讚賞的。

‡**laugh** [læf; lɑːf] **《擬聲語》—*v.i.*** **1 a** (出聲)笑：～ heartily 開心地笑/ ～ silently *to oneself* 獨自暗暗地笑(在心裏)/～ *out* loud 出聲笑/Don't make me ～.《口語》別笑死我啦《眞可笑》/He ～*s* best who ～*s* last.《諺》最後笑的人笑得最開心《不可隨便笑別人，不可高興得太早》。

【同義字】smile 指不出聲只用臉部表情微笑；grin 比 smile 更明顯，不出聲、咧嘴，露出牙齒只笑在臉部；chuckle 指不張口，以低聲滿足地笑，常指獨自的格格地笑；giggle 尤指孩子或年輕女子吃吃地小聲笑。

b 〔十介十(代)名〕看[聽]到〔…〕而笑，覺得〔…〕有趣〔*at*〕《★ 可用被動語態》：～ **at** a funny story 聽到滑稽的話而笑/Don't ～ *at* him. 不要嘲笑他。

2〈水、草木、穀物等〉呈現歡欣的樣子，狀似高興：a stream ～*ing* in the sun 在陽光之中輕快流淌的小溪。

—*v.t.* **1** 〔十受〕[常與有修飾語的同源受詞連用]以…的方式笑出，笑成…的笑：He ～*ed* a long, bitter *laugh.* 他苦笑了許久。

2 〔十受〕以笑表示〈同意、輕蔑等〉：He ～*ed* assent. 他以笑表示同意。

3 a 〔十受十介十(代)名〕以笑使〈人〉取消[放棄，忘記]〔…〕〔*out of*〕：He tried to ～ her **out of** her foolish belief. 他想用笑使她放棄她的愚蠢信念/They ～*ed* him *out of* his worry. 他們用笑使他忘記煩惱。**b** 〔十受十補〕[～ one*self*]笑成…的狀態，笑得…：He ～*ed himself* helpless [breathless]. 他笑得止不住[喘不過氣來]。**c** 〔十受十介十(代)名〕[～ one*self*]笑成〔…的狀態〕〔*to, into*〕：He ～*ed himself* **to** death [**into** convulsions]. 他笑得要死[前俯後仰]。

láugh at... 《★ 可用被動語態》(1)⇨ *v.i.* 1 b. (2)嘲笑，譏笑…：Nobody likes to be ～*ed at.* 沒有人喜歡被人嘲笑/People ～*ed at* him *for* being so naïve. 人們因他太天眞而嘲笑他。(3)不把〈困難、危險、威脅等〉當一回事[放在眼中]；忽視…；對…一笑置之：～ *at* one's troubles 不把麻煩當一回事。

láugh awáy 《*vt adv*》(1)對…付諸一笑，對…一笑置之；以笑化解…：He ～*ed* my fears [doubts] *away.* 他一笑消除了我的恐懼[疑惑]。—《*vi adv*》(2)(一直)笑著消遣：They were still ～*ing away.* 他們還一直在笑。

láugh dówn 《*vt adv*》以笑使…沈默，以笑干擾使…中止：～ a speaker *down* 以笑聲干擾使演講者沉默不語/ ～ a proposal *down* 以笑聲拒斥建議。

láugh in a person's **fáce** 當面譏[嘲]笑某人。

láugh óff 《*vt adv*》以笑斥退…，對…付諸一笑，對…一笑置之；笑著逃過[應付過去]：～ *off* a threat 面對威脅一笑置之。

láugh on the wróng [**óther**] **síde of** one's **fáce** [《美》**móuth**] 原先笑著的臉突然頹喪起來。

láugh ... òut of cóurt ⇨court.

—*n.* Ⓒ[常 **a ～**] **1** 笑；笑聲(⇨ laughter 比較)：give *a* ～ 發出笑聲/burst [break] into *a* ～ 忽然笑起來/have *a* good [hearty] ～ *at* [*about, over*] ... 對…大笑，盡情地笑…。**2**《口語》笑柄，取笑的材料：That's *a* ～. 那眞是笑話《★用法 常表無法相信對方所說的話》。

hàve the lást láugh 最後勝過[人]；在連續被[某人]擊敗之後獲得最後的勝利〔*on*〕.

hàve [**gèt**] **the láugh of** [**on, at**]... (1)反過來笑…，反笑…。(2)對…反攻，反擊。

hàve the láugh on one's **síde** 〈先被嘲笑者〉這次輪到自己嘲笑別人；這次佔優勢。

laugh·a·ble [ˈlæfəbl̩; ˈlɑːfəbl] *adj.* **1** 可笑的，有趣的。**2** 愚蠢的，無聊的：a ～ attempt (*at...*) (想做…的)愚蠢的嘗試[企圖]。

-a·bly [-fəblɪ; -fəbli] *adv.* **～·ness** *n.*

L

láugh·ing *adj.* **1** 笑著的，笑著似的；高興的，快活的：in a ~ mood 以快活的心情。**2** 可笑的，令人發噱的：It is no ~ matter. 這沒有什麼可笑的《是正經事》。
—*n.* Ⓤ笑：⇨BURST one's sides with laughing. **~·ly** *adv.*

láughing gàs *n.* Ⓤ笑氣《nitrous oxide（氧化亞氮）的俗稱》。

láughing hyéna *n.* Ⓒ《動物》笑鬣狗。

láughing jáckass *n.* Ⓒ《鳥》笑鴗（kookaburra）.

láughing·stòck *n.* Ⓒ笑柄，受人嘲笑者：He made himself the ~ of the town. 他成爲鎮上的笑柄。

‡**laugh·ter** [ˈlæftɚ; ˈlɑːftə] «laugh *v.* 的名詞»**—***n.* Ⓤ笑；笑聲《★比較 指持續得較 laugh 爲長的笑，注重笑的行爲和聲音；cf. smile》：roar with ~ 哄然大笑/burst [break out] into (fits of) ~ 放聲大笑/*L*~ is the best medicine. 笑是最佳藥方/⇨BURST one's sides with laughter.

Laun·ce·lot [ˈlɔnsələt; ˈlɑːnslət] *n.* 蘭斯洛特《男子名》。

launch**[1] [lɔntʃ, lantʃ; lɔːntʃ] «源自古法語「投擲槍」之義»**—v.t.* **1** 〔十受〕**a** 使〈新建造的船〉下水：A new ship was *~ed from* the dry dock. 一艘新船從乾船塢下水。**b** 把〈小艇等〉放到水面。**2 a** 〔十受(十副)十介十(代)名〕使〈人〉進入〔社會等〕〈*out*〉〔*into*〕：~ one's son *into* politics 使兒子進入政壇[政界]。**b** 〔十受十介十(代)名〕[~ one*self*]開始從事，着手〔事業等〕〔*on, upon*〕《★常用被動語態，表示「在着手」的意思》：He *~ed himself on* a business career. 他開始經商/He *is ~ed on* a new enterprise. 他在着手創辦新的企業。**c** 〔十受(十副)〕發售〈新產品〉〈*out*〉.
3 a 〔十受〕放出，投擲〈箭、槍等〉；發射〈飛彈等〉：~ an artificial satellite [a space shuttle] 發射人造衛星[太空梭]。**b** 〔十受(十介十(代)名)〕〔對…〕施加〈打擊〉；猛加〈抨擊等〉〔*against, at, on*〕：~ an offensive *against* the enemy 向敵人發動攻勢。
4 〔十受〕發動，開始，展開〈攻擊等〉：~ an attack 發動攻擊。
—*v.i.* 〔(十副)十介十(代)名〕(蓬勃地)開始從事；展開〔事業，工作等〕〈*out, forth*〉〔*into*〕：~ *out into* a new life 開始新生活/The soldiers *~ed into* a violent attack on the fortress. 士兵們對那要塞展開猛烈的攻擊。
—*n.* [用單數；常 the ~]（新建造船隻等的）下水，入水；(飛彈、火箭、太空船等的)發射。

launch[2] [lɔntʃ, lantʃ; lɔːntʃ] *n.* Ⓒ **1** 汽艇《遊覽用等》：*by* ~ 以[乘]汽艇《★無冠詞》。**2** (軍艦上裝備的)動力小艇。

láunch·er *n.* Ⓒ《軍》**1 a** 發射筒[機]。**b** (飛彈、太空船等的)發射裝置。**2** 軍艦上的飛機彈射裝置(catapult).

launch·ing [ˈlɔntʃɪŋ, ˈlan-; ˈlɔːntʃiŋ] *n.* ⓊⒸ **1** 發射；起飛；(船等)下水。**2** 開辦，創辦：the ~ of Taiwan's third television station 台灣第三家電視台之開辦。

láunch·ing pàd *n.* Ⓒ(飛彈、火箭等的)發射臺。

láunching sìte *n.* Ⓒ(飛彈、火箭、太空船等)發射場。

launching pad

láunching tùbe *n.* Ⓒ(魚雷)發射管。

láunch pàd *n.* ＝launching pad.

láunch vèhicle *n.* Ⓒ發射(飛彈、太空船等)用的火箭。

láunch wìndow *n.* Ⓒ(火箭、太空船等的)發射可能時段，最佳發射時段。

laun·der [ˈlɔndɚ, ˈlan-; ˈlɔːndə] «源自拉丁文「洗」之義»**—***v.t.* **1** 洗；洗熨：have one's clothes *~ed* 把衣服送洗。**2** 將〈以非法手段得到的錢〉轉移成合法。
—*v.i.* **1** [與 well 等狀態副詞連用]經洗：This linen *~s* well. 這亞麻布經洗。**2** 洗衣。

láun·der·er [-dərɚ; -dərə] *n.* Ⓒ洗衣者[店]。

laun·der·ette [ˌlɔndəˈrɛt; ˌlɔːndəˈret] *n.* Ⓒ自助洗衣店。

【說明】在英美，有三種洗衣店：即自己洗內衣褲的自助洗衣店、洗襯衫類的普通洗衣店、專門乾洗西裝的洗衣店。顧客忙碌時，在指定時間內自助洗衣店有店員(attendant)會到家裡來收衣服。商標名稱作 Laundromat；cf. washday【說明】

laun·dress [ˈlɔndrɪs, ˈlan-; ˈlɔːndris] *n.* Ⓒ洗衣婦，洗燙衣物的女工。

laun·dro·mat [ˈlɔndrəˌmæt; ˈlɑːndrəmæt, ˈlɔːn-] «*laundry* 和 auto*matic* 的混合語» **—***n.* 《美》Ⓒ出租自動洗衣店，自助洗衣店(launderette).

laun·dry [ˈlɔndrɪ, ˈlan-; ˈlɔːndri] *n.* **1** Ⓒ**a** 洗衣店，洗衣公司[廠]。**b** 洗衣房。**2** Ⓤ[the ~；集合稱]洗衣店所洗之衣物：send out *the* ~ 把衣物等送洗。

láundry bàsket *n.* Ⓒ裝換洗衣物的籃子。

láundry lìst *n.* Ⓒ **1** 交洗衣店的待洗衣物清單。**2** 《比喻》一大張清單《各項目任意排列》。

láundry·man [ˈlɔndrɪmən; ˈlɔːndrimən] *n.* Ⓒ(*pl.* **-men** [-mən; -mən]) 洗衣業者；洗衣工；洗衣店所雇取送衣物的人。

láundry·wòman *n.* Ⓒ(*pl.* **-women**)洗衣婦(laundress).

Lau·ra [ˈlɔrə; ˈlɔːrə] *n.* 蘿拉《女子名》。

Laur·a·sia [lɔˈreʒə, -ʃə; lɔːˈreiʒə, -ʃə] *n.* 《地質》勞亞古陸《北半球假想的大陸塊，範圍包括北美、歐洲和印度除外的亞洲》。

lau·re·ate [ˈlɔrɪɪt; ˈlɔːriət] «laurel 的形容詞»**—***adj.* **1** 戴(象徵榮譽的)桂冠的。**2** [常置於名詞後]〈詩人〉接受了榮譽[榮冠]的：⇨poet laureate.
—*n.* Ⓒ **1** 接受了榮冠的人，受獎者，得獎人：a Nobel prize ~ 諾貝爾獎得獎人。**2** 桂冠詩人(poet laureate).

láureate·shìp *n.* Ⓤ桂冠詩人的地位[任期]。

lau·rel [ˈlɔrəl, ˈlar-; ˈlɔrəl] *n.* **1** Ⓒ《植物》**a** 月桂樹(⇨bay[3] 插圖)。

【說明】據希臘神話，黛芙妮(Daphne)爲逃避太陽神阿波羅(Apollo)的求愛而化身成爲月桂樹；古希臘人在太陽神的節日每四年舉行一次的競技大會匹西亞競賽(Pythian games)中，便爲優勝者戴上月桂樹枝編製的榮冠。古代人並認爲月桂樹會傳達預言和詩的靈感；爲了得到靈感他們枕著月桂樹葉睡覺。因此月桂冠就成爲勝利、和平、文才的象徵。英國於十七世紀創立桂冠詩人(poet laureate)的制度，選出當時的第一位桂冠詩人，在國家有慶典時賦唱新詩。

b 《美》美國石南花。
2 Ⓤ(象徵榮譽、勝利的)月桂樹葉；月桂冠(⇨ wreath 1b 照片)。
3 [~s]名譽，榮冠；勝利：win [gain, reap] *~s* 獲得榮譽，博得稱讚/look to one's *~s* 愛惜名譽，保持榮譽[記錄]。

lau·reled, 《英》**-relled** [ˈlɔrəld, ˈlar-; ˈlɔrəld] *adj.* 戴桂冠的；獲得榮譽的。

Lau·rence [ˈlɔrəns, ˈlar-; ˈlɔrəns] *n.* 勞倫斯《男子名；暱稱 Larry》.

Lau·sanne [loˈzæn; louˈzæn] *n.* 洛桑《瑞士西部的一個城市》。

lav [læv; læv] «lavatory 之略» **—***n.* Ⓒ《英口語》廁所，盥洗室。

la·va [ˈlavə, ˈlævə; ˈlɑːvə] «源自拉丁文「洗」之義»**—***n.* Ⓤ **1** (流動狀的)熔岩。**2** (凝固的)熔岩，浮石(cf. pumice).

láva bèd *n.* Ⓒ熔岩層。

láva fìeld *n.* Ⓒ熔岩野。

láva flòw *n.* Ⓒ熔岩流。

lav·a·to·ry** [ˈlævəˌtorɪ, -ˌtɔrɪ; ˈlævətəri] «源自拉丁文「洗」之義»**—n.* Ⓒ **1 a** 廁所(toilet)。**b** 盥洗室。**c** 《英》沖洗式便器。**2** 《美》(裝在牆壁的)洗臉盆。

lave [lev; leiv] *v.t.* 《詩》**1** 洗(wash)。**2** 〈水〉沖〈岸〉。**3** 〔十受十介十(代)名〕注，澆〈液體〉〔於…之中[上]〕〔*in, on, onto*〕：He *~d* honey *on* his toast. 他把蜂蜜澆在土司上。

lav·en·der [ˈlævəndɚ; ˈlævəndə] *n.* Ⓤ **1** 《植物》**a** 薰衣草《一種芳香的唇形科植物》。**b** 薰衣草的花[莖，葉]《經乾燥之後可用以薰衣物，使其不受蟲蛀》。**2** 淡紫色。
láy úp ... in lávender (爲供日後使用而)珍惜保存…《★源自 1 b》.
—*adj.* 淡紫色的。

lavender 1 a

la·ver[1] [ˈlevɚ; ˈleivə] *n.* Ⓤ《植物》紫菜《一種紫菜屬的海藻；可供食用》。

la·ver[2] [ˈlevɚ; ˈleivə] *n.* Ⓒ **1** 《聖經》(猶太人神殿中之)銅盆《僧侶洗手足用》。**2** 《古》洗滌盆；水盆。

lav·ish [ˈlævɪʃ; ˈlæviʃ] «源自古法語「傾盆大雨」之義»**—***adj.* (**more** ~；**most** ~) **1 a** 〈人〉不吝嗇的，慷慨的，不計較的：a ~ uncle 出手大方的叔叔。**b** [不用在名詞前]〔十介十(代)名〕〔對…〕不珍惜的，慷慨的〔*of, with*〕：A rich man can be ~ *of* [*with*] his money. 富有的人用錢大手大脚。**c** [不用在名詞前]〔十介十(代)名〕〔在…方面〕大方的，慷慨的〔*in*〕：She was ~ *in* her gifts [*in spending* money]. 她送禮[花錢]大方。
2 揮霍成性的，浪費慣了的，奢侈的：a ~ party 豪華的(社交)聚會。
3 豐富的，充分的，有餘的；過多的；過度的：~ chestnut hair 濃密的栗色頭髮/~ expenditure 無節制的支出[鋪張浪費]。
—*v.t.* 〔十受十介十(代)名〕把…不吝嗇地[慷慨地]〔給人〕〔*on, upon*〕：~ care *upon* one's children 過度地照顧孩子/He *~ed* kisses *upon* his grandchild. 他一再地吻其孫子。
~·ly *adv.* **~·ness** *n.*

‡law [lɔ; lɔː] **《源自古北歐語「被放置之物，被規定之物」之義》——*n.* 1 a** Ⓤ**法律**：by ~ 依法/⇨natural law, LAW and order /It is good [bad] ~. 這是合法的[不合法的]/His word is ~. 他的話就是法律《要求絕對服從》/Necessity [Hunger] knows [has] no ~.《諺》需要[飢餓]之時無法律《當人為需要所迫時[飢餓時]，會不顧法律而去取得》。

> 【同義字】law 是表示「法律」的最普通字，指受權力的支持而有義務服從的法律；rule 指為維持秩序或功能等須遵守的規則；regulation 指由社團組織等所定的規則。
> 【說明】在英美 Everybody is equal before *law.* (法律之前人人平等。) We must all obey the *law,* not excepting the king. (我們大家都必須遵守法律，國王也不例外。) 這兩句話所表示的精神，即法律規定的平等原則已成為日常生活的基礎。但是，由五十個州組成的美利堅合衆國各州有各州的州法，因州而異。例如選舉權、槍械持有權等的年齡的不同、結婚及飲酒自由年齡的不同、死刑及安樂死的承認與否等等。無論如何，歐美人並非法律第一主義，而是在尊重人的精神基礎上尊重法律。從下列的說法可知：Every *law* has a loophole. (任何法律都有漏洞。) Necessity knows [has] no *law.* (需要之時無法律。) Love is the complement of the *law.* (法律中需有愛的精神，始為完備。)；cf. jury, CONSTITUTION of the United States【說明】

b Ⓒ (一條一條的) 法律，法規。**c** [**the** ~] (綜合法律、法規的全體的) 法，國法：*the* ~ of the land 國法/Everybody is equal before *the* ~. 法律之前人人平等。**d** Ⓤ (分立的特殊的)…法：commercial ~ 商法/common ~ 不成文法，習慣法/private [public] ~ 私[公]法/international ~ 國際法。

2 a Ⓤ**法律學，法學**：study [read] ~ 研讀法律(學)/a man of ~ 律師。**b** Ⓤ [常 **the** ~] 法律業，律師業，司法界：be learned [versed] in *the* ~ 精通法律/follow *the* ~ 以律師為業，當律師。

3 Ⓤ**法律的手段[手續]，訴訟，起訴**：be *at* ~ 在訴訟中/contend *at* ~ 對簿公堂/go to ~ *with* [*against*] ... = have [take] the ~ *of* [*on*] ... 對…起訴，對…提出訴訟。

4 Ⓒ [**集合稱為**Ⓤ] **a** (必須遵守的) **規律；慣例，習慣**：moral ~ 道德律/the ~*s* of honor 禮貌，禮節。**b** (宗教上的) 戒律，律法：the ~*s* of God 上帝的律法/the new [old] ~《聖經》新[舊]約/the *L*~ (of Moses) 摩西的律法。**c** (科學、哲學上的) 法則，定律，原理：the ~ of gravitation 萬有引力定律/the ~ of mortality 生者必死的法則/the ~*s* of motion 牛頓 (Newton) 的運動三定律/the ~ of nature 自然的法則/the ~ of self-preservation 自衛的本能/the ~*s* of thought 邏輯推論的法則/the ~ of the jungle⇨jungle 1 a/⇨Parkinson's law. **d** (技術、藝術上的) 原則，法：the ~*s* of painting 畫法/the ~ of meter 韻律法。**e** (運動競賽的) 規則，規定：the ~*s* of tennis 網球規則。

5 Ⓤ [**the** ~；集合稱]《口語》警官，警察《★用法視為一整體時當單數用，指全部個體時當複數用》：*the* ~ in uniform 穿制服的警察/the (long) arm of *the* ~ 法律[警察]的力量[權力，權威]；公權力/*The L*~！我(們)是警察！《★ 警察在逮捕刑犯時喊的話》。

be a láw ùnto onesélf 自己就是自己的法律；我行我素，忽視慣例《★ 出自聖經新約「羅馬書」2:14》.

láw and órder 法律和秩序，治安：maintain ~ *and order* 維護治安。

láy dówn the láw (1)以命令[獨斷]的口氣說話，命令似地說。(2)〔對…〕嘮叨，責罵〔*to*〕.

tàke the láw into one's **ówn hánds** (不顧法律而) 擅自加以制裁，自行加以私刑。

láw-abìding *adj.* 守法的，安分守己的，守秩序的：~ people [citizens] (守法的) 公民。

láw·bòok *n.* Ⓒ法律書籍。

láw·brèaker *n.* Ⓒ犯法者，罪犯。

láw·brèaking *n.* Ⓤ犯法。**——*adj.*** 犯法的。

láw còurt *n.* Ⓒ法庭 (court of law).

law·ful [ˈlɔfəl; ˈlɔːful] *adj.* (無比較級、最高級) **1 合法的，守法的，正當的。**

> 【同義字】lawful 指為法律所許可認可的，不違反法律的；legal 指為法律所許可的，有關法律的；legitimate 指資格、權利等為法律，社會上一般看法等所認為正當的。

2 法律所承認的，法律上有效的，法定的：~ age 法定年齡，成年/~ money 法定貨幣，法幣。**3** 合法的。
~·ly [-fəlɪ; -fuli] *adv.* **~·ness** *n.*

láw·gìver *n.* Ⓒ立法者，制定法律者。

láw·less *adj.* **1** 〈國度、地方等〉沒有(頒行)法律的：a ~ town 沒有法律的城鎮。
2 不合法的，非法的。
3 〈人〉無法無天的，目無法紀的，不可理喻的，無法對付的：a ~ man 不法之徒。**~·ly** *adv.* **~·ness** *n.*

láw·màker *n.* Ⓒ立法者 (legislator).

láw·màking *n.* Ⓤ立法。**——*adj.*** 立法的。

láw·man [-mən; -mən] *n.* Ⓒ (*pl.* **-men** [-mən; -mən])《美》法律執行官《marshal, sheriff, policeman 等》。

***lawn**[1] [lɔn; lɔːn] *n.* Ⓒ (在公園、房屋周圍等經人工修整的) **草坪**：a tennis ~ 草坪網球場。

> 【說明】英國的草坪特別有名，氣候和水土都適合，生長快速，經年常綠。英國人在草坪上玩足球、網球、高爾夫球、板球等。
> 園藝，尤其是草坪的修整和割草，是一家之主的工作之一，假日常可看到他們使用割草機修整草坪。在美國種有草的庭院稱作 yard；一般住宅，從人行道到門口的門廊，鋪了混凝土，其兩旁則大多是草坪；cf. house【說明】

lawn[2] [lɔn; lɔːn] *n.* Ⓤ紗《極薄的上等麻布或棉布；在英國國教會用以縫製主教 (bishop) 法衣的袖子 (sleeves)》.

láwn mòwer *n.* Ⓒ割草機。

láwn pàrty *n.* Ⓒ《美》園遊會。

láwn tènnis *n.* Ⓤ **1** 草地網球《在草坪(網球場)上打的網球；cf. court tennis》.
2 網球。

láw óffice *n.* Ⓒ《美》律師[法律]事務所。

láw ófficer *n.* Ⓒ **1** 司法官《英國特指法務總長 (attorney general) 或法務次長 (solicitor general)》. **2** 執法人員。

Law·rence [ˈlɔrəns, ˈlɑr-; ˈlɔrəns] *n.* 勞倫斯《男子名；暱稱 Larry》.

Law·rence, D(avid) H(erbert) *n.* 勞倫斯《1885-1930；英國小說家、詩人》。

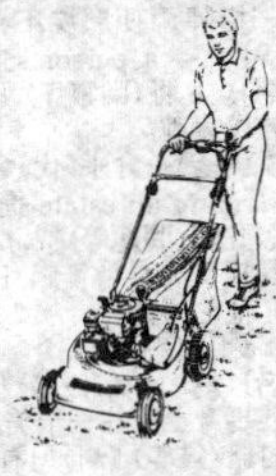
lawn mower

law·ren·ci·um [lɔˈrɛnsɪəm, lɑ-; lɔːˈrensiəm, lɔ-] *n.* Ⓤ《化學》鐒《放射性元素；符號 Lr》.

láw·sùit *n.* Ⓒ (民事) 訴訟 (案件)：enter [bring in] a ~ *against*... 對…提出訴訟。

láw tèrm *n.* Ⓒ **1** 法律用語。**2** 開庭期。

‡law·yer [ˈlɔjɚ; ˈlɔːjə] *n.* Ⓒ**律師，法學家**：a criminal ~ 刑事律師/He is a good [a poor, no] ~. 他熟知[不懂]法律。

> 【同義字】lawyer 是指律師的最常見的字；《美》counselor,《英》barrister 指出庭律師；《美》attorney,《英》solicitor 指辦事務性工作的律師。

lax [læks; læks] **《源自拉丁文「鬆弛的」之義》——*adj.* 1 a** 〈規律、人等〉不嚴格的，馬虎的。**b** 散漫的：He is morally ~. 他品行不檢。**c** [不用在名詞前]〔十介十(代)名〕〔在…方面〕不檢點的〔*in*〕：He is ~ ***in*** his morals. 他品行不檢。**2 a** 〈繩索等〉鬆的。**b** 〈紡織品等〉織得不密實的。**c** 沒有力氣的。**3** 不正確的，含糊的，曖昧的。**4 a** 〈腸〉鬆弛的。**b** 〈人〉瀉肚的，下痢的。**5**《語音》鬆弛的：a ~ vowel 鬆元音《[ɪ; i]等》。**~·ly** *adv.* **~·ness** *n.*

lax·a·tive [ˈlæksətɪv; ˈlæksətiv] *adj.* 輕度腹瀉的。
——*n.* Ⓒ通便劑，瀉藥。**~·ness** *n.*

lax·i·ty [ˈlæksətɪ; ˈlæksəti] **《lax 的名詞》——*n.*** ⓊⒸ **1** 鬆弛，懶散，放縱。**2** (說話、文體等的) 不正確，含糊，曖昧。

‡lay[1] [le; lei] (**laid** [led; leid]) *v.t.* 《★比較與不及物動詞 lie[1] (臥) 對應；★用法須注意避免與 lie[1] 的過去式 lay 混淆》**1 橫置，置放**：〔十受十副詞(片語)〕**a** 橫置…(在…上)《★用法通常與表示地方的副詞(片語)連用，並附加地使用 down；⇨put【同義字】》：He *laid* his bag *on* the table. 他把提袋放在桌上/She *laid* her baby (*down*) *in* the crib. 她把嬰兒放到小牀裏(睡覺)/She *laid* her hand *on* her son's shoulder. 她把手放在兒子的肩膀上。**b** [~ one*self*] 躺，臥 (在…)《★比較一般多使用不及物動詞 lie》：He *laid himself down on* the ground. 他躺倒在地上。**c** 把〈人〉埋葬(在…)：~ one's bones *in* Westminster Abbey 把某人埋葬於西敏寺/~ a person *to* rest [sleep] 下葬某人。

2 a 〔十受〕把〈磚等〉**鋪整齊，砌〈磚瓦〉；鋪設，建造〈鐵路等〉**：~ bricks 砌磚/~ a pavement 鋪設人行道/~ a railroad track 鋪設鐵路軌道。**b** 〔十受〕奠定〈基礎等〉：~ the foundation(s) of ... 奠定…的基礎/He tried to ~ a future course for himself. 他努力為自己的將來鋪路。**c** 〔十受〕布置〈陷阱等〉：~ a snare [trap] *for* ... 布置陷阱以捕…。**d** 〔十受十介十(代)名〕〔在…上〕鋪，覆蓋，塗…〔*on*〕；〔以…〕鋪，覆蓋，塗…〔*with*〕：~ a carpet ***on*** a floor = ~ a floor ***with*** a carpet 在地板上鋪地毯/The wind *laid* the garden *with* leaves. 風吹得滿園是落葉。

3 〔十受〕**a 準備〈飯菜〉，擺設〈餐桌〉**：~ a table for breakfast 擺設餐桌準備早餐。**b** 草擬，想出，設計〈計畫等〉：~ one's plans 擬定計畫/~ a conspiracy 策劃陰謀。**c** 準備生〈爐火等〉。

4 〔十受〕〈鳥、昆蟲〉產〈卵〉，生〈蛋〉：This hen ~*s* an egg every day. 這隻母鷄每天下一個蛋/a new-*laid* egg 剛下的蛋。

5〔十受十介十(代)名〕**a** 置〈信賴，强調等〉〔於…之上〕〔*on, upon, in*〕：～ trust ***on*** [***in***] a person 信賴某人/ ～ one's hopes *on* a person 把希望寄託在某人身上/In his lecture Mr. Smith *laid* great emphasis *on* the need for world peace. 史密斯先生在演講中强調地指出維護世界和平的必要性。**b** 課〈義務，處罰〉〔於…〕〔*on, upon*〕：～ duties [punishment] ***on*** a person 把義務[處罰]加諸於某人/Heavy taxes are *laid on* wine and tobacco. 煙酒被課以重稅。**c** 歸〈罪、過錯〉〔於…〕，將〈責任〉轉嫁[推諉]〔於…〕〔*to, on, upon*〕：～ a crime ***to*** his charge 把罪行嫁禍於他。**d** 置〈故事的背景〉〔於…〕〔*in*〕《★常用被動語態》：The scene *is laid* ***in*** London in the nineteenth century. 那一幕以十九世紀的倫敦爲背景。

6 a〔十受〕打倒，打垮〈人等〉：A single blow *laid* him on the floor. 僅僅一擊，就將他打倒在地板上。**b**〔十受十補〕打倒…〈成…狀態〉：The storm *laid* all the crops low [flat]. 風暴把所有的莊稼吹倒(cf. 10)。

7〔十受〕**a** 平息〈灰塵等〉，抑制：A shower has *laid* the dust. 一場陣雨使塵埃不再飛揚。**b** 平息，消除〈煩惱、恐懼、不安等〉：～ a person's fears [doubts] *to* rest 消除某人的恐懼[疑惑]。**c** 將〈幽靈等〉驅回陰間；祓除〈鬼怪〉；驅〈邪〉：～ a ghost 祓除鬼魂。

8〔十受十介十(代)名〕**a**〔～**claim**〕堅持〔…的〕〈所有權〉〔*to*〕：～ *claim* ***to*** an estate 提出對房地產的所有權。**b**〔向…〕提出[舉出]〈想法、問題等〉〔*before*〕：～ a matter ***before*** a committee 把問題提交委員會審議/He *laid* his troubles *before* me. 他向我述說了他的煩惱。

9 a〔十受〕打〈賭〉：～ a bet [wager] 打賭。**b**〔十受十介十(代)名〕〔爲…〕賭〈錢等〉〔*on*〕：She *laid* $1000 ***on*** the horse. 她在那匹馬身上下注一千美元。**c**〔(十受)十受十*that*＿〕〈就…事〉跟〈人〉打賭〈錢等〉《★用法 有時省略間接受詞》：I'll ～ (you) ten dollars *that* he will win. 我跟你賭十美元說他會贏。

10〔十受十補〕置…〈於…的狀態〉：～ a person asleep 使某人睡著/ ～ one's chest bare 袒露胸膛/The war *laid* the country waste. 那戰爭使該國荒蕪/Mother has been *laid* low by a high fever. 母親因發高燒而一直臥著(cf. 6 b)。

11〔十受〕《鄙》與…發生肉體關係。

—*v.i.* 1〈鳥、昆蟲〉產卵：This hen ～*s* well. 這隻鷄很會生蛋。**2** 打賭。

láy abóut... (1)[～ *about* one]〔以武器〕向周圍亂打〔*with*〕：He *laid about* him *with* a stick. 他掄棒向周圍亂打。(2)〔以武器〕向〈人〉亂揮打；猛烈攻擊〈某人〉〔*with*〕：He *laid about* them *with* his hands. 他用手向他們亂揮打。

láy asíde《*vt adv*》(1)把〈東西〉(暫時地)堆置一邊：～ a bag *aside* 把提袋放在一邊。(2)儲藏，保留，儲蓄〈物〉：He ～*s aside* Sundays *for* golf. 他保留每星期日打高爾夫。(3)棄置，革除，放棄…。

láy...at a person's **dóor** 把〈罪、過失等〉歸咎他人：He always ～*s* his mistakes *at* my *door.* 他經常把自己的過錯歸咎於我。

láy awáy《*vt adv*》儲藏，儲蓄〈錢〉。

láy bý ＝LAY¹ aside (2).

láy dówn《*vt adv*》(1)⇨ *v.t.* 1. (2)安裝、建造、舖設…：～ *down* a cable 舖設海底電纜。(3)(在地窖)儲藏〈葡萄酒等〉。(4)定〈規則、原則等〉；〔十 *that*＿〕主張，斷言〈…事〉《★常用被動語態》：～ *down* rules 定規則/⇨ lay down the LAW / ～ it *down* as an axiom *that...* 把…定爲公理[原則]/The Act ～*s* it *down that....*＝It *is laid down* in the Act *that....* 該法案規定…。(5)[～十down十名]捨棄，犧牲〈武器、生命等〉；取消，放棄，停止〈工作、職位等〉：The burglars *laid down* their arms and surrendered. 竊賊們放下武器投降/～ *down* one's life 犧牲生命/He would not ～ *down* his work until it was finished. 他在工作沒有完成以前不肯停止。(6)種植〈農作物〉：～ *down* cucumbers 種黃瓜。(7)在〈田地〉種植〔農作物〕〔*in, to, under, with*〕：～ *down* the land *in* [*to, under, with*] grass 在那土地上種牧草，把土地墾植爲牧草地。

láy for...《美口語》準備伏擊〈人〉。

lày in《*vt adv*》囤積〈貨品〉，貯藏〈糧食等〉。

láy ínto...《口語》(以拳頭)毆打，攻擊〈人〉；(以話)抨擊，叱責〈人〉。

láy it ón (thíck) 誇張；亂加讚揚，給人戴高帽；猛加叱責[貶低]《★源自「塗濃」之義》。

lay off [《*vt adv*》～ óff] (1)(因不景氣)暫時解雇〈人員〉。(2)《美》脫〈外套等〉。(3)劃分，區分〈土地〉。**—** [《*vt prep*》～ ... óff ...] (4)把〈從業人員〉從〈工作崗位〉暫時解雇：Three hundred workers were *laid off* work. 三百名員工被暫時解雇。**—** [《*vi adv*》～ óff] (5)《口語》取消，停止。(6)停工，休養。**—** [《*vi prep*》～ óff...] (7)《口語》戒除〈煙、酒等〉：～ *off* alcohol 戒酒/*L～ off* teas*ing.* 不要再挖苦啦！(8)[用祈使語氣]不理會〈人〉：*L～ off* me. 不要理我，不要管我，讓我管自己的事。

láy ón《*vt adv*》(1)猛加〈打擊等〉。(2)塗〈油漆等〉。(3)徵〈稅〉；把〈懲罰等〉加諸於；下達〈命令等〉。(4)《英》裝接，舖設〈瓦斯管、水管、電線等〉《★常用被動語態》：Gas and water have not yet *been laid on* in the new house. 新房子裏面瓦斯管和水管還沒裝好。(5)《英》準備〈活動、菜餚等〉：They *laid on* a concert for the guests. 他們爲來賓準備音樂會。

láy óut《*vt adv*》(1)**攤開，陳列〈東西〉；展現〈光景等〉**：I *laid out* my evening clothes. 我取出晚禮服待穿/A glorious sight was *laid out* before our eyes. 壯麗的景象展現在我們眼前。(2)**設計，計劃〈庭園、都市等〉**：～ *out* a garden 設計庭園。(3)編排〈書籍等〉的版面。(4)《口語》擊昏[倒]〈人〉：The boxer was *laid out* with a blow on the chin. 那拳師下巴挨一擊而倒下。(5)《口語》用[花]〈錢〉，投〈資〉：He *laid out* his life's savings on a new house. 他花去畢生的儲蓄買新房子。

láy óver《*vt adv*》(1)延期〈集會等〉《★常用被動語態》：The party *was laid over* for a week. 聚會延了一個星期。(2)〔以…〕覆蓋，裝飾…〔*with*〕《★常用被動語態》：The cover *is laid over with* gold. 蓋子上飾有金飾。**—**《*vi adv*》《美》(飛機旅行等)中途〔在…〕短暫逗留〔*at, in*〕。

láy oneself óut to dó《口語》爲…費心力[賣力]：She *laid herself out to* make her guests comfortable. 她盡力使賓客感到舒適。

lay to [《*vi adv*》～ tó] (1)《航海》使船(逆着風)停泊。**—** [《*vi prep*》～ to...] (2)勁道十足地開始…：The crew *laid to* their oars. 船上人員奮力地划槳。

láy togéther《*vt adv*》使…集在一處：～ our [your, their] heads *together* 我們[你們，他們]聚首研商。

láy úp《*vt adv*》(1)**把〈東西〉留下不用，儲存…**：～ *up* a supply of food 儲存食料。(2)〔給自己〕背上〈包袱〉，〔給自己〕添加〈麻煩〉〔*for*〕：He is ～*ing up* trouble *for* himself. 他在給自己找麻煩。(3)〈病〉使〈人〉臥床[無法工作]；使〈人〉在家休養《★常用被動語態》：I *was laid up with* a cold. 我因感冒而臥病在床。(4)《航海》(爲修理而)使〈船〉暫不使用《★常用被動語態》。

—*n.* 1 Ⓤ[常 **the** ～](東西被置的)位置，地形；方向；形勢，狀態：*the* ～ *of* the land 地勢；情勢，形勢，情況。**2** Ⓒ《鄙》性交的對象；性交。

‡lay² [le; lei] *v.i.* **lie¹** 的過去式。

lay³ [le; lei] **《源自希臘文「人民」之義》 —*adj.*** [用在名詞前] **1** (對神職人員而言的)普通信徒的，凡俗的(↔ clerical)：a ～ sermon 俗人所做的講道/a ～ brother [sister] 凡人修士[修女]，庶務修士[修女]《非神職人員而過宗教生活並從事一般勞動的俗人》/a ～ clerk 教區書記/⇨ lay reader. **2** 外行的，非本行的：a ～ opinion 外行人的意見。

lay⁴ [le; lei] **《源自塞爾特(Celt)語「詩」之義》—*n.*** Ⓒ **1** (用以歌唱的)故事詩。**2**《詩》歌。

láy·abòut *n.* Ⓒ《英口語》遊蕩者，遊手好閒的人。

láy ánalyst *n.* Ⓒ業餘精神分析家。

láy·a·wày plán [ˈleə,we-; ˈleiəwei-] *n.* Ⓒ商品預購法《先付定金，待餘款付清後才取貨的辦法》。

láy-bỳ *n.* Ⓒ **1**《英》(高速公路等的)路旁停車修理區。**2**《鐵路》(列車等待他車通過的)旁軌，側線。

lay·er [ˈleə, lɛr; ˈleiə] **《源自 lay¹》 —*n.*** Ⓒ **1 一層**：～*s* of brick 一層一層的磚。**2** [常構成複合字]放置[堆積，舖設]者：⇨ brick-layer. **3** 產卵鷄：a good [bad] ～ 經常下蛋[不常下蛋]的雞，下蛋多[少]的鷄。**4** (賽馬的)賭錢者。**5**《園藝》壓條。

—*v.t.* 〔十受〕**1** 使…成層。**2** 以壓條培植…。

—*v.i.* 〈植物〉壓條生根。

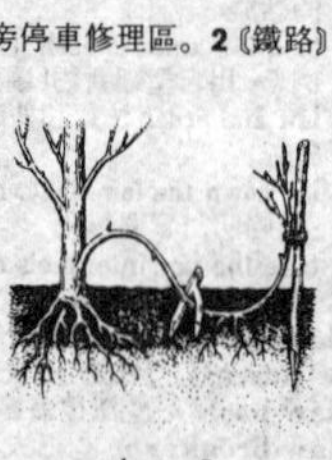

layer 5

láyer càke *n.* Ⓤ[指個體時爲Ⓒ]夾心蛋糕《在蛋糕層中間夾有果醬、乳脂等的蛋糕》。

lay·ette [leˈɛt; leiˈet] *n.* Ⓒ新生嬰兒所用的全套衣服用品《衣服、尿布、被褥類》。

láy fígure *n.* Ⓒ **1** (雕刻家、畫家等用以觀察着衣效果的)(有關節的)人體模型，時裝模特兒模型(cf. mannequin 1). **2** 木偶似的人，無用的人。

láy·man [-mən; -mən] **《源自 lay³》—*n.*** Ⓒ (*pl.* **-men** [-mən; -mən]) **1** (對神職人員而言的)普通信徒；俗人。**2** 外行人，門外漢〔*in*〕：He is a ～ *in* politics. 他對政治是個門外漢。

láy·òff *n.* Ⓒ **1** (暫時的)解雇(期間)。**2** (選手等的)比賽[活動]中止期間。

láy·òut *n.* **1** Ⓒ**a** (都市、庭園等的)規劃，設計。**b** 設計圖，配置圖，簡圖。**2** ⓊⒸ(報紙、雜誌、書籍的)版面設計。**3** Ⓒ(經過動腦筋的)陳設，布置；精美豐盛的菜餚。**4** Ⓒ《美口語》(大建築物的）格局；宅邸，工廠。

láy·òver *n.* Ⓒ《美》中途下車［停留］(stopover).

láy réader *n.* Ⓒ〖基督教〗(在英國國教會、美國聖公會等受主教之認可於禮拜時擔任讀使徒書等某一定部分工作的）俗人（信徒）讀經師。

laz·ar [ˈlezə; ˈlæzə] *n.* Ⓒ《罕・古》窮病人；患疫病的乞丐；痲瘋病人。

laz·a·ret, laz·a·rette [ˌlæzəˈrɛt; ˌlæzəˈret] *n.* =lazaretto.

laz·a·ret·to [ˌlæzəˈrɛto; ˌlæzəˈretou] *n.* Ⓒ (*pl.* ～s) **1** 傳染病醫院《尤指痲瘋病院》。**2** 檢疫所；檢疫船。**3**〖航海〗(近船尾的）食糧貯藏室。

Laz·a·rus [ˈlæzərəs; ˈlæzərəs] *n.* **1**〖聖經〗拉撒路《一患痲瘋病的乞丐，在世受盡苦難，死後進天堂》。**2**〖聖經〗拉撒路《瑪利亞(Mary)與馬大(Martha)之兄，耶穌使之復活》。**3** [l-] Ⓒ患痲瘋病或其他可怕疾病之乞丐。

laze [lez; leiz] **«lazy 的逆成字»**——《口語》 *v.i.*〔十副〕怠惰；懶散度日〈*about, around*〉: He ～*s* **about** all day. 他整天懶懶散散。
——*v.t.*〔十受十副〕懶散地打發〈時間〉〈*away*〉: ～ **away** the afternoon 懶散地混過下午。
——*n.* [a ～] 懶散地混過的時間；懶散。

‡la·zy [ˈlezɪ; ˈleizi] *adj.* (**la·zi·er**; **-zi·est**) **1** 怠惰的，懶惰的 (↔ diligent): a ～ fellow 懶傢伙/a ～ correspondent 懶於寫信的人。

【同義字】lazy 通常帶有譴責的口氣，指厭惡工作的；idle 指因怠慢或其他原因而沒有工作的，但不一定帶有譴責的口氣。

2 令人發睏的，令人倦怠［懶洋洋］的：a ～ afternoon 令人倦怠的下午。**3** 行動［流動］緩慢的：a ～ river 水流緩慢的河川。
lá·zi·ly [-zɪlɪ; -zili] *adv.* **-zi·ness** *n.*

lázy·bònes *n.* Ⓒ (*pl.* ～)《口語》懶骨頭。

lázy jàck *n.* Ⓒ伸縮千斤頂。

lázy Súsan *n.* Ⓒ《美》迴轉式食品盤［臺］(《英》dumbwaiter)《擺在餐桌中央盛菜餚或調味料等的一種餐具》。

lazy Susan

lázy tòngs *n. pl.* 惰鉗《用以夾取遠處之物》。

lb, lb. 《略》libra(e).

LBO 《略》leveraged buyout〖經濟〗融資購併《透過一羣投資者對某公司貸出資金的運用而收買該公司》。

lbs. 《略》pounds.

l. b. w. 《略》〖板球〗leg before wicket.

lc, l. c. 《略》〖印刷〗lowercase.

LC, L. C. 《略》《美》landing craft;《美》Library of Congress;《英》Lord Chamberlain [Chancellor].

L/C, l/c 《略》letter of credit.

l. c. 《略》*loco citato.*

L. C. C. 《略》London City [County] Council.

L. C. D., l. c. d. 《略》〖數學〗lowest [least] common denominator.

L. C. J. 《略》Lord Chief Justice.

L. C. M., l. c. m. 《略》〖數學〗lowest [least] common multiple.

Ld. 《略》Lord.

L'd. 《略》limited.

ldg 《略》landing; loading.

L-Do·pa [ˌɛlˈdopə; ˌelˈdoupə] *n.* =levodopa.

ldr. 《略》leader.

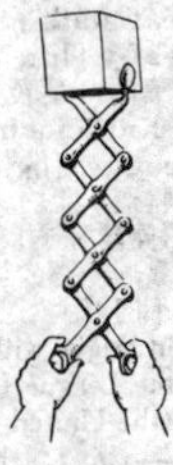
lazy tongs

L-drìver **«L(earner) -driver 之略»**——*n.* Ⓒ《英》持臨時執照受教練同車指導的駕駛實習者《通常在車子的前後裝 L 牌照(L-plate)》.

-le [-l; -l] 字尾 **1** 用以構成表「小」之意的名詞：icic*le*. **2** 用以構成表「做…之人［道具］」之意的名詞：bead*le*. **3** 用以構成表「反覆」之意的動詞：spark*le*.

lea [li; li:] *n.* Ⓒ《詩》草原，草地，牧草地。

leach [litʃ; li:tʃ] *v.t.* **1** 過濾〈液體〉。**2**〔十受(十副)十介十(代)名〕從〔…〕濾取〈可溶物〉〈*out, away*〉〔*from*〕.
——*v.i.*〔動(十副)〕被過濾，溶解〈*out, away*〉.
——*n.* **1** Ⓤ **a** 過濾。**b** 濾液，濾灰。**2** Ⓒ過濾器，濾器。

leach·y [ˈlitʃɪ; ˈli:tʃi] *adj.* (**leach·i·er**; **-i·est**) 多氣孔的，易濾水的：～ soil 多氣孔的［易排水的］土壤。

‡lead[1] [lid; li:d] **«源自古英語「傳導、運」之義»**——(**led** [lɛd; led]) *v.t.* **1 a**〔十受十副詞(片語)〕引導［領］〈人〉(到…)：～ a visitor *in* [*out, back*] 帶領訪客入內［出外，回原位］/～ a person *on* a tour of... 帶某人周遊…/He *led* us *to* the hotel. 他帶我們到旅館去/The sound of hammering *led* me *to* the hut. 我循着鎚子聲音走到了木屋。

【同義字】lead 指走在前面引導後面的人；guide 指一直跟在旁邊指引人；direct 指向人指導路線、方向等；conduct 指把人帶到某一個地方。

b〔十受十副詞(片語)〕牽〈人〉(…)，(繫上繩子等而）牽引〈動物等〉(至…)：She *led* the child *across* the street. 她牽着那孩子穿過街道/He *led* the horses *into* the yard. 他把馬牽入圍欄內。**c**〔十受十介十名〕牽〈人〉〔的手〕〔by〕《★用法在表示身體部位的名詞前加 the》：～ an old man **by the** hand 牽老人的手。

2 a〔十受十副詞(片語)〕〈路等〉引［帶］…(至某地)：This street will ～ you *to* the station. 你順著這條街走就可到達車站/The road ～*s* traffic *into* [*away from*] the center of the town. 車輛經這條路進入［離開］鎮中心。**b**〔十受十介十(代)名〕使…導致〔…的狀態、結果〕〔*to, into*〕：A chance idea *led* him **to** the discovery. 一個偶然的主意導致他的發現/Unwise investments *led* the firm **into** bankruptcy. 不明智的投資導致該公司倒閉。**c**〔十受十 *to* do〕使〈人〉產生〈做…〉的念頭：Fear *led* him *to* tell lies. 他因恐懼而撒謊。**d**〔十受十介十do*ing*〕巧妙地使〈人〉〔做…〕〔*into*〕：She *led* him **into** believ*ing* that she was unmarried. 她巧妙地使他相信她仍小姑獨處。

3〔十受〕領導，率領，指揮…：～ an army [a search party] 指揮軍隊［搜索隊］/A baton twirler *led* the brass band. 一名(旋轉指揮棒的)(女)指揮帶領着軍樂隊。

4〔十受〕在…中佔首位：She ～*s* the class *in* spelling. 在拼字方面她是班上的第一名。

5 a〔十受〕過［度］〈某種生活〉：He *led* a life of poverty for many years. 他度過了多年的貧困生活。**b**〔十受十受〕使〈人〉過〈某種生活〉：That *led* him a miserable life. 那件事使他過著悲慘的生活。

6〔十受〕〖紙牌戲〗(在一局的一巡)〈第一個人〉把〈某張牌〉作爲最先的牌打出：He *led* a heart. 第一張牌由他打出了紅心。

——*v.i.* **1 a** 領路，領先走；做嚮導：The green car is ～*ing.* 綠色車子在領路。**b**《美》指揮；當指揮。

2 a〔十副詞(片語)〕〈馬路等〉通至…，經過…：All roads ～ *to* Rome.⇨ Rome/I found a narrow track ～*ing down to* the river. 我發現有一條小路（往下）通到河流/This door ～*s into* my room. 從這扇門可以進我房間/This road ～*s through* the forest. 這條馬路貫穿森林。**b**〔十介十(代)名〕(結果)導致〔…〕〔*to*〕：That will only ～ **to** trouble. 那樣做只會惹出麻煩/The experiments *led to* great discoveries. 這些實驗導致偉大的發現。

3〔動(十介十(代)名)〕**a**〔於競賽等〕領頭，領先〔*in*〕：The horse *led* easily until the homestretch. 那匹馬輕易地一直領先到最後的直線跑道。**b**〔於…方面〕居首位〔*in*〕：I ～ **in** French. 我法語學得最好。

4〖紙牌戲〗率先出第一張牌。

léad ánywhere［用於否定句］⇨LEAD nowhere.

léad a person **a** (**prétty** [**jólly, mérry**]) **dánce** ⇨ dance *n.*

léad astráy 《*vt adv*》(1)把〈人〉導向錯誤的方向，使〈人〉迷路：I was *led astray* by bad directions. 我被拙劣的指點弄得迷了路。(2)引〈人〉入歧途；使〈人〉墮落：His friends *led* him *astray.* 他的朋友把他引入歧途。

léad a person **by the nóse** ⇨ nose.

léad nówhere 徒勞無功，無結果：This work may ～ *nowhere.* (=This work may *not* ～ *anywhere.*) 這項工作可能毫無結果。

léad óff 《*vt adv*》(1)把…帶去：The police *led* him *off* to jail. 警方把他關進監獄。(2)〔以…〕開始［率先］…，〔以…〕揭開…的序幕〔*with*〕：The band *led* the concert *off with* a hard rock number. 那樂團以一曲硬式［强節奏］搖滾樂開始了演奏會。——《*vi adv*》(3)〔以…〕開始，〔以…〕開頭〔*by, with*〕：He *led off by* announc*ing* his intentions. 他一開始先表明了他的意圖。

léad ón 《*vt adv*》［～ 十受十on］(1)(繼續)嚮導〈人〉。(2)《口語》騙〈人〉；誘使〈人〉〔…〕〔*into*〕：You're ～*ing* me on! 你在騙我！/I was *led on into* buy*ing* rubbish. 我被騙而買了無用的東西。(3)〔十 *to* do〕使〈人〉誤信…：She *led* me *on to* believe.... 她以花言巧語使我相信…。(4)〔十 *to* do〕誘使，引誘〈人〉〈做…〉：They *led* him *on to* steal. 他們引誘他偷竊。——《*vi adv*》(5)(繼續)領先走，嚮導。

léad a person **ùp** [**dòwn**] **the gárden pàth** ⇨ garden.

léad úp to... 逐漸進入…；逐漸把話題轉向…：Events were ～*ing up to* war. 事件接二連三地發生，終將導致戰爭/What is she ～*ing up to*? 她到底想要怎樣？《她是什麼居心？》

——*n.* **1**［用單數］**a** 最前頭(的位置)，先導：He was in the ～. 他在最前頭。**b** 率先；指揮，領導力。

2 Ⓒ榜樣，模範：follow a person's ～ 以…爲榜樣。

3 a [the～]（賽跑等的）最前頭，冠軍；第一名：gain [have] *the* ～ in a race 在賽跑中佔［居］首位。**b** [a ～] 領先(的差距)《距離、時間等》〔*of*〕；優勢〔*over*〕：He had [held] *a* ～ *of* three laps

over the secondplace car at the finish. 他在終點線領先第二名的賽車三圈/They have *a* ~ *over* the rest of the world in technology. 他們在科技方面領先世界他國。
4 Ⓒ《口語》(解決問題的)提示，線索，頭緒：So far there are no firm ~*s* as to who the hit-and-run driver is. 目前仍未掌握到撞人逃逸的駕駛者身分的可靠線索。
5 [the ~]《戲劇》主角，主要演員：play *the* ~ 扮演主角，主演/*the* juvenile ~ 年輕的主角。
6 Ⓒ(新聞報導文的)開頭，第一段。
7 Ⓒ《英》(狗等頸上所拴供人牽引的)皮帶，繩子：have[keep] a dog on a ~ 把狗用皮帶或繩子拴住。
8 [用單數；常 the ~]《紙牌戲》最先出牌(的權利)；最先出的牌；最先出牌的人。
9 Ⓒ《電學》導線；(天線的)引線。
táke the léad (1)佔先，領先，居首。(2)率先，帶頭，帶領：He *took the* ~ *in* (carry*ing* out) the project. 他率先執行那項計畫。
—*adj.* [用在名詞前] **1** 先導的；領先的；帶頭的；領導的(leading)：the ~ car 先導車。**2** (報紙、廣播、電視的)主要報導的，頭條新聞的：a ~ editorial 社論/a ~ story 頭條新聞。

***lead²** [lɛd; led] *n.* **1** Ⓤ《化學》鉛《金屬元素；符號 Pb》：⇨ red lead, white lead. **2 a** Ⓒ(用以從船上測水深的)鉛錘：cast [heave] the ~ 測水深。**b** [~s]《英》鋪屋頂用的鉛板。**c** [~ s](玻璃窗的)鉛質框架《用於彩色玻璃窗》。**3** Ⓤ[集合稱](鉛製的)子彈(bullets). **4** Ⓤ[指種類時爲Ⓒ]鉛筆心：a soft[hard] ~ 軟[硬]鉛筆心。**5** Ⓒ《印刷》鉛條《用以塞填活字行間》。
(as)dúll as léad (1)鉛一般顏色不起眼的。(2)《口語》非常魯鈍的。
(as)héavy as léad 非常重的。
swing the léad 《英俚》裝病而怠工[曠職]。
—*adj.* [用在名詞前]鉛(製)的。
—*v.t.* 〔十受〕**1 a** 以鉛被覆[鋪]…。**b** 在…中塞鉛。**2** 在…中加鉛化合物。**3**《印刷》在…中塞鉛條。

lead·ed [ˈlɛdɪd; ˈledid] *adj.* 〈汽油等〉含有鉛質的(←→ unleaded)：~ gasoline 含鉛汽油。

lead·en [ˈlɛdn; ˈledn] «lead² 的形容詞» **—*adj.*** **1** 鉛製的，鉛質的。**2** 鉛色的：a ~ sky 鉛灰色的天空。**3** 沉重的，遲鈍的，懶倦的：a ~ heart 沉重的心。**4** 沒有精神的，無氣力的，不活潑的。~**·ly** *adv.* ~**·ness** *n.*

léaden-fóoted *adj.* 走路脚重的；(時間等)慢慢過的；慢條斯理的。

‡lead·er [ˈlidɚ; ˈli:də] «源自 lead¹» **—*n.*** Ⓒ **1 a** 引導者，領導者；先導者，先驅。**b** 首領，主將；指揮官，指揮者，率領者。**c** (在競賽等之過程中的某一點)居首位[最領先]的與賽者。**2**《英》主要辯護人；(巡迴法庭的)首席律師。**3**《音樂》**a**《英》(管弦樂團的)首席演奏者《首席第一小提琴手》。**b**《美》(舞曲樂團的)指揮。**c** (管樂團的)首席短號手。**d** (合唱團的)首席女高音。**4**《英》(報紙的)社論。**5** 馬車的先導馬(←→ wheel horse). **6** (吸引顧客的)特價品：⇨ loss leader. **7 a** (機械的)主輪。**b** 導火線。**c** (水管的)導水管。**8**《植物》嫩枝。**9** [~s]《印刷》(用以使表格或目次等易看的)點線；虛線。**10**《電影・電視》**a** 字幕。**b** 引子《影片或影帶的開頭的空白部分》。**11**《美》《釣魚》(釣絲上的)蚊鈎。
the léader of the Hóuse of Cómmons 《英下院》院內總務《掌理議程進行的閣僚》。
the léader of the Opposítion 《英下院》在野黨黨魁。

lead·er·ette [ˌlidəˈrɛt; ˌli:dəˈret] *n.* Ⓒ《英》(報紙、刊物之)短篇社論，短評。

***lead·er·ship** [ˈlidɚˌʃɪp; ˈli:dəʃip] *n.* Ⓤ **1** 領導(權)；領導能力，統率力：under the ~ of... 在…指揮[領導]之下。**2** 領導者的地位[任務]。**3** [集合稱]領導者們，領導階層《★用法 視爲一整體時當單數用，指全部個體時當複數用》。

léader writer *n.* Ⓒ《英》(報紙之)社論作者，主筆。

lead-free [ˈlɛdˈfri; ˈledˈfri:] *adj.* = unleaded.

léad-ìn [ˈlidˌɪn; ˌli:ˈdin] *n.* Ⓒ **1 a** (用以吸引讀者、聽衆之注意的)引子，前奏，開場白。**b**《電視・廣播》(商業廣告之前的)導入部分〔*in*〕. **2**《電學》引入線。

lead·ing¹ [ˈlidɪŋ; ˈli:diŋ] «源自lead¹» **—*adj.*** [用在名詞前](無比較級、最高級) **1** 領導的，指導[指揮]的。**2** 一流的，卓越的：a ~ university 一流大學/the ~ countries of Europe (在經濟、軍事方面)歐洲一些主要國家。**3** 主要的；主角的，主演的：play the ~ part[role] 擔任主角。
—*n.* Ⓤ **1** 引導，誘導。**2 a** 指導，先導，指揮，統率。**b** 統率力。

lead·ing² [ˈlɛdɪŋ; ˈlediŋ] «源自 lead²» **—*n.*** Ⓤ **1** (玻璃窗用的)鉛框。**2** [集合稱](鋪屋頂用的)鉛板。

léading árticle [ˈlidɪŋ-; ˈli:diŋ-] *n.* Ⓒ **1 a**《英》社論。**b**《美》重要報導。**2**《英》用以吸引顧客的特別廉價商品(loss leader).

léading cáse *n.* Ⓒ《法律》成爲判例之案件，有判例效力之案件，判例。

léading líght *n.* Ⓒ **1** (船隻進出港口時作導航用的)標燈。**2** 〔社團、教會等中〕有影響力的主要人物〔*of, in*〕.

léading quéstion *n.* Ⓒ誘導性詢問[問題]。

léading rèins *n. pl.* (馬等的)韁繩。

léading stríngs *n. pl.* **1** (用以扶持幼兒步行的)扶手索。**2** 嚴格的指導[管教]；束縛《★常用in ~》：be *in* ~ 還不能獨立/keep a person *in* ~ 嚴格地管教着某人。

léad lìne [ˈlɛd-; ˈled-] *n.* Ⓒ《航海》測深繩，水砣繩。

léad nítrate [ˈlɛd-; ˈled-] *n.* Ⓤ《化學》硝酸鉛。

léad-òff [ˈlidˌɔf; ˌli:dˈɔf] *adj.* 最初的：the ~ batter 第一棒打擊手。

léad óxide [ˈlɛd-; ˈled-] *n.* Ⓤ《化學》氧化鉛。

léad péncil [ˈlɛd-; ˈled-] *n.* Ⓒ鉛筆。

léad-pìpe cínch [ˈlɛd-; ˈled-] «因鉛質管易彎曲而有此義» **—*n.*** [a ~]《美俚》**1** 輕而易舉的事。**2** 毫無疑問的事。

léad pòisoning [ˈlɛd-; ˌled-] *n.* Ⓤ鉛中毒，鉛毒症。

léad tìme [ˈlid-; ˈli:d-] *n.* Ⓤ **1** 產品設計與實際生產間相隔的時間。**2** 訂貨至交貨所隔之時間。

lead-up [ˈlidˌʌp; ˈli:dʌp] *n.* Ⓒ準備階段或步驟：a ~ to the classic 古典藝術入門。

lead·work [ˈlɛdˌwɝk; ˈledwə:k] *n.* Ⓤ鉛細工。

‡leaf [lif; li:f] *n.* (*pl.* **leaves** [livz; li:vz]) **1** Ⓒ葉；樹葉，草葉：dead *leaves* 枯葉/⇨ leaf bud, leaf mold, tea leaf/shake like a ~ (怕得)發抖。**2** Ⓤ[集合稱] **a** 葉，簇葉：come *into* ~ 長葉，開始長葉/*in* (full) ~ 長滿葉的，綠葉滿枝的。**b** (作爲商品的)葉；(尤指)茶[煙]葉：Virginia ~ 維吉尼亞煙葉。**3** Ⓒ《口語》花瓣：rose *leaves* 玫瑰花瓣。**4** Ⓒ **a** (書籍的)一張，二頁。**b** (摺疊式桌子的)活動面板。**c** (摺疊門等的)一扇：a folding screen with 6 *leaves* 一副六折的屏風。**5** Ⓤ(金屬)箔《★比較 較 foil 爲薄》：gold ~ 金箔。
tàke a léaf from [òut of] a person's bóok 仿效某人；依樣畫葫蘆。
tùrn óver a néw léaf 改過自新，洗心革面。
—*v.i.* **1** 〔動(十副)〕〈植物〉長出葉子〈*out*〉. **2** 〔十介十(代)名〕翻〔書籍等(的頁)〕〔*through*〕：~ ***through*** (the pages of) a dictionary 匆匆翻閱辭典。
—*v.t.* 〔十受〕翻〈書籍等(的內頁)〉。

leaf·age [ˈlifɪdʒ; ˈli:fidʒ] *n.* Ⓤ[集合稱]葉(leaves).

léaf bùd *n.* Ⓒ葉芽，嫩葉。

leafed *adj.* [常構成複合字]有(…的)葉子的：a four-*leafed* clover 四葉苜蓿。

léaf·less *adj.* 無葉的。~**·ness** *n.*

leaf·let [ˈliflɪt; ˈli:flit] *n.* Ⓒ **1** 傳單，散頁印刷品，折疊而未裝訂的印刷品。**2 a** 新葉，嫩葉。**b**《植物》小葉《複葉的一片》。

leaf·let·eer [ˌliflɪˈtɪr; ˌli:fliˈtiə] *n.* Ⓒ傳單的發放者或執筆人。

léaf·lìke *adj.* 如葉子的；成薄片的：~ gills 葉狀鰓。

léaf mòld *n.* Ⓤ腐葉土。

léaf-shàped *adj.* 葉子形的。

léaf·stàlk *n.* Ⓒ《植物》葉柄(petiole).

leaf·y [ˈlifɪ; ˈli:fi] «leaf 的形容詞» **—*adj.*** (**leaf·i·er**; **-i·est**) **1** 多葉的，葉茂盛的。**2** 由葉而成的，用葉子組成的：in the ~ shade of a tree 在樹蔭中。**3** 闊葉的；葉狀的。**léaf·i·ness** *n.*

league¹** [lig; li:g] «源自拉丁文「團結」之義» **—*n. Ⓒ **1** 同盟，聯盟；盟約。**2** [集合稱]參加聯盟者[團體，國家](leaguers). **3** (棒球等的)聯賽：a ~ match 聯賽。**4**《口語》(同一性質的)一羣，一夥，同類：He is not *in* the same ~ *with* us. 他跟我們不同夥。
in léague with... 與…結盟；與…聯合[團結，勾結]。
the Léague (of Nátions) 國際聯盟《1920–1946；即今聯合國(the United Nations)的前身》。
—*v.t.* **1** 〔十受(十副)〕使〈兩國〉結盟；使…團結[聯合]〈*together*〉《★常用被動語態》：The two countries *were* ~*d* ***together***. 那兩國訂有盟約[結爲同盟國]。**2** 〔十受十介十(代)名〕〔與…〕結盟，團結，聯合〔*with*〕《★常用被動語態》：The two countries *were* ~*d* ***with*** each other. 那兩國彼此訂有盟約[互爲同盟國]。
—*v.i.* 〔動(十副)〕結盟，聯盟，團結〈*together*〉.

league² [lig; li:g] *n.* Ⓒ《古》里格《長度單位；約等於三哩》。

léagu·er¹ *n.* Ⓒ **1** 聯盟的加盟者[團體，國家]。**2**《棒球》聯盟的球員。

lea·guer² *n.* Ⓒ《古》圍攻；圍攻之軍隊；圍攻部隊的軍營。
—*v.t.* 《古》包圍。

Le·ah [ˈliə; liə] *n.* **1** 莉亞《女子名》。**2**《聖經》利亞《雅各(Jacob)之原配》。

leak [lik; li:k] «源自古北歐語「滴落」之義» **—*v.i.*** **1 a** 〈船、屋頂等〉漏：The ceiling is ~*ing*. 天花板在漏(水)。**b** 〔十副〕〈水、瓦斯、光等〉洩漏(出)〈*out*〉；滲入，漏水〈*in*〉：The rain began to ~ ***in***. 雨水開始漏進來/The light is ~*ing* ***out***. 光線外洩。**2** 〔十副〕〈秘密等〉洩漏〈*out*〉：The secret has ~*ed* ***out***. 秘密洩漏了。
—*v.t.* **1** 〔十受〕洩漏〈水、空氣等〉：The pipe ~*s* gas. 這管子漏

氣了。**2**〔十受(十副)十介十(代)名〕〔對…〕洩漏〈秘密等〉〈*out*〉〔*to*〕: He ~*ed* the news *to* the press. 他向新聞界透露了那消息。
—*n.* **1** Ⓒ漏隙，漏洞，漏處。**2** Ⓒ**a** 漏水，漏出的蒸汽[氣體]: a gas ~ 瓦斯的外洩。**b** [常用單數]漏出量。**c**《電學》漏電。**3** Ⓒ〔秘密之〕洩漏〔*of*〕. **4** [a ~]《俚》撒尿，排尿: take *a* ~ (隨地)小便。

leak·age ['likɪdʒ; 'li:kidʒ] «leak 的名詞» —*n.* **1** Ⓤ **a** 漏，漏出。**b**〔秘密等之〕洩漏〔*of*〕. **2** Ⓒ **a** 漏出的量。**b**《商》漏耗，漏損。**3** Ⓒ漏出物。

leak·proof ['lik͵pruf; 'li:kpru:f] *adj.* 不會漏的，防漏的；密閉的: a ~ flashlight battery 不會漏電的手電筒電池/a ~ hull 不漏水的船身。

leak·y ['likɪ; 'li:ki] «leak 的形容詞» — *adj.* (**leak·i·er**; **-i·est**) **1** 有漏洞的，會漏的，易洩漏的。**2** 小便失禁的。**3** 易洩密的: a ~ vessel[person]不能守秘密的人；多嘴的人。

léak·i·ness *n.*

leal [lil; li:l] *adj.*《蘇格蘭》忠實的，信實的: She was ~ to the core of her heart. 她忠實到底。

the lánd of the léal 天國。

‡**lean**[1] [lin; li:n] (**leaned** [lind; li:nd, lent], 《英》**leant** [lɛnt; lent]) *v.i.* **1**〔十副詞(片語)〕(從挺直的姿勢)向前[向後]傾身，曲身，彎腰；把身子向前靠: ~ *forward* in walking 彎著腰走路/~ *over* the rail 把身子探過欄干/~ *over* to catch every word 俯身向前以便聽到每一個字/~ *back* in one's chair 身子向後仰著坐在椅子上/Don't ~ *out* (*of* the window). 請勿探身(窗外)。

2〔十介十(代)名〕憑倚，靠，倚靠〔在…上〕〔*on, against*〕: An old woman came along the road ~*ing* ***on*** her staff. 有一個老太婆拄著手杖沿路走過來/He ~*ed* ***against*** the wall. 他靠在牆上。

3〔十介十(代)名〕依賴，依靠〔…〕〔*on, upon*〕: ~ ***on*** one's friends for advice 依靠朋友的指點。

4 a〔動(十副詞(片語))〕〈建築物等〉(朝…)傾側，傾斜: The tower ~*s* (*to* the north). 這座塔(向北)傾斜/The old church is ~*ing to* one side. 那座古老教堂逐漸向一邊傾斜。**b**〔十介十(代)名〕〈人、關心等〉傾向[偏向]〔於…〕，有〔…的〕趨勢〔*toward, to*〕: His interest ~*s* ***toward*** politics. 他開始對政治發生興趣。

—*v.t.* **1**〔十受十介十(代)名〕把…靠[憑倚]〔於…〕〔*against, on*〕: He ~*ed* his back ***against*** the wall. 他把背靠在牆上/He ~*ed* his elbows ***on*** the desk. 他把雙肘撐在桌上。**2**〔十受十副詞(片語)〕使…傾[偏，彎](向…): He ~*ed* his head *forward* [*to* the left]. 他把頭彎向前[左]方。

léan on ... (1)⇨ *v.i.* 2. (2)⇨ *v.i.* 3. (3)《口語》對〈人、公司等〉施加壓力，威脅…。

léan óver báckward ⇨ backward *adv.*

—*n.* [a ~]傾斜，偏倚，彎曲〔*of*〕: a tower with *a* slight ~ 稍微傾斜的塔/*a* ~ *of* 30° 三十度的傾斜。

lean[2] [lin; li:n] *adj.* (~·er; ~·est) **1** 〈人、動物〉(沒有贅肉且結實而)瘦的，細長的(⇨ thin 2【同義字】)。**2**〈肉〉無[缺乏]脂肪的，瘦肉的(↔ fat). **3 a** 收穫少的，歉收的: ~ crops 歉收/a ~ year 凶歲，荒年，歉收之年。**b** 沒有營養的。**c** 沒有內容的，貧乏的。**d**〈土地〉貧瘠的，不毛的。
—*n.* Ⓤ無脂肪的肉，瘦肉(↔ fat).

Le·an·der [lɪ'ændɚ; li:'ændə] *n.* 李安德《男子名》。

léan·ing *n.* Ⓒ傾向，癖性；嗜好，偏愛〔*to, toward*〕: a man with literary ~*s* 對文學有興趣[愛好文學]的人/have [show] a ~ *toward* study 愛好學習[研究]。

Léaning Tówer of Písa *n.* [the ~]比薩斜塔(⇨ Pisa).

‡**leant** [lɛnt; lent] *v.*《英》lean[1] 的過去式・過去分詞。

léan-tò *adj.* [用在名詞前]單傾斜面的；一面靠著牆或搭連主房的: a ~ roof [shed] 單傾面屋頂[一面靠著牆或搭連主房的耳屋]。
—*n.* Ⓒ (*pl.* ~s)耳屋；單傾面屋頂(⇨ roof 插圖)。

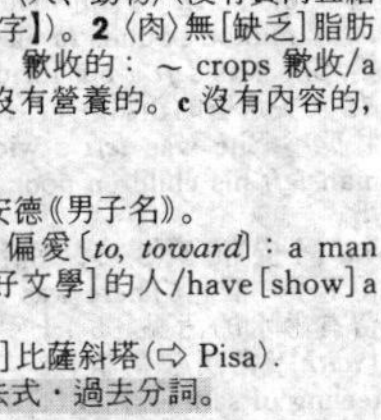

lean-to

‡**leap** [lip; li:p] (**leapt** [lɛpt, lipt; lept], **leaped** [lipt, lɛpt; lept, li:pt])《★ 語形《英》多用 leapt,《美》多用 leaped》 *v.i.* **1 a**〔動(十副詞(片語))〕跳，躍，跳躍《★比較 除在比喻或文語的用法以外多用 jump》: ~ *up* [*down, aside*] 跳上[下，開]/~ *over* the fence 跳過柵欄/~ *to* one's feet (大吃一驚而)跳起來，猛然站起來/She ~*ed for* [*with*] joy at the news. 她聽到那消息而欣喜雀躍/My heart ~*ed into* my mouth. 我大吃一驚/Look before you ~.《諺》三思而後行。**b**〔動(十副)〕〈心臟〉激烈地跳動；〈心情〉躍動，振奮〈*up*〉: My heart ~*s* ***up*** when I behold a rainbow in the sky. 看到天空中的彩虹，我就心蕩神馳《★引自渥茲華斯(Wordsworth)的詩》。

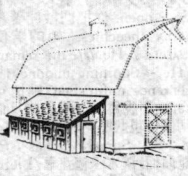

2 a〔十副詞(片語)〕飛也似地[迅速地]移動[行動]；倏[忽]地跑[發生]: ~ *home* 飛奔回家/~ *to* a conclusion 遽下結論/A good idea ~*ed into* my mind. 在我腦中閃現了一個好主意。**b**〔十介十(代)名〕突然變成〔…〕〔*into, to*〕: ~ ***into*** [***to***] fame 突然成名/~ *from* one topic *to* another 一個接一個地轉變話題。

3〔十介十(代)名〕迫不及待地爭取，接受〔機會、提議等〕〔*at*〕《★可用被動語態》: He ~*ed* ***at*** the chance. 他迫不及待地抓住了那個機會。

—*v.t.* **1**〔十受〕跳過…: ~ a ditch 跳過水溝。**2**〔十受(十介十(代)名)〕使…跳[跳過]〔…〕〔*over*〕: The hunters ~*ed* their horses ***over*** all the obstacles. 獵人們縱馬躍過所有的那些障礙。

léap óut 《*vi adv*》映[顯]於〔…〕的眼前；〔令人〕注意到〔…〕〔*at*〕: The news of his accident ~*ed out at* her from the newspaper. 有關他遭遇意外事故的新聞映入她的眼簾。

léap to the éye(s) ⇨ eye.

—*n.* Ⓒ **1 a** 跳，跳躍: with a ~ 一躍地。**b** 一躍的距離[高度]。**2** (數、量等的)遽升，遽增: There has been a big ~ *in* sales. 銷售量遽增。

a léap in the dárk 魯莽的行爲。

by léaps and bóunds 一帆風順地，順順當當地，平步青雲地。

léap dày *n.* Ⓒ(閏年的)二月二十九日。

léap·er *n.* Ⓒ **1** 跳躍的人。**2** 跳躍的馬。

léap·fròg *n.* Ⓤ跳蛙[跳背]遊戲: play ~ 玩跳蛙遊戲。
—*v.i.* (**-frog·ged**; **-frog·ging**)玩跳蛙遊戲。
—*v.t.* **1** 跳過…。**2** 避開〈障礙物〉。

leapfrog

léap sècond *n.* Ⓒ閏秒。

‡**leapt** [lɛpt, lipt; lept] *v.* **leap** 的過去式・過去分詞。

léap yèar *n.* Ⓤ [指個體時爲Ⓒ]閏年。

léap-yèar *adj.* [用在名詞前]閏年的: the ~ day 閏年的二月二十九日/a ~ proposal 女性對男性的求婚《僅限於閏年》。

Lear [lɪr; liə], **King** *n.* ⇨ King Lear.

‡**learn** [lɝn; lə:n] (**learned** [lɝnd, lɝnt; lə:nt, lə:nd], **learnt** [lɝnt; lə:nt]) 《★語形《美》通常用 learned；《英》常用 learnt 作過去分詞，以與形容詞 learned ['lɝnɪd; 'lə:nid] 區別》。

—*v.t.* **1 a**〔十受〕(藉學習、練習等而)學會[學得]〈知識、技術等〉: She is ~*ing* French. 她在學法語。

> 【同義字】learn 指經過學習而學會；study 指努力學習的過程，因此，可以說 I study English very hard [every day]. 但不可以說 I learn English very hard [every day].

b〔十 *how* 十 *to* do/十 *to do*〕學習〈…的方法〉；學會〈做…〉: Has he ~*ed how to* skate? 他已學會溜冰(的方法)了嗎？/He has ~*ed to* drive a car. 他已學會駕駛汽車。

2 a〔十受〕(藉經驗等而)學到，學會…《★又指學會壞習慣》: ~ patience 學會忍耐/⇨ learn one's LESSON. (2)/ ~ bad habits 沾上了惡習。**b**〔十 *to* do〕(用功[練習，努力]而)變得能夠〈做…〉: Have you ~*ed to* speak English? 你已學會講英語了嗎？/You must ~ *to* be more patient. 你必須學會更有耐心。

3〔十受〕記憶，背…: *L*~ this poem (*by* heart [rote]) by tomorrow. 在明天以前把這首詩背起來。

4 a〔十受十介十(代)名〕〔從…〕(得、聞)知…〔*from*〕: I've *learnt it* ***from*** him. 我從他那兒聽到這件事。**b**〔(十介十(代)名)十 *that*_〕〔從…〕(得、聞)知〈…一件事〉〔*from*〕: I ~*ed* (***from*** her) *that* he had failed in the examination. 我(從她那兒)聽到[獲悉]他考試失敗。**c**〔(十介十(代)名)十*wh.*_〕〔從…〕得[聞]知〈是否…〉〔*from*〕: We have not yet ~*ed whether* she passed the examination. 我們還不知道她是否通過了考試。

—*v.i.* **1 a** 學，學習，學會: He ~*s* fast [slowly]. 他學得快[慢]。**b**〔十介十(代)名〕〔藉…〕學習〔*by*〕；〔從…〕學會〔*from*〕: I ~*ed* ***by*** read*ing* about it. 我是經由閱讀才掌握那情況的/~ ***from*** experience [one's failures] 從經驗[自己的失敗]中學習。

2〔十介十(代)名〕〔從…〕聞悉〔…〕〔*of, about*〕〔*from*〕: He ~*ed* ***of*** her marriage ***from*** a friend. 他從朋友那兒聽到她結婚之事。

learn·ed ['lɝnɪd; 'lə:nid] *adj.* **1 a** 有學問[學識]的，博學的，博識的(↔ ignorant): a ~ man 一個有學問的人/my ~ friend [brother]《英》足下，閣下《議員或律師在議會或法庭上用以稱呼其他議員或對方律師的尊稱》/He looks very ~. 他看起來一副很有學問的樣子。**b** [不用在名詞前]〔十介十(代)名〕精通[精於]

〔…〕的，〔在…方面〕造詣深的〔*in*〕：He is ～ ***in*** the law. 他精通法律。**2** [用在名詞前] 學問(上)的，學問[學術]性的：a ～ book [journal] 學術性書籍[雜誌]/the ～ professions 學識性職業《指宗教、法律、醫學等三種職業》/a ～ society 學術團體。

～**·ly** *adv.* ～**·ness** *n.*

léarn·er *n.* Ⓒ **1** 學習者：a ～'s[～*s'*] dictionary 初階辭典/He is a quick [slow] ～. 他學得快[慢]。**2 a** 初學者。**b** (又作 **léarner dríver**)《英》持臨時執照受教練同車指導的駕駛實習者《★常略作 L-driver》。

learn·ing [ˈlɝnɪŋ; ˈlə:niŋ] *n.* Ⓤ **1** 學習。**2** 學問，學識，知識；博學：a man of ～ 學者/a seat of ～ 學府，求學研究之地。

‡**learnt** [lɝnt; lə:nt] *v.* **learn** 的過去式・過去分詞。

lease [lis; li:s] «源自拉丁文「擴張(土地)，放鬆」之義»—*n.* Ⓒ **1** 租地[租屋]契約，租賃(契約)：take a furnished house *on* a ～ of ten years＝take a ten-year ～ *of* [《美》*on*] a furnished house 以十年為期租用有家具的房屋。**2** 租賃權，租用[租賃]期間。

by [**on**] **léase** 以租賃：take the land *on* ～ 租用土地。

tàke [**gèt, hàve**] **a néw** [**frésh**] **léase of** [《英》**on**] **lífe** (1)(因痼疾等痊癒而)延年益壽；(因情況好轉而)得以重新開始過幸福生活。(2)(由於經過修理、保養)〈東西〉變得更耐用。

—*v.t.* 出租；租用〈土地，房屋〉。

léase·hòld *n.* ⓊⒸ租用的土地或建築物；土地租賃權；定期租賃權。

—*adj.* 租賃的，租借的。

léase·hòlder *n.* Ⓒ土地租用人。

leash [liʃ; li:ʃ] *n.* **1** Ⓒ (用以拴狗等的)皮帶[鍊子，繩子]。**2** [**a** ～] (獵犬、狐狸、兔等的)三隻[匹](一組)。**3** Ⓤ束縛，控制。

hòld [**hàve**] **... in léash** (1)用皮帶(等)拴住〈狗等〉。(2)束縛…，控制…。

on [**in**] (**the** [**a**]) **léash** 〈狗等〉用皮帶(等)拴著(的)。

stráin at the léash (1)〈獵犬〉焦急地拉皮帶。(2)渴望自由[獲得允許做某事]，急於擺脫束縛；迫不及待。

—*v.t.* **1** 用皮帶拴…。**2** 壓制…。

‡**least** [list; li:st] «little 的最高級；但字源不同»—(↔ most) *adj.* [常 **the** ～；修飾不可數名詞]最小[少]的：*the* ～ amount 最少量，最小額/without *the* ～ shame 絲毫不羞愧地/He has ～ time *of* us all. 在我們之中他最沒有時間。

nòt the léast (1)連最低限度的…都沒有，連一點…也沒有，毫不…：In summer there is*n't the* ～ rain in that part of the country. 在夏天，本國的那個地區連一點雨也沒有/He had*n't the* ～ knowledge of me. 他對我一點也不瞭解。(2)[强調 not]不少：There's *not the* ～ danger. 有不少危險。

—*adv.* [有時 **the** ～]最少，最不，最沒有：He's *the* ～ clever in the class. 他在班上最不聰明[頭腦最差]/She came when we ～ expected her. 她在我們最意料不到的時候來了/*L*～ said, soonest mended. ⇨ mend *v.t.* 2a.

léast of áll 最不…，尤其不…：I like that ～ *of all.* 我最不喜歡那個。

nòt léast 頗，尤其：He excels in sports, *not* ～ in swimming. 他擅長運動，尤其游泳。

nòt the léast＝not in the LEAST *pron.*

—*pron.* [常 **the** ～；當單數用]最小；最少(量)：That's *the* ～ you could do. 你至少應該能做到那樣。

at (**the**) **léast** (1)[常用在數詞前]至少，最低限度：These eggs will cost *at* ～ two pounds. 這些蛋至少要二英鎊。(2)[**at léast**]不管怎樣，不論多困難：You must *at* ～ try. 你好歹試試看。

nòt in the léast 一點也不，毫不(not at all)：It does*n't* matter *in the* ～. 一點也沒有關係/"Am I disturbing you?"—"No, *not in the* ～."「我(這樣)會打擾你嗎？」「一點也不會。」

to sày the léast (**of it**) 最保守[最低限度]地說。

léast·wàys *adv.* 《方言》至少；無論如何。

léast·wìse *adv.* 《口語》至少；無論如何。

***leath·er** [ˈlɛðɚ; ˈleðə] *n.* **1** Ⓤ (除毛並鞣過的)皮革，鞣皮《★[比較] 人造皮，假皮稱作imitation leather 或 leatherette ;cf. skin 2 a, hide[2] 1》：a ～ dresser 皮革加工師[工人]/⇨ patent leather. **2** Ⓒ皮革製品：**a** 皮繩，皮帶，馬鐙帶。**b** (棒球、板球、足球的)(皮)球。**c** [～**s**]皮製的綁腿[護脛，短馬褲]。

—*adj.* [用在名詞前]皮(製)的：a ～ jacket 皮夾克。

—*v.t.* 〔十受(十介十(代)名)〕《口語》〔用皮帶、皮鞭等〕抽打…〔*with*〕.

léather-bòund *adj.* 〈書〉皮裝的，皮面的。

leath·er·ette [ˌlɛðəˈrɛt; ˌleðəˈret] *n.* Ⓤ人造皮，假皮《用以製書皮，家具等；⇨ leather [比較]》。

léather·hèad *n.* Ⓒ《俚》傻瓜，笨蛋。

léather-hèaded *adj.* 愚笨的，笨頭笨腦的。

leath·ern [ˈlɛðɚn; ˈleðən] *adj.* **1** 皮革的；革製的。**2** 似皮革的。

léather·nèck *n.* Ⓒ《美俚》海軍陸戰隊員《十九世紀中葉美國海軍陸戰隊制服用皮襯領》。

leath·er·y [ˈlɛðərɪ; ˈleðəri] «leather 的形容詞»—*adj.* **1** 似皮革的。**2** 〈牛肉等〉極堅韌的。

‡**leave**[1] [liv; li:v] «源自古英語「使停留」之義»—(**left** [left; left]) *v.t.* **A 1 a** 〔十受〕離開〈地方〉：People had to ～ their towns and villages. 人們只好離開他們的城鎮和村莊/We ～ London tomorrow. 我們明天離開倫敦。**b** 〔十受十介十(代)名〕離開〈地方〉〔前往…〕〔*for*〕：We *left* London ***for*** Paris. 我們離開倫敦前往巴黎/I ～ home *for* school at eight. 我八點出門去上學。

2 〔十受〕**a** 辭去〈職務等〉；離開〈學校〉；《英》畢業《★[比較]《英》用於低於大學的學校；指取得學位從大學畢業時則用 graduate》：～ one's job *for* another 辭職另謀他就/～ school 退學[畢業]。**b** 向〈雇主〉辭職；退出〈會等〉：～ a club 退出俱樂部，退會/His secretary has *left* him without notice. 他的秘書事先沒通知就擅自離職了。

3 〔十受〕拋棄，遺棄〈人、物〉：He *left* his wife *for* another woman. 他拋棄妻子而去找另外一個女人。

—**B 1 a** 〔十受十副詞(片語)〕遺留；遺置，忘記帶走〈人、物〉《★依上下文的關聯，有時省略副詞(片語)》：*Where* did you ～ your umbrella? 你把雨傘遺留在哪裏？/I *left* it *on* [*in*] the train. 我把它遺落在火車上/I've *left* my textbooks *at* home. 我把教科書忘在家裏了/You must ～ your personal effects *in* that locker. 你必須把私人的所有物留在那櫃子裏/She *left* her textbooks *on* the desk. 她把教科書留在桌上/Don't ～ your work *till* tomorrow. 不要把工作留到明天才做/I was thinking about what was *left* of him in the room. 我在想他在房間裏留下了什麼東西。**b** 〔十受〕〈郵差〉遞送〈郵件〉：The postman has *left* this letter *for* you. 郵差給你送來這封信。

2 a 〔十受〕剩下，剩餘…：Two from four ～*s* two. 四減二剩下二/There was little coal *left.* 煤已所剩不多。**b** 〔十受十介十(代)名〕留〈東西〉給〔…〕〔*for*〕：*L*～ a bone ***for*** the dog. 留一塊骨頭給狗/Nothing was *left for* us to eat. 沒有剩下任何食物給我們吃。**c** 〔十受十受/十受十介十(代)名〕留…給〈人〉，留〈東西〉〔給人〕〔*for*〕：He *left* her nothing.＝He *left* nothing ***for*** her. 他什麼也沒有留給她/I was *left* no choice.＝No choice was *left* (*for*) me. 我沒有選擇的餘地。**d** 〔十受十do*ing*〕使〈人〉維持〈…狀態〉(cf. B 5 b)：She was *left* stand*ing* there. 她被留下來在那兒站著。**e** 〔十受十介十(代)名〕留給〈人〉〔東西〕〔*with*〕：The payment *left* me ***with*** only one dollar. 付款之後我只剩下一美元/They were *left* ***with*** nothing to eat. 沒有留下任何食物給他們吃。**f** 〔十受〕(作為缺點)留下…《★常用於下列片語》：It ～*s* something [nothing] to be desired. 這還有不足之處[完美無缺]。

3 a 〔十受(十副)〕死後遺下，遺留〈妻子、財產、名聲、紀錄等〉〈*behind*〉：She died, leaving three children ***behind.*** 她死後遺下三個孩子。**b** 〔十受十受/十受十介十(代)名〕遺留給〈人〉〈財產〉；遺留〈財產〉〔給人〕〔*to*〕：He *left* his wife 3 million pounds.＝He *left* 3 million pounds ***to*** his wife. 他(死後)遺留給妻子三百萬英鎊/She was *left* a big fortune by her husband. 她繼承了她(已故)丈夫遺留的鉅額財產。**c** 〔十受十補〕死後使〈妻子等〉〈成為…狀態〉：She was *left* a widow. 丈夫去世後她成了寡婦/The man *left* his children poor. 那個人死後，使其子女陷於貧困之境。

4 a 〔十受〕留下〈傷痕、感情等〉：The wound *left* a scar. 那傷口留下了一個疤/There was a stain of ink *left* on the desk. 桌上留有墨水的污點。**b** 〔十受十介十(代)名〕留給〈人〉〔感情等〕〔*with*〕《常用被動語態》：I *was left* ***with*** some misgivings [a feeling of sadness]. 我(心中)留下了些許不安[悲傷的感覺]。

5 a 〔十受十補〕把〈人、物〉置於〈…的狀態〉：You have *left* the door open. 你把門敞開著沒有關/Her beauty *left* me momentarily speechless. 她的美使我一時啞然失聲/⇨ let [leave] ...ALONE / He *left* the remark unnoticed. 他沒有注意到那句話/He ～*s* nothing undone. 他什麼都不能放著不做/She *left* the sentence unfinished. 她把句子留下沒有說完/Better ～ it unsaid. 不說為妙，說出來反而不好/*L*～ things as they are. 讓一切保持現狀吧。**b** 〔十受十do*ing*〕讓〈人、物等〉維持〈…狀態〉(cf. B 2 d)：Somebody has *left* the water runn*ing.* 有人(沒有關水龍頭而)讓水一直流著/I left him read*ing* a book. 我任他繼續看書。**c** 〔十受十 *to* do〕留給[任由，委託，交由]〈人等〉〈做…〉：Let's ～ her *to* solve the problem. 我們把這個問題任由她去解決吧。**d** 〔十受十介十(代)名〕使〈人等〉熱中[著迷]〔於…〕〔*to*〕：*L*～ him ***to*** his foolish dreams. 任由他去做愚蠢的夢好了。

6 a 〔十受十介十(代)名〕把〈物、判斷等〉委託[付託，託]〔人〕〔*to*〕：I [I'll] ～ the choice of his occupation ***to*** him. 我聽憑他自己選擇職業(cf. B 6 c)/ I [I'll] ～ it *to* you to decide.＝I'll ～ the decision *to* you. 這事我交給你決定。**b**〔十受十介十(代)名〕把〈物、事〉託〔人〕〔*with*〕：*L*~ a message ***with*** my secretary if I'm out. 如果我不在，請把口信留交我的秘書/I *left* my trunks *with* a porter. 我把皮箱委託給搬運行李的侍者看管。**c**〔十受十 *to* do〕委託〔付託〕〈人〉〈做…〉：I'll ~ him *to* choose his occupation. 我要讓他自己選職業(cf. B 6 a)/ You'd better ~ them *to* do as they like. 你最好讓他們隨心去做。**d**〔十受十原形〕《美口語》使〈人〉…(let)《★用法除在原形的位置使用 be 以外，均爲不標準的用法》：*L*~ us go. 請讓我們去/*L*~ him be. 別管他，別打擾他，由他去。

—*v.i.* **1 a** 離開，離去；啓程，出發：It's time for us to ~.我們該走了。**b**〔十介十(代)名〕〔向…〕出發，啓程〔前往…〕〔*for*〕：I'm *leaving* ***for*** Liverpool next Monday. 我將在下星期一出發到利物浦去。

2 a 辭去工作，辭職。**b** 退學；《英》畢業。

léave abóut [aróund]《*vt adv*》[~十受十about [around]] 把〈東西〉放著[用後]不收。

léave ... at thát《口語》把〈事情〉弄到那樣爲止，把…做到那裏結束：Let's ~ it *at that.* 我們(議論等)就到此爲止吧。

leave behind [《*vt adv*》~ behínd] (1)忘記携帶…；遺置[遺落]…：I found that the parcel had been *left behind.* 我發覺有人忘了帶走那包。(2) ⇨ *v.t.* B 3 a. —[《*vt prep*》~ ... behind ...] (3)留下〈名聲、紀錄、災情等〉：He *left* a great name *behind* him. 他死後留下了盛名。

léave a person **cóld [cóol]** 不令〈人〉產生感動，使人在看[聽]過之後引不起興趣：The news *left* me *cold.* 我聽了那消息並沒覺得怎樣[無動於衷]。

lèave gó [hóld] (of ...)《口語》放掉…，放手：Don't ~ *go* (*of* it) until I tell you. 在我沒告訴你放手之前不要放手。

léave ín《*vt adv*》把〈字句等〉(不予删略而)照原樣留下。

léave a person **in the lúrch = léave** a person **stránded** 拋棄[坐視不救]〈有困難的人〉，見死不救。

léave nó stóne untúrned 盡一切手段，想盡辦法。

leave off [《*vt adv*》~ óff] (1)停止穿上，沒有再穿上〈衣服〉：You had better ~ *off* your coat now. 你最好不要再穿[最好脫掉]外套。—[《*vi adv*》~ óff] (2)停止：Where did we ~ *off* last time? 我們上一次停在哪裏？—[《*vi prep*》~ óff ...] (3)停止…，戒除…：He has *left off* work. 他已停止工作/*L*~ *off* biting your nails 別再咬指甲。

léave ón《*vt adv*》保持穿[戴，放]著…：*L*~ your jacket *on.* 請穿著上裝(不要脫掉)/*L*~ the lights *on.* 讓電燈開著好了[讓電燈一直亮著]。

léave óut《*vt adv*》(1)略去…；把…除外；遺漏…(omit)：You've *left out* the most important part. 你遺漏了最重要的部分。(2)[~十受十out] 忽略，遺忘…《★常用被動語態》：I *am* always *left out.* 我總是被忽略。

léave ... óut of ... (1)把…從…除外[略去]：~his name *out of* the list 不把他的名字列入名單。(2)不把…列入〈考慮〉：~ ... *out of* account ... 不考慮…。

léave óver《*vt adv*》(1)剩下，留下〈食物等〉《★常用被動語態》。(2)[~十受十over] 把〈工作等〉展限，延期：They *left* the matter *over* till the next meeting. 他們把那件事延到下次會議繼續審議。

léave a person **to himsélf [to his ówn devíces]** 讓〈某人〉隨心所欲，放任〈某人〉。

táke it or léave it ⇨ take.

leave² [liv; li:v] «源自古英語「許可」之義»—*n.* **1** Ⓤ **a** 許可，准許《★拘泥的用語》：by [with] your ~恕我冒昧，對不起/Don't go without (my) ~.沒有(我的)許可不要去。**b**〔十 *to* do〕〈做…的〉許可：You have my ~ *to* go home. 我允許你回家/He asked ~ *to* adopt the boy as his son. 他請求許可收養那少年爲他的兒子。

2 a Ⓤ (尤指政府官員、軍人所請的)准假：ask for ~ (of absence)請假/⇨ sick leave. **b** ⓊⒸ(請得[獲准]的)休假(期間)：take (a) six months' ~ = take (a) ~ of absence for six months 請假六個月/We have two ~*s* a year. 我們一年有兩次休假。

on léave 告假中，休假中：She is away *on* ~. 她外出休假去了。

tàke Frénch léave ⇨ French leave.

tàke (one's) **léave (of...)** (向…)告辭，辭別：I *took* my ~ (*of* them) and went out. 我(向他們)告別後出去。

leave³ [liv; li:v] «leaf 的動詞»—*v.i.* 〈植物〉長葉子，生葉(leaf).

leaved *adj.* [常構成複合字] **1** 有…葉的，有…片葉的。**2**〈門等〉…扇的：a two-*leaved* door 二扇的門。

leav·en [ˈlɛvən; ˈlevn] «源自拉丁文「舉起者」之義»—*n.* **1** Ⓤ**a** (留下來作下一爐麵包醱酵用的)醱酵的麵糰。**b** 醱酵素，酵母。**c** 醱粉。**2** ⓊⒸ 具有感化[影響]作用之物，潛力：the ~ of reform 改革的趨勢[潛在影響]。

—*v.t.* **1** (加酵母而)使〈生麵糰等〉膨脹，使…醱酵。**2** 影響…。**3**〔十受十介十(代)名〕〔把…〕摻入…，使…有〔…〕的味道〔*with*〕：He ~*ed* his speech ***with*** humor. 他在演說中摻了一點幽默。

‡leaves [livz; li:vz] *n.* **leaf** 的複數。

léave-tàking *n.* ⓊⒸ辭別，告別，辭行。

leav·ings [ˈlivɪŋz; ˈli:viŋz] *n. pl.* 殘餘，渣滓，糟粕。

Leb·a·nese [ˌlɛbəˈniz, -ˈnis; ˌlebəˈni:z] «Lebanon 的形容詞»—*adj.* 黎巴嫩(人)的。

—*n.* Ⓒ(*pl.* ~)黎巴嫩人。

Leb·a·non [ˈlɛbənən; ˈlebənən] *n.* 黎巴嫩《位於亞洲西南部，地中海東岸的共和國；首都貝魯特(Beirut)》.

Lébanon cédar *n.* Ⓒ《植物》黎巴嫩雪松(cf. cedar).

lech [lɛtʃ; letʃ] «lecher 的逆成字»—*n.* Ⓒ《俚》**1** [常用單數] 情慾，好色。**2** 好色的男人。

—*v.i.* 耽於色慾[情慾]。

lech·er [ˈlɛtʃɚ; ˈletʃə] *n.* Ⓒ好色之徒，色情狂。

lech·er·ous [ˈlɛtʃərəs, -tʃrəs; ˈletʃərəs] «lechery 的形容詞»—*adj.* **1**〈男人〉好色的，淫亂的。**2** 誘人起淫思的，挑逗性的。~**·ly** *adv.* ~**·ness** *n.*

lech·er·y [ˈlɛtʃərɪ; ˈletʃəri] *n.* **1** Ⓤ好色；縱慾。**2** Ⓒ淫亂的行爲。

lec·i·thin [ˈlɛsəθɪn; ˈlesəθin] *n.* Ⓤ卵磷脂。

lec·tern [ˈlɛktɚn; ˈlektə:n] *n.* Ⓒ **1** (教堂的)讀經檯。**2** 講演[演說]檯。

lectern 1

***lec·ture** [ˈlɛktʃɚ; ˈlektʃə] «源自拉丁文「閱讀」之義»—*n.* Ⓒ **1** 講課，演講，講座：deliver [give] a ~ *on* [*about*] literature 發表文學演講。

2 教訓，譴責，訓誡：give [read] a person a ~ 訓誡[責罵]某人/have [get] a ~ from ... 被…訓誡[責罵]。

—*v.i.* 〔動(十介十(代)名)〕〔向…〕講授[演講]〔…〕〔*to*〕〔*on*〕：~ ***to*** a class ***on*** chemistry 向某班級講授化學。

—*v.t.* **1**〔十受(十介十(代)名)〕向〈人〉講授〔…〕，發表〔…〕的演講〔*on*〕：~ an audience ***on*** freedom 向一羣聽衆發表有關自由的演講。

2〔十受(十介十(代)名)〕〔爲…而〕訓誡[責罵]〈人〉〔*for*〕：I was ~*d* ***for*** being late. 我因遲到而被教訓了一頓。

lécture háll *n.* Ⓒ講堂，大教堂。

léc·tur·er [-tʃərɚ; -tʃərə] *n.* Ⓒ**1** 講演者；訓誡者。**2**《英》(大學的)講師(⇨professor)：a ~ *in* Latin *at* Oxford University 牛津大學拉丁文講師。

lécture ròom *n.* Ⓒ講堂。

lécture·shìp *n.* Ⓤ講師之職[地位]。

lécture thèater *n.* Ⓒ階梯式教室。

lécture tòur *n.* Ⓒ演講[講學]旅行。

‡led [lɛd; led] *v.* **lead¹** 的過去式・過去分詞。

LED《略》light-emitting diode《電子》發光二極管[體]。

***ledge** [lɛdʒ; ledʒ] *n.* Ⓒ **1** (從牆壁突出的)檯，架，棚：on a window ~ 在窗檯上。**2** 岩石面的突出部分，距離海岸不遠的礁石，岩棚。~**d** *adj.*

led·ger [ˈlɛdʒɚ; ˈledʒə] *n.* Ⓒ**1**《會計》分類帳，總帳：a ~ balance 總帳餘額。**2**《建築》鷹架上的橫木[橫板]。**3** (蓋在墓上的)大石板。**4** (又作 **lédger lìne**)《音樂》(五線譜的)加線。

lee [li; li:] *n.* [the ~] **1** 風吹不到的地方，庇蔭(處)：under [in] *the* ~ of ... 在…庇蔭之下。**2**《航海》下風(↔ windward)：under [on,in] *the* ~ 在下風。

hàve the lée of... (1)在…的下風。(2)比…居劣勢[佔下風]。

—*adj.* [用在名詞前]《航海》避風的，下風的(↔ weather, windward)：the ~ side [shore] 下風面[下風的海岸]。

Lee [li; li:] *n.* 李《男子名》。

leech [litʃ; li:tʃ] *n.* Ⓒ **1**《動物》水蛭。**2 a** 吸血鬼，放高利貸者。**b**《口語》緊附着不離的人；食客。**3**《古・謔》醫生。

> **【字源】** 本來是「醫生」之義。古時醫生爲了治療病人而抽血。他們認爲體內對健康不好的東西會和血一起被抽出體外。爲了吸出惡血，醫生使用「水蛭」，所以本來「醫生」之義的字變成具有「水蛭」之義。

stíck [clíng] like a léech〔對…〕緊附不離〔*to*〕.

—*v.t.* **1** 以水蛭吸〈人〉取血。**2** 把〈人、財產〉當作剝削的對象；壓榨，榨取…。

—*v.i.*〔動(十介十(代)名)〕依附並榨取〔人、財富〕〔*onto*〕.

Leeds [lidz; li:dz] *n.* 里茲《英格蘭北部的一個城市》。

L

leek [lik; li:k] *n.* Ⓒ《植物》韮葱《葱屬百合科的植物；與 daffodil 同爲威爾斯的象徵》。

【說明】leek 爲象徵威爾斯的植物，據說是由於昔時威爾斯人對入侵者撒克遜人(Saxons)作戰時，在帽子上插上這種植物，作爲友方的記號。遵奉傳統威爾斯的加拿逢城(Caernarvon)在舉行當今查爾斯王子立太子典禮中，衞兵的帽子也插上韮葱；cf. daffodil【說明】

éat the léek 忍受恥辱《★ 出自莎士比亞(Shakespeare)「亨利五世」》。
nòt wórth a léek 一文不值。

leek

leer [lɪr; liə] *n.* Ⓒ斜視，秋波，媚眼，睨視，含邪意的眼神。
—*v.i.* 〔動(十介十(代)名)〕斜視〔…〕；〔對…〕送秋波，拋媚眼；以含邪意的眼神睨視〔…〕〔*at, upon*〕《★ 可用被動語態》。

leer·ing [ˈlɪrɪŋ; ˈliəriŋ] *adj.* [用在名詞前] **1** 睨視[斜視]的，拋媚眼的，眼神含邪意的〈人〉。**2** 含邪意的〈眼神〉：with ～ eyes 用含邪意的眼神。
～·ly *adv.*

leer·y [ˈlɪrɪ; ˈliəri] «leer 的形容詞»**—*adj.*** (**leer·i·er**；**-i·est**)《口語》**1** 多疑的，細心的。**2** [不用在名詞前]〔十介十(代)名〕提防[不隨便附和]〔…〕的〔*of*〕：He is ～ *of* our proposal. 他不隨便附和我們的提案[對我們的提案存有戒心]。

lees [liz; li:z] *n. pl.* [常**the** ～](葡萄酒等的)渣滓，殘渣，沈澱物。
drínk [dráin] ... to the lées (1)喝乾〈酒等〉。(2)備嘗〈辛酸等〉。

lée shòre *n.* Ⓒ(船會被推走的)下風處的海岸。
on a lée shòre 在困難或危險中。

lée tìde *n.* Ⓒ順風潮，下風潮。

lee·ward [ˈliwəd; ˈli:wəd;《航海》ˈluəd; ˈlu:əd] *n.* Ⓤ下風(↔ windward)：on the ～ of...在…的下風/to ～ 向下風。
—*adj.* 下風的。
—*adv.* 在[向]下風。

lée·wày *n.* **1 a** Ⓤ《航空》風壓偏航；《航海》風壓差《航路因風壓而偏向下風的現象》；(船的)風壓角；(飛機等的)偏航角。**b** Ⓒ(船的)風壓量(船被吹向下風而偏離航路的距離)；(飛機等的)偏航量。
2 ⓊⒸ**a** (空間、時間、活動、支出等的)餘地，餘裕：We have an hour's ～ to catch [make] the express. 我們還有一小時的充裕時間搭[趕上]那班快車。**b** (自由的)行動的餘地，行動的自由：He gave the boy a lot of ～. 他給那男孩充分的自由。
3 ⓊⒸ《英》(時間的)損失，(工作、進度等的)落後：make up ～ 彌補落後。
hàve léeway (1)下風寬闊；〈船〉被吹往下風處。(2)有活動(等的)餘地。

‡**left**[1] [lɛft; left] «源自古英語「弱，無價值」之義»**—**(↔ right) *adj.* (**～·er, ～·est**; **more ～, most ～**)**1** [用在名詞前](無比較級、最高級)**左的**；左方的，左側的，左邊的：the [one's] ～ hand 左手；左側，左方/the ～ bank(河川的)左岸《面向下游》/⇨left fielder/on the ～ side of... 在…的左側。**2** [常 L~](在政治上)左翼的，左派的。
—*adv.* (無比較級、最高級)**在左邊，向左邊，在左側，向左側**：turn ～ 向左轉/Keep ～. 靠左通行/*L*~！《美航海》向左舵！
Léft fáce [túrn]！向左轉！
—*n.* 1 [**the** ～, **one's** ～]左，左方，左側：sit on a person's ～ 坐在某人的左邊/to *the* ～ of ... 在…的左方/on [from] *the* ～ of... 在[從]…的左側/turn to *the* ～ 左轉/Keep to *the* ～. 靠左通行。**2** Ⓤ[常 **the L**~；集合稱]《政》議長席左側的議員們；左翼，左派，革新派，急進黨《★用法 視爲一整體時當單數用，指全部個體時當複數用》：sit on *the L*~ 是左派[革新派]議員。

【說明】由於法國革命後，保守派的人士佔議長右側的座席，而急進派的雅各賓(Jacobin)黨員則佔議長左側的座席，之後，在正式的集會則規定賓客坐在主人的右側；在議會也是貴族坐右側，而貴族一般而言是保守的，於是右側成爲保守派的座席，因此右(right)有了「保守的」之意，而左(left)有了「急進的」之意；cf. right *n.* B2, center *n.* 8.

3《棒球》**a** Ⓤ左外野《位置》：He plays ～. 他防守左外野。**b** Ⓒ左外野手。**4** Ⓒ《拳擊》左拳。

‡**left**[2] [lɛft; left] *v.* **leave**[1] 的過去式・過去分詞。

léft fíeld *n.* Ⓤ《棒球》左外野。

léft fíelder *n.* Ⓒ《棒球》左外野手。

léft-hánd *adj.* [用在名詞前]**1 a** 左(手、側)的：～ drive(汽車的)左座駕駛(式)。**b** 向左(側)的：a ～ turn 左轉。**2** 用左手的：a ～ blow [stroke] 左手的一擊。**3** 向左旋轉的；向左撚的：a ～ screw 左旋的螺絲。

léft-hánded *adj.* [用在名詞前] **1 a** 慣用左手的(cf. right-handed)：a ～ pitcher左撇子投手。

【說明】在歐美，家庭和學校都不矯正左撇子，所以，用左手寫字的人比率相當大。左撇子用的剪刀等工具類很常見。

b 左手[左撇子]用的〈道具等〉：a ～ glove 左撇子用的(棒球等)手套。**2 a** 向左[反時鐘方向]旋轉的〈機器〉；向左扭轉的〈門、鎖等〉；左旋的〈螺絲〉：a ～ screw 左旋的螺絲。**b** 向左撚[擰]的〈繩索等〉。**3** 笨拙的。**4** 可疑的，曖昧的，模稜兩可的；沒有誠意的：a ～ compliment 語意模稜兩可的稱讚；表面上的讚美[恭維]。
—*adv.* 以[使用]左手。**～·ly** *adv.* **～·ness** *n.*

léft-hánder *n.* Ⓒ**1** 左撇子；左撇子投手。**2** 左拳；突襲。

left·ish [ˈlɛftɪʃ; ˈleftiʃ] *adj.* 左派的；左翼的：a ～ periodical 左派期刊/a ～ congressman 左派衆議員。

léft·ism [-tˌɪzəm; -tizəm] *n.* Ⓤ左翼主義。

léft·ist [-tɪst; -tist] *n.* [常**L**~]Ⓒ左翼[左派]的人；急進派的人，過激主義者(↔ rightist)。**—*adj.*** 左翼[左派]的，急進的。

léft lúggage òffice *n.* Ⓒ《英》行李臨時寄存處(《美》checkroom, baggage room)。

léft-of-cénter *adj.* (政治、思想等)中間偏左的：a ～ candidate 一位中間偏左的候選人。

left-off [ˈlɛftˈɔf; ˌleftˈɔf] *adj.* (衣服等)棄置不用的，脫掉不穿的。

léft·òver *adj.* 殘餘的，剩下的，吃剩的。
—*n.* Ⓒ[常 ～**s**]剩餘物，剩飯。

left·ward [ˈlɛftwəd; ˈleftwəd] *adj.* 向左的；在左的。
—*adv.* 向左；在左。

left·wards [ˈlɛftwədz; ˈleftwədz] *adv.* =leftward.

léft wíng *n.* **1** Ⓤ[**the** ～；集合稱](政黨等的)左翼，左派，急進派(↔ right wing)《★用法 視爲一整體時當單數用，指全部個體時當複數用》。**2**《運動》**a** [**the** ～](足球等的)左翼。**b** Ⓒ左翼手。

léft-wíng *adj.* 左翼的，左派的。**～·er** *n.*

left·y [ˈlɛftɪ; ˈlefti] *n.* Ⓒ(*pl.* **left·ies**)《口語》**1** 左撇子；左撇子投手(southpaw)。**2** 左派的人。

‡**leg** [lɛg; leg] *n.* **1** Ⓒ**腿，腳，足**《★ 指從大腿根到足踝的部分；有時指從膝到足踝；有時也包括足踝以下的部份(foot)；⇨body 插圖》：stand on one ～ 用一隻腿站立著/He was shot in the ～. 他腿上中彈/She has nice ～*s*. 她的腿很漂亮；她有一雙美腿。
2 a Ⓒ(供食用之動物的)腿部：a ～ of mutton [lamb]羊[小羊]腿(肉)《尤指從後腿膝部以上呈長三角形的部分》。**b** Ⓤ腿肉。
3 Ⓒ **a** (椅、桌、圓規等的)脚。**b** (機械等的)支撐部，支柱。**c** 三角形的底邊[斜邊]以外的邊。
4 Ⓒ(衣服的)脚的部分，脚部：the ～*s* of trousers 褲管。
5 Ⓒ**a** (運動、旅行等全部過程中的)一個段落：the second ～ of the relay 接力賽的第二段[棒]。**b** (長程飛行的)一段航程，一次飛航。
6 Ⓤ[有時 **the** ～]《板球》打擊者的左後方：(*the*) long [short] ～ 離三柱門較遠的[近的]野手(守備位置)。

as fást as one's **légs would [will] cárry** one 以全速。
be (úp) on one's **légs** (1)(長時間)站[走]着。(2)(病癒後)能走。
fàll on [upòn] one's **légs**=land on one's feet(⇨foot 成語)。
féel one's **légs**=feel one's feet(⇨foot 成語)。
gèt a person **báck on his légs** (1)使〈某人〉恢復健康。(2)使〈某人〉經濟上能自立。
gèt úp on one's **(hínd) légs** (1)〈馬〉以後脚站立；〈人〉站起來。(2)變得具攻擊性，生氣。(3)《口語》(在公開的場合)爲發表演說而起立。
gìve a person **a lég úp** (1)扶〈人〉上馬等[登上高處]。(2)援助〈人〉。
hàve the légs of a person 跑得比〈某人〉快。
kèep one's **légs** 繼續站着(不倒)《★比較《美》一般用 keep one's feet(⇨foot 成語)》。
lég befòre wícket《板球》〈打擊手〉以脚擋住球《犯規；略作 l.b.w.》。
nót hàve a lég [hàve nò lég] to stánd on 〈議論〉無法成立，無法證明：Any claim against her would*n't have a* legal ～ *to stand on*. 向她提出任何請求都沒有法律上的根據。
on one's **[its] lást légs** (1)垂死。(2)困窘[困惑，疲憊]已極。
púll a person's **lég**《口語》嘲弄[捉弄，愚弄]某人(cf. leg-pull)：He's *pulling* our ～*s*. 他在捉弄我們。
pùt one's **bést lég fórward [fóremost]** =put one's best FOOT forward [foremost].
sháke a lég《俚》(1)跳舞。(2)[常用祈使語氣]趕快。
shów a lég《英口語》起牀。

stánd on one's **ówn légs** 自立，獨力做。

strétch one's **légs** (久坐之後)出去散步，伸腳。

táke to one's **légs** 逃逸《★比較 較常用 take to one's HEELS》.

wálk a person **òff** his **légs** 使〈某人〉走累。

—*v.t.* (**legged**; **leg·ging**) 〔十受〕[～ it]《口語》走，跑，逃逸：We *legged it* for 10 miles. 我們走[跑]了十哩。

leg. 《略》legal; legislative; legislature.

leg·a·cy [ˋlɛgəsɪ; ˈlegəsi] *n.* Ⓒ**1** 遺產，遺贈(財產)：come into a ～ 繼承遺產。**2** 繼承之物，遺物：a ～ of hatred 世仇[宿怨]。

***le·gal** [ˋligl; ˈliːgl] *adj.* (無比較級、最高級) **1** [用在名詞前] **a** 法律(上)的，有關法律的(⇨lawful【同義字】)：a ～ adviser 法律顧問/ ～ medicine 法醫學/a ～ offense 法律上的罪/ ～ separation (根據判決的)(夫妻的)分居。**b** (對 equity 而言的)習慣法(common law)上的(cf. equitable 2).

2 [用在名詞前]法律所要求[指定]的，法定的：⇨legal holiday/ ～ interest 法定利息[利率]/a ～ fare 法定車資[票價]/ ～ tender 法定貨幣/the ～ age for smoking 可以吸烟的法定年齡。

3 合法的，正當的：It is his ～ right to appeal. 上訴是他的正當權利。～**·ly** *adv.*

légal áid *n.* Ⓤ《法律》法律援助《對窮困者提供訴訟費用的援助》。

légal hóliday *n.* Ⓒ《美》法定假日(《英》bank holiday).

【說明】美國的法定假日有 New Year's Day(元旦)，Washington's Birthday(華盛頓誕辰)，Memorial Day(陣亡將士紀念日)，Independence Day(獨立紀念日)，Labor Day(勞動節)，Columbus Day(哥倫布紀念日)，Veterans Day(退伍軍人節)，Thanksgiving Day(感恩節)，Christmas Day(耶誕節)等九天，銀行、一般商店、公司也都休假。

lé·gal·ism [-ˌɪzəm; -lizəm] *n.* ⓊⒸ(拘泥於法律字義的)守法主義；衙門式的形式主義。

lé·gal·ist [-ɪst; -list] *n.* Ⓒ守法主義者。

le·gal·is·tic [ˌliglˋɪstɪk; ˌliːglˈistik⁺] *adj.* 守法主義的。

le·gal·i·ty [lɪˋgælətɪ; liːˈgæləti] «legal 的名詞» —*n.* Ⓤ合法，正當。

le·gal·i·za·tion [ˌligḷəˋzeʃən,-aɪˋz-; ˌliːgəlaiˈzeiʃn] *n.* Ⓤ合法化，法律認可：～ of a document to be submitted in evidence 對提出作爲證據的文件之法律認可。

le·gal·ize [ˋliglˌaɪz; ˈliːgəlaiz] «legal 的動詞» —*v.t.* **1** (公)認…在法律上爲正當。**2** 把…法律化，使…合法化。

leg·ate[1] [ˋlɛgɪt; ˈlegit] *n.* Ⓒ**1** 羅馬教皇特使。**2** 使節。

leg·ate[2] [ləˋget; liˈgeit] *v.t.* 遺贈…。

leg·a·tee [ˌlɛgəˋti; ˌlegəˈtiː] *n.* Ⓒ《法律》遺產繼承人。

le·ga·tion [lɪˋgeʃən; liˈgeiʃn] *n.* **1** Ⓒ公使館(cf. embassy 1). **2** Ⓒ[集合稱]公使館員《★用法 視爲一整體時當單數用，指全部個體時當複數用》。**3** Ⓤ使節的派遣。

le·ga·to [lɪˋgato; ləˈgaːtou] «源自義大利語» —*adj.* & *adv.* 《音樂》(不切斷音而)圓滑的[地]。

***leg·end** [ˋlɛdʒənd; ˈledʒənd] «源自拉丁文「應該被讀的」之義» —*n.* **1** Ⓒ**a** 傳說：the ～*s* of King Arthur and his knights 亞瑟王與其騎士的傳說。**b** 〔十 *that*＿〕〈…事的〉傳說：There is a ～ *that*.... 有一個傳說，說是…。**c** 傳奇[神話]人物。**2** Ⓤ[集合稱](關於民族等的)神話，傳說：famous in ～ 在傳說上有名的。**3** Ⓒ**a** (獎牌、錢幣等上面的)刻字。**b** (地圖、圖表等的)體例《所使用符號的說明》。**c** (插圖的)說明。

leg·end·ar·y [ˋlɛdʒəndˌɛrɪ; ˈledʒəndəri] «legend 的形容詞» —*adj.* **1** 傳說(上)的。**2** 傳奇性的。**3** (指褒義或貶義上)著名的。
—*n.* Ⓒ **1** 傳說集；(尤指)聖徒傳。**2** (聖徒)傳說的作者。

leg·end·ry [ˋlɛdʒəndrɪ; ˈledʒəndri] *n.* Ⓤ[集合稱]傳說；傳奇文學。

leg·er [ˋlɛdʒə; ˈledʒə] *n.* (又作 **léger lìne**)Ⓒ《音樂》(五線譜的)加線(ledger).

leg·er·de·main [ˌlɛdʒədɪˋmen; ˌledʒədəˈmein] *n.* Ⓤ**1** 魔術(的神速手法)。**2** 障眼法；詐術；詭辯。

le·ges [ˋlidʒiz; ˈliːdʒiːz] *n.* lex 的複數。

legged [ˋlɛgɪd, lɛgd; ˈlegid,legd] *adj.* **1** 有脚的。**2** [常構成複合字]脚…的，有…脚的：four-*legged* 有四隻脚的/long-*legged* 脚長的。

lég·ging *n.* Ⓒ[常～s] **1** 綁腿，護脛，裹腿。**2** 幼兒用保暖褲。

lég guàrd *n.* Ⓒ[常 ～s](棒球、冰上曲棍球等用的)護脛。

leg·gy [ˋlɛgɪ; ˈlegi] «源自 leg» —*adj.* (**leg·gi·er**; **-gi·est**) **1** 〈小孩、幼馬等〉腿瘦長的。**2** 《口語》〈女人〉腿修長的，美腿的：a ～ model 雙腿修長勻稱的模特兒。**lég·gi·ness** *n.*

leg·horn [ˋlɛgən, ˋlɛgˌhɔrn; leˈgɔːn, liˈgɔːn] «源自義大利產地名» —*n.* [有時L～]Ⓒ來亨鷄《產卵用》。

leg·i·bil·i·ty [ˌlɛdʒəˋbɪlətɪ; ˌledʒiˈbiləti] «legible 的名詞» —*n.* Ⓤ(筆跡等的)易讀性，清楚易認。

leg·i·ble [ˋlɛdʒəbl; ˈledʒəbl] *adj.* 〈筆跡、印刷〉易讀[易認，清楚]

leggings 1　　leggings 2

的(↔ illegible). **lég·i·bly** [-blɪ; -bli] *adv.*

le·gion [ˋlidʒən; ˈliːdʒən] «源自拉丁文「選出」之義» —*n.* **1** Ⓒ**a** 軍隊，軍團：⇨foreign legion. **b** 退伍軍人協會：the American [British] *L*～ 美國[英國]退伍軍人協會。**2** Ⓒ(古羅馬的)軍團《由少數騎兵和三千至六千名兵員組成的步兵部隊；cf. century 3》. **3** [**a** ～ 或～**s**]《文語》多數，衆多，大批〔*of*〕：*a* ～ [～*s*] *of* difficulties 一大堆的困難。
—*adj.* [不用在名詞前]大量的，無數的：Legends about him are ～. 有關他的傳說不勝枚舉。

le·gion·ar·y [ˋlidʒənˌɛrɪ; ˈliːdʒənəri] «legion 的形容詞» —*adj.* **1** (古羅馬)軍團的，由(古羅馬)軍團組成的。**2** 《文語》大量的，無數的。
—*n.* Ⓒ(古羅馬)軍團的兵。

Le·gion·naire [ˌlidʒənˋnɛr; ˌliːdʒəˈnɛə] *n.* Ⓒ**1** 《美》退伍軍人協會會員。**2** 法國外籍兵團團員。**3** [l～]＝legionary.

leg·is·late [ˋlɛdʒɪsˌlet; ˈledʒisleit] *v.i.* 〔十介十(代)名〕**1** 制定〔禁止…的〕法律〔*against*〕；制定〔贊成…的〕法律〔*for*〕：～ ***against*** overtime work 以法律禁止加班[超時]工作/～ ***for*** the preservation of nature 制定保護自然的法律。**2** (易於)妨礙〔…〕〔*against*〕：Higher medical costs ～ ***against*** an improvement in health. 較高的醫療費用妨礙了健康的改善。

législate for... (1)⇨ *v.i.* (2)考慮到…：～ *for* delays in traffic 考慮到交通的遲滯。

***leg·is·la·tion** [ˌlɛdʒɪsˋleʃən; ˌledʒisˈleiʃn] «legislate 的名詞» —*n.* Ⓤ **1** 立法，制定法律。**2** [集合稱]法律，法令。

leg·is·la·tive [ˋlɛdʒɪsˌletɪv; ˈledʒislətiv, -leitiv] *adj.* [用在名詞前] **1** 制定法律的，立法上的；有立法權的：a ～ body 立法機構 / ～ power(s) 立法權。**2 a** 由立法機構所制定的：a ～ bill 立法案，法案。**b** 立法機構的。
—*n.* Ⓒ立法機構。～**·ly** *adv.*

Législative Yuán *n.* [**the** ～](中華民國的)立法院。

lég·is·là·tor [-tə; -tə] *n.* Ⓒ(★女性爲 **leg·is·la·tress** [-trɪs; -trəs]) **1** 法律制定者，立法者。**2** 立法委員，國會議員。

leg·is·la·ture [ˋlɛdʒɪsˌletʃə; ˈledʒisleitʃə] *n.* Ⓒ**1** 立法機構：a bicameral ～ (上下)兩院制的立法部[議會]。**2** 《美》州議會。

le·gist [ˋlidʒɪst; ˈliːdʒist] *n.* Ⓒ法律學者；精研法律者。

le·git [ləˋdʒɪt; ləˈdʒit] *adj.* 《俚》＝legitimate.

le·git·i·ma·cy [lɪˋdʒɪtəməsɪ; liˈdʒitiməsi] «legitimate 的名詞» —*n.* Ⓤ**1** 合法性，正當。**2** 合理性，妥當性。**3** 嫡出，正統。

le·git·i·mate [lɪˋdʒɪtəmɪt; liˈdʒitimət] *adj.* (**more** ～; **most** ～) **1** 合法的，正當的(↔ illegitimate; ⇨lawful【同義字】)：a ～ claim 正當的要求。**2** 有道理的，合理的：a ～ argument 有道理的論據。**3** (無比較級、最高級)嫡出的：a ～ son 嫡出子[婚生子]。**4** 《戲劇》(對喜劇、鬧劇、電影、電視等而言的)正式的，正統的；舞臺劇的，正式戲劇的《★稍古的說法》：the ～ drama [theater]正統戲劇[演劇]。～**·ly** *adv.*

le·git·i·ma·tize [lɪˋdʒɪtəməˌtaɪz; liˈdʒitimətaiz] *v.t.* **1** 認…爲合法，使…合法[正當]。**2** 認〈庶子〉爲嫡出。

le·git·i·mize [lɪˋdʒɪtəˌmaɪz; liˈdʒitimaiz] *v.t.* **1** 使…合法化，宣布…合法化；給…予以法律保障。**2** 證明…有理。

leg·less [ˋlɛglɪs; ˈleglis] *adj.* 無腿的。

lég·màn *n.* Ⓒ(*pl.* **-men**)《美》**1** 《新聞》採訪[通訊]記者《只採訪而不撰寫者》。**2** 新聞記者的採訪助手；資料蒐集助手。

lég-of-mútton *adj.* [用在名詞前] **1** (像羊腿似地)肩膀部分寬而手腕部分細的〈女裝衣袖〉。**2** 呈三角形的〈遊艇等的帆〉。

lég·pùll *n.* Ⓒ《口語》愚弄，惡作劇。

lég·pùller *n.* Ⓒ《口語》惡作劇者，愚弄者。

lég·pùlling *n.* Ⓤ惡作劇，愚弄：He never could stand criticism or ～. 他從不能忍受批評或愚弄。

lég·ròom *n.* Ⓤ(汽車、戲院座位等的)伸脚餘地：I have no ～.

L

(座位太窄了)我無法伸脚。

lég shòw *n.* Ⓒ大腿舞。

le·gume [ˈlɛgjum; ˈlegju:m] *n.* Ⓒ**1**〖植物〗莢果《豆科植物的果實》。**2**〈豆科植物的〉豆莢《家畜的食糧》。

le·gu·mi·nous [lɪˈgjumɪnəs; leˈgju:minəs] «legume 的形容詞»**—***adj.* **1**〖植物〗豆科的。**2**〈植物〉生豆的。

lég wàrmer *n.* Ⓒ[常 ～s]保暖腿套《被覆脚踝至大腿的針織腿套；婦女用以保暖》。

lég·wòrk *n.* Ⓤ《美口語》**1**(尤指採訪記者爲工作的)走路，跑腿；採訪。**2**(刑警的)奔走偵查。

Le Ha·vre [ləˈhavə; ləˈhɑ:vrə] *n.* 哈佛《法國北部一海港》。

le·hu·a [leˈhuɑ,lɪ-; leiˈhu:ɑ:] *n.* Ⓒ〖植物〗鐵心木《產於夏威夷和太平洋諸島嶼的桃金孃科喬木；開紅花，木質堅硬，其花爲夏威夷州的州花》。

lei [le,ˈle·ɪ; ˈleii:] *n.* Ⓒ(夏威夷人喜戴在頸上的)花圈。

Leices·ter [ˈlɛstə; ˈlestə] *n.* **1** 列斯特《英格蘭列斯特郡 (Leicestershire) 的首府》。**2** ＝Leicestershire.

lei

Leices·ter·shire [ˈlɛstəˌʃɪr, -ʃə; ˈlestəʃə, -ʃiə] *n.* 列斯特郡《英格蘭中部的一個郡；首府列斯特 (Leicester)；略作 Leics.》.

Leics.《略》Leicestershire.

Léi Dày *n.* (夏威夷的)五朔節(May Day).

Leigh [li; li:] *n.* 李《男子名；Lee的變體》。

Leip·zig [ˈlaɪpsɪg; ˈlaipzig] *n.* 來比錫《東德中部的一個都市》。

lei·sure** [ˈliʒə; ˈleʒə] «源自拉丁文「已獲准」之義»**—n.* Ⓤ**1**(從工作獲得解放而使用於休息、娛樂的)**自由時間，空閒，閒暇**：a life of ～ 閒暇生活/a woman of ～ 有閒婦人，不工作的婦女。**2 a** 空閒的時間〔*for*〕：I have no ～ *for* sport. 我沒有空去參加運動。**b**〔＋*to* do〕〈做…的〉閒暇，餘暇：I have no ～ *to* read. 我沒有空閒看書。

at léisure (1)在閒暇中的，閒暇的。(2)慢慢地，不忽忙地。

at one's léisure 在(某人)空閒[方便]的時候：You can do it *at* your ～. 你可以在(你)閒暇時做這件事。

wáit a person's léisure 等某人有空。

—*adj.* [用在名詞前]**1** 空閒的；閒暇的，沒事的：～ time 餘暇/in one's ～ hours 在空閒的時候。**2** 閒暇用的，休閒的〈衣服〉：a ～ suit 便裝[休閒裝]。

léi·sured *adj.* **1** 有空暇的，沒事的，有閒的：the ～ classes 有閒階級。**2** ＝leisurely.

léi·sure·ly *adj.* 從容的，悠閒的，不慌不忙的(⇨ slow【同義字】)：He drove at a ～ pace. 他悠閒地開車。

—*adv.* 緩慢地，從容地，不慌不忙地，悠閒地。**-li·ness** *n.*

leit·mo·tif, leit·mo·tiv [ˈlaɪtmoˌtif; ˈlaitmouˌti:f] «源自德語»**—***n.* Ⓒ **1**〖音樂〗主導主題，主樂旨《尤常見於華格納(Wagner)的音樂劇中被用以提示特定的人物、狀況或理念》。**2 a**(始終反覆地表現於行爲等的)主要動機。**b** 中心思想[題目]，主旨。

LEM, Lem [lɛm; lem] «*l*unar *e*xcursion *m*odule 的頭字語»**—***n.* Ⓒ登月小艇。

Le·man [ˈlimən; ˈlemən, ˈli:mən], **Lake** *n.* 勒曼湖《日內瓦湖(Lake Geneva)的別稱》。

lem·ming [ˈlɛmɪŋ; ˈlemiŋ] *n.* Ⓒ〖動物〗旅鼠。

【說明】產於北極地區的一種田鼠；繁殖過多時集體遷移，翻山越谷，攀壁穿林，遇任何障礙或食肉鳥獸決不避易而仍直線前進，直到海邊斷崖跳入海中溺死；常被用以比喻爲羣衆心理所驅使的盲目大衆。

***lem·on** [ˈlɛmən; ˈlemən] *n.* **1 a** Ⓒ**檸檬**。**b** (又作 **lémon trèe**)Ⓒ〖植物〗檸檬樹。**c** Ⓤ(加於紅茶等的)檸檬(的風味)：a slice of ～ 一片檸檬/tea with ～ 檸檬茶/I like ～ with [in my] tea. 我喜歡紅茶加檸檬。

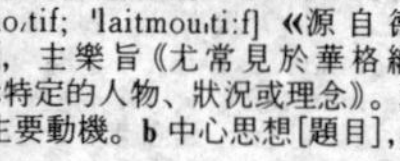

lemming

2 (又作 **lémon yéllow**)Ⓤ檸檬色，淡黃色。

3 Ⓒ《俚》**a** 無用之人[物]；有缺陷之人[物]；窩囊廢；無價值之物：This car's a real ～. 這部車眞是破爛貨。**b** 令人討厭之物[人]。

4 Ⓒ《英俚》沒有吸引力的人[女人]；傻瓜，糊塗蟲。

—*adj.* **1** [用在名詞前]加檸檬的。

2 檸檬色的，淡黃色的。

lem·on·ade [ˌlɛmənˈed; ˌleməˈneid] *n.* Ⓤ[指個體時爲Ⓒ]**1** 檸檬水：**a**《美》檸檬汁加糖和水的清涼飲料。**b**《英》＝lemon soda. **c** ＝lemon lime. **2**《英》＝lemon squash.

lémon cúrd [chéese] *n.* Ⓤ檸檬凝乳[乳酪]《一種把蛋、奶油和檸檬汁一起烹調的食物；放在麵包上食用》。

lémon dròp *n.* Ⓒ檸檬糖。

lémon lìme *n.* Ⓤ[指個體時爲Ⓒ]《美》檸檬萊姆《一種無色透明帶有苦甜味道的碳酸飲料》。

lémon sòda *n.* Ⓤ[指個體時爲Ⓒ]《美》檸檬蘇打水《一種有檸檬風味的碳酸飲料》。

lémon sóle *n.* Ⓒ〖魚〗檸檬鰈《大西洋產》。

lémon squásh *n.* Ⓤ[指個體時爲Ⓒ]《英》檸檬水《檸檬汁加糖而濃縮的清涼飲料；飲用時加(蘇打)水等》。

lémon squèezer *n.* Ⓒ檸檬榨汁器。

lémon téa *n.* Ⓤ檸檬茶。

lem·on·y [ˈlɛmənɪ; ˈleməni] *adj.* 有檸檬(香)味的。

le·mur [ˈlimə; ˈli:mə] *n.* Ⓒ〖動物〗狐猴。

Le·na [ˈlinə; ˈli:nə] *n.* 莉娜《女子名》。

‡**lend** [lɛnd; lend] «源自古英語 'loan' 之義»**—***v.t.* (**lent** [lɛnt; lent]) **1**〔＋受＋受/＋受＋介＋(代)名〕將〈物〉借給〈人〉，借出〈物〉〔給人〕〔*to*〕(⇨ borrow【同義字】)：Will you ～ me your bicycle? ＝ Will you ～ your bicycle *to* me? 你把自行車借給我好嗎？

lemur

2 a〔＋受〕(當作生意似地)借〈錢〉：*L*～ your money and lose your friend. 你借錢給朋友就會失去這個朋友。**b**〔＋受＋受/＋受＋介＋(代)名〕將〈錢〉借給〈人〉；借出〈錢〉〔給人〕〔*to*〕：～ a person money at interest＝～ money *to* a person at interest 收取利息把錢借給某人。

3〔＋受＋受/＋受＋介＋(代)名〕**a** 提供…〈援助〉；〔對…〕提供〈援助〉〔*to*〕：～ aid [one's support] (*to* ...) (對…)提供援助[支持]/～ a willing ear (*to...*) 自發地傾耳聆聽(…)。**b**〔給…〕增添〈特色、文雅等〉〔*to*〕：This fact ～*s* probability *to* the story. 這項事實給這個故事增添了可信性/The ragged scar on his face *lent* him a sinister look. 他臉上那凹凸不平的疤使他顯得更爲兇惡可怕。

4〔＋受＋介＋(代)名〕[～ *oneself*]**a**〈人〉盡力於[參與]〔沒有用的、不正當的事等〕〔*to*〕：You should not ～ *yourself to* such a transaction. 你不應該參與這種交易。**b**〈事物〉〔對…〕有用，有幫助；適合〔…〕〔*to*〕：The incident seemed to ～ *itself to* dramatization. 那件事似乎適合於編成戲劇。**c**〈物〉容易成爲〔不正當利用〕的對象，有助於〔…〕〔*to*〕：His fear has *lent itself to* the designs of his enemies. 他的恐懼有助於敵人的陰謀得逞。

lénd·er *n.* Ⓒ**1** 出借的人，貸方。**2** 借錢予人者，放利息者。

lénd·ing lìbrary *n.* Ⓒ **1** 租書店(《美》rental library). **2**《英》**a** (公立圖書館的)外借部[員]。**b** 公立圖書館。

lénd-léase *n.* Ⓤ資援《第二次世界大戰期間，美國根據租借法案(Lend-Lease Act)，對盟國提供物資援助，如飛機、彈藥、軍需品、糧食等》。

—*v.t.* 根據租借法案資援…。

Lénd-Léase Àct *n.* [the ～]租借法案《美國國會於 1941 年 3 月授權總統對盟國援助軍需品、糧食、勞務等之法案》。

‡**length** [lɛŋkθ, lɛŋθ; leŋkθ] «long[1] 的名詞»**—***n.* **1 a** Ⓤ(由一端到另一端的)**長，長度**；縱長；身長〔*of*〕：the ～ *of* a pool [rope] 游泳池[繩子]的長/3 meters in ～ 三公尺長。**b** Ⓒ〔…的〕長度〔*of*〕：This river has a ～ *of* 100 kilometers. 這條河有一百公里的長度。**c** Ⓤ〔文章等的〕長度〔*of*〕：the ～ *of* a sentence 句子的長度/a story of some ～ 相當長的故事。**d** [the ～]〔物之〕由一端到另一端的部分〔*of*〕：a wide divan which runs *the* ～ *of* the wall 從牆壁的一端到另一端長的無靠背或無扶手的大長沙發。

2 ⓊⒸ **a** (時間的)長度，期間〔*of*〕：the ～ *of* a speech [vacation] 演說[休假]的時間長度/a journey *of* some ～ 相當久的一次旅行/ for a ～ *of* time 相當長的一段期間。**b**〖語音・音樂〗音長，音量。

3 Ⓤ(時間、距離等的)長久[長遠](狀態)：The ～ *of* the meeting tired me. 我因會議拖得太長而疲憊。

4 Ⓒ **a**〔道路等的〕(特定的)部分，區間〔*of*〕：a ～ *of* highway being repaired 公路的路修工程區段。**b**〔物之〕特定[標準]長度〔*of*〕：a ～ *of* rope (某一長度的)一條繩子/a skirt ～ *of* silk 一條裙子長度的絲料/two ～*s of* pipe 兩節管子。

5 Ⓒ〖賽船〗一艇身；〖賽馬〗一馬身：win by a ～ 以一艇身[一馬身]之差獲勝。

6 Ⓒ[與 go 連用；常～s](行動、意見等的)**範圍，程度**：*go* all [any, great] ～*s* ＝ *go to* any ～(*s*) [great ～*s*] (爲達到目的)不惜做任何事，不辭任何辛勞/I will not *go* (to) the ～ *of* insisting on it. 我並不是主張非那樣不可(★有時省略 to).

at árm's léngth⇨arm[1].

at fúll léngth (1)四肢伸展地，全身伸展地，直直地：He lay *at full* ~ upon his stomach. 他全身伸展地俯臥着。(2)冗長地，囉囉嗦嗦地。(3)充分地，詳盡地。

at gréat léngth (1)冗長地，囉囉嗦嗦地。(2)詳細地。

at léngth (1)最後，終於《★比較 較 at last 拘泥》：I have *at* ~ accomplished what I have been hoping. 我終於實現了我的宿願[如願以償]。(2)充分地，詳細地。(3)長時間地，囉囉嗦嗦地。

at sóme léngth 相當長[詳細]地。

fínd [gèt, hàve, knów, tàke] the léngth of a person's **fóot** 把某人(的性格等)摸清楚，抓到某人的弱點。

méasure one's **(ówn) léngth** 全身直直地跌[躺]倒〔在…上〕〔*on*〕.

òver [thròugh] the léngth and bréadth of ... 遍及整個…地區，…到處。

length·en [ˈlɛŋkθən, ˈlɛŋθən; ˈleŋkθən] 《long[1] 的動詞》—*v.t.* 〔十受(十副)〕弄長，放長，延長…〈*out*〉：I want to have this coat ~*ed*. 我想把這件外套放長/~(***out***) one's speech 把演說拖長。

—*v.i.* **1** 變長，延長：The days ~ in spring. 春天白晝變長/His face ~*ed*. 他顯得不快樂，他拉長了臉(cf. long face). **2** 〔(十副)十介十(代)名〕延長…〔而成…〕〈*out*〉〔*into*〕：Summer ~*ed* (***out***) ***into*** autumn. 漫長的夏天結束而進入秋天。

léngth·wàys *adv.* =lengthwise.

léngth·wise *adv.* 縱長地。—*adj.* 縱長的。

length·y [ˈlɛŋkθɪ, ˈlɛŋθɪ; ˈleŋkθi] *adj.* (**length·i·er**; **-i·est**) **1** (時間上)長久的，漫長的。**2** 〈演說、文章等〉冗長的；囉囉嗦嗦的。

léngth·i·ly [-θɪlɪ; -θili] *adv.*

lé·ni·ence [ˈlinɪəns; ˈliːnjəns] *n.* =leniency.

le·ni·en·cy [ˈlinɪənsɪ; ˈliːnjənsi] 《lenient 的名詞》—*n.* Ⓤ寬大；仁慈，厚道，慈悲。

le·ni·ent [ˈlinɪənt; ˈliːnjənt] *adj.* **1 a** 〈人、處罰〉寬大的；慈悲爲懷的，仁慈的：a ~ judge 寬宏大量的法官。**b** [不用在名詞前]〔十介十(代)名〕〔對…〕寬大的〔*to, toward, with*〕：He is ~ ***to*** the children. 他對孩子們寬大。**2** 鬆的，睜一隻眼閉一隻眼的，寬的。~·**ly** *adv.*

Len·in [ˈlɛnɪn; ˈlenin], **Ni·ko·lai** [nɪkəˈlaɪ; nikəˈlai] *n.* 列寧《1870−1924；俄國的革命領袖》。

Len·in·grad [ˈlɛnɪnˌgræd; ˈleningræd] *n.* 列寧格勒《蘇聯西北岸的一個城市》。

Lén·in·ìsm [-nˌɪzəm; -nizəm] *n.* Ⓤ列寧主義。

Lén·in·ist [-nɪst; -nist] *n.* Ⓒ列寧主義者。

—*adj.* 列寧主義(者)的。

len·i·tive [ˈlɛnətɪv; ˈlenitiv] *adj.* 鎭[止]痛的，緩和疼痛的。

—*n.* Ⓒ《醫》鎭[止]痛劑，緩和劑。

len·i·ty [ˈlɛnətɪ; ˈlenəti] *n.* **1** Ⓤ仁慈，慈悲爲懷，寬大。**2** Ⓒ寬大的處置[行爲]。

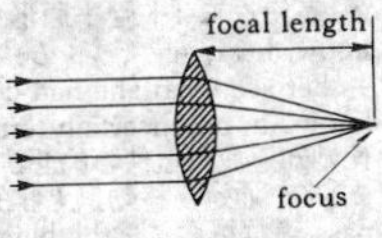

convex lens
(凸透鏡)

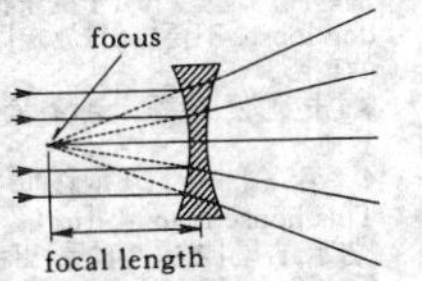

concave lens
(凹透鏡)

lens [lɛnz; lenz] 《源自拉丁文「扁豆」之義，因形狀類似》—*n.* Ⓒ **1** 透鏡，鏡片：grind ~*es* 磨鏡片。**2** 《解剖》(眼球的)水晶體：the ~ of the eye 眼睛的水晶體。

lens·man [ˈlɛnzmən; ˈlenzmən] *n.* Ⓒ(*pl.* **-men** [-mən; -mən])《美口語》攝影師：He is one of the nation's top amateur lensmen. 他是國內最佳業餘攝影師之一。

‡**lent** [lɛnt; lent] *v.t.* **lend** 的過去式・過去分詞。

Lent [lɛnt; lent] *n.* 《基督教》四旬齋，封齋期，受難節。

【說明】爲了紀念耶穌基督在荒郊禁食四十天，而在復活節(Easter)前(除了星期日以外)齋戒及懺悔的四十天期間。復活節的日期每年不同，所以四旬齋(Lent)的起訖日期也每年不同。其最初的一日稱作聖灰星期三(Ash Wednesday)，有些宗派，在額上塗灰，作爲懺悔的象徵；第五個星期日稱作受難主日(Passion Sunday)；最後的星期日稱作聖枝主日(Palm Sunday)；復活節前的一週爲神聖週(Holy Week)，而其星期五爲耶穌受難日(Good Friday). 在這四旬齋期間，不舉行婚禮，星期日的禮拜也不唱頌歌；cf. carnival【字源】

lent·en [ˈlɛntən; ˈlentən] 《Lent 的形容詞》—*adj.* **1** [有時 L~]四旬齋的。**2 a** (像四旬齋的餐食般)沒有肉的。**b** 樸素的；貧乏的。**c** 〈臉等〉陰鬱的，不開朗的。

len·til [ˈlɛntl, -tɪl; ˈlentil, -tl] *n.* Ⓒ《植物》小扁豆《食用》。

len·to [ˈlɛnto; ˈlentou] 《源自義大利語》—*adj.* & *adv.* 〔音樂〕緩慢的[地](↔ allegro).

Lént tèrm *n.* ⓊⒸ《英》春季學期《自耶誕節假期後起至復活節前後止；⇨ term【說明】》。

Le·o [ˈlio; ˈliːou] *n.* **1 a** 李奧《男子名》。**b** 利奧《十三位歷任羅馬教皇之名》。**2** 《天文》獅子座(the Lion). **3** 《占星》**a** 獅子座，獅子宮(cf. the signs of the ZODIAC). **b** Ⓒ屬獅子座的人。

Leon·ard [ˈlɛnəd; ˈlenəd] *n.* 連納德《男子名》。

Le·o·nar·do da Vin·ci [ˌliəˈnɑrdodəˈvɪntʃɪ; ˌliːəˈnɑːdoudəˈvintʃi] *n.* 達文西《1452−1519；義大利的畫家、雕刻家、建築家、科學家》。

Le·o·nid [ˈliənɪd; ˈliːənid] *n.* Ⓒ(*pl.* ~**s**, **Le·on·i·des** [ˈliənɪdɪz; ˈliːɔnidiːz])[**the** ~**s**]《天文》獅子座流星羣(之一)。

le·o·nine [ˈliəˌnaɪn; ˈliːənain] 《源自拉丁文「獅子」之義》—*adj.* **1** 似獅子的。**2** 威風凜凜的，威武的，勇猛的。

Le·o·no·ra [ˌliəˈnorə, -ˈnɔrə; ˌliːəˈnɔːrə] *n.* 連諾拉《女子名；暱稱 Nora》。

leop·ard [ˈlɛpəd; ˈlepəd] *n.* Ⓒ《動物》花豹(cf. panther).

Can the léopard chánge his spóts? 本性難移。

【字源】源自 "Can a leopard remove its spots?"「花豹能除掉牠的斑點嗎？」(出自聖經舊約「耶利米書」13：23).

leop·ard·ess [ˈlɛpədɪs; ˈlepədis] *n.* Ⓒ《動物》母豹。

Le·o·pold [ˈliəˌpold; ˈliəpould] *n.* 列波德《男子名》。

le·o·tard [ˈliəˌtɑrd; ˈliːətɑːd] 《源自法國特技表演家之名》—*n.* Ⓒ緊身運動衣《做體操、特技、芭蕾舞等練習時穿用的一種上下身相連的運動衣》。

leotard

lep·er [ˈlɛpə; ˈlepə] *n.* Ⓒ **1** 痲瘋病患者。**2** 被社會大衆排擠的人。

Lep·i·dop·ter·a [ˌlɛpəˈdɑptərə; ˌlepiˈdɔptərə] *n. pl.* 《動物》鱗翅目。

lep·i·dop·ter·ist [ˌlɛpəˈdɑptərɪst; ˌlepiˈdɔptərist] *n.* Ⓒ鱗翅目昆蟲學家。

lep·i·dop·ter·ous [ˌlɛpəˈdɑptərəs; ˌlepiˈdɔptərəs←] *adj.* 《昆蟲》鱗翅目的，有鱗翅的《蝴蝶、蛾等》。

Lep·i·dus [ˈlɛpɪdəs; ˈlepidəs], **Marcus Aemilius** *n.* 雷比達《？−13 B.C.；羅馬第二次三執政之一》。

lep·re·chaun [ˈlɛprəˌkɔn; ˈleprəkɔːn] *n.* Ⓒ《愛爾蘭》小精靈《爲矮小老人的長相，永遠在做鞋子，一抓到他，他就會說出寶藏的所在》。

leprechaun

lep·ro·sy [ˈlɛprəsɪ; ˈleprəsi] *n.* Ⓤ **1** 痲瘋病(Hansen's disease). **2** (道德的)腐敗：moral ~ (易於傳染他人的)道德的腐敗，墮落。

lep·rous [ˈlɛprəs; ˈleprəs] 《leprosy 的形容詞》—*adj.* 痲瘋病的，罹患痲瘋病的。

lep·ton [ˈlɛptɑn; ˈleptɔn] *n.* Ⓒ《物理》輕粒子，微子。

les·bi·an [ˈlɛzbɪən; ˈlezbiən] 《源自 'Lesbos 島的' 之義；由於相傳曾經居住在該島的女詩人 Sappho 與其弟子們耽溺於同性戀》—*adj.* (女性間的)同性戀的(↔ gay；cf. homosexual).

—*n.* Ⓒ搞同性戀的女性，女同性戀者。

lés·bi·an·ìsm [-ˌnɪzəm; -nizəm] *n.* Ⓤ女性的同性戀(cf. homosexuality 1).

lese maj·es·ty, lèse maj·es·té [ˈlizˈmædʒɪstɪ; ˌleizˈmæʒestei] 《源自法語 'injured majesty' 之義》—*n.* Ⓤ **1** 《法律》冒犯君主之罪，不敬罪，大逆罪(high treason). **2** 《口語》不敬的行爲；侮辱。

le·sion [ˈliʒən; ˈliːʒn] *n.* Ⓒ**1** 傷害；精神的傷害。**2** 《醫》(組織、機能的)障礙，病害(injury).

Le·sot·ho [ləˈsoto; ləˈsuːtuː] *n.* 賴索托《爲南非共和國所環繞的一個王國；首都馬塞魯(Maseru [ˈmæzəˌru; ˈmæzəruː])》。

‡**less** [lɛs; les] 《little 的比較級；但字源不同》—*adj.* **1** [修飾不可數名詞](量、程度)較少的，更少的(↔ more；cf. lesser)：eat ~ meat 少吃些肉/*L*~ noise, please! 請安靜一點/More haste, ~ speed. 《諺》欲速則不達/He had ~ money *than* I thought. 他不如我所想的那麼有錢。

2 [修飾集合名詞、Ⓒ的複數名詞]《口語》(數)較少的《★用法 修飾數時一般用 fewer，但也用 less》：*L*~ people go to church *than* to the theater. 上教堂做禮拜的人比去戲院看戲的人少。

3 (尺寸、大小)較小的，更小的《★比較 現在多用 smaller》：

L

May your shadow never grow [be] ~ ! ⇨ shadow 1.

—adv. 1 [修飾形容詞、副詞]**較少，更少，不如…那樣**：He is ~ fat *than* he was. 他沒有以前那樣胖《★比較《口語》less (...than) 的句型不如not...so...(as) 的句型常用：He is *not so* fat *as* he was. (他沒有以前那樣胖)》。

2 [修飾動詞]**較少**：He is ~ talked of *than* before. 人們對他的議論比以前少了/He was ~ scared *than* surprised. 與其說他受驚嚇，不如說是驚奇/The ~ said the better. 話說得愈少愈好。

léss and léss 越來越少。

little léss than... 和…幾乎相等。

móre or léss ⇨ more *adv.*

mùch [still] léss [用於否定句後]何況，更不用說：I do *not* say that he is careless, *much* [*still*] ~ that he is dishonest. 我沒有說他粗心大意，更不會說他不誠實。

nò léss (1)(數量、程度)同樣地；不少[不減]於…；(竟有)…之多《★用法常用以對數量之大表示驚訝》：It is *no* ~ good. 這也一樣地好/He won $500, *no* ~ , at the races. 他於賽馬中竟贏了五百美元之多。(2)正是，確是，不外是：It's the Queen herself, *no* ~. 正是女王(本身)/He gave me $100. And in cash, *no* ~. 他給了我一百元，而且是現款。

nò léss a pérson than... (不是別人)正是…：He is *no* ~ *a person than* the king. 他正是國王本人。

nò léss than... (1)不亞於…(even)，與…一樣地(cf. no LESS ... than)：She likes music *no* ~ *than* I. 她與我同樣地愛好音樂《她愛好音樂的程度不亞於我》。(2)[與數詞連用]…之多：He gave me *no* ~ *than* $500. 他給我五百美元之多《★比較He gave me *no more than* $10. 他只給我十美元》/My father has *no* ~ *than* nine hundred books. 我父親藏書達九百册《★比較表示同樣意思的 no FEWER than 只用於「數」而不用於「量」》。

nò léss ... than ... 不亞於…的…，與…同樣地…：She is *no* ~ beautiful *than* her sister. 她與她姊姊一樣地美麗《貌美不亞於她的姊姊》。

nòne the léss 依然，仍然(nevertheless).

nòthing léss than... (1)至少…，起碼…以上：We expected *nothing* ~ *than* an attack. 我們預料到攻擊是少不了的。(2)不外是…，與…無異，簡直是…：It is *nothing* ~ *than* fraud. 這簡直是詐欺。

nòt léss (...) than... (1)比…有過之而無不及(cf. no LESS than (1))：You are *not* ~ rich *than* he. 你之富裕與他相比有過之而無不及。(2)至少…(cf. no LESS than (2))：It did *not* cost ~ *than* $100. 這至少值一百美元。

—pron. 1 較[更]少數[量，額]：Some had more, others ~. 有些人擁有更多，有些則更少/He should eat ~. 他應該吃得再少一點/*L~ than* 20 of them remained. 其中剩下來的不到二十人[個]。**2** [~ **of...**；用祈使語氣]別亂…，少…：*L~ of* your nonsense！少胡扯！

in léss than nó time ⇨ time.

thínk (áll) the léss of ⇨ think.

—prep. 差…，少…，減去…(minus)：a year ~ three days 差三天一年/Five ~ two is three. 五減二等於三/He received full wages ~ the withholding tax. 扣除預扣稅款後，他領了全薪。

-less [-lɪs; -lis] 字尾 構成表示下列定義的形容詞：**1** 附於名詞表示「沒有…的，缺少…的」：end*less*. **2** 附於動詞表示「不會…的，難…的」：cease*less*.

les·see [lɛs'i; le'si:] *n.* Ⓒ《法律》賃借人，承租人，租地人，租屋人(tenant)(↔ lessor).

less·en ['lɛsn̩; 'lesn] **«less 的動詞»—v.t.** 使…少[小]，減少…：The driver ~*ed* his speed. 駕駛員減低速度。

—v.i. 變少[小]，減少。

les·sen·ing ['lɛsn̩ɪŋ; 'lesniŋ] *n.* Ⓤ減少；變小；減輕。

—adj. 減少中的；減輕中的。

less·er ['lɛsɚ; 'lesə] **«little 的雙重比較級»—adj.** [用在名詞前]更小的，更少的；較小的，較少的；次要的《★用法主要用以指價值、重要性，不與 than 連用》：a ~ nation 弱小國家。

—adv. [常構成複合字]較不，較少地：*lesser*-known 不大有名的。

lésser pánda *n.* Ⓒ《動物》小貓熊《一種較貓稍大的貓熊科動物，產於喜馬拉雅山脈、尼泊爾；⇨ panda 照片》。

‡**les·son** ['lɛsn̩; 'lesn] **«源自拉丁文「閱讀」之義»—n.** Ⓒ**1 a 功課，課業**：hear a child's ~*s* 聽取[教]小孩溫習功課。**b** [常~*s*] **課程**〔*in*〕：give ~*s in* music [piano] 教授音樂[鋼琴]/take [have] ~*s in* Latin 上拉丁文的課，學拉丁文。

2 (教科書中的)**課**：*L~* 2 第二課《★讀法 ['lɛsn̩'tu; 'lesn'tu:]》.

3 教訓，訓誡；儆戒：teach [give, read] a person a ~ 訓誡[教訓]某人/Let this be a ~ *to* you. 你要以此爲一個教訓《你要記取這次教訓，以免重蹈覆轍》。

4《基督教》日課《早晚祈禱時誦讀的一段聖經》：the first ~ 第一日課《聖經舊約的一段》/the second ~ 第二日課《聖經新約的一段》。

léarn one's lésson (1)學習課程，受課。(2)從經驗中獲取教訓。

les·sor ['lɛsɔr; le'sɔ:] *n.* Ⓒ土地出租人，房屋出租人，房東(↔ lessee).

lest [lɛst; lest] *conj.* **1 以免…，因恐…，免得…**：Hide it ~ he (should) see it. 把它藏起來，免得他看見《★用法《口語》多不用should；★變換可改寫成較爲口語的 Hide it *in case* he sees it. = Hide it for fear that he (should) see it. 》. **2** [接在 fear, be afraid, be frightened 等之後]擔心[怕]會…：I was afraid ~ he (should) come too late. 我怕他會來得太遲《★用法《口語》多不用should》.

‡**let**[1] [lɛt; let] (**let**；**let·ting**) *v.t.* **A 1** [表示容忍、許可]**允許**。

> **【同義字】**let 指允許依照對方的意思做而不反對；make 指强制地或非强制地使對方做；permit 指積極地給予許可；allow 指默許或不禁止的意思。

〔十受十原形〕**a** 讓〈人、物等〉〈做…〉，允許〈人、物等〉〈…〉《★用法常不用被動語態》：He won't ~ anyone enter the room. 他不讓任何人進入那房間/He is *letting* his hair grow. 他在留頭髮/The children wanted to stay up but their mother wouldn't ~ them. 孩子們想晚睡，但他們母親不准《★用法前後關係明白時，有時候可以省略原形部分；在這例句中省略 stay up》. **b** [用祈使語氣] 讓〈人、物等〉〈做…〉《★比較注意避免與 B 的用法混淆》：*L~* me go！讓我去！放我走！/*L~* us do it by ourselves, will you？讓我們自己做這件事，好嗎？/Jane, ~ him have the toy. 珍，把那玩具給他/"Don't ~ anyone enter the room." — "No, I won't."「不要讓任何人進那房間。」「好的，我不會讓人進去。」/*L~* there be no mistake about it. 不要有差錯；不要有誤會/*L~* me be. 不要理會我(的事)/*L~* it be. 別管它；別爲它擔心/*L~* it be done at once. 這件事要立刻辦《★用法這是 Do it at once. 的被動語態，不常使用》。**c** [用祈使語氣；與第三人稱之受詞連用，表示警告、威脅、放棄等]讓…〈做…〉好了；允許…〈做…〉看看：Just ~ him try to stop me！要阻止我，讓他來試試吧！《他休想》！/*L~* it rain！雨要下就下吧！**d** [用祈使語氣；與第三人稱之受詞連用，表假說、讓步]假設…；即使…也…：*L~* $2x$ equal y. 假設 $2x$ 等於 y/*L~* him say what he likes, I don't care. 他喜歡說什麼就說什麼，我都不在乎。

2 [表使役]**a**〔十受十原形〕**使〈人〉〈做…〉**《★用法原形動詞限於know, hear, see 等》：*L~* me hear from you. 請給我寫信/He ~ her see what she had done. 他使她明白她的所爲/He ~ her know (in no uncertain terms) how he felt about it. 他(明確地)使她知道他對這件事的想法。**b**〔十受十副詞(片語)〕讓…(往…)去[來，通過，移動]《★可在副詞(片語)前補充原形的 go, come, pass 等解釋》：*L~* the blinds *down*！把百葉窗放下！He ~ me *into* his study. 他讓我進入他的書房。**c**〔十受十副詞(片語)〕[~ *oneself*]進，出：I ~ *myself into* the house with my key. 我用鑰匙開門進屋。**d**〔十受十補〕使…〈成…的狀態〉：Don't ~ that dog loose. 不要放出[放走]那隻狗/*L~* my things alone. 別碰我的東西。

3〔十受〕使〈液體、氣體〉流[洩，漏]出：~ blood 抽(人的)血，放血。

4《英》**a**〔十受〕(收取錢而)把〈房屋、土地等〉出租，租賃(rent)：This house is to ~ [to be ~]. 此屋出租/House [Room] to ~. 《告示》吉屋[吉房，雅房]出租《★用法有時單寫"To *L~*."》. **b**〔十受十介十(代)名〕把〈房屋、土地等〉租給[某人]〔*to*〕：They ~ the upstairs room *to* a student. 他們把樓上的房間租給一個學生。

5 a〔十受〕把〈工作〉發包：~ a contract訂約發包。**b**〔十受十介十(代)名〕把〈工作〉發包[給人]〔*to*〕：~ some work *to* a carpenter 把一些工作發包給木匠。

—B《★發音輕讀，與 A 1 b 的 Let us ['lɛtəs; 'letəs] go. 不同而常讀作 [lɛts; lets]》[常 let's, 有時作 let us 表示邀約、提議] **讓我們來〈…〉(吧)**《★比較須注意避免與 A 1 b 混淆》：*Let's* play cards. 我們來玩紙牌/OK, *let's* get to work！好，我們開始(工作、功課)！《上司、教師等常說的話》/Now, *let's* go out and eat, shall we？我們出去吃飯，好嗎？《★用法Let's.... 的附加問句使用 shall we？》/"Shall we go for a swim？" — "Yes *let's*. [No, *let's* not.]"「去游泳好不好？」「好啊[不要]。」/*Let's* not be late. 我們不要遲到才好《★用法《英口語》常用 Don't *let's* be late.,《美口語》有時也用 *Let's* don't be late.》.

—v.i. 被出租，被人借用中：This house ~*s for* 2,000 dollars a month. 這房屋月租二千美元。

lèt alóne ⇨ alone *adj.*

lèt bý《*vt adv*》(1)讓…通過(旁邊)：Please ~ me *by*. 請讓一讓。(2)〔~十受十by〕把〈錯誤等〉漏看，忽略：He doesn't ~ errors *by* unnoticed. 他不會漏看錯誤。

L

lèt dówn《*vt adv*》(1)⇨ *v.t.* A 2b. (2)(無法支持而)使…掉落。(3)把〈衣服〉(拆開縫褶而)放長。(4)使〈輪胎、汽球等〉放出空氣。(5)(爲著陸而)降低〈飛機〉的高度。(6)使〈人〉頹喪[失望]《★常用被動語態》：He has *been* (badly) ~ *down.* (因沒有人理會)他感到(非常)沮喪。——《*vi adv*》(7)〈飛機〉降低高度。(8)《美口語》鬆勁；慢下步調。

lèt a person **dówn géntly** [**éasily**] (爲避免使其感到屈辱)溫和地曉諭〈某人〉；溫和地對待〈某人〉。

lèt dríve at ... ⇨ drive *v.*

lèt fáll＝**lèt ... dróp** (1)把…掉落，丟下…：~ a cup *fall* [~ *fall* a cup] on the floor 把杯子掉到地板上。(2)把〈話〉漫不經心地[故意地]說出[洩漏]：He ~ *fall* an oath. 他不經心地說出了咒詛的話。

lèt flý ⇨ fly^{1}.

lèt ... gó (1)⇨ *v.t.* A 1 b. (2)解放…，釋放…：*L~* them *go.* 釋放他們。(3)放掉〈手中之物〉，放開…：He ~ *go* his hold. 他把手鬆開。(4)[~ one*self* go]失去自制，熱中；盡情[奔放]地做；不修邊幅。(5)解雇〈人〉：The housekeeper was ~ *go.* 女管家被解雇。(6)《俚》射精。

lèt...gò háng《口語》對〈工作、外表等〉變得完全不在乎。

lèt gó of... 放掉〈手中的東西〉：He ~ *go of* the rope. 他放開繩子。

lèt one's **háir dówn** ⇨ hair.

let in [《*vt adv*》~ ín](1)讓…進入，引入…，放入…：Please ~ me *in.* 請讓我進入/Open the window to ~ *in* fresh air. 開窗讓新鮮空氣流通。—— [《*vt prep*》~ ... in ...](2)把…放入…中：~ a dog *in* the house 放狗進屋。

lèt a person [**onesèlf**] **in for ...** 使〈某人[自己]〉陷[捲]入〔損失、困難等〕：You don't know what you're *letting yourself in for.* 你不知道你正把自己捲入何種麻煩之中。

lèt a person **ín on...** (1)對〈人〉說出〔秘密等〕。(2)容許〈人〉參與〔計畫等〕：*L~* me *in on* the plan. 讓我知道[參與]那計畫。

lèt...into... (1)⇨ *v.t.* A 2 b. (2)把〈窗等〉嵌入〔牆壁等〕。(3)把〔秘密等〕告知〈人〉：I was ~ *into* the secret. 有人告知我那秘密。

lèt it gó at thát 問題[討論，追究]到此爲止，就那樣了事[通過]。

lèt lóose ⇨ loose.

Lèt me [**us**] **sée.**《口語》[表疑問、凝思等]嗯，讓我想想看。

let off [《*vt adv*》~ óff](1)讓〈乘客〉下車：Please ~ me *off* at the next stop. 請讓我在下一個站下車。(2)發射[開]〈槍〉；放〈烟火〉：~ *off* fireworks 放烟火。(3)信口[隨便，不拘束地]說〈笑〉，開〈玩笑〉。(4)[只予以輕罰而]把〈人〉釋放〔*with*〕：She was ~ *off with* a reprimand. 她只受了一頓申斥就被放了。(5)把〈人〉〔從工作等〕解放，免除〈人〉〔工作等〕〔*from*〕：~ a person *off from* hard work 免除某人粗重的工作。(6)放出〈水蒸氣等〉：~ *off* a fart [burp] 《俚》放屁[打嗝]/⇨ let off STEAM. ——[《*vt prep*》~ ... óff ...](7)使〈乘客〉下〈車等〉。(8)把〈人〉從〈處罰、工作等〉解放[免除]：I ~ him *off* wash*ing* the dishes. 我免除他洗盤碟的工作/ ~ a person *off* the hook (⇨ off the HOOK).

lèt ón《口語》《*vi adv*》(1)〔就…〕告密，洩密〔*about*〕；〔＋ *that*＿〕洩漏，承認〈…之事〉：I didn't ~ *on that* he had been seeing her. 我沒有洩漏他和她相會的事。(2)假裝，裝。(3)〔＋ *that*＿〕假裝〈…事〉：He approached her by *letting on that* he had lots of money. 他假裝很有錢以接近她。

lèt óut《*vt adv*》(1)〔從…〕把…放出[放行]〔*from*〕：He ~ himself *out* by the front door. 他從正門出去。(2)使〈水等〉流出，使…灑落；發出〈光、香氣等〉。(3)把〈衣服〉放寬，放鬆…，放長…。(4)[~＋out＋ *n.*]發出〈叫喊聲等〉；把〈怒氣等〉發到〔…上〕〔*on*〕：~ *out* a laugh 發出笑聲/~ *out* a low whistle 低聲吹口哨。(5)洩漏，洩露〈秘密等〉；〔＋ *that* ＿〕洩漏〈…之事〉；〔＋ *wh.* ＿〕洩漏〈…之謎〉：He ~ *out that* he was going to be married. 他透露他即將結婚。(6)《英》〈車、馬等〉租出。——《*vi adv*》(7)向〔人〕猛撲[踢]；對〔人〕破口大罵〔*at*〕. (8)《美》〈學校、集會、練習等〉終了，解散。

lèt...óut of... (1)把…從…放出[放行]：*L~* the bird *out of* the cage. 把鳥兒從鳥籠放出去。(2)把〈人〉從〈義務、工作等〉解脫出來。(3)使〈水等〉從…流出；把〈空氣〉從〈輪胎〉放出。

lèt...páss ⇨ pass^{1} *v.i.* 10 a.

lèt...ríde《口語》讓〈事態等〉繼續：~ it *ride* 坐視不管[默許]。

lèt ríp《口語》(1)以全速開〈車等〉：Open the throttle and ~ her *rip.* 打開節流閥，以全速駛去。(2)讓〈情況等〉聽其自然，任其發展《★比較 LET^{1} slide 較爲普通》。

lèt slíde 讓〈事態等〉聽其自然，任其發展。

lèt slíp (1)解開…的綁繩；使…自由。(2)失去〈機會等〉。(3)不愼洩漏〈秘密〉。

let through [《*vt adv*》~ thróugh](1)使〈人、物〉通過。(2)對〈錯誤等〉默許，裝作不見，放過。—— [《*vt prep*》~ ... thròugh ...](3)讓…通過〈地方〉。

lèt úp《*vi adv*》(1)停止〈工作等〉，停工：work without *letting up* 不停頓地工作。(2)〈暴風雨等〉平息；〈雨〉逐漸停止，變小：The rain never ~ *up* all night. 雨一整夜都沒有停。

lèt úp on...《口語》(1)以比較不嚴厲的態度對待〈某人〉。(2)使〈努力等〉鬆懈。

lèt wéll (**enóugh**) **alóne** ⇨ alone.

To Lét《英》吉屋[雅房]出租(《美》For Rent).

——*n.* Ⓒ **1**《英》出租，租出，租賃；出租的房屋[房間]。**2**《英口語》承租人：get a ~ for the rooms 找到房間的承租人。

let^{2} [lɛt; let] *v.t.* (**let·ted, let**; **let·ting**)《古》妨礙…。

——*n.* Ⓒ《運動》(網球、桌球、排球等發球時的)球觸網《雖然球沒有出界，仍不予計算而須重新發球》。

withòut lét or híndrance《法律》毫無阻礙地。

-let [-lɪt; -lit] 字尾 表示「小…」的名詞字尾：ring*let*, stream*let*.

letch [lɛtʃ; letʃ] *n.*《俚》**1** Ⓒ色鬼，淫棍。**2** ⓊⒸ渴望：a ~ for fishing 對釣魚的渴望。**3** ⓊⒸ情慾。

lét·dòwn *n.* Ⓒ **1** (速度、分量等的)減少，弛緩，衰退，消沉，低落。**2** 失望：The movie was a ~. 那電影眞令人失望。**3** (飛機等著陸前的)下降。

le·thal [ˈliθəl; ˈli:θl] *adj.* (招致)死亡的；致死的，致命的：~ ash 死亡之灰《由於核子爆炸而產生》/ a ~ chamber (煤氣)屠殺室/ a ~ dose 致死量/ ~ weapons 兇器；致命的[毀滅性]武器《指核子武器》。

le·thar·gic [lɪˈθɑrdʒɪk; leˈθɑ:dʒik, li-] 《lethargy 的形容詞》——*adj.* **1** 嗜眠性[症]的；昏睡(狀態)的：a ~ sleep 昏睡。**2** 無氣力的；不活潑的；感覺遲鈍的：The hot weather made me feel ~. 炎熱的天氣使我昏昏欲睡。**-gi·cal·ly** [-kl̩ɪ; -kəli] *adv.*

leth·ar·gy [ˈlɛθədʒɪ; ˈleθədʒi] *n.* Ⓤ [又作 **a** ~] **1** 昏睡(病，狀態)。**2** 無氣力；不活潑；無感覺。

Le·the [ˈliθi; ˈli:θi:] *n.* **1**《希臘神話》遺忘河，忘川《相傳在冥府之國(Hades)，飲其水後會忘却生前所知的一切》。**2** Ⓤ忘却。

Le·the·an [lɪˈθiən; li:ˈθi:ən] *adj.*

let's [lɛts; lets] let us 之略(⇨ let^{1} B).

let·ter [ˈlɛtɚ; ˈletə] 《源自拉丁文「文字」之義》——*n.* **1** Ⓒ文字，字母《指 a, b, c 等》：the 26 ~*s* of the English alphabet 英文的二十六個字母/an initial ~ 起首字母/a capital [small] ~ 大[小]寫字母。

【說明】英文書信的形式：
(1)寫住址(address)時切不可忘記寫郵遞區號(zipcode,《英》postcode)；cf. house number【說明】
(2)開頭稱呼(salutation)，比較親密的稱"Dear John,"或"Dear Mr. Brown,". "My dear John,"是拘泥的寫法。
(3)本文(body)裡，把寫信目的寫清楚。
(4)結尾敬辭(complimentary close)，對比較親密的對方，通常寫 Sincerely your, 或 Sincerely, 或 Yours sincerely, 一般朋友間就寫 Your loving friend, 兒女給父母親寫 Your loving son [daughter], 對長輩則寫 Respectfully yours, 業務上來往就寫 Faithfully yours, 等等。
(5)私人信也都常用打字，但正式的請帖、慰問信或道歉信等需要親筆寫作。各種信件信尾的簽名(signature)務必親手簽名。
(6)信封上要標示「親啓」時，就寫 Confidential 或 Strictly Confidential. 要表示「某某先生」就在全名前面加上 Mr., 例如 Mr. John Brown, 但英國人却常在對方全名後面加一逗點(,)，然後加寫 Esq., 例如 John Brown, Esq.

2 Ⓒ信，書函；(指與明信片相對而言的)裝入信封的信《★用法 集合稱用 mail》：an open ~ 公開信/⇨ business letter, dead letter/write a ~寫信/mail [《英》post] a ~ 寄信/*by* ~ 用信，用書面《★無冠詞》。

3 [~*s*]文學；(文學的)知識，學識；著作業：arts and ~*s* 文藝/a man of ~*s* ⇨ man 2 b /a doctor of ~*s* 文學博士/the profession of ~*s* 著作業/the world of ~*s* 文學界，文壇。

4 [**the** ~；用單數](對內容、精神而言的)字面上的意義，字句：keep *the* ~of the law [an agreement] (忽視眞意、精神而)依照字面上的意義履行法律條文[合約]的條件。

5 Ⓒ[常 ~*s*]證書，許可證，執照，…證[狀]：a ~ of attorney 委任狀/ a ~ of credit 信用狀/~(*s*) of credence (給大使、公使的)信任狀，國書/⇨ letters patent.

6《印刷》**a** Ⓒ活字：a roman ~ 羅馬字體活字。**b** Ⓤ字體：italic ~ 斜體。

7 Ⓒ《美》學校名稱的起首字母《傑出的運動選手等獲准使用；cf. numeral 2》：win a baseball ~ 成爲(學校的)傑出棒球選手。

in létter and in spírit 形式精神[內容]都…。

to the létter 照字面；嚴密地：follow a person's instructions *to the* ~ 嚴格地遵循某人的指示。

——*v.t.* 〔十受〕**1** 印[寫，刻，加]字母於…；加標題於…。**2** 用印刷體寫…。

L

létter bàlance *n.* Ⓒ 秤信件重量之秤。

létter-bòmb *n.* (又作 **máil bòmb**) Ⓒ信件炸彈，炸彈郵包。

létter bòok *n.* Ⓒ 信件謄錄簿。

létter bòx *n.* Ⓒ《英》**1** 信箱(《美》mailbox). **2** 郵筒。

létter·càrd *n.* Ⓒ《英》郵簡。

létter càrrier *n.* Ⓒ《美》郵差(《英》 postman)《★[比較]一般用 mailman》.

létter dròp *n.* Ⓒ(郵局或郵車之)投信口。

lét·tered *adj.* **1** 有學問[教養，文學素養]的(↔ unlettered). **2** 印有文字的。

létter fìle *n.* Ⓒ 信夾。

let·ter·gram [ˈlɛtə‿græm; ˈletəgræm] *n.* Ⓒ書信電報，減價電報，間送電報《較一般電報遲送的廉價長文電報》。

létter·hèad *n.* **1** Ⓒ信紙信頭《印在信紙上方的公司名、地址、電話號碼、電報掛號等》。**2** Ⓤ印有信頭的信紙。

lét·ter·ing [ˈlɛtərɪŋ; ˈletəriŋ] *n.* Ⓤ**1** 寫[刻，搨印]字《文字的圖案化》。**2** [集合稱]寫[刻，搨印]字；(書、刻、或搨印的)文字。

let·ter·less [ˈlɛtəlɪs; ˈletəlis] *adj.* 無文字的；不識字的；無知的。

létter lòck *n.* Ⓒ 字碼鎖。

létter pàper *n.* Ⓤ 信紙，信箋。

létter-pérfect *adj.*《美》**1**〈演員、學生等〉完全記住台詞[功課]的(《英》word-perfect). **2**〈文書、校正等〉完全無誤的。

létter·prèss *n.* **1 a** Ⓤ凸版印刷(方式)。**b** Ⓤ凸版印刷物。**c** Ⓒ凸版印刷機。**2** Ⓒ《英》(對書籍之插圖等而言的)本文。

létter·sèt *n.* Ⓒ 乾式平印機。

létters pátent [-ˈpætn̩t; -ˈpætnt] *n. pl.*《英》專利特許證。

létter stàmp *n.* Ⓒ 郵戳。

létter wrìter *n.* Ⓒ**1** 寫信人：a professional ～ 職業寫信人。**2** 尺牘。**3** 書信複印器。

let·tuce [ˈlɛtɪs; ˈletis] *n.* **1 a** Ⓒ《植物》**萵苣**。**b** Ⓤ(做成食物的)萵苣《葉》：use ～ in a salad 用萵苣做沙拉。**2** Ⓤ《俚》鈔票。

【字源】此字源自拉丁文，原義是「牛奶」。因爲萵苣折葉時會流出乳白色液體而得此名。

lét·ùp *n.* ⓊⒸ《口語》停止，中止；減少，減速(等)。
withòut (a) létup 不停地。

leu·co·cyte [ˈlukə‿saɪt; ˈlu:kəsait] *n.* ＝leukocyte.

leu·ke·mi·a, leu·kae·mi·a [luˈkimɪə; lu:ˈki:miə] *n.* Ⓤ《醫》白血病，白血球過多症，血癌。**leu·ke·mic** [luˈkimɪk; lu:ˈki:mik] *adj.*

leu·ko·cyte [ˈlukə‿saɪt; ˈlu:kəsait] *n.* Ⓒ《生理》白血球 (cf. phagocyte).

Lev. 《略》《聖經》Leviticus.

Le·vant [ləˈvænt; liˈvænt] *n.* **1** [**the** ～]黎凡特《地中海東部及其島嶼和沿岸的各國，包括希臘、埃及、敍利亞、黎巴嫩、巴勒斯坦》。**2** [l～] Ⓤ(產於 Levant 地區的羊、海豹等的)上等摩洛哥紋皮。

le·vant·er[1] [ləˈvæntə; liˈvæntə] *n.* Ⓒ **1** (地中海特有的)强烈東風。**2** [L～] ＝Levantine.

le·vant·er[2] [ləˈvæntə; liˈvæntə] *n.* Ⓒ《英》逃亡者；逃債者。

Lev·an·tine [ləˈvæntɪn, ˈlɛvən‿taɪn; ˈlevəntain] «Levant 的形容詞»—*adj.* 屬於或有關 Levant 的。—*n.* ⒸLevant 人。

lev·ee[1] [ˈlɛvɪ; ˈlevi, ləˈvi:] *n.* Ⓒ**1** 沖積堤。**2 a** (河川的)堤防，防洪堤。**b** (水田的)畦。**3** (河川的)碼頭。

lev·ee[2] [ˈlɛvɪ,ləˈvi; ˈlevi, -vei] *n.* Ⓒ **1** (君主或其代理人在中午後只對男子舉行的)接見會。**2**《美》總統的接見會。

‡**lev·el** [ˈlɛvl̩; ˈlevl] «源自拉丁文「天秤」之義»—*adj.* (～·er, ～·est；《英》**lev·el·ler, lev·el·lest**) **1 平的，**平坦的；水平的：two ～ tablespoonfuls of sugar 大湯匙二平匙的糖/He found a ～ site to build the cabin. 他找到蓋小屋用的平坦地點。

【同義字】level 指表面水平；flat 指表面沒有大的凹凸或起伏但表面本身未必水平；even指表面無高低而一樣地平坦。

2 (無比較級、最高級) **a 同一水平[高度，程度]的，**不相上下的，勢均力敵的：a ～ race 一場勢均力敵的賽跑。**b** [不用在名詞前] [十介十(代)名]〔與…〕同樣的水平[高度，程度]的〔*with*〕：a building whose roof is ～ ***with*** the spire of the church 與教堂尖塔一樣高的建築物。

3〈音調、色調等〉平板的，單調的，平調的。

4〈語調等〉平穩的；〈判斷等〉冷靜的：answer in a ～ tone 以平穩的語調回答/keep [have] a ～ head (面臨危機仍)保持冷靜。

5 穩健的，穩定的：give a person a ～ look 凝視人。

6《俚》直截了當的：speak in a ～ way 明[率直地]說。

dò one's **lével bést**《口語》盡全力[最大努力]：He *did* his ～ *best* to please his father. 他竭盡全力取悅父親。

—*n.* **1 a** ⓊⒸ**水平**；水平面，平面；水平線：out of the ～ 不平坦，起伏不平/Water finds [seeks] its own ～.水往低處流。**b** Ⓒ平地，平原：a dead ～ 全無高低起伏的平地。

2 ⓊⒸ(水平面的)**高，**高度：*at* the ～ of one's eyes 在眼睛的高度/*at* the ～ of the sea 在海平面的高度/1000 meters above sea ～ 海拔一千公尺 (cf. sea level) /The glasses were filled with water, each one *at* a different ～. 那些杯子各盛著不同水位的水。

3 a Ⓒ(地位、能力、品質等的)**水平，程度，階級，階層**〔*of*〕：speech ～*s*＝～*s of* speech 談話的層次/the ～ *of* living 生活水平/people of various ～*s of* culture 各式各樣文化水平的人/*on* an international ～ 按國際水平/rise *to* a higher ～ 提高水平，

信封上地址(address) 的寫法

(1)Mr. John F. Kennedy
(2)1600 Pennsylvania Avenue,
N. W., Washington, D. C. (3)20500
U.S.A.

stamp
(郵票)

BY AIRMAIL

(4)Miss Lucy Lee
(5)10 Lane 78, Wenchow St.
Taipei, Taiwan 10726
Republic of China

(1)寄信人姓名《有時冠以 Mr., Mrs., Miss, Ms. 等以表示性別、已婚、未婚等》。
(2)寄信人地址《上述的地址是美國白宮(the White House)地址》。
(3)寄信人地址的郵遞區號(zip code). 美國郵遞區號寫在州名縮寫後面，例如：New York, NY 10036.
(4)收信人姓名。
(5)收信人地址。

【說明】(1)應邀在別人家吃晚餐之後要寫的「謝謝款待信」在美國稱作 bread-and-butter letter，在英國則稱作 Collins.
(2)女性給男性的絕交信稱爲 Dear John Letter，因爲這種絕交信總以 Dear John 開始。

英文書信(letter)的格式

(1)1600 Pennsylvania Avenue,
N.W., Washington, D.C. 20500
U.S.A.
September 20, 1962
(2)Miss Lucy Lee
10 Lane 78, Wenchow St.
Taipei, Taiwan 10726
Republic of China
(3)Dear Miss Lee,
(4) ....
....
....
....
(5)Sincerely yours,
(6)

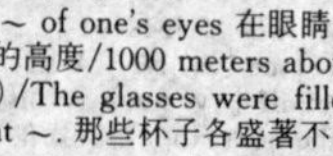

John F. Kennedy

(1)信頭(heading)(寫信人住址與日期)。
(2)信內地址(inside address)(收信人姓名地址，對方是熟悉的朋友時則多半省略)。
(3)開頭稱呼語(salutation).
(4)本文(body).
(5)結尾敬辭(complimentary close).
(6)署名(signature).

address 和 letter 的格式

升到較高水平。**b** Ⓤ同等的地位[水平]：a conference *at* cabinet minister ～ 部長[閣員]級會談/students *at* college ～ 大專學生。

4 Ⓒ水平儀：⇨spirit level / take a ～ 用水平儀測量。

find one's (**ówn**) **lével** (1)⇨ 1 a. (2)得到與自己(的能力、社會經驗、學歷等條件)相稱的地位，在與自己相稱的地方安頓下來。

on a lével with ... (1)與…同高度。(2)與…同等資格：His pronunciation is *on a* ～ *with* that of a native speaker. 他的發音不比說母語的人差。

on the lével《口語》(1)公平的；誠實的；眞實的：Is the account *on the* ～？這段敍述[報導]眞實嗎？(2)公平地；誠實地；眞實地。(3)[修飾整句]《美》老實說：*On the* ～, I don't like him. 老實說，我並不喜歡他。

—*v.t.* (**lev·eled**,《英》**-elled**；**lev·el·ing**,《英》**-el·ling**) **1** 〔十受(十副)〕**a** 使…平坦，把…整平，使…成水平，把…剷平〈*out, off*〉：～ (***off***) ground 把地面弄平。**b** 使…成一樣，使…平等〈*out, off*〉：～ (***out***) all social distinctions 剷除一切社會上的差別《使人人平等》。

2 a 〔十受十副〕使…成一樣的高度[水平]〈*up, down*〉：～ incomes ***up*** [***down***] 提高[降低]所得使平均。**b** 〔十受(十副)十介十(代)名〕使…[與…]高度[水平]相同〈*up, down*〉〔*with, to*〕：～ a picture ***with*** a bookcase 使畫與書櫥齊平/ ～ ***down*** one's lecture ***to*** class 配合階層而降低演講的層次。

3 a 〔十受〕水平地舉起〈槍等〉。**b** 〔十受十介十(代)名〕舉起〈槍等〉對準[瞄準][…]〔*at*〕：～ one's pistol ***at*** a target 舉起手槍對準[瞄準]靶子[目標]。**c** 〔十受十介十(代)名〕〔對…〕施加〈責難、諷刺等〉，把…針對[指向][…]〔*at, against*〕《★常用被動語態》：His criticism *was* ～*ed* ***against*** society as a whole. 他的批判是針對整個社會的。

4 〔十受(十介十(代)名)〕弄倒〈人、建築物等〉，夷平…，拆毀…〔*to, with*〕：～ a building ***to*** [***with***] the ground 把建築物拆毀[夷平]。

—*v.i.* **1** 〔動(十副)〕**a** 成爲水平狀態，成爲平坦〈*out, off*〉. **b** 〈飛機、火箭等〉成水平飛行〈*off, out*〉：The plane ～*ed* ***off*** at 5000 m. 那飛機飛到五千公尺的高度轉爲水平飛行。**c** 〈物價等〉持平，成爲平穩的狀態〈*off, up*〉：Prices are ～*ing* ***off***. 物價正趨平穩。

2 〔十介十(代)名〕瞄準，對準〔…〕〔*at*〕：The ship's guns ～*ed* ***at*** the lighthouse. 那艘船的砲向燈塔瞄準。

3 〔十介十(代)名〕《口語》〔與人〕直率地講，〔對人〕說實話〔*with*〕：I'll ～ ***with*** you. 我來對你說實話。

lével cróssing *n.* Ⓒ《英》(鐵路和馬路等的)平面交叉，平交道(《美》grade crossing).

lév·el·er,《英》**lév·el·ler** [-vḷɚ; -vḷə] *n.* Ⓒ **1 a** 整平〈土地等〉的人。**b** 剷平[整平](高低)之物[機械]。**2** 平等主義者，反階級者。

lével-héaded *adj.* 穩健的，冷靜的，頭腦清晰的；明智的(sensible). ～**·ly** *adv.* ～**·ness** *n.*

lév·el·ing,《英》**lév·el·ling** [-vlɪŋ; -vliŋ] *n.* Ⓤ **1** 使平坦[水平]，整平；整地。**2** (社會的)平等化[反階級]運動。

lev·er** [ˈlɛvɚ, ˈli-; ˈli:və] **《源自拉丁文「舉起」之義》—n.* Ⓒ **1** 《機械》槓桿，橇棍(cf. simple machine)(⇨fulcrum 插圖)。**2** (爲達成目的之)手段。

—*v.t.* **1** 〔十受十副詞(片語)〕用槓桿橇動…(使…)：～ a stone *out* 用槓桿橇除石頭/ ～ *up* a rock 用槓桿把岩石橇起。**2** 〔十受十補〕把…用槓桿橇〈成…的狀態〉：～ open a door 用槓桿把門橇開。

—*v.i.* 使用槓桿[橇棍]。

le·ver·age [ˈlɛvərɪdʒ, ˈli-; ˈli:vəridʒ] *n.* Ⓤ **1** 槓桿的力量[作用]；槓桿裝置。**2** (爲達成目的之)手段；力量；影響力：Do you have any ～ *with* the Senator? 你對那參議員有影響力[罩得住]嗎？

lev·er·et [ˈlɛvərɪt; ˈlevərit] *n.* Ⓒ小兔，未足歲的小野兔。

le·vi·a·than [ləˈvaɪəθən; liˈvaiəθn] *n.* **1** [常 L～]《聖經》巨大的海獸《cf. behemoth》。**2** Ⓒ巨大之物；(尤指)鯨；巨船。

—*adj.* 巨大的。

Le·vi's, Le·vis [ˈlivaɪz; ˈli:vaiz] **《源自美國廠商名稱》—***n. pl.*《商標》利威牛仔褲《一種(口袋等處釘有大頭釘的)粗厚斜紋棉布(工作「牛仔」)褲商品名稱》。

lev·i·tate [ˈlɛvəˌtet; ˈleviteit] *v.i.* (以超能力)輕浮；浮於空中。**—***v.t.* 使…輕浮於空中。

lev·i·ta·tion [ˌlɛvəˈteʃən; ˌleviˈteiʃn] *n.*

Le·vit·i·cus [ləˈvɪtɪkəs; liˈvitikəs] *n.*《聖經》利未記《聖經舊約中一書；略作 Lev.》.

lev·i·ty [ˈlɛvətɪ; ˈlevəti] *n.* **1** Ⓤ輕率；輕浮，不謹愼。**2** Ⓒ [常 levities]輕率[不謹愼]的行爲。

lev·o·do·pa [ˌlivəˈdopə; ˌlevouˈdoupə] *n.* Ⓤ《藥》左旋多巴《主要用以治療震顫痲痺》。

lev·u·lose [ˈlɛvjəˌlos; ˈlevjulous] *n.* Ⓤ《化學》左旋糖，果糖。

lev·y [ˈlɛvɪ; ˈlevi] **《源自法語「舉起」之義》—***v.t.* **1** 〔十受(十介十(代)名)〕〔對…〕課徵，徵收〈稅等〉〔*on, upon*〕：～ a tax ***on*** tabacco 對煙課稅。

2 〔十受(十介十(代)名)〕〔對…〕發動〈戰爭〉〔*on, upon, against*〕：～war ***on*** [***upon, against***] (對…)舉兵，(向…)開戰。

3 徵集[召集，徵用]〈兵〉。

—*v.i.* 〔十介十(代)名〕《法律》扣押〔…〕〔*on*〕.

—*n.* **1** Ⓒ賦課，徵稅；徵收(額)：a capital ～ 資本課稅。

2 Ⓒ召集，徵用；召集人員，徵兵，徵募兵額：a ～ in mass 國家總動員，動員召集，國民兵徵集。

Lew [lu; lu:] *n.* 路《男子名；Lewis 的暱稱》。

lewd [lud; lu:d] *adj.*淫蕩的，猥褻的，好色的：a ～ dream 猥褻的夢。～**·ly** *adv.* ～**·ness** *n.*

Lew·is [ˈluɪs; ˈlu:is] *n.* 路易斯《男子名；Louis 的變體》。

lex [lɛks; leks] **《源自拉丁文》—***n.* Ⓒ (*pl.* **le·ges** [ˈlidʒiz; ˈli:dʒi:z])法律(law).

lex·es [ˈlɛksiz; ˈleksi:z] *n.* **lexis** 的複數。

lex·i·cal [ˈlɛksɪkl; ˈleksikl] *adj.* **1** (特定之作者或任何語言的)字彙的。**2** 字典(編纂)的，辭典[辭書]的。**3** 《文法》字[辭]典式的，字[辭]典上的；實質[不關文法]的(cf. grammatical 1).

lex·i·cog·ra·pher [ˌlɛksəˈkɑgrəfɚ; ˌleksiˈkɔgrəfə] *n.* Ⓒ 字[辭]典編纂者。

lex·i·co·graph·ic [ˌlɛksɪkəˈgræfɪk; ˌleksikəˈgræfik ←] **《lexicography 的形容詞》—***adj.* 字[辭]典編纂(術)的。

lèx·i·co·gráph·i·cal [-fɪkḷ; -fikl←] *adj.* =lexicographic. ～**·ly** *adv.*

lex·i·cog·ra·phy [ˌlɛksəˈkɑgrəfɪ; ˌleksiˈkɔgrəfi] *n.* Ⓤ 字[辭]典編纂(術[法])。

lex·i·col·o·gy [ˌlɛksəˈkɑlədʒɪ; ˌleksiˈkɔlədʒi] *n.* Ⓤ 詞彙學《研究字的形態和意義的一種語言學》。

lex·i·con [ˈlɛksɪkən; ˈleksikən] **《源自希臘文「單字」之義》—***n.* Ⓒ **1** (尤指希臘文、希伯來語、阿拉伯語等的)字典，辭典(dictionary)。**2** (某一特定語言、作家、作品、社會階層、領域等的)詞彙；詞彙集。**3** 《語言》詞彙總目錄，字庫。

Lex·ing·ton [ˈlɛksɪŋtən; ˈleksiŋtən] *n.* **1** 勒星頓《美國肯塔基州(Kentucky)中北部一城市》。**2** 勒星頓《美國麻薩諸塞州(Massachusetts)東部之一城市》。

lex·is [ˈlɛksɪs; ˈleksis] *n.* (*pl.* **lex·es** [-siz; -si:z]) **1** Ⓒ(某一特定語言、作家等的)詞彙。**2** Ⓤ詞彙論。

Ley·den jar [ˈlaɪdnˌdʒɑr; ˈlaidnˌdʒɑ:] *n.* Ⓒ《電學》來登瓶《用以蓄電》。

lf, l.f., LF, L.F. 《略》left field(er)；left forward；《電學》low frequency.

LG, L.G. 《略》Life Guards.

l.h., lh, LH, L.H. 《略》left hand《音樂》(使用)左手(cf. r.h.).

Lha·sa [ˈlɑsə, ˈlæsə; ˈlɑ:sə, ˈlæsə] *n.* 拉薩《西藏(Tibet)之首府》。

L.H.C. 《略》Lord High Chancellor.

Li 《符號》《化學》lithium. **L.I.** 《略》Light Infantry 輕(裝)步兵隊；Long Island.

li·a·bil·i·ty [ˌlaɪəˈbɪlətɪ; ˌlaiəˈbiləti] **《liable 的名詞》—***n.* **1** Ⓤ **a** 應該；責任，義務〔*for*〕：limited [unlimited] ～ 有限[無限]責任/ ～ *for* a debt 債務/ ～ *for* military service 服兵役的義務。**b** 〔十 *to* do〕〈做…的〉義務：～ *to* pay taxes 納稅的義務。

2 [**liabilities**]負債，債務(↔ assets).

3 Ⓤ [又作**a** ～]趨勢；易患[染，陷]〔*to*〕：～ *to* error 易犯錯誤/one's ～ *to* disease易患疾病。

4 Ⓒ《口語》不利(的事物，人)，缺點，不利因素(↔ asset)：Poor handwriting is a ～ *in* getting a job. 字寫得不好，在求職時是不利的。

li·a·ble [ˈlaɪəbḷ; ˈlaiəbl] **《源自拉丁文「被綁的」之義》—***adj.* [不用在名詞前] (**more** ～；**most** ～) **1** (無比較級、最高級) **a** 〔十介十(代)名〕〔對…〕(在法律上)**應負責的**，有責任的〔*for*〕：You are ～ ***for*** all damage. 你應負賠償一切損壞的責任。**b** 〔十 *to* do〕有〈做…的〉責任的：I am ～ *to* pay my debts. 我有償還債務的責任。

2 〔十介十(代)名〕**a** (在法律上)**應服**〔…〕**的**〔*to*〕：Citizens are ～ ***to*** jury duty. 公民應盡陪審的義務/He is ～ *to* a fine. 他應付罰金。**b** 易患[染，陷於]〔疾病等〕的〔*to*〕：Man is ～ ***to*** diseases. 人易患疾病。

3 〔十 *to* do〕**a** 易於〈做…〉的，有〈做…〉傾向的：Difficulties are ～ *to* occur. 困難可能發生/He is ～ *to* get angry. 他易於生氣。**b** 《美口語》可能會〈做…〉的(likely)《★用法常用於不希望之事》：It is ～ *to* rain. 可能會下雨。

li·aise [lɪˈez; liˈeiz] *v.i.* **1** 〔動(十介十(代)名)〕〔與…〕取得聯絡〔*between, with*〕. **2** 擔任聯絡官。

li·ai·son [ˌlieˋzɔ̃; liːˈeizɔ̃ː] «源自法語「連結」之義»——*n.* **1 a** Ⓤ Ⓒ(部隊、部門間的)聯絡，接觸〔*between, with*〕：a ～ officer 聯絡官。**b** Ⓒ聯絡人〔*between*〕：act *as* (a) ～ *between* A and B 擔任 A 和 B 之間的聯絡人《★ as ～ 常無冠詞》。**2** Ⓒ(男女間的)私通，曖昧〔*between, with*〕。**3** Ⓒ《語音》連音《尤指法語中把前一字最後字母的子音與後一字第一字母的母音連結的發音；又英語中把 r 音與其後一字第一字母的母音連結的發音》。

li·ar [ˈlaɪɚ; ˈlaiə] «源自 lie²»——*n.* Ⓒ**說謊者**：You're a ～. 你說謊！《★表示強烈譴責的侮辱之語》。

li·as [ˈlaɪəs; ˈlaiəs] *n.* Ⓤ《地質》里阿斯統《黑侏羅紀之一地層》。

lib [lɪb; lib] «liberation 之略»——*n.* Ⓤ[與修飾語連用]《口語》解放運動：⇨ Women's Lib.

lib. 《略》*liber*(拉丁文＝book)；librarian；library.

Lib. 《略》Liberal; Liberia(n).

li·ba·tion [laɪˋbeʃən; laiˈbeiʃn] *n.* Ⓒ **1 a** (在古希臘、古羅馬祭神的)獻酒。**b** 獻給神的酒，奠酒。**2** 《謔》奠酒，酒；飲酒。

lib·ber [ˈlɪbɚ; ˈlibə] *n.* Ⓒ《口語》男女同權論者：a women's ～ 婦女解放運動的支持者。

li·bel [ˈlaɪbl̩; ˈlaibl] *n.* **1 a** Ⓤ《法律》文字毀謗(罪)《藉文字、繪畫的侮辱；cf. slander 2》。**b** Ⓒ毀謗文，中傷文。**2** Ⓒ《口語》構成侮辱或傷害名譽的事物，侮辱〔*on*〕：This photograph is a ～ *on* him. 這張相片有損他的形象《照得醜惡不堪》。

——*v.t.* (**li·beled**, 《英》**-belled**; **li·bel·ing**, 《英》**-bel·ling**) **1 a** 中傷，侮辱〈人〉。**b** 《法律》發表毀謗〈人〉的文章。**2** 《口語》歪曲〈人的品德、容貌等〉：You ～ her beauty with your faint praise. 你含糊其詞的讚美實際上損害了她美麗的形象《簡直是在毀謗》。

～·er, 《英》**～·ler**；**～·ist**, 《英》**～·list** [-lɪst; -list] *n.*

li·bel·ous, 《英》**li·bel·lous** [ˈlaɪbl̩əs; ˈlaibləs] «libel 的形容詞»——*adj.* **1** 毀謗的，中傷的。**2** 〈人〉喜歡中傷他人的。

～·ly *adv.*

lib·er·al** [ˈlɪbərəl; ˈlibərəl] «源自拉丁文「自由的」之義»——*adj.* (**more** ～；**most** ～) **1 a** **慷慨的**，大方的：a ～ giver 慷慨的施捨者。**b** [不用在名詞前]〔十介十(代)名〕〔對…〕不憐惜的；不吝嗇的〔*with, of*〕：be ～ ***with one's money 用錢大方/be ～ ***of*** one's compliments 不吝惜[樂意]恭維。

2 充分的，豐盛的：a ～ supply 充分的供應。

3 a **寬大的**，度量大的，開放的，無偏見的：a ～ view 沒有偏見的[自由的]見解。**b** [不用在名詞前]〔十介十(代)名〕〔對…〕寬大而無偏見的〔*in*〕：He is ～ ***in*** his views. 他對事物的看法豁達。**c** 不拘泥於字義的，自由的：a ～ translation 不拘泥於字面的翻譯，意譯。

4 a **自由主義的**：～ democracy 自由民主主義。**b** [L～](英國、加拿大的)自由黨的。

5 〈教育等〉適合於紳士的，為使教養廣泛的：the ～ arts (大學中)文理科《對專業性科目而言的哲學、歷史、文學、自然科學、語言學等》/a ～ arts college 文理學院/(a) ～ education 通才教育《與專門職業教育相對地着重人格教育》。

——*n.* Ⓒ **1** 無偏見的人，自由主義者。**2** [常 L～](英國、加拿大的)自由黨員。**～·ly** *adv.*

líb·er·al·ism [-ˌɪzəm; -lizəm] *n.* Ⓤ自由主義；(英國等的)自由黨的主張和政策。

líb·er·al·ist [-lɪst; -list] *n.* Ⓒ自由主義者。

——*adj.* 自由主義的。

lib·er·al·is·tic [ˌlɪbərəlˈɪstɪk; ˌlibərəˈlistik˝] *adj.* 自由主義的。

lib·er·al·i·ty [ˌlɪbəˈrælətɪ; ˌlibəˈræləti] «liberal 的名詞»——*n.* **1** Ⓤ 慷慨，不吝嗇。**2** Ⓤ寬大，大方；公平無私。**3** Ⓒ[常 **liberalities**] (慷慨的)施捨(物)，贈品。

lib·er·al·i·za·tion [ˌlɪbərəlaɪˋzeʃən; ˌlibərəlaiˈzeiʃn] «liberalize 的名詞»——*n.* Ⓤ自由化。

lib·er·al·ize [ˈlɪbərəlˌaɪz; ˈlibərəlaiz] «liberal 的動詞»——*v.t.* **1** 使…自由主義化。**2 a** 放寬，放鬆〈規則等〉。**b** 使〈貿易、商品等〉自由化。

——*v.i.* **1** 自由主義化。**2 a** 放寬。**b** 自由化。

Líberal Pàrty *n.* [**the** ～](英國的)自由黨。

lib·er·ate [ˈlɪbəˌret; ˈlibəreit] *v.t.* **1 a** 使〈奴隸等〉獲自由：～ slaves 解放奴隸。**b** 解放〈佔領地等〉。**c** 〔十受十介十(代)名〕〔從…〕解放，釋放〈人〉〔*from*〕：～ a person ***from*** bondage 使人擺脫束縛。**2** 《化學》使〈氣體等〉游離。

líb·er·àt·ed *adj.* (從社會的、性的偏見)獲得解放的；不拘泥於社會上一般的看法的；思想前進的。

lib·er·a·tion [ˌlɪbəˈreʃən; ˌlibəˈreiʃn] «liberate 的名詞»——*n.* Ⓤ **1** 解放，釋放。**2** 解放運動(cf. lib)。**3** 《化學》游離。

líb·er·à·tor [-tɚ; -tə] *n.* Ⓒ 解放者，釋放者。

Li·be·ri·a [laɪˋbɪrɪə; laiˈbiəriə] *n.* 賴比瑞亞《非洲西部的一個共和國；首都蒙羅維亞(Monrovia [mənˋrovɪə; mənˈrouviə])》。

Li·be·ri·an [laɪˋbɪrɪən; laiˈbiəriən] «Liberia 的形容詞»——*adj.* 賴比瑞亞的。

——*n.* Ⓒ賴比瑞亞人。

lib·er·tar·i·an [ˌlɪbɚˋtɛrɪən, -ˋterɪ-; ˌlibəˈtɛəriən] *adj.* **1** 自由意志論的。**2** 主張(思想、行動等之)自由的；自由論的。

——*n.* Ⓒ自由意志者；自由論者。

lib·er·tar·i·an·ism [ˌlɪbɚˋtɛrɪənɪzəm; ˌlibəˈtɛəriənizəm] *n.* Ⓤ 自由意志論；自由主義。

lib·er·tine [ˈlɪbɚˌtin; ˈlibətiːn] *n.* Ⓒ放蕩不羈者，淫蕩者，不務正業者，酒色之徒。

——*adj.* 放蕩的，不務正業的，佚樂的，淫蕩的。

líb·er·tin·ìsm [-ˌɪzəm; -nizəm] *n.* Ⓤ放蕩，淫蕩，佚樂。

***lib·er·ty** [ˈlɪbɚtɪ; ˈlibəti] «源自拉丁文「自由」之義»——*n.* **1** Ⓤ (無羈絆的)**自由**；解放，釋放(⇨ freedom【同義字】)：religious ～ 宗教自由/natural ～ 天賦的自由權《只順從自然律的狀態》/～ of speech 言論自由/～ of the press 出版自由。

2 Ⓤ **a** (行動的)自由：～ of action [choice] 行動[選擇]的自由。**b** 〔十 *to* do〕〈做…的〉自由，權利：grant a person ～ *to* go out 給予某人外出的自由。

3 a [用單數]任性，隨便(的行為)，冒昧，失禮〔*of*〕：take [be guilty of] a ～ 冒昧，失禮/I take the ～ *of* tell*ing* you this. 我要冒昧地告訴你這件事(cf. 3 b)。**b** 〔十 *to* do〕[**the** ～]〈做…的〉任性，冒昧：I take *the* ～ *to* tell you this. 我要冒昧地告訴你這件事(cf. 3 a)/I shall take *the* ～ *to* remind you of it. 容我冒昧地提醒你這件事。

4 [**liberties**](以敕許、時效等獲得的)特權《自治權、選擧權、參政權等》。

at líberty (1)獲得解放的，自由的：set a person *at* ～ 使某人獲得自由，釋放某人。(2)〔十 *to* do〕可隨意〈做…〉的：You are *at* ～ *to* choose. 你可隨意選擇。(3)〈人〉空閒的，閒暇的：I'm *at* ～ for a few hours. 我現在有兩、三小時的閒暇時間。

tàke líberties (1)〔對…〕太隨便〔*with*〕：You shouldn't *take liberties* (*with* your teacher). 你不應該(對老師)太隨便。(2)任意改變，歪曲〔事實〕〔*with*〕。(3)〔對…〕冒昧，胡來〔*with*〕。

Líberty Bèll *n.* [**the** ～]自由鐘《現置放於美國費城(Philadelphia)的獨立廳(Independence Hall)旁之亭中；為象徵美國獨立之鐘》。

líberty càp *n.* Ⓒ自由帽(Phrygian cap)《象徵自由的三角形帽》。

Líberty Ìsland *n.* 自由島《在美國紐約(New York)港灣內；島上有自由女神像(the Statue of Liberty)》。

Líberty shìp *n.* Ⓒ自由輪《美國於第二次世界大戰時大批建造的一種商船，每艘約為 11,000 載重噸》。

li·bid·i·nous [lɪˋbɪdn̩əs; liˈbidinəs] «libido 的形容詞»——*adj.* **1** 好色的，淫蕩的；挑逗情慾的。**2** 《精神分析》本能的衝動(libido)的，生命力的。**～·ly** *adv.* **～·ness** *n.*

the Liberty Bell

li·bi·do [lɪˋbaɪdo; liˈbiːdou, -ˈbai-] *n.* (*pl.* ～s) Ⓤ Ⓒ **1** 《精神分析》生命力；本能的衝動《形成一切行為之潛在動機的根源慾望》。**2** 性衝動，性慾。

li·bra [ˈlaɪbrə; ˈlaibrə] *n.* (*pl.* **li·brae** [-bri; -briː]) **1** Ⓒ磅(pound)《重量單位；略作 lb., lb》：5 *lb*(*s*) 五磅。

2 Ⓒ《英》鎊(pound)《英國貨幣單位；略作£, l.；⇨ pound¹ 2 a【說明】[圖]》：£ 5 五英鎊。

3 [L～]《天文》天秤座(the Balance, the Scales)。

4 《占星》**a** [L～]天秤座，天秤宮(cf. the signs of the ZODIAC)。**b** [常 L～]Ⓒ屬天秤座的人。

li·brar·i·an [laɪˋbrɛrɪən; laiˈbrɛəriən] *n.* Ⓒ圖書館長，圖書室主任；圖書管理員，圖書館員。

librárian·shìp *n.* Ⓤ圖書館員的地位[職務]。

‡li·brar·y [ˈlaɪˌbrɛrɪ; ˈlaibrəri] «源自拉丁文「關於書的」之義»——*n.* Ⓒ **1 a** **圖書館**，圖書室：a public ～ 公立圖書館/⇨ lending library, reference library. **b** (私人的)書庫；書房，讀書室。

【字源】原義為「樹皮」的拉丁字。同樣地，book 是從山毛櫸(beech)而來，兩者都表示古時候文字是寫在樹皮上面。

2 藏書，文庫；(影片、唱片等的)收藏。

3 a 租書店。**b** (出租影片、唱片等的)視聽圖書館，影片[唱片]出租店：a record ～ 有聲圖書館；唱片出租店。

4 (以同一體裁出版的)叢書，文庫，全集：a Shakespeare ～ 莎士比亞叢書[全集]。

the Líbrary of Cóngress (美國的)國會圖書館《設在華盛頓特區(Washington, D.C.)；略作 LC》。

líbrary edìtion *n.* Ⓒ **1** 圖書館版《(圖書)裝釘堅固的圖書館用特製版；cf. trade edition》。**2** (同一裝釘的)叢書版，全集版。

líbrary scíence *n.* Ⓤ 圖書館學。

li·bret·tist [lɪˋbrɛtɪst; liˈbretist] *n.* Ⓒ 歌劇的歌詞作者。

li·bret·to [lɪˋbrɛto; liˈbretou] *n.* Ⓒ (*pl.* ～**s**, **-bret·ti** [-ˋbrɛti; -ˈbreti:]) (歌劇的)歌詞，劇本。

Lib·y·a [ˋlɪbɪə; ˈlibiə] *n.* 利比亞《非洲北部的一個共和國；首都的黎波里(Tripoli [ˋtrɪpəlɪ; ˈtripəli])》.

Lib·y·an [ˋlɪbɪən; ˈlibiən] 《Libya 的形容詞》—*adj.* 利比亞人的。—*n.* Ⓒ利比亞人。

Líbyan Désert *n.* [the ～] 利比亞沙漠《撒哈拉沙漠的一部分》。

lice *n.* louse 的複數。

*__li·cense, li·cence__ [ˋlaɪsns; ˈlaisns] 《源自拉丁文「自由」「可做喜歡之事的許可」之義》—(★[拼法]《英》名詞多用 licence，動詞多用 license) *n.* **1** ⓊⒸ **a** (正式的)**認可**，許可：under ～ 在許可之下，經過批准。**b** [＋ *to* do] 〈做…的〉認可，許可：give a person a ～ *to* do it 給予某人做該事之許可。

2 Ⓒ **a** **許可證**，執照，牌照：a dog ～ 狗牌/a ～ *for* the sale of alcoholic drinks 酒類販賣許可證，賣酒執照/a special ～《英》結婚特別許可證《不須預告(banns)》/⇨ driver's license. **b** [＋ *to* do] 〈做…的〉許可證，執照：a ～ *to* practice medicine 醫師開業執照/a ～ *to* hunt 狩獵許可證。

3 Ⓤ **a** (行動的)自由：～ of speech 言論自由。**b** [＋ *to* do] 〈做…的〉自由：He has ～ *to* do as he pleases. 他有爲所欲爲的自由。

4 Ⓤ放縱，任性，放肆，過度的自由：He embroidered the facts with considerable ～. 他任意地[隨心所欲地]對事實加以渲染。

5 Ⓤ(文藝作品中許可的)破格，奔放，不按規律，不羈：⇨ poetic license.

—*v.t.* **1** [＋受]特許，認可…。**2** [＋受＋*to* do]特許[認可]〈人〉〈做…〉：He has been ～*d to* practice medicine. 他領有開業行醫的執照。

lí·censed *adj.* **1** 被認可的，領有執照的；(尤指)領有售(烟)酒執照的：a ～ victualler《英》領有售酒執照的飲食店店主；旅館[酒館]老闆/a ～ house 領有售酒執照的店《飲食店、旅館等》。**2** 社會[大家]公認的，享有特權的：a ～ jester (侍候於王公貴族身邊而)(對主子)可直言不諱的弄臣。

li·cens·ee [ˌlaɪsnˋsi; ˌlaisnˈsi:] *n.* Ⓒ被特許[認可]者；領有執照者；(尤指)領有售酒執照者。

lícense plàte *n.* Ⓒ《美》(汽車等的)牌照(《英》number plate)(⇨ car 插圖)。

li·cen·ti·ate [laɪˋsɛnʃɪɪt, -ˌet; laiˈsenʃiət] *n.* Ⓒ領有許可證[執照]者，有開業資格者[*in*]：a ～ *in* medicine 有醫師開業資格者。

li·cen·tious [laɪˋsɛnʃəs; laiˈsenʃəs] *adj.* 放蕩的，淫蕩的；(性)放縱的。～**·ly** *adv.* ～**·ness** *n.*

li·chen [ˋlaɪkɪn; ˈlaikən] *n.* Ⓤ **1** 《植物》地衣(類)《生長在岩石、樹木等物上面的青苔》。**2** 《醫》苔癬。

lí·chened *adj.* 長有[覆滿]地衣[青苔]的。

li·chen·ous [ˋlaɪkɪnəs; ˈlaikənəs] 《lichen 的形容詞》—*adj.* 似地衣的，多地衣的。

lich-gate [ˋlɪtʃˌget; ˈlitʃgeit] *n.* ＝lych-gate.

lic·it [ˋlɪsɪt; ˈlisit] *adj.* 《文語・罕》合法的，正當的(↔ illicit).

lick [lɪk; lik] *v.t.* **1** **a** [＋受] (用舌)**舐**，**舔**…：The dog ～*ed* my hand. 狗舐我的手。**b** [＋受＋副詞(片語)]把…舐成(某狀態)：The dog ～*ed up* the spilt milk. 狗把灑落的奶舐得一乾二淨/The baby ～*ed* the jam *off* (the spoon). 嬰兒舐去(湯匙上的)果醬。**c** [＋受＋補]把…舐[舔]成〈…的狀態〉：He ～*ed* the plate clean. 他把盤子舐乾淨。

2 [＋受＋副]〈浪、火焰〉沖洗[捲燒]…〈*up*〉：The flames ～*ed* ***up*** the buildings in a second. 火焰在片刻之間吞捲了建築物。

3 《口語》**a** [＋受] (用鞭、棒、手等)打；痛擊；打垮〈人等〉：～ a bad boy 打頑童。**b** [＋受＋介＋(代)名]毆打以糾正〈人的〉〈缺點等〉[*out of*]：I cannot ～ the fault ***out of*** him. 我怎麼打他也糾正不了他的毛病。

4 [＋受]《英口語》(使)〈人〉無法瞭解〈事物〉；打敗〈對手〉：This ～*s* me. 這事把我搞糊塗了《我弄不清楚這是怎麼一回事》。

—*v.i.* **1** 〈浪、火焰等〉沖洗[捲燒]似地移動[搖曳]。**2** 《俚》趕快，趕往：as hard as one can ～ 以全速，趕快。

líck...into shápe 《口語》使〈不成熟者〉成[像]樣，使〈事物〉有頭緒[眉目]《★源自熊用舌舐初生幼熊使其成熊形的傳說》。

—*n.* **1** Ⓒ舐，舔：have a ～ (*at*...)舐一舐(…)。

2 **a** Ⓒ一刷[擦，掃][*of*]：give the wall a ～ *of* paint 刷一刷牆壁/give the room a quick ～ 很快地掃一下房間。**b** [**a** ～] [常用於否定句]《美》一點點，少許：I don't care *a* ～ about her. 我一點也不在乎她的事《我才懶得管她呢！》。

3 Ⓒ動物常往舐鹽之處。

4 Ⓒ《口語》毆打：give (a person) a ～ *on* the ear 打(某人)一記耳光。

5 Ⓤ[又作 **a** ～]《口語》速度：at *a* great ～ 以很快的速度/(at) full ～ 以全速。

give... a líck and a prómise (1)把〈工作等〉馬馬虎虎地做，敷衍地應付…。(2)馬馬虎虎地趕緊洗〈臉等〉。

lick·er·ish [ˋlɪkərɪʃ; ˈlikəriʃ] *adj.* **1** 美味的。**2** 貪饞的。**3** 貪婪的；渴望的；淫慾的。

líck·e·ty-splít [ˋlɪkətɪ-; ˈlikəti-] *adv.* 《口語》以全速。

líck·ing *n.* Ⓒ **1** 一舐。**2** 《口語》**a** 毆打：give a person a good ～ 把某人痛揍一頓。**b** 敗北：get[take] a ～ 遭到慘敗。

—*adv.* 《俚》很，挺，頂：a ～ good pie 挺好吃的派。

lick·spit·tle [ˋlɪkˌspɪtl̩; ˈlikˌspitl] *n.* Ⓒ諂諛者，奉承者。

lic·o·rice [ˋlɪkərɪs; ˈlikəris] *n.* Ⓤ **1** 《植物》甘草。**2** 甘草根[精]《可作藥、糖菓等的香料》。

lic·tor [ˋlɪktɚ; ˈliktə] *n.* Ⓒ(古羅馬的)執法吏《執束棒爲長官清道並協助處罰罪犯之小吏》。

*__lid__ [lɪd; lid] *n.* **1** Ⓒ[容器等的]**蓋**[*of*].

2 Ⓒ眼瞼(eyelid).

3 Ⓒ《俚》帽子。

4 [用單數]《口語》取締；抑制：put[clamp, clap] a[the] ～ *on*... 禁止[限制]…；抑制…。

blów [lìft, tàke] the líd óff... 《口語》揭露〈醜聞、內幕等〉，揭發…的眞相。

pùt the líd on... 《口語》(1)使…完蛋，吹掉(cf. 4). (2)把…帶入最高潮；使…結束。

líd·less *adj.* **1** 無蓋的。**2** 無眼瞼的。**3** 《詩》無法入睡[未曾合眼]的；警戒的。

li·do [ˋlido; ˈli:dou] *n.* Ⓒ (*pl.* ～**s**)《英》**1** 豪華舒適的海濱遊地。**2** 公共的露天游泳池。

‡**lie[1]** [laɪ; lai] *v.i.* (**lay** [le; lei]; **lain** [len; lein]; **ly·ing**) (★[比較]與及物動詞 lay[1] (橫置)對應；★[拼法]須注意避免 lie 的過去式 lay 與及物動詞 lay[1] 混淆) **1** 臥，躺：**a** [＋副詞(片語)]〈人、動物〉臥，躺(在…)《★[用法]常與表示地方的副詞(片語)連用，加 down》：He *lay down on* the bed. 他在牀上躺下/She *lay down on* her bed for half an hour. 她在牀上躺了約半小時/*Lie down*, Rover! 羅佛，臥倒！《★對狗發的口令》。**b** [＋補] 〈以…的狀態〉躺著：～ asleep 躺著睡/～ ill (in bed) 病倒(在牀上)/～ dead 躺著已死/She closed her eyes and *lay* quiet. 她閉眼靜躺著/They *lay* in ambush [wait] for us. 他們埋伏等待我們。**c** [＋副詞(片語)] 〈屍體等〉被埋葬(於…)，長眠地下：Her body ～*s in* the churchyard. 她的遺體被葬在那教堂的墓園中。

2 **a** [＋副詞(片語)] 〈物〉**擺著**，在(…)：There was a big dictionary *lying on* the desk. 桌上擺著一本大字典/A heavy fall of snow *lay on* the street. 街道上積滿了雪。**b** [＋補]被置於〈…的狀態〉：Leaves *lay* thick *in* the lane. 小徑上覆蓋着密集的落葉/The field was *lying* fallow. 那田地正在休耕中/The problem ～*s* open to reexamination. 這問題有待重新探討/The whole town *lay* spread out before me. 整個城鎮展現在我的面前。**c** [＋副詞(片語)] 〈物〉閒擱著，閒置著，放著沒有被使用：money *lying at* the bank 放在銀行沒有被使用的錢/unsold goods *lying on* the shelf 閒置在架上賣剩的商品。

3 [＋副詞(片語)] **a** **位於**，在(…)：Mt. Fuji ～*s west* of Tokyo. 富士山位於東京以西/The village *lay across* the river. 那村莊在河的對岸。**b** 〈前途等〉展開著：Life [The world] ～*s before* you. 人生展現在你們眼前《你們的人生現在才開始》。**c** 〈利益、困難、理由等〉存在：There ～*s* the difficulty. 困難[問題]就在那裏/The choice ～*s between* death and dishonor. 必須在死和羞辱之間作一抉擇/I wonder what ～*s behind* his objections to our plan. 我不知道他反對我們計畫的理由是什麼。

4 **a** [＋介＋(代)名] 〈原因、力量、本質等〉在[於…]，包含於[…][*in*]：The greatest charm of traveling ～*s* ***in*** its new experiences. 旅行的最大魅力在於爲人們提供新的經歷/He'll do as much as ～*s in* his power. 他將竭盡全力而爲/All their hopes ～ *in* me. 他們把所有的希望寄託在我身上。**b** [(＋補)＋介＋(代)名] 〈事物〉〈以…的狀態〉壓[在…上]；〈食物〉成爲[…的]負擔[*on, upon*]：The problem *lay* heavily ***upon*** me. 那問題給我的壓力很重/Time *lay* heavy ***on*** his hands. 他時間太多不知如何打發/The oily food *lay* heavy *on* my stomach. 那油膩的食物積在我胃裏消化不了。**c** [＋介＋(代)名] 〈事物〉爲[某人的]職責[義務，罪過][*with*]：It ～*s* ***with*** us to decide the matter. 決定那件事是我們的責任。

5 《法律》〈訴訟、上訴等〉成立，理由成立，被認可。

as fàr as in me líes 就我能力所及：I'll do it *as far as in me* ～*s.* 我將盡我所能去做。

líe abóut 《*vi adv*》遊手好閒，悠閒著。

líe aróund ＝LIE[1] about.

lie at a person's dóor 〈責任、責難等〉在於某人：The responsi-

bility doesn't ～at your *door*. 這個責任不在於你。
líe báck《*vi adv*》往後倚靠：She *lay back* in the armchair. 她坐在扶手椅子上背往後靠。
líe dówn《*vi adv*》(1)⇨ *v.i.* 1a. (2)屈服，屈從：take an insult *lying down* 甘心受辱。
líe dówn on the jób ⇨ job.
líe dówn ùnder ... 甘心受〈侮辱等〉。
líe ín《*vi adv*》(1)《英》比平常晚起牀，睡懶覺，賴牀。(2)《罕》〈產婦〉待產。
líe lów ⇨ low¹ *adj.*
líe óff《*vi adv*》(1)暫停工作，休息。(2)《航海》離〈陸地或其他船隻〉稍遠。
líe óver《*vi adv*》擱延，保留。
líe tó《*vi adv*》《航海》(逆風而)幾乎停著。
líe úp《*vi adv*》(1)退休，閉居(家中)。(2)(因病)臥牀。(3)《航海》〈船〉停在船塢，停靠著沒有使用。
—*n.* **1** Ⓤ[常 **the** ～]《英》(物之)方向，位置；狀態，形勢：*the* ～ of the land 地勢；形勢，事態。**2** Ⓒ(動物的)棲身之處，巢，穴。**3** Ⓒ《高爾夫》(球的)位置。

‡**lie²** [laɪ; lai] *n.* **1** Ⓒ(故意想欺騙他人而說的)**謊言；虛假，虛僞**(↔ truth)：tell a ～ [～*s*]說謊/act a ～ (以行爲)欺騙/a white ～ 善意的謊言/a pack of ～*s* 一大套謊言/a tissue of ～*s* 一套謊言。

> 【同義字】lie 是含有强烈指責的感情；fib 是事實上沒有傷害的輕微謊言；falsehood 是與事實不符的話，但不一定是明知其不眞實而存心欺騙的謊言。

2 [**the** ～]對謊言或不實的指控：give a person *the* ～ ＝give *the* ～ to a person 指控某人說謊/I wouldn't take *the* ～. 我不能任人指控我撒謊。
give the líe to... (1)⇨ *n.* 2. (2)〈事實、言行等〉顯示…爲虛假[錯誤]。
náil a líe to the cóunter (查明並)揭發虛假《★源自從前老闆常把假錢釘在櫃台上告誡伙計等》。
—*v.i.* (～**d**；**ly·ing**)《★囲囲須注意避免與 lie¹ 的變化混淆》**1** 撒謊：You're *lying to* me. 你在對我撒謊/He ～*d about* his age. 他隱瞞[虛報]了自己的年齡。**2**〈物〉欺騙，蒙蔽；給人錯誤印象：The car's sturdy appearance ～*d*. 那部車的堅固外觀只是虛有其表。
—*v.t.* 〔十受十介十(代)名〕**1** 欺騙〈人〉〔使其…〕〔*into*〕；自〈人〉騙取〔…〕〔*out of*〕：～ a person ***into*** sign*ing* a paper 欺騙某人使他在文書上簽字/～ a person ***out of*** money 騙取某人的錢。
2 [～ one*self* 或 ～ one's way]用說謊〔從…〕逃脫，用說謊擺脫〔…〕〔*out of*〕：He ～*d himself* [his way] ***out of*** the trouble. 他以說謊擺脫了麻煩。
líe in one's téeth [**thróat**] 撒大謊。

Liech·ten·stein [ˈlɪktən,staɪn; ˈliktənstain] *n.* 列支敦斯登《位於歐洲中部奧地利和瑞士之間的一個小公國；首都瓦都玆(Vaduz [ˈvɑduts; ˈvɑ:du:ts])》。
lied [lid; li:d] «源自德語'song' 之義» **—*n.*** Ⓒ(*pl.* **lie·der** [ˈlidəʳ; ˈli:də])《音樂》歌曲。
líe detèctor *n.* Ⓒ《口語》測謊器：give a person a ～ test 對某人作測謊試驗。
líe-dòwn *n.* Ⓒ《口語》躺臥，(躺臥的)小睡；躺臥罷工[抗議]。
lief [lif; li:f] *adv.*《古・文語》(**lief·er**)欣然，樂意地，自願地《★用於下列構句》：*would* [*had*] *as* ～ ...(*as*...)(與其…)不如…，寧可…也不(…)/I *would* [*had*] ～*er* cut my throat *than* do it. 我寧願割喉自殺也不做那事。
liege [lidʒ; li:dʒ] *n.* Ⓒ **1** (又作 **líege lórd**)(封建制度下的)君主，王侯：my ～！[用於稱呼]主上，主子。**2** (又作 **líege màn**)(封建制度下的)家臣：His Majesty's ～*s* 陛下之臣下。
—*adj.* [用在名詞前]**1** (爲)君主(者)的，至上的：a ～ lord 領主。**2** (封建制度下的)(爲)臣(者)的：～ homage 爲臣者之禮節/a ～ subject 臣下。
líe-ìn *n.* Ⓒ **1**《口語》(示威、抗議等的)靜坐。**2**《英口語》睡懶覺；賴牀：have a ～ 睡懶覺。
li·en [lin, ˈliən; liən] *n.* Ⓒ《法律》留置權，質權，抵押權〔*on*〕.
lieu [lu; lju:, lu:] *n.* Ⓤ★用於下列成語。**in líeu of...**代替…。
Lieut. (**Col.**)《略》Lieutenant(Colonel).
lieu·ten·an·cy [luˈtɛnənsɪ; lefˈtenənsi] *n.* ⓊⒸlieutenant 的軍銜、職權或任期。
lieu·ten·ant [luˈtɛnənt; lefˈtenənt, 《英陸軍》lefˈtenənt, ləfˈt-, 《英海軍》ləˈtenənt, lu:ˈt-] *n.* Ⓒ《略作 Lieut., 複合字時作 Lt.》**1** 代理上級長官者，副官。**2 a**《美英海軍》上尉。**b**《英陸軍》中尉。**3**《美》**a** (警察的)代理隊長，副巡官(⇨ police【說明】)。**b** (消防署的)隊長助理，副隊長。
lieuténant cólonel *n.* Ⓒ《美陸空軍・海軍陸戰隊・英陸軍》中校。
lieuténant commánder *n.* Ⓒ《海軍》少校。
lieuténant géneral *n.* Ⓒ《美陸空軍・海軍陸戰隊・英陸軍》中將。
lieuténant góvernor *n.* Ⓒ **1**《美》副州長。**2**《英》(殖民地的)副總督，代理總督。
lieuténant június grade *n.* Ⓒ(*pl.* **lieu·tenants junior grade**)《美海軍》中尉。

‡**life** [laɪf; laif] «live¹ 的名詞» **—*n.*** (*pl.* **lives** [laɪvz; laivz]) **1** Ⓤ **生命；性命**：the origin of ～ 生命的起源/the struggle for ～ 生存競爭/a matter of ～ and [or] death 生死攸關的重大問題，死活問題/at the sacrifice of ～ 犧牲性命/While there is ～, there is hope.《諺》留得青山在，不怕沒柴燒；一息尙存永不絕望。
2 Ⓒ(個人的)**生命**：seek the ～ of... 企圖謀害…的生命/lose one's ～ 喪生/take a person's [one's own] ～ 殺人[自殺]/A cat has nine *lives.* ⇨ cat 1a.
3 Ⓒ(有生命的)**人**：Many *lives* were lost. 死了很多人。
4 Ⓤ[集合稱]**生物**：animal [vegetable] ～ 動[植]物/bird ～ 鳥類/There is no ～ on Mars. 火星上沒有生物存在。
5 a Ⓒ(某一段時期或畢生的)**生涯，一生，壽命**：a long [short] ～ 長[短]壽/all one's ～ ＝in one's ～ 一輩子，畢生，終生；出生以來/all one's ～ (through)＝through ～ 終生一直。**b** Ⓒ(機械、政府等的)壽命：the ～ of machine [battery]機械[電池]的壽命。**c** Ⓤ《口語》無期徒刑：get ～ 被處無期徒刑。
6 a Ⓤ**生活**(狀態)：city [town] ～ 都市生活/rural [country] ～ 田園[鄉村]生活/married [single] ～ 婚姻[單身]生活。**b** Ⓒ(具體的)生活，生活方式：live a happy ～ 過幸福的生活，幸福地生活/He led an exemplary ～. 他的一生堪作楷模。**c** Ⓤ[常 **one's** ～]生計：earn [make] one's ～ 謀生。
7 Ⓤ**人生；世間，塵世，世上**：this ～ 今生，今世，現世/the other [future] ～ ＝the ～ *to* come 來生，來世/eternal [everlasting, immortal] ～ 永恆的生命，來世/see [learn] ～ 見[閱歷]世面[世事]/get on *in* ～ 出人頭地，發跡/Such is [That's] ～. 這就是人生[人生就是這樣]，(怎麼也)沒辦法/This is the ～. 這才是眞正的人生《★表示滿足》。
8 Ⓒ**傳記，言行錄**：Boswell's *L～ of Johnson* 包斯威爾著的「約翰生傳」。
9 Ⓤ**實物，眞物；實物大小(的形狀)**：a picture sketched from ～ 寫生畫/true *to* ～ 與實物一模一樣/paint [draw] a person *to* the ～ 把某人畫得和眞人一模一樣/paint ... from ～ 根據實物畫…。
10 a Ⓤ**元氣，精力，活氣，生氣，精神，活力**：full of ～ 充滿活力；〈市鎭等〉熱鬧/with ～ 精神飽滿地/Put some ～ into your study. 鼓起勁來學習！**b** [**the** ～]活力[生氣]的泉源；中心[靈魂]人物；明星；台柱〔*of*〕：He is *the* ～ (and soul) *of* the party. 他是該團的台柱[靈魂人物]。**c** [**one's** ～]生存的意義：Traveling is his ～. 旅行使他活得有意義。
as I hàve lífe 確實，的確。
(as) lárge [bíg] as lífe (1)實物大小的。(2)不可能錯誤，的確，確實，親自《來到等》。
brìng...to lífe 使…復活，使…甦醒。
còme to lífe (1)復活，甦醒。(2)活躍起來，呈現生氣勃勃。
for lífe (從某時候到死爲止的)一生(的)，畢生(的)，終生(的)；無限期的[地]；終身[生]的[地]：an official appointed *for* ～ 被任命終身(職)的官吏。
for one's lífe＝for déar [véry] lífe 拚命地；爲了保全性命地；全力地：hold [hang] on *for dear* ～ 拚命地摟[纏]住/run *for* one's [*dear*] ～ 拚命跑。
for the lífe of mè [常用於否定句]《口語》怎麼也，無論如何：I ca*n't for the* ～ *of me* understand it. 我怎麼也搞不懂這件事。
hàve the tíme of one's **lífe**《口語》享受一生中前所未有的快樂，從來沒有這樣快活過。
in lífe (1)在有生之年，在世時，生前：late *in* ～ 在晚年。(2)[强調 all, no 等]完全，全然：with *all* the pleasure *in* ～ 非常高興地/*Nothing in* ～ will induce him to give up the plan. 簡直無法使他放棄那計畫。(3)⇨ *n.* 7.
lífe and límb 生命和身體，五體：safe in ～ *and limb* 身體和性命都安然無恙/escape with ～ *and limb* 未受大傷害[損害]而逃脫[安然逃脫]。
Nót on your lífe. [接上句]《口語》絕對不，決不，千萬不(certainly not).
on your lífe 務必，無論如何要，一定要(by all means).
tàke one's **lífe in** one's **hánds** (明知危險仍)冒死去做《★出自聖經「士師記」》。
the chánge of lífe ⇨ change *n.* 1.
the wáter of lífe ⇨ water *n.*

upòn ['pòn] **my life** 以我的生命爲憑(發誓)，我發誓；眞令人驚訝！
—*adj.* [用在名詞前] **1** 一生的，畢生的，終身的：a ~ member 終身[永久]會員/a ~ story 傳記。
2 生命的：⇨ life span.
3 人壽保險的：~ insurance [《英》assurance] 人壽保險/a ~ policy 人壽保險單/a ~ office 人壽保險公司。
life-and-déath *adj.* [用在名詞前] 生死攸關的，極重大的：a ~ situation 生死攸關的局面。
life annùity *n.* Ⓒ終身年金。
life bèlt *n.* Ⓒ救生帶。
life·blòod *n.* Ⓤ **1** 保持生命所必需的血。**2** 活力[元氣]的根源；原動力；泉源，生命：They are the ~ of the company. 他們是公司的原動力。
life·bòat *n.* Ⓒ **1** 救生艇。**2** 救難船。
life·bòat·man [-mən; -mən] *n.* Ⓒ(*pl.* **-men** [-mən; -mən])(有資格負責管理救生艇的)救生艇員。
life brèath *n.* Ⓤ活氣，生氣。
life bùoy *n.* Ⓒ救生圈，救生袋。
life còmpany *n.* Ⓒ人壽保險公司。
life cỳcle *n.* Ⓒ《生物》生命環，生活周期《自最初卵的受精起至再生殖下一代止的循環》。
life expèctancy *n.* Ⓤ平均剩餘壽命，預期壽命《某一年齡的人往後可能活的平均年數》。
life fòrce *n.* Ⓤ生命力：Freedom has always been the ~ of Western civilization. 自由一直都是西方文明的生命力。
life-gìving *adj.* 賦與生命的；增加生氣的，提神的，鼓舞的。
life·guàrd *n.* Ⓒ **1** 《美》(游泳場所等的)救生人員，監視員(《英》lifesaver). **2** 侍衛，衛隊。
Life Guàrds *n. pl.* [the ~] (英國的)禁衛騎兵第一、二團(cf. Horse Guards 1 b).
life hístory *n.* Ⓒ《生物》生活史《自發生至死的生活過程》。
life jàcket *n.* Ⓒ救生衣(cf. life belt).
life-kìss *n.* Ⓒ口對口人工呼吸(⇨ the KISS of life).
life·less *adj.* **1 a** 無生命的，已死的。**b** 暈過去的：fall ~ 暈過去。**2** 沒有生物棲息的。**3** 沒有生氣的，死氣沉沉的；枯燥無味的：a ~ story 枯燥無味的故事。~**·ly** *adv.* ~**·ness** *n.*
life·like *adj.* 栩栩如生的，生動的；逼眞的。
life·lìne *n.* Ⓒ **1** 救難索，救生索；(潛水者的)升降用繩索。**2** 生命線；唯一的依靠[希望]。**3**《手相》生命線。
life·lòng *adj.* [用在名詞前] 一生的，終身的：a ~ friendship [bachelor] 終身的友誼[單身漢]。
life nèt *n.* Ⓒ(消防用的)救生網《用以接住自建築物等跳下的人》。
life péer *n.* Ⓒ(英國的)止於一代的貴族《子孫不能承襲》。
life péerage *n.* Ⓤ(英國的)止於一代之貴族身分或頭銜。
life presèrver *n.* Ⓒ《美》救生工具《救生圈等》。
lif·er ['laɪfɚ; 'laifə] *n.* Ⓒ《俚》**1** 被處無期徒刑者。**2**《美》職業軍人。
life ràft *n.* Ⓒ救生艇，救生筏。
life·sàver *n.* Ⓒ **1** 救命者。**2 a**《美口語》水[海]難救生隊員。**b**《英》=lifeguard 1. **3**《口語》使人免於苦難之人[物]，拯救者，救星。
life·sàving *adj.* [用在名詞前] **1** 救生的。**2**《美》水[海]難救生的：the *L*~ Service (美國的)水[海]難救生隊。
life scíence *n.* Ⓒ [常 ~**s**] 生命科學《研究生命過程的綜合科學》。
life séntence *n.* Ⓒ無期徒刑。
life-síze(d) *adj.* 與實物一樣大小的。
life spàn *n.* =lifetime.
life·sprìng *n.* Ⓒ生命的源泉。
life stýle *n.* Ⓒ(有個性的)生活方式。
life-suppòrt sýstem *n.* Ⓒ(太空人或病人的)生命維持系統。
***life·time** ['laɪf,taɪm; 'laiftaim] *n.* Ⓒ **1** 一生，終身，有生之年，畢生，生涯：during one's ~ 在一生當中/the chance of a ~ 一生中難得一遇的機會/Did you know her in her ~? 你在她的生前認識她嗎？
2 (物之)壽命，繼續存在的期間。
It is àll in a [**one's**] **lifetime.** 一切都是命中注定《★想開的說法》。
—*adj.* [用在名詞前] 畢生的，終身的，終生的：~ employment 終身雇用。
life vèst *n.* =life jacket.
life·wày *n.* Ⓒ生活方式。
life·wòrk *n.* Ⓤ畢生的事業[工作]。
LIFO ['laɪfo; 'laifou] 《*l*ast *i*n, *f*irst *o*ut 的頭字語》—*n.* Ⓤ《經濟》後進先出法。

‡lift [lɪft; lift] 《源自古北歐語「天空」之義》—*v.t.* **1** 舉起。

【同義字】lift 指把東西往高處提；raise 指把物之一端舉高或豎起；hoist 則指藉機械等舉高重物。

a 〔十受(十副詞(片語))〕舉起，拉上，抱起〈物〉：~ (*up*) a barbell 舉起槓鈴/~ the phone *to* one's ear 拿起電話的聽筒到耳邊/~ a baby *out of* its bed 把嬰兒從其牀上抱起。
b 〔十受十副十介十(代)名〕[從…](先舉起再)取下…〈*down*〉〔*from*〕：~ a book ***down from*** a shelf 從架子上取下一本書。
c 〔十受(十副)〕抬起〈眼睛、面孔等〉〈*up*〉：~ (***up***) one's eyes 往上看，仰視/ ~ one's head *from* the paper 在看報紙當兒把頭抬起來。
2 a 〔十受十副詞(片語)〕使〈人〉向上，提高〈人〉的地位[境遇]，擢升〈人〉：~ a person (*up*) *from* obscurity 使默默無聞的人一舉成名/Hard work ~*ed* him *up to* the top of the class. 他經過勤奮的學習終於在班上名列前茅。
b 〔十受十副詞(片語)〕[~ one*self*] 上進，向上，晋升，發迹：~ *oneself* (*up*) *out of* poverty 從貧困之中發迹，使自己擺脫了貧困。
c 〔十受(十副)〕使…振奮，振作〈精神等〉〈*up*〉：~ (***up***) one's heart [spirits] 提起精神。
3 〔十受(十副)〕提高〈聲音〉；發出〈叫聲〉〈*up*〉：~ a shout 高聲叫起來(《★比較 一般較常用 raise》/~ (***up***) one's voice 提高聲音。
4 〔十受十介十(代)名〕空運；運輸，載運〈乘客等〉〔至…〕〔*to*〕：~ tourists ***to*** Chicago 把觀光旅客載往芝加哥。
5 〔十受〕掘出〈根菜類〉。
6 〔十受〕**a** 拆卸〈帳篷〉。
b 解除〈封鎖，包圍等〉：~ a siege 解除包圍/~ a tariff 廢除關稅。
7 〔十受(十介十(代)名)〕《口語》〔自…〕盜取〈物〉；抄襲，剽竊〈他人的文章〉〔*from*〕：She had her purse ~*ed*. 她的錢包被偷了/These lines are ~*ed* ***from*** Wordsworth. 這些詩句是從渥茲華斯那裏[作品中]剽竊來的。
8 〔十受〕《美》償還，清償〈負債、抵押金等〉。
9 〔十受〕(以美容術)除去[拉平]〈臉〉的皺紋。
—*v.i.* **1** 升高，舉起；打開：This lid won't ~. 這個蓋子打不開。
2 a 〈雲、霧、雨等〉消散，放晴：The fog soon ~*ed*. 霧不久就消散了。
b 〈心情〉變開朗，展顏。
3 〔動(十副)〕〈飛機、太空船等〉起飛；升空[出發]〈*off*〉：The airplane ~*ed from* Kennedy Airport at 10 a.m. 飛機於上午十時從甘迺迪機場起飛。
—*n.* **1** Ⓒ **a** 舉[拉]起；抬：give a stone a ~ 舉起一塊石頭/the proud ~ of her head 她那高傲的昂首模樣。**b** 舉起的距離，上升距離〔*of*〕：a ~ *of* five meters 五公尺的舉高[升高]。**c** (一次舉起的)重量(物)，貨。
2 Ⓒ **a** (身分、地位的)晋升，升級，發迹，飛黃騰達，功成名就〔*in*〕：a ~ *in* one's career 發迹。**b** (物價、景氣等的)上漲，興旺〔*in*〕：a ~ *in* prices 物價上漲。
3 [a ~] (精神的)振奮，(情緒的)昂揚：One drink gave me *a* ~. 一杯酒下肚，精神就提起來了。
4 Ⓒ [常用單數] 讓(步行者)乘車；援手，幫忙：give a person *a* ~ 讓某人乘車；助人一臂之力。
5 Ⓒ **a**《英》電梯，升降機(《美》elevator)；(小型的)貨物升降機：take the ~ to the top floor 乘電梯到頂樓。**b** 起重機。**c** (載滑雪者的)纜車：⇨ ski lift.
6 Ⓒ **a** 空運(airlift). **b** 運輸。
lift·bòy *n.* Ⓒ《英》男電梯操作員。
lift·er *n.* Ⓒ **1** 舉起之物[人]。**2**《俚》盜賊，小偷，賊(cf. shoplifter).
lift·màn *n.* Ⓒ(*pl.* **-men**)《英》男電梯操作員。
lift-òff *n.* Ⓒ《航空》**1** (火箭等的)起飛，發射。**2** 發射時間。
lift pùmp *n.* Ⓒ抽水機。
lig·a·ment ['lɪgəmənt; 'ligəmənt] *n.* Ⓒ **1**《解剖》韌帶。**2** 紐，繫帶。
li·gase ['laɪges, -gez; 'laigeis, -geiz] *n.* Ⓒ《生化》連接酶。
li·gate ['laɪget; 'laigeit] *v.t.* 《外科》結紮。
li·ga·tion [laɪ'geʃən; lai'geiʃn] *n.* **1** Ⓤ《外科》結紮。**2** Ⓒ縫合線，結紮線。
lig·a·ture ['lɪgə,tʃʊr, -tʃɚ; 'ligətʃuə, -tʃə] *n.* **1** Ⓤ捆，紮，綁。**2** Ⓒ **a** 紐，帶。**b**《外科》(血管等的)縫合線，結紮線。**3** Ⓒ《音樂》連結線。**4** Ⓒ《印刷》連字(œ, ﬁ 等)。
—*v.t.* 捆，紮，綁…(tie).
‡light[1] [laɪt; lait] *n.* **1 a** Ⓤ光，光線：*in* ~ 受到光的照射/He read the letter *by* the ~ of the candle. 他在燭光下讀那封信。**b**

L

U[又作 a ~](映入眼簾的)光亮，光輝，光芒；明亮處：*in* the ~ 在明亮處/*in*(*a*) good [bad] ~ 在容易看清的[看不清的]地方。c U[又作 a ~](喜悅、幸福等的)目光；眼神：She had *a* certain ~ in her eyes. 她眼中閃爍着一種光輝。

2 U a [常 the ~]日光；白天，白晝：*the* ~ of day 白晝之光/before *the* ~ fails 在天未黑之前。b 黎明(dawn)：before ~ 在天未亮之前/He left home at first ~. 他在天剛亮時出門。

3 a C發光體，光源。b C[常當集合稱用]燈火，燈光；(信號的)燈光，交通信號燈；(電子計算機類的)指示燈：⇨ traffic light/put out the ~ 熄燈/wait for the ~*s* to change 等紅燈變綠燈/jump [go through] the ~*s* 闖紅燈/Bring me a ~. 拿個燈給我/The ~*s* went out. 燈熄了。c C燈塔；烽火。d C天體。e [~s](舞臺的)脚燈，舞台照明(footlights)：before the ~*s* 登上舞台，受人矚目。

4 C(幫助發火的)火花，火焰；引火物《火柴等》；(香烟的)火《★比較作此義解時不用 fire》：a box of ~*s* 一盒火柴/get a ~ 要[借]火/put a ~ to... 引火於…，點燃…/strike a ~(用火柴等)擦出火/Will you give me a ~? 借個火好嗎？

5 U暴露，顯露；周知：come *to* ~ 暴露，顯露，現形，敗露/Many new discoveries have been brought *to* ~. 許多新發現已公諸於世。

6 a U[又作 a~](啓蒙[啓明]之)光；(釋明問題的)線索；可作線索[啓發性]的事實[發現]：throw [cast, shed] (*a*) new ~ *on* [*upon*]... 對…提供一個新的(解決)線索，對…作新的解釋/give ~ *on* [*upon*]... 把…弄明白。b U知性，才智，明智。

7 C看法，觀點，見解；事實的眞相：see something *in* a new ~ 對某事持新的看法/He saw it *in* a favorable ~. 他從有利的觀點看這事[對這事做善意的解釋]/⇨ in (the) LIGHT¹ of.

8 C領導性人物，泰斗，權威人物，大師：the greatest literary ~ of our time 當代最偉大的文學權威。

9 C(採光)窗口，天窗，使光線進入之物。

10 C[常用單數]《繪畫》明亮的部分(⟷ shade)：⇨ highlight.

11 U《法律》採光權。

12 U a《基督教》天光，靈光，光〔*of*〕. b《聖經》榮光，福祉。

accórding to one's [a person's] **lights** 依據某人的見解[能力]，依照某人的情形：He was an honest man *according to* his ~*s.* 按照他自己的標準他是個安分守己的老實人。

betwèen the líghts 在黃昏時。

betwèen twó líghts 在(夾在兩個白天之間的)夜晚；趁著黑夜。

by the líght of náture 直覺地，自然地，天生地。

gèt [stánd] in a person's **líght** (1)給某人遮住光。(2)阻礙某人成功或進步之機會：*stand in* one's own ~ 自己阻礙自己，使自己受損。

gèt óut of the líght 避免擋住[阻礙]。

híde one's **líght ùnder a búshel** 謙虛而隱藏自己的才能，靦覥而隱藏自己的善行《把燈隱藏在斗底下；★出自聖經「馬太福音」》。

in the (cóld) líght of dáy [dáwn, réason] 若回到現實想一想，冷靜地想一想。

in (the) líght of... 按照…，根據…，鑑於…；從…的觀點：He explained the phenomenon *in the* ~ *of* recent scientific knowledge. 他根據最新的科學知識[從最新科學知識的觀點]解釋了那現象。

in the líght of a person's **cóuntenance** ⇨ countenance 2.

líght and sháde (1)光和影。(2)明暗；天壤之別。

pláce [pùt] ... in a góod [bád] líght (1)將〈物〉置於光線良好[不良]之處。(2)使〈物〉顯得好[不好]，使〈物〉顯得有利[不利]。

sée the líght (1)《文語》出生，誕生；公諸於世；問世：His book of poetry will *see the* ~ (of day) before long. 他的詩集不久將問世。(2)明白：Now I *see the* ~. 我現在明白了。(3)(在宗教上)省悟；改變宗教信仰。

the líght of one's **éyes** 所鍾愛之物，最愛的人。

—*adj.* (~·er; ~·est) (⟷ dark) **1** 光明的，明亮的(bright)：a ~ room 明亮的房間/It's getting ~. 天漸漸亮起來。

2 〈顏色〉淡的，淺的(pale)：~ brown 淡褐色，淺棕色/~ hair 淺色的頭髮。

—*v.t.* (**light·ed, lit** [lɪt; lit])《★語形作爲分詞形容詞時尤其多用 lighted；《美》通常用 lighted》**1** a〔+受(+副)〕給…點火，點燃…〈*up*〉：~ a candle [cigarette] 點燃蠟燭[香烟]/a ~*ed* oven 已點火的烤爐。b〔+受〕生〈火〉；燃，燒…：~ a fire 生火。

2〔+受(+副)〕給…點燈；使…明亮；照射，照亮…〈*up*〉：The moon is *lit up* by the sun. 月球藉太陽而發亮/The town is brightly *lit up.* 城裏燈火通明。

3〔+受(+副)〕使〈面容〉有光采；使…容光煥發[春風滿面，精神百倍]〈*up*〉：His face was ~*ed* by a smile. = A smile *lit up* his face. 微笑使他容光煥發。

4〔+受+副詞(片語)〕點燈領〈人〉行路：*L*~ the ladies *downstairs.* 點燈領女士們下樓/The boy ~*ed* me *on* my way. 那少年拿著燈爲我帶路。

—*v.i.* **1**〔動(+副)〕a 亮燈，點燈〈*up*〉：The room *lit* **up.** 房間燈亮了。b 變亮，照耀〈*up*〉：The sky has ~*ed* **up.** 天空已轉亮了。

2〔動(+副)〕〈面容、眼睛〉發出光芒，容光煥發〈*up*〉：Her face *lit up* when she saw me. 她看到我時臉露喜色。

3 a 着火，燃燒：These matches ~ easily. 這些火柴易着火。b〔+副〕《口語》點香烟[烟斗]的火〈*up*〉：He took out a pipe and *lit up.* 他取出烟斗點火。

‡**light²** [laɪt; lait] *adj.* (~·er; ~·est) **1** 輕的(⟷ heavy)：a 普通重量以下的，輕的：a ~ overcoat 輕大衣/(as) ~ as air [a feather] 非常輕的/This box is ~ *to* carry. 這箱子很輕，便於攜帶。b (無比較級、最高級)(載)較輕貨物用的，輕便的；載貨量少的；輕裝備的：a ~ truck 輕型卡車/a ~ railway 輕便鐵路/a ~ engine (沒有掛車廂的)單行火車頭/a ~ bomber 輕轟炸機/~ cavalry 輕騎兵(隊)。c 比重小的，輕的：a ~ metal 輕金屬。d 〈貨幣、秤砣等〉不足法定重量的：~ weight 重量不足/give ~ weight 偸斤兩。

2 (量、程度等)輕微的：a 普通以下的；淺的，輕的：The traffic [smog] is ~ today. 今天交通量[煙霧]少/a ~ sleep [sleeper] 淺睡[睡眠中易驚醒的人]/a ~ dinner 簡單的晚餐/a ~ offense 輕罪/a ~ rain [snow] 小雨[雪]/a ~ wind 微風。b 〈酒等〉酒精含量少的：~ beer 淡啤酒/⇨ light wine. c 〈食物〉易消化的；清淡的，不油膩的：~ food 清淡食物。d 〈麵包等〉鬆軟的：~ bread 鬆軟的麵包。

3 a 〈工作等〉容易的，輕鬆的。b 〈處罰等〉不嚴的，寬大的，輕的。c 〈刊物、音樂等〉軟性的；通俗的；娛樂性的；輕鬆的，消遣的：a ~ novel 輕鬆的小說，消遣[娛樂]小說/~ music 輕音樂。

4 a 〈步伐等〉輕快的：with ~ footsteps 以輕快的步伐。b [不用在名詞前]〔+介+(代)名〕〈脚步、步伐〉輕快的〔*of, on*〕：be ~ *of* foot 脚步輕捷的/She is ~ *on* her feet. 她脚步輕快。c 輕妙的，風趣的：a ~ jest 詼諧話。d 快樂的，無憂無慮的；興高采烈的：~ laughter 無憂無慮的笑/with a ~ heart 無牽掛地，快活地。e [不用在名詞前]〔+介+(代)名〕〔…〕無憂無慮的，輕鬆的〔*of*〕：be ~ *of* heart 無煩惱，快活。f 〈建築物、身材等〉細長的，優美的。

5 a 輕率的，輕浮的；三心二意的。b 〈女人〉水性楊花的，不規矩的。

6 頭暈的，目眩的：~ *in* the head 頭暈的；精神不對勁[失常]的。

7《語音》輕音的，弱音的。

hàve a líght hánd [tóuch] 手指靈巧，手段高妙，手法高明〔*for*〕.

màke líght of... 輕視，低估〈事物、人〉，對…不在乎《★可用被動語態》。

—*adv.* (~·er; ~·est) **1** 輕輕地；輕快地。

2 容易地，輕易地，簡單地：*L*~ come, ~ go. = Lightly come, lightly go (⇨ lightly 6).

3 不帶東西地，輕裝地：travel ~ 輕裝旅行。

gèt óff líght《口語》逃過嚴厲的懲罰。

—*n.* [~s] ⇨ lights.

light³ [laɪt; lait] *v.i.* (**light·ed, lit** [lɪt; lit]) **1**〔+介+(代)名〕偶然遇到，偶然發現；偶然得到[貨品、線索等]〔*on, upon*〕：My eyes ~*ed* **on** [**upon**] a beautiful shell. 我無意中看到一個美麗的貝殼。**2**〔(+副)+介+(代)名〕《古》a〔從交通工具等〕下來〈*down*〉〔*from*〕. b 〈鳥等〉(飛下來)棲息[在…上]〔*on, upon*〕. c 〈打擊、厄運等〉突然降臨[到…上]〔*on, upon*〕.

líght ínto...《美口語》(1)襲擊…。(2)嚴厲申斥，攻擊…。

líght on one's **féet [légs]**《★比較一般用 land on one's feet (⇨ foot 的成語)》(1)(掉落時不跌倒而)以雙脚站立。(2)幸運，成功。

líght óut《vi adv》《美口語》突然[急忙]離開，溜掉〔*for*〕.

líght áir *n.* C《氣象》軟風(⇨ wind scale).

líght áircraft *n.* C(*pl.* ~)輕型飛機。

líght ále *n.* U淡麥酒《常指瓶裝的淡味啤酒》。

líght-ármed *adj.*《軍》僅持輕武器的，輕裝備的。

líght ártillery *n.* U[集合稱]輕砲；輕砲兵。

líght bréeze *n.* C《氣象》輕風(⇨ wind scale).

líght bùlb *n.* C燈泡。

light·en¹ [ˈlaɪtn; ˈlaitn] «light¹ 的動詞» **—***v.t.* **1** 使…光明，照亮…：The white wallpaper ~*ed* the room. 白色的壁紙使得房間明亮。**2** 使〈容光〉煥發；使〈眼睛〉閃爍。**3** 使…顏色變淡。

—*v.i.* **1** 變成明亮，發亮。**2** 〈容光、眼睛等〉煥發[閃爍]。**3** [以 it 作主詞]閃電發光。

light·en² [ˈlaɪtn; ˈlaitn] «light² 的動詞» **—***v.t.* **1** a 使…重量[負荷]變輕。b 使〈負荷〉變輕。**2** 減輕〈苦痛、賦稅等〉。**3** 使〈心情、精神等〉振作[高興，愉快]：The news ~*ed* her heart. 那消息使她的心情變得輕鬆。

—*v.i.* **1** 〈船等〉變輕。**2** 〈心情、精神〉變輕鬆。

L

líght·er[1]《源自 light[1]》—*n.* Ⓒ **1** 點火之人[物]；點燈夫。**2** 點燈[點火]器，打火機。
ligh·ter[2] [ˈlaɪtɚ; ˈlaitə] *n.* Ⓒ駁船。
light·er·age [ˈlaɪtərɪdʒ; ˈlaitəridʒ] *n.* Ⓤ **1** 駁運。**2** 駁運費。
líghter-than-áir *adj.*〖航空〗**1** 比空氣輕的《飛船等》。**2** 氣球的；飛船的。
líght·fàce *n.* Ⓤ〖印刷〗細體鉛字(↔ boldface).
líght-fáced *adj.*〖印刷〗〈鉛字〉細體的，細體鉛字的(↔ boldfaced).
líght fílter *n.* Ⓒ濾光器；濾光片。
líght-fíngered *adj.* **1** 手指靈巧的。**2**《口語》喜歡偷竊的。
líght-fòot *adj.* =light-footed.
líght-fóoted *adj.* 脚快的[輕的]；敏捷迅速的。
~·**ly** *adv.* ~·**ness** *n.*
líght-hánded *adj.* **1** 手指靈巧的，手法高明的。**2** 空著手的。**3**〈工場等〉人手不足的。
líght-héaded *adj.* **1** (因飲酒過量或發燒而)頭暈的。**2** 輕率的，沒頭沒腦的。~·**ly** *adv.* ~·**ness** *n.*
líght·héarted *adj.* 輕鬆的，快活的，爽朗的，興高采烈的。
~·**ly** *adv.* ~·**ness** *n.*
líght héavyweight *adj.*〖拳擊〗重乙級的。
—*n.* Ⓒ重乙級拳手。
líght-hòrseman *n.* Ⓒ(*pl.* **-men**)輕騎兵。
líght·hòuse *n.* Ⓒ燈塔。
líghthouse kèeper *n.* Ⓒ燈塔看守人。
líght índustry *n.* Ⓤ [又作 **light industries**] 輕工業(↔ heavy industry).
líght·ing *n.* Ⓤ **1** 點火；點燈。**2 a** 照明(法)。**b** 照明器材。**c** [集合稱] 舞臺燈光。**3** (繪畫中)光線的布置，明暗。
light·ly [ˈlaɪtlɪ; ˈlaitli] *adv.* (**more** ~; **most** ~) **1 a** **輕輕地**，輕微地，靜靜地：She kissed him ~ on the cheek. 她輕輕地吻了他的臉頰。**b** 稍微地，微少地：drink ~ 喝一點點。

lighthouse

2 **敏捷地，輕快地**：He stepped ~ over the puddle. 他敏捷地跨過泥水坑。
3 **溫和地**：He spoke ~ in even tones. 他以平和的語調溫和地講話。
4 **輕率地，漫不經心地，隨便地；輕視地**：think ~ of... 輕視…/You shouldn't speak ~ of his efforts. 你不該輕描淡寫地對待他的努力。
5 **爽朗地，乾脆地；泰然，若無其事地**：He accepted the loss ~. 他面對損失泰然處之。
6《罕》輕易地；輕鬆地：*L*~ come, ~ go.《諺》易來易去；悖入悖出；「輕易賺來的錢留不住」。
gèt óff líghtly =get off LIGHT[2].
líght mèter *n.* Ⓒ曝光表，光度計。
líght-mínded *adj.* 輕率[輕薄]的。~·**ly** *adv.*
líght·ness[1]《light[1] *adj.* 的名詞》—*n.* Ⓤ **1** 明亮，光亮。**2** (顏色的)淡薄。
líght·ness[2]《light[2] *adj.* 的名詞》—*n.* Ⓤ **1** 輕。**2** 敏捷，靈活。**3** 手法之高明。**4** 輕率；不認真；品行不端。**5** 心情愉快，無憂無慮。
***light·ning** [ˈlaɪtnɪŋ; ˈlaitniŋ] *n.* Ⓤ**閃電，電光**(⇨ thunder【同義字】)：forked [chain(ed)] ~ 叉[鍊]形閃電/⇨ sheet lightning/a bolt of ~ (一道)閃電/The house was struck by ~. 那房屋遭到雷擊。
like (gréased [a stréak of]) líghtning 像閃電一般地，以迅雷不及掩耳的速度。
—*adj.* [用在名詞前] (似)閃電的；非常快的：a ~ strike [attack] 出其不意的罷工[攻擊]/at [with] ~ speed 以閃電般的速度，剎那間。
líghtning arrèster *n.* Ⓒ(裝於電化製品等的)避雷器。
líghtning bèetle [bùg] *n.* Ⓒ〖昆蟲〗《美》螢火蟲(firefly).
líghtning condùctor [《美》**ròd**] *n.* Ⓒ避雷針。
líght óil *n.* Ⓤ輕油。
light-o'-love [ˈlaɪtəˈlʌv; ˈlaitəˈlʌv] *n.* Ⓒ蕩婦；妓女。
líght ópera *n.* =operetta.
líght pèn *n.* Ⓒ〖電算〗光筆《形狀似筆的工具，用以在指示板上畫特定點或字，以便進行光電變換，輸入電腦》。
lights [laɪts; laits]《源自因較其他內臟爲輕》—*n. pl.* 家畜的肺臟《尤指狗、貓等的食物》。
líght·shìp *n.* Ⓒ〖航海〗燈船，燈塔船，信號船《繫浮於航行危險的地點》。
light·some[1] [ˈlaɪtsəm; ˈlaitsəm]《源自 light[1]》—*adj.*《文語》**1** 發光的。**2** 明亮的，輝耀的。
~·**ly** *adv.* ~·**ness** *n.*

lightship

light·some[2] [ˈlaɪtsəm; ˈlaitsəm]《源自 light[2]》—*adj.* **1** 輕快的，敏捷的。**2** 高尚的，優雅的。**3** 快活的，爽朗的，無憂無慮的：in a ~ mood 心情愉快的[地]。**4** 輕薄的。~·**ly** *adv.* ~·**ness** *n.*
líghts-òut *n.* Ⓤ **1** 熄燈號(cf. tap[1] *n.* 2). **2** (學生宿舍、軍隊等的)熄燈時間。
líght wàve *n.* Ⓒ〖物理〗光波。
líght·wèight *n.* Ⓒ **1** 標準重量以下的人[動物]。**2**〖拳擊·角力等〗輕量級[輕甲級]選手。**3**《美口語》不重要的人，微不足道的人。
—*adj.* **1** 輕量的。**2** 輕量級[輕甲級]的。**3** 不認真的；微不足道的，不算什麼(力量)的。
líght wíne *n.* Ⓤ[指種類時爲Ⓒ] 輕淡葡萄酒《進餐時飲用》。
líght-yèar *n.* Ⓒ〖天文〗光年《光在一年之間所行的距離》。
lig·ne·ous [ˈlɪgnɪəs; ˈligniəs] *adj.*〖植物〗〈草〉似樹木的，木質的。
lig·nite [ˈlɪgnaɪt; ˈlignait] *n.* Ⓤ褐炭。
lig·num vi·tae [ˈlɪgnəmˈvaɪtɪ; ˌlignəmˈvaiti] *n.* **1** Ⓒ〖植物〗癒瘡木。**2** Ⓤ癒瘡木特硬的木材。
lik·a·ble [ˈlaɪkəbl; ˈlaikəbl] *adj.*〈人〉給予人好感的，令人喜歡的，可愛的：a ~ fellow 討人喜歡的人。
‡**like**[1] [laɪk; laik]《源自古英語「同樣的」之義》—*adj.* (**more** ~, **most** ~；《詩》**lik·er, -est**) **1** [用在名詞前] (無比較級、最高級) **同樣的**(外觀、量等)，**類似的**；**相等的**：a ~ sum 同額/in ~ manner 同樣地/cloth of a ~ pattern 相同花樣的布料/*L*~ master, ~ man.《諺》有其主必有其僕/*L*~ father, ~ son.《諺》有其父必有其子。
2 [不用在名詞前] 〈二個(以上的)東西〉**相似的**：These two pictures are very ~. 這兩幅畫非常相似/They are (as) ~ as two peas (in a pod). 他們(兩人)(長得)一模一樣。
3 [不用在名詞前] **a** [+ *to* do]《美口語·英古》**幾乎要〈做…〉的**：The shelf was ~ *to* fall on me. 那棚架差一點落在我身上。**b**《古》**可能〈做…〉的**：It is ~ we shall see him no more. 我們可能將不會再見到他。
—*prep.* (★又可視爲 *adj.* 或 *adv.*) **1 a** **像…的，似…的**：What is she ~? 她是個什麼樣的人？/He is very ~ his father. 他很像他父親/He doesn't know what it is ~ to be [~ being] poor. 他不知貧困是什麼樣子的/⇨ That's more LIKE[1] it. **b** **像…地，與…同樣地**：Do it ~ this. 照這樣做/I won't do it ~ you. 我不會像你一樣做這事情。
2 **與…相稱，表現…的特徵**：It's not ~ you to be jealous. 你嫉妒就有失你的本色[你才不會嫉妒呢]。
3 (例如)**像…那樣的**(such as)：fruit, ~ apples and pears 像蘋果和梨那樣的水果。
ánything like... [常用於否定句] (像…等)一點也(不)…，根本(不)…，決(不)…，絲毫(不)…：He does *not* want *anything* ~ labor. 要花力氣的事，他一點也不想幹。
féel like... ⇨ feel.
like ánything [crázy, mád, the dévil]《口語》激烈地，猛…，非常地；極其；大大地；…得很；…得像什麼似的：sell ~ *crazy* [*mad, the devil*] 極其[非常]暢銷/He praised me ~ *anything.* 他對我讚不絕口。
like nóthing on éarth ⇨ nothing *pron.*
like sò màny ⇨ many *adj.*
lóok like... ⇨ look.
nóne like... =nothing LIKE[1] (1).
nóthing like... (1)什麼都比不上…：There is *nothing* ~ travel by air. 什麼都比不上搭飛機旅行[乘飛機旅遊是最理想的了]。(2)一點也不…，差…很遠：That book is *nothing* ~ as [so] good as this one. 那書一點也不如這書好[比這書差得遠]。
sómething like(...) (1)有幾分像(…)的，多少似(…)的，(與…)差不多，大約(…)：The airship was shaped *something* ~ a cigar. 那飛船形狀有幾分像雪茄/They walked *something* ~ 5 miles. 他們步行約五哩。(2)《口語》[把 like 重讀作 [ˈlaɪk; ˈlaik]] 很棒的，上好的，出色的，了不起的：It was *something* ~ a party. 那是一次盛況空前的聚會。
Thát's mòre líke it.《口語》那樣更好，求之不得。
— *adv.* **1** [~ **enough**, 有時 **very** ~]《口語》=likely *adv.*
2 a [附於句尾]《俚》宛如，好像有一點：He looked angry ~. 他顯得有一點生氣/It's queer ~. 這件事有點兒奇怪。**b** [多爲年輕人接話時用；無實質意義]《美》喂，唔，呃：*L*~, let's go, man. 喂，我們就去看看吧。
(as) like as nót《口語》多半，大概，十之八九。

L

—*conj.* **1** 像…(所做)一樣(as)：I cannot do it ~ you do. 我不能照你那樣去做。
2《口語》像是…似的，猶如…，一若…(as if)《★非標準用法》：It looks ~ he means to go. 他好像打算去。
—*n.* **1 a** [**the**~, **one's**~；常用於疑問句、否定句]相似之人[物]；同樣之人[物]；同類〔*of*〕：Did you ever hear *the* ~ *of* it? 你聽到過像這樣的事嗎？/We shall *not* see his ~ again. 我們再也見不到像他這樣的人了。**b** Ⓤ《古》相當之物，可匹敵之物《★主要用於下列諺語》：*L*~ attracts [draws to] ~. = *L*~ (will) to ~. 《諺》同氣相求，物以類聚。
2 Ⓒ[常 **the** ~**s**；常用於疑問句、否定句]同一種類之物[人]：I've *never* seen *the* ~*s* (of it). 我未曾見過這樣的東西/⇨ the LIKES[1] of.
and the líke 及其同類者，等等《★比較 較 and so forth [on]等爲拘泥》：Wheat, oats *and the* ~ are cereals. 小麥、燕麥等等是穀物。
or the líke 或同樣的[同種的其他]事物。
the líkes of...《口語》像…的人們：*the* ~*s of* me 像我這種(低賤的)人，像我這般的泛泛之輩[微不足道的小人物]/*the* ~*s of* you 像你這種(大)人物。

‡like[2] [laɪk; laik]《源自古英語「看中…」之義；原爲 it likes me 無人稱構句》**—*v.t.*** **1** 愛好…，喜歡…。

> 【同義字】like 是表示「愛好」「喜歡」的一般字，不表示强烈的感情；love 指「愛」的意思，表示强烈的愛情觀念。

a〔十受〕喜歡…，愛好…：Do you ~ fruit? 你喜歡水果嗎？/People ~ you for your openness. 因爲你豪爽，人們喜歡你/I don't ~ it when she is unhappy. 我不喜歡她不快樂時的樣子/Which do you ~ better, tea or coffee? 紅茶和咖啡你較喜歡哪一種？《★用法 與 like 連用的副詞通常不用 much, more, most 而用 well, better, best》/You are well ~*d* by everybody. 你受大家喜愛《★用法 行爲者爲特定的人時，通常不用被動語態；又 Baseball is ~*d* by me. 是錯誤的用法；但像上面所舉的例子，行爲者爲非特定複數之人時，可用被動語態》。
b〔十受〕[當反語用；用以表示煩惱、不喜歡或驚訝]：Well, I ~ that! 眞出乎意料！[怎麼可能，豈有此理](你說得眞有趣，虧你說得出這種話)《有時用以頂撞對方所說的不中聽的話》。
c〔十 *to* do/十do*ing*〕喜歡，願意，想〈做…〉《★用法 這兩種句型常常被不加以區分地使用，但〔十 do*ing*〕應該用以表示一般的情形或習慣的行爲，而〔十*to* do〕用以表示某時候或某場合等的興致》：I ~ *to* play [play*ing*] tennis. 我想打網球[愛好打網球]。
d〔十 *to* do/十do*ing*〕[用於否定句]不想，不願意；不喜歡〈做…〉：I do*n't* ~ *to* disturb you when you're so busy. 我不想在你那麼忙時打擾你/I do*n't* ~ disturb*ing* others. 我不喜歡打擾別人。
e〔十受十補〕喜歡…〈呈…狀態〉：I ~ my tea hot. 我喜歡喝熱茶/I don't ~ toast burnt. 我不喜歡烤焦的土司。
f〔十受十*to* do〕要…〈做…〉：I ~ boys *to* be cheerful. 我要男孩子快快樂樂的/I don't ~ girls *to* smoke. 我不要女孩子抽煙。
g〔十受[所有格]十do*ing*〕喜歡…〈做…〉《★比較 一般以受格較爲普遍》：I don't ~ you [your] go*ing* out alone at night. 我不喜歡你晚上單獨外出。
2 [**would** [**should**] ~] **a**〔十受〕[以禮貌的口氣]想要[願意]…：I *would* [*should*] ~ a bath. 我想洗澡《★用法 第一人稱用 should 是英國語法，在英國也常用 would；口語中則英美語法均有 I'*d* ~ a bath. 的說法》/What kind of dressing *would* you ~ on your salad? 你想在沙拉上加什麼樣的調味品？/*Would* you ~ another helping? 要不要再來一份？
b〔十 *to* do〕《委婉語》(假如能夠)想要〈做…〉《★用法 此構句中不可以用〔十 do*ing*〕》：I'*d* ~ *to* see her. 我想和她見面/I'*d* ~ *to* see you do it. 我想要看看你做這件事《你有本事的話，做給我看看》《★往往帶有諷刺的口氣》/*Would* you ~ *to* wait a minute? 等一會兒好嗎？/He *would* have ~*d to* come alone. 他本想(能夠的話)單獨來(但沒能那樣)《★表示未能達成的願望》。
c〔十受十*to* do〕願意…〈做…〉《★用法《美》有時用〔十 *for*十(代)名十 *to* do〕》：I'*d* ~ you *to* do it for me. 我願你替我做這件事/Would you ~ us *to* help? 要我們幫忙嗎？
d〔十受十補〕要…〈呈…狀態〉：I'd ~ my coffee sweet. 我喜歡喝放糖的咖啡。
e〔十受十過分〕要…〈被…〉：I'd ~ the eggs boil*ed*. 我要吃煮的蛋/I'd ~ the money return*ed* soon. 我希望這筆錢很快地還來。
3〔十受〕[用於否定句]《謔》〈食物等〉適合於〈人〉的健康：I like octopus, but it does*n't* seem to ~ me. 我喜歡吃章魚，但它似乎不宜於我的健康。
— *v.i.* 覺得中意，覺得喜歡："I'm afraid I'm going to marry him instead of you."－"As you ~."「抱歉，我將不跟你結婚而跟他結婚。」「隨便你[請便]。」/⇨ if you LIKE[2].

Hów do you líke...? (1)你喜歡…嗎？，你覺得…怎樣？：*How do you* ~ my new dress? 你覺得我的新衣服怎樣？(2)你要…怎樣做法？你喜歡…怎麼處理？：*How do you* ~ your eggs? 你的蛋要怎麼作[烹調]呢？(3)[對意外的結果表示驚訝]《口語》竟會…：(Well,) *how do you* ~ that! (哎呀，)這可眞是！
if you líke 倘若你願意；倘若你要那樣說：Come *if you* ~. 如果你喜歡就來吧/I am shy *if you* ~. 如果你要說我害羞，我也沒有辦法；[强調 shý 時]你要說我害羞，那也沒有關係《但我不要你說我膽小》；[强調 Í時]如果你要說我害羞，也沒有關係《但說別人就不好了》。
— *n.* [~**s**]愛好，嗜好《★常用於下列片語》：one's ~*s* and dislikes 一個人的好惡。

-like [-laɪk; -laik] 字尾 可附於任何名詞構成表示「似…的，像…一般的，有…特徵的」之意的形容詞：gold*like*, woman*like*.

like·a·ble [ˈlaɪkəbl; ˈlaikəbl] *adj.* =likable.

like·li·hood [ˈlaɪklɪˌhʊd; ˈlaiklihud]《likely 的名詞》**—*n.*** Ⓤ[又作 **a** ~] **1** 有可能之事；可能性〔*of*〕：*in* all ~ 大概，十之八九/There was no ~ *of* his winn*ing*. 他沒有贏的可能；他不可能獲勝。**2**〔十 *that*__〕〈…的〉可能性：There is a strong ~ *that* the matter will soon be settled. 事情極可能不久就會獲得解決。

‡like·ly [ˈlaɪklɪ; ˈlaikli] *adj.* (**more**~, **most**~; **like·li·er**, **-li·est**) **1 a** 或有可能的：a ~ result 可能的結果/the fugitive's most ~ hiding place 逃亡者很可能藏匿的地方/the least ~ possibility 幾乎不可能有的事。**b** 像眞的，煞有其事的：A ~ story! [常當諷刺用]好像是眞的(故事)！說得倒像是眞的！
2 [不用在名詞前] **a**〔十 *to* do〕可能會〈做…〉的：He is ~ *to* come. 他可能會來《★變換 可換寫成義 2 b》/It is ~ *to* be cold in November. 十一月可能會冷起來/There's not ~ *to* be much traffic tonight. 今晚交通不會很繁忙。**b** [用於 It is ~ (that).... 的構句]可能會有的：*It is* ~ (*that*) he will come. 他可能會來《★變換 可換寫成義 2 a》/*It is* not ~ *that* he should have written it. 他不可能寫過那個東西。
3 a 適當的，合適的：I called at every ~ house. 我看遍了每棟合適的房子。**b**〔十介十(代)名〕正適合〔於…〕的〔*for*〕：He looked a ~ man *for* the job. 他看來是正適合那工作的人。**c**〔十 *to* do〕適合〈做…〉的：I could not find any ~ place *to* fish near there. 我在那附近未能找到適合釣魚的地方。
4 有前途的，有希望的：a ~ young man 有前途的青年。
—*adv.* (**more**~, **most**~; **like·li·er**, **-li·est**) [常與 most, very 連用]大概，很可能：She has *most* ~ lost her way. 她很可能迷了路/He will *very* ~ be (at) home tomorrow. 他明天大概會在家。
(as) líkely as nót 大概，多半，或許：He'll fail, *as* ~ *as not.* 他或許會失敗/*L*~ *as not*, her estimate won't be very good. 大概她的評估不很好。
Nót líkely!《口語》不可能！不會吧！

líke-mínded *adj.* 同心[同意見，同好]的，志同道合的。
~**·ly** *adv.* ~**·ness** *n.*

lik·en [ˈlaɪkən; ˈlaikən] *v.t.*〔十受十介十(代)名〕將…比喻[擬]〔爲…〕〔*to*〕《★常用被動語態》：Life can *be* ~*ed* ***to*** a journey. 人生可喻爲旅途。

like·ness [ˈlaɪknɪs; ˈlaiknis] *n.* **1 a** Ⓤ相像，相似，類似〔*to*, *between*〕：There is some ~ *between* the brothers. 那兩個兄弟有幾分相像。**b** Ⓒ相似之物；相似之點，類似點：a family ~ 家庭成員間的相像外貌。
2 Ⓒ **a** 肖像，相片：a good [bad, flattering] ~ 很像的[不像的，比本人好看的]相片[肖像]。**b** 非常像的人[東西]：a living ~ 一模一樣的[維妙維肖的]人[東西]。
3 Ⓤ外觀，外表，表面：an enemy *in the* ~ *of* a friend 外表似友之敵。

***like·wise** [ˈlaɪkˌwaɪz; ˈlaikwaiz] *adv.* (無比較級、最高級) **1** 同樣地，照樣地：Go and do ~. 去照樣做。**2** 也，亦，又，而且，加上：He is our friend and ~ our leader. 他是我們的朋友並且也是我們的領袖。**3** [表示同意]《口語》(我也是)一樣[同感]。

lik·ing [ˈlaɪkɪŋ; ˈlaikiŋ] *n.* **1** [**a** ~]嗜好，愛好〔*for*〕：have *a* ~ *for*... 愛好…/take *a* ~ *to*... = conceive [develop] *a* ~ *for*... 喜歡(上)…；親近…。**2** [**one's** ~]雅趣，興趣，口味，胃口(taste)：to one's ~ 合胃口；合意，合乎興趣/Is it *to* your ~? 合意嗎？

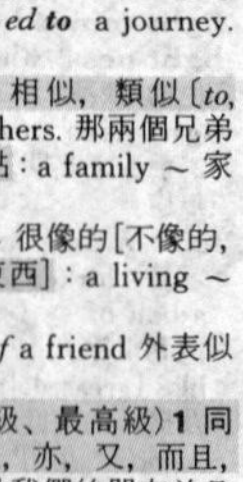

li·lac [ˈlaɪlək; ˈlailək] *n.* **1 a** Ⓒ《植物》丁香。**b** Ⓤ[集合稱]丁香花：a bunch of ~ 一束丁香花。**2** Ⓤ淡紫色。
—*adj.* 淡紫色的。

Lille [lil; liːl] *n.* 里耳《法國東北部一城市》。

Lil·li·put [ˈlɪləˌpʌt; ˈlilipʌt] *n.* 小人國《斯威

lilac 1 b

夫特(Swift)所著諷刺小說格利佛遊記(*Gulliver's Travels*)中所描述的國家》。

Lil·li·pu·tian [ˌlɪlə`pjuʃən; ˌlili'pju:ʃjən] «Lilliput 的形容詞» —*adj.* **1** 小人國的。**2** [有時**l~**]極小的；心胸狹窄的。—*n.* Ⓒ **1** 小人國的人。**2** [有時 **l~**]侏儒，小人。

li·lo [`laɪlo; 'lailou] *n.* Ⓒ(*pl.* ~**s**)《英》(在海灘使用的塑[橡]膠製)充氣墊。

lilt [lɪlt; lilt] *n.* **1** [**a** ~]輕快活潑的曲調[旋律，節拍，動作]：sing *with a* ~ 輕快活潑地唱/She has *a* ~ to her voice. 她說話的聲調抑揚頓挫。**2** Ⓒ輕快活潑的歌曲。

—*v.i.* **1** 輕快[活潑]地歌唱[說話]。**2** 輕快地活動。

—*v.t.* 以輕快的節奏唱〈歌〉。

lílt·ing *adj.* [用在名詞前]輕快[有輕快節奏]的，快活的〈聲音、歌曲等〉。~**·ly** *adv.*

‡**lil·y** [`lɪlɪ; 'lili] *n.* Ⓒ **1**〖植物〗百合；百合花：⇨ Easter lily, tiger lily, water lily.

【說明】雖然常在神話和聖經中出現，百合花本來出產於亞洲和北美洲，並非歐洲所產；所以 lily 一詞常用以表示其他類似植物，例如 tiger lily(卷丹)，water lily(睡蓮)，lily of the valley (鈴蘭)等。長出白色花朶的純白百合(white lily)通常稱作聖母百合(Madonna lily)是處女的象徵，花語是 purity(純潔)和 sweetness(可愛)；因爲白色代表純潔，初期教會常用以祭拜聖母(Madonna)．在復活節(Easter)用作耶穌復活之象徵的百合則是麝香百合(Easter lily)；這兩種百合都用於葬禮。而聖經(馬太福音 6:28)所說的野百合(the lilies of the field)，可能是罌粟秋牡丹(poppy anemone)．

2 純潔的人；純白之物。**3** [常 **lilies**](法國王室的)百合花形紋章(cf. fleur-de-lis 2)．

gíld[páint] the líly 給完美的東西加上不必要的潤色，畫蛇添足《★出自莎士比亞(Shakespeare)作品 *The Life and Death of King John*「約翰王」》。

—*adj.* [用在名詞前]**1** 百合的。**2** 似百合花的；純白的，純潔的。

Lil·y [`lɪlɪ; 'lili] *n.* 莉莉《女子名；Elizabeth 的暱稱》。

líly-lívered *adj.* 怯懦的，膽小的(cowardly)．

líly of the válley *n.* Ⓒ(*pl.* **lilies of the valley**)〖植物〗鈴蘭。

líly pàd *n.* Ⓒ《美》(浮於水上的)睡蓮之葉。

líly-whíte *adj.* **1** 如百合花般白的：~ skin 雪白的肌膚。**2** 純白的；潔白的。

Li·ma [`limə; 'li:mə] *n.* 利馬《秘魯的首都》。

lí·ma bèan [`laɪmə-; 'laimə-] *n.* Ⓒ **1**〖植物〗利瑪豆。**2** 利瑪豆的豆《可食用》。

lily of the valley

***limb**¹ [lɪm; lim] *n.* Ⓒ **1** (相對於人、動物之軀體、頭部而稱呼的)(四)肢《手、脚、鰭、翅膀等；cf. trunk 2 a, head 1 a》.**2** (樹的)大枝(bough).**3**〔物之〕突出部分〔*of*〕：the ~*s of* a cross 十字架的分枝/a ~ *of* the sea 小灣，峽灣。**4**《口語》爪牙，手下，嘍囉：a ~ *of* the law[*of* the bar]執法人員，法律的臂膀《警察、律師、法學專家、法官》。

lífe and límb ⇨ life.

óut on a límb 處於孤立無援的危險狀態《★源自「置身樹枝末端」之意》。

sóund in wínd and límb ⇨ wind¹.

téar…límb from límb 將〈動物等〉弄成四分五裂，撕裂…的肢體。

limb² [lɪm; lim] *n.* Ⓒ **1**〖天文〗(太陽、月亮等的)邊緣。**2**〖植物〗**a** (葉等的)邊緣，葉邊。**b** (花瓣的)邊緣。

limbed *adj.* [常構成複合字]有(…之)肢[枝，翅]的。

lim·ber¹ [`lɪmbɚ; 'limbə] *adj.* **1**〈肌肉等〉柔軟的。**2** 輕快的。

—*v.t.*〔十受十副〕**1** (在激烈運動等以前)使〈肌肉〉柔軟〈*up*〉. **2** [~one*self*](活動全身而)使肌肉柔軟，做柔軟體操〈*up*〉：*L~ yourself* ***up*** before swimming. 在游泳前活動一下身子吧。

—*v.i.*〔十副〕變柔軟〈*up*〉.

lim·ber² [`lɪmbɚ; 'limbə]〖軍〗*n.* Ⓒ(砲架的)前車。

—*v.t.*〔十受(十副)〕把砲前車連結於〈砲架〉〈*up*〉.

—*v.i.*〔動(十副)〕把砲裝於前車上〈*up*〉.

lim·bo¹ [`lɪmbo; 'limbou] *n.* Ⓤ **1** [常**L~**]地獄邊緣的一地區《在地獄與天國之間，爲未有基督教以前的善良人、未受洗而死亡的嬰兒、異教徒以及白癡等的靈魂所暫住的地方》。**2** 遺忘；被忽視的[不安定的]狀態。

lim·bo² [`lɪmbo; 'limbou] *n.* Ⓒ(*pl.* ~**s**)凌波舞《一種發源於西印度羣島的舞蹈；舞者輪流將身體後仰，以蹲仰姿勢舞蹈鑽過逐次降低的橫竿底下》。

***lime**¹ [laɪm; laim] *n.* Ⓤ **1** 石灰：burnt[caustic] ~ 生石灰/fat[rich] ~ 富石灰/slaked ~ 消石灰，熟石灰。**2** 黏鳥膠(birdlime).

—*v.t.*〔十受〕**1** **a** 將石灰撒於…，以石灰消毒[處理]…。**b** 將〈生皮等〉浸泡於石灰水。**2** **a** 將黏鳥膠塗於…。**b** 以黏鳥膠捕捉〈鳥等〉。

lime² [laɪm; laim] *n.* **1** Ⓒ〖植物〗來姆《一種柑橘屬的樹木》。**2** Ⓒ來姆果《可擠榨果汁飲用》。**3** (又作 **líme jùice**)來姆果汁。

lime³ [laɪm; laim] *n.* (又作 **líme trèe**)Ⓒ〖植物〗椴樹(linden).

lime·ade [laɪm`ed; ˌlaim'eid] *n.* **1** Ⓤ來姆蘇打水《來姆汁加糖和蘇打水的一種飲料》。**2** Ⓒ一杯來姆蘇打水。

líme·kìln *n.* Ⓒ石灰窰。

líme·lìght *n.* Ⓤ **1** **a** 石灰光《以氫氧焰燃燒石灰時產生的强烈白光》。**b** 灰光燈《從前用以照明舞台上的某一目標》。**2** [**the** ~]衆目注視的中心，受人注目的立場(cf. spotlight 1 b)：in *the* ~ 在衆目所視之中，引人注目。

lim·e·rick [`lɪmərɪk; 'limərik] *n.* Ⓒ〖詩學〗五行打油詩。

líme·stòne *n.* Ⓤ石灰石。

líme·wàter *n.* Ⓤ石灰水。

li·mey [`laɪmɪ; 'laimi] «源自從前英國海軍給予水兵富於維他命 C 的 lime juice 以防壞血病»—*n.* Ⓒ(*pl.* ~**s**)《美俚》**1** 英國水兵[水手]。**2** 英國人。

‡**lim·it** [`lɪmɪt; 'limit] «源自拉丁文「境界」之義»—*n.* **1** Ⓒ極限，限度，界限；限制：a speed ~ 速度限制，速度上限/⇨ age limit/ *to* the ~ 充分[極端]地，到極限/go *to* any ~ 任何事都做，什麼事都幹得出來；走極端/*to* the utmost ~ 到極限/out of all ~*s* 分外地/reach the ~ of one's patience 達到一個人忍耐的極限，到忍無可忍的地步/the ~*s* of one's abilities 一個人能力的極限/set a ~ *to*... 限制…/know [have] no ~*s* 無止境。

2 **a** Ⓒ[常 ~**s**]境界。**b** [~**s**]範圍，區域：within the ~*s* of... 在…的範圍內/⇨ off limits, on limits.

3 [**the** ~]《口語》會令人氣得無法忍受之人[物]：That's [He's] *the* ~ . 那東西[他]令人無法忍受。

The ský is the límit. ⇨ sky.

withìn límits 適度地；在限度內，適可而止地。

withòut límit 無限(制)地。

—*v.t.*〔十受(十介十(代)名)〕把…局限，限定，限制〔於…〕〔to〕：I was told to ~ the expense ***to*** $20. 他們要求我把費用限制在二十美元以內/*L~* your answer *to* yes or no. 限以「是」「非」做答。

lim·i·ta·tion [ˌlɪmə`teʃən; ˌlimi'teiʃn] «limit 的名詞»—*n.* **1** Ⓤ設限，限定，限制：without ~ 無限制地。**2** Ⓒ **a** [常 ~**s**](各種)限制，限制因素：~*s on* imports 對進口貨的限制/armament ~*s* 軍備(方面的)限制/because of ~*s of* space 因篇幅[版面]有限。**b** [常 ~**s**](知識、能力等的)極限，弱點，缺陷：know one's ~*s* 知道自己能力的極限。**3** ⓊⒸ〖法律〗(法律規定的)(提出訴訟、要求等的)有效時期：barred by ~ 超過有效時期。

lim·i·ta·tive [`lɪməˌtetɪv; 'limiteitiv] *adj.* 限制的；限定的。

lím·it·ed *adj.* **1** 有限制的，有限的；少的，狹窄的：a ~ edition (書籍等的)印量有限的版本/a ~ war 局部戰爭/ ~ ideas 狹窄的想法/a person of ~ means [imagination] 資力[想像力]貧乏的人/The resources were very ~ . 資源非常少/~ success 差强人意的成功。

2《美》〈火車等〉乘客人數、停車站等有限制的，特別的：a ~ express (鐵路對號)特快，特別快車。

3《英》〈公司〉有限責任的：a *limited* (-liability) company 有限(責任)公司《★用法 在公司名稱之後附加 Limited 或縮寫爲 Ltd., L'd；cf.《美》incorporated》.

—*n.* Ⓒ《美》(火車或巴士的)特別快車。~**·ly** *adv.*

lím·it·ing *adj.* **1** 加以限制[限定]的，有限制[限定]作用的。**2**〖文法〗限制的。

límit·less *adj.* 無限的；無限制的；無限期的；一望無際的。~**·ly** *adv.*

limn [lɪm; lim] *v.t.* **1** 描…；寫…。**2**《古》描寫…；描述…。

lim·ner [`lɪmɚ, `lɪmnɚ; 'limnə] *n.* Ⓒ畫匠；畫師。

lim·nol·o·gy [lɪm`nɑlədʒɪ; lim'nɔlədʒi] *n.* Ⓤ湖沼學，淡水生物學。

li·mo·nite [`laɪməˌnaɪt; 'laimənait] *n.* Ⓤ〖礦〗褐鐵礦。

lim·ou·sine [`lɪməˌzin, ˌlɪmə`zin; 'limu:zi:n] *n.* Ⓒ **a** (在旅館、機場之間接送旅客的)小型巴士(⇨ bus 相關用語)。**b** (在司機座位與其背後的乘客座位間)有(活動)玻璃隔板的轎車型汽車。**c** 可載五名乘客的高級出租客車。

【字源】源自法國 Limousine 地方居民穿用帶有頭罩長衣服之名，但爲何這種汽車被稱作 limousine 則不得而知。很可能乘客坐處上面有車頂，很像頭罩，因此得名。

limp¹ [lɪmp; limp] *v.i.* **1** 跛行。**2**〔十副〕〈船、飛機等〉(因故障等而)慢行〈*along*〉. **3**〈工作、景氣等〉停滯，遲遲不進展。**4**〈詩歌〉韻律[抑揚]紊亂，錯用韻律。

—*n.* [**a** ~]跛行，跛脚：have[walk with] *a* ~ 跛行。

limp[2] [lɪmp; limp] *adj.* **1 a** 柔軟的；易曲的(←→ stiff).**b** 軟癱癱的。**2** 軟弱的，沒有精神的；無氣力的；疲倦的：(as) ～ as a doll[rag]筋疲力竭。～**·ly** *adv.* ～**·ness** *n.*

lim·pet [ˈlɪmpɪt; ˈlimpit] *n.* Ⓒ **1**《貝》蠍。**2**《謔》堅守某一職位的人；緊隨旁人的人。

hóld ón [**háng ón, clíng, stíck**] **like a límpet**(**to...**) 緊附(於…)不離。

lim·pid [ˈlɪmpɪd; ˈlimpid] *adj.* **1**〈液體〉清澈的，透明的。**2**〈文體〉明晰的；清楚的。～**·ly** *adv.* ～**·ness** *n.*

lim·pid·i·ty [lɪmˈpɪdətɪ; limˈpidəti] «limpid 的名詞»**—***n.* Ⓤ **1** 透明，清澈。**2** 明晰。

limp·ing·ly [ˈlɪmpɪŋlɪ; ˈlimpiŋli] *adv.* 支支吾吾地，勉勉強強地。

lim·y [ˈlaɪmɪ; ˈlaimi] «lime[1] 的形容詞»**—***adj.* (**lim·i·er**；**-i·est**) **1** 石灰質的；被石灰覆蓋的；含有石灰的。**2** 塗有黏鳥膠的；有黏性的。

lin·age [ˈlaɪnɪdʒ; ˈlainidʒ] *n.* Ⓤ **1** (印刷物的)行數。**2** (稿費的)按行數計酬。

linch·pin [ˈlɪntʃˌpɪn; ˈlintʃpin] *n.* Ⓒ **1 a** (牛、馬車等的)輪轄，制輪楔。**b** (扇)軸。 **2** 對 (事物的) 聯繫不可缺之物[人]，關鍵〔*of*〕.

Lin·coln [ˈlɪŋkən; ˈliŋkən], **Abraham** *n.* 林肯《1809–65；美國第十六位總統(1861 – 65)》.

Líncoln's Bírthday *n.* 林肯誕辰紀念日《二月十二日；在美國許多州爲法定假日》。

Lin·coln·shire [ˈlɪŋkənˌʃɪr, -ʃɚ; ˈliŋkənˌʃiə, -ʃə] *n.* 林肯郡《英格蘭東部的一個郡；首府林肯(Lincoln)；略作 Lincs.》.

Lincs. [lɪŋks; liŋks]《略》Lincolnshire.

linc·tus [ˈlɪŋktəs; ˈliŋktəs] *n.* Ⓤ《藥》(止喉嚨痛的)糖漿藥。

Lin·da [ˈlɪndə; ˈlində] *n.* 琳達《女子名》。

Lind·bergh [ˈlɪnbɝg, ˈlɪnd-; ˈlindbəːg], **Charles Augustus** *n.* 林白《1902–74；1927 年首次完成單人橫渡大西洋不着陸飛行的美國飛行家》。

lin·den [ˈlɪndən; ˈlindən] *n.* Ⓒ《植物》椴樹《椴樹屬的一種喬木；cf. whitewood 1》.

‡**line**[1] [laɪn; lain] «源自拉丁文「以亞麻製成之繩」之義» **—***n.* **1** Ⓒ (細而強韌的)**繩索**：**a** 帶，繩，線(等)：a hemp ～ 麻繩。**b** 曬衣繩(⇨ clothesline【說明】)：hang the clothes on the ～ 把衣服搭在曬衣繩上/⇨clothesline. **c** 釣魚線：fish with rod and ～ ⇨rod 1 b / wet one's ～ 垂下釣魚線/throw a good ～ 釣魚(甩線)技術高明。**d** (測量員、木匠等的)測量線：⇨ plumb line, sounding line.

各種 lines[1] 2

2 Ⓒ **線**：**a** (連接兩個點的)線；《數學》(直)線：a straight [curved] ～ 直[曲]線/parallel ～*s* 平行線/a broken [dotted] ～ 虛[點]線/(as) straight as a ～ 一直線[筆直]的[地]。**b** (溝、色帶、裂縫等)條紋，線條；紋：～*s* of color in stratified rock 成層岩的色紋。**c** (插圖等的)線條，輪廓，外貌：the ～ of beauty 美的線條，優美的曲線《S 狀曲線》。**d** (臉、手等的)皺紋：a face with deep ～*s* 有深皺紋的臉。**e** (手相的)掌紋：the ～ of life[fortune]生命[命運]線。**f** 縫兒。**g**《物理》線：the ～ of flow 流線/the ～ of force 力線，磁力線。**h**《音樂》(五線譜的)一線。

3 Ⓒ **列**：**a** (連續物的)列，排列；《美》(等待順序的)行列(《英》queue)：a ～ of trees 一排樹/*in* a ～ 呈一列一列(cf. in LINE[1] 1). **b**《軍》橫隊(cf. column 4a)：form *into* ～ 列隊(《★無冠詞》)/form ～ 排成橫列《★無冠詞》。**c** 自動輸送作業(線)：⇨ assembly line.

4 行：**a** Ⓒ (文字的)行：read between the ～*s* 探究字裏行間隱含的意思，領會言外之意。**b** Ⓒ短簡，短函：drop[send] a person a ～ [**a few** ～**s**]寄給某人一封短函。**c** Ⓒ (詩的)一行。**d** [～**s**]短詩。**e** [～**s**]《英》罰學生的課業《給學生書寫背誦的拉丁文詩等》。**f** [～**s**]《英》結婚證書(marriage lines). **g** Ⓒ[常 ～**s**] (演員的)臺詞：blow one's ～*s* 忘記臺詞。

5 Ⓒ **a** [常 ～**s**]輪廓，外形：The ～*s* of his face are good.他五官端正。**b** [常 ～**s**] (計畫等的)概要。**c** [常 ～**s**] (女裝等的)立體輪廓，形狀：the A-*line* A 字形/a dress cut on the princess ～ 腰部等不用摺縫調整寬度而依胸、腰之立體尺寸裁剪縫製的衣裙相連貼身女裝。

6 Ⓒ **a** 系列，歷代；血統，家系：a long ～ of kings 歷代國王/the male ～男系/come of a good ～ 出身名門望族/in a [the] direct ～直系的。**b** (動物的)種族，血統。**c** (命令等的)系統：the ～ of command 指揮系統。

7 Ⓒ **a** [常 **the** ～]〔行進中之物的〕方向，路線〔*of*〕：*the* ～ *of* march 行軍(進)路線。**b** (鐵路、巴士等的)路線，鐵軌，軌道：the main ～ 幹線/a branch ～支線/the up [down] ～ 上行[下行]線/the north-south line 南北線。**c** [常構成複合字] (定期)航線，航空路線：the ocean ～ 大洋航線/⇨ airline. **d** [**L**～] [常 ～**s**；當單數用]航空[運輸]公司：Japan Air *Lines* 日本航空公司。

8 Ⓒ [常 ～**s**] (政策、行爲等的)方針，主義；趨勢，方向：a ～ of policy 政策方針/a new ～ of sweaters 一種新款式的毛線衣/*on* economical ～*s* 在經濟方針上/go *on* the wrong ～*s* 弄錯方針/take a strong ～ 採取強硬路線/take[keep to] one's own ～ 走自己的路線，堅守自己的方針/*Along* what ～*s* is the novel written? 那小說的寫作取向是什麼《那小說是按什麼寫作取向創作的》？

9 Ⓒ **a** [常 **one's** ～]嗜好，興趣；專長，專門：*in*[*out of*] one's ～合[不合]性格；擅長[不擅長]；歡喜[不歡喜]/It is not *in* my ～ to interfere. 干涉不是我的本色[我生性不喜歡干涉他人之事]。**b** 行當，職業：*in* the banking ～ 從事銀行的工作/What ～ (of business) are you *in*? =《口語》What's your ～? 你做的是那一門生意？

10 Ⓒ **a** 鐵絲；電線：a telephone ～ 電話線。**b** 電話線；電話：on a direct ～ 以直撥電話/The ～*s* are crossed. 接錯線了/⇨ hot line /clear the ～(爲在等候的他人)掛斷電話/*L*～('s) busy.《美》[用於電話]講話中(打不通)(《★ 比較》《英》The ～ is engaged.) /Hold the ～, please. [用於電話]請不要掛斷，稍候/Can you give me a ～? 你能打電話給我嗎？**c** 管道，管線。

11 Ⓒ《口語》〔有關…的〕情報[消息]〔*on*〕：get a ～ *on* ... 獲得有關…的情報/have a ～ *on* ... 握有[知悉]有關…的情報。

12 Ⓒ (表示區劃的)線，界線；《美》(州與州之間的)界線：⇨ draw the [a] LINE[1]/cross the ～ into Mexico 越過國境進入墨西哥。

13《軍》**a** Ⓒ [常 ～**s**]戰列，陣形；佈陣：a ～ of battle 戰列，戰線/the front ～前線。**b** Ⓒ《英》露營帳篷的排列。**c** [～**s**]《英》野堡。

14 [～**s**]《英》境遇，運，命運：⇨ hard lines.

15 Ⓒ《商》(商品的)種類，庫存，訂購(貨)，進貨的商品〔*in*, *of*〕：a cheap ～ *in* [*of*] foreign books 外國書籍的廉價貨。

16 [**the** ～] **a**《英陸軍》步兵，正規兵《禁衛兵和砲兵以外全部》。**b**《美陸軍》戰鬥部隊。

17 [**the** ～,常 **L**～]《地理》赤道：cross *the* ～ 通過赤道。

18 Ⓒ《美式足球》爭球線(⇨ line of SCRIMMAGE).

19 Ⓒ《電視》掃描線。

áll alóng the líne (1)〈勝利等〉遍及全線地，全面地(cf. 13 a).(2)到處，完全地：Our stocks have advanced *all along the* ～. 我們的股票全面地上揚。

belòw the líne 在一定水平以下。

bring...into líne (1)使…成一排，排列。(2)使…〔與…〕一致[協力]〔*with*〕.

còme into líne (1)成爲一列。(2)〔與…〕一致[協力]〔*with*〕.

dráw the [**a**] **líne** (1)劃界線：*draw a* ～ between right and wrong 在善惡之間劃界線，使是非分明。(2)置界線〔於…〕，止[於…]，不做[到…]〔*at*〕：One must *draw the* ～ somewhere. 忍耐也得有個限度[做什麼事都得適可而止] /He knows where [when] to *draw the* ～. 他有自知之明[有分寸] /I *draw the* ～ *at* (us*ing*) violence. 反對(使用)暴力。

fàll ìnto líne (1)〔與…〕排成一列〔*with*〕. (2)〔與他人〕一起行動〔*with*〕.

gìve a person **líne enòugh** 暫時放縱某人，對某人先縱後擒《★因釣魚時若有魚上鈎先將釣魚線充分地放長，讓魚游累之後釣起，故稱》。

gò dówn the líne《美》全面地支持〔*for*〕(cf. all along the LINE[1]).

hít the líne《美式足球》(帶球)試突破對方的防線。

hóld the líne (1)⇨ 10 b. (2)堅守立場[方針]，不後退。

in líne (1)成一直線地。(2)成一列地；成橫隊地：stand *in* ～ 排成橫隊；《美》排隊/wait *in* ～ *for* tickets 排隊買票/draw up *in* ～ 排成橫隊。(3)〔與…〕一致，調和；順從〔…〕〔*with*〕：fall *in* ～ (*with*...) (與…)一致。(4)抑制，控制：keep one's feeling *in* ～ 抑制感情。

in líne for... (1)⇨ in LINE[1] (1). (2)有得到〈地位等〉的希望；可能獲得〈晋升等〉：He is *in* ～ *for* the presidency. 他有希望升任爲總經理。

júmp the líne《美》(1)(不順序排隊而)擠進行列中，插隊。(2)不按順序等候輪到自己而試圖搶先取得。

láy [**pút**] **...on the líne**《口語》(1)率直地說…(《★常用 it 作受詞》)：I'll *lay it on the* ～ for you. 爲了你，我要率直地說。(2)將〈生命、地位、名聲等〉做賭注：*lay* one's life *on the* ～ *for* [*to* do]... 爲…[爲做…而]拿生命做賭注。(3)全額以現金付〈款〉。

líne of communicátion(s) (1)《軍》(前線與後方的)交通線，連絡線，後勤線。(2)通訊(方法)。

L

on a line 在同一平面上[高度]；平行的；沒有高低。
on the line (1)〈畫等〉在〈觀賞者的〉眼睛高度：His picture was hung *on the* ~. 他的畫掛得與視平線基本相齊。(2)模稜兩可，在兩者之間；兩者皆非。(3)《口語》立即：pay cash *on the* ~ 立即付現款/⇨ lay [put]...on the LINE1 (3). (4)《口語》〈生命、地位、名聲等〉被暴露在危險中[當作賭注]/⇨ lay [put] ... on the LINE1 (2). (5)聽電話：come *on the* ~ 接電話/"He is *on the* ~," his secretary said. 他的秘書說：「對方已在接聽電話了。」
on the lines of... (1)按…的路線[方針]。(2)與…(很)像的：something *on the* ~*s of* a sari 像印度女人的紗麗的東西。
out of line (1)不成一列，排亂。(2)不一致，不能配合。
toe the line (1)〈於賽跑等〉將腳尖靠在起跑線而站立。(2)服從統治[命令，黨紀]，遵守習慣[規則(等)]。
—v.t. 1 〔十受〕給…畫線；以線描…。**2** 〔十受〕使〈臉等〉起皺紋《★常以過去分詞當形容詞用，介系詞用 *by, with*》：a face ~*d* ***by*** [***with***] age [pain] 因年老[痛苦]而生皺紋的臉。**3** 〔十受(十副)〕將…排成一列〈*up*〉。**4 a** 〔十受十介十(代)名〕沿…排列〔人，物〕〔*with*〕：~ a street ***with*** police 使警察沿街排列/a street ~*d with* trees 林蔭路。**b** 〔十受(十副)十介十(代)名〕將…〔沿…〕排(成一列)〈*up*〉〔*along*〕：Cars are ~*d* ***up along*** the road. 車子沿路排列。**c** 〔十受〕沿…而排：Cars ~*d* the curb. 車子沿著人行道旁排列。
—v.i. 1 〔十副〕排隊，列隊〈*up*〉：The soldiers ~*d* ***up*** for inspection. 士兵們排列準備接受檢閱。**2** 《棒球》擊出平飛球：~ *to* right (field) 向右外野擊出平飛球。
line out 《*vt adv*》(1)描取〈設計圖、畫〉的輪廓。(2)畫線勾消…。**—**《*vi adv*》(3)《棒球》擊出平飛球而被接殺出局。
line up against... 組織起來反對…。
line up behind... 團結起來支援…：~ *up behind* a new leader 大家同心協力支持新領袖。

line2 [laɪn; lain] **《源自 linen 曾用爲襯裏的材料》—***v.t.* **1 a** 〔十受(十介十(代)名)〕加〔…的〕襯裏於…，〔以…〕襯裏於…〔*with*〕《★常以過去分詞當形容詞用》：~ a dress ***with*** silk 用絲綢給女裝加襯裏/a coat ~*d with* fur 用毛皮作襯裏的上衣。**b** 〔十受〕作爲…的襯裏。**2** 〔十受十介十(代)名〕〔以…〕填滿[裝滿]〈口袋、胃等〉〔*with*〕：He ~*d* his purse well ***with*** bribes. 他以收賄中飽私囊。

lin·e·age1 [ˈlɪnɪɪdʒ; ˈliniidʒ] *n.* Ⓤ [又作a ~] 血統，系統；門第，家世：a man *of* good ~ 門第[家世]好的人/She was *of* (an) aristocratic ~. 她有貴族的血統。
line·age2 [ˈlaɪnɪdʒ; ˈlainidʒ] *n.* =linage.
lin·e·al [ˈlɪnɪəl; ˈliniəl] *adj.* **1** 直系的，正統的(cf. collateral 2 b)：a ~ascendant [descendant] 直系尊屬[後裔]。**2** 世襲的，繼承的。**3** 線(狀)的，直線的。**~·ly** [-əlɪ; -əli] *adv.*
lin·e·a·ment [ˈlɪnɪəmənt; ˈliniəmənt] *n.* Ⓒ [常 ~s] **1 a** 容貌，相貌，臉型：His face shows the ~*s* of the Hapsburgs. 他的臉具有哈布斯堡王室的外貌特徵。**b** 〈身體的〉外形，輪廓。**2** 特徵。
lin·e·ar [ˈlɪnɪɚ; ˈliniə] **《line1 的形容詞》—***adj.* **1 a** 線的，直線的。**b** 線狀的，線型的。**2** 〈有關〉長度的。**3** 《數學》一次的：a ~ equation 一次方程式。**4** 《植物·動物》線狀的。
lin·e·ar·i·ty [ˌlɪnɪˈærətɪ; ˌliniˈæriti] *n.* Ⓤ線性，直線性。
linear measure *n.* ⓊⒸ 長度《inch, foot, yard, meter, mile 等》。
linear motor *n.* Ⓒ《電學》線型馬達。
linear programming *n.* Ⓤ《數學》線性規畫。
lined1 *adj.* 畫有線的；有條紋的：~ paper 畫有線的紙。
lined2 *adj.* 有襯裏的。
line drawing *n.* ⓊⒸ〈鋼筆、鉛筆等的〉線條畫。
line drive *n.* Ⓒ《棒球》平飛球(liner).
line engraving *n.* ⓊⒸ **1** 線雕(法)。**2** 線雕銅板。**3** 線雕銅版畫。
line·man [ˈlaɪnmən; ˈlainmən] *n.* Ⓒ (*pl.* **-men** [-mən; -mən]) **1** 〈電報、電話線等的〉架設[養護]工人。**2** 《測量》執線手。**3** 《美式足球》前鋒《在攻擊線、防禦線的球員》。
lin·en [ˈlɪnɪn; ˈlinin] *n.* Ⓤ **1 a** 亞麻布。**b** 亞麻線。
2 [集合稱；常 ~s] 亞麻布類[製品]《襯衫、床單、桌布、內衣等；多以寬面平紋白棉布代替》：⇨ bed linen, table linen/change one's ~ 換內衣。
3 (又作 **linen paper**) 亞麻紙。
wash one's **dirty linen (in public)** 向外宣揚家醜。
—*adj.* [用在名詞前] 亞麻布(製)的；似亞麻布的：a ~ handkerchief 亞麻布手帕。
linen draper *n.* Ⓒ《英》亞麻布[襯衫類]商人。
line of credit *n.* Ⓒ《商》通融額度。
line officer *n.* Ⓒ《軍》戰列軍官；艦長。
line of sight *n.* Ⓒ (*pl.* **lines of sight**) **1** 視線《自眼睛至目標間之直線》。**2** 雷達天線之直線電波。

line printer *n.* Ⓒ《電算》列印機。
lin·er1 [ˈlaɪnɚ; ˈlainə] **《源自 line1》—***n.* Ⓒ **1 a** 班輪《尤指定期航行遠洋的大型快速郵輪》：an ocean ~ 遠洋定期客輪。**b** 〈航空公司的〉班機。**2 a** 畫線工具[者]。**b** =eyeliner. **3** =line drive.
lin·er2 [ˈlaɪnɚ; ˈlainə] **《源自 line2》—***n.* Ⓒ **1** 縫襯裏的人。**2 a** 襯裏物，襯裏布料。**b** 〈外套等的可以裝卸的活動式〉襯裏。**3** 〈防止機器磨損用的〉襯墊，襯圈。**4** 〈附有說明的〉〈唱片〉套子。
liner train *n.* Ⓒ《英》在工業中心附近各站間運貨的火車；快速直達集裝箱貨車。
line·shooter *n.* Ⓒ《俚》吹牛大王，蓋仙。
line·shooting *n.* Ⓤ《俚》吹牛，胡扯。
lines·man [ˈlaɪnzmən; ˈlainzmən] *n.* Ⓒ (*pl.* **-men** [-mən; -mən]) **1** 〈電報、電話線等的〉架設[養護]工人。**2** 《軍》戰列步兵。**3** 〈球賽等的〉巡邊員，司線員，線審。
line·up *n.* Ⓒ [常用單數] **1 a** 人的行列。**b** 《美》〈警察爲辨[指]認做案的歹徒而令有待辨視的一干人排成的〉嫌犯行列(《英》identification parade). **2** 〈爲某種目的而聚集的〉成員，結構；陣容。**3 a** 〈比賽開始時的〉列隊。**b** 〈選手的〉陣容。
ling1 [lɪŋ; liŋ] *n.* Ⓤ《植物》石南《歐洲產的普通石南(heather)》.
ling2 [lɪŋ; liŋ] *n.* Ⓒ《魚》鮃鱈《鱈科的一種食用魚》。
-ling [-lɪŋ; -liŋ] 字尾 **1** 附於名詞後表示「小」之意；常含輕蔑之意：duck*ling*；prince*ling*.
2 附於名詞、形容詞、副詞後表示「屬於…之[與…有關之]人、物」之意：dar*ling*；under*ling*.
lin·ger [ˈlɪŋgɚ; ˈliŋgə] **《源自古英語「拖延」之義》—***v.i.* **1** 〔動(十副)〕〈依戀不捨地〉留下，久留〈*on*〉。
2 〔動(十副詞(片語))〕殘留；徘徊：They ~*ed about* in the garden after dark. 他們天黑之後留在花園徘徊。
3 〔動(十副)〕**a** 〈冬天、疑念、回憶、習慣等〉歷久猶存[不消失，不衰微]〈*on*〉：The superstition still ~*s* ***on*** among them. 那種迷信仍然殘留在他們的腦海中。**b** 〈長臥病榻的病人〉苟延殘喘〈*on*〉.
4 〔十介十(代)名〕〔對工作、用餐等〕〈磨磨蹭蹭〉浪費時間，拖拖拉拉〔*over, on, upon*〕：She ~*ed* ***over*** her work till late at night. 她磨磨蹭蹭工作到深夜。
—*v.t.* 〔十受十副〕磨磨蹭蹭度過〈時間〉〈*away, out*〉：I ~*ed* ***away*** my days on the sickbed. 我纏綿病榻過日子/He ~*ed* ***out*** his life. 他苟延殘生。**~·er** *n.*
lin·ge·rie [ˈlænʒəˌri; ˈlænʒəri:] **《源自法語 'linen' 之義》—***n.* Ⓤ (主要爲婦女、兒童用的)內衣類。
lin·ger·ing [ˈlɪŋgərɪŋ; ˈliŋgəriŋ] *adj.* **1** 拖延的，拖久的，磨磨蹭蹭的；留連不去的：a ~ disease 纏綿的疾病。**2** 躊躇的，逡巡的；依戀不捨的。**~·ly** *adv.*
lin·go [ˈlɪŋgo; ˈliŋgou] *n.* Ⓒ (*pl.* **~es**) 《輕蔑·謔》**1** 令人費解的話。**2** 外國語，術語。
lin·gua fran·ca [ˈlɪŋgwəˈfræŋkə; ˌliŋgwə ˈfræŋkə] **《源自義大利語 'Frankish language'》 —***n.* (*pl.* **~s, lin·guae fran·cae** [ˈlɪŋgwiˈfrænki; ˌliŋgwi:ˈfrænki:]) **1** Ⓤ 〈從前主要在地中海東部沿岸於通商等時所使用的義大利語、西班牙語、阿拉伯語等的〉混合語。**2** Ⓒ **a** 混合的國際語言《例如商人所使用的洋涇濱英語(pidgin English)之類》。**b** 共同語言，通用媒介。
lin·gual [ˈlɪŋgwəl; ˈliŋgwəl] *adj.* **1** 舌的。**2** 語言的。**3** 《語音》舌音的。
—*n.* Ⓒ《語音》舌音，舌音字母《t, d, th, s, n, l, r》.
~·ly [-gwəlɪ; -gwəli] *adv.*
lin·guist [ˈlɪŋgwɪst; ˈliŋgwist] *n.* Ⓒ **1** 通曉多種外國語的人，語言專家：a good [bad, poor] ~ 善於[不善於]使用語言的人/I'm no [a good] ~. 我不懂[精通]外國語。**2** 語言學家。
lin·guis·tic [lɪŋˈgwɪstɪk; liŋˈgwistik] *adj.* **1** 語言的。**2** 語言學上的。**-ti·cal·ly** [-tɪklɪ; -tikəli] *adv.*
linguistic atlas *n.* Ⓒ《語言》語言分布圖。
linguistic geography *n.* Ⓤ語言地理學。
lin·guis·ti·cian [ˌlɪŋgwɪsˈtɪʃən; ˌliŋgwiˈstiʃn] *n.* Ⓒ《罕》語言學家。
lin·guis·tics [lɪŋˈgwɪstɪks; liŋˈgwistiks] *n.* Ⓤ語言學：comparative [descriptive, general, historical] ~比較[描述，普通，歷史]語言學。
lin·i·ment [ˈlɪnəmənt; ˈlinimənt] *n.* Ⓤ [指產品個體或種類時爲Ⓒ]《醫》〈治痠痛或放鬆肌肉筋骨的〉搽劑，擦劑。
lin·ing **《源自 line2》—***n.* **1** Ⓤ襯裏。**2 a** Ⓒ〈加於衣服等的〉裏子，襯裏布料：a fur ~ 毛皮裏/Every cloud has a silver ~. ⇨ cloud *n.* 1. **b** Ⓤ襯裏的材料，襯裏布。
***link1** [lɪŋk; liŋk] *n.* Ⓒ **1 a** 〈鏈子的〉環。**b** 〈編織物的〉眼。**c** [常 ~s] 袖釦(cufflinks). **2** 〈一連串香腸等的〉一節：a ~ of sausage 一節香腸。**3** 使結合之物[人]；連繫物；連接，關聯〔*between*〕：the ~ *between* smoking and lung cancer 吸煙與肺癌的關聯/⇨ missing link. **4** 《機械》連桿，連鎖裝置。

L

—v.t. 1〔十受(十副)〕將〈兩個東西〉連接；結合…〈*up, together*〉：These are closely ～*ed together*. 這些緊連在一起。

links[1] 1 a

2〔十受十介十(代)名〕將…〔與…〕連接，結合…〔與…〕〔*to, with*〕：～ a thing *to* another 將某物連接於另一物。

—v.i.〔動(十副)〕連接，結合〈*up, together*〉：The facts finally ～*ed up*. 那些事實終於串連起來了《整個情況弄清楚了》。

link[2] [lɪŋk; liŋk] *n.* Ⓒ《古》火炬(torch).

link·age [ˈlɪŋkɪdʒ; ˈliŋkidʒ] *n.* ⓊⒸ聯合，連鎖，連繫。

link·boy [ˈlɪŋkˌbɔɪ; ˈliŋkbɔi] *n.* ＝linkman.

línk·ing vèrb *n.* Ⓒ《文法》連綴動詞，連繫動詞《be, become, seem 等》。

link·man [ˈlɪŋkmən; ˈliŋkmən] *n.* Ⓒ(*pl.* **-men** [-mən; -mən])持火炬者《昔日受雇執火把爲走黑路的行人照明者》。

links [lɪŋks; liŋks] *n. pl.* **1** [當單數或複數用]高爾夫球場(golf course): on a ～ 在高爾夫球場上/⇨golf links. **2**《蘇格蘭》(沿著海岸起伏的)沙地，沙丘。

línk·ùp *n.* Ⓒ**1** 結合，連接。**2** 結合[連接]點。

Lin·n(a)e·an [lɪˈniən; liˈniːən] *adj.* 林奈(Linnaeus)的；林奈式(植物分類法)的。

Lin·n(a)e·us [lɪˈniəs; liˈniːəs], **Carolus** [ˈkɑrələs; ˈkɑːrələs] *n.* 林奈《1707-1778；瑞典植物學家，二名分類法之創始者》。

lin·net [ˈlɪnɪt; ˈlinit] *n.* Ⓒ《鳥》赤胸朱頂雀。

li·no [ˈlaɪno; ˈlainou] 《linoleum 之略》**—n.** Ⓤ《英口語》油氈，油布。

li·no·cut [ˈlaɪnoˌkʌt; ˈlainoukʌt] *n.* ⓊⒸ橡膠版畫。

li·no·le·um [lɪˈnolɪəm; liˈnouljəm] 《源自拉丁文「亞麻油」之義》**—n.** Ⓤ油氈，油布，地板布《完成地板的最後加工材料》。

li·no·type [ˈlaɪnəˌtaɪp; ˈlainətaip] *n.*《印刷》**1** Ⓒ鑄造排字機《以行爲單位鑄植活字的機器》。**2** Ⓤ使用鑄造排字機的印刷(法)。

lin·seed [ˈlɪnˌsid; ˈlinsiːd] *n.* Ⓒ[集合稱時爲Ⓤ]《植物》亞麻(flax)子，亞麻仁。

línseed càke *n.* Ⓤ亞麻仁餅《用作家畜之飼料》。

línseed òil *n.* Ⓤ亞麻仁油。

lin·sey(-wool·sey) [ˈlɪnzɪ(ˈwʊlzɪ); ˈlinzi(ˈwulzi)] *n.* Ⓤ棉毛織品；麻毛織品。

lint [lɪnt; lint] *n.* Ⓤ**1** 軟布，絨布《使亞麻布(linen)的單面起毛而成的一種柔軟布料；現用於濕敷等》。**2** (生棉的)棉屑；(布料等綻線而產生的)線頭，絨毛(fuzz).

lintel 1

lint·el [ˈlɪntl; ˈlintl] *n.* Ⓒ《建築》**1** 門楣，過梁《門、窗上的橫木》。**2** 楣石。

lin·ter [ˈlɪntɚ; ˈlintə] *n.* **1** Ⓒ軋(棉)毛機。**2** [～s]棉毛。

‡li·on [ˈlaɪən; ˈlaiən] *n.* **1** Ⓒ《動物》獅。

【說明】因其外形勇猛，被稱爲 the King of Beasts(百獸之王)，自古被用作象徵王室的紋章。

2 Ⓒ勇猛的人。

3《源自從前觀光倫敦的人被帶去看倫敦塔的獅像》[～s]《英》(都市等的)名勝，著名之物，受歡迎之物：see[show] the ～*s* 參觀[帶人參觀]名勝。

4 Ⓒ名人，紅人，名士，聞人，受歡迎的作家(等)：political ～*s* 政界名人/the ～ of the day 當時[當代]紅人，受歡迎人物/make a ～ of a person 視某人爲紅人。

5 Ⓒ《紋章》獅子的徽章：the ～ and unicorn 獅子和獨角獸《捧持英國王室紋章的動物圖像》/the British ～ [*L*～]英國(國民)。

6 [the L～]《天文》獅子座(Leo).

a líon in the wáy [**páth**] (尤指想像中的)横在前途的難關《★出自聖經「箴言」》。

(as) bóld as a líon 勇如猛獅，異常勇猛。

béard the líon in his dén 奮力對抗可怕的[有勢力的]人《★出自聖經「撒母耳記上」；★源自「抓穴中獅子的鬍鬚」之義》。

pùt [**pláce**] **one's héad ìnto the líon's móuth** 自願置身險境，冒大險。

the líon's sháre 最好的[大的]部分；便宜，好處：take *the* ～*'s share* 拿最大的一份；分一杯羹，撈一把。

【字源】典故出自伊索寓言(*Aesop's Fables*)．故事說獅子與其他動物一起打獵，要分配獵獲物時，獅子主張自己該得¼，自己的勇氣再得¼，自己的妻兒應得¼，一共要求¾優先分配給他，其餘¼要其他的動物跟他決鬥來分，其他的動物聽了只好紛紛地退出。

thrów a person to the líons 無動於衷地犧牲〈某人〉，對〈某人〉見死不救《★因在古羅馬將罪犯、俘虜餵獅子供人觀賞》。

Li·o·nel [ˈlaɪənl, -ˌnel; ˈlaiənl] *n.* 賴恩諾《男子名》。

li·on·ess [ˈlaɪənɪs; ˈlaiənis] *n.* Ⓒ雌獅。

líon·héarted *adj.* 勇猛的。

líon-hùnter *n.* Ⓒ**1** 獵獅人。**2**《英》攀龍附鳳者；巴結名人者。

li·on·ize [ˈlaɪənˌaɪz; ˈlaiənaiz] *v.t.* 捧[奉承]〈某人〉，把〈某人〉當作名人。**li·on·i·za·tion** [ˌlaɪənəˈzeʃən; ˌlaiənəˈzeiʃn] *n.*

líon·lìke *adj.* 獅子般的。

Líons Internátional 《Lions 是 '*l*iberty, *i*ntelligence and *o*ur *n*ation's *s*afety' 的頭字語》**—n.** [the ～]國際獅子會《1917 年在美國創立；正式名稱是 the International Association of Lions Clubs》。

líon's províder *n.* Ⓒ**1** 胡狼。**2** 供他人使喚者；作他人工具者。

líon tàmer *n.* Ⓒ馴獅人。

‡lip [lɪp; lip] *n.* **1** Ⓒ**a** 唇，嘴：the upper [lower, under] ～ 上[下]唇/bite one's ～*s*(忍住怒氣、苦惱、笑等而)咬嘴唇/curl one's ～(*s*)(表示輕蔑而)撇嘴/lick one's ～*s* 舐嘴唇/smack one's ～*s* 咂嘴/make (up) a ～ (表示喜悅或不悅而)噘嘴/put [lay] one's fingers to one's ～*s*(示意勿出聲而)把手指按在嘴唇上。**b** 嘴唇的附近；(尤指)鼻下(一帶)：a face with a bearded ～ 長著鬍子的臉。

2 [～s](作爲發音器官的)口：open one's ～*s* 開口，說話。

3 Ⓒ唇狀之物：**a**〔水壺等的〕嘴〔*of*〕.**b**〔碗、杯等的〕邊，緣〔*of*〕. **c**《音樂》(吹奏樂器的)吹口(mouthpiece).

4 Ⓤ《俚》多嘴；冒昧話：None of your ～! 不要冒昧[插嘴]！

bútton (úp) one's líp(s) 《俚》⑴(避免洩密而)閉口，沉默。⑵不顯露感情於外。

háng on the líps of...＝háng on a person's líps 傾聽某人的一言一字，聽某人的話聽得出神。

kèep [**hàve**] **a stiff úpper líp** (陷於困境而仍)鼓足勇氣奮鬥；不屈不撓；沉默寡言，感情不外露。

—adj. [用在名詞前]**1 a** 嘴唇的；嘴唇用的。**b**《語音》唇音的。**2** 只是口說的：⇨ lip service.

—v.t. (**lipped**; **lip·ping**)〔十受〕**1** 將嘴唇貼在…上，使嘴唇碰…。**2** 輕輕地說…。**3**《高爾夫》擊球使其觸〈洞〉的邊緣。

li·pase [ˈlaɪpes; ˈlaipeis] *n.* Ⓤ《生化》脂酶。

líp-bàlm *n.* Ⓤ[指產品個體或種類時爲Ⓒ]《英》護唇膏。

líp-déep *adj.* 表面上的，膚淺的，空口的，無誠意的。

lip·id [ˈlɪpɪd; ˈlipid] *n.* Ⓤ《生化》油脂《脂肪、乳酪及凝脂類的集合稱》。

lipped *adj.* **1** 有唇[注口]的：a ～ jug 有注口的水壺。**2** [常構成複合字]嘴唇…的：red-*lipped* 嘴唇紅的，紅嘴唇的。

lip-read [ˈlɪpˌrid; ˈlipriːd] *v.t.* & *v.i.* (**lip-read** [-ˌrɛd; -red])以讀唇法了解，運用讀唇法。

líp-rèading *n.* Ⓤ(聽覺障礙者的)讀唇法。

líp-sàlve *n.* **1** Ⓤ[指產品個體或種類時爲Ⓒ]唇用軟膏。**2** Ⓤ諛詞，奉承(話)。

líp sèrvice *n.* Ⓤ口惠，空口的應酬話：pay ～ to... 對〈人〉說空口的應酬話。

lip·stick [ˈlɪpˌstɪk; ˈlipstik] *n.* Ⓤ[指產品個體或種類時爲Ⓒ]口紅，唇膏：use [wear] too much ～ 用[擦]過多的口紅/She had two ～*s* in her purse. 她的手提包裏有兩支口紅。

líp sỳnc 《*lip sync*hronization 之略》**—n.** Ⓤ《電影，電視》(電影等重新配音的)對口形，聲影一致。

liq.《略》liquid; liquor.

liq·ue·fac·tion [ˌlɪkwɪˈfækʃən; ˌlikwiˈfækʃn] 《liquefy 的名詞》**—n.** Ⓤ液化，熔解：～ of coal 煤炭之液化。

líq·ue·fied nátural gàs *n.* Ⓤ液化天然煤氣[瓦斯]《略作 LNG》。

líquefied petróleum gàs *n.* Ⓤ液化石油瓦斯，液體瓦斯，LP 瓦斯《略作 LPG》。

liq·ue·fy [ˈlɪkwəˌfaɪ; ˈlikwifai] *v.t.* 熔化…；熔解…；使…液化。

—v.i. 融化；熔解，液化。

li·ques·cence [lɪˈkwɛsn̩s; liˈkwesns] 《liquescent 的名詞》**—n.** Ⓤ液化(狀態)。

li·ques·cent [lɪˈkwɛsn̩t; liˈkwesnt] *adj.* **1** 易液化的。**2** 液化狀態的。

li·queur [lɪˈkɝ, lɪˈkjʊr; liˈkəː, liˈkjuə] 《源自法語 'liquor' 之義》**—n.** Ⓤ[指個體或種類時爲Ⓒ]利口酒《一種加香料的甜烈酒；主要於餐後用小杯喝》。

liquéur bràndy *n.* Ⓤ白蘭地(威士忌)甜酒《不加蘇打水，僅可飲小量者》。

liquéur glàss *n.* Ⓒ一種喝 liqueur 用的小酒杯。

***liq·uid** [ˈlɪkwɪd; ˈlikwid] 《源自拉丁文「在流的」之義》**—n. 1** Ⓤ[指種類時爲Ⓒ]液體(cf. fluid 1, gas[1] 1, solid 1 a). **2** Ⓒ《語音》流音《[l, r]有時指[m, n, ŋ]等》。

—*adj.* (無比較級、最高級) **1 液體的**，液狀的，流體的：~ air 液體空氣/ ~ food =a ~ diet 流動[液體，流質]食物《病人用》/ ~ medicine藥水(⇨ medicine 2 【相關用語】)。**2 a**〈天空等〉透明的，清澈的。**b**〈眼睛〉明亮的，透明的，清澈的。**3**〈音、詩等〉流水似的，柔和流暢的。**4** 流動性的，易動[變]的，不安定的：~ principles 易變的主義[原則]。**5**〈財產、擔保等〉易換成現金[易變賣]的：~ assets[capital]流動資產[資本]。**6**《語音》流音的。~·ly *adv.* ~·ness *n.*

líquid áir *n.* Ⓤ液體空氣。

liq·ui·date [ˈlɪkwɪˌdet; ˈlikwideit] *v.t.* **1 a** 償付，清償，償還〈債務等〉。**b** (因倒閉等)清理〈公司等的債務[資產]〉：~ assets 清理資產。**2** 將〈證券〉換成現款：~ one's stocks 把持有股票換成現款。**3 a** 廢止，清除，掃淨〈不滿意之物〉。**b** 整肅，肅清，殺害，「幹掉」(murder)〈人〉。

—*v.i.* **1** 清理，清算。**2**〈公司等〉(因負債等而)倒閉。

liq·ui·da·tion [ˌlɪkwɪˈdeʃən; ˌlikwiˈdeiʃn] «liquidate 的名詞»—*n.* Ⓤ**1** 清算，清理，清償。**2 a** 清除，消滅，掃除，除去，打破。**b** 整肅，肅清，殺害，消除。

gò into liquidátion 清算[破產]。

líq·ui·dà·tor [-tɚ; -tə] *n.* Ⓒ《法律》清算人，(公司等的)賬目清理人。

líquid crýstal *n.* Ⓤ液體結晶《即有結晶性質之液體》。

líquid fíre *n.* Ⓤ《軍》(噴火武器噴出之)燃燒液。

líquid-fúeled *adj.* (火箭、飛彈等)用液體燃料推進的。

li·quid·i·ty [lɪˈkwɪdətɪ; liˈkwidəti] «liquid 的名詞»—*n.* Ⓤ**1** 流動性。**2** (音的)清脆。

liq·uid·ize [ˈlɪkwədaɪz; ˈlikwidaiz] *v.t.* 使〈水果、蔬菜等〉成汁狀，使…液化。

líq·uid·ìz·er *n.* Ⓒ《英》(廚房用)攪拌器(《美》blender)。

líquid méasure *n.* **1** Ⓤ液量《液體體積的計量單位；cf. dry measure》：in ~ 依液量(爲)。**2** Ⓒ液量單位。

líquid óxygen *n.* Ⓤ《化學》液體[液態]氧。

***li·quor** [ˈlɪkɚ; ˈlikə] «源自拉丁文「液體狀態」之義» —*n.* **1** Ⓤ[指種類時爲Ⓒ] **酒類**；《美》(烈)酒：intoxicating ~烈酒/the ~ traffic 酒類的銷售/malt ~ 啤酒《ale, beer, porter 等》/spirituous ~(*s*) 以蒸餾法製造的酒，火酒《brandy, gin, rum, whiskey 等》/hold one's ~ well 保持不醉，喝酒不會亂性。**2** Ⓤ(尤指煮過食品後的)湯，汁，滷汁，肉汁。**3** Ⓤ《藥》藥水；溶液。

be in líquor =**be** (**the**) **wórse for líquor** 酒醉。

liq·uo·rice [ˈlɪkərɪs; ˈlikəris] *n.* =licorice.

li·ra [ˈlɪrə; ˈliərə] «源自義大利語；源自拉丁文 *libra* (= pound)»—*n.* Ⓒ(*pl.* **li·re** [ˈlɪre; ˈliəri], ~s)里拉《義大利的貨幣單位；= 100 centesimi；略作 L, Lit.》.

Li·sa [ˈlaɪzə, ˈlisə; ˈlaizə, ˈli:zə] *n.* 莉莎，萊莎《女子名；Elizabeth 的暱稱》。

Lis·bon [ˈlɪzbən; ˈlizbən] *n.* 里斯本《葡萄牙首都》。

Lisle [laɪl; lail,li:l] *n.* 法國里耳城(Lille)之舊名。

lisle [laɪl; lail] *n.* (又作 **lísle thrèad**)Ⓤ里耳線《一種堅韌的棉線》。

lisp [lɪsp; lisp] *v.i.* 舌頭不俐落而口齒不清地發音《例如將 six [sɪks; siks]發音成 [θɪkθ; θikθ]》.

—*v.t.* 〔十受(十副)〕口齒不清地說出…〈*out*〉：The child ~*ed* (*out*) his prayers. 那孩子口齒不清地禱告。

—*n.* [**a** ~]口齒不清(的發音)：speak with *a* ~ 口齒不清地講話。

lisp·ing [ˈlɪspɪŋ; ˈlispiŋ] *n.* Ⓤ(嬰兒等之)口齒不清的發音。

—*adj.* 口齒不清的，咬舌的。

lis·som(e) [ˈlɪsəm; ˈlisəm] *adj.* **1**〈身體〉柔軟的，柔韌易彎的。**2**〈人等〉敏捷的。~·ness *n.*

‡list[1] [lɪst; list] *n.* Ⓒ **1 一覽表**，表，册；目錄，名簿，明細表，價目表：a ~ of members 會員名册[單]/the free ~《英》免費入場[優待]者名册；《美》免稅貨物表/on [in] the ~ 列名於名册[單]上/draw up [make] a ~製表，造册，編製目錄/⇨ black list, waiting list. **2** =list price.

—*v.t.* 〔十受〕**1** 作…的一覽表，將…作成表。**2** 將…列於目錄[名册]上；記錄…：be ~*ed under*... 以…之名(目)列名。

—*v.i.* 〔十介十(代)名〕〈商品〉在目錄上列爲〔…的價格〕〔*at*, *for*〕：The motorcycle ~*s* **at** [**for**] $1000. 那機車在目錄上的價格爲一千美元。

list[2] [lɪst; list] *n.* **1** Ⓒ**a** 布邊，布條，織邊。**b** Ⓤ布邊料子，織物的邊緣。**2**《美》(田地的)壠，埂。**3** [**the** ~**s**] **a** (中世紀築在馬上長槍比武場周圍的)柵。**b** 比武場；比賽場。

énter the lists (1)接受挑戰，應戰。(2)加入爭辯[競爭]。

list[3] [lɪst; list] *v.i.* 〈船等〉傾斜，傾側：The ship ~*ed* seven degrees to port [starboard]. 船向左舷[右舷]傾斜七度。

—*v.t.* 使〈船等〉傾斜。

—*n.* [**a** ~]傾側，傾斜。

list[4] [lɪst; list] (~·**ed**, ~；~·**ed**；[第三人稱單數現在式] ~, ~·**eth**)《古》*v.t.* **1** 〈物〉合〈人〉之意。**2** 〔十 *to* do〕〈人〉希望[想]〈做…〉。

—*v.i.* 願意：The wind bloweth where it *listeth.* 風任意地吹《★出自聖經「約翰福音」》。

list[5] [lɪst; list]《古》*v.i.* 〔十介十(代)名〕聽，傾聽〔…〕〔*to*〕.

—*v.t.* 傾聽；聽見。

‡lis·ten [ˈlɪsn̩; ˈlisn] *v.i.* **1 a** (有意地)**聽**，傾聽，注意聽(⇨ hear 【同義字】)：*L*~! What's that noise? 聽，那是什麼聲音？**b** 〔十介十(代)名〕傾聽〔…(之所言)〕〔*to*〕：He ~*ed* **to** me [*to* the music]. 他傾聽我的話[那音樂]/I like to ~ *to* the radio. 我喜歡聽收音機。**c** 〔十介十(代)名十 do*ing*〕聽〔…做…〕〔*to*〕：We ~*ed* **to** the band play*ing*. 我們聽樂隊演奏。**d** 〔十介十(代)名十原形〕聽〔…〕〔*to*〕：She liked to ~ **to** children talk. 她喜歡聽孩子們談話。

2 〔十介十(代)名〕聽從〔…〕，服從〔…〕〔*to*〕：*L*~ **to** the advice of your father. 聽你父親的話吧。

3 〔十介十(代)名〕(心中預期而)注意傾聽；凝神想聽〔…〕〔*for*〕：We ~*ed* carefully **for** the footsteps. 我們凝神聽是否有脚步聲。

4 [當感嘆詞用，以使對方注意]聽著！聽我說！

listen to the music on the stereo (聽立體音樂)

lísten ín《*vi adv*》《★可用被動語態》(1)〈登記者以外的人〉旁聽〔…〕〔*to*〕. (2)聽〔收音機〕〔*to*〕. (3)盜[竊]聽〔電話、他人的談話〕〔*on, to*〕.

lísten óut《*vi adv*》[常用祈使語氣]注意聽〔…〕〔*for*〕：*L*~ *out for* your name *to* be called. 注意聽人家叫你的名字。

Lísten to yòu!《口語》怎麼？亂講！不會吧！《對方胡說時還嘴的話》。

—*n.* [**a** ~]傾聽，聆聽：Have *a* ~.你聽著！

lis·ten·a·ble [ˈlɪsn̩əbl̩; ˈlisnəbl] *adj.* 值得一聽的：highly ~ music 很值得一聽的音樂。

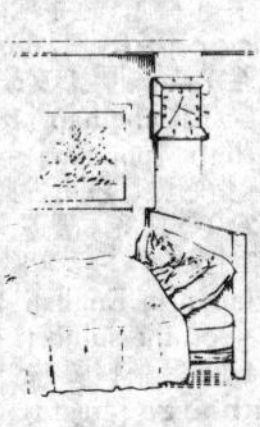

hear the clock tick (聽到時鐘嘀嗒嘀嗒聲)

lís·ten·er *n.* **1** Ⓒ聽的人，傾聽者：a good ~ 注意傾聽的人，善於聽取意見的人。**2** [~s；用於稱呼](收音機的)聽衆：Good morning, ~*s*! 各位聽衆早安！

lístener-ín *n.* Ⓒ(*pl.* **listeners-in**) **1** 無線電收聽者。**2** 盜[竊]聽者。

lístening pòst *n.* Ⓒ **1**《軍》(偵察敵方軍事行動之)聽音哨，監聽哨。**2** 情報站。

líst·er[1] «源自list[1]»—*n.* Ⓒ **1** 造册者，編製目錄者。**2**《美》查定稅額者。

líst·er[2] «源自list[2]» —*n.* Ⓒ《美》起壠機《一種農具》。

Lis·ter [ˈlɪstɚ; ˈlistə], **Joseph** *n.* 李斯德《1827–1912；英國外科醫生，爲消毒外科之創始者》。

líst·ing *n.* **1** Ⓤ **a** 一覽表[名單、名册(等)]之編製〔*of*〕. **b** 〔在一覽表(等)中的〕記入〔*of*〕.

2 Ⓒ **a** 一覽表，名單[册]〔*of*〕：make a ~ *of*... 作…的一覽表。**b** 記載。

líst·less *adj.* **1** 沒有興致的，不熱心的；不留心的；漠不關心的，冷漠的。**2** 懶散的，倦怠的。~·ly *adv.* ~·ness *n.*

líst price *n.* Ⓒ價目表上所列的價格，定價。

Liszt [lɪst; list], **Franz** [ˈfrænts; ˈfrænts] *n.* 李斯特《1811–1886；匈牙利作曲家及鋼琴家》。

‡lit [lɪt; lit] *v.* **light**[1,3] 的過去式・過去分詞。

lit. 《略》literal；literally；literary；literature；liter(s).

lit·a·ny [ˈlɪtn̩ɪ; ˈlitəni] *n.* **1 a** Ⓒ《基督教》連禱《教士唸祈禱文，信徒唱和的祈禱形式》。**b** [**the L**~]《英國國教》(祈禱書中的)連禱文。**2** Ⓒ冗長的[多反覆的]說明，囉囉嗦嗦的[令人厭倦的]話〔*of*〕.

li·tchi [ˈlaɪtʃi; ˈlaitʃi:] *n.* Ⓒ **1**《植物》荔枝樹《中國產的一種果樹》。**2** 荔枝。

***li·ter** [ˈlitɚ; ˈli:tə] *n.* Ⓒ**公升**《十進制的容量單位；等於1000cc；略作 l., lit.》。

lit·er·a·cy [ˈlɪtərəsɪ; ˈlitərəsi] «literate 的名詞»—*n.* Ⓤ讀寫的能力(↔ illiteracy).

lit·er·al [ˈlɪtərəl; ˈlitərəl] «源自拉丁文「字的」之義»—*adj.* (**more** ~；**most** ~) **1** (無比較級、最高級)文字(上)的：a ~ error 錯字，文字上的錯誤。**2 a 照字面[字義]的**；照原來意思

的：in the ～ sense of the word 按那字的字面意義。**b** 一字一字的，逐字的：a ～ translation 直譯，逐字翻譯。**3** (照字面)正確的，無誇張的；(照字面)完全的。**4** 〈人、頭腦等〉(拘泥於字句、事實而)不知變通的；死腦筋的，無想像力的。
—*n.* Ⓒ《印刷》錯字，錯排的字。 **～·ness** *n.*

lít·er·al·ism [-ˌɪzəm; -izəm] *n.* Ⓤ **1** 照字面解釋。**2** 《美術・文學》直寫[寫實]主義。

lít·er·al·ist [-lɪst; -list] *n.* Ⓒ直寫[直譯，寫實]主義者。

lit·er·al·ize [ˈlɪtərəlˌaɪz; ˈlitərəlaiz] *v.t.* **1** 照字面意義解釋。**2** 直譯。

lit·er·al·ly [ˈlɪtərəlɪ; ˈlitərəli] *adv.* (**more** ～; **most** ～) **1 a** 照字面意義地：interpret one's order ～ 照字面意義解釋自己所接到的命令/take a person (too) ～ (過分地)照字面意義解釋某人的話。**b** 逐字地：translate ～ 直譯。**2** (無比較級、最高級)不誇張地，實在地，完全地。

lit·er·ar·i·ly [ˈlɪtəˌrɛrəlɪ; ˈlitərərəli] *adv.* 文學上。

lit·er·ar·y** [ˈlɪtəˌrɛrɪ; ˈlitərəri] 《源自拉丁文「字」之義》**—*adj. (**more** ～; **most** ～) **1 文學的**，文學性的，著作的，文藝的：～ works [writings] 文學作品，著作/ ～ property 著作權。**2** [用在名詞前] (無比較級、最高級)精通[研究]文學的；以著作[寫作]爲業的：a ～ man 文學者，學者，著作家。**3** 文語的，文語式的：～ style 文語[文學]體。

lit·er·ate [ˈlɪtərɪt; ˈlitərət] *adj.* **1** 能讀寫的，識字的(↔ illiterate)。**2** 有教養的；博學的，博聞的。
—*n.* Ⓒ **1** 能讀寫的人，識字的人。**2** 學者，有學識的人。

lit·e·ra·ti [ˌlɪtəˈrɑtɪ; ˌlitəˈrɑːtiː] 《源自拉丁文》**—*n. pl.*** 知識階級；文學家。

lit·e·ra·tim [ˌlɪtəˈretɪm; ˌlitəˈreitim] 《源自拉丁文》**—*adv.*** 一字一字地，逐字地，照字面地。

‡lit·er·a·ture [ˈlɪtərətʃɚ; ˈlitərətʃə] 《源自拉丁文「寫作物」之義》**—*n.*** Ⓤ **1 文學**，文藝：English [French] ～ 英國[法國]文學/Elizabethan [18th century] ～伊利莎白時代[十八世紀]文學/light [popular] ～ 通俗文學，大衆文學/polite ～ 純[美]文學《指希臘、羅馬古典文學等》/a doctor of ～ 文學博士。
2 文學研究；著述，著作業：follow ～ 以著作爲業。
3 [又作 **a** ～] 文獻：travel ～ 旅行文獻，遊記文學/the ～ *on* Japan in English 有關日本的英文文獻/There is *an* extensive ～ on the subject. 有關這主題的文獻相當多。
4 [集合稱] (廣告、宣傳等用的)印刷品。

lith·arge [ˈlɪθɑrdʒ; ˈliθɑːdʒ] *n.* Ⓤ《化學》氧化鉛。

lithe [laɪð; laið] *adj.* 〈人、物〉易彎的，柔軟的。
～·ly *adv.* **～·ness** *n.*

lithe·some [ˈlaɪðsəm; ˈlaiðsəm] *adj.* ＝lithe.

lith·i·a [ˈlɪθɪə; ˈliθiə] *n.* Ⓤ《化學》氧化鋰。

lith·ic [ˈlɪθɪk; ˈliθik] *adj.* **1** 石的。**2** 《醫》結石的；膀胱結石的。**3** 《化學》鋰的。

lith·i·um [ˈlɪθɪəm; ˈliθiəm] *n.* Ⓤ《化學》鋰《最輕的金屬元素；符號 Li》。

lith·o·graph [ˈlɪθəˌgræf; ˈliθəgrɑːf] *n.* Ⓒ石版(畫)。
—*v.t.* 以石版印刷。

li·thog·ra·pher [lɪˈθɑgrəfɚ; liˈθɔgrəfə] *n.* Ⓒ石版工；石版畫家。

lith·o·graph·ic [ˌlɪθəˈgræfɪk; ˌliθəˈgræfik⁺] *adj.* 石版術的。
-i·cal·ly [-klɪ; -kəli] *adv.*

li·thog·ra·phy [lɪˈθɑgrəfɪ; liˈθɔgrəfi] *n.* Ⓤ石版術，石版印刷。

lith·o·sphere [ˈlɪθəˌsfɪr; ˈliθəˌsfiə] *n.* [**the** ～] 岩界，岩石圈。

Lith·u·a·ni·a [ˌlɪθjuˈenɪə; ˌliθjuːˈeinjə⁺] *n.* 立陶宛《波羅的海沿岸構成蘇維埃聯邦的共和國之一；首都維爾拿(Vilnius [ˈvɪlnɪəs; ˈvilniəs])》。

Lith·u·a·ni·an [ˌlɪθjuˈenɪən; ˌliθjuːˈeinjən⁺] 《Lithuania 的形容詞》**—*adj.*** 立陶宛(人，語)的。
—*n.* **1** Ⓒ立陶宛人。**2** Ⓤ立陶宛語。

lit·i·gant [ˈlɪtəgənt; ˈlitigənt] *adj.* 訴訟中的：～ parties 訴訟當事人。**—*n.*** Ⓒ《法律》訴訟當事人《原告或被告》。

lit·i·gate [ˈlɪtəˌget; ˈlitigeit] *v.i.* 興起訴訟。
—*v.t.* 在法庭解決〈問題〉。

lit·i·ga·tion [ˌlɪtəˈgeʃən; ˌlitiˈgeiʃn] 《litigate 的名詞》**—*n.*** Ⓤ 訴訟：*in* ～〈事件等〉在訴訟中。

li·ti·gious [lɪˈtɪdʒɪəs; liˈtidʒəs] 《litigate 的形容詞》**—*adj.*** **1** 〈人〉好訴訟的。**2** 可[應]訴訟的。**3** 訴訟(上)的。
～·ly *adv.* **～·ness** *n.*

lit·mus [ˈlɪtməs; ˈlitməs] *n.* Ⓤ《化學》石蕊色素《一種藍色色素；遇酸變紅，再遇鹼恢復藍色》。

lítmus pàper *n.* Ⓤ [指個體時爲Ⓒ]《化學》石蕊試紙。

li·to·tes [ˈlaɪtəˌtiz; ˈlaitətiːz] *n.* Ⓤ《修辭》反語法，間接肯定法(meiosis)《例如 *not bad*(＝pretty good)用反義字的否定以表強烈肯定之語法》。

***li·tre** [ˈlitɚ; ˈliːtə] *n.* 《英》＝liter.

Litt. D. 《略》*litterarum doctor* (拉丁文＝Doctor of Letters [Literature]) 文學博士。

***lit·ter** [ˈlɪtɚ; ˈlitə] *n.* **1** Ⓤ [集合稱] (用後)**散置之物**，雜物，破爛物；殘餘物，屑：No ～, please.《告示》請勿亂丟垃圾。**2** Ⓒ [常用單數] **雜亂**，混亂：*in* a ～ 亂七八糟。**3** Ⓤ (動物的)**鋪窩的乾草**；(用以鋪蓋農作物使其免受霜害等的)乾草。**4** Ⓒ [集合稱] (狗、豬等)一胎所生的小狗，小豬；一窩《★用法視爲一整體時當單數用，指全部個體時當複數用》：a ～ of pigs [puppies] 一窩小豬[小狗]/at a [one] ～ 一胎《生五隻等》。**5** Ⓒ **a** 擔架(stretcher). **b** (古時用以載人的)轎子。

> 【字源】源自拉丁文「牀鋪」之義。現代英文裡已失去原義，但用以表示搬動病人或傷患的擔架或動物睡覺的窩，或動物在窩裡生下的一胎小動物等等，皆與原義有關聯。

—*v.t.* **1 a** 〔十受(十副)十介十(代)名〕〔以物〕使〈房間等〉零亂〈*up*〉〔*with*〕：The yard was ～*ed* ***with*** bottles and cans. 院子裏瓶瓶罐罐丟得滿地零亂/Don't ～ (***up***) your room. 不要把你的房間弄得亂七八糟。**b** 〔十受十副詞(片語)〕使〈物〉散亂：～ papers *about* (room) (在房內)亂扔文件。**2** 〔十受〕〈狗、豬等〉生〈子〉。**3** 〔十受〕給〈動物〉鋪乾草；給〈植物〉鋪蓋乾草。
—*v.i.* 〈狗、豬等〉生子。

lit·te·ra·teur [ˌlɪtərəˈtɝ; ˌlitərəˈtəː] 《源自法語 'literary man' 之義》**—*n.*** Ⓒ文學者，文人。

lítter·bàg *n.* Ⓒ《美》(在汽車內使用的)碎屑簍，垃圾袋。

lítter-bàsket [**bìn**] *n.* Ⓒ《英》(公園等的)垃圾桶(cf. trash can)。

lítter·bùg *n.* Ⓒ《美》亂丟垃圾的人。

lítter·lòut *n.* 《英》＝litterbug.

‡lit·tle [ˈlɪtl; ˈlitl] *adj.* **A** [Ⓒ的名詞，修飾 people 等集合名詞] 《★用法表形狀時，比較級和最高級通常用 smaller; smallest；**lit·tler**; **lit·tlest** 用於美口語，但在英國則爲俚語或方言；cf. lesser》
1 (↔ big, large) [用在名詞前] **a 小的**，(小而)可愛的(形狀、規模)《★比較較small 更富於感情的要素》：a ～ bird 小鳥/a ～ village 小村莊/a ～ farm 小農場/⇨ little toe, little finger/the ～ people [folk] 小精靈們。**b** (無比較級、最高級)年輕的，年少的(young)：(my) ～ man [用於稱呼] 小弟弟《★用法母親常用》/our ～ ones 我們家的孩子/the ～ Smiths 史密斯家的孩子/one's ～ brother [sister] 弟弟[妹妹]/⇨ little woman/ She is too ～ to go out alone. 她太小，不能一個人出去。
2 (↔ great) **a 微不足道的，像小孩的**；瑣細的；小氣的，卑鄙的，胸襟狹窄的：a ～ mind 狹窄的胸襟/We know his ～ ways. 我們知道他小氣的作風/*L*～ things amuse ～ minds. 《諺》小事娛小人；小人對無聊事興高采烈。**b** [**the** ～; 當複數名詞用] 不重要的[沒有權力的]人們。
3 [用在名詞前] (無比較級、最高級)**短的**〈時間、距離等〉：our ～ life 我們短暫的生命/go but a ～ way to ... 離…差得遠，不夠…/He will be back in a ～ while. 他過一會兒就會回來/I'll go a ～ way with you. 我來陪你走一小段。
—B [修飾不可數名詞] 《★用法比較級和最高級爲 **less**; **least**》[用在名詞前] **1** [不加 a, 表示否定] **只有少許的**，**沒有多少的**，**幾乎沒有的**(↔ much) (cf. few *adj.* 1)：There is ～ hope. 沒有什麼希望了/We had (very) ～ snow last year. 去年雪下得(非常)少/I have but ～ money. 我只有一點點錢/Office jobs require ～ physical effort. 辦公室的工作幾乎不需要花力氣。
2 [**a** ～, 表示肯定] **(有)少許的**，(雖少)有一點的(↔ no, none) (cf. few *adj.* 2)：I can speak *a* ～ French. 我會講一點法語/There is *a* ～ hope. 有一點希望。
語法 (1) a little 與 little 的差異在於說話時的心態，前者強調「有」的觀念，而後者則強調「無」的觀念(cf. few *adj.* 語法)。(2) 有時爲表禮貌用以代替 some：May I have *a* ～ coffee? 我可以要一點咖啡嗎？/Let me give you *a* ～ mutton. 讓我給你些羊肉/May I have *a* ～ money? 我可以拿一點錢嗎？
3 [**the** ～ 或 **what** ～] 僅有的一點點的：I gave him *the* ～ money (that) I had.＝I gave him *what* ～ money I had. 我把僅有的一點錢全部給他。

líttle..., if ány＝**líttle or nó...** 即使有，也只是一點點；幾乎沒有：I have ～ hope, *if any*.＝I have ～ *or no* hope. 我幾乎毫無希望。

nò líttle＝**nòt a líttle** 不少的，很多的(very much)：You've been *no* ～ help (to me). 你幫了(我)不少忙。

quìte a líttle 《美口語》很多的，可觀的：He saved *quite a* ～ pile (of money). 他存了一大筆(錢)。

sòme líttle 少量的，少許的，或多或少的：There was *some* ～ ink left. 還剩一點點墨水。

—*adv.* (**less**; **least**) **1** [不加 a, 表示否定] **a 幾乎不[很少]**…：They see each other very ～. 他們彼此很少見面。**b** [置於 know, think, care, suspect 等動詞前] **一點也[根本]不**…(not at

all〕：I ～ *knew.* 我一點也不知道/*L*～ did I *dream* a letter would come from him. 我做夢也沒想到會有他的來信。
2 [a ～, 表示肯定；常與比較級的形容詞、副詞連用]**有一點，稍微**：I can speak French *a* ～. 我稍會講一點法語/She seemed to be *a* ～ afraid. 她似乎有些害怕/He is *a* ～ *better.* 他(健康情形)稍微好些/*A* ～ *more*[*less*] sugar, please. 請再加[減少]些糖/She was *a* ～ old*er* than he. 她年紀比他稍微大些。
little léss [bétter] than ... 幾乎與…一樣多[壞]，差不多[簡直]等於…：It is ～ *better than* robbery. 那簡直等於搶劫！
little móre than... 幾乎與…一樣少；不過…：It costs ～ *more than* a dollar. 那價錢不過一元。
nòt a líttle 相當地：He was *not a* ～ perplexed. 他深感困惑。
—*pron.* (**less**；**least**) **1** [不加 a, 表示否定]〔程度、量〕(只)**一點點，少量，少許**：He has seen ～ of life. 他不懂世故/*L*～ remains to be said. 沒有什麼可說的了/There is ～ to choose between them. 他們之間沒有什麼可選擇的/Knowledge has ～ to do with wisdom. 知識與智慧沒有多大關係。
[語法] 本來爲形容詞，因此雖然用作代名詞，仍可以 very, rather, so, as, too, how 等副詞修飾《同樣情形也適用於 few *pron.* 1》：*Very* ～ is known about him. 有關他的情況鮮爲人知/I got *but* [*very, rather*] ～ out of him. 我幾乎沒有從他那兒得到什麼。
2 [a ～, 表示肯定] **a** 〔程度、量〕(有)**一點，少許**：He drank *a* ～ of the water. 他喝了一點水/Every ～ helps.《諺》一絲一毫都有助，「積少成多」。**b** 〔時間、距離〕一會兒，一下子，一點《★[用法]又當副詞用》：after *a* ～ 過一會兒(之後)/for *a* ～一會兒(之間)/Wait *a* ～. 等一會兒[一下]/Move *a* ～ to the right. 向右移一點點。
3 [the [what] ～]僅有的一點東西：I did *the* ～ that I could.＝I did *what* ～ I could. 我竭盡了棉薄之力。
in líttle 小規模地[的]；畫成縮圖地[的]，縮圖上(的)，縮小地[的] (cf. in (the) LARGE).
líttle by líttle 一點一點地，逐漸地。
líttle if ánything＝líttle or nóthing (即使有也)只是一點點，幾乎沒有。
màke líttle of... (1)輕視…。(2)幾乎無法了解…：I could *make* ～ *of* what he said. 我幾乎無法了解他所說的事。
nòt a líttle 不少地，相當地：He lost *not a* ～ on the races. 他在賽馬上輸了不少。
quìte a líttle《美口語》大量，很多，豐富：He knew *quite a* ～ about it. 他對此事知道得相當多。
～·ness *n.*
Líttle América *n.* 小美洲《美國設在南極的探險基地》。
Líttle Béar *n.* [the ～]〔天文〕小熊座 (Ursa Minor) (cf. Great Bear; ⇨ dipper 4 b).
lìttle bróther *n.* Ⓒ **1** 弟弟。**2**〔航海〕大颶風過後接著來的小颶風。
Líttle Dípper *n.* [the ～]《美》〔天文〕小北斗七星 (⇨ dipper 4 b).
Líttle Dóg *n.* [the ～]〔天文〕小犬座 (Canis Minor).
Líttle Énglander *n.* Ⓒ 英格蘭本土主義者《主張多注意不列顛本土而反對大英帝國對外的領土擴張》。
líttle fínger *n.* Ⓒ小指 (⇨ hand 插圖).
líttle gò *n.* Ⓒ《英俚》劍橋大學文學士考試之初試 (cf. great go).
líttle-knówn *adj.* 幾乎不爲人知的。
Líttle Lèague *n.* [the ～]《美》少年棒球聯盟《八歲至十二歲的少年棒球聯盟》。
líttle magazíne *n.* Ⓒ(非營業性的)小型雜誌。
Líttle Réd Ríding Hòod *n.* [the ～]小紅頭巾《格林 (Grimm) 童話中的主角少女》。
Líttle Rússia *n.* 小俄羅斯《主要指蘇聯的烏克蘭 (Ukraine) 地區》。
líttle théater *n.* **1** Ⓒ小劇院《演出實驗性戲劇的場所》。**2** Ⓤ[集合稱]適合小劇院的戲劇。
líttle tóe *n.* Ⓒ(腳的)小趾。
líttle wóman *n.* [the ～]《口語》拙荊，內人。
lit·to·ral [ˈlɪtərəl; ˈlitərəl] *adj.* **1** 海岸的，沿海的。**2**〔生態〕棲息[生活]於海岸的，生於水邊的。
—*n.* Ⓒ沿海地區：the Mediterranean ～ 地中海沿岸地區。
li·tur·gi·cal [lɪˈtɝdʒɪkl; liˈtə:dʒikl] «liturgy 的形容詞»**—*adj.*** **1** 禮拜式的。**2** 用於禮拜式[典禮]的；崇尚儀式的。
～·ly [-lɪ; -li] *adv.*
lit·ur·gy [ˈlɪtədʒɪ; ˈlitədʒi] *n.* **1** Ⓒ禮拜式；禮儀。**2** [the L～]〔英國國教〕祈禱書。**3** [the L～] (東方正教的)聖餐式。
liv·a·bil·i·ty [ˌlɪvəˈbɪlətɪ; ˌlivəˈbiliti] *n.* Ⓤ **1** (動物之)壽命。**2** 可居住性。
liv·a·ble [ˈlɪvəbl; ˈlivəbl] *adj.* **1** 〈生活等〉有生存意義的。
2 〈房屋、氣候等〉適於居住的。
3 a 〈人〉適於同住的，易於相處的，易於交往的。**b** [不用在名詞前]〔十介＋(代)名〕〈人〉能〔與人〕同住的；〈行爲等〉能〔爲人所〕忍受的〔*with*〕：He is not a man ～ *with.* 他是個難以相處的人。
‡live¹ [lɪv; liv] *v.i.* **A 1**〔十副詞(片語)〕**a 居住**《★[用法]與表地方的副詞連用》：*Where* do you ～？你住哪兒？/ Mr. Lin ～*s at* 3 Chungshan Road. 林先生住在中山路三號/He ～*s in* Tokyo. 他住在東京/This is a comfortable place to ～ *in.* 這是個舒適的住處《★[用法] in 可省略》/She ～*s away from* her parents. 她沒有和父母住在一起。**b** [用進行式；指暫時的住處時，帶主觀的感情時或表持續時使用]正居住：He *is living in* London. (以前在別的地方，但)他現在住在倫敦/I *am* now *living in* a very pleasant flat. 我現在住在一所很舒適的公寓裏。
2 〔十介＋(代)名〕**a** 〔與…〕同住；寄宿[寄寓]〔於…〕〔*with*〕：He ～*s with* his parents. 他與父母住在一起。
b 平常居住〔於特定的房間等〕，平常使用〔特定的房間等〕〔*in*〕《★常用被動語態》：This room does not seem to *be* ～*d in.* 這房間平常似乎沒有人住。
—B 1 a [常與表時間的副詞(片語)連用]**活，生存**：He ～*d* in the 18th century. 他是十八世紀的人/Once upon a time there ～*d* a king. 從前有一位國王/as [so] long as I ～只要我活著。
b (不死而)活：We cannot ～ without air. 我們沒有空氣就不能活/He still ～*s.* 他還活著《★[比較]表示這個意思時一般多用He is still alive [living].》。
c 〔十介＋(代)名〕〔靠吃…而〕過活，〔以…〕爲主食；〔靠…〕維生〔*on*〕：The Chinese ～ *on* rice. 中國人以米爲主食。
2 a 活下去：～ long 活得長久，延年益壽/～ to the (ripe old) age of ninety 享壽九十歲(高齡)/Long ～ the Queen! 女王萬歲！
b 〔十 *to* do〕活很久〈到做…的時候〉，在有生之年〈做…〉：He ～*d to* see his grandchildren. 他活到在有生之年看到孫兒輩。
3 a [與狀態副詞(片語)連用]**(…地)生活，過(得…)**：～ honestly 老老實實地過活/～ fast 過放蕩的生活，耽溺於放蕩/～ hard 過艱苦的生活；忍受苦難/～ high 過奢侈生活/～ well 過得富裕；過規規矩矩的生活/～ in ease 舒適地[安閒地]度日/Most people ～ by working. 大多數的人以工作謀生。
b 〔十介＋(代)名〕〔以…，靠…〕維生〔*on, off*〕：～ *on* a small income 靠微薄的收入維持生活/～ *on* [*off*] one's wife('s earnings) 靠妻子(的收入)過活。
c 〔十補〕過〈…的〉生活：～ single 過單身生活/～ free from care 過無憂無慮的生活/He ～*d* and died a bachelor. 他打了一輩子光棍。
4 享受人生，快樂過日子：Let us ～ while we may. 讓我們及時享受人生樂趣。
5 a 〈回憶等〉(依原狀)殘留，繼續存在，延續：His memory ～*s.* 他永遠不會被人遺忘[人們仍然懷念著他]。
b 〈小說中的人物等〉栩栩如生：The characters ～ in this novel. 在這小說中，人物被描寫得栩栩如生。
—*v.t.* 〔十受〕**1** [～ a＋形容詞＋life]過…的生活：～ *a* happy [*a* simple, *an* idle] *life* 過幸福的[簡單的，遊手好閒的]生活/～ *a* double *life* 過(表裏不一的)雙重生活/He ～*d a* rich and comfortable *life* in the country. 他在鄉村過富裕而舒適的生活。
2 (在生活中)表現…，實踐…：～ one's faith [philosophy] 在生活中實踐自己的信條[哲學]/～ a lie 過虛僞的生活。
(as súre) as I líve 極確實地。
líve and léarn [常以 you, we, one 作主詞]活到老，學到老《★看到或聽到值得驚訝之事實時所說的話》。
líve and lèt líve 自己活著，也讓別人活著；互相容忍求生存；待人寬恕如待己。
líve dówn《vt adv》(1)以往後的行爲補救[補償]〈不名譽、罪過等〉。(2)隨著時間的消逝而忘記〈悲傷等〉。
líve for... (1)比什麼都更重視…，視…如命："Does your son like swimming?"—"Oh, yes, he ～*s for* it."「你兒子喜歡游泳嗎？」「喜歡囉！這玩意兒對他來說比什麼都重要！」(2)渴望著…，等待著…(的日子)而過活《★常用於 ～ *for* the day when... 的片語》：He ～*s for the day when* he can go abroad. 他天天渴望有朝一日能出國。
líve ín《vi adv》寄宿於工作處 (cf. LIVE¹ out (1)).
líve in the pást 一直回憶著從前的事過日子，在回憶中過活，活在回憶裡，緬懷往事。
líve it úp《口語》享受人生，過快樂好玩的日子。
líve off... (1)依靠…而活，依存於…：～ *off* the land〈農民等〉依靠土地的生產[農作物]生活/～ *off* the country〈前線的軍隊〉依存於當地出產的糧食。(2)⇨ *v.i.* B 3b.
líve ón《vi adv》繼續活下去。
líve óut《vi adv》(1)不住在工作處內 (cf. LIVE¹ in). **—**《vt adv》[～＋out＋ *n.*](2)長壽度過〈一生〉；〈病人〉活過〈某一段時期〉：～ *out* one's natural life 永享天年/～ *out* the night 活過那一個

晚上。

líve óver agàin《*vt adv*》再度想起〈經歷等〉；耽於〈過去〉的追懷。

líve thróugh... 活過…，熬過…：He will not be able to ～ *through* this winter. 他將熬不過這個冬天。

líve togéther《*vi adv*》同居；住在一起。

líve úp to... (1)遵循〈主義等〉而行動，依〈某種標準〉生活：I found it hard to ～ *up to* my ideals. 我發覺要依照自己的理想行動並不容易。(2)符合〈期待、責任等〉：～ *up to* a person's expectations 不辜負某人的期望。

líve with... (1)⇨ *v.i.* A 2 a. (2)與〈異性〉同居。(3)忍耐，忍受〈討厭的事〉：You must ～ *with* your sorrow. 你必須忍住悲傷。(4)背著〈問題等〉過活。(5)忙於〈事件等〉。

live**[2] [laɪv; laiv] **《**alive 字首消失的變體字**》—adj.* (無比較級、最高級) **1** [用在名詞前] **a** 活的：～ bait (釣魚用的)活餌/a ～ shark 活的鯊魚。**b** [**real** ～]《謔》(非假冒而是)真的：a *real* ～ burglar 眞的强盜。

2 a 著火的，燃燒的，熾熱的：a ～ coal 燃燒著的煤/a ～ cigarette 點著的香烟。**b** 〈火山〉活動中的：a ～ volcano 活火山。

3 a 有生氣的，活潑的；活躍的，積極的；朝氣蓬勃的，有活力的。**b** 精明的，跟上時代的。

4 [用在名詞前] 熱烈討論中的，當前的〈問題等〉：a ～ issue [question] 當前大家議論的問題。

5 a 〈機械等〉(能)運轉的，(能)工作的：a ～ axle 動軸。**b** 〈電線、電路等〉通電的：⇨ live wire 1. **c** 〈子彈〉未爆炸的：a ～ cartridge 未發的子彈/a ～ bomb 未爆炸的炸彈。**d** 〈火柴〉未用過的：a ～ match 未用過的(還可以用的)火柴。

6 〈廣播、演奏等〉非錄音[錄影]的；現場的(cf. canned 2)；實地演出的，不是電影的：a ～ broadcast 現場轉播/a ～ program 現場(轉播)節目。

7 a 〈顏色〉鮮明的：Red is a ～ color. 紅色是鮮明的顏色。**b** 〈空氣〉新鮮的，清爽的。

8 〈岩石等〉保持天然原狀的，在原地未被動過的。

9《運動》比賽中的，有效的(↔ dead)：a ～ ball (未被裁判判決無效的)活球。

—*adv.* (無比較級、最高級)《廣播・電視》現場地，以實況直播方式地：be broadcast ～ 被實況轉播。**～·ness** *n.*

live·a·ble [ˈlɪvəbḷ; ˈlivəbl] *adj.* ＝livable.

lived [laɪvd, lɪvd; laivd, livd] *adj.* [常構成複合字] (有)(…的)壽命的，…命的：long-[short-] *lived* 長[短]命的。

líve-ín [ˈlɪv-; ˈliv-] *adj.* [用在名詞前] 寄宿於工作處的：a ～ maid 居住在雇主家的女僕。

live·li·hood [ˈlaɪvlɪˌhʊd; ˈlaivlihud] *n.* Ⓒ [常用單數] 生活，生計：earn [gain, get, make] a [one's] ～ by writing 靠寫作爲生/pick up a scanty ～ 過窮苦的日子。

live·long [ˈlɪvˌlɔŋ; ˈlivlɔŋ] *adj.* [用在名詞前]《詩》漫長的；整…的〈時間〉：the ～ day 整天，終日。

***live·ly** [ˈlaɪvlɪ; ˈlaivli] *adj.* (**live·li·er**；**-li·est**) **1 a** 生氣蓬勃的，活潑的，充滿活力的：a ～ youth 活潑的青年/a ～ discussion 熱烈的討論。**b** 〈曲調等〉輕快的：a ～ song 輕快的歌。**c** 〈街道等〉熱鬧的，有生氣的。**d** [不用在名詞前] [十介十(代)名] [因…而]有生氣的，熱鬧[*with*]：The streets were ～ *with* shoppers. 街道上購物人潮川流不息，呈現一片熱鬧的景象。

2 〈感情等〉强烈的，激烈的，深厚的：a ～ sense of gratitude 深深的謝意/in ～ curiosity 由於强烈的好奇心。

3 a 〈色彩、印象等〉鮮明的，强烈的。**b** 〈描寫等〉逼眞的，生動的：give a ～ description of ... 生動地[眞實地]描寫…。

4 〈球〉彈性好的。

5 〈風〉爽快的，舒服的。

6《謔・委婉語》令人捏一把汗的；麻煩(得令人捏一把汗)的，令人頭痛的；令人慌亂[提心吊膽]的：have a ～ time (of it) 捏了一把汗/make things [it] ～ *for* a person 使人爲難。

lóok lívely《口語》做[幹]得更爽利：*Look* ～！快點，你在發什麼呆！

—*adv.* (**live·li·er**；**-li·est**)活潑地，充滿活力地，生動地；驚險地。

líve·li·ly [-lɪlɪ, -ləlɪ; -lili, -ləli] *adv.* **-li·ness** *n.*

liv·en [ˈlaɪvən; ˈlaivn] **《**live[2] 的動詞**》—***v.t.* [十受十副] 使…快活[活潑]起來；使…振作起來，使…充滿活力〈*up*〉.

—*v.i.* [十副] 變得快活[活潑]；振作起來，呈現活力〈*up*〉.

líve párking *n.* Ⓤ駕駛人不離開的停車。

liv·er[1] [ˈlɪvə; ˈlivə] *n.* **1** Ⓒ**a**《解剖》肝臟：a ～ complaint＝～ trouble 肝病。**b** (古時候被視爲感情泉源的)肝臟：a hot ～ 熱情；多情/a white [lily] ～ 膽怯。**2** Ⓤ [指個體時爲Ⓒ] (牛、豬、鷄等的)肝臟《食用》：a piece of ～ 一片(豬、牛等的)肝/～ extract 肝精《用以治貧血》/～ oil 肝油。**3** Ⓤ豬肝色，紅褐色。

liv·er[2] [ˈlɪvə; ˈlivə] *n.* Ⓒ **1** [常與修飾語連用] 過…的生活的人：a fast ～ 過放蕩生活的人，酒色之徒/a good ～ 懂得生活的人；美食者/a hearty ～ 食量大的人/a plain ～ 生活樸素的人。

2《罕》居民，居住者。

liv·er·ied [ˈlɪvərɪd; ˈlivərid] *adj.* 穿制服的。

lív·er·ish [-vərɪʃ; -vəriʃ] *adj.*《口語》**1** 肝臟不好的，患肝病的。**2** 乖戾的；脾氣壞的，暴躁的。

Liv·er·pool [ˈlɪvəˌpul; ˈlivəpu:l] *n.* 利物浦《英國英格蘭西北部默西賽郡(Merseyside)首府》。

líver sáusage *n.* Ⓤ [指個體時爲Ⓒ] (主要以動物肝臟製成的)香腸，肝香腸。

líver·wòrt *n.* Ⓤ《植物》蘚。

liv·er·wurst [ˈlɪvəˌwɜst, -ˌwurst; ˈlivəvuəst, -və:st] **《**源自德語 'liver sausage'之義**》—***n.* Ⓤ [指個體時爲Ⓒ]《美》肝香腸。

liv·er·y[1] [ˈlɪvərɪ; ˈlivəri] *n.* **1 a** Ⓒ (古時候封建領主的臣下所穿的)制服；(同業公會等的)制服：*in* ～ 穿着制服《★無冠詞》/*out of* ～ 〈僕人〉穿着便服《★無冠詞》。

> 【說明】源自拉丁文，意謂「免費給與」，原爲封建時代領主送給家臣穿的制服，後來演變爲富家送給隨從人員「免費衣服及食物」；現代則變成旅館、餐廳、百貨公司等營業場所服務人員所穿的制服。

b Ⓤ《詩》(特殊的)裝束，打扮：the ～ *of* grief [woe] 喪服/the ～ *of* spring 春裝。**2** (又作 **lívery còmpany**)Ⓒ《英》(倫敦從前會員穿制服的)同業公會。**3 a** Ⓤ馬匹[馬車]出租業。**b** (又作 **lívery stàble**)Ⓒ《美》馬匹[馬車]出租店，馬匹寄養場。**4** Ⓤ《美》小艇[自行車]出租業(等)。

liv·er·y[2] [ˈlɪvərɪ; ˈlivəri] *adj.* ＝liverish.

lívery·man [-mən; -mən] *n.* Ⓒ (*pl.* **-men** [-mən; -mən]) **1**《英》(London 的)同業公會會員。**2** 馬車出租店；出租業者。

‡lives [laɪvz; laivz] *n.* life 的複數。

líve·stòck [ˈlaɪvˌstɑk; ˈlaivstɔk] *n.* Ⓤ [集合稱] (牛、馬、羊等)家畜《★用法 視爲一整體時當單數用，指全部個體時當複數用》：～ farming 畜牧。

líve wíre [ˈlaɪv-; ˈlaiv-] *n.* Ⓒ**1** 火線，有電流的電線。**2**《口語》很活躍的人，精力充沛的人。

liv·id [ˈlɪvɪd; ˈlivid] *adj.* **1** 鉛色的，土色的。**2 a** 〈挫傷、瘀傷等〉死灰色的，青黑色的：～ bruises 青黑色的瘀傷[傷痕]。**b** [不用在名詞前] [十介十(代)名] 〈臉上等〉[因跌打、寒冷等而]變青黑色的[*with*]：His face was ～ *with* anger [cold]. 他氣[冷]得臉色發青。**3**《口語》很生氣的。**～·ly** *adv.*

‡liv·ing [ˈlɪvɪŋ; ˈliviŋ] *adj.* (無比較級、最高級) **1 a** 活的，活在世上的(↔ dead)：all ～ things 一切有生命之物/a ～ model 活的榜樣/a ～ dictionary 活字典/a ～ corpse 行屍走肉。**b** [**the** ～；當複數名詞用] 生者，生存者：in the land of *the* ～ 活在人間《★出自聖經「約伯記」》。

2 現存的，現代的：～ English 現代英語，實用英語/a ～ language 活語言，現行的語言，現用語言/a ～ institution 現行制度/within [in] ～ memory 在當今人們的記憶中。

3 a 活潑的，有生氣的。**b** 〈感情、信仰等〉强烈的，强的。**c** 〈空氣、太陽等〉給予生命[生氣，活力]的。

4 〈肖像等〉很像的，栩栩如生的：the ～ image of his father 相貌酷似他父親。

5 a 〈水等〉流不停的：～ water 流水。**b** 〈炭等〉燃著的。

6 〈岩石等〉仍保持自然狀態的，未開採的。

béat [knóck] the (líving) dáylights òut of a person ⇨ daylight 4.

—*n.* **1 a** Ⓤ生活；生存，生活方法[方式]，生涯：good ～ 優裕的[奢侈的]生活/plain ～ and high thinking 樸素的生活和崇高的思想，過樸素而曠達的生活《★出自渥玆華斯(Wordsworth)的詩》/a standard of ～ (物質的)生活水準/the art of ～ 生活的藝術。**b** [當形容詞用] 爲生活(的)：～ expenses 生活費/～ quarters 住所，寓所。

2 [**a** ～，**one's** ～] 生計，生活(livelihood)：earn [gain, get, make, obtain] *a* ～ as an artist 做畫家謀生/Most of them make their ～ by trade. 他們大都做生意謀生/What does he do for *a* ～？他以什麼謀生？

3 Ⓒ《英國國教》有聖俸的神職(任所)(benefice).

líving déath *n.* [用單數] **1** 活地獄，陰慘的生活，生不如死的生活。**2** 活埋。

líving fóssil *n.* Ⓒ**1** 活化石《例如大螃蟹、銀杏等》。**2**《口語》非常落伍的人，老古董。

líving líkeness *n.* Ⓒ逼眞的畫像。

líving pícture *n.* ＝tableau vivant.

***liv·ing room** [ˈlɪvɪŋˌrum, -ˌrʊm; ˈliviŋrum, -ru:m] *n.* Ⓒ起居室，客廳。

> 【說明】全家輕鬆休息與接待客人用的房間，常邀請親友在此相聚，是家裡最重要的地方。各家庭常別出心裁，裝飾這個房間以造成和祥安逸的氣氛。

líving spàce *n.* Ⓤ**1** 生活圈。**2** 生存空間。
líving stándard *n.* Ⓒ生活水準(standard of living).
Liv·ing·stone [ˈlɪvɪŋstən; ˈliviŋstən], **David** *n.* 李文斯頓《1813–73；蘇格蘭籍的非洲探險家》。
líving wáge *n.* [用單數](能維持最低水準之生活的)生活工資。
Liz [lɪz; liz] *n.* 麗玆《女子名；Elizabeth 的暱稱》。
Li·za [ˈlaɪzə; ˈlaizə] *n.* 麗莎《女子名；Elizabeth 的暱稱》。
liz·ard [ˈlɪzəd; ˈlizəd] *n.* **1** Ⓒ《動物》蜥蜴，石龍子。**2** Ⓤ蜥蜴皮革：~ shoes 蜥蜴皮皮鞋。
Lízard (Héad) *n.* [**the** ~]利沙岬《英格蘭南端之岬，作蜥蜴狀，故名；爲大不列顛島最南端之地點》。
Liz·zie, Liz·zy [ˈlɪzɪ; ˈlizi] *n.* 麗姬《女子名；Elizabeth 的暱稱》。
ll. 《略》leaves；lines.
'll [l; l] will[shall]之略：I'*ll*；he'*ll*；that'*ll*.
lla·ma [ˈlɑmə; ˈlɑːmə] *n.* **1** Ⓒ《動物》駝馬，美洲駝《南美產》。**2** Ⓤ駝馬毛(製的呢絨)。
lla·no [ˈlɑno, ˈlæ-; ˈlɑːnou] *n.* Ⓒ (*pl.* ~**s**)(南美亞馬遜河(Amazon)以北之)林木稀疏的大草原。

llama 1

LL.D. 《略》*Legum Doctor* (拉丁文＝Doctor of Laws)法學博士。
Lloyd [lɔɪd; lɔid] *n.* 勞埃《男子名》。
Llóyd Geórge, David *n.* 勞埃喬治《1863–1945；英國政治家，1916 至 1922 年任英國首相》。
Lloyd's [lɔɪdz; lɔidz] *n.* 勞埃船舶保險公司《在倫敦 (London) 的世界最大保險業者團體》。
Llóyd's Régister *n.* **1** 勞埃船舶協會《正式名稱爲 Lloyd's Register of Shipping》。**2** 勞埃船舶年鑑《登載商船及遊艇之船齡、噸位，分類有關航業的消息》。
LNG 《略》liquefied natural gas.
lo [lo; lou] *interj.* 《古》看！瞧！(Look！)《★用法 現用於下列戲謔的成語》。
Ló and behóld！《口語》哎呀，你看！；你看，眞是！
loach [lotʃ; loutʃ] *n.* Ⓒ[當作食物時爲Ⓤ]《魚》泥鰍。
‡**load** [lod; loud] **«源自古英語「路」「搬運東西」之義»** **—*n.*** **1** Ⓒ(以被搬運[運輸]之物的意思指)**負荷物，載荷**：a heavy [light] ~ 重[輕]載/bear a ~ on one's shoulders 肩負重荷。
2 Ⓒ[常構成複合字]一…**車，車輛等所載的量**[*of*]：a truck-*load of* hay 一卡車的乾草/⇨ carload.
3 Ⓒ **a** (精神上的)**重擔，**苦惱，勞心：a ~ *of* care [grief]重重憂慮[悲傷]。**b** (人、機器的)工作量；負擔：a teaching ~ 授課負擔，任課時數/have a ~ *on* one's mind [conscience]精神上有負擔[良心過不去]/take a ~ *off* one's mind 除去心上的重擔，放下心。
4 Ⓒ(火藥、軟片等的)裝塡，裝彈。
5 [~**s of …** 或 **a** ~ **of …**]《口語》很多，大量，許多：~*s* [*a* ~] *of* people [money]很多的人[錢]/We had ~*s of* fun. 我們玩得很開心。
6 [**a** ~]《美俚》致醉的酒量；醉意；酒氣：have *a* ~ on 醉了。
7 Ⓒ《物理・機械・電學》負荷：a peak ~ (發電廠的)高峯負荷。
gèt a lóad of… [常用祈使語氣]《俚》(1)看…，注視…：*Get a* ~ *of* that！注意看那個！(2)聽…，注意聽…：*Get a* ~ *of* this！聽聽這個！
—*v.t.* **1 a** [十受(十介十(代)名)]將〈貨物〉**裝**[於車、船等][*into, onto*]：~ coal ***into*** a ship 裝煤於船。**b** [十受(十副)]將貨物裝〈車、船等〉〈*down, up*〉. **c** [十受(十副)十介十(代)名][以貨物]裝〈車、船等〉〈*down, up*〉[*with*]：~ a ship ***with*** coal 把煤裝上船/~ a plane (***up***) ***with*** passengers 使飛機載滿乘客。**d** [十受十介十(代)名][將物]擺滿〈桌子〉；[將內容等]裝滿〈書〉；[使果實等]結滿〈樹〉[*with*]《★常用被動語態》：a table ~*ed* ***with*** food 擺滿了食物的桌子/a book ~*ed* ***with*** illustrations 插圖豐富的書/The tree was ~*ed* ***with*** fruit. 樹上果實纍纍。
2 [十受十介十(代)名] **a** 向〈人〉濫加[稱讚、侮辱等][*with*]：~ a person ***with*** compliments 對某人大加恭維。**b** [以苦惱、責任等]折磨〈人〉，[以…]令〈人〉苦惱[*with*]《★常用被動語態》：a man ~*ed* ***with*** care 滿懷憂慮的人。**c** 將〈工作等〉大量地給[人][*on*]：He ~*s* too many duties ***on*** his assistant. 他讓他的助手負太多責任[他給助手大量的工作]。
3 [十受] **a** 裝子[砲]彈於〈槍砲〉；裝塡〈某人〉的槍：I am ~*ed*. 我的槍裏有子彈。**b** 裝鉛等於〈骰子、手杖等〉(cf. LOADED dice).
4 a [十受]裝軟片於〈照相機〉；裝〈軟片〉。**b** [十受十介十(代)名][把軟片]裝入〈照相機〉[*with*]；裝〈軟片〉[於照相機][*in*].
5 [十受]摻他物於〈酒等〉。
6 [十受]《棒球》使〈壘〉成滿壘：His hit ~*ed* the bases. 他的一擊造成了滿壘。
—*v.i.* **1 裝貨[燃料]**；裝滿乘客：The bus was ~*ing*. 那輛公共汽車載滿了乘客。
2 〈人〉裝塡；〈槍砲〉可裝彈。
3 [十介十(代)名]〈人〉坐進[…中][*into*]：They ~*ed* ***into*** the bus. 他們坐進公共汽車。
lóad·ed *adj.* **1 a** 裝[載]著貨的。**b** 〈車、船等〉客滿的：a ~ bus 載滿乘客的公共汽車。**c** 《棒球》滿壘的：bases ~ 滿壘。
2 a 〈槍、砲〉裝了子[砲]彈的。**b** 〈照相機〉裝有軟片的，已裝塡的。
3 a 裝有鉛等的：a ~ cane [stick]鉛頭杖《末端裝了鉛以增加重量的手杖》/~ dice (把裏面挖空裝鉛以使某一特定點子出現的)作弊的骰子。**b** 〈陳述、辯論等〉偏向一邊的。**c** 〈質問等〉別有用意的，誘人上圈套似的，有含意的。
4 〈酒等〉摻雜有他物的。
5 [不用在名詞前]《俚》(因酒、麻醉藥等而)醉的：get [be] ~ 醉了。
6 [不用在名詞前]《口語》錢很多的。
lóad fàctor *n.* ⓊⒸ《電學》負載因數。
lóad·ing *n.* Ⓤ **1** 裝貨，裝船貨，裝載。
2 船貨，載貨。
3 裝彈藥；裝塡，充塡。
lóad lìne *n.* Ⓒ《航海》載重水線。
lóad·stàr *n.* ＝lodestar.
lóad·stòne *n.* ＝lodestone.
loaf**[1] [lof; louf] **«源自古英語「麵包」之義»** **—*n. (*pl.* **loaves** [lovz; louvz]) **1** Ⓒ (烤成一定大小形狀的大麵包的)**一條**(⇨ bread【說明】(1))：a brown [white] ~ 一條黑[白]麵包/a ~ *of* bread 一條麵包/Half a ~ is better than no bread. 《諺》半條麵包勝過沒有麵包，聊勝於無。
2 Ⓒ[當作菜名時爲Ⓤ]大塊燒烤的食物《將碎肉或魚肉等與麵粉、蛋等和成稍厚的土司麵包切片狀而用悶爐烤熟的一種食物》：(a) meat ~ 碎肉烤餅。
3 (又作 **lóaf sùgar**) Ⓒ 錐型白糖(sugarloaf).
4 Ⓒ《英俚》腦袋，頭；頭腦《★常用於下列片語》：use one's ~ 用腦，思考。
lóaves and físhes 一己的利益，現世的利益《★出自聖經「約翰福音」》。
loaf[2] [lof; louf] *v.i.* **1** [動(十副詞(片語))]游手好閒，虛擲光陰；閒蕩：You must not ~ *about* [*around*] (the town) while others are working. 別人在工作時，你不可以(在城裏)閒蕩。**2** [十介十(代)名]拖拖拉拉地做[工作][*on*]：He ~*ed* ***on*** the job. 他拖拖拉拉地做工作。
—*v.t.* [十受十副]虛度〈光陰〉〈*away*〉：Don't ~ your life ***away***. 不要虛度一生(光陰)。
—*n.* [**a** ~]游手好閒；游蕩：have *a* ~ 游蕩。
on the lóaf 游蕩著。
lóaf·er *n.* Ⓒ **1** 游蕩者；流浪者。**2** [L~；常~**s**]《美》一種便鞋，懶人鞋。
loam [lom; loum] *n.* Ⓤ **1** 沃土《沙和粘土混合而成的軟土》。**2** 壚坶《沙、泥、木屑、稻草等的混合物；用以製造磚、灰泥等》。
loam·y [ˈlomɪ; ˈloumi] **«loam 的形容詞»** **—*adj.*** (**loam·i·er**; **-i·est**)沃土的；壚坶(質)的。
loan [lon; loun] *n.* **1** Ⓤ**貸，貸出，借與**：I asked them for the ~ of the money. 我向他們請求借貸那筆錢/She has a piano *on* ~ from her friend. 她向朋友借用那架鋼琴/Can I have the ~ *of* the typewriter？我可以借這架打字機嗎？
2 Ⓒ**a** 貸款；公債，借款：a $10,000 ~ ＝a ~ of $10,000 一萬元的貸款/a low-interest home ~《美》低利房屋貸款/domestic and foreign ~*s* 內債及外債/public [government] ~*s* 公[國]債/raise a ~ 發行公債。**b** 借出物。
3 Ⓒ**a** 外來的風俗習慣(等)。**b** 外來語(loanword).
—*v.t.* 《美》[十受十受/十受十介十(代)名]將〈錢、物〉借[貸]給〈人〉；將〈錢、物〉借[貸][給人][*to*](⇨ borrow【同義字】)：I ~*ed* him my tuxedo.＝I ~*ed* my tuxedo ***to*** him. 我將晚禮服借給他。
—*v.i.* 《美》把錢借出(lend).
lóan collèction *n.* Ⓒ(爲了展覽會而)借來的一批美術作品、骨董等。
lóan òffice *n.* Ⓒ **1** 貸款處。**2** 當鋪。**3** 公債購買所。
lóan shàrk *n.* Ⓒ《口語》放高利貸者。
lóan translàtion *n.* Ⓒ借用語[外來語]的翻譯；翻譯借詞《指從另一語言直譯過來的詞語》。
lóan·wòrd *n.* Ⓒ借用語，外來語。
loath [loθ; louθ] *adj.* [不用在名詞前][十 *to* do]**不願意〈做…〉的**(⇨ reluctant【同義字】)：He was ~ *to* be left alone. 他不願意獨自被留下來。
nóthing lóath 非常樂意，很高興。

L

loathe [loð; louð] *v.t.* **1 a** 〔十受〕極厭惡…，對…討厭得惡心：He ～*s* the sight of crabs. 他看到蟹就惡心。**b** 〔十 do*ing*〕極厭惡〈做…〉：I ～ wash*ing* dishes. 我很討厭洗盤子。**2** 《口語》不喜歡…，討厭…：I ～ wine. 我討厭酒。

loath·ing [ˈloðɪŋ; ˈlouðiŋ] *n.* Ⓤ強烈的憎惡[厭惡]：be filled with ～ 充滿厭惡。

loath·ly[1] [ˈloðlɪ; ˈlouðli] *adv.* 不情願地，勉强地。

loath·ly[2] [ˈloðlɪ; ˈlouðli] *adj.* ＝loathsome.

loath·some [ˈloðsəm; ˈlouðsəm] *adj.* 很可厭的；令人作嘔的，令人惡心的。～**·ly** *adv.* ～**·ness** *n.*

***loaves** [lovz; louvz] *n.* **loaf**[1] 的複數。

lob [lɑb; lɔb] (**lobbed**；**lob·bing**) *v.t.* **1** 《網球》擊出挑高〈球〉(使落到球場的邊線)。**2** 《板球》將〈球〉以肩下投擲法緩慢地投出。

—*v.i.* 《網球》擊[回]挑高球。

—*n.* Ⓒ **1** 《網球》挑高球《對著對方場地的端線，把球挑得又高、又遠的弧線球》。**2** 《板球》肩下投擲的緩慢球。

lo·bar [ˈlobɚ; ˈloubə] «**lobe** 的形容詞»— *adj.* **1** 《植物》(葉之)裂片的。**2** 《醫》(腦、肺、肝)葉的。

***lob·by** [ˈlɑbɪ; ˈlɔbi] «源自拉丁文「柱廊，正門」之義»—*n.* Ⓒ **1** 門廊，廳堂，大廳《用作休憩室、接待室等的走廊、大廳》：a hotel ～ 旅館入口的廳堂。

2 a 民衆接待室《議員用以接待民衆等》。**b** 《英》(表決時)投票者等候投票的走廊(cf. cloakroom 2)。

3 [集合稱] (議院外的)遊說議員者，院外活動集團《出入議會的民衆接待室，向議員陳情、訴願的活動者；★用法視爲一整體時當單數用，指全部個體時當複數用》。

—*v.i.* **1** 〔十介十(代)名〕在議會的民衆接待室從事〔贊成…的〕活動，爲通過〔議案〕而從事活動〔*for*〕；進行〔反對…的〕活動〔*against*〕：～ ***for*** [***against***] a bill 遊說議員贊成[反對]某項議案。

2 從事幕後活動。

—*v.t.* **1** 〔十受(十介十(代)名)〕從事遊說[疏通]活動以使〈議案〉〔在議會等〕通過〔*through*〕：～ a bill ***through*** Congress 從事遊說活動使議案在國會通過。

2 〔十受〕向〈議員〉進行遊說[疏通]。

lób·by·ism [-bɪ,ɪzəm; -biizəm] *n.* Ⓤ(議院外的)議案通過[否決]活動，陳情活動，議院外的遊說。

lób·by·ist [-bɪɪst; -biist] *n.* Ⓒ議院外的議案通過[否決]活動者，議院外的陳情[遊說]者。

lobe [lob; loub] *n.* Ⓒ **1** 圓形的突出部分。**2** 耳垂(earlobe)。**3** 《解剖》葉《腦葉、肺葉、肝葉等》。**4** 《植物》(葉等的)裂片。

lobed *adj.*

lo·be·lia [loˈbiljə; louˈbi:ljə] *n.* Ⓒ《植物》山梗菜屬植物。

lob·lol·ly [ˈlɑblɑlɪ; ˈlɔblɔli] *n.* **1 a** (又作 ～ **pine**) Ⓒ德達松。**b** Ⓤ其木材。**2** Ⓒ《美》泥濘。

lo·bot·o·my [loˈbɑtəmɪ; louˈbɔtəmi] *n.* ⓊⒸ《外科》腦葉截開手術。

lob·scouse [ˈlɑb,skaus; ˈlɔbskaus] *n.* Ⓤ燉菜《通常爲海員所食，由肉、蔬菜和硬餅乾所煮成的食物》。

lob·ster [ˈlɑbstɚ; ˈlɔbstə] «源自古英語「蜘蛛」之義；因其外形類似»—*n.* (*pl.* ～, ～**s**) **1** Ⓒ《動物》**a** 蟹祖。

【說明】有兩隻大鉗(claws)，常以白切等方式烹食；盛產於美國北卡羅來納州至拉布拉多半島的大西洋沿岸，尤其以緬因州產的 Maine lobster 爲最著名；產於太平洋的叫做 spiny lobster (龍蝦)，無鉗。

b 龍蝦(spiny lobster)。

【說明】(1)可供食用的蝦有三種：常用作炸蝦的小蝦(shrimp)，可以做成鹹酥蝦的是對蝦(prawn)，體型稍大，用以做蝦子沙拉的大抵是龍蝦或多刺龍蝦。法國人則常用多刺龍蝦做湯。在舊金山(San Francisco)北端漁人碼頭(Fisherman's Wharf)的海鮮攤上能吃到的蝦子就是多刺龍蝦，當地人稱作 American lobster(美國龍蝦)，長達五十公分，清煮上桌。
(2)日本的蝦子蟹或台灣的小龍蝦稱作 crayfish.

2 Ⓤ蟹祖[龍蝦]肉《食用》。

(**as**) **réd as a lóbster** 〈臉等〉(因醉酒而)通紅的；〈身體〉(受日曬而)變紅的。

lob·ster·er [ˈlɑbstərɚ; ˈlɔbstərə] *n.* Ⓒ捕捉龍蝦的漁夫。

lóbster pòt *n.* Ⓒ捕蟹祖[龍蝦]用的籠子。

lob·ule [ˈlɑbjul; ˈlɔbju:l] *n.* Ⓒ **1** 《解剖》小裂片；小葉。**2** 耳朵《指耳垂部分》。

‡**lo·cal** [ˈlokl; ˈloukl] «源自拉丁文「地方」之義»—*adj.* (**more** ～；**most** ～) **1** (無比較級、最高級)地方的。**2 a** (特定的)地方的，當地的，本地的，某一地方所特有的《★比較表示對首府而言的「地方」時用 provincial；首府也是「一地方」因此用 local》：the ～ press 地方報刊[新聞] / a ～ custom 地方的習俗 / ～ taxes 《美》地方稅(《英》rates)。**b** 往特定地方的：a ～ line 地方鐵路幹線。**3** 〈病等〉局部性的：a ～ pain 局部性的疼痛 / ～ anesthesia 局部麻醉。**4** 〈想法等〉狹隘的，褊狹的。**5** (無比較級、最高級) **a** 《英》同一地區內的，「投遞本地」的《寫於信封上的註》。**b** 〈電話〉市內的，某一地區內的：a ～ call 市內通話。**6** (無比較級、最高級)《鐵路》(對快車而言的)各站均停的：a ～ train 普通列車。

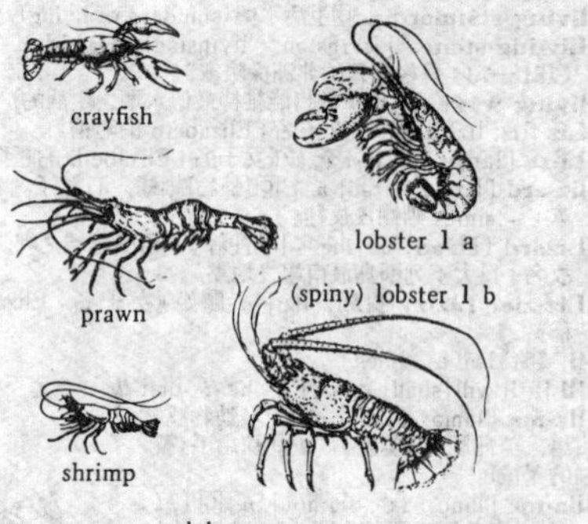

lobsters

—*n.* **1** Ⓒ普通列車[巴士](等)，慢車。**2** Ⓒ[常～*s*] (某一地方的)本地人，當地居民。**3** Ⓒ **a** 地方消息[新聞]。**b** (廣播、電視的)地方性節目。**4** Ⓒ《美》工會分會。**5** Ⓒ[常～*s*]地方隊[球隊]。**6** [**the** ～, **one's** ～] 《英口語》本地[附近]的酒館，常去[熟悉]的酒館。

lócal cólor *n.* Ⓤ **1** 地方[鄉土]色彩。**2** 《繪畫》局部色彩。

lo·cale [loˈkæl; louˈkɑ:l] *n.* Ⓒ **1** 〔事件等的〕現場，地點〔*of*〕。**2** 〔故事等的〕場面，背景〔*of*〕。

lócal góvernment *n.* **1** Ⓤ地方行政；地方自治。**2** Ⓒ地方政府。

ló·cal·ìsm [ˈlokḷ,ɪzəm; ˈloukəlizəm] *n.* **1** Ⓤ鄉土偏愛，地方[鄉土]主義，地方氣質；地方褊狹性。**2** Ⓒ地方風格[口音]，鄉音；家鄉話，方言。

lo·cal·i·ty [loˈkælətɪ; louˈkæləti] «**local** 的名詞»—*n.* **1** Ⓒ(某一事件等的)現場(周圍)：the ～ *of* a murder 兇殺案的現場。**2** Ⓤ位置關係，方位；對一地方的外貌之記憶力和辨認力：have a good sense of ～ 有很强的方位辨認能力。

lo·cal·i·za·tion [,lokəlaɪˈzeʃən; ,loukəlaiˈzeiʃn] *n.* Ⓤ **1** 局限；定位。**2** 地方化。

lo·cal·ize [ˈlokḷ,aɪz; ˈloukəlaiz] «**local** 的動詞»—*v.t.* **1** 將〈疾病等〉控制在一個地方[局部]；抑止…擴大：～ a disturbance 抑止動亂擴大。**2** 使…有地方特色；使…地方化。

ló·cal·ly [-kəlɪ; -kəli] *adv.* **1** 就場所[地方]來說；位置上。**2** 局部地。**3 a** 在特定的場所；在本地；地方性地。**b** 在這一帶，在附近。

lócal óption *n.* Ⓤ 地方居民所有之決定權《如對於是否准許販賣酒類等問題由居民投票決定的權利》。

lócal tíme *n.* Ⓤ當地時間(cf. standard time【說明】)。

***lo·cate** [ˈloket, loˈket; louˈkeit] «源自拉丁文「置放(於地方)」之義»—*v.t.* **1** 〔十受十副詞(片語)〕設置，設立〈建築物、工廠等〉《★常以過去分詞當形容詞用；⇨ located》：*Where* is the new school to be ～*d*? 新學校預定設在哪兒？/They ～*d* their new office *on* Main Street. 他們將新辦公室設在美茵街。**2** 〔十受〕查[尋，找]出…的位置；指出[表示]…的地點[位置]：Please ～ the [《口語》your] nearest emergency exit. 請指明最靠近的太平門位置。

—*v.i.* 《美》〔十介十(代)名〕定居〔在…〕〔*in*〕。

ló·cat·ed *adj.* [不用在名詞前] 〔十介十(代)名〕位於〔…〕的〔*in*, *on*, etc.〕：The country is ～ ***in*** the northern part of Europe. 那國家位於歐洲北部[北歐]。

lo·ca·tion [loˈkeʃən; louˈkeiʃn] «**locate** 的名詞»—*n.* **1** Ⓒ位置，地方，所在地，地點：a good ～ *for* the new school 設立新學校的好地點。**2** 《電影》**a** Ⓒ外景拍攝地。**b** Ⓤ外景拍攝：*on* ～ 外景拍攝中/shoot ～ scenes 拍攝外景。**3** Ⓤ位置的選定，定位置〔*of*〕。

loc·a·tive [ˈlɑkətɪv; ˈlɔkətiv] —*adj.* 《文法》表示位置的。

—*n.* Ⓒ《文法》方位格；表示方位格之字。

loc. cit. [ˈlɑkˈsɪt; ,lɔkˈsit] 《略》*loco citato.*

loch [lɑk; lɔk] *n.* Ⓒ《蘇格蘭》**1** 湖(lake)：*L*～ Lomond (蘇格蘭的)羅蒙湖。**2** (細長的)湖岔，海灣。

L

lo·ci *n.* locus 的複數。

‡**lock**[1] [lak ; lɔk] «源自古英語「關在裡面」之義»—*n.* **1** Ⓒ(用鑰匙(key)開的)鎖：Please check the ~. 請檢查鎖。**2** Ⓒ煞車裝置，制輪楔。**3** Ⓒ **a** 槍機。**b** (槍的)保險栓。**4** Ⓒ **a** (運河的)水門，水閘。**b** 《機械》氣閘(air lock)。**5** Ⓒ **a** 使無法行動之物〔*on*〕：We have a ~ *on* the suspect's movements. 我們已封死[控制]了嫌犯的行動。**b** 《美》(交通等)阻塞的狀態；(車輛的)擁塞，擁擠：a ~ of cars at the intersection 在十字路口車輛的擁塞。**c** 《角力》揪扭：an arm ~ 鎖臂。**6** Ⓒ獨佔〔*on*〕：They have a ~ *on* computer sales. 他們獨佔著電腦的銷售。**7** ⓊⒸ《汽車》(將方向盤從一端轉到另一端時的)最大旋轉度。

lock[1] 4 a

kéep [pláce]...ùnder lóck and kéy (1)將…上鎖。(2)嚴密保管…。

lóck, stóck, and bárrel 全部，完全地《★源自「槍的各部分全部」之意》。

—*v.t.* **1** 〔+受(+副)〕鎖〈門、抽屜等〉，(上鎖)將…關起來〈*up*〉：~ a door [suitcase] 把門[手提箱]鎖上。**2 a** 〔+受+副〕收藏〈物〉〈*up, away*〉：He ~*ed* ***up*** the jewel before going away. 他在離開以前把珠寶鎖藏起來/The boy carefully ~***ed away*** his toys. 那男孩把玩具小心地鎖藏起來。**b** 〔+受(+副)+介+(代)名〕將〈物〉收進〔…〕〈*up, away*〉〔*in, into*〕：He ~*ed* the papers ***in*** the briefcase. 他把文件收進公事包裏。**3 a** 〔+受+副〕關〈人〉〈*up, in*〉：~ ***up*** the prisoners 把囚犯關起來。**b** 〔+受(+副)+介+(代)名〕將〈人〉關進〔監獄等〕，將〈人〉拘禁〔於…〕〈*up*〉〔*in, into*〕：~ a person (***up***) ***in*** a barn 把某人關在穀倉裏面。**c** 〔+受(+副)+介+(代)名〕[~ *oneself*]〔在…中〕錮居不出，將〈自己〉關在〔…〕中〈*up*〉〔*in, into*〕：He usually ~*s himself* ***up in*** his study. 他通常把自己關在書房裏。**4** 〔+受(+副)+介+(代)名〕使…固定〔於…〕；使…〔困於…〕無法動彈〈*up*〉〔*in, at*〕：The ship was ~*ed* ***in*** ice. 船被冰封住而動彈不得/Traffic was ~*ed* ***up at*** the intersection. 在十字路口交通被阻塞。**5 a** 〔+受(+副)〕將…牢牢地架在一起〈*together*〉：~ one's fingers ***together*** 緊鈎手指。**b** 〔+受+介+(代)名〕用…纏住〔…〕，用…抱住〔…〕〔*in, about*〕：She ~*ed* her arms ***about*** his neck. 她用手臂緊緊摟住他的脖子。**c** 〔+受〕與…揪[扭]在一起。**6 a** 〔+受〕設水閘於〈運河等〉。**b** 〔+受+副〕使〈船〉通過水閘〈*up, down*〉。**7** 〔+受+副〕**a** 使〈資本〉固定〈*up*〉：He had all his capital ~*ed* ***up in*** the business. 他把全部的資金投入那事業。**b** 《美口語》對〈某事〉勝利在握〈*up*〉：We have the election ~*ed* ***up***. 我們選舉贏定了。

—*v.i.* **1** 關鎖，上鎖：The door ~*s* automatically. 這門會自動上鎖/This suitcase won't ~. 這手提箱鎖不住。**2** 〈齒輪等〉變得不能動，卡住；糾纏在一起。**3** 〈船〉通過水閘。

lóck ón 《*vi adv*》〈雷達、飛彈等〉自動追踪〔目標〕〔*to*〕.

lóck óut 《*vt adv*》(1)(在勞資爭議中雇主)將〈員工〉排拒(於工作場所之外)，將…鎖在外面不讓其進入，使〈工人〉遭到停工(cf. lockout). (2)排拒〈人等〉〔於…之外〕〔*of*〕. (3)[~ *oneself*](因沒有鑰匙等而)無法入內，被鎖在外面：I ~*ed myself out*. 我被鎖在外面進不去。

lock[2] [lak; lɔk] *n.* **1 a** Ⓒ頭髮的一綹；(一綹)鬈毛。**b** [~s]《詩》頭髮。**2** Ⓒ(羊毛、棉花的)一把，小量。

lock·age [ˈlakɪdʒ; ˈlɔkidʒ] *n.* ⓊⒸ **1** (河、運河等由於水閘操作的)水面高度。**2** 水閘通道《用水閘操作使船隻自一水面高度移至另一水面高度》。**3** 水閘通過稅。**4** 水閘之構築；水閘之操作。

Locke [lak; lɔk], **John** *n.* 洛克《1632–1704；英國哲學家》。

lóck·er *n.* Ⓒ **1** 上鎖的人[裝置]。**2 a** (裝有鎖的)多層隔收藏櫃，抽屜。**b** 《航海》(放水手私人物品的)橱櫃，箱子。

gó to Dávy Jónes's lócker ⇨ Davy Jones.

hàve nót a shót in the lócker 囊空如洗，身無分文。

lócker ròom *n.* Ⓒ(健身房、游泳池等的)更衣室，衣物間《有加鎖小櫃子設備的房間》。

lock·et [ˈlakɪt; ˈlɔkit] *n.* Ⓒ盒式小墜子《裏面裝小肖像、頭髮等紀念品附掛於錶鍊或項鍊下的小盒子》。

lóck gàte *n.* Ⓒ水門，水閘。

lóck-ìn *n.* Ⓒ **1** 《美》佔駐示威《一羣人佔據並封鎖一座建築物或辦公室的示威行動》。**2** 監禁；限制。

lóck·jàw *n.* Ⓤ《醫》破傷風(tetanus)(的初期)，牙關緊閉《因咀嚼筋痙攣而無法張口》。

lóck·kèeper *n.* Ⓒ閘門管理員。

lóck·nùt *n.* Ⓒ併緊螺母[螺帽]。

lóck·òut *n.* Ⓒ **1** 工廠停工，閉廠(不讓工人進入)《勞資紛爭時資方抵制工人的一種方法》。**2** 閉門羹。

lóck·smìth *n.* Ⓒ鎖匠。

lóck·stìtch *n.* Ⓒ雙線連鎖縫紉《使上下兩條線相纏的縫紉機縫法》。

lóck·ùp *n.* **1** Ⓒ **a** 看守所，拘留所。**b** 《口語》監獄。**2** Ⓒ出租的貯藏室或車庫。**3** Ⓤ監禁。

—*adj.* [用在名詞前](能)上鎖的。

locket

lo·co [ˈloko; ˈloukou] «源自西班牙語「瘋的」之義»—*n.* (*pl.* ~s, ~es) **1** Ⓒ瘋草(locoweed)《美國產的一種豆科有毒植物》。**2** (又作 **lóco disèase**)Ⓤ瘋草症《因中瘋草之毒而引起的家畜神經系統疾病》。—*adj.* 《俚》瘋的。

lo·co ci·ta·to [ˈlokosaɪˋteto, -sɪˋtato; ˌloukousiˈtaːtou] «源自拉丁文'in the place cited'之義»—*adv.* 在該引用文中，在上述引用文中《略作 l.c., loc. cit.》.

lo·co·mo·bile [ˌlokəˈmobɪl, -bil; ˌloukəˈmoubil, -biːl] *adj.* 自力推動的；可移動的。

—*n.* Ⓒ自力推動之車輛、機器等。

lo·co·mo·tion [ˌlokəˈmoʃən; ˌloukəˈmouʃn] *n.* Ⓤ運動(力)；移動(力)；運轉(力)。

***lo·co·mo·tive** [ˌlokəˈmotɪv; ˌloukəˈmoutiv⁀] *n.* Ⓒ **1** 火車機車，火車頭：a steam [an electric] ~ 蒸汽[電動]火車頭。

locomotive 1

> 【字源】loco 爲「場所」之義《與 location (場所、位置)同系統的字》，motive 爲「動的」意思《與 move (動)等同系統的字》；兩者都源自拉丁文。因此，這個字本來的意思是「從一場所移到另一場所」。

2 《美》(像蒸汽火車頭的聲音一般)節拍由緩漸快的啦啦隊加油吶喊聲。

—*adj.* (無比較級、最高級)運動的，移動的；運轉的；運動[移動]性的，有移動力的：a ~ engine [tender] 火車頭[煤水車]/a ~ engineer 《美》火車機車司機。

lo·co·mo·tor [ˌlokəˈmotɚ; ˈloukəˌmoutə] *adj.* 移動的；運動的；轉位的。

—*n.* Ⓒ有運動力之人；有移動力之物；移動物；移動發動機。

locomótor atáxia *n.* Ⓤ《醫》脊髓癆，運動性共濟失調《一種精神變質的疾病，通常爲梅毒所引起；其病徵之一爲步履失去控制》。

lóco·wèed *n.* Ⓒ《植物》瘋草。

lo·cum (te·nens) [ˈlokəm(ˋtinɪnz); ˌloukəm(ˈtiːnenz)] «源自拉丁文» —*n.* Ⓒ牧師或醫師之臨時代理人。

lo·cus [ˈlokəs; ˈloukəs] «源自拉丁文 'place' 之義» —*n.* Ⓒ (*pl.* **lo·ci** [ˈlosaɪ; ˈlousai]) **1** 場所，位置。**2** 《幾何》軌跡。

locus clas·si·cus [ˈlokəsˋklæsɪkəs; ˈloukəs ˈklæsikəs] «源自拉丁文 'standard passage' 之義»—*n.* Ⓒ (*pl.* ***lo·ci clas·si·ci*** [ˈlosaɪˋklæsəsaɪ, ˋlokaɪˋklæsɪˌkaɪ; ˈlousaiˈklæsiki, -kai]) 有典故[引經據典]的章句，常被引證的章句。

locust 1

locust 2

lo·cust [ˈlokəst; ˈloukəst] *n.* Ⓒ **1** 《昆蟲》蝗蟲《有時成羣移動而爲害農作物》。**2** 《美》《昆蟲》蟬(cicada). **3** 《植物》**a** (又作 **lócust trèe**)洋槐。**b** (又作 **lócust bèan**)角豆。

lo·cu·tion [loˋkjuʃən; louˈkjuːʃn] *n.* **1** Ⓤ說話方法，說法；語法，措辭，語句。**2** Ⓒ(某地方、集團等的)特有語法；習慣用法；慣用語。

lode [lod; loud] *n.* Ⓒ **1** 礦脈《填充岩石裂縫之物》。**2** 源，源泉〔*of*〕.

lóde·stàr *n.* **1 a** Ⓒ指示方向的星。**b** [the ~]北極星。**2** Ⓒ目標，

L

指導原則，指標，指針〔*of*〕.

lóde·stòne *n.* **1** Ⓤ[指個體時爲Ⓒ]天然磁石。**2** Ⓒ吸引人之物〔*of*〕.

lodge [lɑdʒ; lɔdʒ] **《源自古法語「小屋」之義》——***v.i.* **1**〔十副詞(片語)〕**a**(暫時)**住宿，**投宿（在…）：～ *at* a hotel 投宿旅館/We ～*d there* that night. 我們那天晚上住在那兒。**b**《英》寄宿（在…）：He is *lodging at* Mrs. Wilson's [*with* Mrs. Wilson]. 他寄宿於威爾遜太太家中《★用法「家」時用 at，「人」時用 with》.

2〔十介十(代)名〕〈子彈等〉停留，射入[體內]；〈箭等〉插立[在…]；〈魚骨〉刺入[喉嚨]〔*in*〕：The bullet has ～*d in* his lung. 子彈射入[殘留在]他的肺中。

——*v.t.* **1**〔十受〕**a** 供〈人〉(暫時)**住宿，**供〈人〉投宿：～ a person for the night 供某人住一夜。**b** 供〈人〉寄宿[同住]：Can you board and ～ me? 你可以供我膳食和住宿嗎？

2〔十受十介十(代)名〕把〈子彈等〉射入[…之中]；插立〈箭〉[於…]〔*in*〕：The explorer ～*d* a bullet *in* the tiger's heart. 探險家把子彈射入老虎的心臟。

3〔十受十介十(代)名〕[在銀行等]寄存〈黃金等〉〔*in*〕；寄存…[在某人處]〔*with*〕：～ money *in* a bank [*with* a person] 把錢寄存在銀行[某人處]。

4〔十受十介十(代)名〕**a**〔向…〕呈遞〈訴狀、申告書等〉；〔向…〕提出〈異議等〉〔*with*〕：I ～*d* a complaint against him *with* the police. 我向警方呈遞訴狀控告他。**b** 授〈權限等〉〔於…〕〔*in, with*〕：～ power *in* [*with, in* the hands of] a person 把權力授予某人。

——*n.* Ⓒ **1 a**(在狩獵、滑雪等特殊季節住宿的)**小屋**：a ski ～ 滑雪度假小屋。**b**《美》(休閒遊樂地等的)(觀光)旅館。

lodge 1 a

2(大宅邸、大學、工廠等的)門房，司閽者室，守衛室。

3《英》(劍橋大學等的)宿舍長公館(cf. lodging 3).

4 a(共濟協會、秘密結社等的)地方分會(集會所)。**b**[集合稱]分會會員《★用法視爲一整體時當單數用，指全部個體時當複數用》。

5(北美印地安人)帳篷小屋。

6 海獺的巢穴。

lódge·ment [-mənt; -mənt] *n.* ＝lodgment.

lódg·er *n.* Ⓒ住宿者，投宿者，寄宿者，寄寓者，房客：take in ～*s* 收房客。

lódg·ing *n.* **1** Ⓤ **a**(臨時的)住宿：ask for a night's ～ 要求借宿一夜。**b** 寄宿：board and ～ 附膳食[伙食]的寄宿。**2 a** Ⓒ住宿處，寓所：find a ～ for the night 找到當天晚上的住宿處。**b**〔～s〕寄居宿舍，出租公寓：live in [at private] ～*s* 寄宿在民房，租房寄宿/take (up) [make] one's ～*s* 寄宿。**3**〔～s〕《英》(牛津大學等的)宿舍長公館(cf. lodge *n.* 3).

lódging hòuse *n.* Ⓒ(通常指按日或按週出租房間的)公寓《★比較水準在 boarding house 之下》。

lódg·ment [-mənt; -mənt] **《lodge 的名詞》——***n.* **1 a** Ⓤ住宿。**b** Ⓒ宿舍。**2** Ⓒ堆積物，沈澱物。**3** Ⓒ《軍》佔領，佔據；據點：effect [make] a ～ 佔領陣地，奪取據點。**4** Ⓤ(抗議等的)提出，呈遞。

lo·ess ['lo·ɪs; 'louis] *n.* Ⓤ《地質》黃土《由細沙，粘土等構成的風成層；分布於北美、歐洲、亞洲等地》。

Ló·fo·ten Íslands ['lo,fotn-; lou'foutən-, 'lou,foutən-] *n. pl.* [the ～]羅佛敦羣島《在挪威西北，屬挪威》。

loft [lɔft; lɔft] **《源自古北歐語「天空，上層房間」之義》——***n.* Ⓒ **1 a** 閣樓，頂樓(attic)。**b**(穀倉、牛馬房的)二樓《堆積稻草、乾草等之用》。**c**(教堂、講堂等的)樓廂(cf. gallery 1 a)：⇨ choir loft, organ loft. **d**《美》(倉庫、廠房等的)樓上。**2** 鴿房。**3**《高爾夫》**a** 球棒末端的向後傾斜。**b**(球的)高擊。

——*v.t.*《高爾夫·棒球·板球》將〈球〉擊高。

lóft·er *n.* Ⓒ《高爾夫》高擊用的鐵頭球棒《⇨iron 3 c》.

loft·y ['lɔftɪ, 'lɑftɪ; 'lɔfti] *adj.* (**loft·i·er**; **-i·est**) **1**〈目的、主義等〉高尚的，高遠的。**2**〈態度等〉高傲的：～ contempt [disdain] 高傲的輕蔑 / in a ～ manner 以高傲的態度。**3**《詩·文語》〈山等〉非常高的，高聳的(towering).

lóft·i·ly [-tlɪ; -tili] *adv.* **-i·ness** *n.*

***log** [lɔg, lɑg; lɔg] *n.* Ⓒ **1 圓木，**原木《砍伐後鋸斷而未削皮的樹幹》：in the ～ 以仍爲圓木的狀態。**2**《航海》測程器《用以測定航行中的船速》。**3 a**《航海·航空》航海[航空]日誌。**b** 旅行日記。**c**(引擎、鍋爐等的)工程日誌。**d**(實驗等的)記錄。

(as) éasy as rólling óff a lóg《美》易如反掌的。

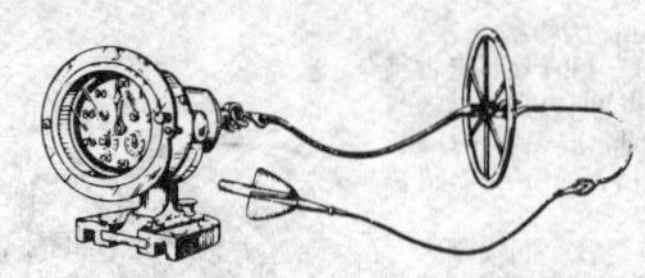
log 2

sléep like a lóg 睡得像木頭一樣不省人事。

——*adj.* [用在名詞前]以圓木作的：a ～ cabin 圓木小屋。

——*v.t.* (**logged**; **log·ging**)〔十受〕**1** 將〈樹〉鋸成圓木。**2**《航海·航空》將…的航程記入，將…記入航海[航空]日誌。**3 a**〈船、飛機〉達到…的速度。**b** 創…的紀錄。

lóg úp《*vt adv*》(乘交通工具)行駛〈…的距離、時間〉：I *logged up* thirty miles in my car. 我駕車行駛三十哩。

log., log《略》logarithm; logarithmic; logic; logistic.

-log [-lɔg, -lɑg; -lɔg] 字尾《美》＝-logue.

lo·gan·ber·ry ['logən,bɛrɪ; 'lougənbəri] *n.* Ⓒ《植物》洛根莓《raspberry 與 blackberry 的交配種》。

loganberry

log·a·rithm ['lɔgə,rɪðəm; 'lɔgəriðəm] *n.* Ⓒ《數學》對數：a table of ～*s* 對數表。

log·a·rith·mic [,lɔgə'rɪðmɪk, ,lɑg-; ,lɔgə'riðmik←] **《logarithm 的形容詞》——***adj.*《數學》對數的。

-mi·cal·ly [-klɪ; -kəli] *adv.*

lóg·bòok *n.* ＝log 3 a, c.

loge [loʒ; louʒ] **《源自法語》——***n.* Ⓒ **1**(劇場的)包廂。**2**(展覽會中之)攤位。

lóg·ger *n.* Ⓒ《美》**1** 伐木者，鋸木者。**2** 原木裝載機；伐木曳引機。

lógger·hèad *n.* Ⓒ **1**(又作 **lóggerhead tùrtle**)《動物》蠵龜。**2**(捕鯨船船尾的)繫叉索用圓柱《用以捲繞叉索以防其隨叉飛出》。

at lóggerheads with... 與…交惡[相爭]。

log·gi·a ['lɑdʒɪə; 'loudʒə] **《源自義大利語 'lodge' 之義》——***n.* Ⓒ《建築》(建築物一側俯臨庭院的)走廊。

loggia

lóg·ging *n.* Ⓤ **1** 伐木(業)。**2** 伐木量。

***log·ic** ['lɑdʒɪk; 'lɔdʒik] *n.* Ⓤ **1 理則學，邏輯，論理學**：deductive [inductive] ～ 演繹[歸納]邏輯。**2 a**〔又作 **a** ～〕**論理，**論法：special ～ (有關某特別事物的)特別論法/(*an*) indisputable ～ 無可爭論[無爭論餘地]的論理。**b**《口語》道理，合理的想法，條理：specious ～ 似是而非的道理/There's no ～ in his argument. 他的論據不合邏輯。**3** 不容分說的力量，必然性，必然的關係〔*of*〕：the ～ *of* events [facts] 事件[事實]的必然性。

chóp lógic 强詞奪理，詭辯，强辯。

***log·i·cal** ['lɑdʒɪkl; 'lɔdʒikl] **《logic 的形容詞》——** *adj.* (**more** ～; **most** ～) **1**(無比較級、最高級)**邏輯**(上)**的，**論理(學)(上)的；理則學的：～ analysis 邏輯分析。**2** 論理的，有條有理的，合邏輯的：His argument seems ～. 他的論據似乎有道理[合邏輯]。**3**(論理上)必然的，不可避免的：That is the ～ result. 那是必然的結果。**～·ly** [-klɪ; -kəli] *adv.* **～·ness** *n.*

lógical pósitivism *n.* Ⓤ《哲》邏輯實證主義《主張藉分析科學所使用之語文，從以建立可適用於一切科學之語彙，以求科學之統一》。

lo·gi·cian [lo'dʒɪʃən; lou'dʒiʃn] *n.* Ⓒ **1** 邏輯學[理則學，論理學]家。**2** 善於論理[推理]的人。

-lo·gist [-lədʒɪst; -lədʒist] [複合用詞]表示「…學家」「…研究者」「…理論之信奉者」：geology＞geo*logist*/philology＞philo*logist*.

lo·gis·tic[1] [lo'dʒɪstɪk; lou'dʒistik] *adj.* 符號邏輯的。

——*n.* Ⓤ符號邏輯(symbolic logic).

lo·gis·tic[2] [lo'dʒɪstɪk; lou'dʒistik] *adj.* 後勤學的。

lo·gis·tics [lo'dʒɪstɪks; lou'dʒistiks] *n.* Ⓤ《軍》後勤學《有關運輸、紮營、糧食等的一門軍事學科》。

lóg·jàm *n.* Ⓒ **1**(滙集在河川中的)原木的堵塞。**2**《美》停滯狀態；僵局。

lóg lìne *n.* Ⓒ《航海》計程儀索。

log·o [ˋlɔgo, ˋlɑgo; ˋlɔgou] *n.*《口語》＝logotype.

log·os [ˋlɑgɑs; ˋlɔgɔs]《源自希臘文「語言」之義》—*n.* Ⓤ **1** [L~]〖聖經〗**a** 上帝的話。**b**（三位一體中第二位的）基督(Christ)．**2** [常 L~]〖哲〗理性。

log·o·type [ˋlɔgə͵taɪp, ˋlɑgə-; ˋlɔgətaip] *n.* Ⓒ **1** 單語活字《數個字母合鑄成一體的活字》。**2** 商標或公司名稱的圖案文字。**3** 名牌。

lóg·ròll《美》*v.t.* 互相合作使〈議案〉通過。
—*v.i.*（合謀）互相稱讚吹噓。

lóg·ròlling *n.* Ⓤ **1 a** 滾木材《指合力將伐下的圓木滾動到一個地方或河流中》。**b** 水中踩圓木（比賽）《腳踩漂浮、轉動不定的圓木，保持身體平衡而不落水》。**2**《美》**a**（尤指政治上的）合作，互助。**b**（作家、同行間等的）互相稱讚，互相標榜，互相吹捧。

-logue [-lɔg, -lɑg; -lɔg] [字尾] 表示「談話」「語言」之意的名詞字尾：cata*logue*, pro*logue*.

lóg·wòod *n.* Ⓒ〖植物〗墨水樹《豆科的小喬木》。

-lo·gy [-lədʒɪ; -lədʒi] [名詞複合用詞] **1** 表示「說，話，談話」：eu*logy*；tauto*logy*. **2** 表示「學問，…論，…學」：geo*logy*；philo*logy*.

loid [lɔɪd; lɔid] *n.* Ⓒ《俚》薄賽璐珞或塑膠片《竊賊用來撥開彈簧鎖》。
—*v.t.*《俚》以薄賽璐珞或塑膠片撥開〈鎖住的門〉。

loin [lɔɪn; lɔin] *n.* **1** [～s] 腰，腰部。**2** Ⓤ（獸類的）腰肉（⇨ beef 插圖）。
be sprúng from a person's **lóins** 係某人的後裔，生爲某人之子《★出自聖經「創世記」》。
gírd (úp) one's **lóins**《文語》（尤指爲準備戰爭而）提高警覺；（提高警覺）等待《★出自聖經「列王紀」》。

lóin·clòth *n.* Ⓒ纏腰布。

Loire [lwɑr; lwɑ:] *n.* [the ～] 羅亞爾河《在法國南部》。

loi·ter [ˋlɔɪtɚ; ˋlɔitə] *v.i.* **1** 〔動（＋副詞（片語））〕**在途中耽擱，閒蕩，閒逛**；且行且止；徘徊：～ *around* (the street corner)（在街角一帶）閒逛/Don't ～ on your way home from school. 不可在放學回家的路上閒逛。**2** 〔＋介＋(代)名〕〔對工作等〕**磨磨蹭蹭，耽誤**〔*on*〕：～ *on a* job 磨洋工。
—*v.t.* 〔＋受＋副〕虛度〈時光等〉，無所事事地過〈日子〉〈*away*〉：They ～*ed away* their time. 他們游手好閒地消磨時間。

lói·ter·er [ˋlɔɪtərɚ; ˋlɔitərə] *n.* Ⓒ閒蕩的人；游手好閒的人。

loll [lɑl; lɔl] *v.i.* **1** 〔＋副〕〈舌頭等〉下垂，伸出〈*out*〉：The dog let its tongue ～ *out*. 狗伸出舌頭。**2** 〔＋副詞（片語）〕懶洋洋地憑倚（在…）；游手好閒地（在…）閒蕩：～ *in* a chair [*on* a sofa, *against* a wall] 懶洋洋地倚靠在椅子裏[在沙發上，牆上]/～ *about* [*around*] *on* the grass 在草地上四處悠遊。
—*v.t.* 〔＋受＋(副)〕將〈舌頭〉伸垂在外〈*out*〉：The dog was ～*ing* its tongue *out*. 那狗把舌頭伸出口外。

lol·li·pop, lol·ly·pop [ˋlɑlɪ͵pɑp; ˋlɔlipɔp] *n.* Ⓒ **1** 棒棒糖。**2**《英口語》（爲保護學童穿越街道由負責交通安全的人拿在手上示意車輛停車的）交通號誌《圓形號誌裝在棒上，像棒棒糖》。

lóllipop màn [wòman] *n.* Ⓒ《英口語》（手上拿著形狀像棒棒糖的圓形交通號誌在穿越道等指揮交通的）男[女]交通指揮員。

lol·lop [ˋlɑləp; ˋlɔləp] *v.i.* 〔＋副詞（片語）〕《口語》搖搖晃晃地走，懶散而行。

lol·ly [ˋlɑlɪ; ˋlɔli] *n.*《英》**1**《口語》＝lollipop. **2** Ⓤ《俚》錢。

Lom·bard [ˋlɑmbɚd; ˋlɔmbəd] *n.* Ⓒ **1** 倫巴底人《於六世紀征服義大利的日耳曼民族》。**2**（義大利的）倫巴底人。**3**《源自從前倫巴底(Lombardy)多金融業者》放債者；銀行家。
—*adj.* 倫巴底（人）的。

Lómbard Strèet *n.* **1** 倫巴德街《倫敦的銀行街；cf. Wall Street 1》．**2 a** 倫敦的金融界。**b** 金融界[市場]。

> **【字源】** 由於出身義大利倫巴底(Lombardy)的金匠與銀行家居住於此，因而得名。

Lom·bard·y [ˋlɑmbɚdɪ; ˋlɔmbədi] *n.* 倫巴底《義大利北部之一地區，昔爲王國》。

Lo·mond [ˋlomənd; ˋloumənd], **Loch** *n.* 羅蒙湖《在蘇格蘭中西部》。

lon.《略》longitude.

‡**Lon·don** [ˋlʌndən; ˋlʌndən] *n.* **倫敦**《英格蘭東南部的港都；爲英格蘭、大不列顛及大英國協的首都；cf. Greater London》．

Lóndon Clùb *n.* 倫敦俱樂部《核燃料供應國集團》。

Lón·don·er *n.* Ⓒ倫敦人。

Lon·don·ism [ˋlʌndən͵ɪzəm; ˋlʌndənizəm] *n.* ⓊⒸ倫敦風格；倫敦腔。

lone [lon; loun]《alone 字首消失的變體字》—*adj.* [用在名詞前]《文語》**1** 孤單的，孤獨的，寂寞的，孤寂的：a ～ flight 單獨飛行/⇨ lone wolf. **2** 人跡罕至的。**3** 唯一的。
pláy a lóne hánd (1)〖紙牌戲〗（在夥伴(partner)退出之後）獨自繼續比賽。(2)單獨行動，獨自工作。

lóne·li·ness *n.* Ⓤ孤獨；寂寞：live *in* ～ 寂寞地獨住，過孤獨的生活。

> **【同義字】** loneliness 表示沒有夥伴或同伴而孤單寂寞的心情；solitude 不含 loneliness 所有的寂寞的心情。

‡**lone·ly** [ˋlonlɪ; ˋlounli] *adj.* (**lone·li·er**；**-li·est**) **1 孤獨的，孤單的**：a ～ man 孤獨的人。**2**（因孤獨而）**寂寞的**，無依的：She felt ～. 她感到寂寞。**3**〈地方〉人煙稀少的，偏僻的；荒涼的。

lónely-hèarts *adj.* 急於物色情人者的；爲急於物色情人的人而設的。

lon·er [ˋlonɚ; ˋlounə] *n.* Ⓒ《口語》（不與他人交往而）獨自行動[生活]的人，單獨行動[獨來獨往]的人。

lone·some [ˋlonsəm; ˋlounsəm] *adj.* (**more** ～；**most** ～) **1 寂寞的**，無依的：feel ～ 感到寂寞。**2**〈地方〉偏僻的，人煙稀少的。
—*n.* ★用於下列成語。
(áll) by [on] one's **lónesome**《口語》獨自地；孤單地。
～**·ly** *adv.* ～**·ness** *n.*

Lóne Stár Státe *n.* [the ～] 美國德克薩斯州(Texas)之俗稱《因其州旗爲一顆星》。

lóne wólf *n.* Ⓒ《口語》單獨行動[獨來獨往]的人，孤家寡人。

‡**long¹** [lɔŋ; lɔŋ] *adj.* (～**·er** [ˋlɔŋgɚ; ˋlɔŋgə]；～**·est** [ˋlɔŋgɪst; ˋlɔŋgist]) **1 長的**（↔ short）：**a**〈物、距離等〉長的，稍長的《★[用法] 問物的長度時用 How long (...)？問距離的長度時常用 How far (...)？；⇨ how 的成語》：a ～ train 長列車/～ hair 長髮/⇨ long face, long robe/How ～ is the ladder？那梯子有多長？/We (still) have a ～ way to go. 我們路程還遙遠。
b（時間、過程等）長久的，長期間的《★[用法] 問時間的長短時用 How long (...)？；⇨ long¹ *adv.* 1 a, how 的成語》：a ～ run 長期演出/～ years 多年/of ～ standing 持續很久的，長時間的/wait (for) a ～ time 久[長時間地]等/It is [has been] a ～ time since I saw you last. 很久沒見面了；久違了/How ～ is the interval？中間隔多久[休息時間多長]？/It will be [not be] ～ before we know the truth. 我們要很久才[不久就]會知道眞相。
c [不用在名詞前]〔(＋介)＋do*ing*〕〔做…〕費時很久的，〔做…〕得慢的〔*in*〕《★[用法] in 常省略》：Spring is ～ (*in*) com*ing* this year. 今年春天來得慢/I won't be ～ unpack*ing*. 我打開包裹不需多久/He wasn't ～ (*in*) get*ting* hungry. 他不久便餓了。
d（無比較級、最高級）[常與表數量的名詞連用]（長度、距離、時間等）有（…）長[久]的，長度有（…）的：It is three feet [minutes] ～. 它有三呎長[三分鐘之久]/The drama is five acts ～. 這戲有五幕。
2 a〈時間、行爲等〉**令人感到長的**；冗長的，無聊的：a ～ lecture 冗長的演講/Today was a ～ day. 今天眞是漫長的一天。
b [不用在名詞前]〔＋介＋(代)名〕〔做…〕**耽擱時間的**，拖久的〔*about, over*〕：Don't be ～！不要慢吞吞的！/He is ～ *about* his work. 他工作拖拖拉拉/He is not ～ for this world. 他將不久於人世。
3 a 足足的，…以上的：a ～ hour 足足一小時/a ～ mile 足足一哩/⇨ long dozen.
b〈一覽表、帳單等〉項目多的：a ～ bill 項目多的帳單，累積多的帳。
4 a〈視力、聽力、見識、安打等〉達到遠方的：a ～ sight 遠視，遠見/a ～ hit〖棒球〗長打/take a [the] ～ view 高瞻遠矚，往遠處著想。**b**〈記憶〉能憶起很久以前的事：He has a ～ memory. 他記性很好[記憶力很强]。
5 [不用在名詞前]〔＋介＋(代)名〕有充分〔…〕的，擅長〔…〕的〔*on*〕：He is ～ *on* common sense. 他有豐富的常識。
6 a〈賭注與贏款比率〉懸殊的，相差很遠的：⇨ by long ODDS.
b〈成功〉機會小的：take a ～ chance for ... 對…雖無勝算，姑且一試。
7〖語音〗長音的：～ vowels 長元音。
8〖韻律〗强音的。
by a lóng wày ⇨ way.
in the lóng rùn ⇨ run *n.*
màke a lóng árm ⇨arm¹.
—*adv.* (～**·er**；～**·est**) **1 a** 長久地，長期地，長時間地：live ～ 活得長/He has been ～ dead. 他已死很久/"How ～ have you been in the army？"—"I haven't been in it ～."「你參軍有多久？」「不很久。」**b** [用在表時間的副詞或連接詞前]（較某一時間）遠（在前或在後）：～ ago 很久以前/～ since 久已，早就/～ before 遠在…之前，在很久以前(cf. before long (⇨ *n.* 成語))。
2 [與"all＋(表期間的)名詞"連用] 整…：*all* day [night] ～ 整天[晚]/*all* summer ～ 整個夏天。
as lóng as... (1)如…的那麼久：Stay here *as* ～ *as* you want to. 你想在這兒住多久，就住多久吧。(2)只要…；如果…：Any book will do *as* ～ *as* it is interesting. 只要[如果]是有趣的，任何書都可以。

L

nò lónger ＝ **nòt...àny lónger** 不再…：I could wait for him *no ~er.* ＝I could *not* wait for him *any ~er.* 我不能再等他/A visit to the moon is *no ~er* a fantastic dream. 探訪月球不再是怪誕的夢想。

Sò lóng！ ⇨ so long.

so lóng as... 只要…：You may stay here *so ~ as* you keep quiet. 只要保持安靜，你可以留在這裏。

—n. 1 Ⓤ長時[期]間：It will not take ~. 不會花很久時間《★[用法]take long 通常用於疑問句、否定句》。

2 [**the ~**]《英口語》暑假。

3 Ⓒ《語音》長元音，長音（節）。

4 Ⓒ《韻律》弱音(節)。

at (the) lóngest (時間上)最長，最久，頂多。

befòre lóng 不久 (soon) (cf. long before (⇨ *adv.* 1 b))：We shall know the truth *before ~.* 我們不久便會知道眞相。

for lóng [主要用於否定句、疑問句或條件子句]長久地《★[用法]這些片語中的 long 係屬形容詞的獨立用法，因此前面可以加 very 等副詞》：He won't be away *for very ~.* 他不會去很久。

the lóng and (the) shórt of it 總之，簡言之：*The ~ and (the) short of it* is that the plan was a failure. 總之，那計畫告吹了。

long² [lɔŋ; lɔŋ] **《源自古英語「我覺得長久」之義》—*v.i.* 1**〔十介十(代)名〕渴望〔…〕，熱望〔…〕(yearn)〔*for*〕：They ~ [are *~ing*] *for* peace. 他們渴望著和平。

2 a〔十 *to* do〕熱望〈做…〉：He *~ed to* meet her. 他熱望會見她。**b**〔十 *for* 十(代)名十 *to* do〕渴望〔…〕〈做…〉：He *~s for* you *to* write him a letter. 他渴望你寫信給他。

long. 《略》longitude.

lon·gan [ˈlaŋgən; ˈlɔŋgən] *n.* ⒸⓊ龍眼，桂圓。

Lóng Bèach *n.* 長堤《美國加利福尼亞州 (California) 洛杉磯 (Los Angeles) 南方的一個城市、海水浴場》。

lóng·bòat *n.* Ⓒ(從前裝載於帆船上的)大型小艇。

lóng·bòw [-ˌbo; -bou] *n.* Ⓒ大弓，長弓。

lóng·clòth *n.* Ⓤ一種輕柔的上等棉布。

lóng clóthes *n. pl.* 襁褓。

lóng dístance *n.* Ⓤ長途電話；長途電話接線生[局]：by ~ 以長途電話。

lóng-dístance *adj.* [用在名詞前] **1** 長途的：a ~ call《美》長途電話的通話(《英》trunk call) / a ~ cruise 遠洋航海/ a ~ flight [runner]長途飛行[長跑者]。**2**《英》長期的〈天氣預報〉。

—*adv.* 以長途電話。

lóng divísion *n.* Ⓤ《數學》長除法。

lóng dózen *n.* [**a ~**]十三 (thirteen) (⇨baker's dozen).

> **【字源】** long 有「比標準量更多」之意，如 a long mile（一哩以上），a long dozen＝a baker's dozen(十三個)。

lóng-dráwn, lóng-dràwn-óut *adj.* 拖長的，拉長的；持續很久的，延長的。

lóng-éared *adj.* **1** 有長耳的。**2** 似驢的，愚鈍的。

lon·gev·i·ty [lɑnˈdʒɛvətɪ; lɔnˈdʒevəti] *n.* Ⓤ **1** 長壽，長命。**2** 壽命，生命。

lóng fáce *n.* Ⓒ **1** 長面孔。**2** (常指作態的)憂愁的[陰鬱的]臉(色)，不高興[無精打采]的面孔：with a ~ 愁容滿面地/pull [make] a ~ 愁眉苦臉，悶悶不樂/wear a ~ 臉上顯得悶悶不樂，板著臉。

lóng-fáced *adj.* **1** 長面孔的。**2** 憂愁的，陰鬱的，不高興的，無精打采的，悶悶不樂的。

Long·fel·low [ˈlɔŋˌfɛlo; ˈlɔŋˌfelou], **Henry Wads·worth** [ˈwadzwəθ; ˈwɔdzwə:θ] *n.* 朗費羅《1807－82；美國詩人》。

lóng·hàir *n.* Ⓒ **1**《美》長髮的人。**2**《美》**a** 知識份子。**b** 熱愛[獻身於，熱中於]古典(音樂)的人，古典音樂演奏者。**3** 嬉皮 (hippie).

—*adj.* ＝longhaired.

lóng-háired *adj.* **1** 長髮的。**2 a** 知識階級的。**b** 愛好(演奏)古典音樂甚於爵士樂的。**3** 年輕而反社會的，嬉皮式的。

lóng·hànd *n.* Ⓤ (不是用速記或打字的) 普通寫法 (cf. shorthand)：in ~ 用普通寫法寫的。

lóng hául *n.* [用單數] (艱苦的)長時間；長距離。

lóng-héaded *adj.* **1** 長頭的。**2** 有先見之明的；賢明的。

~·ness *n.*

lóng·hòrn *n.* Ⓒ《動物》長角牛《原產於美國西南部的一種牛；現已瀕臨絕種》。

lóng hòrse *n.* Ⓒ(體操用的)縱跳馬 (cf. vaulting horse).

lóng hóurs *n. pl.* 午夜，半夜《夜晚十一、二點鐘》。

lóng húndredweight *n.* ＝hundredweight b.

lóng·ing **《源自long²》—*n.*** ⓊⒸ**1** 嚮往，思慕〔*for*〕：She has a great ~ *for* home. 她非常想家。**2**〔十 *to* do〕〈想做…的〉渴望，熱望，願望：His ~ *to* see his native country became stronger. 他想看看祖國的渴望變得更强烈。

—*adj.* [用在名詞前]渴望的，熱望的；思慕的：a ~ look 思慕的眼神。**~·ly** *adv.*

lóng·ish [-ɪʃ; -iʃ] *adj.* 稍長的，有點長的。

Lòng Ísland *n.* 長島《位於美國紐約 (New York) 灣的一個島》。

lon·gi·tude [ˈlandʒəˌtud, -ˌtjud; ˈlɔndʒitju:d] **《源自拉丁文「縱，長」之義》—*n.*** Ⓤ**1**《地理》經度，經線《略作 lon(g).；cf. latitude 1a》：east [west] ~ 東[西]經。**2**《天文》黃經。**3**《謔》縱，長。

lon·gi·tu·di·nal [ˌlandʒəˈtudn̩l, -ˈtjud-; ˌlɔndʒiˈtju:dinl⁻] **《longitude 的形容詞》—*adj.* 1** 經度的，經線的。**2** 縱的；長的 (cf. lateral 1). **~·ly** [-dn̩lɪ; -dinəli] *adv.*

lóng jòhns *n. pl.*《口語》溫暖的長內衣褲。

lóng jùmp *n.* [**the ~**]《英》＝broad jump.

lóng-légged *adj.* 腿很長的。

lóng-límbed *adj.* 四肢很長的：a ~ youth 一個四肢很長的少年。

lóng-líved [ˈlɔŋˈlaɪvd; ˌlɔŋˈlivd⁻] *adj.* **1** 長命的。**2** 永續的；耐用的，耐久的。

lóng méasure *n.* Ⓤ尺度，長度。

Lóng Párliament *n.* [**the ~**]《英史》長期議會《1640 年查理 (Charles) 一世所召開，1653 年爲克倫威爾 (Cromwell) 所解散，1659 年復會，至1660 年終止》。

lóng pláy *n.* Ⓒ長時間[慢轉，密紋]唱片《略作 LP》.

lóng-pláying *adj.* 〈唱片〉長時間演奏的，LP 的 (cf. LP)：a ~ record LP 唱片《速度爲每分鐘33⅓轉》。

lóng-púll *adj.*《俚》長期的；長程的：~ buying 長期購買。

lóng-ránge *adj.* [用在名詞前] **1** 長距離的，長射程的：a ~ gun [missile, flight]長射程[長程]砲[飛彈，飛行]。**2** 遠大的，長期[遠程]的：~ plans 長期[遠程]規畫。

lóng róbe *n.* [**the ~**] (法官的)長袍；法律職業。

lóng-rún *adj.* **1** 歷時甚久的。**2** 長久才能兌現的《公債等》。

lóng·shìp *n.* Ⓒ中古時代北歐的一種單帆多槳的長船。

lóng·shòre **《along shore 字首消失的變體字》—*adj.*** 沿岸的，在沿岸[海邊]工作的：~ fishery 沿岸漁業。

lóngshore·man [-mən; -mən] *n.* Ⓒ(*pl.* **-men** [-mən; -mən])《美》碼頭(裝卸)工人；近海漁夫；海岸散工。

lóng shórt stòry *n.* Ⓒ較長的短篇小說；中篇小說。

lóng shòt *n.* **1** Ⓒ《電影》遠拍(↔ close shot). **2** [**a ~**]《口語》大膽的[成功希望不大的，困難的]事業[嘗試，計畫]；(賽馬等的)贏的機會很小的大冷門：⇨ not by a long SHOT¹.

lóng-síghted *adj.* 有遠見的；見識高的；聰明的；遠視眼的。

lóng-stánding *adj.* 經年累月的，長時期的；爲時[持續]甚久的。

lóng-stèmmed *adj.* **1** 長莖的。**2** 腿纖長的：~ beauties 長腿美人。

lóng-súffering *adj.* 忍受長期痛苦與折磨的，經得起痛苦的。

—*n.* Ⓤ對長期痛苦與折磨的忍受；忍苦。

lóng súit *n.* **1** Ⓒ《紙牌戲》長牌《有四張以上同花的一手牌》。**2** [**one's ~**]《口語》長處，擅長。

lóng-térm *adj.* 長期的 (↔ short-term)：~ loans 長期貸款 /the ~ effects of marijuana use 服用大麻的長期影響。

lóng·tìme *adj.* [用在名詞前]多年的，長時期的，歷時甚久的：a ~ friendship [customer] 多年的友誼[老顧客]。

Lóng Tóm *n.* Ⓒ**1** (昔軍艦上用的一種)長射程砲。**2** [**l~ t~**]《軍俚》＝cannon.

lóng tón *n.* Ⓒ長噸《＝2240 pounds, 1016.1kg；⇨ ton 1 a》.

lóng-tóngued *adj.* **1** 長舌的。**2** 饒舌的，喋喋不休的。

lóng vác *n.*《口語》＝long vacation.

lóng vacátion *n.* Ⓒ《英》(大學等的)暑假；(法院的)休庭期《通常爲八、九、十，三個月》。

lóng wàve *n.* Ⓤ《通信》長波《波長八百公尺以上；cf. short wave, medium wave》。

lóng·wàys *adv.* 縱長地。

lóng-wéaring *adj.* 《美》〈布等〉耐穿的，耐用的(《英》hardwearing)。

lóng-wínd·ed [-ˈwɪndɪd; -ˈwindid⁻] *adj.* **1** 氣息長的。**2** 冗長的，囉囉嗦嗦的。**~·ly** *adv.* **~·ness** *n.*

lóng·wìse *adv.* ＝longways.

loo¹ [lu; lu:] *n.* Ⓤ一種紙牌戲。

loo² [lu; lu:] *n.* Ⓒ(*pl.* **~s**)《英口語》廁所。

loo·fah [ˈlufə; ˈlu:fə] *n.* Ⓒ**1**《植物》絲瓜。**2** 絲瓜絡《絲瓜的海綿狀纖維；洗澡擦身或洗碗盤用》。

‡look [luk; luk] *v.i.* **A 1** 看。

> **【同義字】** look 和 watch 均表示注意看的自發行爲，通常 look 用於靜止的東西，watch 用於動態的東西；see 單指看見東西；gaze 指以驚訝、讚賞等的心情凝視；stare 指以驚訝、讚賞、恐懼等的心情睜大眼睛瞪視；glance 指略視，看一眼。

a (注意)看，望，觀，注視：She ~*ed* but didn't see. 她視而不見/I ~*ed* everywhere, but couldn't find it. 我到處找過，但沒能找到/*L*~ before you leap. ⇨leap *v.i.* 1 a. **b**〔十介十(代)名〕看，望〔…〕〔*at*〕：⇨ LOOK at. **c**〔十副詞(片語)〕看(…)《★參考各成語》。**d**［當感歎詞用以引起對方的注意］看哪！喂！瞧！：*L*~, there he is！你看，他在那邊！/*L*~ here！喂！瞧！/*L*~ you！注意！留心！

see　look　watch

【插圖說明】**see**「(自然地)看」; **look**「(有意地)看」; **watch**「(注意地)看」

gaze　glare　stare

cast　peep　examine

【插圖說明】**gaze**「(以興趣、驚歎的眼神集中精神)凝視」; **glare**「(生氣)瞪人，怒目而視」; **stare**「(好奇地，驚訝地，藐視人地)睜眼看」; **cast**「視線投向」; **peep**「偷看」; **examine**「仔細檢視」

2〔十副詞(片語)〕〈房屋等〉向著，朝著(…方向等)：My house ~*s* (*to* the) *south.* 我的家朝南/The window ~*s on* the river. 那窗戶面向河流。

3〔十 *to* do〕《美》盼望，期待〈做…〉：Mother is ~*ing to* meet you again. 母親盼望再和你會面。

—B 1 a〔十補〕臉色[樣子]看起來，顯得，似乎〈…〉：You ~ pale. 你臉色顯得蒼白/He ~*s* ill. 他看起來身體不好/This ~*s* very good. 這看起來很好/He was surprised, and he ~*ed* it. 他吃驚並且形之於色/He does not ~ his age. 他看起來與實際年齡不相當/He ~*s* a good man. 他看起來像是個好人《★用法 通常用 look like, 省略 like 的用法多用於英國；⇨ LOOK like》/I didn't like to ~ a fool [foolish]. 我不要看起來像個傻瓜。**b**〔十 *to be* 補〕看起來，顯得〈…〉(⇨ seem【同義字】)：The pole ~*ed* (*to be*) about eight feet tall. 那柱子看起來約八呎高《★用法 這是比照 appear 的句型，多用於美國》。**c**〔~ one*self*〕(樣子)與平常無異：You are not ~*ing* quite *yourself.* 你看上去與往常不一樣《你顯得失常[不對勁]，看來臉色[神色]有異》。**d**〔十 *as if*__〕看起來〈像…〉：He ~*ed as if* he hadn't heard. 他看起來像沒有聽見似的/He ~*ed as though* he knew it. 他看起來像是知道這件事似的。

2〔十 *as if*__〕［以 it 作主詞］看來好像〈會…〉，似乎〈是…〉的樣子《★用法《美口語》中有時不用 as if [though] 而以 like 代替》：*It* doesn't ~ *as if* we shall succeed. 看來好像我們不會成功的樣子/*It* ~*s like* we made it.《美口語》好像我們成功[辦到]了。

—*v.t.* 1〔十受十介十名〕注視，目不轉睛地看〈人等〉〔臉、眼睛等〕〔*in*〕《★用法 在名詞前加冠詞 the》：~ a person *in the* eye(s) 注視某人的眼睛/⇨look a person in the FACE, look a GIFT HORSE in the mouth.

2 a〔十受〕露出…的眼色[表情]，以眼色[態度]表示…：She ~*ed* her thanks. 她眼睛露出感謝之意/⇨ look DAGGERS at. **b**〔十受十介十(代)名〕《罕》注視[瞪]〈人〉〔使…〕〔*to, into*〕：The policeman ~*ed* him *into* silence. 那警察瞪得他沉默不語。**3 a**〔十 *wh.*__〕查明，檢查，弄清楚，看清楚〈是否…〉：Do ~ *what* you are doing！弄清楚[看看]自己在做什麼！《★常用以表示「小心危險！」》。**b**〔十 *that*__〕留心，注意，確定〈…事〉《★用法 look to it *that*... (⇨此爲省略 LOOK to (2)) 的to it 形式，也可視爲不及物動詞》：*L*~ *that* the work is done properly. 注意把工作做妥當。

look about [《*vi adv*》~ abóut] (1)環顧(周圍)：He ~*ed* all *about* to see what had happened. 他環顧周圍看看發生了什麼事。—[《*vi prep*》~ abóut...] (2)環顧…的附近。(3)注意[小心，留神]…的身邊。(4)愼重考慮…之事。

lóok about for... 到處尋找…：~ *about for* a job 到處找工作。

lòok áfter... (1)目送…：We ~*ed after* her. 我們目送她。(2)照料…，小心看管…《★可用被動語態》：I'll ~ *after* your baby while you're out. 你外出時我會照顧你的嬰兒/I can ~ *after* myself. 我能照料自己《不用爲我擔心》。

lóok ahéad《*vi adv*》(1)看前方。(2)展望未來；未雨綢繆：~ *ahead* ten years 展望十年後的情景；爲十年後做打算。

Lóok alíve！⇨ alive.

lóok aróund＝LOOK round.

lóok at... (1)看，瞧，望，注視，盯…(cf. *v.i.* A 1 b)《★可用被動語態》：*L*~ *at* the blackboard. 看著黑板/The hotel is not much to ~ *at.* 那家旅館沒什麼看頭[不起眼，不怎麼好]。(2)〔十受十do*ing*〕看…〈在做…〉：He ~*ed at* the rain com*ing* down. 他看著天下雨。(3)〔十受十原形〕看…〈做…〉：*L*~ *at* the dolphin jump. 看海豚跳躍！(4)［To ~ at...］據…的樣子判斷：*To* ~ *at* him, you'd never think he is a millionaire. 光看他的外表，絕不會想到他是個百萬富翁。(5)〈醫師、工程師等〉檢查…《★可用被動語態》：The doctor ~*ed at* his blood. 醫師檢驗他的血液。(6)考察…《★可用被動語態》：~ *at* a problem from all sides 從各方面考察問題。(7)［與will not, won't, wouldn't 連用］不顧，不理睬；拒絕；輕視…《★可用被動語態》：He *wouldn't* ~ *at* my proposal. 他對我的提議不屑一顧。(8)［用祈使語氣］看…做爲教訓[引以爲戒]，莫忘…之事：*L*~ *at* John. He worked himself to death. 看看約翰，他是工作太勞累而死的。

lóok báck《*vi adv*》(1)回頭看。(2)回顧，回憶，追想〔…〕〔*on, upon, to, at*〕《★可用被動語態》：He ~*ed back* fondly *on* his school days. 他以溫馨的情懷回想學生時代。(3)［常與 never, not 連用］畏縮，躊躇；停止不前；後退：You must *not* ~ *back* at this stage. 你到了這個階段不可以後退/Since that time his business has *never* ~*ed back.* 自從那時候起他的事業不再開倒車《他的事業蒸蒸日上》。

look down [《*vi adv*》~ dówn] (1)俯視；往下看。—[《*vi prep*》~ dówn...] (2)俯視…：~ *down* a well 俯視水井。

lóok dówn one's nóse... ⇨ nose.

lóok dówn on [upòn]... (1)往下看…《★可用被動語態》：From there ~ *down on* the village. 從那裏俯瞰村莊。(2)輕視，瞧不起…《★可用被動語態》：They ~*ed down on* him as a fool. 他們當他是傻瓜而瞧不起他。

lóok for... (1)尋找…；尋求…；採集…《★可用被動語態》：~ *for* a job 找工作/She ~*ed* in her bag *for* her house key. 她打開手提包找房子的鑰匙/They are ~*ing for* excitement. 他們在尋找刺激。(2)［常用進行式］《口語》可能會惹〈麻煩〉：You*'re* ~*ing for* trouble if you drive that fast. 如果你開車開得那麼快，你會出事的。(3)《古》期待，等候…《★可用被動語態》：I'll ~ *for* you about two o'clock. 我兩點左右等你。

lóok fórward to... 盼望，期望，期待…《★可用被動語態》：Grandma is ~*ing forward to* the new baby. 奶奶盼望著新寶寶的誕生/I am ~*ing forward to* see*ing* you. 我盼望見到你《★比較 look forward to see you 係錯誤用法》。

look in [《*vi adv*》~ ín] (1)窺看裏面，往裏面看一下。(2)順路採訪〔地方〕〔*at*〕；順道訪問〔人〕，順路探望〔人〕〔*on, upon*〕：Please ~ *in on* me *at* my office tomorrow. 請明天到辦公室來看我。(3)《口語》看〔電視〕〔*at*〕.—[《*vi prep*》~ in...] (4)往…裏面看一下：He ~*ed in* the shop window. 他往櫥窗裏看了一下。

look into... (1) [~ into...] 往…裏面看；窺視；注視…：~ *into* shop windows 往櫥窗裏面看/He ~*ed* deep *into* my eyes. 他直注視我的眼睛。(2) [~ ínto...] 調查；研究；考查；洞察…《★可用被動語態》：The police promised to ~ *into* the matter. 警方承諾調查那事件。(3) [~ ínto...] 概略地翻查〈書等〉《★可用被動語態》：~ *into* a dictionary (翻)看字典。

lóok like... (1)看起來像…，有…的外表：Penguins ~ *like* men in [with] tailcoats. 企鵝看起來像穿著燕尾服的人/It ~*s like* fun. 看來好像很有趣/Let me tell you a little of what this uni-

L

versity town *~s like.* 我來告訴你們一點這大學城的面貌[情形]。⑵好像會…：It *~s like* rain. 看來好像要下雨了/He *~s like* a winner [《英》 winn*ing*]. 他好像會贏。⑶⇨ *v.i.* B 2.

look on [《*vi adv*》 ~ ón] ⑴**旁觀，觀看**：You all play and I'll *~ on.* 你們大家玩，我站在一旁看。⑵《罕》[與…] 一起看(書等) 〔*with*〕：You can *~ on with* me. 你可以跟我一起看。——[《*vi prep*》 ~ on ...] ⑶ ⇨ *v.i.* A 2. ⑷**看…**《★[比較]較look at 爲文語化》：He always *~s on* the bright side of things. 他總是看事物的光明面。⑸〔+*as* 補〕**視…〈爲…〉，認…〈爲…〉**《★可用被動語態》：We *~ on* him *as* an impostor. 我們認爲他是個騙子。⑹〔懷著某種感情〕看…〔*with*〕《★可用被動語態》：She *~ed on* me *with* fear. 她膽顫心驚地看著我。

lòok ónto... 面向…：The study *~s onto* the garden. 書房面向花園。

lóok óut 《*vi adv*》⑴**看外面**：*~ out at* the window 靠窗往外看(cf. at 1 b). ⑵看(外面的)〔…〕〔*at*〕：I was *~ing out at* the view. 我當時正在看外面的景色。⑶[常用祈使語氣]小心，當心，注意；〔+*that*__〕注意〈…事〉：*L~ out!* The tree is falling. 當心！樹要倒了/*L~ out that* you don't catch cold. 小心不要受涼。⑷〈建築物、窗等〉面向著，朝〔…〕〔*on, upon, over*〕：The room *~s out on* the sea. 這房間面向大海。——《*vt adv*》⑸《英》挑選，揀選…：She *~ed out* some old clothes *for* the bazaar. 她爲義賣挑選一些舊衣服。

lóok óut for... ⑴監視，當心，注意…《★可用被動語態》：We must *~ out for* crocodiles. 我們得當心鱷魚。⑵尋找…《★可用被動語態》：We *~ed out for* him at the station. 我們在車站尋找他。

lóok óut (of)... 從…往外看《★[用法]省略 of 用於美國》：*~ out (of)* the window. 朝窗外看。

look over [《*vi adv*》 ~ óver] ⑴**瞭望**。——[《*vi prep*》 ~ óver...] ⑵**大致過目…，翻閱…**；視察〈場所〉《★可用被動語態》：*~ over* a new campus 視察新校區。⑶從…的上面看過去：*~ over* a person's [one's] shoulder 越過某人的肩膀上[回頭(越過自己的肩膀上)]看。——[《*vt adv*》 ~ óver] ⑷(詳細地)調查，檢查〈文件等〉：Please *~ over* the papers before you submit them. 在提交文件前，請再過目一下。

look round [《*vi adv*》 ~ róund] ⑴環視，四下張望。⑵(想看而)轉頭。⑶(在購物之前等)仔細檢查，到處去看：I'm just *~ing round.* I haven't decided what to buy. 我只是到處看看，因爲還沒決定要買什麼。⑷四處遊覽，觀光：Would you like to *~ round?* 你願意去遊覽嗎？——[《*vi prep*》 ~ ròund...] ⑸在…的四周看看。⑹巡視，檢視，查看…。

lóok róund for... ＝LOOK about for.

lòok shárp ⇨ sharp *adv.*

lóok smáll ⇨small.

look through 《*vi prep*》 ⑴[~ through...] **透過…看**《★ 可用被動語態》：*~ through* a telescope用[透過]望遠鏡看/ *~ through* a knothole 由節孔(窺)看。⑵[~ thróugh...] 把…檢查一遍，重新檢查…《★可用被動語態》：*~ through* a book 翻查書。⑶[~ thróugh...] (故意地或因沉思等而)以似未注意到的樣子看〈人〉，看到〈人〉而裝沒看到：She *~ed* right *through* me. 她只當沒有看見我。⑷[~ thróugh...] 看穿…：*~ through* a person's trick 看穿某人的詭計。——[《*vt adv*》 ~ thróugh] [~＋受＋through] ⑸徹底檢查，仔細檢查…：Have you *~ed* the papers *through* already? 你已經檢查過文件了嗎？

lóok to ... ⑴小心…；看顧…：*L~ to* your tools. 看好工具/ *~ to* one's laurels⇨laurel 3. ⑵[~ to it that] 注意〈…事〉：*L~ to it that* you do not make such a mistake again. 注意不要再犯這種錯誤(cf. *v.t.* 3 b). ⑶指望…，依賴…〔*for*〕；〔+ *to* do〕指望[依賴]…〈做…〉《★ 可用被動語態》：I *~ to* him *for* help. 我指望他的幫助/We were *~ing to* you *to* make a speech. 我們期待著你演講。⑷〈建築物等〉面向…：a hothouse that *~s to* the south 朝南的溫室[暖房]。

lóok towàrd ... ⑴看…的方向，朝…看去：*~ toward* the castle 朝城堡看去。⑵面朝…的方向，面向…：a window *~ing toward* the east 向東的窗戶。⑶《美》傾向…，以…爲目標：All the signs *~ toward* a good year for the economy. 一切跡象顯示，將是經濟景氣的一年。

lóok úp 《*vi adv*》⑴**仰視，向上看，將眼睛轉向上方，抬頭看**：*~ up at* the stars [*into* the sky] 抬頭看星辰[天空]/He *~ed up* from his work (*at* me). 他放下工作擡起頭來(看我)。⑵〈景氣等〉**好轉，興旺；改善**。⑶提起精神：*L~ up!* The future is bright. 提起精神！前途是光明的。——《*vt adv*》⑷[在字典(等)中]查〈字等〉〔*in*〕：*L~ up* the word *in* your dictionary. 翻字典查一下這個字。⑸尋訪，探訪，訪問〈人〉：She told me to *~* her *up* if I came to New York. 她叫我到了紐約要去探訪她。

lóok úp and dówn 《*vt adv*》[~＋受＋up and down] ⑴到處找…。⑵仔細看，上下打量〈人等〉。

lóok upòn ＝LOOK on.

lóok úp to ...尊敬…；〔+*as* 補〕尊敬，敬重，崇敬…〈爲…〉《★可用被動語態》：They all *~ed up to* him *as* their leader. 大家都推崇他爲領導者。

—*n.* 1 [C] [常用單數]看，瞧，望，視，瞥〔*at*〕：give a person a quick ~ 迅速地看某人一眼/Have a ~ *at* him. 你看看他/Let me have a ~. 讓我看一看。

2 a [C] [常用單數]眼神，眼色；神色，臉色；樣子，外表：the ~ *in* his eye(s) [face] 他的眼色[臉色]/a ~ that could kill 令人畏縮的眼神/the ~ of the sky 天空的樣子/He turned to me with a puzzled ~. 他帶著一副困惑的神色轉身向我/A ~ of relief came over her. 她臉上浮現寬慰的神色/I don't like the ~(s) of him. 我不喜歡他那種樣子。**b** [~s] 容貌，相貌，面貌：have good *~s* 容貌好看，長得標緻/You can't judge a person by his *~s.* 不能以貌取人。

3 [C] (流行等的)款式，樣式，型：a new ~ in women's fashions 婦女流行的新款式/the military ~ 軍服型款式。

by the lóok(s) of it [him, her] 從它[他，她]的樣子判斷[看來]，看它[他，她]的樣子恐怕[大概]：We are going to have snow, *by the ~ of it.* 看樣子可能會下雪。

lóok-alìke *n.* [C]《美》極相似的人[東西]。

lóok·er *n.* [C]《口語》漂亮的人[女人]：a good ~ 美人。

lóoker-ón *n.* [C] (*pl.* **lookers-on**)旁觀者(onlooker)：*Lookers-on* see most of the game. 《諺》旁觀者清。

lóok-ìn *n.* [a ~] **1 a** 迅速的一瞥：have *a ~* 看一下(cf. 2 a). **b** 短暫的訪問：Let's give Jack *a ~.* 我們去看看傑克。**2**《口語》**a** 成功的機會，贏的希望：have *a ~* 有獲勝的希望(cf. 1 a)/No man got *a ~ with* him. 沒有人可能贏得了他。**b** (冒險等)參加的機會。

lóok·ing *adj.* [常構成複合字]似乎是…的；有…的相貌的：angry-*looking* 怒相的，面貌似生氣的。

lóoking glàss *n.* **1** [C]鏡子。**2** [U]製鏡玻璃。

lóoking-glàss *adj.* 《口語》完全顛倒的，正好相反的。

lóok·òut *n.* **1** [用單數]守望，注意，謹防，警戒：keep a ~ (*for...*) 守望，提防，警戒(…)/*on* the ~ *for...* 警戒…，尋找…。**2** [C] **a** 瞭望臺。**b** 瞭望者[員]；瞭望船：You two be the *~s.* 你們兩人擔任瞭望(員)。**3** [用單數] **a**《英》未來的形勢，前途：It's a bad ~ for him. 他的前途堪憂。**b** 眺望，遠景：a hill with a fine ~ 景觀秀麗的小山。**4** [one's ~]《口語》任務，工作：That is my ~. 那是我的事《不用你管》/It's your (own) ~. 那是你(自己)應注意的事。

lóok-òver *n.* [a ~] (簡略的)檢查，過目：give the papers *a ~* 查看一下文件。

lóok-sèe *n.* [a ~]《俚》簡略的檢查，視察：have *a ~ at...* 簡略地檢查[視察]…。

loom[1] [lum; lu:m] *n.* [C]織布機。

loom[2] [lum; lu:m] *v.i.* **1** 〔+副詞(片語)〕隱現(在…)；隱約可見：The iceberg *~ed* (*up*) *out of* the fog. 冰山在霧中依稀可見/The dark outline of a jet *~ed* (*down*) *through* [*out of*] the mist. 噴射機的黑色輪廓在霧中隱隱顯現。

2 a 〈危險、憂慮等〉陰森地迫近：Dangers were *~ing* ahead. 危險可怖地迫在眉睫。**b** 〔+補〕[常 ~ **large**]〈危險、憂慮等〉迫近〈…〉，擋在〈…〉前頭：Fears *~ed large* in our minds. 我們心中充滿恐懼。

—*n.* [a ~]隱約的出現。

loon[1] [lun; lu:n] *n.* [C]《鳥》潛鳥《一種潛水捕食魚的水鳥》。

loon[2] [lun; lu:n] *n.* [C] **1** 傻瓜。**2** 瘋子。

loo·ny, loo·ney ['lunɪ; 'lu:ni] 《俚》*n.* [C]狂人，瘋子。

—*adj.* (**loo·ni·er**；**-ni·est**)瘋的；笨的，傻的。

lóony bìn *n.* [C]《俚・謔》瘋人院，精神病醫院。

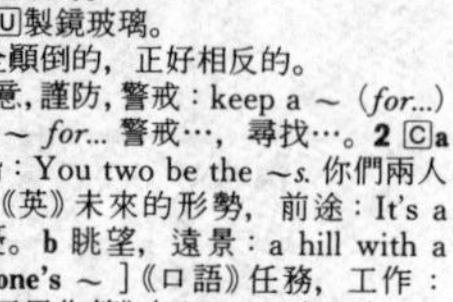
loon[1]

loop [lup; lu:p] *n.* [C] **1 a** (用線、帶、緞帶等繞成的)圈，環。**b** 繩套；活結(noose).

2 由圈[環]構成之物：**a** (用以將拉開的窗帘束緊固定在窗框的)帘環。**b** 腰帶環；鈕扣環。**c** (插旗竿的)扣環。**d** (制服等的)由圈、環所構成的花樣[裝飾]。**e** (金屬製的)把手。

3 環狀之物：**a** (又作 **lóop lìne**) (鐵路的)環狀線《與幹線分開而再合的路線；cf. belt line》。**b** (道路、河川等的)彎曲(部分)。**c** (書寫體的 e, l, h 等的)漩渦狀彎曲線。**d**《英》樂普《避孕器》。**e** (電影、錄影等的)循環影片[磁帶]，(錄過音的)循環帶。**f**《溜冰》畫圈子。

4 〔航空〕翻觔斗(飛行)：loop the ~ 翻觔斗。

L

5〖電算〗迴路，環路《在程式中一直重複直到某條件滿足後才停止的一系列指令》。

knóck [thrów] a person for a lóop《美俚》使某人茫然[大吃一驚]。

—v.t. 1〔十受〕**a** 使〈線、帶等〉成圈環。**b** 將〈物〉圍以圈環。

2〔十受十副〕**a** (以圈環) 束〈物〉〈*up, back*〉：~ ***up*** one's hair (以緞帶) 束髮 / ~ *up* [***back***] a curtain 將窗帘(捲起)以帘環束緊。**b** 以圈環綁[束]〈物〉〈*together*〉：~ letters ***together*** 以圈環束信件。

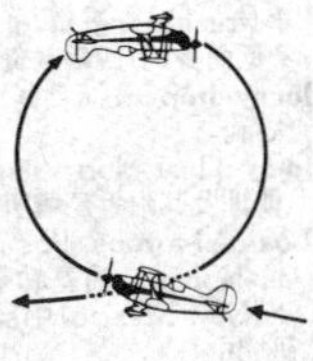

loop 4

3〔十受十介十(代)名〕〔以線等〕繞…〔*with*〕；繞〈線等〉〔於…〕〔*around, round*〕：~ the tree ***with*** a rope＝ ~ a rope ***around*** the tree 將繩子捲繞於樹。

4〔十受〕使〈飛機〉翻觔斗：~ the loop⇨ *n.*

—v.i. 1 做成圈環，自成圈環。**2** 駕飛機(做)翻觔斗(飛行)。

lóop·er *n.* Ⓒ〖昆蟲〗尺蠖(measuring worm).

lóop·hòle *n.* Ⓒ**1** 槍眼，砲眼。**2** (城牆等的) 堞口《供通風、採光、瞭望等之用》。**3**〔法律等的〕漏洞；逃出的暗道，逃出口〔*in*〕：a ~ *in* the tax laws 稅法的漏洞。

loop·y [ˈlupɪ; ˈlu:pi] *adj.* (**loop·i·er**；**-i·est**) **1** 多圈的，多環的。**2**《俚》瘋狂的。**3**《蘇格蘭》狡猾的。

‡loose [lus; lu:s] *adj.* (**loos·er**；**loos·est**) **1** (無比較級、最高級) **a** 釋放的，自由的 (free)：a ~ dog 放開(未加項繩)的狗/set a bird ~ 把鳥放走/shake oneself ~ 掙脫/She shook my arm ~. 她掙開我的手臂。**b** [不用在名詞前]〔十介十(代)名〕不受〔…〕束縛的，無拘〔於…〕的〔*of, from*〕：He is ~ ***of*** his duties. 他無職一身輕/⇨break LOOSE, cut LOOSE.

2 (無比較級、最高級) **a** 未綁的，鬆開的：come ~ 〈結、螺絲等〉變鬆，鬆開/The screw has come ~. 螺絲鬆掉了。**b** 未捆紮[裝釘]的，未包裝的，散裝的：~ coins [cash, change] 零錢/a ~ leaf 未裝釘的[可隨意抽出的]紙張，活頁紙/ ~ milk 依買者所需之量裝入容器賣的牛奶，散裝牛奶/sell chocolates ~ 零售巧克力/I keep my money ~ in my pocket. 我把錢散放在口袋中。

3 a 〈繩結等〉鬆的，不緊的 (↔ tight)：a ~ rope 沒拉緊的繩子。**b** 〈衣服等〉寬大的，鬆的：a ~ coat 寬大的外套/This dress is a bit ~ *on* me. 這件衣服我穿稍微大了些。**c** 〈門、牙齒、機器的零件等〉鬆動的，不牢固的，搖動的 (↔ fast).

4 a 〈紡織品等〉針孔粗的，織得鬆的：a ~ weave 針孔粗的織法。**b** 〈土壤等〉鬆散的：~ sand 散沙。**c** 〈隊形等〉散開的：in ~ order〖軍〗以散開隊形。

5 a (身體) 不結實的，(肌肉) 鬆弛的，癱軟的：a ~ frame 不結實的體格。**b** 腹瀉的，瀉肚的：~ bowels 瀉肚。**c** [不用在名詞前]〔十介十(代)名〕〔腸等〕在泄瀉的〔*in*〕：I am ~ ***in*** the bowels. 我在瀉肚。

6 a 〈人〉(精神) 鬆懈的，渙散的；〈文體〉散漫的，不嚴謹的。**b** 〈談話、思想等〉隨便的，沒有系統的；不深入的；不正確的：~ talk 漫談，隨便的談話/a ~ translation 不正確的[草率的]翻譯/in a ~ sense 就籠統含糊的意義而言。**c** 無抑制力[節制]的：a ~ tongue 藏不住話的嘴，饒舌/have a ~ tongue 饒舌的，多嘴的。

7 〈人、言行〉(在道德上) 不嚴謹的，放蕩的，品行不端的 (↔ strict)：a ~ woman 品行不端的女人/lead a ~ life 過放蕩的生活/ ~ morals 品行不端。

8〖化學〗游離的。

at a lóose énd＝at lóose énds ⇨ loose end.

bréak lóose 掙脫，成自由之身；〔從…〕逃出；〈創造性等〉〔自…〕迸發〔*from*〕：*break* ~ *from* prison 越獄/All hell *breaks* ~. 陷於大混亂。

cást lóose 解開，分開〈人、船等〉。

cút lóose *v.t.* (1)〔從…〕切[解]開…〔*from*〕：*cut* a boat ~ *from* its moorings 把船從繫纜處解開。**—***v.i.* (2)〔從…〕獲得擺脫，〔與…〕斷絕關係〔*from*〕. (3)《口語》任意地開始做[說]，暢飲[言]無忌。

háng lóose ⇨hang.

lèt lóose *v.t.* (1)放走，放縱〈人、動物等〉。(2)縱情地發〈怒、笑等〉：*let* ~ one's anger 大發雷霆。**—***v.i.* (3)《口語》盡情地說[做]。(4)《口語》〈天〉降雨。

sít lóose (1)〔對…〕不關心，不拘〔於…〕〔*to*〕. (2)〈事物〉〔對人〕不產生影響，不成爲負擔〔*on, upon*〕：Patriotism *sat* ~ *on* them. 對他們來說愛國與否是無所謂的。

tùrn lóose＝ let LOOSE (1),(2).

—adv. (**loos·er**；**loos·est**) 鬆弛地：work ~ 〈螺絲等〉鬆動。

plày fást and lóose⇨fast[1] *adv.*

—n. ★用於下列成語。

gìve (a) lóose to... 放縱〈感情、想像力〉。

on the lóose (1)〈罪犯等〉仍逍遙法外的，逃亡中的。(2)《口語》盡情喧鬧的；歡鬧的。

—v.t.《★比較作義 1 和義 3 時一般用 loosen》**1**〔十受〕解開，打開〈繩結等〉。**2**〔十受〕解放…，使…自由。**3**〔十受〕放鬆，鬆開，放開…：~ one's hold (of...) (從…) 鬆手。**4**〔十受(十副)〕放，射〈箭、槍〉〈*off*〉. **~·ly** *adv.* **~·ness** *n.*

loose·bod·ied [ˈlusˈbadɪd; ˈlu:sˈbɔdid] *adj.* (衣服等) 寬大的，寬鬆的。

lóose·bòx *n.* Ⓒ《英》放養馬廄 (box stall).

lóose énd *n.* Ⓒ[常~s] **1** (繩子等) 沒有打結的末端。**2** 未完的工作，(問題等的) 未解決部分：tie [clear] up (the) ~*s* 處理(剩下的)瑣碎事項。

at a lóose énd＝《美》**at lóose énds** (1)(無固定職業而) 閒散的。(2)無所事事的。

lóose-fitting *adj.* 〈衣服〉寬鬆的，不合身的。

lóose-jóinted *adj.* **1** 關節[接頭]鬆弛的。**2** 屈伸[活動]自如的，柔軟的。**3** 身體不結實的。

lóose-léaf *adj.* (紙張抽出自如的) 活頁(式)的：a ~ notebook 活頁筆記簿。

loos·en [ˈlusn; ˈlu:sn] 《loose 的動詞》**—v.t. 1 a** 鬆開〈繩結等〉：~ a screw 鬆開螺絲/He ~*ed* his collar and tie. 他鬆開衣領和領帶。**b** 放寬，放鬆〈限制等〉。**2 a** 解開，分開，放開〈固定之物〉：~ a boat (取下繫船索) 解開小艇。**b** 〈事物〉使〈人、舌頭〉能自由自在地活動[輕鬆說話]：That ~*ed* his tongue. 他因那樣而變得說話無所顧忌[話多]。**3** 翻鬆〈土壤等〉。**4 a** (吃瀉藥) 通〈便〉，解除〈便秘〉：~ the bowels 通便。**b** 鎭[止]〈咳〉。

—v.i. 1 變鬆，鬆弛。**2** (纏繞的繩子等) 鬆開，散開。

lóosen úp《口語》《*vi adv*》(1)(在比賽前) 放鬆肌肉。(2)寬舒，放輕鬆：*L*~ *up*！使身心輕鬆一下吧！(3)《美》不嚴格地限制開支，大方[慷慨]地付錢。(4)《美》無隔閡地交談。**—**《*vt adv*》(5)放寬〈限制、規則等〉。(6)[~ one*self* up] (在運動前等) 放鬆身體(肌肉)。

lóose·strìfe *n.* Ⓒ〖植物〗珍珠菜。

lóose-tóngued *adj.* 說話不謹愼的，隨口亂說的；饒舌的。

loot [lut; lu:t] *n.* Ⓤ**1 a** [集合稱] 戰利品，掠奪品；贓物。**b** 掠奪(行爲)。**2** (公務員等的) 不正當收入。**3**《美俚》錢 (money).

—v.t. 1 a 掠奪〈物品〉。**b** 劫掠〈城市、房子等〉。**2** 不正當地佔有，侵佔，侵吞…。

—v.i. 1 掠奪。**2** 侵佔。**~·er** *n.*

lop[1] [lap; lɔp] *v.t.* (**lopped**；**lop·ping**) **1 a**〔十受(十副)〕截去〈樹枝〉〈*off, away*〉：~ the branches ***off*** 截去樹枝。**b**〔十受十介十(代)名〕〔從樹木〕截去〈樹枝〉〔*off*〕：~ the branches ***off*** a tree 從樹木截去樹枝。**c**〔十受〕從〈樹木〉砍下樹枝，修剪〈樹枝等〉。**2 a**〔十受十副〕斬，砍〈頭、手脚等〉；(視爲贅物而) 削除…〈*off, away*〉. **b**〔十受十介十(代)名〕〔從…〕斬[砍]下〈頭、手脚等〉；〔從…〕削除…〔*off*〕.

—n. Ⓒ剪[砍]下的樹枝；砍下之物。

lop[2] [lap; lɔp] *v.i.* (**lopped**；**lop·ping**)〔動(十副)〕**1** (鬆弛無力地) 垂下，懸掛〈*down*〉：His hair *lopped* over his ears. 他的頭髮披蓋著耳朵。**2** 閒蕩〈*about, around, round*〉.

—v.t. 使…下垂；〈動物〉垂下〈耳朵〉。

—n. Ⓒ耳朵垂下的兔子。

lope [lop; loup] *v.i.*〔十副詞(片語)〕〈動物〉大步跑，跳躍而行。

—n. [a ~] (動物的) 大步跑。

lóp-éared *adj.* 〈兔子等〉垂耳的。

lóp·ping *n.* Ⓒ[常~s] 剪[砍]下的樹枝。

lóp-síded *adj.* **1** 〈物〉傾向一邊的；一邊較大的。**2** 〈事物〉不對稱的，偏的。**~·ness** *n.*

lo·qua·cious [loˈkweʃəs; louˈkweiʃəs] *adj.* **1** 好辯的，饒舌的，多嘴的。**2** 吵鬧的。**~·ly** *adv.* **~·ness** *n.*

lo·quac·i·ty [loˈkwæsətɪ; louˈkwæsəti] 《loquacious 的名詞》**—n.** Ⓤ好辯，饒舌，多嘴。

lo·quat [ˈlokwat; ˈloukwɔt] *n.* Ⓒ〖植物〗枇杷(的果實)。

lo·ran [ˈloræn; ˈlɔ:rən] 《*lo*ng-*ra*nge *n*avigation 的頭字語》**—n.** Ⓤ長程航行測位雷達《船隻或飛機藉測定所收兩處無線電臺電波抵達的時刻差距，以推斷本身位置的儀器；cf. shoran》.

‡lord [lɔrd; lɔ:d] *n.* **1 a** Ⓒ主人，支配者，首長。

【字源】本來意思是「看守麵包的人」，用來指「一家之主」，後來逐漸用來指對貴族的尊稱；cf. lady【字源】

b Ⓒ (封建時代的) 領主，君主：New ~*s*, new laws.《諺》新領主定新規矩；新官上任三把火。**c** [one's ~]《詩・謔》夫君：my ~ and master 吾夫君。

2 a Ⓤ[常 the L~] 上帝；[常 our L~] 我主，基督：(*the*) *Lord's* day 主日(星期日)/⇨Lord's Prayer, Lord's Supper/in the year of *our L*~ 1986 在西元 1986 年/*L*~ knows who [where]

L

he is. 只有上帝知道[天曉得]他是誰[在何處]《沒有人知道》。**b** [常 L~ 用於稱呼神；發誓；驚歎句]：(Good) *L*~！＝*L*~ bless me [us, you, my soul]！＝*L*~ have mercy! 天啊！哦！《表驚歎的聲音》/Oh [O]，*L*~！哦！《表驚歎的聲音》/*L*~, how we laughed! 啊！我們笑得像什麼似的。

3《英》**a** [L~；作尊稱]勛爵《★對侯、伯、子、男及公、侯的兒子、伯爵的長子，上院議員(arch)bishop 的尊稱；cf. lady 2c》. **b** Ⓒ(擁有 Lord 尊稱的)貴族。**c** Ⓒ上院議員。**d** [**the Lords**]上院：*the* House of *Lords* 上院《由 lords temporal 和 lords spiritual 所組成；cf. common B 2》.

4 [**my L~** 用於稱呼] [mɪˋlɔrd; miˈlɔ:d；(律師常發音爲) mɪˋlʌd; miˈlʌd] 閣下！《★對侯爵以下的貴族，bishop, Lord Mayor, 高等法院推事的尊稱；現除用以稱呼 bishop, 或在法庭用以稱呼高等法院推事之外，只在講究禮儀的正式場合使用：cf. lordship 2》.

5 Ⓒ鉅子，…王：a cotton ~ 棉花大王(cf. king 2).

(as) drúnk as a lórd 爛醉如泥，酩酊大醉。

líve like a lórd 過王公般奢華的生活。

swéar like a lórd 亂罵。

the lórd of creátion (1)萬物之靈，人。(2)[the ~s of creation]《謔》男人們，男子。

the Lórd of Lórds 基督《★出自聖經「啟示錄」》。

the Lórd Présìdent of the Cóuncil (英國)樞密院議長。

tréat a person **like a lórd** 像侍候王侯般地對待〈某人〉。

—*v.t.* 〔十受(十介十(代)名)〕[~ **it**]〔對人〕儼若主人，擺架子，發號施令，作威作福〔*over*〕：He ~*s it over* his household. 他在家裏專橫霸道。

lórd òver... 對〈人〉作威作福，裝一副儼若主人的樣子《★用被動語態》：I will not *be ~ed over.* 我拒不俯首聽命。

Lòrd Bíshop *n.* 主教《正式的稱呼》。

Lòrd Chámberlain *n.* [the ~ (of the Household)] (英國)宮內大臣《略作 LC》。

Lòrd Chìef Jústice *n.* [the ~ (of England)] (英國)高等法院首席法官《高等法院王座法庭(King's [Queen's] Bench)的最高長官；略作 L.C.J.》。

Lórd (Hìgh) Cháncellor *n.* [the ~] (英國)大法官《上院議長、樞密院院員、通常亦爲內閣閣員；掌管國璽，爲司法界最高首長；略作 L.H.C., L.C.》。

lórd-in-wáiting *n.* Ⓒ(*pl.* **lords-in-waiting**)(英國王室的)侍從。

Lòrd Jústice *n.* Ⓒ(英國)上訴法院推事[法官]。

Lòrd Kéeper *n.* [the ~] (英國)掌璽官《由大法官兼，掌管國璽；正式名稱爲 the Lord Keeper of the Great Seal》。

lord·ling [ˋlɔrdlɪŋ; ˈlɔ:dliŋ] *n.* Ⓒ小君主；小貴族。

lórd·ly *adj.* (**lord·li·er**；**-li·est**) **1** 有君主[貴族]氣派的；有威嚴的，堂皇的，豪華的。**2** 高傲的，傲慢無禮的。**-li·ness** *n.*

Lòrd Máyor *n.* [the ~] (英國倫敦(London)等某些大都市的)市長；(尤指)倫敦市長《榮職；任期爲一年》：~'s Day 倫敦市市長就職典禮之日《十一月的第二個星期六》/the ~'s Show (就職典禮當天的)新任倫敦市長初次公開露面遊行。

Lórd Prìvy Séal *n.* [the ~] (英國)掌璽大臣。

Lòrd Protéctor *n.* [the ~ (of the Commonwealth)] (英國)護國主《共和政府時代克倫威爾(Cromwell)父子的稱號》。

Lórd's Crícket Gròund *n.* 英國板球總部板球場《位於倫敦(London)西北部；又簡稱 Lord's》。

lórd·shìp *n.* **1 a** Ⓤ貴族[君主]的地位，稱王。**b** Ⓤ(封建領主的)統治權；支配。**c** Ⓒ(封建時代的)領地。**2** [常 L~] Ⓒ《英》閣下《對公爵以外的貴族；⇨lord 4》：his [your] *L*~ 閣下《★對 lord, 或戲謔地對普通人使用》。

lòrd spíritual *n.* Ⓒ(*pl.* **lords spiritual**)《英》神職的上院議員《bishop 或 archbishop》。

Lórd's Práyer *n.* [the ~]《基督教》主禱文《★以 Our Father who art in heaven.... 開始的祈禱》。

Lórd's Súpper *n.* [the ~]《新教》聖餐禮；《天主教》敬拜聖體。

lòrd témporal *n.* Ⓒ(*pl.* **lords temporal**)《英》世俗貴族《在上院有席位的貴族》。

lore [lor, lɔr; lɔ:] *n.* Ⓤ**1** [集合稱] (特殊的，或特殊團體所有的)學問，知識：animal ~ 有關動物的知識。**2** 傳說(集)，民間代代相傳之事(cf. folklore).

Lo·re·lei [ˋlɔrəˏlaɪ; ˈlɔ:rəlai] *n.*《德國傳說》羅麗萊《相傳從前出現於萊茵河岸岩石上，以美妙歌聲誘惑船夫而使船觸礁遇難的女水妖》。

Lo·ren·zo [ləˋrɛnzo; ləˈrenzou] *n.* 勒倫佐《男子名》。

lor·gnette [lɔrnˋjɛt; lɔ:ˈnjet] **《**源自法語「以斜眼看」之義**》—***n.* Ⓒ**1** 長柄眼鏡。**2** (觀劇用的有柄)小型雙眼望遠鏡。

lorn [lɔrn; lɔ:n] *adj.*《詩》孤單的，無倚無靠的，寂寞的，孤寂的。**~·ness** *n.*

Lor·raine [loˋren; lɔˈrein] *n.* 洛林《法國東北部之一省》。

lor·ry [ˋlɔrɪ, ˋlɑrɪ; ˈlɔri] *n.* Ⓒ **1**《英》卡車(truck). **2** 臺車(cf. truck[1] 3 b). **3** (車身低而長的)四輪載貨馬車。

lorgnette 1

lórry-hòp *v.i.*《英俚》(不花錢)搭乘卡車旅行。

lo·ry [ˋlorɪ, ˋlɔrɪ; ˈlɔ:ri] *n.* Ⓒ(*pl.* **lories**) (澳洲及其附近島嶼所產之)一種鸚鵡。

Los Al·a·mos [lɔsˋælәˏmos, lɑs-; lɔ:sˈælәmous] *n.* 洛塞勒摩斯《美國新墨西哥州(New Mexico)中部之一鎮；爲原子能研究中心》。

Los An·ge·les [lɔsˋændʒәlәs, -ˋæŋ-; lɔsˈændʒili:z] *n.* 洛杉磯《美國加利福尼亞州西南部一港市；略作 L.A.》.

lorry 3

‡lose [luz; lu:z] (**lost** [lɔst; lɔst]) *v.t.* **1** 失：〔十受〕**a** (不小心而)失去；遺忘；遺失〈物〉：Don't ~ the money. 別把錢弄丟了/He has *lost* his keys. 他丟了鑰匙。**b** (因事故等而)失去…：~ one's life 喪生/~ one's job 失業/She *lost* her only son in a car accident. 她在一次汽車車禍中喪失了唯一的兒子。**c** (無法維持而)失去…：~ one's balance 失去平衡/~ color 失色，臉色發白/~ one's health 失去健康/~ heart 灰心/~ (one's) patience 變得無法忍耐[失去耐心]/~ one's reason [senses] 失去理性[理智]/She has *lost* her sense of direction. 她已無法辨認方向[失去方向感]/I *lost* my temper. 我發怒了。

2 〔十受〕**a** 迷失〈方向〉，找不到〈路〉：The traveler *lost* his way in the mountains. 旅人在山中迷了路。**b** [~ *oneself*]迷路，走失；迷惑(cf. lost 5)：He *lost himself* in the woods. 他在森林中迷了路。

3 〔十受〕失去〈機會〉，《英罕》未能趕上〈車子等〉《★比較 通常用 miss》：~ a train [a bus, a sale, the post]未能趕上火車[公共汽車，拍賣，郵遞]。

4 a 〔十受〕看[聽]漏…：His last few words were *lost* in the roar of the crowd. 他的最後幾個字被羣衆的吼聲掩蓋而沒能聽到。**b** 〔十受十介十(代)名〕[~ *oneself*]消失〔在…中〕〔*in*〕《★又以被動語態表示「消失不見」》：Soon the moon *lost itself* **in** the clouds. 不久月亮消失在雲層之中/He *was* quite *lost in* the crowd. 他消失在人羣之中完全看不見。

5 〔十受十介十(代)名〕[~ *oneself*]沉迷〔於…〕〔*in*〕《★常以過去分詞當形容詞用；⇨lost 6》：He *lost himself* **in** thought [a comic book]. 他陷入沉思[沉迷於一本漫畫書]。

6 a 〔十受〕浪費〈時間、努力等〉(↔ gain)：There is not a moment to ~ [to be *lost*]. 一刻都不能浪費，刻不容緩，分秒必爭。**b** 〔十受(十介)十 do*ing*〕浪費…〔在做…〕，〔因做…而〕浪費…〔*in*〕《★用法 in 常省略》：I *lost* no time (**in**) tell*ing* him. 我立即告訴了他/You're *losing* your time try*ing* to teach that boy. 你想教那男孩子，等於是浪費時間/No time should be *lost in* look*ing* into the problem. (1)應該立即調查這個問題；(2)不應該把時間浪費在調查這個問題上《★比較 (1)的意思較爲普遍》。

7 〔十受〕**a** 輸〈比賽等〉(↔ win)：~ a race [battle] 輸了一場賽跑[戰役]。**b** 未能得〈獎等〉。

8 〔十受十受〕〈事態〉使〈人〉失去〈勝利、職業等〉：This *lost* them the victory. 這使他們喪失了勝利的機會/The bet *lost* me £100. 那場賭局使我輸掉了一百英鎊/His impudence *lost* him her favor. 他因鹵莽而未能博得她的歡心。

9 〔十受〕使…滅亡；破壞…《★常用被動語態；cf. lost 4 b》：The ship and its crew *were lost* at sea. 船和隨船人員都在海上遇難覆滅/We *are lost*! 我們完了！

10 〔十受〕**a** 解除，不再有〈病、恐懼等〉：I have *lost* my cold. 我感冒已經好了/~ one's fear 不再懼怕。**b** 減少〈體重等〉：He's trying to ~ weight. 他在試著減輕體重[減肥]。

11 〔十受〕〈鐘錶〉慢〈某一單位的時間〉(↔ gain)：This clock ~*s* five minutes a day. 這時鐘一天慢五分鐘。

—*v.i.* **1** 〔動(十介十(代)名)〕輸，敗〔給…〕〔*to*〕：I'm afraid our team will ~. 恐怕我們的隊會輸/He didn't want to ~ **to** me. 他不想輸給我。

2〔動(十介十(代)名)〕〔因…而〕蒙受損害，蒙受損失〔*by,on*〕《★可用被動語態》：You've *lost* ***by*** your honesty. 你因老實而吃虧/He *lost* ***on*** the contract. 他因那合約而虧損。

3〈鐘錶〉會走慢(↔ gain)：This watch is apt to ～. 這隻錶有走慢的趨勢。

4〔十介十(代)名〕〔在…方面〕衰弱，衰退，遜色〔*in*〕：～ ***in*** speed [beauty] 速度[美麗]減慢[衰退]/A story does not ～ *in* the telling. 故事說起來總是會加油添醋[穿插不少細節]。

lóse óut《*vi adv*》《口語》(1)(倒楣地)輸[給對方]，敗[給…]〔*to*〕. (2)[於交易等]蒙受(大)損失；〔在…方面〕未能贏取[獲得]〔*on*〕.

lós·er *n.* Ⓒ**1** 失敗者，損失者，遺失者(↔ gainer)：You shall not be the ～ *by* it. 你不會因此而蒙受損失。**2**(競賽的)輸者，敗方；(賽馬的)輸的馬；敗者：a good [bad, sore] ～ 輸得起的[輸不起的]人/A ～ takes all. 以退爲進；敗中取勝；失敗爲成功之母/*Losers* are always in the wrong.《諺》勝者爲王，敗者爲寇。**3**《俚》前科犯：a three-time ～ 有三次前科者。

lós·ing *adj.* [用在名詞前](似)會輸的，無勝算的；(似)會受損的；招致敗北的(↔ winning)：a ～ game [pitcher] 會輸的比賽[投手]/fight a ～ battle (with...) (與…)打一場不會贏的仗。
—*n.* 1 Ⓤ失敗；敗北。**2** [～s](賭博等的)損失。

‡loss [lɔs; lɔs]《lose 的名詞》**—*n.* 1** ⓊⒸ**喪失**，丟失，遺失〔*of*〕：the ～ *of* one's eyesight 失明/～ *of* memory 喪失記憶/These floods caused ～ *of* life. 這些洪水使不少人罹難喪生。

2 ⓊⒸ**a** **損失**；損害〔*to*〕(↔ profit)：It's a great ～ *to* me. 那對我是很大的損失。**b** 損失額。

3 Ⓤ[又作 **a ～**]**a**(量、程度的)**降低**，減損，浪費：～ in weight＝weight ～ 重量的減少，失重。**b**〔時間、勞力等的〕浪費〔*of*〕：without (any) ～ *of* time 刻不容緩地，立即。

4 Ⓤ未得逞；失敗；敗北〔*of*〕：the ～ *of* an election [a battle] 落選[敗北]。

5 [～es]《軍》傷亡(人數)，損害：suffer great [heavy] ～*es* 蒙受重大損失。

6 Ⓒ《保險》**a** 死亡，傷害，損害。**b** 損失額。

at a lóss (1)〔對…〕感到困惑，茫然〔*for*〕：I was so surprised that I was quite *at a* ～ *for* words. 我驚奇得不知道說什麼話才好。(2)〔十 *to* do〕〈爲做…〉感到困惑，不知所措；不知該如何〈做…〉：He was *at a* ～ *to* discover it. 他無法發現[找到]它。(3)〔(十介)十 *wh.* 十 *to* do〕〔對於如何做…〕茫然，不知所措〔*as to, about*〕《★用法 常省略介系詞》：She is [feels] *at a* ～ (*as to* [*about*]) *what to* do. 她茫然不知該怎麼辦。(4)以〔…的〕虧損，在〔…的〕虧損之下〔*of*〕：The goods were sold *at a* ～ (*of* £ 50). 貨物以虧損(五十英鎊)的價格售出。

be a déad lóss《口語》毫無價值，毫無用處。

lóss lèader *n.* Ⓒ(爲招徠顧客而把價格定得低於成本的)廉價特銷商品(《英》leading article).

‡lost [lɔst; lɔst] *v.* **lose** 的過去式・過去分詞。
—*adj.* (無比較級、最高級)**1 a 失去的**，遺失的，丟失的；行踪不明的：～ territory 失地/～ memory 失去的記憶。**b** [不用在名詞前]〔十介十(代)名〕〈事物〉〔從…〕消失的〔*to*〕：She was ～ ***to*** sight. 她消失不見/Hope was ～ *to* him. 他失去了希望/His glory will be ～ *to* him. 光榮將不再屬於他。

2 輸了的，未能贏的：a ～ game 輸了的比賽/⇨lost cause.

3 a 浪費的，白費的：～ labor 白費力氣，徒勞。**b** [不用在名詞前]〔十介十(代)名〕〔對人〕無效的，不奏效的〔*on, upon*〕(cf. lose *v.t.* 6 b)：My advice was not ～ ***upon*** her. 我的勸告對她並非無效《她聽從了我的勸告》。

4 a 已死亡的；破損的，毀壞的：～ souls 永墜地獄的[已毀滅無法得救的]靈魂/give up *for* ～ 當作死掉而放棄。**b** 滅亡的(cf. lose *v.t.* 9).

5 迷路的，迷失的；迷惑的，困惑的，茫然的：a ～ child 迷路的孩子/～ sheep 迷途的羔羊《走邪道的人；★出自聖經「馬太福音」；cf. sheep【說明】》/a ～ look 困惑的[茫然的]神色/get ～ 迷路，迷失；不知所措。

6 [不用在名詞前]〔十介十(代)名〕沉迷〔於思考〕的，着迷〔於…〕的〔*in*〕(cf. lose *v.t.* 5)：He was ～ ***in*** reverie [thought]. 他陷於幻想[沉思]。

7 [不用在名詞前]〔十介十(代)名〕《文語》〈人〉不受〔…〕影響的，不感到〔…〕的，〔對…〕無動於衷的〔*to*〕：He was ～ ***to*** pity [shame]. 他不知什麼是憐憫[羞恥]。

gèt lóst (1)⇨5. (2)[常用祈使語氣]《俚》滾！滾出去！

the lóst and fóund《美》失物招領處。

lóst cáuse *n.* Ⓒ已經[必將]失敗的努力[運動]。

lóst generátion *n.* **1** [the ～]迷失[迷惘]的一代《對於第一次世界大戰後的社會混亂感到幻滅而迷失人生方向的一代》。**2** Ⓒ[集合稱](屬於)迷失[迷惘]的一代(的人)《★用法 視爲一整體時當單數用，指全部個體時當複數用》：You are all a ～. 你們都是迷失的一代。

lóst próperty *n.* Ⓤ[集合稱]遺失物：a ～ office《英》失物招領處。

‡lot [lɑt; lɔt]《源自古英語「分配」之義；⇨allot》**—*n.* A 1 a** Ⓒ籤，鬮：cast [draw] ～*s* 抽籤，拈鬮，以籤決定/The ～ fell on [to, upon] him. 他抽中了籤。**b** Ⓤ拈鬮(決定)法，抽籤：by ～ 以抽籤。

2 Ⓒ(應得的)一份：one's ～ of an inheritance 遺產中某人應得之份。

3 Ⓒ運氣，命運：a hard ～ 苦命/It falls *to* one's ～ to do....＝It is one's ～ to do....＝The ～ falls *to* [*on*] one to do....(人)命當…，命中註定要(做)…。

4 Ⓒ**a**《美》一塊土地；地皮，(建築)用地：one's house and ～ 房地產/a parking ～《美》停車場。**b** 電影攝影場，拍片場。

5 Ⓒ(商品、拍賣品的)商品分類號碼：*L*～ 30 fetched £1000. 編號三十號的商品以一千英鎊賣出[拍賣成交]。

6 Ⓒ《口語》傢伙，東西：a bad ～ 壞傢伙，壞東西。

—B1 [**a** ～；常 **～s**]**a**《口語》許多《★用法 可用於數和量，但通常表疑問句或否定句時不用 lot 而用 many, much；cf. deal[1] B》：There are *a* ～ *of* [～*s of*] nice parks in San Francisco. 舊金山有許多好公園/We always have *a* ～ *of* rain in June. 此地六月經常多雨/Sometimes we have very little snow, but sometimes we have *a* ～. 此地有時不怎麼下雪，但有時下很多/What *a* ～! 眞多！好多！/I got ～*s of* things from Mummy. 我從媽媽那裏得到許多東西。**b** [當副詞用]大大地，多地，…得多：I want *a* ～ [～*s*] more. 我要更多更多/You've changed *a* ～. 你變了很多。

2 [**the** ～]《口語》全部，統統，全體：*the* whole [all *the*] ～ of you 你們全部/That's *the* ～. 那就是全部；人都齊了/Take *the* (whole) ～. 統統拿去。

3 Ⓒ**a**(商品等的)一批，一堆，一組。**b**(人、物品的)羣，組：a tough ～ of people 一羣不屈不撓的人。

a fát lót ⇨fat *adj.*

thrów [cást] in one's lót with... 與…風雨同舟，與…共生死。

—*v.t.* (**lot·ted**；**lot·ting**)〔十受(十副)〕**1** 劃分〈土地等〉〈*out*〉. **2** 將〈商品等〉分類；揀，區分…〈*out*〉.

loth [loθ; louθ] *adj.* ＝loath.

lo·tion [ˈloʃən; ˈlouʃn] *n.* Ⓤ[指產品個體，或種類時爲Ⓒ]外用藥水，洗劑；化粧水：(an) eye ～ 眼藥水，洗眼液。

lo·tos [ˈlotəs; ˈloutəs] *n.* ＝**lotus.**

lot·ta [ˈlɑtə; ˈlɔtə] *n.*《美俚》＝a lot of (⇨lot *n.* B 1a).

lot·ter·y [ˈlɑtərɪ; ˈlɔtəri] *n.* **1** Ⓒ抽獎；獎券，彩票；抽籤：a ～ ticket 彩票，獎券。

> **【說明】** lottery 是一種賭博。在歐洲這種彩券早在羅馬時代就有。英國則遲至十六世紀後半葉才開始舉辦，通常用來籌募殖民地探險隊的經費，美國亦用以籌募建設大學的費用，但因爲道德上產生一些弊害，已逐漸被禁止。現在除了公共團體和福利事業團體以及賭城(Las Vegas)以外，多已全面禁止。

2 [**a** ～]碰巧[偶然]之事，運氣：Marriage is *a* ～.《諺》婚姻全靠緣份。

Lot·tie, Lot·ty [ˈlɑtɪ; ˈlɔti] *n.* 樂蒂《女子名；Charlotte 的暱稱》。

lot·to [ˈlɑto; ˈlɔtou] *n.* Ⓤ一種抽數字牌遊戲《由袋中取出有號碼之牌，置於有相當號碼之盤上，以能先排成一列者爲勝》。

lo·tus [ˈlotəs; ˈloutəs] *n.* **1** Ⓒ《植物》睡蓮：a ～ bloom 蓮花。**2** Ⓤ《希臘神話》落拓棗《一種假想的植物，據傳吃其果實後會忘卻塵世的痛苦而做極樂的夢》。

lótus-èater *n.* Ⓒ**1**《希臘神話》吃落拓棗的果實而忘卻塵世苦悶的人。**2** 貪安逸的人。

Lou [lu; luː] *n.* 路《男子名；Louis 的暱稱》；露《女子名；Louisa, Louise 的暱稱》。

‡loud [laud; laud] *adj.* (～·er；～·est) **1**〈聲音、音響等〉大的，宏亮的，響亮的：in a ～ voice 大聲地/with a ～ noise 發出一聲巨響。**2** 吵雜的，喧鬧的：a ～ party 喧鬧的社交聚會。**3 a** 熱心的；熱烈的；令人厭煩的：～ cheers 熱烈的吶喊助威。**b** [不用在名詞前]〔十介十(代)名〕〔對…〕熱心的，固執的〔*in*〕：He was ～ ***in*** his demands [*in* denounc*ing* it]. 他提出强烈的要求[强烈地譴責那件事]。**4 a**〈衣服、顏色等〉鮮艷的，花俏俗氣的，刺眼的(↔ quiet)：～ summer shirts 鮮艷刺眼的夏季襯衫。**b**〈態度等〉庸俗惡劣的，低級的，下流的，不客氣的。**5**《美》〈氣味〉難聞的，沖鼻的。

—*adv.* (～·er；～·est)高聲地，大聲地，宏亮地：*Louder*!《美》更大聲一點！

òut lóud 出聲地(aloud)：laugh [read] *out* ～ 出聲笑[朗誦]/think *out* ～ 說出想法。

～·ness *n.*

lóud·háiler *n.*《英》＝megaphone.

L

loud·ish [ˈlaʊdɪʃ; ˈlaudiʃ] *adj.* 聲音稍高的。

‡loud·ly [ˈlaʊdlɪ; ˈlaudli] *adv.* (**more** ～; **most** ～) **1 高聲地**，大聲地(cf. loud *adv.*)：talk ～ 大聲說話。**2** 鮮艷華麗地，花俏俗氣地：She was ～ dressed. 她穿着花俏俗氣。

lóud·mòuth *n.* Ⓒ好高談闊論[吹牛，罵人]的人，大嘴巴，饒舌者。

lóud·móuthed [-ˈmaʊðd, -ˈmaʊθt; -ˈmauðd⁻] *adj.* 說話大聲的，喧嘩的，吵鬧的。

lóud pédal *n.* Ⓒ(鋼琴上的)强音踏瓣。

lóud·spéaker *n.* Ⓒ擴音器，揚聲器。

lough [lɑx; lɔk, lɔx] *n.* Ⓒ《愛爾蘭》**1** 湖。**2** 海灣。

Lou·is [ˈluɪs, ˈluɪ; ˈlu:is, ˈlui] *n.* 路易《男子名》。

Lou·i·sa [luˈizə; luˈi:zə] *n.* 露薏莎《女子名》。

Lou·ise [luˈiz; luˈi:z] *n.* 露薏絲《女子名》。

Lou·i·si·an·a [ˌluɪzɪˈænə; lu:ˌi:ziˈænə⁻] «因法國國王路易十四世(Louis XIV)而命名»**—***n.* 路易西安那《美國南部的一個州，首府巴頓魯治(Baton Rouge [ˈbætn̩ˈruʒ; ˌbætənˈru:ʒ])；略作La.,《郵政》LA；俗稱鵜鶘之州(the Pelican State)》。

lounge [laʊndʒ; laundʒ] *v.i.* **1** 〔動(＋副詞(片語))〕(在…)閒蕩，閒逛，漫步：There were some men and women *lounging about*(the street). 有幾個男女在(街頭)閒逛。**2** 〔動(＋介＋(代)名)〕懶懶地橫靠，懶懶地斜臥〔在…上〕〔*over, in*〕：The men were *lounging over* the bar [*in* the armchairs]. 那些男人懶懶地靠[斜臥]在吧檯[扶手椅子]上。

—*v.t.* 〔十受十副〕懶懶散散地消磨〈時光等〉〈*away*〉：He ～*d away* the time. 他懶散地虛度光陰。

—*n.* **1** [**a** ～] 閒蕩，閒逛，漫步。**2** Ⓒ **a** (飯店等的)交誼廳；(有化粧室、吸煙室等的)休憩室。

> 【字源】據說源自基督(Christ)受難時，拿長矛刺他側腹部的羅馬士兵名叫 Longinum. 刺了基督後這名士兵就發瘋了，每天夢遊各地，因此他的名字後來演變爲「閒遊」之意的 lounge, 進而變成「閒遊之地」「旅館的休息室」之意。

b《英》起居間，客廳。**c** (機場等的)候客室。**3** Ⓒ躺椅，安樂椅。

lóunge bàr *n.* Ⓒ《英》(酒館內的)高級酒吧間。

lóunge lìzard *n.* Ⓒ《俚》游手好閒，愛與女人廝混的男人。

lóung·er *n.* Ⓒ **1** 閒蕩[閒逛]者。**2** 懶惰的人。

lóunge sùit *n.* Ⓒ《英》(對禮服而言的普通的)西裝(《美》business suit)。

lour [laʊr; ˈlauə] *v.*, *n.* ＝lower³.

lour·ing [ˈlaʊrɪŋ; ˈlauəriŋ] *adj.* ＝lowering.

lour·y [ˈlaʊrɪ; ˈlauəri] *adj.* ＝**lowery.**

louse [laʊs; laus] *n.* Ⓒ **1** (*pl.* **lice** [laɪs; lais])《昆蟲》**a** 蝨。**b** (鳥、魚、植物等的)寄生蟲。**2** (*pl.* **louses**)《俚》卑鄙的東西，窩囊廢。

—*v.t.* 〔十受十副〕《美口語》弄糟，搞壞〈物〉〈*up*〉.

lous·y [ˈlaʊzɪ; ˈlauzi] «louse 的形容詞»**—***adj.* (**lous·i·er**; **-i·est**) **1** 有蝨的。**2**《口語》**a** 汚穢的，顯得骯髒的。**b** 討厭的；令人作嘔的；很糟[壞]的：～ weather 很糟[壞]的天氣。**c** 卑鄙的，無恥的。**d** 粗糙的，不像樣的。**e** 很不舒服的。**3** [不用在名詞前]〔十介十(代)名〕《口語》有充分〔…〕的〔*with*〕：He is ～ *with* money. 他腰纏萬貫。

lout [laʊt; laut] *n.* Ⓒ粗魯的人，鄉下佬。

lóut·ish [-tɪʃ; -tiʃ] *adj.* 粗魯的，粗野的。

lou·ver, lou·vre [ˈluvɚ; ˈlu:və] *n.* Ⓒ《建築》**1** 氣窗；百葉窗。**2** (又作 **lóuver bòard**) [常 ～s] 百葉板，羽板。**3** (中古建築的)天窗。

lóu·vered *adj.*

Lou·vre [ˈluvɚ; ˈlu:və] *n.* [**the** ～] (巴黎的)羅浮宮《從前是法國的王宮；自 1793 年改爲博物館》。

lov·a·ble [ˈlʌvəbl̩; ˈlʌvəbl] *adj.* 惹人喜愛的，可愛的，有魅力的。**-a·bly** [-vəblɪ; -vəbli] *adv.* **～·ness** *n.*

‡love [lʌv; lʌv] *n.* **1** Ⓤ **a** 〔對家族、朋友、祖國等的〕**愛**，愛情〔*for, of, to, toward*〕：～ and hate 愛與恨/～ *of* (one's) country 愛國心/the ～ *for* one's children 對子女的愛。**b** [常 **one's** ～] (託第三者的)問候，關懷：Give [Send] my ～ *to*.... 請代我向…問候/*L*～ from mother 愛你的母親(★ 書信的結尾語)。

2 a Ⓤ〔對異性的〕**戀愛**，愛情〔*of, for, to, toward*〕：(one's) first ～ 初戀/free ～ 自由戀愛(論)/～ at first sight 一見鍾情/*L*～ is blind.《諺》愛情是盲目的，情人眼裏出西施。**b** Ⓤ色慾；性交：⇨make LOVE. **c** Ⓒ男女關係，戀愛事件。

3 a Ⓤ[又作 **a** ～]〔對於事、物的〕**喜好**，愛好，嗜好〔*of, for*〕：*a* ～ *of* learning 好學心/have *a* ～ *of* nature 愛好自然/a labor of ～ ⇨labor *n.* 3. **b** Ⓒ喜愛之物[事]：Golf is one of his great ～*s.* 高爾夫球是他的一大愛好。

4 a Ⓒ(常指由男人看的)愛人(cf. lover 1). **b** [**my** ～ 用於夫妻間的稱呼]親愛的，吾愛(darling). **c** [用於女人之間的或對女人、小孩的稱呼]心肝；兒，孩子：Yes, ～. 嗯，心肝[孩子]。

5 a [**L**～] 愛神(Cupid). **b** [～, **L**～] Ⓒ愛神的畫[像]。

6 Ⓤ(上帝的)愛，慈悲；〔對上帝的〕敬愛，崇敬〔*of*〕：the ～ of God＝God's ～ 上帝的愛/(the) ～ *of* God 對上帝的愛。

7 Ⓒ《英口語》惹人憐愛的人，漂亮的東西[人]：What a ～ *of* a dog！多可愛的狗！

8 Ⓤ《網球》零分，無得分(⇨tennis【說明】)：～ all 零比零。

for lóve (1)爲好玩的。(2)免費的；(玩紙牌等爲了消遣而)不賭的。

for lóve or móney [用於否定句]憑情誼或金錢都(不…)，怎麼也(不…)：It ca*n't* be had *for* ～ *or money.* 這東西怎麼也得不到。

for the lóve of... 爲…的緣故。

for the lóve of Héaven [your chíldren, etc.] 千萬；請發慈悲心。

in lóve with... 與…相愛[戀愛]着：fall [be] *in* ～ *with*... 愛上，愛着…，與…發生戀愛[相愛着]。

màke lóve (1)〔與…〕性交，做愛〔*to, with*〕(★ 比較 現在主要用作此義)。(2)〔向…〕求愛，調情，示愛〔*to*〕. (3)愛撫〔…〕〔*to*〕.

òut of lóve 出於愛心，因爲喜歡。

òut of lóve with... 不再愛…：fall *out of* ～ *with*... 不再與…戀愛，對…開始生厭。

Thère is nó lóve lóst betwèen them. 他倆互無愛情[互相憎恨](★ 原來用以指「(仍舊)在相愛」之意)。

—*v.t.* **1** 〔十受〕**a 愛**，疼愛，愛惜〈人等〉；與…戀愛；迷戀(着)…(★ 用法 通常除在加强語氣表達感情時以外不用進行式)：They ～*d* each other. 他們彼此相愛/*L*～ me, ～ my dog. ⇨dog 1. **b** 敬拜，崇敬，敬愛〈上帝等〉。

2 a 〔十受〕**喜好**…，愛好…，喜歡…(⇨like²【同義字】)：Most children ～ ice cream. 大多數小孩喜歡冰淇淋/I ～ you in that dress. 我喜歡你穿着那件衣服。**b** 〔十 *to* do/十 do*ing*〕(很)喜歡〈做…〉(★ 用法 像與 like 連用時一樣，〔十 *to* do〕和〔十 do*ing*〕的用法未被嚴格地加以區別，但〔十 do*ing*〕尤用以指一般情形或習慣的行爲；是婦女喜用的說法)：She ～*s to* be [～*s* be*ing*] admired by young men. 她渴望受到年輕男子的讚賞/"Will you join us?"—"I would [《英》should] ～ *to.*" 「你願意和我們一起來嗎？」「我願意。」**c** 〔十受十 *to* do〕喜歡…〈做…〉：I ～ you *to* dress well. 我喜歡你穿得好。**d** 〔十 *for* 十(代)名十 *to* do〕《美口語》喜歡〈做…〉：She'll ～ *for* you *to* come with her. 她要你跟她一起來。

3 〔十受〕與〈人〉做愛[性交]。

4 〔十受〕〈動植物〉適合…，需要…：Some plants ～ shade. 有些植物喜蔭[適宜於蔭涼處生長]。

—*v.i.* 愛，戀愛。

Lórd lóve you! [用以表示對他人所犯錯誤的驚訝]哎呀！

love·a·ble [ˈlʌvəbl̩; ˈlʌvəbl] *adj.* ＝lovable.

lóve affàir *n.* Ⓒ **1** 戀愛事件；風流韻事；男女關係〔*with*〕. **2** 熱中〔*with*〕：have a ～ *with* tennis 熱中於網球。

lóve àpple *n.* Ⓒ《古》番茄。

lóve·bìrd *n.* Ⓒ **1** 《鳥》情愛鸚鵡《小鸚鵡類，產於非洲，雌與雄幾乎經常成雙形影不離，極爲恩愛》。**2** [常 ～s]愛侶，恩愛夫妻。

lóve child *n.* Ⓒ(*pl.* **love children**)《古・委婉語》私生子。

lóve gàme *n.* Ⓒ《網球》輸方得零分的一局(game)比賽。

lóve knòt *n.* Ⓒ(象徵愛的)同心[愛]結。

lóve·less *adj.* **1** 無愛(情)的：a ～ marriage 沒有愛情的婚姻。**2** 得不到愛的，不惹人愛的。**～·ly** *adv.*

lóve lètter *n.* Ⓒ情書。

lóve-lìes-bléeding *n.* Ⓒ《植物》紅莧菜。

lóve·lòck *n.* Ⓒ **1** (女人的)嬌髮《額前的捲髮》。**2** 愛髮《從前上流社會男子在兩耳邊用緞帶結紮的垂髮》。

lóve·lòrn *adj.* **1** 失戀的；爲愛情而苦惱的。**2** [**the** ～；當複數名詞用]失戀者，爲愛情而苦惱的人們。

‡love·ly [ˈlʌvlɪ; ˈlʌvli] *adj.* (**love·li·er**; **-li·est**) **1 美麗的，可愛的**，令人舒服的；嬌美可愛的(⇨beautiful【同義字】)：a ～ child 可愛的孩子。**2** 《口語》**極好的**，愉快的：～ weather 極好的天氣/We had a ～ time together. 我們一起度過愉快的時間。

lóvely and... [當副詞用]《口語》極好地，非常地：The day was ～ *and* warm. 那天非常地溫暖。

—*n.* Ⓒ [**my** ～ 用於稱呼]《口語》美人；美麗的東西。

lóve·li·ness *n.*

lóve·màking *n.* Ⓤ **1** 性行爲。**2** 求愛。

lóve màtch *n.* Ⓒ戀愛結婚。

lóve pòtion *n.* Ⓒ春藥(philter).

‡lov·er [ˈlʌvɚ; ˈlʌvə] *n.* Ⓒ **1** 情人，愛人；[～s]情侶(★ 用法 單數時通常指男性；現多用作義 2；★ 比較 一般表「(…的)愛人」時，指男性多用 one's boyfriend, one's boy, 指女性多用 one's girlfriend, one's girl；用 love 或 sweetheart 則顯得稍微老式)。**2** (女人所親密地交往的，丈夫以外的)**愛人**《男性》，男人，情夫；(有時指)情婦；[～s](常指關係親密的)情侶。**3** 〔藝術等的〕愛好者〔*of*〕：a ～ *of* music＝a music ～ 音樂愛好者。

lóve sèat *n.* Ⓒ雙人座椅；鴛鴦椅；情人座。

lóve sèt *n.* Ⓒ《網球》輸方無一局(game)得分的一盤(set)比賽。

lóve·sìck *adj.* 爲愛情而憂愁[苦惱，病]的；害相思病的。

lóve·sìckness *n.* Ⓤ相思病。

lóve's knòt *n.* =love knot.

lóve sòng *n.* Ⓒ情歌，戀歌。

lóve stòry *n.* Ⓒ戀愛小說[故事]，愛情小說[故事]。

lóve tòken *n.* Ⓒ愛的象徵(紀念品)，紀念愛情的餽贈品。

love seat

lov·ey [ˈlʌvɪ; ˈlʌvi] *n.* [用於稱呼]《英口語》我親愛的，愛人。

***lov·ing** [ˈlʌvɪŋ; ˈlʌviŋ] *adj.* (**more** ~; **most** ~) **1** 有愛情的；充滿著愛的，表示愛意的，愛戀的；鍾情的：a ~ look 流露着愛意的[含情脈脈的]眼神/Your ~ friend 你親愛的朋友《書信結尾的客套語》。**2** [常構成複合字]愛(…)的：a peace-*loving* people 愛好和平的民族。

lóving cùp *n.* Ⓒ **1** 愛杯《有兩個(以上)杯柄的大銀酒杯；在宴會終了時用以輪飲》。**2** 優勝杯，獎杯。

lóving-kíndness *n.* Ⓤ **1** (上帝的)慈愛。**2** 仁慈，友情。

lóv·ing·ly *adv.* 充滿着愛情地，疼愛地，鍾愛地，親切地：Yours ~. [用於書信的結尾]你親愛的人《子女對父母等》。

‡low[1] [lo; lou] *adj.* (~·**er**; ~·**est**) **1** 低的(↔ high)：**a** (高度)低的：a ~ brow [forehead] 低的前額/a ~ hill 低的丘陵[小山]。**b** (離地面、地板)不遠的，矮的：a ~ ceiling 低的天花板/a ~ sky 雲層低垂的天空/birds of ~ flight 低飛的鳥。**c** 〈土地等〉在低處的：⇨lowland. **d** 〈緯度〉低的；離赤道近的：~ latitudes 低緯度(地區)。**e** 〈水〉減少的，水位低的；退潮的：⇨low tide/The Blue Nile is ~ in the winter months. 藍尼羅河在冬季水位會降低[水量會減少]。**f** 〈衣服〉領子低的，領口大的，領窩深的：a ~ dress (女人的)低胸衣。**g** 〈鞠躬等〉深深彎腰的：a ~ bow 深深的鞠躬。

2 (程度、數量、價值等)低的：**a** 標準以下的；〈價格〉低廉的；〈稅〉輕的：a ~ mark (成績、考試等的)壞[低]分數/~ wages 低工資，低薪/~ prices 廉價/a man of ~ intelligence 智能低的人。**b** 〈溫度、熱、壓力等〉弱的，低的：~ temperature [blood pressure] 低溫[低血壓]。**c** [用在名詞前]低的〈評價〉：I have a ~ opinion of him. 我對他評價不高。**d** 低的，小的，低調的，低音的〈音響、聲音〉：speak in a ~ voice [whisper] 用低聲[小聲]說話。**e** [用在名詞前]缺乏營養的，粗陋的，寒傖的：a ~ grade of rice 次級米。

3 [不用在名詞前]**沒精打采的，悶悶不樂的**：feel ~ 頹喪的，意氣消沉的。

4 a (階級、地位等)低的，卑賤的：of ~ class 地位低的/of ~ birth 出身卑微的/~ life 下層生活。**b** 沒教養的，粗野的，卑劣的；下等的，低級的，下流的；猥褻的(⇨mean[2]【同義字】)：~ behavior 粗野行爲/a ~ fellow 下等的傢伙/a ~ rascal 卑鄙的流氓/~ tastes 低級趣味/~ talk 下流的談話。

5 〈生物〉未發達的，單純的，未開化的。

6 〈燃料、錢等〉不夠的，缺乏的：Fuel is getting ~. 燃料漸漸不夠了/run ~ 缺乏/be ~ *in* (one's) pocket 腰包裏沒有錢，手頭拮据。

7 [主要用於比較級]最近的：of (a) ~*er* date 更近來的，距今更近的。

8 (無比較級、最高級)《語音》〈母音〉舌頭位置低的：~ vowels 低母音《[a],[ɑ]等》。

9 《汽車》低速的：⇨low gear.

10 (無比較級、最高級)[常 L~]《英》低教會派的：⇨ Low Church.

brìng lów (1)使〈財富、健康、地位等〉減少[衰弱，降低，卑下]：His greed *brought* him ~. 他因貪婪而落魄。(2)羞辱〈人〉。

fáll lów 墮落。

láy lów (1)使…滅亡。(2)擊倒。(3)羞辱。

líe lów (1)蹲著；倒臥着；已死去。(2)深感羞愧。(3)暫時隱匿(等待餘波平息)。(4)避免引人注目，靜止不動。(5)等待時機。

—***adv.*** (~·**er**; ~·**est**) **1** 低，…得低：fly ~ 飛(得)低。

2 便宜地，廉價地：buy ~ and sell high 低價買進，高價賣出；賤買貴賣。

3 低聲地，小聲地(↔ loud)：speak ~ 低聲講話。

4 粗食地，節儉地：live ~ 過窮苦的生活。

5 卑微地，卑鄙地，墮落地；(地位、身分等)低微地。

6 輸贏小地：play ~ 賭小錢。

lów dówn (1)遠在下方。(2)鄙視地，冷淡對待地。

pláy it lów (dówn) on [upòn] 冷淡地對待…。

—***n.*** **1** Ⓒ最低水準[紀錄，數字]，最低價格：an all-time ~ 到目前爲止的最低(紀錄)/a new ~ 新的最低價，最低紀錄。**2** Ⓤ《汽車》低(速排)擋(low gear)《略作 L；cf. high *n.* 6》：in ~ 以低(速排)擋/go [put it] into ~ 換低(速排)擋。**3** Ⓒ《氣象》低氣壓區(cf. high *n.* 7)。~·**ness** *n.*

low[2] [lo; lou] *v.i.* 〈牛〉鳴叫(moo)。

—*v.t.* 像呻吟[牛叫]似地說…。

—*n.* Ⓒ(牛的)鳴叫聲。

lów béam *n.* Ⓒ《汽車》近光《近距離用的向下的車頭燈光線；cf. high beam》。

lów·bórn *adj.* 出身微賤的。

lów·bòy *n.* Ⓒ《美》矮屜櫃(cf. highboy)。

lów·bréd *adj.* 沒教養的，行爲粗野的。

lów·bròw [ˈlo,brau; ˈloubrau] *n.* Ⓒ, *adj.* [用在名詞前]《口語》教養[知識程度]低的(人)(↔ highbrow)。

lowboy

lów·brówed *adj.* **1** 額頭低的；狹額的。**2** 門低的；屋宇陰暗的。

lów-bùdget *adj.* 適於低預算的；低預算做成的：a ~ picture 低預算攝製的電影/a ~ menu 經濟的菜單。

lów cámp *n.* Ⓤ(藝術上)陳舊題材的無意中使用，平庸拙劣(cf. high camp)。

lów-cáste *adj.* 卑賤階級的。

Lów Chúrch *n.* [**the** ~]低教會派《英國國教的一派；强調福音而不重視神職的權威或形式》。**Lów-Chúrch** *adj.*

Lów Chúrchman [-mən; -mən] *n.* Ⓒ(*pl.* **-men** [-mən; -mən])低教會派的人。

lów cómedy *n.* ⓊⒸ低俗的喜劇。

lów-cóst *adj.* 便宜的；成本低的：~ housing 廉價住宅。

Lów Còuntries *n. pl.* [**the** ~]低地國家《現在的 Benelux, 即荷、比、盧三國的總稱》。

lów·dòwn *adj.* [用在名詞前]《口語》身分卑下的；卑劣[卑鄙]的。

lów·dòwn *n.* [**the** ~]《俚》實情，內幕：get [give a person] *the ~ on* ... 得知[告訴某人]…的內幕。

lów-ènd *adj.* 廉價的。

***low·er**[1] [ˈloɚ; ˈlouə] «low[1] 的動詞»—*v.t.* (十受)**1 a** 降低…，降下…(↔ heighten)：~ the blood pressure 降低血壓/~ one's eyes 垂下眼睛。**b** 放下〈小艇等〉。**2 a** 降低〈價值、程度等〉，使…低落：~ the standard of life 降低生活水準/~ the infant mortality 降低嬰兒的死亡率。**b** 減低〈物價等〉。**3 a** 貶抑，挫，粉碎…：~ a person's pride 挫某人的銳氣。**b** [~ one*self*；常用於否定句]自貶，低聲下氣，卑躬屈節：He would*n't* ~ *himself* to bow. 他不肯低聲下氣鞠躬。**4** 削減〈飲食等〉，削弱〈力氣、體力等〉：A poor diet has ~*ed* his vitality. 營養不良的飲食削弱了他的活力。**5** 降低〈聲音〉：He ~*ed* his voice to a whisper. 他輕聲耳語。

—*v.i.* **1** 降低，低落。**2** 減少，減低。**3** 〈物價等〉下跌。

lówer awáy 《vi adv》[常用祈使語氣]《航海》放下小艇[帆]。

‡low·er[2] [ˈloɚ; ˈlouə] «low[1] 的比較級»—*adj.* [用在名詞前](無比較級、最高級)(↔ upper) **1 a** 更低的；較低的；下層的(位置、地位等)：a ~ shelf 較低的棚架。**b** (成上下一對之物中的)下面的：the ~ lip 下唇。**c** (對地面上而言的)地下的：⇨lower world. **2 a** (地位、身分等)低位的，下級的，下部的；下層的：a ~ boy《英》(public school的)下級生，低年級男生。**b** 下等的〈動物〉：the ~ animals 低等動物。**c** (兩院制議會的)下院的：⇨Lower House. **3 a** 下方的，下游的：the ~ reaches of a river 河川的下游地區。**b** 《美》南部的：a town in ~ Missouri 密蘇里州南部的某城鎮。**4** [L~]《地質》前期的(earlier)(↔ Upper)：the *L*~ Devonian 早泥盆紀。

low·er[3] [ˈlauɚ; ˈlauə] *v.i.* **1** [動(十介十(代)名)][對…]皺眉，顰蹙[*at, on, upon*]。**2** 〈天空等〉變陰霾；變昏暗；〈雷雨等〉可能會來臨。

—*n.* **1** Ⓒ皺眉，惡相，怒相。**2** Ⓤ(天空等的)陰霾，昏暗。

Lówer Califórnia *n.* 下加利福尼亞半島《加利福尼亞灣與太平洋間，墨西哥北部之一狹長半島，屬墨西哥》。

Lówer Cánada *n.* 加拿大魁北克省(Quebec)之舊名。

lówer cáse *n.* Ⓒ[常**the** ~]《印刷》小字盤《放小寫字體、數字、標點符號等的下層活字盤；cf. upper case》。

lówer-cáse 《印刷》 *n.* Ⓤ小寫字體(small letters)《略作 lc, l.c.；cf. uppercase》。

—*adj.* 用小寫字體[印刷]的。

—*v.t.* **1** 用小寫字體印刷…。**2** 將〈大寫字體〉換成小寫字體。

Lówer Chámber *n.* =Lower House.

lówer cláss *n.* Ⓤ[**the** ~(es)；集合稱]下層階級(的人們)《★ 用法 視爲一整體時當單數用，指全部個體時當複數用》。

lówer·cláss·man [-mən; -mən] *n.* Ⓒ(*pl.* **-men** [-mən; -mən])=underclassman.

lówer críticism *n.* Ⓤ對照「聖經」原文的校勘(↔ higher criticism)。

lówer déck *n.* **1** Ⓒ下甲板(⇨forecastle 插圖)。**2** Ⓤ[the ~；集合稱]《英海軍》士官，水兵(★用法視爲一整體時當單數用，指全部個體時當複數用)。

Lówer Émpire *n.* [the ~]《史》東羅馬帝國(晚期羅馬帝國)。

Lówer Hóuse *n.* [the ~]下院(cf. Upper House)。

low·er·ing [ˈlaurɪŋ, ˈlauərɪŋ; ˈlauəriŋ] «源自 lower³»—*adj.* **1** 〈天氣〉陰霾的，快要下雨的，昏暗的。**2** 不高興的，慍怒的，陰鬱的：~ looks 不高興的臉色。~·**ly** *adv.*

lówer·mòst *adj.* 〈高度、價格等〉最低的，最下層的。

lówer wórld *n.* [the ~] **1** 下界，地獄，陰間。**2** (對天界而言的)塵世；現世；地球。

low·er·y [ˈlaurɪ, ˈlauərɪ; ˈlauəri] *adj.* 陰沉的，陰霾的。

lów·est «low¹ 的最高級»—*adj.* **1** 最下的，最低的。**2** 最低廉的。**at (the) lówest** 至少，最低。

lów-fát *adj.* 含脂肪少的：~ milk 低脂牛奶。

lów fréquency *n.* Ⓒ《電學》低周波，低頻率；《通信》長波(30–300赫(hertz)；略作 L.F.)。

lów-fréquency *adj.* 《無線》低頻率的；長波的。

lów géar *n.* Ⓤ《美》《汽車》低(速排)檔(《英》bottom gear)(cf. high gear)：He put the car in ~. 他把車子(的離合器)轉換成低檔。

Lów Gérman *n.* Ⓤ不包含 High German 的西德語言(如英語、荷語、法蘭德斯語)。

lów-gráde *adj.* 品質差的，低(等)級的。

lów húrdles *n.* [當單數或複數用]《運動》低欄賽跑。

lów-kéy, lów-kéyed *adj.* 低音的，低調的；抑制的，撙節的。

low·land [ˈloˌlænd, ˈlolənd; ˈloulənd] *n.* **1** Ⓒ[常 ~s]低地(↔ highland)。**2** [the Lowlands]蘇格蘭低地(蘇格蘭東南部；cf. highland 2)。
—*adj.* **1** 低地的。**2** [L~]蘇格蘭低地的。

lów·land·er *n.* Ⓒ**1** 低地人。**2** [L~]蘇格蘭低地人。

Lów Látin *n.* Ⓤ中古拉丁文(古典時期後，即紀元 175 年以後之民間用語)。

lów-lèad gás [-ˌlɛd-; -led-] *n.* Ⓤ低鉛汽油。

lów-lével *adj.* [用在名詞前]下級的，下層(部)的：a ~ officer 下級職員。

lów·ly *adj.* (**low·li·er**；**-li·est**) **1 a** 地位低的。**b** 身分卑微的。**2 a** 謙虛的。**b** 平凡的。
—*adv.* **1** 卑賤地；寒傖地。**2** 謙虛地。**3** 低聲地。
lów·li·ness *n.*

lów-lýing *adj.* **1** 〈土地〉低的，不高的。**2** 比平常高度低的：~ clouds 飄浮低空的雲。

Lów Máss *n.* ⓊⒸ《天主教》簡禮彌撒(沒有唱詩班與奏樂，不上香，僅由一人輔祭的最普通的彌撒)。

lów-mínded *adj.* 心地卑劣的，卑鄙的，下流的。

lów-nécked *adj.* 〈女裝等〉領口大的，露出頸肩的(cf. high-necked)。

lów-pítched *adj.* **1** 〈聲、音〉低調的；柔和的。**2** 〈屋頂等〉緩緩傾斜的。

lów-préssure *adj.* [用在名詞前] **1** 低壓的。**2** 無刺激性的；平淡的；不勉强的，輕鬆的，悠然的(↔ high-pressure)。

lów prófile *n.* Ⓒ[常用單數](採取)不顯眼[不引人注目]的態度[作風](的人)；低姿態(的人)：keep [present] a ~ 避免引人注目；採取低姿態。

lów relíef *n.* Ⓤ[指個體時爲Ⓒ]淺浮雕(bas-relief)。

lów-ríse *adj.* **1** [用在名詞前]層數少的，低層的〈建築物、公寓〉。**2** 〈褲子〉低腰的。

lów séason *n.* Ⓤ《英》[常 the ~](↔ high season) **1** (生意、工作等的)淡季，閒季。**2** 價格最低廉的時季。

lów-spírited *adj.* 沒精打采的；憂鬱的；意志消沉的。

Lów Súnday *n.* 復活節(Easter)後的第一個星期日。

lów tíde *n.* (↔ high tide) **1** ⓊⒸ低潮(時刻)：at ~ 在低潮時刻。**2** Ⓒ[常用單數]最低點(*of*)。

lów wáter *n.* (↔ high water) Ⓤ**1** 退潮(時刻)；(河川、湖泊等的)低水位：*at* ~ 在退潮(時刻)。**2** 貧窮狀態：be *in* ~ 手頭緊，經濟拮据。

lów-wáter màrk *n.* Ⓒ**1** 退潮標，低水位標。**2** 最低的狀態，最低點(*of*)。

lox [lɑks; lɔks] «源自 *l*iquid *ox*ygen»—*n.* Ⓤ《化學》液體氧。

***loy·al** [ˈlɔɪəl; ˈlɔiəl] *adj.* (more ~；most ~) **1 a** 〈人〉忠實的，忠貞的，忠誠的：a ~ friend 忠實的朋友/a ~ subject 忠臣。**b** [不用在名詞前][+介+(代)名][對…]忠實[誠實]的，忠貞的(*to*)：He was ~ *to* his country [friend, principles]. 他忠於國家[朋友，主義]。**2** 〈行爲等〉誠實的，忠實的。
—*n.* Ⓒ[常 ~s]忠臣，愛國者。~·**ly** *adv.*

lóy·al·ist [-əlɪst; -əlist] *n.* Ⓒ**1** 勤王者，忠臣。**2** (動亂時等的)擁護政府[體制]者。

***loy·al·ty** [ˈlɔɪəltɪ; ˈlɔiəlti] «loyal 的名詞»—*n.* **1** Ⓤ **a** 忠實，忠誠，忠節，忠義，勤王(*to*)。**b** (公務員的)忠心。**2** Ⓒ[常 loyalties](常指相抵觸的)忠誠；情義。

Loy·o·la [lɔɪˈolə; lɔiˈoulə], St. **Ig·na·tius** [ɪgˈneʃəs; igˈneiʃəs] **of** *n.* 聖・羅耀拉(1491–1556；西班牙軍人及天主教教士，耶穌會(Society of Jesus)之創始者)。

loz·enge [ˈlɑzɪndʒ; ˈlɔzindʒ] *n.* Ⓒ **1** 菱形。**2 a** 菱形的糖果。**b** 添加甘味的錠劑(含在口中的止咳藥片等；原爲菱形)。**c** 菱形窗(玻璃)。**d** (珠寶的)菱形面。**3** 《紋章》菱形的紋章圖形。

LP [ˈɛlˈpi; ˌelˈpiː] «*l*ong-*p*laying 之略»—*n.* Ⓒ《商標》每分鐘 33⅓回轉的長時間演奏唱片(cf. EP)：an ~ record LP 唱片。

L.P. 《略》Labour Party.

LPG 《略》liquefied petroleum gas.

ĹP̀ gás «*l*iquefied *p*etroleum gas 之略»—*n.* Ⓤ液化石油瓦斯，LP 瓦斯。

Ĺ-plàte «L(eaner)-plate 之略»—*n.* Ⓒ《英》L 牌照(上面寫 L 以表示持臨時執照在練習駕駛的汽車牌照；通常裝在車子的前後；cf. L-driver)。

Lr 《符號》《化學》lawrencium.

LSD, LSD-25 [ˌɛlɛsˈdi(ˈtwɛntɪˈfaɪv)；ˌelesˈdiː(ˈtwentiˈfaiv)] *n.* Ⓤ二乙基麥角酸醯胺(一種迷幻藥)。

l.s.d., L.S.D. = £. s.d.

£.s.d. [ˌɛlɛsˈdi; ˌelesˈdiː] «拉丁文 *librae, solidi, denarii* (= pounds, shillings, pence)之略»—*n.* Ⓤ**1** (英國舊貨幣制度的)英鎊・先令・便士(★通常寫做 £ 5. 6s. 5d.)。**2** 《英口語》金錢；財富：a matter of ~ 錢的問題，只要有錢就行得通的事。

LSI 《略》large-scale integration《電子》大型積體電路。

LT 《略》letter telegram 書信電報。**Lt.** 《略》Lieutenant.

'lt [lt; lt] **1** wilt² 之略。**2** shalt 之略。

Ltd. [ˈlɪmɪtɪd; ˈlimitid] 《略》Limited(⇨limited 3)。

Lu 《符號》《化學》lutetium.

lub·ber [ˈlʌbɚ; ˈlʌbə] *n.* Ⓒ**1** (身材大而)蠢笨的人；笨漢。**2** 新水手。

lúb·ber·ly *adj.* & *adv.* 粗笨的[地]，笨拙的[地]，拙劣的[地]。

lube [lub; luːb] *n.* Ⓤ《機械》潤滑油。
—*v.t.* 給…加潤滑油。

lu·bri·cant [ˈlubrɪkənt; ˈluːbrikənt] *n.* **1** Ⓤ[指產品個體或種類時爲Ⓒ]潤滑油，(潤)滑劑。**2** Ⓒ使事物圓滑之物。
—*adj.* 潤滑性[用]的，有潤滑作用的。

lu·bri·cate [ˈlubrɪˌket; ˈluːbrikeit] *v.t.* **1** 將〈機器等〉上[塗]油。**2 a** 使〈皮膚等〉滑潤。**b** 《口語》使〈事物〉進行順利。**3** 《口語》買通，收買，賄賂〈人〉。—*v.i.* 生潤滑作用。

lú·bri·cat·ing òil *n.* Ⓤ潤滑油。

lu·bri·ca·tion [ˌlubrɪˈkeʃən; ˌluːbriˈkeiʃn] «lubricate 的名詞»—*n.* Ⓤ潤滑，油潤；注油(法)。

lu·bri·ca·tive [ˈlubrɪˌketɪv; ˈluːbrikeitiv] *adj.* 潤滑性的。

lú·bri·cà·tor [-tɚ; -tə] *n.* Ⓒ **1** 加油工；潤滑劑。**2** 潤滑裝置；注油器，加油器。

lu·bri·cious [ˈlubrɪʃəs; ˈluːbriʃəs] *adj.* 淫蕩的，猥褻的，好色的。~·**ly** *adv.*

lu·bric·i·ty [luˈbrɪsətɪ; luːˈbrisəti] «lubricious 的名詞»—*n.* Ⓤ淫蕩，猥褻，好色。

lu·bri·cous [ˈlubrɪkəs; ˈluːbrikəs] *adj.* **1** 平滑的。**2** 不安定的；不確實的；難以捉摸的。**3** 淫蕩的。

lu·cent [ˈlusn̩t; ˈluːsnt] *adj.* **1** 明亮的，光輝的。**2** 透明的。

lu·cern(e) [luˈsɝn; luːˈsəːn] *n.* Ⓤ《英》《植物》紫花苜蓿(《美》alfalfa)。

Lu·ci·an [ˈluʃən; ˈluːsjən] *n.* 路遜(男子名)。

lu·cid [ˈlusɪd; ˈluːsid] «源自拉丁文「放光芒」之義»—*adj.* **1** 清澈的，透明的。**2** 頭腦清晰的。**3** 易懂的，明白的，明快的：a ~ explanation 明白的解釋。**4** 〈精神病患者〉神志清明的，平靜的。**5** 《詩》光輝的，明亮的。
~·**ly** *adv.* ~·**ness** *n.*

lu·cid·i·ty [luˈsɪdətɪ; luːˈsidəti] «lucid 的名詞»—*n.* Ⓤ**1** 清澈，透明。**2** 明瞭，明晰。**3** (精神病患者的)清醒[神清](度)：periods of ~ 清醒期。

Lu·ci·fer [ˈlusəfɚ; ˈluːsifə] *n.* **1** 《詩》曉星(Phosphor)；(被當作曉星的)金星(Venus)。**2** 《聖經》惡魔，撒旦(Satan)：(as) proud as ~ 極其傲慢。

> 【字源】源自拉丁文「運光者」之義。聖經舊約「以賽亞書」十四章十二節"How art thou fallen from heaven, O Lucifer, Son of the morning."(黎明的兒子，曉星，你如何竟從天上掉下來。) Lucifer 原指沒落的巴比倫(Babylon)之王，後來被誤解爲由天使淪落的撒旦。

3 [l~](又作 **lúcifer màtch**)Ⓒ黃燐火柴。

‡luck [lʌk; lʌk] *n.* Ⓤ **1** 機運，運道，運氣：bad [ill, hard] ~ 惡運

/Bad ~ *to* you [him]！願你[他]遭惡運[倒楣]！/by good ~ 幸運地/Good ~ [L~] was with him, and he found a job at once. 他運氣好，馬上找到了工作/Good ~ (*to* you)！= I wish you (good) ~. 祝你好運！/You never know your ~. 運氣難預料《說不定今後會交上好運道》。

2 a 幸運：have no ~ 運氣不好/in [off, out of] ~ 有幸[不幸]/I had the ~ *of* see*ing* her there. 幸好我在那兒遇見她(cf. 2 b)/This time my ~ was out. 這一次我的運氣不好，這一次我沒有交上好運。**b** 〔+ *to* do〕〈做…的〉幸運：I had the ~ *to* see her there. 我有幸在那兒遇見她(cf. 2 a).

as lúck would háve it 幸虧；不幸《★用法有時在 luck 前用 good, ill 等》。

crówd one's **lúck** = push one's LUCK.

dówn on one's **lúck** 運氣變壞的，沒落[落魄]的。

for lúck 爲了祈求好運，爲了求福：I bought [kept] the article *for* ~. 我爲了討個吉利而買[保存]了那件東西。

Júst my lúck! 《口語》[當反語用]我就是這樣倒楣！我的運氣眞壞！

púsh [**préss**] one's **lúck** 《口語》(情況已夠好却)冒不必要的危險。

trý one's **lúck** 試運氣；碰碰運氣試做〔…〕〔*at*〕.

with lúck 如果運氣好：*With* ~, the patient will recover. 如果運氣好，那個病人會康復。

wórse lúck [當插入語用]不幸的是，更糟的是。

—*v.i.* 《美口語》**1** 〔十副〕〈人〉運氣好[走運]〈*out*〉：He ~*ed out* and found a seat. 他運氣好，找到了座位。**2** 〔十副十介十(代)名〕〔在…方面〕幸運地成功；幸運地找到〔…〕〈*out*〉〔*on, onto, into*〕：~ *out on* an examination 幸運地通過了考試。

luck·i·ly [ˈlʌkɪlɪ; ˈlʌkili] *adv.* **1 幸運地，好運地。2** [修飾整句]幸虧，幸好，所幸的是：*L~* I was at home when he called. 幸好他來的時候我在家。

lúck·less *adj.* 壞運氣的，不幸的，倒楣的。~**·ly** *adv.*

‡luck·y [ˈlʌkɪ; ˈlʌki] **«luck 的形容詞»—*adj.*** (**luck·i·er; -i·est**) **1 a 運氣好的，幸運的**(⇨ happy 3【同義字】)：(You) a ~ beggar [dog]! 你眞走運！你眞是個幸運兒！/a ~ day 運氣好的日子，好日子，吉日/a ~ guess [hit, shot] 僥倖猜中[誤打誤撞，歪打正着]/by a ~ chance 幸而。**b** [不用在名詞前]〔十介十(代)名〕〔在…〕運氣好的〔*in*〕：You are ~ ***in*** whatever you undertake. 你做什麼事都運氣好。**c** [不用在名詞前]〔十 *of*十(代)名(十*to* do)/十*to* do〕〔人〕運氣好的(竟)〈做…〉；〈人〉〈做…〉(實在是)運氣好的：It was ~ ***of*** him [He was ~] *to* escape being killed in that accident. 他運氣好，在那意外事故中倖免一死。**d** [不用在名詞前]〔十 *that*__〕幸而〈…事〉的：You were ~ *that* you met him then. 你幸而那時候遇到他。**2** 帶來好運的：a ~ penny (穿洞掛在錶鍊等上面的)幸運銅幣/the ~ seventh《棒球》幸運的第七局《在比賽第七局中發生的有利變化》。**lúck·i·ness** *n.*

lúcky díp [**bág**] *n.* 《英》**1** Ⓒ(裏面裝鋸屑，內藏小獎品供小孩等摸取的)摸獎箱[袋]，幸運箱[袋](《美》grab bag). **2** [a~]碰巧[偶然]之事。

lu·cra·tive [ˈlukrətɪv; ˈlu:krətiv] *adj.* 可獲利的，賺錢的(profitable)：a ~ job 有錢賺的工作。~**·ly** *adv.*

lu·cre [ˈlukɚ; ˈlu:kə] *n.* Ⓤ《輕蔑》利益，利潤；金錢，財富：filthy ~ 齷齪錢，不義之財，來路不正的錢。

lu·cu·brate [ˈlukʊˌbret, -kju-; ˈlu:kju:breit] *v.i.* (特指於燈下或夜間)用功；著作；研究。

lu·cu·bra·tion [ˌlukʊˈbreʃən, -kju-; ˌlu:kju:ˈbreiʃn] *n.* **1** Ⓤ(夜間)燈下的用功；夜間之沉思；燈下創作，著書立說。**2** [常 ~s]學術作品；精心撰寫的作品。

Lu·cy [ˈlusɪ; ˈlu:si] *n.* 露西《女子名》。

lu·dic [ˈludɪk; ˈlu:dik] *adj.* 愛嬉戲的。

lu·di·crous [ˈludɪkrəs; ˈlu:dikrəs] *adj.* 荒唐的，滑稽的，可笑的(⇨ funny【同義字】)：a ~ remark 荒唐的意見。

~**·ly** *adv.* ~**·ness** *n.*

luff [lʌf; lʌf] 《航海》 *n.* Ⓒ **1** 縱帆的前緣《與桅杆相接的部分》。**2** 《英》(船首兩舷的)彎曲部。

—*v.i.* 〔動(十副)〕轉船首向[貼]風行駛〈*up*〉.

—*v.t.* (在帆船競賽中)將船駛到風與〈對手船〉之間。

lug[1] [lʌg; lʌg] (**lugged**; **lug·ging**) *v.t.* **1** 〔十受十副詞(片語)〕使勁拉…；用力拖…，連拉帶扯地强行帶走…：He *lugged* a heavy handcart *along.* 他使勁拉走那笨重的手推車/I *lugged* the box *into* [*out of*] the room. 我使勁把那箱子拖入室內[出室外]。**2 a** 〔十受十副〕將〈無關的話等〉扯入[提出來講]〈*in*〉：He *lugged* the subject ***in***. 他硬把那話題扯進去[提出來講]。**b** 〔十受十介十(代)名〕將〈無關的話等〉扯入〔…之中〕〔*into*〕：He *lugged* the subject ***into*** his speech. 他把那話題牽强地扯進演講中。

—*v.i.* 〔動(十介十(代)名)〕拉，拖〔…〕〔*at*〕.

—*n.* Ⓒ[常用單數]强拉，拖曳。

lug[2] [lʌg; lʌg] *n.* Ⓒ **1** 《蘇格蘭·英俚》耳朵，耳垂。**2 a** 突起，突出部，突緣。**b** 把手，柄：a ~ bolt 有柄螺栓。

lug[3] [lʌg; lʌg] *n.* = lugsail.

lug[4] [lʌg; lʌg] *n.* = lugworm.

luge [ludʒ; lu:ʒ] *n.* Ⓒ單人橇《源自瑞士的一種競賽用雪橇》。

lug·gage** [ˈlʌgɪdʒ; ˈlʌgidʒ] **«源自「拖曳(lug)之物」之義»—*n. Ⓤ[集合稱]《英》旅行袋，行李(《美》baggage)：three pieces of ~ 三件行李。

luge

lúggage ràck *n.* Ⓒ《英》(火車等的)行李架。

lúggage vàn *n.* 《英》= baggage car.

lug·ger [ˈlʌgɚ; ˈlʌgə] *n.* Ⓒ《航海》梯形帆船《一種裝有斜桁用四角帆(lugsail)的單桅或雙桅小型帆船》。

lug·sail [ˈlʌgˌsel, -sl; ˈlʌgseil, -sl] *n.* Ⓒ《航海》梯形帆《一種斜桁用的四角帆》。

lugger

lu·gu·bri·ous [luˈgjubrɪəs; lu:ˈgu:briəs] *adj.* (尤指惹人注目或假裝地)悲哀的，傷悼的；可憐的；悲慘的；陰沉的，憂鬱的。

~**·ly** *adv.* ~**·ness** *n.*

lúg·wòrm *n.* Ⓒ《動物》(用作魚餌的)沙蠋。

Luke [luk; lu:k] *n.* **1** 路克《男子名》。

2 [St. ~]聖路加《耶穌的門徒；聖經新約路加福音及使徒行傳的作者》。

3 路加福音(The Gospel According to St. Luke)《聖經新約中一書》。

luke·warm [ˈlukˈwɔrm; ˈlu:kwɔ:m] *adj.* **1** 〈液體〉溫熱的，微溫的(tepid). **2** 沒有興致的，冷淡的，不熱心的(halfhearted)：with ~ interest 興趣不濃厚地。~**·ly** *adv.* ~**·ness** *n.*

lull [lʌl; lʌl] **«擬聲語»—*v.t.* 1 a** 〔十受〕哄〈嬰兒等〉，使〈嬰兒等〉入睡[平靜]。**b** 〔十受十介十(代)名〕哄…〔使成…的狀態〕，哄…〔入睡〕〔*to, into*〕：She ~*ed* the crying child ***to*** sleep. 她哄哭叫的孩子入睡。

2 消除〈疑惑〉；減輕〈疼痛等〉：~ a person's fears 消除某人的恐懼。

3 使〈浪、暴風雨等〉平息，使…緩和《★常用被動語態》：The wind [sea] *was* ~*ed*. 風[海]平息了。

—*v.i.* 平靜下來，停息，平息：The wind suddenly ~*ed*. 風突然停了。

—*n.* [a~]稍息；稍止；間歇：*a* ~ *in* the wind 風的間歇/*a* ~ *in* the conversation 談話的中斷。

lul·la·by [ˈlʌləˌbaɪ; ˈlʌləbai] *n.* Ⓒ搖籃曲[歌]，催眠曲[歌]。

—*v.t.* 唱搖籃歌使〈孩子〉入睡。

> **【字源】**lull 是「哄小孩入睡」，by 是從兒語 bye-bye(再見，睡覺吧)而來。
> **【說明】**哄小孩入睡時用的「搖呀搖」的聲音稱作 hushaby(e) [ˈhʌʃəˌbaɪ; ˈhʌʃəbai].

lum·ba·go [lʌmˈbego; lʌmˈbeigou] *n.* Ⓤ《醫》腰痛。

lum·bar [ˈlʌmbɚ; ˈlʌmbə] *adj.* [用在名詞前]《解剖》腰(部)的。

lum·ber[1] [ˈlʌmbɚ; ˈlʌmbə] **«源自 Lombard(當鋪)；因從前當鋪常由倫巴底人經營並收集無用之物»—*n.* 1** Ⓤ《英》(堆放着的)倉庫內的無用雜物《例如家具等》，破爛：a ~ room (堆放無用家具等的)儲藏室。

2 Ⓤ《美·加》已將原木去皮，鋸過的木料，木板(《英》timber).

3 [a ~]《英》(將責任等硬推給人而)給人添麻煩的人，(阻塞或佔滿地方的)累贅物。

—*v.t.* 1 〔十受(十副)十介十(代)名〕〔以不用的家具等〕阻塞…〈*up*〉〔*with*〕《★常用被動語態》：The room *was* ~*ed* (***up***) ***with*** furniture. 房間裏堆(滿)着家具。

2 〔十受(十介十(代)名)〕《英口語》〔將麻煩的責任等〕硬推給〈人〉，〔以…〕困擾…〔*with*〕《★常用被動語態》：We *were* ~*ed* ***with*** their kids for the weekend. 週末他們把孩子留下給我們帶來了不少麻煩。

3 《美》**a** 〔從山林〕伐取〈木材〉，採伐〈樹木〉。

—*v.i.* 《美》伐取木材，採伐樹木。

lum·ber[2] [ˈlʌmbɚ; ˈlʌmbə] *v.i.* 〔十副詞(片語)〕邁着沉重的脚步走，笨重地移動；隆隆作聲地向前駛：The locomotive ~*ed along* [*by, past*]. 火車頭隆隆地駛過。

lúm·ber·er [-bərɚ; -bərə] *n.* Ⓒ《美·加》伐木工人。

L

lúm·ber·ing[1] [-bərɪŋ; -bəriŋ] «源自 lumber[1]»—*n.* Ⓤ《美・加》伐木業，木材業。

lúm·ber·ing[2] [-bərɪŋ; -bəriŋ] «源自 lumber[2]»—*adj.* [用在名詞前]隆隆地[笨重地]行進的：a ~ gait 笨重的步伐。
~·ly *adv.*

lúmber·jàck *n.*《美・加》=lumberman.

lúm·ber·man [-mən; -mən] *n.* Ⓒ(*pl.* **-men** [-mən; -mən])《美・加》伐木工人，鋸木工人；木材業者。

lúmber·mill *n.* Ⓒ製材所，鋸木廠(sawmill).

lúmber·ròom *n.* Ⓒ《英》堆置雜物之房間《尤指堆置舊家具者》。

lúmber·yàrd *n.* Ⓒ《美・加》木材堆置場(《英》timberyard).

lu·men [ˈlumɪn, -mən; ˈlu:min] *n.* Ⓒ(*pl.* **-mi·na** [-mɪnə; -minə], ~s)《光學》流明《光流的强度單位》。

lu·mi·nar·y [ˈluməˌnɛrɪ; ˈlu:minəri] *n.* Ⓒ **1** 發光體《尤指太陽、月球》。**2** (學識、精神等方面的)領導人，才智出衆的人，名人。

lu·mi·nesce [ˌluməˈnɛs; ˌlu:miˈnes] *v.i.* 發冷光；無熱發光。

lu·mi·nes·cence [ˌluməˈnɛsn̩s; ˌlu:miˈnesns] «luminescent 的名詞»—*n.* Ⓤ《物理》(無熱的)發光，冷光。

lu·mi·nes·cent [ˌluməˈnɛsn̩t; ˌlu:miˈnesnt] *adj.* 發光性的，發冷光的：~ creatures 發光生物。

lu·mi·nif·er·ous [ˌluməˈnɪfərəs; ˌlu:miˈnifərəs] *adj.* 發光的，發光性的；傳光的。

lu·mi·nos·i·ty [ˌluməˈnɑsətɪ; ˌlu:miˈnɔsəti] «luminous 的名詞»—*n.* **1** Ⓤ光輝，光明；光度。**2** Ⓒ發光物[體]。

lu·mi·nous [ˈlumənəs; ˈlu:minəs] «源自拉丁文「充滿着光」之義»—*adj.* **1** 發光的，有光輝的；明亮的；有光澤的；光亮的：a ~ body 發光體/a ~ watch 夜光錶/ ~ paint 發光塗料[油漆]/ ~ intensity 光力，發光强度。**2** 明晰的，易懂的。
~·ly *adv.* **~·ness** *n.*

lum·me [ˈlʌmɪ; ˈlʌmi] *interj.*《英俚》哎呀！啊！噢！《用以加强語氣或表示驚訝、贊同等》。

lum·mox [ˈlʌməks; ˈlʌməks] *n.* Ⓒ《口語》笨伯，傻瓜。

lum·my [ˈlʌmɪ; ˈlʌmi] *interj.*=lumme.

***lump**[1] [lʌmp; lʌmp] *n.* **1** Ⓒ**a** (無一定形狀之)小塊〔*of*〕：a ~ *of* clay 一塊泥土/He is a ~ *of* selfishness. 他是個自私自利的人。
b (一塊)方糖：a ~ *of* sugar 一塊方糖/How many ~*s* in your coffee, Tom? 湯姆，咖啡裏要放幾塊糖？
2 Ⓒ腫塊，碰傷，瘤，疙瘩：a ~ *on* the forehead 額上的包。
3 Ⓒ《口語》矮胖的人；傻瓜，笨伯。
4 [a ~ of…]《口語》很多：*a* ~ *of* money 很多錢。
5 [~s]《美口語》毆打；體罰：get[take] one's ~*s* 被痛毆；受嚴厲的體罰。
6 [the ~]《英口語》(建築工地等的)整批付現雇用的臨時工人，轉包工。
áll of a lúmp (1)總括地，成塊地，大量地。(2)整個腫起。
in a[óne] lúmp 總括地，一併，一次全部地。
in[by] the lúmp 總括地，全部地。
lúmp in the [one's] **thróat** (因感動或悲傷而)如骨鯁在喉；哽咽欲泣：I had[felt] a ~ *in* my *throat* at the sight. 看到那光景，我激動得哽咽欲泣。
—*adj.* [用在名詞前] **1** 成塊狀的：~ sugar方糖/⇨ lump sum.
2 全部合併在一起的，總括起來的：~ work 全部包辦的工作。
—*v.t.* **1** 〔十受〕使…成塊。
2 a 〔十受十副〕將…總括起來；將…堆成一堆；將…收攏在一起〈*together*〉：The expenses ought to be ~*ed* ***together***. 這些費用應該歸併在一起。
b 〔十受十介十(代)名〕(不加以分別而)將…〔與…〕混在一起，將…〔與…〕視爲同類〔*with*〕：~ an item ***with*** another 把某一項目與其他項目列在一起。
c 〔十受十介十(代)名〕(不加以分別而)將…合併[總括]〔在…之下〕〔*under*〕：~ several things ***under*** one name 把幾件事總括在同一名目之下。
—*v.i.* **1** 成塊[團](狀)，脹[鼓，隆，腫]成塊(狀)。**2** 〔十副〕**a** (大象等)沉重[笨重]地行進〈*along*〉. **b** 重重地一屁股坐下〈*down*〉.

lump[2] [lʌmp; lʌmp] *v.t.* [~ it]《口語》忍受，忍耐《★主要用於下列說法》：If you don't like it, (you may[can]) ~ *it.*=Like it or ~ it. 你若不喜歡它，也得忍受一下《不喜歡也沒有辦法》。

lum·pen [ˈlumpən, ˈlʌm-; ˈlumpən, ˈlʌm-] *adj.* 缺乏階級意識之無產階級的；在自己階級內失去地位的；破落戶的。

lúmp·ish [ˈlʌmpɪʃ; ˈlʌmpiʃ] *adj.* **1** 塊狀的；笨重的。**2** 遲鈍的，愚蠢的。**~·ly** *adv.* **~·ness** *n.*

lúmp súm *n.* Ⓒ **1** 一次付清(之款)：pay *in* a ~ 一次付清。**2** 總金額。

lump·y [ˈlʌmpɪ; ˈlʌmpi] «lump[1] 的形容詞»—*adj.* (**lump·i·er**; **-i·est**) **1** 多塊[瘤]狀物的。**2** 矮胖而動作慢吞吞的。**3** 〈水面〉因風起小波浪的。**lúmp·i·ly** [-pəlɪ; -pili] *adv.* **-i·ness** *n.*

Lu·na [ˈlunə; ˈlu:nə] «源自拉丁文「月亮」之義»—*n.*《羅馬神話》露娜《月之女神；相當於希臘神話的色麗妮(Selene)；cf. Diana 1》.

lu·na·cy [ˈlunəsɪ; ˈlu:nəsi] «lunatic 的名詞»—*n.* **1** Ⓤ精神錯亂，瘋癲，月夜狂。**2** Ⓒ[常 **lunacies**]愚蠢的行爲，瘋狂之舉。

lu·nar [ˈlunɚ; ˈlu:nə] «源自拉丁文「月亮」之義»—*adj.* (無比較級、最高級) **1** 月亮的；在月球上使用的(cf. solar)：a ~ rocket 探月火箭/a ~ module 登月小艇。
2 由於月球之作用的。
3 a 像月亮的。**b** 新月形的。**c** 〈光等〉蒼白的，薄明的。

lúnar cálendar *n.* Ⓒ陰曆(cf. solar calendar).

lúnar dáy *n.* Ⓒ太陰日《約二十四小時五十分鐘》。

lúnar dístance *n.* Ⓒ月球距離《月球與太陽或與其他天體之間觀測出的角距》。

lúnar eclípse *n.* Ⓒ《天文》月蝕。

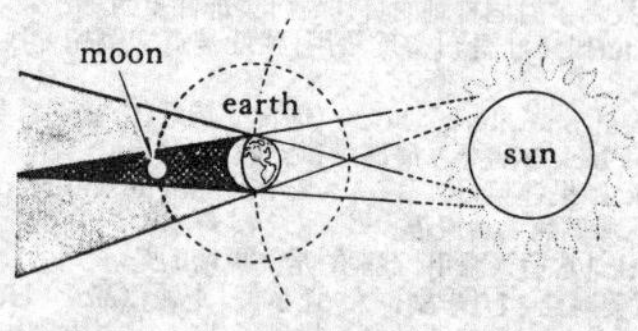

lunar eclipse

【插圖說明】發生月蝕時月球(moon)、地球(earth)與太陽(sun)的位置。

lúnar mónth *n.* Ⓒ太陰月《即陰曆的一個月；約爲二十九日十二小時四十四分鐘》。

lúnar órbit *n.* ⓊⒸ繞月軌道。

lúnar pólitics *n.* Ⓤ空論；不切實際的問題。

lúnar próbe *n.* Ⓒ **1** 月球探測。**2** 月球探測太空船。

lúnar róver *n.* Ⓒ月球車《到月球表面進行探索的車子》。

lúnar trajéctory Ⓒ赴月軌道《飛向月球的航線》。

lúnar yéar *n.* Ⓒ太陰年《月球在其軌道上運行一圈所需要的時間；約爲十二個月，較太陽年(solar year)短約十一日》。

lu·nate [ˈlunet; ˈlu:neit] *adj.* 新月形的。

lu·na·tic [ˈlunəˌtɪk; ˈlu:nətik] *n.* Ⓒ **1** 精神錯亂者，瘋子。

【字源】源自拉丁文「受月亮影響」之義。Luna 是羅馬神話裏的月亮女神，羅馬人相信人受月光照射精神會異常，所以很怕在有月亮的夜晚出門；⇨ moon【說明】

2 怪人，大傻瓜。
—*adj.* (**more** ~; **most** ~) **1** (爲)精神錯亂(者而設)的。**2** 〈行動等〉瘋狂的，荒唐[怪誕]的。

lúnatic asýlum *n.* Ⓒ瘋人院《★ 比較 現稱爲 mental hospital [home, institution]》.

lúnatic frínge *n.* Ⓒ[集合稱；常 **the** ~](社會、政治運動等的)少數極端派[狂熱者]《★ 用法 視爲一整體時當單數用，指全部個體時當複數用》。

‡**lunch** [lʌntʃ; lʌntʃ] «luncheon 之略»—*n.* **1** Ⓤ[與修飾語連用指種類時爲Ⓒ](以 dinner 爲晚餐者之)**午餐**(cf. dinner【說明】)：*an* early ~ 早吃的午餐/*a* light ~ 清淡的午餐/have[eat] ~ 進午餐《★ 用法 現當此解時很少說 take ~》/be *at* ~ 正(在外)進午餐。
2 Ⓒ《美》點心。
3 Ⓒ**便餐**：a ~ box 便餐盒/a picnic ~ 野餐用便餐/take ~ [one's ~, a ~] with one 帶便餐。
óut to lúnch 《美俚》昏頭昏腦的；心不在焉的；做白日夢的；無效率的；笨的。
—*v.i.* **1** 〔動(十副詞(片語))〕吃午餐：~ *in*[*at* home] 在家吃午餐。**2** 〔十副〕在外吃午餐〈*out*〉.
—*v.t.* 〔十受〕請〈人〉吃午餐。**~·er** *n.*

lúnch còunter *n.* Ⓒ《美》**1** 吃便餐用的長櫃檯。**2** (長櫃檯式的)速簡餐廳，便餐館，小吃店。

***lunch·eon** [ˈlʌntʃən; ˈlʌntʃən] «源自中古英語 *nuncheon*「中午的飲料」之義；n 音走音而成此字»—*n.* **1** Ⓤ[與修飾語連用指種類時爲Ⓒ] **午餐**《★ 比較 較 lunch 爲拘泥》。**2** (又作 **lúncheon pàrty**)Ⓒ午餐會。
—*v.i.* 吃午餐。

lúncheon bàr *n.*《英》=snack bar.

lunch·eon·ette [ˌlʌntʃənˈɛt; ˌlʌntʃəˈnet] *n.* Ⓒ《美》便餐館，速簡餐廳。

lúncheon mèat *n.* Ⓤ臘腸或條狀加工肉《常切片冷食，置於三明治或沙拉等中》。

lúnch·ròom *n.* Ⓒ《美》**1** 便餐館，速簡餐廳。**2**（學校、工場等的）餐廳。
lúnch·tìme *n.* Ⓤ午餐時間：at ～ 在午餐時間。
lune[1] [lun; lu:n] *n.* **1** Ⓤ《幾何》弓形。**2** Ⓒ半[新]月形之物。
lune[2] [lun; lu:n] *n.* Ⓒ繫鷹之鍊條。
lung** [lʌŋ; lʌŋ] **《源自古英語「輕的器官」之義》——n.* Ⓒ **1**《解剖》肺，肺臟。
2〔常 ～s〕《英》(大都市內外的)空氣新鮮的空地：the *～s of* London 倫敦空氣新鮮的空曠地《廣場、公園等》。
at the tóp of one's **lúngs** 以最大聲音地。
hàve góod lúngs 嗓門大，聲音宏亮。
lunge [lʌndʒ; lʌndʒ] *n.* Ⓒ **1**（劍術等的）刺，戳；擊(thrust). **2** 前衝，突進。
——*v.i.* **1**〔**動(十介十(代)名)**〕刺〔…〕〔*at*〕. **2**〔**(十副)十介十(代)名**〕〔向…〕衝[突進]〈*out*〉〔*at, against*〕：He *～d* (*out*) *at* his adversary. 他向對手衝去。
——*v.t.* 將〈刀等〉刺出。
lung·fish [ˈlʌŋ͵fɪʃ; ˈlʌŋfiʃ] *n.* Ⓒ(*pl.* ～, ～·**es**)《動物》肺魚。
lúng·pòwer *n.* Ⓤ發聲力，肺力。
lúng·wòrt *n.* Ⓒ《植物》肺草。
Lu·nik [ˈlunɪk; ˈlu:nik] *n.* Ⓒ蘇俄之無人駕駛的探月太空船。
lu·pin, lu·pine[1] [ˈlupɪn; ˈlu:pin] *n.* Ⓒ《植物》羽扇豆《豆科羽扇豆屬植物》。
lu·pine[2] [ˈlupaɪn; ˈlu:pain] *adj.* **1**（似）狼的。**2** 兇猛（似狼）的；貪吃的，貪婪的。
lurch[1] [lɝtʃ; lə:tʃ] *n.* Ⓒ **1**（船、車等的）突然傾斜：give a ～ 突然傾斜。**2** 蹣跚，搖晃(stagger).
——*v.i.*〔**動(十副詞(片語))**〕(向左、右等)突然傾斜；搖晃；蹣跚而行(stagger)：The boat *～ed about* in the storm. 小艇在暴風雨中搖搖晃晃/The drunken man *～ed along toward* me. 那醉漢跟跟蹌蹌地向我走過來。
lurch[2] [lɝtʃ; lə:tʃ] *n.* ★用於下列成語。
léave a person **in the lúrch** ⇨ leave[1].
lure [lʊr; ljuə] *n.* Ⓒ **1 誘惑物**，引誘物；魅惑，魅力：the ～ of adventure[Paris] 冒險[巴黎]的魅力/Cities have a ～ *for* young people from the country. 都市對農村青年具有一種誘惑力。
2 a 囮鳥，誘鷹鳥《馴鷹師用以喚回鷹的假鳥》。**b**《釣魚》假魚餌。
——*v.t.* **1 a**〔**十受十副**〕**誘惑**，引誘〈人〉〈*on*〉：Money *～d* him *on*. 金錢引誘了他。**b**〔**十受十介十(代)名**〕將〈人〉誘入[誘進]〔…中〕〔*into, to*〕：The desire for wealth *～d* them *into* questionable dealings. 他們受了發財慾的引誘而被捲入可疑的交易。**c**〔**十受(十副)十介十(代)名**〕〔從…〕誘走〈人、動物〉〈*away*〉〔*from, out of*〕：I was *～d* ***away from*** my study. 我受了誘惑而荒廢了學業/They *～d* the bear ***out of*** its den. 他們把熊從穴中誘出。
2〔**十受**〕招徠〈產業、工廠等〉。
3〔**十受**〕(用囮鳥)喚回〈鷹〉。
lu·rid [ˈlʊrɪd; ˈluərid] *adj.* **1**〈天空、風景、閃光、雲等〉火紅的，發出紅色光輝的：a ～ sunset 火紅的晚霞。
2〈顏色等〉刺眼的，濃艷的：the ～ covers of paperbacks 顏色刺眼的平裝書封面。
3 陰森的，可怖的，令人毛骨悚然的：a ～ story 令人毛骨悚然的故事/cast a ～ light on the facts[a person's character] 使事實[某人的性格]顯得可怖；過份渲染事實[某人的性格](使之顯得陰森可怕)。～·**ly** *adv.* ～·**ness** *n.*
lurk [lɝk; lə:k] *v.i.*〔**十副詞(片語)**〕**1 a** 躲藏；埋伏，潛伏：A leopard was *～ing in* the jungle. 有一隻豹躲藏在叢林中。**b** 隱藏，潛在：Some uneasiness still *～ed in* my mind. 我仍然心有餘悸；我心中仍潛藏着一種不安之感。**2** 暗暗地[鬼鬼祟祟地]走來走去，徘徊。～·**er** *n.*
lurk·er [ˈlɝkɚ; ˈlə:kə] *n.* Ⓒ潛伏者；偷偷偵察的人。
lúrking plàce *n.* Ⓒ潛伏處；隱藏處。
lus·cious [ˈlʌʃəs; ˈlʌʃəs] *adj.* **1**（甜而）美味的；濃郁的，氣味香醇的。**2** 非常舒服的，舒適的；甜美的。**3** 迷人的，性感的。
～·**ly** *adv.* ～·**ness** *n.*
lush[1] [lʌʃ; lʌʃ] *adj.* **1 a**〈草等〉青葱的，嫩綠的。**b** 青草茂盛的。**2**《口語》奢華的，豪華的；豐富的。**3**〈文章等〉過分講究[精緻]的。
lush[2] [lʌʃ; lʌʃ]《美俚》*n.* **1** Ⓤ酒。**2** Ⓒ酒鬼。
——*v.t.* 喝〈酒〉。**——***v.i.* 喝酒。
Lu·si·ta·ni·a [͵lusəˈtenɪə; ͵lu:siˈteiniə] *n.* 路西塔尼亞《伊比利半島上古羅馬省分，今葡萄牙大部分即在此》。
lust [lʌst; lʌst] *n.* ⓊⒸ **1 強烈的慾望**，殷切的希望，渴望〔*for, of*〕：a ～ *for* power[gold] 權力[黃金]慾/the ～ *of* conquest 征服慾。**2** 色情，肉慾：the *～s of* the flesh 肉慾/driven by ～ 為肉慾所驅。
——*v.i.*〔**十介十(代)名**〕**1** 熱望，渴望〔…〕〔*after, for*〕《★可用被動語態》：A miser *～s* ***after*** [***for***] gold. 守財奴死要錢。**2**〔對…〕起淫心[產生色慾]〔*after, for*〕.
lus·ter[1] [ˈlʌstɚ; ˈlʌstə] **《源自拉丁文「發出光芒」之義》——***n.* Ⓤ **1**〔又作 **a** ～〕光澤，光彩。
2 光輝，榮譽：shed[throw] ～ on... 給…增光，提高…的名聲。
3（陶瓷器的）釉，光亮劑。
lust·er[2] [ˈlʌstɚ; ˈlʌstə] *n.* Ⓒ渴望者；貪求者；好色者。
lus·ter[3] [ˈlʌstɚ; ˈlʌstə] *n.* Ⓒ五年。
lús·ter·less *adj.* 無光澤的；無光彩的。
lust·ful [ˈlʌstfəl; ˈlʌstful] *adj.* 好色的，淫蕩的。
～·**ly** [-fəlɪ; -fuli] *adv.* ～·**ness** *n.*
lus·tral [ˈlʌstrəl; ˈlʌstrəl] *adj.* **1** 清淨的；去邪清垢的；祓除的。**2** 五年期間的；五年一度的。
lus·trate [ˈlʌstret; ˈlʌstreit] *v.t.*（在宗教儀式等中）使〈心靈等〉清淨；使…潔淨；祓除…。
lus·tra·tion [lʌsˈtreʃən; lʌˈstreiʃn] *n.* ⓊⒸ祓除；清淨。
lus·tre [ˈlʌstɚ; ˈlʌstə] *n.*《英》＝luster.
lus·trous [ˈlʌstrəs; ˈlʌstrəs] **《luster 的形容詞》——***adj.* 有光澤的，光亮的。～·**ly** *adv.*
lust·y [ˈlʌstɪ; ˈlʌsti] *adj.* (**lust·i·er**; **-i·est**) **1** 壯健的，健康的。**2**〈聲音等〉精神飽滿的，宏亮的。**3** 性慾旺盛的，精力充沛的。
lúst·i·ly [-tɪlɪ; -tili] *adv.* **-i·ness** *n.*
lu·sus na·tu·rae [ˈlusəsnəˈtʊri, -ˈtju-; ˈlu:səsnəˈtuəri:, -ˈtju-] **《源自拉丁文'freak of nature'之義》——***n.* Ⓒ造化的惡作劇；天生的畸形；畸形物。
lu·ta·nist [ˈlutṇɪst; ˈlu:tənist] *n.* Ⓒ魯特琴彈奏者。
lute[1] [lut; lu:t] *n.* Ⓒ **1** 魯特琴《十四至十七世紀的一種類似吉他的弦樂器》。**2** 琵琶。
lute[2] [lut; lu:t] *n.* Ⓤ封泥《用以密封水管等接合處之水泥或泥土》。
——*v.t.* 以封泥密封…。
lu·te·nist [ˈlutṇɪst; ˈlu:tənist] *n.* ＝lutanist.
lu·te·ti·um, lu·te·ci·um [luˈtiʃɪəm; lu:ˈti:ʃiəm] *n.* Ⓤ《化學》鎦《一種金屬元素；符號 Lu》.

lute[1] 1

Lu·ther [ˈluθɚ; ˈlu:θə], **Martin** *n.* 馬丁路德《1483–1546；德國宗教改革家》。
Lu·ther·an [ˈluθərən; ˈlu:θərən] **《Luther 的形容詞》——** *adj.* 馬丁路德的，路德教派的。
——*n.* Ⓒ路德教派的信徒。
Lú·ther·an·ism [-n͵ɪzəm; -nizəm] *n.* Ⓤ路德主義，路德教派的教義。
lut·ing [ˈlutɪŋ; ˈlu:tiŋ] *n.* Ⓤ **1** 封泥。**2** 用封泥密封之動作。
lut·ist [ˈlutɪst; ˈlu:tist] *n.* Ⓒ **1** 琵琶彈奏者(lutanist). **2** 琵琶製造者。
lux [lʌks; lʌks] **《源自拉丁文「光」之義》——***n.* Ⓒ(*pl.* ～, ～·**es**)《光學》勒克斯《照度的國際單位》。
luxe [lʊks, lʌks; luks, lʌks] *n.* Ⓤ華美；奢侈，上等：⇨ de luxe.
Lux·em·bourg, Lux·em·burg [ˈlʌksəm͵bɝg; ˈlʌksəmbə:g] *n.* 盧森堡《位於比利時之東的一個大公國(grand duchy)；首都盧森堡(Luxembourg)》.
lux·u·ri·ance [lʌgˈʒʊrɪəns; lʌgˈʒuəriəns, lʌgˈzjuər-] **《luxuriant 的名詞》——***n.* Ⓤ **1** 繁茂；豐富。**2**（文體的）華麗。
lux·u·ri·ant [lʌgˈʒʊrɪənt; lʌgˈʒuəriənt, lʌgˈzjuər-] *adj.* **1 a**〈植物〉繁茂的：～ foliage 茂密的樹葉。**b**〈鬍鬚等〉濃密的，多的。**2**〈才能等〉豐富的：a ～ imagination 豐富的想像力。**3**〈文體等〉華麗的，壯麗的：～ prose 華麗的散文。～·**ly** *adv.*
lux·u·ri·ate [lʌgˈʒʊrɪ͵et; lʌgˈʒuərieit, lʌgˈzjuər-] *v.i.* **1**〔**十介十(代)名**〕悠然享受〔…〕；耽於〔…〕〔*in*〕：～ ***in*** the sunshine 享受日光浴。**2**〈植物等〉繁茂，滋長。**3** 奢侈[奢華]地生活。
lux·u·ri·ous [lʌgˈʒʊrɪəs; lʌgˈʒuəriəs, lʌgˈzjuər-] **《luxury 的形容詞》——***adj.* (**more** ～; **most** ～) **1 a 奢侈的**，豪華的。**b** 非常舒服的，舒適的。**2** 沉溺於官能享樂的，驕奢淫逸的。
～·**ly** *adv.* ～·**ness** *n.*
lux·u·ry** [ˈlʌkʃərɪ; ˈlʌkʃəri] **《源自拉丁文「豐富」之義》——n.* **1** Ⓤ奢侈，奢華：live in ～ 奢侈地生活。
2 Ⓒ奢侈品，高級品；奢侈之事[物]：It's a ～ for me to be able to sleep this late. 能夠睡到這麼晚，對我而言是一種奢望。
3 Ⓤ愉快，快樂，滿足(感)。
——*adj.* [用在名詞前] 奢侈(品)的，高級(品)的：～ foods 高級食品/a ～ hotel 豪華旅館/a ～ liner[car] 豪華輪[高級車]。
Lu·zon [luˈzɑn; lu:ˈzɔn] *n.* 呂宋《菲律賓羣島中的最大島》。
LXX《略》Septuagint.
-ly[1] [-lɪ; -li,（附於 -l 字母之後時為）-ɪ; -i] 字尾 附於形容詞、分詞之後構成副詞：bold*ly*；smiling*ly*.

-ly² [-lɪ; -li,（附於 -l 字母之後時爲）-ɪ; -i] 字尾 任意地附於名詞之後而構成下列字義的形容詞：**1** 像…的，有…性質的：king*ly*, man*ly*. **2** 每…的，反覆發生的：dai*ly*, month*ly*.

ly·cée [liˋse; ˈliːsei] 《源自法語》**—***n.* Ⓒ 法國的公立中等學校；大學預科。

ly·ce·um [laɪˋsiəm, ˋlaɪsɪəm; laiˈsiːəm, -ˈsiəm] *n.* **1** [**the L~**] **a** 亞里斯多德（Aristotle）教哲學的雅典小樹林。**b** 亞里斯多德學派。**2** Ⓒ 供講學的書院，文化會館《具備講堂、圖書館等》。**3** Ⓒ《美》文化活動[團體]。**4** =lycée.

ly·chee [ˋlaɪtʃi; ˌlaiˈtʃiː] *n.* =litchi.

lých-gàte [ˋlɪtʃ-; ˈlitʃ-] *n.* Ⓒ（教堂墓地入口的）有頂蓋的門。

lych-gate

Ly·ci·a [ˋlɪʃɪə; ˈlisiə, -ʃiə] *n.* 里西亞《古代小亞細亞西南部行政區》。

Ly·cur·gus [laɪˋkɝgəs; laiˈkəː-gəs] *n.* 萊克爾加斯《紀元前九世紀之斯巴達的政治家，爲斯巴達憲法之制定者》。

lyd·dite [ˋlɪdaɪt; ˈlidait] *n.* Ⓤ 立德炸藥，苦味酸炸藥《最初在英國 Lydd 城試製，故名》。

Lyd·i·a [ˋlɪdɪə; ˈlidiə] *n.* **1** 莉狄亞《女子名》。**2** 里底亞《小亞細亞西部之一古代王國》。

Lyd·i·an [ˋlɪdɪən; ˈlidiən] *adj.* **1** 里底亞的；里底亞人的。**2** 優柔的；柔媚的；逸樂的；淫蕩的。
—*n.* **1** Ⓒ 里底亞人。**2** Ⓤ 里底亞語。

lye [laɪ; lai] *n.* Ⓤ（水從木灰濾過所得的）灰汁，灰水，鹼液《用以製造肥皂、清潔劑》。

ly·ing¹ [ˋlaɪɪŋ; ˈlaiiŋ] 《源自 lie¹ *v.*》**—***n.* **1** Ⓤ 橫臥，躺臥。**2** Ⓒ [與修飾語連用] 躺臥處，寢室，臥房：a warm ~ 溫暖的臥房。
—*adj.* 橫臥的：low-*lying* land 低地。

ly·ing² [ˋlaɪɪŋ; ˈlaiiŋ] 《源自 lie² *v.*》**—***adj.* 說謊的；假的：a ~ rumor 毫無根據的謠言。**—***n.* Ⓤ 說謊（的習慣）；虛假。

lý·ing-ín *n.* Ⓒ（*pl.* **lyings-in**, ~**s**）[常用單數] 臨盆；生產，分娩。
—*adj.* [用在名詞前] 產科的：a ~ hospital 產科醫院《★比較 現在一般多用 maternity hospital》。

lymph [lɪmf; limf] *n.* Ⓤ **1**《生理》淋巴，淋巴液。**2**《醫》血清，痘苗。

lym·phat·ic [lɪmˋfætɪk; limˈfætik] 《lymph 的形容詞》**—***adj.* **1** 淋巴（液）的；輸送[分泌]淋巴的：a ~ gland 淋巴腺。**2 a** 淋巴性（體質）的《指肌肉薄弱，臉色蒼白，精神遲鈍，行動不活潑的人而言；古人相信是由於淋巴液過剩的緣故》：a ~ temperament 淋巴質。**b** 拙笨的，遲鈍的。
—*n.* Ⓒ《解剖》淋巴管。

lýmph glànd [**nòde**] *n.* Ⓒ《解剖》淋巴腺[淋巴結]。

lym·pho·cyte [ˋlɪmfəˏsaɪt; ˈlimfəsait] *n.* Ⓒ《解剖》淋巴球。

lyn·ce·an [lɪnˋsiən; linˈsiːən] *adj.* **1** 山貓的；似山貓的。**2** 目光敏銳的。

lynch [lɪntʃ; lintʃ] *v.t.* 以私刑處死〈人〉，對…加私刑。

【字源】源自美國維吉尼亞州（Virginia）治安法官 William Lynch（1742–1820）的姓。他以不經司法審判而任意殘酷地刑罰黑人出名。以此留名者尚有他人，如 Charles Lynch（1736–96），是同任維吉尼亞州治安法官，以自訂法律裁判人民出名。自那時起，lynch 用以表示不經正式手續而私設刑堂或私刑他人的行爲。

lýnch làw *n.* Ⓤ 私刑《人民對罪犯私自行使的絞刑等非法刑罰》。

lynch·pin [ˋlɪntʃˏpɪn; ˈlintʃpin] *n.* =linchpin.

lynx [lɪŋks; liŋks] *n.* Ⓒ（*pl.* ~·**es**, [集合稱] ~）**1 a** Ⓒ《動物》大山貓。**b** Ⓤ 大山貓的毛皮。**2** [**the L~**]《天文》天貓（星）座。

lynx 1 a

lýnx-éyed *adj.* 眼睛銳利[犀利]的。

ly·on·naise [ˏlaɪəˋnez; ˌlaiə-ˈneiz] *adj.* 加洋葱片的《特指切碎馬鈴薯，加洋葱片油炸，涼却後灑芫荽末者》。

Ly·ons [ˋlaɪənz; ˈlaiənz] *n.* 里昂《法國東部之一城市；法文名作 Lyon》。

Ly·ra [ˋlaɪrə; ˈlaiərə] *n.*《天文》天琴座（the Lyre）。

lyre [laɪr; ˈlaiə] *n.* **1** Ⓒ 里拉《古希臘的一種七弦豎琴》。**2** [**the L~**]《天文》天琴（星）座（Lyra）。

lýre·bìrd *n.* Ⓒ《鳥》琴鳥《產於澳洲》。

lyr·ic [ˋlɪrɪk; ˈlirik] 《源自希臘文「和豎琴（lyre）而唱」之義》**—***adj.* **1** 抒情的，抒情詩的：a ~ poet 抒情詩人/ ~ poetry 抒情詩。**2** 音樂的，歌劇式的：~ drama 歌劇。**3** =lyrical 1.
—*n.* **1** Ⓒ 抒情詩（cf. epic 1）。**2** [~**s**]（流行歌等的）歌詞。

lyre 1

lyr·i·cal [ˋlɪrɪkl; ˈlirikl] *adj.* **1 a** 抒情詩格調的；有抒情味的。**b** 感情豐富的，興奮的。**c** [不用在名詞前]〔十介十(代)名〕〔對…〕狂熱的，感情奔放的〔*over, about*〕：She was ~ ***over*** her new coat. 她對她的新外套讚賞不已。**2** =lyric 1, 2.
~·ly [-kḷɪ; -kəli] *adv.*

lýr·i·cìsm [-ˏsɪzəm; -sizəm] *n.* Ⓤ **1** 抒情味；抒情詩體。**2** 情感的抒發。

lýr·i·cist [-sɪst; -sist] *n.* Ⓒ **1** 抒情詩人。**2**（流行歌等的）作詞者。

lyr·ist¹ [ˋlɪrɪst; ˈlirist] *n.* =lyricist 1.

lyr·ist² [ˋlaɪrɪst; ˈlaiərist] *n.* Ⓒ 里拉（lyre）彈奏者。

ly·sin [ˋlaɪsɪn; ˈlaisn] *n.* Ⓤ《生化》細胞溶解素。

ly·sine [ˋlaɪsin, -sɪn; ˈlaisiːn] *n.* Ⓤ《生化》離氨酸；二氨基己酸（$C_6H_{14}N_2O_2$）。

ly·sol [ˋlaɪsal, -sol; ˈlaisɔl] 《源自商標名》**—***n.* Ⓤ 來舒，雜酚皂液《複方甲酚溶液，用作消毒水》。

ly·so·some [ˋlaɪsəˏsom; ˈlaisəsoum] *n.* Ⓒ《生物》溶酶體。

LZ《略》landing zone 降落[着陸]地帶，登陸區。

M m **M m** *M m*

m, M[1] [ɛm; em] *n.* (*pl.* **m's, ms, M's, Ms** [~z; ~z]) **1** Ⓤⓒ英文字母之第十三個字母《cf. mu》。**2** Ⓤ(一序列事物之)第十三(之物)；(不包括 J 時之)第十二(之物)。**3** Ⓤ(羅馬數字之) 1000：*MCMLXXXIV* [*mcm*lxxxiv] = 1984.

M[2] [ɛm; em] *n.* ⓒ(*pl.* **M's, Ms** [~z; ~z])M 字形(之物)。

m, m. 《略》male；mark(s)；married；masculine；〖物理〗mass；medium；meridian；meter(s)；midnight；mile(s)；mill(s)；million(s)；minim；minute(s)；month.

M 《略》medium；《英》motorway.

M. 《略》Majesty；Manitoba；Mark(s)；Marquis；Marshal；Master；Member；Monday；Monsieur.

M'- [mə, mæ-; mə-, mæ-] 字首 = Mac-.

'm 《縮寫》—《口語》**1** [m] = am. **2** [-m; -m] = ma'am：Yes'*m* 是的，太太/No'*m* 不，太太。

ma, Ma [mɑ; mɑː] 《mama 之略》—*n.* [用於稱呼]《兒語》媽(cf. pa).

MA 《略》〖美郵政〗Massachusetts.

MA, M.A. 《略》Master of Arts；〖心理〗mental age；Military Academy.

ma'am 《madam 中音消失之變體字》—*n.* **1** [(重讀) mæm, mɑm; mæn, mɑːm; (輕讀) mən, m̩; mən, m] [傭人對女主人，店員對女性顧客，或學生對女教師等之稱呼]《口語》太太；小姐；老師：Yes, ~. 是的，太太[小姐，老師]。**2** [mæm, mɑm; mæm, mɑːm] [對女王或昔日對貴族夫人之稱呼]《英》女王陛下；夫人。

Ma·bel [ˋmebl; ˈmeibl] *n.* 梅保《女子名》。

mac [mæk; mæk] 《略》*n.* 《英口語》= mackintosh.

Mac [mæk; mæk] *n.* [用於稱呼陌生之男子]《美俚》老兄，朋友，老弟：Hey, ~. 喂，老兄。

Mac- [mək-, mæk-; mək-, mæk-; 在 [k,g] 前則 mə-, mæ-; mə-, mæ-] 《源自高盧語「兒子」之義》—字首 [冠於蘇格蘭裔或愛爾蘭裔人之姓名前]「…之子」之意《又寫作 Mc-, M[c], M'-；cf. O', Fitz-》。

ma·ca·bre [məˋkɑbɚ, -brə; məˈkɑːbə, -brə], **ma·ca·ber** [-bɚ; -bə] 《源自法語「死之…」之義》—*adj.* (會令人聯想到死般地)恐怖的，陰森森的。

ma·ca·co [məˋkeko; məˈkeikou] *n.* ⓒ(*pl.* ~**s**)〖動物〗狐猿。

mac·ad·am [məˋkædəm; məˈkædəm] 《源自蘇格蘭籍發明者之名》—*n.* **1** Ⓤ(鋪碎石路用之)碎石。
2 (又作 **macádam ròad**)ⓒ碎石路《以碎石摻合焦油或柏油鋪成之道路》。

mac·a·da·mi·a [ˌmækəˋdemɪə; ˌmækəˈdeimiə] *n.* (又作 **macadámia nùt**)ⓒ昆士蘭果《夏威夷產的一種味似花生的堅果》。

mac·ad·am·ize [məˋkædəmˌaɪz; məˈkædəmaiz] *v.t.* 以碎石摻合焦油[柏油]鋪設〈道路〉，將〈道路〉鋪成碎石路。

Ma·cao [məˋkaʊ; məˈkau] *n.* 澳門《在中國東南部，香港(Hong Kong)對岸》。

ma·caque [məˋkɑk; məˈkɑːk] *n.* ⓒ〖動物〗獼猴《亞洲、非洲產》。

mac·a·ro·ni [ˌmækəˋronɪ; ˌmækəˈrouni] 《源自義大利語》—*n.* Ⓤ通心粉，通心麪(cf. spaghetti).

mac·a·roon [ˌmækəˋrun; ˌmækəˈruːn] *n.* ⓒ蛋白杏仁餅乾《用蛋白、糖、杏仁、麪粉等製成之小餅乾》。

Mac·Ar·thur [məkˋɑrθɚ; məkˈɑːθə], **Douglas** *n.* 麥克阿瑟《1880-1964；美國陸軍元帥，爲第二次世界大戰結束後佔領日本之盟軍統帥(1945-51)》。

ma·caw [məˋkɔ; məˈkɔː] *n.* ⓒ **1** 〖鳥〗金剛鸚鵡《產於中南美洲，色艷尾長》。**2** (又作 **macáw pàlm**)〖植物〗美國棕櫚《產於南美洲》。

Mac·beth [məkˋbɛθ, mæk-; məkˈbeθ, mæk-] *n.* 馬克白《莎士比亞(Shakespeare)四大悲劇之一；其劇中之主角》。

mace[1] [mes; meis] *n.* **1** ⓒ鎚矛《中古時代武士所使用之一種頭部有鉤釘(spikes)之棒狀武器》。**2 a** ⓒ權杖《呈鎚矛之形狀，象徵英國之市長、大學校長等之職權》。**b** [**the M~**]英國下院議長之職杖。**3** = mace-bearer.

mace[2] [mes; meis] *n.* Ⓤ荳蔻香料《以肉荳蔻種子之外皮曬乾製成》。

Mace [mes; meis] *n.* Ⓤ〖商標〗梅斯催淚氣《一種使人眩暈，嘔吐，流淚之液態毒氣；爲婦女用以擊退暴徒、色狼之防身器》。

máce-bèarer *n.* ⓒ持權杖者。

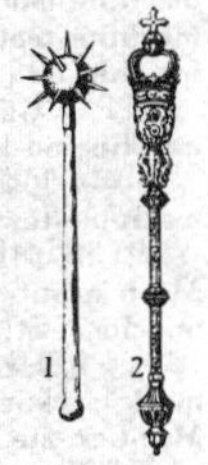
1 2
maces[1]

ma·cè·doine [ˌmæsɪˋdwɑn; ˌmæseˈdwɑːn] *n.* ⓒ **1** 以蔬菜水果混合製成之生菜沙拉。**2** 雜樣水果凍。**3** 混合物。

Mac·e·do·nia [ˌmæsəˋdonɪə, -ˋdonjə; ˌmæsiˈdounjə, -ˈdouniə] *n.* 馬其頓：**1** 希臘北部巴爾幹(Balkan)半島上的古代王國；爲亞歷山大大帝(Alexander the Great)出生之地。**2** 南斯拉夫聯邦內之共和國；首都 斯科普頁(Skopje [ˋskɔpjɛ; ˈskɔːpje])。

Mac·e·do·nian [ˌmæsəˋdonɪən, -ˋdonjən; ˌmæsiˈdounjən, -ˈdouniən] 《Macedonia 之形容詞》—*adj.* 馬其頓(人，語)的。
—*n.* **1** ⓒ馬其頓人。**2** Ⓤ馬其頓語。

mac·er·ate [ˋmæsəˌret; ˈmæsəreit] *v.t.* **1** 把…在水[熱水]中浸軟，浸漬。**2 a** 使〈人〉(因斷食、憂慮等而)衰弱，使…餓瘦，使…憔悴；折磨，虐待〈人等〉。**b** [~ one*self*]憔悴。
—*v.i.* **1** 浸(熱)水而變軟。**2** (因斷食、憂慮等而)衰弱，餓瘦。

mac·er·a·tion [ˌmæsəˋreʃən; ˌmæsəˈreiʃn] *n.*

Mach [mɑk, mæk; mɑːk] 《源自奧地利物理學家之名》—*n.* Ⓤ〖物理〗馬赫《超音速的計速單位；一馬赫與音速同速約爲每小時 1,200 公里》：at ~ 2 以兩馬赫的速度。

ma·che·te [mɑˋtʃete, məˋʃɛt, məˋʃɛtɪ; mɑːˈtʃeiti] *n.* ⓒ(中南美洲土著所使用之)開山刀，大刀。

machete

Mach·i·a·vel·li [ˌmækɪəˋvɛlɪ; ˌmækiəˈveli], **Nic·co·lò** [ˌnikoˋlɔ; ˌnikouˈlou] *n.* 馬基維利《1469-1527；義大利佛羅倫斯(Florence)之外交家及政治家，主張爲達目的可不擇手段》。

Mach·i·a·vel·(l)i·an [ˌmækɪəˋvɛlɪən; ˌmækiəˈveliən] 《Machiavelli 之形容詞》—*adj.* 馬基維利的；(爲達到目的而不擇手段之)馬基維利式的，權謀政治的，權謀霸術的。
—*n.* ⓒ馬基維利主義者，權謀家，策士。

Màch·i·a·vél·li·an·ìsm [-nˌɪzəm; -nizəm] *n.* = Machiavellism.

Màch·i·a·vél·lism [-lɪzəm; -lizəm] *n.* Ⓤ馬基維利主義《主張爲政治目的可不擇手段》。

ma·chic·o·la·tion [məˌtʃɪkəˋleʃən; mæˌtʃikəˈleiʃn] *n.* ⓒ〖築城〗突出之堞眼；突廊《設於城門、城牆等突出部分或牆上之孔；受到敵人攻擊時可經由此孔向下方之敵人投擲石塊、燃燒物或傾倒熱水等》。

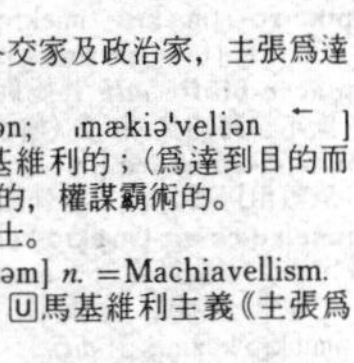
machicolation

mach·i·nate [ˋmækəˌnet; ˈmækineit] *v.t.* 策劃〈陰謀〉。**mách·i·nà·tor** [-tɚ; -tə] *n.*

mach·i·na·tion [ˌmækəˋneʃən; ˌmækiˈneiʃn] *n.* ⓒ[常 ~**s**]陰謀，奸謀，奸計。

‡ma·chine [məˋʃin; məˈʃiːn] 《源自希臘文「裝置」之義》—*n.* ⓒ **1** 機器，機械，機械裝置：the age of the ~ 機器時代/by ~ 以[藉]機器《★無冠詞》。**2 a** 自行車；汽車；飛機。**b** 《英》印刷機。**3 a** 機關，機構；運轉體系；制度，組織：the social ~ 社會組織。**b** (政黨、組織等之)幹部，一羣核心[決策]人物，決策機關：the party ~ 政黨的核心人物。**4** (無感情、無思考而)機械似地工作[行動]的人：That marathon runner is a running ~. 那個馬拉松跑者跑起步來像一部呆板運轉的機器。
—*adj.* [用在名詞前] **1** 機器的；用機器(製造)的；機器用的：~ parts 機器零件。**2** 機械似的，刻板的。
—*v.t.* **1** 〔十受〕**a** 以機器製造[完成]…，以機器處理…。**b** 用縫紉機縫紉…。**c** 《英》用印刷機印刷…。**2** 〔十受十副〕(使用工具)依規定之尺寸製造〈物〉〈*down*〉.

machíne còde *n.* = machine language.

machíne gùn *n.* ⓒ機關槍，機槍。

machíne-gùn *v.t.* (**-gunned**；**-gun·ning**)以機(關)槍掃射…。

machíne lànguage *n.* Ⓤⓒ〖電算〗機器語言《電算機所能理解之

M

指令》。

machíne·lìke *adj.* 機器般的；精確的。

machíne-máde *adj.* **1** 機器製的(↔ handmade). **2** 固定模式的，千篇一律的。

***ma·chin·er·y** [məˋʃinərɪ; məˈʃi:nəri] *n.* Ⓤ **1** [集合稱]**機器**：a great deal of ~ 很多部機器/a piece of ~ 一部機器。**2** (機器之)運轉部分；機械裝置，機關。**3** [社會、政治等之]制度，機構，組織，機關〔*of*〕：the ~ *of* the law 司法機關/the ~ *of* government 政治機構。

machíne shòp *n.* Ⓒ機械工廠，機械修理店。

machíne tòol *n.* Ⓒ(使用動力之)工作母機，工具機。

ma·chín·ist [-nɪst; -nist] *n.* Ⓒ **1** 機械師。**2** 機械製造[修理]工，機械工；(尤指)縫紉機工。

ma·chis·mo [mɑˋtʃizmɑ, məˋtʃɪz-; mɑ:ˈtʃi:zmou] **《源自西班牙語》**—*n.* Ⓤ雄糾糾氣昂昂之男人氣魄。

mach·me·ter [ˋmɑkˏmitɚ; ˈmækˌmi:tə, ˈmɑ:k-] *n.* Ⓒ《航空》馬赫表《用以測量超音速之馬赫值》。

Mách nùmber *n.* Ⓒ《物理》馬赫值(⇨ Mach).

ma·cho [ˋmɑtʃo; ˈmɑ:tʃou] **《源自西班牙語》** —*adj.* 雄壯的，威武的，有膽量的。

mack [mæk; mæk] 《略》*n.* 《口語》=mackintosh.

Mac·ken·zie [məˋkɛnzɪ; məˈkenzi] *n.* [**the** ~]馬更些河《在加拿大西北部》。

mack·er·el [ˋmækərəl, ˋmækrəl; ˈmækrəl] *n.* (*pl.* ~, ~s)《魚》**1** Ⓒ鯖，青花魚。**2** Ⓤ鯖[青花]魚肉。

máckerel ský *n.* Ⓒ有卷積層雲之天空，鯖天，魚鱗天。

mack·i·naw [ˋmækəˏnɔ; ˈmækinɔ:] *n.* (又作 **máckinaw còat**)[常 M~]Ⓒ《美》雙排扣方格紋厚短大衣《附有腰帶》。

mackinaw

Máckinaw blànket *n.* Ⓒ(昔美國西北部人用的)一種方格紋厚毛毯。

mack·in·tosh [ˋmækɪnˏtɑʃ; ˈmækintɔʃ] **《源自蘇格蘭籍發明者之名》** —*n.* Ⓒ《英》橡皮布雨衣。**2** Ⓤ橡皮布。

mac·ra·mé [ˋmækrəˏme; məˈkrɑ:mi] **《源自法語》**—*n.* Ⓤ用絲[線]結成的飾緣[流蘇，花邊](手藝)。

mac·ro- [mækro-; mækrou-] [複合用詞]表示「大」「長」(↔ micro-)：*macro*axis 長軸。

màcro·biótic *adj.* **1** 能促進長壽的：~ food 延年益壽的食品。**2** 〈種子等〉可長期保存的，長命的。

mac·ro·bi·ot·ics [ˏmækrobaɪˋɑtɪks; ˌmækroubaiˈɔtiks] *n. pl.* [當單數用]長壽術《以特殊飲食延年益壽》。

mac·ro·cosm [ˋmækrəˏkɑzəm; ˈmækrəkɔzəm] *n.* **1** [**the** ~](大)宇宙，宏觀世界(↔ microcosm). **2** Ⓒ(包含小體系之)大體系，總體，全域，全範圍。**mac·ro·cos·mic** [ˏmækrəˋkɑzmɪk; ˌmækrəˈkɔzmik⁻] *adj.*

màcro·económics *n.* Ⓤ總體[宏觀]經濟學《研究經濟體系中起作用的各種因素或各經濟部門之間的相互關係；↔ microeconomics》.

mac·ro·me·te·or·ol·o·gy [ˏmækroˏmitɪəˋrɑlədʒɪ; ˌmækrouˌmi:tiəˈrɔlədʒi] *n.* Ⓤ大[宏觀]氣象學《研究廣大區域內的氣候之科學》。

ma·cron [ˋmekrən, ˋmekrɑn, ˋmæk-; ˈmækrɔn] *n.* Ⓒ《語音》(加在母音上之)長音符號(¯；如 ā, ē, ō；cf. breve 1).

mac·ro·scop·ic [ˏmækroˋskɑpɪk; ˌmækrouˈskɔpik⁻] *adj.* 肉眼可見的；肉眼的。

màc·ro·scóp·i·cal·ly [-klɪ; -kəli] *adv.*

mac·u·la [ˋmækjulə; ˈmækjulə] *n.* Ⓒ(*pl.* **-lae** [-ˏli; -li:]) **1** (太陽及其他天體表面的)黑點。**2** (皮膚上的)痣。**3** 《醫》**a** (角膜上的)斑。**b** (又作 **mácula lútea**)(視網膜中央的)黃斑。

‡mad [mæd; mæd] *adj.* (**mad·der**；**mad·dest**) **1** 〈人〉**發狂的，瘋的**，發瘋的，精神錯亂的：a ~ person 發狂[發瘋]的人/go [run] ~ 發狂，發瘋。**2 a 瘋狂的**，發瘋似的；愚蠢的，無謀的，莽撞的：in ~ haste 驚慌失措。**b** [不用在名詞前]〔+*of*+(代)名(+*to* do)/+*to* do〕〔人〕〈做…是〉莽撞的[愚蠢的]；〈人〉(實在是)莽撞[愚蠢]的〈居然…〉：It's ~ ***of*** him *to* do so.=He is ~ *to* do so. 他那樣做眞是莽撞。**3** [不用在名詞前]〔+介+(代)名〕**a** 〔因…而〕極度興奮的，非常激動的；醉的〔*with*〕：He was ~ ***with*** joy [excitement]. 他欣喜若狂[興奮不已]/He was ~ ***with*** drink. 他在發酒瘋。**b** 〔對…〕狂熱的，著迷的，醉心的，癡心的〔*about, after, on*〕：She is ~ ***about*** him [dancing]. 她對他癡心[醉心於跳舞]/He is ~ ***on*** gambling. 他著迷於賭博。**c** 渴望著〔…〕的，狂熱地追求著[拚命地尋求著]〔…〕的，〔為…而〕瘋狂的〔*for*〕：He is ~ ***for*** water. 他拚命地在尋找水。**4** [不用在名詞前]〔+介+(代)名〕《口語》〔為…而〕〔對…〕憤怒的，生氣的〔*at, with*〕〔*for, about*〕：She was ~ ***at*** her husband ***for*** forget*ting* her birthday. 她因為丈夫忘記她的生日而對他發怒/He was ~ ***about*** be*ing* waked up so early. 他因為那樣早被叫醒而生氣。**5** 〈狗〉患狂犬病的。

(as) mád as a (Márch) háre [as a hátter] ⇨ hare, hatter.

like mád (1)瘋狂地。(2)《口語》猛烈地；拚命地；迅速地：run *like* ~ 拚命地跑。

—*n.* [**a** ~]《美口語》怒，氣，生氣：have *a* ~ *on at*... 對…生氣。

MAD [mæd; mæd] **《*m*utual *a*ssured *d*estruction 的頭字語》** —*n.* Ⓤ相互保證摧毀《超級強國間彼此擁有毀滅性的核子武器適足以遏止對方核子攻擊的理論》。

Mad·a·gas·car [ˏmædəˋgæskɚ; ˌmædəˈgæskə⁻] *n.* 馬達加斯加島《非洲東南邊印度洋中之一大島，原為法國屬地，1960 年獨立，定名為馬拉加西共和國(Malagasy Republic)；現正式名稱為馬達加斯加共和國(Madagascar Republic)；首都安塔那那利佛(Antananarivo [ˏæntəˏnænəˋrivo; ˈæntəˌnænəˈri:vou])》.

‡mad·am [ˋmædəm; ˈmædəm] **《源自古法語 'my lady' 之義》** —*n.* **1** (*pl.* **mes·dames** [meˋdɑm; ˈmeidæm]) **a** [用於對婦女之尊稱]夫人，太太，女士，小姐《★用法可兼用作對已婚或未婚婦女之尊稱，又以大寫 Madam 或 Dear Madam 作為致(陌生)婦女信函之開頭問候語(salutation)》. **b** [用於婦女之姓或頭銜之前作尊稱]…女士(cf. Mr. 1 b)：*M*~ Chairman 主席(女士)。**2** Ⓒ《美》(一家之)主婦，妻。**3** Ⓒ[常用單數；常與 little 等修飾語連用]《英輕蔑》喜發號施令之(年輕)女人，好出風頭之女人；裝大模大樣[耍小姐脾氣]的女孩：She's quite the *little* ~. 她眞是個會擺小姐架子的小女孩。**4** Ⓒ鴇母。

***ma·dame** [ˋmædəm; ˈmædəm] **《源自法語》** —*n.* Ⓒ(*pl.* **mes·dames** [meˋdɑm; ˈmeidæm])夫人，太太《★在法國通常對已婚婦女，在英國則作為對外國婦女之尊稱；單獨使用或加在其姓或頭銜之前使用；略作 Mme., *pl.* Mmes.；cf. Mrs.》：*M*~ Curie 居禮夫人。

Màdame Tussáud's [-təˋsoz, -tu-; -təˈsɔ:dz, -ˈsɔ:z] *n.* (在倫敦(London)的)塔索(夫人)蠟像館(⇨ CHAMBER of Horrors).

mád·càp *n.* Ⓒ鹵莽的人，(尤指)狂妄的女子。

—*adj.* [用在名詞前]鹵莽的，血氣方剛的，易衝動的。

mad·den [ˋmædn̩; ˈmædn] **《mad 之動詞》** —*v.t.* **1** 使〈人〉發狂，使…瘋狂《★常用被動語態》。**2** 使〈人〉大怒《★常用被動語態》。

—*v.i.* **1** 發狂。**2** 發怒。

mád·den·ing [ˋmædn̩ɪŋ, ˋmædnɪŋ; ˈmædniŋ, ˈmædniŋ] *adj.* **1 a** 使人發狂的：a ~ pain 使人發瘋的疼痛。**b** 使人氣極的，令人氣惱的：the ~ delays on the highway 公路上令人氣惱的延誤。**2** 《口語》〈風等〉狂暴的，猛烈的。~**·ly** *adv.*

mad·der [ˋmædɚ; ˈmædə] *n.* Ⓤ **1** 《植物》茜草。**2** 《染料》洋茜，人造茜草染料。**3** 茜草色，深紅色。

mád·ding *adj.* [用在名詞前](使人)瘋狂的；發瘋似的，狂亂的：far from the ~ crowd 遠離俗世《★出自 T. Gray 之詩；又為 T. Hardy 小說之標題》。

mád-dòctor *n.* Ⓒ精神病科醫生。

‡made [med; meid] *v.* **make** 的過去式・過去分詞。

—*adj.* (無比較級、最高級) **1** [用在名詞前] **a 已製成的**，人工製成的，人造的：~ fur 人造毛皮[皮草]。**b** (將海濱等)填平而成的；填築的〈土地等〉。**c** 以各種材料烹調成的：a ~ dish 雜燴。**d** 已製成的。**2** [用在名詞前]捏造的，虛構的：a ~ explanation 捏造的解釋。**3** [常構成複合字] **a** 體型…的：a slightly-*made* person 體型瘦小的人。**b** …製的，…造的，…產的：American-*made* cars 美國製的汽車/home-*made* goods 國產品/ready-*made* clothes 成衣。**4** 必定成功的(cf. make *v.t.* A 5 c)：a ~ man 必定成功的人/If you work hard, you will be ~. 你如果努力工作，必定會成功/have (got) it ~《口語》必將成功無疑。**5** [不用在名詞前]〔+介+(代)名〕〔對…〕正合適的〔*for*〕(cf. make *v.t.* A 2 a)：a day ~ ***for*** a picnic 正適於野餐的日子/They are ~ *for* each other. 他們正是天生的一對《他們兩人像是彼此為了對方而出生的》。

Ma·dei·ra [məˋdɪrə; məˈdiərə] *n.* Ⓤ馬得拉白葡萄酒《非洲西北部葡萄牙屬馬得拉島所產之一種烈性甜酒》。

Madéira càke *n.* Ⓤ《英》馬得拉蛋糕(《美》poundcake)《一種加了油脂的海綿蛋糕》。

mad·e·leine [ˋmædl̩ˏen; ˈmædlin] **《源自法國廚師之名》**—*n.* Ⓒ一種杯子型的小蛋糕。

ma·de·moi·selle [ˏmædəməˋzɛl; ˌmædəm(w)əˈzel⁻] **《源自法語》** —*n.* Ⓒ(*pl.* **mes·de·moi·selles** [medmwəˋzɛl; ˌmeidmwəˈzel⁻]) **1** [用於稱呼]小姐。**2** [M~]... 小姐《相當於英語 Miss 之法語敬稱；略作 Mlle., *pl.* Mlles.》.

máde-to-méasure *adj.* 〈衣服等〉合身材尺寸做的，定做的。

máde-to-órder *adj.* **1** 〈衣服等〉定做的(↔ ready-made). **2** 恰恰合適[合身(等)]的；舒適的。

máde-úp *adj.* **1 a** 作成的；人工的。**b** 捏造的，編造的，虛構的：a ~ story 編造的故事。**2** 化了妝的：~ lips 塗了口紅的嘴

M

唇。**3** 已下定決心的，決定了的，堅定的：a ~ mind 決心。**4 a** 做好的，完成的。**b**〈領帶〉(爲免使用時打結之麻煩而)製成預先打好結的：a ~ tie 免結式領帶。**c**〈印刷物〉排好版的。

mád·hòuse *n.* Ⓒ **1** [常用單數] 混亂[吵鬧]的場面[地方]：The office is a ~. 那辦公室眞(是個)混亂[吵鬧](的地方)。**2**《古》精神病院，瘋人院。

Mad·i·son [ˋmædəsn; ˈmædisn], **James** *n.* 麥迪生《1751–1836；1809 至 1817 年任美國第四位總統》。

Mádison Ávenue *n.* 麥廸遜大道《紐約之一街道名；美國主要的廣告公司、公共關係事務所集中於此》。

mad·ly [ˋmædlı; ˈmædli] *adv.* (**more** ~；**most** ~) **1 瘋狂地**，發瘋似地。**2**《口語》猛烈地，狂熱地；非常，極端地：be ~ excited 非常興奮。**3** 愚蠢地；莽撞地，粗野地。

mád·man [-ˏmæn, -mən; -mən] *n.* Ⓒ (*pl.* **-men** [-mən; -mən]) 瘋子。

mád mòney *n.* Ⓤ **1** 女子於赴約會時帶在身邊的零錢《以備對方意圖不軌等時可自行雇車回家等的小額錢》。**2** (女人)私藏以備急需之小額錢，私房錢。

mad·ness [ˋmædnıs; ˈmædnis] *n.* Ⓤ **1 瘋狂**，狂亂，精神錯亂；瘋狂之行爲，愚蠢之行爲。**2** 狂熱，癲瘋：love to ~ 熱愛。**3** 暴怒。**4** 狂犬病(rabies)。

Ma·don·na [məˋdɑnə; məˈdɔnə] *n.* **1** [**the** ~] 聖母瑪利亞。**2** Ⓒ 聖母像，聖母之畫像或雕像。

Madónna lìly *n.* Ⓒ《植物》白百合花《★被視爲處女之象徵》。

Ma·drid [məˋdrıd; məˈdrid] *n.* 馬德里《西班牙首都》。

mad·ri·gal [ˋmædrıgl; ˈmædrigl] **《源自義大利語》—*n.*** Ⓒ **1** (中世紀之)抒情短詩，(短)情歌。**2**《音樂》牧歌《一種無伴奏的合唱曲；十六至十七世紀流行於義大利、法國、英國》。

mád·wòman *n.* Ⓒ (*pl.* **-women**) 瘋女。

mael·strom [ˋmelstrəm; ˈmeilstrɔm] *n.* **1 a** Ⓒ 大漩渦《★[比較]指 whirlpool 之大型者》。**b** [**the M~**] 挪威西北部海岸之大漩渦。**2** Ⓒ [常用單數] 大動盪，大混亂〔*of*〕：a ~ *of* traffic 交通的大混亂/the ~ *of* war 戰亂。

mae·nad [ˋminæd; ˈmi:næd] *n.* Ⓒ **1** [常 **M~**] 米那德《古希臘侍奉酒神戴奧尼索斯(Dionysus)(即羅馬神話之酒神 Bacchus)之女祭司》。**2** (因酒醉等而)行爲狂亂的女人。

mae·sto·so [maısˋtoso; ˌmɑ:eˈstouzou, maiˈs-, -ousou] **《源自義大利語》—*adj.* & *adv.***《音樂》莊嚴的[地]。

mae·stro [ˋmaıstro; mɑ:ˈestrou, ˈmaistrou] **《源自義大利語 'master' 之義》—*n.*** Ⓒ (*pl.* **~s**, **-tri** [-tri; -tri:]；★陰性形 **-tra** [-trə; -trə]) **1** 大音樂家，大作曲家，名指揮家。**2** (藝術之)名家，大師。

Mae·ter·linck [ˋmetəˏlıŋk, ˋmɛtə-; ˈmeitəliŋk], Count **Maurice** *n.* 梅特林克《1862–1947；比利時戲劇家、散文家及詩人，曾獲 1911 年諾貝爾文學獎》。

Mae West [ˋmeˋwɛst; ˌmeiˈwest] **《源自一胸部特大的美國女演員之名》—*n.*** Ⓒ (飛行員之)救生衣。

maf·fick [ˋmæfık; ˈmæfik] *v.i.*《英》歡呼慶祝。

Ma·fi·a, Maf·fi·a [ˋmɑfıə; ˈmɑ:fiə] **《源自義大利語》—*n.*** Ⓒ **1** [**the** ~；集合稱] 黑手黨《義大利西西里(Sicily)島人在美國及其他國家所組織之犯罪祕密幫會；★[用法]視爲一整體時當單數用，指個別成員時當複數用》。**2** [常 **m~**] 祕密幫會，黑社會團體。

ma·fi·o·so [ˏmɑfıˋosˏo; ˌmɑ:fiˈousou] *n.* Ⓒ (*pl.* **-si** [-si; -si:]) 黑手黨之一分子。

Mag [mæg; mæg] *n.* 瑪格《女子名；Margaret 的暱稱》。

mag [mæg; mæg] **《magazine 之略》—*n.*** Ⓒ《口語》雜誌：a movie ~ 電影雜誌。

mag.《略》magazine；magnetism；magnitude.

‡mag·a·zine [ˋmægəˏzin, ˏmægəˋzin; ˌmægəˈzi:n] **《源自阿拉伯語「倉庫」之義》—*n.*** Ⓒ **1 雜誌**《★[用法]《美》書刊名稱僅一字時，常在其後加 magazine 稱呼，如 The *Time* [*Newsweek*] magazine，而二字以上時，則通常不加 magazine 稱呼，如 The *Reader's Digest*》。**2 a** (軍用之)倉庫；(尤指)彈藥庫，彈藥室。**b** (自動加燃料式暖爐之)燃料室。**3 a** (連發槍之)彈倉，彈匣，彈夾。**b** (照相機的)暗箱。**4**《電影・攝影》軟片盒。

Mag·da·la [ˋmægdələ; ˈmægdələ] *n.*《聖經》抹大拉《巴勒斯坦(Palestine)北部的一個市鎮，爲瑪利亞(Mary Magdalence)的出生地》。

Mag·da·len [ˋmægdəlın; ˈmægdəlin] *n.* **1** [常 **the** ~]《聖經》抹大拉的瑪利亞(⇨ Mary Magdalene)。**2** [**m~**] Ⓒ **a** 從良之妓女。**b** 妓女感化院[收容所]。

Mag·da·lene [ˏmægdəˋlini, ˋmægdəˏlin; ˌmægdəˈli:ni, ˈmægdəli:n] *n.* ＝Magdalen.

mage [medʒ; meidʒ] *n.* Ⓒ《古》魔術師；施奇術者。

Ma·gel·lan [məˋdʒɛlən; məˈgelən], **Fer·di·nand** [ˋfɝdənænd; ˈfə:dinənd] *n.* 麥哲倫《1480？–1521；葡萄牙航海家》。

the Stráit of Magéllan 麥哲倫海峽《在南美洲之南端，連結大西洋與太平洋》。

ma·gen·ta [məˋdʒɛntə; məˈdʒentə] *n.* Ⓤ **1** 紫紅染料。**2** 紫紅色。**—*adj.*** 紫紅色的。

Mag·gie [ˋmægı; ˈmægi] *n.* ＝Mag.

mag·got [ˋmægət; ˈmægət] *n.* Ⓒ **1** 蛆。**2《因昔時相信蛆進入腦中會使人產生奇想》** 狂想，空想，奇想：have a ~ in one's head [brain] 想入非非，異想天開。

mag·got·y [ˋmægətı; ˈmægəti] *adj.* **1** 多蛆的。**2** 異想天開的，想入非非的，懷奇想的。

Ma·gi [ˋmedʒaı; ˈmeidʒai] *n. pl.* (*sing.* **-gus** [-gəs; -gəs]) **1** [**the** (**three**) ~]《聖經》(自東方携禮物來祝賀耶穌降生之)東方三賢人。**2** [**m~**] Ⓒ (古波斯之)術士；祆教僧侶。

‡mag·ic [ˋmædʒık; ˈmædʒik] *n.* Ⓤ **1 魔法**，法術，巫術：⇨ black magic, white magic/natural ~ 奇術，魔術《不藉神力者》。**2 魔力**；不可思議之力量，魅力，神祕之美〔*of*〕。**3 魔術**，戲法。

as (**if**) **by mágic＝like mágic** (宛如變魔術般)立即；不可思議地；莫名其妙地：The plan worked *like* ~. 那項計畫推行得太好了，令人不可思議。

—*adj.* [用在名詞前] **1** 魔術的，戲法的：a ~ show 魔術表演/do ~ tricks 變魔術。**2** 魔法的；魔法似的，不可思議的；有魔力的：a ~ carpet (「天方夜譚」等之)魔毯《坐在其上可飛往所欲往之處》/a ~ wand 魔杖。

mag·i·cal [ˋmædʒıkl; ˈmædʒikl] *adj.* 魔術的，不可思議的，神奇的：The effect was ~. 這效果奇妙無比。

~·ly [-klı; -kəli] *adv.*

mágic éye *n.* [有時 **M~ E~**] Ⓒ 電眼《收音機上用以顯示其接收電波之情況是否良好之裝置》。

***ma·gi·cian** [məˋdʒıʃən; məˈdʒiʃn] *n.* Ⓒ **1 巫術師，魔法師。2 魔術師**，要戲法之人。

mágic lántern *n.* Ⓒ 幻燈機《現今之 projector》。

mágic squáre *n.* Ⓒ 魔術方陣《內分成若干小正方形之一大正方形，每一小正方形內均有整數，每行，每列或對角線上各數之和均相等的數字組合》。

6	7	2
1	5	9
8	3	4

1	14	4	15
8	11	5	10
13	2	16	3
12	7	9	6

magic squares

ma·gi·not line [ˋmæʒəˏnoˏlaın; ˈmæʒinoulain] *n.* 馬奇諾防線《1925 至 1935 年間由馬奇諾提議築造之法國在德法邊境上的防線，後爲德國納粹軍所攻破》。

mag·is·te·ri·al [ˏmædʒısˋtırıəl; ˌmædʒisˈtiəriəl˹] **《magistrate 之形容詞》—*adj.*** **1** [用在名詞前] 行政長官的，治安法官[推事]的。**2 a** 威風的，有權威的。**b**〈態度等〉專橫的，倨傲的。

~·ly [-rıəlı; -riəli] *adv.*

mag·is·tra·cy [ˋmædʒıstrəsı; ˈmædʒistrəsi] *n.* ⓊⒸ **1** (地方)行政長官、治安法庭法官[推事]之職位[任期，管區]。**2** [集合稱] (地方)行政長官，治安法庭法官[推事]《★[用法]視爲一整體時當單數用，指全部個體時當複數用》。

mag·is·trate [ˋmædʒısˏtret, -trıt; ˈmædʒistreit, -trit] **《源自拉丁文「高官」之義》—*n.*** Ⓒ **1** (擁有司法權之)行政長官：the chief [first] ~ 元首，總統；(自治州之)州長。**2** 治安法庭法官[推事](justice of the peace)，違警罪法庭法官[推事](police magistrate)等下級司法官。

mag·ma [ˋmægmə; ˈmægmə] *n.* Ⓤ《地質》岩漿。

Mag·na Car·ta [**Char·ta**] [ˋmægnəˋkɑrtə; ˌmægnəˈkɑ:tə] **《源自拉丁文 'great charter' 之義》—*n.*** **1** Ⓤ 大憲章《1215 年英國約翰(John)國王爲貴族所迫而簽定的特許狀，保障貴族、僧侶、商人等的權利和自由；爲英國憲法之基礎》。**2** Ⓒ 保障人民權利之憲章〔*of*〕.

【說明】英國並沒有像美國的成文憲法。有千年以上歷史的議會陸續制定的法律獲得國王的承認，而這些累積的法律便有類似憲法的功用。其中限制王權的憲章法案有 Magna Charta (大憲章)，Petition of Right (權利請願書，1628)，Bill of Rights (權利法案，1689)，Reform Bill (國會法改革法案，1832)，Parliament Act (國會法，1911，1949) 等等；cf. constitution 3【說明】

mag·na cum lau·de [ˋmɑgnakumˋlaudɛ, ˋmægəkʌmˋlɔdı; ˈmɑ:gnɑ:kumˈlaude, ˈmægnəkʌmˈloudi] **《源自拉丁文》—*adv.* & *adj.*** 以極優等(的)(cf. cum laude)。

mag·na·nim·i·ty [ˏmægnəˋnımətı; ˌmægnəˈniməti] **《magnanimous 之名詞》—*n.*** **1** Ⓤ 寬宏大量，大度量。**2** Ⓒ 有雅量之言行。

mag·nan·i·mous [mægˋnænəməs; mægˈnæniməs, məg-˹] *adj.* 寬宏大量的，度量大的，有雅量的；不卑鄙的。**~·ly** *adv.*

mag·nate [ˋmægnet; ˈmægneit, -nit] *n.* Ⓒ (工商業界等之)鉅子，巨擘，泰斗，大亨，…大王：an oil ~ 石油大王。

mag·ne·sia [mægˋniʃə, -ʒə; mægˈni:ʃə, -ʒə] *n.* Ⓤ《化學》氧化鎂：

carbonate of ～ 炭酸鎂/milk of ～ 鎂乳《可作緩瀉劑、制酸劑》。

mag·ne·si·um [mæg`niʃɪəm, -ʒɪəm; mæg'ni:zjəm] *n.* Ⓤ《化學》鎂《金屬元素；符號 Mg》.

magnésium light *n.* Ⓤ鎂光《用於攝影、信號及煙火等》。

mag·net** [`mægnɪt; 'mægnit] 《源自希臘文「土耳其西部 Magnesia 所產之(石)」之義》**—n.* Ⓒ **1** **磁石**，磁鐵《★比較用以測方位之磁針[指北針]稱爲 compass》：a bar ～ 條形磁鐵/a horseshoe [U] ～ 蹄形磁鐵/a natural ～ 天然磁鐵。**2** 有吸引力之人[物]。

mag·net·ic** [mæg`nɛtɪk; mæg'netik, məg-] 《magnet 之形容詞》**—adj.* (**more** ～；**most** ～) **1** **磁石的**；磁鐵的；(有)磁性的：a ～ field 磁場/～ force 磁力/～ induction 磁感應/～ recording 磁性錄音/a ～ card [tape] 磁卡[帶]/⇨ magnetic storm. **2** 有魅力的；吸引人的，有吸引力的：a man of ～ charm 吸引人的[有魅力的]人。

mag·nét·i·cal·ly [-klɪ; -kəli] *adv.*

mágnetic cómpass *n.* Ⓒ 磁針，指北針，磁針羅盤。

magnétic míne *n.* Ⓒ《航海》磁性水雷。

magnétic néedle *n.* Ⓒ(羅盤上的)磁針。

mágnetic póle *n.* Ⓒ **1** (磁石之)磁極。**2** (地磁所造成之地表上的)磁極：the North [South] *Magnetic Pole* 北[南]磁極。

mag·net·ics [mæg`nɛtɪks; mæg'netiks] *n.* Ⓤ磁學。

mágnetic stórm *n.* Ⓒ磁暴《因太陽黑點而引起之地磁動亂》。

mag·net·ism [`mægnə,tɪzəm; 'mægnitizəm] *n.* **1** Ⓤ磁力，磁性；磁性作用：induced ～ 感應磁性/terrestrial ～ 地磁。**2** Ⓤ磁學。**3** Ⓤ[又作 **a** ～](智慧、道德等方面之)吸引力，魅力：He has *a* personal ～. 他具有(吸引人的)個人魅力。

mag·net·ite [`mægnə,taɪt; 'mægnitait] *n.* Ⓤ《礦》磁鐵礦。

mag·ne·ti·za·tion [,mægnətɪ`zeʃən; ,mægnitai'zeiʃn] 《magnetize 之名詞》**—***n.* Ⓤ磁化。

mag·net·ize [`mægnə,taɪz; 'mægnitaiz] *v.t.* **1** 使〈鐵等〉具有磁力，使…磁化：become ～*d* 磁化。**2** 吸引，魅惑〈人〉。

mag·ne·to [mæg`nito; mæg'ni:tou, məg-] *n.* Ⓒ(*pl.* ～*s*)(尤指內燃機之)磁石[磁鐵]發電機，久磁發電機。

mag·ne·to·elec·tric [mæg,nitoɪ`lɛktrɪk; mæg'ni:toui'lektrik] *adj.* 磁電的。

mag·ne·tom·e·ter [,mægnə`tɑmətə; ,mægni'tɔmitə] *n.* Ⓒ《物理》磁强計，地磁儀。

mag·né·to·mo·tive fórce [mæg,nito`motɪv-; mæg,ni:tou'moutiv-] *n.* Ⓤ《物理》磁通勢。

mag·ne·to·pause [mæg`nitopɔz, -tə-; mæg'ni:təpɔ:z] *n.* Ⓒ《天文》磁層頂。

mag·ne·to·sphere [mæg`nito,sfɪr; mæg'ni:tousfiə] *n.* [**the** ～]《地球物理》磁層《環繞地球之輻射層；由地球磁場所造成，其厚度達四萬英里》。

Mag·nif·i·cat [mæg`nɪfɪ,kæt; mæg'nifikæt] *n.* **1** [**the** ～]《基督教》聖母瑪利亞頌，聖母頌《於晚禱(Vespers)時唱之》。**2** [**m**～] Ⓒ頌歌。

mag·ni·fi·ca·tion [,mægnəfə`keʃən; ,mægnifi'keiʃn] 《magnify 之名詞》**—***n.* **1** **a** Ⓤ擴大；誇張。**b** Ⓒ放大圖。**2** ⓊⒸ《光學》(透鏡等之)倍率：high ～ 高倍率/binoculars of 10 ～*s* 倍率十的雙筒望遠鏡。

mag·nif·i·cence [mæg`nɪfəsṇs; mæg'nifisns, məg-] 《magnificent 之名詞》**—***n.* Ⓤ **1** 宏大，堂皇，莊嚴，壯麗；豪華：live in ～ 過豪華的生活。**2** 《口語》頂呱呱，偉大，有氣派。

***mag·nif·i·cent** [mæg`nɪfəsṇt; mæg'nifisnt, məg-] *adj.* (**more** ～；**most** ～) **1** 宏大的，堂皇的，莊嚴的，壯麗的，宏偉的，豪華的(⇨ grand【同義字】)。
2 〈措詞、思想等〉格調高的，不凡的。
3 《口語》很棒的，頂呱呱的。**～·ly** *adv.*

mag·nif·i·co [mæg`nɪfə,ko; mæg'nifikou] *n.* Ⓒ(*pl.* ～*es*) **1** (昔日威尼斯之)貴族。**2** 貴人，權貴，顯要之人。

mág·ni·fì·er *n.* Ⓒ擴大[放大]之物[人]；放大器；(尤指)放大鏡。

M

mag·ni·fy [`mægnə,faɪ; 'mægnifai] *v.t.* **1** 〔十受(十介十(代)名)〕〔以…〕放大，擴大…〔*with*〕：A loudspeaker *magnifies* the human voice. 揚聲器擴大人的聲音/ ～ a thing **with** a lens 以透鏡放大東西。
2 誇張，誇大；過分調强〈事物〉。
3 [～ one*self*] 自大，自誇。
4 《古》讚美。

mág·ni·fy·ing glàss *n.* Ⓒ放大鏡。

mágnifying pòwer *n.* Ⓤ(透鏡等之)放大倍率。

mag·nil·o·quence [mæg`nɪləkwəns; mæg'niloukwəns] 《magniloquent 之名詞》**—***n.* Ⓤ **1** 豪言壯語，大話。**2** (文體等之)誇張。

mag·nil·o·quent [mæg`nɪləkwənt; mæg'niləkwənt] *adj.* **1** 豪言壯語的。**2** 誇張的，誇大的。**～·ly** *adv.*

***mag·ni·tude** [`mægnə,tud, -,tjud; 'mægnitju:d] *n.* **1** Ⓤ **a** 大，巨大，廣大，宏大。**b** 大小(size)：measure the ～ of a lake 測量湖之大小。
2 Ⓤ重大，重要：the ～ *of* a problem 問題之重大。
3 Ⓒ《天文》(星辰之)光度，(星辰光度之)等級《一至六等之星肉眼可見》。
4 Ⓒ震度《表示地震强度之單位》〔*of*〕：an earthquake *of* ～ 3.5 震度三點五的地震《★of ～ 無冠詞》。

of the first mágnitude (1)一等星的。(2)最重要的；第一流的。

mag·no·lia [mæg`nolɪə, -`noljə; mæg'nouljə, məg-, -liə] *n.* Ⓒ《植物》木蘭，木蘭花。

magnolia

mag·num [`mægnəm; 'mægnəm] *n.* Ⓒ 大酒瓶《裝葡萄酒等之酒瓶；容量約爲 2 夸脫(quarts)或 2.3 公升，即約爲普通酒瓶兩瓶之量》。

mágnum ópus 《源自拉丁文 'great work' 之義》**—***n.* Ⓒ《文語》**1** (文學、藝術之)最佳傑作，(藝術家之)代表作。**2** 大事業。

mag·pie [`mæg,paɪ; 'mægpai] *n.* Ⓒ **1** 《鳥》鵲《黑白羽毛，叫聲聒噪；喜搜集形形色色之小物於其巢中》。**2** 《口語》**a** 愛說話[饒舌]的人。**b** 喜愛搜集東西的人。

magpie 1

ma·guey [`mægwe; 'mægwei] *n.* Ⓒ《植物》龍舌蘭(agave).

Ma·gus [`megəs; 'meigəs] *n.* **1** **Magi** 的單數。**2** [**m**～] Ⓒ(古代之)占星學家；魔術師(magician).

Mag·yar [`mægjɑr; 'mægja:, -gia:] *n.* **1** **a** [**the** ～*s*] 馬札兒族《匈牙利之主要民族》。**b** Ⓒ馬札兒人。**2** Ⓤ馬札兒語，匈牙利語。
—*adj.* **1** 馬札兒人的。**2** 馬札兒語的，匈牙利語的。

ma·ha·ra·ja(h) [,mɑhə`rɑdʒə, mə`hɑ`rɑdʒə; ,ma:hə'ra:dʒə] *n.* Ⓒ (印度之)大君。

ma·ha·ra·nee, -ra·ni [,mɑhə`rɑni, mə`hɑ`rɑni; ,ma:hə'ra:ni] *n.* Ⓒ(印度)大君之妻；女大君。

Ma·ha·ri·shi [,mɑhɑ`rɪʃɪ; ,ma:ha:'riʃi] *n.* 《印度教》**1** Ⓤ瑪赫里希《印度教宗教導師或精神指導者的頭銜》。**2** Ⓒ[常 **m**～]印度宗教導師。

ma·hat·ma [mə`hætmə, mə`hɑtmə; mə'ha:tmə, mə'hætmə] 《源自梵文「偉大之靈魂」之義》**—***n.* **1** [**M**～；加在德高望重的人士之名前以示尊敬]大聖，聖雄：*M*～ Gandhi 聖雄甘地。**2** Ⓒ大師，名家。

Ma·ha·ya·na [,mɑhə`jɑnə; ,ma:hə'ja:nə] 《源自梵文》**—***n.* Ⓤ《佛教》摩訶衍，大乘(↔ Hinayana)：～ Buddhism 大乘佛教。

Mah·di [`mɑdi; 'ma:di] *n.* Ⓒ《回教》(*pl.* ～*s*)瑪迪《將於世界末日降臨的救世主》。

mah·dism [`mɑdɪzəm; 'ma:dizəm] *n.* Ⓤ瑪迪降臨之信仰。

Ma·hi·can [mə`hikən; mə'hi:kən] *n.* ＝Mohican.

mah-jongg, mah-jong [mɑ`dʒɔŋ, -`dʒɑŋ; ma:'dʒɔŋ] 《源自中文》**—***n.* Ⓤ麻將(牌戲)。

máhl·stìck [`mɑl-; 'mɔ:l-] *n.* ＝maulstick.

ma·hog·a·ny [mə`hɑgənɪ; mə'hɔgəni, -gni] *n.* **1** Ⓒ《植物》桃花心木，紅木。**2** Ⓤ桃花心木[紅木]材。**3** Ⓤ紅褐色。
—*adj.* [用在名詞前] **1** 桃花心木[紅木]材(製)的：a ～ desk 桃花心木製成的桌子。**2** 紅褐色的。

Ma·hom·et [mə`hɑmɪt; mə'hɔmit] *n.* ＝Mohammed.

Ma·hom·i·dan [mə`hɑmɪdən; mə'hɔmidən] *n.*, *adj.* ＝Mohammedan.

ma·hout [mə`haʊt; mə'haut] *n.* Ⓒ(印度及東印度羣島之)象奴，馭象者。

maid** [med; meid] 《maiden 之略》**—n.* Ⓒ **1** **女傭人**，女僕：⇨ chambermaid, housemaid, lady's maid.

【說明】現在的英美社會中，與一般公司上班時間相比，女傭人的工作時間較不規則，想要做的人也少，而且能提供女傭人舒適房間住及高薪的家庭也不多。由於家用電器的普及和丈夫分擔家事，女傭人的需要也比以前少。大部分的家庭如需要幫手，如看顧小孩或打掃房間，也都按時計酬，不給房間住，另有上下班的女傭稱作 help；cf. baby-sitter【說明】在英國常有免費居住雇主家中協助做家事並學英語之外籍(女)學生稱作 au pair (girl).

2 《文語》女孩，少女；未婚女子，處女：⇨ old maid.

màid of áll wòrk 料理一切家務之女僕。
máid of hónor (1)〈侍候女王、公主等之未婚的〉宮女。(2)《美》女儐相，伴娘《在婚禮中陪伴新娘之未婚女性》。
the Máid of Orléans 奧爾良之少女《聖女貞德(Joan of Arc)之別稱》。
maid·en [ˋmedn̩; ˈmeidn] **《源自中古英語「未婚的年輕人」之義》**—*n.* Ⓒ **1** 《文語》少女，處女。**2** 參加賽馬未曾獲勝之馬。
—*adj.* [用在名詞前] **1 a** 處女的，未婚的：a ~ lady 未婚女士/one's ~ name(女子未婚前之)娘家姓氏(cf. née). **b** 似處女的，予人年輕清純之感覺的：~ innocence 處女般的天眞無邪。**2** 初次的，首次的：a ~ flight 處女飛行/a ~ speech (尤指在議會之)首次演說/a ~ voyage 處女航。**3 a** 未曾使用過的：a ~ sword 未沾過血之新劍。**b** 未曾獲勝的〈比賽之馬等〉：a ~ horse 參加賽馬未曾贏過的馬。**c** 未曾獲勝之馬的〈賽馬等〉：a ~ race 一場全由未曾獲勝的馬參加的賽馬。
máiden·hàir *n.* Ⓤ《植物》鐵線蕨屬植物《過壇龍，石長生，孔雀草等》。
máidenhair trèe *n.* Ⓒ《植物》銀杏樹，公孫樹，白果樹(ginkgo).
máiden·hèad *n.* **1** Ⓤ=maidenhood. **2** Ⓒ處女膜。
máiden·hòod *n.* Ⓤ **1** 處女性；純潔。**2** 處女[少女]時代。
máid·en·ly *adj.* **1** 處女的，少女的：one's ~ years 少女時期。**2** 如處女[少女]的，柔順的，嬌羞的。—*adv.* 處女似地。
máid-in-wáiting *n.* Ⓒ (*pl.* **maids-in-waiting**) 侍候后妃[公主]之少女《通常爲出身高貴者》；宮女。
máid·sèrvant *n.* Ⓒ女僕，女傭(cf. manservant).
‡**mail**[1] [mel; meil] **《源自古法語「袋」之義》**—*n.* **1** Ⓤ**郵政，郵政制度**《★[用法]主要用於美語，而在英國對國內郵件則用 post，對寄往外國之郵件才用 mail》：by ~ 《美》郵寄/send *by* air [surface] ~ 以航空[普通]郵件郵寄/first-[second-, third-] class ~ 第一[第二，第三]類郵件。**2** Ⓤ **a** [集合稱] **郵件**；(同一批收發之)信件(《英》post)：open one's [the] ~ 拆信/Is there any ~ for me this morning？今天早上有沒有我的信件？**b** (一批之)郵件收發：When does the next ~ leave？下批郵件什麼時候遞送？**3** Ⓒ郵件火車，郵船，郵件飛機；郵差。**4** [M~] [用於報紙之名稱]…郵報：The *Daily Mail*. 每日郵報。
—*adj.* [用在名詞前] 郵政的：a ~ boat 郵船/a ~ car [《英》coach] 郵車/~ matter 郵件。
—*v.t.* 《美》**1** 〔十受〕郵寄…(《英》post). **2** 〔十受十受/十受十介十(代)名〕郵寄…給〈人〉；〔向人〕郵寄…〔*to*〕：~ a person a parcel= ~ a parcel *to* a person 郵寄包裹給某人。
mail[2] [mel; meil] **《源自拉丁文「網孔」之義》**—*n.* Ⓤ盔甲：⇨ COAT of mail.
—*v.t.* 使〈人〉著盔甲，使…武裝。
mail·a·ble [ˋmeləbl̩; ˈmeiləbl] *adj.* 可以郵寄的。
máil·bàg *n.* Ⓒ **1** 《美》郵差的郵袋(《英》postbag). **2** 運輸用之郵袋。
máil·bòx *n.* Ⓒ《美》**1** (公用)**郵筒**(《英》postbox, pillar-box)：drop a letter in a ~ 把信投入郵筒。

【說明】設在路旁之美國公共郵筒爲藍色四角形金屬箱，頂部呈半圓形；用戶自設之受信用信箱頂部亦爲半圓形。

mailboxes 1

2 (私人之)信箱(《英》postbox, letter box).

【說明】在附近無郵筒之美國鄉下住宅所設私人信箱上，通常裝有似紅旗之標誌，用戶有郵件欲寄出時，只要將該標誌豎起即可，郵差循該標誌收取郵件後，會將標誌扳下以示郵件已收走。

mailboxes 2

máil càrrier *n.* =mailman.
máil càrt *n.* Ⓒ郵車。
máil chùte *n.* Ⓒ(可使大樓上層郵件自動落到樓下郵箱內之)滑送槽。
máil dròp *n.* Ⓒ僅用作收信的地址。
mailed **《源自 mail[2]》**—*adj.* 穿著鎖子甲(mail)的，披著盔甲的。
máiled físt *n.* [the ~] 武力威脅；使用武力。
máil·er *n.* Ⓒ **1** 郵件之寄送[投遞]人；郵寄者，寄信人。**2** 郵件打戳、分類、稱重機。
Mail·gram [ˋmel,græm; ˈmeilgræm] *n.* Ⓒ《商標》郵遞電報《用電報將消息發往郵局，再由郵局送往收報者手裏的電報》。
mail·ing [ˋmelɪŋ; ˈmeiliŋ] *n.* **1** Ⓤ郵寄，Ⓒ郵寄物。**2** Ⓒ《蘇格蘭》租用之農場，佃租。
máil·ing lìst *n.* Ⓒ郵寄[發送]名單。
máiling machìne *n.* Ⓒ 郵件打戳、分類、稱重機。
mail·lot [maˋjo, ˋmaɪ,o, maɪˋo; maiˈjou] **《源自法語 'band of cloth' 之義》**—*n.* Ⓒ **a** (舞蹈家、體操選手等穿的)緊身衣。**b** (上下連在一起之)游泳衣。**c** 緊身套頭毛衣。
máil·màn [ˋmel,mæn; ˈmeilmæn] *n.* Ⓒ (*pl.* **-men** [-,mɛn, -mən; -men]) 《美》**郵差**(《英》postman).

【說明】美國的郵差通常穿著深藍色制服帶著有帽舌的帽子。英美街道像台灣一樣，一邊門牌爲單數，另一邊爲偶數，郵差就照門牌送遞郵件；cf. house number【說明】

máil òrder *n.* Ⓤ郵購：by ~ 以郵購。
máil-òrder *adj.* 郵購的：a ~ firm [catalog] 郵購公司[目錄]。
maim [mem; meim] *v.t.* **1** (傷害四肢)使〈人〉殘廢：He was seriously ~*ed* in an accident. 他在一次意外事故中受重傷而殘廢。**2** 使…成廢物，使…成無用之物。~**ed** *adj.*
‡**main** [men; mein] **《源自古英語「力」之義》**—*adj.* [用在名詞前] (無比較級、最高級) **1 主要的，構成主要部分的**：the ~ body 《軍》主力(部隊)，本隊；(文書之)本文/a ~ event 主要比賽項目/the ~ force《軍》主力/the ~ office 總公司，總店/the ~ plot (戲劇等之)主要情節/a ~ road 主要道路；幹道；幹線/a ~ street 主要街道，大街(⇨Main Street).

【同義字】main 指事物之大小，重要性大於其餘；chief 用於人時指佔有第一優越地位之義，用於事物時，其語意與 main 類似。

2 最高度的，盡量的，全力的《★常用於下列片語》：by ~ force 傾力地，以全力。
—*n.* **1** Ⓒ [常 ~s] (輸送自來水、污水、瓦斯、電等之)總管(道[線])，幹線：a gas [water] ~ 瓦斯[輸水]幹管。
2 Ⓤ力量，勢力《★常用於下列片語》：⇨ (with) MIGHT[2] and main.
3 [the ~] 《詩》汪洋大海。
in the máin 大部分，大致上，就一般而論。
máin bráce *n.* Ⓒ《航海》主桅轉帆索《使主要的帆桁回轉到水平位置的繩子》。
máin chánce *n.* [the ~] 獲利最大的機會。
máin cláuse *n.* Ⓒ《文法》主要子句。
máin cóurse *n.* =main sail.
máin déck *n.* [the ~] 《航海》正[主]甲板(⇨ forecastle 插圖)。
máin drág *n.* Ⓒ [常 the ~] 《俚》主要街道。
Maine [men; mein] **《源自(New England 之)本土(mainland)之義》**—*n.* 緬因州《美國東北部之一州；在新英格蘭(New England)；首府奧古斯塔(Augusta)；略作 Me.,《郵政》ME；俗稱 the Pine Tree State》。
from Máine to Califórnia 整個美國，全美國(cf. from JOHN O'GROATS to Land's End).
máin·fràme *n.* Ⓒ(電算機之)主機。
***main·land** [ˋmen,lænd, ˋmenlənd; ˈmeinlənd, -lænd] *n.* Ⓒ [**the ~**] (對附近的島嶼或半島而言之)**本土，大陸**：*the* Chinese ~ 中國本土，中國大陸。~·**er** *n.*
máin líne *n.* Ⓒ **1 a** (鐵路之)幹線，主線；《俚》主血管。**b** 《美》幹道。**2** 《俚》(海洛英之)靜脈注射。
máin·lìne 《俚》*v.i.* 由靜脈注射海洛英。—*v.t.* 將〈海洛英〉由靜脈注射。
main·ly [ˋmenlɪ; ˈmeinli] *adv.* (無比較級、最高級) **1 主要地。2 大概，大部分，大抵。**
máin·màst *n.* Ⓒ《航海》主桅，大桅。
mains [menz; meinz] *n. pl.* [當單數用] 采邑裏的主要房屋《如采邑主人之住宅》。
máin·sàil [ˋmen,sel, -sl̩; ˈmeinseil, -sl] *n.* Ⓒ《航海》大帆，主帆(⇨ sailboat 插圖)。
máin·shèet *n.* Ⓒ《航海》主帆索。
máin·sprìng *n.* Ⓒ **1** (鐘錶等之)主發條，大發條。**2** [常用單數] 主要原因，主要動機，主要目的〔*of*〕：the ~ *of* a person's action 某人行動的主要動機。
máin·stày *n.* Ⓒ [常用單數] **1** 《航海》大桅主索。**2** 主要的依靠；台柱，棟樑，靠山〔*of*〕：the ~ *of* a family 一家的主要依靠。
máin stém *n.* Ⓒ《美俚》**1** (鐵路之)幹線。**2** 繁華之大街。
máin·strèam *n.* **1** Ⓒ(河川之)主流。**2** [**the ~**] 〔運動、思想等之〕主流，主要傾向〔*of*〕.
—*adj.* [用在名詞前] 主流的：~ political beliefs 占主導地位的政治信念。
—*v.t.* 將〈殘障兒童等〉納入學習的主流[正規班級]。
Máin Strèet *n.* Ⓒ《美》(小城鎭之)大街，主要街道。

M

***main·tain** [men'ten, mən'ten; mein'tein, mən-] «源自拉丁文「持於手中」之義»—*v.t.* **1** 〔十受〕**a 持續**，保持，維持…：～ diplomatic relations with foreign countries 與外國維持外交關係。**b** 保養，養護，維修〈道路、房屋等〉：～ the roads 養護道路。**2** 〔十受〕**a** 〈出錢〉**扶養**，贍養，供給〈人、家眷〉：～ one's family 扶養妻小/His aunt *～ed* him at the university. 他的姑母供他讀大學。**b** [～ one*self*] 自食其力，獨立生活。**3** 〔十受〕**維持**〈生命〉：～ life 維持生命。**4** 〔十受〕**支持**，維護，擁護，保護，支援〈權利、立場等〉：～ one's rights 維護自己的權利/They *～ed* their ground against the enemy. 他們堅守陣地抵抗敵人。**5 a** 〔十受〕**主張**，堅持…：I *～ed* my innocence. 我堅持我的無辜。**b** 〔十(*that*)＿〕主張〈…(事)〉：He *～ed that* people were not always equal. 他堅持認爲人未必平等。**c** 〔十受十*to be* 補〕堅稱，斷言…〈爲…〉：He *～ed* the theory *to be* wrong. 他堅稱那理論是錯的。

***main·te·nance** ['mentənəns, -tɪn-; 'meintənəns] «maintain 之名詞»—*n.* Ⓤ **1 a 持續**，保持；維持：the ～ *of* peace [public order] 和平[公共秩序]的維持。**b** 維修管理，保養，養護〔*of*〕：the ～ *of* a building 建築物的保養。**2** 扶養，生計；贍養費，生活費：a ～ allowance 生活補助津貼。

máintenance òrder *n.* Ⓒ贍養令《尤指法院命令男人贍養妻兒者》。

máin·tòp *n.* Ⓒ《航海》大桅樓。

màin-tópmast *n.* Ⓒ《航海》大一接桅。

màin-tópsàil *n.* Ⓒ《航海》大一接桅之帆，大中帆。

máin vérb *n.* Ⓒ《文法》本動詞，主動詞《用以區別動詞與助動詞之名稱》。

máin yàrd *n.* Ⓒ《航海》主帆之帆架。

mai·son·ette, mai·son·nette [ˌmezə'nɛt; ˌmeizə'net] «源自法語「小屋」之義»—*n.* Ⓒ **1** 小住宅。**2** 《英》**a** 雙層樓公寓(《美》duplex apartment)《常上下兩層樓爲一戶》。**b** (在大房屋中，可作爲獨立起居處之)小公寓。

maî·tre d' ['metə'di, -trə-; ˌmetrə'di:] 《略》*n.* Ⓒ (*pl.* ～s [～z; ～z]) 《口語》＝maître d'hôtel.

maî·tre d'hô·tel ['metrədo'tɛl; 'metə-; ˌmetrədou'tel] «源自法語 'master of (the) hotel' 之義»—*n.* Ⓒ (*pl.* **maî·tres d'hô·tel** [～]) **1** (餐廳之)僕役長，服務生領班。**2** (旅館之)經理，主人。

maize [mez; meiz] *n.* Ⓤ **1** 《英》玉蜀黍，玉米(Indian corn)《★比較在美國、加拿大、澳洲通常稱爲 corn》。**2** 玉蜀黍色，淡黃色。

Maj. 《略》Major.

***ma·jes·tic** [mə'dʒɛstɪk; mə'dʒestik] «majesty 之形容詞»—*adj.* (**more** ～；**most** ～) **有威嚴的**，莊嚴的，堂皇的，雄偉的(⇨ grand【同義字】)。

ma·jés·ti·cal [-tɪkl; -tikl] *adj.* ＝majestic. **～·ly** *adv.*

maj·es·ty ['mædʒɪstɪ, 'mædʒəstɪ; 'mædʒəsti, -dʒis-] «源自拉丁文「偉大」之義»—*n.* **1** Ⓤ(身爲帝王之)**威嚴**；高貴；莊嚴。**2** Ⓤ至高無上之權力，最高之權威〔*of*〕：the ～ *of* the law 法律之至高無上的權威。**3** Ⓒ [M～；與代名詞所有格連用；也用於稱呼] 陛下。

Her Májesty the Quéen 女王陛下《★用法加人名時，加在 Queen 之後，且 Queen 不加 the，如 Her Majesty Queen Elizabeth (伊利莎白女王陛下)》。

His [Her] (Impérial) Májesty 皇帝[皇后]陛下《略作 H.I.M., H.M.》。

His [Her] Májesty's Sérvice 皇家公函《印在官方郵件上；略作 H.M.S.》。

His [Her] Májesty's Shíp (英國)皇家海軍軍艦《略作 H.M.S》。

Their (Impérial) Májesties 兩位陛下《略作 T.I.M., T.M.》。

Your Májesty 陛下《稱呼》。

ma·jol·i·ca [mə'dʒɑlɪkə; mə'jɔlikə, -'dʒɔl-] *n.* Ⓤ **1** 馬加利卡陶器《多彩而裝飾繁複之一種義大利原產陶器》。**2** 有前述風格之陶器。

‡ma·jor ['medʒə; 'meidʒə] «源自拉丁文「偉大的」之比較級»—(↔ minor) *adj.* (無比較級、最高級) **1** [用在名詞前] **a** (大小、數量、程度等與其他比較起來) **較大的**，較多的，較高的《★用法不接用 than》：the ～ part of the students 大部分的學生。**b** 過半(數)的，大半的，多數的：the ～ vote 多數票/the ～ opinion 多數意見。**2** [用在名詞前] **a** (地位、重要性等) **較優越的**，較重要的，主要的，一流的(⇨ 1 a 用法)：a ～ question 較重要的問題/a ～ company 主要的公司，一流的公司/the ～ industries 主要工業。**b** (效果、範圍等)大的，顯著的：a ～ alteration 大變更[變革，改變]/a ～ improvement 顯著的改進。**c** 《醫》(較一般)風險大的〈手術等〉：a ～ operation 較一般風險大的手術。**3** 《美》〈大學課程〉主修的，專攻的：one's ～ field of study 一個人的主修領域。**4** (法律上)成年的。**5** [置於姓氏之後] 《英》(在男校的同姓學生或兄弟中年齡)較年長的；老大的，長兄的：Jones ～ (較)大[年長]的瓊斯。**6** 《音樂》**a** [用在名詞前] 長音程的：a ～ interval 長音程/a ～ third 大 3 度/the ～ scale 長音階。**b** [用在名詞前] [也可置於符號之後] 大[長]調的：⇨ major key/in A ～ A 大[長]調的《★major 被置於 A 之後修飾 A》。

—*n.* **1** Ⓒ《法律》成年人，成人《★在美國通常指滿二十一歲以上者，在英國爲滿十八歲以上者》。**2** Ⓒ《美》**a** (在大學獲學位之)主修課程(cf. minor 2 a)：What's your ～ ? 你主修什麼(課程)? **b** 主修學生；a fine arts ～ 主修美術的學生。**3** Ⓒ《音樂》長[大]調；長音階。**4** ＝major league. **5** Ⓒ《陸軍・美陸戰隊・美空軍》少校。

—*v.i.* (十介十(代)名) 《美》(在大學)主修〔…〕〔*in*〕(《英》specialize)：He *～ed in* history. 他主修歷史。

Ma·jor ['medʒə;'meidʒə], **John** *n.* 梅傑《1943－；1990 年起任英國首相》。

ma·jor·ette [ˌmedʒə'ɛt; ˌmeidʒə'ret] *n.* Ⓒ軍樂隊[鼓樂隊]女領隊[女指揮，女隊長]。

májor géneral *n.* Ⓒ《美陸空軍・陸戰隊・英陸軍》少將。

***ma·jor·i·ty** [mə'dʒɔrətɪ, -'dʒɑr-; mə'dʒɔrəti, -rit-] «major 之名詞»—*n.* (↔ minority) **1** Ⓤ [常 **the** ～，有時 **a**～；集合稱；常 **majorities**，有時當單數用] **大多數**，大部分，大半〔*of*〕《★用法視爲一整體時當單數用，指全部個體時當複數用》：in *the* ～ *of* cases 在大多數的情形下，大致上，大體上/*The* ～ *of* people prefer peace to war. 大多數的人喜歡和平而不喜歡戰爭/*A* ～ voted against the bill. 大多數人投票反對該議案/*The* great ～ approved the policy. 大多數的人贊成該政策《★用法强調 majority 之形容詞爲 great》/We spent *the* ～ of the day there. 我們在那兒度過大半天《★比較一般較常用 We spent most [the greater part] of the day there.》。**2** Ⓒ [集合稱] 多數黨，多數派《★用法與義 1 同；僅在與其他多數黨[派]作比較而有必要表示彼此數量的大小時，才與形容詞 great, greater, greatest 連用》：The ～ was [were] determined to press its [their] proposal. 多數派決心强求通過其[他們的]提案。**3** Ⓒ [常用單數] **a** 過半數，絕對多數。**b** (勝者較敗者)多得之票數《超過所有其他候選人得票總數之票數》(cf. plurality)：*by* a large ～ 以大多數票/*by* [*with*] a ～ of... 以超過(對方)…票的多數(得勝)/be in (the) ～ *by*... 以…人[票]之優勢獲得多數/Mr. Brown was elected by the greatest ～. 布朗先生以超過其他候選人得票總和的最高票數當選。**4** Ⓒ [常用單數] 《法律》(法定)成年：reach [attain] one's ～ 達到(法定)成年。**5** Ⓒ [常用單數] 陸軍[《美》陸戰隊，《美》空軍]少校之軍階[職]。

in the majórity 佔[屬於]大多數。

jóin [gò óver to, pàss óver to] the (gréat [sílent]) majórity 死。

—*adj.* [用在名詞前] 依大多數之同意而達成的：a ～ verdict 依(陪審員)多數人之意見的裁決。

majórity lèader *n.* Ⓒ《美議會》多數黨領袖《由多數黨選出之議會活動負責人》。

májor kéy *n.* Ⓒ《音樂》長調。

májor léague *n.* **1 a** Ⓒ美國兩大職業棒球聯盟 (National League 及 American League) 之一《cf. minor league》。**b** [**the** ～s] 美國職業棒球聯盟《包括美國聯盟 (American League) 和國家聯盟 (National League)》。**2** Ⓒ《美》(各種)職業性運動之主要聯盟。

májor léaguer *n.* Ⓒ《棒球》屬於 major league 之職業棒球隊的球員。

májor prémise *n.* Ⓒ《邏輯》(三段論法之)大前提。

Májor Próphets *n. pl.* [**the** ～] **1** (聖經舊約之)大預言書《包括以賽亞 (Isaiah)，耶利米 (Jeremiah)，以西結 (Ezekiel)，但以理 (Daniel) 等四書；cf. Minor Prophets》。**2** [有時 **m**～ **p**～] 大預言家《即指大預言書之作者 Isaiah, Jeremiah, Ezekiel, Daniel 等四人》。

májor súit *n.* Ⓒ《紙牌戲》(橋牌中之)大牌，高花色牌《即黑桃與紅心，以其得分較高》。

‡make [mek; meik] (**made** [med; meid]) *v.t.* **A 1** 作，做，製，造 (⇨ build【同義字】)：**a** 〔十受〕做，製作，製造，組合〈物〉；建設，築，建造〈房屋等〉；創作，著作〈詩、文章等〉：～ sandwiches 做三明治/～ a garden 營造花園/～ a poem 作詩。**b** 〔十受十受/十受十介十(代)名〕爲〈人〉造〈物〉；〔爲人〕造〈物〉〔*for*〕：Her mother *made* her a new dress.＝Her mother *made* a new dress *for* her. 她母親爲她做了一件新衣服。**c** 〔十受十介十(代)名〕〔以材料〕製〈物〉〔(*out*) *of*, *from*〕《★常用被動語態；★用法通常成品仍保有材料或原料之形狀、性質時用 (out) of, 成品已失去材料或原料之形狀、性質則用 from；位置與述語動詞分離時多用 out of》：He *made* a little statue (*out*) *of* clay. 他用黏土塑了一座雕像/What *is* your dress *made of*? 你的衣服是用什麼(布料)做成的？/We can ～ synthetic fibers *from* petroleum. 我們可以用石油製造合成纖維/Wine *is made from* grapes. 葡萄酒是用葡萄製[釀]成的。**d** 〔十受十介十(代)名〕將〈材料〉製成〔…〕〔*into*〕：She *made* the material *into* a dress. 她把那塊布料製成一件衣服/Barley can be *made into* beer. 大麥可以製成啤酒。**e**

〔十受十介十(代)名〕〔以…〕調製〈物〉〔*with*〕: What can you ~ ***with*** eggs? 你能用蛋調製什麼?

2〔十受〕**a** 創造〈人(類)〉; 使〈人〉命中注定《★常以過去分詞當形容詞用; ⇨ made *adj.* 5》: God *made* man. 上帝創造人類/I am not *made* that way. 我生性不是那樣[我生來不是那種個性]/She was *made to* be an actress. 她生來就是演員(的料子)[她是個天生的演員]. **b** 制定〈法律等〉; 製作〈文件〉; 立, 簽訂〈契約〉: ~ a will [contract] 立遺囑[訂契約]/~ a law 制定法律。

3 a〔十受〕整理, 準備, 布置…: ~ a bed 鋪牀/~ tea 沏茶。**b**〔十受十受/十受十介十(代)名〕爲〈人〉準備…, 〔爲人〕準備…〔*for*〕: He *made* her a cup of tea. = He *made* a cup of tea ***for*** her. 他爲她沏了一杯茶。

4〔十受〕**a** 使…發生, 引起…, 成爲…之原因: ~ a noise 發出噪音, 吵鬧/~ trouble [war] 惹麻煩[引起戰爭]/~ a difference 產生差異; 有影響/~ an impression 給與印象/~ a fuss 小題大作, 無事自擾。**b** 生〈火〉: ~ a fire 生火。

5〔十受〕**a** 賺, 掙〈錢〉; 聚積〈財產〉; 得〈利益〉; 維持〈生計〉; 謀〈生〉: ~ a fortune 發財, 致富/~ one's [a] living 維持生計, 謀生/I ~ 5,000 dollars a month. 我月入五千美元。**b** 作成, 建立, 築成…; 使…發達: ~ one's own life 決定自己的一生。**c** 使〈人等〉成功, 保證〈人等〉成功[發跡]: This performance will ~ you. 這場演出[演奏](若順利)一定會使你成功。

6[常後接帶有修飾語之受詞] **a**〔十受〕成爲[做, 當]…《★有人認爲作此義解時爲不及物動詞》: He will ~ an excellent scholar. 他將成爲傑出的學者/Fir ~*s* good building material. 樅木是[可做]上等的建築材料。**b**〔十受十受/十受十介十(代)名〕成爲[做, 爲]〈人〉之…; 成爲[做, 爲][人之]…〔*for*〕: She will ~ him a good wife. = She will ~ a good wife ***for*** him. 她會成爲他的好太太。

7〔十受〕**a**〈成分〉構成…; 得…之數, 計爲…, 等於…: Two and two ~ four. 二加二得四/One hundred pence ~ a pound. 一百便士計爲一英鎊。**b** 爲〈第…(之人, 物)〉: This ~*s* the third time I've been here. 這是我第三次來這兒。**c**《口語》加入〈球隊、俱樂部〉爲隊員[會員]: Did you ~ the club?《美》=《英》Did you ~ one of the clubs? 你加入俱樂部成爲會員了嗎?

8 a〔十受〕足夠〈構成…〉, 足以…, 對…有用: One swallow does not ~ a summer. ⇨ swallow²/This book ~*s* good reading. 這本書稱得上是本好書。**b**〔十受十受〕足夠給〈人〉〈做…〉: This length of cloth will ~ you a suit. 這塊布長得足夠給你做一套衣服。

9 a〔十受十介十(代)名〕〔將…〕認爲…, 視爲…; 解釋, 了解…〔*of*〕: I could ~ nothing ***of*** his words. 我完全聽不懂他所講的話/What am I to ~ *of* his behavior? 我該怎麼解釋他的行爲?/I don't know what to ~ *of* it. 我不知道該對這件事持什麼想法。**b**〔十受十(*to be*)補〕認爲…〈是…〉, 視…〈爲…〉, 估計…〈爲…〉: What time do you ~ it? 你想[以爲]現在幾點鐘了?/I ~ it five miles. 我估計有五哩/What insect do you ~ that *to be*? 你認爲那是什麼蟲?《★用法 此句型之措辭主要爲美國語法; 在英國語法中通常用於時間、距離等》。

10〔十受〕**a** 抵達…, 到達…: Our ship *made* port on Saturday. 我們的船在星期六入港。**b**《口語》趕上〈車、船等〉; 追上…: If you hurry, you can ~ the next train. 你如果動作快些, (你)就能趕上下一班火車。**c** 行走, 旅行, 行進〈某距離〉; 達到〈某速度〉: Some airplanes can ~ 1500 miles an hour. 有些飛機每小時可飛行一千五百哩/The ship was *making* thirty knots. 那時船以(每小時)三十節的速度航行著。

11〔十受〕《俚》把〈異性〉弄[追]到手, 使〈異性〉迷上自己, 引誘〈女人〉與自己發生性行爲。

12〔十受〕吃〈餐點〉: ~ a simple meal 吃一頓便餐。

13〔十受〕《板球》得〈分〉: ~ a run 得一分。

—B 1 a〔十受〕做〈動作、行爲等〉; 進行…: ~ an effort 努力/~ a speech 演講/~ arrangements 安排。**b**〔十受十受/十受十介十(代)名〕向〈人〉提出〈要求、建議等〉; 〔向人〕提出〈要求、建議等〉〔*to*〕: ~ a person an offer = ~ an offer ***to*** a person 向某人出價[提議]。**2**〔十受〕[以動作名詞爲受詞, 成爲與該動作名詞同義之動詞]做…: ~ (an) answer 做答, 回答/~ a pause 中止, 停頓/~ progress 進步/~ a rude reply 無禮地答覆/~ a search 搜索。**3**〔十受〕心懷〈判斷、疑惑等〉: ~ a judgment of... 判斷…/I ~ no doubt of it. 我對這件事毫不懷疑。

—C 1 a〔十受十補〕使…成爲〈…〉; 使…顯得〈…〉: Flowers help to ~ a room more cheerful. 花有助於使房間顯得令人更愉快[更有生氣]/My answer *made* him angry. 我的回答使他生氣/He soon learned to ~ himself useful (by helping me). 他很快就學會(藉著幫助我而)使自己成爲有用的人/I will ~ him my secretary. 我要使他成爲我的祕書/He *made* it clear that he agreed to the plan. 他表明他贊成那項計畫。**b**〔十受十過分〕使…被(他人)…: I *made* myself *understood* in English. 我用英語使我的意思被(人)了解[我用英語使人懂我的意思]。**2**〔十受十原形〕(强制地或非强制地)使…〈做…〉《★比較 表示「讓, 允許」之意時不用 make 而用 let; ⇨ let¹ A 1 a【同義字】》: I *made* him go. 我(迫)使[叫]他去/He was *made to* go. 他是被要求[被迫]而去的《★用法 被動語態時, 受詞後之不定詞須加 *to*》/Could you ~ the car go (any) faster? 你能使車子跑得更快嗎?/What ~*s* you think so? 是什麼使你以爲是這樣? 你爲什麼會做如是想?/The author ~*s* the lovers live happily ever after. 作者使(故事中的)那對情侶爾後一直過著幸福的生活。**3**〔十受十介十(代)名〕〔使…〕成爲…〔*of*〕: He *made* a lawyer ***of*** his son. 他使兒子成爲律師《★變換 可用 C 1 a 之句型換寫成 He made his son a lawyer.》/They ~ a fool *of* him. 他們愚弄他/⇨ make LITTLE [MUCH, NOTHING] of, make the BEST [MOST] of.

—*v.i.* 1〔十補〕成爲〈…〉: ⇨ make MERRY, make SURE, make BOLD to do.

2〔十*as if*___〕《口語》行動得〈像…〉, 裝做〈要…〉的樣子: He *made as if* [*as though*] to strike me. 他佯裝要打我的樣子/He *made as if* he were ill. 他裝病/She ~*s* [*made*] *as if* she knew everything. 她裝出什麼都懂的樣子。

3〔十 *to do*〕《文語》眼看要開始〈做…〉, 似乎要〈做…〉《★有人視爲及物動詞》: He *made to* strike her and then hesitated. 他眼看要打她, 然後又躊躇了。

4〔十副詞(片語)〕**a**(趕緊)(向…)前進, 走: He *made for* home. 他(趕緊)走回家/Seeing a light, I *made for* it. 我看見燈火, 便朝著它走去/He *made toward* the door. 他朝著門走去/The dog *made* straight *at* [*for*] him. 那隻狗直向他撲去[攻擊]。**b**〈路〉指向, 通往…; 〈證據等〉傾向…: The evidence ~*s for* her guilt. 證據傾向於[表明]她有罪/The road ~*s toward* the sea [*through* the wood]. 那條馬路通往海邊[穿過森林]。

5[常用進行式]〈潮汐等〉漲, 滿; 開始漲[退]: The tide *is making* fast. 潮水正在急漲。

máke àfter... 追求…; 追趕…。

màke awáy with...《★可用被動語態》(1)偷, 偷走…; 拿走…: The thief *made away with* their diamonds. 小偷偷走了他們的鑽石。(2)消耗盡…; 用光, 吃光…。(3)殺死…。(4)毀棄, 滅掉…。

màke believe〔十 *that*___/十 *to do*〕假裝…, 裝作…: Let's ~ *believe that* we're Indians. 我們就裝作我們是印地安人吧/The boys *made believe that* they were [*made believe to* be] explorers. 那些男孩子們佯裝他們是探險家。

màke (...) dó〈以…〉將就使用, 設法應付: This suit seems rather tight but I'll ~ (it) *do*. 這套衣服好像稍微緊了些, 不過我會將就穿它。

màke dó with [on]... (雖不充足)設法以…應付過去, 以…將就使用: I must ~ *do with* the old suit. 我得將就穿這套舊衣服/He can't ~ *do on* his present salary. 他無法以目前的薪水過日子。

màke dó withòut... 不用…而將就: We had to ~ *do without* a telephone for some time. 我們只好將就一段時間不用電話。

máke for...《★可用被動語態》(1)⇨ *v.i.* 4 a. (2)有助於…, 有益於…, 促進…: The Olympic Games ~ *for* good relations between nations. 奧林匹克運動會有助於促進[建立]國與國之間的良好關係。

màke góod ⇨ good *adj.*

màke it (1)《口語》達成, 做好; 成功, 發跡。(2)趕上, 來得及: You will ~ *it* if you hurry. 如果你趕快, 你就會來得及。(3)設法, 想辦法。(4)《俚》〔與異性〕性交〔*with*〕.

màke it úp to a person〔爲…〕補償某人〔*for*〕: There's no way I can ~ *it up to* you *for* my impoliteness. 我無法補償[彌補]我對你的無禮。

máke like...《美口語》佯裝…; 模仿…: He *made like* Charlie Chaplin. 他模仿查理・卓別林。

màke óff with... = MAKE away with (1).

màke or bréak [már]... 成之或毀之, 弄好或糟蹋掉; 左右…的命運。

màke óut《*vt adv*》(1)開列〈名單等〉; 作成, 填寫〈表格等〉; 擬, 起草, 寫成〈文件等〉: ~ *out* a list of the members 開出一份會員名單。(2)[常與 can, could 等連用]好不容易地分辨出來[看懂, 讀懂, 看出]…: He *could* barely ~ *out* what looked like an island in the hazy distance. 他勉强認出了在模糊的遠處看起來像個島嶼的東西。(3)[~十受十out]《口語》了解〈人〉的想法[性格(等)]: I can't ~ her *out*. 我摸不清她在想什麼。(4)〔十 *wh.*___〕了解, 領悟, 明白〈…〉: I can't ~ *out what* he wants. 我不明白他要什麼。(5)企圖證明, 論證〈自己之立場〉; 主張…《★常用於下列片語》: ~ *out* a case 企圖證明自己的說法正確/~ *out* a strong case *for* [*against*]... 極力地主張贊成[反對]…, 極力爲支持[反對]…申述理由。(6)〔十 *that*___〕《口語》(不是卻)說是…,

聲稱是…：He *made out that* he was a friend of mine. 他聲稱他是我的朋友。⑺〔＋受＋(*to be*)補〕把〈人〉說成〈…〉樣子：He ~*s* himself *out* (*to be*) richer than he really is. 他把他自己說得比實際上更富有。—《*vi adv*》⑻《美口語》〔與 well 等表狀態之副詞連用〕(生意、生活等)進展；成功；設法度過：His store is *making out* very well. 他的店生意很興隆/How are you *making out* in your job？你的工作進展得怎樣？⑼《美》〔與人〕和睦相處〔*with*〕：How are you *making out with* her？你跟她相處得怎樣？⑽《美口語》〈男女〉互相愛撫；〔與異性〕發生關係〔*with*〕.

màke óver 《*vt adv*》⑴將…轉讓〔移交〕〔給…〕〔*to*〕：When we married, my wife *made over* all her property *to* me. 我們結婚時，妻把她的一切財產轉讓給我。⑵更改…〔成…〕，修改…〔成…〕〔*into*〕：~ *over* an old overcoat 修改舊大衣/He *made over* the mews *into* flats. 他把馬廐改建成公寓。

màke úp 《*vt adv*》⑴將…集在一起〔成…〕；收拾…〔*into*〕：~ *up* parcels 打包包裹/~ *up* hay *into* bundles 把乾草紮成捆。⑵作成…；起草，編輯…：~ *up* a list (of...) 作成(…的)表。⑶配〈藥〉。⑷準備妥，整理〈牀鋪等〉。⑸〔由種種部分〕構成，形成，組成〈整體〉〔*of*〕《★常用被動語態》：(The) Morse code *is made up of* dots and dashes. 摩爾斯電碼是由點與線所組成的。⑹虛構，捏造〈話、藉口等〉；編造，杜撰〈故事等〉：The story is *made up.* 這故事是編造的。⑺化妝，美容〈臉〉。⑻〔~ one*self*〕化妝；裝扮，化裝《★常用被動語態》：The actor *made himself up* for the part of Hamlet. 那演員爲(演)哈姆雷特一角而化裝。⑼彌補，補足，補充，補償，賠償，塡補…：We must ~ the loss *up* next month. 我們下一個月必須彌補這筆損失。⑽重修〈上課之科目〉；重考，補考…。⑾〔與人〕和解；調解，排解〈糾紛、吵架等〉〔*with*〕：I once quarreled with him but now I have *made* it *up* (*with* him). 我以前曾和他吵過架，但現在已經跟他和解了。⑿《印刷》將〈欄、頁〉拼版，將…排版，將…整版。—《*vi adv*》⒀〔與人〕復交，和好，言歸於好〔*with*〕. ⒁化妝，打扮，化裝，裝扮。

màke úp for... 彌補，補足，補回，補償…《★可用被動語態》：~ *up for* past sins 彌補〔贖〕過去所犯的罪惡/~ *up for* lost time 補回損失的時間。

màke úp to... 《口語》討好，巴結，奉承；接近〈人〉；向〈人〉求愛《★可用被動語態》。

máke with... 《美俚》做…；做…動作；給(人)看…；提供…《★受詞爲"the＋名詞"》：~ *with the* lunch 做〔弄〕午餐/~ *with the* tears 流眼淚給人看。

—*n.* ⓊⒸ **1 a** …製；製造(法)；型式：home [foreign] ~ 本國〔外國〕製/*of* Chinese [American] ~ 中國〔美國〕製的/a new [an expensive] ~ of car 新型〔高級〕車。**b** 製作量，製造量，生產量。
2 體格；性格，氣質：a man *of* slender ~ 體型修長的人/a man *of* quite another ~ 完全不同性格的人。
3 《電學》(電路的)接續(↔ break).

on the máke 《俚》⑴熱中於名利。⑵《美》謀求佔有異性〔與異性發生性行爲〕：He is always *on the* ~. 他一天到晚想搞女人。

máke-belìeve *n.* **1** Ⓤ假裝；虛構；僞裝。**2** Ⓒ假裝者。
—*adj.* 〔用在名詞前〕虛構的；假裝的：~ sleep 裝睡。

máke-dò *adj.* 〔用在名詞前〕應付一時的，將就代替使用的，臨時湊合的。—*n.* Ⓒ將就使用之物。

máke-or-bréak *adj.* 完全成功或完全失敗的；孤注一擲的。

***mak·er** [ˋmekɚ; ˈmeikə] *n.* **1** Ⓒ **a** 〔常構成複合字〕製作(…)的人，…製作〔製造〕者：dress*maker*, shoe*maker*. **b** 〔常 ~*s*〕製造商，廠商。**2** 〔the M~, one's M~〕造物主，上帝(the Creator)：go to [meet] one's *M*~ 死。

máker's màrk *n.* Ⓒ金匠〔銀匠〕在金銀首飾上做的私人標誌。

máke·shìft *adj.* 應付一時的，將就代替使用的，臨時湊合的，權宜性的：a ~ bookcase 暫時將就使用的書櫥。
—*n.* Ⓒ **1** 暫用代替物，臨時代用品〔*for*〕：a ~ *for* a table 暫代的桌子；暫時當桌子用的東西。**2** 權宜之計。

máke·ùp, máke-ùp *n.* **1** Ⓒ〔常用單數〕**a** 組織，構成，構造；最後一層塗飾：the ~ of a committee 委員會之構成。**b** 體質；性格，特質：a national ~ 民族性。**2 a** Ⓤ〔又作 a ~〕(演員等之)扮相，扮裝，(女人之)化妝：What nice [*a* clever] ~！多妙的化妝！**b** Ⓤ〔集合稱〕(演員、女人之)化妝品；化裝用具：She uses too much ~. 她塗了太多的化妝品〔她妝畫得太濃了〕/She wears no ~. 她沒有化妝。**3** Ⓒ《美口語》補〔重〕考。**4** Ⓒ〔常用單數〕《印刷》排版，整版，編排。

máke·wèight *n.* Ⓒ **1** 用以補足重量之添加物；平衡錘。**2** 用以補缺之無價值的人〔物〕；塡料；不重要之議論，補白之文章；(尤指)小蠟燭。

máke-wòrk *n.* Ⓤ《美》(以不讓員工閒下來或爲了使失業者就業爲目的而給他們做的)無必要之工作。

mák·ing *n.* **1** Ⓤ **a** 製作，製造(過程)，製造法：These troubles are all of your own ~. 這些麻煩全是你自己引起〔惹來〕的。**b** 構造，構成。**2** 〔the ~〕成功〔進步〕之原因〔手段〕；發展〔發達〕的過程〔*of*〕：His introduction to the President was *the* ~ *of* him. 他的成功是因爲經介紹晉見了總統。**3** 〔~s〕原料，材料〔*for*〕. **4** 〔the ~s〕要素，素質：He has (in him) *the* ~*s of* an artist. 他具有藝術家的素質。**5 a** Ⓒ製作物；一次的生產量。**b** 〔~s〕利潤，盈利。

in the máking 製造〔形成〕中的，發展中的，尙在學習中的，醞釀中的，未完成的：a doctor *in the* ~ 肄業中或實習中的準醫師。

—*adj.* 〔與形容詞構成複合字〕《口語》使(人)覺得(…)的：sick-*making* 令人噁心的/shy-*making* 使人覺得不好意思的。

Mal. 《略》《聖經》Malachi.

mal- [mæl-; mæl-] 〔複合用詞〕**1** 表示「壞，不良，錯誤」(↔ bene-)：*mal*treat. **2** 表示「不」：*mal*content. **3** 表示「不完全的」：*mal*formation.

Ma·lac·ca [məˋlækə; məˈlækə] *n.* 麻六甲《馬來西亞聯邦南部之殖民地，又爲該地之首府》。

malácca cáne [məˋlækə-; məˈlækə-] *n.* Ⓒ麻六甲手杖《用馬來西亞產的棕櫚樹幹所製之手杖》。

Mal·a·chi [ˋmæləˌkaɪ; ˈmæləkai] *n.* 《聖經》**1** 瑪拉基《猶太之先知》。**2** 瑪拉基書《聖經舊約之一書；略作 Mal.》.

mal·a·chite [ˋmæləˌkaɪt; ˈmæləkait] *n.* Ⓤ《礦》孔雀石《綠色之銅礦；裝飾用》。

mal·ad·ap·ta·tion [ˌmælədæpˋteʃən, ˌmælædəp-; ˌmælædæpˈteiʃn] *n.* ⓊⒸ不充分〔不完全〕的適應。

mal·a·dapt·ed [ˌmæləˋdæptɪd; ˌmæləˈdæptid] *adj.* 不適應的，不適合的。

mal·a·dap·tive [ˌmæləˋdæptɪv; ˌmæləˈdæptiv] *adj.* 不適應的。

màl·adjústed *adj.* **1** 調節〔調整〕不良的。**2** 《心理》不能適應(環境)的，性格與環境不合的，心理失調的：a ~ child 一個心理失調的孩子。

màl·adjústment *n.* Ⓤ **1** 調節〔調整〕不良，失調。**2** 《心理》適應障礙，適應不良《謂患者不能充分適應環境》。

màl·admínister *v.t.* **1** (尤指)笨拙地〔不正當地〕處理〈公務〉，瞎搞，胡搞。**2** 把〈政治、經營等〉弄得一團糟，搞壞。

màl·administrátion 《maladminister 的名詞》—*n.* Ⓤ惡政，亂政；(公務、公事之)處理不善，管理不善；紊亂。

mal·a·droit [ˌmæləˋdrɔɪt; ˌmæləˈdrɔit←] *adj.* 笨拙的，拙劣的，愚蠢的。~·**ly** *adv.* ~·**ness** *n.*

mal·a·dy [ˋmælədɪ; ˈmælədi] 《源自拉丁文「身體情況不佳的」之義》—*n.* Ⓒ **1** 《文語》(尤指慢性之)疾病。**2** 弊病，弊端，弊害：a social ~ 社會的弊病〔歪風邪氣〕。

ma·la fi·de [ˋmeləˋfaɪdɪ; ˌmeiləˈfaidi] 《源自拉丁文》—*adj.* & *adv.* 不誠實的〔地〕；惡意的〔地〕。

Mal·a·gas·y [ˌmæləˋgæsɪ; ˌmæləˈgæsi←] *n.* (*pl.* ~, **-gas·ies**) **1** Ⓒ馬達加斯加(Madagascar)(共和國)人。**2** Ⓤ馬達加斯加語。
—*adj.* 馬達加斯加(人，語)的。

mal·aise [mæˋlez; mæˈleiz] 《源自法語「不適」之義》—*n.* Ⓤ〔又作 a ~〕**1** (無顯著病痛或症狀之)身體不適，微恙，不舒服，不快；抑鬱：I feel (*a certain*) ~. 我感覺(有些)不舒服。**2** 萎靡，不振：*a* general economic ~ 普遍的經濟蕭條。

mal·a·prop·ism [ˋmæləprɑpˌɪzəm; ˈmæləprɔpizəm] 《源自 Sheridan 戲劇 *The Rivals* 中 Mrs. Malaprop 常滑稽地誤用字語之習慣》—*n.* **1** ⓊⒸ文字之滑稽的誤用《如 a nice arrangement of epithets 誤用爲 a nice *derangement* of *epitaphs* 等》。**2** Ⓒ被滑稽地誤用之字語。

mal·ap·ro·pos [ˌmælæprəˋpo; ˌmælˈæprəpou, ˌmælæprəˈpou] *adv.* 不合時宜地，時機不當地，不湊巧地。
—*adj.* 不合時宜的，時機不當的，不湊巧的。

ma·lar·i·a [məˋlɛrɪə; məˈlɛəriə] 《源自義大利語「毒氣」之義；昔時認爲瘧疾係因沼澤地之瘴氣所致》—*n.* Ⓤ《醫》瘧疾；瘴氣。

ma·lar·i·al [məˋlɛrɪəl; məˈlɛəriəl], **ma·lari·an** [məˋlɛrɪən; məˈlɛəriən], **ma·lar·i·ous** [məˋlɛrɪəs; məˈlɛəriəs] 《malaria 的形容詞》—*adj.* **1** 瘧疾(性)的，瘴氣的；罹患瘧疾的：*malarial* fever 瘧疾熱《患瘧疾時所發之高燒》。**2** 〈地區等〉瘧疾流行的。

Ma·la·wi [məˋlawɪ; mɑːˈlɑːwi] *n.* 馬拉威《位於非洲東南部，爲大英國協之一獨立共和國；首都里郎威(Lilongwe [lɪˋlɔŋwe; liˈlɔːŋwei])》. ~·**an** [-wɪən; -wiən] *adj.*

Ma·lay [məˋle, ˋmele; məˈlei] *adj.* **1** 馬來半島的。**2** 馬來人〔語〕的。
—*n.* **1** Ⓒ馬來人。**2** Ⓤ馬來語。

Ma·lay·a [məˋleə; məˈleiə] *n.* **1** 馬來半島。**2** 馬來亞《地處馬來半島南部，爲馬來西亞一地區》。

Ma·lay·an [məˋleən; məˈleiən] *n.* Ⓒ馬來聯邦人。
—*adj.* =Malay.

Maláy Archipélago *n.* 〔the ~〕馬來羣島。

M

Maláy Península *n.* [the ~]馬來半島。
Ma·lay·si·a [məˋleʃə, -ʒə; məˈleiziə, -ʒə] *n.* 馬來西亞。
the Federátion of Maláysia 馬來西亞聯邦《由馬來半島(Malaya)，沙勞越(Sarawak)，沙巴(Sabah [ˋsɑbɑ; ˈsɑ:bɑ:])等所組成之大英國協內一君主立憲國；首都吉隆坡(Kuala Lumpur)》。
Ma·lay·si·an [məˋleʃən, -ʒən; məˈleiziən, -ʒən] *adj., n.*
mal·con·tent [ˋmælkənˏtɛnt; ˈmælkənˌtent] *n.* Ⓒ不滿者；(尤指反對現狀、體制等之)不滿分子，反抗者；政治煽動者，反叛者。
—*adj.* =malcontented.
màl·conténted *adj.* 不平的，抱怨的；(尤指對現狀、體制等)不滿的，反叛的，反抗的。
mal·dis·tri·bu·tion [ˏmældɪstrəˋbjuʃən; ˌmældistriˈbju:ʃn] *n.* ⓊⒸ分配不當。
Mal·dives [ˋmældaɪvz; ˋmɔlˏdivz] *n.* 馬爾地夫《印度洋中一共和國；首都瑪律(Male [ˋmɑlɪ; ˈmɑ:lei])》。
‡**male** [mel; meil] (↔ female) *n.* Ⓒ **1 a** (與女性相對而言之)**男性**，男子，男人。**b** 雄性動物。**2** 雄性植物。
—*adj.* (無比較級、最高級) **1 a** (與女人相對而言的)**男人的**，男性的，男子的：the ~ sex 男性。**b** 雄的：a ~ dog 公狗。**2 a** 由男人組成的，全都是男人的。**b** 像男子漢的，有男子氣慨的。**3**《植物》只有雄蕊的。**4** [用在名詞前]《機械》陽的，凸的，雄的〈零件〉：a ~ screw 陽螺釘。**~·ness** *n.*
mal·e- [mælə-; mælə-] [複合用詞] 表示「惡、不良、錯誤」(↔ bene-)。
mal·e·dic·tion [ˏmæləˋdɪkʃən; ˌmæliˈdikʃn] *n.* Ⓒ《文語》**1** 詛咒。**2** 誹謗，壞話。
mal·e·fac·tion [ˏmæləˋfækʃən; ˌmæliˈfækʃn] *n.* ⓊⒸ罪惡，罪行，犯罪。
mal·e·fac·tor [ˋmæləˏfæktɚ; ˈmælifæktə] *n.* Ⓒ (★女性 **-tress** [-trɪs, -trəs; -tris])爲非作歹者，罪犯。
mále férn *n.* Ⓒ《植物》綿馬。
ma·lef·i·cent [məˋlɛfəsn̩t; məˈlefisnt, mæˈl-] *adj.* [用在名詞前] 有害的；做壞事的，邪惡的，犯罪的(↔ beneficent)。
ma·léf·i·cence [-sn̩s; -sns] *n.*
ma·lev·o·lence [məˋlɛvələns; məˈlevələns, mæˈl-] «malevolent 的名詞»**—***n.* Ⓤ惡意，敵意，怨恨，惡毒，狠毒，壞心腸。
ma·lev·o·lent [məˋlɛvələnt; məˈlevələnt, mæˈl-] *adj.* 有惡意的，惡毒的；幸災樂禍的(↔ benevolent)。**~·ly** *adv.*
mal·fea·sance [mælˋfizn̩s; mælˈfi:zns] *n.* **1** ⓊⒸ《法律》(尤指公務員之)瀆職，不法[不正當]行爲(cf. misfeasance)。**2** Ⓤ惡行；惡事。
màl·formátion *n.* **1** Ⓤ畸形，異常形態。**2** Ⓒ畸形[形態異常]之物；畸形部分。
màl·fórmed *adj.* 形態異常的，畸形的。
màl·fúnction *n.* Ⓒ(器官之)機能障礙，失調；(機器等之)故障。
—*v.i.* 〈器官、機械等〉發生故障，運作失常。
Ma·li [ˋmɑlɪ; ˈmɑ:li] *n.* 馬利《位於非洲西部之一共和國；原爲法屬蘇丹；首都巴馬科(Bamako [ˏbaməˋko; ˈbɑ:məkou])》。
Ma·li·an [ˋmɑlɪən; ˈmɑ:liən] *n., adj.*
mál·ic ácid [ˋmælɪk-, ˋmelɪk-; ˈmælik-] *n.* Ⓤ《化學》蘋果酸。
mal·ice [ˋmælɪs; ˈmælis] «源自拉丁文「惡，惡意」之義»**—***n.* Ⓤ **1** (意圖傷害對方之)**惡意**，敵意；怨恨，憎惡；惡毒：bear [have] ~ (*to* [*toward*] a person *for* something) (因某事而對某人)懷敵意[懷恨]。**2**《法律》(尤指殺人之)蓄意，預謀：with ~ aforethought 蓄意(★指預謀殺人)。
ma·li·cious [məˋlɪʃəs; məˈliʃəs] «malice 的形容詞»**—***adj.* 懷有惡意[敵意]的，壞心腸的，存心不良的：a ~ rumor 懷惡意的謠言。**~·ly** *adv.* **~·ness** *n.*
ma·lign [məˋlaɪn; məˈlain] *adj.* [用在名詞前] **1** 有害的〈影響等〉。**2** 惡意的。**3** 惡性的〈疾病〉。**—***v.t.* 誹謗，詆毀，中傷〈人〉。
ma·líg·nance [-nəns; -nəns] *n.* =malignancy.
ma·lig·nan·cy [məˋlɪgnənsɪ; məˈlignənsi] «malignant 的名詞»**—***n.* **1** Ⓤ强烈之惡意，敵意，怨恨。**2**《醫》**a** Ⓤ(疾病之)惡性。**b** Ⓒ惡性瘤。
ma·lig·nant [məˋlɪgnənt; məˈlignənt] *adj.* **1** 懷惡意[敵意]的；惡毒的：cast a ~ glance 以懷著惡意的眼光看一眼。**2**〈影響等〉極爲有害的。**3**《醫》〈疾病〉惡性的(↔ benign)：a ~ tumor 惡性瘤。**~·ly** *adv.*
ma·lig·ni·ty [məˋlɪgnətɪ; məˈlignəti] «malign 的名詞»**—***n.* **1 a** Ⓤ惡意，怨恨。**b** Ⓒ出於惡意之言行。**2** Ⓤ(疾病之)惡性。
ma·lin·ger [məˋlɪŋgɚ; məˈliŋgə] *v.i.* (尤指)〈士兵等〉(爲逃避勤務而)裝病。
mall [mɔl; mɔ:l] *n.* **1 a** Ⓒ有林蔭之散步用道路。**b** [**the M~**] [mæl; mæl]《英》倫敦聖詹姆斯(St. James)公園中多樹蔭的散步用道路《原爲鐵圈球(pall-mall)球賽場所》。**2** Ⓒ《美》**a** 行人專用之商店街。**b** (有冷暖氣設備之)購物中心；商場。**3** Ⓒ(高速公路上之)安全島。
mal·lard [ˋmælɚd; ˈmælɑ:d, -ləd] *n.* (*pl.* ~s, [集合稱] ~) **1** Ⓒ《鳥》野鴨。**2** Ⓤ野鴨肉。

mallard

mal·le·a·ble [ˋmælɪəbl; ˈmæliəbl] *adj.* **1** 〈金屬等〉可鍛的，可鎚展的：~ iron 可鍛鐵，韌性鐵。**2** 〈人、性情等〉柔順[順從]的，能適應的，易調教的。
mal·le·a·bil·i·ty [ˏmælɪəˋbɪlətɪ; ˌmæliəˈbiləti] *n.*
mal·let [ˋmælɪt; ˈmælit] *n.* Ⓒ **1** 木鎚。**2** 打馬球或槌球 (polo or croquet)用的長柄球槌。
mal·low [ˋmælo, -ə; ˈmælou] *n.* Ⓒ《植物》錦葵屬植物；(尤指)錦葵。

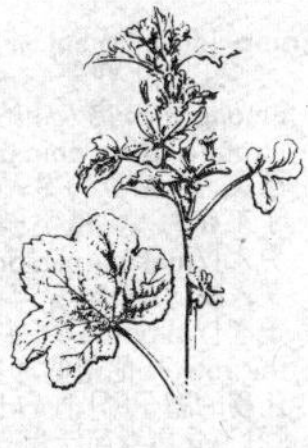
mallow

malm·sey [ˋmɑmzɪ; ˈmɑ:mzi] *n.* Ⓤ馬得拉(Madeira)白葡萄酒中最甜之一種。
màl·nóurished *adj.* 營養失調[不良]的。
màl·nutrítion *n.* Ⓤ營養失調[不良]。
màl·ódorous *adj.* **1** 有惡臭的。**2** 不被(法律、社會所)容許的，不被接受的。
mal·po·si·tion [ˏmælpəˋzɪʃən; ˌmælpəˈziʃn] *n.* Ⓤ《醫》錯位，異位。
màl·práctice *n.* ⓊⒸ **1** (醫師之)處置不當，醫療失當。**2**《法律》瀆職，怠忽職守，失職。
malt [mɔlt; mɔ:lt, mɔlt] *n.* Ⓤ **1** 麥芽《指將大麥、裸麥等浸於水中使其發芽後曬乾者；用以釀造啤酒或製營養劑、消化劑》。
2 (又作 **mált whìskey**)麥芽威士忌酒《以麥芽爲原料，使其發酵後蒸餾製成之威士忌酒》。
3 =malted milk.
—*adj.* [用在名詞前] (含)麥芽的；麥芽製的：~ extract 麥芽精《小孩、病人之營養劑》/~ liquor⇨liquor 1/~ sugar 麥芽糖。
—*v.t.* **1** 使〈大麥等〉成爲麥芽。**2** 以麥芽釀造〈酒〉。
—*v.i.* 〈大麥等〉成爲麥芽。
Mal·ta [ˋmɔltə; ˈmɔ:ltə, ˈmɔl-] *n.* **1** 馬爾他島《位於地中海西西里島(Sicily)之南》。**2** 馬爾他《以馬爾他島爲中心之大英國協一獨立共和國；首都法勒他(Valletta [vəˋlɛtə; vəˈletə])》。
mált·ed mílk *n.* Ⓤ麥芽乳《添加麥芽之奶粉》。
Mal·tese [mɔlˋtiz; ˌmɔ:lˈti:z] «Malta 之形容詞» **—***adj.* **1** 馬爾他(島)的。**2** 馬爾他人[語]的。
—*n.* (*pl.* ~) **1** Ⓒ馬爾他人。**2** Ⓤ馬爾他語。**3** (又作 **Máltese cát**)Ⓒ馬爾他貓《一種藍灰色、短毛之家貓》。**4** (又作 **Máltese dóg**)Ⓒ馬爾他狗《長毛白色，重約二至七磅之小狗；爲 spaniel 之一種》。

Maltese 4

Máltese cróss *n.* Ⓒ馬爾他十字(⇨cross 2 插圖)。
Mal·thus [ˋmælθəs; ˈmælθəs], **Thomas Robert** *n.* 馬爾薩斯《1766–1834；英國經濟學家》。
Mal·thu·sian [mælˋθuzɪən, -ˋθjuz-; mælˈθju:zjən, -ˈθu:-] «Malthus 的形容詞»**—***adj.* 馬爾薩斯(主義)的。
—*n.* Ⓒ馬爾薩斯主義者。
Mal·thú·sian·ìsm [-nˏɪzəm; -nizəm] *n.* Ⓤ馬爾薩斯主義[學說]，馬爾薩斯人口論。
malt·ose [ˋmɔltos; ˈmɔ:ltous] *n.* Ⓤ《化學》麥芽糖。
màl·tréat *v.t.* 虐待，苛待。
màl·tréatment «maltreat 的名詞»**—***n.* Ⓤ虐待，苛待。
malt·ster [ˋmɔltstɚ; ˈmɔ:ltstə] *n.* Ⓒ製造[販賣]麥芽(酒)者。
mal·ver·sa·tion [ˏmælvɚˋseʃən; ˌmælvə:ˈseiʃn] *n.* Ⓤ貪汚，受賄，營私舞弊；瀆職。
ma·ma [ˋmɑmə; məˈmɑ:] *n.* Ⓒ《兒語》媽媽。
mam·ba [ˋmɑmbə; ˈmɑ:mbə] *n.* Ⓒ《動物》一種棲於樹上的黑[綠]色大毒蛇《非洲產》。
mam·bo [ˋmɑmbo; ˈmɑ:mbou] *n.* Ⓒ (*pl.* ~s)曼波《帶有古巴(Cuba)式節奏之一種舞曲、舞步》。**—***v.i.* 跳曼波舞。
Mam·e·luke [ˋmæməˏluk; ˈmæmilu:k] *n.* **1** Ⓒ [**m~**] (回教國家之)奴隸。**2** 馬姆魯克《被賣到埃及的蘇丹奴隸，後謀反並曾統治埃及》。
mam·ma[1] [ˋmɑmə; məˈmɑ:] *n.* =mama.
mam·ma[2] [ˋmæmə; ˈmæmə] *n.* Ⓒ (*pl.* **-mae** [ˋmæmi; ˈmæmi:])《解剖》乳房。
mam·mal [ˋmæml; ˈmæml] *n.* Ⓒ**哺乳動物**。

M

mam·ma·li·an [mæˋmelɪən; mæˈmeiljən] *n.* Ⓒ哺乳動物。
—adj. 哺乳類(動物)的。
mam·ma·ry [ˋmæmərɪ; ˈmæməri] 《mamma² 的形容詞》**—adj.** 乳房的：~ cancer 乳癌/a ~ gland 乳腺。
mam·mog·ra·phy [məˋmɑgrəfɪ; məˈmɔgrəfi] *n.* Ⓤ乳房 X 光攝影術。
mam·mon [ˋmæmən; ˈmæmən] *n.* Ⓤ **1** (被認爲會帶來惡運的)財富。**2** [M~] (被人格化象徵物慾之)財神：worshipers of *M~* 拜金主義者。
mám·mon·ìsm [-nɪzəm; -nizəm] *n.* Ⓤ拜金[金錢萬能]主義。
mam·moth [ˋmæməθ; ˈmæməθ] *n.* Ⓒ **1** 《動物》猛獁《冰河時代之長毛巨象》。**2** 巨大之物。
—adj. [用在名詞前]巨大的，龐大的(huge)。
mam·my [ˋmæmɪ; ˈmæmi] *n.* Ⓒ **1** [也用於稱呼]《口語》媽咪(cf. daddy)。**2** 《美國南部》(昔日美國白人所雇用之)黑人保母[老媽子]。
‡**man** [mæn; mæn] *n.* (*pl.* **men** [mɛn; men]) **1 男人**：**a** Ⓒ(成年之)男人，男子(↔ woman)：*men* and women 男女/a ~ among *men* 男人中的男人。**b** Ⓤ[無冠詞當通稱用]男人：*M~* is stronger than woman. 男人比女人强壯。**c** Ⓒ有男子氣概的男人，已長大可自立的男人；像個男人樣子的男人，男子漢，大丈夫；了不起的人，重要[著名]的人：Be a ~. 要做個男子漢[要像個男人]/make a person a ~ 〈勞苦等〉使某人成爲一個男子漢，使某人成功/make a ~ (out) of a person 使某人成大人[堂堂的男子漢]/play the ~ 表現得像個男子漢/Is he ~ enough to play the role？ 他是個足夠擔當這項任務的男子漢嗎[他有挑起這個任務的膽子嗎]？《★用法 man 在 enough 之前無冠詞》。**2 人**：**a** Ⓒ(不分男女而泛指一般的)人《★用法 通常複數形多用 people》：All *men* must die. (凡是)人都免不了死/What can a ~ do in such a case？一個人在這種情形之下能怎麼辦？/any ~ 任何人/no ~ 無人…，任何人都不…。**b** Ⓒ(有某種工作、性格等之)人：a ~ of action 行動派的人，實幹的人/a ~ of science 科學家/a medical ~ 醫學家/a ~ of affairs 事務家；實務家/a ~ of all trades 萬事通/a ~ of letters 文學家，作家/a ~ of the world 熟悉世故的人，善於處世的人。**c** Ⓤ[無冠詞當通稱用](與其他動物區別而稱之)人類，人(mankind)：*M~* is mortal. 人皆會死/*M~* cannot live by bread alone. 人活著不是單靠食物《★出自聖經新約「路加福音」》。**d** [**the** (**very**) ~, **one's** ~] 正合適的人(選)：He is *the* (*very*) ~ *for* the job. 他(正)是這個工作的合適人選/He is *the* ~ *to* do a thing like that. 他就是正適合做那個工作的人/If you want to sell, I'm your ~. 如果你要賣，我買。**3** Ⓒ **a** [常 ~**and wife**]夫婦：They are [became] ~ *and wife.* 他們是[成爲]夫妻。**b** 《口語》與女人同居之男子，愛人，情夫。**4** Ⓒ **a** 男傭，男僕。**b** [**men**]工人，雇工，員工，傭人；部屬，手下：masters and *men* 主人與僕人/Stanley's *men* 史丹利的部屬。**c** [常 **men**]兵，水兵，士官兵：officers and *men* 軍官與士官兵，官兵們。**5** Ⓒ(大學)在校之男學生，(在學或已畢業之)(男)校友：an Oxford ~ 牛津大學學生[校友]。**6** [**the** ~, **the M~**]《美俚》**a** 警察，警員。**b** 老闆《黑人稱其白人老闆》；大老闆，重要人物。**7** Ⓒ(西洋棋等之)棋子。**8** [用於稱呼]老兄，喂，朋友(cf. *interj.*)：My (good) ~！喂！《對下輩之稱呼》/my little ~ 小弟弟/old ~ 老兄/Hurry up, ~！《口語》喂，趕快！
as a mán (1)做爲一個男人[人]。(2)=as one MAN.
as óne mán 全體一致地。
be one's **ówn mán** (1)不受他人的支配，獨立自主。(2)腦筋清楚，能自制。
betwèen mán and mán 男人與男人之間(的)。
mán abòut tówn 酒色之徒，花天酒地之人，花花公子。
mán and bóy [當副詞片語用]從小到大：I've lived here ~ *and boy* (for) nearly 60 years. 我從小到大已在這兒住了將近六十年了。
mán for mán 如果一個對一個[個別地]比較：*M~ for man* our team is better than theirs. 如果(隊員)個別地比較，我隊比他們强。
mán of Gód (1)聖者。(2)神職人員，教士，牧師。
mán to mán (1)率直地，坦誠地。(2)=MAN for man.
of áll mén ⇨of.
the mán in the móon (1)月中之人《★英美人自古將月球表面之斑點想成人面》：I know no more about it than *the* ~ *in the moon.* 關於這件事我一無所知。(2)假想之人物。
the mán in [《美》**on**] **the stréet** (1)一般人，普通人，販夫走卒。(2)輿論(之代表者)。
to a mán (1)到最後一人。(2)全體一致，皆；徹底地。
to the lást mán 到最後一人。
—v.t. (**manned**; **man·ning**) **1** [十受] **a** (爲勤務、防禦而)在〈工作崗位〉布置人[人員，兵，警員(等)]。**b** 給〈船、人造衛星等〉配備人員：~ a ship 給船配備船員。**c** 使人就…之工作位置[崗位]：~ the oars 使船員就操槳位置/*M~* the guns！就操砲位置！**2** [十受(十介十(代)名)] [~ one*self*] 振作起來，打起精神，鼓起勇氣[以對付…] [*for*]：He *manned himself* ***for*** the ordeal. 他鼓起勇氣接受那嚴酷的考驗。
—*interj.* 《俚》[表示驚訝、狂熱等]哎呀！嗬！：*M~*, what a place！嗬，什麼鬼地方！
Mán [mæn; mæn], **the Ísle of** *n.* 曼島《在愛爾蘭海(Irish Sea)中，屬英國；首府道格拉斯(Douglas)；略作 I.O.M., I.M.；cf. Manx》。
-man [-mən, -mæn; -mən, -mæn] (*pl.* **-men** [-mən, -mɛn; -mən, -men]) 《★通常單數形之發音爲 [-mən; -mən] 時複數形爲 [-mən; -mən]，單數形爲 [-mæn; -mæn] 時複數形爲 [-mɛn; -men]》[名詞複合用詞] **1** 表示「…國人」「住於…之男人」：English*man*；country*man.* **2** 表示「職業、身分」等(cf. -woman)：police*man.* **3** 表示「…船」：merchant*man.*
man·a·cle [ˋmænəkl̩, -ɪkl̩; ˈmænəkl] *n.* Ⓒ [常 ~**s**] **1** 手銬。**2** 束縛。
—*v.t.* **1** 給〈人〉上手銬。**2** 束縛〈人等〉。
‡**man·age** [ˋmænɪdʒ; ˈmænidʒ] 《源自義大利語「以手訓練馬，以手操縱」之義》**—*v.t.*** **1** [十受] **經營**，管理〈事業等〉；處理〈家務等〉。**2** [十受] **巧妙地(使)用**〈人、工具〉，巧妙地應付[支配]…，駕馭〈馬等〉；操縱，駕駛〈船等〉：Though he's short-tempered, his wife ~*s* him with ease. 雖然他脾氣暴躁，他太太卻能輕易地對付他。
3 a [十 *to* do] 設法〈做…〉，總算…，把…處理好：I ~*d to* get out at the right station. 我總算在目的站下了車/Did you ~ *to* find the house？那棟房子你最後找到了沒有？**b** [十受] 勉强裝〈笑容等〉：~ a smile 勉强露出笑容。**c** [十 *to* do]《反語》愚蠢得〈做…〉：He ~*d to* make a mess of it. 他眞不錯，(弄了半天)把事情弄得一團糟。
4 [十受] [與 can, could, be able to 連用]《口語》處理…，收拾…，整理…；吃…：I *can* ~ my affairs. 我能處理自己的事務/*Can* you ~ a few more cherries？你能再吃幾個櫻桃嗎？
—*v.i.* **1** 處理事務，辦事，經營，管理。
2 a [動(十介十(代)名)] [以…]設法維持下去[*with*]：I think I can ~ by myself. 我想我能獨力應付/***With*** a hundred dollars I could ~. 假如有一百美元，我就有辦法。**b** [十介十(代)名] [沒有…而]設法應付[*without*]：She won't be able to ~ ***without*** help. 沒有人幫助，她將應付不了。
man·age·a·ble [ˋmænɪdʒəbl̩; ˈmænidʒəbl] *adj.* 易於使用的；易於駕[統]御的，溫順的；易於處理的，易於管理的。
man·age·a·bil·i·ty [ˏmænɪdʒəˋbɪlətɪ; ˌmænidʒəˈbiləti] *n.*
man·age·ment** [ˋmænɪdʒmənt; ˈmænidʒmənt] 《manage 的名詞》**—*n. **1** Ⓤ **a 經營**，管理，支配。**b** 經營[支配]能力，經營手腕：His success was attained more by luck than ~. 他的成功不是靠他的經營能力而是靠運氣。
2 Ⓤ **使用**，**駕御**，**統御**，**操縱**：His ~ of the machine was skilled. 他操作機器(的技術)熟練。
3 Ⓤ應付，設法安排；權謀術數，計策；技巧，手腕，手段。
4 a Ⓒ [集合稱]經營幹部，管理階層，資方《★用法 視爲一整體時當單數用，指個別成員時當複數用》：between labor and ~ 在勞方與資方之間/Successful business requires strong ~(*s*). 成功的事業，需要强有力的管理階層。**b** [**the** ~] 資方，公司：*The* ~ refused to come to terms. 資方拒絕妥協。
‡**man·ag·er** [ˋmænɪdʒɚ; ˈmænidʒə] *n.* Ⓒ **1 a 經理**；經營者；幹事，主任；(銀行之)分行經理；經紀人；監督；部長，局長。**b** (戲劇、劇團之)製作人；老板。
2 [常與修飾語連用]處理事務者；理財者；管家務者：a good [bad] ~ 善於[不善於]理財[處理事務]者，好[拙劣的]管家。
3 [~s]《英議會》兩院交涉委員。
man·ag·er·ess [ˋmænɪdʒərɪs; ˌmænidʒəˈres, ˈmænidʒəres] *n.* Ⓒ 女性的 manager.
man·a·ge·ri·al [ˏmænəˋdʒɪrɪəl; ˌmænəˈdʒiəriəl⁻] 《manager 的形容詞》**—*adj.*** [用在名詞前] **1** 經理[經營者，管理人]的：a ~ error 管理者之過失。**2** 使用[操縱]上的；管理[經營]上的，處理的，辦理的。
mán·ag·ing éditor *n.* Ⓒ(報社、出版社等之)總編輯。
Ma·na·gua [mɑˋnɑgwə; məˈnɑ:gwə] *n.* 馬拿瓜《尼加拉瓜(Nicaragua)之首都》。
man·a·kin [ˋmænəkɪn; ˈmænəkin] *n.* Ⓒ《鳥》侏儒鳥《中南美產的雀形目侏儒鳥科鳥類》。
ma·ña·na [mɑˋnjɑnɑ; mɑ:ˈnjɑ:nɑ:] 《源自西班牙語 'morning' 之義》**—*adv.*** 明天；不久以後，日後，改天。**—*n.*** Ⓤ明天。
mán-at-árms *n.* Ⓒ(*pl.* **men-at-arms**) (尤指中世紀之)重騎兵。
man·a·tee [ˏmænəˋti; ˌmænəˈti:] *n.* Ⓒ《動物》海牛《生長於西印度羣島、墨西哥灣一帶的一種水生哺乳動物》。

M

Man·ches·ter [ˋmænˏtʃɛstɚ, -tʃɪstɚ; ˈmæntʃistə, -tʃestə,-tʃəstə] *n.* 曼徹斯特《英格蘭大曼徹斯特郡(Greater Manchester)中之一工商業都市；爲紡織業中心》。

Mánchester gòods *n. pl.* 棉製品。

Mánchester Schòol *n.* [the ~] 曼徹斯特學派《英國十九世紀前半世紀之一經濟學派；提倡自由貿易》。

mán·chìld *n.* Ⓒ(*pl.* **men-children**)兒子，男孩。

Man·chu [mænˋtʃu; ˌmænˈtʃu:] *n.* **1** (*pl.* ~**s**, [集合稱] ~)中國的滿族人。**2** 滿族人所通用之通古斯(Tungus)語言。

—*adj.* 滿族人的；滿族語的。

Man·chu·ri·a [mænˋtʃurɪə; mænˈtʃuəriə] *n.* 滿州《中國東北部之舊稱》，(中國之)東北(九省)。

Man·chur·i·an [mænˋtʃurɪən; mænˈtʃuəriən] *adj., n.*

man·ci·ple [ˋmænsəpḷ; ˈmænsipl] *n.* Ⓒ(大學、寺院等之)伙食管理員。

-man·cy [-mænsɪ; -mænsi] [名詞複合用詞]表示「占卜」「預兆」：necro*mancy*.

man·da·mus [mænˋdeməs; mænˈdeiməs] *n.* Ⓒ(*pl.* ~**·es**)《法律》(給下級法院的)命令書；命令狀。

man·da·rin [ˋmændərɪn; ˈmændərin] *n.* **1** Ⓒ **a** 滿淸官吏。**b** 擺架子的官員；達官，政要，大官；保守[墨守成規]的官吏。**c** (文壇等之)泰斗，耆宿。**2** [M~] Ⓤ中國官話，國語《中國之標準語》。**3** Ⓒ **a** 《植物》橘《柑橘類植物》。**b** (又作 **mándarin órange**)橘子《mandarin 之果實》。

—*adj.* [用在名詞前] **1** 中國式的〈衣領〉《指狹窄之立領》。**2** 過分精雕細琢的〈文體〉。

mándarin dúck *n.* Ⓒ《鳥》鴛鴦。

man·da·tar·y [ˋmændəˏtɛrɪ; ˈmændətəri] *n.* Ⓒ **1** (國際聯盟之)受任託管之國家。**2** 《法律》受託者[國]；代理人[國]。

man·date [ˋmændet, -dɪt; ˈmændeit, -dit] «源自拉丁文「置於手中」之義»**—***n.* Ⓒ **1** 命令，指令：It's the doctor's ~. 這是醫師的命令[是醫師交待的]。**2** (上級法院對下級法院所發出之)執行[訓]令。**3** [常用單數] (選民給與[對]議會或議員之)權限[要求]：accept a popular ~ 接受民衆所給與的權限。**4** (第一次世界大戰後國際聯盟之)託管(地)。

—*v.t.* 〔十受(十介十(代)名)〕將〈領土〉委託〔給…〕管理〔*to*〕.

mán·dat·ed *adj.* (國際聯盟)指定委託統治[管理]的，託管的：a ~ territory 委託統治地，託管地。

man·da·to·ry [ˋmændəˏtorɪ, -ˏtɔrɪ; ˈmændətəri] «mandate 的形容詞»**—***adj.* **1** 命令的。**2** 委任[委託]的；受託的：a ~ power (國際聯盟之)受託管理國/~ rule [administration]委託統治[管理]。**3** 義務性的，不能自由選擇的，强迫的，必須的：a ~ clause 强制條款/It's ~ to pay taxes. 繳稅是義務性的。

—*n.* ＝mandatary.

mán·dày *n.* Ⓒ(*pl.* ~**s** [-z; -z])一人一天所做之工作量；工作日。

man·di·ble [ˋmændəbḷ; ˈmændibl] *n.* Ⓒ **1** 《解剖·動物》下巴；下顎骨。**2** (節足動物之)大顎。**3** 《鳥》鳥嘴的上[下]喙。

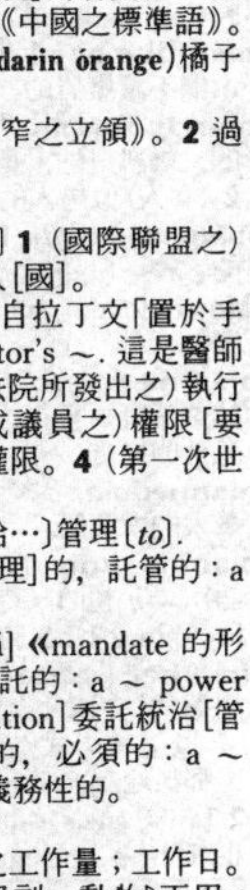

mandolin

man·do·lin [ˋmændḷˏɪn; ˈmændəlin], **man·do·line** [ˋmændḷˏɪn, ˏmændḷˋin; ˌmændəˈli:n] *n.* Ⓒ《音樂》曼陀林(琴)《一種類似琵琶之弦樂器》。

man·drag·o·ra [mænˋdrægərə; mænˈdrægərə] *n.* ＝mandrake.

man·drake [ˋmændrɪk, -drek; ˈmændreik] *n.* Ⓒ **1** 《植物》曼陀羅花《產於地中海地區之一種有毒植物；其根曾被用作催眠劑、春藥等》。**2** 曼陀羅花之根。

man·drel, man·dril [ˋmændrəl, -drɪl; ˈmændril] *n.* Ⓒ **1** 《礦》尖頭鋤，十字鎬(pick). **2** 《機械》(車牀之)心軸。**3** (鑄造用之)心砧，心軸。

man·drill [ˋmændrɪl; ˈmændril] *n.* Ⓒ《動物》山魈《原產於西非的大狒狒，有似狗鼻的鼻子，顏色鮮艷的臉和臀部是牠的特徵》。

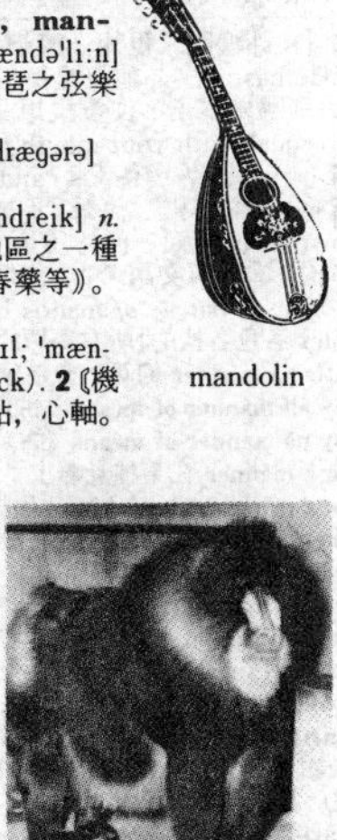

mandrill

mane [men; mein] *n.* Ⓒ **1** (馬或獅子等之)鬃。**2** 長而濃密之頭髮；長髮。~**d** *adj.*

mán·èater *n.* Ⓒ **1** 食人者，食人之野蠻種族。**2** 食人動物《虎、獅、鯊魚等》。**3** 《口語》有咬人癖性之馬。

mán·èating *adj.* [用在名詞前]食人的：a ~ tiger 食人虎。

ma·nège, ma·nege [mæˋnɛʒ, -ˋneʒ; mæˈneiʒ] «源自法語 'manage' 之義»**—***n.* **1** Ⓤ馬術，馴馬(術)。**2** Ⓒ馬術學校。**3** Ⓤ受過調教之馬的動作[步伐]。

Ma·net [məˋne; məˈnei], **É·douard** [eˋdwɑr; eiˈdwɑ:] *n.* 馬奈《1832–83；法國印象派畫家》。

ma·neu·ver [məˋnuvɚ; məˈnu:və] «源自拉丁文「用手工作」之義»**—***n.* Ⓒ **1 a** (軍隊、艦隊等之)**機動**(作戰)，戰術性調動，部署，換防。**b** [常 ~s]《軍》大演習，機動演習。**c** (船、汽車、飛機等之)巧妙的操縱。**2** (用以脫險、欺詐對方等之)技倆，巧計，花招，策略。

—*v.i.* **1 a** 〔動(十副詞(片語))〕〈軍隊等〉(戰術性地)(向…)移動，移防：The troop ~*ed along to* the hilltop. 部隊向山丘頂移動。**b** 演習。

2 〔動(十介十(代)名)〕〔爲…而〕用策略[花招]〔*for*〕：Politicians ~*ed* **for** position. 政客爲爭地位而耍弄花招。

—*v.t.* **1 a** 〔十受(十副詞(片語))〕(戰術性地)調遣，調動〈軍隊等〉：~ the soldiers *across* a river 調兵渡河。**b** 〔十受〕使…演習。**2 a** 〔十受十介十(代)名〕巧妙地操縱而使…〔進入…中〕；計誘使…〔做…〕〔*into*〕：He ~*ed* his car ***into*** the garage. 他很有技巧地把車子開進車庫。**b** 〔十受十介十(代)名〕巧妙地操縱而使…〔出…外〕[使…〔離開…〕]〔*out of*〕：He ~*ed* his car ***out of*** the narrow street. 他巧妙地把車子駛離狹窄的街道。**c** 〔十受十介十(代)名〕[~ one*self*] 巧妙地(逃)離〔…〕〔*out of*〕：He ~*ed himself* ***out of*** the quarrel. 他巧妙地擺脫[退出]那場爭吵。**d** 〔十受十副(十介十(代)名)〕巧妙地操縱而使…〔自…〕出外[離去]〈*out, away*〉〔*from*〕：He ~*ed* his boat ***away from*** the shoals. 他巧妙地操舟離開淺灘。**e** 〔十受十副(十介十(代)名)〕[~ one*self*] 巧妙地〔自…〕(逃)出[離]去〈*out, away*〉〔*from*〕：He ~*ed himself* ***away from*** danger. 他巧妙地脫險。

ma·neu·ver·a·ble [məˋnuvərəbḷ; məˈnu:vərəbl] *adj.* (有)機動(性)的；可調遣的，可演習的；(尤指)〈汽車等〉易操縱[駕駛]的；可操縱的：a ~ car 易操縱[操縱靈巧]的汽車。**ma·neu·vera·bil·i·ty** [məˏnuvərəˋbɪlətɪ; məˌnu:vərəˈbiləti] *n.*

mán Fríday «源自「魯濱遜漂流記(*Robinson Crusoe*)」中魯濱遜之忠僕名» **—***n.* Ⓒ(*pl.* **men Friday(s)**)忠實的僕人[助手]；心腹部下(cf. girl Friday).

man·ful [ˋmænfəl; ˈmænful] *adj.* 有男子氣慨的，勇敢的；果斷的；剛毅的。

~·ly [-fəlɪ; -fuli] *adv.* **~·ness** *n.*

man·ga·nese [ˋmæŋgəˏnis,-ˏniz; ˈmæŋgəni:z] *n.* Ⓤ《化學》錳《金屬元素；符號 Mn》.

mánganese nodúle *n.* Ⓒ錳塊。

mange [mendʒ; meindʒ] *n.* Ⓤ《獸醫》(狗、牛等之)皮癬，疥癬《一種皮膚病，會使毛掉落》。

man·gel [ˋmæŋgḷ; ˈmæŋgl] *n.* (又作 **mángel-wùrzel** [-ˏwɝzl; -ˌwə:zl])Ⓒ《英》《植物》一種甜菜《用作家畜飼料》。

man·ger [ˋmendʒɚ; ˈmeindʒə] *n.* Ⓒ餵牛或馬用之飼料槽，秣桶。

manger

man·gle[1] [ˋmæŋgḷ; ˈmæŋgl] *v.t.* **1** 剁[切，砍，撕]碎…《★常用被動語態》：The body *was* found horribly ~*d.* 屍體被發現時已被砍得血肉模糊。**2** (因錯誤或不適當之引用等)使〈文章等〉不知所云；糟蹋〈音樂演奏等〉，破壞…。

man·gle[2] [ˋmæŋgḷ; ˈmæŋgl] *n.* Ⓒ **1** (洗完衣物後使用之)絞乾機。**2** (將洗淨之牀單等軋平之)軋平機，軋光機。

—*v.t.* 用絞乾機[軋平機，軋光機]絞乾[軋平，軋光]〈衣服等〉。

man·go [ˋmæŋgo; ˈmæŋgou] *n.* Ⓒ (*pl.* ~**es**, ~**s**) **1** 《植物》芒果樹。**2** 芒果。

man·go·steen [ˋmæŋgəˏstin; ˈmæŋgousti:n] *n.* Ⓒ **1** 《植物》山竹果樹《東南亞產之常綠喬木》。**2** 山竹果《與在東南亞被稱爲水果之王的榴槤果(durian [durion])相對地被稱爲水果女王》。

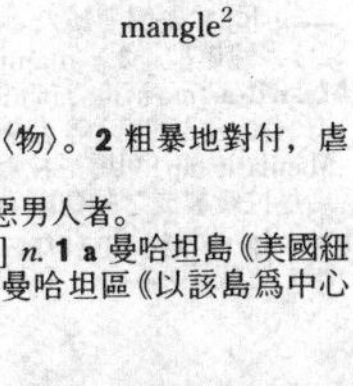

mangle[2]

man·grove [ˋmæŋgrov; ˈmæŋgrouv] *n.* Ⓒ紅樹林《紅樹科五梨跤屬，長在熱帶、亞熱帶海岸或河岸的矮樹》。

man·gy [ˋmendʒɪ; ˈmeindʒi] «mange 的形容詞»**—***adj.* (**mangi·er**; **-gi·est**) **1** 〈動物等〉患皮癬的。**2 a** 掉了毛的。**b** 骯髒的，齷齪的；寒酸的。

mán·hàndle *v.t.* **1** 用人力運轉[推動]〈物〉。**2** 粗暴地對付，虐待〈人〉；粗魯地使用〈物〉。

mán·hàter *n.* Ⓒ **1** 憤世嫉俗者。**2** 厭惡男人者。

Man·hat·tan [mænˋhætṇ; mænˈhætn] *n.* **1 a** 曼哈坦島《美國紐約市(New York City)內之一島》。**b** 曼哈坦區《以該島爲中心

M

之紐約市一行政區(borough)，爲該市主要商業地區》。**2** [常 **m~**] Ⓤ[指個體時爲Ⓒ] 曼哈坦鷄尾酒《以威士忌、加味白葡萄酒、苦味酒等調製成之一種鷄尾酒》。

mangrove

Manháttan Dístrict *n.* [the ~] 曼哈坦區《美國政府於第二次世界大戰中的原子彈研究總部》。

Manháttan Pròject *n.* [the ~]《美國史》曼哈坦計畫《美國政府於第二次世界大戰中的原子彈研究計畫》。

mán·hòle *n.* Ⓒ出入孔《下水道中供修護工人出入之孔道》。

mán·hòod *n.* **1** Ⓤ成人，成年；成人時期：arrive at [come to] ~ 成年/be in the prime of ~ 正當盛年，在壯年時期。**2** Ⓤ **a** 男子氣槪；勇氣，剛毅。**b**《委婉語》(男人之)性能力，精力。**3** Ⓤ[集合稱]《罕》(一國之)成年男子 [*of*]《★用法視爲一整體時當單數用，指全部個體時當複數用》。

mán-hóur *n.* Ⓒ(*pl.* ~s) 人時《一個人一小時之工作量》。

mán·hùnt, mán hùnt *n.* Ⓒ(有組織之)搜捕逃犯。

ma·ni·a [ˋmenɪə; ˈmeinjə] *n.* **1** Ⓤ《醫》癲狂；狂亂。**2** Ⓒ狂熱，熱中 [*for*]《★比較中文中之「…狂」指病態或指人，但 mania 不指人；cf. maniac》：a ~ *for* collect*ing* stamps 對集郵之狂熱愛好。**3** Ⓤ [構成複合字] **a** …狂：klepto*mania*. **b** 狂癖：biblio*mania.*

ma·ni·ac [ˋmenɪæk; ˈmeiniæk] *adj.* 狂亂的，癲狂的。
—*n.* Ⓒ **1** 瘋子。**2** 熱中者，…迷：fishing ~*s* 釣魚迷/a homicidal ~ 殺人狂。

ma·ni·a·cal [məˋnaɪək]; məˈnaiəkl] *adj.* =maniac.
~·ly [-klɪ; -kəli] *adv.*

man·ic [ˋmenɪk, ˋmænik; ˈmænik] *adj.* **1**《醫》(患)癲狂的。**2** 熱烈的，狂熱的。
—*n.* Ⓒ癲狂者。

mánic-depréssive *adj.*《醫》患躁鬱症的，癲狂與抑鬱交替發作的。**—*n.*** Ⓒ患躁鬱症之人，時而興奮時而抑鬱之人。

man·i·cure [ˋmænɪˌkjur; ˈmænikjuə] «源自拉丁文「手之修整」之義»**—*n.*** ⓊⒸ修(手)指甲，修指甲術：have [take] a course in ~ 學習修指甲/have a ~ 請人修指甲。
—*v.t.* **1** 爲…修指甲：~ one's nails 修指甲。**2**《口語》修剪〈草坪、樹籬〉：neatly ~*d* lawns 修剪得整齊的草坪。

mán·i·cùr·ist [-ˌkjurɪst; -ˌkjuərist] *n.* Ⓒ修指甲師。

man·i·fest [ˋmænəˌfɛst; ˈmænifest] «源自拉丁文「被用手打的」→「明顯的」之義»**—*adj.*** (無比較級、最高級) **明白的，顯然的，明顯的**：It was ~ *to* us at a glance. 我們對此事一目了然/Sorrow was ~ on her face. 她臉上露出悲哀。
—*v.t.* [十受] **1** 明示；證明…：~ the truth of a statement 證明陳述爲眞實。**2** 顯露，表明，顯示〈感情等〉：~ displeasure [impatience, contentment] 顯露不滿 [急躁，滿足]。**3** [~ one*self*]〈徵候、鬼魂等〉出現：The tendency ~*ed itself* in many ways. 這個趨勢以許多種方式出現 [出現於多方面]。**4**《商》將〈載貨次數、量等〉記入載貨單。
—*v.i.* 〈鬼魂等〉出現。
—*n.* Ⓒ **1**《商》(船、飛機之)載貨淸單。**2** 旅客名單。
~·ly *adv.*

man·i·fes·ta·tion [ˌmænəfɛsˋteʃən; ˌmænifeˈsteiʃn] «manifest 的名詞»**—*n.*** **1 a** Ⓤ顯示，明示，表明。**b** Ⓒ出現，顯露，徵候 [*of*]. **2** Ⓒ (政府、政黨等之)政見發表；(以政治訴求爲目的之)示威行動，示威運動。**3** Ⓒ顯靈；顯形之靈魂。

man·i·fes·to [ˌmænəˋfɛsto; ˌmæniˈfestou] «源自義大利語»**—*n.*** Ⓒ(*pl.* ~s, ~es) (政黨、政府等之)宣言，聲明(書)。

man·i·fold [ˋmænəˌfold; ˈmænifould] «源自古英語 many (許多的)與 -fold (倍[層]的)之義»**—*adj.*** **1** 多樣的，許多的。**2** 種種的，多方面的。
—*n.* Ⓒ **1** 多樣之物。**2** (用複印機[紙]印出之)複印本。**3**《機械》(內燃機上通氣用的)歧管。
—*v.t.* 用複印機[紙]複印(多份)〈信件等〉《★比較現在一般多用 duplicate》.
~·ly *adv.* **~·ness** *n.*

man·i·kin [ˋmænəkɪn; ˈmænikin] «源自荷蘭語「侏儒」之義»**—*n.*** Ⓒ **1** 侏儒，矮人。**2 a** 人體解剖模型。**b** (美術室、時裝店之)人體模型。**3** =mannequin.

Ma·nil·a [məˋnɪlə; məˈnilə] *n.* **1** 馬尼拉《菲律賓之首都；與奎松市(Quezon City)等合併成爲 Metropolitan Manila》. **2** (又作 **Manila hémp**) Ⓤ馬尼拉麻。**3** (又作 **Manila rópe**) Ⓒ馬尼拉繩《用馬尼拉麻製成之强韌繩索》。

ma·nip·u·late [məˋnɪpjəˌlet; məˈnipjuleit] «manipulation 的動詞；逆成字»**—*v.t.*** **1** (用手)靈巧地使用，操縱，操作〈機器、工具等〉：~ the levers of a machine 操縱機器的槓桿[操縱桿]。**2 a** 巧妙地處理〈問題、事件等〉。**b** 巧妙地操縱，左右〈市場、行情、輿論、人等〉：~ stocks [public opinion] 操縱股市[輿論]。**3** 竄改〈帳目、帳簿等〉，在…上做手腳：~ figures 在數字上做手腳/~ accounts 竄改帳目。

ma·níp·u·là·tive [-ˌletɪv; -lətiv] *adj.*

ma·nip·u·la·tion [məˌnɪpjəˋleʃən; məˌnipjuˈleiʃn] *n.* ⓊⒸ **1** 巧妙的使用或操縱。**2**《商》市場[市價]的操縱，哄抬。**3** 竄改，做手腳。

ma·níp·u·là·tor [-tɚ; -tə] *n.* Ⓒ **1** 能用手靈巧地使用的人。**2 a** 操縱者：a ~ of minds 巧妙地左右他人之心的人。**b** 竄改者。**3** (處理核子物質等之)遙控器。

Man·i·to·ba [ˌmænəˋtobə; ˌmæniˈtoubə] *n.* 曼尼托巴省《加拿大中部之一省，省府溫尼巴(Winnipeg [ˋwɪnəˌpɛg; ˈwinipeg])》.

‡man·kind [mænˋkaɪnd; mænˈkaind] *n.* Ⓤ[集合稱] **1 人類，人**《★用法視爲一整體時當單數用，指全部個體時當複數用；通常當單數用；用代名詞代表時用 it》：all ~ 全人類/love for ~ 對人類的愛/*M~* owes immense benefits to Jenner. 人類受到金納的極大恩惠《金納(Edward Jenner, 1749–1823)爲英國醫師，痘苗免疫之發現者》。
2 [ˋmænˌkaɪnd; ˈmænkaind]《罕》男性；男子《★用法與義 1 同；↔ womankind》.

mán·lìke *adj.* **1** 似人的。**2 a** 似男人的；有男子氣槪的。**b**〈女人〉巾幗不讓鬚眉的，堅强不遜於[勝過]男人的。

man·ly [ˋmænlɪ; ˈmænli] *adj.* (**man·li·er**; **-li·est**) **1 有男子氣槪的，雄糾糾的，勇敢的，强壯的，剛毅的，**(行爲)適合男人的。**2**〈女人〉似男人的，不讓鬚眉的。**mán·li·ness** *n.*

mán-máde *adj.* **1** 人造的，人工的：a ~ lake 人工湖。**2** 合成的：a ~ fiber 合成纖維。

Mann [mæn; mæn], **Thomas** *n.* 麥恩《1875–1955；德國小說家》。

man·na [ˋmænə; ˈmænə] *n.* Ⓤ **1**《聖經》嗎哪《古昔以色列人在阿拉伯荒野所獲得之天降的食物》。**2 a** 神賜之食物；精神食糧。**b** 意外的好處。

manned *adj.* 〈太空船等〉載人的；有人駕駛的：a ~ spacecraft 載人的太空船。

man·ne·quin [ˋmænəkɪn; ˈmænikin] «源自 manikin 之法語»**—*n.*** Ⓒ **1** (時裝店、藝術家所用之)人體模型(cf. model 3 c, lay figure 1). **2** 時裝模特兒。

‡man·ner [ˋmænɚ; ˈmænə] «源自拉丁文「手」之義»**—*n.*** **1** Ⓒ[常用單數] **方法，做法；方式；樣式**(⇨method【同義字】)：*in* this ~ 以這種方式/*In* what ~...? 以怎樣的方式…?/ *after* that ~ 照那樣地/*after* the ~ of... 仿效…樣式的[地]；依照…的方法。
2 [a ~, one's ~] **態度，樣子，舉止**：*an* awkward ~ 笨拙的舉止/Her ~ is elegant. 她的舉止優雅。

> 【同義字】manner 指某人之習慣性或成爲其特色之態度或說話方式等；bearing 指姿態、習慣、癖、姿勢、步行等之特徵；demeanor 指表示人之態度或特性之(身體)動作。

3 [~s] **禮貌，規矩，禮節**：good ~*s* 良好的[有]禮貌[禮節]/He has no ~*s.* 他沒禮貌/Where are your ~*s*? 你把你的禮貌丟到哪兒去了？你沒規矩！《★規戒小孩等之語》/It is bad ~*s* to speak with your mouth full. 滿嘴食物時講話是沒禮貌的。
4 [~s] 風俗，習俗：~*s* and customs 風俗習慣。
5 a Ⓒ(藝術等之)流派；風格，體，手法：develop a ~ of one's own 自成一家[一派]。**b** Ⓤ(文章上之)習慣。
6 [用單數]《文語・古》種類 [*of*]《★比較現在一般較常用 kind, sort》：What ~ *of* man is he? 他是何種人？/all ~ *of* vegetables 各色各樣的[所有種類的]蔬菜。
àfter a mánner 總算；有幾分，或多或少。
by áll mànner of méans《古》一定，無論如何，務必。
by nó mànner of méans《古》絕不，絕非。
in a mánner 在某種意義上；有幾分。
in a mánner of spéaking [用以沖淡語意] 可謂，可以說。
nó mànner of... 毫無…：There can be *no* ~ *of* doubt. 毫無懷疑的餘地。
nòt by ány mànner of méans =by no MANNER of means.
to the mánner bórn 天生適於…；生來慣於…《★出自莎士比亞(Shakespeare)的劇作「哈姆雷特」》：He is a scientist *to the* ~ *born.* 他是一位天生的科學家。

mán·nered *adj.* **1** [常構成複合字] 禮貌[舉止，規矩](…)的：well- [ill-] *mannered* 有[沒]禮貌的。**2**〈文體等〉流於一定形式的；造作的，矯飾的。

mán·ner·ism [-nəˌrɪzəm; -nərizəm] *n.* **1** Ⓤ (文學、藝術等的表達手法)流於固定型式而缺乏新鮮感。**2** Ⓒ(說話方式、姿態、動作等之)特殊習慣[癖性]。

mánner·less *adj.* 沒有禮貌的。

mán·ner·ly *adj.* & *adv.* 有禮貌的[地]，客氣的[地]，規規矩矩的[地]。

man·ni·kin [ˋmænəkɪn; ˈmænikin] *n.* ＝manikin.

mán·nish [ˋmænɪʃ; ˈmæniʃ] *adj.* **1**〈女人〉像男人的，不像女人的，男性化的：She has a ～ walk. 她走路像男人。**2**〈服裝等〉適於男人的，男人式樣的。

ma·noeu·vre [məˋnuvɚ; məˈnu:və] *n.*, *v.*《英》＝maneuver.

mán-of-wár *n.* Ⓒ(*pl.* **men-of-war**)〈古時之〉軍艦《★現在一般較常用 warship》.

ma·nom·e·ter [məˋnɑmətɚ; məˈnɔmitə] *n.* Ⓒ **1**〈氣體、液體之〉壓力計。**2** 血壓計。

man·or [ˋmænɚ; ˈmænə] **《**源自拉丁文「逗留，住」之義**》——***n.* Ⓒ **1 a**《英》〈封建時代之〉采邑，莊園，領地《領主有支配權、裁判權》：the lord of the ～ 領主/the lady of the ～ 領主夫人。**b**〈領主之〉宅邸。**2**《英俚》〈警察之〉管區。

mánor hòuse *n.* Ⓒ〈莊園〉領主的宅邸。

ma·no·ri·al [məˋnorɪəl, -ˋnɔr-; məˈnɔ:riəl] **《**manor 的形容詞**》——***adj.* [用在名詞前]莊園的，領地的：a ～ court 領地法庭。

mán-o'-wár bìrd [ˋmænəvˋwɔr-; ˈmænəvˈwɔ:-] *n.* ＝ frigate bird.

mán·pòwer, mán pòwer *n.* **1** Ⓤ〈肉體勞動之〉人力。**2** Ⓒ(*pl.* ～)《機械》人力《功之單位；1/10馬力》。**3** Ⓤ〈一國、一地區可供軍事、產業等之〉人力，人力資源。

man·qué [mɑ̃ˋke; mɑ̃:ˈkei] **《**源自法語**》** **——***adj.* [置於名詞之後]未實現的，未成功的，受挫折的，失意的：a poet ～ 失意的詩人。

man·sard [ˋmænsɑrd; ˈmænsɑ:d] **《**源自法國建築家之名**》——***n.* Ⓒ **1**（又作 **mánsard ròof**）《建築》雙重斜面四邊形屋頂(cf. curb roof；⇨roof 插圖)。**2**(有)雙重斜面四邊形屋頂之閣樓房間。

manse [mæns; mæns] *n.* Ⓒ〈尤指蘇格蘭長老教會之〉牧師住宅。

mán·sèrvant *n.* Ⓒ(*pl.* **men·servants**) 男傭，男僕(cf. maidservant).

-man·ship [-mənʃɪp; -mənʃip] [名詞複合用詞]表示「…之才藝[術]」：sports*manship*, states*manship*.

man·sion** [ˋmænʃən; ˈmænʃn] **《**源自拉丁文「逗留」之義**》——n.* Ⓒ **1 宅邸，公館。**

【說明】指私人之豪華大宅邸；至於「公寓」之英語爲《美》apartment,《英》flat；各戶產權獨立而形成一個住宅單位之公寓爲 condominium；高層建築公寓爲 high-rise apartment；cf. mansion.

2 [～s]《英》公寓，大廈《★以…Mansions 作爲建築物之專有名詞》。

mansion 1

mán-sìzed, mán-sìze *adj.* [用在名詞前]《口語》**1** 成人用的；大型的。**2** 適於成人的；需要成人的〈工作等〉。

mán·slàughter *n.* Ⓤ **1** 殺人。**2**《法律》過失殺人(罪)《指無預謀，由於一時憤怒而殺人(之罪)》。

mán·slàyer *n.* Ⓒ殺人者。

man·teau [ˋmænto; ˈmæntou] *n.* Ⓒ(*pl.* **～s, -teaux** [-toz; -touz])《古》斗篷，外套。

man·tel [ˋmæntl; ˈmæntl] *n.* **1** ＝mantelpiece. **2** ＝mantelshelf.

man·tel·et [ˋmæntḷɪt; ˈmæntḷit] *n.* Ⓒ **1** 短外套。**2**《軍》(昔攻城軍隊用的)彈盾。

mántel·pìece *n.* Ⓒ **1** 壁爐面飾《包括壁爐前面上部及圍繞兩旁之木材或大理石等的裝飾；⇨fireplace 插圖》。**2** ＝mantelshelf.

mántel·shèlf *n.* Ⓒ(*pl.* **-shelves**)壁爐架《mantelpiece 之上面突出部分，可放種種裝飾品》。

man·til·la [mænˋtɪlə; mænˈtilə] **《**源自西班牙語**》——***n.* Ⓒ(西班牙、墨西哥等地的婦女所用之)連披肩之頭紗。

mantilla

man·tis [ˋmæntɪs; ˈmæntis] *n.* Ⓒ(*pl.* **～·es, man·tes** [-tiz; -ti:z])《昆蟲》螳螂(praying mantis).

man·tle [ˋmæntḷ; ˈmæntl] **《**源自拉丁文「布，外套」之義**》——***n.* Ⓒ **1** 斗篷，披風，無袖外套。**2** 覆罩，覆罩物；幕：a ～ of darkness [snow] 夜幕[覆在上面的一層雪]。**3**(煤氣燈之)燃罩。**4**《生物》外皮。**5**《地質》地幔《位於地殼與地球外核心間之地層；約在地下 35-2900 km 的部分》。

——*v.t.* **1** 使〈人〉穿上披風，用披風裹住〈人〉。**2** 覆蓋，罩住，包住，裹住，隱蔽〈物〉：Snow ～*d* the ground. 雪覆蓋著地面。

——*v.i.* **1**〈液體〉表面結了一層薄膜。**2**〈光明、雲等〉擴散。**3**〈臉〉漲紅；〈血色〉泛映在臉上。

mantle 1

mán-to-mán *adj.* [用在名詞前] **1** 坦率的，直言不諱的；暢所欲言的〈討論等〉：a ～ talk 直言不諱[推心置腹]的交談。**2**《足球・籃球》人盯人的：use a ～ defense 使用人盯人的防守。

Man·toux test [ˋmæntu-; mænˋtu:-; ˈmæntu:-] *n.* Ⓒ《醫》孟陀氏試驗《結核菌素之皮內試驗法》。

mán·tràp *n.* Ⓒ **1** 捕人陷阱《昔日用以捕捉侵入領地、私宅或偷獵、違禁狩獵者》。**2** 危險地；罪惡場所《如賭場等》。**3**《口語》妖婦。

man·tu·a [ˋmæntʃuə, -tuə; ˈmæntjuə] *n.* Ⓒ(十七、十八世紀間流行的)婦女用外套。

man·u·al [ˋmænjuəl; ˈmænjuəl] **《**源自拉丁文「手」之義**》——***adj.* (無比較級、最高級) **1 手的**：～ dexterity 手的靈巧(度)。**2** 用手做的，手動的，用手操作的；手工的：a ～ gearshift (汽車之)手動變速裝置/～ labor 手工；體力勞動/～ training 勞作(課)；手工訓練/a ～ worker 手工工人；體力勞動者。

——*n.* Ⓒ **1** 小册子；便覽，簡介，手册：a teacher's ～ (教科書之)教師手册。**2**《軍》(槍刀等之)操練。

～·ly [-njuəlɪ; -njuəli] *adv.*

mánual álphabet *n.* Ⓒ (聾啞者用之)手語字母(finger alphabet)《以手指動作之組合逐字表達字母》。

man·u·fac·to·ry [ˌmænjəˋfæktərɪ, -trɪ; ˌmænjuˈfæktəri] *n.* Ⓒ製造廠，工廠《★[比較]現在一般較常用 factory》.

man·u·fac·ture [ˌmænjəˋfæktʃɚ, ˌmænə-; ˌmænjuˈfæktʃə] **《**源自拉丁文「用手製造之物，手工業」之義**》——***n.* **1** Ⓤ(大規模之)製造，製作；製造工業，製造業：steel ～ 製鋼(業)/*of* domestic [foreign, English, Japanese] ～ 國內[外國，英國，日本]製的。**2** Ⓒ[常 ～s]**製品**。

——*v.t.* 〔十受〕**1**(用機器大量地)製造〈物〉：～ goods in large quantities 大量製造商品。**2** 捏造[編造]〈故事、藉口等〉。

***man·u·fac·tur·er** [ˌmænjəˋfæktʃərɚ; ˌmænjuˈfæktʃərə] *n.* Ⓒ (大規模之)**製造業者[公司]**，製造商，廠商，工廠經營者，廠主。

màn·u·fác·tur·ing [-tʃərɪŋ, -tʃrɪŋ; -tʃəriŋ] *adj.* [用在名詞前]製造(業)的：the ～ industry 製造工業。

man·u·mis·sion [ˌmænjəˋmɪʃən, ˌmænju-; ˌmænjuˈmiʃn] **《**manumit 的名詞**》——***n.* Ⓤ(奴隸、農奴等之)解放。

man·u·mit [ˌmænjəˋmɪt, ˌmænju-; ˌmænjuˈmit] *v.t.* (**man·u·mit·ted**；**-mit·ting**)解放〈奴隸、農奴〉。

ma·nure [məˋnjur, -ˋnur; məˈnjuə] *n.* Ⓤ 肥料；糞肥(cf. fertilizer)：artificial ～ 人造肥料/barnyard [farmyard] ～ 廄肥[堆肥]/⇨ green manure.

——*v.t.* 施肥於〈土地〉。

man·u·script [ˋmænjəˌskrɪpt; ˈmænjuskript] **《**源自拉丁文「用手寫的」之義**》——***n.* **1** Ⓒ **a 原稿**《略作 MS., *pl.* MSS.》：a sheet of ～ 一張原稿《★of ～ 無冠詞》。**b**(手)抄本，稿本。**2** Ⓤ**手稿**。

in mánuscript 仍爲原稿的[地]，未印刷的[地]：The book is still *in* ～. 該書還是原稿狀態[尚未付印]。

——*adj.* [用在名詞前]手寫的；(用)打字的；原稿的：～ paper 稿紙。

Manx [mæŋks; mæŋks] **《**Man 的形容詞**》——***adj.* **1**(出生於)曼島(Man)的。**2** 曼島語的。

——*n.* **1** [**the** ～；集合稱；當複數用]曼島人(cf. Manxman). **2** Ⓤ曼島語。

Mánx cát *n.* Ⓒ曼島貓《一種無尾貓》。

Manx cat

Mánx·man [-mən, -mæn; -mən, -mæn] *n.* Ⓒ(*pl.* **-men** [-mən, -ˌmɛn; -mən, -men]) 曼島(Man)(男)人。

‡**man·y** [ˋmɛnɪ; ˈmeni] *adj.* (**more** [mor, mɔr; mɔ:]；**most** [most; moust]) **1** [用在複數形名詞之前]**多數的，許多的，衆多的**(←→ few) (cf. much)《★[用法](1)《口語》肯定句中常有以 a lot of, lots of, a great [good] many, a (large) number of, plenty of 等片語代替 many 之趨勢；(2)在肯定句中常用以修飾主詞或與 too, so, as 一起使用》：*M*～ people die of cancer. 很多人死於癌症/How ～ eggs are there in the kitchen? 廚房裏有幾個蛋？/ *Too* ～ cooks spoil the broth. ⇨ cook *n.* 1.

2《文語》[many a [an]，與單數形名詞、動詞連用；當單數用]許多的《★與義 1 同》：*M*～ *a* man has failed. 許多人失敗/～ *a* time 多次，屢次/～ and ～ *a* time 多次，屢次。

M

a gòod mány 相當多的，相當數目的（cf. a good FEW, a great MANY）.

a grèat mány 非常多(的)，許多(的)《★比較語氣較 a good MANY 强》。

as mány 同數的，一樣多的：There were ten accidents in *as* ～ days. 十天之內發生了十起事故/He has only half [one third] *as* ～ books *as* you. 他的書(數目)只有你的一半[三分之一]。

as [like] só màny 同數的；像…一樣地：Three hours went by *like so* ～ minutes. 三小時像三分鐘一樣地過去了。

be óne tòo mány 〈人〉多出一人；成爲累贅[多餘]的，礙手礙腳的《★用法 one 有時可換成 two, three 等》。

be (óne) tòo mány for... 勝過，優於〈對方〉；非…所能應付：They *are (one) too* ～ *for* me. 他們不是我所能應付得了的。

Mány's [Mány is] the...(that)... 曾經多次…，曾經屢次…：*Many's the* time I have seen them together. 我曾經多次看見他們在一起。

só mány 同數的，那麼多(數目)的(as many)：⇨in so many WORDS/*So* ～ men, *so* ～ minds.《諺》有多少人就有多少主意[十人十心]。

—*pron.* [當複數用]許多(人，東西)：*M～ of* us were tired. 我們當中許多人累了/How ～ have you got? 你有多少？

a gòod mány 相當多個，相當數目。

a grèat mány 非常多，許多《★比較語氣較 a good MANY 强》：There are *a great* ～ *of* them. 他[它]們爲數非常多。

as màny agáin 多一倍的，兩倍的：There were three of us and *as* ～ *again of* them. 我們有三個人而他們有兩倍之多《即六人》。

as màny as... 與…一樣多的；多達…：*as* ～ *as* you like 如你想要的那麼多(數目)。

have óne tòo mány 《口語》喝太多。

—*n.* [the ～；當複數用]大衆，大多數人(↔ the few).

mán-yèar *n.* Ⓒ一人一年之工作量。

mány·fóld *adv.* 許多倍地。

mány-héaded *adj.* 多頭的。

man·y·plies [ˈmɛnɪˌplaɪz; ˈmeniplaiz] *n. pl.* [當單數用]《動物》(牛或其他反芻動物之)第三胃，重瓣胃。

mány-síded *adj.* **1** 多邊的。**2 a** 多方面的。**b** 多才多藝的。

Mao·ism [ˈmaʊˌɪzəm; ˈmauizəm] *n.* Ⓤ毛澤東主義。

Máo·ist [-ɪst; -ist] *n.* Ⓒ毛澤東主義[信奉]者。**—*adj.*** 毛澤東主義的。

Mao·ri [ˈmaʊrɪ, ˈmɑrɪ; ˈmauri, ˈmɑːəri] *n.* (*pl.* ～, ～s) **1 a** [the ～(s)]毛利族《紐西蘭土著》。**b** Ⓒ毛利族之人。**2** Ⓤ毛利語。**—*adj.*** **1** 毛利人的。**2** 毛利語的。

mao tai [ˈmaʊˌtaɪ; ˈmautai] *n.* Ⓤ中國茅台酒。

Mao Tse-tung [ˈmaʊˈdzʌˈdʊŋ; ˈmauˈdzʌˈduŋ] *n.* 毛澤東《1893–1976；中國共產黨主席(1945–76)，中華人民共和國主席(1949–59)》.

Mao Ze·dong [ˈmaʊtsəˈtʊŋ; ˈmautseˈtuŋ] *n.* ＝Mao Tse-tung.

‡map [mæp; mæp] *n.* Ⓒ **1** (一張)地圖。

【字源】源自拉丁文 mappa, 意思是「桌布(tablecloth)，餐巾(napkin)」. 因爲地圖常畫在像桌布的布上，*mappa mundi*(「世界的布」「畫有世界的布」)即爲「世界地圖」的意思。此字傳至英國變成 mappemonde，後來將 monde (世界的)去掉，仍然保留 map「地圖」之意。
【同義字】map 指一張一張之地圖；atlas 指地圖册；chart 指圖表，包括航海圖、水路圖、航空圖等。

2 天體圖。

òff the máp 《口語》(1)偏遠的，盡頭的。(2)過時的，不復存在的，不重要的：wipe *off the* ～ 毀滅，消滅〈人、物等〉。

on the máp 《口語》算數的，重要的：put a person [a town] *on the* ～ 使某人[某城鎮]受到重視[爲人所悉]。

—*v.t.* (**mapped**; **map·ping**)〔十受〕繪製…的地圖。

máp óut 《*vt adv*》(1)(在地圖上)詳細標示出〈地區、通道等〉。(2)周詳地擬定〈計畫等〉；周詳地規畫…：～ *out* a summer vacation 周詳地擬定度暑假的計畫。

***ma·ple** [ˈmepl; ˈmeipl] *n.* **1** Ⓒ《植物》楓樹。**2** Ⓤ楓木，楓材。

máple lèaf *n.* Ⓒ楓葉《爲加拿大(Canada)之國徽》。

máple súgar *n.* Ⓤ楓糖(cf. sugar maple).

máple sýrup *n.* Ⓤ楓蜜。

map·ping [ˈmæpɪŋ; ˈmæpiŋ] *n.* Ⓒ繪製地圖，製圖。

máp-rèader *n.* Ⓒ看得懂地圖的人：a good [poor] ～ 善於[拙於]看地圖的人。

mar [mɑr; mɑː] *v.t.* (**marred**; **mar·ring**)嚴重損傷…，使…有嚴重缺陷；損毀…，糟蹋…：Such a marriage might ～ your career. 這樣的婚姻說不定會毀了你的一生/Nothing *marred* the unanimity of the proceedings. 議事未受任何阻礙獲得一致通過。

máke [ménd] or már ⇨make.

mar. 《略》marine; maritime; married.

Mar. 《略》March.

mar·a·bou(t) [ˈmærəˌbu(t); ˈmærəbuː(t)] *n.* **1** Ⓒ《鳥》(印度產之)禿鸛；(西非產之)大鸛。**2 a** Ⓤ 鸛之羽毛。**b** Ⓒ 鸛羽毛製成之裝飾品。

maracas

ma·ra·ca [məˈrɑkə; məˈrɑːkə] *n.* Ⓒ[常 ～s]響葫蘆《一種起源於古巴之搖擊節奏樂器；挖空葫蘆裝細石等製成，通常爲一對，兩手各執其一，發出嘎擦嘎擦聲，主要用於舞曲》。

mar·a·schi·no [ˌmærəˈskino; ˌmærəˈskiːnou] *n.* Ⓤ一種櫻桃酒《由野櫻桃釀成》。

mar·a·thon [ˈmærəˌθɑn, -θən; ˈmærəθən] *n.* Ⓒ **1** [常 the ～](又作 **marathon ràce**)馬拉松(長跑)《標準距離爲 26 哩 385 碼(42.195 公里)》。

【字源】紀元前 490 年希臘軍在馬拉松(Marathon)平原大破來侵的波斯軍。奉命把這個勝利的消息傳遞到雅典(Athens)的兵士，在跑完約 26 哩的路程，完成了任務後就倒地而死，爲了紀念這個兵士，1896 年在雅典舉行第一屆奧運時就舉行 26 哩 385 碼(42.195 公里)的長距離賽跑，稱爲「馬拉松賽跑」，以後的馬拉松賽就沿用這個距離。

2 a 長距離賽跑。**b** (各種)持久競賽。

—*adj.* [用在名詞前]**1** 馬拉松(式)的；需要極大持久力的〈比賽等〉：a ～ runner 馬拉松跑者。**2** 《口語》長時間的：a ～ sermon 冗長的說教。

ma·raud [məˈrɔd; məˈrɔːd] *v.i.* 〔動(十介十(代)名)〕搶掠，劫奪〔…〕[*on*]：～*ing* hordes 盜匪。**—*v.t.*** 掠奪〈場所〉。**～·er** *n.*

mar·ble** [ˈmɑrbl; ˈmɑːbl] **《源自希臘文「發出白光的石頭」之義》—*n. **1** Ⓤ大理石《★往往用以比喻冷酷無情、鐵石心腸》：a heart of ～ 鐵石心腸。**2** Ⓒ大理石的雕刻物。**3 a** Ⓒ(小孩子用手指彈著玩的)彈珠。**b** [～s；當單數用]彈珠戲：a game of ～*s* 彈珠遊戲/play ～*s* 玩彈珠。**4** [～s]《俚》理智；常識：lose one's ～*s* 發瘋。

(as) hárd [cóld] as márble (1)如大理石般堅硬[冰冷]的。(2)冷酷無情的。

—*adj.* [用在名詞前]**1** 大理石(製)的；仿照大理石的：a ～ statue 大理石像。**2** 堅硬的；冷酷的，無情的；平滑的，白的：a ～ brow 平滑而白皙的額頭/a ～ breast [heart] 冷酷[無情]的心。**—*v.t.*** 〔十受〕使〈書邊、紙張、肥皂等〉有大理石花紋《★常以過去分詞當形容詞用；⇨marbled 1》。

márble càke *n.* Ⓤ[指個體時爲Ⓒ]大理石紋蛋糕《以巧克力做成大理石花紋》。

már·bled *adj.* **1** 大理石花紋的：a book with ～ edges 雲紋邊的書籍。**2** 〈食用肉〉夾有脂肪的：～ meat 五花肉。

marc [mɑrk; mɑːk] *n.* Ⓤ **1** (葡萄等的)榨渣。**2** 水果渣釀製的白蘭地。

mar·ca·site [ˈmɑrkəˌsaɪt; ˈmɑːkəsait] *n.* Ⓤ《礦》白鐵礦。

mar·cel [mɑrˈsɛl; mɑːˈsel] *v.t.* 將〈頭髮〉燙成波浪形。**—*n.*** Ⓒ(頭髮上燙的)波形。

march[1]** [mɑrtʃ; mɑːtʃ] **《源自法語「步行」之義》—*v.i. **1** 〔動(十副詞(片語))〕行進；進軍，行軍；從容不迫地行走：～ *by* [*in*, *out*, *off*] 行進通過[湧進，出動，通過]/～ *into* [*through*] the town 整隊行進入城[通過市鎮]/The speaker ～*ed up to* the platform. 演講者從容不迫地走向講台。**2** 〈事情、學問等〉進展，發展。

—*v.t.* 〔十受十副詞(片語)〕**1** 使〈軍隊等〉前進[行軍]：They ～*ed* the soldiers *on* [*through* the town]. 他們使士兵繼續前進[通過市鎮]。**2** 把〈人〉拖走[拖去]：He was ～*ed off* [*away*] *to* jail. 他被帶到牢裏。

márch pást 〈閱兵時〉以分列式通過。

—*n.* **1 a** Ⓤ行進，行軍：a line of ～《軍》行進路線/*on* [*in*] the ～ 前進[行軍]中(cf. 3). **b** Ⓒ(種種形態的)行進，行軍：a forced ～ 强行軍/an hour's ～ 一個小時的行軍。**c** Ⓒ行軍[行進]距離：a ～ of ten miles 十哩的行軍。**2** Ⓤ[又作 **a** ～]前進的步調，進軍行程：at *a* quick [slow] ～ 以快步[慢步]走/the double ～ 跑步。**3** [the ～]進行，進展，發展〔*of*〕：*the* ～ *of* time 時間的推進/*the* ～ *of* civilization 文明的進步/*on the* ～ 在行軍中，在發展中，進展中(cf. 1 a)。**4** Ⓒ《音樂》進行曲：a dead [funeral] ～ 送葬曲。

Dóuble márch! 《口令》跑步走！

Quíck márch! 《口令》快步走！

stéal [gèt] a márch on [upòn]... 《口語》越過…。

march² [martʃ; ma:tʃ] *n.* **1** Ⓒ(尤指紛爭中的)國境，邊界。**2** [**the ～es, the Marches**]《英》(英格蘭與蘇格蘭，或與威爾斯間的)邊界地帶。
—*v.i.* 〔十介十(代)名〕〔與…〕毗連〔*with, on, upon*〕.

‡March [martʃ; ma:tʃ] **《源自拉丁文「軍神 Mars 之月」之義》**
—*n.* 三月《略作 Mar.》：*in* ～ 在三月/*on* ～ 1 = *on* 1 ～ = *on* the 1st of ～ 三月一號(⇨January【說明】)。

【字源】「獻給馬耳斯的月份」(the month of Mars)之意。馬耳斯(Mars)是羅馬神話裡的戰神和暴風之神。據說他所駕駛的戰車有最强烈的風在拉，所以跑得最快。

márch·er *n.* Ⓒ行軍者，遊行者：peace ～*s* = ～*s for* peace 和平遊行者，和平運動推動者。

márch·ing òrders *n. pl.* **1** 進軍命令，開拔令。**2**《英口語》解雇通告(《美口語》walking papers).

mar·chio·ness [ˋmarʃənɪs; ˈma:ʃənis] *n.* Ⓒ **1** 侯爵夫人[未亡人]。**2** 女侯爵。

márch-pàst *n.* Ⓒ(*pl.* **～s**)分列前進。

Mar·co·ni [marˋkonɪ; ma:ˈkouni], **Gu·gliel·mo** [guˋljɛlmo; gu:ˈljelmo:] *n.* 馬可尼《1874–1937；義大利電機學家，無線電報發明者》。

Márco Pólo *n.* ⇨Polo.

Mar·cus Au·re·li·us [ˋmarkəs ɔˋrilɪəs; ˈma:kəs ɔ:ˈri:liəs] *n.* 馬卡斯・奧里歐斯《121–180；羅馬皇帝(161–180)，並爲斯多噶(Stoic)學派哲學家及作家》。

Mar·di Gras [ˋmardɪˋgra; ˈma:diˈgra:] **《源自法語「食肉的星期二」之義》—***n.* [有時 **M～ g～**] ⓊⒸ四旬齋的前一日(Shrove Tuesday)《狂歡節(carnival)的最終日》。

mare¹ [mɛr; mɛə] *n.* Ⓒ(完全成長的馬、驢等的)雌性；(尤指)母馬(⇨horse 相關用語)。

ma·re² [ˋmare; ˈma:rei] **《源自拉丁文「海」之義》—***n.* Ⓒ(*pl.* **ma·ri·a** [ˋmarɪə; ˈma:riə])《天文》(月亮、火星的)海《表面的黑暗部分》。

máre's-nèst [ˋmɛrz-; ˈmɛəz-] *n.* Ⓒ(看似重要，其實爲)虛有其表的事[物]，期待落空。

máre's-tàil *n.* Ⓒ **1**《植物》杉葉藻。**2**《植物》木賊。**3** 馬尾雲《卷雲之一種》。

Mar·ga·ret [ˋmargrɪt, -gərɪt; ˈma:gərit] *n.* 瑪格麗特《女子名；暱稱 Meg》.

mar·ga·rine [ˋmardʒəˏrin, -rɪn; ˌma:dʒəˈri:n, ˌma:gə-], **mar·ga·rin** [ˋmardʒərɪn; ˈma:gərin] **《源自法語「眞珠色的」之義》**
—*n.* Ⓤ**人造奶油，植物奶油。**

marge [mardʒ; ma:dʒ] *n.*《英口語》= margarine.

***mar·gin** [ˋmardʒɪn; ˈma:dʒin] *n.* Ⓒ **1 緣，邊，岸**：sit *on* the ～ of a river 坐在河邊。**2 欄外**，書頁邊的空白：write down *in* the ～ 寫在欄外/a note *on* the ～ of a page 頁邊空白處的註解。**3** 最低限度，(接近)界限(的狀態)：*the* ～ of cultivation 耕作的界限/*on the* ～ of bare subsistence 過最起碼的生活。**4 a** (時間、經費等的)餘裕；(活動等的)餘地：We have a ～ of 5 minutes to catch the train. 我們有五分鐘寬餘的時間趕上火車。**b** (錯誤等的)程度：allow for a ～ of error 把某種程度的誤差考慮進去。**5 a** (時間之)差。**b** (得票等的)票差：by a huge [2-to-1] ～ 以極大之差[二比一之差]。**6**《商》盈餘，毛利，利潤：a large [narrow] ～ 大[微小]的利潤/a low profit ～ 小利潤/～*s on* liquors 賣酒的利潤。**7**《股票》保證金。
búy on márgin 看漲買進，投機買進，保證金信用交易。
by a nárrow márgin 差一點就…，險些…；好容易才…。
gò néar the márgin (道德上)走到界限；接近墮落邊緣。
—*v.t.* **1 a** 〔十受十介十(代)名〕在〈書頁〉的欄外附上〔註解〕〔*with*〕. **b** 〔十受〕在〈書頁〉上附上欄外註解，在…加上旁註。**2** 〔十受〕《股票》付〈股票等〉的保證金。

mar·gin·al [ˋmardʒɪnḷ; ˈma:dʒinl] **《margin 的形容詞》—***adj.* **1** 邊的，邊緣的，邊端的。**2 a** 〈問題等〉周邊的。**b** 不太重要的：a matter of ～ importance *to* us 對我們而言並不很重要的事情。**3** [用在名詞前]記於欄外的：a ～ note 欄外的註解，旁註。**4 a** 界限的，邊際的，最低的：～ ability 邊際[勉强合格的]能力/～ cost [profits, utility]《經濟》邊際費用[收益，效用]。**b**《英》〈國會的席位、選擧區等〉以少數選票差距贏得的：a ～ seat [constituency] 以數票之差贏得的國會席位[選擧區]。**5** 〈土地〉(幾乎)無生產力的：～ land 不毛之地。**～·ly** [-nḷɪ; -nəli] *adv.*

mar·gi·na·li·a [ˏmardʒəˋnelɪə; ˌma:dʒiˈneiliə] *n. pl.* 欄外的註解，旁註。

mar·gin·al·ize [ˋmardʒɪnḷˏaɪz; ˈma:dʒinəlaiz] *v.t.* 忽視，忽略，排斥。

mar·grave [ˋmargrev; ˈma:greiv] *n.* Ⓒ《史》(神聖羅馬帝國之)侯爵，邊境總督。

mar·gra·vine [ˋmargrəˏvin; ˈma:grəvi:n] *n.* Ⓒ《史》margrave 之夫人。

mar·gue·rite [ˏmargəˋrit; ˌma:gəˈri:t] *n.* Ⓒ《植物》延命菊《雛菊(daisy)的一種》。

ma·ri·a *n.* **mare²** 的複數。

Ma·ri·a [məˋraɪə, -ˋriə; məˈraiə, -ˈriə] *n.* 瑪利亞《女子名》。

Mar·i·an [ˋmɛrɪən; ˈmɛəriən] *n.* 瑪利安《女子名》。
—*adj.* 聖母瑪利亞(Mary)的。

Mar·i·án·a Íslands [ˏmɛrɪˋænə-; ˌmɛəriˈænə-] *n. pl.* [**the** ～] 馬里亞納羣島《位於菲律賓羣島東方；由美國託管》。

Maria The·re·sa [məˋriətəˋrezə, -sə; məˌri:ətəˈreizə, -sə] *n.* 瑪利亞・黛麗莎《1717–80；奧地利(Austria)之大公妃，匈牙利(Hungary)及波希米亞(Bohemia)女王(1740–80)》.

ma·ri·cul·ture [ˋmærəˏkʌltʃɚ; ˈmærikʌltʃə] *n.* Ⓤ海產養殖。

Ma·rie [məˋri, ˋmarɪ; ˈma:ri] *n.* 瑪麗《女子名》。

Ma·rie An·toi·nette [məˋriˏæntwaˋnɛt; məˈri:ˌæntwa:ˈnet] *n.* 瑪利・安唐妮《1755–93；法王路易十六之妃；法國革命時被處死》。

Marie Antoinette 的蠟像

mar·i·gold [ˋmærəˏgold; ˈmærigould] *n.* Ⓒ《植物》**1** 金盞花。**2** 萬壽菊。

【字源】(1)義爲「聖母瑪利亞的花」。據說古人以此花獻給失去耶穌而悲傷的聖母瑪利亞(Virgin Mary). 在夏天，這種花經太陽一照便綻開花朵。因此，有人以此比喻凡人求神的心。
(2)marigold 的花語是 grief(悲哀)。

mar·i·jua·na, mar·i·hua·na [ˏmarɪˋhwanə; ˌmæriˈhwa:nə] *n.* Ⓤ **1**《植物》大麻(hemp). **2** 大麻煙(cf. hemp 2)：smoke ～ 吸大麻煙。

【說明】曬乾的大麻(hemp)的葉子和花所製成之麻藥。可以像煙葉一樣點燃葉子來吸食。吸食大麻常會令人產生幻覺；據信吸食者的聽覺和視覺都會變得特別敏銳。吸用强力的大麻煙，效果可維持幾個小時。據說不似鴉片煙一般會上癮，但常吸會減低工作的意願。在美國通常並不處罰携帶少量大麻煙的人，但其栽培、走私、和販賣都屬於重罪。

Mar·i·lyn [ˋmærəlɪn; ˈmærilin] *n.* 瑪利琳《女子名》。

ma·rim·ba [məˋrɪmbə; məˈrimbə] *n.* Ⓒ馬林巴《類似木琴(xylophone)的一種樂器》。

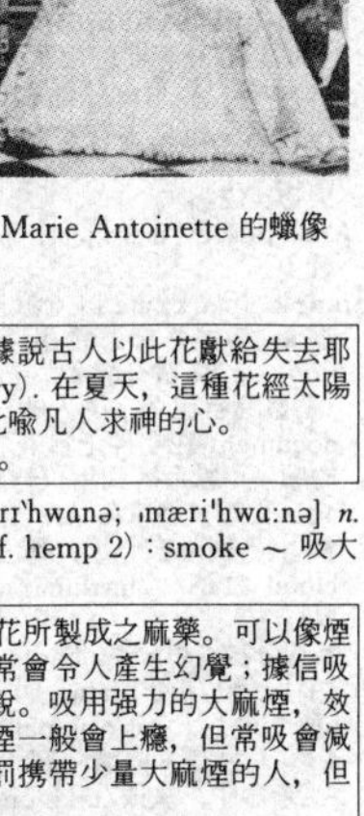

marimba

ma·ri·na [məˋrinə, -ˋraɪnə; məˈri:nə] *n.* Ⓒ小船停泊港《可供娛樂用小船停泊》。

mar·i·nade [ˏmærəˋned; ˌmæriˈneid] *n.* **1** Ⓤ[指種類時爲Ⓒ]鹵汁《酒、醋、油、香料混合而成的汁》。**2** Ⓒ醃泡的魚[肉]。
—*v.* = marinate.

mar·i·na·ra [ˏmarəˋnarə, ˏmærəˋnærə; ˌmæriˈna:rə, ˌmæriˈnærə] **《源自義大利語》—***n.* Ⓤ《烹飪》義大利調味醬《由番茄、洋葱、大蒜和香料調製成》。
—*adj.* 義大利調味醬的。

mar·i·nate [ˋmærɪˏnet; ˈmærineit] *v.t.* 用鹵汁醃泡〈魚、肉〉。

ma·rine** [məˋrin; məˈri:n] **《源自拉丁文「海的」之義》—adj.* [用在名詞前] (無比較級、最高級) **1 海(洋)的**；棲息於海中的，海產的：a ～ cable 海底電纜/a ～ laboratory 海洋試驗所/～ products 海產物/～ life 海洋生物/～ biology 海洋生物學。**2** 海事的，航運業的；船舶的；海上貿易的：a ～ court 海事法庭/～ insurance 海上保險/～ law 海(洋)法/a ～ policy 海上保險單/～ transport(ation) 海運。**3** 海上勤務的；海軍的：～ power 海軍軍力/a ～ force 陸戰隊/⇨Marine Corps.
—*n.* **1** Ⓤ[集合稱](一國的)**船舶**，海上勢力(★常用於下列片語)：⇨merchant marine. **2 a** Ⓒ**水兵**。**b** [**the Marines**] 海軍陸戰隊：⇨Royal Marines. **3** Ⓒ海畫，海景。
Téll thát to the (hórse) marínes! = Thát will dò for the marínes! 《口語》哪有那樣的事！鬼才相信你那一套！

Maríne Còrps *n.* Ⓤ [**the** ～；集合稱] (美國)海軍陸戰隊(《英》Royal Marines)《★用法視爲一整體時當單數用，指個別成員時當複數用》。

M

mar·i·ner [ˋmærənɚ; ˈmærinə] *n.* Ⓒ《文語》船員，水手(sailor)：a ~'s compass 航海羅盤/a ~'s needle 羅盤針。

maríne stòre *n.* **1** Ⓒ船具店《販賣新貨或二手貨》。**2** [~s]船具類。

mar·i·o·nette [ˌmærɪəˋnɛt; ˌmæriəˈnet] *n.* Ⓒ木偶，傀儡(cf. puppet)。

mar·i·tal [ˋmærətḷ; ˈmæritl] *adj.* 婚姻的；夫婦(間)的。

már·i·tal·ly [-tḷɪ; -tli] *adv.* 在婚姻上；就夫妻關係而言。

marionette

mar·i·time [ˋmærəˌtaɪm; ˈmæritaim] **«**源自拉丁文「海的(附近的)」之義**»—***adj.* [用在名詞前]**1** 海事的，海運上的；海上貿易的：~ affairs 海事/a ~ association 海事協會/~ insurance 海上保險/~ law 海(商)法/a ~ museum 海洋博物館/~ power 制海權；海上强權。**2 a** 海的，與海有關的。**b** 住海岸附近的，沿海的：a ~ people 沿海民族。**3** 船員(特有)的。

Máritime Próvinces *n. pl.* [the ~] 沿海諸省《加拿大東南部，臨大西洋的新斯科夏(Nova Scotia)，新布侖茲維克(New Brunswick)，愛德華島(Prince Edward Island)三省》。

mar·jo·ram [ˋmɑrdʒərəm; ˈmɑːdʒərəm] *n.* Ⓤ《植物》濱香薷《用作藥物、佐料》。

Mar·jo·rie [ˋmɑrdʒərɪ; ˈmɑːdʒəri] *n.* 瑪佳莉《女子名；以蘇格蘭最多》。

‡**mark**[1] [mɑrk; mɑːk] **«**源自中古英語「疆界」之義**»—***n.* **1 標誌**：Ⓒ **a** [常與修飾語連用]記號，符號；印章，驗訖章：punctuation ~*s* 標點符號/⇨question mark, trademark, postmark. **b** (不會寫自己名字的人的)花押；《謔》署名：make one's ~ on a document 在文件上簽花押[署名]。**c** [M~；附上數字表示採用的順序；當形容詞用](特別樣式的武器、飛機等的)型號：a *M~* 4 tank 四號戰車/a *M~* 1 rifle 一號來福槍。

2 Ⓒ(破壞本來形狀、顏色的)**痕跡，傷痕，汚點，斑點**：a ~ of blood 血跡/⇨birthmark/make ~*s* with a knife 用刀割傷[刻痕]。

3 Ⓒ**分數**；得分：a bad [good] ~ 汚[優]點/good [bad] ~*s* 好[壞]分數/get [gain] 80 ~*s in* English 英文得了八十分/give him full ~*s* (for originality) 給他(的獨創性)滿分。

4 Ⓒ **a 目標，標識，靶子**：aim at the ~ 瞄準目標/miss one's ~ 未命中，失敗/take one's ~ amiss 失算，失策/hit the ~ 命中，達到目的/⇨beside the MARK[1], short of the MARK[1]. **b** (嘲笑的)對象，受騙的人：an easy [a soft] ~ 易受騙的人。

5 [用單數；the ~]**標準**：below [beneath] *the* ~ 未達標準，低於標準/⇨beyond the MARK[1], up to the MARK[1].

6 Ⓒ[常 the ~]《運動》**起步線，起跑線**：toe *the* ~ = toe the LINE[1]/⇨on your mark(s) (⇨mark[1]成語)。

7 Ⓒ**感化，影響**：He left his ~ *on* the thought of the age. 他對當代思想留下了影響。

8 Ⓒ**徵兆，跡象，證據，特色**：~*s* of old age 年老的跡象/the ~(*s*) of a gentleman 紳士的特徵。

9 Ⓤ **a** 有名，名聲，成功：a man *of* ~ 著名的人/make one's ~ 揚名，成功。**b** 注意，注目：a young writer deserving of ~ 値得注目的年輕作家。

besìde the márk (1)未中鵠的。(2)估計錯誤；不得要領。

beyònd the márk 過度，越出界限。

gèt óff the márk (1)開始。(2)著手。

(Gód [Héaven]) bléss [sáve] the márk! [表示驚訝、嘲笑等]呀！天啊！

òn your márk(s) 《運動》各就各位！(cf. 6)：*On your* ~(*s*)! Get set! Go! 各就各位！預備！開始！《★比較《英》又作 Ready, steady, go!》。

overshóot [overstép] the márk (1)過度。(2)與事實不符。

quìck óff the márk (1)(賽跑等)快一步跑出。(2)理解得快，反應快。

shórt of the márk (1)未達目標。(2)未達標準。

ùp to the márk [常用於否定句](1)達到標準，夠水準。(2)健康，有精神：I'm *not* feeling *up to the* ~. 我精神不佳。

wíde of the márk = beside the MARK[1].

—*v.t.* **1 a** [十受]**作記號於…**：~ the sheep 在羊身上作記號(以示所有)。**b** [十受十介十(代)名]在…加上[戳記、圖印等][*with*]；[在…上]加上…[*on*]：~ one's clothes **with** one's name = ~ one's name **on** one's clothes 在衣服上印上名字。**c** [十受十補]在…上印上〈…〉：the door ~*ed* John Smith 掛有約翰史密斯之名牌的門/~ pupils present or absent 打上學生出、缺席的記號。

2 [十受] **a 評〈答案等〉的分數**：~ a test 打測驗的分數。**b** 記錄〈比賽的得分〉。

3 [十受] **a** (用符號、分數等)**標示…**：~ the accent 標示重音。**b** 〈計量儀器、事情等〉顯示，記錄〈度數、水準〉：~ an all-time high 記錄最高水準，標示最高記錄。**c** 表現〈感情、意向等〉：~ one's approval 表示同意。

4 [十受] **a 使具有…特色[特徵]**：some qualities which ~ a sportsman 運動員具有的一些特徵。**b** 使…很顯目《★常用被動語態》：The tendency *is* strongly ~*ed*. 這種傾向很顯著。**c** 表示〈時間的段落、應該紀念之事等〉：Today ~*s* the seventh day of her illness. 今天是她生病的第七天。

5 [十受]在…上印上斑點[花紋]《★常以過去分詞當形容詞用；⇨marked 4》。

6 a [十受]留心[注意]…：*M~* my words. = *M~* what I am telling you. 注意聽我說。**b** [十 *that*__]注意〈…事〉：*M~ that* the pitcher is in perfect condition. 請注意那位投手的競技狀態絕佳。**c** [十 *wh.*__/十 *wh.*十 *to* do]注意，思考，考慮〈…〉：*M~ what* you should do [*what to* do]. 思考一下你該做的事。

7 [十受]《英》《足球等》盯住〈對方〉。

—*v.i.* **1** 作記號；留下印痕。**2 a** 打分數。**b** 記錄得分。**3** 注意，注目。

márk dówn 《*vt adv*》(1)寫下…，記入…。(2)標低…的售價。(3)降…的價。(4)給〈學生〉低分數。

márk óff 《*vt adv*》(1)(以界線)劃分〈土地〉：~ *off* boundaries 定疆界。(2)(在目錄、一覽表上)畫線[作記號]分出…：~ *off* certain items on a list 用線畫出目錄上的某些項目。

márk óut 《*vt adv*》(1)在〈運動場上〉畫線：~ *out* a racecourse 以線畫出跑道。(2)明確顯示〈意圖等〉。

márk a person **óut for...** (1)選出〈人〉給與…：The company ~*ed* him *out for* advancement. 公司選定他給與提升。(2)決定…的命運《★常用被動語態》：He *is* ~*ed out for* banishment. 他被放逐已成定局。

márk tíme ⇨time.

márk úp 《*vt adv*》(1)標高〈商品〉的售價；使…漲價。(2)在…印上(許多汚跡)：She ~*ed up* the floor *with* her high heels. 她在地板上留下不少高跟鞋印。(3)給〈學生、答案等〉高分數。

mark[2] [mɑrk; mɑːk] *n.* Ⓒ馬克《德國的貨幣單位；⇨deutsche mark, ostmark》.

Mark [mɑrk; mɑːk] *n.* **1** 馬可《男子名》。**2** [St. ~]聖馬可《基督的弟子；聖經新約的「馬可福音」的作者》。**3** 《聖經》馬可福音(The Gospel According to St. Mark)《聖經新約中的一書》。

márk·dòwn *n.* Ⓒ《商》**1** 降價。**2** 降價的金額。

marked [mɑrkt; mɑːkt] *adj.* **1** 有記號的。**2** 顯著的，著名的，明白的：a ~ difference [change] 顯著的差別[變化]。**3** 被注意[注目]的：a ~ man 受到注目[矚望，監視]的人，嫌疑份子。**4** [不用在名詞前][十介十(代)名]帶有[斑點等]痕跡的[*with*](cf. mark *v.t.* 5)：a face ~ **with** smallpox 麻子臉/A leopard is ~ *with* black spots. 豹的身上有黑斑。**5** 《語言》有標示[標記]的(←→ unmarked). **~·ness** [-kɪd-; -kid-] *n.*

márk·ed·ly [-kɪd-; -kid-] *adv.* 顯著地，引人注目地，明白地。

márk·er *n.* Ⓒ **1 a** 做記號的人。**b** 記分員。**c** 《英》點名先生，唱名者。**2 a** 記分器，標號器。**b** 奇異筆：a felt-tipped ~ 簽名用筆(以毛氈爲筆尖的筆)。**c** (紙牌戲等的)記分器。**3 a** 標記，記號。**b** 書籤；標籤。**c** 墓碑，基碑，紀念碑(等)：a stone ~ 石碑。**d** 里程碑。**4** 《語言》標識。

nòt a márker to [on]... 《英俚》與…無法比較：It's *not a* ~ *to* my mum's bread. 媽媽做的麵包是無可比擬的。

‡**mar·ket** [ˋmɑrkɪt; ˈmɑːkit] **«**源自拉丁文「買賣」之義**»—***n.* **1** Ⓒ **a 市集，市場**《★用法以買賣爲目的時，常無冠詞》：The last ~ was on Thursday. 上一次的市集是在星期四/The farmer took his pigs to (the) ~. 農夫把他的豬帶到市場(去賣)/Mother goes to ~ every morning. 母親每天早上到市場(去買菜)。**b** (又作 **márket dày**)(通常每個禮拜舉行的)定期市集日。

> **【說明】**英國地方城市，自古以來，每週都有一、兩次市集的日子，屆時，廣場一帶排滿各色各樣的攤位。舉辦這種市集的城市稱爲 market town(開市城市)，設置這種市集的場所稱爲 marketplace(市場)；cf. fair[2]【說明】

2 Ⓒ(常指特定的)食品店：a meat ~ 肉舖。

3 a Ⓒ[常 the ~](特定物品、地區的)買賣市場，業界：*the* cotton [car] ~ 棉花[汽車]市場/*the* stock ~ 股票市場/*the* [a] foreign ~ 外國市場/hit *the* ~ 〈商品〉上市。**b** [the M~]《英》(歐洲)共同市場(the Common Market).

4 Ⓤ[又作 a ~]銷路，需要：find *a* new ~ *for...* 打開…的新市場/There is *a* good ~ *for* used cars. 舊車的需求量大/There's always *a* ~ *for* gossip. 流言蜚語總是有人聽的。

5 Ⓒ市況，市價，行情：a slack [brisk] ~ 蕭條[活潑]的市面/The ~ has risen [fallen, plunged]. 行情俏拔[滑落]，行情上漲[下跌]。

6 [one's ~]買賣的機會《★常用於下列片語》：lose one's ~ 失

去買賣的良機。
còme into [on (to)] the márket 〈商品〉被推出，上市。
hóld the márket 囤積以壟斷市場。
in the márket for... 〈人〉想要，想買…：He is *in the* ～ *for* a new car. 他想要買新車。
màke a [one's] márket of... 出售…；因…而獲利。
on the márket 出售中，上市：put [place] goods *on the* ～ 推出商品。
pláy the márket 做投機生意。
—*v.i.* **1** 在市場上從事買賣，交易。**2**《美》購物：go ～*ing* 去購物。
—*v.t.* 〔十受〕**1** 在市場出售〈物品〉。**2** 販賣，銷售…。
mar·ket·a·bil·i·ty [ˌmarkɪtəˈbɪlətɪ; ˌmɑːkitəˈbiləti] 《marketable 的名詞》**—*n.*** Ⓤ可銷售性，適銷性，市場性。
mar·ket·a·ble [ˈmarkɪtəbḷ; ˈmɑːkitəbl] *adj.* 適合市場的，有銷路的。
márket anàlysis *n.* ⓊⒸ《商》市場分析。
márket cróss *n.* Ⓒ《英》(中世紀豎立於市場上之)市場十字架。
mar·ke·teer [ˌmarkəˈtɪr; ˌmɑːkəˈtiə] *n.* Ⓒ市場的商人。
mar·ket·er [ˈmarkɪtɚ; ˈmɑːkitə] *n.* Ⓒ到市場的人，在市場做買賣的人。
márket gárden *n.* Ⓒ(種植蔬菜[水果]供應市場的)菜園，果樹園。**～·er** *n.* **～·ing** *n.*
már·ket·ing *n.* Ⓤ **1** 在市場的交易，買賣。**2**《美》購物：do one's ～ 購物。**3**《經濟》製造銷售，行銷(學)《自製造計畫至最後銷售的全部過程；包括市場調查、流通管道、廣告等等在內》。
márket·plàce *n.* **1** Ⓒ市場，市集場所。**2** [**the** ～] **a** 市場；經濟[商業]界。**b** (知識活動等的)競爭場所〔*of, for*〕：The magazine was *the* ～ *of* [*for*] literary theory. 那本雜誌是文學理論激戰之論壇。
márket príce *n.* Ⓒ《經濟》市場價格，市價，行情。
márket resèarch *n.* Ⓤ《經濟》(出售產品前的)市場調查。
márket shàre *n.* Ⓒ《經濟》市場占有率。
márket tòwn *n.* Ⓒ有市集的城鎮。
márket vàlue *n.* Ⓤ《經濟》銷售價格，市價(↔ book value)：at ～ 以市價。
márk·ing *n.* **1** Ⓤ作記號；記分。**2** Ⓒ **a** [也當集合稱用]印記，點。**b** [常 ～s](鳥獸皮、羽毛上的)斑紋，花紋，條紋。
márking ìnk *n.* Ⓤ不褪色墨水，打印墨水。
márk·shèet *n.* Ⓒ《電算》輸入用紙。
márks·man [ˈmarksmən; ˈmɑːksmən] *n.* Ⓒ (*pl.* **-men** [-mən; -mən])射擊[箭]高手；狙擊兵，射手。
márksman·shìp *n.* Ⓤ射擊術，箭術。
Mark Twain [ˈmarkˈtwen; ˈmɑːkˈtwein] *n.* 馬克吐溫《1835–1910；美國作家；本名 Samuel L. Clemens [ˈklɛmənz; ˈklemənz]》。
márk·ùp *n.* Ⓒ《商》**1** 漲價。**2** 漲價額。
marl [marl; mɑːl] *n.* Ⓤ石灰泥《做肥料用》。
mar·lin [ˈmarlɪn; ˈmɑːlin] *n.* Ⓒ (*pl.* ～, ～s)《魚》馬林魚。

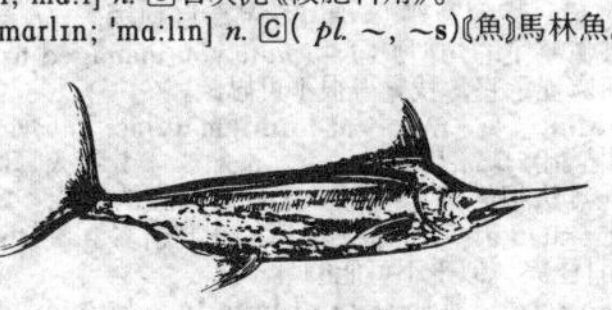
marlin

Mar·lowe [ˈmarlo; ˈmɑːlou], **Christopher** *n.* 馬羅《1564–93；英國劇作家及詩人》。
mar·ma·lade [ˈmarmḷˌed, ˌmarmḷˈed; ˈmɑːməleid] *n.* Ⓤ(橘子或檸檬等製成的)**果醬**。
Mar·ma·ra [ˈmarmərə; ˈmɑːmərə], **Sea of** *n.* [**the** ～]馬爾馬拉海《在土耳其歐亞兩部分之間；以博斯普魯斯海峽(Bosporus)與黑海(Black Sea)相接，以達達尼爾海峽(Dardanelles)與愛琴海(Aegean Sea)相接》。
mar·mo·re·al [marˈmorɪəl; mɑːˈmɔːriəl ←] 《marble 的形容詞》**—*adj.*** 《詩》(似)大理石的；白的，冷的，光滑的，硬的(等)。
mar·mo·set [ˈmarməˌzɛt; ˈmɑːməzet] *n.* Ⓒ《動物》(棲息於南美熱帶區域的)狨猴。
mar·mot [ˈmarmət; ˈmɑːmət] *n.* Ⓒ《動物》土撥鼠《齧齒類動物》。
ma·ro·cain [ˈmærəken; ˈmærəkein] *n.* Ⓒ《紡》馬羅坎平紋縐。
ma·roon[1] [məˈrun; məˈruːn] 《源自法語「栗子」之義》**—*n.*** **1** Ⓤ栗色，茶色。**2** Ⓒ(船隻、鐵路等作爲警報用的)煙火。
—*adj.* 栗色的，紫醬色的，茶色的。
ma·roon[2] [məˈrun; məˈruːn] *n.* Ⓒ **1** 住在西印度羣島山中的黑人(原爲脫逃的奴隸)。**2** 被遺棄在孤島上的人。
—*v.t.* **1** 把〈人〉流放到荒島。**2** 使…孤立無助《★常用被動語態》：We *were* ～*ed by* the blizzard. 我們爲暴風雪所困。
mar·quee [marˈki; mɑːˈkiː] *n.* Ⓒ **1** (園遊會等的)大帳幕。**2**《美》(戲院、旅館等的)門口遮簷《常掛有廣告》。
mar·quess [ˈmarkwɪs; ˈmɑːkwis] *n.* 《英》＝marquis.
mar·que·try, mar·que·te·rie [ˈmarkətrɪ; ˈmɑːkitri] *n.* Ⓤ(家具裝飾用的)鑲嵌細工[工藝]。
mar·quis [ˈmarkwɪs; ˈmɑːkwis] *n.* Ⓒ《英》侯爵，…侯《★比較 在英國，現在指自己國內的侯爵，通常用 marquess》.
mar·quis·ate [ˈmarkwɪzɪt; ˈmɑːkwizit] *n.* Ⓤ侯爵之身分，Ⓒ侯爵之領地。
mar·quise [marˈkiz; mɑːˈkiːz] *n.* **1** ＝marchioness. **2** ＝marquee.
már·ram gràss [ˈmærəm-; ˈmærəm-] *n.* Ⓤ一種生於海灘之野草。

marmot

marquee 2

‡mar·riage [ˈmærɪdʒ; ˈmæridʒ] 《marry 的名詞》**—*n.*** **1** ⓊⒸ**婚姻**，結婚：(an) early ～ 早婚/(a) late ～ 晚婚/his [her] uncle *by* ～ 姻叔[伯，舅]。

【同義字】marriage 是"結婚"的一般用語；wedding 指結婚儀式，喜筵；matrimony 爲正式用語，特別指結婚儀式，或宗教上、精神上之權利與義務。
【說明】(1)依歐美風俗六月結婚的新人特別多，因爲六月(June)來自羅馬神話婚姻守護神茱諾(Juno)之名，而且六月在一年裡白天最長，象徵長久幸福的婚姻。
(2)戴結婚戒指(wedding ring)的習慣遠溯到古代埃及，戒指的環狀象徵不斷的結合，而且古人以爲心臟血液流自左手的無名指(ring finger)，所以結婚指環就戴在左手無名指。
(3)向新婚夫婦身上撒米的習俗，乃源自印度和中國，意思是希望新人健康、富有、和多子，也有在新娘子頭上插橘子花(orange blossoms)以表示「多子」《橘子有很多子》及象徵「純潔」《橘子花是白色的》。

2 Ⓒ結婚儀式，婚禮：a civil [church] ～ 公證[教堂]結婚/celebrate [perform] a ～ 舉行婚禮。
3 ⓊⒸ密切的結合：the ～ of intellect *with* good sense 智力與機智的結合。
gìve [tàke] a person in márriage 使…出嫁[收…爲女婿]。
mar·riage·a·ble [ˈmærɪdʒəbḷ; ˈmæridʒəbl] *adj.* 適合[可]結婚的：(be of) ～ age (達到)結婚年齡/a ～ daughter 適婚的女兒。**màr·riage·a·bíl·ity** [-dʒəbɪlətɪ; -dʒəbiləti] *n.*
márriage bròker *n.* Ⓒ(職業)媒人。
márriage lìcense *n.* Ⓒ結婚許可證。
márriage lìnes *n. pl.* 《英》結婚證書。
márriage of convénience *n.* [**a** ～]政略結婚，權宜婚姻《爲自身利益或權宜之計的婚姻》。
márriage pòrtion *n.* Ⓒ嫁妝(dowry).
mar·ried [ˈmærɪd; ˈmærid] *adj.* (無比較級、最高級) **1 a 結婚的**，已婚的(↔ single)：a ～ couple 夫婦/a ～ man 結了婚的男人。**b** [不用在名詞前]結婚的(cf. marry[1] *v.t.* 1 b)：They have been ～ two years. 他們已經結婚兩年了/They [He] got ～ soon after that. 兩個人[他]在那之後就馬上結婚了。**c** [不用在名詞前]〔十介十(代)名〕〔與…〕結婚的〔*to*〕(cf. marry[1] *v.t.* 1 b)：She is ～ *to* a diplomat. 她與外交官結婚[嫁給外交官]/He got ～ to Jane. 他與珍結了婚。
2 [用在名詞前]夫婦(間)的：～ life 婚姻生活/～ love 夫婦愛。
—*n.* Ⓒ[常 ～s]已婚者：young ～*s* 年輕夫婦。
mar·ron gla·cé [maˈrɔ̃glaˈse; ˈmærɔnˈglɑːsei] 《源自法語「加了糖的栗子」之義》**—*n.*** Ⓒ (*pl.* **marrons gla·cés** [～]) [常 ～s]糖衣栗子。
mar·row [ˈmæro; ˈmærou] *n.* **1** Ⓤ《解剖》髓，骨髓。
2 [**the** ～] **a** 精髓，精華，精粹〔*of*〕：*the* pith and ～ *of* a speech⇨pith 2. **b** 力量，活力〔*of*〕：*the* ～ *of* the land 國力。
3 Ⓒ《英》食用葫蘆。
to the márrow (of one's bónes) 深及骨髓，徹底地：be chilled *to the* ～ 寒冷徹骨/He is an artist *to the* ～ (*of* his *bones*). 他是一位純粹[道地]的藝術家。

M

márrow·bòne *n.* Ⓒ含髓的骨頭《烹飪用》。

márrow·fàt *n.*（又作 **márrowfat pèa**）Ⓒ《植物》一種大豌豆。

‡**mar·ry**[1] [ˋmærɪ; ˈmæri] «源自拉丁文「嫁人，娶妻」之義»**—***v.t.* **1 a**〔十受〕與〈人〉結婚《★無被動語態》：John asked Grace to ~ him. 約翰向格雷絲求婚/May cousins ~ each other? 表兄妹可不可以結婚？**b**〔十受（十介十（代）名）〕使〈人〉〔與…〕結婚〔*to*〕《★常以過去分詞當形容詞用；⇨married 1 b, c》.

2 a〔十受（十副）〕〈父母親、監護人〉使〈子、女〉結婚〈*off*〉：She has three daughters to ~ (*off*). 她有三個待嫁的女兒。**b**〔十受（十副）十介十（代）名〕〈父母親、監護人〉使〈子、女〉〔與…〕結婚〈*off*〉〔*to*〕：He *married* his son *to* an architect's daughter. 他給兒子娶了一位建築師的女兒。**c**〔十受〕〈牧師、官員等〉爲…主持婚禮：The minister *married* them. 牧師爲他們主持婚禮。

3〔十受十介十（代）名〕使…〔與…〕結合〔*with*〕：~ Chinese manpower ***with*** Japanese technology 把中國的勞力與日本的技術結合在一起。

—*v.i.* **1** 結婚，嫁，娶：~ for love [money] 爲愛情[金錢]結婚/We *married* in church [at the church]. 我們在教堂[那個教堂]舉行婚禮/*M~* in haste, and repent at leisure.《諺》草草結婚，慢慢後悔《快績無好紗，快嫁無好家》。

2〔十補〕結婚〈得…〉：He *married* very young. 他結婚得早[在很年輕的時候結婚]。

márry ìnto... 嫁到〈別人家〉：~ *into* a rich family 嫁到一個富有的家庭。

mar·ry[2] [ˋmærɪ; ˈmæri] «(the Virgin) Mary 的委婉形態» **—***interj.*《古》[表示驚訝、斷言、憤怒]哎呀！眞是！喲！

Márry còme úp！我的天！你說什麼？這一下可糟了！

Mars 2 a

Mars [marz; mɑːz] *n.* **1**《天文》火星（⇨ planet 插圖）。**2 a**《羅馬神話》戰神《相當於希臘神話的愛力士(Ares)；cf. Bellona 1》。**b** Ⓤ戰爭。

Mar·sa·la [marˋsala; mɑːˈsɑːlə] *n.* Ⓤ義大利產的烈性甜酒。

Mar·seil·laise [ˌmarslˋez; ˌmɑːseiˈjeiz] *n.* Ⓤ[常 *La* ~]馬賽曲《法國國歌》。

Mar·seilles [marˋselz; mɑːˈseilz, -ˈsei] *n.* **1** 馬賽《法國東南部地中海岸的一個海港》。**2** [-ˋselz; -ˈseilz] Ⓤ馬賽布《一種耐用的織花厚棉布》。

marsh [marʃ; mɑːʃ] *n.* ⓊⒸ（草木茂密，有水的）沼地，溼地(帶)，沼澤地(帶)。

mar·shal [ˋmarʃəl; ˈmɑːʃl] «源自古德語「馬丁」之義»**—***n.* Ⓒ **1** [也用於稱呼]《軍》元帥，高級軍官：a *M~* of France（法國等的）陸軍元帥/a *M~* of the Royal Air Force（英國的）空軍元帥。**2**《美》**a** 聯邦保安官《聯邦法院的執行官》。**b**（某些州的）警察局長，消防局長。**c** 消防部長。**3 a**《英》司禮官。**b** 禮賓專員，接待人員，主持大會者。**4** 憲兵司令官。**5**《英》紋章局長。

—*v.t.* (**mar·shaled,**《英》**-shalled**；**mar·shal·ing,**《英》**-shal·ling**) **1**〔十受〕**a** 使〈人、軍隊〉排列。**b** 整理〈事實、文件等〉；整頓…：~ evidence 整理證據。**2**〔十受十副(片語)〕（按照儀式地）把〈人〉引導(至…)：They were *~ed before* [*into* the presence of] the Queen. 他們被引導至女王面前[被引導覲見女王]。

már·shal·ling yàrd *n.* Ⓒ《英》《鐵路》（尤指貨車的）調車場（《美》switchyard）.

Már·shall Íslands [ˋmarʃəl-; ˈmɑːʃl-] *n. pl.* [**the** ~]馬紹爾羣島《由西太平洋密克羅尼西亞(Micronesia)東部的三十四個島所組成者；爲美國的託管地》。

Márshall Plàn *n.* [**the** ~]馬歇爾計畫《第二次世界大戰後，美國國務卿馬歇爾於 1947 年所提倡的歐洲復興援助計畫》。

mársh gàs *n.* Ⓤ沼氣，甲烷(methane).

marsh·mal·low [ˋmarʃˌmælo; ˈmɑːʃˌmælou] *n.* **1**《植物》Ⓒ藥蜀葵。**2** Ⓤ[指個體時爲Ⓒ]軟糖《原爲藥蜀葵根製的軟糖，現在則以澱粉、糖漿、洋菜爲原料》。

mársh màrigold *n.* Ⓒ《植物》驢蹄草《長於溼地的毛茛科植物》。

marsh·y [ˋmarʃɪ; ˈmɑːʃi] «marsh 的形容詞»**—***adj.* (**marsh·i·er**；**-i·est**) **1** 濕地(帶)的，沼澤的。**2** 多沼澤地的。**3** 長在沼澤地的。

mar·su·pi·al [marˋsjupɪəl, -ˋsu-; mɑːˈsjuːpiəl, -ˈsuː-ˉ]《動物》*adj.* [用在名詞前] **1** 袋的，袋狀的。**2** 有袋目的。

—*n.* Ⓒ有袋目的哺乳動物《如袋鼠等》。

mart [mart; mɑːt] *n.* Ⓒ市場。

mar·tél·lo tòwer [marˋtelo(-); mɑːˈtelou(-)] *n.* Ⓒ《建築》圓砲塔。

mar·ten [ˋmartɪn, ˋmartn̩; ˈmɑːtin] *n.* **1** Ⓒ《動物》貂。**2** Ⓤ貂皮。

Mar·tha [ˋmarθə; ˈmɑːθə] *n.* 瑪莎《女子名，暱稱 Mat, Matty, Pat, Patty》.

mar·tial [ˋmarʃəl; ˈmɑːʃl] «源自拉丁文「戰神(Mars)」之義» **—***adj.* [用在名詞前] **1** 戰爭的；適於戰爭的：~ music 軍樂/a ~ song 軍歌。**2 a** 勇武的，好戰的：a ~ people 好戰的民族。**b** 像軍人的。**3** 軍隊的，軍事的，陸海軍的：~ rule 軍政。**4** [M~] **a** 戰神(Mars)的。**b** 火星的(Martian). **~·ly** *adv.*

mártial árt *n.* Ⓒ武術《源於東方的幾種搏鬥技巧，如空手道、柔道等》。

mártial láw *n.* Ⓤ戒嚴令[法]：be under ~ 在戒嚴令下。

Mar·tian [ˋmarʃɪən; ˈmɑːʃjən] «Mars 的形容詞»**—***adj.* **1** 火星(人)的。**2** 戰神(Mars)的。**—***n.* Ⓒ（科幻小說裏的）火星人。

martin

mar·tin [ˋmartɪn, -tn̩; ˈmɑːtin] *n.* Ⓒ《鳥》岩燕《燕子科鳥的總稱：⇨house martin》.

Mar·tin [ˋmartɪn; ˈmɑːtin] *n.* **1** 馬丁《男子名》。**2** [St. ~] 聖馬丁《315–397？；法國 Tours [tur; tuə] 的主教》。

mar·ti·net [ˌmartnˋɛt, ˋmartn̩ˌɛt; ˌmɑːtiˈnet] *n.* Ⓒ **1** 訓練嚴格的(軍)人。**2** 厲行嚴格紀律的人；嚴正的人。

mar·tin·gale [ˋmartn̩ˌgel; ˈmɑːtiŋgeil] *n.* Ⓒ **1** 馬頷繮《從腹帶通過前肢，連接繮繩》。**2**《航海》第二斜桅的下方支索。

mar·ti·ni [marˋtinɪ; mɑːˈtiːni] *n.* Ⓤ[指個體時爲Ⓒ]馬丁尼酒《以杜松子酒與苦艾酒調合而成的雞尾酒》。

Mar·tin·mas [ˋmartɪnməs; ˈmɑːtinməs] *n.* 聖馬丁節《11 月 11 日；在蘇格蘭爲四季結帳日(quarter day)之一》。

mar·tyr [ˋmartɚ; ˈmɑːtə] «源自希臘文「證人」之義»**—***n.* Ⓒ **1 a**（尤指基督教的）殉教者。**b**〔信仰、主義的〕殉難者，殉道者，烈士，犧牲者〔*to*〕：die a ~ *to* one's principles 爲主義而犧牲。**2**〔因病等而〕長期受苦的人，受難者〔*to*〕：He was a ~ *to* gout. 他受盡痛風之折磨。

màke a mártyr of... 犧牲…，使…痛苦。

màke a mártyr of onesèlf（爲取得信任、好評而）故意裝出受難的樣子。

—*v.t.*〔十受〕**1** 因爲信仰[主義]而殺害〈人〉。**2** 迫害〈人〉，使…受苦。

mártyr·dom [-dəm; -dəm] *n.* Ⓤ **1** 殉教，殉難；殉道，成仁。**2** 受難；痛苦，苦難。

mar·vel [ˋmarvl̩; ˈmɑːvl] «源自拉丁文「吃驚」之義»**—***n.* **1** Ⓒ奇異的事，不可思議之事，奇蹟〔*of*〕：do [make] ~*s* 做出令人驚訝的事/The ~ is that.... 奇怪的是…。**2** [常 **a** ~]令人吃驚的人[物]：a ~ *of* beauty 絕世美人/She's *a* ~ *with* children. 她善於照顧小孩。

—*v.i.* (**mar·veled,**《英》**-velled**；**mar·vel·ing,**《英》**-vel·ling**)《文語》〔十介十(代)名〕〔對…〕驚訝〔*at*〕《★可用被動語態》：I can only ~ ***at*** your skill. 我對你的技術只有感到驚嘆。

—*v.t.* **1**〔十 *that* __〕對〈…事〉覺得不可思議《★用法 可視爲他動詞，但其實是連接表示原因、理由的 *that* 子句的自動詞》：I ~ *that* he was able to succeed against such odds. 他在這樣不利的條件之下猶能成功，使我感到驚異。**2**〔十 *wh.* __〕對〈…〉覺得不可思議，感到疑惑《★用法 可視爲自動詞，*wh.* 子句前面的前置詞被省略了的句型》：I ~ *how* you managed to do it. 你究竟是如何處理了它，我覺得很不可思議。

mar·vel·ous,**《英》**mar·vel·lous** [ˋmarvl̩əs; ˈmɑːvələs] «marvel 的形容詞»**—adj.* (**more** ~；**most** ~) **1** 令人驚嘆的，不可思議的，無法相信的：~ power 不可思議的才能。**2**《口語》出色的，很棒的：a ~ dinner 很棒的正[晚]餐。**3** [**the** ~；當單數名詞用]怪異，似乎不可能的事。

már·vel·ous·ly,《英》**már·vel·lous·ly** *adv.* **1** 不可思議地。**2**《口語》很棒地。

Marx [marks; mɑːks], **Karl** [karl; kɑːl] *n.* 馬克斯《1818–83；德國經濟學家及社會主義者》。

Marx·i·an [ˋmarksɪən, -jən; ˈmɑːksjən, -iən] «Marx 的形容詞»**—***adj.* 馬克斯(主義)的。**—***n.* =Marxist.

Márx·ism [ˋmarksɪzəm; ˈmɑːksizəm] *n.* Ⓤ馬克斯主義《Marx 的歷史、經濟、社會學說》。

Márxism-Léninism *n.* Ⓤ 馬克斯・列寧主義，馬列主義。

Márx·ist [ˋmarksɪst; ˈmɑːksist] *n.* Ⓒ馬克斯主義者。**—***adj.* 馬克斯主義(者)的。

Márxist-Léninist *n.* Ⓒ馬克斯・列寧主義者，馬列主義者。**—***adj.* 馬克斯・列寧主義(者)的，馬列主義(者)的。

Mar·y [ˋmɛrɪ; ˈmɛəri] *n.* **1** 瑪麗《女子名；暱稱 Moll, Molly, Polly》。**2** 聖母瑪利亞。

Mary Ⅰ *n.* 瑪利一世《1516–58；英國女王(1553–58)；由於迫害新教徒，所以也被稱爲血腥瑪利(Bloody Mary)；★讀法 Mary the First》。

Mary Ⅱ *n.* 瑪利二世《1662–94；英國女王(1689–94)；在光榮革命後，與威廉(William)三世共同即位；★讀法 Mary the Second》.

M

Mar·y·land [ˋmɛrələnd, ˋmɛrɪlənd; ˈmɛərilænd, ˈmeriland] **«**源自英王 Charles Ⅰ 的王妃 Henrietta Marie 之名**»**—*n.* 馬里蘭州《美國東部大西洋海岸的一州；首府安那波利(Annapolis)；略作 Md.,〖郵政〗MD；俗稱 the Old Line State》. ~·**er** *n.*

Máry Mág·da·lène [-ˏmægdəˈlini; -ˌmægdəˈli:ni] *n.*〖聖經〗抹大拉的馬利亞《受基督感化改邪歸正的女子》。

Máry Stúart *n.* 瑪利·斯圖亞特《1542–87；蘇格蘭女王》。

mar·zi·pan [ˋmɑrzɪˏpæn, mɑrˋtsɪ-; ˌmɑ:ziˈpæn] *n.* Ⓤ[指個體時為Ⓒ]杏仁糖，杏仁餅《杏仁、糖及蛋混合而製成的糕點》。

masc. 《略》masculine.

mas·car·a [mæsˋkærə, mɑsˋkɑrə; mæˈskɑ:rə] **«**源自西班牙語「假面(具)」之義**»**—*n.* Ⓤ睫毛膏，睫毛油，染眉毛之化妝品。

mas·cot [ˋmæskət, -kɑt; ˈmæskət] *n.* Ⓒ吉祥之人[物、動物]；被認為能帶來好運的人[物、動物]；開運的護身符：a team ~ 隊伍中的吉人[福將]。

mas·cu·line [ˋmæskjəlɪn; ˈmæskjulin] **«**源自拉丁文「男性的」之義**»**—(↔ feminine) *adj.* (**more** ~；**most** ~) **1 男(性)的。2 a** 有男子氣概的，剛毅的，勇敢的。**b**〈女人〉似男人的。**3** (無比較級、最高級)〖文法〗陽性的：the ~ gender 陽性/a ~ noun 陽性名詞。**4** (無比較級、最高級)〖詩學〗陽韻的：⇨ masculine ending. —*n.*〖文法〗**1** [**the** ~]陽性。**2** Ⓒ陽性型式。

másculine énding *n.* Ⓒ〖詩學〗重音行末《詩的行尾音節有重音者；cf. feminine ending》.

másculine rhýme *n.* Ⓒ〖詩學〗陽韻，單韻《如 disdáin compláin, 僅在行末有重音節處才押韻》。

mas·cu·lin·i·ty [ˏmæskjəˋlɪnətɪ; ˌmæskjuˈlinəti] **«**masculine 的名詞**»**—*n.* Ⓤ丈夫氣，剛毅。

Mase·field [ˋmesˏfild, ˋmez-; ˈmeisfi:ld], **John** *n.* 梅斯菲爾德《1878–1967；英國詩人及作家，1930–67 為桂冠詩人》。

ma·ser [ˋmezɚ; ˈmeizə] **«***m*icrowave *a*mplification by *s*timulated *e*mission of *r*adiation 的字首**»**—*n.* Ⓒ〖物理〗由分子[原子]所放出的微波激射器(cf. laser).

mash [mæʃ; mæʃ] *n.* **1 a** Ⓤ[又作 **a** ~]搗成糊狀的東西：boil apples to (*a*) ~ 把蘋果煮得稀爛。**b** [**a** ~]攙雜，匯集。**2 a** Ⓤ麥麩、穀物等與熱水混合而成的牛馬飼料。**b** Ⓒ飼料一次的分量。**3** Ⓤ用熱水泡的碎麥芽《威士忌、啤酒的原料》。**4** Ⓤ《英口語》馬鈴薯泥。

—*v.t.* **1** 把〈馬鈴薯等〉搗碎，使…成糊狀：~*ed* potatoes 馬鈴薯泥。**2** 加熱水於〈麥芽〉。**3** 壓壞[傷]…：I ~*ed* my hand in the door. 我的手被門壓傷。

másh úp 《*vt adv*》(1)搗碎〈馬鈴薯等〉。(2)把…搗[壓]得稀爛：The motorbike was ~*ed up* in the accident. 摩托車在事故中被壓得稀爛。

másh·er *n.* Ⓒ(馬鈴薯)搗碎器：a potato ~ 馬鈴薯搗碎器。

mash·ie, mash·y [ˋmæʃɪ; ˈmæʃi] *n.* Ⓒ〖高爾夫〗五號鐵頭球桿。

máshie ìron *n.* Ⓒ〖高爾夫〗四號鐵頭球桿。

máshie nìblick *n.* Ⓒ〖高爾夫〗六號鐵頭球桿。

***mask** [mæsk; mɑ:sk] **«**源自阿拉伯語「丑角」之義**»**—*n.* Ⓒ **1 a 覆面，**假面具。**b** (保護用的)面罩，防毒面具：⇨ gas mask. **c** (用蠟等從死人面部模製成的)蠟模遺容，石膏面具：⇨ death mask. **2** 掩蔽之物，偽裝，藉口：under the [a] ~ of kindness 在仁慈的偽裝之下。**3**〖狩獵〗(為了紀念獵狐而擺飾的)狐頭，狐面。

assúme [**pùt ón, wéar**] **a másk** 戴假面具；隱藏真面目。

thrów óff [**tàke óff, pùll óff, dróp**] one's **másk** 脫下面具；現出真面目。

—*v.t.* **1** [十受]給…戴以假面具，用假面具掩飾…《★常以過去分詞當形容詞用；⇨ masked 1》.

2 [十受(十介十(代)名)][以…]隱藏〈感情等〉[*with, behind*]：~ one's sorrow ***with*** a smile 以微笑掩飾悲傷/He ~*ed* his intentions ***behind*** an air of indifference. 他裝出一副不關心的樣子以掩飾其意圖。

3 [十受]〖軍〗**a** 掩蔽〈砲位等〉。**b** 監視〈敵人〉以妨礙其行動。

masked *adj.* **1 a** 帶假面具的，化裝的：a ~ ball 化裝舞會。**b** [不用在名詞前]帶假面具的：He was ~. 他帶著假面具。**2** 隱藏真相[真意]的：~ words 隱藏真意的話。**3**〖軍〗遮蔽的。

másk·er *n.* Ⓒ **1** 蒙面者。**2** 參加化裝舞會者；假面劇演員。

mask·ing [ˋmæskɪŋ; ˈmɑ:skiŋ] *n.* Ⓤ **1** 化裝。**2**〖印刷〗修色，修調。

másk·ing tàpe *n.* Ⓤ **1** (繪畫或噴漆時用以遮蓋不必著色、油漆部分的)黏性紙條。**2** 膠帶。

mas·och·ism [ˋmæzəˏkɪzəm; ˈmæsəkizəm] **«**源自受虐性愛小說家之名**»**—*n.* Ⓤ **1** 受虐狂《以被異性奴役、虐待或傷害為樂的一種變態性慾；cf. sadism》. **2** 自虐，被虐的傾向。

más·och·ist [-kɪst; -kist] *n.* Ⓒ受虐狂。

mas·och·ist·ic [ˏmæsəˋkɪstɪk; ˌmæsəˈkistik←] *adj.* 受虐(狂)的。

ma·son [ˋmesn; ˈmeisn] *n.* Ⓒ **1 a** 石工，石匠。**b** 砌磚工人；泥瓦匠。**2** [**M**~]共濟會會員(Freemason).

Má·son-Díx·on lìne [ˋmesnˋdɪksn-; ˈmeisnˈdiksn-] *n.* (又作 **Máson and Díxon's lìne**) [**the** ~]梅生—狄克遜分界線。

> 【說明】為解決美國馬里蘭州(Maryland)與賓夕凡尼亞州(Pennsylvania)界線紛爭，英國的測量技師查理·梅生(Charles Mason)與耶利米·狄克遜(Jeremiah Dixon)於是畫定這條界線；南北戰爭以前，此界線以北為自由州(free states)，南方為奴隸州(slave states)，傳統上，把此界線視為南北的分界線。

Ma·son·ic [məˋsɑnɪk; məˈsɔnik] *adj.* 共濟會(Freemason)(主義)的。

ma·son·ry [ˋmesnrɪ; ˈmeisnri] *n.* Ⓤ **1** 石工，泥瓦匠；石工技術。**2** 石造[磚瓦，水泥]工程；石造[磚瓦，水泥]建築。**3** [常 **M**~]共濟會的主義[制度，慣例]。

masque [mæsk; mɑ:sk, mæsk] *n.* Ⓒ **1** 假面劇或其劇本《十六至十七世紀流行於英國》。**2** =masquerade 1.

mas·quer·ade [ˏmæskəˋred; ˌmæskəˈreid, ˌmɑ:s-] **«**源自西班牙語「假面(mask)會」之義**»**—*n.* Ⓒ **1** 化裝舞會。**2** 化裝(所用的衣服)。**3** 偽裝，虛構(pretense).

—*v.i.* **1** 參加化裝舞會。**2** [十 *as* 補]化裝；假裝〈成…〉：He ~*d as* a prince. 他化裝成王子。**màs·quer·ád·er** *n.*

***mass** [mæs; mæs] **«**源自希臘文「大麥作的糕點」之義**»**—*n.* **1** Ⓒ (沒有一定形狀的)**一團**；羣集，集團：a ~ *of* rock 岩塊，大岩石/ ~*es* of clouds 巨大的雲團。**2** Ⓒ[常 ~**es**]**多數，**大量：a ~ *of* letters 一堆信件/~*es of* books 一大堆書。**3** [**the** ~]**大部分，**主要部分：*the* (great) ~ *of*... 大部分[大多數]的…/*The* ~ *of* modern people are swayed by advertising. 現代人多半為廣告所左右。**4** [**the** ~**es**]**大眾，**平民，勞工階級。**5** Ⓒ大小，量：Among mammals whales have the greatest ~. 哺乳動物中以鯨魚最大。**6** Ⓤ〖物理〗質量。**7** Ⓒ〖美術〗作品中表示各構成部分的色調、團塊：~*es* of light and shadow 大片大片的光影/see one's subject matter in ~*es*〈畫家等〉(不拘泥於細節而)從大處看題材。

be a máss of... 盡是…《★用法of 之後的名詞為可數名詞時，則是複數形》：The hillside *was a* ~ *of* flowers. 山腰上繁花盛開/He *is a* ~ *of* wounds. 他全身是傷。

in a máss 一塊，一起。

in the máss 總體上，大體而論，概括言之。

—*adj.* [用在名詞前]**1** 大眾的，適合大眾的：~ action 大眾行動/(a) ~ demonstration 羣眾示威。**2** 大量的，大規模的；集團的：a ~ game 團體競賽[遊戲]/a ~ murder 集團[結夥]殺人。

—*v.t.* [十受] **1** 使…集成一團。**2** 集合，聚集〈軍隊等〉。

—*v.i.* **1** 集中，聚集。**2** 集合。

Mass [mæs; mæs, mɑ:s] *n.* [有時 **m**~] **1** ⓊⒸ〖天主教〗彌撒；彌撒聖餐儀式：High [Solemn] *M*~ (有上香、奏樂等的)大彌撒/⇨ Low Mass, Black Mass/a ~ *for* the dead 安魂彌撒/attend [go to] ~ 去望彌撒/read [say] ~ 〈神職人員〉舉行彌撒。**2** Ⓒ彌撒曲。

Mass. 《略》Massachusetts.

Mas·sa·chu·setts [ˏmæsəˋtʃusɪts, -səts; ˌmæsəˈtʃu:sits, -səts←] **«**源自北美印地安語「住在大山丘的人」之義**»**—*n.* 麻薩諸塞州《美國東北部的州；位於新英格蘭(New England)；首府波士頓(Boston)；略作 Mass.,〖郵政〗MA；俗稱 the Bay State》.

mas·sa·cre [ˋmæsəkɚ; ˈmæsəkə, -sik-] **«**源自古法語「屠，宰」之義**»**—*n.* Ⓒ **1** 大屠殺。**2** 《口語》(比賽等的)慘敗。

the Mássacre of St. Barthólomew (法國的)聖巴托羅繆大屠殺《在1572 年的聖巴托羅繆節，天主教徒對巴黎的胡格諾教徒展開大屠殺》。

the Mássacre of the Ínnocents 希律王(Herod)殘殺伯利恆(Bethlehem)的嬰孩《出自聖經新約「馬太福音」》。

—*v.t.* **1** 屠殺〈許多的人、動物〉(⇨kill【同義字】)。**2** 貶低，教訓，打敗〈人〉。**3** 《口語》(在比賽中)大勝〈對方〉。

mas·sage [məˋsɑʒ; ˈmæsɑ:ʒ] **«**源自法語「揣，揉和」之義**»**—*n.* ⓊⒸ推拿，按摩，按摩治療：give [have] a ~ 施以[接受]按摩。

—*v.t.* **1** 對…施以按摩。**2** 舒解〈人的緊張、偏見等〉；討好〈人〉。

máss communicátion *n.* ⓊⒸ (透過報紙、廣播、電視等的)大眾傳播。

mass·cult [ˋmæsˏkʌlt; ˈmæskʌlt] 《略》*n.* 《口語》=mass culture.

máss cúlture *n.* Ⓤ (主要由大眾傳播所傳布的)大眾文化。

mas·seur [mæˋsɝ; mæˈsə:] **«**源自法語**»**—*n.* Ⓒ按摩師。

mas·seuse [mæˋsɝz; mæˈsə:z] **«**masseur 的陰性形**»**—*n.* Ⓒ女按摩師。

mas·sif [ˋmæsif; ˈmæsi:f] *n.* Ⓒ〖地質〗**1** 中央山塊。**2** 斷層地塊。

mas·sive [ˋmæsɪv; ˈmæsiv] **«**mass 的形容詞**»**—*adj.* (**more** ~；**most** ~) **1 大而重[硬]的，**沈重的。**2 a** 〈頭、體格、容貌等〉大的，結實的，堂堂的。**b** 〈精神、行動等〉沈着的，穩重的。**3** 大規模的，大的，大量的：~ layoffs 大規模的暫時解雇/on a ~

M

scale 大規模地。**4**〈某種感情〉有壓迫感的：a ~ feeling of remorse 深重的悔恨之情。**5**《地質》塊狀的。
~·ly *adv.* **~·ness** *n.*
mass·less [ˋmæslɪs; ˈmæslis] *adj.* 《物理》無質量的。
máss média *n. pl.* [**the** ~] 大衆傳播媒體《報紙、雜誌、廣播等；★[用法]視爲集合稱時則當單數用》。
máss médium *n.* **mass media** 的單數。
máss méeting *n.* Ⓒ(尤指政治性的)大集會，大衆集會。
máss nòun *n.* Ⓒ《文法》質量名詞《不可數的名詞；包括物質名詞與抽象名詞》。
máss númber *n.* Ⓒ《物理・化學》質量數。
máss observátion *n.* Ⓤ《英》民意調查。
máss-prodúce *v.t.* & *v.i.* 大量[成批]生產。
máss prodúction *n.* Ⓤ大量[成批]生產。
máss psychólogy *n.* Ⓤ羣衆心理。
máss socíety *n.* Ⓤ大衆社會《產業化、都市化的社會形態》。
mass·y [ˋmæsɪ; ˈmæsi] *adj.* (**mass·i·er**；**-i·est**)《詩・文語》=massive 1.
mast[1] [mæst; mɑːst] *n.* Ⓒ **1**《航海》**檣，桅**(⇨ sailboat 插圖)。**2** 桅狀柱《如旗竿、無線電鐵塔等》。
befòre the mást 《航海》當普通水手《★由於帆船時代，水手住在前檣前面的船首樓》。
mast[2] [mæst; mɑːst] *n.* Ⓤ [集合稱] 槲、櫟、栗樹等的果實《尤指豬的飼料》。
mas·tec·to·my [mæsˋtɛktəmɪ; mæsˈtektəmi] *n.* ⓊⒸ《外科》乳房切除(術)。
mást·ed *adj.* [常構成複合字]…桅的：a four-*masted* ship 四桅的帆船。
‡**mas·ter** [ˋmæstɚ; ˈmɑːstə] **«**源自拉丁文「偉大的人」之義**»**—*n.* **1** Ⓒ**支配人[物]的人**：**a** 主人，雇主：~ and man 主人與僕人《★由於是對句，所以無冠詞》/Like ~, like man. 《諺》有其主必有其僕《★由於是對句，所以無冠詞》。**b** (一家的)家長(↔ mistress). **c** 指揮者，主子。**d** (商船的)船長。**e** (動物、奴隸的)所有者。**2** Ⓒ **a**《英》(男)**教師**(↔ mistress)《★[比較]現在以 teacher 較常用》：a language ~ 語言教師/⇨ schoolmaster. **b** (特殊技藝的)師傅，大師：a music [dancing] ~ 音樂[舞蹈]老師[大師]/⇨ riding master. **c** (工匠的)師傅。**d** (宗教的、精神的)指導者。**e** [**the M~, our M~**] 主耶穌。**3** Ⓒ **a** (Oxford, Cambridge 等大學的)宿舍主任，宿舍長。**b** (各種團體的)會長，團長，院長。**4** [常 **M~**] **a** [僕人等對主人家男孩的敬稱語]少爺：*M~* Davy 大衛少爺。**b** Ⓒ《蘇格蘭》子爵[男爵]的長子，幼主。**5** [常 **M~**] Ⓒ碩士《doctor 與 bachelor 之間的學位》：a ~'s degree 碩士學位/a *M~* of Arts 文學碩士《略作 MA, M.A.；A.M.》. **6** Ⓒ[對…]能運用自如的人，熟練者，精通者〔*of*〕《★[用法]當補語時，通常無冠詞》：⇨ be MASTER of. **7** Ⓒ再生物，複印品的母體《尤指照片原版，唱片、錄音帶的原盤等》。**8** Ⓒ《機械》主機：⇨ master clock. **9** [常 **M~**] (又作 **Máster of Hóunds**) Ⓒ《狩獵》獵犬長官。
be máster in one's **ówn hóuse** 做一家之主，不受他人的干涉。
be máster of... (1)能自主的…：*be* ~ *of* oneself 能自制；能獨立自主/He *is* ~ *of* the situation. 他能控制情勢[局面]。(2)精通…：He *is* ~ *of* several languages. 他通曉數種語言。(3)擁有…：He *is* ~ *of* one hundred million dollars. 他擁有一億美元。
be one's **ówn máster** 獨立自主，不受別人的束縛。
màke onesèlf máster of... 熟練…，精通…。
máster of céremonies [常 **M~ of Ceremonies**] (1)(聚會、餘興節目等的)司儀《略作 M.C.》. (2)《英》(宮廷中宴會等的)禮賓官。
sérve twó másters [常與 cannot 連用] 侍奉二主；信奉兩種相悖的主義。
—*adj.* [用在名詞前] **1** 主人的；支配者的；像主人的。**2 a** 名人的，熟練的；傑出的，顯眼的：a ~ touch 顯示才華的筆觸[細節]/⇨ masterstroke. **b** 師傅的：a ~ carpenter 木匠師傅。**3** 支配性的，主要的：one's ~ passion 支配性的感情。
—*v.t.* 〔十受〕 **1 精通**…，**熟練**…：~ a foreign language [driv*ing* a car] 精通外語[開車]。**2 a 支配**；征服；抑制〈情慾等〉：~ one's anger 抑制憤怒。**b** 馴服〈動物〉。
máster-at-árms *n.* Ⓒ(*pl.* **masters-at-arms**)《海軍》紀律官，糾察長。
máster bédroom *n.* Ⓒ主臥室。
máster búilder *n.* Ⓒ **1** 建築包工者；木匠師傅。**2** 卓越的建築家。
máster clòck *n.* Ⓒ母鐘《控制他處子鐘(slave clock)的指針》。
mas·ter·ful [ˋmæstɚfəl; ˈmɑːstəful] *adj.* **1** 專橫的，盛氣凌人的。**2** =masterly. **~·ly** [-fəlɪ; -fuli] *adv.* **~·ness** *n.*
máster-hánd *n.* **1** Ⓒ名師，專家(expert)〔*at*〕：be a ~ *at* carpentry 是木匠界的名人[木匠能手]。**2** Ⓤ名家技術，專家才能。
máster kéy *n.* Ⓒ母匙；萬能鑰匙《可開數種鎖》。
más·ter·ly *adj.* 名師的；熟練的，卓越的，精巧的：a ~ stroke 名師的一刀[筆]。
máster máriner *n.* Ⓒ(商船的)船長《★正式的稱呼》。
máster·mìnd *n.* Ⓒ **1** 大智的人，智多星。**2** (計畫等的)策畫人或指導者，立案者；(壞事的)主謀者。
—*v.t.* (巧妙地)指導〈計畫等〉；當〈壞事〉的主謀者。
Máster of Science *n.* Ⓒ **1** 理科碩士學位。**2** 理科碩士《略作 M.S., M.Sc.》.
master·piece [ˋmæstɚ,pis; ˈmɑːstəpiːs] *n.* Ⓒ**傑作，名著，代表作**。
máster plán *n.* Ⓒ基本計畫，綜合計畫。
mas·ter's [ˋmæstɚz; ˈmɑːstəz] *n.* (又作 **máster's degrèe**) Ⓒ碩士學位。
máster sérgeant *n.* Ⓒ《美陸軍・海軍陸戰隊》士官長；《美空軍》一級上士。
máster·shìp *n.* **1** Ⓤmaster 的身分。**2** Ⓒmaster 的職位。**3** Ⓤ支配(力)，控制〔*over*〕. **4** Ⓤ熟練，才能，精通〔*of, in*〕.
Más·ters Tóurnament [ˋmæstɚz-; ˈmɑːstəz-] *n.* [**the** ~]《高爾夫》每年在美國喬治亞州(Georgia) Augusta 奧古斯達國家高爾夫球俱樂部(National Golf Club)舉行的高爾夫球賽，爲世界四大高球賽之一。
máster·stròke *n.* Ⓒ卓越的技藝，神技，絕招：That idea was a ~. 那是一個絕妙的主意。
máster·wòrk *n.* =masterpiece.
mas·ter·y [ˋmæstərɪ; ˈmɑːstəri] **«**master *v.* 的名詞**»**—*n.* **1** Ⓤ支配，征服，控制〔*of, over*〕：the ~ *of* the air [seas] 制空[海]權/gain ~ *over* the whole land 控制全國。**2** Ⓤ勝利，征服；優勝，優勢〔*of, over*〕：gain [get] the ~ 獲勝。**3** Ⓤ [又作 **a** ~] 熟練，精通〔*of, over*〕：have *a* ~ *of* French [the piano] 精通法語[鋼琴]。
mást·hèad *n.* Ⓒ **1**《航海》桅頂，檣頭《有檣頭看守台(crow's-nest)》：a ~ light(白色)桅燈。**2** (刊有報紙、雜誌名稱、發行人、編輯地址等的)發行人欄；報頭。
mas·tic [ˋmæstɪk; ˈmæstik] *n.* **1 a** (又作 **mástic trèe**) Ⓒ《植物》乳香樹《漆樹科的喬木》。**b** Ⓤ乳香樹脂《用以製透明亮光漆》。**2** Ⓤ乳香酒《加乳香的一種土耳其、希臘產葡萄酒》。**3** Ⓤ膠泥《用於防漏水及作填料用》。
mas·ti·cate [ˋmæstə,ket; ˈmæstikeit] *v.t.* **1** 咀嚼〈食物等〉《★[比較]此字較正式，chew 爲一般用語》。**2** 將〈橡膠等〉磨爛。
mas·ti·ca·tion [,mæstəˋkeʃən; ˌmæstiˈkeiʃn] **«**masticate 的名詞**»**—*n.* Ⓤ咀嚼。
mas·tiff [ˋmæstɪf; ˈmæstif] *n.* Ⓒ 獒《大型，短毛的看家犬》。

mastiff

mas·ti·tis [mæsˋtaɪtɪs; mæˈstaitis] *n.* Ⓤ《醫》乳房炎，乳腺炎。
mas·to·don [ˋmæstə,dɑn; ˈmæstədɔn] *n.* Ⓒ《古生物》柱牙象《生存於數千年前的一種似象的動物》。
mas·toid [ˋmæstɔɪd; ˈmæstɔid] *adj.* 《解剖》乳頭狀的；乳狀突起的。
—*n.* **1** Ⓒ《解剖》乳狀突起。**2**《口語》=mastoiditis.
mas·toid·i·tis [,mæstɔɪdˋaɪtɪs; ˌmæstɔiˈdaitis] *n.* Ⓤ《醫》乳狀突起的膿瘍，乳突炎。
mas·tur·bate [ˋmæstɚ,bet; ˈmæstəbeit] *v.i.* & *v.t.* (對…)行手淫。
mas·tur·ba·tion [,mæstɚˋbeʃən; ˌmæstəˈbeiʃn] **«**masturbate 的名詞**»**—*n.* Ⓤ自慰，手淫。
ma·su·ri·um [məˋsurɪəm, məˋzurɪəm; məˈsjuəriən] *n.* Ⓤ《化學》鎷《金屬元素之一，現改稱 technetium》.
***mat**[1] [mæt; mæt] *n.* **1** Ⓒ **a 墊子**，蓆子，草蓆。**b** 門前擦鞋墊[踏鞋墊]。**c** (運動用的)墊子，厚墊。**d** (花瓶、盤子等的)墊子。**2** Ⓒ(用以裝咖啡、糖等的)蓆袋，一包的量。**3** Ⓒ[常 **a** ~](毛、雜草等)一叢，一簇，一團〔*of*〕：*a* ~ *of* hair 一頭亂髮/*a* ~ *of* weeds 一叢雜草。
on the mát 被傳去(受責、受審)，被處罰《★士兵被問罪時，通常是站在中隊辦公室的墊子上》。
—*v.t.* (**mat·ted**；**mat·ting**)〔十受〕 **1** 鋪蓆子於…上，在…上蓋蓆子。**2** 使〈頭髮等〉纏結在一起《★常以過去分詞當形容詞用；⇨ matted[1] 2》. —*v.i.* 糾結，糾纏。
mat[2] [mæt; mæt] *n.* Ⓒ(照片、繪畫等的)厚襯紙。
—*v.t.* 給〈照片、繪畫等〉鋪厚襯紙。
mat[3] [mæt; mæt] *adj.* 色澤暗淡的，悶光的。
—*n.* Ⓒ **1** 消光(面)。**2** 消光器。
—*v.t.* (**mat·ted**；**mat·ting**)使〈金屬面等〉無光澤，使…暗淡，去掉…的光澤。
Mat [mæt; mæt] *n.* **1** 馬特《男子名；Matthew 的暱稱》。**2** 瑪德

《女子名；Martha 的暱稱》。

mat·a·dor [ˋmætə͵dɔr; ˈmætədɔ:] 《源自西班牙語「殺」之義》—*n.* Ⓒ鬥牛士《鬥牛至最後階段，手持劍刺死牛的主角；cf. picador, toreador》.

‡match[1] [mætʃ; mætʃ] 《源自拉丁文「蠟燭的芯」之義》—*n.* Ⓒ（一根）火柴：a box of ~*es* 一盒火柴/a safety ~ 安全火柴/light [strike] a ~ 點[擦]燃火柴。

‡match[2] [mætʃ; mætʃ] 《源自中古英語「一對中的一方」之義》—*n.* **1** [a ~, one's ~] 一對中的一方：**a** 競爭的對手，旗鼓相當的敵手〔*for*〕：meet [find] one's ~ 遇[找]到好敵手/He has never met his ~. 他從未遇過勁敵《他未曾敗過》/He is more than *a* ~ *for* me. 他比我強得多。**b**（作爲對手是）適當的人[物]，相配的人[物]〔*for*〕：This tie is a good ~ *for* that suit. 這條領帶跟那套衣服很相配。**2** Ⓒ（常是兩人一組的）比賽（⇨ tennis【說明】；game[比較]）：play a ~ 比賽。**3** Ⓒ [常用單數；常與修飾語連用] **a**（合適的）配偶，夫婦〔*for*〕：She will make a good ~ *for* any man. 她可成爲任何一位男性的佳偶。**b** 姻緣，婚姻：⇨ love match/make a ~ 當媒人/She has made a good ~. 她已獲得佳偶。

—*v.t.* **1**〔十受（十介十（代）名）〕**a**〔在…方面〕與…匹敵〔*for, in, at*〕：*For* wine no country can ~ France. 說到葡萄酒沒有一個國家能比得上法國/I cannot ~ her *at* cooking. 在烹調方面，我比不上她。**b**〔在…〕成爲…（好的）對手〔*in*〕：I will ~ you *in* any race. 任何一種競賽我都不會輸給你的。

2 a〔十受〕與…調和；適合…；與…一致，配合：A red tie will ~ that suit. 紅領帶適合配那件衣服/I'm looking for a hat to ~ a brown dress. 我在找一頂能與褐色衣服相配的帽子。**b**〔十受十介十（代）名〕使…〔與…〕調合，使…〔與…〕相配〔*with, to*〕：~ one's actions *to* one's words 講出口就趕快行動《言行一致，言出必行；★[用法]常用 match one's words *with* one's action》/Be careful to ~ this design *with* that. 注意把這個設計與那個設計互相調配。

3〔十受十受/十受十介十（代）名〕爲〈人〉找出與…相配之物；〔爲人〕找出與…相配之物〔*for*〕：Will you ~ me this cloth? =Will you ~ this cloth *for* me? 你能替我找到和這塊布相配的布料嗎？

4〔十受十介十（代）名〕讓…〔與…〕競爭[對抗]〔*against, with*〕：*M*~ your strength *against* Tom's. 你與湯姆比比力氣。

—*v.i.* **1 a**〔動（十副）〕相配，平衡〈*up*〉：The curtains and the wallpaper ~ well. 窗帘和壁紙很相配。**b**〔十介十（代）名〕〔與…〕調合，相配〔*with*〕：These ribbons don't ~ *with* your hat. 這些緞帶與你的帽子不配。

2〔十介十（代）名〕《古》〔與…〕結成夫婦〔*with*〕：Let beggars ~ *with* beggars.《諺》乞丐適合配乞丐《龍配龍，鳳配鳳》。

mátch úp to... 與〈想像〉一致，符合…的期待。

mátch·bòok *n.* Ⓒ對摺式紙夾火柴。

mátch·bòx *n.* Ⓒ火柴盒：*a* ~ *of a* house 火柴盒似的小房子。

mátch·ing *adj.* [用在名詞前] 相配的，協調的，相同的〈顏色、外觀等〉。

mátch·less *adj.* 無雙的，無比的：a girl of ~ beauty 絕世美女。~·**ly** *adv.* ~·**ness** *n.*

mátch·lòck *n.* Ⓒ **1** 火繩槍。**2** 火繩式發火裝置。

matchlock 1

mátch·màker[1] 《源自 match[1]》—*n.* Ⓒ製造火柴的人。

mátch·màker[2] 《源自 match[2]》—*n.* Ⓒ **1** 媒人。**2**（尤指拳擊、角力等）運動比賽組織者，安排比賽的人。

mátch plày *n.* Ⓤ《高爾夫》比洞《以贏得的洞數決定優勝者；cf. stroke play》.

mátch póint *n.* Ⓒ《球戲》結束勝分《網球、排球等決定一場比賽勝負的一分；cf. game point, set point》.

mátch·stìck *n.* Ⓒ火柴棒。

mátch·wòod *n.* Ⓤ做火柴棒的木材。

màke mátchwood of... =**redúce... to mátchwood** 把…磨得粉碎。

***mate**[1] [met; meit] *n.* **1** Ⓒ（一對中的）一方：**a** 夫妻之一方《夫或妻》。**b**（鳥等）一對中的一隻。**c**（手套、鞋子等的）一隻：Where's the ~ *to* this shoe? 這雙鞋子的另外一隻在哪兒？**2 a** Ⓒ [常構成複合字] 伙伴，同伴，朋友：⇨ classmate. **b** Ⓒ工作伙伴。**c** [勞工、船員之間親密的稱呼]《英口語》兄弟，哥兒。**3** Ⓒ **a**《航海》（商船的）船員：the chief [first] ~ 大副。**b**《航海·海軍》助手。**c**《美海軍》下士：a boatswain's ~ 掌帆下士/a gunner's ~ 掌砲下士。

gò mátes with...《英》與…結件[成爲同夥]。

—*v.t.*〔十受十介十（代）名〕**1 a** 使〈人〉〔與…〕結成夫妻〔*with*〕. **b** 使〈鳥等〉〔與…〕交配〔*with*〕. **2** 使…〔與…〕協調[調合]〔*with*〕.

—*v.i.*〔動（十介十（代）名）〕**1**〔與…〕結婚〔*with*〕. **2**〈動物〉〔與…〕交尾，交配〔*with*〕.

mate[2] [met; meit] 《checkmate 之略》—*interj., n.* [M~]《西洋棋》將軍！(cf. stalemate).

gìve (the) máte (to...)（向…）逼將。

—*v.t.* 逼〈將〉，使〈王〉將死。

ma·té, ma·te[3] [ˋmɑte, ˋmæte; ˈmætei] *n.* Ⓤ馬黛茶。

ma·ter [ˋmetɚ, ˋmɑtɚ; ˈmeitə] *n.* Ⓒ（*pl.* ~**s**, **-tres** [-triz; -tri:z]）《英口語》母親。

ma·ter do·lo·ro·sa [ˋmɑtɛr͵doloˋrosɑ; ˈmeitə͵dɔləˈrousə] 《源自拉丁文》—*n.* **1** Ⓒ悲傷的母親。**2** Ⓒ [M~ D~]（圖畫或雕刻等的）悲傷的聖母瑪利亞像。

‡ma·te·ri·al [məˋtɪrɪəl; məˈtiəriəl] 《源自拉丁文「物質（的）」之義》—*n.* **1** ⓊⒸ **a** 原料，材料：various dress ~*s* 各種女裝布料。**b**（衣服等的）布料：There is enough ~ for two suits. 有足夠做兩套衣服的料子。**2** Ⓤ資料〔*for*〕：collect ~ *for* a dictionary 爲字典蒐集資料。**3** [~s] 用具，道具：writing ~*s*（筆、墨、紙等）文具，書寫用具。**4** Ⓤ人材。

—*adj.* (**more** ~; **most** ~) **1**（無比較級、最高級）**a** 物質（上）的；有形的，具體的：a ~ being 具體的本質，有形物/~ civilization 物質文明/a ~ element 具體因素。**b**（與精神相對）肉體上的；感官上的：~ comforts 使肉體[物質生活]舒適的物品。

2 a 重要的，不可或缺的：a ~ factor 重要因素。**b** [不用在名詞前]〔十介十（代）名〕〔對…而言〕重要的，必須的〔*to*〕：things ~ *to* our life 我們生活上所不可欠缺的東西。**3**《哲·邏輯》實質上的，實體上的（↔ formal）. **4**《法律》對判決有影響的，有決定性的：~ evidence 實質性證據。

ma·té·ri·al·ìsm [-l͵ɪzəm; -lizəm] *n.* Ⓤ **1**（比起精神來，較重視物質的）物質主義，實利主義。**2**《哲》唯物論[主義]（↔ idealism, spiritualism）. **3**《倫理》物質[物欲]中心主義，利己主義。**4**《美術》現實主義，寫實主義。

ma·té·ri·al·ist [-lɪst; -list] *n.* Ⓒ唯物論者。

—*adj.* 唯物論（者）的。

ma·te·ri·al·is·tic [mə͵tɪrɪəlˋɪstɪk; mə͵tiəriəˈlistik˝] *adj.* 唯物論（者）的。**-ti·cal·ly** [-kl̩ɪ; -kəli] *adv.*

ma·te·ri·al·i·ty [mə͵tɪrɪˋælətɪ; mə͵tiəriˈæliti] 《material *adj.* 的名詞》—*n.* **1** Ⓤ物質性；有形。**2** Ⓒ有形物。

ma·te·ri·a·li·za·tion [mə͵tɪrɪəlaɪˋzeʃən; mə͵tiəriəlaiˈzeiʃn] 《materialize 的名詞》—*n.* ⓊⒸ具體化，實體化，物質化。

ma·te·ri·a·lize [məˋtɪrɪəl͵aɪz; məˈtiəriəlaiz] 《material *n.* 的動詞》—*v.t.* **1** 賦予…形體，使…具體化，實現。**2** 使〈靈魂〉現形。**3** 使…具實體[實利]。

—*v.i.* **1**〈願望、計畫等〉實現：His plan may ~. 他的計畫可能實現。**2**〈靈魂〉現形。**3** 突然出現：A black automobile ~*d* out of the mist. 一部黑色汽車突然由霧中出現。

ma·té·ri·al·ly [-rɪəlɪ; -riəli] *adv.* **1** 在實際利益上；大大地，相當可觀地。**2** 物質[有形]地；肉體地。**3**《哲·邏輯》實質上（↔ formally）.

matérial nóun *n.* Ⓒ《文法》物質名詞《water, gas 等》。

ma·te·ri·a med·i·ca [məˋtɪrɪəˋmɛdɪkə; məˈtiəriəˈmedikə] *n.* Ⓤ **1** [集合稱] 藥物，藥品。**2**《醫》生藥學，藥物學。

ma·té·ri·el [mə͵tɪrɪˋɛl; mə͵tiəriˈel] *n.* Ⓤ **1** 設備，裝備《以別於人員》。**2**《軍》武器彈藥等軍需品。

ma·ter·nal [məˋtɝnl̩; məˈtə:nl] 《源自拉丁文「母親的」之義》—*adj.* **1** 母親的，像母親的（cf. paternal 1）：a ~ association 母親會/~ love 母愛。**2** [用在名詞前] 母方的：on the ~ side 母方的/one's ~ grandmother 外祖母。~·**ly** [-nl̩ɪ; -nəli] *adv.*

ma·ter·ni·ty [məˋtɝnətɪ; məˈtə:nəti] 《maternal 的名詞》—*n.* **1** Ⓤ爲人母，母性，母愛。**2** Ⓒ產科病房。

—*adj.* [用在名詞前]（爲）孕婦的：a ~ dress 孕婦裝/a ~ nurse 助產士，產科護士/a ~ ward [hospital] 產科病房[醫院]。

matérnity lèave *n.* ⓊⒸ產假。

mat·ey [ˋmetɪ; ˈmeiti] *adj.* (**mat·i·er**; **-i·est**)《英口語》**1 a** 親密的。**b** [不用在名詞前]〔十介十（代）名〕〔與人〕親近的，友好的〔*with*〕：I'm ~ *with* him. 我跟他很要好。**2** 易爲人親近的，易接近的。

—*n.* [用於稱呼] 伙伴。

***math** [mæθ; mæθ] 《*math*ematics 之略》—*n.* Ⓤ《美口語》數學（《英口語》maths）.

math.《略》mathematical; mathematician; mathematics.

màth·e·mát·ic [͵mæθəˋmætɪk; ͵mæθiˈmætik˝] *adj.* = mathematical.

***math·e·mat·i·cal** [͵mæθəˋmætɪkl̩; ͵mæθəˈmætikl˝] 《mathe-

matics 的形容詞》—*adj.* (**more** ～; **most** ～) **1** (無比較級、最高級) **數學(上)的**, 數理的: ～ instruments 製圖工具/～ logic 數學邏輯《又作 symbolic logic》. **2** 非常正確的。
～**·ly** [-klɪ; -kəli] *adv.*

math·e·ma·ti·cian [ˌmæθəmə'tɪʃən; ˌmæθəmə'tiʃn] *n.* Ⓒ 數學家。

‡**math·e·mat·ics** [ˌmæθə'mætɪks; ˌmæθə'mætiks] 《源自希臘文「朝向學問」之義》—*n.* **1** Ⓤ **數學**: applied [pure] ～ 應用[純]數學。**2** [與 one's 連用; 當複數或單數用]數學的運用, 運算, 計算: My ～ *are* [*is*] weak. 我的計算的能力不好。

maths [mæθs; mæθs] 《*math*ematics 之略》—*n.* Ⓤ《英口語》數學(《美口語》math).

Ma·til·da [mə'tɪldə; mə'tildə] *n.* 瑪蒂達《女子名; 暱稱 Matty, Pat, Patty, Tilda, Tillie, Tilly》.

mat·in ['mætɪn; 'mætin] *n.* **1** [～**s**; 當單數或複數用; 常 **Matins**] **a** 《天主教》早經(的時刻)《一天七次禱告(canonical hours)中的一次; 在子夜或黎明》。**b** 《英國國教》晨禱(Morning Prayer). **2** Ⓒ《詩》(主要指鳥的)晨歌, 朝鳴。

mat·i·nee, mat·i·née [ˌmætn̩'e; 'mætinei] *n.* Ⓒ (戲劇、音樂會等的)白天公演(cf. soiree).

> 【字源】本來指早晨的公演而言, 因爲 matinee 原是「早晨」的意思, 後來演出的時間延到下午, 但仍稱作 matinee.

matinée còat *n.* Ⓒ 嬰兒的小外套《通常爲羊毛製》。

Ma·tisse [ma'tis; mɑ:'ti:s], **Hen·ri** [ɑ̃'ri; ɑ̃:'ri:] *n.* 馬蒂斯《1869－1954; 法國野獸派的畫家、雕刻家》。

mat·ri- [metrɪ-, -trə-, mæ-; meitri-, mætri-] [複合用詞]表示「母親」之意。

ma·tri·arch ['metrɪˌɑrk; 'meitriɑ:k] *n.* Ⓒ女家長, 女族長(cf. patriarch 1 a). **ma·tri·ar·chal** [ˌmetrɪ'ɑrkl̩; ˌmeitri'ɑ:kl⁺] *adj.*

ma·tri·ar·chy ['metrɪˌɑrkɪ; 'meitriɑ:ki] *n.* **1** ⓊⒸ女家長[族長]制; 母權制(cf. patriarchy 1). **2** Ⓒ母權社會。

ma·tri·ces *n.* matrix 的複數。

mat·ri·cide ['metrəˌsaɪd, 'mætrə-; 'meitrisaid] *n.* **1** Ⓤ弒母《指罪行》。**2** Ⓒ弒母者(cf. patricide 2).
mat·ri·ci·dal [ˌmetrə'saɪdl̩, ˌmætrə-; ˌmeitri'saidl⁺] *adj.*

ma·tric·u·late [mə'trɪkjəˌlet; mə'trikjuleit] *v.t.* 准許〈人〉入大學, 讓〈人〉註册入學《★常用被動語態》: He *was* ～*d at* a college. 他獲准註册入大學。
—*v.i.* 〔動(＋介＋(代)名)〕註册入〔大學〕〔*at, in*〕.

ma·tric·u·la·tion [məˌtrɪkjə'leʃən; məˌtrikju'leiʃn] 《matriculate 的名詞》—*n.* **1** ⓊⒸ大學入學許可。**2** Ⓤ《英》(從前的)大學入學考試。

ma·tri·fo·cal [ˌmætrə'fokl̩; ˌmætri'foukl] *adj.* 以母親爲家庭中心的, 母系的。

mat·ri·lin·e·al [ˌmætrə'lɪnɪəl, ˌmetrə-; ˌmætri'liniəl⁺] *adj.* 母系(制)的, 母方的: a ～ society 母系社會。

mat·ri·mo·ni·al [ˌmætrə'monɪəl; ˌmætri'mounjəl⁺] 《matrimony 的形容詞》—*adj.* 結婚的, 夫婦的: a ～ agency 婚姻介紹所。～**·ly** [-əlɪ; -əli] *adv.*

mat·ri·mo·ny ['mætrəˌmonɪ; 'mætriməni] 《源自拉丁文「母親的狀態」之義》—*n.* Ⓤ **1** 結婚, 婚姻(⇨ marriage【同義字】): enter into ～ 結婚/unite persons in holy ～ 使人正式結婚。**2** 夫婦關係, 婚姻生活。

ma·trix ['metrɪks, 'mæt-; 'meitriks, 'mæt-] 《源自拉丁文「子宮, 母體」之義》—*n.* Ⓒ (*pl.* **ma·tri·ces** ['metrɪˌsiz, 'mætrɪ-; 'meitrisi:z], ～**·es**) **1 a** 母體, 母體組織, 源始〔*of*〕. **b** 《古》子宮(womb). **2 a** 鑄型(mold). **b** 《印刷》(鑄造鉛字的)字模; 字型。**c** (複製唱片的)原盤。**3** 《生物·解剖》基質, 細胞間質。**4** 《礦》母岩; (岩石的)基質。**5 a** 《數學》矩陣, 方陣; 母式。**b** 似行列之物: an orderly ～ *of* streets 整齊排列的街道。

ma·tron ['metrən; 'meitrən] 《源自拉丁文「已婚婦女」之義》—*n.* Ⓒ **1** (有聲望的、年長的)已婚婦女, 夫人。**2** 護士長, (公共設施的)清潔女工頭, (女子從業員的)女監工, 女舍監。
mátron of hónor 《美》伴新娘的已婚婦女。

má·tron·ly *adj.* 〈女性〉似已婚婦女的; 儀態端莊的, 有威嚴的。

matt [mæt; mæt] *adj., n., v.* ＝mat³.

Matt [mæt; mæt] *n.* 馬特《男子名; Matthew 的暱稱》。

Matt. 《略》《聖經》Matthew.

mát·ted¹ 《源自 mat¹》—*adj.* **1** 鋪上蓆[墊]的。**2 a** 〈頭髮等〉亂成一團的, 蓬亂的(cf. mat¹ *v.t.* 2): ～ hair 蓬亂的頭髮。**b** [不用在名詞前]〔＋介＋(代)名〕〔…〕遍地叢生的〔*with*〕: The path was ～ ***with*** grass. 小徑上雜草叢生。**c** [不用在名詞前]〔＋副〕〔…〕纏結的〈*together*〉: His hair was ～ ***together***. 他的頭髮纏結在一起。

mát·ted² 《源自 mat³》—*adj.* 〈表面〉去掉光澤的。

‡**mat·ter** ['mætɚ; 'mætə] 《源自拉丁文「木材」之義》—*n.* **1** Ⓤ **a** (與精神相對的)**物質, 物體**(⇨ substance【同義字】): *M*～ can exist as a solid, liquid, or gas. 物體存在的形態有固體, 液體, 氣體。**b** [與修飾語連用]…質, …素, …體: organic [inorganic] ～ 有機[無機]物(質)/coloring ～ 色素/solid ～ 固體。**2** Ⓤ(有別於形式, 論文、書籍等的)**內容, 本體**: ⇨ subject matter/His speech contained very little ～. 他的演講沒有什麼內容。**3** Ⓒ **a 問題**; 事情〔*of*〕: a ～ *of* life and death 生死攸關的問題/a ～ *of* the greatest importance 非常重要的問題/a ～ *of* opinion 頗有爭議的問題/the ～ in dispute [question] 爭論中的問題/the ～ in hand 當前的問題/He is careless about money ～*s*. 他對金錢方面的事情漫不經心。**b** [引起某種感情的]事〔*for, of*〕: It is a ～ *for* [*of*] regret. 那是令人遺憾的事/It is no laughing ～. 那不是開玩笑的事/a hanging ～ ⇨ hanging *adj.* 1. **c** [常 ～**s**]事態, 事物: take ～*s* easy [seriously] 把問題看得輕鬆[嚴重]/So ～*s* went from bad to worse with him. 所以對他來說, 事態愈來愈嚴重《★比較 上述二例, 一般用 things》/to make ～*s* worse 把事情弄得更糟/let the ～ drop [rest] 此事暫且不談, 到此爲止不必多談/as ～*s* stand＝as the ～ stands 照目前狀況。**4** [**the** ～] **困擾的事, 麻煩的事**〔*with*〕《★用法 與 wrong 同意, 當形容詞用》: What's *the* ～ (*with* you)? 你怎麼了? 你發生了什麼事? 你有何困難? /Nothing is *the* ～ (*with* me). (我)沒什麼事/Is there anything *the* ～ *with* her? 她怎麼了? **5** Ⓤ重要的事《★常用 no [little] matter》: an event of *little* ～ 不很重要的事情/It is [makes] *no* ～ whether he comes or not. 他來不來都無關緊要/"She's not here."—"*No* ～." 「她不在。」「沒關係。」**6** Ⓤ[集合稱](印刷[出版、郵寄])物, 品: printed ～ 印刷品/postal ～ 郵件/first-class ～ 第一類郵件/⇨ reading matter. **7** Ⓤ(腫瘡、傷口等的)膿。**8** Ⓤ《印刷》(排成的)版, 原稿。

a mátter of... (1)⇨ 3a. (2)大約…, 頂多…(about): I paid *a* ～ *of* ten dollars. 我大約付了十美元。

(as) a màtter of cóurse 當然之事: Freedom of speech is taken *as a* ～ *of course.* 言論自由被視爲理所當然之事。

as a màtter of fáct 實際上: *As a* ～ *of fact,* he was pretending to be ill. 實際上他是在裝病。

for thát màtter ＝《罕》**for the màtter of thát** 關於那件事, 說到那件事, 進一步說《★用法 用於補述前面的話》: With Philippine Airlines you can go to Manila, or *for that* ～, to Singapore. 搭菲航可到馬尼拉, 噢, 說起來, 你甚至可以搭到新加坡。

in the mátter of... 關於…(as regards): He was very strict *in the* ～ *of* money. 他對於有關金錢的事很仔細《一絲不苟》。

nò màtter whát [whích, whó, whére, whén, whý, hów]... 無論什麼[哪一個, 什麼人, 什麼地方, 什麼時候, 爲什麼, 怎麼樣]: *No* ～ *what* he says, don't go. 無論他怎麼說, 都別去/You'll never succeed, *no* ～ *how* hard you (may) try. 無論你怎麼努力, 你都不會成功的。

nót mínce mátters 坦率地說, 直言不諱地說, 毫不顧忌地說。

—*v.i.* **1** [常用於否定句、疑問句]**有問題, 關係重要**: What does *it* ～? 那有什麼關係呢? 《★用法 it 是指當時的狀況, what 當副詞用》/ *It* does*n't* ～ a bit if we are late. 如果我們遲到, 一點也沒有關係/*It* does*n't* ～ *how* you do it. 你怎麼做都沒關係《★用法 後兩句中的 it 是預先指出後面子句的內容》。**2** 《罕》化膿。

Mat·ter·horn ['mætɚˌhɔrn; 'mætəhɔ:n] *n.* [**the** ～]馬特洪峯《本寧阿爾卑斯山(Pennine Alps)中的高峯; 4480 公尺》.

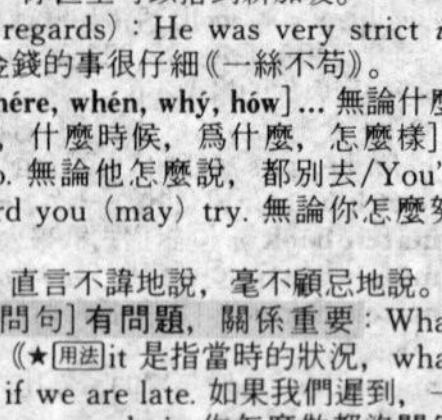

the Matterhorn

máter-of-cóurse *adj.* 當然的, 不用說的。

mátter-of-fáct *adj.* 重事實的, 實際的; 枯燥無味的, 平凡的。～**·ly** *adv.* ～**·ness** *n.*

Mat·thew ['mæθju; 'mæθju:] *n.* **1** 馬修《男子名, 暱稱 Mat(t)》. **2** [**St.** ～] 《聖經》(聖)馬太《耶穌十二使徒之一; 爲聖經新約馬太福音書的作者》。**3** 《聖經》馬太福音(The Gospel According to St. Matthew)《聖經新約中的一書; 略作 Matt.》.

mát·ting 《源自 mat¹》—*n.* Ⓤ **1** 製造墊子、草蓆的材料。**2** [集合稱]蓆子, 草蓆類(mats).

mat·tins ['mætn̩z; 'mætinz] *n. pl.* 《英》＝matin 1.

mat·tock ['mætək; 'mætək] *n.* Ⓒ鶴嘴鋤。

mat·tress ['mætrɪs, -trəs; 'mætris] 《源自阿拉伯語「放置物品」之義》—*n.* Ⓒ **1 牀墊。2** 《土木》(護岸工程所用的)柴排, 沈排。

Mat·ty ['mætɪ; 'mæti] *n.* 瑪蒂《女子名; Martha, Matilda 的暱稱》。

mat·u·rate [ˋmætʃə,ret; ˈmætjureit] *v.i.* 成熟。

mat·u·ra·tion [,mætʃʊˋreʃən, ,mætjʊ-; ,mætjuˈreiʃn] «maturate, mature 的名詞» —*n.* Ⓤ成熟(期), 圓熟(期)。

***ma·ture** [məˋtʊr, -ˋtjʊr; məˈtjuə] «源自拉丁文「成熟了」之義»—*adj.* (**ma·tur·er**; **-est**) **1 a** 〈水果等〉熟的, 成熟的(⇨ ripe【同義字】)。**b** 〈葡萄酒、乳酪等〉釀成的, 製成的。

2 〈人、動物〉充分成長的;〈身心〉成熟的: a ~ age 身心成熟的年齡。

3 〈計畫、思考等〉熟慮的, 賢明的; 愼重的: a ~ scheme 深思熟慮的計畫。

4 〖商〗〈支票等〉到期的。

—*v.t.* 〔十受〕 **1** 使…成熟: His hard experiences ~*d* him [his character]. 艱苦的經驗使他[他的人格]成熟。**2** 完成〈計畫等〉。

—*v.i.* **1** 成熟, 圓熟。**2** 〖商〗〈支票等〉到期。~·**ly** *adv.*

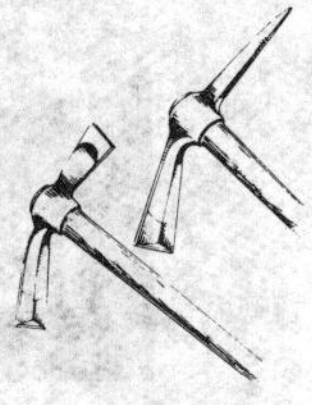

mattocks

ma·tu·ri·ty [məˋtʊrətɪ, -ˋtjʊrətɪ; məˈtjuərəti] «mature 的名詞»—*n.* Ⓤ **1 成熟(期), 圓熟(期), 完成(期), 完全的發達[發育]**: ~ of judgment (對事物判斷的)通情達理, 圓熟/come to [reach] ~ 成熟, 完成。

2 〖商〗(支票等的)到期。

mat·u·ti·nal [məˋtutɪnḷ, məˋtju-; ,mætjuːˈtainl, məˈtjuːtinl] *adj.* 早晨的, 清早的: ~ exercises 晨間練習[運動]。

Maud(e) [mɔd; mɔːd] *n.* 茉德《女子名; Matilda 的暱稱》。

maud·lin [ˋmɔdlɪn; ˈmɔːdlin] «源自抹大拉的瑪利亞(Mary Magdalene)哭泣的身影» —*adj.* **1** 易落淚的, 易感傷的。**2** 喝醉酒就哭的。

Maugham [mɔm; mɔːm], **William Som·er·set** [ˋsʌmɚ,sɛt, -sɪt; ˈsʌməsit] *n.* 毛姆《1874–1965; 英國作家》。

maul [mɔl; mɔːl] *n.* Ⓒ大木槌。

—*v.t.* **1** 〈動物等〉抓傷, 打傷〈人〉。**2 a** 〔十受(十副)〕毆打, 粗暴地對待〈人〉〈*about*〉: He was ~*ed* (***about***) by the angry crowd. 他被憤怒的羣衆圍毆。**b** 〔十受〕嚴厲批評〈人〉。

mául·stick *n.* Ⓒ(畫家的)腕杖《作細部畫時, 用另一隻手拿腕杖來支持拿畫筆的手》。

Mau Mau [ˋmau,mau; ˈmau mau] *n.* (*pl.* ~, ~s) **1** 毛毛黨《在 1950 年代時, 訴諸暴力企圖自肯亞逐出歐洲人的非洲土人之祕密組織》。**2** Ⓒ毛毛黨員。

maul

maun·der [ˋmɔndɚ; ˈmɔːndə] *v.i.* 〔十副〕 **1** 嘮嘮叨叨地講, 絮聒〈*on*〉. **2** 徘徊〈*about, along*〉.

Maun·dy [ˋmɔndɪ; ˈmɔːndi] *n.* Ⓤ〖基督教〗濯足儀式《在濯足節(Maundy Thursday)爲貧民洗足》。

Máundy mòney *n.* Ⓤ《英》濯足節救濟金《濯足節(Maundy Thursday)王室施與貧民的救濟金》。

Máundy Thúrsday *n.* 〖聖經〗濯足節, 聖星期四《耶穌受難日(Good Friday)的前日, 即復活節(Easter)的前一個星期四》。

Mau·pas·sant [ˋmopə,sɑnt; ,moupəˈsɑːŋ], **Guy de** [ˋgidə; ˈgiːdə] *n.* 莫泊桑《1850–93; 法國作家》。

Mau·rice [ˋmɔrɪs, ˋmɑr-; ˈmɔris] *n.* 摩利士《男子名》。

Mau·ri·ta·ni·a [,mɔrəˋtenɪə, ,mɑr-; ,mɔriˈteiniə] *n.* 茅利塔尼亞《非洲西北部的共和國; 首都諾克少(Nouakchott [nʊˋɑk,ʃɑt; nuˈɑːkʃɔt])》.

Mau·ri·ti·us [mɔˋrɪʃɪəs; məˈriʃəs, mɔː-] *n.* **1** 模里西斯島《馬達加斯加(Madagascar)東方的印度洋上的火山島》。**2** 模里西斯《該島與屬島組成的國家, 屬於英國聯邦內的獨立國; 首都路易士港(Port Louis)》.

Mau·ser [ˋmauzɚ; ˈmauzə] *n.* Ⓒ毛瑟槍。

mau·so·le·um [,mɔsəˋliəm; ,mɔːsəˈliːəm] «小亞細亞的卡里亞(Caria) [ˋkɛrɪə; ˈkeəriə] 國王摩索辣司(Mausolus [mɔˋsoləs; mɔːˈsouləs]) 逝世時(353? B.C.), 由他的王妃亞特密西亞(Artimisia)所建的王陵»—*n.* (*pl.* **-le·a** [-ˋliə; -ˈliːə], ~s) **1** [**the M~**]大陵寢《爲世界七大奇觀之一》。

2 Ⓒ壯麗宏偉的墳墓, 皇陵。

mauve [mov; mouv] *n.* Ⓤ **1** 淡紫色。**2** 淡紫色苯胺(aniline)染料。

—*adj.* 淡紫色的。

ma·ven, ma·vin [ˋmevən; ˈmeivən] *n.* Ⓒ《口語》專家, 行家。

mav·er·ick [ˋmævərɪk, ˋmævrɪk; ˈmævərik] «源自未在自己的小牛身上打烙印的美國德州牧場主人之名»—*n.* Ⓒ **1** 《美》未打烙印的小牛。**2** 《口語》(政治家、藝術家等的)獨來獨往者, 特立獨行者。

maw [mɔ; mɔː] *n.* Ⓒ **1** (動物的)胃(stomach); (尤指反芻動物的)第四胃。

2 (鳥的)嗉囊。

3 被當作無止境地從事毀滅、破壞之物, 魔口。

mawk·ish [ˋmɔkɪʃ; ˈmɔːkiʃ] *adj.* **1** (味道)甜的, 膩的; 令人作嘔的。**2** 易感傷的。~·**ly** *adv.* ~·**ness** *n.*

max, max. 《略》maximum.

Max [mæks; mæks] *n.* 麥克斯《男子名》。

max·i [ˋmæksɪ; ˈmæksi] «maximum 之略»—《口語》*n.* Ⓒ迷嬉裝[長裙, 長大衣(等)]《長及足踝; cf. mini, midi》.

—*adj.* [用在名詞前] [常構成複合字]特大的, 超長的: *maxi*coat 超長大衣。

max·il·la [mæksˋɪlə; mækˈsilə] *n.* Ⓒ (*pl.* **-lae** [-li; -liː]) **1** 〖解剖〗上顎, 顎骨。**2** 〖動物〗 **a** (脊椎動物的)上顎骨。**b** (節足動物的)小顎肢, 小鰓。

max·im [ˋmæksɪm; ˈmæksim] «源自拉丁文「最大的(提案)」之義»—*n.* Ⓒ格言, 金玉良言(⇨ proverb【同義字】)。

***max·i·ma** [ˋmæksəmə; ˈmæksimə] *n.* **maximum** 的複數。

max·i·mal [ˋmæksɪməl; ˈmæksiml] «maximum 的形容詞»—*adj.* 最大的, 最高的(↔ minimal).

Máx·im gùn [ˋmæksɪm-; ˈmæksim-] *n.* Ⓒ馬克沁水冷式機槍。

max·i·mize [ˋmæksə,maɪz; ˈmæksimaiz] «maximum 的動詞»—*v.t.* 使…達最大或最高限度(↔ minimize).

***max·i·mum** [ˋmæksəməm; ˈmæksiməm] «源自拉丁文「最大的」之義»—(↔ minimum) *n.* Ⓒ (*pl.* ~s, **-ma** [-mə; -mə]) **1 最高點**, 最大量, 極限: a ~ of ten years in prison 最高十年徒刑。

2 〖數學〗極大。

—*adj.* [用在名詞前] (無比較級、最高級) **最大的, 最高的, 極限的**: the ~ dose 〖醫〗最大(劑)量/a ~ load 最大裝載量。

máximum thermómeter *n.* Ⓒ最高溫度計。

*****may** [me; mei] *aux.* ([否定形] **may not, may·n't,** 過去式 **might,** [否定形] **might not, might·n't**) **1 a** [表示許可] **也可以…**, 做…也無妨《★用法(1)在否定方面, 有「不允許」的 may not, 及「禁止」的 must not; (2)常用 can 代替 may; (3)除了間接用法外, 「許可」之過去式不用 might, 而用 was allowed to》: You ~ go there at once. 你可以馬上去那裏/"*M*~ I smoke here?"—"Yes, you ~ (smoke)."「我可以在這裏抽煙嗎?」「可以(抽)。」《★"Yes, you ~." 是上對下的用語, 顯得冷淡, 含有「是可以抽, 可是最好別抽」的意思。一般都用"Yes, certainly [please]." 或 "Sure."》/"*M*~ I use your phone?"—"No, you ~ not."「我可以借用你的電話嗎?」「不, 不可以!」《★may not 比 must not 委婉; 一般可用 "No, I'm sorry." 或者 "I'm afraid you cannot."》.

b [常 ~ **well,** 表示寬容, 容忍]大可…, 儘可…, 有足夠的理由可以…《★此義的否定是 cannot》: You ~ *well* think so. 你大可這樣想, 你有足夠的理由這樣想。

2 [表示推測] **a 或許…, …也說不定**《★此義的否定是 may not》: It ~ be true. 這可能是眞的, 可能是眞的吧!/He ~ come, or he ~ *not.* 他可能會來, 也可能不來/It ~ be that he will come tomorrow. 他明天或許會來。**b** [may have十過分, 表示對過去的推測] **或許是…**, 可能有過…: He ~ *have said so.* 他或許這樣說過/It ~ *not have been* he [《口語》him] who did it. 可能不是他做的。

3 [用在問句中以加强事物的未確定性] **到底是**(誰、什麼、爲何): Who ~ you be? 你到底是誰《★很不客氣的說法》。

4 [表示讓步] **a** [後接對等連接詞 but 等] **可能是…(可是)**, 或許…也說不定(可是), 說是…也可以(可是): He ~ be rich *but* he is not refined. 他或許是富有, 但是不高雅/You ~ call him a genius, *but* you cannot call him a man of character. 你可以稱他是天才, 但不能說他有人格。**b** [用於表示讓步的副詞子句] 即使…, 無論…: Whoever ~ say so [No matter who ~ say so], you need not believe it. 即使有人[無論誰]這麼說, 你也不必要去相信它《★用法《口語》常常不用 may, 如 Whoever *says* so [No matter who *says* so]....》.

5 [表示可能] 能夠…《★用法一般用 can》: as best one ~ 儘可能, 勉强, 總算/Gather roses while you ~. 趁你能採玫瑰就儘量採吧!《有花堪折直須折, 莫待無花空折枝》/He who runs ~ read. 即使是在跑的人都能讀《表示字跡清楚》。

6 [用於表示目的、結果的副詞子句] 爲了…, 爲了達成…《★用法《口語》can 常取代 may》: He is working hard *so that* [*in order that*] he ~ pass the examination. 他正用功讀書以便能夠通過考試。

7 [表示願望] 《文語》願能…, 但願…《★用法在這種用法中, may 常擺在主詞前面; 是一種較拘泥於形式的用法, 現代英語通常不用; 而以 I wish 來代替》: Long ~ he live! 祝他長壽/*M*~ you succeed! 祝你成功。

M

8 [用於名詞子句，這個子句與表示希望、不安等感情的主句連用]《文語》(希望)如…，(擔心)會不會…：I hope he ~ succeed. 我希望他成功/I fear lest the rumor ~ be true. 我擔心謠言會成眞。

be thát as it máy 無論如何。

cóme what máy 不管發生什麼事。

máy (jùst) as wéll dó (as...) ⇨ well[1] *adv.*

‡**May**[1] [me; mei] **《源自拉丁文「*Maia* (繁殖、成長的女神名)之月」之義》**—*n.* **1** 五月《★在英國是花團錦簇，綠葉繁盛的月分》：*in* ~ 在五月/*on* ~ 1 = *on* 1 ~ = *on* the 1st of ~ 在五月一日(⇨January【說明】)。**2** [**one's ~**]《詩》青春。**3** [**m~**] **a** Ⓒ《植物》山楂(hawthorn). **b** Ⓤ[集合稱]山楂花(cf. mayflower).

> 【說明】因爲五月(May)來自成長、繁殖的女神(Maia)的名字，英文裡有些令人聯想綠葉的說法，例如：Buds in May (五月的花蕾)，或(as) fresh as May (跟五月一般生氣蓬勃)等。但古代羅馬人五月間並不結婚，因爲這個月分是獻給純潔女神的月分；cf. superstition【說明】⑿.

the Quéen of (the) Máy = May queen.

May[2] [me; mei] *n.* 梅《女子名》。

Ma·ya [ˋmɑjə; ˈmɑːjə] *n.* (*pl.* ~, ~s) **1 a** [**the ~(s)**]馬雅族。**b** Ⓒ馬雅人。**2** Ⓤ馬雅語。

Ma·yan [ˋmɑjən; ˈmɑːjən] **《Maya 的形容詞》**—*adj.* 馬雅族[人，語]的：the ~ civilization 馬雅文明。

—*n.* **1** Ⓒ馬雅人。**2** Ⓤ馬雅語。

‡**may·be** [ˋmebi, -bɪ; ˈmeibiː, -bi] **《源自 it may be》**—*adv.* (無比較級、最高級)[常置於句首]說不定，可能(⇨perhaps【同義字】)：*M~* it will rain. 或許會下雨。**...and I dón't mèan máybe**! [置於句尾]《美口語》…我可不是說了就算了。

may·bee·tle [ˋme,bitl; ˈmei,biːtl] *n.* Ⓒ《昆蟲》金龜子。

Máy Dáy *n.* **1** 五朔節《五月一日》。

> 【說明】原本是慶祝古羅馬的女花神 Flora 的日子，之後攙入了各種風俗，在英國很盛行；古時候英國的鄉下，一到五月一日，一大早起來就到野地裏摘取花朵，回到村子廣場(the village green)，裝飾豎在廣場中央的五月柱(maypole)，然後讓從少女中選出的五月皇后(May queen)坐在這柱子底下，大家就圍繞著柱子和皇后跳傳統的毛禮斯舞(Morris dance)，並玩一些其他的遊戲，過快樂的一天。現在這種習俗已漸漸式微了。在美國高中生或大學生也會選出美女來當五月皇后(May queen)，然後坐花車遊行，一般人則在戶外玩種種遊戲來過這春天的節日。

2 國際勞動節《五月一日；在英國是銀行休假日(bank holiday)之一》。

Máy·dày **《爲法語 *m'aider* (= help me)的變形》**—*n.* [有時 **m~**] Ⓒ求救信號《船隻、飛機所發出的無線電求救信號》：send (out) a ~ (call [signal]) 發出求救信號。

may·est [ˋme·ɪst; ˈmeiist] *aux.* = mayst.

May·fair [ˋme,fɛr; ˈmeifɛə] *n.* Ⓒ倫敦上流社會住宅區，倫敦社交界。

máy·flòwer *n.* Ⓒ《植物》五月開花的草木；(尤指)《英》山楂(hawthorn)，蓮香報春花(cowslip)，驢蹄草(marsh marigold)，《美》五月花(arbutus)，銀蓮花屬植物(anemone).

Máy·flòwer *n.* [**the ~**]五月花號船。

> 【說明】1620 年清教徒(Pilgrim Fathers)搭乘這條船，離英赴美。爲了逃避宗教上的迫害，堅持自己的信仰，他們從英國的普里茅斯(Plymouth)出航，經過六十五天艱苦的航程，橫越大西洋，到達美洲新大陸，就在現在麻薩諸塞州(Massachusetts)波士頓(Boston)附近的海岸登陸。他們就在此地建設一個小鎮，叫做普里茅斯以紀念他們出航的英國港口。

máy·flỳ *n.* Ⓒ **1**《昆蟲》**a** 蜉蝣。**b**《英》飛螻蛄。**2** (似蜉蝣的)毛針。

máy·hàp *adv.*《古》= perhaps.

may·hem [ˋmehɛm, ˋmeən; ˈmeihem] *n.* Ⓤ **1**《美法律》身體傷害(罪)。**2 a** (故意的)破壞。**b**《口語》大混亂。

May·ing [ˋme·ɪŋ; ˈmeiiŋ] *n.* Ⓤ五朔節之慶祝《如採花、跳舞等》。

***may·n't** [ment; meint]《口語》**may not** 之略。

may·on·naise [,meəˋnez; ,meiəˈneiz] **《源自法語》**—*n.* Ⓤ **1** 美乃滋，蛋黃醬。**2** 澆上美乃滋的菜。

***may·or** [ˋmeɚ, mɛr; mɛə] **《源自拉丁文「更大的」之義》**—*n.* Ⓒ 市長，鎮長《★用於男性、女性均可；★在美國，一般由選舉產生，而英國是名譽職位，由市議會議長兼任》。

may·or·al·ty [ˋmeərəltɪ, ˋmɛrəl-; ˈmɛərəlti] *n.* Ⓤ市[鎮]長的職位[任期]。

may·or·ess [ˋmeərɪs, ˋmɛrɪs; ˈmɛəris] *n.* Ⓒ市[鎮]長夫人，女市[鎮]長。

máy·pòle *n.* Ⓒ五月柱。

maypole

> 【說明】英國鄉間有慶祝五月一日 May Day (五朔節)的習俗。這一天，全村青年男女會在村子廣場中央豎起漆成黃黑兩色斑紋的樺樹(birch)柱子，上端插上早晨摘自野外的山楂(mayflower)枝和白底紅十字旗子，各自手拉着自柱上垂下的彩帶圍繞着柱子唱歌跳舞，以及玩各種遊戲；cf. May Day【說明】

Máy quèen [Quèen] *n.* [**the ~**] 五月皇后《五朔節(May Day)被選爲五朔節皇后的少女，頭戴花冠》。

mayst [mest; meist] *aux.*《古》may 的直說法第二人稱單數現在式：thou ~ = you may.

Máy·tìde, Máy·tìme *n.* Ⓤ五月(的季節)。

maze [mez; meiz] **《amaze 的字首消失》**—*n.* **1** Ⓒ迷路，迷宮：a ~ of streets 如迷宮般錯綜複雜的街道。**2** [**a ~**]困惑，迷惘：in *a* ~ 迷惘，不知所措；在惶惑中。

—*v.t.* 使〈人〉困惑《★常用被動語態，爲「迷惘，迷惑，惶惑」之意》。

ma·zur·ka, ma·zour·ka [məˋzɝkə, -ˋzurkə; məˈzəːkə] **《源自波蘭的地名》**—*n.* Ⓒ **1** 馬厝卡舞《波蘭一種輕快的舞蹈》：dance the ~ 跳馬厝卡舞。**2** 馬厝卡舞曲。

maz·y [ˋmezɪ; ˈmeizi] **《maze 的形容詞》**—*adj.* (**maz·i·er**; **-z·i·est**)迷宮似的，彎彎曲曲的，錯綜複雜的。

mc, mc., m.c.《略》megacycle(s).

Mc., M[c] [mæk, mək; mæk, mək] 字首 = Mac-.

M.C.《略》Member of Congress；Master of Ceremonies (⇨master 成語)；Military Cross.

Mc·Car·thy·ism [məˋkɑrθɪ,ɪzəm; məˈkɑːθiizəm] **《源自美國共和黨參議員麥卡錫(Joseph R. McCarthy 1908–57)之名》**—*n.* Ⓤ極端反共運動，麥卡錫主義[旋風]。

Mc·Don·ald's [məkˋdɑnldz; məkˈdɔnəldz] *n.* Ⓒ《商標》**1** 麥當勞《美國最大的漢堡連鎖店；cf. Wimpy》. **2** 麥當勞漢堡。

Mc·kin·ley[1] [məˋkɪnlɪ; məˈkinli], **Mount** *n.* 馬金利山《位於美國阿拉斯加(Alaska)州中央地帶；北美大陸的最高峯；6194 公尺高》。

Mc·kin·ley[2] [məˋkɪnlɪ; məˈkinli], **Wil·liam** *n.* 馬京利《1843–1901；美國政治家，第二十五位總統(1897–1901)》.

Md《符號》《化學》mendelevium. **MD**《略》《美郵政》Maryland.

Md.《略》Maryland. **M.D.**《略》*Medicinae Doctor* (拉丁文 = Doctor of Medicine).

MDu.《略》Middle Dutch.

‡**me** [(輕讀)mɪ; mi; (重讀)mi; miː] *pron.* **1** [I 的受格]：**a** [直接受詞]我：They know *me* very well. 他們很了解我。**b** [間接受詞](給，向)我：Father gave *me* a book. 父親給我一本書。**c** [介系詞的受詞]：She spoke *to me.* 她對我說。

2 a [作爲 be 的補語；⇨I[3] 比較]《口語》(是)我(I)：It's *me.* 是我。**b** [用於 as, than, but 之後]《口語》(是)我(I)：You're as tall as [taller than] *me.* 你跟我一樣高[比我高]《★ 用法 than [as]之後接動詞時，則成 than [as] I am》/Nobody else went but *me.* 除了我以外沒有人去。**c** [習慣用法]："I want to see the movie."—"*Me*, too."「我要去看那部電影。」「我也想看。」/"Say, who are you?"—"*Me*?"「你是誰？」「我嗎？」

3《口語》[當動名詞的主詞]我的(my)：Father is very proud of *me* hav*ing* succeeded him. 父親對於我之繼承他的事業感到很驕傲。

4 [用於表示感動、驚訝等]：Ah *me*! 哎呀！/Dear *me*! 唷！哎喲！

5《古・詩・俚》我自己(myself)：I got *me* a wife. 我給自己娶了一個太太/If I don't respect *me*, nobody else will. 如果我不尊重自己，沒有人會尊敬我。

betwèen yóu and mé ⇨between.

ME《略》《美郵政》Maine. **ME, M.E.**《略》Middle English.

Me.《略》Maine.

mead[1] [mid; miːd] *n.*《詩》= meadow.

M

mead² [mid; mi:d] *n.* U蜂蜜酒。

***mead·ow** [ˋmɛdo, ˋmɛdə; 'medou] *n.* U[指個體時爲C] **1** (尤指栽種牧草的)**牧草地**，草地(⇨pasture【同義字】)。**2** 河邊未開墾的多草低地。

méadow·làrk *n.* C《鳥》野雲雀《北美產》。

méadow·swèet *n.* C《植物》繡線菊。

mead·ow·y [ˋmɛdoɪ; 'medoui] *adj.* (似)草地的，多草地的。

meadowlark

mea·ger, 《英》**mea·gre** [ˋmigɚ; 'mi:gə] **«**源自拉丁文「瘦的」之義**»**—*adj.* (~·**er**；~·**est**) **1** 瘦的。**2 a** 瘦弱的；貧乏的，不充分的，不足的：~ rations 些微的糧食。**b** 〈作品等〉枯燥無味的。

~·**ly** *adv.* ~·**ness** *n.*

‡**meal**¹ [mil; mi:l] *n.* C **1 餐飯**；用餐時間：at ~*s* 在用餐時/have [take] a ~ 用餐/eat between ~*s* (在兩餐之間)吃零食[點心]。**2** 一餐(之量)：a square ~ 豐盛的一餐。

màke a méal of... (1)吃⋯。(2)〈工作等〉表現得比實際誇張；對⋯花了比實際需要更多的時間[勞力]。

【字源】本來是「時候」的意思，由於常說「吃飯的時候」而變成「吃飯」的意思。
【說明】(1)早飯是 breakfast, 午飯是 lunch《如果午飯吃得很豐盛可以稱作 dinner》，晚飯最豐盛稱爲 dinner《否則稱爲 supper》；換句話說，英美家庭三餐的次序依生活方式的不同爲 breakfast, lunch, dinner 或 breakfast, dinner, supper. 因爲看戲等事而晚睡，在入睡前再加一餐，算是額外的 supper. 對英國人來說下午茶也算 meal (cf. tea 3【說明】)。近來把早午餐一起吃的稱爲 brunch (*br*eakfast＋l*unch*).
(2)家裡人一起吃飯的只有早飯和晚飯。早飯吃得匆匆忙忙，到了晚飯時家人才有時間邊吃邊聊天。吃飯前的祈禱稱作 grace. 父母親有特定的座位，父親的座位稱作 father's place, 母親的稱作mother's place. 吃飯時父親將大盤子(dish)上面的菜分到各人的盤子(plate)上面；cf. table talk【說明】

meal² [mil; mi:l] *n.* U **1 a** (穀物未經篩過的)粗粉，碾[磨]碎的粉(cf. flour). **b** 《美》碾碎的玉米粉。**c** 《蘇格蘭·愛爾蘭》燕麥片。**2** (堅果、種子的)碎粉；(油渣等的)粉末。

meal·ie [ˋmilɪ; 'mi:li] *n.* C《南非》**1** [~**s**]玉蜀黍(Indian corn). **2** 玉蜀黍的穗。

méal tìcket *n.* C **1** 餐券，飯票。**2** 《口語》賴以爲生之物[人]。

méal·tìme *n.* U用餐時間：at ~ 在用餐時。

meal·y [ˋmilɪ; 'mi:li] **«**meal² 的形容詞**»** —*adj.* (**meal·i·er**；**-i·est**) **1** 粉狀的，粗粉的；有粉的：~ potatoes 易搗成粉狀的馬鈴薯。**2** 生粉的；撒有粉的。**3** 〈臉色〉蒼白的(pale). **4** ＝mealy-mouthed.

méaly·bùg *n.* C《昆蟲》粉蚧《果樹等的害蟲》。

méaly-móuthed [ˋmilɪˋmaʊðd, -θt; 'mi:limauðd⁻] *adj.* 說話婉轉的[拐彎抹角的，不眞誠的]，能說善道的。

‡**mean**¹ [min; mi:n] (**meant** [mɛnt; ment]) *v.t.* **1 有⋯的意思，意指，意謂**：**a** 〔＋受〕〈語句、符號等〉含有⋯的意思：What does this phrase ~？這句片語是什麼意思？**b** 〔＋ do*ing*〕意謂〈做⋯〉：Culture ~*s* try*ing* to perfect oneself and one's own mind. 修養意指努力使自己和自己的心靈趨於完善。**c** 〔＋ *that*_〕表示〈⋯事〉：This sign ~*s that* cars must stop. 這個標誌表示車子必須停下來。**d** 〔＋受＋介＋(代)名〕〈人〉〔以⋯〕意謂著⋯，以〔⋯〕的意思而言⋯〔*by*〕：What do you ~ ***by*** your boast？你這樣自誇是什麼意思？/What did he ~ *by* 'coward'？他所謂的「懦夫」是什麼意思？/"It's Mickey Mouse."—"What do you ~, Mickey Mouse？"「那是米老鼠！」「什麼是米老鼠？」《★用法 當重複對方的話時，常常不用 by》。**e** 〔＋受〕[*I* ~, 用於會話中的補充說明]換句話說，就是⋯：My old man—*I* ~ husband—is out now. 我當家的—我是說我先生—他現在不在。

2 意圖說⋯：**a** 〔＋受〕以⋯的意思說：He said Saturday；but he *meant* Sunday. 他雖說禮拜六，但他眞正意思是禮拜天/I ~ it [what I say]. 我是認眞的；我不是在開玩笑/I know what you ~. 我瞭解你所說的；我瞭解了/⇨mean BUSINESS. **b** 〔＋受＋介＋(代)名〕出於〔⋯的〕動機而說⋯〔*for, as*〕：I *meant* it ***for*** [***as***] a joke. 我是說著玩的。**c** 〔＋ (*that*)_〕(意味著)⋯而言：I don't ~ *that* you are a liar. 我並沒說你是個撒謊的人。**d** [*I* ~, 與主要子句並列或插入主要子句中]換句話說⋯，意思是⋯：What I want to say is, I ~, that you should give up smoking. 我想說的，我的意思是，你應該戒煙。

3 打算：**a** 〔＋ *to* do〕打算〈做⋯〉(⇨intend【同義字】)：She ~*s to* be a pianist. 她打算當一名鋼琴家/What do you ~ *to* do？你打算做什麼？/You don't ~ *to* say so！你是在開玩笑吧《並非當眞》！**b** 〔＋受＋介＋(代)名〕預定，計畫使〈人〉〔當⋯〕〔*for*〕《★常用被動語態》：He *was meant* ***for*** a physician. 他註定要當醫生[他被栽培成爲一名醫生](cf. 3 c). **c** 〔＋受＋ *to* do〕預定使〈人〉〈做⋯〉，計畫使〈人〉〈做⋯〉《★常用被動語態》：He *was meant to* be a physician. 他是註定要做醫生的；他是要被栽培成爲醫生(cf. 3 b)/I guess I *was*n't *meant to* be wealthy. 我想我不可能[沒有計畫使自己]成爲有錢人/I certainly ~ him *to* come. 我當然有意思讓他來。**d** 〔＋受＋介＋(代)名〕預定⋯〔給特定的人〕〔*for*〕：I *meant* this picture ***for*** her. 我這幅畫畫的是她[打算送給她]。

4 〔＋受＋介＋(代)名〕〔對⋯〕**具有⋯意思，具有⋯重要性**〔*to*〕：It ~*s* nothing [everything] ***to*** me. 它對我而言沒什麼[很重要]/Speed ~*s* everything *to* him. 對他來說速度就是一切[很重要]。

5 a 〔＋受〕(結果)引起⋯；形成⋯的前兆：A breakdown in (the) negotiations will ~ war. 談判破裂將引起戰爭/Those clouds ~ rain. 那些雲表明要下雨[那些雲是下雨的前兆]。**b** 〔＋ do*ing*〕引起〈做⋯事〉：These symptoms will ~ go*ing* to (《美》the) hospital. 這些症狀表示將要住院。

6 a 〔＋受〕懷抱〈意圖、感情等〉：~ mischief 懷有惡意。**b** 〔＋受＋受/＋受＋介＋(代)名〕對〈人〉抱有〈意圖、感情等〉；〔對人〕抱有〈意圖、感情等〉〔*to*〕：He *meant* you no harm.＝He *meant* no harm ***to*** you. 他對你沒有惡意/I ~ you nothing but good. 我只希望你好。

be méant to dó 《英》〈人〉必須做⋯：We *are meant to* be back at 9.00 p.m. 我們必須在九點趕回去。

—*v.i.* **1** [與 well 連用，保護受批評的人](儘管讓人不高興，但)用意善良，懷着好意：Nevertheless, he *meant well* in doing what he did. 雖然如此，他所做的一切事的用意還是好的/It is not enough to ~ *well.* 善意尙不夠。**2** 〔＋介＋(代)名〕[與 well 連用]〔對⋯〕懷善意〔*to, by, toward*〕：He *meant well* ***to*** [***by, toward***] you. 他對你懷好意。

***mean**² [min; mi:n] **«**源自中古英語「普通的」之義**»**—*adj.* (~·**er**；~·**est**) **1 a** 〈人、行爲〉**卑鄙的**，下流的，下賤的：a ~ man 卑鄙的男人/a ~ motive [trick] 卑鄙的動機[計謀]。

【同義字】mean 指品行惡劣，而 low 意思比 mean 強，指「粗鄙的，墮落的，卑劣的」。

b [不用在名詞前]〔＋介＋(代)名〕〔對人〕惡劣的〔*to*〕：He was ~ ***to*** his wife. 他對妻子很壞。**c** [不用在名詞前]〔＋ *of*＋(代)名(＋*to* do)/＋*to* do〕〔人〕〈做⋯是〉卑鄙的，下流的；〈人〉〈做⋯是〉卑鄙的，下流的：It was ~ ***of*** the boy *to* eat all the cakes.＝The boy was ~ *to* eat all the cakes. 那個男孩把蛋糕都吃光了，實在卑鄙。

2 a 〈人〉小氣的，吝嗇的。**b** [不用在名詞前]〔＋介＋(代)名〕〔對⋯〕小氣的〔*about, over*〕：He is ~ ***about*** [***over***] money. 他很吝嗇。**c** [不用在名詞前]〔＋ *of* ＋(代)名(＋*to* do)/＋*to* do〕〔人〕〈做⋯是〉小氣的；〈人〉〈做⋯是〉小氣的：It was ~ ***of*** him not *to* give her a tip.＝He was ~ not *to* give her a tip. 他很小氣，不給她小費。

3 [用在名詞前]劣等的，平凡的，平庸的〈程度、才能等〉：a man of ~ intelligence 智力平庸的人/⇨ no MEAN².

4 a 不懷好意的。**b** 《美》〈狗、馬等〉有壞習慣的，脾氣壞的。

5 害羞的，慚愧的：I feel ~ *for* not do*ing* more for my son. 我對沒爲我兒子多做點事感到慚愧。

6 《美口語》沒精神的，不舒服的：feel ~ 覺得不舒服。

7 〈建築物、打扮〉簡陋的，難看的，寒酸的：a ~ area of the city 城裏簡陋的一區。

8 《美俚》**a** 困難的：a ~ problem 難題。**b** 老練的，巧妙的：He throws a ~ curve ball. 他投了一個漂亮的曲球。

hàve a méan opínion of... 輕視⋯，蔑視⋯，瞧不起⋯：He *has a* ~ *opinion of* himself. 他很自卑。**nó méan** 相當好的，很好的，不容易的：He is *no* ~ poet. 他是個了不起的詩人/*no* ~ exploit 了不起的偉業[功績]。~·**ness** *n.*

mean³ [min; mi:n] **«**源自拉丁文「中間的」之義**»**—*adj.* [用在名詞前] **1 a** (位置、順序)(位於)中間的。**b** 介乎中間的〈時間〉：⇨ meantime.

2 a 中庸的。**b** 平均的：the ~ temperature 平均溫度/⇨Greenwich (Mean) Time.

in the méan time [while] ＝in the MEANTIME.

—*n.* **1** [~**s**]⇨means. **2** C **a** (兩端的)中間；中等。**b** 中庸：⇨golden mean. **3** C《數學》平均；平均值。**4** C《邏輯》中名辭，媒辭。**5** C《音樂》中音部《alto 或 tenor》.

me·an·der [mɪˋændɚ; mi'ændə] **«**源自小亞細亞古代 Phrygia 的多曲折河川之名(現爲 Menderes)**»**—*v.i.* 〔**動**(＋**副詞**(片語))〕**1** 蜿蜒而流：The brook ~*ed through* [*across*] the meadow. 這條溪流蜿蜒流過牧場。**2** 漫遊，漫步；漫談。

—*n.* C **1** [常 ~**s**] **a** (河流的)彎彎曲曲。**b** 迂迴曲折的路，錯

綜複雜的路。2 漫遊，漫步；漫談。

me·án·der·ing·ly [-drɪŋlɪ, -dərɪŋlɪ; -dəriŋli] *adv.* 1 彎彎曲曲地。2 漫無目的地。

‡**mean·ing** [ˋminɪŋ; ˈmiːniŋ] «mean[1] 的名詞»—*n.* Ⓤ Ⓒ **1 意義**；意思，旨趣，含義：a word with several ~*s* 有幾種含意的字/There isn't much ~ in this passage. 這一段沒有多大意義/Seasickness has no personal ~ for me. 暈船對我個人不具意義[我從來不暈船]。

【同義字】meaning 指言語、行爲、符號、圖畫等所表達，而欲使人理解的意思，爲一般用語；sense 指句子的特別含義；significance 指隱藏在句子、符號、行爲等背後的含義、重要性。

2 重要性；目的，意圖〔*of*〕：the ~ *of* life 人生的目的/What's the ~ *of* this？這是什麼意思？

with méaning 有意思地：She glanced at him *with* ~. 她有意[含情]地瞧了他一眼。

—*adj.* **1** [用在名詞前]意味深長的，有意思的〈眼神〉。**2** [常構成複合字]打算做…的：well-[ill-] *meaning* 善[惡]意的。

~·**ly** *adv.*

mean·ing·ful [ˋminɪŋfəl; ˈmiːniŋful] *adj.* **1 a** 富有意義的；意味深長的：a ~ glance 意味深長的一瞥。**b** 有意義的：a ~ outcome 有意義的結果。**2**《語言》有意義的。

~·**ly** [-fəlɪ; -fuli] *adv.* ~·**ness** *n.*

méaning·less *adj.* 無意義的，沒意思的。

~·**ly** *adv.* ~·**ness** *n.*

méan·ly *adv.* **1 a** 卑鄙地。**b** 小氣地。**2** 貧乏地，不充分地。**3** 寒酸地：He is ~ dressed. 他穿著寒酸。

thìnk méanly of... 輕視…，藐視…。

‡**means** [minz; miːnz] «源自 mean[3]»—*n.* (*pl.* ~) **1** Ⓒ **a 方法**，手段(way)〔*of, to*〕：a ~ *to* an end 爲達到目的所使用的手段/a ~ *of* communication [transport] 通訊[交通]工具/a ~ *of* livelihood 謀生的手段/a ~ *of* improv*ing* the traffic situation 改善交通狀況的方法/*by* fair ~ 以正當的手段/*by* fair ~ or foul 不擇手段地/The end justifies the ~.《諺》目的使手段正當化了；只問目的，不擇手段。**b**〔＋*to* do〕〈做…的〉方法，手段：Do you know of any ~ *to* get there？你知道怎樣才能到那裏嗎？

2 [當複數用]（源自「生活的手段」之義）資力，收入，財產，財富：a man of ~ 有錢人/a man of no ~ 沒有資產的人/live within [beyond] one's ~ 過著量入爲出[入不敷出]的生活。

by áll méans (1)必定，一定：I will come *by all* ~. 我一定會來。(2)[加强回答的語氣]當然可以，請："May I come？"—"*By all* ~."「我可以來嗎？」「當然。」

by ány méans [用於否定句]無論如何(也…)：I don't think you can persuade him *by any* ~. 我認爲你用任何方法都無法說服他。

by mèans of... 利用…，依賴…：We express our thoughts *by* ~ *of* words. 我們藉著言語來表達思想。

by nó mànner of mèans ＝by no MEANS.

by nó mèans 決不…；絕非…：It is *by no* ~ easy to satisfy everyone. 要滿足每一個人絕非易事。

by sóme mèans or óther 用種種方法，想盡辦法，無論如何總得：They had to get through the jungle *by some* ~ *or other.* 他們必須想盡辦法通過叢林。

méans tèst *n.* Ⓒ《英》(爲核定社會救濟條件所做的)財力[家庭經濟狀況]調查。

‡**meant** [mɛnt; ment] *v.* **mean**[1] 的過去式・過去分詞。

mean·time [ˋminˌtaɪm; ˌmiːnˈtaim, ˈmiːntaim] «源自 mean[3]»—*n.* [**the** ~] **其間**。**in the méantime** (1)在這期間；這時。(2)另一方面。

—*adv.* ＝meanwhile.

***mean·while** [ˋminˌhwaɪl; ˌmiːnˈwail, -ˈhw-] *n.* [**the** ~] ＝meantime. **in the méanwhile** ＝in the MEANTIME.

—*adv.* **1** 在這期間，這時，正在此時。**2** 另一方面。

mea·sles [ˋmizlz; ˈmiːzlz] *n.* Ⓤ《醫》**麻疹**：false [French, German] ~ 風疹/catch [have] ~ 染上痲疹/*M~* is generally a children's disease. 痲疹一般是一種兒童疾病。

mea·sly [ˋmizlɪ; ˈmiːzli] «measles 的形容詞»—*adj.* (**mea·sli·er**；**-sli·est**) **1** 痲疹的，患痲疹的。**2**《口語》**a** 貧乏的；下等的。**b** 小的，微不足道的；小氣的。

mea·sur·a·ble [ˋmɛʒrəbḷ, ˋmɛʒərəbḷ; ˈmeʒərəbl] *adj.* **1** 能測量的，可測出(程度)的：come within ~ distance of death 瀕臨死亡。**2** 重要的，不可忽視的。

méa·sur·a·bly [-rəblɪ; -rəbli] *adv.* **1** 至可測出的程度。**2** 至某種程度，幾分：a ~ smaller crop (比往年)要少幾分的收成。

‡**mea·sure** [ˋmɛʒɚ; ˈmeʒə] «源自拉丁文「測定」之義»—*v.t.* **1 a**〔＋受〕**測定**，**測量**…：~ a piece of ground 測量一塊土地/~ the distance from A to B 測量 A 到 B 的距離。**b**〔＋受＋介＋(代)名〕〔爲…而〕量…的尺寸〔*for*〕：*M~* me *for* a new suit. 請替我量身做新衣。

2〔＋受(＋介＋(代)名)〕**a**〔依據…的標準〕評價，判斷〈人物等〉〔*by*〕：A man's character can be ~*d* **by** the types of men with whom he associates. 一個人的性格可從他交往何種類型的人而加以判斷。**b**〔與他人、物〕比較…的優劣〔*with, against*〕：~ one's skill [strength, wits] ***with*** [***against***] ... 與…比技巧[力量，智慧]。

【說明】中國採用公制的公尺(meter)、公克(gram)和公升(liter)，但英美科學研究雖用公制，日常生活却常用十二進位的碼、磅制。長度用碼(1 yard＝3 feet＝36 inches)、呎(1 foot＝12 inches)、吋(inch)，重量用磅(1 pound＝16 ounces)、盎司(ounce)．至於容積單位方面，英、美兩國的蒲式耳(bushel)、加侖(gallon)與品脫(pint)等內容各有差異，使用上須注意。

3〔＋受＋介＋(代)名〕使…〔與…〕協調，調和〔*to*〕：~ one's desires **to** one's income 使慾望與收入相協調[均衡]。

4〔＋受〕盯著〈人〉看，打量〈人〉：~ a person *with* one's eyes 直盯著人看[仔細打量某人]。

—*v.i.* **1** 測量，量尺寸[大小]。**2**〔＋補〕〈物〉有…長[寬，高等]：The shell ~*s* 20 feet. 那條划艇有二十呎長/The cell ~*d* five by eight by eight feet high. 那間斗室有五呎寬，八呎長，八呎高。

méasure óff《*vt adv*》按測量結果劃分；裁出…：~ *off* a yard of silk 量好裁出一碼的絲綢。

méasure óut《*vt adv*》量取，取出〈一定的量〉：~ *out* ten pounds of flour to each 量十磅麵粉給每一個人。

méasure úp《*vt adv*》(1)(正確地)量〔…的〕尺寸〔*for*〕：She was ~*d up for* a new dress. 她讓人給她量了新衣服的尺寸。(2)推測〈可能性等〉。—《*vi adv*》(3)量尺寸。(4)有足夠的資格[能力]：We tried him in the position, but he didn't ~ *up.* 我們試著把他安排在那個職位上，但是他沒有能力勝任。

méasure úp to... (1)長度[寬度，高度]達…：The lake ~*s up to* 100 miles across. 那個湖寬達一百哩。(2)符合、達到〈希望、理想、標準等〉(★可用被動語態)：He did not ~ *up to* the task. 他不適合那個工作/The work did not ~ *up to* our expectations. 那件作品沒有達到我們的期望。

—*n.* **A 1 a** Ⓒ [常 *a* ~] **測定**，**測量**：make *a* ~ of the distance 測量距離。**b** Ⓤ (測量出的)尺寸，大小：give full [short] ~ 給足[不足]量/by ~ 按尺寸，根據測量。**2 a** Ⓤ **計量法**，**度量法**：cubic [solid] ~ 體積，容積/dry [liquid] ~ 乾[液]量/square [superficial] ~ 面積/~ of capacity 容量。**b** Ⓒ **度量單位**：weights and ~*s* 度量衡/A meter is a ~ *of* length. 公尺是長度的單位。**c** Ⓒ 度量器具：a tape ~ 捲尺。**3** Ⓒ〔評價、判斷等的〕尺度，標準〔*of*〕：War is *the* ~ *of* the world's despair. 戰爭是人類絕望的尺度。**4** Ⓤ Ⓒ **適量**，**適度**；(適當的)限界，限度：above [beyond, out of] ~ 過度地，極度地/within [without] ~ 適度[過度]/set ~*s* to... 限制…/keep ~(*s*) 守中庸之道。**5** Ⓤ [又作 **a** ~] 分量，程度〔*of*〕：*a* ~ *of* truth 某種程度的眞實/in *a* [some] ~ 一些，幾分/in *a* great [large] ~ 大大地，十分/You will be paid in the same ~ as you work. 你做多少工作就會得到多少報酬。**6 a** Ⓤ《詩學》韻律。**b** Ⓒ《詩》曲，旋律。**7**《音樂》**a** Ⓒ 小節(bar)。**b** Ⓤ 拍子。**8** Ⓒ《數學》約數。

—**B** Ⓒ **1** [常 ~**s**] **a 手段**，**措施**，**方法**：take [adopt] ~*s* 採取措施[行動，辦法]/Strong [Hard] ~*s* should be taken *against* wrongdoers. 對犯罪者應採取强硬的手段。**b**〔＋*to* do〕〈做…的〉手段，方法：take ~*s to* preserve order 採取措施以維持秩序。**2** 法案，議案(bill)；法令：adopt [reject] a ~ 採納[否決]法案。

for góod méasure 稱量充足地；附加地，另外地。

hàve a person's **méasure to an ínch** 完全看透某人的爲人[底細]。

máde to méasure〈衣服等〉照尺寸量製的。

méasure for méasure 以牙還牙，報復。

tàke [**gèt**] a person's **méasure**＝**tàke the méasure of** a person (1)爲某人量尺寸[身材]。(2)衡量某人的性格[能力]。

tàke the méasure of a person's **fóot** 衡量某人的爲人[能力]。

méa·sured *adj.* **1** 正確地量過的，根據標準的；適度的。**2** 慎思的，慎重的：speak in ~ terms 慎重地說。**3 a** 整齊的，有規律的：walk with ~ steps 以整齊的步伐行走。**b** 有韻律的，有節奏的。

méa·sure·less *adj.* **1** 至無法測量(的程度)的，無限的。**2** 非常的，重大的：a crime of ~ proportions 重大的犯罪。

***mea·sure·ment** [ˋmɛʒɚmənt; ˈmeʒəmənt] «measure *v.* 的名詞»—*n.* **1** Ⓤ **測量**，測定。**2** Ⓒ [常 ~**s**] 尺寸，大小，廣度，長度，厚度，深度〔*of*〕：inside [outside] ~(*s*) 裏[外]面的尺寸/take a person's ~*s* 量某人的尺寸/What are her ~*s*？她的三圍是多少呢？**3** Ⓤ 度量法。

M

méasurement tón *n.* Ⓒ容積噸(⇨ ton 2).
méa·sur·er [-ʒərə; -ʒərə] *n.* Ⓒ **1** 測量的人。**2** 測量器。
méas·ur·ing cùp [ˋmɛʒrɪŋ-, ˋmɛʒərɪŋ-; ˈmeʒəriŋ-] *n.* Ⓒ(有刻度的)量杯。
méasuring wòrm *n.* Ⓒ《昆蟲》尺蠖。
‡meat [mit; mi:t] 《源自中古英語「食物」之義》**—n.** Ⓤ **1** 肉：**a** [指種類時爲Ⓒ] 食用肉《尤指家禽的肉(poultry, fowl), 魚肉(fish)等；★比較 泛指一般動物的肉時，用 flesh》：chilled ～ 冷凍肉/ground ～ 絞肉/eat a variety of ～*s* 吃各種肉。**b** (魚肉以外的各種)肉：⇨white meat, red meat. **c** (與骨頭作一區別的)肉：There's not much ～ *on* that bone. 骨頭上沒有什麼肉。

【說明】英美人的生活裡，通常有「肉(meat)者餐(meal)也」的想法，肉幾乎是三餐的主食。因此肉的燒法有好多種：有的放進爐子(oven)裡烤(roast)，有的用烤架(grill)來烤(grill, broil)，有的放進鍋子裡燉(braise)，有的用平底鍋(frying pan, frypan)來煎(fry). 牛肉(beef)的燒法，英國人以 roast beef(烤牛肉)爲代表，美國人則以 beefsteak(牛排)爲代表，都是大餐。烤乳豬對歐美人士也算是超級大餐；cf. bread【說明】

2 《美》(螃蟹、蝦、貝、蛋以及有殼果實等的)可食用部分；果肉：crab ～ 蟹肉。**3** 內容，實質：a speech full of ～ 內容充實的演說。**4** 《古》(與飲料作一區別的)餐食：One man's ～ is another man's poison. 《諺》甲的美食是乙的砒霜《各人所好不同》。
be méat and drínk to a person 對某人而言是無上的享受。
méat·bàll *n.* Ⓒ **1** 肉丸。**2** 《俚》笨蛋，乏味無聊的人。
méat·hèad *n.* Ⓒ《美俚》笨蛋(fool).
meat·less [ˋmitlɪs; ˈmi:tlis] *adj.* **1** 無肉的；無食物的。**2** 素食的。**3** 不賣肉的。
méat·màn *n.* Ⓒ(**-men** [-ˏmɛn; -men])肉販。
méat pàcker *n.* Ⓒ《美》精肉業者(cf. packer).
méat pàcking *n.* Ⓤ《美》精肉業，肉類工業《包括屠宰、加工、包裝以至批發等的業務》。
méat-píe *n.* Ⓤ [指個體或種類時爲Ⓒ] 肉餡餅。
méat sàfe *n.* Ⓒ(爲保存肉類等食品的)金屬紗罩櫥櫃。
méat tèa *n.* Ⓤ [指個體時爲Ⓒ] 《英》黃昏茶點(high tea)《下午五、六點左右食用的茶點，有糕餅、肉類等》。
me·a·tus [mɪˋetəs; miˈeitəs] *n.* Ⓒ(*pl.* ～, ～**·es**)《解剖》口；道。
meat·y [ˋmitɪ; ˈmi:ti] 《meat 的形容詞》 **—adj.** (**meat·i·er**; **-i·est**) **1** 多肉的。**2** 內容充實的：a ～ doctoral dissertation 內容充實的博士論文。**méat·i·ness** *n.*
Mec·ca [ˋmɛkə; ˈmekə] *n.* **1** 麥加《沙烏地阿拉伯西部的一個城市；穆罕默德(Mohammed)的誕生地，回教聖地》。**2** [常 **m**～] Ⓒ許多人拜訪之地；衆人憧憬之地；…的麥加〔*of, for*〕：Hawaii has become a *m*～ *for* vacationing Japanese. 夏威夷已成爲日本人嚮往的度假勝地。
mech. 《略》mechanical; mechanics; mechanism.
me·chan·ic [məˋkænɪk; miˈkænik] *n.* Ⓒ**機匠**；技工，維護員。
***me·chan·i·cal** [məˋkænɪkḷ; miˈkænikl] 《machine 的形容詞》**—adj.** (**more** ～; **most** ～) **1** (無比較級、最高級) **a 機械(上)的**，靠機器動的；機器製的：～ power 機械力。**b** 機械設備的，機械操作的。**2 a** 機械似的，無意識的，呆板的；自動的：a ～ style of writing 機械性[呆板]的文體。**b** 無表情的，無感情的。**3** (無比較級、最高級)機械學[力學]的。～**·ly** [-klɪ; -kəli] *adv.*
mechánical dráwing *n.* ⓊⒸ機器製圖。
mechánical enginéer *n.* Ⓒ機械工程師；機械技師。
mechánical enginéering *n.* Ⓤ機械工程。
mechánical péncil *n.* Ⓒ《美》自動鉛筆(automatic pencil, 《英》propelling pencil).
mech·a·ni·cian [ˏmɛkəˋnɪʃən; ˌmekəˈniʃn] *n.* Ⓒ機工；機械工程師(mechanic).
me·chan·ics [məˋkænɪks; miˈkæniks] *n.* **1** Ⓤ力學；機械學：applied ～ 應用力學。**2** [常 **the** ～；當複數用]機械部分；(製作)技巧〔*of*〕：*The* ～ *of* writing are attained through rigorous training. 寫作的技巧是通過嚴格訓練獲得的。
***mech·a·nism** [ˋmɛkəˏnɪzəm; ˈmekənizəm, -kṇi-] *n.* **1** Ⓒ **a** (通常指小的)**機械裝置**，機械零件。**b** 機械作用，機關。**c** 機構，構造：the complex ～ of an organization 組織的複雜結構。**2** Ⓤ《藝術》**a** 機械般的處理[演奏]。**b** 技巧，手法。**3** Ⓤ《哲》宇宙機械觀，機械論(↔ vitalism). **4** Ⓒ《生理・心理》心理過程，機制，作用機理：⇨defense mechanism, escape mechanism.
méch·a·nist [-nɪst; -nist] *n.* Ⓒ《哲》機械論者。
mech·a·nis·tic [ˏmɛkəˋnɪstɪk; ˌmekəˈnistik←] *adj.* **1** 機械作用的。**2** 機械論(者)的。
mech·a·ni·za·tion [ˏmɛkənəˋzeʃən, -aɪˋze-; ˌmekənaiˈzeiʃn] 《mechanize 的名詞》**—n.** Ⓤ機械化。
mech·a·nize [ˋmɛkəˏnaɪz; ˈmekənaiz] 《machine 的動詞》**—v.t.** **1 a** 使〈工廠等〉機械化。**b** 《軍》使〈軍隊〉機械化；使…機能化：a ～*d* unit 機械化部隊。**2** 以機械製造[進行]…。
med. 《略》medical; medicine; medieval; medium.
***med·al** [ˋmɛdḷ; ˈmedl] *n.* Ⓒ**獎章**，**獎牌**；勳章；徽章：⇨gold medal.
the Médal for Mérit (美國的)功績勳章《授與一般市民；於 1942 年制定》。
the Médal of Hónor ＝the CONGRESSIONAL Medal (of Honor).
the revérse of the médal 問題的另一面。
méd·al·ist [-dḷɪst; -dḷist, -dəl-] *n.* Ⓒ **1** 獎章製作[設計，雕刻]家。**2** 獲獎章者。
me·dal·lion [məˋdæljən, mɪ-; ˈmidæljən, məˈd-] *n.* Ⓒ **1** 大獎章。**2** (有肖像等的)圓形浮雕。

medallion 1

méd·al·list [-dḷɪst; -dḷist, -dəl-] *n.* 《英》＝medalist.
médal plày *n.* ＝stroke play.
med·dle [ˋmɛdḷ; ˈmedl] 《源自拉丁文「混合」之義》**—v.i.** **1 a** 干涉，多管閒事(⇨interfere【同義字】)。**b** 〔十介十(代)名〕〔對…〕干涉，管閒事〔*in*〕《★可用被動語態》：Don't ～ ***in*** other people's affairs. 不要干涉別人的事情。**2** 〔十介十(代)名〕擺弄[玩弄]〔他人之物〕〔*with*〕《★可用被動語態》：He's *meddling* ***with*** your camera. 他正在玩你的照相機。
méd·dler *n.* Ⓒ(到了令人厭煩程度的)愛管閒事的人。
med·dle·some [ˋmɛdḷsəm; ˈmedlsəm] *adj.* (到了令人厭煩的程度)愛管閒事的(⇨curious【同義字】)。～**·ness** *n.*
méd·dling *n.* Ⓤ(多餘的)干涉；管閒事：No more of your ～, please. 請不要再多管閒事了。
—adj. [用在名詞前]多管閒事的，干涉的。
Mede [mid; mi:d] *n.* Ⓒ米底亞(Media)人。
Me·de·a [mɪˋdiə; miˈdiə] *n.* 《希臘神話》美狄亞《曾幫助傑生(Jason)取得金羊毛(Golden Fleece)，後爲其妻》。
med·e·vac [ˋmɛdɪˏvæk; ˈmedivæk] 《*med*ical 和 *evac*uation 的混合語》**—n.** 《美》Ⓤ醫療後送《尤指用救難直升機將傷兵送往後方醫療》。**—adj.** 醫療後送的；專司醫療後送之直升機的。
***me·di·a** [ˋmidɪə; ˈmi:diə, -djə] *n.* **1 medium** 的複數。**2** [常 **the** ～]＝mass media.
Me·di·a [ˋmidɪə; ˈmi:diə] *n.* 米底亞《古代之王國，位於今伊朗(Iran)之西北部》。
me·di·ae·val [ˏmidɪˋivḷ, ˏmɛd-; ˌmediˈi:vl, ˌmi:d-←] *adj.* ＝medieval.
média evènt *n.* Ⓒ媒介事件，傳播噱頭《無新聞價值但仍安排於電視等上播出，旨在加强宣傳》。
me·di·a·gen·ic [ˏmidɪəˋdʒɛnɪk; ˌmi:diəˈdʒenik] *adj.* (出現在大衆傳播媒體中)受讀者[觀衆]歡迎的；適宜於上電視銀幕的。
me·di·al [ˋmidɪəl; ˈmi:diəl, -djəl] 《medium 的形容詞》**—adj.** [用在名詞前] **1** 中間的：a ～ consonant 中間子音。**2** 平均的，普通的。～**·ly** [-əlɪ; -əli] *adv.*
me·di·an [ˋmidɪən; ˈmi:diən, -djən] *adj.* [用在名詞前]中央的，位於中央的，通過中央的：the ～ artery [vein]《解剖》正中動脈[靜脈]/the ～ nerve《解剖》正中神經/the ～ line [point]《幾何》中線[中點]。
—n. Ⓒ **1** 《解剖》正中動脈[靜脈，神經等]。**2** 《數學》中位數；中線。**3** (又作 **médian stríp**)《美》(道路的)中間的安全島(mall, 《英》central reserve).
Me·di·an [ˋmidɪən; ˈmi:diən] *adj.* 米底亞(Media)的；米底亞人的；米底亞語的；米底亞文化的。**—n.** Ⓒ米底亞人。
me·di·ate [ˋmidɪˏet; ˈmi:dieit] 《源自拉丁文「放在正中間」之義》**—v.i.** 〔動(十介十(代)名)〕〔在…之間〕仲裁，調解；斡旋〔*between*〕；調停〔紛爭等〕〔*in*〕：～ ***between*** the two parties [A *and* B]斡旋於兩方[A 與 B]之間。
—v.t. **1 a** 調停，仲裁〈爭議等〉。**b** 居間調停促成簽訂〈協定、和約等〉。**2 a** 轉交〈禮物等〉。**b** 傳達〈消息、情報等〉。
— [ˋmidɪɪt; ˈmi:diət] *adj.* 透過仲介者[物]的，間接的(↔ immediate). ～**·ly** *adv.*
me·di·a·tion [ˏmidɪˋeʃən; ˌmi:diˈeiʃn] 《mediate 的名詞》**—n.** Ⓤ **1** 調停，仲裁。**2** 轉達。
mé·di·à·tor [-tə; -tə] *n.* Ⓒ仲裁人；調停者。
me·di·a·to·ri·al [ˏmidɪəˋtorɪəl, -ˋtɔrɪəl; ˌmi:diəˈtɔ:riəl] *adj.* ＝mediatory.
me·di·a·to·ry [ˋmidɪəˏtorɪ, -ˏtɔrɪ; ˈmi:diətəri] 《mediate 的形容詞》**—adj.** 仲裁的，調解的，調停的，斡旋的。
med·ic [ˋmɛdɪk; ˈmedik] *n.* Ⓒ《口語》**1 a** 醫生。**b** 醫學院學生；實習醫生。**2** 《美》醫務兵。

M

med·i·ca·ble [ˋmɛdɪkəbl̩; ˈmedikəbl] *adj.* 可治療的。

med·ic·aid [ˋmɛdɪˏked; ˈmediˏked]《*medic*al *aid* 的混合語》**—*n.*** [有時 M~] Ⓤ《美》(爲低收入者、殘障者所設的)國民醫療補助(制度)。

‡**med·i·cal** [ˋmɛdɪkl̩; ˈmedikl]《源自拉丁文「醫生的」之義》**—*adj.*** [用在名詞前](無比較級、最高級) **1 醫學的，醫療的**：~ care 醫療/~ jurisprudence 法醫學/a ~ examination [checkup] 身體檢查，健康檢查/a ~ examiner 體檢醫師；《美》《法律》驗屍官，法醫/a ~ man 醫學家，醫師/a ~ social worker 醫療社工人員/a ~ school [student] 醫學院[醫科學生]/~ science 醫學/the ~ art 醫術/under ~ treatment 在接受治療中。**2** 內科的(cf. surgical)：a ~ case 內科病人/a ~ ward 內科病房。

—*n.* Ⓒ《口語》**1 a** 開業醫生。**b** 醫科學生。**2** 身體檢查，健康檢查。**~·ly** [-kl̩ɪ; -kəli] *adv.*

me·dic·a·ment [məˋdɪkəmənt, ˋmɛdɪkə-; meˈdikəmənt] *n.* ⓊⒸ 藥物，藥劑。

med·i·care [ˋmɛdɪˏkɛr; ˈmediˏkɛə]《*medic*al 與 *care* 的混合語》**—*n.*** [有時 M~] Ⓤ《美・加》老人醫療保險(制度)《以六十五歲以上的老人爲對象》。

med·i·cate [ˋmɛdɪˏket; ˈmedikeit] *v.t.* **1** 對〈病人〉施以醫療。**2** 給…加藥物：a ~*d* bath 藥澡/~*d* soap 藥皂。

med·i·ca·tion [ˏmɛdɪˋkeʃən; ˏmediˈkeiʃn] *n.* **1** Ⓤ藥物治療[處理]。**2** Ⓤ[指產品個體或種類時爲Ⓒ]藥物。

med·i·ca·tive [ˋmɛdəˏketɪv, -kətɪv; ˈmedikətiv] *adj.* = medicinal.

Med·i·ci [ˋmɛdəˏtʃi; ˈmeditʃi:] *n.* [the ~] 麥第奇《15–16 世紀義大利佛羅倫斯市(Florence)的望族；對文藝、美術的保護頗有貢獻》。

me·dic·i·nal [məˋdɪsn̩l; meˈdisinl, miˈd-, məˈd-]《medicine 的形容詞》**—*adj.*** 藥物的，藥用的，醫藥的，有藥效的，有治療效果的：a ~ herb 藥草/~ substances 藥物/~ virtues 藥效。

~·ly [-n̩lɪ; -nəli] *adv.*

‡**med·i·cine** [ˋmɛdəsn̩; ˈmedsin, -disin]《源自拉丁文「治療的技術」之義》**—*n.*** **1** Ⓤ**醫學**；(尤指)內科(醫學)，內科的治療(cf. surgery)：clinical ~ 臨床醫學/preventive ~ 預防醫學/practice ~ 行醫，開業當醫生。**2** Ⓤ[指產品個體或種類時爲Ⓒ]**藥**；(尤指)內服藥(《★ 相關用語 藥粉 powder，藥錠 tablet，藥丸 pill，藥水 liquid medicine》：a patent ~ 專利藥品；成藥/good ~ *for* a cough 止咳良藥/take ~(*s*) 服藥。

> 【同義字】medicine 是治療、防止疾病的藥；drug 是製造 medicine 的材料，除了作爲促進健康方面的藥外，也包括毒藥。

3 Ⓤ(北美印地安人的)巫術，魔法；被視爲具有魔力之物。

give a person a dóse [táste] of his ówn médicine《口語》以牙還牙。

take one's **médicine** 罪有應得；受到應得的處罰；(因自作自受而)忍受自己討厭的事。

médicine bàll *n.* **1** Ⓤ藥球[實心球]運動《連續投擲一種實心的皮球，藉以鍛鍊肌肉》。**2** Ⓒ藥球，實心球。

médicine chèst [càbinet] *n.* Ⓒ(尤指家庭用的)藥箱，醫療箱(《★放在浴室內》)。

médicine màn *n.* Ⓒ(北美印地安人的)巫醫，巫師。

med·i·co [ˋmɛdɪˏko; ˈmedikou] *n.* Ⓒ(*pl.* ~s)《口語》**1** 醫生。**2** 醫學院學生。

me·di·e·val [ˏmidɪˋivl̩, ˏmɛd-; ˏmediˈi:vl, ˏmi:d-ˉ]《源自拉丁文「中間的時代」之義》**—*adj.*** (more ~; most ~) **1** (無比較級、最高級)**中世的**；中世紀的。**2**《口語》老舊的；古代式樣的，舊式的。**~·ly** [-vl̩ɪ; -vli] *adv.*

médieval hístory *n.* Ⓤ中古[中世紀]史《自西羅馬帝國滅亡(476 年)至文藝復興》。

mè·di·é·val·ìsm [-l̩ˏɪzəm; -lizəm] *n.* Ⓤ **1** 中世紀精神[思潮]；中世紀的習慣。**2** 中世紀的風味。

mè·di·é·val·ist [-lɪst; -list] *n.* Ⓒ **1** 研究中古[中世紀]歷史、文學、藝術等的學者或專家，中古[中世紀]研究家，中古[中世紀]史學家。**2** (藝術、宗教等的)中古[中世紀]讚美者。

mediéval Látin *n.* Ⓤ中世紀拉丁文《尤指紀元八至十五世紀的文學語言》。

Me·di·na [məˋdinə; meˈdi:nə, miˈd-] *n.* 麥地那《沙烏地阿拉伯的一個城市，有穆罕默德(Mohammed)的墳墓，是僅次於麥加(Mecca)的回教聖地》。

me·di·o·cre [ˋmidɪˏokɚ, ˏmidɪˋokɚ; ˏmi:diˈoukə, ˏmed-ˉ] *adj.* 平凡的；普通的；平庸的，二流的。

me·di·oc·ri·ty [ˏmidɪˋɑkrətɪ; ˏmi:diˈɔkrəti, ˏmed-]《mediocre 的名詞》**—*n.*** **1** Ⓤ平凡，普通，平庸。**2** Ⓒ平凡的人；平庸之才。

med·i·tate** [ˋmɛdəˏtet; ˈmediteit]《源自拉丁文「熟思」之義》**—*v.t. 〔十受〕計畫，策畫，企圖…：~ a journey to Paris 計畫到巴黎旅行。

—*v.i.* **1** (宗教、精神修養上的)冥想。**2** 〔十介十(代)名〕〔對…〕**默想，靜思，熟慮**〔*on, upon*〕：He ~*d* **on** [**upon**] death for many days. 他數天來一直靜思著死亡(的問題)。

med·i·ta·tion [ˏmɛdəˋteʃən; ˏmediˈteiʃn]《meditate 的名詞》**—*n.*** **1** Ⓤ(宗教、精神修養上的)冥想。**2** Ⓤ沈思，默想：deep in ~ 耽於默思中。**3** Ⓒ[常 ~s]沈思錄。

med·i·ta·tive [ˋmɛdəˏtetɪv; ˈmeditətiv, -teit-] *adj.* **1** 冥想的。**2** 耽於冥思的，沈思默想的。**~·ly** *adv.*

méd·i·tà·tor [-tɚ; -tə] *n.* Ⓒ冥想者，沈思者。

Med·i·ter·ra·ne·an [ˏmɛdətəˋrenɪən; ˏmeditəˈreinjənˉ]《源自拉丁文「位於陸地中間」之義》**—*adj.*** [用在名詞前] **1 地中海的**；地中海沿岸的。**2** 地中海沿岸住民(特有)的。

Méditerranean frúit flỳ *n.* Ⓒ《昆蟲》地中海果蠅《其幼蟲對果樹危害甚巨》。

Méditerranean Séa *n.* [the ~] **地中海**。

me·di·um** [ˋmidɪəm; ˈmi:djəm, -di-]《源自拉丁文「中間的」之義》**—*n. Ⓒ(*pl.* ~s, **-di·a** [-dɪə; -diə, -djə]) **1 a 中央，中間；中庸**：the [a] happy ~ 中庸，中道。**b** 中間物。**c**《口語》M 號[中號]的衣服：Do you have a ~ *in* this color? 你們有這個顏色的 M 號嗎？**2 媒介物，媒質，媒體**：Is water a ~ *of* sound? 水是(傳播)聲音的媒體嗎？**3 手段，媒介；機構**：Television is an important ~ *of* communication. 電視是一種重要的傳播媒體/*by* [*through*] the ~ *of*... 利用…的媒介，透過…/⇨mass media. **4** (生物等的)環境，生活條件。**5** (*pl.* ~s)巫，通靈的人。**6**《生物》培養基；(保存用的)保存液。**7**《美術》顏料調和劑。

—*adj.* [用在名詞前] **1** 中等的，中間的，普通的；平均的：a man of ~ height 中等身材的人。**2** 〈牛排〉半生半熟的，五分熟的(⇨beefsteak 2★)。

médium fréquency *n.* ⓊⒸ《通信》中頻率《收音機 AM 廣播或船隻通訊使用；頻率爲 300–3000 千赫；略作 MF, M.F., m.f.》。

médium ránge ballístic míssile *n.* Ⓒ中程彈道飛彈《略作 MRBM》。

médium-sízed *adj.* 中型的，中號的，M 號的。

médium wáve *n.* Ⓤ《通信》中波。

med·lar [ˋmɛdlɚ; ˈmedlə] *n.* Ⓒ《植物》德國山楂。

med·ley [ˋmɛdlɪ; ˈmedli] *n.* Ⓒ **1** 混合，混雜，雜燴〔*of*〕：a ~ *of* furniture, Chinese and Western 中西混雜的家具類。**2**《音樂》(把各種曲子的一部分湊在一起的)混成曲。

médley rèlay *n.* Ⓒ(陸上競賽、游泳的)混合接力賽。

Me·doc [ˋmedɑk, mɪˋdɑk; ˈmeidɔk] *n.* Ⓤ美達克《法國西南部波爾多(Bordeaux)地方的 Medoc 所產的紅葡萄酒；cf. claret》。

me·dul·la [mɪˋdʌlə; meˈdʌlə, mi-] *n.* Ⓒ(*pl.* ~s, **-lae** [-li; -li:]) **1**《解剖》骨髓；脊髓。**2**《動物》毛髓。**3**《植物》木髓。

Me·du·sa [məˋdjusə, -ˋdu-, -zə; miˈdju:zə, məˈd-, -sə] *n.* **1**《希臘神話》墨杜沙《蛇髮女怪(Gorgons)之一；⇨Perseus》。**2** [m~] Ⓒ(*pl.* ~s, **-sae** [-si; -si:])《動物》水母。

Medusa 的頭

meed [mid; mi:d] *n.* Ⓒ[常用單數]《古・詩》報酬，獎賞；應該接受之物〔*of*〕：one's ~ *of* praise 應有的稱讚。

meek [mik; mi:k]《源自北歐古文「柔軟的」之義》**—*adj.*** **1** 逆來順受的；溫順的，柔和的。**2** 卑恭屈節的。

(**as**) **méek as a lámb** [**a máid, Móses**] 極爲溫順的。

méek and míld (1)溫順的，不抱怨的。(2)沒有抱怨的；沒有魄力的，懦弱的。

~·ly *adv.* **~·ness** *n.*

meer·schaum [ˋmɪrʃəm, -ʃɔm; ˈmiəʃəm]《源自德語「海的泡沫」之義》**—*n.*** **1** Ⓤ海泡石。**2** Ⓒ海泡石製的煙斗。

‡**meet**[1] [mit; mi:t] (**met** [mɛt; met]) *v.t.* 〔十受〕**1 會見**(《★通常沒有被動語態》)：**a** 與〈從別的方向來的人、物〉相遇；(偶然)遇見…，與…擦身而過：I *met* him by chance. 我偶然遇見他/I *met* her on [in] the street. 我在街上遇到她。**b** (約定)與〈人〉會面，與…碰頭；(爲了談判、交涉而)與〈人〉相會；與…會談[面談]：They often *met* each other. 他們倆經常見面/He *met* his employees at his office. 他在他的辦公室會見員工/*M*~ me again at seven. 七點再見吧！**c** (經過介紹後，第一次)與〈人〉認識，初次會見…：I have already *met* Mr. Smith. 我已經和史密斯先生見過面了/I'm glad to ~ you. = It's nice [Nice] to ~ you. 很高興認識你；幸會，幸會《初見面時的問候語；★ 比較《英》較常用 How do you do?》/Mr. Smith, I want you to ~ Mrs. Jones.《美》史密斯先生，讓我向你介紹瓊斯太太。

2 迎接…：I'll ~ your boat. 我會到船上接你/You will be *met* at the station by my wife. 我太太會到車站接你(《★ 用法 用被動

態，給人一種辦公事的感覺》。
3《★通常沒有被動語態》**a**〈道路、河川、線等〉與〈別的道路、河川、線等〉交會，交叉：Where does this street ~ the highway? 這條路在哪兒與幹道相接？**b** 與…接觸，碰到：the place where the mountain peak ~*s* the sky 山峯與天空交會之處。**c**〈物〉進入〈眼睛、耳朶等〉：~ the eye [ear] 被看到[聽到]；被眼見[耳聞]/There's more in [to] it than ~*s* the eye. 還有一些是眼睛看不到的《祕密的事實、理由等》。**d** 與〈視線〉相會：He *met* my glance with a smile. 他微笑地與我四目相接。**e**〈交通工具〉連接…；與…相接：The train ~*s* the ship at Dover. 火車在多佛與船隻相接。
4 a 與…會戰[交戰]：They *met* the enemy in the field. 在原野上與敵人會戰。**b** 面對，對付，處理…：~the situation *with* a smile 以笑容面對該情勢/~ a typhoon 應付颱風。
5 遭遇，經驗到…《★[比較]在這個意思上，以 meet with 較常用》：He *met* misfortune on the return journey. 他在歸程中遭遇不幸。
6 a 答應，滿足〈要求等〉；接受〈義務等〉：~ a person's wishes [demands] 滿足某人的願望[要求]/~ one's obligations 盡義務。**b** 償還，支付〈負債、帳單〉：~ one's bills [debts, monthly payments] 支付帳單[債務，按月付款]。
—*v.i.* 1〈(多數的)人〉相會：**a**〔動(+副)〕相遇；會面；見面〈*together*〉：When shall we ~ again? 我們什麼時候再見面？/They ~ ***together*** once a year. 他們每年相聚一次。**b** 初次會見：We first *met* at a party. 我們在宴會上第一次見面。
2〈集會〉召開，上課：Congress will ~ next month. 國會將於下月召開/The class will not ~ today. 今天停課。
3 a〈(複數的)東西〉接觸：The two cars almost *met* head-on on the way. 兩輛車子在路上幾乎迎面相撞/Their eyes *met*. 他們的目光相會。**b**〈物〉〈(兩端)會合，接觸：This belt won't ~ round my waist. 這條皮帶的長度不夠我的腰圍。
méet úp《*vi adv*》《口語》(偶然)遇到〔某人〕，遇見〔動物等〕〔*with*〕《★可用被動語態》：I hope we ~ *up* (*with* each other) again. 我希望我們能再見面。
méet with... (1)嚐到…的經驗，體驗…；接受…《★可用被動語態》：~ ***with*** kindness 受到(人)親切的對待/~ ***with*** success 取得成功/~ ***with*** opposition 遭到反對。(2)遭遇〈意外事件、不幸等〉《★可用被動語態》：~ ***with*** an accident 發生意外事故《★[比較]在日常用語中一般用 have an accident》/~ ***with*** misfortune 遭遇不幸。(3)《文語》(偶然)遇到〈某人〉。(4)(約定)與〈人〉見面，會見…，與…會談(cf. *v.t.* 1 b)：~ ***with*** union leaders 與工會領袖們會談。
—*n.* [C] **1**《美》(運動的)**競賽大會**，大會(《英》meeting)：an athletic ~ 運動會。**2**《英》(出去打獵前的獵人、獵犬等的)會合，集合。**3**《幾何》交點，交線。

meet² [mit; mi:t] *adj.* [不用在名詞前]《古》適當的。**~·ly** *adv.*

‡meet·ing [ˋmitɪŋ; ˈmi:tiŋ] *n.* **1 a** [C](具有討論等特別目的的)**會**，**會議**，**集會**，**大會**：a political ~ 政治集會/call a ~ 召集會議/hold a ~ 開會，舉行會議。

> 【同義字】meeting 是以討論、決定爲目的的會議；party 是以社交爲目的；conference 則是爲了討論特定的問題，彼此交換意見的會議；gathering 是一種非正式的社交集會。

b [C]《英》運動會(《美》meet)：an athletic ~ 運動會(cf. meet¹ *n.* 1)。**c** [U][the ~；集合稱]與會者《★[用法]視爲一整體時當單數用，指全部個體時當複數用》：address *the* ~ 向與會者致詞。**2** [C][常用單數] **a** 會見，會面〔*between*〕。**b** 集合，會合。**c** 會戰，交戰。**3** [C]接合[連接，交叉，滙合]點。**4** [C](尤指教友派信徒(Quaker)的)禮拜集會。

méeting·hòuse *n.* [C] **1**《美》(尤指教友派信徒(Quaker)的)禮拜堂。**2**《英》(尤指)非國教徒的禮拜堂。

Meg [mɛg; meg] *n.* 美格《女子名；Margaret 的暱稱》。

meg·a- [mɛgə-; megə-] [複合用詞] **1** 表示「大的」：*mega*spore《植物》大孢子。**2**《物理》「一百萬(倍)」：*mega*watt 一百萬瓦特。

meg·a·buck [ˋmɛgə͵bʌk; ˈmegəbʌk] *n.* [C]《口語》一百萬元。

meg·a·cit·y [ˋmɛgə͵sɪtɪ; ˈmegəsiti] *n.* [C]人口百萬以上之都市。

méga·cỳcle *n.* [C]《通信》兆周《每秒一百萬周；megahertz 的舊名；略作 mc, mc., m.c.》。

méga·dèath *n.* [C]一百萬人死亡《計算核子戰爭中死亡人數的單位》。

méga·hèrtz *n.* [C](*pl.* ~)《電學》百萬赫《周波數的單位；一百萬赫；略作 MHz》。

meg·a·lith [ˋmɛgə͵lɪθ; ˈmegəliθ] *n.* [C]《考古》(史前因宗教信仰而豎立的)巨石。

meg·a·lith·ic [͵mɛgəˋlɪθɪk; ͵megəˈliθik←] 《megalith 的形容詞》**—*adj.* 1** 巨石(造)的：a ~ monument 巨石紀念碑。**2** 巨石文化時代的。

meg·a·lo·ma·ni·a [͵mɛgələˋmenɪə; ͵megələˈmeinjə] *n.* [U] **1** 誇大狂。**2**《醫》誇大妄想。

meg·a·lo·ma·ni·ac [͵mɛgələˋmenɪ͵æk; ͵megələˈmeiniæk←] *n.* [C] **1** 誇大狂者。**2** 誇大妄想者。**—*adj.*** 誇大妄想的。

meg·a·lop·o·lis [͵mɛgəˋlɑpəlɪs; ͵megəˈlɔpəlis] *n.* [C]巨大都市；都會區。

meg·a·lo·pol·i·tan [͵mɛgəloˋpɑlɪtən; ͵megələˈpɔlitən←] *adj.* 都會區的。
—*n.* [C]都會區的市民。

Meg·an [ˋmɛgən; ˈmegən] *n.* 美耿《女子名》。

meg·a·phone [ˋmɛgə͵fon; ˈmegəfoun] 《源自希臘文「大的聲音」之義》**—*n.*** [C]擴音器。
—*v.i.* & *v.t.* 用擴音器傳達(…)；大聲宣告(…)。

még·a·tòn *n.* [C] **1** 一百萬噸。**2** 百萬噸炸藥的威力《核子彈爆炸力的單位；相當於一百萬噸黃色炸藥(TNT)爆炸的威力》。

meg·a·ton·nage [ˋmɛgə͵tʌnɪdʒ; ˈmegə͵tʌnidʒ] *n.* [C]一百萬噸位《核子彈爆炸的威力單位》。

meg·a·vi·ta·min [ˋmɛgə͵vaɪtəmɪn; ˈmegə͵vaitəmin] *adj.* 攝取各種[大量]維他命的。

meg·a·volt [ˋmɛgə͵volt; ˈmegəvoult] *n.* [C]《電學》百萬伏特。

meg·a·watt [ˋmɛgə͵wɑt; ˈmegəwɔt] *n.* [C]《電學》百萬瓦特。

me·grim [ˋmigrɪm; ˈmi:grim] *n.* **1** = migraine. **2** [~s]憂鬱；抑鬱。**3** [C]空想；幻想。

mei·o·sis [maɪˋosɪs; maiˈousis] *n.* (*pl.* **mei·o·ses** [-siz; -si:z]) [U][C]《生物》(細胞核的)減數分裂(cf. mitosis)。

Me·kong [ˋmeˋkɑŋ; ˈmeiˈkɔŋ] *n.* [the ~]湄公河《發源於中國西部的青海省，流經中南半島的寮國、泰國等，在越南注入南海》。

mel·an·cho·li·a [͵mɛlənˋkolɪə; ͵melənˈkouljə, -ləŋˈk-] *n.* [U]《醫》憂鬱症。

mel·an·cho·li·ac [͵mɛlənˋkɑlɪ͵æk; ͵melənˈkɔliæk] *n.* [C]憂鬱症患者。

mel·an·chol·ic [͵mɛlənˋkɑlɪk; ͵melənˈkɔlik, -ləŋˈk-←] 《melancholy 的形容詞》**—*adj.*** 憂鬱的；(患)憂鬱症的。
—*n.* [C]憂鬱的人；憂鬱症患者。

mel·an·chol·y [ˋmɛlən͵kɑlɪ; ˈmelənkəli, -ləŋk-] 《源自希臘文「黑色膽汁」之義；相傳這種體液(⇨humor)一多，就會患憂鬱症》**—*n.*** [U] **1 憂鬱**，鬱悶。**2 憂鬱症**(melancholia)。
—*adj.* 1 憂鬱的，心情沈悶的，哀傷的：a ~ smile 帶著憂鬱的微笑。**2** 令人憂鬱的。

Mel·a·ne·sia [͵mɛləˋniʒə, -ʃə; ͵meləˈni:zjə, -ʒə] 《源自希臘文「黑色島嶼」之義》**—*n.*** 美拉尼西亞《澳洲大陸東北部的羣島；cf. Polynesia》。

Mel·a·ne·sian [͵mɛləˋniʒən, -ʃən; ͵meləˈni:zjən, -ʒn, -ʃn←] 《Melanesia 的形容詞》**—*adj.*** 美拉尼西亞(人，語)的。
—*n.* 1 [C]美拉尼西亞人。**2** [U]美拉尼西亞語。

mé·lange [meˋlɑ̃ʒ; meiˈlɑ̃:ʒ] 《源自法語「混合」之義》**—*n.*** [C][常用單數]混合物，什錦，雜燴〔*of*〕。

mel·a·nin [ˋmɛlənɪn; ˈmelənin] *n.* [U]《生化》(動物皮膚、毛髮等中之)黑色素。

Mél·ba tòast [ˋmɛlbə-; ˈmelbə-] 《源自澳洲一位女高音歌手之名》**—*n.*** [U](烘烤得很脆的)薄麪包片。

Mel·bourne [ˋmɛlbɚn; ˈmelbən, -bɔ:n] *n.* 墨爾本《澳洲東南部的一個港市；維多利亞省(Victoria)的首府》。

meld¹ [mɛld; meld] *v.t.* 混合，使…結合[融合]。
—*v.i.* 混合，結合，融合。

meld² [mɛld; meld] *v.t.* & *v.i.* (於牌戲中)公布(〈牌〉的)分數[組合]。
—*n.* [C]得分之公布；可公布之配合或分數。

me·lee, mê·lée [meˋle, ˋmele, ˋmɛle; ˈmelei, ˈmeil-] 《源自法語》**—*n.*** [C][常用單數] **1 a** 亂鬥，混戰：a fist-swinging ~ 互毆的混戰。**b** 激烈的論戰。**2** 混亂；混亂的人羣：the ~ around the bargain counter 圍在特價品販賣櫃枱[賣場]四周的混亂人羣。

me·lio·rate [ˋmiljə͵ret; ˈmi:ljəreit] *v.t.*《文語》改良，改善。
—*v.i.* 改善，變好。

me·lio·ra·tion [͵miljəˋreʃən; ͵mi:ljəˈreiʃn] 《meliorate 的名詞》**—*n.*** [U]改良，改善。

me·lio·rism [ˋmiljə͵rɪzəm; ˈmi:ljərizəm] *n.* [U]世界[社會]可改善論《主張世界[社會]可經由人類的努力而改善》。

mél·io·rist [-rɪst; -rist] *n.* [C]世界[社會]可改善論者。

Me·lis·sa [məˋlɪsə; miˈlisə] *n.* 美利莎《女子名》。

mel·lif·lu·ous [məˋlɪfluəs; meˈlifluəs] *adj.*〈聲音、音樂等〉流暢的；甜美的。

mel·low [ˋmɛlo; ˈmelou] *adj.* (~·er；~·est) **1 a**〈水果〉成熟的(⇨ripe【同義字】)。**b**〈酒〉芳醇的。**2**〈顏色、聲音、音樂、文體等〉柔美的，圓潤的，豐美的。**3**〈土壤〉肥沃的。**4**〈人〉(隨著年齡、經驗的累積而顯得)圓熟的，老練的，穩重的，沈著的。**5**

M

《口語》快快樂樂的；醺醺然的：feel ～ 覺得醺醺然，稍有醉意。—*v.t.*〔十受〕**1** 使…成熟。**2** 使…圓熟。
—*v.i.* **1** 成熟。**2** 圓熟。～**·ly** *adv.* ～**·ness** *n.*

me·lod·ic [mə'lɑdɪk; mi'lɔdik, mə'l-] *adj.* **1**（主）旋律的。**2** 曲調動聽的，旋律優美的。

me·lo·di·ous [mə'lodɪəs; mi'loudjəs, mə'l-]《melody 的形容詞》—*adj.* **1** 有旋律的。**2** 曲調優美的，如音樂般悅耳的。
～**·ly** *adv.* ～**·ness** *n.*

mél·o·dist [-dɪst; -dist] *n.* Ⓒ（作曲旋律優美的）作曲家；聲樂家。

mel·o·dra·ma ['mɛlə,drɑmə, -,dræmə; 'melədrɑ:mə]《源自法語「音樂劇」之義》—*n.* **1 a** Ⓒ傷感的通俗劇（cf. soap opera）. **b** Ⓤ（戲劇的一種形式）誇張情緒或動作的戲劇（手法）。**2** Ⓒ誇張刺激的故事[行爲]。

mel·o·dra·mat·ic [,mɛlədrə'mætɪk; ,melədrə'mætik] *adj.* 通俗劇式的；帶鬧劇性的。**-i·cal·ly** [-klɪ; -kəli] *adv.*

*__mel·o·dy__ ['mɛlədɪ; 'melədi]《源自希臘文「歌」之義》—*n.* **1** Ⓒ **歌曲**：old Irish *melodies* 古老的愛爾蘭歌曲。**2** Ⓤ優美的曲子；優美的音樂。**3** Ⓒ《音樂》旋律，曲調（tune）.

*__mel·on__ ['mɛlən; 'melən]《源自希臘文「具有蘋果形狀的瓜」之義》—*n.* Ⓒ[指食物時爲Ⓤ]《植物》**甜瓜**：a slice of ～ 一片甜瓜。

Mel·pom·e·ne [mɛl'pɑmənɪ, -,ni; mel'pɔmini:] *n.*《希臘神話》墨爾波墨涅《司悲劇的女神，爲繆斯（Muses）之一》。

‡**melt** [mɛlt; melt]（～**·ed**；～**·ed**,《古》**mol·ten** ['moltn̩; 'moultn]）《★語形 molten 現在只用作屬性形容詞（attributive）》*v.i.* **1 a**〈固體〉（因熱）**溶解**，融化。**b**〔十介十（代）名〕〔在…之中〕溶解〔*in*〕：Sugar ～*s* ***in*** water. 砂糖在水中溶解/Let the cough drop ～ *in* your mouth. 把這止咳糖含在嘴裏溶解/⇨melt in a person's [the] MOUTH. **2**〔十介十（代）名〕漸漸地溶解〔於…〕，慢慢地轉移〔爲…〕〔*into*〕：The sea seemed to ～ ***into*** the sky at the horizon. 在水平線處，海洋似乎漸漸沒入天際。**3**〈感情等〉軟化；〈人〉生憐憫之情；〈勇氣等〉減弱：Her heart [anger] ～*ed at* this sight. 看到這情景，她的心[憤怒]軟化[消失]了。**4**〔常用進行式〕《口語》熱到快熔解的地步：I'*m* simply ～*ing.* 我熱得發昏。
—*v.t.*〔十受〕**1**（用熱）**溶解**，**融化**〈固體〉：Fire ～*s* ice. 火能融化冰。**2** 使…軟化，使…感動：Pity ～*ed* her anger. 憐憫之情平息了她的忿怒。

mélt awáy《*vi adv*》⑴漸漸地[快速地]消失，融化[離去]：The snow ～*ed away.* 雪融掉了/The congregation gradually ～*ed away.* 羣衆慢慢地散去。—《*vt adv*》⑵驅散…，使…（漸漸地）消失。

mélt dówn《*vt adv*》熔化，銷毀。

mélt·dòwn *n.* Ⓒ熔化，銷毀。

mélt·ing *adj.* **1** 溶[鎔]解中的。**2**〈表情、眼神〉傷感的；動人的：(in) the [a] ～ mood（以）感傷的心情。**3**〈聲音、言語等〉優美的；令人感動的。—*n.* Ⓤ溶解，融解。

mélting pòint *n.* Ⓒ融點，熔點（cf. boiling point）：The ～ *of* ice is 0°C or 32°F. 冰的融點是攝氏 0 度或華氏 32 度。

mélting pòt *n.* Ⓒ **1** 鎔爐（crucible）. **2**（不同國籍或民族滙集而成的）文化鎔爐。

gò into the mélting pòt〈制度等〉全面改革。

in the mélting pòt 不固定的，流動的。

pùt [cást]... into the mélting pòt 重做…，徹底地重新做…。

mel·ton ['mɛltn̩; 'meltən] *n.*（又作 **mélton clòth**）Ⓤ墨爾登呢《一種光滑的厚呢，做大衣等用》。

Mel·ville ['mɛlvɪl; 'melvil], **Her·man** ['hɝmən; 'hə:mən] *n.* 梅爾維爾《1819–91；美國的小說家》。

‡**mem·ber** ['mɛmbɚ; 'membə]《源自拉丁文「手、腳一部分」之義》—*n.* Ⓒ **1 a**（團體、組織的）**一員**，伙伴，會員，社員：a ～ of a committee [family] 委員會[家族]的一員。**b** [M～] 議員：a *M*～ of Parliament（英國）下議院議員《略作 M.P.》/a *M*～ of Congress（美國）衆議院議員《略作 M.C.》. **2 a**（身體的）某部位；部分器官；（尤指）四肢中的腿或臂：the unruly ～ 舌《★出自聖經「雅各書」》/a ～ of Christ 基督的手、腳；基督教徒。**b**《委婉語》男性生殖器（penis）：the male [virile] ～ 男性生殖器。**3**（政黨的）支部。**4**《數學》元，邊。

*__mem·ber·ship__ ['mɛmbɚ,ʃɪp; 'membəʃip] *n.* **1** Ⓤ**會員[社員，議員]的身分**，會員的地位[資格]。**2** [用單數] **會員數**：have a large ～ [a ～ *of* 100] 擁有很多[一百名]成員[會員]。**3** Ⓒ[集合稱]（全體）會員《★用法 視爲一整體時當單數用，指全部個體時當複數用》：All the ～ *was* [*were*] opposed to the plan. 所有會員都反對那個計畫。

mem·brane ['mɛmbren; 'membrein] *n.*《解剖》**1** Ⓒ（薄）膜。**2** Ⓤ膜組織。

mem·bra·nous ['mɛmbrənəs, mɛm'brenəs; mem'breinəs]《membrane 的形容詞》—*adj.* 膜（狀）的；形成膜的。

me·men·to [mɪ'mɛnto; mi'mentou]《源自拉丁文「想起」之義》—*n.* Ⓒ（*pl.* ～**s**, ～**es**）紀念品；遺物。

meménto mó·ri [-'moraɪ, -'mɔraɪ; -'mɔ:rai]《源自拉丁文》—*n.* ⓊⒸ（*pl.* ～）死之象徵[提醒物]《如骷髏》。

mem·o ['mɛmo; 'memou]《*memo*randum 之略》—*n.* Ⓒ（*pl.* ～**s**）《口語》備忘錄，便箋。

mem·oir ['mɛmwɑr, -wɔr; 'memwɑ:, -wɔ:]《源自法語 'memory' 之義》—*n.* **1 a** [～s] 自傳，回憶錄。**b** Ⓒ（出自他人之手的）傳記，略傳。**2 a** Ⓒ研究論文[報告]。**b** [～s]（學會的）論文集，學會誌，（大學、研究所等的）定期學術刊物。

mem·oir·ist ['mɛmwɑrɪst, -wɔr-; 'memwɑ:rist] *n.* Ⓒ撰寫回憶錄的人；傳記作家。

me·mo·ra·bil·i·a [,mɛmərə'bɪlɪə; ,memərə'biliə]《源自拉丁文》—*n. pl.*（與著名的人、事件有關的）值得記憶的事情；（重大事件等的）記錄；（大人物之）言行錄。

mem·o·ra·ble ['mɛmərəbl; 'memərəbl] *adj.*（**more** ～；**most** ～）**1** **值得記憶的**，值得紀念的，難忘的：a ～ event 值得紀念的事件。**2** 重要的；顯著的。**-ra·bly** [-rəblɪ; -rəbli] *adv.*

mem·o·ran·dum [,mɛmə'rændəm; ,memə'rændəm]《源自拉丁文「應該被記憶的東西」之義》—*n.* Ⓒ（*pl.* ～**s**, **-da** [-də; -də]）**1** **備忘文件，備忘錄，便箋**。**2**《口語》（公司內部的）傳閱的文件，連絡文件。**3**（外交上的）備忘錄，非正式記錄。**4**《法律》摘要；（工會、合作社等的）規章，（公司行號的）章程。**5**《商》買賣通知書。

*__me·mo·ri·al__ [mə'morɪəl, -'mɔr-; mi'mɔ:riəl] *n.* Ⓒ **1 a** **紀念物**，紀念館，紀念碑。**b** 紀念儀式。**2** [常 ～s] 記錄，摘記。
—*adj.* [用在名詞前] 紀念的；追悼的：a ～ tablet 紀念牌；靈位/a ～ service 追悼儀式。

Memórial Dày *n.*（美國的）陣亡將士紀念日（cf. Remembrance Day）.

> 【說明】原爲紀念南北戰爭陣亡的將士，現在則紀念所有爲國捐軀的同胞；這一天美國人會用花和國旗把所有的墳墓都裝飾一番，所以也稱爲 Decoration Day（decoration 兼指裝飾和授以勳章表揚之義）。紀念日定在五月最後一個星期一，除南部九州外均爲國定假日。

me·mo·ri·al·ist [mə'morɪəlɪst, -'mɔr-; mi'mɔ:riəlist] *n.* Ⓒ **1** 請願書起草者[簽名者]；請願者；建議者。**2** 回憶錄[言行錄]作者。

me·mo·ri·al·ize [mə'morɪəl,aɪz, -'mɔr-; mi'mɔ:riəlaiz] *v.t.* 爲…舉行紀念儀式，紀念…。

memórial párk *n.* Ⓒ共同墓地；公墓。

*__mem·o·rize__ ['mɛmə,raɪz; 'meməraiz]《memory 的動詞》—*v.t.*〔十受〕**記憶**，暗記；背誦…。

mem·o·ri·za·tion [,mɛmərə'zeʃən, -aɪ'z-; ,memərai'zeiʃn] *n.*

‡**mem·o·ry** ['mɛmərɪ; 'meməri]《源自拉丁文「不忘記」之義》—*n.* **1** Ⓤ**記憶**：speak *from* ～ 背誦，憑記憶講述/if my ～ serves me (right) 如果我的記憶正確，如果我沒記錯/I have no ～ of my mother. 我對母親毫無記憶[我不記得母親]/The incident stuck in my ～. 那意外事件清楚地留在我的記憶裏。

> 【同義字】memory 是記住或想起所學之事的能力；remembrance 是回憶或記憶事情；recollection 是努力想出即將忘記的事。

2 Ⓒ（個人具備的）**記憶力**：lose one's ～ 喪失記憶力/He has a good [bad, poor] ～ *for* names. 他對姓名的記憶力良好[很差]。

3 Ⓒ**回憶**，追憶：my earliest *memories* 我最早[最年幼]時的一些回憶。

4 [用單數；常 **the** ～] 留在記憶裏的期間；記憶的範圍：beyond [within] *the* ～ of men [man] 有史以前[以來]的/the coldest winter in ～ 記憶中最冷的冬天。

5 Ⓤ死後的名聲：of blessed [happy, glorious] ～ 故…《加在已故王公、聖人、名士等名字後面之固定慣用的稱頌詞》。

6 Ⓒ紀念：as a ～ 作爲紀念。

7《電算》**a** Ⓤ**記憶（力）**；記憶容量。**b** Ⓒ**記憶裝置**：a main ～ 主記憶裝置。

in líving mémory ＝within living MEMORY.

in mémory of... 爲紀念…：They erected a statue *in* ～ *of* Lincoln. 他們爲紀念林肯而建造了銅像。

to the bést of one's **mémory...** 就某人所能記憶的…：*To the best of* my ～, that happened in 1961. 就我記憶所及，那件事發生在 1961 年。

to the mémory of...＝**to** a person's **mémory** 紀念（已故的）…；獻給…：The library will be dedicated *to the* ～ *of* her husband. 該座圖書館將獻給她的亡夫《作爲紀念圖書館》。

within líving mémory ⑴（還）留在今人的記憶中。⑵就今人所能記憶的範圍內。

Mem·phis ['mɛmfɪs; 'memfis] **1** 孟斐斯《埃及尼羅河畔之一古城》。**2** 孟斐斯《美國田納西州（Tennessee）西南部之一城市》。

mem·sa·hib ['mɛm,sɑ·ɪb, -,sɑhɪb; 'memsɑ:hib] *n.* Ⓒ夫人《印度

人對歐洲婦女之尊稱》。

‡men [mɛn; men] *n.* **man** 的複數。

men·ace [ˋmɛnɪs, -nəs; ˈmenəs, -nis] «源自拉丁文「突出」之義»—*n.* **1** Ⓤ Ⓒ **脅迫，威脅，恐嚇**〔*to*〕：a ～ *to* society 對社會的一種威脅。**2** Ⓒ **a** 危險物。**b**《口語》麻煩的人[東西]，令人困擾者，搗蛋者：That boy's a little ～. 那個男孩是個小搗蛋。—*v.t.* 〔十受(十介十(代)名)〕〔用…〕威脅，脅迫…〔*with*〕(⇨ threaten【同義字】)：～a person *with* a knife 用刀子威脅某人。

mén·ac·ing·ly *adv.* 威脅地，恐嚇地，脅迫地。

mé·nage, me·nage [meˋnɑʒ, me-; meˈnɑ:ʒ] «源自法語 'family' 之義»—*n.* **1** Ⓒ家庭；家事，家務。**2** Ⓤ家政。

ménage à trois [meˋnɑʒ ɑ ˋtrwɑ; meˈnɑ:ʒ ɑ: ˈtrwɑ:] «源自法語»—*n.* Ⓒ三人同居《夫婦兩人和其中一人的情婦或情夫共同生活》。

me·nag·e·rie [məˋnædʒərɪ; miˈnædʒəri] «源自法語「家政」之義»—*n.* Ⓒ **1 a** (巡廻馬戲團等的)動物園。**b** [集合稱](動物園等的)動物(羣)。**2** [集合稱]各種人物之薈集：The office is a ～ *of* egotists and sycophants. 那間辦公室是自私者與諂媚者麇集之處。

Men·ci·us [ˋmɛnʃɪəs; ˈmenʃiəs] *n.* 孟子《372?–289 B.C.；中國哲學家》。

‡mend [mɛnd; mend] «amend 字首消失的變體字»—*v.t.* 〔十受〕 **1 a 修理，修繕，修補…**：～ a broken doll 修補破了的洋娃娃/I had my shoes ～*ed*. 我的鞋子修好了。

> 【同義字】mend 指簡單修補小洞、破處；repair 是修理鐘錶、汽車、機器等。

b (縫)補〈衣服等〉：～ one's skirt 縫補裙子。**2 a 改正〈行爲等〉**：～ one's ways [manners] 改正行爲[舉止]/Least said, soonest ～*ed*.《諺》話少容易改正[愼言可避禍]。**b** 改善，改良〈狀態等〉：Crying won't ～ matters. 哭泣無補於事。**3** 使〈將熄的火〉加大。—*v.i.* **1** 〈事態〉好轉。**2**《口語》〈病人、骨折等〉病情好轉。**3** 改過《★用於下列諺語》：It's never too late to ～.《諺》有心改過永不嫌遲[過則勿憚改]。

ménd or énd 要不就改善，要不就廢止。

—*n.* **1** Ⓤ修理，修繕，改良，改善。**2** Ⓒ修理[改進]的部位。

on the ménd (1)〈病人等〉恢復中，即將恢復健康。(2)〈事態〉好轉中。

men·da·cious [mɛnˋdeʃəs; menˈdeiʃəs] *adj.*《文語》**1** 〈話等〉虛僞的，捏造的：a ～ report 虛僞的報導。**2** 〈人〉(常)撒謊的。

men·dac·i·ty [mɛnˋdæsətɪ; menˈdæsəti] «mendacious 的名詞»—*n.*《文語》**1** Ⓤ撒謊(的習慣、性格)。**2** Ⓒ虛僞；謊言(lie)。

Men·del [ˋmɛndl; ˈmendl], **Greg·or Jo·hann** [ˋgrɛgɔrˋjohɑn; ˈgregɔ:ˈjouhɑ:n] *n.* 孟德爾《1822–84；奧地利的修道士及遺傳學家》。

men·de·le·vi·um [ˌmɛndəˋlivɪəm; ˌmendəˈleiviəm] *n.* Ⓤ《化學》鍆《一種放射性元素；符號 Md, Mv》。

Men·de·li·an [mɛnˋdilɪən; menˈdi:ljən ˉ] «Mendel 的形容詞»—*adj.*《生物》孟德爾(法則)的。

Mén·del·ìsm [-dəlˌɪzəm; -dəlizəm] *n.* Ⓤ孟德爾的遺傳學說。

Méndel's láws *n. pl.* 孟德爾的(遺傳)法則。

Men·dels·sohn [ˋmɛndlsn, -ˌson; ˈmendlsn, -soun], **Fe·lix** [ˋfelɪks; ˈfeili:ks] *n.* 孟德爾頌《1809–47，德國作曲家》。

ménd·er *n.* Ⓒ **1** 修理者。**2** 改良[改善]者，修正者。

men·di·can·cy [ˋmɛndɪkənsɪ; ˈmendikənsi] *n.* Ⓤ **1** 乞丐(生活)。**2** 托鉢；行乞。

men·di·cant [ˋmɛndɪkənt; ˈmendikənt] *adj.* **1** 乞食的，行乞的。**2** 托鉢的：a ～ friar (天主教)托鉢修會的修士，托鉢僧。

—*n.* Ⓒ **1** 乞丐。**2** 托鉢僧。

ménd·ing *n.* Ⓤ **1** 縫補；修理，修繕。**2** [集合稱]縫補[修理]的東西。

Men·e·la·us [ˌmɛnəˋleəs; ˌmeniˈleiəs] *n.*《希臘神話》梅納雷阿斯《斯巴達王，海倫(Helen)的丈夫，阿加邁農(Agamemnon)之弟》。

mén·fòlk *n.* [集合稱；當複數用]《口語》(一家、一地區等的)男士們《★用法此字無複數，《美口語》～s》。

me·ni·al [ˋminɪəl; ˈmi:niəl] *adj.* **1** 〈工作等〉卑微的，低賤的。**2** 卑屈的，奴性的：a ～ servant 傭人。

—*n.* Ⓒ《輕蔑》傭人；奴顏婢膝的人。**～·ly** [-əlɪ; -əli] *adv.*

men·in·gi·tis [ˌmɛnɪnˋdʒaɪtɪs; ˌmeninˈdʒaitis] *n.* Ⓤ《醫》腦脊髓膜炎，腦膜炎。

me·ninx [ˋminɪŋks; ˈmi:niŋks] *n.* Ⓒ (*pl.* **me·nin·ges** [məˋnɪndʒiz; miˈnindʒi:z])《解剖》腦脊髓膜，膜。

me·nis·cus [məˋnɪskəs; miˈniskəs] *n.* Ⓒ (*pl.* **me·nis·ci** [-ˋnɪˌsaɪ, -ˌkaɪ; -ˈnisai], ～**·es**) **1** 新月形(的東西)。**2**《物理》彎月面《圓筒狀容器內液體因表面張力形成凹狀(水)或凸狀(水銀)的現象》。

Men·non·ite [ˋmɛnənˌaɪt; ˈmenənait] «源自十六世紀荷蘭宗教家 Menno 之名»—*n.* Ⓒ門諾派教徒《基督教新教(protestant)的一派，反對幼兒洗禮、誓約、兵役，提倡穿著樸素、生活簡樸》。

men·o·pause [ˋmɛnəˌpɔz; ˈmenəpɔ:z] *n.* [the ～]《生理》絕經期，斷經期，經絕期。

mensch [mɛntʃ; mentʃ] *n.* Ⓒ (*pl.* ～, **menschen** [ˋmɛntʃən; ˈmentʃən])《口語》受尊敬的人物；正派人士。

men·ses [ˋmɛnsiz; ˈmensi:z] *n. pl.* [常 the ～；當單數或複數用]《生理》月經。

Men·she·vik [ˋmɛnʃəˌvɪk; ˈmenʃəvik] *n.* (*pl.* **～s, Men·she·vi·ki** [-ˌvɪkɪ; -viki]) **1** [**the Mensheviki**]孟什維克《舊俄社會民主勞動黨的少數派、穩健派；cf. Bolshevik》。**2** Ⓒ孟什維克的一員。

mén's ròom *n.* [有時 M～ r～] Ⓒ《美》男用(公共)廁所《★多半標示爲 MEN；cf. ladies' room》。

men·stru·al [ˋmɛnstruəl; ˈmenstruəl] «源自拉丁文「每月的」之義»—*adj.* 月經的：a ～ cycle 月經周期/～ period(s) 月經，經期。

men·stru·ate [ˋmɛnstruˌet; ˈmenstrueit] *v.i.* 月經來潮，行經。

men·stru·a·tion [ˌmɛnstruˋeʃən; ˌmenstruˈeiʃn] *n.* Ⓤ Ⓒ **1** 月經。**2** 月經期間。

men·su·ra·ble [ˋmɛnʃərəbl; ˈmenʃurəbl] *adj.* 能測定的，可測量的。

men·su·ra·tion [ˌmɛnʃəˋreʃən, -sjʊ-; ˌmensjuəˈreiʃn] *n.* Ⓤ **1** 測量，測定。**2**《數學》測定法，度量法；求積法。

méns·wèar, mén's wèar *n.* Ⓤ男用衣類，男子服飾用品。

-ment 字尾 **1** [-mənt; -mənt] [前接動詞(罕用形容詞)以形成表示結果、狀態、動作、手段等的名詞]：move*ment*, pay*ment*. **2** [-ˌmɛnt; -ment] [造成與名詞同形的動詞]：compli*ment*, experi*ment*.

***men·tal** [ˋmɛntl̩; ˈmentl] «源自拉丁文「精神的」之義»—*adj.* (無比較級、最高級) **1 心理的，精神的**(↔ physical)：～ activity 精神活動/(a) ～ disorder 精神錯亂/～ effort(s) 精神上的努力/～ health 精神上的健康，心理健康/～ hygiene 心理衛生/(a) ～ illness [disease] 精神病/a ～ reservation 心中保留《陳述等時隱瞞重要的事》/a ～ state 精神狀態/a ～ worker 勞心者/build up a ～ image of Paris 在腦子裏想像巴黎。**2 智能的，智力的**：a ～ test 智力測驗。**3 a** [用在名詞前]精神病的；處理精神病的：a ～ patient [specialist] 精神病患者[專科醫師]/a ～ hospital [home, institution] 精神病院。**b** [不用在名詞前]《口語》精神失常的，神經兮兮的。**4** [用在名詞前]憑腦子做的：～ arithmetic [calculation, computation] 心算/make a ～ note of... 將…記在腦子裏，記住…。

—*n.* Ⓒ《口語》精神病患者。

méntal áge *n.* Ⓒ《心理》心理年齡，智力年齡《略作 MA, M.A.》。

méntal defèctive *n.* Ⓒ智力低於正常者。

méntal defíciency *n.* Ⓤ《心理》心理缺陷，智力缺陷《★比較現在用 mental retardation》。

méntal héaling *n.* Ⓤ用宗教信仰治病。

mén·tal·ìsm [-tlˌɪzəm; -təlizəm] *n.* Ⓤ **1**《哲》唯心論，精神主義。**2**《心理・語言》心靈主義(cf. behaviorism)。

men·tal·i·ty [mɛnˋtælətɪ; menˈtæləti] «mental 的名詞»—*n.* **1** Ⓤ精神，心理(狀態)，智力，知性：people of weak [average] ～ 智力低[普通]的人。**2** Ⓒ想法，對事情的看法；性向，性格：a childish ～ 幼稚的想法。

mén·tal·ly [ˋmɛntlɪ; ˈmentəli] *adv.* 精神上；心理上，智力上。

méntal retardátion *n.* Ⓤ《心理》心理缺陷，智力不足《★比較以前稱 mental deficiency》。

men·thol [ˋmɛnθol, -θɑl; ˈmenθɔl, -θl] *n.* Ⓤ《化學》薄荷腦《用於藥品、化妝品、煙草等》。

men·tho·lat·ed [ˋmɛnθəˌletɪd; ˈmenθəleitid] *adj.* 含有薄荷腦的。

‡men·tion [ˋmɛnʃən; ˈmenʃn] «源自拉丁文「對心的呼喚」之義»—*v.t.* **1** (在談到時順便作口頭或書面的)**簡單敍述**：**a** 〔十受〕稍微提到…事，談起[言及]…：That is worth ～*ing*. 那件事值得一提/He ～*s* you in his book. 他在書中提到你。**b** 〔十受十介十(代)名〕〔對人〕稍微提到[談起]…〔*to*〕：I ～*ed* your name *to* him in my letter. 我在信裏對他提到你的名字。**c** 〔十 do*ing*〕提到[談起]〈做…〉：He ～*ed* hav*ing* met me. 他提到曾經見到過我。**d** 〔(十介十(代)名)十 (*that*) ＿〕〔對人〕說過〈…事〉〔*to*〕：She ～*ed* (*to* me) *that* she knew you. 她(對我)說過她認識你/He ～*ed* (*that*) he was going to lunch. 他說過他要去吃午餐。**e** 〔(十介十(代)名)十 *wh.*＿〕〔對人〕提到[說起]〈什麼…〉〔*to*〕：He didn't ～ *what* it was. 他沒有提到它是什麼。**f** 〔十引句〕說…：“Don't forget,”he ～*ed*. 他說：「別忘了。」**2** 〔十受〕**a** 舉出…之名：She ～*ed* all the flowers in the garden. 她舉出花園裏所有的花名。**b** (歌頌功績而)舉出…之名《★常用被動語態》：*be* ～*d* in the newspapers 被報紙刊出名字。

Dòn't méntion it. 不要客氣；哪兒的話《對道謝、道歉等的回話；

M

比較《美》一般用 You are welcome.》. **nòt to méntion＝withòut méntioning** 姑且不談，更不必說：We can't afford a car, *not to* ~ the fact that we have no garage. 我們買不起汽車，更別說我們連車庫都沒有了。

—*n.* 1 a Ⓤ言及，提到，陳述，記載：at the ~ of... 一提到…/make ~ *of*... 提起[述及，說到]…/*M*~ was made *of* it. 那件事被提到了。**b** Ⓒ[常用單數]短評。**2** Ⓒ[常用單數]提名(表揚)：He received an honorable ~. 他獲得表揚[獎外佳作的提名]。

Men·tor [ˋmɛntɚ; ˈmentɔ:] *n.* **1**《希臘神話》曼托《受奧地修斯(Odysseus)之託，教育其子的良師》。**2** [**m**~] Ⓒ優秀的領導者；好顧問；良師。

men·u [ˋmɛnju, ˋmen-, ˋmɛnu; ˈmenju:] **《源自法語「詳細的表」之義》—*n.*** Ⓒ **1** (餐廳等的)**菜單**。**2** (餐館供應的)菜餚，飯菜；餐：a light ~ 快餐，簡單的飯食。

me·ow [mɪˋau; mi:ˈau] **《擬聲語》—*n.*** Ⓒ喵喵《貓叫聲；⇨cat 相關用語》。**—*v.i.*** 〈貓〉叫。

Meph·is·to·phe·lean [ˏmɛfɪstəˋfilɪən, ˏmɛfəˏstɑfəˋliən; ˌmefistəˈfi:ljən] *adj.* ＝Mephistophelian.

Meph·is·toph·e·les [ˏmɛfəˋstɑfəˏliz; ˌmefiˈstɔfili:z] *n.* 墨菲斯托菲里斯《在浮士德(Faust)傳說中，尤指哥德(Goethe)所著「浮士德(*Faust*)」中的惡魔》。

Mephistopheles

Meph·is·to·phe·lian [ˏmɛfɪstəˋfilɪən; ˌmefistəˈfi:ljən] **《Mephistopheles 的形容詞》—*adj.*** 墨菲斯托菲里斯(Mephistopheles)(似)的，惡魔般的；陰險的；狡猾刻毒的。

mer·can·tile [ˋmɝkəntɪl, -ˏtaɪl; ˈmə:kəntail] **《源自法語「商人(merchant)」之義》—*adj.* 1** 商業的；商人的：a ~ agency《商》商業徵信所/ ~ law 商業法/a ~ paper 商業票據。**2**《經濟》重商主義的。

mércantile maríne *n.* ＝merchant marine.

mér·can·til·ìsm [-lɪzəm; -lizəm] *n.* Ⓤ **1** 重商主義，商業本位。**2** 商業[商業主義]；商人性格。**-ist** [-lɪst; -list] *n.*

Mer·cá·tor projéction [mɚˋketɚ; mə:ˈkeitə] *n.* (又作 **Mercá·tor's projéction**) Ⓤ《地圖》麥卡托投影圖法《地理學家麥卡托首創的一種地圖製作法》。

mer·ce·nar·y [ˋmɝsnˏɛrɪ; ˈmə:sinəri] **《源自拉丁文「付了工資的」之義》—*adj.* 1** 圖利的，以獲得報酬爲目的的：~ motives 金錢上的動機。**2** [用在名詞前]受雇(於外國軍隊)的(hired)：a ~ soldier 傭兵。

—*n.* Ⓒ **1** 只爲金錢工作的人。**2** 傭兵；傭工。

mer·ce·nar·i·ly [ˏmɝsəˋnɛrɪlɪ; ˋmɝsəˏnɛr-; ˈmə:sinərəli] *adv.*

mer·cer [ˋmɝsɚ; ˈmə:sə] *n.* Ⓒ《英》布商；綢緞商。

mer·cer·ize [ˋmɝsəˏraɪz; ˈmə:səraiz] *v.t.* 對…作鹼液處理。

mer·chan·dise [ˋmɝtʃənˏdaɪz, -ˏdaɪs; ˈmə:tʃəndaiz] *n.* Ⓤ[集合稱]**商品**：general ~ 雜貨。

— [ˋmɝtʃənˏdaɪz; ˈmə:tʃəndaiz] *v.i.* 做買賣，做生意，交易。

—*v.t.* [十受] **1** 買賣，交易〈商品〉。**2** 促銷〈商品、服務〉；廣告宣傳〈商品〉。

mer·chan·dis·ing [ˋmɝtʃənˏdaɪzɪŋ; ˈmə:tʃəndaiziŋ] *n.* Ⓤ商品之廣告推銷。

mer·chan·dize [ˋmɝtʃənˏdaɪz; ˈmə:tʃəndaiz] *n., v.i., v.t.* ＝merchandise.

‡mer·chant [ˋmɝtʃənt; ˈmə:tʃənt] **《源自拉丁文「做買賣」之義》—*n.*** Ⓒ **1 商人**；(尤指與海外做大量商品買賣的)貿易商：a coal ~ 煤商/a ~ of death 死亡商人《指軍火製造商》。**2**《美》零售商。**3** [與修飾語連用]《俚》…狂：a speed ~ (汽車的)飛車狂。

The Mérchant of Vénice「威尼斯商人」《莎士比亞(Shakespeare)所作的喜劇》。

—*adj.* [用在名詞前]商船的；商業的；商人的：a ~ prince 鉅商，富商/a ~ seaman 商船船員，海員/ ~ service 海上貿易；海運業；[集合稱]商船/a ~ ship [vessel]商船。

mérchant·man [-mən; -mən] *n.* Ⓒ (*pl.* **-men** [-mən; -mən]) 商船，貨船。

mérchant maríne *n.* Ⓤ[**the** ~；集合稱]《美》**1** (一國的)全部商船。**2** 在商船上工作的船員。

mérchant návy *n.*《英》＝ merchant marine.

Mer·ci·a [ˋmɝʃɪə, -ʃə; ˈmə:sjə] *n.* 麥西亞《古代英格蘭中部一王國名》。

Mer·ci·an [ˋmɝʃɪən, -sɪən; ˈmə:sjən] *adj.* 麥西亞(人)的；麥西亞語的。

—*n.* 1 Ⓒ麥西亞人。**2** Ⓤ麥西亞語。

mer·ci·ful [ˋmɝsɪfəl; ˈmə:siful] **《mercy 的形容詞》—*adj.* 1 a** 慈悲的，仁慈的：a ~ king 仁慈的國王。**b** [不用在名詞前] [十介十(代)名] [對…]仁慈的[*to*]：He is ~ *to* others. 他對別人仁慈。**2** 神佑的，幸運的：a ~ death 安樂死。**~·ness** *n.*

mér·ci·ful·ly [-fəlɪ; -fuli] *adv.* **1** 仁慈地，寬大地。**2** [修飾整句]幸而，幸虧：*M*~, the weather help up. 幸虧天氣幫我們忙。

mér·ci·less *adj.* **1** 狠心的，無情的，冷酷的：a ~ king 冷酷的國王。**2** [不用在名詞前] [十介十(代)名] [對…]無情的，冷酷的[*to*]：He is ~ *to* others. 他對別人冷酷。**~·ly** *adv.* **~·ness** *n.*

mer·cu·ri·al [mɚˋkjurɪəl; mə:ˈkjuəriəl] **《mercury, Mercury 的形容詞》—*adj.* 1** 水銀的，含水銀的：~ chloride 氯化汞，昇汞/ ~ ointment 水銀軟膏，含汞藥膏/~ poisoning 水銀[汞]中毒。**2** [**M**~] **a** 莫丘里(Mercury)神的。**b** 水星的。**3《由於相信受水星影響人會具有以下的性格》a** 敏捷的，富於機智的；快樂的，快活的：a ~ wit 富於機智的人。**b** 易變的，變化無常的，三心二意的：~ changes of mood 易變的心情。

—*n.* Ⓤ《藥》汞劑。**~·ly** [-rɪəlɪ; -riəli] *adv.*

mer·cú·ri·al·ìsm [-lˏɪzəm; -lizəm] *n.* Ⓤ《醫》(慢性)水銀[汞]中毒。

mer·cu·ri·al·ize [mɚˋkjurɪəˏlaɪz; mə:ˈkjuəriəlaiz] *v.t.* **1**《醫》對…施行汞(劑)療法。**2** 用水銀處理。**3** 使…活潑[快活]。

mer·cu·ric [mɚˋkjurɪk; mə:ˈkjuərik] *adj.* [用在名詞前]《化學》(含)水銀的；(尤指)含二價汞的：~ chloride 氯化汞，昇汞。

mer·cu·ro·chrome [mɚˋkjurəˏkrom; məˈkjuərəkroum] *n.* Ⓒ《藥・商標》紅溴汞；汞紅質。

mer·cu·ry [ˋmɝkjərɪ; ˈmə:kjuri] *n.* Ⓤ **1**《化學》**水銀** (quicksilver)《金屬元素；符號 Hg》. **2** (氣壓計、溫度計的)水銀柱。**3**《藥》水銀劑。

The mércury is rísing. (1)溫度正在上升(cf. 2). (2)情勢[市況]在好轉。(3)心情好轉。(4)愈發興奮。

Mer·cu·ry [ˋmɝkjərɪ; ˈmə:kjuri] *n.* **1**《天文》**水星** (⇨planet 插圖)。**2**《羅馬神話》莫丘里《諸神的使者，爲雄辯家、工匠、商人、盜賊的守護神；相當於希臘神話的賀密士(Hermes)》。

Mercury 2

mércury barómeter *n.* Ⓒ水銀氣壓計。

mércury-vápor làmp *n.* Ⓒ水銀燈。

***mer·cy** [ˋmɝsɪ; ˈmə:si] **《源自拉丁文「報酬」之義》—*n.* 1** Ⓤ **a** (雖掌握對罪犯的生殺大權卻想給予寬恕、赦免的)**慈悲**，仁慈，憐憫：have ~ *on* [*upon*] ... ＝ show ~ *to*... 對…發慈悲，垂憐…/the Sisters of *M*~ ⇨ sister 4 b. **b** [有時 **mercies**] (對弱者、受難者的)慈悲心、惻隱之心。**2** Ⓒ[常用單數]幸運(的事)，恩惠：That's a ~ ! 謝天謝地！/What a ~ that...! …眞是幸運！幸好…！**3** [當作表示驚愕、恐懼的感嘆詞]啊呀，天啊：*M*~ (on [upon] us)! 啊呀！天啊！

at the mércy of... 任由…擺布；在…的掌握中：His life was [lay] *at the* ~ *of* the king. 他的生命掌握在國王的手中/The ship was *at the* ~ *of* the wind and the waves. 那艘船任由風浪擺布。

be léft to the (ténder) mércies [mércy] of...＝be léft to a person's **(ténder) mércies [mércy]**《反語》受到…的任意擺布，吃…的苦頭。

for mércy's sàke 請大發慈悲，求求您。

mércy kìlling *n.* Ⓤ安樂死(euthanasia).

mere**[1] [mɪr; miə] **《源自拉丁文「純粹的」之義》—*adj. [用在名詞前] (無比較級、最高級，但有強調性的 **mer·est**) **僅僅**，只，不過(是)…：She's a ~ child. 她不過是個小孩子/*M*~ words are not enough. 只有言語[嘴巴說說]是不夠的/The ~ sight of land reassured the sailors. 僅僅看到陸地，就能使水手們安心了/That is the *merest* folly. 那眞是愚蠢透頂。

mere[2] [mɪr; miə] *n.* Ⓒ《詩・方言》湖，池，沼澤《★常用作地名的一部分；如：Gras*mere*》.

Mer·e·dith [ˋmɛrədɪθ; ˈmerədiθ], **George** *n.* 麥芮狄士《1828–1909；英國小說家、詩人及批評家》。

***mere·ly** [ˋmɪrlɪ; ˈmiəli] *adv.* (無比較級、最高級) **單單，僅僅，只(…而已)**《★比較 較 only 拘泥的用語》：I ~ wanted to see it. 我只想看看它而已《★用法 merely 的位置在動詞之前，或助動詞之後》/She's ~ a child. 她只是個小孩子/⇨NOT merely...but (also)....

mer·e·tri·cious [ˏmɛrəˋtrɪʃəs; ˌmeriˈtriʃəs] *adj.* **1** 〈裝飾、文體等〉庸俗的，俗麗的，浮華的。**2** 〈恭維話等〉好像有道理的，顯而易見的。

~·ly *adv.* **~·ness** *n.*

M

merge [mɚdʒ; məːdʒ] **«**源自拉丁文「浸，使沈下」之義**»——***v.t.* **1 a** 〔十受十副〕使〈兩個(以上的)東西〉合併；融合〈*together*〉(⇨ mix【同義字】)：～ the two companies (*together*) 使兩家公司合併。**b** 〔十受十介十(代)名〕使…融化，沒入，合併〔在…中〕〔*in, into*〕：Fear was gradually ～*d* **into** curiosity. 恐懼逐漸化為好奇心。**2** 〔十受十介十(代)名〕把…〔與…〕合併〔*with*〕：～ a subsidiary **with** its parent company 把分公司與總公司合併。

——*v.i.* **1 a** 〔動(十副)〕〈兩個(以上的)東西〉融合〈*together*〉：The sea and the sky ～*d* (**together**). 海與天(色)融合(在一起)，海天一色。**b** 〔十介十(代)名〕溶入[沒入]〔…〕〔*into*〕：Dawn ～*d* **into** day. 黎明漸漸化為白晝。**2** 〔與…〕合併，融合〔*with*〕：The immigrants soon ～*d* **with** the other citizens. 那些移民很快地與其他市民融合在一起。

mérg·er *n.* Ⓒ(尤指公司、企業的)合併，歸併：form a ～ *with*... 與…合併。

me·ri·di·an [məˋrɪdɪən; məˈridiən] **«**源自拉丁文「正午的，南的」之義**»——***n.* **1** Ⓒ子午線，經線：the first [prime] ～ 基準[本初]子午線《經度 0 度的線；通過英國的格林威治(Greenwich)》。**2** [the ～] **a** (太陽、其他星球距地面的)最高點。**b** 頂點，全盛期，巔峯：*the* ～ *of* life 盛年，壯年期。

——*adj.* [用在名詞前] **1** 子午線的：the ～ altitude 子午線高度。**2** 正午的：the ～ sun 正午的太陽。**3** 全盛時期的，頂點的。

me·rid·i·o·nal [məˋrɪdɪənl; məˈridiənl] *adj.* [用在名詞前] **1** 南(方)的。**2** 南歐(人)的；(尤指)法國南部人的。**3** 子午線的。

——*n.* Ⓒ南方居民，南歐人；(尤指)法國南部的人。

me·ringue [məˋræŋ; məˈræŋ] **«**源自法語**» ——***n.* **1** Ⓤ蛋白酥皮筒[捲]《以砂糖與蛋白等混合烤成》。**2** Ⓒ蛋白甜餅。

me·ri·no [məˋrino; məˈriːnou] *n.* (*pl.* ～s) **1** (又作 **meríno shéep** (*pl.* ～))Ⓒ麥利諾羊《原產於西班牙》。**2** Ⓤ麥利諾羊毛紡成的呢料[毛線]。

merino 1

mer·it** [ˋmɛrɪt; ˈmerit] **«**源自拉丁文「報酬」之義**»——n.* **1** Ⓤ價值：a scholar of ～ 優秀的學者。**2** Ⓒ長處，好處，優點(←→ demerit)：the ～*s* and demerits (of...) (事情的)利弊，功過，是非/*on* one's own ～*s* 憑自己的長處，實力。**3** Ⓒ **a** [常 ～s]功勞，功勳，功績。**b** (與學校裏的記過相對的)功。**4** [～s]《法律》是非，曲直：*on* the ～*s of* the case 按事件的是非曲直。

màke a mérit of...＝tàke mérit to onesélf for... 把…當作自己的功勞誇耀，自誇…是自己的功勞。

——*v.t.* 〔十受〕值得〈賞罰、感謝、譴責等〉。

mer·i·toc·ra·cy [ˏmɛrəˋtɑkrəsɪ; ˌmeriˈtɔkrəsi] *n.* **1** Ⓒ英才教育制度；(不靠背景，憑實力的)實力主義(社會)。**2** Ⓤ[常 the ～；集合稱]精英[實才者]階層《★用法視為一整體時當單數，指全部個體時當複數用》。

mer·i·to·ri·ous [ˏmɛrəˋtorɪəs, -ˋtɔr-; ˌmeriˈtɔːriəs] *adj.* 值得讚賞的，有價值[功績，功勳]的：～ service 功勳。

～·ly *adv.* **～·ness** *n.*

mérit sỳstem *n.* [the ～]《美》(依據考試成績任用、晉陞公務員的)實力本位制度。

merl(e) [mɚl; məːl] *n.*《蘇格蘭》＝blackbird 1.

mer·lin [ˋmɚlɪn; ˈməːlin] *n.* Ⓒ《鳥》灰隼《隼的一種》。

Mer·lin [ˋmɚlɪn; ˈməːlin] *n.* 麥林《亞瑟王(King Arthur)傳說中的預言家及魔術師》。

mer·maid [ˋmɚˏmed; ˈməːmeid] *n.* Ⓒ **1** 美人魚。

【說明】想像中出沒於海岸一帶，上半身是女人下半身是魚的美麗動物，一手拿梳子梳著綠色的長髮，另一手拿著鏡子的美姿常為畫家的畫題。為了要得到靈魂而跟人類結婚，可是一旦失去丈夫的愛，靈魂也跟著消失。

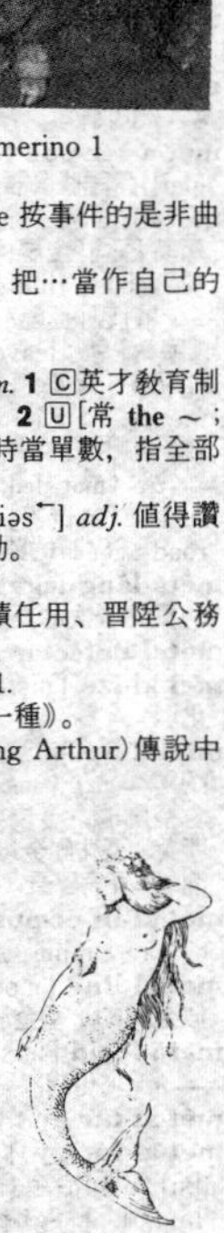

mermaid 1

2 擅長游泳的女子；女游泳選手。

mer·man [ˋmɚˏmæn; ˈməːmæn] *n.* Ⓒ (*pl.* **-men** [-ˏmɛn; -men]) **1** (傳說中男性的)人魚。**2** 擅長游泳的男子；男游泳選手。

Mer·o·vin·gi·an [ˏmɛrəˋvɪndʒɪən, -dʒən; ˌmerouˈvindʒiən] *adj.* (法國之)梅羅文加王朝的。**——***n.* Ⓒ梅羅文加王朝之王[人]。

mer·ri·ly [ˋmɛrəlɪ, -ɪlɪ; ˈmerəli, -ili] *adv.* 快樂地；快活地，愉快地。

mer·ri·ment [ˋmɛrɪmənt; ˈmerimənt] **«**merry 的名詞**»——***n.* Ⓤ 快活(的嬉戲)，笑鬧，歡樂。

‡mer·ry [ˋmɛrɪ; ˈmeri] **«**源自古英語「短時間繼續的歡樂」之義**»——***adj.* (**mer·ri·er**; **-ri·est**) **1 a** 快活的，嬉笑的，嬉戲的(⇨ happy【同義字】)：a ～ voice 快活的聲音。**b** 令人愉快的，有趣的：a ～ person 令人愉快的人。**2** 歡樂的，引人歡笑的，快樂的，節日氣氛的：I wish you a ～ Christmas.＝(A) *M*～ Christmas to you！＝*Merry* Christmas！祝你耶誕快樂。**3** [不用在名詞前]《英口語》醺醺然的，微醉的。

màke mérry (吃、喝地)作樂，快活地笑鬧。

màke mérry òver [of]... 嘲弄[揶揄]…。

The Mérry Wíves of Wíndsor 「溫莎的風流婦人」《莎士比亞(Shakespeare)的喜劇》。

The móre the mérrier. 愈多愈快活；多多益善。

mer·ry-an·drew [ˋmɛrɪˋændru; ˌmeriˈændruː] *n.* Ⓒ小丑，丑角。

Mérry Éngland *n.* (快樂的)英國《★自古以來英國人對本國的稱呼，此處的 merry 沒有深長的意義》。

mérry-go-ròund *n.* Ⓒ **1** 旋轉木馬(《美》carousel,《英》roundabout)。**2 a** 旋轉，急速迴轉。**b** (工作等的)團團轉。

mérry·màker *n.* Ⓒ行樂者，嬉戲者。

mérry·màking *n.* Ⓤ歡樂，喝酒作樂，狂歡。

mérry·thòught *n.* Ⓒ《英》(鳥胸的)叉骨。

Mer·sey·side [ˋmɚzɪˏsaɪd; ˈməːzisaid] *n.* 默西塞郡《英格蘭西北部的一郡；首府利物浦(Liverpool)》。

me·sa [ˋmesə; ˈmeisə] **«**源自西班牙語「桌子」之義**»——***n.* Ⓒ《美》方山《美國西南部的台地，頂上較 butte 寬》。

mesa

mé·sal·liance [meˋzælɪəns; meiˈzæliəns] **«**源自法語**»——***n.* Ⓒ與身分低者締結的婚姻。

mes·cal [mɛsˋkæl; mesˈkæl] *n.* **1** Ⓒ《植物》**a** 仙人蕈《仙人掌的一種，吃後會引起幻覺症狀》。**b** 龍舌蘭(agave)；(尤指)龍舌蘭屬(maguey)。**2** Ⓤ 梅斯卡爾(酒)《用龍舌蘭汁製成的蒸餾酒》。

mes·ca·line [ˏmɛskəˋlin, -lɪn; ˌmeskəˈliːn, -lin], **mes·ca·lin** [-lɪn; -lin] *n.* Ⓤ梅斯卡靈《採自仙人蕈(mescal)、具有幻覺作用的一種粉末；興奮劑》。

mes·dames [meˋdɑm; ˈmeidæm] **«**源自法語**»——***n.* **madam, madame** 或**Mrs.** 的複數《★用法用於頭銜時略作 Mmes.》。

mes·de·moi·selles [ˏmedmwɑˋzɛl; ˌmeidəmwɑːˈzel] *n.* mademoiselle 的複數。

me·seems [mɪˋsimz; miˈsiːmz] **«**源自 me seems**»——***v.i.* (過去式 **me·seemed**) 〔十 *that*＿〕《古》(我)認為《★用法省略非人稱 it 的用法，現在用 it seems to me》。

mesh [mɛʃ; meʃ] *n.* **1 a** Ⓤ網狀的編織物，網狀工藝，網。**b** Ⓒ[常 ～es] (篩子等的)網孔。**2** Ⓒ[常 ～es]網絲。**3** Ⓒ[常 ～es] **a** (陷害人的)網，陷阱：be caught in the ～*es* of a woman 落入女人的陷阱《受女人引誘》。**b** 複雜的結構，網狀組織：the ～*es* of the law 法網。

in [òut of] mésh 〈齒輪〉相[不相]嚙合。

——*adj.* [用在名詞前] 網狀的：～ shoes 網狀鞋。

——*v.t.* **1** 網住〈魚等〉，用網捕捉。**2** 使〈齒輪〉相嚙合。

——*v.i.* **1** 落網，被網住。**2** 〔動(十介十(代)名)〕〈齒輪等〉〔與…〕嚙合〔*with*〕。**3** 〔動(十介十(代)名)〕〈想法、性格等〉〔與…〕完全相合[緊密配合]〔*with*〕：Your plan and mine don't ～ well. 你的計畫與我的(計畫)配合不起來/His character ～*es* perfectly **with** hers. 他的個性與她的(個性)完全相合。

mes·mer·ic [mɛsˋmɛrɪk, mɛz-; mezˈmerik] *adj.* **1** 催眠術的。**2** 使人陶醉似的，迷惑人的。

mes·mer·ism [ˋmɛsməˏrɪzəm, ˋmɛz-; ˈmezmərizəm] **«**源自奧地利醫師 F.A. Mesmer (1734–1815)之名**»——***n.* Ⓤ **1** 《古》催眠術；催眠(狀態)。**2** 迷惑人的魅力。

més·mer·ist [-rɪst; -rist] *n.* Ⓒ《古》施催眠術者。

mes·mer·ize [ˋmɛsməˏraɪz, ˋmɛz-; ˈmezməraiz] *v.t.* **1** 《古》對〈人〉施以催眠術。**2** 迷惑，吸引〈人〉《★常用被動語態》：The audience *was* ～*d.* 聽衆被吸引住了[聽得出了神]。**3** 使〈人〉吃驚(至目瞪口呆的程度)。

me·so- [mɛso-, mɛzo-; mesou-, mezou-] [複合用詞]表示「中間，中央」《★母音前通常為 mes-》：*meso*sphere《氣象》中氣層/*mes*encephalon《解剖》中腦。

me·so·carp [ˋmɛzəˏkɑrp, -sə-; ˈmesəkɑːp] *n.* Ⓒ《植物》中果皮(⇨ pericarp)。

me·so·derm [ˋmɛsoˏdɚm, ˋmɛz-; ˈmesədəːm] *n.* Ⓒ《生物》中胚層(cf. ectoderm, endoderm)。

Me·so·lith·ic [ˏmɛsəˋlɪθɪk, ˏmɛz-; ˌmesəˈliθik, ˌmez-] *adj.* 《考

M

古》中石器時代的(cf. Neolithic)：the ~ era 中石器時代。

me·son [ˋmɛsɑn, ˋmɛzɑn, ˋmi-; ˈmi:zɔn, ˈmesɔn] *n.* Ⓒ《物理》介子。

mes·o·phyte [ˋmɛsə͵faɪt; ˈmesəfait] *n.* Ⓒ中生植物《繁生於氣候溫和與溼度正常之環境的植物》。

Me·so·po·ta·mi·a [͵mɛsəpəˋtemɪə; ͵mesəpəˈteimjə] «源自希臘文「夾於兩河之間的」之義»——*n.* 美索不達米亞《在亞洲西南部底格里斯河(Tigris)與幼發拉底河(Euphrates)兩河下游間的古代一王國，大致與現在伊拉克相同的地區》。

Me·so·po·ta·mi·an [͵mɛsəpəˋtemɪən; ͵mesəpəˈteimiən ˉ] «Mesopotamia 的形容詞» ——*adj.* 美索不達米亞的。
——*n.* Ⓒ美索不達米亞的居民。

mes·o·tron [ˋmɛso͵trɑn; ˈmesətrɔn] *n.* ＝meson.

Me·so·zo·ic [͵mɛsəˋzo·ɪk; ͵mesəˈzouikˉ] 《地質》*adj.* 中生代的：the ~ era 中生代。
——*n.* [the ~]中生代。

mes·quit(e) [ˋmɛskit, mɛsˋkit; mesˈki:t, ˈmeski:t] *n.* Ⓒ牧豆樹《美國西南部及墨西哥所產之一種豆科灌木，其豆莢爲牛之飼料》。

***mess** [mɛs; mes] «源自古法語「置於餐桌上」之義»——*n.* **A 1 a** Ⓤ[又作 **a** ~]混亂，散亂，亂七八糟：clear up the ~ 清理散亂的東西/The room is *in a* ~. 那個房間亂七八糟。**b** [**a** ~]雜亂之物，亂七八糟的東西；(外表)髒亂者，(思維等)混亂的人：My hair is quite *a* ~. 我的頭髮散亂/He was such *a* ~ that he did not know what to do. 他心亂得不知如何是好[他心亂如麻]。**2** [**a** ~]《口語》麻煩，困惑，困境：get into *a* ~ 〈人〉惹上麻煩，陷入困境；〈事情〉混亂，起糾紛/Our business is *in a* (fine, pretty) ~. 我們的生意陷入(相當的)困境。**3** Ⓤ[又作 **a** ~]髒物；(尤指狗或貓的)糞：make *a* ~ on the street 在街上大便。
——**B 1 a** Ⓒ(軍隊等的)餐廳。**b** Ⓒ[集合稱](在軍隊餐廳共餐的)聚餐者《★用法視爲一整體時當單數用，指全部個體時當複數用》。**c** Ⓤ聚餐：be at ~ 正在一起用餐，在會餐/go to ~ 參加會餐，聚餐。**2** Ⓒ **a** 一盤[一餐]份的食物；(尤指)流質食物。**b** (多水而)難吃的食物。**c** (餵獵狗等的)雜食，混合食物。

a méss of póttage (1)一碗濃湯《★出自聖經「創世記」》。(2)付出極大(精神方面的)代價換來的物質享受，眼前小利。

màke a méss of... 《口語》(1)把…弄髒：*make a* ~ *of* the room 把房間弄髒。(2)把…弄壞[弄糟，弄得一團糟]《★《英口語》主要用 make a MUCK of...》：*make a* ~ *of* everything 把每件事都弄得一團糟。

màke a méss of it 《口語》把事情弄糟[砸]。

——*v.t.* **1 a** 〔十受(十副)〕使…混亂[一團糟]，把…弄砸〈*up*〉：The late arrival of the train ~*ed* ***up*** all our plans. 火車的誤點把我們所有的計畫都搞亂了/Her hair was [got] ~*ed up*. 她的頭髮[她的頭髮變得]亂七八糟。**b** 〔十受〕毆打…，使…吃苦頭。**2** 〔十受〕供膳給〈士兵等〉。

——*v.i.* **1 a** 〔十副〕一起用餐，共餐，聚餐〈*together*〉：The campers ~*ed together*. 露營者一起用餐。**b** 〔十介十(代)名〕〔與…〕會餐，聚餐〔*with*〕. **2** 〔十副〕胡搞，弄砸〈*up*〉. **3** 〔十介十(代)名〕**a** 瞎擺弄，亂弄〔…〕〔*with*〕：He ~*ed* ***with*** my camera. 他亂弄我的相機。**b** 干涉〔…〕〔*in*〕：Stop ~*ing* ***in*** my affairs. 停止干涉我的事。

méss abóut [**aróund**] 《*vi adv*》《口語》(1)閒蕩，鬼混。(2)慢吞吞[拖拖拉拉]地做[工作等]〔*with*〕. (3)弄砸；說蠢話[做蠢事]。(4)開始搞〔…〕〔*with, in*〕：~ *about with* [*in*] politics 開始搞政治。(5)摸弄〔…〕〔*with*〕.
——《*vt adv*》[~十受十about [around]] (6)粗暴地待〈人〉，笨拙[馬馬虎虎]地處理。

méss with... [常用否定的祈使語氣]管…的閒事：Do*n't* ~ *with* me. 別管我的閒事。

‡**mes·sage** [ˋmɛsɪdʒ; ˈmesidʒ] «源自拉丁文「送」之義»——*n.* **1** Ⓒ **a** (用口頭、文書、信號等的)通信，口信，信息，傳言，傳話；電報，書信：a congratulatory ~ 賀電，賀辭/an oral [a verbal] ~ 口信/leave a ~ with a person 託某人傳話，留話給某人。**b** 〔十 *to* do〕〈做…的〉口信，傳話：I got a telephone ~ *to* return at once. 我接到一通要立刻回覆的電話。**c** 〔十 *that*__〕〈…的〉傳話，口信；傳話〈說…〉：The servant brought him the ~ *that* someone wanted to speak with him over the telephone. 僕人來傳話說有人要與他通電話。**2** Ⓒ **a** (官方正式的)報告，文告。**b** 《美》(總統的)咨文〔*to*〕：the President's ~ *to* Congress 總統致國會的咨文。**3** [**the** ~] **a** (預言家、宗教家所傳達的)預言，神旨，神諭，教誨。**b** (文學作品、音樂等的)主旨，含意。**4** Ⓒ(穿插在電視、廣播商業節目的)廣告詞句。

gét the méssage 《口語》明白(對方的)眞意，了解含意。

***mes·sen·ger** [ˋmɛsn̩dʒɚ; ˈmesindʒə] «源自中古英文「傳達信息(message)者」之義»——*n.* Ⓒ **1 a** 送信的人，信差，報信者：a ~ boy 送信的男孩。**b** 使者：a King's [Queen's] *Messenger* 欽差。**2** (電報等的)送信人。

méss hàll *n.* Ⓒ(軍隊、工廠等的)餐廳。

Mes·si·ah [məˋsaɪə; miˈsaiə, meˈs-, məˈs-] *n.* **1** [**the** ~]救世主：**a** 《猶太教》(猶太人期待的)彌賽亞。**b** 《基督教》基督。**2** [**m**~]Ⓒ(受壓迫者、國家的)救星，解救者。 **Mes·si·an·ic** [͵mɛsɪˋænɪk; ͵mesiˈænikˉ] *adj.*

mes·sieurs [ˋmɛsɚz; ˈmesəz] «源自法語» ——*n. pl.* 《★單數 **monsieur** [məˋsjɝ; məˈsjə:]》諸君，各位先生《★用法用於頭銜時略作 Messrs. [ˋmɛsɚz; ˈmesəz]》.

méss kìt *n.* Ⓒ攜帶用的一套餐具。

méss·màte *n.* Ⓒ(軍隊等的)共餐伙伴，同食者。

méss·ròom *n.* Ⓒ(船艦上或基地之)餐廳。

Messrs. [ˋmɛsɚz; ˈmesəz] *n. pl.* messieurs 之略《★用法作爲 Mr. 的複數，用於有人名的公司名稱前》：~ J.P. Brown & Co. J.P. 布朗公司台啓。

mes·suage [ˋmɛswɪdʒ; ˈmeswidʒ] *n.* Ⓒ《法律》(包括附屬建築物及地皮之)房屋與宅地。

méss·ùp *n.* Ⓒ《口語》混亂；失敗，失策：a bit of a ~ 輕微的失誤。

mess·y [ˋmɛsɪ; ˈmesi] «mess 的形容詞» ——*adj.* (**mess·i·er**；**-i·est**) **1** 凌亂的，雜亂的。**2** 髒亂的，汚穢的。**3** 〈工作等〉麻煩的，難做的；會弄髒身體的。

méss·i·ly [-səlɪ; -səli] *adv.* **-i·ness** *n.*

mes·ti·zo [mɛsˋtizo; mesˈti:zou] «源自西班牙語「混血的」之義»——*n.* Ⓒ(*pl.* ~**s**, ~**es**)(尤指西班牙或葡萄牙人與北美印地安人的)混血兒。

‡**met** [mɛt; met] *v.* meet[1] 的過去式・過去分詞。

met. 《略》metropolitan.

met·a- [mɛtə-; metə-] [複合用詞] after, beyond, with, change 等之意：*meta*physical.

met·a·bol·ic [͵mɛtəˋbɑlɪk; ͵metəˈbɔlikˉ] «metabolism 的形容詞»——*adj.* (新陳)代謝的。

me·tab·o·lism [məˋtæbl̩͵ɪzəm, mɛ-; meˈtæbəlizəm] *n.* Ⓤ《生物》(物質的)代謝作用，新陳代謝(cf. catabolism).

me·tab·o·lize [məˋtæbl̩͵aɪz, mɛ-; məˈtæbəlaiz] *v.t.* 《生物》使…發生代謝變化[新陳代謝]。

met·a·car·pal [͵mɛtəˋkɑrpl̩; ͵metəˈkɑ:plˉ] 《解剖》*adj.* 掌骨的。
——*n.* Ⓒ掌骨。

met·a·car·pus [͵mɛtəˋkɑrpəs; ͵metəˈkɑ:pəs] *n.* Ⓒ(*pl.* **-pi** [-paɪ; -pai])《解剖》掌部；(尤指)掌骨。

‡**met·al** [ˋmɛtl̩; ˈmetl] «源自拉丁文「礦物」之義»——*n.* **1** Ⓤ[指種類時爲Ⓒ]金屬：made of ~ 金屬製的/a worker in ~*s* 金屬工(匠)/base [imperfect] ~*s* 賤金屬《銅、鐵、鉛等》/heavy [light] ~*s* 重[輕]金屬/noble [perfect] ~*s* 貴金屬《金、銀等》。**2** [~**s**]《英》鐵軌：leave [run off, jump] the ~*s* 〈火車〉出軌。**3** Ⓤ(鋪路用的)碎石料(road metal). **4** Ⓤ本性，本質，本來面目(cf. mettle)：He is made of true ~. 他本性老實。**5** Ⓤ **a** 熔化的玻璃。**b** (熔化中的)鑄鐵。**6** Ⓒ《化學》金屬元素。
——*v.t.* (**met·aled**, 《英》**-alled**；**met·al·ing**, 《英》**-al·ling**)〔十受〕**1** 用金屬包[覆蓋]…。**2** 用碎石鋪〈路〉《★常用被動語態》：a ~*ed* road 鋪碎石的路，碎石路。

méta·lànguage *n.* ⓊⒸ《語言》元語言《用以分析、記述某種語言的更高層次的語言[符號]體系》。

métal detéctor *n.* Ⓒ金屬探測器。

met·al·ize [ˋmɛtə͵laɪz; ˈmetəlaiz] *v.t.* 使…化爲金屬；使…金屬化。

me·tal·lic [məˋtælɪk; miˈtælik, meˈt-, məˈt-] «metal 的形容詞»——*adj.* (**more** ~；**most** ~) **1** (無比較級、最高級)金屬的，含金屬的，金屬製的：a ~ element 《化學》金屬元素。**2** 〈聲音、響聲〉(敲打)金屬似的，鏗鏘作響的，刺耳的：a ~ voice (似金屬的)清脆聲音。**-li·cal·ly** [-kl̩ɪ; -kəli] *adv.*

met·al·lif·er·ous [͵mɛtl̩ˋɪfərəs; ͵metəˈlifərəsˉ] *adj.* 含[產]金屬的：a ~ mine 金屬礦。

met·al·line [ˋmɛtl̩ɪn, -ə͵laɪn; ˈmetlin, ͵metəˈlain] *adj.* **1** 金屬的；似金屬的；產金屬的。**2** 含金屬(鹽)的。

met·al·loid [ˋmɛtl̩͵ɔɪd; ˈmetəlɔid] *adj.* 《化學》類[非]金屬的。
——*n.* Ⓒ《化學》類[非]金屬。

mét·al·lùr·gist [-dʒɪst; -dʒist] *n.* Ⓒ冶金家，冶金學家。

met·al·lur·gy [ˋmɛtl̩͵ɝdʒɪ, mɛˋtælɚdʒɪ; meˈtælədʒi, ˈmetələ:dʒi] *n.* Ⓤ冶金(術，學)。 **met·al·lur·gic** [͵mɛtl̩ˋɝdʒɪk; ͵metəˈlə:dʒikˉ], **-gi·cal** [-dʒɪkl̩; -dʒikəlˉ] *adj.*

métal·wòrk *n.* Ⓤ **1** [集合稱]金屬工藝品，金屬製品。**2** (尤指學科的)金屬加工，金屬手工。

métal·wòrker *n.* Ⓒ金屬品製造工人，金屬匠。

met·a·mor·phic [͵mɛtəˋmɔrfɪk; ͵metəˈmɔ:fikˉ] *adj.* (會)變形的，變態的，變樣的，改觀的。

M

met·a·mor·phose [ˌmɛtəˋmɔrfoz, -fos; ˌmetəˈmɔːfouz] *v.t.* **1 a** 〔十受〕使〈外形、性格等〉變形，使…變質。**b** 〔十受十介十(代)名〕使…變形〔爲…〕(transform) 〔*into, to*〕：The poet ～*s* the every-day *into* the universal. 詩人把日常的小事變爲世界性的事。**2** 〘地質〙使…變質。
—*v.i.* 〔動(十介十(代)名)〕變態，變形〔爲…〕〔*into*〕.

met·a·mor·pho·sis [ˌmɛtəˋmɔrfəsɪs; ˌmetəˈmɔːfəsis] *n.* (*pl.* **-pho·ses** [-ˌsiz; -siːz]) Ⓤ Ⓒ **1 a** (由於魔力、超自然能力的)變形(作用)。**b** 變質，改變外貌。
2 〘生物・病理〙變態，蛻變〔*into*〕：the ～ of tadpoles *into* frogs 蝌蚪的蛻變爲青蛙。

met·a·phor [ˋmɛtəfɚ; ˈmetəfə] 《源自希臘文「演變」之義》**—***n.* Ⓤ Ⓒ 〘修辭〙隱喩，暗喩《非以 A is as...as B, A is like B 的形式，而以 A is B 的形式比喩的修辭法；如：All nature *smiled.* 萬物皆露微笑；cf. simile》.

met·a·phor·i·cal [ˌmɛtəˋfɔrɪkḷ, -ˋfɑr-; ˌmetəˈfɔrikl ˉ] 《metaphor 的形容詞》**—***adj.* 隱喩的；比喩的。

mèt·a·phór·i·cal·ly [-kḷɪ; -kəli] *adv.* 用隱喩，比喩地：～ speaking 比喩地說。

met·a·phys·i·cal [ˌmɛtəˋfɪzɪkḷ; ˌmetəˈfizikl ˉ] 《metaphysics 的形容詞》**—***adj.* **1** 形而上學的；哲學上的。**2** 極抽象的，難解的。**3** [常 M～] 〈詩人〉形而上學[玄學]派的：the ～ poets 形而上學[玄學]派詩人《十七世紀初葉的英國知性派詩人，講究比喩、機智等的寫作技巧》。
—*n.* [常 M～] Ⓒ 形而上學派詩人。～**·ly** [-kḷɪ; -kəli] *adv.*

met·a·phy·si·cian [ˌmɛtəfəˋzɪʃən; ˌmetəfiˈziʃn] *n.* Ⓒ 形而上學家，玄學家。

met·a·phys·ics [ˌmɛtəˋfɪzɪks; ˌmetəˈfiziks] 《源自希臘文「物理學背後之物」之義；源自其在亞里斯多德之作品中被列於物理學之後》**—***n.* **1** Ⓤ 形而上學，玄學《以純粹思考探索超越物理現象之存在、本質的一種學問》。**2** Ⓤ [又作 a ～] (難解的)抽象理論[議論]。

mèta·sequóia *n.* Ⓒ 〘植物〙水杉《落葉性的針葉喬木》。

me·tas·ta·sis [məˋtæstəsɪs; miˈtæstəsis] *n.* Ⓤ Ⓒ (*pl.* **-ta·ses** [-ˌsiz; -siːz]) 〘病理〙(癌症等病毒的)轉移。

met·a·tar·sus [ˌmɛtəˋtɑrsəs; ˌmetəˈtɑːsəs] *n.* Ⓒ (*pl.* **-tar·si** [-saɪ; -sai]) **1** 〘解剖〙蹠，蹠骨。**2** 〘昆蟲〙(昆蟲的)蹠節。**3** 〘鳥〙脛骨至趾骨的部分。**met·a·tar·sal** [ˌmɛtəˋtɑrsḷ; ˌmetəˈtɑːsəl ˉ] *adj.*

me·tath·e·sis [məˋtæθəsɪs; meˈtæθəsis] *n.* Ⓤ Ⓒ (*pl.* **-e·ses** [-ˌsiz; -siːz]) **1** 〘醫〙病變之移植[移位法]。**2** 〘化學〙交互置換(作用)。**3** 〘文法〙音位[字位]轉變。

Met·a·zo·a [ˌmɛtəˋzoə; ˌmetəˈzouə] *n. pl.* 〘動物〙複細胞動物；後生動物。

met·a·zo·an [ˌmɛtəˋzoən; ˌmetəˈzouən ˉ] *n.* Ⓒ, *adj.* 〘動物〙後生動物(門的)。

mete[1] [mit; miːt] *v.t.* 〔十受十副(十介十(代)名)〕〘文語〙將〈賞罰、報酬等〉分給，給與〔人〕〈*out*〉〔*to*〕：～ *out* justice 給與公平的賞罰。

mete[2] [mit; miːt] *n.* Ⓒ 〘法律〙邊界，分界，邊界標誌，界石。

met·emp·sy·cho·sis [ˌmɛtəmsaɪˋkosɪs, məˌtɛmpsɪˋkosɪs; ˌmetempsiˈkousis, -psaiˈk-] *n.* (*pl.* **-choses** [-siz; -siːz]) Ⓤ Ⓒ 靈魂的再生，輪迴，轉生。

me·te·or [ˋmitɪɚ; ˈmiːtjə] 《源自希臘文「被拋向高空的」之義》**—***n.* Ⓒ **1 a** 流星。**b** 隕石。**2** (閃電、彩虹、降雪等的)大氣現象。

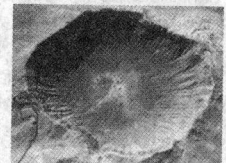

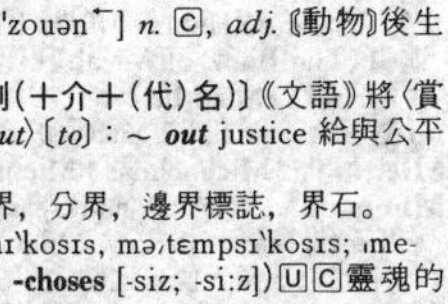
由隕石(meteor)造成的隕石坑(crater)

me·te·or·ic [ˌmitɪˋɔrɪk, -ˋɑr-; ˌmiːtiˈɔrik ˉ] 《meteor 的形容詞》**—***adj.* **1** 流星的：～ iron [stone] 隕鐵[石]。**2** 流星似的；曇花一現的，瞬間燦爛的：one's ～ rise to stardom 某人的一躍而成爲明星。**3** 大氣的，氣象上的。

me·te·or·ite [ˋmitɪəˌraɪt; ˈmiːtjərait] *n.* Ⓒ 隕石。

me·te·o·roid [ˋmitɪəˌrɔɪd; ˈmiːtjərɔid] *n.* Ⓒ 〘天文〙流星體，隕星體。

me·te·or·o·log·i·cal [ˌmitɪərəˋlɑdʒɪkḷ, -ˌɔrə-; ˌmiːtjərəˈlɔdʒikl ˉ] 《meteorology 的形容詞》**—***adj.* 氣象(學上)的：a ～ balloon 觀測氣象的氣球/a ～ observatory 氣象台/a ～ bureau [office] 氣象局/a ～ station 測候所，氣象觀測站。～**·ly** *adv.*

mè·te·or·ól·o·gist [-dʒɪst; -dʒist] *n.* Ⓒ 氣象學家。

me·te·or·ol·o·gy [ˌmitɪəˋrɑlədʒɪ; ˌmiːtjəˈrɔlədʒi] *n.* Ⓤ 氣象學。

‡**me·ter**[1] [ˋmitɚ; ˈmiːtə] 《源自法語》**—***n.* Ⓒ 公尺，米《長度單位；= 100 cm ; SI 單位之一》。

me·ter[2] [ˋmitɚ; ˈmiːtə] 《源自希臘文「測量」之義》**—***n.* **1** 〘詩學〙**a** Ⓤ (詩的)韻律。**b** Ⓒ 音步《韻律單位》。**2** Ⓤ 〘音樂〙拍子。

me·ter[3] [ˋmitɚ; ˈmiːtə] 《源自 mete[1]》**—***n.* Ⓒ [常構成複合字] (自動)計量器：a gas ～ 瓦斯表，煤氣表/⇨parking meter.

-me·ter[1] [-mitɚ, -mɪtɚ; -miːtə, -mitə] [形容詞、名詞複合用詞] 〘詩學〙表示「…音步(的)」：penta*meter.*

-me·ter[2] [-mitɚ, -mɪtɚ; -miːtə, -mitə] [名詞複合用詞] 表示「…計[表]」：baro*meter,* speedo*meter.*

méter màid *n.* Ⓒ 取締違規停車的(交通)女警；停車計時器女管理員。

Meth. 《略》Methodist.

meth- [mɛθ-; meθ-] [複合用詞] 表示「甲基(methyl)」之意。

meth·ane [ˋmɛθen; ˈmiːθein] *n.* Ⓤ 〘化學〙甲烷，沼氣。

me·theg·lin [məˋθɛglɪn; meˈθeglin, mi-] *n.* Ⓤ 蜂蜜酒。

me·thinks [mɪˋθɪŋks; miˈθiŋks] 《源自 me thinks》**—***v.i.* (過去式 **me·thought** [mɪˋθɔt; miˈθɔːt]) 〔十 *that*__〕《古》我想《★ 用法 略去非人稱 it 的用法，現在用 it seems to me》.

‡**meth·od** [ˋmɛθəd; ˈmeθəd] 《源自希臘文「後續」之義》**—***n.* **1** Ⓒ **a** (教授法、研究等的有條理、有系統的)方法〔*of*〕：the oral ～ *of* English teaching 英語教學的口授法/*after* the American ～ 以美國式的方法。

> **【同義字】** way 是表示做法、方法之意的最廣泛而普通的用語；manner 是個人的或獨特的做法、方法。

b (一定的)順序，程序。**2** Ⓤ 有秩序，有規律，有條有理，有板有眼：a man of ～ 有條有理的人/work with ～ 有條理[按步就班]地工作/There is ～ in his madness. 在他的瘋狂中仍有理性的存在《他並非如外表那樣無謀》《★出自莎士比亞(Shakespeare)的悲劇「哈姆雷特(*Hamlet*)」》.

me·thod·i·cal [məˋθɑdɪkḷ; miˈθɔdikl] *adj.* **1** 有組織的，有一定方法的，井然有序的，有系統的。**2** 〈人、行動等〉有規律的，合於規則的。～**·ly** [-kḷɪ; -kəli] *adv.*

Meth·od·ism [ˋmɛθədˌɪzəm; ˈmeθədizəm] *n.* Ⓤ 〘基督教〙美以美教派(的教義)。

Méth·od·ist [-dɪst; -dist] 《源自宗教上「信奉新法(method)者」之義》**—***n.* Ⓒ **1** 美以美教徒。**2** [m～] 墨守成規者。
—*adj.* 美以美教派的：the ～ church 美以美教會。

meth·od·ize [ˋmɛθəˌdaɪz; ˈmeθədaiz] 《method 的動詞》**—***v.t.* 使…方式化[有條理，有秩序，有系統]。

meth·od·o·log·i·cal [ˌmɛθədəˋlɑdʒɪkḷ; ˌmeθədəˈlɔdʒikəl ˉ] 《methodology 的形容詞》**—***adj.* 方法論的。
～**·ly** [-kḷɪ; -kəli] *adv.*

meth·od·ol·o·gy [ˌmɛθədˋɑlədʒɪ; ˌmeθəˈdɔlədʒi] *n.* Ⓤ Ⓒ 方法論；方法學。

me·thought [mɪˋθɔt; miˈθɔːt] *v.i.* **methinks** 的過去式。

meths [mɛθs; meθs] 《methylated spirits 之略》**—***n. pl.* 《英口語》用甲醇變性的酒精，甲基化酒精。

Me·thu·se·lah [məˋθjuzlə; miˈθjuːzələ] *n.* **1** 〘聖經〙麥修撒拉《諾亞洪水前的猶太族長，據傳爲活到 969 歲，爲 Enoch 之子；★出自聖經「創世記」》。**2** Ⓒ 長壽者。**3** [m～] Ⓒ 大酒瓶《容量爲 6.5 夸脫，等於八瓶普通酒瓶的量》。
(as) óld as Methúselah 非常長壽的。

meth·yl [ˋmɛθəl, -ɪl; ˈmeθil, 〘化學〙ˋmiθaɪl; ˈmiːθail] *n.* Ⓤ 〘化學〙甲基。

méthyl álcohol *n.* Ⓤ 〘化學〙甲醇，木精 (wood alcohol) (cf. ethyl alcohol).

meth·yl·ate [ˋmɛθəˌlet; ˈmeθileit] *n.* Ⓤ 〘化學〙甲醇化物。
—*v.t.* 〘化學〙以甲醇混入…。

méth·yl·ated spírits [ˋmɛθəˌletɪd-; ˈmeθileitid-] *n. pl.* 甲基化酒精，用甲醇變性的酒精《酒精燈、燃料用》。

me·tic·u·lous [məˋtɪkjələs; miˈtikjuləs, meˈt-] 《源自拉丁文「害怕」之義》**—***adj.* **1** 過分注意細節的，一絲不苟的，小心翼翼的：a ～ account 過於詳細的說明/a ～ carpenter 一絲不苟的木匠。**2** [不用在名詞前] 〔十介十(代)名〕〈某人〉〔對於…〕過於愼重的，極端細心的〔*in*〕：He is too ～ *in* his work. 他對於工作極爲細心。～**·ly** *adv.* ～**·ness** *n.*

mé·tier [meˋtje; ˈmeitiei, -tjei] 《源自法語 'business' 之義》**—***n.* Ⓒ 職業；專長；專門技術。

Mét Òffice *n.* [the ～] 《英口語》**1** 氣象局。**2** Ⓤ [集合稱] 氣象局職員《★用法 視爲一整體時當單數，指個別成員時當複數用》。

me·ton·y·my [məˋtɑnəmɪ; miˈtɔnimi, meˈt-] 《源自希臘文「改名」之義》**—***n.* Ⓤ Ⓒ 〘修辭〙換喩(法)，轉喩《表示某物時以與該物有密切關係之物或其屬性表達的修辭法，如以 crown 表示 king 等；cf. synecdoche》.

me-too [ˋmiˋtu; ˈmiːˈtuː ˉ] 《源自 me too (我也是)》**—***adj.* 《美口語》奉承的，逢迎的，仿效主義的，人云亦云的。

me-too·ism [ˋmiˋtuɪzəm; ˈmiːˈtuːizəm] *n.* Ⓤ 《美口語》(對他人、

M

他黨政策等的)仿效主義、順應大勢的主義[作風]；附和，人云亦云。

met·o·pe [ˋmɛtəˏpi; ˈmetoup] *n.* Ⓒ《建築》三槽板間平面《桃麗絲(Doris)式建築夾於兩個豎條紋飾(triglyph)之間的方形牆面》。

‡me·tre [ˋmitɚ; ˈmi:tə] *n.* 《英》＝meter[1,2].

met·ric [ˋmɛtrɪk; ˈmetrik] «meter[1] 的形容詞»—*adj.* 公尺(制)的，公制的，十進制的：go ～ 採用公尺制。

met·ri·cal [ˋmɛtrɪkl; ˈmetrikl] «meter[2] 的形容詞»—*adj.* 韻律的，韻文的，詩的。～**·ly** [-kḷɪ; -kəli] *adv.*

met·ri·ca·tion [ˏmɛtrɪˋkeʃən; ˌmetriˈkeiʃn] *n.* Ⓤ(度量衡的)十進制[公制]換算。

met·ri·cize [ˋmɛtrəˏsaɪz; ˈmetrisaiz] *v.t.* 將〈度量衡〉換算爲十進制[公制]。

met·rics [ˋmɛtrɪks; ˈmetriks] *n.* Ⓤ格律學，詩韻學。

métric sỳstem *n.* [**the** ～]米制，公制《★以公尺(meter)、公升(liter)、克、公分(gram)爲單位的度量衡法；根據十進法，希臘語系的 deca-, hecto-, kilo- 分別表示 10 倍，100 倍，1000 倍，拉丁語系的 deci-, centi-, milli- 則分別表示 1/10, 1/100, 1/1000》.

métric tón *n.* Ⓒ公噸(⇨ ton 1 c).

met·ro [ˋmɛtro; ˈmetrou] «源自法語「都市的(鐵路)」之義»—*n.* [有時 **M**～；**the** ～](法國等的)地下鐵：by ～ 坐地下鐵《★無冠詞》。

Met·ro·lin·er [ˋmɛtroˏlaɪnɚ; ˈmetrouˌlainə] *n.* Ⓒ《商標》(行駛於華盛頓與紐約之間的)快速火車。

met·ro·nome [ˋmɛtrəˏnom; ˈmetrənoum] *n.* Ⓒ《音樂》節拍器。**met·ro·nom·ic** [ˏmɛtrəˋnɑmɪk; ˌmetrəˈnɔmik←] *adj.*

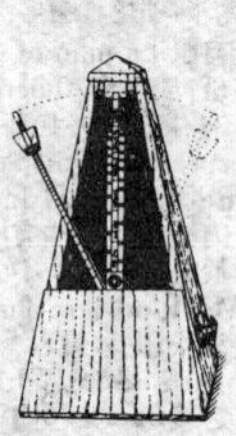
metronome

***me·trop·o·lis** [məˋtrɑplɪs; miˈtrɔpəlis] *n.* **1 a** [**the** ～]首都(capital).

【字源】metro 的原義是「母親」，polis 是「都市」，所以兩者合在一起變成「母親都市」，也就是能像母親一般照顧鄰近小城鎮的「都市」，或當一國的中心之「首都」。

b [**the M**～]《英》倫敦(London). **2** Ⓒ主要都市；中心都市。**3** Ⓒ《基督教》大主教教區。

***met·ro·pol·i·tan** [ˏmɛtrəˋpɑlətṇ; ˌmetrəˈpɔlitən←] «metropolis 的形容詞»—*adj.* (無比較級、最高級) **1 a** 首都的；大都市的；都市(人)的：the ～ area 首都地區。**b** [**M**～]《英》倫敦的：the *M*～ Police (英國的)倫敦首都警察(局)/the *M*～ Railway 倫敦地下鐵路(cf. metro). **2**《基督教》首都大主教教區的：the ～ bishop 首都大主教。

—*n.* Ⓒ **1** 首都[大都市]居民，都市人。**2**《基督教》首都大主教。

métropolitan cóunty *n.* Ⓒ《英》都會郡《由 1974 年英格蘭地方制度改革而產生，以大都市爲首府的郡；1986 年廢止》。

-me·try [-mətrɪ; -mətri] [名詞複合用詞]表示「測量法[學，術]」之意：geo*metry*.

met·tle [ˋmɛtl; ˈmetl] «metal 的變體字» —*n.* Ⓤ **1** 性格，氣質；(尤指)勇氣，精神，熱情。**2** 本性，氣概：test a person's ～ 試某人的本性。

on [upòn] one's méttle 奮發，鼓起勇氣：put [set] a person *on* his ～ 使某人奮發，激勵某人。

met·tle·some [ˋmɛtlsəm; ˈmetlsəm] *adj.* 有精神的，有朝氣的，勇敢的。

mew[1] [mju; mju:] «擬聲語»—*v.i.* 〈貓、海鷗等〉咪咪叫，喵喵作聲。

—*n.* Ⓒ咪咪[喵喵](的叫聲)(⇨cat 相關用語).

mew[2] [mju; mju:] «源自叫聲»—*n.* Ⓒ《鳥》海鷗。

mew[3] [mju; mju:] *n.* Ⓒ **1** 鷹籠。**2** (用來催肥家禽的)圍欄。

—*v.t.* **1** 把〈鷹〉關進籠裏。**2** 把…關[藏]起來〔*up*〕.

mewl [mjul; mju:l] *v.i.* 〈嬰兒〉有氣無力地哭，低聲啼哭。

mews [mjuz; mju:z] *n.* (*pl.* ～)《英》**1** (昔日設於廣場周圍供人停放馬車與馬的)馬廄，馬房。

2 (由舊日馬房改造的)公寓；(有此種公寓的)巷道廣場《★常以 Mews 用作地名》。

Mex. 《略》Mexican; Mexico.

Mex·i·can [ˋmɛksɪkən; ˈmeksikən] «Mexico 的形容詞»—*adj.* 墨西哥(人)的。

—*n.* **1** Ⓒ墨西哥人。**2** Ⓤ墨西哥語《略作 Mex.》.

Méxican Spánish *n.* Ⓤ墨西哥使用的西班牙語。

Méxican Wár *n.* [**the** ～]墨西哥戰爭《美國與墨西哥之戰(1846–48)》.

Mex·i·co [ˋmɛksɪˏko; ˈmeksikou] *n.* 墨西哥《北美南部的一共和國，首都墨西哥城(Mexico City)，略作 Mex.》.

México Cíty *n.* 墨西哥城《墨西哥的首都》。

mez·za·nine [ˋmɛzəˏnin; ˈmetsəni:n, ˈmez-] *n.* Ⓒ **1**《建築》中層樓，樓中樓《通常在一樓與二樓之間》。**2**《戲劇》**a**《美》中層樓的包廂。**b**《英》舞台下的底層。

mez·zo [ˋmɛtso, ˋmɛdzo; ˈmedzou, ˈmetsou] «源自義大利語「中庸」之義»—*adv.*《音樂》適度地：～ forte 中强《略作 *mf*》/～ piano 中弱《略作 *mp*》.

—*n.* Ⓒ (*pl.* ～**s**)《口語》＝mezzo-soprano 2.

méz·zo-re·líe·vo [-rɪˋlivo; -riˈli:vou] *n.* (*pl.* ～**s**)Ⓤ[指個體時爲Ⓒ]半浮雕(品)(cf. alto-relievo, bas-relief).

méz·zo-so·prá·no [-səˋpræno; -səˈprɑ:nou] «源自義大利語»—*n.* (*pl.* ～**s**)《音樂》**1 a** Ⓤ女中音，次女高音《音域介於女高音(soprano)與女低音(alto)之間》。**b** Ⓒ次女高音之聲。**2** Ⓒ次女高音歌手。

mez·zo·tint [ˋmɛtsəˏtɪnt, ˋmɛdzə-; ˈmedzoutint, ˈmetsou-] *n.* **1** Ⓤ鏤刻銅版術《以明暗爲主的一種銅版雕刻法》。**2** Ⓒ鏤刻銅版。

mf 《略》《音樂》mezzo forte. **MF** 《略》Middle French. **MF, M.F., m.f.** 《略》《通信》medium frequency.

mfd. 《略》manufactured.

mfg. 《略》manufacturing.

Mflem. 《略》middle Flemish.

mfr. 《略》manufacturer.

mg., mg 《略》milligram(s). **Mg** 《符號》《化學》magnesium.

m.g. 《略》machine gun.

Mgr. 《略》Monsignor.

MHz, Mhz 《符號》《電學》megahertz.

mi [mi; mi:] *n.* (*pl.* ～**s**)Ⓤ[指個體時爲Ⓒ]《音樂》(固定唱法) C 大調音階中的第三音(cf. sol-fa).

MI 《略》《美郵政》Michigan. **mi.** 《略》mile(s).

MIA «*m*issing *i*n *a*ction 的頭字語»—*n.* Ⓒ《軍》戰鬥後行踪不明的士兵。

Mi·am·i [maɪˋæmə, -ˋæmɪ; maiˈæmi] *n.* 邁阿密《美國佛羅里達州(Florida)東南部濱海的一個城市，爲觀光、渡假及避寒勝地》。

mi·aow, mi·aou [mɪˋaʊ, mjaʊ; mi:ˈau, mjau] *v., n.* ＝mew[1].

mi·as·ma [maɪˋæzmə, mɪ-; miˈæzmə, mai-] *n.* Ⓒ(*pl.* ～**·ta** [-tə; -tə], ～**s**) **1 a** (發生於沼澤地，從前被認爲引起瘧疾的)毒氣，瘴氣。**b** 霧狀的密雲。**2** 造成不良影響的氣氛。

mi·as·mal [maɪˋæzml, mɪ-; miˈæzməl, mai-←] «miasma 的形容詞»—*adj.* **1** 毒氣(似)的。**2** 有害的。

mi·as·mic [maɪˋæzmɪk, mɪ-; miˈæzmik, mai-←] *adj.* ＝miasmal.

Mic. 《略》《聖經》Micah.

mi·ca [ˋmaɪkə; ˈmaikə] *n.* Ⓤ《礦》雲母。

Mi·cah [ˋmaɪkə; ˈmaikə] *n.*《聖經》**1** 彌迦《希伯來人(Hebrew)的先知》。**2** 彌迦書(The Book of Micah)《聖經舊約中的一書；略作 Mic.》.

***mice** [maɪs; mais] *n.* **mouse** 的複數。

Mich. 《略》Michaelmas；Michigan.

Mi·chael [ˋmaɪkḷ; ˈmaikl] *n.* **1** 麥克《男子名，暱稱 Mickey, Mike》. **2** [**St.** ～]《聖經》總領天使米迦勒。

Saint Michael

Mich·ael·mas [ˋmɪkḷməs; ˈmiklməs] *n.* (又作 **Míchaelmas Dày**)聖米迦勒節。

【說明】九月二十九日是紀念總領天使聖米迦勒(Saint Michael)的節日。這一天英國人有吃烤鵝肉(roast goose)的習慣，這種鵝肉又稱爲 Michaelmas goose. 同時這一天也是四季結帳日(quarter day)之一，人們也要忙着付帳、還帳。

Míchaelmas dàisy *n.* Ⓒ《植物》(尤指在聖米迦勒節時候開花的)紫菀屬植物(aster).

Míchaelmas tèrm *n.* ⓊⒸ《英》秋季的學期《第一學期；⇨term【說明】》。

Mi·chel·an·ge·lo [ˏmaɪkḷˋændʒəˏlo; ˌmaikəlˈændʒəlou] *n.* 米開蘭基羅《1475–1564，義大利雕刻家、畫家、建築家及詩人》。

Mich·i·gan [ˋmɪʃəgən; ˈmiʃigən] «源自北美印地安語「大湖」之義»—*n.* **1** 密西根州《美國中北部的一州；首府蘭辛(Lansing [ˋlænsɪŋ; ˈlænsiŋ])；略作 Mich.,《郵政》MI；俗稱 the Wolverine [Great Lake] State》. **2** [**Lake** ～]密西根湖《五大湖(the Great Lakes)之一》。

Mich·i·gan·der [ˏmɪʃəˋgændɚ; ˌmiʃiˈgændə], **Mich·i·gan·ite** [ˋmɪʃɪgənˏaɪt; ˈmiʃigənait] *n.* Ⓒ美國密西根州(Michigan)人。

Mick [mɪk; mik] «當作愛爾蘭人的代表性名字»—*n.* [有時 **m**～]Ⓒ《俚・輕蔑》愛爾蘭人(Irishman).

mick·ey[1] [ˋmɪkɪ; ˈmiki] *n.* [有時 **M**～]Ⓤ《俚》摻有麻醉藥[瀉藥]的酒。

mick·ey[2] [ˋmɪkɪ; ˈmiki] *n.* ★常用於以下成語。

tàke the míckey [Míckey] òut of... 《口語》嘲弄[嘲笑]…。

Mick·ey [ˈmɪkɪ; ˈmiki] *n.* 米基《男子名，Michael 的暱稱》。
míckey fínn [-ˈfɪn; -ˈfin] *n.* [有時 M~ F~]＝mickey[1].
Míckey Móuse *n.* **1** 米老鼠《華德・狄斯奈(W. Disney)卡通漫畫的主角名》。
2 [有時 m~ m~]Ⓒ《俚》不重要[沒價值]的東西。
3 [有時 m~ m~]Ⓒ《學生用語》過分簡單[容易]的科目[課程]。
—*adj.* **1** 不重要的，沒價值的。**2**《學生用語》〈科目等〉過分容易的，簡單的。
mick·le [ˈmɪkl̩; ˈmikl]《古・蘇格蘭》*adj.* 大的，多量的。
—*n.* [**a** ~]多量，很多：Many a little [pickle] makes *a* ~. ＝Every little makes *a* ~.《諺》積少成多；集腋成裘。
mi·cra *n.* **micron** 的複數。
mi·cro [ˈmaɪkro; ˈmaikrou] *adj.* 極小的。
mi·cro- [maɪkro-; maikrou-] [複合用詞]表示「小…」「微…」;《電學》「一百萬分之一」(↔ macro-).
mìcro·análysis *n.* (*pl.* **-y·ses** [-ˌsiz; -si:z])ⓊⒸ《化學》微量分析。
mi·crobe [ˈmaɪkrob; ˈmaikroub] *n.* Ⓒ微生物；(尤指)病菌。
mìcro·biólogy *n.* Ⓤ 微生物學，細菌學(bacteriology). **mìcro·biológical** *adj.*
mícro·bùs *n.* Ⓒ小型公車[巴士]。
mícro·cìrcuit *n.* Ⓒ《電子工學》微型電路。
mìcro·compúter *n.* Ⓒ微電腦。
mícro·còpy *n.* Ⓒ縮影拷貝[膠片]《用縮影膠卷(microfilm)將書籍、印刷品縮影複印者》。
mi·cro·cosm [ˈmaɪkrəˌkɑzəm; ˈmaikrəkɔzəm] *n.* Ⓒ **1** 小宇宙，微觀世界(↔ macrocosm). **2 a** 縮圖[*of*]. **b** (尤指古代人所想作爲宇宙之縮影的)人類(社會)。
mi·cro·cos·mic [ˌmaɪkrəˈkɑzmɪk; ˌmaikrəˈkɔzmik ˉ] *adj.*

microcomputer

mi·cro·dot [ˈmaɪkroˌdɑt; ˈmaikroudɔt] *n.* Ⓒ微點拷貝，微點照片《進行間諜活動、拍攝文件等用》。
mìcro·económics *n.* Ⓤ個體經濟學《以個別消費者、生產者、企業等的經濟行爲作研究對象；↔ macroeconomics》.
mìcro·electrónics *n.* Ⓤ微電子學《處理電子回路的集積技術等》。
mícro·fàrad *n.* Ⓒ《電學》微法拉《電容單位，爲一百萬分之一法拉》。
mi·cro·fiche [ˈmaɪkroˌfiʃ; ˈmaikroufi:ʃ] *n.* (*pl.* ~, ~**s**)Ⓤ[指個體時爲Ⓒ]縮影膠片《將書籍等多頁縮小攝製的縮影膠卷(microfilm)》.
mícro·film *n.* Ⓤ[指個體時爲Ⓒ]縮影膠卷。
—*v.t.* 將…攝成縮影膠片。
mi·cro·form [ˈmaɪkroˌfɔrm; ˈmaikroufɔ:m] *n.* Ⓤ[集合稱](文件或影片等的)微縮片。
mícro·gràm *n.* Ⓒ **1** 微克《百萬分之一公克》。**2** ＝micrograph 1.
mi·cro·graph [ˈmaɪkrəˌgræf; ˈmaikrəgrɑ:f] *n.* Ⓒ **1** 顯微鏡相片[圖片]。**2** 微寫用具。
mícro·gròove *n.* Ⓒ(LP 唱片的)細溝，密紋。
mícro·mèsh *n.* Ⓤ(絲襪用的)細微網狀材料《尼龍等》。
—*adj.* [用在名詞前]細微網狀的〈絲襪等〉。
mi·cro·me·te·or·ite [ˌmaɪkroˈmitɪəˌraɪt; ˌmaikrouˈmi:tiərait] *n.* Ⓒ《天文》微隕星。
mi·crom·e·ter [maɪˈkrɑmətɚ; maiˈkrɔmitə] *n.* Ⓒ **1** (顯微鏡、望遠鏡用的)測微計。**2** 測微徑規[雙腳規]。
mi·cro·min·i·a·tur·ize [ˌmaɪkroˈmɪnɪətʃəˌraɪz; ˌmaikrouˈminiətʃəraiz] *v.t.* 使〈電子儀器〉微型[超小型]化。
mi·cron [ˈmaɪkrɑn; ˈmaikrɔn] *n.* Ⓒ (*pl.* ~**s**, **mi·cra** [-krə; -krə])微米《百萬分之一公尺；符號 μ》.

micrometer 2

Mi·cro·ne·sia [ˌmaɪkrəˈniʒə, -ʃə; ˌmaikrəˈni:ʒə, -ʃə] «源自希臘文「小島國」之義» **—***n.* 麥克羅尼西亞《太平洋西北部的島羣，包括馬里亞納(Mariana)，加羅林(Caroline)，馬歇爾(Marshall)各羣島；cf. Polynesia》.
Mi·cro·ne·sian [ˌmaɪkrəˈniʒən, -ʃən; ˌmaikrəˈni:ʒn, -ʃn ˉ] «Micronesia 的形容詞» **—***adj.* 麥克羅尼西亞(人，語)的。
—*n.* **1** Ⓒ麥克羅尼西亞人。**2** Ⓤ麥克羅尼西亞語。
mìcro·órganism *n.* Ⓒ微生物《細菌等》。
mi·cro·phone [ˈmaɪkrəˌfon; ˈmaikrəfoun] *n.* Ⓒ**麥克風**，(無線電廣播的)擴音器(cf. mike).
mìcro·phótograph *n.* Ⓒ **1** 縮微照片。**2** ＝microcopy.
mícro·rèader *n.* Ⓒ縮影膠卷(microfilm)的放大閱讀機。
mícro·ròcket *n.* Ⓒ實驗用的極小型火箭。
***mi·cro·scope** [ˈmaɪkrəˌskop; ˈmaikrəskoup] *n.* Ⓒ **顯微鏡**：a binocular ~ 雙目顯微鏡/a compound ~ 複式[合成]顯微鏡/a reading ~ 閱讀用顯微鏡。
pùt...ùnder the mícroscope 仔細調查〈人、東西〉。
mi·cro·scop·ic [ˌmaɪkrəˈskɑpɪk; ˌmaikrəˈskɔpik ˉ] «microscope 的形容詞» **—***adj.* **1** (使用)顯微鏡的：a ~ examination 顯微鏡檢查。**2** 顯微鏡的，顯微鏡似的。**3 a** 極微細的，極微的：a ~ organism 微生物。**b**《口語》極小的，超小型的。
mi·cro·scóp·i·cal [-pɪkl̩; -pikl ˉ] *adj.* ＝microscopic.
~·**ly** [-kl̩ɪ; -kəli] *adv.*
mi·cros·co·py [maɪˈkrɑskəpɪ; maiˈkrɔskəpi] *n.* Ⓤ顯微鏡使用(法)，顯微鏡檢查：by ~ 靠顯微鏡檢查。
mìcro·sécond *n.* Ⓒ微秒《百萬分之一秒》。
mi·cro·spore [ˈmaɪkrəˌspor; ˈmaikrəspɔ:] *n.* Ⓒ《植物》小孢子。
mi·cro·sur·ger·y [ˈmaɪkroˌsɝdʒərɪ; ˈmaikrouˌsə:dʒəri] *n.* Ⓤ顯微外科手術《用顯微鏡對細胞、組織等進行的手術》。
mi·cro·wave [ˈmaɪkrəˌwev; ˈmaikrəweiv] *n.* Ⓒ《通信》微波《波長在 1 公釐至 30 公分之間者》。
—*adj.* [用在名詞前]微波的：a ~ oven 微波爐。
mid[1] [mɪd; mid] *adj.* 中央的，中部的，中間的，中…《★用法現在常用於複合字，除此外均用 middle》：~ May 五月中旬/in ~ air 在半空中/in ~ winter 在隆冬。
mid[2], **'mid** [mɪd; mid] *pron.*《詩》＝amid.
mid. 《略》middle.
mid- [mɪd-; mid-] [複合用詞]表示「中間的，中央的，中間部分的」：*mid*night, *mid*summer.
míd·áir *n.* Ⓤ空中：in ~ 在(半)空中。
—*adj.* [用在名詞前]空中的：a ~ collision 空中相撞。
Mi·das [ˈmaɪdəs; ˈmaidæs, -dəs] *n.*《希臘神話》麥達斯《佛里幾亞(Phrygia)國王，向戴奧奈索斯(Dionysus)求得點物成金的法術》。
Míd-Atlántic «源自「大西洋中央」之義» **—***adj.* **1** 〈英語〉具有英語與美語的中間性的：~ English 英美共同英語。**2** 〈商品等〉爲迎合英美市場而製造的。
míd·cóurse《航空・太空》*n.* Ⓒ **1** (路線、航線的)中間，中途，中道。**2** (火箭的)航道中段。
—*adj.* [用在名詞前]**1** 路線[航線]中點的，中途的。**2** 航道中段的：a ~ correction 航道中段修正。
***mid·day** [ˈmɪdˌde; ˈmiddei ˉ] *n.* Ⓤ**正午**，中午(noon)：at ~ 在正午。
—*adj.* [用在名詞前]正午的，中午的：~ dinner 午餐/the ~ meal 午餐。
mid·den [ˈmɪdn̩; ˈmidn] *n.* Ⓒ **1**《英》糞堆，垃圾堆。**2**《考古》(史前人類的)貝塚。
‡mid·dle [ˈmɪdl̩; ˈmidl] *adj.* [用在名詞前](無比較級、最高級) **1 a** 正中的，中央的《★不用於太精密的情形》：the ~ point of the road 道路的中點/in one's ~ fifties (年齡)在五十至六十歲中間《五十五歲》。**b** 中等的，中級的，普通的：a ~ opinion 折衷[調停]的意見/follow [take] a [the] ~ course 採取中庸之道/of ~ height 中等身材的/of ~ size 普通大小的，中型的。**2** [**M**~](語言史)中古的：⇨Middle English.
—*n.* **1** [**the** ~](位置、時間等的)**中間**，中央，正中間，中部；(行爲等的)中途，正當中[*of*]：in *the* ~ *of* May 在五月中旬/in *the* ~ *of* a discussion 正在討論當中。

【同義字】middle 指點、部分或時間各在兩端的等距離處；center 多半用以指圓或球等的中心點。

2 [**the** ~, **one's** ~]《口語》(人體的)中間部分，腰部，腹部。**3** [**the** ~]中間物，媒介(物)，中間人，仲裁者，調解人。
pláy bóth énds agáinst the míddle ⇨end.
míddle áge *n.* Ⓤ中年《常指四十至六十歲》。
míddle-áged *adj.* (適於)中年的。
Míddle Áges *n. pl.* [**the** ~]中世紀《歐洲史上古代與近代之間；自西羅馬帝國滅亡(476 年)至十五世紀後半期，約自第五世紀至十五世紀》。
míddle àge spréad *n.* Ⓤ 中年的(腰部)發福。
Míddle América *n.* 中美洲《墨西哥、美洲中部，有時也包括西印度羣島》。
míddle·bròw *n.* Ⓒ知識[學問，教養(等)]中等者。
—*adj.* [用在名詞前]知識[教養]中等的，普通的。
míddle cláss *n.* [**the** ~(**es**)；集合稱]中層社會，中產階級的人《★用法視爲一整體時當單數，指全部個體時當複數用》：*the* upper [lower] ~ 中上[下]層階級。
míddle-cláss *adj.* 中層社會的，中產階級(作風)的。

M

míddle dístance *n.* [the ~] **1**〖運動〗中距離。**2**〖繪畫〗中景 (cf. background 1, foreground 1). **míddle-dístance** *adj.*
Míddle Dútch *n.* Ⓤ中古荷蘭語《十二至十五世紀的荷蘭語》。
míddle éar *n.* Ⓒ[常 the ~]〖解剖〗中耳。
Míddle Éast *n.* [the ~] 中東《★《美》指利比亞、巴基斯坦、土耳其、阿拉伯半島之間的地區；《英》指埃及至伊朗間的地區》。
Míddle Éastern *adj.* 中東的。
Míddle Énglish *n.* Ⓤ中古英語《約在 1100 至1500 年間的英語；略作 ME, M.E.；cf. Old English》.
míddle fínger *n.* Ⓒ中指 (⇨hand 插圖)。
Míddle Flémish *n.* Ⓤ中古法蘭德斯語《十四至十六世紀間之法蘭德斯語》。
Míddle Frénch *n.* Ⓤ中古法語《十四至十六世紀間之法語》。
Míddle Gréek *n.* Ⓤ中古希臘語《700 至 1500 年間之希臘語》。
Míddle Kíngdom *n.* [the ~] **1** 中國。**2** (2000 至 1785 B.C. 年間之) 古埃及。
míddle·màn *n.* Ⓒ (*pl.* **-men**) **1** 中間商，經紀人，掮客《介於生產者與零售商或消費者之間的商人》。**2** 居間人，介紹人：act as a ~ *for* another 爲他人作中間人。
míddle·mòst *adj.* [用在名詞前] 最中間的，正中的。
míddle nàme *n.* **1** Ⓒ中間名《如：George Bernard Shaw 的 Bernard；⇨name【說明】》。**2** [**one's** ~]《口語》**a** (某人的) 顯著特徵，性格：Modesty is her ~. 謙虛是她的特徵。**b** (某人) 引以爲傲[擅長]的事，本領：Music is my ~. 音樂是我的專長。
míddle-of-the-róad *adj.* [用在名詞前]〈政策、政治家等〉中庸的，走中間路線的。
míddle schòol *n.* Ⓤ[指設施時爲Ⓒ] 中等學校，中學。

> 【說明】在美國十二年義務教育期間，中學指第五或第六學年至第八學年，亦即小學 (elementary school) 的高年級加上初中。採 4-4-4 制者，則指中間的四年，亦即在 senior high school 之前的學校。在英國爲招收八至十二歲，九至十四歲學生的公立學校，是繼 first school 之後的學校。1960 年以來這類學校數目越來越多；cf. school[1]【說明】

Mid·dle·sex [ˈmɪdḷˌsɛks; ˈmidlseks] *n.* 中塞克斯郡《原爲英格蘭東南部包括倫敦 (London) 西北部的一郡；1965 年編入大倫敦 (Greater London)；略作 Middx.》.
míddle-sízed *adj.* =medium-sized.
míddle térm *n.* Ⓒ **1**〖邏輯〗中名辭。**2**〖數學〗中項。
míddle·wèight *n.* Ⓒ **1** 體重中等的人。**2**〖拳擊〗中量級[中甲級]選手。
—*adj.* **1** 體重中等的。**2**〖拳擊〗中量級的。
Míddle Wést *n.* [the ~]《美》中西部《阿帕拉契山脈以西，洛磯山脈以東，俄亥俄州 (Ohio)、密蘇里州 (Missouri) 及堪薩斯州 (Kansas) 以北的地區》。
Míddle Wéstern *adj.*《美》中西部的。
Míddle Wésterner *n.* Ⓒ《美》中西部人。
mid·dling [ˈmɪdlɪŋ; ˈmidliŋ] *adj.* **1** 中等的，普通的：a ~ performance 中等[還算可以]的成績。**2** [不用在名詞前]《口語》健康狀態還算不錯的。
—*adv.*《口語》普通地，中等地；相當地。
—*n.* Ⓒ[常 ~s]〖商〗**1** 中等貨，次級品。**2** 粗麥粉。**fáir to míddling** ⇨fair[1] *adj.*
Middx.《略》Middlesex.
mid·dy [ˈmɪdɪ; ˈmidi] *n.* Ⓒ《口語》**1** =midshipman. **2** =middy blouse.
míddy blòuse *n.* Ⓒ (婦女、兒童穿著的) 水手領的罩衫。
Mid East, Míd·éast *n.* [the ~] =Middle East.
Míd·éastern *adj.* 中東 (Middle East) 的。
midge [mɪdʒ; midʒ] *n.* Ⓒ **1** 小蟲《如蚊、蚋等》。**2** 侏儒，矮子。
midg·et [ˈmɪdʒɪt; ˈmidʒit] *n.* Ⓒ **1** 矮子，侏儒。**2** 極小的東西。
—*adj.* [用在名詞前] 極小的：a ~ lamp 迷你[小型]燈。
mid·i [ˈmɪdɪ; ˈmidi] *n.* Ⓒ迷地[半長]裙[裝，外套(等)]《長及腿肚者；cf. maxi》.
—*adj.* [用在名詞前] 半長的〈裙子、女裝等〉。
Mi·di [miˈdi; miːˈdiː] 《源自法語》—*n.* 法國南部。
míd·iron *n.* Ⓒ〖高爾夫〗二號鐵頭球桿《擊球部分的表面傾斜較 driving iron 大，較 midmashie 小》。
mid·land [ˈmɪdlənd; ˈmidlənd] *n.* **1 a** Ⓒ[常 the ~] 中部地區。**b** [**the Midlands**] 英格蘭中部地區。**c** [**the M~**] 美國中部地區。**2** Ⓤ[**M~**] 中部 (地區) 方言：⇨Midland dialect.
—*adj.* [用在名詞前] **1** 中部地區的，內陸的。**2** [**M~**] **a** 英格蘭中部地區的；美國中部地區的。**b** 中部 (地區) 方言的。
Mídland díalect *n.* [the ~] **1** 英格蘭中部地區方言《包括倫敦 (London) 在內的東中部地區方言，爲現代的標準英語》。**2** 美國中部 (地區) 方言。
míd-lífe *n.* =middle age.
míd-màshie *n.* Ⓒ〖高爾夫〗三號鐵頭球桿。
míd-mórning *n.* Ⓤ上午十時左右。
míd·mòst *adj.* [用在名詞前] (最) 中間的，正中的。
—*adv.* 在中心部分，正中間地。
‡mid·night [ˈmɪdˌnaɪt; ˈmidnait] *n.* Ⓤ**午夜**，子夜《午前零時》：at ~ 在午夜。
(as) dárk [bláck] as mídnight 黑漆漆的。
—*adj.* [用在名詞前] **1** 午夜的：the ~ hours 午夜時刻/a ~ snack 宵夜。**2** 黑漆漆的：~ blue 深藍，暗藍。**búrn the mídnight óil** ⇨oil.
mídnight sún *n.* [the ~] 子夜的太陽《僅見於南、北兩極的盛夏》。
míd·pòint *n.* Ⓒ[常用單數] 中心點，中央，中間 (點)：at the ~ *of...* 在…的中心[中間]。
míd·rib *n.* Ⓒ〖植物〗(葉的) 主脈。
míd·riff *n.* Ⓒ **1**〖解剖〗橫隔膜 (diaphragm). **2**《口語》軀幹的中央部分。
míd·shìp *n.* [the ~] 船的中央部分。
—*adj.* [用在名詞前] 船的中央部分的。
mid·ship·man [ˈmɪdˌʃɪpmən; ˈmidʃipmən] *n.* Ⓒ (*pl.* **-men** [-mən; -mən]) **1**《美》海軍軍官學校的學生 (cf. cadet). **2**《英》海軍少尉軍官候補人。
mid·ships [ˈmɪdˌʃɪps; ˈmidʃips] *adv.* =amidships.
midst [mɪdst; midst] *n.* [常 **the** ~, **one's** ~]《文語》**(正) 中間**，中央，正當中《★現在主要用於下列片語》：*in the* ~ *of* us [you, them] = *in* our [your, their] ~ 在我們[你們，他們]當中/*in the* ~ *of* perfect silence 在鴉雀無聲中，在萬籟俱寂中。
—*pron.*《詩》=amidst.
míd·stréam *n.* Ⓤ **1 a** 溪流的中間部分，中流：keep a boat *in* ~ 把小船保持在河中間《以免靠近岸邊》。**b** (事情的) 中途：change one's course *in* ~ 中途變更方針。**2** (期間的) 中間時候：the ~ of life 人生的中途。**chánge hórses in mídstream** ⇨horse.
míd·súmmer *n.* Ⓤ **1** 仲夏。**2** 夏至 (summer solstice)《6 月 21 日或 22 日》。
A Mídsummer Níght's Dréam「仲夏夜之夢」《莎士比亞 (Shakespeare) 所作的喜劇》。
Mídsummer Dáy *n.* 仲夏節《施洗者聖約翰的節日 (6 月 24 日)，在英格蘭、威爾斯、北愛爾蘭爲四季結帳日 (quarter day) 之一》。
mídsummer mádness *n.* Ⓤ極端的瘋狂《想像由盛夏的月亮與熱氣所引起；★源自莎士比亞 (Shakespeare) 所作的「第十二夜 (*Twelfth Night*)」》。
míd·tèrm *adj.* [用在名詞前] (學期[任期]等的) 中間的，期中的：a ~ examination 期中考試 (⇨examination 【相關用語】)/a ~ election《美》期中選舉。
—*n.* **1** Ⓤ (學期、任期等的) 中間，期中。**2** Ⓒ[常~s]《美口語》期中考試。
míd·tówn *adv.* 在[向]中間地區。
—*adj.* (住宅區 (uptown) 與商業區 (downtown) 之間的) 中間地區的。
—*n.* Ⓒ中間地區。
míd-Victórian *adj.* **1** 維多利亞王朝中期的。**2 a** 守舊的，老式的。**b** 嚴謹的，嚴肅的。
—*n.* Ⓒ **1** 維多利亞王朝中期的人。**2** 有維多利亞中期思想[作風]的人；守舊[嚴謹]的人。
míd·wáy *adv.* 在中途，在中間：lie ~ *between* A and B 在 A 與 B 的中間。
—*adj.* [用在名詞前] 在中途的，在中間的。
Mídway Ísland *n., pl.* [the ~] 中途島《位於北太平洋夏威夷 (Hawaii) 羣島西北方，屬美國》。
míd·wéek *n.* Ⓤ一週的中間《★指星期二、三、四，尤指星期三》。
—*adj.* [用在名詞前] 一週的中間的。
Míd·wést *n.* [the ~]《美》=Middle West.
mid·wife [ˈmɪdˌwaɪf; ˈmidwaif] 《源自古英語「與婦女一起」之義》—*n.* Ⓒ (*pl.* **-wives**) **1** 助產士，接生婆。**2** 促成 (事情) 的人[物]。
mid·wife·ry [ˈmɪdˌwaɪfərɪ, -frɪ; ˈmidwaifəri] *n.* Ⓤ接生術，助產術，產科學。
míd·wínter *n.* Ⓤ **1** 仲冬，隆冬。**2** 冬至 (winter solstice)《12 月 21 日或 22 日》。
míd·yèar *n.* **1** Ⓤ年中；學年的中期。**2** Ⓒ《美口語》年中考試 (⇨examination 【相關用語】)。
—*adj.* [用在名詞前] 年中的；學年中的。
mien [min; miːn] *n.* Ⓒ[常與形容詞連用；常用單數]《文語》風采，態度，樣子：with a gentle ~ 以溫和的態度。
miff [mɪf; mif] 《擬聲語》—《口語》*n.* [**a** ~] 生氣，惱怒：in *a*

～生著氣。

——*v.t.* 使〈人〉生氣，激怒《★常用被動語態，變成「〈人〉生氣」之意；介系詞用 *at, with*》.

——*v.i.* 〔動(十介十(代)名)〕〔對…〕生氣，惱怒〔*at, with*〕.

miffed [mɪft; mift] *adj.* [不用在名詞前]被激怒的；生氣的。

mif·fy [ˋmɪfɪ; ˈmifi] *adj.* (**miff·i·er, -i·est**)《口語》易發脾氣的，易生氣的。

MIG, Mig [mɪg; mig] «源自蘇聯兩名設計者名字的首字母»——*n.* Ⓒ米格機《蘇聯製噴射戰鬥機》。

‡**might**[1] [maɪt; mait] *aux.* **may** 的過去式。**A** (用於直接敘述法) **1** [間接敘述法時，用 may 的過去式] **a** [表示許可]**可以…**：I told him that he ～ go. 我告訴他說他可以走了《★[變換]可換寫成 I said to him, "You may go."》. **b** [表示不確實的推測]**也許會…，可能會…**：I said that it ～ rain. 我說可能會下雨《★[變換]可換寫成 I said, "It may rain."》. **c** [在疑問句中用以強調不確實之意](到底)**會是…**：She asked what the price ～ be. 她問價錢到底會是多少？《★[變換]可換寫成 She said, "what may the price be?"》. **2** [爲與主要子句中的過去時態一致，附屬子句中的 may 用過去式]**爲使…，以使…**：Tom worked hard *so that* his mother ～ enjoy her old age. 湯姆爲使他的母親安享晚年而努力工作(cf. may 6). **3** [表示讓步] **a** [後接對等連接詞 but]**或許(是)…，說不定(是)…**(cf. may 4)：He ～ be rich *but* he was [is] not refined. 他或許富有，但庸俗。**b** [在表示讓步的副詞子句中]**不論…，不管…**：Whoever ～ have said so [No matter who ～ have said so], you needn't have believed him. 不論誰這樣說，你都不必相信他(的話)。

——**B** [用於假設法] **1** [與現在事實相反的假設]：**a** [表示許可]**如果可以(做)…**：I would [want to] go if I ～. 如果我可以去，我會[要]去。**b** [表示現在的推測]**可能[說不定]會…**：I ～ do it if I wanted to. 如果我想做，我可能會做《實則不想做》/You ～ fail if you were lazy. 如果你懶惰，你說不定會失敗。**c** [might have十過分；用於與過去事實相反之推測的假設結論子句]**可能[說不定]已經…**：I ～ *have done* it if I had wanted to. 假如我(那時)要做，我可能已經做了《實則沒做》。

2 [僅用主要子句的句子，內含條件子句的內容；委婉的說法]：**a** [以 you 爲主詞，表示請求]**可以…嗎？，請…好嗎？**：You ～ post this for me. 你可以幫我郵寄這個嗎？**b** [表示譴責、遺憾之意]**該…，…就好了**：You ～ at least apologize. 至少你該道歉/I ～ have been a rich man. 我原可成爲富翁《但爲時已晚》。**c** [表示比 may 更低的可能性]**或許**[也許]…：It ～ be true. 或許那是眞的/She ～ have been happier. 她或許會更幸福/It's so quiet (that) you ～ hear a pin drop. 靜得你連一根針掉下的聲音都可能聽得見。**d** [表示比 may 更客氣的請求許可]**可以…嗎？**：*M～* I ask your name? 請問尊姓大名？/"*M～* I come in?"—"Yes, certainly."「我可以進來嗎？」「請進。」**e** [在疑問句中表示不確實之意](到底)會…：How old ～ she be? 她到底會是幾歲呢？

as might be [have been] expécted... …不出所料；果然…。

míght (jùst) as wéll dó (as...) ⇨well[1] *adv.*

might[2] [maɪt; mait] *n.* Ⓤ力，力氣；勢力，權力，實力；武力；優勢(⇨power【同義字】)：*by* ～ 憑力氣[用武力]/*M～* is right. 《諺》力量即正義，强權即公理《勝者爲王，敗者爲寇》。

with áll one's míght＝(with) míght and máin 盡全力地，拚命地《★[比較]with all one's might 較爲口語化》。

might·i·ly [ˋmaɪtɪlɪ; ˈmaitili] *adv.* **1** 强有力地；猛烈地。**2**《口語》非常地(very).

might·n't [ˋmaɪtn̩t; ˈmaitnt]《口語》**might**[1] **not** 之略。

***might·y** [ˋmaɪtɪ; ˈmaiti] «might[2] 的形容詞»——*adj.* (**might·i·er; -i·est**) **1** 〈人、物〉**有力的，强有力的，强大的**：a ～ ruler 强有力的統治者/a ～ blow 有力的一擊。**2**《口語》巨大的；極好的；非常的：a ～ hit 大成功/make a ～ bother 惹出大麻煩。

——*adv.* (無比較級、最高級)《口語》非常地：It is ～ easy. 那很容易/He was ～ hungry. 他肚子很餓。**míght·i·ness** *n.*

mi·gnon [ˋmɪnjɑn; ˈminjɔn] «源自法語» ——*adj.* 小巧玲瓏的；纖美的；可愛的。

mi·gnon·ette [ˏmɪnjənˋɛt; ˌminjəˈnet] *n.* **1** Ⓤ[指個體時爲Ⓒ]〔植物〕木犀草。**2** Ⓤ淡灰綠色。

mi·graine [ˋmaɪgren; ˈmiːgrein, ˈmai-] *n.* Ⓒ[指病名時爲Ⓤ]偏頭痛：suffer from ～ 患偏頭痛/I have (got) a ～. 我得了偏頭痛。

mi·grant [ˋmaɪgrənt; ˈmaigrənt] *adj.* 移居的；(尤指)〈鳥〉定期性移棲[遷徙]的：～ farm laborers 移動性[季節性]的農場工人。

——*n.* Ⓒ **1** 移居者；季節性(農場)工人。**2** 候鳥。

mi·grate [ˋmaɪgret; maiˈgreit, ˈmaigreit] «源自拉丁文「變更場所」之義»——*v.i.* 〔動(十介十(代)名)〕**1** 〔從…〕移〔往…〕〔*from*〕〔*to*〕：～ ***from*** the Northern ***to*** the Southern States 從北部的州移居南部的州。

【同義字】migrate 指人、動物由一地移居至另一地；emigrate 指人自本國移居他國；immigrate 是人從他國移居本國。

2 〈鳥、魚〉定期性移棲〔到…〕〔*to*〕：Some birds ～ ***to*** warmer countries in (the) winter. 有些鳥會在冬天移棲到較溫暖的地方。

mi·gra·tion [maɪˋgreʃən; maiˈgreiʃn] «migrate 的名詞»——*n.* **1** ⓊⒸ移住，遷移，移棲，移居，遷徙。**2** Ⓒ[集合稱]移民羣；移棲的動物[鳥，魚]羣。

mí·grat·or [-tɚ; -tə] *n.* Ⓒ **1** 移居者。**2** 候鳥。

mi·gra·to·ry [ˋmaɪgrəˏtorɪ, -ˏtɔrɪ-; ˈmaigrətəri] «migrate 的形容詞»——*adj.* **1**〔動物〕移居的，移動性的(↔ resident)：a ～ bird 候鳥/a ～ fish 廻遊魚。**2** 流浪的，漂泊的。

mi·ka·do [məˋkɑdo; miˈkɑːdou] «源自日語「帝」之義»——*n.* Ⓒ (*pl.* ～**s**)[有時 M～, 常 **the** ～]日本天皇《從前外國人對日本天皇的尊稱》。

mike [maɪk; maik] «microphone 之略» ——*n.* Ⓒ《口語》麥克風，擴音器：～ fright 麥克風恐懼症《站在麥克風前會怯場》。

Mike [maɪk; maik] *n.* 麥克《男子名；Michael 的暱稱》。

Mike Fink [ˋmaɪk ˏfɪŋk; ˈmaikfiŋk] *n.* 邁克·芬克。

【說明】美國傳說中的英雄(1770?–1823?)．與印地安人在俄亥俄(Ohio)一戰後，在俄亥俄河與密西西比河當平底船船夫，後來出外探險被射殺。不但爲射擊名手亦以船夫聞名；cf. Jesse James.

mil [mɪl; mil] «源自拉丁文「千」之義»——*n.* Ⓒ **1** 密爾《計算電線直徑的單位，約千分之一吋》。**2** ＝milliliter.

mi·la·dy, mi·la·di [mɪˋledɪ; miˈleidi] *n.* **1** [常 M～；從前歐洲人對英國貴婦人的尊稱或稱呼]夫人(cf. milord). **2** Ⓒ《美》上流社會的婦女。

mil·age [ˋmaɪlɪdʒ; ˈmailidʒ] *n.* ＝mileage.

Mi·lan [mɪˋlæn; miˈlæn] *n.* 米蘭《義大利北部的都市》。

Mil·a·nese [ˏmɪlənˋiz; ˌmiləˈniːz⁻] «Milan 的形容詞»——*adj.* 米蘭的。——*n.* Ⓒ (*pl.* ～)米蘭人。

mílch còw [ˋmɪltʃ-; ˈmiltʃ-] *n.* Ⓒ **1** 乳牛。**2**《英》財源，搖錢樹。

mild** [maɪld; maild] *adj.* (～**·er**；～**·est**) **1 a** 〈人、性情等〉**溫厚的，溫和的，和善的**：a ～ nature [disposition] 溫和的本性[性格]/a ～ person 溫厚的人。**b** [不用在名詞前]〔十介十(代)名〕〈人〉〔性情〕溫厚的〔*in*〕；〔態度〕溫和的〔*of*〕：He is ～ ***in nature [disposition]. 他本性[性情]溫和/He is ～ ***of*** manner. 他態度溫和。**2** 〈氣候等〉**溫暖的，平穩的，和煦的**。**3 a** 〈食物、飲料等〉**刺激性小的，清淡的，可口的**。**b** 〈煙草等〉味淡的，味道不濃的：a ～ cigarette 味淡的香煙。**c** 〈啤酒〉苦味不重的。**4 寬大的，寬鬆的**：(a) ～ punishment 輕微的處罰。**5 a** 〈病情〉**輕的**：a ～ case *of* mumps 輕度的流行性腮腺炎/～ symptoms of measles 麻疹的輕微症狀。**b** 〈藥〉效果緩慢的，刺激性小的：a ～ medicine 刺激性小的藥，藥效溫和的藥物。

méek and míld ⇨meek. ～**·ness** *n.*

mil·dew [ˋmɪlˏdu, -ˏdju; ˈmildjuː] *n.* Ⓤ **1** (長在皮革、衣類、食物等上的)霉，黴(cf. mold[2]). **2**〔植物〕白粉病(菌)，黴菌病。

——*v.t.* **1** 使〈東西〉生霉[發霉]。**2** 使〈植物〉生黴菌病[霉病]。

——*v.i.* **1** 生霉，發霉。**2** 生黴菌病[霉病]。

míl·dewed *adj.* **1** 生[發]霉的。**2** 〈植物〉生黴菌病[霉病]的。

míldew·pròof *adj.* 防霉的。——*v.t.* 防霉處理…。

mil·dew·y [ˋmɪlˏduɪ, -djuɪ; ˈmildjuːi] *adj.* 生霉的，發霉的，盡是黴菌的。

míld·ly *adv.* **1** 溫和地，溫柔地，和藹地。**2** 略微，稍微，有些：He was ～ surprised. 他有些驚訝。

pùt it míldly 含蓄[客氣，委婉]地說《★常當反語用》："My stroke was a little off."—"That's *putting it* ～."「我那一擊有一點偏歪。」「那是委婉的說法。」《「何止有一點，偏得相當厲害。」之意》。

to pùt it míldly (即使)說得含蓄[客氣，委婉]些。

‡**mile** [maɪl; mail] «源自拉丁文「千步」之義»——*n.* **1** Ⓒ **a** 哩《陸上的距離單位，等於 1760 yards,約 1.6km，略作 mi.；正式名稱爲 statute mile》：a distance of 10 ～*s* 十哩的距離/for ～*s* (and ～*s*) (延伸)好幾哩/⇨three-mile limit. **b** ＝nautical mile. **2** Ⓒ **a** 長距離，遠隔：miss the target by a ～ [by ～*s*]離靶心[目標]很遠。**b** [～**s**；當副詞用]…得多：It's ～*s* better [easier]. 那樣好[容易]得多。**3** (又作 **míle ràce**)[**the** ～]一哩賽跑。

tálk a míle a mínute《口語》喋喋不休，滔滔不絕地講。

mile·age [ˋmaɪlɪdʒ; ˈmailidʒ] *n.* **1** Ⓤ[又作 **a** ～] **a** (一定時間內走的)哩數，哩程。**b** (每加侖燃料的)行駛哩數；燃料費。**2** Ⓤ[又作 **a** ～] **a** (鐵路等)按哩計算的車費。**b** (又作 **míleage allòwance**)(公務員等)按哩計算的旅費[出差津貼]。**3** Ⓤ使用量；(衣服的)耐穿，(家具等的)耐用，效益：He has got a lot of ～ out of the shoes. 他已將那雙鞋穿夠了本錢。

mile·om·e·ter [maɪˋlɑmətɚ; maiˈlɔmitə] *n.* [C]（汽車的）行車哩程表。

míle·pòst *n.* [C]哩程標，路標。

mil·er [ˋmaɪlɚ; ˈmailə] *n.* [C]《口語》一哩賽跑的選手[賽馬]。

míle·stòne *n.* [C] **1**（石製的）哩程標，哩程碑。**2**（歷史上、人生中的）劃時代[重大]的事件。

mil·foil [ˋmɪl,fɔɪl; ˈmilfɔil] *n.* [U]《植物》西洋蓍草。

mi·lieu [miˋljø; ˈmi:ljə:] **《源自法語「中間」之義》—***n.* [C][常用單數]（社會）環境，背景。

mil·i·tan·cy [ˋmɪlətənsɪ; ˈmilitənsi] **《militant 的名詞》—***n.* [U] **1** 交戰狀態。**2** 鬥爭性，鬥志；好戰性。

mil·i·tant [ˋmɪlətənt; ˈmilitənt] *adj.* **1** 交戰[戰鬥]中的。**2**（爲達成主義、運動等的目標而）鬥志高昂的，富於戰鬥性的：a ～ demonstration 鬥志昂揚的示威運動。
—*n.* [C]好鬥者，好戰分子；鬥士。～**·ly** *adv.*

mil·i·ta·rism [ˋmɪlətə,rɪzəm; ˈmilitərizəm] *n.* [U] **1** 軍國[黷武]主義。**2** 尚武精神。

míl·i·ta·rist [-rɪst; -rist] *n.* [C] **1** 軍國主義者，軍閥。**2** 軍事專家。

mil·i·ta·ris·tic [,mɪlətəˋrɪstɪk; ˌmilitəˈristik⁻] *adj.* 軍國主義的。**mìl·i·ta·rís·ti·cal·ly** [-tɪklɪ; -tikəli] *adv.*

mil·i·ta·ri·za·tion [,mɪlətərəˋzeʃən, -aɪˋz-; ˌmilitəraiˈzeiʃn] **《militarize 的動詞》—***n.* [U]軍事化；軍國主義化。

mil·i·ta·rize [ˋmɪlətə,raɪz; ˈmilitəraiz] *v.t.* **1 a** 使…軍國主義化[軍事化]。**b** 對…灌輸軍國主義。**2** 使…軍隊化。**3** 使…軍事化。

mil·i·tar·y** [ˋmɪlə,tɛrɪ; ˈmilitəri] **《源自拉丁文「軍人的」之義》—adj.*（無比較級、最高級）**1 a**［用在名詞前］**軍(人)的，軍隊的**；軍事(上)的，軍用的(←→ civil)：～ aid 軍事援助/a ～ band 軍樂隊/(a) ～ government 軍政(府)/～ law 軍法/a ～ march 軍隊進行曲/～ training 軍事訓練。**b**（適合）軍人的；像軍人的：a ～ man 軍人/a ～ look 軍人的外表，軍人的服裝。**2**［用在名詞前］陸軍的(←→ naval)：a ～ hospital 陸軍醫院/a ～ officer 陸軍軍官/a ～ policeman 憲兵/a ～ review 閱兵典禮。
—*n.*［集合稱］**1**［the ～；常當複數用］軍隊；軍方：He was in *the* ～. 他在軍中/*The* ～ were called out to put down the riot. 軍隊奉召出動去鎮壓暴動。**2**［the ～；當複數用］士兵，軍人；(尤指)陸軍軍官。

mílitary acàdemy *n.* **1**［the M～ A～］陸軍官校：*the* U.S. *M～ A～* 美國陸軍官校《在西點(West Point)》/the Royal M～ A～ 英國皇家陸軍官校《在山德赫斯特 Sandhurst [ˋsændhɜst; ˈsændhə:st]》. **2** [U]［指設施時爲[C]］《美》軍隊式(私立)高等學校《受軍事訓練的男子私立預備學校》。

Mílitary Cróss *n.* [C]《英陸軍》(褒揚戰功的)十字勳章《略作 M.C.》.

mílitary-indústrial cómplex *n.* [C]軍事與工業聯合企業。

mílitary políce *n.*［the ～；常 M～ P～；集合稱；當複數用］憲兵《略作 M.P.》.

mílitary scíence *n.* [U]兵法；軍事學。

mílitary sérvice *n.* [U]兵役。

mil·i·tate [ˋmɪlə,tet; ˈmiliteit] *v.i.*〔十介十(代)名〕〔對…〕產生(不利)作用，發生影響〔*against*〕《★[用法]～ for, in favor of（對…產生有利影響）較罕用》：Circumstances ～*d* ***against*** his success. 環境對他的成功有不利的影響。

mi·li·tia [məˋlɪʃə; miˈliʃə] *n.* [C][常 the ～；集合稱] **1** 民兵部隊，國民兵《★[用法]視爲一整體時當單數用，指個別成員時當複數用》。**2**《美》義勇軍《★[用法]同義 1》.

milítia·man [-mən; -mən] *n.* [C](*pl.* **-men** [-mən;-mən]) **1** 民兵。**2** 國民兵。

‡**milk** [mɪlk; milk] *n.* [U] **1 乳，乳汁；牛乳，牛奶**《★[相關用語]未抽出脂肪的全脂奶爲 whole milk, 脫脂奶爲 skim milk, 煉乳爲 condensed milk, 無糖煉乳爲 evaporated milk, 奶粉爲 dry milk》：cow's ～ 牛乳，牛奶/⇨mother's milk/a glass of ～ 一杯牛奶/tea with ～ 加入牛奶的紅茶，奶茶。

> 【說明】牛奶是歐美人飲食必需品。小孩子和老人喝時有時會加溫，但通常都喝冷的。「一杯牛奶」該說成 a glass of *milk*. 西洋人喝牛乳通常不加糖。milk 通常指的是 cow's milk(牛的奶)，但有時指 goat's milk(羊奶)。浮在牛奶上面的脂肪稱作乳脂(cream). 牛奶也常用以煮菜，英國人喝紅茶時通常加牛奶；cf. tea 1 a【說明】

2（植物的）乳液。**3** 乳劑：～ of magnesia 鎂乳《緩瀉劑、制酸劑》。

a lánd of mílk and hóney 肥沃的土地《★出自聖經「出埃及記」；cf. Canaan》.

(as) whíte as mílk 白如牛奶的，乳白的。

còme hóme with the mílk《英謔》(通宵宴會後) 早晨回家《★源自「在清晨遞送牛奶的時候回家」》。

gó òff mílk〈乳牛等〉停止產乳。

in mílk〈乳牛〉在產乳(狀態中)。

mílk and wáter《英》⑴攙水的牛奶。⑵索然無味的演講；過分的感傷。

mílk for bábes（讀物、教理、意見等）適合小孩的［初級的］東西《★出自聖經「哥林多前書」》。

spílt mílk 濺出的牛奶，無法挽回的事：It's no use crying over *spilt* ～.《諺》爲濺出的牛奶哭也沒用《覆水難收，悔恨無益》。

the mílk of húman kíndness 天生的慈悲心腸，惻隱之心。

> 【字源】語出莎士比亞(Shakespeare)四大悲劇之一的「馬克白(*Macbeth*)」第一幕第五場裡馬克白夫人的話：I fear thy nature；It is too full o' *the milk of human kindness*.（我擔心的是你的本性；你天生就是一副慈悲心腸。）

—*v.t.* **1**〔十受〕擠〈牛、羊等〉的奶。**2**〔十受〕自〈蛇牙〉抽取毒液，自〈樹木〉採取樹液。**3**〔十受十介十(代)名〕〔從…〕榨取〈金錢〉，〔自…〕取得〈資訊等〉〔*from, out of*〕；從〈某人處〉榨取〔錢財〕，自〈某人處〉取得〔資訊等〕〔*of, for*〕：～ information ***from*** [***out of***] a person＝～ a person ***of*** information 從某人處取得資訊。
—*v.i.* **1** 擠奶。**2**［與表示情況的副詞連用］產乳，出奶：Our cows are ～*ing* well. 我們的母牛產乳甚多。

mílk-and-wáter *adj.*［用在名詞前］無聊的，沒有朝氣的，索然無味的；過分感傷的。

mílk bàr *n.* [C]奶品店《專售牛奶、冰淇淋等奶品的店》。

mílk chócolate *n.* [U]牛奶巧克力《加入牛奶製造的巧克力》。

mílk chúrn *n.* ＝churn.

mílk·er *n.* [C] **1 a** 擠奶的人。**b** 擠乳器。**2**［常與修飾語連用］乳牛(等)：a good ～ 出奶多的乳牛。

mílk fèver *n.* [U]《醫》(產婦的)產乳熱。

mílk·fish *n.* [C]（*pl.* ～·es,［集合稱］～）《魚》虱目魚。

mílk flòat *n.* [C]《英》送牛奶的車《常爲小型的電動汽車》。

mílk·ing ma·chine *n.* [C]擠乳機。

mílk jélly *n.* [U]［指個體時爲[C]］加入牛奶的果凍。

mílk lòaf *n.* [C]（*pl.* **milk loaves**)牛奶麪包《一種甜味的白麪包》。

mílk·màid *n.* [C]擠乳女工，酪農場女工。

mílk·man [-,mæn; -mən] *n.* [C]（*pl.* **-men** [-,mɛn; -mən]）**1** 牛奶商，送牛奶者。**2** 擠乳男工(dairyman).

mílk pòwder *n.* [U]《英》奶粉。

mílk púdding *n.* [U]［指個體時爲[C]］牛奶布丁《牛奶中加入粉狀米、砂糖、香料等烘焙而成的布丁》。

mílk ròund *n.* [C]《英》送牛奶者的配送路程。

mílk rùn **《源自「配送牛奶」之義》—***n.* [C]《英口語》走慣［常走］的路，老路線。

mílk shàke *n.* [C]［當作菜名時爲[U]］奶昔《牛奶加冰淇淋、香料等攪拌成泡沫狀的飲料》。

mílk snàke *n.* [C]《動物》一種無毒的灰色小蛇。

mílk·sòp *n.* [C]懦夫，膽小鬼，沒有骨氣的人(sissy).

mílk sùgar *n.* [U]乳糖(lactose).

mílk-tòast *adj.* 軟弱的；無力的；不堅決的。
—*n.* ＝milquetoast.

mílk tòoth *n.* [C]乳齒(⇨tooth 1 ★).

mílk·wèed *n.* [C]［集合稱爲[U]］《植物》馬利筋屬植物；任何能產生白色乳液的植物。

mílk-whíte *adj.* 乳白色的。

mílk·wòrt **《相傳可增加乳牛的出乳量》—***n.* [U]《植物》遠志屬多年草本植物的總稱。

milk·y [ˋmɪlkɪ; ˈmilki] **《milk 的形容詞》—***adj.*（**milk·i·er；-i·est**）**1 乳狀的**；乳白色的，白濁的。**2** 產奶的；含乳的，混入牛奶的。**3**〈植物〉分泌乳汁的。**4** 柔弱的，沒有骨氣的。

Mílky Wáy *n.*［the ～］《天文》**1 銀河**。**2**（銀河系以外的）星雲，星系(galaxy).

***mill**[1] [mɪl; mil] *n.* [C] **1 製粉廠**，磨坊：⇨windmill, water mill. **2 a 磨粉機**：The ～*s* of God grind slowly.《諺》老天的磨粉機磨得慢《天譴來得遲，但必來到》；天網恢恢，疏而不漏。**b**［常與修飾語連用］粉碎器，碾磨器：⇨coffee mill, pepper mill. **3 a** 工廠，製造廠(⇨factory【同義字】)：a cotton [paper, steel] ～ 紡織[紙，製鋼]廠。**b** 以機器製造(東西)的場所［設施］：⇨diploma mill. **4**（製造或加工用之較單純的）機器。

dráw wáter to one's míll ⇨water.

thróugh the míll 吃苦頭，受考驗：go *through the* ～ 經歷痛苦經驗，身經磨鍊/be put *through the* ～ 受嚴格的訓練［磨鍊］/He's been *through the* ～. 他已經受了磨練。

—*v.t.*〔十受〕**1 a** 把〈穀物〉放入製粉機［磨製成粉］：～ grain 將穀類磨成粉。**b** 用製粉機製造〈粉〉：～ flour 碾磨麪粉。**2 a** 把…放入機器中；用機器製造…：～ paper 造紙。**b** 輾壓〈鋼鐵〉成棒狀：～ steel 將鋼鐵輾壓成棒。**3** 軋齒邊於〈硬幣〉上《★常用被動語態》：A dime *is* ～*ed*. 一毛硬幣邊緣軋有齒溝。**—***v.i.*〔十副〕〈家畜、人〉(成羣)漫無目的地亂轉，兜圈子〈*about, around*〉.

mill² [mɪl; mil] *n.* Ⓒ《美》釐《貨幣的計算單位；等於 1/1000 美元(dollar)，1/10 分(cent)》.

Mill [mɪl; mil], **John Stuart** *n.* 彌勒《1806–73；英國經濟學家及哲學家；cf. utilitarianism》.

míll·bòard *n.* Ⓤ(做書皮用的)紙板，厚紙(cf. cardboard, paperboard, pasteboard).

míll·dàm *n.* Ⓒ **1** (運轉水車的)水閘。**2** (水車用的)水壩，蓄水池。

mil·le·nar·i·an [ˌmɪləˈnɛrɪən; ˌmiləˈnɛəriən] *n.* Ⓒ〔基督教〕相信千福年(millennium)的人。

mil·le·nar·y [ˈmɪləˌnɛrɪ; miˈlenəri, ˈmilinəri] *adj.* **1** 千的，成千的；千年(期間)的。**2** 千福年的。

—*n.* Ⓒ **1** 千年(期間)。**2** 千年慶典(cf. centenary). **3**〔基督教〕千福年。

mil·len·ni·al [məˈlɛnɪəl; miˈleniəl] *adj.* 千年的；千年期間的。

mil·len·ni·um [məˈlɛnɪəm; miˈleniəm] *n.* (*pl.* ~s, **-ni·a** [-nɪə; -niə]) **1** Ⓒ千年，千年期間。**2** Ⓒ千年慶典。**3** [the ~]〔基督教〕千福年《基督將再度降臨統治人間的一千年期間》。**4** Ⓒ(尤指人人理想中所企盼的)太平盛世，黃金時代。

mil·le·pede [ˈmɪləˌpid; ˈmilipi:d], **míl·le·ped** [-ˌpɛd; -ped] *n.* =millipede.

míll·er *n.* Ⓒ磨坊主，製粉廠主，製粉[麵粉]業者：Every ~ draws water to his own mill.《諺》人人爲自己的利益著想或行事/Too much water drowned the ~.《諺》過猶不及。

mill 2 b

【照片說明】上面是磨咖啡豆的碾磨器，下面是磨胡椒子的碾磨器。

milldam 1

mil·les·i·mal [mɪˈlɛsəml; miˈlesiml] *n.* Ⓒ, *adj.* 千分之一(的)(thousandth).

mil·let [ˈmɪlɪt; ˈmilit] *n.* Ⓤ **1**〔植物〕稷；粟《稻科植物》。**2** 稷[粟]的穀粒。

Mil·let [mɪˈle; miˈlei], **Jean Fran·çois** [ʒɑ̃frɑ̃ˈswa; ˈʒɑ:ŋfrɑ:ŋˈswɑ:] *n.* 米列《1814 – 75；法國畫家》。

míll·hànd *n.* Ⓒ製粉場工人；磨坊工人；水車廠工人。

mil·li- [mɪlɪ-, -lə-; mili-] [複合用詞]表示「…的千分之一」(⇨ metric system).

mil·liard [ˈmɪljəd, -jard; ˈmiljɑ:d] *n.* Ⓒ《英》十億，10^9(《美》billion).

mil·li·bar [ˈmɪləˌbar; ˈmilibɑ:] *n.* Ⓒ〔氣象〕毫巴《氣壓單位，爲 1/1000 巴，一巴約爲水銀柱 750mm 高度的壓力；cf. hectopascal》.

Mil·li·cent [ˈmɪləsnt; ˈmilisnt] *n.* 米勒仙《女子名》。

mìlli·gràm,《英》**mìlli·gràmme** *n.* Ⓒ毫克《十進位的重量單位，爲 1/1000 公克，略作 mg., mg》.

mílli·lìter,《英》**mílli·lìtre** *n.* Ⓒ公撮《十進位的容積單位，爲 1/1000 公升，略作 ml., ml》.

mílli·mèter,《英》**mílli·mètre** [ˈmɪləˌmitə; ˈmiliˌmi:tə] *n.* Ⓒ **毫米，公釐**《十進位的長度單位，爲 1/1000 公尺，略作 mm., mm》.

mil·li·ner [ˈmɪlənə; ˈmilinə] *n.* Ⓒ女帽頭飾商《通常爲婦女》：a ~'s shop 女帽店。

mil·li·ner·y [ˈmɪləˌnɛrɪ, -nərɪ; ˈmilinəri] *n.* Ⓤ **1** [集合稱]女帽類。**2** 女帽製造[販賣]業。

míll·ing *n.* Ⓤ **1** (用磨子)磨；製粉。**2**〔機械〕**a** 銑，(金屬面的)平面銑削法。**b**〔紡〕縮絨，縮呢。**3** (硬幣邊緣的)軋齒溝。

‡mil·lion [ˈmɪljən; ˈmiljən] «源自拉丁文「千」之義；⇨ milli, mile»—*n.* **1** Ⓒ[與數詞或表示數的形容詞連用時的複數爲 ~*s*,《美》~](基數的)**百萬**，10^6；百萬美元[英鎊(等)]：a ~ and a half=one and a half ~*s* 一百五十萬/two ~*s* and a quarter=two and a quarter ~*s* 二百二十五萬/two ~ *of* these people 這些人中的兩百萬人/Among the eight ~ are a few hundred to whom this does not apply. 八百萬人中有數百人不適用此項/He made a ~ [two ~(*s*)]. 他賺了一百萬[兩百萬]。**2** [~s]數百萬，無數：~*s of* motorcars 數百萬輛汽車/~*s of* miles of highways 長達數百萬哩的公路。

in a míllion 罕有[見]的《一百萬個中只有一個的》；極優秀[出色]的：a [one] chance *in a* ~ 千載難逢的機會/a car *in a* ~ 極出色的車子。

—*pron* [當複數用]百萬個，百萬人：There are a [one] ~. 有一百萬個[人]。

—*adj.* [用在名詞前] **1** 百萬的：a [three] ~ people 一[三]百萬人/a few ~ people 數百萬人。**2** [常 a ~]無數的：*a* ~ questions 無數的問題。

like a míllion (dóllars)《美口語》⑴精神[心情]很好的：feel *like a* ~ (*dollars*) 覺得心情很好。⑵〈人、東西〉亮麗的，惹人注目的：You look *like a* ~ (*dollars*). 你看來很吸引人。

mil·lion·aire [ˌmɪljənˈɛr; ˌmiljəˈnɛə] *n.* Ⓒ《★ 語形 陰性 **mil·lion·air·ess** [-ˈnɛrɪs; -ˈnɛəris]》**百萬富翁**，大富翁(cf. billionaire).

míllion·fòld *adj.* & *adv.* 百萬倍的[地]。

mil·lionth [ˈmɪljənθ; ˈmiljənθ] «源自 million+-th¹(構成序數的字尾)»—*adj.* **1** [常 the ~]第一百萬(個)的。**2** 百萬分之一的。

—*n.* **1** Ⓤ[常 the ~](序數的)第一百萬(個)。**2** Ⓒ百萬分之一。

—*pron.* [the ~]第一百萬個人[東西]。

mil·li·pede [ˈmɪləˌpid; ˈmilipi:d], **míl·li·ped** [-ˌpɛd; -ped] «源自拉丁文「千腳」之義» —*n.* Ⓒ〔動物〕馬陸，千足蟲。

mil·li·sec·ond [ˈmɪləˌsɛkənd; ˈmiliˌsekənd] *n.* Ⓒ毫秒《千分之一秒》。

míll·pònd *n.* Ⓒ水車用蓄水池(⇨ milldam 插圖)。

(as) cálm [smóoth] as a míllpond=lìke a míllpond〈海等〉平靜(如鏡)的。

míll·pòol *n.* =millpond.

míll·ràce *n.* Ⓒ **1** 推動水車的水流。**2** (水車用的)溝渠。

míll·stòne *n.* Ⓒ **1** 石磨。**2** 重擔《★出自聖經「馬太福音」等》：His son is a ~ around [about] his neck. 他的兒子是他的重擔《猶如繫於他脖子上的石磨般沉重》。

míll·strèam *n.* =millrace 1.

míll whèel *n.* Ⓒ(水車的)輪子；水車。

míll·wòrk *n.* Ⓤ **1** 水車[工廠]的機器(作業)。**2** [集合稱](工廠的)木工製品《門、窗框等》。

míll·wrìght *n.* Ⓒ **1** 水車[風車]的製造[設計]人，水車匠。**2** (工廠的)機器修理[安裝]工。

mi·lo [ˈmaɪlo; ˈmailou] *n.* Ⓒ(*pl.* ~s)〔植物〕蘆粟《高梁的一種，長白、黃或淺桃色穗》。

mil·om·e·ter [maɪˈlɑmətə; maiˈlɔmitə] *n.* Ⓒ(車輛的)行車哩程表(mileometer).

mi·lord [mɪˈlɔrd; miˈlɔ:d] *n.* **1** [常 M~；從前歐洲人對英國貴族的稱呼或尊稱]先生，老闆(cf. milady). **2** Ⓒ英國紳士[貴族]。

milque·toast [ˈmɪlkˌtost; ˈmilktoust] *n.* Ⓒ[有時 M~]沒勇氣的人，膽小的人；意志薄弱的人，畏首畏尾的人。

milt [mɪlt; milt] *n.* Ⓤ(雄魚的)魚精，精液。

—*v.t.* 使〈魚卵〉受精。

Mil·ton [ˈmɪltn; ˈmiltən], **John** *n.* 密爾頓《1608–74；英國詩人》。

Mil·to·ni·an [mɪlˈtonɪən; milˈtouniən] *adj.* =Miltonic.

Mil·ton·ic [mɪlˈtɑnɪk; milˈtɔnik] «Milton 的形容詞»—*adj.* **1** 密爾頓(特有)的。**2** 密爾頓風格[作風]的，(似密爾頓作品般)莊嚴的，雄渾的。

Mil·wau·kee [mɪlˈwɔkɪ; milˈwɔ:ki] *n.* 密爾瓦基《位於美國威斯康辛州(Wisconsin)東南部，密西根湖畔的一港市》。

mime [maɪm; maim] *n.* **1 a** ⓊⒸ啞劇。**b** Ⓒ(古希臘、羅馬的)摹擬表演，無言笑劇。**2** Ⓒ **a** 摹擬表演者，啞劇演員。**b** (古希臘、羅馬的)扮演無言笑劇的小丑。

—*v.i.* 演啞劇，作無言的摹擬表演。

—*v.t.* **1 a** 用啞劇演出。**b** 比手畫腳表演。**2** 摹擬。

mim·e·o·graph [ˈmɪmɪəˌgræf; ˈmimiəgrɑ:f] *n.* Ⓒ **1** 油印機。**2** 油印品。

—*v.t.* 用油印機油印…。

mi·me·sis [mɪˈmisɪs; miˈmi:sis] *n.* Ⓤ **1**〔生物〕擬態。**2**〔修辭·藝術〕模仿，摹擬《模仿某人言詞、動作等的人物描寫法》。

mi·met·ic [mɪˈmɛtɪk; miˈmetik] «mimesis 的形容詞»—*adj.* **1** 模仿的。**2**〔生物〕擬態的。

mim·ic [ˈmɪmɪk; ˈmimik] *adj.* [用在名詞前] **1** (善於)模仿的；仿造的，僞造的；摹擬的：a ~ battle 模擬戰/~ tears 假哭/the ~ stage 表演模仿別人動作的笑劇，滑稽劇。**2** 擬態的：~ coloring (動物的)擬色，保護色。

—*n.* Ⓒ **1** 模仿者；(尤指)表演摹擬動作者。**2 a** 善於模仿人的

M

動物。**b** 善於模仿人聲的鳥。

—*v.t.* (**mim·icked**; **-ick·ing**) **1** (爲逗人笑而)模仿〈人、物〉; 模仿(以取笑)〈人等〉(⇨imitate 2【同義字】)。**2** 摹擬〈聲音等〉。**3** 《生物》摹擬…的形態[體色]。

mim·ic·ry [ˋmɪmɪkrɪ; ˈmimikri] *n.* Ⓤ **1** 模仿, 摹擬。**2** 《生物》擬態。

mi·mo·sa [mɪˋmosə, -zə; miˈmouzə] *n.* **1** Ⓤ [指個體時爲Ⓒ] 《植物》**a** 含羞草。**b** 洋槐(acacia)。**2** Ⓤ [集合稱] 含羞草[洋槐]的花。

mimosa 1 a

min. 《略》mineralogy; minim(s); minimum; mining; minor; minute(s).

Min. 《略》Minister; Ministry.

mi·na [ˋmaɪnə; ˈmainə] *n.* Ⓒ (*pl.* **-nae** [-ni; -ni:], **~s**) 麥納《古希臘、埃及等之重量及貨幣單位》。

mi·na·cious [mɪˋneʃəs; miˈneiʃəs] *adj.* = minatory.

min·a·ret [ˌmɪnəˋrɛt, ˋmɪnəˌrɛt; ˈminəret, ˌminəˈret] *n.* Ⓒ (回教寺院的)尖塔(cf. muezzin).

min·a·to·ry [ˋmɪnəˌtorɪ, ˌtɔrɪ; ˈminətəri] *adj.* 《文語》威脅的, 恫嚇的(menacing).

mince [mɪns; mins] **《源自拉丁文「使變小」之義》—***v.t.* **1** 將〈肉等〉切碎, 剁碎。**2** 委婉[拐彎抹角]地說…。**3** 裝模作樣地說…。

—*v.i.* **1** 裝模作樣地走碎步。**2** 裝模作樣地行動[說]。

—*n.* Ⓤ **1** 《英》細切的肉, 絞肉。**2** 《美》=mincemeat.

mosque and minarets

mínce·mèat *n.* Ⓤ碎肉餅餡《加入葡萄乾、糖、蘋果、香料等調合而成, 作爲碎肉餅(mince pie)的材料》。

màke míncemeat of... (1)將…剁碎, 粉碎…。(2)(在辯論等時)推翻, 駁倒〈他人的信仰、意見、議論等〉。(3)徹底打垮〈某人〉。

mínce píe *n.* Ⓤ [指個體或種類時爲Ⓒ] 碎肉餅《以 mincemeat 爲餡的圓形小餅, 常於耶誕節時食用》。

mínc·er *n.* Ⓒ **1** 絞肉機。**2** 裝腔作勢的人。**3** 走路忸怩作態的人。

mínc·ing *adj.* **1** 〈說話、態度等〉裝模作樣的, 裝腔作勢的。**2** (裝模作樣)走碎步的。**3** 剁碎用的。**~·ly** *adv.*

míncing machìne *n.* Ⓒ絞肉機。

mind** [maɪnd; maind] **《源自古英語「記憶, 思考」之義》—n.* **1** ⓊⒸ (指與身體相對, 具有思考、意志等功能的)心, 精神: ~ and body 身心《★相對字, 無冠詞》/a strong [weak] ~ 堅强[脆弱]的心/a state [frame] of ~ (一時的)心情; 心境; 心態, 精神狀態/a turn [cast] of ~ 心地, 性情/apply [bend] the ~ to... 對…用心[煞費苦心]/give one's (whole) ~ to... 專注於…, 傾全心於…/open one's ~ to... 對…說出心裏話/take one's [a person's] ~ off... 把(某人的)心從…移開, 使(人)不注意[不掛心]…; 使人忘記…事/A sound ~ in a sound body. ⇨sound²/⇨ABSENCE of mind.

【同義字】heart 意指感情、情緒的心。

2 a Ⓤ [又作 **a ~**] (與感情、意志有別, 運用理性的)**知性**, 智力: He has *a* very good [sharp] ~. 他的腦筋非常好。**b** Ⓤ精神的正常狀態[健全]: a man of sound ~ 精神健全的人/out of one's ~ 發瘋, 精神失常/She lost her ~. =She went out of her ~. 她發瘋了/No one in his right ~ would do such a terrible thing. 精神正常的人絕不會做如此可怕的事。

3 Ⓤ**記憶**, 回憶: bear [keep, have]...in ~ 記住…, 把…記在心裏[留在記憶裏]/bring [call]...to ~ 想起…/come to ~ 〈事情〉浮現心頭[腦海裏]/cross [enter] one's ~ 〈事情〉湧上心頭, 掠過腦海/flash across [rush upon] one's ~ 〈事情〉突然閃現腦海中, 突然被想起/put a person in ~ of... 使某人想起…/pass [go] out of one's ~ 〈事情〉被遺忘/have a person's name in the back of one's ~ 把某人的名字留在記憶裏/Out of sight, out of ~. ⇨sight 3.

4 Ⓒ [常與修飾語連用] **心[知性]**…的人, 人: a great ~ 偉人/No two ~*s* think alike. 沒有兩個人想法相同/Great ~*s* think alike. 《諺》賢者想法相同; 我與你意見相同。

5 Ⓒ [常用單數] **a 意見**, 想法; 意向: the popular ~ 民意; 人心/the public ~ 輿論/in my ~ 我以爲[認爲]/change one's ~ 改變主意, 變卦/speak [say, disclose, tell] one's ~ (坦率)說出自己的意見[想法]/have a ~ of one's own 有自己的想法/read a person's ~ 看出某人的心思/be of one [a] ~ 〈兩個以上的人〉意見一致, 有相同的看法/I am of the same ~. 我的想法(與以前)一樣; 我有相同的意見/So many men, so many ~*s*. ⇨SO MANY. **b** [+ *to* do] 有意, 打算, 想要〈做…〉: I have a [no] ~ *to* go for a walk. 我想[不想]去散步/I have half a ~ *to* undertake the work. 我有意要接受該工作/I had a good [great] ~ *to* strike him. 我很想揍他。

gìve a person **a píece of** one's **mínd** 對〈某人〉直言不諱[直說], 當面責罵〈某人〉。

in one's **mínd's èye** 在某人心目中, 在某人的想像中。

in [of] twó mínds [對…]心裏起動搖, 〈對…〉猶豫不決, 〈對…〉三心兩意 [*about*]; [+ *wh.*+ *to* do] 〈對如何做…〉猶豫不決, 〈對如何做…〉三心兩意: He was *in* [*of*] *two* ~*s about* how to deal with the problem [*whether to go, what to* do]. 他對於如何解決該問題[是否要去, 怎麼做]猶豫不決。

knów one's **òwn mínd** [常用於否定句] 有自己的意見, 有定見。

màke úp one's **mínd** (1)決心: Is your ~ *made up* yet? 你下決心了嗎? (2)[+ *to* do] 決心〈做…〉: I've *made up* my ~ *to* get up earlier in the morning. 我已決心早上要早起。(3)[(+介)+ *wh.*__/(+介)+ *wh.*+ *to* do] 決心, 決定〈…〉[*about*]: Early in life, he *made up* his ~ (*about*) *what* he wanted to be. 年輕時他就決定將來要當什麼了/I couldn't *make up* my ~ *which to* choose. 我不能決定該選哪一個。(4)承認, 覺悟[無法避免的事實] [*to*]: You must *make up* your ~ *to* that. 你必須承認那件事。(5)[+ *that*__] 自以爲[認爲]〈…事〉: She *made up* her ~ *that* she was not going to get well. 她自認自己的病不會好。

on one's **mínd** 爲某人所關心[惦記, 掛念]: He seems to have something important *on* his ~. 他似乎在掛念著什麼重要事。

to óne's **mínd** (1)依…的想法, 某人認爲: *To* my ~, he acted too thoughtlessly. 依我看[我認爲], 他的行爲太欠考慮了。(2)《罕》合…的意。

with...in mínd 把…放在心上[考慮在內]; 考慮到…: A politician must act *with* his constituents *in* ~. 政治家在採取行動時必須考慮到他的選民。

—*v.t.* **1** [常用祈使語氣] **a** [十受] **注意**, 當心; 掛慮, 顧慮…: *M*~ the step. 注意梯級/*M*~ your step. 小心腳步, 留心腳底下/*M*~ your head. 當心你的頭《★提醒對方進出低矮門口或物品將自頭上落下》/*M*~ your backs! 請讓路! 當心你背後! 《★在宴會席上手持飲料走路時等所說的話》/*M*~ your own business. 管你自己的事; 少管閒事/Never ~ the expense. 別擔心費用/⇨Don't MIND me. **b** [+ (*that*)__] 小心, 注意; 記住〈…(事)〉《★用法通常省略 that》: *M*~ you don't spoil it. 小心別把它弄壞了/*M*~ you work in the morning. 記住要在早上用功。

2 a [十受] [常用於否定句、疑問句] **介意**[在乎, 反對]…: I do*n't* ~ hard work, but I do [du; du:] ~ insufficient pay. 我不在乎工作辛苦, 就怕薪水太少/I should*n't* ~ a drink. 我不反對喝一杯。**b** [+ do*ing*/+受[所有格]+do*ing*] [常用於否定句、疑問句] 介意〈做…〉; 介意〈某人做…〉《★用法(1)用受詞的是《口語》; (2)一般用 *v.i.* 2 的Do [Would] you ~ if...? 請你…好嗎? 你介不介意…? (3)[+ *to* do] 是錯誤的用法》: Do [Would] you ~ shut*ting* the door? 請你把門關上, 好嗎? 《★用法用 would 較 do 客氣, 但强調 mind 時, 兩者常變成焦慮的說法; 關於此疑問句的回答, 請看*v.i.* 2 的 Do [Would] you ~ if...? 的回答部分》/I don't ~ your [you] smok*ing* here. 我不介意你在這裏吸煙。**c** [+ *wh.*__] [用於否定句] (不)介意〈…〉: I do*n't* ~ *which* of them comes to me. 我不介意他們當中哪一個來我這裏/*Never* you ~ *what* we are talking about. 《口語》你別管我們在談論什麼《★mind 爲祈使語氣》。

3 [十受] 照顧, 照料, 看管…: M~ the house [children] while I'm out. 我不在時看好房子[孩子們]/Would you ~ my bags for a few minutes? 請幫我看管一下袋子好嗎?

4 [十受] **a** 聽從〈某人〉的命令: You should ~ your parents. 你應該聽父母的話。**b** 遵守[服從]〈命令〉: M~ the rules. 遵守規則。

—*v.i.* **1 注意**, 小心, 當心: Do you ~! 你當心點!

2 [常用於否定句、疑問句] 介意, 掛念, 反對: Never ~! 沒關係! 不要緊! 不要介意! 《★用法作此義解時不用 Don't mind!》/"Do [Would] you ~ if I open [opened] the window?"—"No, I don't [wouldn't]."「我開窗你會介意嗎?」「不, 我不介意。」《★用法回答時一般用 No, not at all., Certainly not., Of course not. 等》/"Do you ~ if I smoke?"—"Yes, I dó (↗)."「你介意我抽煙嗎?」「是的, 我介意。」

Dòn't mínd me. (1)別管我。(2)小心點; 你太過分, 全不管我《替我想想吧》。

mínd (you)! 聽好! 你聽著! 《★用法叮嚀對方或敍述應考慮之事時的插入句》: Now ~, this is my own idea. 現在聽好, 這是我自己的主意/He is a nice fellow, ~ *you*, but I can't trust him. 你聽好, 他是個好人, 但我不能信任他。

M

mind óut《vi adv》[常用祈使語氣]《英》當心，留意，注意〔…〕〔*for*〕.

néver mind (1)⇨v.i. 2. (2)《口語》別說是…，更何況是…：These rules are confusing enough to members, *never* ~ to outsiders. 這些規則足以令會員感到困惑，更別說是對局外人了。

Min·da·na·o [ˌmɪndəˋnao, -ˋnau; ˌmindəˈnɑːou, -ˈnau] *n.* 民答那峨島《菲律賓羣島中之第二大島》。

mínd bènder *n.* Ⓒ《俚》**1** 幻覺劑。**2** 能突然且强烈地影響人之感官[思想]的人[事物]。

mínd-bènding *adj.*《口語》**1**〈藥物〉使人產生幻覺的。**2** 使人驚愕的；極難理解的。

mínd blòwer *n.* Ⓒ《俚》**1** 迷幻藥，幻覺劑。**2** 使人極度興奮、激動的事物。

mínd-blòwing *adj.*《口語》**1**〈藥物〉引起幻覺的。**2** 使人極度興奮的；使人震驚的。

mínd-bòg·gling *adj.* 令人吃驚的，使人驚駭的。

mínd·ed *adj.* **1** [不用在名詞前] **a** [與副詞連用] 有意(…)的：If you are so ~, you may do it. 如果你有此意，你可以做。**b**〔+*to* do〕有意〈做…〉的：He would help us if he were ~ *to* do so. 如果他有意幫助我們，他就會這樣做。**2** [構成複合字] **a** 有…心的，有…頭腦的：feeble-*minded* 意志薄弱的/commercially-*minded* 有商業頭腦的，滿腦子生意經的。**b** 熱心…的：sports-*minded* 熱心運動的/⇨air-minded.

mínd·er *n.* Ⓒ[常構成複合字] 照顧者，看管人。

mínd-expànd·ing *adj.*《口語》〈藥物〉有幻覺作用的；對知覺[思想]產生障礙的。

mind·ful [ˋmaɪndfəl; ˈmaindful] *adj.* [不用在名詞前] **1**〔+介+(代)名〕留心〔…〕的，注意〔…〕的，不忘記〔…〕的〔*of*〕：He is ~ ***of*** his duties. 他謹記自己的職責。**2**〔+*to* do〕留意[注意]〈做…〉的，不忘記〈做…〉的：Be ~ *to* follow my advice. 你要注意照我的忠告去做。~·**ness** *n.*

mínd·less *adj.* **1 a** 欠思慮[考慮]的，無知的。**b**〈工作等〉不用腦筋的。**2 a**〈大自然的力量等〉沒有知性的，無心的。**b**〈暴力等〉無理由的。**3** [不用在名詞前]〔+介+(代)名〕〔對…〕不關心的，疏忽的，不注意的〔*of*〕：He is ~ ***of*** his appearance. 他不注意自己的儀表。~·**ly** *adv.* ~·**ness** *n.*

mínd rèader *n.* Ⓒ能知他人心思者，施測心術者。

mínd rèading *n.* Ⓤ測心術。

mínd-sèt *n.* Ⓒ(成爲習性的)想法，思考態度[傾向]。

mínd's éye *n.* [one's ~] 心眼，想像(力)《★出自莎士比亞(Shakespeare)的悲劇「哈姆雷特(*Hamlet*)」》：*in* one's ~ 在某人的心目[想像]中。

‡**mine**[1] [maɪn; main] *pron.* (*pl.* ~) [與 I 相對應的所有格代名詞] **1 a** 我的東西《★用法 視所指內容而當單數或複數用；cf. hers, his 2, ours, theirs, yours》：This umbrella is yours, not ~. 這把傘是你的，不是我的/*M*~ is an old family. 我家是一個舊式家庭《★比較 較 My family is an old one 的說法文言》/Your eyes are blue and ~ (are) dark. 你的眼睛是藍色的；我的是黑色的/The game is ~. 這場比賽我贏了/⇨The PLEASURE is mine. **b** 我的家人[信件，職責(等)]：He was kind to me and ~. 他對我和我的家人都好/Have you received ~ of the fifth? 你收到我五號(寫)的信了嗎？/It is ~ to protect him. 保護他是我的責任。**2** [**of** ~] 我的《★用法 my 不能與 a, an, this, that, no 等並列於名詞之前，故以 mine 取代 my, 置於名詞之後》：*a* friend *of* ~ 我的一位朋友《★比較 a friend of mine 指不確定的人，my friend 指特定的人》/*this* book *of* ~ 我的這本書。**3** [I 的所有格；置於以母音或 h 起頭的名詞前或名詞後]《古·詩》我的(my)：~ eyes 我的眼睛/lady ~ =my lady (⇨lady 3 c).

***mine**[2] [maɪn; main] *n.* **1** Ⓒ[常與修飾語連用] **礦山，礦場；礦坑**；《英》(尤指)煤礦：a diamond ~ 鑽石礦/⇨ coal mine, gold mine. **2** [a ~] 豐富的資源，寶藏〔*of*〕：*a* ~ *of* information 知識的寶庫。**3** Ⓒ《軍》**a** (挖到敵方地下面用以埋地雷的)坑道，地雷坑。**b** 地雷；水雷，機械水雷：a floating [drifting, surface] ~ 浮雷/a submarine ~ 深水水雷/lay [place] a ~ 布雷，埋地雷。

spríng a míne (1)引發地雷。(2)偸襲[某人]〔*on*〕.

—*v.t.* **1 a**〔+受〕開採〈礦石、煤等〉。**b**〔+受+介+(代)名〕〔爲開採礦石、煤等〕在…挖坑道〔*for*〕：~ a mountain ***for*** gold 開山採金。**2**〔+受〕布雷於…；用地雷[水雷]炸毀…《★常用被動語態》：The road *is* ~*d*. 這條道路埋有地雷。**3**〔+受〕用祕密手段[計謀]推翻[破壞]…，用陰謀使〈人〉垮台《★比較 一般用 undermine》.

—*v.i.* **1 a**〔+介+(代)名〕開採〔…〕〔*for*〕. **b** 挖坑道。**2** 布地雷。

míne óut《vt adv》採完〈礦山等〉《★常用被動語態》。

míne detèctor *n.* Ⓒ(探測地雷[水雷]的)偵雷器。

míne dispósal *n.* Ⓤ地雷[水雷]處理。

míne·field *n.* Ⓒ **1**《軍》埋地雷[布水雷]的地區[水域]。**2** 暗藏著重重危機的場所[事情]。

míne·làyer *n.* Ⓒ《海軍》布雷艇。

min·er [ˋmaɪnɚ; ˈmainə] *n.* Ⓒ **1 礦工**；《英》(尤指)坑夫。**2**《軍》布雷工兵。

***min·er·al** [ˋmɪnərəl, ˋmɪnrəl; ˈminərəl] **《源自拉丁文「礦山」之義》**—*n.* **1** Ⓒ **a 礦物**(cf. animal 1 a, plant 1 a). **b** 礦石。**c** 無機物。**2** ⓊⒸ(作爲養分的)礦物質。**3** Ⓒ[常 ~s]《英口語》(含碳酸的)清涼飲料。

—*adj.* **1** 礦物(性)的，含礦物的：a ~ spring 礦泉/the ~ kingdom 礦物界。**2** 無機的。

min·er·al·ize [ˋmɪnərəlˌaɪz, ˋmɪnrəlˌaɪz; ˈminərəlaiz] *v.t.* **1** 使…成礦物，使〈金屬〉礦石化。**2** 使…含礦物。**3** 使…成化石。

—*v.i.* **1** 採取礦物；探礦。**2** 礦物化。

min·er·al·og·i·cal [ˌmɪnərəˋlɑdʒɪkl; ˌminərəˈlɔdʒikl←] **《mineralogy 的形容詞》**—*adj.* 礦物學(上)的。

~·**ly** [-klɪ; -kəli] *adv.*

mìn·er·ál·o·gist [-dʒɪst; -dʒist] *n.* Ⓒ 礦物學家。

min·er·al·o·gy [ˌmɪnəˋrælədʒɪ; ˌminəˈrælədʒi] *n.* Ⓤ礦物學。

míneral òil *n.* Ⓤ[指種類時爲Ⓒ] 礦物油。

míneral wàter *n.* **1** Ⓤ[Ⓒ；常 ~s] 礦(泉)水《含有礦物鹽和碳酸氣的天然或人造水；常以瓶罐裝當藥用或當飲料出售》。**2** Ⓤ[指種類時爲Ⓒ]《英》(加碳酸調味的)清涼飲料《★常爲瓶裝》。

míneral wòol *n.* Ⓤ礦綿《隔音、耐火的建築用填料，爲羊毛狀纖維物資，如石綿、玻璃絨(glass wool)等》。

Mi·ner·va [məˋnɝvə; miˈnəːvə] *n.*《羅馬神話》米娜娃《司智慧與技藝的女神，相當於希臘神話的雅典娜(Athena)》.

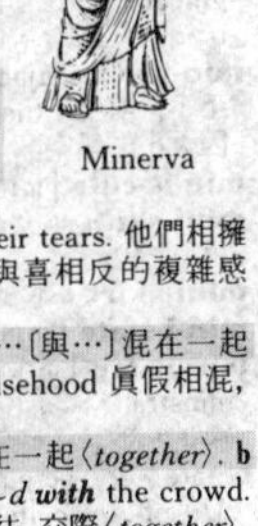

Minerva

min·e·stro·ne [ˌmɪnəˋstronɪ; ˌminiˈstrouni] **《源自義大利語「湯」之義》**—*n.* Ⓤ義大利濃菜湯《肉汁加蔬菜、通心粉、細麪條等煮成的濃湯》。

míne·swèeper *n.* Ⓒ掃雷艇[器]《用以偵測及移除水雷》。

míne·swèeping *n.* Ⓤ海上掃雷(工作)。

min·e·ver [ˋmɪnəvɚ; ˈminivə] *n.* =miniver.

míne wòrker *n.* Ⓒ礦工。

Ming [mɪŋ; miŋ] *n.* (中國的)明朝(1368–1644).

min·gle [ˋmɪŋgl; ˈmiŋgl] *v.t.* **1**〔+受(+副)〕將〈兩樣(以上)東西〉**混合**，將…混在一起〈*together*〉《★常以過去分詞當形容詞用；⇨mix【同義字】》：The two rivers ~*d* their waters there. 這兩條河在那裏匯合/They ~*d* their tears. 他們相擁而泣/with ~*d* feelings 悲喜交集地《懷著悲與喜相反的複雜感情》。

2〔+受+介+(代)名〕將…〔與…〕混合，將…〔與…〕混在一起〔*with*〕《★常用被動語態》：truth ~*d* ***with*** falsehood 眞假相混，摻雜著虛僞的眞實。

—*v.i.* **1 a** [動(+副)]〈兩樣東西〉混合，混在一起〈*together*〉. **b**〔+介+(代)名〕混入〔…〕〔*with*〕：He soon ~*d* ***with*** the crowd. 他很快地混入人羣中。**2 a** [動(+副)]〈人〉交往，交際〈*together*〉. **b**〔+介+(代)名〕〈人〉〔與他人〕交往，交際〔*with*〕；參加〔社交等〕交際〔*in*〕：He is too shy to ~ ***with*** others [***in*** society]. 他由於太內向而怯於與他人交往[參加社交活動]。**c**〔+介+(代)名〕參加，加入〔…〕〔*in*〕. **3**〔+介+(代)名〕(在宴會等時)〔混入許多賓客間〕輪流交談〔*with*〕.

min·gy [ˋmɪndʒɪ; ˈmindʒi] *adj.* (**min·gi·er**; **-gi·est**)《口語》小氣的，吝嗇的。

min·i [ˋmɪnɪ; ˈmini]《口語》*n.* Ⓒ **1** 迷你裙[女裝，外套(等)](cf. maxi). **2** 小型汽車，迷你車。—*adj.* 極小的，小型的。

min·i- [mɪnɪ-, -nə-; mini-] [複合用詞] 表示「極小的」「小型的」之意：*mini*bus, *mini*skirt.

min·i·a·ture [ˋmɪnɪtʃɚ, ˋmɪnɪə-; ˈminətʃə, ˈminjə-] *n.* **1** Ⓒ縮圖；縮模；縮小物；小型器件〔*of*〕.

> 【字源】原義指「用鉛丹[紅鉛]畫的東西」，但因爲跟拉丁文有「小」之意的字頭 min- 同音，而受同化。另一種說法是古時候以手使用顏料畫書的插圖，而這種畫通常很小，因此有了「小東西」之意。

2 a Ⓒ(常指畫於象牙板、羊皮紙等上之人物畫等的)纖細畫，小畫像。**b** Ⓤ纖細畫法。

3 Ⓒ(中世紀抄本上的)彩飾(畫，文字)。

in míniature (1)以纖細畫法。(2)小規模的[地]。

—*adj.* [用在名詞前] **1** 小型的，小規模的：a ~ camera 小型相機《通常用 35mm 以下的小軟片》/~ golf 迷你[小型]高爾夫球《只用推桿(putter)打的小型仿高爾夫球戲》。**2** 纖細畫的。

—*v.t.* 把…畫成纖細畫[縮版]。

M

mín·i·a·tùr·ist [-tʃərɪst; -ˌtjuərist, -tʃərist] *n.* Ⓒ纖細畫家；製縮圖者。

min·i·a·tur·ize [ˋmɪnɪətʃəˌraɪz; ˈminiətʃəraiz] *v.t.* 使…小型化：～ a computer 使電腦小型化。**min·i·a·tur·i·za·tion** [ˌmɪnɪətʃərɪˋzeʃən, -raɪˋz-; ˌminiətʃəraiˈzeiʃn] *n.*

min·i·bike [ˋmɪnɪˌbaɪk; ˈminibaik] *n.* Ⓒ迷你脚踏車。

míni·bus *n.* Ⓒ迷你[小型]巴士(⇨bus 相關用語)：by ～ 乘迷你巴士(★無冠詞)。

min·i·cab [ˋmɪnɪˌkæb; ˈminikæb] *n.* Ⓒ《英》作出租汽車用的小型汽車。

míni·càr *n.* Ⓒ **1** 小型[迷你]汽車。**2** (玩具的)迷你車。

min·i·com·put·er [ˋmɪnɪkəmˌpjutɚ; ˈminikəmˌpju:tə] *n.* Ⓒ小型電腦。

min·i·fy [ˋmɪnəˌfaɪ; ˈminifai] *v.t.* **1** 使…變小[縮小]。**2** 降低…的重要性；削減…。

min·im [ˋmɪnɪm; ˈminim] *n.* Ⓒ **1** 米尼姆《液量的最小單位；1/60 fluid dram；略作 min.；《美》0.0616 cm², 《英》0.0591 cm²》. **2** 微量；微小(物)。**3** 《英》《音樂》二分音符(《美》half note).

min·i·ma *n.* **minimum** 的複數。

min·i·mal [ˋmɪnɪml̩; ˈminiml, -məl] 《**minimum** 的形容詞》 —*adj.* 最小(限度)的，極小的，極微的(↔ maximal).

min·i·mize [ˋmɪnəˌmaɪz; ˈminimaiz] *v.t.* **1** 使…減至最少[最低限度]，使…成極小(↔ maximize). **2** 把…作最低的估計[評價]；輕視，蔑視…。

***min·i·mum** [ˋmɪnəməm; ˈminiməm] 《源自拉丁文「最小的」之義》—(↔ maximum) *n.* Ⓒ(*pl.* **～s, -ma** [-mə; -mə]) **1** [常用單數] **最小(限度)**，最低限[額]，最小量：reduce waste of materials to a ～ 將原料的耗損減至最低限度/He was content with a [the] ～ *of* comfort. 他滿足於最起碼的舒適。**2** 《數學》極小(值)。

—*adj.* [用在名詞前](無比較級、最高級)**最小的，最小[最低]限度的**：a ～ thermometer 最低溫度計。

mínimum wáge *n.* [用單數]最低工資。

mín·ing *n.* **1** Ⓤ採礦；礦業：coal ～ 煤礦業。**2** Ⓤ地雷[水雷]的敷設。**3** [當形容詞用]礦業的：a ～ academy 礦業專科學校/a ～ claim [concession](發現者擁有開採權的)礦區/a ～ engineer 採礦工程師/～ engineering 採礦工程(學)/the ～ industry 採礦工業/～ rights 開礦權。

min·ion [ˋmɪnjən; ˈminjən] *n.* **1** Ⓒ《輕蔑》**a** 得寵者；寵臣。**b** 手下，嘍囉：the ～*s* of the law 警察，獄吏。**2** Ⓤ《印刷》七磅因大小的鉛字。

min·is·cule [ˋmɪnəˌskjul; ˈminiskju:l] *adj.* ＝minuscule.

míni·skì *n.* Ⓒ(*pl.* **～s**)迷你雪橇《較一般雪橇短，爲初學者所用》。

míni·skìrt *n.* Ⓒ迷你裙。

min·i·state [ˋmɪnɪˌstet; ˈministeit] *n.* Ⓒ小獨立國。

‡**min·is·ter** [ˋmɪnɪstɚ; ˈministə] 《源自拉丁文「僕人」之義；cf. minstrel》—*n.* Ⓒ[也用於稱呼] **1** (英國、日本等的)**大臣**，(中國的)部長(★美國用 Secretary，英國多半用 Secretary of State；cf. secretary 3)：the Prime *M*～ 首相；行政院長/the *M*～ of Agriculture, Fisheries and Food (英國的)農、漁、糧食部長/the *M*～ of Education 教育部長/the Foreign *M*～＝the *M*～ of [for] Foreign Affairs 外交部長。**2 公使**；外交使節《地位僅次於大使(ambassador)》：a ～ *to* Egypt 駐埃及公使。**3 神職人員，牧師**(★《英》指非國教派與長老教派的神職人員)。

—*v.i.* **1** 做神職人員的工作；(做禮拜)主持。**2** [十介十(代)名]伺候，服侍[…]；[對…]有幫助[*to*]：～ *to* the sick 照顧病人/～ *to* the needs of... 照顧[應付]…的需要。

min·is·te·ri·al [ˌmɪnəsˋtɪrɪəl; ˌministiəriəl] 《**minister** 的形容詞》—*adj.* **1** 大臣的，部長的。**2** 內閣的；政府方面的，執政黨的：the ～ party 執政黨。**3** 神職人員的，牧師的。

～·ly [-əlɪ; -əli] *adv.*

mín·is·ter·ing ángel [-tərɪŋ-, -trɪŋ-; -təriŋ-] *n.* Ⓒ解救的天使，救星《指親切的護士等》。

min·is·trant [ˋmɪnɪstrənt; ˈministrənt] *adj.* 服侍的，輔佐的，服務的。—*n.* Ⓒ服侍者，輔佐者。

min·is·tra·tion [ˌmɪnəˋstreʃən; ˌminiˈstreiʃn] 《**minister** 的名詞》—*n.* ⓊⒸ[常 **～s**] **1** 服務，援助，照顧。**2** 神職人員的職務；(禮拜儀式等的)主持。

min·is·try [ˋmɪnɪstrɪ; ˈministri] 《源自拉丁文「勤務、供職」之義》—*n.* **1** [常 **M**～] Ⓒ **a** (英國、中國等由部長(minister)管轄的)**部**[*of*](★用法 英國除 Ministry 外還用 Department, Office 等，美國則用 Department)：the *M*～ of Defence (英國的)國防部/the *M*～ of Agriculture, Fisheries and Food (英國的)農漁糧食部/the *M*～ *of* Education 教育部。**b** 部的建築物。**2 a** Ⓒ**內閣**：form a ～ 組織內閣/*The M*～ has resigned. 內閣已辭職。**b** [**the M**～；集合稱]各部長。**3** Ⓒ[常用單數]部長的職務[任期]。**4** [**the** ～] **a** 神職人員的職務[任期]：enter *the* ～ 當牧師。**b** Ⓤ[集合稱]神職人員(★用法 視爲一整體時當單數用，指全部個體時當複數用)。**5** Ⓤ服務，援助。

min·i·sub [ˋmɪnɪsʌb; ˈminisʌb] *n.* Ⓒ小型潛水艇《用來探查海底環境的小型研究潛艇》。

min·i·ver [ˋmɪnəvɚ; ˈminivə] *n.* Ⓤ白毛皮《中世紀貴族用作裏子或裝飾用》。

mink [mɪŋk; miŋk] *n.* (*pl.* **～s**, [集合稱] ～) **1** Ⓒ《動物》水貂《鼬類》。**2 a** Ⓤ貂皮。**b** Ⓒ貂皮衣服《外套、圍巾等》。

mink 1

Minn. 《略》Minnesota.

Min·ne·ap·o·lis [ˌmɪnɪˋæpəlɪs, -ˋæplɪs; ˌminiˈæpəlis] *n.* 明尼阿波利斯《美國明尼蘇達州(Minnesota)東南部之一都市》。

min·ne·sing·er [ˋmɪnɪˌsɪŋɚ; ˈminiˌsiŋə] *n.* Ⓒ(德國十二至十四世紀的)吟遊詩人。

Min·ne·so·ta [ˌmɪnɪˋsotə; ˌminiˈsoutə] 《源自北美印地安語「略帶乳白色的藍水」之義》—*n.* 明尼蘇達州《美國中北部的一州；首府聖保羅(St. Paul)，略作 Minn.,《郵政》MN；俗稱 the North Star State》.

Min·ne·so·tan [ˌmɪnɪˋsotn̩; ˌminiˈsoutn] 《**Minnesota** 的形容詞》—*adj.* 明尼蘇達州的。—*n.* Ⓒ明尼蘇達州人。

min·now [ˋmɪno; ˈminou] *n.* Ⓒ(*pl.* ～, **～s**) **1** 《魚》鰷《鯉科小魚》。**2** (釣魚用的)小魚，雜魚。

Tríton amòng the mínnows ⇨ Triton.

Mi·no·an [mɪˋnoən; miˈnouən] *adj.* (約在紀元前 3000 至 1100 年前後以克里特島(Crete)爲中心的)米諾文明的，克里特文明的：the ～ civilization 米諾文明。

***mi·nor** [ˋmaɪnɚ; ˈmainə] 《源自拉丁文「小的」之義的比較級》—(↔ major) *adj.* (無比較級、最高級) **1 a** (大小、數量、程度等與他物比較)**較小的，較少的**(★用法 不與 than 連用)。**b** 少數派的：a ～ party 少數黨。**2 a** (地位、重要性等)較不重要的，低劣的，二流的(⇨ 1 a 用法)：a ～ poet 二流詩人/a ～ officer 小官員。**b** 《醫》〈手術、疾病等〉沒有危險的。**3** 《美》〈大學科目〉輔修的，副修的，選修的(cf. major 3)：a ～ subject 輔修[副修，選修]科目。**4** (法律上)未成年的。**5** [置於姓後]《英》(同校的兄弟或同姓的小孩中)較年少的，(兄弟中的)年紀較輕的：Jones ～ 較年少的瓊斯。**6** [用在名詞前]《音樂》**a** 短音階的：a ～ third 短三度。**b** 小調的：G ～ G 小調/⇨ minor key.

—*n.* **1** Ⓒ《法律》未成年者：No ～*s*. 《告示》未成年者免入。**2** Ⓒ《美》**a** (大學的)輔[副]修科目《學分較獲得學位的主修科目(major)爲少》。**b** 輔[副]修學生：a history ～ 輔[副]修歷史的學生。**3** Ⓒ《邏輯》小名詞；小前提。**4** Ⓒ《音樂》小調；短音階。**5** ＝minor league.

—*v.i.* [十介十(代)名]《美》(在大學)輔[副]修[…][*in*]：She ～*ed in* French. 她輔修法語。

Mi·nor·ca [mɪˋnɔrkə; miˈnɔ:kə] *n.* **1** 米諾卡島《位於地中海之西部》。**2** Ⓒ(又作 **Minórca fòwl**)米諾卡雞。

mi·nor·i·ty [məˋnɔrətɪ, maɪ-; maiˈnɔrəti; miˈn-] 《**minor** 的名詞》—*n.* (↔ majority) **1** Ⓒ[常用單數；集合稱] **a** 少數；少數黨[派](★用法 視爲一整體時當單數用，指全部個體時當複數用)：a small ～ of the population 居民中的極少數/They were in the ～. 他們屬於少數黨[佔少數]。**b** 少數民族(★用法 與義 1 a 同)。**2** Ⓤ《法律》未成年(期)。

a minórity of óne 僅一人的少數派；孤家寡人，得不到任何人的支持：I am in *a* ～ *of one*. 我孤立無援。

—*adj.* [用在名詞前]少數派[黨]的：a ～ government 少數黨政府/a ～ opinion [party]少數意見[黨]。

mínor kéy *n.* Ⓒ《音樂》小調。**in a mínor kéy** (1)《音樂》用小調。(2)用低沉的調子，低沉的調子的。

mínor léague *n.* Ⓒ小職業棒球隊聯盟《美國 major league 下面的職業棒球隊聯盟》。

mínor-léaguer *n.* Ⓒ **1** 屬於小職業球隊聯盟之球員。**2** 《口語》不出色[平庸]的人物。

mínor plánet *n.* Ⓒ《天文》小行星。

mínor prémise *n.* Ⓒ《邏輯》(三段論法的)小前提。

Mínor Próphets *n. pl.* [**the** ～] **1** (聖經舊約中的)小預言書《何西阿書(Hosea)，瑪拉基書(Malachi)等的十二預言書；cf. Major Prophets》. **2** [又作 **m**～ **p**～]小預言書的作者。

mínor súit *n.* Ⓒ《橋牌》方塊及梅花之牌組《低花色牌組》。

Mi·nos [ˋmaɪnəs, -nɑs; ˈmainɔs] *n.* 《希臘神話》邁諾斯《克里特島(Crete)之王》。

Min·o·taur [ˋmɪnəˌtɔr; ˈmainətɔ:] *n.* [**the** ～]《希臘神話》邁諾托《人身牛頭的怪物，後爲西修斯(Theseus)所殺》。

M

min·ster [ˋmɪnstɚ; ˈminstə] *n.* 《英》**1** ©附屬於修道院的教堂。**2** [常當作大教堂名稱(的一部分)]大教堂，大寺院：⇨ Westminster.

min·strel [ˋmɪnstrəl; ˈminstrəl] «源自拉丁文「傭人」之義»**—n.** © **1** (中世紀的)吟遊詩人《遊歷各國，以豎琴或琵琶伴奏吟唱詩歌》。**2 a** (又作 **mínstrel shòw**)(白人扮演黑人的)滑稽歌舞表演《始於十九世紀初的美國，多半演黑人的歌舞及其他滑稽的動作》。**b** 演出黑人歌舞的團員。**3** 《詩》詩人；歌手。

Minotaur

min·strel·sy [ˋmɪnstrəlsɪ; ˈminstrəlsi] *n.* Ⓤ **1** 吟遊詩人的歌藝[詩歌]。**2** [集合稱]吟遊詩人《★用法視為一整體時當單數用，指全部個體時當複數用》。**3** [集合稱]吟遊詩人所吟唱的歌[詩]。

mint¹ [mɪnt; mint] *n.* **1** Ⓤ **a** 《植物》薄荷。**b** 薄荷香料。**2** ©薄荷糖。

mint² [mɪnt; mint] «源自拉丁文「貨幣，錢」之義»**—n. 1** ©造幣廠。**2** [a ～]《口語》巨額，大量〔*of*〕：*a* ～ *of* money 巨款。
—adj. [用在名詞前]剛發行的，尚未使用的〈貨幣、郵票、書籍等〉：in ～ condition 剛發行的；嶄新的，全新的，如新品一樣的。
—v.t. 1 鑄造〈貨幣〉。**2** 創造〈新詞句〉。

mint·age [ˋmɪntɪdʒ; ˈmintidʒ] *n.* **1** Ⓤ **a** 貨幣的鑄造。**b** [集合稱](一次發行的)貨幣，鑄幣。**c** 造幣費。**2** ©鑄幣上的刻印。**3** Ⓤ造字。

mínt júlep *n.* ©《美》薄荷酒飲料《波旁威士忌酒(bourbon)中加入薄荷糖的一種雞尾酒》。

mínt sàuce *n.* Ⓤ薄荷調味汁《糖、醋中加入切碎的薄荷葉，用於烤小羊肉》。

min·u·end [ˋmɪnjʊˏɛnd; ˈminjuend] *n.* ©《數學》被減數。

min·u·et [ˏmɪnjuˋɛt; ˏminjuˈet] *n.* © **1** 小步舞《三拍的優雅舞蹈》。**2** 小步舞曲。

***mi·nus** [ˋmaɪnəs; ˈmainəs] «源自拉丁文「較少的」之義»**—**(↔ plus) *adj.* (無比較級、最高級) **1** [用在名詞前]**減的**，表示減的：a ～ sign 負號，減號(−)。**2** [用在名詞前]負的(negative)：a ～ quantity 負量，負數/～ charge《電學》負電荷，陰電荷/～ electricity 負電，陰電。**3** [寫在評定的成績之後]…下，稍低於…：A ～ 甲下，A 減(★寫作 A⁻)。
—prep. 1 減去…：Eight ～ three is [leaves] five. 八減三等於五。**2** 冰點以下…，零下…：The temperature is ～ ten degrees. 溫度是零下十度。**3** 《口語》沒有…的[地]：He came back ～ his coat. 他沒穿著上衣回來。
—n. © **1 a** 負號，減號。**b** 負量，負數：Two ～*es* make a plus. 兩個負變成正，負負得正。**2** 不足，虧損。

min·us·cule [mɪˋnʌskjul; ˈminəskju:l, miˈnʌskju:l] «源自拉丁文「較小」之義»**—n.** ©《印刷》小字，細小的字體。
—adj. 1 小字的，用小字寫的。**2** 非常小[少]的。

‡min·ute¹ [ˋmɪnɪt; ˈminit] «源自拉丁文「小部分，小區分」之義»**—n. 1** ©(當作時間單位的)分《一小時的¹/₆₀，符號 ′；cf. hour 1 a, second³ 1》：It's 5 ～*s to* [*before*,《美》*of*] six. 現在六點差五分/10 ～*s past* [《美》*after*] five 五點過十分/in a few ～*s* 在幾分鐘內/per ～ 每一分鐘(★無冠詞)/He enjoyed every ～ of the holiday. 他整個假期過得很愉快。**2** 《口語》**a** ©[用單數]**瞬間**，片刻《★用法也當副詞用》：in a ～ 立即，即刻/(at) any ～ 隨時，馬上/Write the letter this ～. 馬上寫這封信/At this very ～ there are many people who have very little to eat. 此時此刻尚有許多吃不飽的人。**b** [a ～；當副詞用]一會兒(時間)，片刻：Wait (half) *a* ～. ＝Just *a* ～. 稍等一下。**c** [the ～；當連接詞用](做)…的那一瞬間，一…就《★用法有時與 that 連用》：I recognized him *the* ～ (*that*) I saw him. 我看見他的那一瞬間就認出他；我一看見他就認出他來。**3** ©(當作角度單位的)分《¹/₆₀度；符號 ′；cf. degree 3, second³ 3》：12°10′＝twelve degrees and ten ～*s* 12 度 10 分。**4 a** ©備忘錄，筆記，草稿，底稿〔*of*〕：make a ～ *of*... 記錄[記下]…。**b** [～s]會議記錄。
at the lást mínute ＝at the last MOMENT.
nòt for a [**óne**] **mínute** 一點也不…：I do*n't* believe it *for a* ～. 我一點也不相信那件事。
to the mínute 一分不差，正好，恰好。
úp to the mínute 最新式的。
—v.t. 1 〔十受〕精密測量…的時間。**2** 〔十受(十副)〕記錄，記下…〈*down*〉。**3** 〔十受〕把…寫在會議記錄上。

mi·nute² [məˋnut, maɪ-, -ˋjut; maiˈnju:t, miˈn-] «源自拉丁文「使變小」之義»**—adj.** (**mi·nut·er**; **-est**) **1 微小的**，微細的：～ particles 微分子，微粒。**2 詳細的**，精密的，嚴密的，細心的：～ researches 詳細的研究/with ～ attention 極細心地。**3** 瑣碎的，雞毛蒜皮的，細小的：He is just troubled with ～ differences. 他正爲細微的差別而煩惱。**～·ness** *n.*

mínute bòok *n.* © **1** 記錄簿，記事簿。**2** 會議記錄。

mínute gùn *n.* ©分砲《爲國王或將官等舉行葬禮時或船隻遇難時每分鐘發一次的號砲》。

mínute hànd *n.* ©(時鐘的)分針，長針。

min·ute·ly¹ [ˋmɪnɪtlɪ; ˈminitli] *adv.* 每隔一分鐘地，一分鐘一次地。**—adj.** 每分鐘發生的，接連不斷的。

mi·nute·ly² [məˋnutlɪ, -ˋnjut-, maɪ-; maiˈnju:tli, mi-] *adv.* **1** 極微(小)地。**2** 詳細地，精密地。**3** 細細地，小小地。

Min·ute·man [ˋmɪnɪtˏmæn; ˈminitmæn] *n.* [有時 **m**～] © (*pl.* **-men** [-ˏmɛn; -men])(美國獨立戰爭時期的後備)民兵。

mínute stèak *n.* ©快熟薄肉排《很快即可烤熟的薄切肉排》。

mi·nu·ti·ae [mɪˋnuʃɪˏi, -ˋnju-; maiˈnju:ʃii:, mi-] *n. pl.* 小節，瑣事，細目，細節〔*of*〕.

minx [mɪŋks; miŋks] *n.* ©《輕蔑·謔》孟浪的[愛出風頭的]姑娘。

Mi·o·cene [ˋmaɪəˏsin; ˈmaiəsi:n] *adj.* 《地質》中新世的。
—n. [the ～]中新世。

***mir·a·cle** [ˋmɪrəkḷ; ˈmirəkl] «源自拉丁文「覺得不可思議」之義»**—n.** © **1 奇蹟**：work [do, accomplish] a ～ 創造奇蹟。**2 a** 不可思議的東西[事]：His recovery is a ～. 他的復元[痊癒]是一個奇蹟。**b 驚異**；偉業〔*of*〕：a ～ *of* skill 令人驚異的技術。**3** (又作 **míracle plày**)奇蹟劇《以聖人、殉教者的事蹟、奇蹟爲劇情的中世紀戲劇；cf. morality 4》.
by a míracle 由於奇蹟，奇蹟地。

míracle drùg *n.* ©特效藥(wonder drug).

míracle màn *n.* © **1** 創造奇蹟的人。**2** 做衆人認爲不可能之事者。

mi·rac·u·lous [məˋrækjələs; miˈrækjuləs] «miracle 的形容詞»**—adj. 1** 奇蹟般的，超自然的，不可思議的。**2** (能)創造奇蹟的。**～·ly** *adv.*

mi·rage [məˋrɑʒ; ˈmirɑ:ʒ, miˈrɑ:ʒ] «源自拉丁文「在(鏡子)看」之義»**—n.** © **1** 海市蜃樓。**2** 妄想，空中樓閣，(不可能實現的)夢[希望，願望]。

Mi·ran·da [məˋrændə; miˈrændə] *n.* 米蘭達《女子名》。

mire [maɪr; ˈmaiə] *n.* Ⓤ **1 a** 泥濘。**b** 泥沼。**2** [the ～]困境：get stuck [find oneself] in *the* ～ 陷入困境。
drág a person [a person's **náme**] **through the míre** 使某人丟臉[蒙羞]，敗壞某人的名譽。
—v.t. 1 用泥弄髒…。**2** 使…陷入泥中：The car was ～*d*. 車子陷入泥中。**3** 使〈人等〉陷入〔困境〕〔*in*〕《★常用被動語態，變成「陷入」之意》：He *was* ～*d in* difficulties. 他陷入困境。
—v.i. 陷入泥中。

Mir·i·am [ˋmɪrɪəm; ˈmiriəm] *n.* 米麗安《女子名》。

mirk [mɝk; mə:k] *n.* ＝murk.

‡mir·ror [ˋmɪrɚ; ˈmirə] «源自拉丁文「看見，覺得不可思議」之義»**—n.** © **1 鏡子**；反射鏡：She looked at herself *in* the ～. 她照鏡子。

> 【說明】據說鏡子是神聖的東西，打破鏡子會招來不幸；如果把破鏡丟棄於河中或埋入地下即可免去不幸；cf. superstition【說明】

2 反映眞實[原狀]之物〔*of*〕：a ～ *of* the times 反映時代之物。
(as) smóoth as a mírror 〈水面等〉平滑如鏡的。
—v.t. 〔十受〕**1** (鏡子般)照出，反射…：The still water ～*ed* the trees along the bank. 平靜的水面映出沿岸的樹影。**2** 反映，眞實地呈現…：His face ～*ed* his concern. 他的臉反映出他的關心。

mírror ìmage *n.* ©(反映在鏡中的左右相反的)鏡像〔*of*〕.

mírror wrìting *n.* Ⓤ反寫的書法；反字。

mirth [mɝθ; mə:θ] *n.* Ⓤ歡笑，歡喜，快活。

mirth·ful [ˋmɝθfəl; ˈmə:θful] *adj.* 歡笑的，快活的，嬉鬧的。
～·ly [-fəlɪ; -fuli] *adj.*

mírth·less *adj.* 不快樂的，陰沉的。**～·ly** *adv.* **～·ness** *n.*

MIRV [mɝv; mə:v] *n.* ©《軍》多彈頭分導重返大氣層運載工具《Multiple Independently-targeted Reentry Vehicle 之略；一種新式的多彈頭飛彈，每一彈頭可以單獨瞄準某一目標而加以擊毀》。

mir·y [ˋmaɪrɪ; ˈmaiəri] «mire 的形容詞» **—adj.** (**mir·i·er**; **-i·est**) **1** 泥濘的，泥沼似的。**2** 濺滿泥巴的；骯髒的。

mis- [mɪs-; mis-] 字首 [附於動詞、形容詞、副詞、名詞等之前] **1** 表示「錯誤的[地]…」，「不良的[地]…」，「不利的[地]」：*mis*read. **2** 表示「不…」：*mis*trust.

mis·advénture *n.* **1** Ⓤ惡運，不幸：by ～ 不幸地，錯誤地/without ～ 平安無事地。**2** ©不幸事件，災難，橫禍。
homicide [**déath**] **by misadvénture** 《法律》過失殺人，誤殺。

M

mìs·advíse *v.t.* 給〈人〉錯誤的勸告《★常用被動語態》。

mìs·allíance *n.* Ⓒ **1** 不適當的結合。**2** (尤指身分不同的)不相稱的婚姻。

mis·an·thrope [ˋmɪsən͵θrop, ˋmɪz-; ˈmizənθroup, ˈmisən-] *n.* Ⓒ 厭惡人類者，討厭與人交往者。

mis·an·throp·ic [͵mɪsənˋθrɑpɪk; ͵mizənˈθrɔpik, ͵misən-ˊ] «misanthropy 的形容詞» —*adj.* 厭惡人類的，厭世的。

mis·an·thróp·i·cal [-pɪkḷ; -pikl ˊ] *adj.* ＝misanthropic.

～**·ly** [-kḷɪ; -kəli] *adv.*

mis·án·thro·pist [-pɪst; -pist] *n.* Ⓒ厭惡人類者，討厭與人交往者。

mis·an·thro·py [mɪsˋænθrəpɪ; miˈzænθrəpi, miˈsæ-] *n.* Ⓤ厭惡人類，厭世，憤世嫉俗。

mìs·applicátion *n.* ⓊⒸ **1** 誤用，濫用，亂用〔*of*〕. **2** 不正當的使用〔*of*〕.

mìs·applý *v.t.* **1** 誤用，濫用。**2** 不正當地使用…。

mìs·apprehénd *v.t.* 誤會，誤解。

mìs·apprehénsion «misapprehend 的名詞» —*n.* Ⓒ **1** 誤解，誤會：be [labor] *under* a ～ (about...) 誤會(關於…)。**2** 〔＋*that*__〕〈對…事的〉誤解：I was *under* the ～ *that* he was dead. 我誤以爲他死了。

mìs·appróp·riate *v.t.* 私吞，侵佔〈他人的錢〉。

mìs·appropriá·tion *n.*

mìs·arránge *v.t.* 排錯，對…安排不當。～**·ment** *n.*

mìs·becóme *v.t.* (**-became**；**-become**)與…不配，不適合。

mìs·begótten *adj.* **1 a** 庶出的，私生的(illegitimate). **b** 出生不幸的。

2 [用在名詞前]《輕蔑・謔》**a** 令人輕蔑的，無價值的〈人〉。**b** 結果不好的，弄糟的〈計畫、主意等〉。

mìs·beháve *v.t.* [～ one*self*] 擧止無禮，行爲不端。

—*v.i.* 行爲不檢點。

mìs·beháved *adj.* 無禮的；品行不良的。

mìs·behávior «misbehave 的名詞» —*n.* Ⓤ無禮，不規矩，品行不良。

mis·be·lief [͵mɪsbəˋlif; ͵misbiˈli:f] *n.* ⓊⒸ(*pl.* ～**s** [-z; -z]) **1** 錯誤的信仰[見解]。**2** 邪教信仰。

mis·be·lieve [͵mɪsbəˋliv; ͵misbiˈli:v] 《古》*v.i.* 誤信；信奉錯誤的教義，信奉異教。—*v.t.* 不信，懷疑。

mis·be·liev·er [͵mɪsbəˋlivɚ; ͵misbiˈli:və] *n.* Ⓒ異教徒，信邪說[異教]者。

mìs·bránd *v.t.* **1** 打錯烙印[標記]於…。**2** 將錯誤[假冒]的商標[標籤]貼在〈商品〉上。

misc. 《略》miscellaneous；miscellany.

mìs·cálculate *v.t.* 算錯，估錯。—*v.i.* 算錯，估錯；判斷錯誤。

mìs·calculátion «miscalculate 的名詞» —*n.* ⓊⒸ錯誤的計算[估計，判斷]。

mìs·cáll *v.t.* **1** 叫錯，誤稱。**2** 〔＋受＋補〕把…叫錯〈爲…〉《★常用被動語態》：The whale *is* often ～*ed* a fish. 鯨魚常被誤稱爲魚。

mìs·cárriage «miscarry 的名詞» —*n.* ⓊⒸ **1** 失敗；失策，失誤。**2** (貨物等的)誤投，誤送，未送達。**3** 流產：have a ～〈孕婦〉流產。

mìs·cárry *v.i.* **1** 〈人、計畫〉歸於失敗，不成功：The joke *miscarried.* 那個笑話不好笑。**2** 〈信件等〉未送達，未寄到。**3** 〈孕婦〉流產。

mìs·cást *v.t.* (**mis·cast**)《★常用被動語態》**1** 派給〈演員〉不適當的角色。**2 a** 對〈戲劇〉作不適當的角色安排：The play *was* ～. 那齣戲的角色分派不當。**b** 將〈角色〉分派給不適當的演員。**3** 將〈帳等〉合計[計算]錯誤。

mis·ceg·e·na·tion [͵mɪsɪdʒəˋneʃən; ͵misidʒəˈneiʃn] *n.* Ⓤ(白人與黑人的)異族通婚，雜婚；(異種間的)種族混合。

mis·cel·la·ne·a [͵mɪslˋenɪə; ͵misiˈleiniə] *n. pl.* [常當單數用](尤指文學作品的)雜集，雜錄。

mis·cel·la·ne·ous [͵mɪslˋenɪəs; ͵misiˈleinjəs ˊ] «源自拉丁文「混雜」之義» —*adj.* **1** 各種各樣的，種類繁雜的：～ business [goods, news] 雜務[雜貨，各種消息]。**2** 多方面的。

～**·ly** *adv.* ～**·ness** *n.*

mis·cel·la·ny [ˋmɪsḷ͵enɪ; miˈseləni, ˈmisil-] *n.* **1** Ⓒ七拼八湊，雜湊〔*of*〕. **2 a** Ⓒ雜文集，雜錄。**b** [**miscellanies**](文集中的各種)論文，雜文，文章。

mìs·chánce *n.* ⓊⒸ不幸，惡運，橫禍：by ～ 不幸地，倒楣地。

mis·chief [ˋmɪstʃɪf; ˈmistʃif] «源自古法語「不順利，變成錯誤的結果」之義» —*n.* **1** Ⓤ **a** (雖無惡意，但會給人添麻煩的)淘氣，惡作劇：get into ～ 開始惡作劇/out of (pure) ～ (純粹)鬧著玩地，半開玩笑地。**b** (小孩的)頑皮，調皮：The boy looked at me with eyes full of ～. 那個男孩用調皮的眼光看著我。**2** Ⓒ《口語》頑皮孩子；(尤指)淘氣鬼。**3** Ⓤ(人或其他因素造成的)危害，損害，災害，麻煩，壞影響：The storm did much ～ to the crops. 那次暴風雨對農作物造成了重大損害。

dò a person **a míschief** 《英謔》加害[傷害]〈某人〉。

dò one**sèlf a míschief** 《英謔》受傷。

màke míschief (between...) (在…之間)造成不和，挑撥離間。

pláy the míschief with... 《英口語》(1)傷害…的健康，使…蒙受災害。(2)使〈機器等〉發生故障。(3)把…弄得一團糟。

úp to míschief 策劃歹事，企圖搗蛋。

míschief-màker *n.* Ⓒ挑撥離間的人。

míschief-màking *n.* Ⓤ離間(手段)。

—*adj.* 惡作劇的，挑撥離間的。

mis·chie·vous [ˋmɪstʃɪvəs; ˈmistʃivəs] «mischief 的形容詞» —*adj.* **1 a** 愛惡作劇的，頑皮的。**b** 〈眼神、笑等〉帶惡作劇的。**2** 〈言行等〉會傷人的：a ～ rumor 會傷人的謠言。

～**·ly** *adv.* ～**·ness** *n.*

mis·ci·ble [ˋmɪsəbḷ; ˈmisibl] *adj.* 可混合的，易混合的〔*with*〕.

mìs·concéive *v.t.* **1** 誤解，誤會。**2** 考慮欠周地想出〈計畫等〉。

—*v.i.* 〔＋介＋(代)名〕誤會，誤解〔…〕〔*of*〕(★比較 一般用 *v.t.* 1).

mìs·concéption «misconceive 的名詞» —*n.* ⓊⒸ誤會，誤解；錯誤的觀念。

mis·con·duct [mɪsˋkɑndʌkt; ͵misˈkɔndʌkt] *n.* Ⓤ **1** 不正當的行爲，行爲不端；(尤指)私通，通姦。**2** 違法行爲，職權的濫用。**3** 〔企業等的〕錯誤管理[經營]〔*of*〕.

— [͵mɪskənˋdʌkt; ͵miskənˈdʌkt] *v.t.* **1** 對〈事務等〉處置不當，做錯…，對…經營不善。**2** [～ one*self*] **a** 〔十受〕不規矩，品行不端。**b** 〔十受＋介＋(代)名〕〔與異性〕私通〔*with*〕.

mìs·constrúction «misconstrue 的名詞» —*n.* ⓊⒸ意思的曲解，誤解：be open to ～〈話等〉容易招致誤解的。

mìs·construe [͵mɪskənˋstru, mɪsˋkɑnstru; ͵miskənˈstru:] *v.t.* 誤會〈話等〉；曲解，誤解〈人、行動等(的意圖)〉。

mìs·cóunt *v.t.* 數錯，算錯。—*v.i.* 算錯，數錯。

—*n.* Ⓒ算錯，數錯。

mis·cre·ant [ˋmɪskrɪənt; ˈmiskriənt] *n.* Ⓒ惡棍，歹徒。

—*adj.* 卑鄙的，邪惡的。

mìs·cúe *n.* Ⓒ **1** 《撞球》撞歪。**2** 《口語》失誤。

—*v.i.* **1** 《撞球》撞歪，球桿滑脫。**2** 《口語》失誤，弄錯。**3** (演戲時)未能接上暗示的尾語。

mìs·dáte *v.t.* **1** 寫錯〈信函、文件等〉的日期：a ～*d* letter 寫錯日期的信。**2** 弄錯〈歷史上事件等〉的年代。

mìs·déal 《紙牌戲》(**-dealt**) *v.t.* 發錯〈牌〉：a *misdealt* card 發錯的牌。—*v.i.* 發錯牌。

—*n.* Ⓒ[常用單數](紙牌的)發錯。

mìs·déed *n.* Ⓒ壞事，惡行，犯罪，罪行。

mis·de·mean·or [͵mɪsdɪˋminɚ; ͵misdiˈmi:nə] *n.* Ⓒ **1** 不軌的行爲，行爲失檢，品行不端。**2** 《法律》輕罪(cf. felony).

mìs·diàgnóse *v.t.* & *v.i.* 誤診(…)。

mìs·diréct *v.t.* **1** 寫錯〈信件、包裹等〉的收件人[地址]。**2** 給〈人〉指錯(方向、地點、路線等)。**3** 將〈精力、才能等〉用錯地方；指錯…的方向。**4** 《法律》〈法官〉對〈陪審團〉作錯誤的指示。

mìs·diréction *n.*

mìs·dó *v.t.* (**-did**；**-done**)把…做錯[弄砸]。

mìs·dóing *n.* Ⓒ[常 ～**s**]壞事，不當行爲，犯罪。

mis·doubt [mɪsˋdaʊt; misˈdaut] 《古》*v.i.* 懷疑，疑惑。

—*v.t.* **1** 懷疑，疑惑，掛慮，不信任。**2** 恐懼。

—*n.* ⓊⒸ懷疑，疑慮。

mise-en-scène [mizɑ̃ˋsɛn; ͵mi:zɑ̃:ˈsein] «源自法語 'setting on the stage' 之義» —*n.* Ⓒ(*pl.* ～**s** [～]) **1** 《戲劇》舞台裝置，布景。**2** (事件等發生的)周圍狀況，環境。

mìs·emplóy *v.t.* 弄錯…的使用法，對…使用不當。

mi·ser [ˋmaɪzɚ; ˈmaizə] «源自拉丁文「可憐的」之義» —*n.* Ⓒ吝嗇鬼，小氣鬼，貪心鬼；守財奴。

‡mis·er·a·ble [ˋmɪzrəbl, ˋmɪzərə-; ˈmizərəbl] «misery 的形容詞» —*adj.* (**more** ～；**most** ～) **1 a** 〈人〉(因貧困、不幸、患病等)悲慘的，非常可憐的[痛苦的，不幸的]：～ people 悲慘的[非常窮困的]人們/～ sinners 可憐的罪人。**b** [不用在名詞前]〔十介＋(代)名〕〈人〉〔對…事〕感到悲哀[痛苦]的〔*about, over*〕；〔因…而〕悲慘的，受折磨的〔*from*〕：He felt [was] ～ ***about*** his failure. 他對自己的失敗感到悲哀/I was ～ ***from*** hunger. 我受飢餓的折磨。

2 a 〈事情〉悲慘的，帶來苦痛與不幸的：a ～ life [failure] 悲慘的生活[失敗]。**b** 〈天氣等〉令人討厭的，惡劣的：～ weather 令人討厭的天氣/a ～ cold 嚴重的感冒。

3 [用在名詞前] **a** 破舊的，粗陋的，貧乏的〈東西〉：a ～ house 破舊的房子/a ～ meal 粗糙而量少的一餐。**b** 很不充足的，十分缺乏的〈東西〉：～ pay 微薄的薪水。

4 a [用在名詞前]不知羞恥的，令人瞧不起的，卑劣的〈人、行爲〉：a ～ coward 可恥的儒夫。**b** [不用在名詞前]〔＋ *of*＋(代)

M

名＋*to*(do/＋*to*) do]〔某人〕〈做…是〉可恥的；〈某人〉〈做…是〉可恥的：It's ～ ***of*** you not *to* help us.＝You are ～ not *to* help us. 不幫助我們是你無恥[你不幫助我們是可恥的]。

5 [不用在名詞前]《口語》身體情況不好的：I feel ～. 我覺得身體不舒服。

mís·er·a·bly [-rəblɪ; -rəbli] *adv.* **1** 悽慘地，悲慘地；可憐兮兮地。**2** 非常，極：They were ～ poor. 他們極爲貧窮。

mí·ser·ly 《miser 的形容詞》**—***adj.* 吝嗇的，貪婪的。

mí·ser·li·ness *n.*

mis·er·y [ˋmɪzrɪ, ˋmɪzərɪ; ˈmizəri] *n.* **1** Ⓤ**悽慘**，悲慘；貧困：live *in* ～ 過悲慘[窮困]的生活。

2 a Ⓤ(精神上、肉體上的)**痛苦**，苦惱，折磨：suffer ～ from (a) toothache 受牙痛之苦。**b** Ⓒ[常 **miseries**] (種種的)苦難，不幸，痛苦：the *miseries of* life 人生的苦難。

3 Ⓒ《英口語》發牢騷者，埋怨的人。

pùt...òut of its [his] mísery (1)(索性)將〈受折磨的動物、病人等〉殺死使其解脫。(2)對〈不明眞相而苦惱者〉據實以告使其舒暢。

mis·fea·sance [mɪsˋfizṇs; misˈfi:zəns] *n.* ⓊⒸ《法律》不法[不當]行爲，職權的濫用《以不正當的手段做原本合法的事》；過失。

mis·fíle *v.t.* 把〈文件等〉歸錯檔案：The book's index card was ～*d.* 那本書的索引卡裝訂錯了。

mis·fíre *v.i.* **1 a** 〈槍砲等〉不發火，射不出。**b** 〈內燃機〉不著火。**2** 〈俏皮話、計畫〉不奏效，不受歡迎。

—*n.* Ⓒ **1** 不發火，不著火。**2** 射不出[不發火]的槍砲等。**3** 期待落空的事物；失敗。

mis·fit [ˋmɪs͵fɪt; ˈmisfit] *n.* Ⓒ **1** 不合身的衣服，不合脚的鞋(等)。**2** 對自己的地位[環境]不合適的人，未能適應環境的人。

— [mɪsˋfɪt; ˌmisˈfit] *v.t.* (**mis·fit·ted**; **-fit·ting**)對…不合適。

—*v.i.* 不合身，不適合。

mis·for·tune [mɪsˋfɔrtʃən; misˈfɔ:tʃu:n, -tʃən] *n.* **1** Ⓤ **a** (極大的)不幸，背運，倒楣，逆境，災難：a man *in* ～ 不幸的人，倒楣的人/by ～ 不幸，倒楣。**b** 〔＋*to* do〕[**the** ～]〈…的〉不幸：When I was very young, I had *the* ～ *to* lose my father. 我在年幼時，不幸喪父。**2** Ⓒ不幸[倒楣]的事，災難：*Misfortunes* never come single [singly].＝One ～ rides upon another's back. 《諺》禍不單行；屋漏偏逢連夜雨。

mis·give [mɪsˋgɪv; misˈgiv] *v.t.* (**-gave** [-ˋgev; -ˈgeiv]；**-giv·en** [-ˋgɪvən; -ˈgivən])使〈人心等〉〔對…〕懷疑，使…焦慮，使…害怕。

mis·giv·ing [mɪsˋgɪvɪŋ; misˈgiviŋ] *n.* Ⓤ[常 ～**s**]〔對有關未來之事的〕不安，疑惑，憂慮，缺乏信心〔*about*〕：with ～ 不安地/a heart full of ～(*s*) 充滿疑惑的心/have some ～*s about*... 對…感到有些疑惑[不安]。

mìs·góvern *v.t.* 治理…不善，對…行惡政。

mìs·góvernment 《misgovern 的名詞》**—***n.* Ⓤ失政，惡政。

mìs·guíde *v.t.* **1** 將〈人、行爲等〉導向錯誤的方向，誤導…《★常用被動語態；⇨ misguided》。

2 a 〔＋受(＋介＋(代)名)〕使〈人〉〔對…〕產生錯誤想法〔*about*〕《★常用被動語態》：I *was* ～*d* ***about*** it. 對於這件事我被誤導了[受別人的影響而存著錯誤的想法]。**b** 〔＋受＋介＋(代)名〕使〈人〉誤〔做…〕，使〈人〉誤〔入[犯]…〕〔*into*〕《★常用被動語態》：I *was* ～*d* ***into*** trust*ing* him. 我得到錯誤印象而信任了他。

mìs·guíd·ance *n.*

mìs·guíded *adj.* 〈人、行爲等〉被誤導的，被指導錯誤的，誤入[被引入]歧途的，錯誤的，被帶錯的：a ～ boy 誤入歧途的男孩/～ efforts 導致錯誤結果的[方向錯誤的]努力。～·**ly** *adv.*

mìs·hándle *v.t.* **1** 胡亂[笨拙，錯誤，不當]地使用[處理]〈物[事]〉，對…採取錯誤[不當]的措施。**2** 粗暴地對待，虐待，苛待〈人〉。

mis·hap [ˋmɪs͵hæp, mɪsˋhæp; ˈmishæp, misˈhæp] *n.* ⓊⒸ(輕微之)事故，災難，不幸：without ～ 平安無事地/They met with a (slight) ～ on the way. 他們在途中遇到(小)事故。

mìs·héar *v.t.* & *v.i.* (**-heard**)誤聽，聽錯(…)。

mis·hít *v.t.* (**mis·hit**; **-hit·ting**)(打板球、高爾夫、網球等時)打歪，打偏〈球〉，打〈球〉失手。

—*n.* Ⓒ錯誤的一擊，(例如打擊手將球擊向一壘手的方向而被輕易接殺等)拙笨之一擊。

mish·mash [ˋmɪʃ͵mæʃ; ˈmiʃmæʃ] *n.* Ⓤ [又作 **a** ～ **of**] 混雜物，雜集：*a* ～ *of* strange objects 各種奇怪東西的雜燴。

mìs·infórm *v.t.* 〔＋受(＋介＋(代)名)〕向〈人〉誤報[誤傳]〔…〕，〔對於…〕給〈人〉錯誤消息〔*about*〕：I have been ～*ed* ***about*** the date. 我被誤報[通知錯]了日期。

mìs·informátion 《misinform 之名詞》**—***n.* Ⓤ誤報，誤傳，通知錯。

mìs·intérpret *v.t.* **1** 誤解；誤識。**2** 〔＋受＋*as* 補〕將…誤解[誤譯]〈爲…〉：She ～*ed* my silence *as* giv*ing* consent. 她把我的沉默誤解爲允諾。**mis·in·terpretátion** *n.*

mìs·júdge *v.t.* **1** 對…判斷[評價]錯誤；看錯〈人品、人格等〉。**2** 誤審，誤判〈案件〉。**mìs·júdg(e)·ment** *n.*

mìs·láy *v.t.* (**mis·laid**) **1** 將〈物〉置於不復記起之處；擱忘，遺失〈東西〉：～ one's umbrella 把雨傘遺失[擱忘]。**2** 將〈物〉放錯位置，誤置〈東西〉。

mìs·léad [-ˋlid; -ˈli:d] *v.t.* (**-led** [-ˋlɛd; -ˈled]) **1** 誤導〈人〉，使〈人〉誤入歧途。**2 a** 〔＋受〕使〈人〉誤解，使…迷惑，使…產生錯誤思想[錯覺]；(有意或無意地)使…受騙，(存心)欺騙…：You should not be *misled* by a person's appearance. 你不應該被人的外表所欺騙。**b** 〔＋受＋介＋(代)名〕使〈人〉誤〔入[犯]…〕〔*into*〕：Her gentle manner *misled* him ***into*** trust*ing* her. 她溫柔的態度使他錯信了她。

mis·léading *adj.* 誤人的，易引起誤解的，易使人生錯覺的，給人錯誤印象的；使人迷惑的，易混淆不清的：Your words were rather ～. 你所說的話頗容易引起誤解。～·**ly** *adv.*

mis·like [mɪsˋlaɪk; misˈlaik] *v.t.* 《古》**1** 使…不高興，惹…發怒。**2** 對…不高興；嫌，厭惡，不贊成…。

—*n.* Ⓤ《罕》不喜歡，厭煩，不贊成。

mìs·mánage *v.t.* 對〈事務〉管理[處理]錯誤，不當地[拙劣地]處理[處置]…，辦錯…，管理…不善，處置…失當。

mìs·mánagement 《mismanage 之名詞》**—***n.* Ⓤ管理[處理，處置]錯誤[失當，不善]，辦錯。

mìs·mátch *v.t.* 配錯，誤配〈物〉；使〈人〉結不相配的婚姻《★常以過去分詞當形容詞用》：a ～*ed* couple (在個性上)不相配的夫妻/The teams were ～*ed.* 那些[那兩個](球)隊配得不適當《實力懸殊，比賽起來將成一面倒之勢》。

—*n.* Ⓒ不適當之配合，誤配，配合得不適當[誤配]之物；不相配之婚姻[姻緣]。

mis·mate [mɪsˋmet; misˈmeit] *v.t.* & *v.i.* (使…)配合不當，誤配，不適當地結合。

mìs·náme *v.t.* 將…叫錯名字，以錯誤之名稱稱呼…，誤稱…，將…取錯名字[取名不當]《★常用被動語態》。

mis·no·mer [mɪsˋnomə; ˌmisˈnoumə] *n.* Ⓒ **1** 錯誤[不當]之名稱，誤稱。**2** (尤指法律文件中之)誤載人名。

mi·sóg·a·mist [-mɪst; -mist] *n.* Ⓒ厭惡結婚之人，厭婚者。

mi·sog·a·my [mɪˋsagəmɪ; miˈsɔgəmi] *n.* Ⓤ厭惡結婚，厭婚症。

mi·sóg·y·nist [-nɪst; -nist] *n.* Ⓒ厭惡女人之人。

mi·sog·y·ny [mɪˋsadʒənɪ; miˈsɔdʒini] *n.* Ⓤ厭惡女人，對女人之憎恨。

mìs·pláce *v.t.* **1 a** 將〈物〉放錯位置，誤放，誤置。**b** 遺失，擱忘。**2** 〔＋受＋介＋(代)名〕將〈信任、愛情等〉誤給〔無資格接受之人〕〔*in, on*〕《★常以過去分詞當形容詞用》：～*d* confidence 錯誤的信賴，估計錯誤的信賴。～·**ment** *n.*

mìs·pláy *n.* Ⓒ(競賽、遊戲、演奏等之)失誤，失敗，出錯；誤演，誤奏。

—*v.t.* **1** 將〈競賽、遊戲、演奏等〉做錯，弄錯，演錯，奏錯；使…失誤。**2** (於球戲時)處理〈球〉失誤[失手]。

mis·print [mɪsˋprɪnt, ˋmɪs͵prɪnt; ˈmisprint, misˈprint] *n.* Ⓒ印刷錯誤，排版錯誤，誤植。

— [mɪsˋprɪnt; ˌmisˈprint] *v.t.* 將…排錯版，印錯。

mis·pri·sion [mɪsˋprɪʒən; ˌmisˈpriʒn] *n.* Ⓤ **1** (公務員之)不法行爲，瀆職，玩忽職守。**2** 《法律》知情不報；隱匿(罪)。

mis·prize [mɪsˋpraɪz; misˈpraiz] *v.t.* 蔑視，輕視，看不起。

mìs·pronóunce *v.t.* 將…發錯音[讀錯]，弄錯…之發音。

mìs·pronunciátion 《mispronounce 的名詞》**—***n.* ⓊⒸ錯誤的發音，發音錯誤。

mìs·quotátion 《misquote 的名詞》**—***n.* **1** Ⓤ引用錯誤，錯誤之引述。**2** Ⓒ錯誤之引用句。

mìs·quóte *v.t.* 錯誤地引用〈人〉之言詞[文章]；錯誤地引用〈人之言詞、文章〉。

mìs·réad [-ˋrid; -ˈri:d] *v.t.* (**-read** [-ˋrɛd; -ˈred]) **1** 讀錯，誤讀。**2** 誤解。

mis·reck·on [mɪsˋrɛkən; ˌmisˈrekən] *v.t.* & *v.i.* 算錯，誤算(…)。

mìs·repórt *v.t.* 錯誤報導，誤報，謊報。

—*n.* ⓊⒸ誤報；謊報；報導不確實。

mìs·represént *v.t.* **1** 誤報，謊報，誤傳，誤示，歪曲報導，不眞實地陳述，把…解釋錯。**2** 假冒代表，不盡職地代表。

mìs·representátion 《misrepresent 的名詞》**—***n.* ⓊⒸ **1** 誤傳，誤報，誤示，誤言〔*of*〕。**2** 《法律》與事實不符之陳述，虛僞之陳述。

mìs·rúle *n.* Ⓤ **1** 失政，惡政，苛政，暴政。**2** 無秩序，無政府狀態。**—***v.t.* 不當地統治…，對…施行苛政，治理…不善。

‡**miss**[1] [mɪs; mis] 《源自古英語「未射中(靶)」之義》**—***v.t.* **1** 使…失誤：〔＋受〕**a** 未捉住〈追求之目標〉，讓…溜掉；未擊中…：～ one's aim 沒擊中目標/～ a catch 漏接(球)/His punch ～*ed* the mark. 他那一拳沒打中目標。**b** 未趕上，未能搭上〈車、船、飛機等〉：I ～*ed* the train by 3 minutes. 我晚了三分鐘所以沒能趕上那班火車/⇨ miss the BUS. **c** 未能達到〈目的地、目標、慾望等〉。

M

d 沒找到，看漏…：～ a person in a crowd 在人羣中沒能找到人/The house is opposite the church；you can't ～ it. 那房子在教堂對面，你不可能找不到。**e** 聽[看]漏，沒聽[沒看]到，錯過…：～ a recital 錯過一場獨奏[獨唱]會。**f** 未能了解，無法了解…：I ～*ed* the point of his speech. 我沒能領會出他演說的要點。**g** 未能遇見〈人〉。**h** 不出席〈會議等〉，缺〈席、課〉，蹺〈課、班〉，爽〈約〉。**i** 不履行〈義務〉，不守〈承諾〉。

2 a 〔十受〕**錯過，失去**〈**機會**〉：～ an opportunity [a chance] 錯過機會/He never ～*es* a chance to see a movie. 他從不錯過看電影的機會。**b** 〔十 do*ing*〕沒得到…的機會，沒能…，沒…成：I ～*ed* see*ing* the sight. 我沒能看到那景象/I never ～ go*ing* there. 只要有機會我總是去那兒《每次都不會錯過》。

3 《英》**a** 〔十受十副〕**省略，遺漏**…〈*out*〉：Don't ～ my name *out*.別漏掉我的名字。**b** 〔十受十介十(代)名〕〔自…中〕省略…，〔自…中〕遺漏…〔*out of*〕：Don't ～ my name ***out of*** your list. 別忘了把我的名字列入你的名單中。

4 a 〔十受〕**避免，**逃過〈事故等〉：～ the accident 避免事故。**b** 〔十 do*ing*〕避免，免去，逃過，躲避〈行爲〉：He ～*ed going* to jail. 他免去坐牢的刑責/The train just ～*ed* be*ing* destroyed. 那一列火車倖免於被摧毀。

5 〔十受〕**發覺…不見了[不在]**：Where did you ～ your umbrella？你在哪兒發覺雨傘丟了？

6 〔十受〕**惋惜[遺憾]沒有…，**因沒有…而感到寂寞[爲難]，惦念…，想念…：He wouldn't ～ $50. 少了五十美元他也不痛不癢/We shall ～ you badly. 我們會很想念你。

—*v.i.* **1** 不中，沒中；失敗，失手，失誤：He never ～*es*. 他從未失誤過。**2** 〈內燃機〉不著火。

miss óut 《*vt adv*》⑴⇨*v.t.* 3 a. **—**《*vi adv*》⑵錯過機會，坐失良機；失去〔…之〕機會〔*on*〕《★可用被動語態》：I ～*ed out on* the picnic. 我錯過了野餐的機會。

—*n.* Ⓒ **1** 失誤，錯失，失敗，失手：⇨near miss/A ～ is as good as a mile. 《諺》差毫釐與差一哩一樣是失誤[失之毫釐差以千里]《只差一點點沒命中目標與差一哩沒命中同樣是沒命中》。**2** 迴避，避免。**3** 《英口語》流產。

give...a miss 《英口語》⑴迴避〈人〉。⑵省略[漏]掉〈一道菜等〉。⑶缺席〈集會〉。

miss² [mɪs; mis] «mistress 之略»**—***n.* **1** Ⓒ《英・輕蔑・謔》**a** 少女，姑娘，未婚女子：school ～*es* (愛玩之)女學生。**b** 小姑娘。**2** 《英》[有時 M～；用於學生對女教師之稱呼]老師《★比較《美》不分男教師女教師均用 teacher》：Good morning, ～！老師早！**3 a** [傭人、商人用於稱呼女客]小姐。**b** [購物者用於稱呼年輕女店員]小姐。

‡Miss [mɪs; mis] «mistress 之略»**—***n.* (*pl.* **Miss·es**) **1** Ⓒ [加在 Lady 或 Dame 以外之未婚女子之姓、姓名之前]…**小姐。**

語法 ⑴稱呼二人以上未婚姊妹中之長女時，加在其姓之前，如 *Miss* Brown，稱呼其妹時，加在洗禮名及姓之前，如 *Miss* Joan Brown. ⑵同時稱呼姊妹時，《文語》稱 the Misses Brown，《口語》稱 the Miss Browns，若非姊妹時，稱 the Misses Brown and Smith 或 Miss Brown and Miss Smith. ⑶⇨ Ms. **2** [加在地名等之前，用做選美比賽等之優勝者的頭銜]…小姐：*M*～ China [Universe] 中國[環球]小姐。

Miss. 《略》Mississippi.

mis·sal [ˋmɪsl; ˈmisl] *n.* Ⓒ [常 M～]《天主教》彌撒書。

mis·shape [mɪsˋʃep; ˌmisˈʃeip] *v.t.* 使…殘廢[不成形]。

mis·shap·en [mɪsˋʃepən; ˌmisˈʃeipən] *adj.* 畸形的，殘缺的，奇形怪狀的。

mis·sile** [ˋmɪsl̩, -ɪl; ˈmisail] «源自拉丁文「可投擲或發射的」之義»**—n.* Ⓒ **1 飛彈**：⇨ guided missile. **2** 藉投擲或發射以殺傷或擊毀目標之物體[武器]《例如箭，子彈，石塊等》。

—*adj.* [用在名詞前]飛彈(用)的，與飛彈有關的，利用[藉]飛彈的：a ～ base 飛彈基地/a ～ attack 飛彈攻擊。

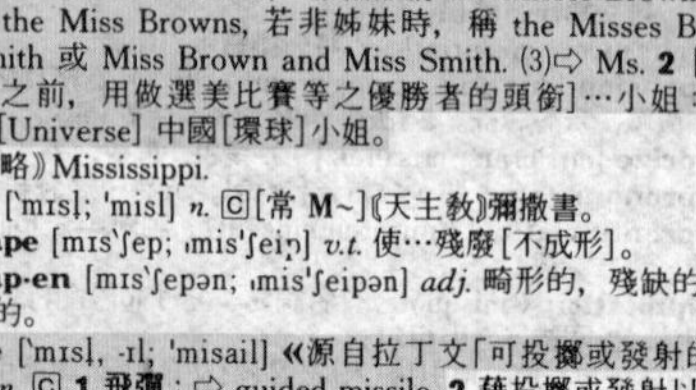

各種 missiles 1

mis·sile·man [-mən; -mən] *n.* Ⓒ (*pl.* **-men** [-mən; -mən]) **1** 飛彈製造[設計]者。**2** 飛彈專家，飛彈技術人員。

mis·sile·ry [ˋmɪslrɪ; ˈmisailri] *n.* Ⓤ有關製造及如何使用飛彈的科學。

míss·ing «源自 miss¹»**—***adj.* **1** 不在應在之處的，找不到的，失落的，下落不明的：a ～ person 下落不明的人/There are two pages ～ in this book. 這本書少了兩頁。**2 a** [不用在名詞前]〈因戰鬥等而〉失蹤的：Twenty men are ～. 二十個人失蹤。**b** [the ～；當複數名詞用]失蹤者。

míssing línk *n.* **1** Ⓒ一完整體系[系列]中所缺少之物〔*in*〕. **2** [the ～]《生物》失落的一環《進化論假定曾經存在於類人猿與人類之間的動物之總稱》。

mis·sion** [ˋmɪʃən; ˈmiʃn] «源自拉丁文「派遣」之義»**—n.* Ⓒ**1 a** [通常指派往國外負有特殊任務之]**使節(團)，**代表(團)〔*to*〕：a trade ～ *to* China 訪華貿易使節[代表，考察]團。**b** 《美》駐外大使[公使]館。**2 a** 傳教者之派遣。**b** 傳教，傳道，佈道。**c** (尤指到國外之)佈道[傳教]團體(總部)：Foreign [Home] *Missions* 外國[國內]佈道團。**3 a** 傳道[傳教]區。**b** 貧民救濟團體；社區互助團。**4 a** 任務：be sent *on* a ～ 奉命出差辦事。**b** 天職，使命：a sense of ～ 使命感(★of ～ 無冠詞)。**5 a** 《軍》特別指令，作戰任務。**b** 《空軍》特別作戰(隊)；飛行任務：fly a ～ 執行飛行任務。**c** (太空梭之)〔探…〕飛行〔*to*〕：a ～ *to* the moon 探月飛行。

Míssion accómplished 《口語》任務已達成。

mis·sion·ar·y [ˋmɪʃən,ɛrɪ; ˈmiʃn̩əri] *n.* **1 a 傳教士。b** (某主義之)宣傳者。**2** (外交)使節。

—*adj.* (無比較級、最高級)傳教(士)的。

mis·sis [ˋmɪsɪz; ˈmisiz] *n.* ＝missus.

miss·ish [ˋmɪsɪʃ; ˈmisiʃ] *adj.* 矯揉造作的，矜持的，小姐脾氣的，過分嚴謹的。

Mis·sis·sip·pi [ˌmɪsəˋsɪpɪ; ˌmisiˈsipiˇ] «源自北美印地安語「大河」之義»**—***n.* **1 密西西比州**《美國中南部之一州；首府傑克遜(Jackson)；略作 Miss.，《郵政》MS；俗稱 the Magnolia State》. **2** [the ～] **密西西比河**《發源於美國明尼蘇達州(Minnesota)而流經美國中部注入墨西哥灣(the Gulf of Mexico)之河流》。

Mis·sis·sip·pi·an [ˌmɪsəˋsɪpɪən; ˌmisiˈsipiənˇ] «Mississippi 的形容詞»**—***adj.* **1** 密西西比州(人)的。**2** 密西西比河的。

—*n.* Ⓒ密西西比州人。

mis·sive [ˋmɪsɪv; ˈmisiv] *n.* Ⓒ《文語・謔》(長)信，信函；(尤指)公文。

Mis·sou·ri [məˋzʊrɪ, -ˋzʊrə; miˈzuəri] «源自北美印地安語「乘大獨木舟的人們」之義» **—***n.* **1** 密蘇里州《美國中部之一州；首府傑佛遜城(Jefferson City)；略作 Mo.，《郵政》MO》. **2** [the ～] 密蘇里河《密西西比河(Mississippi)之支流》。

from Missóuri 《美口語》看到證據才會相信的，不輕易相信的，存疑的《★因 Missouri 州選出之某議員曾在議會說 "I'm from Missouri; you've got to show me."》.

Mis·sou·ri·an [məˋzʊrɪən; miˈzuəriən] «Missouri 的形容詞»**—***adj.* 密蘇里州(人)的。**—***n.* Ⓒ密蘇里州人。

mis·speak [mɪsˋspik; ˌmisˈspiːk] *v.t.* & *v.i.* 誤言，失言，說錯。

mìs·spéll *v.t.* (**-spelt, -spelled**)拼錯。

mìs·spélling *n.* ⓊⒸ拼寫錯誤，拼錯之字。

mìs·spénd *v.t.* (**-spent**)誤用，不正當地使用，浪費〈時間、金錢等〉。

mìs·státe *v.t.* 說錯，錯誤地陳述，僞述〈事實等〉。

mìs·státement «misstate 的名詞»**—***n.* ⓊⒸ錯誤之陳述；僞述。

mìs·stép *n.* Ⓒ失足；失策，過失：make a ～ 失足，踏錯；做錯，搞糟。

mis·sus [ˋmɪsəz; ˈmisəz] *n.* 《口語》**1** [the ～, one's ～]內人，太太，老婆《★非標準用法》：How's *the* ～？(你)太太好嗎？**2** 《罕》夫人，老板娘《★傭人間之用語》。

miss·y [ˋmɪsɪ; ˈmisi] *n.* Ⓒ [用於對關係親密之女孩的稱呼]《口語罕》小姑娘；小姐。

‡mist [mɪst; mist] «源自古英語「黑暗」之義»**—***n.* **1** Ⓤ [表示狀態或期間時爲Ⓒ] **a 薄霧**《★比較 較 fog 薄而較 haze 濃》：(a) thick [heavy] ～ 濃霧/⇨ Scotch mist/valleys hidden in ～ 煙霧朦朧的山谷。**b** 《美》霧雨。**2** Ⓤ [又用單數] **a** (水滴、蒸汽等在玻璃表面等所形成之)使視界模糊不清之薄霧狀物。**b** (眼睛之)朦朧不清。**3** [a ～]使判斷[理解，記憶，意義]模糊不清之物〔*of*〕：*a* ～ *of* prejudice 偏見之霧障《由於偏見，不能作出正確的判斷》。**4** [the ～s]《文語》被籠罩在謎霧中之過去，遠古時代〔*of*〕.

thrów [cást] a mist befóre a person's **éyes** 蒙蔽某人。

—*v.t.* **1** 〔十受(十副)〕以霧罩…；使…模糊不清，使…朦朧〈*up, over*〉：Tears ～*ed* her eyes. 淚水使她的眼睛迷濛不清/The steam ～*ed* ***up*** the mirror. 蒸汽使鏡子模糊。**2** 〔十受十介十(代)名〕〔以…〕使…迷濛〔*with*〕：eyes ～*ed* ***with*** tears 因淚水而變迷濛的眼睛。

—*v.i.* **1** 〔動(十副)〕下霧；變模糊〈*up, over*〉：The windshield ～*ed over* . 擋風玻璃變得模糊不清。**2** [以 it 爲主詞]下霧，下霧雨：*It* is ～*ing*. 正在下霧；起霧了。

mis·tak·a·ble [mə'stekəbl; mi'steikəbl] *adj.* 易錯誤的，分不清的，易被誤解[誤會]的。

‡**mis·take** [mə'stek; mi'steik] «源自古北歐語「誤取」之義»**—***n.* Ⓒ**1** 錯，錯誤；誤會，誤解(⇨ error【同義字】)：grammatical ~*s* 文法上的錯誤/There is no ~ about it. 絕對不會錯/It's a ~ to think that you can get away with it. 如果以為你能免受懲罰，那就錯了/I made a ~ *about* the time. 我弄錯了時間。**2** 《法律》錯誤，過失。

and nó mistáke 《口語》[加强前述之語句]確實，沒錯：You are fool(,) *and no* ~！你是個不折不扣的傻瓜[你是個傻瓜，沒有錯]！

beyònd mistáke 確實，的確，沒錯。

by mistáke 由於錯誤，誤…，錯…：I have taken someone's umbrella *by* ~. 我錯拿了某人的雨傘。

in mistáke for... 誤以為…，錯當做…：I took his umbrella *in* ~ *for* mine. 我誤以為是我的而拿了他的雨傘。

màke nó mistáke [置於句首或句尾以加强語氣]絕對沒有錯，絲毫不可懷疑：*Make no* ~, it's got to be done. 《口語》確確實實；這件事必須做。

—*v.t.* (**mis·took** [mɪs'tʊk; mi'stuk]；**mistak·en** [-'stekən; -'steikən]) **1 a** 〔十受〕弄錯，誤解，想錯…；將…解釋錯：She has *mistaken* me [my meaning]. 她誤解了我的話[意思]。**b** 〔十 *wh._*〕弄錯，誤解，想錯〈…〉；將〈…〉解釋錯：There can be no *mistaking what* he meant by it. 他那句話的意思很明白(不會讓人誤解)。**2 a** 〔十受〕看錯…。**b** 〔十受十介十(代)名〕將…誤認〔為…〕，把…錯看[錯當]〔做…〕〔*for*〕：I *mistook* the stick *for* a snake. 我把那根棒子錯看成蛇了。**—***v.i.* 誤解，弄錯。

‡**mis·tak·en** [mə'stekən; mi'steikən] *v.* **mistake** 的過去分詞。**—***adj.* (**more** ~；**most** ~) **1** [不用在名詞前](無比較級、最高級) **a** 〈人〉想錯的，錯誤的，弄錯的，誤解的：You are ~. 你(弄、想)錯了。**b** 〔十介十(代)名〕〈人〉〔將…〕弄錯的，〔對…〕有所誤會的〔*about*〕：I am sorry. I was ~ ***about*** you. 我很抱歉，對你有所誤會。**c** 〔十介十(代)名〕〈人〉〔做…是〕有所誤會的，錯誤的〔*in*〕《★用法 in 之後多接動名詞》：You were ~ ***in*** assum*ing* it. 你做這個假定是錯誤的。

2 [不用在名詞前](無比較級、最高級)〈話、想法等〉被誤解的，被誤會的。

3 〈行為等〉判斷錯誤的，錯的：~ kindness 不該有的仁慈；給人添麻煩的好意/(a case of) ~ identity 認錯人[誤認](的事例)。

mis·ták·en·ly *adv.* 錯誤地，誤，錯，誤解地。

mis·ter ['mɪstə; 'mistə] «master 之輕讀形»**—***n.* **1** [M~；用作對男人之尊稱]…先生(⇨ Mr.)：Don't call me ~；it's very distant. 別叫我「先生」，那太見外了。**2** [用於稱呼]《美口語》先生(《★《英》非標準用法》：Good morning, ~. 先生，早安。**3** Ⓒ[常用單數](除 Mr. 以外不擁有尊稱或頭銜之)平民，小民：be he doctor or mere ~ 不論他是位博士或只是一介小民。

—*v.t.* 《口語》稱呼〈人〉為「先生」：Don't ~ me. 別叫我「先生」。

mìs·tíme *v.t.* **1** 錯失…之時機；弄錯…之時間，在不適當時機做[說]…(《★常以過去分詞當形容詞用》：a ~*d* intervention 不合時宜的介入。**2** 選錯時間擊〈球〉。

mis·tle·toe ['mɪsl,to; 'misltou] *n.* Ⓤ《植物》槲寄生《寄生在其他樹上之矮樹，樹枝常用做耶誕裝飾》。

kissing ùnder the místletoe 槲寄生樹下之接吻(《★有一風俗：耶誕節日，凡在槲寄生樹枝下走過的女子，人人得吻之》。

mistletoe 與其樹枝

‡**mis·took** [mɪs'tʊk; mi'stuk] *v.* **mistake** 的過去式。

mis·tral ['mɪstrəl, mɪs'trɑl; 'mistrəl, mis'trɑ:l] *n.* [**the** ~](法國等地中海沿岸地方之)乾燥而寒冷的西北風。

mìs·tránslate *v.t.* & *v.i.* 誤譯(…)。

mìs·translátion «mistranslate 的名詞»**—***n.* ⓊⒸ誤譯。

mis·tréat *v.t.* 虐待，苛待。

~·ment *n.*

mis·tress ['mɪstrɪs; 'mistris] «master 之陰性»**—***n.* Ⓒ **1** (↔ master) **a** (一家之)女主人，主婦。**b** 《英》女教師。**2** 擁有權威之女性，…(界)之女王〔*of*〕：be one's own ~〈女人〉係屬自由之身；冷靜，泰然自若/the ~ *of* the sea(s) 海之女王，海上霸主《舊指英國》/the ~ *of* the night 夜之女王《月亮》。**3** 情婦，妾。**4** 《詩》情人，愛人。

mistress of cérémonies 女司儀。

the Místress of the Róbes (英國王室之)女侍長《負責管理女王之衣裳》。

mìs·tríal *n.* Ⓒ《法律》**1** 誤審，(因程序錯誤而)無效之審判。**2** 《美》(因陪審團意見不一而)無結論之審判。

mis·trust [mɪs'trʌst; ˌmis'trʌst] *v.t.* 不信任，懷疑：I ~ his motives. 我懷疑他的動機。**—***v.i.* 懷疑，存疑。

—*n.* Ⓤ[又作 **a** ~]不信(任)，疑惑〔*of, in*〕.

mis·trust·ful [mɪs'trʌstfəl; ˌmis'trʌstful] *adj.* **1** 猜疑的，懷疑的，不信任的。**2** [不用在名詞前]〔十介十(代)名〕〔對於…〕不信任的〔*of*〕：He is ~ ***of*** my ability. 他不信任我的才幹。

~·ly [-fəlɪ; -fuli] *adv.*

mist·y ['mɪstɪ; 'misti] «mist 的形容詞»**—***adj.* (**mist·i·er**；**-i·est**) **1** 霧的，有[籠罩著]霧的：a ~ morning 一個有霧的早上。**2** 〈眼睛〉(因眼淚、年老等而)模糊的，迷濛的，朦朧的：a ~ gaze 淚水迷濛的注視，含淚凝視(的眼睛)。**3** 〈思想、記憶等〉不清楚的，模糊的，含糊的。**4** 無知識的，蒙昧的。

mís·ti·ly [-təlɪ; -tili] *adv.* **-ti·ness** *n.*

místy-éyed *adj.* **1** (因含淚而)眼睛模糊的，眼淚汪汪的。**2 a** (心軟)愛流淚的，多愁善感的，感傷的。**b** 眼神如在夢中的。

***mis·un·der·stand** [ˌmɪsʌndə'stænd; ˌmisʌndə'stænd] (**-stood** [-'stʊd; -'stud]) *v.t.* 〔十受〕**1** 誤解，誤會，曲解〈人、意思等〉：You ~ me. 你誤解我了。**2** 不能認清〈人〉的性格[本質]。

—*v.i.* 誤解，誤會，曲解：Don't ~. 別誤會。

mis·ùnderstánding «misunderstand 的名詞»**—***n.* **1** ⓊⒸ誤解，誤會，曲解；沒能正確了解〔*of*〕：have a ~ *of* a matter 對某事有所誤解。**2** Ⓒ不和，爭執，意見之差異〔*between, with*〕.

***mis·un·der·stood** [ˌmɪsʌndə'stʊd; ˌmisʌndə'stud] *v.* **misunderstand** 的過去式・過去分詞。

mìs·úsage *n.* ⓊⒸ**1** 誤用，濫用。**2** 虐待，苛待。

mìs·úse [-'jus; -'ju:s] *n.* ⓊⒸ誤用，濫用〔*of*〕.

— [-'juz; -'ju:z] *v.t.* **1** 誤用，濫用。**2** 虐待，苛待(ill-treat).

M.I.T., MIT 《略》Massachusetts Institute of Technology 麻省理工學院。

Mitch·ell ['mɪtʃəl; 'mitʃl] *n.* 米契爾《男子名》。

mite [maɪt; mait] *n.* **1** Ⓒ《動物》蟎類，小蜘蛛，小蝨。**2** Ⓒ《口語》極小之物；(使人憐憫之)小孩：a ~ *of* a child 身材很矮小的小孩，小不點兒。**3** [**a** ~；當副詞用]少許，一點點：He is *a* ~ taller than I. 他比我高一點點。**4** Ⓒ[常用單數]數量[金額]雖小卻難能可貴之捐獻：the widow's ~ (窮)寡婦所捐之小錢；盡微弱力量所做之貢獻(《★出自聖經新約「馬可福音」》。**5** Ⓒ(昔時)小面額的硬幣。

nòt a míte 《口語》一點也不…。

mi·ter ['maɪtə; 'maitə] *n.* Ⓒ**1** 《天主教》**a** 主教法冠《於參加典禮時所戴者》。**b** 主教之職務[職位]。**2** (又作 **míter jòint**)《木工》斜接；斜接面；斜接規。

miter 1 a

míter bòx *n.* Ⓒ《木工》(斜接木材時用以引導鋸子的一種刻有特殊角度的)輔鋸箱。

mí·tered *adj.* **1** 頭戴[被賜予]主教法冠的，被升為主教的，擔任主教的。**2** 《木工》斜接的。

mit·i·gate ['mɪtə,get; 'mitigeit] *v.t.* **1** 使〈痛苦、憂傷、憤怒〉緩和，使…平息。

2 減輕〈刑罰〉：*mitigating* circumstances 可斟酌減輕懲罰的情節。

mit·i·ga·tion [ˌmɪtə'geʃən; ˌmiti'geiʃn] «mitigate 的名詞»**—***n.* **1** Ⓤ **a** 緩和，平息〔*of*〕. **b** (刑罰等之)減輕〔*of*〕. **2** Ⓒ緩和[減輕，平息]之物。

mi·to·sis [mɪ'tosɪs; mi'tousis] *n.* (*pl.* **-to·ses** [-siz; -si:z]) ⓊⒸ《生物》(細胞核之)有絲分裂，間接分裂(cf. meiosis).

mi·tre ['maɪtə; 'maitə] *n.* 《英》=miter.

mí·tred *adj.* 《英》=mitered.

mitt [mɪt; mit] «mitten 字尾消失之變體字»**—***n.* Ⓒ**1 a** 《棒球》(捕手、一壘手用之)無指手套《僅拇指獨立，其餘四指相連之手套》。**b** (拳擊用)手套。**2 a** (女用的露指)長手套《僅套住手掌及前臂者》。**b** =mitten 1：an oven ~ 烤箱用之(防熱)手套。**3** 《俚》手。

gèt the frózen mítt=get the (frozen) MITTEN.

gìve a person **the (frózen) mítt** =give a person the (frozen) MITTEN.

mit·ten ['mɪtn; 'mitn] *n.* Ⓒ**1** (僅拇指獨立而其餘四指連成一體之)無指[連指]手套。**2** =mitt 2 a.

gèt the (frózen) mítten 《俚》(1)(向女人求愛等)碰釘子，被嚴厲拒絕。(2)被解雇，被趕走。

gìve a person **the (frózen) mítten** 《俚》(1)嚴拒某人(之求愛)，給某人碰釘子。(2)解雇[趕走]某人。

M

‡**mix** [mɪks; miks] «mixed 之逆成字»
—*v.t.* **1** 使…混合。

【同義字】mix 爲表示「使混合」之義最普通之用語，强調混成一團或形成一混合物，其中各個部分或成分分散均勻，彼此溶於一起；mingle 指使兩個以上可分離或區別之要素混合；merge 指使各要素混合而消失在整體中，或將某物吸收或併入到他物之中；blend 指混合二種以上不同之物而製造品質合乎希望之物。

mittens 1

a〔十受(十副)〕混合，攙和，攪和，攪拌〈二種(以上之)物〉〈*together*〉：～ colors 使顏料混合，調顏料/～ wine and water 使(葡萄)酒和水混合/Many different races are ～*ed* ***together*** in the U.S. 在美國許多不同種族融合在一起。**b**〔十受十介十(代)名〕〔以…〕攙…，使…〔與…〕混合〔*with*〕：～ cement ***with*** sand 以沙攙水泥。

2 a〔十受〕混合製成，配製，調製〈雞尾酒等〉；(混合材料)拌〈沙拉等〉：～ a drink 調酒，調製雞尾酒(等)/～ a cocktail 調雞尾酒。**b**〔十受十受/十受十介十(代)名〕爲〈人〉調製〈物〉；〔爲人〕調製〈物〉〔*for*〕：She ～*ed* him a drink. ＝She ～*ed* a drink ***for*** him. 她爲他調了一杯飲料。

3 a〔十受〕使〈人們〉交往，使…結交，使…來往：～ people of different countries 使各個不同國家的人們交往。**b**〔十受十介十(代)名〕使〈人〉〔與…〕混合，使〈人〉〔與…〕在一起〔*with, among*〕：～ the boys ***with*** the girls (在學校等)使男女學生相處在一起。**c**〔十受十介十(代)名〕使…〔與…〕調和在一起，將…〔與…〕合而爲一〔*with*〕：～ business ***with*** pleasure 兼顧工作與娛樂，勞逸結合。

4〔十受(十介十(代)名)〕〔～**it**(**up**)〕《口語》〔與人〕打架，毆鬥〔*with*〕.

—*v.i.* **1 a**〈二(種類之)物〉混合，相混，相溶，溶和：Oil and water don't ～. 油與水不相溶合。**b**〔十介十(代)名〕〔與…〕混合，相混，相溶，溶和〔*with*〕：Oil does not ～ ***with*** water. 油水不相溶。

2 a〈人〉融洽相處，合得來，親密地來往：They ～ well in any company. 他們與所相處的任何人都合得來。**b**〔十介十(代)名〕〈人〉〔與其他人們〕交往，結交，交際〔*with*〕：They did not ～ ***with*** the natives there. 他們與當地人無交往。

3〔十介十(代)名〕〈人〉(於聚會等)(在其間)〔與賓客等〕交談〔*with*〕：She ～*ed* ***with*** the guests. 她週旋於賓客之間與他們寒喧。

be [**gèt**] **míxed úp** (1)腦筋混亂，被弄糊塗：I *got* ～*ed up* at the first words. 我被第一句話搞糊塗了。(2)參與，受牽連，被捲入〔壞事〕〔*in*〕：He *was* unfortunately ～*ed up in* the affair. 他不幸被捲入這事件中。(3)〔與不好之人〕有關連，有瓜葛，混在一起，廝混，鬼混〔*with*〕：Don't *get* ～*ed up with* those people. 別跟那些人鬼混。

míx ín 《*vt adv*》(1)(做食物、調製飲料時)將〈他物〉加入並攪拌：*M*～ *in* an egg. 加個蛋攪拌。—《*vi adv*》(2)與人們交往〔交遊，結交，交際〕。(3)〔與人們〕交往，交遊，結交，交際〔*with*〕. (4)(於聚會等)與大家相處融洽〔打成一片〕。(5)出入〈社交界〉。

míx like óil and wáter 〈人、事物〉像油和水般不相溶和，不調和：Jack and John ～ *like oil and water.* 傑克和約翰像油和水般難以相容〔合不來〕。

míx úp 《*vt adv*》(1)使〈物〉混合均勻，調勻…，使…混雜在一起。(2)使…混亂，搞亂…，將…搞糊塗，使…糊塗《★常用被動語態》。(3)將…〔與…〕混同，混淆，搞錯，弄錯〔*with*〕.

—*n.* **1 a** [**a** ～]混合〔*of*〕. **b** Ⓒ混合物。**c** ＝mixer 5. **2** ⓊⒸ〔常構成複合字〕材料已調配好可立即沖食之現成食品，速食食品：(an) ice-cream ～ 調好的現成冰淇淋粉/(*a*) cake ～ 調好的速食蛋糕粉。**3** [**a** ～]《口語》混亂。

mixed *adj.* **1** 各種東西攙混的，混合的，混成的，由不同成分組成的(↔ pure)：a ～ brigade 混合旅/～ cookies 什錦小甜餅乾/a ～ drink 混合酒《雞尾酒等》/～ motives 不單純的動機/a ～ train (客車與貨車之)混合列車/have ～ feelings 懷著錯綜複雜的〔相矛盾的〕感情，悲喜交集。

2 由各種人組成的；不同種族間的。

3 a 男女混合的；男女合校的：～ doubles《網球》混合雙打/a ～ school 男女同校的學校。**b**《音樂》混聲的：a ～ chorus 混聲合唱。

4《口語》(因酒等)頭腦混亂〔糊塗不清〕的。

míx·ed·ness [ˋmɪksɪd-, ˋmɪkst-; ˈmiksid-, ˈmikst-] *n.*

míxed bág *n.* Ⓒ〔常 **a** ～〕《口語》各種人〔物〕之雜集，混雜〔*of*〕.

míxed fárming *n.* Ⓤ混合農業《混合經營穀物種植與畜牧等之農業》。

míxed gríll *n.* Ⓒ什錦烤肉《混合各種不同肉類烤製成的菜餚》。

míxed média *n.* **1** Ⓤ藝術的混合效應法《如表演、彩色燈光、錄音帶等多種媒介的混合運用》。**2** ＝multimedia.

míxed métaphor *n.* ⓊⒸ《修辭》混合隱喻《混合使用二個以上不同性質之隱喻的比喻》。

míxed-úp *adj.* 頭腦混亂的，糊裏糊塗的；有神經衰弱傾向的。

míx·er *n.* **1** Ⓒ **a** 混合者。**b** 調酒師。**2** Ⓒ〔常與修飾語連用〕**a** 混合器，攪拌器：a cement [concrete] ～ 水泥〔混凝土〕攪拌器。**b** (電動)攪拌器〔機〕《★比較 打果汁等用之攪拌器在《美》爲 blender，《英》爲 liquidizer》. **3** Ⓒ《口語》〔常以 good 或 bad 作修飾語〕…於交際之人：a good [bad] ～ 容易〔不容易〕跟人相處的人，善於〔不善於〕交際的人。**4** Ⓒ《美俚》交誼，懇親會，交誼會；聯誼會上之遊戲〔跳舞(等)〕。

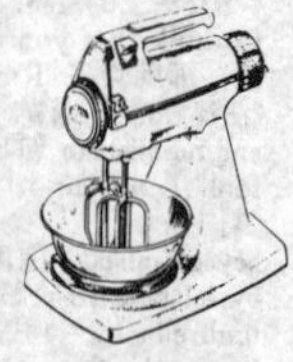
mixer 2 b

【說明】美國各大學新學期開始後不久，耶誕節、復活節過後不久或畢業前夕，學生會主動舉辦一些輕鬆的餐會或舞會以增加男女同學接觸的機會；cf. party, open house【說明】

5 Ⓤ(用以稀釋威士忌等之)非酒精性飲料《水、蘇打水、薑汁汽水等》。**6** Ⓒ《廣播・電視》音量〔映像〕調整裝置〔調整師〕；錄音師。

míx·ing bòwl *n.* Ⓒ(沙拉等之)拌和盆。

***mix·ture** [ˋmɪkstʃɚ; ˈmikstʃə] «mix 的名詞»—*n.* **1** [**a** ～]混合，混和〔*of*〕：with *a* ～ *of* sorrow and anger 悲憤交集。**2** Ⓤ Ⓒ混合物，合成品；混紡品：a smoking ～ 混合煙草/Air is a ～ of gases. 空氣是多種氣體的混合物。**3** Ⓤ《文語》混合，混和：by ～ 藉著混合(而…)。

the míxture as befóre 《英口語》照以前配方配成之物，老套，一成不變的處理方式〔對策〕。

míx-ùp *n.* Ⓒ《口語》**1** 混亂〔*in*〕：a ～ *in* the schedule (因差錯所致之)預定〔時間〕表之混亂。**2** 混戰。

miz·zen, miz·en [ˋmɪzn̩; ˈmizn] *n.* Ⓒ《航海》**1** (又作 **mízzen sàil**)後帆《靠船尾桅桿之縱帆》。**2** ＝mizzenmast：～ rigging 後桅索具。

mízzen·màst *n.* Ⓒ《航海》(三桅船之)後桅，尾桅。

miz·zle [ˋmɪzl; ˈmizl] 《口語・方言》*v.i.* 〔以 it 爲主詞〕下毛毛雨。

mk. 《略》mark.

mkd. 《略》marked.

M.K.S., m.k.s., mks 《略》meter-kilogram-second《物理》公尺一公斤一秒《長度、質量、時間之基本單位；cf. C.G.S.》.

mkt. 《略》market.

ml., ml 《略》milliliter(s).

MLD 《略》《藥》minimum lethal dose 最小致死量。

Mlle. 《略》Mademoiselle.

Mlles. 《略》Mesdemoiselles.

mm., mm 《略》millimeter(s). **MM.** 《略》(Their) Majesties；Messieurs.

Mme. 《略》(*pl.* **Mmes.**) Madame. **Mmes.** 《略》[meˋdɑm; ˈmeidæm] Mesdames.

Mn 《符號》《化學》manganese. **MN** 《略》《美郵政》Minnesota.

mne·mon·ic [niˋmɑnɪk; niːˈmɔnik] *adj.* **1** (幫助)記憶的：a ～ system 記憶法/～ rhymes 能幫助記憶的押韻的詩文。**2** 記憶術的，記憶法的。

mne·mon·ics [niˋmɑnɪks; niːˈmɔniks] *n.* Ⓤ記憶術。

mo [mo; mou] «moment 之略»—*n.* [**a** ～]《口語》瞬間：Wait *a* ～. 等一會兒。**hálf a mó** (1)一會兒。(2)等一會兒。

Mo 《符號》《化學》molybdenum. **MO** 《略》《美郵政》Missouri.

MO, m.o. [ˋɛmˋo; ˌemˈou] *n.* [**one's** ～, **the** ～]《口語》＝modus operandi 2. **mo.** 《略》month(s)；monthly. **Mo.** 《略》Missouri；Monday. **M.O.** 《略》Medical Officer 軍醫官；Money Order.

-mo [-mo; -mou] 字尾《裝訂》表示「(紙張)…開」之意的名詞字尾：16mo 十六開。

mo·a [ˋmoə; ˈmouə] *n.* Ⓒ《鳥》恐鳥《一種原產於紐西蘭 (New Zealand) 的巨鳥；狀似鴕鳥，不能飛；現已絕種》。

moan [mon; moun] *n.* **1 a** Ⓒ(痛苦、悲傷之)呻吟(聲)《★比較 痛苦較 groan 輕而聲音亦較低》。**b** [**the** ～](風、水等之)呼嘯聲，蕭蕭聲，呻吟〔嗚咽〕似的聲音〔*of*〕. **2** Ⓒ牢騷，怨言，不滿。

—*v.i.* **1 a** 呻吟，哼：～ with pain 因痛而呻吟。**b**〈心〉哀痛。**2**〔動(十介十(代)名)〕抱怨，悲歎，哀悼〔…之事〕〔*about*〕：He's always ～*ing* ***about*** his ex-wife. 他經常在爲他的前妻悲歎。

—*v.t.* **1** 悲歎〈不幸等〉；悲悼，哀悼〈死者〉。**2 a**〔十受(十副)〕呻

M

吟著[抱怨地]說…〈*out*〉. **b** 〔(十副)＋ *that*＿〕呻吟著[抱怨地]說〈…事〉〈*out*〉：He ～*ed* (*out*) *that* his work was too tough. 他抱怨工作太困難。**c** 〔(十副)＋引句〕呻吟著說…〈*out*〉："Water!", he ～*ed* (**out**). 他呻吟著[呻吟似地]說：「水。」

moan·ful [ˋmonfəl; ˈmounful] *adj.* 悲歎的，呻吟的，悲哀的。

～**·ly** [-fəlɪ; -fuli] *adv.*

moat [mot; mout] *n.* Ⓒ(城市、城牆周圍之)壕溝。

moat

móat·ed *adj.* [用在名詞前]圍有壕溝的。

mob [mab; mɔb] «源自拉丁文「不定的(羣衆)」之義»**—**n. **1** Ⓒ[集合稱]暴徒，暴民，羣集之民衆。

【同義字】mob 指無秩序而有暴亂或破壞行爲趨勢之羣衆；crowd 指雜亂無章羣聚在一起的一大羣人。

2 [**the** ～]《輕蔑》(非理性而意見、感情常變之)下層階級；一般民衆。**3**《俚》**a** Ⓒ(盜賊等之)一夥，一羣。**b** [**the** ～]匪幫，暴力集團。

—*adj.* [用在名詞前] **1** 暴徒[羣衆]的：～ psychology 羣衆心理/～ rule 暴民統治。**2** 適合一般民衆的。

—*v.t.* (**mobbed**; **mob·bing**)〔十受〕**1** 羣集襲擊…。**2** 圍上去歡呼[滋擾]…：The children *mobbed* the baseball star. 孩子們歡呼著朝那棒球明星圍上去。**3** 羣集於〈場所〉，向…蜂擁而至，湧向…：The stores were *mobbed* by bargain hunters. 尋找廉價品的人們湧進該商店。

mob·cap [ˋmab͵kæp; ˈmɔbkæp] *n.* Ⓒ(流行於十八至十九世紀之)室內用婦女帽。

mo·bile [ˋmobl, ˋmobil; ˈmoubail, ˈmoubi:l] «源自拉丁文「動」之義»**—***adj.* **1 a** [不用在名詞前]〈人〉可(走)動的，易活動的：A specially equipped car makes a handicapped person more ～. 有特殊裝置的汽車使得殘障者比以前更易於活動。**b** 〈物〉容易移動的，可動的，流動性的。**c** 用車移動的，裝在車上的，機動的：a ～ shop (設在汽車上的)流動商店/～ police 機動警察/a ～ station 活動(無線)電台/a ～ library 流動圖書館。**d** 有機動性的，機動化的：～ troops 機動化部隊。**2 a** 〈心、表情等〉易變的，不定的，無常的。**b** 〈臉〉表情豐富的。**3** [-bil; -bail]《美術》動態的，活動的(cf. *n.*)。

—*n.* [-bil; -bail] Ⓒ《美術》動態雕刻《抽象派雕刻，以懸吊金屬片等方式表現動感》。

móbile hòme *n.* Ⓒ活動房屋，可移動住宅《裝有輪胎之大型活動房屋；多置於固定地點作住宅，移動時可用汽車牽引；⇨ motor home》。

mo·bil·i·ty [moˋbɪlətɪ; mouˈbiləti] «mobile 的名詞»**—***n.* Ⓤ**1 a** 易動性，可動性，移動性，流動性。**b** 機動性。**2 a** 感情不定，善變，易變性。**b** (臉部等之)表情豐富。

mo·bi·li·za·tion [͵mobḷəˋzeʃən, -aɪˋz-; ͵moubilaiˈzeiʃn] «mobilize 的名詞»**—***n.* Ⓤ**1** 動員：industrial ～ 工業動員/～ orders 動員令/a ～ scheme 動員計畫。**2** (財富等之)流通。**3**《法律》(不動產之)動產化。

mo·bi·lize [ˋmobḷ͵aɪz; ˈmoubilaiz] *v.t.* **1 a** (因戰爭、緊急情況)動員〈人、軍隊等〉。**b** 將〈工業、資源等〉戰時體制化。**c** 聚集，調動〈支持、力量等〉。**2** 使〈財富等〉流通。

—*v.i.* 〈軍隊〉動員。

mob·oc·ra·cy [maˋbakrəsɪ; mɔˈbɔkrəsi] *n.* **1** Ⓤ暴民政治[統治]。**2** Ⓒ作爲統治者的暴民。

mob·ster [ˋmabstɚ; ˈmɔbstə] *n.* Ⓒ《俚》匪幫之一員[一夥]；暴徒，盜匪。

moc·ca·sin [ˋmakəsn; ˈmɔkəsin] *n.* Ⓒ**1** [常 ～**s**] **a** (北美印地安人所穿無後跟之)鹿皮鞋。**b** 形狀似北美印地安人所穿之鹿皮鞋的平底鞋。**2**《動物》嗜魚蛇《蝮蛇屬毒蛇》。

moccasin 1 b

mo·cha [ˋmokə; ˈmoukə, ˈmɔkə] *n.* Ⓤ **1** [有時 M～] (又作 **mócha cóffee**) **a** 摩卡咖啡《指昔日由阿拉伯西南部海港摩卡(Mocha)輸出之咖啡》。**b**《口語》咖啡。**2** 摩卡皮《埃及出產之柔軟上等羊皮；尤用以製手套》。**3** 巧克力色，深褐色。

—*adj.* **1** [用在名詞前]加有咖啡(和巧克力)的。**2** 巧克力色的，深褐色的。

mock [mak, mɔk; mɔk] *v.t.* 〔十受〕**1 a** (例如在不該笑時笑而)**嘲弄，嘲笑，愚弄**〈人〉(⇨ imitate【同義字】)。**b** 模仿〈人、言行〉以嘲弄[嘲笑，愚弄]。**2 a** 使〈努力〉徒勞無功，使…無效，使…失敗。**b** 使〈希望等〉受挫，使…沮喪，使…失望：The high wall ～*ed* his hopes of escaping. 那高圍牆使他逃跑的希望受挫。

—*v.i.* 〔十介十(代)名〕〔對…〕嘲笑，嘲弄，愚弄〔*at*〕《★可用被動語態》：He was ～*ed* **at** by the others. 他被其餘的人嘲笑。

móck úp 《*vt adv*》作…之實物大模型。

—*n.* Ⓒ **1** (衆人)嘲笑[嘲弄]之對象，笑柄：He is the ～ of the town. 他是城裏的笑柄。**2** 仿造品，贋品。

màke a móck of... ⑴嘲笑…。⑵證實…爲虛假：The results *made a* ～ *of* his claims. 種種結果證實他的說法是不眞實的。

màke móck of... 嘲弄…。

—*adj.* [用在名詞前]僞造的，假裝的，模擬的，模仿的：a ～ trial 模擬審判/～ modesty 假謙虛/with ～ seriousness 假正經地，煞有其事地。

—*adv.* [常構成複合字]模擬…，假裝地：*mock*-heroic 假英雄氣概的；《文學》模擬英雄體詩的/in a *mock*-serious manner 以假裝的認眞態度。

móck·er *n.* Ⓒ**1** 嘲笑者，愚弄者，嘲弄者；作嘲弄性之模仿者；欺騙者，騙子。**2**《鳥》嘲鶇(mockingbird)。

pùt the móckers on... 《英俚》弄糟…，破壞…，糟塌掉…。

mock·er·y [ˋmakərɪ; ˈmɔkəri] «mock 的名詞»**—***n.* **1** Ⓤ嘲笑，嘲弄，挖苦。**2** Ⓒ[常用單數](衆人)嘲笑之對象，笑柄：make a ～ of... 嘲笑…(cf. 4)。**3** Ⓒ虛假，贋品，冒牌貨，模仿：His trial was a mere ～. 他所受的審判徒具形式[只是裝個樣子而已]。**4** Ⓒ白費力氣，徒勞無功：Rain made a ～ of our picnic. 雨使得我們的郊遊泡湯了(cf. 義 2)。

hóld...úp to móckery 嘲笑〈人、物〉。

mócking·bìrd *n.* Ⓒ《鳥》嘲鶇《善於模仿其他鳥的叫聲；產於北美南部及墨西哥》。

mockingbird

móck·ing·ly *adv.* 嘲笑地，嘲弄地。

móck móon *n.* Ⓒ幻月《出現於月暈上之光輪》。

móck órange *n.* Ⓒ《植物》山梅花《山梅花屬之各種植物；開似橙花之白花》。

móck sún *n.* Ⓒ 幻日《出現於日暈上之光點》。

móck tùrtle sóup *n.* Ⓤ假鮮鼈湯《用犢肉煮成，味似鼈湯》。

móck-ùp *n.* Ⓒ(飛機、機器等之)實物大模型〔*of*〕：a ～ *of* a castle 城堡模型。

mod [mad; mɔd] «*mod*ern 之略»**—**[有時 M～]《口語》*adj.* 〈服裝等〉款式最新的，大膽的，前衛的，時髦的，摩登的。

—*n.* **1** Ⓒ時髦人物，「摩登族」的人《1960 年代出現之英國年輕「披頭族」(beatnik)；尤指穿著奇裝異服，生活方式標新立異之中學生年齡的青少年》：～*s* and rockers 摩登族和搖滾樂族。**2** Ⓤ最新流行之服裝。

mod·al [ˋmodḷ; ˈmoudl] «mode[1] 的形容詞»**—***adj.* **1** 樣式的，方式的，形式上的，形態上的，外形的。**2** [用在名詞前]《文法》(動詞之)語氣的，語態的：a ～ auxiliary 語氣[語態]助動詞《如 may, can, must, would, should 等》。**3** [用在名詞前]《邏輯》形式(上)的《爲本質、內容之對》。**4** [用在名詞前]《音樂》中古教會調式的，定型的。～**·ly** *adv.*

mo·dal·i·ty [moˋdælətɪ; mouˈdæləti] «modal 的名詞»**—***n.* Ⓤ Ⓒ**1**《文法》語氣[語態](性)。**2**《邏輯》模態，程式，樣式。

mod con [madˋkan; ͵mɔdˈkɔn] «*mod*ern *con*venience 之略»**—***n.* Ⓒ[常 ～**s**]《英口語》最新設備《中央系統暖氣設備等；用於報紙之售屋廣告的宣傳詞》。

mode[1] [mod; moud] «源自拉丁文「方法」之義»**—***n.* Ⓒ **1 a** 方法，樣式，作法，作風，款式，模式，方式〔*of*〕：a ～ *of* life 生活方式，風俗/a (new) ～ *of* expression (新的)表達方式[說法]。**b** (機能上之)形態，樣式：switch a 2-way radio from the receiving to the transmitting ～ 把收發兩用無線電裝置由受話[接收](形態)轉變爲送話[傳送]形態。**2**《文法》(動詞之)語氣，語態。**3**《邏輯》程式，論式，樣式。**4**《音樂》調式，定型：the major [minor] ～ 大[小]調。

mode[2] [mod; moud] «源自法語»**—***n.* Ⓒ[常 **the** ～](服裝等之)時尚，式樣，流行(款式)《★比較 爲較 fashion 矯飾之用語，暗示高級》。

áll the móde 非常流行。**in móde** 正在流行中。**òut of móde** (已)不流行。

ModE, Mod.E. 《略》Modern English.

mod·el** [ˋmadḷ; ˈmɔdl] «源自拉丁文「方法，樣式」之義»**—n.* Ⓒ **1 a 模型，雛形，原型；設計圖；**(理論等之)模型：a ～ *of* a ship 船的模型/a clay ～ for a statue 雕像的黏土模型。**b** [常用單數]《英》〔與…〕酷似之人[物]〔*of*〕：He is the (very) ～ [a perfect ～] *of* his father. 他長得很像他父親[跟他父親一模一樣]。

2 模範，範例，榜樣，典範〔*of*〕：on [after] the ～ of... 以…爲

M

模範，效法…/He is a ～ *of* industry. 他是勤勉的典範。
3 a (畫家、攝影家等之)**模特兒**。**b** (文學作品等中之)典型人物。**c** 時裝模特兒；(穿著服飾展示或示範用法而銷售化妝品等之)廣告模特兒。
4 《英》(由模特兒穿著或置於橱窗中等處做展示用之)樣品衣服[服飾]。
5 [與修飾語連用](服飾、汽車等之)…型，款式：a new ～ 新型，新式樣/the 1985 ～ of a car 1985 年型的汽車。
—*adj.* [用在名詞前](無比較級、最高級) **1** 模型的：a ～ car [train] 模型汽車[火車]。**2** 模範的，典型的，可供示範的，可做典範的：a ～ school (教學法等之)示範學校/a ～ home (做公開展示或宣傳用之)樣品屋。
—*v.t.* (**mod·eled,** 《英》**-elled；mod·el·ing,** 《英》**-el·ling**) **1 a** 〔十受〕製作…之模型，照…作模型。**b** 〔十受十介十(代)名〕〔用黏土等材料〕作…，塑造…，仿製…，將…表現於形狀〔*in*〕：The children were ～*ing* animals *in* clay. 孩子們正在用黏土作動物模型。**c** 〔十受〕形成…《★常以過去分詞當形容詞用》：a beautifully ～*ed* figure 美麗的姿容。
2 〔十受十介十(代)名〕〔仿照…〕製作…〔*on, upon, after*〕：He ～*ed* the statue *on* a Greek original. 他仿照希臘原作品製作了那座雕像/The garden was ～*ed after* the manner of Versailles. 那花園是仿照凡爾賽宮(花園)的樣式而興建的。
3 〔十受十介十(代)名〕**a** 〔仿效…〕塑造…，〔以…爲模範〕使…仿效〔*on, upon*〕：～ one's manners *on* those of the old school 仿效舊式的禮節。**b** [～ one*self*]〔拿…〕做模範，仿效〔…〕〔*on, upon*〕：I tried to ～ *myself on* [*upon*] my teacher. 我試著拿老師做典範[試著效法老師]。
4 〔十受〕穿著〈衣服等〉展示：She ～*ed* swimming suits. 她把泳裝穿在身上展示。
—*v.i.* **1** 〔動(十介十(代)名)〕〔用黏土等材料〕製作模型[雛型]〔*in*〕：～ *in* clay 用黏土做模型。**2** 當模特兒。
mód·el·ing, 《英》**mod·el·ling** [-dlɪŋ; -dliŋ] *n.* Ⓤ **1** 模型製作。**2** 造型，塑像術。**3** (時裝)模特兒。
Módel T *n.* [the ～] T 型(車)《美國福特(Ford)汽車公司首次大量生產(1909–29)之小型汽車》。
—*adj.* **1** 初期的。**2** 舊式[老式]的，落後於時代的，趕不上時代的。
***mod·er·ate** [ˋmɑdərɪt, ˋmɑdrɪt; ˈmɔdərət, -rit] 《源自拉丁文「配合模式(mode)抑制」之義》—*adj.* (**more** ～；**most** ～) **1 a** 〈人、行動〉(不趨向極端而)**有節制的，穩健的，溫和的** (↔ extreme)：a ～ request 不過分的要求/～ political opinions 溫和的政見。**b** [不用在名詞前]〔十介十(代)名〕〔在…方面〕不過分的，有節制的，穩健的〔*in*〕：He is ～ *in* opinion [*in* drink*ing*]. 他的意見溫和[飲酒有節制]。
2 (無比較級、最高級) **a** 〈量、大小、程度、質等〉**適度的，中等的，一般的**《★有時婉轉指一般以下》：people of ～ means 一般財力[收入]的人們/at a ～ speed 以適中的速度。**b** 〈價格〉適中的，公道的，不太貴的，差不多的。
3 〈氣候等〉溫和的，不激烈的：a ～ winter 溫和的冬天。
—*n.* Ⓒ穩健之人，溫和[中庸]主義者。
— [ˋmɑdəˏret; ˈmɔdəreit] *v.t.* 〔十受〕 **1** 節制…，使…緩和，使…減輕：～ one's drinking 節制飲酒。**2** 主持…會議。
—*v.i.* **1 a** 緩和，減輕。**b** 〈風〉平息，減弱。**2** 作和事佬[仲裁者，調停者]，作議長，主持(會議)。～**·ness** *n.*
móderate bréeze *n.* Ⓒ《氣象》和風，(風速每秒 5.5 至 7.9 公尺之)四級風(⇨wind scale)。
móderate gále *n.* Ⓒ《氣象》疾風，(風速每秒 13.9 至 17.1 公尺之)七級風(⇨ wind scale)。
mód·er·ate·ly *adv.* **1** 適度地，適中地：a ～ hot day 不很熱的日子。**2** 有節制地，不過分地，中庸地：～ speaking 有所保留地[客氣地]說。
mod·er·a·tion [ˏmɑdəˋreʃən; ˌmɔdəˈreiʃn] 《moderate 的名詞》—*n.* Ⓤ適度；穩健，溫和；節制，適中，中庸；緩和，減輕，降低，減弱，平息〔*in*〕：You must use greater ～ *in* eat*ing* and drink*ing*. 你得在飲食方面更加節制。
in moderátion 適度地，有節制地，不過分地：eat and drink *in* ～ 飲食適度[不過度]。
mod·e·ra·to [ˏmɑdəˋrɑto; ˌmɔdəˈrɑːtou] 《源自義大利語》—《音樂》*adj.* & *adv.* 中板，以適中的速度：allegro ～ 中快板。
mód·er·à·tor [-ˏretə; -reitə] *n.* Ⓒ **1 a** 仲裁[調停]者。**b** 調節[調整]器。**2 a** (討論會等之)主持人。**b** 《美》(鄉鎮議會等之)議長，主席。**3** [常 M～]《基督教》(長老會之)教會法庭主席，宗教會議議長。**4** 《物理》(原子爐之中子)減速劑，緩和劑《如石墨、水》。
‡**mod·ern** [ˋmɑdən; ˈmɔdən] 《源自拉丁文「恰好現在」之義》—*adj.* (**more** ～，**most** ～；～**·er,** ～**·est**) **1** (無比較級、最高級) **a** 近世的，近代的；現代的：⇨ modern history/～ dance 現代舞[芭蕾舞]/～ jazz 現代爵士樂/～ poetry 現代詩/～ times 現代。**b** [M～] (在語言史上)近代的：⇨ Modern English. **2** 現代式[現代化]的，近代式[近代化]的，最新式的，摩登的。
—*n.* Ⓒ [常 ～s] 現代人，近代人；現代化的人，有新思想的人：young ～*s* 現代青年。
módern-dáy *adj.* 今日的，當今的(current)。
Módern Énglish *n.* Ⓤ現代英語《紀元 1500 年以後之英語；略作 ModE, Mod.E.》。
Módern Gréek *n.* Ⓤ近代[現代]希臘文《自紀元 1500 年前後起至今所用者》。
módern hístory *n.* Ⓤ近代史《文藝復興以後之歐洲歷史》。
mód·ern·ìsm [-dənˏɪzəm; -dənizəm] *n.* **1** Ⓤ現代之思潮[精神，特徵]，現代風。**2** [常 M～] Ⓤ **a** 《基督教》現代主義《由現代思想之立場重新檢討教義以謀求調和之謂；cf. fundamentalism》。**b** 《藝術》現代主義。**3** Ⓒ現代的措詞[說法，語法，用語]。
mód·ern·ist [-nɪst; -nist] *n.* Ⓒ現代[近代]主義者。
—*adj.* 現代[近代]主義(者)的。
mod·ern·is·tic [ˏmɑdəˋnɪstɪk; ˌmɔdəˈnistik⁺] *adj.* **1** 現代的。**2** 現代主義(者)的。
mo·der·ni·ty [mɑˋdɝnətɪ, mo-; mɔˈdəːnəti, mou-] 《modern 的名詞》—*n.* **1** Ⓤ現代性。**2** Ⓒ現代之事物。
mod·ern·ize [ˋmɑdənˏaɪz; ˈmɔdənaiz] *v.t.* 使…成爲現代式，使…現代化。—*v.i.* 成爲現代式，現代化。**mod·er·ni·za·tion** [ˏmɑdənəˋzeʃən, -aɪˋz-; ˌmɔdənaiˈzeiʃn, -niˈz-] *n.*
módern lánguages *n. pl.* [當單數或複數用](與做爲學科之古典語言相對之)現代[近代]語言。
módern pentáthlon *n.* Ⓤ [又用單數；常 the ～]《運動》現代五項運動《包括五千公尺騎術，擊劍，手槍射擊，三百公尺自由式游泳及四千公尺越野賽跑等》。
módern schóol *n.* Ⓤ [指設施時爲Ⓒ] (英國之)現代中等學校《1944 年以來爲小學畢業而以後不升大學之學生設置，著重實用學科之教授；⇨ secondary modern school》。
mod·est** [ˋmɑdɪst; ˈmɔdist] 《源自拉丁文「守著適當尺度的」之義》—*adj.* (～**·er；**～**·est**) **1 a 謙遜的，謙虛的，謹愼的，客氣的，**內向的，羞怯的(⇨ shy[1]【同義字】)：a ～ person 謹愼的人/～ behavior 謙虛的態度。**b** [不用在名詞前]〔十介十(代)名〕〔在…方面〕謙虛的，謹愼的〔*in, about*〕：He is ～ ***about his son. 他對於他兒子的事很謙虛[不誇耀]/He is ～ ***in*** his behavior. 他態度謙虛。**2** 〈婦女等〉**嫻靜的，莊重的，高雅的**。**3 a 適度的，**不過分的；質樸的：a ～ little house 質樸的小房子/a ～ demand 不過分的要求。**b** (質、量、程度等)不太多[大]的：a ～ gift [income] 小小的禮物[微薄的收入]。～**·ly** *adv.*
mod·es·ty [ˋmɑdəstɪ; ˈmɔdisti] 《modest 的名詞》—*n.* Ⓤ **1 謙遜，謙虛，客氣；羞怯，內向。2** (婦女之)嫻靜，莊重，高雅。**3** 質樸。
in áll módesty 保守地說(也)…，不自誇而實實在在地說…。
mo·di *n.* **modus** 的複數。
mod·i·cum [ˋmɑdɪkəm; ˈmɔdikəm] *n.* [**a** ～] 少量，一點點，些微；某程度〔*of*〕：a ～ *of* sleep [pleasure] 一點兒睡眠[樂趣]/A ～ *of* patience is necessary when dealing with him. 跟他相處時需要一點耐心。
mod·i·fi·ca·tion [ˏmɑdəfəˋkeʃən; ˌmɔdifiˈkeiʃn] 《modify 的名詞》—*n.* ⓊⒸ**1** (部分的)變更，修正。**2** 減輕，緩和，調節。**3** 《文法》修飾，限定，限制。
mód·i·fì·er *n.* Ⓒ **1** 修正[變更]之人[物]。**2** 《文法》修飾語《形容詞、副詞及其相當語》。
***mod·i·fy** [ˋmɑdəˏfaɪ; ˈmɔdifai] 《源自拉丁文「使與尺度一致」之義》—*v.t.* **1** 〔十受〕 **a 修正，**(部分地)變更〈計畫、意見等〉(⇨ change【同義字】)。**b** 緩和，放寬，減輕，調整〈條件、要求等〉。**2** 〔十受十介十(代)名〕改變，改造〈物〉(之形態或性質)〔成爲…〕〔*into*〕。**3** 〔十受〕《文法》修飾[限定]〈字、句〉(之意義)：Adverbs ～ verbs and adjectives. 副詞修飾動詞和形容詞。
mod·ish [ˋmodɪʃ; ˈmoudiʃ] 《mode[2] 的形容詞》—*adj.* (輕)流行的，時髦的，現代款式的：a ～ restaurant 現代式的餐廳。
～**·ly** *adv.* ～**·ness** *n.*
mo·diste [moˋdist; mouˈdiːst] *n.* Ⓒ裁製或經營時髦之女裝、女帽買賣的人。
mods [mɑdz; mɔdz] *n. pl.* [有時 M～] 牛津大學 B.A. 學位初試。
mod·u·lar [ˋmɑdʒulɚ; ˈmɔdjulə] *adj.* **1** 《module 的形容詞》(依照)標準尺寸的：～ construction 依標準尺寸的施工[建設]。**2** 《modulus 的形容詞》《數學》率的，模數的，係數的。
mod·u·lar·ize [ˋmɑdʒələˏraɪz; ˈmɔdjuləraiz] *v.t.* 使…積木[模塊]化。
mod·u·late [ˋmɑdʒəˏlet; ˈmɔdjuleit] 《源自拉丁文「使合於尺度」之義》—*v.t.* **1** 調節，調整。**2** 改變〈聲調、音調等〉。**3** 《電子工學》變更〈電波之振幅、周波數等〉，調〈頻、幅〉。
—*v.i.* 〔十介十(代)名〕《音樂》〔由…〕轉調〔至…〕〔*from*〕〔*to*〕：～ ***from*** one key ***to*** another 從一個音調轉到另一個音調。

M

mod·u·la·tion [ˌmɑdʒəˈleʃən; ˌmɔdjuˈleiʃn] «modulate 的名詞»—*n.* Ⓤ Ⓒ **1** 調整，調音。**2** (語音、韻律之)抑揚(法)，音韻變化。**3** 《音樂》轉調。**4** 《電子》電波頻率之調變，調幅：⇨ amplitude modulation, frequency modulation.

mód·u·là·tor [-tɚ; -tə] *n.* Ⓒ **1** 調節者[物]。**2** 《電子》(轉變電波頻率之)調變器，調幅器。

mod·ule [ˈmɑdʒul; ˈmɔdju:l] *n.* Ⓒ **1** (建築材料、家具製作等之)標準尺寸，基本單位。
2 《太空》艙《太空船中可脫離母船發揮其獨自機能之部分》：the command [lunar] ~ of Apollo 11 太陽神十一號(太空船)的指揮艙[登月艙，登月小艇]。
3 《電算》模組《具有特定儲存容量之一件週邊設備組件》。

mod·u·lus [ˈmɑdʒələs; ˈmɔdjuləs] *n.* Ⓒ (*pl.* **-li** [-ˌlaɪ; -lai]) 《數學》率，模數，係數。

mo·dus [ˈmodəs; ˈmoudəs] «源自拉丁文'mode' 之義»—*n.* Ⓒ (*pl.* **mo·di** [-di; -di:]) 方法，樣式。

modus op·e·ran·di [ˈmodəsˌɑpəˈrændaɪ; ˈmɔdəsˌɔpəˈrændi:] «源自拉丁文»—*n.* Ⓒ (*pl.* ***mo·di op·e·ran·di***) **1** [常 **one's** ~] (工作之)做法，運用法，作業計畫。**2** (罪犯之)手法，手段《《口語》略作 MO, m.o.》。

módus vi·vén·di [-vɪˈvɛndaɪ; -vi:ˈvendi:] «源自拉丁文 'manner of living' 之義»—*n.* Ⓒ (*pl.* **mo·di vivendi**) **1** [常 **one's** ~] 生活方式，生活態度。**2** (團體、個人間之)暫時協定；暫時性妥協。

mog·gy [ˈmɑgɪ, ˈmɔgɪ; ˈmɔgi] *n.* Ⓒ 《英口語》貓。

mo·gul [ˈmogl̩; ˈmougəl] *n.* Ⓒ 滑雪道拐彎處的雪坡。

Mo·gul [ˈmogʌl, moˈgʌl; ˈmougʌl, mouˈgʌl] *n.* Ⓒ **1** 蒙兀兒人《尤指於十六世紀征服並統治印度之蒙古族人或其子孫》：the Great ~ 蒙兀兒皇帝。**2** [**m**~] 鉅子，大亨，顯要人物，大人物：a movie *mogul* 影業鉅子。

Mógul Émpire *n.* [**the** ~] 蒙兀兒帝國《蒙兀兒族於 1526 年在印度建立之回教帝國；於 1857 年爲英國所滅》。

MOH, M.O.H. 《略》《英》Medical Officer of Health 衛生保健官員《負責某地區公共衛生之醫師》。

mo·hair [ˈmoˌhɛr; ˈmouhɛə] *n.* **1** Ⓤ 毛海《小亞細亞產的安哥拉羊毛》。**2 a** Ⓤ 毛海織物。**b** Ⓒ 毛海織物製成之衣服。

Mo·ham·med [moˈhæmɪd; mouˈhæmed, -mid] *n.* 穆罕默德《570？–632；回教[伊斯蘭教]教祖》：⇨ Mohammed and the MOUNTAIN.

Mo·ham·med·an [moˈhæmədən; mouˈhæmidən] *adj.* 穆罕默德的，回教[伊斯蘭教]的：the ~ era 回教紀元《以穆罕默德逃離麥加之紀元 622 年爲元年；cf. Hegira》。
—*n.* Ⓒ 回教徒，伊斯蘭教徒《★用法 回教徒本身稱回教徒時喜用 Muslim [Moslem]，而稱回教時則喜用 Islam》。

Mo·hám·med·an·ìsm [-dənˌɪzəm; -dənizəm] *n.* Ⓤ 回教，伊斯蘭教(Islam)。

Mo·hawk [ˈmohɔk; ˈmouhɔ:k] *n.* (*pl.* ~, ~**s**) **1 a** [**the** ~(**s**)] 摩和克族《北美印地安族之一支》。**b** Ⓒ 摩和克族人。**2** Ⓤ 摩和克語。

Mo·hi·can [moˈhikən; ˈmouikən] *n.* (*pl.* ~, ~**s**) **1 a** [**the** ~(**s**)] 摩希根族《北美印地安族之一支；昔居於哈德遜河(Hudson)上游》。**b** Ⓒ 摩希根族人。**2** Ⓤ 摩希根語。

moi·dore [ˈmɔɪdor, -dɔr; ˈmɔidɔ:] *n.* Ⓒ 葡萄牙及巴西之古金幣。

moi·e·ty [ˈmɔɪətɪ; ˈmɔiəti] *n.* Ⓒ [常用單數] **1** 《法律》(財產等之)一半，二分之一，半份 [*of*]. **2** 《文語》一半；(分割之物的)一部分。

moil [mɔɪl; mɔil] *v.i.* 辛苦工作《★常用於下列成語》。
tóil and móil 辛辛苦苦工作。

moi·ré [mwɑˈre; ˈmwɑ:rei] «源自法語»—*adj.* 有波紋[雲紋]的。—*n.* Ⓤ (絲綢、金屬表面等之)波紋，雲紋。

moist** [mɔɪst; mɔist] *adj.* (~·**er**; ~·**est**) **1 a** 微溼的，潮溼的，沾溼的《★比較 damp 指潮溼而令人不愉快或厭惡；moist 則指潮溼但不至令人不愉快或厭惡；⇨ wet【同義字】》：a ~ cloth 一塊潮溼的布。**b** [不用在名詞前] [十介十(代)名] [因…而] 潮[沾]溼的，[沾著…而] 溼的 [*with*]：grass ~ ***with dew 因露而沾溼的草。**c** 〈空氣、風等〉有溼氣的：~ air 帶有溼氣的空氣。**d** 〈食物等〉適度地含有水分的，不會太乾的。**e** 〈季節、地區等〉多雨的。**2 a** 〈眼睛〉含著淚的，淚汪汪的：~ eyes 淚汪汪的眼睛。**b** [不用在名詞前] [十介十(代)名] [因淚而] 溼的，[被淚] 沾溼的 [*with*]：eyes ~ ***with*** tears 淚汪汪的眼睛。~·**ly** *adv.*

mois·ten [ˈmɔɪsn̩; ˈmɔisn] «moist 的動詞»—*v.t.* 使…微溼，使…溼潤，弄溼…：~ one's lips [throat] 舐溼嘴唇[潤溼喉嚨]；《謔》喝酒。—*v.i.* 變溼，變潮溼。

***mois·ture** [ˈmɔɪstʃɚ; ˈmɔistʃə] «moist 的名詞»—*n.* Ⓤ 濕氣，潮溼，水分，(空氣中之)水蒸汽。

mois·tur·ize [ˈmɔɪstʃəˌraɪz; ˈmɔistʃəraiz] «moisture 的動詞»—*v.t.* 使…有溼氣[水分]，使…溼潤。

moke [mok; mouk] *n.* Ⓒ 《英口語・謔》驢。

mol [mol; moul] *n.* = mole⁴.

mo·lar¹ [ˈmolɚ; ˈmoulə] «源自拉丁文「磨臼的」之義»—*adj.* **1** 磨碎的，咬碎的。**2** 《解剖》臼齒的。—*n.* Ⓤ 《解剖》臼齒。

mo·lar² [ˈmolɚ; ˈmoulə] «mole⁴ 的形容詞»—*adj.* **1** 《化學》克分子的。**2** 《物理》質量(上)的；物體全體的。

mo·las·ses [məˈlæsɪz; məˈlæsiz] *n.* Ⓤ 《美》糖蜜(《英》treacle)《在精製沙糖的過程中所產生的暗褐色黏液》。

***mold**¹ [mold; mould] «源自拉丁文「尺度，規範」之義»—*n.* **1** Ⓒ (用以使材料之熔液成型之)模子：**a** 鑄型。**b** (砌石、砌磚用之)板模。**c** (製食品用之)果凍[布丁]模(等)。**2** Ⓒ **a** 在模中成型之物；鑄成之物；果凍(等)。**b** 形狀，姿態；人像。**3** Ⓤ [又作 **a** ~] 性質，脾氣，性格：*of* gentle ~ 脾氣溫和的/a man cast *in a* heroic ~ 有英雄氣慨的人/people cast *in* the same ~ (由同一家庭或同一教育模式所造成的)氣質相同的人們，同一個模子塑造出來的人們。
—*v.t.* **1** [十受十介十(代)名] **a** [用…] 使…成型，[用…] 鑄[塑]造… [*out of, from, in*]：Statues are ~***ed out of*** clay or bronze. 雕像是用黏土或青銅塑[鑄]成的。**b** 將…塑[鑄] [成…]，將…造[成…] [*into*]：Wax is ~***ed into*** candles. 蠟被製成蠟燭。**c** [以…爲楷模] 塑造… [*on, upon*]：He ~***ed*** his style ***on*** [***upon***] the best writers. 他以第一流作家爲楷模塑造了自己的文體[他以第一流作家作爲自己寫作風格的楷模]。
2 [十受] **a** 塑造，形成，陶冶，磨鍊〈性格、行爲、人格等〉：~ the character of the young 塑造青少年的性格。**b** 對〈思想、性格等〉產生影響。

mold² [mold; mould] *n.* Ⓤ 黴菌；絲狀菌：blue [green] ~ (發在麪包、乳酪上之)青黴。—*v.i.* 發黴。

mold³ [mold; mould] *n.* Ⓤ 沃土，糞土《富有機物，適於耕種之土壤》：⇨ leaf mold.

mold·er¹ [ˈmoldɚ; ˈmouldə] *v.i.* [動(十副)] **1** 腐爛，敗壞，崩潰〈*away*〉. **2 a** 朽壞，腐朽〈*away*〉. **b** 虛度，腐敗，墮落〈*away*〉.
—*v.t.* **1** 使…腐爛[敗壞，崩潰]。**2** 使…朽壞[腐朽]。

móld·er² [ˈmoldɚ; ˈmouldə] *n.* Ⓒ **1** 造模者，製模工人，鑄模工。**2** (性格等之)塑造者，形成者。

móld·ing *n.* **1** Ⓤ 造型，塑造，鑄造(法)。**2** Ⓒ 塑造[鑄造]物。**3** Ⓒ [常 ~**s**] 《建築》(裝飾牆壁、屋簷或家具等凸出部等用之)嵌線，線脚，壁帶。

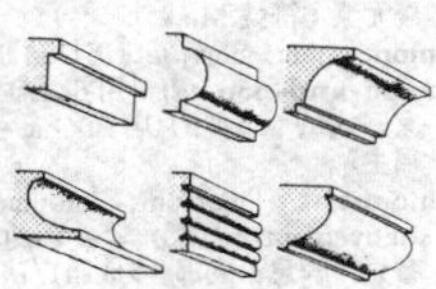
molding 3

mold·y [ˈmoldɪ; ˈmouldi] «mold² 的形容詞»—*adj.* (**mold·i·er**; **-i·est**) **1** 發黴的，有霉味的。**2** 舊式的，陳舊的，老朽的，陳腐的，古板的：a ~ tradition 陳腐的傳統。**3** 《英俚》品質差的，無價值的。**4** 《英兒語》**a** 〈人〉吝嗇的，小氣的。**b** 〈物、錢等〉少許的，一點點的。**5** 《俚》無聊的，沒意思的。

mole¹ [mol; moul] *n.* Ⓒ **1** 《動物》鼹鼠，地鼠子。**2** 長期潛伏的間諜《尤指雙重間諜》。
(as) blínd as a móle ⇨ blind 成語。

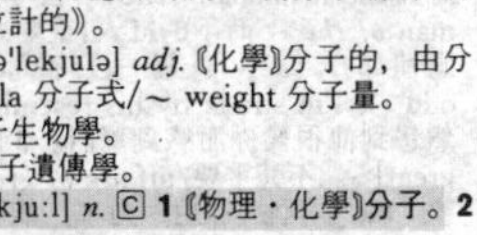
mole¹ 1

mole² [mol; moul] *n.* Ⓒ 痣。

mole³ [mol; moul] *n.* Ⓒ **1** 防波堤，海堤(jetty). **2** 防波堤所圍繞之海港。

mole⁴ [mol; moul] *n.* Ⓒ 《化學》摩爾：**a** 克分子《任何物質的 1 克分子，亦即，比物質的分子量以「克」計的》。**b** 衡分子《任何物質的分子量以任一種重量單位計的》。

mo·lec·u·lar [məˈlɛkjəlɚ; məˈlekjulə] *adj.* 《化學》分子的，由分子組成[產生]的：a ~ formula 分子式/~ weight 分子量。

molécular biólogy *n.* Ⓤ 分子生物學。

molécular genétics *n.* Ⓤ 分子遺傳學。

***mol·e·cule** [ˈmɑləˌkjul; ˈmɔlikju:l] *n.* Ⓒ **1** 《物理・化學》分子。**2** 微粒；微點 [*of*]。

móle·hìll *n.* Ⓒ **1** 鼹鼠丘。**2** 不重要之物。
màke a móuntain (òut) of a mólehill = **màke móuntains òut of mólehills** ⇨ mountain.

móle·skìn *n.* **1** Ⓤ [指個體時爲 Ⓒ] 鼹鼠毛皮。**2 a** Ⓤ 一種似絨之斜紋厚棉布。**b** [~**s**] 用似絨之斜紋厚棉布製成的長褲。

mo·lest [məˈlɛst; məˈlest] *v.t.* **1** 欺負，作弄，妨害，干擾，折磨〈人、動物〉，使…煩惱。**2** 調戲〈婦女、孩子〉，對…加以(性)騷擾。**mo·les·ta·tion** [ˌmoləsˈteʃən; ˌmouleˈsteiʃn] *n.*

mo·lést·er *n.* Ⓒ **1** 干擾[妨害，折磨]者。**2** (對婦女、孩童)加以性騷擾之人，色情狂：a child [woman] ~ 對孩童[婦女]加以調戲[性騷擾]之色情狂。

M

Mo·li·ère [ˌmolɪˈɛr; ˈmɔliεə] *n.* 莫里哀《1622–73；法國演員及喜劇作家》。
moll [mɑl; mɔl] *n.* Ⓒ《俚》**1** (流氓、盜匪、流浪漢等之)情婦，姘婦。**2** 妓女，娼妓。
Moll [mɑl; mɔl] *n.* 茉兒《女子名；Mary 之暱稱》。
mol·li·fy [ˈmɑləˌfaɪ; ˈmɔlifai] *v.t.* 使〈感情〉緩和，安撫〈人〉，使…平靜，使…平息，減輕…。
mol·li·fi·ca·tion [ˌmɑləfəˈkeʃən; ˌmɔlifiˈkeiʃn] *n.*
mol·lusk, mol·lusc [ˈmɑləsk; ˈmɔləsk] *n.* Ⓒ《動物》軟體動物《墨魚、章魚、貝殼類等》。
mol·lus·can [məˈlʌskən; mɔˈlʌskən] *adj.*
Mol·ly [ˈmɑlɪ; ˈmɔli] *n.* 茉莉《女子名；Mary 之暱稱》。
mol·ly·cod·dle [ˈmɑlɪˌkɑdl; ˈmɔliˌkɔdl] *n.* Ⓒ被溺愛之男孩，嬌生慣養之男人[男孩]，懦弱者，沒骨氣的男人。
—*v.t.* (以過度保護等)嬌慣，溺愛，縱容〈男孩等〉。
Mo·loch [ˈmolɑk; ˈmoulɔk] *n.* **1**《聖經》摩洛克《以小孩為祭品之古代閃族火神》。**2** Ⓒ需要作頗大犧牲之事物《如戰爭等》。
Mól·o·tov cócktail [ˈmɑləˌtɔf-; ˈmɔlətɔf-] **«**源自蘇聯政治家 Molotov 之名**»—*n.*** Ⓒ瓶裝汽油彈。
molt [molt; moult] *v.i.* **1**〈鳥〉換羽毛。**2 a**〈動物〉使毛[角(等)]脫落換新。**b**〈昆蟲等〉蛻皮。
—*v.t.* 使〈羽毛、皮等〉脫落：The snake ∼*s* its skin. 蛇在蛻皮。
—*n.* 1 ⓊⒸ蛻變[脫皮，換毛](之時期)：in ∼〈動物〉正在換毛[羽毛，角(等)]中，蛻皮中。**2** Ⓒ脫落之毛[羽毛，皮]。
mol·ten [ˈmoltn̩; ˈmoultən] *v.*《古》**melt** 的過去分詞。
—*adj.* [用在名詞前] **1** 熔化的，熔解的〈金屬等〉《★用法對金屬等硬物用 molten，對冰、冰淇淋、雪、糖、鹽等則用 melted》：∼ ore 熔化的礦石/∼ lava (由火山口噴[流]出之)熔岩[岩漿]。
2《古·詩》(加以熔解而)鑄造的：a ∼ image 鑄像。**3**《文語》似火(燃燒)的〈熱情等〉：the ∼ passion of his poetry 他詩中流露的火一般熱情。
mol·to [ˈmolto; ˈmɔltou] **«**源自義大利語**» —*adv.***《音樂》非常，甚，頗，極：∼ allegro 極快。
Mo·luc·cas [məˈlʌkəz; məˈlʌkəz] *n. pl.* [the ∼]摩鹿加羣島。
mo·lyb·de·num [məˈlɪbdənəm; mɔˈlibdinəm] *n.* Ⓤ《化學》鉬《金屬元素；符號 Mo.》。
mom [mɑm; mɔm] *n.*《美口語》＝mama[1]。
móm-and-póp *adj.* [用在名詞前]《美口語》由倆夫妻合開的，家庭式的；小型的〈店鋪〉：a ∼ store 小商店《大多數以賣食品為主》。
‡**mo·ment** [ˈmomənt; ˈmoumənt] **«**源自拉丁文「活動(movement)」之義**»—*n.* 1 a** Ⓒ **瞬間**：*for* a ∼ 片刻(之間)，一會兒，瞬息，利那(⇨成語)/*in* a ∼ 立即，馬上，瞬息間，很快/⇨ at any MOMENT, at every MOMENT/A ∼ brought her to the water's edge. 不一會時間她就到了水邊[河畔]《★比較此為稍似文言體之措詞，一般多作 In a ∼ she reached the water's edge.》。**b** [a ∼；當副詞用]片刻(之間)，一會兒：(Just) wait *a* ∼.＝Half [Just] *a* ∼.＝*One* ∼ (, please). 等一下，一會兒就好，(請)稍候(★比較上述三句中，第一句之 Just 稍顯煩躁；第三句則給與人似為事務上之應對的感覺)。**c** [the (very) ∼；當連接詞用]一…就《★用法有時附帶 that, 但通常省略》：The ghost vanished *the* (*very*) ∼ the cock began to crow. 公雞一開始叫，鬼魂就消失了。**2 a** Ⓒ[常用單數](某特定之)**時間**，時機，機會，場合：*in* a ∼ of danger 在危險的時刻/*in* a ∼ of anger 在生氣時/*in* a critical ∼ 在危急關頭/*at* that ∼ 在那時候。**b** Ⓒ[常用單數] [＋ *to* do]〈做…之〉時候，時機：This is not the ∼ *to* argue [*for* argument]. 現在不是爭論的時候。**c** [the ∼]此刻，現在：*at the* ∼ 此刻，現在《★比較過去式時則表「就在那時」之意》/the fashions *of the* ∼ 當今的時尚[流行式樣或款式]/the man *of the* ∼ 時下的紅人[重要人物]/*for the* ∼ 當前，目前，眼前(的)。**d** [∼s]某一段時間，短時期，一陣子，時光：At odd ∼*s* I'm struck by his resemblance to you. 有些時候我會忽然想到他很像你而感到驚訝。**3** Ⓤ [of ∼]**重要性**：*of* little [no great] ∼ 不甚重要/affairs *of* great ∼ 重大事件。**4** Ⓒ [常用單數；the ∼]《物理》矩，力率，能率〔*of*〕：*the* ∼ *of* a magnet＝*the* magnetic ∼ 磁矩/*the* ∼ *of* inertia 慣性矩，轉動慣量。
at ány móment 任何時刻，隨時：It may occur *at any* ∼. 這種事隨時可能發生。
at évery móment 不停地，經常，時時刻刻。
at móments 時時，有時。
at the lást móment 在最後一刻，在最後關頭。
at the (véry) móment (1)此刻，目前，現在。(2)就在此時；就在那時。
at this móment (in time) 現在，目前。
for a móment (1)⇨ 1a. (2)[與否定語連用]一點[一刻]也(沒有[不]…)，從(不[未]…)：I do*n't* believe *for a* ∼ that he is a liar. 我一點也不相信他是個會說謊的人。
háve one's [its] móments《口語·謔》〈某人、事物〉風光一時，情況奇佳，有美好的時光。
in a rásh móment ⇨ rash[1].
the móment of trúth (1)(鬥牛士)即將一劍刺死牛的利那。(2)決定性的瞬間，(成敗的)關鍵時刻。
the néxt móment [當副詞用]轉瞬間，馬上：*The next* ∼ he found himself lying on the ground. 轉瞬間他覺察到自己已躺在地上。
thís (véry) móment [當副詞用](1)現在就，立刻：Go *this* (*very*) ∼. 現在馬上去吧。(2)剛才，方才：I received it just *this* ∼. 我方才才收到這東西。
to the (véry) móment (時間)準時。
mo·men·ta *n.* **momentum** 的複數。
mo·men·tar·i·ly [ˈmomənˌtɛrəlɪ, ˌmomənˈtɛrəlɪ; ˈmouməntərəli] *adv.* **1** 瞬間地，片刻間。**2** 立刻，馬上：I'll be there ∼. 我這就去。**3**《美》隨時地，時時刻刻：The news was expected ∼. 那消息隨時會到。
mo·men·tar·y** [ˈmomənˌtɛrɪ; ˈmouməntəri] **«**moment 1,2 的形容詞**»—*adj. (無比較級、最高級) **1 瞬間的**；片刻的，短暫的：a ∼ impulse 一時的衝動。

> **【同義字】**momentary 意指轉瞬間的，利那的；temporary 意指臨時的，權宜的，暫時的，暗示隨時可能結束而不用；transient 意指瞬息即逝，用以說明僅存在於一極短時間內之事物。

2 [用在名詞前]時時刻刻的，不間斷的。
mó·ment·ly *adv.* ＝momentarily.
mo·men·tous [moˈmɛntəs; mouˈmentəs] **«**moment 3 的形容詞**»—*adj.*** 重大的，重要的：a ∼ decision 重大決定。
∼·ly *adv.* **∼·ness** *n.*
mo·men·tum [moˈmɛntəm; mouˈmentəm] *n.* (*pl.* **-ta** [-tə; -tə], **∼s**) **1** ⓊⒸ《物理·機械》動量。**2** Ⓤ衝勁，勢頭，動力，勁頭，推進力：gain [gather] ∼ 增加動量，增加勁頭，得勢/lose ∼ 喪失勁頭，失勢。
mom·ism [ˈmɑmɪzəm; ˈmɔmizəm] *n.* Ⓤ《文化人類學·社會學》女家長[母親中心]主義，唯母是尊。
mom·ma [ˈmɑmə; ˈmɔmə] *n.* Ⓒ **1** [也用於稱呼]《美口語》媽媽。
2 [與修飾語連用]《美俚》女人：a hot ∼ 熱情的女人。
mom·my [ˈmɑmɪ; ˈmɔmi] *n.* Ⓒ[也用於稱呼]《美兒語》媽咪，媽媽(《英》mummy)。
Mon.《略》Monastery；Monday.
Mon·a·co [ˈmɑnəˌko; ˈmɔnəkou] *n.* 摩納哥《地中海北岸之一公國；為世界最小獨立國之一；首都摩納哥市》。
mon·ad [ˈmɑnæd, ˈmonæd; ˈmɔnæd, ˈmoun-] *n.* Ⓒ《化學》一價原子，一價根，一價元素。
Mo·na Li·sa [ˈmonəˈlizə, ˈmɑnə-; ˈmounəˈli:zə] **«**Mona 為義大利語，意指 Madam, Lisa 為 Florence 人 Gioconda [dʒoˈkɑndə; dʒouˈkɔndə] 之妻名**»—*n.*** [the ∼]蒙娜麗莎《達文西(Leonardo da Vinci)所作之面帶微笑的女人肖像畫》。
mo·nan·drous [məˈnændrəs; məˈnændrəs] *adj.* **1**《植物》單雄蕊(花)的。**2** 一夫制的。
mon·arch [ˈmɑnək; ˈmɔnək] **«**源自希臘文「單獨統治」之義**» —*n.*** Ⓒ(世襲之)**君主**，統治者，帝王，王者：an absolute ∼ 專制君主[帝王]。
mo·nar·chal [məˈnɑrkl; mɔˈnɑ:kl] **«**monarch 的形容詞**»—*adj.*** 帝王[君主]的；似君主的。
mo·nar·chi·al [məˈnɑrkɪəl; mɔˈnɑ:kiəl] *adj.* ＝monarchal.
mo·nar·chic [məˈnɑrkɪk; mɔˈnɑ:kik] *adj.* ＝monarchical.
mo·nar·chi·cal [-kɪkl; -kikl] **«**monarchy 的形容詞**»—*adj.*** (似)君主(國)的；(擁護)君主制的。
mon·arch·ism [ˈmɑnəˌkɪzəm; ˈmɔnəkizəm] *n.* Ⓤ君主主義[制]。
món·arch·ist [-kɪst; -kist] *n.* Ⓒ君主主義者。**—*adj.*** 君主主義(者)的。
mon·ar·chy [ˈmɑnəkɪ; ˈmɔnəki] *n.* **1** Ⓤ**君主政治**[政體]，君主制。**2** Ⓒ君主國：an absolute [a despotic] ∼ 專制君主國。
mon·as·te·ri·al [ˌmɑnəsˈtɪrɪəl; ˌmɔnəsˈtiəriəl ˈ] **«**monastery 的形容詞**»—*adj.*** 修道院的。
mon·as·ter·y [ˈmɑnəsˌtɛrɪ; ˈmɔnəstəri] **«**源自希臘文「單獨生活」之義**»—*n.*** Ⓒ《天主教》(尤指)僧院，男修道院《★比較女修道院為 nunnery, convent》。
mo·nas·tic [məˈnæstɪk; məˈnæstik] *adj.* **1 a** 修道院的。**b** 修道士的：∼ vows 修道誓願。**2** 修道生活的；隱居的，禁慾的。
—*n.* Ⓒ修道士(monk). **mo·nás·ti·cal·ly** [-klɪ; -kəli] *adv.*
mo·nas·ti·cal [-tɪkl; -tikl] *adj.* ＝monastic.
mo·nás·ti·cìsm [-təˌsɪzəm; -tisizəm] *n.* Ⓤ **1** 修道院生活，修道[禁慾]生活。**2** 修道院制度。
mon·au·ral [mɑnˈɔrəl; ˌmɔnˈɔ:rəl ˈ] *adj.* **1**〈唱片、廣播等〉非立體音響效果的，單聲道的。**2** 單耳(用)的。

M

mon·a·zite [ˋmɑnə͵zaɪt; ˈmɔnəzait] *n.* Ⓒ《礦》獨居石。

‡**Mon·day** [ˋmʌndɪ, -de; ˈmʌndi, -dei] 《源自古英語「月球(moon)之日」之義》**——*n.*** [原則上無冠詞並爲Ⓤ，但用作某些字義時則須加冠詞並爲Ⓒ] **星期一**，週一，禮拜一《爲一週之第二日；略作 M., Mon.》：Today is ～. 今天是星期一/⇨ blue Monday/next [last] ～ ＝*on* ～ next [last]在下[上]星期一《★後者之形式主要爲英國語法》/*on* ～ 在星期一/*on* ～*s* 每逢星期一，經常在星期一/*on* a ～ 在(過去、未來之)某一個星期一/*on*(《英》the) ～ of next week 在下週一[下星期的星期一]/*on* the ～ after next 在下下星期一。

——*adj.* [用在名詞前]星期一的，週一的：*on* ～ afternoon 在星期一下午。

——*adv.* 《美》在星期一(cf. Mondays)：See you ～. 星期一(再)見。

Mon·days [ˋmʌndɪz, -dez; ˈmʌndiz, -deiz] *adv.* 《美》在星期一，每逢星期一：Shall we meet ～ ？我們每逢星期一見面好嗎？

Mo·net [moˋne; mouˈnei], **Claude** [klod; klɔ:d] *n.* 莫內《1840–1926；法國印象派畫家》。

mon·e·tar·ism [ˋmɑnətə͵rɪzəm; ˈmɔnətərizəm] *n.* Ⓤ《經濟》貨幣主義。

món·e·tar·ist [-tərɪst; -tərist] *n.* Ⓒ貨幣主義者，通貨主義者。

mon·e·tar·y [ˋmʌnə͵tɛrɪ, ˋmɑnə-; ˈmʌnitəri] 《money 的形容詞》**——*adj.*** **1** 貨幣的，通貨的：the ～ system 貨幣制度/a ～ unit 貨幣單位。**2** 金錢(上)的；金融的，財政(上)的：a ～ reward 金錢上的報酬/in ～ difficulties 財政困難的。

mon·e·tar·i·ly [͵mɑnəˋtɛrəlɪ, ˋmʌnɪ͵tɛrəlɪ; ˈmʌnitərəli] *adv.*

mon·e·tize [ˋmʌnə͵taɪz; ˈmʌnitaiz] *v.t.* **1** 將〈金屬〉鑄成貨幣。**2** 將…定爲貨幣。

‡**mon·ey** [ˋmʌnɪ; ˈmʌni] *n.* (*pl.* ～s, 《罕》**mon·ies**) **1** Ⓤ**錢**：**a** 貨幣，通貨：hard ～ 硬幣/paper ～ 紙幣，鈔票；支票/standard [subsidiary] ～ 本位[輔助]貨幣/good ～ 良幣/bad ～ 劣幣。

> 【字源】羅馬神話裡最高神朱彼特(Jupiter)的妻子茱諾(Juno)是Jūno Monēta (Juno the Adviser)，而 Monēta 有「警告者」之意，因爲這位女神常在危險時「警告」羅馬人。money 就是從Monēta 演變而來的，因爲羅馬人把造幣廠設在茱諾女神神殿裡面，Monēta 於是衍生出「造幣廠」、「貨幣」等意義。
> 【說明】⑴表示「錢」的手勢，中國人和日本人都用拇指和食指合起來做成圈子，在英美一般人則用拇指、食指和中指做數鈔票的樣子表示「錢」。拇指和食指的圓圈，美國人表示 OK，在英國並沒有什麼特別意思，但有時會被認爲有猥褻的意思；cf. change 3【說明】
> ⑵莎士比亞(Shakespeare)的作品「哈姆雷特(*Hamlet*)」中普婁尼阿斯(Polonius)曾說過一句話：Neither a borrower nor a lender be；for loan oft loses both itself and friend.(別向人借錢，也別借錢給人；因爲借貸常會血本無歸，也會失去朋友。)

b 金錢；財產，財富：*for* ～ 爲了金錢/raise ～ (*on*...)(賣[押]…)籌[張羅]錢/make ～ 賺錢/lose ～ 虧錢，損失錢/put ～ *into*... 投資於〈事業等〉/put ～ *on*... 在〈某一匹馬等上面〉賭錢/I'm not made of ～. 我並非渾身是錢，我身上不會長錢的，鈔票不是我印的《表示自己沒那麼多錢》/*M*～ talks. 《諺》錢能使鬼，錢能通神，有錢好說話《指人在社會上有錢始能辦事》/Time is ～. 《諺》時間就是金錢/⇨ pocket money.

2 Ⓤ《經濟》交換之媒介，貨物貨幣《西非土著及印度人曾用作貨幣之子安貝(cowrie)等》。

3 a Ⓒ[常 ～s](特定種類、名稱之)通貨。**b** [～s]金額，資金。

cóin (the) móney (ín) 《口語》發大財。

for one's móney 《口語》⑴據自己的看法。⑵正合理想[要求]的。

gét one's móney's wórth 值回(所付之努力或錢等的)代價。

hàve móney to búrn 有的是錢。

in the móney 《口語》⑴富有的，富裕的。⑵(於賽馬等中)得獎。

márry móney 與有錢人(的女兒)結婚。

móney dówn＝**móney òut of hánd**＝**réady móney** [也當副詞用](以)現金：pay ～ *down* 以現款支付。

móney for jám [old rópe] 《英口語》⑴容易賺的錢，暴利。⑵不勞而獲之物。

móney of accóunt 計算[記帳]貨幣《如 guinea, pence, mill 等不發行貨幣而僅用以計算[記帳]之抽象貨幣單位》。

(nòt) éverybody's [évery màn's] móney 《口語》(不一定)到處通用[人人歡迎]，(不一定)適合每個人。

òut of móney ⑴拮据的，闊窮的。⑵虧損〔…之多〕的〔*by*〕：I was *out of* ～ *by* 10 pounds at the horse race. 我賭賽馬輸了十英鎊。

páy góod móney (for...) (爲…)付高價。

pùt one's móney where one's móuth is 《口語》(例如提供資金而)保證遵守[履行]諾言(等)。

thrów góod móney àfter bád 賠了夫人又折兵。

thrów one's móney abóut [aróund] (爲誇耀富有而)四處揮霍。

——*adj.* [用在名詞前]錢的，金錢(上)的：～ matters 金錢的事。

móney·bàg *n.* **1** Ⓒ **a** (運輸現款等用之)錢袋。**b** (昔日之)錢包，荷包。**2** [～s；當單數或複數用]《口語》財富；有錢人，大財主。

móney·bòx *n.* Ⓒ儲錢箱，捐款箱，錢櫃。

móney chànger *n.* Ⓒ **1** 錢莊，錢鋪。**2** 兌換機。

món·eyed *adj.* [用在名詞前] **1** 有錢的，富有的：the ～ classes 有錢階級。**2** 金錢(上)的。

móney·grùbber *n.* Ⓒ孜孜求利的人，守財奴。

móney·grùbbing *adj.* 孜孜求利的，貪婪地蓄財的。

——*n.* Ⓤ孜孜求利，孜孜蓄財。

móney láundry *n.* Ⓤ洗錢《將非法所得的贓款經由特殊管道改頭換面使其表面上合法化》。

móney·lènder *n.* Ⓒ **1** 貸款者，貸主，放款業者。**2** 放高利貸者。

móney·màker *n.* Ⓒ **1** 會賺錢的人，蓄財家。**2** 有厚利的工作，獲利豐厚的事業。

móney·màking *n.* Ⓤ賺錢，蓄財。

——*adj.* [用在名詞前] **1** 會賺錢的。**2** 獲利豐厚的，有賺頭的。

món·ey·man [-mən; -mən] *n.* Ⓒ (*pl.* **-men** [-mən; -mən]) 金融家，財政家。

móney màrket *n.* Ⓒ金融市場。

móney òrder *n.* Ⓒ(郵政)滙票《★《英》又作 postal order；略作 M.O.》：a telegraphic ～ 電報滙票。

mon·ger [ˋmʌŋgɚ; ˈmʌŋgə] 《源自古英語「營商」之義》**——*n.*** Ⓒ [構成複合字] **1** …商，…販子：⇨ ironmonger. **2** 《輕蔑》散布無意義[無價值]之事之人：⇨ newsmonger.

Mon·gol [ˋmɑŋgəl, -gɑl, -gol; ˈmɔŋgɔl, -gəl] *n.* **1** Ⓒ蒙古人。**2** Ⓤ蒙古語。**——*adj.*** 蒙古人[語]的。

Mon·go·lia [mɑŋˋgolɪə; mɔŋˈgouljəˊ] *n.* 蒙古《中國北部之廣大地區》。

Ínner Mongólia 內蒙古。

Óuter Mongólia 外蒙古。

Mon·go·lian [mɑŋˋgolɪən; mɔŋˈgouljənˊ] 《Mongolia 的形容詞》**——*adj.*** **1** 蒙古(人，語)的。**2** [常 **m**～]＝Mongoloid 2.

——*n.* **1** Ⓒ蒙古人。**2** Ⓤ蒙古語。**3** [常 **m**～]＝Mongoloid 2.

Mon·gol·ism [ˋmɑŋgəl͵ɪzəm; ˈmɔŋgəlizəm] *n.* [常 **m**～] Ⓤ《醫》蒙古症，伸舌樣白癡《唐氏症候羣(Down's syndrome)之舊稱》。

Mon·gol·oid [ˋmɑŋgə͵lɔɪd; ˈmɔŋgəlɔid] *adj.* **1** 蒙古人種(特有)的；似蒙古人種的；黃色人種的。**2** [常 **m**～]罹患蒙古症的。

——*n.* Ⓒ **1** 黃色人種，蒙古人種。**2** [常 **m**～]蒙古症患者。

mon·goose [ˋmɑŋgus; ˈmɔŋgu:s] *n.* Ⓒ (*pl.* **mon·goos·es**)《動物》獴《產於印度，形似鼬，善捕殺鼠與蛇》。

mon·grel [ˋmʌŋgrəl; ˈmʌŋgrəl] *n.* Ⓒ **1 a** 雜種；(尤指)雜種狗。**b** 雜種植物。**2** 《輕蔑》混血兒。

——*adj.* [用在名詞前] **1** 雜種的。**2** 《輕蔑》混血的。

mon·ism [ˋmɑnɪzəm, ˋmon-; ˈmɔnizəm] *n.* Ⓤ《哲》一元論。

mo·nis·tic [moˋnɪstɪk; mɔˈnistik], **-i·cal** [-tɪkl; -tɪkl] *adj.*

mo·ni·tion [moˋnɪʃən; mouˈniʃn] *n.* ⓊⒸ **1** 忠告，勸告，警告。**2** (正式之)通知，通告。**3** 《法律》(法庭之)傳喚；傳票。**4** 《天主教》(bishop 所發之)訓戒信。

mon·i·tor** [ˋmɑnətɚ; ˈmɔnitə] 《源自拉丁文「忠告之人」之義》**——*n. Ⓒ **1 a** (學校之)級長，班長，班代表，風紀股長，糾察員。**b** 《英》(某些初、高級中學之)監督生(prefect).

2 警告之物，提醒之物。

3 《廣播・電視》**a** 監視[監聽]員《監視或監聽電視、無線電之音質、畫面之狀況或節目內容的人》。**b** (又作 **mónitor scrèen**)(用以監視電視播送之內容與狀況的)監視用電視畫面。**c** 監視器，監聽器。

4 外國廣播監聽員，外電截受者。

5 a (機械、飛機等之)監視[控制]裝置。**b** (在核能工廠等用以防止危險之)(外洩)幅射線探測器。**c** (有毒)氣體探測器。

6 (又作 **mónitor lìzard**)《動物》大蜥蜴《南亞、非洲、澳洲等地所產；據稱發現鱷魚時會發出警告》。

——*v.t.* [十受] **1** (爲政治、犯罪之目的)收聽，監聽，截聽〈外國廣播、電話等〉。**2 a** 使用監聽[監視]器監聽[監看]〈廣播、電視等〉。**b** 監聽[檢查]〈錄音〉之狀況。**3** 監視(控制)〈機械、飛機等〉。

——*v.i.* 監視，監聽；追踪火箭飛行。

mon·i·to·ri·al [͵mɑnəˋtorɪəl; ͵mɔniˈtɔ:riəlˊ] 《monitor 的形容詞》**——*adj.*** **1** [用在名詞前]監聽[監視]的，使用監聽[監視]器的。**2** ＝monitory.

mon·i·to·ry [ˋmɑnə͵torɪ, -͵tɔrɪ; ˈmɔnitəri] *adj.* 勸告的，訓戒的，警告的。

mon·i·tress [ˋmɑnətrɪs; ˈmɔnitris] *n.* Ⓒ女性的 monitor.

monk [mʌŋk; mʌŋk] 《源自希臘文「單獨生活」之義》**——*n.*** Ⓒ修道士，修道僧，僧侶《修道院(monastery)中的男性修道者》。

‡**mon·key** [ˋmʌŋkɪ; ˈmʌŋki] *n.* Ⓒ **1** 《動物》猴《★比較 常與 ape (類人猿)區別而指有尾之小型猴》。**2** 《口語》頑皮的孩子。**3** (打樁

M

用的)錘，落鎚。**4**《英俚》五百英鎊[(美)元]。**5**《英俚》背部的隆肉(肉瘤)。
gèt one's **mónkey úp**《英口語》(使)發怒，(使)生氣。
hàve a mónkey on one's **báck**《俚》(1)有毒癮。(2)苦惱，厭惡。
màke a mónkey (òut) of a person《口語》戲弄[愚弄]〈人〉。
pùt a person's **mónkey úp**《英口語》惹某人生氣，激怒某人。
—*v.i.*《口語》**1**〔(十副)十介十(代)名〕玩，摸弄[…]〈*about, around*〉〔*with*〕：～ ***about*** [***around***] ***with*** machines 玩弄機器。**2**〔十副〕惡作劇，胡鬧，戲弄〈*about, around*〉.

mónkey bùsiness *n.* Ⓤ《口語》**1** 詐欺行爲，作假，蒙騙。**2** 惡作劇，頑皮；胡鬧。
món·key·ish [-kɪɪʃ; -kiiʃ] *adj.* 似猴的，頑皮的。
mónkey jàcket *n.* Ⓒ(昔時水手所穿的)一種緊身短外套。
mónkey-nùt *n.* Ⓒ《英》落花生(peanut).
mónkey pùzzle *n.* Ⓒ《植物》智利松《原產於智利之一種松樹；因樹枝叢生並有堅銳之葉，連猴子也無法爬上去》。
mónkey·shìne *n.* Ⓒ[常 ～**s**]《美口語》頑皮行爲，惡作劇，下流的玩笑。
mónkey sùit *n.* Ⓒ《俚》**1** 制服。**2** (男用)禮服。
mónkey tìme *n.* Ⓤ夏天。
mónkey trìcks *n. pl.* =monkey business.
mónkey wrènch *n.* Ⓒ活動扳鉗，活口扳頭(cf. wrench).
thrów a mónkey wrènch ìnto...《美口語》阻撓，妨礙〈計畫等〉。
monk·ish [ˈmʌŋkɪʃ; ˈmʌŋkiʃ] *adj.* 修道士的，修道生活的，修道院的，似修道院僧的，和尚似的。
monks·hood [ˈmʌŋks͵hud; ˈmʌŋkshud] *n.* Ⓒ《植物》歐烏頭《一種開僧帽狀之花的有毒植物》。
mon·o [ˈmano; ˈmounou, ˈmɔ-] *adj.* =monaural 1.
—*n.* **1** Ⓒ單聲道[非立體音響效果]之唱片(等)。**2** Ⓤ單聲道音響放音。
mon·o- [mano-; mɔnou-] [複合用詞]表示「單一…」，《化學》「含單原子的」(cf. uni-, poly-, multi-).
mon·o·chord [ˈmanə͵kɔrd; ˈmɔnəkɔːd] *n.* Ⓒ單[一]弦琴。
mon·o·chro·mat·ic [͵manəkroˈmætɪk; ˌmɔnəkrouˈmætik←] *adj.* 單色的，單彩的，一色的。
mon·o·chrome [ˈmanə͵krom; ˈmɔnəkroum] *n.* **1** Ⓒ單色畫；黑白相片，單色照片。**2** Ⓤ單色畫[攝影]法：*in* ～ 用單色[黑白色調]。**—***adj.* **1** 單色的。**2**〈電視、相片等〉黑白的。
mon·o·cle [ˈmanəkl; ˈmɔnəkl] *n.* Ⓒ單片眼鏡。～**d** *adj.*

monocle

mon·o·cot·y·le·don [͵manə͵katlˈidn; ˈmɔnə͵kɔtiˈliːdən] *n.* Ⓒ《植物》單子葉植物。
mo·noc·ra·cy [moˈnakrəsɪ; mouˈnɔkrəsi] *n.* ⓊⒸ獨裁政治。
mon·o·crat [ˈmanə͵kræt; ˈmɔnəkræt] *n.* Ⓒ **1** 獨裁者。**2** 君主專制主義者。
mo·noc·u·lar [məˈnakjələ; mɔˈnɔkjulə] *adj.* 單眼(用)的。
móno·cỳcle *n.* Ⓒ單輪車。
mon·o·dy [ˈmanədɪ; ˈmɔnədi] *n.* Ⓒ **1** (希臘悲劇之)獨唱歌曲。**2** (弔亡友之)哀悼詩，輓歌，悲歌，哀歌。
mo·nóg·a·mist [-mɪst; -mist] *n.* Ⓒ一夫一妻主義者。
mo·nog·a·mous [məˈnagəməs; mɔˈnɔgəməs] *adj.* **1** 一夫一妻的。**2**《動物》一雌一雄的。
mo·nog·a·my [məˈnagəmɪ; mɔˈnɔgəmi, məˈn-] *n.* Ⓤ一夫一妻(制)(cf. polygamy 1).
mon·o·glot [ˈmanə͵glat; ˈmɔnəglɔt] *adj., n.*=monolingual.
mon·o·gram [ˈmanə͵græm; ˈmɔnəgræm] *n.* Ⓒ組合文字，花押字《將姓名之第一字母等組合成的圖案》：a ～ *on* a shirt (繡、印在)襯衫上的組合文字。**món·o·gràmmed** *adj.*
mon·o·graph [ˈmanə͵græf; ˈmɔnəgrɑːf] *n.* Ⓒ(以某一特定主題或領域做主題之)專題論文；專論，專文。
mon·o·lin·gual [͵manəˈlɪŋgwəl; ˌmɔnəˈliŋgwəl←] *adj.* 僅用一種語言的；僅諳一種語言的(cf. bilingual).
—*n.* Ⓒ僅諳一種語言之人。

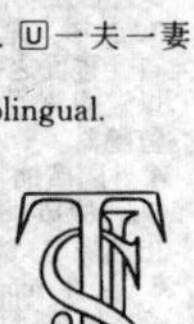
monogram

mon·o·lith [ˈmanl͵ɪθ; ˈmɔnəliθ] *n.* Ⓒ **1** 獨石(塊)。**2** 獨石柱[碑]。
mon·o·lith·ic [͵manlˈɪθɪk; ˌmɔnəˈliθik←] *adj.* **1** (似)獨石塊的；由單獨一塊巨石所形成的。**2**〈組織、團結等〉緊密地連接在一起的，牢不可破的；單一的，劃一的，完全統一的，劃一[全體]主義的。
mon·o·logue,《美》**mon·o·log** [ˈmanl͵ɔg, -͵ag; ˈmɔnəlɔg] *n.* Ⓤ Ⓒ **1** 獨白，獨語；獨腳戲(cf. soliloquy, duologue). **2** 獨白式之詩(等)。**3**《口語》長談；長篇大論。
mon·o·ma·ni·a [͵manəˈmenɪə; ˌmɔnəˈmeinjə] *n.* Ⓤ[又作 **a** ～] 偏執(狂)，(對一事之)狂熱。
mon·o·ma·ni·ac [͵manəˈmenɪ͵æk; ˌmɔnəˈmeiniæk] *n.* Ⓒ偏執狂者，對一事狂熱之人。
mon·o·mer [ˈmanəmə; ˈmɔnəmə] *n.* Ⓒ《化學》單體(cf. polymer).
mòno·metállic *adj.* (貨幣之)單一金屬本位制的，單幣制的；(使用)單一金屬的(cf. bimetallic 1).
mon·o·met·al·lism [͵manəˈmɛtl͵ɪzəm; ˌmɔnəˈmetəlizəm] *n.* Ⓤ《經濟》(貨幣之)單幣制，單一金屬本位制；單幣制論[政策]。
mo·no·mi·al [moˈnomɪəl; mouˈnoumiəl]《數學》*adj.* 單項的。**—***n.* Ⓒ單項式。
mon·o·nu·cle·o·sis [͵manə͵nuklɪˈosɪs, -͵nju-; ˌmɔnəˌnjuːkliˈousis] *n.* ⓊⒸ《醫》單核白血球增多症。
mon·o·phon·ic [͵manəˈfanɪk; ˌmɔnəˈfɔnik←] *adj.* **1**〈唱片等〉單聲道的，無立體音響效果的(cf. stereophonic). **2**《音樂》單旋律的，單聲[音]的，無伴奏的。
mon·oph·thong [ˈmanəf͵θɔŋ; ˈmɔnəfθɔŋ] *n.* Ⓒ《語音》單母音《bit 之 [ɪ; i], mother 之 [ʌ; ʌ] 等；cf. diphthong, triphthong》.
mon·o·plane [ˈmanə͵plen; ˈmɔnəplein] *n.* Ⓒ單翼飛機(cf. biplane).

monoplane

mo·nop·o·lism [məˈnapl͵ɪzəm; məˈnɔpəlizəm] *n.* Ⓤ獨占[專賣，壟斷]主義[制度，組織，行爲]。
mo·nóp·o·list [-lɪst; -list] *n.* Ⓒ獨占[專賣，壟斷]者；獨占主義者，專賣論者。
mo·nop·o·lis·tic [mə͵naplˈɪstɪk; mə͵nɔpəˈlistik←] *adj.* 獨占的，專賣的；獨占主義(者)的。**-i·cal·ly** *adv.*
mo·nop·o·li·za·tion [mə͵napləˈzeʃən, -aɪˈz-; məˌnɔpəlaiˈzeiʃn] 5《monopolize 的名詞》**—***n.* ⓊⒸ獨占(化)，專賣，壟斷。
mo·nop·o·lize [məˈnapl͵aɪz; məˈnɔpəlaiz] *v.t.* **1** 獲得〈商品、事業等〉之獨占[專賣]權。**2** 獨占〈物〉，將…據爲己有：He ～*d* the conversation. 他在談話中一人獨說而不給別人說話的機會。
mo·nop·o·ly [məˈnaplɪ; məˈnɔpəli] *n.* **1 a** [**a** ～]〔商品、事業等之〕**專賣**，獨占；專有〔*of*,《美》*on*〕：make *a* ～ *of*... 獨占…。**b** Ⓒ專賣權，獨占權〔*of, in*,《美》*on*〕：have *a* ～ *of* [*in, on*]... 擁有…的獨占權。**c** Ⓒ〔十 *to* do〕〈從事…之〉專利權，專賣權，獨占權：grant *a* ～ *to* manufacture [market] a product 授與獨家製造[銷售]某種製品的專利權。
2 Ⓒ專賣[獨占性]公司[公會，企業]。
3 Ⓒ專利[專賣，獨占]品。
móno·ràil *n.* Ⓒ單軌鐵路：by ～ 利用單軌鐵路《★無冠詞》。
mon·o·syl·lab·ic [͵manəsɪˈlæbɪk; ˌmɔnəsiˈlæbik←] *adj.* **1**〈字〉單音節的。**2 a** 用單音節字的。**b**〈話〉短而冷淡的。
-i·cal·ly [-klɪ; -kəli] *adv.*
mon·o·syl·la·ble [ˈmanə͵sɪləbl; ˈmɔnə͵siləbl] *n.* Ⓒ單音節的字《get, hot 等》：answer in ～*s* 簡短地回答《只說 Yes 或 No 等》，冷淡地回答。
mon·o·the·ism [ˈmanəθi͵ɪzəm; ˈmɔnouθiːizəm] *n.* Ⓤ一神教[論]《例如基督教、回教等相信宇宙間僅有一神之宗教；cf. polytheism》.
món·o·thè·ist [-͵θiɪst; -θiːist] *n.* Ⓒ一神論者，一神教信徒。
mon·o·the·is·tic [͵manəθiˈɪstɪk; ˌmɔnəθiːˈistik←]《monotheism 的形容詞》**—***adj.* 一神教的，一神論的。

兩種 monorails

mon·o·tone [ˈmanə͵ton; ˈmɔnətoun] *n.* [**a** ～] **1** (色彩、文體等之)單調，無變化：speak [read] in *a* ～ 以單調的聲調講[讀]。
2《音樂》平音，單調吟唱。
3 五音不全的人；無分辨聲音高低之能力者。
mo·not·o·nous [məˈnatnəs; məˈnɔtnəs] *adj.* (**more** ～; **most** ～) 單調的，呆板的，無變化的，令人厭倦的，無聊的：～ work 單調[呆板，無聊]的工作。～**·ly** *adv.*
mo·not·o·ny [məˈnatnɪ; məˈnɔtni] *n.* Ⓤ **1 單調，無變化，無聊。** **2**《音樂》單音，單調。
mon·o·type [ˈmanə͵taɪp; ˈmɔnətaip] *n.*《印刷》**1** Ⓒ蒙諾鑄排機《自動逐字鑄出活字並排版之機器》。**2** Ⓤ使用蒙諾鑄排機之印刷(法)。**-typ·ic** [͵manəˈtɪpɪk; ˌmɔnəˈtipik←]

mon·o·un·sat·u·rate [ˌmanəʌnˋsætʃəˌret; ˌmɔnəʌn'sætʃəreit] *n.* Ⓒ單一不飽和油脂。

mon·o·un·sat·u·rat·ed [ˌmanəʌnˋsætʃəˌretɪd; ˌmɔnəʌn'sætʃəreitid] *adj.* 單一不飽和的。

mon·o·va·lent [ˌmanəˋvelənt; ˌmɔnə'veilənt] *adj.* ＝univalent.

mon·ox·ide [manˋaksaɪd; mɔ'nɔksaid] *n.* ⓊⒸ《化學》一氧化物。

Mon·roe [mənˋro; mən'rou], **James** *n.* 門羅《1758-1831；美國第五位總統(1817-25)》.

Monróe Dóctrine *n.* [the ～]門羅主義《1823 年美國第五位總統門羅(Monroe)在咨文中所陳述之美國外交政策；即反對歐洲各國干涉美洲各國之政治，而美國亦不參與歐洲事務之孤立主義、不干涉主義》。

Mon·róe·ism [-ɪzəm; -izəm] *n.* Ⓤ門羅主義。

Mon·ro·vi·a [mənˋrovɪə; mən'rouviə] *n.* 蒙羅維亞《賴比瑞亞共和國(Liberia)之首都》。

mon·sieur [məˋsjɝ; mə'sjə:] **《源自法語 'my lord' 之義》**—*n.* (*pl.* **mes·sieurs** [ˋmɛsɚz; 'mesəz, mei'sjə:z])[相當於英語 Mr., Sir；用作敬稱]…先生，…君，…兄《略作 M., *pl.* MM.》.

Monsig. 《略》Monsignor.

Mon·si·gnor [manˋsinjɚ; mɔn'si:njə] **《源自義大利語》**—*n.* (*pl.* ～s, **Mon·si·gno·ri** [ˌmansiˋnjɔri; ˌmɔnsi:'njɔ:ri:]) **1** [用作對羅馬天主教大主教等高僧之稱呼]閣下《略作 Mgr.》. **2** [m～]Ⓒ有 Monsignor 稱號之人。

mon·soon [manˋsun; mɔn'su:n˝] *n.* **1** [the ～]季風《在亞洲南部，尤其在印度洋夏季自西南方向，冬季自東北方向吹來之風》：*the* dry [wet] ～ 冬[夏]季風。**2 a** [the ～](印度之)雨季《自四月至十月前後》。**b** Ⓒ《口語》豪雨。

*__mon·ster__ [ˋmanstɚ; 'mɔnstə] **《源自拉丁文「不幸(misfortune)之警告者」之義》—*n.* Ⓒ 1** (想像中之)怪物，妖怪：the Loch Ness ～ (蘇格蘭西北部)尼斯湖水怪。
2 奇形怪狀之[巨大之]物[動物，植物]。
3 窮兇惡極之徒，惡棍。
the gréen-eyed mónster ⇨ green-eyed.
—*adj.* [用在名詞前]巨大的；似怪物般的：a ～ pumpkin 一個巨大的南瓜。

mon·strance [ˋmanstrəns; 'mɔnstrəns] *n.* Ⓒ(羅馬天主教教會之)聖體顯供架。

mon·stros·i·ty [manˋstrasətɪ; mɔn'strɔsəti] **《monstrous 的名詞》**—*n.* **1** Ⓤ奇怪，怪異。**2** Ⓒ **a** 巨大[奇怪]之物；畸形動物[植物]。**b** 極爲醜陋之物：Her flower arrangement was a ～. 她插的花眞是難看死了。

mon·strous [ˋmanstrəs; 'mɔnstrəs] **《monster 的形容詞》**—*adj.* **1** 奇怪的；巨大的；畸形的；似怪物的。**2** 窮兇極惡的；恐怖的，令人毛骨悚然的。**3** 《口語》惡劣的；不合情理的。

món·strous·ly *adv.* 《口語》非常地，很。

mons ve·ne·ris [ˌmanzˋvenərɪs; ˌmɔnz'venəris] *n.* Ⓒ (*pl.* **montes veneris**)《解剖》(女性的)陰阜。

Mont. 《略》Montana.

mon·tage [manˋtaʒ; mɔn'ta:ʒ] **《源自法語「嵌入(mount)」之義》**—*n.* **1** Ⓤ蒙太奇《將種種不同畫面[要素]結合成一個畫面[作品]之手法》。**2** Ⓒ蒙太奇作品[相片，電影，曲子(等)]。

mon·ta·gnard [ˌmantənˋjard; ˌmɔntən'ja:d] *n.* Ⓒ(越南中部的)山民。

Mon·taigne [manˋten; mɔn'tein], **Mi·chel Ey·quem de** [mɪˋʃɛlɛˋkɛmdə; mi'ʃele'kemdə] *n.* 蒙田《1533-92；法國散文家》。

Mon·tan·a [manˋtænə; mɔn'tænə˝] **《源自西班牙語「山」之義》**—*n.* 蒙大拿州《美國西北部之一州；首府海倫那(Helena)；略作 Mont.,《郵政》MT；俗稱 the Treasure State》.

Mon·tan·an [manˋtænən; mɔn'tænən˝] **《Montana 的形容詞》**—*adj.* 蒙大拿州的。—*n.* Ⓒ蒙大拿州人。

Mont Blanc [mantˋblæŋk; ˌmɔn'blɔŋ] *n.* 白朗峯《阿爾卑斯山脈(Alps)最高峯；高 4807 公尺》。

mon·te [ˋmantɪ; 'mɔnti] *n.* Ⓤ《紙牌戲》(發源於西班牙之一種賭博性質的)紙牌遊戲。

Mon·te Car·lo [ˌmantɪˋkarlo; ˌmɔnti'ka:lou] *n.* 蒙地卡羅《摩納哥(Monaco)之一城市，俗稱賭城》。

Mon·te·ne·gro [ˌmantəˋnigro; ˌmɔnti'ni:grou] *n.* 蒙特尼哥羅《在南斯拉夫(Yugoslavia)之西南部，昔爲一小王國》。

Mon·tes·quieu [ˌmantəˋskju; ˌmɔnte'skju:], Baron **de La Brède et de** [-dəlaˋbrɛdedə; -dəla:'bredeidə] *n.* 孟德斯鳩《1689-1755；法國律師及政治哲學與歷史哲學方面之作家》。

Mon·te·vi·de·o [ˌmantəvɪˋdeo; ˌmɔntivi'deiou] *n.* 蒙特維的亞《烏拉圭(Uruguay)之首都》。

Mont·gom·er·y [mantˋgʌmərɪ; mənt'gʌməri] *n.* **1** 蒙哥馬利《男子名》。**2** 蒙哥馬利《美國阿拉巴馬州(Alabama)首府》。

‡**month** [mʌnθ; mʌnθ] *n.* Ⓒ (*pl.* ～s [mʌnθs, mʌnts; mʌnθs]) **1** (曆書上之)月；一個月《略作 m.；cf. day 1 a, year 2 a》：this ～ 本[這個]月/last [next] ～ 上[下]個月/the ～ before last 上上個月/the ～ after next 下下個月/on the third of this ～ 在本月三日/for ～*s* 好幾個月/ ～*s* ago 好幾個月前/In which ～ was he born? 他是哪一月出生的？

【字源】源自義爲「月亮」的古英語。由天上月亮盈虧的週期來計算時間，顯然是陰曆。現在雖然都採用陽曆，不過由於在古代英國也和中國一樣用陰曆，因此陰曆的計時單位「月」(month)仍然留存使用。

2 懷孕月分：She is in her fifth ～. 她已懷孕五個月[有五個月身孕]。
a mónth of Súndays 《口語》很長的時間(cf. a WEEK of Sundays)：I haven't been home in [for] *a* ～ *of Sundays.* 我已很久沒有回家。
mónth àfter mónth 月復一月。
mónth by mónth 月月，每月。
mònth ín, mònth óut 一個月又一個月，月復一月，月月。
thís dáy mónth＝todáy mónth (1)下個月的今天。(2)上個月的今天。

*__month·ly__ [ˋmʌnθlɪ; 'mʌnθli] *adj.* (無比較級、最高級) **1** 每月一次的，每月的，按月的：one's ～ salary 月薪。**2** 一個月有效的：a ～ pass [season ticket]月票，定期票。
—*adv.* 每月一次地，每月地，按月地。
—*n.* Ⓒ月刊。

mónthly périod *n.* Ⓒ[常 ～s]月經。

mónth's mínd *n.* Ⓤ《天主教》(人死後或下葬後一月所舉行之)安靈彌撒。

Mont·re·al [ˌmantrɪˋɔl; ˌmɔntri'ɔ:l˝] *n.* 蒙特婁《在加拿大東南部魁北克省(Quebec)南部，爲該國最大都市及工商業中心》。

*__mon·u·ment__ [ˋmanjəmənt; 'mɔnjumənt] **《源自拉丁文「促使憶起之物」之義》—*n.* 1 a** Ⓒ紀念碑[塔]，紀念建築物：put up [erect] a ～ to the memory of... 爲紀念…建造[立]紀念碑。**b** [the M～]《英》(1666 年)倫敦大火紀念塔《在倫敦橋(London Bridge)附近之一大圓柱》。
2 Ⓒ紀念物，遺跡：an ancient [a natural] ～ 古代[天然]紀念物。
3 a Ⓒ不朽之功業[作品]〔*of*〕：a ～ *of* learning 學問上不朽的功業。**b** Ⓒ[也當反語用]出類拔萃，顯著的例子[典範]〔*of, to*〕：My father was a ～ *of* industry. 家父是勤勉的典範。

monument 1 a
【照片說明】爲紀念美國第一任總統華盛頓(G. Washington)而於 1884 年建立的石造華盛頓紀念碑—(Washington Monument).

mon·u·men·tal [ˌmanjəˋmɛntl; ˌmɔnju'mentl˝] **《monument 的形容詞》**—*adj.* **1** [用在名詞前] **a** 紀念碑的：a ～ inscription 碑文。**b** 可紀念的，不朽的，歷史性的：a ～ work 不朽之作。**2 a** (形狀、體積)巨大的。**b** (程度上)非常的；嚴重的；極度的：～ ignorance [stupidity]極度的無知[愚蠢]。

mòn·u·mén·tal·ly [-tlɪ; -təli] *adv.* **1** 作爲紀念碑地；當作紀念地。**2** 非常地，極度地。

moo [mu; mu:] **《擬聲語》**—*n.* Ⓒ (*pl.* ～s) **1** 哞《牛之叫聲；⇨ cow[1] 相關用語》。**2** 《英俚》愚笨的[沒有用的]女人。
—*v.i.* 〈牛〉哞哞地叫。

mooch [mutʃ; mu:tʃ] *v.i.* 《口語》〔十副詞(片語)〕(在…)徘徊；溜躂，閒蕩，徘徊：There were lots of people ～*ing about* [*around, about* the streets]. 有很多人在溜躂[在街上閒蕩]。
—*v.t.* 〔十受十介十(代)名〕《美俚》〔向人〕索求；討得，揩油〈物〉〔*from, off*〕.

móo·còw *n.* Ⓒ《兒語》牛。

*__mood__[1] [mud; mu:d] **《源自古英語「心、精神」之義》—*n.* 1** Ⓒ **a** (某一時或某一情況下之)心情，情緒：in a laughing [dejected] ～ 心情歡悅[頹喪]/be in a bad ～ 情緒不好/His ～*s* change quickly. 他的心情變化不定。

【同義字】mood 指一時之心理狀態或左右某人言行之感情；humor 指善變而無常之心情；temper 指强烈之感情，尤指憤怒，脾氣。

b [做…的]心情，意向〔*for*〕：I was in the [no] ～ ***for*** work. 我有心情[沒心情]工作。**c** 〔十 *to* do〕〈做…的〉心情，意向：I am not in the ～ *to* read just now. 我現在無心閱讀。
2 Ⓒ(聚會、作品等之)氣氛，情調：The ～ of the meeting was

M

hopeful. 那會議氣氛樂觀。**3** [~s]易怒的情緒，壞情緒：a man of ~*s* 情緒不穩定的人，喜怒無常的人。

mood² [mud; mu:d] «mode¹ 之變形；源自與 mood¹ 之聯想» —*n.* **1** Ⓤ Ⓒ《文法》(動詞之)語氣，式《藉以表示說話者對動作或狀態之心理狀態之動詞語形變化；cf. indicative 2, imperative 3, subjunctive》. **2** Ⓤ《邏輯》樣態，論式，樣式。

móod mùsic *n.* Ⓤ情調音樂。

mood·y [ˋmudɪ; ˈmu:di] «mood¹ 3 的形容詞»—*adj.* (**mood·i·er**; **-i·est**)心情不穩定的；不和悅的；情緒壞的；悶悶不樂的，陰鬱的：a ~ person 心情不穩定的人/She is sometimes ~. 她有時候悶悶不樂。**móod·i·ly** [-dɪlɪ; -dili] *adv.* **-i·ness** *n.*

‡**moon** [mun; mu:n] *n.* **1** [常 the ~；表示月球之某一狀態或某一時間、位置時，也可使用不定冠詞]月，月球，月亮：a trip to *the* ~ 探月旅行/land *on the* ~ 登陸月球[降落月球表面]/the age of *the* ~ 月球年齡/a new [a half, a full, a waning] ~ 新[半，滿，殘]月/Was there a ~ that night? 那天晚上有月亮嗎？/There is no ~ tonight. 今晚沒有月亮。

> 【字源】「月亮」原來的意思是「計算」，因爲在古代西方人以月亮的盈虧來計算時間。
>
> 【說明】⑴歐美人士不像中國人喜歡賞月，對月亮的感覺不甚親切。英語裡說 a man in the moon 指的是架空的人物，此乃因月球表面呈人形的斑點而有此說。
>
> 有人認爲滿月時月球表面的斑點像一個男人拿著一根木棒帶著狗。而中國人有月裡嫦娥的故事。日本人認爲有隻兔子在那兒搗米糕。中國人則認爲是月兔搗藥。據說北美印地安人、南非土人、印度人、西藏人也都認爲月亮上有兔子。相傳月夜摘的藥草比較有效。古人認爲在有月光的晚上出門受月光照射會發狂。另外有一種傳說認爲地球上未償的願望都被藏在月亮上；cf. lunatic, moonstruck.
>
> ⑵美國太空人阿姆斯壯(Armstrong)等三人是第一次踏上月球的人類。他們把一塊金屬板留在月球上，上面所刻的話如下：Here men from the planet earth, First set foot upon the moon-July 1969, A.D. (來自行星地球的人初次踏在月球上——紀元 1969 年 7 月。)

2 Ⓤ月光。**3** Ⓒ月形[新月形]之物。**4** Ⓒ(行星之)衛星。**5** Ⓒ[常 ~s]《詩》一個月：for three ~*s* 歷時三個月。**6** Ⓒ[常 ~s]《俚》(光著的)屁股。

bárk at the móon 無事空擾，徒勞地吵鬧，空嚷《★源自「狗吠月亮」之意；出自莎士比亞(Shakespeare)劇作「凱撒大帝(*Julius Caesar*)」》.

crý [ásk] for the móon 想要得不到的東西，想做不能做到的事《★比喻像小孩一樣向父母要月亮的行爲》。

ónce in a blúe móon 《口語》罕有地，千載難逢地《★源自月球因空中微塵而呈藍色之罕有現象》。

òver the móon 非常快樂，歡天喜地；非常興奮《★表示「歡喜雀躍超過月球」之誇張措詞》。

prómise a person **the móon** 向某人作出無法履行之承諾。

shóot the móon 《英俚》夜裡逃跑，夜奔，(爲躲避討債等而)夜裡遷離。

—*v.i.* **1** 〔十副〕(精神恍惚地)徘徊，閒蕩；癡想〈*about, around*〉. **2** 〔十介十(代)名〕癡癡地想〔…〕〔*over*〕：He is still ~*ing over* her. 他還在癡癡地想著她。

—*v.t.* 〔十受十副〕閒度〈時光〉〈*away*〉：~ ***away*** two hours 閒度兩小時。

móon·bèam *n.* Ⓒ(一道)月光。

móon-blìnd *adj.* 《獸醫》(馬之)夜盲[月光盲]的。

móon·càlf «源自德語「受月亮影響的人」之義»—*n.* Ⓒ (*pl.* **-calves**) **1** (天生之)白癡；低能者，智力不足者。**2** 怪物(monster).

moon·down [ˋmunˌdaun; ˈmu:ndaun] *n.* =moonset.

móon-fàced *adj.* 圓臉的。

M

móon·flòwer *n.* Ⓒ《植物》**1** 《美》瓢葫蘆，(傍晚開之)牽牛花。**2** 《英》法國菊，牛眼菊(oxeye).

móon·less *adj.* **1** 無月的：a ~ night 沒有月亮的夜晚。**2** 無衛星的：a ~ planet 無衛星的行星。

moon·light [ˋmunˌlaɪt; ˈmu:nlait] *n.* **1** Ⓤ月光：*by* ~ 藉著月光/in the ~ 在月光下。**2** Ⓒ《英口語》夜逃，夜奔：do a ~ 夜裡逃跑。

—*adj.* [用在名詞前](有)月光的，月夜的：a ~ night 月夜。

—*v.i.* (在本職以外另在夜間)做副業[兼差]。**~·er** *n.*

móonlight flít [flít·ting] *n.* Ⓒ《英口語》夜逃：do a ~ 夜裡逃跑。

móonlìght·ing *n.* Ⓤ兼差。

móon·lìt *adj.* [用在名詞前]被月光照亮的，月色下的，月光下的：on a ~ night 在一個月光照耀的晚上。

móon·pròbe *n.* Ⓒ月球探測器[儀]。

móon·quàke *n.* Ⓒ月震。

móon·rìse *n.* **1** Ⓤ Ⓒ月出：*at* ~ 在月出時。**2** Ⓒ月出之時刻。

móon·ròck *n.* Ⓒ月岩。

móon ròcket *n.* Ⓒ探月火箭。

moon·scape [ˋmunˌskep; ˈmu:nskeip] *n.* Ⓒ月球上之景色；月球表面之照片[風景畫(等)]。

móon·sèt *n.* **1** Ⓤ Ⓒ月落：*at* ~ 在月落時。**2** Ⓒ月落之時刻。

móon·shìne *n.* Ⓤ **1** 月光。**2** 愚蠢之想法，胡言亂語。**3** 《美口語》走私之酒；(非法)私造之酒《尤指威士忌》。

móon·shìner *n.* Ⓒ《美口語》走私[私造，非法買賣]酒類者。

móon·shòt *n.* Ⓒ探月火箭之發射。

móon·stòne *n.* Ⓤ[指寶石個體時爲Ⓒ]《礦》月長石(⇨ birthstone 表)。

móon·strìcken *adj.* =moonstruck.

móon·strùck «因古代占星學認爲發狂係受月光之影響所致»—*adj.* 發狂的(lunatic).

móon·wàlk *n.* Ⓒ月球漫步。

moon·y [ˋmunɪ; ˈmu:ni] «moon 的形容詞»—*adj.* (**moon·i·er**; **-i·est**) **1** (似)月亮的，新月形的；(似)月光的。**2** 夢幻的；恍惚的。

moor¹ [mʊr; muə] *v.t.* **1** 繫住〈船〉，使〈船〉碇泊[下錨]；將〈飛船〉繫於繫留塔：~ a ship *at* the pier [*to* the buoy]把船繫在碼頭[浮筒]。**2** 固定。

—*v.i.* **1** 繫住船，〈船〉碇泊，下錨。**2** 被繩索繫住。

moor² [mʊr; muə] *n.* Ⓒ[常 ~s]《英》荒地，荒野《指英格蘭、蘇格蘭等生長石南屬植物(heather)而排水不良之高原地帶；尤指放養松雞(grouse)供狩獵之地》。

Moor [mʊr; muə] *n.* Ⓒ **1** 摩爾人《柏柏爾人(Berber)與阿拉伯人的回教後裔，居於非洲西北部》。**2** (於第八世紀佔領西班牙之)摩爾人：the Conquest of Spain by the ~*s* 摩爾人之征服西班牙。

moor·age [ˋmʊrɪdʒ; ˈmuəridʒ] «moor¹ 的名詞»—*n.* **1** Ⓤ Ⓒ **a** 繫留，碇泊。**b** 碇泊費。**2** Ⓒ碇泊處。

móor·còck *n.* Ⓒ《鳥》雄紅松雞。

móor·fòwl *n.* Ⓒ (*pl.* ~)《鳥》紅松雞。

móor·gàme *n.* (*pl.* ~)=moorfowl.

móor·hèn *n.* Ⓒ《鳥》**1** 《英》雌紅松雞。**2** (歐洲產之)鷭(water hen).

moor·ing [ˋmʊrɪŋ; ˈmuəriŋ] *n.* **1 a** Ⓤ繫船，碇泊。**b** Ⓒ[常 ~s]繫船[碇泊]設備[裝置]。**2** [~s]繫船處，碇泊處。**3** [~s]精神之所繫：lose one's ~*s* 失去精神之所繫[依托]。

móoring bùoy *n.* Ⓒ《航海》繫船浮筒。

móoring màst *n.* Ⓒ(飛船之)繫留塔。

Moor·ish [ˋmʊrɪʃ; ˈmuəriʃ] *adj.* 摩爾人(Moor)的。

móor·land [-ˌlænd; -lənd] *n.* Ⓤ[常 ~s]《英》= moor².

moose [mus; mu:s] *n.* Ⓒ (*pl.* ~)《動物》麋《產於北美洲；雄麋有掌狀大角》。

moot [mut; mu:t] *adj.* 有討論或辯論餘地的，未決定的，有待商榷[商酌]的《★主要用於下列片語》：a ~ point 懸而未決之點/a ~ question 未決之問題。

—*v.t.* 將〈問題〉提出作爲議案，討論…，辯論…《★常用被動語態》：The issue *was* ~*ed* on the Senate floor. 該問題在參院被提出討論。

móot còurt *n.* Ⓒ(法學院學生實習用之)模擬[實習]法庭。

moose

mop [mɑp; mɔp] *n.* Ⓒ **1** 拖把，拖布。**2** 似拖把之物：a ~ of hair 亂蓬蓬的頭髮。

—*v.t.* (**mopped**; **mop·ping**) **1** 〔十受〕(用拖把)洗擦[拖]…：~ the floor (用拖把)拖地板。**2** 〔十受(十介十(代)名)〕〔以…〕擦〈臉、汗等〉，揩〈桌椅等〉〔*with*〕：~ one's face ***with*** one's handkerchief 以手帕擦臉。

móp the flóor with… ⇨ floor.

móp úp 《*vt adv*》⑴把〈灑落之水等〉拖[擦]乾淨。⑵《口語》做完，清理[整理]完畢〈工作等〉。⑶《俚》榨取〈利益等〉。⑷《軍》掃蕩〈殘敵〉。

mope [mop; moup] *v.i.* **1** 抑鬱不樂。**2** 〔十副〕沮喪地[鬱悶地]徘徊〈*about, around*〉.

—*n.* **1** Ⓒ憂鬱消沉之人，陰鬱之人。**2** [the ~s]意氣消沉，憂鬱：have (a fit of) *the* ~*s* 鬱鬱不樂/be in *the* ~*s* 鬱鬱不樂，意氣消沉。

mop 1

mo·ped [ˋmopɛd; ˈmouped] *n.* Ⓒ《英》機器腳踏車《兼有小型引擎及踏板之腳踏車》。

móp·hèad *n.* Ⓒ **1** 拖把之頂部。**2** 亂髮蓬蓬之頭，頭髮蓬亂之人。
móp·ish [-pɪʃ; -piʃ] *adj.* 鬱鬱不樂的，意氣消沉的。～**·ly** *adv.*
mop·pet [ˋmɑpɪt; ˈmɔpit] *n.* Ⓒ小孩；(尤指)女孩，娃兒。
móp-úp *n.* Ⓒ《軍》(對殘敵等之)掃蕩。
mo·quette [moˋkɛt; mɔˈket] *n.* Ⓤ一種天鵝絨《做椅面或地毯用》。
mo·raine [moˋren; mɔˈrein] *n.* Ⓒ《地質》(由冰河沖積成之)冰磧。
***mor·al** [ˋmɔrəl; ˈmɔrəl] 《源自拉丁文「有關風俗、習慣的」之義》**—adj.** (**more** ～; **most** ～) **1 a** [用在名詞前] (無比較級、最高級) (可做善惡標準之) **道德(上)的，倫理的**：～ character 品性，品德/a ～ code 道德律/ ～ culture 德育/ ～ law 道德律/ ～ duties [obligations] 道德上之義務/ ～ principles 道義/ ～ sciense 道德科學，倫理學/the ～ sense 道德觀念，道義心，是非感。

> 【同義字】moral 指合乎一般人用以辨別善惡之道德標準或道德觀念；ethical 指除 moral 之外更含有正義、公正等之概念；virtuous 表示人在品德上之正義、高潔。

b 〈文學作品等〉教導道德的，含有教訓意義的，教訓的：a ～ book 含有道德教育意義的書/a ～ lesson 教訓。
2 [用在名詞前] (無比較級、最高級) 能辨別善惡的：A baby is not a ～ being. 嬰兒不能分辨善惡。
3 a 合乎道德的，品行端正的；(在性方面)純潔的，貞節的，檢點的 (↔ immoral)：a ～ man 品行端正的人/live a ～ life 過合乎道德的生活。**b** (無比較級、最高級) (有關性方面之)純潔的。
4 [用在名詞前] (無比較級、最高級) (非基於法律或一般習慣而) 基於道義的，基於良心的；訴諸心靈[精神，意志]的，對心靈[精神，意志]起作用的，心靈上的，精神上的：a ～ defeat [victory] 精神上的敗北[勝利]/ ～ support 精神上的支援[支持]/ ～ courage 精神上的勇氣。
5 [用在名詞前] 可確信的，可認爲確實的，事實上的：a ～ certainty 百分之百的確實，千眞萬確。
—n. 1 Ⓒ (寓言等之)寓意，教訓；寓言劇：draw the ～ (自寓言等)引出[得到，吸取]教訓/point a ～ (引用實例)訓導/There's a ～ *to* this story. 這故事有寓意[教益]。
2 [～s；當單數用] 行爲原則，道德律，倫理學。
3 [～s] (社會之)風化，道德；(尤指男女間之)品行：a girl with no ～*s* 沒有道德觀念的女孩。
mo·rale [məˋræl, mo-; mɔˈrɑ:l, mə-] 《源自法語》**—n.** Ⓤ (軍隊、國民之)士氣，民心；鬥志，朝氣，魄力：*M*～ is high [low, falling]. 士氣高[消沉，低落]。
mor·al·ism [ˋmɔrəl͵ɪzəm; ˈmɔrəlizəm] *n.* **1** Ⓤ道德之教喩，倫理主義。**2** Ⓒ格言。
mór·al·ist [-lɪst; -list] *n.* Ⓒ **1 a** 道德學家，倫理學家；教授道德之人。**b** 道德家，道德主義者。**2** 《輕蔑》干涉他人道德之人；衛道之士。
mor·al·is·tic [͵mɔrəˋlɪstɪk, ͵mɑr-; ͵mɔrəˈlistik˝] *adj.* **1** 善惡觀念嚴格而狹隘的；(含有)教訓的，衛道之士作風的。**2** 道德主義的。
mo·ral·i·ty [moˋrælətɪ, mə-; məˈræləti, mɔ-] 《moral 的名詞》**—n. 1** Ⓤ**道德，道義**。**2** Ⓤ (個人之)德行，品德；(尤指男女間之)品行。**3** Ⓒ (故事等之)教訓，寓意。**4** (又作 **morálity plày**) Ⓒ (十五至十六世紀之)道德(寓意)劇《一種勸善懲惡之戲劇；其中人物爲擬人化之善與惡》。
mor·al·ize [ˋmɔrəl͵aɪz, ˋmɑr-; ˈmɔrəlaiz] *v.t.* **1 a** 以道德意義解說，由道德[善惡]觀點討論。**b** 由…引出[吸取]教訓。**2** 訓…以道德，教化，訓導。
—v.i. 1 講道。**2** 〔十介十(代)名〕〔就…〕講道，說教，訓話〔*on, upon, about*〕。**mór·al·ìz·er** *n.*
mór·al·ly [-rəlɪ; -rəli] *adv.* **1** 道德[道義]上；由道德上而言，由道德之觀點看：be ～ good [evil] 道德上好[壞]/*M*～ she leaves much to be desired. 從道德上講她缺點不少。**2** 實際上，差不多，幾乎：The thing is ～ certain. 這件事差不多確定了/It's ～ impossible. 幾乎不可能。
Móral Re-Ármament *n.* Ⓤ道德重整運動《一項藉淨化個人及國家行爲之動機以改造世界之運動；1921 年由牛津大學 (Oxford) Frank N. D. Buchman [ˋbʊkmən; ˈbukmən] 所創之 Oxford Group Movement 發展而成；略作 MRA》。
mo·rass [moˋræs, mə-; məˈræs] *n.* Ⓒ **1** 泥沼，泥淖；沼地，低窪濕地 (bog)。**2** [常用單數] (無法脫離之)困境，困局〔*of*〕：a ～ *of* poverty 貧窮的困境。
mor·a·to·ri·um [͵mɔrəˋtorɪəm, -ˋtɔr-; ͵mɔrəˈtɔ:riəm] 《源自拉丁文「延遲，猶豫」之義》**—n.** Ⓒ (*pl.* ～**s, -ri·a** [-rɪə; -riə]) **1 a** 延期償付。**b** 延期償付之有效期〔*on*〕。**2** 停止，(一時之)禁止(令)〔*on*〕：declare a ～ *on* the sale of a new drug 宣布暫時禁售某種新藥。
Mo·ra·vi·a [moˋrevɪə, mə-; məˈreivjə, mɔ-] *n.* 摩拉維亞《捷克中部地區；昔爲奧地利之屬地》。
Mo·ra·vi·an [moˋrevɪən; məˈreivjən] 《Moravia 的形容詞》**—adj. 1** 摩拉維亞的。**2** 摩拉維亞教徒的。
—n. 1 Ⓒ摩拉維亞人。**2** Ⓒ摩拉維亞教徒《十五世紀興起於摩拉維亞(Moravia)之基督教胡斯兄弟派教徒》。**3** Ⓤ摩拉維亞語《捷克語之一方言》。
mor·bid [ˋmɔrbɪd; ˈmɔ:bid] *adj.* **1** 〈精神、思想等〉病態的，不健康的；(病態地)陰沉的：a ～ imagination 病態的想像。**2 a** (有關)病的：～ anatomy 病理解剖(學)。**b** 由病引起的，病態的，不正常的，有病的：a ～ growth 病態腫瘤《癌、腫瘍》。**3** 可怕的，令人毛骨悚然的。～**·ly** *adv.* ～**·ness** *n.*
mor·bid·i·ty [mɔrˋbɪdətɪ; mɔ:ˈbidəti] 《morbid 的名詞》**—n. 1** Ⓤ (精神之)病態，不健康。**2** Ⓤ[又作 **a** ～] (特定地區等之)發病率。
mor·bif·ic [mɔrˋbɪfɪk; mɔ:ˈbifik] *adj.* 引起疾病的。
mor·da·cious [mɔrˋdeʃəs; mɔ:ˈdeiʃəs] *adj.* **1** 有腐蝕力的。**2** 銳利的，尖酸刻薄的，譏刺的。
mor·dant [ˋmɔrdn̩t; ˈmɔ:dənt] *adj.* **1** 〈語詞等〉諷刺的，尖酸的：～ sarcasm 尖酸的諷刺。**2** 〈酸等〉腐蝕性的。～**·ly** *adv.*
‡**more** [mor, mɔr; mɔ:] 《many, much 的比較級》**—adj. 1** (↔ less) **a** 〈數、量、程度等〉〈較…〉更多的，更多數[大量]的〈*than*〉：He has ～ books [money] *than* I (have). 他的書[錢]比我的更多/Seven is ～ *than* five. 七比五更多[更大]/Ten is three ～ *than* seven. 十比七多三。**b** 較多的，更多的，更加的：with ～ attention 更加注意地/three or ～ persons 三人或更多的人，至少三人，不止三人 (cf. MORE than three persons；⇨ *pron.* 2)。
2 多餘的，外加的，另外的：a few ～ books 再多幾本書/One ～ word. 還有一句話(要跟你說)/I will not speak one word ～. 我一句話都不再講了/Give me a little ～ butter. 再多給我一點奶油/Are there *any* ～ problems to discuss？還有問題要討論嗎？/Would you like *some* ～ tea [cake]？你要不要再來一點茶[蛋糕]？
(and) whàt is móre 而且，加之，更有甚者。
màny móre [與複數名詞連用] 多出很多，多得多 (cf. MUCH more *adv.*)：There are *many* ～ sheep than people there. 在那兒綿羊比人多得多。
móre and móre 越來越多的：*M*～ *and* ～ applicants began to gather. 越來越多的申請者開始聚集。
—pron. 1 [當單數用] **更大之量[數目，程度，重要性]**：And what ～ do you want？你還想要什麼？《這樣還不夠嗎？》/*M*～ is meant than meets the ear. 言外有意/I hope to see ～ *of* her. 我希望更常見到她/I want a little ～ *of* the whisky. 我還想再要一點威士忌。
2 [當複數用] **更多數之物[人]**：There are still a few ～. 還有幾個/ ～ than three people 四人以上《★用法 more than three 不包括「三」在內；⇨ *adj.* 1 b》/⇨ MORE than one [a] .../*M*～ (of them) were present than absent. (他們之中)出席的人比缺席的人多。
3 Ⓒ**外添之事[物]，額外之數[量]，額外者**：May I have one ～？我可以多拿一個嗎？/No ～ *of* your jokes. 別再說笑話了/I don't want any ～. 我不要了/Is it impossible to get any ～？不可能獲得額外的嗎？
and nò móre 如此而已，只是這樣而已：It is your fancy *and no* ～. 那是你的幻想而已。
màny móre 更多數(之物)：He has a lot of books, but he wants *many* ～. 他有很多書，但他想要更多更多。
móre than óne [a]... 比一個更多，多於一個，不止一個《★用法 此形式在語意上爲複數，但當單數用》：*M*～ *than one* student *has* said so. 不止一個學生這樣說/She stayed in Paris (for) ～ *than a* year. 她在巴黎停留了一年多《★比較 若將 a year 改用 óne yèar 則有時是爲將他人所說「她停留了一年」更正爲「不，她停留了一年多」之意》。
the móre...the móre... 愈…愈…，越…越… (cf. *adv.* 的成語，the *adv.*)：*The* ～ he has, *the* ～ he wants. 他擁有的愈多愈想要。
—adv. [much 的比較級] **1 a** 〈較…〉**更甚，更多，更大；甚於…**〈*than*〉《★用法 與 like, hate 連用時，多用 better》：Mary dreaded Tom's anger ～ *than* anything (else). 瑪麗怕湯姆生氣甚於怕其他任何事/I want ～ *than* anything to meet her. 我想要與她會面甚於任何事《對我而言，跟她見面是最重要的事》/*M*～ *than* anyone I think she deserves the prize. 我想她比任何人更該得這個獎。**b 更，更加**：You must work ～. 你得做更多的工作。
2 a [構成主要爲兩音節以上之形容詞、副詞之比較級]〈較…〉**更，還**〈*than*〉：She is ～ beautiful *than* her sister. 她比她姊姊更[還]漂亮。**b 更…，更加…**：Be ～ careful. 你要更加小心/Let's walk ～ slówly. 我們走慢些吧。
3 再，更進一步：once ～ 再一次/still ～ 更加/I can't walk any ～. 我不能再走了[我已走不動了]/They won't hate you

M

any ~. 他們不會再恨你。

4 〈與其說是…〉**毋寧說是**…〈*than*〉: She is ~ lucky *than* clever. 她幸運甚於聰明[說她聰明倒不如說她運氣好]/I was ~ surprised *than* annoyed. 與其說我氣惱倒不如說受驚不小/He's ~ (a) politician *than* (a) soldier. 說他是軍人, 不如說他是政客/He is ~ like his mother *than* his father. 他像他母親甚於像他父親/They have done ~ harm *than* good. 他們所做的事害多於利。

àll the móre [常與表理由之片語或子句連用]越發, 格外, 更加(cf. the MORE *adv.*): The girl admired him *all the* ~. 這個女孩越發欽佩他/I want to help him *all the* ~, because he is so helpless among them. 他在他們當中是那麼孤立無援, 所以我更加想要幫助他。

móre and móre 越來越, 愈來愈多: His adventures got ~ *and* ~ exciting. 他的冒險故事越來越刺激/The moon shone ~ *and* ~ brightly. 月光越來越明亮。

móre or léss (1)多少, 或多或少, 有些, 有幾分: He was ~ *or less* drunk. 他有點醉。(2)大概, 大約, …左右: He won 50 pounds, ~ *or less*, at the races. 他賭賽馬大約贏了五十英鎊。(3)[在否定語後]《古》絲毫不…。

móre than... (1)多過…, 大過…, 超過…, …以上(⇨ *pron.* 2; ⇨ over 5[比較])。(2)[修飾名詞、形容詞、副詞、動詞]不僅[不止, 不啻]…而已, 何止…, 超過…, 十二萬分: It was ~ *than* an accident. 它不僅是意外事件而已/She was dressed ~ *than* simply. 她的穿著簡直是寒酸[過於簡樸]/He was ~ *than* pleased. 他非常高興。

móre than a líttle 不少, 大爲…, 大大地, 非常: He was ~ *than a little* disappointed at the news. 他對那消息非常失望。

móre than éver 比以前更加地, 越發: She loved him ~ *than ever.* 她比以前更愛他。

mùch móre ⇨ much *adv.*

nèither móre nor léss (than...) 恰, 正, 不多不少, 純然, 不外乎: It is *neither* ~ *nor less than* a lie. 它純然是謊言/I want a fair price, *neither* ~ *nor less.* 我要的是公道的價錢, 不多也不少。

nò móre (1)不再, 不更進一步地: *No* ~, thank you. 謝謝你, 我不要了/He'll steal *no* ~. 他不會再偷東西了。(2)《文語》已不在人世, 已死: He is *no* ~. 他已不在人世。(3)《文語》也不: If you won't do it, *no* ~ will I. 如果你不做, 我也不做。

nò móre than... (1)[與數詞連用]不過…, 只…, 僅…: It is *no* ~ *than* six inches long. 它只有六吋長。(2)=nothing MORE than.

nò móre...than... 與…同樣不…: A home without love is *no* ~ a home *than* a body without a sound mind is a man. 沒有愛的家不算家, 就像沒有心志的軀體不算人一樣/I am *no* ~ mad *than* you (are). 我和你一樣沒瘋《★[用法]表示自己之所爲(或)被認爲瘋狂, 但其實不然等意時之措詞》/He can *no* ~ do it *than* fly. 他不會飛, 同樣地, 他也不會做這件事/I can *no* ~ swim *than* a hammer can. 我跟鐵鎚一樣地不會游泳。

nòt...àny móre than... 與…同樣不…: I can*not* swim *any* ~ *than* a hammer can. 我跟鐵鎚一樣地不會游泳。

nòthing móre than... 與…完全一樣; 只不過…: He is *nothing* ~ *than* a charlatan. 他只不過是一個江湖郎中。

nòt móre than... [與數詞連用]不比…更多, 頂多…, 不超過…: *not* ~ *than* five 最多[不超過]五。

nòt móre...than... 不像…那樣…, 不比…更…: I was *not* ~ surprised *than* he (was). 我沒像他那麼吃驚《★[用法]no MORE...than 則否定兩者》。

nòt [nòne] the móre 仍, 還是。

or móre 或更多, 至少。

the móre [常與表示理由之片語或子句連用](相應地)越發, 更加(cf. the², all the MORE *adv.*): I am *the* ~ interested in his exploit because he is my cousin. 就因爲他是我的堂[表]兄[弟], 我對他的英勇事蹟更感興趣。

the móre...the léss... 越…越不…, 愈…愈不…: *The* ~ she thought about it, *the less* she liked it. 她越想越不喜歡它。

the móre...the móre... 越…越…, 愈…愈…(cf. *pron.* 成語, the *adv.*): *The* ~ I hear, *the* ~ interested I become. 我越聽越感興趣。

thínk (àll) the móre of... ⇨ think.

More [mor, mɔr; mɔː], Sir **Thomas** *n.* 摩爾《1478-1535; 英國政治家及作家》。

mo·reen [məˈrin; mɔːˈriːn] *n.* Ⓤ一種堅韌的羊毛[棉毛]混紡織物《用作窗帘、襯裙等》。

mo·rel [məˈrɛl; mɔˈrel] *n.* Ⓒ《植物》(可食)羊肚菌。

mo·rel·lo [məˈrɛlo; məˈrelou] *n.* Ⓒ(*pl.* ~s)《植物》黑櫻桃。

***more·over** [morˈovɚ, mɔr-; mɔːˈrouvə] *adv.* (無比較級、最高級)而且, 此外, 再者: It was, ~, a waste of time. 此外, 那是浪費時間。

mo·res [ˈmoriz, ˈmɔr-; ˈmɔːriːz] «源自拉丁文「習慣」之義»—*n. pl.* 《社會學》社會的傳統習慣, 民德。

Mo·resque [məˈrɛsk; mɔːˈresk] *adj.* 〈建築、裝飾等〉摩爾(Moor)式的。

Mor·gan [ˈmɔrgən; ˈmɔːgən] *n.* 摩根《男子名》。

mor·ga·nat·ic [ˌmɔrgəˈnætɪk; ˌmɔːgəˈnætik] «源自拉丁文「早上的禮物」之義; 因爲這類婚姻下的妻子只能向丈夫要求結婚次日早晨之禮物»—*adj.* 貴賤結親的: a ~ marriage 貴賤聯婚《貴族子弟與平民婦女之結婚; 婚後其妻與子女不得繼承其夫或父之爵位或財產》。

morgue [mɔrg; mɔːg] *n.* Ⓒ **1 a** (待人認領屍體之)陳屍所。**b** 無生氣之陰暗場所。**2 a** (報社之)資料室。**b** (資料室之)(參考)資料。

mor·i·bund [ˈmɔrəˌbʌnd; ˈmɔribʌnd] *adj.* **1** 〈人〉垂死的。**2** 〈物〉即將消滅的。

mo·ri·on [ˈmorɪˌan, ˈmɔr-; ˈmɔːriɔn] *n.* Ⓒ(十六至十七世紀流行於西班牙之一種無面甲、帽型之)高頂盔。

Mor·mon [ˈmɔrmən; ˈmɔːmən] *n.* Ⓒ摩門教徒。

Mór·mon·ism [-nˌɪzəm; -nizəm] *n.* Ⓤ摩門教《1830 年由美國 Joseph Smith 所創之基督教一派; 正式名稱爲 The Church of Jesus Christ of Latter-Day [day] Saints (耶穌基督末世聖徒教會); 因傳教使用摩門經(the Book of Mormon)而得名; 以美國猶他州(Utah)鹽湖城(Salt Lake City)爲中心》。

morn [mɔrn; mɔːn] *n.* Ⓒ《詩》早晨, 黎明。

***morn·ing** [ˈmɔrnɪŋ; ˈmɔːniŋ] *n.* **1 a** Ⓤ[與修飾語連用或被數時通常爲Ⓒ]**早晨**, 上午, 午前《★通常指自黎明至中午十二時或午餐時》: *M*~ dawned [came]. 天亮了/It is already ~. 現在已經是早上了/It's a fine ~. 今天早上天氣晴朗/during the ~ 在上午[早上]這段時間/*in* the ~ 在上午[早上]/early [late] *in* the ~ 一大早[早上稍遲]《★[比較]此說法較 in the early [late] ~ 更常用》/*on* Sunday [Christmas] ~ 在星期日[耶誕節]早上《★[用法]接在星期名稱等之後時無冠詞; 有時省略 on》/*on* the ~ of the 15th of April [April 15]在四月十五日上午《★[用法]指某一日之上午時介系詞爲 on; 有時亦可省略》/early *in* [*on*] the ~ of the 10th 十日清晨[早上一大早]。**b** [當副詞用]在早上(cf. mornings): She will come back this [tomorrow] ~. 她今天[明天]早上會回來/He called on me yesterday ~. 他昨天早上來看我。

2 [the ~]初期, 早期〔*of*〕: *the* ~ *of* life 生命之初期, 青少年時代。

3 Ⓤ《詩》黎明。

at mórning 《古·詩》在早晨。

from mórning till [to] níght 從早到晚。

gòod mórning ⇨ good morning.

of a mórning 《文語》常在早上。

towàrd mórning 近早晨時。

—*adj.* [用在名詞前]早上(進行)的, 在早上的; 早上用的: ~ coffee 上午(喝的)咖啡/a ~ walk 晨間散步。

mórning áfter *n.* Ⓒ(*pl.* **mornings after**)[the ~]《口語》**1** 宿醉(hangover). **2** 任何放縱產生不良後果的時間。

mórning-áfter pill *n.* Ⓒ後服避孕丸。

mórning càll *n.* Ⓒ **1** 晨間拜訪《現多爲午後之社交拜訪》。**2** 晨喚《旅館應房客之請在清晨某一時間以電話或敲門請房客起牀》。

mórning còat *n.* Ⓒ晨禮服(大禮服)(cutaway (coat)).

mórning drèss *n.* Ⓤ(白天穿的)男士晨禮服《包括晨禮服上衣(morning coat), 條紋長褲(striped trousers), 圓筒形絲質大禮帽(silk hat)等》。

mórning glòry *n.* **1** Ⓤ[指個體時爲Ⓒ]《植物》牽牛花。**2** Ⓒ後勁不足的人。

mórning pàper *n.* Ⓒ(報紙之)早報。

mórning perfórmance *n.*=matinee.

mórning práyer *n.* **1** Ⓒ晨禱。**2** Ⓤ[M~ P~]《英國國教》晨禱。

mórning ròom *n.* Ⓒ(尤指大房屋中晨間家人使用之)起居室。

morn·ings [ˈmɔrnɪŋz; ˈmɔːniŋz] *adv.* 《美口語》(常)在早上; 每天早上[早晨]; 在上午時: I usually take a walk ~. 我通常都在早上散步。

mórning sìckness *n.* Ⓤ(孕婦懷孕初期之)晨吐。

mórning stár *n.* [the ~]晨星, 曉星《在日出前出現; 通常指金星(Venus); cf. evening star》。

Mo·ro [ˈmoro; ˈmɔːrou] *n.* (*pl.* ~s)摩洛族土人《菲律賓羣島南部土著, 屬馬來族》。

Mo·roc·can [məˈrɑkən; məˈrɔkən] «Morocco 的形容詞»—*adj.* 摩洛哥(人)的。—*n.* Ⓒ摩洛哥人。

Mo·roc·co [məˈrɑko; məˈrɔkou] *n.* **1** 摩洛哥《位於西北非洲之一回教王國; 首都拉巴特(Rabat [rəˈbɑt; rəˈbɑːt])》。**2** [m~](又作 **morócco léather**)Ⓤ摩洛哥皮《摩洛哥生產之鞣製柔軟山羊皮; 裝訂書、製手套用》。

M

mo·ron [ˋmɑrɑn, ˋmɔr-; ˈmɔːrɔn] *n.* Ⓒ **1**《心理》輕度低能者《智力停留在八至十二歲之成年人》。**2**《口語》大傻瓜，笨蛋。

mo·ron·ic [moˋrɑnɪk, mɔ-; mɔːˈrɔnik] *adj.*

mo·rose [moˋros, mə-; məˈrous] *adj.* (**mo·ros·er**; **-est**) 難取悅的，脾氣壞的，陰沉的，不高興的。**～·ly** *adv.* **～·ness** *n.*

mor·pheme [ˋmɔrfim; ˈmɔːfiːm] *n.* Ⓒ《語言》詞素，語素，詞[形]位《具有意義或文法機能之語言最小單位》。

mor·phe·mics [mɔrˋfimɪks; mɔːˈfiːmiks] *n.* Ⓤ《語言》詞位學，詞素學。

Mor·phe·us [ˋmɔrfɪəs, -fjus; ˈmɔːfjuːs] *n.* **1**《希臘神話》摩非斯《夢之神；爲 Hypnos 之子》。**2** 睡眠之神。
in the árms of Mórpheus《文語》酣睡著。

mor·phine [ˋmɔrfin; ˈmɔːfiːn] *n.* Ⓤ《化學》嗎啡《一種麻醉及止痛劑；由鴉片製成》。

mor·phin·ism [ˋmɔrfinˌɪzəm; ˈmɔːfiːnizəm] *n.* Ⓤ《醫》(慢性) 嗎啡中毒。

mor·pho·gen·e·sis [ˌmɔrfəˋdʒɛnəsɪs; ˌmɔːfəˈdʒenisis] *n.* Ⓒ《胚胎》形態[形體]發育《器官之結構上的發育》。

mor·phol·o·gy [mɔrˋfɑlədʒɪ; mɔːˈfɔlədʒi] *n.* Ⓤ **1**《生物》形態學。**2**《語言・文法》形態學，構詞學 (cf. syntax)。
mor·pho·log·i·cal [ˌmɔrfəˋlɑdʒɪkḷ; ˌmɔːfəˈlɔdʒikl] *adj.*

Mor·ris [ˋmɔrɪs; ˈmɔris] *n.* 毛禮斯《男子名》。

mor·ris [ˋmɔrɪs; ˈmɔris] *n.* (又作 **mórris dànce**) Ⓒ摩利斯舞《英國之一種化裝舞蹈；主要爲五朔節 (May Day) 之活動》。

mor·row [ˋmɔro, ˋmɑro; ˈmɔrou] *n.* **1** [**the** ～]《文語・詩》**a** 翌日，次日：(*on*) *the* ～ (在) 第二天。**b** 緊接在某事件後之時間：*on the* ～ of... 《文語》剛…之後。**2** Ⓤ《古》早晨。

morse [mɔrs; mɔːs] *n.* Ⓒ **1**《動物》海象。**2** (一種鑲有珠寶的) 圓鑿[?]扣。

Mórse códe [álphabet] «因美國發明家 Morse (1791–1872) 得名»**—***n.* Ⓤ [常 **the** ～]《通信》摩爾斯電碼《由點與線 (dots and dashes) 組成》：*in* ～ 用[以]摩爾斯電碼《★無冠詞》。

A •—	K —•—	U ••—	1 •————
B —•••	L •—••	V •••—	2 ••———
C —•—•	M ——	W •——	3 •••——
D —••	N —•	X —••—	4 ••••—
E •	O ———	Y —•——	5 •••••
F ••—•	P •——•	Z ——••	6 —••••
G ——•	Q ——•—		7 ——•••
H ••••	R •—•		8 ———••
I ••	S •••		9 ————•
J •———	T —		0 —————

the Morse code

mor·sel [ˋmɔrsḷ; ˈmɔːsl] «源自拉丁文「一咬」之義»**—***n.* Ⓒ **1** (食物之) 一口，一片。**2** 少量，小片 [*of*]：a ～ *of* cheese 一小片乳酪。

mor·tal [ˋmɔrtḷ; ˈmɔːtl] «源自拉丁文「死的」之義»**—***adj.* (無比較級、最高級) **1 a** 命中註定要死的 (↔ immortal)：Man is ～. 人皆有死[不免一死]。**b** (有關) 死亡的；臨終的：～ remains 遺骸/ ～ agony 臨死之痛苦/at one's ～ hour 於臨終之時。
2 致命的 (⇨ fatal【同義字】)：～ weapon 凶器/a ～ wound 致命傷。
3 [用在名詞前] 人(類)的，人生的：one's ～ existence 人在此世[人世]之生存/No ～ power can perform it. 那是人力所辦不到的。
4 [用在名詞前] **a** 使靈魂死亡的，要墮入地獄的；不能寬恕的 (↔ venial)：(a) ～ sin (要墮入地獄的) 大罪。**b** 戰鬥至死方休的；拼命的；不共戴天的：a ～ enemy 不共戴天的敵人/a ～ combat 生死搏鬥。
5 [用在名詞前]《口語》**a** 引起死亡恐懼的，可怕的〈恐怖、危險等〉：in a ～ fright [funk] 害怕得要死/in ～ fear of... 極度地懼怕…。**b** 極大的，非常的：a ～ shame 奇恥大辱/in a ～ hurry 非常匆促的。**c** 漫長的，長得要命的；無聊的：two ～ hours 漫長的[無聊的]二小時。
6 [用在名詞前] [用以加強 every, no 等之語氣]《口語》可能的；可以想到的：*every* ～ thing 一切可能的事/There was *not* a ～ man in the park. 公園裏連個人影也沒有。
—*n.* Ⓒ **1** [常 ～s] (命中註定) 必死之物；人類。**2** [常與修飾語連用]《英口語》人：a happy ～ 一個幸福的人/thirsty ～*s* 嗜酒的人。

mor·tal·i·ty [mɔrˋtælətɪ; mɔːˈtæləti] *n.* **1** Ⓤ必死之命運[性質]。**2** Ⓤ [又作 **a** ～] **a** 大規模死亡。**b** 死亡率：infant ～ 嬰兒死亡率。**c** 死亡人數：Cancer has *a* high ～ 癌症死亡率高。

mortálity tàble *n.* Ⓒ《保險》死亡率統計表。

mór·tal·ly [-tḷɪ; -təli] *adv.* **1** 致命地：be ～ wounded 受致命傷。**2** 非常地：～ offended 氣得要死。

mor·tar[1] [ˋmɔrtɚ; ˈmɔːtə] *n.* Ⓤ灰泥。
—*v.t.* 塗灰泥於…；用灰泥接合〈石、磚等〉。

mor·tar[2] [ˋmɔrtɚ; ˈmɔːtə] *n.* Ⓒ **1** 乳鉢，研鉢，小臼：～ and pestle 乳鉢與乳鉢槌。**2**《軍》臼砲，迫擊砲。

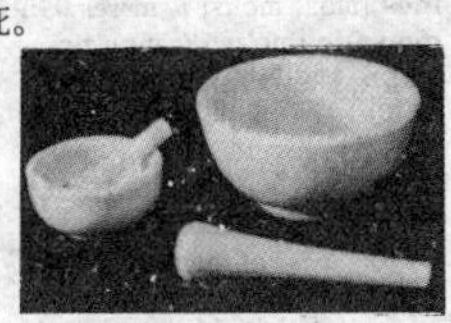

mortar[2] and pestles
(乳鉢和乳鉢槌)

mórtar·bòard *n.* Ⓒ **1** 灰泥板，鏝板。**2** (大學畢業典禮等儀式上畢業生所戴之) 方帽《呈正方形鏝板狀，並有纓子；⇨ CAP and gown 插圖》。

mortarboard 1

mort·gage [ˋmɔrgɪdʒ; ˈmɔːgidʒ] *n.* **1** ⓊⒸ《法律》抵押：lend money *on* ～ 抵押貸款/place [hold] a ～ *on*... 以…供作[取得]抵押。**2** Ⓒ **a** 抵押權，抵押單據：take out a ～ 設定抵押權。**b**《英》抵押借得之(房屋)貸款。

【字源】原爲古法語，意思是「死亡的誓約」。古代法國人向人借錢時承諾只要父親一去世，自己能繼承財產就要還。這種承諾稱作 mortgage. mort 是「死」。gage 含有「誓約」之意。

—*v.t.* **1 a** [十受] 抵押〈房地產等〉。**b** [十受十介十(代)名] 抵押〈房地產等〉[給…] [以借…] [*to*] [*for*]：～ one's house *to* a person *for* a million dollars 把房屋抵押給某人以借一百萬美元。
2 [十受十介十(代)名] **a** 將〈生命、名譽、地位等〉投入[…]，[爲…] 獻出〈生命、名譽、地位等〉[*to*]：～ one's life *to* a cause 爲主義獻出生命。**b** [～ one*self*] 獻身[於…] [*to*]：～ *oneself to* the study 獻身於該項研究。

mort·ga·gee [ˌmɔrgɪˋdʒi; ˌmɔːgəˈdʒiː] *n.* Ⓒ《法律》承受抵押者，質權人，抵押權人《接受抵押之不動產而貸款給抵押者之一方》。

mórtgage lóan *n.* Ⓒ有抵押之貸款。

mort·ga·gor [ˋmɔrgɪdʒɚ; ˌmɔːgəˈdʒɔː], **mort·gag·er** [ˋmɔrgɪdʒɚ; ˈmɔːgidʒə] *n.* Ⓒ《法律》抵押者，出質人《以不動產等作抵押而借款之一方》。

mor·tice [ˋmɔrtɪs; ˈmɔːtis] *n.*, *v.t.* ＝mortise.

mor·ti·cian [mɔrˋtɪʃən; mɔːˈtiʃn] *n.* Ⓒ《美》承辦殯葬者；殯儀業者。

mor·ti·fi·ca·tion [ˌmɔrtəfəˋkeʃən; ˌmɔːtifiˈkeiʃn] «mortify 的名詞»**—***n.* **1 a** Ⓤ屈辱，羞恥，羞辱，遺恨，懊喪。**b** Ⓒ遺恨之事。**2** ⓊⒸ《基督教》苦修，苦行；禁慾，制慾：the ～(s) of the flesh 苦行，苦修；禁慾，制慾。
3 Ⓤ《醫》壞疽，脫疽。

mor·ti·fy [ˋmɔrtəˌfaɪ; ˈmɔːtifai] «源自拉丁文「殺死」之義»**—***v.t.* **1** 使〈人〉感到羞辱[蒙屈辱]，傷〈人〉尊嚴，使〈人〉懊喪[悔恨]《★常以過去分詞當形容詞用，表示「〈人〉懊喪」之意；介系詞爲 *by, at*》：He felt *mortified* **by** his mistake [**at** his former friend's neglect]. 他因過失[受以前的朋友的輕視]感到懊喪[自尊受傷]。
2 抑制，克制〈情慾、肉慾、感情等〉：～ the [one's] flesh＝～ the [one's] body 禁慾苦修，過禁慾生活。
—*v.i.*《醫》罹患[生成]壞疽。

mór·ti·fy·ing *adj.* **1** 令人感到羞辱[懊喪，自尊受傷]的，氣死人的，叫人嘔氣的。**2** 禁慾修行的。

mor·tise [ˋmɔrtɪs; ˈmɔːtis]《木工》*n.* Ⓒ枘穴，榫眼《插榫 (tenon) 之孔》。
—*v.t.* **1 a** [十受(十副)] 以枘穴接牢…〈*together*〉：Good furniture is ～*d together*. 好的家具是 (不用釘子而) 以枘穴接牢的。**b** [十受十介十(代)名] 將…榫接[於…] [*to, into*]：～ one beam **to** [*into*] another 把一根梁榫接於另一根梁。
2 開榫眼[枘穴]於…。

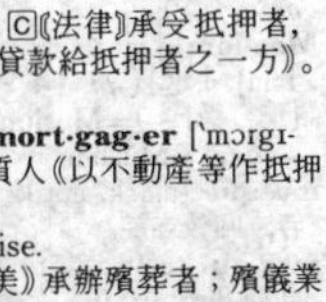

1 tenon (榫)
2 mortise (榫眼)

mórtise lòck *n.* Ⓒ插鎖《嵌入門扉邊等之箱型鎖》。

mort·main [ˋmɔrtmen; ˈmɔːtmein] *n.* ⓊⒸ **1**《法律》(社團之) 土地所有權，永久營業權《不動產讓渡給宗教團體或慈善機構等，使其永久擁有的一種所有權》：*in* ～ 永久所有的。
2 傳統勢力 [*over*]。

mor·tu·ar·y [ˋmɔrtʃuˌɛrɪ; ˈmɔːtjuəri] *n.* Ⓒ (醫院等之) 太平[停屍]間，停屍處。
—*adj.* [用在名詞前] **1** (與) 死 (有關) 的，紀念死者的。
2 埋葬的。

mos.《略》months.

M

mos [mos; mous] *n.* **mores** 的單數。

mo·sa·ic [moˋze·ɪk; mouˈzei-ik] *n.* **1** Ⓤ馬賽克，鑲嵌工藝。
2 Ⓒ馬賽克畫[圖案]，鑲嵌畫[圖案]。
3 Ⓒ[常用單數]馬賽克[鑲嵌]式之物，拼湊而成之物[文章]〔*of*〕：a ~ *of* memories 種種回憶的拼湊。
—*adj.* [用在名詞前]馬賽克[鑲嵌](式)的，拼湊而成的：~ work 馬賽克[鑲嵌，拼嵌]工藝/a ~ pavement 鋪有馬賽克[拼嵌]花樣的人行道。
—*v.t.* (**mo·sa·icked**；**mo·sa·ick·ing**)以馬賽克[拼嵌]花樣裝飾[作]…。

mosaic 2

Mo·sa·ic [moˋze·ɪk; mouˈzeiik] **《**Moses 的形容詞**》—***adj.* 摩西的：the ~ law 摩西律法。

Mos·cow [ˋmɑsko, -kaʊ; ˈmɔskou] *n.* 莫斯科《蘇聯及俄羅斯共和國之首都》。

Mo·selle [moˋzɛl; mouˈzel] *n.* **1** [**the** ~]莫色耳河《自法國東北部流入西德匯合萊茵河(Rhine)》。**2** [有時 **m~**]Ⓤ莫色耳葡萄酒《產於西德莫色耳河流域之白葡萄酒》。

Mo·ses [ˋmozɪz; ˈmouziz] *n.* **1** 摩西《男子名》。**2** 摩西《古代以色列之建國者、立法者；自耶和華(Jehovah)受十戒(Ten Commandments)制定律法》。**3** Ⓒ領導者，領袖；立法者。

米開蘭基羅(Michelangelo)所作摩西(Moses)像

mo·sey [ˋmozɪ; ˈmouzi] *v.i.* 〔十副〕《美口語》漫步，緩緩而行，閒逛〈*along, on*〉.

Mos·lem [ˋmɑzləm; ˋmɑs-; ˈmɔzlem, -ləm] *n.* Ⓒ(*pl.* ~s, ~**in** [~ɪn; ~in], [集合稱]~)＝Muslim 1.
—*adj.* ＝Muslim.

mosque [mɑsk, mɔsk; mɔsk] *n.* Ⓒ清眞寺，回教寺院。

*** mos·qui·to** [məˋskito; məˈski:tou] **《**源自西班牙語 'fly' 之義**》—***n.* Ⓒ(*pl.* ~es, ~s)《昆蟲》蚊。

mosquíto bàr *n.* ＝mosquito net.
mosquíto bòat *n.* ＝PT boat.
mosquíto cràft *n.* [集合稱]小型快艇。
mosquíto cùrtain *n.* ＝mosquito net.
mosquíto flèet *n.* Ⓒ魚雷快艇隊，小型艦艇隊。
mosquíto nèt *n.* Ⓒ蚊帳。
mosquíto-repèllent cóil *n.* Ⓒ 渦卷形的蚊香。

*** moss** [mɔs; mɔs] **《**源自古英語「沼地」之義**》—***n.* Ⓤ[指種類時爲Ⓒ]《植物》苔：A rolling stone gathers no ~. ⇨ rolling stone.

móss·bàck *n.* Ⓒ《美》**1** (背部或背殼上有苔狀生長物之)老海龜[魚，貝類(等)]。**2**《口語》極端守舊之人，思想落伍之人。

móss·bàcked *adj.* 極端守舊的。

móss gréen *n.* Ⓤ苔綠色《似苔之暗黃綠色》。

móss-gròwn *adj.* **1** 長著青苔的。**2** 守舊的，跟不上時代的，不合時尚的。

móss róse *n.* Ⓒ《植物》毛萼洋薔薇《花萼與莖上長滿苔狀細毛之一種西洋薔薇》。

moss·y [ˋmɔsɪ; ˈmɔsi] **《**moss 的形容詞**》—***adj.* (**moss·i·er**；**-i·est**) **1** 生滿苔的，多苔的。**2** 似苔的。**3**《美口語》陳舊的，落伍的；極端守舊的。**móss·i·ness** *n.*

‡most [most; moust] **《**many, much 的最高級**》—**(↔ least) *adj.* **1** [常 **the** ~](數、量、程度等)**最多的**，最大的，最高的：He won (*the*) ~ prizes. 他得最多的獎。
2 [通常無冠詞]**大多數的**，大部分的：in ~ cases 在大多數的情況下，大體上/*M*~ people like apples. 大多數人喜愛蘋果。
for the móst pàrt ⇨part.
—*adv.* **1** [常 **the** ~]**最**，最爲，頂，最多：He worked (*the*) ~. 他作得最多/This troubles me (*the*) ~. 這最使我煩惱。
2 [主要用以構成兩音節以上之形容詞、副詞之最高級]**最爲**，頂《★用法在屬性[限定]用法之形容詞前通常加 the ~；在副詞或敍述用法之形容詞前多不加 the》：*the* ~ béautiful flower 最美麗的花/She is ~ béautiful. 她最美麗/The boy has done the work ~ wónderfully. 這個男孩把工作做得最出色。
3 [通常不用 the]甚爲，非常地，大爲，極(very)《★用法用作此義修飾單數形之字語時則用不定冠詞：此字所修飾之形容詞、副詞爲表達說話者主觀之感情、判斷之字語》：a ~ beautiful woman 非常美麗的女人/He was ~ kind to me. 他對我非常親切/The girl behaved ~ rudely. 那女孩行爲極不禮貌。
4 [用以修飾 all, every, any 等]《美口語・英方言》幾乎，近於，差不多(almost)《★拼法也寫作 'most》：You can find it ~ ['*most*] *anywhere.* 你幾乎可以在任何地方看到它。
móst of áll 特別，尤其，比任何別的都更…。
—*pron.* **1** [常 **the** ~；當單數用]**最多數**，最大量，最高額，最大限度：This is *the* ~ (that) I can do. 我竭盡全力只能做到這一點。
2 [通常無冠詞；當複數用]**大多數人**：Life means work for ~. 就大多數人而言，人生就是工作。
3 [通常無冠詞] **a** 〔…之〕**大部分**〔*of*〕《★用法若接在 of 後之名詞爲單數形則當單數用，若接在 of 後之名詞爲複數形則當複數用》：*M*~ *of* the boys [*of* them] are boarders. 這些男學生[他們]大部分是寄宿生/*M*~ *of* his books were written here. 他大部分的著作都是在這裏寫成的/*M*~ *of* her early life was spent in Paris. 她早年的大部分生活在巴黎度過。**b** [當副詞用]〔…之〕大部分〔*of*〕：He has been ill in bed ~ *of* the term. 他本學期大部分時間都臥病在牀。
at (the) móst ＝**at the vèry móst** 最多，頂多，充其量(↔ at least).
màke the móst of... ⑴儘量利用…，由…獲得最大利益：You must *make the* ~ *of* your opportunities. 你必須儘量利用機會。⑵儘量表現[表達]…，將…描述得淋漓盡致。⑶十分重視…。

-most [-most; -moust] 字尾[構成表「最…的」之意的形容詞] **1** [加在名詞之語尾]最…：top*most* (最高級的)，rear*most*(最後面[末尾]的)。**2** [加在形容詞、副詞之語尾]「最…」：in(ner)*most*(最裏面的)，fore*most*(最先的)。

móst-fàvored-nátion *adj.* [用在名詞前](做爲)最惠國的：a ~ clause 最惠國條款。

Most Hon. 《略》Most Honourable.

‡most·ly [ˋmostlɪ; ˈmoustli] *adv.* (無比較級、最高級)**大概**，多半地，主要地。

mot [mo; mou] **《**源自法語 'word' 之義**》—***n.* Ⓒ(*pl.* ~**s** [~z; ~z])警句；妙語。

M.O.T. [ˋɛm͵oˋti; ͵emouˈti:] **《***M*(inistry) *o*(f) *T*(ransport)**》—***n.*《英口語》**1** (又作 **M.O.T. tèst**)ⓊⒸ車輛檢查(《美》safety inspection)《定期對汽車施行》。**2** Ⓒ車輛檢查證。

mote [mot; mout] *n.* Ⓒ微塵，(塵埃之)微粒。
móte and béam 微塵與梁；他人之小缺點與自己之大缺點《★出自聖經新約「馬太福音」》。
the móte in a person's éye 他人眼睛裏的微塵；他人的小缺點[小過失]《★出自聖經新約「馬太福音」》。

*** mo·tel** [moˋtɛl; mouˈtel, ˈmoutel] **《**motor 和 hotel 的混合語**》—***n.* Ⓒ汽車旅館。

【說明】爲方便駕車旅行者(motorists)而設的旅館，通常面臨公路，前有寬敞的停車場，頂多兩層樓，外觀與市內大廈旅館不同，但內部裝潢設備相同。假期攜眷旅遊的人常加利用。

motel

mo·tet [moˋtɛt; mouˈtet] *n.* Ⓒ《音樂》經文歌(曲)《一種無伴奏的聖詠曲》。

moth [mɔθ; mɔθ] *n.* (*pl.* ~**s** [-ðz, -θs; -θs]) **1** Ⓒ《昆蟲》**a** 蛾。**b** 蠹，蛀蟲。**2** [**the** ~]蠹害，蛀壞。

móth·bàll *n.* Ⓒ[常 ~**s**]防蠹丸，臭丸《例如樟腦丸，萘丸等》。
in móthballs ⑴〈衣物等〉加上防蠹丸收藏的。⑵〈艦艇、飛機、車輛等〉編入後備役的，封存暫時不用的。⑶〈計畫等〉被擱置不顧的，暫不處理的。

móth·bàll fléet *n.* Ⓒ《美俚》海軍中之後備艦隊。

móth-èaten *adj.* **1** 〈衣物〉被蠹[蟲]蛀的。**2 a** 破舊的，陳舊的。**b** 不合時尚的，落伍的。

‡moth·er[1] [ˋmʌðɚ; ˈmʌðə] *n.* **1 a** Ⓒ**母親**(cf. father)：become a ~ 成爲母親；生孩子/She was the ~ of three children. 她是三個孩子的母親。**b** [**M**~；也用於稱呼]媽媽《★用法在家人之間則不加冠詞當專有名詞用》：*M*~ is out. 媽媽不在家。

【說明】美國人在家裏稱呼母親通常用 Mammy, Ma, 但鄭重一點的稱呼就用 Mother. 關於父親的稱呼，請參照 father【說明】⑵；cf. grandparent.

M

2 Ⓒ **a** 似母親般照顧…之婦女，保母：She was a ~ *to* the poor. 她是窮人的保母。**b** [常 **M~**；也用於稱呼]女修道院院長。
3 [**the** ~]母愛：*The* ~ in her was aroused. 她的母愛被激起。
4 [**the** ~]源泉，根源〔*of*〕：Necessity is *the* ~ *of* invention. ⇨ necessity 1.
5 [**M~**；用作對(下層社會)老婦人之敬稱・相當於 Mrs.]《古》老太太，伯母：*M~* Jones 瓊斯老太太[伯母]。
6 Ⓒ(雛雞、雛鳥之)保育器。
èvery móther's són《口語》每個人，人人。
the Móther of Gód 聖母瑪利亞。
—*adj.* [用在名詞前]**1** 母親的，身爲母親的，像母親的，適於母親的：~ love 母愛。**2** 本國的：⇨ mother tongue.
—*v.t.*〔十受〕**1 a** 對…盡母職，視爲己出而撫養…，(似母親般)照顧…：Every woman he meets wants to ~ him. 他所遇到的每一個女人都想要照顧他。**b** 生出，生下…：Necessity ~*s* invention 需要會產生發明。**2 a** 承認〈孩子〉爲自己所生。**b** 聲稱〈小說〉係自己所著作。

moth·er[2] [ˈmʌðɚ; ˈmʌðə] *n.* Ⓤ醋膜。

Móther Cárey's chícken *n.* Ⓒ《鳥》海燕(stormy petrel).

Móther Chúrch *n.* **1** [**the** ~]《擬人稱》個人所喜歡的教會，鎮裏最老的教會。**2** [常**m~ c~**](教區教堂之)母堂《對分堂而言》。

móther cóuntry *n.* Ⓒ **1** 母國，祖國。**2** (對殖民地而言之)本國。

móther éarth *n.* Ⓤ(培養萬物之)大地。

Móther Góose *n.* 鵝媽媽。

> 【說明】Mother Goose 爲英國民間童謠集 *Mother Goose's Melodies*(1765？)想像中之作者，中文稱作「鵝媽媽」，前臺灣大學外文系教授趙麗蓮博士自稱「鵝媽媽」開設「鵝媽媽英語教室」，名稱即由此而來。此等民間童謠在英國流傳時間頗久，長者達數百年，其總數約有八百，其內容典雅，有故事、字母歌、數來寶、唱遊、繞口令等等。英國人稱其爲 nursery rhymes(兒歌)，美國人則稱其爲 Mother Goose songs(鵝媽媽歌)，在英語世界成長的人，自小即耳熟能詳。

Móther Góose rhỳme *n.* Ⓒ《美》童謠。

móther·hòod *n.* Ⓤ **1** 母親之身分[地位]，母性。**2** 母道，母權。**3** 母親之特徵。

Moth·er Hub·bard [ˈmʌðɚˈhʌbɚd; ˈmʌðəˈhʌbəd] *n.* **1** 英國童謠集中的一個人物。**2**Ⓒ一種女用寬鬆長袍。

moth·er·ing [ˈmʌðərɪŋ; ˈmʌðəriŋ] *n.* Ⓤ《英》省親，探親。

móther-in-làw *n.* Ⓒ(*pl.* **mothers-in-law**)夫[妻]之母；岳母；婆婆。

móther·lànd *n.* Ⓒ **1** 母國，祖國；故鄉；祖先所居之地。**2** (思想、運動等之)發祥地〔*of*〕.

móther·less *adj.* 沒有母親的：a ~ child 沒有母親的孩子。

móther·lìke *adj.* 似母親的。

móther·ly *adj.* **1** (做爲)母親的。**2** 似母親的，母親般的；慈祥的。**-li·ness** *n.*

Móther Náture *n.*《謔》大自然。

móther-of-péarl *n.* Ⓤ(貝殼內面之)珠母層，眞珠母，青貝。

móther's bòy *n.* Ⓒ(又作 **máma's bòy, mámma's bòy**)過分依戀母親的男孩。

Móther's Dày *n.* 母親節《五月的第二個星期日；cf. Father's Day》.

> 【說明】曾經有一個美國少女在母親追思會上想起母親在世時的種種庭訓，爲了感謝她，跑到母親墳墓前獻上了一束康乃馨(carnation)，因此感動了鄰居，而決定以五月的第二個星期日爲母親節，母親在世的佩帶紅色康乃馨，母親已去世的佩帶白色康乃馨，以表示對母親的感謝。1908 年美國有一個百貨公司的負責人爲了紀念他母親而在他的百貨公司舉行盛大的紀念會，此事經新聞媒體報導後，母親節才廣受重視。

móther shìp *n.* Ⓒ **1** (捕鯨艇、深海潛水器等之)母船，補給船(tender). **2**《英》(魚雷快艇、潛艇等之)母艦。

móther's mílk *n.* Ⓤ **1** 母乳。**2** 天生喜愛之物。

móther supérior *n.* Ⓒ(*pl.* ~**s, mothers superior**)女修道院院長。

móther-to-bé *n.* Ⓒ(*pl.* **mothers-to-be**)孕婦，將做媽媽的女人。

móther tóngue *n.* Ⓒ母語；本國語：His ~ is Spanish. 他的母語[本國語]是西班牙語。

móther wít *n.* Ⓤ與生俱來之智慧，常識。

móth·próof *adj.* 防蠹蛀的，防蟲(加工)的。
—*v.t.* 對…施以防蟲加工，使…能防蟲。

moth·y [ˈmɔθɪ; ˈmɔθi] «moth 的形容詞» **—***adj.* (**moth·i·er**; **-i·est**) **1** 多蠹的；多蛾的。**2** 蠹蛀的。

mo·tif [moˈtif; mouˈti:f, ˈmouti:f] «源自法語 'motive' 之義» **—***n.* Ⓒ **1 a** (文學、藝術作品等之)主題，主旨。**b** (樂曲之)樂旨，動機。**c** (圖案等之)圖形，圖式。**2** 動機，動因。

mo·tile [ˈmotl̩, ˈmotɪl; ˈmoutail, ˈmoutil] *adj.*《生物》能動的，有自動力的。

mo·til·i·ty [moˈtɪlətɪ; mouˈtiliti] *n.* Ⓤ《生物》運動性，自動力。

mo·tion** [ˈmoʃən; ˈmouʃn] «源自拉丁文「動」之義» **—n.* **1** Ⓤ **a** 動，運動；動搖：~ and rest 運動與靜止/the ~ of a top 陀螺的轉動/the pitching ~ of a ship 船的前後搖晃/⇨ slow-motion. **b** 移動，運行：the ~ of the planets 行星的運行。**c** (機械之)運轉。
2 Ⓒ **a** 動作，舉止：her graceful ~*s* 她優雅的動作[舉止]。**b** (表示意志、感情之)姿態，手勢：He made ~*s* to her *to* come. 他以手勢[姿態]示意要她來。
3 Ⓒ **a** 提案，動議：*on* [*upon*] the ~ of... 由於…的提案[動議]/adopt [carry, reject] a ~ 採納[通過，否決]一項提案[動議]。**b**〔十 *to* do〕〈做…之〉提案，動議：make a ~ *to* adjourn 提出休會之動議。**c**〔十 *that*_〕〈…之〉提案，動議：The ~ *that* the meeting (should) be continued has been rejected. 繼續開會之動議被否決了《★用法《口語》多不用 should》.
4《英》**a** Ⓒ通便，排糞(《美》movement)：have a ~ 有排糞。**b** [~**s**]排泄物。
5 Ⓒ《法律》命令[裁決]之申請。
gó through the mótions of...《口語》(1)做…的動作[姿態]。(2)表面裝出…的動作。
in mótion 在運行[運轉，轉動，移動]中：put [set]...*in* ~ 使〈機器等〉起動，發動…；開始做〈事物〉，使…開始。
—*v.t.* **1**〔十受十副詞(片語)〕以動作[姿勢]向〈人〉示意：He ~*ed* me *in* [*to* a seat]. 他做手勢要我進去[就座]。
2〔十受十 *to* do〕以手勢[姿態，動作]指示〈人〉〈做…〉：She ~*ed* me *to* enter. 她以手勢[姿態，動作]叫我進去。
—*v.i.* **1**〔十介十(代)名〕[向人]以手勢[姿態，動作]做信號；以手勢[姿態，動作]指示[人等]〔*to*〕：The catcher ~*ed* **to** the pitcher. 捕手用手勢向投手做信號。
2〔十介十(代)名十 *to* do〕以手勢[姿態，動作]指示[人]〈做…〉〔*to*〕：She ~*ed* **to** him *to* go out. 她用手勢示意要他出去。

mótion·less *adj.* 不動的，靜止的。**~·ly** *adv.* **~·ness** *n.*

mótion pícture *n.* Ⓒ《美》電影。

mótion-pícture *adj.* [用在名詞前]《美》電影的：a ~ camera 電影拍攝機/a ~ projector 電影放映機/a ~ theater 電影院《★比較 一般較常用 movie》.

mótion sìckness *n.* Ⓤ暈車、暈船、暈飛機或暈鞦韆等《因乘坐交通工具或遊樂器材等而產生之頭暈，嘔吐感等身體不適》。

mo·ti·vate [ˈmotəˌvet; ˈmoutiveit] «motive 的動詞» **—***v.t.* **1 a**〔十受〕爲…之動機《★常用被動語態》：Her suicide *was* ~*d* by desperation. 她自殺的動機是自暴自棄。**b**〔十受十 *to* do〕給與〈人〉〈做…之〉動機，刺激；引起〈人〉〈做…〉：What ~*d* you *to* do such a thing？引起你做這樣的事的動機是什麼[是什麼刺激你做這樣的事]？
2 使〈學生等〉產生學習之興趣[動力]。

mo·ti·va·tion [ˌmotəˈveʃən; ˌmoutiˈveiʃn] *n.* ⓊⒸ **1 a** 引起動機，刺激，誘導。**b**〔十 *to* do〕〈做…之〉動機。**2**《心理》(行動之)動機；(學生之)學習意願的引起[激發]。

mo·ti·va·tion·al [ˌmotəˈveʃənl̩; ˌmoutiˈveiʃənl] *adj.* 激發性的，誘導的。

motivátion(al) resèarch *n.* Ⓤ動機研究。

mo·tive** [ˈmotɪv; ˈmoutiv] «源自拉丁文「對動作有助(的)，爲動作之源(的)」之義» **—n.* Ⓒ **1** 動機，動因；主旨，目的〔*of, for*〕：a ~ *for* murder 殺人的動機/What was his ~ *for* do*ing* that？他做那件事的動機是什麼？

> 【同義字】motive 指使人展開行動之內在衝動；incentive 指促使人更加努力或行動之刺激；inducement 指使人採取行動之外來誘因，尤指金錢方面者。

2 ＝motif 1.
of [**from**] **one's ówn mótive** 自動自發地。
—*adj.* [用在名詞前]**1** 發動的，成爲原動力的：~ power (尤指機械之)發動力，原動力，動力。**2** (成爲)動機的。

mótive·less *adj.* 無動機的，無目的的，無理由的：a ~ murder 無動機的殺人。

mot juste [moˈʒyst; ˌmouˈʒu:st] «源自法語 'just word' 之義» **—***n.* Ⓒ(*pl.* ***mots justes*** [~；~])適當之字眼或片語，適當之措詞。

mot·ley [ˈmɑtlɪ; ˈmɔtli] *adj.* **1** [用在名詞前]雜色的，斑雜的〈衣服〉：a ~ coat 雜色花衣。**2** 雜多的，混雜的：a ~ crowd 混雜的人羣。
—*n.* **1** Ⓤ(昔時小丑所穿之)雜色花衣。**2** Ⓒ **a** 穿著雜色花衣之小丑。**b** 雜亂之混和〔*of*〕.
wéar [**pùt ón**] (**the**) **mótley** (1)穿著(小丑之)雜色花衣。(2)扮演丑角。

mo·to·cross [ˋmoto,krɔs; ˈmoutoukrɔs] «motor 和 cross-country 的混合語»**—*n.*** Ⓤ©摩托車[機車]越野賽。

mo·tor** [ˋmotɚ; ˈmoutə] «源自拉丁文「使動者」之義»**—*n. © **1** 馬達，電動機，發動機；內燃機。**2** 《英》汽車《★[比較]現多用 car》：travel by ～ 乘汽車旅行《★by ～ 無冠詞》。**3** 原動力。**4** 〖解剖〗運動肌[神經]。

—*adj.* [用在名詞前] **1** 發動的，原動(力)的，產生[給與]動力的；發動機的。**2** 汽車(用)的：a ～ vehicle 汽車《總稱》/ ～ racing 賽車/a ～ horn 汽車喇叭。**3** 〖解剖〗運動肌[神經]的：～ nerves 運動神經。

—*v.i.* **1** 駕[乘]汽車《★[比較]一般較常用 drive》：go ～*ing* 駕車兜風。**2** [十副詞(子句)]駕汽車去(…)。

—*v.t.* [十受]《英》用汽車載運…。

mo·tor·a·ble [ˋmotərəbl̩; ˈmoutərəbl] *adj.* 《主英》適於汽車行駛的。

mótor·bìke *n.* © **1** 《美口語》機器脚踏車，輕型摩托車。**2** 《英口語》＝motorcycle.

mótor·bòat *n.* ©汽艇(⇨ boat [相關用語])。

mótor·bùs *n.* ©公共汽車，巴士。

motor·cade [ˋmotɚ,ked; ˈmoutəkeid] *n.* ©汽車行列，汽車隊。

mótor·càr *n.* ©汽車《★主要用於英國》。

Mótor Cíty *n.* [the ～] 汽車城《美國底特律(Detroit)市的別稱》。

mótor còach *n.* ＝motorbus.

mótor còurt *n.* 《美》＝motel.

mótor·cỳcle *n.* ©摩托車，機器脚踏車，機車。**—*v.i.*** 騎摩托車。

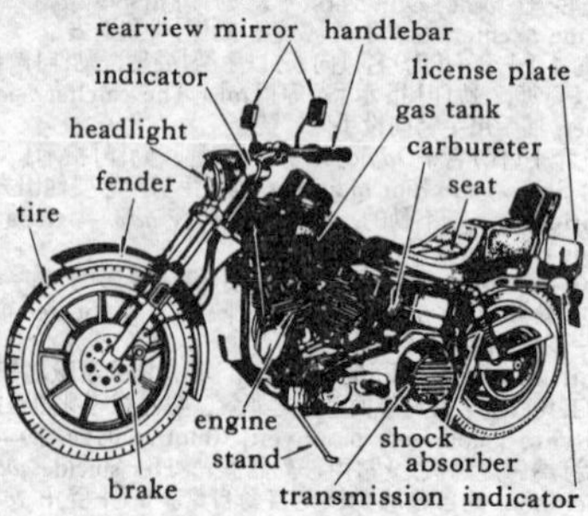

motorcycle

mótor·cỳclist *n.* ©騎摩托車的人，摩托車騎士。

mótor·drìven *adj.* 用馬達[引擎]推動的。

mo·tor·drome [ˋmotɚ,drom; ˈmoutədroum] *n.* ©汽車[摩托車]賽車[試車]之場地。

mótor gènerator *n.* ©電動發電機。

mótor hòme *n.* ©活動房屋，露營車《旅行或露營用之機動住宅車；⇨ mobile home》。

mó·tor·ing [-tərɪŋ; -təriŋ] *n.* Ⓤ《英》**1** 駕駛汽車，開汽車。**2** 開汽車兜風，駕汽車旅行。

mó·tor·ist [-tərɪst; -tərist] *n.* ©駕駛(自用)汽車者；駕車旅行者。

mo·tor·i·za·tion [,motərarˋzeʃən; ,moutərai'zeiʃn] «motorize 的名詞»**—*n.*** Ⓤ **1** 動力化。**2** 汽車化，馬達化，機械化。

mo·tor·ize [ˋmotə,raɪz; ˈmoutəraiz] *v.t.* **1** 裝發動機於〈車輛〉，在…上面加裝引擎。**2** 給〈軍隊等〉配備汽車，使…動力[摩托，機動]化。

mótor·lòrry *n.* © 《英》卡車(《美》motortruck)。

mótor·man [-mən; -mən] *n.* ©(*pl.* **-men** [-mən; -mən]) **1** 電車[電氣化火車]駕駛員。**2** 馬達操作員。

mótor pòol *n.* ©《美》停放在汽車調度中心之軍用或政府機關用汽車車隊。

mótor scòoter *n.* ©速克達(機車)。

mótor shìp *n.* ©(通常用柴油引擎發動之)摩托船。

mótor·trùck *n.* ©《美》卡車，載貨汽車，貨車(《英》motor-lorry)。

mótor vàn *n.* ©《英》有篷卡車。

***motor·way** [ˋmotɚ,we; ˈmoutəwei] *n.* ©《英》高速公路《略作 M；cf. expressway》。

mot·tle [ˋmɑtl̩; ˈmɔtl] *n.* ©斑點，斑駁，斑紋，斑，雜色。

mót·tled *adj.* 有斑點的，斑駁的，雜色的：～ yarn 有斑點的線。

mot·to [ˋmɑto; ˈmɔtou] «源自義大利語「言詞」之義»**—*n.*** ©(*pl.* ～es, ～s) **1 a** 座右銘，標語，生活信條：a school ～ 校訓。**b** (刻於盾、徽章上之)銘辭。**2** 箴言，訓言，格言。**3** (書籍、各章開頭之)題辭，題句，引用句。**4** 〖音樂〗(具有象徵性意義之)開始動機《通常出現兩次，先由人聲唱後由樂器回應》。

mou·jik [muˋʒɪk, ˋmuʒɪk; ˈmu:ʒik, -dʒik] *n.* ＝muzhik.

***mould**[1] [mold; mould] *n., v.t.* 《英》＝mold[1].

mould[2] [mold; mould] *n.* 《英》＝mold[2].

mould[3] [mold; mould] *n.* 《英》＝mold[3].

mould·er[1] [ˋmoldɚ; ˈmouldə] *v.i.* 《英》＝molder[1].

móuld·er[2] [ˋmoldɚ; ˈmouldə] *n.* 《英》＝molder[2].

móuld·ing *n.* 《英》＝molding.

mould·y [ˋmoldɪ; ˈmouldi] *adj.* 《英》＝moldy.

moult [molt; moult] *v., n.* 《英》＝molt.

mound** [maʊnd; maund] *n.* © **1** (古代城堡的廢墟、墳內之)塚；古墳。**2 a** 小丘；堤，土墩，土堆，沙堆，石堆。**b** 〖棒球〗投手踏板周圍隆起之地面。**3** 堆積成山狀，一堆[*of*]：a ～ *of* letters 一堆信。**—*v.t. [十受]堆積…；圍…以土堤，築堤於…。

mount**[1] [maʊnt; maunt] «源自拉丁文「山」之義»**—*v.t. **1** [十受]登上，走上，爬上〈山、樓梯、王位〉：～ a hill 爬(上)小山/～ a platform 登上講臺/～ stairs 爬樓梯/～ the throne ⇨ throne *n.* **2 a** [十受]騎上，騎乘，跨坐〈馬、自行車等〉：He ～*ed* the horse again to continue his journey. 他又騎上馬繼續旅行。**b** [十受]使〈人〉騎馬，供〈人〉以馬《★常用被動語態》：He was *well* ～*ed.* 他騎馬騎得很好。**c** [十受十介十(代)名]使〈人〉騎[馬等][*on*]《★常用被動語態》：He was ～*ed* ***on*** a black horse. 他騎一匹黑色的馬。**3** [十受(十介十(代)名)] **a** 安裝，裝置〈像等〉[在…上]；[在…上]架設〈砲〉[*on*]：～ a statue ***on*** a pedestal 把雕[鑄]像安裝在臺座上。**b** [在卡紙上]貼〈相片等〉；裱褙，裝框〈書畫等〉[*on*]：～ a photograph ***on*** cardboard 把相片裱貼在卡紙上。**c** 嵌進，鑲〈寶石等〉[在…上][*in*]：～ a ruby ***in*** a ring 把一顆紅寶石鑲在戒指上。**d** [以寶石等]鑲…[*with*]：a crown ～*ed* ***with*** diamonds 鑲有一些鑽石的王冠。**e** 將〈標本〉放置[在顯微鏡之載玻片上][*on*]：～ specimens ***on*** a slide 把標本放在(顯微鏡的)載玻片上。**4** [十受](準備妥舞台道具、戲裝等)使〈戲劇〉能上演，將…搬上舞台演出，上演〈戲等〉：～ a theatrical production 上演一齣戲。**5** [十受] **a** 準備〈戰鬥等〉，著手…。**b** 開始，發動〈攻擊〉：～ an attack against the enemy 對敵人發動攻擊。**6** [十受]派〈守衛人員〉，擔任〈守衛、警備〉，上〈衛兵〉，去站〈崗〉：⇨ mount GUARD. **7** [十受]〈雄性動物〉(為交尾)爬上〈雌性動物〉之後背。

—*v.i.* **1** [十介十(代)名] **a** 爬登，登上[到…][*to*]：～ ***to*** the top of a tower 爬到塔頂。**b** 〈血液〉漲[到臉上][*to*]：A flush ～*ed* ***to*** her face. 她的臉漲紅了。**2 a** 騎馬。**b** [十介十(代)名]騎乘，跨坐[在馬、自行車等之上][*on*]. **3 a** [動(十副)]〈數量、程度、費用等〉上升，增加，增高，增大〈*up*〉：The cost of living is ～*ing.* 生活費用在上漲/His winnings continued to ～ ***up.*** (於賭博等)他的贏款繼續增加。**b** [(十副)十介十(代)名]〈數量、程度、費用等〉上升，增加，增高[至…]〈*up*〉[*to*]：His debts ～*ed* ***up to*** a million dollars. 他的債務增加到一百萬美元。**c** [動(十副)]〈緊張、興奮等〉升高，加重〈*up*〉.

—*n.* © **1** 貼[安裝，架設]物之物：**a** (貼照片等之)襯紙。**b** (鑲嵌寶石等之)托台。**c** (顯微鏡之)載玻片。**d** 〖軍〗砲架。**2** 乘用馬(等)。

mount[2] [maʊnt; maunt] «與 mount[1] 同字源»**—*n.*** **1 a** [M～；冠於山名前]…山，…峯《略作 Mt.》：*M*～ Morrison 玉山/*Mt.* Everest 埃弗勒斯峯。**b** ©《詩・古》小山；山。**2** ©〖手相〗宮《手掌上之隆起處》。

the Sérmon on the Móunt ⇨ sermon.

‡**moun·tain** [ˋmaʊntn̩, -tɪn; ˈmauntin, -tən] «源自拉丁文「山之地區」之義»**—*n.*** © **1 a** 山，山岳(★[用法]通常指較 hill 高者；常置於專有名詞之後；cf. mount[2] 1 a)。**b** [～s] 山脈；山地：the Rocky *Mountains* 落磯山脈/We go to the ～*s* in summer. 我們夏天去山上。**2** [常 ～s] **a** 高大如山之物[*of*]：a ～ *of* flesh 彪形大漢，塊頭巨大的人。**b** (如山之)大量[*of*]：a ～ *of* difficulties 一大堆困難，重重困難/have ～*s of* debts 債臺高築。**c** [常與 high 連用，當副詞用] 如山般地(高)：The waves are ～*s high.* 海浪如山般地高。

màke a móuntain (òut) of a mólehill ＝ **màke móuntains òut of mólehills** 小題大做，言過其實，誇張。

Mohámmed and the móuntain 穆罕默德和山。

> 【字源】有故事謂：昔一名喚穆罕默德者稱能呼山前來，及見山呼之不動，即稱，若山不來則我去；此語常用以指大吹大擂，至事敗後猶絲毫不羞愧之人。

Mohámmed must gó to the móuntain. (如果對方不來)只好自己去找對方。

remóve móuntains 行奇蹟《★出自聖經新約「哥林多前書」》。

the móuntain in lábor 費力大而收效小《★源自伊索寓言》。

M

móuntain àsh *n.* Ⓒ《植物》花楸屬植物(rowan).
móuntain chàin *n.* =mountain range.
móuntain clìmbing *n.* Ⓤ登山。
móuntain déw *n.* Ⓤ **1** 蘇格蘭威士忌酒。**2** 私釀之威士忌酒。
moun·tain·eer [ˌmauntṇˈɪr; ˌmauntiˈniə] *n.* Ⓒ **1** 山居者。**2** 善於登山者，登山家。**—***v.i.* 爬[登]山。
mòun·tain·éer·ing [-ṇˈɪrɪŋ; -ˈniəriŋ] *n.* Ⓤ登山(運動)。
móuntain gòat *n.* Ⓒ《動物》北美山羊《北美洛磯山脈產的白色野生山羊》。
móuntain-hígh *adj.* 〈海浪等〉高如山的。

mountain goat

móuntain làu·rel *n.* Ⓒ《植物》(美國)闊葉山月桂。
móuntain lìon *n.* Ⓒ《動物》美洲獅(cougar).
moun·tain·ous [ˈmauntṇəs; ˈmauntinəs] «mountain 的形容詞»**—***adj.* **1** 山地的，多山的：~ country 山國，多山之地。**2** 如山一般的，巨大的：~ waves 如山的巨浪/ ~ problems 堆積如山的問題。
móuntain rànge *n.* Ⓒ山脈。
móuntain sìckness *n.* Ⓤ高山病《因空氣稀薄而產生之病；呈現頭痛，呼吸困難，噁心，嘔吐等症狀》。
móuntain·sìde *n.* Ⓒ[常用單數]山腹，山腰：*on* the ~ 在山腰。
Móuntain (Stándard) Tìme *n.* Ⓤ(美國之)山地(標準)時間《較格林威治時間(G(M)T)晚七小時；略作 M.(S.)T.；⇨ standard time【說明】》。
móuntain sỳstem *n.* Ⓒ山系《地質上彼此有關係的諸山脈》。
móuntain·tòp *n.* Ⓒ山頂。
moun·te·bank [ˈmauntəˌbæŋk; ˈmauntibæŋk] *n.* Ⓒ **1** 騙子，炫言惑衆者。**2** 江湖醫生，江湖郎中。
móunt·ed *adj.* **1** 騎著馬的：a ~ bandit 馬賊/the ~ police 騎警隊。**2** 裝架的，裱裝的，在襯紙上貼好的，安裝好的，裝配好的。**3** 〈寶石等〉鑲嵌好的：a ~ gem 鑲好的寶石。
Mount·ie [ˈmauntɪ; ˈmaunti] *n.* Ⓒ《口語》(加拿大之)騎警隊隊員。
móunt·ing *n.* **1** Ⓤ登上；上馬，上車；騎馬，乘騎。**2** Ⓤ(大砲等之)架設；(寶石等之)鑲嵌；(書畫等之)裱褙。**3** Ⓒ **a** (貼照片等之)襯紙，框。**b** (寶石等之)托台。**c** 《軍》砲架，槍架。
móunting blòck *n.* Ⓒ上馬或搭公共汽車用的踏腳板。
Mòunt Vér·non [-ˈvɝnən; -ˈvə:nən] *n.* 佛南山：**a** 美國維吉尼亞州(Virginia)東北部波多馬克河(Potomac)河畔之地，George Washington 之故居及埋葬地。**b** 美國紐約州東南部之一城市。
Mòunt Wílson *n.* 威爾遜山《在美國加州西南部；其山頂建有一座大型天文臺》。
mourn [morn, mɔrn; mɔ:n] *v.i.* **1** 〔十介十(代)名〕〔爲…〕**悲歎，**悲傷，哀傷，哀悼，弔〔*for, over*〕：The people *~ed for* their slain leader. 人民哀悼他們被殺害的領袖/She *~ed over* the death of her only son. 她爲她獨生子的死而哀痛。**2** 〔爲…〕服喪。**—***v.t.* 〔十受〕悲傷，哀歎〈死、損失、不幸〉。
móurn·er *n.* Ⓒ **1** 哀歎者，哀悼者。**2** 參加葬禮之人，送葬[服喪]者：the chief ~ 喪主。**3** (佈道會上之)懺悔者。
mourn·ful [ˈmornfəl; ˈmɔ:nful] *adj.* (**more** ~；**most** ~)**悲哀的，**悽慘的，使人哀傷的，陰鬱的：the ~ baying of a coyote 土狼悽慘的嚎叫聲。~**·ly** [-fəlɪ; -fuli] *adv.* ~**·ness** *n.*
móurn·ing *n.* Ⓤ **1** (尤指對死亡之)悲歎，哀悼。**2** 喪事；忌中，服喪期間。**3** 喪服，喪章。
gò ìnto [pùt ón, tàke to] móurning (1)服喪。(2)著喪服，戴孝。
in móurning (1)服喪中。(2)戴孝中，穿著喪服。
léave óff [gò òut of] móurning 脫孝，除服，服喪期滿。
móurning bànd *n.* Ⓒ(繞在衣袖上或帽上之)喪章。
móurning bòrder *n.* Ⓒ(表示哀悼的)黑邊，黑框。
móurning còach *n.* Ⓒ(黑色的)靈柩車，出殯車。
móurning dòve *n.* Ⓒ《鳥》北美產之一種野鴿《其鳴聲悽慘》。
móurning rìng *n.* Ⓒ(鑲有死者小像的)紀念戒指。
***mouse** [maus; maus] *n.* (*pl.* **mice** [maɪs; mais]) **1** Ⓒ**鼠，**鼷鼠《★【相關用語】其「吱，吱」叫聲稱爲 squeak》：a house ~ 家鼠/a field [wood] ~ 野鼠。

【說明】mouse 屬於較 rat 小之種類；居住在人類住宅屋頂下、儲藏室等處，在半夜或白晝無人時出現，至廚房覓食乾酪(cheese)、較硬之果菜類等，成爲貓追獵之對象。

2 Ⓒ溫順而膽怯之人，膽小者，羞怯者，內向的人《★尤指女人》。**3 a** [暱稱]姑娘。**b** 女朋友，愛人，未婚妻，妻。**4** [a ~]《俚》眼睛周圍(被毆打而成)之青腫：*a* ~ (under one's eye)(一隻眼睛下面的)青腫。
(as) póor as a chúrch móuse ⇨ church.
(as) quíet as a móuse 〈小孩等〉非常文靜[溫順]。
míce and mén =**móuse and mán** 一切生物，衆生。
pláy cát and móuse with a person ⇨ cat.
— [mauz; mauz, maus] *v.i.* **1** 〈貓〉捕[窺探]鼠。**2** 〔十副〕四處搜尋[窺伺]〈*about*〉.
—*v.t.* 〔十受(十副)〕**1** 《美》搜捕；找出…〈*out*〉. **2** 《航海》(爲防掛鉤掉落)用細繩紮緊〈鉤口〉。
móuse còlor *n.* Ⓤ鼠色，深灰色。
móuse-còlored *adj.* 鼠色的，深灰色的。
móuse·hòle *n.* Ⓒ **1** 鼠洞。**2** 小地方。

mountain

M

móuse·lìke *adj.* 膽小如鼠的；如鼠一般的。
móus·er [-zɚ; -zə, -sə] *n.* Ⓒ捕鼠之動物《尤指貓》：a good ～ 很會抓老鼠的貓[狗]。
móuse·tràp *n.* **1** Ⓒ捕鼠器。**2** (又作 **móusetrap chèese**) Ⓤ《謔》劣質[味不佳]之乾酪。

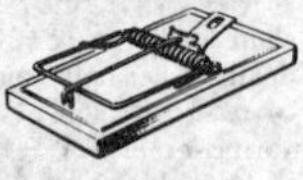

mousetrap 1

mous·ie [ˋmaʊsɪ; ˈmausi] *n.* ＝mousy.
mous·sa·ka [muˋsɑkə; mu:ˈsɑ:kə] *n.* Ⓤ 茄片夾肉，茄合《希臘菜名，覆以白醬汁和乾酪然後烤熟》。
mousse [mus; mu:s] 《源自法語「泡沫」之義》——*n.* Ⓒ[當作食品名時爲Ⓤ]泡沫冰淇淋：**a** 慕斯《攪起泡沫之乳脂加明膠、糖、香料等冷凍而成之一種餐後甜點》：chocolate ～ 巧克力慕斯。**b** 將肉醬或魚醬與攪起泡沫之蛋白、乳脂混合裝入模中冰凍而成之一種冷盤《不加糖》。
mousse·line [musˋlin; ˈmu:slin, mu:sˈli:n] *n.* ＝muslin.
mous·tache [ˋmʌstæʃ, məˋstæʃ; məˈstɑ:ʃ, muˈs-] *n.* 《英》＝mustache.
mous·y [ˋmaʊsɪ, ˋmaʊzɪ; ˈmausi] 《mouse 的形容詞》——*adj.* (**mous·i·er**；**-i·est**) **1** 鼠的。**2 a** 多鼠的。**b** 有鼠氣味的。**3** 鼠色的，深灰色的。**4** (像老鼠般)膽怯[恐懼不安]的，內向的，羞怯的。
mouth [maʊθ; mauθ] *n.* Ⓒ(*pl.* ～s [maʊðz; mauðz]) **1 嘴，口；口腔**：Their ～*s* gaped [dropped open]. 他們(大吃一驚而)張嘴呆看/The medicine is taken by ～. 這是口服[吃]的藥《★by ～ 無冠詞》/Good medicine is bitter in the ～. 《諺》良藥苦口《喻忠言逆耳，即有益的勸告之言常不中聽》。**2 a 嘴邊，嘴角**：a pursed ～ 噘著的嘴/with a smile at the corner(s) of one's ～ 嘴角掛著微笑。**b** 咧嘴，鬼臉，苦相：make a ～ [make ～*s*] *at* a person [表不同意、輕蔑]對某人咧嘴。**3** (須供給食物養活之)人，動物：a useless ～ 無用之人，飯桶/He has ten ～*s* to feed. 他要養十口人。**4** [常用單數]如口之物，…口〔*of*〕：**a** 入口；河[港，礦坑(等)]之口：the ～ *of* a cave 洞口/the ～ *of* the Thames 泰晤士河口。**b** (瓶、槍、袋等之)口。**c** (吹奏樂器之)吹口。**5 a** (做爲發音器官之)口；言語，發言：keep one's ～ shut 保持緘默，三緘其口/Shut your ～！《口語》住口！/stop a person's ～ 使某人沉默，堵住某人的嘴巴(不讓其說話)/Out of the ～ comes evil. 《諺》禍從口出。**b** 人言，流言：The scandal was in everyone's ～. (當時)人人都在談這個醜聞。
by wórd of móuth ⇨ word.
dówn in the móuth 《口語》沮喪的，垂頭喪氣的。
fóam at the móuth (1)〈狗〉(發怒而)口吐泡沫。(2)大怒。
from hánd to móuth ⇨ hand.
from móuth to móuth 〈謠言、消息等〉一個傳一個地，口口相傳地。
gìve móuth to... 吐露…，說出…：*give* ～ *to* a complaint 吐露不滿。
hàve a bíg móuth 《俚》(1)大聲地說。(2)說大話，豪言壯語。
in the móuth of... ＝**in** a person's **móuth...** 由…來說，據…說，出於…之口：It sounds strange *in* your ～. 這件事由你來說聽起來就奇怪。
màke one's **móuth wáter** 令…垂涎。
mélt in a person's [**the**] **móuth** (1)〈肉等〉(像入口即化般地)很軟。(2)非常好吃。
pùt the móuth on a person 《英俚》嘲弄而破壞某人做事。
pùt wórds ìnto a person's **móuth** ⇨ word.
rùn óff at the móuth 《美俚》喋喋不休地說，滔滔不絕地說〔極愚蠢之事等〕〔*about*〕.
shóot óff one's **móuth** ＝**shóot** one's **móuth óff** 《俚》(1)(假裝博學多識或吹噓而)滔滔不絕地說(己所不知之事)，信口開河。(2)多嘴多舌而洩露秘密。
tàke the wórds òut of a person's **móuth** ⇨ word.
—— [maʊð; mauð] *v.t.* 〔十受〕**1 a** 裝腔作勢地[以演說之語調，無視於對方而]說〈話〉。**b** 用耳語說〈話〉，喃喃地說…：～ the words of a song 只用嘴的動作默唸歌詞。**2** 將…置於口中；以口銜，咬，叨，啣；嚼，吃，舐。
——*v.i.* (裝腔作勢地)大聲說話。～·**er** *n.*
mouthed [maʊðd; mauðd] *adj.* [常構成複合字]**1** 嘴巴…的，有…嘴的：wide-*mouthed* 嘴巴大的。**2** 說話…的：a big-*mouthed* person 說大話的人。
***mouth·ful** [ˋmaʊθ,fʊl; ˈmauθful] *n.* **1** Ⓒ **a 滿口，一口〔*of*〕**. **b** (能輕易入口之)〔…之〕一口(之分量)〔*of*〕：at a ～ [two ～*s*] 一[兩]口。**c** 〔…之〕一(小)口(之量)〔*of*〕：a ～ [three ～*s*] *of* food 一點點食物/have just a ～ *of* lunch 僅吃一點點午餐。**2** [a ～]《口語》長而難發音之字詞。**3** [a ～]《口語・謔》重要的[一針見血的，耐人尋味的]話，妙語《★常用於下列說法》：You said *a* ～. 你說得很對；[諷刺地]你說得眞妙。
mouth·ing [ˋmaʊðɪŋ; ˈmauðiŋ] *n.* **1** ⓊⒸ誇大的演說、措辭等。**2** Ⓤ爲馬加轡頭。

móuth òrgan *n.* Ⓒ口琴(harmonica)。
móuth·pìece *n.* Ⓒ **1 a** (樂器之)吹口。**b** (煙斗之)口啣部分，吸口。**c** (電話機之)送話口。**d** (容器、煙[水]管等之)口承。**e** 馬銜，嚼。**f** (水管之)栓。**g** (拳擊用之)護齒。**2** (人、報社等之)代言人，發言人；機關報〔*of*〕。**3** 《美俚》刑事辯護律師。
móuth-to-móuth *adj.* [用在名詞前]口對口的〈人工呼吸等〉：～ resuscitation 口對口人工呼吸法。
móuth·wàsh *n.* Ⓤ[指產品個體或種類時爲Ⓒ]漱口藥水。
móuth-wátering *adj.* 〈食物〉令人垂涎的，好像很好吃的。
mouth·y [ˋmaʊðɪ, -θɪ; ˈmauði] *adj.* (**mouth·i·er**；**-i·est**) 多嘴的，饒舌的；(尤指)說大話的，吹牛的。
mou·ton [ˋmutɑn; ˈmu:tɔn] 《源自法語「羊」之義》——*n.* Ⓤ(製成像海狸或海豹毛皮之)羊毛皮。
mov·a·ble [ˋmuvəbl̩; ˈmu:vəbl] *adj.* **1** 可動的；可[會]移動的。**2** 《法律》動產的(↔ real)：～ property 動產。**3** 〈節日、紀念日等〉日期隨年而變的，不定的(↔ immovable)：a ～ feast 隨年而變日期之節日《如復活節(Easter)等》。——*n.* Ⓒ[常 ～s] **1** 可移動之物《如家具等；cf. fixture》。**2** 《法律》動產。
móvable týpe *n.* Ⓒ(印刷用之)活字。
*****move** [muv; mu:v] *v.t.* **1 使…動**：**a** 〔十受(十副詞(片語))〕移…，使…移動：～ troops 調動部隊/ ～ a thing *aside* 把東西移到旁邊/The police ～*d* us *on*. 警察(不讓我們停下來而)要我們繼續前進/He ～*d* his chair *nearer* (*to*) [*away from*] the fire. 他把椅子移[挪，搬動]得離火更近[遠]些。**b** 〔十受〕活動〈手、腳〉：～ one's legs 活動雙腿。**c** 〔十受(十副)〕搖擺，搖動〈旗等〉〈*up, down*〉：～ the flag **up** and **down** 上下搖動旗子/The wind ～*d* the branches of the trees. 風吹動了樹枝。**d** 〔十受〕開動，啟動〈機械、器具〉，使…運轉：That button ～*s* the machine. 按那個鈕可開動機器。
2 〔十受〕**遷移**〈家、家具等〉；使〈人〉遷移：⇨ move HOUSE.
3 a 〔十受〕**使〈人〉感動**《★常用被動語態表「被感動」之意》：Their deep friendship ～*d* us deeply. 他們深厚的友情使我們深受感動/She *was* ～*d* by his speech. 她被他的演說所感動。**b** 〔十受十介十(代)名〕使〈人〉感動[得…]〔*to*〕《★常用被動語態，表「感動〔得…〕」之意》：I *was* ～*d* **to** tears. 我感動得流淚。**c** 〔十受十介十(代)名〕〔以…〕使〈人〉感動〔*with*, by〕：The actress ～*d* the audience **with** her performance. 這位女演員以演技感動觀衆。
4 〔十受十 *to* do〕使〈人〉起〈做…〉之心；打動，煽動〈人〉〈去做…〉；使〈人〉起意[動心]〈欲做…〉：What ～*d* you *to do* this？什麼使你想起要做這件事？/I felt ～*d to* go out. 我起了要外出的念頭。
5 a 〔十受〕提出〈動議、議案〉：～ a resolution at the committee meeting 在委員會會議上提出決議案。**b** 〔十 *that*__〕提議〈…事〉：Mr. Chairman, I ～ *that* we (should) adopt this plan [*that* the decision (should) be postponed until next Monday]. 主席，本席提議採納本案[延到下星期一再做決定]《★用法《口語》多不用 should》。
6 〔十受〕使〈腸〉排便：Castor oil ～*s* the bowels. 蓖麻油能通便。
7 〔十受〕《西洋棋等》移動〈棋子〉，走〈子〉。
——*v.i.* **1 動**：**a** 活動身體[手，腳(等)]，動：I am too stiff *to* ～. 我身體太僵了，不能動/Don't ～. 站住，不要動/She ～*s* gracefully. 她優雅地移動(身子)。**b** 〈物〉搖動：Not a leaf ～*d*. (那時候沒有風)連一片葉子也不動。**c** 〈機器等〉運轉，轉動。**d** 〔十副詞(片語)〕移動，遷移；前進，運行，行進：～ *about* [*around, round*] 到處走動；(爲工作)到處旅行；不斷地搬家/～ *away* 離開，搬走/～ *forward* [*backward*] 前進[後退]/～ *off* 離去/～ *on* 繼續行進/*M*～ *on*！繼續行進，不可停車！《★交通指揮等之口令》/"*M*～ *along*, please！" said the bus conductor. 公車車掌說：「請往裏面移動[走]。」/The train ～*d* slowly *into* [*out of*] the station. 火車緩緩地進[出]站/The earth ～*s round* the sun. 地球繞著太陽運轉。**2** 〔動(十副詞(片語))〕移居，搬家；〈民族〉遷移，移住；轉職：～ *about* [*around, round*] 輾轉遷居[轉職]/～ *in* 遷入，搬進新居/ ～ *out* 搬出去，遷出/We'll ～ *to* [*into*] the country next month. 我們下個月將搬到鄉下。
3 〔十介十(代)名〕〔在某一社會[羣體]中〕活動，交際〔*in, among*〕：They ～ **in** high [the best] society. 他們出入上流社會[在上流社會活動]/～ **among** cultured people 與有教養的人們交往。**4 a** 採取行動，採取步驟：～ carefully 小心地採取行動。**b** 〔十介十(代)名〕〔對…〕採取措施[行動]〔*on*〕《★尤用於報紙之報導等》：It is necessary for the government *to* ～ **on** the problem. 政府有必要對這個問題採取措施。**5** 〈事件、形勢等〉進展，發展：The negotiations are *moving* rapidly. 談判正迅速地進展。**6** 〔十介十(代)名〕(正式地)要求，提議，請求，懇求〔…〕〔*for*〕：I ～ *for* an amendment. 本席提議一項修正案。**7** 通便。**8** 〈商品〉行銷，賣，銷售：The article is *moving* well [is slow to ～]. 這種商品很暢銷[不暢銷]。**9** 《西洋棋等》走棋子，下一步棋。

M

móve dówn 《*vt adv*》(1)(於階級、地位等)將〈人〉降級。**—**《*vi adv*》(2)〈地位等〉降低：That department store ~*d from* first in gross sales *down* to third. 那家百貨公司營業總額從第一位降到第三位。

móve ín on... (1)(不速之客、食客等)闖入〈人〉之家。(2)悄悄接近…，(偷偷接近而)襲擊…：The jackals ~*d in on* the wounded gazelle. 那些胡狼悄悄接近那隻受了傷的瞪羚。(3)叱責…。(4)干涉〈事等〉。(5)利用〈趨勢等〉進入〈產業界〉，侵入…，向…發展，向…進攻，欲奪取[侵佔]…：~ *in on* the computer market 準備奪取[進占]電腦市場。

móve óver 《*vi adv*》(1)爲留出空間而移換位置；讓開位置：*M~ over* a little, please. 請坐過去一點。(2)讓出；放棄。**—**《*vt adv*》(3)使〈人、物〉移位以留出空間。

móve úp 《*vt adv*》(1)使〈人〉晉升[升級]。(2)使〈軍隊等〉向前移動。**—**《*vi adv*》(3)晉升：He ~*d up* in society [in the company]. 他發跡了[在公司升級了]。(4)向前移，前進：*M~ up* to the front. 向前移。

—*n.* Ⓒ **1** [常用單數]移動，運動，動作：with one ~ 動一下，一動。**2** 遷居，搬家。**3** 處置，步驟，手段：a clever ~ 高明的一招。**4**《西洋棋等》一著棋，一步棋，輪到走一步棋：the first ~ 先走的第一手棋。

gèt a móve ón [常用祈使語氣]《口語》趕緊，趕忙；前進；開始；行動。

màke a móve (1)動；走開。(2)開始行動；採取步驟[手段]：He *made a* ~ to win the nomination. 他爲獲得提名而採取了行動。

on the móve (1)(經常)在動[在旅行]的。(2)〈事情〉在進行[發展]中的；活動[活潑]的(active)：The stock market is *on the* ~. 股市旺盛[交投熱絡]。

move·a·ble [ˋmuvəbl; ˈmu:vəbl] *adj., n.*=movable.

móve-ìn *n.* Ⓒ搬進，遷入。

‡**move·ment** [ˋmuvmənt; ˈmu:vmənt] «move 的名詞»**—*n.*** **1** Ⓤ(指有方向、有目的、有規則之)運動，活動。**2** Ⓒ **a** 身體(某部位)之擺動，動作，舉動，姿態：a graceful ~ *of* the hand 手的優美動作/make a ~ *of* anger 做出憤怒的動作。**b** [~s]舉止，態度，姿勢：Her ~*s* were very elegant. 她的舉止很高雅。**c** [常~s](人或團體之)行動，動靜：keep track of a person's ~*s* 一直掌握[注意]某人的行動[動靜]。**3** Ⓒ移動；遷居，移住，(人口之)流動，遷徙：the ~ *of* population *to* the west 人口向西之移動。**4 a** Ⓒ(時代等之)動向，潮流，趨勢，動態：a ~ *toward* increased computerization 電腦化擴大之趨勢。**b** ⓊⒸ(市場、股價、行情之)活動，活躍，走勢，盤勢，變動：a slight downward [upward] ~ 小幅的跌[漲]勢。**5** Ⓒ **a** (政治性、社會性之)運動：a ~ *for* the abolition of slavery 廢除奴隸制度之運動/⇨Oxford movement. **b** 〔+ *to* do〕〈做…之〉運動：a ~ *to* do away with inequality 廢除不平等之運動。**c** Ⓤ[集合稱]參與運動之集團，運動團體[組織]《★用法 視爲一整體時當單數用，指全部個體時當複數用》：the no-nuke ~ 反核子運動。**6** Ⓤ(事件、故事等之)進展，變化，曲折，發展：a novel [play] lacking in ~ (情節)缺乏起伏變化的小說[戲劇]。**7** Ⓒ通便，排糞(motion)：have a (bowel) ~ 有通便[排糞]。**8** Ⓒ《機械》(尤指鐘錶之齒輪等)機械裝置，機件。**9** Ⓒ《音樂》**a** (交響曲之)樂章。**b** 節奏，韻律，拍子。**10** Ⓒ《軍》機動，(作戰)行動。

móv·er *n.* Ⓒ **1 a** 遷移者。**b** [常 ~s]《美》搬家業者，搬家工人，搬家公司(《英》remover)：When are the ~*s* coming? 搬家工人什麼時候會來？**2** 發動力；發動機：⇨ prime mover. **3** [常與修飾語連用]發起人；動議提案者，提議人。

‡**mov·ie** [ˋmuvɪ; ˈmu:vi] «*mov*ing picture 之略 + -ie»**—*n.*** 《口語》**1** Ⓒ **a** (一部)電影《★用法 多用於美國；《英》多用 film, picture》：make a ~ of...=make...into a ~ 將…拍成電影[搬上銀幕]/I want to see a ~. 我想去看一部電影。**b** 電影院《★用法 主要用於美國；《英》主要用 cinema》。**2** [the ~s]《美》**a** (指娛樂、藝術之一項目的)電影(的上演)《★比較《英》多用 the cinema, the films, the pictures》：be fond of *the* ~*s* 喜愛電影/go to *the* ~*s* 去看電影/an evening at *the* ~*s* 電影晚會[電影之夜]/I have seen the place *in the* ~*s.* 我在電影裏看過這個地方。**b** 電影業，電影界：She is in *the* ~*s.* 她在電影界工作[從事電影業]。

> 【說明】(1)雖然受到電視的威脅，英美的電影仍爲大衆所喜愛。各式各樣的電影院，從新片特別獻映(road show)、首輪片(first-run movie)、兩片演出，到三片演出林立並存。觀衆大部分都邊吃爆米花、喝可口可樂邊看電影。免下車的露天電影院(drive-in theater)的普及也是美國的特色之一。
> (2)英美對影片都因觀衆年齡的不同而分級。《英》分 X(成人電影；未滿十八歲者禁看)，AA(準成人電影；未滿十四歲者禁看)，A(*A*dult 之略；未滿十四歲者不宜)，U(*U*niversal 之略；一般觀衆皆可)。《美》分 X(未滿十八歲者禁看)，R(*R*estricted 之略；未滿十八歲者須由監護人陪同)，PG(*P*arental *g*uidance 之略；看電影前後需要父母親指導)，G(*G*eneral 之略；一般觀衆皆可)。
> (3)《英》自 1982 年 11 月起改成⑱(未滿十八歲者禁看)、⑮(未滿十五歲者禁看)、PG 和 U 四級。

—*adj.* [用在名詞前]電影的：a ~ camera 電影攝影機/a ~ fan (電)影迷/a ~ star (電)影(名)星。

móvie càmera *n.*《美》=cinecamera.

mov·ie·dom [ˋmuvɪdəm; ˈmu:vidəm] *n.* =filmdom.

móvie fàn [fìend] *n.* Ⓒ影迷。

móvie·gòer *n.* Ⓒ《美》常去看電影之人，電影觀賞者(《英》filmgoer)。

móvie·gòing *n.* Ⓤ上電影院(之娛樂或習慣)。

móvie hòuse *n.* Ⓒ電影院。

móvie·màker *n.* Ⓒ電影製片者。

móvie stàr *n.* Ⓒ (電)影(明)星。

móvie thèater *n.*=movie house.

móv·ing *n.* Ⓤ **1** 動，移動；遷居。**2** [當形容詞用]移動[搬家](用)的：a ~ van《美》搬家貨車(《英》removal van)。

—*adj.* **1** [用在名詞前] **a** (會)動的，正在動的；(會)移動的：~ parts (機械之)可動部分/a ~ car 行駛中的汽車。**b** 進步中的〈社會等〉。**2 a** [用在名詞前]使動的，推動的：a ~ spirit 倡導者，中心人物。**b** 令人感動的，使人悲傷的：a ~ sight 令人感動的情景。

móv·ing·ly *adv.* 令人感動地，感人地。

móving pávement *n.*《英》=moving sidewalk.

móving pícture *n.*=motion picture.

móving sídewalk [wálk] *n.* Ⓒ《美》(輸送帶式之)自動人行道。

móving stáircase [stáirway] *n.* Ⓒ《英》自動[電]扶梯(escalator)。

***mow**[1] [mo; mou] (**mowed**; **mowed, mown** [mon; moun])《★語形 mown 僅用作屬性形容詞置於名詞之前而不用作補語，尤用以構成複合字；⇨ *v.t.* 1 a)》*v.t.* **1** 〔十受〕**a** 收割，刈〈草、麥等〉：~ the lawn 割草坪的草/new-*mown* hay 剛收割的乾草。**b** 自〈田地、原野等〉刈除麥[草(等)]。**2** 〔十受十副〕(用砲火等)轟擊〈敵人等〉；(用機槍)掃射，掃平，殺死，擊潰…〈*down*〉：The pitcher ~*ed down* the opposing batters. 那投手把對方的打擊手一個接一個地三振出局。

—*v.i.* 刈，割，收割。

mow[2] [mau; mou] *n.* Ⓒ **1** (穀倉中之)乾草、穀物堆。**2** (穀倉中之)乾草[穀物]堆積場。

mow[3] [mau, mo; mau]《古》*n.* Ⓒ鬼臉，揶揄之面容(grimace)。

—*v.i.* 皺眉頭，扮鬼臉。

mow·er [ˋmoɚ; ˈmouə] *n.* Ⓒ **1** 刈草[麥]者。**2** 收割機；割草機(lawn mower)。

mow·ing [ˋmo·ɪŋ; ˈmouiŋ] *n.* **1** Ⓤ刈草；收割穀物。**2** Ⓒ一次所割之草[穀物]。

mów·ing machìne *n.* Ⓒ收割機；割草機。

***mown** [mon; moun] *v.* **mow**[1] 的過去分詞(⇨ mow[1] 語形)。

mox·a [ˋmɑksə; ˈmɔksə] «源自日語»**—*n.*** Ⓤ(針灸用之)艾。

Mo·zam·bi·can [ˏmozəmˋbikən; ˏmouzəmˈbi:kən] «Mozambique 的形容詞» **—*adj.*** 莫三比克(人)的。**—*n.*** Ⓒ莫三比克人。

Mo·zam·bique [ˏmozəmˋbik; ˏmouzəmˈbi:k] *n.* 莫三比克《非洲東南部面臨莫三比克海峽(Mozambique Channel)之一共和國；曾爲葡萄牙之殖民地；首都馬布多(Maputo [mɑˋputo; mɑ:ˈpu:tou])》。

Mo·zart [ˋmozart; ˈmoutsɑ:t], **Wolf·gang A·ma·de·us** [ˋwulf-ˏgæŋˏɑməˋdeəs; ˈwulfgæŋɑ:məˈdeiəs] *n.* 莫札特《1756–91；奧地利作曲家》。

mp《略》《音樂》mezzo piano.

M.P., MP [ˋɛmˋpi; ˏemˈpi:] «Member of Parliament 之略» **—*n.*** Ⓒ(*pl.* **M.P.s, M.P.'s, MPs, MP's** [~z; ~z])(英國等之)下院議員。

M.P.《略》Metropolitan [Municipal] Police; military police; military policeman.

mpg, m.p.g.《略》miles per gallon 每加侖汽油所能跑的哩數。

mph, m.p.h.《略》miles per hour 時速…哩。

‡**Mr., Mr** [ˋmɪstɚ; ˈmistə] «mister 之略» **—*n.*** (*pl.* **Messrs.** [ˋmɛsɚz; ˈmesəz]) **1 a** [加在男子姓或姓名之前]…先生，…君：*Mr.* (John) Smith (約翰·)史密斯先生《★用法 僅有 first name 而不帶姓時，不加 Mr.，即可作 Mr. John Smith 或 Mr. Smith，但不作 Mr. John》。**b** [加在頭銜之前，用於稱呼]…先生[閣下](cf. madam 1 b)：*Mr.* Chairman! 主席先生[閣下]！/*Mr.* President 總統[總經理，社長，校長]先生[閣下]。**2** [加在地方、運動等之名稱之前，用以指該地或該項運動等之代表性男子]…先生：*Mr.* Baseball 棒球先生。

M

語法(1)在英國用於稱呼無爵位之男子，在美國則用於一般男子。(2)尤其在英國有略去 Mr. 之省略點(.)而寫成 Mr 之趨勢。(3)若複數之男子均爲同姓，則將姓改爲複數形作 Mr. Smiths, 或將 Mr. 改爲複數形作 Messrs. Smith；但若複數之男子均爲不同姓，則作 Messrs. Smith and Brown 或作 Mr. Smith and Mr. Brown. (4)夫妻則稱 Mr. and [&] Mrs. John Smith. (5)由於使用 Mr. 常給與人拘禮之感覺，故在稱呼熟悉之人時，往往省略而直呼 first name 或 nickname, 尤其在美國爲避免因加 Mr. 而產生之見外、疏遠之感覺，常向對方說 Call me John. 等。

MRA 《略》Moral Re-Armament.

MRBM 《略》medium range ballistic missile.

‡**Mrs., Mrs** [ˋmɪsɪz, -əz, ˋmɪsɪs, -əs; ˈmisiz] «mistress 之略» —*n.* (*pl.* **Mmes.** [meˋdɑm; ˈmeidæm]) **1 a** [加在已婚婦女之姓或其夫姓名之前]…夫人，…太太：*Mrs.* (John) Smith (約翰·)史密斯夫人《★John 爲夫名；僅有 first name 而不帶姓時，不加 Mrs., 即不作 Mrs. Mary；cf. madame》. **b** [加在已婚婦女姓名之前]…夫人，…女士《★用法如 Mrs. Mary Jones 之用法在美國普遍使用，但在英國則僅用於商業書信，法律文件，或對未亡人》。**2** [加在地方、運動等之名稱之前，用以指該地或該項運動之代表性婦女]…夫人：*Mrs.* Badmington 羽毛球夫人。**3** 《口語》**a** [無冠詞](某人之)太太。**b** [**the** ～](自己之)妻，內人。

語法(1)尤其在英國有略去 Mrs. 之省略點(.)而寫成 Mrs 之趨勢。(2)Mrs. 之複數形有 Mmes., Mesdames, 但通常反覆使用 Mrs. (3)夫妻時⇨ Mr. 語法(4). (4)由於使用 Mrs. 常給與人拘禮之感覺，故在稱呼熟悉之人時往往省略。⇨ Mr. 語法(5). (5)⇨ Ms.

MS 《略》《美郵政》Mississippi.

Ms., Ms [mɪz; miz] «Miss 和 Mrs. 的混合語» —*n.* (*pl.* **Mses., Ms's, Mss.** [～ɪz; ～iz]) [不知某婦女爲未婚(Miss)或已婚(Mrs.)時，加在其姓或姓名之前]…女士：*Ms.* (Alice) Brown (愛麗絲·)布朗女士。

MS., Ms., ms. [ˋɛmˋɛs, ˋmænjə͵skrɪpt; ͵emˈes, ˈmænjuskript] 《略》manuscript (原稿)。

M.S.A. Master of Science in Agriculture.

M.S(c). 《略》Master of Science.

MSS., Mss., mss. [ˋɛm͵ɛsˋɛs, ˋmænjə͵skrɪpts; ˈemesˈes, ˈmænjuskripts] 《略》manuscripts.

M.S.T. 《略》Mountain Standard Time.

MT 《略》《美郵政》Montana.

mt., mtn. 《略》mountain.

M.T. **1** metric ton. **2** mean time. **3** mechanical [motor] transport. **4** Mountain time.

‡**Mt.** [maunt; maunt] 《略》Mount：～ Everest 埃弗勒斯峯。

Mts. 《略》Mountains；Mounts.

MTV 《略》Music Television 音樂電視(節目)。

mu [mu, mju; mju:] *n.* Ⓤ Ⓒ 希臘字母之第十二個字母 *M, μ* 《相當於英文字母之 M, m；⇨ Greek alphabet 表》。

‡**much** [mʌtʃ; mʌtʃ] —*adj.* (**more；most**) [置於不可數名詞之前] 多的，許多的；大量的(↔ little；cf. many)：I don't drink ～ wine. 我酒喝得不多/It wasn't ～ use. 它不大有用[沒什麼用]/*How* ～ money do you want? 你要多少錢？/You spend *too* ～ money. 你花太多錢了/Drink *as* ～ tea as you like. 你愛喝多少茶就喝多少吧/⇨ so¹ much.

語法(1)《口語》在肯定句中除成語之外多半不用 much, 而用 a lot of, a good deal of, plenty of, a great quantity of 等片語(cf. many 1 用法)。(2)與 how, too, as, so 等連用時，及成爲主詞之一部分時，則在肯定句中亦用 much.

nòt so múch...as... ⇨ so¹. **so múch** ⇨ so¹.

tòo much (for one) ⇨ too.

—*pron.* [當單數用] **1 大量**，許多：I have ～ to say about the harm of smoking. 有關吸烟的害處我有很多話可說/I don't see ～ *of* him. 我不常見到他/How ～ do you need? 你需要多少？/How ～ is this? 這個(價格是)多少(錢)？/Take as ～ as you like. 你愛拿多少就拿多少吧[你儘管拿吧]/He spent as ～ as 50 pounds. 他花了五十英鎊之多/*M*～ will have more. 《諺》多，就會想要更多/We played golf ～ of the day. 當天我們大部分時間在打高爾夫球。**2 a** [作爲 be 之補語；通常用於否定句]重要之事[物]：The sight is *not* ～ *to* look at. 這景致沒什麼可看的。**b** ⇨ not MUCH of a....

as mùch agáin (as...) …的二倍：Take *as* ～ *again.* 拿二倍吧。

màke múch of... (1)重視，看重，器重…。(2)寵愛，溺愛…。(3)奉承，阿諛…。(4)充分利用…。(5)[用於否定句]相當[很]了解…的話：I can*not make* ～ *of* his argument. 我不太懂他的論點。

nót mùch of a... 不是什麼了不起的…，不是很好的…：He is *not* ～ *of a* poet [drinker]. 他不是什麼了不起的詩人[酒量並不很好]。

so múch ⇨ so¹. **so múch for...** ⇨so¹.

thát mùch 那樣多：I admit *that* ～. 我承認的就那樣多。

thís [thús] mùch 這樣多，到此爲止：*This* ～ is certain. 只有這麼多是確定的。

tòo múch of a góod thíng ⇨ too.

withòut so mùch as... ⇨so¹ much as.

—*adv.* (**more；most**) **1** [用以修飾動詞、過去分詞、比較級、最高級]**大大地**，甚，非常，極；常：You don't know how ～ I love you. 你不知道我多麼愛你/Sleep as ～ as possible. 盡可能多[盡量]睡吧/Thank you very ～. 非常感謝你《★用法肯定句句尾之 much 前常加 very, so, too 等》/It seemed ～ larger than I had expected it to be. 它似乎比我所預期的大得多/This is ～ the better of the two. 二者之中這個好得多/This is ～ the best. 這是最好的/I feel ～ better today. 我今天感覺好多了。

語法(1)原則上 afraid, alike, aware 等不用 very 修飾而用(very) much：I am ～ afraid of fires. 我很怕火災。(2)修飾介系詞片語時用 much：This is ～ *to my taste.* 這很適合我的嗜好。(3)已形容詞化之現在分詞(如 interesting 等)及表達感情之過去分詞(如 pleased, surprised 等)多用 very 修飾；much 與 very 之比較⇨ very *adv.* 語法. (4)修飾動詞之(very) much 通常置於被修飾動詞之後，但被動語態時通常置於過去分詞之前：I like it *very* ～. 我很喜歡它/This book is ～ read. 這本書深受讀者歡迎。(5)修飾否定之及物動詞時，若受詞爲非物質性之字詞，則有時將 much 置於 not 之後：She does*n't much* like music. = She doesn't like music (very) *much.* 她不大喜歡音樂。

2 幾乎，差不多，大致：～ of an age 差不多同年齡的/They are ～ the same. 他[它]們大致相同。

as múch 一樣多，那麼多，差不多(so)：I thought *as* ～. 我也那樣想《★若補充 as you tell me 等，則易了解》。

as mùch(...)as... (1)與…同限度[程度]，與…同量[一樣多]。(2)[用在主要動詞之前]差不多，事實上：They have *as* ～ *as* agreed to it. 他們事實上已同意這件事。

as mùch as to sày... 等於是說…。

mùch as 儘管…，雖然極…：*M*～ *as* I'd like to go, I cannot. 我很想去，但不能。

mùch léss (1)[與不可數名詞、形容詞、副詞連用]更少得多。(2)[用於否定句]更談不上，更不用說：He has *no* daily necessities, ～ *less* luxuries. 他連日用品都沒有，奢侈品就更談不上了。

mùch móre (1)[與不可數名詞、形容詞、副詞連用]多得多(cf. many MORE *adj.*)：He drinks ～ *more* beer than I do. 他喝的啤酒比我多得多。(2)[用於肯定句]更何況，況且，更不用說：If he can do it well, ～ *more* can we. 如果他能做好這件事，更何況我們《★用法現代之語法作 If even he can do it well, so ～ the better can we.》

nòt múch! 《口語》[回答對方的問題；當反語用]哪兒的話："He doesn't like to drink, does he?"—"*Not* ～!"「他不喜歡喝酒吧？」「哪兒的話。」

nòt so mùch...as... ⇨ so¹. **so múch** ⇨ so¹.

much·ly [ˋmʌtʃlɪ; ˈmʌtʃli] *adv.* 《謔》=much.

múch·ness *n.* Ⓤ大量《★現僅用於下列成語》。**múch of a múchness** 《口語》大同小異。

mu·ci·lage [ˋmjuslɪdʒ; ˈmju:silidʒ] *n.* Ⓤ **1** 膠，膠水。**2** (植物分泌之)黏液，膠質。

muck [mʌk; mʌk] *n.* Ⓤ **1** 牛馬之糞，糞肥。**2** 汚物，髒物，垃圾。**3** 廢物，屑。**4** 《口語》沒價值[沒用，令人不愉快]的東西，爛東西；胡說，廢話。

be in [áll of] a múck 陷於混亂狀態。

màke a múck of... 《英口語》(1)弄髒…。(2)弄亂…，將…弄糟(make a mess of...).

—*v.t.* **1** 施肥於〈田(等)〉。**2** 〔十受十副〕**a** 《口語》弄髒；弄壞…〈*up*〉. **b** 《英口語》將…搞糟〈*up*〉.

—*v.i.* 〔十副〕《英俚》**1** (漫無目的地)四處徘徊，遊蕩〈*about, around*〉. **2** 虛度光陰，混日子〈*about, around*〉.

múck ín (with...) 《英口語》(與人)共同努力，合作。

múck óut 《*vt adv*》(1)清除，打掃〈馬廄、狗屋等〉。(2)爲〈動物〉清除[打掃]窩棚。—《*vi adv*》(3)清除[打掃]〈馬廄等〉。

muck·a·muck [ˋmʌkə͵mʌk; ˈmʌkəmʌk] *n.* **1** Ⓒ《俚》大人物，大亨。**2** Ⓤ《美方言》食物。

mucker [ˋmʌkɚ; ˈmʌkə] *n.* Ⓒ **1** 《英俚》粗鄙之人。**2** 笨手笨脚的人。**3** 《採礦》清除廢石的人。**4** 《俚》重重的跌落，墜落；災難。

múck·hèap *n.* Ⓒ糞(肥)堆。

múck·ràke *n.* **1** Ⓒ泥耙子，糞肥耙子。**2 a** [**the** ～]揭發醜聞。**b** Ⓤ醜聞(報導)。**3** =muckraker. —*v.i.* 揭發醜聞[貪汚]。

múck·ràker *n.* Ⓒ搜尋[揭發]醜聞者；(尤指專門)揭發[報導]醜事之人[記者]。

múck·ùp *n.* Ⓒ《俚》雜亂，一團糟。

muck·y [ˋmʌkɪ; ˈmʌki] «muck 的形容詞» —*adj.* (**muck·i·er；-i·est**) **1** 到處都是糞肥的，骯髒的。**2** 《英口語》令人不愉快[討厭]的。**3** 《英口語》〈天氣〉壞的，有風雨的。

M

mu·cous [ˋmjukəs; ˈmjuːkəs] «mucus 的形容詞» —*adj.* 分泌黏液的，含有黏液的；(似)黏液的：～ membrane《生理》黏膜。
mu·cus [ˋmjukəs; ˈmjuːkəs] *n.* Ⓤ(動植物所分泌之)黏液。
***mud** [mʌd; mʌd] *n.* Ⓤ **1** 泥；泥濘。

【同義字】mud 指含有水分而成漿狀之爛泥；earth 及 soil 爲土。

2 a《口語》無價值[無用]之物，《喻》渣滓，敗類。**b** 受排斥之人，被厭惡者：His name is ～. 他(因引起問題等而)聲名狼藉[名譽掃地]。
(as) cléar as múd《口語·謔》〈說明等〉極含糊不清的，令人費解的。
dráw a person [a person's **náme**] **through múd** ＝drag a person [a person's name] through the MIRE.
(Hére's) múd in your éye!《俚》乾杯！
thrów [**flíng, slíng**] **múd at...** 拿泥扔…的臉；貶損…，中傷…；企圖破壞…的名譽。
múd bàth *n.* Ⓒ泥巴澡《對風濕症等有效》。
mud·dle [ˋmʌdl; ˈmʌdl] *v.t.* **1 a** 〔十受(十副)〕使…混成一團(糟)，使…混雜在一起；攪拌，攪和…〈*up, together*〉：Don't ～ things *up* [*together*]. 不要把事情[東西]搞亂。**b** 〔十受十副(十介十(代)名)〕使…〔與…〕混在一起〈*up*〉〔*with*〕《★常用被動語態》：My books *were* ～*d up with* his. 我的書跟他的混雜在一起。**2 a** 〔十受(十副)〕使〈人〉糊塗，使…慌張，使…張惶失措〈*up*〉：She still felt ～*d* (*up*) in New York. 她在紐約仍感覺不知所措。**b** 〔十受十介十(代)名〕〔因飲酒等〕使〈人、頭腦〉昏昏沉沉〔*with*〕：His brain was ～*d with* alcohol. 他因酗酒而頭腦昏昏沉沉。**c** 〔十受〕使〈水等〉汚濁。**3** 將〈計畫等〉搞砸，糟蹋。**4** 〔十受十副〕浪費〈時間、金錢〉〈*away*〉：～ *away* one's time [money] 浪費時間[金錢]。
—*v.i.* **1** 漫無目的而糊里糊塗地混[想]。**2** 微醉。**3** 做糊塗事。
múddle alóng [**ón**]《*vi adv*》敷衍過去，胡亂應付。
múddle thróugh《*vi adv*》(無計畫或好方法而)總算[勉强]混過去。
—*n.* Ⓒ[常 a ～]混亂(狀態)；迷惑；(論點之)雜亂無章：in *a* ～ 迷糊的，迷惑的；雜亂無章的，一團糟的/make *a* ～ of... 把…搞砸，糟蹋…/Don't get in a ～ about the dates of the meeting. 不要把集會日期搞錯。
múddle-héaded *adj.* 迷亂的，昏頭昏腦的；昏庸的，愚蠢的。
múd·dler *n.* Ⓒ **1** 敗事者，馬馬虎虎應付的人，糊里糊塗地混下去的人。
2 攪拌棒《用以攪拌混合飲料之小棒》。
mud·dy [ˋmʌdɪ; ˈmʌdi] «mud 的形容詞» —*adj.* (**mud·di·er**; **-di·est**) **1 a** 泥濘的，覆有泥的；(似)泥的。**b** 全是泥的，沾滿泥的，泥汚的。**c** 〈液體〉混濁的。**2** 〈光、聲音、色澤等〉暗淡的，陰沉的，模糊不清的，混濁的。**3** 昏頭昏腦的，糊塗的，不清楚的，混亂的，曖昧的。
—*v.t.* 〔十受〕 **1** 以泥巴弄髒…；使…汚濁；使…暗淡，使…模糊。**2** 使〈頭腦等〉昏沉[混亂]。
múd·di·ly [-dɪlɪ; -dili] *adv.* **-di·ness** *n.*
múd·flàt *n.* Ⓒ[常 ～s](退潮時露出之)泥地。
múd·guàrd *n.* Ⓒ **1** (汽車等輪胎上方之)擋泥板。**2** (用橡皮等製成，垂掛在輪胎後方之)擋泥垂板。
múd·pàck *n.* Ⓒ(爲美容或治療而貼於身體某部分之)泥團。
múd·slinger *n.* Ⓒ(尤指於政治等之)毀謗者，中傷他人者。
múd·slinging *n.* Ⓤ(於政治運動等之)毀謗，中傷，互揭瘡疤。
múd tùrtle *n.* Ⓒ《動物》(生長於美國泥河中之)一種淡水龜。
mues·li [ˋmjuzlɪ; ˈmjuzli] *n.*《主英》Ⓤ(穀物、葡萄乾、碎蘋果等與牛奶混合而成的)牛奶什錦早餐。
mu·ez·zin [mjuˋɛzɪn; muːˈezin] *n.* Ⓒ(在回教寺院尖塔(minaret)上)通報禱告時刻之人。
muff[1] [mʌf; mʌf] *n.* Ⓒ暖手筒，皮手筒《婦女用之圓筒狀毛皮製品；可由兩端開口將雙手置於其中保暖；cf. earmuff》。

muff[1]

muff[2] [mʌf; mʌf] *n.* Ⓒ **1** 失策，失誤，失敗：make a ～ of... 把…弄糟，做…失敗。**2** 笨拙之人，呆子：He made a ～ of himself. 他自招譏笑。**3**《球戲》漏接(球)，接球失誤。
—*v.t.* **1** 漏接〈球〉。**2 a** 做…失誤，沒有做好…，把…弄糟。**b** [～ it]弄糟，錯過機會。
muf·fin [ˋmʌfɪn; ˈmʌfin] *n.* Ⓒ **1**《美》烘烤成杯狀或圓麪包狀之小甜糕餅。**2**《英》鬆餅《味似麪包之圓形厚餅，通常烤成後加奶油趁熱吃，《美》稱 English muffin》。
muf·fle [ˋmʌfl; ˈmʌfl] *v.t.* **1 a** 〔十受(十副)〕(以圍巾、外衣等)圍裹…，覆蓋…〈*up*〉：Please ～ yourself *up* well. 請把衣服裹緊。**b** 〔十受(十副)十介十(代)名〕〔以圍巾、外衣等〕包紮，覆蓋，裹…〈*up*〉〔*in*〕：～ (*up*) one's head *in* a shawl 用披肩覆蓋頭部。**2** 蒙住…(使之不出聲)。
—*n.* Ⓒ **1** 消音罩，消音之物，消音器。**2** 被(用消音罩等)消滅之聲音。
múf·fled *adj.* 被蒙[裹]起以使聲音低沉的：～ drums (於喪殯中爲使聲音低沉)以布蒙起之鼓/ ～ voices (似蒙住口般)不清楚之人聲。
muf·fler [ˋmʌflɚ; ˈmʌflə] *n.* Ⓒ **1** 圍巾；頭巾；面紗。**2 a**《美》(內燃機之)消音器(《英》silencer)。**b** (鋼琴之)弱音器。
muf·ti[1] [ˋmʌftɪ; ˈmʌfti] *n.* Ⓤ(軍人等之)便服《★常用於下列片語》：*in* ～ 穿著便服。
muf·ti[2] [ˋmʌftɪ; ˈmʌfti] *n.* Ⓒ(回教之)法學家，回教法典解說者；法律顧問。
mug[1] [mʌg; mʌg] *n.* Ⓒ **1 a** 馬克杯《通常指圓筒狀平底有柄無蓋之大杯；cf. tankard》：a beer ～ 啤酒馬克杯，大啤酒杯。**b** 一馬克杯[一大杯]〔…〕的分量〔*of*〕：a ～ *of* beer 一馬克杯[一大杯]啤酒。**2**《俚》**a** 臉，嘴。**b** (又作 **múg shót**)(罪犯、嫌犯之)臉部照片。**3**《英俚》(易受騙的)傻瓜，呆子。**4**《美俚》惡棍，流氓，阿飛。

mug[1] 1 a

—*v.i.* (**mugged**; **mug·ging**) **1** 〈强盜、刺客等〉(在暗處)襲擊人。**2**《俚》**a** 皺眉。**b** (在攝影機、觀衆之前)作誇張之表情，作怪相，作鬼臉。—*v.t.* **1** 〈强盜、刺客等〉(在暗處)自背後以前臂扼頸襲擊〈人〉。**2**《俚》給〈罪犯、嫌犯〉拍照。
mug[2] [mʌg; mʌg] (**mugged**; **mug·ging**)《英俚》*v.t.* 〔十受十副〕苦讀，用功硬塞〈科目、功課〉〈*up*〉。
—*v.i.* 〔十副〕(爲考試)臨時抱佛腳〈*up*〉.
mug·ful [ˋmʌg,ful; ˈmʌgful] *n.* Ⓒ一馬克杯[大杯]〔*of*〕.
múg·ger *n.* Ⓒ(在暗處等)自背後扼人頸部搶劫之强盜。
mug·gins [ˋmʌgɪnz; ˈmʌginz] *n.* Ⓒ(*pl.* ～·es)《英俚》傻瓜，蠢貨，糊塗蛋。
mug·gy [ˋmʌgɪ; ˈmʌgi] *adj.* (**mug·gi·er**; **-gi·est**)〈空氣、氣候等〉悶熱的，潮濕而沉悶的。**múg·gi·ness** *n.*
múg·hòuse *n.* Ⓒ啤酒店。
múg's gàme *n.* [a ～]《英口語》只有傻瓜才會做的[賺不了錢的，沒搞頭的，吃力不討好的]事[工作]：Gambling is *a* ～. 賭博是傻瓜玩的玩藝兒[只有傻瓜才會去賭錢]。
múg shòt *n.* Ⓒ《美俚》警察局檔案中的通緝犯之照片。
mug·wump [ˋmʌg,wʌmp; ˈmʌgwʌmp] *n.* Ⓒ《美》**1** 政治上之獨立分子。**2** 因猶豫不決而保持中立者，騎牆者。
mug·wump·er·y [ˋmʌg,wʌmpərɪ; ˈmʌgˌwʌmpəri] *n.* Ⓤ猶豫不決，騎牆。
mug·wump·i·an [ˋmʌg,wʌmpɪən; ˈmʌgˌwʌmpiən] *adj.* 獨立的，中立的，騎牆的。
Mu·ham·mad [muˋhæməd; muˈhæməd] *n.*＝Mohammed.
Mu·ham·mad·an [muˋhæmədən; muˈhæmədən] *adj.*, *n.* ＝Mohammedan.
Mu·hám·mad·an·ism [-dən,ɪzəm; -dənizəm] *n.*＝Mohammedanism.
Muk·den [mukˋdɛn, ˋmukdən; ˈmukdən] *n.* 瀋陽(Shenyang)的舊稱。
mu·lat·to [məˋlæto, mju-; mjuːˈlætou] *n.* Ⓒ(*pl.* ～es,《英》～s)白人與黑人所生之第一代混血兒。
—*adj.* 黑白混血的；有淡褐色的。
mul·ber·ry [ˋmʌl,bɛrɪ, -bərɪ; ˈmʌlbəri] *n.* **1** Ⓒ《植物》**a** (又作 **múlberry trèe**)桑樹。**b** 桑椹。**2** Ⓤ深紫紅色。

【說明】英美的桑樹長得很高大，果實黑紫色，成熟時很甜。兒童遊戲裏有一種 mulberry bush，邊唱"Here we go round the mulberry bush."邊繞桑樹做各種動作玩耍。

múlberry búsh *n.* Ⓤ桑林遊戲《一種兒戲》。
mulch [mʌltʃ; mʌltʃ] *n.* Ⓤ[又作 a ～]護根，覆地用之稻草《爲保護移植之植物根部而覆蓋在其周圍之樹葉或稻草等》。
—*v.t.* 覆…以護根。
mulct [mʌlkt; mʌlkt] *v.t.* **1** 〔十受十介十(代)名〕向〈人〉詐取，搶奪〔錢等〕〔*of*〕：He was ～*ed of* his life savings by a swindler. 他被騙子騙走了畢生的儲蓄。**2 a** 〔十受〕對〈人〉處以罰金。**b** 〔十受十介十(代)名/十受十受〕對〈人〉處以〔某一金額〕罰金〔*of, in*〕；科〈人〉〈某一金額〉罰金，罰〈人〉〈某一金額〉：They ～*ed* him *of* [*in*] £5.＝They ～*ed* him £5. 他們罰他五英鎊。
—*n.* Ⓒ罰金，罰鍰。
mule[1] [mjul; mjuːl] *n.* Ⓒ **1**《動物》騾《雄驢與雌馬交配所生之雜種》。**2**《口語》倔强之人，頑固之人。**3** 一種紡織機。
(as) óbstinate [**stúbborn**] **as a múle** 非常頑固的。
mule[2] [mjul; mjuːl] *n.* Ⓒ[常 ～s]無後跟拖鞋。
múle dèer *n.* Ⓒ(*pl.* ～)《動物》長耳鹿，黑尾鹿《北美產之一種

M

鹿；耳長，尾部呈黑色，故又稱 blacktail》.

mule deers

múle skìnner *n.* Ⓒ騾夫。

mu·le·ta [mu'letə, -'lɛtə; mu:'leitə, -'letə] 《源自西班牙語 'she-mule' 之義》 —*n.* Ⓒ鬥牛士用的紅布《繫在棒上由主鬥牛士(matador)在鬥牛時持在手中揮動以逗牛攻擊》。

mu·le·teer [ˌmjulə'tɪr; ˌmju:li'tiə] *n.* Ⓒ騾夫。

mul·ish ['mjulɪʃ; 'mju:liʃ] *adj.* 似騾的，倔強的，頑固的。
~·**ly** *adv.* ~·**ness** *n.*

mull[1] [mʌl; mʌl] 《口語》 *v.i.* 〔十介十(代)名〕再三思索[熟思]〔…〕，仔細考慮〔…〕〔*over*〕. —*v.t.* **1** 〔十受十副〕仔細考慮…〈*over*〉. **2** 《美》將…(研磨而)作成粉。

mull[2] [mʌl; mʌl] *v.t.* 加糖、香料、蛋黃等於〈葡萄酒、啤酒等〉再溫熱。

mull[3] [mʌl; mʌl] *n.* Ⓒ《蘇格蘭》海角，岬(promontory).

mull[4] [mʌl; mʌl] *n.* Ⓤ 一種細而軟的棉布。

mull[5] [mʌl; mʌl] *n.* Ⓒ失敗；混亂：make a ~ of... 把…弄糟。—*v.t.* 《英俚》弄糟…；使…紛亂；笨拙地操持…。

mul·la(h) ['mʌlə, 'mʊlə; 'mʌlə] *n.* Ⓒ師，先生《回教徒對回教高僧、學者、教師、回教法典專家等之尊稱》。

mul·le(i)n ['mʌlɪn, -ən; 'mʌlin] *n.* Ⓒ 《植物》元參科毛蕊花屬之植物。

mul·let ['mʌlɪt; 'mʌlit] *n.* Ⓒ(*pl.* ~,~s)《魚》**1** 鯔。**2** 緋鯢鰹。

mul·li·ga·taw·ny [ˌmʌlɪgə'tɔnɪ; ˌmʌligə'tɔ:ni] *n.* Ⓤ東印度之一種咖喱湯《通常加米合食》。

mul·li·on ['mʌljən; 'mʌliən] *n.* Ⓒ《建築》(窗等之)豎框，直櫺。

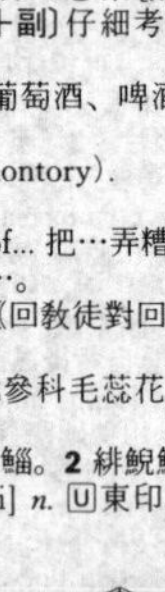

mullion

múl·li·oned *adj.* 《建築》有豎框(mullion)的。

mult- [mʌlt-; mʌlt-], **mul·ti-** [mʌltɪ-; mʌlti-] [複合用詞] **1** 表示「多…」「種種的…」之意。**2** 表示「好幾倍的…」之意：*multi*millionaire.

mul·ti·ac·cess [ˌmʌltɪ'æksɛs; ˌmʌlti'ækses] *adj.* 《電算》多重存取的，共同利用的。

mul·ti·car ['mʌltɪˌkɑr; 'mʌltikɑ:] *adj.* 擁有多部汽車的。

mùlti·céllular *adj.* 多細胞的。

mùlti·cólored *adj.* 多色的。

mùlti·dísciplinary *adj.* 包括多種學科的。

mul·ti·fac·et·ed [ˌmʌltɪ'fæsɪtɪd; ˌmʌlti'fæsitid] *adj.* **1** (寶石等)有多面的。**2** 多方面的：a ~ problem 一個涉及多方面的問題。**3** 多才多藝的：a ~ artist 一個多才多藝的藝術家。

mul·ti·far·i·ous [ˌmʌltə'fɛrɪəs; ˌmʌlti'fɛəriəs] *adj.* 種種的，各式各樣的；多方面的，五花八門的。~·**ly** *adv.* ~·**ness** *n.*

mul·ti·form ['mʌltəˌfɔrm; 'mʌltifɔ:m] *adj.* 多形的，多種的，各式各樣的。

mùlti·fúnction(al) *adj.* 多功能的。

mul·ti·graph ['mʌltəˌgræf; 'mʌltigrɑ:f] *n.* **1** Ⓒ旋轉式零件印刷機。**2** [M~] 其商標名。—*v.t.* 以旋轉式零件印刷機印刷…。

mul·ti·head·ed ['mʌltɪˌhɛdɪd; ˌmʌlti'hedid] *adj.* 〈核子武器〉多彈頭的。

mùlti·láteral *adj.* **1** 多邊的。**2** 多國參加的，多國間的：~ trade (同時與數國進行交易之)多邊貿易/ ~ negotiations 多邊談判。

mùlti·língual *adj.* **1** 使用多種語言的：a ~ dictionary 多種語言辭典。**2** (能)說多種語言的：a ~ interpreter (能)說多種語言之譯員。—*n.* Ⓒ使用數種語言之人。

mùl·ti·lín·gual·ism *n.* Ⓤ多國語言的使用。

múlti·mèdia *n. pl.* [集合稱時當單數用] 多元媒體《使用多種媒體之傳播藝術》。

mùlti·millionáire *n.* Ⓒ大富豪，千萬富翁。

mùlti·nátional *adj.* **1** 多國[跨國]的，由多國組成的；多國之間的：a ~ company [corporation] 多國籍[跨國]公司[企業]/ ~ economic negotiations 多國之間的經濟談判。**2** 多國籍[跨國]公司[企業]的。—*n.* Ⓒ **1** 多國籍公司[企業]。**2** 多重國籍之人。

mùl·ti·ná·tion·al·ism *n.* Ⓤ多國籍[跨國]企業經營法。

mul·tip·a·rous [mʌl'tɪpərəs; mʌl'tipərəs] *adj.* **1** 《動物》一胎多子的。**2** 〈女人〉產二子以上的，多產的。

múlti·pàrty *adj.* 數個政黨的：a ~ system 多黨政制。

*__mul·ti·ple__ ['mʌltəpl; 'mʌltipl] *adj.* (無比較級、最高級) **1** 多數的，由許多部份構成的；複式的，複合的；多樣的；多重的：~ personality 多重人格。**2** 《數學》倍數的。**3** 《電學》〈電路〉並列的，二或二以上之平行線路的。
—*n.* Ⓒ《數學》倍數：⇨ common multiple.

múltiple ágriculture *n.* Ⓤ多角經營農業《同時從事農作、果樹栽培、畜牧等》。

múltiple-chóice *adj.* 〈考試、試題〉多重選擇的，複選的：a ~ test 多重選擇性測驗。

múltiple sclerósis *n.* ⓊⒸ《醫》多數性硬化，多發性硬化症。

múltiple shóp [stóre] *n.* Ⓒ《英》連鎖商店(chain store).

múltiple stár *n.* Ⓒ《天文》聚星，多重星。

mul·ti·plex ['mʌltəˌplɛks; 'mʌltipleks] *adj.* **1** = multiple 1. **2** 《通信》多重的，多工的。

mul·ti·pli·cand [ˌmʌltəplɪ'kænd; ˌmʌltipli'kænd] *n.* Ⓒ《數學》(乘算之)被乘數(⇨ multiplication 2【說明】)。

mul·ti·pli·ca·tion [ˌmʌltəplə'keʃən; ˌmʌltipli'keiʃn] 《multiply 的名詞》—*n.* **1** ⓊⒸ增多，增加；增殖，繁殖。**2** Ⓤ《數學》乘法《★在 2×4＝8 之乘算中，2 爲 multiplicand (被乘數)，4 爲 multiplier (乘數)，8 爲 product (積)》。

multiplicátion sìgn *n.* Ⓒ乘號《(·)或(×)》.

multiplicátion tàble *n.* Ⓒ乘法表《★通常用至 10×10＝100 或 12×12＝144；用英語學乘法表時，一般用 Three times five is [are, make(s)] fifteen. (5×3＝15)等讀文章之方式，或用 Once 5 is 5, Two 5s are 10, Three 5s is 15. 等簡略之方式學習》。

mul·ti·plic·a·tive ['mʌltəplɪˌketɪv; ˌmʌlti'plikətiv, 'mʌltiplikeitiv] *adj.* **1** (會)增加的，有增殖力的。**2** 《文法》倍數詞的；表示倍數的：a ~ number 倍數詞《double, treble 等》。**3** 乘法的。—*n.* Ⓒ《文法》倍數詞。

mul·ti·plic·i·ty [ˌmʌltə'plɪsətɪ; ˌmʌlti'plisəti] 《multiple 的名詞》—*n.* **1** Ⓤ衆多，多；重複；多樣性。**2** [**a** ~] 多數；多樣〔*of*〕：*a* ~ *of* ideas 各式各樣的觀念/*a* ~ *of* uses 衆多的用途。

múl·ti·plì·er [-ˌplaɪɚ; -plaiə] *n.* Ⓒ **1** 使增加[增殖，繁殖]之人[物]。**2** 《數學》(乘算之)乘數(⇨ multiplication 2【說明】)；乘算器《乘算用之計算器》。**3** 《物理》(熱、電流、振動等之)效力增加裝置，倍率器，放大器。

*__mul·ti·ply__ ['mʌltəˌplaɪ; 'mʌltiplai] 《源自拉丁文「使成數倍」之義》—*v.t.* **1** 〔十受〕增加…，使…增殖[繁殖]（⇨ increase【同義字】)：~ instances 增加例子。**2** 《數學》**a** 〔十受十副〕將〈某數與某數〉相乘〈*together*〉：~ 5 *and* 3 *together* 把五和三相乘。**b** 〔十受十介十(代)名〕《數學》將〈某數〉乘〔以某數〕〔*by*〕：*M*~ 5 *by* 3, and the product is 15.＝5 *multiplied by* 3 is 15. 五乘三得[等於]十五(5×3＝15). —*v.i.* **1** 增多，增加，增殖。**2** 繁殖：Rats ~ rapidly. 老鼠繁殖很快。**3** 做乘算。

mul·ti·po·lar [ˌmʌltə'polɚ; ˌmʌlti'poulə] *adj.* **1** 《物理》多極的。**2** 《解剖》有若干樹狀突的。

mùlti·púrpose *adj.* 多用途的，多目標的。

mùlti·rácial *adj.* (由)多種人種(組成)的。

múlti·stàge rócket *n.* Ⓒ多節火箭。

mul·ti·state ['mʌltɪˌstet; 'mʌltisteit] *adj.* 包括[涉及]多州的。

mùlti·stóry, 《英》**mùlti·stórey** *adj.* 多層(樓)的：a ~ parking lot 立體[多層式]停車場/a ~ building 多層樓建築物。

mul·ti·tude ['mʌltəˌtud, -ˌtjud; 'mʌltitju:d] *n.* **1 a** Ⓒ大批，多數〔*of*〕：a ~ *of* people 一大批人/a ~ *of* cares 一大堆煩惱事。**b** Ⓤ衆多，繁多：the ~ *of* his writings 他著作之多。**2** Ⓒ羣衆，人羣。**3** [**the** ~(**s**)] 大衆，平民。

a nóun of múltitude 《文法》複數名詞《指集合名詞(collective noun)中，重點置於個體者，因此當複數用；如 *Cattle* were grazing in the field. 牛隻在原野吃著青草/My *family* are all well. 我的家人都安康》。

cóver a múltitude of síns 消除許多罪過；常見的藉口《★出自聖經新約「彼得前書」》。

mul·ti·tu·di·nous [ˌmʌltə'tudṇəs, -'tju-; ˌmʌlti'tju:dinəs] *adj.* **1** 衆多的，許多的。**2** 多種項目[部分，成分，特色(等)]的。
~·**ly** *adv.* ~·**ness** *n.*

mul·ti·va·lent [ˌmʌltə'velənt; ˌmʌlti'veilənt] *adj.* 《化學·遺傳》多價[二價或二價以上]的；多原子價[二種以上之原子價]的。

mul·ti·va·lence [-'veləns; -'veiləns] *n.*

mul·ti·ver·si·ty [ˌmʌltə'vɝsətɪ; ˌmʌlti'və:siti] *n.* Ⓒ大型綜合大學《指規模大，擁有許多學院、科系分散於各地之大學》。

mum[1] [mʌm; mʌm] 《閉口發出之擬聲語》—*adj.* [不用在名詞前] 沈默的，無言的，不說話的：stand [remain] ~ 默立著/Keep ~ *about* our surprise party. 不要講有關我們(要舉行)出其不意的派對的事。

(as) múm as a móuse 沈默如鼠，悶聲不響[不說話]的。

—*interj.* 不要出聲！噓！—*n.* Ⓤ沈默。

Múm's the wórd! 不可對別人說！

—*v.i.* (**mummed**；**mum·ming**) **1** 扮演啞劇[假面劇](cf. mummer). **2** (昔在英國於耶誕節)化裝出遊：go *mumming* (於耶誕節)化裝出遊。

***mum²** [mʌm; mʌm] *n.* **1**《口語》= madam. **2**《英口語》= mummy².

mum·ble [ˋmʌmbl; ˈmʌmbl] *v.t.* **1 a**〔十受〕(在口中)喃喃地說，囁嚅，咕噥〈禱告詞、話等〉(⇨ murmur 2【同義字】)：~ a prayer [a few words] 喃喃地禱告[咕噥幾句]。**b**〔十 *that*__〕喃喃地說，囁嚅，咕噥說〈…事〉：The old man ~*d that* he was hungry. 那老人喃喃地說他餓了。**c**〔十引句〕喃喃地說[咕噥說]道…："I'm tired," he ~*d.*「我累了。」他喃喃地說。**2**〈無牙齒之人等〉癟嘴嚼〈食物〉。**—*v.i.*** 〔動(十介十(代)名)〕〔對人〕咕噥〔*to*〕. **—*n.*** Ⓒ (喃喃而言的)含糊不清的低語[聲音]：speak in a ~ 喃喃地說，咕噥。**múm·bler** *n.*

mum·bo jum·bo [ˋmʌmboˋdʒʌmbo; ˌmʌmbouˈdʒʌmbou] *n.* (*pl.* ~s) **1** Ⓒ **a** [M~ J~] 非洲西部黑人崇拜之部落守護神；部落守護神的偶像。**b** (迷信之)崇拜物。**2** Ⓤ **a** 不知所云之唸咒，胡言亂語。**b** 看似無意義之宗教儀式。

mum·mer [ˋmʌmɚ; ˈmʌmə] *n.* Ⓒ (昔日英國節日之)啞劇演員。

mum·mer·y [ˋmʌmərɪ; ˈmʌməri] *n.* **1** Ⓤ啞劇，化裝滑稽表演。**2** ⓊⒸ無意義之儀式，虛僞之炫耀[儀式]。

mum·mi·fy [ˋmʌmɪˌfaɪ; ˈmʌmifai] «mummy¹ 的動詞» **—*v.t.*** **1** 使…成爲木乃伊。**2** 將〈物〉弄乾而保存，使…乾枯。

mum·mi·fi·ca·tion [ˌmʌmɪfɪˋkeʃən; ˌmʌmifiˈkeiʃn] *n.*

mum·my¹ [ˋmʌmɪ; ˈmʌmi] *n.* Ⓒ **1** 木乃伊；乾屍。**2** 乾枯之物，瘦而乾癟之人。

mum·my² [ˋmʌmɪ; ˈmʌmi] *n.* Ⓒ [也用於稱呼]《英兒語》媽咪(《美》mommy).

múmmy càse *n.* Ⓒ木乃伊箱。

mumps [mʌmps; mʌmps] «源自「噘著嘴的臉」之義» **—*n.*** Ⓤ [常 the ~] 腮腺炎，流行性耳下腺炎：have (*the*) ~ 患腮腺炎。

mu·mu [ˋmuˌmu; ˈmu:mu:] *n.* = muumuu.

munch [mʌntʃ; mʌntʃ] *v.t.* 用力[出聲]咀嚼〈食物〉。

—*v.i.* 〔(十副)十介十(代)名〕出聲地咀嚼〔食物〕，貪饞地咀嚼〔…〕〈*away*〉〔*at, on*〕：He ~*ed* (*away*) *at* [*on*] the cookies. 他嘴巴咯吱咯吱作聲地吃餅乾。

mun·chies [ˋmʌntʃɪz; ˈmʌntʃiz] *n. pl.*《口語》**1** 充作點心的食物。**2** [常 the ~] 餓。

mun·dane [ˋmʌnden; ˌmʌnˈdein, ˈmʌndein] *adj.* **1** (與精神上、宗教上相對之)現世的；世俗的，塵世的。**2** 平凡的，不稀奇的。~**·ly** *adv.*

mun·go [ˋmʌŋgo; ˈmʌŋgou] *n.* Ⓤ毛織廠之硬再用毛《用以與棉混製成一種廉價布料》。

Mu·nich [ˋmjunɪk; ˈmju:nik] *n.* 慕尼黑《西德巴伐利亞(Bavaria)地區之首府》。

Múnich Pàct *n.* [the ~] 慕尼黑公約《1938 年 9 月 29 日，德、法、英、義與德國所簽訂之條約》。

mu·nic·i·pal [mjuˋnɪsəpl; mju:ˈnisipl] «源自拉丁文「自由城市」之義» **—*adj.*** (無比較級、最高級)(擁有自治權之)都市的，市[鎭]的；市[鎭]營的，市制的：a ~ office [officer] 市公所[官員]/the ~ debt [loan] 市債/ ~ government 市政/the ~ authorities 市[政]當局/a ~ corporation 地方公共團體，地方自治(團)體。

munícipal bórough *n.* Ⓒ (昔日之)自治市鎭。

mu·nic·i·pal·i·ty [ˌmjunɪsəˋpælətɪ; mju:ˌnisiˈpæləti] «municipal 的名詞» **—*n.*** Ⓒ **1 a** 地方自治體《市、鎭等》，自治區。**b** 市政機關，市[政]當局。

2 [集合稱] (市、鎭等之)居民《★用法 視爲一整體時當單數用，指全部個體時當複數用》。

mu·nic·i·pal·ize [mjuˋnɪsəplˌaɪz; mju:ˈnisipəlaiz] «municipal 的動詞» **—*v.t.*** **1** 施行市制於…；使…成爲市。**2** 使…歸爲市有[市營]。

mu·níc·i·pal·ly [-plɪ; -pəli] *adv.* **1** 市政上。**2** 經由市(營)地：*municipally*-owned 市營的。

mu·nif·i·cence [mjuˋnɪfəsṇs; mju:ˈnifisns] «munificent 的名詞» **—*n.*** Ⓤ寬厚，慷慨，大度，大方。

mu·nif·i·cent [mjuˋnɪfəsṇt; mju:ˈnifisnt] *adj.* **1** 不吝惜的，慷慨給與的，寬厚的。**2** 大方的；精美的；大量的：a ~ gift 大方的禮物，厚禮。~**·ly** *adv.*

mu·ni·ments [ˋmjunəmənts; ˈmju:nimənts] *n. pl.*〘法律〙不動產權利證書[所有權狀]。

mu·ni·tion [mjuˋnɪʃən; mju:ˈniʃn] *n.* [~s] **1** 軍需品，軍用品；(尤指)軍火，彈藥。

2 (緊急時之)必需品，資金〔*for*〕：~*s for* a political campaign 政治活動資金。

—*adj.* [用在名詞前] 軍需品的，軍用品的：a ~ factory [plant] 軍需品[軍用品]工廠。

—*v.t.* 供…以軍需品。

Mun·ster [ˋmʌnstɚ; ˈmʌnstə] *n.* 曼斯特《愛爾蘭共和國之西南部地區》。

mu·on [ˋmjuɑn; ˈmju:ɔn] *n.* Ⓒ〘物理〙μ 介子。

mu·ral [ˋmjurəl; ˈmjuərəl] *adj.* [用在名詞前] 壁上的：a ~ painting 壁畫/a ~ painter 壁畫家/a ~ decoration 壁飾。

—*n.* Ⓒ壁畫(cf. fresco)；壁飾。

mú·ral·ist [-lɪst; -list] *n.* Ⓒ壁畫家。

***mur·der** [ˋmɝdɚ; ˈmə:də] *n.* **1 a** ⓊⒸ殺人，謀殺《蓄意置人於死之殺人罪》：commit (a) ~ 犯殺人罪/*M*~ will out.《諺》(殺人等)惡行終必敗露《out 爲主要動詞，即指 be [come] out 之意》。**b** Ⓒ謀殺[兇殺]案：six ~*s* in one month 一個月中六起兇殺案。**2** Ⓤ《口語》危險萬分之事，極爲艱難之事，要命之事：The exam was ~. 考試難得要命/It's ~ during the morning rush hour. 早上的(交通)尖峯時間簡直要命。

crý [scréam, shóut] blúe múrder《口語》大聲嚷叫，大叫「不得了」《★因昔時表示警告、恐懼時喊 murder；blue 爲用以形容可怖之物》。

gèt awáy with múrder《口語》(1)(做惡事而)不受懲罰[責難]。(2) 爲所欲爲。

like blúe múrder《口語》以全速。

múrder in the fírst degrée〘美法律〙一級謀殺《無酌情量刑之餘地；處極刑》。

múrder in the sécond degrée〘美法律〙二級謀殺《可酌情量刑；處徒刑》。

—*v.t.* 〔十受〕**1** 謀殺，殺害〈人〉(⇨ kill【同義字】)。**2** 糟蹋，破壞〈詩、歌、角色等〉：He played the piano and ~*ed* Beethoven. 他彈鋼琴，(彈得很糟而)糟蹋了貝多芬的(好)曲子。

—*v.i.* 殺人，犯殺人罪。

múr·der·er [-dərɚ; -dərə] *n.* Ⓒ殺人者，兇手，謀殺者，兇犯。

mur·der·ess [ˋmɝdərɪs; ˈmə:dəris] *n.* Ⓒ女殺人者，女兇手，女謀殺者，女兇犯。

mur·der·ous [ˋmɝdərəs; ˈmə:dərəs] «murder 的形容詞» **—*adj.*** **1** (想要)殺人的，謀殺的；行兇用的：a ~ weapon 兇器。**2** (相貌)凶狠的，凶惡的，凶殘的，惡毒的，毒辣的：a ~ glint in her eye 她眼神中閃現的兇殘的光芒[殺氣]。**3** 要命的，可致人於死的，猛烈的：~ heat 要命的暑熱[酷暑]。

~**·ly** *adv.* ~**·ness** *n.*

múr·i·àt·ic ácid [ˌmjurɪˋætɪk-; ˌmjuəriˈætik-] *n.* Ⓤ《口語》鹽酸(hydrochloric acid).

Mur·i·el [ˋmjurɪəl; ˈmjuəriəl] *n.* 妙麗兒《女子名》。

murk [mɝk; mə:k] *n.* Ⓤ《文語》黑暗，陰暗。

murk·y [ˋmɝkɪ; ˈmə:ki] «murk 的形容詞» **—*adj.*** (**murk·i·er**; **-i·est**) **1 a** (烏雲密布而)陰暗的，陰森的。**b** 〈夜色、霧〉濃的。**2** 有虧於心的，不名譽的，可恥的，見不得人的：a woman with a ~ past 有不名譽經歷的女人。**múr·ki·ly** [-kɪlɪ; -kili] *adv.*

mur·mur [ˋmɝmɚ; ˈmə:mə] *n.* **1** Ⓒ (小溪、水流等之)潺潺聲，(樹葉等之)沙沙聲，(蜜蜂等之)嗡嗡聲：the ~ of a brook 小河的潺潺聲。**2** Ⓒ細語，低語，微弱之人聲。**3** [a ~] 喃喃之語，低聲之怨語：without *a* ~ 毫無怨言地，沒有半句埋怨地。**4** ⓊⒸ〘醫〙(聽診時可聽到之)心跳雜音。

—*v.i.* **1** 潺潺[沙沙，嗡嗡]作聲：The brook ~*s* over the pebbles. 小河潺潺在石子上流過。**2** 〔十介十(代)名〕〔對…〕抱怨，發牢騷，鳴不平〔*at, against*〕：They ~*ed at* the injustice [*against* the heavy taxes]. 他們對不公正[重稅]鳴不平。

> 【同義字】murmur 指說話過輕過低而無法聽清楚或無法了解；mumble 指嘴唇半開半閉以模糊不清之低聲喃喃而言；mutter 指嘴唇半開半閉以低聲呢喃，似不欲令人聽到，尤指抱怨或憤怒時之低語。

—*v.t.* **1** 〔十受〕喃喃地說…，低聲說…，抱怨…：She ~*ed* a prayer. 她低聲禱告。**2 a** 〔十 (*that*)__〕喃喃地說，低聲說，抱怨說〈…(事)〉：She ~*ed that* she was tired. 她喃喃地說她累了。**b** 〔十引句〕喃喃地[低聲，抱怨]說…："I'm hungry," she ~*ed.* 她低聲說：「我餓了。」

mur·mur·ous [ˋmɝmərəs; ˈmə:mərəs] *adj.* **1** 沙沙響的，潺潺作聲的；作模糊聲的。**2** 喃喃而語的；低聲怨語的。**3** 細語的，低聲的。

mur·phy [ˋmɝfɪ; ˈmə:fi] *n.* Ⓒ《俚》馬鈴薯，洋芋。

Mur·phy's Law [ˋmɝfɪz-; ˈmə:fiz-] *n.* 莫斐法則《會出岔的終究會出岔》。

mur·rain [ˋmɝɪn; ˈmʌrin] *n.* Ⓤ (尤指牛之)傳染病，瘟疫。

mus. 《略》museum；music(al).

mus·cat [ˋmʌskət, -kæt; ˈmʌskət] *n.* **1** Ⓒ馬斯卡特葡萄，麝香葡萄《(歐洲產之)一種香葡萄；用以釀製馬斯卡特酒[麝香葡萄酒](muscatel)或製成葡萄乾》。

2 = muscatel 1.

mus·ca·tel [ˌmʌskəˋtɛl; ˌmʌskəˈtel] *n.* **1** Ⓤ馬斯卡特酒，麝香葡萄酒《(產於法、義等國之)一種以 muscat 釀造之帶甜味的餐後飲用白葡萄酒》。**2** = muscat 1.

***mus·cle** [ˋmʌsḷ; ˈmʌsl] «源自拉丁文「小鼠」之義；因肌肉之運動似鼠動» —*n.* **1** Ⓤ[指個體時爲Ⓒ]肌(肉)：an involuntary [a voluntary] ～ 不隨意[隨意]肌。
2 Ⓤ力氣，膂力：a man of ～ 力氣大的人，大力士。
3 Ⓤ《口語》强制，壓力：military ～ 軍(事)力(量)/put ～ into... 對…加壓力；對…用勁[出力]。
nòt móve a múscle 毫不動容，靜如止水，不動聲色。
—*v.i.* 〔十副詞(片語)〕《口語》(從…之中)强行擠過去：He ～*d through* the crowd. 他從人羣中硬擠過去。
múscle ín 《*vi adv*》《俚》(硬)闖進，擠進；侵入〔…〕〔*on*〕《★可用被動語態》。
múscle-bòund *adj.* **1** (因運動過度而)肌肉僵硬[失去彈性]的。**2** 缺乏彈性的。
mús·cled *adj.* [常構成複合字]有(…的)肌肉的，肌肉…的：strong-*muscled* 肌肉有力的。
mus·cle·less [ˋmʌsḷlɪs; ˈmʌsllis] *adj.* 無肌肉的，無力的。
múscle·màn *n.* Ⓒ(*pl.* **-mèn**) **1** 肌肉發達之男子。**2** 受僱之惡棍，打手，保鏢。
Mus·co·vite [ˋmʌskə͵vaɪt; ˈmʌskəvait] «Moscow 的形容詞» —*adj.* 莫斯科(市民)的。—*n.* Ⓒ莫斯科市民。
Mus·co·vy [ˋmʌskəvɪ; ˈmʌskəvi] *n.* 莫斯科維《古俄羅斯之名》。
mus·cu·lar [ˋmʌskjələ; ˈmʌskjulə] «muscle 的形容詞» —*adj.* **1** 肌(肉)的：～ strength 力氣，膂力/the ～ system 肌肉組織。**2** **a** 肌肉發達的，有力氣的。**b** 强壯的。**3** 〈措詞等〉有力的。
～**·ly** *adv.*
múscular dýstrophy *n.* Ⓤ《醫》肌肉萎縮症。
mus·cu·lar·i·ty [͵mʌskjəˋlærətɪ; ˌmʌskjuˈlærəti] «muscular 的名詞» —*n.* Ⓤ肌肉發達，强壯，强健。
mus·cu·la·ture [ˋmʌskjələtʃə; ˈmʌskjulətʃə] *n.* ⓊⒸ **1** 《解剖》肌肉組織[系統]。**2** (組織良好的)結構。
muse [mjuz; mju:z] *v.i.* **1** 熟思，深思熟慮，沉思，冥想。**2** 〔十介十(代)名〕熟思，深思熟慮，沉思，冥想〔…〕〔*on, upon, over*〕《★可用被動語態》：He ～*d* ***on*** the mystery of death [***over*** his memories of the past]. 他深思死亡的神秘[緬懷往事]。
—*v.t.* **1** 熟思，仔細考慮〈某事〉。**2** 〔十引句〕沉思地說…："That's queer," he ～*d.* 「那就怪了。」他沉思地說。
Muse [mjuz; mju:z] *n.* **1** 《希臘神話》**a** Ⓒ繆斯《司詩歌、音樂、舞蹈、歷史等藝術及學問之九位女神(Calliope, Clio, Erato, Euterpe, Melpomene, Polyhymnia, Terpsichore, Thalia, Urania)之一；爲 Zeus 之女》。**b** [**the** ～**s**] 衆繆斯女神。**2** **a** Ⓒ[常 **one's** ～, **the** ～]詩神；作詩[創作]之靈感，詩才。**b** [**the m**～]詩歌。**c** [**m**～]Ⓒ《詩》詩人。

Muse l a

‡**mu·se·um** [mjuˋziəm, ˋmjuzɪəm; mju:ˈziəm] «源自希臘文「繆斯(Muse)之神殿」之義» —*n.* Ⓒ**博物館**；紀念館；美術館：a science ～ 科學博物館/⇨ British Museum/the Burns *M*～ (羅勃)柏恩斯紀念館/the *M*～ of Modern Art (設在紐約之)現代美術館。
muséum pìece *n.* Ⓒ **1** **a** (適合收藏於博物館之)重要美術品。**b** 稀奇而極貴重之物，珍品。**2** 《謔》過時之物[人]，老骨董。
mush[1] [mʌʃ; mʌʃ] *n.* Ⓤ **1** 《美》(玉米之)濃粥。**2** 糊狀之物[食物]。**3** 《口語》低俗的傷感，肉麻(的談吐)；廢話，胡說。
màke a músh of... 《口語》弄糟…。
mush[2] [mʌʃ; mʌʃ] 《美・加》*n.* Ⓒ(雪中)乘狗拖雪橇之旅行。
—*v.i.* 乘狗拖雪橇旅行。
—*interj.* 前進！跑！走！《對拖雪橇之狗發口令之聲音》。
***mush·room** [ˋmʌʃrum, -rʊm; ˈmʌʃrum, -ru:m] *n.* **1** Ⓒ[當作食物時爲Ⓤ](食用)蘑菇，洋菇，蕈。**2** Ⓒ **a** 急速成長之物。**b** 突然發迹之人，暴發戶。**3** Ⓒ《口語》形狀如蕈之物：**a** 蕈形草帽《婦女用》。**b** (又作 **múshroom clòud**)(原子彈爆發時形成之)蕈狀雲，原子雲。
—*adj.* [用在名詞前] **1** (似)蕈的。**2** 雨後春筍般的，急速成長的：a ～ town 新興城市/the ～ growth of Tokyo suburbs 東京近郊之急速發展。
—*v.i.* **1** 採集蘑菇：go ～*ing* 去採蘑菇。**2** 急速生長[發展]：Factories of this sort ～*ed* along the river. 這類工廠沿著河川如雨後春筍似地興建起來。**3** 〔(十副)十介十(代)名〕呈蕈狀擴散〔到…〕，〈火災〉延燒〔到…〕〈*up, out*〉〔*in, into, over*〕：Black smoke ～***ed over*** the warehouse. 烏煙呈蕈狀擴散到倉庫上方。

mushroom 3 b

mush·y [ˋmʌʃɪ; ˈmʌʃi] «mush[1] 的形容詞» —*adj.* (**mush·i·er**; **-i·est**) **1** (似玉米粥般)稀溜溜的，柔軟的，濃稠的，糊狀的。**2** 《口語》軟弱的，心腸軟的；(說話、文章等)肉麻的，過於柔美傷感的。
‡**mu·sic** [ˋmjuzɪk; ˈmju:zik] *n.* Ⓤ **1** **a** 音樂。

【字源】希臘神話裡主神宙斯(Zeus)與司記憶之女神尼穆西妮(Mnemosyne)生了九個女神，就是後來司掌音樂、文學與藝術等的九位繆斯(the nine Muses). music 就是從這些女神的名字 Muse 衍生出來的，原義是「Muse 之才藝」。

b 樂曲：compose ～ 作曲/set a poem to ～ 爲一首詩譜曲[配樂]。**c** [集合稱]曲(集)。**2** 樂譜，譜面：without ～ 不用樂譜地/read ～ 讀樂譜。**3** (樹葉、溪水、風等之)奏樂，悅耳之聲，樂音，妙音：the ～ of the birds 鳥兒們的歌聲。**4** 音樂欣賞力，音感：He has no ～ in him [his soul]. 他沒有音樂欣賞力。
be músic to a person's **éars** (常指令他人厭惡之聲音[言詞])令某人感覺悅耳。
fáce the músic (對自己之行爲)負起責任，勇敢面對[接受](衆人之)批評。
the músic of the sphéres 天體之音樂《古希臘數學及哲學家 Pythagoras 所想像宇宙間星球天體運行時所產生之人類所無法聽及之神奇音樂；cf. sphere 3》。
‡**mu·si·cal** [ˋmjuzɪkḷ; ˈmju:zikl] «music 的形容詞» —*adj.* (**more** ～; **most** ～) **1** **a** (無比較級、最高級)**音樂的**：a ～ instrument 樂器/ ～ intervals [scales] 音程[音階]/a ～ performance 演奏。**b** 和著音樂的，有音樂(伴奏)的：a ～ comedy 音樂喜劇/a ～ film (電影之)音樂片。**2** 愛好音樂的，有音樂才能的，擅長音樂的：be of a ～ turn [bent] 有音樂素質[性向]的/Are you ～? 你喜歡[懂]音樂嗎？**3** 像音樂的，音樂性的，悅耳的，聲音美妙的：a ～ voice 好聽的聲音。
—*n.* Ⓒ音樂喜劇。
músical bòx *n.* Ⓒ《英》音樂盒(《美》music box).
músical cháirs *n.* Ⓤ搶椅遊戲：play ～ 玩搶椅遊戲。

【說明】把椅子擺成一圈，椅子比人數少一個，開始奏樂，人隨音樂繞着椅子走動，音樂突然停止，人就搶椅子坐，沒能坐上的，拿着一個椅子退下，這樣一直玩到最後一張椅子，遊戲才算結束。

mu·si·cale [͵mjuzɪˋkæl; ˌmju:ziˈkæl] «源自法語» —*n.* Ⓒ《美》(社交上之非正式)音樂會。
mú·si·cal·ly [-klɪ; -kəli] *adv.* **1** 在音樂上；就音樂而言。**2** 悅耳地，音樂般地。
músic bòx *n.* Ⓒ《美》音樂盒(《英》musical box).
músic dràma *n.* Ⓒ《音樂》樂劇。
músic féstival *n.* Ⓒ音樂節。
músic hàll *n.* **1** Ⓒ **a** 《英》歌廳，綜藝劇場，雜耍戲院(《美》vaudeville theater). **b** 《美》音樂廳。**2** Ⓤ綜藝節目。
‡**mu·si·cian** [mjuˋzɪʃən; mju:ˈziʃn] *n.* Ⓒ **1** **音樂家**《包括作曲家、演奏家、指揮家等》。**2** 善於音樂之人；研究音樂之人。
mu·si·cian·ly [mjuˋzɪʃənlɪ; mju:ˈziʃnli] *adj.* 適於音樂家的，音樂家特有的。
musícian·shìp *n.* Ⓤ音樂演奏[理解]能力，音樂家之才氣[技巧]。
mu·si·col·o·gy [͵mjuzɪˋkɑlədʒɪ; ˌmju:ziˈkɔlədʒi] *n.* Ⓤ音樂學，音樂理論。
músic schòol *n.* Ⓤ [指設施時爲Ⓒ] 音樂學校。
músic stànd *n.* Ⓒ樂譜架。
músic stòol *n.* Ⓒ鋼琴演奏時所用之無靠背凳子《可自由升降調節高度者》。
mús·ing *n.* Ⓤ沉思，默想，冥想：He is given to ～. 他常耽於沉思。—*adj.* 耽於沉思的，默想[沉思，冥想]的。～**·ly** *adv.*
musk [mʌsk; mʌsk] *n.* Ⓤ麝香(之香氣)《取自雄麝香鹿(musk deer)之分泌物；做香料用》。
músk dèer *n.* Ⓒ(*pl.* ～)《動物》麝香鹿《產於中亞細亞；雄鹿腹部分泌麝香(musk)》.
mus·ket [ˋmʌskɪt; ˈmʌskit] *n.* Ⓒ(昔時之)毛瑟槍，滑膛槍《來復槍(rifle)之前身，槍膛中無來復線》。

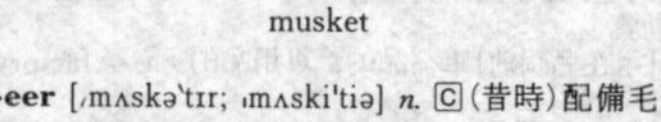

musket

mus·ket·eer [͵mʌskəˋtɪr; ˌmʌskiˈtiə] *n.* Ⓒ(昔時)配備毛瑟槍之兵，步兵。
mus·ket·ry [ˋmʌskɪtrɪ; ˈmʌskitri] *n.* Ⓤ **1** [集合稱] **a** 毛瑟槍。**b** 毛瑟槍[步槍]隊。**2** 步槍射擊(術)。

músk·mèlon *n.* Ⓒ香瓜，甜瓜，哈密瓜《表面有網狀花紋，果肉有似麝香(musk)之芳香》。

músk òx *n.* Ⓒ(*pl.* **musk oxen**)〖動物〗麝牛《生長於格陵蘭及北美之不毛之地》。

músk·ràt *n.* (*pl.* ～s,[集合稱]～) **1** Ⓒ〖動物〗麝鼠《似海狸之北美產水鼠》。**2** Ⓤ麝鼠之毛皮。

músk ròse *n.* Ⓒ〖植物〗麝香玫瑰《一種香味濃郁之薔薇科植物》。

musk·y [ˋmʌskɪ; ˈmʌski] «musk 的形容詞» —*adj.* (**musk·i·er**; **-i·est**)麝香(質)的；有麝香氣味的：a ～ smell 麝香氣味。

Mus·lim [ˋmʌzlɪm, ˋmʊs-; ˈmuslim, ˈmʌz-] *n.* Ⓒ(*pl.* ～s, [集合稱]～) **1** 回教徒。**2** (*pl.* ～s)《美》＝Black Muslim.
—*adj.* 回教(徒)的。

mus·lin [ˋmʌzlɪn; ˈmʌzlin] «源自最初製造之伊拉克地名» —*n.* Ⓤ **1** 摩斯林《做衣服、窗帷等用之一種細薄棉布》。**2**《美》印花布，棉布。

mus·quash [ˋmʌskwɑʃ; ˈmʌskwɔʃ] *n.* ＝muskrat.

muss [mʌs; mʌs]《美口語》*n.* ⓊⒸ **1** 混亂，雜亂，一團糟。**2** 騷亂，騷動，吵鬧；吵[打]架。—*v.t.* 〔十受十副〕 **1** 弄亂〈頭髮、衣服等〉，使…雜亂〈*up*〉. **2** 使…一團糟〈*up*〉.

mus·sel [ˋmʌsl; ˈmʌsl] *n.* Ⓒ〖貝〗殼菜，貽貝，淡菜《一種有二片殼之貝；棲於近海，肉可食，常為乾製品》。

Mus·so·li·ni [ˏmuslˋinɪ, ˏmʊs-; ˏmusəˈli:ni], **Be·ni·to** [bəˋnito; bəˈni:tou] *n.* 墨索里尼《1883–1945；義大利的獨裁者；1945 年被處死刑》。

Mus·sul·man [ˋmʌslmən; ˈmʌslmən] *n.* (*pl.* ～s)Ⓒ回教徒。
—*adj.* 回教徒的。

muss·y [ˋmʌsɪ; ˈmʌsi] «muss 的形容詞» —*adj.* (**muss·i·er**; **-i·est**)《美口語》**1** 混亂的；雜亂的。**2** 吵鬧的。

‡**must**[1] [(輕讀)məst; məst; (重讀)mʌst; mʌst] *aux.* (★[語形]無變化；否定之省略字為 **must·n't**) **1 a** [表必要]**必須…**，得…，要…，不得不…(★[用法]表此意之否定使用 need not 或 do not have to (不必)；過去式、未來式、完成式用 have to)：We ～ eat to live. 我們為了生存必須吃東西/I ～ be going now. 我現在得走[告辭]了/"*M*～ I go there?"—"Yes, you ～." ["No, you *need not*."]「我要去那兒嗎？」「要去」[「不必[不用]去」]/I told him that I ～ go. 我告訴他我必須去(★[用法]於間接敍述法、過去式亦常用 must). **b** [表示義務、命令]**必須…**，要…，得…；[以否定表示禁止]**不可…**，不得…：You ～ do as you are told. 你要照吩咐行事/You ～ *not* do it. 你不可以做這件事/You ～ obey your parents. 你要聽從父母親的話。**c** [表示主張]**務必…**，非…不可(★must 之發音加重)：He ～ always have his own way. 他總是非得自行其事不可/If you ～, you ～. 如果你一定要，那就沒辦法了/She said that she ～ see the manager. 她說她一定要見到經理才行(★[用法]於間接敍述法，過去式亦用 must). **d** [表示必然性]**必定…**，必然…，必將…：All men ～ die. 凡是人必定會死。

2 [表示當然之推測] **a 一定會…**，必定…無疑，料必…(★[用法]表此義之 must, 否定為 cannot(不可能…)；且除反問對方之問句及附加問句之外不用於疑問句，而以 Are you sure? 代替)："You ～ know this!"—"*M*～ I?"「你一定知道這件事。」「是嗎？」/You ～ know this, *mustn't* you? 你一定知道這件事吧？/War ～ follow. 戰爭一定會隨著來。**b** [must have＋過分，表示對過去之推測]**一定(曾)…**，必然(已)…：What a sight it ～ *have been*! 這樣子原來一定很怪[難看]/How you ～ *have hated* me! 你一定很恨我/I thought you ～ *have lost* your way. 想必你一定是迷了路/You ～ *have caught* the train if you had hurried. 要是你趕快，你一定已趕上了火車(★[用法]此句中 must 之意相當於古語之假設法 'would surely')/They ～ *have done* it! 這件事一定是他們幹的(cf. They *cannot* have *done* it! 這件事不可能是他們幹的)。**c** [～ not, mustn't] **一定不…**：He *mustn't* be there. 他一定不在那兒/He *mustn't* have known it. 他一定是不知道這件事。

3 [表示過去偏巧之事]偏巧…，偏偏…：Just when I was busiest, he ～ come for a chat. 正當我最忙時，他偏偏來聊天。

mùst néeds dó ⇨ needs.

néeds mùst dó ⇨ needs.

— [mʌst; mʌst] *n.* [a ～]《口語》絕對需要之物，必備之物，務必[不可不]看[聽]之物；必要做之事：A raincoat is *a* ～ in the rainy season. 在雨季雨衣是必備之物。

— [mʌst; mʌst] *adj.* [用在名詞前]《口語》絕對需要的，必備的，務必[不可不]看[聽]的：～ books [subjects] 必讀之書[必修科目]。

must[2] [mʌst; mʌst] *n.* Ⓤ(發酵前或發酵中之)葡萄[果]汁。

must[3] [mʌst; mʌst] *n.* Ⓤ霉臭；霉，黴。

must[4] [mʌst; mʌst] *n.* Ⓤ(雄象等之)發情期[因性慾發作所致]之狂暴：on [in] ～ 正在發情[性衝動]期的，變得狂暴的。
—*adj.* 正在發情的，(因發情[性慾衝動]而)狂暴的：go ～ (發情[性慾衝動]而)變得狂暴。

mus·tache [ˋmʌstæʃ, məˋstæʃ; məsˈtɑ:ʃ] *n.* Ⓒ《美》[常 ～s]髭，蓄在上唇之鬚，小髭子《通常連成一片者當單數用，在中間斷成二片者當複數用》(《英》moustache) (⇨ beard【同義字】)：have [wear] a ～ [a pair of ～*s*] 留著小髭子[留著八字鬍]。

mustaches

mus·ta·chi·o [məˋstɑʃo; məsˈtɑ:ʃou] «源自西班牙語、義大利語 'mustache' 之義» —*n.* Ⓒ(*pl.* ～s)[常 ～s]大髭，大八字鬍。

mus·tang [ˋmʌstæŋ; ˈmʌstæŋ] *n.* Ⓒ(墨西哥、美國德克薩斯州(Texas)等平原產之)小(半)野馬。
(**as**) **wild as a mústang**《美口語》完全管不了[無法控制]的，放縱而令人束手無策的。

***mus·tard** [ˋmʌstəd; ˈmʌstəd] *n.* Ⓤ **1**〖植物〗芥菜：white ～ 白芥菜。**2** 芥末，芥子粉《辛香料》：English [French] ～ 芥子泥[加醋芥末醬]。

【說明】mustard 不但當辛香料用，自古以來也當藥材用。因為牛肉常沾芥末吃，所以英文裏說 "after meat, mustard"(吃完了肉，芥末才拿出來，意思就是「太遲了」)。還有 "a grain of mustard seed"(一粒芥菜種子)表示起初是一丁點，但將來會長得很大的東西(出自聖經新約「馬太福音」)。

(**as**) **kéen as mústard** 興趣很濃厚[非常熱心]的。

cút the mústard《美口語》達到標準[目標]。

mústard and créss《英》小芥菜(拌生菜沙拉用)。

mústard gàs *n.* Ⓤ芥子氣(yperite)《一種糜爛性毒氣》。

mústard plàster *n.* Ⓒ芥子膏，芥泥《一種塗於布上熱敷之反刺激膏藥》。

mústard pòt *n.* Ⓒ芥末瓶《餐桌用》。

mústard sèed *n.* Ⓤ[指個體時為Ⓒ]芥菜子《其粉末可做調味料或藥》。
a gráin of mústard sèed (1)一粒芥菜子。(2)作為大發展之本源的小東西(★出自聖經新約「馬太福音」)。

mus·ter [ˋmʌstə; ˈmʌstə] «源自拉丁文「展示」之義» —*v.t.* **1** 召集〈士兵、船員等〉(以便檢閱或點名)。**2** 〔十受(十副)〕鼓起，提起，奮起〈勇氣等〉〈*up*〉：～ (*up*) all one's strength [courage] 集中一切力量[鼓足勇氣]/I ～*ed* the best possible smile. 我盡量展顏微笑。—*v.i.* 〈軍隊〉集合(受檢閱或點名)。
múster ín [óut] (*vt adv*)《美》徵召〈人〉入伍[使〈人〉退伍]。
—*n.* Ⓒ **1** 召集，集合；點名；檢閱：make a ～ 進行召集[點名]。**2** (人、動物等之)集合；集合人員。**3**〖商〗樣品。
páss múster (1)通過檢閱。(2)合格，符合要求。

múster ròll *n.* Ⓒ《文語》兵員[船員]名册。

‡**must·n't** [ˋmʌsn̩t, ˋmʌsn̩; ˈmʌsnt, ˈmʌsn] **must not** 之略。

must·y [ˋmʌstɪ; ˈmʌsti] «must[3] 的形容詞» —*adj.* (**must·i·er**; **-i·est**) **1** (有)霉臭的；發霉的。**2** 古老的，陳腐的，過時的：～ ideas 陳腐的觀念。**3** 沒有活力的；感覺遲鈍的。

mu·ta·bil·i·ty [ˏmjutəˋbɪlətɪ; ˏmju:təˈbiləti] «mutable 的名詞» —*n.* Ⓤ **1** 不定性，易變性，無常。**2** 性情不定，喜怒無常。

mu·ta·ble [ˋmjutəbl̩; ˈmju:təbl] *adj.* **1** 不定的，易變的，無常的。**2** 性情不定的，喜怒無常的。

mu·tant [ˋmjutn̩t; ˈmju:tnt]〖生物〗*adj.* 突變的，由突變而產生的。—*n.* Ⓒ由突變而產生之新種或新個體，變種。

mu·tate [ˋmjutet; mju:ˈteit] «源自拉丁文「變」之義» —*v.i.* **1** 變化。**2**〖生物〗突變。**3**〖語言〗發生母音變化。
—*v.t.*〖語言〗使〈母音〉變化。

mu·ta·tion [mjuˋteʃən; mju:ˈteiʃn] «mutate 的名詞» —*n.* **1** ⓊⒸ **a** 變化，變更，轉變(change). **b** (人生之)浮沈；(社會之)變遷。**2**〖生物〗**a** ⓊⒸ突變(cf. variation 4). **b** Ⓒ由突變而產生之新種或新個體(mutant). **3** ⓊⒸ〖語言〗母音變化(⇨umlaut)：the ～ plural 變母音複數(如 goose＞*geese*).

mu·ta·tis mu·tan·dis [mjuˋtetɪs mjuˋtændɪs; mu:ˏtɑ:tismu:ˈtændis] «源自拉丁文» —*adv.* 加以必要之變動。

mute [mjut; mju:t] «源自拉丁文「無言的」之義» —*adj.* (**mut·er**; **-est**) **1 a** 無言的，沉默的：～ resistance 無言的抵抗。**b** 不能說話的，啞的(★[比較]mute 為拘泥之用語，一般用 dumb). **2 a** 〈字母〉不發音的：a ～ letter 不發音的字母(如 knife 之 k 及 e 等)。**b**〖語音〗閉鎖音的(b, d, g 等)。**3** 〈獵犬〉不叫的。**4**〖法律〗〈被告〉不答辯的，拒作供述的：stand ～ 拒作供述。—*n.* Ⓒ **1** 啞子；沉默之人。**2**〖語音〗閉鎖音。**3**〖音樂〗(樂器之)弱音器。
—*v.t.* 〔十受〕**1** 消除[減弱]…之聲音。**2** 使…沉默。**3** 使…變得色調柔和。～**·ly** *adv.*

M

mút·ed *adj.* **1** 沉默的。**2 a** 裝了弱音器的；裝上弱音器彈奏的。**b**〈聲音〉變小[變弱]的；色調變弱的：～ colors 變得不鮮明的顏色。～**·ness** *n.*

mu·ti·late [ˋmjutḷˏet; ˈmju:tileit] *v.t.* **1 a** 使〈人〉失去手足，使…殘廢，殘害〈人等〉。**b** 切斷[切除]〈手足等〉；使〈身體〉殘缺不全。**c** 使〈物〉破碎，毀壞，毀損：～ a painting 毀損一幅油畫。**2** 刪改〈文學作品等〉之主要部分而使之不完整。

mu·ti·la·tion [ˏmjutḷˋeʃən; ˌmju:tiˈleiʃn] «mutilate 的名詞»—*n.* Ⓤ Ⓒ **1** (手足等之)切斷，切除；毀傷肢體，殘害。**2** (文學作品等之)殘缺不全。

mu·ti·neer [ˏmjutṇˋɪr; ˌmju:tiˈniə] *n.* Ⓒ **1** 暴動者，反叛者，背叛者。**2**《軍》(對長官之)抗命[反抗]者。

mu·ti·nous [ˋmjutṇəs; ˈmju:tinəs] «mutiny 的形容詞»—*adj.* **1** 發動[參加]叛變[暴動]的。

2 反抗的，抗命的；反叛的，背叛的。

mu·ti·ny [ˋmjutṇɪ; ˈmju:tini] «源自拉丁文「動」之義»—*n.* Ⓤ Ⓒ (尤指發生於軍艦、船隻、軍隊等之)暴動，叛變，叛亂，兵變；(對長官之)反抗。

—*v.i.* **1** 發動[參加]叛變[暴動]；反抗。**2**〔十介十(代)名〕反抗〔長官〕〔*against*〕.

mutt [mʌt; mʌt] «muttonhead 之略»—*n.* Ⓒ《口語》**1** 笨蛋，呆子，傻瓜。**2**《輕蔑》狗；(尤指)雜種狗。

mut·ter** [ˋmʌtɚ; ˈmʌtə] «擬聲語»—*v.i.* **1 a** (以低沉的聲音)喃喃而言：～ to oneself 喃喃自語。**b**〔十介十(代)名〕〔對事物〕抱怨，發牢騷〔*at, about*〕：They ～*ed* ***about the high taxes. 他們抱怨重稅。**2**〈雷等〉作低沉聲響：We heard thunder ～*ing* in the west. 我們聽見在西邊雷聲隆隆。

—*v.t.* **1**〔十受〕喃喃地說…，低聲說…：～ an oath 喃喃地說詛咒的話/He ～*ed* a reply. 他低聲回答。**2 a**〔十(*that*)__〕喃喃地說〈…(事)〉：He ～*ed that* he would not agree with me. 他喃喃地說他不贊成我。**b**〔十引句〕喃喃地說…：“I don't like him,” she ～*ed.* 她喃喃地說，「我不喜歡他。」

—*n.*〔用單數〕**1** 喃喃低語；呢喃低語聲：in a ～ 以低聲呢喃地。**2** 低沉之隆隆聲：the ～ *of* distant thunder 遠處的隆隆雷聲。

mut·ton [ˋmʌtṇ; ˈmʌtn] «源自法語「羊」之義» —*n.* Ⓤ羊肉(⇨ sheep 【相關用語】)：roast ～ 烤羊肉/a leg of ～ ⇨ leg *n.* 1/a shoulder of ～ 羊的肩膀肉。**(as) déad as múttton** ⇨ dead. **mútton dréssed as lámb** 作年輕打扮的婦女。

mútton chòp *n.* Ⓒ (通常附肋骨之)羊肉片，羊排(cf. pork chop).

mútton·chòps *n. pl.* (上窄下寬狀似羊肉片之)絡腮鬍。

múttonchop whiskers *n. pl.* = muttonchops.

mútton·hèad *n.* Ⓒ《口語》傻瓜，呆子。

muttonchops

***mu·tu·al** [ˋmjutʃuəl; ˈmju:tʃuəl] «源自拉丁文「借用[交換]的」之義»—*adj.* (無比較級、最高級) **1 相互的**，彼此的；互有關係的：by ～ consent 由於彼此同意/～ aid 互助/～ understanding 相互理解。**2 共同的，共通的**：～ efforts 共同的努力/our ～ friend 我們共同的朋友。～**·ly** [-tʃuəlɪ; -tʃuəli] *adv.*

mútual fùnd *n.* Ⓒ共同基金[合股]投資公司。

mu·tu·al·i·ty [ˏmjutʃuˋælətɪ; ˌmju:tjuˈæləti] «mutual 的名詞»—*n.* Ⓤ相互關係，相關，相互依存。

muu·muu [ˋmuˏmu; ˈmu:mu:] *n.* Ⓒ穆穆裝(mumu)《夏威夷婦女穿的寬長鮮艷服裝》。

Mu·zak [ˋmjuˏzæk; ˈmju:zæk] *n.* Ⓤ《商標》(以有線或無線電由音樂廣播公司傳送供餐廳、旅館、辦公室、工廠、超級市場等處播放之)錄音配樂。

mu·zhik, -zjik [muˋʒik, ˋmuʒik; mu:ˈʒi:k, ˈmu:ʒi:k] *n.* Ⓒ《俄》(俄國帝政時代之)農民，農夫。

muz·zle [ˋmʌzḷ; ˈmʌzl] *n.* Ⓒ **1** (狗、貓等之)鼻、口及顎之部分(⇨ nose【同義字】)。**2** 槍口，砲口。**3** (狗等戴之)口絡，鼻籠。

—*v.t.* **1** 給〈動物〉戴上口絡。**2** 迫使〈人〉緘默，不准〈人〉發表意見：～ the press 箝制報紙的言論。

múzzle-lòader *n.* Ⓒ (昔時之) 前膛槍[砲]《自槍[砲]口裝填》。

múzzle-lòading *adj.* 前裝式的，前膛裝填的。

múzzle velócity *n.* Ⓤ Ⓒ (槍[砲]彈離開槍[砲]口時之)初速。

muzzle 3

muz·zy [ˋmʌzɪ; ˈmʌzi] *adj.* (**muz·zi·er**; **-zi·est**)《口語》**1** (因病、飲酒等)頭腦不清的，昏迷的，迷糊的。**2** 模糊的，不鮮明的。

múz·zi·ly [-zɪlɪ; -zili] *adv.* **-zi·ness** *n.*

Mv《化學》mendelevium.

MVP《略》most valuable player《棒球》最有價值球員。

MX《略》missile experimental 試驗性飛彈。

Mx. Middlesex.

‡**my** [maɪ; mai] *pron.* **1**〔I 的所有格〕**我的**：*my* father 我的父親/her and *my* father 她的也是我的父親/her and *my* father(s) 她的父親和我的父親/*my* own 我自己的(東西(等))/I missed *my* train [flight]. 我沒能趕上我(想要搭)的火車[班機]。

2〔附加於稱呼以表親暱〕：*my* boy [friend, man, son, daughter, *etc.*] /*my* dear [darling, love, *etc.*] /*my* dear fellow = *my* good man 老兄。

3〔做為動名詞意味上之主詞〕：Heavy rain prevented *my* go*ing* out. 大雨使我不能外出。**my Lórd** ⇨ lord 4.

—*interj.*〔表示驚訝、疑惑〕哎呀！啊！哇！咦！嗄！：*My*! It's beautiful! 哇，眞漂亮！

My·ce·nae [maɪˋsini; maiˈsi:ni:] *n.* 美錫尼《古希臘之一城市；爲青銅器時代文明之中心地》。

My·ce·ne·an [ˏmaɪsɪˋniən; ˌmaisəˈni:ən⁻] «Mycenae 的形容詞»—*adj.* 美錫尼(文明)的：～ civilization 美錫尼文明。

my·col·o·gy [maɪˋkɑlədʒɪ; maiˈkɔlədʒi] *n.* Ⓤ黴菌學。

my·co·tox·in [ˏmaɪkoˋtɑksɪn; ˌmaikouˈtɔksin] *n.* Ⓒ黴菌毒素。

my·e·li·tis [ˏmaɪəˋlaɪtɪs; ˌmaiəˈlaitis] *n.* Ⓤ《醫》脊髓炎。

my·na, my·nah [ˋmaɪnə; ˈmainə] *n.* Ⓒ《鳥》(東南亞產之)九官鳥《能模仿人語》。

Myn·heer [maɪnˋhɛr, -ˋhɪr; mainˈhiə, -ˈhɛə] *n.* **1** 先生《等於 Mr. 或 Sir, 爲荷蘭人對男子之尊稱》。**2** [m～]《俚》荷蘭人。

my·o·car·di·al [ˏmaɪəˋkɑrdɪəl; ˌmaiəˈkɑ:diəl] *adj.*《解剖》心肌的。

my·o·car·di·tis [ˏmaɪokɑrˋdaɪtɪs; ˌmaioukɑ:ˈdaitis] *n.* Ⓤ《醫》心肌炎。

my·ope [ˋmaɪop; ˈmaioup] *n.* Ⓒ近視者。

my·o·pi·a [maɪˋopɪə; maiˈoupjə] *n.* Ⓤ **1**《醫》近視(↔ hyperopia). **2** 缺乏遠見，短視。

my·o·pic [maɪˋɑpɪk; maiˈɔpik⁻] «myopia 的形容詞»—*adj.* **1** 近視的，近視眼的。**2** 缺乏遠見的。

my·o·py [ˋmaɪopɪ; ˈmaioupi] *n.* =myopia.

myr·i·ad [ˋmɪrɪəd; ˈmiriəd] «源自希臘文「一萬，無數」之義»—*n.* Ⓒ無數：～*s* [a ～] *of* stars 無數的星星。

—*adj.* 無數的：our *myriad*-minded Shakespeare 才情洋溢[通曉萬事]的莎士比亞《★S.T. Coleridge 之言》。

myr·i·a·pod [ˋmɪrɪəˏpɑd; ˈmiriəpɔd] *n.* Ⓒ多足類[節肢]動物。

—*adj.* 多足類的。

Myr·mi·don [ˋmɝməˏdɑn; ˈmə:midən] *n.* Ⓒ (*pl.* ～**s**, **Myr·mid·o·nes** [mɚˋmɪdəˏniz; məˈmidəni:z]) **1**《希臘神話》密爾米頓《隨阿奇里斯(Achilles)出征特洛伊(Troy)之一名塞瑟利族(Thessaly [ˋθɛslɪ; ˈθesəli])勇士》。

2 [m～] 對主人唯命是從之人：the *myrmidons* of the law《輕蔑·謔》警官，執行吏，官吏。

myrrh [mɝ; mə:] *n.* Ⓤ沒藥《一種有香氣，帶苦味之樹脂；用於藥劑及香料》。

myr·tle [ˋmɝtḷ; ˈmə:tl] *n.* Ⓒ《植物》**1** 桃金孃。

【說明】愛和美的女神維納斯所喜愛的花。不太容易長根的樹，英國人傳說不由女性種就種不活。象徵幸運和多產，拿在手中的葉子如作劈拍聲，表示戀愛會成功。如在院子裏盛開這種花，這一家人就會有人結婚。

2 一種蔓生之夾竹桃科長春草屬植物。

‡**my·self** [məˋsɛlf, maɪˋsɛlf; maiˈself, miˈs-, məˈs-] *pron.*《★I 的反身代名詞；⇨ oneself》**1**〔强調用法〕**我自己，我本身，我親自**：**a**〔與 I 連用作同格語〕：I ～ saw it. = I saw it ～. 我親眼看見它《★【比較】後者較爲口語化》。**b**〔and ～，用以代替 I, me〕：The special members of the club are Mr. Smith, Mr. Green and ～. 這俱樂部的特別會員是史密斯先生，葛林先生還有我。

【語法】(1)如 *Myself* will do it. 等僅以 myself 做爲主詞之用法罕見，但在淺顯易懂之口語則有時做爲主詞之一部分使用：My mother *and myself* went to the seaside for the summer. (我母親和我去海邊避暑[過夏天])《★但即使在此種情形亦不將 myself 置於 and 之前作 *Myself* and my mother went....》. (2)有時亦做爲受詞之一部分使用如 The doctor advised my brother and *myself* to give up smoking. (醫生勸我哥和我戒煙)，但此種用法未爲一般所接受。**c**〔用在 as, like, than 之後以代替 I, me〕：No one knows more about it *than* ～. 沒有人對這件事知道得比我(自己)更多/He is as capable *as* ～ in handling a computer. 他跟我一樣能熟練地操作電腦。**d**〔用以顯示獨立結構之主詞關係〕：*M*～ poor, I understood the situation. 由於我本身貧窮，我了解那狀況。

M

2 [反身用法]將[對]我自己：**a** [作反身動詞之受詞]《★不當作受詞譯出而與反身動詞合併譯成似不及物動詞之語意；參閱各動詞之項》：I have hurt ～. 我受了傷《不譯作「我傷害了我自己」》。**b** [作一般動詞之受詞]：I couldn't make ～ understood. 我沒能使別人了解我的意思/I poured ～ a cup of tea. 我給自己倒了一杯茶。**c** [作介系詞之受詞]《★另參閱成語》：I must take care *of* ～. 我必須(不受別人的照顧而)(自己)照顧自己。
3 平時的我，本來的我，正常的我《★通常用作 be 動詞之補語》：I'm not ～ today. 我今天有點心神不定[不舒服]。
beside mysélf ⇨ oneself. **by mysélf** ⇨ oneself. **for mysélf** ⇨ oneself. **to mysélf** ⇨ oneself.

‡**mys·te·ri·ous** [mɪsˋtɪrɪəs, mɪˋstɪrɪəs; mi'stiəriəs] «mystery 的形容詞»—*adj.* (**more** ～; **most** ～) **1** 神秘的，有關神秘的，充滿神秘的，不可思議的，費解的：a ～ event 不可思議的事件。**2** 含有神秘的，似其中另有文章的，可疑的，曖昧的，故弄玄虛的：a ～ smile 神秘的微笑。**3** 秘密的：a ～ benefactor 秘密捐助人。～**·ly** *adv.* ～**·ness** *n.*

‡**mys·ter·y**[1] [ˋmɪstrɪ, ˋmɪstərɪ; 'mistəri] «源自希臘文「秘密儀式」之義»—*n.* **1** Ⓤ Ⓒ神秘；秘密，謎：Its origin is wrapped in ～. 它的起源仍是個未解的謎/The creation of life remains a ～. 生命的創造仍是個謎。**2** Ⓒ **a** 神秘事件。**b** (又作 **mýstery nòvel**)推理小說，神秘小說。**3** Ⓒ [常 **misteries**](尤指古希臘宗教上之)奧義，秘法，秘訣。**4** Ⓒ《基督教》**a** [常 **misteries**](只准其信徒參加之)秘密宗教儀式，神秘之教義，奧理，玄義《三位一體論等》。**b** Ⓒ秘蹟(sacrament rite)，聖餐禮(Eucharist)。**c** [**misteries**]聖體《指聖餐禮所用之麪包及葡萄酒》。**5** (又作 **mýstery plày**)Ⓒ神蹟劇《中古時代根據聖經事蹟編寫之 miracle play 中，尤指內容有關耶穌之生、死、復活者》。
màke a mýstery (**of**...) 隱瞞(…)，(對…)秘而不宣：It's no use *making a* ～ *of* it. (將…)隱瞞也沒有用。

mys·ter·y[2] [ˋmɪstərɪ; 'mistəri] *n.* Ⓒ《古》**1** 職業，行業，手工藝。**2** 同業公會。

mýstery shìp *n.* ＝Q-boat.

mýstery tòur [**trìp**] *n.* Ⓒ《英》神秘旅行《不預先將目的地告知旅客之觀光旅行》。

【說明】英國各城市都有環繞鄰近觀光勝地的巴士旅行。其中最受歡迎的是「神秘旅行」(mystery tour)；因爲事先不知道目的地，所以有如解謎般的樂趣。日本國營鐵路從 1980 年開始經營「神秘火車」(mystery train)，在夏天特別叫座。

mys·tic [ˋmɪstɪk; 'mistik] *adj.* **1** (宗教性之)秘法的，秘傳的，奧秘的；秘密宗教的：～ rites 秘密宗教儀式。**2** 神秘的，費解的；不可思議的；有神秘力量[魔力]的：a ～ number 神秘之數《如「七」等》/a ～ force 不可思議的力量。**3** ＝mystical.
—*n.* Ⓒ神秘主義者；神秘家。

mys·ti·cal [ˋmɪstɪkl; 'mistikl] *adj.* **1** 神秘主義(似)的；藉神秘靈感的。**2** 象徵(性)的，隱秘的：a ～ significance 象徵性意義。
～**·ly** [-klɪ; -kəli] *adv.*

mys·ti·cism [ˋmɪstə,sɪzəm; 'mistisizəm] *n.* Ⓤ **1**《哲》神秘主義，神秘論《主張至高之眞理僅能由心靈洞察力及直覺得知之學說》。**2** 模糊之思想或空論，玄想；通靈。

mys·ti·cize [ˋmɪstə,saɪz; 'mistisaiz] *v.t.* 使…神秘化。
—*v.i.* 以神秘主題寫文章，以神秘性事物作爲演講主題。

mys·ti·fi·ca·tion [,mɪstəfəˋkeʃən; ,mistifi'keiʃn] «mystify 的名詞»—*n.* Ⓤ Ⓒ **1** 迷惑，困惑；神秘，難解；難解之事；欺騙；騙局。**2** 神秘化。

mys·ti·fy [ˋmɪstə,faɪ; 'mistifai] *v.t.* **1** (故意)使〈人〉迷惑，使…困惑；欺瞞〈人〉。**2** 使…神秘，使…難解。

mys·tique [mɪsˋtik; mi'sti:k] «源自法語 'mystic' 之義»—*n.* Ⓤ **1** (教養、人物等所帶之)神秘性，神秘之氣息，神秘之氣氛 [*of*]. **2** (職業上之)奧秘，秘訣，神秘之技巧 [*of*].

***myth** [mɪθ; miθ] «源自希臘文「言語，話」之義»—*n.* **1 a** Ⓒ (一則)神話，神怪故事。**b** Ⓤ [集合稱]神話《全體》：famous in ～ and legend 在神話和傳說中有名的。
2 Ⓒ神化式之[虛構之]人物[事物]。
3 Ⓒ **a** 任何虛構之故事，不實之想法，(無可靠根據之)社會(上)之迷信[社會上一般之觀念]。**b** [＋ *that*__]〈…一事之〉虛構故事；社會(上)之迷信[社會上一般之觀念]：We don't believe the ～ *that* racial discrimination was imposed by God. 我們並不相信種族歧視是上帝加諸於人的觀念。

myth.《略》mythological；mythology.

myth·i·cal [ˋmɪθɪkl; 'miθikl] «myth 的形容詞»—*adj.* **1** 神話的；神話中的。**2** 如神話的；虛構的，假的，想像的：a ～ creature 虛構的[想像的]動物。～**·ly** [-klɪ; -kəli] *adv.*

myth·i·cist [ˋmɪθəsɪst; 'miθisist] *n.* Ⓒ解釋神話者，神話學者，神秘主義者。

mýth·màker *n.* Ⓒ製造神話者，虛構專家：the Communist mythmakers 共黨之神話製造家。

myth·o·log·i·cal [,mɪθəˋlɑdʒɪkl; ,miθə'lɔdʒikl˝] «mythology 的形容詞»—*adj.* **1** 神話(式)的；神話學(上)的。**2** 虛構(故事)的。～**·ly** [-klɪ; -kəli] *adv.*

my·thól·o·gist [-dʒɪst; -dʒist] *n.* Ⓒ神話學家[作者]。

my·thol·o·gy [mɪˋθɑlədʒɪ; mi'θɔlədʒi] *n.* **1 a** Ⓤ [集合稱]神話。**b** Ⓒ神話集。**2** Ⓤ神話學。

myx·o·ma·to·sis [,mɪksəməˋtosɪs; ,miksəmə'tousis] *n.* Ⓤ《醫》多發性黏液瘤，黏液瘤病。

M

N

N n **N n** *N n*

n[1], **N**[1] [ɛn; en] *n.* (*pl.* **n's, ns, N's, Ns** [~z; ~z]) **1** ⓊⒸ英文字母的第十四個字母(cf. nu). **2** Ⓤ(一序列事物的)第十四個；(不含J時的)第十三個。

n[2] [ɛn; en] *n.* Ⓒ《數學》不定數。

N[2] [ɛn; en] *n.* Ⓒ(*pl.* **N's, Ns** [~z; ~z])N 字形(之物)。

N 《符號》《化學》nitrogen.

n. 《略》neuter；nominative；noon；note；noun；number.

n., N, N. 《略》north；northern.

'n [n; n] **《縮寫》—**《口語》*conj.* **1** ＝and. **2** ＝than.
—*interj.*＝in.

-n[1] [-n; -n] 字尾＝-en[1].

-n[2] [-n; -n] 字尾＝-en[2].

na [nə; nə] 《蘇格蘭》*adv.* **1** ＝no. **2** ＝not；in no way；by no means. **—*conj.***＝nor；neither.

Na **《源自拉丁文 natrium》**《符號》《化學》sodium.

n/a 《略》《銀行》no account 無帳戶。

N.A. 《略》National Academy [Army]；North America(n).

NAACP, N.A.A.C.P. 《略》National Association for the Advancement of Colored People《美》全國有色人種協進會。

Naa·fi, NAAFI [ˋnæfɪ; ˈnæfi] **《*N*avy, *A*rmy and *A*ir *F*orce *I*nstitute(s)的頭字語》—*n.*** 《英》**1** [**the** ~]陸海空軍衛生福利機構《經營雜貨店、小商店、娛樂設施等》。**2** Ⓒ(Naafi 經營的)雜貨店，餐廳(《美》post exchange).

nab [næb; næb] *v.t.* (**nabbed**；**nab·bing**)《口語》**1** 〔十受(十介十(代)名)〕〔以…罪名〕逮捕〈人〉，猛然抓住…〔*for*〕：~ a person ***for*** robbery [steal*ing* a book] 以強盜[偷書]罪逮捕某人。**2 a** 抓住，搶去〈東西〉。**b** 猛吃，猛喝〈東西〉。**c** 迅速逮捕〈人〉。

na·bob [ˋnebɑb; ˈneibɔb] *n.* Ⓒ **1** (蒙兀兒(Mogul)帝國時代的)印度太守。**2 a** (十八至十九世紀左右時自印度發財回去的)歐洲富豪。**b** 富豪，大富翁，暴發戶。**c** 重要人物。

Na·both [ˋnebɑθ; ˈneibɔθ] *n.* 《聖經》拿伯《亞哈(Ahab)國王所羨慕的葡萄園主人，因不應所求而被殺》。

na·celle [nəˋsɛl; næˈsel] *n.* Ⓒ《航空》**1** 飛機的引擎筒。**2** (氣球的)吊籃。

nacelles 1

【照片說明】在雙翼下與垂直尾翼上的三個筒狀物部分。

na·cre [ˋnekɚ; ˈneikə] *n.* Ⓤ 珍珠母；(蚌殼內的)珍珠層。

na·dir [ˋnedɚ; ˈneiˌdiə, -də] *n.* **1** [**the** ~]《天文》天底《在天頂(zenith)正反位置之點；天體觀察者腳下的正中點》。**2** Ⓒ[常用單數](逆境的)深淵，最低點；(運氣等的)最差[壞]時：at the ~ *of*...在…的最下層[最低處]。

nae [ne; nei] *adj.*＝no. **—*adv.***＝no；not.

nag[1] [næg; næg] (**nagged**；**nag·ging**) *v.i.* 〔動(十介十(代)名)〕**1 a** 〔對人〕嘮叨不休，不停地責罵〔*at*〕《★可用被動語態》：She was always *nagging* ***at*** the maid. 她總是對女傭嘮嘮叨叨地責罵不已。**b** 不停地央求〔…〕〔*for*〕. **2** 〈煩惱事等〉使〔人〕苦惱不已〔*at*〕：The trouble ~*s* ***at*** her. 那件麻煩事使她苦惱不已。
—*v.t.* **1 a** 〔十受〕對〈人〉嘮叨不休。**b** 〔十受十介十(代)名〕對〈人〉不停地央求〔…〕〔*for*〕：~ a person ***for*** a new car 對某人不停地央求要買部新車。**c** 〔十受十 *to* do〕不停地央求〈某人〉〈做…〉：She *nagged* him *to* buy her a new coat. 她不停地央求他給她買件新外套。**d** 〔十受十介十(代)名〕不停地央求〈某人〉〔使做…〕〔*into*〕：He *nagged* her ***into*** marrying him. 他以不斷催促逼她嫁給他。**2** 〈煩惱等〉困擾著〈某人〉。
—*n.* Ⓒ《口語》嘮叨不休的人《尤指女人》：She's a terrible ~. 她是個愛嘮叨的人。**nág·ger** *n.*

nag[2] [næg; næg] *n.* Ⓒ **1** 《口語》馬；(尤指)賽馬用的馬。**2** (年老的)駑馬，老馬。

Na·ga·sa·ki [ˌnægəˋsɑkɪ; ˌnægəˈsɑ:ki] *n.* 長崎《日本九州西部之海港，1945 年 8 月 9 日被美國原子彈所炸》。

nág·ging *adj.* **1** 愛嘮叨的，聒噪不休的。
2 糾纏不休的，煩人的：a ~ pain 不易消失的痛苦。

Nah. 《略》《聖經》Nahum.

Na·hum [ˋneəm, ˋnehʌm; ˈneihəm] *n.* 《聖經》**1** 那鴻《紀元前七世紀時的希伯來預言家》。**2** 那鴻書《聖經舊約中的一書；略作 Nah.》.

nai·ad [ˋneæd, ˋnaɪ-; ˈnaiæd] *n.* Ⓒ (*pl.* **~s, nai·a·des** [-ˏdiz; -di:z])《希臘・羅馬神話》水精《住在河、湖、泉水中，外形如年輕女子》，水仙女(cf. nymph 相關用語).

***nail** [nel; neil] *n.* Ⓒ **1 a** (人等手、腳的)指甲《★ 相關用語 修剪手指甲稱爲 manicure》：cut [trim] one's ~*s* 修剪指甲。

【同義字】fingernail 指手指甲；toenail 指腳趾甲；claw 指貓等的爪；talon 指猛禽的爪。

b (雞距、牛馬蹄後的)小距。**2** 釘子；大頭釘。

a náil in a person's **cóffin** 《口語》減壽[催命]的東西；加速毀滅之物《★源自「釘棺材的釘子」之意》。

(as) hárd [tóugh] as náils (1)冷酷的，不仁慈的；毅然的。(2)(身體)非常強壯的。

bíte [chéw] one's **náils** (1)(神經質地)咬指甲。(2)束手無策。

dríve [hámmer] a náil ínto [ín] a person's **cóffin** 《口語》〈事態等〉使人減壽，加速毀滅。

hít the (ríght) náil on the héad (發言等)得要領，中肯，一針見血，正巧說對[說中]。

on the náil 《口語》(現款)立即(支付)的，當場的：cash *on the* ~ 立即付現/pay (cash) *on the* ~ 立即支付(現金)。

—*v.t.* **1** 〔十受(十介十(代)名)〕**a** 將…釘牢〔在…〕〔*on, to*〕：He ~*ed* a notice board ***on*** [***to***] the wall. 他將告示板釘在牆上。**b** 使〈人〉〔在某處〕不動〔*to*〕：Fear ~*ed* him ***to*** the spot. 恐懼使他呆立在那裏。**c** 使〈注意力〉集中〔於某處〕；使〈眼睛〉盯住〔某處〕〔*on, to*〕：~ one's eyes ***on*** the spot 眼睛盯住那地方。
2 〔十受〕《口語》逮捕[抓住]…。
3 〔十受〕《俚》**a** (用槍等)打死，射中…。**b** 毆打〈人〉。
4 〔十受〕《棒球》觸殺〈跑壘者〉。

náil dówn 《*vt adv*》(1)將…釘住。(2)使…成定案[確實]；看清，看透…：~ *down* a new agreement 努力達成新協定[契約]。(3)使〈人〉受制於〔約定等〕〔*to*〕：~ a person *down to* his promise 使人遵守自己的諾言。(4)使〈人〉說清楚〔意向等〕〔*to*〕：Try to ~ him *down to* a price. 設法逼他講定價格。

náil úp 《*vt adv*》(1)釘牢〈窗戶等〉。(2)將〈畫等〉釘於(牆等的高處)。

náil·brùsh *n.* Ⓒ指甲刷。

náil clìpper *n.* Ⓒ[常 ~s]指甲刀[剪]。

náil·er *n.* Ⓒ **1** 製釘者。**2 a** 敲釘者。**b** 自動敲釘機。

náil fìle *n.* Ⓒ(修指甲用的)指甲銼刀。

náil pòlish *n.* Ⓤ指甲油。

náil scìssors *n. pl.* 指甲剪刀。

náil vàrnish *n.* 《英》＝nail polish.

nain·sook [ˋnensʊk; ˈneinsuk] *n.* Ⓤ(原產印度之)一種薄棉布。

Nai·ro·bi [naɪˋrobɪ; ˌnaiˈroubi] *n.* 奈洛比《東非肯亞(Kenya)的首都》。

na·ive, na·ïve [nɑˋiv; nɑ:ˈi:v] **《源自法語；拉丁文「與生俱來的，自然的」之義》—*adj.*** **1 a** (尤指因年輕而)閱歷淺的，不懂世故的；單純[愚直]的。**b** 〈人〉純樸的，純眞的，天眞的。**c** 容易輕信他人的，易受騙的。**d** 《美術》樸素的，原始的。**2** (對特定領域)無經驗的；缺乏判斷力的。**~·ly** *adv.*

na·ive·té, na·ïve·té [nɑˌivˋte, nɑˋivte; nɑ:ˈi:vtei] **《源自法語》—*n.*** **1** Ⓤ樸素；單純。**2** Ⓒ[常 ~s]天眞[單純]的行爲[話]。

na·ive·ty, na·ïve·ty [nɑˋivtɪ; nɑ:ˈi:vti] *n* ＝naïveté.

***na·ked** [ˋnekɪd; ˈneikid] *adj.* (**more** ~；**most** ~) **1** (無比較級、最高級)〈身體(的一部分)〉赤裸的，裸體的，裸露的：~ to the waist 光著上半身/go ~ 一絲不掛地行走；過裸體生活/strip a person ~ 剝光某人。
2 [用在名詞前] **a** 無遮蓋的：a ~ electric bulb 無燈罩的燈泡/a ~ (electric) wire 裸電線。**b** 出鞘的〈刀等〉：a ~ sword 出鞘的劍。**c** 葉子掉光的〈樹等〉。**d** 無草木的〈土地〉。
3 [用在名詞前](無比較級、最高級)肉眼的，裸眼的：Venus can be seen with [by] the ~ eye. 金星可用肉眼[裸眼]看到。
4 a 〈房間等〉無家具等的，光禿禿的：a ~ room 無家具的房間/a ~ wall 未加裝飾的牆壁，光禿禿的牆壁。**b** [不用在名詞前]〔十介十(代)名〕沒有〔…〕的，缺乏〔…〕的〔*of*〕：trees ～ *of* leaves 葉子落光的[光禿禿的]樹。

5 [用在名詞前]未加裝飾的，赤裸裸的，原原本本的：the ～ truth 赤裸裸的事實。～**·ly** *adv.* ～**·ness** *n.*

nam·a·ble [ˋneməbḷ; ˈneiməbl] *adj.* 可命名的，可指名的。

nam·by-pam·by [ˋnæmbɪˋpæmbɪ; ˌnæmbiˈpæmbi] *adj.* **1** 多愁善感的。**2**〈男子〉娘娘腔的，柔弱的。
—*n.* Ⓒ **1** 傷感的話[文章]。**2** 柔弱的男孩子。

name [nem; neim] *n.* **1** Ⓒ名，名稱；名字，姓名：a common ～ 俗稱/a pet ～ 暱稱/He deserves the ～ *of* poet. 他理應享有詩人之名/My ～ is Tom Brown. 我的名字叫湯姆·布朗《★比較在初見面自我介紹時，較 I am Tom Brown. 常用》/What ～ shall I say？＝What ～, please？請問如何稱呼您？《★用法爲訪客傳報姓名時的問話》/May I have your ～, please？請問尊姓大名？《★用法問對方的名字時，用 What is your ～？有時是失禮的說法》/Tolerance is another ～ *for* indifference. 寬容是不關心的別名/What's in a ～？名字有什麼(意義)嗎？，名字並不重要《★源自莎士比亞(Shakespeare)的悲劇「羅蜜歐與朱麗葉」(*Romeo and Juliet*)》/Give a dog a bad [an ill] ～ (and hang him). ⇨ dog *n.* 1.

John	Fitzgerald	Kennedy
first name	middle name	《美》last name
personal name		surname
《美》given name		family name
Christian name		
baptismal name		
forename		

【說明】歐美人的習慣大多以名先姓後的次序來表示姓名，而以 first name-middle name-surname 的形式最爲普遍；如 John Fitzgerald Kennedy 中，Kennedy 是姓 (family name 或 surname)，John Fitzgerald 則爲 Christian [personal, baptismal, first, 《美》given] name 或 forename；在美國 John, Fitzgerald, Kennedy 又分別可稱爲 first name, middle name, last name. 其中的 middle name 除了簽署法律文件外，通常可以省略，尊稱 Mr.(先生)只能放在全名或姓之前，不能放在名字之前，例如可稱爲 Mr. John Fitzgerald Kennedy 或 Mr. Kennedy, 而不是 Mr. John. 此外，我們中國人最好用 given [personal] name-family name, 而不要用 first name-last name 比較不會被誤解；cf. first name, nick name, introduction【說明】

2 a [**a** ～, **one's** ～]〔…的〕名聲，聲望〔*for, as*〕：*a* good [bad] ～ 好的[壞的]名譽，好的[壞的]聲望/get oneself *a* ～ 揚名/make [win] *a* ～ (for oneself) 贏得名聲，揚名，成名/She made her ～ *as* a pianist. 她以鋼琴家揚名/The joiner has *a* ～ *for* reliability. 那個木匠以可靠聞名。**b** Ⓒ [常與 big, great, famous 等修飾語連用]《口語》知名之士，名人：the great ～*s* in science 科學界的名人/⇨ big name.
3 Ⓒ惡言：call a person (bad) ～*s* 辱罵某人。
4 Ⓒ名義；空名，虛名：⇨ in NAME.
5 [用單數；常 **the** ～]《聖經》(神、耶穌基督的)尊名。

by náme (1)指名，名叫：mention [call] a person *by* ～ 指[叫]某人的名字/I asked for him *by* ～. 我指名要見他。(2)名叫…：He is Tom *by* ～.＝He is *by* ～ Tom. 他名叫湯姆。(3)[常 **only by** ～](未見過面)只知道名字："Do you know her？"—"*Only by* ～."「你認識她嗎？」「只知道她的名字。」

by the náme of... 名叫…的，稱爲…的：go [pass] *by the* ～ *of* Jack 俗稱傑克/I met a man *by the* ～ *of* Hunter. 我遇見一位名叫韓特的人。

in Gód's náme (1)對神發誓；憑神之名(請求)(⇨ in the NAME of (1))。(2)[强調疑問句]《口語》究竟，到底(⇨ in the NAME of(4))：What *in God's* ～ are you doing？你到底在幹什麼？

in náme (ónly) 名義上：in reality and *in* ～ 名副其實地/He is a scholar *in* ～ *only.* 他只是個名義上[有名無實]的學者。

in one's ówn náme 以自己的名義，獨立地：He started a new enterprise *in* his *own* ～. 他以自己的名義[獨立]開創新企業/Apply *in* your *own* ～. 用你自己的名字申請。

in the náme of...＝**in** a person's **náme** (1)憑…之名，對…發誓：*in the* ～ *of* God 對神發誓，憑神之名(請求)。(2)代表，代替…；用…的名義：deposit money *in the* ～ *of* one's wife 用妻子的名義存款。(3)以…之名，憑…的權威：commit wrongs *in the* ～ *of* justice 以正義之名做壞事/open *in the* ～ *of* the law 以法律之名打開。(4)[强調疑問句]《口語》究竟，到底：What *in the* ～ *of* God [heaven] did you do？你到底幹了什麼事？

náme námes 舉出(尤指罪行牽連者的)名字。

of [**of nó**] **náme** 有名[無名]的。

of the náme of... ＝by the NAME of.

pùt one's **náme dówn for...** 登記爲…的候選人；報名入學[入會，應徵]…。

pùt one's **náme to...** 署名於〈文件等〉。

tàke the [a person's] **náme in váin** ⇨ in VAIN (2).

the náme of the gáme《口語》最重要的事，最緊要的一點；(物之)本質：That's *the* ～ *of the game.* 那是最重要的事[那是問題的實質]。

to one's **náme** [常用於否定句]《口語》(尤指)〈金錢等〉屬於某人自己(的名下)：He does*n't* have a penny *to* his ～. 他一文不名。

ùnder the náme (of)... 以…之名，(自)稱…。

—*adj.* [用在名詞前] **1**《美》有名的，一流的：a ～ brand 名牌(的東西)/a ～ hotel 一流旅館/a ～ actor 名演員。**2** 記載名字用的：a ～ tag 名牌/a ～ tape (附加於攜帶物品上的)標名布條。

—*v.t.* **1 a** 〔十受〕爲…取名，給…命名：～ a newborn child 給新生兒命名/England was ～*d after* [《美》*for*] the Angles. 英格蘭以盎格魯族之名命名。**b**〔十受十補〕將〈人〉命名〈爲…〉《★比較較 call 更拘泥的字》：What did they ～ him？他們給他取什麼名字？/They ～*d* the baby Ronald. 他們給嬰兒取名爲羅納/The baby was ～*d* Ronald *after* [《美》*for*] his uncle. 嬰兒取叔父之名被命名爲羅納/Once there was a doctor ～*d* Dolittle. 從前有一位名叫杜立德的醫生。

2 a〔十受十介十(代)名〕指名，任命〈某人〉擔任[職位、工作]〔*for*〕：Who was ～*d* **for** class president？誰被任命擔任班長？**b**〔十受十*as* 補/十受十(*to be*)補〕指名[任命]〈某人〉〈爲…〉：He has been ～*d as* the probable successor. 他被指名爲可能的繼任[承]者/He was ～*d* (*to be*) dean of the Medical School. 他被任命爲醫學院院長。**c**〔十受〕指定〈時日、價格等〉：～ a date for the wedding 指定婚禮的日期/ ～ the day 指定日期；(尤指)〈女方〉指定結婚日期/You may ～ your own fee. 費用可由你決定。

3〔十受〕說出…的(正確)名字：Can you ～ the capital of the Netherlands？你能說出荷蘭的首都名稱嗎？

4 a〔十受(十介十(代)名)〕〔向人〕提出，舉出…〔*to*〕：～ several reasons 舉出幾個理由/Don't ～ the place **to** me. 別跟我提起那個地方。**b**〔十受〕舉出[說出]…的名字[名稱]。

name·a·ble [ˋneməbḷ; ˈneiməbl] *adj.*＝namable.

náme-càller *n.* Ⓒ經常誹謗他人者。

náme-càlling *n.* Ⓤ誹謗；中傷。

náme dày *n.* Ⓒ **1** 聖名日《(和本人同名的)聖徒紀念日；cf. saint's day》。**2** (孩子的)命名日。

náme-dròp *v.i.*《口語》(在言談中)以熟人的口吻提及顯要以擡高身價。～**·per** *n.* ～**·ping** *n.*

náme·less *adj.* **1** 無名(稱)的，沒有取名的：a ～ island 無名島。
2 a 不說出名字的，匿名的：a gentleman who shall be ～ 姑隱其名的某紳士。**b** 默默無聞的，不爲人知的：die ～ 默默無聞而死。
3 庶出的，私生的。
4 a 無可名狀的；說不出的，難以形容的：～ fears 說不出的恐懼。**b** (嚴重得)非言語所能形容的，爲人所不齒的：a ～ demand 荒唐[極不合理]的要求/a ～ crime 言語難以形容的[爲人所不齒的]罪行。

name·ly [ˋnemlɪ; ˈneimli] *adv.* [用於名詞片語、句子等之後]即，就是(that is)：two boys, ～, Peter and Tom 兩個男孩，即彼得和湯姆。

náme·plàte *n.* Ⓒ名牌，(名稱的)標示牌。

náme·sàke *n.* Ⓒ **1** 取(某人)名字的人。**2** 同名的人[東西]。

Na·mib·i·a [nəˋmɪbɪə; nəˈmibiə] *n.* 那米比亞《非洲南部的聯合國直轄區；首府爲溫得和克(Windhoek [ˋvɪnthuk; ˈvinthuk])》.

Nan [næn; næn] *n.* 南《女子名；Ann(e), Anna 的暱稱》。

Nan·cy [ˋnænsɪ; ˈnænsi] *n.* 南西《女子名；Ann(e), Anna 的暱稱》。

Nan·jing [ˋnɑnˋdʒɪŋ; ˈnɑːnˈdʒiŋ] *n.* 南京《中國一城市》。

nan·keen, nan·kin [nænˋkin; næŋˈkiːn, nænˈk-] *n.* Ⓤ **1** 南京棉布；紫花布。
2 [～s]紫花布製之長褲。
3 紫花色布；淡黃色。
4 [N～]白底青花之中國細磁。

Nan·king [nænˋkɪŋ; ˌnænˈkiŋ], **Nan·kin** [-ˋkɪn; -ˈkin] *n.*＝Nanjing.

Nan·ny [ˋnænɪ; ˈnæni] *n.* **1** 南妮《女子名；Ann(e), Anna 的暱稱》。**2** [n～]Ⓒ《英兒語》**a** 奶媽。**b** (外)祖母，奶奶，外婆。

nánny gòat *n.* Ⓒ《兒語》母山羊(↔ billy goat).

na·no- [næno-, nænə-; nænou-, nænə-] [複合用詞]表示「矮小」「十億分之一」。

N

na·no·sec·ond [ˋnæno͵sɛkənd; ˈnænouˌsekənd] *n.* Ⓒ十億分之一秒。

Na·o·mi [ˋneə͵maɪ, neˋomaɪ, -mɪ; ˈneiəmi] *n.* 內奧蜜《女子名》。

nap[1] [næp; næp] *n.* Ⓒ**午睡，小睡，(白天的)打盹**：have [take] a ～ 午睡，打盹。
—*v.i.* (**napped**；**nap·ping**)打瞌睡，午睡。
cátch a person **nápping** 《口語》乘〈人〉不備，使〈人〉措手不及。

nap[2] [næp; næp] *n.* Ⓤ[又作 **a** ～] (布、皮革等的)絨，細毛：raise *a* ～ *on* cloth 使布料起細毛/The ～ is worn. 細毛磨損了。
—*v.t.* (**napped**；**nap·ping**)使〈布料、皮革〉起毛。

nap[3] [næp; næp] *n.* **1** ＝napoleon 1. **2** ＝napoleon 2.

na·palm [ˋnepɑm; ˈneipɑːm] *n.* **1** Ⓤ凝固汽油《燃燒彈、火焰噴射器等所用的化學物質》。**2** (又作 **nápalm bòmb**) Ⓒ凝固汽油彈《一種強烈的油脂燃燒彈》。

nape [nep; neip] *n.* Ⓒ[常 **the** ～ **of the neck**] 後頸，頸背(⇨ boby 插圖)。

na·per·y [ˋnepərɪ, ˋneprɪ; ˈneipəri] *n.* Ⓤ **1** 桌巾；餐巾。**2** (餐桌用之)小布巾。

naph·tha [ˋnæfθə; ˈnæfθə] *n.* Ⓤ石腦油《一種易揮發、有強臭的可燃液體；石油化學製品的原料》。

naph·tha·lene, naph·tha·line [ˋnæfθə͵lin; ˈnæfθəliːn] *n.* Ⓤ《化學》萘；臭樟腦；石腦油精《從煤油中提煉的白色結晶，是防蟲、防臭劑的原料》。

naph·thol [ˋnæfθol, ˋnæp-, -θal; ˈnæfθɔl, næpθ-] *n.* Ⓤ《化學》萘酚《用作防腐劑及染料之原料》。

nap·kin [ˋnæpkɪn; ˈnæpkin] «源自拉丁文「布」之義＋-*kin*(表示「小」的字尾)»**—***n.* Ⓒ **1** (餐桌用的)**餐巾** (table napkin)《★用法《英》爲了避免連想到義 2，常用 serviette》。

> 【說明】餐巾通常用布或紙製，用以擦嘴或預防弄髒衣服，擦嘴或指頭時使用其邊端。吃飯時放在大腿上，小孩子則把一角塞進領子或皮帶裡。中途退席時放在椅子上；餐後不必摺整齊，把它放在桌子的左手邊。

2 《英》尿布(《美》diaper)。**3** 《美》生理用衛生棉(sanitary napkin)。
híde [**lày úp, wráp**] **...in a nápkin** 藏著〈才能等〉不用；不會好好利用…《★出自聖經新約「路加福音」》。

nápkin rìng *n.* Ⓒ餐巾環《金屬等製的小環，用以套各人的餐巾》。

napkin rings

Na·ples [ˋnepḷz; ˈneiplz] *n.* 那不勒斯《義大利南部的一個港都》：See ～ and die. 《諺》看過那不勒斯死也瞑目《因其風光明媚，不看終生遺憾》。

náp·less *adj.* 〈呢絨上〉沒有絨毛的；絨毛磨損了的。

na·po·leon [nəˋpoljən; nəˈpouljən] *n.* **1** Ⓒ昔日法國之一種金幣等於 20 法郎(franc)。**2** Ⓤ一種紙牌遊戲。**3** Ⓒ一種多層而夾奶油的法國點心。

Na·po·leon [nəˋpoljən; nəˈpouljən] *n.* **1** ～ I 拿破崙一世《1769–1821；法國皇帝(1804–15)；本名 Napoléon Bonaparte；★讀法Napoleon the first》。**2** ～ Ⅲ 拿破崙三世《1808～73；拿破崙一世之侄子，爲法國皇帝(1852–70)，普法戰爭失敗後死於英國；★讀法Napoleon the third》。

Na·po·le·on·ic [nə͵polɪˋɑnɪk; nəˌpouliˈɔnik] «Napoleon 的形容詞»**—***adj.* 拿破崙一世(時代)的；拿破崙似的。

Napóleonic Wárs *n. pl.* [**the** ～] 拿破崙戰爭(1805–15)《拿破崙一世所策劃的歷次重大戰爭》。

nap·py[1] [ˋnæpɪ; ˈnæpi] «nap[2] 的形容詞» **—***adj.* (**nap·pi·er**；**-pi·est**) **1** 有絨毛覆蓋的；毛茸茸的。**2** 〈頭髮〉捲曲的。

nap·py[2] [ˋnæpɪ; ˈnæpi] «由 nap(kin) 的前部分＋暱稱「小」的 -y 而成»**—***n.* Ⓒ《英》尿布(《美》diaper)。

narc [nɑrk; nɑːk] *n.* ＝nark[2].

nar·cism [ˋnɑr͵sɪzəm; ˈnɑːsizəm] *n.* ＝narcissism.

nar·cis·si *n.* **narcissus** 的複數。

nar·cis·sism [nɑrˋsɪs͵ɪzəm; nɑːˈsisizəm] *n.* Ⓤ **1** 《精神分析》自我陶醉[崇拜]症。**2** 自戀，自我中心主義。

nár·cis·sist [-sɪst; -sist] *n.* Ⓒ自我陶醉者，自我中心主義者。

nar·cis·sis·tic [͵nɑrsɪˋsɪstɪk; ͵nɑːsiˈsistik] «narcissism 的形容詞»**—***adj.* 自我陶醉的；自我中心主義的。

nar·cis·sus [nɑrˋsɪsəs; nɑːˈsisəs] *n.* Ⓒ (*pl.* ～**·es, -cis·si** [-ˋsɪsaɪ; -ˈsisai])《植物》水仙《水仙屬植物的總稱；cf. daffodil, jonquil》。

Nar·cis·sus [nɑrˋsɪsəs; nɑːˈsisəs] *n.* 《希臘神話》那西沙斯《愛上自己映在水中姿影的美少年，溺死後化爲水仙花(narcissus)》。

nar·cist [-sɪst; -sist] *n.* ＝narcissist.

nar·co·lep·sy [ˋnɑrkə͵lɛpsɪ; ˈnɑːkəlepsi] *n.* Ⓤ《醫》頻睡症，發作性睡病；麻醉樣昏睡。

nar·co·sis [nɑrˋkosɪs; nɑːˈkousis] «源自希臘文「麻痺」之義»**—**

narcissus daffodil

n. Ⓤ《醫》(麻(醉)藥引起的)昏睡(狀態)。

nar·cot·ic [nɑrˋkɑtɪk; nɑːˈkɔtik] «narcosis 的形容詞»**—***adj.* **1 a** 麻醉的，有麻醉作用的；催眠的：a ～ drug 麻(醉)藥。**b** 〈書、話等〉(乏味而)使人想睡的。**2** [用在名詞前]麻藥的；使用麻藥的；吸毒成癮者的：a ～ addict 吸毒成癮者。
—*n.* Ⓒ[常 ～**s**]麻醉劑，麻藥；催眠藥。

nár·co·tìsm [-͵tɪzəm; -tizəm] *n.* Ⓤ **1** 麻醉。**2** 麻醉劑[麻藥]中毒，吸毒成癮。

nar·co·tize [ˋnɑrkə͵taɪz; ˈnɑːkətaiz] *v.t.* 對…施以麻醉劑，使…麻醉。

nard [nɑrd; nɑːd] *n.* **1** Ⓒ《植物》甘松。**2** Ⓤ甘松香(油)。

nar·gi·leh, nar·ghi·le [ˋnɑrgəlɪ, -͵le; ˈnɑːgili] *n.* Ⓒ水煙袋。

nark[1] [nɑrk; nɑːk] 《英俚》*n.* Ⓒ(警察的)線民，密告者(《美俚》stool pigeon)。
—*v.t.* **1** 密告〈…事〉。**2** 使〈人〉生氣《★常用被動語態，介系詞用 *at, by*》：*be* ～*ed at* [*by*]... 對…生氣。
—*v.i.* **1** 告密。**2** 發牢騷，埋怨。

nark[2] [nɑrk; nɑːk] *n.* Ⓒ《美俚》取締麻藥(毒品)的警官。

nar·rate [næˋret, ˋnæret; nəˈreit] *v.t.* 《文語》敘述，講〈故事〉，說明：The captain ～*d* his adventures. 船長講他的冒險故事。
—*v.i.* 敘述，講故事。

nar·ra·tion [næˋreʃən; nəˈreiʃn] «narrate的名詞»**—***n.* **1** Ⓤ敘述，講述。**2** Ⓒ故事。**3** Ⓤ《文法》敘述法：⇨ DIRECT narration.

nar·ra·tive [ˋnærətɪv; ˈnærətiv] *n.* **1 a** Ⓒ故事(story)。**b** Ⓤ敘事[記敘]文學。**2** Ⓤ敘述，敘述手法。
—*adj.* [用在名詞前] **1** 敘事體的，故事體的：a ～ poem 一首敘事詩/～ literature 敘事文學。**2** 說故事的，敘述手法的：～ power 敘述手法[技巧]。～**·ly** *adv.*

nar·ra·tor [ˋnæretɚ, næˋretɚ; nəˈreitə] *n.* Ⓒ**敘述者，講述者，講故事的人。**

***nar·row** [ˋnæro; ˈnærou] *adj.* (～**·er**；～**·est**) **1** (對長度而言幅度)窄的，狹的(↔ broad, wide)《★比較指整體大小的「小的」用 small》：a ～ table 狹長的餐桌/～ stairs 窄梯。
2 〈財力、收入等〉有限的，受限制的，拮据的：in ～ circumstances 在窮困中，處於困境。
3 [用在名詞前]**勉強的，間不容髮的**：a ～ victory 險勝/have a ～ escape [shave, 《口語》 squeak] 死裡逃生；九死一生/win by a ～ majority 以剛剛超過半數[微弱的多數]獲勝。
4 a 心胸狹窄的，褊狹的：a ～ mind 狹窄的心胸，小心眼，小氣量。**b** [不用在名詞前][十介十(代)名]〔見解等〕偏狹的〔*in*〕：He is ～ *in* his opinion. 他的見解偏狹。
5 〈檢查等〉精密的，嚴密的，詳細的。
6 《語音》**a** 〈錄音等〉精密的(cf. broad 8 b)：a ～ transcription 精密注音，嚴式標音。**b** (發音時)舌肌緊張的。
—*n.* **1** Ⓒ **a** (道路等的)狹窄部分[處]。**b** 《美》山峽，狹路。**2** [常 ～**s**]：⇨ narrows.
—*v.t.* 〔十受〕使…變窄[變細]：～ one's eyes 瞇起眼睛。
—*v.i.* 變狹窄[細]。
nárrow dówn 《*vt adv*》(1)將〈範圍等〉縮小〔爲…〕〔*to*〕：He ～*ed down* the candidates *to* three. 他將候選人縮減成三人。**—**《*vi adv*》(2)變狹窄，縮小。(3)減少[縮小]〔爲…〕〔*to*〕。
～**·ly** *adv.* ～**·ness** *n.*

nárrow bóat *n.* Ⓒ《英》(運河用的)狹長的船。

nárrow gáuge [**gáge**] *n.* Ⓒ《鐵路》窄軌《兩軌之間距離不到 56½吋的標準寬度》。

nárrow-gáuge(d) *adj.* **1** 《鐵路》窄軌的。**2** 偏狹的。

nárrow-mínded *adj.* 心胸狹窄的，氣量小的。
～**·ly** *adv.* ～**·ness** *n.*

nar·rows [ˋnæroz; ˈnærouz] *n. pl.* **1** [常當單數用]海峽。**2** [**the** N～] 奈洛斯海峽《在長島(Long Island)與斯塔頓島(Staten Island)之間的狹長海峽，通往紐約港》。

nar·whal, nar·wal [ˈnɑrhwəl, -wəl; ˈnɑːwəl], **nar·whale** [-ˌhwel; -weil, -hw-] *n.* Ⓒ《動物》獨角鯨《棲息於寒帶海洋的獨角科哺乳動物，類似海豚》。

narwhal

nar·y [ˈnɛrɪ; ˈnɛəri]《never a 的變形》—*adj.*《古》= not any; no.

NASA [ˈnæsə; ˈnæsə]《略》National Aeronautics and Space Administration (美國)航空及太空總署。

na·sal [ˈnezl; ˈneizl] *adj.* **1** [用在名詞前] (有關)鼻子的：the ~ cavity 鼻腔。**2 a** 鼻聲的，自鼻而出的。**b**《語音》鼻音的：~ sounds 鼻音《[m, n, ŋ] 等》/ ~ vowels 鼻母音《法語的 [ɑ̃, ɛ̃, ɔ̃, œ̃] 等》。
—*n.* Ⓒ《語音》鼻音。~**·ly** [-zlɪ; -zəli] *adv.*

na·sal·i·za·tion [ˌnezl̩əˈzeʃən, -aɪˈz-; ˌneizəlaiˈzeiʃn]《nasalize 的名詞》—*n.* Ⓤ《語音》鼻音化。

na·sal·ize [ˈnezl̩ˌaɪz; ˈneizəlaiz]《語音》*v.t.* 使…鼻音化。
—*v.i.* 發鼻音。

nas·cent [ˈnæsn̩t; ˈnæsnt] *adj.* **1** 就要發生的，初期的，初生的。**2** (在)發生期的。

Nash·ville [ˈnæʃvɪl; ˈnæʃvil] *n.* 諾希維爾《美國田納西州 (Tennessee) 的首府》。

Nas·ser [ˈnæsɚ; ˈnæsə], **Gamal Abdel** [gəˈmɑlˈæbdʊl; gəˈmɑːlˈæbdul] *n.* 納瑟《1918–70；埃及軍事領袖及政治家，擔任過總理和總統》。

nas·tur·tium [næˈstɝʃəm, nə-; nəˈstəːʃəm] *n.* Ⓒ《植物》金蓮花《又名旱荷花；開美麗的紅、黃蝶形花》。

***nas·ty** [ˈnæstɪ; ˈnɑːsti] *adj.* (**nas·ti·er**; **-ti·est**) **1 a** (令人作嘔地)骯髒的，不潔的，令人厭惡的：a ~ sight 令人厭惡的景象。**b** 〈味道、氣味等〉令人作嘔[厭惡，不愉快]的：~ medicine 苦藥/a ~ smell 令人作嘔的氣味/⇨leave a nasty TASTE in the mouth. **c** 〈天氣等〉惡劣的，颳風下雨的：~ weather 惡劣的天氣/a ~ storm 猛烈的暴風雨。
2 a 壞心眼的，不懷好意的，卑鄙的：a ~ remark 刻薄的話/play a person a ~ trick 對某人採用卑鄙的手段/Don't be so ~ *to* us. 別那樣爲難我們。**b** [+ *of* +(代)名(+*to* do)/+*to* do] [某人]〈做…是〉壞心眼的，卑鄙的；〈某人〉〈做…是〉壞心眼的，卑鄙的：It's ~ ***of*** you *to* say so. = You are ~ *to* say so. 你那樣說，眞是壞心眼[存心不良]。**c** 易怒的，不高興的：a ~ temper 壞脾氣。
3 [用在名詞前] (道德上)下流的，猥褻的《★[比較]一般用 dirty, obscene》：a ~ book 色情書/a ~ story 淫猥的話。
4 棘手的，難對付的：a ~ question 難題/a ~ situation 棘手的情況/a ~ road to drive 難開車的道路。
5 a 〈疾病等〉嚴重的，厲害的：a ~ illness 重病。**b** 〈打擊等〉猛烈的，嚴重的。
a násty one《口語》(1)猛烈的一擊，嚴重的打擊。(2)責罵，苦頭，惡劣的對待。(3)諷刺，嘲笑。
chéap and násty 一分錢一分貨的，廉價而品質低劣的。
násty piece of wórk《口語》行跡可疑的人。
nás·ti·ly [-təlɪ; -tili] *adv.* **-ti·ness** *n.*

Nat [næt; næt] *n.* 納特《男子名；Nathan, Nathaniel 的暱稱》。

nat.《略》national; native; natural.

na·tal [ˈnetl; ˈneitl] *adj.* [用在名詞前]出生[誕生，分娩]的。

na·tal·i·ty [neˈtælətɪ; neiˈtæliti] *n.* Ⓤ《美》出生(率)(《英》birthrate).

na·tant [ˈnetn̩t; ˈneitənt] *adj.* 游泳的；漂浮於水上的。

na·ta·tion [neˈteʃən; nəˈteiʃn, nei-] *n.* Ⓤ游泳；游泳術。

na·ta·to·ri·al [ˌnetəˈtorɪəl, -ˈtɔr-; ˌneitəˈtɔːriəl˝] *adj.* [用在名詞前] **1** (有關)游泳的。**2** 適於游水的；有游水習性的。

na·ta·to·ri·um [ˌnetəˈtorɪəm, -ˈtɔr-; ˌneitəˈtɔːriəm] *n.* Ⓒ (*pl.* ~**s**, **-ri·a** [-rɪə; -riə])《美》(主要指室內的)游泳池《★[比較]一般用 indoor (swimming) pool》.

Na·than [ˈneθən; ˈneiθən] *n.* 內森《男子名；暱稱 Nat》.

Na·than·iel [nəˈθænjəl; nəˈθænjəl] *n.* 納塞尼爾《男子名；暱稱 Nat》.

nathe·less [ˈneθlɪs, ˈnæθlɪs; ˈneiθlis], **nath·less** [ˈnæθlɪs; ˈnæθlis] *adv.*《古》= nevertheless.

‡**na·tion** [ˈneʃən; ˈneiʃn]《源自拉丁文「出生」之義》—*n.* **1 a** Ⓒ (在一個政府下有共同文化、語言等的)(全體)**國民** (⇨ people 5【同義字】)：the British ~ 英國國民/the voice of the ~ 國民之聲，輿論。**b** [the ~s]《詩》世界各國的國民。
2 Ⓒ (由義 1 a 的國民構成的)**國家** (⇨ country【同義字】)：the Western ~*s* 西方各國/⇨ United Nations.
3 Ⓒ民族，種族：the Jewish ~ 猶太民族/a ~ without a country 沒有國家的民族/The Chinese are a ~ of readers. 中國人是一個愛讀書的民族。
4 Ⓒ **a** (北美印地安人的)部族。**b** (北美印地安人在政治上結合的)部落聯盟。
the Léague of Nátions ⇨ League.

‡**na·tion·al** [ˈnæʃənl; ˈnæʃənl]《nation 的形容詞》—*adj.* (無比較級、最高級) **1 國民的**；全國國民(共同)的：the ~ character 國民性。
2 a 國家的；有關國家的，整個國家的：~ affairs 國務，國事/a ~ cabinet 舉國一致擁戴的內閣/a ~ holiday 國慶日，國定假日/~ power [prestige] 國勢。**b** 全國性的：a ~ newspaper 全國性的報紙/a ~ organization 全國性的組織。**c** 象徵國家的，有關國民的：the ~ flower [flag] 國花[旗]/a ~ poet 民族[代表國家的]詩人。
3 國有[營]的，國立的，國定的：a ~ cemetery《美》國家公墓/the ~ church 國教/a ~ park《美》國家公園/a ~ theater 國家劇院。
4 國粹的，愛國的。
—*n.* Ⓒ **1** (尤指居住於外國的或特定國家的)國民，同國的國民，僑民，同胞：a Chinese ~ 中國僑民/American ~*s* living abroad 居住國外的美國僑民。**2** [常 ~s]《美》(運動等的)全國性大會。

nátional ánthem *n.* Ⓒ國歌：the ~ of Great Britain 英國國歌/Ladies and gentlemen, the ~! 各位，一齊唱國歌！

nátional bánk *n.* Ⓒ **1** 國家銀行。**2**《美》國民銀行《聯邦政府認可的商業銀行》。

nátional convéntion *n.* Ⓒ《美》政黨的全國大會《由各州的黨大會或直接初選選出的代表所組成，提名總統、副總統候選人並決定政綱》。

nátional débt *n.* [用單數；常 the ~]國債。

nátional góvernment *n.* Ⓒ國民政府；聯合內閣。

Nátional Guárd *n.* Ⓤ[常 the ~；集合稱] (美國各州的)州兵，國民兵《在非常時期由總統下令召集；★[用法]視爲一整體時當單數用，指個別成員時當複數用》。

Nátional Héalth Sèrvice *n.* [the ~] (英國的)國民健康保險(制度)《略作 N.H.S.》：*on the* ~ 依照國民健康保險制度《★《口語》省略 Service》.

nátional íncome *n.* Ⓤ《經濟》(每年度的)國民所得[收入]。

Nátional Insúrance *n.* Ⓤ(英國的)國民保險(制度)。

ná·tion·al·ise [-ʃənl̩ˌaɪz; -ʃnəlaiz] *v.t.*《英》= nationalize.

***na·tion·al·ism** [ˈnæʃənl̩ˌɪzəm; ˈnæʃnəlizəm] *n.* Ⓤ **1 a 民族主義**，國家主義。**b** 民族自決主義。
2 愛國心，愛國運動。

ná·tion·al·ist [-ʃənl̩ɪst; -ʃn̩əlist] *n.* Ⓒ **1** 國家[民族，愛國]主義者。**2** 民族自決主義者。
—*adj.* **1** 國家[民族，愛國]主義(者)的。
2 民族自決主義(者)的。

na·tion·al·is·tic [ˌnæʃənl̩ˈɪstɪk; ˌnæʃn̩əˈlistik˝] *adj.* 國家[民族]主義(者)的。**-ti·cal·ly** [-klɪ; -kəli] *adv.*

na·tion·al·i·ty [ˌnæʃənˈælətɪ; ˌnæʃəˈnæləti]《national 的名詞》—*n.* **1** ⓊⒸ**國籍**：of Italian ~ 義大利籍的/I am British *by* ~. 我的國籍是英國/"What is his ~?"—"He's Chinese."「他是哪一國人？」「他是中國人。」
2 Ⓒ (在一個政府下有共同文化、語言等的)國民，民族；國家：men of all *nationalities* 各國的人民。
3 Ⓤ國民性。

na·tion·a·li·za·tion [ˌnæʃənəlɪˈzeʃən, -aɪˈz-; ˌnæʃn̩əlaiˈzeiʃn]《nationalize 的名詞》—*n.* Ⓤ **1** 國有(化)，國營[*of*]：the ~ *of* railroads 鐵路國營(化)。
2 國民化，國家化。

ná·tion·al·ize [-ʃənl̩ˌaɪz; -ʃn̩əlaiz] *v.t.* **1** 使…歸國有[國營]：~ railroads 使鐵路成爲國營。**2** 使…成爲一個(獨立)國家，使…國家化。

Nátional Léague *n.* [the ~]國家聯盟《美國兩大職業棒球聯盟之一；cf. major league, American League》.

ná·tion·al·ly [-ʃənl̩ɪ; -ʃnəli] *adv.* **1** 從國家[國民]的立場(來看)。**2** 舉國一致地。**3** 國家本位地；從公共的立場。**4** 全國性地。

nátional mónument *n.* Ⓒ《美》(由美國政府保護供旅遊的)名勝，天然紀念物；(由聯邦政府管理的)古蹟，史蹟。

nátional párk *n.* Ⓒ國家公園。

nátional próduct *n.* Ⓤ《經濟》(每年度的)國民生產。

nátional sérvice *n.* Ⓤ[常 N~ S~]《英》國民兵役《1958 年廢除；cf. selective service》.

Nátional Sócialism *n.* Ⓤ(德國的)國家社會主義(cf. Nazism).

Nátional Sócialist Pàrty *n.* [the ~] (尤指希特勒 (Hitler) 所領導的)國家社會黨，納粹黨(⇨ Nazi).

N

Nátional Trúst *n.* [the ~]《英》文化保護協會。
Nátional Wéather Sèrvice *n.* [the ~]《美》國家氣象署。
nátion-státe *n.* Ⓒ由單一民族組成的國家，民族國家。
nátion-wíde *adj.* 全國性的：a ~ network 全國性廣播網。
—*adv.* 全國性地。

‡**na·tive** [ˋnetɪv; ˈneitiv] «源自拉丁文「天生(原本的)」之義» **—***adj.* (無比較級、最高級) **1** [用在名詞前] **a** 出生地的，本國的，本土的：one's ~ place 故鄉/one's ~ language [tongue] 本國語/a ~ word (對外來語而言的)本地語/~ and foreign 國內外的。**b** 生於本國[本地]的〈人〉：a ~ New Yorker 土生土長的紐約人/a ~ speaker of English 以英語爲母語的人。
2 a 某地固有的，土著的：~ art 鄉土藝術，民藝/~ plants 土產的植物/in (one's) ~ dress 著民族服裝。**b** [不用在名詞前]〔十介十(代)名〕〈動植物等〉〔…〕原產[土產]的〔*to*〕：a plant ~ ***to*** America 美國原產的植物。
3 a 生來的，天生的，本來的：~ genius 天賦的才能。

【同義字】native 與 natural 均指「與生俱來的」，但 native 强調非後天性者，而 natural 則指某人[物]作爲本質或特徵而具備者。

b [不用在名詞前]〔十介十(代)名〕〔對…〕與生俱來的〔*to*〕：Cheerfulness is ~ ***to*** him. 他生性快活開朗。
4 〈礦物等〉天然狀態的：~ copper 天然銅，純銅/ ~ rock 天然岩石。
gò nátive 《口語》〈居留他國的外國人等〉逐漸過與當地住民一樣的生活。
—*n.* Ⓒ **1 a** 生〔於…〕的人〔*of*〕：a ~ ***of*** London 生於倫敦的人。**b** (對旅客而言的)當地人。
2 原產[土產]〔於…〕的動植物〔*of*〕.

nátive-bórn *adj.* 土著的，本地生的，土生土長的(cf. natural-born)：a ~ American Indian 土生土長的美國印地安人。
na·tiv·i·ty [neˋtɪvətɪ, nə-; nəˈtivəti] *n.* **1** Ⓤ出生，誕生：of Irish ~ 生於愛爾蘭的。
2 [常 **the N~**] **a** 基督的誕生節日《耶誕節》。**b** 聖母瑪利亞的誕生節日《九月八日》。
3 [**N~**]Ⓒ基督誕生圖。
4 Ⓒ《占星》(人誕生時的)天宮圖(horoscope).
natívity plày *n.* Ⓒ[常 N~]表演耶穌出生之戲劇。
NATO, Na·to [ˋneto; ˈneitou] «***N****orth* ***A****tlantic* ***T****reaty* ***O****rganization* 的頭字語» **—***n.* 北大西洋公約組織。

NATO 加盟國

【插圖說明】左圖是美國和加拿大。右圖是愛爾蘭、挪威、英國、法國、比利時、丹麥、盧森堡、荷蘭、西德、義大利、希臘、土耳其與葡萄牙。

na·tri·um [ˋnetrɪəm; ˈneitriəm] *n.* ＝sodium.
na·tron [ˋnetrɑn; ˈneitrən, -rɔn] *n.* Ⓤ《化學》天然的碳酸鈉。
nat·ter [ˋnætɚ; ˈnætə] 《英口語》*v.i.* 〔動(十副)〕喋喋不休〈*away, on*〉.
—*n.* [**a** ~]閒談，瞎扯，抱怨，發牢騷。
nat·ty [ˋnætɪ; ˈnæti] *adj.* (**nat·ti·er**；**-ti·est**)《口語》〈衣服、外貌等〉整潔的；清爽的；帥的。
nát·ti·ly [-təlɪ; -tili] *adv.* **-ti·ness** *n.*

‡**nat·u·ral** [ˋnætʃərəl, ˋnætʃrəl; ˈnætʃrəl, -tʃər-] «nature 的形容詞» **—***adj.* (**more** ~；**most** ~) **1** (無比較級、最高級)自然的：**a** 自然界的：the ~ world 自然界/ ~ beauty 自然美/ ~ forces [phenomena] 自然力[現象]/ ~ enemies 天敵。**b** 自然狀態的，未加工的(↔ artificial)；未開墾的：~ food 天然食品/~ rubber 天然橡膠。**c** 經過自然過程的，自然形成的：a ~ increase of population 人口的自然增加/the ~ course of events 事件的自然演變。
2 a [用在名詞前]天生的，與生俱來的(⇨ native 3 a【同義字】)：one's ~ life 天壽/ ~ abilities 天賦的才能/a ~ instinct 天生的本能。**b** [不用在名詞前]〔十介十(代)名〕〔對…而言〕自然的，平常的；〔對…〕天生的，相稱的〔*to*〕：a manner ~ ***to*** a teacher 適合教師(身分)的態度/with the kindness which is ~ ***to*** him 以他天生的仁慈。**c** [不用在名詞前]〔十介十(代)名〕〔與某人〕(本性、作風)相稱的〔*for*〕：It is not ~ ***for*** him to remain silent. 保持緘默與他的本性不相稱。**d** [用在名詞前]生來的，天生的〈人〉：a ~ poet 天生的詩人。
3 a 當然的，不無道理的：a ~ mistake 不無道理的錯誤/It is ~ that he should disagree with you. 他不同意你是當然的《★ 變換 可換寫成義 3 b》. **b** [不用在名詞前]〔十*for*十(代)名十 *to* do〕〔人〕〈做…是〉當然的，不無道理的：It is ~ *for* him *to* disagree with you. 他不同意你是當然的《★ 變換 可換寫成義 3 a》.
4 〈畫等〉逼眞的，栩栩如生的；如實物的。
5 本來的，不加修飾的，不做作的：a ~ voice 不做作的[自然的]聲音。
6 [用在名詞前] (無比較級、最高級) **a** 親生的〈家人〉：a ~ mother 生母。**b** 《委婉語》庶出的，私生的：a ~ child 私生子/a ~ son [daughter, brother] 非婚生的兒子[女兒，哥哥[弟弟]]。
7 (無比較級、最高級)《音樂》**a** 本位的《沒有升高半音(sharp)也不降低半音(flat)的》：a ~ sign 本位記號(♮). **b** [用於音調記號之後]本位的：C ~ 本位 C 音。
còme nátural to... 《口語》＝come NATURALLY to.
—*n.* Ⓒ **1** [常用單數]《口語》**a** 天生的好手[高手]；〔對…〕最適當的人[物]〔*for*〕：He is *a* ~ *for* the job. 他是該工作最佳的人選。**b** 必定會成功的事[人]：He is *a* ~ *to* be elected. 他定會當選。
2 《古》(天生的)白癡。
3 《音樂》**a** 本位記號(♮). **b** 本位音。**c** (鋼琴、風琴的)白鍵(white key). **~·ness** *n.*

nátural-bórn *adj.* 生來的，生就的，天生的(cf. native-born)：a ~ citizen (生來就有民權的)道地的市民，本國出生的公民。
nátural chíldbirth *n.* ⓊⒸ自然分娩。
nátural déath *n.* Ⓒ(與意外死亡相對而言的病死等的)自然死亡：die a ~ 壽終正寢。
nátural gás *n.* Ⓤ天然瓦斯。
nátural génder *n.* ⓊⒸ《文法》(如現代英語根據自然性別(sex)的)自然性別(cf. grammatical gender).
nátural históriàn *n.* Ⓒ博物學家；博物誌的作者。
nátural hístory *n.* **1 a** Ⓤ博物學《現在已分爲動物學、植物學、礦物學等》。**b** Ⓤ(專家以外者所從事的)博物研究。**c** Ⓒ博物誌。
2 Ⓒ發展的歷史，沿革，系統〔*of*〕.
nat·u·ral·ise [ˋnætʃərəl͵aɪz; ˈnætʃrəlaiz] *v.t.* 《英》＝naturalize.
nát·u·ral·ism [ˋnætʃərəl͵ɪzəm, ˋnætʃrəl-; ˈnætʃrəlizəm, -tʃər-] *n.* Ⓤ **1** 《文藝》自然主義《以客觀描寫人生之「眞實」爲特色的寫實主義》。**2** 《哲》自然主義《注重自然，主張以科學法則說明一切現象的主義》。**3** 《神學》自然論《主張宗教上之眞理乃得自研究自然的一種學說》。
nát·u·ral·ist [-lɪst; -list] *n.* **1** Ⓒ自然主義者。**2** 博物學家《尤指生物學家》。
—*adj.* ＝naturalistic.
nat·u·ral·is·tic [͵nætʃərəlˋɪstɪk; ˌnætʃrəˈlistik] *adj.* **1** 自然主義[寫實]的。**2** 博物學(家)的。
nat·u·ra·li·za·tion [͵nætʃərələˋzeʃən, -laɪˋz-; ˌnætʃrəlaiˈzeiʃn, -liˈz-] «naturalize 的名詞» **—***n.* Ⓤ **1 a** (外國人的)歸化。**b** (外國語、外國文化的)移入。**c** (外國產動植物的)移植。**2** 自然化。
nat·u·ral·ize [ˋnætʃərəl͵aɪz, ˋnætʃrəl-; ˈnætʃrəlaiz, -tʃər-] *v.t.* **1** 〔十受(十介十(代)名)〕《★常用被動語態》**a** 使〈外國人〉歸化〔成…〕〔*in, into*〕：~ Chinese immigrants ***into*** Paraguay 使中國移民歸化巴拉圭/Henry James *was* ~*d* ***in*** Britain. 亨利・詹姆斯入了英國籍[歸化英國]。**b** 將〈外國語、外國文化等〉採用[於…]〔*in, into*〕："Seminar" is a German word that has *been* ~*d* ***in*** English. "seminar"是被採用在英語中的德國字。**c** 將〈動植物〉移植[於…]，使…習慣[適應]〔…〕水土〔*in*〕. **2** 使…自然化；使…不神秘，打破…的舊習[慣例]。
—*v.i.* **1 a** 歸化。**b** 習慣於水土。**2** 研究博物學。
nátural láw *n.* **1** ⓊⒸ自然的常規，自然律[法則]，天理。**2** Ⓤ《法律》自然法《與成文法相對》。

‡**nat·u·ral·ly** [ˋnætʃərəlɪ, ˋnætʃrəlɪ; ˈnætʃrəli, -tʃər-] *adv.* **1** 自然地，以自然力；不借助人力地：These plants grow ~ in the eastern part of this district. 這些植物自然生長在本區東部。
2 生來，天生地：He is ~ clever. 他天生聰明。
3 [修飾整句]當然；不用說：He ~ lamented her death. 他當然爲她的死而悲傷/*N~*, she accepted the invitation to the party. 她當然接受了參加宴會的邀請。
4 逼眞地，一模一樣地。
5 照實地；不做作地；不勉强地，輕鬆地：speak ~ 自然[不做作]地講。

còme náturally to... 〈某事〉對〈某人〉來說很容易。

nátural philósophy *n.* Ⓤ **1** 物理學。**2** 物質世界之研究。

nátural relígion *n.* ⓊⒸ(不經由啓示來傳達的)自然宗教。

nátural resóurces *n. pl.* 天然資源。

nátural scíence *n.* Ⓤ[指個體時爲Ⓒ；常 ~s]自然科學《生物、化學、物理等》。

nátural seléction *n.* Ⓤ《生物》自然淘汰[選擇]《物競天擇，適者生存》(cf. the SURVIVAL of the fittest)。

‡**na·ture** [ˋnetʃɚ; ˈneitʃə] «源自拉丁文「出生，與生俱來者」之義» —*n.* **1** [常 N~] Ⓤ**自然，天然；自然界；自然力，自然現象**《★常擬人化，當作女神，也有 Mother Nature 的戲謔性說法》：destroy [preserve] ~ 破壞[保護]自然/the laws of ~ 自然法則，自然律/the balance of ~ 自然界的均衡/*Nature's* engineering 渾然天成，造化巧妙/in the course of ~ 按正常情況，通常/*N~* is the best physician.《諺》自然是最好的醫師。

2 a ⓊⒸ(人、動物的)**本質，本性，天性，性質**：human ~ 人性/a man of good [ill] ~ 本性善[惡]的人/He is of a generous ~. 他本性寬宏大量/He has a kindly ~. 他本性和善/It is (in) his ~ *to* be kind to the poor. 對窮人仁慈是他的天性/It is not (in) [out of] his ~ *to* be cruel to animals. 虐待動物不合他的本性/Habit is second ~. ⇨ habit 1. **b** [**the** ~] [東西的]本質，特質，特徵 (*of*)：*the* ~ *of* love 愛的本質/*the* ~ *of* atomic energy 原子能的特徵。**c** Ⓒ[常與修飾語連用]天性…的人：a sanguine ~ 樂天派的人，樂天派。

3 [用單數；常與修飾語連用，**of** ~]種類(kind)：matters *of* this ~ 此類事情。

4 Ⓤ **a** (不受文明扭曲的)人間的自然形態：Return to ~！回歸自然！《★十八世紀思想家盧梭(Rousseau)等人的主張》。**b** 自然物，實物：draw [paint] a thing from ~ 寫生/true to ~ 逼眞。

5 Ⓤ **a** 活力，體力：food enough to sustain ~ 足以保持體力的食物。**b** 《委婉語》肉體[生理]的需求：a call of ~ 生理的需求《大、小便等》/*N~* calls. 要上廁所/ease [relieve] ~ 解大[小]便。

agàinst náture (1)不自然的[地]；不道德的[地]：a crime *against* ~ ⇨ crime 1 a. (2)奇蹟的[地]。

áll náture 萬物，天地間所有的人，一切東西：*All* ~ looks gay. 萬物看來喜洋洋《鳥語花香》。

by náture 生來，天生，生就：She is artistic *by* ~. 她生來有藝術家的氣質。

cóntrary to náture 奇蹟的[地]。

in a státe of náture (1)在未開化[野蠻]的狀態；野生狀態的。(2)《謔》赤裸的。(3)《基督教》在未受天惠的罪人狀態中。

in náture (1)現在存在著；事實上：There is, *in* ~, such a thing as hell. 事實上有地獄存在這回事。(2)[强調最高級]在世界上：*the most* beautiful scene *in* ~ 世上最美的景色。(3)[强調疑問詞]究竟：*What in* ~ do you mean？你究竟什麼意思？(4)[强調否定語]什麼地方也(沒有…)：There are *no* such things *in* ~. 那種東西什麼地方也沒有。

in [of] the náture of... 帶有…的性質；近似…(like)：The invitation was *in the* ~ *of* a command. 那樣的邀請近似命令。

in [by, from] the náture of thíngs [the cáse] 在道理上，照道理說，必然，當然。

lèt náture tàke its cóurse 《口語》任其自然發展《★尤指任男女自然地墜入情網等》。

like áll náture 《美口語》完全地。

páy one's **débt to náture**＝**páy the débt of náture** ⇨ debt.

ná·tured *adj.* [常構成複合字]有…性質的，性情…的：good-*natured* 脾氣好的，性情和善的/ill-*natured* 脾氣壞的，性情暴躁的。

náture stùdy *n.* Ⓤ自然現象之研究，理科《對花鳥、礦石、天氣等的觀察，爲小學的自然科》。

náture tráil *n.* Ⓒ(爲觀察自然而設的)漫步道路。

náture wòrship *n.* Ⓤ自然崇拜；對自然現象之崇拜。

ná·tur·ìsm [-tʃɚ,ɪzəm; -tʃərizəm] *n.* Ⓤ裸體主義。

ná·tur·ist [-rɪst; -rist] *n.* Ⓒ裸體主義者。

—*adj.* 裸體主義(者)的。

na·tu·ro·path [ˋnetʃərə,pæθ; ˈneitʃərəpæθ] *n.* Ⓒ奉行自然療法者。

na·tu·rop·a·thy [,netʃəˋrɑpəθɪ; ˌneitʃəˈrɔpəθi] *n.* Ⓤ自然療法《不靠藥物而以自然力治療的方法》。**natu·ro·path·ic** [,netʃərəˋpæθɪk; ˌneitʃərəˈpæθik⁻] *adj.*

naught [nɔt; nɔːt] «源自古英語「無物」之義» —*n.* **1** Ⓤ《古·詩》無，無價值(nothing)：all for ~ 無益地，徒然/bring a plan to ~ 破壞計畫，使計畫無效/care ~ for it 毫不理會那件事，不把它放在心上/come to [go for] ~ 頓成泡影，歸於失敗，毫無結果。

2 Ⓒ《美》零《★比較 作此義解時《英》一般用 nought》。

sèt at náught 《文語》藐視，輕視。

naugh·ty [ˋnɔtɪ; ˈnɔːti] *adj.* (**naugh·ti·er**；**-ti·est**) **1 a** 〈小孩(的行爲)〉**頑皮的，淘氣的，不聽話的**：a ~ boy 頑皮的男孩/Don't be ~ *to* her. 不要作弄她。**b** [不用在名詞前] [＋*of*＋(代)名＋(＋*to* do)/＋*to* do] 〔小孩〕〈做…是〉頑皮的，淘氣的；〈小孩〉〈做…是〉頑皮的，淘氣的：It is ~ ***of*** you [You are ~] *to* pull your sister's hair. 你揪妹妹的頭髮眞是頑皮。

2 《謔》**a** 〈大人〉壞的，(人品)不好的：a ~ father 不好的父親。**b** [不用在名詞前] [＋*of*＋(代)名(＋*to* do)/＋*to* do] 〔大人〕〈做…是〉不好的，壞的；〈大人〉〈做…是〉不好的，壞的：It's ~ ***of*** Father [Father is ~] *to* get up late. 父親早上起得晚眞是不好。

3 淫猥的，下流的。

náugh·ti·ly [-təlɪ; -tili] *adv.* **-ti·ness** *n.*

Na·u·ru [nɑˋuru; nɑːˈuːruː] *n.* 諾魯《太平洋中近赤道的島國；爲一共和國；首都諾魯(Nauru)》。

nau·se·a [ˋnɔʒə, ˋnɔzɪə; ˈnɔːsjə, ˈnɔːziə] *n.* Ⓤ **1** 反胃，惡心：feel ~ 感到惡心，作嘔。**2** 極度的厭惡。

nau·se·ate [ˋnɔʒɪ,et, ˋnɔzɪ-, ˋnɔsɪ-; ˈnɔːsieit, ˈnɔːzi-, ˈnɔːʒi-] «nausea 的動詞» —*v.t.* **1** 使〈人〉作嘔。

2 使〈人〉極感厭惡。

—*v.i.* [＋介＋(代)名] 〔對…〕作嘔；〔對…〕感到極厭惡 (*at*)：~ ***at*** study 非常討厭念書。

náu·se·àt·ing *adj.* 使人作嘔的；令人極厭惡的：~ food 令人作嘔的食物/a ~ sight 使人很不愉快的景象。

nau·seous [ˋnɔʒəs, -zɪəs, -sɪəs; ˈnɔːsjəs, -ziəs, -ʒiəs] «nausea 的形容詞» —*adj.* **1** 使人作嘔(似)的。

2 [不用在名詞前]《美口語》反胃的，想嘔的《★比較 也有人認爲此用法不妥》：feel ~ 感到惡心；想嘔。

~·ly *adv.* **~·ness** *n.*

nautch [nɔtʃ; nɔːtʃ] *n.* Ⓒ(印度舞孃之)舞蹈表演。

nau·ti·cal [ˋnɔtɪkl; ˈnɔːtikl] *adj.* 航海的；海事的；船舶的；船員的：the ~ almanac 航海曆書/ ~ terms 航海[海員]用語。

náutical dáy *n.* Ⓒ航海日《中午十二時至次日中午十二時，爲船上計算日期用》。

náu·ti·cal·ly [-klɪ; -kəli] *adv.* 航海上；海事上。

náutical míle *n.* Ⓒ海里，浬(sea mile)《航海及航空所使用的距離單位；英制爲 1853.2m，美國則於 1959 年採用國際單位(1852m)》。

nau·ti·lus [ˋnɔtḷəs; ˈnɔːtiləs] *n.* Ⓒ (*pl.* ~·es, -ti·li [-,laɪ; -lai])《動物》**1** 鸚鵡螺(pearly nautilus)．**2** 舡魚(paper nautilus)。

nautilus 1

nav. 《略》naval；navigable；navigation；navy.

Nav·a·ho, Nav·a·jo [ˋnævə,ho; ˈnævəhou] *n.* (*pl.* ~, ~(e)s) **1 a** [**the** ~(e)s] 拿佛和族《北美印地安人南部的一主要部族》。**b** Ⓒ拿佛和族的人。**2** Ⓤ拿佛和語。

—*adj.* **1** 拿佛和族的。**2** 拿佛和語的。

***na·val** [ˋnevl; ˈneivl] «navy 的形容詞» —*adj.* [用在名詞前] (無比較級、最高級) **1 海軍的** (↔ military)：a ~ base 海軍基地/a ~ cadet 海軍軍官學員/~ power 海軍軍力，制海權/a ~ power 海軍强國。

2 軍艦的：a ~ battle 海戰。

nautilus 2

Nával Acàdemy *n.* [**the** (U.S.) ~] 美國海軍官校《在馬里蘭州(Maryland)的安那波利(Annapolis)》。

nával árchitect *n.* Ⓒ造船工程師。

nával ófficer *n.* Ⓒ **1** 海軍軍官。**2** 《美》海關人員。

nave[1] [nev; neiv] *n.* Ⓒ教堂的中殿《一般教徒席的部分；⇨ church 插圖》。

nave[2] [nev; neiv] *n.* Ⓒ(車)轂，輪軸(hub)。

na·vel [ˋnevl; ˈneivl] *n.* **1** Ⓒ肚臍(⇨ body 插圖)。

2 [**the** ~]中心(點)，中央 (*of*)。

3 (又作 **nável òrange**) Ⓒ臍橙《果實頂端有臍狀凹陷的無核橘子》。

—*adj.* [用在名詞前]肚臍的：a ~ cord [string] 臍帶。

nav·i·ga·bil·i·ty [,nævəgəˋbɪlətɪ; ˌnævigəˈbiləti] «navigable 的名詞» —*n.* Ⓤ **1** (海、河等)可航行，適航性。**2** (氣球的)可操縱性；(船舶、飛機等的)耐航性。

nav·i·ga·ble [ˋnævəgəbl; ˈnævigəbl] *adj.* **1** 〈河、海等〉船隻可航行的，適於航行的：~ waters 《法律》可航行的水域。**2** 〈氣球等〉可操縱的；〈船、飛機等〉可航行的。

-ga·bly [-gəblɪ; -gəbli] *adv.*

N

nav·i·gate [ˋnævə,get; ˋnævigeit] «源自拉丁文「使船動」之義» —*v.t.* [十受] **1 a** 駕駛，操縱〈船隻、飛機〉。**b** 航行於〈河、海、空中〉；以船運輸…。**2** 《口語》〈人〉步行…。

—*v.i.* **1 a** 航行。**b** 駕駛；操縱。**c** 〈同車者〉給駕駛員指示路線，領航。**2** 《口語》〈人〉走著去。

nav·i·ga·tion [,nævəˋgeʃən; ,næviˋgeiʃn] «navigate 的名詞» —*n.* Ⓤ **1** 航海，航空，航行：inland ～ 內河航行。**2** 航海[航空]學[術]。

Návigátion Àct *n.* [the ～]《英國史》航海條例《1651-1849》.

nav·i·ga·tor [ˋnævə,getɚ; ˋnævigeitə] *n.* Ⓒ **1** 航行者，航海者；海洋探險家。**2 a** 領航員，導航員。**b** 飛機駕駛員。**3** 導航儀，領航儀《自動調整飛機、飛彈前進方向的裝置》。

nav·vy [ˋnævɪ; ˋnævi] *n.* Ⓒ《英》(通常指修築運河、鐵路、道路等無特殊技術的)工人，粗工：mere ～'s work 僅屬粗工。

wórk like a návvy 做粗工的工作，辛苦做苦工。

*__na·vy__ [ˋnevɪ; ˋneivi] «源自拉丁文「船」之義» —*n.* **1 a** Ⓒ [也用作集合稱；常 (the) N～] 海軍《★用法 視為一整體時當單數用，指個別成員時當複數用；cf. army》：the Department of *the N～* ＝*the N～* Department (美國的)海軍部《國防部的三個部門之一》/the Secretary of *the N～* (美國的)海軍部長/⇨ Royal Navy/join *the* ～ 加入海軍。**b** [the ～]海軍部。**2** Ⓒ《詩·古》艦隊，(商)船隊。**3** ＝navy blue.

návy blúe «源自英國海軍制服的顏色» —*n.* Ⓤ深藍色，海軍藍。—*adj.* 海軍藍的。

Návy Cróss *n.* Ⓒ《美》海軍十字勳章。

návy yàrd *n.* Ⓒ《美》海軍造船廠。

na·wab [nəˋwɑb, -ˋwɔb; nəˋwɑ:b] *n.* Ⓒ **1** ＝nabob. **2** [N～] 對印度回教王子或顯貴之尊稱。

nay [ne; nei] *adv.* **1** 《古·文語》否，不(no) (↔ yea). **2** [當連接詞用]《文語》不止如此，而且：It is difficult, ～, impossible. 那是困難的，不，簡直是不可能的。

—*n.* **1** Ⓤ「不」的回答，否；否定，反對，拒絕：I will not take ～. 我不許別人說個「不」字，我不接受拒絕。**2** Ⓒ反對票；投反對票者 (↔ yea)：the yeas and ～*s* 贊成與反對(的票數)/The ～*s* outnumbered the ayes. 反對票超過贊成票/The ～*s* have it! (在議會)反對者佔多數！

sáy a person náy 《文語》拒絕〈他人〉，對〈人〉說不行。

na·ya pai·sa [nəˋjɑ paɪˋsɑ; nəˋjɑ:paiˋsɑ:] *n.* Ⓒ (*pl.* **na·ye pai·se** [nəˋje paɪˋse; nəˋjeipaiˋsei]) 那亞派沙《以前印度的一種貨幣》。

náy-sàyer *n.* Ⓒ反對者，否認者，拒絕者。

Naz·a·rene [,næzəˋrin; ,næzəˋri:n] *n.* **1 a** Ⓒ拿撒勒人。**b** [the ～] (拿撒勒人的)基督。**2** Ⓒ (猶太人及回教徒蔑稱的)基督教徒。

—*adj.* 拿撒勒(人)的。

Naz·a·reth [ˋnæzərəθ; ˋnæzərəθ] *n.* 拿撒勒《巴勒斯坦(Palestine)北部的一個小城；為耶穌度過幼年時代的地方》。

Naz·a·rite, Naz [ˋnæzə,raɪt; ˋnæzərait] *n.* Ⓒ古代希伯來之虔信者[修行者]。

naze [nez; neiz] *n.* Ⓒ岬，岬角，海角。

Na·zi [ˋnɑtsɪ; ˋnɑ:tsi] «源自德語» —*n.* (*pl.* ～s) **1 a** [the ～s] 納粹(黨)，國家社會主義德意志勞工黨(National Socialist German Workers' Party (1919-45)). **b** Ⓒ納粹黨員。**2** [常 n～] Ⓒ納粹主義者。

—*adj.* [用在名詞前]納粹(黨)的：the ～ party 納粹黨。

Na·zi·fy [ˋnɑtsɪ,faɪ; ˋnɑ:tsifai] *v.t.* [有時 n～]使…納粹化。

Ná·zism [-zəm; -zəm], **Ná·zi·ism** [-tsɪ,ɪzəm; -tsiizəm] *n.* Ⓤ納粹主義。

Nb 《符號》《化學》niobium.

N.B. 《略》New Brunswick; North Britain.

N.B., n.b. [ˋɛnˋbi; ,enˋbi:] «拉丁文 *n*ota *b*ene (＝note well)之略» —注意《★用於註釋的開頭》。

NBC, N.B.C. 《略》National Broadcasting Company 國家廣播公司《美國三大電視廣播網之一》。

NbE, N.bE. 《略》north by east.

Ń-bòmb *n.* ＝neutron bomb.

NbW, N.bW. 《略》north by west.

NC 《略》《美郵政》North Carolina.

N.C. 《略》North Carolina.

NCO, N.C.O. 《略》noncommissioned officer.

Nd 《符號》《化學》neodymium.

ND 《略》《美郵政》North Dakota.

n.d. 《略》no date; not dated.

-nd 字尾 [表示 2 以及以 2 結尾的序數詞]第二，第…二《★12 除外》：22*nd*.

N.Dak., 《非正式》**N.D.** 《略》North Dakota.

Ne 《符號》《化學》neon.

NE 《略》《美郵政》Nebraska.

n.e., NE, N.E. 《略》northeast; northeastern.

NE, N.E. 《略》New England; Northeastern《London 郵區之一》。

N.E., N/E 《略》《商》no effects.

Ne·an·der·thal [nɪˋændɚ,tɑl; niˋændətɑ:l] *adj.* 尼安德塔人(Neanderthal man)的。

Neánderthal màn *n.* Ⓤ [指個體時為Ⓒ]《人類學》尼安德塔人《1856 年在現在西德的尼安德塔(Neanderthal)河流域出土，為舊石器時代的歐洲原人》。

neap [nip; ni:p] *adj.* 小潮的，海潮漲退差最小的。—*n.* (又作 **néap tíde**) Ⓒ小潮，最低潮《月上弦及下弦時的潮水》。

Ne·a·pol·i·tan [,niəˋpɑlətn; niəˋpɔlitən] «Naples 的形容詞» —*adj.* **1** 那不勒斯的。**2** [常 n～] [用在名詞前]那不勒斯的〈冰淇淋〉：a ～ ice (cream)那不勒斯冰淇淋。

—*n.* Ⓒ **1** 那不勒斯人。**2** [常 n～]那不勒斯冰淇淋《有二至四種顏色與口味的冰淇淋》。

‡**near** [nɪr; niə] «源自古英語「較近」之義；原為 nigh(近的)的比較級» —*adv.* (～·er; ～·est) **1** (在空間、時間上)近；靠近；接近[…] [*to*] (↔ far)《★用法 to 尤其要用在 nearer, nearest 之後，形容詞的情形亦同；⇨ *prep.* 用法》：come ～ 靠近，接近/Christmas is drawing ～(*er*). 耶誕節越來越近了/He drew ～*er*. 他走得更近/Keep ～ *to* me. 靠近我的身邊。**2** 《口語》**a** 幾乎，差不多，將近《★比較 作此義時現在一般都用 nearly》：for ～ fifty years 將近五十年期間/I was very ～ dead. 我近乎死去。**b** [與否定語連用]遠不及…，根本沒有…：He is *not* ～ so rich. 他根本沒有那樣富有/⇨ nowhere [not anywhere] NEAR.

(as) néar as one can dó... 就某人能〈做…〉的範圍[限度]而言：*As* ～ *as* I *can* guess, he is 30 years old. 就我所能猜測的，他大約三十歲。

còme [gèt, gò] néar to dóing ＝come [get, go] NEAR doing (⇨ *prep.*).

fár and néar ⇨ far.

néar at hánd (1)(空間上)在近旁，在手邊：She sat ～ *at hand.* 她坐在近旁。(2)(時間上)接近，逼近：The exam is drawing ～ *at hand.* 考試漸漸逼近。

néar bý (在)附近(cf. nearby)：A fire broke out ～ *by.* 附近發生火災。

nówhere [nòt ánywhere] néar 《口語》一點也不…；離…很遠：The bus was *nowhere* [*wasn't anywhere*] ～ full. 那輛巴士根本沒有客滿《還差得遠》。

—*prep.* (～·er; ～·est)《★用法 原為形容詞、副詞的 near to 略去 to 者，介系詞亦有比較級的變化；但亦有人不承認其為介系詞》**1** [表示場所、時間等]在…的附近，接近…：～ the station 在車站附近/～ the end of the year 接近年終/～ here [there] 在這[那]附近，接近這裏[那裏]/⇨ sail near the WIND[1]/Bring your chair ～*er* the fire. 把你的椅子更靠近火邊些/Who comes ～*est* him in scholarship? 在學識方面誰僅次於他？

2 [表示接近某種狀態]接近[就要，快要]…：The work is ～ completion. 那工作接近完成/She was ～ tears. 她當時快要哭出來了/He is ～ death. 他快要死了。

còme [gèt] néar dóing 差一點就…；幾乎要…：He *came* ～ be*ing* drowned. 他差一點就淹死了。

—*adj.* (～·er; ～·est) **1** 〈場所、時間等〉近的，接近的，附近的 (↔ far)：the ～ distance (繪畫、眺望等的)近景/in the ～ future 在不久的將來/go by the ～*est* way 走最近的路/the ～*er* bank of the river 較靠近的河岸/Spring [The station] is ～. 春天[車站]快到了。

2 a (關係)親近的，近親的，親密的：one's ～ relatives 某人的近親/one's ～ friend 密友《★比較 close[2] 較為普遍》/He is ～*est to* me. 他是我最親近的人。**b** (利害)關係密切的：That is a very ～ concern of his. 那是一件對他關係非常密切的事。

3 近似的，很像原物的；代用的：a ～ guess 接近[相差不遠]的猜測/a ～ race 距離相差很近的賽跑，難分上下的賽跑《★比較 close[2] 較為普遍》/a ～ resemblance 酷似/～ silk 人造絲/⇨ near miss, near beer.

4 [用在名詞前]很危險的，間不容髮的：a ～ escape [touch] 千鈞一髮，九死一生，倖免/⇨ near thing/have a ～ shave ⇨ shave *n.* 3.

5 a 《罕》吝嗇的：a ～ man 吝嗇的人。**b** [不用在名詞前] [十介十(代)名] [對金錢等]斤斤計較的，吝嗇的[*with*]：He is ～ *with* his money. 他對錢很吝嗇。

6 [用在名詞前]左側的，左手邊的〈汽車、馬、馬車〉《★因通常由左側上去；cf. off *adj.* 3 b》：the ～ wheel 左側的車輪。

néarest and déarest (1)〈友人、親戚等〉最親密的。(2)[one's ～，略去後面的名詞]《謔》近親，家人。

—*v.t.* [十受]接近，靠近…：The ship ～*ed* the dock. 船靠近船塢/She is a woman ～*ing* forty. 她是個快四十歲的女人/His immense task is now ～*ing* completion. 他的鉅作現正接近完成。

—*v.i.* 迫近，接近：The deadline is ～*ing*. 截止日期正迫近《快到了》。～·**ness** *n.*

néar béer *n.* Ⓤ[指種類時爲Ⓒ]《美》淡啤酒《其酒精成分未達0.5%；被視爲非酒類》。

‡**near·by** [ˈnɪrˌbaɪ; ˈniəbai] *adj.* [用在名詞前](無比較級、最高級)附近的《★囲法《英》用在名詞後時通常分開寫成 near by 二字》：a ～ city 附近的城市。

— [ˈnɪrˈbaɪ; niəˈbai] *adv.* (無比較級、最高級)在附近《★囲法《英》通常分開寫成 near by 二字》：live ～ 住在附近。

Néar East *n.* [the ～]近東《包括阿拉伯、非洲東北部、東南亞、巴爾幹半島等地區》。

‡**near·ly** [ˈnɪrlɪ; ˈniəli] *adv.* **1 a** 將近，接近，差不多(⇨ about 1 a【同義字】)：It is ～ half past six. 將近六點半/We are ～ at the top of the hill. 我們差不多到了山頂上。**b** 勉强地；幾乎，差一點(就)，間不容髮地：escape ～ 勉强逃脫，虎口餘生，死裏逃生/I was (very) ～ run over by a car. 我差一點就被車子輾過。**2** 《罕》密切地，親密地：～ related 有密切關係的。

nòt néarly 遠不及…，一點也不…(not at all)：It is *not* ～ so pretty as it was before. 它遠不及以前漂亮/They are *not* ～ enough. 它們還差得遠《根本不夠》。

néar míss *n.* (又作 **néar-míss**)Ⓒ **1** (轟炸、射擊的)接近擊中(目標)彈。**2** 只差一點點，僅差毫釐；接近成功的邊緣。**3** 《航空》異常接近《飛機在空中倖免相撞的狀態》。

néar·sìde *n.* [the ～]《英》**a** (馬、馬車的)左側。**b** (汽車)靠近道路邊端的一側(↔ offside). —*adj.* [用在名詞前]左側的。

néar-síghted *adj.* 近視的(shortsighted).

～·**ly** *adv.* ～·**ness** *n.*

néar-térm *adj.* 短期的。

néar thíng *n.* Ⓒ[常用單數]《口語》幾乎無勝算[難分勝負]的[實力相當的]比賽[選舉，冒險(等)]：It was a ～, but we won at last. 我們最後總算贏了，雖然比賽難分高下。

***neat** [nit; ni:t] «源自拉丁文「閃亮」之義» —*adj.* (～·er；～·est) **1 a** 整潔的；〈衣著等〉乾淨的，整齊的：keep one's room ～ 保持房間整潔。**b** 〈人、習慣等〉喜歡乾淨的，好修飾的。**c** (形狀)整齊的，勻稱的：a ～ little house 乾淨舒適的小屋子/～ handwriting 工整的筆跡。

2 a 〈工作等〉乾淨俐落的，靈巧的：a ～ piece of work 乾淨俐落的工作/make a ～ job of it 把它做得乾淨俐落。**b** 〈話、文體等〉適切的，簡潔的。

3 (無比較級、最高級)〈酒〉純的，不攙水的(《美》straight)：drink whiskey ～ 喝純威士忌。

4 《美口語》很棒的，很好的：What a ～ party！好棒的派對！

～·**ly** *adv.* ～·**ness** *n.*

(ʼ)**neath** [niθ; ni:θ] *prep.* 《詩》＝beneath.

néat·hèrd *n.* Ⓒ《古》牧牛者(cowherd).

neb [nɛb; neb] *n.* Ⓒ **1** (鳥之)嘴；喙。**2** (尤指動物之)鼻。**3** 尖；尖端；筆尖。**4** 《古》(人之)嘴，口。

Neb. 《略》Nebraska.

N.E.B., NEB 《略》New English Bible.

neb·bish [ˈnɛbɪʃ; ˈnebiʃ] *n.* Ⓒ《俚》膽小的人；倒楣的人；十分不幸的人；無能的人；呆笨的人。

NEbE, N.E.bE. 《略》northeast by east.

NEbN, N.E.bN. 《略》northeast by north.

Nebr. 《略》Nebraska.

Ne·bras·ka [nəˈbræskə; niˈbræskə] «源自北美印地安語「平坦的河」之義» —*n.* 內布拉斯加州《美國中西部的一州；首府林肯(Lincoln)；略作 Neb(r)., 《郵政》NE；俗稱 the Cornhusker State》.

neb·u·la [ˈnɛbjələ; ˈnebjulə] «源自拉丁文「霧，雲」之義» —*n.* Ⓒ(*pl.* **-lae** [-ˌli; -li:])《天文》星雲。

neb·u·lar [ˈnɛbjələ·; ˈnebjulə] *adj.* 《天文》星雲(狀)的。

nébular hypóthesis [théory] *n.* [the ～]《天文》(太陽系的)星雲假說[理論]《認為太陽系是由星雲狀物質形成的假說》。

neb·u·los·i·ty [ˌnɛbjəˈlɑsətɪ; ˌnebjuˈlɔsəti] «nebulous 的名詞» —*n.* **1** Ⓤ星雲狀態。**b** Ⓒ星雲狀物，雲霧。**2** Ⓒ(思想、措辭等的)曖昧，模糊，含糊。

neb·u·lous [ˈnɛbjələs; ˈnebjuləs] *adj.* **1 a** 模糊的，渾濁的，不透明的：a ～ liquid 不透明的液體。**b** 〈記憶、措辭、意思等〉不清楚的，模糊的。**2** 《天文》星雲(狀)的。

～·**ly** *adv.* ～·**ness** *n.*

***nec·es·sar·i·ly** [ˈnɛsəˌsɛrəlɪ; ˈnesəsərəli] *adv.* (無比較級、最高級) **1** 必定，必然，無可避免地，當然。

2 [用於否定句](未)必…，(不)一定…：Learned men are *not* ～ wise. 博學者未必都是聰明的。

‡**nec·es·sar·y** [ˈnɛsəˌsɛrɪ; ˈnesəsəri] «源自拉丁文「不能出讓的」之義» —*adj.* (**more** ～；**most** ～) **1 a** 必要的，不可或缺的；必需的：a ～ thing 必要的東西/a ～ condition 必要條件/It is ～ to prepare for the worst. 作最壞的打算是必要的/Is it ～ that you (should) be so strict with his children？你有必要那樣嚴格地對待他的孩子們嗎？《★囲法《口語》中大多不用 should；cf. 1 c》/You may use it again, when(ever) ～. 必要時你(隨時)可以再用它/I will go with you, if ～. 如有必要，我會跟你一起去。

【同義字】necessary 是指「必要的」之意的最普通用語；essential 是指爲某物的存在，在本質上所必需的；indispensable 指不可或缺的。

b [不用在名詞前][十介十(代)名][對…]必要的，不可或缺的[*to, for*]：Light and water are ～ ***to*** plants. 光和水對植物是必要的/They prepared all things ～ ***for*** the expedition. 他們準備了(對)探險所需的一切東西。**c** [不用在名詞前][十 *for*十(代)名十 *to* do][某人]〈做…是〉必要的，必須的：Is it ～ *for* me *to* sign here？我必須在這裏簽名嗎？《★比較Am I ～ to sign here？是錯誤的用法》/Is it ～ *for* you *to* be so strict with his children？你有必要那樣嚴格地對待他的孩子們嗎？(cf. 1 b).

2 [用在名詞前](無比較級、最高級)必然的，不可避免的：a ～ evil 不可避免的[不得已的]惡事，弊害。

—*n.* **1** [**necessaries**]必要之物，必需品《★比較必要的程度較 necessity (⇨ 2)低》：daily *necessaries* 日用品/the *necessaries* of life 生活必需品。

2 [**the** ～]《口語》必要的東西[行爲]；(尤指)金錢：do *the* ～ 做必要的事/find [provide] *the* ～ 籌措[供給]必需的錢。

ne·ces·si·tar·i·an·ism [nəˌsɛsəˈtɛrɪənˌɪzəm; niˌsesiˈteəriənizəm] *n.* Ⓤ宿命論；必然論；決定論。

ne·ces·si·tate [nəˈsɛsəˌtet; niˈsesiteit] «necessity 的動詞» —*v.t.* **1 a** [十受]〈事情〉使…成爲必要，使…需要：The increase of traffic accidents ～*s* proper precautions. 隨著交通事故的增加，必須採取適當的預防措施。**b** [十 do*ing*]使〈做…〉成爲必需：Your proposal would ～ chang*ing* our plans. 你的提議可能使我們的計畫必須變更。

2 [十受十 *to* do]《美》使〈人〉不得不〈做…〉《★常用被動語態，變成「不得不…」之意》：We *were* ～*d to* accept the offer. 我們被迫接受該提議。

ne·ces·si·tous [nəˈsɛsətəs; niˈsesitəs] *adj.* **1** 貧窮的，窮困的。**2** 必然的，不可避免的。～·**ly** *adv.*

***ne·ces·si·ty** [nəˈsɛsətɪ; niˈsesəti] «necessary 的名詞» —*n.* **1** Ⓤ[又作 **a** ～] **a** 必要，需要，緊急需要：a work of ～ (連安息日也不能不做的)必要的工作/from [out of] (sheer) ～ (完全)迫於需要，出於不得已/in case [time] of ～ 在緊急時/*N*～ is the mother of invention. 《諺》需要爲發明之母/*N*～ knows [has] no law. 《諺》迫於需要之時，不知法爲何物；「飢寒起盜心」。**b** […的]必要(性)[*of, for*]：be under the ～ *of* do*ing*... 必須做…，不得不做…/Most athletes can see the ～ *of* [*for*] keep*ing* training. 大部分的運動家均了解不斷練習的必要性。**c** [十 *to* do/十*for* 十(代)名十 *to* do][某人]有〈做…的〉必要(性)：Is there any ～ (*for* her) *to* do it at once？(她)有必要馬上做那件事嗎？《★囲法(for...) to do 主要僅用於 there is ～ 的句型，一般用 need》.

2 Ⓒ必需品，不可欠缺之物(⇨ necessary *n.* 1 比較)：daily *necessities* 日用(必需)品/the *necessities* of life 生活必需品/In the United States the automobile is a ～ and not a luxury. 在美國，汽車爲必需品而非奢侈品。

3 ⓊⒸ《哲》必然(性)；不可避免(的事)：logical ～ 論理上之必然性/physical ～ 物理上之必然性，因果律，命運。

4 a Ⓤ窮困：He is *in* great ～. 他極爲窮困。**b** [常 **necessities**]窮困的狀況，窮境。

as a necéssity 必然地。

by necéssity 由於必要；必然地，不得已。

màke a vírtue of necéssity ⇨ virtue.

of necéssity 必然地，當然(necessarily).

‡**neck** [nɛk; nek] «源自古英語「(頸)背」之義» —*n.* **1** Ⓒ **a** 頸；脖子：break a person's ～ 折斷某人的頸骨《★用於恐嚇的話》。

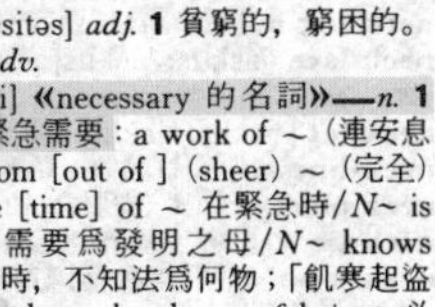

neck 1

【說明】英語的 neck 是指連結頭部(head)和肩(shoulders)的部分；neck 的前面部分爲 throat (喉部)而後面部分爲 nape(頸背)；⇨ body 插圖。

b (衣服的)領子。**2** Ⓒ頸似的細長物：**a** (容器等的)頸狀部分：the ～ of a bottle 瓶頸。**b** (小提琴等的)桿部《渦形頭部與本體間的細長部分》。**c** (陸地、海等的)狹長地方，地峽，(小)海峽。**3** Ⓒ(競賽馬等的)一頸的長度；微差：win [lose] by a ～ 以一頸之差險勝[以微差敗北]。**4** Ⓒ《建築》柱頭(capital)的頸部《最低部》。**5** Ⓤ[指個體時為Ⓒ]〔羊等的〕頸肉〔*of*〕:(a) ~ *of* mutton 羊的頸肉。

a páin in the néck ⇨ pain.

be úp to the [one's] **néck in...** 《口語》(1)完全捲入〈糾紛等〉。(2)埋頭於〈工作等〉。(3)深陷〈債務〉中。

bów the néck to... 向…低頭, 屈服於…。

bréak one's **néck** (1)(做危險事)折斷頸骨(致死)。(2)《口語》拼命努力, 堅持。

bréathe dòwn a person's **néck** 《口語》(1)(在賽跑等)貼近他人。(2)不放鬆地監視他人, 盯緊人。

gét [**cátch, táke**] **it in the néck** 《口語》(1)挨重打;受嚴重的打擊。(2)吃苦頭;受嚴厲的處罰[責罵]。

in the néck of... =on the NECK of.

néck and néck (1)(賽馬時)並駕齊驅。(2)(競賽等時)不分上下[勝負], 勢均力敵。

néck of the wóods 《美口語》地區, 地方:this ~ *of the woods* 這一帶[附近]。

néck or nóthing [**nóught**] 拼命地, 孤注一擲地《★源自賽馬用語》。

on the néck of... 緊跟於…之後:The good news followed *on the* ~ *of* the letter. 好消息緊接著那封信而來。

rísk one's **néck** 賭命, 拼命。

sáve one's **néck** 《口語》(1)免受絞刑。(2)得免一死。(3)免受罰[免負責]。

stíck one's **néck óut** 《口語》(說[做]了釀成物議的話[事]而)招惹危險, (說[做]了多餘的話[事]而)招麻煩[惹禍殃]。

—*v.i.* 《口語》互相摟著脖子親吻[擁抱]。

—*v.t.* 《口語》〔十受〕擁抱…的脖子愛撫, 擁吻…。

néck·bànd *n.* Ⓒ **1** (襯衫的)領圈《裝領子的部分》。**2** 頸帶《裝在脖子周圍的飾帶》。

néck·clòth *n.* 《古》=cravat 2.

necked *adj.* [構成複合字]脖子[領子]…的, …脖子[領子]的:short-*necked* 短脖子的/a V-*necked* sweater V 型領口的毛衣。

neck·er·chief [ˈnɛkɚtʃɪf; ˈnekətʃif, -tʃiːf] *n.* Ⓒ圍巾, 頸巾。

néck·ing *n.* Ⓤ《口語》摟頸親熱。

neck·lace [ˈnɛklɪs; ˈneklis] *n.* Ⓒ項圈, 項鍊:a pearl ~ 眞珠項鍊。

neck·let [ˈnɛklɪt; ˈneklit] *n.* Ⓒ短項鍊;皮圍巾。

néck·line *n.* Ⓒ領口開領, 領圍。

néck·piece *n.* Ⓒ **1** (衣服之)領。**2** (甲冑的)圍脖。**3** 毛皮圍巾。

néck·tie *n.* Ⓒ《美》領帶(《英》tie)。

néck·wèar *n.* Ⓤ[集合稱]《商》(包括領帶[結]、衣領、圍巾之類的)頸部裝飾品。

ne·crol·o·gy [nɛˈkrɑlədʒɪ; neˈkrɔlədʒi] *n.* Ⓒ **1** 死者名單;死亡表。**2** 訃聞(obituary).

nec·ro·man·cer [ˈnɛkrəˌmænsɚ; ˈnekrəmænsə] *n.* Ⓒ巫師;降神者;行妖術者;占卜者。

nec·ro·man·cy [ˈnɛkrəˌmænsɪ; ˈnekrəmænsi] *n.* Ⓤ **1** 招亡魂以卜未來之術;巫術。**2** (尤指邪惡的)妖術。

nec·ro·man·tic [ˌnɛkrəˈmæntɪk; ˌnekrəˈmæntik˝] *adj.*

nec·ro·phi·li·a [ˌnɛkrəˈfɪlɪə; ˌnekrəˈfiliə] *n.* Ⓤ《精神病學》戀屍癖《對屍體之反常喜愛》。

ne·croph·i·lism [nɛˈkrɑfəˌlɪzəm; neˈkrɔfəlizəm] *n.* = necrophilia.

ne·crop·o·lis [nɛˈkrɑpəlɪs; neˈkrɔpəlis] *n.* Ⓒ《文語》(尤指古代城市的)大規模公墓, 史前墳場。

nec·rop·sy [ˈnɛkrɑpsɪ; ˈnekrɔpsi] *n.* Ⓒ驗屍。

ne·cro·sis [nɛˈkrosɪs; neˈkrousis] *n.* ⓊⒸ(*pl.* **-ses** [-siz; -siːz]) 《醫》壞死;壞疽。

nec·tar [ˈnɛktɚ; ˈnektə] *n.* Ⓤ **1** 《希臘·羅馬神話》衆神喝的酒, 神酒(cf. ambrosia). **2** 可口的飲料, 美酒。**3** 《植物》花蜜。

nec·tar·ine [ˈnɛktəˌrin, ˌnɛktəˈrin; ˈnektərin] *n.* Ⓒ《植物》油桃。

nec·ta·ry [ˈnɛktərɪ; ˈnektəri] *n.* Ⓒ **1** 《植物》蜜腺。**2** 《昆蟲》蜜管。

Ned [nɛd; ned] *n.* 奈德《男子名;Edward, Edmund, Edwin 之暱稱》。

N.E.D., NED 《略》New English Dictionary《今正式名稱為 Oxford English Dictionary (略作 O.E.D.)》。

Ned·dy [ˈnɛdɪ; ˈnedi] *n.* **1** 奈迪《男子名;Edward 之暱稱》。**2** [n~]Ⓒ《口語》**a** 驢(donkey). **b** 笨蛋, 蠢貨。

née, nee [ne; nei] 《源自法語「出生於」之義》**—***adj.* [冠於已婚女子之娘家姓前]娘家姓(cf. one's MAIDEN name):Mrs. Jones, ~ Adams 瓊斯夫人, 娘家姓亞當。

‡**need** [nid; niːd] 《源自古英語「窮困, 必需」之義》**—***n.* **1** Ⓤ[又作 **a** ~] **a** 必需, 需要, 要求〔*for, of*〕:There was no [not much] ~ *for* haste. 完全沒有[不太有]必要慌張;不[不太]需要匆忙[急促]/There is *a* great ~ *of* money. 極需錢/He is *in* ~ *of* help. 他需要幫助/The car stands *in* ~ *of* repairs. 那輛汽車需要修理/She is *in* ~ *of* find*ing* work. 她需要找工作/He spoke about the ~ *for* 〔*of*〕 preserv*ing* historical places. 他說到關於保存史跡的必要。**b** 〔十 *to* do〕〈做…的〉需要:You have no ~ *to* be ashamed. 你不用慚愧。**c** 〔十*for* 十(代)名十 *to* do〕〔某人〕有〈做…的〉必要:There is no ~ *for* you *to* apologize. 你沒有道歉的必要。

2 Ⓒ[常 ~s]需要之物(⇨ lack【同義字】):our daily ~*s* 日用品/meet the ~*s* of... 滿足…的需求/His ~*s* were few. 他需要之物甚少。

3 Ⓤ窮困之時, 困難之境:fail a person *in* his ~ 棄某人於患難中, 見死不救/in time [case] of ~ 在緊急[萬一]時/A friend *in* ~ is a friend indeed. 《諺》患難之交才是眞朋友/The best books will give us invaluable help at [in] moments of ~. 最好的書籍在我們困難時會給我們極可貴的幫助。

4 Ⓤ窮困, 貧困:He is in great ~. 他非常窮困。

had néed dó 《文語》該做…。

have néed of... 《文語》需要…:We *have* ~ *of* food. 我們需要食物。

if néed bé [**wére**] 《文語》=**when** [**as, if**] **the néed aríses** 如有需要, 如有必要的話。

—*v.t.* 需要:**a** 〔十受〕需要…, 有…的需要:I ~ money badly. 我極需要錢/I ~ you. 我需要你/Your composition ~*s* correction. 你的作文需要訂正/That's all I ~. 那是我要的一切, 我只要那個;[當反語用]那糟糕, 那我不幹。**b** 〔十 do*ing*〕需要〈做…〉《★用法 do*ing* 的受詞用主詞表示, 因此無受詞;其語意仍為被動》:My camera ~*s* repair*ing*. 我的照相機需要修理《★變換 可換寫成 My camera ~*s* to be repaired.》/This ~*s* no account*ing* for. 這無須說明。**c** 〔十 *to* do〕必要〈做…〉, 有〈做…的〉必要, 必須〈做…〉:She did not ~ *to* be told twice. 無須對她講兩次/I don't ~ *to* keep awake, do I? 我不必醒著, 不是嗎?《★比較 雖可用助動詞 need 換寫成 I *needn't* keep awake., 但口語一般用前者》。**d** 〔十受十 *to* do〕需要〈某人〉〈做…〉:I ~ you *to* help me. 我需要你幫助我。**e** 〔十受十過分〕〈某物〉有〈…的〉必要, 需要〈…〉:I ~ my shoes mend*ed*. 我的鞋子需要修補《★變換 可用 b 句型換寫成 My shoes ~ mend*ing*.;比較《英北英語》說成 I ~ my shoes mending.》。

—*v.i.* **1** 《文語》窮困。**2** 《古》需要, 必要:more than ~*s* 超過需要。

—*aux.* 《★用法 助動詞 need 雖用於否定句(包括 hardly, scarcely 的句子)和疑問句, 但除了 **needn't** [ˈnidn̩t; ˈniːdnt] 的縮寫者外, 在口語很少用, 一般都用及物動詞;cf. *v.t.* c》**1** 有必要…, 需要…:He ~*n't* come. 他不必來/*N*~ he go at once? 他必須馬上去嗎?/I ~ *hardly* say.... 我簡直不必說…/There ~ be *no* hurry, ~ there? 不必急, 是吧?/They told him that he ~ *not* answer. 他們告訴他不必回答《★用法 need 沒有過去式, 特別要表示過去式時則用 *v.t.* c 的 need 用法, 但間接說法時則仍用原來的》。**2** [~ not have+過去分詞]本來不必…(但);(已經做了但本來)不必…:He ~*n't have done* it. 他(本來)不必做那件事(但做了)。

need·ful [ˈnidfəl; ˈniːdful] *adj.* 必要的, 不可缺的, 必需的《★比較 現在用 necessary》:Air and water are ~ *for* living things. 空氣和水對生物是不可或缺的東西。

—*n.* [**the** ~] **1** 必要的事物:do *the* ~ 做必須做的事。**2** 《口語》(必需的)錢《尤指現金》。~**·ly** [-fəlɪ; -fuli] *adv.*

‡**nee·dle** [ˈnidl̩; ˈniːdl] *n.* **1** Ⓒ針;縫針;編織針:a ~ and thread 穿了線的針《★當單數用》。**2** Ⓒ(外科、注射、雕刻、唱機等的)針。**3** Ⓒ羅盤針, 磁針。**4** Ⓒ針狀物:**a** 尖岩。**b** 方尖塔(obelisk):Cleopatra's *Needle* 克麗歐佩特拉的針《古代埃及的方尖塔, 現在倫敦和紐約都有》。**5** [**the** ~]《英俚》神經上的刺激;急躁, 焦躁:get [give] *the* ~ 焦躁[使急躁]。**6** Ⓒ《植物》(松樹、樅樹等的)針狀葉。**7** Ⓒ《礦》針狀結晶(體)。

a néedle's éye=the éye of a néedle (1)針眼[孔]。(2)細縫, 狹縫。(3)不可能的企圖《★出自聖經「馬太福音」》。

(as) shárp as a néedle (1)(像針般)非常尖的, 銳[銳利]的。(2)機靈的, 非常機敏的。

lóok [**séarch**] **for a néedle in a háystack** 尋找不可能找到的東西, 大海撈針, 徒勞無益《★源自「在乾草堆中尋找一根針」之義》。

on the néedle 《俚》慣於吸食痲藥, 吸食毒品上癮。

—*v.t.* **1** 〔十受〕用針縫…;拿針穿…。**2** 〔十受(十副詞(片語))〕[~ **one's way**]穿針似地穿過(…)。**3** 《口語》**a** 〔十受〕欺負[虐待, 刺激]〈某人〉。**b** 〔十受(十介十(代)名)〕唆使[虐待, 刺激]…[做…]〔*into*〕:They ~*d* me **into** go*ing* with them. 他們唆使我和他們一起去。

—*v.i.* 做針線活。

néedle bàth *n.* Ⓒ噴霧狀淋浴。

néedle bòok *n.* Ⓒ針簿《插針用之布片簿》。

N

néedle·càse *n.* Ⓒ針匣子。

néedle·fìsh *n.* Ⓒ(*pl.* ～, ～es)《魚》頜針魚，長喙魚《嘴尖長，齒如針》。

néedle·pòint *n.* **1** Ⓒ針尖，針狀物之尖端。**2** Ⓤ針綉，針綉花邊。

need·less [ˋnidlɪs; ˈniːdlis] *adj.* 不必要的，多餘的，無用的。

néedless to sáy [常用於句首]不用說，當然：*N～ to say,* he never came again. 不用說，他再也不來了。～·**ness** *n.*

néed·less·ly *adv.* 不必要地，多餘地；不需要地：Don't speak ～. 別說廢話，不要浪費口舌。

néedle vàlve *n.* Ⓒ《機械》針閥；針狀活門。

néedle·wòman *n.* Ⓒ(*pl.* **-women**)做針線活的女人，女裁縫。

néedle·wòrk *n.* Ⓤ針線活；(尤指)刺繡；女紅，裁縫。

‡**need·n't** [ˋnidnt; ˈniːdnt]《口語》**need not** 之略。

needs [nidz; niːdz] *adv.*《文語・古》《★常與 must 連用於下列片語》。

mùst néeds dó (1)＝NEEDS must do. (2)[常當諷刺用]頑强地[愚蠢地]硬要做…：He *must* ～ do it. 他偏要做那件事。

néeds mùst dó 非做…不可，必須做…：*N～ must* when the devil drives. ⇨ devil 1.

need·y [ˋnidɪ; ˈniːdi] *adj.* (**need·i·er**; **-i·est**) **1** 貧窮的。**2** [**the** (**poor and**) ～；當複數名詞用]貧困者，窮苦的人們。

néed·i·ness *n.*

ne'er [nɛr; nɛə] *adv.*《詩》＝never.

né'er-do-wèll *n.* Ⓒ沒用的人，不中用的人，廢物。

—*adj.* [用在名詞前]無用的，不長進的。

ne·far·i·ous [nɪˋfɛrɪəs; niˈfɛəriəs] *adj.* [用在名詞前]窮凶極惡的，無法無天的，殘暴的。～·**ly** *adv.* ～·**ness** *n.*

ne·gate [nɪˋget; niˈgeit] *v.t.* **1** 否定[否認]…的事實[眞實]。**2** 取消…，使…無效。

ne·ga·tion [nɪˋgeʃən; niˈgeiʃn]《negate 的名詞》—*n.* **1** ⓊⒸ否定，否認，打消，拒絕(↔ affirmation). **2** Ⓤ無，不存在，缺如。**3** Ⓤ《文法》否定。

***neg·a·tive** [ˋnɛgətɪv; ˈnegətiv]《negate 的形容詞》—*adj.* (**more** ～; **most** ～) **1** (↔ affirmative) **a** 否定(性)的，否認的：a ～ sentence 否定句/a ～ statement 否定的陳述。**b** 反對的，拒絕的：a ～ vote 反對票/the ～ side [team] (討論會的)反對的一邊[方面]。**c** 〈命令等〉禁止的：a ～ order 禁止命令。**2 a** 缺乏積極性的，消極的，保守的：a ～ attitude 消極的態度/～ evidence《法律》消極證據《證明沒有犯罪等的證據》/on ～ lines 消極地。**b** 無效果的，無用的，不太好的：a ～ result 不太好的結果。**3** (無比較級、最高級)《數學》負的(↔ positive)：a ～ quantity 負數，負量；《口語》無/the ～ sign 負號《－》. **4** (無比較級、最高級)《電學》陰電的，負的(↔ positive). **5** (無比較級、最高級)《醫》〈反應的結果〉陰性的(↔ positive). **6** (無比較級、最高級)《攝影》負片的，底片的(↔ positive).

—*n.* **1** Ⓒ否定(語)；否定命題(↔ affirmative)：⇨ double negative/Two ～*s* make a positive. 兩個否定變成肯定，負負得正。**2** Ⓒ拒絕，否定(的回答)。**3** Ⓤ(性格等的)消極性，(對事情的)否定性觀點。**4** Ⓒ **a**《數學》負數。**b**《電學》陰電；(電池的)陰極板。**c**《攝影》底片，負片。

in the négative 否定的[地]，拒絕的[地]：answer *in the* ～ 作否定的回答，回答說「不」。

—*v.t.* 〔十受〕《口語》**1** 拒絕，否決〈動議、候選人等〉。**2** 對…提出反證；使…無效。

négative íncome tàx *n.* ⓊⒸ《美》低收入補助；負所得稅《對收入低於法定標準的家庭的聯邦補助》。

nég·a·tive·ly *adv.* **1** 否定地：answer ～ 作否定的回答，回答說不。**2** 消極地：be ～ friendly 交情(雖不好，但)也不壞。

négative póle *n.* Ⓒ **1** (磁鐵的)南極。**2**《電學》陰極。

nég·a·tiv·ìsm [-vˌɪzəm; -vizəm] *n.* Ⓤ **1** 否定[消極]主義，否定論。**2**《心理》反抗[反對]的癖性[態度]。**-ist** [-vɪst; -vist] *n.*

neg·a·tron [ˋnɛgəˌtran; ˈnegətrɔn] *n.* Ⓒ《物理》陰電子。

***ne·glect** [nɪˋglɛkt; niˈglekt]《源自拉丁文「撿不起來」之義》—*v.t.* **1** 〔十受〕**a** 忽視，輕視，疏忽…：He often ～*s* his health. 他常疏忽自己的健康/He was not a man to ～ details. 他不是一個忽視細節的男人。

> 【同義字】neglect 指「忽視該注意的人或物」，大多爲故意的情形；disregard 指故意不注意或輕視；ignore 指因不願意承認明顯的事而加以忽視。

b 怠忽，不重視，玩忽〈義務、工作等〉：Don't ～ your duty. 不要玩忽職責。**2** 〔十 *to* do/十do*ing*〕忽略〈去做…〉，忘記〈做…〉《★【變換】*to* do 可換寫成 do*ing*》：He ～*ed to* reply to the invitation. 他忘記對那邀請作答覆/Don't ～ pay*ing* her a visit now and then. 別忘了有時去拜訪她。

—*n.* Ⓤ怠慢；疏忽；輕視，忽視：～ *of* duty 怠忽職責/The hut is suffering from ～. 那間小屋因無人看管而漸漸破損。

～·**er**, **ne·gléc·tor** [-tɚ; -tə] *n.*

ne·glect·ful [nɪˋglɛktfəl; niˈglektful] *adj.* **1 a** 怠慢的，疏忽的，不注意的。**b** [不用在名詞前]〔十介十(代)名〕〔對…〕不注意的，不關心的；不顧〔…〕的〔*of*〕：He is ～ *of* his duties. 他玩忽職責。**2** 置之不理[不顧]的。～·**ly** *adv.* ～·**ness** *n.*

nég·li·gé, neg·li·gee [ˌnɛglɪˋʒe; ˈnegliːʒei]《源自法語》—*n.* **1** Ⓒ(婦女套在睡衣上的)室內服，化妝服。**2** Ⓤ便服，平常穿的衣服：in ～ 著便服。

neg·li·gence [ˋnɛglədʒəns; ˈneglidʒəns]《negligent 的名詞》—*n.* **1 a** Ⓤ怠慢，疏忽；不注意，過失，遺漏，粗心：～ *of* duty＝the ～ *of* one's duties 對職務的怠慢，怠忽職責/one's ～ *in* dress 不注意衣著[修飾]。**b** Ⓒ怠慢的行爲。**2** Ⓤ《法律》(疏忽造成的)過失：an accident due to ～ 粗心造成的意外事故。

neg·li·gent [ˋnɛglədʒənt; ˈneglidʒənt]《與 neglect 同字源》—*adj.* **1 a** 怠慢的，玩忽職責的：a ～ student 怠忽(學業)的學生。**b** [不用在名詞前]〔十介十(代)名〕〔對…〕怠慢[疏忽]的〔*of, in*〕《★【用法】do*ing* 時用 *in*》：He is ～ *of* his obligations. 他怠忽他的義務/She was ～ *in* do*ing* her duties. 她怠忽職守。**2 a** 疏忽的，不注意的，粗心大意的，漠不關心的：a ～ way of speaking 草率的說法。**b** [不用在名詞前]〔十介十(代)名〕〔對…〕不注意的，草率的〔*in, of*〕：The author is often ～ *in* his choice *of* words. 那位作家對措詞常不注意。～·**ly** *adv.*

neg·li·gi·ble [ˋnɛglədʒəbl; ˈneglidʒəbl] *adj.* 可忽視的；無關輕重的，不足取的，微不足道的：a ～ amount 極少量。

-gi·bly [-dʒəblɪ; -dʒəbli] *adv.*

ne·go·ti·a·ble [nɪˋgoʃɪəbl; niˈgouʃjəbl] *adj.* **1** 可磋商[協商，談判]的。**2**《口語》**a** 〈道路、橋等〉可通行的。**b** 〈困難等〉可克服的。**3**《商》〈票據等〉可轉讓的，可買賣的。

ne·go·ti·a·bil·i·ty [nɪˌgoʃɪəˋbɪlətɪ; niˌgouʃjəˈbiləti] *n.*

ne·go·ti·ate [nɪˋgoʃɪˌet; niˈgouʃieit]《源自拉丁文「無閒暇，做生意」之義》—*v.t.* **1** 〔十受(十介十(代)名)〕〔與人〕(協議、協商)決定，議定…〔*with*〕：～ a treaty [a loan] (*with* a person) (與人)協商條約[一項貸款]。

2 〔十受〕《口語》**a** 通過〈道路等〉：The car ～*d* the corners with ease. 那輛汽車輕易地拐過轉角。**b** 克服，度過〈困難、障礙等〉。

3 〔十受〕《商》轉讓，兌現〈票據等〉。

—*v.i.* 〔十介十(代)名〕〔與人〕交涉[磋商]〔…〕〔*with*〕〔*for, on, over, about*〕：They ～*d with* the management *for* an improvement in working conditions. 他們與資方交涉，以便改善工作環境。

ne·go·ti·a·tion [nɪˌgoʃɪˋeʃən; niˌgouʃiˈeiʃn]《negotiate 的名詞》—*n.* **1** ⓊⒸ[常 ～*s*]交涉，談判，協商：peace ～*s* 和平談判/the ～*s on* trade 貿易談判/enter into [open, start] ～*s with...* 與…開始交涉。**2** Ⓤ **a** 〔道路等的〕通道〔*of*〕. **b** 〔困難等的〕克服〔*of*〕. **3** Ⓤ《商》(票據等的)轉讓，買賣。

ne·gó·ti·à·tor [-tɚ; -tə] *n.* Ⓒ **1** 交涉者，協商者，談判者。**2** (票據等的)讓渡人。

Ne·gress [ˋnigrɪs; ˈniːgris]《Negro 的陰性》—*n.* Ⓒ女黑人《★在美國有輕蔑之意》。

Ne·gri·to [nəˋgrito; neˈgriːtou] *n.* Ⓒ(*pl.* ～s, ～es)指居住於東南亞、大洋洲等之小黑人。

***Ne·gro** [ˋnigro; ˈniːgrou]《源自西班牙語、葡萄牙語「黑色」之義》—*n.* Ⓒ(*pl.* ～es)黑人《★【說明】在美國此字被認爲是輕蔑語，一般都用 black；cf. black *n.* 5》。

—*adj.* (無比較級、最高級)黑(種)人的，黑人住的，關於黑人的：the ～ race 黑種人/～ music 黑人音樂/a ～ state《美》(南北戰爭以前美國南部的)奴隸州。

> 【說明】從前以 Negro 稱呼黑人，black 有輕視的意味，可是自從 1960 年代起黑人提倡"Black Is Beautiful."(黑就是美。)的口號，black 反而表示黑人種族的光榮標誌。

Ne·groid [ˋnigrɔɪd; ˈniːgrɔid] *adj.* [有時 **n～**]似黑(種)人的，黑人血統的。—*n.* Ⓒ黑人血統的人。

ne·gus [ˋnigəs; ˈniːgəs] *n.* Ⓤ尼加斯酒《葡萄酒中加入開水、糖、檸檬及香料等調成的飲料》。

Neh.《略》《聖經》Nehemiah.

Ne·he·mi·ah [ˌniəˋmaɪə; ˌniːiˈmaiə] *n.* **1**《聖經》尼希米《紀元前五世紀時的希伯來領導者》。**2**《聖經》尼希米記(the Book of Nehemiah)《聖經舊約中之一書；略作 Neh.》.

Neh·ru [ˋnɛru; ˈnɛəruː], **Ja·wa·har·lal** [dʒəˋwɑhəlɑl; dʒəˈwɑːhəlɑːl] *n.* 尼赫魯《1889–1964；曾任印度總理》。

neigh [ne; nei]《擬聲語》—*v.i.* 〈馬〉嘶(⇨ horse【相關用語】)。

—*n.* Ⓒ(馬的)嘶鳴聲，馬叫聲。

‡**neigh·bor** [ˋnebɚ; ˈneibə] *n.* Ⓒ **1 a** 鄰居，住在附近的人：a next-door ～ 隔壁的鄰居/a good [bad] ～ 與鄰居處得好[不好]的人。

N

【字源】源自古英語，原義是「住在附近(*nigh*)的農民(*bur*)」. 古時候大部分的人都是農民，鄰居當然就是「住在附近的農民」；由此可見當時社會狀況的一斑。

b 鄰座的人。**c** 鄰國的人：our ~*s* across the Channel (對英國而言的)法國人《指(英吉利)海峽對面的鄰居》。**2** 相鄰的東西《如鄰國、鄰居等》。**3** [也用於稱呼]同胞。

—*adj.* [用在名詞前]相鄰的，附近的：~ countries 鄰近國家。

—*v.t.* 〔十受〕鄰接《人、地方等》。

—*v.i.* 〔十介十(代)名〕**1** 〔與…〕相鄰[接壤]，住在〔…的〕附近〔*on, upon*〕. **2** 《美》〔與…〕親近〔*with*〕.

‡**neigh·bor·hood** [ˋnebɚ͵hʊd; ˈneibəhud] *n.* **1** [用單數] **a** [常 the ~, one's ~]附近，鄰近(地)；附近一帶，周圍：in my ~ 在我住的附近[近處]/Were you born in this ~ ? 你在這附近一帶出生的嗎？**b** [與修飾語連用](有某種特徵的)地區，地方：a healthy ~ 健康的地區。**2** Ⓤ [集合稱]近鄰的人們(neighbors)，附近的鄰居《★用法 視爲一整體時當單數用，指全部個體時當複數用》：The whole ~ was out, having a barbecue. 附近的鄰居都外出去烤肉。

in the néighborhood of… (1)在…附近(的)。(2)大致…，約…：*in the ~ of* £5 約五英鎊。

—*adj.* [用在名詞前]附近的，該地區的：a ~ store 附近的商店。

néigh·bor·ing [-bərɪŋ; -bəriŋ] *adj.* [用在名詞前]附近的，鄰近的；鄰接的：~ countries 鄰近的國家。

néigh·bor·ly *adj.* 鄰居的，好像鄰居的；與人處得好的，和睦的，親切的。**neigh·bor·li·ness** *n.*

‡**neigh·bour** [ˋnebɚ; ˈneibə] *n., v.* 《英》＝neighbor.

‡**nei·ther** [ˋniðɚ; ˈnaiðə, ˈni:ðə] 《源自中古英語 *ne* (not) ＋ either》—*adj.* [用以修飾單數名詞](兩者中的)兩者都不…的：*N~* story is true. 兩個故事都不眞實/In ~ case can I agree. 兩種情形我都不贊成。

—*pron.* (兩者的)兩者都不…，兩者中無…《★用法 neither 是與 both 相對的否定句，三者以上的否定要用 none》：I believe ~ (*of* the stories). 我兩個(故事)都不相信/*N~ of* the stories was [were] true. 兩個故事都不眞實《★用法 neither 原則上當單數用，但在口語中，尤其在 of 後接複數(代)名詞時，則當複數用》/"Which do you choose ?"—"*N~*, thank you."「你選哪一個？」「兩個都不選。」/We were ~ of us content with the result. 我們雙方都對該結果不滿意《★同格用法；★變換 可換寫成 *N~* of us was content with the result.》.

—*adv.* **1** [neither…nor…，當相關連接詞用]不…也不…，沒有…也沒有…《★用法 neither ...nor... 是與 both...and... 相對的否定說法；neither...nor... 當主詞時，動詞要與~的數、人稱一致》：They have ~ (a) knowledge *nor* (an) understanding of politics. 他們沒有政治知識也不了解政治《★用法 neither...nor... 之後應接文法上相同之詞類或相同構造之字或字羣；因此 They ~ have (a) knowledge *nor* (an) understanding of politics. 是錯誤的》/We ~ moved *nor* made any noise. 我們沒有動也沒有出聲/*N~* he *nor* I *am* the right person for the post. 他和我都不是那職位的適當人選/He ~ gambled, drank, *nor* smoked. 他不賭博，不喝酒，也不抽煙《★用法 有時把三個以上的字句連接一起加以否定》。

2 [接在否定句或子句之後]…也不…《★用法 作此用法之 neither 常在句子[子句]之首，其後的詞序爲「(助)動詞＋主詞」》：If you can*not* go, ~ can I. 如果你不能去，我也不能去/The first is*n't* good, and ~ is the second. 第一個不是好的，第二個也不好/"You can*not* do that."—"*N~* can."「你不能做那件事。」「也不能做。」《★兩人間的對話》。

nèither móre nor léss than… ⇨ more *adv.*

Nell [nɛl; nel] *n.* 妮爾《女子名；Eleanor, Ellen, Helen 的暱稱》。

Nel·lie, Nel·ly [ˋnɛlɪ; ˈneli] *n.* 妮麗《女子名；Eleanor, Ellen, Helen 的暱稱》。

nel·son [ˋnɛlsn̩; ˈnelsn] *n.* Ⓤ《角力》肩下握頸《從背後由對方兩腋下伸過手去，交叉後，由左右勒緊對方頸背的招數》⇨ full nelson, half nelson.

Nel·son [ˋnɛlsn̩; ˈnelsn], **Horatio** *n.* 納爾遜《1758-1805；英國海軍名將，1805 年 10 月在脫拉法爾加(Trafalgar)海戰中打敗拿破崙率領的法國與西班牙聯合艦隊；並在該役中殉職》。

nem. con. 《略》nemine contradicente.

nem. diss. 《略》nemine dissentiente.

Nem·e·sis [ˋnɛməsɪs; ˈnemisis] *n.* **1** 《希臘神話》內美西斯《司因果報應與復仇的女神》。**2** [n~] (*pl.* **nem·e·ses** [-͵siz; -si:z]) **a** Ⓤ 天罰，報應。**b** Ⓤ懲罰者，報復者。**c** Ⓤ强敵，無法勝過的對手。

ne·mi·ne con·tra·di·cen·te [ˋnɛmə͵ni͵kɑntrədɪˋsɛnti; ˈnemɑni:͵kɔntrədiˈsenti:] 《源自拉丁文》—*adv.* 無人反對地；全場一致地。

ne·mi·ne dis·sen·ti·en·te [ˋnɛmə͵nidɪ͵sɛnʃɪˋɛnti; ˈnemɑni:di͵senʃiˈenti:] 《源自拉丁文》—*adv.* 無異議地；全場一致地。

ne·o- [nio-, niə-; ni:ou-, ni:ə-] [複合用詞]表示「新…」，「復活…」，「近代的…」之意。

nèo·clássic *adj.* 新古典主義的。

nèo·clássical *adj.* ＝neoclassic.

nèo·clássicism *n.* Ⓤ新古典主義。

nèo·colónialism *n.* Ⓤ新殖民地主義《强國欲對他國保持間接控制力的一種政策》。

nèo·consérvatism *n.* Ⓤ新保守主義。

nèo·Dáda(ism) *n.* Ⓤ新達達主義。

ne·o·dym·i·um [͵nioˋdɪmɪəm; ͵ni:ouˈdimiəm] *n.* Ⓤ《化學》釹《金屬元素，符號 Nd》。

nèo·fáscism *n.* Ⓤ(第二次世界大戰以後的)新法西斯主義。

ne·o·gla·ci·a·tion [͵nio͵gleʃɪˋeʃən; ͵ni:ou͵gleiʃiˈeiʃn] *n.* Ⓤ《地質》新冰河之形成。

nèo·impréssionism *n.* Ⓤ[常 Neo-I~]新印象主義[派]。

nèo·isolátionism *n.* Ⓤ新孤立主義。

Nèo-Látin *n.* ＝New Latin.

Ne·o·lith·ic [͵nioˋlɪθɪk; ͵ni:ouˈliθik⁻] *adj.* 《考古》新石器時代的(cf. Paleolithic, Mesolithic)：the ~ era 新石器時代。

ne·ol·o·gism [niˋɑlə͵dʒɪzəm; ni:ˈɔlədʒizəm] *n.* **1** Ⓤ **a** 新字[詞]，新說法。**b** 新字義。**2** Ⓤ新字[說法，字義]的使用。

ne·ol·o·gize [niˋɑlə͵dʒaɪz; ni:ˈɔlədʒaiz] *v.i.* **1** 造新語；用新義。**2** 《神學》採用新教義。

ne·o·my·cin [͵nioˋmaɪsɪn; ͵ni:ouˈmaisin] *n.* Ⓤ《生化》新黴素《取自放射菌的一種抗生素》。

ne·on [ˋniɑn; ˈni:ən, -ɔn] *n.* **1** Ⓤ《化學》氖《一種稀氣體元素；符號 Ne》。**2** Ⓤ **a** (又作 **néon lámp [líght]**)氖燈，霓虹燈。**b** (又作 **néon sígn**)霓虹燈廣告。

ne·o·nate [ˋniə͵net; ˈni:əneit] *n.* Ⓤ《醫》新生兒《出生後不滿一個月的嬰兒》。

ne·o·na·tol·o·gy [͵nioneˋtɑlədʒɪ; ͵ni:ouneiˈtɔlədʒi] *n.* Ⓤ新生兒生理學。

ne·o·phyte [ˋniə͵faɪt; ˈni:əfait] *n.* Ⓤ **1** **a** 新信徒，新入教者。**b** (天主教的)新聖司鐸，新祭司。**c** (天主教修道院的)新修士。**2** 初學者，新來者，生手。

ne·o·plasm [ˋnio͵plæzəm; ˈni:ouplæzəm] *n.* Ⓤ《醫》(體內的)異常生長物；(尤指)腫瘍；贅瘤，贅疣。

ne·o·prene [ˋnio͵prin; ˈni:oupri:n] *n.* Ⓤ《化學》尼奧普林《一種合成橡膠》。

nèo·románticism *n.* Ⓤ新傳奇主義；新浪漫主義。

ne·o·ter·ic [͵nioˋtɛrɪk; ͵ni:ouˈterik] *adj.* 晚近的；新的。

—*n.* Ⓤ現代人；現代作家[思想家]。

Nep, NEP, N.E.P. New Economic Policy 新經濟政策。

Ne·pal [nɪˋpɔl; niˈpɔ:l] *n.* 尼泊爾《介於印度與西藏之間的王國；首都加德滿都(Katmandu)》.

ne·pen·the [nɪˋpɛnθɪ; neˈpenθi, ni-] *n.* Ⓤ **1** (古代作家所稱之)忘憂藥。**2** 使人忘憂之物。

***neph·ew** [ˋnɛfju; ˈnevju:, ˈnefju:] 《源自拉丁文「孫，子孫」之義》—*n.* Ⓤ姪子；外甥(cf. niece).

ne·phri·tis [nɛˋfraɪtɪs; neˈfraitis] *n.* Ⓤ《醫》腎炎，腎臟炎。

ne·phro- [nɛfro-, nɛfrə-; nefrou-, nefrə-] [複合用詞]表示「腎臟」之意。

ne·phro·sis [nɪˋfrosɪs; niˈfrousis] *n.* Ⓤ《醫》腎變(性)病。

ne plus ul·tra [ˋniplʌsˋʌltrə; ͵neiplusˈultrɑ:] 《源自拉丁文 'no more beyond' 之義》—*n.* [the ~] 極點；極限；極致(acme)〔*of*〕.

nep·o·tism [ˋnɛpə͵tɪzəm; ˈnepətizəm] *n.* Ⓤ(就業等時的)偏袒親戚[熟人]，任用親戚的作風，族閥主義，裙帶關係。

Nep·tune [ˋnɛptʃun, -tjun; ˈneptju:n, -tʃu:n] *n.* **1** 《羅馬神話》納普敦《海神，相當於希臘神話裏的海神波賽頓(Poseidon)》. **2** 《天文》海王星(⇨ planet 插圖)。

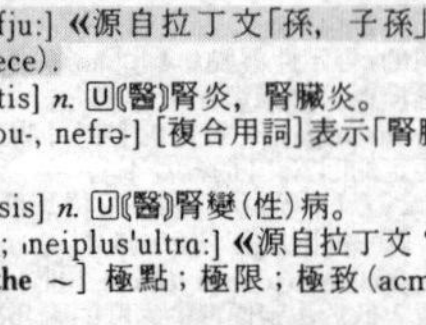

Neptune 1

nep·tu·ni·um [nɛpˋtunɪəm, -ˋtju-; nepˈtju:njəm] *n.* Ⓤ《化學》錼《用中子衝擊鈾所產生的一種放射性元素，舊譯錼；符號 Np》.

nerd [nɝd; nə:d] *n.* Ⓤ《俚》討厭鬼，愚蠢而不中用的人。

Ne·re·id [ˋnɪrɪɪd; ˈniəriid] *n.* 《希臘神話》妮瑞德《海的女神》。

Ne·ro [ˋniro, ˋnɪro; ˈniərou] *n.* 尼祿《37-68；羅馬皇帝(54-68)；迫害基督教徒的暴君》。

‡**nerve** [nɝv; nə:v] 《源自拉丁文「腱」之義；cf. *n.* 5》—*n.* **1** Ⓤ

《解剖》**a** 神經，神經纖維。**b** 牙髓；《俗稱》牙神經。**2 a** Ⓒ(神經、問題等的)敏感處，痛處，微妙處：hit [touch] a ~ 觸及[刺激](神經、問題等的)敏感處[痛處]。**b** [常 ~s]神經過敏(的狀態)，神經質；膽怯；焦慮：a war of ~*s* 神經戰/have a fit of ~*s* 神經過敏發作，發神經/get on a person's ~*s* 刺激某人的神經，使某人焦慮不安/not know what ~*s* are 不知道什麼是危險，泰然自若，有膽量/He is all ~*s*. 他非常緊張[極爲不安]。**c** [~s]神經過敏症，歇斯底里症。**3** Ⓤ勇氣，膽量，魄力，精神力：a man of ~ 有膽量的男人/lose one's ~《口語》失去勇氣，膽怯/He didn't have ~ enough to mention it to his teacher. 他沒有足夠勇氣向老師提起那件事。**4 a** Ⓤ[又作 **a** ~]厚臉皮，無恥，冒失：What (*a*) ~！厚臉皮！**b** [十 *to* do] [**the** ~]〈做…的〉厚臉皮：He had *the* ~ *to* say that. 他竟然厚著臉皮那樣說。**5** Ⓒ《詩》筋，腱。**6** Ⓒ **a**《植物》葉脈。**b**《動物》翅脈。

stráin èvery nérve 竭力，盡全力。

—*v.t.* **1** 〔十受(十介十(代)名)〕**a** 給〈人〉〔…的〕力量[勇氣]〔*for*〕：The brandy ~*d* him ***for*** an effort. 白蘭地酒給他努力發奮的勇氣。**b** [~ one*self*]鼓起勇氣[提起精神]〔…〕〔*for*〕：The soldiers ~*d themselves* ***for*** the battle. 士兵們鼓起勇氣打仗。

2 〔十受十 *to* do〕**a** 鼓勵，激勵〈某人〉〈做…〉：The thought ~*d* me *to* make another effort. 這種想法激勵我再作一番努力。**b** [~ one*self*]發奮〈去做…〉。

nérve cèll *n.* Ⓒ《解剖》神經細胞(neuron)。

nérve cènter *n.* **1** Ⓒ《解剖》神經中樞。**2** [**the** ~](組織等的)中樞，核心〔*of*〕。

nerved *adj.* **1** 大膽的。**2** [常構成複合字] **a** 神經…的：strong-*nerved* 大膽的。**b**《植物・動物》有…葉脈[翅脈]的：five-*nerved* 有五條葉[翅]脈的。

nérve fìber *n.* Ⓒ《解剖》神經纖維。

nérve gàs *n.* ⓊⒸ神經瓦斯；神經毒氣。

nérve ìmpulse *n.* Ⓒ《醫》神經興奮。

nérve·less *adj.* **1** 無活力[勇氣]的；無力的；萎弱的。**2** 冷靜的，沉著的(calm)。**3 a**《解剖》無神經的。**b**《植物・動物》無葉[翅]脈的。~**·ly** *adv.* ~**·ness** *n.*

nérve-ràcking [-wràcking] *adj.* (因不安而)使人焦躁[心煩，緊張]的。

‡ner·vous [ˋnɝvəs; ˈnəːvəs] «nerve 的形容詞»**—*adj.*** (**more** ~；**most** ~) **1 a** **神經質的**；焦躁不安的；容易興奮的：get ~ 變得焦躁不安的[緊張的]/make a person ~ 使人不安；使人焦躁/He has a ~ disposition. 他有神經質的傾向。**b** [不用在名詞前]〔十介十(代)名〕[對…]膽怯的，有些害怕的〔*of, about*〕：She is ~ *of* go*ing* out in the night. 她害怕在夜間外出/I felt ~ ***about*** the result. 我對該結果感到不安。

2 [用在名詞前] **神經(性)的，影響神經的**：a ~ disease [disorder]神經病/a ~ headache 神經性的頭痛/ ~ energy 神經力；(對體力而言的)氣力/the ~ system 神經系統/have [suffer] a ~ breakdown 患神經衰弱。

~**·ly** *adv.* ~**·ness** *n.*

nerv·y [ˋnɝvɪ; ˈnəːvi] «nerve 的形容詞» **—*adj.*** (**nerv·i·er**；**-i·est**) **1**《美口語》厚臉皮的。**2**《英口語》神經質的，神經過敏的。**3** 勇敢的，大膽的。

nes·ci·ence [ˋnɛʃəns; ˈnesiəns] *n.* Ⓤ **1** 無知，沒知識。**2**《哲》不可知論(agnosticism)。

nes·ci·ent [ˋnɛʃənt; ˈnesiənt] *adj.* **1** 無知的，沒知識的。**2**《哲》不可知的(agnostic)。

ness [nɛs; nes] *n.* Ⓒ岬，崎。

Ness [nɛs; nes], **Loch** [lɑk; lɔk] *n.* 尼斯湖《蘇格蘭西北部的湖泊；傳說湖中住著隻叫尼西(Nessie)的怪獸》。

-ness [-nɪs, -nəs; -nis, -nəs] 字尾 附於(複合)形容詞或分詞之後構成抽象名詞，表示「性質」「狀態」「程度」：kind*ness*, tired*ness*.

Nes·sie [ˋnɛsɪ; ˈnesi] *n.* Ⓒ尼西(⇨ Ness)。

‡nest [nɛst; nest] *n.* Ⓒ **1** (鳥、動物、昆蟲等的)**巢，窠**：build [make] a ~ 築巢。**2 a** (安適的)避難所，休息場所，窩。**b** 〔盜賊等的〕巢穴、巢窟(haunt)；〔罪惡等的〕溫牀，淵藪〔*of*〕。**3** [集合稱] **a** 巢中的東西《蛋、幼鳥等》，一窩的幼鳥：take [rob] a ~ 偷巢中的蛋[幼鳥]。**b** (蟲等的)羣。**c** (歹徒的)一夥，一窩。**4** (可按大小順序一個個套入的盒子等的)一套[組]：a ~ *of* tables 一套(可依大小順序套放在一起的)桌子/a ~ *of* measuring spoons (可依大小疊放的)一組計量匙。

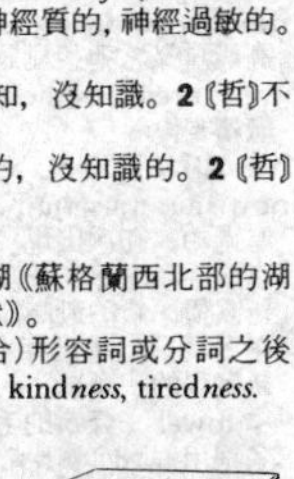

nests 4

féather one's **nést** (以非法手段)致富，飽私囊《★源自鳥搬羽毛回巢》：He used the party funds to *feather his* own ~. 他用黨的基金中飽私囊。

fóul [**befóul**] one's **ówn nést** 說自己家裏[黨內]的壞話，家醜外揚《★源自下列諺語》：It is an ill bird that *fouls its own* ~.《諺》任何鳥都不會弄髒自己的巢；家醜不可外揚。

—*v.i.* **1** 築巢，入巢，伏窩。**2** 尋找鳥巢《★常用於下列片語》：go ~*ing* 去尋找鳥巢。**3** 相互套入，成套匣。

—*v.t.* 〔十受〕**1** 給〈鳥等〉築巢。**2** 把〈大小箱子等〉套起來。

nést ègg *n.* Ⓒ **1** 留窩蛋《爲誘使母雞在同一處下蛋而放在窩裏的眞蛋或假蛋》。**2 a** (儲蓄開頭的)本金。**b** (爲防不時之需的)儲蓄，儲備金。

nes·tle [ˋnɛsl; ˈnesl] «源自古英語「築巢」之義»**—*v.i.*** **1** 〔十副(十介十(代)名)〕**a** 舒適地躺[在…]，〔在…〕舒適地安頓下來〈*down*〉〔*in, into, on*〕：The small child ~*d* ***down in*** bed [***into*** the armchair, ***on*** the sofa]. 那個小孩舒適地躺在牀上[扶手椅子裏，沙發上]。**b** 身體貼近[依偎]〔在…〕〈*up*〉〔*to, against, on*〕：The little boy ~*d* ***up to*** [~*d* closely ***against***] his mother. 那個小男孩緊緊地依偎著他的母親。

2 〔十介十(代)名〕〈房屋等〉坐落於〔蔭蔽之處〕〔*in, among*〕：The little house ~*d* ***among*** the trees. 那間小屋坐落在樹叢中。

—*v.t.* 〔十受十介十(代)名〕**1** 將〈頭、臉、肩膀等〉貼靠〔在…〕〔*on, against*〕：The baby ~*d* its head ***on*** [***against***] its mother's breast. 嬰兒把頭貼靠在母親的胸前。

2 使…舒適地〔在…〕安頓下來[躺下來]〔*in*〕《★常用被動語態》：The baby *was* ~*d* ***in*** its mother's lap. 嬰兒舒適地躺在母親的大腿上。

nest·ling [ˋnɛstlɪŋ, ˋnɛslɪŋ; ˈnesṭliŋ] *n.* Ⓒ(還不能離巢的)剛孵出的雛鳥。

Nes·tor [ˋnɛstɚ; ˈnestɔː, -tə] *n.* **1** 內斯特《希臘詩人荷馬(Homer)所著伊里亞特(*Iliad*)中足智多謀的大將》。**2** [有時 **n~**] Ⓒ賢明的老人，長老。

***net**[1] [nɛt; net] *n.* **1** Ⓒ**網**：cast [throw] a ~ 撒網/draw in a ~ 拖[拉]網/lay [spread] a ~ 張網。**2** Ⓤ[指產品個體時爲Ⓒ]網織品；網織工藝品；網狀花邊。**3** Ⓒ羅網，陷阱；計策：be caught in a ~ of deception 受騙，中了圈套。**4** Ⓒ **a** 通信網。**b** 廣播網，電視網(network)。**5** (又作 **nét bàll**)Ⓒ觸網球《打網球等時球碰到網》。

—*v.t.* (**net·ted**；**net·ting**) **1 a** 〔十受〕用網捕捉…；在〈河川等〉張網，以網打〈魚〉。**b** 〔(十受)十受/十受十介十(代)名〕[~ one*self*]獵取〈結婚對象〉；〔爲自己〕獵取〈結婚對象〉〔*for*〕：She *netted* (*herself*) a good husband. = She *netted* a good husband ***for*** *herself*. 她爲自己釣到[物色]了一位好丈夫。

2 〔十受〕用網覆〈果樹等〉。

3 〔十受〕將…編成網，用網狀工藝製造…。

4 〔十受〕(打網球等)打〈球〉觸網[落網]。

net[2] [nɛt; net] «源自法語「純粹的，漂亮的」之義»**—*adj.*** **1 a** [用在名詞前]淨的；純的(↔ gross)：a ~ price 實價/a ~ profit (of £10)純[淨]利(十英鎊)/the ~ weight 淨重/a ~ ton 淨噸，美噸《二千磅》(⇨ ton 3 b)。**b**〈價格〉實價的：$5 ~ 實價五美元。**2** [用在名詞前]結局的，最終的：the ~ result (of...) (…的)最後結果。

—*n.* Ⓒ實重，淨重，純利；實價。

—*v.t.* (**net·ted**；**net·ting**) **1** 〔十受(十介十(代)名)〕〔從…〕獲得…的純利〔*from*〕：I *netted* $2000 ***from*** the transaction. 我從那筆交易獲得兩千美元的純利。

2 〔十受十受/十受十介十(代)名〕使…獲得〈利益〉；〔使…〕獲得〈利益〉〔*for*〕：The sale *netted* me a good profit. = The sale *netted* a good profit ***for*** me. 那項銷售使我獲利很多。

nét·bàll *n.* Ⓤ簡易籃球《一種類似籃球的遊戲，每隊七人；用足球比賽》。

neth·er [ˋnɛðɚ; ˈneðə] *adj.* [用在名詞前]《文語・謔》**1** 下面的：the ~ lip 下唇/ ~ garments 褲子。**2** 地下的：the ~ world [regions]陰間，冥府。

Neth·er·land·er [ˋnɛðɚ,lændɚ, -ləndɚ; ˈneðələndə] *n.* Ⓒ荷蘭人。

Neth·er·lands [ˋnɛðɚləndz; ˈneðələndz] «源自荷蘭語「低地」之義»**—*n.*** [**the** ~；常當單數用；有時當複數用]荷蘭《正式名稱爲 the Kingdom of the Netherlands, 俗稱 Holland；首都阿姆斯特丹(Amsterdam)，政府所在地爲海牙(The Hague)；形容詞爲 Dutch》：*The* ~ is a low-lying country. 荷蘭是一個低地國。

néther·mòst *adj.* [**the** ~][用在名詞前]《文語》最下面的。

nét íncome *n.* ⓊⒸ淨所得，純收入。

nét nátional próduct *n.* Ⓤ《經濟》國民生產淨額《略作 NNP, N.N.P.》。

nett [nɛt; net] *adj., n., v.t.*《英》=net[2]。

nét·ting *n.* Ⓤ網，網細工；結網；網魚：wire ~ 金屬網。

net·tle [ˋnɛtl; ˈnetl] *n.* Ⓒ《植物》蕁麻《葉上有刺，被刺到時會引起皮膚發炎》。

N

grásp the néttle 毅然面對[解決]困難《★由於認爲輕觸蕁麻會感到刺痛，但用力抓住時則反而不痛之故》。

—*v.t.* 使〈人〉焦躁；惹怒〈人〉《★常用被動語態》：I *was* ~*d by* her persistency. 我被她的固執惹惱了。

néttle ràsh *n.* Ⓒ[當作病名時爲Ⓤ]蕁麻疹，風疹塊。

nét tón *n.* Ⓒ淨噸，美噸《二千磅；⇨ ton 3 b》。

*__net·work__ [ˋnɛt͵wɝk; ˈnetwəːk] *n.* **1** Ⓤ[指產品個體時爲Ⓒ]**網織品，網織工藝。2** Ⓒ **a** 網狀組織；聯絡網：a ~ *of* railroads 鐵路網/an intelligence ~ 情報網/a defense ~ 防衛網/⇨ old-boy network. **b**《廣播・電視》廣播網：TV ~*s* 電視網。**3** Ⓒ《電學》電路網。

neu·ral [ˋnʊrəl, ˋnjʊrəl; ˈnjuərəl] *adj.*《解剖》神經(系)的。

neu·ral·gia [nʊˋrældʒə, njʊ-; ˌnjuəˈrældʒə] *n.* Ⓤ《醫》神經痛。

neu·ral·gic [nʊˋrældʒɪk, njʊ-; ˌnjuəˈrældʒik] *adj.*

neu·ras·the·ni·a [͵nʊrəsˋθinɪə, ͵njʊ-; ˌnjuərəsˈθiːnjə] *n.* Ⓤ《醫》神經衰弱。

neu·ri·tis [nʊˋraɪtɪs, njʊ-; ˌnjuəˈraitis] *n.* Ⓤ《醫》神經炎。

neu·rit·ic [nʊˋrɪtɪk, njʊ-; ˌnjuəˈritik] *adj.*

neu·ro- [nuro-, njuro-; njuərou-] [複合用詞]表示「神經…」之意。

nèuro·biólogy *n.* Ⓤ《醫》神經生物學。

neu·ro·chem·i·cal [͵njuroˋkɛmɪkl; ˌnjuərouˈkemikl] *adj.* 神經化學的。

—*n.* Ⓒ神經化學物質《一種能夠影響整個或部分神經系統的化學物質》。

nèuro·chémistry *n.* Ⓤ《醫》神經化學。

neu·ról·o·gist [-dʒɪst; -dʒist] *n.* Ⓒ神經病學專家。

neu·rol·o·gy [nʊˋrɑlədʒɪ, njʊ-; ˌnjuəˈrɔlədʒi] *n.* Ⓤ《醫》神經學。

neu·ro·log·i·cal [͵nʊrəˋlɑdʒɪkl, ͵njʊ-; ˌnjuərəˈlɔdʒikl˝] *adj.*

nèuro·múscular *adj.* 神經與肌的。

neu·ron [ˋnʊrɑn, ˋnjʊ-; ˈnjuərɔn], **neu·rone** [-ron; -roun] *n.* Ⓒ《解剖》神經單位。

nèuro·phàrmacólogy *n.* Ⓤ神經藥理學《研究藥物對神經系統之影響的科學》。

nèuro·physiólogy *n.* Ⓤ《醫》神經生理學。

neu·ro·sci·ence [͵nʊroˋsaɪəns, ͵njʊro-; ˌnjuərouˈsaiəns] *n.* Ⓤ神經科學《任何一門關於神經系統的科學，如神經病學，神經化學等》。

neu·ro·sis [nʊˋrosɪs, njʊ-; ˌnjuəˈrousis] *n.* (*pl.* **-ro·ses** [-siz; -siːz])ⓊⒸ《醫》(精神)神經病，神經官能病：suffer from a ~ 患神經病/a severe case of ~ 嚴重的神經病例。

nèuro·súrgery *n.* Ⓤ神經外科(學)。

neu·rot·ic [nʊˋrɑtɪk, njʊ-; ˌnjuəˈrɔtik] «neurosis 的形容詞»—*adj.* 患神經(官能)病的，過於神經質的；神經(病)的。

—*n.* Ⓒ神經病患者，神經過敏者。

nèuro·tránsmitter *n.* Ⓒ神經傳遞素《在神經細胞之間傳遞脈衝的化學物質》。

neut.《略》neuter；neutral.

neu·ter [ˋnutɚ, ˋnju-; ˈnjuːtə] «源自拉丁文「不屬於任何一方的」之義»—*adj.* **1**《文法》中性的(cf. masculine 2, feminine 3)：the ~ gender 中性/a ~ noun 中性名詞。**2**《生物》無性的。

—*n.* **1**《文法》**a** [**the** ~]中性。**b** Ⓒ中性字。**2** Ⓒ不能生殖的雌蟲《工蜂[蟻]等》；去勢動物；無[中]性植物。

—*v.t.*《英委婉語》閹割〈動物〉《★常以過去分詞當形容詞用》：a ~*ed* cat 去勢的貓，淨貓。

*__neu·tral__ [ˋnutrəl, ˋnju-; ˈnjuːtrəl] «neuter 的形容詞»—*adj.* (**more** ~；**most** ~) **1 中立的：a**〈國家等〉不參戰的；中立國的：a ~ nation [state]中立國/a ~ zone 中立地帶[區]。**b**(議論等)不偏袒的，不偏不倚的：take a ~ stand 採取中立立場。**2 a**〈種類、特徵〉不明確的；不顯著的；無特徵的：a ~ smile 淺淺的微笑。**b**〈顏色〉中性色的，帶灰色的：a ~ tint 中間色，淡灰色。**3** (無比較級、最高級)《機械》〈齒輪〉沒有咬合的。**4** (無比較級、最高級)《電學》中性的《既非陰性亦非陽性的》。**5** (無比較級、最高級)《化學》中性的《既非酸性亦非鹼性的》。**6** (無比較級、最高級)《語音》中性的，中立的：a ~ vowel 中性母音《[ə; ə]》. **7** (無比較級、最高級)《植物・動物》無性的，無雌雄之別的。

—*n.* **1** Ⓒ **a** 中立國(民)。**b** 中立者。**2** Ⓤ《機械》(齒輪的)空擋位置：in ~ 在空擋[中立]位置/put the car into [in] ~ = leave the car in ~ 把汽車(的傳動裝置)放在空擋位置。**~·ly** *adv.*

néu·tral·ìsm [-lɪzəm; -lizəm] *n.* Ⓤ中立主義[政策]；中立(態度，狀態)。

néu·tral·ist [-lɪst; -list] *n.* Ⓒ中立主義者。

neu·tral·i·ty [nuˋtrælətɪ, nju-; njuːˈtræləti] «neutral 的名詞»—*n.* Ⓤ **1** 中立(狀態)；局外中立；不偏不倚：armed [strict] ~ 武裝[嚴守]中立/maintain ~ 維持中立。**2**《化學》中性，中和。

neu·tral·i·za·tion [͵nutrələˋzeʃən, ͵nju-; njuːtrəlaiˈzeiʃn] «neutralize 的名詞»—*n.* Ⓤ **1** 中立化，中立(狀態)。**2**《化學》中和。

neu·tral·ize [ˋnutrəl͵aɪz, ˋnju-; ˈnjuːtrəlaiz] «neutral 的動詞»—*v.t.* **1** 使〈國家、地區等〉中立。**2** 使…無效，消除…的效力，抵銷…：~ the effect 使失去效果。**3**《化學》中和：Alkalis ~ acids. 鹼中和酸/a *neutralizing* agent 中和劑。

néu·tral·ìz·er *n.* Ⓒ **1** 使…變成中立[無效]之物。**2** 中和劑。

neu·tron [ˋnutrɑn, ˋnju-; ˈnjuːtrɔn] *n.* Ⓒ《物理》中子《構成原子核的粒子》。

néutron bòmb *n.* Ⓒ中子彈。

néutron stár *n.* Ⓒ《天文》中子星。

Nev.《略》Nevada.

Ne·va·da [nəˋvædə; neˈvɑːdə] «源自西班牙語的(Sierra) Nevada (山脈名)»—*n.* 內華達州《美國西部的一州；首府卡遜市(Carson City [ˋkɑrsn̩ˋsɪtɪ; ˈkɑːsnˈsiti])；略作 Nev.,《郵政》NV；俗稱 the Silver State》。

né·vé [neˋve, ˋne͵ve; ˈnevei] «源自法語»—*n.* Ⓤ(冰河上層的)粒狀冰雪；(由粒狀冰雪構成的)萬年雪；萬年雪之原。

‡__nev·er__ [ˋnɛvɚ; ˈnevə] «源自古英語 *ne*(not) + ever»—*adv.* **1** (至今)未曾…，從不…：He ~ gets up early. 他從未早起過/I have ~ seen a panda. 我從未見過貓熊/"Have you ever been to London?"—"No, I ~ have."「你去過倫敦嗎？」「不，不曾去過。」《★用法 省略動詞時 never 置於 have 之前；因此，I have ~. 是錯誤的》/She seldom or ~ scolds her children. 她極少責罵她的孩子/*N*~ did I dream that he had told a lie. 我做夢也沒想到他曾說謊/*N*~ (before) have I heard of such a thing. 我從未聽到過那樣的事《★用法 爲加强語氣而置 never 於句首時，主詞和動詞位置要對調》/*N*~ is a long day [word].《諺》不要輕易說「絕不」/Better late than ~. ⇨ late *adv.* A 1.

2 [表示較 not 更强的否定] **a 絕不…**《★用法 常用於使語氣如 never so much as, never do》：*N*~ mind! 不要介意，沒關係！/*N*~ fear! 別怕！/She ~ so much as spoke. 她連話都沒有說/These shoes will ~ do. 這幾雙鞋子不能穿。**b** [**never a...**]一個[一人]也沒有…：He spoke ~ *a* word. 他一句話也沒說。

3 [表示驚訝、懷疑等]《口語》不會是…吧：You have ~ lost the key! 你不會是丟了鑰匙吧！/*N*~ tell me. 別跟我開玩笑/Well, I ~! = I ~ did! 眞沒想到！不會吧！

nèver, éver《口語》決不(never)：I'll ~, *ever* speak to you again. 我決不再跟你說話了。

néver so [用於表示讓步的子句]《古》即使…也(不)…(ever so).

nèver the... [與比較級連用]一點也沒因…而(更)…《★比較 一般用 none the》：I was ~ *the wiser* for it. 我一點也沒因此而更懂《不懂的還是不懂》。

nèver·móre *adv.*《詩》再也不…，決不再…。

néver-néver *n.* [**the** ~]《英口語》分期付款(installment plan)：on *the* ~ 以分期付款(方式)。

néver-néver lànd «源自 J.M. Barrie(巴利)所著之 *Peter Pan*(彼得潘)»—*n.* Ⓒ幻想中的地方，夢幻之國。

néver-sày-díe *adj.* 不屈不撓的；到死不肯罷休的。

*__nev·er·the·less__ [͵nɛvɚðəˋlɛs; ˌnevəðəˈles] *adv.* (無比較級、最高級)[又當連接副詞用]**儘管如此，依然，還是，然而**：He was very tired; ~ he went on walking. 儘管他很疲倦，但他還是繼續走。

Nev·il(le) [ˋnɛvḷ, -vɪl; ˈnevil] *n.* 倪維爾《男子名》。

‡__new__ [nu, nju; njuː] *adj.* (**~·er**; **~·est**) **1 新的**(↔ old)：**a** 從未有過的，初次出現[看見，聽到]的：a ~ book 新書/a ~ car 新車/a ~ drug 新藥/a ~ fashion 新流行款式，新款式/a ~ high 新高價，新的最高記錄/a ~ low 新低價，新的最低記錄。**b** [用在名詞前](早已存在但)最近始爲人知的，新發現的：a ~ star 新發現的一顆星。**c** (無比較級、最高級)新品的；新款[式]的：a ~ towel 一條新的毛巾/It is like ~. 它像新的一樣《★此 new 當名詞用》。**d** (無比較級、最高級)新到手的，剛買的《★不僅指新品，也指二手貨》：That's our ~ house. 那是我們新買的房子。**e** [用在名詞前]新任的，新進的，新來的：a ~ member of the club 俱樂部的新會員/a ~ boy 新生；新來的男孩；《口語》新加入者，新來者。**f** [不用在名詞前]〔十介十(代)名〕剛〔從…〕來的〔*from*〕：a maidservant ~ *from* the country 剛從鄉下來的女傭/a teacher ~ *from* school 剛出校門[畢業]的教師。**g** [用在名詞前](無比較級、最高級)剛摘下的，剛做好的，新鮮的：~ potatoes 新鮮洋芋/~ wine [rice]新酒[米]。

2 a 陌生的，不熟悉的，未知的：visit a ~ place 訪問陌生的地方。**b** [不用在名詞前]〔十介十(代)名〕〈事物〉〔對…是〕第一次聽到[看到]的〔*to*〕：That information is ~ *to* me. 那消息我第一次聽到/The work is ~ *to* me. 這工作我第一次做《沒經驗》。**c** [不用在名詞前]〔十介十(代)名〕〈人等〉〔對…〕不習慣的，無經驗的；不熟悉〔…〕的〔*to, at, in*〕：I am ~ *to* [*in*] this district [*to* [*at*] this business]. 我不熟悉這個地區[這生意]。

3 [用在名詞前] (無比較級、最高級) 新到任的，新來的：He is the ～ teacher. 他是新來的老師/*N*～ lords, ～ laws. 《諺》新官新作風；新官上任三把火。

4 [用在名詞前] **a** 新開始的；接下去的：a ～ year 新年/a ～ chapter 下一章/begin a ～ game 開始下一局的比賽。**b** (精神上、肉體上) 脫胎換骨的，新生的 (fresh)；重生的：lead a ～ life 過新生活/feel a ～ man 感覺猶如新人。

5 [用在名詞前] 更上一層的，追加的：three ～ centimeters of snow 新增加三公分的積雪。

6 [the ～] 現代化的，新式的，時髦的：*the* ～ economics 新經濟學/*the* ～ education 新教育。

as góod as néw 〈二手貨等〉如新品的。

what's new? 《口語》最近怎樣？有什麼變化沒有？

—*adv.* [主要與過去分詞連用構成複合字] 重新：⇨ newborn, new-mown. ～**·ness** *n.*

Nèw Ámsterdam *n.* 新阿姆斯特丹《New York City 的舊名，曼哈坦島 (Manhattan) 上的荷蘭殖民地市鎮，後變成紐約市》。

néw·bórn *adj.* [用在名詞前] 剛出生的，新生的；復活的，重生的。

Nèw Brúns·wick [-ˋbrʌnzwɪk; -ˈbrʌnzwik] *n.* 新布倫茲維克省《加拿大東南部之一省；首府福瑞德瑞克頓 (Fredericton [ˋfrɛdərɪktən; ˈfredəriktn])；略作 N.B.》。

New·cas·tle [ˋnuˌkæsl, ˋnju-; ˈnjuːˌkɑːsl] *n.* 紐加塞爾《英格蘭北部的一個港市；以出口煤聞名》。

cárry [táke] cóals to Newcastle ⇨ coal.

néw·còmer *n.* Ⓒ **1** 新來者；剛來到〔…〕的人〔*to, in*〕：a ～ *to* the big city 剛來到大都市的人。**2** 〔…的〕新加入者，新人〔*to*〕：a ～ *to* politics 政界的新人。

Néw Cómmonwealth *n.* [the ～] 新英聯邦《1954 年以後獨立而加入英聯邦的國家》。

néw críticism *n.* [常 the N～ C～] 文學新批評 [評論] (派)《二十世紀流行的文藝分析方法，著重研究作品的語言、文學手法和結構等》。

Néw Déal *n.* [the ～] 新政，新經濟政策《1933 年美國羅斯福 (F.D. Roosevelt) 總統開始實施，以社會保險與經濟復興爲主之革新政策》。

Nèw Dél·hi [-ˋdɛlɪ; -ˈdeli] *n.* 新德里《印度共和國之首府》。

new·el [ˋnuəl, ˋnjuəl; ˈnjuːəl] *n.* Ⓒ《建築》**1** (又作 **néwel pòst**) (螺旋梯的) 中柱 (⇨ balustrade 插圖)。**2** (在梯頂、梯腳或轉角處的) 欄杆柱《樓梯兩端支持扶手的角柱 [起柱]》。

Nèw Éngland *n.* 新英格蘭《美國東北部六州；包括康乃狄格 (Connecticut)，麻薩諸塞 (Massachusetts)，羅德島 (Rhode Island)，佛蒙特 (Vermont)，新罕布夏 (New Hampshire)，緬因 (Maine) 等；簡稱 N.E.》。

> 【說明】據說此處與英國海岸極爲相似，故由十七世紀探險家約翰·史密斯船長 (Captain John Smith) 命名爲 New England，在美國殖民地中歷史最悠久。在美國史上，其在政治、宗教、文化、教育各方面都具有領導地位。

Nèw Éng·land·er *n.* Ⓒ新英格蘭地方的人。

Néw Énglish Bíble *n.* [the ～] 聖經英語新譯本《新約在 1961 年，舊約與僞經 (Apocrypha) 於 1970 年在英國出版；略作 N.E.B., NEB》。

Newf. 《略》Newfoundland.

néw-fán·gled [-ˋfæŋgld; -ˈfæŋgld˜] *adj.* 《輕蔑·謔》〈思想等〉新但無價值的；新花樣的，最新式的，流行的。

néw-fáshioned *adj.* 新式的，新流行的。

New·found·land [ˌnufəndˋlænd, ˌnju-; ˈnjuːfəndlənd] *n.* **1** **a** 紐芬蘭島《加拿大東部的一大島，爲加拿大的一省》。**b** 紐芬蘭省《由該島與拉布拉多 (Labrador) 半島之一部分合組而成；首府聖約翰 (St. John's [sentˋdʒɑnz; sntˈdʒɔnz])；略作 N.F., Nfld.》。**2** 《英》[nuˋfaundlənd, nju-; njuːˈfaundlənd] (又作 **Néwfoundland dóg**) Ⓒ紐芬蘭犬《大型的救生犬，伶俐而善於游泳，一般爲黑色》。

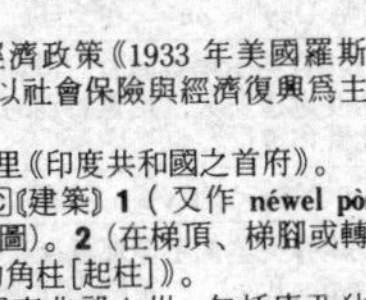

Newfoundland 2

New Fróntier *n.* [the ～] 新境界《美國總統甘迺迪 (J.F. Kennedy) 所實施的積極政策》。

Néw Fròntíers·man *n.* Ⓒ **1** 甘迺迪總統新境界之支持者。**2** 甘迺迪當政時之閣員。

New·gate [ˋnugɪt, -get, ˋnju-; ˈnjuːgit, -geit] *n.* 新門監獄《倫敦一著名監獄，1902 年廢除》。

New Guin·ea [ˌnuˋgɪnɪ, ˌnju-; njuːˈgini] *n.* 新幾內亞《澳洲 (Australia) 北方的一個島；略作 N.G.》。

Nèw Hámp·shire [ˌnuˋhæmpʃɚ, ˌnju-; njuːˈhæmpʃiə] 《以授予該地的 John Mason 之出生地 Hampshire 命名》**—*n.*** 新罕布夏州《美國東北部之一州，在新英格蘭 (New England)；首府康珂 (Concord)；略作 N.H.,《郵政》NH；俗稱 the Granite State》。

Nèw Há·ven [-ˋhevən; -ˈheivn] *n.* 新哈芬《在美國康乃狄格州 (Connecticut) 的一港市，耶魯大學 (Yale) 所在地》。

new·ish [ˋnuɪʃ, ˋnju-; ˈnjuːiʃ] *adj.* 略新的，有些新的。

New Jer·sey [nuˋdʒɝzɪ, nju-; njuːˈdʒəːzi˜] 《以授予該地的英國提督之出生地 Jersey 島命名》**—*n.*** 新澤西州《美國東部大西洋岸之一州；首府特倫頓 (Trenton [ˋtrɛntən; ˈtrentən])；略作 N.J.,《郵政》NJ；俗稱 the Garden State》。

néw-láid *adj.* **1** 〈蛋〉剛生下的。**2** 〈磚等〉剛砌好的。

Néw Látin *n.* Ⓤ新拉丁文《指 1500 年以後之拉丁文》。

Néw Léft *n.* Ⓤ [the ～；集合稱] 新左派《興起於 1960 年代的急進左派政治運動 [團體]，尤指左派大學生；★用法 視爲一整體時當單數用，指全部個體時當複數用》。～**·ist** *n.*

néw lóok *n.* Ⓒ [常 the ～]《口語》新式樣，最新流行的款式〔*in*〕：*the* ～ *in* skirts 裙子的最新流行款式。

***new·ly** [ˋnulɪ, ˋnju-; ˈnjuːli] *adv.* (**more** ～；**most** ～) [常與過去分詞連用] **1 新近**，最近：a ～ discovered vitamin 最近發現的維他命。

2 重新，再度：a ～ painted door 重新油漆過的門。

néwly·wèd *n.* **1** Ⓒ新婚者。**2** [～s] 新婚夫婦。

New·mar·ket [ˋnuˌmarkɪt, ˋnju-; ˈnjuːˌmɑːkit] *n.* **1** 新市《英格蘭東南部之一城鎮，以賽馬著名》。

2 《源自 Newmarket 賽馬時所穿著的外套而得名》[ˋ～ n～] (又作 **Néwmarket còat**) Ⓒ一種緊身長外衣。

3 Ⓒ《英》一種紙牌遊戲。

Nèw Méx·i·can 《New Mexico 的形容詞》**—*adj.*** 新墨西哥州 (人) 的。

—*n.* Ⓒ新墨西哥州人。

New Mex·i·co [nuˋmɛksəˌko, nju-; njuːˈmeksikou˜] 《源自西班牙語之翻譯》**—*n.*** 新墨西哥州《美國西南部之一州；首府聖大非 (Santa Fe)；略作 N.M(ex).,《郵政》NM；俗稱 the Land of Enchantment》。

new-mod·el [ˋnuˌmadl̩, ˋnju-; ˈnjuːˌmɔdl] *v.t.* 重新形成；改編；改組。**—*adj.*** 最新型的。

néw móon *n.* Ⓒ新月 (⇨ moon 相關用語)。

néw-mówn [-ˋmon; -ˈmoun] *adj.* 新割的：～ hay 新割的乾草。

Nèw Ór·le·ans [nuˋɔrlɪənz, nju-; ˌnjuːˈɔːliənz] *n.* 新奧爾良《美國路易西安那州 (Louisiana) 東南部，密西西比 (Mississippi) 河畔的一港市》。

nèw·pénny *n.* Ⓒ (*pl.* **-pen·nies, -pence** [-ˋpɛns; -ˈpens])《英》新便士 (⇨ penny 1)。

néw-rích *adj.* **1** 暴發戶的，新富的；暴發戶所特有的。**2** [the ～；當複數名詞用] 暴發戶。

‡news [nuz, njuz; njuːz] 《源自 new 的名詞用法》**—*n.*** Ⓤ **1 a** (新) 報導，(新) 消息，新聞，通知；近況，信息〔*of, about, as to*〕《★用法 指個體時用 a piece [a bit] of ～ 或 an item of ～，a ～ item；前者爲一般用法，後者用於有關新聞等所報導的消息》：foreign [home, domestic] ～ 國外 [國內] 新聞/bad [good] ～ 壞 [好] 消息/Bad ～ travels quickly. = Ill ～ flies apace. 《諺》惡事傳千里/No ～ is good ～. 《諺》沒有消息就是好消息/That's ～ *to* me. 那件事我還是第一次聽到/That's no ～ *to* me. 那對我 (來說) 不是新聞《不新奇》/The ～ *as to* [*of, about*] *how* they managed to get over the difficulties rapidly spread over the whole nation. 他們如何設法克服困難的消息迅速傳遍全國。**b** [＋*that*＿] 〈…的〉報導，消息，通知：The ～ *that* her son had been injured was a shock to her. 她兒子受傷的消息使她大爲震驚《變換 可換寫成 The ～ *of* [*about*] her son's injury was a shock to her.》。

2 [the ～] (廣播、電視的) 新聞 (節目)：Here is *the* ～. 報告新聞/Here is a summary of *the* ～. (現在) 報告新聞摘要。

3 新聞的材料，新奇的事，趣聞：make ～ 製造新聞/Is there any ～? = What's the ～ today? (今天) 有什麼新聞 [新鮮事]？

4 [N～；用於報紙名] …報 [新聞]：The *Daily N*～ 每日新聞報。

bréak the néws to a person. 《口語》向〈人〉傳達 (壞) 消息。

néws àgency *n.* Ⓒ通訊社。

néws·àgent *n.* 《英》= news dealer.

néws ànalyst *n.* Ⓒ新聞 [時事] 評論家 [分析者]。

néws·bèat *n.* Ⓒ **1** 新聞之獨家報導。**2** 記者採訪新聞之機構 [區域，來源]。

néws·bòy *n.* Ⓒ報販，報童。

néws·brèak *n.* Ⓒ《美》有新聞 [報導] 價值的事件。

néws·càst *n.* Ⓒ (無線電、電視的) 新聞廣播 [報導]。

néws·càst·er *n.* Ⓒ (無線電、電視的) 新聞播報員。

néws cònference *n.* Ⓒ記者招待會。

N

néws dèaler *n.* Ⓒ《美》報紙［雜誌］經銷人［店］(《英》newsagent).
néws flàsh *n.* Ⓒ《新聞》簡短的新聞電訊快報。
néws·gìrl *n.* Ⓒ女報童。
néws·hàwk *n.* Ⓒ記者；新聞特派員《尤指採訪時無孔不入者》。
néws·hèn *n.* Ⓒ女記者《尤指採訪消息時無孔不入者》。
néws·hòund *n.* ＝newshawk.
néws·lètter *n.* Ⓒ **1** (以特別訂戶爲對象的)時事通訊［評論］。**2** (公司、機關的)簡訊，業務通訊。
néws·màgazine *n.* Ⓒ(常爲週刊的)新聞雜誌，時事週刊《*Time*, *Newsweek* 等》。
néws·man [-ˏmæn, -mən; -mæn, -mən] *n.* Ⓒ(*pl.* **-men** [-ˏmɛn, -mən; ˏmen, -mən]) **1** 報販；送報人。**2** 新聞記者。
néws mèdia *n. pl.* [**the** ～]新聞媒體。
néws·mòn·ger [-ˏmʌŋgɚ; -ˏmʌŋgə] *n.* Ⓒ愛傳播新聞的人；好說閒話［聊天］的人。
Néw Sòuth Wáles *n.* 新南威爾斯州《澳洲東南部的一州，首府雪梨(sydney)，略作 N.S.W.》.
‡**news·pa·per** [ˋnuzˏpepɚ, ˋnus-, ˋnju-; ˋnju:sˏpeipə, ˋnju:zˏp-] *n.* **1** Ⓒ報紙：a daily [weekly] ～ 日［週］報/He reads *the* ～ every day. 他每天看報紙/I saw it *in the* ～(*s*). 我在報上看到它。

【說明】(1)報紙有早報(morning paper)，晚報(evening paper)，週日報紙(Sunday paper). 這些報紙可分爲全國性的(national)和地方性的(local). 早報和週日報紙全國性的比較多，晚報則地方性的比較多。英美的早報和晚報各有發行的報社。週日報紙的頁數比較多，主要的內容爲專欄報導。美國的報社常兼出版週日報紙，英國則否。英國的一些一流的週日報紙，如 *The Sunday Times* 和 *The Observer* 等都各自發行；*The Daily Express, The Daily Mirror* 等大衆報紙常誇耀自己的發行量，*The Times* 或 *The Guardian* 等以質取勝的報紙(quality paper)的發行量常在前者十分之一以下。
(2)美國的領土很大，全國性的報紙不發達，除了 *USA Today* 爲全國性的報紙外，其他均爲地方性報紙。其中較有影響力的是：*The New York Times, The New York Herald Tribune, The Chicago Tribune, The Los Angeles Times, The Washington Post* 等。
(3)大都市裡接受訂報的店越來越少，但郊區有許多專售報紙及雜誌的店［商］可代訂所有的報紙，報費每週付一次。在英國報紙販賣店稱作 newsagent(《美》news dealer)，亦兼發送，在美國則在報攤(newsstand)買報的比較多，郊外亦有車子專送。

2 Ⓤ新聞紙，白報紙：a sheet of ～ 一張報紙/a lunchbox wrapped in ～ 用報紙包起來的便餐(盒)。
3 Ⓒ報社。
néwspaper bòy *n.* 《英》＝newsboy.
néwspaper·màn *n.* Ⓒ(*pl.* **-men**) **1** 新聞記者，報人。**2** 報紙的經營者［發行人］。
néws·pàper·wòman *n.* Ⓒ(*pl.* **-women**)女記者；女報人。
néws·pèrson *n.* Ⓒ新聞記者；新聞編輯。
néws·prìnt *n.* Ⓤ新聞用紙，白報紙(newspaper).
néw-sprúng *adj.* 剛出現的；突然出現的。
néws rèader *n.* Ⓒ《英》新聞播報員。
néws·rèel *n.* Ⓒ新聞影片。
néws relèase *n.* ＝press release.
néws·ròom *n.* Ⓒ(報社、廣播公司的)新聞編輯室。
néws sèrvice *n.* ＝news agency.
néws·stànd *n.* Ⓒ《美》書報攤。

【說明】小鎮裡報紙是挨戶送的，但到了大城市，大部分的人都在報攤買。也有一些無人看管的報紙販賣機。newsstand 除了報紙，也兼賣雜誌。

néws stòry *n.* Ⓒ新聞報導《平鋪直敍不加評論的報導文章》。
Néw Stóne Àge *n.* [**the** ～]新石器時代。
Néw Stýle *n.* [**the** ～]新曆《根據 1582 年羅馬教皇格里高里(Gregorian)十三世所制定之 Gregorian calendar 計算的曆法；英國於 1752 年改用新曆；略作 N.S.；cf. Old Style》.
néws vàlue *n.* Ⓤ新聞價值。
néws vèndor *n.* Ⓒ(街頭的)報販，擺書報攤者。
néws·wèekly *n.* Ⓒ新聞週刊。
néws·wòman *n.* ＝newspaperwoman.
néws·wòrthy *adj.* 有新聞［報導］價值的，成爲新聞材料的。
news·y [ˋnuzɪ, ˋnju-; ˋnju:zi] 《**news** 的形容詞》—*adj.* (**news·i·er**；**-i·est**)《口語》新聞多的；話題多的，愛說話的：a ～ letter 寫有(傳聞等)許多事的書信/a ～ topic 富於新聞性的話題。**néws·i·ness** *n.*
newt [nut, njut; nju:t] *n.* Ⓒ《動物》蠑螈《蠑螈科動物的通稱》。

Néw Téstament *n.* [**the** ～]聖經新約《略作 N.T.；cf. Old Testament》.

newts

【說明】耶穌基督(Jesus Christ)的使徒記錄祂和他們之間言行的基督教經典。包括四福音(Gospels)，「使徒行傳」(Acts)，以保羅(Paul)爲主的「使徒書」(Epistles)，及「啓示錄」(Revelation)等二十七卷。

New·ton [ˋnutn̩, ˋnju-; ˋnju:tn], Sir **Isaac** *n.* 牛頓《1642–1727；英國物理學家、數學家；發現萬有引力原理，發明微積分》。
New·to·ni·an [nuˋtonɪən, nju-; nju:ˋtounjən] 《**Newton** 的形容詞》—*adj.* 牛頓的；牛頓學說［發現］的。
—*n.* Ⓒ信奉牛頓學說的人。
néw tówn *n.* [常 **N**～ **T**～] Ⓒ《英》新市鎮《爲防止大都市人口過分稠密，而在附近特闢新社區以容納住宅、工廠和商店》。
néw-týpe *adj.* [用在名詞前]新型的，新式的：a ～ car 新型車。
néw wáve 《源自法語 nouvelle vague 的翻譯》—*n.* Ⓒ[常 **the N**～ **W**～](藝術、政治等的)新趨向，新潮流，新作風。
Néw Wórld *n.* [**the** ～] **1** 新世界《指南北美洲大陸，亦包括附近島嶼；cf. Old World 1》. **2** 西半球。
néw-wórld *adj.* 新大陸的；西半球的。
‡**new yéar** *n.* **1** [**the** ～]新年：*in the* ～ 在新年。**2** [**N**～ **Y**～]元旦(及春節期間)：*New Year's* greetings [wishes]新年的祝賀/a *New Year's* gift 新年禮物/(A) [I wish you a] Happy *New Year*!(祝您)新年快樂！恭賀新禧！《★ 用法 元旦前後的祝賀；對此祝賀的答禮爲 Same to you !》.
Néw Yèar's Dáy *n.* 一月一日，元旦《★ 用法《美・加拿大》常省略 Day》：*on* ～ 在元旦。

【說明】英美均爲假日，但和 New Year's Eve 不同，大多靜靜地度過這一天，也無特別的慶祝與儀式；在美國舉行美式足球比賽和遊行。

Néw Yèar's Éve *n.* 除夕：*on* ～ 在除夕。

【說明】英美都不像耶誕夜(Christmas Eve)那樣重視除夕(New Year's Eve). 一年的工作通常都在 Christmas Eve (十二月二十四日)告一段落。但在蘇格蘭(Scotland)一年的結束還是在 New Year's Eve, 也是家庭團圓的日子。在首都愛丁堡(Edinburgh)的公主街(Princess Street)等處會有許多人聚集在那兒等候新年，新年的鐘聲一響，女士們根據傳統習俗，就紛紛向周圍的男士獻吻(kiss)互祝新年快樂。另一方面在倫敦，國會大廈鐘樓上的大鐘(Big Ben)一響起十二點，聚集在特拉法加廣場(Trafalgar Square)的人就一起說"(A) Happy New Year (to you)!""(The) same to you."「新年快樂！」，「恭賀新禧！」然後開始唱「驪歌」(Auld Lang Syne)來迎接新年。紐約的時報廣場(Times Square)也可見到類似的情景。英美只有新年元旦一天的假期，二日起就開始上班；cf. Christmas Eve【說明】

‡**New York** [nuˋjɔrk, nju-; ˏnju:ˋjɔ:k] *n.* **1** 紐約《美國東北部的一州；首府阿伯尼(Albany)；略作 N.Y.，《郵政》NY；俗稱 the Empire State》. **2** ＝New York City.

【字源】紐約原爲荷蘭(the Netherlands)的殖民地，所以稱爲新阿姆斯特丹(New Amsterdam)，1664 年爲英王查理二世(Charles II)所強佔，改名爲 New York, 因爲他將此地賜給他弟弟約克公爵(Duke of York)《即後來的詹姆斯二世(James II)》.

‡**Néw Yòrk Cíty** *n.* 紐約市。

【說明】在紐約州，是美國最大的城市，由布隆克斯(the Bronx)，布魯克林(Brooklyn)，曼哈坦(Manhattan)，昆士(Queens)，斯塔頓島(Staten Island)等的五個行政區(borough)組成；俗稱 the Big Apple；略作 N.Y.C.；其中心爲曼哈坦區，是世界經濟金融中心，並有帝國大廈、聯合國大廈等摩天大樓櫛比鱗次。紐約市亦是各種族移民的雜處之地，有華裔、義大利裔、德裔、俄裔、猶太裔等世界各地的人種在此形成一個文化的大鎔爐(melting pot)，就是黑人人口也爲全美各都市之冠。英語以外的外語報紙超過兩百種。

Nèw Yórk·er *n.* Ⓒ紐約人［市民］。
New Zea·land [nuˋzilənd, nju-; ˏnju:ˋzi:lənd] *n.* 紐西蘭《南太平洋上大英國協中的一獨立國家；由南島(South Island)，北島(North Island)等二個島嶼構成；略作 N.Z.；首都威靈頓(Wellington)》. ～·**er** *n.*

‡next [nɛkst; nekst] 《源自古英語「最近的」之義》——*adj.* (無比較級、最高級) **1** (時間上) **a** [無冠詞] (以現在爲基準) **緊接著來的**；下面[次]的，其次的 (cf. last[1] B 1)：～ Friday = *on* Friday ～ 在下星期五《★用法 在介系詞後面時置於名詞之後；主要爲英語語法》/ ～ week [month, year] 下週[下個月，明年]。**b** [常 **the** ～] (以一定時間爲基準) 其次的，下一個的：*the* ～ week [month, year] 下一週[月，年]。**2** [常 **the** ～] (順序、排列等) **其次的，下面的**：*the* ～ chapter 下一章/in *the* ～ place 其次，第二/He was *the* ～ person to come. 他是第二個來的人/What is *the* ～ article? 還需要什麼東西嗎?《★商店用語；主要爲英語語法》。**3 a** [常 **the** ～] (場所、位置) **最近的，隔壁的，鄰接的**：*the* ～ house 隔壁人家，鄰家/*the* ～ but one [two] 接著第二[三](的)。**b** [不用在名詞前] 〔十介十(代)名〕鄰接〔…〕的，在〔…〕隔壁的 〔*to*〕(of. NEXT to)：a vacant lot ～ *to* the house 鄰接那棟房子的空地/the shop ～ *to* the corner 街角(算起)第二家商店/the person ～ *to* him *in* rank [age] 地位[年齡]僅次於他的人。

as...as the néxt féllow [**mán, wóman**] 《口語》跟任何人一樣…的：I am *as* brave *as the* ～ *fellow*. 我跟任何人一樣勇敢；我的勇氣不亞於任何人。

gèt néxt to... 《美俚》(1)知道…，開始明白…。(2)與…變得親近。

nèxt dóor 在〔…的〕隔壁(的)〔*to*〕：They live ～ *door to* us. 他們住在我們的隔壁/ ～ *door* but one 隔壁第二家/the people ～ *door* 隔壁的人，鄰居。

nèxt dóor to... (1)接近(某狀態)的，近似…的：His conduct is ～ *door to* madness. 他的行爲近似瘋狂。(2)[當副詞用] 幾乎，近乎：It is ～ *door to* impossible. 那幾乎不可能。

néxt time (1)[當副詞用] 下一次：I'll visit the place ～ *time*. 下一次我將訪問那地方。(2)[當連接詞用] 下一次…時：Come to see me ～ *time* you are in town. 下一次你進城時來看我。

néxt to... (1)⇨ 3 b. (2)[用於否定句前] 幾乎：in ～ *to* no time 馬上，立刻/It is ～ *to* impossible. 那幾乎不可能/He eats ～ *to* nothing. 他幾乎什麼都沒吃。

(the) néxt thìng 第二，其次。

(the) néxt thíng one **knóws** 《口語》當醒來時，不知不覺間：*The* ～ *thing* I *knew*, I was lying in a hospital bed. 我醒來時發覺自己正躺在醫院的病牀上。

——*adv.* (無比較級、最高級) **1** [表示場所、時間、程度等] **a 其次，接著**：*N*～, we drove home. 接著我們開車回家/I like this best and that ～. 我最喜愛這個，其次是那個/What comes ～? 接下來是什麼？**b** 〔十介十(代)名〕在〔…的〕隔壁，鄰接〔…〕〔*to*〕：He placed his chair ～ *to* mine. 他把他的椅子放在我的(椅子)旁邊。**c** 〔十介十(代)名〕次〔於…〕〔*to*〕：He loved his dog ～ *to* his own sons. 他愛他的狗僅次於愛他的兒子。

2 下一次：When shall we meet ～? 下次我們什麼時候見面？

the néxt bést thíng 次於最好者，次善之策〔*to*〕：A good book is *the* ～ *best thing to* a true friend. 一本好書是僅次於眞摯朋友的最佳東西。

Whát néxt? ⇨ what.

——*prep.* 《古》次於…的[地]；最接近…的[地]《★用法 *adj.* 3 b, *adv.* 1 b, c 的 next to 缺少 to 者》：come [sit] ～ him 緊接著他來[緊挨著他坐]。

——*pron.* 下一個人[東西]《★當形容詞用的 next 後面的名詞被省略者》：She was *the* ～ to appear. 她是下一個出現的人/I will tell you in my ～. 我會在下封信告訴你/*N*～, (please)! 下一位！(促人發問或進來時用)/To be concluded in our ～. 下期續完/*The* ～ *to* youngest son was called Tim. 倒數第二個兒子名叫提姆。

néxt of kín ⇨ kin *n.*

néxt-dòor *adj.* [用在名詞前] **鄰家的，鄰居的**：our ～ neighbors 我們隔壁的鄰居。

nex·us [ˈnɛksəs; ˈneksəs] *n.* Ⓒ **1** 關連，連結，連繫，關係：the causal ～ 因果關係/⇨ cash nexus. **2** 《文法》敍述關係，主語述語的關係《如 *Dogs bark*./I think *him honest*. 句中斜體字間等的主語述語關係(的表達)》。

N.F. 《略》Newfoundland；Norman-French.

Nfld. 《略》New foundland.

N.G. 《略》National Guard；New Guinea.

N.G., n.g. 《略》no good.

NH 《略》《美郵政》New Hampshire.

N.H. 《略》New Hampshire.

NHA, N.H.A. 《略》National Housing Agency (美國的)住宅建設廳。

NHI 《略》National Health Insurance (英國的)國民健康保險。

N.H.S., NHS 《略》National Health Service (英國的)國民健康保險(制度)：an ～ patient 享受國民健康保險的患者/*on the* ～ 依照國民健康保險制度。

Ni 《符號》《化學》nickel.

N.I. 《略》Northern Ireland.

ni·a·cin [ˈnaɪəsn̩; ˈnaiəsn] *n.* Ⓤ 菸鹼酸 (nicotinic acid).

Ni·ag·a·ra [naɪˈægrə, -gərə; naiˈægərə, -grə] *n.* **1** [**the** ～] 尼加拉河《流經美國與加拿大國境間的一條河》。**2** (又作 **Niagara Fàlls**) 尼加拉大瀑布《★用法 常當單數用，但特別指兩道瀑布時則當複數用》。

【說明】位於尼加拉河流經美、加國界中途，分爲兩個瀑布，一爲「馬蹄鐵」(Horseshoe) 或稱「加拿大瀑布」(Canadian Falls)，高一百六十呎，另一爲「美國瀑布」(American Falls)，高一百六十七呎。與其說是高度不如說是寬度使這瀑布看起來很壯觀。有很多人來此度蜜月，附近也有許多水力發電以及其他有關設施，是世界聞名的觀光勝地。

Niagara Falls

3 [常 **a** ～ **of...**] (…的)大量湧到，蜂擁而至：*a* ～ *of* protests 紛至沓來[蜂擁而至]的抗議。

nib [nɪb; nib] *n.* Ⓒ **1 a** (從中間裂開的)筆尖。**b** 鋼筆尖。**c** 鵝管筆(等)的尖端。**2** (鳥的)嘴。

nib·ble [ˈnɪbl; ˈnibl] *v.t.* **1 a** 〔十受(十副)〕〈兔子、老鼠、魚等〉一點一點地咬(吃)〈食物〉〈*away, off*〉：～ one's nails 細咬指甲/Caterpillars ～*d away* the leaves. 毛蟲蠶食了葉子。**b** 〔十受十介十(代)名〕一點一點地咬〔…〕成〈洞等〉〔*through*〕：～ a hole *through* the wall 在牆壁上咬出一個洞。

2 〔十受十副〕一點一點地花光〈財產等〉〈*away, off*〉：They ～*d away* his fortune. 他們把他的財產一點一點地花光。

——*v.i.* **1** 〔(十副)十介十(代)名〕一點一點地啃〔啄〕〔食物等〕〈*away, off*〉〔*at, on*〕《★可用被動語態》：The rabbit is *nibbling at* the carrot. 那隻兔子在啃著紅蘿蔔。**2** 〔十介十(代)名〕〔對提議、誘惑〕做出有意接受的樣子，顯出感興趣的樣子〔*at*〕：～ *at* a temptation 對誘惑做出有意接受的反應。

3 〔十介十(代)名〕找〔…的〕碴，〔對…〕吹毛求疵〔*at*〕：～ *at* another's book 對他人寫的書吹毛求疵。

——*n.* Ⓒ **1** 一點一點的咬，細咬：have a ～ *at* 〔*of*〕... 一點一點的咬…。**2 a** 一口的量，很少量。**b** 一點點[很少量]的飯菜。

Ni·be·lung·en·lied [ˈnibl̩ˌʊŋən,lid, -,lit; ˈniːbəluŋənliːd, -liːt] *n.* [**the** ～] 尼伯龍根之歌《十三世紀前半葉在德國南部完成的德國民間史詩；cf. Siegfried》。

nib·lick [ˈnɪblɪk; ˈniblik] *n.* Ⓒ《高爾夫》一種鐵頭的高爾夫球桿《現在通稱 Iron NO. 9》。

nibs [nɪbz; nibz] *n.* [常 **his** ～]《口語》擺老闆架子的人，自負者，「大人物」。

Nic·a·ra·gua [,nɪkəˈrɑgwə; ,nikəˈrægjuə] *n.* 尼加拉瓜《中美洲的一共和國；首府馬拿瓜 (Managua [məˈnɑgwə; məˈnɑːgwə])》。

‡nice [naɪs; nais] *adj.* (**nic·er**；**nic·est**) **1** 好的：**a** 可愛的，有魅力的：a ～ face 可愛的臉。

【字源】本來拉丁文的意思是「無知的」。因此古時候用以表示「無知」或「愚蠢」。因爲無知的人不太講話，就轉變爲「內向的」的意思。後來又因爲「內向的」人看起來不討人喜歡就變爲「難伺候的」「不理人」的意思。由此再變爲「能判斷微妙的區別」的意思。「能辨別微妙的區別」是「好」事，於是乎變成現代英語的「頂不錯」或「親切的」等好的意思。

b 好吃的，美味的：a ～ taste 美味/ ～ cooking 美味的烹調。**c** 漂亮的，美妙的：a ～ shot 漂亮的一擊。

2 a 感覺舒服的，愉快的，快樂的：We had a ～ time yesterday. 我們昨天過得很愉快/It's ～ *to* meet you. 幸會幸會《★見面時的招呼語》/*Nice* [It's been ～] see*ing* [meet*ing*] you. 很高興見到了你《★告別時的話》。**b** 〔十介十(代)名〕適合〔…〕的〔*for*〕：very ～ weather ***for*** hiking 很適合徒步旅行的天氣。**c** 〔十 *to* do〕〈…起來〉舒服的：This place is ～ *to* sit in. 這個地方坐起來很舒服。

3 a [不用在名詞前] 〔十介十(代)名〕〔對…〕**親切的**〔*to*〕：He was ～ ***to*** us. 他對我們親切。**b** [不用在名詞前] 〔十 *of*十(代)名 (十 *to* do)/十 *to* do〕〔某人〕〈做…是〉親切的；〈某人〉〈做…是〉親切的：It is ～ ***of*** you *to* invite us to the party. = You are ～ *to* invite us to the party. 承蒙邀請赴宴，我們不勝感激。

4 《輕蔑》高雅的，高尚的：It isn't ～ to wipe your mouth with your sleeve. 用袖子擦嘴是不高雅的。

5 [用在名詞前] **a** 微妙的，困難的；需要辨別力[精密度]的：～ distinctions of color 顏色的細微差異/a ～ problem 難題。**b** 〈機器、器具等〉精密的。

6 a [不用在名詞前] 〔十介十(代)名〕〔對…〕挑剔的，講究的〔*in,*

about〕：He is ～ ***in*** his food. 他對食物很挑剔。**b** 嚴謹的，一絲不苟的：a ～ sense of honor 敏銳的榮譽感。
7《反語》糟糕的，討厭的：Here is a ～ mess. 這裡眞是一團糟。
nice and [ˏnaɪsn̩; ˌnaisn]［在形容詞之前；當副詞用］《口語》很，非常：It is ～ *and* warm today. 今天很暖和。**～·ness** *n.*

Nice [nis; niːs] *n.* 尼斯《法國東南岸的港市，爲觀光、療養勝地》。

níce-lóoking *adj.* 漂亮的；好看的；可愛的。

níce·ly *adv.* **1** 漂亮地，美觀地，舒適地：a ～ furnished room 布置漂亮的房間。**2** 精密地；規規矩矩地。**3** 有條有理地，順利地：She's doing ～. 她做得很順利[她身體在復原中]。

Nícene Créed [ˋnaɪsin-; ˈnaisiːn-] *n.* [**the** ～] 尼西亞信條《紀元 325 年尼西亞(Nicaea)會議所定的基督徒信條》。

ni·ce·ty [ˋnaɪsətɪ; ˈnaisəti] **《nice 的名詞》——*n.*** **1** Ⓤ正確，精密。**2 a** Ⓤ微妙，細微：a point [question] of great ～ 非常微妙之處[問題]。**b** Ⓒ[常 **niceties**] 細節，細微[微妙]之處：I am not concerned with *niceties.* 我不拘泥細節。**3** Ⓤ[又作 **a** ～]〈嗜好的〉講究；〈感情等的〉難以取悅。**4** Ⓒ[常 **niceties**] 高尚[優雅]的東西，精美之物。
to a nicety 正確地；精密地；恰好地(exactly)。

niche [nɪtʃ; nitʃ] *n.* Ⓒ **1** 壁龕《放置花瓶、聖像等的牆壁凹處》。**2**〔可安頓人、物的〕適當位置[處所]〔*for*〕：He found a ～ ***for*** himself. 他找到了適當的棲身處所[適得其所]。
——*v.t.* 將…安置於壁龕內《★常用被動語態》。

niche 1

Nich·o·las [ˋnɪkḷəs; ˈnikələs] *n.* **1** 尼古拉《男子名；暱稱 Nick》。**2** [**Saint** ～] 聖尼古拉《俄國、兒童、學者、船員等的守護聖人；cf. Santa Claus》。

Ni·chrome [ˋnaɪˏkrom; ˈnaikroum] **《*ni*ckel 和 *chrome* 的混合字》——*n.*** Ⓤ《商標》鎳鉻齊《鎳、鉻(鐵)的合金》。

nick[1] [nɪk; nik] *n.* **1** Ⓒ **a** 刻痕，刻口。**b**〈陶磁器、刀身等的小〉缺口，裂痕：a ～ *on* the fender of a car 在汽車擋泥板上的裂痕/～*s in* a razor 剃刀上的缺口。**2** [**the** ～]《英俚》監獄：in *the* ～ 在監獄裏。
in the (véry) níck of time 在緊要關頭；正是時候。
——*v.t.* **1 a** 刻痕於…；在…上弄出缺口[傷痕]。**b** [～ *oneself*] 弄傷：He ～*ed himself* while shaving. 他刮鬍子時割傷了(臉)。**2 a** 恰好趕上〈火車等〉。**b** 說中〈事實等〉：You ～ it. 你說中了。**3**《美俚》**a**〔十受十受/十受十介十(代)名〕向〈人〉要求〈不合理的錢〉；向〈人〉要求〔不合理的錢〕〔*for*〕：～ a person (*for*) 100 dollars. 向某人強索一百美元。**b**〔十受〕詐騙〈人〉。**c**〔十受十介十(代)名〕從〈某人〉騙取〔東西〕〔*out of*〕。
4《英俚》**a** 逮捕…。**b** 偷…。

nick[2] [nɪk; nik] *n.* Ⓤ《英俚》健康狀態；情況：It's second hand, but in good ～ 那是二手貨，但情況良好。

Nick [nɪk; nik] *n.* **1** 尼克《男子名；Nicholas 的暱稱》。**2** [**Old** ～] 惡魔。

***nick·el** [ˋnɪkḷ; ˈnikl] *n.* **1** Ⓤ《化學》鎳《金屬元素；符號 Ni》。

> 【字源】鎳礦石的顏色跟銅礦石差不多，所以最初發現鎳礦的人以爲發現了銅礦，等到後來化驗出來不含銅，很失望，就說這一定是 *Kupfernickel*(＝copper demon)(銅魔)在作祟，後來前半的 kupfer (銅)省去，只剩下後面的 nickel (魔)，也就是現在的 nickel (鎳)。

2 Ⓒ **a** (美國及加拿大的)五分錢鎳幣《白銅(硬)幣；⇨ coin 1★》。**b** 少額的錢。
——*adj.* [用在名詞前] 鎳的，含鎳的：～ plate 鍍鎳板/～ steel 鎳鋼。
——*v.t.* (**nick·eled,** 《英》 **-elled；nick·el·ing,** 《英》 **-el·ling**)〔十受〕鍍鎳於…。

níckel-and-díme *adj.* 瑣碎的，不重要的；便宜的；規模小的。**——*v.t.*** 對…錙銖必較；花極少的錢在…上。

nick·el·o·de·on [ˏnɪkḷˋodɪən; ˌnikəˈloudiən] *n.* Ⓒ **1** 入場費[門票]五分錢之戲院。**2** 一種舊式的自動點唱機。

níckel-pláte *v.t.* 鍍鎳於…。

níckel sílver *n.* Ⓤ鎳銀，白銅《一種鎳、銅、鋅的合金》。

nick·er [ˋnɪkə; ˈnikə] *n.* Ⓒ(*pl.* ～)《英俚》一英鎊硬幣。

nick·nack [ˋnɪkˏnæk; ˈniknæk] *n.* ＝knickknack.

***nick·name** [ˋnɪkˏnem; ˈnikneim] *n.* Ⓒ **1** 綽號，渾名《如 the Iron Duke, John Bull, Shorty 等》。
2 暱稱，略稱(cf. pet name)。

> 【字源】古英語中是 ekename (追加的名字)，前面加上不定冠詞 an ekename, 讀快時就變成 a nekename, 成爲習慣後就固定成 a nickname 了。
> 【說明】英美社會常用一些暱稱或綽號來代替正式的名字。看個人的身體或個性特徵取一些像"Long"，"Short"，"Fatty"或"Happy"的綽號，以表示「親密」。Edward 就變成 Ed, Patricia 則變成 Pat. 對地名也有同樣的情形。Uncle Sam 用以稱呼美國(人)，John Bull 則用以稱呼英國(人)；cf. name【說明】

——*v.t.* **1**〔十受〕給…取綽號。**2**〔十受十補〕〈以…的暱稱[綽號，略稱]〉叫[稱呼]〈人、街道〉：They ～*d* the short boy "Shorty". 他們以「矮子」的綽號叫那個矮個子男孩/He was ～*d* "Ed". 他被暱稱"Ed"。

Nic·o·si·a [ˏnɪkoˋsiə; ˌnikouˈsiːə] *n.* 尼科西亞《塞浦路斯的首都》。

nic·o·tine [ˋnɪkəˏtin; ˈnikətiːn] *n.* Ⓤ《化學》菸鹼，尼古丁《煙草中所含的毒素》。

> 【字源】從前有位派駐葡萄牙的法國大使約克・尼可(Jacques Nicot, 1530–1600)把香煙(tobacco)從葡萄牙(Portugal)介紹到法國去。「尼古丁」就是從他的名字而來。

nícotine ácid *n.* Ⓤ《化學》菸鹼酸。

nic·o·tin·ic [ˏnɪkəˋtɪnɪk; ˌnikəˈtinik] **《nicotine 的形容詞》——*adj.*** 《化學》菸鹼[尼古丁](酸)的：～ acid 菸(鹼)酸《$C_6H_5NO_2$，維他命 B 複合體之一成分》。

níc·o·tin·ìsm *n.* Ⓤ《醫》菸草素中毒。

NICs《略》newly industrializing countries 新興工業國家。

niece** [nis; niːs] **《源自拉丁文「孫女」之義》——*n. Ⓒ姪女；甥女(cf. nephew)。

NIEs《略》newly industrializing economies 新興工業經濟體。

Nie·tzsche [ˋnitʃə; ˈniːtʃə], **Frie·drich** [ˋfridrɪk; ˈfriːdrik] **Wil·helm** *n.* 尼采《1844–1900；德國哲學家、詩人》。

niff [nɪf; nif] *n.* [**a** ～]《英口語》惡臭。

niff·y [ˋnɪfɪ; ˈnifi] **《niff 的形容詞》——*adj.*** (**niff·i·er；-i·est**)《英口語》有惡臭的，發臭的。

nif·ty [ˋnɪftɪ; ˈnifti] *adj.* (**nif·ti·er；-ti·est**)《口語》**1** 極好的，漂亮的。**2 a** 做得精巧的，機靈的。**b**〈手、人〉靈巧的。

Ni·ger [ˋnaɪdʒə; ˈnaidʒə] *n.* 尼日《非洲中西部的一共和國；1960 年獨立；首都尼阿美(Niamey [njɑˋme; njɑːˈmei])》。

Ni·ge·ri·a [naɪˋdʒɪrɪə; naiˈdʒiəriə] *n.* 奈及利亞《在非洲中西部，爲大英國協的一共和國，1960 年獨立，首都拉哥斯(Lagos [ˋlegɑs; ˈleigɔs])》。

nig·gard [ˋnɪgəd; ˈnigəd] *n.* Ⓒ吝嗇鬼，小氣鬼(miser)《★用法《美》因會聯想到 nigger 而避免使用》。

níg·gard·ly *adj.* 《★用法因會聯想到 nigger 而避免使用》**1 a** 吝嗇的，小氣的：a ～ person 吝嗇鬼，小氣的人。**b** [不用在名詞前]〔十介十(代)名〕〔對錢等〕吝嗇的〔*with*〕：He is ～ ***with*** his money. 他對錢很吝嗇。**c** [不用在名詞前]〔十介十(代)名〕吝於〔…〕的〔*of*〕：He is not ～ ***of*** praise. 他不吝於稱讚。**2** 極少的：～ aid 極少的援助。**——*adv.*** 吝嗇地，小氣地。

nig·ger [ˋnɪgə; ˈnigə] *n.* Ⓒ[也用於稱呼]《輕蔑》黑人《★用法被視爲侮辱黑人的字眼，不可隨便使用》。
a [the] nígger in the wóodpile (破壞計畫或惹出麻煩的)潛在動機[因素]《人或物》《★用法社會上的禁忌語；★因隱藏在暗處的黑人不易被發現而有此義》。

nig·gle [ˋnɪgḷ; ˈnigl] *v.i.*〔動(十介十(代)名)〕**1** 拘泥〔細節、小事〕，〔對不重要的事〕找碴〔*about, over*〕《★可用被動語態》。**2**〔爲…〕費神[操心]〔*at*〕。

nig·gling [ˋnɪglɪŋ; ˈnigliŋ] *adj.* **1** 爲瑣事操心的；氣量小的。**2** 瑣碎麻煩的，過於瑣碎的。

nigh [naɪ; nai]《古・詩・方言》*adv.* ＝near. **——*adj.*** (**nigh·er；nigh·est；**《古》**near；next**)＝near.**——*prep.*** ＝near.

‡night [naɪt; nait] *n.* **1 a** Ⓤ[與修飾語連用時可數時常Ⓒ] 夜(間)，晚上(←→ day)《★從日沒到翌晨日出，尤指黑暗的這一段時間；cf. evening 1 a》：*Night* is a good time for my thinking. 夜間是我思考的好時候/*Night* came [fell] at last. 暮色終於降臨/It is already ～. 已經是夜晚了/The ～ was fine. 那晚天氣很好/during the ～ 在夜間/all the ～ through 整個晚上，整夜/in the ～ 在夜裏，在夜間/pass a ～ 過一夜/stay three ～*s* 停留三晚/in a ～ 在一夜間/It was a dark December ～. 那是個黑暗的十二月晚上/*on* the ～ of the 15th of April [April 15] 在四月十五日的晚上《★用法指特定日期時介系詞用 on》。**b** [當副詞用] 在夜晚(⇨ nights)：last ～ 昨夜/the ～ before last 前天晚上，前夜/the ～ before 在前一夜/Will you come tomorrow ～？你明晚願意來嗎？**c** [**the** ～；引導副詞子句]…的晚上《★用法常與 that 連用》：Mother fell ill *the* ～ (*that*) we arrived in France. 母親在我們到達法國的那個晚上生病了。
2 Ⓒ **a** (聚會等的)晚上，(…之)夜：a ticket for the first ～ 第一天晚會的入場券。**b** [常用單數；常與修飾語連用](特別日子的)晚上(cf. eve)：*on* Christmas ～ 在耶誕夜。
3 Ⓤ《文語》**a** 黑夜，黑暗：under (the) cover of ～ 在黑夜的掩護下，趁黑夜。**b** 無知，文盲(的狀態)；失意[不安(等)]的時候〔*of*〕：in the ～ *of* ignorance [sorrow] 處於蒙昧無知[悲傷]

N

狀態。
4 Ⓒ夜間的休息，睡眠：have a good [bad] ～ 晚上睡得好[睡不好]。
áll níght (lóng) 整夜，徹夜：I dreamed *all* ～. 我整夜做夢。
(as) dárk [bláck] as níght 暗如黑夜，漆黑。
at [in the] déad of (the) níght 半夜裏。
at níght (1)在夜裏，在夜間：He works *at* ～. 他在夜間工作/He came *at* ～. 他晚上來/She sat up till late *at* ～. 她熬夜到很晚。(2)日落後，晚上《傍晚六點至半夜之間》：He came home from school *at* ～. 他黃昏從學校回家/at nine (o'clock) *at* ～ 在晚上九點鐘。
cáll it a níght 《口語》結束當夜的工作(等)：Let's *call it a* ～. 今晚就此結束。
by níght (1)夜間(←→ by day)：He sleeps by day and works *by* ～. 他白天睡覺，夜間工作。(2)趁著夜間：attack an enemy *by* ～ 趁著夜間攻擊敵人。
dáy and níght 《口語》日夜，不停地，不斷地。
fár into the níght 至深夜：study *far into the* ～ 念書至深夜。
for the níght 夜裏，(當天)晚上：I stayed there *for the* ～. 當天晚上我在那裏過夜。
Gòod night! ⇨ good night.
hàve a níght óff 〈夜間工作者等〉休息一晚，一個晚上不工作。
hàve a níght óut (1)在外面玩一夜。(2)〈僕人等〉(請假)外出一個晚上。
màke a níght of it 通宵飲酒[玩樂]。
níght àfter níght 《口語》每晚，每夜，連夜。
níght and dáy ＝day and NIGHT.
o' [of] níghts 《口語》在夜間，晚上有時候[經常]：I can never sleep *o'* ～*s* for thinking of it. 我因想著那件事，晚上經常睡不著。
òver níght 一夜，隔夜，到翌日早上：stay *over* ～ 住宿一夜，過一晚。
túrn níght ìnto dáy (1)(利用燈光)化夜晚爲白晝，使晚上亮如白天。(2)以夜晚當白天；夜晚做白天的事。
—*adj.* [用在名詞前] **1 夜晚的**；晚上的：～ air 晚上的空氣，夜風/a ～ scene 夜景。
2 晚上舉行的，夜間的：～ duty 夜勤/a ～ game (棒球等的)夜間賽/a ～ train 夜間列車。
3 〈動物等〉夜行性的：⇨ nightbird.

níght·bìrd *n.* Ⓒ **1** 夜鳥《貓頭鷹(owl)，夜鶯(nightingale)等》。**2** 夜遊者，夜間活動者；夜盜。
níght-blìnd *adj.* 夜盲症的。
níght blìndness *n.* Ⓤ夜盲症。
níght·càp *n.* Ⓒ **1** 睡帽。**2** 《口語》睡前酒，夜酒。**3** 《美口語》(當天)最後一場比賽；(尤指棒球兩場比賽的)第二場。

nightcap 1, 2

níght càrt *n.* Ⓒ水肥車。
níght clèrk *n.* Ⓒ(客棧、飯店的)夜間櫃台員。
níght·clòthes *n. pl.* 睡衣。
níght·clùb *n.* Ⓒ夜總會。
níght·drèss *n.* **1** ＝nightclothes. **2** ＝nightgown.
níght·fàll *n.* Ⓤ黃昏，傍晚(dusk)：*at* ～ 在黃昏。
níght-flỳing *n.* Ⓤ夜間飛行。
—*adj.* 1 夜間飛行的。**2** 〈鳥等〉夜間飛翔的。
níght·gòwn *n.* Ⓒ(婦女、兒童的寬長)睡袍。
níght·hàwk *n.* Ⓒ **1** 《鳥》**a** (北美產之)夜鷹。**b** ＝nightjar. **2** ＝night owl 1.
night·ie [ˈnaɪtɪ; ˈnaiti] *n.* 《口語》＝nightgown.
night·in·gale [ˈnaɪtn̩ˏgel, -tɪŋ-; ˈnaitiŋgeil] *n.* Ⓒ **1** 《鳥》夜鶯《歐洲產鶇鳥科的鳴禽；公鳥在春天由黃昏鳴叫至深夜，叫聲悅耳》。
2 歌聲美妙的歌手；聲調好聽的演說者。

nightingale 1

Night·in·gale [ˈnaɪtn̩ˏgel, -tɪŋ-; ˈnaitiŋgeil], **Florence** *n.* 南丁格爾《1820–1910；英國女社會改革家，爲近代護理制度的創始人》。
níght·jàr *n.* Ⓒ《鳥》(歐洲產之)歐夜鷹。
níght làtch *n.* Ⓒ彈簧鎖《外用鑰匙，內用手開的鎖》。
níght lètter *n.* Ⓒ《美》夜間拍發的電報《翌晨送達，費用較低；一百字以內；cf. day letter》.
níght lìfe *n.* Ⓤ夜生活，夜遊。
níght lìght *n.* Ⓒ(寢室、病房等整夜開著的)夜明燈；通夜蠟燭。
níght·lòng *adj.* & *adv.* 通宵的[地]，徹夜的[地]。
níght·ly *adj.* [用在名詞前] **1** 每晚的，每夜的，夜夜的。**2** 夜裏的，夜間出來的：～ dew 夜露。
—*adv.* 1 每夜，夜夜。**2** 在夜間。
níght·màn *n.* Ⓒ (*pl.* **-men**) **1** 夜裏工作的人《如輪值夜班的人》；守夜者。**2** (夜裏工作的)淨廁人；淘糞工人。
night·mare [ˈnaɪtˏmɛr; ˈnaitmɛə] *n.* Ⓒ **1 惡夢**。

> 【字源】字面上的意義是「夜裡的惡魔」。古人相信做惡夢的原因是黑夜的惡魔騎在睡覺的人身上，使人呼吸困難；cf. incubus, succubus.

2 夢魘《中世紀傳說中認爲會使睡眠中人窒息的魔女；cf. incubus 1, succubus》.
3 惡夢似的可怕事件，令人不愉快的人[東西]，恐怖[不快]感：Life with him was a ～. 與他共同生活是一種惡夢《很悽慘》。
níght·màr·ish [-ˏmɛrɪʃ; -mɛəriʃ] *adj.* 惡夢[夢魘]似的，經常使人恐懼的。
níght òwl *n.* Ⓒ **1** 夜間工作者，熬夜的人，夜貓子。**2** 《鳥》美洲夜鷹(nighthawk).
níght pìece *n.* Ⓒ夜景畫；夜景文[詩]。
níght pòrter *n.* Ⓒ (飯店、客棧的)夜間服務生。
nights [naɪts; naits] *adv.* 《口語》大多數夜晚，每晚；夜間：study ～ 夜間念書/work ～ 夜間工作，開夜車。
níght sàfe *n.* Ⓒ(銀行)上班時間外的服務窗口；夜間保險箱。
níght schòol *n.* Ⓤ[指設施時爲Ⓒ]夜校(cf. day school)：go to ～ 上夜校。

> 【說明】爲了日間工作的人設立，從黃昏開始上課，多設在高中和大學裡。在英美，除了一般課程外，還爲不會說英語的移民開設英語課，其他還有職業教育和舞蹈、合唱等娛樂活動。

níght·shàde *n.* Ⓤ[指個體時爲Ⓒ]《植物》茄屬植物；(尤指)龍葵《有毒》。
níght shìft *n.* **1** Ⓒ(日夜輪流制的)夜間上班(時間)；夜班(cf. graveyard shift)：work (*on*) the ～ 上夜班。**2** Ⓤ[常 **the** ～；集合稱]夜間工作者[小組]《★用法視爲一整體時當單數用，指全部個體時當複數用》。
níght·shìrt *n.* Ⓒ(長襯衫式的)男用睡衣。
níght sòil 《源自常在夜間清理》**—*n.*** Ⓤ《委婉語》糞便。

nightshirt

níght·spòt *n.* ＝night club.
níght·stànd *n.* ＝night table.
níght·stìck *n.* Ⓒ《美》(警察所携帶的)警棍(《英》truncheon).
níght swèat *n.* Ⓤ《醫》盜汗，夜汗。
níght tàble *n.* Ⓒ《美》牀頭几《放在牀邊的小桌》。
níght·tìde *n.* 《文語》＝nighttime.
níght·tìme *n.* Ⓤ夜間(←→ daytime)：in the [at] ～ 在夜間。
níght·wàlker *n.* Ⓒ **1** 夜間徘徊於街頭者《尤指小偷、妓女等》。**2** 《英》＝earthworm.
níght wàtch *n.* **1** Ⓤ守夜，值夜(時間)。**2** Ⓤ[常 **the** ～；集合稱]守夜者《★用法視爲一整體時當單數用，指全部個體時當複數用》。**3** [常 **the** ～**es**]守夜的輪班時間《從前將一夜分成三班或四班》。
in the níght wàtches 《文語》(因不安、疲勞等)晚上無法入眠時，在無法入眠的夜晚《★出自聖經「詩篇」》。
níght wátchman *n.* Ⓒ值夜者，守夜者，夜警。
níght·wèar *n.* Ⓤ睡衣(類)(nightclothes).
níght·wòrk *n.* Ⓤ夜間工作。
night·y [ˈnaɪtɪ; ˈnaiti] *n.* ＝nightie.
ni·hil·ism [ˈnaɪəlˏɪzəm; ˈnaiilizəm] *n.* Ⓤ **1** 《哲・神學》虛無主義《否定一切存在的懷疑論》。**2** 暴力革命[無政府]主義《十九世紀後半期興起於蘇俄的思想，主張應該摧毀社會及政治體制》。
ní·hil·ist [-lɪst; -list] *n.* Ⓒ **1** 虛無主義者。**2** 暴力革命[無政府]主義者。
ni·hil·is·tic [ˏnaɪəˈlɪstɪk; ˌnaiiˈlistik˝] *adj.* **1** 虛無主義的。**2** 無政府主義的。
-nik [-nɪk; -nik] 字尾《口語》表示「做…事的人，…迷，與…有關的人」之意的名詞字尾：beat*nik* 披頭族《五十年代末期美國青年的頹廢派，憤世嫉俗而又奇裝異服，亦稱 beat generation》/jazz*nik* 爵士迷。
Ni·ke [ˈnaɪki; ˈnaiki:] *n.* 《希臘神話》乃琪《勝利女神；一手捧花圈，另一手執棕櫚樹枝，身上長有翅膀的少女；相當於羅馬神話的維多利亞(Victoria)》.

N

nil [nɪl; nil] *n.* Ⓤ **1** 無。**2**《英》(競賽得分的)零：4 (goals) to ～ 四比零。

—*adj.* 全無的：The effect was ～. 效果爲零，效果全無。

Nile [naɪl; nail] *n.* [**the** ～] 尼羅河《流經非洲東部注入地中海，爲世界最長的河》。

the Blúe Níle 藍尼羅河《流經衣索比亞，在喀土木(Khartoum)與主流滙合》。

the White Níle 白尼羅河《從發源地至喀土木(Khartoum)的主流》。

Ni·lot·ic [naɪˋlɑtɪk; nai'lɔtik] «Nile 的形容詞»**—***adj.* 尼羅河(流域)的；住在尼羅河流域的(人的)。

Nike

【插圖說明】發掘時已失去頭部和手臂的 Nike 雕像。

nim·bi *n.* nimbus 的複數。

nim·ble [ˋnɪmbl; 'nimbl] «源自古英語「快取的」之義»**—***adj.* (**nim·bler**；**-blest**) **1 a** 動作敏捷的，迅速的，靈活的：a ～ climber 敏捷的登山者。**b** [不用在名詞前] [十介十(代)名] [腳步]快的 [*of*]；[做…]敏捷的，迅速的 [*in, at*]《★用法 do*ing* 時用 *in, at*》：～ ***of*** foot 走得快的，捷足的/The child was ～ ***in*** dress*ing* her doll. 那個小女孩動作敏捷地給她的洋娃娃穿上衣服。

2 理解[思考]快速的，頭腦敏捷的，機警的；聰敏的，精明的。

ním·bly *adv.* **～·ness** *n.*

nim·bo·stra·tus [ˋnɪmboˋstretəs; 'nimbou'streitəs] *n.* Ⓒ (*pl.* **-stra·ti** [-ˋstretaɪ; -'streitai])《氣象》(會引起下雨、下雪的)雨層雲。

nim·bus [ˋnɪmbəs; 'nimbəs] *n.* Ⓒ (*pl.* ～**·es, nim·bi** [-baɪ; -bai]) **1 a**《美術》(環繞聖像頭上的)光輪，靈光(halo)。**b** (在人或物的周圍能感受到的)氣氛，魅力，光彩。**2** 雨雲，雪雲。

nimbus 1 a

ni·mi·e·ty [nɪˋmaɪətɪ; ni'maiəti] *n.* ⓊⒸ 過度；過剩。

Nim·rod [ˋnɪmrɑd; 'nimrɔd] *n.* **1**《聖經》寧錄《諾亞(Noah)的曾孫，爲著名獵人》。**2** [常 n~] Ⓒ愛打獵的人，狩獵家。

nin·com·poop [ˋnɪnkəm,pup; 'ninkəmpu:p] *n.* Ⓒ《口語》笨蛋，傻瓜。

‡**nine** [naɪn; nain] *adj.* **1** [用在名詞前] 九的，九個的，九人的：He is ～ years old [of age]. 他九歲。**2** [不用在名詞前] 九歲的：He is ～. 他九歲。

a nine dáys' wónder ⇨ wonder.

níne ténths 十分之九，幾乎全部。

níne tímes [in níne cáses] òut of tén 十之八九，大致，大體上。

—*n.* **1 a** ⓊⒸ [通常無冠詞] (數字的)九：*N*~ divided by three gives [is] three. 九除以三得三。

> 【說明】「九」是個神秘數字。自古以來，「九」時常有特別的意思。基督教有「三位一體」(Trinity)的說法，於是「九」成爲含有三個「三」的神秘數字。英文裡有很多情形會出現 nine，如 *nine* Muses (九位繆斯女神)/A cat has *nine* lives. (一隻貓有九條命)/a *nine* day's wonder (九日奇蹟；暫時引起人注意但不久即被遺忘的事物)。天使的階級分爲九級，英國倫敦的求救電話號碼是 999，這些都很有意思。

b Ⓒ九的符號《9, ix, IX》。

2 Ⓤ九點鐘；九歲；九美元[英鎊，分，便士(等)]：at ～ 在九點鐘/a child of ～ 九歲的小孩。

3 Ⓒ **a** 九個[人]一組；棒球隊：the Yankees ～ 揚基(九人)棒球隊。**b** [**the N**~] 繆司九女神(the Muses)《司文藝及美術》。

4 Ⓒ(紙牌戲等的)九。

5 Ⓒ[常用單數]《高爾夫》(十八洞球場的前半或後半的)九洞：the front [back] ～ 前[後]九洞。

díal [ríng] 999《英》打緊急電話(★ 讀法 999 讀作 nine-nine-nine)。

> 【說明】英國國內通用的緊急電話是 999，撥通後，便可聽到受話器中的錄音說"Emergency！"(緊急事件！)，於是可以馬上請到警察(police)、救護車(ambulance)或消防隊(fire department)來支援，這相當於我國的 119. 美國則因地而異，所以通常各個家庭都在電話旁有緊急電話表(emergency strip)，記載這類的號碼。

dréssed (úp) to the nínes 盛裝，打扮漂亮；衣飾華麗《★大概是以十爲滿分之故》。

níne to five [當副詞用] 從早上九點鐘至下午五點鐘的上班時間：He works ～ *to five.* 他從早上九點工作到下午五點。

—*pron.* [當複數用] 九個，九人：There are ～. 有九個[人]。

níne·fóld *adj.* **1** 九倍的，九重的。**2** 有九個部分[因素]的。

—*adv.* 九倍，九重。

nine·pence [ˋnaɪnpəns; 'nainpəns] *n.* **1** [當複數用]《英》九便士。**2** Ⓒ伊利莎白一世(Elizabeth I)時鑄造的一種硬幣。

níne·pin *n.*《英》**1** Ⓤ [～**s**；當單數用] 九瓶保齡球，九柱戲《用球撞倒豎立的九隻木球瓶，類似保齡球的遊戲》。**2** Ⓒ九瓶保齡球[九柱戲]用的球瓶。

‡**nine·teen** [naɪnˋtin; ˌnain'ti:n] *adj.* **1** [用在名詞前] **十九的**，十九個的，十九人的：He is ～ years old [of age]. 他十九歲/the *nineteen*-eighties 1980 年代/in the *nineteen*-hundreds 在 1900 年代。

2 [不用在名詞前] 十九歲的：He is ～. 他十九歲。

tálk [gò, rún, wág] ninetéen to the dózen 說個不停，喋喋不休。

—*n.* **1 a** ⓊⒸ [通常無冠詞] (數字的)**十九**。**b** Ⓒ十九的符號《19, xix, XIX》。

2 Ⓤ十九歲；十九美元[英鎊，分，便士(等)]：a young man of ～ 十九歲的年輕人。

—*pron.* [當複數用] 十九個，十九人：There are ～. 有十九個[人]。

‡**nine·teenth** [naɪnˋtinθ; ˌnain'ti:nθ] «源自 nineteen＋-th¹ (構成序數的字尾)»**—***adj.* **1** [常 **the** ～] **第十九(個)的**。

2 十九分之一的：a ～ portion [part] (全體的)十九分之一。

—*n.* **1** Ⓤ [常 **the** ～] **a** (序數的)**第十九**《略作 19th》。**b** (月的)十九日。**2** Ⓒ十九分之一。

—*pron.* [**the** ～] 第十九個人[東西]。

níneteenth hóle «源自打完一局十八洞的高爾夫球賽後所去的場所之義»**—***n.* [**the** ～]《謔》高爾夫球場內的俱樂部[酒吧間，休息室，衣橱室]。

*__nine·ti·eth__ [ˋnaɪntɪɪθ; 'naintiiθ] «源自 ninety＋-th¹ (構成序數的字尾)»**—***adj.* **1** [常 **the** ～] **第九十(個)的**。**2** 九十分之一的。

—*n.* **1** Ⓤ [常 **the** ～] (序數的)**第九十**《略作 90th》。**2** Ⓒ九十分之一。

níne-to-fíve *adj.* [用在名詞前] 從早上九點工作到下午五點的人[薪水階級，上班族]的。**níne-to-fív·er** *n.*

‡**nine·ty** [ˋnaɪntɪ; 'nainti] *adj.* **1** [用在名詞前] **九十的**，九十個的，九十人的：He is ～ years old [of age]. 他九十歲。

2 [不用在名詞前] 九十歲的：He is ～. 他九十歲。

—*n.* **1 a** ⓊⒸ [通常無冠詞] (數字的)**九十**。**b** Ⓒ九十的符號《90, xc, XC》。

2 a Ⓤ九十歲；九十美元[英鎊，分，便士(等)]：an old man of ～ 九十歲的老人。**b** [**the nineties**] (一個世紀的)九十年代《在文藝上尤指十九世紀末之十年間，須以大寫字母開始；cf. *fin de siècle*》。**c** [**one's nineties**] (年齡的)九十幾歲。

—*pron.* [當複數用] 九十個，九十人：There are ～. 有九十個[人]。

nínety-níne *adj.* **1** [用在名詞前] 九十九的，九十九個的，九十九人的。**2** [不用在名詞前] 九十九歲的。

nínety-níne tímes òut of a húndred 一百次中有九十九次；幾乎總是。

—*n.* **1 a** ⓊⒸ [通常無冠詞] (數字的)九十九。**b** Ⓒ九十九的符號《99, xcix, XCIX》。**2** Ⓤ九十九歲；九十九美元[英鎊，分，便士(等)]。

—*pron.* [當複數用] 九十九個，九十九人：There are ～. 有九十九個[人]。

Nin·e·veh [ˋnɪnəvə; 'ninivə] *n.* 尼尼微《古代亞述(Assyria)帝國之首都》。

nin·ny [ˋnɪnɪ; 'nini] *n.* Ⓒ笨傢伙，愚人，傻子。

‡**ninth** [naɪnθ; nainθ] «源自 nine＋-th¹ (構成序數的字尾)»**—***adj.* **1** [常 **the** ～] **第九(個)的**。**2** 九分之一的：a ～ part 九分之一。

—*adv.* 第九(個)地。

—*n.* **1** Ⓤ [常 **the** ～] **a** (序數的)**第九**《略作 9th》。**b** (月的)九日。**2** Ⓒ九分之一。**3** Ⓒ《音樂》九度，九度音階。

—*pron.* [**the** ～] 第九個人[東西]。**～·ly** *adv.*

Ni·o·be [ˋnaɪəbɪ; 'naiəbi] *n.* **1**《希臘神話》奈奧比《坦塔勒斯(Tantalus)之女，因自己引以爲傲的十四個子女全被殺而哀痛不已，雖然宙斯(Zeus)將她化爲石頭，但據說仍然垂淚不已》。**2** Ⓒ喪子而哀痛不已的婦女。

ni·o·bi·um [naɪˋobɪəm; nai'oubiəm] *n.* Ⓤ《化學》鈮《金屬元素；符號 Nb》。

nip¹ [nɪp; nip] (**nipped**；**nip·ping**) *v.t.* **1 a** [十受] (從兩個點[面]用力)挾，捏，掐，箝，擰〈人、物〉：A mantis *nipped* my finger. 螳螂挾住我的手指。**b** [十受十介十名] 咬，挾住〈人〉[身體或衣服的某部位] [*on*]《★用法 表示身體部位的名詞前用 the》：The dog *nipped* me ***on*** *the* arm. 那隻狗咬我的手臂。**c** [十受十

N

介十(代)名〕夾…〔於…〕〔*in*〕: I *nipped* my fingers ***in*** a train door. 我的手指給列車的門挾到了。
2 〔十受十副〕摘取，剪下〈嫩芽等〉〈*off, out*〉: ～ ***off*** the shoots 摘取嫩芽。
3 a 〈風、霜等〉使〈植物〉枯萎，阻礙…的成長。**b** 〈寒風等〉刺痛〈皮膚等〉，肆虐於…: The cold wind has *nipped* my ears and nose. 寒風刺痛了我的耳鼻。
4 《俚》搶去…；偷取…。
—*v.i.* **1** 〔動(十副)十介十(代)名〕捏，挾，咬〔…〕〈*away*〉〔*at*〕: The dog *nipped* ***at*** me. 那隻狗咬我。
2 《英口語》〔十副詞(片語)〕急動，趕，跑〈向…〉: He *nipped along.* 他跑過去/When the door opened, somebody *nipped in.* 門開時，有人閃進來/He *nipped on to* the man. 他跑向那個男人/He *nipped into* the room. 他閃進房間裏。
níp ín 《*vi adv*》(1)⇨ *v.i.* 2. (2)〈車子、賽跑時〉突然插入。—《*vt adv*》(3)將〈衣服等〉縮短，把…弄窄: ～ *in* a skirt *at* the waist 把裙子的腰圍弄窄。
níp in the búd (1)在萌芽時摘取〈植物〉。(2)防〈患〉於未然。
—*n.* [**a** ～] **1** 夾，一捏，一掐；使勁的一咬: have *a* ～ *at*... 夾[捏，咬]…。
2 刺骨的寒冷；霜害: *a* ～ in the air 刺骨的寒氣。
3 《美》(食物等的)強烈味道，風味。
4 一小撮，一點兒，少量(bit)〔*of*〕: *a* ～ *of* salt 少量的鹽。
5 《英口語》跑一趟: have *a* ～ out 去跑一趟。
níp and túck 《美口語》旗鼓相當的[地]，勢均力敵的[地]，不分勝負的[地]: It was ～ *and tuck* but we won. 比賽雖勢均力敵，但我們贏了。

nip² [nɪp; nip] *n.* Ⓒ[常用單數](威士忌等的)一杯，少量: take a ～ of whiskey 喝一點兒威士忌。

níp·per *n.* **1** Ⓒ捏[夾，摘，掐，咬]的人。
2 [～s] **a** 鉗子，鑷子，老虎鉗。**b** (牙科醫師用的)鉗子。**c** 《俚》手銬，腳鐐。**d** (螃蟹等的)螯。
3 Ⓒ《英口語》小孩；少年。

níp·ping *adj.* [用在名詞前] **1** 刺骨的〈寒風等〉。**2** 尖酸刻薄的(harsh)〈言詞等〉。

nip·ple [ˋnɪpl; ˈnipl] *n.* Ⓒ **1** (人的)乳頭《★比較 動物的乳頭是 teat；⇨ body 插圖》。
2 《美》(奶瓶的)奶嘴(《英》teat)。
3 螺紋接管[頭]《用於接合活門(valve)等》。
4 《機械》加油嘴《給機器加油用，有似乳頭狀隆起的接口》。

Nip·pon [nɪˋpɑn, ˋnɪpɑn; ˈnipɔn] 《源自日語》—*n.* 日本(Japan).

Nip·pon·ese [ˏnɪpənˋiz; ˏnipəˈni:z˝] *adj.* 日本人(Japanese)的。
—*n.* Ⓒ(*pl.* ～)日本人。

nip·py [ˋnɪpɪ; ˈnipi] 《nip¹ 的形容詞》—*adj.* (**nip·pi·er**; **-pi·est**) **1** 有捏[咬]人之習慣的: a ～ dog 有咬人習慣的狗。
2 a 〈風、寒冷等〉凜冽的，刺骨的: ～ weather 刺骨的寒冷天氣。
b 〈食物等〉辛辣的。
3 《英口語》敏捷的，迅速的。

nir·va·na [nɚˋvænə, nɪr-; ˏniəˈvɑ:nə, nə:-] 《源自梵語「吹熄，消滅」之義》—*n.* **1** [常 N～] Ⓤ《印度教》生命火焰的熄滅，極樂世界；《佛教》涅槃。**2** ⓊⒸ解脫[安息，和平]的境界。

Ni·sei [ˋnise, niˋse; ˈni:sei, ni:ˈsei˝] 《源自日語》—*n.* (*pl.* ～, ～s) [有時 n～] Ⓒ二世《一世(Issei)之子，生於美國並在美國接受教育的日裔美國公民；⇨ Japanese-American 相關用語》。

> 【說明】日本人移民美國的第一代稱作 Issei(一世)，在美國生的稱作 Nisei(二世)，Nisei 生的子女稱作 Sansei(三世)。在第二次大戰前就移民美國的 Issei 很少有公民權，Nisei 因為生於美國，當然有公民權。生於 1918 至 1925 年間的 Nisei 在他們的成長過程中受到排斥和差別待遇，遂以同化於白人文化為生活的第一目標。二次大戰中，赴歐作戰的日裔軍人有極卓越的表現，因此戰後社會地位獲得提升而躋身於美國中產階級。大部分 Sansei 是戰後所生，其中不少人對 Nisei 汲汲於與白人同化的態度不以為然；cf. Japanese-American【說明】

ni·si [ˋnaɪsaɪ; ˈnaisai] 《源自拉丁文》—*conj.* 除非；不然則(＝unless).

Nís·sen hùt [ˋnɪsn-; ˈnisn-] 《源自英國技師之名》—*n.* Ⓒ半圓型活動營房，活動房屋。

nit¹ [nɪt; nit] *n.* Ⓒ(蝨蟲等的)卵。

nit² [nɪt; nit] 《nitwit 之略》—*n.* Ⓒ《英口語》笨蛋，蠢傢伙。

ni·ter [ˋnaɪtɚ; ˈnaitə] *n.* Ⓤ《化學》硝酸鉀；硝酸鈉；智利硝石。

ni·ton [ˋnaɪtɑn; ˈnaitɔn] *n.* Ⓤ《化學》氡《radon 的舊名》。

nít·pìcker *n.* Ⓒ挑剔者，吹毛求疵者。

nít·pìcking *n.* Ⓤ挑剔，吹毛求疵。
—*adj.* 挑剔的，吹毛求疵的。

ni·trate [ˋnaɪtret; ˈnaitreit] *n.* Ⓤ[指產品個體時為Ⓒ]《化學》硝酸鹽；(用做肥料的)硝酸鉀，硝酸鈉。
nítrate of sílver 《化學》硝酸銀。
—*v.t.* 以硝酸(鹽)處理…；使…硝化。

ni·tra·tion [naɪˋtreʃən; naiˈtreiʃn] *n.* Ⓤ硝化。

ni·tre [ˋnaɪtɚ; ˈnaitə] *n.* 《英》＝niter.

ni·tric [ˋnaɪtrɪk; ˈnaitrik] *adj.* [用在名詞前]《化學》氮的，含氮的: ～ acid 硝酸/ ～ oxide 氧化氮。

ni·tride [ˋnaɪtraɪd; ˈnaitraid] *n.* ⓊⒸ《化學》氮化物。

ni·tri·fy [ˋnaɪtrəˏfaɪ; ˈnaitrifai] *v.t.* **1** 《化學》使…與氮化合；使…硝化。**2** 使硝酸鹽滲入〈土壤〉。

ni·trite [ˋnaɪtraɪt; ˈnaitrait] *n.* ⓊⒸ《化學》亞硝酸鹽。

ni·tro- [naɪtro-; naitrou-] [複合用詞]表示「硝酸…」「氮…」。

nìtro·chálk *n.* Ⓤ《英》《化學》鉀銨硝石；白堊硝肥《化學肥料的一種》。

ni·tro·gen [ˋnaɪtrədʒən; ˈnaitrədʒən] *n.* Ⓤ《化學》氮《氣體元素；符號 N》。

nítrogen cỳcle *n.* [the ～]《生物》氮素循環。

nítrogen dióxide *n.* Ⓤ《化學》二氧化(一)氮。

nítrogen fixàtion *n.* Ⓤ(空中)氮氣固定(法)，固氮(作用)。

ni·trog·e·nous [naɪˋtrɑdʒənəs; naiˈtrɔdʒinəs˝] *adj.* 氮的，含氮的: ～ manure 氮肥。

nìtro·glycerin [ˏnaɪtrəˋglɪsrɪn, -sərɪn; ˏnaitrəˈglisərin], **ni·tro·glyc·er·ine** [-ˋglɪsrɪn, -səˏrin; -ˈglisəri:n] *n.* Ⓤ《化學》硝化甘油《炸藥的原料；治療狹心症的藥》。

ni·trous [ˋnaɪtrəs; ˈnaitrəs] *adj.* [用在名詞前]《化學》含氮的；亞硝酸的: ～ acid 亞硝酸/ ～ oxide 一氧化二氮《麻醉劑》，笑氣《N_2O》.

nit·ty-grit·ty [ˋnɪtɪˋgrɪtɪ; ˈnitiˈgriti] *n.* [**the** ～]《口語》(問題的)核心；基本事實: get down [come] to *the* ～ 進入問題的核心。

nit·wit [ˋnɪtˏwɪt; ˈnitwit] 《源自德語 nicht (無)與 wit¹ (智慧)之義》—*n.* Ⓒ《口語》笨蛋，蠢傢伙。

nix¹ [nɪks; niks] *n.* Ⓤ《俚》無，全無(nothing). —*adv.* 《美俚》[否定的回答]不，不行(no). —*v.t.* 《美口語》拒絕[否決]…。

nix² [nɪks; niks] *n.* Ⓒ(*pl.* ～**es**)(德國神話中之)水鬼；水妖。

nix·ie [ˋnɪksɪ; ˈniksi] *n.* Ⓒ(德國神話中之)女水鬼；女水妖。

Nix·on [ˋnɪksn; ˈniksən], **Richard Milhous** [ˋmɪlhaus; ˈmilhaus] *n.* 尼克森《1913– 94；美國第三十七位總統(1969–74)，因水門事件而辭職》。

Níxon Dòctrine *n.* [**the** ～]尼克森主義《尼克森當總統時的對外政策；反對美國軍事介入亞洲，但在經濟上則援助友好國》。

NJ 《略》《美郵政》New Jersey.

N.J. 《略》New Jersey.

NKVD 《略》(在 1939 至 45 年間最活躍的)蘇俄祕密警察組織。

NL, NL. 《略》New Latin；Neo-Latin.

nm 《略》nautical mile.

NM 《略》《美郵政》New Mexico.

N.M(ex). 《略》New Mexico.

NNE, N.N.E. 《略》north-northeast.

NNP, N.N.P. 《略》net national product.

NNW, N.N.W. 《略》north-northwest.

‡no [no; nou] 《源自 not 與 one 的混合形；原為 non(e)，後來尾部的 n 脫落而成》—*adj.* [用在名詞前](無比較級、最高級) **1** [用於當主詞或受詞之名詞前] **a** [用於單數普通名詞前] (一個(人)也)沒有《★與一般的形容詞不同，應作上述的翻譯》: "Is there *a* book on the table?" —"No, there is *no* book there." 「桌上有一本書嗎？」「沒有，那裏一本也沒有。」/*No* man is without his faults. 沒有人是無過失的《★比較 Any man is not without.... 是錯誤的》/*No* student could solve this problem. 沒有學生能解答這個問題。**b** [用於複數名詞及不可數名詞前]一點[個]…也沒有: He has *no* brothers. 他一個兄弟也沒有《★用法 也可用單數: He has no brother.；cf. a》/There are *no* clouds in the sky. 天上一片雲也沒有/I have *no* money on [with] me. 我身上一點錢也沒有/There is *no* water on the moon. 月球上一點水也沒有。**c** [**there is no ～ing**]絲毫不能[簡直無法]…: There is *no* say*ing* what may happen. 簡直無法知道[推測]會發生何事/There is *no* account*ing* for tastes. 興趣是無法說明的《喜好毫無理由可言》。**d** [用於作 be 動詞補語的名詞前]絕不…，根本不…: He is *no* scholar. 他根本不是學者/It's *no* joke. 這絕不是開玩笑/I am *no* match for him. 我絕不是他的對手《贏不了他》/This is *no* place for a boy at night. 這裏根本不是男孩晚上來[逗留]的地方。**e** [no十名詞]沒有…的狀態: *No* news is good news. ⇨ news 1 a/*No* customers will kill us. 沒有顧客會使我們(的生意)垮掉。
2 [用於省略句]不可有…，反對，禁止: *No* militarism! 反對軍國主義！/*No* parking《告示》禁止停車/*No* smoking《告示》禁煙/*No* talking in class 上課中禁止講話。
nó òne ⇨ no one, no-one.

nó óther than [**but**] ＝NONE other than [but].

—adv. 1 [對詢問、委託等的回答]不，否；[對否定詢問的回答]是，不錯(↔ yes)《★用法回答的內容是否定時用 No, 肯定時用 Yes 爲原則；回答否定詢問的 Yes, No 的翻譯在中文正好相反，須注意》："Do you like potatoes？"－"*No,* I don't."「你喜歡吃馬鈴薯嗎？」「不，我不喜歡。」/"Haven't you been to London？"－"*No,* I never have."「你沒去過倫敦嗎？」「是的，我沒去過。」/"You don't want it, do you？"－"*No,* not at all."「你不想要它，是吧？」「是的，一點也不想要。」

2 [用於插入 not 或 nor 之前，以强調否定]不，否：One man cannot lift it, *no, not* (even) [*nor*] half a dozen. 一個人不能將它舉起來，對，(即使)六個人也不行。

3 a [置於其他形容詞之前，以否定該形容詞]絕不是[絕非]…：He showed *no* small skill. 他展現[顯示]了非同小可的本事/The job is *no* easy one. 那件工作絕非易事。**b** [用於 good 與 different 之前]不是[沒有]…(not)：I am *no good* at it. 我對它不擅長/Our family is *no different* from the average family. 我們的家庭和一般家庭沒有什麼不同。**c** [用於比較級之前]一點也不[沒有]…(not at all)：⇨ no BETTER[1] than, no LESS than, no MORE than/I can walk *no further* [*farther*]. 我一點也不能再走了，我再也走不動了/She is a little girl *no bigger* than yourself. 她是個不比你大的小女孩[她跟妳一樣是個小女孩]。

4 [**...or no**] (是…或)不是；(不管…)與否：I don't know whether *or no* it's true.＝I don't know whether it's true *or no.* 我不知道事情是眞或假[是否眞實]/Unpleasant *or no,* it is true. 不管愉快與否，那是事實。

5 [表示驚訝、疑問等]不！不會吧！：*No,* that's impossible！不，那是不可能的！

Nó can dó.《口語》不能那樣[不行]。

—n. (*pl.* **noes,** ～**s** [～z; ～z]) **1** Ⓤ Ⓒ「不」(no)的回話，否定，否認，拒絕(↔ yes, ay, aye)：say *no* 說「不」，否認/Two *noes* make a yes. 兩個否定變成肯定，否定之否定是肯定/He won't take *no* for an answer. 他不接受「不」的回答。

2 Ⓒ [常 ～**es**] 投反對票(者)(↔ aye)：The *noes* have it [are in a minority]. 投反對票者佔多數[佔少數]。

No [no; nou] 《源自日語》**—n.** Ⓒ (*pl.* ～)能，能樂《一種日本的傳統戲劇》。

No.《略》north；northern.

No., Nº, no. [ˋnʌmbɚ; ˈnʌmbə] 《拉丁文 *n*umer*o* (數)之略》**—** (*pl.* **Nos., Nºˢ, nos.** [ˋnʌmbɚz; ˈnʌmbəz])《略》number.

N.O.《略》New Orleans.

nó-accóunt《口語》*adj.* [用在名詞前]不足取的，不值錢的；無用的，無能的。

—n. Ⓒ不中用的人，廢物。

No·a·chi·an [noˋekɪən; nouˈeikiən], **No·achic** [noˋækɪk; nouˈækik] *adj.* 諾亞(Noah)(時代)的。

No·ah [ˋnoə; ˈnouə] *n.* **1** 諾亞《男子名》。**2**《聖經》諾亞。

> 【說明】聖經舊約中的人物，是亞當(Adam)第十代的後裔。神因爲人類的墮落大爲震怒，決定以大洪水(the Flood 或 the Deluge)來消滅地上所有生物。諾亞(Noah)因爲信仰虔誠，上帝特別安排各種動物各一對與他家人坐上預先造好的方舟(Noah's Ark)逃生。因此世上生物才免於滅絕。神應許所有的生物絕不再被洪水消滅，而使彩虹(rainbow)出現雲端，作爲立約的永久記號。諾亞的兒子閃(Shem)、含(Ham)、雅弗(Japheth)三人就是人類的祖先；cf. ark, olive branch 的【說明】

Nóah's árk *n.* Ⓤ《聖經》諾亞的方舟。

nob[1] [nab; nɔb] *n.* Ⓒ《俚》**1** 頭。**2** 頭上的一擊。

nob[2] [nab; nɔb] *n.* Ⓒ《英俚・輕蔑・謔》富豪，大人物。

nob·ble [ˋnabl; ˈnɔbl] *v.t.*《英俚》**1** (行賄)收買〈某人〉。

2 (使用藥物)使〈比賽的馬〉不能獲勝。

3 a 以不正當的手段取得[盜取]…。**b** 詐騙〈某人〉。

4 逮捕〈犯人等〉。

nob·by [ˋnabɪ; ˈnɔbɪ] *adj.* (**nob·bi·er**；**-bi·est**)《英俚》**1** 時髦的；優美的；華麗的。**2** 極佳的；頭等的。

No·bel [noˋbɛl; nouˈbel ˊ], **Al·fred Bern·hard** [ˋbɝnard; ˈbə:na:d] *n.* 諾貝爾《1833–96；瑞典的化學家；炸藥的發明者》。

Nóbel príze *n.* Ⓒ諾貝爾獎《根據諾貝爾(Nobel)的遺囑，每年頒發獎金給對世界和平、文學、化學、物理學、醫學有卓越貢獻的人；第一次頒獎在 1901 年》：a ～ *for* [*in*] medicine 諾貝爾醫學獎。

no·bil·i·ty [noˋbɪlətɪ; nouˈbiləti] 《noble 的名詞》**—n. 1** Ⓤ **a** 高貴，高尚，崇高，尊貴；宏偉：the ～ of labor 勞動的尊貴。**b** 高貴的出身[身分]。**2** Ⓤ [常 the ～；集合稱]貴族(階級)；(尤指)英國的貴族《★用法視爲一整體時當單數用，指全部個體時當複數用》。

英國貴族的階級
(Ranks of the British nobility)

	男性	女性，夫人
公 爵	duke	duchess
侯 爵	marquess	marchioness
伯 爵	earl	countess
子 爵	viscount	viscountess
男 爵	baron	baroness

稱呼貴族時，對男性加尊稱Lord，對女性加尊稱Lady，如 Lord Byron, Lady Byron. 在英國以外國家的貴族爵位中有五項稱呼與英國的不同

	男性	女性
公 爵	prince	princess
侯 爵	marquis	marquise
伯 爵	count	
其餘五項均與英國的相同。		

***no·ble** [ˋnobl; ˈnoubl] 《源自拉丁文「熟知的」之義》**—adj.** (**no·bler**；**-blest**) **1** 高貴的；貴族的(↔ base)：a ～ family 名門望族，貴族(家世)/a man of ～ birth 出身高貴的人，貴族。

2 a 清高的，高潔的，高貴的，崇高的：a man of ～ character 人格高尚的人。**b** 值得讚賞的，卓越的，尊貴的：～ work 卓越的工作。

3 堂皇的，雄偉的，壯麗的，壯觀的：a monument on a ～ scale (規模)雄偉的紀念碑/a ～ building 壯觀的建築物。

4 (無比較級、最高級)〈礦物、金屬〉貴重的；(尤指)不腐蝕的：～ metals 貴金屬。

my nóble fríend《英》閣下《★在演講時對於貴族或有 Lord 頭銜者的稱呼》。

the nóble árt (**of sélf-defénse**) 拳擊。

the nóble lády《英》尊夫人《★提及貴族夫人時用》。

the nóble Lórd《英》閣下《★上院議員彼此間或對於有 Lord 頭銜的下院議員之稱呼》。

—n. Ⓒ [常 ～**s**] 貴族《★尤指封建時代的貴族》。～**·ness** *n.*

nóble·man *n.* [-mən; -mən] *n.* Ⓒ (*pl.* **-men** [-mən; -mən])出身高貴的人；貴族(peer)。

nóble-mínded *adj.* 心地高尚的；寬宏大量的。

～**·ly** *adv.* ～**·ness** *n.*

no·blesse [noˋblɛs; nouˈbles] *n.* Ⓤ **1** 貴族之地位[出身]。

2 (尤指法國之)貴族階級；貴族。

no·blesse o·blige [noˋblɛsoˋbliʒ; nouˈbles əˈbli:ʒ] 《源自法語 'nobility obliges' 之義》**—n.** Ⓤ隨著地位高而來的(道義上的)義務。

> 【說明】用以表示英國貴族的基本精神。即自己因貴族身分而擁有特權與財產，應用以服務一般國民和國家。

nóble·wòman *n.* Ⓒ (*pl.* **-women**)出身高貴的婦女；貴婦。

nó·bly *adv.* **1** 高貴地；崇高地；堂皇地。**2** 作爲貴族地：He was ～ born. 他生爲貴族。

‡no·bod·y [ˋno͵badɪ, ˋnobədɪ; ˈnoubədi, ˈnou͵bɔdi] *pron.* 沒(有)人，無一人《★比較較 no one 口語化；★用法所接述語動詞常爲單數，但在非正式的文體中，有時也用 they [their, them]作爲 nobody 的代名詞；一般不用在疑問句；cf. anybody》：*N*～ knows who he is. 沒有人知道他是誰/There was ～ there. 沒有人在那裏/*N*～ will be [was] the wiser. 沒人會知道的/*N*～ was hurt, were they？沒人受傷吧？

nóbody élse 沒有別人，此外無別人：*N*～ *else* lives there now. 現在沒有別人住在那裏。

—n. Ⓒ [常用單數]不足取的人，無名小卒：I don't want to be a ～. 我不想當一個無名小卒。

nock [nak; nɔk] *n.* Ⓒ **1** (弓兩端扣弦的)弧口。**2** (箭的尾端)扣弦處，矢筈(⇨ arrow 插圖)。**—v.t.** 把〈箭〉搭於弓弦上。

noc·tam·bu·lism [nakˋtæmbjə͵lɪzəm; nɔkˈtæmbjulizəm] *n.* Ⓤ夢中步行；夢行症(somnambulism)。

noc·tur·nal [nakˋtɝnl; nɔkˈtə:nl ˊ] *adj.* **1** 夜(間)的(↔ diurnal)。**2**《動物》夜間活動的，夜出的：a ～ animal 夜間活動的動物。**3**《植物》〈花〉夜裏開的。～**·ly** [-nlɪ; -nəli] *adv.*

noc·turne [ˋnaktɝn; ˈnɔktə:n] *n.* Ⓒ **1**《音樂》夜曲。**2**《美術》夜景畫。

noc·u·ous [ˋnakjuəs; ˈnɔkjuəs] *adj.* 有害的，有毒的。

‡nod [nad; nɔd] (**nod·ded**；**nod·ding**) *v.i.* **1 a** 〔動(＋介＋(代)名)〕(表示承諾、命令等之意)〔向…〕點頭，首肯〔*to, at*〕：～ *in* assent [agreement] 點頭表示贊成[同意]。**b** 〔(十介十(代)名)十 *to* do〕〔向人〕點頭〈做…〉：I *nodded* (*to* him) *to* show that I agreed. 我(向他)點頭表示我同意。

2 〔動(十介十(代)名)〕〔向…〕**點頭示禮**〔*to*〕：The boy smiled and *nodded* **to** her. 那個男孩向她微笑並點頭示禮。

3 a 打瞌睡，打盹：Tom was caught *nodding* by the teacher. 湯姆在打瞌睡時被老師發現[逮到]。**b** 《罕》疏忽，因大意而失誤：(Even) Homer sometimes ～*s*. 《諺》就是荷馬有時也會打盹；即使是再偉大的人有時也會出差錯；智者千慮，必有一失。

4 (向前、後)搖擺，擺動；傾斜：The trees were *nodding* in the wind. 樹在風中搖擺/The house was *nodding to* its fall. 那棟房子搖搖欲墜。

—*v.t.* **1** 〔十受〕點〈頭〉(表示同意、打招呼等)：～ one's head 點頭。

2 a 〔十受〕點頭表示〈應允等〉：He *nodded* consent [approval, thanks]. 他點頭表示應允[同意，感謝]。**b** 〔十 *that*＿〕點頭表示〈…事〉：He *nodded that* he understood. 他點頭表示他了解。**c** 〔十受十受/十受十介十(代)名〕向〈人〉點頭表示〈應允等〉；〔向人〕點頭表示〈應允等〉〔*to*〕：He *nodded* her a welcome. = He *nodded* a welcome *to* her. 他向她點頭表示歡迎。

—*n.* Ⓒ〔常用單數〕**1** (表示同意、打招呼、命令等的)**點頭**：give a ～ 點頭示意；點頭表示同意/give [get] the ～ 《美口語》表示同意[獲得同意]/A ～ is as good as a wink. 《諺》點頭和眨眼是一樣的《足以傳情表意》；聞一而知十《不必再多說》。

2 打瞌睡，打盹。

be at a person's nód 受人指使，受人擺佈。

on the nód 《口語》憑信用[面子](賒購)；有默契的，默認的。

the lánd of Nód ⇨ land[1].

nód·ding acquáintance *n.* [a ～] **1 a** 點頭之交〔*with*〕：I have *a* ～ *with* him. 我與他有點頭之交。**b** 相識不深的人。**2** 皮毛的知識〔*with*〕：I have *a* ～ *with* Chinese. 我對中國話[中文]只懂得皮毛。

nod·dle [ˋnɑdl; ˈnɔdl] *n.* Ⓒ《口語》頭，腦袋(head)：Use your ～. 用一用你的頭腦。

nod·dy [ˋnɑdɪ; ˈnɔdi] *n.* Ⓒ笨蛋，傻瓜(fool)。

node [nod; noud] *n.* Ⓒ **1** 結；節；瘤。**2** (戲劇等)情節的曲折[糾葛]。**3** (組織等的)中心點。**4** 《植物》節《莖上生出枝葉之處》。**5** 《醫》結節。**6** 《天文》交點。**7** 《數學》(曲線的)點，結點。**8** 《物理》波節《振動體的靜止點，中心點》。**9** 《語言》節點。

nod·al [ˋnodl; ˈnoudl] *adj.*

no·dose [ˋnodos, noˋdos; ˈnoudous, nouˈdous] *adj.* 多結節的；結節狀的。

nod·u·lar [ˋnɑdʒələ˞; ˈnɔdjulə] *adj.* **1** 有結[節，瘤]的。**2** 《地質》團塊狀的，結核狀的。**3** 《植物》結節性的。

nod·u·lat·ed [ˋnɑdʒəˏletɪd; ˈnɔdjuleitid] *adj.* = nodular.

nod·ule [ˋnɑdʒul; ˈnɔdju:l] *n.* Ⓒ **1** 小節，小瘤。**2** 《地質》團塊。**3** 《植物》小結節。

No·el[1] [ˋnoəl; ˈnouəl] *n.* 諾爾《男子或女子名》。

No·el[2], **No·ël** [noˋɛl; nouˈel] **《源自法語》** —*n.* 《詩》耶誕節 (Christmas)。

no·et·ic [noˋɛtɪk; nouˈetik] *adj.* 心的；智力的；基於純粹理性的；純理的。—*n.* Ⓒ有智力之人；智者。

nó-fríll̀s *adj.* [用在名詞前]《口語》實質本位的，不提供多餘服務的。—*n. pl.* 無印良品。

nog [nɑg; nɔg] *n.* Ⓤ蛋酒《加入酒、蛋、奶等混合成的飲料：⇨ eggnog》。

nog·gin [ˋnɑgɪn; ˈnɔgin] *n.* Ⓒ **1** 小杯，(有把手的)酒杯。**2** 〔酒等的〕少量，少許《通常¼pint》〔*of*〕。**3** 《口語》頭(head)。

nó-gó *adj.* **1** 《俚》不順利的，決裂的，不成功的。**2** [用在名詞前]《英口語》不許(對立團體之人)進入的〈都市的某地區等〉：a ～ area 勢力範圍，地盤。

nó-góod *adj.* 毫無用處[價值]的。—*n.* Ⓒ《俚》毫無用處的人[東西]。

Noh [no; nou] *n.* = No.

no·how [ˋnoˏhau; ˈnouhau] *adv.* [常與 cannot 連用]毫不[絕不，無論如何不]…(not at all)《★非標準用語》：I *can't* do it ～. 我絕不能做那件事。

noir [nwar; nwɑr] **《源自法語 'black' 之義》** —*adj.* 輪盤戲(roulette)中之黑色數字的。

‡**noise** [nɔɪz; nɔiz] *n.* **1** ⓊⒸ(尤指令人不快而刺耳的)**噪音**，**雜音**，**吵鬧**；(原因不明的)怪聲響(⇨ sound[1]【同義字】)：Who's making that ～？誰發出那樣的聲響？/Don't make such a ～. 別喧鬧，安靜/They are amid the ～*s* of the city. 他們處於城市的嘈雜聲中。

> 【字源】源自拉丁文 *nausea*，義爲「暈船」。暈船的人不舒服，會吵起來，因此變成「口角」「吵鬧」或「噪音」的意思。

2 Ⓤ **a** (街上等的)噪音；喧鬧：the ～ of airplanes 飛機的噪音/There's so much ～ in the street that I cannot hear you. 街上那麼嘈雜，我聽不見你說的話。**b** (收音機、電視、電話等的)雜音。

màke a nóise (1)⇨ 1. (2)〔對…〕抱怨，鳴不平，發牢騷〔*about*〕. (3)(因好事、壞事而)引起世人的評論，名噪一時：*make a* ～ in the world 引起世人的評論，名噪一時。

màke nóises [常與修飾語連用]說出意見或感想：*make* soothing ～*s* 說出安慰似的話。

—*v.t.* 〔十受十副〕散布，謠傳，傳說〈謠言等〉〈*about, around, abroad*〉：It was ～*d* ***abroad*** that his company had gone bankrupt. 外面謠傳他的公司已破產。

nóise·less *adj.* [用在名詞前]無聲的，安靜的；無噪音的，聲音很輕的：a ～ typewriter 聲音很輕的打字機。

～**·ly** *adv.* ～**·ness** *n.*

nóise-màker *n.* Ⓒ發出嘈雜聲的人[器物]。

nóise pollùtion *n.* Ⓤ噪音污染。

nóise·pròof *adj.* 防雜音的。

noi·some [ˋnɔɪsəm; ˈnɔisəm] *adj.* 《文語》有害的；發惡臭的；令人不快的。～**·ness** *n.*

‡**nois·y** [ˋnɔɪzɪ; ˈnɔizi] **《noise 的形容詞》** —*adj.* (**nois·i·er**；**-i·est**)**嘈雜的**，喧囂的；(街道)熙熙攘攘的(↔ quiet)：a ～ engine 嘈雜的引擎。**nóis·i·ly** [-zɪlɪ; -zili] *adv.* **-i·ness** *n.*

nó-knòck *adj.* (警察逮捕、搜查等)强行闖入進行的，破門而入的。

nom. 《略》《文法》nominative.

no·mad, no·made [ˋnomæd; ˈnoumæd] *n.* **1 a** [**the** ～s]遊牧民族。**b** Ⓒ遊牧部落的人。**2** Ⓒ流浪者。—*adj.* = nomadic.

no·mad·ic [noˋmædɪk; nouˈmædik] **《nomad 的形容詞》** —*adj.* **1** 遊牧的：～ tribes 遊牧民族。**2** 流浪的。**-i·cal·ly** *adv.*

no·mad·ism [ˋnomædˏɪzəm; ˈnoumædizəm] *n.* Ⓤ遊牧[流浪]生活。

nó-màn's-lànd, nó màn's lànd *n.* **1** [有時 N～] Ⓤ《軍》(敵方與我方陣地間的)中間地帶。**2** [a ～] **a** 無主的土地；不毛之地；無人地帶。**b** (兩種思想、學問間等的)不明確的[不清楚的]領域。

nom de guerre [ˏnɑmdəˋgɛr; ˏnɔmdəˈgɛə] *n.* Ⓒ (*pl.* **noms de guerre** [ˏnɑmz-; ˏnɔmz-])假名；藝名；筆名。

nom de plume [ˋnɑmdəˏplum; ˏnɔmdəˈplu:m] **《源自英製法語 'name of feather (= pen)' 之義》** —*n.* Ⓒ (*pl.* **noms de plume** [ˋnɑmz-; ˏnɔmz-], ～s [～z; ～z])筆名《★ 比較 pseudonym, pen name 較常用》。

Nome [nom; noum] *n.* **1** [**Cape** ～]諾母岬《在阿拉斯加州(Alaska)西部》。**2** 諾姆《美國阿拉斯加州(Alaska)西部諾姆岬附近之一城鎮》。

no·men·cla·tor [ˋnomənˏkletə˞; ˈnoumənkleitə] *n.* Ⓒ **1** 通報姓名之人《如宴會中通報賓客之姓名者》。**2** (有關學名之)命名者。

no·men·cla·ture [ˋnomənˏkletʃə˞; nouˈmenklətʃə, ˈnoumenkleitʃə] *n.* **1** ⓊⒸ(動植物分類學上的)學名命名法。**2** Ⓤ[集合稱]專門用語，學名，術語。

nom·i·nal [ˋnɑmənl; ˈnɔminl] **《源自拉丁文「名字的」之義》** —*adj.* **1 a** 空有其名的，名義上的，有名無實的，掛名的(↔ real)：a ～ ruler (無實權的)名義上的統治者。**b** 微薄的，極少的，微不足道的：a ～ fee 微小的[象徵性的]費用。**c** 〈價格等〉票面(上)的，名目上的：～ value 票面上的價值，面值/a ～ price《商》虛價。**2 a** 名稱上的；由名字構成的：a ～ list 名單。**b** 〈股票等〉記名的：～ shares 記名股票。**3** [用在名詞前]《文法》名詞的。

—*n.* Ⓒ《文法》名詞語句《名詞與其相當之語句》。

～**·ly** [-nlɪ; -nəli] *adv.*

nóminal dámages *n. pl.* 《法律》名義上的損害賠償(金)。

nóm·i·nal·ìsm [-lˏɪzəm; -lizəm] *n.* Ⓤ《哲》唯名論，名目論(↔ realism). **-nal·ist** [-nlɪst; -nəlist] *n.*

nóminal wáges *n. pl.* 《經濟》名義工資。

nom·i·nate [ˋnɑməˏnet; ˈnɔmineit] **《源自拉丁文「命名」之義》** —*v.t.* **1** 〔十受(十介十(代)名)〕**a 提名〈某人〉**〔爲選舉之候選人〕〔*for*〕：He was ～*d* ***for*** President three times. 他三次被提名爲總統候選人。**b** 《口語·謔》推薦〈某人〉〔任某職位、受獎等〕；把〈東西〉視爲〔有…的價值〕〔*for, as*〕：～ a person ***for*** the job 推薦某人做那工作。**2 a** 〔十受(十介十(代)名)〕任命〈某人〉〔任某官職〕〔*to*〕：～ a person ***to*** a position 任命某人擔任某職。**b** 〔十受十 *as* 補/十受十(*to be*)補〕任命〈某人〉〈當…〉：The President ～*d* him (*as* [*to be*]) Secretary of State. 總統任命他當國務卿。

nom·i·na·tion [ˏnɑməˋneʃən; ˏnɔmiˈneiʃn] **《nominate 的名詞》** —*n.* **1** ⓊⒸ提名；(尤指官職的)任命，推薦：She won an Oscar ～ *for* best supporting actress. 她獲得奧斯卡獎最佳女配角的提名/place a person's name *in* ～ 任命[推薦]某人。**2** Ⓤ任

N

命[推薦]權。

nom·i·na·tive [ˋnɑmənətɪv; ˈnɔminətiv] *adj.* **1** [美+ -ˏnetɪv] 提名[任命]的。**2**《文法》主格的：the ~ case 主格。
—*n.* Ⓒ《文法》**1** [常用單數] 主格。**2** 主格的名詞；主詞。

nóminative ábsolute *n.* Ⓒ《文法》絕對分詞子句《分詞子句與主句中任何部分不發生關係之結構》。

nóm·i·nà·tor [-tɚ; -tə] *n.* Ⓒ提名[任命，推薦]者。

nom·i·nee [ˏnɑməˋni; ˌnɔmiˈniː] *n.* Ⓒ **1** 被提名[任命，推薦]之人[物]。**2** 名義上的領取人。

nom·o·gram [ˋnɑməˏgræm; ˈnɔməgræm] *n.* Ⓒ《數學》算圖，列線圖。

-no·my [-nəmɪ; -nəmi] [複合用詞] 表示「…學」「…法」：astro*nomy*, eco*nomy*.

non- [nɑn-; nɔn-] 字尾 [可隨意加在名詞、形容詞、副詞之前] **1** 表示「非…」「不…」「無…」之意 (cf. in-[1], un-). **2**《口語》「拙劣到名不副實」：*non*-poem 稱不上「詩」的蹩腳詩。**3** 表示「非[反]傳統的…」之意：*non*-hero 非(傳統式)英雄。

non·ac·cept·ance [ˏnɑnəkˋsɛptəns, -nɪk-; ˌnɔnəkˈseptəns] *n.* Ⓤ 不接受；《商》(票據的)不承兌。

non·ad·mis·sion [ˏnɑnədˋmɪʃən; ˌnɔnədˈmiʃn] *n.* Ⓤ拒絕入場[會，黨]。

non·age [ˋnɑnɪdʒ, ˋnonɪdʒ; ˈnounidʒ] *n.* Ⓤ **1**《法律》未成年(minority)《★英美爲未滿十八歲》。**2** 未成熟期，早期。

non·a·ge·nar·i·an [ˏnɑnədʒəˋnɛrɪən, ˏnonə-; ˌnounədʒiˈnɛəriən, ˌnɔn-ˉ] *adj.* 九十(多)歲的。**—*n.*** Ⓒ九十(多)歲的人。

nòn·aggréssion *n.* Ⓤ不侵略，不侵犯：a ~ pact 互不侵犯條約。

non·a·gon [ˋnɑnəˏgɑn; ˈnɔnəgən] *n.* Ⓒ九角形，九邊形。

nòn·alcohólic *adj.* 不含酒精的。

nòn·alìgned *adj.* (在國際政治上)〈國家〉不結盟的：a ~ nation 不結盟國。

nòn·alígnment *n.* Ⓤ(在國際政治上)不結盟(主義)。

nòn·appéarance *n.* Ⓤ《法律》(對法庭的)不出席，不出庭。

nòn·assértive *adj.*《文法》(疑問句、否定句、條件子句等)非斷定性的。**~·ly** *adv.*

nòn·atténdance *n.* Ⓤ **1** 不參加，缺席。**2** (尤指義務教育的)不就學。

nonce [nɑns; nɔns] *n.* ★常用於下列成語。
for the nónce《文語》目前，暫時，臨時地。
—*adj.* [用在名詞前]《文法》臨時的，限於當時的〈字、句等〉：a ~ noun [verb] 臨時名詞[動詞]《如 *But* me no *buts.* 不要老對我說「但是，但是」；★前面的 But 是臨時動詞，後面的 buts 是臨時名詞》/a ~ word 臨時字。

non·cha·lance [ˋnɑnʃələns; ˈnɔnʃələns] *n.* Ⓤ [又作 **a** ~] (假裝的)無動於衷，不關心，冷淡：with (a studied) ~ (故意裝出)冷淡地，無動於衷地。

non·cha·lant [ˋnɑnʃələnt; ˈnɔnʃələnt] **«**源自法語「忽視」之義**»—*adj.*** 無動於衷的，不關心的，冷淡的。**~·ly** *adv.*

non·com [nɑnˋkɑm; ˈnɔnkɔm] *n.*《軍口語》=noncommissioned officer.

nòn·combátant *n.* Ⓒ, *adj.*《軍》非戰鬥員(的)。

non·com·bus·ti·ble [ˏnɑnkəmˋbʌstəbl; ˌnɔnkəmˈbʌstəbl] *adj.* 不易燃的。**—*n.*** Ⓒ不易燃性物質。

non·com·mis·sioned [ˏnɑnkəˋmɪʃənd; ˌnɔnkəˈmiʃnd] *adj.* 無委任狀的；未受任命的：a ~ officer 軍士，士官。

nóncommìssioned ófficer *n.* Ⓒ《軍》(海軍、空軍、海軍陸戰隊的)軍士，士官《略 N.C.O.；cf. commissioned officer, petty officer, warrant officer》.

nòn·commíttal *adj.* 不置可否的，不明確表示意見的，含糊的；籠統的：a ~ answer 不明確的回答。**~·ly** [-tlɪ; -təli] *adv.*

non·com·pli·ance [ˏnɑnkəmˋplaɪəns; ˌnɔnkəmˈplaiəns] *n.* Ⓤ不承認；不順從；不同意；不讓步。

non compos mentis [ˋnɑnˏkɑmpəsˋmɛntɪs; ˌnɔnˌkɔmpəsˈmentis] **«**源自拉丁文 'not of sound mind' 之義**»—*adj.*** [不用在名詞前]《法律》心智喪失的，精神失常的《指缺乏正常思考能力或行爲能力的狀態；↔ *compos mentis*》.

nòn·condúctor *n.* Ⓒ《物理》(電、熱、音等的)非導體，絕緣體。

nòn·cónfidence *n.* Ⓤ不信任：a vote of ~ 不信任投票。

nòn·confórmist *n.* Ⓒ **1** 不順應傳統規範的人；不妥協主義者。**2** [常 N~]《英》(不服從英國國教會的)非國教徒，基督新教徒。
—*adj.* **1** 不妥協(主義)的。**2** [常 N~]《英》非國教徒的。

nòn·confórmity *n.* Ⓤ **1** 不妥協，不符合，不順應〔*to, with*〕. **2** [常 N~]《英》**a** 對英國國教的不信奉，非國教主義。**b** [集合稱] 非國教徒。

non·con·tent [ˋnɑnkənˏtɛnt; ˈnɔnkənˌtent] *n.* Ⓒ (在英國上議院)投反對票者。

nòn·contríbutory *adj.* [用在名詞前] 非共同負擔的〈養老金、保險制度等〉《由雇主負擔全額》。

nòn·cooperátion *n.* Ⓤ **1** 不合作。**2** 不合作政策《尤指印度甘地(Gandhi)派之消極排英運動》。

nòn·coóperative *adj.* 不合作的。

nòn·dáiry *adj.* 不含牛奶或乳製品的。

nòn·delívery *n.* Ⓤ不(能)交付[投遞]，不(能)送達；不(能)引渡。

non·de·script [ˋnɑndɪˏskrɪpt; ˈnɔndiskript] *adj.* 無特徵的，莫可名狀的，不太有印象的，不明確的：a ~ comedy company 難以名狀的喜劇劇團。**—*n.*** Ⓒ無特徵的人[東西]。

nòn·distínctive *adj.*《語言》〈語音〉非區別性的，非表示差異的。

nòn·drínker *n.* Ⓒ不喝酒的人。

nòn·dúrable *adj.* 非耐久性的，不經用的，不耐久的：~ goods 不耐久物品《食品、衣料等的消耗品》。**—*n.*** [~s] 不耐久物品。

‡**none** [nʌn; nʌn] **«**源自 not 與 one**»—*pron.*** **1** 沒人，誰也沒有《★比較 較 no one 或 nobody 拘泥的用語；★用法 現在一般當複數用》：There were ~ present. 沒有人在場[出席]。
2 [~ **of...**] **a** (…中)沒人[誰也沒有]…(★用法 of 之後接Ⓤ的名詞時，或其意爲 not one 時，當單數用，其他則當複數用；cf. one *pron.* 5a)：*N~ of* them [the students] know anything about it yet. 他們[那些學生]之中還沒有人知道那件事《★比較 *Not* one of them know*s*.... 是「沒有一個人…」之意》。**b** 一點也沒有…，完全沒有…：*N~ of* this concerns me. 這跟我一點關係也沒有/It is ~ *of* your business. 那不干你的事《別管閒事》/*N~* [I want ~] *of* your impudence [tricks]！別太狂妄[別耍詭計]！/*N~ of* that！不要那樣！
3 [代替 "no+單數名詞"] 一點也沒有，絕不："Is there any sugar left？"—"No, ~ at all."「還有糖剩下嗎？」「沒有，一點也沒有。」/Half a loaf is better than ~.《諺》半條麪包總比沒有好[聊勝於無]/These articles are second to ~. 這些物品不遜於任何東西。
nóne but... 除…以外沒人…；只有…才會…：*N~ but* fools have ever believed it. 除傻瓜外沒人會相信那件事《★用法 現在一般用複數動詞》。
nóne óther than [《文語》**but**] 不是別的[人]，而是…；就是；正是：He was ~ *other than* the king. 他正是國王/This is ~ *other but* the house of God. 這不是別的，而是神的宮殿。
—*adv.* **1** [~+the+比較級] 絕未因…而…；絕沒有，一點也沒有：He is ~ *the* happ*ier* for his wealth. 他並未因富有而更爲幸福/He is ~ *the* wis*er* [*better*]. 他一點也沒有更了解[更好]。
2 [~ **too** [**so**]...] 絕沒有…，一點也不…：The doctor arrived ~ *too* soon. 那位醫生來得不算太早《恰好是時候》/The place was ~ *too* clean. 那個地方一點也不乾淨/It is ~ *so* good. 它一點也不好/He was ~ *so* pleased. 他一點也不高興。
nòne the léss =nonetheless.

nòn·éntity *n.* **1** **a** Ⓤ非實在，不存在。**b** Ⓒ不實在[不存在]的東西，想像中之事物，虛構的事。**2** **a** Ⓤ無足輕重的事[狀態]。**b** Ⓒ不足取的人[東西]。

nòn·esséntial *adj.* 非本質上的，不重要的。
—*n.* Ⓒ非本質上的事，非必要的東西[人]。

none·such [ˋnʌnˏsʌtʃ; ˈnʌnsʌtʃ] *n.* Ⓒ [常用單數]《文語》無與倫比[無以匹敵]的人[東西]，完美之典範，逸品。

no·net [noˋnɛt; nouˈnet] **«**源自拉丁文「第九的」之義**»—*n.*** Ⓒ《音樂》九重唱[奏]；九重唱[奏]的樂曲[樂團] (⇨ solo 相關用語)。

none·the·less [ˏnʌnðəˋlɛs; ˌnʌnðəˈles] *adv.* 儘管如此，然而(nevertheless).

nòn-Euclídean *adj.* 非歐幾里得的：~ geometry 非歐幾里得幾何學。

nòn·evént *n.* Ⓒ **1** 不如所宣揚[期待]的那樣有價值的事。**2** 實際上未發生的事。

nòn·exístence *n.* **1** Ⓤ不存在；無。**2** Ⓒ不存在[不實在]的東西。

nòn·exístent *adj.* 不存在[不實在]的。

nòn·fát *adj.* 脫脂的。

nòn·féa·sance [-ˋfizṇs; -ˈfiːzəns] *n.* Ⓤ《法律》不履行義務。

nòn·férrous *adj.* 不含鐵的，非鐵的：~ metals 非鐵金屬。

nòn·fíction *n.* Ⓤ非小說類的文學作品《小說、故事以外的散文文學，如歷史、傳記、遊記等；↔ fiction 1》. **~·al** *adj.*

nòn·fíl·ter *n.* Ⓒ無濾嘴的香煙。

nòn·fíl·tered *adj.* 沒有濾嘴的。

nòn·flámmable *adj.* 〈建築物、膠捲等〉不燃性的，不易燒的(↔ inflammable).

nòn·fulfíllment,《英》**nòn·fulfílment** *n.* Ⓤ不履行，不實踐。

non-hero *n.* Ⓒ(*pl.* **~es**) 小說或劇本中無英雄氣質的主角。

nòn·húman *adj.* 非人類的，人類以外的。

nòn·inflámmable *adj.* =nonflammable.

nòn·interférence *n.* Ⓤ不干涉。

nòn·intervéntion *n.* Ⓤ **1** 不干涉，不介入。**2**《外交》不干涉他國內政。

nòn·íron *adj.* 《英》〈布料、衣類〉不需熨燙的，免燙的。
nòn·jú·ror *n.* Ⓒ **1** 拒絕宣誓者。**2** [常 N~]〖英國史〗拒絕宣誓臣屬者《1689 年革命後拒絕對威廉三世(William Ⅲ)及瑪利二世(Mary Ⅱ)宣誓效忠之英國國教牧師》。
nòn·mém·ber *n.* Ⓒ非會員；非黨員。
nòn·métal *n.* ⓊⒸ〖化學〗非金屬元素。
nòn·metállic *adj.* 非金屬(性)的：～ elements 非金屬元素。
nòn·móral *adj.* 與道德無關的。
nòn·núclear *adj.* **1** 核子武器以外的。**2** 非核子的；非核子武器的：a ～ nation 無核武器的國家《僅擁有傳統武器的國家》。
no-no [ˋnoˏno; ˈnouˌnou] *n.* Ⓒ(*pl.* **～'s, ～s**)《口語》禁忌，禁例。
nòn·obsérvance *n.* Ⓤ[對規則等的]不遵守；違反〔*of*〕。
nò-nónsense *adj.* [用在名詞前]《口語》**1** 一點也不輕浮的，堅定的。**2** 現實的，實際的。
non·pa·reil [ˏnɑnpəˋrɛl; ˈnɔnpərəl, ˌnɔnpəˈreil] *adj.* 無與倫比的，無雙的，無上的。
—*n.* **1** [常 **the ～**]舉世無雙的人[東西]；才俊，逸品〔*of*〕. **2** Ⓤ〖印刷〗六磅因(point)大小的活字。
nòn·pártisan *adj.* 不屬於黨派的，非黨員的，無黨無派的：～ diplomacy 超黨派外交。
nòn·páyment *n.* Ⓤ不支付，未繳納，無支付能力〔*of*〕.
nòn·perfórmance *n.* Ⓤ不履行；不實行。
nòn·pér·son *n.* Ⓒ **1** 被認爲(從來)不存在的人。**2** 沒有社會[法律]地位的人。
non·plus [nɑnˋplʌs, ˋnɑnplʌs; ˌnɔnˈplʌs] *v.t.* (**non·plused,** 《英》**-plussed**；**non·plus·ing,** 《英》**-plus·sing**)使〈人〉不知如何是好[爲難，困惑]《★常以過去分詞當形容詞用》：～ a person 使某人爲難，使某人不知如何是好/We were *～ed* to see two roads leading off to the right. 看到有兩條往右走的路，我們不知如何是好。
—*n.* [**a ～**]不知如何是好，困惑，爲難。
nòn·polítical *adj.* 非政治性的；與政治無關的，不關心政治的。
nòn·pollúting *adj.* 無汚染的。
nòn·prodúctive *adj.* **1** 非生產性的。**2**〈公司職員等〉與生產沒有直接關係的。
nòn·proféssional *adj.* 非職[專]業(性)的，非科班出身的，與專業無關的(cf. unprofessional).
—*n.* Ⓒ外行人，非職業性(選手、運動員)。
nòn·prófit *adj.* [用在名詞前]非營利性的：a ～ organization 非營利性的機構[團體]。
nòn·prófit-màking *adj.* 《英》＝nonprofit.
nòn·proliferátion *n.* Ⓤ **1** 不增殖。**2** 防止(核子武器的)擴散，不擴散。
nòn·representátional *adj.* 〖美術〗非寫實的，抽象的，非寫實派[主義]的。
nòn·résident *adj.* 不住在(某場所、工作地點)的；非本地居民的。**—*n.*** Ⓒ不住在工作地點的人，非本地居民。
nòn·resístance *n.* Ⓤ(對權力、法律等的)不抵抗(主義)。
nòn·resístant *adj.* 不抵抗(主義)的。**—*n.*** Ⓒ不抵抗主義者。
nòn·restríctive *adj.* 〖文法〗非限制的，非限定的(continuative)(↔ restrictive)：a ～ relative clause 非限制關係子句《如 She had two sons, *who were both killed in the war.* 她有兩個兒子，均死於戰爭中》。
nòn·sectárian *adj.* 不屬於任何宗教派別的，無宗派的。
***non·sense** [ˋnɑnsɛns; ˈnɔnsəns] *n.* **1** Ⓤ[《英口語》又作 **a ～**]無意義的話，胡說，廢話：sheer ～ 一派胡言。
2 Ⓤ愚昧的想法[行爲]，無聊的事：stand no ～ 不許胡鬧/None of your ～ now！現在別再胡鬧了！/She has [There is] no ～ about her. 她一點也不輕浮，她是位莊重的女子。
3 Ⓤ打油詩。
màke (《英》又作 **a**) **nón·sense of...** 破壞，砸毀…。
—*adj.* [用在名詞前]無意義的，荒謬的：a ～ book 滑稽書《以詼諧的言詞、滑稽的內容編寫成的書》/～ verse 打油詩。
—*interj.* 胡說！：N～, ～！胡說八道！
non·sen·si·cal [nɑnˋsɛnsɪkl; nɔnˈsensikl] *adj.* 無意義的；愚蠢的，荒謬的。**～·ly** *adv.*
non se·qui·tur [nɑnˋsɛkwɪtə; ˌnɔnˈsekwitə] 《源自拉丁文 'it does not follow' 之義》**—*n.*** Ⓒ **1** 錯誤的推理(所導致的結論)《略作 *non seq.*》. **2** (與前言)無關的發言。
nòn·skéd [-ˋskɛd; -ˈsked] 《口語》*adj.* 不定期的。
—*n.* Ⓒ不定期航空路線[客機，班次]。
nòn·skíd *adj.* 〈輪胎、道路等〉不滑的。
nòn·smóker *n.* Ⓒ **1** 不抽煙的人。**2** 《英》(列車等的)禁煙車廂。
nòn·smóking *adj.* [用在名詞前]禁煙的〈車輛等〉：a ～ compartment 禁煙車廂。
nòn·sócial *adj.* 與社會無關的，非社會的。
nòn·stándard *adj.* **1**〈產品等〉不合標準[規格]的。**2**〈言語、發音等〉不標準的。
nòn·stárter *n.* Ⓒ[常用單數]《英口語》不可能成功的人[構想(等)]，無用的人[東西]。
nòn·stíck *adj.* 〈鍋等〉(經特殊加工能使)食物不沾鍋的。
nòn·stóp *adj.* 中途不停的，直達的；中途不著陸的：a ～ flight 直達飛行。
—*adv.* **1** 直達地，中途不停地。**2** 連續地，不休息地。
non·such [ˋnʌnˏsʌtʃ; ˈnʌnsʌtʃ] *n.* ＝nonesuch.
nón·súit 〖法律〗*n.* Ⓒ訴訟之撤銷[駁回]。
—*v.t.* 撤銷…的控訴，駁回。
nòn·suppórt *n.* Ⓤ **1** 不支持。**2** 〖法律〗不履行扶養的義務。
non trop·po [nɑnˋtrɑpo; ˌnɔnˈtrɔpou] 《源自義大利語 'not too much' 之義》**—*adv.*** 〖音樂〗恰好地，不過分地。
non-U [nɑnˋju; ˌnɔnˈjuː] *adj.* 《口語》〈措辭等〉與上層階級[上流社會]不相稱的，不適合上流階層的《★主要爲英國語法；cf. U[3]》.
nòn·únion *adj.* [用在名詞前] **1 a** 不屬於工會的，非工會的。**b** 不承認工會的。**2** 由未加入工會者製造的〈產品〉。
nòn·únionism *n.* Ⓤ不加入工會，反工會(理論，行動，主義)。
nòn·únionist *n.* Ⓒ反對工會者；不屬於工會的人。
nónunion shóp *n.* Ⓒ反工會的企業[店鋪，工廠]《與工會無關，由雇主自行決定雇用條件；cf. union shop》.
nòn·úser *n.* Ⓒ〖法律〗棄權；不行使權利；權利消失。
nòn·vérbal *adj.* 不用言辭的，無需言辭的，非言辭的：～ communication 非言辭的傳達《比手劃腳等》。
nòn·víolence *n.* Ⓤ非暴力(主義)，不訴諸武力的主張、政策。
nòn·víolent *adj.*
nòn·vóter *n.* Ⓒ **1** 放棄投票權者。**2** 無投票權者。
nòn·white *adj.* 非白(種)人的。**—*n.*** Ⓒ非白(種)人。
***noo·dle**[1] [ˋnudl; ˈnuːdl] *n.* Ⓒ[常 **～s**](用麵粉與雞蛋製成的)麵類，麵條。
noo·dle[2] [ˋnudl; ˈnuːdl] 《noddle 的變體》**—*n.*** Ⓒ **1** 傻瓜。**2** 《美俚》頭，腦袋：Use your ～！用一用你的頭腦！
nook [nuk; nuk] *n.* Ⓒ **1** (房間等的)角落(corner). **2** 偏僻的土地。**3** 隱匿處，不引人注目之處。
lòok in évery nóok and cránny [**córner**] 查看每一個角落，到處找。
‡**noon** [nun; nuːn] 《源自古英語「(從日出算起)第九個小時(下午三點鐘)」之義》**—*n.*** Ⓤ **1** 中午，正午(midday)：*N～* is near. 快到中午/It's already ～. 時已中午/*at* ～ 在中午/ before [after] ～ 在中午前[後]。**2** [**the ～**]頂點；全盛期〔*of*〕：*at the ～ of* one's career 在人生[事業]的全盛期/*the ～ of* life 壯年期。
the nóon of níght 《詩》午夜，夜半。
—*adj.* [用在名詞前]中午的，在中午舉行的：a ～ meal 中餐，午餐。
noon·day [ˋnunˏde; ˈnuːndei] *n.* Ⓤ中午，正午。
(as) cléar [pláin] as nóonday 極爲明顯，一清二楚。
—*adj.* [用在名詞前]正午的，中午的：the ～ heat [sun] 中午的熱氣[太陽]。
‡**no one, no-one** [ˋnoˏwʌn, ˋnowən; ˈnouwʌn] *pron.* 沒有人，誰也沒有(nobody)(⇨none 1 比較)：*No one* is [*No one's*] there. 沒有人在那裏/*No one* can do it. 沒有人能做那件事《★比較 *No one* [ˋnoˋwʌn; ˈnouˈwʌn] man can do it. 沒有誰能一個人做那件事》/They saw *no one.* 他們誰也沒看到。
nóon·tide *n.* **1** 中午，正午。**2** [**the ～**]全盛期，顚峯時期〔*of*〕：*the ～ of* happiness 幸福的極點。
nóon·tìme *n.*，*adj.* ＝noonday.
noose [nus; nuːs] *n.* **1 a** Ⓒ(拉時繩圈會收緊的)活結，繩套。**b** [**the ～**](絞刑的)套索；絞刑。**2** Ⓒ《謔》(夫婦等的)羈絆，結合：the ～ *of* marriage 結婚的束縛。
pùt one's **néck** [**héad**] **into** [**in**] **the nóose** 自投羅網，自陷險[困]境。
—*v.t.* **1 a** 對…套繩索。**b** 把〈人〉處以絞刑。**2** 以繩套捕捉…；把…誘入圈套。**3** 把〈繩子〉結成活套。

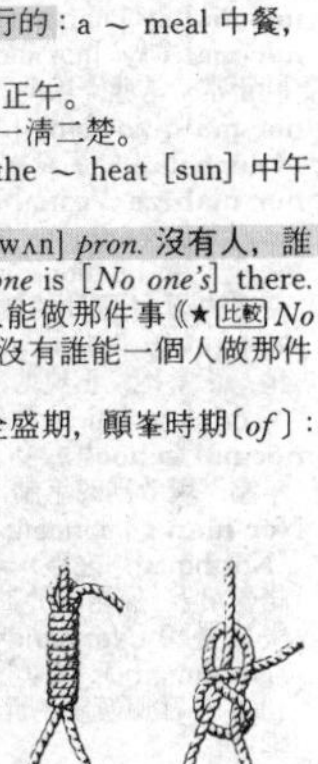
noose 1 a

no-par [ˋnoˋpɑr; ˈnouˈpɑː] *adj.* 無票面價值的。
nope [nop; noup] *adv.* 《美口語》不，不是(no)(↔ yep)(⇨yep 發音)。
‡**nor** [(輕讀) nə; nə; (重讀) nɔr; nɔː] *conj.* **1** [與 neither 或 not 相關連用]既不…也不…，既沒有…也沒有…(⇨ neither *adv.* 1 用法)《★用法 用 nor 連結的主詞均爲單數時動詞用單數；均爲複數時則用複數；人稱與數不一致時，動詞要符合較近的主詞，即 nor 後的主詞》：He can *neither* read ～ write. 他既不會讀也不會寫/*Not* a man, a woman, ～ a child, is to be seen. 既看不見男人或女人，也看不見小孩/*Neither* he ～ I *am* the right per-

son for the post. 他和我都不是該職位的適當人選/He had *neither* money ~ position. 他既沒錢也沒地位。

2 [用於否定句、子句之後]不…也不…，沒有…也沒有…《★用法 主詞與(助)動詞的順序要顛倒，變成「nor＋(助)動詞＋主詞」》：I said I had not seen it, ~ had I. 我說我沒看見它，實際上也沒有看到/"I didn't see it anywhere."—"*N*~ did I." 「我在任何地方都沒看見它。」「我也沒有。」/She has no experience in typing, ~ does the skill interest her. 她沒有打字經驗，那種技術也引不起她的興趣。

3 [用於肯定句之後]而且…也不[沒有]…《★用法 拘泥的說法；《英》有時在 nor 前有 and》：The tale is long, ~ have I heard it out. 那個故事很長，而且我也沒有把它聽完過。

Nor. 《略》Norman；North；Norway；Norwegian.

No·ra [ˈnɔrə; ˈnɔːrə] *n.* 諾拉《女子名；Eleanor, Leonora 的暱稱》。

Nor·dic [ˈnɔrdɪk; ˈnɔːdik] *adj.* 北歐(人)的：the ~ countries 北歐國家/ ~ mythology 北歐神話。

—*n.* Ⓒ北歐人《主要指住在斯堪的那維亞半島上的人；高個子、金髮、藍眼、頭長爲其特徵》。

Nórdic combíned *n.* Ⓒ《滑雪》北歐混合式滑雪賽《把跳躍滑雪與越野滑雪混合在一起的比賽項目》。

Nor·folk [ˈnɔrfək; ˈnɔːfək] *n.* 諾福克郡《英格蘭東岸的一郡；首府挪利其(Norwich)》。

Nórfolk jácket *n.* Ⓒ諾福克夾克《一種有腰帶的男用寬上衣》。

Norfolk jacket

norm [nɔrm; nɔːm] «源自拉丁文「(木工的)尺」之義»**—***n.* Ⓒ **1 a** [常 ~s]標準；規範。**b** 一般的水準[標準]。**2** 標準工作量《勞動基準量》。

‡nor·mal [ˈnɔrml; ˈnɔːml] «norm 的形容詞»**—***adj.* (**more** ~；**most** ~) **1 a** 標準的，典型的，規定的，正規的(↔ abnormal)。**b** 正常的，常態的，普通的；平均的：the ~ temperature (人體的)正常溫度《攝氏 36.9 度，華氏 98.42 度》。**2** 〈人〉正常成長的。**3** (無比較級、最高級)《數學》〈線〉垂直的，法線的，正交的。**4** (無比較級、最高級)《化學》〈溶液〉規定的《一公升中含有一公克的溶質》。

—*n.* **1** Ⓤ標準，典型；常態；平均：above [below] (the) ~ 在標準以上[以下](的)/return to ~ 恢復正常狀態/The child's temperature is *above* ~. 那個小孩的體溫高於常溫。**2** Ⓒ《數學》法線，垂直線。

nor·mal·cy [ˈnɔrmḷsɪ; ˈnɔːmlsi] *n.* ＝normality.

nor·mal·i·ty [nɔrˈmælətɪ; nɔːˈmæləti] «normal 的名詞»**—***n.* Ⓤ正常；常態，標準。

nor·mal·i·za·tion [ˌnɔrmḷəˈzeʃən, -aɪˈz-; ˌnɔːməlaiˈzeiʃn, -li-] «normalize 的名詞» **—***n.* Ⓤ標準化；正常[常態]化。

nor·mal·ize [ˈnɔrmḷˌaɪz; ˈnɔːməlaiz] *v.t.* **1** 使…標準化：~ working conditions 使工作條件標準化。**2** 使〈國家的外交等〉正常化：~ relations with France [between the two countries] 使與法國[兩國間的]關係正常化。**3** 使〈記載〉統一爲一定的寫法。

nor·mal·ly [ˈnɔrmḷɪ; ˈnɔːməli] *adv.* (**more** ~；**most** ~) **1** 標準地，正常地；正規地，理所當然地。**2** 通常，一般情形：I don't ~ drink at lunch. 我午餐時通常不喝酒。

nórmal schòol *n.* Ⓤ[指設施時爲Ⓒ]《美》師範學校《★以前爲兩年制，現改爲四年制，並改稱爲 teachers college》。

Nor·man [ˈnɔrmən; ˈnɔːmən] «源自古法語「北方人(Northman)」之義»**—***n.* (*pl.* ~s) **1 a** [the ~s]諾曼第民族，諾曼第人《原居住於斯堪的那維亞(Scandinavia)，在十世紀時征服諾曼第(Normandy)而定居於該處的古代斯堪的那維亞人(Northman)》。**b** Ⓒ諾曼第民族的人。**2** Ⓒ諾曼第法國人《在 1066 年征服英國的諾曼第與法國人的混血民族》。**3** Ⓤ諾曼(法國)語。

—*adj.* **1** 諾曼第(人)的，諾曼第民族的。**2** 〈建築〉諾曼第式的：~ architecture 諾曼第式建築《帶有羅馬風格的建築式樣，以簡樸、宏偉、堅牢爲其特色》。

Nórman Cónquest *n.* [the ~]諾曼第人征服英國《指 1066 年諾曼第公爵威廉一世(William the Conqueror)率陸軍登陸哈斯丁斯(Hastings)征服英國；也稱 the Conquest》。

Nor·man·dy [ˈnɔrməndɪ; ˈnɔːməndi] *n.* 諾曼第《面臨英吉利海峽的法國西北部一地區》。

Nórman Énglish *n.* Ⓤ諾曼英語《受 Norman French 影響的英語》。

Nórman Frénch *n.* Ⓤ諾曼法語《諾曼第人所用的法語》。

Nórman-Frénch *adj.* 諾曼法語的。

nor·ma·tive [ˈnɔrmətɪv; ˈnɔːmətiv] *adj.* **1** 設定規範[標準]的。**2** (遵從)規範的(prescriptive)：~ grammar 規範語法。

Norn [nɔrn; nɔːn] *n.* 《北歐神話》諾恩《司命運的三女神之一》。

Norse [nɔrs; nɔːs] *n.* [**the** ~；當複數用]西斯堪的那維亞人；(尤指)挪威人。

—*adj.* 西斯堪的那維亞的；(尤指)挪威(人)的：~ mythology 北歐神話。

Nórse·man [-mən; -mən] *n.* (*pl.* **-men** [-mən; -mən]) ＝Northman 1.

‡north [nɔrθ; nɔːθ] *n.* **1** [**the** ~]北，北方；北部《略作 n., N, N.；↔ south；★用法「東西南北」通常說成 north, south, east and west》：in *the* ~ of... 在…的北部/on *the* ~ of... 在…的北邊[與…的北部相接]/to *the* ~ of... 位於…以北。

2 a [**the** ~]北部地方。**b** [**the N~**]《英》北部地區《漢柏河(Humber)以北》。**c** [**the N~**]《美》北部(各州)《Ohio, Missouri, Maryland 各州以北的州》。

3 [**the N~**]北半球；(尤指)北極地方。

nórth by éast 北偏東《略作 NbE, N.bE.》。

nórth by wést 北偏西《略作 NbW, N.bW.》。

—*adj.* [用在名詞前]《★用法 方位不太明確時有用 northern 之傾向》**1** 北(方)的，在北的；向北的：a ~ window 北窗。

2 [常 N~]北部的，北部地方的：*North* Africa 北非(洲)。

3 吹自北方的〈風〉：a ~ wind 北風。

—*adv.* 在北，向北，在[向]北方，在[向]北部：due ~ 在正北/up ~《口語》向北(方)，在北(方)/go ~ 北行/lie ~ and south 縱亙南北(成長條)/The village is [lies] 15 miles ~ *of* the town. 那個村莊在鎮北十五哩處。

nórth by éast [**wést**] 向北偏東[西] (cf. *n.*)。

Nórth América *n.* 北美(洲)，北美大陸。

Nórth Américan *adj.* 北美(洲)居民的。**—***n.* Ⓒ北美(洲)人。

Nor·thamp·ton·shire [nɔrθˈhæmptənˌʃɪr, -ʃɚ; nɔːˈθæmptənʃə, -ʃiə] *n.* 北安普敦郡《英格蘭中部的一郡；首府北安普敦(Northampton)；略作 Northants.》。

Northants. [nɔrθˈhænts, nɔrˈθænts; nɔːˈθænts] 《略》Northamptonshire.

Nórth Atlántic Tréaty Organizàtion *n.* [**the** ~]北大西洋公約組織《根據 1949 年北大西洋公約爲對付蘇聯共產國家而設立之集體防衛組織；簽署國有英、美、加、法等十五個國家；總部設於布魯塞爾(Brussels)，略作 NATO》。

nórth·bòund *adj.* 北行的，往北的，繞行北部的：a ~ train 北行的列車。

Nórth Brítain *n.* 北英《蘇格蘭的別稱；略作 N.B.》。

Nórth Cápe *n.* **1** 北角《挪威北端的海角；爲歐洲最北端》。**2** 紐西蘭北島的北端。

Nórth Carolína «源自 Charles Ⅰ(Ⅱ) 加上 North 而成者»**—***n.* 北卡羅來納州《美國東南部大西洋沿岸的一州，首府洛利(Raleigh [ˈrɔlɪ; ˈrɔːli])；略作 N.C.，《郵政》NC；俗稱 the Tar Heel State》。

Nórth Carolínian «North Carolina 的形容詞»**—***adj.* 北卡羅來納州的。**—***n.* Ⓒ北卡羅來納州人。

Nórth Cóuntry *n.* [**the** ~] **1**《英》**a** 英格蘭北部，北英格蘭。**b** 大不列顛(島)(Great Britain)的北部。**2**《美》包括美國的阿拉斯加與加拿大的猶康(Yukon)地區。

Nórth Dakóta «北美印地安語「同盟」之義加上 North 而成者»**—***n.* 北達科塔《美國中西部的一州；首府俾斯麥(Bismarck)；略作 N.Dak., N.D.,《郵政》ND；俗稱 the Sioux State》。

Nórth Dakótan «North Dakota 的形容詞»**—***adj.* 北達科塔州的。**—***n.* Ⓒ北達科塔州人。

north·east [ˌnɔrθˈist; ˌnɔːθˈiːst ˈ; 《航海》nɔrˈist; nɔːrˈiːst] *n.* **1** [**the** ~]東北《略作 n.e., NE, N.E.》。**2 a** [**the** ~]東北部[地方]。**b** [**the N~**]《美》美國東北部；(尤指)新英格蘭地方。

northéast by éast 東北偏東《略作 NEbE, N.E.bE.》。

northéast by nórth 東北偏北《略作 NEbN, N.E.bN.》。

—*adj.* [用在名詞前](無比較級、最高級) **1** (在)東北的；向東北的。**2** 吹自東北方的〈風〉。**—***adv.* (無比較級、最高級)在[向]東北，在[向]東北方，在[向]東北部。

nòrth·éast·er [-tɚ; -tə] *n.* Ⓒ東北强風。

nòrth·éast·er·ly [-tɚlɪ; -təli] *adj.* **1** 東北的。**2** 〈風〉從東北吹來的。**—***adv.* 向東北，從東北。

nòrth·éastern «northeast 的形容詞» **—***adj.* **1** (在)東北的。**2** [N~]《美》美國東北部(特有)的。**3** 〈風〉吹自東北的。

Nórthéast Pássage *n.* [**the** ~]東北航路《自北大西洋沿歐亞兩洲之北海岸而至太平洋之航路》。

nòrth·éastward *adv.* 向[在]東北(方)。

—*adj.* 向東北的，在東北的。**—***n.* [**the** ~]東北(方)。

nòrth·éast·ward·ly *adj.* & *adv.* ＝northeasterly.

nòrth·éastwards *adv.* ＝northeastward.

north·er [ˈnɔrðɚ; ˈnɔːðə] *n.* Ⓒ《美》强烈北風。

nórth·er·ly [ˈnɔrðəlɪ; ˈnɔːðəli] *adj.* **1** 偏北的。**2**〈風〉吹自北方的。**—*adv.*** **1** 向北方。**2**〈風〉從北方(吹來)。**—*n.*** Ⓒ北風。

‡**north·ern** [ˈnɔrðən; ˈnɔːðn] «north 的形容詞» **—*adj.*** (無比較級、最高級；cf. northernmost)《★用法方位明確時有用 north 之傾向》**1 (在)北(部)的**；向北的：⇨ northern lights. **2** [常 N~] 住在北部地方的，出自北部的，北部獨特的。**3**〈風〉吹自北方的。**4** [N~]《美》**a** 北部(諸州)的：the *N~* States 北部諸州。**b** 北部(地方)方言的。

—*n.* [常 N~] **1** =Northerner. **2** Ⓤ《美》北部(地方)方言。

Nórth·ern·er *n.* Ⓒ **1** 北方人，北部人。**2**《美》北部(各州)的人。

Nórthern Hémisphere *n.* [the ~]北半球。

Nórthern Íreland *n.* 北愛爾蘭自治區《由六個郡組成，為聯合王國[英國] (United Kingdom) 的一部分；首府貝爾發斯特(Belfast)》.

nórthern líghts *n. pl.* [the ~] 北極光 (aurora borealis) (cf. southern lights).

nórthern·mòst «源自 northern 的最高級» **—*adj.*** 最北(端)的。

Nórthern Rhodésia *n.* 北羅得西亞《尚比亞(Zambia)在英國殖民地時代的名稱》。

Nórthern Térritory *n.* [the ~] 北方準郡地區《澳洲中北部的準郡；首府達爾文(Darwin [ˈdɑrwɪn; ˈdɑːwin])》.

north·ing [ˈnɔrθɪŋ, -ðɪŋ; ˈnɔːθiŋ] *n.* Ⓤ《航海》北航；北距《北航行經之緯度差》。

Nórth Koréa *n.* 北韓《北緯 38° 線以北的韓國，正式名稱為朝鮮民主主義人民共和國(the Democratic People's Republic of Korea)；首都平壤(Pyongyang)》.

nórth·land [-lənd, -ˌlænd; -lənd] *n.* **1** [常 N~] **a** Ⓒ北方(的國家)，北極地區。**b** [the ~]北部地方。**2** [N~]斯堪的那維亞半島。**~·er** *n.*

Northld. 《略》Northumberland.

Nórth·man [-mən; -mən] *n.* Ⓒ(*pl.* **-men** [-mən; -mən]) **1** 古代斯堪的那維亞人(Norseman)；北歐海盜(Viking). **2** (現在的)北歐人。

nórth-nòrth·éast *n.* [the ~]北北東《略作 NNE, N.N.E.》.

—*adj.* & *adv.* 北北東的[在北北東]。

nórth-nòrth-wést *n.* [the ~] 北北西《略作 NNW, N.N.W.》.

—*adj.* & *adv.* 北北西的[在北北西]。

nórth-pólar *adj.* 北極的。

Nórth Póle *n.* [the ~] **1** (地球的)北極。**2** [n~ p~] **a** (天的)北極。**b** (磁場的)北極，N 極。

Nórth Séa *n.* [the ~] 北海《英國與斯堪的那維亞半島所包圍之大西洋的一部分》。

Nórth Stár *n.* [the ~]《天文》北極星(cf. dipper 4b).

Northumb. 《略》Northumberland.

North·um·ber·land [nɔrˈθʌmbəlʌnd; nɔːˈθʌmbələnd] *n.* 諾森伯蘭郡《英國最北部的一郡；首府莫培(Murpeth [ˈmɔrpeθ; ˈmɔːpeθ])；略作 Northumb, Northld.》.

North·um·bri·a [nɔrˈθʌmbrɪə; nɔːˈθʌmbriə] «源自「漢柏(Humber)河的北方」之義» **—*n.*** 諾森伯利亞《英國北部的古王國》。

North·um·bri·an [nɔrˈθʌmbrɪən; nɔːˈθʌmbriən ˉ] «Northumbria 的形容詞» **—*adj.*** **1** (昔日的)諾森伯利亞(Northumbria)(人，方言)的。**2** 諾森伯蘭郡(Northumberland)[人，方言]的。

—*n.* **1 a** Ⓒ諾森伯利亞(Northumbria)人。**b** Ⓤ諾森伯利亞的方言。**2 a** Ⓒ諾森伯蘭郡(Northumberland)的人。**b** Ⓤ諾森伯蘭郡的方言。

north·ward [ˈnɔrθwəd; ˈnɔːθwəd] *adv.* (無比較級、最高級)向北，朝北。**—*adj.*** (無比較級、最高級)向北的，朝北方的。

—*n.* [the ~]北方：to [from] *the* ~ 向[從]北方。

nórth·ward·ly *adj.* **1** 北向的。**2**〈風〉吹自北方的。

—*adv.* =northward.

north·wards [ˈnɔrθwədz; ˈnɔːθwədz] *adv.* =northward.

north·west [ˌnɔrθˈwest; ˌnɔːθˈwest ˉ; 《航海》nɔrˈwest; nɔːˈwest] *n.* **1** [the ~] 西北《略作 n.w., NW, N.W.》. **2 a** [the ~] 西北部[地方]。**b** [the N~]《美》美國西北部《Washington, Oregon, Idaho 各州》。

northwést by nórth 西北偏北《略作 NWbN, N.W.bN.》.

northwést by wést 西北偏西《略作 NWbW, N.W.bW.》.

—*adj.* [用在名詞前] (無比較級、最高級) **1 西北(部)的**。**2**〈風〉吹自西北的。

—*adv.* (無比較級、最高級)**在[向]西北(方)**，在[向]西北部。

nòrth·wést·er [-tə; -tə] *n.* Ⓒ西北強風。

nòrth·wést·er·ly [-təlɪ; -təli] *adj.* **1** 西北的。**2**〈風〉吹自西北的。**—*adv.*** 向[來自]西北。

nòrth·wéstern «northwest 的形容詞» **—*adj.*** **1** 西北的。**2** [N~]《美》美國西北部(特有)的。**3**〈風〉吹自西北的。

Nórthwest Pássage *n.* [the ~] 西北航路《自北大西洋沿北美北岸至太平洋》。

Nórthwest Térritories *n. pl.* [the ~；當單數用] 西北準郡地區《加拿大北部的準郡；首府黃刀 (Yellowknife [ˈjɛloˌnaɪf; ˈjelounaif])》.

nòrth·wéstward [ˌnɔrθˈwestwəd; ˌnɔːθˈwestwəd] *adv.* 向[在]西北(方)。**—*adj.*** 向西北的；在西北的。**—*n.*** [the ~] 西北(方)。

nòrthwést·wardly *adj.* & *adv.* =northwesterly.

nòrth·wéstwards [-wədz; -wədz] *adv.* =northwestward.

Nórth Yórkshire *n.* 北約克郡《英格蘭北部的一郡，首府諾塞勒頓(Northallerton [nɔrθˈæləṭən; nɔːˈθælətən])》.

Norw. 《略》Norway；Norwegian.

Nor·way [ˈnɔrwe; ˈnɔːwei] *n.* 挪威《斯堪的那維亞半島西部的王國，首都奧斯陸(Oslo)；略作 Nor(w).》.

Nor·we·gian [nɔrˈwidʒən; nɔːˈwiːdʒən ˉ] «Norway 的形容詞» **—*adj.*** 挪威的。

—*n.* **1** Ⓒ挪威人。**2** Ⓤ挪威語《略作 Nor(w).》.

nor'·west·er [ˌnɔrˈwɛstə; ˌnɔːˈwestə] *n.* **1** =northwester. **2** 防水帽，油布雨帽(sou'wester)《水手所用的寬邊防水帽》。

Nor·wich [ˈnɔrɪdʒ; ˈnɔridʒ, -itʃ] *n.* 挪利其《英格蘭諾福克(Norfolk)郡的首府》。

Nos., N^{os}, nos. [ˈnʌmbəz; ˈnʌmbəz]《略》numbers.

‡**nose** [noz; nouz] *n.* **1** Ⓒ **a 鼻子**：the bridge of the ~ 鼻梁/a

1 2 3 4 5 6

noses

1 aquiline nose(鷹鈎鼻)，2 bulbous nose(圓鼻，蒜頭鼻)，3 Grecian nose(通天鼻，懸膽鼻，鼻梁筆直的鼻子)，4 Roman nose(鼻梁高的鼻子)，5 snub [pug] nose(獅子鼻)，6 upturned nose(朝天鼻)。

long ~ 高[長]鼻子/a short [flat] ~ 塌鼻子/a cold in the ~ (鼻塞、流鼻涕的)感冒/hold one's ~ (因臭而)捂住鼻子/blow one's ~ 擤鼻子《常為隱忍流淚》。

【同義字】muzzle 是狗、馬等的鼻子；snout 是豬等的鼻子；trunk 是象的鼻子。

b (動物的)鼻口部分。

2 [one's ~] (象徵好奇心、管閒事的)鼻子；干涉：put [poke, thrust] one's ~ *into*... 干涉[插嘴]…/keep one's ~ *out of*... 不干涉[不插嘴]…。

3 [a ~] **a 嗅覺**：a dog with *a* good [poor] ~ 嗅覺靈敏[不靈]的狗。**b** [嗅出事物的]能力，直覺，知覺力 [*for*]：He has *a* good ~ *for* a secret [*for* scent*ing* bits of gossip]. 他有探知秘密[流言蜚語]的敏銳直覺。

4 Ⓒ像鼻子般突出的部分：**a** (管子、圓筒等的)前端；槍口。**b** 船頭。**c** (飛機的)機首。**d** 汽車(等)的前端。

5 Ⓒ《俚》警方的密探，探員。

(as) pláin as the nóse on [in] one's **fáce** 極為明顯，一清二楚。

by a nóse (1)《賽馬》以一鼻之差(定輸贏)：win *by a* ~ 以一鼻之差獲勝。(2)以極微之差，勉強地。

cannót sée beyònd [fùrther than] (the énd of) one's **nóse** 看不到[不知道]離鼻子更遠的東西，鼠目寸光《缺乏想像力、洞察力》。

cóunt nóses 清點(出席者、贊成者等的)人數；(僅)依人數決定事情。

cùt óff one's **nóse to spíte** one's **fáce** 跟自己過不去；賭氣而做出對自己不利的事。

fóllow one's **nóse** (1)[常用於向他人指路](朝鼻子方向)直走：Just *follow* your ~ as far as the corner and turn right. 向前直走到轉角處向右轉。(2)〔為求…而〕依本能行動〔*on*〕.

gèt úp a person's **nóse** 使人焦躁，觸怒某人。

hàve one's **nóse in a bóok** 專心讀書。

hàve [hòld, kèep] one's **nóse at [to] the gríndstone** 《口語》(1)孜孜不倦地用功，不斷地在苦幹。(2)[...a person's nose...] 任意驅使(人)。

N

kèep one's **nóse cléan**《口語》使自己不捲入糾紛[麻煩]。
léad a person **by the nóse** 牽著某人的鼻子走，隨意控制〈某人〉。

【字源】像牛或駱駝鼻子有穿環不得不被人牽着走一般，意志强的人按照自己的意思來役使一些沒有主見的人。莎士比亞(Shakespeare)名劇「奧賽羅(*Othello*)」中依阿高(Iago)談到他的主人奧賽羅時有下面的一句：The Moor... will as tenderly be *led by the nose* as asses are.(這個摩爾人(指奧賽羅)…將溫馴得像隻驢子，可以牽着他的鼻子走。)

lóok dówn one's **nóse**《口語》輕視[…]，瞧不起[…][*at*].
màke a lóng nóse《美》(1)把拇指擱在鼻端，其他手指張開擺動[對人]表示輕蔑，鄙視[*at*].(2)愚弄[某人][*at*].
nóse to nóse 面對面地(cf. FACE to face).
on the nóse《口語》正好，準確地(exactly).
páy through the nóse《口語》[爲求…而]付出不合理的巨款，被大敲竹槓[*for*].
pùt one's **nóse at** [**to**] **the gríndstone** 孜孜不倦地用功，不斷地「埋頭苦幹。」
pùt a person's **nóse òut of jóint**《口語》將人攆走，排擠某人的職位，奪走某人的愛，傷害某人的感情，破壞某人的計畫。
rúb a person's **nóse in it** [**the dírt**] 粗暴地懲處某人以提醒他別忘記自己所犯的錯誤《★源自訓練狗爲了使其不隨地大小便時將其鼻子對著其糞尿上擦》。
thúmb one's **nóse**《英》愚弄[人][*at*].
tùrn úp one's **nóse** 輕視；鄙視，瞧不起[…][*at*].
ùnder a person's (**véry**) **nóse** ＝**ùnder the nóse of** a person (1)就在某人的面前[眼前]。(2)不顧他人地，公然地，恬不知恥地。
with one's **nóse at** [**to**] **the gríndstone** 費力地，辛苦工作地。

thumb *one's* nose at...
【插圖說明】表示輕視的手勢。

—*v.t.* **1** [十受(十副)] **a** 聞到，嗅出…〈*out*〉：The cat ~*d* ***out*** a mouse. 那隻貓嗅出老鼠的氣味。**b** 探出，搜出…〈*out*〉：He ~*s* a profit in everything. 他從每件事中找出有利於自己的事。**2 a** [十受]將鼻子對著…擦。**b** [十受十副詞(片語)]用鼻(尖)把…推(向…)：The dog ~*d* the box *aside.* 那隻狗用鼻尖把盒子推開。**c** [十受十補]用鼻子把…推〈成…狀態〉：The dog ~*d* the door *open.* 那隻狗用鼻子把門推開。**3** [十受十副詞(片語)][~ **one's way**]〈船等〉(很小心地、慢慢)前進：The ship ~*d* her [its] way cautiously *through* the fog. 船在霧中緩慢小心地前進。
—*v.i.* **1 a** [十介十(代)名]嗅[…][*at*]：~ ***at*** a bone〈狗等〉嗅骨頭。**b** [十副詞(片語)]到處探查，四處打聽：He's always *nosing about* [*around*]. 他總是到處探聽他人的事/The dog kept *nosing about* the garden. 那隻狗在花園裏不斷地嗅來嗅去。**2** [十介十(代)名] **a** 查問，採聽[…][*after, for*]. **b** 干涉[…][*into*]：Don't ~ ***into*** other people's affairs. 別干涉他人的事。**3** [十副詞(片語)]〈船等〉(很小心地)(在…)前進：The boat ~*d* carefully *between* the rocks. 那條船在岩石間緩慢小心地前進。
nóse dówn [**úp**]《*vi adv*》《航空》將(機首)朝下[上]。
nóse óut《*vt adv*》(1)⇨ *v.t.* 1. (2)《賽馬》以一鼻之差勝過〈對方〉。(3)《美》險勝，以些微之差勝過〈對方〉。
nóse óver《*vi adv*》《航空》機首觸地而翻覆。

nóse bàg *n.* Ⓒ(套掛於馬頭的)飼料袋，秣囊。
nóse·bànd *n.* Ⓒ(馬具的)鼻羈。
nóse·blèed *n.* Ⓒ鼻子出血：have a ~ 流鼻血。
nóse còne *n.* Ⓒ火箭或飛彈的圓錐狀頭部《鼻錐體》。
nóse dìve *n.* Ⓒ **1** (飛機的)急降，俯衝。**2**《口語》(價格、利益等的)暴跌，驟降。
nóse-dìve *v.i.* **1**〈飛機〉急降，俯衝。**2**《口語》〈價格〉暴跌；〈利益〉銳減。
nóse dròps *n. pl.* 點鼻藥。
nóse·gày *n.* Ⓒ《文語》(通常佩帶在衣服等上的)小花束(bouquet).
nóse·pìece *n.* Ⓒ **1** (馬具的)鼻羈(noseband). **2 a** (頭盔的)鼻甲。**b** (眼鏡)架於鼻梁上的部分。**3** (顯微鏡)裝接物鏡的旋座[盤]。
nóse rìng *n.* Ⓒ(牛、豬等的)鼻圈；(某些原始部落戴的)鼻環，環形鼻飾。

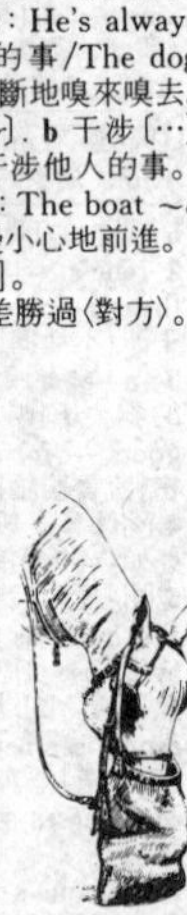
nose bag

nóse·whèel *n.* Ⓒ(飛機機頭之)降落輪。
nos·ey [ˋnozɪ; ˈnouzi] *adj.* ＝nosy.
nosh [nɑʃ; nɔʃ]《英》*v.i.*《俚》吃，食。
—*n.* **1** Ⓤ食物。**2** [**a** ~]吃，用餐。
nó-shów *n.* Ⓒ《口語》(飛機、火車等)訂了座位而未搭乘的人。
nósh-ùp *n.* [**a** ~]《英俚》盛筵，豐富的飯菜。

no·sol·o·gy [noˋsɑlədʒɪ; nouˈsɔlədʒi] *n.* Ⓤ **1** 疾病之分類。**2** 疾病分類學。
nos·tal·gi·a [nɑˋstældʒɪə; nɔˈstældʒiə] *n.* Ⓤ **1** 懷念過往的心情，懷舊[*for*]. **2** 對故鄉[祖國]的思念，鄉愁[*for*].
nos·tal·gic [nɑˋstældʒɪk; nɔˈstældʒik] «nostalgia 的形容詞» **—*adj.*** 懷鄉[懷舊]的，鄉愁的。
nos·tril [ˋnɑstrəl, -trɪl; ˈnɔstrəl, -tril] «源自古英語「鼻孔」之義» **—*n.*** Ⓒ **1 鼻孔。2** 小鼻《鼻梁左邊或右邊之鼓起部分》。
stínk in the nóstrils of a person 使〈某人〉極端厭惡《★出自聖經舊約「阿摩司書」》.
nos·trum [ˋnɑstrəm; ˈnɔstrəm] *n.* Ⓒ **1** (宣傳有驚人效果但靠不住的)特效藥，秘方，萬靈丹。**2** (解決政治、社會問題等的)妙策。
nos·y [ˋnozɪ; ˈnouzi] «nose 的形容詞» **—*adj.*** (**nos·i·er**; **-i·est**)《口語》**1** 好管閒事的，好問東問西的：a ~ person 好管閒事的人，好問東問西的人。**2** [不用在名詞前][十介十(代)名]愛探聽[…]的[*about*]：He is ~ ***about*** my business. 他愛探聽我的事。
Nósy Párker *n.* Ⓒ《口語》好管閒事的人，好起鬨的人。
‡not [nɑt; nɔt; (在變則有限式動詞(anomalous finite verb)之後又讀作) nt, n̩t; nt] *adv.* **1** [助動詞，be 動詞可直接形成否定，have 動詞則直接或用 do，一般動詞用 do 形成否定]不《★語形常略作 n't》：This *is* ~ [*isn't*] a good book. 這不是一本好書/Do*n't* be noisy. 不要吵/He *will* ~ [*won't*] come. 他不會來/I have*n't* [I do*n't* have] a house of my own. 我沒有自己的房子《★用法《美》一般都用 do》/You do*n't* have to hurry. 你不必趕/I *don't* think he will come. 我想他不會來《★比較較 I think he will ~ come. 普遍》。
2 a [用於否定述語動詞或句子以外的字、片語]不《★常表示强調》：He is my nephew, (and) ~ my son. 他是我的姪子，不是我的兒子《★變換可換寫成 He is ~ my son but my nephew.》. **b** [置於不定詞、分詞、動名詞之前以示否定]不〈做…〉：I begged him ~ *to* go out. 我懇求他不要出去/I got up early so as [in order] ~ *to* miss the 7:00 a.m. train. 我早起爲的是不錯過早上七點鐘的火車/*N*~ know*ing*, I cannot say. 我不知道，所以無法說/He reproached me for (my) ~ hav*ing* let him know about it. 他責備我沒讓他事先知道那件事。
3 [委婉語或含蓄的說法]不：~ a few 不少(的數目)/~ a little 不少(的量)/~ once *or* [*nor*] twice 不只一兩次，屢次，再三地/~ reluctant 很樂意/~ seldom 往往，常常/~ *un*known 並非不知道/~ too good 不太好，相當差/~ *without* some doubt 帶著幾分懷疑。
4 [與 all, both, every, always 等連用，表示部分的否定]並非，不是：*N*~ *every*one can succeed. 並非人人都能成功/I do*n't* know *both.* 我並非二者都知道《只知道一方》/*N*~ *all* the bees go out for honey. 並不是所有蜜蜂都出外採蜜/It is ~ *altogether* good. 它不全是好的/He is ~ *always* present. 他並非每次都出席。
5 [用於否定句、動詞、子句等的省略代用語]："Is he ill?"—"*N*~ at all."「他病了嗎？」「根本沒有(病)。」《★用法 He is ~ at all ill. 之略》/Right or ~, it is a fact. 不論對不對，那是事實《★用法 Whether it is right or ~,.... 之略》/⇨ (as) LIKELY as not, more OFTEN than not/"Is he coming?"—"Perháps ~."「他會來嗎？」「也許不來。」《★用法 Perhaps he is not coming. 之略；除 perhaps 外，probably, certainly, absolutely, of course 等亦用於同樣的句構》/"Is he ill?"—"I thínk ~."「他病了嗎？」「我想沒有。」《★用法 I think he is ~ ill. 之略；一般用 I don't think so.；除 think 外，suppose, believe, hope, expect, am afraid 等亦用於同樣的句構》。
nòt a 一個人[東西]也沒有…《★用法 no 的强調說法；not a single 更加重的强調》：*N*~ *a* man answered. 一個人也沒有回答。
nót...but ⇨ but *conj.* A 2.
nòt but that [**what**] ⇨ but *conj.*
nòt hálf ⇨ half *adv.*
nòt ónly [**mérely, símply**] **... but** (**àlso**)**...** 不但[不僅]…而且…：It is ~ *only* economical *but* (*also*) good for the health. 那不但經濟而且有益健康/*N*~ *only* did he hear it, *but* he saw it as well. 他不僅聽到了，而且也看到了/*N*~ *only* you *but* (*also*) he is right. 不僅是你，就連他也是對的《★用法動詞要與後面的主詞符合》/*N*~ *only* did he hear it. He saw it as well. 他不只是聽到了，他也看到了《★用法用句點，分號代替 but》.
nót that...《口語》並不是說…：If he had said so— ~ *that* he ever did—it would have been a lie. 就算他那樣說—並不是說他那樣說過—那可能是個謊言/What is he doing now? *N*~ *that* I care. 他現在在做什麼？這並不表示我在乎(他在做什麼)。
nòt to sáy ⇨ say.
nòt to spéak of... ⇨speak.
no·ta be·ne [ˋnotəˋbinɪ; ˌnoutəˈbi:ni] «源自拉丁文 'not well'之義» **—** 注意《略作 N.B., n.b.》.

no·ta·bil·i·ty [ˌnotəˈbɪlətɪ; ˌnoutəˈbiləti] «notable 的名詞» —*n.* **1** Ⓤ有名，著名。**2** Ⓒ[常 **notabilities**]名人，顯要人物。

no·ta·ble [ˈnotəbl; ˈnoutəbl] *adj.* (**more** ~; **most** ~) **1** 值得注意的，引人注目的，著名的，有名的；顯著的：a ~ surgeon 著名的外科醫生/a ~ event 引人注目的事件。**2** [不用在名詞前]〔十介十(代)名〕〔以…〕聞名的，顯著的〔*for, as*〕：This house is ~ *as* the poet's birthplace. 這幢房子是以那位詩人的誕生地而聞名。

—*n.* Ⓒ[常 ~s]著名的人，名人，有名望的人：local ~*s* 地方上的名人。

nó·ta·bly [-təblɪ; -təbli] *adv.* **1** 顯著地，明顯地；引人注目地。**2** 特別地，尤其，格外地。

no·tar·i·al [noˈtɛrɪəl; nouˈtɛəriəl] *adj.* 公證人的；公證的。~·**ly** *adv.*

no·ta·rize [ˈnotəˌraɪz; ˈnoutəraiz] *v.t.* 〈公證人〉證明〈文件〉《★常以過去分詞當形容詞用》：a ~*d* document 經公證的文件。

no·ta·ry [ˈnotərɪ; ˈnoutəri] *n.* =notary public.

nótary públic *n.* Ⓒ(*pl.* **notaries public**, ~**s**)公證人。

no·ta·tion [noˈteʃən; nouˈteiʃn] *n.* **1 a** Ⓤ(使用特殊文字、記號的)表示法，標記法：the broad [narrow] phonetic ~《語音》簡略[精密]標音法/decimal ~ 十進法。**b** Ⓒ[常用單數]記載，標示。**2** ⓊⒸ《美》注釋；備忘錄，記錄。

notch [nɑtʃ; nɔtʃ] *n.* Ⓒ **1** (V 字形的)槽口，刻痕，切口，凹口。**2** 《美》山間隘路，山峽，峽谷。**3** 《口語》等，級：be a ~ above the others 比他人高一等[級]。

—*v.t.* **1** 在…上開(V 字形)槽口[切口]。**2** 〔十受(十副)〕《口語》刻痕記錄[計算]〈比賽的得分等〉〈*up*〉《★昔日在棒子等上刻痕以代替計算或記分》。**3** 《口語》**a** 〔十受(十副)〕獲得〈勝利、地位等〉〈*up*〉. **b** 〔十受十受/十受十介十(代)名〕使〈人〉獲得〈勝利、地位等〉；使〔人〕獲得〈勝利、地位等〉〔*for*〕.

nótch·bàck *n.* Ⓒ《汽車》**1** 從後窗到行李箱有明顯段落差的車型；cf. fastback 1). **2** 這種車型的汽車。

notched *adj.* **1** 有刻痕[凹口]的。**2** 《植物・動物》鋸齒形的。

‡**note** [not; nout] «源自拉丁文「(做)記號」之義» —*n.* **1** Ⓒ **a** 摘記，記錄：make [take] a ~ of... 記錄，摘錄，記下…。**b** [常 ~s] 備忘錄，筆記；原稿：take ~*s* 作筆記/speak from ~*s* [without ~*s*] 看[不看]原稿演說[發言]/She left a ~ to [for] her husband. 她留了一張便條給她的丈夫/He made ~*s* for his lecture on a scrap of paper. 他在一張紙上記下講課的大綱。

2 Ⓒ **a** (簡單的)短箋：a thank-you ~ 謝函/a threatening ~ 恐嚇信/Drop me a ~. 請寫封短箋給我。**b** (外交上的)通牒，照會。

3 Ⓒ(本文的)註，註解：a marginal ~ 欄外的註解，旁註/⇨ footnote/~*s* to a text 本文的註解。

4 Ⓒ **a** [常與表示金額的修飾語連用]《英》紙幣，鈔票(《美》bill)：a ten-pound ~ 一張十英鎊紙幣。**b** 票據；期票。

5 Ⓒ **a** (樂器的)音，調子，音色。**b** (鳥的)叫聲。**c** [常用單數]〔表示…的〕口氣，語調；〔…的〕樣子，特徵〔*of*〕：There was a ~ *of* anxiety in his voice. 他的聲音帶有不安的口氣/Her voice took on a sudden bitter ~. 她的聲音帶著一股出乎意料的辛酸語氣/I was hailed by a voice which struck a familiar ~. 我被一種熟悉的聲音叫住。**d** 《音樂》音符；(鋼琴等的)鍵(key)：strike a ~ on a piano (敲鍵)在鋼琴上彈出某音。

6 Ⓒ(指句號等的)符號，記號(mark).

7 Ⓤ注意，注目(notice)：worthy of ~ 值得注意/take ~ (of...) 注意到[注目]…/Take ~ (of) what color the traffic signal is. 注意交通號誌是什麼顏色。

8 Ⓤ[**of** ~] **a** 著名，有名：a person *of* ~ 有名的人，名人/a poet *of* ~ 著名的詩人。**b** 衆所周知；重要：a matter of (some) ~ (頗)爲人所知的事；(相當)重要的事。

compáre nótes 〔與人〕交換意見[消息]；彼此述說感想〔*with*〕：We *compared* ~*s* [I *compared* ~*s with* him] on our trips to America. 我們[我和他]就這次美國之行互談感想。

màke a méntal nóte (1)銘記〔…〕，牢記〔…〕〔*of*〕. (2)〔十 *to* do〕惦記著〈做…〉：He *made a mental* ~ *to* ask his boss what was wrong. 他惦記著要問老闆怎麼了。

strike a nóte of... 發出…的論調，提倡…：He *struck a* ~ *of* warning against rearmament. 他對重整軍備發出警戒的論調。

strike the right nóte 發表適切的見解，採取適宜的態度。

—*v.t.* **1** 〔十受(十副)〕筆錄，記下…〈*down*〉：The students ~*d* *down* every word the professor said. 學生們記下教授說的每一句話。

2 a 〔十受〕注意，留意…：*N*~ what I say. 留意我所說的話。**b** 〔十 *that*＿〕注意，特別提及〈…之事〉：*N*~ *that* the homework must be finished within a week. 注意習題須在一週內做完。**c** 〔十 *wh.*＿/十 *wh.*十 *to* do〕注意[特別提到]〈如何(做)…〉：The newspaper does not ~ *what* happened then. 報紙沒有特別提到那時發生什麼事/*N*~ well *how* I do it [*how to* do it]. 好好注意看我怎麼做[好好注意看如何做]。

3 a 〔十受〕發覺[注意到，認出]…《★比較 notice 較爲口語化》：She ~*d* a change in his behavior. 她注意到他態度的轉變。**b** 〔十受十 do*ing*〕發覺，注意到…〈做…〉：He ~*d* a numbness creep*ing* into his fingers. 他發覺有種麻木的感覺蔓延到他手指頭。**c** 〔十 (*that*)＿〕發覺，注意到〈…事〉：Mother ~*d that* my sweater was dirty with mud. 母親發覺我的毛衣被汚泥弄髒了。

‡**note·book** [ˈnotˌbuk; ˈnoutbuk] *n.* Ⓒ筆記本，手册。

nóte·càse *n.* Ⓒ《英》皮夾子，錢包(wallet).

not·ed [ˈnotɪd; ˈnoutid] *adj.* (**more** ~; **most** ~) **1** 有名的，著名的(⇨ famous【同義字】)：a ~ pianist 有名的鋼琴家。**2** [不用在名詞前]〔十介十(代)名〕〔以…〕聞名的，著名的〔*for, as*〕：Mt. Fuji is ~ *for* its beautiful shape. 富士山以它秀麗的外形而聞名/She is ~ *as* a singer. 她以歌唱者聞名[是個著名的歌手]。

~·**ness** *n.*

nót·ed·ly *adv.* 顯著地，明顯地。

nóte·less *adj.* **1** 平凡的，無名的，不引人注意的。**2 a** 音調不和諧的，非音樂的。**b** 沒有聲音的。

nóte·pàper *n.* Ⓤ信紙；便條紙。

note ver·bale [nɔtvɛrˈbal; nɔtvɛəˈbal] «源自法語» —*n.* Ⓒ (*pl.* **notes ver·bales** [~]) 普通照會《使用第三人稱而未簽名的外交文書》。

nóte·wòrthy *adj.* 值得注意的；顯著的。

-**wor·thi·ly** [-ðɪlɪ; -ðili] *adv.* -**thi·ness** *n.*

‡**noth·ing** [ˈnʌθɪŋ; ˈnʌθiŋ] «源自 no 與 thing» —*pron.* [當單數用] **1 a** (什麼也)沒有，沒有什麼東西[事]：*N*~ worth doing is easy. 值得做的事沒有容易做的《★用法 形容詞置於後面》/There is ~ to be done. 沒有什麼事可做/*N*~ is sweeter than the smell of a rose. 沒有比玫瑰花的香味更香的東西/I have heard ~ from him yet. 我尚未接到他的任何音信/I have ~ to do with it. 我和那件事沒有什麼關係/I want you to have ~ to do with that man. 我希望你不要跟那個男人交往/There is ~ to the story. 那番話完全是假話/*N*~ ventured, ~ gained. =*N*~ venture, ~ gain [win, have]. ⇨ venture *v.t.* 4. **b** [~ **of**]一點也沒有[不]…：He is ~ *of* a poet. 他一點也稱不上是個詩人/He has ~ *of* the poet in him. 他一點也沒有詩人的資質。

2 無價值的事[東西]；無關係的事[人]〔*to*〕：She is ~ *to* me. 她與我毫無關係；她對我不算什麼；我沒有把她放在心上/Your trouble is ~ *to* hers. 你的苦惱跟她的(苦惱)相比，算不了什麼。

dò nóthing but dó...⇨but *prep.*

for nóthing (1)[用於否定句]徒然地，白白地；無結果地："His French is very good."—"Yes; it is [was] *not for* ~ that he spent all those years studying."「他的法語很好。」「是啊，那些年來他一直勤奮學習，時間並沒有白費。」(2)毫無理由地，無緣無故地：cry *for* ~ (at all) 無緣無故地哭泣。(3)免費地：I got these *for* ~. 我免費得到這些東西。

góod for nóthing 毫無用處。

hàve nóthing on... ⇨ have *v.*

hàve nóthing to dò but [**excèpt**] dó... 除(做)…外別無他法，只好…：The children *had* ~ *to do but* wait. 那些小孩除了等待外別無他法。

in nóthing flát 《口語》在轉眼間，不一會兒工夫，馬上：He changed the tire *in* ~ *flat.* 他在轉眼間就換好了輪胎。

like nóthing on éarth 非常奇怪的，極醜的，極悲慘的：I feel *like* ~ *on earth.* 我覺得心裡怪怪的。

màke nóthing of... (1)輕視…，不把…放在眼裏，不在乎…：He *makes* ~ *of* his sickness. 他不在乎自己的病。(2)〔十 do*ing*〕不把…當一回事：He *makes* ~ *of* walk*ing* 20 miles a day. 他不把一天走二十哩路當一回事。(3)[與 can[could]連用]不能了解…：He *can make* ~ *of* what I say. 他不能了解我所說的話。(4)[與 can[could]連用]不能利用…：He *can make* ~ *of* his talents. 他不能發揮自己的才能。

nóthing but... 只是，不過是(only)…：It is ~ *but* a joke. 那只是個玩笑而已；《口語》那沒什麼價值/Mother thought of ~ *but* my coming home. 母親只想到我要回家的事。

nóthing dóing 《口語》(1)[Nothing doing!]絕對不行，不幹《★拒絕時的說法》："I insist that you come with me."—"*N*~ *doing*! I've got plans of my own."「我堅持你一定要跟我來。」「不行！我有自己的計畫。」(2)事情行不通，糟糕：I was all ready for a nice vacation, but no, ~ *doing,* the airlines have to go on strike. 我已準備好要度個愉快的假期，但是很糟糕，航空公司的員工要進行罷工。

nóthing élse than [**but**]... =NOTHING but.

nóthing(,) if nòt (1)[置於形容詞之前]極其，非常；主要的長處：She is ~ *if not* cautious. 她極其謹愼。(2)[置於名詞前]完全的，典型的：He is ~ *if not* a businessman. 他是個典型的商人。

nóthing móre [**léss**] **than...** ⇨ more, less *adv.*

nóthing óther than... ＝NOTHING but.
nóthing to spèak of ⇨speak.
There is nóthing for it (but to dó). (除了…外)別無他法，只得：*There was* ～ *for it but to* obey. 除了服從外別無他法。
There is nóthing in.... (1)…完全是假的[不是眞實的]。(2)…是無價值的事；無任何利益。(3)…是容易的事，輕而易舉。
There is nóthing to.... (1)做…不難[不算什麼]：Don't worry! *There's* ～ *to* it. 別擔心！那不難。(2)＝There is NOTHING in.... (1).
thínk nóthing of... ⇨ think.
to sáy nóthing of... ⇨ say.
—*n.* 1 Ⓤ無，空；《數學》零：come to ～ 化爲烏有，成爲泡影/His ambition came to ～. 他的雄心壯志已化爲泡影/*N*～ comes from [of] ～.《諺》無中不能生有。**2** Ⓒ **a** 微不足道的人[東西，事]：a mere ～ 芝蔴小事/the little ～*s* of life 人生的瑣事/His wife is a ～. 他的妻子是個無足輕重的人。**b** [常 ～s] 瑣碎的話：whisper soft [sweet] ～*s* 低聲訴愛，卿卿我我/He murmured a few tactful ～*s.* 他低聲說了些圓滑的話。
nó nóthing [用於列舉的否定語後]《口語》完全沒有，什麼都沒有：There is no bread, no butter, no cheese ...*no* ～. 沒有麵包，沒有奶油，沒有乳酪…什麼都沒有。
—*adv.* 1 毫不，絕不(not...at all)：～ daunted《文語》毫不畏縮/～ loath 毫不討厭，非常樂意/care ～ *about*... 對…毫不關心/care ～ *for*... 一點也不想要…；不在乎…，把…不當一回事/It is ～ less than madness. 那簡直是瘋狂/This is ～ like [near] *as* [*so*] good *as* that. 這個遠不如那個好。**2** [用於名詞之後以加强否定]《口語》不是什麼，豈是，哪裏是…："Is it gold?"—"Gold ～; it's plastic!"「那是金的嗎？」「哪裏是金的，是塑膠的。」

nóth·ing·ness *n.* **1** Ⓤ無，空，不存在：pass into ～ 消滅，漸漸隱沒。**2 a** Ⓤ空虛；無價值，無意義。**b** Ⓒ無意義的東西。**3** Ⓤ不省人事；死。

‡**no·tice** [ˈnotɪs; ˈnoutis] **《源自拉丁文「知道」之義》—*n.* 1 a** Ⓤ通知，通告；公告：give ～ of... 通知…/have [receive] ～ of... 接到…的通知/till further ～ 直到有進一步的通知，在另行通知以前。**b** Ⓤ〔＋ *that*__〕〈…事的〉通知：The whistle blew to give ～ *that* the boat was about to leave. 汽笛聲響起是告知船即將啓航。**c** Ⓒ通知書：an obituary ～ 訃聞。
2 Ⓒ告示，公告，啟事，傳單：post [put up] a ～ 張貼告示/The ～ says, "For the Handicapped." 告示上寫著「殘障者專用」。

> 【說明】英語的告示除直接用 Don't do...「不要…」外，常使用紆說法(periphrasis)來表示强烈的禁止：Drivers may park their cars here at their own risk. (駕駛人可以把車子停在這裏，但後果自行負責。)《「嚴禁停車」的告示》/在兒童專用公園門口也有類似告示：Enter at your discretion. (請憑你自己斟酌後進來。)《禁止成人進入告示》/Enter that area at your own peril. (進入那個地區危險自行負責。)《「此地危險禁止進入」的告示》/《英》Commit no nuisance. (不要做讓人討厭的事。)《請勿在此便溺，請勿亂丟垃圾》。

3 Ⓤ **a** (解雇、解約、解聘等的)預告，警告：give a week's ～ 在一星期前預告解雇[解聘]/*at* [*on*] ten days' [a month's] ～ 以十天[一個月]的預告/without (previous) ～ 無(事先)通知地。**b** 〔＋ *that*__〕事先通知〈…事〉：She gave us ～ *that* she would leave on Monday. 她事先通知我們她將在星期一離開。
4 Ⓤ **a** 注意，注目：⇨ take NOTICE of/Her odd behavior drew ～ to her. 她古怪的舉止引人注目/Her performance in the play has brought her into public ～. 她在那齣戲裏的表演引起公衆的注目/It has come to our ～ that a new book by him [of his] has been published. 我們注意到他的新書已出版。**b** 〔＋ *that*__〕〈對…事的〉注意[留意]：Please take ～ *that* your manuscript must be in our hands by January 30. 請注意尊稿必須在一月三十日前送交給我們。**c** 厚遇，關照，禮遇：I commend her to your ～. 請你多關照她。
5 Ⓒ (報紙等對新書，戲劇、電影等的)評介，短評：The new film got good ～*s.* 新製作的影片獲得好評。
at a móment's nótice 立即，即刻。
at shórt nótice 在短時間內，接到通知後馬上：I can't give you an answer *at short* ～. 我不能馬上回答你。
sit úp and tàke nótice ⇨ sit.
tàke nótice of... 注意到…，留意…《★可用被動語態》：You had better *take* no ～ *of* what he says. 你最好別在意他說的話/The children were crying out to be *taken* ～ *of* by their father. 孩子們大聲哭叫以引起他們父親的注意/His advice was *taken* little ～ *of.* ＝ Little ～ was *taken of* his advice. ＝ Little ～ *of* his advice was *taken.* 他的忠告根本未受到注意。
—*v.t.* 1 注意到，發覺：a 〔＋受〕注意到，認出，發覺…：She ～*d* a big difference at once. 她立刻注意到一個大差異。**b** 〔＋(*that*)__〕注意到〈…事〉：When he took off his hat, I ～*d that* he was very bald. 他脫帽時我注意到他的頭禿得很厲害。**c** 〔＋*wh.*__/＋*wh.*＋to do〕注意到〈是否(做)…〉：I didn't ～ *whether* she was there or not. 我沒注意到她是否在那裏/*N*～ *how to* make it. 注意如何製造它。**d** 〔＋受[所有格]＋do*ing*〕發覺，注意到…〈在做…〉：I ～*d* a strange man prowl*ing* around. 我發覺一個陌生男人在四處徘徊著/I ～*d* his [him] steal*ing* money. 我發覺他在偷錢。**e** 〔＋受＋原形〕注意到…〈做…〉：Did you ～ anyone come in? 你有沒有注意到有人進來過？**2** 〔＋受〕**a** 談到，提及，指出…：He began his lecture by *noticing* the present situation. 他由現況說起開始他的演講。**b** (在報紙等)批評〈書籍、戲劇、電影等〉：The book was favorably ～*d* in literary magazines. 那本書在文學雜誌上獲得好評。
—*v.i.* 注意，留意，發覺："Was she there?"—"I didn't ～."「她在那裏嗎？」「我沒有留意。」

no·tice·a·ble [ˈnotɪsəbl; ˈnoutisəbl] *adj.* **1** 引人注目的，顯著的，顯眼的。**2** 値得注意的，重要的。

nó·tice·a·bly [-səblɪ; -səbli] *adv.* 顯眼地；顯著地。

nótice bòard *n.* Ⓒ《英》布告欄，告示牌(《美》bulletin board).

no·ti·fi·a·ble [ˈnotəˌfaɪəbl; ˈnoutifaiəbl] *adj.* 〈傳染病等〉應通知的，有通知義務的，應具報的。

no·ti·fi·ca·tion [ˌnotəfəˈkeʃən; ˌnoutifiˈkeiʃn] **《notify 的名詞》—*n.* 1** Ⓤ通知，公告，告示。**2** Ⓒ通告書，通知單；報告書。

no·ti·fy [ˈnotəˌfaɪ; ˈnoutifai] **《源自拉丁文「通知」之義》—*v.t.* 1 a** 〔＋受〕(正式)通知〈某人〉：You'd better ～ the police. 你最好通知警方。**b** 〔＋受＋介＋(代)名〕(正式)通知〈某人〉〔…〕〔*of*〕：I shall ～ you ***of*** the arrival of the goods. 貨物到達時我會通知你。**c** 〔＋受＋ *that*__〕通知〈某人〉〈…事〉：We have been *notified that* there will be an exam next Monday. 我們接獲通知說下星期一將有考試。**d** 〔＋受＋ *wh.*__/＋受＋*wh.*＋*to* do〕通知〈某人〉〈何時(做)…〉：The committee will ～ us *when* it will next be held. 委員會將通知我們下次開會的時間/The authorities will ～ you *when to* appear in court. 當局將通知你何時出庭。**e** 〔＋受＋ *to* do〕通知〈某人〉〈做…〉：I *notified* him *to* bring me the document. 我通知他把該文件帶來給我。
2 〔＋受＋介＋(代)名〕《英》將〈事情〉〔向…〕報告〔*to*〕：Such cases must be *notified* ***to*** the police. 這種案件須向警方報告。
3 〔＋受〕《英》發表，宣告，公布…。

*__no·tion__ [ˈnoʃən; ˈnouʃn] **《源自拉丁文「認識」之義》—*n.* 1** Ⓒ **a** 觀念，概念(⇨ idea【同義字】)：the first [second] ～《哲》初次[第二次]概念。**b** 〔＋(介＋) *wh.* 子句・片語〕[有關…的](模糊的)想法，意見，理解，意識(idea)〔*of*〕：He has no [has not the slightest] ～ (*of*) *what* I mean. 他完全不明白我的意思。**c** 〔＋ *that*__〕〈…的〉想法，意見：She has a strange ～ *that* there will be an earthquake here before long. 她有個奇怪的想法，認爲這裏不久將發生地震。
2 Ⓒ **a** 打算，意向，意圖〔*of*〕：I had no ～ *of* risk*ing* my money. 我無意拿自己的錢去冒險。**b** 〔＋ *to* do〕〈做…的〉意圖：I have a ～ *to* go abroad. 我打算出國。**c** 〔＋ *that*__〕〈做…事的〉意向，念頭：He has a ～ *that* he (*should*) study abroad. 他有出國留學的念頭(《★用困《口語》大多不用 should》.
3 Ⓒ荒唐的想法，怪念頭；心血來潮：a head full of ～*s* 裝滿怪念頭的腦袋。**4** [～s]《美》雜貨《鈕釦、針、絲帶等》。

no·tion·al [ˈnoʃənl; ˈnouʃənl] **《notion 的形容詞》—*adj.* 1** 觀念上的，概念上的。**2 a** 抽象的，純理論的。**b** 想像中的，非現實的。**3** 《美》心血來潮的；異想天開的。**4** 《文法》表示概念的；表意的。

no·to·ri·e·ty [ˌnotəˈraɪətɪ; ˌnoutəˈraiəti] **《notorious 的名詞》—*n.* 1** Ⓤ(常指不好的)批評，惡名，醜名，狼藉的名聲(cf. fame 1)：earn ～ 得惡名。**2** Ⓒ《英》惡名昭彰的人，聲名狼藉的人物。

no·to·ri·ous [noˈtorɪəs; nouˈtɔːriəs] **《源自拉丁文「知名的」之義》—*adj.* (more ～; most ～) 1 a** (常指不好的方面)〈人、行動、場所等〉出名的，惡名昭彰的(⇨ famous【同義字】)：a ～ rascal 惡名昭彰的惡棍。**b** [不用在名詞前]〔＋介＋(代)名〕〔以…〕出名的，惡名昭彰的〔*for, as*〕：The district is ～ ***for*** its fogs. 那地區以多霧出名/He was ～ ***as*** a liar. 他以撒謊出名《他是個撒謊大王》。**2** 衆所周知的《★常用於下列句構》：*It* is ～ *that*.... …是衆所周知的事。**～·ly** *adv.*

No·tre Dame [ˌnotəˈdem; ˌnoutrəˈdɑːm] 《源自法語 'Our Lady' 之義》**—*n.* 1** 聖母瑪利亞。**2** (尤指巴黎(Paris)的)聖母院大教堂。

nó-trúmp 《紙牌戲》*adj.* [用在名詞前](打橋牌時)叫無王牌的，打無王牌牌戲的。
—*n.* Ⓒ (*pl.* ～, ～s) 叫無王牌，無王牌的牌戲。

Not·ting·ham·shire [ˈnɑtɪŋəmˌʃɪr, -ʃɚ; ˈnɔtiŋəmʃə, -ʃiə] *n.*

諾丁安郡《英格蘭中北部的一郡；首府諾丁安(Nottingham)；略作 Notts.》.

Notts. [nɑts; nɔts] 《略》Nottinghamshire.

not·with·stand·ing [ˌnɑtwɪθˈstændɪŋ, -wɪð-; ˌnɔtwiθˈstændiŋ, -wið-] «源自 not 與 withstanding 之義的現在分詞» —*prep.* 縱然，儘管…(★[用法]有時置於(代)名詞之後，爲拘泥的字)：～ his disapproval = his disapproval ～ 縱然他不贊成。
—*adv.* 即使(nevertheless).
—*conj.* [有時與 that 連用]雖然…(although)《★非標準用語》。

nou·gat [ˈnugət, ˈnugɑ; ˈnu:gɑ:, ˈnʌgət] *n.* Ⓤ[指個體時爲Ⓒ]果仁糖《用果仁(如杏仁，花生等)、奶油和糖或蜂蜜製成的軟糖》：a piece of ～ 一顆果仁糖。

nought [nɔt; nɔ:t] *n.* **1** Ⓤ《古·詩》無(nothing)《★[拼法]作此義時常寫成 naught》. **2** Ⓒ《英》零(《美》naught)：point ～ one .01.
nóughts and crósses Ⓤ《英》井字遊戲(《美》ticktacktoe)《在井字的九個格子裏，一個人畫「O」，另一個人畫「X」，首先畫滿一線的三格者爲勝，是一種兒童遊戲》。

nou·me·non [ˈnuməˌnɑn, ˈnaʊ-; ˈnauminɔn, ˈnu:-] *n.* Ⓒ (*pl.* **-me·na** [-nə; -nə])《哲》本體，實體《只根據純理性之思考，而非感官認識就能了解之事物》。

***noun** [naʊn; naun] «源自拉丁文「名字」之義» —《文法》*n.* Ⓒ名詞。
—*adj.* [用在名詞前]名詞的, 名詞用法的：a ～ phrase [clause] 名詞片語[子句]。

nour·ish [ˈnɜɪʃ; ˈnʌriʃ] «源自拉丁文「養育」之義» —*v.t.* 〔十受〕**1 a** 滋養，給…營養：Milk ～*es* a baby. 牛奶滋養嬰兒，牛奶給嬰兒營養。**b** 施肥料於〈土地〉。**2** 〈人〉懷有〈希望、怨恨等〉；養育，撫養，培養…。

nóur·ish·ing *adj.* 滋補的；多養分的。

nóur·ish·ment [-mənt; -mənt] «nourish 的名詞» —*n.* Ⓤ **1 a** 滋養物，補品，食物。**b** (精神上的)糧食：Books are the ～ of scholars. 書籍是學者的糧食。**c** 被養育的狀態。**2** 培養，助長。

nous [nus, naus; naus] *n.* Ⓤ **1** 知性，理性。**2** 《英口語》常識(common sense).

nou·veau riche [nuvoˈriʃ; ˌnu:vouˈri:ʃ] «源自法語 'newrich' 之義» —*n.* Ⓒ (*pl.* ***nou·veaux riches*** [～]) [常 ～s]暴發戶。

nou·velle vague [nuˈvɛlˈvæg; nu:ˈvelˈvæg] «源自法語 'new wave' 之義» —*n.* Ⓒ (*pl.* ***nou·velles vagues*** [～])新潮(派)(New Wave)《1960 年代興起於法國電影等的前衛性傾向》。

Nov. 《略》November.

no·va [ˈnovə; ˈnouvə] *n.* Ⓒ (*pl.* ～**s**, **-vae** [-vi; -vi:])《天文》新星《光度驟增數千[萬]倍後逐漸黯淡，至恢復原狀的一種變光星》。

No·va Sco·tia [ˈnovəˈskoʃə; ˌnouvəˈskouʃə] «源自拉丁文「新蘇格蘭」之義» —*n.* 新斯科夏省《加拿大東部的一個半島省分；首府哈利法克斯(Halifax [ˈhæləˌfæks; ˈhælifæks]；略作 N.S.)》.

nov·el[1] [ˈnɑvl; ˈnɔvl] «源自拉丁文「新的」之義» —*adj.* **1** 新的；新奇的。**2** 不太爲人所知的；異常的。

***nov·el**[2] [ˈnɑvl; ˈnɔvl] «源自拉丁文「新種類的(故事)」之義» —*n.* Ⓒ(長篇)小說(★[相關用語]短篇小說是 short story；⇨ fiction【同義字】)：a historical [popular] ～ 歷史[通俗]小說。

nov·el·ette [ˌnɑvlˈɛt; ˌnɔvəˈlet] *n.* Ⓒ[常用於表示輕蔑](內容輕鬆的)中篇小說。

nov·el·ist [ˈnɑvlɪst; ˈnɔvəlist] *n.* Ⓒ小說家。

nov·e·lis·tic [ˌnɑvlˈɪstɪk; ˌnɔvəˈlistik] *adj.* **1** 小說的。**2** 小說式的, 具小說特性的。

nov·el·ize [ˈnɑvlˌaɪz; ˈnɔvəlaiz] *v.t.* 將…編成小說，使…小說化。

no·vel·la [noˈvɛlə; nouˈvelə] «源自義大利語 'novel' 之義» —*n.* Ⓒ (*pl.* ～**s**, **-le** [-li; -li:]) **1** 中篇小說。**2** 《古》短篇故事。

nov·el·ty [ˈnɑvltɪ; ˈnɔvlti] «novel[1] 的名詞» —*n.* **1** Ⓤ新奇，新鮮。**2 a** Ⓒ新奇的東西[事，經驗]。**b** [**novelties**](玩具、裝飾品等)新奇的[廉價的]小件商品。

‡**No·vem·ber** [noˈvɛmbə; nouˈvembə] *n.* 十一月《略作 Nov.》：*in* ～ 在十一月/*on* ～ 5 = on 5 ～ = *on* the 5th of ～ 在 11 月 5 日(⇨ January【說明】)。

> 【字源】源自義爲「九」的拉丁文 *novem.* 原來是九月，因爲曆法的改變而變成十一月；cf. December【字源】

no·ve·na [noˈvinə; nouˈvi:nə] *n.* Ⓒ (*pl.* ～**s**, **-nae** [-ni; -ni:])《天主教》九日經。

nov·ice [ˈnɑvɪs; ˈnɔvis] *n.* Ⓒ **1 a** 初學者；新手，生手〔*at*〕. **b** 初次出場賽跑的馬[狗]〔*at*〕. **2 a** 初學生《尚未立誓修道志願的修鍊》。**b** 新入教者，新信徒。

no·vi·ti·ate [noˈvɪʃɪɪt; nouˈviʃiit] *n.* Ⓒ **1** 初學(期)。**2** 初學院。**3** 新手；生手；初學生。

No·vo·cain(e) [ˈnovəˌken; ˈnouvəkein] *n.* Ⓤ《藥·商標》諾佛卡因，新古柯鹼。

‡**now** [naʊ; nau] *adv.* (無比較級、最高級) **A 1** [與現在式動詞連用] **a** 現在，此刻，目前，現在(已經)，按目前的情形：He is busy ～. 他現在很忙/It is ～ over. 現在已經完了[過去了]。**b** 馬上，立刻(at once)：Do it right ～. 現在馬上做/You must post the letter ～. 你必須馬上寄這封信。**2** [與過去式動詞連用] **a** [常 **just** [**only**] ～]剛才，方才：She was here *just* ～. 她剛才在這裏。**b** [在故事中]現在；當時，那時；接著，然後；於是(then)：He was ～ a national hero. 他現在是民族英雄了。**3** [**now…now** [**then**]…, 用於前後相關的情形]時而…時而…：It was ～ hot, ～ [*then*] cold. 天氣忽熱忽冷。
—**B 1** [當連接詞用，改變話題等時常用於句首]且說，那麼：*N*～ listen to me. 那麼聽我說吧。**2** [當感嘆詞用，表示命令、要求、安慰、威脅等]好啦，唉呀，喂：*N*～ really! = Really ～! 唉呀，不會是眞的吧！/You don't mean it, ～. 喂，你這話不是當眞的吧/No nonsense ～! 好啦，別說廢話。
cóme nòw (1) [用於催促他人]來吧：*Come* ～, we must start. 來吧，我們必須出發了。(2) [表示驚訝或責難等]唉喲，得啦：Oh, *come* ～! 唉喲，得啦。
(èvery) nów and thén [agáin] 有時；時常，不時：He still gave a shiver ～ *and then.* 他仍然有時會發抖/*N*～ *and then* we could see the lake through the trees. 有時我們從樹林間可看到那個湖。
nów for… 接下來是…：*N*～ *for* today's topics. 接下來是今天的話題。
Nów nów [用於親密的抗議、注意、安慰等時]好啦，行啦，喂喂：*N*～ ～, don't be in such a hurry. 好啦，別那樣匆匆忙忙。
nów or néver! 機不可失！勿失良機！。
Nów thèn (1)那麼：*N*～ *then,* who's next? 那麼下面是誰？(2) = Now now.
—*conj.* [常 ～ **that**]既然…(since)：*N*～ (*that*) you are here, I can go shopping. 你既然在這裏，我就可以去買東西/*N*～ (*that*) I've come I may as well enjoy it. 既然來了，我也可以享受一下。
—*n.* Ⓤ現在，目前，此刻(★[用法]常用於介系詞之後)：*N*～ is the time for starting. 現在正是出發的時刻/by ～ 現在[此刻]已經/for ～ 就此/Good-bye for ～. 暫別了/as of ～ 現在，此刻/till [up to] ～ 迄今，到現在爲止/From ～ on [onward] let us try to answer letters within a week. 從現在起我們儘可能在一週內回信吧。
—*adj.* [用在名詞前](無比較級、最高級)《美》**1** 《口語》現在的，當今的(present)：the ～ government 當今的政府。**2** 《俚》最新流行的，時髦的：～ furniture [styles]最新流行的家具[款式]。

***now·a·days** [ˈnaʊəˌdez; ˈnauədeiz] *adv.* [與現在式的動詞連用]現在，現今，時下：Everything is going up ～. 現在每一樣東西(的價格)都在上漲。
—*n.* Ⓤ現今，時下：the youth *of* ～ 時下的年輕人。

nó·wày *adv.* **1** 一點也不[絕不]…(not at all). **2** [常 **no way**] [⸗⸗]《美俚》[用作感嘆詞](絕對)不行，不要(no)：*No way!* 不行！

nó·wàys *adv.* = noway 1.

‡**no·where** [ˈnoˌhwɛr; ˈnou*h*wɛə] *adv.* 什麼地方都沒有[不到]：The book is ～ to be had. 那本書什麼地方都買不到/He has been ～ for years. 他有好幾年什麼地方都沒去。
be nówhere 《口語》(比賽等時)慘敗。
gèt nówhere ⇨ get.
nówhere néar ⇨ near *adv.*
—*n.* Ⓤ **1** 無人知道的地方：He came *from* ～. 他不知來自何處。**2** 無名的狀態, 無名：come from [out of] ～ 出自藉藉無名，名不見經傳。
míles from nówhere 遠離村莊，罕有人煙的，偏僻的。

nó·wìn *adj.* [用在名詞前]無勝算的：be in a ～ situation 處於無勝算的情況。

nó·wìse *adv.* 《古·文語》= noway 1.

nox·ious [ˈnɑkʃəs; ˈnɔkʃəs] *adj.* 有害[有毒]的；不健全的。
～**·ly** *adv.* ～**·ness** *n.*

noz·zle [ˈnɑzl; ˈnɔzl] *n.* Ⓒ **1 a** (水管等的)管嘴；(渦輪機、火箭內燃機等的)噴嘴[管]，噴氣口。**b** (茶壺的)嘴。**2** 《俚》鼻子(nose).

Np 《符號》《化學》neptunium.

NP 《略》noun phrase.

N.S. 《略》New Style；Nova Scotia.

NSC 《略》National Security Council《美》國家安全會議。

N.S.P.C.C. 《略》National Society for the Prevention of Cruelty to Children《英》全國防止虐待兒童協會。

N.S.W. 《略》New South Wales.

Nt 《符號》《化學》niton.

N.T., NT 《略》New Testament (cf. O.T.).

-n't [-nt, -n̩t; -nt] *adv.* not 之略：could*n't*, did*n't*.

N

nth [εnθ; enθ] *adj.*〖數學〗第 n 號的，n 次的，n 倍的。
to the ńth degrée [pówer] (1)至 n 次[乘冪]。(2)無限地；到極點，極度地。
nt. wt.《略》net weight.
nu [nu, nju; nju:] *n.* ⓊⒸ希臘文字母的第十三個字 *N*, *ν*《相當於英語的 N,n；⇨ Greek alphabet 表》。
nu·ance [nu'ɑns, nju-; nju:'ɑ:ns] «源自法語»—*n.* Ⓒ〔色彩、音調、意義、表達、感情等的〕細微的差異；微妙的色調〔*of*〕：various ~*s of* meaning 意義的種種細微差異/emotional ~*s* = ~*s of* emotion 感情的微妙變化。
—*v.t.*《文語》給與…細微的差異《★常以過去分詞當形容詞用》：a highly ~*d* word 一個字義差別細微的字。
nub [nʌb; nʌb] *n.* **1** Ⓒ(殘留的)小片；(尤指煤炭的)小塊；結，瘤。**2**《口語》[**the** ~]要點，核心(gist)〔*of*〕.
nub·bin ['nʌbɪn; 'nʌbin] *n.* Ⓒ《美》**1** 玉蜀黍發育不全的穗。**2** 小塊，小片。
Nu·bi·a ['nubɪə, 'nju-; 'nju:bjə] *n.* 努比亞《非洲東北部之一古王國》。
Nu·bi·an ['nubɪən, 'nju-; 'nju:bjən] *adj.* 努比亞人[語]的。
—*n.* **1** Ⓒ努比亞人。**2** Ⓤ努比亞語。
nu·bile ['nubḷ, 'nju-, -bɪl; 'nju:bail] *adj.* 及笄而有女性魅力的〈女人〉；已到結婚年齡的，適婚期的。
nu·bil·i·ty [nu'bɪlətɪ, nju-; nju:'biləti] «nubile 的名詞»—*n.* Ⓤ(女子的)適婚期，及笄。
***nu·cle·ar** ['nuklɪɚ, 'nju-; 'nju:kliə] «nucleus 的形容詞» —*adj.* (無比較級、最高級)**1 原子核[能]的**；(靠)核子武器的，擁有核子武器的：the ~ age 核子時代/a ~ base 核子基地/a ~ bomb 核子炸彈/a ~ bomb shelter 核子炸彈蔽護所/~ disarmament 裁減核子軍備/~ energy 核能，原子能/~ fission 核子分裂/~ force 核力/a *nuclear*-free zone 非核子武裝地區，無核區/~ fuel 核子燃料/~ fusion 核聚變，核融合/a ~ fusion bomb 氫彈/~ nonproliferation 防核擴散/a ~ physicist 核子物理學家/~ power (作為動力的)核能/a ~ power plant [station]核能發電廠/~ reaction 核子反應/a ~ test 核子試驗/~ war 核子戰爭/~ waste(s)核子廢棄物/a ~ weapon 核子武器。**2**〖生物〗核的。
gò núclear (1)成為有核子(武器)的國家。(2)採用核能發電。
—*n.* Ⓒ **1** 核子武器。**2** 有核子(武器)的國家。
núclear fámily *n.* Ⓒ〖社會學〗核心家庭《僅由父母及其子女所組成》(↔ extended family).
núclear phýsics *n.* Ⓤ 核子[原子核]物理學。
núclear-pòwered *adj.* 核子動力的；原子能推進的。
núclear reáctor *n.* Ⓒ核反應堆，原子爐。
núclear wárhead *n.* Ⓒ核子彈頭。
nu·cle·ate ['nuklɪ,et, 'nju-; 'nju:klieit] *adj.*〖生物〗有核的。
—*v.t.* 將…聚集於核周圍；使…凝聚；使…成核。
—*v.i.* 成核(狀)；凝聚。
nu·cle·i *n.* **nucleus** 的複數。
nu·clé·ic ácid [nu'kliɪk-, nju-; 'nju:kliik-] *n.* Ⓤ〖生化〗核酸(cf. DNA, RNA).
nu·cle·o·lus [nu'kliələs, nju-; nju:'kli:ələs] *n.* Ⓒ(*pl.* **-o·li** [-,laɪ; -lai])〖生物〗(細胞核內的)核仁，核小體。
nu·cle·on ['nuklɪ,ɑn, 'nju-; 'nju:kliɔn] *n.* Ⓒ〖物理〗核子《質子(proton)或中子(neutron)》.
nu·cle·on·ic [,nuklɪ'ɑnɪk, ,nju-; ,nju:kli'ɔnik˚] *adj.*
nu·cle·on·ics [,nuklɪ'ɑnɪks, ,nju-; ,nju:kli'ɔniks] *n.* Ⓤ核子學，原子核物理學。
nu·cle·us ['nuklɪəs, 'nju-; 'nju:kliəs] *n.* Ⓒ(*pl.* **nu·cle·i** [-klɪ,aɪ; -kliai], ~**·es**) **1** (東西的)核(心)，仁，心，中心，基點。**2**〖生物〗細胞核。**3**〖物理〗原子核，核心。
nude [nud, njud; nju:d] *adj.* (**nud·er**；**nud·est**) **1 a** 裸的，裸體的，赤裸的。**b** [用在名詞前](無比較級、最高級)裸體者(用)的：a ~ party 天體會；一羣裸體者。**2** 無遮掩的，無草木的。**3** (無比較級、最高級)〖法律〗無償的：a ~ contract 無償契約。
—*n.* **1** Ⓒ **a** 裸體的人。**b** 裸體像[畫]。**2** [**the** ~]裸體：in *the* ~ 裸體地，赤裸裸地。~**·ly** *adv.*
nudge [nʌdʒ; nʌdʒ] *v.t.* **1 a** 〔十受〕(為引起注意而用肘)輕推〈某人〉。**b** 〔十受十介十名〕輕觸[推]〈某人〉〈身體的某部位〉〔*in, on*〕《★用法 表示身體部位的名詞前加 the》：He ~*d* me ***in the*** ribs. 他輕觸我的肋骨。**c** 〔十受十 *to* do〕輕觸[推]〈某人〉〈要某人做…〉：Mother ~*d* me *to* keep silent. 母親用肘碰我一下，要我別作聲。**2** 〔十受十副詞(片語)〕**a** (用肘)把〈人、東西〉輕輕地推到(一邊)：He ~*d* me *aside.* 他(用肘)把我輕輕地推到一邊/He ~*d* me *out of* the room. 他把我推出房間。**b** [~ **one's way**]用肘邊推邊向前走：We ~*d* our way *through* the crowd. 我們在人羣中邊推邊向前走。**3** 輕輕[一點一點]地推動〈東西〉。
—*v.i.* 〔動(十副詞(片語))〕(用肘)輕觸[推]。
—*n.* Ⓒ用肘輕輕的一碰[推]：give a person a ~ 用肘輕輕地碰一下某人。
núd·ism [-dɪzəm; -dizəm] *n.* Ⓤ裸體主義，天體主義。
núd·ist [-dɪst; -dist] *n.* Ⓒ裸體主義者，天體主義者。
—*adj.* 裸體[天體]主義(者)的：a ~ colony 裸體[天體]營。
nu·di·ty ['nudətɪ, 'nju-; 'nju:dəti] «nude 的名詞»—*n.* **1** Ⓤ裸露，裸體。**2** Ⓒ裸露的東西；裸體畫[像]。
nu·ga·to·ry ['nugə,torɪ, 'nju-, -,tɔrɪ; 'nju:gətərɪ] *adj.* **1** 無價值的，無用的。**2** 無效的，不起作用的。
nug·get ['nʌgɪt; 'nʌgit] *n.* Ⓒ(尤指天然貴金屬的)礦塊。
***nui·sance** ['nusṇs, 'nju-; 'nju:sns] «源自拉丁文「傷害」之義» —*n.* Ⓒ **1 麻煩[有害]的東西[行為]，討厭的東西[人]**，棘手的事：make a ~ of oneself = make oneself a ~ 成為討厭的人，惹人厭惡/Flies are a ~. 蒼蠅是討厭的東西。**2**〖法律〗(非法)妨礙：a private ~ 私人妨擾，妨害私人利益的行為/⇨ public nuisance/abate a ~ 排除非法妨礙《被害人以自力所為者》。
Commít nó núisance!《英》《告示》(1)禁止便溺。(2)禁倒垃圾。
núisance tàx *n.* Ⓒ小額消費品稅。
núisance vàlue *n.* Ⓤ[又用單數] **1** 煩擾敵人或對手的價值[效果]。**2**〖軍〗(小規模轟炸等的)騷擾效果。
nuke [nuk, njuk; nju:k] «nuclear 之略» —《俚》*n.* Ⓒ **1** 核子武器[炸彈]；核子動力潛水艇：No *Nukes*！反核！禁止核武器！**2** 核能發電廠，核子反應爐。
—*v.t.* 以核子(武器)攻擊…。
null [nʌl; nʌl] *adj.* **1** (法律上)無效的。**2 a** 無價值的。**b** 無特徵[個性]的，無表情的。**3** 不存在的，等於無的。**4**〖數學〗零的。
núll and vóid〖法律〗無效的。
nul·lah ['nʌlə; 'nʌlə] *n.* Ⓒ(東印度等地)水路；河牀；乾涸的河牀；峽谷；山峽。
nul·li·fi·ca·tion [,nʌləfə'keʃən; ,nʌlifi'keiʃn] «nullify 的名詞»—*n.* Ⓤ無效，廢棄，取消〔*of*〕.
nul·li·fy ['nʌlə,faɪ; 'nʌlifai] «源自拉丁文「使落空，使無」之義»—*v.t.* **1** 使…(在法律上)無效。**2** 取消，廢棄…。**3** 使…無價值[報廢]；抹殺…。
nul·li·ty ['nʌlətɪ; 'nʌləti] «null 的名詞» —*n.* **1 a** Ⓤ(法律上的)無效〔*of*〕：~ *of* marriage 婚姻無效/a ~ suit 要求婚姻無效的訴訟。**b** Ⓒ無效的行為[文件]。**2 a** Ⓤ無價值，無。**b** Ⓒ微不足道的人[物]。
Num.《略》〖聖經〗Numbers.
numb [nʌm; nʌm] *adj.* (~**·er**；~**·est**) **1 a** (因寒冷而)**僵硬的，凍僵的；麻木的，無感覺的**：~ fingers 凍僵的手指。**b** [不用在名詞前]〔十介十(代)名〕〔因寒冷而〕凍僵的，麻木的〔*with*〕：My fingers were ~ ***with*** cold. 我的手指冷得凍僵了。**2 a** (因悲傷、疲勞等而)麻木的，無感覺的：a ~ mind 麻木的心。**b** [不用在名詞前]〔十介十(代)名〕〔因悲傷、疲勞等而〕麻木的，無感覺的，茫然失措的〔*with*〕：She was ~ ***with*** grief. 她悲傷得茫然失措。
—*v.t.* 〔十受〕**1** 使〈某人〉失去感覺，使…凍僵；使〈人、心〉麻木，使…茫然《★常用被動語態，變成「凍僵，麻木」之意；介系詞用 *by, with*》：The cold ~*ed* his feet. 寒冷使他的腳凍僵/My lips *were* ~*ed* ***with*** cold. 我的嘴唇因寒冷而麻木/Her heart *was* ~*ed with* grief [**by** the sad news]. 她的心因悲傷[噩耗]而麻木。**2** 〈藥等〉使〈痛苦〉減輕。~**·ness** *n.*
‡**num·ber** ['nʌmbɚ; 'nʌmbə] «源自拉丁文「數」之義»—*n.* **1 a** Ⓒ(抽象概念的)**數**：a high [low] ~ 大的[小的]數/an even [odd, imaginary] ~ 偶[奇，虛]數/⇨ cardinal number, ordinal number. **b** Ⓤ[常 **the** ~]〔人、東西的〕總數；人數，個數〔*of*〕：*The* ~ *of* students has been increasing. 學生的人數一直在增加(⇨ a NUMBER of 用法(2))/The guests were ten *in* ~. 客人的人數是十位/They were much smaller *in* ~ than we. 他們在人數上比我們少得多。**c** Ⓤ計算，數理：a sense of ~ 數的觀念。

【說明】(1)關於數(number)的讀法有幾種，現在舉例說明如下：
①十幾歲的少年、少女，尤指十三歲到十九歲者，稱作 teenager《★注意不要拼成 ten-》.
②表示時間時 10:40(十時四十分)讀作 ten forty.
③分數的讀法如下：三分之一讀作 a third；三分之二讀作 two-thirds《小數點的讀法請參照 zero【說明】》。
④Louis XIV(路易十四)讀作 ['luɪðə,fɔr'tinθ; 'lu:iðə,fɔ:'ti:nθ].
⑤ World War I (第一次世界大戰)讀作 ['wɝld,wɔr'wʌn; 'wə:ld,wɔ:'wʌn].
(2)表示數(number)的字首(prefix)舉例說明如下：
①mono-, uni-「單一的」：monorail (單軌)，unicorn (獨角獸)。
②bi-「二的」：bicycle ((有兩個輪子的)自行車)。
③tri-「三的」：triangle (三角形)。
④tetra-, quad-「四的」：tetrapod (四足動物)，quadrant ((四分之一圓的)四分儀)。
⑤penta-「五的」：Pentagon ((建築物成五角形的)美國國防部

大廈[五角大廈]）。
⑥sex-「六的」: sextant（(六分之一圓的)六分儀）。
⑦sept-「七的」: septet（七重奏[唱]）。
⑧octo-「八的」: octopus（(有八隻脚的)章魚），octant（(八分之一圓的)八分儀）。
(3)關於英美數字的數法，請參照 count¹ 1 的插圖。

2 a Ⓒ**數字**；數詞(numeral). **b** [~s]算術：the science of ~s 算術/be good [poor] at ~s 善於[拙於]算術。
3 a Ⓒ**號碼**；電話號碼；號碼牌：a house ~ 房屋的號碼，門牌號碼/(The) ~ is engaged.《英》(打電話時)講話中/take a ~ 取(表示順序的)號碼牌。**b** 第(幾)號[個，卷(等)]《略作 No. (*pl.* Nos.)；又可以 N° 或 # (美式用法)表示》：Room *No.* 303 第 303 號房/*in* the May [December] ~ 在五月[十二月]號(的雜誌)上/⇨ back number/(*No.*) 10 Downing Street 唐寧街十號《英國首相官邸；⇨ Downing Street》/live *at* (*No.*) 21 Newton Rd 住在牛頓路二十一號《★用法 住址門牌號碼的數字前一般不加 No.》.
4 Ⓒ **a** (演出)節目之一，表演的一個項目，演唱的一曲：the last ~ 最後的歌曲。**b** [常用單數；常與修飾語連用]商品；(尤指)衣、帽：a smart ~ 時髦的衣服。
5 a [a ~]若干；一些：⇨ a NUMBER of. **b** [~s] 許多，大批：There are ~s (*of* people) who believe it. 有許多人相信那件事/He made ~s *of* experiments. 他做了多次實驗。**c** [~s]數量上的優勢：win *by* (force of) ~s 以數多[人數]獲勝/make up *by* ~s 以多銷達成(營利)目標，薄利多銷/There is strength in ~s. 數多則有力，人多勢衆/There is safety in ~s.《諺》人[同類]多則安全。
6 Ⓒ同伴，夥伴：He is not of our ~. 他不是我們的夥伴[一份子]/among the ~ of the dead 在死者之列，已死。
7 Ⓒ **a**《口語》(特定的)人，物：⇨ opposite number. **b** [常用單數]《俚》姑娘，女孩子：a little blond ~ 金髮少女。
8 ⓊⒸ《文法》**數**：the singular [plural] ~ 單[複]數。
a lárge [gréat] númber of... 很多…：There is [are] *a large ~ of* parks in the city. 該市有很多公園。
a númber of... 若干…；一些…，許多…《★用法(1)爲限定數目的大小有時用 a large [great] NUMBER of, a small NUMBER of. (2)特定情形用 *the* number of, 但與義 1b 不同，變成當複數用》：She bought *a ~ of* eggs at the store. 她在那家商店買了幾個[很多]蛋/I can give you *a ~ of* reasons. 我可以給你舉出一些[很多]理由/*The ~ of* objects on the table *were* Christmas gifts. 桌上的那些東西是耶誕禮物。
ány númber of... 無論多少…，許多…：We can do it *any ~ of* times. 我們做多少次都可以。
a smáll númber of... 少數的…，少許…：He has only *a small ~ of* friends. 他只有少數(幾個)朋友。
beyònd númber 數不清的，無數的。
by númber 用數字(表示)，在數字上。
by númbers (1)⇨ 5c. (2)《英》= by the NUMBERS.
by the númbers《美》(1)《軍》分解動作；與號令一致地；步伐整齊地。(2)有規則地，規律地。
gèt [hàve] a person's númber《口語》識破[看穿]人的眞意[眞面目]：I*'ve got* his ~. 我已看穿他的眞面目。
in númbers (1)分成數册地，分成幾次地。(2)大批地，成羣地；[與修飾語連用]成…數量地：migrate *in ~s* 〈動物〉成羣地移動/*in* great [small] ~s 成多數地[少數地]/*in* round ~s 以整數[約數]表示，大概。(3)⇨ 5c.
One's **númber is [has còme] úp.**《口語》某人的劫數[死期]已到。
númbers of... ⇨ 5 b.
òut of númber 無數的[地]。
to the númber of... (數目)多到…，總數爲…(as many as)：*to the ~ of* eighty (數目)多到八十。
withòut númber [常用於名詞之後]無數的：times *without ~* 無數次，數不清的次數。
—*v.t.* **1 a** [十受]給…編號《★常用被動語態》：They *~ed* the houses. 他們給那些房屋編號/All the pages *are ~ed.* 全部書頁都標有頁碼。**b** [十受十補]給〈…〉編〈號數、頁碼〉：a handout *~ed* one 編號 1 號的講義。**c** [十受十介十(代)名]給…編上[從…][到…]的號碼[*from*] [*to*]：~ the boxes (***from***) 1 ***to*** 10 給箱子編以 1 到 10 的號碼《★用法 有時省略 from》. **2**《詩》**a** [十受]數，計算…。**b** [十受十介十(代)名]把…列入[…之中]，將…算在[…內] [*among, with*]：He should be *~ed* ***among*** my followers. 他應該算是我的部下之一。**3** [十受] **a** 數達…：a crew *~ing* 30 men 數達三十名的船員[機員]。**b** 〈城市人口等〉共計有…：The town *~s* two thousand people. 該鎮有二千名居民。**4** [十受]《口語》限定…的數，使…有限度《★常用被動語態》：His days *are ~ed.* 他的餘日不多《活不久了》。
—*v.i.* **1 a** 計算，數數目。**b** [十介十(代)名]數達[…]，共計[爲…] [*in*]：His supporters ~ ***in*** the thousands. 他的支持者多達數千人。**2** [十介十(代)名]列入[…之中]，算在[…之內] [*amoung, with*]：That record *~s* ***among*** the top ten. 那張唱片列入前十名之中。
númber óff《*vi adv*》《英》《軍》〈士兵〉(列隊)報數(《美》count off).

núm·ber·ing machìne [-bərɪŋ-; -bəriŋ-] *n.* Ⓒ號碼機，編號機。
númber·less *adj.* **1** 數不清的，無數的(innumerable). **2** 沒有號碼的。
númber óne *n.* Ⓤ **1 a** 第一號。**b** 第一號人物，首要人物。**2**《口語》(從利己立場的)自己，自己的利益：look after [take care of] ~ 只關心自己的利益，作自我本位的想法。**3**《口語》小便。
—*adj.* [用在名詞前]《口語》**1** 第一的。**2** 一流的，最好的。
númber plàte *n.* Ⓒ **1** (房屋的)門牌。**2**《英》(汽車等的)牌照(《美》license plate)(⇨ car 插圖)。
Num·bers [ˈnʌmbərz; ˈnʌmbəz] *n.* Ⓒ《聖經》民數記《聖經舊約的第四篇；略作 Num.》.
númber twó *n.* Ⓤ **1** 第二號人物。**2**《口語》大便。
númb·ing [-mɪŋ; -miŋ] *adj.* [用在名詞前]使無感覺的，使麻木的；使失去知覺的：a ~ pain 使人失去知覺的疼痛。

number(數)表

cardinal numbers (基數)	Arabic numerals (阿拉伯數字)	Roman numerals (羅馬數字)	ordinal numbers(序數)與其簡寫		表示次數的副詞
zero, naught	0				
one	1	I, i	first	1st	once (1次)
two	2	II, ii	second	2nd	twice (2次)
three	3	III, iii	third	3rd	three times (3次)
four	4	IV, iv	fourth	4th	four times (4次)
five	5	V, v	fifth	5th	five times (5次)
six	6	VI, vi	sixth	6th	six times (6次)
seven	7	VII, vii	seventh	7th	seven times (7次)
eight	8	VIII, viii	eighth	8th	eight times (8次)
nine	9	IX, ix	ninth	9th	nine times (9次)
ten	10	X, x	tenth	10th	ten times (10次)
eleven	11	XI, xi	eleventh	11th	eleven times (11次)
twelve	12	XII, xii	twelfth	12th	twelve times (12次)
thirteen	13	XIII, xiii	thirteenth	13th	thirteen times (13次)
fourteen	14	XIV, xiv	fourteenth	14th	fourteen times (14次)
fifteen	15	XV, xv	fifteenth	15th	fifteen times (15次)
sixteen	16	XVI, xvi	sixteenth	16th	sixteen times (16次)
seventeen	17	XVII, xvii	seventeenth	17th	seventeen times (17次)
eighteen	18	XVIII, xviii	eighteenth	18th	eighteen times (18次)
nineteen	19	XIX, xix	nineteenth	19th	nineteen times (19次)
twenty	20	XX, xx	twentieth	20th	twenty times (20次)

N

numb·ly [ˋnʌmlɪ; ˈnʌmli] *adv.* 凍僵地，麻木地。

numb·skull [ˋnʌmˏskʌl; ˈnʌmskʌl] *n.* ＝numskull.

nu·mer·a·ble [ˋnumərəbl̩, ˋnju-; ˈnju:mərəbl] *adj.* 可數的，可計算的。

nu·mer·a·cy [ˋnumərəsɪ, ˋnju-; ˈnju:mərəsi] *n.* Ⓤ《英》(與 literacy 相對)有數理的知識[能力]。

nu·mer·al [ˋnumrəl, ˋnju-, -mərəl; ˈnju:mərəl] 《源自拉丁文「數」之義》**—*n.*** **1** Ⓒ **a** 數字：⇨ Arabic numerals, Roman numerals. **b** 數詞。**2** [~s]《美》(學校頒給某項課外活動成績優異班級的)榮譽年號；cf. letter 7)。

—*adj.* 數的；表示數的。

nu·mer·ate [ˋnuməˏret, ˋnju-; ˈnju:mərət, -rit] *v.t.* **1** 數，計算…。**2**〔數學〕讀〈數字、程式等〉。

— [ˋnumərɪt, ˋnju-, -ˏret; ˈnju:mərət, -rit] *adj.*《英》有數理知識的。

nu·mer·a·tion [ˏnuməˋreʃən, ˏnju-; ˌnju:məˈreiʃn] 《numerate 的名詞》**—*n.*** **1** Ⓤ **a** 計算。**b** 計算法：(the system of) decimal ~ 十進法。**2** ⓊⒸ〔人口等的〕計算，統計〔*of*〕。

nú·mer·à·tor [-tə; -tə] *n.* Ⓒ **1** 計算者；計算機。**2**〔數學〕(分數的)分子(⇨ fraction 2 a)。

nu·mer·ic [nuˋmɛrɪk, nju-; nju:ˈmerik] *adj.* ＝numerical.

—*n.* Ⓒ數；數字。

nu·mer·i·cal [njuˋmɛrɪkl̩; nju:ˈmerikl ˉ] 《number 的形容詞》**—*adj.*** 數的，有關數的，用數字表示的：a ~ statement 統計，數目表/in ~ order 按照(1, 2, 3 的)數字大小順序/We have ~ strength over the enemy. 我方兵力多於敵方。

~·ly [-kl̩ɪ; -kəli] *adv.*

nu·mer·ol·o·gy [ˏnuməˋrɑlədʒɪ, ˏnju-; ˌnju:məˈrɔlədʒi] *n.* Ⓤ命理學《依據出生年月日及其他數字測定命運之學》。

***nu·mer·ous** [ˋnumrəs, ˋnju-, -mərəs; ˈnju:mərəs] *adj.* **1** [與複數名詞連用]極多的，許多的：his ~ friends 他的許多朋友/Similar instances are ~. 類似的例子極多。

2 [與單數集合名詞連用]由多數構成的，衆多的：a ~ army [family] 大軍[大家族]：His collection of books is ~. 他的藏書很多。**~·ly** *adv.*

nu·mi·nous [ˋnumənəs, ˋnju-; ˈnju:mənəs] *adj.* 神秘的；超自然的；神聖的。

nu·mis·mat·ic [ˏnumɪzˋmætɪk, ˏnju-; ˌnju:mizˈmætik ˉ] *adj.* **1** 貨幣的，古錢的。**2** 錢幣學的，古錢學的。

nù·mis·mát·i·cal [-tɪkl̩; -tikl ˉ] *adj.* ＝numismatic.

~·ly [-kl̩ɪ; -kəli] *adv.*

nu·mis·mat·ics [ˏnumɪzˋmætɪks, ˏnju-; ˌnju:mizˈmætiks] *n.* Ⓤ貨幣學，古錢學《包括紙幣、金屬徽章類》。

nu·mis·ma·tist [nuˋmɪzmətɪst, nju-; nju:ˈmizmətist] *n.* Ⓒ貨幣[古錢]學家。

num·skull [ˋnʌmˏskʌl; ˈnʌmskʌl] 《源自 numb (麻木的) 與 skull (腦殼)》**—*n.*** Ⓒ《口語》笨蛋。

nun [nʌn; nʌn] 《源自拉丁文「老婦人」之義》**—*n.*** Ⓒ修女，尼姑《放棄凡俗生活而在修道院(convent)生活的女修道者；cf. monk》。

nun

nun·ci·o [ˋnʌnʃɪˏo; ˈnʌnʃiou] *n.* Ⓒ (*pl.* ~s) 羅馬教皇的使節；教廷大使。

nun·ner·y [ˋnʌnərɪ; ˈnʌnəri] *n.* Ⓒ女修道院，尼庵《★ 比較 男修道院稱爲 monastery；cf. cloister 2》。

nup·tial [ˋnʌpʃəl, ˋnʌptʃəl; ˈnʌpʃl, ˈnʌptʃəl]《文語》*adj.* 婚姻的，結婚的，婚禮的：a ~ ceremony 婚禮。**—*n.*** [~s]結婚典禮。

Nu·rem·berg [ˋnjurəmˏbɝg; ˈnjuərəmbə:g] *n.* 紐倫堡《西德巴伐利亞省(Bavaria)中北部的城市》。

‡nurse [nɝs; nə:s] *n.* Ⓒ **1** [也用於稱呼]護士《★ 用法 入院病人對負責看護的護士，以無冠詞的專有名詞 Nurse 稱呼》：a hospital ~ 醫院護士/a male ~ (精神病院等的)男護士/*N*~ Smith 史密斯護士/《美》a registered ~ ＝《英》a State-registered ~ 合格護士/《美》a licensed practical ~ ＝《英》a State-enrolled ~ 註册護士。

【字源】本來的意思是「給嬰兒吃奶，餵食物，養」，指代母親餵奶的奶媽，尤其是有錢家庭僱請的乳母。後來請來照顧小孩子的女性以及在醫院裡照顧病人的護士稱做 nurse.

2 a (給嬰兒餵奶的)乳母，奶媽(wet nurse)。**b** (不餵奶只負責照顧的)保母(dry nurse)。**c** ＝nursemaid. **d** [N~；用於稱呼雇用在家裡的乳母]奶媽《★ 用法 在家人間當無冠詞的專有名詞用》：*N*~ has taken Baby out to the park. 奶媽帶寶寶到公園去了。

3 培養[促成]〔某性質、狀態〕的人[東西]，培養者，養成所〔*of*〕。

4〔昆蟲〕保母蟲，保育蟲《保護幼蟲的昆蟲；工蜂、工蟻等》。

at núrse 交給奶媽養育，寄養在別人家：The baby is *at* ~. 嬰兒寄養在乳母[奶媽]處。

pùt (óut) ...to núrse 將…寄養於人，將…托人撫養；把〈地產〉交人管理。

—*v.t.* 〔十受〕**1 a** 看護〈病人〉。**b** 療養〈疾病〉，治療〈患處〉：He ~*d* a bad cold by going to bed. 他以睡眠護理重感冒。**2 a** 給〈嬰兒〉餵奶，哺乳。**b** 照顧〈幼兒〉。**3 a** 栽培，培養〈植物等〉。**b** 鼓勵〈文藝等〉。**c** 發揮〈才能等〉：~ one's talent 發揮自己的才能。**4 a** 謹慎管理〈財產等〉；節用，愛惜〈資源、精力等〉：~ a fire 緊偎著火《以免熄滅》。**b** 一點一點地喝〈酒等〉。**5** 愛撫，抱…：~ a baby 抱嬰兒/~ one's knees 抱著膝蓋。**6** 心懷〈憎恨、復仇等〉：~ a grudge against a person 懷恨某人。

—*v.i.* **1** 做護士；看護。**2 a** 餵奶。**b** 〈嬰兒〉吃奶。**c** 〔十介十(代)名〕〈嬰兒〉吃〔奶〕〔*at*〕。

núrse-chìld *n.* Ⓒ (*pl.* **-children**)由奶媽養育的小孩。

nurse·ling [ˋnɝslɪŋ; ˈnə:sliŋ] *n.* ＝nursling.

núrse·màid *n.* Ⓒ照顧幼兒的婦女，阿媽。

nurs·er·y [ˋnɝsrɪ, ˋnɝsərɪ; ˈnə:səri] *n.* Ⓒ **1 a** 小孩的房間，育兒室。**b** 托兒所，育嬰院。**2** 苗圃；養魚[養殖]場。**3 a** 〔某物的〕養成所〔*of, for*〕. **b** 〔犯罪等的〕溫牀〔*of, for*〕.

nursery 1 a

núrsery·màid *n.* ＝nursemaid.

núrsery·man [-mən; -mən] *n.* Ⓒ (*pl.* **-men** [-mən; -mən])苗圃主人，樹苗培養工[經營者]。

núrsery rhỳme *n.* Ⓒ童謠，兒歌。

【說明】一般所稱的鵝媽媽童謠集(Mother Goose's Melodies)，其實是英國自古時傳下來的民俗童謠。這些童謠裡保存著民族的傳統歌謠和風俗習慣，也充分地表現民族意識的本質，最近頻頻成爲學者研究的對象。英國人稱其爲 nursery rhymes, 美國人却稱作 Mother Goose songs.

núrsery schòol *n.* Ⓤ[指設施時爲Ⓒ] (英國的)保育學校，托兒所《爲二歲至五歲的幼兒而設的學校，不屬於義務教育；cf. infant school, kindergarten》.

núrsery tàle *n.* Ⓒ兒童故事，童話。

núrse's áide *n.* Ⓒ護士的助手，助理護士《做簡易的護理工作》。

núrs·ing *n.* Ⓤ **1 a** 看護，照顧病人。**b** (職業性的)護理，護士的工作。**2** 育兒，保育；餵奶。

núrsing bòttle *n.* Ⓒ《美》奶瓶(《英》feeding bottle).

núrsing fàther *n.* Ⓒ養父。

núrsing hòme *n.* Ⓒ **1** (尤指照顧老人的私立)療養院。**2**《英》小規模的私立醫院。

núrsing mòther *n.* Ⓒ **1** 養母。**2** 乳兒的母親。

núrsing schòol *n.* Ⓤ[指設施時爲Ⓒ]護士學校。

nurs·ling [ˋnɝslɪŋ; ˈnə:sliŋ] *n.* Ⓒ **1** (尤指由奶媽撫養的)嬰兒，幼兒。**2** 被當作寶貝養育的人[東西]，心愛的孩子[東西]〔*of*〕.

nur·ture [ˋnɝtʃɚ; ˈnə:tʃə] *v.t.* **1** 養育〈小孩〉，教養。**2** 教育〈人〉，培育〈精神〉，養成，訓練。

—*n.* Ⓤ **1** 養育；培育，教養：nature and ~ 本性和教養。**2** 營養品，食物。

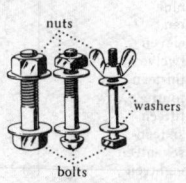

***nut** [nʌt; nʌt] *n.* **1** Ⓒ **a** (硬殼(shell)的)堅果，核果《胡桃、榛、栗等的果實》。**b** 堅果的果仁。**2**

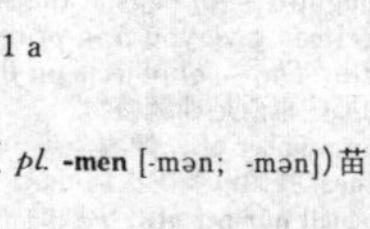

nut 2

Ⓒ《機械》**螺帽**，**螺母**。**3** Ⓒ《音樂》(小提琴等鬆緊弓弦的)弦枕。**4** Ⓒ《口語》**a** 頭(head)：⇨ off one's NUT. **b** 怪人；瘋子。**c** [與修飾語連用]熱愛者，迷(cf. nuts *adj.* 2)：a hi-fi ~ (音響等的)高傳眞熱愛者。**5** Ⓒ [常 ~s]《英》(家庭用的)小煤塊。**6** [~s]《美鄙》睪丸。

for núts 《英口語》[常與 can't 連用]完全，簡直，一點也(不)(at all)：I *can't* play golf *for ~s.* 我完全不會打高爾夫球。

hárd [tóugh] nút to cràck 難題，難事，難對付的人。

nòt cáre a (rótten) nút 毫不在乎。

núts and bólts [the ~](1)〔事物的〕基本，根本〔*of*〕(cf. nuts-and-bolts). (2)〔機器〕會動的部分〔*of*〕.

óff one's **nút** 《俚》瘋狂的《★源自義 4 a》.

—*v.i.* (**nut·ted**; **nut·ting**) 拾[採集]核果[堅果]《★ 常用於下列片語》：go *nutting* 去拾堅果。

nút-brówn *adj.* 栗色的，赤褐色的。

nút·càse 《源自 nut *n.* 4 b》**—*n.*** Ⓒ《口語・謔》瘋子。

nút·cràcker *n.* Ⓒ胡桃鉗《★用法《英》常用複數》：a pair of ~*s* 一把胡桃鉗。

nutcracker(s)

nút·gàll *n.* Ⓒ(寄生於橡樹的)沒食子，五倍子。

nút·hàtch *n.* Ⓒ《鳥》鳾《又名五十雀》。

nút·hòuse 《源自 nut *n.* 4b》**—*n.*** Ⓒ《俚》精神病院，瘋人院。

nut·let [ˋnʌtlɪt; ˈnʌtlit] *n.* Ⓒ **1** 小堅果；小堅果狀之水果[子]。**2** (堅果之)果仁。

nút·mèat *n.* Ⓤ堅果的核仁。

nút·meg [-mɛg; -meg] *n.* **1** Ⓒ **a** 肉豆蔻《熱帶產常綠喬木肉豆蔻樹的種子，製香料、藥用》。**b**《植物》肉豆蔻樹。**2** Ⓤ肉豆蔻粉《肉豆蔻製成的粉末狀香辣調味料》。

Nútmeg Státe *n.* [the ~]美國康乃狄格州(Connecticut)的別稱。

nút·pick *n.* Ⓒ(將胡桃等堅果從殼內取出所用之)尖銳挑針。

nu·tri·a [ˋnutrɪə, ˋnju-; ˈnju:triə] *n.* **1** Ⓒ《動物》中南美洲巨水鼠(coypu)，河狸鼠。**2** Ⓤ中南美洲巨水鼠的毛皮。

nu·tri·ent [ˋnutrɪənt, ˋnju-; ˈnju:triənt] *adj.* = nutritious.
—*n.* Ⓒ營養物[劑]。

nu·tri·ment [ˋnutrəmənt, ˋnju-; ˈnju:trimənt] *n.* ⓊⒸ滋養品，養分，食物(food).

nu·tri·tion [nuˋtrɪʃən, nju-; nju:ˈtriʃn] *n.* Ⓤ **1 a** 攝取營養物；營養(作用)。**b** 營養物，食物。**2** 營養學。
~·al [-ʃənl; -ʃnl] *adj.*

nu·tri·tious [nuˋtrɪʃəs, nju-; nju:ˈtriʃəs] *adj.* 有養分的，滋養的。**~·ly** *adv.* **~·ness** *n.*

nu·tri·tive [ˋnutrɪtɪv, ˋnju-; ˈnju:trətiv] *adj.* **1** = nutritious. **2** (關於)營養的。

nuts [nʌts; nʌts] 《源自 nut *n.* 4 b》**—*adj.*** [不用在名詞前]《俚》**1** 發瘋的，發狂的(crazy)：He's ~. 他發瘋了/He went ~. 他發狂了。**2** [十介十(代)名]〔對人、物〕熱中的，狂熱的〔*about, on, over*〕《★ 用法《美》用 about》：He's (*dead*) ~ ***about*** [*on*] cars. 他對車子著了迷。
—*interj.* 《美俚》[表示憎惡、藐視、失望、拒絕等]呸！廢話！胡扯！：*N~* (*to* you)！胡扯！混蛋！

núts-and-bólts *adj.* [用在名詞前]**1** 基本的。**2** 實際的。

nút·shèll *n.* Ⓒ **1** (胡桃等)堅果的外殼。**2** 極小的容器[房間]。

in a nútshell 極簡潔地，簡言之，概括地說：I will put it *in a ~.* 我將概括地說/This, *in a ~*, is the situation. 簡言之[概括地說]，情況就是這樣。

nut·ter [ˋnʌtɚ; ˈnʌtə] *n.* Ⓒ拾堅果者。

nút·ting *n.* Ⓤ拾[採集]堅果。

nút trèe *n.* Ⓒ堅果樹；(尤指)榛。

nut·ty [ˋnʌtɪ; ˈnʌti] 《nut 的形容詞》**—*adj.*** (**nut·ti·er**; **-ti·est**) **1** 多堅果的。**2** 〈葡萄酒等〉有堅果風味的，富於風味的。**3** 《俚》**a** 發狂的(crazy). **b** [不用在名詞前][十介十(代)名]〔對…〕熱中的〔*over, on, about*〕.
(as) nútty as a frúitcake ⇨ fruitcake.
nút·ti·ly [-tɪlɪ; -tili] *adv.* **-ti·ness** *n.*

nux vom·i·ca [ˋnʌksˋvɑmɪkə; ˌnʌksˈvɔmikə] *n.* Ⓒ《植物》**1** 馬錢子《俗稱番木鱉》。**2** 馬錢子之種子《有毒，供藥用》。

nuz·zle [ˋnʌzl; ˈnʌzl] 《源自中古英語「用鼻子(nose)觸地」之義》**—*v.i.*** **1 a** [動(十副)]〈動物〉鼻子緊挨著[貼近]〈*up*〉. **b** [(十副)十介十(代)名]〈動物〉用鼻子觸[摩擦]，將鼻子插入〔…〕〈*up*〉〔*against, at, into*〕：The puppy *~d* ***against*** his shoulder [***into*** his hands]. 那隻小狗用鼻子碰他的肩膀[輕觸他的手]。
2 舒服地躺著，依偎而睡。
—*v.t.* **1 a** 〈動物〉將鼻子插入…。**b** 用鼻子摩擦[觸]…：The calf is *nuzzling* its mother. 小牛用鼻子摩擦牠的母親。
2 a [十受十介十(代)名]以〈頭等〉(一再地)觸[摩擦]〔…〕〔*against*〕. **b** [~ one*self*]依偎著睡〔於…〕〔*against*〕.

NV 《略》《美郵政》Nevada.

n.w., NW, N.W. 《略》northwest；northwestern.

NWbN, N.W.bN. 《略》northwest by north.

NWbW, N.W.bW. 《略》northwest by west.

NY 《略》《美郵政》New York.

N.Y. 《略》New York (cf. N.Y.C.).

NYA, N.Y.A. 《略》National Youth Administration 美國青少年局。

Ny·as·a·land [naɪˋæsə,lænd, nɪ-; naiˈæsəlænd, ni-] *n.* 尼亞沙蘭《馬拉威(Malawi)之舊稱》。

N.Y.C. 《略》New York City.

nyc·ta·lo·pi·a [ˌnɪktəˋlopɪə; ˌniktəˈloupiə] *n.* Ⓤ《醫》夜盲症；夜盲。

***ny·lon** [ˋnaɪlɑn; ˈnailɔn] *n.* **1** Ⓤ**耐綸，尼龍**。**2** [~s]《口語》耐綸[尼龍]襪：a pair of ~*s* 一雙耐綸[尼龍]襪。
—*adj.* [用在名詞前]耐綸[尼龍](製)的。

nymph [nɪmf; nimf] *n.* Ⓒ **1**《希臘・羅馬神話》**寧芙，仙女**《住在山、河、森林等地，以美少女姿態出現的精靈；★ 相關用語 其他尚有 dryad (樹精)，gnome (地精)，naiad (水精)，oread (山精)，salamander (火精)，sylph (空氣精) 等精靈》。
2 a 《詩》美少女。**b** 《謔》少女。

nym·phet [nɪmˋfɛt; nimˈfet] *n.* Ⓒ《謔》(十至十四歲的)性感少女。

nym·pho [ˋnɪmfo; ˈnimfou] *n.* (*pl.* ~s)《俚》=nymphomaniac.

nym·pho·ma·ni·a [ˌnɪmfəˋmenɪə; ˌnimfəˈmeiniə] *n.* Ⓤ女子淫狂，慕男狂，女花癡(cf. satyriasis).

nym·pho·ma·ni·ac [ˌnɪmfəˋmenɪæk; ˌnimfəˈmeiniæk] *n.* Ⓒ女子淫狂者。
—*adj.* [用在名詞前]女子淫狂的。

N.Z., N.Zeal. 《略》New Zealand.

O o **O o** *O o*

O

o, O[1] [o; ou] *n.* (*pl.* **o's, os, O's, Os, oes** [～z; ～z]) **1** Ⓤ[指個體時爲Ⓒ]英文字母的第十五個字母(cf. omicron, omega).
2 Ⓤ(一序列事物的)第十五個；(不包括 J 時的)第十四個。

o《略》《電學》ohm.

O[2] [o; ou] *n.* (*pl.* **O's, Os** [～z; ～z]) **1** ⒸO 字形(的東西)；圓形；(電話號碼等的)零(zero)：a round *O* 圓圈；零/50032 = five-double *O*-three-two.
2 Ⓤ(ABO 式血型的)O 型。

O[3] [o; ou] **《擬聲語》——***interj.*《★用法 常用大寫，後面不用逗點或感歎號(！)》**1** [表示驚訝、恐懼、痛苦、願望等]**啊！哎呀！唉！**：*O* dear (me)！哎呀！/*O for* a glass of beer! 啊，有杯啤酒喝多好！/*O that* I were young again！《古・詩》啊，但願我能再度年輕！
2《詩・文語》[用於稱呼的名詞前]啊！哦！：*O* Lord, help us! 主啊，幫助我們吧！

O《略》《電學》ohm；《符號》《化學》oxygen.

O.《略》Observer；Ocean；October；Ohio《非正式》；Old；Ontario；Order.

o' [ə; ə]《略》**——***prep.* **1** = of：a cup *o'*tea 一杯茶/⇨ o'clock, jack-o'-lantern.
2《文語・古》=on：*o'*nights 在夜裏。

O' [ə, o; ə, ou] 字首 [附於愛爾蘭姓氏之前]表示「…之子」「…的子孫」之意(cf. Fitz-, Mac-)：*O'*Brien 歐伯來恩，*O'*Hara 奧哈拉。

o- [ə-; ə-] 字首 (在 m 之前時)ob- 的變體。

-o- [-o-, -ə-; -ou-, -ə-] [構成複合字的連結字母] **1** [-o-; -ou-]表示複合字的第一詞素與第二詞素之間有同格及其他關係：Franc*o*-British (=French-British), Russ*o*-Japanese (=Russian-Japanese).
2 [-ɑ-, -o-, -ə-; -ɔ-, -ou-, -ə-] 用以構成 -cracy, -logy 等希臘語系字尾的衍生字：techn*o*cracy, techn*o*logy.

oaf [of; ouf] *n.* Ⓒ(*pl.* ～s)(尤用於男子)笨蛋，蠢人，莽漢。

óaf·ish [-fɪʃ; -fiʃ] *adj.* 愚蠢的，癡呆的。

O·a·hu [o'ɑhu; ou'ɑ:hu:] *n.* 歐胡島《夏威夷羣島中的主要島嶼，南岸有檀香山(Honolulu)》.

oak 1

***oak** [ok; ouk] *n.* (*pl.* ～s, ～) **1** (又作 **óak trèe**)Ⓒ《植物》**槲樹**《又名橡樹，殼斗科櫟屬喬木的總稱》：From acorns come ～*s*.《諺》橡樹來自橡子《大東西也起自小東西》。

【說明】英國橡樹枝葉茂盛，儼然巨木，有如中國之松柏。一般以之象徵英國國民精神。英語中有關 oak 的諺語，如 Little strokes fell great oaks.(滴水穿石)。橡樹材質堅硬，自古即常用作家具和船的材料。橡實稱作 acorn.

2 Ⓤ **a** (又作 **óak tìmber**)橡木。**b** 橡木製品《家具等》。**3** Ⓒ《英大學》(個人房堅固的橡木製)外門。**4** Ⓤ橡樹葉《裝飾用》。

héart of óak 堅强的心；勇士。

——*adj.* [用在名詞前]橡木(製)的：an ～ door 橡木門。

oak 1 的果實(acorn)

óak àpple *n.* Ⓒ櫟癭；五倍子《五倍子蟲在橡樹上所作的樹瘤；昔爲墨水原料》。

Óak-àpple Dày *n.*《英》復辟紀念日《五月二十九日》。

oak·en ['okən; 'oukən] **《oak 的形容詞》——***adj.*《文語・詩》橡木[製]的。

Oaks [oks; ouks] *n.* [**the** ～]奧克斯賽馬《每年在英格蘭薩里(Surrey)郡艾普孫(Epsom)舉行的四歲雌馬的賽馬；cf. classic races》.

oa·kum ['okəm; 'oukəm] *n.* Ⓤ《航海》麻絮《自舊麻繩解開者，用以填塞甲板等縫隙以防漏水》。

OAP, O.A.P.《略》《英》old age pension(er).

OAPEC《略》Organization of Arab Petroleum Exporting Countries 阿拉伯石油輸出國組織。

***oar** [or, ɔr; ɔ:] *n.* Ⓒ**1 槳，櫓**：back the ～*s* 逆划/bend to the ～*s* 用力划，用力划槳/pull a good ～ 划得一手好槳/toss (the) ～*s* 豎起槳《敬禮》。

【同義字】oar 指固定於船側者；paddle 指拿在手裏划動而非固定於船側者。

2 槳手，划櫓夫(oarsman)：a good [practiced] ～ 好的[熟練的]划槳手。

pùt [shóve, stíck, thrúst] ín one's **óar**《俚》多管閒事，狗拿耗子，干涉。

rést [líe,《美》láy] on one's **óars** (1)把槳平放着休息。(2)暫時休息，休息一下。

——*v.t.* **1** 〔十受〕(用槳)划〈船〉。**2** 〔十受(十副詞(片語))〕[～ **one's way**]划槳前進。

——*v.i.* 用槳划。

óar·lòck *n.* Ⓒ《美》槳架(《英》rowlock).

óars·man [-mən; -mən] *n.* Ⓒ(*pl.* **-men** [-mən; -mən])划槳手，划櫓夫。

óarsman·shìp *n.* Ⓤ划槳手的本領，划船法。

OAS, O.A.S.《略》Organization of American States 美洲國家組織。

o·a·sis [o'esɪs; ou'eisis] **《源自希臘文「肥沃土地」之義》——***n.* Ⓒ(*pl.* **o·a·ses** [-siz; -si:z]) **1** 綠洲《沙漠中的綠地》。
2 a 休息[令人舒暢，感到輕鬆]的場所。**b** 能解除枯燥[厭煩]的事物，慰藉物。

an oásis in the désert 能解除枯燥[厭煩]的令人欣喜的變化；能使人鬆一口氣[輕鬆]的事物。

oast [ost; oust] *n.* Ⓒ(忽布(hop)、麥芽、煙葉等的)乾燥窯[烘爐]。

óast hòuse *n.* Ⓒ(尤指忽布的)烘烤室[房]。

oat [ot; out] *n.* [～s] **1 燕麥**《栽培作爲燕麥片的原料或家畜(尤其馬)的飼料；⇨ wheat【同義字】》：*Oats* were bad last year. 去年燕麥的收成不好《歉收》/The ～*s* were thrashed. 那些燕麥已打掉穀殼。**2** 燕麥片(oatmeal).

be òff one's **óats**《口語》沒有食慾[胃口]。

féel one's **óats**《口語》(1)精神飽滿，活潑。(2)《美》自負，自以爲了不起。

sów one's (**wíld**) **óats** 年輕時縱情玩樂《★源自「播種不能食用的野燕麥」之意》：He has *sown* his *wild* ～*s*. 他年輕時放蕩過了《現在不再放蕩已安定下來》。

——*adj.* [用在名詞前] **1** 燕麥(製)的；燕麥稈(製)的。**2** 用碎燕麥[燕麥片]製造的。

óat·càke *n.* Ⓒ燕麥餅《蘇格蘭等地食用的燕麥製餅乾》。

oat·en ['otn; 'outn] *adj.* =oat.

oath [oθ; ouθ] *n.* Ⓒ(*pl.* ～s [oðz; ouðz, ouθs]) **1 a 誓**，誓約，誓言；(在法庭的)宣誓：a false ～ 僞誓/an ～ of allegiance 忠誠的誓言/on [upon] one's ～ 發誓；確實地/take [swear] an ～ 立誓，宣誓/take one's ～ *on* a matter 就某事宣誓。**b** 〔十 *that*_〕誓言：I will take an ～ *that* he said so. 我發誓他這樣說過。**c** 〔十 *to* do〕發誓，誓言：He took an ～ *to* give up smoking [not *to* touch alcohol again]. 他發誓戒煙[不再飲酒]。**2 a** (詛咒、惡言等的)濫用神名《如 God damn you！等》。**b** 詛咒，咒罵，惡言，謾罵。

be ùnder [on] óath (在法庭說實話的)宣誓。

pùt a person **on** (his) **óath** 使〈人〉發誓。

oat·meal ['ot,mil; 'outmi:l] *n.* Ⓤ **1** 燕麥片。**2** (又作 **óatmeal pórridge**)燕麥片粥。

【說明】歐美人早餐喜歡吃燕麥片加牛乳摻糖，煮或沖了就吃。現今又喜歡摻些葡萄乾(raisin)或其他水果乾碎片。是一種穀物(cereal ['sɪrɪəl; 'siəriəl])食品。

ob.《略》*obiit*(拉丁文=he *or* she died)：*ob.* 1860　1860 年逝世。

ob- [ɑb-, əb-; ɔb-, əb-] 字首 (★在 c, f, p 前分別爲 oc-, of-, op-，在 m 前爲 o-) **1** 表示「朝向…」：*ob*verse. **2** 表示「與…相反」,「反對…」：*ob*ject. **3** 表示「在…之上」：*ob*scure. **4** 表示「完全」：*ob*solete.

Obad.《略》《聖經》Obadiah.

O·ba·di·ah [,obə'daɪə; ,oubə'daiə] *n.*《聖經》**1** 俄巴底亞《希伯來的預言家》。**2** 俄巴底亞書《聖經舊約中的一卷；略作 Obad.》.

ob·bli·ga·to [,ɑblɪ'gɑto; ,ɔbli'gɑ:tou] **《源自義大利語》——** *n.* Ⓒ

〖音樂〗(*pl.* ~**s**, **-ga·ti** [-ti; -ti:]) (必要的，不可缺的) 助奏，助唱：a song *with* (a) flute ~ 長笛伴奏的一首歌。

ob·du·ra·cy [ˈɑbdjərəsɪ; ˈɔbdjurəsi] 《obdurate 的名詞》—*n.* Ⓤ**1** 執拗，頑固。**2** 冷酷。

ob·du·rate [ˈɑbdjərɪt, -djʊ-; ˈɔbdjurət, -djə-] *adj.* **1** 執拗的，頑固的：He is ~ *in* his convictions. 他執着於自己所堅信的事[具有堅定的信仰]。**2** 冷酷的。~**·ly** *adv.*

o·be·ah [ˈobɪə; ˈouˌbiə] *n.* **1** Ⓤ[常O~] (西印度羣島或非洲黑人的) 一種巫術。**2** Ⓒ行此種巫術所用之神物 (fetish)。

o·be·di·ence [əˈbidɪəns; əˈbi:djəns] 《obey, obedient 的名詞》—*n.* Ⓤ**服從**，順服，遵從〔*to*〕(↔ disobedience)：the ~ *of* pupils *to* their teacher 學生對他們老師的服從/in ~ *to* his advice 聽從他的忠告/hold ...*in* ~ 使…聽話[順從]。

o·be·di·ent [əˈbidɪənt; əˈbi:djənt] 《obey, obedience 的形容詞》—*adj.* (**more** ~；**most** ~) **1 服從的**，順從的，孝順的，聽話的。**2** [不用在名詞前]〔**十介十(代)名**〕服從〔…〕的，順從〔…〕的〔*to*〕：That child is ~ *to* his parents. 那個小孩很聽父母的話。

Your obédient sérvant ⇨ servant.

o·bé·di·ent·ly *adv.* 服從地，順從地。

Yóurs obédiently 謹啓；頓首《正式書信中的結尾語》。

o·bei·sance [oˈbesṇs; ouˈbeisns] 《obeisant 的名詞》—*n.* **1** Ⓒ《文語》(低頭或彎腰以表示敬意的) 鞠躬，敬禮：make an ~ *to* ...對…鞠躬。**2** Ⓤ尊敬，服從：do [pay, make] ~ to... 對…表示敬意。

o·bei·sant [oˈbesṇt; ouˈbeisnt] *adj.* 表示敬意的，有禮的，恭敬的。

ob·e·lisk [ˈɑbḷˌɪsk; ˈɔbəlisk] 《源自希臘文「尖柱 (needle)」之義》—*n.* Ⓒ **1** 方尖形的碑[塔]。**2**〖印刷〗短劍符號《†》(dagger)：a double ~ 雙重短劍符號《‡》。

obelisk 1

O·ber·on [ˈobəˌrɑn, -rən; ˈoubərən, -rɔn] *n.* **1**〖中古傳說〗奧伯朗《小神仙之王；泰坦妮亞 (Titania) 之夫》。**2**〖天文〗天衛四《天王星 (Uranus) 的第四衛星》。

o·bese [oˈbis; ouˈbi:s] *adj.* (**o·bes·er**；**-est**) 胖嘟嘟的，極肥的。

o·be·si·ty [oˈbisətɪ; ouˈbi:səti] 《obese 的名詞》—*n.* Ⓤ肥胖。

‡o·bey [əˈbe, oˈbe; əˈbei, ouˈbei] 《源自拉丁文「聆聽…」之義》—*v.t.* 〔**十受**〕**1 a 服從**，順從〈某人〉：You should ~ your parents. 你應該聽你父母的話。**b** 遵從〈命令〉：The orders must be strictly ~*ed*. 那些命令必須嚴格遵守。**2 a** 順從〈法則等〉，依〈理性等〉行動：~ the laws of nature 順從自然法則。**b** 隨着〈力量、衝動〉移動：An animal ~*s* its instincts. 動物隨着本能移動[行動]。

—*v.i.* 服從，聽話。

ob·fus·cate [ɑbˈfʌsket, əb-; ˈɔbfʌskeit, -fəs-] *v.t.* **1 a** 使〈心、頭腦〉迷亂；使〈判斷等〉混亂。**b** 使〈問題等〉不清楚，使…模糊，使…不易明瞭。**2** 使〈人〉困惑《★常用被動語態》。**ob·fus·ca·tion** [ˌɑbfʌsˈkeʃən; ˌɔbfʌˈskeiʃn] *n.*

o·bi[1] [ˈobɪ; ˈoubi] 《源自日語》—*n.* Ⓒ (日本人繫和服之) 寬腰帶。

o·bi[2] [ˈobɪ; ˈoubi] *n.* ＝obeah.

o·bit [ˈobɪt, ˈɑbɪt; ˈoubit, ˈɔbit] *n.* Ⓒ **1**《口語》(報紙上的) 訃聞 (obituary)。**2** 死亡之日，忌日。

o·bi·ter dic·tum [ˈɑbɪtəˈdɪktəm; ˈɔbitəˈdiktəm] 《源自拉丁文 'word(s) said by the way' 之義》—*n.* Ⓒ (*pl.* **o·bi·ter dic·ta** [-tə; -tə]) **1** 順便[附帶]說的話[意見]。**2**〖法律〗(法官在判決時所表示的) 附帶意見。

o·bit·u·ar·y [əˈbɪtʃʊˌɛrɪ; əˈbitjuəri] *n.* Ⓒ (報紙上的) 訃聞，訃告，死者略傳。

—*adj.* [用在名詞前] 死亡的，死者的：an ~ notice 訃聞[訃告]。

obj. 《略》object；objective.

‡ob·ject [ˈɑbdʒɪkt; ˈɔbdʒikt] 《源自拉丁文「可投到前面之物」之義》—*n.* Ⓒ **1** (感覺到的) **東西**，**物體**。

2 [動作、感情等的] **對象**〔*of, for*〕：an ~ *of* pity [ridicule] 憐憫[嘲笑]的對象/an ~ *of* study 研究的對象/He is a proper ~ *of* [*for*] charity. 他是施捨的適當對象。

3 目的，目標：*for* that ~ 爲了那個目的；以那個爲目標/Some people work *with* the sole ~ *of* earn*ing* fame. 有些人工作以求得名聲爲唯一的目標/Now he had no ~ in life. 現在他沒有生活的目標/What was your ~ *in* say*ing* that? 你那樣說有什麼用意？

4《口語》滑稽的[可憐的，古怪的，難看的]東西[人]：What an ~ that sculpture is! 那件雕刻眞難看！

5〖哲〗對象，客觀，客體 (↔ subject)。

6〖文法〗受詞：the direct [indirect] ~ 直接[間接]受詞/a formal ~ 形式受詞。

nó óbject [廣告用語] 不計較，不成問題：Expense [Distance] (is) *no* ~. 費用[距離]不計較《照你的意思即可》/Salary *no* ~. 待遇[薪水]不計較。

—[əbˈdʒɛkt; əbˈdʒekt] *v.i.* 〔**動(十介十(代)名)**〕**1 反對**[**抗議**]〔…〕，〔對…〕表示異議[不服]〔*against, about, to*〕《★可用被動語態》：~ ***about***[***to***] the food in a restaurant〈客人〉對餐廳的食物發牢騷/What are they ~*ing* ***against*** [*to*]? 他們在反對[抗議]什麼？

> 【同義字】object 指對某人、某物的厭惡或非難而反對；protest 指對於意見的不同或不當的措施、困擾等以口頭或書面方式表示反對。

2〔對…〕不服[有反感]；討厭〔…〕〔*to*〕《★無進行式》：I ~ *to* wait*ing* another year. 我不想再等一年/Would you ~ *to* my [me] turn*ing* on the radio? 你反對我開收音機嗎？《★用法 口語用 me》/I'll open the window if you don't ~. 如果你不反對，我就打開窗子/I ~. 〖英下院〗我反對，我有異議。

—*v.t.* 〔**十** *that*__〕提出〈…事〉作爲反對的理由：They ~*ed* [It was ~*ed*] *that* a new airport would ruin the landscape. 他們反對[有人反對]的理由是因爲新機場會破壞風景。

óbject bàll *n.* Ⓒ〖撞球〗目標球。

óbject glàss *n.* Ⓒ(顯微鏡、望遠鏡等的) 接物[對物]透鏡。

ob·jec·ti·fy [əbˈdʒɛktəˌfaɪ; ɔbˈdʒektifai] 《object *n.* 的動詞》—*v.t.* 使…客觀化[具體化]，視…爲對象。

***ob·jec·tion** [əbˈdʒɛkʃən; əbˈdʒekʃn] 《object *v.* 的名詞》—*n.* **1** ⓊⒸ〔對…的〕**反對** (意見)，異議，不服；厭惡〔*to, against*〕：make an ~ *to* [*against*] ...對…提出異議[唱反調]；反對…/by ~ 提出異議地；不服地/*O*~! (在議會等) 反對！有異議！/I have no ~ *to* hear*ing* it. 我不反對聽聽那件事/Have you any ~ *to* my [me] wear*ing* this suit? 我穿這套衣服你有異議嗎？《★用法 口語用 me》/I feel a strong ~ *to* sit*ting* up late. 我很討厭[反對]熬夜/I take great [strong] ~ *to* people borrow*ing* things without permission. 我極厭惡未徵得同意就擅自取用別人東西的人。

2 Ⓒ反對的理由；困難之處，缺點；障礙〔*to, against*〕：His only ~ *to* [*against*] the plan is that it costs too much. 他反對該計畫的唯一理由是費用太高。

ob·jec·tion·a·ble [əbˈdʒɛkʃənəbl; əbˈdʒekʃnəbl] *adj.* **1** 令人討厭的，使人討厭的：an ~ manner 令人討厭的態度。**2** 可能遭到反對[異議]的。**-a·bly** [-nəblɪ; -nəbli] *adv.*

***ob·jec·tive** [əbˈdʒɛktɪv; əbˈdʒektiv] *n.* Ⓒ**1 a 目標**，目的。**b**〖軍〗目標 (地點)；目的地。**2** 接物[對物]透鏡。**3**〖文法〗受格 (的字)。

—*adj.* (**more** ~；**most** ~) **1 a 客觀(性)的** (↔ subjective)：an ~ test 客觀的測試。**b** 不摻入私人感情的，公平的。**2** 外界的，實在的：the ~ world 外界，自然界。**3** (無比較級、最高級) 目標的：an ~ point〖軍〗出擊目標；彈着點。**4** (無比較級、最高級)〖文法〗受格的 (cf. accusative)：the ~ genitive 受詞所有格《例如 father's murderer 的 *father's*；cf. SUBJECTIVE genitive》/the ~ complement 受格補語《例如 I found him honest. 的 *honest*》。

ob·jéc·tive·ly *adv.* 客觀地，客觀而言。

ob·jéc·tiv·ism [-vˌɪzəm; -vizəm] *n.* Ⓤ客觀主義；客觀論 (↔ subjectivism)。

ob·jéc·tiv·ist [-vɪst; -vist] *n.* Ⓒ客觀主義者。

—*adj.* 客觀主義(者)的。

ob·jec·tiv·i·ty [ˌɑbdʒɛkˈtɪvətɪ; ˌɔbdʒekˈtivəti] 《objective 的名詞》—*n.* Ⓤ**1** 客觀性 (↔ subjectivity)。**2** 對象性。

óbject lèns *n.* ＝object glass.

óbject·less *adj.* **1** 無目的的。**2**〖文法〗無受詞的。

óbject lèsson *n.* Ⓒ **1** 實物教學。**2** [可作…(教訓等)的] 實例〔*in*〕：The Swiss are an ~ *in* how to make democracy work. 瑞士人在如何使民主制度發揮功效方面爲人們提供了可資借鑑的實例。

ob·jéc·tor [-tə; -tə] *n.* Ⓒ提出異議者，反對者：a conscientious ~ ⇨ conscientious 1.

ob·jet d'art [obʒeˈdɑr; ˌɔbʒeiˈdɑ:] 《源自法語 'object of art' 之義》—*n.* Ⓒ (*pl.* ***objets d'art*** [~]) (小) 美術品；骨董。

ob·jur·gate [ˈɑbdʒəˌget; ˈɔbdʒə:geit] *v.t.* 嚴責，叱責〈某人等〉。**-gà·tor** [-tə; -tə] *n.* **ob·jur·ga·tion** [ˌɑbdʒəˈgeʃən; ˌɔbdʒə:ˈgeiʃn] *n.*

ob·jur·ga·to·ry [əbˈdʒəgəˌtorɪ; ɔbˈdʒə:gətəri] *adj.* 叱責的，嚴責的。

ob·late [ˈɑblet; ˈɔbleit] *adj.*〖數學〗扁圓的；兩極扁平的：an ~ sphere 扁圓形球體/an ~ spheroid 扁球面。

ob·la·tion [əbˈleʃən; əˈbleiʃn] *n.* **1 a** Ⓤ(對神的) 奉獻，供獻。**b** Ⓒ[常~**s**] 奉獻物，供品《★基督教以麵包與葡萄酒爲主》。**2** Ⓤ(對教會的) 捐獻。

ob·li·gate [ˈɑbləˌget; ˈɔbligeit] 《源自拉丁文「連結」之義》—*v.t.*

1〔十受十 *to* do〕使〈人〉負起(法律、道德上的)義務〈去做…〉《★常以過去分詞當形容詞用；⇨ obligated 1》. 2〔十受十介十(代)名〕使〈人〉〔爲…〕感謝〔別人〕〔*to*〕〔*for*〕《★常以過去分詞當形容詞用；⇨obligated 2》.

— [-gət, -,get; -geit, -git] *adj.* 不可缺的，必需的。

ób·li·gàt·ed *adj.* [不用在名詞前]**1**〔十 *to* do〕〈人〉有〈該做…的〉義務的 (cf. obligate 1)：Parents are ～ *to* support their children. 父母有撫養子女的義務。

2〔十介十(代)名〕〔爲某事而〕感謝〔某人〕的〔*to*〕〔*for*〕(cf. obligate 2)：You must feel ～ ***to*** him ***for*** his help. 你必須對他的幫助表示感激。

ob·li·ga·tion** [,ɑblə'geʃən；,ɔbli'geiʃn] 《obligate 的名詞》**—*n. **1** ⓊⒸ**a** 義務，職責，責任；情義，恩情〔*to*〕(⇨ responsibility【同義字】)：a moral ～ 道德上的義務[責任]/a wife's ～ *to* her husband and children 妻子對丈夫與孩子應盡的責任[義務]/of ～ 義不容辭的，義務的/be *under* an ～ *to* a person 對某人有義務，受過某人的恩惠/place [put] a person *under* an ～ 使某人負義務；施恩於某人/fulfil [meet] one's ～*s* 履行義務。**b**〔十 *to* do〕〈做…的〉義務：You are *under* no ～ *to* answer our questions. 你沒有回答我們問題的義務/Whoever has done the damage is under ～ *to* pay for it. 凡損壞他人之物者均有賠償的義務。**2** Ⓒ《法律》債務，債權[債務]關係；債務證書；債券，證券：meet one's ～*s* 償還債務。

ob·li·ga·to [,ɑblɪ'gɑto；,ɔbli'gɑ:tou] *n.* = obbligato.

ob·lig·a·to·ry [ə'blɪgə,torɪ, -,tɔrɪ；ə'bligətəri] *adj.* **1 a** 義不容辭的，義務(性)的，必須做的：an ～ response 不容逃避的回答。**b** [不用在名詞前]〔十介十(代)名〕〔對…〕有拘束力的，有〔…的〕義務的〔*on, upon, for*〕：It is ～ ***upon*** us to protect the world from nuclear war. 保護世界免於核子戰爭是我們的義務。**2**〈科目等〉必修的(←→ optional)：an ～ subject 必修科目。

-to·ri·ly [ə,blɪgə'torəlɪ；ə'bligətərəli] *adv.*

o·blige** [ə'blaɪdʒ；ə'blaidʒ] 《源自拉丁文「連結」之義》**—*v.t. **1**〔十受十 *to* do〕**a** 使〈人〉負有〈做…的〉義務；使〈人〉非〈做…〉不可(⇨ compel【同義字】)：The law ～*s* us *to* pay taxes. 法律使我們負有納稅的義務。**b** 使〈人〉不得不〈做…〉《★常以過去分詞當形容詞用；⇨ obliged 1》.

2 a〔十受十介十(代)名〕〔以…〕施恩於〈人〉〔*with*〕；〔以…〕答應〈某人〉的請求〔*by*〕《★by 後面用 do*ing*》：Will you ～ me ***by*** open*ing* the window? 請替我打開窗子好嗎？/*O*～ us ***with*** your presence. 敬請光臨[出席]/Would you ～ us *with* a song? 《口語》你願意爲我們唱一首歌嗎？**b**〔十受十介十(代)名〕使〈人〉〔爲某事〕感激〔某人〕〔*to*〕〔*for*〕《★常以過去分詞當形容詞用；⇨ obliged 2》. **c**〔十受〕對〈人〉親切：One feels compelled to ～ a lady. 任何人都會覺得非對女士親切不可。**d**〔十受〕答應〈別人的請求〉：I will ～ any sincere request. 我會答應任何誠意的請求。

—*v.i.* **1** 表示好意，答應要求：An answer will ～. 懇請賜覆/Ask John；he will be pleased to ～. 你拜託約翰，他會樂於答應(你的請求)。**2**〔十介十(代)名〕答應〔…的〕要求；〔以…〕取悅〔*with*〕：Would you ～ ***with*** a song? 請你唱一首歌，好嗎？

o·blíged *adj.* [不用在名詞前]〔十 *to* do〕〈人〉不得不〈做…〉的(cf. oblige *v.t.* 1 b)：We were [felt] ～ *to* obey him [his orders]. 我們(覺得)不得不服從他[他的命令]。**2**〔十介十(代)名〕〔爲某事〕〔對某人〕感恩[感激]的〔*to*〕〔*for*〕《★用法很有禮貌的道謝法；cf. oblige *v.t.* 2 b》：I am so much ～ ***to*** you ***for*** your kindness. 我非常感激你的好意。

ob·li·gee [,ɑblɪ'dʒi；,ɔbli'dʒi:] *n.* Ⓒ**1** 受人施惠者。**2**《法律》債權人，權利人。

o·blíg·ing *adj.* 熱心助人的，親切的：an ～ nature 熱心助人的天性。～**·ly** *adv.*

ob·lique [ə'blik；ə'bli:k] *adj.* **1** 斜的，歪的：an ～ line [stroke] 斜線/an ～ glance 斜眼看。**2** 間接的，迂迴的，拐彎抹角的：an ～ reply to a simple question 對一個簡單問題拐彎抹角的回答。**3** 不正的，歪邪的，欺騙的。**4**《數學》斜角的；斜線的，斜面的：an ～ angle [circle, plane] 斜角[圓，面]。**5**《植物》〈葉子等〉兩側不等的，形狀歪斜的。

—*n.* ⓊⒸ斜線(/).

—*v.i.* **1** 斜行。**2** [有時 ə'blaɪk；ə'bli:k]《軍》傾斜行進《臉朝右[左]直向前進》。～**·ly** *adv.* ～**·ness** *n.*

ob·liq·ui·ty [ə'blɪkwətɪ；ə'blikwəti] 《oblique 的名詞》**—*n.*** **1 a** Ⓤ傾斜(度)。**b** Ⓒ傾角，斜角。**2 a** Ⓤ不正。**b** Ⓒ不正的行爲。**3** Ⓒ拐彎抹角的話，模稜兩可的記述。

ob·lit·er·ate [ə'blɪtə,ret；ə'blitəreit] *v.t.* **1 a** (不留痕跡地)消滅：The tide has ～*d* the footprints on the sand. 潮水湮沒了沙上的足跡。**b** 使…從記憶中消失。**2** 塗[擦]掉〈文字等〉(blot out).

ob·lit·er·a·tion [ə,blɪtə'reʃən；əblitə'reiʃn] 《obliterate 的名詞》**—*n.*** Ⓤ**1** 消滅；忘卻。**2** 塗掉，抹去。

ob·liv·i·on [ə'blɪvɪən；ə'bliviən] *n.* Ⓤ**1** 遺忘(的狀態)；埋沒，湮滅；忘却：be buried *in* ～ 湮沒無聞/fall [pass, sink] *into* ～ 被(世人)忘却。**2**《法律》大赦：an act of ～ 大赦令。

ob·liv·i·ous [ə'blɪvɪəs；ə'bliviəs] 《oblivion 的形容詞》**—*adj.*** **1 a** 健忘的。**b** [不用在名詞前]〔十介十(代)名〕忘記〔…〕的〔*of*〕：He was ～ ***of*** his promise. 他忘記了他的諾言。**2** [不用在名詞前]〔十介十(代)名〕(埋頭於某事而)未注意到〔…〕的〔*of, to*〕：He was ～ ***to*** the noise. 他沒有注意到那響聲。**3**《詩》〈睡眠等〉使人忘却的：an ～ sleep 使人忘却一切的(深沉)睡眠。

～**·ly** *adv.* ～**·ness** *n.*

ob·long ['ɑblɔŋ；'ɔblɔŋ] *n.* Ⓒ **1** 長方形。**2** 長橢圓形。

—*adj.* **1** 長方形的。**2** 長橢圓形的。

ob·lo·quy ['ɑbləkwɪ；'ɔbləkwi] *n.* Ⓤ**1** 恥辱，汚名，不名譽。**2** 辱罵，毀謗。

ob·nox·ious [əb'nɑkʃəs；əb'nɔkʃəs] *adj.* **1** 令人不悅的，令人不快的，討厭的。**2** [不用在名詞前]〔十介十(代)名〕〔令…〕厭惡的〔*to*〕：His cruelty was ～ ***to*** all. 他的殘酷令所有的人厭惡。

～**·ly** *adv.* ～**·ness** *n.*

o·boe ['obo；'oubou] *n.* Ⓒ《音樂》雙簧管《一種高音的木管樂器》。

oboe

ó·bo·ist [-ɪst；-ist] *n.* Ⓒ雙簧管吹奏者。

ob·ol ['ɑbl；'ɔbɔl] *n.* Ⓒ歐寶《古希臘的一種銀幣；相當於德拉克馬銀幣(drachma)的六分之一》。

obs.《略》observation；observatory；obsolete.

ob·scene [əb'sin, ɑb-；əb'si:n, ɔb-] 《源自拉丁文「不潔的」之義》**—*adj.*** **1**〈思想、書籍等〉(黃色)下流的，猥褻的：～ jokes 猥褻的笑話/Don't be ～. 別開黃腔，別說下流話。**2** 令人厭惡的，極爲不快的。

～**·ly** *adv.*

ob·scen·i·ty [əb'sɛnətɪ；əb'senəti] 《obscene 的名詞》**—*n.*** **1** Ⓤ猥褻，下流。**2** Ⓒ猥褻的言語[行爲]。

ob·scu·rant·ism [əb'skjʊrənt,ɪzəm；,ɔbskjuə'ræntizəm] *n.* Ⓤ **1** 反啓蒙主義，反對開化。**2** 蒙昧主義[文體]。**-rant·ist** [-tɪst；-tist] *n., adj.*

ob·scu·ra·tion [,ɑbskjʊ'reʃən；,ɔbskjuə'reiʃn] 《obscure *v.* 的名詞》**—*n.*** Ⓤ**1** (眞理、語意等之)曖昧。**2** 黑暗化；朦朧；蒙蔽。

ob·scure [əb'skjʊr；əb'skjuə] 《源自拉丁文「上面覆蓋的，黑暗的」之義》**—*adj.*** (**ob·scur·er**；**-est**)**1 a**〈聲音、形狀等〉不清楚的，模糊的(⇨ vague【同義字】)：an ～ voice (微弱)不清楚的人聲/the ～ outlines of a mountain 一座山的模糊輪廓。**b**〈意思、內容等〉不清楚的，曖昧的，難以瞭解的：an ～ passage 內容不明的一節/Some parts of his letter are rather ～. 他的信有些部分晦澀難解。**2 a**〈場所等〉不引人注意的；偏僻的：His house is in rather an ～ area. 他的家在頗爲偏僻的地方。**b**〈人〉不著名的，無名的；(身分)微賤的：an ～ poet 默默無聞的詩人/be of ～ origin [birth] 出身低賤。**3 a** 微暗的，昏暗的，陰暗的，朦朧的。**b**〈顏色〉不鮮明的，晦澀的。**4**《語音》〈母音〉含糊的；含糊母音的：an ～ vowel 含糊的母音(*a*bout, sof*a* 等的 [ə；ə]).

—*v.t.*〔十受〕**1** 遮蔽…；使…變暗，使…陰暗：The clouds ～*d* the moon. 雲遮住了月亮。**2 a** 使〈名聲等〉黯然失色，使…降低：His son's achievements ～*d* his own. 他兒子的成就使他相形見絀。**b** 搶去〈別人〉的光芒，使〈人〉黯然無光。**3** 使〈發音等〉不清楚，使…含糊。～**·ly** *adv.*

ob·scu·ri·ty [əb'skjʊrətɪ；əb'skjuərəti] 《obscure *adj.* 的名詞》**—*n.*** **1** Ⓤ黑暗，朦朧。**2 a** Ⓤ不清楚，含糊；晦澀，難懂。**b** Ⓒ不明白之處。**3 a** Ⓤ不著名，無名：live in ～ 過默默無聞的生活/sink into ～ 變成默默無聞。**b** Ⓤ低賤的身分：the ～ of one's birth 出身的卑微/rise from ～ to fame 從卑微至成名。**c** Ⓒ默默無聞[卑微]的人。

ob·se·qui·ous [əb'sikwɪəs；əb'si:kwiəs] *adj.* **1** 諂媚的，逢迎的：an ～ smile 諂媚的微笑。**2** [不用在名詞前]〔十介十(代)名〕〔對…〕諂媚[逢迎]的〔*to*〕：He is ～ ***to*** men in power. 他對有權勢者諂媚。～**·ly** *adv.* ～**·ness** *n.*

ob·se·quy ['ɑbsɪkwɪ；'ɔbsikwi] *n.* Ⓒ (*pl.* **obsequies**) [常～**s**] 葬禮。

ob·serv·a·ble [əb'zɝvəbl；əb'zə:vəbl] *adj.* **1** 可觀察的，看得見的；可識別的。**2** 該注意的。**3**〈習慣、規則、儀式等〉該遵守的。

ob·sérv·a·bly [-vəblɪ；-vəbli] *adv.* 顯著地，顯而易見地。

ob·ser·vance [əb'zɝvəns；əb'zə:vns] 《observe *v.t.* B 的名詞》**—*n.*** **1** Ⓤ遵守，奉行〔習慣、規則、儀式等〕〔*of*〕：strict ～ *of* the rules 規則的嚴守。**2** Ⓒ**a** [常～**s**] 儀式，(宗教上的)祭典，慶典。**b** 習慣，慣例，常規，例行之事。

ob·ser·vant [əb'zɝvənt；əb'zə:vnt] *adj.* **1 a** 留心的，善於觀察的，觀察力敏銳的。**b** [不用在名詞前]〔十介十(代)名〕很注意〔…〕的；監視〔…〕的〔*of*〕. **2** [不用在名詞前]〔十介十(代)名〕遵守〔…〕的，嚴守〔…〕的〔*of*〕：He is ～ ***of*** the rules. 他嚴守規則。

～**·ly** *adv.*

***ob·ser·va·tion** [ˌɑbzəˈveʃən; ˌɔbzəˈveiʃn] «observe *v.t.* A 的名詞» —*n.* **1 a** Ⓤ Ⓒ **觀察**，注目；監視：come [fall] under a person's ~ 被某人看到[注意到]/He made ~*s* of the customs of Indians. 他觀察印地安人的習俗/Some insects often escape ~ because of protective coloring. 有些昆蟲因具有保護色而往往不被察覺。**b** Ⓤ**觀察力**：a man of ~ 觀察力敏銳的人。
2 a Ⓤ Ⓒ 觀測；《航海》天體的觀測：make ~*s* of the sun 觀測太陽/take an ~ 觀測天體，測天。**b** Ⓒ [常~s] 觀察[觀測]報告，(觀察、觀測的)結果。
3 Ⓒ **a** (根據觀察的)言談，看法，意見，評論 [*on, about*] (⇨ comment【同義字】)：make an ~ *on* [*about*]... 講述關於…的意見。**b** [＋ *that*__] (…事的)發言，談話：He was correct in his ~ *that* the war would end within a year. 他認爲戰爭將在一年之內結束的評論[判斷]是正確的。
ùnder observátion 在觀察[監視]中，被觀察[監視]：keep [put, hold] a person *under* ~ 觀察[監視]某人。

òb·ser·vá·tion·al [-ʃənl; -ʃənl⁻] «observation 的形容詞» —*adj.* 觀察的，觀測的，監視的；根據觀察[觀測]的，實際觀測的。~**·ly** [-ʃənlɪ; -ʃn̩əli] *adv.*

observátion ballóon *n.* Ⓒ 觀測氣球。

observátion càr *n.* Ⓒ《鐵路》瞭望車；遊覽車箱。

observátion pòst *n.* Ⓒ《軍》觀測所；監視哨，瞭望哨。

ob·ser·va·to·ry [əbˈzɝvəˌtorɪ, -ˌtɔrɪ; əbˈzəːvətri] «源自拉丁文「觀測(observe)所」之義» —*n.* Ⓒ **1** (氣候)觀測所；天文台，氣象台：an astronomical [a meteorological] ~ 天文[氣象]台。**2** 觀測台，瞭望台；監視哨。

‡ob·serve [əbˈzɝv; əbˈzəːv] «源自拉丁文「注意」之義» —*v.t.* A (cf. observation) **1 觀察**：**a** [＋受] 觀察；監視〈敵人的行動等〉：~ a person's behavior 觀察某人的行爲。**b** [＋ *wh.*__/＋ *wh.*＋ *to* do] 觀察，注意看〈如何(做)…〉：*O*~ *how* I do this [*how to* do this]. 注意看我怎樣做(這件事)。**c** [＋受] 觀測〈天體等〉。

astronomical observatory

2 (尤指由觀察而)**認出**：**a** [＋受] 看到，目擊…：I ~*d* a flash of lightning in the dark. 我在黑暗中看到一道閃電/A colony of bacteria was ~*d* in the culture. 在培養物中發現菌羣。**b** [＋受＋原形] 發覺[看到]〈某人〉：He pretended not to ~ her do it. 他假裝沒看到她做那件事/We ~*d* him enter the park. 我們看到他進入公園《★變換被動語態時要用不定詞的 to：He was ~*d to* enter the park.》。**c** [＋受＋ do*ing*] 發覺，看到〈某人〉〈做…〉：I ~*d* a stranger enter*ing* the gate. 我看到一位陌生人進入大門《★變換被動語態爲 A stranger was ~*d* enter*ing* the gate.》。**d** [＋(*that*)__] 發覺，注意到〈…事〉：He ~*d that* it looked like snow. 他注意到天要下雪了。
3 a [＋引句] (某人)說，講，陳述，評述…："Bad weather," the captain ~*d.* 船長說道：「壞天氣。」**b** [＋(*that*)__] 說，評論〈…事〉：I ~*d that* he looked very pale. 我說他臉色看來很蒼白。
—B (cf. observance) **1 遵守**〈規則等〉；保持…：~ the traffic regulations 遵守交通規則/ ~ silence 保持沈默。
2 舉行〈儀式、祭典〉；慶祝…：~ Christmas [the Sabbath] 慶祝聖誕節[安息日]。
—*v.i.* **1 a** 觀察，注視，(注意)看：~ carefully 注意看。**b** 觀測。**2** 以觀察員的身份出席。
3 [＋介＋(代)名] [就…事] 發表意見[評論]，評述 [*on, upon*]：No one ~*d* **on** [**upon**] that. 沒有人對那件事發表意見。
the obsérved of áll obsérvers 衆所注目的人，衆矢之的《★出自莎士比亞(Shakespeare)的「哈姆雷特(*Hamlet*)」》。

ob·serv·er [əbˈzɝvɚ; əbˈzəːvə] *n.* Ⓒ **1 a 觀察者**；觀測者。**b**《航空》機上偵察員。
2 監視者；見證人，旁觀者，第三者。
3 (會議的)觀察員《沒有正式代表的資格，不參加表決，只能旁聽》。
4 [規則、(宗教)儀式等的] 遵守者 [*of*]。

ob·sérv·ing *adj.* 留心的，注意的；觀察力敏銳的。

ob·sess [əbˈsɛs; əbˈses] «源自拉丁文「坐在前面」之義» —*v.t.* 〈惡魔、妄想等〉附〈身〉；纏繞[困擾]〈人〉《★常用被動語態，介系詞用 *by, with*》：He *was* ~*ed* **by** [**with**] fear of death. 他被死亡的恐懼所困擾/He *is* ~*ed by* hobbies. 他沈溺於癖好中《嗜好使他分心》。

ob·ses·sion [əbˈsɛʃən; əbˈseʃn] «obsess 的名詞» —*n.* **1** Ⓤ 着魔，着迷；分心，分神。
2 Ⓒ **a** 妄想；(感情、意念的)縈繞；固執觀念 [*about, with*]：He has an ~ *with* postage stamps. 他爲郵票着迷《他滿腦子都是郵票》。**b** [＋ *that*__] [對…事的] 妄想，頑念：be *under* the ~ *that...* 有…的妄想。

ob·ses·sion·al [əbˈsɛʃənl; əbˈseʃnl] «obsession 的形容詞» —*adj.* **1 a** 〈人〉有妄想的，受强迫觀念縈繞的，困擾的。**b** 〈思想〉引起强迫觀念[妄想]的。**c** [不用在名詞前] [＋介＋(代)名] 〈人〉過分地追求[…]的 [*about*]：He is ~ ***about*** tidiness. 他過分愛乾淨。**2** 〈疾病〉帶有强迫觀念性[妄想]的：~ neurosis 强迫觀念性神經病。
—*n.* Ⓒ 受强迫觀念[妄想]縈繞的人。

ob·ses·sive [əbˈsɛsɪv; əbˈsesiv] *adj.* **1 a** 爲〈恐怖等〉所困擾的，縈繞的：one's ~ worries 縈繞於心的煩惱事。**b** ＝obsessional 1c.
2 (引起)强迫觀念[妄想]的。
3《口語》過分的，異常的：one's ~ care 過分的擔心。
—*n.* Ⓒ 受强迫觀念[妄想]困擾的人。

ob·sid·i·an [əbˈsɪdɪən; ɔbˈsidiən] *n.* Ⓤ [指寶石個體時爲 Ⓒ]《礦》黑曜石。

ob·so·les·cence [ˌɑbsəˈlɛsn̩s; ˌɔbsəˈlesns] «obsolescent 的名詞» —*n.* Ⓤ **1** 行將過時，即將作廢。**2**《生物》消瘦，漸趨消滅。

ob·so·les·cent [ˌɑbsəˈlɛsn̩t; ˌɔbsəˈlesnt⁻] *adj.* **1** 〈語言、習慣等〉即將廢棄的。**2**《生物》退化的，廢退性的，消瘦的，漸趨消滅的。

ob·so·lete [ˈɑbsəˌlit; ˈɔbsəliːt] «源自拉丁文「消耗」之義» —*adj.* **1 a** 作廢的，已廢的，不再使用的：~ customs 廢棄的習慣/an ~ word 廢字。**b** 落伍的，老式的，過時的。**2**《生物》退化的，只留下痕跡的。~**·ly** *adv.*

ob·sta·cle [ˈɑbstəkl; ˈɔbstəkl] «源自拉丁文「對立」之義» —*n.* Ⓒ [對…的] **障礙(物)**，阻礙(物)，妨礙 [*to*]：an ~ *to* progress 對進步的妨礙。

> 【同義字】obstacle 指妨礙人、物的進行或進步者；impediment 指妨礙正常功能者；obstruction 指妨礙前進的道路《尤指物理上的妨礙》。

óbstacle ràce *n.* Ⓒ 障礙賽跑。

óbstacle ràcer *n.* Ⓒ 障礙賽跑者。

ob·stet·ric [əbˈstɛtrɪk; ɔbˈstetrik] *adj.* 產科的。

ob·stét·ri·cal [-trɪkl; -trikl] *adj.* ＝obstetric.

ob·ste·tri·cian [ˌɑbstɛˈtrɪʃən; ˌɔbsteˈtriʃn] *n.* Ⓒ 產科醫生。

ob·stet·rics [əbˈstɛtrɪks; ɔbˈstetriks] *n.* Ⓤ 產科醫學；接生術。

ob·sti·na·cy [ˈɑbstənəsɪ; ˈɔbstinəsi] «obstinate 的名詞» —*n.* **1 a** Ⓤ 頑固，倔强，剛愎。**b** Ⓒ 頑强的行爲[態度]。**2** Ⓤ (疾病的)難治。

ob·sti·nance [ˈɑbstənəns; ˈɔbstinəns] *n.* ＝obstinancy.

ob·sti·nate [ˈɑbstənɪt; ˈɔbstənət] «源自拉丁文「固執的」之義» —*adj.* (**more** ~; **most** ~) **1 a 頑固的**，不屈服的，固執的 (⇨stubborn【同義字】)：⇨(as) obstinate as a MULE. **b** 〈抵抗等〉頑强的，難控制的：~ resistance to... 對…的頑强抵抗。**2** 〈疾病〉難治的。~**·ly** *adv.*

ob·strep·er·ous [əbˈstrɛpərəs; əbˈstrepərəs] *adj.* 〈小孩〉吵吵鬧鬧的，任性的，難駕馭的。~**·ly** *adv.* ~**·ness** *n.*

ob·struct [əbˈstrʌkt; əbˈstrʌkt] «源自拉丁文「反建設」之義» —*v.t.* [＋受] **1 置障礙物於**〈入口、道路等〉；遮斷，妨礙… (⇨hinder¹【同義字】)：The road was ~*ed* by some fallen trees. 道路被一些倒下的樹遮斷。
2 阻擋〈光、視線等〉：~ the view 阻擋視線。
3 妨礙〈議事〉的進行。
—*v.i.* 妨礙。

ob·struc·tion [əbˈstrʌkʃən; əbˈstrʌkʃn] «obstruct 的名詞» —*n.* **1** Ⓤ **a** 妨礙，障礙，阻礙 (⇨obstacle【同義字】)。**b** (議會議事中採取的)妨礙或拖延手段。**2** Ⓒ 阻礙物，障礙物：an ~ *in* a pipe 管子裏的阻塞物。

ob·strúc·tion·ism [-ʃənˌɪzəm; -ʃənizm] *n.* Ⓤ (議會中的)妨礙議事進行(政策)。

ob·strúc·tion·ist [-ʃənɪst; -ʃənist] *n.* Ⓒ 妨礙議事進行者。

ob·struc·tive [əbˈstrʌktɪv; əbˈstrʌktiv] «obstruct 的形容詞» —*adj.* **1** 妨礙的。**2** [不用在名詞前] [＋介＋(代)名] [對…] 構成障礙的 [*to*]：be ~ ***to*** the progress of... 對…的進展構成障礙。
—*n.* Ⓒ **1** 妨礙物，障礙。**2** (議事等的)妨礙者。
~**·ly** *adv.* ~**·ness** *n.*

ob·strúc·tor [-tɚ; -tə] *n.* Ⓒ 妨礙者，障礙物。

ob·tain** [əbˈten; əbˈtein] «源自拉丁文「保持」之義» —*v.t.* **1 a** [＋受] 〈人〉得到，獲得〈東西〉(⇨get 2【同義字】)：~ a prize 得獎/ ~ entrance 獲准進入(建築物內)。**b** [＋受＋介＋(代)名] [從…] 得到…，獲得… [*from, through*]：We can ~ sugar ***from beets. 我們可以從甜菜中提取糖/Knowledge may be ~*ed* ***through*** study. 知識可從學習中獲得。**2** [＋受＋受/＋受＋介＋(代)名] 〈事物〉使〈人〉獲得〈名聲、地位等〉；使[人]獲得〈名聲、

地位等〉〔*for*〕：His work ~*ed* him great fame. = His work ~*ed* great fame **for** him. 他的研究工作使他博得盛名。

—*v.i.* 〔十副詞(片語)〕〈制度、習俗等〉通行，流行，通用：This view has ~*ed for* many years. 這個觀點已流傳[流行]了好多年/The custom *still* ~*s*. 該習俗仍然沿用着。

ob·tain·a·ble [əbˋtenəbl; əbˈteinəbl] *adj.* 能得到的，可獲得的，可到手的。

ob·tect(·ed) [əbˋtɛkt(ɪd); əbˈtekt(id)] *adj.* (蛹)有角質外殼的。

ob·trude [əbˋtrud; əbˈtruːd] **《源自拉丁文「推向前」之義》—***v.t.* 〔十受(十介十(代)名)〕**1 a** 將〈意見等〉强加〔於人〕；强使〔別人〕接受〈意見等〉〔*on, upon*〕：You had better not ~ your opinions **on** [**upon**] others. 你最好不要强迫別人接受你的意見。**b** 〔~ one*self*〕硬插手〔於…〕，硬管〔…閒事〕〔*on, upon*〕：She ~*s herself* **on** the notice of people. 她硬要惹人注目《她强出風頭》。**2** 〔從…〕推出，伸出〔*from, out of*〕：~ one's head **from** [**out of**] a window 從窗子伸出頭來[把頭伸出窗外]。

—*v.i.* 〔動(十介十(代)名)〕擠入，打擾，硬插手〔*on, upon*〕：I'm sorry to ~ **on** you at such a time. 我很抱歉在這個時候打擾你。**ob·trúd·er** *n.*

ob·tru·sion [əbˋtruʒən; əbˈtruːʒn] **《obtrude 的名詞》—***n.* Ⓤ **1** (意見等的)强迫〔別人〕接受〔*on*〕。**2** 多管閒事。**3** 闖入；莽撞。

ob·tru·sive [əbˋtrusɪv; əbˈtruːsiv] **《obtrude 的形容詞》—***adj.* **1 a** 强迫人的。**b** 愛管閒事的，冒失的，無顧忌的：make an ~ remark 講冒失的話；多嘴。**2** 令人看不下去的；出風頭的。

~·ly *adv.* **~·ness** *n.*

ob·tund [ɑbˋtʌnd; ɔbˈtʌnd] *v.t.* 使〈感覺、機能等〉遲鈍；緩和〈痛苦等〉。

ob·tuse [əbˋtus, -ˋtjus; əbˈtjuːs] *adj.* **1 a** 〈理解或感覺〉遲鈍的，愚鈍的；〈疼痛〉微微的，不劇烈的：an ~ pain 隱痛。**b** [不用在名詞前]〔十介十(代)名〕〔對…〕遲鈍的〔*in*〕：be ~ **in** understanding 理解力遲鈍的。**2 a** 〈刀刃〉鈍的，不鋒利的；〈角度〉鈍的。**b** 《數學》鈍角的(↔ acute)：an ~ angle 鈍角。

~·ly *adv.* **~·ness** *n.*

ob·verse [ˋɑbvɝs; ˈɔbvəːs] *n.* **1** [**the** ~] **a** (硬幣、獎章等的)表面(face)(↔ reverse)。**b** 正面，前面。**2** Ⓒ(如表裏的)相對物。

— [əbˋvɝs, ˋɑbvɝs; ˈɔbvəːs] *adj.* **1** 表面的，正面的。

2 (如表裏的)相對的。

3 《植物》〈葉子〉鈍頭形的；倒生的。**~·ly** *adv.*

ob·vert [əbˋvɝt; ɔbˈvəːt] *v.t.* **1** 將…之正面轉向。**2** 《邏輯》反換〈命題〉。

ob·vi·ate [ˋɑbvɪˌet; ˈɔbvieit] *v.t.* 排除，防止，避免〈危險、困難等〉。

ob·vi·ous** [ˋɑbvɪəs; ˈɔbviəs] **《源自拉丁文「在路上」之義》—adj.* (**more** ~; **most** ~)(毫無疑問地)**明顯的**，明白的，顯而易見的，容易理解的(⇨evident【同義字】)：When you have lost something, you often find it in an ~ place. 當你遺失東西時往往會在顯眼的地方找到/It is quite ~ that he is lying. 他顯然在說謊。

***ob·vi·ous·ly** [ˋɑbvɪəslɪ; ˈɔbviəsli] *adv.* (無比較級、最高級)[修飾整句]**顯然**：*O*~, you don't understand me. 顯然，你並不瞭解我《★ 變換 可換寫成 It is obvious that you don't understand me.》。

oc- [ɑk-, ək-; ɔk-, ək-] 字首 (在 c 之前)ob- 的變體。

oc·a·ri·na [ˌɑkəˋrinə; ˌɔkəˈriːnə] *n.* Ⓒ瓦塤《一種陶製形狀如蛋、鳥或紅薯的吹奏樂器》。

O'Ca·sey [oˋkesɪ; ouˈkeisi], **Sean** [ʃɔn; ʃɔːn] *n.* 歐凱西《1880–1964, 愛爾蘭劇作家》。

Oc·cam [ˋɑkəm; ˈɔkəm] *n.* = Ockham.

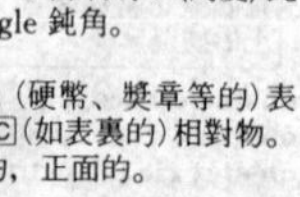

ocarina

oc·ca·sion** [əˋkeʒən; əˈkeiʒn] **《源自拉丁文「降臨於…，落在…」之義》—n.* **1** Ⓒ [常**on...** ~] (發生特殊大事的)**時候**，場合：*on* this happy [sad] ~ 在這快樂[悲傷]的時候/*on* one ~ 曾經；有一次/*on* several ~*s* 屢次，好幾次/⇨on OCCASION(s)/*on* the ~ of... 在…的時候，值此…之際。

2 Ⓒ**特別的大事**，節日；慶典，**儀式**：in honor of the ~ 爲表示慶祝/Her marriage will be a great ~. 她的婚禮將出現盛大的場面。

3 ⓊⒸ **a** 〔…的〕**時機**，良機〔*for*〕：improve the ~ 利用機會/This is not an ~ *for* laughter [*for* feast*ing* and rejoic*ing*]. 這不是笑[饗宴和歡樂]的時候。

b 〔十 *to* do〕〈做…的〉機會，良機：take [seize the] ~ *to* do... 把握良機去做…，乘機做…/Let me take this ~ *to* speak to you. 讓我利用這個機會和你談一談/I have never had an ~ *to* meet him. 我不曾有過機會見到他/I have little ~ *to* use my English. 我很少有機會用到英文。

c Ⓤ好機會。

4 Ⓤ**a** 〔事情的〕開端，直接原因，轉機，誘因〔*of*〕：A chance meeting was the ~ *of* our friendship be*ing* renewed. 一次偶然的邂逅是我們恢復友誼的開端。

b 〔…的〕理由〔*for*〕：Is there any ~ *for* anxiety? 有憂慮的必要嗎？/I see no ~ *for* visit*ing* them. 我看不出有拜訪他們的必要。

c 〔十 *to* do〕〈做…的〉根據，理由：There is [You have] no ~ *to* be alarmed. 用不着[你用不着]驚慌。

d 〔十 *for*十(代)名十 *to* do〕〔人〕〈做…的〉根據，理由：There was no ~ *for* her *to* get excited. 她沒有必要(如此)激動。

5 Ⓤ(由特定情況產生的)必要：if the ~ arises [should arise] = should the ~ arise 在必要的時候/have no ~ *to* do...沒有做…的必要。

for the occásion (1)爲了那場合。(2)臨時。

gìve occásion to [**for**]... 引起…。

on [**upòn**] **occásion(s)** 有時候。

rìse to the occásion 妥善處理難局，採取臨機應變的措施。

—*v.t.* **1** 〔十受〕惹起，引起…；成爲…的原因：His impolite remarks ~*ed* the quarrel. 他無禮的話引起爭吵。**2** 〔十受十受/十受十介十(代)名〕致使，引起〈某人〉〈擔心等〉；致使，引起〔某人〕〈擔心等〉〔*to*〕：The student's conduct ~*ed* us much anxiety [~*ed* much anxiety **to** us]. 那學生的行爲使我們很擔心。

oc·ca·sion·al** [əˋkeʒənl; əˈkeiʒənl] **《occasion 的形容詞》—adj.* [用在名詞前](無比較級、最高級)**1 偶而的**，有時候(發生)的：an ~ visitor 偶而來訪的客人/Taipei will be cloudy with ~ rain. [天氣預報]台北陰天偶雨。**2** 爲特別場合的，應時的，應景的〈詩、文章等〉。**3** 備用的，臨時用的：an ~ chair 備用椅。

oc·ca·sion·al·ly [əˋkeʒənlɪ; əˈkeiʒnəli] *adv.* (無比較級、最高級)**偶而**，有時。

Oc·ci·dent [ˋɑksədənt; ˈɔksidənt] **《源自拉丁文「日落之地」之義》—***n.* [**the** ~]《文語》西洋，歐美，西方(the West)(cf. orient 1)。

Oc·ci·den·tal [ˌɑksəˋdɛntl; ˌɔksiˈdentl˝] **《Occident 的形容詞》—**《文語》*adj.* 西洋(人)的，歐美(人)的(cf. Oriental)。

—*n.* Ⓒ西洋人，歐美人。

Oc·ci·den·tal·ism [ˌɑksəˋdɛntḷˌɪzəm; ˌɔksiˈdentəlizəm] *n.* Ⓤ西洋習俗；西洋氣質；西洋文化；西洋精神；西洋式。

oc·clude [əˋklud; ɔˈkluːd] *v.t.* **1** 封閉〈通路、縫隙等〉。**2** 《化學》〈固體〉吸留〈氣體〉。

—*v.i.* 《牙科》〈上下牙齒〉咬合。

oc·clu·sion [əˋkluʒən; ɔˈkluːʒn] *n.*

oc·cult [əˋkʌlt; ɔˈkʌlt] **《源自拉丁文「被隱藏的」之義》—***adj.* **1 a** 神秘的，不可思議的，超自然的，玄奧的：the ~ arts 秘術《煉金術、占星術等》/the ~ sciences 神秘學。**b** [**the** ~；當單數名詞用]神秘，超自然。**2** 隱藏的。

—*v.t.* **1** 隱藏。**2** 《天文》〈月亮等〉遮蔽〈其他天體〉。

—*v.i.* 隱藏，變成看不見。

oc·cu·pan·cy [ˋɑkjəpənsɪ; ˈɔkjupənsi] *n.* **1 a** Ⓤ占有，占領，據有。**b** Ⓒ占有期間。**2** Ⓤ《法律》先占，占據。

oc·cu·pant [ˋɑkjəpənt; ˈɔkjupənt] *n.* Ⓒ **1** 〔土地、房屋、房間、地位等的〕占有者，現住者〔*of*〕。**2** 《法律》占據者。

oc·cu·pa·tion** [ˌɑkjəˋpeʃən; ˌɔkjuˈpeiʃn] **《occupy 的名詞》—n.* **1 a** ⓊⒸ**職業**，工作，業務：men out of ~ 失業者/Farming is a good ~. 務農是份好行業/He is a writer by ~. 他的職業是作家《★by ~ 不用冠詞》。

> **【同義字】** occupation 指有規律地從事，並受過有關訓練的職業；profession 指律師、醫師、教師等需要專門知識的職業；business 指企業、商業關係等以營利爲目的的職業；job 是指職業最普通的用語。

b Ⓤ(工作等的)從事，從業。**c** ⓊⒸ消遣。

2 a Ⓤ(土地、房屋等的)**占有(權)**；居住：an ~ bridge [road] (私設的)專用橋[道路]。**b** Ⓒ占有期間。

3 a Ⓤ**占領**，占據：an army of ~ = an ~ army 占領軍/the ~ *of* a town *by* the enemy 城鎮被敵人佔領。**b** Ⓒ占領期間。

òc·cu·pá·tion·al [-ʃənḷ; -ʃnl˝]**《occupation 的形容詞》—***adj.* [用在名詞前]職業的，由職業引起的：an ~ disease 職業病。

~·ly [-ʃənlɪ; -ʃṇəli] *adv.*

òccupátional házard *n.* ⓊⒸ職業上的危險或困擾。

óccupational thérapy *n.* Ⓤ《醫》職業療法，就業療法《對於精神、身體障礙者給予適當、輕鬆的工作來治療精神病或肉體缺陷的一種治療法》。

óc·cu·pied *adj.* **1** 被占領[占據]的；佔領下的：~ France (第二次世界大戰期間)德軍佔領下的法國。

2 [不用在名詞前]〔十介十(代)名〕〈人〉從事〔…〕的〔*in, with*〕《★在 do*ing* 前面一般用 in, 但有時也略去 in; cf. occupy 4》：She is ~ ***with*** needlework. 她正在做針線工作/He is ~ (***in***) writ*ing* a novel. 他正在從事小說創作。

óc·cu·pì·er *n.* Ⓒ **1** 占有者；占領者。**2** 居住人，(尤指)房客，租地人。

oc·cu·py** [ˈɑkjə,paɪ; ˈɔkjupai] **《源自拉丁文「取得」之義》—*v.t. **1** 占：〔十受〕**a** 占領，占據〈國家、堡壘等〉：The soldiers *occupied* the fortress. 那些士兵佔領了堡壘。

b 占有，塡滿；租用，居住；使用〈房間、辦公室等〉(★無進行式)：~ a house 占有[使用]房子/"*Occupied*"「使用中」(廁所、浴室等的標示)/The store *occupies* the entire building. 那家商店占了整棟建築物。

c 居於[占]〈地位、職務〉，充任〈職位〉：Mr. A *occupies* a high position in society. A 先生在社會上居於很高的地位。

2 〔十受〕〈工作等〉費〈時日〉；吸引〈別人的注意力〉：My work *occupied* the whole morning. 我的工作占去了整個上午/It *occupies* two hours to go there. 到那裏要花兩小時。

3 〔十受〕〈煩惱等〉盤據〈人心〉；吸引〈注意力等〉：Many troubles ~ his mind. 許多煩惱盤據在他的心頭。

4 〔十受十介十(代)名〕[~ one*self*] 埋首，專心〔於…〕〔*in, with*〕(★也以過去分詞當形容詞用；⇨ occupied 2；在do*ing* 前面一般用 in, 但有時也略去 in)：He *occupied himself* (***in***) writ*ing* a mystery story. 他埋首於推理小說的寫作。

‡oc·cur [əˈkɝ; əˈkə:] **《源自拉丁文「跑向…邊」之義》—*v.i.*** (**oc·curred**；**-cur·ring**) **1** 〔動(十介十(代)名)〕〈事情〉起於，發生於〔…〕〔*to*〕(⇨ happen【同義字】)：if anything should ~ 如果有任何事發生；萬一/Thunderstorms often ~ in summer. 雷雨常發生於夏天/An accident *occurred* ***to*** him. 他發生了意外事件。

2 〔十介十(代)名〕[常**It ~s … to do, It ~s … that …**] 浮現〔於腦際〕，〔某人〕想起〔*to*〕：Just then a bright idea *occurred* ***to*** me. 正在那時候，我想到一個妙主意/Didn't *it* ~ *to* you *to* lock the door? 你沒想到要鎖門嗎？/*It* never *occurred to* him *that* she would be so displeased. 他從沒有想到她會這麼不高興。

3 〔十介十(代)名〕**a** 〈動植物、礦物〉被發現，存在〔於…〕〔*in*〕：These plants ~ ***in*** the tropics. 這些植物產於熱帶。

b [常用於否定句]〈無生物〉存在〔於…〕〔*in*〕：The sound 'th' does*n't* ~ ***in*** Chinese. 中文沒有 'th' 這個音。

oc·cur·rence [əˈkɝəns; əˈkʌrəns] **《occur 的名詞》—*n.*** **1** Ⓤ[常與修飾語連用]〔事件等的〕發生〔*of*〕：an accident *of* frequent [rare] ~經常[很少]發生的意外事件。**2** Ⓒ**發生的事，事件**：unexpected ~*s in* life 人生中的意外事件。

oc·cur·rent [əˈkɝənt; əˈkʌrənt] *adj.* 目前正發生的。

‡o·cean [ˈoʃən; ˈouʃn] **《源自希臘文「地球四周的大河」之義》—*n.*** **1 a** Ⓤ[常 **the** ~]**大海，海洋**；外洋：a boundless expanse *of* ~ 浩瀚無際的大海(★ of ~ 不用冠詞)。**b** [**the … O~**] (五大洋的)…洋：*the* Pacific [Atlantic, Indian, Arctic, Antarctic] *O~* 太平[大西，印度，北冰，南冰]洋。**c** [**the** ~] 《美》海(sea)：go swimming in *the* ~ 到海裏游泳；去作海水浴。

2 [**an** ~] 廣漠，無限；…海〔*of*〕：*an* ~ *of* trees 樹海。

3 [**oceans of …**] 《口語》龐大的，極多的：~*s of* money [time] 大量的金錢[時間]。

o·cean·ar·i·um [,oʃənˈnɛrɪəm; ,ouʃənˈɛəriəm] *n.* Ⓒ(*pl.* ~**s, -i·a** [-rɪə; -riə]) (大型)海洋水族館。

o·cean·aut [ˈoʃə,nɔt; ˈouʃnɔ:t] *n.* Ⓒ海底科學工作人員，海洋工作人員。

ócean bèd *n.* Ⓒ海底，洋牀。

ócean engineéring *n.* Ⓤ海洋工程學。

ócean flìght *n.* ⓊⒸ越洋飛行。

ócean-gòing *adj.* 〈船隻〉遠洋航行的。

O·ce·an·i·a [,oʃɪˈænɪə; ,ouʃiˈeinjə] *n.* 大洋洲。

O·ce·a·ni·an [,oʃɪˈænɪən; ,ouʃiˈeinjən˝] **《Oceania 的形容詞》—*adj.*** 大洋洲的。

—*n.* Ⓒ大洋洲的居民。

o·ce·an·ic [,oʃɪˈænɪk; ,ouʃiˈænik˝] **《ocean 的形容詞》—*adj.*** **1 a** 大洋的，大海的：an ~ island 《地理》洋中島，大洋島(在海洋中的島嶼)。**b** 海洋性的：an ~ climate 海洋性氣候(整年中氣溫變化少，氣候溫和而雨量多)。**c** 海洋出產的，棲於遠海的。**2** 似海洋的；廣大的。

O·ce·an·i·ca [,oʃɪˈænɪkə; ,ouʃiˈænikə] *n.* =Oceania.

o·ce·an·ics [,oʃɪˈænɪks; ,ouʃiˈæniks] *n.* Ⓤ海洋學。

O·ce·a·nid [oˈsiənɪd; ouˈsi:ənid] *n.* Ⓒ (*pl.* ~**s, -an·i·des** [,osɪˈænɪ,diz; ,ousiˈænidi:z]) 《希臘神話》奧席妮德(海洋的女神(nymph)，爲奧西納斯(Oceanus)的女兒之一)。

ócean lâne *n.* Ⓒ遠洋航線。

ócean liner *n.* Ⓒ遠洋定期客輪，郵輪。

o·cea·nog·ra·pher [,oʃɪənˈɑgrəfɚ; ,ouʃjəˈnɔgrəfə] *n.* Ⓒ海洋學家。

o·cea·nog·ra·phy [,oʃɪənˈɑgrəfɪ; ,ouʃjəˈnɔgrəfi] *n.* Ⓤ海洋學。

ocean liner

ò·cean·o·gráph·ic [,oʃɪənəˈgræfɪk; ,ouʃiənəˈgræfik˝] *adj.*

o·cean·ol·o·gy [,oʃəˈnɑlədʒɪ; ,ouʃəˈnɔlədʒi] *n.* Ⓤ **1** 海洋資源[工程]的研究。

2 =oceanography.

ócean-spànning *adj.* 橫渡海洋的；可以橫渡海洋的。

ócean tràmp *n.* Ⓒ無一定航線的遠洋貨輪。

O·ce·a·nus [oˈsiənəs; ouˈsiənəs] *n.* 《希臘神話》奧西納斯(海洋之神)。

o·cel·lus [oˈsɛləs; ouˈseləs] *n.* Ⓒ(*pl.* **-li** [-laɪ; -lai]) 《動物》**1 a** (昆蟲、蜘蛛等的)單眼。**b** (低等動物的)眼點，視覺器官。**2** (孔雀尾端等的)眼狀斑。

o·ce·lot [ˈosə,lɑt; ˈousilɔt] *n.* Ⓒ 《動物》美洲豹貓(中、南美產似豹的山貓)。

ocelot

o·cher [ˈokɚ; ˈoukə] *n.* Ⓤ**1** 赭土，赭石(含有鐵的氧化物的黃色或褐色黏土；可作顏料)：⇨ red ocher, yellow ocher. **2** 赭色，黃土色。

—*adj.* 赭色的，黃土色的。

o·cher·ous [ˈokərəs; ˈoukərəs] *adj.* (似)赭色的。

och·loc·ra·cy [ɑkˈlɑkrəsɪ; ɔkˈlɔkrəsi] *n.* ⓊⒸ暴民政治[統治]。

och·lo·pho·bi·a [,ɑkləˈfobɪə; ,ɔkləˈfoubiə] *n.* Ⓤ《精神病學》羣衆恐怖(症)。

o·chre [ˈokɚ; ˈoukə] *n.* 《英》=ocher.

Ock·ham [ˈɑkəm; ˈɔkəm], **William of** *n.* 奧坎(1300?–49?；英國哲學家)。

‡o'clock [əˈklɑk; əˈklɔk] **《of the clock 之略》—*adv.*** **1** …點鐘(★ 用法 用以說「…點…分」的時間；說「幾點幾分」時常略去 o'clock：It is ten (minutes) past ten now. 現在是十點十分)：at two ~ 在兩點鐘/from two ~ to three 從兩點到三點/He went by the seven ~ train. 他坐七點鐘的火車去(★ 用法 也寫成 by the 7:00 train, 讀法相同)。

2 (假定目標的方位在鐘面上)在…點鐘的位置：a fighter plane approaching at 12 ~ 正從十二點的方位靠近的一架戰鬥機/a steering wheel which has its spokes at eight and four ~ 輪輻在八點與四點位置的(汽車)方向盤。

OCR 《略》optical character recognition 《電算》光學字元識別(用感光裝置來辨認圖樣字符)。

oct. 《略》octavo. **Oct.** 《略》October.

oc·t(a)- [ɑkt(ə)-; ɔkt(ə)-] [複合用詞] 表示「八」之意。

oc·ta·gon [ˈɑktə,gɑn; ˈɔktəgən] *n.* Ⓒ**1** 八角形，八邊形。**2** 八角形的建築物[房間，塔]。

oc·tag·o·nal [ɑkˈtægənl; ɔkˈtægənl˝] **《octagon 的形容詞》—*adj.*** 八角[邊]形的。**~·ly** [-nlɪ; -nəli] *adv.*

oc·ta·he·dral [,ɑktəˈhidrəl; ,ɔktəˈhedrəl˝] **《octahedron 的形容詞》—*adj.*** 有八面的，八面體的。

oc·ta·he·dron [,ɑktəˈhidrən; ,ɔktəˈhedrən] *n.* Ⓒ (*pl.* ~**s, -dra** [-drə; -drə]) 八面體。

oc·tam·e·ter [ɑkˈtæmətɚ; ɔkˈtæmitə] 《詩學》*n.* Ⓒ由八步句[八節，八韻脚]而成的詩行。

—*adj.* 八步句的。

oc·tane [ˈɑkten; ˈɔktein] *n.* Ⓤ《化學》辛烷(汽油中無色的液體碳化氫；⇨ high-octane)。

óctane nùmber [ràting, vâlue] *n.* Ⓤ《化學》辛烷值(表示汽油防震性的指數)。

oc·tant [ˈɑktənt; ˈɔktənt] *n.* Ⓒ **1** 八分圓(45° 的弧)。**2** 八分儀(cf. quadrant 2, sextant)。

oc·tave [ˈɑktev,-tɪv; ˈɔkteiv,-tiv] *n.* Ⓒ **1** 《音樂》第八音；第八度音程。**2** 《韻律》=octet 2.

Oc·ta·vi·an [ɑkˈtevɪən; ɔkˈteivjən] *n.* ⇨ Augustus 2.

oc·ta·vo [ɑkˈtevo; ɔkˈteivou] *n.* (*pl.* ~**s**) **1** Ⓤ八開本，八開(全開紙 ⅛ 的大小；略作 8 vo, 8°, oct.)：in ~ (書籍)用八開本，八開本的。**2** Ⓒ八開本的書(cf. format 1)。

—*adj.* 八開本的。

O

oc·tet, oc·tette [ak'tɛt; ɔk'tet] *n.* Ⓒ**1**〖音樂〗八重唱[奏，曲]；八重唱[奏]團(⇨solo 相關用語)。**2**〖韻律〗八行詩；(尤指十四行詩(sonnet)的)前八行連句。**3** 八人[八個]的一組。

oc·til·lion [ak'tɪljən; ɔk'tiljən] *n.* Ⓒ《美·法》10^{27}；《英》10^{48}.
—*adj.* octillion 的。

oc·to- [akto-, aktə-; ɔktou-, ɔktə-] = oct(a)-.

octant 2

‡**Oc·to·ber** [ak'tobɚ; ɔk'toubə] *n.* 十月《略作 Oct.》：*in* ～ 在十月/*on* ～ 6=on 6 ～/on the 6th of ～ 在十月六日(⇨ January【說明】)。

【字源】源自拉丁文 *octo*, 義爲「八」。古羅馬分一年爲十月，三月是第一個月，October原爲「八月」，後因曆法修改而變成十月；⇨ December 的【字源】

oc·to·dec·i·mo [ˌaktoʹdɛsəˌmo; ˌɔktou'desimou] *n.* (*pl.* ～s)Ⓒ十八開；十八開本《略作 18mo, 18°》。

oc·to·ge·nar·i·an [ˌaktədʒəʹnɛrɪən; ˌɔktoudʒi'nɛəriən] *adj.* 八十(多)歲的。
—*n.* Ⓒ八十(多)歲的人。

oc·to·pus ['aktəpəs; 'ɔktəpəs] **«**源自希臘文「八隻脚(的動物)」之義**»**—*n.* (*pl.* ～es)**1 a** Ⓒ〖動物〗章魚。**b** Ⓤ(食用的)章魚《★英國人幾乎都不吃章魚，但義大利裔與希臘裔的美國人則食用》。
2 Ⓒ似章魚的東西；勢力遠張、組織龐大且恣意爲惡的團體。

oc·to·roon [ˌaktəʹrun; ˌɔktə'ru:n] *n.* Ⓒ《輕蔑》有八分之一黑人血統的混血兒《白人與有四分之一黑人血統的人(quadroon)的混血兒；cf. mulatto》.

oc·to·syl·la·ble ['aktəˌsɪləbl; 'ɔktouˌsiləbl] *n.* Ⓒ八音節的字[詩行]。**oc·to·syl·lab·ic** [ˌaktəsɪ'læbɪk; ˌɔktousi'læbik] *adj.*

oc·tu·ple ['aktupl, -tjupl, ak'tupl; 'ɔktju:pl] *adj.* **1** 八倍的；八重的。**2** 由八個要素構成的。
—*n.* Ⓒ八倍。
—*v.t.* & *v.i.* (使…)變成八倍。

oc·u·lar ['akjələr; 'ɔkjulə] *adj.* [用在名詞前]**1** 眼睛的。**2** (用)視覺的：～ proof 眼睛可以看到的[顯而易見的]證據/an ～ witness 目擊者。～·**ly** *adv.*

oc·u·list ['akjəlɪst; 'ɔkjulist] *n.* Ⓒ眼科醫生。

OD, O.D. 《略》Officer of the Day;〖商〗overdraft;〖商〗overdrawn.

o·da·lisque ['odlˌɪsk; 'oudəlisk] *n.* Ⓒ(從前回教國家的)奴婢。

‡**odd** [ad; ɔd] **«**源自古代北歐語「三角形」之義；因三角形的頂點爲奇數**»** —*adj.* (～·er；～·est) **1** 奇怪的，古怪的，奇特的(⇨strange【同義字】)：an ～ man 古怪的男人/His behavior [appearance] is ～. 他的行爲[外表]奇特/It is ～ (that) I cannot think of her name. 奇怪，我想不起她的名字。
2 [用在名詞前](無比較級、最高級)(兩個或兩隻一組中的)單個[單隻]的；(一定數爲一組中的)零星的，不全的：an ～ glove [shoe]單隻手套[鞋子]/an ～ lot〖商〗零星貨物。
3 (無比較級、最高級)奇數的(↔ even)：an ～ number 奇數/an ～ month(有三十一日的)大月。
4 (無比較級、最高級)**a** [用在名詞前]剩下的〈錢等〉：the ～ money 剩下的零錢。**b** [用於整數之後或以連字號(-)連接的複合字]…多的，…餘的：three pounds ～ 三磅多/twenty-*odd* years 二十多年/100-*odd* dollars 一百又幾十美元《一百二十元，一百三十元等》/100 dollars *odd* 一百多美元。
5 [用在名詞前](無比較級、最高級)零星的，臨時的：～ jobs 零工/at ～ times [moments] 偶爾，餘暇/an ～ player 後補選手。
6 [用在名詞前]偏僻的〈場所等〉：in some ～ corner 在某個偏僻的角落。
—*n.* **1** [～s]⇨ odds. **2** Ⓒ〖高爾夫〗**a** (比對方多出的)一桿。**b** (一洞的)差點(handicap)的一桿。～·**ness** *n.*

ódd·bàll《口語》*n.* Ⓒ奇人，怪人。
—*adj.* 奇異的，古怪的。

odd·i·ty ['adətɪ; 'ɔditi] **«**odd 的名詞**»**—*n.* **1** Ⓤ古怪，奇異〔*of*〕. **2** Ⓒ**a** 怪人，奇人；奇怪的事。**b** 奇怪[怪異]之處。

ódd-jób·man [-mən; -mən] *n.* Ⓒ (*pl.* **-men** [-mən, -ˌmɛn; -mən,-men])《英》(無固定職業的)臨時工(人)，零工，雜工。

ódd-lóoking *adj.* 樣子古怪的，怪的。

ódd·ly *adv.* **1 a** 奇妙地，奇怪地。**b** [修飾整句]怪的是：～ enough 說也奇怪；怪的是。**2 a** 成奇數。**b** 零星[碎]地，剩餘地。

ódd mán *n.* **1** [the ～] (贊成與反對票各半時)握有決定票(casting vote)的人。**2** Ⓒ《英》臨時工。

ódd màn óut *n.* (*pl.* odd men out)**1 a** Ⓤ鬼留下《以擲錢幣等方式，自三人(或以上)中選出錢幣正面或反面與他人不合之一人的方法[遊戲]》。**b** Ⓒ[常the ～]以上述方法選出的人。**2** Ⓒ(自伙伴中)孤立者，被剔除的人；無人配對的人。

odd·ment ['admənt; 'ɔdmənt] *n.* Ⓒ[常～s]剩餘的東西，零星(碎)物，零頭，廢物：～*s of* food [information] 零碎[零星]的食物[資訊]。

odds [adz; ɔdz] **«**源自odd 形容詞之義的名詞用法**»**—*n. pl.* **1 a** (競賽等時給予弱者的)有利條件；(遊戲中對較弱一方的)讓步：give the ～ 給與有利條件，提出讓步/take [receive] the ～ 接受有利條件，接受讓步。**b** 賭注與付款的差額：*at* ～ of 7 *to* 3 以七比三的賭注打賭方法《賭輸時付七，賭贏時獲三》/lay [give] a person ～ of three to one 提出以三比一的賭注與人打賭《贏時獲一，輸時付三》。**c** 優劣的差別：make ～ even 除去優劣的差別《使成勢均力敵，不相上下》。
2 a 可能性，或然率，可能的機會：The ～ are (that) he will come. 他大概會來/It's ～ (that) he'll succeed. 他大概會成功。**b** 〔+ *that*＿〕〈…事的〉可能性，可能的機會：What are the ～ *that* he'll win? 他有多少勝算？**c** 獲勝的可能性，勝算：The ～ were against us [in our favor].形勢對我們不利[有利]。
3 [有時當單數用]差異：That makes no [little] ～. 那沒有多大差別/It makes no ～ how she does it. 她怎麼做那件事都沒有關係/What's the ～？《口語》有什麼關係？有什麼區別？
at ódds (with...) [因…事](與…)爭吵[不睦]〔*on, upon*〕：set a person *at* ～ *with* another 使某人與另一個人爭吵。
by (áll) ódds (1)[强調最高級、比較級]毫無疑問地，確實：This is *by* ～ the easi*est* way. 這確實是最容易的方法。(2)恐怕，也許，十之八九。
lóng ódds 低或然率，很小的可能性。
ódds and énds [《英俚》**sóds**]零星雜物，廢物。
shórt ódds 高或然率，很大的可能性。

ódds-ón *adj.* **1** 有勝算的：an ～ favorite (馬賽中)相當有勝算的馬；確實可當選的候選人/It is ～ that he will come. 他大概會來。
2 [不用在名詞前]〔+ *to* do〕《美》有希望〈做…〉的：He's ～ *to* succeed. 他有成功的希望《他大概會成功》。

ode [od; oud] **«**源自希臘文「歌」之義**»**—*n.* Ⓒ頌詩，賦《有特殊主題，多爲歌頌特定人物或事的抒情詩》：*O*～ *to* the West Wind 西風頌《雪萊(Shelley)的詩》/*O*～ *on* a Grecian Urn 希臘古甕之歌《濟慈(Keats)的詩》。

O·des·sa [o'dɛsə; ou'desə] *n.* 敖得薩《蘇聯烏克蘭(Ukraine)南部之一海港》。

O·dets [o'dɛts; ou'dets], **Clifford** ['klɪfɚd; 'klifəd] *n.* 奧德玆《1906-63; 美國劇作家》。

O·din ['odɪn; 'oudin] *n.*〖北歐神話〗歐丁《司掌知識、文化、軍事等的主神；cf. Woden》。

Odin

o·di·ous ['odɪəs; 'oudjəs] **«**odium 的形容詞**»** —*adj.* 可憎的，使人極厭惡的，令人討厭的：an ～ smell 惡臭。～·**ly** *adv.*

o·di·um ['odɪəm; 'oudjəm] **«**源自拉丁文「憎恨」之義**»** —*n.* Ⓤ **1** 憎恨，厭惡。**2** 惡評；不受人歡迎；非難。

o·dom·e·ter [o'damətɚ; ou'dɔmitə] *n.* Ⓒ(汽車等的)里程計[表]。

o·don·tol·o·gy [ˌodan'talədʒɪ; ˌɔdɔn'tɔlədʒi] *n.* Ⓤ **1** 牙科學。**2** 牙科醫術。

o·dor ['odɚ; 'oudə] *n.* **1** Ⓒ**a** (物質具有的)氣味，臭氣；(尤指)惡臭(⇨smell 2【同義字】)。**b** 香；香氣。
2 Ⓒ(…的)氣味，特有的風味〔*of*〕：an ～ *of* antiquity 古色古香。
3 Ⓤ名聲，聲望：be *in* [fall *into*] bad [ill] ～ 聲名狼藉[名聲變壞]/be *in* good ～ *with* the students 深受學生的歡迎。

o·dor·if·er·ous [ˌodə'rɪfərəs; ˌoudə'rifərəs] *adj.* 發出香味的，芳香的。～·**ly** *adv.* ～·**ness** *n.*

ódor·less *adj.* 無臭的。

o·dor·ous ['odərəs; 'oudərəs] *adj.* 有香味的，芳香的。

o·dour ['odɚ; 'oudə] *n.* 《英》=odor.

O·dys·seus [o'dɪsjus; ə'disju:s] *n.*〖希臘神話〗奧地修斯《綺色佳(Ithaca)的國王，爲荷馬(Homer)史詩「奧德賽」(*Odyssey*)的主角；拉丁文名爲 Ulysses》.

Od·ys·sey ['adəsɪ; 'ɔdisi] *n.* **1** [the ～]奧德賽《相傳爲荷馬(Homer)所作的史詩；cf. Iliad》. **2** [有時 o～]Ⓒ《文語》長期的流浪，長期的冒險旅行，遊歷。

OE, O.E. 《略》Old English.

O.E.C.D. 《略》Organization for Economic Cooperation and Development 經濟合作開發組織。

oec·u·men·i·cal [ˌɛkjuˋmɛnɪkl; ˌi:kju:ˈmenikl ⌐] *adj.* = ecumenical.

O.E.D., OED 《略》Oxford English Dictionary.

oe·de·ma [iˋdimə; i:ˈdi:mə] *n.* (*pl.* ~·**ta** [~tə; ~tə])=edema.

oed·i·pal [ˋɛdəpl, ˋidə-; ˈi:dipl, ˈed-] *adj.* [常 **O**~] 戀母情結(Oedipus complex)的。

Oed·i·pe·an [ˌɛdəˋpiən; ˌi:diˈpi:ən] *adj.* 伊迪帕斯的；戀母情結的。

Oed·i·pus [ˋɛdəpəs; ˈi:dipəs] **《源自希臘文「有著腫脚的」之義，由當時 Oedipus 被牧羊人拾獲時的情形而來》——***n.*《希臘神話》伊迪帕斯《解開史芬克斯(Sphinx)的謎語，但爲命運擺弄而弒父娶母的底比斯(Thebes)英雄》。

Óedipus còmplex *n.* Ⓒ《精神分析》伊迪帕斯情結，戀母情結《兒子對母親下意識的戀慕；cf. Electra complex》.

OEM 《略》original equipment manufacture 原廠委託製造加工。

oe·nol·o·gy [iˋnɑlədʒɪ; i:ˈnɔlədʒi] *n.* Ⓤ酒學；酒類研究。

oe·no·phile [ˋinəˌfaɪl; ˈi:nəfail] *n.* Ⓒ嗜酒者；品酒專家。

o'er [or, ɔr; ˈouə, ɔə, ɔ:] *adv.*, *prep.* 《詩》=over.

oe·soph·a·gus [iˋsɑfəgəs; i:ˈsɔfəgəs] *n.* =esophagus.

oes·tro·gen [ˋɛstrədʒən; ˈi:strədʒən] *n.* = estrogen.

oes·trus [ˋɛstrəs; ˈi:strəs] *n.* =estrus.

‡**of** [(弱) əv, v; əv,v, (强) ɑv,ʌv; ɔv] *prep.* **A 1** [表示所有格的關係及所屬] **…的，屬於…的，…擁有的**：the room *of* my brothers 我兄弟的房間《★比較 比 my brothers' room 更明確的說法》/the leg *of* a table 餐桌的脚《★用法 原則上無生物除了時間、單位、地名及慣用語外，多半不用所有格》。

2 [表示主格關係] **a** [表示動作的行爲者、作品的作者]…的：the works *of* Milton 密爾頓的作品/the love *of* God 神的愛《★變換 可換寫成 God's love》.**b** [it is十形容詞十of十(代)名詞(十 *to* do)] [某人] (做…)是…的《★用法 這裏所用的形容詞都是 kind, good, clever, wise, foolish 等表示人的性質者》：It was kind *of* you *to* do so. 你這樣做眞好/It was very kind *of* you indeed! 承蒙關照，謝謝！

3 [表示受格關係] **a** [與動作名詞或動名詞連用]…的；…之事；對於…的：the discovery *of* America 美洲的發現/the love *of* nature 對於大自然的喜愛/in search *of* happiness 對於幸福的尋求《尋求幸福》。**b** [與形容詞連用]…的：I am fond *of* music. 我喜愛音樂/She had a look expressive *of* happiness. 她洋溢著幸福的表情。

4 [表示同格關係] **叫做…的，…的**：the city *of* Rome 羅馬市/the fact *of* my having seen him 我曾見過他的那個事實/the five *of* us 我們五個人《★用法 有時省略 the；cf. B 1 a》/a friend *of* mine [yours, his, hers] 我的[你的，他的，她的]一位朋友(⇨mine[1] 2)/Look at that red nose *of* Tom's. 看看湯姆的紅鼻子/There are about five hundred *of* us. 我們大約有五百人(cf. B 1 a).

5 [of 十名詞構成形容詞片語] **a** (有)…的《★用法 表示年齡、形狀、色彩、職業等時，多半略去 of》：a girl *of* ten (years) 十歲的女孩/a man *of* ability 有才能的人/a machine *of* much use 非常有用的機器/They are (*of*) the same age. =They are *of* an age. 他們同年齡/a man (*of*) his age 與他年齡相仿的人/The earth is (*of*) the shape of an orange. 地球呈柳橙形《★ 此例句中的 of 係文章用語》/I'd like to stay at a hotel (*of*) such a size. 我想要住像那種規模的旅館。**b** [名詞十 of十 a...] 像…的，…似的《★用法 前面的名詞＋ of 有形容詞的功用》：an angel *of a* boy 像天使般的男孩/a mountain *of a* wave 如山一般的波浪。

6 ["of十名詞" 構成副詞片語]《罕》**a** [表示時間，往往與習慣的行爲有關] (常)在…：*of* late 最近/*of* old 從前/He calls on me *of* a Sunday. 他常在星期日來訪。**b** …地：(all) *of* a sudden 突然地/*of* a certainty 確實地。

—B 1 a [表示部分] **…的(一部分)**；…中的：the City *of* London 倫敦市(cf. A 4)/some *of* that bread 那麵包的一部分/five *of* us 我們中的五個人(cf. A 4)/⇨OF all men [people], OF all things/the younger *of* the two 兩人中較年輕者/Locusts are the most harmful *of* all insects. 蝗蟲是所有昆蟲中最有害的。**b** [表示日期]：the 20th *of* June 六月二十日。

2 [表示分量、容器；用於表示數量、單位的名詞後]…的：a cup *of* coffee 一杯咖啡/a pair *of* trousers 一條長褲/two pounds *of* pork 兩磅豬肉/a piece *of* furniture 一件家具。

3 [表示材料] **用…(製造)的，由…做成的**(cf. from 13, out of 5)《★ 關於與 make...*from* 的區別，參照 make *v.t.* 1 c》：made *of* gold [wood] 金[木]製的/a house (built) *of* brick 磚造的房屋/make a fool *of* a person 把某人當作傻瓜《愚弄某人》/make a teacher *of* one's son 使兒子成爲教師。

4 [表示關係、關聯] **在…方面，關於…**：He is twenty years *of* age. 他二十歲/It is true *of* every case. 在任何情形下都是眞實的[這適用於任何情況]/He is slow *of* comprehension. 他的理解力差/I know *of* him. 我(間接地)知道有關他的事《★比較 I know him. 的意思是「我(直接就)認識他」》。

5 a [表示距離、位置、時間] **距離…，由…**：within ten miles [hours] *of* Tokyo 在距離東京十哩[小時]的範圍內/ten miles (to the) north *of* Tokyo 東京以北十哩/in the north *of* Tokyo 在東京北部《東京內》/Ireland lies west *of* England. 愛爾蘭位於英格蘭以西/⇨BACK of *adv.* **b** [表示時間]《美》差(…分)〈…點〉(to)：It is five minutes *of* ten. 現在差五分十點/at five (minutes) *of* four 在差五分四點時。

6 [表示分離、剝奪] **a** [與動詞連用] **分離…，擺脫…**：deprive a person *of* his money 奪去某人的錢/be cured *of* a disease 病癒。**b** [與形容詞連用] 從…：free *of* charge 免費/independent *of* ... 獨立於…以外的，不依賴…的。

7 a [表示起源、來源] **從…，…的**：be [come, descend] *of*... 出身於…/a man *of* Devon (出生於)得文郡(Devon)的人。**b** [表示原因] 因…，由於…：be weary *of* life 厭世/die *of* cholera 死於霍亂/smell *of*... 發出…味/smack *of*... 有…氣味。

of áll mén [péople] (1)在所有的人中最…：He *of all men* should set an example. 在所有的人中，他最該做個榜樣。(2)在所有的人中偏偏…：They came to me, *of all people*, for advice. 在所有的人中他們偏偏來向我請教《他們什麼人不去請教偏偏找我》。

of áll óthers ⇨other *pron.*

of áll thíngs (1)在所有的事情中最…《★比較 一般用 more than anything》. (2)在所有的事情中偏偏…：*Of all things*, how could you have forgotten your wallet? 在所有的事情中，你怎麼偏偏忘了你的皮夾子？《你什麼事都沒忘，怎麼偏偏忘了你的皮夾子？》

of cóurse ⇨course[1].

OF, O.F. 《略》Old French.

of- [əf-; əf-] 字首 ob- 在 f 之前的變體：⇨*of*fensive.

‡**off** [ɔf; ɔf] *prep.* **1** [表示離開的位置、分離的狀態] **a 從〈某地〉分離[隔開]，離開…，脫離…**：two miles ~ the main road 離開幹道兩哩/just ~ the road 剛從道路轉入之處，就在道路分岔口/a street ~ Broadway 從百老匯岔出的一條街[巷子]/Keep ~ the grass.《告示》請勿踐踏草地。**b** 脫離〈主題〉：get ~ the subject (故意或不小心地)脫離本題/That is ~ the point. 那是不切題的。**c** 離開〈工作等〉：He is ~ work. 他下班了/He is ~ duty. 他不在值班。**d** (視線等)離開…：I could not take my eyes ~ her. 我的視線無法離開她《我目不轉睛地盯住她》。**e** 在…的海上；正在…之外：~the Pacific coast of Alaska 在阿拉斯加太平洋沿岸外的海面上。

2 [表示自固定物的分離] **a 從〈固定物、附着物〉脫離**：A button is ~ your coat. 你的外衣掉了一個扣子。**b** 從〈交通工具等〉下來：get ~ a train 下火車/He was thrown ~ his horse. 他從他的馬背上摔下來。**c** 脫離…：~ the hinges 鉸鏈脫落，脫節；身心失調。**d** 脫離〈原來的狀態〉，失常：He is ~ his head. 他精神失常[錯亂]。

3 [與 dine, eat 連用] **a** 吃掉〈餐飲(的一部分)〉：*eat* ~ beefsteaks 吃掉牛排/*dine* ~ some meat 吃掉一些肉當晚餐。**b** 從〈盤子等〉取(食)：*eat* ~ silver plate 從銀盤子上取食；過奢侈的生活。

4 [與 live 連用] 依賴…：He *lived* ~ his brother. 他依賴他的哥哥生活。

5 從…扣除[減去]：take five percent ~ the list price 從定價減去百分之五《打九五折》。

6 《口語》向…《★用法 書寫時用 from》：I borrowed money ~ him. 我向他借錢。

7 a 〈人〉討厭…的，變成厭惡…的：I am ~fish. 我討厭魚，我不吃魚了。**b** 〈人〉停止，斷絕，戒掉：I am ~gambling [smoking] now. 我現在戒賭[煙]了。

from òff... 《文語》從…(from).

—*adv.* (無比較級、最高級) **A 1** [表示移動、方向] **離開，離去，脫離**：be ~離去，逃走/*O*~！=Be ~！滾！走開！/fly ~ 飛走，飛去/I've got to be ~ now. 我現在非走不可了/The man [He] went ~. 那個男人[他]走了《★用法 這個句子的强調說法是 *O*~ went the man./*O*~ he went.》/beat a person ~把某人趕走。

2 a [表示分離] **分離，脫離**：come ~脫落；〈柄等〉脫落/get ~ 脫(衣服)；(從馬、交通工具等)下來/fall ~〈人、物等〉落下/take one's clothes ~脫掉衣服。**b** [與表示切斷、斷絕等的動詞連用] 切(斷)，切(開)：bite ~咬斷/cut ~切斷，割下/take ten percent ~ 減去百分之十《打九折》/turn ~ the water [the radio] 關掉水龍頭[收音機]。

3 [表示時間、空間上的分離] **隔着，離開，在遠處**：far [a long way] ~距離很遠，遠遠地/three miles ~距離三哩/only three months ~離〈節日等〉只三個月了。

4 a [表示動作的完成、中斷等]…完，…盡：drink ~喝完/finish ~做完。b〔十介十(代)名〕[表示關係的斷絕]《美》〔與…〕斷絕關係〔*with*〕：She is ~ ***with*** him now. 她現在和他斷絕了關係。
5 (工作、上班、值班等時)休息：have [take] a day ~休息一天[請假一日]。
6 [與 well, ill 等的狀態副詞連用] a 生活過得…：be well [badly] ~生活過得富裕[困苦]/The old man is better [worse] ~. 那個老人生活過得更好[差]。b〔十介十(代)名〕〔物品等〕成…狀態〔*for*〕：We are well ~ ***for*** butter. 我們有充裕的奶油/He is badly ~***for*** money. 他很窮困[手頭拮据]。
7《戲劇》在舞台後面：noises ~(演員)在舞台後所發的聲音。
—B《★用法被視爲形容詞》1 脫落地，掉下地，脫離地：The handle is [has come] ~. 柄已脫落。
2 a 不值班地，休息地。b 市況不佳地，不景氣地：The market is ~. 市況不佳，不景氣。
3《口語》a〈人〉(身體情況)不適地，不對勁地：I'm feeling rather ~ today. 我今天覺得有些不舒服。b〈食物〉不新鮮地：The fish is [has gone] a bit ~. 魚有些[已經]不新鮮了。
4 a〈行事、約會等〉取消地。b〈自來水、瓦斯、電等〉斷地，關閉地。c〈餐廳等〉〈菜餚〉賣光[售完]地。d〈戲劇等〉上演完畢地。
5〈跑者〉起跑地。
6 (計算、推測等)錯誤地：You are ~ on that point. 在那個問題上你的估計是錯的。
óff and ón ⇨on.
óff of...《美口語》從…(off)：He took the book ~*of* the table. 他從桌子上拿了那本書。
Off with... [用祈使語氣]取去，脫掉〈帽子、衣服〉：*O~ with* your hat! 脫掉你的帽子！
Off with you! 滾！去你的！
ón and óff ⇨on *adv.*
right [stráight] óff《口語》立刻，馬上：He did it *right* ~ without waiting. 他毫無耽擱立刻做那件事。
—*adj.* (~·er；~·est)[用在名詞前] 1 a (從幹道)分叉的，橫的，旁邊的：an ~ road 橫路，叉道/an ~ street 橫街，橫巷。b 離開(中心)的，枝節的：an ~ issue 枝節問題。
2 (無比較級、最高級) a 不值班的，休息的：an ~ day 休假日。b 淡季的，(交易)冷清的，不景氣的：an ~ season in [for] trade 交易淡季/⇨off year.
3 (無比較級、最高級) a 較遠的，那一邊的：the ~ side of the wall 牆壁的那一邊。b 右邊[側]的〈馬、馬車〉(cf. near *adj.* 6)：⇨offside *n.* 1 a.
4 (無比較級、最高級)(幾乎)不可能有的〈機會等〉。
—*n.* [the ~]《板球》(擊球員的)右前方(↔ on).
off.《略》office；officer；official.
off- [ɔf-; ɔf-] 字首 表示下列字義：1「離開…的」：*off*-street. 2「〈色澤〉不純的」：*off*-white.
of·fal [ˈɔfl, ˈafl; ˈɔfl] *n.* Ⓤ 1 碎片，廢物；垃圾，不值錢[破爛]的東西。2《英》碎肉，內臟。
óff-and-ón *adj.* 偶爾的；不規則的；斷斷續續的。
óff-bálance *adj.* & *adv.* 1 不穩固的[地]。2 出乎意外的[地]。
óff-béat *adj.* 1 古怪的，離奇的，奇異的。2《音樂》(四拍子曲子中)強音在第二與第四拍的。
—*n.* Ⓒ《音樂》(一小節中的)弱拍，次強拍《例如四拍子時強音在第二、第四拍》。
óff-Bróadway *adj.* & *adv.* 非百老匯戲劇界的[地]，百老匯以外之地區的[地]，在百老匯以外地區演出的[地]。
—*n.* Ⓤ [集合稱] 在美國紐約市(New York City)百老匯(Broadway)街以外的地區上演的非商業性戲劇(從前爲實驗劇)或其戲院《其規模小，票價也略低；cf. Broadway 2, off-off-Broadway》。
óff-cámera *adj.* 1 在電影[電視]鏡頭之外的。2 私生活中的。
óff-cénter *adj.* 1 離中央的。2 不均衡的。3 不合理的：an ~ argument 離譜的論點。
—*adv.* 不平衡地。
òff chánce *n.* [用單數]很小的機會[希望]：There is an ~*of* gett*ing* the money back. 取回那筆錢的希望很渺茫。
on the òff chánce 依賴萬一，抱着渺茫的希望：She applied *on the* ~.她抱着渺茫的希望去申請/I wrote the letter *on the* ~*of* its reaching him [*that* it might reach him]. 我抱着也許他能收到信的渺茫希望寫信給他。
óff-cólor *adj.* 1 a 臉色不好的；身體不適的：feel ~覺得有些不舒服/She looks a bit ~ today. 她今天的臉色不好。b〈寶石等〉顏色不好的，品質差的：an ~ diamond 品質差的鑽石。2 不正派的，下流的，猥褻的：an ~ joke 下流的笑話。
óff-dúty *adj.* 1 不當班的；已經下班的。2 下班後的：~ entertainment 下班後的消遣。

***of·fence** [əˈfɛns; əˈfens] *n.*《英》=offense.
of·fence·less [əˈfɛnslɪs; əˈfenslis] *adj.*《英》=offenseless.
of·fend** [əˈfɛnd; əˈfend]《源自拉丁文「打中，傷害」之義》—*v.t.* 〔十受〕1 觸怒，冒犯〈某人〉；傷害〈某人〉的感情《★常用被動語態，變成「〈某人〉〔對…〕生氣」的意思；介系詞用 *by, with, at*》：I'm sorry if I've ~*ed* you. 如果我冒犯了你，我很抱歉/I *was* ~*ed* ***with him [***by*** his remark]. 我對他[他的話]生氣/He *is* ~*ed* ***at*** be*ing* ignored. 他因受到冷落而生氣/He *is* easily ~*ed.* 他容易生氣。2〈事、物〉傷及，損及〈感官、正義感等〉：The noise ~*s* the ear. 那噪音刺耳/The yellow building ~*s* the eye. 那幢黃色建築物很刺眼。
—*v.i.* 1 a 犯罪，犯過錯。b〔十介十(代)名〕違反〔法律、禮節等〕，犯〔法等〕〔*against*〕《★可用被動語態》：~ ***against*** good manners 違反禮節；不守規矩，沒禮貌/~ *against* the law 犯法。2 傷害別人的感情，傷感情。
of·fénd·er *n.* Ⓒ 1 (法律上的)犯罪者，犯規者：a first ~ 初犯/an old [a repeated] ~累犯。2 傷害人之感情的人[物]。
***of·fense** [əˈfɛns; əˈfens]《offend 的名詞》—*n.* 1 Ⓒ a〔義務、習俗等的〕違反，犯規〔*against*〕：commit an ~ *against* decency [good manners] 做違反禮節的事。b (輕微的)犯罪：a criminal ~刑事犯罪/a first ~初犯/a minor ~輕罪。2 a Ⓤ 傷感情，不悅，生氣；無禮，侮辱：take ~ (*at*) (對…)生氣/That will give [cause] ~ (*to* him). 那會觸怒人[他]/No ~ (meant). 沒有惡意；無意傷人的心。b Ⓒ 使人不舒服[不愉快，困擾]的東西：an ~ *to* the ear 刺耳[難聽]的聲音。3 a Ⓤ 攻擊(↔ defense)《★發音 與 defense 對照時在美國常作 [ˈɔ,fɛns; ˈɔ:fens] 的發音》：The best defense is ~. 最好的防衛就是攻擊。b Ⓤ《運動》攻擊：play ~輪到攻擊；採取攻勢。c Ⓒ [the ~；集合稱]《運動》攻方，採取攻勢的球隊[軍隊]《★用法 視爲一整體時當單數用，指全部個體時當複數用》。
of·fense·less [əˈfɛnslɪs; əˈfenslis] *adj.* 1 無罪的；無咎的。2 無攻擊力的。3 不爲害的；不討厭的。
of·fen·sive [əˈfɛnsɪv; əˈfensiv]《offend 的形容詞》—*adj.* 1 a 討厭的，令人不快的：an ~ sight 刺眼的景象。b [不用在名詞前]〔十介十(代)名〕〔對…〕不舒服的，不愉快的〔*to*〕：The noise is ~ ***to*** the ear. 那噪音刺耳。2 觸怒人的，無禮的，侮辱的。3 a 攻擊的，採取攻勢的；攻方的(↔ defensive)：an ~ and defensive [ˈɔfɛnsɪv ən ˈdifɛnsɪv; ˈɔ:fensiv ən ˈdi:fensiv] alliance 攻守同盟。b 攻擊用的，攻擊性的：~ weapons 攻擊性兵器[武器]。
—*n.* 1 [the ~]攻擊；攻勢(↔ defensive)：take [assume] *the* ~採取攻勢。2 Ⓒ (非軍事性的)攻勢，(積極的)活動，社會運動：make [carry out] an ~*against* organized crime 對有組織的犯罪採取掃蕩行動。~·ly *adv.* ~·ness *n.*
‡of·fer [ˈɔfɚ, ˈafɚ; ˈɔfə]《源自拉丁文「拿到前面」之義》—*v.t.* 1 a〔十受〕提供〈物品、援助等〉；伸出〈手等〉：They ~*ed* their services. 他們提供服務/~ one's hand(爲要握手而)伸出手。b〔十受十受/十受十介十(代)名〕對〈人〉提供〈物品、援助等〉；〔對人〕提供〈物品、援助等〉〔*to*〕：He ~*ed* me a drink.=He ~*ed* a drink ***to*** me. 他給我一杯飲料/We ~*ed* him a better position. 我們提供他一個更好的職位。
2〔十受〕a〈學校〉設有〈學習課程等〉：This university ~*s* a course in business administration. 這所大學設有企管學的課程。b〈學生〉申請修〈…課〉：Students may ~ history as a subsidiary subject. 學生可申請把歷史課選作輔修科目。
3 a〔十受〕提出，提議〈意見、主意〉：~ a suggestion 提出建議。b〔十 *to* do〕提議〈做…〉，說出〈可做…〉：I ~*ed* ***to*** lend her the money. 我表示願意借給她那筆錢。
4 a〔十受〕企圖施以〈暴力、危害等〉；表示〈抵抗等〉的態度：~ battle 挑戰。b〔十 *to* do〕《古》作出[擺出]姿勢〈做…〉：He didn't ~ *to* strike me. 他沒有作出要打我的樣子。
5〔十受〕a〈事物〉呈現，表現…：No country in the world ~*s* such wild, impressive beauty as Norway does. 世界上沒有一個國家像挪威那樣表現出如此富於野性而令人難忘的美。b [~ one*self*]〈機會等〉出現，產生：till a good chance ~*s itself* 直到好機會的來臨。
6 a〔十受(十副)〕奉獻〈祈禱〉；供奉〈祭品〉〈*up*〉：~ (***up***) a sacrifice 供奉祭品。b〔十受(十副)十介十(代)名〕〔向神〕獻出〈祈禱〉；供奉〈祭品〉〈*up*〉〔*to*〕：~ prayers ***to*** God 向上帝祈禱。
7 a〔十受十介十(代)名〕〔對物品〕出〈價〉〔*for*〕：He ~*ed* $1000 ***for*** the car. 他出價一千美元買那部車。b〔十受十介十(代)名〕〔索價…〕出售〈物品〉〔*for*〕：He ~*ed* the car ***for*** $1000. 他索價一千美元出售那部車。c〔十受十受十介十(代)名〕〈出價…〉向〈某人〉購買〈物品〉〔*for*〕：I ~*ed* him $1000 ***for*** the car. 我出價一千美元向他購買那部車。d〔十受十受十介十(代)名〕向〈某人〉〔索價…〕出售〈物品〉〔*for*〕：I ~*ed* him the car ***for*** $1000. 我向他索價一千美元出售那部車。

—*v.i.* 1 〈事情〉出現，發生：as occasion ~*s* 有機會時/Take the first opportunity that ~*s*. 抓住第一個出現的機會。
2 供奉祭品，奉獻。
—*n.* Ⓒ 1 a 提出，提供，提議，提案：a job ~ 求才，事求人/an ~ *of* support 願給以支持的表示/an ~ *of* food 食物的提供/make a person an ~ =make an ~ to a person 向某人提議。b〔+ *to* do〕〈做…的〉提議，提案：an ~ *to* sing 提議唱歌。2 求婚。3 a (待售物品的)供應：a special ~ 特價供應。b 出價(bid)：He made an ~ of $10,000 *for* the car. 他出價一萬美元買那部車。
on óffer (以減價等的方法)出售。
ùnder óffer《英》〈賣方〉已有買主(的)。
~·**er** *n.*

of·fer·ing [ˈɔfərɪŋ, ˈɑf-; ˈɔfəriŋ] *n.* 1 a Ⓤ(對神的)供奉，奉獻。b Ⓒ奉獻的東西，祭品，供品。2 Ⓒa (對教會的)捐款。b 贈品，禮物。3 Ⓤ提出；提供。4《美》a Ⓤ大減價。b Ⓒ提供的東西，出售物；(尤指演藝等)提供的作品：the latest ~ of a leading movie director 一流電影導演的最新作品。

óffering plàte *n.* Ⓒ(教會的)奉獻盤。

of·fer·to·ry [ˈɔfɚ,torɪ, -,tɔrɪ; ˈɔfətəri] *n.* Ⓒ 1 [常O~]《基督教》(麵包與葡萄酒的)奉獻；奉獻詩歌[樂曲]。2 a (在教會進行奉獻時所唱的)聖歌；奉獻儀式。b 奉獻金。

óff·hánd *adv.* 1 即刻地，立刻地：*O*~, I can't say. 我不能即刻就說。2 隨便地；不客氣地；漫不經心地。
—*adj.* 1 [用在名詞前]即刻的。2 隨便的；不客氣的；漫不經心的：in an ~ manner 以隨便(不拘禮節)的態度/He was rather ~. 他有些隨便《不太有禮》。

óff·hánded *adj.* =offhand. ~·**ly** *adv.*

‡**of·fice** [ˈɔfɪs, ˈɑfɪs; ˈɔfis] «源自拉丁文「工作，任務」之義»—*n.* 1 Ⓒa (有別於工廠，爲辦事員、店員等上班的)辦公室，事務所，公司：a head [branch] ~ 總[分]公司/go to the ~ 到辦公室去/I called on him at his ~. 我到他的辦公室拜訪他/He is [works] in an ~. 他在一家公司上班[工作]。b (律師等的)事務所。c《美》診療室，診所。d《美》(大學教授的)研究室。e [常與修飾語連用]…處，…所：an information [inquiry] ~ 詢問處/⇨ booking office, ticket office.
2 Ⓤ[the ~；集合稱](辦公室的)全體職員，全體從業人員。
3 [O~] Ⓒ a《美》(部(department)以下機構的)…局，…廳：the Patent *O*~ 專利局。b《英》…處，…部(⇨department 2 b)：the Foreign *O*~ 外交部。
4 ⓊⒸ官職，公職：be [stay] in ~ 在職；〈政黨〉當政，執政/enter (《英》upon) ~ 任公職/go [be] out of ~ 下野，不當政/hold [fill] (public) ~ 任(公)職/leave [resign (from)] ~ 辭去公職，辭職/retire from ~ 退職[辭去公職]/take (public) ~ 就任公職。
5 Ⓒ職務，任務，職責[*of*]：the ~ *of* chairman 主席的職務/do the ~ *of*... 擔任…的職務。
6 [~s] 幫忙，斡旋：by [through] the good [kind] ~*s* of... 經由…的幫忙[斡旋]/do a person kind ~*s* 幫某人的忙。
7 [~s]《英》住宅中處理家事的房間《廚房、食物貯藏室、洗衣室等》。
8 Ⓒ(宗教的)儀式，禮拜儀式；《天主教》聖職；日課；職務；《英國國教》早晚的禱告：perform the last ~*s* for the deceased 爲死者舉行喪禮/say one's ~ 誦日課禱詞。
9 [the ~]《英俚》慫恿，暗示：give [take] *the* ~ 打[接受]暗號，給予[了解]暗示。

óffice-bèarer *n.*《英》=officeholder.

óffice blòck *n.*《英》=office building.

óffice bòy *n.* Ⓒ(公司等的)工友。

óffice building *n.* Ⓒ《美》辦公大樓。

óffice girl *n.* Ⓒ女職員，女辦事員。

óffice·hòlder *n.* Ⓒ《美》公務員(official)。

óffice hòurs *n. pl.* 1 辦公時間，營業時間：after ~ 下班後。2《美》門診時間。

‡**of·fi·cer** [ˈɔfəsɚ; ˈɔfisə] *n.* Ⓒ1 a (陸、海、空軍的)軍官，士官(cf. soldier 1b)：an ~ *in* the army 陸軍軍官/a military [naval] ~ 陸[海]軍軍官/the ~ of the day [week] 值日[週]官。b (商船的)高級船員《船長、大副、輪機長、總務長、船醫等；cf. sailor 1》：an ~ *on* a steamer 輪船的高級船員/the chief ~ 大副/a first [second, third] ~《航海》大[二，三]副。c (飛機上以機長爲首的)機上服務人員。2 a (居高位的)官員，高官(cf. official 1)。b (公司等的)高級職員，幹部：a company ~ 公司的高級職員。3 a [用於稱呼]警官：*O*~！警官先生！b《美》警察《最下級的警官；⇨police【說明】》。

óffice sèeker *n.* Ⓒ求官職的人，獵官者。

óffice wòrk *n.* Ⓤ辦公室工作，事務，公務。

óffice wòrker *n.* Ⓒ公司職員。

‡**of·fi·cial** [əˈfɪʃəl; əˈfiʃl] «office 的形容詞»—*adj.* (more ~；most ~) 1 [用在名詞前](無比較級、最高級) a 職務上的，公務上的，官方的，公家的：~ affairs [business] 公務，公事/~ funds 公款/an ~ position 公職/one's ~ life 公務員生活。b 在官[公]職上的，官派的：an ~ residence 官邸。2 正式的，公認的：~ documents 官方文件/an ~ record 官方報告，正式紀錄/an ~ statement 正式[官方]的聲明(書)/The news is not ~. 這是非官方[非正式]消息。3 官僚的，形式化的：~ circumlocution 官式[八股式]的迂迴說法。4 (無比較級、最高級)《藥》法定的。
—*n.* Ⓒ1 公務員，官員，官吏：a government [public] ~ 政府官員，公務員。2《美》《運動》比賽時執行任務者《裁判、紀錄員等》。

of·fi·cial·dom [-dəm; -dəm] *n.* Ⓤ 1《輕蔑》官場，官僚。2 [集合稱]公務員，官員。

of·fi·cial·ese [ə,fɪʃəˈliz; ə,fiʃəˈliːz] *n.* Ⓤ《輕蔑》(迂迴難懂的)官方文章公文用語。

of·fi·cial·ìsm [-l,ɪzəm; -lizəm] *n.* Ⓤ 1 官廳制度。2 (官式的)形式主義；官僚主義。

of·fi·cial·ize [əˈfɪʃə,laɪz; əˈfiʃəlaiz] *v.t.* 1 使…成官派。2 使…歸官廳管轄，使…由官方控制。3 公佈，公開，使…成正式。

of·fícial·ly [-ʃəlɪ; -ʃəli] *adv.* 1 公務上，職務上。2 正式地；依據職權地。3 [修飾整句]表面上，形式上：*O*~, this room is only for teachers, not for students. 表面上，這個房間是教師專用，不是學生用的。

offícial recéiver *n.* [常O~ R~；the ~]《法律》(破產的)管財者，收益管理人。

of·fi·ci·ant [əˈfɪʃɪənt; əˈfiʃiənt] *n.* Ⓒ《宗教》司會者，司祭者。

of·fi·ci·ate [əˈfɪʃɪ,et; əˈfiʃieit] *v.i.* 1〔+ *as* 補〕執行〈…〉職務，擔任〈…〉任務：The Mayor ~*d as* chairman at the meeting. 市長以主席身分主持那次的集會/~ *as* host(ess) (at a dinner) (在晚宴上)擔任(女)主人。2〔動(+介+(代)名)〕〈神職人員〉擔任〔儀式的〕主持人；主持〔儀式〕〔*at*〕：The bishop ~*d at* the cathedral. 主教在大教堂執行聖職。3《運動》執行裁判之任務。

of·fic·i·nal [əˈfɪsɪnl; ,ɔfiˈsainl, ɔˈfisinl] *adj.* 1 藥用的。2《藥》成藥的，法定的。
—*n.* Ⓒ成藥《非臨時配製者》；法定藥物。

of·fi·cious [əˈfɪʃəs; əˈfiʃəs] *adj.* 1 多管閒事的，踰越的。2《外交》非正式的，非官方的：in an ~ capacity 以非官方身分。
~·**ly** *adv.* ~·**ness** *n.*

off·ing [ˈɔfɪŋ; ˈɔfiŋ] *n.* 1 [the ~] (由岸上可以見到的)海面。2 Ⓒ(船)在遠離岸邊的海上位置：gain [take] an ~ 駛出海面/keep an ~ 航行海面。
in the óffing (1)在從岸上可望見的海面上：*in the* ~ *of* Keelung 在離基隆不遠的海面上。(2)在不久的將來，可能即將來臨的；不久可能發生的，醞釀中的：Trouble is *in the* ~. 麻煩可能即將發生/with spring *in the* ~ 隨着春天的即將來臨。

off·ish [ˈɔfɪʃ; ˈɔfiʃ] *adj.*《口語》不喜歡交際的，冷漠的，冷冰冰的。

óff-kéy *adj.* 1 走調的，不和諧的。2 有點不正常的；有點畸形的；有點不適合的。

óff-lìcence *n.* Ⓒ《英》准許賣酒的執照；有賣酒執照的店(cf. on-licence)。

óff límits *adj.*《美》禁止入內的，禁區的(cf. on limits)：The bar was (declared) ~ *to* athletes in training. 正在集訓的選手不得進入該酒吧。

óff-líne *adj.* & *adv.*《電算》離線(式)的[地]《資料處理時與主機電腦不直接連結；cf. on-line》。

óff-lóad *v.* =unload.

óff-òff-Bróadway *adj.* & *adv.*《戲劇》在百老滙及非百老滙戲劇界之外的[地]。
—*n.* Ⓤ[集合稱](在 New York City 的小舞廳、咖啡館等上演的)第三戲劇(cf. off-Broadway)《指成本低而有高度實驗性的戲劇》。

óff-péak *adj.* [用在名詞前]過了高峯[尖峯]的；閒散時的。

óff-prìce *adj.* 折扣價的。

óff·prìnt *n.* Ⓒ(大學、研究所等學術論文的)抽印本，選刊。
—*v.t.* 抽印，選刊。

óff-pùt·ting *adj.*《英》使人困惑的；使人生厭的。

óff·scòur·ing [-,skaurɪŋ; -,skauəriŋ] *n.* Ⓒ [常~s] 1 汚物；廢物，屑，渣滓(dregs)。2 (社會的)渣滓：the ~*s of* humanity 人類的渣滓。

óff-scréen *adj.* 1 不出現在電影[電視]銀幕[螢光幕]上的；實際生活的。2 在別人看不到的地方的。
—*adv.* 1 不出現在電影[電視]地，在實際生活中。2 在別人看不到之處。

óff-séason *n.* Ⓒ(活動較少的)淡季，閒季：in the ~ 在淡季。

—*adj.* & *adv.* (在)淡季的[地]。

off·set [ɔfˋsɛt; ˈɔfset] *v.t.* (**off·set**; **off·set·ting**) **1 a** 抵銷;〈長處〉彌補〈短處〉: This will ~ the loss. 這可以彌補損失。**b** [十受十介十(代)名] [以…]抵銷…; [以長處]彌補〈短處〉[*by*]: Domestic losses were ~ *by* developing foreign markets. 開發國外市場彌補了國內的損失。**c** [十受十介十(代)名] 以…抵銷[…]; 以〈長處〉彌補[短處] [*against*]: We ~ the better roads *against* the greater distance. 我們以較好的道路來彌補較遠距離帶來之不便。**2** 《印刷》以平版[膠印法]印刷。

—*v.i.* **1** 伸出分枝, 衍生。**2** 《印刷》用平版[膠印法]印刷。

— [ˋɔfˏsɛt; ˈɔfset] *n.* Ⓒ **1** 抵銷(…)的東西, 彌補, [負債等的]抵銷[*to*]. **2 a** 分支, 支派。**b** 山的支脈。**c** 《植物》分枝, 旁枝。**3** 《印刷》平版印刷, 膠印法。

óff·shòot *n.* Ⓒ **1** 《植物》枝條, 旁枝。**2 a** (家族的)旁系。**b** 衍生的結果, 衍生物[*of*]: an ~ *of* his research 他的研究的副產物。**c** 支脈, 支流, 支線, 支道。

óff·shóre *adv.* (↔ inshore) **1** 在近海處。**2** 向海面。

—*adj.* **1** 在近海的: ~ fishery 近海漁業。**2** 〈風等〉(由海岸)向海面的: an ~ wind 向海面吹的風。

óff·síde *n.* **1** [the ~] 《英》**a** (馬、馬車的)右側。**b** (汽車)靠道路中央的一邊(↔ nearside). **2** Ⓤ 《足球・曲棍球》越位《球員在球與對方球門之間, 爲犯規的位置》。

—*adj.* & *adv.* **1** 相反的一邊的[在相反的一邊], 對面的[地]。**2** 《足球・曲棍球》越位的[地], 犯規位置的[在犯規位置] (cf. onside).

óff·spring *n.* Ⓒ (*pl.* ~, ~s) **1** [也當集合稱用] (人、動物的)子; 子孫《★用法 不用不定冠詞》: a woman of numerous ~ 一個多子孫的婦人。**2** 所生之物, 產物, 結果[*of*].

óff·stáge *adj.* & *adv.* **1** 《戲劇》舞台後面的[在舞台後]。**2** 私生活的[在私生活方面]; 保密的[地]; 非正式的[地]。

óff-stréet *adj.* [用在名詞前] 離開街道的, 巷子的: an ~ parking area 不在街道上的停車場。

óff-the-bénch *adj.* 法庭外的。

óff-the-cúff *adj.* & *adv.* 《口語》未準備的[地], 即席的[地]: an ~ speech 即席演說。

óff-the-pég, óff-the-ráck *adj.* 《口語》現成的。

óff-the-récord *adj.* & *adv.* 不留記錄的[地], 非正式的[地]。

óff-the-wáll *adj.* 不尋常的, 不按照慣例的。

óff·tráck bétting *n.* Ⓤ 外圍賭馬。

óff-whíte *n.* Ⓤ 略帶灰[黃]的白色。

—*adj.* 略帶灰[黃]的白色的。

óff yèar *n.* Ⓒ 《美》**1** 沒有總統大選的年分。**2** (農作物等的)歉收之年, 荒年。

óff-yèar *adj.* [用在名詞前] 《美》非總統選舉年的: an ~ election 期中選舉《指每兩年舉行一次的美國國會(Congress)或州長選舉》。

oft [ɔft; ɔft] *adv.* [常構成複合字] 《古・詩》常常, 屢屢(often): *oft*-quoted[-repeated] 常常被引用[重複]的。

‡**of·ten** [ˋɔfən, ˋɔftən; ˈɔfn] 《oft 的變體》 —*adv.* (~·er, ~·est; more ~, most ~) 常常, 屢次(↔ seldom) 《★用法 在句中常用於動詞前面或 be 動詞及助動詞後面》: I ~ visit him. 我常常拜訪他/I have ~ visited him. 我已再三拜訪過他/People are ~ surprised to see insects here. 人們在這裏看到昆蟲常感驚奇/He would ~ come to see me. 他那時常來看我/It very ~ snows there. = It snows there very ~. 那裏常下雪/She used to come ~*er* [more ~]. 她以前比較常來/How ~ did you see him? 你多久見他一次?

as óften as... (1)每次…, 每當…(whenever): He failed *as* ~ *as* he tried. 他每次嘗試總是失敗。(2)(多達)…次: He has visited Paris *as* ~ *as* ten times. 他已去過巴黎(多達)十次。

as óften as nót 時常, 屢次《★ 指頻度至少在 50% 左右的情形》: *As* ~ *as not*, he forgets to bring something. 他時常忘記帶(必要的)某樣東西。

èvery so óften = EVERY now and then.

mòre óften than nót 大半, 大抵《★ 頻度在 50% 以上的情形》: You can find him in his office *more* ~ *than not*. 你多半能在辦公室找到他。

ófen·tìmes, óft·tìmes *adv.* 《古・詩》時常, 常常。

o·gle [ˋogl; ˈougl] *v.t.* 含情脈脈地望著…; 以挑逗的眼神望著…。

—*v.i.* [十介十(代)名] 含情脈脈地看; 以挑逗的眼神看[…] [*at*] 《★ 可用被動語態》。

—*n.* Ⓒ [常用單數] 媚眼, 秋波。

Og·pu [ˋɑgpu, ˋɔgpu; ˈɔgpuː] 《源自俄語》 —*n.* ⇨ GPU.

o·gre [ˋogɚ; ˈougə] *n.* Ⓒ **1 a** (童話等中的)吃人魔鬼。**b** 像鬼一樣的人。**2** 容易動怒的人。

ó·gre·ish [-grɪʃ; -gəriʃ] *adj.* 像鬼一樣的。~·**ly** *adv.*

o·gress [ˋogrɪs,-grəs; ˈougris,-res] *n.* 女性的 ogre.

‡**oh** [o; ou] 《擬聲語; ⇨O^3》 —*interj.* [表示驚訝、恐懼、痛苦、願望、呼喚等] 啊! 哎呀! 唉! 咦!: *Oh*, yes! 啊, 是的! /*Oh*, no! 啊, 不! /*Oh*, I almost forgot! 啊, 我差一點就忘了! /*Oh*! how do you know that? 咦, 你怎麼知道那件事? /*Oh*? Are you sure? 啊, 眞的? /*Oh*, mother! 啊, 母親! /...*oh*, and Jim! …啊, 還有吉姆!

OH 《略》《美郵政》Ohio.

O. Hen·ry [oˋhɛnrɪ; ouˈhenri] *n.* 歐亨利《1862–1910; 美國的短篇小說作家, 本名 William Sydney Porter [ˋsɪdnɪˋportɚ; ˈsidniˈpɔːtə]》.

OHG., O.H.G. Old High German.

O·hi·o [oˋhaɪo; ouˈhaiou] 《北美印地安語「美麗的河」之義》 —*n.* **1** 俄亥俄州《美國東北部的一州, 首府哥倫布(Columbus); 略作 O., 《美郵政》OH; 俗稱 the Buckeye State》. **2** [the ~] 俄亥俄河《位於美國中東部, 爲密西西比(Mississippi)河的支流》。

O·hi·o·an [oˋhaɪəwən; ouˈhaiouən] 《Ohio 的形容詞》 —*adj.* 俄亥俄州(人)的。

—*n.* Ⓒ 俄亥俄州的人。

ohm [om; oum] 《源自發現電阻之德國物理學家的姓》 —*n.* Ⓒ 《電學》歐姆《電阻單位; 略作O, o, Ω》.

ohm·ic [ˋomɪk; ˈoumik] *adj.*

O.H.M.S. 《略》On His [Her] Majesty's Service.

o·ho [oˋho; ouˈhou] *interj.* [表示驚訝、嘲弄、歡喜等] 哦嗬! 嗳喲!

OHP 《略》overhead projector.

-oid [-ɔɪd; -ɔid] 字尾 表示「如…的(東西)」「…狀的(東西)」「…質的(東西)」的形容詞、名詞字尾: Negr*oid*.

‡**oil** [ɔɪl; ɔil] *n.* **1 a** Ⓤ [指種類時爲Ⓒ] 油: machine ~ 機油/various ~*s* 各種油/ ~ and vinegar [water] 油與醋[水]《互不相容[容]的東西》。

> 【字源】oil 一般稱之爲「油」, 但它的原義在希臘文中是「橄欖油」。所以 oil 與 olive 同源。由「橄欖油」的希臘文變成「油」的拉丁文 *oleum*, 再變成英文的 oil, 而在 petroleum (石油) 一字裏, 我們看得出拉丁字 *petr*「石頭, 岩石」與 *oleum* 合併成字的痕跡。

b Ⓤ 石油。**2** [~s] 油畫(顏料): paint *in* ~*s* 作油畫。**3** Ⓤ 《口語》諂媚, 奉承: He uses too much ~. 他說太多的奉承話。

búrn the mídnight óil 讀書[工作]至深夜。

míx like óil and wáter ⇨ mix.

óil of vítriol 《化學》硫酸 (vitriol).

póur óil on the fláme(s) (1)火上加油。(2)煽動。

póur [thrów] óil on tróubled wáters 平息風波, 調解爭端《★源自投油於洶湧的水面上, 使其平靜》。

sméll of the (mídnight) óil 看得見費心[用功]的跡象 (⇨ burn the midnight OIL).

stríke óil (1)鑽得油礦。(2)(因投機而)發財;〈新企業〉大獲成功。

—*adj.* [用在名詞前] **1 a** 油的, 石油的。**b** 取自油的。**2** 以油作燃料的: an ~ heater 油加熱器。

—*v.t.* [十受] **1 a** 塗油於…; 加油於…: ~ a bicycle 給腳踏車加油。**b** 上一層油於…, 給…浸以油。**2** 溶化〈脂肪、奶油等〉。

—*v.i.* 〈脂肪、奶油等〉溶化。

óil-bèaring *adj.* 〈土地〉含油的。

oil·berg [ˋɔɪlˏbɝg; ˈɔilbəːg] *n.* Ⓒ 二十萬噸級以上的超級油輪。

óil bùrner *n.* Ⓒ 油爐, 以油爲燃料的發動機[加熱器, 輪船]。

óil càke *n.* Ⓤ 油渣餅, 豆餅《家畜的飼料及肥料》。

óil·càn *n.* Ⓒ (注入口突出的)油罐, 油壺。

óil·clòth *n.* **1 a** Ⓤ (厚棉製的)油布, 防水布。**b** Ⓒ (餐桌布等的) 防水布。**2** Ⓤ 《英》油氈, 漆布(linoleum).

óil còlor *n.* Ⓒ [常~s] 油畫顏料。

oiled *adj.* **1** 塗了油的, 上了一層油的, 用油浸漬的: ~ sardines 油漬沙丁魚。**2** 《俚》喝醉的: ⇨ well-oiled 2.

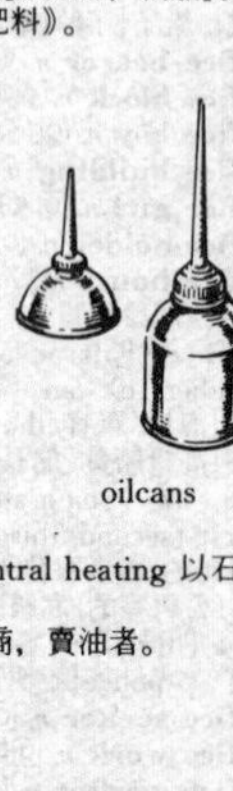

oilcans

óil èngine *n.* Ⓒ 石油發動機, 石油引擎。

óil·er *n.* Ⓒ **1** 加油者[器具]。**2** 油壺(oilcan). **3** 油輪, 油船。**4** [~s] 《美口語》油布上衣, 雨衣。

óil fìeld *n.* Ⓒ 油田。

óil-fìred *adj.* 以油[石油]爲燃料的: ~ central heating 以石油爲燃料的中央暖氣系統。

óil·màn *n.* Ⓒ (*pl.* -men) **1 a** 石油業者。**b** 油商, 賣油者。**2** 《美》製油者。

óil pàint *n.* **1** Ⓤ 油塗料, 油漆。**2** Ⓒ [常 ~s] 油畫顏料。

óil pàinting *n.* **1** Ⓤ 油畫術。**2** Ⓒ 油畫。

She's [He's, It's] **nó óil pàinting.** 《英口語・謔》她[他，它]是醜[不美]的。

óil pàlm *n.* Ⓒ《植物》油椰子《原產於西非，也栽培於東南亞，從其果實可提取椰子油(palm oil)》.

óil·pàper *n.* Ⓤ油紙，桐油紙。

óil prèss *n.* Ⓒ油壓機；榨油機。

óil-prodùcing *adj.* 產石油的：～ countries 產油國。

óil-rìg *n.* Ⓒ(尤指海底)鑽油塔[裝置]。

óil shàle *n.* Ⓤ《礦》油頁岩。

óil·skìn *n.* **1** Ⓤ油布，防水布。**2** [～s]油布防水衣。

óil slìck *n.* Ⓒ(漂浮水面上的)一層油膜，油漬。

óil-slìcked *adj.* 受浮油影響的。

óil·stòne *n.* Ⓒ油砥石。

óil stòve *n.* Ⓒ油爐。

óil tànker *n.* Ⓒ **1** 運油船，油輪。**2** 運油車，汽油運輸車。

óil wèll *n.* Ⓒ油井。

oil well

oil·y [ˋɔɪlɪ; ˈɔili] 《oil 的形容詞》 **—adj.** (**oil·i·er**；**-i·est**) **1 a** 油質的，油性的。**b** 塗了油的，上了一層油的。**c** 油膩的；沾滿油的。**d** 〈肌膚〉油性的。 **2** 油腔滑調的，能言善道的：He's a bit ～. 他有點油腔滑調。

oink [ɔɪŋk; ɔiŋk] 《擬聲語》 **—n.** Ⓒ 《口語》哼哼《豬叫聲》。
—v.i. 《口語》〈豬〉發豬叫聲。

oint·ment [ˋɔɪntmənt; ˈɔintmənt] *n.* Ⓤ [指產品個體或種類時為Ⓒ] 軟膏，膏藥。

‡**O.K., OK** [ˋoˋke; ˌouˈkei] 《口語》 *adj.* [不用在名詞前] **1** 好的，可以的，沒問題的：(Is it) *O.K.*? 好嗎？知道了吧？/Are you *O.K.*? 你不要緊吧？沒受傷吧？/You are *O.K.* 你是個好人/Everything will be *O.K.* 一切都會順利的。

【字源】OK 起源有兩說：一說源自美國第八位總統 Martin Van Buren 的擁護者組織的 O.K. (＝Old Kinderhook) Club《Kinderhook 為 Buren 的誕生地》，在 1840 年競選總統時以 O.K. 為標語，從此廣為人用。另一說認為來自 all correct 兩英文字頭一個音 [ɔ; ɔ:]與 [k;k].
【說明】美國人說 OK 時常以手指作成一圓圈(ring)狀。

2 〔十介十(代)名〕〔對…〕是沒問題的，可以的〔*with, by*〕：It's *O.K.* **with**[**by**] me. 那對我來說是沒問題的。

—adv. **1** 沒問題地，順利地：The machine is working *O.K.* 那部機器運轉良好。**2** [當感嘆詞用] 好吧：*O.K.*, I'll go. 好吧，我去。

—n. Ⓒ (*pl.* **O.K.'s, OK's**) 批准，認可，同意：He gave me his ～. 他同意了我/We are hoping for a prompt *O.K.* from you. 我們期待你[貴公司]的迅速同意。

OK
【插圖說明】表示一切順利的手勢。

【說明】表承認或許可的口語說法尚有如下者："May I use your phone?"－"*Be my guest.*"「我可以借用你的電話嗎？」「當然可以[請便]。」/"Will you give me a ride into town?"－"*No problem.*"「我可以搭你的車進城嗎？」「沒問題。」

—v.t. (**O.K.'d, OK'd**；**O.K.'ing, OK'ing**) **1** 在…上簽 *O. K.* 《作為已校對好的記號》。**2** 同意，批准：The boss *O.K.'d* it. 老闆批准了那件事。

OK 《略》《美郵政》Oklahoma.

o·ka·pi [oˋkapɪ; ouˈkɑ:pi] *n.* Ⓒ《動物》歐卡皮鹿《長頸鹿科，產於非洲中部，形狀似長頸鹿(giraffe)，但體型較小》。

‡**o·kay** [ˋoˋke; ˌouˈkei] *adj., adv., n., v.* ＝O.K.

o·key·doke [ˌokɪˋdok; ˌoukiˈdouk], **ok·eydo·key** [ˌokɪˋdokɪ; ˌoukiˈdouki] *adj.* & *adv.* 《美俚》＝O. K.

O·khotsk [oˋkatsk; ouˈkɔtsk], **the Sea of** *n.* 鄂霍次克海《在蘇聯亞洲東北堪察加半島之西》。

O·ki·na·wa [ˌokɪˋnawə; ˌɔkiˈnɑ:wə] *n.* 沖繩《琉球羣島中的最大島》。

O·ki·na·wan [ˌokɪˋnawən; ˌɔkiˈnɑ:wən] *adj.* 沖繩島的。
—n. Ⓒ沖繩島人。

Okla. 《略》Oklahoma.

O·kla·ho·ma [ˌokləˋhomə; ˌoukləˈhoumə] 《源自北美印地安語「紅人們」之義》 **—n.** 俄克拉荷馬州《美國南部的一州；首府俄克拉荷馬市(Oklahoma City)；略作 Okla.,《郵政》OK；俗稱 the Sooner State》.

O·kla·ho·man [ˌokləˋhomən; ˌoukləˈhoumən] 《Oklahoma 的形容詞》 **—adj.** 俄克拉荷馬州(人)的。
—n. Ⓒ俄克拉荷馬州人。

o·kra [ˋokrə; ˈoukrə] *n.* **1** Ⓒ《植物》秋葵《葵科植物，秋葵莢用於煮湯等》。**2** Ⓤ[集合稱]秋葵莢《食用》。

‡**old** [old; ould] *adj.* (～**·er**；～**·est**) 《★用法 指兄弟姊妹長幼的順序時，《英》elder, eldest；《美》older, oldest；cf. brother, sister【說明】》**1 a** 年老的，年邁的，老年的(↔ young) ⇨ old man, old woman/grow ～ 變老，年老，上了年紀/He looks ～ for his age. 他看上去比他的年齡要大。

【同義字】aged 一字用以表示比 old 高齡；elderly 指較 old 年輕，大致上為六十歲左右者，但有時也用作 old 的婉轉語。

b [the ～；當複數名詞用] 老人們，老者(old people)：a hospital for *the* ～ 老人醫院。

2 [不用在名詞前] [與表示期間的字或 how 連用] (滿)…歲的(cf. *n.* 2, age A 1 a)：a boy (of) ten years ～ 十歲的男孩子《★用 of 主要為英國語法；★變換 可說成 a ten-year-old boy》/at ten years ～ 在十歲時/"How ～ is he?"－"He is ten years ～."「他幾歲？」「他十歲。」/He is five years ～*er* than I (am). 他比我大五歲。

3 [用比較級、最高級] 年長的《★用法 關於兄弟姊妹關係，參照義 1 之前的用法》：one's ～*er*[～*est*] sister《美》姊姊[大姊]/He is the ～*est* boy in the class. 他是班上年紀最大的男孩。

4 [用在名詞前] **a** 舊的，陳舊的(↔ new)；古老的，用舊的；從前的，舊…：an ～ school 古老的學校/an ～ wine 陳年老酒/an ～ hat 舊帽子/～ clothes 舊衣服/an ～ pupil of mine 我以前教過的學生/the good ～ days 美好的往日，從前的好日子/(the) ～ England [London, Paris] 老英國[倫敦，巴黎]《「老」是表示懷舊的說法》/the ～ year 去年。**b** 舊式的，落伍的，老套的：an ～ joke 老套的[聽厭了的]笑話/a gentleman of the ～ school 老派的紳士。**c** [the ～；當單數名詞用]舊物，古物。

5 [用在名詞前] (無比較級、最高級) **a** 從前的，昔日的，熟悉的：an ～ friend 老朋友/the ～ familiar faces 熟悉的老面孔《老友》。**b** 慣常的，往常的：It's one of his ～ tricks. 那是他的老把戲之一/It's the ～ story. 那是老生常談[常有的事]。

6 [用在名詞前] (無比較級、最高級) **a** 古代的，古時的：～ civilization 古代文明。**b** [O～] (語言史的)古時期的，古代的：⇨ Old English.

7 從前的…，…出身的：one's ～ school 母校/an ～ Harrovian 英國哈洛(Harrow)學校的老校友。

8 [用在名詞前] (無比較級、最高級) 老練的，有經驗的；狡猾的：⇨ old hand.

9 [用在名詞前] (無比較級、最高級) [表示親密的感情，也常用於稱呼] 親密的，老…：good ～ Jim 老吉姆/～ fellow《英》老兄(⇨ fellow 1 b)/～ chap《英》老兄/(my dear) ～ thing ⇨ thing 2 b/⇨ old boy 3, old man 4.

10 [用在名詞前] (無比較級、最高級) [常附於形容詞後表示強調] 《口語》極好的：We had a fine [high] ～ time. 我們玩得非常愉快/⇨ any OLD.

ány òld… 《口語》任何…都：*Any* ～ hat [ink] will do. 任何帽子[墨水]都行/Come (at) *any* ～ time. 任何時間[隨時]都可以來。

ány òld hów ⇨ how *adv.*

(as) óld as the hílls ⇨ hill.

yóung and óld＝óld and yóung ⇨ young *adj.*

—n. **1** [常 *of* ～] 往時，昔時：men *of* ～ 從前的人，古人/in days *of* ～ 古時候，從前。

2 [常 … **-year-old**] …歲的人《★用法 常用於未成年者；指成年者時大略地說 a twenty [thirty]-year-*old* man 等》：a ten-year-*old* 十歲的男孩子。

of óld (1) ⇨ *n.* 1. (2) [構成副詞片語] 從前的，古時候的：from *of* ～ 自古/as *of* ～ 像從前，如昔時。

óld áge *n.* Ⓤ老年《常指六十五歲以上者》。

óld-áge *adj.* [用在名詞前] (為)老年的。

óld-àge pénsion *n.* Ⓤ[又作the ～]退休金。

Old Bai·ley [ˋoldˋbelɪ; ˈouldˈbeili] *n.* [**the**～] (在倫敦之)中央刑事法庭。

óld bóy *n.* **1** Ⓒ有朝氣的老年人；有朝氣的中年男子：He's a good ～. 他是個有朝氣的好傢伙。
2 Ⓒ《英》(男校的)畢業生，校友(cf. old girl 1).
3 [用於親密的稱呼]《英》喂，老友(old man).
4 [**the** O～ B～]惡魔，魔鬼。

óld-bòy nétwork *n.* [**the** ～] 《英》**1** 偏袒校友(的傾向)，學派。**2** Ⓤ[集合稱] (public school 的)名人校友《★用法 視為一整體時當單數用，指全部個體時當複數用》。

óld còuntry *n.* [the ~] (對移民者而言的) 祖國，故土；(尤指對英國殖民地居民而言的) 英國本土；(對移民美國者而言的) 歐洲。

old·en [ˋoldṇ; ˈouldn] *adj.* [用在名詞前]《古・文語》從前的，往昔的：in the ~ days=in ~ times 從前，昔日。

Óld Énglish *n.* Ⓤ古英語《大約五至十一世紀的英語，略作 OE, O.E.; cf. Middle English, Modern English》。

ol·de worl·de [ˏoldɪˋwɝldɪ; ˌouldiˈwəːldi] «old world 的舊拼法» **—*adj.*** 《英口語》故意作成古色古香的，英國舊式的。

old-fash·ioned [ˋoldˋfæʃənd; ˌouldˈfæʃnd] *adj.* **老式的，舊式的，過時的**：an ~ word 過時的用語，古字/ ~ clothes 過時[老式]的衣服。

—*n.* [常 O~] Ⓒ以威士忌酒等爲主的一種雞尾酒。**~·ness** *n.*

óld fógy [fógey] *n.* Ⓒ《口語・輕蔑》老頑固《主要指老人》。

Óld Frénch *n.* Ⓤ古法語《八至十四世紀的法語；略作 OF, O. F.》。

óld gírl *n.* **1** Ⓒ《英》(女校的) 畢業生，校友 (cf. old boy 2)．**2** 《口語》**a** [the ~] 老婆；母親。**b** [對妻、母親的親密稱呼] 喂，老婆，媽。**3** Ⓒ老太婆。

Óld Glóry *n.* Ⓒ美國國旗 (⇨ Star-Spangled Banner)．

> 【字源】麻薩諸塞州 (Massachusetts) 賽倫 (Salem) 鎮的一位船長朱埃維爾 (William Driver) 在啓程去環遊世界前，在船上舉行宴會，這時婦女們送他一面星條旗，他便把這面旗子懸掛在桅檣上而喊叫，"I'll call her Old Glory, boys, Old Glory!" (我要稱她爲 Old Glory，各位，稱她 Old Glory)．

óld góat *n.* Ⓒ**1** 討人厭的老頭子。**2** 老色迷。

Óld Guárd *n.* Ⓤ[又作 o~ g~；the ~；集合稱] 保守派《★用法 視爲一整體時當單數用，指全部個體時當複數用》。

óld hánd *n.* Ⓒ**1** 老手，有經驗者〔*at*〕：an ~ *at* bricklay*ing* 砌磚老手。**2** 《澳》有前科者。

Óld Hárry *n.* 魔鬼，撒旦 (the Devil)．

óld hát, óld-hát *adj.* [不用在名詞前]《口語》**1** 過時的，老古董的。**2** 平凡的，陳腐的。

Óld Hígh Gérman *n.* Ⓤ古代高地德語《八至十二世紀間德國南部所說的德語》。

old·ie [ˋoldɪ; ˈouldi] *n.* Ⓒ《口語》**1** 陳腐的笑話[諺語]。**2** 過去曾經流行的歌曲[影片]，懷念的老歌。**3** 《美俚》老人。

old·ish [-dɪʃ; -diʃ] *adj.* 稍老的，稍爲古舊的。

óld lády *n.* **1** Ⓒ老婦人。**2** [ˊ ˊ] [one's ~, the ~；用單數]《俚》**a** (自己的) 妻子，老婆。**b** (自己的) 母親。

the Old Lády of Thréad-needle Strèet 《英》英格蘭銀行《俗稱；★由於英格蘭銀行位於倫敦 (London) 舊市區中心的 Threadneedle Street 而有此說》。

Óld Látin *n.* Ⓤ古拉丁文《紀元前六至一世紀之拉丁文》。

óld lìner *n.* Ⓒ守舊者，保守的人。

óld máid *n.* **1** Ⓒ老處女。

2 Ⓒ《口語》一絲不苟而挑剔的人《男女通用》。

3 Ⓤ《紙牌戲》捉烏龜的遊戲。

óld-máid·ish [-dɪʃ; -diʃ] *adj.* 老處女 (似) 的；一絲不苟而挑剔的。

óld mán *n.* **1** Ⓒ老人。**2** [ˊ ˊ] [one's~, the ~；用單數]《俚》**a** (自己的) 丈夫，老公。**b** (自己的) 父親。**3** [the~；有時 O~ M~]《口語》**a** 老大，老闆，老總。**b** 船長；隊長。**4** [用於表示親密的稱呼] 喂，老兄。

the Óld Mán of the Séa 糾纏不休的麻煩人物《★源自天方夜譚的辛巴達 (Sindbad) 冒險故事中糾纏於辛巴達背上的老人》。

óld máster *n.* **1** [the ~s] (尤指十五至十八世紀歐洲的) 偉大畫家，大師。**2** Ⓒ十八世紀前歐洲偉大畫家的作品。

óld-móney *adj.* 繼承祖先遺產的，擁有數代相傳之財產的。

Óld Níck *n.* 魔鬼，撒旦 (the Devil)．

Óld Nórse *n.* Ⓤ古代斯堪的那維亞語，古代冰島語《八至十四世紀間挪威、丹麥及冰島所用者》。

Óld Nórth Frénch *n.* Ⓤ行於法國北部的古代法語之一方言。

Óld Óne *n.* [the ~] 惡魔；撒旦。

óld schòol *n.* **1** Ⓒ[常 one's~] 母校。**2** Ⓤ[the ~；集合稱] 保守派；舊派，傳統習俗的擁護者：of *the* ~ 老式的，保守的。

óld schòol tíe *n.* 《英》**1** Ⓒ(public school 畢業生所打的) 母校的領帶。**2** [the ~] (public school 等的) 偏袒校友；學派。

Óld Scrátch *n.* [(the)~] 撒旦。

óld sóldier *n.* Ⓒ**1 a** 老兵。**b** 老手，老經驗。**2** 《俚》空酒瓶。

óld-stáger *n.* Ⓒ《英口語》老練的人，有經驗者，資深者。

old·ster [ˋoldstɚ; ˈouldstə] *n.* Ⓒ《美口語》老人。

Óld Stóne Áge *n.* [the ~] 舊石器時代。

óld stóry *n.* Ⓒ**1** 老故事，不再新鮮之事物。**2** 陳腔濫調，習見之事物。

Óld Stýle *n.* [the ~] 舊曆《以羅馬儒略曆 (Julian calendar) 爲依據；英國於 1752 年改用新曆 (New Style)；略作O. S.》。

Óld Téstament *n.* [the ~] 舊約《略作 O. T.; cf. New Testament》。

> 【說明】與記錄耶穌基督 (Jesus Christ) 及他弟子言行的新約 (New Testament) 相對；舊約 (Old Testament) 記錄紀元前數千年猶太民族的歷史、神話、律法、文學、預言等。內容包括神創造天地、人類祖先亞當 (Adam) 與夏娃 (Eve) 從伊甸園 (Eden) 被放逐等故事的「創世記」(Genesis) 以及其他四十餘卷，是猶太教與基督教的聖典。

óld-tíme *adj.* [用在名詞前] 往昔的，古時的：an ~ dance [friend] 古老的舞蹈[老友]。

óld-tímer *n.* Ⓒ《口語》**1** 老前輩，老資格。

2 [也用於稱呼]《美》老年人。

Óld Víc [-ˋvɪk; -ˈvik] *n.* [the ~] 老維克 (戲院)《倫敦泰晤士 (Thames) 河南岸的一家戲院，從前以上演莎士比亞 (Shakespeare) 戲劇聞名》。

óld wíves' tàle *n.* Ⓒ(像老太婆所說的) 無稽之談，愚蠢的迷信《★出自聖經新約「提摩太前書 4：7」》。

óld wóman *n.* **1** Ⓒ老太婆。**2** Ⓒ《輕蔑》(像老太婆一樣) 婆婆媽媽的男人。**3** [ˊ ˋ ˊ] [the ~, one's ~；用單數]《口語》**a** 妻子。**b** 母親。

óld-wóm·an·ish [-nɪʃ; -niʃ] *adj.* 老太婆似的；小題大做的，無謂紛擾的。

Óld Wórld *n.* [the ~] **1** 舊世界 (cf. New World 1)．**2 a** 東半球。**b** 《美》(尤指) 歐洲 (大陸)。

óld-wórld *adj.* [用在名詞前] **1 a** 舊世界的；東半球的。**b** 《美》(尤指) 歐洲 (大陸) 的。**2** 老式的，古色古香的。

o·le·ag·i·nous [ˏolɪˋædʒənəs; ˌouliˈædʒinəs] *adj.* **1** 油質的，油性的。**2** 油嘴滑舌的，能言善道的，阿諛的，奉承的：an ~ smile 諂媚似的微笑。

o·le·an·der [ˏolɪˋændɚ; ˌouliˈændə] *n.* Ⓒ《植物》洋夾竹桃《夾竹桃科的常綠灌木，產於地中海地區的有毒植物，開白、粉紅、紫色之有香味的花》。

o·le·fin(e) [ˋoləfɪn; ˈoulifin] *n.* Ⓤ《化學》烯 (烴)。

o·le·in [ˋolɪɪn; ˈouliin] *n.* Ⓤ《化學》**1** 甘油三油酸酯。**2** 脂肪之液狀部分。

o·le·o [ˋolɪˏo; ˈouliou] *n.* 《美》=oleomargarine.

o·le·o·graph [ˋolɪəˏgræf; ˈouliəgrɑːf] *n.* Ⓒ倣油畫的石版畫。

o·le·o·mar·ga·rine [ˏolɪəˋmɑrdʒəˏrin; ˈoulioumɑːdʒəˈriːn] *n.* Ⓤ人造奶油，人造牛酪。

Ó lèvel «ordinary level 之略» **—*n.*** Ⓒ《英教育》普通課程；普通課程科目的考試 (⇨ General Certificate of Education)：take [get] one's ~*s* 參加普通課程 (科目) 的考試[普通課程 (科目) 考試及格]。

ol·fac·tion [ɑlˋfækʃən; ɔlˈfækʃn] *n.* Ⓤ嗅覺，嗅感。

ol·fac·to·ry [ɑlˋfæktərɪ; ɔlˈfæktəri] «olfaction 的形容詞» **—*adj.*** 嗅覺的：the ~ organ 嗅覺器官《鼻》。

—*n.* Ⓒ[常 ~s] 嗅覺器官。

Ol·ga [ˋɑlgə; ˈɔlgə] *n.* 奧爾加《女子名》。

ol·i·garch [ˋɑlɪˏgɑrk; ˈɔligɑːk] *n.* Ⓒ寡頭政治的獨裁者[支持者]。

ol·i·gar·chic [ˏɑlɪˋgɑrkɪk; ˌɔliˈgɑːkik] «oligarchy 的形容詞» **—*adj.*** 寡頭政治的，少數獨裁政治的。

òl·i·gár·chi·cal [-kl; -kl] *adj.* =oligarchic.

ol·i·gar·chy [ˋɑlɪˏgɑrkɪ; ˈɔligɑːki] *n.* **1 a** Ⓤ寡頭政治，少數獨裁政治。**b** Ⓒ寡頭獨裁國。**2** Ⓒ[集合稱] 少數的獨裁者《★用法 視爲一整體時當單數用，指全部個體時當複數用》。

Ol·i·go·cene [ˋɑlɪgoˏsin; ɔˈligousiːn, ˈɔli-] *adj.* 《地質》漸新世的，漸新統的。

—*n.* [the ~] 漸新世，漸新統。

olive 1 a, b

***ol·ive** [ˋɑlɪv; ˈɔliv] *n.* **1** Ⓒ**a** (又作 **ólive trèe**)《植物》**橄欖樹** (cf. olive branch)．**b** 橄欖《製成醃橄欖等》。**2** Ⓤ橄欖色，淡綠色。

—*adj.* 橄欖色的。

ólive brànch *n.* [用單數] (象徵和平、和解的) 橄欖枝：hold out an [the] ~ 提議講和[和解]。

> 【說明】諾亞 (Noah) 從方舟 (ark) 放出去的鴿子銜着橄欖樹枝回來後，洪水始退而大地再度回復平靜 (舊約「創世記」8:11)，因此橄欖枝一直被視爲「和平與和解」的象徵，聯合國國旗即有橄欖枝的設計圖案，美國國徽的白頭鷹 (bald eagle) 右脚也有橄欖枝。古希臘用橄欖枝來象徵和平，並把它編成橄欖冠 (olive crown) 做爲榮譽的象徵，送給比賽勝利者；cf. Noah【說明】

ólive crówn *n.* Ⓒ橄欖冠《古希臘用以頒贈給勝利者的橄欖葉編織的頭冠》。

ólive dráb *n.* **1** Ⓤ深黃綠色。**2** [~s]《美陸軍》(深黃綠色的)冬季軍服。

ólive gréen *n.* Ⓤ(未熟的)橄欖色，淡綠色。

ólive òil *n.* Ⓤ橄欖油。

Ol·i·ver [ˋɑləvɚ; ˈɔlivə] *n.* **1** 奧利佛《男子名》。**2** 奧利佛《查理曼(Charlemagne)大帝麾下的十二勇將之一》。

Ol·ives [ˋɑlɪvz; ˈɔlivz], **the Mount of** *n.* 《聖經》橄欖山《耶路撒冷東方的一座小山，爲耶穌被交給羅馬人的地方》。

O·liv·i·a [oˋlɪvɪə; ɔˈliviə] *n.* 奧莉薇亞《女子名》。

ol·i·vine [ˋɑlə,vin; ˌɔliˈviːn] *n.* Ⓤ [指寶石個體時爲Ⓒ]《礦》橄欖石。

-ol·o·gy [-ɑlədʒɪ; -ɔlədʒi] 字尾 表示「…學」,「…論」之意的名詞字尾：*geology, zoology.*

O·lym·pi·a [oˋlɪmpɪə; ouˈlimpiə] *n.* **1** 歐琳比雅《女子名》。**2** 奧林匹亞《希臘伯羅奔尼撒(Peloponnesus)半島西部的平原，古代希臘舉行競賽的地方》。**3** 奧林匹亞《美國華盛頓(Washington)州的首府》。

O·lym·pi·ad [oˋlɪmpɪ,æd; ouˈlimpiæd] *n.* Ⓒ**1** 四年期間《古希臘兩次奧林匹克競賽會的間隔時間》。**2** 國際奧林匹克運動會。

O·lym·pi·an [oˋlɪmpɪən; ouˈlimpiən] 《Olympus 的形容詞》 **—***adj.* **1** (居住於)奧林帕斯山的：the ~ Gods 奧林帕斯山的諸神。**2** (如奧林帕斯山之諸神一般)有威嚴的，威風的；崇高的；高傲的。

—*n.* Ⓒ**1** 奧林帕斯山十二神之一。**2** 奧林匹克運動會選手。

O·lym·pic [oˋlɪmpɪk; ouˈlimpik] 《Olympia 的形容詞》 **—***adj.* [用在名詞前](無比較級、最高級)**1 a** (現代)**國際奧林匹克運動會的**：the ~ fire 奧運聖火。**b** (古代)奧林匹亞競賽的。**2** 奧林匹亞(Olympia)的。

—*n.* [**the ~s**] = Olympic Games.

Olýmpic Gámes *n. pl.* [**the ~**；當單數或複數用] **1** (古代的)奧林匹亞競賽《在古希臘的奧林匹亞平原每四年舉行一次的競賽》。**2** (現代的)國際奧林匹克運動會(Olympiad)《自 1896 年起每隔四年舉行》。

> 【說明】庫伯爾丹男爵 (Baron de Coubertin(1863-1937))使用下面一段出名的話以表現奧林匹克大會的基本精神：The important thing in the Olympic Games is not winning, but taking part. The essential thing in life is not conquering, but fighting well. (奧會所重的不在於勝利而在於有志參與。人生的要旨不在於征服，而在於努力奮鬥。)

O·lym·pics [oˋlɪmpɪks; ouˈlimpiks] *n. pl.* [**the ~**] = Olympic Games.

O·lym·pus [oˋlɪmpəs; ouˈlimpəs] *n.* **1** 奧林帕斯山《希臘北部的高山，據說希臘神話中的衆神皆住在該山頂》。**2** (諸神所住的)天庭(heaven).

OM 《略》ostmark(s).

O.M. 《略》《英》Order of Merit.

O·ma·ha [ˋomə,hɔ, -,hɑ; ˈouməhɑː] *n.* 奧馬哈《美國內布拉斯加州(Nebraska)東部之一城市》。

O·man [oˋmɑn; ouˈmɑːn] *n.* 阿曼《在阿拉伯東南部的獨立王國，首都馬斯喀特(Muscat [ˋmʌskæt; ˈmʌskət])》.

O·mar Khay·yam [ˋomɑrkaɪˋjɑm, -ˋjæm, ˋomɚ-; ˈoumɑːkaiˈɑːm, -ˈjɑːm] *n.* 奧瑪開陽《1025?–1123?；波斯詩人及天文學家》。

o·ma·sum [oˋmesəm; oˈmeisəm] *n.* Ⓒ(*pl.* **o·ma·sa** [-sə; -sə])重瓣胃《反芻動物的第三胃》。

om·buds·man [ˋɑmbədzmən, ɑmˋbudzmən; ˈɔmbudzmən] 《源自瑞典語「委員」之義》 **—***n.* Ⓒ(*pl.* **-men** [-mən; -mən])(瑞典、挪威、紐西蘭等國所設)調查及處理政府官吏對市民的違法行爲等的公務員；(專門收集批評意見並對此進行調查的)調查專員。

o·me·ga [oˋmɛgə, oˋmigə; ˈoumigə] 《源自希臘文「大的(mega) o」之義》 **—***n.* **1** ⓊⒸ希臘字母的第二十四個 [最後一個] 字母 Ω, ω《相當於英文字母長音的 O,o；⇨ Greek alphabet 表》。**2** [(the) ~] 末尾，最後：⇨ the ALPHA and omega.

om·e·let, om·e·lette [ˋɑmlɪt; ˈɔmlit] 《源自拉丁文「小碟子」之義》 **—***n.* Ⓒ煎蛋捲《常以火腿、乳酪等作餡》：a plain ~ (不包菜、肉的)純蛋捲/a sweet ~ (果醬心的)甜蛋捲/You cannot make an ~ without breaking eggs.《諺》你沒打蛋就不能煎蛋捲《要付出某種代價才能達到目的；有失才有得；「不種其因，不得其果」》。

o·men [ˋomɪn, -mən; ˈoumen, -mən] *n.* ⓊⒸ前兆，預兆，徵兆〔*of*〕：an ~ *of* death 死亡的預兆/an event of good [bad] ~ 吉[凶]兆的事。**—***v.t.* 成爲…的預兆，預示…。

om·i·cron [ˋɑmɪ,krɑn, ˋo-; ouˈmaikrən] 《源自希臘文「小的(micro) o」之義》 **—***n.* ⓊⒸ希臘字母的第十五個字母 *O, o*《相當於英文字母短音的 O, o；⇨ Greek alphabet 表》。

om·i·nous [ˋɑmənəs; ˈɔminəs] 《omen 的形容詞》**—***adj.* **1** 不祥的，不吉利的；凶兆的：an ~ silence 不祥的寂靜。**2** [不用在名詞前]〔+介+(代)名〕成爲〔…〕預兆的；預知〔…〕的〔*of*〕：be ~ *of* evil 預兆凶事。~**·ly** *adv.* ~**·ness** *n.*

o·mis·si·ble [oˋmɪsəbl; ouˈmisibl] *adj.* 可省略的。

o·mis·sion [oˋmɪʃən; əˈmiʃn, ouˈm-] 《omit 的名詞》 **—***n.* **1 a** Ⓤ省略；遺漏，刪除。**b** Ⓒ省略的東西；刪除的部分。**2** Ⓤ怠慢，疏忽：sins of ~ 疏忽之罪。

o·mit** [oˋmɪt, əˋm-; əˈmit, ouˈm-] 《源自拉丁文「送給…，拋棄…」之義》 **—v.t.* (**o·mit·ted**；**o·mit·ting**)**1** 〔+受(+介+(代)名)〕〔從…〕省去，省略，刪除…〔*from*〕：Don't ~ his name ***from*** the list. 名單上不要遺漏了他的名字。**2** 〔+ *to* do/+ do*ing*〕遺漏，忘記；疏忽〈做…〉《★ 變換〔+ *to* do〕可換寫成〔+ do*ing*〕,〔+ *to* do〕多用於英國》：We *omitted to* sing the second stanza. 我們漏唱了第二節/John *omitted* prepar*ing* his lessons that day. 約翰那天忘了準備他的功課。

om·ni- [ɑmnɪ-; ɔmni-] [複合用詞]表示「全…」「總…」之意。

om·ni·bus [ˋɑmnə,bʌs; ˈɔmnibəs] 《源自法語「大衆交通工具」之義》 **—***n.* Ⓒ**1** 公共馬車。**2** 公共汽車，巴士《★現在都用簡稱的 bus》.

—*adj.* [用在名詞前]包含多項的，總括的：an ~ bill [clause, resolution] 總括的議案[條款，決議]/an ~ book [volume] (成一巨册的)全集，文集，精選集《某作家個人作品或幾名作家同類作品收集爲一册的廉價版》。

om·ni·far·i·ous [,ɑmnəˋfɛrɪəs; ˌɔmniˈfɛəriəs] *adj.* 各色各樣的，五花八門的；多方面的。

om·nip·o·tence [ɑmˋnɪpətəns; ɔmˈnipətəns] 《omnipotent 的名詞》 **—***n.* Ⓤ**1** 全能，萬能。**2** [O~]全能的神[上帝](God).

om·nip·o·tent [ɑmˋnɪpətənt; ɔmˈnipətənt] *adj.* **1** 全能的(almighty). **2** 有絕大權力的。

—*n.* [**the O~**]全能的神[上帝]。

om·ni·pres·ence [,ɑmnɪˋprɛzn̩s; ˌɔmniˈprezns] 《omnipresent 的名詞》 **—***n.* Ⓤ遍在，到處都在，無處不在。

om·ni·pres·ent [,ɑmnɪˋprɛzn̩t; ˌɔmniˈpreznt] *adj.* 遍在的，處處都在的，無處不在的。

om·ni·science [ɑmˋnɪʃəns; ɔmˈnisiəns] 《omniscient 的名詞》 **—***n.* Ⓤ **1** 全知；無所不知。**2** [O~]全知的神[上帝]。

om·ni·scient [ɑmˋnɪʃənt; ɔmˈnisiənt] *adj.* 全知的；無所不知的。

—*n.* [**the O~**] (全知的)神[上帝]。

om·niv·o·rous [ɑmˋnɪvərəs; ɔmˈnivərəs] *adj.* **1** 什麼都吃的；〈動物〉雜食性的(cf. carnivorous 1 a). **2 a** 濫讀的：an ~ reader 無所不讀的讀者。**b** [不用在名詞前]〔+介+(代)名〕濫讀〔…〕的〔*of*〕：He is ~ ***of*** books. 他什麼書都讀。~**·ly** *adv.*

‡on [ɑn, ɔn; ɔn] *prep.* **1** [表示場所的接觸]**在…的表面，在…之上**：There is a book *on* the desk. 桌上有一本書/There are boats *on* the lake [sea].湖[海]上有船隻/a fly *on* the ceiling 在天花板上的蒼蠅/live *on* a farm 在農場生活/*on* the street [train]在街[火車]上。

2 [表示附着、持有]**附着於…上，携帶於…身上**(cf. about *prep.* 3, with *prep.* C 4 b)："Have you got any money?"—"Not *on* me, I'm afraid."「你身上有帶錢嗎？」「我恐怕沒帶。」/The dog is *on* the chain. 狗被鏈子拴着/put a bell *on* the cat 把鈴繫在貓身上。

3 a [表示支撐、支持]**用…，以…爲軸**：carry a bag *on* one's back [shoulders] 揹袋子於背[肩]上/walk *on* tiptoe 用脚尖(悄悄)走/*on* foot [horseback] 徒步走[騎在馬背上]/crawl *on* hands and knees [*on* all fours] 爬着走，匍匐而行/turn *on* a pivot 以軸爲中心旋轉。**b** 以…保證；對…起誓：*on* one's honor 以某人的名譽保證/I swear *on* the Bible. 我對聖經起誓。

4 [表示接近、靠近]**接近…，面臨…；沿着…**：a house *on* a river 河畔的一幢房屋/the countries *on* the Pacific 太平洋沿岸的國家/*on* both sides 在兩側[邊]/*On* my left was a brook. 在我左邊是一條小溪。

5 a [表示日、時]**在…**：*on* Monday 在星期一/*on* July 10 = *on* the 10th of July 在七月十日/*on* or after the 10th 在十號或十號以後。**b** 在〈特定日子的早上[下午、晚上]〉：*on* the morning of July 10 在七月十日的早上/*on* that evening 在那天傍晚/*on* a fine day 在一個晴朗的日子。

6 [表示時間的接觸]**一…就…；與…同時**：*on* arrival 到達的時候/*On* arriv*ing* in Tokyo, I called him up on the phone. 一到東京，我就打電話給他/⇨ on DELIVERY.

7 [表示基礎、原因、理由、條件等]**a 根據…，依照…**：act *on* principle [a plan] 根據原則[計畫]行動/a novel based *on* fact 根據事實的小說/*On* what ground...? 根據什麼理由…？/*on* equal terms 基於平等條件/*on* condition *that*... 在…條件之下。

O

b 以…爲食，靠…過活：Cattle live [feed] *on* grass. 牛靠[吃]草維生[以草爲主食]。

8 a [表示運動的途中]**在…(的途中)**：*on* one's [the] way home [to school] 在回家[上學]的途中。**b** [表示動作的方向]向…，對準…：march *on* London 〈軍隊〉向着倫敦推進/go [start, set out] *on* a journey 動身旅行/The storm was *on* us. 暴風雨朝我們襲來/Once again Christmas is *on* us. 耶誕節又近了。**c** [表示目的、辦事]爲了…：*on* business 因商務，因公，有事/go *on* an errand 出差，辦差事。**d** [表示動作的對象]對着…：call *on* a person 拜訪某人/hit a person *on the* head 打某人的頭《★用法 表示身體及衣服某一部位的名詞前要用 the》/turn one's back *on*... 背向…；背棄…/trespass *on* a person's kindness 叨擾某人。**e** [表示不利]對着…；(因…)受困：The joke was *on* me. 那個玩笑是對我開的/The light went out *on* us. 電燈熄滅使我們困擾/She hung up *on* me. 她掛斷我的電話/He walked out *on* his wife. 他遺棄他太太。**f** [表示影響]對…：have (a) great effect *on*... 對…有重大影響/The heat told *on* him. 熱使他受不了。

9 a [表示關係]**關於**…，論及…(題目)《★用法 比 about 更常用於學術性內容的論述》：a book *on* history 史書/take notes *on* the lectures 《美》聽演講[聽課]記筆記/I congratulate you *on* your success. 我恭賀你成功。**b** 關係…，從事…：He is *on* the town council. 他參與市鎮會議[他是鎮民代表之一]/We're *on* a murder case. 我們正在審理一件謀殺案。

10 [表示方法、狀態]**在…中**：travel *on* the cheap 經濟的旅行/*on* the quiet 秘密地，偷偷地/*on* fire 在燃燒中/*on* strike 在罷工中/*on* the move 在移動，進展中/a bird *on* the wing 在飛行中的鳥/⇨ on the BIAS.

11 [表示手段、器具]**用…，藉…**：play a waltz *on* the piano 用鋼琴彈圓舞曲/She cut her finger *on* a knife. 她被刀子割傷手指/I heard it *on* the radio. 我在收音機裡聽到那件事/I saw it *on* TV. 我在電視上看到它。

12 [表示累積、添加]加上…；一次又一次：heaps *on* heaps 纍纍/loss *on* loss 一次又一次的損失，一再的損失。

13《口語》由…支付，由…請客：The drinks are *on* me. 酒錢由我付/⇨ on the HOUSE.

14 a 接受〈藥物、食物療法〉中：He's *on* medication. 他在接受藥物治療/⇨ go on a DIET[1]. **b** 常服用〈麻藥等〉，…中毒的：He is *on* drugs. 他麻藥中毒。

語法 關於 on 與 upon 的不同用法⇨ upon 語法

—adv. (無比較級、最高級)《★用法 與 be 動詞結合時也可當形容詞用》**1** [表示接觸等]**在…之上**，乘坐：put a frying pan *on* 放上平底鍋/get *on* 上車/Is the cloth *on*? 桌布鋪上去了嗎？**2** [表示着衣、化粧]**穿戴在身上**，穿着，戴着：keep one's hat *on* 把帽子戴着/put [have] one's coat *on* 穿上[穿着]外衣《★用法 受詞是代名詞時，詞序爲 put [have] *it* on》/He had *on* an overcoat. 他穿着外套/She had *on* too much eye make-up. 她的眼部粧畫得太濃/*On* with your hat! 戴上帽子！**3** [表示動作的方向]**向前**，向這邊，指向；〈時間〉前移；〈鐘、錶〉撥快：farther *on* 更向前，再向前/later *on* 後來/from that day *on* 從那天以後/bring *on* 帶來/come *on* 來臨，接近/go *on* 進行/It was well *on* in the night. 夜已深了/put the clock *on* 把時鐘撥快。**4** [表示動作的繼續]**繼續地**，不斷地：sleep *on* 繼續睡/go *on* talk*ing* 繼續說下去/Go *on with* your story. 繼續說你的故事。**5** [表示進行、預定]**舉行中**，上演中：I have nothing *on* this evening. 我今晚沒有(預定)要做的事/The new play is *on*. 新戲在上演中/What's *on*? 發生了什麼事？在演什麼戲[播放什麼節目]？/There was a war *on*. 一場戰爭在進行中。**6** [表示在運轉中]〈自來水、瓦斯等〉在流通，在使用中，開着；〈電視、收音機等〉在播放，開着：Is the water *on* or off? 自來水是開着還是關着？/turn *on* the water 打開水龍頭/The radio is *on*. 收音機開着。**7** [表示附着]**不離開地**，緊緊地：cling [hang] *on* 依附，攀住/Hold *on*! 握緊！**8**《口語》**a** **贊成地**，**樂意參加地**：I'm *on*! 我贊成！**b** 〔十介十(代)名〕想成爲〔…〕的對象地，想念〔…〕地〔*with*〕：He is *on with* Mary. 他對瑪麗入迷。

and só òn ⇨ and.

it is (júst) nòt ón 那不可能。

ón and óff＝óff and ón 有時；斷斷續續地：visit there *on and off* 有時到那裏探訪。

ón and ón 連續不斷地，不停地。

òn to... ＝onto.

—n. [the～]《板球》(打者的)左前方(⟷off)。

ON, ON., O.N. 《略》Old Norse.

ón-agáin, óff-agáin *adj.* 《美》剛開始又馬上停止的；好像要開始而又不開始的。

ón-áir *adj.* (正在)廣播的。

o·nan·ism [ˈonən,ɪzəm; ˈounənizəm] 《源自聖經舊約「創世記」中的俄南(Onan)》 **—n.** Ⓤ **1** 性交中斷。**2** 手淫(masturbation)。

o·nan·is·tic [,onəˈnɪstɪk; ,ounəˈnistik⁺] *adj.*

ón·bóard *adj.* 安裝[裝載]於(汽車、飛機、太空船等)的：an ～ computer 裝於飛機[汽車，船]上的電腦。

ón-cámera *adj.* & *adv.* 在電影或電視鏡頭所能拍到之範圍內的[地]。

once [wʌns; wʌns] 《one 的中古英語所有格副詞用法》 **—adv.** **1** 一次，一遍，一倍：～ a day 一天一次/～ more＝～ again 再(來)一次/～ or twice 一兩次/I have ～ skated. 我曾溜過冰/*O*～ one is one. 一乘一等於一。**2** [用於否定句]**一次也(沒有…)**：I have*n't* seen him ～. 我一次也沒見過他。**3** [用於條件、時間的副詞子句]只要，一旦：*when* [*if*] ～ he consents 一旦他同意/*O*～ bit(ten), twice shy. ⇨ bite *v.* 1 a. **4** [常與過去式動詞連用]**從前**(某時候)，曾經《★發音時不强調》：*O*～ there lived an old man in a village. 從前在一個村子裏住着一位老人/She was ～ very miserable. 她曾有過一段悲慘的經歷/There was ～ a giant. 從前有一位巨人/a *once*-famous doctor 一位曾享有盛名的醫生。

(évery) ónce in a whíle [《英》**wáy**] 有時，偶而。

móre than ónce 再三地，不只一次地。

ónce and agáin 一再地，屢次。

ónce (and) for áll 最終地；堅決地，斷然地：He decided to give up smoking ～ *and for all*. 他斷然決定戒煙。

ónce upòn a tíme [用於童話故事的起頭]從前，很久以前(⇨ ever 2 a)：*O*～ *upon a time* there was a beautiful princess. 從前有一位美麗的公主。

—conj. 一旦…時，一經…，一…就…：*O*～ he hesitates, we have him. 他一猶豫，我們就擊敗他/*O*～ the procedure is fixed upon, everything will be done accordingly. 一旦決定程序後，一切都將照着程序去做。

—n. Ⓤ一次，一回：*O*～ is enough for me. 我一次就夠了。

áll at ónce (1)突然，立刻(suddenly)。(2)大家一起[同時]：Don't speak *all at* ～. 不要都同時說話。

at ónce (1)立刻，馬上，即刻：He came *at* ～. 他立刻就來。(2)同時：No one can do two things *at* ～. 沒有人能同時做兩件事。

at ónce ... and ... 既…又…：His father was *at* ～ strict *and* gentle. 他父親既嚴格又仁慈。

(for) thís [thát] ónce 只這[那]一次。

(jùst) for ónce (1)至少一次：I wish *for* ～ in my life to see the grand scenery. 我希望在一生中至少有一次機會能看到那壯麗的景色。(2)這一次；有時候：I wish you would come home early *for* ～. 我希望你有時候能早點回來。

—adj. 從前的，以前的：my ～ enemy 我以前的敵人。

ónce-òver *n.* Ⓒ [常用單數]《口語》瀏覽一遍，粗略的察看：give ... *the* ～ 草草的看一遍[察看]…。

ónce-òver-líghtly *n.* Ⓒ粗略的察看；草草處理。

on·co·gene [ˈɑŋkə,dʒin; ˈɔnkədʒi:n] *n.* Ⓒ《遺傳》致癌基因。

ón·còming *adj.* [用在名詞前]接近的，即將來臨的：an ～ truck 正開過來的貨車。

—n. Ⓤ接近，靠近[*of*]：the ～ *of* winter 冬天的來臨。

one [wʌn, wən; wʌn] 《在古英語中與 a, an 爲同一字》 **—adj.** **1 a** [用在名詞前]**單一的**，**一個的**，一人的(single)《★用法 除了要强調「一」的意思時以外，一般都要用不定冠詞》：～ dollar 一元/in ～ word 總而言之，總之/～ or two days 一兩天，極少的天數/He is ～ year old [of age]. 他一歲/～ man in ten 十人中一人/No ～ mán can do it. 無論是誰，一個人是做不來的/～ man ～ vote 一人一票(制)。**b** [用於 dozen, hundred, thousand 等集合數詞前]一…：～ thousand (and) ～ hundred 一千一百。**c** [不用在名詞前]一歲的：He is ～. 他一歲。**2 a** [用於表示時間的名詞前]**某**…：～ day [night] (過去或未來的)某日[晚]《★用法 不說 on one day [night]》/～ summer night 一個[某]夏天的夜晚《★用法 用不定冠詞時則說 on a summer night》/*O*～ day in May, she met a young man. 五月裏的某一天，她遇見一位年輕人。**b** [用於人名前]一個叫做…的人：～ Smith 一個叫做史密斯的人《★用法 由於是形式化的說法，現在一般都用 *a* Mr. [Dr. *etc.*] Smith 的說法》。**3** [與another, the other 相對照]**一方的**，一面的：To know a language is ～ thing, to teach it is *another*. 懂得一種語言是一回事，教這種語言是另一回事/If A said ～ thing, B was sure to say *another*. 如果 A 說一件事，B 一定說另一件事《無論 A 說什麼，B 一定反對》/*O*～ man's meat is *another* man's poison. ⇨ meat 4 /⇨ on (the) one HAND /He is so careless that your advice seems to go in (at) ～ ear and out (at) *the other*. 他是那樣粗心大意，所以你的忠告似乎從他的左耳進，右耳出《他把你的忠告當作耳邊風》/Some say ～ thing, some *another*. 有人這樣說，有人那樣說/(the) ～ ... *the other* ... 一個…，另一個…。**4** [**the** ～, **one's** ～] 唯一的(the only)《★用法 强調 one》：*the* ～ way to do it 做那件事的唯一方法/my

~ and only hope 我唯一的希望[得救的唯一辦法]。**5 a** 相同的，同一的(the same)：in ~ direction 同一方向/We are of ~ age. 我們同年齡/⇨ ONE and the same. **b** [不用在名詞前][**all** ~]完全相同的，都一樣的：It is *all* ~ to me. 那對我都是一樣《怎麼樣都可以》。**6 a** 一體的，一致的：with ~ voice 異口同聲地/We are all of ~ mind. 我們都是一條心。**b** [不用在名詞前]〔十介十(代)名〕〔與…〕一致的〔*with*〕：He is ~ *with* me. 他和我想法一致。**7** [當副詞用，强調後面的形容詞]《美口語》特別，非常：She is ~ beautiful girl. 她是個非常美的女孩子。

becòme [be màde] óne 成爲一體，結爲夫妻。

for óne thìng ⇨ thing.

óne and ónly ⇨ only *adj.*

óne and the sáme 同一的：~ *and the same* thing 同一物[事]。

—*n.* 1 a Ⓤ[有時爲Ⓒ；常無冠詞](基數的)一；一個，一人：*O*~ and ~ make(s) two. 一加一等於二/~ third 三分之一/Book [Chapter] *O*~ 第一卷[章]/~ and twenty＝twenty-*one* 二十一/~ or two 一兩個/~ at a time 一次一人[一個]。**b** Ⓒ1 的數字[記號]《1, i, I》：Your 1's are too like 7's. 你的 1 太像 7 了。**2 a** Ⓤ一點(鐘)；一歲：at ~ 在一點(鐘)/at ~ and thirty 在三十一歲時。**b** Ⓒ一美元[英鎊]紙幣。**3** Ⓤ《口語》**a** 一擊，一拳：give a person ~ in the eye 在某人眼睛上打一拳/⇨ a NASTY one. **b** 一杯(酒)。

áll in óne (1)一致。(2)以一件[一人]兼備一切；合在一起，合爲一體。

at óne 〔與…〕一致[同意]〔*with*〕.

be [gèt] óne úp on a person 比別人搶先一步；勝人一籌。

by ónes 一個一個地。

by ónes and twós 三三兩兩地。

for óne 舉一個例；就個人而言；算作一個《★因羅馬數字的 I 被誤爲人稱代名詞而起》：I, *for* ~, don't like it. 我個人也不喜歡它《拿我來說，我就不喜歡它》/He, *for* ~, doesn't believe it. 就他來說，他就不相信它。

in óne (1)＝all in ONE (2). (2)《口語》僅憑一次的嘗試。

in ónes and twós ＝by ONES and twos.

númber óne ⇨ number one.

óne àfter óne ＝ONE by one.

óne and áll ⇨ all *pron.*

óne by óne 一個一個地，逐一地，陸續地：The crow dropped stones ~ *by* ~ into the jar. 烏鴉把石頭一個個地丟入大口瓶中。

tén to óne ⇨ ten.

—*pron.* 1 [用單數] **a** 〔特定的人[物]中之〕一，一個，一人〔*of*〕：We treated him as ~ *of* our family. 我們待他如家裏的一分子/*O*~ *of* them lost *his* ticket. 他們中有個人遺失車票《★[用法]與這個 one 相呼應的代名詞爲 he, she, it》。**b** [與 another, the other 相對]一邊(的東西)，一方：They are so much alike that we cannot tell (the) ~ from *the other.* 他們如此相像所以我們無法加以辨別/*O*~ went one way and *the other* (went) another. (兩人中)一個人走其中一條路，另一個人走另一條路《兩人分道揚鑣》/*O*~'s as good as [much like] *another.* (兩者中的)一個和另一個一樣好[很相似]。**2** (*pl.* **~s**) [與已述的話無關而與修飾語連用] **a** Ⓒ(特定的)人；物：dear [sweet, loved] ~*s* 可愛的孩子們/the young [little] ~*s* 孩子們；小雞《★也用以指動物》/such a ~ 那樣的人/any ~ 任何人/a right ~《英口語》傻瓜/many a ~ 許多的人。**b** [**a** ~；表示驚訝]《口語》怪人，有趣的人：You are *a* ~ *to* do such a thing！你做這種事，眞是怪人！**c** [**the O**~]超自然的存在，神：*the* Holy *O*~ ＝ *the O*~ above 神/*the* Evil *O*~ 魔鬼。**3** [用於修飾語前；無複數]《文語》(非特定的)人《★[用法]《口語》用 a man, a person》：behave like ~ mad [dead] 舉止如瘋子[死人]/*O*~ who goes to France never fails to visit Paris. 去法國的人必定會遊覽巴黎。**4 a** [總稱「人」；無複數](一般的)人，世人，任何人《★[用法](1)《口語》偏愛用 you, we, they, 較少用 one；(2)相呼應的代名詞原則上爲 one, one's, oneself, 但《口語》用 he, his, himself, 或視內容而有時用 she, her, herself》：*O*~ must obey *one's* [*his*] parents. 每一個人都必須服從父母。**b** [做作的說法]自己，本人(I, me)：It was in 1982, if ~ remembers rightly. 如果我沒記錯的話，那是 1982 年的事。**5** (*pl.* **~s**) **a** [爲避免重複前面已出現的可數名詞]該物，該同類之物(cf. that A *pron.* 2 a, none *pron.* 2 a)：I don't have a pen. Can yon lend me ~？我沒有筆，你能借我一支嗎？《★[用法]這種情形的複數不用 ones, 而用 some》/Give me a good ~ [some good ~*s*]. 給我一個好的[一些好的]《★[用法]與形容詞連用時，要用不定冠詞或用複數》/His tone was ~ of sorrow. 他的語調是悲傷的(語調)。

[語法](1)指同一物的受詞用 it：He has a car and likes to drive *it.* I want *one.* (他有一部汽車並且喜歡駕駛它。我想要一部(車子)。)(2)用作已出現的名詞代用語時，前面要有 the：I want that hat — *the one* with a feather. (我要那頂帽子—有羽毛的那一頂。)(3)不可數名詞時不用 one：I like red wine better than white. (我喜歡紅葡萄酒勝過白葡萄酒。)(4)所有格的後面不用 one；但如有形容詞時則要用：This room is not mine. It's Mary's. (這個房間不是我的，是瑪麗的。)/This camera is as good as my new *one.* (這架照相機和我的新照相機一樣好。)(5)基數詞後面不用 one, ones：I have three dogs — two large, and one small. (我有三隻狗—兩隻大的，一隻小的。)(6)「人稱代名詞所有格＋own」的後面不用 one：The room is my own. (這個房間是我自己的。)

b [與 the, this, that, which 等限定詞連用](特定或非特定的)人；物：Will you show me *this* ~？這個給我看看好嗎？/*Which* ~ do you prefer？你比較喜歡哪一個？/Give me *the* ~ there. 給我在那裏的那一個/He is *the* ~ I mean. 他就是我說的那個人/Are these *the* ~*s* you were looking for？這些就是你在尋找的東西嗎？

6 [構成複合代名詞的第二詞素]：⇨ anyone, everyone, no one, someone.

óne àfter anóther (1)(不定數的東西)一個接一個地，陸陸續續地：I saw cars go past [by] ~ *after another.* 我看見汽車一輛接一輛地開過去。(2)＝ONE after the other (2).

óne àfter the óther (1)(關於兩人或二物)交互地。(2)(特定數的東西)依次地：The cars arrived ~ *after the other.* 那些汽車依次開到。(3)＝ONE after another (1).

óne anóther 互相(cf. EACH other)：The girls are talking seriously to ~ *another.* 那些女孩子一本正經地在交談/Elements frequently combine with ~ *another.* 元素常常互相結合/They glanced anxiously at ~ *another's* faces. 他們不安地面面相覷。

óne of thòse thíngs ⇨ thing.

óne... the óther (兩者中)一個…另一個(⇨ other *pron.* 2 a).

óne with anóther 平均，一般，大體上。

the óne... the óther 前者…後者。

óne-ácter *n.* Ⓒ《戲劇》獨幕劇。

óne-ármed *adj.* 獨臂的，單臂式的：a ~ chair 單臂式椅子。

óne-àrmed bándit *n.* Ⓒ《口語》吃角子老虎《一種賭具》。

óne-bágger *n.* 《棒球俚》＝one-base hit.

óne-bàse hít *n.* Ⓒ《棒球》一壘安打。

óne-célled *adj.* 《生物》單細胞的。

óne-diménsional *adj.* **1** 一次元的，一度[一維]空間的。**2** 沒有深度的，膚淺的。

óne-éyed *adj.* **1** 單眼的，獨眼的。**2** 視線[眼光]狹窄的，褊狹的。

óne-hánded *adj.* 單手的，用一隻手的。

óne-hòrse *adj.* [用在名詞前] **1** 單匹馬(拉)的。**2**《口語》〈城鎮等〉不重要的，小的；簡陋的。

óne-idéaed *adj.* 只有一個意見的，固執於一個觀念的，褊狹的。

O'Neill [o'nil; ou'ni:l], **Eugene** *n.* 歐尼爾《1888–1953；美國劇作家，曾獲 1936 年諾貝爾文學獎》。

o·nei·ro·man·cy [o'naɪrə͵mænsɪ; ou'nairəmænsi] *n.* Ⓤ以夢爲根據的占卜術。

óne-légged [-'lɛgɪd, -'lɛgd; -'legd, -'legid] *adj.* **1** 一隻脚的，獨脚的。**2** ＝one-sided.

óne-líner *n.* Ⓒ簡短風趣的話，簡短的妙語。

óne-mán *adj.* [用在名詞前]僅一人(做)的，個人的：a ~ concern [company]一人[個人](經營的)公司/a ~ show 個展；(歌星等的)一人表演/a ~ stage play 獨脚戲/a ~ bus《英》(司機兼車掌的)一人服務公車/a ~ woman《美》(一生)只能愛一個男人的女子。

óne-màn bánd *n.* Ⓒ**1** 一人樂團《一人演奏各種樂器的街頭賣藝者》。**2** (沒有他人援助的)單獨行動。

óne-ness *n.* Ⓤ **1** 單一，相同〔*of*〕. **2** 一致，調和〔*of*〕.

óne-níghter *n.* **1** ＝one-night stand. **2** Ⓒ參加 one-night stand 演出者。

óne-nìght stánd *n.* Ⓒ(劇團等)一夜[一次]的演出。

óne-óff *adj.* 《英》僅一次的：a ~ stage 僅演出一次的舞台。

óne-píece *adj.* [用在名詞前]單件的，上下連身的：a ~ suit 上下連身(的衣服)。

on·er·ous ['ɑnərəs; 'ɔnərəs] «onus 的形容詞»**—*adj.* 1** 〈工作等〉繁重的，麻煩的，煩人的。**2**《法律》負有義務的(cf. gratuitous 3)：an ~ contract 有償契約。

‡one's [wʌnz; wʌnz] *pron.* [one *pron.* 的所有格]一個人的，其人的《★[用法]用以代表 my, his 等人稱代名詞的所有格；例如 make up *one's* mind 因主詞的人稱、數、性而變成 *I* made up *my* mind., *He* made up *his* mind.》.

óne-séater *n.* Ⓒ**1** 一人[單]座汽車。**2**《航空》單座飛機。

‡one·self [wʌn'sɛlf; wʌn'self] *pron.* 《★[用法]不定代名詞 one 的反身代名詞，實際上須配合上下文而用 myself, yourself, himself, herself, itself；ourselves, yourselves, themselves；⇨參照

各項》**1** [強調用法]自己，自行，親自。**2** [反身用法]自己，自身。

beside oneself 忘我，發狂〔*with*〕: He is *beside himself with* joy[rage]. 他歡喜[生氣]得發狂《他狂喜[怒]》。

by oneself ⑴[常 **all by ～**]獨自：She was (all) *by herself.* 她(完全)孤單一人。⑵獨力，靠自己：I did it *by myself.* 我獨力做那件事。

for oneself ⑴爲自己：He built a new house *for himself.* 他爲自己蓋了一幢新房子。⑵自己，自身：Go and see *for yourself.* 你自己去看看/Man in ancient times had to do almost everything *for himself.* 古代的人幾乎每件事都必須自己做。

of oneself 獨自地，自然地(⇨of ITSELF).

to oneself ⑴給自己本身：I kept the secret *to myself.* 我把秘密藏在自己心裏。⑵只給自己：I have a room *to myself.* 我有一間只屬於自己的房間。

óne shòt *n.* Ⓒ**1** 只出一期的雜誌或小冊子《通常以某一專題爲主，或以名人的生活等爲主題》。**2** 電影或戲劇中演員唯一的一次出場。**3** 一個人的特寫鏡頭。**4** 任何只做一次的事。

one-shot [ˈwʌnˌʃɑt; ˈwʌnʃɔt] *adj.* 《俚》**1** 祇用一次的，臨時性的。**2** 祇出現一次的，祇出一期的，僅爲某一個計畫而作的。
—*n.* =one shot.

óne-sìded *adj.* **1** (只見問題的)一面的，片面的：～ love 單戀。**2** 偏向一邊的，偏袒的，不公平的：a ～ arrangement 片面的決定。**3** 《法律》片面義務的：a ～ contract 片面契約。
～·ly *adv.* ～·ness *n.*

óne's sélf *n.* =oneself《★one's self 是 oneself 的原形》。

óne-stèp *n.* **1** [the～]《舞蹈》一步舞《二十世紀前半期流行的舞步》。**2** Ⓒ一步舞的舞曲。—*v.i.* (-stepped; -step·ping)跳一步舞。

One Thóusand Guíneas *n. pl.* [the～; 當單數用]一千基尼賽馬《英國五大賽馬之一(cf. classic races)》。

óne-tìme *adj.* [用在名詞前]過去的，從前的。
—*adv.* 曾經，以前。

óne-to-óne *adj.* 一對一的，成對比的。

óne-tràck *adj.* [用在名詞前] **1** 單線的，單軌的〈鐵路〉。**2** 《口語》固執於一個想法的，眼光狹窄的，褊狹的：a ～ mind 褊狹的心[心胸褊狹的人]。

òne-úp *v.t.* 佔…的上風，勝過[搶先]〈別人〉。
—*adj.* [不用在名詞前]〔十介十(代)名〕〔比別人〕搶先一步的，高〈人〉一等的〔*on*〕.

òne-úp·man·shìp *n.* Ⓤ《謔》表現高人一等[勝人一籌]的作風[戰術，本事]。

óne-wáy *adj.* [用在名詞前] **1** 單向的，單行的(cf. two-way 3)：～ traffic 單向交通/a ～ street 單行道/a ～ mirror[observation window](如裝設於警察調查室的)可從背面透視的鏡子，魔鏡。**2** 單程的(single)〈車票〉。**3** 《美口語》任性的；片面的：a ～ person自私[任性]的人。—*n.* Ⓒ單程車票。

óne-wórlder *n.* Ⓒ世界大同主義者。

ONF Old North French.

ónfàll *n.* Ⓒ《蘇格蘭》攻擊，突擊。

ónflòw *n.* Ⓒ奔流。

ón·gòing *adj.* [用在名詞前]前進的，進行中的。

*__on·ion__ [ˈʌnjən; ˈʌnjən] «源自拉丁文「一體」之義；⇨ union»—*n.* **1** Ⓒ《植物》洋蔥。**2** Ⓒ[指食物時爲Ⓤ]洋蔥：beef and boiled ～*s* 牛肉配煮洋蔥/taste of ～ 洋蔥味/There is too much ～ in the soup. 這湯中有太多洋蔥。

> 【說明】西洋洋蔥外形比中國的小，而且味道也不太辣。常用以夾三明治、做沙拉、或烤(roast)肉時用以加味，但最普遍的是用以煮洋蔥湯。以切成細片、炒熟的洋蔥作底所煮成的法國式清湯，是一種美味可口的菜餚。cf. salad【說明】

knów one's ónions 《口語》(對工作等事)徹底了解；精明幹練。

ónion·skìn *n.* **1** Ⓒ洋蔥皮。**2** Ⓤ蔥皮紙《打字等所用的半透明薄紙》。

on·ion·y [ˈʌnjənɪ; ˈʌnjəni] *adj.* 似洋蔥的；以洋蔥調味的；有洋蔥味的。

ón-licence *n.* Ⓒ《英》(准許在店內飲酒的)賣酒執照，有此執照的店(cf. off-licence).

ón límits *adj.* 《美》開放的，准許進入的(cf. off limits).

ón-lìne *adj.* & *adv.* 《電算》(用)聯機(式)的[地]《資料處理時與主電腦直接連結的；cf. off-line》：an ～ system 聯機系統。

ón·lòoker *n.* Ⓒ旁觀者，觀衆(looker-on).

ón·lòoking *adj.* 旁觀的，觀看(中)的。

‡**on·ly** [ˈonlɪ; ˈounli] «one 和 -ly² 的混合語»—*adj.* [用在名詞前](無比較級、最高級)**1 a** [the～, one's ～]唯一的，僅有的：He is *the* ～ friend that I have. 他是我僅有的一個朋友/They were *the* ～ people present. 他們是僅有的出席者/Her ～ answer was her sobs. 她唯一的回答是啜泣。**b** 獨一的：an ～ son [daughter]獨生子[女]《★用法指「獨子」時用不定冠詞；但 the ～ son [daughter]時則爲獨生子[女]而可有其他姊妹[兄弟]；再者，說獨子時一般用 He's [She's] an ～ child.》/one's ～ brother 某人唯一的哥哥[弟弟]。**2** 無比的，最適合的(best)：You are the ～ man *for* the job. 你是做這工作的最適當人選。

óne and ónly [only 的強調用法]⑴[**one's ～**]獨一無二的：She is my *one and* ～ friend. 她是我獨一無二的朋友。⑵[用以介紹歌星、演員等]首屈一指的：And next, the *one and* ～ Paul Anka. 下面是首屈一指的大明星保羅安卡。

—*adv.* **1 a** [修飾表示時間的副詞(片語)]剛剛，才…：He càme ～ yésterday. 他昨天才來《★變換這句話也可說成 He ～ càme yésterday. 意義完全相同》/I ～ *just* spoke with [to] her. 我剛剛才和她說過話。**b** [修飾數量]僅有…：～ a little 僅有少許/She has ～ one dollar. 她僅有一美元《★比較比 She ～ has one dollar. 的語氣强》/I want ～ ten dollars. 我要十美元《★比較改爲 I ～ want ten dollars. 時，「要求」的語氣減弱，變成「只要有十美元即可」的意思》。**2** 只有，僅有…，只不過…而已：*O*～ yóu [Yóu ～] can guéss. 只有你能猜得出/You can ～ guéss [guéss ～]. 你只能猜測而已/I will go ～ if you go too. 只有你也去時我才要去/Ladies *O*～《告示》婦女專用。**3** [修飾述語動詞]反而…，只會…而已：It will ～ màke her mád. 那只會使她更生氣。**4** [修飾不定詞] **a** [表示目的]只爲了…：She went to Hong Kong ～ *to* do some shopping. 她去香港只是爲了買點東西。**b** [表示結果]結果只是，〈只爲…〉而…似地：He studied hard for the exam ～ *to* fail. 他爲了考試而努力讀書，結果只落得不及格。

hàve ónly to dó =《口語》**ónly hàve to** dó 只要…即可：You *have* ～ *to* go. 你只要去即可/You'*ve* ～ *to* ask and she'll tell you. 你只要問她，她就會告訴你。

if ónly ⇨ if.

nòt ónly ... but (álso)... ⇨ not.

ònly júst ⑴⇨ *adv.* 1 a. ⑵只差一點點；剛剛：I ～ *just* missed the bus. 我只差一點點而沒趕上公車。

ònly tóo ⇨ too.

—*conj.* 《口語》**1** 只是，但是；如果不是…的話：I would do it with pleasure, ～ I am too busy. 我很樂意做那件事，只是我太忙了。**2** [當從屬連接詞用]如果沒有…，要不是…《★用法《英》用only that》：He does well, ～ *that* he's nervous at the start. 他做得很好，只是開始時過於緊張/He would have attended our meeting, ～ you objected. 如果不是你反對，他本來是會來參加我們的聚會的。

on·o·mat·o·poe·ia [ˌanəˌmætəˈpiə; ˌɔnəmætəˈpi:ə] *n.* **1** 《語言》**a** Ⓤ擬聲。**b** Ⓒ擬聲語《buzz, thud 等》。

> 【說明】下列各字請參看本詞典各相關詞條：
> ⑴自然音：bang 砰《關門聲、槍聲》，轟然一聲《爆炸的聲音》/clop 躂躂《馬蹄聲》/crash 嘩啦《東西碰壞的聲音》/dingdong 叮噹《鐘聲》/pit-a-pat 叭噠《脚步聲》，噗通《胸膛鼓動聲》/pitter-patter 淅瀝《下雨聲》/rat-a-tat 砰砰《敲門聲》/rumble 隆隆《雷聲》/sizzle 嗞嗞《烤肉聲》/thud 轟隆《笨重東西落下的聲音》/ ticktock 滴答《時鐘聲》/ ting-a-ling 叮鈴《鈴響聲》(等)。
> ⑵動物的叫聲：baa 咩《羊的叫聲》/bowwow 汪汪《狗叫聲》/ buzz 嗡嗡《蜂飛聲》/caw, croak 呱呱，啞啞《烏鴉叫聲》/cock-a-doodle-doo 喔喔喔《雄鷄啼聲》/croak 嘓嘓，哇哇《青蛙叫聲》/hee-haw 唏嗬《驢子叫聲》/mew 咪咪《貓叫聲》/moo 哞《牛叫聲》/neigh 嘶嘶《馬叫聲》/oink 哼哼《豬叫聲》/quack 呷呷《鴨叫聲》/squeak 吱吱《老鼠叫聲》/tweet 啁啾《小鳥叫聲》(等)。
> ⑶人的聲音：ahchoo 哈啾《打噴嚏聲》/augh 哇《見到可怕的東西時發出的聲音》/boohoo 嗚嗚《大哭聲》/eek 哇《非常吃驚時的驚歎聲》/haha 哈哈《笑聲》/hic 呃《打呃的聲音》/nyah 呸《表示輕視時發出的聲音》/ouch 哎喲《叫痛聲》/yippee 呀嗬《非常高興時發出的聲音》/zzz 呼呼《鼾聲》(等)。

2 Ⓤ《修辭》聲喻法。

on·o·mat·o·poe·ic [ˌanəˌmætəˈpiɪk; ˌɔnəmætəˈpi:ik⁻] «onomatopoeia 的形容詞»—*adj.* **1** 擬聲的，擬聲語的。**2** 聲喻法的。

òn·o·màt·o·póe·i·cal [-ɪkl; -ikl⁻] *adj.* =onomatopoeic.
～·ly *adv.*

on·o·mat·o·po·et·ic [ˌanəˌmætəpoˈɛtɪk; ˌɔnəmætəpouˈetik⁻] *adj.* =onomatopoeic.-i·cal·ly [-klɪ; -kəli] *adv.*

ón·rùsh *n.* Ⓒ[常用單數]猛衝，突擊；(水的)急流，奔流。

ón·rùsh·ing *adj.* [用在名詞前]猛衝的。

ón·sèt *n.* [the ～]**1** 襲擊，攻擊。**2 a** 開始，著手，開端：at the first ～ 剛一開始。**b** (疾病的)徵候，發病：the ～ *of* a cold 感冒的徵候。

ón·shóre *adj.* & *adv.* **1** 向陸地的[地]。**2** 在岸邊附近的[地]，

在沿岸的[地]。

ón·síde *adj.* & *adv.*《足球・曲棍球》(不犯規的)在正規位置的[地]；在界內的[地](cf. offside)。

ón·sìte *adj.* 現場的；實地的；在發生地點的。

ón·slàught *n.* Ⓒ猛攻，猛襲〔*on*〕：make an ～ *on* ... 猛攻…。

ón·stáge *adj.* & *adv.*《戲劇》在舞台上的[地]。

ón·stréam *adv.* & *adj.* 投入[進行]生產，在生產中地[的]。

Ont.《略》Ontario.

On·tar·i·an [ɑnˋtɛrɪən; ɔnˈtɛəriən] «Ontario 的形容詞»—*adj.* 安大略省(人)的。

—*n.* Ⓒ安大略省的人。

On·tar·i·o [ɑnˋtɛrɪ,o; ɔnˈtɛəriou] «源自北美印地安語「大湖」之義» —*n.* **1** 安大略省《加拿大南部的一省，首府多倫多(Toronto)；略作 Ont.》。**2** [**Lake** ～]安大略湖《在安大略省(Ontario)與美國紐約州(New York)之間，爲五大湖(the Great Lakes)中最小者》。

ón-the-jób *adj.* [用在名詞前]就職中可得[可學]的；在職的：～ training 在職訓練。

ón-the-scéne *adj.* 現場的，當場的。

ón-the-spòt *adj.* 現場的，當場做成或發生的。

***on·to** [(子音前)ˋɑntə, ˋɔn-; ˈɔntə; (母音前)ˋɑntu, ˋɔn-, -tə; ˈɔntu] «on 和 to 的混合語» —*prep.* **1** 到…的上面，向…上面《★用法《英》多半寫成 on to》：The cat jumped ～ the table. 貓跳到桌子上/He climbed up ～ the roof. 他爬到屋頂上。

2《口語》**a** 發覺，注意到〈陰謀等〉：I think the cops are ～ us. 我想警察已發覺我們的陰謀。**b** 可獲得〈好結果〉的，能導致〈發現等〉的：You may be ～ something. 你可能會有所發現[發現新事物]。

on·tog·e·ny [ɑnˋtɑdʒənɪ; ɔnˈtɔdʒini] *n.* ⓊⒸ《生物》個體發生(學)(cf. phylogeny)。

on·to·log·i·cal [,ɑntəˋlɑdʒɪkl; ,ɔntəˈlɔdʒikl] «ontology 的形容詞»—*adj.*《哲學》存在論的，實體論的，本體論的。～**·ly** *adv.*

on·tol·o·gy [ɑnˋtɑlədʒɪ; ɔnˈtɔlədʒi] *n.* Ⓤ《哲學》存在論，本體論，實體論。

o·nus [ˋonəs; ˈounəs] *n.* [**the** ～]負擔，負荷；責任，義務；汚名〔*of*〕：*the* ～ *of* proof 舉證的責任/lay [put] *the* ～ on...把責任推給…，使人背上…的臭名。

on·ward [ˋɑnwəd; ˈɔnwəd] «on(「向前」)和 -ward(表示方向之字尾)的混合語»—*adj.* [用在名詞前](無比較級、最高級)向前的，前進的，上進的。

—*adv.* (無比較級、最高級)向前，前進地：from this day ～ 從今天以後/*O*～！《口令》前進！

【同義字】onward 表示向一定地點的進行動作在繼續；forward 有向前進的意思。

on·wards [ˋɑnwədz; ˈɔnwədz] *adv.* =onward.

on·yx [ˋɑnɪks; ˈɔniks] *n.* Ⓤ[指寶石個體時爲Ⓒ]《礦》花紋瑪瑙，截子瑪瑙(cf. agate 1)。

oo·dles [ˋudlz; ˈuːdlz] *n.* *pl.* [有時當單數用]《俚》許多，大量〔*of*〕：～ *of* money 很多錢。

oof [uf; uːf] *n.* Ⓤ《俚》金錢，現款(money)。

—*interj.* 被打到腹部時因不舒服而發出的呻吟聲。

o·o·lite [ˋoə,laɪt; ˈouəlait] *n.* Ⓤ《地質》鮞石，鮞狀岩。

oo·long [ˋulɔŋ, ˋulɑŋ; ˈuːlɔŋ, ,uːˈlɔŋ] *n.* Ⓤ烏龍茶。

oomph [umf; umf] «擬聲語»—《俚》*n.* Ⓤ**1** 精力，朝氣，吸引力：His car has a lot of ～. 他的車子很有吸引力。**2** 性感。

—*adj.* [用在名詞前]性感的：an ～ girl 性感的女子。

o·o·pho·ri·tis [,oəfəˋraɪtɪs; ,ouəfəˈraitis] *n.* Ⓤ《醫》卵巢炎。

oops [ups; ups] *interj.* [表示驚訝、驚慌、輕微的道歉]糟糕，對不起。

ooze[1] [uz; uːz]«源自古英語「汁，濕氣」之義»—*v.i.* **1** **a** [十副詞(片語)]慢慢流出，滲出：Oil was *oozing through* (the crack). 油從裂縫滲出。**b** [十介十(代)名]淌，滲，漏[水]〔*with*〕：My shoes were *oozing* ***with*** water. 我的鞋子滲水了。**2** [十副]**a**〈勇氣等〉逐漸消失〈*away, out*〉：My hope ～*d* ***away*** as I waited. 在我等待的期間，希望漸漸消失。**b**〈秘密等〉洩漏〈*away, out*〉：The secret will ～ ***out.*** 秘密會慢慢地洩漏。

—*v.t.* **1** **a** [十受]慢慢滲出…：He [His body] was *oozing* sweat. 他[他的身體]在流汗。**b** [十受(十副詞(片語))][～ **one's way**]〈河水〉潺潺地流。**2** 洩漏〈秘密等〉。**3** 散發〈魅力等〉。

—*n.* Ⓤ **1** 滲出，分泌；分泌物。**2** (橡樹等的)樹汁《鞣皮用》。

ooze[2] [uz; uːz] «源自古英語「泥」之義»—*n.* Ⓤ(水底的)軟泥。

ooz·y[1] [ˋuzɪ; ˈuːzi] «ooze[1] 的形容詞»—*adj.* (**ooz·i·er**；**-i·est**)緩緩流[滴]出的，滲出的。

ooz·y[2] [ˋuzɪ; ˈuːzi]«ooze[2] 的形容詞»—*adj.* (**ooz·i·er**；**-i·est**)軟泥似的，含軟泥的。

op [ɑp; ɔp] «operation 之略»—*n.* Ⓒ《口語》手術，開刀。

op., Op.《略》opera；operation；opposite；opus.

o.p., O.P.《略》out of print.

op- [ɑp-, əp-; ɔp-, əp-] 字首 ob- 在 p 之前的變體。

o·pac·i·ty [oˋpæsətɪ; ouˈpæsəti] *n.* Ⓤ**1** **a** 不透明。**b**《攝影》不透明度。**2** **a** 曖昧(的程度)。**b** 遲鈍，愚鈍。

o·pal [ˋopl; ˈoupl] *n.* Ⓤ[指寶石個體時爲Ⓒ]《礦》貓眼石，蛋白石(⇨ birthstone 表)。

o·pal·esce [,opəˋlɛs; ,oupəˈles] *v.i.* 發(似蛋白石的)乳白光。

o·pal·es·cence [,oplˋɛsns; ,oupəˈlesns] «opalescent 的名詞»—*n.* Ⓤ乳白光(的發出)。

o·pal·es·cent [,oplˋɛsnt; ,oupəˈlesnt] *adj.* 發乳白光的。

o·pal·ine [ˋoplɪn, ˋopl,aɪn; ˈoupəlain] «opal 的形容詞»—*adj.* 蛋白石似的；發乳白光的。

o·paque [oˋpek; ouˈpeik] «源自拉丁文「成蔭的」之義»—*adj.* **1** 不透明的。**2** 無光澤的，晦暗的。**3** 不傳導熱[電(等)]的。**4** **a** 不清楚的，不明瞭的。**b** 愚鈍的。

—*n.* **1** Ⓒ不透明體。**2** [**the** ～]黑暗。

～**·ly** *adv.* ～**·ness** *n.*

óp árt «optical art (視幻藝術)之略»—*n.* Ⓤ《美術》歐普藝術，視幻藝術《興起於 1960 年代，著眼於錯覺效果的一種抽象美術》。

op. cit. [ˋɑpˋsɪt; ,ɔpˈsit]《略》*opere citato* (拉丁文=in the work cited) 在上述(引用)的書中。

ope [op; oup] *adj.*, *v.*《詩》=open.

OPEC [ˋopɛk; ˈoupek]《略》Organization of Petroleum Exporting Countries 石油輸出國家組織。

óp-éd pàge, ÓP-ÉD (pàge) [ˋɑpˋɛd-; ˈɔpˈed-] «*op*posite *ed*(itorial) page之略»—*n.* Ⓒ[常**the** ～]《美》《新聞》(與社論版相對的)刊載有專欄、評論、自由投稿之文章等的版面。

‡o·pen [ˋopən; ˈoupən] *adj.* (～**·er**；～**·est**)**1** (↔ closed, shut)**a**〈門、窗、眼睛等〉開(著)的，打開的：an ～ window 開著的窗子/push [throw] a door ～ 推開門/with ～ eyes=with eyes ～ 睜大著眼睛/keep one's ears ～ 豎起耳朵，注意聽/with one's mouth wide ～ 張大著嘴。**b** (無比較級、最高級)〈書、包裹等〉打開的，開著的：leave a book ～ 讓書打開著/tear a letter ～ 把信撕開。**c**〈花〉開的，綻放的。**d**〈傷口等〉未癒合的。

2 **a**〈土地等〉〈沒有樹或籬笆圍起來的〉開闊的，空曠的，無障礙物的：～ country 開闊的土地。**b** [用在名詞前](無比較級、最高級)無遮蓋的，無屋頂的：an ～ car 敞篷車，無篷車/an ～ fire 無遮蓋的(壁爐的)火/⇨ open air. **c**〈襯衫等〉無扣子、拉鍊的：an ～ shirt 開襟襯衫。

3 (無比較級、最高級)**a** [不用在名詞前]〈商店、學校等〉開著的，營業中的；〈戲劇〉上演中的，〈議會等〉開會中的：The shop is ～ from ten to six. 那家商店自十點開到六點/The show will be ～ till next Saturday. 這檔秀將演到下星期六。**b**〈交易等〉繼續中的：Keep one's account ～ at a bank 在銀行開有戶頭。

4 **a** 公開的，自由出入[通行，使用]的；(無職業、業餘之分的)公開賽的：an ～ market 開放的[自由貿易的]市場/an ～ scholarship 公開[准許競爭]的獎學金/an ～ golf tournament 高爾夫球公開賽/⇨ open house, open letter, open port. **b** [不用在名詞前][十介十(代)名][對…]開放的〔*to*〕：This job is ～ only ***to*** college graduates. 這個工作(機會)只提供給大學畢業生《只有大學畢業生可就此職》。

5 [不用在名詞前][十介十(代)名]**a** 易受[誘惑等]的〔*to*〕：He is ～ ***to*** temptation. 他容易受誘惑。**b** [對思想、提議等]立刻接受的，[對道理等]容易信服的，不拒絕的〔*to*〕：a mind ～ ***to*** reason 容易接受道理的心胸/I am ～ *to* suggestions. 我願採納[接受]各種建議。**c** [對攻擊等]無防備的；不能避免的，容易招致[非難等]的〔*to*〕：His behavior is ～ ***to*** criticism. 他的行爲容易招致批評。

6 **a**《口語》(對於出售酒類、賭博等)法律上不限制的，不禁止的，准許的：an ～ town《美》准許開設酒店、賭博等的城鎭。**b** 不徵收關稅[通行稅(等)]的；無限制的：an ～ economy 自由開放經濟。**c**〈狩獵期間〉解禁的：the ～ season 狩獵期，漁獵解禁期。

7 **a** 不隱瞞的，公開的，公然的；率直的；沒有偏見的，大方的，寬大的(⇨ frank[1]【同義字】)：an ～ secret 公開的秘密/an ～ face 坦率的面孔，老實的面孔/an ～ heart 坦率的心/an ～ mind 開闊的[沒有偏見的]心胸，虛懷若谷/with ～ hostility 以公然的敵意。**b** [不用在名詞前][十介十(代)名][關於…][對人]不隱瞞的，坦白的〔*with*〕〔*about*〕：He is ～ ***with*** us ***about*** his plan. 他開誠布公地跟我們談論他的計畫。

8 (無比較級、最高級)**a**〈問題等〉未解決的，未決定的：an ～ question 未解決的問題/Let's leave the date ～. 我們先不決定日期吧。**b** [不用在名詞前]〈職位、地位等〉空著的，未塡滿的：The position is still ～. 那個職位還是空著。**c**〈組織等〉可變更[擴大]的：an ～ system 可擴大的體系。**d** [不用在名詞前]《美》〈時間〉沒有事先約定[預約]的：I have an hour ～ on Wednesday. 我星期三有一小時的空檔。

O

9 a 〈紡織品等〉織孔粗的。**b** 〈隊形等〉散開的。**c** 〈牙齒等〉有縫隙的。**d** 《印刷》行距寬的。
10 a 〈河、海〉不結冰的，不凍結的：⇨ open port 2. **b** 〈冬季等〉不下霜[雪]的(mild)；沒有霧的。**c** 《醫》大便暢通的，不便秘的。
11 《音樂》**a** 〈弦等〉不用指壓的，不以手指按的：an ~ string 空弦《不用指按的弦》。**b** 〈風琴的音栓〉打開的。
12 《語音》**a** 〈母音〉開口音的(↔ close). **b** 〈子音〉開口的《如發[s, f, ð]時，呼氣道不完全閉鎖的發音》。**c** 〈音節〉以母音結尾的(↔ closed)：an ~ syllable 開音節。
13 (無比較級、最高級)《軍》〈城市等〉不設防的，受國際法保護的：an ~ city 不設防的城市。
14 (無比較級、最高級)〈支票〉憑票即付的(↔ crossed)：⇨ open cheque.

lày ópen (1)揭開，打開，露出。(2)揭發，暴露：⇨ lay oneself OPEN to. (3)切開。

láy onesèlf ópen to...使自己暴露於…，使自己受到…：*lay oneself* ~ *to* attack 使自己受到攻擊/*lay oneself* ~ *to* criticism 使自己成爲批評的對象。

—*v.t.* 1 開，打開(↔ shut)：**a** 〔十受〕打開〈門、窗、瓶蓋等〉；睜開〈眼睛〉：~ a window 打開窗子/~ one's eyes 睜大眼睛；吃驚/Shall we ~ another bottle? 我們要不要再開一瓶？**b** 〔十受十受/十受十介十(代)名〕爲〈別人〉打開〈門、窗、瓶蓋等〉；〔爲別人〕打開〈門、窗、瓶蓋等〉〔*for*〕：Please ~ me the bottle. =Please ~ the bottle *for* me. 請替我打開瓶蓋。
2 a 〔十受(十副)〕打開〈書本、報紙等〉〈*up, out*〉：~ *out* a map 展開地圖。**b** 〔十受十介十(代)名〕翻開〈書、報紙等〉〔到…〕〔*to*, 《英》*at*〕：*O*~ your book *to*[*at*] page 10. 把書翻開到第十頁。
3 a 〔十受(十副詞(片語))〕開〈路〉：A path is being ~*ed through* the woods. 一條貫穿林中的小徑正在開闢中。**b** 〔十受〕《醫》切開〈膿瘡等〉。**c** 〔十受十副〕開拓，開發〈土地〉〈*up*〉：The area hasn't been ~*ed up* to trade yet. 該地區尚未開發通商。
4 a 〔十受(十介十(代)名)〕將〈心事、秘密等〉〔向人〕表明，洩露〔*to*〕：He ~*ed* his heart *to* his teacher. 他把心事向老師表明。**b** 〔十受十介十(代)名〕使〈心、眼睛〉〔對…〕打開，睜大；啓發〈心靈〉接受[吸收]〔…〕〔*to*〕：~ one's mind *to* new ideas 使某人接受[吸收]新思想/⇨ open a person's EYES.
5 〔十受〕**a** 使〈商店等〉開張[營業]：~ a shop[store] 開(商)店/~ an account 開戶頭，開始交易。**b** 開放〈設施等〉。**c** 展開，開始〈行動〉：~ a debate 開始辯論/~ Congress [Parliament] 召開國會[議會]。
6 〔十受〕《航海》使(船移動)到看得見…的地方。

—*v.i.* 1 開：**a** 〈門、窗等〉打開：The door won't [would not] ~. 那扇門打不開。**b** 〈花〉開，綻放：The flowers are ~*ing*. 花在綻放。**c** 〔十介十(代)名〕打開〔至…〕〔*to*, 《英》*at*〕：*O*~ *to*[*at*] page 15. 翻到第十五頁。**d** 〈腫疱等〉開口；〈綻線等〉擴大[變大]。
2 a 〈商店等〉**開始營業，開門**：This store ~*s* at ten. 這家店在十點開門。**b** 〈活動等〉開始，〈學校〉開學：School ~*s* today [on April 1]. 學校今天[四月一日]開學。**c** 〔十介十(代)名〕〔以…〕開始〔*with*〕：The play ~*s with* a quarrel. 這齣戲以一場爭吵揭開序幕/The sentence ~*s with* an adverb. 那個句子以副詞起頭。
3 〔動(十副)〕〈景色等〉展開，展示〈*out*〉：The view ~*ed* (*out*) before our eyes. 景色展開在我們的眼前。
4 〔十副詞(片語)〕〈門、窗、房間等〉通往，面向：The side door ~*s onto* the river. 邊門通往那一條河/These rooms ~ *into* [*out of*] one another. 這些房間彼此相通/The window ~*s upon* the garden. 窗子面向花園/The door ~*s to* the south. 那扇門朝南。

ópen óut 《*vt adv*》(1)打開，展開〈書、圖面等〉：I ~*ed out* the folding map. 我把折疊的地圖打開來。—《*vi adv*》(2)⇨ *v.i.* 3. (3)〈花〉開，綻放。(4)〔對人〕坦白說出，表明〔*to*〕：She let her feelings ~ *out to* us. 她向我們傾訴內心的感受。(5)發展。(6)開發。

ópen úp 《*vt adv*》(1)⇨ *v.t.* 2 a, 3 c. —《*vi adv*》(2)〔常用祈使語氣〕開門！*O*~ *up*! 開門！(3)(視野擴大)〈景色等〉展開，現出。(4)吐露眞情；鬆口：She never ~*ed up to* me *on* the subject. 她從未跟我談起過那個問題。

—*n.* 1 [the ~]空地，沒有樹木的地方，廣場，露天，戶外；曠野；無垠大海：in *the* ~在戶[野]外。**2** Ⓒ**a** (運動的)公開賽。**b** [O~](高爾夫等的)公開賽。

còme óut ìnto the ópen (1)公開[揭露]出來，被公布[發表]。(2)把意見[計畫]公開[表明]。

~·ness *n.*

ópen admíssions *n. pl.* 自由入學制《不論申請者學業成績如何，皆允許其入學，尤指大學》。

ópen áir *n.* [the ~]戶外，野外，露天：in *the* ~在戶[野]外。

ópen-áir *adj.* [用在名詞前]戶外的，野外的，露天的：an ~ school 野外[露天]學校/an ~ theater 露天劇場/~ treatment 露天[戶外]療法。

ópen-and-shút *adj.* 明顯的，一目瞭然的；極爲簡單的。

ópen-ármed *adj.* 張開兩臂的，熱誠的，衷心的：an ~ welcome 衷心的歡迎。

ópen bállot *n.* ⓊⒸ 無記名投票。

ópen bóok *n.* Ⓒ一目瞭然的事(物，情況)，清清楚楚的事(物)，沒有任何秘密的人(cf. closed book 2).

ópen·càst *adj.* 《英》《礦》露天開採的，用露天開採方式的：~ mining 露天開採礦物。

ópen chéque *n.* Ⓒ《英》普通支票《未劃線的支票》。

ópen círcuit *n.* Ⓒ《電》斷路。

ópen-cùt *adj.* 露天採礦的。

ópen dóor *n.* **1** Ⓒ自由進出。**2** [the ~]門戶開放；機會均等。

ópen-dóor *adj.* 門戶開放的；機會均等的：the ~ policy 門戶開放政策。

ópen-éared *adj.* 注意傾聽的。

ópen-énd *adj.* 無限制的，開放的；可廣泛解釋的。

ópen-énded *adj.* **1** (時間、目的等)無限制的，自由的：an ~ discussion 自由討論。**2** 中途有變更可能的。

ó·pen·er [ˋopənɚ; ˈoupənə] *n.* Ⓒ**1** [常構成複合字]**a** 開者；開始者。**b** 開啓瓶蓋、罐頭等的工具：⇨ can opener. **2 a** (一連串比賽的)第一局[場]。**b** (節目的)開頭部分。

ópen-éyed *adj.* & *adv.* **1** 睜開眼睛的[地]，瞠目的[地]，吃驚的[地]：~ astonishment 大吃一驚，瞠目吃驚。**2** 細心注意的[地]，精明的[地]，機警的[地]：with ~attention 全神貫注地，細心注意地。**3** 公然的，公然：He went into the fight ~. 他公然參加打架。

ópen-fáce *adj.* =open-faced.

ópen-fáced *adj.* **1** 相貌誠實的，坦率的，老實相的。**2** 〈鐘錶〉錶面只罩玻璃的。**3** 《美》〈三明治等〉上面不蓋麵包的，只有餡的。

ópen-hánded *adj.* **1** 張開手的。**2** 慷慨的，大方的。**~·ly** *adv.*

ópen-héarted *adj.* **1** 坦白的，不隱瞞的，率直的。**2** 親切的。**~·ly** *adv.* **~·ness** *n.*

ópen-héarth *adj.* 《冶金》平爐的；使用平爐的。

ópen-héart sùrgery *n.* Ⓤ開心手術，體外循環心臟手術。

ópen hóuse *n.* **1** Ⓤ歡迎所有來賓的家庭聚會：keep ~ 一視同仁地歡迎、款待來客，輕鬆地招待客人。

> 【說明】新建房子或改建房子，竣工後或有其他喜事時，邀請一些親朋好友到家裡來熱鬧一番。參加一般的宴會(party)必須注意服裝，但參加家庭招待會時，可以穿著便衣；cf. mixer, party【說明】

2 Ⓒ(學校、宿舍、俱樂部等)對外開放參觀的日子；爲參觀或觀摩而舉行的招待會。

o·pen·ing** [ˋopənɪŋ; ˈoupəniŋ] *n.* **1 a** Ⓤ張開，開啓，開放；開始；開場，開會；開幕〔*of*〕. **b** [當形容詞用]：an ~ address [speech] 開幕辭/an ~ ceremony 開幕[開學，通車]典禮/~ time 開店[開始營業]的時間。**2** Ⓒ開始，開端，第一步〔*of*〕：at the ~ *of* one's career 初入社會時；在一生事業的開始/the ~ *of* the day 黎明，拂曉。**3** Ⓒ**a** 口，孔，穴，空隙，通路〔*in*〕：an ~ *in* the wall 開在牆壁上的一個孔。**b** 空地，廣場。**c** (林間的)空地。**4** Ⓒ**a** 好機會，良機〔*for*〕：good ~*s for* trade 貿易良機。**b** 〔十 *to* do〕〈做…的〉好機會，良機：The pause gave him an ~ *to* speak. 談話的中斷給了他開口說話的好機會。**c** (職位的)空缺〔*for, at, in*〕：an ~ *for* a waitress 女服務生的空缺/an ~ *at* a bank 銀行內一個空缺職位。**—*adj. [用在名詞前]開頭的，最初的：his ~ words 他的開場白。

ópening níght *n.* **1** Ⓤ(戲劇、電影等的)首演[映]。**2** Ⓒ首日(夜)。

ópen létter *n.* Ⓒ公開信。

ó·pen·ly *adv.* **1** 公然。**2** 顯然，率直地：speak ~ 直言。

ópen-mínded *adj.* **1** 沒有偏見的。**2** 能接納新思想的，胸襟開闊的。**~·ly** *adv.* **~·ness** *n.*

ópen-móuthed [ˋopənˋmauðd, -θt; ˌoupṇˈmauðdˊ] *adj.* **1** (尤指吃驚而)張口的，張大著嘴的。**2** 垂涎的，貪慾的。**3** 喧噪的，擾嚷的。

ópen-néck *adj.* 〈襯衫等〉開領的，開襟的。

ópen plán *n.* Ⓒ《建築》沒有明顯隔間的房間設計。

ópen-plán *adj.* 打通的，沒有隔間的。

ópen pórt *n.* Ⓒ **1** 自由港。**2** 不凍港。

ópen sándwich *n.* Ⓒ[當作菜名時爲Ⓤ]只有一片的三明治《餡等放在一片麵包上，餡上不放麵包者》。

ópen schóol *n.* Ⓤ[指設備時爲Ⓒ]無學年制的學校。

ópen séa *n.* [the ~]**1** 公海。**2** 外洋，外海。

ópen-shélf *adj.* =open-stack.

ópen shóp *n.* Ⓒ(也雇用非工會會員的)開放工廠[商店](↔ closed shop).

ópen-stáck *adj.* 開架式的《圖書館允許借書人進入書庫自選書籍的》。

ópen ùnion *n.* Ⓒ對新會員之加入無嚴格限制的工會。
Ópen Univérsity *n.* [the ~]（英國的）空中[開放]大學。

【說明】英國於 1970 年爲民衆所創設的開放性大學猶如我國的空中大學。因工作或家事未能全天上課的人可利用電視、收音機等通訊方式接受大學教育。這種大學也在各地區舉行夏季講座或夜間和週末個人輔導；cf. community college, junior college【說明】

ópen vérdict *n.* Ⓒ《法律》未定[存疑]裁決。
ópen vówel *n.* Ⓒ《語音》開口母音《如 [æ, ɑ]》.
ópen·wòrk *n.* Ⓤ網狀細工；留空眼之細工。
op·er·a**[1] [ˈɑpərə; ˈɔpərə] 《源自義大利語》 **—*n. **1 a** Ⓒ**歌劇**（作品）：a comic ~ 喜歌劇/a grand ~ 大歌劇/a light ~ 輕歌劇/a new ~ 新創作的歌劇/an ~ singer 歌劇演唱家。**b** Ⓤ（作爲一種藝術形式的）歌劇；歌劇的演出：Italian ~義大利歌劇。**2** Ⓒ歌劇院：go to *the* ~去聽歌劇。
o·pe·ra[2] *n.* opus 的複數。
op·er·a·ble [ˈɑpərəbl; ˈɔpərəbl] *adj.* **1** 可實施[操作]的。**2**《醫》可開刀的，可動手術的。
ópera clòak *n.* Ⓒ觀劇用的女用外套。
o·pé·ra co·mique [ˌɑpərəkɑˈmik; ˌɔpərəkɔˈmiːk] 《源自法語 'comic opera' 之義》**—*n.*** Ⓒ（*pl.* ~**s, o·pé·ras co·mique** [-rəz-; -rəz-]）夾有對白的法國歌劇。
ópera glàss *n.* Ⓒ[常~**es**]觀賞歌劇用的小型雙眼望遠鏡。
ópera-gòer *n.* Ⓒ經常赴歌劇院者。
ópera hàt *n.* Ⓒ（可縮扁的男用絲質）大禮帽。
ópera hòuse *n.* Ⓒ歌劇院。
op·er·and [ˈɑpəˌrænd; ˈɔpəˌrænd] *n.* Ⓒ《數學》運算體。

opera glasses

opera hats

op·er·ate** [ˈɑpəˌret; ˈɔpəreit] 《源自拉丁文「工作」之義》**—*v.i. **1 a**〈機器〉**運轉，轉動**；〈器官等〉工作，起作用：The machines will not ~ properly. 那些機器不能順利運轉。**b** 〔十副詞(片語)〕〈公司〉（在…）經營：Their firm ~*s abroad* [*in* foreign countries]. 他們的公司在海外[外國]經營。
2 a 〔動(十介十(代)名)〕〔對…〕**起作用，有影響**；〈藥〉生效，見效〔*on, upon*〕：The body ~*s* very powerfully ***on*** [***upon***] the soul both for good and evil. 身體對精神，無論好與壞，都有重大的影響/The medicine ~*d* quickly（*on* me）.那種藥對我很快就生效。**b**〔十*to* do〕起作用〔而致…〕：Various causes ~*d to* bring on the calamity. 種種因素引發了這場災難。**c**〔十介十(代)名〕〈事物〉〔對人等〕產生不利的影響〔*against*〕.
3〔動(十介十(代)名)〕〔對人〕開刀，動手術〔*on, upon*〕；施行〔…〕手術〔*for*〕《★可用被動語態》：The surgeon ~*d* ***on*** him [***for*** appendicitis]. 外科醫師對他施行[盲腸]手術/He was ~*d on for* appendicitis. 他接受盲腸的手術/He had his nose ~*d on.* 他接受鼻子的手術。
4〔動(十介十(代)名)〕《軍》〔對…〕採取軍事行動〔*against*〕.
—*v.t.* 〔十受〕**1 a 操作…，使…運轉**：Who is *operating* the microphone? 誰在操作麥克風？/Elevators are ~*d* by electricity. 電梯是用電操縱的。**b** 經營[管理]〈工廠、學校等〉：~ a coal mine 經營煤礦。**2** 對〈人等〉施手術。
op·er·at·ic [ˌɑpəˈrætɪk; ˌɔpəˈrætik] 《opera[1] 的形容詞》 **—*adj.*** 歌劇的；歌劇風格的，似歌劇的：an ~ singer 歌劇演唱家。
-i·cal·ly [-klɪ; -kəli] *adv.*
óp·er·àt·ing *n.* [當形容詞用]**1** 手術用的：an ~ room《美》=《英》an ~ theatre 手術室/an ~ table 手術台。**2** 經營[營運]上的：~ expenses 營業費用，業務開支。
—*adj.* [用在名詞前]運轉[營運]中的。
op·er·a·tion** [ˌɑpəˈreʃən; ˌɔpəˈreiʃn] 《operate 的名詞》**—*n. **1** ⓊⒸ **a 作用，動作，工作**〔*of*〕：the ~ *of* breath*ing* 呼吸作用/the ~(*s*) *of* nature 大自然的作用[活動]。**b** 作業，工事〔*of*〕：the ~ *of* brush*ing* one's teeth 刷牙(的動作)。
2 Ⓤ**a**（機器等的）**運轉，操作，運行(法)**：the ~*of* elevators 電梯的操作/The tape recorder was *in* ~. 錄音機在轉動。**b**（企業等的）營運，經營。
3 Ⓤ**a**（制度等的）**實施，**施行：a law *in* ~ 實施中的法律（cf. 2 a）. **b**〔藥等的〕效力，效能〔*of*〕：the ~ *of* narcotics *on* the mind 麻醉劑對精神[頭腦]的影響。
4 Ⓒ[常~**s**]（工作上的）**作業，**業務，工事：building ~*s* 建築工程/begin ~*s* 開始作業。
5 Ⓒ**手術**：perform [have, undergo] an ~ *for* cancer 施行[接受]癌症手術/He had an ~ *on* his nose. 他接受鼻子的手術。
6 a Ⓒ[常~**s**]《軍》**軍事行動，作戰**：military ~*s* 軍事行動。**b** [~**s**]軍事指揮部；（機場等的）管制室[指揮部]。**c** [**O~**][用以指特定的作戰、企劃等的暗號名稱]…作戰：*O~* Overlord 大封主作戰行動《1944 年同盟軍的諾曼第(Normandy)登陸戰》。
7 Ⓒ投機買賣，操縱；交易。
8 Ⓒ **a**《數學》運算，演算。**b**《電算》運算，操作《電子計算機所用的基本指令》。
còme [gò] into operátion (1)開始運轉。(2)實施：When will the new rule *come into* ~? 新規則什麼時候實施？
pùt…into operátion 實施…。
òp·er·á·tion·al [-ʃənḷ; -ʃənl] 《operation 的形容詞》**—*adj.*** **1 a** 操作上的。**b** 經營[營運]上的。**2** 可使用的；使用中的：The language laboratory is not ~yet. 語言實習教室還不能使用。**3** 《軍》作戰上的。**~·ly** [-ʃənḷɪ; -ʃənli] *adv.*
operátional reséarch *n.* 《英》=operations research.
operátions resèarch *n.* Ⓤ《美》**1**《經濟》運籌學《以經營管理的合理化爲目標，應用數學等所作的多角性研究》。**2**《軍》作戰研究《軍事作戰的科學研究》。
op·er·a·tive [ˈɑpəˌretɪv, ˈɑpərətɪv; ˈɔpərətiv, ˈɔpəreitiv] 《operate 的形容詞》**—*adj.*** **1** 工作的，活動的，運轉的。**2 a**〈法律〉生效的，有效的；實施中的：become ~ 開始實施。**b**〈藥〉生效的，有效的：an ~ dose 有效劑量。**c**（片語或句中）〈字〉最重要的：the ~ word 主要字；關鍵字。**3**（靠）手術的。
— [ˈɑpərətɪv; ˈɔpərətiv] *n.* Ⓒ **1** 工人，技工，工匠。**2 a** 間諜，地下工作人員。**b** 私家偵探。
***op·er·a·tor** [ˈɑpəˌretə; ˈɔpəreitə] *n.* Ⓒ**1 a**（機器的）**操作者；**通訊員。**b** [也用於稱呼]（電話的）接線生：⇨ TELEPHONE operator.

【說明】(1)英美的電話如果是近距離電話幾乎全採用自動式，但有 collect call, person-to-person call, station-to-station call 等幾種使用方法，需要接線生的幫助。長距離電話更需要她們的幫忙。對方在講話中時，接線生會說 "The line's busy.（《英》The number's engaged.）Hold the line, please."（講話中，請稍等。）如果是公司的接線生，而對方正在聽另外一個電話，她會告訴你 "He is on another line. Do you wish to wait?"（他在聽另外一個電話，您要不要等？）當你指定的人可以和你通話時，她會說 "You are in connection."（《英》You are through.）（通了。）或"Your party is on the line."（對方接通了。）要接 52 號分機時，可說" Give me extension 52, please."（請幫我接 52 號分機。）
(2)在美國，通話中有時會聽到接線生說 "Are you through?"（你講完了沒有?）;你如果沒有講完，可以說 "I am not through yet."（還沒有講完。）但在英國說 "Are you through?"是「對方接通了沒有？」的意思；cf. telephone【說明】

2 施手術者，執刀者。
3 經營者，管理者。
4 [常與修飾語連用]《口語》精明幹練的人，（處理事務）敏捷有才幹的人：a clever ~ 手腕高明的人。
op·er·et·ta [ˌɑpəˈrɛtə; ˌɔpəˈretə] *n.* Ⓒ內容輕鬆的喜歌劇。
O·phe·lia [oˈfiljə; ɔˈfiːljə] *n.* 奧菲莉亞《哈姆雷特(Hamlet)的情人》。
o·phid·i·an [oˈfɪdɪən; ɔˈfidiən] *adj.* 蛇類的；似蛇的。
—*n.* Ⓒ蛇（snake）.
oph·thal·mi·a [ɑfˈθælmɪə; ɔfˈθælmiə] *n.* Ⓤ《醫》眼炎；眼球炎。
oph·thal·mic [ɑfˈθælmɪk; ɔfˈθælmik] *adj.* **1** 眼(科)的：an ~ hospital 眼科醫院。**2** 眼炎的。
òph·thal·mól·o·gist [-dʒɪst; -dʒist] *n.* Ⓒ眼科醫師。
oph·thal·mol·o·gy [ˌɑfθælˈmɑlədʒɪ; ˌɔfθælˈmɔlədʒi] *n.* Ⓤ眼科學。
oph·thal·mo·scope [ɑfˈθælməˌskop; ɔfˈθælməskoup] *n.* Ⓒ檢目鏡，檢眼器。
o·pi·ate [ˈopɪˌet, -ɪt; ˈoupiət, -pieit] *n.* Ⓒ **1** 鴉片劑。**2** 鎮靜劑，安眠藥。
—*adj.* **1** 含有鴉片的。**2** 催眠[鎮靜]的，使人麻醉的。
o·pine [oˈpaɪn; ouˈpain] *v.t.* 〔十 *that*__〕《謔》敍述[持有]…的意見；認爲〈…事〉：He ~*d that* the weather would improve. 他認爲天氣會好轉。
‡o·pin·ion [əˈpɪnjən; əˈpinjən] 《opine 的名詞》**—*n.*** **1** Ⓒ**a 意見，見解**：What is your ~ (*of* that)? 你(對於那件事)的意見如何？/*In* my ~ that is a poor book. 依我看來，那是內容無聊的書/*In* the ~ of some people the pioneer spirit remains in the American mind. 根據某些人的看法，美國人心中仍保持著拓荒者的精神。

【同義字】opinion 是指受個人判斷或個人喜愛與感情的影響所得之結論爲根據的意見；view 是個人對事物的看法或想法。

b 〔十 *that*__〕[**be of the** ～]〈有…的〉看法，意見，見解：I *am of the* ～ *that* in some degree wisdom can be taught. 我的看法是，智慧在某種程度內是可以培植的《★[變換]可換寫成It is my ～ that....》. **c** [常～**s**]所持的論調，主張，信念：act up[act according]to one's ～*s* 依照某人所持的信念去做。

2 [U]〈對某事的〉一般想法，看法，輿論：public ～ 輿論。

3 [**an** ～] **a** [與善惡的修飾語連用]〈善惡的〉判斷，評價《★常用於下面片語》：have [form] *a* bad [low] ～ *of*... 認爲…不好，瞧不起…/have [form] *a* good[high, favorable] ～*of*... 認爲…好，對…評價高。**b** [常用於否定句]好的評價：have *no* ～ [*not* much of *an* ～] *of*... 認爲…不太好；對…印象不佳。

4 [C]專家的意見，鑑定：a medical ～醫師的意見/ask for a second ～ 徵求別人的意見。

o·pin·ion·at·ed [əˈpɪnjənˌetɪd; əˈpinjəneitid] *adj.* 固執己見的，頑固的，武斷的。

o·pin·ion·a·tive [əˈpɪnjənˌetɪv; əˈpinjəneitiv] *adj.* ＝opinionated.

opínion pòll *n.* [C]輿論調査。

o·pi·um [ˈopɪəm, ˋopjəm; ˈoupjəm] 《源自希臘文「罌粟汁」之義》—*n.* [U]**1** 鴉片：smoke ～吸鴉片。**2** 使(人的)精神麻痺的東西〔*of*〕.

ópium dèn *n.* [C]吸鴉片的地方，鴉片煙館。

ópium èater *n.* [C]吸(食)鴉片者。

o·pi·um·ism [ˈopɪəmˌɪzəm; ˈoupiəmizəm] *n.* [U]《醫》鴉片癮；鴉片嗜好。

ópium pòppy *n.* [C]《植物》罌粟《從其果實中可提取鴉片》。

Ópium Wár *n.* [**the** ～] 鴉片戰爭《1839–1842；中英之間的戰爭》。

opium poppy

O·por·to [oˈporto, -ˋpɔr-; ouˈpɔːtou] *n.* 奧波多《葡萄牙西北部之一海港》。

o·pos·sum [əˈpɑsəm; əˈpɔsəm] 《源自北美印地安語「白色動物」之義》—*n.* [C] (*pl.* ～**s**, ～)《動物》負鼠《又稱鼩；北美以及南美產的有袋鼠，遇到危險時會裝死；cf. possum》.

opp. opposed; opposite.

***op·po·nent** [əˈponənt; əˈpounənt] 《源自拉丁文「對…放置」之義》—*n.* [C] **1** 〈比賽、辯論的〉對方，敵對者，敵手〔*in*〕：one's ～ *in* chess 某人的下棋對手。**2** 反對者〔*of*〕：an ～ *of* the government 反對政府的人。

—*adj.* 敵對的，對抗的。

op·por·tune [ˌɑpɚˈtun, -ˋtjun; ˈɔpətjuːn, ˌɔpəˈtjuːn] 《源自拉丁文「港口(port)在前」之義》—*adj.* **1 a** 〈時機〉方便的，合適的：He turned up at the ～ moment. 他來得正是時候。**b** [不用在名詞前]〔十介十(代)名〕〔對…〕正好的，適合的〔*for*〕：Time was ～ *for* mak*ing* a start. 正是動身的好時刻。

opossums

2 〈言語、動作等〉合時宜的，恰當的：an ～ remark 一句合時宜的話。

òp·por·túne·ly *adv.* 正好；恰當地。

òp·por·tú·nism [-nɪzəm; -nizəm] *n.* [U]機會主義。

òp·por·tú·nist [-nɪst; -nist] *n.* [C]機會主義者，投機者。

—*adj.* 機會主義者[投機者]的。

‡**op·por·tu·ni·ty** [ˌɑpɚˈtunətɪ,-ˋtjun-; ˌɔpəˈtjuːnəti] 《opportune 的名詞》—*n.* [U][C] **1** (適當的)**機會**，好機會〔*for, of*〕：at [on] the first ～一有機會，只要有機會/improve the ～ 利用機會/take [seize] an ～ 抓住機會/A good ～ has presented itself. 好機會來[出現]了/*O*～ makes the thief.《諺》有機可趁，賊由之生/I have no [little] ～ *for* mak*ing* a trip. 我沒有[很少有]旅行的機會/We have had few *opportunities of* meet*ing* you. 我們沒有什麼機會見到你。

【同義字】opportunity不含有偶然的意思；chance 有時帶有偶然的意思。

2 〔十 *to* do〕〈做…的〉機會：May I take the ～ *to* express my thanks? 我可不可以利用這個機會來表達我的感謝？/Every man should have a fair ～ *to* make the best of himself. 每一個人都應該有公平的機會去發揮自己的才智。

op·pos·a·ble [əˈpozəbl̩; əˈpouzəbl] *adj.* **1** 可對抗[對立]的。**2 a** 可相對的。**b** [不用在名詞前]〔十介十(代)名〕可〔與…〕相對的〔*to*〕：The thumb is ～*to* the forefinger. 大姆指可與食指相對。

‡**op·pose** [əˈpoz; əˈpouz] 《源自拉丁文「對…放置」之義》—*v.t.* **1** 〔十受〕**對抗，反對**〈別人、意見、提議等〉；與〈敵人〉相爭：～ a motion [a dictator] 反對動議[獨裁者]/They ～*d* the plan *by* mount*ing* a public demonstration. 他們發動民衆示威反對該計畫。

【同義字】oppose 是表示「對抗」意義最廣的字；resist 是指對於現實中所遇到的攻擊或壓力作積極的反抗；withstand 不只是反抗而且暗示有不屈服的意思。

2 〔十受十介十(代)名〕**a** 將…當作障礙物置〔於…〕，使…〔與…〕反對[對立]；使…〔與…〕相對〔*to, against*〕：～ guerrilla resistance *to* the advance of the enemy 以游擊戰抵抗敵人的前進/You should ～ reason *to*[*against*] prejudice. 你應以理智對抗偏見。**b** [～ one*self*] 反對〔…〕〔*to*〕：He ～*d himself to* the scheme. 他反對該項計畫。

—*v.i.* 反對，提出異議：It is the job of the Opposition to ～. 反對[唱反調]是在野黨的任務。

op·pósed *adj.* **1** [用在名詞前]相對的，對立的，反對的：two ～ characters 兩種相對的性格。

2 [不用在名詞前]〔十介十(代)名〕反對〔…〕的，〔與…〕相對的〔*to*〕：My father was ～ *to* our marriage. 我父親反對我們的婚事/Black is ～ *to* white. 黑與白相對。

as oppósed to... 作爲與…相對的。

‡**op·po·site** [ˈɑpəzɪt; ˈɔpəzit] 《oppose 的形容詞》—*adj.* (無比較級、最高級) **1 相反的，**相對的，對面的：an ～ angle 對角/in the ～ direction 在相反的方向/in ～ directions 朝相對的方向/on the ～ side of the road 在道路對面/on ～ sides of the road 在道路相對的兩邊。

【同義字】opposite 指位置、行動、傾向、性格、想法等正相反；contrary 指對立，有時也暗示有敵意等；reverse 指面對的方向與順序等顚倒。

2 a 正相反的：the ～ sex 異性/words of ～ meanings 反義字。**b** [不用在名詞前]〔十介十(代)名〕〔與…〕正相反的，不相容的〔*to, from*〕："Left" is ～ *to* "right." left 是 right 的反義字/The result was ～ *to*[*from*] what we expected. 結果與我們所預料的正相反。

3《植物》〈葉子〉(對莖而言)對生的。

—*n.* [C] [**the** ～ 爲[U]] **(正)相反的東西**[人，事，字]〔*of*〕：He thought quite *the* ～. 他想得正相反/"Left" and "right" are ～*s*. ＝"Left" is *the* ～ *of* "right." left 是 right 的反義字/What is *the* ～ *of* "clever"? clever 的反義字是什麼？

—*adv.* (無比較級、最高級)**在正相反的位置，**在對面：He sat down ～ *to* the teacher. 他在教師的對面坐下來。

—*prep.* **在…的對面，**在…的相反位置[場所，方向]《★[用法]略去 opposite 後面的 to, to 的有無多半要看語調，一般不用 to 的是口語；cf. near》：I saw him sitting ～ her. 我看見他坐在她對面/His room is ～ mine. 他的房間與我的房間相對/Father was admiring the lovely scene ～ the hotel. 父親在讚賞旅館對面的美麗景色。

óp·po·site·ly *adv.* (位置)相反地，相對地；背對背地。

ópposite númber *n.* [**one's** ～] (在其他國家、地區、工作場所等)處於對等地位的人；相等或相當職位等之人。

***op·po·si·tion** [ˌɑpəˈzɪʃən; ˌɔpəˈziʃn] 《oppose 的名詞》—*n.* **1** [U][又作 **an** ～] **抵抗**，反對；妨害；敵對，對抗，對立〔*to*〕：in ～ *to*...反對[反抗]…，與…對立/The forces met with strong ～. 軍隊遇到强烈的抵抗/They offered *a* determined ～ *to* us. 他們堅決反對我們/He had great ～ *to* my marry*ing* her. 他極反對我和她結婚。

2 [C][集合稱] **a** [常**the O**～；常用單數]反對黨，在野黨《★[用法]視爲一整體時當單數用，指全部個體時當複數用》：Her [His] Majesty's *O*～《英》反對黨，在野黨/the leader of *the O*～ 在野黨的黨魁[領袖]。**b** 反對派[者]《★[用法]與義 2 a 相同》。

op·po·si·tion·ism [ˌɑpəˈzɪʃənˌɪzəm; ˌɔpəˈziʃnizəm] *n.* [U]反對論；對抗政策。

opposítion pàrty *n.* [**the** ～；常 O～ P～]反對黨，在野黨。

op·press [əˈprɛs; əˈpres] 《源自拉丁文「壓在…」之義》—*v.t.* 〔十受〕**1** (以權力等)**嚴厲控制，**虐待，壓迫〈人等〉(⇨ persecute【同義字】)：The country was ～*ed* by a tyrant's rule. 該國受到暴君統治的壓迫。**2** 給〈人、心〉壓迫感[沉重的感覺]；使〈人〉憂鬱，感到鬱悶《★常用被動語態(有時以過去分詞當形容詞用)，表示「變得憂鬱，鬱悶」的意思；介系詞用 *with, by*》：Cares ～*ed* his spirits. 憂慮使他心情抑鬱/I *was* [felt] ～*ed* ***with*** [***by***] the intense heat. 我因酷熱而感到鬱悶。

op·pres·sion [əˈprɛʃən; əˈpreʃn] 《oppress 的名詞》—*n.* [U][C]**1** 壓迫，壓制，壓抑。**2** 壓迫感，憂鬱，意氣消沈；沉重[懶洋洋]的感覺。

op·pres·sive [əˈprɛsɪv; əˈpresiv] 《oppress 的形容詞》—*adj.* **1** 壓迫(性)的。**2** 〈悲傷等〉使人悶悶不樂的，苦悶的。**3** 悶熱的，

熱得令人發昏的：～ heat 悶熱/～ weather 悶熱的天氣。
～·ly *adv.* ～·ness *n.*

op·prés·sor [-sɚ; -sə] *n.* Ⓒ壓迫者，暴虐者，迫害者。

op·pro·bri·ous [ə'probrɪəs; ə'proubriəs] «opprobrium 的形容詞»—*adj.* 表示侮辱或凌辱的；可恥的；不體面的。～·ly *adv.*

op·pro·bri·um [ə'probrɪəm; ə'proubriəm] *n.* Ⓤ**1** 不名譽，恥辱。**2** 誹謗，非難。

ops [ɑps; ɔps] «operations 之略» —*n. pl.* 《英口語》軍事行動。

op·so·nin ['ɑpsənɪn; 'ɔpsənin] *n.* Ⓒ《細菌》調理素，助噬素《血清中的一種物質，可促進白血球的噬菌作用》。

opt [ɑpt;ɔpt] *v.i.* **1** 〔十介十(代)名〕**a** 選擇〔…〕〔*for*〕《★可用被動語態》：More than 200 sophomores have ～*ed for* Mr. Jones's class. 兩百多名大二學生選修了瓊斯先生的課。**b** 〔從…中〕選擇〔*from, between*〕：It's difficult to ～ ***from*** so many choices. 從那樣多可供選擇的東西[機會]中做選擇是困難的。
2 〔十 *to* do〕(選擇而)決定〈做…〉：He ～*ed to* go alone. 他決定獨自一人去。
ópt óut (of...) (從活動、團體等中)退出，脫離《★可用被動語態》：You cannot ～ *out of* society. 你不能脫離社會。

op·ta·tive ['ɑptətɪv; 'ɔptətiv] 《文法》*adj.* 表示願望的；表示祈願的：the ～ mood 祈願語氣/an ～ sentence 祈願句。
—*n.* Ⓒ祈願語氣(的動詞)。

op·tic ['ɑptɪk; 'ɔptik] *adj.* [用在名詞前]《解剖》眼睛的，視力[視覺]的：an ～ angle 視角/the ～ nerve 視神經。

op·ti·cal ['ɑptɪkḷ; 'ɔptikl] *adj.* [用在名詞前] **1** 眼睛的，視覺[視力]的；幫助視力的：an ～ illusion 幻視，眼睛的錯覺。**2** 光學(上)的：～ glass 光學玻璃/an ～ instrument 光學儀器。
～·ly [-kḷɪ; -kəli] *adv.*

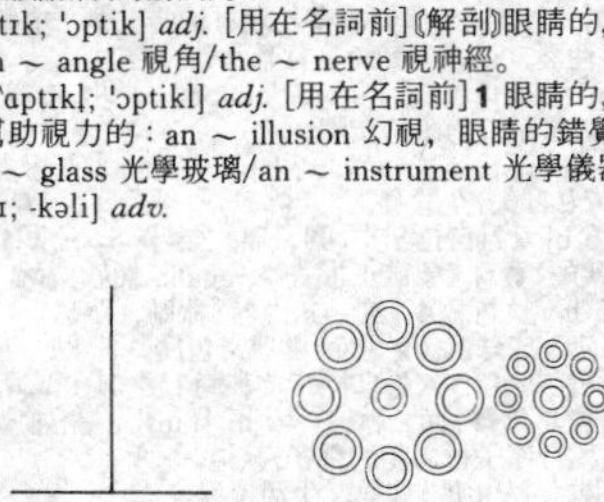

optical illusions

【插圖說明】左圖：橫豎兩線實際上是一樣長，但看起來豎的線比較長。右圖：兩邊中間的圓實際上一樣大，但右邊中間的圓看起來比左邊的大。

óptical árt *n.* ＝op art.

óptical fíber *n.* Ⓒ光學纖維《傳達光的玻璃纖維束，用於光學通訊、內視鏡等》。

op·ti·cian [ɑp'tɪʃən; ɔp'tiʃn] *n.* Ⓒ **1** 光學儀器商。**2** 眼鏡商。

op·tics ['ɑptɪks; 'ɔptiks] *n.* Ⓤ光學。

op·ti·ma *n.* **optimum** 的複數。

op·ti·mal ['ɑptəməl; 'ɔptiml] *adj.* 最好的，最理想的：～ performance 最佳的表現[成績]。

op·ti·mism ['ɑptə,mɪzəm; 'ɔptimizəm] «源自拉丁文「至善(optimum)」之義»—*n.* Ⓤ**樂觀主義**；樂觀(↔ pessimism)。

óp·ti·mist [-mɪst; -mist] *n.* Ⓒ樂觀主義者；樂觀者。

op·ti·mis·tic [,ɑptə'mɪstɪk; ,ɔpti'mistik] «optimism 的形容詞»—*adj.* **1** 樂觀主義的，樂觀的，樂天派的(↔ pessimistic)：take an ～ view of life 對人生持樂觀的看法。**2** [不用在名詞前]〔十介十(代)名〕〔對…〕樂觀的〔*about*〕：He is ～ ***about*** the future. 他對未來很樂觀。

òp·ti·mís·ti·cal [-tɪkḷ; -tikl] *adj.* ＝optimistic.
～·ly [-klɪ; -kəli] *adv.*

op·ti·mize ['ɑptə,maɪz; 'ɔptimaiz] *v.t.* 充分運用…，盡量有效地利用…：We must ～ the opportunities for better understanding. 我們必須充分利用機會作更進一步的瞭解。

op·ti·mum ['ɑptəməm; 'ɔptiməm] *n.* Ⓒ (*pl.* **op·ti·ma** [-mə; -mə], ～s)《生物》(生長的)最適宜條件。
—*adj.* [用在名詞前]最適宜的；至善[最佳]的：the ～ temperature 最適宜的溫度/under ～ conditions 在最適宜的狀態下。

***op·tion** ['ɑpʃən; 'ɔpʃn] «opt 的名詞»—*n.* **1** Ⓤ[又作 **an** ～]**a 選擇**，取捨；選擇權，選擇的自由：make one's ～ 做選擇/at one's ～ 隨意地/I have no ～ *in* the matter. 我對那件事沒有選擇權/You may have *the* ～ *of* German or French [have *an* ～ *between* German and French]. 你可以自由選擇德文或法文《你在德文和法文兩者間可任選其一》。**b** 〔做…的〕選擇；選擇的自由〔*of*〕：keep [leave] one's ～*s* open 保留選擇的自由/We have the ～ *of going* or not. 我們有去或不去的選擇自由。**c** 〔十 *to* do〕〈做…的〉選擇：You have the ～ *to* take it or leave it. 你有採納與否的自由《★變換可換寫成 You have the ～ *of* tak*ing* or leav*ing* it.》/He had no ～ but *to* agree. 他除了同意外別無選擇。
2 Ⓒ可選擇的東西：**a** (汽車等的)可選擇物品《除標準裝備物以外的東西》：A 4-speed automatic transmission is available as an ～. 有四段自動變速器可供選擇。**b** 《英》選修科目。
3 Ⓒ《商》買賣選擇權《付一定金額的訂金，在契約期間內按某一價格買賣某物品的權利》：Who has got [taken] an ～ *on* the building? 誰獲得這幢建築物的買賣選擇權？

óp·tion·al [-ʃənḷ; -ʃənl] «option 的形容詞»—*adj.* **1 a** 隨意[任意]的：Contributions are purely ～. 捐獻完全是隨意[出於自願]的。**b** 〈汽車等的配備〉可選擇的：A 4-speed automatic transmission is ～. 四段自動變速器是可自由選擇的。
2 《英》〈學科〉選修的(《美》elective) (↔ obligatory)：an ～ subject 選修科目。
—*n.* Ⓒ《英》選修科目[課程](《美》elective).
～·ly [-ʃənḷɪ; -ʃənəli] *adv.*

op·to·e·lec·tron·ics [,ɑptoɪ,lɛk'trɑnɪks; ,ɔptouilek'trɔniks] *n.* Ⓤ光電子學。

op·tom·e·ter [ɑp'tɑmətɚ; ɔp'tɔmitə] *n.* Ⓒ視力檢定器，視力計。

op·to·met·ri·cal [,ɑptə'mɛtrɪkḷ; ,ɔptə'metrikl] *adj.* 視力檢定的。

op·tom·e·trist [ɑp'tɑmətrɪst; ɔp'tɔmitrist] *n.* Ⓒ驗光醫師，視力檢定醫師，配鏡師。

op·tom·e·try [ɑp'tɑmətrɪ; ɔp'tɔmitri] *n.* Ⓤ視力檢定，驗光法。

op·u·lence ['ɑpjələns; 'ɔpjuləns] «opulent 的名詞»—*n.* Ⓤ**1** 財富，富裕。**2** 豐饒，豐富。**3** 華麗，富麗，絢爛。

óp·u·len·cy [-lənsɪ; -lənsi] *n.* ＝opulence.

op·u·lent ['ɑpjələnt; 'ɔpjulənt] *adj.* **1** 富裕的。**2** 豐富的，豐饒的。**3** 華麗的，絢麗的。～·ly *adv.*

o·pus ['opəs; 'oupəs] «源自拉丁文「工作，作品」之義»—*n.* Ⓒ (*pl.* **o·pe·ra** ['ɑpərə; 'ɔpərə], ～·**es**) **1** 作品，著作(work)：an ～ magnum(文學、藝術的)傑作；大事業。**2** 《音樂》作品，樂曲《略作 op., OP.》：Brahms *op.* 77 布拉姆斯的樂曲第 77 號。

‡or [(輕讀) ɚ; ə; (重讀) ɔr; ɔ:] «源自中古英語「other」的縮寫»—*conj.* **1** [結合兩個以上同位格的字、片語、子句]**a** [用於肯定句、疑問句]**或**，或者，還是《★用法以 or 連結的主詞均爲單數時，動詞用單數；均爲複數時，則動詞用複數；如果人稱、數不一致時，動詞須與接近的主詞符合》：You *or* I will be elected. 你或者我會被選中/Mr. White *or* Mr. Green *is* the right person for the position. 懷特先生或格林先生是該職位的適當人選/John *or* I *am* to blame. 約翰或者我該受責備/Is he *or* we wrong? 他不對還是我們不對？《★比較由於語調不順口，一般的說法爲Is he wrong, *or* are we?》/Which do you like better, apples *or* oranges? 你喜歡哪一樣，蘋果或橘子？/Will you be there *or* not? 你會不會去(那裏)？《★or 前面音調上揚，or 後面則下降》/two *or* [ɔr; ɔ:] three miles 兩哩或三哩，兩三哩/an inch *or* more 一吋或一吋以上，一吋多。
b [**either...or...**]不是…就是…(⇨ either *adv.* 1).
c [用於三個以上的選擇時]…或…或…《★用法除最後的 or 以外，其他可省略》：any Tom, Dick, *or* Harry 湯姆，狄克或哈利，任何人/Music *or* painting *or* reading will give you some peace of mind. 音樂，繪畫或閱讀會使你的心情平靜下來。
d [用於否定句]或…：I have *no* brothers *or* sisters. 我沒有兄弟或姊妹。
e [用以表示選擇意思的減弱、數字等的不準確時]…左右，…附近《★發音變爲 [ɚ; ə]》：a mile *or* so 一哩左右，大約一哩/A day *or* two are needed. 需要一兩天/there *or* thereabout(s) 在那附近，在那一帶/He is ill *or* something. 他生病了或是怎麼了。
2 [用在逗點後，引導同義字(片語)、說明字(片語)]**即**，也就是：the culinary art, *or* the art of cookery 烹調術，也就是燒菜法。
3 [用於命令句等之後，常與 else 連用表示否定條件的結果]**否則**：Go at once, *or* (*else*) you will miss the train. 立刻去，否則你會趕不上火車(cf. and 3)/You must hurry, *or* you'll be late. 你必須趕快，否則你會遲到。
4 [用於附加疑問(tag question)表示補充性的懷疑]或者…：I've met him somewhere. *Or* have I? 我在哪裏見過他，不會弄錯吧？《★語調下降》。
or ràther ⇨ rather.
whéther or... ⇨ whether 2.

OR 《略》operations research；《美郵政》Oregon.

-or[1] [-ɚ; -ə] 字尾附於源自拉丁文(尤其是字尾爲-ate[2])的動詞後構成「行爲者名詞」(agent noun)：elevat*or*, possess*or*.

-or[2], 《英》**-our** [-ɚ; -ə] 字尾表示動作、狀態、性質的拉丁語系名詞字尾：hono(*u*)*r*.

o·ra *n.* **os**[2] 的複數。

or·a·cle ['ɔrəkḷ, 'ɑr-; 'ɔrəkl] «源自拉丁文「談，說」之義» —*n.* Ⓒ**1** (古希臘的)神諭；發佈神諭的地方：consult the ～*s* 求教神

諭。2〘聖經〙a 神命。b（耶路撒冷神殿內的）內殿，至聖所。3 a（古希臘）傳達神諭的人。b［常當諷刺用］哲學家，賢人。

wórk the óracle《口語》以暗中策略［利用權勢］達成目的《★源自賄賂僧侶等以獲得自己希望的神諭的行為》。

óracle bòne *n.* Ⓒ甲骨：～ inscriptions 甲骨文。

o·rac·u·lar [ɔ'rækjələ; ɔ'rækjulə] «oracle 的形容詞» —*adj.* **1 a**（似）神諭的。**b** 有威嚴的：～ pronouncements 莊嚴的宣言。**2** 謎似的，曖昧的。～**·ly** *adv.*

***o·ral** ['orəl, 'ɔrəl; 'ɔ:rəl] «源自拉丁文「口的」之義» —*adj.*（無比較級、最高級）**1 口頭的，**口述的（cf. aural, written 1）：the ～ approach（外國語的）口說教學法/～ composition 口頭作文/～ evidence 口證/an ～ examination [test] 口試/the ～ method（外國語的）口授教學法/～ pleadings [proceedings]〘法律〙口頭答辯。

2 a〈藥物〉口服的：an ～ contraceptive 口服避孕藥/～ vaccine 口服疫苗《預防小兒麻痺症》。**b**〘解剖〙口的，口部的：the ～ cavity 口腔。

orange 果實與花

—*n.* Ⓒ［常 ～s］《口語》口試。

óral hístory *n.* Ⓤ口述歷史《訪問具有代表性的人物，用錄音機錄下的歷史性資料》。

ó·ral·ly [-rəlɪ-; -rəli] *adv.* **1** 口頭上，用口地。**2** 口服地。

‡or·ange ['ɔrɪndʒ, 'ɑr-; 'ɔrindʒ] *n.* **1 a** Ⓒ［當作食物時為Ⓤ］**柑橘**《橙、橘等柑橘屬果樹的果實；cf. satsuma》：⇨ mandarin orange. **b** Ⓒ〘植物〙柑橘樹。

【說明】orange 在歐美很受歡迎，常當早餐果汁或飯後水果吃，是維他命 C 重要的來源。美國主要的產地是加利福尼亞（California）與佛羅里達（Florida）兩州；其他地方如西班牙和以色列也為主要產地。最普通的橘子稱作 sweet orange（甜橙）。台灣橘子（像椪柑）稱作 mandarin (orange) 或 tangerine. 牙買加產的橘子其貌不揚，稱作 ugli ['ʌglɪ; 'ʌgli]，但味美而價高。本省羅東一帶所產金橘［柑］，稱作 Chinese orange; cf. apple, peach, grapefruit【說明】

2 Ⓤ橘色，橙色《紅色與黃色的中間色，包括茶色》。

óranges and lémons 橘子檸檬遊戲《一種兒童遊戲》。

【說明】遊戲中要唱鵝媽媽童謠集（Mother Goose）中的一首歌：Oranges and lemons,（橘子和檸檬）/Say the bells of St. Clement's,（聖克列門教堂的鐘這麼說）/You owe me five farthings,（你欠我五個法辛）/Say the bells of St. Martin's.（聖馬丁教堂的鐘這麼說）/Here comes a chopper to chop off your head.（你看要砍你頭的砍頭人來了）/The last, last ... last man's head.（來砍最後的，最後的人的頭），唱到這裏停下來問 Which will you have, oranges or lemons?（橘子和檸檬，你要哪一樣？）小孩子依回答「橘子」或「檸檬」而分成兩組，兩個代表以雙手做成拱門，其餘的小孩子排成一圈，開始邊唱歌邊走過拱門。每次唱到"last man's head"就抓住一個小孩；把抓到的小孩分成兩組後，開始拔河（tug of war）.

—*adj.* **1** 柑橘的。**2** 橘［橙］色的。

or·ange·ade [ˌɔrɪndʒ'ed; ˌɔrindʒ'eid] *n.* Ⓤ橘子水《搾橘子汁中加入甘味［汽水］，用水稀釋的飲料》。

órange blòssom *n.* Ⓒ［集合稱為Ⓤ］橘花：a bouquet of ～(*s*) 橘花花束。

【說明】在歐美，新娘有戴橘花花冠或拿橘花花束的習俗。橘子多子以表示「多產」的希望，而白色的橘花（orange blossom）則象徵「純潔」：go gathering orange blossoms（找妻子）；cf. apple【說明】(2).

Órange Bòwl *n.* [the ～]〘美式足球〙柑橘杯橄欖球賽《在美國邁阿密（Miami）舉行，於球季結束後邀請各大學球隊參加的比賽》。

Órange Frée Stàte *n.* [the ～] 奧蘭治自由省《南非共和國中部之一省》。

órange jùice *n.* Ⓤ橘子汁。

Ór·ange·man [-mən] *n.* Ⓒ(*pl.* **-men** [-mən; -mən]) **1** 奧蘭治黨員《1795 年愛爾蘭北部的新教徒為擁護新教與英國國王而組織的秘密社團黨員》。

2（阿爾斯特（Ulster）的）愛爾蘭新教徒。

Órangeman's Dày *n.*（北愛爾蘭的）奧蘭治黨勝利紀念日。

órange pèel *n.* Ⓤ橘子皮《製成蜜餞或作藥材》。

órange pékoe *n.* Ⓤ斯里蘭卡（Sri Lanka）產的上等紅茶。

or·ange·ry ['ɔrɪndʒrɪ, 'ɑ-; 'ɔrindʒəri] *n.* Ⓒ（寒冷地區的）栽培橘子的溫室《尤指在英國，南側裝有拱型窗的豪華建築物》。

o·rang·u·tan, o·rang-ou·tan [o'ræŋuˌtæn; ɔ:ˌræŋ-u:'tæn], **o·rang·ou·tang** [-tæŋ; -tæŋ] «源自馬來語「森林人」之義» —*n.* Ⓒ〘動物〙棲息於婆羅洲與蘇門答臘的長臂猩猩。

orangutans

o·rate ['ɔret, o'ret; ɔ:'reit] «oration 的逆成字» —*v.i.*《謔・輕蔑》演說，演講，用演說腔調說。

o·ra·tion [o'reʃən, ɔ'reʃən; ɔ:'reiʃn] *n.* Ⓒ（特別場合的正式）演說，致詞《★比較 一般的演說為 speech》：deliver a funeral ～ 致悼詞。

or·a·tor ['ɔrətə, 'ɑrətə; 'ɔrətə] «源自拉丁文「說者」之義» —*n.* Ⓒ **1** 演說者，演講者。**2** 演說家。

or·a·tor·i·cal [ˌɔrə'tɔrɪkl̩, ˌɑrə'tɑr-; ˌɔrə'tɔrikl⁻] «oratory[1] 的形容詞» —*adj.* **1 a** 演說（家）的，雄辯的：an ～ contest 演講比賽。**b** 好演說的。**2** 修辭性的，善用美麗辭句的。

～**·ly** [-klɪ; -kəli] *adv.*

or·a·to·ri·o [ˌɔrə'torɪo, ˌɑr-, -'tɔr-; ˌɔrə'tɔ:riou] *n.* Ⓒ(*pl.* ～s)〘音樂〙清唱劇，神劇《以聖經故事為題材的音樂劇，有獨唱、合唱、管弦樂等伴奏，但沒有動作、背景及裝扮》。

or·a·to·ry[1] ['ɔrəˌtorɪ, 'ɑr-, -ˌtɔrɪ; 'ɔrətəri] *n.* Ⓤ**1** 雄辯，雄辯術，演說術。**2** 修辭，誇張的文體。

or·a·to·ry[2] ['ɔrəˌtorɪ, 'ɑr, -ˌtɔrɪ; 'ɔrətəri] *n.* Ⓒ〘基督教〙禱告所，（大教堂或私邸的）小禮拜堂。

orb [ɔrb; ɔ:b] «源自拉丁文「圓、環」之義» —*n.* Ⓒ**1** 球（體）。**2**（附十字架的）寶珠《象徵王權；⇨ regalia 插圖》。**3**《詩》天體：the ～ of day 太陽。**4** [常 ～s]《詩》眼睛，眼球。

—*v.t.* **1** 使…成球狀。**2**《詩》圍繞，包圍。

***or·bit** ['ɔrbɪt; 'ɔ:bit] «源自拉丁文「車道」之義» —*n.* Ⓒ**1 a**（天體或人造衛星等繞行的）**軌道**：⇨ in [into] ORBIT. **b** 軌道的一周。**c**〘物理〙（繞行原子核周圍的電子）軌道。

2 活動範圍；（人生的）旅程，生活過程。

3 a〘解剖〙眼窩（eyesocket）. **b**〘動物〙（鳥類或昆蟲的）眼瞼部。

in [ìnto] órbit 在軌道上，上軌道：be *in* ～ 入軌道/put a satellite *in [into]* ～ 把人造衛星送入軌道。

òut of órbit 在軌道外，脫離軌道。

—*v.t.* 〔十受〕**1**〈天體、人造衛星等〉繞…周圍的軌道運轉：The spacecraft ～*ed* Mars three times. 太空船繞火星四周的軌道轉三周。**2** 使〈人造衛星等〉進入軌道運行。

—*v.i.* 廻轉，運轉（circle）.

or·bit·al ['ɔrbɪtl̩; 'ɔ:bitl] *adj.* **1** 軌道的：an ～ flight 軌道上的飛行。**2**〘解剖〙眼窩的。

ór·bit·er *n.* Ⓒ在（軌道上）運轉者，繞行者；（尤指）人造衛星，繞行的太空船。

or·chard ['ɔrtʃəd; 'ɔ:tʃəd] *n.* **1** Ⓒ果園。**2** Ⓤ［集合稱］（果園的）果樹。

ór·chard·ist [-ɪst; -ist] *n.* Ⓒ經營果園者。

‡or·ches·tra ['ɔrkɪstrə; 'ɔ:kistrə] *n.* Ⓒ **1**［集合稱］管弦樂團《★用法 視為一整體時當單數用，指全部個體時當複數用》：a string ～ 弦樂團/The ～ *is* [*are*] preparing for a concert. 管弦樂團正為了音樂會在排練。

【字源】古希臘戲劇中，合唱團要在舞台前邊唱邊舞，而這個場所就稱作 *orkhéistra*，此字原義為「跳舞」。羅馬時代指靠近舞台的貴賓席，現代英語中用以指舞台前方的管弦樂團演奏處，再進一步指在此演奏的管弦樂團；cf. theater【字源】

2 a（又作 **órchestra pit**）（舞台前的）管弦樂團［演奏］席（⇨ theater 插圖）。**b**《美》〘戲劇〙（舞台前的）頭等席，正廳前排席（《英》(orchestra) stalls）.

or·ches·tral [ɔr'kɛstrəl; ɔ:'kestrəl⁻] «orchestra 的形容詞» —*adj.* **1**［用在名詞前］管弦樂（隊）的：an ～ player 管弦樂演奏者。**2** 管弦樂用的：～ music 管弦樂。

or·ches·trate ['ɔrkɪsˌtret; 'ɔ:kistreit] «orchestra 的動詞» —*v.t.* **1** 為…作管弦樂曲；將…改編為管弦樂。**2** 綜合，聚集…；（巧妙地）調整…，使…協調一致：He ～*d* the efforts of his employees. 他集結雇員們的努力《使雇員們齊心協力》。

or·ches·tra·tion [ˌɔrkɪs'treʃən; ˌɔ:ki'streiʃn] *n.* **1 a** Ⓤ管弦樂（作曲）法，管弦樂編曲法，樂器編組法。**2** ⓊⒸ綜合，聚集；（巧妙的）調整，精心的安排〔*of*〕.

or·chid ['ɔrkɪd; 'ɔ:kid] *n.* Ⓒ**1**〘植物〙蘭《蘭科植物的通稱》：a wild ～ 野生蘭。**2** 蘭花。

or·chis ['ɔrkɪs; 'ɔ:kis] *n.* Ⓒ〘植物〙紅門蘭《紅門蘭屬植物的通稱，尤指野生者》《★比較 一般用 orchid》.

or·dain [ɔrʹden; ɔːʹdein] **«源自拉丁文「使有秩序(order)」之義»** **—v.t. 1 a** 〔十 (*that*)__〕〈上帝、命運等〉(事先) 注定〈…事〉: God has ～*ed that* we (should) die. 上帝已注定我們會死《★[用法]《口語》多半不用 should》. **b** 〔十受十 *to* do〕注定…〈會做…〉: Fate had ～*ed* him *to* die young. 命運注定他會早死。 **2 a** 〔十受〕〈法律等〉規定, 制定…: This is ～*ed by* law. 這是由法律規定的。 **b** 〔十 (*that*)__〕規定, 制定〈…事〉: The law ～*s that*.... 法律規定…。 **3**《基督教》**a** 〔十受〕任命〈某人〉爲牧師[神父];《天主教》予〈人〉敍階, 任命〈某人〉任聖職(cf. order *n.* A 5 b). **b** 〔十受十補〕任命〈某人〉〈爲牧師、神父〉: He was ～*ed* (a) priest. 他被任命爲牧師《他成爲牧師》。

or·deal [ɔrʹdil, ʹɔrd-; ɔːʹdiːl] **«源自古英語「裁判」之義»—*n.* 1** Ⓒ嚴酷的考驗, 痛苦的體驗。 **2** Ⓤ考驗的裁判法《中古時期條頓(Teuton)民族間所行的裁判法, 凡經得起嚴酷考驗者判以無罪》。

‡**or·der** [ʹɔrdɚ; ʹɔːdə] **«源自拉丁文「隊伍, 排列」之義» —*n.* A 1** Ⓤ**a 順序,** 次序: *in* the ～ named 依照所提的順序/take things *in* ～ 按順序處理事情/Then comes B, C, and D *in* that ～. 然後是 B, C, D, 按順序排列/*in* alphabetical [chronological] ～ 按照英文字母[年代]的排列順序/*in* ～ of age [importance, size] 依照年齡[重要性, 大小]的順序。 **b**《文法》字的排列次序, 字序(word order).

2 Ⓤ**a 整理, 整頓, 排列**: draw (*up*) *in* ～ 排隊/draw *up* pupils *in* ～ 使學生排隊/keep things *in* ～ 把東西整理好/put [set] a room *in* ～ 整理房間/⇨ set [put] one's HOUSE in order/put one's ideas *into* ～ 理一理自己的思緒。 **b** 正常[健全]的狀態, 常態: ⇨ out of ORDER. **c** 狀態, 情況: Affairs are *in* good [bad] ～. 事情的情況良好[不好]/The books arrived *in* good ～. 書籍寄到時完整無損。

3 a Ⓤ(社會的) **秩序,** 治安(↔ disorder): a breach of ～ 秩序的紊亂[破壞]/law and ～ 法律與秩序, 治安/keep [preserve, maintain] ～ 維持[遵守]秩序。 **b** Ⓒ**體制,** 制度: an old [a new] ～ 舊[新]制度。 **c** Ⓤ(自然的) 法則, 定則, 秩序: the ～ of nature [things] 自然界[萬物]的法則。

4 Ⓒ**a** 〔常 ～s〕階級; 身分: the higher [lower] ～*s* 上流[下層]社會/the social ～ 社會的階層/all ～*s* and degrees of men 各階層的人。 **b** 等級; 種類(kind): intellectual ability *of* a high ～ 高度[卓越]的智能/a different ～ *of* ideas 不同種類的觀念/The magazine is *of* the same ～ as *Playboy.* 該雜誌與「花花公子」同類/The beauty of Mt. Fuji is *of* a majestic ～. 富士山之美屬雄偉壯麗之美/⇨ on the ORDER of. **c**《生物》(動植物分類上的) 目(cf. classification 1 b).

5 a 〔～s〕聖職, 神職: take ～*s* 擔任神職, 當牧師/⇨ holy orders/His brother is *in* ～*s.* 他的哥哥擔任神職。 **b** Ⓒ〔常 ～s〕神職的任命;《天主教》神職地位[職位] (的授與儀式)。

6 Ⓒ**a** (天主教等的) 修道會: a monastic ～ 修道會。 **b** 〔常 O～〕〔常用單數〕…修道會〔*of*〕: the ～ *of* Benedictines＝the Benedictine ～ 聖本篤(修道)會。 **c**《英》(中世紀的) 騎士團; (現代的) 勳爵士團(cf. knighthood). **d** (私人的) 友好組織, 結社。

7 a Ⓒ〔常用單數〕(宗教的) 儀式: the *O*～ *of* Holy Baptism 洗禮儀式/the *O*～ *for* the Burial of the Dead 葬禮。 **b** Ⓤ(議會、會議等的) 議事程序, 議事規則(的遵守): call a speaker *to* ～ 〈議長〉請發言者停止違反議事規則/call a meeting *to* ～ 宣布開會/*O*～! *O*～! (在議會席上) 違規! 違規!《對違反議事規則的議長提出的抗議》。

8 〔常 O～〕Ⓒ《英》勳章, 勳位: the *O*～ of Merit 功績勳章[勳位]《頒發給二十四名對文武方面有功績者的一種榮譽勳位, 略作 O.M.》/the *O*～ of the Garter 嘉德勳章[勳位]《勳爵士(knight)的最高勳位; 限頒給二十四名》。

9 Ⓤ〔常與修飾語連用〕《軍》**a** 隊形: battle ～ 戰鬥隊形/in close [open] ～ 以密集[散開]隊形。 **b** (特定場合使用的) 軍裝, 裝備: in parade [fighting] ～ 穿着閱兵式[戰鬥]用軍裝。

10 Ⓒ《建築》柱型, 等級: ⇨ CORINTHIAN order, DORIC order, IONIC order, COMPOSITE order.

11 Ⓤ《數學》次數; 位數; (微分方程式的) 階數。

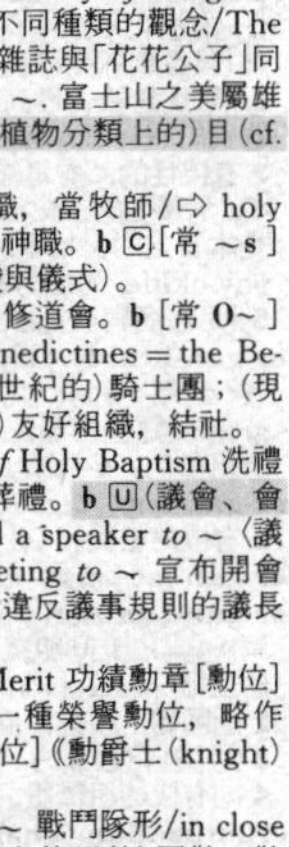

orders 10

—B Ⓒ**1** 〔常 ～s〕**a 命令, 指令;** (醫師等的) 指示: obey the doctor's ～*s* 遵從醫師的指示/give [issue] ～*s* 下令/take ～*s* from a person [a person's ～*s*] 接受某人的指示/My ～*s* were to start at once. 我接到的命令是立刻出發/We are under ～*s* for the front. 我們奉命赴前線/We are under the ～*s* of the boss. 我們受上司的指揮《我們接受老闆的指示》/We did it *on* his ～*s* [*on* the ～*s of* him]. 我們奉他之命做那件事/*Orders* are ～*s.* 命令就是命令《命令非服從不可》/It's [This is, That's] an ～. 那是命令《下令後的叮嚀說法》。 **b** 〔十 *to* do〕〈做…的〉命令, 指令: give ～*s to* march on 下令繼續進軍。 **c** 〔十 *for*十(代)名十 *to* do〕〔做…的〕命令, 指令: He gave ～*s for* a salute *to* be fired. 他下令鳴放禮砲《★[變換]可換寫成 B 1 d》. **d** 〔十 *that*__〕〈…事的〉命令, 指令: He gave ～*s that* a salute (should) be fired. 他下令鳴放禮砲《★[變換]可換寫成 B 1 c; ★[用法]《口語》多半不用 should》.

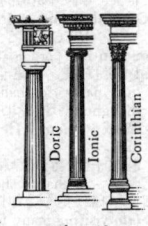

2 Ⓒ**a 訂貨(單)**〔*for*〕: give an ～ *for* an article 訂購某物品/place an ～ *with* a person [company] *for* an article 向某人[公司]訂購某物品/send for ～*s* 派人去接訂單/a large ～ 大量訂購/⇨ to ORDER. **b** (在餐廳) 點叫(的菜)《一人份》〔*of*〕: two ～*s* of French fries 兩份炸馬鈴薯條/The waiter took our ～*s.* 服務生記下了我們點的菜/Can I have your ～, sir? 先生, 請問要點什麼菜?

3 Ⓒ匯票: ⇨ money order, POSTAL order.

by órder of... 奉…的命令。

còme to órder《美》(停止說話等) 安靜下來: Will everyone please *come to* ～? 請大家安靜; 請肅靜。

in órder (↔ out of order) (1) ⇨ A 1 a. (2)⇨ A 2 a. (3)⇨A 2 c. (4)符合(議事)規則的; 合法的: His passport is *in* ～. 他的護照是合法的。(5)適宜的; 理想的; 必要的: A word here may be *in* ～. 在這裏說一句話是適宜[必要]的吧。

in òrder for... to dó 爲了〈人、物〉而做…: Stone implements had to be produced *in* ～ *for* man *to* live. 爲了使人類得以生活, 必須製造石器。

in òrder that... 俾使…, 爲了…《★[比較]爲文語的說法, 口語用 so that...》: We are sending [We sent] our representative *in* ～ *that* you *may* [*might*] discuss the matter with him. 我們正要[我們已]派遣代表去, 以便你可以和他討論該問題。

in òrder to dó ...爲了…起見, 以便…《★[比較]比單用不定詞 to 或 so AS to do 表示更强的目的觀念》: She has gone to England *in* ～ *to* improve her English. 她已經前往英國, 以便提高她的英語程度/*In* ～ *to* make this passage clearer, we have to divide it into shorter sentences. 爲了使這一段的意思更清楚, 我們不得不把它分成若干較短的句子。

in shórt órder ⇨ short order.

of [**in**] **the órder of...**《英》大約, 大概: a budget *of the* ～ *of* five million pounds 一筆大約五百萬英鎊的預算。

on órder 已訂購(貨尚未到), 訂購中。

on the órder of...《美》(1)屬於…的種類, 類似…, 像…那樣的(like): a leader *on the* ～ *of* F. D. Roosevelt 像 F. D. 羅斯福那樣的領袖。(2)＝of [in] the ORDER of.

órder of the dáy (1)〔常 **the** ～〕(議會等的) 議事日程: proceed to *the* ～ *of the day* 進入議事日程。(2)〔**the** ～〕(時代的) 潮流, 時尚, 最關心的事。

órder to víew《英》(對售屋的) 預先檢查許可。

òut of órder (↔ in order) (1)順序混亂: Don't speak *out of* ～. 沒有輪到自己該說時不要說《請按順序發言》。(2)情形不對, 情況不好;《口語》(身體的一部分) 不舒服: get [go] *out of* ～ 壞了, 發生故障, 有毛病/The washing machine is *out of* ～. 洗衣機發生故障了/My stomach is *out of* ～. 我的胃不舒服。(3)違反議事規則。(4)不適當, 不妥當。

to órder 照訂單: made *to* ～ 照訂單做的, 定製(品)的(cf. made-to-order).

—*v.t.* 1 命令: a 〔十受〕命令, 指揮…: ～ an advance [a retreat] 命令前進[撤退]/The chairman ～*ed* an inquiry. 主席下令調查。 **b** 〔十受十 *to* do〕命令〈某人〉〈做…〉: He ～*ed* his men *to* release the prisoner. 他命令部下釋放那名俘虜《★[變換]可換寫成 1 c》/I was ～*ed to* post the letter at once. 我奉命立刻寄出那一封信/She ～*ed* the key (*to* be) brought to her. 她吩咐把鑰匙帶來給她《★[用法]省略過去分詞前的 to be 是美國語法》。 **c** 〔十 *that*__〕命令〈…事〉: He ～*ed that* his men (should) release the prisoner. 他命令部下釋放那名俘虜《★[變換]可換寫成 1 b; ★[用法]《口語》多半不用 should》/The king ～*ed that* he (should) be banished. 國王下令把他放逐《★[用法]同上》。 **d** 〔十受十副詞(片語)〕命令〈某人〉去[來]…: The policeman ～*ed* me *back* [*away*]. 警察命令我後退[離開]/The regiment was ～*ed to* the front. 該軍團奉命開往前線/He was ～*ed out of* the room. 他被命令離開那房間。 **e** 〔十受十受/十受十介十(代)名〕〈醫師〉指示〈病人〉…;〈醫師〉指示…〔給病人〕〔*for*〕: The doctor has ～*ed* me a change of air＝The doctor has ～*ed* a change of air *for* me. 醫師已指示我換換環境《遷地療養》。

2 訂購; 點叫: a 〔十受〕訂〈貨〉, 點〈菜等〉: ～ a beefsteak [two coffees] 點[叫]一道牛排[兩杯咖啡]。 **b** 〔十受十介十(代)名〕〔向…〕訂購…〔*from*〕: I will ～ some new books *from* England. 我要向英國訂購一些新書。 **c** 〔十受十受/十受十介十(代)名〕爲〈某人〉訂購〈物品〉; 訂購〈物品〉〔給某人〕〔*for*〕: She ～*ed* her daughter a new dress. = She ~*ed* a new dress *for* her daughter. 她爲女兒訂購了一件新衣/She ~*ed* herself a new dress. 她爲自己訂購了一件新衣。

3 a 〔十受〕〈上帝、命運等〉注定…。**b** 〔十 *that*__〕注定〈…事〉。

4 〔十受〕整理，處理…。

—*v.i.* 1 命令。**2** 訂購。

órder abóut [aróund] 《*vt adv*》〔~十受十about [around]〕(下種種命令)驅使，指使〈人〉做這做那：He likes to ~ people *around.* 他喜歡差使人。

Órder árms! 《口令》持槍立正！《把槍持於身體右側》。

órder bòok *n.* Ⓒ定貨簿。

ór·dered *adj.* [用在名詞前] **1** 井然有序的，有規律的，整齊的。**2** [常與 well，badly 連用，構成複合字]經過整理的：⇨ well-ordered.

órder fòrm *n.* Ⓒ定貨單。

or·der·ly [ˋɔrdəlɪ; ˈɔ:dəli] 《order 的形容詞》**—*adj.*** (**more** ~；**most** ~) **1 整理過的**，整齊的，有規則的：an ~ room 整齊的房間。

2 a 有規律的，井然有序的。**b** 順從的，擧止有禮的；肅靜的：an ~ crowd 井然有序的羣衆。

—*n.* Ⓒ**1** (跟隨軍官的)勤務兵；(陸軍醫院的)看護兵。**2** (醫院的)服務員《不負醫療責任者》。**-li·ness** *n.*

órderly òfficer *n.* Ⓒ《軍》(英國或昔時美軍的)值班軍官。

órder pàper *n.* Ⓒ(議會等的)議事日程表。

or·di·nal [ˋɔrdṇəl; ˈɔ:dinl] *adj.* **1** 表示順序的。**2** 《生物》(分類上的)目的(cf. order *n.* A 4 c)。

—*n.* (又作 **órdinal númber**) Ⓒ序數《first, second, third 等；cf. cardinal 3》。

ordinal numbers

or·di·nance [ˋɔrdṇəns; ˈɔ:dinəns] 《ordain 的名詞》**—*n.*** Ⓒ**1 a** 法令，布告(decree)。**b** 《美》(地方自治體的)條例。**2** 《基督教》儀式；(尤指)聖餐式，《天主教》聖體領受。

or·di·nand [ˌɔrdəˋnænd; ˌɔ:diˈnænd] *n.* Ⓒ《宗教》即將任神職之人，神職候選人。

or·di·nar·i·ly [ˋɔrdṇˌɛrəlɪ, ˋɔrdnɛrəlɪ; ˈɔ:dṇrəli] *adv.* (無比較級、最高級) **1** [修飾整句]通常，平常：*O*~, he did not get up early. 平常他不早起。**2** 普通地，一般地。

‡or·di·nar·y [ˋɔrdṇˌɛrɪ, ˋɔrdnɛrɪ; ˈɔ:dṇri] 《源自拉丁文「照平常順序(order)的」之義》**—*adj.*** (**more** ~；**most** ~) **1 普通的，**通常的(←→ special)：an ~ meeting 例行會議/~ language 日常語言。**2** 普通的，平凡的；平常的：an ~ man 常人，凡人。

in the órdinary wáy 按常例，照平常情形：*In the* ~ *way* I should refuse. 按常例我該拒絕。

—*n.* [**the** ~]普通的狀態：⇨ out of the ORDINARY.

in órdinary 常任的，正規服務的：a physician [surgeon] *in* ~ *to* the King 侍候國王的內科[外科]醫師《御醫》。

òut of the órdinary 例外的，特殊的，異常的(unusual)：He disliked anything that was *out of the* ~. 他不喜歡任何異常的事物。**ór·di·nàr·i·ness** *n.*

órdinary lêvel *n.* =O level.

órdinary séaman *n.* Ⓒ [指階級時爲Ⓤ]《航海》二等水手《略作 OS》。

or·di·nate [ˋɔrdṇˌet, ˋɔrdnɪt; ˈɔ:dṇət] *n.* Ⓒ《幾何》縱座標(←→ abscissa)。

or·di·na·tion [ˌɔrdṇˋeʃən; ˌɔ:diˈneiʃn] 《ordain 的名詞》**—*n.*** ⓊⒸ **1** 《基督教》聖職授任儀式，按手禮。**2** 委任；受委任。

ord·nance [ˋɔrdnəns; ˈɔ:dnəns] *n.* Ⓤ **1** [集合稱] **a** 砲，大砲。**b** 兵器；軍需品。**2** (政府的)軍需品部門，軍械局。

órdnance màp *n.* Ⓒ《英》(英國本土的)陸地測量地圖。

órdnance sùrvey *n.* 《英》**1** Ⓤ**a** 陸地測量。**b** [集合稱](英國本土的)陸地測量地圖。

2 [**the O~ S~**](英國政府的)陸地測量局。

or·dure [ˋɔrdʒə, ˋɔrdjur; ˈɔ:djuə] *n.* Ⓤ **1** 《委婉語》排泄物，糞，肥料。**2** 汚物；猥褻的東西[言詞]。

ore [or, ɔr; ɔ:] 《源自古英語「黃銅」之義》**—*n.*** Ⓤ [指個體或種類時爲Ⓒ] **礦石，**礦砂：iron ~ 鐵礦/a rich [poor] ~ 含量豐富[少]的礦山/a district rich in ~*s* 一個礦產豐富的地區。

ö·re [ˋɸrə; ˈə:rə] *n.* Ⓒ (*pl.* ~) **1 a** 歐爾《丹麥、挪威的貨幣單位；相當於 1/100 krone》。**b** 歐爾《瑞典的貨幣單位；相當於 1/100 krona》。**2** 一歐爾的貨幣。

Ore. 《略》Oregon.

o·re·ad [ˋorɪˌæd, ˋɔrɪˌæd; ˈɔ:riæd] *n.* Ⓒ《希臘・羅馬神話》奧麗雅德《山之女神；cf. nymph 【相關用語】》。

Oreg. 《略》Oregon.

o·reg·a·no [əˋrɛgəˌno, ɔˋrɛgano; əˈreganou] *n.* Ⓒ (*pl.* ~**s**)《植物》滇香薷《又名牛至，唇形科，野薄荷屬，乾燥的葉子可做調味料》。

Or·e·gon [ˋɔrɪˌgɑn, ˋɑr-; ˈɔrigən] 《源自北美的印地安語，爲 Columbia River 的原名》**—*n.*** 俄勒岡州《美國西部的一州，首府塞勒姆(Salem [ˋseləm; ˈseiləm, -ləm])；略作Ore(g)., 《郵政》OR；俗稱 the Beaver State》。

Or·e·go·ni·an [ˌɔrɪˋgonɪən, ˌɑr-; ˌɔriˈgouniən] 《Oregon 的形容詞》**—*adj.*** 俄勒岡州(人)的。**—*n.*** Ⓒ俄勒岡州人。

Óregon píne *n.* =Douglas fir.

Óregon Tráil *n.* [**the** ~]俄勒岡山道《自美國 Missouri 州西北部至 Oregon 州大約 3200 公里的山路，十九世紀的拓荒者及移民多利用此路》。

O·res·tes [oˋrɛstiz; ɔˈresti:z] *n.* 《希臘神話》奧瑞斯提斯《Agamemnon 與 Clytemnestra 之子，因弑母罪而被 Furies 放逐》。

or·gan** [ˋɔrgən; ˈɔ:gən] 《源自希臘文「工具，樂器」之義》**—*n. Ⓒ**1** 風琴：**a** 管風琴(pipe organ)。**b** 簧風琴(reed organ)。**c** 手風琴(hand organ)。

2 a 器官，臟器：internal ~*s* 內臟/vocal ~*s*=~*s* of speech 發聲器官。**b** 《鄙》=penis.

3 a 機關：an intelligence ~ 情報機關。**b** 機關報[雜誌]：~*s* of public opinion 輿論喉舌，報紙，大衆傳播/a government ~ 政府的機關報。

or·gan·dy, or·gan·die [ˋɔrgəndɪ; ˈɔ:gəndi] *n.* Ⓤ玻璃紗。

órgan-grìnder *n.* Ⓒ(在街頭)搖奏手風琴者。

or·gan·ic** [ɔrˋgænɪk; ɔ:ˈgænik] 《organ 的形容詞》**—*adj. (**more** ~；**most** ~) **1** (無比較級、最高級) **a** [用在名詞前]**有機體[物]的**：~ evolution 生物進化。**b** 《化學》有機的(←→ inorganic)：~ matter 有機物/an ~ acid 有機酸/~ chemistry 有機化學/~ fertilizers 有機肥料。**c** 〈食品等〉不使用化學肥料[殺蟲劑(等)]栽培的，使用有機肥料的：~ food 自然食品。

2 (無比較級、最高級) **a** [用在名詞前]**器官的，臟器的**。**b** 《醫》器質的(←→ functional)：an ~ disease 器質性疾病。

3 有機性的，有組織的，有系統的：an ~ whole 有組織的整體。

4 a 本質上的，根本的。**b** [不用在名詞前]〔十介十(代)名〕〔對…〕是本質上的，根本的〔*to*〕：The idea of death is ~ *to* a philosophy of life. 死亡的觀念是人生哲學的根本。**c** 構造上的。

5 [用在名詞前]《語言》發展的，語源的〈字音、文字〉。

or·gán·i·cal·ly [-klɪ; -kəli] *adv.* **1 a** 有機性地。**b** 不用化學肥料[殺蟲劑(等)]，而用有機肥料地：These tomatoes were ~ grown. 這些番茄是用有機肥料栽培的。**2** 器官上，由於器官。**3** 有組織地。**4** 根本上。

or·gan·ism [ˋɔrgənˌɪzəm; ˈɔ:gənizəm] *n.* Ⓒ **1 有機體；**生物，人。**2** 有機的組織體《社會、宇宙等》。

ór·gan·ist [-nɪst; -nist] *n.* Ⓒ風琴彈奏者。

***or·gan·i·za·tion** [ˌɔrgənəˋzeʃən; ˌɔ:gənaiˈzeiʃn] 《organize 的名詞》**—*n.* 1** Ⓤ**組織，**構造，編制〔*of*〕：the ~ *of* a club 俱樂部的組織/peace [war] ~ 《軍》平時[戰時]編制。

2 Ⓒ**團體，**公會，協會。

3 Ⓒ《美》(政黨的)全體幹部(組織)。

4 Ⓒ有機的組織體，機構。

organizátion chárt *n.* Ⓒ(公司等的)組織圖；人事關係分析圖。

organizátion màn *n.* Ⓒ對組織唯命是從的人，馴順的成員《爲企業、軍隊等組織的公事奉獻自己而失去個人特點的工作者》。

Organizátion of Petróleum Expórting Cóuntries *n.* [**the** ~]⇨ OPEC.

***or·gan·ize** [ˋɔrgənˌaɪz; ˈɔ:gənaiz] 《organ 的動詞》**—*v.t.* 1 a** 〔十受〕**組織，**編組〈團體等〉；使〈思想等〉有系統化：~ a political party [football team] 組織政黨[足球隊]/~ one's thoughts 整理[歸納]思想。**b** 〔十受十介十(代)名〕將〈人等〉組織〔成…〕〔*into*〕：He ~*d* them *into* three groups. 他把他們編成三組。

2 a 〔十受〕籌劃[準備]〈企劃案、活動等〉，(籌劃而)擧辦〈義演等〉：~ a charity show 籌劃[擧辦]義演。**b** 〔十受十介十(代)名〕《英口語》把〈人〉加以組織而籌劃，擧辦〔…〕〔*into*〕：He ~*d* us *into* visit*ing* many famous places [*into* a sightseeing tour]. 他把我們組織起來去遊覽名勝地[成爲一個觀光團]。

3 〔十受〕設立，創設〈公司等〉。

4 〔十受〕**a** 使〈從業人員〉加入工會。**b** 使〈公司、企業等(的從業人員)〉(團結)成立工會，使…組織化。

—*v.i.* **1** 組織起來，成立組織：Resistance was *organizing.* 抗拒行動正在組織中。**2 a** 加入工會。**b** (團結)組成工會，組織化。

ór·gan·ized *adj.* **1** [常構成複合字]有組織的，編組的，組織性的；有計畫的：a well-[badly-] *organized* party 組織堅固[薄弱]的政黨/ ～ crime 有組織的犯罪。**2** 有機的：an ～ body 有機體。**3** 組織成工會的，加入工會的：～ labor[集合稱]有組織的勞工。

ór·gan·i·zer *n.* Ⓒ**1 a** 組織者。**b** 創立委員。**c** (設立工會等的)發起人，斡旋人。**d** (劇團等表演的)主辦者。**e** (工會、政黨等的)組織者，幹部。**2**《動物》形成體。

órgan lòft *n.* Ⓒ(教堂中)放置風琴的位置。

or·ga·non [ˋɔrgəˏnɑn; ˈɔ:gənɔn] *n.* (*pl.* **-na** [-nə; -nə], ～**s**)**1** Ⓒ求知之工具。**2** Ⓒ《哲學》(科學研究之)原則；研究法；思考法；推理法。**3** [O～]亞里斯多德(Aristotle)之理則學。

órgan pìpe *n.* Ⓒ《音樂》(管風琴的)音管。

or·gasm [ˋɔrgæzəm; ˈɔ:gæzəm] *n.* ⓊⒸ性興奮的高潮；(感情的)極度興奮。

or·gas·mic [ɔrˋgæzmɪk; ɔ:ˈgæzmik] *adj.* 極度興奮的；情慾亢進的。

or·gi·as·tic [ˏɔrdʒɪˋæstɪk; ˌɔ:dʒiˈæstik ˉ] 《orgy 的形容詞》 **—***adj.* **1** (似)祭酒神禮的。**2** 狂飲(作樂)的，放蕩的。

or·gy [ˋɔrdʒɪ; ˈɔ:dʒi] *n.* **1** [**orgies**](古希臘、羅馬秘密舉行的)祭酒神儀式《祭酒神 Bacchus 或 Dionysus》。**2** Ⓒ **a** [常 **orgies**]狂飲亂舞的酒宴，狂歡，胡鬧。**b** 聚會[宴會]的喧鬧〔*of*〕：an ～ *of* parties 一連串宴會的狂歡。**c** 恣意，無節制，(過分的)熱中〔*of*〕：an ～ *of* work 過度工作/an ～ *of* speechmaking 令人厭煩的一連串演講。

o·ri·el [ˋorɪəl, ˋɔr-; ˈɔ:riəl] *n.* 《建築》(又作 **óriel wíndow**)Ⓒ凸肚窗《由樓上的牆面凸出的多角形窗子；⇨ window 插圖》。

o·ri·ent** [ˋorɪˏɛnt, ˋɔr-, -ənt; ˈɔ:riənt] 《源自拉丁文「升起的太陽(的方向)」之義》 **—n.*《詩・文語》**1** [**the O～**]**東方**(諸國)，亞洲(cf. Occident)；(尤指)遠東。**2** [**the** ～]《詩》東，東方。**3** Ⓤ(眞珠的)光澤。

—*adj.* [用在名詞前] **1** [O～]《詩》東方(諸國)的。**2**《古》上升的，出來的〈太陽等〉。**3** 光輝燦爛的，光澤美麗的〈眞珠等〉。

— [ˋorɪˏɛnt, ˋɔr-; ˈɔ:rient] *v.t.* **1** 〔十受〕**a** 使〈建築物等〉朝東。**b** 把〈教堂〉建爲向東《聖壇在東側，入口在西側》。

2 a 〔十受十副詞(片語)〕使〈建築物等〉的方向朝向〈特定的方位〉，定〈建築物等〉的方位：They had the building ～*ed north* and *south* [*toward* the north]. 他們把建築物蓋成南北[朝北]向。**b** 〔十受〕擺正〈地圖〉的方位；把〈測定器等〉置於正確的位置。

3 〔十受(十介十(代)名)〕**a** 使…適應〔新環境等〕，定…的方位〔*to, toward*〕：I need some time to ～ my thinking. 我需要一些時間來使我的思想適應(新的局面)。**b** [～ *oneself*]適應，順應〔新環境等〕〔*to, toward*〕：It is necessary to help the freshmen to ～ *themselves* **to** college life. 幫助大一新生適應大學生活是必要的。

—*v.i.* **1** 朝[向]東。**2** 適應環境。

o·ri·en·tal [ˏorɪˋɛntl, ˏɔr-; ˌɔ:riˈentl ˉ] 《orient 的形容詞》 **—***adj.* [常 O～]**東方(諸國)的，來自東方的，東方風格的，東方文明的，東方人的**(cf. Occidental).

—*n.* [O～] Ⓒ《文語》東方人。

O·ri·én·tal·ism [-tlˏɪzəm; -təlizəm] *n.* [常 **o**～] Ⓤ **1 a** 東方風格；東方的風俗習慣。**b** 東方文化；東方的情趣。**2** 東方的知識，東方文化的研究。

O·ri·én·tal·ist [-tlɪst; -təlist] *n.* Ⓒ東方學者，東方通。

O·ri·en·tal·ize [ˏorɪˋɛntlˏaɪz, ˏɔr-; ˌɔ:riˈentəlaiz] [常 o～] *v.t.* 使…具有東方風格，使…成東方式[東方化]。

—*v.i.* 變成東方式，東方化。

o·ri·en·tate [ˋorɪɛnˏtet, ˋɔr-; ˈɔ:rienteit] *v.* 《英》＝orient.

o·ri·en·ta·tion** [ˏorɪɛnˋteʃən, ˏɔr-; ˌɔ:rienˈteiʃn] 《orient, orientate 的名詞》 **—n.* ⓊⒸ **1 a** (對新環境、想法等的)**適應**，順應。**b** (對新生、新進公司人員等的)訓練，指導。**2 a** 態度[方針](的決定)〔*toward*〕. **b** 志向。**3 a** 定方位。**b** (教堂的建造)朝東《聖壇在東側，入口在西側》。**4**《心理》定方位《對自己與時間、空間、人際關係的認識》。**5**《動物》(鴿子等的)歸巢本能。

ó·ri·ènt·ed *adj.* [常構成複合字]趨向的，有關連的，取向的；使…適應的：be politically ～ 以政治爲取向的/a psychologically ～ book 一本著重於探討心理學的書/a male-*oriented* world 男性取向的社會。

o·ri·en·teer·ing [ˏorɪɛnˋtɪrɪŋ, ˏɔr-; ˌɔ:rienˈtiəriŋ] *n.* Ⓤ徒步越野比賽《利用地圖與指南針，按照設於田野間的若干標識指示，比賽先到達目的地的一種遊戲》。

or·i·fice [ˋɔrəfɪs, ˋɑr-; ˈɔ:rifis] *n.* Ⓒ(管子、煙囪、傷等的)開口處，洞，孔，口(opening).

orig. 《略》original；originally.

‡or·i·gin [ˋɔrədʒɪn, ˋɑr-; ˈɔ:ridʒin] 《源自拉丁文「開始」之義》 **—***n.* **1** ⓊⒸ**a 起源**，開端，來源：a word *of* Latin ～ 源自拉丁文的字/the ～(*s*) *of* civilization 文明的起源/Something is wrong at the point of ～. (電視等)原來就有故障。**b** 原因〔*of*〕：the ～ *of* the war 戰爭的起因/a fever *of* unknown ～ 原因不明的發燒。**2** Ⓤ[常 ～**s**]**出身**，來歷：*of* noble [humble] ～(*s*) 出身高貴[微賤]/an American of Chinese ～ 華裔美國人/What are his ～*s*? 他是什麼來歷[出身]？/He is a Dutchman *by* ～. 他是出生於荷蘭的人。

‡o·rig·i·nal [əˋrɪdʒənl; əˈridʒənl] 《origin 的形容詞》 **—***adj.* (**more** ～；**most** ～) **1** [用在名詞前](無比較級、最高級)**原始的**，最早的，最初的，起源的：the ～ inhabitants of the country 該國的原住民。

2 a 獨創性的，富於創意的：He is ～. ＝He has an ～ mind. 他是一位有創見的人。**b** 新穎的，新奇的。

3 [用在名詞前](無比較級、最高級)原物[原作，原文，原圖]的：an ～ edition 原版/the ～ picture 原畫/the ～ plan 原案。

—*n.* **1** Ⓒ原作品，原物。**2** [**the** ～]原文，原著，原書：read Shakespeare in *the* ～ 讀莎士比亞的原著。**3** Ⓒ**a** 富有創意的人。**b** 怪人。

o·rig·i·nal·i·ty [əˏrɪdʒəˋnælətɪ; əˌridʒəˈnæləti] 《original 的名詞》 **—***n.* Ⓤ**1 獨創力**，創造力；創意。**2** 新穎，新奇。

o·rig·i·nal·ly [əˋrɪdʒənlɪ; əˈridʒənəli] *adv.* (**more** ～；**most** ～) **1** (無比較級、最高級)**原來**，本來，最初。**2** 獨創性地，富於創意地；新奇地。

oríginal sín *n.* Ⓤ《基督教》原罪《因亞當與夏娃的墮落而引起的人類固有的罪》。

o·rig·i·nate [əˋrɪdʒəˏnet; əˈridʒəneit] 《origin 的動詞》 **—***v.i.* 〔十介十(代)名〕**1 a 起(源)於**〔…〕〔*in*〕：The strike ～*d* ***in*** the demand for higher wages. 罷工起因於要求提高工資。**b** 〔由…〕引起，〔從…〕開始〔*from, with*〕：The accident ～*d* ***from*** carelessness. 這意外事件是由於粗心而引起的/The plan ～*d* ***with*** me. 這個計畫是我提出來的。

2 〈火車、公共汽車等〉〔從…〕起站〔*at, in*〕：The flight ～*s* ***in*** New York. 那班機由紐約起飛。

—*v.t.* 〔十受〕開始，發起，創設，創作，發明…：～ a political movement 發起政治運動/ ～ a new method of teaching 創始一種新教學法。

o·rig·i·na·tion [əˏrɪdʒəˋneʃən; əˌridʒəˈneiʃn] 《originate 的名詞》 **—***n.* Ⓤ**1** 開始，開端，起頭。**2** 創作，發明。

o·rig·i·na·tive [əˋrɪdʒəˏnetɪv; əˈridʒəneitiv] *adj.* 有獨創力的，有發明能力的。～**·ly** *adv.*

o·ríg·i·nà·tor [-tɚ; -tə] *n.* Ⓒ創始者，創作者，創設者，發起人，開山祖。

O·ri·no·co [ˏorəˋnoko, ˏɔr-; ˌɔriˈnoukou] *n.* [**the** ～]奧利諾科河《在南美委內瑞拉境內，東流入大西洋》。

o·ri·ole [ˋorɪˏol, ˋɔr-; ˈɔ:rioul] *n.* Ⓒ《鳥》**1** 黃鸝。**2**《美》美洲黃鸝(Baltimore oriole).

O·ri·on [oˋraɪən; əˈraiən] *n.* **1**《天文》獵戶座。**2**《希臘神話》歐來恩《英俊的獵人》。

Oríon's Bélt *n.* 《天文》獵戶座的三顆明星。

or·i·son [ˋɔrɪzn, ˋɑr-; ˈɔrizən] *n.* [常～**s**]《古》祈禱。

Órk·ney Íslands [ˋɔrknɪ-; ˈɔ:kni-] *n. pl.* [**the**～]奧克尼羣島《在蘇格蘭北方，構成 Orkney 郡，首府柯克沃爾(Kirkwall [ˋkɝkˏwɔl; ˈkə:kwɔ:l])》。

Or·lan·do [ɔrˋlændo; ɔ:ˈlændou] *n.* 奧蘭多《男子名》。

Or·lé·ans [ˋɔrlɪənz; ɔ:ˈliənz] *n.* 奧爾良《法國中北部之一城市》。

Or·lon [ˋɔrlɑn; ˈɔ:lɔn] *n.* Ⓤ《商標》奧綸《類似耐隆的一種合成纖維，用於製衣、帆等》。

Or·mazd [ˋɔrməzd; ˈɔ:mæzd] *n.* 《祆教》善之神；光之神。

or·mo·lu [ˋɔrməˏlu; ˈɔ:məlu:] *n.* Ⓤ**1** 鍍金用金箔《銅、鋅、錫的合金》。**2** [集合稱]鍍金物。

or·na·ment** [ˋɔrnəmənt; ˈɔ:nəmənt] 《源自拉丁文「裝備」之義》 **—n.* **1 a** Ⓤ**裝飾**：by way of ～ 當作裝飾。**b** Ⓒ裝飾品，帶在身上的裝飾物：personal ～*s* 個人身上的裝飾物。

2 Ⓒ增添光彩的人[物]〔*to*〕：He will be an ～ *to* his school. 他將爲學校增光。**3** Ⓒ《音樂》裝飾音。

— [-ˏmɛnt; -ment] *v.t.* **1** 〔十受〕裝飾…；成爲…的裝飾品(⇨ decorate【同義字】)。

2 〔十受十介十(代)名〕〔用…〕裝飾…〔*with, in*〕：～ a room ***with*** flowers 用花裝飾房間/Her dress was ～*ed* ***with*** lace. 她的衣服用花邊裝飾。

or·na·men·tal [ˏɔrnəˋmɛntl; ˌɔ:nəˈmentl ˉ] 《ornament 的形容詞》 **—***adj.* **1** 裝飾的，裝飾用的：an ～ plant 裝飾用[觀賞]植物。**2** (非必要)僅作爲裝飾的。～**·ly** *adv.*

or·na·men·ta·tion [ˏɔrnəmɛnˋteʃən; ˌɔ:nəmenˈteiʃn] 《ornament 的名詞》 **—***n.* Ⓤ**1** 裝飾。**2** [集合稱]裝飾品。

O

or·nate [ɔrˋnet; ɔ:ˈneit] *adj.* **1** 裝飾華麗的。**2**〈文體〉華麗的。
～·ly *adv.* **～·ness** *n.*

or·ner·y [ˋɔrnərɪ; ˈɔ:nəri] *adj.*《美口語》**1** 故意刁難的；脾氣壞的。**2** 頑固的。**3** 卑鄙的。

or·ni·tho·log·i·cal [͵ɔrnɪθəˋladʒɪkl; ͵ɔ:niθəˈlɔdʒikl] «ornithology 的形容詞»—*adj.* 鳥(類)學的。

òr·ni·thól·o·gist [-dʒɪst; -dʒist] *n.* Ⓒ鳥(類)學家。

or·ni·thol·o·gy [͵ɔrnəˋθalədʒɪ; ͵ɔ:niˈθɔlədʒi] *n.* Ⓤ鳥(類)學。

o·rog·e·ny [əˋradʒənɪ; ɔˈrɔdʒəni] *n.* Ⓤ《地質》造山運動。

o·rog·ra·phy [əˋragrəfɪ; ɔˈrɔgrəfi] *n.* Ⓤ山誌學，山岳形態學。

o·rol·o·gy [oˋralədʒɪ, ɔ-; ɔˈrɔlədʒi] *n.* Ⓤ山理學，山岳成因學。

o·ro·tund [ˋorə͵tʌnd, ˋɔr-; ˈɔrətʌnd] *adj.* **1**〈聲音〉朗朗的，響亮的，宏亮的。**2**〈語言、文體等〉誇張的，浮誇的，裝模作樣的。

or·phan [ˋɔrfən; ˈɔ:fn] «源自希臘文「失去(父母或孩子)」之義»—*n.* Ⓒ無父母的孩子，孤兒《★有時也指失去父或母的孩子》。
—*adj.* [用在名詞前] 無父母的；孤兒的：an ～ asylum 孤兒院。
—*v.t.* 使…成爲孤兒《★常用被動語態》：The boy *was ～ed* by war. 戰爭使那男孩成爲孤兒。

or·phan·age [ˋɔrfənɪdʒ; ˈɔ:fənidʒ] *n.* **1** Ⓤ孤兒的身分。**2** Ⓒ孤兒院。

órphan·hòod *n.* Ⓤ孤兒的身分。

Or·phe·an [ɔrˋfiən; ɔ:ˈfi:ən] *adj.* 似 Orpheus (之音樂)的；美妙的；好聽的；令人恍惚的；迷人的。

Or·pheus [ˋɔrfɪəs; ˈɔ:fju:s] *n.*《希臘神話》歐菲斯《Apollo 之子，喜彈琴，其琴音甚美，甚至能感動木石，爲豎琴名手》。

Or·phic [ˋɔrfɪk; ˈɔ:fik] *adj.* **1** Orpheus 的。**2** ＝Orphean. **3** [常 o～] 神秘的；玄奧的。

Or·ping·ton [ˋɔrpɪŋtən; ˈɔ:piŋtən] *n.* **1** 奧屏頓《英格蘭肯特(Kent)郡西部之一村鎮》。**2** Ⓒ(該村原產之)一種大的家雞。

or·rer·y [ˋɔrərɪ; ˈɔrəri] «源自製作者之名»—*n.* Ⓒ太陽系儀。

or·ris [ˋɔrɪs; ˈɔris] *n.* Ⓒ《植物》香鳶尾。

órris·root *n.* Ⓤ香鳶尾根《乾燥後可做香料》。

or·th(o)- [ɔrθ(ə, o)-; ɔ:θ(ə, ou)-] [複合用詞] 表示「直…」，「正…」之意《母音前爲 orth-》。

or·tho·don·tics [͵ɔrθəˋdantɪks; ͵ɔ:θəˈdɔntiks] *n.* Ⓤ 畸齒矯正術(學)。 **or·tho·don·tic** [͵ɔrθəˋdantɪk; ͵ɔ:θəˈdɔntik] *adj.*

or·tho·dox [ˋɔrθə͵daks; ˈɔ:θədɔks] *adj.* (**more** ～ ; **most** ～) **1 a** 正統的，公認爲正確的，受到肯定的(←→ heterodox)。

【字源】源自義爲「正確意見」的希臘文《*ortho*(正確的) *dox*(意見)》。從前只用以表示「宗教上正確的意見」，現在則含有「正確而被社會確認的」之義；cf. paradox【字源】

b 傳統的，慣常的。
2 (尤指宗教上的)正統的，信奉正統宗教的，正統派的。
3 [O～] (無比較級、最高級)《基督教》東方正教[希臘正教]的：⇨ Orthodox (Eastern) Church.

Órthodox (Éastern) Chúrch *n.* [the ～]《基督教》東方正教，希臘正教《十一世紀時脫離羅馬教會；希臘、蘇聯等國信徒衆多》。

or·tho·dox·y [ˋɔrθə͵daksɪ; ˈɔ:θədɔksi] *n.* Ⓤ**1** 正統派的信仰[學說]。**2** 正統派的慣例；服從一般的說法。

ór·tho·èp·ist [-pɪst; -pist] *n.* Ⓒ正音學者。

or·tho·ep·y [ɔrˋθo·ɪpɪ, ˋɔrθo·ɪ·pɪ; ˈɔ:θouepi, ɔ:ˈθouipi] *n.* Ⓤ正音學；正確的發音法，正音法。

or·tho·gen·e·sis [͵ɔrθoˋdʒɛnəsɪs; ͵ɔ:θouˈdʒenəsis] *n.* Ⓤ **1**《生物》直系發生，直生現象，直生論。**2**《社會》系統發生說。

or·thog·o·nal [ɔrˋθagənl; ɔ:ˈθɔgənl] *adj.* 直角的，正交的。

or·thog·raph·er [ɔrˋθagrəfɚ; ɔ:ˈθɔgrəfə] *n.* Ⓒ拼字學家；拼字正確的人。

or·tho·graph·ic [͵ɔrθəˋgræfɪk; ͵ɔ:θəˈgræfik] «orthography 的形容詞»—*adj.* **1 a** 拼字法的。**b** 拼字正確的。**2**《幾何》直角的，垂直線的，正投影的：an ～ projection 正投影。

òr·tho·gráph·i·cal [-fɪkl; -fikl] *adj.* ＝orthographic.
～·ly *adv.*

or·thog·ra·phy [ɔrˋθagrəfɪ; ɔ:ˈθɔgrəfi] *n.* Ⓤ**1 a** 正確的拼字(法)(←→ cacography). **b** 正字法。**2**《幾何》正投影法。

or·tho·ker·a·tol·o·gy [͵ɔrθo͵kɛrəˋtalədʒɪ; ͵ɔ:θou͵keraˈtɔlədʒi] *n.* Ⓤ《醫》角膜矯正術。

or·tho·mo·lec·u·lar [͵ɔrθoməˋlɛkjəlɚ; ͵ɔ:θouməˈlekjulə] *adj.*《醫》矯正分子量的。

or·tho·pe·dic, or·tho·pae·dic [͵ɔrθəˋpidɪk; ͵ɔ:θəˈpi:dik] *adj.*《醫》整形外科的：～ surgery 整形外科。

or·tho·pe·dics, or·tho·pae·dics [͵ɔrθəˋpidɪks; ͵ɔ:θəˈpi:diks] *n.* Ⓤ《醫》整形外科(學)，整形術。

or·tho·pe·dist, or·tho·pae·dist [͵ɔrθəˋpidɪst; ͵ɔ:θəˈpi:dist] *n.* Ⓒ整形外科醫師。

or·thop·ter·ous [ɔrˋθaptərəs; ɔ:ˈθɔptərəs] *adj.*《動物》直翅類的。

or·thot·ics [ɔrˋθatɪks; ɔ:ˈθɔtiks] *n.* Ⓤ《醫》矯正術，矯正學。

or·to·lan [ˋɔrtələn; ˈɔ:tələn] *n.* Ⓒ《鳥》**1** 圃鵐《歐洲產畫眉鳥之類的小鳥》。**2**《美》長喇歌鶲(bobolink).

Or·well [ˋɔr͵wɛl, -wəl; ˈɔ:wəl, -wel], **George** *n.* 歐威爾《1903–1950；英國的諷刺小說家及散文家，本名 Eric Arthur Blair》。

-or·y [-orɪ, -ɔrɪ, -ərɪ; -əri, -ɔ:ri] 字尾 **1** 表示「似…的」「有…性質的」之意的形容詞字尾：preparat*ory*. **2** 表示「…場所」之意的名詞字尾：fact*ory*.

or·yx [ˋorɪks, ˋɔr-; ˈɔriks] *n.* Ⓒ(*pl.* ～**·es**, [集合稱] ～)《動物》劍羚《非洲產的長角羚羊，體型大，身灰色有黑色斑點，兩隻長角幾乎直立》。

os[1] [as; ɔs] «源自拉丁文» —*n.* Ⓒ(*pl.* **os·sa** [ˋasə; ˈɔsə])《解剖・動物》骨(bone).

os[2] [as; ɔs] «源自拉丁文» —*n.* Ⓒ(*pl.* **o·ra** [ˋorə, ˋɔrə; ˈɔ:rə])《解剖》口；穴；孔：per ～ 口服的《服藥的指示》。

Os《符號》《化學》osmium.

OS, O.S.《略》Old Saxon ; Old Style ; ordinary seaman.

O·sa·ka [oˋsakə; ˈɔ:səkə, ouˈsɑ:kə] *n.* 大阪《日本本州南部之一海港》。

Os·car [ˋaskɚ, ˋaskə; ˈɔskə] *n.* **1** 奧斯卡《男子名》。
2 Ⓒ《電影》奧斯卡金像獎《Oscar Academy Award 的簡稱，美國電影藝術學院每年頒給最佳影片、演員、導演等的小金像》。

【字源】據說在審查委員會工作的一位女職員第一次看到這座金像時歎道"It reminds me of my Uncle Oscar."(它使我想起我的奧斯卡叔叔。)奧斯卡獎之名因此成立。

Oscar 2

os·cil·late [ˋasl͵et; ˈɔsileit] «源自拉丁文「搖晃」之義» —*v.i.* **1 a**〈東西〉(如鐘擺似地)擺動。**b**〈電風扇等〉(周期性地)左右轉動。**c**〔十介十(代)名〕〈人〉〔在兩點間〕往返，來來去去〔*between*〕.
2〔動(十介十(代)名)〕〈事物〉〔在兩點間〕變動；〈心、意見、行動等〉〔在兩者間〕游移不定，猶豫〔*between*〕：His mood ～*s between* euphoria and depression. 他的心情在幸福感與沮喪的兩極端間游移《一下子心花怒放，一下子又變得愁眉苦臉》。
3《電學》以高周波使電流交流，振盪。
—*v.t.* 使…振動[動搖]。

ós·cil·lat·ing cúrrent *n.* Ⓒ《電學》振盪電流。

os·cil·la·tion [͵aslˋeʃən; ͵ɔsiˈleiʃn] «oscillate 的名詞» —*n.* **1** ⓊⒸ振動(vibration).
2 ⓊⒸ **a** 變動。**b** (心等的)動搖，搖晃，猶豫。
3《物理》**a** ⓊⒸ振盪。**b** Ⓒ振幅。

ós·cil·là·tor [-tɚ; -tə] *n.* Ⓒ**1 a** 振動者。**b** 動搖者。**2 a**《電學》振盪器。**b**《物理》振動子。

os·cil·la·to·ry [ˋasələ͵torɪ; ˈɔsilətəri] *adj.* 振動的，動搖的，擺動的。

os·cil·lo·graph [əˋsɪlə͵græf; əˈsiləgrɑ:f] *n.* Ⓒ《電學》示波器，示波記錄器。

os·cil·lo·scope [əˋsɪlə͵skop; əˈsiləskoup] *n.* Ⓒ《電學》示波器，示波管《觀測信號電壓波狀的一種裝置》。

os·cu·lar [ˋaskjəlɚ; ˈɔskjulə] *adj.* 嘴的；接吻的。

os·cu·late [ˋaskjə͵let; ˈɔskjuleit] *v.i.* **1**《謔》接吻。**2**《幾何》〈面、曲線等〉密切。
—*v.t.* **1**《謔》接吻。**2** 使…與〈面、曲線等〉密切。

os·cu·la·tion [͵askjəˋleʃən; ͵ɔskjuˈleiʃn] «osculate 的名詞» —*n.* ⓊⒸ**1**《謔》接吻。**2**《幾何》(面、曲線等的)密切。

os·cu·la·to·ry [ˋaskjələ͵torɪ; ˈɔskjulətəri] *adj.*《幾何》密切的。

-ose [-os, -oz; -ous, -ouz] 字尾 **1** 表示「多…的」「…性的」之意的形容詞字尾：bellic*ose*. **2**《化學》碳水化合物名稱的字尾：cellul*ose*.

o·sier [ˋoʒɚ; ˈouʒə] *n.* Ⓒ **1**《植物》杞柳樹《尤指產於韓國、日本者》。**2** 此種柳樹的枝條《堅韌易曲，用以編製筐籃》。
—*adj.* [用在名詞前] 柳樹的，柳條工藝的：an ～ basket 柳條製的籃子。

O·si·ris [oˋsaɪrɪs; ouˈsaiəris] *n.* 俄賽里斯《古埃及的主神之一，爲冥界之神，艾塞絲(Isis)之夫》。

-o·sis [-osɪs; -ousis] 字尾 **1** 表示「狀態，變化」之意的名詞字尾：metamorph*osis*. **2** 表示病名的名詞字尾：neur*osis*.

-os·i·ty [-asətɪ; -ɔsəti] 字尾 從形容詞字尾 -ose, -ous 衍生的名詞字尾：joc*osity*(＜jocose).

Os·lo [ˋazlo, ˋaslo; ˈɔzlou] *n.* 奧斯陸《挪威的首都，爲一海港》。

Os·man [ˋɑzman, ˋɑs-, -mən; ɔzˋmɑːn, ɔs-] *n.* 奧斯曼《1259–1326；鄂圖曼(Ottoman)帝國開國者》。
Os·man·li [ɑzˋmænlɪ, ɑs-; ɔzˋmænli, ɔs-] *n.* **1** Ⓒ鄂圖曼土耳其人。**2** Ⓤ鄂圖曼土耳其語。
—*adj.* =Ottoman.
os·mi·um [ˋɑzmɪəm; ˋɔzmiəm] *n.* Ⓤ《化學》鋨《金屬元素；符號 Os》.
os·mo·sis [ɑzˋmosɪs, ɑs-; ɔzˋmousis] *n.* Ⓤ《生理》滲透性。
os·mot·ic [ɑzˋmɑtɪk, ɑs-; ɔzˋmɔtik] «osmosis 的形容詞» **—***adj.* 《生理》滲透性的：～ pressure 滲透壓力。
os·prey [ˋɑsprɪ; ˋɔspri] *n.* Ⓒ《鳥》鶚《蒼鷹的一種，以魚爲主食》。
os·sa *n.* os[1] 的複數。
os·se·ous [ˋɑsɪəs; ˋɔsiəs] «os[1] 的形容詞» **—***adj.* 骨的，由骨形成的，似骨的。
Os·sian [ˋɑʃən, ˋɑsɪən; ˋɔsiən] *n.* 歐希安《傳說中第三世紀左右之愛爾蘭及蘇格蘭高地之英雄及詩人》。
os·si·cle [ˋɑsɪkḷ; ˋɔsikl] *n.* Ⓒ《解剖》小骨(片)。
os·si·fi·ca·tion [͵ɑsəfəˋkeʃən; ͵ɔsifiˈkeiʃn] «ossify 的名詞» **—***n.* **1** 《生理》**a** Ⓤ骨化。**b** Ⓒ骨化的組織。**2** Ⓤ (感情等的)遲鈍化；(思想、信仰等的)僵化，固定化。

osprey

os·si·fy [ˋɑsə͵faɪ; ˋɔsifai] «os[1] 的動詞» **—***v.t.* **1** 《生理》使…骨化。**2** 使…僵化[硬化，固定]。**3** 使…保守化。
—*v.i.* **1** 《生理》骨化。**2** 變無情。**3** 變保守。
os·su·ar·y [ˋɑʃu͵ɛrɪ, ˋɑs-; ˋɔsjuəri] *n.* Ⓒ **1** 藏骨堂。**2** 骨罐；骨甕。
os·ten·si·ble [ɑsˋtɛnsəbḷ; ɔˈstensəbl] *adj.* [用在名詞前] 表面上的，外表的，假裝的：an ～ reason 表面(上)的理由，藉口。
os·tén·si·bly [-səblɪ; -səbli] *adv.* 表面上：*O*～ a consular employee, he is actually a spy. 他表面上是領事館雇員，實爲情報人員。
os·ten·sive [ɑsˋtɛnsɪv; ɔˈstensiv] *adj.* **1** 《邏輯》〈定義等〉明示的，顯示的。**2** =ostensible.
os·ten·ta·tion [͵ɑstənˋteʃən; ͵ɔstenˈteiʃn] *n.* Ⓤ誇耀，虛飾，庸俗的華麗：The statue had beauty without ～. 那座雕像有一種非虛飾的美[樸實無華之美]。
os·ten·ta·tious [͵ɑstənˋteʃəs; ͵ɔstenˈteiʃəs] «ostentation 的形容詞» **—***adj.* 誇耀的，炫耀的，虛飾的，賣弄的：an ～ display 炫耀的展示，虛飾。～**·ly** *adv.*
os·te·o- [ɑstɪo-; ɔstiou-] [複合用詞] 表示「骨」之意。
òsteo·arthrítis *n.* Ⓤ骨關節炎。
os·te·ol·o·gy [͵ɑstɪˋɑlədʒɪ; ͵ɔstiˈɔlədʒi] *n.* Ⓤ骨學《解剖學的一部門》。
os·te·o·path [ˋɑstɪə͵pæθ; ˋɔstiəpæθ] *n.* Ⓒ整骨療法家。
os·te·op·a·thy [͵ɑstɪˋɑpəθɪ; ͵ɔstiˈɔpəθi] *n.* Ⓤ整骨療法。
os·tler [ˋɑslə; ˋɔslə] *n.* Ⓒ (從前旅館的)馬夫。
ost·mark [ˋɔst͵mark, ˋɑs-; ˋɔst͵mɑːk] *n.* Ⓒ **1** 東德馬克《東德的貨幣單位；相當於 100 pfennigs；略作 OM；cf. deutsche mark》. **2** 東德馬克貨幣。
os·tra·cism [ˋɑstrə͵sɪzəm, ˋɔs-; ˋɔstrəsizəm] *n.* Ⓤ**1** (古希臘的)貝殼[陶器片]投票放逐《使用牡蠣殼或陶器破片的秘密投票方式，將危險分子放逐國外十年(後爲五年)》。**2** 放逐，排斥：suffer social [political] ～ 被社會[政界]擯棄。
os·tra·cize [ˋɑstrə͵saɪz; ˋɔstrəsaiz] «ostracism 的動詞» **—***v.t.* **1** (古代希臘人)以貝殼[陶器片]投票放逐〈人〉。**2** 放逐，排斥〈人〉。
os·trich [ˋɔstrɪtʃ, ˋɑs-; ˋɔstritʃ] *n.* Ⓒ**1** 《鳥》鴕鳥。**2** «源自鴕鳥被追至走頭無路時，將頭鑽入沙裏，藏頭露尾，卻以爲可逃避敵人»逃避現實的人，多一事不如少一事的消極主義者。
hàve the digéstion of an óstrich 什麼都能消化，腸胃極好《★源自鴕鳥爲增進砂囊的功能而吞下石頭等硬物》。
óstrich belíef *n.* Ⓤ [又作 **a**～] 掩耳盜鈴[自欺欺人]的想法。
óstrich fàrm *n.* Ⓒ (爲採取羽毛的)鴕鳥飼養場。
óstrich pólicy *n.* Ⓒ鴕鳥政策《逃避現實[自欺欺人]的政策》。

ostrich 1

Os·tro·goth [ˋɑstrə͵gɑθ; ˋɔstrəgɔθ] *n.* **1** [the ～s] 東哥德族《493–555，在義大利建國的日耳曼民族的一支，時間爲 493 至 555 年》。**2** Ⓒ東哥德人。
O.T., OT 《略》Old Testament (cf. N. T.).
O·thel·lo [oˋθɛlo, əˋθɛlo; ouˈθelou, əˈθ-] *n.* 奧賽羅《莎士比亞 (Shakespeare) 的四大悲劇之一；男主角爲 Othello》.
‡oth·er [ˋʌðə; ˋʌðə] «源自古英語「第二的」之義» **—***adj.* (無比較級，最高級) **1** [用在名詞前] [直接修飾複數名詞或與 no, any, some, one, the 等連用] **其餘的，其他的，別的；不同的**《★用法 直接修飾單數名詞時用 another》：～ people 其餘的人/three ～ boys 三個其他的男孩子，其他的三個男孩子/at ～ times (在)其他時候，平時/in *some* ～ place 在其他某處/ ～ things being equal 如果其他條件相同/some ～ time 他日，改天/Mary is taller than *any* ～ girl in the class. 瑪麗比班上任何別的女孩子都高《★用法 這情形以單數爲原則》/I have *no* ～ son(s). 我沒有其他的兒子/There is *no* ～ use for it. 它沒有其他用處/*Any* ～ question(s)? 還有其他問題嗎？/I have *some* [*two, a few*] ～ questions. 我另外有一些[兩個，少許]問題。
2 [用在名詞前] **a** [**the** ～ 或 **one's** ～] (兩者中的)另一個；剩下的一個：Shut your [*the*] ～ eye. 閉上你的另一隻眼睛/Put it in this box, not in *the* ～ (one). 把它放入這個盒子裏，而不是放入另外那一個/There are three rooms. One is mine, one [another] is my sister's and *the* ～ is my parents'. 有三個房間：一間是我的，另一間是我妹妹的，剩下的一間是我父母的《★用法 文意清楚時，the other後面的名詞有時省略》。**b** [**the** ～] 對面的，相反的：*the* ～ end of the table 桌子的那一端/*the* ～ side of the moon 月球的背面/the man on [at] *the* ～ end of the line 在電話另一端的男人《通電話的對方》/*the* ～ party《法律》對方/*the* ～ world 來世。
3 [～ **than**] **a** [常用在(代)名詞後面或作敘述用法] (與…)不同的，…以外的，別的：I'll send some boy ～ *than* yourself. 我會派別的男孩去，而不派你去/The truth is quite ～ *than* you think. 事實和你所想的完全不同。**b** [不用在名詞前] 不…(not)：She is ～ *than* honest. 她不誠實。
4 a [**the** ～；用以修飾表示日、夜、週等的名詞，當副詞用] 不久以前的，前些時的：*the* ～ day 幾天前《至多一週前》/*the* ～ evening 不久以前的一個晚上。**b** 以前的，從前的：in ～ times 以前，從前/men of ～ days 從前的人。**c** 將來的，未來的：In ～ days [times] men will think us strange. 未來的人會認爲我們不可思議。
èvery óther... ⇨ every.
nóne óther than [《文語》**but**]... ⇨ none *pron.*
on the óther hànd ⇨ hand.
the óther wày abóut [(**a**)**róund**] ⇨ way[1].
—*pron.* (*pl.* ～**s**) **1** [常～s；★與 one, some, any 連用時，有時也用單數] **其他的東西，其他的人；別的東西，這以外的東西**《★用法 指單獨而單數時用 another》：Think of ～*s*. 想一想別人《★比較 口語說「別人」時一般用 other people》/Do to ～*s* as you would be done by.《諺》己所欲，施於人《★引自聖經「路加福音」》/To some life means pleasure, to ～*s* suffering. 對一些人來說，人生的意義是享樂，對另外一些人來說則是受苦/Give me some ～*s*, please. 請給我一些別的/If this size is too small, do you have *any* ～*s*? 如果這個尺寸太小，你還有什麼別的嗎？**2 a** [**the** ～] (兩者中的)**另外一方，另一個(人)，他方**：one or *the* ～ (*of* the two rooms) (兩個房間中的)任何一間/One neutralizes *the* ～. 一個使另一個中和/Two of the guests, one [the one] American and *the* ～ Russian, were talking to each other pleasantly. 客人中的兩個人，一個是美國人，另一個是俄國人，在愉快地交談著《★用法 關於兩者的說法，一般用 one...the other, 但有時也用 the one》。**b** [**the** ～**s**] **其他的東西[人]，剩下的所有東西[人]**：I must consult *the* ～*s* about the matter. 關於這件事，我必須和其他人商量/Three of the boys were late, but *all the* ～*s* were in time for the meeting. 男孩子中有三人遲到，但其餘的人都及時趕上開會《★用法 爲强調「全部」，有時也用 all》。
amòng óthers ⇨ among.
and óthers …等。
èach óther ⇨ each *pron.*
nó óther than [**but**] ⇨ no *adj.*
of áll óthers 在所有當中，尤其[特別]：on that day *of all* ～*s* 偏偏在那一天/That was the (one) thing *of all* ～*s* that he wanted to see. 在所有東西當中，那是他特別想看的(東西)。
óne àfter the óther ⇨ one *pron.*
óne from the óther 分辨[區別]彼此：I can't tell the twins *one from the* ～. 我無法分辨那對雙胞胎。
sóme...or óther 某人，某物《★用法 some 後面的名詞常用單數》：*Some* man *or* ～ spoke to me on the street. (不認識的)某人在

街上和我說話/*some* time *or* ～ 有一天，他日某時/*Some* bunch of idiots *or* ～ have done it. (不知哪裏的)一羣傻瓜做了那件事。

thís, thát, and the óther ⇨ this *pron.*

—*adv.* (無比較級、最高級) [～ **than**；用於否定句或疑問句]不如此，用其他的方法：I can do *no*[*can't* do] ～ *than* accept. 我只有接受《我除了接受外別無他法》《★比較 此句一般都用 I can*not* but accept. 的說法》/How can you think ～ *than* logically? 不用邏輯的方法，你怎麼能思考？

óther·diréćted *adj.* 受外力支配的；不自主的。

—*n.* Ⓒ受外力支配者，無自主能力者。

***oth·er·wise** [ˈʌðəˌwaɪz; ˈʌðəwaiz] *adv.* (無比較級、最高級) **1 以別的方法**，在其他狀態，不那樣：I would rather stay than ～. 我寧願留下來而不願做別的/Nobody would have done ～. 沒有人不會那樣做《誰都會那樣做》。**2** [與祈使句、假設法連用；當連接詞用]**否則**，要不然：Start at once, ～ you will be late. 立刻動身，否則你會遲到/He worked hard；～ he would have failed. 他努力讀書[工作]，否則他當時一定會不及格[失敗]。**3 在別的[其他]方面**：He skinned his shins, but ～ he was uninjured. 他的外脛擦破了皮，但別處都沒受傷。

—*adj.* (無比較級、最高級) **1** [不用在名詞前] **a 不同的，不一樣的**：Some are wise, some are ～.《諺》有的人聰明，有的人則不然。**b** [～ **than**]〈與…〉不同的：How can it be ～ *than* fatal? 怎麼會不致命呢？**2** [用在名詞前]在其他方面的：his ～ equals 在其他方面與他匹敵的人。

and ótherwise 及其他；…或別的；等等。

or ótherwise 或相反：We don't know if his disappearance was voluntary *or* ～. 我們不知道他的失踪是出於自願或是另有原因。

óther·wórldly *adj.* **1** 來世的。**2** 空想的；超脫塵俗的。

Oth·man [ˈɑθmən, -mən; ɔθˈmɑːn] *n.* **1** ＝Osman. **2** ＝Ottoman *n.* 1.

-ot·ic [-ɑtɪk; -ɔtik] 字尾 從名詞字尾 -osis 衍生的形容詞字尾：hypn*otic*(＜hypnosis).

o·ti·ose [ˈoʃɪˌos, ˈot-; ˈouʃious, ˈout-] *adj.* 無益的，徒勞的，多餘的。～**·ly** *adv.*

o·ti·tis [oˈtaɪtɪs; ouˈtaitis] *n.* Ⓤ《醫》耳炎。

o·to·lar·yn·gol·o·gy [ˌotəˌlærɪŋˈgɑlədʒɪ; ˈoutəˌlæriŋˈgɔlədʒi] *n.* Ⓤ耳鼻喉科。

o·tol·o·gy [oˈtɑlədʒɪ; ouˈtɔlədʒi] *n.* Ⓤ耳科學。

o·to·log·i·cal [ˌotəˈlɑdʒɪkl; ˌoutəˈlɔdʒikl] *adj.*

ot·ta·va ri·ma [əˈtɑvəˈrimə; ouˈtɑːvəˈriːmə] 《源自義大利語》**—***n.* Ⓒ《韻律》八行詩體《一種義大利之詩體，每行十一音節，但英詩則爲十或十一音節，押韻順序爲 ab ab ab cc》。

Ot·ta·wa [ˈɑtəwə; ˈɔtəwə] *n.* 渥太華《在加拿大安大略省(Ontario)東部，爲加拿大的首都》。

ot·ter [ˈɑtəː; ˈɔtə] *n.* (*pl.* ～**s**, [集合稱] ～) **1** Ⓒ《動物》水獺。**2** Ⓤ水獺皮。

ótter dòg *n.* Ⓒ獵獺犬。

Ot·to [ˈɑto; ˈɔtou] *n.* 奧圖《男子名》。

Ot·to·man [ˈɑtəmən; ˈɔtəmən] *adj.* **1** 奧斯曼(Osman)王朝的；鄂圖曼[舊土耳其]帝國的：the ～ Empire 鄂圖曼帝國(1300?–1924)。**2** 鄂圖曼土耳其人[民族]的《舊土耳其帝國》。

—*n.* Ⓒ(*pl.* ～**s**) **1** 鄂圖曼土耳其人。

2 [**o**～] **a** (有厚墊褥的)無靠背長椅。**b** (有厚墊褥的)脚墊。

ottoman 2 b

ou·bli·ette [ˌublɪˈɛt; ˌuːbliˈet] *n.* Ⓒ(中世紀城堡內的)秘密地牢，暗牢《打開天花板上的蓋板，將人投入》。

ouch [autʃ; autʃ] 《擬聲語》**—***interj.* 哎唷！好痛！《表示突然疼痛的聲音；cf. ow》。

‡ought¹ [ɔt; ɔːt] 《古英語 owe 的過去式》**—***aux.* [否定的縮寫：**ought·n't** [ˈɔtn̩t; ˈɔːtnt]]《★用法 經常與 *to* do 連用，敘述有關過去的行動時與完成式不定詞連用》**1** [表示義務、當然、適當、必要]**應該**…，應當…；做…是當然[適當]的，做…較好；必須…《★比較 用以表示「義務、當然」時，其意義較 should 强；表示「必要」時，則較 must 弱》：You ～ *to* be more careful. 你應當更小心/You ～ *to* do it at once.＝It ～ *to* be done at once. 你必須立刻做那件事/You really ～ *to* apologize. 你眞該道歉/There ～ *to* be more parking lots. 應該有更多停車場[有更多的停車場較好]/It ～ *not*[*oughtn't*] *to* be allowed. 那是不該允許的《★用法《美口語》否定句時有時省略 *to*》/ You ～ *to* have told me. 你早該告訴我了《不說是你的不對》。

2 [表示可能性、當然的結果]**應該是**…，準是…：It ～*to* be fine tomorrow. 明天準是晴天/He ～ *to* have arrived by this time. 這時候他該已到達《如果未到達就怪了》。

3 [**You** ～ **to**；表示美好的、令人驚奇的事物]：You ～ *to* see the beautiful view. 你該去看看那美麗的景色。

hàdn't óught to dó《美口語》《★用法 有人認爲這種說法不標準》(1)不該去做…(ought not to do). (2)不該做了…(ought not to have done).

had óught to dó《美口語》《★用法 有人認爲這種說法不標準》(1)該去做…(ought to do). (2)該做了…(ought to have done).

ought² [ɔt; ɔːt] *n.* Ⓒ零(naught).

ought³ [ɔt; ɔːt] *pron.* ＝aught¹.

***ought·n't** [ˈɔtn̩t; ˈɔːtnt]《口語》**ought¹ not**之略。

Oui·ja [ˈwidʒə; ˈwiːdʒɑː, -dʒə] 《源自法語 oui (＝yes) 與德語 ja (＝yes)》**—***n.* (又作 **Óuija bòard**) Ⓒ《商標》碟仙，靈應盤《上有字母及其他符號的板，板上有占板(planchette)，將手指放在板上時可寫出文字來，用以占卜》。

ounce** [auns; auns] 《源自拉丁文「(一磅的) ¹⁄₁₂」之義》**—n.* **1** Ⓒ**盎司**，英兩，唡《重量的單位；略作 oz.》：**a** (常衡(avoirdupois)) 約等於 ¹⁄₁₆ pound, 16 drams, 437.5 grains, 28.349 g. **b** (金衡(troy weight)) 約等於 ¹⁄₁₂ pound, 20 pennyweight, 480 grains, 31.103 g. **c** (藥衡(apothecaries' weight)) 約等於 ¹⁄₁₂ pound, 8 drams, 480 grains, 31.103 g. **2** Ⓒ液量盎司(fluid ounce). **3** [**an** ～]少量，少許〔*of*〕：He hasn't *an* ～ *of* intelligence. 他沒有一點智慧/*An* ～ *of* practice is worth a pound of precept.《諺》一分實踐勝過十分口訓《身教重於言教》。

‡our [aur, ɑr; ˈauə, ɑː] *pron.* [we 的所有格] **1 我們的**：～ country [school] 我們的國家[學校]/*O*～ Father 我們人類之父，我們的天父，上帝/*O*～ Lady (天主教徒的)聖母瑪利亞/*O*～ Savior 我們的救主《耶穌基督》/this ～ country《文語》我們這個國家《★比較 一般用 this country of ours；cf. ours 2》。

2 a [國王的正式用語，用以代替 my；cf. we 2a]朕的，我的(my). **b** [常用作報紙社論、學術論文用語；cf. we 2 b]我們的：in ～ opinion 依照我們的看法，就我們所見。

3 (表示談話雙方已知的，或不便明說的)那件事，那個人：～ gentleman in the black hat 那個戴黑帽子的先生。

-our [-ɚ; -ə] 字尾《英》＝-or².

‡ours [aurz, ɑrz; ˈauəz] *pron.* (*pl.* ～) [與 we 對應的所有格代名詞] **1 我們的東西** (cf. mine¹)《★用法 按所指的內容而當單數或複數用》：Their house is larger than ～. 他們的房子比我們的大/*O*～ is a day of rapid changes. 我們的時代是個快速變化的時代/*O*～ are the large ones. 那些大的是我們的。

2 [**of** ～]我們的《★用法 our 不能與 a, an, this, that, no 等連用放在名詞前面，所以用 of ours 代替 our 置於名詞後面》：a friend *of* ～ 我們的一位朋友/*this* country *of* ～ 我們的這個國家。

our·self [aurˈsɛlf, ɑr-; ˌauəˈself] *pron.* [用作帝王的正式用語，也常用作報紙社論的用語；cf. we 2]我，我本人(myself)《★用法 editorial 'we' (社論中的「我們」)有用 ourselves 的傾向》。

‡our·selves [aurˈsɛlvz, ɑr-; ˌauəˈselvz] *pron.*《★ we 的反身代名詞；⇨ oneself 用法》**1** [用以加强語氣]**我們自己**，我們親自：**a** [與 we 連用，當同位格用]：We ～ will see to it.＝We will see to it ～. 我們自己會設法處理這件事《★比較 後者較口語化》/We do everything (*for*) ～. 我們什麼都自己做《不依賴別人》。**b** [**and** ～；用以代替 we，us]：Our parents *and* ～ went there. 我們的父母和我們到那裏去(⇨ myself 1 b 語法)。**c** [置於 as, like, than 之後；用以代替 we, us]：You can do it better *than* ～. 你能比我們做得更好。**d** [用以特別表示獨立構句的主詞關係]：*O*～ poor, we understood the situation. 我們自己也貧窮，所以我們瞭解那情形。

2 [- ´] [反身用法]我們自己[本身]：**a** [當反身動詞的受詞用](⇨ myself 2 a ★)：We enjoyed ～ a good deal. 我們玩得很愉快/We made ～ at home. 我們使自己舒適自在。**b** [當一般動詞的受詞用]：We made ～ a little house. 我們爲自己建造一幢小房子。**c** [當介系詞的受詞用]《★參照其他片語》：We must take care of ～. 我們必須照顧自己《不要麻煩別人》。

3 常態的我們，正常的我們《★用法 通常用作 be 的補語》：We were not ～ for some time. 我們楞了半晌。

besíde oursèlves ⇨ oneself.

by oursélves ⇨ oneself.

for oursélves ⇨ oneself.

to oursélves ⇨ oneself.

-ous [-əs; -əs] 字尾 **1** 表示「多…的」，「…性的」，「似…的」，「有…特徵的」，「有…癖的」，「沉溺於…的」之意的形容詞字尾：peril*ous*. **2**《化學》對於以 -ic 爲字尾的酸表示「亞…的」之意的形容詞字尾：nitr*ous* acid 亞硝酸。

ou·sel [ˈuzl; ˈuːzl] *n.* ＝ouzel.

oust [aust; aust] *v.t.* **1** (十受(十介十(代)名))把〈人等〉逐出〔…〕，〔自…〕趕走…〔*from*〕：Baby cuckoos ～ other baby birds *from* their nests. 布穀鳥的雛鳥把其他鳥的雛鳥逐出巢外/He was ～*ed from* his position of (company) director. 他被免去

(公司)董事的職位。**2** 〔十受十介十(代)名〕(非法)剝奪，奪取〈某人〉的〔權利等〕〔*of*〕：～ a person *of* his right 剝奪某人的權利。

‡**out** [aʊt; aut] *adv.* (無比較級、最高級)《★用法 與 be 動詞連用時也可視爲形容詞》**1 a** [常與動詞連用]在[向]外，在[向]外邊[面]，外出(⟷ in)《★參照各動詞項》：go ～ for a walk 出去散步/set ～ on a journey 動身去旅行/My father has gone ～ fish*ing*. 我父親出去釣魚了/He often takes me ～ shoot*ing*. 他常帶我出去打獵。**b** [常與 be 動詞連用]外出，不在：He is ～. 他出去了/Father is ～ in the garden. 父親在外邊的花園裏/O～ to lunch 外出吃飯《★在公司等的告示》。**c** 〈船等〉離開陸地，出海：～ at sea 航海中/far ～ at sea 在遠處海面上。

2 a (向外)突出，(向外)伸出；張開地：shoot ～ buds 發芽/hold ～ one's hand 伸出手來/ stretch ～ one's arm 伸出手臂/roll ～ a carpet 展開地毯。**b** 選出：pick ～ the most promising students 選出最有希望的學生。

3 a 〈東西〉出現：The stars came [were] ～. 星星出來了。**b** 〈身體的某部位等〉露出來：The child's shoulders were ～, so his mother pulled the blanket up. 小孩的肩膀露在外面，所以他母親把(他蓋的)毛毯拉上去/His trousers are ～ at the knees. 他褲管的膝蓋部分破了。**c** 〈秘密等〉洩漏，暴露：The secret is [has got] ～. 秘密洩漏了。**d** 〈書籍〉出版，問世，發表：His new book is [has come] ～. 他的新書出版了。**e** [置於"最高級形容詞＋名詞"之後]《口語》出現於世界中的：He is the clever*est* man ～. 他是世界上最聰明的人。

4 a 〈花等〉開放；〈葉〉長出：The cherry blossoms are ～. 櫻花開了/The buds will be ～ in a week. 花苞在一週內會開放/The leaves are ～. 葉子長出來了。**b** 〈小雞等〉孵出：The chicks are ～. 小雞孵出來了。

5 a 大聲地，讓人聽得見地，高聲地：shout ～ 大聲叫。**b** 明白地，直率地，坦白地：Speak ～！大聲說！/Tell him right ～. 對他說清楚[跟他直說吧]。

6 到最後；徹底地，完全地：fight it ～ 戰到底，決一雌雄/Hear me ～. 聽完我的話/ I was tired ～. 我精疲力竭了。

7 a 缺乏；缺貨：The wine has run ～. 葡萄酒沒有了/His strength was ～. 他耗盡了氣。**b** 〈蠟燭、火等〉熄滅：put ～ a fire 將火熄滅/The light went ～. 燈熄了/The fire has burned ～. 火燒盡了。**c** 昏倒，不省人事：I was ～ for an hour. 我昏過去一小時。**d** 〈期限等〉到期，滿期：before the year is ～ 在年底以前。**e** 不流行，過時：Sack dresses are ～. 布袋裝已經不流行了。

8 a 脫離；失常，有毛病：The arm is ～. 手臂脫臼了/You are ～ in your calculation. 你的計算錯誤。**b** [十介十(代)名]〔與…〕起爭執[不和]〔*with*〕：I am ～ *with* Smith. 我和史密斯不和。

9 (工作)休息地，閒著；在罷工：He is ～ because of sickness. 他因病休息/The workmen are ～ (on (a) strike). 工人正在罷工。

10 失勢，未掌握權力，在野。

11 a 《棒球》出局。**b** 《板球》出局。

12 《高爾夫》(十八洞賽程)打完前半局(九洞)：He went ～ in 39. 他以三十九桿打完前半局。

áll óut ⇨ all *adv.*

be óut for... [**to** dó] 努力獲得…，想(要)…：I'*m* not ～ for compliments. 我不想得到恭維/I *am* not ～ *to* reform the world. 我不打算改造這世界。

óut and abóut 〈病癒後的人〉(恢復健康)出外活動。

óut and awáy ⇨ away *adv.*

óut and óut 完全地，徹底地。

òut of... ⇨out of.　**òut thére** 在那邊。

Óut you gó！《口語》滾，出去！

—*prep.* **1** 從〈門、窗等〉：go ～ the door 從門出去/look ～ the window at the river 從窗口往外看那一條河/hurry ～ the room 從房間匆匆出去。**2** 《美》在…之外：He lives ～ Elm Street. 他住在榆樹街的盡頭。**3** [**from** ～]《詩》《文語》從…：It arose *from* ～ the azure main. 它從蔚藍的海洋中出現。

—*adj.* (無比較級、最高級)**1** [用在名詞前]外面的；遠離的；不平常的：an ～ match《美》遠征比賽，外出訪問的比賽/an ～ size (衣服等)特大號。

2 《高爾夫》(十八洞賽程的)前半局(九洞)的。

—*n.* **1** [**the** ～]外邊(outside)。**2** Ⓒ[常用單數]《口語》(逃避工作、非難等的)藉口，方法。**3** [**the** ～**s**]《英》在野黨。**4** [～**s**]《運動》守方。**5** Ⓒ《印刷》漏排，脫字，省略(omission)。**6** Ⓒ《棒球》出局。

on the óuts with... 《美口語》與…不和[不睦]。

the íns and óuts ⇨ in *n.*

—*v.t.* 《口語》[十受]**1** 逐出，趕出…。**2** 滅[熄]〈火〉。

—*v.i.* [常**will** ～]公布，暴露，出現：Murder *will* ～.《諺》謀殺案終必敗露《紙包不住火》/(The) truth *will* ～.《諺》眞相終會大白。

—*interj.* 滾！說出來！：*O*～ *with* him！把他趕出去！/*O*～ *with* it! 說！

out- 字首 附於動詞、分詞、動名詞等前面表示「外」，「超過…」，「較…優越」等意《★名詞、形容詞的重音在前面，如óutbùrst, óutlỳing; 動詞的重音一般都在後面，或前後均爲重音，如 òutdó, óutdó》。

O

òut·achíeve *v.t.* 〈人〉成就超過…。

out·age [ˈaʊtɪdʒ; ˈautidʒ] *n.* **1** ⓊⒸ(電、瓦斯、水等的)停止供應。**2** Ⓒ停電時間；停止供應的時間。

óut-and-óut *adj.* [用在名詞前]完全的，徹底的：an ～ criminal 十足的[無可救藥的]罪犯。

óut·bàck *n.* [有時O～；**the** ～] **1** 《澳》(人煙稀少的)內陸地區。**2 a** (未開拓的)偏僻地方。**b** 不值得去的場所。

—*adj.* 《澳》內地的，在內地的。

—[ˊ ˋ] *adv.* 《澳》在[向]內地。

òut·bálance *v.t.* **1** 比…重[重要]。**2** (價值、效果等)勝過…。

óut·bàsket *n.* ＝out-tray.

òut·bíd *v.t.* (**out·bid**；**-bid, -bid·den**；**-bid·ding**) (拍賣時)比…出更高的價錢。

òut·bídden *v.* outbid 的過去分詞。

òut·bòard *adj.* [用在名詞前]，*adv.* (⟷ inboard)**1** 《航海》**a** 船外的[地]，在船外的[地]。**b** 〈汽艇的引擎〉裝在船外的[地]：an ～ motor 裝於船外[船尾]的馬達。**c** 〈汽艇〉裝備有船外引擎的[地]。**2** 《航空》靠近翼端的[地]。**—*n.*** Ⓒ附有船尾馬達的船。

óut·bòund *adj.* (⟷ inbound) **1** 往國外的。**2** 〈交通工具等〉開往市外的。

òut·bráve *v.t.* 勇氣蓋過…，無視於…。

out·break [ˈaʊtˌbrek; ˈautbreik] *n.* Ⓒ**1 a** (突然的)發生，爆發；劇增〔*of*〕：an ～ *of* war 戰爭的爆發/an ～ *of* anger 發怒/an ～*of* dysentery 痢疾的發生。**b** 發怒。**2** 暴動〔*of*〕.

òut·búild *v.t.* 比…建得多[快]。

óut·bùilding *n.* Ⓒ(農場上與正屋分離的)房子《穀倉、馬廄、畜舍等》。

óut·bùrst *n.* Ⓒ **1 a** 〔火山、激情等的〕爆發〔*of*〕：an ～ *of* rage 勃然大怒。**b** 激怒：provoke an ～ 引起激怒。**2** 〔眼淚等的〕迸出〔*of*〕：burst into an ～ *of* sobs 突然啜泣起來。

óut·càst *n.* Ⓒ被驅逐的人，流浪者；被遺棄的狗[貓(等)]。

—*adj.* 被驅逐的，被遺棄的，無家可歸的。

óut·càste *adj.* 自(印度的)社會階級(caste)被驅逐的，賤民的。

—*n.* Ⓒ自(印度的)社會階級被驅逐的人，賤民。

òut·cláss *v.t.* 比…更高一階級；遠勝過…：His performance ～*ed* all the others. 他的演技勝過所有其他的人《他的演技超羣》。

out·come [ˈaʊtˌkʌm; ˈautkʌm] *n.* Ⓒ[常用單數]結果，成果(result)〔*of*〕.

óut·cròp *n.* Ⓒ**1** 〔礦脈等的〕露出地面〔*of*〕.

2 〔事件等的〕(急速)出現〔*of*〕.

—[ˊ ˋ] *v.i.* (**out·cropped**；**-crop·ping**) **1** 〈礦脈等〉露出。**2** 出現(於表面)。

óut·crỳ *n.* Ⓒ**1** 叫喊，喊叫聲，怒喊，喧嚷。**2** (大衆的)抗議〔*against, over, about*〕.

out·dance [aʊtˈdæns; autˈdɑːns] *v.t.* 跳舞勝過…。

òut·dáted *adj.* 舊式的，過時的，落伍的(out-of-date).

òut·dístance *v.t.* 遙遙領先，遠超過…。

òut·dó *v.t.* (**out·did**；**-done**) **1** 勝過，凌駕…：He has *outdone* all his rivals *in* skill. 他在技巧方面勝過所有的對手。

2 [～ one*self*] 超過自己原有的水平，比以往做得更好，拼命努力：You really *outdid yourself*. 你確實盡了最大的努力。

out·done [aʊtˈdʌn; autˈdʌn] *v.* **outdo** 的過去分詞。

***out·door** [ˈaʊtˌdor, -ˌdɔr; ˈautdɔː] *adj.* [用在名詞前](無比較級、最高級) **1** 戶外的，屋外的，野外的(⟷ indoor)：an ～ life [theater] 野外生活[露天戲院]/an ～ (swimming) pool 室外游泳池/an ～ café 露天咖啡座/ ～ cooking 野外烹調，野炊/～ wear 外出服。**2** 《英》(救濟院等的)院外的：～ relief (從前的)院外救濟《對救濟院外貧民的救濟》。

***out·doors** [ˈaʊtˈdorz, -ˈdɔrz; ˌautˈdɔːz] *adv.* (無比較級、最高級)在[向]戶外，在[向]屋外，在[向]野外：He stayed ～ until it began to rain. 他待在屋外，一直到開始下雨爲止。

—*n.* Ⓤ[常**the** ～]屋外，野外。

out·doors·man [aʊtˈdorzmən; autˈdɔːzmən] *n.* (*pl.* **-men** [-mən; -mən]) Ⓒ**1** 戶外生活者。**2** 喜戶外活動者。

***out·er** [ˈaʊtɚ; ˈautə] *adj.* [用在名詞前](無比較級、最高級)外的，外部[外面]的(⟷ inner)：in the ～ suburbs 在(遠離市中心的)郊外/the ～ world 世間；外界。

óuter cíty *n.* Ⓒ《美》市郊；郊外(cf. inner city l).

óuter éar *n.* Ⓒ《解剖》外耳(⟷ inner ear).

Óuter Mongólia *n.* 外蒙古(⇨ Mongolia).
óuter·mòst *adj.* [用在名詞前]最外的，最遠的。
óuter plánet *n.* Ⓒ外行星《指木星、土星、天王星、海王星及冥王星等》。
óuter spáce *n.* Ⓤ外太空《地球大氣圈外的空間》。
óuter·wèar *n.* Ⓤ[集合稱]外衣，外套《單排扣大衣、短外套、雨衣等》。
òut·fáce *v.t.* **1** 睥睨〈人〉使人畏懼，盯得〈人〉侷促不安。**2** 擺出泰然[大膽]的姿勢面對〈對方〉；不把…放在眼裏。
óut·fàll *n.* Ⓒ **1** 河口，渠口。**2**〔下水道的〕排水口。
óut·fìeld *n.* (↔ infield) **1** [the ~]《棒球·板球》**a** 外野。**b** [集合稱]外野手《★用法 視爲一整體時當單數用，指全部個體時當複數用》。**2** Ⓒ(農場外面的)田地。
óut·fìelder *n.* Ⓒ外野手(↔ infielder).
òut·fíght *v.t.* (**-fought**)戰勝〈對方〉。
out·fit [ˋaut͵fɪt; ˈautfit] *n.* Ⓒ**1** (爲特定目的而穿的)裝束：an ~ *for* a bride＝a bride's ~新娘裝/in a tennis ~ 穿網球裝。
2 一套裝備[用具，用品]，做生意的用具：infants' ~ 幼兒用品/a carpenter's ~ 木匠工具。
3 a (探險、旅行等的)裝備(用品)。**b** (船的)航行配備。
4 [集合稱]《口語》**a** (從事工作的)一羣人；部隊《★用法 視爲一整體時當單數用，指全部個體時當複數用》。**b** 一行，團體《★用法 與義 4 a 相同》。
—*v.t.* (**-fit·ted**；**-fit·ting**) **1** 做…的準備，準備…。
2〔十受十介十(代)名〕〔以裝備〕供應…〔*with*〕：I was *outfitted with* new shoes. 我添置了一雙新鞋。
óut·fìt·ter *n.* Ⓒ旅行[運動]用品商[店]；服飾品商。
òut·flánk *v.t.*《軍》**1** 包圍〈敵軍〉的側翼。**2** 以計策勝過，搶先；阻撓，挫敗〈對方〉。
óut·flòw *n.* **1 a** Ⓤ〔水等的〕流出。**b** Ⓒ流出物。**2** Ⓒ流出量〔*of*〕.
3 Ⓒ〔感情等的〕奔放〔*of*〕.
òut·fóx *v.t.* 以計[智]勝過，搶先〈對方〉；比…更狡猾。
òut·gó *v.t.* (**-went**；**-gone**)《古》勝過…，優於…。
—[ˊ ˋ] *n.* (*pl.* ~**es**) **1** Ⓒ出發，退出。**2** ⓊⒸ開支，支出。
óut·gò·ing *adj.* (↔ incoming) **1** [用在名詞前] **a** 外出的，離去的，出發的：the ~ tide 退潮/an ~ class 畢業班。**b** 將卸任的，將離職的：an ~ minister 將卸任的部長。**2** 好交際的，外向的。
—*n.* **1** ⓊⒸ**a** 動身，出發。**b** (心情等的)吐露。**2** [~s]開支，支出。
òut·grów *v.t.* (**-grew**；**-grown**) **1** 身體長大到穿不下〈衣服〉：He has *outgrown* his clothes. 他已經長大得衣服穿不下了。**2** 因年齡增長而脫離[革除]〈習慣、嗜好等〉：~ one's babyish habits 隨著年齡增長擺脫了幼稚的習慣。**3** 比…長得大[快]：~ one's brother 比哥哥長得高大/The boy has *outgrown* his strength. 那個男孩的身高比他的力氣增加得快速。
óut·gròwth *n.* Ⓒ **1** 自然的發展，結果〔*of*〕. **2** 衍生物，副產品〔*of*〕. **3** 枝條，新芽，瘤。
out-her·od, out-Her·od [autˋhɛrəd; ͵autˈherəd] *v.t.* ★用於下列成語。**òut-hérod Hérod** 論暴虐勝過 Herod(希律王)，比希律王更希律王《★源自莎士比亞的「哈姆雷特(*Hamlet*)」；有時造出類似的句子：*out*-Zola Zola(在…方面)超過左拉》。
óut·hòuse *n.* Ⓒ**1** (與農場正屋分開的)附屬建築物。**2**《美》屋外的廁所。
óut·ing *n.* Ⓒ郊遊，遠足，野餐，遊山：go for [on] an ~ 去郊遊[野餐]。
out·jump [autˋdʒʌmp; autˈdʒʌmp] *v.t.* 比…跳得高[遠]。
out·land [ˋaut͵lænd, -lənd; ˈautlænd, -lənd] *n.* **1** [常 ~s](莊園等之)靠近邊界之土地。**2** Ⓒ《古》外國。**—***adj.* 境外的；邊遠的。
out·land·er [ˋaut͵lændɚ, -ləndɚ; ˈautlændə, -ləndə] *n.* Ⓒ外國人；外來者。
out·land·ish [autˋlændɪʃ; autˈlændiʃ] *adj.*《口語》**1** 異國風味的，奇異的，古怪的：~ clothes 奇裝異服。**2** 偏僻的，僻遠的。
~·ly *adv.* **~·ness** *n.*
òut·lást *v.t.* **1** 比…持久，比…耐久。**2** 比…活得久。
out·law [ˋaut͵lɔ; ˈautlɔː] *n.* Ⓒ**1** 不法之徒，無賴；被社會擯棄者。**2** 不馴服的馬[動物]。**3** (從前)失去法律保護的人。
—*v.t.* **1 a** 宣布〈某人〉爲不法之徒。**b** 置〈某人〉於法律保護之外。**c** 宣布…爲非法。**2** 禁止…：~ drunken driving 禁止酒醉駕駛。**3**《美》使〈契約等〉失去法律上的效力。
out·law·ry [ˋaut͵lɔrɪ; ˈautlɔːri] *n.* Ⓤ**1 a** 公權的剝奪。**b** 社會的放逐。**2** 非法化。**3 a** 歹徒的身分[狀態]。**b** 無法律保障。
óut·lày *n.* **1** Ⓒ[常用單數]支出額，經費〔*on, for*〕：a large ~ *on* [*for*] scientific research 科學研究的大筆經費。**2** Ⓤ[又作 **an** ~]支出；(精力等的)消耗〔*of*〕：make *a* large [great] ~ *of* time *on* the work 爲該工作耗費大量時間。
—[ˊ ˋ] *v.t.* (**-laid**)〔十受十介十(代)名〕《美》把〈金錢〉花費〔在…上〕〔*on, for*〕.
out·let [ˋaut͵lɛt; ˈautlet] *n.* Ⓒ**1**〔液體、氣體等的〕出口(↔ inlet)；排洩口(↔ intake)〔*for, of*〕：an ~ *for* water 排水口/the ~ *of* a pond 池塘的排水口。**2**〔感情等的〕發洩口[方法]〔*for*〕：an ~ *for* one's energies [feelings] 精力[感情]的宣洩途徑。**3**〔商品的〕銷路，市場；零售店〔*for*〕. **4**《美》(電的)插座(《英》point).
***out·line** [ˋaut͵laɪn; ˈautlain] *n.* Ⓒ**1** 輪廓，外形〔*of*〕(⇨figure A 1【同義字】)。**2** 略圖，草稿〔*of*〕. **3** 大綱，概要〔*of*〕：He gave me a brief ~ *of* what had occurred. 他簡略[概要]地向我敍述了事情發生的經過。
in óutline 輪廓的，概略的，概括的：draw ... *in* ~ 畫…的輪廓[略圖]。
—*v.t.*〔十受〕**1** 畫…的輪廓[草圖]；使…清晰，使…顯明：The cliff was sharply ~*d against* the sky. 絕壁(的輪廓)在天空的襯托下顯得分外清晰。**2** 畫…的略圖[草圖]。**3** 略述…的要點：I will ~ my plans for my trip abroad. 我將略述我旅遊海外的計畫。
out·live [autˋlɪv; ͵autˈliv] *v.t.* **1 a** 生存得比…更久；比…更經久：He ~*d* all his children. 他活得比他所有的孩子還久。**b** 經歷〈某時、某時期等〉之後仍然活著：She was a lonely old woman who had ~*d* her day. 她是一位過了人生鼎盛時期的孤獨老婦。
2 度過〈困難等〉活下去。
***out·look** [ˋaut͵luk; ˈautluk] *n.* Ⓒ[常用單數] **1 a** 展望，景色：an ~ *on* [*over*] the sea 海景。**b** 瞭望台，看守處，望樓。**2** (未來的)展望，前途〔*for*〕：The business ~ *for* next year is favorable [bright]. 明年的事業展望是樂觀的[光明的]。**3**〔…的〕看法，見解，觀點〔*on*〕：a bright [dark] ~ *on* life 光明向上[暗淡悲觀]的人生觀。
óut·lỳing *adj.* [用在名詞前] **1** 在外側的。**2** 離開中心的，邊遠的，偏僻的：an ~ village 偏僻的村莊。
òut·mán *v.t.* (**-manned**；**-man·ning**)人數超過〈對方〉，比〈對方〉人數多：The enemy *outmanned* us ten to one. 敵軍人數比我們多十倍。
òut·manéuver,《英》**òut·manóeuvre** *v.t.* 以謀略制勝，智勝〈對方〉。
out·march [autˋmartʃ; ͵autˈmaːtʃ] *v.t.* 在行軍速度上超過…；追過，超過…。
òut·mátch *v.t.* 勝過，凌駕〈對方〉。
óut·mód·ed [-ˋmodɪd; -ˈmoudid] *adj.* 過時的，舊式的。
óut·mòst *adj.* [用在名詞前]＝outermost.
òut·múscle *v.t.* 在力量或權力上超過或凌駕…之上。
òut·númber *v.t.* 數目勝過…，比…多：The girls in the class ~ the boys two to one. 那一班的女孩子比男孩子多一倍。
‡**out of** [ˋautəv; ˈautəv] *prep.* **1** 從…裏面向外，向…外面(↔ into)：~ doors 向門外/ Two bears came ~ the forest. 兩隻熊從森林裏出來。
2 從〈某數〉當中：one ~ many 多數中的一個/nine cases ~ ten 十之八九/one chance ~ ten 十次中有一次的機會/pay ten dollars and fifty cents ~ twenty dollars 由二十美元中付出十美元五角。
3 在…的範圍外；在…達不到之處：~ sight 看不見，在視線外/Tom was already ~ hearing. 湯姆已經走到聽不到的地方/*O*~ sight, ~ mind.《諺》眼不見，心不想；去者日以疏；離久情疏。
4 a 離開，脫離〈…的狀態〉；沒有…，失去…：~ date 過時的/~ danger 脫險/~ breath 氣喘地，喘不過氣來/ ~ humor 不高興，生氣/ ~ one's mind [head]《口語》瘋狂，失去理性/ ~ doubt 無疑地，確實/ ~ the question 根本不必討論；不可能/~ work [a job] 失業。**b**〈東西〉缺乏，沒有…：We are ~ coffee. 我們沒有咖啡了/We have run ~ tea. 我們茶葉用完了。
5 [表示材料]用…(做材料)(⇨ make *v.t.* A 1 c)：What did you make it ~? 你用什麼材料製造它？
6 [表示原因、動機]由於…，爲了…：~ curiosity [kindness] 由於好奇心[出於好意]/We acted ~ necessity. 我們是因需要而做的。
7 [表示起源、來源] **a** 從…：drink ~ a cup 用杯子喝/come ~ a poor family 出身於貧窮家庭/a passage ~ Milton 密爾頓著作中的一段/~ one's (own) head 出於自己的思考，用自己的頭腦。**b**〈馬等〉由…所生。
8 a [表示結果爲損失]失去…：cheat a person ~ money 騙取某人的金錢/He was swindled ~ his watch. 他被騙走了手錶。**b** 拿…，脫去…：I helped her ~ her clothes. 我幫她脫去衣服。
òut of dóors ＝outdoors *adv.*
óut of it (1)(計畫等)沒有參與的，無關的。(2)《口語》被同伴排擠出去的，孤立的，寂寞的：She felt ~ *it.* 她感到(局外人似的)孤單。(3)《美》弄[搞]錯，推斷錯誤。(4)落伍，過時。
óut-of-bóunds *adv.* 到界外。**—***adj.* **1** 禁止入內的；不得超越的；不許可的。**2** 超出預料之外的。**3**《運動》界外的。

óut-of-cóurt séttlement *n.* Ⓒ法庭外和解。

out-of-date [ˋautəvˋdet; ˌautəvˈdeit ˉ] *adj.* (more ～; most ～) 落伍的，舊式的，陳舊的(⟷ up-to-date)．～·**ness** *n.*

óut-of-dóor *adj.* ＝outdoor l.

óut-of-dóors *adv., n.* ＝outdoors.

óut-of-pócket *adj.* 〈費用等〉(非使用信用卡而)付現款的，非付現金不可的：～ expenses 付現的費用。

óut-of-prínt *adj.* 不再發行的。
—*n.* Ⓒ不再發行的書刊，絕版書刊。

óut-of-síght *adj.* **1** 《俚》了不起的，偉大的。**2** 不合理的，極高的。

óut-of-the-wáy *adj.* **1** 偏僻的，荒僻的：an ～ corner 不起眼的角落。**2** 〈事物〉不尋常的，奇怪的：an ～ topic 奇怪的話題。

óut-of-tówn *adj.* 外埠的；外埠來的；在外埠發生的。

òut·páce *v.t.* **1** 比〈對方〉跑得快，追過…。**2** 勝過，凌駕…。

óut·pàtient *n.* Ⓒ門診病人(⟷ inpatient)：an ～ clinic 以門診病人爲對象的診所。

òut·perfórm *v.t.* 〈機器等〉(性能方面)較…優越。

òut·pláce *v.t.* 取代；排擠。

òut·pláy *v.t.* 比賽技巧優於〈對方〉；以比賽打敗[勝過]〈對方〉：They ～*ed* us, but somehow we won. 他們比賽技巧優於我們，但不知怎樣，我們卻贏了。

òut·póint *v.t.* (拳擊等比賽時)比〈對方〉得分多，以積分勝過…。

out·poll [autˋpol; autˈpoul] *v.t.* 得票多於…；所得票數超過…。

óut·pòst *n.* Ⓒ**1** 邊境的殖民地。**2** 《軍》前哨，哨所。

óut·pòur *n.* **1** Ⓤ流出，瀉出。**2** Ⓒ流[瀉]出物。
—[ˋ ˊ] *v.t.* & *v.i.* 流出(…)。

óut·pòur·ing [ˋautˌporɪŋ, -ˌpɔr-; ˈautˌpɔːriŋ] *n.* **1 a** Ⓤ流出〔*of*〕. **b** Ⓒ流出物：an ～ *of* lava 熔岩流，岩漿。**2** Ⓒ[常～s]〔感情等的〕流露，傾訴〔*of*〕：the ～*s of* the heart 傾訴心曲，情感的流露。

***out·put** [ˋautˌput; ˈautput] *n.* Ⓤ[又作 an ～]**1** 出產，生產；產量；產品。**2 a** 《機械·電學》輸出(量)。**b** 《電算》輸出，輸出操作[性能](⟷ input).
—*v.t.* (**-put, -put·ted**; **-put·ting**)《電算》輸出〈資料〉。

out·race [autˋres; autˈreis] *v.t.* (在賽跑中)勝過〈對手〉。

out·rage [ˋautˌredʒ; ˈautreidʒ] «源自古法語「過分」之義»**—***n.* **1** ⓊⒸ**a** 暴行，殘暴，暴力(行爲)：commit [do] an ～ *against* [*on, upon*] humanity 犯違反人道的暴行。**b** 蹂躪，侮辱：an ～ *on* decency 敗壞風俗的行爲。**2** Ⓤ憤慨，憤怒。
—*v.t.* 〔十受〕**1** 使〈人〉憤慨：I was ～*d* by the whole proceeding. 整個處置(方法)使我感到憤慨。**2** 觸犯，違反〈法律、道義等〉：～ common sense 違反常識。**3 a** 對〈人〉施暴，虐待〈人〉。**b** 凌辱，强姦〈女子〉。

out·ra·geous [autˋredʒəs; autˈreidʒəs ˉ] «outrage 的形容詞»**—***adj.* **1** 殘暴的，暴虐的：an ～ crime 暴虐的罪行。**2 a** 無法無天的，極無禮的，可惡的：one's ～ manners 某人的無禮態度。**b** 過分的，駭人聽聞的：an ～ price 駭人聽聞的價格。**3 a** 離奇的，奇特的。**b** 《美口語》極好的，很棒的。
～·**ly** *adv.* ～·**ness** *n.*

out·ran [autˋræn; autˈræn] *v.t.* **outrun** 的過去式。

òut·ránge *v.t.* 〈大砲等〉(射程)遠於〈對方〉；〈飛機〉(航程)遠於〈對方〉。

òut·ránk *v.t.* **1** 〈地位、身分等〉高於…。**2** 〈東西〉(重要性)超過…。

ou·tré [uˋtre; ˈuːtrei ˉ] «源自法語 'exaggerated' 之義»**—***adj.* 逸出常軌的，偏激的；奇特的，奇怪的，古怪的。

òut·réach *v.t.* **1** 〈事物〉凌駕，優於…。**2** 以計勝過〈某人〉，欺騙〈某人〉。**—***v.i.* 伸出去；走得太遠。

òut·ríde *v.t.* (**-rode**; **-rid·den**)**1** 騎馬跑得比〈對方〉快[技術高明，遠]；騎馬勝過[追過]〈對方〉。**2** 〈船〉安全度過〈暴風雨〉。

óut·rìder *n.* Ⓒ **1** (在貴人馬車前後或兩側的)騎從，侍衞。**2** (在馬車、汽車等前面)開路的前導車，前導警官。

out·rig·ger [ˋautˌrɪgɚ; ˈautˌrigə] *n.* Ⓒ《航海》**1** (伸出於獨木舟等一側，防止顚覆用的)舷外(浮)材；附有舷外材的小船[獨木舟]。**2** (裝於賽船舷側的)支架；裝有舷外支架的船。

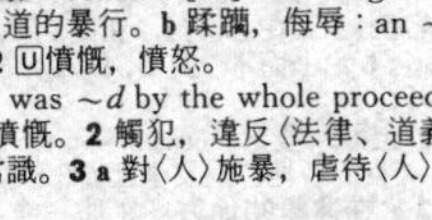

outrigger 1

out·right [ˋautˋraɪt; autˈrait] *adv.* **1 a** 坦白地，率直地。**b** 公然地，露骨地：laugh ～ 肆無忌憚地笑。**2** 徹底地，完全地：buy ～ 全部購買。**3** 立刻，即刻：be killed ～ 當場死亡。
—[ˋautˌraɪt; ˈautrait] *adj.* [用在名詞前]**1** 露骨的，不客氣的，率直的：give an ～ denial 斷然否認。**2** 徹底的，完全的：～ wickedness 極端邪惡/an ～ lie 大謊言。

òut·ríval *v.t.* (**-ri·valed,** 《英》**-valled**; **-valing,** 《英》**-val·ling**)競賽中勝過[打敗]〈對手〉。

òut·rún *v.t.* (**-ran**; **-run**; **-run·ning**)**1** (比賽時)跑得比…快，賽跑勝過〈別人〉。**2** 超過…的限度；凌駕…：He let his zeal ～ discretion. 他讓熱心超越了謹愼《他因過於熱心而有輕率之舉》。**3** 逃離〈追者〉。

out·sail [autˋsel; autˈseil] *v.t.* 駛過…；較…航行得快[遠]。

out·sat [autˋsæt; autˈsæt] *v.* **outsit** 的過去式・過去分詞。

òut·séll *v.t.* (**-sold**)賣得比…多[快]。

óut·set *n.* [the ～]開始，開頭：at [from] *the* (very) ～ 在開始時[從一開始]。

òut·shíne *v.t.* (**-shone**)**1** 發光比…亮[强]。**2** 比…優秀，勝過…。

‡**out·side** [ˋautˋsaɪd; ˌautˈsaid ˉ] (⟷ inside) *n.* [用單數；常 the ～]**1** 外部，外面，外側：The door was locked *on* [*from*] *the* ～. 門從外面上了鎖/those on *the* ～ 門外漢，局外人。**2** 〈事物的〉外觀；表面；外表，外貌：He seems gentle on *the* ～. 他外表看來似乎是溫和的。**3** 外界。

at the (**vèry**) **outside** 至多，頂多。

óutside ín＝INSIDE out (1).

—*adj.* [用在名詞前](無比較級、最高級)**1 a** 外的，外面的，外部的：～ work 屋外的工作/the ～ world 外部，外面；外面的世界[人們]/an ～ broadcast《英》室外的廣播/an ～ man 外務員/an ～ line (電話的)外線。**b** 《英》(從前驛馬車等的)車頂上的：an ～ passenger (公共汽車等)車頂座位的乘客。
2 僅外觀的，膚淺的。
3 《口語》最高的；極端的，最大限度的：an ～ price 最高價。
4 局外人的，無關的：get an ～ opinion 聽取外界的意見。
5 課業[學業]以外的，課餘的，業餘的：～ interests 業餘的嗜好[運動，活動(等)]。
6 〈希望、機會等〉不可能發生的，極少的：There is an ～ chance of sav*ing* the patient. 救活那位病人的希望渺茫。

—*adv.* (無比較級、最高級)**1** 在外，在外面，在外部，在外邊，在[向]戶外；在[向]海上：Father was busy ～. 父親在外面忙/*O*～! 出去！放到外面！/Come ～! 到外面去！《找人打架時的話》；到外面玩吧！**2** 《英》在(驛馬車等的)車頂座位：ride ～ 坐在車頂座位。

outsíde of... (1)《口語》＝outside *prep.* 1. (2)《美口語》＝outside *prep.* 3.

—[autˋsaɪd; ˌautˈsaid, ˈautsaid] *prep.* **1** 在…的外邊，向…的外邊：～ the house 在屋外。
2 在[向]外面：～ one's sphere 在領域外。
3 除…外：*O*～ two or three, no one knows it. 除了兩三人外，沒有人知道那件事。

òut·síder *n.* Ⓒ **1 a** 門外漢，局外人(⟷ insider)：The ～ sees most of the game.《諺》旁觀者清。**b** 公會[黨，議會]外的人，圈外的人，會員以外的人。**2** (比賽中)無獲勝機會的馬[選手]。

out·sit [autˋsɪt; autˈsit] *v.t.* (**-sat** [-ˋsæt; -ˈsæt]; **-sit·ting**) **1** 較〈他人〉坐得久。**2** 久坐超過…時間。

óut·síze *adj.* [用在名詞前]特大號的〈衣服等〉。
—*n.* Ⓒ特大號(的東西)。

out·skirts [ˋautˌskɝts; ˈautskəːts] *n. pl.* 〔城市等的〕邊界，盡頭；郊外〔*of*〕：*on* [*in*] the ～ *of*... 在…的邊緣[郊區]。

òut·smárt *v.t.* **1** 《口語》以機智勝過〈別人〉，以計挫敗…。**2** [～ one*self*]落入自己所設的圈套(而輸)；弄巧成拙。

òut·spénd *v.t.* 開支超過，過度消耗。

òut·spó·ken *adj.* **1** 〈話、意見等〉率直的，不客氣的(⇨ frank[1]【同義字】)：～ criticism 坦率的批評。
2 [不用在名詞前]〔十介十(代)名〕不客氣地說〔…〕的〔*in*〕：He is ～ *in* his remarks. 他說話毫不客氣[直言無諱]。
～·**ly** *adv.* ～·**ness** *n.*

òut·spréad *v.t.* (**out·spread**)伸開，張開。
—*adj.* 張開的，展開的，伸開的：with *óutspread* arms [wings] ＝with arms [wings] *outspréad* 以張開的雙臂[翼]。

***out·stand·ing** [ˋautˋstændɪŋ; ˌautˈstændiŋ ˉ] *adj.* (more ～; most ～)**1 a** 顯著的，傑出的：an ～ statesman 傑出的政治家。**b** 突出的：an ～ tower 突出的塔。**2** (無比較級、最高級)〈負債等〉未付的；〈問題等〉未解決的：leave the debts [problem] ～ 擱著債[問題]未付[未解決]。

òut·stánd·ing·ly *adv.* 顯著地，醒目地。

òut·stáy *v.t.* 較…久留：～ one's welcome 停留過久而令主人生厭/At parties he usually ～*s* all the guests. 在宴會時，他通常比其他客人留得久。

out·step [autˋstɛp; autˈstep] *v.t.* 踏過；越過；超出…的範圍。

òut·strétched *adj.* 張開的，伸長的：lie on the ground with legs and arms ～ 四肢伸開地躺在地上/with *óutstretched* arms ＝with arms *outstrétched* 伸開雙臂地。

òut·stríp *v.t.* (**-stripped**; **-strip·ping**) **1** 追過〈對方〉: John was *outstripped* by all the other runners. 約翰被其他的跑者追過去了。**2** 優於…，勝過…。

òut·tálk *v.t.* 比〈對方〉講得好[快，久，大聲]；舌戰勝過…，辯贏…。

òut·thínk *v.t.* **1** 比…想得更快[更正確]。**2** 在思想上超越…。

óut·trày *n.* Ⓒ(辦公室的)發文架(cf. in-tray).

óut·tùrn *n.* ⓊⒸ**1** 產量。**2**《商》出品；出產《指其品質、數量等而言》。

òut·vóte *v.t.* 以投票數勝過〈對方〉，得票數超過〈對方〉。

òut·wálk *v.t.* **1** 比…走得更快[遠，久]；走贏…。**2** 步行通過或超過〈界線〉。

***out·ward** [ˋautwəd; ˈautwəd] *adv.* (無比較級、最高級) **1 向[在]外，在外面[邊]**: ~ and back 往返地/Chaplin walks with his feet turned ~. 卓別林走起路來脚朝外。
2 向海外，向國外。
—*adj.* [用在名詞前] (無比較級、最高級) **1 向外的，去外面的**: an ~ voyage 往外國[國外]的航行。
2 外表(上)的，表面(上)的，外形的(↔ inward): ~ things 周圍的事物，外界/an ~ form 外形，外觀/*to* ~ appearances [seeming] 就外表看來，外表上，表面上。
3 (對精神而言的)肉體[物質]的: the ~ eye 肉眼。
—*n.* Ⓒ外部；外表，外觀。

óutward-bóund *adj.* 開往國外的(↔ home-bound).

out·ward·ly *adv.* **1** 外表上，表面上。**2 a** 對外。**b** 在[向]外。

óutward mán *n.* [the ~] **1**《神學》肉體。**2**《謔》衣服，風采(等)。

***out·wards** [ˋautwədz; ˈautwədz] *adv.* = outward.

òut·wéar [-ˋwɛr; -ˈwɛə] *v.t.* (**-wore**; **-worn**) **1** 比…經久，比…耐久: This suit has *outworn* all my others. 這套衣服比我其他的衣服耐穿。**2 a** 穿舊，穿破。**b** 使〈人〉筋疲力竭。

òut·wéigh *v.t.* **1** 比…重: He ~*ed* me by forty pounds. 他比我重四十磅。**2** 優於…，勝過…，較…重要: The advantages of the scheme ~ its disadvantages. 該方案的優點超過缺點/With him, honesty ~*s* wealth. 對他來說，誠實較財富重要。

òut·wít *v.t.* (**-wit·ted**; **-wit·ting**) 以機智勝過[挫敗，瞞過]〈對方〉: The burglar *outwitted* the police and got [ran] away. 那名竊賊以機智瞞過警方而開溜/~ an opponent in chess 智取下棋的對手。

óut·wòrk *n.* **1** Ⓤ《英》(承包等的)店外[工廠外]的工作，戶外工作。**2** Ⓒ[常 ~s]《築城》外堡，外壘。
—[ˋ ˊ] *v.t.* 工作得比…熱心[快速]: Industrial robots can ~ humans [skilled labor]. 工業機器人能工作得比人[熟練的工人]更快速。

òut·wórker *n.* Ⓒ外出工作的人，屋外[戶外]工作者。

out·worn [ˋautˋworn, -ˋwɔrn; ˌautˈwɔːn] *adj.* **1** 過時的，已廢的，落伍的: an ~ custom 已廢棄的一種習俗。**2** 陳舊的，陳腐的。

ou·zel [ˋuzl; ˈuːzl] *n.* Ⓒ《鳥》歐洲鶇鳥《如環頸鶇、黑唱鶇等》。

o·va *n.* ovum 的複數。

o·val [ˋovl; ˈouvl] «ovum (卵)的形容詞» **—***adj.* 卵形的，橢圓形的: an ~ face 瓜子臉/ the ~ sphere 橄欖球。
—*n.* Ⓒ **1** 卵形。**2** 卵形[橢圓形]物: **a** (橢圓形的)運動場，球場，徑賽場。**b**《口語》橄欖球。 ~**·ly** [-vlɪ; -vəli] *adv.* ~**·ness** *n.*

Óval Óffice *n.* [**the** ~]《美口語》橢圓形辦公室《在白宮內的總統辦公室》。

o·var·i·an [oˋvɛrɪən; ouˈvɛəriən] «ovary 的形容詞» **—***adj.* [用在名詞前] **1**《解剖》卵巢的: ~ hormone 卵巢荷爾蒙。**2**《植物》子房的。

o·va·ry [ˋovərɪ; ˈouvəri] *n.* Ⓒ**1**《解剖》卵巢。**2**《植物》子房。

o·vate [ˋovet, ˋovɪt; ˈouveit] *adj.* **1** 卵形的。**2**《植物》〈葉〉卵形的。

o·va·tion [oˋveʃən; ouˈveiʃn] *n.* Ⓒ(大衆的)熱烈歡迎[鼓掌]，大喝采: receive a standing ~ 受到(觀衆等)全體起立的歡呼。

***ov·en** [ˋʌvən; ˈʌvn] *n.* Ⓒ(烹調用的)**爐子，烤箱[爐]，灶，(燒磚用的)窯**: hot from the ~ 剛出爐的。
like an óven (像烤爐似的)極熱，悶熱。

óven·bird *n.* Ⓒ**1** (美國產之)橙頂林鶯。**2** (中、南美產之)灶鳥。

óven·wàre *n.* Ⓤ[集合稱] (烤箱用的)耐溫食器[器皿]。

‡o·ver [ˋovə; ˈouvə] *prep.* **1** [表示位置]: **a** [表示分離的正上方位置]**在…的上面，在…上面，在…頭上[正上方]**《★與 under 相對；⇨above【同義字】》: a bridge ~ a river 架在河上的橋/The moon is ~ the roof of our house. 月亮在我們屋頂的正上方/The Union Jack waved ~ them. 英國國旗在他們的頭上飄揚。
b [表示接觸的位置]**覆蓋在…上**: have a shawl ~ one's shoulders 肩上披着披肩/She put her hands ~ her face. 她用雙手遮住臉/He pulled his cap ~ his eyes. 他拉下帽子遮住眼睛。**c** 〈東西〉(罩住似地)**在…上面，壓在…上面似地，向…伸出[突出]**: The cliff projects ~ the sea. 懸崖突出海上/He leaned ~ the fence. 他傾身於籬笆上[他將身子伸過籬笆]。
2 a [常**all** ~]〈場所〉**全面，遍及…，…各地**: *all* ~ the country 遍及全國，全國各地/*all* ~ the world 遍及全世界(cf. *adv.* 2)/travel (*all*) ~ Europe 到歐洲各地旅行。**b** …的全部，…各處: look ~ a house 查看房屋各處。
3 [與動作的動詞連用]**越過…**: jump ~ a fence 跳過籬笆/look ~ a person's shoulder 從某人的肩膀上看過去/The model plane flew ~ the river. 模型飛機飛過河。
4 在〈海、河、街道等〉**的那一邊**: the house ~ the street 街道那一邊的房子/He lives ~ the mountains. 他住在山的那一邊。
5 [表示範圍、數量]**超過…**《★ 比較 一般用 more than》: She was ~ eighty. 她年過八十/In a little ~ two hours we reached the top of Mt. Fuji. 兩個多小時後，我們抵達富士山的山頂/It is ~ *and above* what is wanted. 那是超過需要的東西(cf. OVER and above).
6 [表示控制、優勢]**控制…**；位於…之上，勝過…: rule ~ a country 統治國家/have command [control] ~ oneself [one's passions] 有自制力[控制自己感情的能力]。
7 a 〈時期等〉**在…的時間內，在…期間，至…結束爲止**: ~ a period of time 在某一段時間/I did it ~ the weekend. 我在週末時做的。**b** 〈距離等〉長達…: ~ a good distance 在一長段的區域內/drive ~ a road 沿著道路一直開下去。**c** 經過…: a pass ~ the company's line《美》公司路線全線通用的乘車證。
8 a 關於…: talk ~ the matter with... 和…談論那件事。**b 爲了…事**: She is crying ~ the loss of her son. 她因失去兒子而在痛哭/He and his wife quarreled ~ money. 他和妻子爲金錢而爭吵。
9 邊…邊…；正從事…的時候: talk ~ a beer 邊喝啤酒邊談話/wait ~ a cup of coffee 邊喝咖啡邊等人。
10 透過，經由〈電話等〉: The first news of it was received ~ the telephone. 那件事的最先消息是通過電話收到的/We heard it ~ the radio. 我們從收音機廣播聽到那件事。
áll óver... ⇨ all *adv.*
òver áll 從一端到另一端(cf. overall).
óver and abóve... 除…以外，加上…: I was given a sum ~ *and above* my wages for living expenses. 除了工資外，我另外領取一筆生活費。
—*adv.* (無比較級、最高級)《★ 用法 與 be 動詞連用時可視爲形容詞》**1 a 在上(方)，在高處**: A bird flew ~. 一隻鳥在上空飛過。**b 由上而下；突出，倚靠**: Don't lean ~. 不可把身體探出(窗外)。
2 全面，全部: cover ~ with paint 整個塗油漆/all the world ~ 世界各地，遍及全世界(cf. *prep.* 2 a).
3 a 在遠離的地方，在那一邊；越過(街道、河、海等)，向那邊: ⇨OVER there/They went ~ *to* Paris by plane. 他們搭飛機去巴黎/I'll be right ~. 我馬上過去。**b 向這邊**: Come ~ to me. 到我這裏來/⇨OVER here/I asked him ~. 我請他過來/He came (all the way) ~ to China from England. 他從英國(遠道)來到中國。**c 給他人[他方]**: He made ~ the house to his brother. 他把房子轉讓給他弟弟。
4 反轉，顚倒: He turned [rolled] ~ in his sleep. 他睡覺時翻身/*O*~.《美》=Please turn ~. 請翻過來；請看反面[下一頁]《★略作 P. T. O.》.
5 結束，完畢，過去了(cf. ALL over(1)): School will be ~ at three. 學校將在三點放學/The good old days are ~. 從前的好日子已經過去了/The rain is ~ and gone! 雨停了！/The first act was already ~. 第一幕已演完。
6 自始至終，從頭到尾，全部: read a newspaper ~ 把報紙從頭到尾看一遍/He thought the matter ~ for some time. 他把那件事仔細地考慮了一些時候。
7 反復地，重複地: read it (twice) ~ 反復讀它(兩遍)/many times ~ 重複多次，再三地/ ~ and ~ (again) 一再地，再三地/Could you start ~ again? 你能再重複一次嗎？
8 a 溢: flow ~ 溢出/boil ~ 沸騰而溢出。**b**《口語》**剩餘，剩下**: I paid my bill and have several pounds left ~. 我付了帳還剩下幾英鎊。
9《英》太…，過度地: not ~ well 〈身體〉不太舒服，不太好/"What do you think of this essay?"—"Well, it's not exactly ~ accurate."「你認爲這篇論文如何？」「唔，我認爲它不夠縝密。」
áll óver ⇨all *adv.*
òver agáinst... (1)(面)對着…，在…的前面[附近]。(2)與…對比[對照]: quality ~ *against* quantity 將質與量作一對比。
óver and abóve 加上，而且，再者。
óver and dóne with 結束，完畢: The whole thing is ~ *and done with.* 整個事情已告結束。
Óver and óut! [無線電通信]通信完畢！
òver hére 在這裏，在這邊。

òver thére (1)在那邊，在那裏。(2)《美》在歐洲。
Óver (**to you**)！[無線電通信]請回答！
—*adj.* 多餘的，過度的：～ imagination 過度的想像力。
o·ver- [ovə-; ouvə-] 字首 表示以下的意思：**1**「在上，越過，超過」：*over*coat, *over*shoes；*over*flow, *over*take. **2**「過度的，過剩的」：*over*sleep, *over*load, *over*work.
òver·abúndance *n.* Ⓤ[又作 **an** ～]過剩，過多，過於豐富〔*of*〕. **óver·abúndant** *adj.*
óver·achíeve *v.i.* 做得或表現得比預期的水平好。
òver·áct *v.i.* **1** 做得過度，過分做作。**2**〔動(+介+(代)名)〕〔把角色等〕演得誇張，演得過火〔*in*〕：The actress ～*ed* ***in*** her role. 那位女演員把她的角色演得過火。
—*v.t.* 表演〈角色等〉過火。
óver·áctive *adj.* 過度活躍的，過於活動的。～**·ly** *adv.*
óver·áge *adj.* **1** 超過〔…〕規定[標準]年齡的〔*for*〕. **2** 老朽的：an ～ ship 老朽[超齡]軍艦[船]。
***o·ver·all** [ˈovə˶ɔl; ˈouvərɔːl] *adj.* [用在名詞前](無比較級、最高級)**1** (自一端至另一端的)**全部的**，全面的，所有的：the ～ length *of* a bridge 橋的全長/an ～ length *of* 3½ feet 全長三呎半。**2** 全體的，整體的：an ～ estimate 全盤的估計。
—*n.* **1** Ⓒ《英》(婦女、兒童、醫師等所穿的)罩衣，工作服：in an ～ 穿着工作服。**2** [～s]工作褲。
— [ˌovə˶ɔl; ˌouvərˈɔːl] *adv.* (無比較級、最高級)**1 就整體來說**，就整個來說：*O*～, it's a good hotel. 大體上，那是一家好旅館。**2** 從一端至另一端，(尤指)〈船的〉全長…：a boat 15 feet ～ 全長十五呎的船。

overalls 2

dréssed overáll 〈船〉(因慶祝紀念日等而)裝飾全船。
óver·anxíety *n.* Ⓤ過慮，杞憂。
óver·ánxious *adj.* 過度操心的，杞憂的。
òver·árch *v.t.* 在…上形成拱形，以拱形覆於…：The street is ～*ed by* ginkgoes. 那條街道給拱形的銀杏樹遮蓋着。
—*v.i.* 形成拱形。
óver·àrm *adj.* & *adv.* **1**《棒球·板球》舉手過肩投球的[地]，上投的[地](overhand). **2**《游泳》狗爬式的[地]：the single [double] ～ stroke 單[雙]臂狗爬式游法。
óver·áte *v.* **overeat** 的過去式。
òver·áwe *v.t.* **1** 威嚇，懾服〈人〉；使〈人〉畏縮：I was ～*d* by his great knowledge. 他的博學令我折服。**2**〔十受十介十(代)名〕恐嚇〈人〉[使…]〔*into*〕：～ a person ***into*** submission 恐嚇某人使其屈服。
òver·bálance *v.t.* **1** 使…失去平衡：The ship was ～*d* by the shifting of its cargo. 那條船因貨物的移動而失去平衡/Sit down, or you'll ～ the boat. 坐下來，否則你會使船失去平衡。
2 重量[價值，重要性]超過…；壓倒…：His good qualities ～ his shortcomings. 他的優點多於缺點。
—*v.i.* 《英》失去平衡(而倒下)《★ 比較《美》一般用 lose one's balance》：He ～*d* and fell down. 他失去平衡而倒下來。
— [ˊ-ˌ-ˌ-] *n.* Ⓒ超過，超量，超額〔*of*〕.
òver·béar (**-bore**；**-borne**) *v.t.* **1** (以重量、壓力)壓住。**2** 威服，壓制；壓服，壓倒《★ 常用被動語態》：Their protests *were overborne.* 他們的抗議被壓服了。**—*v.i.*** 結實過多，產子過多。
òver·béaring *adj.* (忽視別人感情或意見的)威服性的，作威作福的，傲慢的。～**·ly** *adv.*
òver·bíd (**over·bid**；**-bid·ding**) *v.t.* **1** (拍賣時)出價高於〈物品〉的價值。**2** (拍賣時)出價較〈別人〉爲高(cf. underbid).
—*v.i.* 〔動(+介+(代)名)〕〔對物品〕出高價〔*for*〕.
— [ˊ-ˌ-] *n.* Ⓒ所出的高價。
o·ver·blow [ˌovəˈblo; ˌouvəˈblou] *v.t.* (**-blew** [-ˈblu; -ˈbluː]；**-blown** [-ˈblon; -ˈbloun]) **1** 吹散〈雲等〉；吹倒；吹遍；吹過。**2** 〈吹來之沙、雪等〉遮覆…。**3** 誇張。
óver·blówn[1] *adj.* **1 a** 吹起[大]的：an ～ reputation (用宣傳等)誇大的名聲。**b** 〈人〉塊頭大的，過胖的。**2** 〈文體、表現等〉誇張的，虛飾的。
òver·blówn[2] *adj.* **1** 〈花〉過了盛開期的。**2** 〈女子、美貌〉過了盛期的。
óver·bòard *adv.* 在船外，(從船上)往水中：fall ～ 掉到船外(落入水中)/Man ～！有人掉下水了！
gò óverboard 《口語》(1)走極端。(2)熱中[於…]，〔對…〕入迷〔*for, about*〕.
thrów ... óverboard (1)把〈人、物〉丟棄於船外[水中]。(2)《口語》拋棄，遺棄…。

óver·bóld *adj.* 太膽大的；鹵莽的，輕率的。
òver·bóok *v.t.* (預料有客人或乘客訂位而未到(no-shows)的情形而接受)對〈飛行航次、旅館等〉超額預約。
—*v.i.* 接受超額預約。
òver·bóre *v.* **overbear** 的過去式。
o·ver·borne [ˌovəˈborn, -ˈbɔrn; ˌouvəˈbɔːn] *v.* **overbear** 的過去分詞。
—*adj.* 被征服的；受壓迫的；被擊敗的。
òver·brásh *adj.* 太輕率的。
óver·brìdge *n.* Ⓒ《土木》(跨越鐵路或公路之)天橋，陸橋。
—*v.t.* 架天橋於…之上。
òver·brím *v.t.* 使…溢出邊緣；溢出…之邊緣。**—*v.i.*** 溢出邊緣；滿溢。
òver·buíld *v.t.* (**-built**)在〈土地〉上建屋過多。
òver·búrden *v.t.* 〔十受十介十(代)名〕**1** 使〈人、物〉負荷過多〔東西〕〔*with*〕.
2 使〈人〉負擔過多〔工作、責任〕；使〈人〉〔因…而〕極爲苦惱〔*with*〕《★ 常用被動語態》：He *was* ～*ed* ***with*** anxiety [debt]. 他因憂慮[債務]而苦惱。
— [ˊ-ˌ-ˌ-] *n.* Ⓒ**1** 過重的貨物，重荷。**2** 過度的負擔。
óver·búsy *adj.* **1** 過忙的。**2** 多管閒事的。
òver·cáll *v.t.* 《紙牌戲》叫牌較…高。**—*n.*** Ⓒ叫牌過高。
***o·ver·came** [ˌovəˈkem; ˌouvəˈkeim] *v.* **overcome** 的過去式。
òver·cápitalize *v.t.* **1** 對〈公司〉的資本估價過高。**2** 對〈企業等〉投資過多。**òver·capitalizátion** *n.*
òver·cáreful *adj.* 過分小心的，過於謹慎的。～**·ly** *adv.*
òver·cást *adj.* **1** 〈天空〉多雲的，陰暗的：The sky was soon ～. 天空不久變得一片陰暗。**2 a** 愁悶的，憂鬱的：an ～ face 憂鬱的面孔，愁容。**b** [不用在名詞前]〔十介十(代)名〕〔因…而〕愁悶的，憂鬱的〔*with*〕：His face is ～ ***with*** grief. 他的臉因悲傷而變得陰鬱。
— [ˊ-ˌ-] *n.* Ⓤ滿天烏雲；烏雲密佈的天空。
òver·chárge *v.t.* **1 a** 〔十受(十介十(代)名)〕〔爲…〕向〈人〉索價過高〔*for*〕：We were ～*d* ***for*** our meal. 我們這頓飯被索取高價《被敲了竹槓》。**b** 〔十受十受十介十(代)名/十受十介十(代)名〕〔爲…〕向〈某人〉多索取〈某金額〉〔*for*〕；〔爲…〕向〈某人〉多索取〔某金額〕〔*by*〕〔*for*〕：They ～*d* me (***by***) 10 dollars ***for*** the meal. 那頓飯他們向我多索取了十美元。
2 a 〔十受(十介十(代)名)〕裝載過多的〔貨〕於…〔*with*〕. **b** 〔十受〕於〈槍砲〉中塡裝過多彈藥。**c** 〔十受〕給…充電過量。
3 誇張，誇大〈說明等〉。
—*v.i.* 索高價，亂討價。
— [ˊ-ˌ-] *n.* Ⓒ **1** 過高的索價。**2 a** 超載。**b** 彈藥裝塡過多。**c** 充電過量。
òver·clóud *v.t.* **1** 使〈天空等〉一片陰暗《★ 常用被動語態》：The sky *was* ～*ed.* 天空被烏雲所遮住。
2 a 使…陰暗，使…憂鬱，使…陰沉。**b** 〈悲傷等〉使〈心、臉色等〉變陰鬱《★ 常用被動語態，成爲「〈心、臉色等〉變陰鬱，變陰沉」之意；介系詞用 *with*》：Her face *was* ～*ed* ***with*** grief. 她的臉色因悲傷而變陰沉。
—*v.i.* **1** 變陰暗。**2** 變陰沉。
o·ver·coat [ˈovəˌkot; ˈouvəkout] *n.* Ⓒ**大衣**，外套《★英美人士到別人家裡拜訪時，穿着大衣、外套進入門內，進入室內後即脫下》。
***o·ver·come** [ˌovəˈkʌm; ˌouvəˈkʌm] (**overcame** [-ˈkem; -ˈkeim]；**-come**) *v.t.* 〔十受〕**1 克服**〈惡習、困難等〉；征服，打敗〈敵人等〉；壓倒…：He succeeded in *overcoming* all those difficulties. 他終於克服了所有那些困難/ Sleep *overcame* me. 睡意征服了我《我睡着了》。
2 使〈人〉軟弱，使…無能爲力《★ 常用被動語態，成爲「〈人〉變得軟弱無力」之意；介系詞用 *by, with*》：He *was* ～ ***by*** the heat [***with*** liquor]. 他熱得倒了下去[他醉倒了]。
—*v.i.* 得勝(win).
òver·cómpensate *v.t.* 對…作過大的補償。
—*v.i.* 〔動(+介+(代)名)〕〔爲彌補缺點〕(潛意識地)作過度的補償〔*for*〕：He seems arrogant because he ～*s* ***for*** his feeling of inferiority. 他爲彌補自己的自卑感而裝出傲慢的樣子。
òver·compen·sátion *n.*
òver·cónfidence 《overconfident 的名詞》**—*n.*** Ⓤ過分自信，自負。
òver·cónfident *adj.* 過分自信的，自負的。～**·ly** *adv.*
òver·cóoked *adj.* 煮[炒，烤]得太久[過熟]的。
òver·cróp *v.t.* 耕種農作物過度[連續耕種]而使〈土地〉變貧瘠。
òver·crówd *v.t.* 〈狹小地方〉容納…過多，使…雜沓《★ 常用被動語態，變成「〈場所〉擁擠，雜沓」之意，介系詞用 *with*》：The place *was* ～*ed* ***with*** tourists. 那個地方擠滿了觀光客。
òver·crówded *adj.* 客滿的；過度擁擠的：an ～ theater 爆滿的戲院/an ～ streetcar 過度擁擠的電車。

òver·devélop *v.t.* 〖攝影〗使〈底片等〉過度顯影。
òver·devélopment *n.*

òver·díd *v.* **overdo** 的過去式。

òver·dó (**-did**; **-done**) *v.t.* **1 a** 做…過火，做…過度《★ 常用被動語態》：The joke is *overdone.* 這個玩笑開得過火了。**b** 用…過多：～ the pepper 胡椒用得過多。**2 a** 誇張〈演技等〉《★ 常用被動語態》：The comic scenes *were overdone.* 滑稽的場面演得太誇張。**b** 誇張地表示[談]〈感情等〉：Don't ～ your gratitude. 感謝(的話)不要說過頭。**3** 把…煮[炒，烤]得太久《★ 常以過去分詞當形容詞用；⇨overdone》.
—*v.i.* 做得過火，做得過分。
overdó it 做得過火，工作過度，誇張。

òver·dóne *adj.* 煮[炒，烤]得太久的(↔ underdone；cf. well-done 1)：～ beef 烤得太久的牛肉。

óver·dòse *n.* Ⓒ藥量過多，過量的服用(藥)〔*of*〕：She took an ～ *of* sleeping pills. 她服用過量的安眠藥。
—[⌐–⌐] *v.t.* 使〈人、動物〉服用過量的藥，配〈藥〉過量。

óver·dràft *n.* Ⓒ〖商〗透支；透支額；(支票的)透支[開過頭]《略作 OD, O.D., O/D》.

òver·dráw (**-drew**；**-drawn**) *v.t.* **1**〖商〗透支〈銀行存款〉，溢開〈支票〉：～ one's account 透支帳目。
2 誇張…：His account of the bank robbery is somewhat *overdrawn.* 他對銀行搶案的敍述有些誇張。
—*v.i.*〖商〗透支。

òver·dráwn *adj.*〖商〗透支的；〈支票〉開過頭的《略作 OD, O.D., O/D》：an ～ account 透支帳戶。

òver·dréss *v.t.* [～ one*self*] 過度裝束，穿得過於考究《★ 常用被動語態，表示「過分裝束」之意；★[比較]《美》一般用 *v.i.* 的說法而不用 ～ one*self*》：She often ～*es herself.* 她常常裝束過度/She *is* always ～*ed for* a party. 她爲赴宴總是過分打扮。
—*v.i.* 過分打扮。

o·ver·drink [ˌovəˈdrɪŋk；ˌouvəˈdriŋk] (**-drank** [-ˈdræŋk; -ˈdræŋk]；**-drunk** [-ˈdrʌŋk; -ˈdrʌŋk]) *v.t.* 使…飲過量；使…飲酒過多。
—*v.i.* 飲過量；飲酒過多。

òver·dríve *v.t.* (**-drove**；**-driv·en**)**1** 過度驅使〈馬、汽車等〉。**2** 使〈人〉工作過度。
—*n.* ⓊⒸ(汽車的)超速傳動《向推進軸傳達比引擎較大速度的一種傳動裝置》：put a car *into* ～ 使汽車作超速傳動。

òver·dúb *v.i.* 將音效、音樂等加錄在其他已錄好的錄音帶上。
—*v.t.* 加〈音效、音樂等〉於錄音帶上。
—[⌐ ⌐] *n.* Ⓒ加錄；加有音效、音樂等的錄音。

òver·dúe *adj.* **1** 支付期限過期的，逾期未付的。**2** 遲到的，誤點的：The train is long [an hour] ～. 那班火車誤點很久[一小時]。

òver·éat (**-ate**；**-eaten**) *v.t.* [～ one*self*] 吃得過多[過量]《★[比較]《美》一般用 *v.i.*》. **—***v.i.* 吃得過多，暴食。

óver·éducate *v.t.* 給予…過多教育；給予…多於工作所需的教育。

óver·émphasize *v.t.* & *v.i.* 過分强調(…)。

òver·éstimate *v.t.* **1** 對〈價值、能力等〉評估過高。**2** 把〈數量等〉估計過高。
—*v.i.* 高估，評價過高。**òver·estimátion** *n.*

òver·excíted *adj.* 過分興奮的。

òver·expóse *v.t.*〖攝影〗使〈底片等〉曝光過度[過久]。

òver·expósure *n.* ⓊⒸ〖攝影〗曝光過度(↔ underexposure).

òver·féed (**-fed**) *v.t.* **1** 過度餵食〈動物等〉，使〈動物等〉吃得太多。**2** [～ one*self*] 吃得太多。**—***v.i.* 吃得太多。

óver·flìght *n.* Ⓒ(飛機等的)飛越上空。

o·ver·flow** [ˌovəˈflo; ˌouvəˈflou] *v.i.* **1 a** (液體)流出，外溢，氾濫：The glass was full [filled] to ～*ing.* 杯子(的酒)斟得滿滿的/ The ponds often ～ in the spring. 那些池塘在春天常常氾濫。**b** 〔十介十(代)名〕溢出，滿出，流出〔到…〕〔*into*〕：The crowd ～*ed* ***into the hall. 羣衆爆滿，擠到走廊上來。**2** 〔十介十(代)名〕〔商品、資金等〕充斥，氾濫，過多〔*with*〕：The market is ～*ing* ***with*** goods. 市場上商品充溢。
—*v.t.* **1** 〔十受〕使…溢出[流出，氾濫]：The river sometimes ～*s* its banks. 那條河的水有時會溢過兩岸。**2** 〔十受(十介十(代)名)〕〈人、物〉由…溢滿〔到…〕〔*into*〕：The crowd ～*ed* the hall ***into*** the street. 羣衆由大廳擠到街上。
— [ˈovəˌflo; ˈouvəflou] *n.* Ⓒ**1 a** 〔河川的〕氾濫，流出〔*of*〕. **b** 溢出[流出]物。**2** 〔人口、商品等的〕過多，過剩〔*of*〕. **3** 排水道[管]。

óverflòw méeting *n.* Ⓒ(由於太擠而)臨時增設的第二集會場。

òver·flý *v.t.* (**-flew**；**-flown**)飛越〈某場所等〉的上空；侵犯…的領空。

óver·gròund *adj.* 在地上的；地上的(↔ underground).

òver·grów (**-grew**；**-grown**) *v.t.* **1** 長滿[蔓延]〈雜草等〉《★ 常用被動語態，介系詞用 *with*》：The wall *was overgrown* ***with*** ivy vines. 牆上爬滿了常春藤。**2** (長得太大)穿不下〈衣服等〉《★[比較]一般都用 outgrow》：～ one's clothes 長得太大而穿不下衣服。**—***v.i.* 長得太快[太大]。

òver·grówn *adj.* **1** [用在名詞前]長得過大的，(與年齡、體力不相稱的)個子太高的；(太大)難看的：He's just an ～ baby. 他只是個發育過速的嬰兒《他的心理年齡和嬰兒一樣》。
2 a 〈植物〉長得太高[太繁茂]的。**b** [用在名詞前]長滿(草等)的〈庭園等〉：an ～ garden 長滿草的庭園。

óver·gròwth *n.* **1** Ⓤ繁茂，叢生，蔓延；生長過度，太胖，太粗。**2** [an ～]長滿某處[建築物]的東西〔*of*〕：*an* ～ *of* grass 草的蔓生。

óver·hànd *adj.* & *adv.* **1** 手放在上面(拿)的[地]。**2**〖裁縫〗重複針縫的[地]。**3 a**〖棒球・板球〗舉手過肩的[地]，朝下投擲的[地]：～ pitching 舉手過肩的投球。**b**〖網球〗由上朝下打的[地]，揚手發球的[地]：an ～ stroke 高手擊球。**4**〖游泳〗狗爬式的《兩手交拍水面的》：the ～ stroke 狗爬式游泳法。
—*n.* Ⓒ舉手過肩的投球[擊球]。

òver·háng (**-hung, -hanged**) *v.t.* **1** 懸於…的上面；向…伸出，突出於…之上：The trees *overhung* the brook forming an arch of branches. 那些樹伸向小溪上，形成一道樹枝的拱門。**2** 〈危險、災害等〉逼近…，威脅…：Danger ～*s* him. 危險逼近他。
—*v.i.* **1** 伸出，突出：The balcony ～*s* a few feet. 陽台突出幾呎。**2** 逼近，威脅：～*ing* dangers 逼近的危險。
—[⌐–⌐] *n.* Ⓒ**1** 伸出，突出部分。**2**〖建築〗(屋頂、陽台等的)懸垂：an ～ *of* 5 feet 五呎的懸垂部分。**3**〖航空〗橫罩，外懸《在雙翼機或多翼機上，其中一翼向外延伸超過另一翼的長度》。

o·ver·haul [ˌovəˈhɔl; ˌouvəˈhɔːl] *v.t.* **1 a** 分解[徹底]檢查[修理]…：I must have the car's engine ～*ed.* 我一定得徹底檢查我的汽車引擎。**b**《口語》徹底調查…；對〈病患〉做詳細檢查：You had better be ～*ed* by a doctor. 你最好給醫生詳細檢查一下。
2 趕上〈對方〉。
— [ˈovəˌhɔl; ˈouvəhɔːl] *n.* Ⓒ**1** 分解檢查[修理]，徹底檢查；翻修：give a car an ～ 徹底檢查車子。
2《口語》精密檢查，詳細檢查。

***o·ver·head** [ˈovəˌhɛd; ˈouvəhed] *adj.* [用在名詞前](無比較級、最高級)**1 頭上的，上面的**：～ lighting 頂上照明/an ～ railway《英》高架鐵路/an ～ projector 頂上放映機《把演講者寫在塑膠板上的字反映在頭頂上銀幕的一種裝置》/an ～ stroke〖網球等〗= *n.* 2/an ～ walkway 高架橋，陸橋，天橋/ ～ wires 架空[高架]電線。
2〖經濟〗一般的，間接的，經常的〈經費〉：～ cost(s) [charges, expenses] 經常[間接]開支，普通費用。
— [ˈovəˈhɛd; ˌouvəˈhed] *adv.* **1 a 在頭上，在上面，在空中，高高地**：*O*～ the moon was shining. 一輪明月當空照耀著。**b**《罕》在樓上：one's neighbors ～ 住在樓上的鄰居。
2 直到頭部沒入：plunge ～ into the water 頭朝下跳入水中。
— [ˈovəˌhɛd; ˈouvəhed] *n.* Ⓒ **1** [《英》常～*s*]〖經濟〗經常開支，普通費用。**2**〖網球等〗由頭上而下的直落球，殺球，高殺球。

o·ver·hear [ˌovəˈhɪr; ˌouvəˈhiə] *v.t.* (**o·ver·heard** [-ˈhɜd; -ˈhəːd]) **1** 〔十受〕(不爲說話者發覺地)**無意中聽到**…：I accidentally ～*d* what they were saying. 我無意中聽到他們的談話內容。

> **【同義字】**overhear 指不爲說話者發覺的情況下，偶然聽到說話者所說的話；eavesdrop 是指故意偷聽對方的話。

2 a 〔十受十原形〕無意中聽到〈某人〉…：He ～*d* his wife talk with the maid. 他無意中聽到妻子對女傭說的話。**b** 〔十受十do*ing*〕無意中聽到〈某人〉〈說…〉：He ～*d* her say*ing* she was quitting her job. 他無意中聽到她說她要辭去工作。

over·heard [ˌovəˈhɜd; ˌouvəˈhəːd] *v.* **overhear** 的過去式・過去分詞。

òver·héat *v.t.* **1** 把…過度加熱，使…過熱。
2 使〈人〉過度興奮，過度煽動〈人〉《★ 常用被動語態》。
—*v.i.* 過度加熱：The engine ～*ed.* 引擎熱度過高。

òver·indúlge *v.t.* & *v.i.* 放縱；過度放任；過度耽溺(…)。

òver·indúlgence *n.* Ⓤ**1** 過度放任；放縱，任性。**2** 過度的沈迷，耽溺〔*in*〕.

òver·indúlgent *adj.* 過度放任的，過分任性的，放縱的。

òver·íssue *n.* Ⓒ〔紙幣、股票等的〕濫發，過度發行〔*of*〕.

òver·jóy *v.t.* 使…極端欣喜；使…大喜；使…狂喜。

òver·jóyed *adj.* [不用在名詞前]**1** 〔十介十(代)名〕〔對…〕大喜的，狂喜的〔*at, with*〕：He was ～ ***at*** the news. 他聽到那消息而欣喜若狂。**2 a** 〔十 *to* do〕非常高興〈做…〉的：He was ～ *to* see me. 他非常高興看到我《★[變換]可換寫成 2b》.**b** 〔十 *that*＿〕〈對…事〉非常高興的：He was ～ *that* he saw me. 他非常高興看到我《★ [變換]可換寫成 2a》.

óver·kìll *n.* Ⓤ**1** (核子武器等的)過度的殺傷威力。**2** (行動等的)過分，過火。

óver·lábor *v.t.* 使…操勞過度，使…工作過累；對…作過度用心的刻畫。

òver·láden *adj.* (貨物)裝載過多的，(工作等)負擔過多的。

òver·láin *v.* **overlie** 的過去分詞。

óver·lànd *adj.* 陸上[陸路]的，經過陸地的。**—***adv.* 在陸上，(經)由陸路：Shall we drive ～ or fly to California? 我們由陸路開車到加州還是坐飛機去呢？

o·ver·lap [ˌovəˋlæp; ˌouvəˈlæp] (**o·ver·lapped**；**-lap·ping**) *v.t.* **1** 重疊〈東西〉，把…疊在一起：The roofing slates were laid to ～ each other. 石板屋瓦是相疊著放置的。

2 〈事物〉與…湊在一起，〈事物〉與…一部分一致，與…重複。

—*v.i.* 〔動(十介十(代)名)〕**1** (空間上)〔與…〕部分重疊〔*with*〕. **2** (時間上)〔與…〕部分一致，湊在一起〔*with*〕：His vacation ～*s* ***with*** mine. 他的假期與我的(假期)有一部分在同一時間。

— [ˈovəˌlæp; ˈouvəlæp] *n.* ⓊⒸ**1** 重複，部分的一致。**2**《電影》重疊；疊印《一個畫面與下一個畫面重疊》。

òver·láy *v.t.* (**-laid**)〔十受十介十(代)名〕**1** 把〈東西〉(疊)放在〔…上〕，將…蓋在〔…上〕。**2** (為裝飾起見)〔用…〕將…薄薄地覆蓋(一層)，塗上一層漆於…〔*with*〕《★ 常用被動語態》：The pine table top *is overlaid* ***with*** a mahogany veneer. 松木桌面鑲有一層桃花心木的裝飾薄板。

—[ˊ-ˋ] *n.* Ⓒ**1** (裝飾用)蓋在上面的東西，鑲鋪的上面一層。**2**《印刷》版上襯墊；版上印壓調整。

óver·lèaf *adj.* & *adv.* 在(紙之)背面的[地]；在(書之)次頁的[地]。

—*n.* Ⓒ(書頁、信箋等之)次面；次頁。

òver·léap *v.t.* (～**ed, over·leapt** [-ˈlɛpt, -ˈlipt; -ˈlept, -ˈli:pt]) **1** 跳過，越過〈某物〉。

2 看漏，省略，忽略〈事物〉。

3 [～ one*self*]跳過頭；做得過分而使自己失敗：He ～*ed himself with* ambition. 他因野心太大而失敗。

òver·líe *v.t.* (**-lay**；**-lain**；**-ly·ing**)**1** 躺[睡，伏]在…上。**2** (壓在上面等)使〈嬰兒〉窒息。

òver·lóad *v.t.* **1** 使…裝載過重，使…負擔過重。**2** 裝填過多彈藥於〈槍砲〉。**3**《電學》使〈電路〉負荷過重；給…充電過量。

—[ˊ-ˋ] *n.* Ⓒ[常用單數]**1** 超載。**2**《電學》過量負載。

òver·lóng *adj.* 過長的，太久的。

—*adv.* (時間上)過久地。

o·ver·look [ˌovəˋlʊk; ˌouvəˈluk] *v.t.* 〔十受〕**1** 〈建築物、場所等〉俯瞰…，立於比…更高之處；〈人〉俯瞰，俯視…：The window of the study ～*ed* a flower garden. 從書房窗口俯視花園/We can ～ the sea from here. 我們從這裏可俯視大海。

2 a 寬容，放過〈過失、缺點等〉：I can ～ her bad points. 我可以寬容她的缺點。**b** 看漏…，忽略…。

3 監督，監視〈某人〉：He was being ～*ed by* his neighbor. 他正受到鄰居的監視。

óver·lòrd *n.* Ⓒ大封主，君主，霸王，大地主。

ó·ver·ly *adv.* **1** 過度地。**2** 非常：I'm not ～ tired. 我不太疲倦。

o·ver·man [ˈovəmən; ˈouvəmæn] *n.* Ⓒ(*pl.* **-men** [-mən; -men]) (礦場)坑內監工員，工頭。

— [ˈovəˋmæn; ˈouvəmæn] *v.t.* (**o·ver·manned, -man·ning**)對〈工作、工作場所等〉配置過多的人員。

òver·máster *v.t.* 壓倒，征服〈人〉；壓制〈感情〉。

òver·mástering *adj.* 壓倒的，控制的：an ～ passion [desire] (無法抑制的)熾烈熱情[強烈願望]。～**·ly** *adv.*

òver·mátch *v.t.* **1** 優於，勝過，壓倒…。**2** 使〈選手等〉與實力較強的對手比賽。

—*n.* Ⓒ更強者，(技藝、段位)高者，強敵〔*for*〕.

óver·módest *adj.* 過分謙虛的；太怕羞的。

òver·múch *adj.* 過多的，過分的。

—*adv.* **1** 過度地。**2** [用於否定句]太。

—*n.* Ⓤ過多。

òver·níce *adj.* 過於講究的，吹毛求疵的。

***o·ver·night** [ˈovəˋnaɪt; ˌouvəˈnaitˋ] *adj.* [用在名詞前](無比較級、最高級)**1** **前一夜的**，昨夜的。

2 過夜的，通宵的；住宿一夜的〈客人等〉；過夜用的：an ～ journey 晚間[一宿]的旅行/an ～ guest過夜[住一夜]的客人/an ～ bag [case](住宿一兩天用的)小旅行袋/make an ～ stop at London 在倫敦停留住一晚。

3 突然的，忽然的：an ～ millionaire 暴發戶。

—*adv.* (無比較級、最高級)**1** **通宵地**，從晚到早，整夜地：keep ～〈飲食等〉可留到第二天早上/stay ～ 過夜，住一晚。

2 在前一夜(之間)。

3 一夜之間，忽然，突然：He became famous ～. 他在一夜之間[突然]成名。

óver·pàss *n.* Ⓒ《美》(立體交叉的)高架道路，天橋，陸橋，(橫跨鐵路上的)高架橋(《英》flyover 2).

overpasses

òver·páy *v.t.* (**-paid**)〔十受(十介十(代)名)〕〔為…〕付給〈某人〉過多〔*for*〕. **òver·páy·ment** *n.*

óver·péopled *adj.* 人口過多的。

òver·pláy (↔ underplay) *v.t.* **1** 誇張地演〈角色〉。**2** 誇大…：～ the advantages of one's job 誇大自己職業的好處。**—***v.i.* 誇張地表演。

óver·plùs *n.* Ⓒ剩餘；過剩，過多。

òver·pópulate *v.t.* 過多人口充滿…；使〈某一地區〉人口過多。

òver·pópulated *adj.* 人口過多的，人口過密的。

óver·populátion *n.* Ⓤ人口過剩，人口過多。

òver·pówer *v.t.* **1** (以較強的力量)勝過，打敗〈對方〉。**2** 〈熱、悲傷等〉壓倒〈人〉，使〈人〉無法忍受《★ 常用被動語態》：She *was* ～*ed* by grief [the heat]. 她悲痛欲絕[熱得受不了]。

òver·pówer·ing *adj.* **1** 〈感情等〉制止不了的，難抗拒的，強烈的：～ grief 難抑止的悲傷。**2** 〈人〉具有強烈個性的，不容分說之強硬性格的。～**·ly** *adv.*

óver·práise *v.t.* 過度讚賞…；對…過獎。

—*n.* Ⓤ過度之讚賞，過獎。

òver·príce *v.t.* 將…標價過高；對…索價過高。

òver·prínt *v.t.*《印刷》(在已印刷的地方)套印，加印〈文字、顏色〉。**—***v.i.* 套印，覆印。**—**[ˊ-ˋ] *n.* Ⓒ套印，覆印。

òver·príze *v.t.* 過分珍視…；對…估計過高。

òver·prodúce *v.t.* & *v.i.* (使…)生產過剩。

òver·prodúction *n.* Ⓤ生產過剩。

òver·protéct *v.t.* 過分保護〈小孩等〉。

óver·quálified *adj.* 資格超過標準的。

òver·rán *v.* **overrun** 的過去式。

òver·ráte *v.t.* 高估〈人、物等〉。

òver·réach *v.t.* **1 a** 過度伸長〈手腳等〉。**b** [～ one*self*]因身體過分伸長而失去平衡[快要跌倒]。**2 a** 走過[越過]〈目標等〉。**b** [～ one*self*]勉強[做得過分]而失敗。**3** 騙過，搶先〈某人〉；比…先下手。

òver·réaching *adj.* 延伸過遠的；狡詐的。

òver·reáct *v.i.* 反應過度。

òver·ríde *v.t.* (**-rode**；**-ridden**)**1 a** 蹂躪〈敵國等〉。**b** 用馬踐踏〈人〉。**2** 藐視，不接受〈命令、權利等〉；推翻〈決定等〉，使…無效：We *overrode* their objections. 我們對他們的反對不予理睬。**3** 把〈馬〉騎累。

òver·ríding *adj.* 比其他一切優先的，主要的：～ concerns 最優先考慮的事。

òver·rípe *adj.* 過熟的。

òver·róde *v.* **override** 的過去式。

òver·rúle *v.t.* **1** (用權力)推翻，駁回〈決定、提議、異議等〉；使…無效：A higher court ～*d* the judgment. 高等法院宣布該判決無效。**2** 支配，戰勝，克服〈意志等〉。

òver·rún (**-ran**；**-run**；**-run·ning**) *v.t.* **1** 〈雜草等〉蔓生於〈某處等〉；〈害蟲、害獸等〉羣集於〈某處等〉《★常用被動語態，介系詞用 *with, by*》：Weeds have ～ the garden. 花園中雜草蔓生[叢生]/The ship *was* ～ ***with*** [***by***] rats. 那一艘船上老鼠猖獗。

2 侵略〈國家等〉，(侵略而)使…荒廢。

3 a 超過〈範圍、限制時間、估計等〉；跑〈壘〉跑過頭：The airplane *overran* the runway. 飛機滑行超過跑道/The radio program *overran* the time allowed it. 那個無線電廣播節目超過了規定的時間。**b** [～ one*self*]《口語》跑得太久而累。

—*v.i.* **1** 超過程度，過分；跑過頭。**2** 溢出。

—[ˊ-ˋ] *n.* Ⓒ **1** 跑過頭，(時間、費用等的)超過：cost ～*s* 費用超過。**2** [常用單數]超過時間：an ～ *of* ten minutes 超過十分鐘的時間。

óver·scrúpulous *adj.* 過分小心的；過於吹毛求疵的。

òver·séa *adv.* & *adj.*《英》＝overseas.

***o·ver·seas** [ˈovəˋsiz; ˌouvəˈsi:zˋ] *adv.* (無比較級、最高級)**在海外**，**向海外**：go ～ 到國外，到海外/from ～ 從海外。

—*adj.* [用在名詞前](無比較級、最高級)**海外的**，**外國的**，向海外的：an ～ broadcast 對海外的廣播/～ trade 海外貿易/make an ～ call 打(往國外的)國際電話。

òver·sée *v.t.* (**-saw**；**-seen**)監督〈工作、工人〉。

óver·sèer *n.* Ⓒ監督者，工頭，監工：an ～ of the poor《英》(從前的)教區救濟委員。

òver·séll *v.t.* (**-sold**) **1** 賣…過多。**2** 過分誇獎[吹捧]…；賣空〈股票等〉。

óver·sénsitive *adj.* 過於敏感的。

òver·sét (**-set**；**-set·ting**) *v.t.* **1** 把〈東西〉打翻，翻倒《★比較《美》一般用 overturn》. **2** 推翻，打倒〈政府〉；破壞〈制度〉。
—*v.i.* 翻倒，傾覆。
—[⌐—⌐] *n.* Ⓒ顛覆；打倒。

òver·séxed *adj.* 性慾特別旺盛的，過分好色的。

òver·shádow *v.t.* **1 a** 投影在〈東西〉上，使…變暗。**b** 使〈喜悅等〉蒙上陰影，使〈人〉憂鬱。**2** (比較下)使…黯然失色，使…相形見絀：Picasso *~ed* his contemporaries. 畢卡索使與他同時代的畫家相形見絀。

óver·shòe *n.* [常 ~s]套鞋《穿在鞋子外面，防水、禦寒用》。

òver·shóot (**-shot**) *v.t.* **1 a** 超過〈目標〉，射〈箭等〉過頭。**b** (尤指)〈飛機〉落地太高而超越〈降落地點〉：The plane *overshot* the runway. 飛機落地過高而超越跑道。**2** [~ *oneself*]過分，過度；做得過分而失敗。**—***v.i.* **1** 飛[走]過頭。**2** 過分，過度。
overshóot the márk ⇨ mark[1].

ò·ver·shót *adj.* **1** 〈水車〉上射式的(⟷ undershot). **2** 上顎突出的。

overshot wheel
(上射式水車)

óver·síde *adv.* **1** 向[在]船邊。**2** 在(唱片的)背面。
—*adj.* [用在名詞前] **1** 從船邊(交貨)的。**2** (唱片的)背面的。
—*n.* Ⓒ(唱片的)背面。

óver·sight *n.* **1** ⓊⒸ看漏，疏忽，失察：by [through] (an) ~ 由於疏忽，粗心。**2** Ⓤ[又作 **an** ~]監視，監督。

òver·símplify *v.t.* 使…過度簡單化，過於簡單地處理…。
-simplificátion *n.*

óver·size *n.* Ⓒ特大號。**—***adj.* 特大號的。

òver·sléep *v.i.* (**-slept**)睡過頭。

óver·sòul *n.* ⓊⒸ《哲學》超靈，大靈《予宇宙以生命並為人類靈魂之根源者，係愛默生(Emerson)等唯心論者所倡》。

òver·spénd (**-spent**) *v.t.* [~ *oneself*] 花費超過〈收入，財力〉；用錢過多。**—***v.i.* 花費超過(收入，財力)。

óver·spìll *n.* **1 a** Ⓤ溢出。**b** Ⓒ溢出的東西；溢出的水〔*from*〕. **2** [常用單數]《英》過剩人口(的移動)〔*of*〕.

òver·spréad *v.t.* (**over·spread**)滿布在…上面；散布於…；將…整個覆蓋《★常以過去分詞當形容詞用，介系詞用 *with, by*》：A faint blush ~ her face. 她滿臉微紅/a garden path ~ ***with*** branches 鋪滿樹枝的花園小徑。

òver·stáff *v.t.* 給…以過多人員。

òver·státe *v.t.* 誇大敍述…，誇張…：~ one's case 誇大敍述自己的理由。

òver·státement «overstate 的名詞»**—***n.* **1** Ⓤ誇張。**2** Ⓒ誇大的敍述[說法]。

òver·stáy *v.t.* 比…久留，比…逗留得久：~ one's welcome 久留而使人生厭。

óver·stèer *n.* Ⓤ過度轉向《車輛轉角時比駕駛者所要的角度作更大內轉的汽車性質；cf. understeer》.
—[⌐—⌐] *v.i.* 〈車子〉駕駛盤轉向過度。

òver·stép *v.t.* (**-stepped**；**-step·ping**)踏過…；超越…的界限：~ the mark 過分，過度/~ one's responsibilities 逾越自己的職責範圍。

òver·stóck *v.t.* 〔十受(十介十(代)名)〕對…供應過多〔商品等〕；存〈貨〉過多〔*with*〕：The market is *~ed.* 市場存貨過多/The grocer's shelves were *~ed* ***with*** merchandise. 食品雜貨商的架子上商品充斥。**—***v.i.* 存貨過多。

òver·stráin *v.t.* **1** 使〈人、神經等〉過度緊張，過度使用：Our ability to meet demand is *~ed.* 我們滿足需求的能力已達極限。**2** [~ *oneself*]過度緊張，過度努力[工作]。
—[⌐—⌐] *n.* Ⓤ過度的緊張[努力]，過度疲勞。

òver·stréss *v.t.* 過分强調…。**—***n.* Ⓤ過分的强調。

òver·strétch *v.t.* **1** 過分伸張…。**2** 伸張於…之上。

òver·stríct *adj.* 過於嚴格的。

óver·strúng *adj.* 〈人、神經等〉過度緊張的，(神經)過敏的。

óver·stúdy *v.t.* & *v.i.* (使…)用功過度。**—***n.* Ⓤ過度的用功。

óver·stúff *v.t.* **1** 過度塡塞…。**2** 以軟墊完全鋪蓋〈家具〉。

óver·stúffed *adj.* 〈椅子、沙發等〉塡塞墊料過多的，過分鬆軟的。

òver·subscríbe *v.t.* 認購〈公債、債券等〉逾額《★常用被動語態》。
òver·subscríption *n.*

óver·supplỳ *n.* ⓊⒸ過量供應。
—[⌐—⌐—⌐] *v.t.* 供應〈物品〉過多[過量]。

o·vert [o'vɝt; ou'vəːt⌐] *adj.* [用在名詞前]明白的，公然的(⟷ covert). **~·ly** *adv.*

o·ver·take [ˌovə'tek; ˌouvə'teik] (**o·ver·took** [-'tuk; -'tuk]；**-tak·en** [-'tekən; -'teikən]) *v.t.* 〔十受〕**1 a 趕上…，追及…**：They *overtook* him at the entrance. 他們在入口處趕上了他。**b** 追過〈某人〉；《英》超過〈他車〉：We were *overtaken* by several cars. 我們被幾部車超越。**c** 趕上〈落後的工作等〉。**2** 〈暴風雨、災難等〉襲擊，突襲〈人等〉《★常用被動語態，介系詞用 *by, with*》：A sudden storm *overtook* us. 我們突然遭到一陣暴風雨的襲擊/He *was overtaken* **by** [***with***] surprise. 他大吃一驚。
—*v.i.* 《英》超(車)：No *overtaking.* 〖標誌〗禁止超車(《美》No passing).

over·taken [ˌovə'tekən; ˌouvə'teikən] *v.* **overtake** 的過去分詞。

óver·tásk *v.t.* 使…負擔過重之工作。

òver·táx *v.t.* **1 a** 對…課以重稅。**b** 向…征收重稅。**2** 對…加以過重的負擔，使…過度勞動，對…要求過高：~ an engine 加重引擎的負荷/~ one's patience 使某人失去耐心，勉强忍受。

óver-the-cóunter *adj.* [用在名詞前] **1** 店面(交易)的，在店裏的：~ sales 店面的生意。**2** 無需醫師處方即可出售的〈藥品〉。

o·ver·threw [ˌovə'θru; ˌouvə'θruː] *v.* **overthrow** 的過去式。

o·ver·throw [ˌovə'θro; ˌouvə'θrou] *v.t.* (**o·ver·threw** [-'θru; -'θruː]；**-thrown** [-'θron; -'θroun]) **1 a 打翻，翻倒**〈東西〉：He *overthrew* the table in anger. 他憤怒地打翻桌子。**b** 打敗，征服…。**2 推翻**〈政府等〉；廢止〈制度〉：~ the government 推翻政府/~ a king 廢黜國王/~ slavery 廢除奴隸制度。**3** 〖棒球·板球〗暴投，高投〈球〉：The shortstop *overthrew* first base, allowing a run to be scored. 游擊手暴傳一壘，使對方得分。
— ['ovəˌθro; 'ouvəθrou] *n.* Ⓒ **1** [常用單數] **a** 打倒；征服。**b** 顛覆；滅亡。**2** 〖棒球·板球〗高飛的暴投，高投。

over·thrown [ˌovə'θron; ˌouvə'θroun] *v.* **overthrow** 的過去分詞。

óver·tìme *n.* Ⓤ**1** 超出定時的工作時間，加班(的工作，時間)：do ~ 加班。**2** 加班費。
—*adj.* [用在名詞前] **1** 額外時間的，加班的：~ pay 加班費/~ work 超過時間的工作，加班的工作。**2** 超過規定時間的：~ parking 超出定時的停車。
—*adv.* **1** 在規定時間外，額外地：work ~ 額外工作，加班。**2** 超過規定時間地：park ~ 逾時停車。
—[⌐—⌐] *v.t.* 耗費過多時間於…上。

óver·tíre *v.t.* & *v.i.* (使…)過度疲勞。

óver·tòne *n.* Ⓒ **1 a** 〖物理〗泛音《比基音(fundamental)振動數多者》。**b** 〖音樂〗泛音，陪伴音《上音的一種》。**2** [常~s]〔思想、說話等的〕絃外之音，附帶的意義，含意，寓意〔*of*〕：'Sea' carries stronger emotional *~s* than 'ocean'. sea 這個字比 ocean 帶有更强烈的情感含意。

o·ver·took [ˌovə'tuk; ˌouvə'tuk] *v.* **overtake** 的過去式。

òver·tóp *v.t.* (**-topped**；**-top·ping**) **1** 高聳於…上面，比…高。**2** 勝過…。

òver·tráin *v.t.* 過度訓練…，使…練習過度。**—***v.i.* 過度地訓練[練習]。

òver·trúmp 〖紙牌戲〗 *v.t.* 打出比…更大的王牌。**—***v.i.* 以更大的王牌取勝(對方的王牌)。

o·ver·ture ['ovətʃə; 'ouvətjuə] «源自古法語「開始」之義»
—*n.* Ⓒ **1** [常~s]〔*of*〕提案，提議：Germany made *~s of* peace [peace *~s*] *to* the Allied Forces. 德國向盟軍提出和平建議《求和》。**2** 〖音樂〗序曲；前奏曲。

o·ver·turn [ˌovə'tɝn; ˌouvə'təːn] *v.t.* **1 打翻…，使…傾覆**：The rough water *~ed* their boat. 大浪打翻了他們的船。**2** 打倒，推翻〈政權〉：The government was *~ed* by the rebels. 政府被叛軍推翻。
—*v.i.* **1 傾覆**：The car *~ed* after skidding. 那一部汽車滑向一邊後翻倒。**2** 翻倒，倒下。
— ['ovəˌtɝn; 'ouvətəːn] *n.* Ⓒ **1** 傾覆，翻倒。**2** 打倒，崩潰。

o·ver·use [ˌovə'juz; ˌouvə'juːz] *v.t.* 過度使用…，濫用…。
— [ˌovə'jus; ˌouvə'juːs] *n.* Ⓤ過度的使用，濫用〔*of*〕.

òver·válue *v.t.* 對…估價過高，高估…，過於重視…(⟷ undervalue).

óver·view *n.* Ⓒ概觀；綱要，概要〔*of*〕：give an ~ *of*... 說明…的概要。

òver·wátch *v.t.* 看守…，監視…。

o·ver·ween·ing [ˌovə'winɪŋ; ˌouvə'wiːniŋ⌐] *adj.* [用在名詞前]過於自負的，傲慢的：~ pride 過强的自尊心。

òver·wéigh *v.t.* **1** 比…重[重要]。**2** 使〈心情等〉沉重；壓迫…。

óver·wèight *n.* **1** Ⓤ超過重量；過重。**2** Ⓤ[又作 **an** ~]體重過重，太胖。
—[⌐—⌐⌐] *adj.* **1** 超過規定重量的，超重的：~ letters 超重的信件/The baggage is two kilos ~. ＝The baggage is ~ *by*

two kilos. 那件行李超重兩公斤。**2**〈人〉太胖的：He is ~. 他太胖。

—[ˌ-ˊ-] *v.t.* **1**〔十受十介十(代)名〕使…超載〔貨物〕〔*with*〕：a truck *~ed with* coals 一輛超載煤的卡車。**2**〈意見、計畫等〉偏重，過於重視〈某一方〉：The arguments are *~ed in* his favor [*against* us]. 議論偏向對他有利[對我們不利]。

o·ver·whelm [ˌovəˋhwɛlm; ˌouvəˈwelm] *v.t.*〔十受〕**1 a**〈感情〉(從精神上)制服，控制〈人〉；使〈人〉無法對付[難以抵抗]《★常用被動語態，介系詞用 *by, with*》：Her presence so *~ed* me that I could hardly talk. 她的在場使我困窘得幾乎說不出話來/I *was ~ed* **by** her kindness. 她的好意使我深受感動/He *was ~ed* **with** grief [joy]. 他不勝悲傷[歡喜]。**b** (以數量、力)壓倒…。**2**〈大水等〉使…下沉[淹沒，傾覆]《★常用被動語態》：The boat *was ~ed by* a great wave. 那條船被大浪淹沒。

ò·ver·whélm·ing *adj.* 壓倒性的，無法抵抗的：an ~ disaster 不可抗拒的災害/by an ~ majority 以壓倒性的多數。

~·ly *adv.*

o·ver·work [ˋovəˋwɝk; ˌouvəˈwəːk] *v.t.*〔十受〕**1 a** 使…過度工作。**b** [~ one*self*] 工作過度，過度勞累《★比較 作此義時一般用不及物動詞》。**2** 把〈話等〉說過頭，把…用得過多：Don't ~ that excuse. 不要濫用那個藉口。

—*v.i.* 工作過度：He has *~ed* for weeks. 他已經過度工作了幾個星期。

—*n.* Ⓤ**1** 過度的工作；過度勞累：He became ill through ~. 他因操勞過度而生病。**2** [ˋovəˌwɝk; ˈouvəwəːk] 額外的工作。

òver·wríte (**-wrote**；**-written**) *v.t.* **1** 寫在〈其他的文字、紙〉上。**2 a** 關於…寫得太多；把…寫得過分誇張：Most of his stories are *overwritten*. 他的大部分小說都寫得太誇張。**b** [~ one*self*] 寫得太多而失敗。**—***v.i.* 寫得過於詳細。

òver·wróught *adj.* **1 a** 過度緊張[興奮]的：~ nerves 過度興奮的神經。**b**《古》過度工作的，過度勞累的。**2**〈文體等〉過於考究的，過分推敲的，不自然的。

óver·zéal *n.* Ⓤ過度熱心。

óver·zéalous *adj.* 過於熱心的。

Ov·id [ˋɑvɪd; ˈɔvid] *n.* 奧維德《43B.C.–A.D.17?；羅馬詩人》。

o·vi·duct [ˋovəˌdʌkt; ˈouvidʌkt] *n.* Ⓒ《解剖》輸卵管。

o·vi·form [ˋovəfɔrm; ˈouvifɔːm] *adj.* 卵形的。

o·vip·a·rous [oˋvɪpərəs; ouˈvipərəs] *adj.*《動物》卵生的。

o·void [ˋovɔɪd; ˈouvɔid] *adj.* 卵形的。**—***n.* Ⓒ卵形物。

o·vu·late [ˋovjəˌlet; ˈɔvjuleit] *v.i.*《生物・生理》排卵。

o·vule [ˋovjul; ˈouvjuːl] *n.* Ⓒ**1**《生物》小卵。**2**《植物》胚珠。

o·vum [ˋovəm; ˈouvəm] *n.* Ⓒ(*pl.* **o·va** [-və; -və])《生物》卵，卵子。

ow [aʊ; au] *interj.* [表示疼痛、驚愕]哎唷！啊！(cf. ouch).

‡**owe** [o; ou]《源自古英語「擁有」之義；⇨ ought》**—***v.t.* **1** 欠〈某人〉債：**a**〔十受〕欠〈金錢、房租等〉；對〈人〉有償還的義務：I ~ ten dollars. 我欠(別人)十美元/I ~ the grocer. 我欠雜貨店錢。**b**〔十受十介十(代)名〕欠〈某人〉〔貨〕款〔*for*〕：I ~ you **for** (my) dinner. 我欠你晚餐的錢。**c**〔十受十介十(代)名〕欠〔貨〕〈款〉〔*on*〕：He still *~d* $200 **on** that car. 他還欠那部車的貨款兩百美元《他買那部車尚有兩百美元的尾款要付》。**d**〔十受十受(十介十(代)名)/十受十介十(代)名〕欠〈某人〉〔…的〕〈貨款〉〔*for*〕；欠〔某人〕〈貨款〉〔*to*〕：I ~ my brother $10. ＝I ~ $10 **to** my brother. 我欠我哥哥[弟弟]十美元/I ~ him 10 pounds **for** the book. 我欠他十英鎊的書錢。

2 a〔十受十受/十受十介十(代)名〕對〈某人〉負有〈感恩、感激等〉義務〔*to*〕：We ~ you a lot [a great deal]. ＝We ~ a lot [a great deal] **to** you. 我們很感謝你《我們欠你的恩情甚多》/We ~ our gratitude *to* society (*for* the benefits it offers us). 我們對社會(所給予我們的恩惠)應心存感激/I ~ you my thanks (*for* your help). 我感謝你(對我的幫助)/I ~ you an apology. 我必須向你道歉/I ~ you a dinner. 我欠你一頓飯；(你請我吃過一頓)這次由我回請。**b**〔十受十介十(代)名〕〔對…事〕必須感謝〈某人〉〔*for*〕：I ~ you a great deal **for** what you've done for me. 我很感謝你爲我所做的一切。

3〔十受十介十(代)名〕將〈成功等〉歸功於〔…〕，有…是由於〔…〕〔*to*〕：I ~ my life **to** you. 你是我的救命恩人/I ~ it *to* my uncle that I am now so successful. 我今天能有這樣的成就，應歸功於我的叔父[伯父]。

4〔十受十受〕對〈人〉懷〈恨〉：I ~ him a grudge. 我對他懷恨《我恨他》。

—*v.i.*〔動(十介十(代)名)〕欠〔…〕錢，尚未付〔…〕錢〔*for*〕：I still ~ **for** my last suit. 我還沒付上次那套衣服的錢。

ówe it to a person [one*sélf*] **to** dó...做…是對某人[自己]的義務，爲某人[自己]做…是理所當然的事：We ~ *it to* our team *to* do our utmost in the game. 在比賽中全力以赴是我們對球隊的義務/We ~ *it to ourselves to* make the best of our lives. 我們在生活中理應利用一切條件充分發揮自己的作用。

ow·ing [ˋo·ɪŋ; ˈouiŋ] *adj.* [不用在名詞前] **1 a** 負債的，未付的：I paid what was ~. 我付清所有應付的錢/There is still 10 dollars ~. 還有十美元未付。**b**〔十介十(代)名〕該付給〔…〕的，欠〔…〕的〔*to*〕：How much is ~ **to** you? 還欠你多少？

2〔十介十(代)名〕由於[起因於]〔…〕的〔*to*〕《★比較 一般認爲用 due to 較合適》：The accident was ~ *to* careless driving. 那次意外事故起因於駕駛疏忽。

ówing to... [當介系詞用]由於…《★比較 because of 是較口語化的說法；⇨ DUE to》：*O~ to* careless driving, he had an accident. 他由於駕駛不小心而出了車禍/There was no game ~ *to* the rain. 由於下雨，比賽取消。

***owl** [aul; aul] *n.* Ⓒ **1**《鳥》**a** 鴞《俗稱貓頭鷹》《★ 相關用語 其叫聲是 hoot》。

> 【說明】(1)貓頭鷹(owl)外表看起來好像很有智慧，所以有 as wise as an *owl* (像貓頭鷹一般聰明)一說，有時看起來又很正經的樣子，所以有 as serious [grave] as an owl (像貓頭鷹一般正經)一說，又因爲夜裏活動白天却很安靜，有人就說 as blind as an *owl* (像貓頭鷹一般眼瞎)；喜歡夜間出來走動的人或晚上精神好的人，常被稱爲 night *owl*.
>
> (2)希臘神話裏，雅典城守護女神雅典娜(Athena)是智慧女神，而她的象徵就是貓頭鷹(owl)，因此有句成語 carry [send] *owls* to Athens，意爲「多此一舉」，因爲以智慧女神雅典娜爲守護神的雅典城多的是貓頭鷹，再送貓頭鷹去那裏無異於多此一舉，意思跟另一成語 carry [take] coals to Newcastle (⇨ coal 成語)相似。羅馬神話裏稱智慧女神爲米納娃(Minerva)，所以貓頭鷹也稱爲 the bird of Minerva.
>
> (3)跟烏鴉一樣被認爲是不吉祥的鳥，通常跟魔法和死亡連想在一起。

b 角鴞(horned owl).

2 a 裝模作樣的人，一本正經的人。**b** 看來聰明的笨蛋，傻瓜。**c** 熬夜的人：⇨ night owl 1.

owl·et [ˋaulɪt; ˈaulit] *n.* Ⓒ **1** 幼鴞。**2** 小型鴞《小鴞屬的統稱》。

ówl·ish [-lɪʃ; -liʃ]《owl 的形容詞》**—***adj.* **1** 似鴞的《指圓臉，戴著眼鏡，眼睛大的人》。**2** 扳著面孔的；一臉聰明相的。

‡**own** [on; oun]《源自古英語「被擁有的」之義》**—***adj.* [用在名詞前] (無比較級、最高級) [主要置於所有格後面] **1** [强調"所有"之意] **a** 自己本身的，自己的：my ~ book 我自己的書/our ~ dear children 我們自己可愛的孩子們/Most Americans go to their work in their ~ cars. 大部分美國人都開自己的車去上班。**b** [强調獨立性] 獨特的，屬於個人的：He loves truth for its ~ sake. 他爲眞理本身而愛眞理/He has a style all his ~. 他有他的獨特風格。

2 [强調自立] 自己做的，不求助於別人的：be one's ~ man [woman] 自己作主，不受他人的支配/cook one's ~ meals 自炊。

3 [表示血親關係] 親的，同胞的：one's ~ father 生父/one's ~ cousin 親堂[表]兄弟姊妹。

gèt [**hàve**] one's **ówn báck**《口語》向〔人〕報仇，雪恥〔*on*〕.

of one's **ówn dóing**《文語》自己…的：reap the harvest *of* one's ~ sow*ing* 收穫自己播種的成果。

of one's **ówn máking** 自己做的…，親手做的…：She is wearing a sweater *of* her ~ *making*. 她穿著一件自己編織的毛衣。

—*pron.* [**one's** ~；獨立用法] 自己的東西，自己的家人，親愛的人；自己獨特的東西[立場]：my ~ [用於稱呼]你，乖孩子/Keep it for your very ~. [對孩子等說] (這個給你)留下當作你的東西吧/I can do what I will with my ~. 我可以隨意處理我自己的東西。

a móment [**mínute, sécond**] **to cáll** one's **ówn** [常用於否定句]屬於自己的[可獨處的]時間：I did*n't* have *a minute to call* my *own*. 我完全[一點也]沒有屬於自己的時間。

còme ìnto one's **ówn** (1)自立；自覺。(2)發揮本領；(眞實價值等)獲得承認。(3)博得應有的成功[聲譽(等)]。

hóld one's **ówn** (1)〔對於攻擊等〕堅守自己的立場〔*against*〕。(2)〈病人〉撐下去。

of one's **ówn** 屬於自己本身的：a room *of* my (very) ~ (完全)屬於自己的房間/He has a house *of* his ~. 他擁有自己的房子。

on one's **ówn**《口語》(1)獨立，憑自己：do something *on* one's ~ 憑自己的創意做某事，自己負責做某事/He is going to China *on* his~. 他將要自己[自費]去中國。(2)單獨地，獨自：He is (all) *on* his ~. 他(完全)是孤單一人/If he's going to do something like that, he's *on* his ~. 如果他要做那樣的事，他自己去做《我不再幫他》。

—*v.t.* **1**〔十受〕(根據法律上的權利)擁有…，持有…：Who *~s* this land? 誰擁有這塊地？/He *~s* a house in the country. 他在鄉下有一幢房子。

2 a〔十受〕承認，坦承〈罪行、事實等〉：She *~ed* her weakness. 她承認自己的弱點。**b**〔十受十(*to be*)補〕承認〈某人、某事〉〈是…〉：I should like to ~ myself a conscientious objector. 我願意坦承自己(爲了道德或宗教上的原因而)拒服兵役者/I ~ the document *to be* a forgery. 我承認該文件是僞造的。**c**〔十受十*as*補〕承認〈某人、某事〉〈爲…〉：They ~*ed* him *as* their leader. 他們一致承認他是他們的領袖。**d**〔十受十過分〕承認〈某人、某事〉受到…：He ~*s* himself indebt*ed* [beat*en*]. 他承認自己受過恩惠[被擊敗，輸了]。**e**〔十(*that*)__〕承認〈…事〉：He ~*ed that* he was wrong. 他承認自己錯了。
3 承認…爲自己的東西：His father refused to ~ him. 他的父親拒絕承認他(爲自己的兒子)。
—*v.i.*〔十介十(代)名〕承認〔缺點〕，招認〔罪行等〕〔*to*〕：I ~ *to* a great many faults. 我承認自己有很多缺點/She ~*ed to* be*ing* thirty [*to* hav*ing* told a lie]. 她坦承自己年已三十[說了謊]。
ówn úp《*vi adv*》《口語》完全[爽快]承認〔…〕〔*to*〕(《★可用被動語態》)：He ~*ed up* (*to* his faults). 他爽快地承認(自己的錯誤)。

‡own·er [ˋonɚ; ˈounə] *n.* Ⓒ **1** 物主，所有者〔*of*〕. **2**《商》貨主，船主。
(at) ôwner's risk《商》(貨運)由貨主負擔損失。
ówner-drìver *n.* Ⓒ《英》駕駛自用車的人，自己開車子的人。
ówner·less *adj.* 無主的。
ówner-óccupier *n.* Ⓒ《英》住用自己房子的人。
ówner·shìp *n.* Ⓤ主權，所有權：land of uncertain ~ 所有權不清楚[未確定]的土地。

***ox** [ɑks; ɔks] *n.* Ⓒ (*pl.* **ox·en** [ˋɑksn̩; ˈɔksn]) **1** 公牛；(尤指勞役用或食用的)閹牛(⇨ cow¹【相關用語】)。**2**《動物》牛屬的動物總稱。
ox·a·late [ˋɑksə͵let; ˈɔksəleit] *n.* Ⓤ《化學》草酸鹽，乙二酸鹽。
ox·al·ic [ɑksˋælɪk; ɔkˈsælik˝] *adj.* **1** 採自酢漿草的。**2**《化學》~ acid 草酸，乙二酸。
ox·a·lis [ˋɑksəlɪs; ˈɔksəlis] *n.* Ⓒ《植物》酢漿草。
óx·bòw [-͵bo; -bou] *n.* Ⓒ**1** (牛頸下的)U 字形牛軛。**2**《美》(河流的)U 字形彎曲部分。
Ox·bridge [ˋɑks͵brɪdʒ; ˈɔksbridʒ]《*Ox*ford 和 Cam*bridge* 的混合語》**—***n.*《英》(有古老傳統的)牛津大學與[或]劍橋大學(cf. redbrick). **—***adj.* 牛津劍橋(特有)的。
óx·càrt *n.* Ⓒ牛車。
***ox·en** [ˋɑksn̩; ˈɔksn] *n.* **ox** 的複數。
óx·èye *n.* (又作 **óxeye dáisy**)Ⓒ《植物》法國菊。
óx-éyed *adj.* 眼睛大如牛眼的。
Ox·ford [ˋɑksfɚd; ˈɔksfəd]《源自古英語「牛可涉水的地方(ford)」之義》**—***n.* **1 a** 牛津《英國牛津郡(Oxfordshire)的首府，爲牛津大學(Oxford)所在地》。**b** (又作 **Óxford Univèrsity**) 牛津大學：an ~ man 牛津大學的學生[畢業生]。

【說明】創設於十二世紀，爲英國最古老的大學；與劍橋大學(Cambridge University)併稱爲 Oxbridge, 教育了許多世界著名的人物(cf. establishment【說明】)。有三十四個男子學院(college)及五個女子學院，構成愛西斯河(the Isis)兩岸美麗的牛津郡景觀。學生上課三年(九學期)必須以優等成績通過學位考試方可畢業；校色是深藍色(dark blue)，又作 Oxford blue；cf. Cambridge 1 b.

2 [常 **o~**] (又作 **óxford shóe**) Ⓒ [常 ~**s**]《美》(繫帶子的)淺口便鞋《戶外用》。
Óxford áccent *n.* Ⓒ裝腔作勢的語調。
Óxford bágs *n. pl.*《俚》褲口寬大之法蘭絨長褲。
Óxford blúe *n.* Ⓤ《英》深藍色(dark blue)(cf. Cambridge blue).
Óxford gráy *n.* Ⓤ深灰色(布料)。
Óxford Gróup Mòvement *n.* [**the** ~] 牛津集團運動(⇨ Moral Re-Armament).
Óxford mòvement *n.* [**the** ~；有時 **O~ M~**] 牛津運動《1833 年興起於 Oxford 大學，使天主教教義在英國國教中復興》。
Ox·ford·shire [ˋɑksfɚd͵ʃɪr, -ʃɚ; ˈɔksfədʃə, -͵ʃiə] *n.* 牛津郡《英格蘭南部的一郡，首府牛津(Oxford)；略作 Oxon.》.
óx·hìde *n.* Ⓤ牛皮。
ox·i·dant [ˋɑksədənt; ˈɔksidənt] *n.* Ⓒ《化學》(火箭或飛彈燃料的)氧化劑《光化學煙霧的主要原因，爲過氧化物的通稱》。
ox·i·da·tion [͵ɑksəˋdeʃən; ͵ɔksiˈdeiʃn] *n.* Ⓤ《化學》氧化(作用)。
ox·ide [ˋɑksaɪd; ˈɔksaid] *n.* ⓊⒸ《化學》氧化物。
ox·i·dize [ˋɑksə͵daɪz; ˈɔksidaiz] *v.t.* 使…氧化，使…生銹；將〈銀等〉氧化。**—***v.i.* 氧化；生銹。
ox·i·di·za·tion [͵ɑksədaiˋzeʃən; ͵ɔksidaiˈzeiʃn] *n.*

óx·lìp *n.* Ⓒ《植物》黃花九輪草《開淡黃色的花》。
Ox·on [ˋɑksɑn, -sən; ˈɔksən, -sɔn]《略》[附加在學位等後面] 牛津大學(的)：John Smith, M.A., ~ 牛津大學學士約翰·史密斯。
Oxon. [ˋɑksɑn, -sən; ˈɔksən, -sɔn]《略》Oxfordshire；Oxonian.
Ox·o·ni·an [ɑksˋonɪən; ɔkˈsounjən˝]《源自 Oxford 拉丁文的形容詞》**—***adj.* **1** 牛津的。**2** 牛津大學的。
—*n.* Ⓒ **1** 牛津城的人[居民]。**2** 牛津大學的學生[畢業生] (cf. Cantabrigian 1).
óx·tàil *n.* Ⓒ [當作菜名時爲Ⓤ] 牛尾《剝皮的牛尾，用作湯料》：~ soup 牛尾湯。
óx·tòngue *n.* Ⓒ [當作菜名時爲Ⓤ] 牛舌。
ox·y·a·cet·y·lene [͵ɑksɪəˋsɛtl̩͵in; ͵ɔksiəˈsetili:n˝] *n.* Ⓤ氧乙炔(氣體)。
—*adj.* (使用)氧氣與乙炔混合物的：an ~ blowpipe [torch] 氧乙炔吹管[氣炬]《用以切斷金屬》。
ox·y·gen** [ˋɑksədʒən; ˈɔksidʒən]《源自希臘文「產酸者」之義》**—n.* Ⓤ《化學》氧《符號O》.
—*adj.* [用在名詞前] 氧氣的：an ~ mask 氧氣罩/an ~ tank 氧氣槽/an ~ tent (急救用)氧氣帳篷。

oxygen mask

ox·y·gen·ate [ˋɑksədʒən͵et; ɔkˈsidʒəneit] *v.t.*《化學》以氧氣處理…，加氧於…；使…氧化。
ox·y·ge·na·tion [͵ɑksədʒəˋneʃən; ͵ɔksidʒəˈneiʃn] *n.*
ox·y·gen·ize [ˋɑksədʒən͵aɪz; ˈɔksidʒənaiz] *v.t.* **1** = oxygenate. **2** = oxidize.
ox·y·gen·less [ˋɑksədʒənlɪs; ˈɔksidʒənlis] *adj.* 缺氧氣的。
ox·y·hy·dro·gen [͵ɑksɪˋhaɪdrədʒən; ͵ɔksiˈhaidrədʒən] *adj.* 氫氧混合的。**—***n.* Ⓤ氫氧混合氣《割切或鎔接金屬用》。
ox·y·mo·ron [͵ɑksɪˋmoran; ͵ɔksiˈmɔ:rɔn] *n.* Ⓒ (*pl.* ~**s**, **-mo·ra** [-rə; -rə])《修辭》矛盾修飾法《如 a wise fool, cruelly kind 等，把互相矛盾的字並列，以獲得特殊效果的一種修辭法》。
o·yez, o·yes [ˋojɛs, ˋojɛz, ˋoje; ouˈjes, ˈoujes]《源自古法語 'hear me' 之義》**—***interj.* 聽！靜聽！肅靜！《法院法警或傳令官促人注意的呼聲，通常連叫三次》。
oys·ter [ˋɔɪstɚ; ˈɔistə]《源自希臘文「骨」之義，因蠔殼硬如骨》**—***n.* Ⓒ**1**《貝》**a** [當作食物時爲Ⓤ] 蠔，牡蠣：*Oysters* are only in season in the 'r' months.《諺》牡蠣的季節在含有 r 字的月份(cf. R months).

【說明】歐美人士吃牡蠣的季節稱爲「R 月分」(R months)，也就是拼字時有 r 字母的月分：九月(Septembe*r*)至四月(Ap*r*il)，所以說 *Oysters* are only in season in the 'r' months. (牡蠣的季節在 r 月分。) 沒有 r 的月分，歐洲的牡蠣正值產卵期，生殖巢容易腐爛。牡蠣吃法可以油炸或煮湯，但味道最好的是將帶半殼的生牡蠣(oysters on the halfshell)，倒上一點醋(vinegar)、番茄醬或檸檬汁等，邊吃邊喝白葡萄酒。

b 珍珠貝(pearl oyster).
2 (雞)骨盤凹處的肉《尤其美味》。
3《口語》沉默寡言[守口如瓶]的人，嘴緊的人：Don't be an ~. 有話快說呀！**4** [常 **one's** ~] **a** 容易到手的東西，自己可隨意處理的東西：The world is his ~. 這個世界是他的地盤[宛如整個世界由他主宰似的；人生最得意的時刻]《★出自莎士比亞的喜劇「溫莎的風流婦人(*The Merry Wives of Windsor*)」》. **b** 最喜愛的東西。
(as) clóse as an óyster 嘴很緊的，守口如瓶的，絕不會洩漏的。
óyster bànk *n.* =oyster farm.
óyster bàr *n.* Ⓒ (櫃台式的)蠔肉菜館。
óyster bèd *n.* =oyster farm.
óyster cràcker *n.* Ⓒ與蠔肉同進食的圓形或六角形小鹹餅乾。
óyster cùlture [fàrming] *n.* Ⓤ牡蠣的養殖。
óyster fàrm *n.* Ⓒ牡蠣養殖場，養蠔場。
óyster plànt *n.*《植物》=salsify.
oz. [auns, ˋaunsɪz; auns, ˈaunsiz]《略》ounce(s) (cf. ozs.).
Ózark Móuntains [ˋozark-; ˈouzɑ:k-] *n.* [**the** ~] (又作 **the Ozarks**) 奧沙克山《美國密蘇里州南部、阿肯色州北部和俄克拉荷馬州東北部的低矮山》。
o·zone [ˋozon, oˋzon; ˈouzoun]《源自希臘文「芬芳」之義》**—***n.* Ⓤ **1**《化學》臭氧。**2**《口語》(海邊等使人精神清爽的)新鮮空氣。
o·zo·nif·er·ous [͵ozəˋnɪfərəs; ͵ouzəˈnifərəs] *adj.* 含臭氧的；生臭氧的。
o·zo·niz·er [ˋozə͵naɪzɚ; ˈouzənaizə] *n.* Ⓒ《化學》臭氧(發生)器。
ozs. [ˋaunsɪz; ˈaunsiz]《略》ounces (cf. oz.).

Pp **Pp** *pp*

p, P[1] [pi; pi:] *n.* (*pl.* **p's, ps, P's, Ps** [~z; ~z]) **1** Ⓤ Ⓒ 英文字母的第十六個字母。**2** Ⓤ (一序列事物的)第十六個；(不含 j 時的)第十五個字母。

mínd [wátch] one's **Ṕ's** [ṕ's] **and Q́'s** [q́'s] 注意言行《★源自 p 跟 q容易混淆不清之故》。

P[2] [pi; pi:] *n.* Ⓒ (*pl.* **P's, Ps** [~z;~z])P 字形(之物)。

p [pi; pi:] 《略》《英》pence；penny [pennies] (⇨ penny 1)：100*p* (＝100 (new) pence) (新)一百便士《即一英鎊》。

P 《略》 park； parking；〖物理〗pressure；《符號》〖化學〗phosphorus.

p. 《略》page (*pl.* **pp.** pages)；〖音樂〗piano.

pa, Pa [pɑ; pɑ:] **«**papa 之略**»—***n.* [用於稱呼]《口語》爸(cf. ma).

p.a. 《略》participial adjective；per annum.

Pa 《符號》〖化學〗protactinium. **Pa.** 《略》 Pennsylvania. **PA** 《略》 personal assistant；public address system；〖美郵政〗Pennsylvania.

PAA 《略》Pan-American World Airways (美國)汎美航空公司。

Pab·lum [ˋpæbləm; 'pæbləm] *n.* Ⓒ **1** 〖商標〗一種嬰兒食品。**2** [p~]枯燥乏味的文章。

pab·u·lum [ˋpæbjələm; 'pæbjuləm] **«**源自拉丁文"food"之義**»—***n.* Ⓤ **1** 《罕》食物。**2** (精神上的)糧食《★常用於下列片語》：mental ~ 精神糧食《書籍等》。

Pac. 《略》Pacific.

P.A.C. 《略》Political Action Committee. (美國)政治行動委員會。

***pace** [pes; peis] *n.* **1** Ⓒ **a** 步，一步，步子(step)：make three ~*s* 走三步。**b** 步幅(2½ft.)。**2 a** [a ~]步調；步伐；速度：*a* double-time ~ 跑步/*an* ordinary ~ 常步/*a* quick ~ 快步/*a* rattling ~ (跑得叭嗒叭嗒作響的)快步/at *an* easy ~ 腳步緩慢地/at *a* good ~ 相當快地；活潑地/at *a* snail's ~ 慢吞吞地。**b** [用單數](工作、生活等的)速度，拍子：at one's own ~ 以自己的步調。**3** Ⓒ [常用單數] **a** 步態。**b** 〖馬術〗馬之蹓行步法《將一邊的兩腳同時舉起以兩拍子前進》，溜蹄；cf. gait 2.

a chánge of páce ⇨ change.

gò the páce 《口語》(1)飛快行進，急速前進。(2)過放蕩[奢華]的生活，揮霍享樂。

kèep páce with… (1)與…齊步並進。(2)與…並駕齊驅。

pùt…through his **páces** 試〈人、動物〉的本領[能力]；試〈機器等〉的功能《★源自「試馬的技術、耐力等」之意》。

sèt the páce(s) (1)定速率，決定[調整]步調。(2)示範；帶頭。

shów one's **páces** 顯出本領，展示能力。

—*v.i.* **1** 〔+副詞(片語)〕緩慢地走；踱步：The bear ~*d up* and *down* (his cage). 那隻熊(在籠中)緩慢地來回踱步。**2** 〈馬〉溜蹄走。**—***v.t.* **1** 〔+受〕在〈房間、地板〉踱步，在…緩慢地走來走去：~ the floor [room] (因煩惱)在地板上[室內]來回踱步。**2** 〔+受(+副)〕步測〈距離〉〈*off, out*〉：~ ***off*** [***out***] a distance 步測距離。**3** 〔+受〕爲〈運動選手〉定步速，爲…調整步調。

páce·màker *n.* Ⓒ **1** (帶頭)定步速[調整步調]的人。**2** 示範者；前導者，引導者。**3** 〖醫〗(心臟的)定調器《以電刺激心臟使心室正常搏動的裝置》。

pác·er *n.* Ⓒ **1 a** 踱步者。**b** 步測者。**2** ＝pacemaker. **3** 溜蹄的馬。

páce·sètter *n.* ＝pacemaker 1, 2.

pa·cha [pəˋʃɑ, ˋpɑʃə; pə'ʃɑ:, 'pɑ:ʃə] *n.* ＝pasha.

pach·y·derm [ˋpækə͵dɝm; 'pækidə:m] **«**源自希臘文「厚皮的」之義**»—***n.* Ⓒ **1** 厚皮動物《河馬、象、犀牛等》。**2** 感覺遲鈍的人；厚臉皮的人。**pach·y·der·ma·tous** [͵pækəˋdɝmətəs; ͵pæki'də:mətəs⁻], **-der·mous** [͵pækəˋdɝməs; ͵pæki'də:məs⁻] *adj.*

pa·cif·ic [pəˋsɪfɪk; pə'sifik] **«**源自拉丁文「創造和平」之義**»—***adj.* **1** 和平的。**2** 愛好和平的。**3** 太平的；平穩的，平靜的。

pa·cíf·i·cal·ly [-klɪ; -kəli] *adv.*

‡**Pa·cif·ic** [pəˋsɪfɪk; pə'sifik] *adj.* 太平洋的：⇨ Pacific Ocean/the ~ coast [states] (美國的)太平洋岸[沿岸各州]/the ~ War 太平洋戰爭。**—***n.* [the ~]太平洋。

【字源】葡萄牙(Portugal)航海家麥哲倫(Magellan)在 1520 年經過氣候惡劣的麥哲倫海峽(the Strait of Magellan)後在大西洋航行了約一百天，一直是風平浪靜，因此以 pacific 來稱呼這片海洋；cf. Atlantic【字源】

pac·i·fi·ca·tion [͵pæsəfəˋkeʃən; ͵pæsifi'keiʃn] **«**pacify 的名詞**»—***n.* Ⓤ講和，和解；鎮定；綏靖，安撫。

pa·cif·i·ca·to·ry [pəˋsɪfəkə͵torɪ, -͵tɔrɪ; pə'sifikətəri] *adj.* 和解的，調停的；安撫的。

pa·cif·i·cism [pəˋsɪfə͵sɪzəm; pə'sifisizəm] *n.* ＝pacifism.

pa·cif·i·cist [-sɪst; -sist] *n.* ＝pacifist.

‡**Pacífic Ócean** *n.* [the ~]太平洋。

Pacífic (Stándard) Tìme *n.* Ⓤ (美國西部的)太平洋(標準)時間《比 G(M)T 慢八小時；略作P.(S.)T.；⇨ standard time【說明】》。

pác·i·fì·er *n.* Ⓒ **1** 撫慰者；調停者。**2** 《美》(嬰兒的)奶嘴(《英》dummy, comforter).

pác·i·fìsm [-͵fɪzəm; -fizəm] *n.* Ⓤ和平主義。

pac·i·fist [-fɪst; -fist] *n.* Ⓒ和平主義者。

pac·i·fy [ˋpæsə͵faɪ; 'pæsifai] **«**源自拉丁文「使和平」之義**»—***v.t.* **1** 使…平靜[安靜]，安撫…：~ a crying child 安撫啼哭的孩子。**2** 使〈國家〉恢復和平；鎮壓〈叛亂〉：~ a rebellion 鎮壓叛亂。

‡**pack** [pæk; pæk] *n.* **1** Ⓒ **a** (爲便於人或馬背負而捆包的)包裹；行李；捆：a mule's ~ 騾子的馱包/a peddler's ~ 小販扛著走的貨物。**b** 降落傘包。

2 Ⓒ **a** 〔獵狗、狼等的〕一羣〔*of*〕(⇨ group【同義字】)：a ~ *of* hounds 一羣獵狗/Wolves hunt in ~*s.* 狼成羣獵食。**b** (飛機、潛水艇等的)一批。**c** 男[女]幼童軍隊。

3 Ⓒ **a** (紙牌的)一副(《美》deck). **b** 《美》(香煙等同種東西的)一包[盒](packet)：a ~ *of* (20) cigarettes (二十支裝的)一包煙。

4 [a ~ of…]《輕蔑》許多，大堆；大量：That's *a* ~ *of* lies. 那是一大套謊言。

5 Ⓤ [指個體時爲Ⓒ]浮冰堆：⇨ ice pack 1.

6 Ⓒ巴克《一包貨物的標準分量，如羊毛、麻爲 240 磅，麵粉爲 280 磅，煤爲 3 蒲式耳》。

7 Ⓒ **a** 溼布；冰袋：a cold [hot] ~ 冷[熱]溼布裹法。**b** 美容塗敷劑。

8 Ⓒ [集合稱]〖橄欖球〗前衛。

—*adj.* [用在名詞前] **1** 搬運用的：⇨ pack animal. **2** 打包用的，包裝用的：a ~ rope 一條捆紮的繩子。

—*v.t.* **1 a** 〔+受〕捆包，包裝〈東西〉；把…打包：~ goods 捆包商品。**b** 〔+受+受/+受+介+(代)名〕給〈某人〉裝填〈東西〉；裝填〈東西〉〔給某人〕〔*for*〕：She ~*ed* her child a lunch.＝She ~*ed* a lunch ***for*** her child. 她給孩子裝便餐。

2 a 〔+受+副〕把〈東西〉裝入[塞進](容器等)〈*down, in, together*〉：~ things ***down*** 把東西往下塞。**b** 〔+受+介+(代)名〕把〈東西〉裝進，收進〔容器〕〔*in, into*〕；〔把東西〕裝進，收進〈容器〉〔*with*〕：She ~*ed* her clothes ***in*** the bag. 她把衣服塞進袋子裏/They ~*ed* the trunks ***with*** their belongings [~*ed* their belongings ***into*** the trunks]. 他們把行李裝入皮箱裏。

3 a 〔+受〕把〈食品〉裝罐。**b** 〔+受+介+(代)名〕把〈食品〉裝入〔罐中〕，將…製成〔罐頭〕〔*in*〕：Meat is sometimes ~*ed* ***in*** cans. 肉有時被裝罐(出售)。

4 〔+受+介+(代)名〕 **a** 使〈人〉擠入〔…〕〔*into*〕《★常用被動語態》：Hundreds of people *were* ~*ed* ***into*** the hall. 數百人擠進會堂裏。**b** 〔~ one*self*〕成羣擠進〔…〕〔*into*〕. **c** 〔使人〕擠進〈某場所〉〔*with*〕《★常以過去分詞當形容詞用；⇨ packed 2》.

5 〔+受+介+(代)名〕把〈雪等〉聚集〔到…〕〔*against*〕：The north wind ~*ed* the snow ***against*** the wall. 北風把雪吹積到牆上。

6 a 〔+受〕加襯墊於…：~ the pipes of a steam heater 給蒸氣加熱器[暖氣機]的管子加襯墊(以防漏)。**b** 〔+受+介+(代)名〕在〈易破裂物〉的四周填塞〔…〕〔*in*〕；〔在易破裂物的四周〕填塞…〔*around, round*〕：~ chinaware ***in*** paper＝~ paper ***round*** chinaware 在瓷器的四周填塞紙。

7 〔+受〕 **a** 〖醫〗敷溼布於…。**b** 敷〈臉等〉。

8 〔+受〕《美口語》 **a** 携帶〈槍等〉。**b** 配備〈威力等〉。**c** 搬運〈貨物〉。

9 〔+受〕挑選〈有利於自己的陪審團等〉：~ a jury 選有利於自己的陪審團。

—*v.i.* **1 a** 包裝；捆紮；打包：Have you finished ~*ing*? 你打包好了嗎？**b** 〔+副〕收拾(以便離開)〈*up*〉《★常用於下列片語》：

~ *up* and leave 收拾行李快速離開。

2 [與表示情況的副詞連用]〈東西〉可[便於]包裝，打包，製箱：Do these articles ~ easily? 這些物品好打包[捆紮]嗎？

3 〔動(＋介＋(代)名)〕〈人等〉擠〔進…〕〔*into*〕：We ~*ed* together (to let more people on the bus). 我們擠在一起(好讓更多人坐上公車)/The audience ~*ed into* the hall. 聽衆擠入會堂裏。

4 〈土地、雪等〉凝固。

páck ín 《*vt adv*》(1)[~＋受＋in]〈演藝人等〉吸引大羣〈人〉。(2)＝PACK it in.

páck it ín 停止工作[活動]：Let's ~ *it in* for today. 我們今天就此結束吧。

páck óff 《*vi adv*》(1)急忙離去。—《*vt adv*》(2)解雇〈某人〉；把〈某人〉革職，把…打發走。(3)[~ one*self*]〈被解雇者〉(整理行李)快速離去：I wish you'd ~ *yourself off*. 我希望你(整理行李)快走。(4)《口語》打發〈人〉〔去…〕〔*to*〕：She ~*ed* her children *off to* school. 她把孩子們打發去上學。

páck úp 《*vt adv*》(1)把…打成包；收拾；包裝，捆紮〈行李〉：~ *up* one's things 把自己的東西打包好。—《*vi adv*》(2)⇨ *v.i.* 1 b. (3)《口語》收拾工具，結束工作。(4)《口語》〈引擎等〉失靈；停止，不動；〈身體狀況等〉衰弱；死亡。(5)[常用祈使語氣]《俚》住嘴，停止。

sénd a person **pácking** 《口語》把〈人〉解雇[攆走]。

pack·age [ˈpækɪdʒ; ˈpækidʒ] *n.* Ⓒ **1** (小型、中型的包裝或箱型的)包裹，小包，行李。**2 a** 包裝好的商品。**b** 包裝紙[容器]。**3** 整批。

—*adj.* [用在名詞前]總括的，整批的：⇨ package deal, package tour.

—*v.t.* **1** 〔十受(十副)〕(整齊地)包裝〈商品〉〈*up*〉。

2 〔十受〕(爲了在超級市場等出售而)把〈食品等〉打包。

páckage dèal [òffer] *n.* Ⓒ(不許取捨挑選的)整批交易。

páckage stòre *n.* Ⓒ《美》(瓶裝等)酒類零售店(《英》off-licence)《不能在店裏喝》。

páckage tòur *n.* Ⓒ(由旅行社代辦一切手續的)包辦旅行。

páck ànimal *n.* Ⓒ馱獸《牛、馬、騾等》。

páck drìll *n.* Ⓒ **1** 馱載訓練，馱運軍需品的訓練。**2** 全副武裝的往返行走《昔日軍隊中的一種處罰》。

Nò námes, nò páck drìll. 《英口語》謹愼就不會受到懲罰《★源自義 2》。

packed *adj.* **1** 擠得滿滿的，擁擠的：a ~ train 客滿的火車/play to a ~ house 對著爆滿的觀衆公演。**2** [不用在名詞前]〔十介十(代)名〕〈房間等〉擠滿[人、東西]的〔*with*〕：The theater was ~ *with* children. 那家戲院擠滿了小孩子。

pácked-óut *adj.* [不用在名詞前]《英口語》〈房間、建築物等〉擠滿人的。

páck·er *n.* Ⓒ **1** 包裝者；打包商。**2 a** 罐頭業者，罐頭工人。**b** 食品包裝批發商；(尤指)上肉包裝批發商(cf. meat packer)。**3** 包裝機。

*__pack·et__ [ˈpækɪt; ˈpækit] *n.* Ⓒ **1 a** (信件等的小)綑，束。**b** 小包，包裹(parcel)。

2 (又作 **pácket bòat**)(尤指河川、沿岸的)定期郵輪，汽船，輪船。**3** 《英俚》(金額相當大的)大筆錢：make a ~ 賺大錢。

cátch [cóp, gèt, stóp] a pácket 《英俚》(1)吃苦頭。(2)受重傷。(3)遭到痛毆；受重罰。

páck·hòrse *n.* Ⓒ馱馬。

páck ice *n.* Ⓤ塊冰《浮冰被風吹聚於一處凍結成的大冰塊》。

páck·ing *n.* Ⓤ **1 a** 打包，包裝。**b** (包裝用的)塡料，材料。**2** 罐頭業；《美》食品包裝批發業；(尤指)上肉包裝批發業(cf. meat packing)。

pácking bòx [càse] *n.* Ⓒ打包用的箱子；包裝箱。

pácking·hòuse *n.* Ⓒ《美》上肉[食品]包裝廠。

pack·man [-mən; -mən] *n.* Ⓒ(*pl.* **-men** [-mən; -mən])擔賣者；小販。

páck ràt *n.* Ⓒ《動物》狐尾大林鼠《北美產的一種老鼠，有在窩中儲存東西的習性》。

páck·sàddle *n.* Ⓒ(常爲皮革製的馬)馱鞍。

páck·thrèad *n.* Ⓤ捆紮用的粗(麻)線；打包用的繩子。

pact [pækt; pækt] *n.* Ⓒ **1** 協定，條約(treaty)：a nonaggression ~ 不侵犯條約。**2** 契約，約定。

pad[1] [pæd; pæd] *n.* Ⓒ **1 a** (防止摩擦、損傷的)襯墊，墊子；枕頭；塡料。**b** (爲調整衣服形狀而裝在肩部等處的)墊肩。**c** (處理傷口、月經等所用有吸收性的)衛生墊。**d** (馬的)鞍褥。**e**《球戲》護胸；護脛(等)。**f** (汽車圓盤煞車(disc brake)的)襯墊《用以壓緊圓盤》。**2 a** (動物的)肉趾《腳底的厚肉》。**b** (狐狸、兔等的)腳。**3** (一張張撕開式信紙、便條紙等的)一本，一疊：a writing ~ (撕開式的)信紙本/a drawing ~ 圖畫紙簿。**4** (橡皮章用的)印泥；印色(盒)；打印台：⇨ inkpad. **5** (火箭等的)發射台：⇨ launching pad. **6** (水蓮等水生植物的)浮葉。**7** 《俚》(自己所住的)房間，宿舍，公寓，房子(等)。

—*v.t.* (**pad·ded**; **pad·ding**) **1** 〔十受〕裝塡，塡塞…；給〈衣服等〉裝入棉[襯墊，襯布]：~ the shoulders of a coat 給外衣墊肩。

2 a 〔十受十(副)〕給〈文章等〉塡補空白，將〈文章、話〉不必要地拉長〈*out*〉。**b** 〔十受(十副)十介十(代)名〕給〈文章〉添湊〔不必要的材料〕；〔加不必要的材料〕拉長，添湊〈文章、話〉〈*out*〉〔*with*〕：The article is *padded out with* quotations from magazines. 那篇文章引用雜誌上的話添湊篇幅。

pad[1] 2 a

pad[2] [pæd; pæd] *v.i.* (**pad·ded**; **pad·ding**) **1** 〔十副〕不發出腳步聲輕輕地走〈*along*〉. **2** 〔十介十(代)名〕不發出腳步聲輕輕地走〔路〕〔*along*〕.

pádded cèll *n.* Ⓒ(牆壁有軟墊以防病人撞傷的)精神醫院病房。

pád·ding *n.* Ⓤ **1** 塡塞；襯墊的裝塡。**2** 襯墊；塡料《舊棉、毛、稻草等》。**3** (報紙、雜誌等的)塡湊；不必要的插入句，補白。

Pad·ding·ton [ˈpædɪŋtən; ˈpædiŋtən] *n.* 派丁頓《倫敦西部之一住宅區》。

pad·dle[1] [ˈpædl; ˈpædl] *n.* **1** Ⓒ(獨木舟用的)槳《寬葉的短槳；⇨ oar【同義字】》：a double ~ 雙扁槳《兩端成扁平狀的槳》。**2** Ⓒ 槳狀物：**a** 槳板，搗衣棒；槳板狀的工具。**b** (乒乓球的)球拍。**c** (輪船等的)明輪翼，蹼輪。**d**《動物》(鴨子、海龜、企鵝等的)鰭形肢；蹼，橈足。**3** [**a** ~] **a** 扁平槳的一划。**b**《美口語》拍打。

—*v.t.* **1** 用槳划〈小船、獨木舟〉；(用划槳的船)運送…。**2**《美口語》叭嗒叭嗒地以手掌打〈人〉(作爲懲罰)。

—*v.i.* **1** 用扁平槳划；蕩槳。**2** 用狗爬式游泳。

páddle one's **ówn canóe** ⇨ canoe.

pad·dle[2] [ˈpædl; ˈpædl] *v.i.* **1** 在淺水中跳來跳去；涉水，戲水。**2** 蹣跚地走。**pad·dler** *n.*

páddle bòat *n.* ＝paddle steamer.

páddle bòx *n.* Ⓒ蹼輪(paddle wheel)。

páddle·fìsh *n.* Ⓒ《美》《魚》匙吻鱘，白鱘《多產於密西西比河(Mississippi)》。

paddlefish

páddle stèamer *n.* Ⓒ明[外]輪船：by ~ 搭明[外]輪船《★無冠詞》。

páddle whèel *n.* Ⓒ(明[外]輪船的)蹼輪。

paddle steamer

páddling pòol *n.* Ⓒ《英》(在公園等供小孩用的)淺水游泳池(《美》wading pool)。

pad·dock [ˈpædək; ˈpædək] *n.* Ⓒ **1** (馬房、養馬場附近的)小牧場《供馬匹運動用》。**2** (賽馬場的)練馬圍場。

pad·dy[1] [ˈpædɪ; ˈpædi] *n.* **1** Ⓤ米；稻。**2** (又作 **páddy field**)Ⓒ稻田，水田：a rice ~ 稻田。

pad·dy[2] [ˈpædɪ; ˈpædi] *n.* [**a** ~]《英口語》不高興；大怒。

Pad·dy [ˈpædɪ; ˈpædi] 《源自 Patrick》—*n.* Ⓒ《口語·謔》[也用於稱呼]帕第《愛爾蘭人的綽號；⇨ Uncle Sam【說明】》。

páddy wàgon *n.* Ⓒ《美俚》(警察押送犯人用的)囚車。

pád·lòck *n.* Ⓒ掛鎖；扣鎖：Wedlock is a ~. 《諺》結婚是一種枷鎖；婚姻即鎖鍊。

—*v.t.* **1** 用掛[扣]鎖鎖…。**2** 〔十受(十副)〕用掛鎖把…鎖在一起〈*together*〉.

—*v.i.* 上掛鎖。

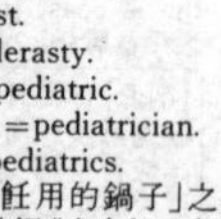

padlock

pa·dre [ˈpɑdrɪ; ˈpɑ:dri] 《源自西班牙、葡萄牙、義大利語 'father' 之義》—*n.* Ⓒ[常 P~；也用於稱呼] **1** 神父。**2**《軍口語》隨軍[艦]牧師(chaplain)。

pae·an [ˈpiən; ˈpi:ən] 《源自荷馬(Homer)稱讚阿波羅(Apollo)之名》—*n.* Ⓒ(對阿波羅的)謝恩歌；凱歌，頌歌〔*to*〕.

paed·er·ast [ˈpɛdəˌræst; ˈpedəræst] *n.* ＝pederast.

paed·e·ras·ty [ˈpɛdəˌræstɪ; ˈpedəræsti] *n.* ＝pederasty.

pae·di·at·ric [ˌpidɪˈætrɪk; ˌpi:diˈætrik˝] *adj.* ＝pediatric.

pae·di·a·tri·cian [ˌpidɪəˈtrɪʃən; ˌpi:diəˈtriʃn] *n.* ＝pediatrician.

pae·di·at·rics [ˌpidɪˈætrɪks; ˌpi:diˈætriks] *n.* ＝pediatrics.

pa·el·la [pɑˈɛlə; pa:ˈeilə] 《源自西班牙語「烹飪用的鍋子」之義》—*n.* Ⓒ[當作菜名時爲Ⓤ]一種西班牙的什錦飯《米中加入魚

介類、番茄、洋葱等，並以番紅花調味》。

pa·gan [ˈpegən; ˈpeigən] «源自拉丁文「佃農」之義»—*n.* Ⓒ **1** (不信仰主要宗教的)異教徒；(尤指)非基督教徒。**2** (古代希臘、羅馬的)多神教徒。**3** 無宗教信仰者。—*adj.* **1** (不信仰主要宗教的)異教徒的；信仰異教的。**2** 無宗教信仰(者)的。

pá·gan·ism [-nˌɪzəm; -nizəm] *n.* Ⓤ **1** (不信仰主要宗教的)異教。**2** 異教徒的信仰、習慣。**3** 偶像崇拜。

‡**page**¹ [pedʒ; peidʒ] «源自拉丁文「關緊」之義»—*n.* Ⓒ **1 a** 頁《略作 p.; *pl.* pp.》: You will find the phrase *on* ～ 5. 你會在第五頁找到那個片語/Open (your books) *at* ～ 20. 翻開(書本的)第二十頁。**b** (兩面的)一張《二頁》。

2 [常 ～s] **a** (報紙等的)…欄；版面：the sports ～(*s*) 體育版。**b** (書籍等的)一段：the last ～*s* of the book 該書的最後幾頁。**c** 《文語》書籍，記錄：in the ～*s* of history 在歷史的記載中/in the ～*s* of Scott 在司考特的作品中。

3 (人生、一生的)插曲；(歷史上的)事件，時期：a glorious ～ in English history 英國歷史上的輝煌時期。

—*v.t.* 〔十受〕給…標頁數(paginate)。

—*v.i.* 〔動(十介十(代)名)〕翻〔書等的〕頁〔*through*〕: ～ *through* a magazine (一頁一頁迅速地)翻雜誌。

page² [pedʒ; peidʒ] «源自希臘文「少年」之義»—*n.* Ⓒ **1 a** (又作 **páge bòy**)(旅館、戲院等穿制服的)服務生，男侍。**b** 《美》(侍候國會議員等的)服務員：a congressional ～ 國會議員的服務員。**2** (結婚典禮時跟隨新娘的)花童。**3 a** (昔日服侍貴族的)聽差，隨從。**b** (昔日的)見習騎士。

—*v.t.* (在旅館、飛機場等地)喊名找〈某人〉: *Paging* Mr. Smith. 史密斯先生有人找《★在旅館、百貨公司等地方廣播找人的話》。

pag·eant [ˈpædʒənt; ˈpædʒənt] «源自拉丁文「舞台」之義»—*n.* **1** Ⓒ (演出歷史故事、傳說等的)露天劇。**2** Ⓒ **a** (穿著古裝等壯麗的)遊行隊伍，花車遊行。**b** (使人聯想到花車遊行的)令人目不暇接的一連串(事件): the ～ of historical events 一連串引人注目的歷史事件。**3** Ⓤ (無意義的)壯觀，壯麗；虛飾，炫耀：pomp and ～ 虛飾與炫耀。

pag·eant·ry [ˈpædʒəntrɪ; ˈpædʒəntri] *n.* Ⓤ **1** 盛觀；壯觀；華麗。**2** 僞裝，虛飾。**3** [集合稱] 華麗的遊行(隊伍)；盛會；空洞的表演(等)。

páge·bòy *n.* Ⓒ頭髮在肩膀處內捲的一種女子髮型。

pag·i·nal [ˈpædʒənl; ˈpædʒinl] «page¹ 的形容詞»—*adj.* **1** 頁的。**2** 每頁的；逐頁的。

pag·i·nate [ˈpædʒəˌnet; ˈpædʒineit] *v.t.* 給…標頁數。

pag·i·na·tion [ˌpædʒəˈneʃən; ˌpædʒiˈneʃn] «paginate 的名詞»—*n.* **1** Ⓤ頁數的編寫，標頁數。**2** Ⓤ [又作 **a** ～; 集合稱] 標頁的數字。

pa·go·da [pəˈgodə; pəˈgoudə] *n.* Ⓒ (佛教、印度教的多層)寶塔，浮屠。

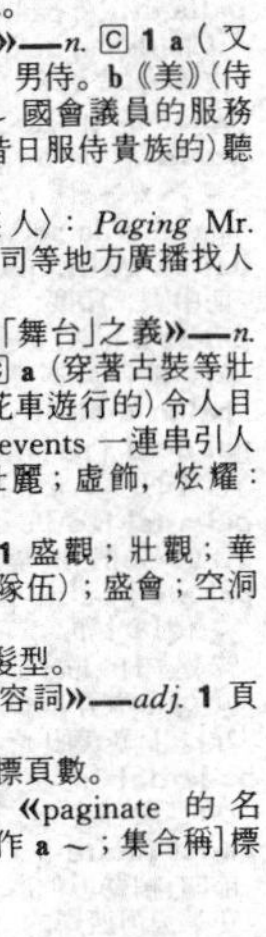

pagoda

pah [pɑ; pɑː] *interj.* [表示輕蔑、厭惡等] 哼！呸！

‡**paid** [ped; peid] *v.* pay 的過去式・過去分詞。

—*adj.* **1** 有薪金[報酬]的：highly-*paid* 高薪的/～ holidays [《美》vacation(s)] 支薪的休假。**2** 受雇的(hired)。**3** 已付(的)。

pùt páid to... 《英口語》結清…，了結…；使〈計畫等〉泡湯《★源自「在…蓋已付(paid)章」之義》。

páid-úp *adj.* **1** 已付清的：～ capital 已繳資本。**2** 〈會員等〉繳完會費[入會金]的。

***pail** [pel; peil] *n.* **1** Ⓒ (搬運液體用，有柄的)桶，提桶。**2** ＝pailful.

pail·ful [ˈpelˌful; ˈpeilful] *n.* Ⓒ一桶的量，一滿桶〔*of*〕: a ～ *of* water 一滿桶的水。

pail·lasse [pælˈjæs, ˈpæljæs; ˈpæliæs, pælˈjæs] *n.* ＝palliasse.

‡**pain** [pen; pein] «源自希臘文「刑罰」之義»—*n.* **1** Ⓤ (精神上、身體上的)痛苦；苦惱：Do you feel any [much] ～? 你覺得痛[很痛]嗎？/I was in great ～. 我極爲痛苦[苦惱]/That caused [gave] him a great deal of ～. 那使他很痛苦。

> 【同義字】pain 是表示「痛」而不論其程度的一般用語；ache 是身體某一部位所感到的持續性的隱痛；pang 是突發性地斷斷續續的疼痛。

2 Ⓒ (局部的)疼痛：I have a ～ *in* the head [stomach]. 我頭痛[肚子痛]。**3** [～s] **a** 費心，苦心，辛苦，勞苦(trouble): He did not take great [much] ～*s*. 他沒有下過多少苦功《★用法 通常不說 many pains, 而用 much pains；但被動而當主詞時用 great pains》/You should take more ～*s* with your work. 你應該在工作上下更大的功夫/No ～*s*, no gains. 《諺》沒有辛苦就沒有收穫/The university was *at the* ～*s of* publish*ing* his researches. 該大學費心出版他的研究成果。**b** 〔十 *to* do〕〈做…的〉辛勞，努力：Stevenson took great ～*s to* polish his style. 史蒂文生下苦功琢磨自己的文體。**4** [～s] 陣痛(labor pains). **5** [a ～] 《俚》＝a PAIN in the neck.

a páin in the néck [**áss**] 《俚》(1)不愉快的感覺，焦躁：give a person *a* ～ *in the neck* 使人感到焦躁[厭煩]。(2)使人感到不愉快[焦躁，厭煩]的人[事物]: Don't be *a* ～ *in the neck*. 別惹人厭煩。

at páins (to dó) 盡力設法(做…)，努力(做…): He is *at* great ～*s to* do his work well. 他費盡心思想把工作做好。

féel nó páin 《美俚》酩酊大醉。

for one's páins (1)作爲勞苦的報酬：He was well rewarded *for* his ～*s*. 他的辛勞獲得了很好的報酬。(2)盡力反而…: He got a thrashing *for* his ～*s*. 他盡了力反而挨打。

on [ùnder] páin of... 《文語》違者受…的處罰：It was forbidden *on* ～ *of* death. 違犯該禁令者處死。

spáre nó páins (to dó) 不辭辛勞(去做…)；(爲…而)全力以赴：*No* ～*s* have been *spared to* ensure accuracy. 爲確保正確而全力以赴。

—*v.t.* 〔十受〕**1** 〈身體某部位〉給予〈人〉痛苦(hurt)《★無被動語態》: My arm ～*s* [is ～*ing*] me. 我的手臂痛。**2** 使〈人〉痛心，悲傷《★也以過去分詞當形容詞用；⇨ pained 2》: It ～*s* me to say that.... 說…使我感到痛心。

pained *adj.* **1 a** [不用在名詞前] 不高興的，痛心的：He looks ～. 他看起來不高興。**b** 生氣的：a ～ expression 生氣[痛苦]的表情。**2** [不用在名詞前] 〔十介十(代)名〕感情〔被…〕創傷的；〔對…〕生氣的，不悅的〔*at*〕: She was ～ *at* his remarks. 她被他的言詞所傷。

***pain·ful** [ˈpenfəl; ˈpeinful] *adj.* (**more** ～; **most** ～) **1 痛的**：a ～ wound 疼痛的傷口。

2 a 使人痛苦的，痛苦的；痛心的；辛苦的：a ～ experience 痛苦的經驗。**b** [不用在名詞前] 〔十介十(代)名〕使[人]痛苦的〔*to*〕: The news was ～ *to* him. 那個消息使他悲痛。**c** 〔十*for*十(代)名十 *to* do〕[某人]〈做…是〉痛苦的：It is ～ *for* me *to* have to say this, but.... 要把這件事情說出來，這令我痛苦，但…。

～**·ly** [-fəlɪ; -fuli] *adv.*

páin·kìller *n.* Ⓒ鎮痛劑；止痛藥。

pain·kill·ing [ˈpenˌkɪlɪŋ; ˈpeinˌkiliŋ] *adj.* 止痛的。

páin·less *adj.* **1** 不痛的；無痛苦的：～ childbirth 無痛分娩。**2** 《口語》不費事的，容易的。～**·ly** *adv.*

pains·tak·ing [ˈpenzˌtekɪŋ; ˈpeinzˌteikiŋ] *adj.* **1** 〈人〉不辭勞苦的，辛勤的，盡心的：He is ～ *with* his work. 他對工作盡心。**2** 〈工作、作品等〉費盡心思的；費力的，辛苦的：a ～ task 辛苦的工作/a ～ work 精心之作。～**·ly** *adv.*

‡**paint** [pent; peint] *n.* **1** Ⓤ油漆；塗料：Wet [Fresh] *P*～! 《告示》油漆未乾！**2** Ⓤ化妝品，口紅，胭脂《★用法 常用於表示輕蔑》。**3** [～s] (繪畫)顏料：a box of ～*s* 一盒顏料。

(as) frésh [smárt] as páint 精神煥發的；朝氣蓬勃的。

—*v.t.* **1 a** 〔十受〕油漆…: I am going to ～ the garden gate. 我要油漆庭園的大門。**b** 〔十受十補〕把…漆成〈…色〉: He has ～*ed* the wall green. 他把牆壁漆成了綠色。**2 a** 〔十受〕(用顏料)畫，描繪…(⇨ draw B【同義字】): ～ flowers [a picture, a still life] (用顏料)畫花[圖畫，靜物]。**b** 〔十受十受〕畫〈畫〉給〈某人〉: He ～*ed* me a picture. 他畫了一張畫給我。**3** 〔十受〕**a** 〈女子〉化妝〈臉部〉《★用法 常用以表示輕蔑》。**b** [～ one*self*] 化妝《★也用被動語態，變成「搽著粉」，「有化妝」之意》: She ～*s her-self* thick. 她(臉上)搽著厚厚的脂粉/She *is* (as) ～*ed* as a picture. 她濃妝豔抹。**4** 〔十受十介十(代)名〕搽，塗敷〈藥〉〔於…〕〔*on*〕；搽，塗敷〔藥等〕於…〔*with*〕: ～ iodine *on* a wound＝～ a wound *with* iodine 在傷口搽碘酒。**5** 〔十受〕(生動地)描寫，敍述，表達…: ～ a glowing picture of... 非常樂觀地敍述…/He ～*ed* his experience in bold colors. 他繪聲繪色地敍述自己的經驗。

—*v.i.* **1** 〔動(十介十(代)名)〕〔用…〕繪畫〔*in*〕: Does the artist ～ *in* water colors or *in* oils? 那位藝術家是畫水彩的，還是畫油彩的？**2** 用油漆塗。**3** 化妝：～ heavily 脂粉塗得厚。

páint a person bláck 把〈某人〉說成壞蛋，把〈某人〉抹黑：He is not so [as] *black* as he is ～*ed*. 他並不像人家描敍的那樣壞。

páint bòx *n.* Ⓒ繪具匣[箱]，顏料盒。

páint·brùsh *n.* Ⓒ畫筆，畫刷；油漆用刷子。

paint·ed [ˈpentɪd; ˈpeintid] *adj.* **1** 著了色的。**2** 油漆了的。**3** 搽了脂粉的。**4** 假的；虛飾的。**5** 色彩鮮明的。

‡**paint·er**¹ [ˈpentɚ; ˈpeintə] *n.* Ⓒ **1 畫家**：a portrait ～ 肖像畫家。**2** 油漆匠，油漆工。

paint·er² [ˈpentɚ; ˈpeintə] *n.* Ⓒ《航海》舫索；纜索，繫船索。

cút the páinter (1)解開舫索[纜索]。(2)斷絕關係。

‡paint·ing [ˋpentɪŋ; ˈpeintiŋ] *n.* **1 a** Ⓤ(用顏料)**繪畫**；畫法。**b** Ⓒ(一幅)畫；油畫；水彩畫。**2** Ⓤ **a** 上漆，塗漆。**b** 彩色。**c** (陶瓷器的)上色，著色。

páint pòt *n.* Ⓒ油漆罐[桶]。

páint·wòrk *n.* Ⓤ(汽車等)上漆的表面。

‡pair [pɛr; pɛə] **«源自拉丁文「相等」之義»** **—***n.* Ⓒ(*pl.* ~s, ~)《★語形 複數詞或 many, several, few 等之後有時用 ~，但一般用 ~s》**1 a** (由兩個同樣的東西所構成的)**一對，一雙**〔*of*〕《★用法 a ~ of... 當單數用》：a ~ *of* oars 一對槳/a new ~ *of* shoes＝a ~ *of* new shoes 一雙新鞋/three ~(*s*) *of* socks 三雙短襪/A ~ *of* gloves is a nice present. 一副手套是件好禮物/I have only one ~ *of* hands.《口語》我只有一雙手《忙不過來》。

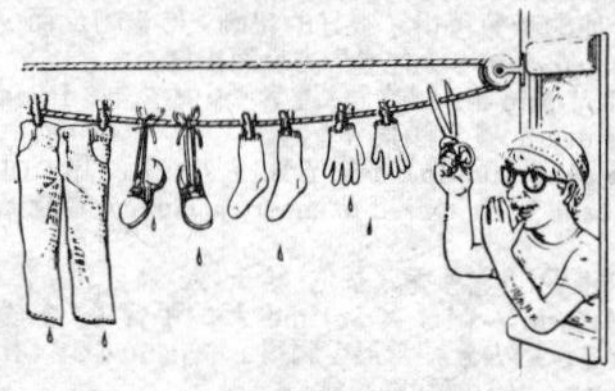

各種 pair

【同義字】pair 指成對使用或由兩部分構成者；couple 指由同種類的東西組合而成者。

b (由相對的兩部分構成且無法分開的)一把；一副；(長褲的)一條〔*of*〕《★用法 a ~ of... 當單數用》：a ~ *of* scissors 一把剪刀/two ~*s of* pants 兩條褲子。

2 a **一對男女**；(尤指)夫妻，夫婦《★用法 常當複數用》：the happy ~ 新郎新娘。**b** (同類物品的)兩個；兩個同夥人〔*of*〕：A ~ *of* thieves were planning to rob the bank. 兩個同夥的盜賊當時正計畫去搶銀行。**c**〖運動〗兩人一組《★用法 當複數用》。**d** (撲克牌戲的)一組《同點的兩張牌⇨ poker[2]【說明】》：two ~*s* 兩組同點的牌/one [no] ~ 有[沒有]一組同點的牌。

3 (動物的)一對，繫在一起的兩匹馬《★用法 當複數用》：a carriage and ~ 雙馬馬車。

4 (成對物中的)一方：Where is the ~ *to* this sock? 這雙襪子的另一隻在哪裏？

in páirs [**a páir**] 兩個[兩人]成一組，成對，成雙。

—*v.t.* 〔十受(十介十(代)名)〕**1** 使…〔與…〕成一對；把…〔與…〕配成一組〔*with*〕. **2 a** 使〈人〉〔與…〕結婚〔*with*〕. **b** 使〈動物〉〔與…〕交配〔*with*〕.

carriage and pair
(雙馬馬車)

páir óff《*vi adv*》(1)〔與…〕成男女一組，成對；結婚〔*with*〕. —《*vt adv*》(2)使〈人〉〔與…〕成男女一組，成對；結婚〔*with*〕.

páir úp《*vi adv*》(1)(在工作、運動等)〔與…〕成對，兩人成一組〔*with*〕. —《*vt adv*》(2)(在工作、運動等)使〈人[物]〉〔與…〕組成對〔*with*〕.

páir-òar *n.* Ⓒ雙槳艇。

pai·sa [paɪˋsɑ; paiˈsɑː] *n.* Ⓒ(*pl.* **pai·se** [-ˋse; -ˈsei])派薩《印度(India)和巴基斯坦(Pakistan)的貨幣單位，等於百分之一盧比(rupee)》.

pais·ley [ˋpezlɪ; ˈpeizli] **«源自蘇格蘭的原產地地名»** **—***n.* [有時 P~] Ⓤ **1** 佩斯利花呢《織有渦旋狀花紋的柔軟毛織品》。**2** 佩斯利花紋。

—*adj.* 佩斯利織品[花紋]的。

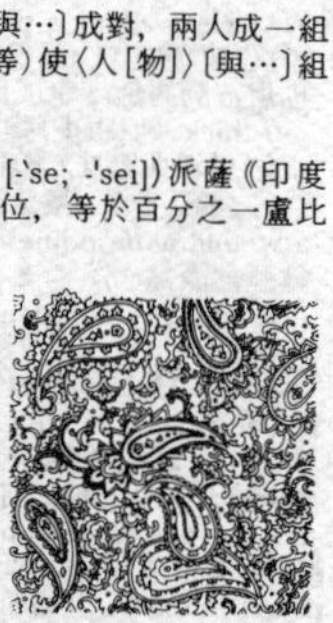

paisley 2

pa·ja·ma [pəˋdʒæmə; pəˈdʒɑːmə] **«源自印度語「褲子」之義»** **—***n.* [~s]《美》**睡衣褲**《★上衣稱 top，褲子則稱 bottoms, trousers, pants；口語稱 p.j.'s》(《英》pyjama(s))：a pair of ~*s* 一套睡衣/in ~*s* 穿著睡衣。

—*adj.* [用在名詞前] 睡衣的：~ trousers 睡褲。

Pa·ki [ˋpækɪ; ˈpæki] *n.* Ⓒ《英俚・輕蔑》(移居英國的)巴基斯坦人(Pakistani).

Pa·ki·stan [ˌpækɪˋstæn; ˌpækiˈstæn, ˌpɑːkiˈstɑːn ˊ] *n.* 巴基斯坦《在印度西北部的一個回教共和國，分爲 East Pakistan 與 West Pakistan，前者於 1971 年獨立爲孟加拉(Bangladesh)，首都爲伊斯蘭馬巴德(Islamabad [ɪsˋlaməˌbad; isˈlɑːməbɑːd])》.

Pa·ki·sta·ni [ˌpækɪˋstænɪ; ˌpɑːkiˈstɑːni, ˌpæk- ˊ] **«Pakistan 的形容詞»** **—***adj.* 巴基斯坦的。**—***n.* Ⓒ(*pl.* ~s, ~)巴基斯坦人。

pal [pæl; pæl] **«源自吉普賽語「兄弟」之義»** **—**《口語》*n.* **1** Ⓒ**夥伴**；好友，朋友：⇨ pen pal. **2** [用於稱呼(不熟的對象)]喂，你。

—*v.i.* (**palled**; **pal·ling**)《口語》**1** 〔十副〕成爲朋友〈*up*〉；以朋友相交〈*around*〉. **2** 〔十副十介十(代)名〕〔與…〕交朋友，成爲伙伴〈*up*〉〔*with*〕：I *palled up with* another hiker. 我與另一個徒步旅行者成爲好友。

‡pal·ace [ˋpælɪs; ˈpælis] **«源自拉丁文 'Palatine Hill'；由於羅馬皇帝 Augustus 最先建造宮殿於此»** **—***n.* **1** Ⓒ **a** [常 P~]**宮殿**：⇨ Buckingham Palace. **b** (主教、大主教、大官等的)官邸。**2** Ⓒ **a** (尤指在歐洲大陸的)華廈；大宅邸。**b** [常 P~](娛樂場所、電影院、餐廳等的)豪華建築物。**3** [the ~；集合稱]《英》宮中有權勢者；執政者的親信，宮廷顯貴。

—*adj.* [用在名詞前]**1** 宮殿的。**2** 親信的：a ~ revolution 宮廷革命《由執政之有力者所發動的政變》，圈內人的造反。

pal·a·din [ˋpælədɪn; ˈpælədin] *n.* Ⓒ **1** 帕拉丁《查理曼(Charlemagne)大帝的十二勇士之一》。**2**《文語》(政治主張、主義的)提倡者。

pa·lae·o- [pelɪo-; pæliou-, pei-] ＝paleo-.

pa·lais [pæˋle; pæˈlei] **«源自法語 'palace' 之義»** **—***n.* Ⓒ(*pl.* ~ [~z; ~z]) **1** 宮殿。**2** (又作 ***palais de danse*** [ˌpælədəˋdɑns; ˌpæleidəˈdɑːns])(寬大豪華的)舞廳。

pal·an·quin, pal·an·keen [ˌpælənˋkin; ˌpælənˈkiːn] *n.* Ⓒ(從前中國、印度、日本等的)轎子：by ~ 坐轎子《★無冠詞》。

pal·at·a·ble [ˋpælətəbl̩; ˈpælətəbl] *adj.* **1** 〈食物等〉美味的，可口的。**2** 合於興趣的；愉快的。**pál·at·a·bly** [-təblɪ; -təbli] *adv.*

pal·at·a·bil·i·ty [ˌpælətəˋbɪlətɪ; ˌpælətəˈbiləti] *n.*

pal·a·tal [ˋpælətl̩; ˈpælətl] **«palate 的形容詞»** **—**〖語音〗*adj.* 上顎音的。**—***n.* Ⓒ上顎音《[j, ç] 等》。

pal·a·tal·ize [ˋpælətl̩ˌaɪz; ˈpælətəlaiz] *v.t.*〖語音〗使…變成上顎音《例如把 [k] 變成 [ç, tʃ] 等》。

pal·ate [ˋpælɪt; ˈpælət] *n.* **1** Ⓒ〖解剖〗上顎，口蓋：the hard [soft] ~ 硬[軟]顎/⇨ cleft palate. **2** Ⓒ[常用單數](對於食物、飲料的)味覺：He has a good ~ *for* wine. 他善於品嚐酒(的好壞)。**3** ⓊⒸ **a** 嗜好，口味(liking)：suit one's ~ 適合某人的口味[嗜好]。**b** 審美眼光。

pa·la·tial [pəˋleʃəl; pəˈleiʃl] **«palace 的形容詞»** **—***adj.* 〈建築物〉宮殿(似)的；豪華的，宏偉的。

pa·lat·i·nate [pəˋlætn̩ˌet, -ɪt; pəˈlætinət, -it] *n.* **1** Ⓒ《古》享有王權的[帕勒坦伯爵(Palatine)的]領地。**2** [the P~](神聖羅馬帝國在萊茵河西岸的)選帝侯的領地。

pal·a·tine [ˋpæləˌtaɪn; ˈpælətain] *adj.* **1** 宮殿的。**2** 擁有一部分王權的。

—*n.* **1** [P~] Ⓒ(昔日的)帕勒坦伯爵《在自己的領土內享有與國王同等特權的領主》。**2** [the P~]＝Palatine Hill.

Pálatine Híll *n.* [the ~]帕勒坦丘《古羅馬七丘中的中心丘，羅馬皇帝最先建築宮殿於此》。

pa·lav·er [pəˋlævɚ; pəˈlɑːvə] **«源自葡萄牙語「言詞」之義»** **—**《口語》*n.* **1** Ⓤ **a** 閒談，聊天，廢話。**b** 恭維話，奉承。

2 Ⓤ無事騷擾，大驚小怪。

3 Ⓒ《罕》(不同民族間不協調的)交涉，商談。

—*v.i.* 〔動(十副)〕閒聊；奉承〈*on*〉.

‡pale[1] [pel; peil] *adj.* (**pal·er**; **pal·est**) **1** 〈人、臉〉**蒼白的**：You look ~. 你的臉色蒼白/She turns ~ at the sight of blood. 她看到血就花容失色《臉色變蒼白》。

2 a (顏色)**淡的**《★用法 對任何顏色都可以說，但罕用 pale red》：(a) ~ green 淺綠色。**b** 顏色淡的：~ ale《美》含酒精量少的啤酒，淡啤酒/~ wine 白葡萄酒。

3 〈光〉**微弱的**；暗淡的：a ~ moonlight 暗淡的月光。

4 虛弱的，柔弱無力的，沒有活力的。

—*v.t.* 〔十受〕**1** 使…變蒼白。**2** 使…變淡。**3** 使…變微暗。

—*v.i.* **1** 變蒼白。**2** 變淡。**3** 變微暗。**4** 〔動(十介十(代)名)〕〔在…之前〕黯然失色；〔比…〕遜色，相形見絀〔*beside, before*〕：My coat ~*s beside* [*before*] his. 我的外衣比他的遜色。

~·ly *adv.* **~·ness** *n.*

pale[2] [pel; peil] *n.* **1** Ⓒ(作柵欄用的尖)樁，柵。**2** [the ~]界限，範圍：within [outside, beyond] *the* ~ of... 在…的範圍內[外]；在…的界限內[外]。**3** Ⓒ〖紋章〗盾中央約占盾面寬度⅓的直線條。

beyònd [**outsìde, withòut**] **the pále** 〈人、言行〉脫離社會常軌的，不妥當的。

—*v.t.* 用柵欄[籬笆]把…圍起來。

pále·fàce *n.* Ⓒ[也用於稱呼]白人《據說是北美印地安人最先用以稱呼白種人的輕蔑語》。

pa·le·o- [pelɪo-; pæliou-, pei-] [複合用詞]表示「古，舊，原始」：*Paleo*zoic.

pa·le·og·ra·phy [ˌpelɪˋɑgrəfɪ; ˌpæli'ɔgrəfi] *n.* Ⓤ古文書學，古字學。**pa·le·o·graph·ic** [ˌpelɪəˋgræfɪk; ˌpæliə'græfik⁻] *adj.*

Pa·le·o·lith·ic [ˌpelɪəˋlɪθɪk; ˌpeiliou'liθik⁻] *adj.* 《考古》舊石器時代的(cf. Neolithic)：the ～ era 舊石器時代。

pà·le·on·tól·o·gist [-dʒɪst; -dʒist] *n.* Ⓒ古生物學家。

pa·le·on·tol·o·gy [ˌpelɪɑnˋtɑlədʒɪ; ˌpælion'tɔlədʒi] *n.* Ⓤ古生物學，化石學。

Pa·le·o·zo·ic [ˌpelɪəˋzo·ɪk; ˌpæliə'zouik⁻] 《地質》*adj.* 古生代的。
—*n.* [the ～]古生代[層]。

Pa·ler·mo [pəˋlɝmo; pə'lə:mou] *n.* 巴勒摩《義大利西西里島(Sicily)的首府及海港》。

Pal·es·tine [ˋpæləsˌtaɪn; 'pæləstain] *n.* 巴勒斯坦《原爲地中海東岸的一國，首都耶路撒冷(Jerusalem)，由於耶穌生於該國的伯利恆(Bethlehem)城，故有聖地(the Holy Land)之稱，1948 年以後分爲以色列和約旦兩國》。

pal·ette [ˋpælɪt; 'pælət] «源自法語「小鐵鍬」之義»**—*n.*** Ⓒ **1** 調色板[盤]；(一套的)顏料。**2** (畫家、繪畫的)色彩範圍[種類]。

pálette knife *n.* Ⓒ **1** 調色刀。**2** 調色刀形的烹調器具。

pal·frey [ˋpɔlfrɪ; 'pɔ:lfri] *n.* Ⓒ《古・詩》(尤指)供婦女騎的馬。

Pa·li [ˋpɑli; 'pɑ:lɪ] *n.* Ⓤ巴利語《古代印度的一種通俗語；現用於佛教經典；cf. Sanskrit》。

pal·i·mo·ny [ˋpæləmonɪ; 'pæliməni] *n.* Ⓒ伴侶贍養費，伴侶財產協議《無婚姻關係之男女分居後被遺棄之一方所要求者》。

pal·imp·sest [ˋpælɪmpˌsɛst; 'pælimpsest] *n.* Ⓒ可消去舊字，在上面另寫新字的羊皮紙。

pal·in·drome [ˋpælɪnˌdrom; 'pælindroum] «源自希臘文「跑回去」之義»**—*n.*** Ⓒ回文《順讀倒讀均相同的字、詞、句；如 noon, radar/Was it a cat I saw？(我看到的是一隻貓嗎？)》。

pal·ing [ˋpelɪŋ; 'peiliŋ] *n.* **1** Ⓤ[集合稱]樁，柵。**2 a** Ⓒ樁。**b** [～s](打樁作成的)柵欄。

pal·i·sade [ˌpæləˋsed; ˌpæli'seid] *n.* **1** Ⓒ (爲防衛而打樁作成的)柵欄，樹籬。**2**《美》**a** [～s](河邊的)斷崖。**b** [the Palisades](沿著美國紐約州與新澤西州(New Jersey)的哈德遜河(Hudson)下游的)帕勒塞斷崖。
—*v.t.* 在…圍以樁[柵欄，樹籬]。

pál·ish [-lɪʃ; -liʃ] *adj.* 稍帶蒼白的。

pall[1] [pɔl; pɔ:l] «源自拉丁文「外套」之義» **—*n.*** **1** Ⓒ **a** 棺罩，柩衣《覆蓋靈柩車、墓等的黑色絨布》。**b**《天主教》聖杯罩布。**c**《美》(尤指安放遺體的)棺材。
2 [a ～](陰暗的)幕，帷：*a* ～ of darkness 夜幕/throw [cast] *a* ～ over... 投陰影於…。

pall[2] [pɔl; pɔ:l] «appall 字首消失的變體字»**—*v.i.*** 〔動(＋介＋(代)名)〕〈東西、事情〉使〔人〕生厭；〔使…〕失去興趣〔*on, upon*〕：The novelty will soon ～ ***on*** them. 那種新奇不久就會使他們感到厭倦。

Pal·la·di·an [pəˋledɪən; pə'leidjən] «義大利十六世紀時的建築家 Andrea Palladio 的形容詞»**—*adj.*** 〈建築式樣〉帕拉底歐風格[式]的：a ～ window 帕拉底歐式的窗子。

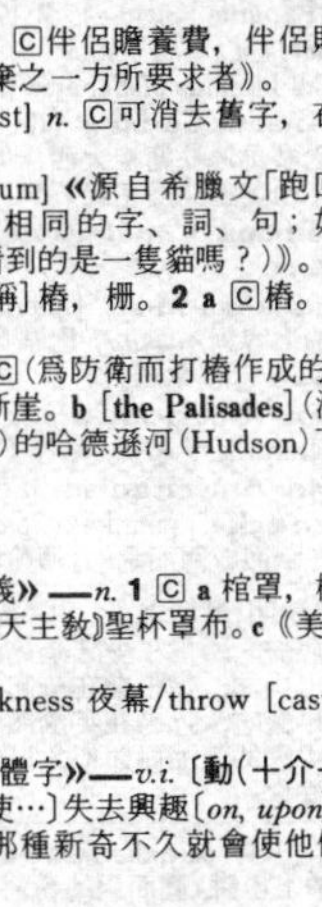
Palladian window

pal·la·di·um [pəˋledɪəm; pə'leidjəm] *n.* Ⓤ《化學》鈀《金屬元素之一；符號 Pd》。

Pal·la·di·um [pəˋledɪəm; pə'leidjəm] *n.* (*pl.* **-di·a** [-dɪə; -diə], ～s) **1** Ⓒ希臘智慧女神帕拉斯(Pallas Athena)的神像《尤指守護特洛伊(Troy)城的神像》。**2** [p～]ⓊⒸ保障，守護(protection)。

Pal·las [ˋpæləs; 'pæləs] *n.* (又作 **Pállas Athéna**)《希臘神話》帕拉斯・雅典娜《智慧女神；cf. Athena》。

páll·bèarer *n.* Ⓒ **1** 出殯時的扶棺者《由死者特別親近的人擔任》。**2**《美》抬棺者。

pal·let[1] [ˋpælɪt; 'pælit] *n.* Ⓒ **1** 草褥。**2** 簡陋的牀。

pal·let[2] [ˋpælɪt; 'pælit] *n.* Ⓒ **1** 陶工用的木抹子。**2** 搬運或貯放物品的金屬台[貨盤]《用叉式升降機搬運》。**3**《機械》棘爪，鎚墊；(棘齒輪的)掣子。

pal·let·ize [ˋpælɪtˌaɪz; 'pælitaiz] *v.t.* 把…放在貨盤上；用貨盤裝運…。

pal·liasse [pælˋjæs, ˋpæljæs; 'pæliæs] *n.* Ⓒ草褥，草床。

pal·li·ate [ˋpælɪˌet; 'pælieit] *v.t.* **1** 暫時減輕〈疾病〉，緩和〈疼痛〉。**2** 掩飾〈罪過等〉；爲…辯解。

pal·li·a·tion [ˌpælɪˋeʃən; ˌpæli'eiʃn] «palliate 的名詞»**—*n.*** **1** Ⓤ(疾病、疼痛等的)暫時減輕[緩和]。
2 Ⓤ(過失的)掩飾。
3 Ⓒ辯解；緩和的辦法，姑息手段。

pal·li·a·tive [ˋpælɪˌetɪv; 'pæliətiv] *adj.* **1** 減輕的；(暫時)緩和的。**2** 辯解的；掩飾的。
—*n.* Ⓒ **1** 緩和劑。**2** 辯解；緩和的辦法，姑息手段。

pal·lid [ˋpælɪd; 'pælid] *adj.* (～·**er**；～·**est**)蒼白的；無血色的。
～·ly *adv.* **～·ness** *n.*

Pall Mall [ˋpɛlˋmɛl, ˋpælˋmæl; ˌpæl'mæl, ˌpel'mel] *n.* 帕瑪街《自倫敦的特拉法加廣場(Trafalgar Square)至聖詹姆斯宮殿(St. James's Palace)的街道；街上多俱樂部》。

pall-mall [ˋpɛlˋmɛl; 'pel'mel] *n.* **1** Ⓤ鐵圈球《在狹長的球場上，一端用棒吊著鐵圈，由另一端用木槌打球穿過鐵圈》。**2** Ⓒ鐵圈球場。

pal·lor [ˋpælɚ; 'pælə] *n.* Ⓤ[又作 a ～](臉、皮膚不健康的)無血色，蒼白：*a* deathly ～ 死人般的蒼白。

pal·ly [ˋpælɪ; 'pæli] «pal 的形容詞» **—*adj.*** (**pal·li·er**；**-li·est**)[不用在名詞前]〔十介十(代)名〕《口語》〔與…〕要好的，親密的〔*with*〕。

***palm**[1] [pɑm; pɑ:m] *n.* Ⓒ **1** 手掌，手心(⇨ hand 插圖)：read a person's ～ 看某人的手相。
2 a 掌狀物。**b** (手套的)手心部分。**c** 槳的扁平部分。
3 掌尺《寬約 7.6–10 公分，長 18–25 公分》。
cróss a person's pálm (with sílver) ⑴(爲了算命而)用錢幣在算命者手心上畫一個十字後把錢交給算命者。⑵賄賂某人。
grèase [óil] a person's pálm ＝grèase [óil] the pálm of a person 向某人行賄，買通某人。
hàve an ítching [ítchy] pálm 貪財；貪賄《★源自從前傳說人心裏想要錢，手掌心就會發癢》。
hóld [hàve] a person **in the pálm of** one's **hánd** 完全掌握〈某人〉。
knów...like the pálm of one's **hánd** ＝ know...like the BACK of one's hand.
—*v.t.* **1** 〔十受〕**a** (表演魔術等)把〈東西〉隱藏於手掌中。**b**《委婉語》吞沒，偷〈東西〉。
2 〔十受〕撫摸…。
3 〔十受(十介十(代)名)〕以欺騙手段把〈東西〉硬塞[賣]給〔某人〕〔*on, upon*〕.
pálm óff 《*vt adv*》以〈假貨〉矇騙〔人〕；以欺哄手段賣〈東西〉〔給人〕〔*on, upon*〕：He ～*ed off* the fake Swiss watches *on* the shop keeper. 他把仿製的瑞士錶騙賣給那家店主。

palm[2] [pɑm; pɑ:m] «源自其葉狀似 palm[1] (手掌)»**—*n.*** Ⓒ **1** (又作 **pálm trèe**)棕櫚《熱帶性植物》：⇨ cabbage palm, oil palm.
2 棕櫚葉[枝]《★勝利或喜悅的象徵》。
béar [cárry óff] the pálm 獲勝，成爲勝利者。
yíeld the pálm to... 爲…所敗；輸給…。

pal·mar [ˋpælmɚ; 'pælmə] «palm[1] 的形容詞»**—*adj.*** 手掌的；掌中的。

pal·mate [ˋpælmet, -mɪt; 'pælmeit, -mit], **pal·mat·ed** [ˋpælmetɪd; 'pælmeitid] *adj.* **1**《植物》〈葉〉掌狀的。**2**《動物》有蹼的。

Pálm Béach *n.* 棕櫚灘《美國佛羅里達州(Florida)東南海岸的觀光勝地》。

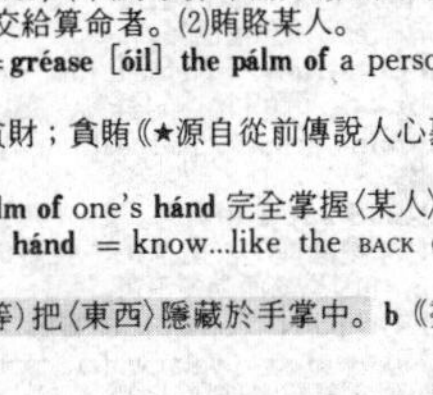
Palm Beach 的 palms(棕櫚)

palm·er[1] [ˋpɑmɚ; 'pɑ:mə] «源自朝聖者自聖地帶回棕櫚葉或其樹枝做成的十字架作爲紀念品»**—*n.*** Ⓒ **1** (昔日巴勒斯坦(Palestine)的)聖地朝聖者。**2** 朝聖(者)。

palm·er[2] [ˋpɑmɚ; 'pɑ:mə] *n.* Ⓒ(賭牌或骰子等的)作弊的人；行騙者。

Pálm·er, Harold E. *n.* 帕麥爾《1877－1949；英國語音學家及語言教學法專家》。

pálmer·wòrm *n.* Ⓒ一種危害果樹的毛毛蟲。

pal·met·to [pælˋmɛto; pæl'metou] *n.* Ⓒ(*pl.* ～s, ～es)《植物》龍鱗櫚，美國矮棕櫚《產於美國西南海岸一帶的小型棕櫚》。

pálm·ist [-mɪst; -mist] *n.* Ⓒ手相家。

palm·is·try [ˋpɑmɪstrɪ; 'pɑ:mistri] *n.* Ⓤ手相術，手相的判斷；(扒手等的)手指的靈活；手上戲法。

pálm lèaf *n.* Ⓒ棕櫚葉《用以製扇、帽子等》。

pálm òil *n.* Ⓤ棕櫚油《採自油棕櫚(oil palm)》。

Pálm Súnday *n.* 《聖經》聖枝主日，棕櫚主日。

【說明】復活節(Easter)之前的星期日，是紀念耶穌進入耶路撒冷(Jerusalem)的日子。據聖經新約「約翰福音」的記載，耶穌進入耶路撒冷城那一天，城裏民衆在路上鋪滿棕櫚樹枝(palm)以迎接祂。

palm·y [ˋpɑmɪ; 'pɑ:mi] «palm[2] 的形容詞» **—*adj.*** (**palm·i·er**；**-i·est**) **1** 棕櫚(似)的；多棕櫚的；棕櫚茂盛的。**2** 繁榮的；獲勝

的；得意洋洋的；光榮的：in one's ～ days 在某人的全盛時期。

Pal·o·mar [ˋpæləˏmɑr; ˈpæləmɑː], **Mt.** *n.* 巴洛馬山《在美國加利福尼亞州(California)西南部的一座山；裝設有世界最大反射望遠鏡的天文台(Mt. Palomar Observatory)在此》。

pal·o·mi·no [ˏpæləˋmino; ˌpæləˈmiːnou] «源自西班牙語「鴿子似的」之義»—*n.* [有時 P~] Ⓒ (*pl.* ～s) 巴洛米諾馬《鬃及尾毛爲銀白色，其他部分爲奶油色的馬》。

palp [pælp; pælp] *n.* ＝palpus.

pal·pa·bil·i·ty [ˏpælpəˋbɪlətɪ; ˌpælpəˈbiləti] «palpable 的名詞»—*n.* Ⓤ可觸知性；摸得出來；明顯。

pal·pa·ble [ˋpælpəbl; ˈpælpəbl] *adj.* **1** 可觸知的，摸得出的。**2** 明白的：a ～ lie 明顯的謊言。

-bly [-pəblɪ; -pəbli] *adv.*

pal·pate [ˋpælˏpet; ˈpælpeit] *v.t.* 《醫》觸診。

pal·pa·tion [pælˋpeʃən; pælˈpeiʃn] «palpate 的名詞»—*n.* ⓊⒸ《醫》觸診(法)。

pal·pi [ˋpælpaɪ; ˈpælpai] *n.* **palpus** 的複數形。

pal·pi·tate [ˋpælpəˏtet; ˈpælpiteit] *v.i.* **1 a** 〈脈〉急速[强烈]跳動，悸動。**b** 〈心〉忐忑，怦怦跳：I felt my heart ～. 我感到心在怦怦跳。

2 〔動(＋介＋(代)名)〕〈人、身體〉〔因…而〕發抖〔*with*〕：～ *with* fear 因恐懼而發抖。

pal·pi·ta·tion [ˏpælpəˋteʃən; ˌpælpiˈteiʃn] «palpitate 的名詞»—*n.* ⓊⒸ [常 ～s] 悸動，心悸：～*s* of the heart 心悸亢進。

pal·pus [ˋpælpəs; ˈpælpəs] *n.* Ⓒ (*pl.* **-pi** [-paɪ; -pai]) (昆蟲等之)觸鬚。

pál·sied *adj.* **1** 中風的。**2** [不用在名詞前]〔＋介＋(代)名〕〔因…而〕身體癱瘓的，麻痺的，發麻的〔*with*〕：He was ～ *with* terror. 他因恐怖而動彈不得。

pal·sy [ˋpɔlzɪ; ˈpɔːlzi] *n.* Ⓤ癱瘓，中風。

pal·sy-wal·sy [ˋpɔlzɪˋwɔlzɪ; ˈpɔːlziˈwɔːlzi] *adj.* 《俚》**1** 〈態度等〉似乎很親密[要好]的。

2 [不用在名詞前]〔＋介＋(代)名〕〔與人〕似乎很親密[要好]的〔*with*〕.

pal·ter [ˋpɔltɚ; ˈpɔːltə] *v.i.* 〔＋介＋(代)名〕**1** 敷衍；矇混，搪塞〔某人〕；〔對…〕含糊其辭〔*with*〕《★可用被動語態》：Don't ～ *with* me! 不要敷衍我。

2 〔就…〕〔與人(交涉)〕殺價，討價還價〔*with*〕〔*about*〕：～ *with* a person *about* a thing 就某物與某人討價還價。

pal·try [ˋpɔltrɪ; ˈpɔːltri] *adj.* (**pal·tri·er**；**-tri·est**) **1** 微不足道的，無價值的，不足取的。

2 微小的；很少的：a ～ sum 微小的金額。

pál·tri·ly [-trəlɪ; -trəli] *adv.* **-tri·ness** *n.*

Pa·mirs [pəˋmɪrz; pəˈmiəz] *n.* [the ～] 帕米爾高原《亞洲中部的高原，有世界屋脊之稱》。

pam·pas [ˋpæmpəz; ˈpæmpəs] *n. pl.* (南美，尤指阿根廷無樹木的)大草原。

—*adj.* [用在名詞前]大草原的。

pámpas gràss *n.* Ⓤ《植物》銀葦，白金蘆《長在大草原，似芒的稻科植物》。

pam·per [ˋpæmpɚ; ˈpæmpə] *v.t.* **1** 縱容；嬌寵〈某人〉：～ a child 嬌寵孩子；對小孩嬌生慣養。

2 滿足〈慾望等〉；使…滿足：～ one's stomach 放縱食慾，滿足胃口。

pam·phlet [ˋpæmflɪt; ˈpæmflit] —*n.* Ⓒ **1** (平裝的)小册子。**2** (尤指有關時事問題的)小册子刊物。

【字源】十二世紀用拉丁文寫成的喜劇詩 *Pamphilus, seu De Amore* (＝Pamphilus, or About Love)，乃是僅有數頁的小册子，風行一時，後來 pamphlet 即用以指類似的小册子。Pamphilus 是人名，原義是「爲人人所愛」。

pam·phlet·eer [ˏpæmflɪˋtɪr; ˌpæmfləˈtiə] *n.* Ⓒ小册子作者。

‡**pan**[1] [pæn; pæn] *n.* Ⓒ **1 a** [常構成複合字] (常指淺而無蓋，單手用的長柄)鍋，平底鍋：⇨ frying pan, saucepan/a stew ～ 燉鍋。**b** (烤箱用的)器皿。**2** 平底鍋狀物：⇨ bedpan, dustpan, warming pan. **3** 盤狀器皿：**a** (天平的)盤。**b** 蒸盤。**c** (用水篩選砂金等的)淘金盤。**d** (舊式槍砲的)藥池《放置少量發火用火藥之處》。**e** (盤狀)凹地。**4** 便器。**5** 小浮冰。**6** 《口語》酷評。**7** 《地質》硬盤。**8** 《美俚》臉。

flásh in the pán ⇨flash.

(gò) dówn the pán 《英俚》(變成)無用，報銷。

—*v.t.* (**panned**；**pan·ning**) **1** 〔十受十副〕 **a** 用淘金盤淘洗〈礦砂等〉〈*off, out*〉. **b** 用淘金盤篩選〈砂金〉〈*off, out*〉. **2** 〔十受〕《口語》嚴厲批評；貶低〈藝術作品等〉。

—*v.i.* 〔動(十介十(代)名)〕〔爲採砂金而〕用淘金盤淘洗砂土〔*for*〕.

pán óut 《*vi adv*》(1)產金。(2)《口語》結果變成：～ *out* well 結果良好。(3)[常用於否定句、疑問句]《口語》結果良好，成功：The idea did*n't* ～ *out.* 那個構想並沒有成功。

pan[2] [pæn; pæn] «源自 panorama 之略» —(**panned**；**pan·ning**) *v.i.* 《電影・電視》**1** 〔動(十副詞(片語))〕(爲拍攝全景效果而)搖攝《上下左右移動攝影機》。

2 〈攝影機〉搖攝。

—*v.t.* 〔十受十副詞(片語)〕(左右)移動攝影機拍攝〈全景〉。

—*n.* Ⓒ(攝影機的)搖攝。

Pan [pæn; pæn] *n.* 《希臘神話》潘《牧羊神，下半身是羊，上半身是人，頭上長有犄角；cf. Silvanus》：～'s pipes ＝pipes of ～ ⇨panpipe.

pan- [pæn-; pæn-] [複合用詞]表示「全(all)…」「總，泛(universal)…」之意。

Pan

pan·a·ce·a [ˏpænəˋsiə; ˌpænəˈsiːə] *n.* Ⓒ **1** 萬靈藥，萬應丹。**2** 萬全之策〔*for*〕.

pa·nache [pəˋnæʃ; pəˈnæʃ] *n.* Ⓤ誇示，炫耀，擺架子，趾高氣揚。

Pan-Af·ri·can·ism [ˋpænˋæfrɪkənˏɪzəm; ˌpænˈæfrikənizəm] *n.* Ⓤ泛非洲主義；非洲國家大團結主義。

Pan·a·ma [ˋpænəˏmɑ; ˌpænəˈmɑː] *n.* **1** 巴拿馬《中美洲的一個共和國；首都巴拿馬市(Panama (City))》。**2** [常 P~] (又作 **Pánama hát**) Ⓒ巴拿馬草帽。

the Isthmus of Pánama 巴拿馬地峽。

Pánama Canál *n.* [the ～] 巴拿馬運河《通過巴拿馬地峽連接大西洋與太平洋的運河；1914 年由美國開鑿完成》。

Pánama Canál Zòne *n.* [the ～] 巴拿馬運河區 (⇨ Canal Zone).

Pan·a·ma·ni·an [ˏpænəˋmenɪən; ˌpænəˈmeinjən ˉ] «Panama 的形容詞»—*adj.* 巴拿馬(人)的。

—*n.* Ⓒ巴拿馬人。

Pán-Américan *adj.* 全美洲[泛美]的；泛美洲主義的：the ～ Union 泛美聯盟《略作 P.A.U.》.

Pán-Américanism *n.* Ⓤ泛美主義。

pan·cake [ˋpænˏkek; ˈpænkeik] *n.* **1** Ⓒ [當作菜名時爲Ⓤ] (用平底鍋煎成薄而扁的)薄煎餅。

【說明】麵粉加蛋、牛奶、糖後攪拌均勻在平底鍋裏煎成薄薄的煎餅，因爲在平底鍋(pan)裏煎成，所以稱作 pancake. 趁熱塗上奶油，幾張疊在一起，上面倒上糖漿或蜂蜜食用。美國人當早餐吃，近來在英國頗受年輕人歡迎，有時亦當餐後甜點。與中國的葱油餅類似，只是一甜一鹹之別。這也顯示不同的吃的文化。

2 (又作 **páncake máke-up**) Ⓤ [指產品個體或種類時爲Ⓒ] 化妝用的水粉餅《圓而扁的粉餅；源自商標名》。

3 (又作 **páncake lánding**) Ⓒ《航空》平降《飛機降落時因失速而水平地[由機尾]降落》。

(as) flát as a páncake 扁平的。

—*v.i.* 《航空》〔動(十副)〕〈飛機〉平降〈*down*〉.

—*v.t.* 使〈飛機〉平降。

Páncake Dày [Túesday] *n.* 《英》懺悔的星期二 (Shrove Tuesday)《照例當天吃薄煎餅》。

páncake ròll *n.* Ⓒ [當作菜名時爲Ⓤ]《英》(中國菜的)春捲 (spring roll).

pan·chro·mat·ic [ˏpænkroˋmætɪk; ˌpænkrouˈmætik ˉ] *adj.* 《物理・攝影》全色[泛色]性的《對可視光線的全色都能感光》：a ～ film [plate] 全色性軟片[感光板]。

pan·cre·as [ˋpænkrɪəs; ˈpæŋkriəs] *n.* Ⓒ《解剖》胰臟。

pan·cre·at·ic [ˏpænkrɪˋætɪk, ˏpæŋ-; ˌpæŋkriˈætik ˉ] «pancreas 的形容詞»—*adj.* 胰臟的：～ juice [secretion] 胰液。

pan·da [ˋpændə; ˈpændə] *n.* Ⓒ《動物》貓熊：**a** 大貓熊 (giant panda). **b** 小貓熊 (lesser panda).

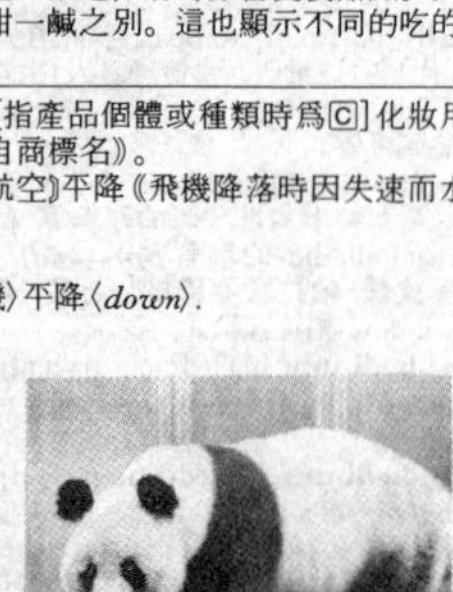

giant panda

lesser panda

pánda cár *n.* Ⓒ《英》警察巡邏車：by ～ 坐巡邏車《★無冠詞》。

pánda cróssing «源自塗在道路上之白線條像貓熊身上的條紋»—*n.* Ⓒ《英》按鈕式行人穿越道(cf. zebra crossing).

pan·dect [ˋpændɛkt; ˈpændekt] *n.* **1 a** Ⓒ[常 ~s]法典，法令全書。**b** [the Pandects]羅馬法典《六世紀時查士丁尼(Justinian)一世下令編纂的羅馬民法法典》。**2** Ⓒ綱要，摘要(digest).

pan·dem·ic [pænˋdɛmɪk; pænˈdemikˉ] *adj.* **1** 〈傳染病〉蔓延全國[世界]的(cf. epidemic 1). **2** 〈疾病〉普遍流行的；流行性的。
—*n.* Ⓒ全國[世界]性的流行病。

pan·de·mo·ni·um [ˌpændɪˋmonɪəm; ˌpændiˈmounjəm] *n.* **1** [P~]羣魔殿；地獄。**2 a** Ⓤ大混亂。**b** Ⓒ大混亂的場所。

pan·der [ˋpændɚ; ˈpændə] *n.* Ⓒ **1** 淫媒；拉皮條者，妓院鴇母。**2** 利用他人弱點而加以利用者。
—*v.i.* [十介十(代)名]利用[他人(的弱點)]，迎合[他人(的低級慾望等)][*to*]：~ *to* vulgar tastes 迎合低級趣味/This book ~*s to* base interests. 這本書是迎合低級趣味的。

pan·dit [ˋpʌndɪt; ˈpʌndit] *n.* Ⓒ(印度之)博學之士；學者。

Pan·do·ra [pænˋdorə, -ˋdɔrə; pænˈdɔːrə] *n.* 《希臘神話》潘朵拉。

Pandora

【說明】Pandora 是人間的第一個女人；據說宙斯(Zeus)為懲罰普洛米修斯(Prometheus)將天界的火偷給人類，就命潘朵拉帶著一個裝有一切罪惡與災難的盒子下嫁給普洛米修斯的弟弟。潘朵拉一到人間就把盒子打開，結果裝在盒中的一切災害罪惡都跑了出來，只有"希望"留在盒底；所以從此人類就遭受災難，在人間找不到希望。

Pandóra's bóx *n.* **1** 潘朵拉的盒子(⇨ Pandora【說明】)。**2** [a ~]一切罪惡的根源。

pane [pen; pein] «源自拉丁文「小布片」之義»—*n.* Ⓒ **1** 窗玻璃(的一片)：two ~*s* of glass 兩片窗玻璃。**2** 嵌板(panel). **3** (尤指一長方形的)劃分區；方框；(棋盤的)方格。

pan·e·gyr·ic [ˌpænəˋdʒɪrɪk; ˌpæniˈdʒirik] *n.* **1** Ⓒ頌詞，讚詞[*on, upon*]. **2** Ⓤ激賞。
pàn·e·gýr·i·cal [-rɪkḷ; -riklˉ] *adj.*

pan·e·gyr·ist [ˌpænəˋdʒɪrɪst; ˌpæniˈdʒirist] *n.* Ⓒ頌詞作者；致頌詞的人。

pan·e·gy·rize [ˋpænədʒəˌraɪz; ˈpænidʒiraiz] *v.t.* 讚頌…；寫致…的頌詞。

*__pan·el__ [ˋpænḷ; ˈpænl] «與 pane 同字源» —*n.* Ⓒ **1 a** 鑲板《門、房間、格子天花板的方框隔板》。**b** (薄木板的)嵌板。
2 a 畫板。**b** 板畫。
3 (用以拼湊裙子、衣服等的)小布片。
4 (汽車、飛機等的)儀器盤。
5 [集合稱] **a** (問答節目的)回答小組《通常由三至四人組成；★用法視為一整體時當單數用，指個別成員時當複數用》。**b** (在討論會、座談會等所預定的)討論小組；(特定問題的)研究小組，小組委員會《★用法與義 5a 同》：a ~ of experts 專門委員會。
6 a (登記)名單。**b** [集合稱]《法律》陪審員名單，陪審團《★用法與義 5a 同》。
7 《英》健康保險醫師名單。
8 《攝影》長方形照片《比一般長的照片；約 8.5×4 吋》。
—*v.t.* (**pan·eled,** 《英》**-elled; pan·el·ing,** 《英》**-el·ling**) **1** [十受]在…嵌以鑲板。
2 [十受十介十(代)名]在…嵌以[…的]鑲板，[用…]裝飾…[*in, with*]：The door was ~*ed in* oak. 那扇門用橡樹板裝飾。

pánel discùssion *n.* Ⓒ小組討論會，座談會《由數名代表組成，在大眾面前就某一特定問題進行討論，同時接受詢問的討論會；cf. symposium 1》.

pánel dòctor *n.* Ⓒ(健康保險)特約醫生。

pánel hèating *n.* Ⓤ嵌入式供暖法。

pán·el·ing, 《英》**pán·el·ling** [-nḷɪŋ; -nəliŋ] *n.* Ⓤ[集合稱]鑲板，嵌板，壁板；鑲板細工。

pán·el·ist, 《英》**pán·el·list** [-nḷɪst; -nəlistˉ] *n.* Ⓒ **1** 參加小組討論會的人；小組討論會的參與者。**2** 問答節目的回答者。

pánel shòw *n.* Ⓒ由一組知名人士參加的電視益智節目[討論會，遊戲節目]。

pán·frỳ *v.t.* 用平底鍋(以少量油)煎[炒]〈食物〉(⇨ cook【同義字】)。

pang [pæŋ; pæŋ] *n.* Ⓒ **1** (肉體上的)劇痛，一陣突然的痛苦(⇨ pain【同義字】)：hunger ~*s* = ~*s* of hunger 飢餓的痛苦。**2** 錐心之痛，傷心：feel the ~*s of* conscience 感到良心的苛責。

Pan·glos·si·an [pænˋglɑsɪən, pæŋ-; pæŋˈglɔsiən, pæŋ-] *adj.* 有過於樂觀之傾向的《源自 Voltaire 小說 *Candide* 中的人物 Doctor Pangloss》.

pan·go·lin [ˋpæŋgəlɪn; ˈpæŋgəlin] *n.* Ⓒ《動物》穿山甲《受驚嚇時會捲起身體》。

pangolin

pan·gram [ˋpæŋgræm; ˈpæŋgræm] *n.* Ⓒ所有的字母都出現的句子《一種文字遊戲》。

pán·hàndle *n.* Ⓒ **1** 平底鍋的鍋柄。**2** [常 P~]《美》(伸入他州的)狹長地帶《如西維吉尼亞州(West Virginia)的北部等》。
—*v.i.* 《美口語》(在街頭)行乞。

pán·hàn·dler «源自將伸出的手形容為平底鍋的鍋柄»—*n.* Ⓒ《美口語》叫化子；乞丐。

Pánhandle Státe *n.* [the ~] 美國西維吉尼亞州(West Virginia)的俗稱。

Pàn·Hellénic *adj.* **1** 全希臘人的。**2** 泛希臘主義的。

*__pan·ic__ [ˋpænɪk; ˈpænik] *n.* **1** ⓊⒸ(突然的、沒來由的)恐慌；驚惶：be in [get into] a ~ 在[陷於]恐慌狀態。

【字源】半夜裏在山中或山谷中聽到恐怖的聲音會使人驚慌。據說這是牧羊神潘(Pan《⇨插圖》)在作祟。又傳說，巴克斯(Bacchus)遠征東方，遭遇大批敵軍，陷入苦戰，潘建議「夜中全軍一齊高喊殺聲」，殺聲迴響，敵軍以為四面受圍而匆促遁走。

2 Ⓒ《經濟》(經濟)恐慌。**3** [a ~]《美俚》非常可笑[滑稽]的人[事物]。
—*adj.* [用在名詞前] **1** 突然的[沒理由的]〈恐懼〉：a ~ reaction 異常的反應。**2** 恐慌的：a ~ run on the banks 恐慌似的奔向銀行擠兌。**3** [P~]牧神潘(Pan)的。
be at pánic stàtions (òver...) (1)必須趕緊做(…)。(2)(對…)驚慌。
púsh [préss, hít] the pánic bùtton 《口語》驚惶失措。
—*v.t.* (**pan·icked; pan·ick·ing**) [十受] **1** 使…起恐慌，使…驚慌。
2 《美俚》使〈人〉發笑[大樂]。
—*v.i.* [動(十介十(代)名)][對…]驚惶失措，驚慌[*at*]：Don't ~！別慌！

pan·ick·y [ˋpænɪkɪ; ˈpæniki] *adj.* 《口語》恐慌的，提心吊膽的，驚惶失措的。

pan·i·cle [ˋpænɪkḷ; ˈpænikl] *n.* Ⓒ《植物》圓錐花序。

pánic-stricken *adj.* 受到驚恐的；恐慌的，驚慌的，狼狽的。

Pan·ja·bi [pʌnˋdʒɑbɪ; pʌnˈdʒɔbi] *n.* ＝Punjabi.

pan·jan·drum [pænˋdʒændrəm; pænˈdʒændrəm] *n.* Ⓒ《謔》達官貴人，大老爺。

panne [pæn; pæn] *n.* Ⓤ平絨《一種似天鵝絨之織物》。

pan·nier [ˋpænjɚ; ˈpæniə] «源自拉丁文「麵包籃」之義»—*n.* Ⓒ **1** (掛在馬、驢、腳踏車、機車等兩側的)馱籃。**2 a** (從前用以撐開女裝臀部的)鯨骨框[架]。**b** 裝有鯨骨架的裙子。

panniers 1

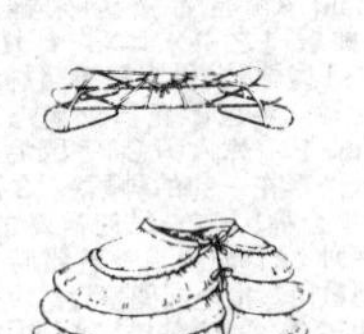

pan·ni·kin [ˋpænɪkɪn; ˈpænikin] *n.* Ⓒ《英》**1** 小金屬杯(一杯之量)。**2** 小盤子；小鍋。

pán·o·plied *adj.* 披戴全副甲冑的。

pan·o·ply [ˋpænəplɪ; ˈpænəpli] *n.* **1** Ⓒ **a** 全副甲冑《鎧甲、頭盔的一套》。**b** 全套[全副]的東西。**2** Ⓤ華麗的衣著：in (full) ~ 盛裝的[地]。

pan·o·ram·a [ˌpænəˋræmə; ˌpænəˈrɑːmə] *n.* Ⓒ **1** 展現的全景畫，活動畫景[*of*]. **2** 連續轉換的景色[光景]；全景[*of*]. **3** 概觀[*of*].

pan·o·ram·ic [ˌpænəˋræmɪk; ˌpænəˈræmikˉ] «panorama 的形容詞»—*adj.* 連續轉換(式)的；概觀的：a ~ camera 全景照相機/give a ~ view 展現全景。**-i·cal·ly** [-ɪkḷɪ; -ikəli] *adv.*

pán·pìpe *n.* Ⓒ[常 ~s]牧神笙(Pan's pipes)《一種原始的吹奏樂器》。

pan·soph·ism [ˋpænsəˌfɪzəm; ˈpænsəfizəm] *n.* Ⓤ自稱無所不知，萬事通。

pan·sy [ˋpænzɪ; ˈpænzi] *n.* Ⓒ **1**《植物》三色菫，三色紫羅蘭。

【字源】這種花象徵「沉思」或「追憶」，源自法語 *pen sée*, 義爲「思考」，拼字英語化後變成 pansy.
【說明】據民間傳說，看到這種花的人會戀愛，如果朝露未乾就把它摘下來，會跟愛人死別，放晴的日子摘下它，會立即開始下雨。

2《俚・輕蔑》**a** 脂粉氣的男人。**b** 搞同性戀的男人。

pant[1] [pænt; pænt] «源自拉丁文「有惡夢[幻想]」之義» **—***v.i.* **1** **a** 喘氣，喘息；〈心〉猛跳：He climbed, ~*ing* heavily. 他氣喘吁吁地攀登。**b** [十副]邊喘邊跑，氣喘吁吁地跑〈*along*〉：The horse ~*ed* ***along***. 那匹馬邊跑邊喘著氣。**2** 〈火車、輪船〉噴氣[冒煙]，邊噴氣[冒煙]邊前進。**3** [常用進行式] **a** [十介十(代)名]渴望；盼望，愛慕[…]〔*after, for*〕：He's *been* ~*ing* ***after*** her for years. 他愛慕她好幾年了/He *was* ~*ing* ***for*** his turn. 他盼望著輪到他。**b** [十 *to* do]渴望，盼望〈做…〉：I *was* ~*ing to* acquire knowledge. 我渴望著獲得知識。
—*v.t.* [十受(十副)]喘著氣說…〈*out*〉：The messenger ~***ed out*** the news. 使者喘著氣說出那消息。
—*n.* Ⓒ **1** 喘氣；喘息。**2** 心悸。**3** (蒸氣火車頭的)噴氣聲。

pant[2] [pænt; pænt] *adj.* [用在名詞前]褲子[短內褲] (pants)的：~ legs 褲子的(兩)褲管。

pan·ta·let(te)s [ˌpæntlˋɛts; ˌpæntəˈlets] *n. pl.* **1** (十九世紀婦女用的)寬鬆長內褲《下擺有可卸下之飾邊顯於裙外》。**2** 寬鬆長內褲之飾邊。

pan·ta·loon [ˌpæntlˋun; ˌpæntəˈlu:n] *n.* **1** Ⓒ [常 P~]潘達隆《從前義大利喜劇或啞劇中穿窄褲的瘦老頭角色》；老丑角。
2 [~s]潘達隆褲，褲子：a pair of ~*s* 一條潘達隆褲。
—*adj.* [用在名詞前]潘達隆的。

【字源】古時候義大利喜劇裏，常有穿著褲管細小的褲子上台的老丑角(pantalone)．這名稱源自威尼斯(Venice)守護聖人Pantaleone之名。這種喜劇流行開來，有人就稱老丑角穿的褲子爲 pantaloon, 慢慢地用以稱一般的褲子。pants 也就是 pantaloons 的縮寫，panties 更是由 pant 加「小小的」之意的 -y 變複數而成。

pan·tech·ni·con [pænˋtɛknɪˌkɑn, -kən; pænˈteknikən] «源自倫敦美術品陳列銷售處之名» **—***n.* (又作 **pantéchnicon ván**) Ⓒ《英》家具搬運車。

pan·the·ism [ˋpænθiˌɪzəm; ˈpænθi:izm] *n.* Ⓤ **1** 萬有神論，泛神論。**2** 多神教。

pán·the·ist [-ɪst; -ist] *n.* Ⓒ **1** 泛神論者。**2** 多神教信徒。

pan·the·is·tic [ˌpænθiˋɪstɪk; ˌpænθi:ˈistik˜] *adj.* **1** 泛神論的。**2** 多神教的。

pan·the·on [ˋpænθɪən; ˈpænθiən] «源自希臘文「衆神的(神殿)」之義» **—***n.* **1** [the P~]萬神殿《供奉羅馬諸神的神殿，現已改建爲教堂》。**2** [the P~]偉人祠《將一國的偉人供奉在一起的神殿》。**3** Ⓒ [集合稱] **a** (一民族信奉的)衆神《★ 用法 視爲一整體時當單數用，指全部個體時當複數用》。**b** 名人[英雄]《★ 用法 與義 3a 同》：the ~ of great writers 偉大的作家們。

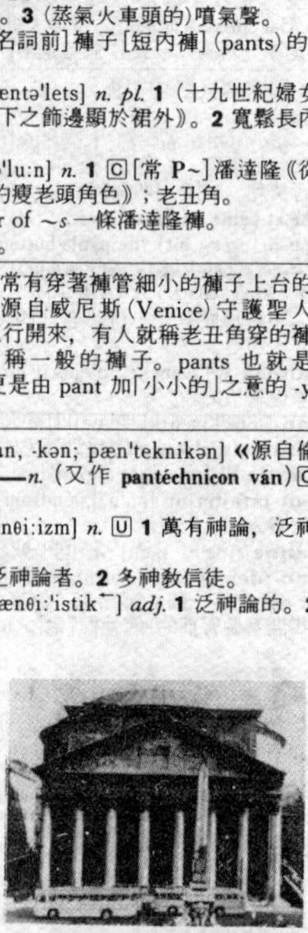

Pantheon 1

pan·ther [ˋpænθɚ; ˈpænθə] *n.* Ⓒ (*pl.* ~s, ~) **1**《動物》豹(leopard)；(尤指)黑豹(black leopard)。**2**《美》美洲獅(cougar)。

pántie gìrdle *n.* Ⓒ短襯褲型的緊身褡。

pan·ties [ˋpæntɪz; ˈpæntiz] *n. pl.*《★ 語形 形容詞是 panty》(婦女、兒童用的)短襯褲。

pán·tile *n.* Ⓒ波形瓦《斷面成 S 字形的屋頂瓦》。

pan·to [ˋpænto; ˈpæntou]《略》*n.* (*pl.* ~s)《英口語》= pantomime 2.

pan·to·graph [ˋpæntəˌgræf; ˈpæntəgrɑ:f, -græf] *n.* Ⓒ **1** 比例畫圖儀器，縮放儀《可照一定比例放大或縮小圖形》。**2** (電車、電動火車頂上的)集[導]電弓架。

pantograph 1

pan·to·mime [ˋpæntəˌmaɪm; ˈpæntəmaim] «源自希臘文「模仿一切的人」之義» **—***n.* **1** ⓊⒸ 啞劇，默劇。**2** ⓊⒸ《英》童話劇《有歌舞及滑稽表演，多在耶誕節上演》。**3** Ⓤ比手劃腳；手勢。

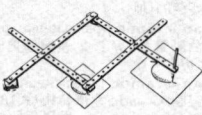

pan·to·mim·ic [ˌpæntəˋmɪmɪk; ˌpæntəˈmimik] *adj.*

pán·to·mìm·ist [-ˌmaɪmɪst; -maimist] *n.* Ⓒ啞劇演員[作者]。

pan·try [ˋpæntrɪ; ˈpæntri] *n.* Ⓒ **1** (家庭的)食品貯藏室。**2** **a** (旅館等的)餐具室。**b** (旅館等的)冷凍食品貯藏室。

【字源】源自古法語「放麵包的地方」。pan 源自拉丁文 *panis*(= bread)．麵包既是主食，放麵包的地方當然就是放食品的地方了。

pán·try·man [-mən; -mən] *n.* Ⓒ (*pl.* **-men** [-mən; -mən]) (受雇於旅館等中之)食品或食器貯藏室的管理員。

‡**pants** [pænts; pænts] «pantaloons 之略» **—***n. pl.*《★ 語形 形容詞、複合語爲 pant》**1**《美》**a** 褲子(⇨ trousers【同義字】)：a pair of ~ 一條褲子。**b** 寬鬆的長褲。
2《英》**a** (男士用)內褲。**b** (女子用)內褲。
by the séat of one's pánts ⇨ seat.
in lóng pánts《美》〈人〉長大成人。
in shórt pánts《美》〈人〉還是小孩。
wéar the pánts《口語》〈女人〉當家；掌大權。
with one's pánts dówn《俚》極尷尬的情況時，冷不防時：He was caught *with* his ~ *down*. 他冷不防地被逮到。

pant·shoes [ˋpæntˌʃuz; ˈpænt-ʃu:z] *n. pl.* 厚底鞋；鬆糕鞋《配襯喇叭褲穿的鞋》。

pant·suit [ˋpæntˌsut; ˈpæntsu:t] *n.* Ⓒ婦女的套裝《寬鬆的長褲和相配的短上衣》。

pan·ty [ˋpæntɪ; ˈpænti] *adj.* [用在名詞前]短襯褲(panties)的。

pán·ty hòse *n.* [集合稱；當複數用]《美》(女用)褲襪(《英》tights)《★此字無複數；集合稱的「襪類」稱 hosiery》.

pánty·wàist《美》*n.* Ⓒ **1** (幼兒用)連褲襯衫。**2** 小孩般的男人；娘娘腔的男人，無志氣的人，窩囊廢。
—*adj.* **1** 小孩般的。**2** 娘娘腔的，女人似的。

pan·zer [ˋpænzɚ, ˋpɑntsɚ; ˈpænzə, ˈpænzə] «源自德語 'coat of mail' 之義» **—***adj.* 裝甲的，戰車的：a ~ division 裝甲師。

pap [pæp; pæp] *n.* **1** Ⓤ麵包粥《幼兒、病人的食物》：His mouth is full of ~. 他還是個(乳臭未乾的)孩子。
2 Ⓤ [又作 **a** ~]柔軟的漿狀物。
3 Ⓤ低級(讀)物，幼稚(的話，想法)。

***pa·pa** [ˋpɑpə; pəˈpɑ:] *n.* Ⓒ [也用於稱呼]《兒語》爸爸(cf. mamma[1])《★ 比較 也說 pa, 但以 dad, daddy 最普遍》。

pa·pa·cy [ˋpepəsɪ; ˈpeipəsi] *n.* **1** [the ~]羅馬教皇之職位[地位]，教皇的權限。
2 Ⓒ教皇的任期。
3 [常 the P~]教皇制度。

pa·pal [ˋpepl; ˈpeipl] «pope, papacy 的形容詞» **—***adj.* [用在名詞前]羅馬教皇的；天主教的：the *P*~ See 教皇的職權，羅馬教廷，(有時指)教皇/the *P*~ States 教皇轄地《在義大利統一(1870)前爲教皇所管轄的義大利中部地區》。

pápal cróss *n.* Ⓒ教宗的十字架(⇨ cross 2 插圖)。

pa·paw *n.* **1** [ˋpɔpɔ; pəˈpɔ:] **a** Ⓒ《植物》萬壽果(樹)《番荔枝科植物的一種；北美產》。**b** Ⓒ [當作食物時爲Ⓤ]萬壽果的果實。**2** = papaya.

pa·pa·ya [pəˋpaɪə; pəˈpaiə] *n.* **1** Ⓒ《植物》木瓜；木瓜樹《熱帶美洲原產》。**2** Ⓒ [當作食物時爲Ⓤ]木瓜果實。

‡**pa·per** [ˋpepɚ; ˈpeipə] «源自希臘文紙草(papyrus)；古埃及人以此植物造紙，故名» **—***n.* **1** Ⓤ紙《★ 用法 數定形的紙時用 a sheet of ~, 與形狀、大小無關時用 a piece of ~, 紙片時用 a scrap [bit] of ~；有時使用也無上述之區別》：two sheets of ~ 兩張紙/wrapping ~ 包裝紙/ruled ~ 格紙，畫線的紙/⇨ brown paper/work with ~ and pencil 用紙與鉛筆勤勞地工作。
2 Ⓒ《口語》新聞，報紙：a daily ~ 日報/an evening ~ 晚報/get into the ~*s* 上報；成爲新聞的題材/I read an article about that in the ~*s*. 我在報上讀到有關那件事的文章/Would you buy me the morning ~? 請你替我買份早報好嗎？/What ~ do you take? 你訂什麼報？
3 Ⓒ **a** (研究)論文：read [deliver, give] a ~ *on*... 宣讀有關…的論文。**b** 報告《★老師給學生作爲考試或家庭作業者》：assign [give in] a ~ *on* Cromwell 指定[呈交]一篇有關克倫威爾的報告(作業)。
4 Ⓒ試題；答案(用紙)：set a ~ *in* grammar《英》出文法考題/mark (examination) ~*s* 打考卷的分數/hand back (exam) papers 交回考卷/The history ~ was a very easy one. 歷史試題很容易。
5 [~s] **a** 文件，記錄：Look through the ~*s*, will you? 請你過目那件文件好嗎？**b** 身分[戶籍]證明書，信任狀：⇨ ship's papers.
6 Ⓒ (政府機關發出的)文件，證件：⇨ white paper.
7 Ⓤ **a** 鈔票(paper money)．**b** 票據；匯票(commercial paper)：negotiable ~ 可轉讓票據。
8 Ⓤ [指種類時爲Ⓒ]壁紙(wallpaper)．
commít to páper《文語》記錄。

美國紙幣(paper money)的種類

紙幣的種類	紙幣上所印肖像
1 元(dollar)紙幣	華盛頓(Washington)
2 元(dollars)	哲斐遜(Jefferson)
5 元	林肯(Lincoln)
10 元	哈密爾敦(Hamilton)
20 元	傑克遜(Jackson)
50 元	格蘭特(Grant)
100 元	富蘭克林(Franklin)
500 元	麥金利(Mckinley)
1000 元	克里佛蘭(Cleveland)

除十元一百元兩種鈔票外，其他鈔票面上都印有歷代總統肖像。

英國紙幣的種類

1 鎊(1 pound)紙幣
5 鎊(5 pounds)
10 鎊(10 pounds)
20 鎊(20 pounds)
50 鎊(50 pounds)

英國的鈔票面額在 1971 年全改成十進制。
票面上的肖像一律用伊利莎白二世(Elizabeth II)女皇。

nót wórth the páper it is [they are] prínted [wrítten] òn 毫無價值。

on páper (1)(非口頭上)在書面上。(2)在理論上；在紙上；在名義上；在假定上：*On* ~ the scheme looks good. 在理論上那個計畫似乎不錯《但實際上不知如何》。

pùt pén to páper ⇨ pen[1].

sénd ín one's **pápers** 《英》〈軍官〉提出辭呈。

—*adj.* [用在名詞前] **1** 紙的；紙製的：a ~ bag 紙袋/a ~ cup 紙杯。
2 如紙的；薄的；脆弱的。
3 紙上的；空談的；帳面上的：a ~ army (名義上的)幽靈部隊/a ~ profit 帳面上的利益。

—*v.t.* **1 a** 〔十受(十副)〕在〈牆壁、房間〉貼壁紙〈*over, up*〉. **b** 〔十受(十副)十補〕在〈牆壁〉上貼〈…顏色的〉壁紙〈*over, up*〉：~ the wall pink 在牆壁上貼粉紅色壁紙。**c** 〔十受(十副)十介十(代)名〕在〈牆壁〉上貼[壁紙]〈*over, up*〉[*with*]；用〔…顏色〕壁紙貼〈牆壁〉[*in*]：~ the wall ***with*** pink wallpaper＝ ~ the wall ***in*** pink 用粉紅色壁紙貼牆壁。**2** 〔十受(十副)〕用紙包〈東西〉〈*over, up*〉.

páper óver 《vt adv》(1)⇨ *v.t.* 1, 2. (2)掩飾，粉飾〈組織等的缺點〉。

páper óver the crácks ⇨ crack.

páper·bàck *n.* **1** Ⓒ平裝[紙面]書(cf. hardcover, hardback).
2 Ⓤ平裝本[版]：The novel sold 200,000 copies in hardcover and 2 million *in* ~. 那本小說的精裝本賣了二十萬冊，平裝本賣了兩百萬冊。
—*adj.* [用在名詞前]平裝的，紙面裝的。

páper·bácked *adj.* ＝paperback.

páper·bòard *n.* Ⓤ厚紙板；硬紙板(cf. millboard).

páper·bóund *adj.* ＝paperback.

páper bòy, páper·bòy *n.* Ⓒ賣報者；送報人；報童。

páper chàse *n.* Ⓒ撒紙追逐遊戲《由兩人扮野兔，邊逃邊撒紙，其他人假扮獵犬追逐的兒童野外遊戲》(⇨ HARE and hounds).

páper clìp *n.* Ⓒ紙夾。

páper cùrrency *n.* Ⓤ紙幣(paper money).

páper cùtter *n.* Ⓒ **1** 裁紙機。**2** 裁紙刀(paper knife).

páper·hànger *n.* Ⓒ貼壁紙的工人，裱褙匠。

páper hànging *n.* Ⓤ糊貼壁紙。

páper knìfe *n.* Ⓒ裁紙刀。

páper mìll *n.* Ⓒ造紙廠。

páper móney *n.* Ⓤ(與硬幣相對的)紙幣(cf. coin).

páper náutilus *n.* Ⓒ《動物》鸚鵡螺；魟魚。

páper-thìn *adj.* 如紙一般薄的。

páper tíger *n.* Ⓒ紙老虎；外强中乾者。

páper wár(fàre) *n.* Ⓤ筆戰；論戰。

páper·wèight *n.* Ⓒ書鎮，紙壓。

páper·wòrk *n.* Ⓤ文書工作；處理文件檔案的工作。

pa·per·y [ˋpepərɪ; ˈpeipəri] «paper 的形容詞»**—***adj.* (如)紙的；薄的。

pap·ier-mâ·ché [ˈpepəməˋʃe; ˌpæpjeiˈmæʃei] «源自法語 'chewed paper' 之義»**—***n.* Ⓤ混凝紙《用以製造盒子、盤子等》：a ~ mold《印刷》紙型《紙糊東西的材料；紙漿中加入膠水、漿糊、樹脂、油料等製成，具高度韌性》。

pa·pil·la [pəˋpɪlə; pəˈpilə] *n.* Ⓒ(*pl.* **-pil·lae** [-ˋpɪli; -ˈpili:]) **1** 《解剖》乳頭；乳頭狀小突起。**2** 《植物》柔軟的小突起。

pap·il·lar·y [pəˋpɪlərɪ; pəˈpiləri] ＝papillate.

pap·il·late [ˋpæpəˌlet; ˈpæpileit] *adj.* 乳頭的；乳頭狀的；有乳頭狀小突起的。

pap·il·lose [ˋpæpəˌlos; ˈpæpilous] *adj.* 有乳頭的；多小突起的；多疣的。

pa·pist [ˋpepɪst; ˈpeipist] 《輕蔑》*n.* Ⓒ羅馬天主教徒。
—*adj.* 羅馬天主教的。

pa·poose [pæˋpus; pəˈpu:s] *n.* Ⓒ **1** (北美印地安人的)幼兒，嬰兒。**2** (北美印地安人的)揹嬰袋《把嬰兒的臉朝後地揹在固定的揹板上》。

pap·pus [ˋpæpəs; ˈpæpəs] *n.* (*pl.* **pap·pi** [-paɪ; -pai])《植物》冠毛。

pap·py[1] [ˋpæpɪ; ˈpæpi] «pap 的形容詞» **—***adj.* (**pap·pi·er**; **-pi·est**)麵包粥狀[似]的；糊狀的。

pap·py[2] [ˋpæpɪ; ˈpæpi] *n.* Ⓒ[也用於稱呼]《美口語》爸(papa).

pa·pri·ka [pæˋprikə; ˈpæprikə] *n.* **1** Ⓒ《植物》乾紅椒。**2** Ⓤ紅椒粉《用紅椒(pim(i)ento)等果實製成的調味料》。

Pap·u·a [ˋpæpjuə; ˈpɑ:puə, ˈpæpjuə] *n.* 巴布亞《在新幾內亞島(New Guinea)的東南部》。

Pap·u·an [ˋpæpjuən; ˈpɑ:puən, ˈpæpjuən] «Papua 的形容詞»**—***adj.* **1** 巴布亞(島)的。**2** 巴布亞人的。
—*n.* Ⓒ巴布亞人。

Pápua Nèw Guínea *n.* 巴布亞新幾內亞《由新幾內亞島(New Guinea)東半部、索羅門(Solomon)羣島西北部與附近島嶼所構成的國家；首都摩爾斯貝港(Port Moresby [-ˋmɔrzbɪ; -ˈmɔ:zbi])》.

pa·py·rus [pəˋpaɪrəs; pəˈpaiərəs] *n.* (*pl.* **-ri** [-raɪ; -rai]) **1** Ⓤ **a** 《植物》紙草。**b** (古埃及、希臘、羅馬人用紙草做的)紙，紙草紙。**2** Ⓒ(寫在紙草紙上的)寫本，古文書。

papyrus 1 a

par [pɑr; pɑ:] «源自拉丁文「平等」之義»**—***n.*
1 Ⓤ同等，同價，同位。
2 Ⓤ **a** 基準量[額]，標準。**b** (健康、精神的)常態。
3 Ⓤ[又作 **a** ~]《高爾夫球》標準桿(數)《各球洞規定擊球入洞的桿數；★ 相關用語 比 par 多一桿者稱 bogey，多兩桿者稱 double bogey；少一桿者稱作 birdie，少兩桿者稱作 eagle》.
4 Ⓤ《商》平價，票面價值；匯兌平價：nominal [face] ~ 票面價格/~ of exchange (匯兌的)法定平價；匯兌平價。

abòve pár 在票面價值以上，以溢價。

at pár 照票面價值。

belòw pár (1)在票面價值以下。(2)《口語》身體有點不舒服。

on [to] a pár with... 與…同樣[同等，同價]。

ùnder pár 《口語》身體有點不舒服。

ùp to pár [常用於否定句]達到標準[常態]：I do*n't* feel *up to* ~. 《口語》我感到身體不舒服。

—*adj.* [用在名詞前] **1** 平均的；標準的。**2** 《商》平價的；票面的：~ clearance 面額[平價]交換/~ value 票面價值，面值。

—*v.t.* (**parred**; **par·ring**)《高爾夫球》以標準桿數進〈洞〉；以標準桿數贏得〈一回合〉。

par. 《略》paragraph；parallel；parenthesis；parish.

par·a [ˋpærə; ˈpɑ:rə] 《略》*n.* 《口語》**1** Ⓒ跳傘者(parachutist).
2 [~s]傘兵部隊。

par·a-[1] [pærə-; pærə-] [複合用詞] **1** 表示「側」、「超」、「外」、「反」、「誤」、「不規則」。**2** 《醫》表示「擬似」、「副」之意：*para*typhoid.

par·a-[2] [pærə-; pærə-] [複合用詞] **1** 表示「保護」「防護」之意：*para*chute. **2** 「(靠)降落傘的」之意：*para*trooper.

par·a·ble [ˋpærəbl; ˈpærəbl] «源自希臘文「比較」之義»**—***n.* Ⓒ寓言；比喻，譬語：Jesus taught in ~*s*. 耶穌以比喻教導。

pa·rab·o·la [pəˋræbələ; pəˈræbələ] *n.* Ⓒ拋物線。

par·a·bol·ic[1] [ˌpærəˋbɑlɪk; ˌpærəˈbɔlik←] «parabola的形容詞»**—***adj.* 拋物線(狀)的：a ~ antenna 拋物線狀的天線。

pàr·a·ból·i·cal·ly [-klɪ; -kəli] *adv.*

par·a·bol·ic[2] [ˌpærəˋbɑlɪk; ˌpærəˈbɔlik←] *adj.* ＝parabolical.

pàr·a·ból·i·cal [-lɪkl; -likl←]

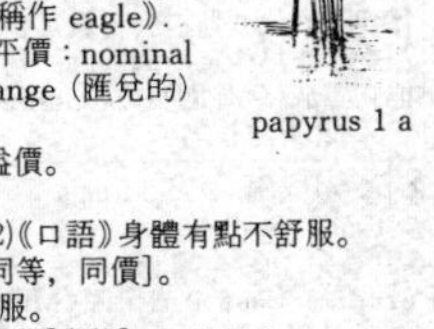

parabolic antenna

《parable 的形容詞》—*adj.* 寓言似的，譬喻的。～·**ly** [-klɪ; -kəli] *adv.*

par·a·chute [ˋpærə͵ʃut; ˈpærəʃuːt] 《源自法語「保護降落」之義》—*n.* Ⓒ **1** 降落傘。
2 〔動物〕(蝙蝠、鼯鼠等的)翅膜。
3 〔植物〕(蒲公英等的)風散種子。
—*adj.* [用在名詞前]降落傘的：a ～ descent 降落傘的下降/a ～ flare 附有降落傘的照明彈/～ troops 傘兵部隊。
—*v.t.* 〔十受十副詞(片語)〕用降落傘投下，降下〈部隊、東西〉。
—*v.i.* 〔十副詞(片語)〕用降落傘降落(…)。

pár·a·chùt·ist [-tɪst; -tist], **pár·a·chùt·er** *n.* Ⓒ跳傘者；傘兵。

Par·a·clete [ˋpærə͵klit; ˈpærəkliːt] *n.* [the ～]聖靈。

***pa·rade** [pəˋred; pəˈreid] 《源自拉丁文「準備」之義》—*n.* **1** Ⓒ **a** 行列，遊行；列隊行進：walk in [join] a ～ 列隊遊行[加入遊行]。**b** (一個接一個前進的)人[物]的行列。
2 Ⓒ壯觀；誇示：make a ～ of... 誇耀[炫耀]…。
3 ⓊⒸ閱兵，閱兵式：hold a ～ 舉行閱兵式。
4 (又作 **paráde gròund**)Ⓒ閱兵場，練兵場。
5 Ⓒ(在海岸等的)散步道路。
on paráde (1)〈軍隊〉成閱兵隊形；接受檢閱。(2)〈演員等〉全體出場。
—*v.t.* 〔十受〕 **1** (列隊)在〈街道〉遊行，使〈軍隊等〉列隊行進：The military band ～*d* the streets. 軍樂隊在街道上遊行。
2 使〈軍隊〉列隊；使〈軍隊〉受檢閱。
3 炫耀，誇示〈知識、優點等〉：～ one's knowledge 炫耀知識。
—*v.i.* **1** 列隊行進[遊行]。
2 爲閱兵而列隊。
3 〔十 *as* 補〕可標榜〈爲…〉：When selfserving lies ～ *as* truth, democracy is doomed. 當以自私自利的謊言當作眞實而行得通時，民主主義必遭毀滅；自私的謊言可標榜爲眞實時，民主主義必亡。

pa·rád·er *n.* Ⓒ行進者；遊行者。

par·a·digm [ˋpærə͵daɪm; ˈpærədaim] *n.* Ⓒ**1** 〔文法〕(詞類的)詞形變化(表)。
2 範例，模範，典型〔*of*〕.

par·a·dig·mat·ic [͵pærədɪgˋmætɪk; ˌpærədigˈmætik ˉ] 《paradigm 的形容詞》—*adj.* **1** 成爲模範的，典型的。**2** 〔文法〕詞形變化(表)的。

par·a·dise [ˋpærə͵daɪs; ˈpærədais] *n.* **1 a** [P～]天國。**b** [the P～]伊甸園。

【說明】古代波斯王公貴族常在荒地中圍一塊地，栽種各種美麗花卉，作爲休息用的庭園，稱作 paradise. 聖經舊約的希臘文把它譯成「伊甸園」(the Garden of Eden)，到了聖經新約就把它譯成「天國」。

2 [a ～]樂園：*a* children's ～ ＝*a* ～ *for* children 兒童的樂園/⇨ fool's paradise.
3 Ⓤ極樂，至福：This is ～ on earth. 這是世上的極樂。

Páradise Lóst *n.* 失樂園《Milton 所作的敍事詩》。

par·a·di·si·a·cal [͵pærədɪˋsaɪəkl; ˌpærədiˈsaiəkl] *adj.* 天國的；樂園的；至福的。

par·a·dos [ˋpærə͵dɑs; ˈpærədɔs] *n.* Ⓒ〔軍〕背牆《砲臺、戰壕等背面之土堤，用以防禦來自後方的砲火》。

par·a·dox [ˋpærə͵dɑks; ˈpærədɔks] *n.* **1** ⓊⒸ反論，似非而是的議論《好像矛盾或不合理，實爲正確的言論》。

【字源】para 是「與…相反的」，dox 是「意見」，所以原來希臘字 paradox 是「與公認意見相反」之意；cf. orthodox【字源】

2 Ⓒ **a** 乍聽正確實則自相矛盾的話。**b** 矛盾的事，有矛盾之處的人[事]。
3 Ⓒ《罕》(對於一般認爲正確之言論的)反對的話[陳述]。

par·a·dox·i·cal [͵pærəˋdɑksɪkl; ˌpærəˈdɔksikl ˉ] 《paradox 的形容詞》—*adj.* **1** 反論的，反論性的，似非而是的。
2 喜好作似非而是之奇論的，自相矛盾的。

pàr·a·dóx·i·cal·ly [-klɪ; -kəli] *adv.* 似非而是地；自相矛盾地。

par·a·drop [ˋpærə͵drɑp; ˈpærədrɔp] *v.t.* 用降落傘空投…。

par·af·fin [ˋpærəfɪn; ˈpærəfin], **par·af·fine** [-fɪn, -͵fin; -fiːn] *n.* Ⓤ **1** (又作 **paráffin wàx**)〔化學〕石蠟。
2 (又作 **paráffin òil**) **a** 石蠟油。**b** 《英》煤油(《美》kerosene)：a ～ lamp 煤油燈。
—*v.t.* **1** 以石蠟處理…。**2** 塗石蠟於…。

par·a·gon [ˋpærə͵gɑn, -gən; ˈpærəgən] *n.* Ⓒ模範，典型〔*of*〕：a ～ *of* beauty 美的化身，絕世美人。

***par·a·graph** [ˋpærə͵græf; ˈpærəgrɑːf, -græf] *n.* Ⓒ **1** (文章的)段，段落，節。
2 (報紙、雜誌的)短文，短評：an editorial ～ 社論。
3 〔印刷〕分段符號《¶》.

【字源】源自希臘文 para＋graphos (para(在旁邊)與 graphos(書寫))，即「在旁邊書寫」的意思。從前寫文章不像現在換行空數格起寫以表示分段，而是在作者認爲要轉換文意時，在旁邊加註記號以提醒讀者。所以 paragraph 原是一種分段的符號。

—*v.t.* 〔十受〕 **1** 把〈文章〉分段。**2** 寫有關…的短篇報導[短評]；把…操作新聞。

par·a·graph·ic [͵pærəˋgræfɪk; ˌpærəˈgræfik ˉ] 《paragraph 的形容詞》—*adj.* **1** 段的；分段的。**2** 短文的，短評的。

Par·a·guay [ˋpærə͵gwe, -͵gwaɪ; ˈpærəgwai, -gwei] *n.* 巴拉圭《南美中部內陸的共和國；首都亞松森(Asuncion [asunˋsjon; əsunsiˈoun])》.

Par·a·guay·an [͵pærəˋgweən, -ˋgwaɪən; ˌpærəˈgwaiən, -ˈgweiən ˉ] 《Paraguay 的形容詞》—*adj.* 巴拉圭的。
—*n.* Ⓒ巴拉圭人。

par·a·keet [ˋpærə͵kit; ˈpærəkiːt] *n.* Ⓒ〔鳥〕鸚哥《鸚鵡科的小型鳥》。

pàra·légal *adj.* 律師助手的。—*n.* Ⓒ律師的專職助手。

par·al·lax [ˋpærə͵læks; ˈpærəlæks] *n.* ⓊⒸ **1** 〔天文〕視差。**2** (照相機鏡頭與窺鏡之)視差。

par·al·lel** [ˋpærə͵lɛl; ˈpærəlel] 《源自希臘文「互相」之義》—*adj.* (無比較級、最高級) **1 a** 〈兩條(以上)的線[行列]〉平行的；同方向的：～ lines 平行線。**b** [不用在名詞前]〔十介十(代)名〕〔與…〕平行的，同方向的〔*to, with*〕：a road ～ ***to [***with***] the railroad 與鐵路平行的道路/run ～ *to* [*with*]... 與…平行。
2 a (目的、傾向等)相同的，相似的：a ～ case [instance] 類似的例子。**b** [不用在名詞前]〔十介十(代)名〕〔與…〕相似的；一致的；對應的〔*to, with*〕：It's an interpretation ～ ***to*** my own. 那是與我的解釋相似的解釋。
3 〔電學〕並聯的：a ～ circuit 並聯電路。
—*n.* Ⓒ **1** 平行；平行線，平行物〔*to, with*〕：on a ～ *with*... 與…平行。
2 類似[相似](的東西)；匹敵(的東西)，類似的例子，對等者〔*to, with*〕：a triumph without (a) ～ 無與倫比的大勝利/bear a close ～ *to*... 與…非常相似。
3 (表示類似的)比較〔*between*〕：draw a ～ *between* the two 在兩者之間做個比較。
4 緯度圈，緯線：the 38th ～ (of latitude)緯度 38 度線《劃分南、北韓的界線》。
5 〔電學〕並聯電路。
6 〔印刷〕並行符號《‖》.
in párallel (1)〔與…〕並行地〔*with*〕. (2)〔與…〕同時地〔*with*〕. (3)〔電學〕並聯地。
—*v.t.* (**par·al·leled, par·al·lel·ing**；《英》又作 **par·al·lelled, par·al·lel·ling**) **1** 〔十受〕與…平行：The road ～*s* the river. 那條路與河平行。
2 〔十受(十介十(代)名)〕〔在…方面〕與…類似；與…匹敵〔*in*〕：No one can ～ him ***in*** swimming. 在游泳方面無人能與他匹敵。
3 〔十受十介十(代)名〕把…〔與…〕比較〔*with*〕.

párallel bárs *n. pl.* [常 the ～]雙槓。

par·al·lel·e·pi·ped [͵pærə͵lɛləˋpaɪpɪd; ˌpærəleˈlepiped] *n.* Ⓒ平行六面體。

par·al·lel·ism [ˋpærəlɛl͵ɪzəm; ˈpærəlelizəm] *n.* **1** Ⓤ平行。**2** Ⓒ類似；比較，對應〔*between*〕.

par·al·lel·o·gram [͵pærəˋlɛlə͵græm; ˌpærəˈleləgræm] *n.* Ⓒ平行四邊形：the ～ of forces 〔力學〕力的平行四邊形。

par·a·lyse [ˋpærə͵laɪz; ˈpærəlaiz] *v.* 《英》＝paralyze.

pa·ral·y·sis [pəˋræləsɪs; pəˈræləsis] 《源自希臘文「一邊無力」之義》—*n.* (*pl.* **-y·ses** [-͵siz; -siːz])ⓊⒸ **1** 〔醫〕痳痺；癱瘓，中風：cerebral ～ 腦中風/total ～ 全身癱瘓/⇨ infantile paralysis. **2** 無力；停滯，癱瘓狀態：moral ～ 道德之無力[癱瘓]/a ～ of trade 交易的停頓[癱瘓狀態]。

par·a·lyt·ic [͵pærəˋlɪtɪk; ˌpærəˈlitik ˉ] 《paralysis 的形容詞》—*adj.* **1 a** 痳痺性的，中風的。**b** 使引起痳痺的。**2** 痳痺狀態的，無力的。**3** 《英口語》酒醉的。
—*n.* Ⓒ **1** 中風病人。**2** 《英口語》醉漢。

pàr·a·lýt·i·cal·ly [-klɪ; -kəli] *adv.*

par·a·lyze [ˋpærə͵laɪz; ˈpærəlaiz] 《paralysis 的動詞》—*v.t.* 〔十受〕 **1** 使…痳痺；使…癱瘓：My father is half ～*d*. 我的父親半身不遂。**2** 使…無力，使…不能活動；使…變成無用；使…無效(★常用被動語態，變成「〔因…而〕變無力，變成無效」之意；介系詞用 *by, with*)：Terror ～*d* me. 恐怖使我動彈不得/He *was* ～*d* ***with*** fear. 他因恐怖而嚇得發呆；他被嚇呆了。

par·a·me·ci·um [͵pærəˋmisɪəm; ˌpærəˈmiːsiəm] *n.* Ⓒ(*pl.* **-ci·a** [-sɪə; -siə])〔動物〕草履蟲。

par·a·med·ic [ˋpærə͵mɛdɪk; ˈpærəmedik] *n.* Ⓒ護理人員；醫務輔助人員。

pa·ram·e·ter [pə'ræmətɚ; pə'ræmitə] *n.* Ⓒ **1**〖數學〗參數，參變量。**2**〖統計〗母數《表示母集團(population)特性的定數》。**3**《口語》**a** 限定要素，要因，特點。**b** 限制(範圍)，界限。

par·a·met·ric [ˌpærə'mɛtrɪk; ˌpærə'metrik⁺] *adj.*

pàra·mílitary *adj.*〈團體等〉輔助軍隊的，準軍事性的。

par·a·mor·phism [ˌpærə'mɔrfɪzəm; ˌpærə'mɔ:fizəm] *n.* Ⓤ〖礦〗副像性《同質二像體之分兩種形像產出者之性質》。

par·a·mount ['pærəˌmaunt; 'pærəmaunt] 《源自拉丁文「在山上」之義》**—*adj.*** **1** 有最高權威的：the lady ～ 女王/the lord ～ 君主，國王。

2 a 最高的，卓越的，傑出的：a matter of ～ importance 最[特別]重要的事。**b** [不用在名詞前]〔+介+(代)名〕〔較…〕優越的，勝過〔…〕的〔*to*〕.

—*n.* Ⓒ最高位者，首長。～**·ly** *adv.*

par·a·mount·cy ['pærəˌmaunsɪ; 'pærəmaunsi] *n.* Ⓤ優越，卓越；至高，至上。

par·a·mour ['pærəˌmur; 'pærəˌmuə] *n.* Ⓒ《文語·古》情婦(mistress)，情夫(lover)。

par·a·noi·a [ˌpærə'nɔɪə; ˌpærə'nɔiə] 《源自希臘文「歪曲的精神」之義》**—*n.*** Ⓤ〖醫〗偏執狂，妄想症。

par·a·noi·ac [ˌpærə'nɔɪæk; ˌpærə'nɔiæk⁺] *adj.* 偏執狂的。

—*n.* Ⓒ患偏執狂者，妄想症患者。

par·a·noid ['pærəˌnɔɪd; 'pærənɔid] *adj.* 偏執性的，偏執症(患者)的；偏執[妄想]的，過分猜疑的《★比較 比 paranoia(c) 更爲日常所用》：Don't be so ～. I wasn't talking about you. 別那麼猜疑，我不是在講你的事。

—*n.* Ⓒ妄想癡呆，類偏狂。

par·a·pet ['pærəpɪt; 'pærəpit] *n.* Ⓒ **1 a** (屋頂、陽台、橋等的)欄杆，矮牆。**b** (牆上的)扶牆。**2**〖軍〗胸牆，射垛《爲了防禦而備有槍眼的矮牆；cf. battlement；⇨ rampart 插圖》。

par·a·pher·na·lia [ˌpærəfə'nelɪə; ˌpærəfə'neiljə] *n. pl.* [常當單數用] **1** 裝備，設備：camping [sports] ～ 露營[體育]用具[用品]。

2《口語》不需要的物品，廢物；(個人的)隨身用具。

3〖法律〗妻子的所有物《主要爲衣服、首飾等丈夫給予之物品的總稱》。

par·a·phrase ['pærəˌfrez; 'pærəfreiz] 《源自希臘文「換個方式說」之義》**—*n.*** Ⓒ改述；釋義；意譯〔*of*〕.

—*v.t.* **1** 將…釋義，意譯；改述。**2**〔+受+介+(代)名〕將…改述[意譯]〔爲…〕〔*into*〕；〔由…〕改述[意譯]…〔*from*〕：*P*～ the following passage ***into*** two paragraphs. 把下面這一節文章意譯成兩段/It is ～*d* ***from*** the original. 它是由原文改述的。

—*v.i.* 改述；意譯。

par·a·phras·tic [ˌpærə'fræstɪk; ˌpærə'fræstik⁺] 《paraphrase 的形容詞》**—*adj.*** 改述的；解說的；釋義的；意譯的。

par·a·ple·gi·a [ˌpærə'plidʒɪə, -dʒə; ˌpærə'pli:dʒə] *n.* Ⓤ〖病理〗下身痲痺，截癱。

par·a·ple·gic [ˌpærə'plidʒɪk; ˌpærə'pli:dʒik⁺] *adj.* 下身痲痺的，截癱的。**—*n.*** Ⓒ下身痲痺者。

par·a·pro·fes·sion·al [ˌpærəprə'fɛʃənl; ˌpærəprə'feʃənl] *n.* Ⓒ專業人員的助手。

par·a·psy·chol·o·gy [ˌpærəsaɪ'kɑlədʒɪ; ˌpærəsai'kɔlədʒi] *n.* Ⓤ心靈心理學《以傳心術、千里眼等超自然現象爲研究對象》。

par·a·quat ['pærəkwɑt; 'pærəkwɔt] *n.* Ⓤ〖商標〗對草快，百草枯《一種含有陽離子鹽的除莠劑，尤用於除雜草》。

par·a·se·le·ne [ˌpærəsɪ'linɪ; ˌpærəsi'li:ni] *n.* Ⓒ (*pl.* **-nae** [-ni; -ni:])〖氣象〗幻月(mock moon)《出現於月暈上的光輪；cf. parhelion》。

par·a·site ['pærəˌsaɪt; 'pærəsait] *n.* Ⓒ **1**〖動物〗寄生蟲[菌]。**2**〖植物〗寄生植物。**3** 依靠別人生活的人，食客。

> **【字源】**源自希臘文，義爲「在別人旁邊或在別人桌上吃飯的人」。para 是「在…之旁」，site 是「食物」(food)之意。

par·a·sit·ic [ˌpærə'sɪtɪk; ˌpærə'sitik⁺] 《parasite 的形容詞》**—*adj.*** **1** 寄生(性)的，寄生動[植]物的，寄生體[質]的。**2** 寄食的，靠別人爲生的。

pàr·a·sít·i·cal [-tɪkl; -tikl⁺] *adj.* ＝parasitic.

～**·ly** [-klɪ; -kəli] *adv.*

par·a·sit·ism ['pærəsaɪtˌɪzəm; 'pærəsaitizəm] *n.* Ⓤ〖生物〗寄生現象，寄生生活(↔ symbiosis).

par·a·sol ['pærəˌsɔl; 'pærəsɔl] 《源自義大利語「避太陽」之義》**—*n.*** Ⓒ(女用)陽傘(cf. umbrella 1).

par·a·tax·is [ˌpærə'tæksɪs; ˌpærə'tæksis] *n.* Ⓤ〖文法〗並列(結構)《不用連接詞而將句子、子句、片語等並列；如 I came, I saw, I conquered；↔ hypotaxis》。

pàra·thýroid *n.* (又作 **parathýroid glànd**)Ⓒ〖解剖〗甲狀旁腺。

par·a·troop·er ['pærəˌtrupɚ; 'pærətru:pə] *n.* Ⓒ傘兵。

par·a·troops ['pærəˌtrups; 'pærətru:ps] *n. pl.* 傘兵[空降]部隊。

pàra·týphoid *adj.* 副傷寒的；副腸熱病的。**—*n.*** Ⓤ副傷寒；副腸熱病。

par a·vion [pɑra'vjɔ̃; pɑ:rɑ:'vjɔ̃:] 《源自法語 'by air plane' 之義》**—*adv.*** 以航空郵遞《★郵件的標記》。

par·boil ['pɑrˌbɔɪl; 'pɑ:bɔil] *v.t.* **1** 將〈食品〉用熱水浸泡一下[煮成半熟]。**2 a** 使…過熱。**b**《諧·罕》使〈人〉熱得受不了。

‡par·cel ['pɑrsl; 'pɑ:sl] 《源自拉丁文「小片」之義》**—*n.*** **1** Ⓒ包裹，小包(⇨ baggage【同義字】)：wrap [do] up a ～ 包成一個包裹。**2** [**a** ～]《輕蔑》一羣，一組〔*of*〕：*a* ～ *of* rubbish 無聊[荒唐]的事。**3** Ⓒ〖法律〗一小片[一筆]土地〔*of*〕：buy a ～ *of* land 買一小片土地。

by párcels 一點一點地。

párt and párcel (of...) ⇨ part.

—*v.t.* (**par·celed**,《英》**-celled**；**par·cel·ing**,《英》**-cel·ling**)〔+受+副〕**1** 分，分配…〈*out*〉. **2** 把…作成包裹[小包]〈*up*〉.

párcel póst *n.* Ⓤ包裹郵件《略作 p.p., P.P.》：by ～ 以小包郵件(寄)。

—*adv.* 以包裹郵件：send it ～ 以包裹郵件寄送該物。

parch [pɑrtʃ; pɑ:tʃ] *v.t.* **1** 炒，烘〈豆、穀物等〉。**2 a**〈太陽、熱等〉使〈地面等〉乾透《★常以過去分詞當形容詞用；⇨ parched 1》. **b**〈熱、發燒等〉使〈人、喉嚨〉感到渴，使…覺得焦乾《★常以過去分詞當形容詞用；⇨parched 2》.

—*v.i.* **1** 乾涸；烤乾；焦乾。**2** 喉嚨乾渴。

parched *adj.* **1**〈地面等〉乾透的，焦乾的：The ground was ～. 地面乾透了。**2**《口語》喉嚨乾渴的：slake one's ～ throat 解渴。

párch·ing *adj.* **1** 焦乾的；烘烤似的；燒焦似的：～ heat 炎熱。

2 [當副詞用]烘烤似地：～ hot 灼熱的。

parch·ment ['pɑrtʃmənt; 'pɑ:tʃmənt] 《源自最初製造此種紙的小亞細亞地名》**—*n.*** **1 a** Ⓤ羊皮紙《用綿羊、山羊等皮製成；cf. vellum》. **b** Ⓒ寫在羊皮紙上的文件[手稿]。

2 a Ⓤ假[仿]羊皮紙。**b** Ⓒ(寫在仿羊皮紙上的)證書，畢業證書。

pard[1] [pɑrd; pɑ:d] *n.* Ⓒ《古·詩》〖動物〗豹(leopard).

pard[2] [pɑrd; pɑ:d] *n.* Ⓒ《美俚》夥伴；搭檔；同伴；伴兒。

‡par·don ['pɑrdn; 'pɑ:dn] 《源自古法語「原諒」之義》**—*n.*** **1** ⓊⒸ原諒，寬恕，赦免〔*for*〕：ask for ～ 請求寬恕/ask ～ *for* one's sins 請求恕罪/He begged my ～ *for* step*ping* on my foot. 他因踩到我的腳而求我寬恕。

2 Ⓒ〖法律〗大赦，特赦；大赦令。

3 Ⓒ〖天主教〗教皇的特別赦罪(indulgence)；免罪符。

I bég your párdon. (1)請原諒；對不起《★對於無心的小過失、無意中觸及或碰到他人身體時表示鄭重道歉的話》。(2)對不起《★向陌生人開口或不同意別人的說法而陳述己見時的客套話》。(3)對不起，請讓一讓《★要從擁擠的人羣中穿過去時的客套話》。(4)對不起，請再說一遍《★沒聽懂對方的話時的用語，反問時語調要上揚，說成(I) Beg your ～ ? ↗；《口語》又作 Beg pardon ? 或 Pardon》.

—*v.t.* **1** 原諒(⇨ forgive【同義字】)：**a**〔+受〕原諒，寬恕〈人、罪等〉：Such indiscretion cannot be ～*ed*. 如此輕率(的行爲)是不可原諒的。**b**〔+受+介+(代)名〕原諒，寬恕〈某人〉〔…事〕〔*for*〕：*P*～ me ***for*** interrupt*ing* you. 原諒我打擾你。**c**〔+所有格+ do*ing*〕原諒〈人做…〉：*P*～ my contradict*ing* you. 原諒我反駁你。**d**〔+受+受〕原諒，寬恕〈某人〉…：*P*～ me my clumsiness. 原諒我的笨拙。

2〖法律〗**a**〔+受〕赦免，特赦〈人〉: The governor ～*ed* the criminal. 州長赦免了那名罪犯。**b**〔+受+受〕原諒，赦免〈某人〉〈罪〉：The prisoner has been ～*ed* three years of his sentence. 那名囚犯被赦免了三年的刑期。

Párdon me.＝I beg your PARDON (⇨ *n.*).

Thère is nóthing to párdon. 哪裏哪裏，好說好說。

par·don·a·ble ['pɑrdnəbl; 'pɑ:dnəbl] *adj.* 可寬恕[原諒]的。

pár·don·a·bly [-əblɪ; -əbli] *adv.*

pár·don·er [-dnɚ; -dnə] *n.* Ⓒ **1** 寬恕者。**2** (中世紀的)賣贖罪券者。

pare [pɛr; pɛə] *v.t.* **1 a**〔+受〕(用刀子)削〈水果、馬鈴薯等〉的皮：～ an apple 削蘋果的皮。

> **【同義字】**peel 指用手剝橘子、香蕉等的皮。

b〔+受(+副)〕修剪〈指甲等〉〈*off, away, down*〉：～ nails to the quick 把指甲剪至肉根。**c**〔+受(+副)+介+(代)名〕〔從…〕削去〈邊、角等〉〈*away*〉〔*from*〕：～ ***away*** excess fat ***from*** a piece of meat 從肉片上切去多餘的肥肉。

2〔+受+副〕逐漸減少，削減〈費用等〉〈*away, down*〉：We must ～ ***down*** expenses. 我們必須減少費用。

par·e·gor·ic [ˌpærə'gɔrɪk, -'gɑrɪk; ˌpærə'gɔrik] *adj.* 止痛的；緩和的。**—*n.*** **1** Ⓒ止痛藥；緩和劑。**2** Ⓤ(尤指)阿片樟腦酊《用以治療咳嗽、腹瀉等》。

P

paren. 《略》parenthesis.

‡**par·ent** [ˋpɛrənt; ˈpɛərənt] «源自拉丁文「生出」之義»—*n.* Ⓒ **1** 父親，母親，有孩子的人《★指父或母，「雙親」時用(one's) parents》.
2 《文語》根源，本源(origin).
3 [常 ~s]《罕》祖先：our first ~*s* 我們的始祖《亞當與夏娃》。
—*adj.* [用在名詞前]父[母]親的；(動、植物)母體的，親本的；根源的，鼻祖的：a ~ bird 母鳥/the ~ company 總公司。

par·ent·age [ˋpɛrəntɪdʒ; ˈpɛərəntidʒ] *n.* Ⓤ **1** 父[母]親的身分[地位]。**2** [與修飾語連用]出身；家系，家世；血統：come of good ~ 家世好，門第高。

pa·ren·tal [pəˋrɛntl̩; pəˈrentl] «parent 的形容詞»—*adj.* [用在名詞前]父[母]親的，父母似的，為人父母的：~ love 父母親的愛。~**·ly** [-tl̩ɪ; -təli] *adv.*

párent élement *n.* Ⓒ《物理》母元素《放射性元素崩壞之前的元素；cf. daughter element》.

pa·ren·the·sis [pəˋrɛnθəsɪs; pəˈrenθəsis] «源自希臘文「放進裏面」之義»—*n.* Ⓒ (*pl.* **-the·ses** [-siz; -si:z]) **1**《文法》**插句**；插入語《通常兩端各用逗點，圓括弧或破折號分開；如 This, *I think*, is what he meant.》.
2 [常 **parentheses**] **圓括弧**《( )符號(一邊或兩邊的括弧)；cf. bracket 3》.
by wày of parénthesis 附帶地；順便。
in parénthesis [**paréntheses**] (1)在括弧內。(2)附帶，附加上。

pa·ren·the·size [pəˋrɛnθəˏsaɪz; pəˈrenθəsaiz] «parenthesis 的動詞»—*v.t.* **1** 把…放入括弧內。**2** 使…成為插入語[插句]，把插句放入…。

par·en·thet·ic [ˏpærənˋθɛtɪk; ˌpærənˈθetik˝] «parenthesis 的形容詞»—*adj.* **1** [用在名詞前]插句的，插入語的。**2 a** 插句性的。**b** 多用插句[插入語]的。

pàr·en·thét·i·cal [-tɪkl̩; -tikəl˝] *adj.* =parenthetic.
~**·ly** [-kl̩ɪ; -kəli] *adv.*

párent·hòod *n.* Ⓤ父母的身分[地位，權力]；親子關係。

párent lànguage *n.* Ⓒ《語言》母語。

párent-téacher associàtion *n.* Ⓒ《美》家長教師聯誼會《略作 PTA, P.T.A.》.

【說明】在美國有父母與教師全國委員會(National Congress of Parents and Teachers)的全國性組織；在英國雖無此種全國性的組織，但都委由各個學校辦理；這種組織的性質相當於中國之家長會或母姊會。

par·er [ˋpɛrɚ; ˈpɛərə] *n.* Ⓒ(水果、乳酪等)削皮者；削皮器，削皮刀。

pa·re·sis [pəˋrisɪs, ˋpærəsɪs; ˈpærisis] *n.* Ⓤ《醫》局部麻痺；不全麻痺；輕癱。

par ex·cel·lence [parˋɛksəˏlɑns; ˌpɑ:rˈeksəlɑ:ns] «源自法語 'by excellence' 之義» —*adj.* [用於名詞之後]超羣的，(格外)卓越的。

par·fait [parˋfe; pɑ:ˈfei] «源自法語 'perfect' 之義»—*n.* Ⓒ[當作點心名時為Ⓤ]凍糕《用水果、糖漿、冰淇淋、泡沫狀奶油等製成的一種冰甜點》。

par·get [ˋpardʒɪt; ˈpɑ:dʒit] *v.t.* 粉飾…，在…上塗以灰泥。
—*n.* Ⓤ **1** 石膏。**2** 灰泥，牆粉。

par·he·lion [parˋhilɪən; pɑ:ˈhi:ljən] *n.* Ⓒ(*pl.* **-lia** [-lɪə; -ljə])《氣象》幻日(mock sun)《出現於日暈上的光點；cf. paraselene》.

pa·ri·ah [pəˋraɪə, ˋpærɪə; ˈpæriə, pəˈraiə] *n.* Ⓒ **1** 賤民《印度南部最下層的民衆；cf. untouchable》. **2** 為社會所摒棄者。

pa·ri·e·tal [pəˋraɪətl̩; pəˈraiitl] *adj.* **1**《美》**a** 有關大學校內生活的。**b** 有關大學內住校規則的；(尤指)有關異性訪問時間的：~ regulations 有關異性訪問時間的規則。**2**《解剖》腔壁的，頂骨的。
—*n.* **1** [~s]《美》有關異性訪問者的宿舍規則。**2** Ⓒ《解剖》頂骨。

par·i·mu·tu·el [ˋpærɪˋmjutʃʊəl; ˌpæriˈmju:tʃuəl] «源自法語 'mutual bet' 之義»—*n.* Ⓒ(*pl.* ~**s**, **paris-mu·tu·els** [~])《賽馬》**1** 賭金分配法《將扣除手續費、稅金以外的全部賭金分配給贏家的方法》。**2** 下注率計算機。

par·ing [ˋpɛrɪŋ; ˈpeəriŋ] *n.* **1** Ⓤ剝皮；削皮；剪指甲。**2** Ⓒ[常 ~s]削[剝]下來的皮、屑；鉋花。

par·i pas·su [ˋpɛraɪˋpæsu; ˈpɛəraiˈpæsu:] «源自拉丁文»—*adv.* 以同樣的速度；以同一步調。

‡**Par·is**[1] [ˋpærɪs; ˈpæris] *n.* **巴黎**《法國的首都》。

Par·is[2] [ˋpærɪs; ˈpæris] *n.*《希臘神話》帕里斯《特洛伊(Troy)王 Priam 之子，因誘拐斯巴達(Sparta)王妃海倫(Helen)而引發特洛伊戰爭》。

Páris gréen *n.* Ⓤ《化學》巴黎綠，乙醯砒酸銅《有毒的鮮綠色顏料；用作殺蟲劑、木材防腐劑》。

par·ish [ˋpærɪʃ; ˈpæriʃ] «源自希臘文「教會周圍的土地」之義»—*n.* Ⓒ **1 a** **教區**。

【說明】宗教上的一個區域，設有專屬教區禮拜堂(parish church)和專任牧師，即教區牧師(parish priest). 英國國教在教區上再設主教轄區(diocese)，通常由幾個教區(parish)構成，任命一主教(bishop)管理。英格蘭(England)與威爾斯(Wales)合起來共有四十個主教區。全國四十個主教區再分為兩大主教區(archdiocese)，委派兩位大主教(archbishop)管理。

b [集合稱]教區內的全體居民《★用法視為一整體時當單數用，指全部個體時當複數用》。
2《英》**a** 地方行政區(civil parish)《★county 之下最小的行政單位，有教會和專任牧師，保存有該區域內的婚喪記錄》。**b** [集合稱]地方行政區的居民《★用法與義 1 b 同》。
3《美》(路易西安那州(Louisiana)的)郡《相當於他州的 county；⇨ county 1 b》.
4《英口語》**a** (計程車司機的)營業區；(警察等的)轄區。**b** 專門領域。
gó on the párish《英古》接受教區的救濟(cf. poor law).

párish chùrch *n.* Ⓒ教區禮拜堂。

párish clèrk *n.* Ⓒ教區教堂的執事。

párish cóuncil *n.* Ⓒ《英》教區會《地方行政區(civil parish)的自治機構》。

pa·rish·ion·er [pəˋrɪʃənɚ; pəˈriʃənə] *n.* Ⓒ教區的居民。

párish priest *n.* Ⓒ教區牧師。

párish-púmp *adj.* [用在名詞前]《英》只對當地感興趣的，限於地區性的，視野狹窄的，地方性的：~ politics 當地優先[本位]的政治。

párish régister *n.* Ⓒ(記載出生、洗禮、婚姻、喪葬等的)教區記事錄。

Pa·ri·sian [pəˋrɪʒən; pəˈrizjən] «Paris[1] 的形容詞»—*adj.* 巴黎(人)的；巴黎風格的。—*n.* Ⓒ巴黎人；巴黎的居民。

par·i·ty [ˋpærətɪ; ˈpærəti] *n.* Ⓤ **1** (量、質、價值等)同等，等價，等量，同率，平等：~ of treatment 同等待遇/be on ~ with... 與…平等/stand at ~ 處於同等地位。**2** 明顯的類似，同樣：by ~ of reasoning 由此類推。**3 a**《經濟》平衡價格；平價：~ of exchange 匯兌行情的平衡價格，官方所訂的外幣折合率。**b** 平衡《農人出售農產品的價格與其生活費的比率》。

‡**park** [park; pɑ:k] *n.* A Ⓒ **1 a** **公園**《★用法用作專有名詞的一部分時，通常無冠詞》：Hyde *P*~ 海德公園《在倫敦》/Central *P*~ 中央公園《在紐約》/an amusement ~ 遊樂場。**b** 自然公園。

【說明】原是古代埃及人或羅馬人為狩獵而圍起來的地，中世紀英國也有貴族為狩獵經國王許可而圈圍大片土地稱作 park. 現在私人所設廣大的庭園也稱 park. 按道理一般大衆可自由出入的公設公園應稱作 public park.

2 (鄉間巨宅周圍的)大庭園，私人庭園。
3 a《美》競技場，運動場：a baseball ~ 棒球場/⇨ ballpark. **b** [常用單數；常 **the** ~]《英口語》足球場。
—**B 1** Ⓒ停車場：⇨ car park. **2** Ⓤ(自動排檔車的)停車位置《略作 P》. **3** Ⓒ《軍》軍需品放置處：a gun ~ 砲場。
—*v.t.* **1** 〔十受〕(暫時)停〈汽車〉：He ~*ed* his car along the curb. 他把汽車停靠在路邊。
2 〔十受十副詞(片語)〕《口語》**a** 把〈東西〉(暫時)放在(某場所)；把〈小孩等〉託人看管：*P*~ your bag *on* the table. 把你的書包放在桌上。
b [~ one*self*]暫時(在某場所)停留，落腳：*P*~ *yourself* here. 你暫時留在這裏。
—*v.i.* 停車。

1 2
parkas

par·ka [ˋparkə; ˈpɑ:kə] *n.* Ⓒ **1** (愛斯基摩人所穿帶兜帽的)毛皮外衣。
2《美》(防水、防風布料製，帶頭罩的)運動夾克。

Párk Ávenue *n.* 公園大道《紐約市之豪華大街，現已成為華麗與時尚之同義字》。

***park·ing** [ˋparkɪŋ; ˈpɑ:kiŋ] *n.* Ⓤ(汽車的)**停車**：No ~ (here).《告示》(此地)禁止停車。

párking lìght *n.* Ⓒ[常 ~s]《美》(汽車的)停車指示燈，側燈(《英》sidelight)(⇨ car 插圖)。

párking lòt *n.* Ⓒ《美》停車場(《英》car park).

párking mèter *n.* Ⓒ停車計時器。

【說明】裝設在路邊，付費即可停車的設備。約一公尺高的鐵桿上裝有一錶；投入規定銅幣(或銀幣)，錶針便會依投入金額的多寡轉動，並顯示停車時間的長短(例如一小時或兩小時)，時間超過，會出現紅色標誌，如此便是違規停車，要繳交罰款。

párking òrbit *n.* Ⓒ《太空》駐留軌道《太空船等在進入最後軌道前暫時繞地球飛行時所循的軌道》。

Pár·kin·son's disèase [ˋparkɪnsnz-; ˈpɑ:kinsnz-] 《源自英國醫師 James Parkinson 之名》 **—***n.* Ⓤ《醫》巴金森氏病；震顫性麻痺症。

Párkinson's láw 《源自英國經濟學家 C.N. Parkinson 的諷刺性說法》**—***n.* Ⓤ帕金森定律《「官吏的人數往往與工作量無關而傾向於以一定比率自然增加」等》。

párk kèeper *n.* Ⓒ公園管理員。

párk·lànd *n.* Ⓤ **1** 公園用地。**2**《英》(鄉間巨宅周圍的) 綠地。

párk·wày *n.* Ⓒ《美》汽車專用道路，林園大道《兩旁或中央安全島上有草坪和樹木的大道》。

park·y [ˋparkɪ; ˈpɑ:ki] *adj.* (**park·i·er**；**-i·est**)《英口語》〈空氣、氣候等〉頗冷的，寒冷的。

par·lance [ˋparləns; ˈpɑ:ləns] *n.* Ⓤ[與修飾語連用] 說話的口氣；語調；(特有的) 說法：*in* legal ~ 用法律用語來說/*in* common ~ 照一般的說法。

par·lan·do [parˋlando; pɑ:ˈlɑ:ndou] *adj.*《音樂》說話體裁的。
—*n.* Ⓒ《音樂》說話體的唱歌。

par·lay [ˋparlɪ; ˈpɑ:li] *v.t.*《美》**1** 把〈原來的賭金與贏得的錢〉再賭(於其他的馬)。**2 a** [十受] 利用，活用〈資金、才能〉。**b** [十受十介十(代)名] 使〈資金等〉擴大[增大]〔爲…〕〔*into*〕：He ~*ed* a hundred dollar investment ***into*** a fortune. 他使一百美元的投資增值成爲一筆財富。

par·ley [ˋparlɪ; ˈpɑ:li] 《源自古法語「說」之義》**—***n.* Ⓒ **1** 商議，交涉〔*with*〕.
2 (尤指在戰場與敵方的) 會晤，談判〔*with*〕.
béat [**sóund**] **a párley** (以打鼓[吹號]) 向敵方表示願意談判(停戰等)。
—*v.i.* 〔動(十介十(代)名)〕〔與…〕談判，交涉〔*with*〕：~ ***with*** the enemy 與敵人會談。

***par·lia·ment** [ˋparləmənt; ˈpɑ:ləmənt] *n.* **1** Ⓒ議會；國會：the British ~ 英國國會/convene [dissolve] a ~ 召開[解散]國會。**2** [P~] **a** 英國國會：the Houses of *P*~ (英國的) 國會大廈/an Act of *P*~ 議會法案《國會制定而經國王批准的法律》/open *P*~ 〈國王[女王]〉宣布國會開會/*P*~ sits [rises]. 國會開會[休會]。**b** 下院：a Member of *P*~ 下院議員《略作 M.P., MP》/be [sit] in *P*~ 任下院議員。

the Houses of Parliament

【字源】源自法語 *parler*，原義爲「談話，商量」。英國國會即爲英國人在此「商量國事」的地方。
【說明】英國國會是由上院 (the House of Lords) 與下院 (the House of Commons) 所組成，上院議員由貴族 (peers) 與高位神職人員 (prelates) 所組成，並無實權；下院議員是由各選區選出，有實際的權力。此組織法也適用於大英國協的議會。此外，美國國會稱作 Congress，日本、瑞士、丹麥等國的國會稱作 the Diet；cf. 下表。

par·lia·men·tar·i·an [ˌparləmɛnˋtɛrɪən; ˌpɑ:ləmenˈtɛəriən ←] *adj.* 國會的；議會(派)的。
—*n.* Ⓒ **1** 議院法學家；議院法規專家；議會政治家；議會的雄辯家。**2** [P~；常 ~s] (十七世紀時英國反對查理一世 (Charles I) 而支持議會的) 議會派分子 (⇨ Roundhead).

par·lia·men·ta·ry [ˌparləˋmɛntərɪ; ˌpɑ:ləˈmentəri ←] 《parliament 的形容詞》**—***adj.* **1 a** 國會的；議會的。**b** 議會制定的。**c** 依據議會法的：~ proceedings 議事/~ procedure 議會程序，議會法。
2 〈言語〉適用於議會的，體面的，愼重有禮的：~ language (議會所要求的) 愼重有禮的措辭。

parliaméntary bórough *n.* Ⓒ《英》國會議員選舉區。

par·lor** [ˋparlɚ; ˈpɑ:lə] 《源自古法語「說話」之義》**—n.* Ⓒ **1** [常構成複合字]《美》(某種職業的) **店鋪**《營業室、攝影室、診療室、手術室》：a beauty ~ 美容院/an ice-cream ~ 冰淇淋店/a funeral ~ 殯儀館。

【字源】源自法語，義爲「談話的房間」。從前專指修道院裡修道士與訪客談話的房間。

2 客廳；起居室《★比較 現在一般用 living room》.
3《罕》(旅館、俱樂部等的) 接待室。

párlor càr *n.* Ⓒ《美》頭等客車，(火車的) 特等車廂 (《英》saloon (car)).

párlor gàme *n.* Ⓒ室內遊戲《說話遊戲、猜謎等》。

par·lour [ˋparlɚ; ˈpɑ:lə] *n.*《英》=parlor.

párlour·màid *n.* Ⓒ《英》(在家中侍候用餐、接待來客的) 女僕。

par·lous [ˋparləs; ˈpɑ:ləs] *adj.* [用在名詞前] **1** 潛伏著危機的，不安定的〈國際關係等〉。**2**《古・謔》危險的；狡猾的，精明的。

Par·ma [ˋparmə; ˈpɑ:mə] *n.* 巴馬《義大利北部之一城市，以產乾酪著稱》。

Par·me·san [ˌparməˋzæn; ˌpɑ:miˈzæn] 《源自義大利的原產地 Parma》**—***n.* (又作 **Pármesan chéese**) Ⓤ[指個體時爲Ⓒ] 巴馬乾酪《用擦板擦碎後撒在菜餚上》。

Par·nas·si·an [parˋnæsɪən; pɑ:ˈnæsiən ←] 《Parnassus 的形容詞》**—***adj.* **1** (希臘) 巴納塞斯山 (Parnassus) 的。**2** 詩[詩歌] 的。**3** 高蹈派的：the ~ school 高蹈派《十九世紀後半葉，法國詩壇主張藝術至上的一派》。
—*n.* Ⓒ高蹈派的詩人。

Par·nas·sus [parˋnæsəs; pɑ:ˈnæsəs] *n.* **1** 巴納塞斯山《希臘中部的一座山，傳說爲太陽神阿波羅 (Apollo) 與詩神繆斯 (Muse) 的靈地，文人視爲神聖的地方》。**2** Ⓤ文[詩] 壇：climb ~ 勤學作詩。

pa·ro·chi·al [pəˋrokɪəl; pəˈroukiəl] 《parish 的形容詞》**—***adj.* **1 a** 教區的。**b**《美》(尤指天主教宗教團體經營的) 教區附設的，教會管轄的：a ~ school 教區附設學校。**2** 〈想法、關心等〉狹隘的，偏狹的。**~·ly** *adv.*

pa·ró·chi·al·ìsm [-lˌɪzəm; -lizəm] *n.* Ⓤ **1** 教區制度；鎮村制度。**2** 地域觀念，眼界狹小，偏狹。

pár·o·dist [-dɪst; -dist] *n.* Ⓒ嘲諷性模仿作品[詩文] (parody) 的作者。

par·o·dy [ˋpærədɪ; ˈpærədi] 《源自希臘文「遊戲作詩」之義》**—***n.* **1** ⓊⒸ (諷刺[嘲弄] 性的) 模仿的詩文〔*of, on*〕. **2** Ⓒ拙劣的模仿〔*of, on*〕.
—*v.t.* **1** 模仿…藉以嘲弄，作…的模仿詩文。**2** 拙劣地模仿…。

pa·role [pəˋrol; pəˈroul] 《源自法語「言詞」之義》**—***n.* **1** Ⓤ **a** 誓言。**b**《軍》俘虜的釋放宣誓《宣誓在釋放後一定期間內不上戰場，不逃亡》：break (one's) ~ 違背宣誓(而逃亡)/on ~ 得宣誓釋放。**2** [用單數] **a** 假釋。**b** 假釋期間。**3** Ⓤ《語言》言語，運用語言；(實際的) 發言 (cf. langue).
—*v.t.* **1** 使〈俘虜〉宣誓後釋放。**2** 准許假釋〈某人〉。

pa·rol·ee [pəˌroˋli; pəˌrouˈli:] *n.* Ⓒ獲假釋(出獄)者。

par·o·no·ma·sia [ˌpærənoˋmeʒə, -ʒɪə; ˌpærənouˈmeizə, -ʒiə] *n.* Ⓤ《修辭》**1** (尤指同音異義的) 雙關語。**2** (用雙關語之) 文字遊戲。

par·o·quet [ˋpærəˌkɛt; ˈpærəket] *n.* =parakeet.

pa·rot·id [pəˋratɪd; pəˈrɔtid] *adj.*《解剖》耳旁的：a ~ gland 腮腺。**—***n.* Ⓒ腮腺。

英國與美國的國會

英國的國會 (Parliament)		美國的國會 (Congress)	
上　　院	the House of Lords (the Upper House)	參 議 院	the Senate
上院議員	the Lord Member of the House of Lords	參 議 員	Senator
下　　院	the House of Commons (the Lower House)	衆 議 院	the House of Representatives
下院議員	Member of Parliament	衆 議 員	Congressman, Representative, Member of Congress
國會大厦	the Houses of Parliament	國會大厦	the Capitol

par·o·ti·tis [ˌpærəˈtaɪtɪs; ˌpærəˈtaitis] *n.* Ⓤ《醫》腮腺炎(cf. mumps).

par·ox·ysm [ˈpærəksˌɪzəm; ˈpærəksizəm] *n.* Ⓒ **1** (疾病周期性的)發作〔*of*〕: a ~ *of* coughing 一陣突發的咳嗽。**2** (感情的)激發〔*of*〕: a ~ *of* laughter [anger] 一陣突發的笑聲[憤怒]。

par·ox·ys·mal [ˈpærəksˌɪzəmḷ; ˈpærəksizəml˝] *adj.*

par·quet [parˈke; ˈpa:kei] 《源自法語「小圈圍地(park)」之義》—*n.* **1** Ⓤ拼花地板, 蓆紋地面。**2** Ⓒ《美》《戲劇》一樓; (尤指)一樓前排《頭等席》。

—*v.t.* 鋪拼花地板於…。

párquet círcle *n.* Ⓒ《美》《戲劇》一樓(parquet)的後排(cf. circle 4).

par·quet·ry [ˈparkɪtrɪ; ˈpa:kitri] *n.* Ⓤ鑲木細工; 鑲木工作; (地板的)拼花。

parquetry

parr [par; pa:] *n.* Ⓒ(*pl.* ~, ~s)(產於大西洋的)幼鮭。

par·ra·keet [ˈpærəˌkit; ˈpærəki:t] *n.* = parakeet.

par·ri·cide [ˈpærəˌsaɪd; ˈpærisaid] *n.* **1** Ⓒ弒父母者; 殺尊長[主人, 近親]者; 叛逆者。**2** Ⓤ弒父母[近親]之罪, 忤逆罪。

par·ri·cid·al [ˌpærəˈsaɪdḷ; ˌpæriˈsaidl˝] *adj.*

***par·rot** [ˈpærət; ˈpærət] *n.* Ⓒ **1**《鳥》鸚鵡。**2**《輕蔑》應聲蟲。

—*v.t.* [十受]機械式地複述…, 像鸚鵡式地盲目模仿…; 做…的應聲蟲。

párrot-crỳ *n.* Ⓒ(衆人齊聲重複的)無意義的話, 人云亦云的叫喊, 學舌。

párrot fàshion *adv.* 鸚鵡學舌般地, 人云亦云地。

párrot fèver *n.* Ⓤ《獸醫》鸚鵡熱[病]。

par·ry [ˈpærɪ; ˈpæri] *v.t.* **1** 擋開, 避開, 閃開〈打擊、武器等〉。**2** 廻避, 閃避〈質問等〉。

—*n.* Ⓒ **1** 擋開; (擊劍比賽等的)閃避。**2** 遁辭。

parse [pars; pa:z]《文法》*v.t.* **1** 說明〈句中每個字〉的詞類及文法關係。**2** 分析〈句子〉。

—*v.i.* **1** 說明句中每個字的詞類及文法關係。**2** 分析句子。

Par·see·ism [ˈparsiˌɪzəm, parˈsiɪzəm; ˌpa:ˈsi:izəm] *n.* Ⓤ(印度之)祆教; 拜火教。

Par·si, Par·see [ˈparsi, parˈsi; ˌpa:ˈsi:] *n.* Ⓒ巴爾西教徒《逃避回教徒的迫害而逃至印度的祆教徒[拜火教徒]的後裔》。

par·si·mo·ni·ous [ˌparsəˈmonɪəs; ˌpa:siˈmouniəs˝] 《parsimony 的形容詞》—*adj.* 極度節儉的, 吝嗇的, 小氣的。

~·**ly** *adv.* ~·**ness** *n.*

par·si·mo·ny [ˈparsəˌmonɪ; ˈpa:simәni] *n.* Ⓤ極度的節儉; 吝嗇。

pars·ley [ˈparslɪ; ˈpa:sli] *n.* Ⓤ《植物》荷蘭芹; 西洋芹《其葉子可用作菜餚的配料、調味料》。

pars·nip [ˈparsnɪp; ˈpa:snip] *n.* **1** Ⓒ《植物》歐洲防風草《芹科植物; 根部可食用》: Fine [Kind, Soft] words butter no ~*s.*《諺》花言巧語不能滋潤防風草[坐而言不如起而行]。**2** Ⓒ[當作食物時爲Ⓤ]歐洲防風草的根。

par·son [ˈparsn; ˈpa:sn] 《與 person 同字源》—*n.* Ⓒ **1** (英國國教會的)教區牧師(cf. rector 1 a, vicar 1). **2**《口語》牧師。

par·son·age [ˈparsnɪdʒ; ˈpa:snidʒ] *n.* Ⓒ牧師住宅。

pàrson's nóse *n.* Ⓒ《英口語·謔》雞[火雞等]的臀肉。

‡**part** [part; pa:t] *n.* A **1** Ⓒ(構成全體的)部分(cf. whole 1): in the middle ~ of the 18th century 在十八世紀的中期/Which ~ *of* the play did you like best? 你最喜歡那齣戲中的哪一部分? /*Parts of* his article are mistaken. 他的論文有些地方錯了/He spent the greater ~ *of* his vacation in Canada. 他的大部分假期在加拿大度過。

【同義字】part 指構成全體的一部分; portion 指分得[分配]的一份, 是從全體中劃分出的部分; piece 是切下或分離的部分。

2 [(a) **part of...**] **a** […的]一部分《★[用法](1)這種用法的 part 多不用冠詞; 兩者並無差別; (2)此片語接單數名詞時通常當單數用; 接複數名詞時則當複數用》: Only (*a*) ~ *of* the report is true. 那篇報告只有一部分是眞實的/*P*~ [*A*~] *of* the students live in the dormitory. 一部分學生住在宿舍裏/I will go with you ~ *of* the way. 我陪你走一段路/*A* large ~ *of* the money was wasted. 那筆錢的大部分都被浪費掉了。**b** 重要部分, 要素(element): Music was (*a*) ~ *of* his life. 音樂是他生活的一個重要部分。**3** Ⓒ **a** [與序數連用]…分之一: a third ~ 三分之一/two third ~*s* 三分之二《★[比較]一般都省略 part(s), 而用 a third, two thirds》. **b** [與基數連用](與全體中其他部分配合等時的)比率: 3 ~*s of* sugar to 7 (~*s*) *of* flour 三分糖對七分麵粉的比率。**4** Ⓒ **a** (書籍、戲劇、詩等的)部, 篇, 卷; (連載的)回: *P*~ 1 第一部《★[用法]常略作 Pt. 1》/a novel in three ~*s* 分爲三部的小說。**b**《音樂》音部, 聲部。**5** [~s] 地方, 地區: *in* these [those] ~*s* 在這些[那些]地方/travel *in* foreign ~*s* 在國外旅行。**6** Ⓒ **a** 身體的一部分, 器官: the inner ~*s* 內臟/bathe the affected ~ with warm water 把患部用溫水浸泡。**b** [常 ~s] 陰部: one's (private) ~*s* 陰部。**7** Ⓒ(機器、器具的)零件: automobile ~*s* 汽車零件。**8** Ⓤ(爭論、協議等相對的)一方; 一邊(side): An agreement was reached between Jones *on* the one ~ and Brown *on* the other (~). Jones 這一方和 Brown 那一方之間達成了一項協議/⇨ take PART with. **9** Ⓒ《美》(頭髮的)分界線(《英》parting): He is thin at the ~. 他分線處的頭髮稀薄。

—B **1** Ⓤ[又作 **a** ~] **a** (工作等的)分派的職務, 任務, 本分(duty): do one's ~ 盡自己的本分[職責]/It is not my ~ to do the work. 做那工作不是我的職責《那不是我分內的工作》。**b** 關係, 參與, 關聯: I had no ~ in the incident. 我和那事件沒有關係/⇨ take PART in. **2** Ⓒ **a** (演員的)角色(role): He played the ~ *of* Hamlet. 他演哈姆雷特的角色。**b** (演員的)台詞: learn one's ~ 背自己的台詞。**3** [~s]《文語》資質, 才能: a man *of* (good) ~*s* 有才能的人。

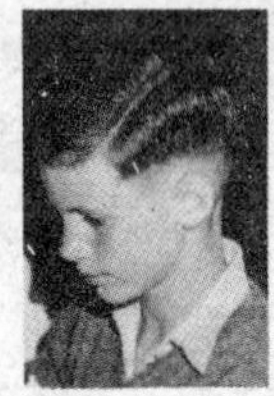

part 9

for mý pàrt 至於我, 對我來說: I, *for my* ~, don't care. 至於我, 我不在乎。

for the móst pàrt (1)大部分, 多半, 大抵: They are college graduates *for the most* ~. 他們大部分是大學畢業生。(2)大體上, 一般地: *For the most* ~ he is a good boy. 大體上他是個好孩子。

in lárge pàrt 大半; 主要。

in párt 一部分, 有幾分(partly): The house was built *in* ~ of brick. 這房子有一部分是磚造的/His success was *in* ~ due to our help. 他的成功一部分是由於我們的幫助。

on the pàrt of a person = **on** a person's **pàrt** 在…方面, 就…而言: There is no objection *on* my ~. 就我本人而言, 沒有什麼異議/The accident was due to wild driving *on* his ~. 那次意外事故是由於他(這一方)的亂開車。

párt and párcel (of...) Ⓤ(…的)重要部分, 主要部分: These words are now ~ *and parcel of* the English language. 這些字現在是英語的主要部分。

párt of spéech《文法》詞類。

pláy a part (1)〔在…〕扮演一個角色; 〔在…方面〕起作用〔*in*〕: She *played a* ~ *in* the play. 她在劇中扮演一個角色; 她參加演出該劇/He was happy to *play a* ~ *in* bring*ing* the two nations into more friendly relations. 他很高興在促進兩國友好關係中起點作用/Salt *plays an* important ~ *in* the functions of the body. 鹽在調節人體的功能方面起重要的作用。(2)做戲; 假裝, 裝蒜。

pláy one's **párt** 盡本分; 盡職責(cf. B 1 a).

tàke...in góod [bád, íll, évil] párt 善意[惡意]地解釋…; 對…不生氣[生氣], 樂意[不樂意]接受…。

tàke part in... 參加…, 貢獻於…: We all *took* (an active) ~ *in* the fund drive. 我們全體都(積極地)參加了募款運動。

tàke párt with... = **tàke the párt of...** 袒護…, 支持…。

—*adj.* [用在名詞前](一)部分的: ~ payment 分期付款/a ~ work (定期)分册發行的著作集[全集]。

—*adv.* 一部分地; 有幾分, 稍微(partly): It is ~ truth. 它有幾分眞實/He was ~ Indian. 他有一部分印地安人的血統。

—*v.t.* **1 a** [十受]分開…; 使…分離; 拉開…(⇨ separate【同義字】): ~ one's lips 微微綻開嘴唇/~ the curtains a little 把窗帘拉開一點。**b** [十受(十介十(代)名)]把…〔從…〕分開, 拉開, 切開〔*from*〕: The war ~*ed* many people *from* their families. 戰爭拆散了很多人的家庭。**2** [十受]分〈頭髮〉: Her hair was ~*ed* in the middle. 她的頭髮是中分的。

—*v.i.* **1 a** 〈東西〉分開; 裂開; 破裂; 〈人〉分離, 離別: The best of friends must ~. 至友也終須別離《天下無不散的筵席》。**b** [十介十(代)名]〔與人〕分離; 意見分歧〔*from*〕: There I ~*ed* *from* him. 我在那裏與他分手; 我在那點上與他意見分歧。**c** [十(*as*)補]〈作爲…〉分手: Let us ~ (*as*) friends. 讓我們友好地分手吧。**2** [十介十(代)名]賣掉, 割讓〔…〕〔*with*〕《★可用被動語態》: ~ *with* one's ancestral home 賣掉祖傳的房子。

part.《略》participial; participle; particular.

par·take [parˈtek; pa:ˈteik] *v.i.* (**par·took** [-ˈtuk; -ˈtuk]; **par·tak·en** [-ˈtekən; -ˈteikən]) [動(十介十(代)名)]《文語》**1** 共享, 分享; 參加〔…〕〔*of, in*〕《★可用被動語態》: I hope you will ~ *of* our joy. 我希望你能分享我們的喜悅/They *partook of* our lodging at night. 他們和我們共宿一夜/I'd rather not ~ ***in*** the festivities. 我寧可不參加慶祝活動。**2** 吃〔…〕，喝〔…〕〔*of*〕：We *partook **of*** lunch with them. 我們和他們共進午餐。**3** 有幾分〔…的〕性質〔特徵〕，略帶〔…〕〔*of*〕：His words ~ ***of*** regret. 他的話略帶悔意。

par·terre [parˋtɛr; pɑ:ˈtɛə] 《源自法語「在地面」之義》**—***n.* Ⓒ **1** 有(各種形狀的)花圃的草坪。**2** =parquet circle.

par·the·no·gen·e·sis [ˏparθənoˋdʒɛnəsɪs; ˌpɑ:θinouˈdʒenisis] *n.* Ⓤ《生物》單性〔孤雌〕生殖。

Par·thenon [ˋparθəˏnan; ˈpɑ:θinən] *n.* [**the** ~] 巴特農神殿《在希臘雅典(Athens)的衛城阿克羅保力斯(Acropolis)山崗上，為雅典娜(Athena)女神的神殿，其建築為陶立克式(Doric)》。

Parthenon

Par·thi·a [ˋparθɪə; ˈpɑ:θjə] *n.* 安息《伊朗(Iran)東北部之古國，位於裏海(Caspian Sea)之東南》。

Par·thi·an [ˋparθɪən; ˈpɑ:θjən] *n.* Ⓒ安息人。**—***adj.* 關於安息(Parthia)的；安息人的。

Párthian shót 《源自裏海東南的古安息(Parthia)騎兵在撤退時向後射箭》**—***n.* Ⓒ臨走時說的話〔做的事〕，回馬箭。

par·tial [ˋparʃəl; ˈpɑ:ʃl] 《part 的形容詞》**—***adj.* (**more** ~; **most** ~) **1** (無比較級、最高級)(一)**部分的**，局部的；不完全的(↔ total)：a ~ eclipse《天文》偏蝕/~ fractions《數學》部分分數。**2 a** 〈判斷、見解等〉**不公平的**，有所偏袒的(↔ impartial)：a ~ judge 不公平的法官。**b** [不用在名詞前]〔十介十(代)名〕〔對…〕不公平的；偏袒〔某人〕的〔*to*〕：That teacher is ~ ***to*** girl students. 那位老師偏袒女學生《★亦可作義 3 解》。**3** [不用在名詞前]〔十介十(代)名〕〈人〉偏愛〔…〕的〔*to*〕：He is ~ ***to*** detective stories. 他偏愛偵探小說。**~·ness** *n.*

par·ti·al·i·ty [parˋʃælətɪ, ˏparʃɪˋæl-; ˌpɑ:ʃiˈæləti] 《partial 的名詞》**—***n.* **1** Ⓤ局部性。**2** Ⓤ不公平，偏袒〔*for, to*〕。**3** [**a** ~] 特別愛好，偏愛〔*for, to*〕：He has ***a*** ~ ***for*** sweets. 他偏愛甜食。

pár·tial·ly [-ʃəlɪ; -ʃəli] *adv.* **1** 部分地，不完全地(⇨ partly【同義字】)：The attempt was only ~ successful. 那次嘗試僅部分成功。**2** 不公平地，偏袒地：judge ~ 不公平地裁判。

par·ti·ble [ˋpartəbl; ˈpɑ:tibl] *adj.* 可分的。

par·ti·ceps cri·mi·nis [ˋpartəˏsɛpsˋkrɪmənɪs; ˈpɑ:tisepsˈkriminis] 《源自拉丁文》**—***n.* Ⓒ共犯。

par·tic·i·pant [pəˋtɪsəpənt; pɑ:ˈtisipənt] *n.* Ⓒ參加者，參與者；有關係者〔*in*〕。**—***adj.* 參與的，參加的；有關係的。

par·tic·i·pate** [pəˋtɪsəˏpet; pɑ:ˈtisipeit] 《源自拉丁文「取部分」之義》**—v.i.* 〔十介十(代)名〕〔與某人〕**參加，參與**；分擔〔…〕；〔在某方面〕〔與人〕有關係〔*with*〕〔*in*〕：The teacher ~*d* ***in*** the pupils' games. 那位教師參加學生的遊戲/She ~*d* ***with*** her friend *in* her sufferings. 她與她的朋友共患難。

par·tic·i·pa·tion [pəˏtɪsəˋpeʃən, par-; pɑ:ˌtisiˈpeiʃn] 《participate 的名詞》**—***n.* Ⓤ參加；參與〔*in*〕。

partícipatory demócracy [parˋtɪsəpəˏtorɪ-; pɑ:ˈtisipətəri-] *n.* Ⓤ直接參與民主(制)。

par·ti·cip·i·al [ˏpartəˋsɪpɪəl; ˌpɑ:tiˈsipiəl] 《participle 的形容詞》**—***adj.*《文法》分詞的。

párticipial ádjective *n.* Ⓒ《文法》分詞形容詞《★動詞的現在分詞或過去分詞當形容詞用；如 an *interesting* story/a *distinguished* scholar》。

participial constrúction *n.* Ⓒ《文法》分詞結構《★以分詞為中心，修飾整句而具有副詞子句功用的構造；如 *Having finished my homework*, I went out for a walk. (做完家庭作業，我出去散步)》。

pàr·ti·cíp·i·al·ly [-pɪəlɪ; -piəli] *adv.*《文法》(當作)分詞地。

par·ti·ci·ple [ˋpartəsəpl; ˈpɑ:tisipl] *n.* Ⓒ《文法》**分詞**：a present [past] ~ 現在〔過去〕分詞。

par·ti·cle [ˋpartɪkl; ˈpɑ:tikl] 《源自拉丁文「部分(part)」加上表「小」的字尾》**—***n.* Ⓒ **1 a** **分子**，粒子，微粒，顆粒：~*s of* sand 砂粒，細砂。**b** 小片，微量，極小量：He has not a ~ *of* malice in him. 他沒有一點惡意。**2**《物理》質點：an elementary ~ 元質點。**3**《文法》**a** 質詞《★一部分副詞、冠詞、介系詞、連接詞、感嘆詞等沒有字尾變化的詞類》：adverbial ~*s* 副詞性質詞《on, in, out, over, off 等》。**b** 詞綴，字首，衍生字尾《un-, out-; -ness, -ship 等》。

párticle phỳsics *n.* Ⓤ粒子物理學。

pár·ti-còlored [ˋpartɪ-; ˈpɑ:ti-] *adj.* **1** 雜色的，斑駁的。**2** 多彩的，變化多端的。

‡par·tic·u·lar [pəˋtɪkjələ; pəˈtikjulə] 《源自拉丁文「小部分的」之義》**—***adj.* (**more** ~; **most** ~) **1** [用在名詞前](無比較級、最高級) **a** [接於 this [that] 之後](多數同類中)**特別是〔就是〕這個〔那個〕**：on *that* ~ day 特別是在那一天，就是那一天/Why do you choose *this* ~ dictionary? 你為何特別選擇這本字典呢？

【同義字】special 指與同類其他東西比較時特別不同者；specific 指從同類中選出一個而加以說明等；peculiar 指特定的人〔事，物〕固有的性質等。

b [**one's** ~] 特有的，獨特的，獨自的；個人的：my ~ weakness [problem] 我個人特有的弱點〔問題〕/my ~ interest 我個人的利益〔興趣〕/in our ~ case 就我們特殊的情況而言。**2** [用在名詞前](無比較級、最高級)**各個的**，各自的：every ~ item 各項目。

3 [用在名詞前](無比較級、最高級)**特別的**，格外的；異常的，顯著的：for no ~ reason 無特別理由地/of no ~ importance 非特別重要的/There is no ~ evidence. 沒有顯著的證據。

4 [用在名詞前]**詳細的**：give a full and ~ account of... 完整而詳細地說明〔報告〕…。

5 a 一絲不苟的；講究的；愛挑剔的；苛求的：a ~ customer 愛挑剔的〔苛求的〕顧客。**b** [不用在名詞前]〔十介十(代)名〕〔對…〕講究的，挑剔的〔*about, over*〕：He is very ~ ***about*** food. 他在飲食方面很講究。**c** [不用在名詞前]〔十介十 *wh.*子句·片語〕〔對…〕挑剔的，苛求的；審慎的〔*as to, about*〕：You ought to be more ~ ***as to*** *whom* you trust. 至於要信任誰，你該更審慎些。**6**《邏輯》特稱的；特殊性的(↔ general)：a ~ proposition 特稱命題。

—*n.* **1** Ⓒ項，點，事項，項目：exact in every ~ 每一項都準確；無比正確。

2 [~**s**] (事情的)詳情，始末，細節〔*of*〕：give (the) ~*s* 詳述/go [enter] into ~*s* 詳細列出〔敍述〕。

3 [**the** ~]《邏輯》特稱，特殊：reason from the general to *the* ~ 由一般推論到特殊〔個別〕；由總論到分論；由全稱推論到特稱。

in particular 特別地；尤其(particularly)：Why did you choose that day *in* ~? 你為何特別選了那一天？

par·tic·u·lar·ism [pəˋtɪkjələˏrɪzəm, par-; pəˈtikjulərizəm] *n.* Ⓤ **1** 排他主義；自黨主義，黨派中心主義。**2** (聯邦內的)各州獨立主義。**3**《神學》特殊神寵論《謂神之恩典祇及於神所揀選之人》。

par·tic·u·lar·i·ty [pəˏtɪkjəˋlærətɪ; pəˌtikjuˈlærəti] 《particular 的名詞》**—***n.* **1 a** Ⓤ特別，獨特；特殊性。**b** Ⓒ特性，特徵。**2 a** Ⓤ詳細；精密，仔細。**b** Ⓒ細目，細節。**3** Ⓤ挑剔；講究；一絲不苟。

par·tic·u·la·ri·za·tion [pəˏtɪkjələrarˋzeʃən; pəˌtikjulərai'zeiʃn] 《particularize 的名詞》**—***n.* ⓊⒸ詳述；列舉。

par·tic·u·lar·ize [pəˋtɪkjələˏraɪz; pəˈtikjuləraiz] 《particular 的動詞》**—***v.t.* 詳述，列舉…。**—***v.i.* 詳述，列舉。

‡par·tic·u·lar·ly [pəˋtɪkjələlɪ; pəˈtikjuləli] *adv.* (**more** ~; **most** ~) **1** **特別地**，尤其(⇨ especially【同義字】)：I ~ asked him to be careful. 我特別要他小心/"Do you want to go?"—"No, not ~."「你想去嗎？」「不，不特別想去。」**2** **仔細地，詳細地**：I cannot explain it ~ now. 現在我無法詳細說明它。

párt·ing *n.* **1** ⓊⒸ告別，離別，死亡：on ~ 臨別時/I still remember his words at our ~. 我還記得在我們離別時他說的話。**2** Ⓒ **a** 分歧處，岔口；分割線。**b**《英》(頭髮的)分界線(《美》part)。

the párting of the wáys (面臨重要選擇等的)叉路；(道路的)岔口《★出自聖經「以西結書」》。

—*adj.* [用在名詞前] **1** 離去的；即將過去的：the ~ day 傍晚；黃昏。**2** 分開的，分隔的，分離的：a ~ line 分隔線。**3** 離別的，告別的；最後的；臨終的：a ~ present [gift] 臨別的禮物/deliver a ~ shot 說句臨走的話；拋下臨去的一眼/drink a ~ cup 喝離別酒。

par·ti·san [ˋpartəzn; ˌpɑ:tiˈzæn] 《源自義大利語 'part' 之義》**—***n.* Ⓒ **1** 黨羽，同黨者，幫夥，黨派觀念强的人。**2**《軍》游擊隊員。

—*adj.* **1** 黨派觀念强的：~ spirit 黨派心，黨派意識/~ politics 黨派政治，政黨政治。**2**《軍》游擊隊員的。

pártisan·ship *n.* Ⓤ **1** 黨派性；黨派意識。**2** 袒護同黨；派系。

par·ti·ta [parˋtitə; pɑ:ˈti:tə] 《源自義大利語「被分開的」之義》**—***n.* Ⓒ《音樂》(十七至十八世紀的)組曲，變奏。

par·ti·tion [parˋtɪʃən; pɑ:ˈtiʃn] *n.* **1** Ⓤ分隔，分割。**2** Ⓒ **a** 分隔物；隔牆：a glass ~ 玻璃隔牆。**b** 區劃；隔間。

—*v.t.* **1** 〔十受(十介十(代)名)〕把…分割，區劃〔成…〕〔*into*〕：~ a room ***into*** two small rooms 把一個房間隔成兩個小房間。**2** 〔十受十副〕分隔〈房間等〉〈*off*〉。

par·ti·tive [ˋpartətɪv; ˈpɑ:titiv] *adj.* **1** 區分的。**2**《文法》表示部分的；表分的。

P

—n. Ⓒ《文法》表分詞《表示部分的詞，如 some, few, any 等》。
~·ly adv.

par·ti·zan [ˋpartəzn̩; ˌpɑːtiˈzæn] n. =partisan.

***part·ly** [ˋpartlɪ; ˈpɑːtli] adv. (無比較級、最高級) **1 部分地**：The cottage was ~ destroyed by the landslide. 那間小屋部分被山崩所毀。

【同義字】partly 强調對全體而言的部分；partially 把重點放在狀態、程度。

2 有幾分，有些，某種程度地：You are ~ right. 你說的話有幾分道理。

párt mùsic n. Ⓤ合唱[合奏]樂曲。

***part·ner** [ˋpartnɚ; ˈpɑːtnə] n. **1 a** Ⓒ〔做某事的〕**伙伴，合作者**〔*in, of*〕；〔某人的〕同夥〔*with*〕：a ~ *in* crime (*with* him) (他的)共犯。**b** Ⓒ合夥人，股東：an acting [an active, a working] ~ 擔任經營業務的合夥人/⇨ silent [sleeping] partner/a limited ~ 有限責任合夥人。**c** [男子間用於稱呼]《美口語》同伴，伙伴。**2** Ⓒ配偶《夫或妻》：one's ~ in life 終身伴侶。**3** Ⓒ **a** (跳舞等的)舞伴。**b** (網球、橋牌等的) 搭檔，(與自己)同組的人：be ~s with... 與…搭檔[一組]。

—v.t. **1** 〔＋受〕與…成一組[搭檔]。**2** 〔＋受(＋副)＋介＋(代)名〕使〈人〉〔與…〕成一組[搭檔]〈*up*〉〔*with*〕. —v.i. 〔＋副(＋介＋(代)名)〕〔與某人〕成夥伴[搭檔]〈*up*〉〔*with*〕.

pártner·ship n. **1** Ⓤ(工作等的)合夥，合作；合夥關係：in ~ with... 與…合作。**2** Ⓒ合夥公司：a general ~ 普通合夥公司/a limited [special] ~ 有限[特別]合夥公司。

par·ton [ˋpartan; ˈpɑːtɔn] n. Ⓒ《物理》部分子。

par·took v. partake 的過去式。

párt òwner n. Ⓒ共有人。

par·tridge [ˋpartrɪdʒ; ˈpɑːtridʒ] n. (pl. ~s, [集合稱] ~) **1** Ⓒ《鳥》山鶉，岩鷓鴣。**2** Ⓤ山鶉[岩鷓鴣]肉。

partridge 1

párt-sòng n. Ⓒ《音樂》和聲歌曲《通常爲無伴奏，齊唱(homophony)方式的四部合唱曲》。

párt tíme n. Ⓤ全部時間(full time)的一部分，部分時間。

párt-tíme adj. **1** 部分時間的，兼任的，兼職的：a ~ teacher 兼任教師/a ~ help 按時計酬的幫傭/a ~ job 兼差/on a ~ basis 按時計酬地。**2**〈學校〉定時[非全日]上課制的：a ~ high school 業餘中學。

—adv. 部分時間地；兼任地，兼職地。

párt-tímer n. Ⓒ兼任者，兼職者(cf. full-timer).

par·tu·ri·ent [parˋtjurɪənt; pɑːˈtjuəriənt] adj. **1** 生產的；臨產的。**2** (思想等)即將形成的，醞釀的。

par·tu·ri·tion [ˌpartjuˋrɪʃən; ˌpɑːtjuəˈriʃn] n. Ⓤ生產，分娩。

párt·wày adv. **1** 在中途，到中途：I'll go ~ with you. 我陪你到中途。**2** 到某種程度，部分地，有幾分。

‡**par·ty** [ˋpartɪ; ˈpɑːti] «與 part 同字源» —n. **1** Ⓒ(以餐飲、餘興招待客人的社交性)**聚會，集會，宴會，晚會，派對**(⇨ meeting【同義字】)：a social ~ 社交聚會/a Christmas ~ 耶誕節宴會/⇨ garden party, tea party/give [have, hold, 《口語》throw] a ~ 舉行宴會[聚會]/make up a ~ 舉辦聚會。

【說明】(1)party 有正式的(formal)，也有非正式的(informal). 前者須事先發出請帖，請求回音，服裝要穿得整齊；後者服裝可隨便一些。開 party 的男主人稱作 host, 女主人稱作 hostess. 主要是採取站着吃的方式，位子也不定。主人和女主人週旋於客人之間，互相介紹彼此不認識的客人，也招呼客人取食點心、雞尾酒等。有時爲了方便，所有客人都佩帶名牌。客人通常不帶禮物來。
(2)在歐洲，這種 party 常用以拓展社交圈，建立人際關係以幫助自己的事業，是重要的社交場合；cf. open house 與 mixer【說明】

2 Ⓒ[集合稱] **a** (以某種目的集合的)一行人，一夥人，一隊人《★用法 視爲一整體時當單數用，指全部個體時當複數用》：a sightseeing ~ 觀光團/Mr. Smith and his ~ =Mr. Smith's ~ 史密斯先生等一行人/The ~ *were* all exhausted. 一行人都筋疲力竭。**b** (負有特別任務的)隊；分遣隊；部隊《★用法 與義 2 a 同》：a search ~ 搜索隊/⇨ firing party. **3** Ⓒ(政治上的)**黨派，政黨**。**4** Ⓒ **a** 關係人，當事人：the *parties* (concerned) (有關的)各方當事人/an interested ~ (與案件有關的)利害關係人/a third ~ 第三者/be [become] a ~ *to*... 與(壞事等)發生關係，參與(壞事等)(cf. adj. 3). **b** (電話的)對方：Go ahead. Your ~'s on the line. 請講話，對方已經接上了《★用法 電話接線生用語》。**c**《法律》當事人，一方。**5** Ⓒ《口語·謔》人(person)：He's quite an amusing old ~. 他是個十分有趣的老頭兒。

—adj. **1** [用在名詞前]宴會(用)的：a ~ dress 宴會時穿的服裝。**2** [用在名詞前]政黨的；黨派的；派系的：the ~ system 政黨組織/a ~ leader 黨魁。**3** [不用在名詞前]〔＋介＋(代)名〕〔與…〕有關係的，參與〔…〕的〔*to*〕(cf. n. 4 a)：He is ~ *to* the crime. 他與那件犯罪有關係。

—v.i. 《口語》參加宴會，開宴會。

párty-còlored adj. =parti-colored.

párty·gòer n. Ⓒ常常[喜愛]參加宴會者。

párty lìne n. Ⓒ **1** (電話的)合用線。**2** (與鄰接地的)分界線，宅界。**3** [ˊ-ˊ-] **a** (政黨等的)政策，方針，主義。**b** [常 **the** ~] (共產黨等的)黨[政治]路線。

párty màn n. Ⓒ(墨守黨路線的)黨員，黨人。

párty pólitics n. Ⓤ黨派政治，黨的策略。

párty spírit n. Ⓤ黨派心，黨性。

párty-spírited adj. 黨派性强的。

párty wáll n. Ⓒ(與鄰接土地或房屋的)界牆，共有壁，隔牆。

pár válue n. Ⓤ票面價值(par).

par·ve·nu [ˋparvəˌnu, -ˌnju; ˈpɑːvənjuː] «源自法語「到達」之義» —n. Ⓒ《輕蔑》暴發戶；暴富者；崛起者，新貴(upstart).

—adj. 暴發戶的。

pas [pa; pɑː] «源自法語「腳步」之義» —n. (pl. ~ [~z; ~z]) **1** [**the** ~]優先權；上席：give *the* ~ to... 使…坐上席；讓上席給…/take [have] *the* ~ of... 就…的上席；優先…。**2** Ⓒ(舞蹈、芭蕾的)舞步。

Pas·cal [ˋpæskl; ˈpæskəl], **Blaise** [blez; bleiz] n. 巴斯噶《1623–62；法國數學家、物理學家及哲學家》。

Pasch [pæsk; pɑːsk, pæsk] n. **1** =Passover. **2** =Easter.

pas·chal [ˋpæskl; ˈpɑːskəl, ˈpæs-] adj. [常 P~] **1** (猶太人的)踰越節(Passover)的。**2**《文語·古》復活節(Easter)的。

páschal lámb n. **1** ⒸⓊ(古時猶太人)踰越節所食的羔羊。**2** [P~ L~]耶穌基督。

pa·se·o [paˋseo, pɑːˈseiou] n. Ⓒ(pl. ~s) **1** 漫步；散步《尤指黃昏時的散步》。**2** 散步道。

pa·sha [ˋpæʃə, ˋpɑʃə; ˈpɑːʃə, ˈpæʃə] «源自土耳其語「長官」之義» —n. Ⓒ[置於名詞之後，用於稱號]帕夏《土耳其、埃及的省長，軍司令(官)》。

pasque·flow·er [ˋpæskˌflauɚ; ˈpæskflauə] n. Ⓒ《植物》(西洋)白頭翁《毛茛科白頭翁屬植物的統稱》。

pas·quin·ade [ˌpæskwɪnˋed; ˌpæskwiˈneid] «源自義大利語；1501 年在羅馬出土的雕像名，昔日曾一年一度裝飾該雕像並貼以諷刺詩» —n. Ⓒ **1** 諷刺詩[文]。**2** 諷刺，挖苦(satire).

‡**pass**[1] [pæs; pɑːs] v.i. **1 經過**：**a**〔動(＋副詞(片語))〕通過，走過(…)；(向…)前進：He saw the parade ~*ing down* [*along*] the street. 他看到遊行隊伍通過街道/Don't ~ *across* the line. 不要越過這條線/I ~*ed by* [*behind, in front of*] her. 我從她身旁[後面，前面]經過/*P~ along*, please. 請往前走(到裏面去)《★用法 公車車掌向乘客說的話》/A startled look ~*ed over* his face. 他臉上閃過吃驚的表情/We ~*ed through* (the town) without stopping. 我們經過(該鎭)而未停留。**b**〈車子、司機〉超車：A sports car ~*ed* on the left. 一部跑車由左側超車而去/No ~*ing*. 《美》《標誌》禁止超車。**c**〈道路、河川〉通過，穿[經]過；〈水、電〉流過：A road ~*es* through the wood. 一條道路穿過森林/The water ~*es* through this pipe. 水流經此水管。

2 a〔＋副詞(片語)〕**由一處轉到另一處**，一處又一處地走：The policeman ~*ed from* house *to* house. 那名警察挨家挨戶巡邏《★係對等片語，不用冠詞》。**b**〔＋副詞(片語)〕〈東西〉(由某人)轉到(另一人)；〈消息等〉被傳播：The wine ~*ed from* hand *to* hand. 葡萄酒由某人的手轉到另一人的手《遞來遞去》/The dish ~*ed around* the table. 那個盤子在桌上傳了一圈。**c**〔＋介＋(代)名〕〈話等〉〔在人之間〕交換，傳來傳去〔*between*〕：Harsh words ~*ed* ***between*** them. 他們互相講粗俗不堪的話。

3 a〈時間〉經過，過去：Time ~*es* quickly. 時間過得很快/Two years have ~*ed* since he left for France. 自從他前往法國，(時間)已過了兩年。**b**〔動(＋介＋(代)名)〕〔從…〕離去；消失；平息〔*from*〕：The storm has ~*ed*. 暴風雨過去了/The scandal soon ~*ed* ***from*** public notice. 那件醜聞不久就不再受世人的注目了。**c**《古》死。

4〔＋介＋(代)名〕**a**〔從…〕改變，變化，變形〔成…〕〔*from*〕〔*to, into*〕：Water ~*es* ***into*** steam when it is boiled. 水沸騰時變成蒸汽/The culture of the people ~*ed* ***from*** a primitive ***to*** a more civilized stage. 該民族的文化由原始轉變爲較文明的階段。**b**〈財產等〉轉讓[給別人]，落入〔別人手中〕〔*to, into*〕：The estate ~*ed* ***to*** one of his relatives. 那一筆地產轉讓給他的一名親戚/The money ~*ed* ***into*** the hands of his wife. 那筆錢落入他太太手裡。

5 a〔動(＋補)〕〈貨幣等〉〈在某地〉通用，流通。**b**〔＋ *as* [*for*] 補〕

(錯誤地)被看〈做…〉, 被接受〈爲…〉: For years the picture ~*ed as* a genuine Rembrandt. 幾年來此畫被看做是林布蘭的眞跡/She could ~ *for* five years younger. 她看起來(比實際)年輕五歲。**c** 〔十介十(代)名〕〔以…名〕爲人所知〔*by, under*〕: He ~*es* **by** [**under**] the name of Smith. 他以史密斯的名字爲人所知。
6 〈議案等〉通過: The bill will ~ by the end of May. 這項議案會在五月底前通過。
7 〔動(十介十(代)名)〕〈人〉〔考試〕及格, 通過〔*in*〕(←→ fail): ~ *in* the entrance examination 入學考試及格, 通過入學考試。
8 〔十介十(代)名〕**a** 作〔有利於…地〕宣判〔*for*〕; 作〔不利於…地〕宣判〔*against*〕: The judgment ~*ed* **for** [**against**] the plaintiff. 法官作有利[不利]於原告的宣判。**b** 〈法官〉〔對…〕宣判〔*on, upon*〕: The judge ~*ed* **on** [**upon**] the case. 法官宣判該案。
9 〔動(十介十(代)名)〕〈事情〉〔在…之間〕發生〔*between*〕: Nothing ~*ed* **between** Mary and me. 瑪麗與我之間沒發生什麼事。
10 a 〔常 let...pass〕被容忍; 不予計較, 被放過: She was uneducated, but *let* that ~. 她是沒有教養, 不過別計較這個了。**b** 〔十補〕〈以…狀態〉被忽略過去: His insulting look ~*ed* unnoticed. 他輕蔑的表情未受到注意。
11 《紙牌戲》放棄叫牌《棄權而輪由下一位叫牌》。
12 《球戲》傳球。
—*v.t.* 1 經過: 〔十受〕**a** 經過[通過]…: Have we ~*ed* Taipei yet? 我們經過台北了嗎? /I ~*ed* Mr. White on the road. 我在路上與懷特先生擦身而過。

【同義字】pass by... 用於指偶然不知覺地經過…; pass... 强調動作本身。

b 超越, 追過…: ~ the other runners 追過其他跑者。**c** 越過, 穿過, 渡過…: They managed to ~ the dangerous section of the road. 他們設法越過了那條道路的危險區。
2 〔十受(十介十(代)名)〕使…通過〔…中間〕〔*through*〕: The policeman ~*ed* a patrol car **through** the crowd. 警察使巡邏車穿過人羣。
3 使…移動: 〔十受十介十(代)名〕**a** 把〈繩索等〉繞[套]〔在…上〕〔*round, around*〕: *P*~ the rope **round** [**around**] your waist. 把那條繩子套在你的腰部。**b** 過〈目〉〔…〕; 使〈手等〉〔在…上〕移動〔*over*〕: Will you please ~ your eye **over** this letter? 這封信請你過目一下好嗎? /She ~*ed* her hand *over* her face. 她用手撫摸臉。**c** 使〈手、梳子等〉經過〔…〕〔*through*〕: He ~*ed* a comb **through** his hair. 他用梳子梳頭髮。
4 a 〔十受〕度過; 消磨〈時間〉(★[比較]比 spend 更拘泥的字): I ~*ed* the hours pleasantly. 我愉快地度過了那幾小時。**b** 〔十受(十介)十do*ing*〕〔以做…〕消磨[打發]〈時間〉〔*in, by*〕(★[用法]常省略介系詞): He ~*ed* the time **by** [**in**] reading. 他以看書打發時間/He ~*ed* the evening watch*ing* TV. 他看電視度過那個晚上。
5 a 〔十受(十副)〕(用手)遞〈東西〉; 傳遞〈(餐桌上的)食物等〉〈*on, around, round, along*〉: Will you ~ the pepper? 請你把胡椒粉遞給我好嗎? /The photograph was ~*ed* **round** [**around**] for everyone to see. 那張相片被每一個人傳著看。**b** 〔十受(十副)十介十(代)名〕把〈東西〉交給, 傳遞〔某人〕〈*on*〉〔*to*〕: *P*~ this note (**on**) **to** the boss. 把這張條子交給老闆(★[用法]有 on 時就有强調「把條子過目後再傳遞」之意)。**c** 〔十受十受/十受十介十(代)名〕遞給〈某人〉〈東西〉; 遞〈東西〉〔給某人〕〔*to*〕: Please ~ me the salt.=Please ~ the salt **to** *me.* 請把鹽遞給我。
6 a 〔十受〕通過〈考試等〉, 使…及格, 使…合格: ⇨ pass MUSTER. /Has he ~*ed* his examination? 他通過考試了嗎? **b** 〔十受〕使〈考生等〉及格: Our teacher ~*ed* most of us. 我們老師使我們大部分的人考試都及格。**c** 〔十受十(*as*)補〕認爲…可以〈…〉: The doctor ~*ed* me (*as*) fit for long-distance running. 醫生認爲我可以跑長距離。
7 〔十受〕**a** 承認, 通過〈法案〉: The Commons ~*ed* the bill. 下院通過該法案。**b** 〈法案〉在〈議院〉通過: The bill ~*ed* the City Council. 該法案在市議會通過了。
8 a 〔十受(十介十(代)名)〕〔向…〕宣告〈判決〉; 〔對…〕下〈判斷〉; 〔對…〕陳述〈意見〉〔*on, upon*〕: A judge ~*es* sentence **on** [**upon**] defendants. 法官對被告宣判/He ~*ed* a pessimistic opinion. 他陳述悲觀的看法。**b** 〔十受〕發〈言〉, 陳述〈意見等〉: ~ a comment [remark] 陳述意見[說句話]/~ remarks ⇨ remark *n.* 1. **c** 〔十受〕〔~ **one's lips**〕〈話、秘密等〉從口中洩漏: Your confidence will not ~ my lips. 你的秘密不會從我口中洩漏[我不會洩漏你的秘密]。
9 a 〔十受〕使〈僞鈔、空頭支票等〉流通; 使…通用: ~ counterfeit money 使僞鈔流通。**b** 〔十受十受〕對〈人〉使用〈空頭支票、僞鈔等〉: ~ a person a bad check 對某人開出空頭支票。
10 〔十受〕〈思想、行動等〉超過, 超越〈…(的範圍、界限)〉: His strange story ~*es* all belief. 他那奇異的故事令人無法相信。
11 〔十受〕排出, 排泄〈糞便〉: ~ water ⇨ water 7/~ blood 排出血尿[血便]。
12 〔十受〕《棒球》投(四)壞球使〈打擊者〉上壘。
13 〔十受〕《球戲》傳〈球〉。
páss awáy 《*vi adv*》(1)去; 離去; 結束。(2)《委婉語》死; 逝世(⇨ die¹【同義字】): He ~*ed away* peacefully. 他平靜地去世。**—**《*vt adv*》(3)度過〈時間〉。
páss bý 《*vi adv*》(1)經過(旁邊): A gentleman ~*ing by* asked me the way to the museum. 一位過路的紳士問我去博物館的路。(2)〈時間〉過去。**—**《*vt adv*》(3)〔~十受十by〕不追究, 忽視, 忽略, 不過問…: I cannot ~ his behavior *by.* 我不能不過問他的行爲。
páss dówn 《*vt adv*》將…傳〔給…〕; 將…讓〔給…〕〔*to*〕(★常用被動語態): The tradition has *been* ~*ed down to* posterity. 那項傳統已經傳給後世的人。
páss óff 《*vi adv*》(1)逐漸消失: The storm has ~*ed off.* 暴風雨已平息。(2)〔常與 well 等表情況的副詞連用〕〈會議等〉(順利地)舉行: The conference ~*ed off* well [smoothly]. 會議進行順利。**—**《*vt adv*》(3)避開, 躲開〈問題等〉: She ~*ed* it *off* (as a mere coincidence). 她把它(當作僅是巧合而)擋開了。(4)〔十受十 *as* 補〕把…冒充〈爲…〉: He ~*ed off* the picture *as* a Picasso. 他把那幅畫冒充爲畢卡索的畫。(5)〔十受十 *as* 補〕〔~ one*self*〕冒充〈成…〉: She ~*ed herself off as* a doctor. 她冒充醫生。
páss ón 《*vi adv*》(1)(保持原狀)前進; 通過。(2)移〔到…〕〔*to*〕. (3)《委婉語》死, 逝世(⇨ die¹【同義字】)。**—**《*vt adv*》(4)將…傳〔給…〕〔*to*〕(★常用被動語態)。
páss óut 《*vi adv*》(1)《口語》失去知覺; 昏過去; 喝得爛醉。(2)《英》(自陸軍官校)畢業。**—**《*vt adv*》(3)把〈東西〉分配, 分發〔給…〕〔*to*〕.
páss óver 《*vi adv*》(1)通過。(2)《委婉語・罕》死(die). **—**《*vt adv*》(3)疏忽, 忽視, 忽略; 放過…: He ~*ed over* my error without a remark. 他什麼也沒說就放過我的過錯/He ~*ed* Helen *over* in favor of her prettier sister. 他忽略海倫而注意起她那位較漂亮的姊姊[妹妹]。(4)〔~十受十over〕不把〈某人〉列入(晋陞等的)考慮, 將…除外(★常用被動語態): I *was* ~*ed over* for promotion. 我不被列入晋陞的考慮之列。
páss thróugh 《*vi prep*》(1)⇨ *v.i.* 1 a. (2)修完〈學校〉的課程, 通過…: He ~*ed through* school with straight As. 他以全優的成績完成學業。(3)經歷, 經驗〈艱辛的事等〉。**—**《*vi adv*》(4)⇨ *v.i.* 1 a.
páss úp 《*vt adv*》《口語》放棄, 放過〈機會等〉。
—*n.* 1 Ⓒ免費乘車[入場]證; 通行證: a railroad ~ 鐵路免費乘車證/a ~ to the exhibition 展覽會的免費入場券/No admission without a ~. 無票禁止入場。**2** Ⓒ **a** (考試的)合格, 及格。**b** 《英大學》普通學士學位考試及格。**3** 〔a ~; 常與修飾語連用〕《口語》情況, 形勢; 危機, 遭遇, 地步: at *a* fine ~ 處於困難[糟糕]的境地/come to [reach] *a* nice [pretty, fine] ~ 變得很糟; 陷入困境/That's a pretty ~. 那是件麻煩[糟糕]的事。**4** Ⓒ(魔術家或催眠者的)手的動作: make ~*es* 動手變魔術。**5** Ⓒ《西洋劍》刺入(thrust). **6** Ⓒ《棒球》四壞球保送上壘。**7** Ⓒ《球戲》傳球: a forward ~ 向前傳球。**8** Ⓒ《紙牌戲》放棄叫牌機會。
brìng...to páss 《文語》完成…, 引起…。
còme to páss 《文語》〈事情〉發生; 實現: It *came to* ~ that.... 事情變成…。
màke a páss at... 《口語》向〈女子〉求愛, 向…調情, 挑逗…。

pass² [pæs; pɑ:s] *n.* **1 a** Ⓒ狹窄的通路; (尤指)山路, 山頂上的通道: a mountain ~ 山路。**b** 〔P~; 用於地名〕…隘道: the Simplon *P*~ (義大利和瑞士間的)辛普倫隘道/the Khyber *P*~ (印度和阿富汗間的)凱巴爾隘道。**2** Ⓒ **a** 水路, 河口, 河道。**b** (設於水壩中的)魚道。
hóld the páss 捍衛主義[利益], 把關。
séll the páss (1)放棄防衛地點; 讓出地位。(2)背叛主義。

pass. 《略》passage; passenger; passive.

pass·able [ˈpæsəbl; ˈpɑ:səbl] *adj.* **1** 〈道路等〉可通行的, 〈河等〉可渡過的。**2** 可達成目的的; 過得去的: He speaks ~ English. 他講英文還過得去。**3** 〈通貨等〉可通用[可流通]的。**4** 〈議案〉可通過的。

páss·a·bly [-səblɪ; -səbli] *adv.* 尚可地, 過得去地。

***pas·sage** [ˈpæsɪdʒ; ˈpæsidʒ] 《pass¹ 的名詞》**—*n.* A 1 a** Ⓤ〔又用單數〕通行, 通過, 經過〔*of*〕: the ~ *of* a parade 遊行隊伍的通過/force a ~ through a mob 硬從暴徒中擠過去/allow the ~ *of* water 讓水流過/block (a person's) ~ 阻擋(某人)通行。**b** Ⓤ(鳥等的)遷徙: a bird of ~ 候鳥; 流浪各地謀生的人。**c** Ⓤ《文語》遷移, 變遷, 移動; 輸送, 搬運〔*from*〕〔*to*〕: the ~ *from* barbarism *to* civilization 從野蠻到文明的變遷。**d** Ⓤ通行權。**2** Ⓤ〔又作 a ~〕**a** (海上或空中的)旅行, 航行; 通行[航行]

P

權：have *a* rough ～ 航行困難/make *a* ～ 航海/book [engage] (one's) ～ to... 訂往…的船票[機票]。**b** 通行費：～ money 運費；船[車]費/work one's ～ 以工作抵船費。**3** Ⓤ(時間的)經過，推移〔*of*〕：with the ～ *of* time 隨著時間的推移。**4** Ⓤ **a** (議案的)通過。**b** (議案的)通過期間。**5** Ⓒ **a** 道路。**b** 水路。**c** 走廊；通道。**6** Ⓒ《醫》通便。

—B Ⓒ **1** (文章、引用等的)一節，一段：a ～ from the Bible 聖經的一節。**2**《音樂》樂節：play a ～ 演奏一個樂節。

a pássage of [at] árms《古》(兩人的)對打，打架，互毆。

pássage·wày *n.* Ⓒ走廊；通路。

pas·sant [ˋpæsənt; ˈpæsənt] *adj.*《紋章》〈獅子等〉舉右前腳的步態的。

páss·bòok *n.* Ⓒ **1** 銀行存摺。**2** 賒購帳簿。**3**《南非》(非白人的)身分證。

páss degrèe *n.* Ⓒ(英國大學中的)普通學士學位。

pas·sé [pæˋse; ˈpɑːsei] 《源自法語 'passed' 之義》**—*adj.*** 老式的，落伍的；過時的，已過盛年的，凋殘的。

pássed báll *n.* Ⓒ《棒球》(捕手的)漏接，漏接的球。

‡**pas·sen·ger** [ˋpæsn̩dʒɚ; ˈpæsindʒə, -sən-] *n.* Ⓒ **1** 乘客，旅客；船客。**2**《英口語》(球隊、團體等的)礙手礙腳的人；無能的選手[隊員]，累贅者。

—*adj.* [用在名詞前]旅客(用)的：a ～ car 客車/a ～ plane 客機/a ～ train 〈鐵路〉客車/a ～ list 旅客名單。

pássenger pìgeon *n.* Ⓒ《鳥》旅鴿《北美產，能飛長距離，現已絕種》。

pássenger sèat *n.* Ⓒ(車子的)乘客座位；(尤指)助手的座位《在駕駛座的旁邊》。

passe par·tout [ˌpæspɚˋtu; ˈpæspɑːtuː] 《源自法語 'pass everywhere' 之義》**—*n.*** Ⓒ **1** (任何鎖都可打開的)母[總]鑰匙，萬能鎖匙。**2 a** (畫框裏用的)厚紙；(照片等的)畫框。**b** 鑲畫用的膠紙板。

pásser·bý, pásser-bý *n.* Ⓒ(*pl.* **passersby, passers-by**)過路人，行人。

pas·ser·ine [ˋpæsərɪn, -ˌraɪn; ˈpæsərain] *adj.*《鳥》燕雀類的。

—*n.* Ⓒ燕雀類之鳥。

pas seul [pɑˋsœl; pɑːˈsœl] *n.* Ⓒ(*pl.* ～**s** [～])(芭蕾舞之)單人舞。

páss-fáil *n.* Ⓒ《教育》取否法《只劃分及格或不及格而沒有其他等級》。

pas·si·ble [ˋpæsəbl; ˈpæsibl] *adj.* 易感動的；感受性强的。

pas·sim [ˋpæsɪm; ˈpæsim] 《源自拉丁文 'spread out' 之義》**—*adv.*** 各處，到處，處處《指在引用的書中處處可見》。

páss·ing *n.* Ⓤ **1 a** 通行，通過〔*of*〕：the ～ *of* a parade 遊行隊伍的通過。**b** 〔時間等的〕經過〔*of*〕：with the ～ *of* the years 隨著歲月的流逝。**2** 〔議案的〕通過；〔考試的〕及格〔*of*〕。**3 a** 〔…的〕消失，結束〔*of*〕。**b**《委婉語》〔…的〕死亡〔*of*〕。

in pássing 順便[附帶](提起)。

—*adj.* [用在名詞前] **1** 通行的，經過的，路過的：a ～ taxi 路過的計程車/a ～ acquaintance 相識不深的人。**2** 現在的，目前的：～ events 時事/～ history 現代史。**3** 一時的；短暫的：the ～ moment 刹那間，瞬間/～ joys 瞬間的歡樂/(a) ～ pain 一時的疼痛。**4** 偶然的，附帶的；粗略的，大概的：a ～ remark 偶然說出的話。**5** 及格的，通過的〈考試、學分等〉：a ～ grade 及格分數。

—*adv.*《古》非常，極爲。

pássing bèll *n.* Ⓒ[常 the ～]喪鐘，臨終的鐘聲；哀悼的鐘聲《由教堂敲響以通知教區居民》。

pássing shót [stróke] *n.* Ⓒ《網球》穿越球，超身球《趁對方上網時，將球打到一邊使對手措手不及的球法》。

pas·sion** [ˋpæʃən; ˈpæʃn] 《源自拉丁文「痛苦」之義》**—*n. **1 a** Ⓤ激情，熱情(⇨ feeling 3【同義字】)：a man of ～ 熱情的人。**b** [the ～s](與理性相對的)感情。

2 [用單數]〔對…的〕熱愛，愛好，熱中，狂熱〔*for*〕：He has a ～ *for* music [the stage]. 他熱愛音樂[戲劇]/Golf is his ～. 高爾夫球是他的愛好/A love of books is the ruling ～ in his life. 閱讀是他生活中主要的愛好。

3 [a ～]暴躁脾氣，忿怒，激怒(rage)：be in *a* ～ 在生氣[激怒]中/fall [get] into *a* ～ 發脾氣，動怒/fly into *a* ～ 勃然大怒。

4 a Ⓤ熱戀，戀情：tender ～ 愛情，戀愛。**b** Ⓤ[常 ～**s**]情慾，性慾。

5 [the P～]《基督教》耶穌的受難。

pas·sion·ate [ˋpæʃənɪt; ˈpæʃənət] 《passion 的形容詞》**—*adj.*** (**more** ～；**most** ～) **1** 〈人、言詞等〉熱烈的，熱情的：a ～ youth 熱情的青年人/a ～ speech 熱情洋溢的演說。**2** 〈感情〉激烈的：～ hatred 激烈的憎恨/～ love 熱愛。**3** 易怒的；暴躁的。

～·ly *adv.*

pássion·flòwer 《因此種花的副花冠類似耶穌頭上的荊冠，故云》**—*n.*** Ⓒ《植物》西番蓮《其果實可食用》。

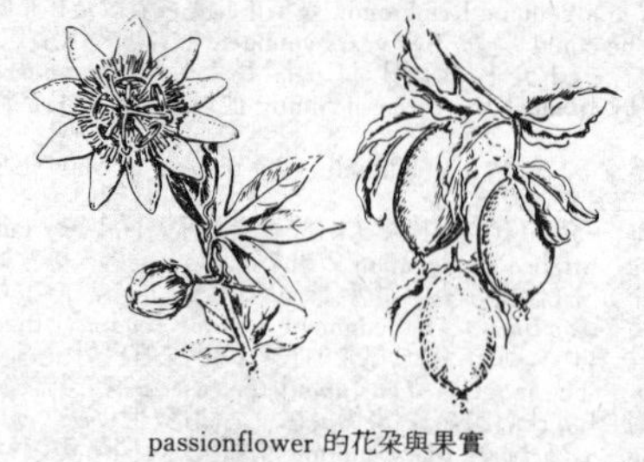

passionflower 的花朵與果實

pássion·frùit *n.* Ⓒ百香果，西番蓮之果實。

pássion·less *adj.* 缺乏熱情的，不帶熱情的；冷靜的，鎮定的。

pássion plày *n.* Ⓒ耶穌受難劇。

Pássion Súnday *n.* 四旬齋(Lent)的第五個星期日。

Pássion Wèek *n.* 受難週(⇨ Holy Week)。

***pas·sive** [ˋpæsɪv; ˈpæsiv] *adj.* (**more** ～；**most** ～) **1 a** 被動的，守勢的，消極的：～ resistance (非訴諸暴力的)消極抵抗。**b** 不活躍的，無活力的，萎靡不振的(↔ active)。

2 不抵抗的；順從的：～ obedience 默從。

3 (無比較級、最高級)《文法》被動的(↔ active)：the ～ voice 被動語態。

—*n.* **1** [用單數；常 the ～]《文法》被動語態，被動式。**2** Ⓒ被動式的句子。

～·ly *adv.* **～·ness** *n.*

pássive smóking *n.* Ⓤ吸二手煙《因他人吸煙而受害》。

pas·siv·i·ty [pæˋsɪvətɪ; pæˈsivəti] 《passive 的名詞》**—*n.*** Ⓤ **1** 被動(性)，消極(性)。**2** 不抵抗，忍耐。

páss·kèy *n.* Ⓒ **1** (能開各種鎖的)總鑰匙，萬能鑰匙。**2** 私人鑰匙。

páss·màn [-mən; -mən] *n.* Ⓒ(*pl.* **-men** [-mən; -mən])(英國大學非優等之)普通畢業生。

Páss·òver *n.* [常 the ～]《聖經》踰越節《猶太人在猶太曆一月十四日舉行的祭典，以紀念其祖先脫離埃及的壓迫而重回巴勒斯坦》。

***pass·port** [ˋpæsˌport, -ˌpɔrt; ˈpɑːspɔːt] *n.* Ⓒ **1** 護照；安全通行證。

【說明】准許出國，證明持有人身分，以及出國後有必要時得在旅行國家請求法律保護的公文書。通常分成「普通」、「公務」、「外交官」、「觀光」等種類。有效期限不等；cf. visa【說明】

2 〔爲達成某種目的的〕手段，保障〔*to*〕：a ～ *to* a person's favor. 討某人歡心的手段。

páss-thròugh *n.* Ⓒ(厨房與餐廳隔牆上遞菜用的)長方形口[小窗口]。

páss·wòrd *n.* Ⓒ口令(watchword)。

‡**past** [pæst; pɑːst] 《passed 的古形》**—*adj.*** (無比較級、最高級) **1 a** [用在名詞前][也可置於名詞後]過去的，往昔的：～ sorrows 過去的悲傷/in ～ years [times]＝in years [times] ～ 在過去幾年[在往昔]。**b** [不用在名詞前]過去的，完了的：My youth is ～. 我的青春已逝《★比較 My youth is passed. 是錯誤的》/Summer is ～. 夏天過去了。

2 [用在名詞前][也可置於名詞後]剛過去的《★用法 作此義時常與完成式連用》：He has been sick for some time ～. 他前些日子一直在生病/I haven't met him for the ～ two months. 我最近兩個月沒有遇見他。

3 [用在名詞前]任期已過的，前任的：a ～ chairman 前任議長[主席]。

4 [用在名詞前]《文法》過去的(cf. present[1] 3, future 2)：the ～ tense 過去式。

—*n.* [用單數] **1** [常 the ～]過去：in *the* ～ 在過去/*the* remote ～ 遙遠的過去。

2 a 過去的事，往事：a country with a glorious ～ 有輝煌歷史的國家。**b** 經歷，來歷；(尤指不名譽的)經歷，過去的生活：a woman with a ～ 過去行為不檢的女人。

3 [常 the ～]《文法》過去式(cf. present[1] 2, future 3)。

fling the pást in a person's **fáce** 責備某人從前的過失。

—*prep.* **1 a** (時間)超過…；過了(…分鐘)(《美》after)：～ three o'clock 過了三點鐘，三點多鐘/at half ～ [常 half-*past*] three 在三點半/It's five (minutes) ～ ten. 現在是十點(過了)五分。**b** (年齡等)超過…，逾…：a woman ～ forty 年逾四十歲的女人/Our teacher is now ～ eighty. 我們的老師現已年逾八十。

2 a 經過(場所、人等)：He ran ～ my house. 他跑著經過我家。**b** 在(某場所)的前方，在經過…的地方：His office is ～ the police station on the left. 他的辦公室在左邊警察局的前方。
3 超出，超越：a pain ～ bear*ing* 無法忍受的痛苦/It is ～ (all) belief. 那簡直令人無法相信/He is ～ hope. 他沒有(復原的)希望。
be pást it 《口語》不能像以前那樣，不再有效。
nót pùt it pást a person (**to** **dó**) 《口語》認爲〈某人〉不是不可能[有可能](做某事)：I would*n't put it* ～ him *to* betray us. 我認爲他有可能出賣我們。
—*adv.* (無比較級、最高級)過去，越過：go [walk] ～ 走過 / hasten [run] ～ 急忙走[跑]過。

pas·ta [ˋpɑstə; ˈpæstə] **《**源自義大利語 'paste' 之義**》—*n.*** Ⓤ **1** 麵糰《用以製造通心粉、義大利麵等》。**2** 麵食《用這種麵糰做的食品》。

paste**[1] [pest; peist] **《**源自希臘文「大麥粥」之義**》—*n. Ⓤ [指產品個體或種類時爲Ⓒ] **1** 漿糊。
2 a 麵糰《用以做餡餅皮等》。**b** (魚肉、肝等的)醬。
3 糊狀物。
4 鉛玻璃《用以製造人工寶石》。
—*v.t.* 1 a 〔十受十副〕用漿糊貼[黏]〈紙〉〈*together, up*〉：～ two sheets of paper ***together*** 把兩張紙黏貼在一起。**b** 〔十受(十副)十介十(代)名〕用漿糊把〈紙〉貼[黏]〔在…上〕〈*up*〉〔*in, on*〕：～ ***up*** playbills ***on*** a wall 把戲單貼在牆上/I cut out the article and ～*d* it in my scrapbook. 我剪下那篇文章貼在我的剪貼簿上。
2 a 〔十受(十副)〕貼於…〈*up, over*〉. **b** 〔十受(十副)十介十(代)名〕〔用紙等〕貼於…〈*up*〉〔*with*〕：～ a wall ***with*** paper 用紙糊牆壁。

paste[2] [pest; peist] **《**baste[2] 的變體**》—*v.t.*** 毆打。

páste·bòard *n.* Ⓤ 紙板《由數張紙黏貼而成；cf. board 3 a, cardboard, millboard, paperboard》.
—*adj.* [用在名詞前] **1** 紙造的，紙板製的。**2** 無實質的，假的：a ～ pearl 人造珍珠。

pas·tel [pæsˋtel; pæˈstel⌐] **《**與 paste[1] 同字源**》—*n.* 1 a** Ⓤ彩色粉蠟《白堊粉末加顏料，再以阿拉伯橡膠溶液調和揉成者》。**b** Ⓒ粉蠟筆。**c** ⓊⒸ淡而柔和的色彩：paint the kitchen in ～(*s*) 把廚房(的牆壁)漆成輕淡柔和的色彩。
2 a Ⓤ粉蠟筆畫法。**b** Ⓒ粉蠟筆畫。
—*adj.* [用在名詞前] **1** 粉蠟筆(畫)的。
2 粉蠟筆式的〈色調〉：a ～ shade 粉蠟筆式的[輕淡柔和的]色調。

pást·er *n.* Ⓒ **1** 《美》貼紙，(有背膠的)郵票。**2** 黏貼的人[物]。

pas·tern [ˋpæstɚn; ˈpæstə:n] *n.* Ⓒ骹《在有蹄類的蹄與距毛之間》。

páste-ùp *n.* Ⓒ **1** 《印刷》貼剪接物[照片]的硬紙板。**2** 雜湊而成的東西。

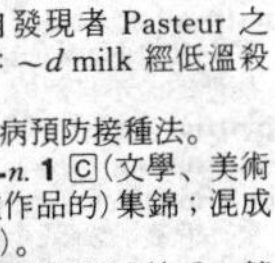

pastern

Pas·teur [pæsˋtɝ; pæˈstə:], **Louis** [ˋluɪ; ˈlu:i] *n.* 巴斯德《1822–95；法國化學家及細菌學家》。

pas·teur·ism [ˋpæstə͵rɪzəm; ˈpæstərizəm] *n.* Ⓤ **1** 巴斯德氏病菌接種法；狂犬病菌接種法。**2** 巴斯德氏殺菌法。

pas·teur·i·za·tion [͵pæstərəˋzeʃən; ͵pæstərai'zeiʃn] **《**pasteurize 的名詞**》—*n.*** Ⓤ巴斯德式[低溫]殺菌法。

pas·teur·ize [ˋpæstə͵raɪz; ˈpæstəraiz] **《**源自發現者 Pasteur 之名**》—*v.t.*** 對〈食品〉採用低溫殺菌法(處理)：～*d* milk 經低溫殺菌處理的牛奶，消毒牛奶。

Pastéur tréatment *n.* ⓊⒸ《醫》巴斯德狂犬病預防接種法。

pas·tiche [pæsˋtiʃ; pæˈsti:ʃ] **《**源自法語**》—*n.* 1** Ⓒ(文學、美術等模仿他人的)模仿作品。**2** Ⓒ(集合他人各種作品的)集錦；混成曲。**3** Ⓤ模仿(的手法)；混成[拼湊](的手法)。

pas·tille [pæsˋtil; ˈpæstəl, pæˈsti:l] *n.* **1** Ⓤ(圓錐形的)線香，薰香。**2** Ⓒ(菱形的)錠劑，香錠，片劑。

pas·time [ˋpæs͵taɪm; ˈpɑ:staim] **《**源自法語 'pass time' 的譯字**》—*n.*** Ⓒ(快樂度餘暇的)娛樂，消遣，遊戲。

pást·ing **《**源自 paste[2]**》—*n.*** Ⓒ《口語》**1** 痛打。**2** (運動比賽的)徹底敗北，慘敗。

pást máster *n.* Ⓒ專家，能手，高手，老手〔*in, at, of*〕.

pas·tor [ˋpæstɚ; ˈpɑ:stə] *n.* Ⓒ[也用於稱呼]牧師《★用法《英》指英國國教會以外的新教牧師》。

【字源】拉丁文原義是「牧羊人」，由於基督教的普及，用以表示「將羊羣(信徒)帶領至神面前的人」。拉丁文「牧羊人」來自動詞「放牧」「餵草」，所以 pastor 與 pasture(牧場)同源。

pas·to·ral [ˋpæstərəl; ˈpɑ:stərəl] **《**源自拉丁文「牧羊人的」之義**》—*adj.* 1 a** 牧羊人的。**b** 〈土地〉畜牧用的。**2** 田園生活的，鄉村的；描寫田園生活的；牧歌的(⇨ rural【同義字】)：a ～ poem 牧歌，田園詩/ ～ life [scenery] 田園生活[風景]。**3** 牧師(pastor)的。
—*n.* Ⓒ **1** 牧歌，田園詩[畫，曲，歌劇，雕刻(等)]。**2** (又作 **pàstoral létter**)《基督教》教書，牧函《轄區神職人員或居民的公開信》。**3** (又作 **pàstoral stáff**)《基督教》牧杖(crosier)《主教和修道院長的權標》。

pástoral cáre *n.* Ⓤ(宗教指導者或牧師的)建議，勸告。

pas·to·rale [͵pæstəˋrɑlɪ; ͵pæstəˈrɑ:li] *n.* Ⓒ《音樂》田園曲。

Pástoral Epístles *n. pl.* [the ～]《聖經》牧會書簡《聖經新約中的提摩太書(Timothy)及提多書(Titus)》.

pas·tor·ate [ˋpæstərɪt; ˈpɑ:stərət] *n.* **1** ⓊⒸ **a** 《新教》牧師的職位[任期，轄區]。**b** 《天主教》主任司祭的職務。**2** [the ～；集合稱]牧師團。

pást párticiple *n.* Ⓒ《文法》過去分詞。

pást pérfect *n.* Ⓒ《文法》過去完成式《"had ＋過去分詞"的時態》。

pas·tra·mi [pəˋstrɑmɪ; pəˈstrɑ:mi] *n.* Ⓤ五香燻牛肉《常爲肩部肉》。

pas·try [ˋpestrɪ; ˈpeistri] *n.* **1** Ⓤ麵糰，麵糊，餡餅皮。**2 a** Ⓒ(麵糊做的)糕餅。**b** Ⓤ[集合稱](麵糊做的)糕餅類食物[點心]。

pas·tur·age [ˋpæstʃərɪdʒ; ˈpɑ:stjuridʒ] *n.* Ⓤ **1** 牧草。**2** 牧草地。**3** 《英・蘇格蘭》放牧權。

***pas·ture** [ˋpæstʃɚ; ˈpɑ:stʃə] **《**源自拉丁文「吃草」之義**》—*n.* 1** Ⓤ[指個體時爲Ⓒ]牧草地；牧場。

【同義字】pasture 指長牧草的地方或放牧地；meadow 尤指栽種牧草的草地。

2 Ⓤ牧草。
pùt…óut to pásture (1)把〈家畜〉趕到草地放牧。(2)丟棄〈老舊的東西〉；使〈人〉引退，使…退職。
—*v.t.* 〔十受〕 **1 a** 放牧〈家畜〉。**b** 使〈家畜〉吃牧草。
2 〈家畜〉吃〈牧草〉。
3 把〈土地〉用作牧場。
—*v.i.* 〔十副詞(片語)〕〈家畜〉吃草(graze).

pásture·lànd *n.* Ⓤ牧草地，牧場。

past·y[1] [ˋpestɪ; ˈpeisti] **《**paste[1] 的形容詞**》—*adj.*** (**past·i·er**; **-i·est**) **1** 漿糊似的，糊狀物似的。**2** 〈臉色〉蒼白的。

past·y[2] [ˋpæstɪ; ˈpɑ:sti] *n.* Ⓒ[當作點心名時爲Ⓤ]《英》餡餅。

pásty-fáced [ˋpestɪ-; ˈpeisti-] *adj.* 臉色蒼白的。

PÁ sỳstem *n.* ＝public-address system.

***pat**[1] [pæt; pæt] **《**擬聲語**》—** (**pat·ted**; **pat·ting**) *v.t.* **1 a** 〔十受〕(用手掌等)輕拍[打]…。

【同義字】slap 指用手掌用力拍[打]；tap 是以手指頭般的小東西輕敲。

b 〔十受十介十(代)名〕〔用餐巾等〕輕拍[碰]〈嘴等〉〔*with*〕；使〈餐巾〉輕拍[碰]〔嘴等〕〔*against*〕：She *patted* her mouth ***with*** her napkin. ＝She *patted* her napkin ***against*** her mouth. 她用餐巾輕拍她的嘴。**c** 〔十受十介十名〕輕拍〈某人〉〔身體的某部位〕〔*on, upon*〕《★用法表示身體部位的名詞前用 the》：～ a person ***on the*** back 輕拍某人背部《表示稱讚、贊成》；誇獎[鼓勵，安慰]某人/He *patted* me ***on the*** shoulder. 他輕拍我的肩膀《引起注意或安慰的動作》。**d** 〔十受十介十(代)名〕輕拍…〔成…〕〔*into*〕：Mother *patted* the dough ***into*** a flat cake. 母親把生麵糰輕拍成扁平餅狀。
2 〔十受〕 **a** 撫平〈頭髮等〉。**b** (充滿愛地)輕拍，撫摸…：～ a dog 撫摸狗。
—*v.i.* 1 〔十介十(代)名〕輕拍〔…〕〔*upon*〕.
2 〔動(十副詞(片語))〕腳步放輕地走[跑]。
pát onesèlf on the báck 得意，沾沾自喜(cf. *v.t.* 1 c).
—*n.* 1 Ⓒ輕拍[聲]；撫摸。
2 Ⓒ(奶油等的)小塊，小團。
3 [a ～]啪嗒啪嗒聲，輕脚步聲。
pát on the báck 稱讚[鼓勵](的話)。

pat[2] [pæt; pæt] *adj.* 恰好的，合適的：It's too ～. 那眞是太恰當了。
—*adv.* 恰好地，適當地：fall ～ 恰恰適合/The story came ～ *to* the occasion. 那個故事恰恰適合那個場合。
hàve [knów]…(óff) pát 《口語》徹底了解…；完全清楚…。
stánd pát (1)(撲克牌戲)用發到手的牌打(不再補新牌)。(2)不改變決定，堅持原意。

Pat [pæt; pæt] *n.* 派特《男[女]子名；Patrick, Patricia, Martha, Matilda 的暱稱》。

pat. 《略》patent(ed).

Pat·a·go·nia [͵pætəˋgonjə; ͵pætəˈgounjə] *n.* 巴塔哥尼亞《位於南美洲的南端；阿根廷與智利的南部》。

P

Pat·a·go·ni·an [ˌpætəˈgonjən; ˌpætəˈgounjən ˉ] «Patagonia 的形容詞»—*adj.* 巴塔哥尼亞(人)的。—*n.* Ⓒ巴塔哥尼亞人《據說是世界上身材最高的南美印地安人》。

patch [pætʃ; pætʃ] «源自古法語「一片」之義»—*n.* Ⓒ **1 a** (補綴用的)布片，補片，補綻：trousers with ~*es* on [at] the knees 膝部有補釘的褲子。**b** (修理用的)金屬補片；墊板。
2 a (一張)膏藥；膠布。**b** 眼罩。
3 美人斑(beauty spot)《十七、十八世紀時女人爲表示容貌之美或爲掩飾疤痕而貼在臉上的小片黑綢等》。
4 (耕作的)小塊地，一塊地(上的農作物)：a ~ *of* potatoes = a potato ~ 一塊種馬鈴薯的地。
5 (與周圍顏色不同色的不規則)斑點：~*es of* blue sky 一片片的藍天。
6 a 破片，斷片：in ~*es* 處處，片斷地。**b**《口語》(與其他不同的)文章的一段；小曲：a purple ~ ⇨ purple *adj.* 2b.
7《英口語》(警察等的)巡邏區。
nòt a pátch on...《口語》遠不如…，比…差得遠，不能與…相比。
stríke [hít, be in] a bád pátch《英》倒楣，遭受痛苦[不幸]。
—*v.t.* **1** [十受]補綴，以補片補…。
2 [十受]〈材料〉用作…的補綴。
3 [十受]用拼湊做…。
4 [十受十副] **a** 修補，修改〈衣服等〉〈*up*〉. **b** 暫時粉飾，平息〈意見的分歧、爭吵等〉〈*up*〉.

patch·ou·li [ˈpætʃulɪ; ˈpætʃuli] *n.* Ⓤ **1**《植物》廣藿香，到手香《印度產的唇形科植物》。**2** 廣藿香製成的香料。

pátch pócket *n.* Ⓒ縫在衣褲上的口袋，貼袋，明袋。

pàtch tést *n.* Ⓒ斑貼試驗《檢超敏反應，用可疑物質敷貼於皮膚，除去後觀察皮膚的反應》。

pátch·wòrk *n.* **1** Ⓤ [指產品個體時爲Ⓒ] 補綴[拼湊]的手工。**2** [a ~]拼湊成的東西。

patch·y [ˈpætʃɪ; ˈpætʃi] «patch 的形容詞» —*adj.* (**patch·i·er**; **-i·est**) **1** 多補綻的；雜湊的。
2 一片一片的，斷斷續續的。
3 不調和的，不勻稱的；參差不齊的。
pátch·i·ly [-tʃɪlɪ; -tʃili] *adv.* **-i·ness** *n.*

pate [pet; peit] *n.* Ⓒ《古·謔》**1** 頭；腦袋：a bald ~ 禿頭。**2** 頭腦：an empty ~ 獃子。

pâ·té [pɑˈte; ˈpætei] «源自法語 'paste' 之義»—*n.* **1** Ⓒ [當作點心名時爲Ⓤ] 肉[肝]末餅《用磨碎的肉或肝烹調而成》。**2** Ⓒ餡餅 (pie)。

pát·ed *adj.* 《謔》[構成複合字] 頭腦…的：long-*pated* 頭腦聰明的；精明的/shallow-*pated* 頭腦愚笨的。

pâ·té de foie gras [pɑˈtedəˌfwɑˈgrɑ; ˌpæteidəˌfwɑːˈgrɑː] «源自法語 'paste of fat liver' 之義»—*n.* Ⓒ [當作點心名時爲Ⓤ]《烹飪》肥鵝肝餅。

pa·tel·la [pəˈtɛlə; pəˈtelə] *n.* Ⓒ (*pl.* **-lae** [-li; -liː])《解剖》膝蓋骨，髕。**pa·tel·lar** [pəˈtɛlɚ; pəˈtelə] *adj.*

pat·en [ˈpætn̩; ˈpætən] *n.* Ⓒ **1** (薄金屬片製的)圓盤。**2**《天主教》聖餅盤《放聖餅的淺盤》。

pat·en·cy [ˈpætn̩sɪ; ˈpætənsi] «patent 的名詞»—*n.* Ⓤ明白，明顯。

***pat·ent** [ˈpætn̩t; ˈpætənt] *n.* Ⓒ **1 a** 專利(權)：apply [ask] for a ~ 申請專利/take out a ~ *for* [*on*] an invention 取得一項發明的專利。**b** 專利品。**c** 專利證書。**2**《口語》獨特之物，特徵：He has a ~ of generosity. 他有他人所沒有的寬宏大量。
—*v.t.* [十受]取得…的專利。
—*adj.* (**more ~**; **most ~**) **1** [用在名詞前] (無比較級、最高級) 專利的；有專利權的：a ~ right 專利權/⇨ letters patent.
2 [ˈpetn̩t; ˈpeitənt] 明顯的；明白的：a ~ mistake 明顯的錯誤/It is ~ *to* everybody that this diamond is a fake. 每一個人都明白這顆鑽石是贋品。
3 [用在名詞前] (無比較級、最高級)《口語》新奇的，別出心裁的；首[新]創的：a ~ way of doing... 做…的妙法；新設計的…法。

pat·en·tee [ˌpætn̩ˈti; ˌpeitənˈtiː] *n.* Ⓒ專利權所有人。

pát·ent léather [ˈpætn̩t-; ˌpeitənt-] «由於以前爲專利品，故云»—*n.* Ⓤ (黑亮的)漆皮《表面加工漆成光滑如鏡面的皮》。

pát·ent·ly *adv.* 明顯地；清楚地(clearly)《★用法 常指壞事》。

pátent médicine *n.* Ⓤ [指產品個體或種類時爲Ⓒ] 專利藥品；成藥。

pátent òffice [ˈpætn̩t-; ˌpætənt-] *n.* Ⓒ [又作 **the P~ O~**] 專利局。

pat·en·tor [ˈpætn̩tɚ; ˈpætəntə] *n.* **1** Ⓒ授與專利權者。**2** (誤用) = patentee.

pátent rìght *n.* Ⓒ專利權。

pa·ter [ˈpetɚ; ˈpeitə] «源自拉丁文「父」之義»—*n.* Ⓒ [有時 P~ 或 the ~；常無冠詞用於稱呼]《英口語》父親。

Pa·ter [ˈpetɚ; ˈpeitə], **Walter Horatio** *n.* 裴特爾《1839–94；英國散文家及批評家》。

pa·ter·fa·mil·i·as [ˈpetɚfəˈmɪlɪˌæs; ˌpeitəfəˈmiliæs] «源自拉丁文 'father of the family' 之義»—*n.* Ⓒ [常用單數]《謔》一家之父，家長。

pa·ter·nal [pəˈtɝnl̩; pəˈtəːnl] «源自拉丁文「父親的」之義»—*adj.* **1** 父親的；像父親的(cf. maternal 1)。**2** 父系的；世襲的：be related on the ~ side 爲父方的親戚/one's ~ grandmother 父方的祖母。**3 a** (像父親般)保護的；溫情主義的：He was very ~ and gave me some good advice. 他像父親般保護我，並且給了我一些好的忠告。**b** 愛干涉的：I hate his ~ attitude. 我最厭惡他愛干涉的態度。~**·ly** [-nl̩ɪ; -nəli] *adv.*

pa·tér·nal·ism [-nl̩ˌɪzəm; -nlizəm] *n.* Ⓤ (父性的)溫情主義；家長統治；(强迫性的)干涉主義。

pa·ter·nal·is·tic [pəˌtɝnl̩ˈɪstɪk; pəˌtəːnəˈlistik ˉ] *adj.* **1** 溫情主義的。**2** 家長式干涉的。**-ti·cal·ly** [-kl̩ɪ; -kəli] *adv.*

pa·ter·ni·ty [pəˈtɝnətɪ; pəˈtəːnəti] «paternal 的名詞»—*n.* Ⓤ **1** 父親的身分[地位]，父道，父性。**2** 父系。**3** 作者(的身分)；起源〔*of*〕.

Pat·er·nos·ter [ˈpetɚˈnɑstɚ, ˈpætɚ-; ˌpætəˈnɔstə] «源自拉丁文 'Our Father' 之義» —*n.* Ⓒ (拉丁文的)主禱文，唸主禱文的禱告。

‡**path** [pæθ; pɑːθ] *n.* Ⓒ (*pl.* **~s** [pæðz; pɑːðz]) **1 a** (行人走出來的)小徑，窄路。

【同義字】lane 指兩旁爲樹籬、房屋所形成的巷道；footpath 指爲步行而鋪設的步道[人行道]；alley 指建築物間的小巷[弄堂]。

b (公園、庭園內的)人行道。**2 a** 通道，通路；軌道：the ~ *of* a comet 彗星的軌道。**b** (人生的)道路；(文明、思想、行動等的)方向；前進的路線，方針〔*of, to*〕：the ~ *of* civilization 文明之道/a ~ *to* success 走向成功之路/follow in one's father's ~ 繼承父業，從事與父親相同的職業。
béat a páth (1)開闢一條路。(2)奔向〔…〕，湧至〔…〕〔*to*〕.
cróss a person's páth = **cróss the páth of** a person (1)擋住某人的去路；偶然碰見某人：I hope I don't even *cross* your ~ again. 我希望再也不會見到你。(2)阻礙某人的計畫，妨礙某人。
páth stréwn with róses 歡樂的生活《意爲「撒著玫瑰花的小路」》。

Pa·than [pəˈtɑn, pətˈhɑn; pəˈtɑːn] *n.* Ⓒ (印度西北境之)阿富汗人。

pa·thet·ic [pəˈθɛtɪk; pəˈθetik] *adj.* **1** 引起憐憫的，可憐的；悲傷的，悲慘的：a ~ scene (戲劇的)悲慘的場面。**2** 笨拙得可憐的；無價值的：a ~ performance 很差勁[蹩脚]的表演。
pa·thét·i·cal·ly [-kl̩ɪ; -kəli] *adv.*

pa·thet·i·cal [pəˈθɛtɪkl̩; pəˈθetikəl] *adj.* 《罕》= pathetic.

pathétic fállacy *n.* [the ~]《文學》感情的誤置《詩人認爲無生物也有與人類同樣感情的想法，即萬物皆有情的想法》。

páth·fìnder *n.* Ⓒ **1 a** (未開發地的)拓荒者。**b** (學問等的)開拓者，探索者。**2**《軍》**a** 導航飛機，探路機。**b** 導航雷達。

páth·less *adj.* 無路的；人跡罕至的。

path·o·gen [ˈpæθədʒən; ˈpæθədʒən] *n.* Ⓒ病菌；病原體。

path·o·gen·ic [ˌpæθəˈdʒɛnɪk; ˌpæθəˈdʒenik ˉ] *adj.* 致病的；病原的。

pa·thog·e·ny [pəˈθɑdʒənɪ; pəˈθɔdʒini] *n.* Ⓤ《醫》疾病之發生，發病原理；發病。

path·o·log·i·cal [ˌpæθəˈlɑdʒɪkl̩; ˌpæθəˈlɔdʒikəl ˉ] *adj.* **1** [用在名詞前] 病理學(上)的；病理(上)的。**2** 精神病引起的。**3**《口語》病態的，不自然的。~**·ly** [-kl̩ɪ; -kəli] *adv.*

pa·thól·o·gist [-dʒɪst; -dʒist] *n.* Ⓒ病理學家。

pa·thol·o·gy [pəˈθɑlədʒɪ; pəˈθɔlədʒi] *n.* Ⓤ病理學；病理。

pa·thos [ˈpeθɑs; ˈpeiθɔs] «源自希臘文「苦惱」之義»—*n.* Ⓤ **1** 哀愁；悲哀。**2**《藝術》(引起哀憐或同情的)動情力，感傷力。

páth·wày *n.* Ⓒ小徑，小路。

-pa·thy [-pəθɪ; -pəθi] [複合用詞] 表示「痛苦、感情、療法」之意。

***pa·tience** [ˈpeʃəns; ˈpeiʃns] «patient 的名詞»—*n.* **1 a** Ⓤ忍耐，忍耐力，耐性；毅力；堅忍，堅持：lose one's ~ *with*... 對…失去耐性/I have no ~ *with* him. 我無法忍受他/Have ~！要忍耐！再等一等！

【同義字】patience 指耐心地忍受痛苦、辛苦的工作及其他令人煩躁的事；endurance 指對痛苦、困難、勞累等忍受的耐力；perseverance 指爲完成艱難的事而作踏實的努力。

b [十 *to* do] [**the** ~]〈做…的〉耐心，耐性 She had *the* ~ *to* hear me out. 她有耐性聽完我的話。**2** Ⓤ《英》單人玩的紙牌算命遊戲(《美》solitaire).
òut of pátience with... 對…不能忍耐[受不了]。
the pátience of Jób (約伯一般的)極度的忍耐。

‡**pa·tient** [ˋpeʃənt; ˈpeiʃnt] 《源自拉丁文「苦惱」之義》—*adj.* (**more** ~; **most** ~) **1** **a** 有耐心的；有耐性的；能忍耐的(↔ impatient). **b** 努力不懈的，勤勉的。
2 [不用在名詞前]〔十介十(代)名〕〔對…〕耐性强的，極能容忍的〔*with, to*〕：He is ~ ***with*** others. 他對別人有耐性。
(**as**) **pátient as Jób** 極有耐性的《意爲「像約伯那樣有耐性的」》。
—*n.* Ⓒ(自醫師立場而言的)**患者**，病人：He is not a ~ of mine. 他不是我的病人。

pá·tient·ly *adv.* 忍耐地；耐心地，容忍地。

pat·i·na [ˋpætɪnə; ˈpætinə] **1** Ⓤ[又作 **a** ~](銅、青銅器等上的)綠銹，銅綠。**2** Ⓤ[又作 **a** ~](家具等年久所產生的)光澤，古色。**3** [用單數](累積多年經驗的人所具備的)威嚴，神情。

pat·i·o [ˋpatɪ,o; ˈpætiou] 《源自西班牙語》—*n.* Ⓒ **1** (*pl.* ~s)(西班牙式房屋的)內院，中庭(inner court). **2** (西班牙式房子的)陽台。

patio 1

pa·tis·se·rie [pəˋtɪsərɪ; pəˈtisəri] 《源自法語 'pastry' 之義》—*n.* Ⓒ製售糕餅、餡餅的商店。

pat·ois [ˋpætwɑ; ˈpætwɑ:] 《源自法語「生硬的說話方式」之義》—*n.* (*pl.* ~ [~z; ~z])Ⓤ Ⓒ鄉音，方言。

pat·ri- [petrɪ-, pætrɪ-; peitri-, pætri-] 字首 表示「父」如：*patri*mony.

pa·tri·al [ˋpetrɪəl; ˈpeitriəl] *n.* Ⓒ《英》(因(祖)父母出生於英國而)擁有英國居留權的人。

pa·tri·arch [ˋpetrɪ,ark; ˈpeitriɑ:k] 《源自希臘文「父親與領導者」之義》—*n.* Ⓒ **1** **a** 家長，族長《從前大家族、種族之長；cf. matriarch》. **b** 長老，元老。**2** **a** (早期基督教會用於對) bishop 的尊稱。**b** [常 P~]《天主教》(次於教皇的)宗主教，主教長。**c** [常 P~]《東方正教會》最高一級主教，總主教。

pa·tri·ar·chal [,petrɪˋarkḷ; ,peitriˈɑ:kl ˊ] 《patriarch 的形容詞》—*adj.* **1** 家長的，族長的。**2** 元老(似)的。

pátriarchal cróss *n.* Ⓒ有兩條橫槓(‡)的十字架(⇨ cross 2 插圖)。

pa·tri·arch·ate [ˋpetrɪ,arkɪt; ˈpeitriɑ:kit] *n.* ⓊⒸpatriarch 的職位[職權，任期，轄區，住宅]。

pa·tri·arch·y [ˋpetrɪ,arkɪ; ˈpeitriɑ:ki] *n.* **1** ⓊⒸ家長[族長]政治[制度]；父權制(cf. matriarchy). **2** Ⓒ父系社會。

Pa·tri·ci·a [pəˋtrɪʃə; pəˈtriʃə] *n.* 派翠西亞《女子名；暱稱 Pat, Patty》.

pa·tri·cian [pəˋtrɪʃən; pəˈtriʃn] *n.* Ⓒ **1** (古羅馬的)貴族(cf. plebeian). **2** 貴族。
—*adj.* **1** (古羅馬的)貴族的。**2** 貴族(似)的，高貴的。

pat·ri·cid·al [,pætrəˋsaɪdḷ; ,pætriˈsaidl ˊ] 《patricide 的形容詞》—*adj.* 弒父的。

pat·ri·cide [ˋpætrɪ,saɪd; ˈpætrisaid] *n.* **1** Ⓤ弒父(的罪行)。**2** Ⓒ弒父者(cf. matricide 2).

Pat·rick [ˋpætrɪk; ˈpætrik] *n.* **1** 派屈克《男子名；暱稱 Pat》. **2** [St. ~]聖派屈克《389？－？461；愛爾蘭的守護聖人》。
St. Pátrick's cróss 聖派屈克十字《白底紅色 X 形十字；cf. Union Jack》.

pat·ri·fo·cal [,pætrɪˋfokḷ; ,pætriˈfoukl] *adj.* 以父親爲核心的。

pat·ri·lin·e·al [,pætrɪˋlɪnɪəl; ,pætriˈliniəl] *adj.* 父系的。

pat·ri·mo·ni·al [,pætrəˋmonɪəl; ,pætriˈmounjəl ˊ] 《patrimony 的形容詞》—*adj.* 祖傳的，世襲的。

pat·ri·mo·ny [ˋpætrə,monɪ; ˈpætriməni] 《源自拉丁文「父的不動產」之義》—*n.* Ⓤ[又作 **a** ~] **1** 世襲財產，祖傳產業。**2** 傳家之物；遺傳，繼承；傳統。**3** 教會的基本財產。

pa·tri·ot [ˋpetrɪət; ˈpætriət, ˈpeit-] 《源自希臘文「父親所屬國家的人」之義》—*n.* Ⓒ**愛國者**，愛國志士。

pa·tri·ot·eer [,petrɪəˋtɪr; ,peitriəˈtiə] *n.* Ⓒ口是心非的愛國者。—*v.i.* 以愛國爲幌子謀私利。

pa·tri·ot·ic [,petrɪˋatɪk; ,pætriˈɔtik ˊ] 《patriot 的形容詞》—*adj.* 愛國的；有愛國心的；愛國心强的。**pà·tri·ót·i·cal·ly** [-kḷɪ; -kəli] *adv.*

pa·tri·ot·ism [ˋpetrɪə,tɪzəm; ˈpætriətizəm, ˈpeit-] *n.* Ⓤ愛國心。

***pa·trol** [pəˋtrol; pəˈtroul] 《源自古法語「濺泥而行」之義》—*n.* **1** Ⓤ巡查，巡視；巡邏：on ~ 巡邏中。**2** Ⓒ **a** 哨兵，巡邏者。**b** [集合稱]警備隊，巡邏隊《★用法 視爲一整體時當單數用，指全部個體時當複數用》。**c** 巡邏車；巡邏艇[機]。**3** Ⓒ[集合稱](童子軍的)小隊《★用法 與義 2b 同》。
—*v.t.* (**pa·trolled**; **pa·trol·ling**)〔十受〕**1** 巡邏，巡查，巡視〈某地區〉。**2** (集體)在〈街道等〉遊逛。—*v.i.*〔十副詞(片語)〕巡邏；巡視，巡查(某地)。

patról cár *n.* Ⓒ(警察的)巡邏車。

pa·tról·man [-mən; -mæn] *n.* Ⓒ(*pl.* **-men** [-mən; -men]) **1** 《美》巡邏警察，巡邏者(⇨ police【說明】)。**2** 《英》汽車巡迴員《專門處理汽車事故的人》。

patról wàgon *n.* Ⓒ《美》囚車(《口語》Black Maria).

pa·tron [ˋpetrən; ˈpeitrən] 《源自拉丁文「保護者」之義》—*n.* Ⓒ **1** (人、團體、事業等的)**贊助人**[團體]，支援者，保護者，獎勵者〔*of*〕. **2** (商店、旅館等的)**老主顧**，顧客。**3** 《罕》＝patron saint.

pat·ron·age [ˋpetrənɪdʒ, ˋpæt-; ˈpætrənidʒ] *n.* **1** Ⓤ贊助，資助，保護，獎勵，照顧：under the ~ of... 在…的保護[支援]下。**2** **a** Ⓤ(對商店等的)惠顧；光顧。**b** [**a** ~；集合稱]主顧：The hotel has *a* large ~. 那家旅館有很多主顧。**3** Ⓤ施恩的態度，以恩人自居：with an air of ~ 以施恩的態度。**4** Ⓤ **a** 任命權。**b** 《英》牧師推薦權。

pa·tron·ess [ˋpetrənɪs; ˈpeitrənis] *n.* Ⓒ女性的 patron.

pa·tron·ize [ˋpetrən,aɪz; ˈpætrənaiz] 《patron 的動詞》—*v.t.* **1** 保護，贊助，獎勵。**2** 光顧〈商店等〉。**3** 對〈人〉擺出施恩的態度。

pá·tron·ìz·ing *adj.* **1** 光顧的，惠顧的。**2** 施恩的；儼然以恩人自居的，屈尊俯就的。~·**ly** *adv.*

pátron sáint *n.* Ⓒ守護聖徒，守護神〔*of*〕《★被認爲保護某地、某種職業或人的聖徒；如 England 的 St. George, Scotland 的 St. Andrew, Ireland 的 St. Patrick, 守護兒童的聖徒 St. Nicholas [Santa Claus]等》。

pat·ro·nym·ic [,pætrəˋnɪmɪk; ,pætrəˈnimik ˊ] *adj.* 取自父(祖)名的。
—*n.* Ⓒ **1** 取自父[祖]名的姓《如 Johnson(＝son of John), 俄語的 Ivanovich(＝son of Ivan)等》。
2 姓(family name).

pa·troon [pəˋtrun; pəˈtru:n] *n.* 《美史》(昔紐約州(New York)及新澤西州(New Jersey)屬荷蘭政府管轄時)享有采地特權之地主。

pat·ten [ˋpætn; ˈpætn] *n.* Ⓒ[常 ~s]木底鞋，木質套鞋《從前走泥濘路時穿在鞋下的高腳木屐》。

pattens

pat·ter[1] [ˋpætɚ; ˈpætə] 《pat[1] 的反覆》—*v.i.* **1** [動(十介十(代)名)]嘩啦嘩啦地落[在…]；[在…]拍噠拍噠作響〔*on,against*〕：The rain ~*ed* ***against*** the window [***on*** the roof]. 雨嘩啦嘩啦地打在窗子[落在屋頂]上。**2** [十副詞(片語)]拍噠拍噠地跑(…)：I heard feet ~*ing across* the floor. 我聽到從地板上拍噠拍噠跑過去的脚步聲。
—*n.* [用單數]拍噠拍噠[嘩啦嘩啦]的響聲〔*of*〕：the ~ *of* footsteps [rain] 拍噠拍噠的脚步聲[嘩啦嘩啦的落雨聲]。

pat·ter[2] [ˋpætɚ; ˈpætə] *n.* **1** Ⓤ快嘴話，饒舌，喋喋快語。**2** **a** (又作 **pátter sòng**)Ⓒ順口溜的滑稽歌曲。**b** Ⓤ[又作 **a** ~]順口溜的歌曲(patter song)的歌詞。**3** Ⓤ(某種社會的)行話，暗語：thieves' ~ 小偷的暗語。
—*v.i.* 喋喋而言。

‡**pat·tern** [ˋpætɚn; ˈpætən] *n.* Ⓒ **1** [常用單數]**模範**，典範，榜樣〔*of*〕：She is a [the] ~ *of* virtue. 她是美德的典範。**2** 型，模型；(服裝剪裁的)紙型，紙樣；鑄模，木模〔*of, for*〕：a car *of* a new ~ 新型車/a ~ *for* a dress＝a dress ~ 女裝的紙樣。**3** (思考、行動、文章等的)**型態**，模式，格式：a ~ *for* living 生活模式/⇨ behavior pattern, sentence pattern. **4** (陶器、紡織品等的)**圖案**，花樣：a dress with a flower ~ [a ~ of flowers] 有花樣的衣服。**5** 樣本，樣品(sample)：a bunch [book] of ~*s* 一本布料樣本。**6** 《電視》檢驗圖，測試圖(test pattern).
—*adj.* [用在名詞前]模範的，典範的：a ~ wife [husband] 模範太太[先生]。
—*v.t.* 〔十受(十介十(代)名)〕**1** **a** 模仿〔…〕製造…〔*on, upon, after*〕：Her coat is ~*ed* ***on*** the newest fashion. 她的外衣是模仿最新流行的款式製成的。**b** [~ *oneself*]模仿〔…〕，學〔…的〕榜樣〔*after, on, upon*〕：Kate ~*ed herself* ***after*** her teacher. 凱蒂學老師的模樣。**2** 在…加上〔…的〕圖案；以〔…〕圖案裝飾…〔*with*〕.

páttern bòmbing *n.* (又作 **cárpet bòmbing, saturátion bòmbing**) Ⓤ地毯式轟炸；飽和轟炸。

páttern·màker *n.* Ⓒ **1** (織品、刺繡等)圖案的製作者。**2** 模型[鑄模]製造者，製模工。

pat·ty [ˋpætɪ; ˈpæti] *n.* **1** Ⓒ小餡餅。**2** Ⓒ[當作菜名時爲Ⓤ]《美》肉末餅《將碎肉等作成扁平小圓形的菜餚》。

P

Pat·ty [ˋpætɪ; ˈpæti] *n.* 佩蒂《女子名；Martha, Matilda, Patricia的暱稱》。

pátty·pàn *n.* Ⓒ烘焙小麪餅之淺鍋。

P.A.U. 《略》Pan-American Union.

pau·ci·ty [ˋpɔsətɪ; ˈpɔːsəti] *n.* [a ～]《文語》少數，少量；不足，缺乏〔*of*〕：*a* ～ *of* food 糧食的缺乏。

Paul [pɔl; pɔːl] *n.* **1** 保羅《男子名》。**2** [St. ～]聖保羅《耶穌基督的使徒；聖經新約書簡的作者》。

Pául Bún·yan [-ˋbʌnjən; -ˈbʌnjən] *n.*《美傳說》保羅・班揚。

【說明】美國西北部樵夫間流傳的傳奇性英雄，據說力大無雙。傳說他拖着十字鎬在地上走而畫出亞利桑那州(Arizona)西北部的科羅拉多河(the Colorado)的大峽谷(Grand Canyon)；cf. Pecos Bill, Jesse James, Johnny Appleseed【說明】

Paul·ine[1] [ˋpɔlaɪn; ˈpɔːlain] **《Paul 的形容詞》**—*adj.* 聖保羅(St. Paul)的：the ～ Epistles (聖經新約中的)保羅書簡。

Pau·line[2] [pɔˋlin; pɔːˈliːn] *n.* 寶琳《女子名》。

pau·low·ni·a [pɔˋlonɪə; pɔːˈlouniə] *n.* Ⓒ《植物》桐屬。

Pàul Prỳ [-ˋpraɪ; -ˈprai] *n.* Ⓒ過分好奇者。

paunch [pɔntʃ; pɔːntʃ] *n.* Ⓒ大肚子。

paunch·y [ˋpɔntʃɪ; ˈpɔːntʃi] **《paunch 的形容詞》**—*adj.* 大肚子的。**páunch·i·ness** *n.*

pau·per [ˋpɔpɚ; ˈpɔːpə] *n.* Ⓒ **1** 窮人。**2**《古》(接受救濟等的)貧民，被救濟者。

páu·per·ìsm [-pəˌrɪzəm; -pərizəm] *n.* Ⓤ **1** (須接受救濟的)貧窮狀態。**2** [集合稱]被救濟者，貧民。

pau·per·ize [ˋpɔpəˌraɪz; ˈpɔːpəraiz] *v.t.* 使〈人〉貧窮；使…成爲被救濟者。

pau·per·i·za·tion [ˌpɔpərаɪˋzeʃən; ˌpɔːpəraiˈzeiʃn] *n.*

***pause** [pɔz; pɔːz] *v.i.* **1 a** 暫停，停頓；中止(⇨ stop【同義字】)。**b** 〔十介十(代)名〕〔爲…而〕停下〔*for*〕：～ *for* breath 爲呼吸而停下來。**c** 〔十 *to* do〕停下來〈做…〉：She ～*d to* look back. 她停下來向後看。

2 〔十介十(代)名〕**a** 〔在…〕想一想，停一停〔*on, upon*〕：～ *on* [*upon*] a word 在某字[某句話]時停一停[想一想]。**b**《音樂》〔在…處〕延長(音)〔*on, upon*〕.

—*n.* Ⓒ **1** (暫時性的)中止；停止；躊躇；中斷；歇息〔*in*〕：a ～ *in* a lecture 講課中的歇一下[停歇]/make [take] a ～ 停頓；歇一口氣。**2** 斷句；句讀，段落。**3**《韻律》休止。**4**《音樂》延長(符號)《𝄐或𝄑》.

gìve páuse to a person＝**gìve** a person **páuse** 使人躊躇，促使人再考慮。

pavan(e) [ˋpævən; ˈpævən] *n.* Ⓒ(流行於十六世紀之)孔雀舞；Ⓤ孔雀舞曲。

pave [pev; peiv] **《源自拉丁文「打入」之義》**—*v.t.* **1** 〔十受(十介十(代)名)〕〔以石頭、柏油等〕**鋪**〈道路〉〔*with*〕《★常用被動語態》：～ a street 鋪設道路/a path ～*d* ***with*** brick 鋪磚的小徑。

2 〔十受十介十(代)名〕(如鋪路般)〔用…〕使…堅固；〔用…〕塡滿…〔*with*〕《★常以過去分詞當形容詞用；⇨ paved 2》.

páved *adj.* **1** 鋪設好的：a ～ road 鋪好的道路。**2** [不用在名詞前]〔十介十(代)名〕〔用…〕使堅固的[塡滿的]〔*with*〕(cf. pave *v.t.* 2)：The record of American diplomacy is ～ ***with*** good intentions which had unfortunate results. 美國外交記錄充滿了諸多以不幸收場的善意。

pave·ment [ˋpevmənt; ˈpeivmənt] **《pave 的名詞》**—*n.* **1** Ⓤ**鋪設**；鋪地。**2** Ⓒ **a** (用柏油等)鋪設的道路。**b**《英》(鋪好的)人行道(《美》sidewalk)(cf. crazy paving).

pávement àrtist *n.* Ⓒ街頭畫家(《美》sidewalk artist)《用彩色粉筆在人行道上作畫，向過路人展畫出售者》。

pa·vil·ion [pəˋvɪljən; pəˈviljən] **《源自拉丁文「帳篷」之義》**—*n.* Ⓒ **1 a** 大帳篷《用於擧辦花卉展覽、園遊會等》。**b** (庭園、公園的)休息處，涼亭。**2**《英》(戶外運動場等的)附屬建築物《用作看台、選手席等》。**3** (博覽會的)展示館。**4 a** (由本館伸出的)分館。**b**《美》(醫院的)隔離式病房。

páv·ing *n.* **1** Ⓤ鋪設(工程)；鋪面；路面。**2** Ⓤ鋪路材料。**3** Ⓒ[常～s](鋪設用的)鋪路石。

páving brìck *n.* ⓊⒸ鋪路用的磚。

páving stòne *n.* Ⓒ鋪路石。

Pav·lov [ˋpævlɑv, -lɔf; ˈpævlɔv, -lɔf], **I·van** [ɪˋvɑn; iˈvɑːn] *n.* 巴夫洛夫《1849–1936；蘇聯生理學家，以研究交替反射作用而著名》。

Pav·lov·i·an [pævˋlovɪən, -ˋlɔ-; pævˈlɔːviən] *adj.* 巴夫洛夫的。

paw [pɔ; pɔː] *n.* **1** Ⓒ(狗、貓等有爪動物的)**脚掌**，脚爪《★比較 人的脚爲 foot, 馬的脚爲 hoof》.

2《口語・謔》(人的)手。

—*v.t.* **1 a** 〔十受(十副)〕〈狗、貓等〉用前脚抓[打]…〈*around, about*〉. **b** 〔十受〕〈馬等〉(用蹄)踢[扒]〈地面〉。**2** 〔十受(十副)〕《口語》**a** 〈人〉粗暴地處理，笨拙地盤弄〈東西等〉〈*about, around*〉. **b** 亂摸〈女人〉〈*about*〉.

—*v.i.* 〔動(十介十(代)名)〕**1 a** 〈狗、貓等〉用前脚打〔敵〕〔…〕〔*at*〕. **b** 〈馬等〉(用蹄)踢，扒〔地面〕〔*at*〕. **2**《口語》**a** 〈人〉粗暴地處理〔東西等〕〔*at*〕. **b** 亂摸〔女人〕〔*at*〕.

paw·ky [ˋpɔkɪ; ˈpɔːki] *adj.* (**paw·ki·er**；**-ki·est**)《英》耐人尋味的，詼諧的，精明機智的：～ humor 耐人尋味的幽默。

páw·ki·ly [-kɪlɪ; -kili] *adv.* **-ki·ness** *n.*

pawl [pɔl; pɔːl] *n.* Ⓒ《機械》(防止齒輪倒轉的)掣爪，掣子(⇨ ratchet 插圖)。

pawn[1] [pɔn; pɔːn] *n.* **1** Ⓤ質押，典當：*at*[*in*] ～ 當掉，抵押出去/give [put] a book *in* ～ 當掉書；把書拿去質押。**2** Ⓒ抵押品；典當物品。

—*v.t.* **1** 把〈東西〉質押，典當…：～ one's watch 當手錶。**2** 以〈生命、名譽〉保證，擔保：～ one's word 保證，許諾。

pawn[2] [pɔn; pɔːn] *n.* Ⓒ **1**《西洋棋》卒；兵《★一格一格前進，但最初移動時也可進兩格，以捕獲斜前方的敵人；cf. piece 8b》。**2** 被別人利用者；爪牙。

páwn·brὸker *n.* Ⓒ開當鋪者；當鋪老闆：a ～*'s* (shop) 當鋪。

páwn·brὸking *adj.* 經營典當業的。

pawn·ee [pɔnˋi; ˌpɔːˈniː] *n.* **1** Ⓒ《法律》收當人；質權人。**2** Ⓤ《英印》水。

Paw·nee [pɔˋni; ˌpɔːˈniː] *n.* **1** Ⓒ波尼族人《北美印地安人之一部族，昔居內布拉斯加州(Nebraska)普拉特河(Platte)流域，今已移居於俄克拉荷馬州(Oklahoma)北部》。**2** Ⓤ波尼語。

—*adj.* 波尼族的；波尼語的。

pawn·er, pawnor [ˋpɔnɚ; ˈpɔːnə] *n.* Ⓒ《法律》交當人；抵押人。

páwn·shὸp *n.* Ⓒ當鋪。

【說明】當鋪前常懸掛三個黃金色的球，英美皆然，因此當鋪常被稱作 three balls. 據傳說聖尼古拉斯(Saint Nicholas)曾經將裝滿黃金的三個袋子送給有三個女兒的家庭，給她們當嫁粧，當鋪就奉聖尼古拉斯爲守護神，而三個黃金色的球也就變成當鋪的標誌了。

當鋪在英美兩國都是民營，須有許可才可以營業，利息、利率也有規定。

pawnshop (當鋪) 的 three balls

páwn tìcket *n.* Ⓒ當票。

paw·paw [ˋpɔpɔ; ˈpɔːpɔː] *n.* ＝ papaw.

pax [pæks; pæks] **《源自拉丁文 'peace' 之義》**—*n.* Ⓤ和平：make [be] ～ with... 與…變得親密[親熱起來]/*P*～ Romana 在羅馬帝國統制下的和平；强國强加之於被征服者的和平/*P*～ Americana 在美國控制下的和平。

—*interj.*《英口語》(小孩子在遊戲時要求[宣布]暫時中止的)暫停。

‡pay [pe; pei] **《源自拉丁文「(支付)使和平」之義》**—(**paid** [ped, peid]) *v.t.* **1** 支付：**a** 〔十受〕支付，付給〈薪水、工資、貨款等〉：～ one's debts[rent] 還債[付房租]《★用法 pay the magazine 是錯誤，應該說 pay for the magazine；cf. *v.i.* 1b》。**b** 〔十受〕付(報酬)給〈人〉；償還〈人〉(債務)：He ～*s* his employees well. 他付給他的員工優厚的薪水/I'll ～ you by the day. 我會按日付錢給你。**c** 〔十受十介十(代)名〕〔爲…貨款[酬勞]〕付〈錢〉〔*for*〕：I *paid* ten dollars ***for*** this cap. 我爲這頂帽子付了十美元。**d** 〔十受十介十(代)名〕〔爲…貨款[酬勞]〕付錢給〈某人〉〔*for*〕：I *paid* him ***for*** the rent (of the house). 我付給他(房子的)租金/Do what you are *paid for*. 按你支領的錢做你該做的事。**e** 〔十受十受/十受十介十(代)名〕支付〈某人〉〈薪資、租金、貨款〉；支付〈薪資、租金、貨款等〉〔給某人〕〔*to*〕：I'll ～ you the money next week.＝I'll ～ the money ***to*** you next week. 我下週付給你這筆錢/She is *paid* fifty pounds a month. 她每個月領五十英鎊薪水。**f** 〔十受(十受)十 *to* do〕付〈錢〉給〈某人〉〈使做…〉：I *paid* him 50 dollars *to* do the work. 我拿出五十美元請他做那件工作。**g** 〔十受十副〕把〈錢〉存進銀行，存〈款〉〈*in*〉. **h** 〔十受十介十(代)名〕把〈錢〉存進〔銀行、帳戶〕，存〈款〉〔於…〕〔*into*〕：I'll ～ a million dollars ***into*** my wife's account. 我將把一百萬美元存進我太太的帳戶。

2 a 〔十受〕給與〈注意〉；表示〈尊敬、敬意等〉；去〈拜訪等〉：～ one's respects 表示敬意；致敬/*P*～ more attention to your driving. 開車要更加注意。**b** 〔十受十受/十受十介十(代)名〕對〈某人〉表示〈尊敬、敬意〉，給與〈某人〉〈注意〉，去〈拜訪〉〈某人〉；〔對某人〕表示〈尊敬、敬意〉，給與〔某人〕〈注意〉，去〈拜訪〉〔某人〕〔*to*〕《★用法 後者句型若受詞爲 call 時，介系詞用 on》：I am going to ～ you a visit before long.＝I am going to ～ a visit ***to*** you before long. 我不久會去拜訪你/He *paid* a call **on** the professor yesterday. 他昨天拜訪了那位教授。

3 a 〔十受〕〈工作、行爲等〉對〈某人〉合算，對…划得來：It won't ~ me to do that job. 做那件工作對我不划算。**b** 〔十受〕〈工作、行爲等〉帶來〈若干金錢[比率]〉的利益：The job will ~ twenty dollars a day. 那個工作一天有二十美元的報酬。**c** 〔十受〕[與表示情況的副詞連用]〈工作、行爲等〉給〈人〉…的利益：The job will ~ you handsomely [poorly]. 那工作給你的利益相當大[不大]。**d** 〔十受十受〕〈工作、行爲等〉給〈人〉…的利益[報酬]：The job will ~ you twenty dollars a day. 那個工作每天可讓你得到二十美元的報酬。

4 〔十受(十介十(代)名)〕給〈人〉〔…的〕報答[回報，懲罰]；[爲…]向〈人〉報復〔*for*〕《★比較 作此義時一般用 PAY back, PAY off 等》：I'll ~ you **for** this. 這件事我一定向你報復/You've been amply *paid for* your trouble. 你的辛苦已得到充分的報答[酬報]。

5 〔十受十(副詞(片語))〕[~ **one's way**] 不負債，付購物應付之款：I *paid* my way *through* college. 我靠打工唸完大學。

—*v.i.* **1 a** 付錢，付款：He refused to ~. 他拒絕付款/I *paid by* check [*in* cash]. 我以支票[現金]支付。**b** 〔十介十(代)名〕支付〔…〕，付〔…〕貨款；清償〔…〕借款，償還〔…〕〔*for*〕(cf. *v.t.* 1 a)《★可用被動語態》：The artist could not ~ **for** a regular model. 那位藝術家雇不起職業模特兒/The car was *paid for* in installments. 那輛汽車是以分期付款(的方式)購買的。**c** 〔十 *to* do〕〈爲做…而〉支付：I *paid to* enter the museum. 我付錢[入場費]進入博物館。

2 [常與表示情況的副詞連用]〈工作等〉能獲利；合算，划得來；值得，有益：It ~*s* to advertise. 做廣告是划得來的/Honesty [Crime] doesn't ~. 誠實的人會吃虧[犯罪不值得]/This stock ~*s* poorly. 這種股票不合算[賺得少]。

3 〔動(十介十(代)名)〕受〔…〕罰，受〔…〕苦，贖〔…〕罪〔*for*〕：You'll ~ **for** your recklessness [be*ing* lazy]. 你將爲你的鹵莽[懶惰]付出代價/You think you can cheat me, but I'll make you ~. 你以爲你能欺騙我，但我會讓你吃苦頭的。

páy awáy 《*vt adv*》付掉〈錢〉。

páy báck 《*vt adv*》(1)償還〈某人〉錢；償還〈某人〉〈錢〉；還〈錢〉〔給某人〕〔*to*〕：Please ~ me *back* as soon as you can. 請你儘早還給我錢/Please ~ me *back* the money. = Please ~ the money *back to* me. 請你把那筆錢還給我。(2)對…報〔…的〕仇，〔因…而〕向…報復〔*for*〕：I'll ~ you *back for* this trick. 對你這次的詭計我會報復的。

páy dówn 《*vt adv*》(1)以現款付…。(2)(按分期付款)付〈部分貨款〉爲頭期款。

páy óff 《*vt adv*》(1)償清；還清〈債務等〉：~ *off* one's debts 還清債務。(2)給〈人〉薪資予以解雇。(3)《口語》回報〈某人〉，向〈某人〉報復。(4)《口語》收買〈某人〉(封住其嘴)。**—** 《*vi adv*》(5)〈事業、計畫等〉順利進行，成功。

páy óut 《*vt adv*》(1)付〈錢〉(償清經費、債務)。(2)《英》對〈某人〉報復〔…〕，拿〈某人〉洩〔…〕恨〔*for*〕：He was *paid out for* his treachery. 他因背叛而遭到報復。(3)《航海》放出，放鬆〈繩索〉《★語形 作此義解時，其過去式爲 *payed out*》。

páy óver 《*vt adv*》繳納〈錢〉〔給…〕〔*to*〕。

páy úp 《*vt adv*》(1)付清，還清〈債務〉。**—**《*vi adv*》(2)還清借款。

—*n.* Ⓤ薪水，薪資，工資：good [high] ~ 好報酬；高薪。

【同義字】pay 是口語化的用語，爲表示「薪水」之意最普遍的字；wages 指以小時、天、週等短時間爲單位，或按照勞力的工作量支付的工資；salary 指固定付給從事知識性、專業性工作者的薪水；fee 是對醫師、律師、藝術家等的工作，每次所付的禮金。

in the páy of... 《輕蔑》爲…所雇用，在…的豢養下：*in the ~ of* the enemy 爲敵人所雇用[收買]。

—*adj.* [用在名詞前] **1** 收費的；投入硬幣使用的：a ~ toilet 收費的廁所/a ~ bed (醫院的)收費牀，須付差額的病牀/~ TV 收費電視/⇨ pay telephone, pay station. **2** 可開採賺錢的〈礦山等〉：~ rock 可獲利的[值得開採的]岩牀/⇨ pay dirt.

pay·able [ˈpeəbl; ˈpeiəbl] *adj.* **1 a** 可支付的，付得起的：~ prices 付得起的價格。**b** [不用在名詞前]應付的；到期的：~ *in* cash [*by* check] 應付現金[支票]的。**c** [不用在名詞前]〔十介十(代)名〕〈支票〉應付〔給某人〕的〔*to*〕：a check ~ **to** the bearer 應付給持票人的支票。**2** 可望賺錢[獲利]的：a ~ enterprise 可望賺錢的企業。

páy-as-you-éarn *n.* Ⓤ, *adj.* 《英》(付工資時)預扣[徵收]所得稅(法)(的)《略作 P.A.Y.E.》。

páy-as-you-énter *n.* Ⓤ乘車同時付費。
—*adj.* 乘車同時付費方式的《略作 P.A.Y.E.》。

páy-as-you-gó *n.* Ⓤ, *adj.* 《美》付現金主義(的)；預扣所得稅(法)(的)。

páy·chéck *n.* Ⓒ薪水支票。

páy·dây *n.* Ⓒ[常無冠詞]發薪日；支付日：It's ~ today. 今天是發薪日。

páy dìrt *n.* Ⓤ《美》**1** 值得開採[有利可圖]的礦砂[礦石]，有希望的礦脈。**2** 《口語》有利可圖的東西；意外之財；撿到便宜的好東西：strike [hit] ~ 有利可圖[有價值]的發現；找到值得開採的礦脈；(投資生意等的)押中。

P.A.Y.E., PAYE 《略》pay-as-you-earn；pay-as-you-enter.

pay·ee [peˈi; peiˈiː] *n.* Ⓒ(票據、支票的)受款人；收款人，收票人。

páy ènvelope *n.* Ⓒ《美》薪水[工資]袋(《英》pay packet).

páy·er *n.* Ⓒ付款人，交付人。

pay·ing [ˈpe·ɪŋ; ˈpeiiŋ] *adj.* **1** 支付的；付款的。**2** 有利的；合算的。**—***n.* Ⓤ支付；付款。

páy·ing guèst *n.* Ⓒ《英委婉語》(尤指在私人家中付費住宿的)房客，寄膳宿者(boarder)《略作 PG》。

páy lìst *n.* =payroll.

páy·lôad *n.* Ⓒ **1** 〔航海・航空〕有用載荷，有效載荷《船舶、飛機乘客、行李、貨物等的總重量》。**2** 〔航空・太空〕酬載，有效載荷《火箭、太空船所載的人員、儀器等；其載重》。

páy·màster *n.* Ⓒ **1 a** (發放薪水的)出納員，會計課課長。**b** 〔軍〕軍需官《略作 P.M.》。**2** 師傅，頭子，首領。

páymaster géneral *n.* Ⓒ(*pl.* **paymasters general,** ~s) **1** 《英》財政部主計長。**2** 《美》海軍主計總監《略作 P.M.G.》。

pay·ment [ˈpemənt; ˈpeimənt] «pay 的名詞»**—***n.* **1** ⓊⒸ支付；繳納，繳款；報酬：~ by installments=installment ~*s* 分期攤付/~ in [at] full 全付，付清/~ in part [on account] 部分付款[賒帳付款]/make a ~ (every month) (每月)支付[繳納]/in ~ *for...* 作爲對…的報酬[價款]。**2** Ⓒ支付金額，付款額。**3** Ⓤ報應，懲罰，報仇。

pay·nim [ˈpenɪm; ˈpeinim] *n.* 《古・詩》Ⓒ **1** 異教徒《特指十字軍時代之回教徒》。**2** 異教國。
—*adj.* **1** 異教的，異教徒的，異教國的。**2** 非基督教的。

páy·ôff *n.* **1** [用單數] **a** (薪俸的)支付；(借款的)償還，結帳，結清。**b** 付款[結帳]日。**2 a** [用單數]收益；報酬；報復。**b** Ⓒ《美口語》捐款；賄賂：political ~*s* 政治捐款[賄賂]。**3** [用單數；常 **the** ~](事件等的)解決，終結，結局；高潮。

pay·o·la [peˈolə; peiˈoulə] *n.* 《俚》**1** Ⓤ(爲請代爲宣傳唱片等而偷偷交給音樂節目主持人的)賄賂，紅包。**2** Ⓤ[又作 **a** ~](上述賄賂的)賄款。

páy pàcket *n.* 《英》=pay envelope.

páy phòne *n.* =pay telephone.

páy·ròll *n.* **1** Ⓒ(公司、工廠、政府機構等的)發薪名單；員工名冊。**2** [用單數]支付(員工的)薪金總額。

on [òff] the páyroll 受雇[被解雇]。

páy shèet *n.* 《英》=payroll.

páy stàtion *n.* Ⓒ《美》公用電話亭(telephone booth).

payt., pay't 《略》payment.

páy tèlephone *n.* Ⓒ《美》公用電話。

【說明】公用電話，因爲先付錢(pay)然後使用，所以稱作 pay telephone. 馬路邊各地有電話亭(telephone booth)，旅館、火車站、機場、英國的酒店或美國的雜貨店(drugstore)等地都裝設有公用電話；cf. telephone【說明】

Pb «源自拉丁文 *plumbum*»**—**《符號》《化學》鉛(lead).

P.B. 《略》*Pharmacopoeia Britannica* (拉丁文 = British Pharmacopoeia) 英國藥典；Prayer Book.

PBX, P.B.X. 《略》private branch exchange 私設的專用電話總機。

PC 《略》Peace Corps；personal computer. **p/c, P/C** 《略》percent；petty cash. **pc.** 《略》piece；price(s). **p.c.** 《略》percent；postcard. **P.C.** 《略》《英》Police Constable 警員：*P.C.* Smith 史密斯警員；Prince Consort；《英》Privy Council(lor).

PCB [ˈpiˌsiˈbi; ˌpiːsiːˈbiː] «*p*oly*c*hlorinated *b*iphenyl 之略»**—** *n.* Ⓤ《化學》多氯聯苯。

pct. 《略》percent.

Pd 《符號》《化學》palladium. **pd.** 《略》paid. **p.d.** 《略》per diem.

P.D. 《略》《美》Police Department：L.A.*P.D.* 洛杉磯市警察局。

PE [ˈpiˈi; ˌpiːˈiː] «*p*hysical *e*ducation 的頭字語»**—***n.* Ⓤ《口語》體育。

P.E. 《略》physical education；Protestant Episcopal.

pea** [pi; piː] «把 pease 當作複數而形成的逆成字»**—n.* (*pl.* ~**s,** 《古》**pease** [piz; piːz]) **1** Ⓒ[當作食物時爲Ⓤ]豌豆(⇨ bean【同義字】)：split ~*s* (去皮做湯用的)乾豌豆。**2** Ⓒ《植物》豌豆。

(as) alíke [líke] as twó péas (in a pód) (像一個豆莢中的兩顆豌豆)一模一樣：The twins are (*as*) *like as two ~s* (*in a pod*). 那

對雙胞胎長得一模一樣。

‡**peace** [pis; pi:s] *n.* **1** Ⓤ[又作 **a ～**]和平，太平：in time of ～ 在平時/in ～ and war 在平時與戰時/⇨ the PIPE of peace/after *a* (period of) ～ 在一段和平期間之後/ ～ at any price (尤指英國國會的)絕對和平主義。
2 Ⓤ[常 **P～**]媾和，講和，和約：the *P～* of Paris 巴黎和約/sign ～ [the *P～*] 簽訂和約/ ～ with honor 光榮的媾和。
3 [**the ～**]治安，秩序：break [keep] *the* ～ 擾亂[遵守]秩序，妨害[維持]治安/disturb *the* ～ 擾亂治安/*the* King's [Queen's] ～《英》治安，社會秩序/(*the*) public ～ 治安，社會安寧。
4 Ⓤ平靜，無事；安心，平安：～ of mind 內心的平靜/the ～ of (the) rural life 鄉村生活的寧靜/leave a person in ～ 不驚動某人，不打攪某人/*P～* be with you！祝你平安/*P～* to his ashes [memory, soul]！(對死者言)安息吧！
5 Ⓤ寂靜，沉默：～ and quiet (尤指吵鬧或爭吵後的)安靜/The shot broke the ～ of the morning.槍聲打破了早晨的寧靜/*P～*！*P～*！安靜！安靜！
at péace (1)和平地，平靜地，安心地：be *at* ～ with one's conscience 心安理得，問心無愧。(2)[與…]和好的[*with*]：We are *at* ～ *with* all the world. 我們與全世界的人和好[和平]相處。(3)《委婉語》(已)死的。
hóld one's **péace** (有該說的話卻)保持緘默，不抗議。
màke one's **péace with...** 與…講和[重新和好]。

peace·a·ble [ˋpisəbl; ˈpi:səbl] *adj.* **1** 愛好和平的，息事寧人的，溫和的。**2** 太平的，和平的，平靜的(peaceful).
péace·a·bly [-səblɪ; -səbli] *adv.*

Péace Còrps *n.* Ⓤ[**the ～**；集合稱]和平工作團《★[用法]視爲一整體時當單數用，指個別成員時當複數用》。

【說明】美國甘迺迪(J.F.Kennedy)總統於 1961 年首先提倡設立，目的在於選拔優秀的美國青年派遣到開發中國家(developing countries)給予技術援助。

***peace·ful** [ˋpisfəl; ˈpi:sful] *adj.* (**more ～；most ～**) **1** 〈國家、時代等〉和平的，太平的：a ～ country 和平的國家/ ～ times 太平時期。
2 平穩的，溫和的，平靜的；寧靜的：a ～ landscape 寧靜的景色/a ～ conscience (心中無愧疚的)平靜的心/a ～ death 安詳的死。
3 〈國民等〉愛好和平的(↔ warlike).
4 和平性的，以和平爲目的的，平時用的：～ uses of atomic power 原子能的和平用途。**～·ly** [-fəlɪ; -fuli] *adv.* **～·ness** *n.*

péace·màker *n.* Ⓒ **1** 調停者，仲裁人，和事佬。**2** 簽定和約者。
péace·màking *n.* Ⓤ調停，調解，仲裁，和解。
—*adj.* 調停的，仲裁的，帶來和平[和解]的。
peace·mon·ger [ˋpis͵mʌŋgɚ; ˈpi:s͵mʌŋgə] *n.* Ⓒ《輕蔑》調停人，和事佬；一味主張和平者，和平販子。
peace·nik [ˋpisnɪk; ˈpi:snik] *n.* Ⓒ《俚》公開爲反戰而示威者。
péace offènsive *n.* Ⓒ和平攻勢。
péace òffering *n.* Ⓒ **1** (猶太人的舊習)謝恩的供物。**2** 和解的禮物。
péace òfficer *n.* Ⓒ警官，治安官(等)。
péace pìpe *n.* [用單數](北美印地安人所吸的)象徵和睦煙斗：smoke the ～ 吸象徵和睦的煙斗。
péace sìgn *n.* Ⓒ和平的手勢《掌心向外而以食指及中指作 V 字形，代表期望和平或問候的手勢》。
péace sỳmbol *n.* Ⓒ和平的象徵。
péace tàlks *n. pl.* 和談。
péace·tìme *n.* Ⓤ平時，和平時期。
—*adj.* [用在名詞前]平時的：a ～ economy 平時經濟。

peach**[1] [pitʃ; pi:tʃ] «源自拉丁文「波斯的(蘋果)」之義»**—n.* **1 a** (又作 **péach trèe**)Ⓒ《植物》桃(樹)。**b** Ⓒ[當作食物時爲Ⓤ]桃子。

【說明】同樣是桃子，但不像水蜜桃那樣又大又甜，稍微小一些而顏色偏黃，味道不怎麼甜，一般用以做罐頭。有關 peach 的片語有 peaches and cream，用以表示少女細膩的桃紅色的臉色；cf. orange 1【說明】

2 Ⓤ(果實的)桃紅色《略帶黃色的紅色》。
3 [**a ～**]《俚》很受人喜愛的[漂亮的]人[東西]：His wife is *an* absolute ～. 他的太太是位極好[很漂亮]的人。

peach[2] [pitʃ; pi:tʃ] *v.i.* [動(十介十(代)名)]《俚》密告[…][*against, on, upon*].
péa·chìck *n.* Ⓒ小孔雀。
péach Mél·ba [-ˋmɛlbə; -ˈmelbə] «源自澳洲的女高音歌唱家»**—***n.* Ⓒ蜜桃冰淇淋《冰淇淋上面放煮甜的桃子，並澆以蘭莓(raspberry)的餐後甜點》。
peach·y [ˋpitʃɪ; ˈpi:tʃi] «peach[1] 的形容詞»**—***adj.* (**peach·i·er**；**-i·est**) **1 a** 桃子(似)的。**b** 〈臉頰等〉(似)桃紅色的。**2** 漂亮的，很棒的。

pea·cock [ˋpi͵kɑk; ˈpi:kɔk] *n.* **1** Ⓒ《鳥》(尤指雄的)孔雀《★以美麗的尾羽著稱，有虛榮的形象；cf. peahen》. **2** Ⓒ好虛榮的人。**3** (又作 **péacock bútterfly**)Ⓒ《昆蟲》孔雀蝶《後翅有類似孔雀羽紋的眼狀紋》。**4** [**the P～**]《天文》孔雀座。
(as) próud as a péacock (孔雀般)驕傲的，很得意似的。
péacock blúe *n.* Ⓤ孔雀藍《有光澤的藍色》。
—*adj.* 孔雀藍的《★[拼法]作修飾用法時爲 peacockblue》.
péa·fòwl *n.* Ⓒ(*pl.* **～s**, [集合稱] ～)孔雀《雌雄通用》。
péa gréen *n.* Ⓤ黃綠色。
—*adj.* 青綠色的《★[拼法]作修飾用法時爲 pea-green》.
péa·hèn *n.* Ⓒ雌孔雀(cf. peacock 1).
péa jàcket *n.* Ⓒ水手等穿的呢絨上衣。

peak**[1] [pik; pi:k] «pike[1] 的變體字»**—n.* Ⓒ **1** (尖的)山頂，孤峯(⇨ top[1]【同義字】)：a mountain ～ 山頂。**2 a** (屋頂、塔等的)尖端。**b** (鬍鬚等的)尖端，前端。**3 a** 頂點；最高點：the ～ *of* happiness 幸福的頂點/She was at the ～ *of* her popularity.＝Her popularity was at its ～. 她的聲望達到最高峯/the ～ year (統計上)最高記錄年。**b**《電學・機械》尖峯《周期性增加量的最高峯》：a voltage ～ 尖峯電壓/a ～ load (發電廠的)尖峯負荷/at a ～ period 在顛峯時期。**4** (帽子(cap)的)帽簷。**5**《航海》**a** 斜桁的最頂端。**b** (船首、船尾的)尖艙。
—*v.i.* 達到最高點[極限]，達到最高峯[尖峯]。
peak[2] [pik; pi:k] *v.i.*《古》憔悴，消瘦：～ and pine (因相思病等而)憔悴。
peaked[1] [pikt; pi:kt] «源自 peak[1]»**—***adj.* **1** 尖的，有尖頂的。**2** 〈帽子〉有帽簷的：a ～ cap 鴨舌帽，有帽簷的帽子。
peak·ed[2] [ˋpikɪd; ˈpi:kid] «源自 peak[2]» **—***adj.* 憔悴的，瘦削的。
péak hòur *n.* Ⓒ顛峯時刻，鼎盛時期。
péak-hòur *adj.* 顛峯時刻的，鼎盛期的：～ mail 最忙碌時刻的郵件。
peak·y [ˋpikɪ; ˈpi:ki] «peak[2] 的形容詞» **—***adj.* (**peak·i·er**；**-i·est**) **1** 憔悴的，瘦削的。**2**《口語》身體不舒服的，生病的。

peal [pil; pi:l] «源自中古英語 'appeal' 字首消失的變體字»**—***n.* Ⓒ **1 a** (鐘的)鳴響聲：a merry ～ of bells 快樂的鐘聲。**b** (雷、大砲的)隆隆聲；(笑聲、拍手聲的)響聲：a ～ of thunder 雷聲隆隆/burst into a ～ of laughter 哄堂大笑。**2 a** (音調諧和的)一組鐘，編鐘。**b** 鐘的奏鳴樂，鐘樂。
—*v.t.* 使…鳴響，使…發隆隆聲響：The church bells are ～*ing* the message of Christmas joy. 教堂的鐘聲洪亮地傳頌著耶誕快樂的信息。
—*v.i.* [動(十副)]〈鐘等〉鳴響，隆隆作響〈*out*〉.

pears 2

pe·an [ˋpiən; ˈpi:ən] *n.* ＝PAEAN.
***pea·nut** [ˋpi͵nʌt; ˈpi:nʌt] *n.* **1** Ⓒ[當作食物時爲Ⓤ](落)花生。**2** [～**s**]《俚》小錢。
péanut bùtter *n.* Ⓤ花生醬。
péanut òil *n.* Ⓤ花生油。

***pear** [pɛr; peə] *n.* **1** Ⓒ《植物》西洋梨(的樹)。**2** Ⓒ[當作食物時爲Ⓤ]西洋梨(的果實)。

【說明】不像日本梨子，靠蒂頭方面比較瘦小。可生吃或做罐頭，也可用以發酵做成梨酒(perry). 窩田(Warden)品種的西洋梨常被用以做派(pie)的餡。

***pearl** [pɝl; pə:l] *n.* **1** Ⓒ珍珠(⇨ birthstone 表)：an artificial [a false, an imitation] ～ 人造珍珠/a cultured ～ 養殖的珍珠，養珠。**2** Ⓤ珍珠母(mother-of-pearl). **3** Ⓒ似珍珠之物。**4** Ⓒ如珍珠般珍貴的東西[人]，逸品。**5** Ⓤ珍珠色《略帶藍色的灰色》。**6** Ⓤ《印刷》珍珠型鉛字《五磅因(point)的小型鉛字》。
cást péarls befòre swíne 把珍珠投給豬；一朵鮮花插在牛糞上；對牛彈琴《★出自聖經「馬太福音」》。
—*adj.* **1** [用在名詞前] **a** 珍珠製的。**b** 鑲著珍珠的。**c** 珍珠狀的。**2** 珍珠色的。
—*v.t.* [十受]以珍珠裝飾…，在…鑲以珍珠。
—*v.i.* 採珍珠：go ～*ing* 去採珍珠。
péarl bárley *n.* Ⓤ珍珠麥《大麥搓成的圓珠形小顆粒》。
péarl dìver [fìsher] *n.* Ⓒ採珍珠貝的潛水夫，潛水採珠人。
pearled [pɝld; pə:ld] *adj.* **1** 以珍珠裝飾的，鑲著珍珠的。**2** 變成珍珠似的，變成小粒的。**3** 似珍珠的，有珍珠色(彩)的：the ～ splendor of the moonlit scene 有珍珠般光輝的月景。
péarl fìshery *n.* **1** Ⓒ採珠場。**2** Ⓤ採珠業。
péarl gráy *n.* Ⓤ珍珠色《略帶藍色的灰色》。
Péarl Hárbor *n.* 珍珠港《美國夏威夷州(Hawaii)歐胡島(Oahu)南岸的一個軍港；1941 年 12 月 7 日受到日本海空軍的偷襲》：before ～ 在珍珠港被偷襲之前。
péarl òyster [shèll] *n.* Ⓒ珍珠貝《珠母等》。

pearl·y [ˈpɝlɪ; ˈpə:li] «pearl 的形容詞» —*adj.* (**pearl·i·er**; **-i·est**) **1** 珍珠(似)的。**2** 飾有珍珠的。**péarl·i·ness** *n.*
péarly gátes *n. pl.* **1** [常 P~ G~]《口語》珍珠之門《天堂的十二個門，每一個門都由一顆珍珠做成；★出自聖經「約翰默示錄」》。**2**《英俚》牙齒(teeth)。
péarly náutilus *n.* Ⓒ《動物》鸚鵡螺。
péar-sháped *adj.* **1** 西洋梨狀的。**2**〈聲音〉珠圓玉潤的，柔和的，嘹亮的。
peas·ant [ˈpɛzn̩t; ˈpeznt] «源自拉丁文「鄉下的」之義» —*n.* Ⓒ **1** (昔日或發展中國家等的)**佃農**，小規模自耕農(cf. farmer)。

【說明】指耕種小塊土地的農民或受雇耕種的農民，但現在英、美、加拿大、澳洲等地的農業均屬大規模經營，所以現在已無 peasant.

2 鄉下人；粗魯的人。
péasant proprìetorship *n.* Ⓤ自耕農制。
peas·ant·ry [ˈpɛzn̩trɪ; ˈpezntri] *n.* Ⓤ [常 the ~；集合稱] 佃農，農民階級《★用法 視為一整體時當單數用，指全部個體時當複數用》。
pease [piz; pi:z] *n.* **1**《古》=pea. **2**《古・英方言》pea 的複數。
péas(e)·còd *n.* Ⓒ豆莢。
péase pùdding *n.* ⓊⒸ豆粉布丁。
péa·shòoter *n.* Ⓒ **1** 豆子槍《一種玩具》。**2**《俚》小口徑的手槍。
péa sòup *n.* **1** Ⓤ乾豌豆濃湯。**2**《美口語》=pea-souper.
péa-sóup·er [ˈpiˌsupɚ; ˌpi:ˈsu:pə] *n.* Ⓒ《英口語》黃色濃霧。
peat [pit; pi:t] *n.* **1** Ⓤ泥炭。**2** Ⓒ泥炭塊《燃料用》。
péat bóg *n.* Ⓒ泥炭沼，泥煤田。
péat mòss *n.* **1** Ⓤ泥煤苔《泥煤的主要成分》。**2** =peat bog.
peat·y [ˈpitɪ; ˈpi:ti] «peat 的形容詞» —*adj.* (**peat·i·er**; **-i·est**) **1** 泥炭的。**2** 多泥炭的。
peb·ble [ˈpɛbl; ˈpebl] *n.* **1** Ⓒ (因水的作用而成圓形，見於海濱、河牀的)**小圓石，卵石，細礫**(⇨ stone【同義字】)。**2 a** Ⓤ水晶。**b** Ⓒ水晶製的透鏡。
nòt the ónly pébble on the béach 非海灘上的唯一卵石；衆人中的一份子《★用法 常用以訓戒任性、自大者》：Now now! Don't take so many biscuits; You are *not the only* ~ *on the beach.* 好了！別拿那麼多餅乾，不是只有你一個人《還有其他很多人》。
pébble dàsh *n.* Ⓤ《建築》嵌小石灰泥的塗抹《牆壁外表的裝飾加工》。
peb·bly [ˈpɛblɪ; ˈpebli] «pebble 的形容詞» —*adj.* (**peb·bli·er**; **-bli·est**) 多卵石的，多細礫的。
pe·can [prˈkan; piˈkæn] *n.* Ⓒ **1**《植物》大胡桃《美國中、南部所產的胡桃科樹木》。**2** (又作 **pecán nút**) 大胡桃的果實《果皮光滑，果仁帶甜味，可食用》。
pec·ca·ble [ˈpɛkəbl̩; ˈpekəbl] *adj.* (道德上)易犯罪的，易犯錯的。
pec·ca·dil·lo [ˌpɛkəˈdɪlo; ˌpekəˈdilou] «源自西班牙語「罪(sin)」之義» —*n.* Ⓒ (*pl.* ~**es**, ~**s**) 輕罪，小過失。
pec·ca·ry [ˈpɛkərɪ; ˈpekəri] *n.* Ⓒ《動物》西貒《美國產的野豬類》。
pec·ca·vi [prˈkevaɪ, pɛ-; peˈka:vi:] «源自拉丁文 'I have sinned' 之義» —*n.* Ⓒ (*pl.* ~**s**) 懺悔，認罪。
peck[1] [pɛk; pek] *v.t.* **1 a** 〔十受〕〈鳥〉**以喙啄…**。**b** 〔十受〕〈鳥〉啄食〈食物〉：The hen ~*ed* the corn. 那隻母雞啄食玉米。**c** 〔十受十介十(代)名〕〈鳥〉〔在…〕啄〈洞〉〔*in*〕；〔從…〕用喙啄出…〔*out of*〕：Woodpeckers ~ holes ***in*** trees. 啄木鳥在樹上啄洞/The bird ~*ed* seeds ***out of*** the sunflower. 那隻鳥用喙從向日葵中啄出種子。**d** 〔十受十副〕〈鳥〉用喙啄破[開]…〈*away, off*〉。
2 〔十受〕《口語》匆匆忙忙地輕吻…。
3 〔十受十副〕(用食指敲打字機的鍵)打〈信、文稿等〉〈*out*〉。
—*v.i.* 〔**動**(十**副**)(十**介**十(**代**)**名**)〕 **1 a** 〈鳥〉啄食〔…〕〈*away*〉〔*at*〕。**b** 〈鳥〉用喙啄〔…〕〈*away*〉〔*at*〕：A hen is ~*ing* (***away***) ***at*** the grain. 一隻母雞正在啄食穀粒。
2 《口語》(勉強地)一點一點地吃〔…〕〈*away*〉〔*at*〕：The child was merely ~*ing* ***at*** his food. 那個孩子只是一點一點地吃著自己的食物。
3 〔對…〕絮聒不休地抱怨[找岔子]〈*away*〉〔*at*〕。
—*n.* Ⓒ **1** (用喙等)啄。**2** 啄成的洞。**3**《口語》輕吻。
peck[2] [pɛk; pek] *n.* **1** Ⓒ配克《穀物等的乾量單位；等於¼bushel, 8 quarts, 2 gallons；略作 pk.》：**a**《美》約 8.8 公升。**b**《英》約 9 公升。**2** [**a** ~]《口語》許多，大量〔*of*〕：*a* ~ *of* trouble(s) 許多的抱怨[糾紛]。
péck·er *n.* Ⓒ **1** 會啄的鳥，(尤指)啄木鳥：⇨ woodpecker. **2**《美俚》男性生殖器(penis)。
Kèep your pécker úp.《英口語》打起精神來。
péck·ing òrder *n.* [the ~] **1** (雞等在鳥類社會中的)啄的順序《由順序高的啄順位低的》，(禽鳥的)強弱次序。**2**《謔》(人類社會長幼尊卑的)序列，順序；社會階層[等級]。
peck·ish [ˈpɛkɪʃ; ˈpekiʃ] *adj.* **1**《英口語》饑餓的。**2**《美口語》易怒的。
Pe·cos Bill [ˈpekəsˈbɪl; ˈpeikəsˈbil] *n.*《美國傳說》佩哥斯・比爾。

【說明】源自美國西南部傳說中的巨人，被認為是拓荒時代的牛仔英雄。據說里奧格蘭德河(the Rio Grande)是他獨力挖成，六連發的槍也是他發明的；cf. Paul Bunyan【說明】

pec·ten [ˈpɛktən; ˈpektn] *n.* (*pl.* ~**s**, **pecti·nes** [-təˌniz; -tni:z]) Ⓒ **1**《解剖》恥骨。**2**《動物》櫛膜，櫛狀物，櫛狀突起，櫛狀器官。
pec·tin [ˈpɛktɪn; ˈpektin] *n.* Ⓤ《化學》果膠。
pec·tic [ˈpɛktɪk; ˈpektik] *adj.*
pec·to·ral [ˈpɛktərəl; ˈpektərəl] *adj.* [用在名詞前] **1** 胸的；胸腔的：a ~ fin ⇨ fin 1. **2** 舒胸[和胸]的，治肺病有效的。
—*n.* Ⓒ **1 a** (尤指猶太高僧的)胸飾，護胸。**b** (又作 **péctoral cróss**) (主教等的)佩於胸前的十字架。
2 a《魚》胸鰭。**b**《動物》胸肌。
pec·u·late [ˈpɛkjəˌlet; ˈpekjuleit]《文語》*v.t.* 盜[挪]用，侵吞〈公款或他人存放之款〉。—*v.i.* 盜[挪]用公款[他人存放之款]。
pec·u·la·tion [ˌpɛkjəˈleʃən; ˌpekjuˈleiʃn] «peculate 的名詞» —*n.* ⓊⒸ盜用[挪用，侵吞]公款[他人存放之款]。
***pe·cu·liar** [prˈkjuljɚ; piˈkju:ljə] *adj.* (**more** ~; **most** ~) **1 a** (僅屬於特定的人[物，事]之意的)**獨特的**，專有的，特有的(⇨ particular【同義字】)：a ~ flavor 特有的風味/Every nation has its own ~ character. 每一個民族都有其獨特的民族性。

【字源】原義是「私有財產的」，由此演變為「自己本身的」「特別的，獨有的」等意思。拉丁文「私有財產」源自「家畜」，因為從前「家畜」是私有財產的標準；cf. cattle【字源】

b [不用在名詞前] 〔十介十(代)名〕〔…〕特有的〔*to*〕：a style ~ ***to*** Dickens 狄更斯特有的文體/Language is ~ *to* mankind. 語言是人類特有的。
2 [用在名詞前] 特殊的，特別的：a substance of ~ smell 氣味特殊的物質。
3 (令人不愉快地)奇怪的，古怪的，異常的，瘋狂的：a ~ smell 奇怪的氣味/He is a very ~ fellow. 他是個非常古怪的傢伙。
4 [不用在名詞前]《口語》生病的，身體不舒服的。
—*n.* Ⓒ **1** 私有財產，特權。**2**《基督教》(其他轄區監督控制下的)特殊教區。
pe·cu·liar·i·ty [pɪˌkjulɪˈærətɪ; piˌkju:liˈærəti] «peculiar 的名詞» —*n.* **1 a** Ⓤ特有，獨特(性)。**b** Ⓒ特色，特性；(怪)癖：Pouches are a ~ of marsupials. 腹袋是有袋動物的特色。**2** ⓊⒸ不平常的東西[地方]，奇特，怪異。
pe·cú·liar·ly *adv.* **1** 特別地，格外地，特殊地。**2** 奇怪地，奇異地。
pe·cu·ni·ar·y [prˈkjunɪˌɛrɪ; piˈkju:njəri] «源自拉丁文「家畜的，金錢的」之義» —*adj.*《文語》金錢(上)的：a ~ offense 應處以罰款的違規行為/~ embarrassment 財政困難。
pe·cu·ni·ar·i·ly [prˈkjunɪˌɛrɪlɪ; piˈkju:njərəli] *adv.*
ped·a·gog [ˈpɛdəˌgag; ˈpedəgɔg] *n.*《美》=pedagogue.
ped·a·gog·ic [ˌpɛdəˈgadʒɪk; ˌpedəˈgɔdʒik] «pedagogy 的形容詞» —*adj.* 教育學(上)的，教學法的。
pèd·a·góg·i·cal [-dʒɪkl; -dʒikl] *adj.* =pedagogic.
~·**ly** [-kl̩ɪ; -kəli] *adv.*
ped·a·gogue [ˈpɛdəˌgag; ˈpedəgɔg] *n.* Ⓒ **1**《輕蔑》賣弄學問的人；學究；對規則嚴格的教師。**2** 教師，教育家。
ped·a·gog·y [ˈpɛdəˌgodʒɪ; ˈpedəgɔdʒi, -goudʒi] «源自希臘文「教育」之義» —*n.* Ⓤ教育學，教授法；教育，教授；教職。
ped·al [ˈpɛdl; ˈpedl] «源自拉丁文「腳的」之義» —*n.* Ⓒ **1** (腳踏車、縫衣機等的)**踏板**：use the ~(*s*) 踩踏板/an accelerator [a brake, a clutch] ~ (汽車的)油門[煞車，離合器]踏板。**2**《音樂》**a** (鋼琴、豎琴的)踏瓣《使鋼琴的制音器離開弦以使琴聲持續響亮的強音踏瓣稱者叫 loud pedal, 另有弱音踏瓣稱作 soft pedal》。**b** (大型風琴的)足踏瓣。
—*adj.* [用在名詞前] **1** 踏板[踏瓣]的，用踏板操作的：a ~ boat 用踏板操作的小船。**2**《動物・解剖》脚的：~ extremities 脚。
—*v.t.* (**ped·aled**,《英》**-alled**; **ped·al·ing**,《英》**-al·ling**) **1** 〔十受〕踩…的踏板：~ a bicycle 騎脚踏車。
2 〔十受(十副詞(片語))〕 **a** 踩踏板使…前進：I ~*ed* my bicycle *up* (the hill). 我騎著脚踏車向上走(到山上)。**b** [~ **one's way**] 踩踏板前進(…)：He ~*ed* his way *up* the slope. 他騎著脚踏車上坡。
—*v.i.* **1** 踩踏板。
2 〔十副詞(片語)〕踩踏板而行：He ~*ed off on* his bicycle. 他騎著脚踏車離去/~ *along* (the road) (沿路)騎脚踏車而行。
pédal pòint *n.* Ⓒ《音樂》持續音《多半在低音部》。

pédal pùsher *n.* 《美》 **1** Ⓒ騎脚踏車的人，參加自行車賽的選手。**2** [~s] (體育用)女用短外褲《原爲騎脚踏車用》。

ped·ant [ˋpɛdn̩t; ˈpedənt] *n.* Ⓒ學究，腐儒，賣弄學問的人。

pe·dan·tic [pɪˋdæntɪk; piˈdæntik] **«**pedant 的形容詞**»**—*adj.* 學究的，假裝博學的，賣弄學問的。

pe·dán·ti·cal·ly [-klɪ; -kəli] *adv.*

ped·ant·ry [ˋpɛdn̩trɪ; ˈpedəntri] *n.* **1** Ⓤ賣弄學問，擺學者的架子；裝模作樣。**2** Ⓒ假裝學者[賣弄學問]的言行。

ped·ate [ˋpɛdet; ˈpedeit] *adj.* **1** 《動物》有脚的；足狀的，有脚的作用的。**2** 《植物》〈葉子〉鳥足狀的。

ped·dle [ˋpɛdl; ˈpedl] **«**peddler 的逆成字**»**—*v.i.* **1** 當小販；沿街叫賣。**2** 忙於瑣事。

—*v.t.* **1** 販賣〈小商品〉。

2 a 到處兼課講授〈知識、思想等〉。**b** 傳播，散播〈謠言等〉。

ped·dler [ˋpɛdlɚ; ˈpedlə] **«**源自中古英語「籃子」之義**»**—*n.* Ⓒ **1** 《美》小販，沿街叫賣的商販(《英》pedlar). **2** 秘密出售(毒品等)的人。

ped·dling [ˋpɛdlɪŋ; ˈpedliŋ] *adj.* **1** 不重要的，瑣碎的；小心眼的：~ details 不重要的細節。**2** 做小販生意的。

ped·er·ast [ˋpɛdəˏræst; ˈpedəræst] **«**源自希臘文「愛少年者」之義**»**—*n.* Ⓒ(尤指以少年爲對象的)男色者，雞姦者。

pe·der·as·ty [ˋpɛdəˏræstɪ; ˈpedəræsti] *n.* Ⓤ(尤指以少年爲對象的)男色，雞姦。

ped·es·tal [ˋpɛdɪstl; ˈpedistl] **«**源自拉丁文「臨時舞台的脚」之義**»**—*n.* Ⓒ **1 a** (圓柱、半身像、花瓶等的)台，座，基座，柱基。**b** 桌子兩側的脚。**2** 基礎，根基。

knóck a person **óff** his **pédestal** 把〈某人〉從受尊敬的地位拉下來。

sèt [**pùt**] a person **on** [**upòn**] **a pédestal** (過分地)尊敬[崇拜，捧]〈某人〉。

pedestal 1 a

pe·des·tri·an [pəˋdɛstrɪən; piˈdestriən] **«**源自拉丁文「以徒步」之義**»**—*adj.* (**more** ~；**most** ~) **1** [用在名詞前](無比較級、最高級)徒步的，步行的；行人(用)的：a ~ bridge (行人用的)陸橋/a ~ crossing 行人穿越道/a ~ precinct 行人專用道地區。**2** 〈文體等〉散文體的；平凡的，單調的。—*n.* Ⓒ步行者。

pe·des·tri·an·ize [pəˋdɛstrɪənˏaɪz; piˈdestriənaiz] *v.t.* 徒步經過…：~ Switzerland 徒步經過瑞士。—*v.i.* 步行。

pe·di·at·ric [ˏpidɪˋætrɪk; ˌpi:diˈætrik˜] *adj.* 小兒科的。

pe·di·a·tri·cian [ˏpidɪəˋtrɪʃən; ˌpi:diəˈtriʃn] *n.* Ⓒ小兒科醫師。

pe·di·at·rics [ˏpidɪˋætrɪks; ˌpi:diˈætriks] *n.* Ⓤ《醫》小兒科。

ped·i·cab [ˋpɛdɪˏkæb; ˈpedikæb] *n.* Ⓒ(東南亞等地的)載客用三輪車。

ped·i·cel [ˋpɛdəsl; ˈpedisl] *n.* Ⓒ **1** 《植物》小花梗。**2** 《動物》(昆蟲、海洋生物等的)肉莖，(觸角的)梗節。

ped·i·cle [ˋpɛdɪkl; ˈpedikl] *n.* =pedicel.

ped·i·cure [ˋpɛdɪˏkjʊr; ˈpedikjuə] **«**源自拉丁文「脚的修整」之義**»**—*n.* ⓊⒸ修脚指甲(術) (cf. manicure).

ped·i·gree [ˋpɛdəˏgri; ˈpedigri:] **«**源自中古法語「鶴脚」之義；由於把血統比作鶴脚**»**—*n.* **1** Ⓒ系譜：a family ~ 家譜。**2** ⓊⒸ家系，血統，出身，門第，家世：a family of ~ 世家，名門/He is by ~ an aristocrat. 他出身貴族。

—*adj.* [用在名詞前]血統清楚的[有記錄的]〈馬、狗等〉：~ cattle 血統純正[純種]的牛。

péd·i·grèed *adj.* 〈馬、狗等〉有血統記錄的，純種的。

ped·i·ment [ˋpɛdəmənt; ˈpedimənt] *n.* Ⓒ《建築》(古代建築的)三角牆，山形牆(gable). **ped·i·men·tal** [ˏpɛdəˋmɛntl; ˌpediˈmentl˜] *adj.*

pediment

ped·lar [ˋpɛdlɚ; ˈpedlə] *n.* 《英》= peddler 1.

pe·dom·e·ter [pɪˋdɑmətɚ; piˈdɔmitə] *n.* Ⓒ計步器，步程計。

pe·do·phile [ˋpidəˏfaɪl; ˈpi:dəfail] *n.* Ⓒ兒童色情狂，戀童癖患者。

pe·dun·cle [pɪˋdʌŋkl; piˈdʌŋkl] *n.* Ⓒ **1** 《植物》花梗。**2** 《動物》肉莖。**3** 《解剖》脚。

pe·dun·cu·lar [pɪˋdʌŋkjulɚ; piˈdʌŋkjulə] *adj.*

pee [pi; pi:] **«**用 piss 的頭字者**»**—《俚》*v.i.* 解小便，撒尿。

—*n.* **1** [**a** ~]撒尿，小便：go for [have, take] *a* ~ 去小便。**2** Ⓤ尿，小便。

peek [pik; pi:k] 《口語》*v.i.* **1** [動(+介+(代)名)] **a** 偷看[…]，窺視[…]〔*at, into*〕(★可用被動語態)。**b** [從縫隙等]偷看，瞇著眼睛看〔*through*〕. **2** [+副]瞥見〈裏、外面〉〈*in, out*〉.

—*n.* [**a** ~]窺視〔*at, into, through*〕：steal *a* ~ 偷看。

peek·a·boo [ˋpikəˏbu; ˈpi:kəbu:] *n.* Ⓤ躲貓貓《★喊 'Peekaboo !' 並使面孔一隱一現以逗小孩的一種兒戲》。

—*interj.* 《美》躲貓貓。

peel [pil; pi:l] *v.t.* **1 剝皮**，去皮(⇨ pare【同義字】)：**a** [+受]剝〈水果、馬鈴薯等〉的皮：~ a banana [potatoes] 剝香蕉[馬鈴薯]的皮。**b** [+受+受/+受+介+(代)名]爲〈人〉剝〈水果、馬鈴薯等〉的皮；[爲人]剝〈水果、馬鈴薯等〉的皮〔*for*〕：Please ~ me a peach [~ a peach **for** me]. 請你替我削桃子的皮。

2 a [+受+副]剝〈皮、樹皮等〉〈*off*〉：~ ***off*** the skin 剝皮(膚)。**b** [+受+介+(代)名][從…]剝下〈皮、樹皮等〉〔*off, from*〕：The Indians ~*ed* the bark ***from*** birch trees to make canoes. 印地安人從樺樹剝下樹皮做獨木舟。

—*v.i.* **1 a** [動(+副)]〈皮、表面〉剝落〈*off*〉：My skin ~*ed* when I got sunburnt. 我曬黑時，皮膚就脫落/The paint was ~*ing* ***off***. 油漆在剝落。**b** [+介+(代)名]〈皮、表面〉[從…]剝落〔*off, from*〕：The paint ~*ed* ***off*** the wall. 油漆從牆壁剝落。**c** 〈動物的身體〉脫皮。

2 [+副]脫衣〈*off*〉.

3 [+副]〈飛機〉突然離隊〈*off*〉.

4 [+副]《美俚》加足馬力開車(到路面壓出輪胎痕跡的程度)〈*out, off*〉.

kèep one's **éyes péeled** 《口語》睜大眼睛監視，留神注視。

—*n.* Ⓤ[指個別的皮時爲Ⓒ]水果[蔬菜(等)]的皮(⇨ rind【比較】)：orange [lemon] ~ 橘子[檸檬]的皮。

Peel [pil; pi:l], **Sir Robert** *n.* 皮爾《1788-1850；英國政治家》。

péel·er *n.* Ⓒ[常構成複合字](水果、馬鈴薯等的)剝皮器。

peel·ings [ˋpilɪŋz; ˈpi:liŋz] *n. pl.* (尤指馬鈴薯)剝下的皮。

peep¹ [pip; pi:p] *v.i.* **1 a** [動(+介+(代)名)]**窺視，偷看**[…]〔*at, into*〕(★可用被動語態)：~ ***into*** a room 窺視房間內/Don't ~ ***at*** the neighbors. 不要偷看鄰居。**b** [+介+(代)名][從縫隙等]窺視〔*through, out of*〕：~ ***through*** a hole in the wall 由牆壁的洞窺視。**2 a** [+副]〈花草、太陽、月亮等〉開始出現，露出；〈性情等〉(不知不覺地)表露，露出眞面目[本性]〈*out*〉：In the meadows pretty flowers ~ ***out*** from the grass. 在牧草地上，美麗的花兒從草間隱約地顯現。**b** [+介+(代)名]〈花草、太陽等〉[從…]露出〔*through, from, out of*〕：The sun ~*ed* ***through*** the clouds. 太陽從雲間出現。

—*n.* **1** [**a** ~]窺視，偷看；瞥見：take [get, have] *a* ~ *at*... 瞥一眼[偷看一下]…。**2** [用單數；常 **the** ~]出現：(at) (*the*) ~ of day [dawn] (在)黎明時分，(在)破曉時。

peep² [pip; pi:p] **«**擬聲語**»**—*n.* **1** Ⓒ(小鳥、老鼠等的)唧唧[吱吱]叫聲。**2** [**a** ~；常用否定句]《口語》**a** 牢騷話，抱怨：I have*n't* heard *a* ~ out of him. 我從未聽過他說一句牢騷話。**b** 消息(news). **3** Ⓒ《兒語・口語》嗶嗶《汽車喇叭聲》。

—*v.i.* 唧唧[吱吱]叫。

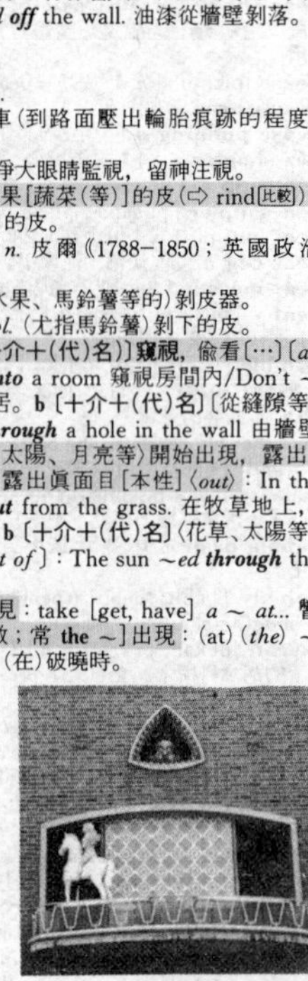

【照片說明】英國 Coventry 有個鐘台，每隔一個鐘頭報時時，下部會出現 Lady Godiva, 上部會出現偷看的湯姆(Peeping Tom).

péep·er¹ **«**源自 peep¹**»**—*n.* Ⓒ **1** 窺視者，偷看者。**2** [常 ~s]《俚》眼睛(eye).

péep·er² **«**源自 peep²**»**—*n.* Ⓒ **1** 唧唧[吱吱]叫的鳥[獸]；小雞。**2** (高聲叫的)雨蛙科的青蛙。

péep·hòle *n.* Ⓒ窺視孔。

Péep·ing Tóm *n.* **1** 窺視的湯姆；(尤指下流的)窺視者。

【說明】傳說十一世紀英國 Coventry 的領主想要對人民課重稅，夫人 Lady Godiva 勸阻，領主半開玩笑說如果她光著身子騎馬遊街，他就同意不課重稅。夫人決心照他的話去做，並事先請求全城老百姓關起門窗不要看，老百姓都依令行事，只有一個縫衣匠湯姆(Tom)從窗簾縫裡偷看，也因此受到神罰變成瞎子。由於這個典故，喜歡偷看的人便稱作 Peeping Tom.

2 [常 p~ T~]Ⓒ偷看(裸體女人等)的男人，色迷。

péep shòw *n.* Ⓒ **1** 西洋鏡《置各種畫片於箱中，用放大鏡供人窺視的裝置》。**2** (透過小孔看的)低級表演。

pee·pul [ˋpipəl; ˈpi:pəl] *n.* Ⓒ(印度)菩提樹。

peer¹ [pɪr; piə] **«**源自拉丁文「平等」之義**»**—*n.* Ⓒ **1 同輩**，同儕，伙伴；同等的人：without (a) ~ 無匹敵的，無比的。**2** 《英》貴族：a hereditary ~ =a ~ of the realm 世襲貴族《★成人後即可出席上院》。

peer² [pɪr; piə] *v.i.* 〔十介十(代)名〕**1** 盯著看，凝視，細看〔…〕〔*at, into*〕：I ～*ed* ***into*** the dark corner. 我凝視那黑暗的角落/The boy ～*ed* ***at*** the notice. 那個男孩注視著那張布告。**2**〔從…〕微微[隱約]出現，露出〔*from, through*〕：The sun ～*ed* ***from*** behind a cloud [***through*** the clouds]. 太陽從雲後[雲間]隱約出現。

peer·age [ˋpɪrɪdʒ; ˈpiəridʒ] *n.* **1** [**the** ～；集合稱]貴族；貴族階級：be raised to *the* ～ 被封爲貴族。**2** Ⓤ Ⓒ貴族的地位[身分]，爵位。**3** Ⓒ貴族名鑑《記載有貴族的姓名與家譜》。

peer·ess [ˋpɪrɪs; ˈpiəris] *n.* Ⓒ **1** 貴族夫人；貴族的遺孀。**2** 有爵位的婦女：a ～ in her own right 有爵位的婦女，女貴族。

péer·less *adj.* 無比的，無雙的，無匹敵的。
～·ly *adv.* **～·ness** *n.*

peeve [piv; pi:v] «peevish 的逆成字» —《口語》*v.t.* 使〈人〉焦躁，使…著急《★常用被動語態，變成「〈人〉焦躁」之意，介系詞用 *with*》。
—*n.* **1** Ⓒ令人焦躁[氣惱]的事物，討厭的東西。**2** [**a** ～]焦躁：in *a* ～ 焦躁的。

pee·vish [ˋpivɪʃ; ˈpi:viʃ] *adj.* 脾氣暴躁的，愛鬧彆扭的，易發怒的，焦躁的。**～·ly** *adv.* **～·ness** *n.*

pee·wee [ˋpi͵wi; ˈpi:wi:] 《美口語》*n.* Ⓒ非常小的人[東西]；矮子。—*adj.* 小的，矮的。

pee·wit [ˋpiwɪt; ˈpi:wit] *n.* ＝pewit.

peg [pɛg; peg] *n.* Ⓒ **1 a** (掛東西用的木製或金屬製的)掛鈎，掛釘：a hat ～ 掛帽釘。**b** (撐起帳篷繩子的)樁：a tent ～ 帳篷樁。**c** (登山時釘入岩石作支點或繫繩用的)釘，樁。**d** (標示土地界線的)界樁。
2 a (木桶等的)栓。**b** (弦樂器上用以轉緊弦的)弦鈕，軫(⇨ violin 插圖)。
3 《英》衣服夾(《美》clothespin)。
4 a 義肢(cf. peg leg). **b** 《謔》脚。
5 (成爲議論、說話等根基的)主題，理由，藉口《★常用於下列的說法》：a good ～ to hang a claim on 提出要求的好藉口。
6 《口語》(評價等的)級，等。
7 《英罕》(尤指用蘇打水稀釋的威士忌等的)一杯。
8 《口語》(快速的)傳球。
a squáre pég in a róund hóle 不適任者，不得其所的人，不適合的人選《★源自「方樁對圓孔」之意》。
òff the pég 〈衣服等〉現成的。
tàke a person **dówn a pég (**or **twó)** 挫某人的銳氣，殺某人的威風《★源自昔日用木釘上下船旗》。
—*v.t.* (**pegged**；**peg·ging**) **1** 釘木釘於…上，用木釘釘牢…。
2 〔十受(十副)〕《英》用洗衣夾挾住〈衣物〉〈*up, out*〉.
3 a 穩住〈股價等〉(以穩定行情)；使〈股票價格〉穩定。**b** 使〈通貨、物價等〉穩定，穩住。
4 《口語》快速投〈球〉；〖棒球〗投〈牽制球〉。
—*v.i.* 〔十副詞(片語)〕勤快地工作；匆忙地走。
pég awáy at... 勤快地做…，耐心做…。
pég dówn 《*vt adv*》(1)把〈帳篷等〉用木樁固定在地面等：～ *down* a tent (釘木樁)掛帳篷。(2)〔以規則等〕約束〈某人〉〔*to*〕：～ *down* a person *to* a specific job 把某人羈絆於特定的工作。(3)壓低〈物價等〉。(4)看清；判斷，斷定…〈爲…〉〈*as*〉：We haven't yet *pegged down* what it is that he wants. 我們尚未看出他要的是什麼。
pég óut 《*vt adv*》(1)以木樁標出〈採礦權土地、房屋、庭園等〉的界限。—《*vi adv*》(2)《英口語》死亡；〈機器等〉故障。

Peg [pɛg; peg] *n.* 佩格《女子名；Margaret 的暱稱》。

Peg·a·sus [ˋpɛgəsəs; ˈpegəsəs] *n.* **1** 〖希臘神話〗佩格索斯《★從被殺死的墨杜沙(Medusa)(蛇髮女妖)的血中出生的兩翼天馬。文藝女神繆斯(Muse)騎此天馬在天上飛奔，獲得天來的靈感》。**2** 〖天文〗飛馬座。

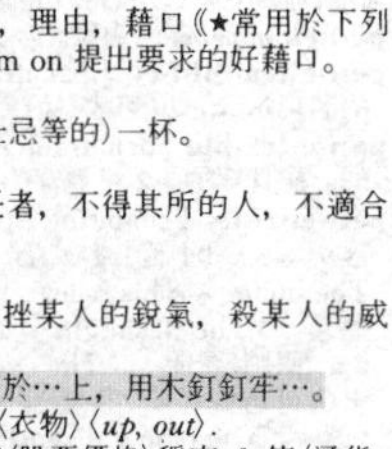
Pegasus 1

Peg·gy [ˋpɛgɪ; ˈpegi] *n.* 佩姬《女子名；Margaret 的暱稱》。

pég lèg *n.* Ⓒ《口語》**1** 義肢。**2** [也用於稱呼]裝有義肢的人。

pég·tòp *n.* **1** Ⓒ(無花果形的)陀螺。**2** [～s]陀螺形的褲子《臀部寬腿部窄》。

pég-tòp *adj.* 陀螺形的。

peign·oir [penˋwɑr, ˋpenwɑr; ˈpeinwɑ:] «源自法文»—*n.* Ⓒ婦女之睡衣；婦女之浴衣。

Pei·ping [ˋpeˋpɪŋ, ˋbeˋpɪŋ; ˌpeiˈpiŋ] *n.* 北平。

pe·jo·ra·tive [ˋpidʒə͵retɪv; ˈpi:dʒərətiv] *adj.* 〈語句等〉帶有輕蔑性的，含有貶損之意的。—*n.* Ⓒ輕蔑語，蔑稱。**～·ly** *adv.*

peke [pik; pi:k] *n.* ＝Pekingese 3.

Pe·kin·ese [͵pikɪnˋiz; ˌpi:kiˈni:z] *adj.*, *n.* ＝Pekingese.

Pe·king [ˋpiˋkɪŋ; ˌpi:ˈkiŋ] *n.* 北京《＝Beijing》.

Pe·king·ese [͵pikɪŋˋiz; ˌpi:kiŋˈi:z] «Peking 的形容詞»—*adj.* **1** 北京的，北平的。**2** 北京人的，北平人的。
—*n.* (*pl.* ～) **1** Ⓒ北京人，北平人。**2** Ⓤ北平話。**3** [常 **p**～] Ⓒ〖狗〗北京狗《小型的長毛寵物狗》。

Pekingese 3

Péking mán *n.* Ⓤ〖人類〗北京人《在北平附近的周口店發現的史前人類遺骨》。

pe·koe [ˋpiko; ˈpi:kou] *n.* Ⓤ(印度、錫蘭產的)上等紅茶。

pe·lag·ic [pəˋlædʒɪk; peˈlædʒik] *adj.* 《文語》遠洋的，棲息於遠洋的；在遠洋實施的：～ fishery 遠洋漁業。

pelf [pɛlf; pelf] *n.* Ⓤ《文語·輕蔑》金錢，財物；贓物，掠奪物。

pel·i·can [ˋpɛlɪkən; ˈpelikən] *n.* Ⓒ〖鳥〗塘鵝，鵜鶘《熱帶、亞熱帶產的一種水鳥，長嘴下有大皮囊用以儲藏食物》。

pelicans

pélican cróssing «*pe*destrian *li*ght *con*trolled crossing 的變形» —*n.* Ⓒ《英》按鈕式的行人穿越道《＝panda crossing》.

Pélican Státe *n.* [**the** ～]美國路易西安那州(Louisiana)之俗稱。

pe·lisse [pəˋlis; peˈli:s] *n.* Ⓒ **1** 婦女之長外衣。**2** 皮裡的上衣，皮上衣。

pel·la·gra [pəˋlegrə; pəˈleigrə] *n.* Ⓤ〖醫〗玉蜀黍疹，糙皮病《缺乏屬維生素 B 羣的煙草酸(nicotinic acid)所引起的皮膚病》。

pel·let [ˋpɛlɪt; ˈpelit] *n.* Ⓒ **1** (紙、蠟、飼料等揉成的)小球。**2** 小子彈。**3** 《英》小藥丸。**4** 吐出的塊狀物《肉食性鳥類吐出的骨、羽等不消化物》。

pel·li·cle [ˋpɛlɪkl; ˈpelikl] *n.* Ⓒ薄膜，薄皮，表層。

pell(-)mell [ˋpɛlˋmɛl; ˌpelˈmel] *adv.* **1** 雜亂地，混亂地，亂七八糟地。**2** 驚慌失措地，不顧前後地。—*adj.* [用在名詞前] **1** 雜亂的，亂七八糟的。**2** 驚慌失措的，不顧前後的。
—*n.* Ⓤ Ⓒ雜亂，混亂，亂七八糟，天翻地覆。

pel·lu·cid [pəˋlusɪd; peˈlju:sid] *adj.* **1** 透明的：a ～ river 清澈的河流。**2** 〈文體、表達等〉明晰的，清楚的。

pel·met [ˋpɛlmɪt; ˈpelmit] *n.* Ⓒ《英》(裝在窗戶上方，用以遮蓋窗簾吊桿的)裝飾布[板](《美》valance).

Pel·o·pon·né·sian Wár [͵pɛləpəˋniʃən-; ˌpeləpəˈni:ʃn-] *n.* [**the** ～]伯羅奔尼撒戰爭《431–404 B.C.，斯巴達(Sparta)與雅典(Athens)之間的戰爭，結果雅典戰敗》。

Pel·o·pon·ne·sus, Pel·o·pon·ne·sos [͵pɛləpəˋnisəs; ˌpeləpəˈni:səs] *n.* [**the** ～]伯羅奔尼撒半島《希臘南部的一個半島，有斯巴達(Sparta)等的城市國家》。

pe·lo·ta [pəˋlotə; pəˈloutə] *n.* Ⓤ回力球(jai alai)《見於西班牙、南美、菲律賓等地，類似網球的一種球戲》。

pelt¹ [pɛlt; pelt] *v.t.* **1 a** 〔十受〕投擲東西攻擊〈某人〉。**b** 〔十受十介十(代)名〕〔以石頭等〕投擲…〔*with*〕；〔對…〕投擲〈石頭等〉〔*at*〕：～ a person ***with*** stones＝～ stones ***at*** a person 對某人投擲石頭。
2 〔十受十介十(代)名〕使〈雨等〉猛降在…〔*on, upon*〕：The clouds began ～*ing* rain ***on*** us. 暴雨從雲間降下，猛烈地打在我們身上。
3 〔十受十介十(代)名〕〔以質問、惡言等〕猛攻〈某人〉〔*with*〕：～ a person ***with*** questions 連珠砲般猛烈地向某人提出質問。
—*v.i.* **1 a** 〔十副〕〈雨等〉猛降〈*down*〉：The rain [It] is really ～*ing* ***down***. 雨正猛烈地下著。**b** 〔十介十(代)名〕〈雨等〉猛降〔於…〕〔*against, on*〕：The rain ～*ed* ***against*** the window. 雨猛烈地打在窗子上。
2 〔十副詞(片語)〕奔跑，急行。
—*n.* **1** Ⓤ投擲。**2** Ⓒ強打，亂射。**3** Ⓤ疾走：(at) full ～ 全速地，開足馬力地，儘快地。

pelt² [pɛlt; pelt] *n.* Ⓒ **1** (動物的)生皮；毛皮。**2** 《謔》人的皮膚。

pelt·ry [ˋpɛltrɪ; ˈpeltri] *n.* Ⓤ[集合稱]生皮，毛皮。

pel·vic [ˋpɛlvɪk; ˈpelvik] «pelvis 的形容詞»—*adj.* [用在名詞前]〖解剖〗骨盆的。

pel·vis [ˋpɛlvɪs; ˈpelvis] «源自拉丁文「盤」之義»—*n.* Ⓒ (*pl.* ～·es, -ves [-viz; -vi:z])〖解剖〗骨盆。

pem·(m)i·can [ˈpɛmɪkən; ˈpemikən] *n.* Ⓤ乾肉餅《北美印地安人將薄牛肉曬乾，混以水果、脂肪等和成的固體食品》。

‡**pen**[1] [pɛn; pen] *n.* **1** Ⓒ (包括筆尖(nib)與筆桿(penholder)的)筆，鵝毛筆(quill)；原子筆，鋼筆：write *with* a ～ = write *in* ～ 用筆寫《★用因with 表示用文具的意思，in 表示方法，無冠詞》/write *with* ～ and ink 用筆墨寫《係對等字，無冠詞》。

【字源】源自「羽毛」之意的拉丁文。古時候羅馬人、希臘人都用羽毛根削尖沾墨水寫字。pencil(鉛筆)和 pen 相似，但並無直接關係，原義是「尾巴」，因爲其筆尖像尾巴之故。

2 [the ～, one's ～] 文筆(的寫作工作)：live [make one's living] by one's ～ 靠寫作謀生/wield one's ～ 揮筆/*The* ～ is mightier than the sword.《諺》筆比刀劍更有力量《文勝於武》。
3 [用單數]《文語》書法家；作家。
díp one's **pén in gáll** 寫惡毒的文章。
pùt pén to páper《文語》拿筆寫，下筆。
tàke úp one's **pén** ＝put PEN[1] to paper.
—*v.t.* (**penned**；**pen·ning**)〔十受〕(用筆)寫〈信等〉。

pen[2] [pɛn; pen] *n.* Ⓒ **1** [常構成複合字](關動物的)圍欄，檻：⇨ pigpen. **2 a** 小圍欄。**b** (用格子圍起的)嬰兒遊戲場地(playpen). **c** 潛水艇修理廠。
—*v.t.* (**penned, pent**；**pen·ning**)〔十受(十副)〕**1** 把〈動物〉關入圍欄[檻]裏〈*up, in*〉. **2** 把〈人〉關入欄裏，監禁…〈*up, in*〉.

pen[3] [pɛn; pen] *n.* Ⓒ雌天鵝(↔ cob).

pen[4] [pɛn; pen] 《penitentiary 之略》**—***n.* Ⓒ《美俚》感化院，監獄。

pen., Pen.《略》peninsula；penitent；penitentiary.

P.E.N. [pɛn; pen]《略》(International Association of) Poets, Playwrights, Editors, Essayists, & Novelists 國際筆會《1922 年創立於英國倫敦》。

pe·nal [ˈpinḷ; ˈpiːnl] *adj.* **1** 刑罰的，刑的。**2** 刑事上的，刑法的：the ～ code 刑法典/a ～ offense 刑事罪/～ servitude 監禁和勞役合併的一種懲罰，勞役刑。**3** 該付出作爲處罰的：a ～ sum 罰款，違約金。**4** 苛酷的。**～·ly** [-nḷɪ; -nəli] *adv.*

pe·nal·ize [ˈpinḷˌaɪz; ˈpiːnəlaiz] 《penal 的動詞》**—***v.t.* **1** 宣告〈某行爲、某人〉有罪；處罰〈人〉。**2** 使…處於不利的立場。**3** 〔十受(十介十(代)名)〕〔因…事〕對〈犯規者[球隊]、犯規行爲〉加以處罰，對…科以罰則〔*for*〕：Fouls are usually ～*d.* 犯規通常要科以罰則。

pen·al·ty [ˈpɛnḷtɪ; ˈpenlti] 《penal 的名詞》**—***n.* ⒸⓊ **1** 刑罰；罰金，罰款〔*for*〕：a ～ *for* violat*ing* traffic rules 違反交通規則的罰款/The ～ *for* disobey*ing* the law was death. 不遵守該法律的刑罰是死刑。
2 不利；報應：the *penalties of* old age 老年的諸多不便之處/pay the ～ of... 受到…的報應。
3《運動》**a** 犯規的處罰，罰規。**b** (對上次優勝者所加的)障礙或不利條件。
on [**ùnder**] **pénalty of...** 違者處以…之刑：Non-payment is forbidden *under* ～ *of* forfeiture. 嚴禁不支付，違者處以沒收(財產等)之處罰。

pénalty área *n.* Ⓒ《足球》罰球區。

pénalty clàuse *n.* Ⓒ(契約中的)違約[罰則]條規。

pénalty kíck *n.* Ⓒ《橄欖球・足球》罰球《在罰球區內犯規的一方讓對方球隊踢的自由球；cf. free kick》。

pen·ance [ˈpɛnəns; ˈpenəns] *n.* **1** Ⓤ懺悔，悔過，(贖罪的)苦行。**2** Ⓤ《天主教》告解聖事，懺悔式。**3** Ⓒ討厭但非做不可的事，痛苦的事[工作]。
dò pénance (for...) (1)贖(…的)罪。(2)《謔》(爲自己所做的蠢事而)受罪。

pén-and-ínk *adj.* [用在名詞前] 用筆蘸墨寫[畫]的：a ～ sketch 筆畫的素描。

Pe·nang [pəˈnæŋ; piˈnæŋ] *n.* **1** 檳榔嶼《馬來半島西岸的一個島嶼》。**2** 檳榔州《由檳榔嶼與馬來半島的一部分所構成，爲馬來西亞聯邦的一州；首府檳城(Penang)》. **3** 檳城《檳榔州的首府；舊名 Georgetown》.

Pe·na·tes, p- [pəˈnetiz; peˈnɑːteiz, peˈneitiːz] *n. pl.*《羅馬神話》培內提斯《家庭之守護神》。

‡**pence** [pɛns; pens] *n.* **penny** 的複數。

pen·chant [ˈpɛntʃənt; ˈpɑːŋʃɑːŋ] 《源自法語；源自拉丁文「傾向」之義》**—***n.* Ⓒ [常用單數] 〔對…的〕强烈嗜好，偏好；傾向〔*for*〕.

‡**pen·cil** [ˈpɛnsḷ; ˈpensl] 《源自拉丁文「尾巴」之義》**—***n.* Ⓒ **1** 鉛筆《包括石筆、色筆》：write [draw] *with* a ～ [*in* ～] 用鉛筆寫[畫]《★用因in ～ 時無冠詞》。**2** 鉛筆形之物：**a** 眉筆。**b** 口紅。**3**《光學》光束。
—*v.t.* (**pen·ciled,**《英》**-cilled**；**pen·cil·ing,**《英》**-cil·ling**)〔十受〕**1** 用鉛筆寫[畫]…。**2** 用眉筆畫〈眉〉。

péncil càse *n.* Ⓒ鉛筆盒。

pêncil pùsher *n.* Ⓒ《口語》(作家、書記等)以書寫爲業者。

péncil shàrpener *n.* Ⓒ削鉛筆機。

pend [pɛnd; pend] *v.i.* **1** 下垂，懸垂。**2** 未決，未定。

pen·dant [ˈpɛndənt; ˈpendənt] 《源自拉丁文「懸掛」之義》**—***n.* Ⓒ **1** (項鍊、手鐲、耳環等的)垂飾。**2** 吊燈；由天花板上垂下之飾物。**3** (英海軍的)三角旗(pennant).

pen·dent [ˈpɛndənt; ˈpendənt] 《源自拉丁文「懸掛」之義》**—***adj.* **1** 下垂的，懸掛的：a ～ lamp 吊燈，枝形吊燈。**2** 〈懸崖等〉突出的：～ eaves 突出的屋簷。**3** 〈問題等〉未決[未定]的，懸而未決的(pending).
—*n.* ＝pendant.

pend·ing [ˈpɛndɪŋ; ˈpendiŋ] *adj.* **1** 未定的，審理中的，訴訟中的；懸而未決的：a ～question 懸而未決的問題/Patent ～. 專利申請中。**2** 〈危險、災害等〉即將發生的，迫近的：a ～ disaster 即將發生的災難/A climax is ～. 高潮即將來到。
—*prep.* **1**《文語》在…中[期間](during)：～ these negotiations 在談判中，在交涉期間。**2** 在…以前，直到…(until)：～ his return 在他回來以前，直到他回來。

pen·du·lous [ˈpɛndʒələs; ˈpendjuləs] *adj.* 下垂的；搖擺不定的；搖晃的。**～·ly** *adv.*

pen·du·lum [ˈpɛndʒələm; ˈpendjuləm] 《源自拉丁文「懸垂物」之義》**—***n.* Ⓒ **1** (時鐘等的)擺錘，鐘擺。**2** (如擺錘般向兩端)擺動的東西。
the swíng of the péndulum 擺錘的搖擺；(比喻)政黨的盛衰；(輿論、人心的)大動搖；劇烈變動。

Pe·nel·o·pe [pəˈnɛləpɪ; piˈneləpi] *n.*《希臘神話》碧內洛比《奧地修斯(Odysseus)之妻；在其丈夫不在的二十年期間裡，堅守貞節以待其夫歸》。

pe·ne·plain, -plane [ˈpinəˌplen, ˌpinəˈplen; ˈpiːniplein] *n.* Ⓒ《地質》準平原《受侵蝕作用幾乎成爲平原之地區》。

pé·nes *n.* **penis** 的複數。

pen·e·tra·bil·i·ty [ˌpɛnətrəˈbɪlətɪ; ˌpenitrəˈbiləti] 《penetrable 的名詞》**—***n.* Ⓤ可入(性)，滲透性，可穿透性。

pen·e·tra·ble [ˈpɛnətrəbḷ; ˈpenitrəbl] *adj.* **1** 可滲透的，可透入的，能貫穿的。**2** 可看穿的，能識破的。

pen·e·trate [ˈpɛnəˌtret; ˈpenitreit] 《源自拉丁文「進入」之義》**—***v.t.* 〔十受〕**1 a** 〈子彈、槍矛等〉刺入，穿過，貫穿…：The bullet ～*d* his heart. 子彈穿過他的心臟。**b** 〈光、聲等〉透過，通過…：The flashlight ～*d* the darkness. 手電筒的光穿過黑暗。
2 a 〈眼睛〉透視…：The eyes of owls can ～ the dark. 貓頭鷹的眼睛可透視黑暗。**b** 看穿，洞察〈人心、眞相、僞裝等〉；理解…：～ a person's disguise 看穿某人的僞裝/I soon ～*d* the mystery. 我不久就識破了那祕密。
3 a 〈香水等〉滲透，滲入…：The odor soon ～*d* the whole building. 臭氣不久就滲入[瀰漫]了整幢建築物。**b** 〈思想等〉滲透，滲入〈人心〉。
4 〈感情等〉滲入…的心，使…充滿《★常用被動語態，變成「充滿〔…〕」之意；介系詞用 *with*》：I *was* ～*d* **with** a desire for mystical experiences. 我充滿了想嘗試神祕經驗的慾望。
—*v.i.* **1** 〔動(十介十(代)名)〕透入，滲透，滲入，穿入〔…〕〔*into, through*〕：The sunshine could not ～ where the trees were thickest. 陽光不能透入樹木最濃密的地方/The bullet ～*d* three inches ***into*** the wall. 子彈穿入牆壁三吋/Smoke ～*d* ***through*** the house. 煙滲入那間房子。
2 〈聲音〉響亮：Her voice does not ～. 她的聲音不響亮。
3 a 看透，看穿。**b**《口語》(意思)被了解：My suggestion didn't ～. 我的建議沒有被了解。

pén·e·tràt·ing *adj.* **1** 滲透的；貫穿的。
2 有洞察力的，有眼光的，有見識的，敏銳的。
3 〈聲音等〉響亮的，尖銳的。
4 〈冷風等〉刺骨的，徹骨的。

pen·e·tra·tion [ˌpɛnəˈtreʃən; ˌpeniˈtreiʃn] 《penetrate 的名詞》**—***n.* Ⓤ **1** 透入，滲透；(子彈等的)貫穿，穿入。
2 識破；洞察(力)，眼光：a man of ～ 有洞察力的人。
3《政》勢力的滲透[擴張]《文化工作之一》：peaceful ～ (經由貿易、投資等的)和平滲透。

pen·e·tra·tive [ˈpɛnəˌtretɪv; ˈpenitrətiv] 《penetrate 的形容詞》**—***adj.* **1** 能滲透的，能貫穿的。**2** 眼光銳利的，敏銳的。
～·ly *adv.*

pén friend *n.* Ⓒ《英》筆友(《美》pen pal).

pen·guin [ˈpɛngwɪn; ˈpeŋgwin] 《源自威爾斯語「白頭」之義》**—***n.* Ⓒ《鳥》企鵝。

pén·hòlder *n.* Ⓒ **1** (鋼)筆桿。**2** 筆插，筆架。

pen·i·cil·lin [ˌpɛnɪˈsɪlɪn; ˌpeniˈsilin] *n.* Ⓤ《藥》盤尼西林，青黴素。

pen·i·cil·li·um [ˌpɛnəˈsɪlɪəm; ˌpenəˈsiliəm] *n.* Ⓒ (*pl.* **～s, -li·a**

[-lɪə; -liə])《植物》青黴屬的霉菌，青黴菌《其中一種爲盤尼西林的原料》。

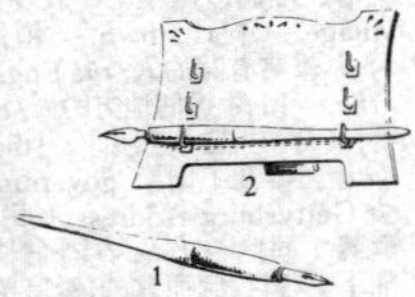

penholder 1, 2

***pen·in·su·la** [pə'nɪnsələ; pə'ninsjulə] «源自拉丁文「幾乎」與「島」之義»**—n.** Ⓒ半島《略作 pen(in).》.

pen·in·su·lar [pə'nɪnsələ; pə'ninsjulə] «peninsula 的形容詞»**—adj.** 半島(狀)的。

Penínsular Státe *n.* [the ~] 美國佛羅里達州(Florida)之俗稱。

Penínsular Wár *n.* [the ~] (伊比利亞)半島戰爭(1808–14)《英國與西班牙聯手對付拿破崙的戰爭》。

pe·nis ['pinɪs; 'pi:nis] *n.* Ⓒ(*pl.* **-nes** [-niz; -ni:z], ~**·es** [~ɪz; ~iz])《解剖》陰莖，男性生殖器。

pen·i·tence ['pɛnətəns; 'penitəns] «penitent 的名詞»**—n.** Ⓤ後悔，懺悔。

pen·i·tent ['pɛnətənt; 'penitənt] *adj.* 後悔的，悔悟了的。
—n. Ⓒ **1** 悔悟者。**2**《天主教》告解者，懺悔者。~**·ly** *adv.*

pen·i·ten·tial [͵pɛnə'tɛnʃəl; ͵peni'tenʃl] *adj.* **1** 悔悟的，懺悔的。**2**《天主教》告解聖事的，懺悔式的。~**·ly** [-ʃəlɪ; -ʃəli] *adv.*

pen·i·ten·tia·ry [͵pɛnə'tɛnʃərɪ; ͵peni'tenʃəri] *adj.* **1** 悔改的。**2** 懲治的。**3**《美》應監禁的。
—n. Ⓒ《美》監獄。

pén·knife «源自從前用以削鵝毛筆»**—n.** Ⓒ(*pl.* **-knives**)袖珍小刀，削筆刀。

pén·man [-mən; -mən] *n.* Ⓒ(*pl.* **-men** [-mən; -mən]) **1** 善書法者，書法家：a good ~ 善書者。**2** 文人，作家。**3** 以書寫爲工作的人。

pénman·ship *n.* Ⓤ書法，筆法，筆跡，習字。

Penn.《略》Pennsylvania.

pén nàme *n.* Ⓒ筆名。

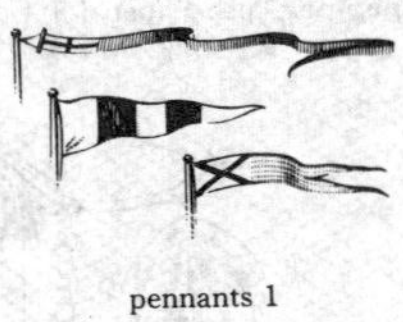
pennants 1

pen·nant ['pɛnənt; 'penənt] «源自 pendant 與 pennon»**—n.** Ⓒ **1** (勤務艦所掛的)旒旗，細長三角旗，小燕尾旗(⇨ flag[1]【同義字】)。**2** (運動比賽等的)優勝旗，錦旗；啦啦隊的旗子：win the ~ 優勝，奪得錦標，獲得冠軍。

pen·ni·less ['pɛnɪlɪs; 'penilis] *adj.* 一文不名的，身無分文的，赤貧的。

Pén·nine Álps ['pɛnaɪn-; 'penain-] *n. pl.* [the ~] 本寧阿爾卑斯山《在瑞士與義大利的國境，爲阿爾卑斯山脈的一部分》。

Pen·nines ['pɛnaɪnz; 'penainz] *n. pl.* [the ~] 本寧山脈《由英格蘭北部南走的丘陵地帶》。

pen·non ['pɛnən; 'penən] *n.* Ⓒ **1** (三角形或燕尾形的)槍旗，矛旗《槍騎兵所用》。**2** (一般的)旗子，旗幟。

pen·n'orth ['pɛnəθ; 'penəθ] *n.* =pennyworth.

Penn·syl·va·nia [͵pɛnsl'venjə; ͵pensl'veinjə] «源自「(殖民地創設人的) W. Penn 的森林地」之義»**—n.** 賓夕凡尼亞州《美國東部的一州，首府哈立斯堡(Harrisburg ['hærɪs͵bɜg; 'hærisbə:g])；略作 Pa., Penn.；《郵政》PA；俗稱 the Keystone State》.

Pénnsylvania Dútch *n.* **1** [the ~；集合稱；當複數用] 德裔賓夕凡尼亞人《17–18 世紀時移入美國賓夕凡尼亞州(Pennsylvania)東部的德國南部人後代》。**2** Ⓤ(德裔賓夕凡尼亞人所用的)混有英語的德語。

Pénnsylvania Gérman *n.* =Pennsylvania Dutch 2.

Penn·syl·va·nian [͵pɛnsl'venjən; ͵pensl'veinjən] «Pennsylvania 的形容詞» **—adj.** 賓夕凡尼亞州(人)的。
—n. Ⓒ賓夕凡尼亞州人，賓州人。

‡pen·ny ['pɛnɪ; 'peni] *n.* (*pl.* **pen·nies**)《★ 語形 數硬幣時用 pennies，金額時用 **pence** [pɛns; pens]》 **1** Ⓒ便士；一便士銅幣《略作 p [pi; pi]；⇨ coin 1★》：5 p (=five *pence*) 五便士/a fifty *pence* 五十便士的白銅幣/A ~ saved is a ~ earned.《諺》省一文賺一文/He gave me my change in *pennies.* 他找給我便士銅幣/Take care of the *pence*, and the pounds will take care of themselves.《諺》留意小錢，大錢自來；小事留意，大事自成。

【說明】1971 年以前英國的貨幣單位：12 pence=1 shilling, 240 pence=20 shilling=1 pound, 略作 d. 自 1971 年 2 月改用便士(new penny), 100 pence=1 pound.

2 Ⓒ(*pl.* **pennies**)《美・加拿大》一分(cent)銅幣(⇨ coin 1).

3 a [a ~；常用於否定句] 小錢；僅一點點：*not* worth *a* ~ 一點價值也沒有/I have *not a* ~ (to bless myself with). 我身無分文[一文不名]。**b** Ⓒ《口語》金錢：a pretty [fine] ~ 相當大的一筆錢，一大筆錢。

A pénny for your thóughts.《口語》[對沉思不語者的問話] 你呆呆地在想些什麼呢？

Ín for a pénny, ín for a póund.《英》既爲一文錢，就爲一貫錢；一旦開始做，就做到底；一不做，二不休《★源自「既然開始做賺便士的工作，就把英鎊也賺到手」之意》。

pénnies from héaven《口語》天上掉下來的錢，意外的好運。

spénd a pénny《英委婉語》上廁所。

The pénny (has) drópped.《英口語》意思終於明白了；目的已達到《★源自「硬幣已進入自動販賣機」之意》。

túrn an hónest pénny 規規矩矩工作賺點正當的錢。

twó [tén] (for) a pénny《英口語》可輕易到手的，非常廉價的；常見的，不稀奇的。

-pen·ny [-pənɪ, -pɛnɪ; -pəni, -peni] [形容詞複合用詞] 表示「價格…便士的」之意：a five-*penny* stamp 五便士的郵票。

pénny-a-líne *adj.* **1** 每行一便士的。**2** (原稿、著作等)(稿費)便宜的；拙劣的。

pénny-a-líner *n.* Ⓒ(論行計資的)窮文人；下等文人。

pénny arcàde *n.* Ⓒ《美》遊樂中心《有投幣式遊樂設施者》(《英》amusement arcade)。

pénny dréadful *n.* Ⓒ《英俚》廉價書或雜誌，廉價小說《如犯罪、恐怖、偵探、神奇等之故事》。

pénny-fárthing *n.* Ⓒ《英》(1870–90 年間流行的)前輪大後輪小的舊式腳踏車。

pénny-hálfpenny *n.* Ⓒ(舊貨幣時代的)一便士半。

pénny-in-the-slòt *n.* Ⓒ自動販賣機。

pénny-pìncher *n.* Ⓒ《口語》吝嗇鬼，小氣鬼。

pénny-pìnching *adj.* 吝嗇的，小氣的。
—n. Ⓤ吝嗇，小氣。

pénny·róyal *n.* (*pl.* ~**s**, ~) **1** Ⓒ《植物》胡薄荷。**2** Ⓤ薄荷油。

pénny·wèight *n.* Ⓒ英錢《英國的金衡(troy weight)單位=1/20 ounce, 24 grains, 1.555 g；略作 dwt., pwt.》.

pénny-wíse *adj.* 省小錢的，惜分文的；對小事斤斤計較的[特別精明的]：*P*~ and pound-foolish.《諺》小事精明，大事糊塗；貪小失大。

pen·ny·wort ['pɛnɪ͵wɜt; 'peniwə:t] *n.*《植物》Ⓒ **1** 一種景天科之草本植物。
2 東半球元參科之一種植物。
3 (美洲產)龍膽科小草。

pen·ny·worth ['pɛnɪ͵wɜθ; 'penəθ, 'peniwəθ] *n.* **1** Ⓒ一便士的價值[東西]；一便士能買到的量。
2 [a ~；常用否定句] 少量，小額：*not a* ~ 一點也不…。

pe·nol·o·gy [pi'nɑlədʒɪ; pi:'nɔlədʒi] *n.* Ⓤ刑罰學，監獄(管理)學。

pén pàl *n.* Ⓒ《美》筆友(《英》pen friend).

pén pòint *n.* Ⓒ筆尖。

pén pùsher *n.* Ⓒ《口語》用筆工作的人，書記，辦事員(clerk).

pen·sion[1] ['pɛnʃən; 'penʃən] «源自拉丁文「支付」之義»**—n.** Ⓒ **1** 年金，退休金，(每年支給一定額數的)養老金，撫恤金，恩俸：an old-age ~ 養老金/draw one's ~ 領養老金/retire on a ~ 領養老金退休。
2 (給藝術家等的)獎金。
—v.t. 1 〔十受〕付給〈某人〉年金[恩俸]。
2 〔十受十副〕給〈某人〉年金(等)使其退休〈*off*〉。

pen·sion[2] ['pɑnsɪ͵an; 'pɑ:ŋsiɔ:ŋ] *n.* Ⓒ(尤指法國、比利時等供膳的)公寓，公寓式的旅社。

pen·sion·a·ble ['pɛnʃənəbl; 'penʃənəbl] *adj.* 有領退休金[撫恤金]資格的。

pen·sion·a·ry ['pɛnʃən͵ɛrɪ; 'penʃənəri] «pension[1] 的形容詞»**—adj. 1** 年金的。
2 領年金(等)的。
3 靠年金過活的。
—n. Ⓒ **1**《罕》領退休金[撫恤金]的人。**2** 受雇者，傭兵，扈從，手下。

pén·sion·er [-ʃənə; -ʃənə] *n.* Ⓒ **1** 年金受領者；靠撫恤金生活的人。**2**《英》(劍橋大學的)自費生。

pen·sive ['pɛnsɪv; 'pensiv] «源自法語「想」之義»**—adj. 1** 沉思的。**2** 鬱鬱不樂的，憂傷的，哀愁的。~**·ly** *adv.* ~**·ness** *n.*

pén·stòck *n.* Ⓒ **1** (水力發電廠的)導水管。**2 a** 水門。**b** 水渠。

pent [pɛnt; pent] *v.* **pen[2]** 的過去式・過去分詞。
—adj. [不用在名詞前] [常 ~ **up**] 被關閉的《★ 語形 作修飾用法時變成 pent-up》：He was ~ *up* in the barn. 他被關閉在穀倉裏。

pent·a- [pɛntə-; pentə-] [複合用詞] 表示「五」之意。

P

P

pen·tad [ˋpɛntæd; ˈpentæd] *n.* Ⓒ **1** 五，五個之一組。**2** 五年之期間。**3**《化學》五價元素，五價基。

pen·ta·gon [ˋpɛntə͵gɑn; ˈpentəgən] *n.* Ⓒ **1** 五角形，五邊形。**2** [the P~] **a** 五角大廈《★在美國維吉尼亞州(Virginia)阿靈頓(Arlington)的美國國防部辦公大樓，其建築物外形輪廓呈五角形》。**b** 美國國防部；美國軍事當局。

【字源】penta- 源自希臘文，原義爲「五」。美國國防部的建築物成五角形，所以 the Pentagon 即表示「美國國防部」; cf. number【說明】(2).

the Pentagon 2 a

pen·tag·o·nal [pɛnˋtægənl; penˈtægənl ˉ] «pentagon 的形容詞»—*adj.* 五角[邊]形的。

pen·ta·gram [ˋpɛtə͵græm; ˈpentəgræm] *n.* Ⓒ五角星形《☆》.

pen·ta·he·dron [͵pɛntəˋhidrən; ˌpentəˈhi:drən] *n.* Ⓒ(*pl.* ~**s**, **-dra** [-drə; -drə])五面體。

pen·tam·e·ter [pɛnˋtæmətɚ; penˈtæmitə]《詩學》*n.* Ⓒ五音步(的詩行)。

—*adj.* 五音步的。

pen·tane [ˋpɛnten; ˈpentein] *n.* Ⓤ《化學》戊烷(C_5H_{12})。

Pen·ta·teuch [ˋpɛntə͵tuk, -tjuk; ˈpentətju:k] *n.* [the ~]《聖經》摩西五書《聖經舊約的首五卷，即 Genesis (創世記), Exodus (出埃及記), Leviticus (利未記), Numbers (民數記), Deuteronomy (申命記)》。

pen·tath·lon [pɛnˋtæθlən; penˈtæθlɔn] *n.* Ⓤ [又作單數；常 the ~]五項運動(cf. decathlon)：⇨ Modern pentathlon.

Pen·te·cost [ˋpɛntɪ͵kɔst; ˈpentikɔst] *n.* **1**〔猶太教〕五旬節《★從慶祝踰越節(Passover)後第二天算起第五十天所舉行的猶太收穫節，以慶祝摩西在西奈山獲得神的戒律》。**2**〔基督教〕《美》五旬節，聖靈降臨節[日](Whitsunday).

Pen·te·cost·al [͵pɛntɪˋkɔstl; ˌpentiˈkɔstl ˉ] *adj.*

pént·hòuse *n.* Ⓒ **1** (建於大樓平頂上的)高級住宅。**2** (大廈頂樓上水塔、通風裝置、電梯間的)屋頂塔。**3**《罕》**a** 附於大建築物的遮篷。**b** 附於大建築物的小棚屋。

pén tràу *n.* Ⓒ筆盤。

pént-úp *adj.* [用在名詞前]被關閉的；鬱積的(cf. pent)：~ fury [rage]心中鬱積的憤怒。

pe·nult [ˋpinʌlt, pɪˋnʌlt; peˈnʌlt] *n.* Ⓒ《語音・詩學》倒數第二音節。

pe·nul·ti·mate [pɪˋnʌltəmɪt; peˈnʌltimət] *adj.* [用在名詞前]倒數第二音節的。

pe·num·bra [pɪˋnʌmbrə; piˈnʌmbrə] *n.* Ⓒ **1**〔天文〕(太陽黑子周圍的)半暗部分，黑影周圍的半陰影。**2**〔繪畫〕明暗[濃淡]相交之處。**3**〔疑惑等的〕陰影；〔意義等的〕境界，領域〔*of*〕：A ~ *of* doubt surrounds the incident. 疑惑的陰影籠罩著該事件《眞相不明》。

pe·nu·ri·ous [pəˋnurɪəs, -ˋnju-; piˈnjuəriəs] «penury 的形容詞»—*adj.*《文語》**1** 貧窮的，窮困的。**2** 吝嗇的。~·**ly** *adv.*

pen·u·ry [ˋpɛnjərɪ; ˈpenjuri] *n.* Ⓤ《文語》貧窮，貧乏：live [die] in ~ 在貧困中生活[死去]。

pe·on [ˋpiən; pju:n, ˈpi:ən] *n.* Ⓒ **1**《中南美》工人，散工，日工。**2**《印度》**a** 步兵，警察。**b** 僕從，跟班，侍役。

pe·on·age [ˋpiənɪdʒ; ˈpi:ənidʒ] *n.* Ⓤ **1** 被迫勞役以抵債者(peon)之狀態或工作。**2** 勞役償債制度。

pe·o·ny [ˋpiənɪ; ˈpiəni] «源自希臘文「諸神的醫師」之義；因此植物被用作藥»—*n.* Ⓒ《植物》芍藥；牡丹：blush like a ~ 臉紅得像一朵牡丹花。

‡**peo·ple** [ˋpipl; ˈpi:pl] *n.* **1** [集合稱；當複數用；常與修飾語連用]人們《★用法作此義無複數》：⇨OF all people/hundreds of ~ 數以百計的人，幾百人/A lot of ~ went to the ballpark. 許多人去棒球場/I see very few ~ here. 我在這裡很少看到人/Many ~ think so. 很多人那樣想/Three ~ were present. 有三個人出席《★比較在文語中或特別在意人數時用 persons,《口語》一般用 people》.

2 [集合稱；當複數用；以無冠詞單獨用](籠統地指)世上的人們《★用法與義 1 同》：*P~* say *that*.... 據說…，人們說…《★變換可換寫成 They say that.... 或 It is said that....》.

3 [集合稱；當複數用；常與修飾語或 the 連用](屬特定場所、階層、團體、職業、民族等的)人們，居民《★用法與義 1 同》：village ~ 村民/town ~ 鎮民/theater ~ 演戲的人/newspaper ~ 與報業有關的人/*the* English ~ = *the* ~ of England 英國人/*the* ~ here 這個地方的人/*the* best ~ 上流社會人士。

4 [集合稱；當複數用] **a** [**the** ~](屬於某一國家的)國民，選民《★用法與義 1 同》：government of *the* ~, by *the* ~, for *the* ~ ⇨ Gettysburg Address. **b** 民衆，人民，平民，下層階級《★用法與義 1 同》。**c** [**one's** ~](對於君主而言的)臣民，臣下，隨從，部下；(對牧師而言的)教區的居民《★用法與義 1 同》：the king and his ~ 國王和他的臣民/He is severe with his ~. 他對他的部下很嚴格。**d** [**one's** ~]《口語》家人，親兄弟；祖先(等)《★用法與義 1 同》：my ~ at home 我家鄉的人民，近親，家人。

5 Ⓒ (在文化上、社會上同屬一集團的)國民，民族，種族：a warlike ~ 好戰的民族/the English-speaking ~*s* 講英語的民族/the ~*s* of Asia 亞洲諸民族。

【同義字】race 指有共同的體質、體格上的特徵、語言、風俗等的人們；nation 指有相同的文化、習慣，而在獨立政府之下被統一的集團。

6 [集合稱；當複數用](有別於動物的)人，人類《★用法與義 1 同》：Cops, too, are ~. 警察也是人。

7 [P~；集合稱；當複數用]《美》〔法律〕(代表州民的)檢察當局，檢方《★用法與義 1 同；cf. Regina 2, Rex[1] 2, versus 1》：*P~* of California v. John Smith 加利福尼亞州檢察當局對約翰史密斯/*People's* exhibit A 檢方證物第一號。

gó to the péople 〈政治領袖〉訴諸公民投票。

—*v.t.* 〔十受〕**1** 使人們住在…，在[向]…殖民[移民]。**2** 居住於…《★常以過去分詞當形容詞用》：a thickly [sparsely] ~*d* country 人口稠密[稀疏]的國家。

Péople's pàrty *n.* [the ~]《美》〔政治〕人民黨《1891–1904；主張增加通貨、鐵路國有、限制私有土地等》。

pep [pɛp; pep] «pepper 之略»—《口語》*n.* Ⓤ元氣，活力，精力：full of ~ 充滿活力，精力充沛。

—*v.t.* 〔十受(十副)〕給〈人〉打氣，鼓勵〈某人〉〈*up*〉.

***pep·per** [ˋpɛpɚ; ˈpepə] *n.* **1** Ⓤ胡椒(粉)：⇨ black pepper, white pepper. **2** Ⓒ《植物》胡椒屬植物：⇨ green pepper, sweet pepper.

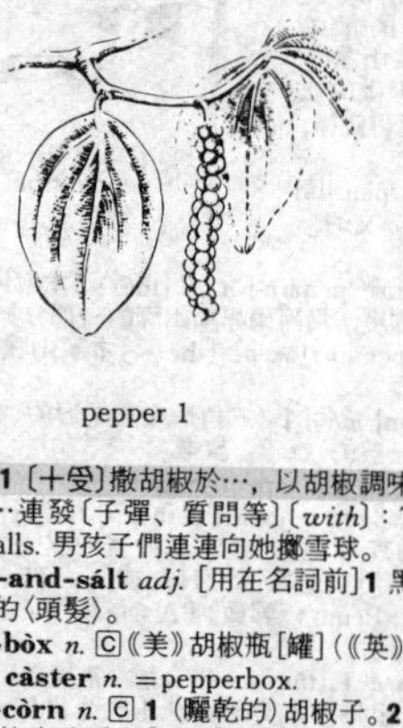

pepper 1

peppers 2

—*v.t.* **1** 〔十受〕撒胡椒於…，以胡椒調味…。**2** 〔十受十介十(代)名〕向…連發〔子彈、質問等〕〔*with*〕：The boys ~*ed* her *with* snowballs. 男孩子們連連向她擲雪球。

pépper-and-sált *adj.* [用在名詞前] **1** 黑白點相間的〈衣料等〉。**2** 半白的〈頭髮〉。

pépper·bòx *n.* Ⓒ《美》胡椒瓶[罐](《英》pepper pot).

pépper càster *n.* =pepperbox.

pépper·còrn *n.* Ⓒ **1** (曬乾的)胡椒子。**2** (又作 **péppercorn rént**)名義上的少許房租[地租]，象徵性的房租[地租]。

pépper mìll *n.* Ⓒ胡椒子研磨器。

pep·per·mint [ˋpɛpɚ͵mɪnt; ˈpepəmint] *n.* **1** Ⓤ《植物》辣薄荷。**2** Ⓤ **a** 薄荷油。**b** 薄荷酒《酒精中溶有薄荷油的酒》。**3** Ⓒ薄荷糖。

peppermint 1

pépper pòt *n.*《英》=pepperbox.

pépper shàker *n.* Ⓒ頂端有小篩孔的胡椒瓶。

pep·per·y [ˋpɛpərɪ; ˈpepəri] «pepper 的形容詞» —*adj.* **1** 胡椒(似)的；〈食物〉有胡椒味的，辛辣的。

2 〈人〉易怒的，暴躁的。

3 〈言語等〉尖刻的。

pép pill *n.* Ⓒ[常 ~s]《口語》興奮藥片，提神藥丸《尤指安非他命》。

pep·py [ˋpɛpɪ; ˈpepi] «pep 的形容詞» —*adj.* (**pep·pi·er**; **-pi·est**)《美口語》精神飽滿的，精力充沛的。

pep·sin [ˋpɛpsɪn; ˈpepsin] *n.* Ⓤ《生化》胃液素，胃蛋白酶《分解蛋白質的酵素，存於胃中》。

pép tàlk *n.* Ⓒ《口語》(常指簡短的)鼓勵性的話[演說]。

pép-tàlk *v.t.* & *v.i.*《俚》(對…)作鼓勵士氣的講話，鼓勵(人)，爲(人)打氣。

pep·tic [ˋpɛptɪk; ˈpeptik] «pepsin 的形容詞»—*adj.* [用在名詞前] **1** 胃液素的。**2 a** 消化(性)的：a ~ ulcer《醫》(胃、十二指腸的)消化性潰瘍。**b** 有消化力的，助消化的。

péptic ùlcer *n.*《醫》Ⓒ消化性潰瘍。

pep·tone [ˋpɛpton; ˈpeptoun] *n.* Ⓤ《生化》消化蛋白質，蛋白腖。

***per** [(輕讀) pə; pə; (重讀) pɝ; pə:] *prep.* **1** [表示方法]由[以，經，靠]…：~ post 以郵寄(方式)/ ~ rail [steamer] 由鐵路[輪船]。**2** 每…(★用法 主要用於專門用語及商業英語；一般則說 $20 *a* man [week] 每人[每週]二十美元)：($20) ~ man [week] 每人[每週](二十美元)/800 bushels ~ acre 每英畝八百蒲式耳。

às per... 照[按]…(= according to...)：*as* ~ enclosed account 照所附帳目。

às per úsual《口語》照常(as usual)。

per- [pɝ-, pə-; pə:-, pə-] 字首 **1** [附於拉丁系的字]表示「通」「普遍(做…)」之意：*per*fect, *per*vade. **2** 表示「極」「甚」之意：*per*fervid. **3**《化學》表示「過…」之意：*per*oxide.

per·ad·ven·ture [ˌpɝədˋvɛntʃɚ; pərədˈventʃə] *adv.*《古》**1** 也許，恐怕。**2** 偶然，說不定：If ~ you meet him.... 要是你碰巧遇到他…。

per·am·bu·late [pəˋræmbjəˌlet; pəˈræmbjuleit] *v.t.* **1** 巡行[巡視]〈場所〉。**2** 徘徊於〈某場所〉，在〈某地〉閒蕩。

per·am·bu·la·tion [pəˌræmbjəˋleʃən; pəˌræmbjuˈleiʃn] *n.*

per·am·bu·la·tor [pəˋræmbjəˌletɚ; pəˈræmbjuleitə] *n.* Ⓒ《文語》嬰兒車(★比較《英口語》用 pram)。

per an·num [pəˋænəm; pərˈænəm] «源自拉丁文 'by the year' 之義»—*adv.* 每年(yearly)《略作 per an(n)., p.a.》。

per·cale [pɚˋkel; pəˈkeil] *n.* Ⓤ一種光滑細密的棉布。

per cap·i·ta [pɚˋkæpɪtə; pəˈkæpitə] «源自拉丁文 'by heads' 之義»—*adv.* 每人，按人頭(分配)。—*adj.* [用在名詞前] 每人的：annual ~ consumption of beer 每人每年啤酒的消費量。

per·ceiv·a·ble [pɚˋsivəbl; pəˈsi:vəbl] *adj.* 可察覺的，感覺得到的，可看到的，可領會的。

per·céiv·a·bly [-vəblɪ; -vəbli] *adv.* 可察覺地，有感覺地。

***per·ceive** [pɚˋsiv; pəˈsi:v] «源自拉丁文「完全抓住」之義»—*v.t.* **1** 察覺，發覺：**a** [+受]察覺，看見，發覺…：~ danger 察覺到危險/~ a light in the distance 看見遠處的燈光。**b** [+受+原形]發覺…〈做…〉：Did you ~ anyone come in? 你有沒有發覺有人進來？**c** [+受+do*ing*]發覺…〈在做…〉：Nobody ~*d* me enter*ing* the room. 沒人發覺我進入房間。**2** 明白，了解：**a** [+受]了解，理解，看出…：Can't you ~ this obvious truth? 你看不出這明顯的事實嗎？**b** [+ *that*_]了解，領會，知道〈…事〉：He ~*d that* he could not make his daughter change her mind. 他知道他無法改變女兒的心意。**c** [+ *wh*._]明白〈…〉：At first I couldn't ~ *what* he meant. 起先我不理解他說的意思。**d** [+受+(*to be*)補]看出[發覺]…〈是…〉：When he came nearer, I ~*d* him (*to be*) an elderly man. 當他走近些時，我看出他是個已逾中年[漸近老年]的人。

‡per·cent,《英》**per cent** [pɚˋsɛnt; pəˈsent] «源自拉丁文「每一百」之義»—*n.* Ⓒ(*pl.* ~)百分比；百分中之一分(★用法 當作主詞時，其動詞之數通常須與~(of)後所接的名詞符合；⇨ percentage 比較；符號%；略作 p.c., per ct.)：5 ~ 百分之五，五分，5% /a [one] hundred ~ 百分之百，100% /interest at 3 ~ [3%] = 3% interest 三分利，3% 的利息/Twenty ~ *of* the products are exported. 百分之二十的產品外銷/Nearly 30 ~ *of* the wheat crop was damaged. 將近百分之三十的小麥收成受到損害。

—*adj.* [用在名詞前] [與數字連用]百分之…的：a ten ~ increase 百分之十[一成]的增加量/We give a 10 ~ discount for cash. 我們對付現金者給予九折優待/Genius is one ~ inspiration and ninety-nine ~ perspiration. 天才是靠百分之一的靈感與百分之九十九的苦汗[努力](★愛迪生(T. Edison)的話)。

—*adv.* 對每一百，在一百當中：I am 100 ~ satisfied with the result. 我對該結果百分之百滿意。

***per·cent·age** [pɚˋsɛntɪdʒ; pəˈsentidʒ] *n.* **1** Ⓒ[常用單數]百分比[率]，比率(★比較 原則上，前面爲數詞時用 percent，數詞以外者，如 small, large, great, high 等則用 percentage，但口語中幾乎無此區別；★用法 當作主詞時，其動詞之數通常須與 ~ of 後所接的名詞符合)：What ~ *of* the students are [is] admitted to college(s)? 有多少百分比[率]的學生獲准進入大學？/A small ~ *of* the farm produce was ruined. 農產品中的一小部分壞掉了。**2 a** Ⓤ《口語》利益，賺頭：There is no ~ in it. 那沒有賺頭[好處]。**b** [~s](勝的)機率，勝算。

pláy the percéntages 計算得失[機率]而行動。

—*adj.* [用在名詞前]有勝算的，機率高的。

per·cent·age·wise [pɚˋsɛntɪdʒˌwaɪz; pəˈsentidʒwaiz] *adv.* 從百分比來看，在百分比上。

per·cen·tile [pɚˋsɛntaɪl, -tɪl; pəˈsentail] *n.* Ⓒ《統計》百分位值。

per cent·um [pɚˋsɛntəm; pəˈsentəm] «源自拉丁文»—*n.* = per cent 1.

per·cept [ˋpɝsɛpt; ˈpə:sept] *n.* Ⓒ《哲學》**1** 由知覺或認識得來的印象，知覺表象。**2** 知覺或認識的對象。

per·cep·ti·bil·i·ty [pɚˌsɛptəˋbɪlətɪ; pəˌseptəˈbiləti] «perceptible 的名詞»—*n.* Ⓤ可察覺[可認知](的狀態，性質)，察覺力，領悟的能力。

per·cep·ti·ble [pɚˋsɛptəbl; pəˈseptəbl] *adj.* **1** 可以察覺[感受，認知]的。**2** 能感覺得到的，看[認]得出的，相當的。

per·cép·ti·bly [-təblɪ; -təbli] *adv.* 能察覺地，可知覺[認知]地，明顯地。

per·cep·tion [pɚˋsɛpʃən; pəˈsepʃn] «perceive 的名詞»—*n.* **1** Ⓤ知覺(力，作用)；認識，感受：a man of keen ~ 知覺敏銳的人。**2** Ⓒ知覺的對象。~**·al** [-ʃənl; -ʃnl] *adj.*

per·cep·tive [pɚˋsɛptɪv; pəˈseptiv] «perceive 的形容詞»—*adj.* **1** 知覺的；有知覺(力)的。**2** 知覺敏銳的，靈敏的。

~**·ly** *adv.* ~**·ness** *n.*

per·cep·tiv·i·ty [ˌpɝsɛpˋtɪvətɪ; ˌpə:sepˈtiviti] «perceptive 的名詞»—*n.* Ⓤ知覺力；敏銳，靈敏。

per·cep·tu·al [pɚˋsɛptʃuəl; pəˈseptjuəl] *adj.* 知覺的，依靠知覺的。~**·ly** *adv.*

perch[1] [pɝtʃ; pə:tʃ] «源自拉丁文「棒子」之義»—*n.* Ⓒ **1** (鳥的)棲木。**2** 高的地位。**3 a** 馭者座。**b**《謔》(高而不穩的)座席。**4**《英》桿(英國的長度、(土地)面積單位；⇨ rod 5)。

Còme óff your pérch. 別狂妄自大，別瞧不起人。

knóck a person **óff** his **pérch** 挫敗，毀掉〈某人〉。

—*v.i.* [+副詞(片語)] **1** 〈鳥〉停，歇(在…)：A little bird ~*ed* *on* the branch. 一隻小鳥停在樹枝上。**2** (在…)坐下來：~ *on* a high stool 在高凳子上坐下來。

—*v.t.* [+受+副詞(片語)] **1** 把…放在(不穩定的[高的，狹窄的]地方)：She ~*ed* her child *on* the chair. 她把小孩放在椅子上。**2** [~ one*self*]使自己坐(在…)(★也可用被動語態，變成「坐(在…)」之意)：He ~*ed himself* [*was* ~*ed*] *on* a high stool. 他坐在高凳子上。

perch[2] [pɝtʃ; pə:tʃ] *n.* (*pl.* ~, ~**·es**) **1** Ⓒ《魚》河鱸(歐洲產的食用淡水魚)。**2** Ⓤ河鱸的肉。

per·chance [pɚˋtʃæns; pəˈtʃɑ:ns] *adv.*《古·文語》**1** 可能，或許。**2** [用於 if 或 lest 的子句中]偶然地。

per·cip·i·ence [pɚˋsɪpɪəns; pəˈsipiəns] «percipient 的名詞»—*n.*《文語》Ⓤ知覺(力)，識別(力)。

per·cip·i·ent [pɚˋsɪpɪənt; pəˈsipiənt]《文語》*adj.* 有知覺(力)的，感覺的，有意識的。

—*n.* Ⓒ感覺者，感覺靈敏的人，千里眼。

per·co·late [ˋpɝkəˌlet; ˈpə:kəleit] *v.i.* **1** [動(+介+(代)名)] **a** 〈液體〉滲透，濾過，滲出[於…][*through*]。**b** 〈思想等〉滲開，徐徐擴大，滲入[於…][*through, into*]。**2** 〈咖啡〉(從煮咖啡壺裡)過濾出來。—*v.t.* **1** 〈液體〉滲入…。**2** (用滲濾壺)濾煮〈咖啡〉：I'll ~ some coffee for you. 我給你濾煮一些咖啡。

per·co·la·tion [ˌpɝkəˋleʃən; ˌpə:kəˈleiʃn] «percolate 的名詞»—*n.* ⓊⒸ **1** 過濾，滲透。**2** 濾煮(用滲濾壺的沖泡咖啡法)。

pér·co·là·tor [-tɚ; -tə] *n.* Ⓒ **1** 過濾器。**2** (有過濾裝置的)煮咖啡壺。

per·cus·sion [pɚˋkʌʃən; pəˈkʌʃn] *n.* **1** ⓊⒸ **a** (常指兩個堅硬物體的)撞擊，碰撞。**b** 震動；音響。**2** [the ~；集合稱]《音樂》打擊樂器；(樂隊的)打擊樂器組(★用法 視爲一整體時當單數用，指全部個體時當複數用)。**3** Ⓤ[又作 a ~]《醫》叩診(法)。

percússion càp *n.* Ⓒ **1** (從前槍彈的)雷管，火帽。**2** (紙包少量火藥的)玩具手槍子彈，紙雷管。

percússion ìnstrument *n.* Ⓒ打擊樂器(鼓、鐃鈸等)。

per·cús·sion·ist [-ʃənɪst; -ʃənist] *n.* Ⓒ(管弦樂隊的)打擊樂器手。

percússion lòck *n.* Ⓒ擊發機，雷管機。

per·cus·sive [pɚˋkʌsɪv; pəˈkʌsiv] «percussion 的形容詞»—*adj.* **1** 撞擊的，碰撞的。**2**《醫》叩診的。

Per·cy [ˋpɝsɪ; ˈpə:si] *n.* 波希《男子名》。

per di·em [pɚˋdaɪəm; ˌpə:ˈdaiem] «源自拉丁文 'by the day' 之義»—*adv.* 每日地，按日地。

—*adj.* 按日的，每日的。

—*n.* Ⓒ《美》(給推銷員等的)每日津貼，日薪。

per·di·tion [pɚˋdɪʃən; pəˈdiʃn] *n.* Ⓤ《文語》**1** 毀滅，滅亡。**2 a** (死後的)下地獄。**b** 地獄。

P

per·dur·a·ble [pɚˋdʊrəbl, -ˋdjʊ-; pəˈdjuərəbl] *adj.* 永久的，持久的，不朽的。

per·dure [pɚˋdʊr, -ˋdjʊr; pəˈdjuə] *v.i.* 持久，繼續。

per·e·gri·nate [ˋpɛrəgrɪˏnet; ˈperigrineit] *v.i.* 《謔》周遊，遊歷，(徒步)旅行。

per·e·gri·na·tion [ˏpɛrəgrɪˋneʃən; ˌperigriˈneiʃn] «peregrinate 的名詞»—*n.* Ⓤ Ⓒ [常 ~s]《謔》(徒步)旅行，遊歷。

per·e·grine [ˋpɛrəgrɪn; ˈperigrin] *n.* (又作 **péregrine fálcon**) Ⓒ《鳥》隼。

per·emp·to·ri·ly [pəˋrɛmptərəlɪ; pəˈremptərəli] *adv.* 斷然地；獨斷地；專橫地。

per·emp·to·ry [pəˋrɛmptərɪ; pəˈremptəri] *adj.* **1**〈命令等〉不由分說的，斷然的。**2**〈人、態度、言語等〉强制的，高壓的，命令式的，專橫的。**3** [ˋpɛrəmpˏtorɪ; ˈperəmptəri]《法律》決定性的，絕對的：a ~ writ 强制令狀《强迫被告無條件出庭的傳票》。

per·émp·to·ri·ness *n.*

per·en·ni·al [pəˋrɛnɪəl; pəˈreniəl] «源自拉丁文「一年到頭的」之義»—*adj.* **1** 四季不斷的。**2** 長期間持續的，永久的。**3**〈植物〉多年生的。

—*n.* Ⓒ 多年生植物。~**·ly** [-əlɪ; -əli] *adv.*

per·e·stroi·ka [ˏpɛrəˋstrɔɪkə; ˌperəˈstrɔikə] «源自俄語「改建，改造 (restructuring)」之義»—*n.* Ⓤ (尤指經濟或政治體制的)改造，改革《蘇聯領袖戈巴契夫提倡的經濟或政治改革》。

perf.《略》perfect；perforated.

‡**per·fect** [ˋpɝfɪkt; ˈpə:fikt] «源自拉丁文「造得完全」之義»—*adj.* (無比較級、最高級)《★ 用法 原則上沒有比較之變化，也沒有 very ~ 的用法，但表示「近乎完全的」或「優異的」之意時，有比較級與最高級》**1 a 完全的**；完美的，理想的：a ~ day 美好的一天，非常快樂的一天；天氣晴朗的一天/a ~ gentleman 十足的紳士/a ~ crime 不折不扣的罪行/Nobody's ~. 沒有人是完美無缺的《★ 用法 常爲安慰失敗者的話》/"How do you feel today?"—"*P*~."「今天你覺得如何？」「好極了。」**b** 齊全的，完整無缺的：a ~ set of dishes 完整無缺的一組盤子。

2 正確的；分毫不差的，純粹的：a ~ circle 完全的圓，正圓/a ~ copy 一份與正本完全相同的副本。

3 [用在名詞前]《口語》**十足的**，全然的，非常過分的，徹底的：a ~ stranger 全然陌生的人/~ nonsense 一派胡言。

4 (十介+(代)名)[對…]最適當的，最合適的 [*for*]：He is the ~ man *for* the position. 他是擔任那個職位最適當的人選/This color is ~ *for* our bedroom. 這種顏色最適合我們的臥房。

5 熟練的，精湛的：He has a ~ swing. 他的揮棒實在很完美/Practice makes ~.《諺》練習造成完美；熟能生巧。

6 [用在名詞前]《文法》完成的：the ~ tense 完成時態，完成式。

—*n.* Ⓒ《文法》**1** [常用單數] 完成時態。**2** 完成式。

— [pəˋfɛkt; pəˈfekt] *v.t.* **1** (十受)使…完全[完美]；完成，貫徹…：Inventions are ~*ed* with time. 發明物隨著時間的推移而漸趨完美。**2** (十受+介+(代)名) **a** 使〈人〉[對…]熟練 [*in*]. **b** [~ *oneself*] 熟練[於…]，精通[於…] [*in*]：She has ~*ed herself in* cooking. 她精於烹飪。~**·ness** *n.*

pérfect gáme *n.* Ⓒ **1**《棒球》完全比賽：pitch a ~〈投手〉投了一場完全比賽。**2**《保齡球》全勝比賽《連投十二次全倒，可得三百分》。

per·fect·i·ble [pəˋfɛktəbl; pəˈfektəbl] *adj.* 可使完美的，可變完善的，可改善的，可完成的。

perfécting préss *n.* Ⓒ 雙面印刷機。

per·fec·tion [pəˋfɛkʃn; pəˈfekʃən] «perfect 的名詞»—*n.* **1** Ⓤ **a** 完全，完美。**b** 完成，完備 [*of*]：bring...to ~ 使…完成。**2** Ⓤ (技藝等的)熟練，圓熟 [*in*]. **3** [*the* ~] 極致，典型，理想 [*of*]：She is *the* ~ *of* beauty. 她美到極點。

to perféction 完美地，好極：She dances *to* ~. 她的舞跳得眞是完美[好極了]。

per·féc·tion·ism [-ʃənˏɪzəm; -ʃnizəm] *n.* Ⓤ **1** 至善論，圓滿論《主張人在現世可在道德、宗教、社會、政治上達到圓滿境地的學說》。**2** 完美[至善]主義，過分講究[挑剔]的性格。

per·féc·tion·ist [-ʃənɪst; -ʃnist] *n.* Ⓒ **1** 至善[圓滿]論者，完美主義者。**2** 過分講究完美的人。

—*adj.* 至善[圓滿]論(者)的，完美主義(者)的。

***per·fect·ly** [ˋpɝfɪktlɪ; ˈpə:fiktli] *adv.* (**more** ~；**most** ~) **1** 完全地，完美無缺地：She answered the question ~. 她完美地回答了該問題。**2** [修飾形容詞或其他副詞] (通常無比較級、最高級)《口語》全然，實在，十分，非常 (very)：~ good weather 非常好的天氣/You are ~ right. 你完全正確/He is ~ dreadful. 他實在令人討厭。

pérfect párticiple *n.* Ⓒ 過去分詞 (past participle).

pérfect pítch *n.* Ⓤ《音樂》絕對音感。

pérfect rhýme *n.* Ⓒ 同音異義的韻《如 dear 和 deer》.

pérfect ténse *n.* Ⓒ《文法》完成式。

per·fer·vid [pɚˋfɝvɪd; pə:ˈfə:vid] *adj.* 非常熱心的。

per·fid·i·ous [pɚˋfɪdɪəs; pəˈfidiəs] «perfidy 的形容詞»—*adj.*《文語》背信的，不忠實的，不義的，有二心的。

~**·ly** *adv.* ~**·ness** *n.*

per·fi·dy [ˋpɝfədɪ; ˈpə:fidi] *n.* **1** Ⓤ 背信，不忠，背叛。**2** Ⓒ 背信[不忠]的行爲。

per·fo·rate [ˋpɝfəˏret; ˈpə:fəreit] «源自拉丁文「穿洞」之義»—*v.t.* **1** 在…打洞，鑿穿…：The bullet ~*d* his lung. 子彈射穿了他的肺。**2** 在〈紙〉上打齒孔：a ~*d* sheet of stamps 一張打有齒孔的郵票。**3** (用鑽等)刺穿，穿通…。

—*v.i.* (動(十介+(代)名))[在…]打洞，穿孔 [*into, through*].

— [ˋpɝfərɪt, -ˏet; ˈpə:fərit, -rət] *adj.* **1** 有孔的，貫穿的。**2** 有齒孔的。

per·fo·ra·tion [ˏpɝfəˋreʃən; ˌpə:fəˈreiʃn] «perforate 的名詞»—*n.* **1** Ⓤ 打洞，穿孔，貫穿。**2** Ⓒ [常 ~s] 孔眼，齒孔，孔狀接縫。

pér·fo·rà·tor [-tɚ; -tə] *n.* Ⓒ **1** 打孔者。**2 a** 穿孔器，打洞機，鑿孔機。**b** 剪票鋏。

per·force [pɚˋfors, -ˋfɔrs; pəˈfɔ:s] *adv.*《古・文語》强制地，强迫地；必然地。

***per·form** [pɚˋfɔrm; pəˈfɔ:m] «源自拉丁文「完全達成」之義»—*v.t.* (十受) **1 a 做**〈工作〉；執行〈任務〉《★ 比較 比 do 更拘泥的用語》：~ one's duty 盡責任/~ an operation 動手術。**b** 履行，實行〈諾言、命令等〉(fulfill)：~ one's promise 履行諾言。**c** 執行〈儀式等〉。**2 a** 上演〈戲劇〉；扮演〈角色〉：They (will) ~ *Hamlet* tonight. 他們今晚要演出「哈姆雷特」。**b** 演奏〈音樂〉：~ a piece of music *on* the violin 用小提琴演奏一首曲子。

—*v.i.* **1 a** (動(十介+(代)名)) 演奏，彈奏，吹奏[樂器] [*on*]：~ *on* the piano [violin] 演奏鋼琴[小提琴]。**b**〈人〉表演，演唱；〈動物〉耍把戲：There were some dogs ~*ing* on the stage. 舞台上有幾條狗在耍把戲。**2** [與 well 等表示情況的副詞連用] **a**〈機器〉運轉(良好)，〈人〉工作(順利)：The machine ~*s* well. 那部機器運轉[性能]良好。**b**〈人〉(圓滿地)進行房事。

per·form·a·ble [pɚˋfɔrməbl; pəˈfɔ:məbl] *adj.* 可實行[完成，上演，演奏]的。

***per·form·ance** [pɚˋfɔrməns; pəˈfɔ:məns] «perform 的名詞»—*n.* **1** Ⓤ **a 實行**，完成，履行 [*of*]. **b** (儀式等的)舉行，執行 [*of*]. **2** Ⓤ **a** 工作，作業，動作。**b** (機器的)性能：engine ~ 引擎的性能。**3** Ⓒ 上演，演奏，表演，演出。**4** [a ~]《口語》不像樣子，丟人，難看：What *a* ~!《反語》成何體統！**5** Ⓤ《語言》語言的運用。

per·fórm·er *n.* Ⓒ **1** 實行[履行，完成，執行]者。**2** [常與修飾語連用] 熟練者，能手，好手：a good ~ at the wicket [on the cricket field] 板球好手。**3** 演員，演奏者，賣藝者。

perfórming árts *n. pl.* 表演藝術，舞臺藝術《如歌唱、表演、舞蹈等》。

***per·fume** [ˋpɝfjum, pɚˋfjum; ˈpə:fju:m] «源自拉丁文「四處充滿煙」之義»—*n.* **1** Ⓤ [指產品個體或種類時爲 Ⓒ] 香水，香料。**2** Ⓤ 芳香，香氣，香味。

— [pɚˋfjum; pəˈfju:m] *v.t.* **1** (十受) **a** 擦[撒，噴]香水於…。**b**〈花等〉使〈房間、空氣〉充滿香味。**2** (十受+介+(代)名)《文語・詩》[用…]擦香水於… [*with*].

per·fúm·er *n.* Ⓒ **1** 香料商，香水製造者。**2** 撒香水的人[器具]。

per·fum·er·y [pɚˋfjumərɪ; pəˈfju:məri] *n.* **1** Ⓤ [集合稱] 香水類，香料。**2** Ⓤ 香水製造[銷售]業。**3** Ⓒ 香水製造廠[銷售處]。

per·fum·i·er [pɚˋfjumɪɚ; pəˈfju:miə] *n.*《英》= perfumer.

per·func·to·ry [pɚˋfʌŋktərɪ; pəˈfʌŋktəri] *adj.* **1**〈行動等〉敷衍的，馬虎的，隨便的，機械性的。**2**〈人〉沒有幹勁的，不熱心的。

per·fúnc·to·ri·ly [-tərəlɪ; -tərəli] *adv.* **-ri·ness** *n.*

per·fuse [pɚˋfjuz; pəˈfju:z] *v.t.* 使…充滿；灌注，鋪滿，灑遍，撒滿…。

per·fu·sion [pɚˋfjuʒən; pəˈfju:ʒn] *n.* Ⓤ **1** 灌注，充滿，撒遍。**2** (洗禮的)灑水，灑水洗禮。**3** 灑布用之液體。**4**《醫》灌注法。

per·go·la [ˋpɝgələ; ˈpə:gələ] *n.* Ⓒ (用藤蔓纏繞的棚架爲頂的)涼亭。

pergola

‡**per·haps** [pɚˋhæps; pəˈhæps] *adv.* **1** 可能，也許，或許：*P*~ that's true. 也許那是眞的。

【同義字】perhaps 表示有可能性但不確實，也不表示可能性的大小；maybe 與 perhaps 同義，尤其常用於口語；probably 表示可能性大，而且很有可能；possibly 表示有可能性，但不一定確實。

2 [用於客氣的拜託] 可能的話：*P*~ you would be good enough

to write to me. 可能的話請你寫信給我。

per héad *adv.* **1** 每頭。**2** 各自，各個。

pe·ri [ˋpɪrɪ, ˋpiri; ˈpiəri] *n.* Ⓒ **1**《波斯神話》精靈，仙女。**2** 美人。

per·i·anth [ˋpɛrɪˏænθ; ˈperiænθ] *n.* Ⓒ《植物》花被，花萼。

per·i·car·di·tis [ˏpɛrɪkɑrˋdaɪtɪs; ˌperikaːˈdaitis] *n.* Ⓤ《醫》心包炎。

per·i·car·di·um [ˏpɛrɪˋkɑrdɪəm; ˌperiˈkaːdjəm] *n.* Ⓒ (*pl.* **-di·a** [-dɪə; -diə])《解剖》心囊，心包。

per·i·carp [ˋpɛrɪˏkɑrp; ˈperikaːp] *n.* Ⓒ《植物》果皮《★從外側起分為外果皮(epicarp)，中果皮(mesocarp)，內果皮(endocarp)》。

per·i·car·pi·al [ˏpɛrɪˋkɑrpɪəl; ˌperiˈkaːpiəl˝] *adj.*

Per·i·cles [ˋpɛrəˏkliz; ˈperikliːz] *n.* 培里克里斯(495？-429 B.C.；希臘雅典(Athens)的將軍及政治家；因其獎勵文物給雅典帶來黃金時代)。

per·i·cra·ni·um [ˏpɛrɪˋkrenɪəm; ˌperiˈkreiniəm] *n.* (*pl.* **-ni·a** [-nɪə; -niə]) Ⓒ **1**《解剖》頭骨膜，顱骨膜。
2《謔》頭，腦子。

per·i·dot [ˋpɛrɪˏdɑt; ˈperidɔt] *n.* Ⓤ [指個別寶石時為Ⓒ]《礦》貴橄欖石《濃綠透明的橄欖石；⇨ birthstone 表》。

per·i·gee [ˋpɛrəˏdʒi; ˈperidʒiː] *n.* Ⓒ [常用單數]《天文》近地點《月球或人造衛星在其軌道上最接近地球的點；⟷ apogee；⇨ apogee 插圖》。

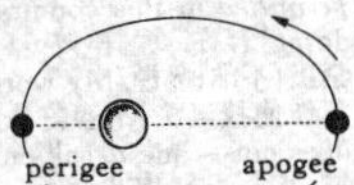

perigee

per·i·he·lion [ˏpɛrɪˋhiljən; ˌperiˈhiː-ljən] *n.* Ⓒ (*pl.* **-lia** [-lɪə; -ljə])《天文》近日點《行星等在其運行軌道上最接近太陽的點；⟷ aphelion》。

per·il [ˋpɛrəl; ˈperəl] *n.* ⓊⒸ (可能造成受傷或死亡的重大)**危險**，危害(⇨ danger【同義字】)：in ～ of... 有…的危險/He was *in* ～ (*of* his life). 他有(生命的)危險/They were *in* ～ *of* death from hunger. 他們有死於飢餓的危險。

at one's péril [用於警告、忠告等]自行負責，風險自己負擔。

at the péril of... 冒…的危險：You do it *at the* ～ *of* your life. 你做那件事要冒生命的危險。

per·il·ous [ˋpɛrələs; ˈperələs]《peril 的形容詞》——*adj.* 危險的，冒險的。～**·ly** *adv.* ～**·ness** *n.*

pe·rim·e·ter [pəˋrɪmətə; pəˈrimitə] *n.* Ⓒ **1** 周邊《環繞軍事基地、飛機場等的周界線》。**2** 周長：What is the ～ of this polygon？這個多邊形的周長是多少？

per·i·ne·um [ˏpɛrəˋniəm; ˌperiˈniːəm] *n.* Ⓒ (*pl.* **-ne·a** [-ˋniə; -ˈniːə])《解剖》會陰。

‡**pe·ri·od** [ˋpɪrɪəd; ˈpiəriəd]《源自拉丁文「一圈的路」之義》——*n.* **1** Ⓒ**期間**：at stated ～*s* 在定期，在前述的期間/a short ～ of time 短期間[時間]/for a [the] ～ of six years＝for a six-year ～ 六年間。

> 【同義字】period 是意指「期間」的最普通用語，與時間的長短無關；era 指具有根本上的變化或重要事件等特徵的時代；epoch 指 era 新興的時期；age 指具有某大特色或由某位權勢人物所代表的時代。

2 a Ⓒ(歷史上具有某特色的)**時代，時期**：the ～ of the Renaissance 文藝復興時代/the Reformation ～ 宗教改革時代。**b** Ⓒ(發展過程的)階段，期：Shakespeare's early ～ 莎士比亞的初期階段。**c** [the ～]現代；當代：the custom of *the* ～ 當代的習俗。**3** Ⓒ **a** (上課的)節，堂(class hour)：In our school a ～ lasts 50 minutes. 在我們學校，一堂課有五十分鐘/We have five ～*s* on Monday. 我們星期一有五堂課。**b** (比賽的)分段《前半、後半等》。**4 a** Ⓒ《美》**句點**，句號(full stop)：put a ～ to 使…終結；結束…。**b** [a ～]完結，終結：come to *a* ～ 結束，完結/bring a thing to *a* ～ 使某事結束。**5** Ⓒ[常 ～s]月經(期)：a menstrual ～ 月經/She's having a ～ [her ～(*s*)]. 她正在月經期。**6** Ⓒ《天文·物理》周期：a natural ～ 固有周期。**7** Ⓒ《醫》期，時期：the incubation ～ 潛伏期。**8**《修辭》**a** Ⓒ掉尾句(⇨ periodic 3)。**b** [～s]美辭麗句，華麗的詞藻。**9** Ⓒ《地質》紀《介於代(era)和世(epoch)之間的區分》。**10** Ⓒ《數學》(循環小數的)周期。**11** Ⓒ《音樂》樂段。

——*adj.* **1** [用在名詞前]某(過去)時代的〈家具、衣服、建築等〉：～ furniture 某個時代(特有)的[古式的]家具/a ～ play [novel] 描寫某一特定歷史時代的戲劇[小說]。
2 [不用在名詞前]《英口語》過時的，落伍的：She's terribly ～. 她非常落伍[很守舊]。

——*interj.*《美口語》[強調話已說完](以上)說完了，就這樣(《英口語》full stop)：I will not say another word. *P*～. 我不再多說一句話，我說完了。

pe·ri·od·ic [ˏpɪrɪˋɑdɪk; ˌpiəriˈɔdik˝]《period 的形容詞》——*adj.* **1** 周期性的；定期的：a ～ wind《航海》周期風。
2 間歇性的，斷斷續續的。
3《修辭》掉尾句的：a ～ sentence 掉尾句《通常指主句在最後出現的一種複合句》。

pe·ri·od·i·cal [ˏpɪrɪˋɑdɪkḷ; ˌpiəriˈɔdikl˝]《period 的形容詞》——*adj.* **1** 定期發行的；期刊的。**2** ＝periodic.
——*n.* Ⓒ(除日報以外的)定期刊物，雜誌：a trade ～ 商業雜誌。

pè·ri·ód·i·cal·ly [-klɪ; -kəli] *adv.* 定期地，周期性地：From that time he became ～ ill. 從那時候起，他就定期地生病。

pe·ri·o·dic·i·ty [ˏpɪrɪəˋdɪsətɪ; ˌpiəriəˈdisəti]《periodic 的名詞》——*n.* Ⓤ **1 a** 周期[定期]性。**b** 周期數，周律。**2**《天文》周期性，定期出現。**3**《醫》(發作等的)周期性；間發性。**4**《電學》周波。

periódic láw *n.* [the ～]《化學》周期律。

periódic táble *n.* [the ～]《化學》(元素)周期表。

períod pìece *n.* Ⓒ **1** 有時代特徵的物件《表現某時代家具、裝飾等特徵的產品》。**2**《口語·謔》落伍[老式]的人[東西]。

per·i·os·te·um [ˏpɛrɪˋɑstɪəm; ˌperiˈɔstiəm] *n.* (*pl.* ～s, **-te·a** [-tɪə; -tiə]) Ⓒ《解剖》骨膜。

per·i·pa·tet·ic [ˏpɛrəpəˋtɛtɪk; ˌperipəˈtetik˝]《源自希臘文「徘徊」之義》——*adj.* **1** 走來走去的，巡迴的，巡遊的。**2** [P～]《哲》逍遙學派的《源自亞里斯多德(Aristotle)在 Lyceum 學園閒行講學，故云》：the *P*～ school 逍遙學派。
——*n.* Ⓒ **1** 巡行者；巡遊者；行商，小販。**2** [P～]逍遙學派的人。

pèr·i·pa·tét·i·cal·ly [-klɪ; -kəlɪ] *adv.*

pe·riph·er·al [pəˋrɪfərəl; pəˈrifərəl]《periphery 的形容詞》——*adj.* **1 a** 周圍的，周邊的，次要的：～ vision 周邊視野。**b** 邊緣性的，周邊性的，末端性的。**2**《解剖》《神經》末梢的(cf. central 7)：a ～ nerve 末梢神經。**3**《電算》周邊裝置的。～**·ly** *adv.*

pe·riph·er·y [pəˋrɪfərɪ; pəˈrifəri]《源自希臘文「在四周移動」之義》——*n.* Ⓒ **1** [常用單數] **a** (圓、曲線等的)周圍，四周，外圍；(物體的)表面，外面，周邊。**b** [the ～](政治上的)少數派，在野黨。**2** [集合稱]《解剖》(血管、神經的)末梢。

per·i·phrase [ˋpɛrəˏfrez; ˈperifreiz] *v.t.* & *v.i.* 轉彎抹角地說(…)，用迂說法(說…)。
——*n.* ＝periphrasis.

pe·riph·ra·sis [pəˋrɪfrəsɪs; pəˈrifrəsis]《源自希臘文「迂迴地說」之義》——*n.* (*pl.* **-ra·ses** [-ˏsiz; -siːz]) **1** Ⓤ《修辭》迂說法。**2** Ⓒ拐彎抹角的說法，繞圈子的說法。

per·i·phras·tic [ˏpɛrəˋfræstɪk; ˌperiˈfræstik˝]《periphrasis 的形容詞》——*adj.* **1** 拐彎抹角的，繞圈子的。**2**《文法》迂說法的：～ comparison 迂說法的比較變化《在原級前加 more, most 形成比較級、最高級》/～ conjugation 迂說法的動詞變化《用助動詞幫助動詞的變化，如用 *did go* 代替 went》/the ～ genitive 迂說法所有格《不以字尾變化而以介系詞表示所有格，例如不說 Caesar's 而用 *of Caesar* 等》。 **pèr·i·phrás·ti·cal·ly** [-klɪ; -kəli] *adv.*

per·i·scope [ˋpɛrəˏskop; ˈperiskoup]《源自希臘文「環視」之義》——*n.* Ⓒ **1** (潛水艇用的)潛望鏡。**2** 潛望鏡[展望鏡]的透鏡。

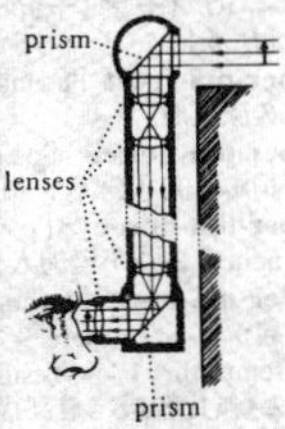

periscope 1

per·i·scop·ic [ˏpɛrəˋskɑpɪk; ˌperiˈskɔpik˝]《periscope 的形容詞》——*adj.* **1** 可展望四面的。**2** 潛望鏡(似)的。

per·ish [ˋpɛrɪʃ; ˈperiʃ]《源自拉丁文「消逝」之義》——*v.i.* **1** (突然或遭橫禍而)**死亡**《★用法 常用於新聞等；⇨ die[1]【同義字】》：Many soldiers ～*ed* in the battle. 許多士兵死於戰場。**2** 毀滅，消滅；消失：All the houses ～*ed* in flames. 所有的房子都在火焰中燒毀。**3**《英》(橡膠製品等因使用過度)品質降低[變壞]。
——*v.t.* [～受]《英》**1** (因使用過度)使〈品質〉降低[變壞]。**2** 使…非常困苦[痛苦]，使…變成極弱《★常以過去分詞當形容詞用；⇨ perished》。

pérish by the swórd 因劍而亡，死於刀劍《★出自聖經「馬太福音」》。

Pérish the thóught！[對不受歡迎提案的回話]死心吧！別說了！得了吧！《★用法 perish 是不及物動詞，用假設語氣》。

per·ish·a·ble [ˋpɛrɪʃəbl; ˈperiʃəbl] *adj.* 容易腐壞的。
——*n.* [～s]容易腐壞的東西[食品]。

pér·ished *adj.* [不用在名詞前][十介十(代)名]《英》[因…而]非常困苦[痛苦]的[*with*]：I am ～ *with* cold [hunger]. 我凍得[餓得]痛苦不堪[我凍[餓]得要命]。

pér·ish·er *n.* Ⓒ《英俚》討厭鬼，小淘氣。

pér·ish·ing *adj.* **1** (會)死的，(會)滅亡的。
2 [不用在名詞前] **a** [十介十(代)名]〈人〉[…得]要命的[*with*]：I am ～ (*with* cold). 我冷得要命。**b**〈天氣〉非常寒冷的：It's ～ today. 今天很冷。**c**〈寒冷〉嚴酷的：～ cold 嚴寒。
3 [用在名詞前][對壞事的強調說法]《英口語》過分的，不能忍受的：a ~ nuisance 好討厭的人[東西]/a ~ bore 無聊得要命的人[東西]。

—*adv.* [用於强調帶壞意的形容詞]《口語》厲害地，非常地，極：It's ~ cold. (天氣)好冷。

pér·ish·ing·ly *adv.* =perishing *adv.*

per·i·stal·sis [ˌpɛrəˋstælsɪs; ˌperiˈstælsis] *n.* (*pl.* **-stal·ses** [-siz; -si:z])Ⓤ©《生理》蠕動。

per·i·style [ˋpɛrəˌstaɪl; ˈperistail] *n.* © **1 a** (環繞建築物、中庭的)列柱。**b**《建築》周柱式，列柱廊。**2** 有列柱的中庭。

per·i·sty·lar [ˌpɛrəˋstaɪlɚ; ˌperiˈstailə] *adj.*

per·i·to·nae·um [ˌpɛrətəˋniəm; ˌperitəˈni:əm] *n.* =peritoneum.

per·i·to·ne·um [ˌpɛrətəˋniəm; ˌperitəˈni:əm] *n.* © (*pl.* ~ **s**, **-ne·a** [-ˋniə; -ˈni:ə])《解剖》腹膜。

per·i·to·ne·al [ˌpɛrətəˋniəl; ˌperitəˈni:əl] *adj.*

per·i·to·ni·tis [ˌpɛrətəˋnaɪtɪs; ˌperitəˈnaitis] *n.* Ⓤ《醫》腹膜炎。

per·i·wig [ˋpɛrəˌwɪg; ˈperiwig] *n.* ©(十七至十九世紀初期男人所戴的)假髮(peruke)《現在爲法官所用；⇨ peruke 插圖》。

per·i·win·kle[1] [ˋpɛrəˌwɪŋkl; ˈperiˌwiŋkl] *n.* ©《植物》蔓生長春花，長春花屬的植物。

per·i·win·kle[2] [ˋpɛrəˌwɪŋkl; ˈperiˌwiŋkl] *n.* ©《貝》濱螺《尤指歐濱螺》。

per·jure [ˋpɝdʒɚ; ˈpə:dʒə] *v.t.* [~ one*self*] 做僞證，發假誓。

pér·jur·er [-dʒərɚ; -dʒərə] *n.* ©做僞證者。

per·ju·ry [ˋpɝdʒərɪ, -dʒrɪ; ˈpə:dʒəri] 《perjure 的名詞》—*n.* **1** Ⓤ《法律》僞證；僞誓；僞證罪：commit ~ 犯僞證罪。**2** ©虛僞，謊言。

perk[1] [pɝk; pə:k] *v.i.* 〔十副〕(病後等)恢復元氣〈*up*〉：You'll soon ~ ***up***. 你會很快復元。

—*v.t.* 〔十受十副〕**1** 使〈人〉振作〈*up*〉. **2** 昂然[神氣地]抬起〈頭等〉〈*up*〉：~ one's head ***up*** 昂然抬頭。

perk[2] [pɝk; pə:k] 《percolate 之略》—《口語》*v.t.* 用滲濾壺濾煮〈咖啡〉。

—*v.i.* 〈咖啡〉(經由滲濾壺)濾煮。

perk[3] [pɝk; pə:k] 《perquisite 之略》—*n.* ©[常 ~s] **1** (因職務而得的薪資以外的)臨時收入，額外補貼。**2** (受雇人所得的)賞錢，小費。

perk·y [ˋpɝkɪ; ˈpə:ki] 《perk[1] 的形容詞》—*adj.* (**perk·i·er**; **-i·est**) **1** 精神奕奕的；趾高氣揚的。**2** 〈人〉意氣昂然的；充滿自信的。**pérk·i·ly** [-kɪlɪ; -kili] *adv.* **-i·ness** *n.*

perm[1] [pɝm; pə:m] 《permanent (wave)之略》—《口語》*n.* © 燙髮：go for a ~ 去燙髮。

—*v.t.* 燙〈頭髮〉：have one's hair ~*ed* 燙頭髮。—*v.i.* 燙髮。

perm[2] [pɝm; pə:m] 《permutation 之略》—《英口語》*n.* ©球隊隊名的排列組合《足球賽下賭注時，按理想的順序排出可能獲勝球隊名次的組合》。

—*v.t.* 〔十受(十介十(代)名)〕〔從…〕選擇〈隊名〉加以組隊〔*from*〕.

per·ma·frost [ˋpɝməˌfrɔst; ˈpə:məfrɔ:st] *n.* Ⓤ(北極地方的)永久凍土層。

per·ma·nence [ˋpɝmənəns; ˈpə:mənəns] 《permanent 的名詞》—*n.* Ⓤ永久，恒久不變，耐久性，永恒性。

per·ma·nen·cy [ˋpɝmənənsɪ; ˈpə:mənənsi] *n.* **1** Ⓤ = permanence. **2** ©不變的人[物]，永久的地位《終身官職等》。

***per·ma·nent** [ˋpɝmənənt; ˈpə:mənənt] 《源自拉丁文「繼續」之義》—*adj.* (**more** ~; **most** ~) **1** 永久的，耐久的，持久的(↔ temporary)：~ residence 永久住處/a ~ tooth 永久齒，恆齒。**2** (無比較級、最高級)常設的，終身的：a ~ committee 常務委員會。

—*n.* (又作 **pérmanent wáve**)©《口語》燙髮。~**·ly** *adv.*

pérmanent wáy *n.* [the ~]《英鐵路》軌道。

per·man·ga·nate [pɚˋmæŋgəˌnet; pə:ˈmæŋgəneit] *n.* Ⓤ《化學》高錳酸鹽：~ of potassium=potassium ~ 高錳酸鉀。

per·me·a·bil·i·ty [ˌpɝmɪəˋbɪlətɪ; ˌpə:mjəˈbiləti] 《permeable 的名詞》—*n.* Ⓤ **1** 穿透性，滲透性，可透性。**2**《物理》磁導率，磁導係數。

per·me·a·ble [ˋpɝmɪəbl; ˈpə:miəbl] *adj.* **1** (液體)能滲透的，可透過的。**2** [不用在名詞前]〔十介十(代)名〕能滲透〔…〕的，可透過〔…〕的〔*by, to*〕：~ ***by*** [***to***] water 能滲透水的[可透過水的]。

per·me·ate [ˋpɝmɪˌet; ˈpə:mieit] *v.t.* **1** 〈液體等〉滲入，滲透：Water will easily ~ a cotton dress. 水容易滲入棉衣。**2 a** 〈氣味、煙等〉瀰漫，充滿：The smoke ~*d* the factory. 煙霧瀰漫於工廠中。**b** 〈思想等〉遍布，普及：Democracy ~*s* the whole country. 民主主義(的思想)普及全國。

—*v.i.* 〔十介十(代)名〕**1** 滲透〔…〕〔*through*〕. **2** 擴散，遍及〔…〕〔*among, through*〕.

per·me·a·tion [ˌpɝmɪˋeʃən; ˌpə:miˈeiʃn] 《permeate 的名詞》—*n.* Ⓤ **1** 滲透。**2** 普及。

Per·mi·an [ˋpɝmɪən; ˈpə:miən] 《源自蘇聯東部此種地層區的地名》—*adj.* 《地質》二疊紀[系]的。

—*n.* [the ~]《地質》二疊紀[層]。

per·mis·si·ble [pɚˋmɪsəbl; pəˈmisəbl] *adj.* 可允許[准許]的，不礙事的。**per·mís·si·bly** [-səblɪ; -səbli] *adv.*

‡**per·mis·sion** [pɚˋmɪʃən; pəˈmiʃn] 《permit 的名詞》—*n.* Ⓤ **1** 許可，准許；允許：ask for ~ 請求許可/without ~ 未經許可，擅自/by ~ of... 經[依據]…的許可/with your ~ 如果你准許的話/written ~ 許可證/By whose ~ did you take out the book? 誰准許你把那本書帶出去？**2** 〔十 *to* do〕〈做…的〉許可，准許：Dick asked the teacher's ~ *to* leave school early. 狄克請求老師准許他早退。

per·mis·sive [pɚˋmɪsɪv; pəˈmisiv] 《permit 的形容詞》—*adj.* **1** 〈規則等〉許可的，默認的；隨意的。**2** 寬大的，寬容的，縱容的：a ~ society (對性道德等限制)寬容的社會。

~**·ly** *adv.* ~**·ness** *n.*

‡**per·mit** [pɚˋmɪt; pəˈmit] 《源自拉丁文「讓…通過」之義》—(**per·mit·ted**; **per·mit·ting**) *v.t.* **1** 允許，准許《表示同意、許可》(⇨ let[1]【同義字】)：**a** 〔十受〕允許，准許…：The sale of the drug is *permitted* in this country. 該藥獲准在這個國家銷售。**b** 〔十 do*ing*〕容許，允許〈做…〉：Smok*ing* is not *permitted* here. 此處禁止[不准]吸煙/My work does not ~ my call*ing* on you. 我的工作使我無法[不容許我]去拜訪你《★【變換】可換寫成 My work does not ~ me *to* call on you.; cf. 1 d》. **c** 〔十受十受〕允許，容許〈某人〉…：Will you ~ me a few words? 容許我說幾句話好嗎？**d** 〔十受十 *to* do〕容許，允許〈某人〉〈去做…〉(cf. 1 b)：Father doesn't ~ us *to* go to parties. 父親不許我們參加聚會。**e** 〔十受(十副詞(片語))〕允許…進入(…裏面)[出外]《★【用法】副詞(片語)省略副詞(片語)前的 to come [go]的句型》：The doctor won't ~ me *out* (*of* the house). 醫師將不允許我出(屋)外。**2** 〔十受〕給與…機會，有…的餘地：His words hardly ~ doubt. 他的話幾乎不容置疑。

—*v.i.* **1** 〈事情〉許可，容許，成爲可能：if circumstances ~ 如果環境[情況]許可，如果方便/weather *permitting* 如果天氣好。**2** 〔十介十(代)名〕〈事情〉容許〔…〕，有〔…的〕餘地〔*of*〕：The situation ~*s* ***of*** no delay. 情勢[事態]不容許耽擱[刻不容緩]。

— [ˋpɝmɪt, pɚˋmɪt; ˈpə:mit] *n.* ©許可證，執照：a parking ~ 停車許可證。

per·mu·ta·tion [ˌpɝmjəˋteʃən; ˌpə:mju:ˈteiʃn] 《permute 的名詞》—*n.* **1** Ⓤ©《數學》排列：~(*s*) and combination(s) 排列與組合。**2** ©交換，互換，置換(interchange).

per·mute [pɚˋmjut; pəˈmju:t] *v.t.* **1** 變換，交換。**2**《數學》重新排列，排列。

per·ni·cious [pɚˋnɪʃəs; pəˈniʃəs] *adj.* **1** 有害的，致命的：~ anemia 惡性貧血。**2** [不用在名詞前]〔十介十(代)名〕〔對…〕有害的，致命的〔*to*〕：thoughts ~ ***to*** society 對社會有害的思想。

~**·ly** *adv.* ~**·ness** *n.*

per·nick·et·y [pɚˋnɪkɪtɪ; pəˈnikəti] *adj.* 《口語》**1** 過分注意瑣事的，小心翼翼的，吹毛求疵的。**2** 難處理的，須要很小心的。

Per·nod [perˋno; ˈpə:nou] *n.* Ⓤ [指個體時爲©]《商標》法國綠茴香酒《用大茴香(anise)調味的法國製烈酒》。

per·o·rate [ˋpɛrəˌret; ˈperəreit] *v.i.* **1** 對演說下結論，結束演說。**2** 詳述，滔滔不絕地演講。

per·o·ra·tion [ˌpɛroˋreʃən; ˌperəˈreiʃn] 《perorate 的名詞》—*n.* © **1** (演說等的)結論。**2** 浮誇的[慷慨激昂的]演說。

per·ox·id [pəˋrɑksɪd; pəˈrɔksid] *n.* =peroxide.

per·ox·ide [pəˋrɑksaɪd; pəˈrɔksaid] *n.* Ⓤ《化學》**1** 過氧化物。**2**《俚》過氧化氫《消毒、漂白用》。

—*v.t.* 以過氧化氫漂白〈頭髮〉。

peróxide blónde *n.* ©以過氧化氫染成金髮的女人。

per·pen·dic·u·lar [ˌpɝpənˋdɪkjəlɚ; ˌpə:pənˈdikjulə] 《源自拉丁文「鉛垂線」之義》—*adj.* **1 a** 垂直的，直立的：a ~ line 垂直線。**b** [不用在名詞前]〔十介十(代)名〕〔與…〕成直角的〔*to*〕：The wall must be ~ ***to*** the floor. 牆壁必須與地板成直角。**2** 陡峭的，險峻的：a ~ cliff 陡峭的懸崖，絕壁。**3** [常 P~]《建築》垂直式的《十五至十六世紀英國晚期哥德式建築形式之一》：~ style 垂直式建築。

—*n.* **1** ©垂直線；垂直面。**2** Ⓤ垂直，垂直的位置，直立的姿勢：out of (the) ~ 傾斜。**3** [the ~]《建築》垂直式建築。

~**·ly** *adv.*

per·pen·dic·u·lar·i·ty [ˌpɝpənˌdɪkjəˋlærətɪ; ˈpə:pənˌdikjuˈlærəti] 《perpendicular 的名詞》—*n.* Ⓤ垂直，直立。

per·pe·trate [ˋpɝpəˌtret; ˈpə:pitreit] *v.t.* **1** 幹〈壞事〉，犯〈過失等〉：~ a swindle 行欺詐。**2**《謔》瞎講〈無聊的笑話等〉，亂開〈玩笑〉：~ a joke (不看場合地)亂開玩笑。

per·pe·tra·tion [ˌpɝpəˋtreʃən; ˌpə:piˈtreiʃn] 《perpetrate 的名詞》—*n.* **1** Ⓤ爲非作歹，作惡，犯罪〔*of*〕. **2** ©歹事，罪行。

pér·pe·trâ·tor [-tə; -tə] *n.* Ⓒ爲非作歹者；作惡者，作案者，犯人〔*of*〕.

per·pet·u·al [pəˋpɛtʃuəl; pəˈpetʃuəl] «源自拉丁文「繼續尋求」之義»**—*adj.*** (無比較級、最高級) **1 永久的，永恆的** (everlasting)：⇨ perpetual motion. **2** 終身的：~ punishment 終身刑/a ~ annuity 終身年金。**3** 〈牢騷、吵架等〉再發生的，不斷的：~ quarreling 不停的口角。**4** 〈花〉四季開花的。

perpétual cálendar *n.* Ⓒ萬年曆。

per·pét·u·al·ly [-tʃuəlɪ; -tʃuəli] *adv.* **1** 永久地，永恆地。**2** 不斷地，一年到頭地。

perpétual mótion *n.* Ⓤ(機器的)永恆運動《完全不消耗能量地永遠動下去，現已證明此爲不可能之事》。

per·pet·u·ate [pəˋpɛtʃu͵et; pəˈpetʃueit] «perpetual 的動詞»**—*v.t.*** **1** 使…永久存在[繼續]。**2** 使〈名聲等〉不朽[不滅]：This monument was built to ~ the memory of Abraham Lincoln. 這座紀念碑是爲了永懷亞伯拉罕・林肯而建立的。

per·pet·u·a·tion [pə͵pɛtʃuˋeʃən; pə͵petʃuˈeiʃn] «perpetuate 的名詞»**—*n.*** Ⓤ永久化，不朽。

per·pe·tu·i·ty [͵pɝpəˋtjuətɪ; ͵pə:piˈtju:əti] «perpetual 的名詞»**—*n.*** **1 a** Ⓤ永久不斷[存在]，不朽，不滅：in [to, for] ~ 永遠地，不朽地。**b** Ⓒ永存之物。

2 Ⓤ《法律》(產業的)永久不得轉讓性，永久所有權：a lease in ~ 永佃權。

3 Ⓒ終身官階；終身年金。

per·plex [pəˋplɛks; pəˈpleks] «源自拉丁文「糾纏」之義»**—*v.t.*** **1 a** 〔十受〕〈問題等〉(太困難而)**使〈人〉困窘，**使…困惑《★常以過去分詞當形容詞用；⇨ perplexed 1 b》：The question ~*ed* him. 這問題使他困窘。**b** 〔十受十介十(代)名〕〔用問題等〕使〈人〉困窘[困惑]，〔以…〕把〈人〉難倒〔*with*〕：~ a person ***with*** a difficult question 用難題把人難倒。

2 〔十受〕使〈事情〉複雜，使…混亂。

per·pléxed *adj.* **1 a** 感到困惑的，不知所措的，爲難的：with a ~ expression 帶著困惑的表情。**b** [不用在名詞前]〔十介十(代)名〕〈人〉〔對…〕感到苦惱[困惑]的〔*at, by, with*〕(cf. perplex 1 a)：I am ~ ***at*** the result. 我對該結果感到苦惱。**c** [不用在名詞前]〔十 *to* do〕〈人〉〈對做…事〉感到爲難[困惑]的：He is sorely ~ *to* account for the situation. 要說明那種情況使他感到很爲難。**2** 複雜的〈問題等〉，糾纏不清的：a ~ question 複雜的問題。

per·pléx·ed·ly [-sɪdlɪ; -sidli] *adv.*

per·pléx·ing *adj.* 〈問題等〉使人爲難的，令人困惑的，複雜的，麻煩的。**~·ly** *adv.*

per·plex·i·ty [pəˋplɛksətɪ; pəˈpleksəti] «perplex 的名詞»**—*n.*** **1** Ⓤ爲難，困惑：in ~ 在困惑中，困惑地/to a person's ~ 糟的是，令人困惑的是。**2** Ⓒ令人困惑的事，窘境，困難的局面：the *perplexities* of life 人生的難事。

per·qui·site [ˋpɝkwəzɪt; ˈpə:kwizit] *n.* Ⓒ[常 ~s] **1** (因職務而得的薪資以外的)臨時收入，利益。**2** (受雇人所得的)賞錢，小費。

per·ry [ˋpɛrɪ; ˈperi] *n.* Ⓤ[指個體時爲Ⓒ]梨酒《用西洋梨(pear)果汁發酵製成的含酒精飲料》。

Per·ry [ˋpɛrɪ; ˈperi], **Matthew Calbraith** [ˋkælbreθ; ˈkælbreiθ] *n.* 伯理《1794–1858；美國海軍軍官，1853 年前往日本，促使日本人與美國通商，一般稱他爲 Commodore Perry (伯理代將)》。

pers. 1 person. **2** personal. **3** personally. **4** 《美》《軍》personnel.

Pers. 《略》Persian.

per se [pɝˋsi; pə:ˈsei] «源自拉丁文 'in itself' 之義»**—*adv.*** 親自，由本身，本質上。

per·se·cute [ˋpɝsɪ͵kjut; ˈpə:sikju:t] «源自拉丁文「徹底追蹤」之義»**—*v.t.*** **1** 〔十受〕(用宗教、主義、信仰等的理由)**迫害，虐待**〈人〉：Jews were ~*d* by the Nazis. 猶太人受納粹迫害。

【同義字】oppress 指藉權力嚴厲控制。

2 〔十受十介十(代)名〕〔用質問等〕煩擾〈人〉，〔以…〕使…困窘〔*with*〕：~ a person ***with*** repeated threats 以反覆的脅迫煩擾某人。

per·se·cu·tion [͵pɝsɪˋkjuʃən; ͵pə:siˈkju:ʃn] «persecute 的名詞»**—*n.*** ⓊⒸ迫害：suffer ~ 遭受迫害。

persecútion còmplex *n.* ⒸⓊ《心理》被[迫]害妄想。

persecútion mánia *n.* Ⓤ《精神病》被迫害妄想狂。

pér·se·cù·tor [-tə; -tə] *n.* Ⓒ迫害者。

Per·seph·o·ne [pəˋsɛfənɪ; pə:ˈsefəni] *n.* 《希臘神話》柏西福妮《宙斯(Zeus)與狄美特(Demeter)之女，被冥王哈底斯(Hades)誘拐爲妻，成爲冥王之后，相當於羅馬神話中的普蘿塞比娜(Proserpina)》.

Per·seus [ˋpɝsjus, -sɪəs; ˈpə:sju:s, -siəs] *n.* **1** 《希臘神話》柏修斯《宙斯(Zeus)與黛娜依(Danae)所生之子，爲殺死墨杜沙(Medusa)(蛇髮女怪)的英雄》。**2** 《天文》英仙座。

per·se·ver·ance [͵pɝsəˋvɪrəns; ͵pə:siˈviərəns] «persevere 的名詞»**—*n.*** Ⓤ堅忍，不屈不撓(⇨ patience【同義字】)。

per·se·vere [͵pɝsəˋvɪr; ͵pə:siˈviə] «源自拉丁文「極嚴格的(severe)」之義»**—*v.i.*** 〔動(十介十(代)名)〕堅忍，堅持〔…〕；不屈不撓[堅定不懈]地貫徹〔…〕〔*at, in, with*〕：He ~*d* ***in*** his studies [***with*** the treatment]. 他堅定不懈地研究[治療]。

pèr·se·vér·ing [-ˋvɪrɪŋ; -ˈviəriŋ] *adj.* 堅忍不拔的，不屈不撓的。**~·ly** *adv.*

Per·sia [ˋpɝʒə, ˋpɝʃə; ˈpə:ʃə] *n.* 波斯《1935 年以前的伊朗(Iran)舊稱》。

Per·sian [ˋpɝʒən, ˋpɝʃən; ˈpə:ʃn] «Persia 的形容詞»**—*adj.*** **1** 波斯的：~ carpets 波斯地毯。**2** 波斯人[語]的。

—*n.* **1** Ⓒ波斯人。**2** Ⓤ波斯語。

Perseus 1

Pérsian cát *n.* Ⓒ波斯貓。

Pérsian Émpire *n.* [the ~] 波斯帝國《亞洲西南部之一古帝國，版圖約由印度河至小亞細亞西境與埃及》。

Pérsian Gúlf *n.* [the ~] 波斯灣《阿拉伯半島與伊朗間的海灣》。

Pérsian Gùlf Státes *n.* [the ~] 波斯灣沿岸的阿拉伯酋長國。

Pérsian lílac *n.* Ⓒ《植物》波斯丁香，花葉丁香。

per·si·ennes [͵pɝzɪˋɛnz; ͵pə:ziˈenz] *n. pl.* (又作 **Pérsian blínds**) 《建築》百葉窗。

per·si·flage [ˋpɝsɪ͵flɑʒ; ͵pə:siˈflɑ:ʒ] *n.* Ⓤ《文語》(輕微的)揶揄，挖苦，戲弄。

per·sim·mon [pəˋsɪmən; pəˈsimən] *n.* **1** Ⓒ《植物》柿子樹。**2** Ⓒ[當作食物時爲Ⓤ]柿子《★英國不產柿子；美國的柿子樹爲高大之喬木，其果實大小與葡萄相似》。

per·sist** [pəˋzɪst, -ˋsɪst; pəˈsist] «源自拉丁文「一直站」之義»**—*v.i. **1** 〔動(十介十(代)名)〕**固執，堅持；堅決主張**〔…〕〔*in, with*〕：She ~*ed* ***in*** her opinion. 她堅持自己的意見/He ~*s* ***in*** wear*ing* his tattered overcoat. 他堅持要穿他的破爛大衣。**2** 〔動(十副詞(片語))〕**持續，**持久；繼續存在，繼續生存：The smog ~*ed* *throughout* the day. 煙霧終日不散/The tradition has ~*ed* *to* this day. 這個傳統持續到今天。

per·sis·tence [pəˋzɪstəns, -ˋsɪst-; pəˈsistəns] «persist, persistent 的名詞»**—*n.*** Ⓤ **1** 百折不撓，堅忍不拔；執拗，固執；堅持；頑固〔*in*〕：Great ~ is necessary for success. 堅忍不拔是成功所必需的。**2** 繼續存在，持久[持續](性)。

per·sís·ten·cy [-tənsɪ; -tənsi] *n.* ＝persistence.

per·sis·tent [pəˋzɪstənt, -ˋsɪst-; pəˈsistənt] «persist 的形容詞»**—*adj.*** **1 a 執拗的，**固執的，頑固的；堅忍不拔的，百折不撓的：~ efforts 百折不撓的努力。**b** [不用在名詞前]〔十介十(代)名〕〔對…〕執拗的，頑固的〔*in*〕：He was ~ ***in*** his questions. 他打破沙鍋問到底。**2 持續的，**持久的；不變的；不斷的：a ~ cough 持續不癒的咳嗽。**~·ly** *adv.*

per·snick·e·ty [pəˋsnɪkɪtɪ; pəˈsnikiti] *adj.* 《美口語》**1** 趨炎附勢的，諂上傲下的，勢利眼的。**2** ＝pernickety.

‡per·son [ˋpɝsn̩; ˈpə:sn] *n.* **1** Ⓒ(指個別之)**人**《★用法(1)複數形在文語中用 persons，通常用 people；⇨ people *n.* 1比較；(2)《英》有時表示輕蔑之意》：five ~*s* 五個人/Who is that ~? 那是何許人？

【字源】person 源自拉丁文「(演員在舞台上帶的)假面具」，後來演變成「(戲中)上場人物，角色」之意，再變成「人」之意。這個字前半部 per 是「透過…」之意，後半部 son 是「出聲」之意，兩者合起來表示演員「透過假面具出聲」之意。

2 Ⓒ[常用單數] **a 身體**：on [about] one's ~ 帶在身上/all over his ~ 在他全身。**b** 相貌。

3 Ⓤ[有修飾語時爲Ⓒ]《文法》人稱：⇨ first person, second person, third person.

4 Ⓒ《法律》人：the artificial [legal] ~ 法人/the natural ~ 自然人。

5 [有時 P~] Ⓒ《神學》(聖父、聖子及聖靈三位一體任一之)位(cf. Trinity 1)：the three ~*s* of the Godhead 上帝一體中之三位《聖父、聖子、聖靈》。

in pérson (1)(非由他人代理而)親自地，本身地(←→ by attorney)：You had better go *in* ~. 你最好親自去。(2)(對相片等而言的)本人：I haven't met her *in* ~. 我還沒見過她本人。

in the pérson of... 身爲…的，由…親自代表：He found a good assistant *in the* ~ *of* Mr. Smith. 他找到了史密斯先生這位好助手。

-person [-pɝsn̩; -pə:sn] [名詞複合用詞] 表示「人」之意《★用法代

替 -man, -woman 而兼用於男女兩性》: chair*person* 主席。

per·so·na [pə`sonə; pə:'sounə] **《源自拉丁文 'person' 之義》——***n.* (*pl.* **per·so·nae** [-ni; -ni:]) **1** Ⓒ人(person). **2** [personae] (戲劇、小說等中之)角色，人物。**3** Ⓒ(*pl.* ~s)《心理》人格面具《假裝之性格》。

per·son·a·ble [`pɝsn̩əbl; 'pə:snəbl] *adj.* 貌美的，漂亮的；(儀態、人品等)給人好感的，美儀的，氣宇不凡的；風度好的。

per·so·nae [pə`soni; pə:'souni:] *n.* **persona** 的複數。

per·son·age [`pɝsn̩ɪdʒ; 'pə:snidʒ] *n.* Ⓒ **1** 《文語》顯赫之人，知名人士，名人，大人物。**2** (戲劇、小說等中之)人物，角色。**3** 人(person).

per·so·na gra·ta [pə`sonə`gretə; pə:ˌsounə'grɑ:tə] **《源自拉丁文 'person that is well liked' 之義》——***n.* (*pl.* ***per·so·nae gra·tae*** [pə`soni`greti; pə:ˌsouni:'grɑ:ti:])討人喜歡的人；(對駐在地政府而言)受歡迎的外交官。

‡**per·son·al** [`pɝsn̩l; 'pə:snl] **《person 的形容詞》——***adj.* (**more** ~; **most** ~) **1** (無比較級、最高級) **a** **個人的**，私人的，一己的，有關自己身上的，一身的：~ belongings 私有之物/a ~ matter 私事/a ~ name 人名(⇨ name【說明】)/I have no ~ acquaintance with him. 我個人跟他並不認識[我並不認識他]。**b** 〈書信等〉寄給私人的，親啓的：a ~ letter 私信。

2 (無比較級、最高級)**本人(自己做)的**，(本人)直接的，親身的：a ~ interview 直接晤談，親自接見/one's ~ experiences 親身經驗/a ~ example 身教。

3 (無比較級、最高級)**身體的**；容貌的，姿容的：~ appearance (人之)儀表，容貌，風采/~ beauty 儀表之美/risk ~ danger 冒一身之危險。

4 以個人為目標的，針對個人的；涉及個人[私事]的；攻擊個人的：~ remarks 誹謗，人身攻擊(之言論)/get [become] ~ 《口語》〈人、言論等〉涉及私事，攻擊[誹謗]個人。

5 (無比較級、最高級)(與物有別之)人的，人格上的：the ~ right 《法律》人權。

6 (無比較級、最高級)《法律》〈財產等〉屬於個人的，可動的(↔ real)：⇨ personal effects/~ estate [property]動產。

7 (無比較級、最高級)《文法》人稱的。

——*n.* Ⓒ《美》**1** (報紙等之)有關人事之消息[報導]。**2** (聯絡用之)人事廣告。

pérsonal assístant *n.* Ⓒ《英》私人秘書[助理]。

pérsonal cólumn *n.* Ⓒ(報紙等之)人事消息[個人廣告]欄。

pérsonal compúter *n.* Ⓒ個人電腦。

pérsonal-compúter *adj.* 個人電腦的：a ~ firm 製造個人電腦的廠商。

pérsonal efféets *n. pl.* 個人財產；私有物。

pérsonal equátion *n.* Ⓒ(觀測上之)人為誤差；造成對一件事情看法或解釋不同之個人偏見。

per·son·al·ism [`pɝsn̩lˌɪzəm; 'pə:snəlizəm] *n.* Ⓤ個人至上論，人格主義。

per·son·al·i·ty** [ˌpɝsn̩`ælətɪ; ˌpə:sə'næləti] **《personal 的名詞》——n.* **1** **a** ⓊⒸ**個性**，性格(⇨ character A 2【同義字】)：a man of weak ~ 個性軟弱的人/an actress with a strong ~ 個性強之女演員。**b** Ⓤ奇特[強烈，吸引人]之個性，魅力：He has much [little] ~. 他很有[沒有什麼]吸引人之個性。

2 Ⓒ(眾所知之)有名之士，名人：a TV ~ 電視名人/a film ~ 電影界的名人。

3 ⓊⒸ做人；(人之)存在；為人。

4 [personalities]人物批評，人身攻擊。

5 ⓊⒸ(某場所、情況所表現出之)獨特氣質，特質。

personálity cúlt *n.* Ⓒ個人崇拜。

personálity tést *n.* Ⓒ《心理》人格測驗。

per·son·al·ize [`pɝsn̩lˌaɪz; 'pə:snəlaiz] *v.t.* **1** **a** 寫[印]姓名(起首字母)於…。**b** (寫姓名等而)使…成為個人[私人]之物。

2 使〈爭論等〉個人化。

3 將…擬人化，使…人格化，給…人性(personify).

per·son·al·i·za·tion [ˌpɝsn̩lə`zeʃən; ˌpə:snəlai'zeiʃn] *n.*

per·son·al·ly [`pɝsn̩lɪ; 'pə:snəli] *adv.* **1** 親自地，本身地(in person)：The curator took me ~ through the museum. 館長親自帶我參觀博物館的各個角落。

2 就人而言，做為個人：I don't hate him ~. 我並不恨他這個人。

3 [通常置於句首]就自己來說，就本人而言，我個人：*P*~ I prefer walking. 就本人而言，我比較喜歡走路。

4 做為攻擊(個人)地：take a person's remark ~ 把某人的批評看做是人身攻擊。

pérsonal prónoun *n.* Ⓒ《文法》人稱代(名)詞。

pérsonal próperty *n.* Ⓤ《法律》動產。

per·son·al·ty [`pɝsn̩ltɪ; 'pə:snltɪ] *n.* Ⓤ《法律》動產(personal property)(↔ realty).

per·so·na non gra·ta [pə`sonəˌnɑn`gretə; pə:ˌsounənɔn'grɑ:tə] **《源自拉丁文 'unacceptable person' 之義》——***n.* Ⓒ(*pl.* ***per·so·nae non gra·tae*** [-`soniˌnɑn`greti; ˌsouni:nɔn'grɑ:ti:]) **1** (對於其駐在國政府而言)不受歡迎之人物[外交官]。**2** 不討人喜歡之人。

per·son·ate [`pɝsn̩ˌet; 'pə:səneit] *v.t.* **1** 扮演，飾演。**2** 冒充，假冒，冒…之名。**3** (於詩等)使…人格化，使…帶有人性；視…為人。**per·son·a·tion** [ˌpɝsn̩`eʃən; ˌpə:sə'neiʃn] *n.*

pérson-dày *n.* Ⓒ人日《統計單位，以每人每個工作天中所完成的理想工作量為基礎》。

per·son·i·fi·ca·tion [pəˌsɑnəfə`keʃən; pə:ˌsɔnifi'keiʃn] **《personify 的名詞》——***n.* **1** ⓊⒸ擬人，人格化，具體化。**2** [the ~]活例；典型；化身：He is *the* ~ *of* pride [selfishness]. 他是傲慢[自私]的化身。**3** ⓊⒸ《修辭》擬人法。

per·son·i·fy [pə`sɑnəˌfaɪ; pə:'sɔnifai] *v.t.* **1** **a** 〔十受〕使〈非人之物〉擬人化，使…人格化，使…帶有人性：Animals are often *personified* in fairy tales. 動物常在童話中被擬人化。**b** 〔十受十*as* 補〕將〈某種特質等〉擬人化〈成…〉：Justice is *personified as* a blindfolded woman. 正義被擬人化成一個被蒙住眼睛的女人。

2 使…具體化；象徵，代表…；為…之化身[典型，活例]《★常用被動語態》：She *is* chastity *personified.* 她是貞節的化身[活生生的例子]。

***per·son·nel** [ˌpɝsn̩`ɛl; ˌpə:sə'nel⁻] *n.* **1** [集合稱；當複數用] **a** (政府機關、公司等之)**人員**，員工；全體職員，全體成員《★用法此義無複數形》：the ~ of the new cabinet 新內閣之全體閣員。**b** 《美》人們《★用法與義 1 a 同》。**2** Ⓤ人事課，人事部。

——*adj.* [用在名詞前]人事的，人員的；負責人事的：a ~ division [department]人事課/a ~ manager 人事主任。

pérson-to-pérson *adj.* **1** 個人對個人的，私人間的，直接的。

2 〈經由電信局接線生接通之長途電話〉指名受話人的，叫人的(cf. station-to-station)：place a ~ call to... (經由電信局之接線生)打叫人電話給…。

【說明】要打電話的人先撥「0」接通接線生(operator)，然後告訴她受話人的名字和電話號碼。譬如"I want to make an overseas call to Taipei, Taiwan. The number is...."(我要打國際電話到台灣的台北，電話號碼是…。)"Please make it a person-to-person call."(請叫人。)接着告訴她你的電話號碼和名字。接線生會說"Will you hang up and wait, please?"(請您掛上電話等，好嗎？)這種電話在接線生沒有找出對方來之前不計費，找不到也不計費。

——*adv.* **1** 面對面地，親自地。**2** 以叫人電話。

per·spec·tive** [pə`spɛktɪv; pə'spektiv] **《源自拉丁文「看穿」之義》——n.* **1** **a** Ⓤ**遠近(畫)法**，透視畫法。**b** Ⓒ遠近[透視]圖。**2** Ⓤ **a** (視覺上之)遠近之配合。**b** (對事情之)洞察力，正確之眼光，透徹[全盤性]之看法：He lacks ~. 他缺乏洞察力。**3** Ⓒ遠景，前景，景色，眼界〔*of*〕：A fine ~ opened out before us. 一幅美麗的遠景展開在我們眼前。**4** Ⓒ前途，希望，展望〔*of*〕.

perspective 1 a

in perspéctive (1)依照遠近法：Most artists used to paint *in* ~. 大多數藝術家昔日以遠近法作畫。(2)放眼看全盤地，眼光正確地：He sees [looks at] things *in* ~. 他正確[全盤]地觀察事物/The author sees the international situation *in* (its right) ~. 作者對於國際情勢有著正確(透徹)之看法。

——*adj.* [用在名詞前]遠近[透視]畫法的，依照遠近[透視]法的：~ representation 透視[遠近]畫法。

per·spi·ca·cious [ˌpɝspɪ`keʃəs; ˌpə:spi'keiʃəs⁻] *adj.* 《文語》具慧眼的，明察的；敏銳的，聰慧的，穎悟的。~**·ly** *adv.*

per·spi·cac·i·ty [ˌpɝspɪ`kæsətɪ; ˌpə:spi'kæsəti] **《perspicacious 的名詞》——***n.* Ⓤ洞察力，慧眼，明察；敏銳，聰慧，穎悟。

per·spi·cu·i·ty [ˌpɝspɪ`kjuətɪ; ˌpə:spi'kju:əti] **《perspicuous 的名詞》——***n.* Ⓤ(說話、文體等之)明白，明晰。

per·spic·u·ous [pə`spɪkjuəs; pə'spikjuəs] *adj.* 〈說話、文體等〉明白的，明晰的，清楚的；〈人〉說話清楚的。~**·ly** *adv.*

per·spi·ra·tion [ˌpɝspə`reʃən; ˌpə:spə'reiʃn] **《perspire 的名詞》——***n.* Ⓤ **1** 流汗(作用)。**2** 汗《★用法sweat 之委婉語》。

per·spire [pə`spaɪr; pə'spaiə] **《源自拉丁文「穿透而呼吸」之義》——***v.i.* 流汗《★用法sweat 之委婉語》。

per·suad·a·ble [pə`swedəbl; pə'sweidəbl] *adj.* 〈人等〉可說服的，可勸誘的。

‡per·suade [pəˋswed; pəˈsweid] «源自拉丁文「完全勸說」之義»—*v.t.* **1 說服**, 勸(誘), 勸服：**a** 〔十受十 *to* do〕說服[勸]〈人〉〈做…〉(↔ dissuade)：She ~*d* me *to* stay. 她說服我留下/He was ~*d to* change his mind. 他被說服而改變主意。 **b** 〔十受十介十(代)名〕《文語》說服〈人〉〔做…〕〔*to, into*〕：He tried to ~ me *to* his way of thinking. 他試圖說服我接受他的想法。 **c** 〔十受十介十(代)名〕《文語》說服[勸]〈人〉〔停止…〕〔*out of*〕：I ~*d* him ***out of*** his plan. 我說服他打消了計畫。

2 說服而使相信[使了解]：**a** 〔十受十介十(代)名〕說服〈人〉使相信[使了解]〔…〕〔*of*〕：How can I ~ you ***of*** my sincerity！我怎樣才能使你相信我的誠意呢？ **b** 〔十受十介十(代)名〕〔~ one*self*〕(使自己)相信〔…〕〔*of*〕《★又用被動語態》：I ~*d myself* [I *was* ~*d*] ***of*** his innocence. 我相信他的無辜(cf. 2 d). **c** 〔十受十 *that*__〕說服〈人〉使相信[使了解]〈…事〉：I couldn't ~ him *that* she was a liar. 我無法說服他相信[明白]她是說謊者。 **d** 〔十受十 *that*__〕〔~ one*self*〕(使自己)相信〈…事〉《★又用被動語態》：I ~*d myself* [I *was* ~*d*] *that* he was innocent. 我相信他是無辜的(cf. 2 b).

per·suád·er *n.* Ⓒ **1** 勸說者，說服者，勸服者。**2** 《謔》 **a** 用以迫使對方服從之物《武器等》。 **b** [~s]踢馬刺。

per·sua·sion [pəˋsweʒən; pəˈsweiʒn] «persuade 的名詞»—*n.* **1** Ⓤ(被)說服[勸誘，勸服]；說服力(↔ dissuasion). **2** Ⓤ[又作 *a* ~] **a** 確信，堅定之信念；信條：It is my ~ that he is innocent. 我確信他是無辜的。 **b** 〔十 *that*__〕〈…之〉確信，信念；信條：I have *a* strong ~ *that* this is true. 我堅信這是正確的。**3** Ⓒ持某種信念的派別，教派：He is of the Roman Catholic ~. 他是(羅馬)天主教徒。**4** Ⓒ[常用單數]《謔》種類；階級；性別：the male ~ 男性。

per·sua·sive [pəˋswesɪv; pəˈsweisiv] «persuade 的形容詞»—*adj.* 有說服力的，善於遊說的，令人信服的。

~·ly *adv.* **~·ness** *n.*

pert [pɜt; pəːt] *adj.* **1** 〈小孩、女孩等〉無禮的，傲慢的；厚顏的；魯莽的，沒規矩的。**2** 〈衣服等〉別緻的；時髦的；俏麗的：a ~ hat 俏麗的帽子。 **~·ly** *adv.* **~·ness** *n.*

PERT [pɜt; pəːt] «*P*rogram *E*valuation and *R*eview *T*echnique 的頭字語»—*n.* Ⓤ《管理》計畫評核術。

per·tain [pəˋten; pəːˈtein; pə-] *v.i.* 〔十介十(代)名〕 **1** (附)屬〔於…〕〔*to*〕：They own the house and the land ~*ing* ***to*** it. 他們擁有那棟房屋和附屬於它的土地。

2 適合，合宜〔於…〕〔*to*〕：the passion ~*ing* ***to*** an artist (合於)藝術家的熱情。

3 〔與…〕有關係〔*to*〕：information ~*ing* ***to*** the accident 有關這意外事件的消息。

per·ti·na·cious [ˌpɜtṇˋeʃəs; ˌpəːtiˈneiʃəs˝] *adj.* 《文語》 **1** 〈人、行動、見解等〉不屈不撓的；堅持的；固執的，頑固的。**2** 〈疾病等〉難以治癒的。 **~·ly** *adv.* **~·ness** *n.*

per·ti·nac·i·ty [ˌpɜtṇˋæsətɪ; ˌpəːtiˈnæsəti˝] «pertinacious 的名詞»—*n.* Ⓤ **1** 不屈不撓；堅持；頑固，固執。**2** 執拗，糾纏不休；頑強。

per·ti·nence [ˋpɜtṇəns; ˈpəːtinəns] «pertinent 的名詞»—*n.* Ⓤ適當，恰當；中肯，切題，貼切；(有)直接的關係。

per·ti·nent [ˋpɜtṇənt; ˈpəːtinənt] «pertain 的形容詞»—*adj.* **1 a** 恰當的，適當的；中肯的，貼切的，切題的：a ~ remark 恰當的評論。 **b** [不用在名詞前]〔十介十(代)名〕〔對於…〕貼切的〔*to*〕：His answer was highly ~ ***to*** the question. 他的回答非常切題。

2 a 有關的，關聯的：~ evidence 有關的證據。 **b** [不用在名詞前]〔十介十(代)名〕〔與…〕有關的〔*to*〕：some questions ~ ***to*** his remark 與他的評語有關的一些問題。 **~·ly** *adv.*

per·turb [pəˋtɜb; pəˈtəːb] *v.t.* **1** 擾亂，攪亂〈人、人心〉；使…慌張《★常用被動語態》：She *was* much ~*ed* by her son's illness. 她被兒子的病弄得慌張不已。**2** 使…混亂，使…不安，使…煩惱。

per·tur·ba·tion [ˌpɜtəˋbeʃən; ˌpəːtəˈbeiʃn] «perturb 的名詞»—*n.* **1** Ⓤ心理之動搖，慌張；混亂；擾亂；不安，煩惱。**2** Ⓒ不安[煩惱]之原因。**3** ⒸⓊ《天文》攝動《一天體受另一天體引力等作用而產生偏離軌道之運動》。

Pe·ru [pəˋru; pəˈruː] *n.* 秘魯《南美西岸之一共和國；首都利瑪(Lima)》。

pe·ruke [pəˋruk; pəˈruːk] *n.* Ⓒ(17 至 19 世紀初男子所戴之)假髮《★現爲法官等所使用》。

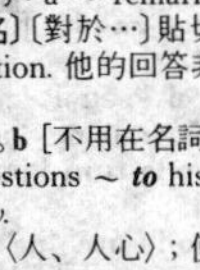

peruke

pe·rus·al [pəˋruzl; pəˈruːzl] *n.* ⓊⒸ 細讀；閱讀。

pe·ruse [pəˋruz; pəˈruːz] «源自拉丁文「耗盡」之義»—*v.t.* **1** 《文語》細讀，精讀…。**2** 《口語・謔》閱讀(read).

Pe·ru·vi·an [pəˋruvɪən; pəˈruːvjən] «Peru 的形容詞»—*adj.* 秘魯(人)的。 —*n.* Ⓒ秘魯人。

Perúvian bárk *n.* Ⓤ金雞納皮《奎寧(quinine)之原料》。

per·vade [pəˋved; pəˈveid] «源自拉丁文「遍及」之義»—*v.t.* 〔十受〕 **1** 〈氣味、氣氛等〉**滲透**；充滿，瀰漫；蔓延〈某處〉：The spicy smell ~*d* the kitchen. 香味瀰漫著廚房。**2** 〈思想、活動、影響等〉遍及，遍布，普及〈某地〉：Revolutionary ideas ~*d* the whole land. 革命思想遍及全國。

per·va·sion [pəˋveʒən; pəˈveiʒn] «pervade 的名詞»—*n.* Ⓤ普及；滲透；充滿，瀰漫。

per·va·sive [pəˋvesɪv; pəˈveisiv] «pervade 的形容詞»—*adj.* 遍布的，遍及的；瀰漫的，充滿的；滲透的。

~·ly *adv.* **~·ness** *n.*

per·verse [pəˋvɜs; pəˈvəːs] «pervert 的形容詞»—*adj.* **1 a** 〈人、行爲等〉乖謬的，乖張的，乖僻的。 **b** 〈人、行爲等〉脾氣彆扭的，剛愎的，倔强的，不認錯的，固執的。**2** 〈情況、結果等〉麻煩的；悖理的，荒謬的。**3** 〈行爲等〉誤入歧途的，錯誤的，邪惡的。 **~·ly** *adv.* **~·ness** *n.*

per·ver·sion [pəˋvɜʒən, -ʃən; pəˈvəːʃn] «pervert 的名詞»—*n.* ⓊⒸ **1** 曲解，牽强附會：an absolute ~ of the facts 對事實之完全曲解。**2** 濫用，誤用；惡化。**3** (性)倒錯：sexual ~ 性慾倒錯，性變態。

per·ver·si·ty [pəˋvɜsətɪ; pəˈvəːsəti] «perverse 的名詞»—*n.* **1** Ⓤ邪惡；剛愎，固執，倔强；乖張，荒謬。**2** Ⓒ邪惡[乖張，荒謬]之行爲。

per·ver·sive [pəˋvɜsɪv; pəˈvəːsiv] *adj.* **1** 導入邪惡的，敗壞的，誤人的。**2** 曲解的，偏頗的，枉曲的。

per·vert [pəˋvɜt; pəˈvəːt] «源自拉丁文「推翻」之義»—*v.t.* **1** 曲解，扭曲，誤解〈語意等〉。**2** 濫用，誤用：The criminal ~*ed* his talents. 那個罪犯誤用了自己的才幹。**3 a** 引〈人〉入邪路，帶壞〈人〉，誘〈人〉入邪教。 **b** 使〈判斷等〉錯誤；使…反常；使…變惡劣[敗壞]；使…降低價值：Reading such silly stories will ~ your taste for good books. 讀這種愚昧的故事會敗壞你對好書的嗜好。

— [ˋpɜvɜt; ˈpəːvəːt] *n.* Ⓒ **1** 入邪道者，墮落者；背教者，入邪教者。**2** 性變態者；性慾倒錯者。 **~·er** *n.*

per·vért·ed *adj.* **1** 入邪道的，誤入歧途的，錯誤的；被扭曲的，被曲解的；被誤用[濫用]的。**2** 《醫》反常的，變態的。

~·ly *adv.*

per·vi·ous [ˋpɜvɪəs; ˈpəːvjəs, -viəs] *adj.* (↔ impervious) **1** 可透過的，可通過的，可滲透的。

2 [不用在名詞前]〔十介十(代)名〕〔對於道理等〕能接受的，能理解的〔*to*〕. **~·ness** *n.*

Pes·ca·do·res [ˌpɛskəˋdorɪz; ˌpeskəˈdɔːriz] *n. pl.* [the ~]澎湖羣島《中譯爲 Penghu，爲中國臺灣海峽中一羣島》。

pe·se·ta [pəˋsetə; pəˈseitə] *n.* Ⓒ(*pl.* ~s)披塞塔《西班牙貨幣單位；＝100 centimos；符號 Pta》。

pes·ky [ˋpɛskɪ; ˈpeski] *adj.* [用在名詞前](**pes·ki·er**；**-ki·est**)《美口語》令人傷腦筋的；討厭的；麻煩的。

pe·so [ˋpeso; ˈpeisou] *n.* Ⓒ(*pl.* ~s) **1** 披索《哥倫比亞、古巴、多明尼加共和國、墨西哥、烏拉圭及菲律賓等之貨幣單位；符號 $ (多明尼加共和國及菲律賓使用之符號爲 P)》。**2** 面額一披索之硬幣[紙幣]。

pes·sa·ry [ˋpɛsərɪ; ˈpesəri] *n.* Ⓒ **1** 陰道藥栓《一種女用避孕器》。**2** (矯正子宮移位用之)子宮托，子宮壓定器。

pes·si·mism [ˋpɛsəˌmɪzəm; ˈpesimizəm] «源自拉丁文「最惡」之義»—*n.* Ⓤ悲觀(主義)；悲觀論(↔ optimism)；厭世主義，厭世觀。

pés·si·mist [-mɪst; -mist] *n.* Ⓒ悲觀主義者，悲觀論者，厭世(主義)者。

pes·si·mis·tic [ˌpɛsəˋmɪstɪk; ˌpesəˈmistik˝] «pessimism 的形容詞»—*adj.* **1** 悲觀的，悲觀主義的，厭世的(↔ optimistic)：take a ~ view of life 對人生持悲觀的看法/Don't be so ~. 別那樣悲觀。**2** [不用在名詞前]〔十介十(代)名〕〔對…〕悲觀的〔*about*〕：He is ~ ***about*** the future. 他對未來感到悲觀。

pês·si·mís·ti·cal·ly [-klɪ; -kəli] *adv.*

pest [pɛst; pest] «源自拉丁文「瘟疫」之義»—*n.* Ⓒ **1** 害蟲，害獸：a garden ~ 植物寄生蟲。**2** [常用單數]令人討厭之人，麻煩之人，令人傷腦筋的人：make a ~ of oneself 被人厭煩。

Pes·ta·loz·zi [ˌpɛstəˋlɑtsɪ; ˌpestəˈlɔtsi], **Jo·hann Hein·rich** [joˋhɑnˋhaɪnrɪx; jouˈhɑːn ˈhainrix] *n.* 裴斯泰洛齊《1746–1827；瑞士教育學家》。

pes·ter [ˋpɛstə; ˈpestə] *v.t.* **1** 使〈人〉困惱；使…厭煩；使…苦惱《★常用被動語態》：We *were* ~*ed* by flies. 我們爲蒼蠅所擾。**2 a** 〔十受十介十(代)名〕〔纏著要…而〕使〈人〉困惱，煩〈人〉〔*for*〕：He ~*ed* me ***for*** money. 他纏著我要錢。 **b** 〔十受十介十(代)名〕〔以…〕使〈人〉困惱，煩〈人〉〔*with*〕：~ a person ***with*** questions

以問題煩某人。c〔十受＋*to* do〕(令人厭煩地)纏著要〈人〉〈做…〉：He *~ed* me *to* help. 他纏著我要求我幫助。

pes·ti·cide [ˋpɛstɪˏsaɪd; 'pestisaid] *n.* Ⓤ[指產品個體或種類時為Ⓒ]殺蟲劑。

pes·tif·er·ous [pɛsˋtɪfərəs; pes'tifərəs] *adj.* **1** 有害的，危險的。**2**《謔》厭煩的，討厭的。**3** 傳播疾病的。

pes·ti·lence [ˋpɛstləns; 'pestiləns] *n.* ⓊⒸ《文語》**1** 瘟疫，傳染病，(尤指)淋巴腺鼠疫。**2** 任何有毒害之物，傳布疾病之物；弊害。

pes·ti·lent [ˋpɛstlənt; 'pestilənt] *adj.* **1**《謔》討厭的，厭煩的。**2**《文語》〈疾病〉會傳染的，傳染病的。**3**《文語》有害的，弊害多的。

pes·ti·len·tial [ˏpɛstlˋɛnʃəl; ˌpesti'lenʃl] *adj.* ＝pestilent.

pes·tle [ˋpɛsl; 'pesl] *n.* Ⓒ **1** (用以在乳鉢(mortar)中搗研物之)乳鉢槌。**2** 杵，研棒。
—*v.t.* 用乳鉢槌[杵]研磨[搗]〈物〉。

‡**pet**[1] [pɛt; pet] *n.* **1** Ⓒ**供玩賞之動物，寵物**：No *~s*《告示》請勿攜寵物入內。**2** Ⓒ **a** 受寵愛之人：a teacher's ~ 老師所寵愛的人。**b** [常用單數；也用於稱呼]可愛的人，心肝寶貝。**3** [**a** ~][女性用於感嘆句]極美好之物，令人愛慕之物：What *a* ~ of a hat! 好漂亮的帽子！
màke a pét of... 寵愛…。
—*adj.* [用在名詞前] **1** 寵愛[玩賞]的；(作)寵物的：a ~ dog 愛犬/a ~ shop 寵物店。**2** 拿手的，擅長的：a ~ subject 拿手的題目/It's his ~ theory. 拿手的理論。**3** 示愛的：⇨ pet name.
—*v.t.* (**pet·ted**；**pet·ting**)〔十受〕**1** 寵愛；愛撫，撫摸；嬌養…。**2**《口語》(於性動作中)愛撫，撫摸，擁吻〈異性〉。
—*v.i.*《口語》愛撫，撫摸，擁抱，擁吻。

pet[2] [pɛt; pet] *n.* Ⓒ(孩子似的)不高興，發怒，孩子脾氣：in a ~ 不開心，耍著孩子脾氣。

Pet.《略》《聖經》Peter.

pet·al [ˋpɛtl; 'petl] *n.* Ⓒ《植物》花瓣。

pet·al(l)ed [ˋpɛtld; 'petld] *adj.* [構成複合字]有花瓣的，…瓣的：six-*petaled* 六瓣的。

pe·tard [pɪˋtɑrd; pe'tɑ:d, pi-] *n.* Ⓒ(昔時炸開城門用之)一種爆炸裝置。
be hóist [hɔɪst; hɔist] **with one's ówn petárd** 害人反害己，作法自斃(★hoist 為古動詞 hoise [hɔɪz; hɔiz](舉起)的過去分詞；出自莎士比亞(Shakespeare)之「哈姆雷特(*Hamlet*)」).

pét avérsion *n.* Ⓒ最討厭的東西。

pét còck *n.* Ⓒ(蒸汽引擎等之)小型旋塞，小龍頭，扭塞。

pe·ter[1] [ˋpitɚ; 'pi:tə] *v.i.* 〔十副〕**1** 〈礦脈、河流等〉逐漸耗盡，逐漸枯竭〈*out*〉. **2** 逐漸消失〈*out*〉.

pe·ter[2] [ˋpitɚ; 'pi:tə] **«源自 Peter»—*n.*** Ⓒ **1**《俚》單人牢房。**2**《俚》保險箱。**3**《鄙》陰莖(penis).

Pe·ter [ˋpitɚ; 'pi:tə] **«源自希臘文「石，岩」之義»—*n.*** **1** 彼得《男子名；暱稱 Pete [pit; pi:t]》. **2** [~ **the Great**] 彼得大帝《1672－1725；帝俄之創立者》。**3** [**St.** ~]《聖經》(聖)彼得《耶穌十二使徒之一；聖經新約「彼得書」之作者》。**4**《聖經》彼得前[後]書(The First [Second] Epistle General of Peter)《聖經新約中之一書；分前書及後書；略作 Pet.》.
rób Péter to páy Pául 搶甲濟乙，借債還債，東挪西借過日子(★因 St. Peter 與 St. Paul 之節日為同一日，故有此說)。

pe·ter·man [ˋpitɚmən; 'pi:təmən] *n.* (*pl.* **-men** [-mən; -mən])《俚》Ⓒ **1** 用麻藥使人麻醉而後行竊的小偷。**2** 開保險箱之竊賊。

Péter Príncìple *n.* 彼得原理《員工在被提升至擔任超過其工作能力水平之工作便停止進步的理論》。

pe·ter·sham [ˋpitɚʃəm; 'pi:təʃəm] *n.* Ⓤ **1** 厚垂珠皮大衣呢；厚垂珠皮呢外套。**2** 一種有稜條的絲帶《用作帽帶等》。

Péter('s) pénce *n. pl.*《英史》每戶每年呈交羅馬教宗的稅金；天主教徒自願獻給教宗的年金。

pet·i·ole [ˋpɛtɪˏol; 'petioul] *n.* Ⓒ《植物》葉柄。

pet·it [ˋpɛtɪ; 'peti] **«源自法語 'little' 之義»—*adj.*** 小的；不重要的(↔ grand)(★用法 多用作法律用語複合字之第一詞素)。

pe·tít bóur·geois [pəˋti-; pə'ti:-] **«源自法語»—*n.*** Ⓒ小資產階級，小市民。

pe·tite [pəˋtit; pə'ti:t] **«源自 petit 之陰性形»—*adj.*** 小的；(尤指)〈女人〉身材嬌小的。

pet·it four [ˋpɛtɪˋfɔr; 'peti'fɔ:] **«源自法語「小烤爐」之義»—*n.*** (*pl.* **pet·its fours** [ˋpɛtɪˋfɔrz; 'peti'fɔ:z])Ⓒ[當作菜名時為Ⓤ](以有糖衣之蛋糕製成之)(彩色)精緻小餅。

pe·ti·tion [pəˋtɪʃən; pi'tiʃn] **«源自拉丁文「尋求」之義»—*n.*** Ⓒ **1 請願，陳情，訴願，呈請，申請**：a ~ of bankruptcy《法律》破產申請[申報]。**2** 請願[陳情]書，訴狀。**3** (對神佛等之)祈求。
the Petítion of Ríght (英國的)權利請願書《1628 年由議會向英王查理(Charles)一世提出並獲得承認的人權宣言》。
—*v.t.* **1 請願**：**a**〔十受(十介十(代)名)〕[為…]向〈人〉請求[陳情，請願]〔*for*〕：We *~ed* His Majesty *for* sanction. 我們向陛下請求批准。**b**〔十受＋*to* do〕請求[陳情，呈請]〈人〉〈做…〉：They *~ed* the mayor *to* take immediate measures. 他們陳情市長立即採取措施(cf. 1 c). **c**〔(十受)＋ *that*__〕請求[陳情，呈請]〈人〉〈…事〉：They *~ed* the mayor *that* immediate measures (should) be taken. 他們陳情市長立即採取措施(★用法《口語》多不用 should；cf. 1 b). **2**〔十受〕懇求，請求〈所欲之物〉。
—*v.i.* **1**〔十介十(代)名〕懇求，請求[…]〔*for*〕：~ *for* a person's release 懇求釋放某人。**2**〔十 *to* do〕懇求[請求]〈做…〉：~ *to* be allowed to do... 請求允許…。

pe·ti·tion·ar·y [pəˋtɪʃəˏnɛrɪ; pə'tiʃənəri] **«petition 的形容詞»—*adj.*** 請願的，陳情的，懇求的，請求的，祈求的。

pe·tí·tion·er [-ʃənɚ; -ʃənə] *n.* Ⓒ **1** 請願者。**2** (離婚訴訟之)原告。

pétit júry *n.* ＝petty jury.

pet·it mal [pəˏtɪˋmæl; pəˌti'mæl] **«源自法語»—*n.*** Ⓤ《醫》癲癇小發作。

pét náme *n.* Ⓒ暱稱《Bob, Bill, Kate 等》。

petrel

Pe·trarch [ˋpitrɑrk; 'petrɑ:k] *n.* 佩脫拉克《1304–74；義大利詩人》。

Pe·trar·chan [pɪˋtrɑrkən; pi'trɑ:kən] **«Petrarch 的形容詞»—*adj.*** 佩脫拉克的，佩脫拉克風格[式]的：a ~ sonnet 佩脫拉克式的十四行詩。

pet·rel [ˋpɛtrəl; 'petrəl] *n.* Ⓒ《鳥》海燕《鸌形目海鳥的通稱》。

【字源】petrel 一字源自法文，意思為「聖彼得的鳥」。這種鳥常伸着腳靠近海面飛行，看起來像在海上走路，而耶穌十二使徒中的聖彼得(St. Peter)曾經靠耶穌的幫助步行渡海，因此這種鳥就被稱作 petrel, 又因此種鳥出現時常會有暴風雨的來臨，所以又稱作 stormy [storm] petrel.

pé·tri dìsh [ˋpitri-; 'pi:tri:-] *n.* Ⓒ(做細菌培養時用的)平淺培養皿。

pet·ri·fac·tion [ˏpɛtrəˋfækʃən; ˌpetri'fækʃn] *n.* **1 a** Ⓤ石化(作用)。**b** Ⓒ石化物，化石。**2** Ⓤ茫然若失，發呆；嚇呆。

pet·ri·fi·ca·tion [ˏpɛtrəfəˋkeʃən; ˌpetrifi'keiʃn] *n.* ＝petrifaction.

pet·ri·fy [ˋpɛtrəˏfaɪ; 'petrifai] *v.t.* **1** 使…化為石，使…石化；使…堅硬[僵硬]。**2** 使〈人心〉變無情[頑固，麻木不仁]。**3** 使〈人〉嚇呆；使…發呆，使…茫然若失(★常用被動語態，介系詞為 *with*)：He *was petrified with* fear. 他被嚇呆了。
—*v.i.* 化為石，石化；變僵硬；發呆。

pet·ro- [pɛtro-; petrou-] [複合用詞]表示石，岩之意。

pètro·chémical *n.* Ⓒ[常 *~s*]石油化學品。

pètro·chémistry *n.* Ⓤ石油化學；岩石化學。

pet·ro·dol·lar [ˋpɛtroˏdɑlɚ; 'petrouˌdɔlə] *n.* Ⓒ石油美元《石油輸出國家售油得來的錢》。

Pet·ro·grad [ˋpɛtrəˏgræd; 'petrəgræd] *n.* 彼得格勒《Leningrad 的舊名》。

pe·trog·ra·phy [pɪˋtrɑgrəfɪ; pi'trɔgrəfi] *n.* Ⓤ岩石(記載)學，岩類學。

pet·rol** [ˋpɛtrəl; 'petrəl] **«源自 petroleum» —*n. Ⓤ《英》汽油(《美》gasoline)：a ~ engine 汽油引擎。

pet·ro·la·tum [ˏpɛtrəˋletəm; ˌpetrə'leitəm] *n.* Ⓤ《化學》凡士林；礦脂。

pe·tro·le·um [pəˋtrolɪəm; pi'trouljəm] **«源自拉丁文「石」與「油」»—*n.*** Ⓤ**石油**：crude [raw] ~ 原油/a ~ engine 石油引擎。

petróleum jélly *n.* Ⓤ＝petrolatum.

pet·ro·lif·er·ous [ˏpɛtrəˋlɪfərəs; ˌpetrə'lifərəs] *adj.* 含石油的；產石油的。

pe·tról·o·gist [-dʒɪst; -dʒist] *n.* Ⓒ岩石學家。

pe·trol·o·gy [pɪˋtrɑlədʒɪ; pi'trɔlədʒi] *n.* Ⓤ岩石學。

pétrol stàtion *n.* Ⓒ《英》加油站(《美》gas station).

pétrol tànk *n.* Ⓒ《英》汽油箱(gas tank).

pet·ro·pow·er [ˋpɛtrəˏpauɚ; 'petrəˌpauə] *n.* Ⓤ石油威力《一國因其石油生產或存量所造成的經濟或政治力量》。

pet·ti·coat [ˋpɛtɪˏkot; 'petikout] **«源自中古英語「小(petty)」與「外套(coat)」»—*n.*** Ⓒ **1** 襯裙《有襞飾或花邊裝飾之女用內裙》。**2**《口語》女人，婦女。
—*adj.* [用在名詞前]《謔》女人的，女性的；與女人有關的；由女人(做[主持(等)])的：~ government 牝雞司晨；女人當權，裙帶政治。

pet·ti·fog [ˋpɛtɪˏfɑg; ˈpetifɔg] «pettifogger 的逆成字»—*v.i.* (**-fogged**; **-fog·ging**) **1** 講歪理，詭辯。**2** 吹毛求疵。**3** 作訟棍[司法黃牛]。

pét·ti·fòg·ger *n.* Ⓒ **1** 訟棍，司法黃牛，卑劣律師。**2** 騙子。**3** 講歪理[吹毛求疵，小題大作]的人。

pét·ti·fòg·ging *adj.* **1** 訟棍式的；詐欺的，卑劣的。**2** 無用的，無益的，無價值的。**3** 小題大作[吹毛求疵]的。

pet·tish [ˋpɛtɪʃ; ˈpetiʃ] *adj.* **1** 〈人〉脾氣彆扭的，乖戾的，易怒的；急躁的，不高興的。**2** 〈言詞、行爲等〉氣憤的。
~·**ly** *adv.* ~·**ness** *n.*

pet·ty [ˋpɛtɪ; ˈpeti] *adj.* (**pet·ti·er**; **-ti·est**) **1** 小的，微不足道的，瑣碎的；小規模的，次要的：~ expenses 雜費/~ farmers 小農民。**2** 心胸狹窄的，小氣的：a ~ mind 小心眼兒。**3** 下級的，從屬的：a ~ official 小官員[公務員]。
pét·ti·ly *adj.* **-ti·ness** *n.*

pétty bourgeóis *n.* =petit bourgeois.

pétty cásh *n.* Ⓤ零用錢；小額的現金收支。

pétty júry *n.* Ⓒ《法律》小陪審團《由十二人組成，參與公開審判審理民事、刑事之訴訟事件；cf. grand jury》.

pétty lárceny *n.* Ⓤ[指個體時爲Ⓒ] 輕竊盜罪《偸竊法律規定所竊財物在某一定金額以下之罪行》。

pétty ófficer *n.* Ⓒ《海軍》士官《相當於陸軍之 noncommissioned officer (略作 N.C.O.)；cf. commissioned officer, warrant officer》.

pet·u·lance [ˋpɛtʃələns; ˈpetjuləns] «petulant 的名詞»—*n.* Ⓤ 發脾氣，生氣，易怒，暴躁，性急，彆扭的脾氣；急躁之言行。

pet·u·lant [ˋpɛtʃələnt; ˈpetjulənt] *adj.* (對瑣碎之事像小孩般)發脾氣的，生氣的，使性子的。~·**ly** *adv.*

pe·tu·nia [pəˋtunjə, -ˋtjun-; piˈtju:njə] *n.* **1** Ⓒ《植物》矮牽牛屬《美洲熱帶土生草本植物，開各色漏斗形之花》。**2** Ⓤ深紫紅色。

pew [pju; pju:] «源自古法語「陽台」之義»—*n.* Ⓒ **1** (教堂之)信徒座位《有靠背之長椅式座位；⇨church 插圖》。**2** 《謔》座位，椅子：take a ~ 就座，坐下。

pe·wee [ˋpiwi; ˈpi:wi:] «擬聲語»—*n.* Ⓒ《鳥》京燕，黑頭鷗。

pe·wit [ˋpiwɪt; ˈpi:wit] «擬聲語»—*n.* Ⓒ《鳥》**1** 田鳧(lapwing). **2** 京燕(pewee).

pew·ter [ˋpjutɚ; ˈpju:tə] *n.* Ⓤ **1** 白鑞《錫與鉛或其他金屬之合金》。**2** (又作 **péwter wàre**)[集合稱]白鑞製成之器皿，白鑞器。

pe·yo·te [peˋotɪ; peiˈouti] *n.* **1** Ⓒ《植物》產於美國西南部及墨西哥北部之一種球形仙人掌。**2** Ⓤ從此種球形仙人掌中提煉出之一種迷幻劑。

pf 《略》《音樂》pianoforte.

pf. 《略》perfect；piano；preferred；《符號》pfennig.

PFC, Pfc. 《略》Private First Class《美陸軍》上等兵。

pfd. 《略》preferred.

pfen·nig [ˋpfɛnɪg, ˋfɛnɪg; ˈpfenig] *n.* Ⓒ (*pl.* ~**s**, **-ni·ge** [-nɪgə; -nigə])分尼《德國之貨幣單位；相當於1/100 mark；符號 pf.》.

PG 《略》Parental Guidance《電影》准普通級電影《未滿十八歲者須由監護人陪同觀賞之電影；⇨ movie【說明】》；paying guest.

Pg. 《略》Portugal；Portuguese.

PG-13 «源自 *P*arental *G*uidance»—《略》《美》《電影》未滿十三歲者須由監護人陪同觀賞之准普通級電影(⇨ movie【說明】).

***p*H, pH** [ˋpiˋetʃ; ˌpi:ˈeitʃ] «源自 *p*otential of *h*ydrogen»—《略》《化學》氫離子指數。

Ph 《符號》《化學》phenyl. **PH** 《略》Purple Heart. **ph.** 《略》phase.

Pha·ë·thon [ˋfeəθən; ˈfeiəθən] *n.* 《希臘神話》費頓《太陽神希里阿斯(Helios)之子；獲得其父之允許駕駛其父之日輪一日，但因不熟練，過於接近地球幾致使地球起火而被宙斯(Zeus)用電光擊斃》。

pha·e·ton [ˋfeətn̩; ˈfeitn] *n.* Ⓒ **1** 一種雙座二馬(或一馬)四輪馬車。**2** 一種旅行用敞篷汽車。

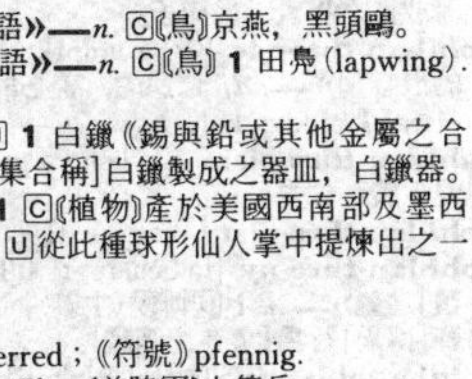

phaeton 1

phag·o·cyte [ˋfægəˏsaɪt; ˈfægəsait] *n.* Ⓒ《生理》吞噬細胞《白血球(leukocyte)等》。 **phag·o·cyt·ic** [ˏfægəˋsɪtɪk; ˌfægəˈsitik ←] *adj.*

pha·lan·ger [fəˋlændʒɚ; fəˈlændʒə] *n.* Ⓒ《動物》(澳洲產之)一種捲尾之袋鼠。

pha·lanx [ˋfelæŋks; ˈfælæŋks] *n.* Ⓒ (*pl.* ~**es**, **-lan·ges** [fəˋlændʒiz; fæˈlændʒi:z]) **1 a** (古希臘重武裝步兵列成密集之)方陣。**b** 列成方陣形之任何部隊。**c** 大羣集結之人[動物，物]。**d** 爲一共同目標而結合之一羣人。**2** (*pl.* **-langes**)《解剖》指骨。**3** 《植物》雄蕊束。

phal·a·rope [ˋfæləˏrop; ˈfæləroup] *n.* Ⓒ《鳥》瓣蹼鷸《在海、湖中游泳之各種海鳥中之一》。

phal·lic [ˋfælɪk; ˈfælik] «phallus 的形容詞»—*adj.* 陰莖的；象徵陰莖的：~ worship 陰莖[陽物]崇拜。

phal·lus [ˋfæləs; ˈfæləs] *n.* Ⓒ (*pl.* **-li** [-laɪ; -lai], ~·**es**)陰莖，陽物；陰莖[陽物]之圖像《古希臘戴奧奈索斯(Dionysus)之祭典等之崇拜對象》。

phan·er·o·gam [ˋfænərəˏgæm; ˈfænərəgæm] *n.* Ⓒ《植物》顯花植物(↔ cryptogam).

phan·tasm [ˋfæntæzəm; ˈfæntæzəm] *n.* Ⓒ **1** 幻影，夢境，幻景，幻想。**2** (死者、不在者之)幻像；幽靈，鬼魂。

phan·tas·ma·go·ri·a [ˏfæntæzməˋgɔrɪə; ˌfæntæzməˈgɔriə] *n.* Ⓒ **1** 連續變化之幻影[幻想]，幻覺效應。**2** (似走馬燈般)變幻不定之[千變萬化之]光景。

phan·tas·ma·gor·ic [fænˏtæzməˋgɔrɪk; ˌfæntæzməˈgɔrik ←] «phantasmagoria 的形容詞»—*adj.* 似連續變化之幻影般的，變幻不定的。

phan·tas·mal [fænˋtæzml̩; fænˈtæzml ←] «phantasm 的形容詞»—*adj.* 幻影的，幽靈[鬼魂]的；空想[幻想]的。

phan·tas·mic [fænˋtæzmɪk; fænˈtæzmik ←] *adj.* =phantasmal.

phan·ta·sy [ˋfæntəsɪ; ˈfæntəsi] *n.* 《古》=fantasy.

phan·tom [ˋfæntəm; ˈfæntəm] *n.* Ⓒ **1** 幻影，幻像。**2** 幽靈，鬼怪。—*adj.* [用在名詞前] **1** 幻影[幻像]的；空想的，幻想的；鬼怪的，似鬼的：a ~ limb 幻想肢《在切除手足後仍似有手足之感覺；雖手足已不存在，往往會感到手足疼痛》/a ~ ship 鬼船。**2** 虛有其表的，有名無實的，虛幻的：a ~ company 幽靈[空頭]公司/a ~ order《美》(飛機、艦艇、武器等在未有指示動工生產之前無實際效力之)假想訂貨。

Phar·aoh [ˋfɛro; ˈfɛərou] *n.* Ⓒ法老《古埃及王之尊稱》。

Pháraoh's sérpent *n.* Ⓒ法老蛇《一點火就呈現蛇形的化學玩具》。

Phar·i·sa·ic [ˏfærəˋse·ɪk; ˌfæriˈseiik ←] «Pharisee 的形容詞»—*adj.* **1** 法利賽人[教派]的。**2** 拘泥形式的，假裝虔誠的，僞善的。

Phàr·i·sá·i·cal [-ɪkl; -ikl ←] *adj.* =Pharisaic.

Phar·i·sa·ism [ˋfærəseˏɪzəm; ˈfæriseiizəm] *n.* Ⓤ **1** 法利賽主義[教派]，法利賽教派之教義。**2** [**p~**] (宗教上之)形式主義；僞善。

Phar·i·see [ˋfærəˏsi; ˈfærisi:] *n.* Ⓒ **1** 法利賽人，法利賽教派之教徒《古猶太教注重律法形式而墨守成規之保守派成員》。**2** [**p~**] (宗教上之)形式主義者；僞善者。

phar·ma·ceu·ti·cal [ˏfɑrməˋsutɪkl̩, -ˋsju-; ˌfɑ:məˈsju:tikl ←] «pharmacy 的形容詞»—*adj.* [用在名詞前] **1** 調藥的，製藥的；藥學的。**2** 藥劑(師)的。
—*n.* Ⓒ藥物。~·**ly** [-klɪ; -kəli] *adv.*

phar·ma·ceu·tics [ˏfɑrməˋsutɪks, -ˋsju-; ˌfɑ:məˈsju:tiks] *n.* Ⓤ製藥學。

phar·ma·ceu·tist [ˏfɑrməˋsutɪst, -ˋsju-; ˌfɑ:məˈsju:tist] *n.* = pharmacist.

phár·ma·cist [-sɪst; -sist] *n.* Ⓒ **1** 藥劑師。**2** 《文語》藥商。

phàr·ma·cól·o·gist [-dʒɪst; -dʒist] *n.* Ⓒ藥理學家，藥物學家。

phar·ma·col·o·gy [ˏfɑrməˋkɑlədʒɪ; ˌfɑ:məˈkɔlədʒi] *n.* Ⓤ藥理學，藥物學。 **phar·ma·co·log·i·cal** [ˏfɑrməkəˋlɑdʒɪkl; ˌfɑ:məkəˈlɔdʒikl ←] *adj.*

phar·ma·co·poe·ia, phar·ma·co·pe·ia [ˏfɑrməkəˋpiə; ˌfɑ:məkəˈpi:ə] *n.* **1** Ⓒ處方書，藥劑書，藥典《尤指官方所刊印者》。**2** Ⓤ[常 **the** ~；集合稱] (官方正式准許使用之)藥品，藥物，藥類。

phar·ma·cy [ˋfɑrməsɪ; ˈfɑ:məsi] *n.* **1** Ⓤ調藥(法)；藥學；製藥(業)：a Doctor of *P*~ 藥學博士《略作 Pharm. D》。**2** Ⓒ **a** 藥房，藥局(《美》drugstore，《英》chemist's). **b** (醫院之)配藥部[室]，調藥室。

Pha·ros [ˋfɛrɑs; ˈfɛərɔs] *n.* **1** [**the** ~] (古代在埃及北部亞歷山大港(Alexandria)灣內之)法洛斯燈塔《世界七大奇觀之一》。**2** Ⓒ [**p~**]燈塔，航線標識。

pha·ryn·gal [fəˋrɪŋgl; fəˈriŋgl] *adj.* =pharyngeal.

pha·ryn·ge·al [fəˋrɪndʒɪəl; ˌfærinˈdʒi:əl ←] «pharynx 的形容詞»—*adj.* 《解剖》咽的：the ~ tube 食道。

phar·yn·gi·tis [ˏfærɪnˋdʒaɪtɪs; ˌfærinˈdʒaitis] *n.* Ⓤ《醫》咽炎。

phar·ynx [ˋfærɪŋks; ˈfæriŋks] *n.* Ⓒ (*pl.* ~·**es**, **pha·ryn·ges** [fəˋrɪndʒiz; fəˈrindʒi:z])《解剖》咽。

***phase** [fez; feiz] «源自希臘文「出現」之義»—*n.* Ⓒ **1** (變化、發展之)階段；時期：several ~*s* of physical development 身體成長的幾個階段/enter upon a new ~ 邁入一個新的階段。**2** (變化之物被看到或被想到之)狀態，方面：a problem with many ~*s* 一個涉及面相當廣的問題。

【同義字】aspect 指由某特定觀點觀察之有關研究，常爲一判斷、感情上反應之變化或階段之情況；facet 指寶石等物體之許多平面中之一面或事物之多面中之一面。

3《天文》天體之變象，(月之)盈虧，位相《new moon, half moon, full moon 均爲 a ~ of the moon》.
4《物理‧電學》相。
5《生物》相。

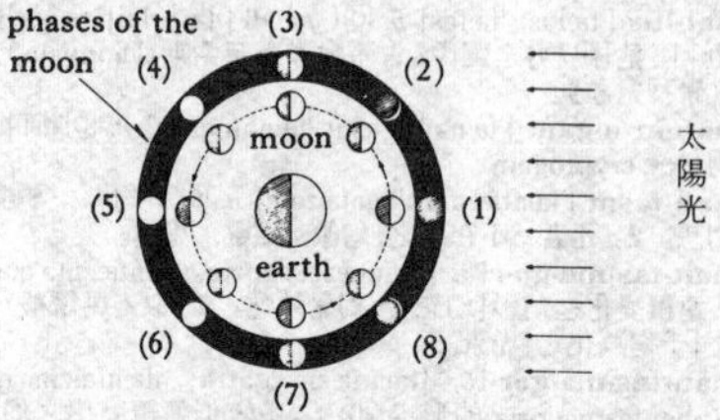

【插圖說明】地球(earth)和月球(moon)的位置和月球的位相 (1)new moon(新月)。(2)crescent(新月)。(3)half moon(半月)。(4)gibbous moon(凸月)。(5)full moon(滿月)。(6)gibbous moon(凹月)。(7)half moon(半月)。(8)crescent(新月)。

in pháse (1)同相〔*with*〕. (2)同一步調，一致〔*with*〕.
òut of pháse (1)異相〔*with*〕. (2)不同步調，不一致〔*with*〕.
—*v.t.* 〔十受〕分段[逐步]計畫[引進，實行]。
pháse ín 《*vt adv*》分段[逐步]引進[採用]。
pháse óut 《*vt adv*》分段[逐步]廢止[除去]。

pháse·dòwn, pháse-dòwn *n.* Ⓒ逐漸縮減。

phase-in *n.* Ⓒ分段引進，逐步實行。

pháse microscope *n.* Ⓒ(又作 **pháse-cóntrast mìcroscope**)位相差[相襯]顯微鏡。

pháse-òut *n.* Ⓒ(計畫、作戰等之)分段[逐步]結束[廢止，撤退，淘汰]。

phat·ic [ˋfætɪk; ˈfætik] *adj.* 〈言詞〉交際應酬的，無意義的《目的不在傳達內容而在於製造社交氣氛》：~ language 社交語言《寒暄用語等》。

Ph.B. [ˋpiˏetʃˋbi; ˌpiːeitʃˈbiː] 《略》Bachelor of Philosophy 哲學士。

Ph.D. [ˋpiˏetʃˋdi; ˌpiːeitʃˈdiː] 《略》Doctor of Philosophy.

【說明】若依字義直譯則爲「哲學博士」之意，但在此用法中 philosophy 指「高等之學問」而成「博士學位」之意；故表示「他是一位哲學博士」時稱 He has a *Ph.D.* in philosophy.；在美國博士文憑被視爲任教大學之資格證件。

pheas·ant [ˋfɛzn̩t; ˈfeznt] *n.* (*pl.* ~s, ~) **1** Ⓒ《鳥》雉雞。 **2** Ⓤ雉肉。

雄 pheasant 1

phe·nac·e·tin [fəˋnæsətɪn; fiˈnæsitin] *n.* Ⓤ《藥》非納西汀《一種解熱鎮痛藥》。

Phe·ni·cia [fəˋnɪʃɪə, -ʃə; fiˈniʃiə, -ʃə] *n.* =Phoenicia.

Phe·ni·cian [fəˋnɪʃən; fiˈniʃiən, -ʃn] *adj., n.* = Phoenician.

phe·nix [ˋfinɪks; ˈfiːniks] *n.* =phoenix.

phe·no·bar·bi·tone [ˏfinoˋbarbɪˏton; ˌfiːnouˈbaːbitoun] *n.* Ⓤ《化學》苯基巴比東($C_{12}H_{12}O_3N_2$, 用作鎮靜劑及催眠藥)。

phe·nol [ˋfinol; ˈfiːnɔl] *n.* Ⓤ《化學》石炭酸。

phe·nol·o·gy [fɪˋnalədʒɪ; fiˈnɔlədʒi] *n.* Ⓤ生物氣候學，物候學。

***phe·nom·e·na** [fəˋnamənə; fəˈnɔminə] *n.* **phenomenon** 的複數。

phe·nom·e·nal [fəˋnamənl̩; fəˈnɔminl] 《phenomenon 的形容詞》**—*adj.*** **1** 現象的，有關現象的。**2** (不經思考、直觀而)可由感官感知[認知，察覺]得到的，顯著的。**3**《口語》驚人的，非凡的：a ~ success 非凡的成功/a ~ amount of money 總額驚人的錢。

phe·nóm·e·nal·ism [-nl̩ˏɪzəm; -nəlizəm] *n.* Ⓤ《哲》唯象論，現象論。

phe·nóm·e·nal·ly [-nl̩ɪ; -nəli] *adv.* **1** 與現象有關地。**2** 驚人地，非凡地。

phe·nom·e·nol·o·gy [fɪˏnaməˋnalədʒɪ; fiˌnɔməˈnɔlədʒi] *n.* Ⓤ《哲》現象學。

phe·nom·e·non** [fəˋnaməˏnan; fəˈnɔminən] **—*n. Ⓒ (*pl.* **-e·na** [-mənə; -mənə]) **1** 現象；事件：A rainbow is a natural ~. 彩虹是自然現象。**2** (*pl.* ~s) **a** 奇蹟，特殊之事物。**b**《口語》非凡之人：a child ~ 神童。

phe·no·type [ˋfinəˏtaɪp; ˈfiːnətaip] *n.* Ⓒ《生物》表(現)型《將遺傳因子所決定的形質，與環境互相作用而表現出的性狀；cf. genotype》. **phe·na·typ·ic** [ˏfinəˋtɪpɪk; ˌfiːnəˈtipik] *adj.*

phen·yl [ˋfɛnl̩; ˈfenl] *n.* Ⓤ《化學》苯基《符號 Ph》.

phen·yl·ke·to·nu·ri·a [ˏfɛnlˏkɪtoˋnurɪə, -ˋnjur-; ˌfenlˌkitouˈnjuriə] *n.* Ⓤ《醫》苯酮尿。

pher·o·mone [ˋfɛrəˏmon; ˈfɛərəmoun] *n.* Ⓒ《生化》外激素《某些動物爲引起其他同種動物的某一特定反應而分泌的一種物質》。

phew [fju; fjuː] *interj.* 《★發音在實際交談中爲似口哨之聲音》**1** [表示鬆一口氣之心情]呼！**2** [表示驚訝]哦！啊！**3** [表示疲倦、喘等]噢！

phi [faɪ; fai] *n.* ⓊⒸ希臘字母之第二十一個字母(Φ, ϕ)《相當於英文之 ph；⇨ Greek alphabet 表》。

phi·al [ˋfaɪəl; ˈfaiəl] *n.* Ⓒ **1** 小玻璃瓶；(尤指)小藥瓶。**2** 一小玻璃瓶之量〔*of*〕.

Phi Be·ta Kap·pa [ˋfaɪˏbetəˋkæpə; ˈfaiˌbeitəˈkæpə] *n.* 《美》**1** 成績優秀之美國大學生及畢業生所組成之榮譽學會《成立於 1776 年；採終身會員制；cf. Greekletter fraternity》. **2** Ⓒ Phi Beta Kappa 之任何一名會員。

Phid·i·as [ˋfɪdɪəs; ˈfidiəs] *n.* 菲狄亞斯《紀元前五世紀之希臘雕刻家》。

Phil [fɪl; fil] *n.* 菲爾《男子名；Philip 的暱稱》。

Phil. 《略》Philip；《聖經》Philippians；Philippine(s).

-phil [-fɪl; -fil] =-phile.

Phil·a·del·phia [ˏfɪləˋdɛlfjə; ˌfiləˈdelfjə, -fiə] 《源自希臘文「兄弟之愛(brotherly love)」之義》**—*n.*** 費城《美國賓夕凡尼亞州(Pennsylvania)之一城市；俗稱 the City of Brotherly Love；略作 Phila.》.

Phíladelphia láwyer *n.* Ⓒ《美》熟悉法律(漏洞)且精明之律師。

phi·lan·der [fəˋlændɚ; fiˈlændə] *v.i.* **1** 〈男人〉不眞誠地戀愛，玩弄女人。**2** 〔十介十(代)名〕〔與女人〕調情，調戲〔女人〕〔*with*〕.

phi·lán·der·er [-dərɚ; -dərə] *n.* Ⓒ玩弄[調戲]女人之男人，風流成性之男人，登徒子。

phil·an·throp·ic [ˏfɪlənˋθrapɪk; ˌfilənˈθrɔpik] 《philanthropy 的形容詞》**—*adj.*** 仁慈的，善心的；博愛(主義)的，慈善的。
-i·cal·ly [-kl̩ɪ; -kəli] *adv.*

phi·lan·thro·pism [fəˋlænθrəˏpɪzəm; fiˈlænθrəpizəm] *n.* Ⓤ博愛主義，仁愛。

phi·lán·thro·pist [-pɪst; -pist] *n.* Ⓒ博愛主義者，慈善家。

phi·lan·thro·py [fəˋlænθrəpɪ; fiˈlænθrəpi] 《源自希臘文「愛人類」之義》**—*n.*** **1** Ⓤ博愛(主義)，慈善(cf. misanthropy). **2** Ⓒ慈善[博愛]行爲[事業，團體]。

phil·a·tel·ic [ˏfɪləˋtɛlɪk; ˌfiləˈtelik] 《philately 的形容詞》**—*adj.*** 集郵的。

phi·lát·e·list [-tl̩ɪst; -təlist] *n.* Ⓒ集郵[郵票研究]家。

phi·lat·e·ly [fəˋlætl̩ɪ; fiˈlætəli] *n.* Ⓤ集郵。

-phile [-faɪl; -fail] [名詞、形容詞複合用詞]表示「愛好…的(人)」之意(←→ -phobe)：biblio*phile*, Anglo*phile*.

Philem. 《略》《聖經》Philemon.

Phi·le·mon [fəˋlimən, faɪ-; fiˈliːmɔn, fai-] *n.* 《聖經》腓利門書(The Epistle of Paul to Philemon)《聖經新約中之一書；略作 Philem.》.

phil·har·mon·ic [ˏfɪləˋmanɪk, ˏfɪlhar-; ˌfilaːˈmɔnik, ˌfilhaː-] *adj.* [常 P~]愛好音樂的，愛樂的：a ~ society 愛樂協會/a ~ concert(愛樂協會之)演奏會。
—*n.* Ⓒ交響樂團。

phil·hel·lene [fɪlˋhɛlin; ˈfiˌheliːn] *adj.* 對希臘友善的，親希臘的，仰慕希臘文化的。
—*n.* Ⓒ親[愛好，仰慕]希臘(文化)之人。

phil·hel·len·ic [ˏfɪlhəˋlɛnɪk; ˌfilheˈliːnik] *adj.* 親[愛好，仰慕]希臘(文化)的。

-phil·i·a [-fɪlɪə; -filiə] [名詞複合用詞]**1** 表示「…傾向」「親…」之意。**2** 表示「對…之反常愛好或渴望」「…癮」之意。

-phil·i·ac [-fɪlɪæk; -filiæk] [名詞、形容詞複合用詞]表示「反常愛好或渴望…(者)(的)」「患有…癮(者)(的)」之意。

Phil·ip [ˋfɪlɪp; ˈfilip] *n.* **1** 菲力普《男子名；暱稱 Phil》. **2** [St. ~]《聖經》(聖)腓立比《耶穌十二使徒之一》。

Phi·lip·pi [fɪˋlɪpaɪ; fiˈlipai] *n.* 腓力比《古馬其頓王國(Macedonia)之一城市》。
méet at Phílippi 信守危險之約會《★出自莎士比亞(Shakespeare)之「凱撒大帝(*Julius Caesar*)」》.
Thou shalt sée me at Phílippi. 後會有期，咱們腓力比見[等著瞧]《★出自莎士比亞(Shakespeare)「凱撒大帝(*Julius Caesar*)」》.

Phi·lip·pi·ans [fəˋlɪpɪənz; fiˈlipiənz] *n. pl.* [當單數用]《聖經》腓立比書(The Epistle of Paul the Apostle to the Philippians)《聖經新約中之一書；略作 Phil.》.

phi·lip·pic [fəˋlɪpɪk; fiˈlipik] «源自雅典名演說家 Demosthenes 猛烈抨擊 Philip 王之演說»——*n.* Ⓒ《文語》猛烈之言辭抨擊，漫罵。

Phil·ip·pine [ˋfɪlə͵pin; ˈfilipi:n↼] «源自西班牙國王 Philip 二世之名»——*adj.* 菲律賓羣島[人]的。
——*n.* [the ~s] **1** 菲律賓羣島(Philippine Islands). **2** 菲律賓共和國《由菲律賓羣島形成之共和國；本爲西班牙之殖民地，後爲美國屬地，於 1945 年獨立；正式名稱爲 the Republic of the Philippines；首都馬尼拉(Metropolitan Manila)(⇨ Manila 1)》.

Philippine Íslands *n. pl.* [the ~] 菲律賓羣島《位於東南亞，澳洲北部之西太平洋中，共有 7083 個島嶼，略作 P.I.》.

Phil·is·tine [ˋfɪləs͵tin; ˈfilistain] *n.* Ⓒ **1** 非利士人《古代居住於巴勒斯坦(Palestine)西南部之一好戰民族，曾攻擊以色列人多次》。**2** [有時 **p**~] 庸人，市儈，實利主義者，無教養[不懂文學藝術等]之人。
——*adj.* **1** 非利士人的。**2** 庸俗的，市儈的，無教養的。

phil·is·tin·ism [ˋfɪləstɪn͵ɪzəm; ˈfilistinizəm] *n.* Ⓤ實利主義，鄙俗，庸俗，無教養。

phil·o·den·dron [͵fɪləˋdendrən; ͵filəˈdendrən] *n.* Ⓒ《植物》黃蘗。

phi·log·y·ny [fɪˋlɑdʒənɪ; fiˈlɔdʒəni] «源自希臘文「愛女人」之義»——*n.* Ⓤ愛女人(⟷ misogyny).

phil·o·log·i·cal [͵fɪləˋlɑdʒɪkḷ; ͵filəˈlɔdʒikl↼] «philology 的形容詞»——*adj.* 語言[語文，文獻]學(上)的。~**·ly** [-kḷɪ; -kəli] *adv.*

phi·lol·o·gist [fɪˋlɑlədʒɪst; fiˈlɔlədʒist] *n.* Ⓒ **1** 文獻學家。**2** 語言[語文]學家[研究者]。

phi·lol·o·gy [fɪˋlɑlədʒɪ; fiˈlɔlədʒi] *n.* Ⓤ **1** 文獻學。**2** 語言學，語文學《★比較現 philology 通常指以歷史之觀點比較考證典籍文章之文獻學，linguistics 指不考慮語言在歷史上之變化而研究某時期語文之文法結構、意義及用法等之語言學》：comparative ~ 比較語言學/English ~ 英語學。

phil·o·mel [ˋfɪlə͵mɛl; ˈfiləmel] *n.* [有時 **P**~] Ⓒ《詩》夜鶯(nightingale).

Phil·o·me·la [͵fɪləˋmilə; ͵filəˈmi:lə] *n.* **1**《希臘神話》菲勒蜜拉《★雅典王潘代安(Pandion)之女；遭其姊普洛克妮(Procne)之夫婿特洛斯(Tereus)强暴並斷舌使其無法洩漏醜行；後化身爲夜鶯；cf. Procne》.
2 Ⓒ[有時 **p**~]《詩》夜鶯(nightingale).

phi·los·o·pher [fəˋlɑsəfɚ; fiˈlɔsəfə] *n.* Ⓒ **1 哲學家**：a moral ~ 倫理學家/a natural ~ 物理學家。
2 哲人，賢人；達觀者，想得開的人。
3 a (遇困難之時仍)冷靜之人。**b**《口語》對事想得深刻的人。

philósophers' [**philósopher's**] **stône** *n.* [the ~] 賢者之石[點金石]《昔時鍊金術士(alchemist)認爲具有化普通金屬爲黃金之神奇力量而尋求之物；cf. elixir 1》.

phil·o·soph·ic [͵fɪləˋsɑfɪk; ͵filəˈsɔfik↼] *adj.* =philosophical.

phil·o·soph·i·cal [͵fɪləˋsɑfɪkḷ; ͵filəˈsɔfikl↼] «philosophy 的形容詞»——*adj.* **1** 哲學的。**2 a** (似)哲學家的，思想深刻的；冷靜的；達觀的，想得開的。**b** [不用在名詞前]〔十介十(代)名〕〔對於…〕達觀的，明達的，想得開的，冷靜的，逆來順受的〔*about*〕：He was ~ ***about*** his losses. 他對於損失看得開。
~**·ly** [-kḷɪ; -kəli] *adv.*

phi·los·o·phize [fəˋlɑsə͵faɪz; fiˈlɔsəfaiz] «philosophy 的動詞»——*v.i.* 〔動(十介十(代)名)〕〔對於…〕自哲學之立場加以解釋，作哲理之探究，如哲學家般地思維或推理，思索〔*about*〕：~ ***about*** life 探究人生。

***phi·los·o·phy** [fəˋlɑsəfɪ; fiˈlɔsəfi] *n.* **1** Ⓤ**哲學**《探討事物之根本的學問》：empirical ~ 經驗哲學/metaphysical ~ 形而上學/practical ~ 實踐哲學/positive ~ 實證哲學。

> **【字源】** 由 philo「愛」與 sophy「智慧」兩希臘字構成，本來是「愛智」之意，用英文說是 love of wisdom.

2 Ⓒ哲理，原理：the ~ *of* economics [grammar] 經濟學[文法]原理。
3 Ⓒ(由經驗等學得之)人生哲學，人生觀，處世觀：develop a ~ of life 培養出人生觀。
4 Ⓤ(哲人般之)冷靜，達觀；徹悟，領悟，想得開：with ~ 冷靜地。
5 Ⓒ哲學書。
Dóctor of Philósophy 博士學位；博士〔*in*〕《略作 Ph. D.；cf. Ph. D.【說明】》。

phil·ter,《英》**phil·tre** [ˋfɪltɚ; ˈfiltə] *n.* Ⓒ春藥，媚藥，催淫劑。

phiz [fɪz; fiz] «physiognomy 之略»——*n.* Ⓒ [常用單數]《謔》臉；容貌，顏面，臉上之表情。

phiz·og [ˋfɪzɑg; ˈfizɔg] *n.* =phiz.

phle·bi·tis [flɪˋbaɪtɪs; fliˈbaitis] *n.* (*pl.* **phle·bit·i·des** [-ˋbɪtə͵diz; -ˈbitədi:z])ⓊⒸ《醫》靜脈炎。

phleb·o·scle·ro·sis [͵flɛbosklɪˋrosɪs; ͵fleboukliˈrousis] *n.* Ⓒ《醫》靜脈硬化。

phle·bot·o·mist [flɪˋbɑtəmɪst; fliˈbɔtəmist] *n.* Ⓒ刺絡醫師，放血技士。

phle·bot·o·my [flɪˋbɑtəmɪ; fliˈbɔtəmi] *n.* ⓊⒸ《醫》刺絡，放血《昔日刺手足靜脈放血之醫療法》。

phlegm [flɛm; flem] «源自希臘文「黏液」之義»——*n.* Ⓤ **1** 痰。**2 a**《古生理》黏液《四種體液中之一種；古人認爲此液過多則將導致笨拙或冷靜；⇨ humor 4 b》. **b** 黏液質，遲鈍；無活力；冷靜。

phleg·mat·ic [flɛgˋmætɪk; flegˈmætik↼] «phlegm 的形容詞»——*adj.* **1** 多痰的。**2** 黏液質的，冷漠的，無活力的，笨拙的；冷靜的：a ~ temperament 黏液質。

phleg·mat·i·cal [flɛgˋmætɪkḷ; flegˈmætikl↼] *adj.* =phlegmatic. ~**·ly** [-kḷɪ; -kəli] *adv.*

phlo·em, phlo·ëm [ˋfloɛm; ˈflouem] *n.* Ⓒ《植物》韌皮部。

phlo·gis·ton [floˋdʒɪstən; floˈdʒistən] *n.* Ⓤ《古化學》燃素《未發現氧前被假定爲可燃物之主要成分》。

phlox [flɑks; flɔks] «源自希臘文「燃燒」之義»——*n.* Ⓒ(~·es, [集合稱]~)《植物》草夾竹桃；草夾竹桃之花。

phlox

Phnom Penh [ˋnɑmˋpɛn, pəˋnɔmˋpɛn; ˈnɔmˈpen] *n.* 金邊《高棉首都》。

-phobe [-fob; -foub] [複合用詞] 表示「懼怕…者，厭惡…者」之意(⟷ -phile).

pho·bi·a [ˋfobɪə; ˈfoubjə, -biə] *n.* ⓊⒸ恐懼症，病態[異常]之恐怖，(對某事或某情況之)畏懼：I have a ~ *for* [《英》*about*] airplanes. 我有飛機恐懼症《怕乘飛機》。

pho·bic [ˋfobɪk; ˈfoubik] *adj.*

-pho·bi·a [-fobɪə; -foubiə] [名詞複合用詞] 表示「…恐懼症，厭…」之意：hydro*phobia*.

Phoe·be [ˋfibɪ; ˈfi:bi] *n.* **1**《希臘神話》妃比《月之女神阿特蜜絲(Artemis)之別名》。**2**《詩》月(moon). **3** 菲比《女子名》。

Phoe·bus [ˋfibəs; ˈfi:bəs] *n.* **1**《希臘神話》費伯斯《太陽神阿波羅(Apollo)之別名》。**2**《詩》太陽。

Phoe·ni·cia [fəˋnɪʃɪə; fiˈniʃə, -ʃiə] *n.* 腓尼基《紀元前二千年左右在現今之敍利亞沿岸繁榮一時之一古國》。

Phoe·ni·cian [fəˋnɪʃən; fiˈniʃiən, -ʃn] «Phoenicia 的形容詞»——*adj.* 腓尼基(人，語)的。——*n.* **1** Ⓒ腓尼基人。**2** Ⓤ腓尼基語。

phoe·nix [ˋfinɪks; ˈfi:niks] *n.* **1** Ⓒ《埃及神話》長生鳥，鳳凰，不死鳥。

> **【說明】** 據稱每五百年或六百年在阿拉伯沙漠堆積香木自焚後由灰中復生之靈鳥；因活潑而美麗，故被視爲長生不老之象徵。

2 [the **P**~]《天文》鳳凰座。

phoenix 1

Phoe·nix [ˋfinɪks; ˈfi:niks] *n.* 鳳凰城《美國亞利桑納州(Arizona)之首府》。

Phóenix Íslands *n. pl.* [the ~] 費尼克斯羣島《分布於太平洋中央之八個小島》。

phon [fɑn; fɔn] «源自希臘文「聲音」之義»——*n.* Ⓒ《物理》唪《聲響之强度單位》。

pho·nate [ˋfonet; ˈfouneit] *v.i.*《語音》發聲，發音。

pho·na·tion [foˋneʃən; fouˈneiʃn] *n.* Ⓤ《語音》發音，發聲。

‡phone[1] [fon; foun] «telephone 之略»——《口語》*n., adj., v.* = telephone.

phone[2] [fon; foun] *n.* Ⓒ《語音》音素，單音。

-phone [-fon; -foun] [複合用詞] 表示「聲音(sound)」之意：micro*phone.*

phóne bòoth [《英》**bòx**] *n.* Ⓒ (公用)電話亭。

phóne·càrd *n.* Ⓒ(卡片電話(cardphone)用之)電話卡《代替投硬幣插入電話機以通話用之塑膠卡片》。

phóne-ìn *n.*《英》=call-in.

pho·neme [ˋfonim; ˈfouni:m] *n.* Ⓒ《語音》音位，音素《在某語言中之語音上最小單位》。

pho·ne·mic [foˋnimɪk; fouˈni:mik] *adj.* **1** 音素的，音位的。**2** 音素論的，音位論的。**3** 構成不同音素的。

pho·né·mi·cist [-mɪsɪst; -misist] *n.* Ⓒ音素[音位]學家。

pho·ne·mics [foˋnimɪks; fouˈni:miks] *n.* Ⓤ **1** 音素[音位]學。**2** (一種語言之)音素組織。

pho·net·ic [foˋnɛtɪk; fouˈnetik] *adj.* **1** 語音(上)的：international ~ signs [symbols] 國際音標/ ~ change [laws]《語言》語音變化[規律]/ ~ notation 標音法/ ~ value 音值《文字所表之語音

特質》。**2** 語音學的。**3** 拼寫與發音相似的，表音的：～ spelling 表音拼字(法)。**pho·nèt·i·cal·ly** [-kḷɪ; -kəli] *adv.*

pho·ne·ti·cian [ˌfonə`tɪʃən; ˌfouni'tiʃn] *n.* Ⓒ語音學家。

pho·net·ics [fo`nɛtɪks; fou'netiks] *n.* Ⓤ **1** 語音學。**2** (某種語言、語系之)語音結構[體系]。

pho·ney [`fonɪ; 'founi] *adj.* ＝phony.

phon·ic [`fanɪk, `fon-; 'founik, 'fɔn-] *adj.* **1** 音的。**2** 語音的，發音上的。

phon·ics [`fonɪks, `fan-; 'founiks, 'fɔn-] *n.* Ⓤ **1** 拼音教授法《教拼字與發音之關係之語言基礎教授法》。**2** 音響學(acoustics).

pho·no- [fono-, -nə-; founou-, -nə-] [複合用詞]表示「聲，音」之意。

pho·no·gram [`fonəˌgræm; 'founəgræm] *n.* Ⓒ **1** 實驗語音圖；音符(cf. ideogram). **2** (速記等之)表音字。

pho·no·graph [`fonəˌgræf; 'founəgrɑ:f] *n.* Ⓒ《美》留聲機(《英》gramophone).

·**pho·no·graph·ic** [ˌfonə`græfɪk; ˌfounə'græfik] *adj.* **1** (藉)留聲機的。**2** 速記的，以速記字寫的。**phò·no·gráph·i·cal·ly** [-kḷɪ; -kəli] *adv.*

pho·nog·ra·phy [fo`nagrəfɪ; fou'nɔgrəfi] *n.* Ⓤ **1** 表音拼字[寫字]法。**2** 表音速記法[術]。

pho·no·log·i·cal [ˌfonə`ladʒɪkḷ; ˌfounə'lɔdʒikl] *adj.* 音韻學的；音韻體系的。～**·ly** [-kḷɪ; -kəli] *adv.*

pho·nól·o·gist [-dʒɪst; -dʒist] *n.* Ⓒ音韻學家。

pho·nol·o·gy [fo`nalədʒɪ; fou'nɔlədʒi] *n.* Ⓤ **1** 音韻論[學]；語音學《指語音之歷史研究》。**2** 語音系統；音韻結構。

pho·nom·e·ter [fo`namətɚ; fou'nɔmitə] *n.* Ⓒ《物理》測音器，音波測定器。

pho·ny [`fonɪ; 'founi] 《口語》*adj.* (**pho·ni·er; -ni·est**)假的，僞造的：a ～ cheque 僞造的支票/a ～ excuse 編造的藉口。

—*n.* Ⓒ **1** 假冒之物，贋品。**2** 騙子，冒充者。**phó·ni·ness** *n.*

-pho·ny [-fənɪ; -fəni] 字尾「音，聲」之意的名詞字尾：sym*phony*, tele*phony*.

phoo·ey [`fuɪ; 'fu:i] «擬聲語»**—***interj.* **1** [表輕視、厭惡、不信等]呸！哼！**2** [表失望]唔！唉！

phos·gene [`fasdʒin; 'fɔzdʒi:n, 'fɔs-] *n.* Ⓤ《化學》氯化碳醯，光氣。

phos·phate [`fasfet; 'fɔsfeit] *n.* **1** Ⓤ [指種類時爲Ⓒ]《化學》磷酸鹽。**2** Ⓤ [指產品個體或種類時爲Ⓒ；常 ～s]含有磷酸鹽之肥料。**3** Ⓤ一種加有果汁及少許磷酸之汽水。

phósphate róck *n.* Ⓒ磷酸鈣石。

phos·phide [`fasfaɪd; 'fɔsfaid] *n.* Ⓤ《化學》磷化物：hydrogen ～ 磷化氫。

phos·phite [`fasfaɪt; 'fɔsfait] *n.* Ⓒ《化學》亞磷酸鹽。

Phos·phor [`fasfɚ; 'fɔsfə] *n.* **1**《希臘神話》法斯拂《啓明星[曉星]之擬人名；相當於羅馬神話之 Lucifer》. **2**《詩》啓明星，曉星(morning star)(cf. Hesperus, Vesper).

phos·pho·resce [ˌfasfə`rɛs; ˌfɔsfə'res] *v.i.* 發磷光。

phos·pho·res·cence [ˌfasfə`rɛsṇs; ˌfɔsfə'resns] «phosphoresce, phosphorescent 的名詞» **—***n.* Ⓤ **1** 發磷光，磷光性。**2** 磷光，磷火《俗稱「鬼火」》。

phòs·pho·rés·cent [-sṇt; -snt] «phosphoresce 的形容詞»**—***adj.* 發磷光的，磷光性的。～**·ly** *adv.*

phos·phor·ic [fas`fɔrɪk; fɔs'fɔrik] *adj.*《化學》(五價)磷的，含有磷的：～ acid 磷酸。

phos·pho·rous [`fasfərəs; 'fɔsfərəs] *adj.*《化學》(含有)(三價)磷的：～ acid 亞磷酸。

phos·pho·rus [`fasfərəs; 'fɔsfərəs] «源自希臘文「帶光者之物」之義»**—***n.* **1** Ⓤ《化學》磷《非金屬元素；符號 P》. **2** [P～]＝Phosphor.

phot [fot; fout] *n.* Ⓒ幅透《照明度之單位；每平方公分爲 1 lumen》.

pho·to** [`foto; 'foutou] «photograph 之略»**—**《口語》*n.* Ⓒ(*pl.* ～s)照片，相片：take a ～ of 照一張…的相/have [get] one's ～ taken 請人照相。**—v.* ＝photograph.

pho·to- [foto-; foutou-] [複合用詞]表示「光、照片」之意。

phòto·chémical *adj.* 光化學的：～ smog 光化學煙霧。～**·ly** *adv.*

phòto·chémistry *n.* Ⓤ光化學。

phòto·compóser *n.* Ⓒ照相排版機。

phòto·composítion *n.* Ⓤ照相排版。

phòto·còpier *n.* Ⓒ影印機。

pho·to·cop·y [`fotəˌkapɪ; 'foutəˌkɔpi] *n.* Ⓒ影印本。

—*v.t.* 影印。

phòto·eléctric *adj.* 光電的；光電照相裝置的：～ effect 光電效應。

photoeléctric céll *n.* Ⓒ **1** 光電池。**2** 光電管。

phòto·engráve *v.t.* 將…照相凸版[雕版]。

phòto·engráving *n.* **1** Ⓤ照相凸版(術)。**2** Ⓒ照相雕刻版。

phóto èssay *n.* Ⓒ攝影小品《以照片進行分析或解釋性的描述，通常以個人觀點處理其主題》。

phóto fínish *n.* Ⓒ **1**《賽馬》終點照相判定《競賽者幾乎同時抵達終點，須使攝影始能決定勝負之終局》。**2** (選舉等之)勢均力敵之激烈競爭。

phóto·flàsh *n.* Ⓒ照相用之閃光燈。

phóto·flòod *n.* Ⓒ照相用之强烈溢光燈。

pho·to·gen·ic [ˌfotə`dʒɛnɪk; ˌfoutə'dʒenik] *adj.* 〈人〉上鏡頭的，上像的，宜於拍照的。

pho·to·gram [`fotəˌgræm; 'foutəgræm] *n.* Ⓒ《攝影》黑影照片，剪影照片《將物體放在光源和感光體之間製成》。

***pho·to·graph** [`fotəˌgræf; 'foutəgrɑ:f, -græf] *n.* Ⓒ照片，相片：take a ～ of... 照一張…的相/have [get] one's ～ taken 請人照相。

—*v.t.* [十受]拍…的照片，爲…攝影：He does not like to be ～*ed.* 他不喜歡被人拍照。

—*v.i.* **1** 照相，攝影，拍照。**2** [與 well, badly 等表狀態之副詞連用]拍得(…)：She always ～*s* well [badly]. 她一直很上相[不上相]。

pho·tog·ra·pher [fə`tagrəfɚ; fə'tɔgrəfə] *n.* Ⓒ(報紙、雜誌等之)攝影者，攝影家，攝影師(⇨ cameraman 比較)；以爲人照相爲業者：He is a great ～. 他很會攝影。

pho·to·graph·ic [ˌfotə`græfɪk; ˌfoutə'græfik] «photograph, photography 的形容詞»**—***adj.* **1** 攝影(術)的，照相的，用於攝影[照相]的：a ～ studio 照相館/a ～ model 攝影模特兒。**2** 似相片的，照相般的，精確的：a ～ memory 鮮明精確的記憶力/with ～ accuracy 像照相般精確地。

-i·cal·ly [-kḷɪ; -kəli] *adv.*

pho·tog·ra·phy [fə`tagrəfɪ; fə'tɔgrəfi] *n.* Ⓤ攝影術，攝影。

pho·to·gra·vure [ˌfotəgrə`vjur; ˌfoutəgrə'vjuə] *n.* **1** Ⓤ照相製版法，照相凹版[影印版]印刷。**2** Ⓒ照相版，影印版。

pho·to·jour·nal·ist [ˌfoto`dʒɝnḷɪst; ˌfoutou'dʒə:nəlist] *n.* Ⓒ攝影記者。

pho·tom·e·ter [fo`tamətɚ; fou'tɔmitə] *n.* Ⓒ **1** 光度計。**2**《攝影》感光計。

pho·to·met·ric [ˌfotə`mɛtrɪk; ˌfoutə'metrik] *adj.* 光度計的，感光計的，測定光度的：～ units 光度單位。

pho·tom·e·try [fo`tamətrɪ; fou'tɔmitri] *n.* Ⓤ光度測定(法)；光度學。

pho·to·mon·tage [ˌfotəman`taʒ; ˌfoutəmɔn'tɑ:ʒ] *n.*《攝影》**1** Ⓤ集錦照相(術)。**2** Ⓒ集錦照片《爲求美術效果而將數幀照片拼合爲一幀者》。

pho·ton [`fotan; 'foutɔn] *n.* Ⓒ《物理》光子，光量子《光之能量》。

pho·to·play [`fotəˌple; 'foutəplei] *n.* Ⓒ故事影片，舞台劇影片。

pho·to·re·con·nais·sance [ˌfotorɪ`kanəsəns; ˌfoutouri'kɔnisəns] *n.* Ⓤ《軍》空中照相偵察。

phòto·sénsitive *adj.* 感光性的。

phòto·sénsitize *v.t.* 使…具有感光性。**phòto·sensitizátion** *n.*

pho·to·stat [`fotəˌstæt; 'foutəstæt] *n.* Ⓒ **1** 複寫照相機，直接影印機。**2** 複寫照片，直接影印照片。

—*v.t.* 用直接影印機拍攝…。

phò·to·stat·ic [ˌfotə`stætɪk; ˌfoutə'stætik] *adj.*

phòto·sýnthesis *n.* Ⓤ《生物・生化》(炭水化合物等之)光能合成，光合作用。**phòto·synthétic** *adj.*

phòto·télegraph *n.* Ⓒ電報傳眞像；電報傳眞機。

—*v.t.* & *v.i.* 以電報傳眞發送(…)。

pho·to·te·leg·ra·phy [ˌfototə`lɛgrəfɪ; ˌfoutouti'legrəfi] *n.* Ⓤ **1** 閃光通信《如利用日光反射等》。**2** 電報傳眞術。

pho·tot·ro·pism [fo`tatrəˌpɪzəm; fou'tɔtrəpizəm] *n.* Ⓤ《生物》向光性，屈光性。

pho·to·type [`fotəˌtaɪp; 'foutətaip] *n.* Ⓒ照相製版。

phó·to·typ·y [-ˌtaɪpɪ; -ˌtaipi] *n.* Ⓤ照相製版術。

phr., phrs. 《略》phrase.

phras·al [`frezḷ; 'freizl] «phrase 的形容詞»**—***adj.* 組成片語的，使用片語的，片語的，成語的，詞句的：a ～ preposition 片語介系詞《如 in front of》/a ～ verb 片語動詞《如 get up, put off》.

‡phrase [frez; freiz] «源自希臘文「言詞，措辭」之義»**—***n.* **1** Ⓒ **a**《文法》片語《爲不含主詞及述詞之二字以上之字組，可作句子構成之一部分用，具有某種詞類之功能；cf. clause 1》：a noun ～ 名詞片語/an adjective ～ 形容詞片語/an adverb(ial) ～ 副詞片語。**b** 成語，慣用語：a set ～ 成語，老套話。

2 ⓊⒸ措辭，說法，語法：felicity of ～ 措辭適切[得體]/a happy [an unhappy] turn of ～ 巧妙的[拙笨的]措辭/in Eliot's ～ 按艾略特的說法。

3 Ⓒ名言，警句：coin a ～ 創造新詞句/turn a ～ 能言善道。4 Ⓒ《音樂》樂句，樂節。

to cóin a phráse 《謔》套句老話來說《★用法實際上常在引用陳腐詞句時使用；cf. 3》。

—*v.t.* 〔十受〕[與表狀態之副詞(片語)連用] **1** (以…之措辭)表達，說出…：How should I ～ it? 我應該如何表達它呢？/He ～*d* his excuse politely. 他很客氣地說出他的藉口。

2《音樂》將…分成樂節。

phráse bòok *n.* Ⓒ(海外旅行者等所用之)(外語)成語[短語]集。

phrase·mon·ger [ˋfrezˏmʌŋgɚ; ˈfreizˌmʌŋgə] *n.* Ⓒ愛使用華麗而空洞無意義詞句的人。

phra·se·ol·o·gy [ˏfreziˋalədʒɪ; ˌfreiziˈɔlədʒi] *n.* Ⓤ **1** 語法，措辭法。**2** (個人、特殊社會之)用語；術語，專門[特殊]用語。**3** [集合稱]語詞，措辭：legal ～ 法律用語。

phra·se·o·log·i·cal [ˏfreziəˋladʒɪkḷ; ˌfreiziəˈlɔdʒikl˝] *adj.*

phrás·ing *n.* Ⓤ **1** 措辭，語法，表達法。**2**《音樂》(樂句)分節法。

phre·net·ic [frɪˋnɛtɪk; friˈnetik] *adj.* 《古》=frenetic.

phre·ni·tis [frɪˋnaɪtɪs; friˈnaitis] *n.* Ⓤ《醫》**1** 隔膜炎。**2** 腦炎。**3** 譫妄，精神錯亂。

phre·nól·o·gist [-dʒɪst; -dʒist] *n.* Ⓒ骨相學家。

phre·nol·o·gy [frɛˋnalədʒɪ, frɪ-; friˈnɔlədʒi, fre-] *n.* Ⓤ骨相學。

phren·o·log·i·cal [ˏfrɛnəˋladʒɪkḷ; ˌfrenəˈlɔdʒikl˝] *adj.*

Phryg·i·a [ˋfrɪdʒɪə; ˈfridʒiə] *n.* 佛里幾亞《小亞細亞中部之一古王國》。

Phryg·i·an [ˋfrɪdʒɪən; ˈfridʒiən] 《Phrygia 的形容詞》—*adj.* 佛里幾亞(人，語)的。

—*n.* **1** Ⓒ佛里幾亞人。**2** Ⓤ佛里幾亞語。

Phrýgian cáp *n.* Ⓒ佛里幾亞帽，自由之帽《為法國大革命時共和政體之象徵；⇨ liberty cap》。

Phrygian cap

phthi·sis [ˋθaɪsɪs; ˈθaisis] *n.* Ⓤ《醫》(嚴重之)肺結核，結核病。

phut [fʌt; fʌt] 《擬聲語》—*n.* Ⓒ啪《模擬汽球，水泡等破裂之聲》。

gò phút 《口語》(1)〈汽球等〉破裂。(2)全毀，垮掉。

phy·lac·ter·y [fəˋlæktərɪ; fiˈlæktəri] *n.* Ⓒ(猶太教之)經匣《內裝有記載聖經舊約經句之羊皮紙之皮製小匣；共有二個，晨禱時在頭額上及左臂上各佩一個》。

Phyl·lis [ˋfɪlɪs; ˈfilis] *n.* 菲莉絲《女子名》。

phyl·lox·e·ra [fɪˋlaksərə, ˏfɪlakˋsɪrə; ˌfilɔkˈsiərə, fiˈlɔksərə] *n.* Ⓤ《昆蟲》木虱，葡萄蟲《為害葡萄樹之害蟲》。

phy·log·e·ny [faɪˋladʒənɪ; faiˈlɔdʒini] *n.* ⓊⒸ《生物》系統發生(論)，動植物種類(進化)史，種族系統史(cf. ontogeny)。

phy·lum [ˋfaɪləm; ˈfailəm] *n.* Ⓒ(*pl.* **-la** [-lə; -lə]) **1**《生物》(動物分類上之)門(cf. classification 1b)。**2**《語言》語系。

phys·i·at·rics [ˏfɪzɪˋætrɪks; ˌfiziˈætriks] *n.* Ⓤ[作單數用]物理醫學。

phys·i·at·rist [ˏfɪzɪˋætrɪst; ˌfiziˈætrist] *n.* Ⓒ物理醫學專家。

phys·ic [ˋfɪzɪk; ˈfizik] *n.* **1** Ⓤ[指產品個體或種類時為Ⓒ]《口語》藥；(尤指)瀉藥。**2** Ⓤ《古》醫學，醫術。

—*v.t.* (**phys·icked**; **-ick·ing**)《古・謔》使…服藥，以藥物治療…；(尤指)使…服瀉藥，以藥使…瀉。

‡**phys·i·cal** [ˋfɪzɪkḷ; ˈfizikl] *adj.* (**more** ～; **most** ～) **1** (無比較級、最高級)(與精神上相對而言之)物質(上)的，物質世界的；自然(界)的：the ～ world 物質世界。

2 a (無比較級、最高級)身體的，肉體的(↔ mental, psychic)：～ beauty 肉體美/a ～ checkup 健康檢查，身體檢查/one's ～ constitution 體格/⇨ physical COURAGE/a ～ examination 身體[體格]檢查/ ～ exercise 體操，運動/ ～ health (肉體上之)健康/ ～ training 體育。**b**《口語》追求肉慾[肉體]的。

3 [用在名詞前](無比較級、最高級) **a** 物理學(上)的。**b** 根據自然法則的，自然科學的：a ～ impossibility 在物理上[自然法則上]不可能之事/a ～ explanation of miracles 一種根據自然法則對奇蹟的解釋。

—*n.* (又作 **phýsical examinátion**)Ⓒ《美》身體檢查。

phýsical anthropólogy *n.* Ⓤ體質人類學《研究人類之身體變異、特徵與進化》。

phýsical cúlture *n.* Ⓤ體育。

phýsical educátion *n.* Ⓤ(學校課程之)體育《略作 P.E.》。

phýsical geógraphy *n.* Ⓤ自然地理學，地文學。

phýsical jérks *n. pl.* 《英謔》體操，運動。

phýs·i·cal·ly [-klɪ; -kəli] *adv.* **1** 根據自然法則地；在物理(學)[自然科學]上；在物質上：～ impossible 在物理上[自然法則上]不可能的。

2 在肉體[身體，體格]上。

phýsical science *n.* Ⓤ[指種類時為Ⓒ]自然科學《不包括生物學；cf. natural science》。

phýsical tráining *n.* =physical education.

phy·si·cian [fəˋzɪʃən; fiˈziʃn] *n.* Ⓒ **1** 內科醫師(cf. surgeon 1)。**2** 醫師(doctor)。

phys·i·cist [ˋfɪzəsɪst; ˈfizisist] *n.* Ⓒ物理學家；自然科學家。

phys·i·co·chem·i·cal [ˏfɪzɪkoˋkɛmɪkḷ; ˌfizikouˈkemikl˝] *adj.* (有關)物理化學的。～**·ly** *adv.*

*__phys·ics__ [ˋfɪzɪks; ˈfiziks] *n.* Ⓤ物理學。

phys·i·o [ˋfɪzɪo; ˈfiziou] 《physiotherapist 之略》—*n.* Ⓒ《口語》物理療法家。

phys·i·o·crat [ˋfɪzɪəˏkræt; ˈfiziəkræt] *n.* Ⓒ重農主義者。

phys·i·og·no·mist [ˏfɪzɪˋagnəmɪst, -ˋanəmɪst; ˌfiziˈɔnəmist] *n.* Ⓒ人相學家。

phys·i·og·no·my [ˏfɪzɪˋagnəmɪ, -ˋanəmɪ; ˌfiziˈɔnəmi] *n.* **1** Ⓤ人相學，相面術。**2** Ⓒ相貌，人相，面相。**3** Ⓤ地形，地勢；特徵。

phys·i·og·ra·phy [ˏfɪzɪˋagrəfɪ; ˌfiziˈɔgrəfi] *n.* Ⓤ **1** 自然地理學，地文學。**2**《美》地形學。

phys·i·o·graph·ic [ˏfɪzɪəˋgræfɪk; ˌfiziəˈgræfik˝] *adj.*

phys·i·o·log·i·cal [ˏfɪzɪəˋladʒɪkḷ; ˌfiziəˈlɔdʒikl˝] 《physiology 的形容詞》—*adj.* 生理學(上)的。～**·ly** [-klɪ; -kəli] *adv.*

phỳs·i·ól·o·gist [-dʒɪst; -dʒist] *n.* Ⓒ生理學家。

phys·i·ol·o·gy [ˏfɪzɪˋalədʒɪ; ˌfiziˈɔlədʒi] *n.* Ⓤ **1** 生理學。**2** [the ～]生理，生理機能。

phỳsio·thérapist *n.* Ⓒ物理療法家。

phỳsio·thérapy *n.* Ⓤ物理療法。

phy·sique [fɪˋzik; fiˈziːk] *n.* Ⓤ[又作 **a** ～](尤指男性之)體格：a man of strong ～ 一個體格強壯之人。

pi [paɪ; pai] *n.* **1** ⓊⒸ希臘字母之第十六個字母(Π, π)《相當於英文字母之 P, p；⇨ Greek alphabet 表》。**2** Ⓤ《數學》圓周率《★約為 3.1416；英美人常將圓周率之每一數字改用一單字代表加以記憶，如 Yes, I have a number. 等》。

P.I. 《略》Philippine Islands.

pi·a ma·ter [ˋpaɪəˋmetɚ; ˈpaiəˈmeitə] 《源自拉丁文 'gentle mother' 之義》—*n.* [the ～]《解剖》軟膜，軟腦脊膜。

pi·a·nis·si·mo [ˏpiəˋnɪsəˏmo; pjæˈnisimou] 《源自義大利語》—《音樂》*adj.* & *adv.* 最弱的[地]《略作 pp.；↔ fortissimo》。

—*n.* Ⓒ(*pl.* ～**s**)最弱音，樂曲中以最弱音演奏之一節或一個樂章。

*__pi·an·ist__ [pɪˋænɪst, ˋpiənɪst; ˈpiənist, piˈænist] *n.* Ⓒ鋼琴家，鋼琴師[手]。

‡**pi·an·o**[1] [pɪˋæno; piˈænou] *n.* (*pl.* ～**s**) **1** Ⓒ鋼琴：⇨ grand piano, upright piano/play the ～ 彈奏鋼琴/give [take] ～ lessons [lessons *on* the ～]教[上]鋼琴課。

【字源】源自義大利語 pianoforte. piano 是「弱(soft)」之意，forte 是「强(strong)」之意，早期的鋼琴，因為琴音强弱可由彈者自由控制，所以這種樂器就稱為 pianoforte.

2 Ⓤ[常 the ～]鋼琴演奏(理論、技巧)：a teacher of (*the*) ～ =a ～ teacher 鋼琴教師/a lesson *in* ～ =a ～ lesson 鋼琴課/teach [learn] (*the*) ～ 教[學]鋼琴/He plays excellent jazz ～. 他彈爵士鋼琴曲彈得好極了。

pi·a·no[2] [pɪˋano; piˈaːnou] 《源自義大利語》—《音樂》*adj.* & *adv.* 弱音的[地]《略作 p.；↔ forte》：～ forte 弱(之後)强《略作 pf.》。

—*n.* Ⓒ(*pl.* ～**s**)弱音，弱音樂節[樂章]。

piáno accórdion *n.* Ⓒ鍵盤式手風琴。

pi·an·o·for·te [pɪˋænəˏfort, -ˏfɔrtɪ; ˌpjænouˈfɔːti] *n.* Ⓒ鋼琴《★用法現多用 piano》。

Pi·a·no·la [ˏpiəˋnolə; piəˈnoulə] *n.* Ⓒ《商標》自動鋼琴之一種。

piáno òrgan *n.* Ⓒ(似手搖風琴(barrel organ)之)一種迴轉式自鳴鋼琴。

piáno plàyer *n.* Ⓒ **1** 彈鋼琴的人。**2** 鋼琴自動彈奏機。

piáno wìre *n.* ⓊⒸ富於彈性之細鋼條。

pi·as·ter, pi·as·tre [pɪˋæstɚ; piˈæstə] *n.* Ⓒ **1** 披亞斯德《埃及、敘利亞、黎巴嫩、土耳其、蘇丹之貨幣單位；$=\frac{1}{100}$ pound；符號 P》。**2** 披亞斯德之貨幣。

pi·az·za [pɪˋætsə; piˈætsə] *n.* Ⓒ **1** (義大利等之城市的)廣場(cf. plaza 1)。**2** [pɪˋæzə; piˈæzə]《美》走廊(verandah)。**3**《英》(廣場四周或建築物前面之)有頂迴廊。

pi·broch [ˋpibrak; ˈpiːbrɔk] *n.* Ⓒ(蘇格蘭的)風笛變奏曲。

pic [pɪk; pik] *n.* Ⓒ(*pl.* ～**s**, **pix** [pɪks; piks])《美俚》**1** 照片。**2** 電影。

pi·ca [ˋpaɪkə; ˈpaikə] *n.* Ⓤ《印刷》12 磅因(point)的鉛字《打字機用；cf. elite 2》：small ～ 11 磅因(point)的活字。

pic·a·dor [ˋpɪkəˏdɔr; ˈpikədɔː] *n.* Ⓒ(於鬥牛開始時騎馬以槍刺牛使其發怒之)騎馬鬥牛士(cf. matador)。

pic·a·resque [ˌpɪkəˈrɛsk; ˌpikəˈresk⁻] 《源自西班牙語「惡棍」之義》—*adj.* 〈小說等〉以惡棍[流浪漢]及其冒險爲題材的：a ~ novel 描述惡棍等及其冒險經歷的小說。

—*n.* [the ~]〈十六世紀西班牙之〉歹徒故事。

pic·a·roon [ˌpɪkəˈrun; ˌpikəˈru:n] *n.* Ⓒ **1** 惡棍，歹徒，盜匪，海盜。**2** 海盜船。

Pi·cas·so [pɪˈkɑso; piˈkæsou], **Pa·blo** [ˈpɑblo; ˈpɑ:blou] *n.* 畢卡索《1881－1973；僑居法國之西班牙畫家及雕刻家》。

pic·a·yune [ˌpɪkɪˈjun; ˌpikiˈju:n] *n.* Ⓒ **1** 披奇圓《昔時流通於美國南部(路易西安那州(Louisiana)等)之西班牙貨幣；相當於 5 cents》。**2**《美》瑣碎之物，無足輕重之人：not worth a ~ 毫無價值。

—*adj.*《美口語》無價值的；瑣碎的，小的。

Pic·ca·dil·ly [ˌpɪkəˈdɪlɪ; ˌpikəˈdili⁻] *n.* 畢卡第利《位於倫敦市中心附近之一著名大街道》。

Piccadilly Círcus *n.* 畢卡第利廣場《倫敦鬧區中心之一圓形廣場；爲戲院及娛樂中心》。

Piccadilly Circus

pic·ca·lil·li [ˌpɪkəˈlɪlɪ; ˈpikəlili] *n.* Ⓤ〈東印度之〉辛辣醃菜，泡菜。

pic·ca·nin·ny [ˈpɪkəˌnɪnɪ; ˈpikənini] *n.* =pickaninny.

pic·co·lo [ˈpɪkəˌlo; ˈpikəlou] *n.* Ⓒ (*pl.* ~s) 短笛《音域較長笛(flute)高之高音橫笛》。

‡**pick** [pɪk; pik] *v.t.* **1** 摘《★[比較]較 gather 口語化》：**a** 〔十受〕摘，採〈草、花、果實等〉。**b** 〔十受十受/十受十介十(代)名〕摘〈花等〉給〈人〉；〔爲人〕摘〈花等〉，摘〈花等〉〔給人〕〔*for*〕：She ~*ed* him some strawberries. = She ~*ed* some strawberries *for* him. 她採了一些草莓給他。

2 (用手或尖物一點一點地)挖：**a** 〔十受(十副十(代)名)〕〔以尖鎬等〕挖掘…，鑿…〔*with*〕：~ the road *with* a pickax 以尖鎬鑿路。**b** 〔十受十介十(代)名〕〔在…上〕挖，鑿〈洞〉〔*in*〕：~ holes [a hole] *in*... 在…上挖洞；對…吹毛求疵。**c** 〔十受(十介十(代)名)〕〔用…〕剔，挖，摳〈牙、耳、鼻等〉〔*with*〕：~ one's teeth *with* a toothpick 用牙籤剔牙。**d** 〔十受〕〈鳥〉啄食〈餌〉；〈人〉一點一點地吃，細食〈食物〉：The bird was ~*ing* the seed. 那隻鳥在啄食種子。**e** 〔十受十介十(代)名〕〔從骨上〕啄食〈肉〉〔*from, off*〕：The cat ~*ed* the meat *from* the bone. 貓啃了骨頭上的肉。**f** 〔十受十補〕將…啄[啃]〈乾淨〉：The buzzard had ~*ed* the carcass clean (of flesh). 鷗把屍體(的肉)啄乾淨。

3 (細心地)**挑選**，選擇：**a** 〔十受〕挑選，選擇…：~ one's words carefully 小心選擇字眼，慎選措辭/He ~*ed* a winning horse at the races. 他在賽馬會中挑選了一匹獲勝的馬。**b** 〔十受十 *to* do〕挑選〈人〉〈使其做…〉：He ~*ed* me *to* do his work. 他挑我來做他的工作。**c** 〔十受十副詞(片語)〕〔~ one's way [steps]〕(選擇道路)愼行：He walked, ~*ing* his way *through* tangles of lighting cords. 他在一團團糾結的照明索之間尋路小心走過。

4 a 〔十受〕(用手指、尖物)解開，扯開，理開，拆〈棉花、帶等〉：~ wool 扯開羊毛。**b** 〔十受(十介十(代)名)〕〔用非鑰匙之物〕撬開〈鎖〉〔*with*〕：~ a lock *with* a hairpin 用髮針撬開鎖。**c** 〔十受〕扒取〈他人口袋〉之物(cf. pickpocket)：He had his pocket ~*ed* in the crowd. 他的口袋在人羣之中被扒了。**d** 〔十受十介十(代)名〕〔自…〕拔取，抽取，摘取…〔*from, out of, off*〕：He ~*ed* a cigarette *from* the pack. 他從盒子裏拿了一支香煙/I ~*ed* the hairs *off* my jacket. 我從外套上拿掉頭髮。

5 〔十受〕《美》用手指撥，彈奏〈樂器〉(pluck)：P~ the strings gently in this passage. 在這個樂節輕輕地撥弦。

6 〔十受(十介十(代)名)〕〔向人〕挑〈釁〉，挑〈戰〉，挑起〈爭吵〉〔*with*〕：He ~*ed* a quarrel *with* me. 他存心跟我吵架。

—*v.i.* **1** 〔十介十(代)名〕**a** 剔，挖，啄〔…〕〔*at*〕：The bird was ~*ing at* the bread. 那隻鳥在啄食麪包。**b** (像無食慾般)(一點一點地)吃〔…〕〔*at*〕：She only ~*ed at* her food. 她(挑肥揀瘦地)只吃了一點。**c** 興趣索然地處理〔…〕〔*at*〕.

2 a 〔常 ~ **and choose**〕選了又選，挑三揀四。**b** 〔十介十(代)名〕挑選〔人〕〔*on*〕《★可用被動語態》。**c** 〔十介十(代)名十 *to* do〕挑選〔人〕〈以使之做…〉〔*on*〕《★可用被動語態》：He always ~*s on* me *to* do the hard work. 他老是挑我去做辛苦的工作。

3 〔十介十(代)名〕〔對人〕嘮叨，吹毛求疵，挑剔，找毛病，責備〔*at, on*〕《★可用被動語態》：Why did he ~ *on* [*at*] me first? 他爲什麼首先找我的毛病？

pick apárt =PICK ...to pieces.

pick óff 《*vt adv*》(1)摘取，招下，採取，擣去…。(2)逐一狙擊…，一個個[一頭一頭(等)]地瞄準射殺：The hunter ~*ed off* a duck. 獵人射殺了一隻野鴨。

pick óut 《*vt adv*》(1)挖出，掘出，剔出，啄出，摳出。(2)挑出，選出，揀出。(3)分辨[辨別]出：I soon ~*ed out* Mr. Smith in the crowd. 我在人羣中很快地就認出史密斯先生。(4)了解，看出，聽出，領會，弄明白〈意義〉。(5)憑聽過的記憶彈奏〈樂曲〉：I can just ~ *out* the *Moonlight Sonata* on the piano. 我祇能勉強憑聽來的記憶用鋼琴彈「月光奏鳴曲」。(6)〔以不同之顏色〕使…顯眼[突出]；襯托…〔*with, in*〕《★常用被動語態》：The spotlight ~*ed out* her white costume. 聚光燈的光使她的白色衣裳顯眼/The green panels *are* ~*ed out with* brown. 綠色嵌板被棕色(鑲邊)襯托得顯眼。

pick óver 《*vt adv*》《口語》(1)(爲選擇而)仔細地[一一地]檢查，揀，挑選〈物等〉：~ *over* apples 挑選蘋果/The bargain counter had already been ~*ed over.* 特價品專櫃早已被(顧客)精挑細選完了。(2)一直說[想]〈不愉快之事〉。

pick ...to píeces (1)將…撕成碎片，扯碎。(2)把…批評得體無完膚[罵得一文不值]。

pick úp 《*vt adv*》(1)掘起，挖起。(2)拾起，撿起：~ *up* the receiver 拿起(電話的)聽筒/⇨ pick up the PIECES/He bent down to ~ it *up.* 他彎下身去撿起它。(3)(以車等)搭載〈人〉；以車去迎接〈人〉：I'll ~ you *up* at your hotel. 我會到旅館接你/There the bus stopped to ~ *up* passengers. 巴士在那兒停下來搭載乘客。(4)(在中斷之後)再開始[繼續]〈談話、活動等〉：We ~*ed up* the discussion after a break. 我們在休息後繼續討論。(5)恢復〈健康、精神〉；鼓起〈勇氣〉。(6)增加〈速度〉：~ *up* speed 〈汽車等〉加速。(7)[~ one*self*十up]〈人倒下後〉(站)起來。(8)[~十up十*n.*]掙，賺〈錢〉：~ *up* a living 謀生。(9)再發現〈失去之痕跡、踪跡、足跡、臭跡、線索等〉。(10)〈警察〉逮捕〈罪犯〉。(11)(無人教而)學得〈知識、外語等〉，零零星星地自然學會…：Where did you ~ *up* the information? 你在哪兒得到這消息？(12)買…。(13)(用無線電、雷達、探照燈等)接收到，探測到，發現…：He ~*ed up* a ship's SOS signal. 他接收到某一艘船的求救信號/I ~*ed up* Hanoi last night. 我昨晚聽到了河內的廣播。(14)救出〈(陷於危險中之)人[物]〉。(15)負擔付〈賬〉。(16)《口語》〈男人〉未經介紹而結識〈女人〉，勾搭上〈女人〉。(17)得，患，感染〈疾病〉：He seems to have ~*ed up* the flu. 他好像感染上流行性感冒。(18)補鈎〈針織品之網眼〉。—《*vi adv*》(19)〈病人〉康復，好轉。(20)〈情勢、健康、成績等〉改善，好轉，提高，進步：Auto sales are ~*ing up.* 汽車的銷路在好轉。(21)(在中斷之後)繼續[再開始]談話(等)：We ~*ed up* where we had left off. 我們繼續我們所中斷的談話。(22)整理房間：*P*~ *up* before you leave. 在你離開以前把房間整理好。(23)收拾行李《★常用於下列片語》：~ *up* and leave《口語》收拾行李而離去。

pick úp on... (1)(於賽跑等)逼近，追上〈人〉。(2)《美俚》了解…，與…熟悉起來。

—*n.* **1 a** [**one's** ~](自己)所挑選之物：Take your ~ (of them). (從它們之中)揀你喜歡的/You can have your ~. 你可以任意挑選。**b** [**the** ~]精選物，精華，最優部分〔*of*〕：These grapes are *the* ~ *of* the vine. 這些葡萄是(全部當中的)精選品/The girl was *the* ~ *of* the applicants. 那女孩是在所有應徵者中最優秀的。

2 Ⓒ **a**《口語》尖鎬，十字鎬。**b** [常構成複合字]尖狀之挖撬用工具：an ice ~ 冰鑿子/⇨ toothpick.

3 Ⓒ(弦樂器之)撥子，指套，義甲。

pick·a·back [ˈpɪkəˌbæk; ˈpikəbæk] *n.* Ⓒ揹負，肩扛。

—*adj.* [用在名詞前]在背[肩]上的。—*adv.* 在背[肩]上地。

píck-and-shóvel *adj.* (像用尖鎬、圓鍬之工作般)費力氣的。

pick·a·nin·ny [ˈpɪkəˌnɪnɪ; ˈpikənini] *n.* Ⓒ《輕蔑》黑人的小孩。

pick·ax(e) [ˈpɪkˌæks; ˈpikæks] *n.* Ⓒ尖鋤，十字鎬《★[拼法]pickax 爲《美》，pickaxe 爲《英》》。

picked *adj.* [用在名詞前] **1** 精選的，精挑細選的，最好的。**2** 摘下的。

píck·er *n.* Ⓒ **1** 啄者，啄鳥；摳者，挖者，剔者。**2** [常構成複合字]摘者，採集者：a hop ~ 採蛇麻草[啤酒花]者。**3** 用牙籤之人。**4** 扒手。**5** 尖鎬。

pick·er·el [ˈpɪkərəl, ˈpɪkrəl; ˈpikərəl] *n.* Ⓒ (*pl.* ~, ~s) **1**《美》狗魚。**2**《英》狗魚(pike)之幼魚。

pick·et [ˋpɪkɪt; ˈpikit] «源自法語「尖樁」之義»—*n.* Ⓒ **1** [常 ~s] 尖樁，木樁。**2**《軍》**a** 哨兵，步哨，瞭望人。**b** [集合稱] 警戒隊《★用法視為一整體時當單數，指全部個體時當複數用》。**3** (工人罷工時由工會派往工廠等以阻止工人上工及顧客前往購物等之) 糾察員。**4**《口語》=picket line.

—*v.t.* **1** 圍…以尖樁；以柵圍護。**2** 繫〈牲口〉於樁上。**3** [十受十副詞(片語)] 放〈步哨〉以警戒；放步哨於…。**4** (在罷工時) 派遣糾察員以監視〈商店、工廠、勞工等〉，派遣糾察員於…。

—*v.i.* 充任防止破壞罷工之糾察員。

pickets 1

pícket fénce *n.* Ⓒ柵欄。

pícket lìne *n.* Ⓒ **1**《軍》警戒線。**2** 示威或罷工羣衆所排成之線，糾察線。

píck·ing *n.* **1** Ⓤ (使用尖鎬等之) 鑿掘；撬開；剔挖。**2** Ⓤ摘取；採集；挑揀；扒竊。**3** [~s] 摘剩之物，落穗；剩餘之物。**4** [~s]《口語》竊得之物，贓物；來路不正當之財物；因職位上之利便所得之額外收入；外快。

pick·le [ˋpɪkl; ˈpikl] *n.* **1** Ⓤ (醃肉、菜等用之) 醃汁。**2** Ⓒ [常 ~s；當作菜名時為Ⓤ] (用鹽、醋等醃製之) 醃菜，泡菜；(尤指) 醃成之黃瓜。

> 【說明】一說 pickles，美國人通常會想起小黃瓜泡鹽水或泡醋，英國人會想起小洋葱或椰菜泡鹽水或泡醋。一般家庭也有人泡高麗菜。通常把鹽和醋適當地調配再加一些香料放進玻璃瓶子或罐子來泡菜。日本的泡菜不太鹹，常用以夾三明治或跟煮橄欖的沙丁魚(sardine)疊在一起吃。在歐洲，波蘭的泡菜最受歡迎。

3 [a ~]《口語》為難[尷尬]之立場，困惑，窘境，苦境：be in *a* (sad [sorry, nice, pretty]) ~ 陷於困難，處於苦境。**4** Ⓒ《英口語》喜歡惡作劇之孩童，頑童。—*v.t.* 醃〈菜、肉等〉。

píck·led *adj.* **1** 醃泡(過)的。**2** [不用在名詞前]《俚》醉的。

píck·lòck *n.* Ⓒ **1** 撬鎖具。**2** 撬鎖人，竊賊。

píck-me-ùp *n.* Ⓒ《口語》**1** 含酒精之飲料《指酒》；提神用之飲料《咖啡等》。**2** 興奮劑，提神物，任何使人興奮愉快之物。

píck-ôff *n.* Ⓒ《棒球》跑壘者在壘外被內野手觸殺出局。

píck·pòcket *n.* Ⓒ扒手。

píck·ùp *n.* **1** Ⓒ《口語》**a** (尤指與女人之) 偶然相識，萍水相逢，邂逅。**b** 中途搭(便)車者。**c** (計程車等之) 搭客行為，搭載之旅客。**2** Ⓤ [又作 a ~] (汽車等之) 加速(能力)。**3** (又作 píckup trùck) Ⓒ無頂小型輕便貨車。**4** Ⓒ《口語》[生意、銷售等之] 好轉，進步，改善 [*in*]。**5** Ⓒ (唱機之) 收唱部分《包括唱針、唱頭、裝針針臂》。**6** Ⓒ《廣播・電視》在廣播室[演播室]外之(現場)播出，實況轉播。**7** Ⓒ《棒球・板球》在對方打擊手擊出之球落地後即將反彈起之刹那將其接住之動作：make a good ~ 在對方擊出之球落地後即將反彈起之刹那巧妙地接住它。

pickup 3

—*adj.* [用在名詞前]《美》**1** 臨時做的，即席的〈菜餚等〉。**2** 拼湊[湊合]的〈球隊等〉：a ~ jazz band 湊合的爵士樂隊。

píckup trùck *n.* Ⓒ敞篷小貨車。

Pick·wick·i·an [pɪkˋwɪkɪən; pikˈwikiən] «源自 Dickens 小說 *Pickwick Papers* (1837) 主角——善良、滑稽而老當益壯之老人 Pickwick»—*adj.* **1** 匹克威克(Pickwick)式[作風]的，善良而幽默的。**2** 〈用語〉有特殊意義的：in a ~ sense 用特殊[滑稽]的意義。

pick·y [ˋpɪkɪ; ˈpiki] «pick 的形容詞»—*adj.* (**pick·i·er**; **-i·est**)《美口語》愛挑剔的，吹毛求疵的。

‡**pic·nic** [ˋpɪknɪk; ˈpiknik] *n.* Ⓒ **1 a** 野餐，野宴：have a ~ 去[舉行]野餐[野宴]/We all went *on* [*for*] a ~ last Sunday. 我們大夥兒上星期日去野餐。

> 【同義字】picnic 指成羣携帶餐飲食物至野外用餐之遠足；hike, hiking 指為運動、娛樂而步行至郊外或山野之遠足、健行。

b 在屋外[戶外]之便餐。

2 [常用單數]《口語》歡樂時光，愉快之事，輕鬆之工作：It's no ~. 這不是好玩[輕鬆]的事。

—*v.i.* (**pic·nicked**; **-nick·ing**) [動(十副詞(片語))] 去[舉辦，參加]野餐；以野餐方式用餐。

pic·nick·er *n.* Ⓒ野餐者，郊遊者。

pi·co·sec·ond [ˋpɪkə͵sɛkənd, ˋpaɪ-; ˈpikə͵sekənd, ˈpai-] *n.* Ⓒ 一兆分之一秒《10^{-12} 秒》。

pi·cot [ˋpiko; ˈpiːkou] «源自法語»—《服飾》*n.* Ⓒ花邊上飾邊之小環。—*v.t.* 加飾邊之小環於…。

pic·quet [ˋpɪkɪt; ˈpikit] *n.* Ⓒ《軍》哨兵，步哨(picket)。

píc·ric ácid [ˋpɪkrɪk-; ˈpikrik-] *n.* Ⓤ《化學》苦味酸。

Pict [pɪkt; pikt] *n.* **1** [the ~s] 匹克特族《約於三世紀至十世紀居住蘇格蘭東北部，後被蘇格族(Scots)征服之民族》。**2** Ⓒ匹克特人。

Pict·ish [ˋpɪktɪʃ; ˈpiktiʃ] *adj.* 匹克特族的，匹克特語的，匹克特文化的。—*n.* Ⓤ匹克特語。

pic·to·graph [ˋpɪktə͵græf; ˈpiktəgrɑːf] *n.* Ⓒ **1** 象形文字，繪畫文字。**2** 統計圖表《以圖表代替數字》。**pic·to·graph·ic** [͵pɪktəˋgræfɪk; ͵piktəˈgræfik˝] *adj.*

sun bird

pictographs 1

pic·to·ri·al [pɪkˋtorɪəl, -ˋtɔr-; pikˈtɔːriəl˝] «picture 的形容詞»—*adj.* **1** 圖畫的；用圖畫表示的；附有插圖的：~ art 繪畫[作畫](藝)術/a ~ puzzle 畫謎。**2** 如畫的，生動的，形象化的。

—*n.* Ⓒ畫報，畫刊。~**·ly** [-əlɪ; -əli] *adv.*

‡**pic·ture** [ˋpɪktʃɚ; ˈpiktʃə] «源自拉丁文「塗顏色」之義»—*n.* **1** Ⓒ圖畫，畫，肖像：sit for one's ~ 請人畫肖像/draw a ~ of flowers 畫一幅花的圖畫/paint a ~ (使用顏料)繪畫。

2 Ⓒ照片：I'll take your ~ [a ~ of you]. 我來給你照張相/I had my ~ taken. 我請人(給我)照相。

> 【說明】拍照者幫人照相時，常會對被照的人說 "Say cheese!" (說聲 cheese；笑一個) 拍合家歡時，拍照者常會對小孩子說 "Watch the birdie!" (看看這隻小鳥!)，以引起小孩子的視線集中，有時會眞的拿出一隻玩具小鳥來晃一下。

3《英》**a** Ⓒ(指一部一部之)電影(片)，片子(⇨ movie 1 a 用法)：a silent ~ 默片，無聲電影/make a ~ 製[拍]片，拍製電影/There's a good ~ on at the cinema. 有一部好片子正在那家電影院上映。**b** [the ~s] (做為娛樂或藝術之) 電影(藝術) (⇨ movie 2 a 比較)：go to *the* ~*s* 去看電影。**c** [~s] 電影業，電影界。

4 Ⓒ [常用單數] **a** (鏡子等之) 映像；心像。**b** (電視、電影之) 畫面。

5 [a ~] (寫實性之) 描寫，敍述：He gave *a* vivid ~ of what he had seen. 他栩栩如生地描寫他所見過的東西。

6 [a ~]《口語》(如畫般) 美麗之物[人，景色]；美觀，美景：Our tulips are *a* ~ this year. 我們的鬱金香今年開得很美麗。

7 [the ~] **a** 酷似之物，一模一樣的東西 [*of*]：She is *the* ~ *of* her mother. 她跟她母親一模一樣。**b** 體現，化身 [*of*]：He looked *the* (very) ~ *of* health. 他是健康的化身[非常健康]。

8 [用單數；常 the ~] 情況，局面，情勢：*the* political ~ 政治情勢/⇨ get the PICTURE.

(as) prétty as a pícture 非常可人[漂亮]。

còme ìnto the pícture (1)出現，登場。(2)有趣起來；變得重要，引起注意；被牽涉到。

gèt the pícture《口語》了解情況，知道情形；明白。

in the pícture (1)顯著的。(2)有關聯的；重要的。(3)在場的。(4)熟知事實的。

òut of the pícture 不相干的；不被考慮的，不重要的。

—*v.t.* **1** [十受] **a** 畫…：~ a mountain 畫一座山。**b** 描寫，描繪，生動地描述…。

2 a [十受] 想像〈事、物〉：*P*~ that! 想像這件事吧！**b** [十受十do*ing*] 想像…〈做…〉：He hadn't ~*ed* her ask*ing* him such a favor. 他沒想像過她會要他幫那種忙[她會拜託他這種事]。**c** [十受十*as* 補] 想像…〈為…〉：She could not ~ herself *as* a teacher. 她無法想像自己當老師(的樣子)。**d** [十 *wh.*__] 想像〈…〉：He couldn't ~ *how* terrible the earthquake must have been. 他無法想像那地震有多可怕。

pícture to onesèlf 想像。

pícture bòok *n.* Ⓒ(兒童之)圖畫書。

pícture càrd *n.* Ⓒ **1** (紙牌之) 花牌《K, Q, J》。**2** 有圖畫之明信片。

pic·ture·dom [ˋpɪktʃɚdəm; ˈpiktʃədəm] *n.* =filmdom.

pícture fràme *n.* Ⓒ **1** 畫架。**2**《美俚》絞刑架。

pícture gàllery *n.* Ⓒ繪畫陳列館，美術館，畫廊。

pícture hàt *n.* Ⓒ(飾以鴕鳥羽毛的)女用闊邊帽。

pícture hòuse [pálace] *n.* Ⓒ《主英》電影院。

Pícture·phòne *n.* Ⓒ《商標》電視電話。

pícture póstcard *n.* Ⓒ有圖畫之明信片。

pícture-póstcard *adj.* [用在名詞前] 像有圖畫之明信片似的，美麗的。

pícture shòw *n.* Ⓒ **1** 畫展。**2** 電影。**3** 電影院。

pic·tur·esque [͵pɪktʃəˋrɛsk; ͵piktʃəˈresk˝] *adj.* (**more** ~; **most** ~) **1** 如畫的，充滿畫意的。**2** 〈言語、文體等〉生動的。
~**·ly** *adv.* ~**·ness** *n.*

pícture tùbe *n.* Ⓒ(電視機之)映像管。

pícture wíndow *n.* Ⓒ眺望窗《為使外景映入其中構成一幅風景畫而裝設於起居室等之大型單片玻璃窗；⇨ window 插圖》。

pícture wrìting *n.* Ⓤ畫圖記事法，象形文字。

pic·tur·ize [ˋpɪktʃə͵raɪz; ˈpiktʃəraiz] *v.t.* 使…拍成電影，將…電影化；使…成圖畫。

pic·ul [ˋpɪkʌl; ˈpikʌl] *n.* Ⓒ(*pl.* ～, ～s)擔《中國等之重量單位；一百斤約等於六十公斤》。

pid·dle [ˋpɪdḷ; ˈpidl] *v.i.* **1** 〔動(＋副)〕《美》虛度(時光)，做無聊事〈*away*〉. **2** 《口語》〈小孩、動物〉撒尿。

pid·dling [ˋpɪdlɪŋ; ˈpidliŋ] *adj.* 瑣碎的，微不足道的。

pidg·in [ˋpɪdʒɪn; ˈpidʒin] 《business 一字中國讀音之訛》—*n.* ⓊⒸ洋涇濱語，不純粹之語言《在外國人之間為相互溝通而將某種語言加以簡化使用之輔助語言》。

pídgin [Pídgin] Énglish *n.* Ⓤ洋涇濱英語。

【說明】昔日中國人與外國人從事交易時所用夾雜華語，葡萄牙語，馬來語等之商用英語。

***pie** [paɪ; pai] 《自喜覓集雜物於巢中之鵲(magpie)得名》—*n.* **1** Ⓤ[指個體或種類時為Ⓒ]派，餡餅(★〔關連〕派之皮稱為 piecrust 或 crust》: bake an apple ～ 烤製蘋果派/Don't eat too much ～. 別吃太多派。

【字源】源自鵲鳥(magpie). 鵲鳥以喜歡把種種東西藏在巢中出名。餡餅中間也包有肉、水果等東西，而得此名。
【說明】(1)把肉或水果用麵粉和奶油搟成的麪團包起來烤，烤出來的叫做派或餡餅。常用做餡的材料有蘋果(apple)、杏(apricot)、櫻桃(cherry)、桃子(peach)、葡萄乾(raisin)、南瓜(pumpkin)等。耶誕節烤的碎肉餡餅(mince pie)，用碎肉(mincemeat)做餡，這種碎肉餡是將蘋果、葡萄乾、肥肉、牛肉等剁碎，然後用鹽、糖調味煮成。派通常當飯後點心，但也有牛肉、雞肉、小牛肉等餡餅，當做正式菜餚拿出來招待客人。
(2)宴會(party)時，女主人(hostess)為了勸客人嚐嚐自己所做的 pie，常說 You must have a piece of this pie. (你一定要嚐一塊我做的派。)
(3)賣 pie 的店頭招牌上，常看到的話是：Ready to serve and eat as it is. (可立即供應立即吃。)

2 Ⓒ狀似派之物：a mud ～ (小孩捏造之)泥巴糰。
3 Ⓤ《俚》非常好[容易]之事物。
4 Ⓤ(應分配之利益等之)全體，總額：He wants a bigger share of the ～. 他想要較大的一份。

(as) éasy as píe 《口語》很容易。

éat húmble píe 甘受屈辱《★因昔日狩獵後主人食上等肉，而佣人則食以鹿之內臟為餡之烤餡餅》。

hàve a fínger in the [évery] píe 干預某[每一件]事。

píe in the ský 《口語》空中的餡餅，希望中的報酬，渺茫的幸福，白指望的事《★源自 "You'll get pie in the sky when you die." 一語》。

píe·bàld *adj.* 〈馬等〉(黑白)混雜的，雜色的，斑駁的。
—*n.* Ⓒ兩色混雜之馬[動物]。

‡piece [pis; pi:s] *n.* Ⓒ **1** 斷片，破片(⇨ part A 1【同義字】)：*in* ～*s* 破碎的，成碎片地/break [tear]...*in* [*to, into*] ～*s* 將…弄破[撕]成碎片/fall *to* ～*s* 掉落(地)成碎片/come *to* ～*s* 變成碎片，破碎。**2 a** (一套中之)一件：a dinner service of 50 ～*s* 五十件一套之餐具/cost ten cents a ～ 一個需花一角。**b** (機器等之)部分，零件：take a machine *to* ～*s* 拆開[分解]一部機器。**3** [與不可數名詞連用，表示統一之數量；～ of...] **a** 片，個，塊，張，篇，首，支，根，條：a few ～*s of* chalk 二、三支粉筆/a ～ *of* furniture 一件家具/a ～ *of* string 一根線/a ～ *of* paper 一張紙(⇨ paper 1 用法)。**b** [常 **a ～ of...**] (動作、性質等之)一例：*a* ～ *of* advice 一項忠告/*a* ～ *of* folly 一項愚行/*a* ～ *of*(good) luck 一次幸運/*a* strange ～ *of* news 一則不可思議的消息。**c** (距離、土地等之)一部分，少許，段，塊：a ～ *of* land 一塊地/a bad ～ *of* road 一段壞路。**4 a** (作為數量一定之物品之單位的)一定量《如一捆，一疋，一件，一捲》：a ～ *of* linen 一疋亞麻布《13 碼》/a ～ *of* wallpaper 一捲壁紙《12 碼》。**b** [**the ～**] (工作之)量：pay a person *by* [*on*] *the* ～ 按件計酬付給某人。**5** 一篇作品[散文]，一首詩，一首曲，一部劇本，一幅畫，一件雕刻(等)：a violin ～ 一首小提琴曲/a ～ *of* poetry 一首詩/a fine ～ *of* painting 一幅精美的油畫/a dramatic ～ 一部劇本。**6** 《英》硬幣(coin)：a penny ～ 一枚一便士的銅幣。**7** [常構成複合字]《罕》槍，砲：⇨ fieldpiece. **8 a** (西洋棋、象棋等之)棋子。**b** 《西洋棋》(尤指)卒、兵(pawn)以外之(重要)棋子。**9** [通常與修飾語連用；用單數]《口語》**a** 人，討厭的人[傢伙]：a nasty ～ (of man) 討厭的傢伙。**b** (尤指做為性對象之)女人：a fine ～ (of woman) 尤物/a good-looking ～ 漂亮的姑娘。

a piece of cáke 《口語》輕而易舉的事，容易的事。

a piece of góods ＝a PIECE of work (3).

a piece of wórk (1)作品。(2)工作；困難的工作。(3)《口語》[常與修飾語連用]人，(討厭的)傢伙；(做為性對象之)女人：He is *a* thoroughly mean ～ *of work.* 他是個徹頭徹尾吝嗇的傢伙。

cút...to píeces (1)把…切成碎片。(2)粉碎〈敵人、他人之言論〉，把〈對方〉擊潰[批評得體無完膚]《★常用被動語態》。

gìve a person a píece of one's mínd ⇨ mind.

gò (áll) to píeces (1)變得粉碎[稀爛]。(2)(肉體或精神)崩潰，變得無法控制自己。

in óne píece 《口語》(1)〈物〉完整的，無損壞的。(2)〈人〉安然無恙的：He was lucky to get back *in one* ～. 他運氣好，平安地回來了。

of a [óne] píece (with...) (1)(與…)同一種類的，性質相似的。(2)(與…)一致的。

pick úp the píeces (1)撿碎片。(2)盡力挽救；收拾殘局：They've decided to try to ～ *up the pieces* of their marriage again. 他們決定設法挽回其婚姻生活。

píece by píece 一塊一塊地，一片一片地，一點一點地。

spéak [sáy] one's píece (不考慮別人而)表示自己的意見。

—*adj.* [用在名詞前][構成複合字]〈樂器、家具、食器等〉…一組的：a fifty-*piece* orchestra 一個由五十人組成的管弦樂團/a three-*piece* furniture suite [set] 三件一組的家具。

—*v.t.* **1** 〔十受〕修補，補綴…。**2** 〔十受十副〕接合，連結，結合…〈*together*〉. **3** 〔十受十副〕拼湊各部分編成(情節連貫[能理解]之)〈故事等〉〈*out, together*〉. **4** 〔十受十副〕擴充；延長…〈*out*〉.

pi·èce de rê·sis·tance [pjɛsdərezisˋtɑ̃s; pi'esdərizi:s'tɑ:ns] 《源自法語 'piece of resistance' 之義》—*n.* Ⓒ(*pl.* ***pièces de résistance*** [～])**1** 主菜。**2** 主要之物[事件]，主要作品[陳列品]。

píece gòods *n. pl.* 疋頭，布疋。

piece·meal [ˋpis͵mil; ˈpi:smi:l] *adv.* 一件件地，一點點地，逐漸地，零碎地。
—*adj.* 零碎的，片斷的，一件一件[一點一點]的：～ rates 按件計酬。
—*n.* ★用於下列成語。

by píecemeal 一點一點地；逐漸地。

piece of éight *n.* Ⓒ(*pl.* **pieces of eight**)[常用複數](昔時西班牙之)披索銀幣《8 reals》.

píece ràte *n.* Ⓒ論件計酬時之報酬。

píece·wòrk *n.* Ⓤ件工，按件或以工作量計酬之工作(cf. timework).

píe·crùst *n.* Ⓤ[指個體時為Ⓒ]派皮，餡餅皮：Promises are like ～, made to be broken. 《諺》承諾常常是不可靠的。

(as) shórt as ～ 《美口語》很不耐煩[急躁]的，好生氣的。

pied [paɪd; paid] *adj.* [用在名詞前]斑駁的，有斑點的，雜色的。

the Píed Píper (of Hámelin [ˋhæmәlɪn; ˈhæmilin]**)** (1)《德國傳說》穿斑駁衣服的(哈姆林)吹笛人《相傳以笛聲將鼠誘離深受鼠害之哈姆林鎮(Hamelin)使之溺死河中，後因該鎮未依約酬謝其滅鼠，遂憤而吹笛使全鎮孩童隨其入一山洞中消失》。(2)[常 **p～ p～**]常以空言而使他人學其榜樣之人。

pied-à-terre [͵pjetɑˋtɛr; ͵pjeitɑ:ˈtɛə] 《源自法語 'foot on land' 之義》—*n.* Ⓒ(*pl.* ***pieds-à-terre*** [～])(設在外地之)備用寓所，臨時住宿處《如在國外租賃之公寓等》。

píe dìsh *n.* Ⓒ派皿，餡餅碟《烘烤派時使用》。

pied·mont [ˋpidmɑnt; ˈpi:dmənt] *adj.* 在山麓的。
—*n.* Ⓒ山麓地帶。

Pied·mont [ˋpidmɑnt; ˈpi:dmənt] *n.* **1** 皮得蒙高原《位於美國大西洋岸與阿帕拉契(Appalachian)山脈之間，包括 Alabama, Georgia, South Carolina, North Carolina 及 Virginia 數州各一部分》。**2** 皮得蒙《義大利西北部之一省，首府 Turin》.

píe-éyed *adj.* 《俚》醉酒的。

pier [pɪr; piə] 《源自拉丁文「弄高的台」之義》—*n.* Ⓒ **1 a** 碼頭(⇨ wharf【同義字】)：a landing ～ (上岸用)碼頭。**b** 水上平台《由岸上向水上搭建而成，常設有餐廳、遊樂場所等》。**2** 橋脚，橋墩，橋柱。**3** 《建築》窗[戶]間壁；拱座；方柱。**4** (向海中突出之)防波堤。

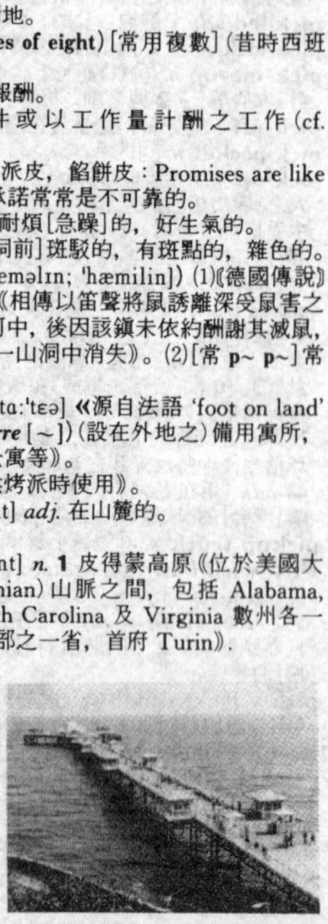

pier 1 b

pier·age [ˋpɪrɪdʒ; ˈpiəridʒ] *n.* Ⓤ碼頭費。

pierce [pɪrs; piəs] 《源自拉丁文「貫穿」之義》—*v.t.* **1 a** 〔十受〕刺[戳]穿，貫穿，穿洞於…(⇨ stab【同義字】)：The hill is ～*d* by a tunnel. 這座小山被一個隧道貫穿/A nail ～*d* the tire of his car. 一根釘子刺穿了他車子的輪胎。**b** 〔十受十介十(代)名〕〔以…〕刺，戳〈人、物〉〔*with*〕：～ a person's chest *with* a knife

以小刀戳某人的胸部。c〔十受十介十(代)名〕〔在…上〕戳穿〈洞〉〔*in*〕：～ a hole **in** a wall 在牆上穿一個洞。**2** a〔十受〕突破，突入…：～ a defense line 突破防線/He couldn't ～ her (cold) reserve. 他沒能打破她(冷淡)的緘默。b〔十受十副詞(片語)〕[～ **one's way**] 衝過，闖過，穿過(…)：～ one's way *through* a jungle 闖[穿]過叢林。**3**〔十受〕洞察，洞悉，看穿，識破…：～ a mystery 識破祕密。**4**〔十受〕〈寒冷、寒風等〉刺〈人〉，〈悲痛等〉傷透〈人、人之心等〉《★常用被動語態，介系詞爲 *by, with*》：Grief ～*d* my heart.＝My heart *was* ～*d* **with** grief. 我的心極度悲痛。**5**〔十受〕〈喊叫聲等〉打破〈寂靜〉，響徹…：A scream ～*d* the darkness. 一聲尖叫響徹黑夜。

—*v.i.* **1** 刺，穿。**2**〔十介十(代)名〕a 刺〔入…〕，刺〔進…〕〔*to, into*〕：an intellect which ～*s* straight **to** the heart of a problem 一種深入問題核心的智力。b 貫穿〔…〕〔*through*〕：sunlight *piercing* **through** the branches 穿過樹枝的陽光。**3**〔十副詞(片語)〕〈喊叫聲、光線等〉響徹，透進。

píerced éarring *n.* Ⓒ《美》穿耳式的耳環。

pierc·ing *adj.* **1**〈寒冷、寒風等〉刺骨的，透骨的。**2**〈眼光等〉銳利的，(有)洞察(力)的。**3**〈聲音等〉響徹的，尖銳的：a ～ cry 尖銳的叫聲。**4**〈字語等〉諷刺的。～**·ly** *adv.*

píer glàss *n.* Ⓒ大穿衣鏡。

Pi·e·ri·an [paɪˋɪrɪən; paiˈeriən] *adj.* 派利亞的；繆斯(Muses)女神的。

pier·rot [ˌpɪəˋro; ˈpiərou] *n.* **1** [P～] Ⓤ昔日法國啞劇之丑角《面塗白色而著寬鬆白袴及大鈕白色短衣》。**2** Ⓒ(作上述法國啞劇丑角裝扮之)丑角。

pi·e·tà [ˌpieˋtɑ; ˌpieˈtɑː] «源自義大利語 'pity' 之義»**—***n.* Ⓒ聖母抱基督屍體之哀戚畫像或雕像。

pi·e·tism [ˋpaɪəˌtɪzəm; ˈpaiətizəm] *n.* Ⓤ **1** 虔敬，篤信，虔誠。**2** 假虔誠，表現得過度的虔誠。

pi·e·tis·tic [ˌpaɪəˋtɪstɪk; ˌpaiəˈtistik˝] *adj.* 虔敬的，虔誠的，篤信的；假裝虔敬的。

pì·e·tís·ti·cal [-tɪkl; -tikəl˝] *adj.* ＝pietistic.

pi·e·ty [ˋpaɪətɪ; ˈpaiəti] «與 pity 同字源» **—***n.* **1** a Ⓤ虔敬，虔誠，敬神，信仰。b Ⓒ虔敬之行爲，孝順之行爲。**2** Ⓤ孝順，恭敬。

pi·e·zo·e·lec·tric [paɪˌizo·ɪˋlɛktrɪk; paiˌiːzouiˈlektrik] *adj.*《電學》壓電的。

pi·è·zo·electrícity [paɪˌizo-; paiˌiːzou-] *n.* Ⓤ《電學》壓電《於晶體上加壓力時產生之電；瓦斯爐，電子打火機等之電子點火裝置係藉此種電產生火星以點燃瓦斯》。

pi·e·zom·e·ter [ˌpaɪəˋzɑmətɚ; ˌpaiəˈzɔmitə] *n.* Ⓒ測壓儀。

pif·fle [ˋpɪfl; ˈpifl] *n.* Ⓤ《口語》胡說八道，廢話(nonsense).

—*adj.* ＝piffling.

píf·fling *adj.*《口語》**1** 無價值的，無聊的。**2** 無意義的；無益的，無用的。

***pig** [pɪg; pig] *n.* **1** Ⓒ a 豬《★[相關用語]表示豬「嗚叫」之動詞及表示「豬叫聲」之名詞爲 oink《口語》，squeal；豬肉通常稱 pork，整隻烤豬稱爲 roast pig；去勢養大當食肉用的公豬稱作 hog，未去勢的公豬稱 boar；發育成熟之母豬稱 sow；形容詞爲 porcine，《文語》稱豬爲 swine》. b《美》小豬《★[用法]《美》稱發育成熟之豬爲 hog》.

【說明】豬給人不潔的印象，猶太教徒和回教徒都認爲不潔而不食用；有如下的說法：cast pearls before swine (把珍珠丟在豬面前；一朵鮮花插在牛糞上；對牛彈琴)。

2 Ⓤ豬肉(pork)：roast ～ 烤豬肉。**3** Ⓒ《口語》(像豬般)骯髒之人，貪吃[貪婪]之人，頑固之人，愚蠢[遲鈍]之人；粗魯之人。**4** Ⓒ《俚・輕蔑》警察，警員。**5** (又作 **píg iron**) Ⓤ [指個體時爲Ⓒ]生鐵，銑鐵：(鑄成長方形之)金屬塊。

búy a píg in a póke 不看清貨而亂買《★poke 表示「袋子」之意，原句意指「(不先看一看就)買裝在袋子裡的豬」》。

màke a píg of onesèlf 狼吞虎嚥，猛吃。

Pígs might [could] flý (if they had wings).《諺》不可能的事《★[用法]於聽到不可能有之事等時使用，原意爲「假若豬有翅膀牠們或許會[可能]飛」》。

—*v.i.* (**pigged**; **pig·ging**)〈豬〉生小豬。

—*v.t.*〔十受〕[～**it**]《罕》〈人〉(像豬般)骯髒地生活。

pi·geon** [ˋpɪdʒɪn; ˈpidʒən] «源自拉丁文「雛鳥」之義»**—n.* **1** a Ⓒ《鳥》鴿《★[比較]兼指體型較 dove 大之野生鴿與信鴿》。b Ⓤ鴿肉。**2** Ⓒ年輕貌美之女子。**3** Ⓒ《俚》易受騙之人，獃子，笨蛋。**4**《射擊》＝clay pigeon. **5** [用單數；常 **one's** ～]《英口語》責任，(份內之)事：It's not my ～. 那不關我的事。

pùt [sèt] the cát amòng the pígeons ⇨ cat.

pígeon brèast *n.* Ⓒ《醫》鴿胸，鷄胸《指人之胸腔狹窄而突出》。

pígeon-bréasted *adj.*〈人〉鴿胸[雞胸]的。

pígeon-chésted *adj.* ＝pigeon-breasted.

pígeon-héarted *adj.* 膽怯的，懦弱的；溫順的。

pígeon·hòle *n.* Ⓒ **1** 鴿舍之出入孔，鴿舍中之隔室。**2** 分類[檔案]棚中之文件格。

—*v.t.* **1** a 將〈文件等〉置於文件格中；將…分類存檔。b 將…留在記憶中。**2** 擱置，緩辦〈計畫等〉：The scheme was ～*d.* 那項方案被擱置下來了。

pígeon hòuse *n.* Ⓒ 鴿籠，鴿舍。

pígeon shòoting *n.* Ⓤ **1** 打鴿子。**2** 空中飛靶射擊。

pígeon-tóed *adj.*〈人〉內八字脚的，趾[脚]向內彎的。

pig·ger·y [ˋpɪgərɪ; ˈpigəri] *n.* Ⓒ養豬場；豬舍，豬欄。

píg·gish [-gɪʃ; -giʃ] *adj.* 如豬的；貪婪的；骯髒的，邋遢的。
～**·ly** *adv.* ～**·ness** *n.*

pig·gy [ˋpɪgɪ; ˈpigi] *n.* Ⓒ《兒語》(小)豬。

—*adj.* (**pig·gi·er**; **-gi·est**)《口語》(尤指)〈小孩〉貪吃的，貪得無厭的。

píggy·bàck *n.* Ⓒ揹負，肩扛：I'll give you a ～. 我來揹[扛]你。

—*adj.* [用在名詞前]揹在背上[扛在肩上]的。

—*adv.* 揹在背上[扛在肩上]地。

píggy bànk *n.* Ⓒ(小孩用的)(小)豬形撲滿。

píg·héaded *adj.* 頑梗的，愚頑的。
～**·ly** *adv.* ～**·ness** *n.*

piggy bank

píg ìron *n.* Ⓤ銑鐵，生鐵。

pig·let [ˋpɪglɪt; ˈpiglit] *n.* Ⓒ小豬。

pig·ment [ˋpɪgmənt; ˈpigmənt] *n.* **1** Ⓤ [指產品個體或種類時爲Ⓒ] 顏料《通常爲粉狀，混在油料或水中作油漆或顏色，染料等》。**2** Ⓤ《生物》色素。

pig·ment·al [pɪgˋmɛntl; pigˈmentl] *adj.* ＝pigmentary.

pig·men·tar·y [ˋpɪgmənˌtɛrɪ; ˈpigməntəri] «pigment 的形容詞»**—***adj.* 色素的，分泌色素的；顏色的，顏料的。

pig·men·ta·tion [ˌpɪgmənˋteʃən; ˌpigmənˈteiʃn] *n.* Ⓤ **1** 染色，著色。**2** 色素形成。

pig·my [ˋpɪgmɪ; ˈpigmi] *n., adj.* ＝pygmy.

píg·nùt *n.* Ⓒ **1** (歐洲產之)落花生。**2**《美》褐色山胡桃《餵豬用》。

píg·pèn *n.* Ⓒ《美》豬舍，豬欄；骯髒之處(pigsty).

píg·skìn *n.* **1** Ⓤ豬皮[皮革]。**2** Ⓒ《美口語》足球，橄欖球。**3** Ⓒ《口語》馬鞍。

píg·stìcker *n.* Ⓒ **1** 獵野豬的人；受過獵野豬訓練的馬。**2** 大號小刀；刺刀。**3**《俚》屠豬戶；屠戶。

píg·stìck·ing *n.* Ⓤ(騎馬並使用長矛之)獵野豬。

píg·stỳ *n.* Ⓒ豬舍，豬欄；骯髒之處[房間，房屋](pigpen).

píg·swìll *n.* ＝pigwash.

píg·tàil «源自髮辮似豬尾巴之故»**—***n.* Ⓒ **1** (尤指女孩編長髮垂在頭後之)辮子。**2** 一種捲煙。

píg·tàiled *adj.* **1** 蓄辮的。**2** 尾巴如豬尾的。

píg·wàsh *n.* Ⓤ **1** 豬食《用以餵豬之厨房中殘湯剩菜，泔水等》。**2** 稀薄之劣等湯[咖啡，酒(等)]。

píg·wèed *n.* Ⓒ《植物》藜。

pike[1] [paɪk; paik] «源自法語「戳、扎」之義»**—***n.* Ⓒ(昔時步兵用之)矛。**—***v.t.* 以矛刺[刺傷，刺死]…。

pike[2] [paɪk; paik] *n.* Ⓒ [常 **P**～ 用於地名]《英方》(英國湖水地區之)尖(山)峯。

pike[3] [paɪk; paik] «因嘴尖似 pike[1]»**—***n.* Ⓒ (*pl.* ～，～**s**)《魚》**1** 白斑狗魚。**2** 狀似狗魚之其他魚類。

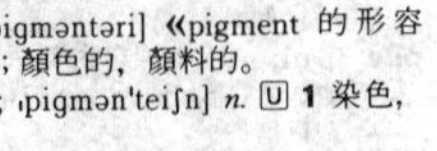

pike[3] 1

pike[4] [paɪk; paik] «turnpike 之略»**—***n.* Ⓒ **1** 收費公路；鄉間公路。**2** (收費公路之)過路費(收費站)。

píke·man [-mən; -mən] *n.* Ⓒ (*pl.* **-men** [-mən; -mən]) 矛兵。

pik·er [ˋpaɪkɚ; ˈpaikə] *n.* Ⓒ《美口語》**1** 小心而吝嗇之賭徒；小投機者。**2**《俚》小氣鬼；膽小鬼。

píke·stâff *n.* Ⓒ (*pl.* **-staves**) 矛桿。

(as) pláin as a píkestaff ⇨ plain.

pi·laf, pi·laff [pɪˋlɑf; ˈpilæf] «源自土耳其語»**—***n.* Ⓒ [當作菜名時爲Ⓤ] [常構成複合字]土耳其肉飯《米中加肉、魚及香料煮成》。

pi·las·ter [pəˋlæstɚ; piˈlæstə] *n.* Ⓒ《建築》(嵌在牆壁中露出一部分之)半露方柱，挨壁柱。

Pi·late [ˋpaɪlət; ˈpailət], **Pon·ti·us** [ˋpɑnʃəs, -tɪəs; ˈpɔntjəs, -tʃəs] *n.* 比拉多《判耶穌釘十字架之猶太(Judea)總督》。

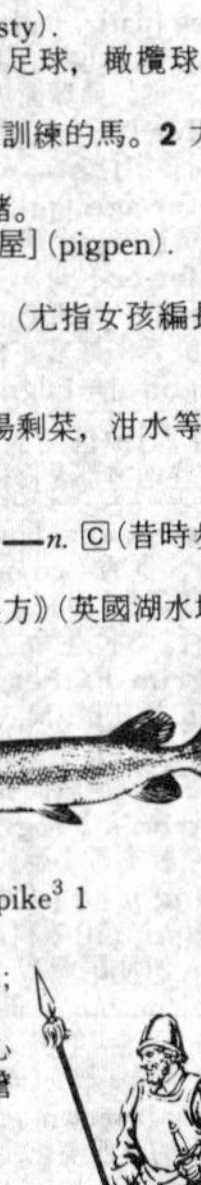

pikeman

P

P

pi·lau, pi·law [pɪˋlɔ, -ˋlau; piˈlau] *n.* ＝pilaf.

pil·chard [ˋpɪltʃəd; ˈpiltʃəd] *n.* **1** Ⓒ《魚》沙丁魚《西歐沿海所產之一種鯡科小海魚》。**2** Ⓤ沙丁魚之肉。

pilaster

‡pile[1] [paɪl; pail] **《源自拉丁文「柱」之義》—n. 1** Ⓒ(物之)**堆，堆積，山**：a ~ of books 一堆書。**2** [a ~ of... 或~s of...]**許多(的)，很多(的)，大量(的)，一大堆(的)**：*a* ~ [~*s*] *of* money [work] 大量的金錢[一大堆工作]。**3** Ⓒ[常用單數]《口語》一大筆錢，財富：make one's [a] ~ 賺夠錢，發財。**4** Ⓒ(一堆)大建築物，雄偉建築物：a ~ of bricks 一幢磚造的雄偉建築物。**5** Ⓒ《電學》電堆，電池：a dry ~ 乾電池。**6** Ⓒ《核子物理》原子爐，核子反應爐《★比較 現用 nuclear reactor》。

—v.t. 1 a 〔十受(十副)〕**堆起，堆疊**〈物等〉〈*up, on*〉：~ (**up**) stones 把石頭堆積起來/*P*~ more bricks **on**. 堆疊更多磚頭。**b** 〔十受(十副)十介十(代)名〕將…堆放〔在…之上〕〈*up*〉〔*on, onto*〕：Plates and dishes were ~*d* (***up***) ***on*** the table. 碟子和盤子被堆放在餐桌上。**2** 〔十受十介十(代)名〕〔將…〕裝載[堆積]在…上〔*with*〕：~ a cart ***with*** straw 把麥稭裝在運貨馬車上。**3** 〔十受(十副)〕積聚，積蓄，儲蓄〈物、錢等〉〈*up*〉：~ ***up*** money 儲蓄錢。**4**《航海》使〈船〉擱淺[衝上淺灘、礁石]。**5**《軍》架〈槍〉：P~ arms! 架槍！**6** 將…塞入〔…〕〔*in, into*〕.

—v.i. 1 〔十副〕**堆積，堆起，堆疊**〈*up*〉：The clouds were *piling* ***up***. 雲層正在密集/Debts ~*d up*. 債台高築/with work *piling up* 工作堆積如山。**2** 〔十副〕〈汽車〉撞成一堆〈*up*〉. **3** 〔十副詞(片語)〕蜂湧而行[至，入，出]〔(…)〕：~ *into* [*out of*] a car 湧入[湧出]汽車/~ *on* [*off*] 湧上[湧下](巴士、火車、飛機等)。

píle it ón《口語》誇大，誇張。

pile[2] [paɪl; pail] **《源自古英語「尖樁」之義》—n.** Ⓒ **1** (用以爲建築打地基之)樁：drive ~*s* 打樁。**2** 箭頭，鏃(⇨ arrow 插圖)。

—v.t. 打樁於…。

pile[3] [paɪl; pail] **《源自拉丁文「毛」之義》—n.** Ⓤ[又作 **a** ~](絨布、地毯等之)細毛，絨毛，軟毛。

píle drìver *n.* Ⓒ打樁機。

piles [paɪlz; pailz] *n. pl.* 痔瘡(hemorrhoids)：blind ~ 痔核。

píle·ùp *n.* Ⓒ **1** (討厭之工作等之)堆積。**2**《口語》(汽車等之)撞成一堆，連環衝擠。

pil·fer [ˋpɪlfə; ˈpilfə] *v.t.* (一點一點[小量]地)盜竊，偷(⇨ steal【同義字】)。**—v.i.** 〔動(十介十(代)名)〕〔自…〕盜竊，扒〔*from*〕.

pil·fer·age [ˋpɪlfərɪdʒ; ˈpilfəridʒ] **《pilfer 的名詞》—n. 1** ⓊⒸ小竊行爲，小竊盜。**2** Ⓤ失竊之損失；失竊品。

pil·fer·er [-fərə; -fərə] *n.* Ⓒ小偷，毛賊。

pil·grim [ˋpɪlgrɪm; ˈpilgrim] *n.* **1** Ⓒ朝聖者，朝山進香者。**2** Ⓒ流浪者，旅客。**3 a** [P~] ⒸPilgrim Fathers 之任一人。**b** [the Pilgrims]＝Pilgrim Fathers.

【字源】源自拉丁文「外國人」之意。朝聖者要經過許多地方，在這些地方都是「外國人」，因此得名。

pil·grim·age [ˋpɪlgrəmɪdʒ; ˈpilgrimidʒ] *n.* **1** ⓊⒸ朝聖(之旅程)，進香：go on (a) ~＝go in ~ 去朝聖。**2** Ⓒ(歷訪名勝、古蹟等之)漫長之旅途，長途旅行：make one's [a] ~ to... 到…旅行。**3** Ⓒ生命之旅程，人生。

Pílgrim Fáthers *n. pl.* [the ~](美國之)朝聖者祖先《1620 年乘五月花號(Mayflower)赴美定居於現今麻薩諸塞州(Massachusetts)普里茅斯(Plymouth)，爲美國奠定國家基礎之一百零二名英國清教徒(Puritans)》.

Pílgrim's Prógress *n.* [The ~]天路歷程《John Bunyan 所著之宗教寓言小說》。

pil·ing *n.* Ⓤ **1** 打樁(工程)。**2** 樁材。**3** [集合稱]樁(piles).

pill [pɪl; pil] **《源自拉丁文「小球」之義》—n. 1** Ⓒ**藥丸**(⇨ medicine 2 相關用語)。**2** [the ~；常 the P~]《口語》口服避孕藥：go [be] on *the* ~ 開始[在]吃避孕藥。**3** Ⓒ厭惡之物[人]，苦事：a bitter ~ (for one to swallow) 不得不忍受[做]之物[事]。**4** Ⓒ《口語・謔》(棒球、高爾夫等之)球；砲彈，槍彈。

súgar [swéeten, gíld] the píll 把藥丸包糖衣[弄甜，塗金色]；把討厭的東西美化，粉飾表面。

pil·lage [ˋpɪlɪdʒ; ˈpilidʒ] *n.* ⓊⒸ掠奪，搶劫；掠奪品。

—v.t. (自…)搶劫，掠奪…。**—v.i.** 掠奪，搶劫。

píl·lag·er *n.* Ⓒ搶劫者，掠奪者。

pil·lar [ˋpɪlə; ˈpilə] **《與 pile[1] 同字源》—n.** Ⓒ **1 a** 柱(column). **b** 紀念柱，標柱。**2** 柱狀之物，火柱〔*of*〕：a ~ *of* cloud 雲柱/a ~ *of* smoke [fire] 煙[火]柱。**3** (國家、社會等之)棟樑，台柱：a ~ *of* society 社會的棟樑。

be dríven from píllar to póst [from póst to píllar] 從一個地方被逐到另一個地方，到處碰壁，被逼得走投無路。

the Píllars of Hércules 海克力斯之柱《直布羅陀(Gibraltar)海峽東口南北之二岬，即 Rock of Gibraltar 及 Jebel Musa；相傳係希臘神話中之英雄海克力斯(Hercules)扯裂而成》。

pillar-box

píllar-bòx *n.* Ⓒ《英》(圓柱形，塗成紅色之)郵筒(postbox)《★立在街頭，腹部有皇冠標誌，標誌下有 EIIR(伊利莎白二世)之字樣；在美國無此形之郵筒；⇨ mailbox》.

píll·bòx *n.* Ⓒ **1** 裝藥丸之小圓筒。**2** 一種圓筒形無邊之女用帽。**3**《軍》碉堡。

pil·lion [ˋpɪljən; ˈpiljən] *n.* Ⓒ **1** (摩托車等之)後座。**2** (供婦女乘騎用之)鞍褥；馬鞍後附加之後座鞍褥。

ríde píllion 騎在(摩托車等之)後座與人共騎。

pil·lo·ry [ˋpɪlərɪ; ˈpiləri] *n.* **1** Ⓒ(昔日之)示衆枷《一種刑具；用以夾罪犯之頸與雙手腕在公共場所示衆，使其受衆人之嘲弄及羞辱；於十九世紀廢止使用；cf. stock B 2 d》. **2** [常 the ~]臭名，笑柄：in *the* ~ 成爲笑柄。

—v.t. 1 將〈人〉夾於示衆枷中。**2** 使〈人〉受嘲弄[成爲笑柄]。

pillory 1

***pil·low** [ˋpɪlo; ˈpilou] **《源自拉丁文「軟墊」之義》—n.** Ⓒ **1 枕頭**《★通常塞以羽毛、棉花等而不使用硬枕頭；常置於牀頭之長枕墊(bolster)上；cf. bolster 1》. **2** 用作枕頭之物：**a** (特殊座椅等之)頭墊。**b** (又作 **píllow blòck**)《機械》軸襯。

tàke cóunsel of one's **píllow** 躺在床上仔細想想。

—v.t. 1 〔十受十介十(代)名〕將〈頭〉置〔於…上〕，將〈頭〉枕〔於…上〕〔*on, in*〕：She ~*ed* his head ***in*** her lap [***on*** her arm]. 她把他的頭枕在她的膝[手臂]上。**2** 〔十受〕〈物〉當作…的枕頭。

píllow·càse *n.* Ⓒ枕頭套。

píllow shàm *n.* Ⓒ裝飾用枕頭蓋。

píllow slìp *n.* ＝pillowcase.

pi·lose [ˋpaɪlos; ˈpailous] *adj.* 多軟毛的；覆有柔毛的。

‡pi·lot [ˋpaɪlət; ˈpailət] **《源自希臘文「槳」之義》—n.** Ⓒ **1** (飛機、太空船等的)**駕駛員**：a test ~ (新開發飛機的)試飛員。**2 領航員，領港員；舵手。** **3 指導員，嚮導。**

—adj. [用在名詞前]指導[嚮導]的；指示的，指標的；試驗(性)的；⇨ pilot baloon, pilot boat, pilot burner, pilot lamp/a ~ farm 實驗農場/a ~ plant (新生產方式等的)試驗[實驗]工廠/~ production 實驗性的生產。

—v.t. 1 〔十受〕**a** 駕駛〈飛機、太空船等〉。**b** 引領〈船隻〉；指導；嚮導…(guide).

2 〔十受(十副詞(片語))〕**a** 引導[操縱]〈船等〉(駛往…)：~ a tanker *into* [*oun of*] a harbor 引領油輪進港[出港]/~ ships *through* a canal [seaway] 引領船舶通過運河[航路]/He ~*ed* the car adroitly *through* the traffic. 他熟練地駕車穿過來往的車輛。**b** 引導〈人〉(到…)：The manager will ~ you *through* the factory. 經理會帶領你參觀工廠。**c** 順利地進行〈事情〉，把〈事情〉導向成功：~ the proceedings (*through*) 順利地進行議程。

pi·lot·age [ˋpaɪlətɪdʒ; ˈpailətidʒ] *n.* Ⓤ **1** 飛機駕駛(術)；領港[領航](術)。**2** 指導，嚮導。**3** 領港費。

pílot ballòon *n.* Ⓒ測風汽球。

pílot bòat *n.* Ⓒ領港船。

pílot bùrner *n.* Ⓒ(瓦斯熱水爐等點火用的)引火火嘴。

pílot clòth *n.* Ⓤ(水手外套用的)藍色粗呢。

pílot fìlm *n.* Ⓒ(電視影集等的)樣片《用以向廣告客戶推銷該節目》。

pílot fìsh 《源自常伴著鯊魚游》—n. Ⓒ(*pl.* ~, ~·es)《魚》領航魚，擬鰤《據說會引導鯊魚到有食物的地方》。

pílot·hòuse *n.* Ⓒ(船上的)駕駛室。

pi·lo·ti [pɪˋlɑtɪ; piˈlɔti] **《源自法語 'pile[2]' 之義》—n.** Ⓒ《建築》支撐建築物使其聳立於空地上之鐵柱、鋼柱或加强水泥柱。

pílot làmp *n.* Ⓒ指示燈《裝於電器用品上的小燈泡，插電時即亮起》(pilot light).

pílot lìght *n.* **1** ＝pilot lamp. **2** ＝pilot burner.

pílot òfficer *n.* Ⓒ《英空軍》少尉。

pi·men·to [prˋmɛnto; piˈmentou] *n.* (*pl.* ~s, ~) **1** Ⓒ **a**《植物》多香果 (allspice). **b** Ⓤ由多香果果實採取的香辣調味料(allspice). **2** ＝pimiento.

pi·mien·to [pɪmˋjɛnto; piˈmjentou] *n.* Ⓒ(*pl.* ~s)青辣椒，甜辣椒《當作蔬菜食用或當做菜的佐料》。

pimp [pɪmp; pimp] *n.* Ⓒ **1** 淫媒，拉皮條的人。**2** (妓女等的)情夫；(妓院的)老板，老鴇。
—*v.i.* [動(+介+(代)名)]〔爲妓女〕拉客，拉皮條〔*for*〕.
pim·per·nel [ˈpɪmpəˌnɛl; ˈpimpənel] *n.* Ⓒ《植物》紫蘩蔞《櫻草科的一年生草本植物》。
pim·ple [ˈpɪmpl; ˈpimpl] *n.* Ⓒ **1** 面皰，青春痘，粉刺。**2**《謔》(與大東西對照時顯得滑稽的)小東西，瑣碎東西。
pim·pled *adj.* =pimply.
pim·ply [ˈpɪmplɪ; ˈpimpli] *adj.* (**pim·pli·er**；**-pli·est**)長粉刺的，長滿青春痘的。
pímp·mòbile *n.* Ⓒ《俚》(如 pimp 乘坐的)豪華的高級轎車。
‡**pin** [pɪn; pin] *n.* Ⓒ **1** 大頭針，別針：⇨ safety pin/It was so quiet (that) you might have heard a ~ drop. ⇨ drop *v.i.* 2 a. **2 a** 飾針《胸針、領針、有別針的徽章、領帶夾、髮夾等的裝飾品》。**b** (曬衣用)衣夾。**3 a** 栓(peg). **b** (弦樂器上調弦的)木栓，楔子。**4** 趕麪棒(rolling pin). **5** [常 ~s]《口語》腿(leg)：be quick [slow] on one's ~*s* 腿快[慢]/be on one's ~*s* 站著；身體健康。**6**《高爾夫》(指示洞(hole)的)旗桿。**7**《保齡球》木瓶。**8**《航海》繫索栓，套索樁。
(as) bright [cléan, néat] as a néw pin 非常清爽[整齊]的。
be on pins and néedles 如坐針氈，坐立不安。
for twó pins《口語》不必浪費唇舌，輕易地，簡單地。
nót cáre a pin [twó pins] 一點也不在乎：I do*n't care a* ~ what you think. 我一點也不在乎你怎麼想。
píns and néedles (血行受阻而引起的手腳的)發麻。
—*v.t.* (**pinned**；**pin·ning**) **1 a** [+受+副]用針釘住…〈*up, together*〉：~ cloth ***together*** 用針釘住布料/~ ***up*** a picture 用圖釘釘住照片。**b** [+受+介+(代)名]用針把…別在〔…上〕〔*on, to*〕：~ a flower ***on*** [***to***] one's lapel 用別針把花別在(上衣的)翻領上。
2 [+受+介+(代)名]將…壓在〔某處〕，使…〔於…處〕動彈不得〔*to, against, under*〕：The tree fell and *pinned* him [his legs] ***to*** the ground. 樹倒下來把他[他的腿]壓在地上/The child was *pinned* ***against*** the wall. 那小孩被按在牆頭動彈不得。
3 [+受+介+(代)名]把〈信念、希望等〉寄託〔在…〕〔*on*〕：The widow *pinned* her hopes ***on*** her only son. 那個寡婦把希望寄託在她的獨子身上。
pín dówn《*vt adv*》⑴用針釘住…。⑵使〈人〉固守〔約定〕，〔用合約、條約〕束縛〈人〉〔*to*〕. ⑶要求[逼迫]〈某人〉〔就…〕詳細說明[表示明確的意見或態度]〔*to*〕. ⑷使〈事實等〉清楚，清楚地說明[查明]…。
pin·a·fore [ˈpɪnəˌfor, -ˌfɔr; ˈpinəfɔː] «源自最初用針把圍巾別在上衣胸前»**—***n.* Ⓒ **1** (小孩子用的)圍裙，圍兜。**2** (又作 **pínafore drèss**)無袖女裝。

pinafore 1

pín·bàll *n.* Ⓤ釘球戲；彈球戲《一種賭博遊戲》。

【說明】木箱表面裝玻璃，底面稍微傾斜，低端有一孔可用彈簧彈出鋼珠，鋼珠碰到高端彈回時，再瞄準鋼珠彈出，使它碰回至得點處(有的高分、有的低分)，一直彈到沒有鋼珠落回低端爲止，然後計算所得分數，以決勝負。許多遊樂場所或旅館都有此設備。

pín·bàll machìne *n.* Ⓒ彈球戲用的機器[裝置]。
pince-nez [ˈpænsˌne; ˈpænsnei] «源自法語'pinch a nose'(捏鼻子)之義»**—***n.* Ⓒ (*pl.* ~ [~z; ~z])夾鼻眼鏡。
pin·cers [ˈpɪnsəz; ˈpinsəz] *n. pl.* **1** 拔釘鉗，拔毛器《★ 比較 一般稱爲鉗子[剪鉗]的是 pliers》：a pair of ~ 一把拔釘鉗。**2**《動物》(螃蟹、蝦子的)螯。
pin·cette [ˌpɛ̃ˈsɛt; ˌpɛ̃ˈset] *n.* Ⓒ (*pl.* ~s [~s; ~s])小鑷子。

pince-nez

pinch [pɪntʃ; pintʃ] *v.t.* **1 a** [+受](用兩片東西或用拇指和食指)擰，捏，夾…：I ~*ed* her bottom. 我捏她的臀部。**b** [+受+介+(代)名]使〈身體的某部位〉被〔門等〕夾住〔*in*〕：I ~*ed* my little finger ***in*** the window. 我的小指頭被窗子夾住了。**2 a** [+受+副]摘下〈幼芽等〉〈*back, off, out*〉：~ ***off*** a bud 摘下芽。**b** [+受+介+(代)名]〔從…〕(用手指)抓走…〔*off, out of*〕：She ~*ed* the aphids ***off*** the rose. 她從玫瑰(花)上抓走蚜蟲。**c** [+受+介+(代)名]把…捏〔成…〕〔*into*〕：He ~*ed* the clay ***into*** shape. 他把黏土捏成形。**3** [+受] **a** 〈寒冷、痛苦等〉使〈人、臉〉覺得痛苦，使…皺縮《★常以過去分詞當形容詞用；⇨ pinched 2 b》. **b** 使〈人〉窮困，使…困苦《★常以過去分詞當形容詞用；⇨ pinched 3》. **4** [+受(+介+(代)名)]《口語》〔從…〕偷取〈東西、金錢〉〔*from*〕：~ money ***from*** the till 從錢箱偷走錢/May I ~ a cigarette (*from* you)? 我可以拿你一根香煙嗎？**5** [+受]《口語》〈警察〉逮捕，抓住〈人〉《★常用被動語態》。
—*v.i.* **1** 擰，捏。**2** 〈鞋子等〉緊，夾腳：My new shoes ~. 我的新鞋子太緊。**3** [動(+介+(代)名)]節約，削減〔…〕〔*on*〕：~ and save [scrape] 節衣縮食地省錢，儉省/He even ~*es* ***on*** necessities. 他甚至連必需品也要儉省。

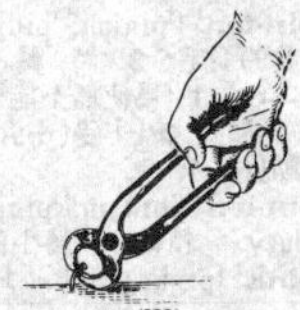

pincers 1

—*n.* **1** Ⓒ捏，擰，摘，夾。**2** Ⓒ一小撮，少量〔*of*〕：a ~ *of* salt 一小撮鹽。**3** [**the** ~]危機；緊迫，困難：when it comes to *the* ~ 在緊急關頭時，一旦危急時。
at [in] a pínch 在必要時，在危急[緊急]時。
féel the pínch 苦於缺錢，手頭拮据。
táke…with a pínch of sált ⇨ salt.
pinch·beck [ˈpɪntʃbɛk; ˈpintʃbek] *n.* **1** Ⓤ金色黃銅《銅與鋅的合金，用作贋金》。**2** Ⓒ贋品，僞造品；冒牌貨。
—*adj.* **1** 金色黃銅的，銅鋅合金的。**2** 假的，便宜的。
pinched *adj.* **1** 捏住的，挾住的，感覺苦痛的。**2 a** (因飢餓、寒冷而)憔悴的，皺縮的：a ~ face 憔悴的臉。**b** [不用在名詞前] [+介+(代)名]〔因寒冷、痛苦等而〕縮成一團的〔*with*〕：He was ~ ***with*** cold. 他因寒冷而縮作一團。**3** [不用在名詞前] [+介+(代)名]〈人〉〔爲缺錢等而〕苦惱的〔*for*〕：He is ~ ***for*** money. 他爲缺錢而苦惱[手頭拮据]。
pínch·er *n.* Ⓒ **1** 捏[夾，摘]的人[東西]。**2** [~s]=pincers.
pínch-hít *v.i.* (**-hit**；**-hit·ting**)[動(+介+(代)名)] **1**《棒球》〔爲…〕代打〔*for*〕. **2**《美》代替[代理]〔…〕〔*for*〕.
pinch hítter *n.* Ⓒ **1**《棒球》代打者。**2**《美》代理人，替身〔*for*〕.
pínch·pènny *n.* Ⓒ吝嗇鬼，小氣鬼。
pínch rúnner *n.* Ⓒ《棒球》代跑者。
pín cùrl *n.* Ⓒ(固定髮型的)捲髮器[髮捲]。
pín·cùshion *n.* Ⓒ(裁縫用的)針墊。
Pin·dar [ˈpɪndə; ˈpində] *n.* 平德爾《522？－？433 B.C.；希臘詩人》。
pine[1] [paɪn; pain] «源自拉丁文「罰」之義»**—***v.i.* **1 a** [+介+(代)名]思念，渴望，戀慕〔…〕〔*for*〕：They were *pining* ***for*** their homes. 他們思念他們的家。**b** [+ *to* do]盼望〈做…事〉：He ~*d* ***to*** see his wife and children. 他盼望見到他的妻子和孩子們。**2 a** [動(+副)]憔悴，消瘦〈*away*〉：She was *pining* ***away***. 她日漸消瘦。**b** [+介+(代)名]〔因…而〕憔悴，消瘦〔*from*〕：~ ***from*** anxiety 因憂慮而憔悴。
***pine**[2] [paɪn; pain] *n.* **1** (又作 **píne trèe**)Ⓒ《植物》松(樹)。**2** Ⓤ松木，松材。
pi·ne·al [ˈpɪnɪəl; ˈpainiəl] *adj.* [用在名詞前] **1** 松毬狀的。**2**《解剖》松果腺[體]的：the ~ gland [body] (腦的)松果腺[體]。
píne·àpple *n.* **1** Ⓒ鳳梨(樹)。**2** Ⓒ[當作食物時爲Ⓤ]鳳梨(果實)：canned [《英》tinned] ~ 罐裝鳳梨。

【字源】最初是「松果(pinecone)」之意，因爲鳳梨很像松果，所以演變成用以表示鳳梨之義。

píne·còne *n.* Ⓒ松果，松毬。
píne màrten *n.* Ⓒ《動物》松貂《產於亞歐北部》。
píne nèedle *n.* Ⓒ[常 ~s]松葉。
píne nùt *n.* Ⓒ松果《產於北美西部的各種松樹果實；可食用》。
pin·er·y [ˈpaɪnərɪ; ˈpainəri] *n.* Ⓒ **1** 松林。**2** 鳳梨栽培園，鳳梨溫室。
Píne Trèe Státe *n.* [**the** ~]美國緬因州(Maine)的俗稱。

pineapple 1

píne·wòod *n.* **1** Ⓒ[常 ~s]松林。**2** Ⓤ松材。
pine·y [ˈpaɪnɪ; ˈpaini] *adj.* =piny.
pin·feath·er [ˈpɪnˌfɛðə; ˈpinfeðə] *n.* Ⓒ針羽《幼鳥的細線狀的羽毛》。
pín·fòld *n.* Ⓒ **1** 畜欄。**2** 禁閉室。**—***v.t.* 把…關入畜欄；監禁。
ping [pɪŋ; piŋ] «擬聲語»**—***n.* [**a** ~]砰《硬物碰撞玻璃的聲音》。
—*v.i.* **1** 砰然作聲。**2**《美》〈內燃機汽缸內燃料〉發生異常爆炸聲(《英》pink).
ping-pong [ˈpɪŋˌpɑŋ; ˈpiŋpɔŋ] «擬聲語»**—***n.* Ⓤ乒乓球，桌球(table tennis).
pín·hèad *n.* Ⓒ **1** 針頭。**2** 小東西，沒價值的東西。**3** 傻瓜，笨蛋。
pín·hòle *n.* Ⓒ(用針穿成的)小孔，針孔。
pínhòle cámera *n.* Ⓒ針孔照相機。

pin·ion[1] [ˋpɪnjən; ˈpinjən] *n.* Ⓒ **1** 鳥翼的尖端部分，翼梢。**2** 翅膀的羽毛。**3**《詩》翼。
—*v.t.* **1** (爲使鳥不能飛而) 剪掉〈鳥〉一邊的翼梢。**2** 捆綁，綁住〈兩臂〉。**3**〔十受(十介十(代)名)〕把〈人等〉四肢綁〔在…〕使不能動〔*to*〕。

pin·ion[2] [ˋpɪnjən; ˈpinjən] *n.* Ⓒ《機械》小齒輪 (⇨ rack[1] 插圖)：a lazy ～ 惰輪，空轉小齒輪。

***pink**[1] [pɪŋk; piŋk] *n.* **1** Ⓤ〔指種類時爲Ⓒ〕**粉紅色，桃紅色。**

【說明】pink 除了表示「健康」之外，還表示「最高的，典型的，極致的」等意思。而且因爲 red 表示左傾，因此在政治上，pink 用以不屑地表示微帶左傾色彩的人。但英文的 pink 並無中文裡的「粉紅」或「桃紅」所具有的「想入非非」之意。

2 Ⓒ《植物》石竹屬花草《尤指石竹》。**3** Ⓒ《口語》左傾的人，左傾份子 (cf. red 3)。**4** [the ～] 典型，精華，極致：*the* ～ *of* perfection 完美的極致，十全十美。
in the pínk (of héalth [condítion])《謔》很健康，精神飽滿。
—*adj.* (～·er；～·est) **1 粉紅(色)的，桃紅色的。2**《口語》左傾的。

pink[2] [pɪŋk; piŋk] *v.t.* **1** (用矛、劍等尖端) 刺，戳。**2** (用鋸齒剪刀 (pinking shears)) 把〈布、紙等〉剪成鋸齒狀。**3**〔十受(十副)〕穿小孔於〈皮革等〉〈*out*〉。

pink[3] [pɪŋk; piŋk] *v.i.*《英》〈內燃機汽缸內燃料〉發生異常爆炸聲 (《美》ping)。

pínk-cóllar *adj.* **1** 粉紅領的。**2**〈職業等〉(傳統上) 女性所從事的 (cf. white-collar)：a ～ job 傳統上屬於女性的職業《如祕書、打字員等》。

pínk élephant *n.* Ⓒ [常 ～s]《謔》酒醉者的幻覺。

pínk·èye *n.* Ⓤ流行性結膜炎，紅眼。

pínk gín *n.* Ⓤ [指個體時爲Ⓒ] 粉紅杜松子酒《杜松子酒加入少量苦藥 (bitters) 調成的粉紅色飲料》。

pink·ie [ˋpɪŋkɪ; ˈpiŋki] *n.* Ⓒ《美》小指。

pínk·ing shèars [scissors] *n. pl.* 有鋸齒的剪刀。

pínk·ish [-kɪʃ; -kiʃ] *adj.* 帶粉紅色 [桃紅色] 的；有些左傾的。

pink·o [ˋpɪŋko; ˈpiŋkou] *n.* Ⓒ (*pl.* ～**s**, ～**es**)《口語・輕蔑》左傾份子，略傾向左派的人。

pínk slìp *n.* Ⓒ《俚》解僱的通知。

pink·y [ˋpɪŋkɪ; ˈpiŋki] *adj.* (**pink·i·er**；**-i·est**) 帶粉紅色 [桃紅色] 的。

pín mòney *n.* Ⓤ《口語》**1** (尤指太太的) 零用錢。**2** 小錢，零錢。

pin·na [ˋpɪnə; ˈpinə] *n.* (*pl.* ～**s**, **-nae** [-ni; -ni:]) Ⓒ **1**《解剖》耳郭；耳翼。**2**《植物》羽狀複葉的一片；羽毛。**3**《動物》羽；翼；鰭。

pin·nace [ˋpɪnɪs, -əs; ˈpinis, -əs] *n.* Ⓒ《航海》(附屬於軍艦的) 小艇，駁艇。

pin·na·cle [ˋpɪnəkl; ˈpinəkl] *n.* Ⓒ **1** (屋頂、塔上的) 小尖塔 (⇨ Gothic 插圖)。**2** (尖) 峯。**3** [常用單數] 頂點〔*of*〕：be on the ～ *of* happiness 在幸福的頂點。

pin·nate [ˋpɪnet, ˋpɪnɪt; ˈpinnit, ˈpineit] *adj.*《植物》〈葉子〉羽狀的。

pin·ny [ˋpɪnɪ; ˈpini] *n.*《口語》＝pinafore 1.

pi·noch·le, pi·noc·le [ˋpiˌnʌkl; ˈpi:nʌkl] *n.* Ⓤ《美》《紙牌戲》二至四人玩的一種四十八張紙牌戲遊戲 (cf. bezique)。

pi·ñon [ˋpɪnjən, ˋpinjon; ˈpinjən, ˈpi:njoun] *n.* Ⓒ《美》(落磯山脈 (Rocky Mountains) 南部地方所產的) 短松樹；其可食用之果實。

pín·pòint *n.* Ⓒ **1** 針尖。**2** 微不足道 [極小] 的東西；少許，少量。**—***adj.* [用在名詞前] **1** 針尖般 (細小) 的。**2** 準確確定目標的，正確的：with ～ accuracy 極爲正確地。
—*v.t.* **1** 正確指示…的位置。**2** 正確指出 [指示]…：I can't ～ the error. 我不能正確地指出錯誤 (在哪裏)。

pín·prìck *n.* Ⓒ **1** 針刺。**2** 煩人的瑣事；刺耳的話，令人不快的事。

pín·strìpe *n.* Ⓒ **1** 細直條紋。**2** (又作 **pínstripe sùit**) 細直條紋布的衣服。

pint [paɪnt; paint] *n.* Ⓒ **1** 品脫《液體的衡量單位；＝½ quart, 4 gills；略作 pt.》：**a**《美》0.473 公升 (liter)。**b**《英》0.568 公升 (liter)。**2** 品脫《穀物的衡量單位；＝½ quart；略作 pt.》：**a**《美》0.550 公升 (liter)。**b**《英》0.568 公升 (liter)。**3 a** 一品脫的容器。**b**《英口語》一品脫的啤酒。

pint·a [ˋpaɪntə; ˈpaintə] *n.* Ⓒ《英口語》一品脫的飲料 [牛奶，啤酒]。

pín tàble *n.*《英》＝pinball machine.

pín·tàil *n.* Ⓒ長尾鳧。

pin·to [ˋpɪnto; ˈpintou] «源自西班牙語「斑紋的」之義»**—**《美》*adj.* 有斑紋的，花斑的。
—*n.* Ⓒ (*pl.* ～**s**) 有斑紋的馬。

pínt-size *adj.* 小而無價值的；小 (型) 的。

pínt-sízed *adj.* ＝pint-size.

pín·ùp *n.* Ⓒ **1** (釘在牆上的) 美人照片。**2** 美人。
—*adj.* [用在名詞前] 適合釘在牆上 (供欣賞) 的，漂亮的：a ～ girl (相片可釘在牆上的) 漂亮女子。

pín·whèel *n.* Ⓒ **1**《美》紙風車 (《英》windmill)《玩具》。**2** 旋轉煙火。

pinwheel 1

pín·wòrm *n.* Ⓒ《動物》蟯蟲《一種寄生蟲》(threadworm)。

pin·y [ˋpaɪnɪ; ˈpaini] «pine[2] 的形容詞»**—***adj.* (**pin·i·er**；**-i·est**) 松樹 (茂盛) 的；松樹似的。

Pin·yin [ˋpɪnˋjɪn; ˈpinˈjin] «源自中文「拼音」»**—***n.* Ⓤ拼音《用羅馬字拼音的中國字母》。

***pi·o·neer** [ˌpaɪəˋnɪr; ˌpaiəˈniə˞] *n.* Ⓒ **1** (未開發地的) **開拓者，拓荒者。2** (新領域的) **先驅，先鋒**〔*in, of*〕：He was a ～ *in* the development of the jet engine. 他是研製噴射式引擎的一位先驅。**3**《軍》(先頭部隊的) 工兵 (engineer)。
—*v.t.* 〔十受〕**1** 開拓〈未開發地〉；開闢〈道路等〉。**2** 開拓〈新領域〉；率先〈做…〉。
—*v.i.* 〔十介十(代)名〕**1** 成爲〔…的〕開拓者〔*in*〕。**2**〔在…〕做先鋒 [先驅]〔*in*〕。

【字源】本爲「步兵」之意。古羅馬時代特指步兵當中先行修橋鋪路以便部隊能迅速前進的兵工部隊，後來演變爲「開拓者」、「先驅」的意思。

pi·ous [ˋpaɪəs; ˈpaiəs] «piety 的形容詞» **—***adj.* (**more** ～；**most** ～) **1 a 虔誠的，篤信神的。b**《輕蔑》裝出虔誠樣子的，假藉宗教的，僞善的，好像有道理的：a ～ fraud 假宗教名義的行騙 [詐騙]。**2** [用在名詞前] 令人欽佩的，值得稱讚的 (worthy)：a ～ effort 值得稱讚的努力。**3** [用在名詞前] 不可能實現的《★尤用於下列片語》：a ～ hope 不可能實現的希望。～**·ly** *adv.*

pip[1] [pɪp; pip] *n.* Ⓒ (蘋果、梨子、橘子等的) 種子。

pip[2] [pɪp; pip] *n.* **1** [**the** ～]《英口語》輕微的病，小毛病；不高興：have *the* ～ 不舒服，在生氣，發著脾氣/give a person *the* ～ 使人發怒 [不痛快]。**2** Ⓤ [又作 **the** ～] (雞等的) 舌病。

pip[3] [pɪp; pip] *n.* Ⓒ **1** (紙牌、骰子的) 點。**2**《英》(肩章上的) 星。**3** (鳳梨表皮上的) 小片。

pip[4] [pɪp; pip] (**pipped**；**pip·ping**) *v.i.*〈小雞〉嘰嘰叫。
—*v.t.*〈雛鳥〉啄破〈蛋殼〉出來。

pip[5] [pɪp; pip] *n.* Ⓒ (電視、廣播報時的或電話的) 嗶嗶聲 (⇨ blip【同義字】)。

pip[6] [pɪp; pip] *v.t.* (**pipped**；**pip·ping**)《英口語》**1** (在競賽等) 打敗〈對方〉。**2 a** 使〈考試〉不及格。**b** 使〈人〉不及格。**3** (用槍等) 打。

pi·pal [ˋpipḷ; ˈpi:pəl] *n.* Ⓒ (印度產之) 菩提樹。

pipe** [paɪp; paip] «源自拉丁文「嗶嗶響」之義»**—n.* **1** Ⓒ **a** (液體、瓦斯等通過的) **管，導管，筒**：a gas ～ 瓦斯管/a distributing ～ 供水管，配水管。**b** (人體內的) 管狀器官。**c** [常 ～s]《口語》氣管，喉嚨；呼吸器。**2** Ⓒ **a** (抽煙絲用的) **煙斗；**(一煙斗的) **煙絲**《★匹較捲煙用的稱爲 cigarette holder》：light one's ～ 給煙斗點火 [點煙]。**b** (煙斗的) 一吸，一抽：have [smoke] a ～ 抽一斗煙/How about a ～？來一斗煙怎樣？**c** (煙斗中的) 煙絲：light a ～ 點一斗煙。**3 a** Ⓒ**笛子，**(管風琴的) **風管。b** Ⓒ**管樂器。c** [**the** ～s] 風笛 (bagpipe)。**4 a** Ⓤ [常 **the** ～] (小鳥等的) 鳴叫聲；尖叫聲。**b** Ⓒ《航海》(水手長的) 號笛，哨子。**5** Ⓒ (葡萄酒的) 大酒桶《《美》126 加侖 (gallons)，《英》105 加侖 (gallons)》。
Pùt that in your pípe and smóke it. 你仔細想一想這件事《常爲忠告或責備後的附加語》。
the pípe of péace 和平煙斗 (calumet)《北美印地安人爲表示和解而抽的長煙斗》：smoke *the* ～ *of peace* 抽和平煙斗；講和。
—*v.i.* **1** 吹笛子。**2 a**〈鳥〉吱吱叫。**b**〈人〉高聲說 [唱，哭]。**c**〈風〉咻咻作響。
—*v.t.* **1 a**〔十受〕用笛子吹奏〈歌曲〉。**b**〔十受十副詞(片語)〕對…吹奏笛子 (使成某種狀態)：～ a snake *out* (*of* a box) 吹奏笛子使蛇 (從盒子裡) 爬出來。**c**〔十受十補〕對…吹奏笛子〈使變成…〉：～ a person asleep 吹奏笛子使某人入睡。**2**〔十受〕〈人〉高聲唱〈歌〉，說〈話〉。**3**〔十受十副詞(片語)〕用哨子召集 [命令]〈船員〉(於…)：All hands were ～*d on* deck. 所有船員都被召集在甲板上。**4**〔十受(十介十(代)名)〕用管子把〈水、瓦斯等〉〔從…〕輸送〔至…〕〔*from*〕〔*to, into*〕《★常用被動語態》。**5 a**〔十受〕給〈衣服〉加上滾邊；給〈糕餅等〉加花邊。**b**〔十受十介十(代)名〕給〈衣服〉加上〔滾邊〕；在〈糕餅〉上加〔花邊〕〔*with*〕。
pipe dówn《vi adv》《口語》靜下來，變溫順，沉默。
pipe úp《vi adv》(1) (尤指用高聲忽然) 開始說話 [唱歌]。(2) 開始吹奏。

pípe clày *n.* Ⓤ白黏土《一種質地極細的白色黏土，用以製造陶製煙斗(clay pipe)，從前的士兵用以整理白色長褲等》。

pípe clèaner *n.* Ⓒ清煙斗用的器具《通條等》。

píped músic *n.* Ⓤ(在餐廳等)連續播放的柔和音樂，背景音樂。

pípe drèam 《源自吸鴉片所引起的妄想》—*n.* Ⓒ空想，幻想，荒唐的計畫[念頭等]。

pipe·ful [ˋpaɪp͵fʊl; ˈpaipful] *n.* Ⓒ一煙斗(的煙草)〔*of*〕.

pípe·lìne *n.* Ⓒ **1** (石油、瓦斯等的)管線，輸送管路；補給線。**2** (供給情報、物質等的)路線，途徑，管道：an information ~ 消息[情報]來源。

in the pípeline (1)〈商品等〉在發送中。(2)〈計畫等〉在進行中，正要完成。

—*v.t.* **1** 用管線輸送…。**2** 配置管道於…。

pípe òpener *n.* Ⓒ(正式演出[比賽]前的)練習(比賽)。

pípe òrgan *n.* Ⓒ《音樂》管風琴。

píp·er *n.* Ⓒ吹奏笛子的人；(尤指)吹奏風笛的人。

(as) drúnk as a píper 《口語》酒醉的。

páy the píper (1)負擔費用，承擔責任[後果]：He who *pays the* ~ calls [may call] the tune.《諺》負擔費用者有決定權；出錢的點唱《★源自「付錢給吹笛子的人有權點曲子」之意》。(2)(做蠢事等)受到報應。

pípe ràck *n.* Ⓒ煙斗架。

pi·pette [pɪˋpɛt; piˈpet] *n.* Ⓒ《化學》吸量管《用以將液體或瓦斯移到其他容器的小管》。

píp·ing *n.* Ⓤ **1** 吹奏笛子，管樂器的演奏。**2** [常 the ~] (小鳥等的)鳴叫聲；尖高的聲音。**3 a** [集合稱]管子。**b** 配管。**4 a** (衣服的)滾邊，邊飾。**b** (糕餅的)鑲花邊。

—*adj.* **1** [用在名詞前]發出尖高的〈聲音〉：a ~ voice 嗶嗶聲。**2** [當副詞用；常 ~ **hot**]熱得嘶嘶作響地，滾燙地：The tea is ~ *hot*. 茶是滾燙的。

pip·it [ˋpɪpɪt; ˈpipit] *n.* Ⓒ《鳥》[常構成複合字]鷚《鶺鴒科的鳴禽》。

pip·kin [ˋpɪpkɪn; ˈpipkin] *n.* Ⓒ **1** 小瓦壺。**2** 小汲桶。

pip·pin [ˋpɪpɪn; ˈpipin] *n.* Ⓒ一種蘋果。

píp·squèak *n.* Ⓒ沒用的傢伙，小人物。

pi·quan·cy [ˋpikənsɪ; ˈpi:kənsi] 《piquant 的名詞》—*n.* Ⓤ **1** (開胃等的)刺激性美味，辛辣。**2** 令人痛快[興奮]的刺激。

pi·quant [ˋpikənt; ˈpi:kənt] 《源自古法語「刺」之義》—*adj.* **1** 〈味道等〉辛辣而引起食慾的，開胃的。**2** 引起興趣的，痛快的，有味道的。~**·ly** *adv.*

pique [pik; pi:k] *n.* ⓊⒸ(尤指自尊心受損的)生氣，不高興，不悅：be *in* a (fit of) ~ 在生氣，在賭氣。

—*v.t.* **1** (以傷害自尊心)使〈人〉生氣，使…憤慨《★常用被動語態》：I *was* ~*d* by her refusal. 她的拒絕使我生氣。**2** 使〈人〉興奮；引起〈好奇心、興趣〉：His curiosity was ~*d* by the locked box. 那個上了鎖的箱子引起他的好奇心。

pi·qué [pɪˋke; ˈpi:kei] *n.* Ⓤ凹凸織物，一種凸花棉布；起楞布。

—*adj.* 有鑲嵌裝飾的。

pi·quet [pɪˋkɛt; piˈket] *n.* Ⓤ《紙牌戲》皮克牌《用七以上三十二張牌供二人對玩的紙牌戲》。

pir·a·cy [ˋpaɪrəsɪ; ˈpaiərəsi] *n.* ⓊⒸ **1** 海盜行爲。**2** 侵害著作權：literary ~ 著作的剽竊。

pi·ra·nha [pɪˋrɑnjə; piˈrɑ:njə] *n.* Ⓒ《魚》比拉尼亞魚，食人魚《南美產熱帶魚，有尖利的牙齒，連過河的動物都會被咬死》。

pi·ra·ru·cu [pɪˋrɑrə͵ku; piˈrɑ:rəku:] *n.* Ⓒ《魚》比拉魯克魚，巨骨舌魚《產於南美洲北部，長達 4.5 公尺，爲世界最大的淡水魚》。

piranha

pirarucu

pir·ate [ˋpaɪrət; ˈpaiərət] 《源自希臘文「攻擊」之義》—*n.* Ⓒ **1 a** 海盜。**b** 海盜船。**2 a** 盜印者，侵害著作權者，剽竊者。**b** (無執照的、非法的)廣播者。

—*v.t.* 〔十受〕**1** 掠奪…。**2** 侵害…的著作權，未經許可擅自出版，盜印…：a ~*d* edition 海盜版，翻[盜]印本。

pi·rat·ic [paɪˋrætɪk; paiˈrætik] *adj.* =piratical.

pi·rat·i·cal [paɪˋrætɪkl; paiˈrætikl] 《pirate 的形容詞》—*adj.* **1** 海盜(似)的，海盜行爲的。**2** 侵害著作權的，剽竊的。

~**·ly** [-klɪ; -kəli] *adv.*

pi·rogue [pəˋrog, pɪ-; piˈroug] *n.* Ⓒ **1** (由一塊大木材挖空而成的)獨木舟。**2** 獨木舟形的船。

pir·ou·ette [͵pɪrʊˋɛt; ͵piruˈet] 《源自法語「陀螺」之義》—《舞蹈》*n.* Ⓒ軸轉。

—*v.i.* 〔動(十副詞(片語))〕軸轉。

Pi·sa [ˋpizə; ˈpi:zə] *n.* 比薩《義大利中部的城市，以比薩斜塔(the Leaning Tower of Pisa)出名》。

the Leaning Tower of Pisa

pis al·ler [pizaˋle; ͵pi:zˈælei] 《源自法語》—Ⓒ最後手段；唯一可能的辦法。

pis·ca·to·ri·al [͵pɪskəˋtorɪəl, -ˋtɔr-; ͵piskəˈtɔ:riəl] *adj.* =piscatory.

pis·ca·to·ry [ˋpɪskə͵torɪ; ˈpiskətəri] *adj.* **1** 漁夫的。**2** 釣魚的，漁業的。

Pi·sces [ˋpɪsiz; ˈpisi:z] *n.* (*pl.* ~) **1** Ⓤ《天文》魚座(the Fish(es))。**2** 《占星》**a** Ⓤ魚座，雙魚宮(cf. the signs of the ZODIAC)。**b** Ⓒ出生於雙魚宮時段的人。

pis·ci·cul·ture [ˋpɪsɪ͵kʌltʃɚ; ˈpisikʌltʃə] *n.* Ⓤ養魚(法)。

pish [pɪʃ; piʃ] *interj.* [表示輕蔑、不高興等]《罕》呸！哼！

pis·mire [ˋpɪs͵maɪr; ˈpismaiə] *n.* Ⓒ《古》螞蟻。

piss [pɪs; pis] 《鄙》*v.i.* **1** 撒尿，小便(cf. pee 1)。**2** 〔動(十副)〕[以 it 爲主詞]下大雨〈*down*〉.

—*v.t.* **1** 用小便弄濕…。**2** 和小便同時排出〈血等〉，尿〈血〉。**3** [~ one*self*]《英》捧腹大笑。

píss abóut [aróund] 《*vi adv*》《俚・鄙》(1)做出愚蠢的行爲。(2)虛擲光陰。(3)[使…]亂七八糟〔*with*〕.

píss óff 《*vi adv*》(1)[常用祈使語氣]出去，離去：*P~ off*！滾出去！—《*vt adv*》(2)使〈人〉疲勞；使…厭煩；使…生氣《★常用被動語態》。

—*n.* Ⓤ小便：take [have, do] a ~ 小便，撒尿。

táke the píss òut of... 《俚・鄙》戲弄，嘲弄…。

pissed *adj.* [不用在名詞前]《俚・鄙》**1** 醉酒的。**2** 生氣的。

(as) pissed as a néwt=píssed òut of one's **héad [mínd]** 酩酊大醉的。

pis·soir [pɪˋswar; pi:ˈswɑ:] 《源自法語》—*n.* Ⓒ(*pl.* ~**s** [-ˋswar; -ˈswɑ:])(路傍的)公共廁所。

pis·ta·chi·o [pɪsˋtaʃɪ͵o; piˈstɑ:ʃiou] *n.* (*pl.* ~**s**) **1 a** Ⓒ《植物》阿月渾子樹《南歐、小亞細亞產的漆樹科小樹》。**b** Ⓒ[當作食物時爲Ⓤ]阿月渾子樹的果實《可食用》。**2** (又作 **pistáchio gréen**)Ⓤ淡黃綠色。

pis·til [ˋpɪstl, -tɪl; ˈpistil] *n.* Ⓒ《植物》雌蕊(cf. stamen).

pis·til·late [ˋpɪstl͵et; ˈpistəleit] 《pistil 的形容詞》—*adj.* 《植物》雌蕊的，僅有雌蕊的：a ~ flower 雌花。

pis·tol [ˋpɪstl; ˈpistl] 《擬聲語》—*n.* Ⓒ手槍。

hóld a pístol to a person's **héad** (1)用手槍對準某人的頭。(2)脅迫某人。

pis·tole [pɪsˋtol; piˈstoul] *n.* Ⓒ西班牙的古金幣；其他國家的類似古金幣。

pis·ton [ˋpɪstn; ˈpistən] 《源自拉丁文「連續打擊」之義》—*n.* Ⓒ **1** 《機械》活塞。**2** 《音樂》(管樂器的)活塞。

píston rìng *n.* Ⓒ《機械》活塞環。

píston ròd *n.* Ⓒ《機械》活塞桿。

pit[1] [pɪt; pit] 《源自拉丁文「井」之義》—*n.* **1** Ⓒ(自然的或經人挖掘的)洞，坑：⇨ sawpit. **2** Ⓒ陷阱(pitfall)：dig a ~ for a person 企圖陷害某人。**3** Ⓒ **a** (礦山的)洞，豎坑。**b** 礦山，煤坑；採礦場；採掘場：⇨ sand pit. **4 a** [the ~]《文語・聖經》地獄(hell)：*the* bottomless ~ = *the* ~ of darkness = *the* ~ (of hell)地獄，無底深淵。**b** [the ~s]《美口語》最差，最壞：That disco is *the* ~*s*. 那種迪斯可舞最差。**5 a** Ⓒ[常用單數；常 **the** ~]《英》《戲劇》大衆席《尤指戲院正面一樓頭等席(stall)後面，二樓下面的廉價座位》。**b** [常 **the** ~；集合稱]大衆席的觀衆。**c** Ⓒ(舞台前面下方之)樂隊席(orchestra pit). **6** Ⓒ **a** (動物園關猛獸的)圍欄。**b** 鬥狗[鷄]場(等)。**7** Ⓒ **a** (身體等的)凹窩：the ~ of the stomach (腹上部的)心窩/⇨ armpit. **b** [常 ~**s**]麻子，痘痕。**8** Ⓒ[常構成複合字]《美》(交易所裡特定商品等的)交易場所。**9** Ⓒ汽車修護處：**a** 設於汽車修理廠的修護處。**b** [常 **the** ~**s**]賽車場的加油[修護]處。**10** Ⓒ[常用單數]《英諧》牀。

—*v.t.* (**pit·ted**；**pit·ting**) **1** 〔十受〕**a** 在…形成痘痕《★常用被動語態，介系詞用 *by, with*》：a face *pitted with* smallpox 因天花而成的麻臉。**b** 在…形成凹處[開洞]。**2** 〔十受十介十(代)名〕**a** 使〈鷄、狗等〉[與…]相鬥，使…[與…]打鬥〔*against*〕. **b** 使〈人、智慧、力量等〉[與…]競爭〔*against*〕：You can ~ your brains *against* his strength. 你可以用你的腦筋和他的力氣相對抗。

pit[2] [pɪt; pit] 《美》*n.* Ⓒ(桃子、杏、李子等的)核，種子(stone).

—*v.t.* (**pit·ted**；**pit·ting**)去掉〈果〉之核[種子]。

pi·ta [ˋpitɑ, -tə; ˈpi:tɑ, -tə] *n.* Ⓒ皮塔麵包《中東人所食用的圓扁形麵包，加有肉、胡椒等，用以作成三明治》。

pit-a-pat [ˈpɪtəˌpæt; ˌpitəˈpæt] «擬聲語» —《口語》*adv.* (脚步聲)劈啪劈啪地，(心)噗噗地(跳)：Her feet [heart] went ~. 她劈啪劈啪地跑去[心噗噗地跳]。

—*n.* [用單數]劈啪[噗噗]的聲響。

—*v.i.* (**pit-a-pat·ted**；**pit-a-pat·ting**)劈啪[噗噗]作響。

***pitch**[1] [pɪtʃ; pitʃ] *v.t.* **1** 〔十受十副詞(片語)〕把〈東西〉擲，扔，拋(向…)(⇨ throw【同義字】)：The farmers were ~*ing* hay *on to* [*onto*] the cart. 農夫們正在把乾草扔上貨車/She ~*ed* his letter *into* the fire. 她把他的信投入火中/They ~*ed* the drunkard *out* (*of* the room). 他們把醉漢扔出(房間)外面。

2 〔十受〕搭起〈帳篷等〉；紮〈營〉(↔ strike)：~ a tent 搭帳篷。

3 a 〔十受十介十(代)名〕把〈音調〉定在〔某高度〕〔*at, in*〕：~ a tune *in* a higher key 把音調定在更高的音階。**b** 〔十受十補〕把〈音調〉定〈在…〉：~ a tune too high 把音調定得太高。

4 a 〔十受十介十(代)名〕〔用某種語調、氣氛〕講〈故事等〉〔*at, in*〕：~ a story *in* a sentimental strain 用感傷的語調講故事。**b** 〔十受十補〕把〈希望、故事〉調節〈成…〉：~ an estimate too low 估計得太低。

5 a 〔十受〕[與副詞(片語)連用]使〈屋頂等〉傾斜(成…)：~ a roof steeply 使屋頂過分傾斜。**b** 〔十受十補〕使〈屋頂〉傾斜〈得…〉：The roof is ~*ed* too steep. 屋頂過於傾斜。

6 〔十受〕《棒球》**a** 投〈球〉。**b** 擔任〈比賽〉的投手：He ~*ed* a good game. 他投了一場好球《在比賽時球投得好》。

7 〔十受(十副詞(片語))〕《高爾夫》以高停球法(pitch shot)打〈球〉(⇨ *n.* 9)：He ~*ed* the ball *on to* the green. 他用高停球法把球打上果嶺。

—*v.i.* **1** 《棒球》投球[站在投球板]。

2 〔十副詞(片語)〕頭朝下地掉落，向前倒下：My foot caught in a creeper and I ~*ed forward.* 藤蔓纏住我的脚，使我向前倒下。

3 〔動(十副)〕〈船、飛機等〉上下地顛簸〈*about*〉(cf. roll *v.i.* 5 a)：The ship ~*ed* **about** in the storm. 那條船在暴風雨中上下顛簸。

4 搭帳篷，紮營：They ~*ed* on a hillside. 他們在山腰上搭帳篷。

5 [與副詞(片語)連用](向下[一邊])傾斜：The roof ~*es* sharply. 那個屋頂傾斜得厲害。

6 《板球》〈球〉掉落地面。

pitch ín 《*vi adv*》《口語》(1)拼命幹起來。(2)起勁地吃起來，開始猛吃。

pitch ínto... (1)朝…打去，攻擊…。(2)起勁地幹起〈工作等〉；把〈食物〉快往嘴裏送，大口地吃〈食物〉：He ~*ed into* the work [pie]. 他起勁地幹起工作來[大口地吃餡餅]。

pitch upòn [on]... 選擇…，決定…：We have not yet ~*ed on* [*upon*] the day for departure. 我們尚未決定出發的日子。

—*n.* **1** Ⓒ **a** 投擲，扔，拋。**b** 《棒球》投球(的情形)：a wild ~ 暴投。**2** [用單數](強度、高度等的)程度〔*of*〕：a high ~ *of* excitement 高度的興奮/Interest in his paintings is at a high ~. 他對繪畫的興緻很高。**3** ⓊⒸ(音的)調子，聲音的高低：a high [low] ~ 高[低]音調/~ accent (中文、日語等的)高低的聲調/⇨ concert pitch. **4** Ⓤ [又作 **a** ~]傾斜度，坡度：the ~ of a roof 屋頂的坡度/a slope with *a* steep ~ 陡峭的斜坡。**5** Ⓒ [常用單數；常 **the** ~](船、飛機等的)上下顛簸(cf. roll *n.* A 2 a)。

pitch[1] 5

roll

6 Ⓒ(定爲已有的)住處，固定場所；(路邊攤販)(經常)擺攤子的場所，攤位。**7** Ⓒ《口語》(推銷員等的)强行推銷：make a ~ for... 宣傳[推薦]…。**8** Ⓒ《划船》船的上下搖動。**9** (又作 **pítch shòt**)Ⓒ《高爾夫》高停球《使球高飛逆轉，以便立刻停在果嶺的擊球法》。**10** Ⓒ《英》《運動》(板球、足球、曲棍球等的)比賽場。

quéer a person's **pítch**=**quéer the pítch for** a person (預先)破壞他人的計畫[機會]《★源自路邊攤販的同行破壞其「攤位」之意；cf. *n.* 6》。

pitch[2] [pɪtʃ; pitʃ] *n.* Ⓤ **1** 瀝青《原油、煤焦油(coal tar)、木焦油(wood tar)蒸餾後剩下的黑色油渣，用於防水或鋪路》。**2** 松脂，樹脂：a ~ pine 可採松脂的松樹，脂樹。

(as) bláck [dárk] as pítch 黑如瀝青的，漆黑的。

pítch-and-tóss *n.* Ⓤ擲錢遊戲《把錢投向目標，投得最接近目標的人把全部的錢撿起後往上拋擲，掉在地面的錢中正面向上的即歸爲己有》。

pítch-bláck *adj.* 黑如瀝青的，漆黑的。

~·ness *n.*

pitch·blènde [-ˌblɛnd; -blend] *n.* Ⓤ《礦》瀝青鈾礦《鈾(uranium)和鐳(radium)的主要原礦》。

pítch còal *n.* Ⓤ瀝青煤。

pítch-dárk *adj.* 漆黑的，黑暗的。

~·ness *n.*

pítched báttle *n.* Ⓒ **1** 堂堂正正的會戰(cf. skirmish)。**2** 激戰；激論，論戰。

***pitch·er**[1] [ˈpɪtʃɚ; ˈpitʃə] «源自 pitch[1]»—*n.* Ⓒ **1** 《棒球》投手：the ~'s mound [plate, rubber] 投手板。**2** (把麥、乾草等往貨車上)拋擲的人(cf. pitchfork)。**3** 《高爾夫》球桿的一種《第七號鐵頭球桿；cf. iron 2 c》。

pitch·er[2] [ˈpɪtʃɚ; ˈpitʃə] «源自拉丁文「燒杯(beaker)」之義»—*n.* Ⓒ **1** 水罐，水瓶《有耳形把手與嘴》。

pitcher[2] 1

【說明】通常有柄(因爲形狀似耳朵而稱作 ear)和開口。從前，也有兩個柄的。關於 pitcher 與 ears 有諺語如下：Little *pitchers* have long [wide] ears.「小水罐有長[大]耳朵[小孩子耳朵長《意指別讓小孩子聽到》]」/*Pitchers* have ears.「水罐有耳朵[隔牆有耳]」有時也說 You are a little *pitcher*! 意思是說「你的耳朵眞長！」

2 =pitcherful.

pitch·er·ful [ˈpɪtʃɚˌful; ˈpitʃəful] *n.* Ⓒ一水罐的分量〔*of*〕。

pítcher plànt *n.* Ⓒ《植物》囊葉植物《豬籠草等的吃蟲植物》。

pítch·fòrk *n.* Ⓒ(叉乾草用的)長柄叉，(耙肥料的)耙子。

—*v.t.* 用長柄叉把〈乾草等〉耙攏。

pitch-fork

pítch·ing *n.* Ⓤ **1** (船、飛機等的)上下搖晃(cf. rolling 2)。**2** 《棒球》**a** 投球(法)。**b** [當形容詞用]投球(用)的：a ~ machine (練習打擊用的)投球器。

pítching nìblick *n.* Ⓒ《高爾夫》八號鐵桿《現在一般稱爲(number) eight iron》。

pítch·man [-mən; -mən] *n.* Ⓒ (*pl.* **-men** [-mən; -mən]) **1** (街頭的)攤販，叫賣小販。**2** (在廣播、電視)做商品商業廣告的人。

pítch·òut *n.* Ⓒ《棒球》故意投遠離球壘的球《使打擊手無法打球，通常爲防盜壘》。

pítch píne *n.* Ⓒ剛葉松，直立松。

pítch pìpe *n.* Ⓒ《音樂》(定絃樂器等之音高的)高音管。

pitch·y [ˈpɪtʃɪ; ˈpitʃi] «pitch[2] 的形容詞» —*adj.* (**pitch·i·er**；**-i·est**) **1** 多瀝青的，瀝青似的。**2** 瀝青色的，漆黑的，黑暗的。

pit·e·ous [ˈpɪtɪəs; ˈpitiəs] *adj.* **1** 可憐的，悽慘的。**2** 《古》仁慈的。**~·ly** *adv.* **~·ness** *n.*

pít·fàll *n.* Ⓒ **1** (動物等的)陷阱。**2** 未料到的危險[困難]，陷阱。

pith [pɪθ; piθ] *n.* **1** Ⓤ **a** 《植物》髓。**b** (橘子等的)中果皮《內側的白色部分》。**c** 《解剖》髓，脊髓。

2 [**the** ~]精髓，核心，要點，精華〔*of*〕：*the* ~ (and marrow) *of* a speech 演講的要點。

3 Ⓤ **a** 精力；力氣，體力：a man of ~ 精力充沛的人。**b** (文章等的)氣勢，活力。**c** 重要性，分量。

pít·hèad *n.* Ⓒ(礦山的)豎坑坑口。

pith·e·can·thro·pus [ˌpɪθɪkænˈθropəs; ˌpiθikænˈθroupəs] *n.* Ⓒ (*pl.* **-pi** [-kænˈθropaɪ; -kænˈθroupai])猿人《中期洪積世的原始人舊稱；給爪哇原人(Java man)取的名稱，現已列入「人」屬中》。

pith·i·ly [ˈpɪθɪlɪ; ˈpiθili] *adv.* **1** 有力地；精力充沛地。**2** 簡潔地；扼要地。

pith·y [ˈpɪθɪ; ˈpiθi] «pith 的形容詞»—*adj.* (**pith·i·er**；**-i·est**) **1** 有[似]髓的。**2** 〈文體等〉有力的，簡潔的，扼要的。

pit·i·a·ble [ˈpɪtɪəbl; ˈpitiəbl] *adj.* **1** 可憐的，令人同情的，悲慘的，可悲的。**2** 卑鄙的，可恥的。

pít·i·a·bly [-blɪ; -əbli] *adv.* 可憐地，令人同情地；悲慘地，可悲地。

pit·i·ful [ˈpɪtɪfəl; ˈpitiful] *adj.* **1** 可憫的，令人同情的，悲慘的。**2** 可鄙的，可恥的《★比較 作此義解時一般用 pitiable》。**3** 《古》〈人〉富於同情心的，仁慈的。**~·ly** [-fəlɪ; -fuli] *adv.* **~·ness** *n.*

pít·i·less *adj.* **1** 無慈悲心的，無情的。**2** 非常嚴厲的。

~·ly *adv.*

pit·man [ˈpɪtmən; ˈpitmən] *n.* Ⓒ (*pl.* **-men** [-mən; -mən])礦工；(尤指)煤礦工人。

pi·ton [ˈpitɑn; ˈpi:tɔn] «源自法語「山頂」之義»—*n.* Ⓒ登山用的繫繩釘《頭部有孔的鋼釘，可釘入岩石作支點或繫繩索用》。

Pitot tùbe [ˈpito-; ˈpi:tou-] *n.* Ⓒ《物理》皮氏管《用以測定流體之流動速度》。

pit-pat [ˈpɪtˌpæt; ˌpitˈpæt] *adv., n., v.i.* =pit-a-pate.

pít pòny *n.* Ⓒ(昔日在礦坑內用於搬運煤炭的)坑內用小馬。

pít pròp, pít·pròp *n.* Ⓒ用以支撐礦坑頂部之橫梁或支架。

pít·sàw *n.* (又作 **pit saw**)Ⓒ(兩人用的)大鋸。

pit·tance [ˋpɪtn̩s; ˈpitəns] *n.* Ⓒ[常用單數]微薄的津貼[薪水]；少量，少數：work for a mere ～ 僅爲了微薄的收入而工作。

pit·ted [ˋpɪtɪd; ˈpitid] *adj.* 有凹痕的；有麻點的。

pit·ter-pat·ter [ˋpɪtɚˏpætɚ; ˈpitəˌpætə] *n.* [用單數]劈劈啪啪，嘩啦嘩啦《雨聲、腳步聲等》。
—*adv.* 劈劈啪啪[嘩啦嘩啦]地。

Pitts·burgh [ˋpɪtsbɝg; ˈpitsbə:g] *n.* 匹茲堡《美國賓夕凡尼州(Pennsylvania)西南部的工業城市；鋼鐵業的中心》。

pi·tu·i·tar·y [pɪˋtuəˏtɛrɪ, -ˋtju-; piˈtjuitəri] *n.* (又作 **pitúitary glànd**)Ⓒ《解剖》腦下垂體。—*adj.* 腦下垂體的。

‡**pit·y** [ˋpɪtɪ; ˈpiti] 《與 piety 同字源》—*n.* **1** Ⓤ**憐憫**，同情：feel ～ *for*... 憐憫…，對…覺得可憐/have [take] ～ *on*... 對…憐憫/for ～'s sake 請可憐可憐，求求您，請發慈悲/in ～ *for* [*of*]... 爲憐憫…，因可憐…/out of ～ 出於憐憫，由於同情/The ～ of it！好可惜！眞遺憾！/*P*～ is akin to love.《諺》憐憫近乎愛情。

> 【同義字】pity 多半指對於比自己更不好或處於弱者立場者表示憐憫；sympathy 表示了解對方的悲傷、痛苦並共同分擔其感受的心情；compassion 常指帶有積極要幫助對方之心意。

2 [用單數]**遺憾事**，可惜的事：It is a ～ (that) you missed the party. 你未能參加聚會是遺憾的事/The ～ is that he was not elected.《文語》可惜他沒有當選/It was a ～ to give it up. 放棄它很可惜/(The) more's the ～. 更可惜了/What a ～！好可憐！眞可惜！
—*v.t.* [十受(十介十(代)名)][因…事而]覺得〈某人〉可憐，覺得…可悲[*for*]：I ～ you if you don't help her. 要是你不幫助她，我覺得你可悲《帶有無恥之意》/I ～ her *for* her helplessness. 我因她的無助而覺得她可憐。

pít·y·ing·ly *adv.* 憐憫地，憐惜地。

piv·ot [ˋpɪvət; ˈpivət] *n.* Ⓒ **1** 《機械》旋軸，樞軸，支樞。**2 a** 中心(點)，要點，中樞。**b** 中心人物。**3** 《舞蹈》以一隻腳旋轉。
—*v.t.* 把…置於樞軸上；給…裝上樞軸。
—*v.i.* [十介十(代)名] **1** [以…爲軸]旋轉[*on, upon*]. **2** [看…而]定[*on, upon*]：The whole problem ～*s* **on** whether he'll come in time. 整個問題就要看他是否會及時來到(而定)。

piv·ot·al [ˋpɪvətl; ˈpivətl] 《pivot 的形容詞》—*adj.* **1** 樞軸(似)的，成爲活動之中心的。**2** 中樞的，重要的，決定性的。

pix *n.* pic 的複數。

pix·el [ˋpɪksəl, -sɛl; ˈpiksəl] *n.* 《電視・電算》Ⓒ圖元，圖素《構成螢幕影像之最小元素》。

pix·i·lat·ed [ˋpɪksl̩ˏetɪd; ˈpiksəleitid] *adj.* 《美口語》**1** 頭腦有點問題[怪]的。**2** 酒醉的。

pix·y, pix·ie [ˋpɪksɪ; ˈpiksi] *n.* Ⓒ小精靈《在英國西南部傳說中喜歡惡作劇的小精靈》。

pixy

pizz. 《略》《音樂》pizzicato.

piz·za (pie) [ˋpitsə; ˈpi:tsə] *n.* Ⓒ[當作菜名時爲Ⓤ]義大利脆餅，比薩《把乳酪、番茄等鋪在上面烤成的大餅》：make a ～ 做義大利脆餅。

> 【說明】原來在義大利是當正餐前小菜吃的一種有乳酪的大餅。第二次世界大戰後才急速地流傳到世界各地變成點心(snack)。首先是 1950 年代傳到加州(California)，而目前在美國仍較在英國普遍。

piz·zazz, pi·zazz [pəˋzæz; piˈzæz] *n.* 《美俚》**1** 活潑；活力，生氣。**2** 迷人的風格；炫耀。

piz·zi·ca·to [ˏpɪtsɪˋkato; ˌpitsiˈka:tou] 《源自義大利語》—《音樂》*adj.* & *adv.* (用指尖或指甲)撥弦彈奏的[地]《略作 pizz.》.
—*n.* Ⓒ(*pl.* ～**s**)撥弦彈奏的曲子。

P.J. 《略》Police Justice.

pk. 《略》pack；park；peck.

pkg. 《略》package(s).

pkt. 《略》packet.

pl. 《略》place；plate；plural.

P.L. 《略》Poet Laureate.

plac·a·ble [ˋplekəbl̩, ˋplæ-; ˈplækəbl, ˈplei-] *adj.* 可安撫的，易撫慰的，溫和的，寬容的。**-bly** [-kəblɪ; -kəbli] *adv.*

plac·ard [ˋplækard; ˈplækɑ:d] 《源自古法語「平放」之義》—*n.* Ⓒ **1** 告示，宣傳廣告畫，招貼，海報。**2** 行李牌，名牌。
—*v.t.* [ˋplækard, plæˋkard; ˈplækɑ:d] **1** 張貼海報於…。**2** 用招貼告示[廣告]…。

pla·cate [ˋpleket; pləˈkeit] *v.t.* **1** 安撫，撫慰〈人〉。**2** 平息〈憤怒〉，使〈情緒〉平靜。**pla·ca·tion** [pleˋkeʃən; pləˈkeiʃn] *n.*

pla·ca·to·ry [ˋplekəˏtorɪ, -ˏtɔrɪ; pləˈkeitəri] *adj.* 〈言行等〉安撫的，懷柔的。

‡**place** [ples; pleis] 《源自希臘文「寬大的路」之義》—*n.* **1 a** Ⓒ(特定的)**場所**，地點：There is no ～ like home. 沒有任何地方比得上自己的家/Some ～*s* in the city are dangerous at night. 城市裏有些地方在夜間是危險的。**b** Ⓒ(爲特定目的使用的)地點，建築物，…場所[處]；飲食店[*of*]：a ～ *of* amusement 娛樂場所/a ～ *of* business 營業處/a ～ *of* worship 禮拜場所，教堂/an eating ～ 餐廳，飲食店/a steak ～ 牛排館。**c** [與 some, any, no, every 等連用當副詞用]《美》：go *some* ～ 去某處/go *every* ～ together 一起去各處/I don't want to go *any* ～. 我任何地方都不想去。

2 a Ⓤ(當作抽象觀念的)**空間**，場所：time and ～ 時間與空間。**b** Ⓤ餘地(room)[*for*]：leave ～ *for*... 留…的餘地/There is no ～ *for* doubt. 沒有懷疑的餘地，無庸置疑。**c** Ⓒ空的場所，空間。

3 Ⓒ **a** **區域**，地區；市；鎮，村：one's native ～ 故鄉/travel to distant ～*s* 到遠方旅行。**b** [常用單數；one's ～ 或與修飾語連用]《口語》家，住處：at our ～ 在我們家/Come and have supper at my ～. 到我家來吃晚飯吧。**c** (鄉間的)宅邸，別墅：He has a ～ in the country. 他在鄉下有一棟別墅。

4 Ⓒ **a** (東西表面的特定)**部位**，部分：a rough ～ in the street 街道上凹凸不平的地方/I can't reach the itchy ～ on my back. 我的手伸不到我背上癢的部位。**b** (正在閱讀的書籍、故事等的)地方，章節：mark one's ～ 在讀到中途停下的地方做記號/find [lose] one's ～ 尋找[找不到]讀到中途停下的地方。

5 Ⓒ**立場**，環境，境遇：If I were in your ～, I wouldn't put up with it. 要是我處於你的地位，我是不會容忍的。

6 Ⓒ **a** (社會上的)**地位**，身分：keep a person in his ～ 抑制某人，使某人安分/put a person in his ～ 使某人不敢越軌[踰越]/know one's ～ 明白自己的身分。**b** [常用單數]重要的地位[位置]：In her heart romance held a prominent ～. 在她的心裏羅曼史佔了顯著的重要地位/Japan has taken its ～ among the economic powers of the world. 日本已在世界經濟大國中取得重要地位；日本已躋身於世界的經濟大國中。

7 Ⓒ[常用單數] **a** **職業**，工作：look for a ～ 求職/lose one's ～ 失業。**b** [one's ～]職務；本分：It's not your ～ to criticize. 批評並非你分內的事。

8 a ⒸⓊ(人)該在之處，(東西的)該放置的場所：With the new evidence, everything is beginning to fit into ～. 有了新證據，一切事情都逐漸變得合情合理/Return that book to its ～. 把那本書放回原來的地方/It is no ～ *for* you. 那不是你該在的地方《你不該在那裏》。**b** Ⓒ適當的場所[機會]：A party is not the ～ *for* an argument. 聚會不是爭論的適當場所/This is not the ～ *to* get cold feet. 這不是害怕的時候。**c** Ⓒ(等候輪到自己排隊的)順序，位置：Would you please hold my ～ for a moment? 請你佔著我的位置一會兒好嗎？

9 Ⓒ(座)席：take one's ～ at (the) table 在餐桌旁就座/lay ～*s* for five 排五人分的座位/I changed ～*s* with him. 我和他交換座位。

10 [用單數；常 the ～，與序數連用]順序：⇨in the first PLACE/in *the* second [last] ～ 第二[最後]。

11 [當專有名詞用；P～]廣場，(大馬)路，街：Portland *P*～ 波特蘭街《倫敦的一街道名》。

12 Ⓒ《數學》位：Answer to the third decimal ～.＝Answer to three decimal ～*s*. 請回答至小數第三位。

13 Ⓒ[常用單數]《運動》先到達的順序《在賽馬等常指第一，二，三名，《美》尤指第二名》；得獎的順序：get a ～ 進入前三名；《美》獲得第二名/win first ～ 獲得第一名。

áll óver the pláce 《口語》(1)到處，四處，處處。(2)雜亂地，弄得亂七八糟地。

fáll ìnto pláce (1)歸於正確的地方，恰好能納入。(2)〈話等〉合邏輯，前後一致：Things are beginning to *fall into* ～. 事情逐漸變成合乎邏輯[顯得井井有序]。

from pláce to pláce (1)處處。(2)因場所而定。

gìve pláce to... 讓位給…；被…取代。

gó pláces 《口語》(1)到處去，周遊。(2)[will ～ 或用進行式]成功，發跡：He *will go* ～*s*. 他會成功。

in pláce (1)在一定[正確]的位置：He looked in the mirror to make sure that his tie was *in* ～. 他照鏡子以確定領帶在正確位置[結得端正]。(2)適得其所地；適當的，恰當的。

in a person's pláce 代替某人：Let me work *in* your ～. 讓我代你工作。

in plàce of... 代替…：Electric lights came to be used *in* ～ *of* lamps. 電燈被用以取代煤油燈。

in the first pláce (1)[列舉理由、論據等時]第一，首先。(2)當初，最初：If boats frighten you, you should never have come *in*

the first ~. 如果小船使你害怕，你當初就不該來。
màke pláce for... 給…留座位，空出地方給…。
òut of pláce (1)不得其所的。(2)不適合場所的，不適當的：His sports jacket and slacks were decidedly *out of* ~ at such an elegant restaurant. 他的運動夾克和運動褲在這種高雅的餐廳絕對不適合。
pláce in the sún 太陽照得到的地方；有利的地位[處境]。
tàke pláce (1)〈事件等〉發生：The Norman Conquest *took* ~ in 1066. 諾曼人的征服(英國)發生在 1066 年。(2)〈儀式、活動等〉舉行，舉辦(⇨happen【同義字】)：The game *took* ~ before a great crowd of spectators. 那場比賽在一大羣觀衆面前舉行。
tàke the pláce of... 代替…，代理…：Mechanical power *took the* ~ *of* manual labor. 機械動力取代了體力的勞動。
—*v.t.* **1** 〔十受十副詞(片語)〕**a** 放，安裝〈東西〉〔於…〕(⇨put【同義字】)：She lighted the candles and ~*d* them *on* the table. 她點起蠟燭，把它們放在餐桌上/He ~*d* his arm *around* her shoulders. 他把手搭在她的肩膀上。**b** 把〈東西〉配置，整頓，排列〔在…〕：The items are ~*d in* alphabetical order. 那些項目是依照字母的順序排列的/*P*~ those books *in* the right order. 把那些書按正確的順序排列。
2 a 〔十受十介十(代)名〕把〈人、東西〉置〔於某種狀態、位置〕〔*in*, *under*〕：~ a suspect ***under*** surveillance 把嫌疑犯置於監視之下/He tried to ~ his company ***in*** a better financial position. 他試著使公司處於較好的財務狀況。**b** 〔十受十介十(代)名〕使〈人〉就任〔某地位〕〔*in*〕：He was ~*d* ***in*** the infantry. 他被派到步兵隊中/He was ~*d* ***in*** command of the fleet. 他被任命爲艦隊司令(官)。**c** 〔十受十 *as* 補〕任命〈某人〉〈爲…〉：He was ~*d* *as* rector. 他被任命爲教區牧師。
3 a 〔十受十介十(代)名〕給〈人〉找〔工作〕〔*in*〕；使〈人〉〔在某公司〕就職〔*with*〕：They will ~ you ***with*** a good firm. 他們會使你在一家好公司任職。**b** 〔十受十 *as* 補〕給〈人〉找到〈…的〉工作：Will you ~ her *as* a typist？你會爲她找到打字員的工作嗎？**c** 〔十受(十介十(代)名)〕給〈孤兒等〉找〔照顧的人〕，爲…介紹〔養父母[家]〕〔*in*〕：The homeless children were ~*d* ***in*** my charge. 那些無家可歸的孩子們歸我照顧。
4 〔十受十介十(代)名〕**a** 把〈信心、希望等〉放〔在…上〕，〔對…〕寄予〈信賴等〉〔*in*, *on*, *upon*〕：~ one's faith ***in*** [***on***] science 信賴科學/They didn't ~ much confidence *in* their leader. 他們不太信賴他們的領袖。**b** 把〈重要性等〉置〔於…〕〔*in*, *on*, *upon*〕：He ~*s* too much importance ***on*** data. 他過於重視資料。**c** 〔對…〕提出，提起〈議題、問題等〉〔*before*〕：~ the issue ***before*** the general public 對一般大衆提出(爭論的)問題。
5 〔十受十介十(代)名〕**a** 把〈資金〉投資〔於…〕〔*in*〕：~one's money ***in*** bonds 把錢投資於公債。**b** 〔向商行等〕發出〔…的〕〈訂單〉〔*with*〕〔*for*〕：We have ~*d* an order ***for*** the articles ***with*** the firm. 我們已向那家商行訂購那些物品。
6 〔十受〕想起〈以前見過[聽過]的人[東西]〉是誰[何物] (identify)：He could not ~ her, though he was sure he'd met her before. 他想不起她是誰，雖然以前確實見過她。
7 a 〔十受十介十(代)名〕把…看成，認爲〔…之一〕〔*among*〕：You should ~ health ***among*** the most valuable of things. 你應當把健康看成最寶貴的東西之一。**b** 〔十受十補〕把…看成〈位於…〉：Among many factors this may be ~*d* first. 在許多因素中這個因素可能居於首位。**c** 〔十受十 *as* 補〕把…看成〈…〉：I'd ~ her *as* a New Englander. 我把她看成新英格蘭人。**d** 〔十受十介十(代)名〕把…評價，估價〔爲…〕〔*at*〕：~ the value of a house ***at*** 5 million dollars 把一棟房子估價爲五百萬美元/I'd ~ her ***at*** around twenty-five. 我看她是廿五歲左右。**e** 〔十受十補〕把…評價，估價〈爲…〉：~ the value of the house too high 把那棟房子的價值估得太高。
8 〔十受〕決定〈賽跑者、賽馬等〉的名次《★常用被動語態》：His horse *was* not ~*d.* 他的馬沒有入選《沒有進入前三名；cf. *n.* 13》.
9 〔十受〕(透過接線生)打〈電話〉：~ a long-distance call to Los Angeles 打長途電話到洛杉磯。
—*v.i.* 《美》(在賽馬、賽狗等)進入前三名內，(尤指)得第二名。
pláce bèt *n.* Ⓒ **1** 《英》賭某馬進入前三名以內。**2** 《美》賭某馬進入第二名以內。
pla·ce·bo [plə'sibo; plə'si:bou] *n.* Ⓒ (*pl.* ~s, ~es) **1** 《醫》安慰劑[藥]，僞藥。**2** 寬心的話；恭維的話。
placébo efféct *n.* Ⓤ安慰劑效應《指某些藥對某些病人僅產生心理治療作用，並無實際的療效》。
pláce càrd *n.* Ⓒ(宴席等的)座位牌。
pláce-kìck 《橄欖球・足球・美式足球》*n.* Ⓒ定位踢球《把球放在地面上踢的方法》。**—***v.i.* 定位踢球。
pláce màt *n.* Ⓒ餐桌上墊布《擺放一人份餐具的小塊墊布；cf. doily》.
pláce·ment [-mənt; -mənt] 《place 的名詞》**—***n.* **1** [常用單數；常 the ~] 放置，配置。**2** Ⓒ職業介紹。**3** ⓊⒸ《橄欖球・足球・美式足球》爲作定位踢球而把球放在地面上。**4** ⓊⒸ《網球》把球朝對方難接或接不到之處的一擊。
plácement tèst *n.* Ⓒ(爲分班而舉行的)實力測驗。
pláce·nàme *n.* (又作 **pláce-nàme, pláce nàme**)Ⓒ地名。
pla·cen·ta [plə'sɛntə; plə'sentə] *n.* Ⓒ (*pl.* ~s, **-tae** [-ti, -ti:])《解剖》胎盤。**-tal** [-tl; tl] *adj.*
placer[1] ['plæsɚ; 'plæsə] *n.* Ⓒ **1** 放物的人；安置者。**2** 競賽中列名的人或動物。
placer[2] ['plæsɚ; 'plæsə] *n.* Ⓒ砂礦；沖積礦牀；含礦之礫；沙金採取場。
plácer góld *n.* Ⓤ沙金。
plácer mìning *n.* Ⓤ沙金採取法；淘砂採礦。
pláce sètting *n.* Ⓒ一人用的一套餐具《在餐桌上分別爲每人擺放的盤子、叉子等的一套》。
plac·id ['plæsɪd; 'plæsid] *adj.* 平穩的，平靜的，鎮靜的。
~**·ly** *adv.*
pla·cid·i·ty [plæ'sɪdətɪ; plæ'sidəti] 《placid 的名詞》**—***n.* Ⓤ平靜，寧靜。
plack·et ['plækɪt; 'plækit] *n.* Ⓒ(裙子、洋裝等方便穿脫的)開口。
plage [plɑʒ; plɑ:ʒ] 《源自法語》**—***n.* Ⓒ海濱浴場。
pla·gia·rism ['pledʒə,rɪzəm; 'pleidʒjərizəm] *n.* **1** Ⓤ剽竊，抄襲。**2** Ⓒ剽竊的行爲[物]。
plá·gia·rist [-dʒərɪst; -dʒjərist] *n.* Ⓒ剽竊者。
pla·gia·rize ['pledʒə,raɪz; 'pleidʒjəraiz] *v.t.* 抄襲，剽竊〈他人的文章、學說等〉。**—***v.i.* 剽竊，抄襲。
plague [pleg; pleig] 《源自拉丁文「打擊」之義》**—***n.* **1 a** Ⓒ疫病，傳染病。**b** [the ~] 黑死病：*the* Great *P*~ (of London) 倫敦大瘟疫《1664–65 年流行的黑死病，死了約七萬人》。**2** Ⓒ〔有害動物的〕災害，大舉來襲〔*of*〕：a ~ *of* locusts 蝗蟲的大舉來襲，蝗災。**3** Ⓒ[常用單數]《口語》令人討厭的人[東西]。
(A) plágue on it [him *etc.*]！= **Plágue táke** it [him *etc.*]！該死(的人)！
avóid like the plágue (如躲瘟疫般)遠離，儘量避開。
plaguey ['plegɪ; 'pleigi] *adj.* & *adv.*=plaguy.
plaguy ['plegɪ; 'pleigi] *adj.* 《俚》煩累的；麻煩的；討厭的。
—*adv.* 《俚》煩累地；討厭地；非常；甚。
—*v.t.* **1** 〔十受〕使〈人〉患瘟疫，使…遭受災難。**2** 〔十受(十介十(代)名)〕《口語》使〈人〉〔因…而〕煩惱，〔以…〕煩擾〈人〉〔*with*〕：I am ~*d* to death. 我被煩得要死/He was ~*d* ***with*** questions. 他遭到質問的煩擾。
plaice [ples; pleis] *n.* (*pl.* ~, **plaic·es**) **1** Ⓒ《魚》孫鰈《歐洲產》。**2** Ⓤ孫鰈的肉。
plaid [plæd; plæd] *n.* **1** Ⓤ(蘇格蘭高地居民穿的)格子花呢。**2** Ⓒ(格子花的)長披肩(⇨kilt 插圖)。
pláid·ed *adj.* **1** 披著(格子花)長披肩的。**2** 格子花的。
‡**plain**[1] [plen; plein] 《源自拉丁文「平坦的」之義》**—***adj.* (~·er; ~·est) **A 1 明白的，清楚的，易懂的**(⇨evident【同義字】)；簡單的，平易的：in ~ speech [language] 用平易的說法，簡易地說/in ~ English 用簡易的英文；平易[明白]地說/The problem is quite ~ to us. 那問題我們都很明白/It is quite ~ that he doesn't want to go. 很顯然他不想去。**2 可清楚看[聽]得見的**：in ~ view 一覽無遺的，在一覽無遺之處。**3** [用在名詞前] (無比較級、最高級)完全的，徹底的：~ folly 非常愚蠢的行爲。
—B 1 a 無裝飾的，無花樣[色彩]的，不講究的：a ~ dress (無裝飾的)樸素衣服。**b** (無比較級、最高級)〈紙、布等〉無花紋的，平織的：~ cloth 無花紋布，平紋布/~ wrapping paper 無花紋的包裝紙。**2** 〈生活等〉**樸素的**，淡泊的，簡樸的：~ living and high thinking 樸素的生活和崇高的思想《★源自 Wordsworth 的詩》。**3** 〈人、言行等〉**率直的**，坦白的，無掩飾[欺瞞]的：~ speaking 直言/with ~ pleasure 顯然高興地。**4** 不做作的，粗俗的，普通的，平凡的：~ people 普通人，平民。**5** 《委婉語》〈女子容貌等〉不美的，無姿色的：a ~ girl 容貌不美的女孩。**6** 〈食物等〉清淡的，味淡的；簡單烹調的：~ rice 白飯/a ~ meal 簡單的餐食。
(as) pláin as dáy [**a píkestaff, the nóse on** [**in**] **one's fáce**] 清清楚楚的，極爲明顯的。
to be pláin with you 坦白地說，坦白跟你說。
—*adv.* **1** 清楚地，明白地：speak ~ 明白地說。**2** 完全地，十足地：I'm ~ tired. 我非常累了。
—*n.* Ⓒ [常 ~s] **平原**，平地，曠野。~**·ness** *n.*
plain[2] [plen; plein] *n.* Ⓤ (編織)平針。
—*adj.* (編織)平針的。
pláin·chànt *n.* =plainsong.
pláin chócolate *n.* Ⓤ [指產品個體時爲Ⓒ] 不加牛奶也幾乎不加糖的巧克力。

pláin clóthes *n. pl.* 便衣，便服：in ～ 穿著便衣[的]。
pláin·clóthes *adj.* [用在名詞前]〈尤指〉便衣的〈警察〉：a ～ detective 便衣警探。
pláin·clóthes·man [-mən; -mən] *n.* Ⓒ (*pl.* **-men** [-mən; -mən]) 便衣警察；便衣刑警。
pláin déaling *n.* Ⓤ率直，坦白，光明正大。
pláin flóur *n.* Ⓤ未加酸粉的麪粉 (cf. SELF-RISING flour).
pláin·ly *adv.* **1** 明白地，清楚地。**2 a** 率直地，無裝飾地。**b** 簡言之，明白地說。**3** 樸素地，簡單地。
pláin sáiling *n.* Ⓤ **1** 順利的航海[工作]，容易的事；一帆風順，進展順利：It's ～ from here. 從現在[這裡]起就簡單了。**2** ＝ plane sailing.
Pláins Índian *n.* Ⓒ平原印地安人《原來在北美大平原 (the Great Plains) 地帶從事遊牧的北美印地安人》。
plains·man [-mən; -mən] *n.* Ⓒ (*pl.* **-men** [-mən; -mən]) 平原居民；〈尤指〉北美大平原 (the Great Plains) 的居民。
pláin·sòng *n.* Ⓤ〈格列高里聖歌 (Gregorian chant) 等的〉單[平]旋律聖歌。
pláin-spóken *adj.* 不客氣的，直言不諱的，直截了當的。
～·ness *n.*
pláins·wòman *n.* Ⓒ (*pl.* **-women**) plainsman 的陰性。
plaint [plent; pleint] *n.* Ⓒ **1** 《英法律》訴狀，控訴，告訴。**2** 《詩》悲傷，哀嘆。
plain·tiff [ˋplentɪf; ˈpleintif] *n.* Ⓒ《法律》原告，起訴人 (↔ defendant).
plain·tive [ˋplentɪv; ˈpleintiv] *adj.* 悲傷的，可憐的，哭訴的：a ～ melody 悲傷的旋律，哀調。**～·ly** *adv.* **～·ness** *n.*
plait [plet; plæt] *n.* Ⓒ **1** [常 ～s]〈頭髮的〉辮子 (braid)：hair braided in ～*s* 編成辮子的頭髮。**2** 褶 (pleat).
—*v.t.* **1** 編〈頭髮、麥稈等〉(《美》braid). **2** 褶疊…。

plait 1

‡plan [plæn; plæn] *n.* Ⓒ **1 a** **計畫**，方案；方法：a five-year ～ 五年計畫/ ～*s for* the future 未來的計畫/make ～*s for* the summer vacation 擬定暑假計畫/What is the ～ *of* action？行動的計畫是什麼樣的？

【同義字】plan 是表示「計畫」之意最普通的字；program 指預定的活動、儀式或節目等的實施計畫；project 指大規模而有野心的或實驗性的計畫；design 指以特定的意圖經周密考慮的計畫。

b [＋*to* do]〈做…的〉計畫：I don't like your ～ *to* emigrate to Canada. 我不贊成你移民加拿大的計畫。**2** 作法，作風，方式：⇨ American plan, European plan. **3 a** 圖面，平面圖 (cf. elevation 5)：a perspective ～ 透視圖/a working ～ 工作圖/draw a ～ 製圖。**b**〈市街的〉地圖。**c**〈機器等的〉圖解；〈建築物、花園等的〉設計圖。
accórding to plán 按照〈預定的〉計畫：go *according to* ～ 按照〈預定的〉計畫進行。
—*v.t.* (**planned**; **plan·ning**) **1 a** [＋受] **計畫**，策劃…(⇨ intend【同義字】)：～ a picnic 計畫野餐/～ the itinerary 擬定旅行日程。**b** [＋*to* do] 計畫，打算〈做…〉：We are *planning to* go on a trip to Europe next month. 我們正計畫下個月去歐洲旅行。**2** [＋受] 製作…的設計圖，設計…：～ a house [garden, skyscraper] 設計房屋[花園，摩天樓]。
—*v.i.* **1 a** [動(＋介＋(代)名)] 擬定〔…的〕計畫〔*for, on*〕：～ *for* a party 擬定聚會的計畫/We ～ *on* six kids. 我們預定生六個小孩。**b** [＋副] 預先擬定計畫〈*ahead*〉. **2** [＋介＋(代)名] 想要，打算〔做…〕〔*on*〕：I'm *planning on* visit*ing* Paris. 我打算造訪巴黎。
plán óut 《*vt adv*》周密地計畫…：We ～*ed* it all *out* before we began. 在開始以前我們擬定了周密的計畫。
plan·chette [plænˋʃɛt; plɑːˈnʃet] «源自法語「小板」之義»**—*n.*** Ⓒ心形占板《由兩個小腳輪與一支垂直鉛筆支撐的心形小板，據說將手指輕放於板上即能自動書寫》。
‡plane[1] [plen; plein] «源自拉丁文「平坦的地面」之義»**—*n.*** Ⓒ **1 a** **平面**，水平面：a horizontal ～ 水平面/an inclined ～ 斜面。**b**〈結晶體的〉面。**2**〈發達、達成等的〉程度，水平，階段：a high ～ of civilization 高度的文明/*on* the same ～ as... 與…同一水準[程度]。**3** «airplane 之略»飛機：by ～＝in [on] a ～ 坐飛機，由空路《★by ～ 無冠詞》。
—*adj.* [用在名詞前]〈無比較級、最高級〉**1 平的**，平坦的 (flat)：a ～ angle 平面角/a ～ surface 平面/a ～ triangle 平面三角形。**2** 平面圖形的：～ geometry 平面幾何學。
—*v.i.* **1** 坐飛機去。**2 a** [動(＋副)]〈飛機、滑翔機〉滑翔〈*down*〉. **b**〈汽艇等〉〈隨著加速而在水面上〉滑行。
plane[2] [plen; plein] *n.* Ⓒ〈木匠工具的〉鉋刀《★有手把 (handle)，與我國使用的鉋刀不同》。
—*v.t.* **1** 用鉋刀鉋平…。**2** [＋受＋補] 把…鉋〈成…〉：～ a board smooth 把木板鉋平滑。**3** [＋受＋副]〈用鉋刀〉削去…〈*away, down, off*〉. **—*v.i.*** 鉋(平)。

plane[2]

plane[3] [plen; plein] *n.* (又作 **pláne trèe**) Ⓒ《植物》懸鈴木屬的植物《落葉喬木，原產於亞洲西部，樹高達三十公尺》。
pláne·lòad *n.* Ⓒ 一飛機所載之乘客或貨物量。
plan·er [ˋplenɚ; ˈpleinə] *n.* Ⓒ **1** 用鉋刀的人；鉋匠。**2** 《機械》龍門鉋床。**3** 《木工》鉋盤；鉋床。
pláne sáiling *n.* Ⓤ《航海》平面航行法《把船視為在平面上航行以決定船位的方法》。
plan·et** [ˋplænɪt; ˈplænit] «源自希臘文「流浪者」之義»**—*n. Ⓒ **1** 《天文》**行星**《★環繞太陽公轉的九個大型天體之一；也用於指小行星》：major [minor] ～*s* 大[小]行星/primary ～*s* 主行星/secondary ～*s*〈行星的〉衛星/the ～ earth 地球。**2** 《占星》〈被認為能左右人的命運、人事的〉星相。

planets 1

pláne tàble *n.* Ⓒ《測量》平板儀。
pláne-tàble *v.t.* & *v.i.* 用平板儀測量(…)。
plan·e·tar·i·um [ˏplænəˋtɛrɪəm; ˌplæniˈtɛəriəm] *n.* Ⓒ (*pl.* **～s, -i·a** [-rɪə; -riə]) 天[星]象儀，太陽系儀；天文館；天體運轉模型《用以解釋太陽系內各天體運轉的情形》。
plan·e·tar·y [ˋplænəˏtɛrɪ; ˈplænitəri] «planet 的形容詞»**—*adj.*** **1** 行星的，似行星的：a ～ orbit 行星軌道/the ～ system 太陽系。**2** 地球的，俗世的；世界性的。**3** 《占星》受天體影響的。
plan·e·tes·i·mal [ˏplænəˋtɛsəml; ˌplæniˈtesiml] *n.* Ⓒ微星《極小之行星》。**—*adj.*** 微星的。
plan·et·oid [ˋplænəˏtɔɪd; ˈplænitɔid] *n.* Ⓒ《天文》小行星 (asteroid).
plan·e·tol·o·gy [ˏplænɪˋtɑlədʒɪ; ˌplæniˈtɔlədʒi] *n.* Ⓤ行星學《天文學之一部門》。
plan·form [ˋplænˏfɔrm; ˈplænfɔːm] *n.* Ⓒ《航空》〈飛機的〉平面形狀《由上俯視的飛機輪廓》。
plan·gent [ˋplændʒənt; ˈplændʒənt] *adj.* **1**〈波浪等〉沖擊的，澎湃的。**2**〈鐘聲等〉帶著哀調的，悲切的。**～·ly** *adv.*
plan·i·sphere [ˋplænəˏsfɪr; ˈplænisfiə] *n.* Ⓒ **1** 平面球形圖。**2** 《天文》星座一覽圖，平面天體圖。
plank [plæŋk; plæŋk] «源自拉丁文「板」之義»**—*n.*** Ⓒ **1** 厚板《通常指厚度 2 至 6 吋，寬 8 吋以上的板；⇨ board【同義字】》。**2** 可依賴之物，支撐物。**3**〈政黨的〉綱領條款。
wálk the plánk 被蒙著眼睛在突出的舷外行走而落海《十七世紀時海盜處死俘虜的方法》。
—*v.t.* **1 a** [＋受] 鋪板於…。**b** [＋受＋介＋(代)名]〔用板〕鋪…〔*with*〕.
2 《美》在〈橡木 (oak) 等〉板上烹調〈牛排等〉以供食用。
3 [＋受＋副]《口語》**a** 把〈東西〉砰一聲放下〈*down*〉：The bellboy ～*ed* **down** the baggage. 〈旅館〉侍者把行李砰一聲放下來。**b** 立即付〈錢〉〈*down, out*〉：I ～*ed* **down** [**out**] the money. 我立即付了錢。
plánk·ing *n.* Ⓤ **1** 鋪板。**2** [集合稱]〈鋪的〉木板，地板 (planks).
plank·ton [ˋplæŋktən; ˈplæŋktən] *n.* Ⓤ [集合稱]《生物》浮游生物。 **plank·ton·ic** [ˏplæŋkˋtɑnɪk; ˌplæŋkˈtɔnik←] *adj.*
plan·less [ˋplænlɪs; ˈplænlis] *adj.* **1** 無圖面的。**2** 無計畫或方案的；未計畫的。
planned *adj.* 計畫好的，有計畫的：a ～ economy 計畫經濟/a ～ crime 有計畫的犯罪/ ～ obsolescence 有計畫的廢棄《以技術革新，變更型式等方式，不斷推出新產品，使顧客購買更新產品》/～ parenthood 計畫生育。
plánned obsoléscence *n.* Ⓤ人為的商品陳廢《為刺激需求故意製造不耐用商品，使之很快壞掉或過時的經營方法》。
plánned párenthood *n.* Ⓤ計畫生育。
plán·ner *n.* Ⓒ **1** [常構成複合字] 擬定計畫的人，立案者，設計者。**2** 社會[經濟]計畫者。
plà·no-cóncave [ˋpleno-; ˈpleinou-←] *adj.*〈透鏡〉平凹的《一面

平一面凹的》。

plàno-cónvex *adj.* 〈透鏡〉平凸的《一面平一面凸的》。

plan·og·ra·phy [plə'nɑgrəfɪ; plə'nɔgrəfi] *n.* Ⓤ平版印刷術，平印術；平版印刷品。

pla·nom·e·ter [plə'nɑmɪtə; plə'nɔmitə] *n.* Ⓒ測平儀。

‡**plant** [plænt; plɑ:nt] «源自拉丁文「芽」之義»—*n.* **1** Ⓒ **a** (尤指比樹木小的)**植物**，草木：flowering ~*s* 顯[開]花植物。**b** 苗木(seedling)。

2 Ⓒ **a** [常構成複合字]**工廠**：a manufacturing ~ 製造廠/⇨ power plant/a nuclear power ~ 核能發電廠。**b** 裝置，一整套機器(apparatus)：an air-conditioning ~ 空調裝置。

3 Ⓤ(生產等的)設施，設備《包括機器類、建築物、建築用地等》。

4 Ⓒ[常用單數]《口語》**a** (陷人入罪的)策略，陷阱。**b** (栽贓的)贓物，誘餌。**c** (在犯罪集團中臥底的)警察的內線。

—*v.t.* **1** 〔十受〕**a** **栽種**〈小樹等〉：~ trees 植樹。**b** 撒〈種子〉：~ seeds 撒種子。**c** 〔十受十介十(代)名〕在〈土地〉上遍植〔…〕〔*with, in*〕；〔在土地上〕種植…〔*in*〕：She ~*ed* her garden *with* tulips.＝She ~*ed* tulips *in* her garden. 她在花園裏種植鬱金香《★比較前者强調有「種滿整個花園」之意》。

2 〔十受十介十(代)名〕把〈思想、信仰等〉灌輸[散播]〔在…〕〔*in*〕：~ mutual trust *in* the minds of young people 把互信的觀念灌進年輕人的腦中。

3 〔十受十副詞(片語)〕**a** 把〈人、東西〉安置，安裝，豎立(於…)：~ a pole *in* the ground 把柱子豎立於地面/~ a bugging device *in* a room 把竊聽器安裝在房間內/Posts were ~*ed along* the road. 沿著道路豎起柱子。**b** [~ one*self*](在…)坐下來；就坐(於…)：He ~*ed himself in* an armchair. 他在扶手椅子上坐下來。

4 〔十受十介十(代)名〕《口語》**a** 以…打擊〔…〕〔*in, on*〕：~ one's fist *in* a person's belly 以拳頭打某人的肚子。**b** 〔在…上〕給與〈一吻〉〔*on*〕：~ a kiss *on* a person's cheek 在某人的臉頰上給與一吻。

5 **a** 〔十受(十介十(代)名)〕〔在…〕建立，建設〈城市、教會、殖民地等〉〔*in*〕：~ a colony 建設殖民地。**b** 〔十受十介十(代)名〕使〈人〉定居〔殖民地等〕〔*in*〕：~ settlers *in* a colony 使移民定居殖民地。

6 〔十受十介十(代)名〕把〈魚〉放入〔…〕〔*in*〕；把〔魚〕放入〈河〉中〔*with*〕：~ trout *in* a lake＝~ a lake *with* trout 把鱒魚放入湖中。

7 〔十受(十介十(代)名)〕《口語》把〈贓物等〉藏在〔…〕〔*on*〕：The pickpocket ~*ed* the wallet *on* a passerby. 那個扒手把皮夾藏在過路人的身上。

8 〔十受十介十(代)名〕《口語》陷〈人〉入〔罪〕，對…設下〔…的〕誘餌〔*in, on*〕。

9 〔十受十介十(代)名〕《口語》把…强推〔到…處〕〔*on*〕。

—*v.i.* 種植(小樹等)。

plánt óut 《*vt adv*》隔相當距離種植〈小樹〉。

Plan·tag·e·net [plæn'tædʒənɪt; plæn'tædʒənit] *n.* **1** (英國的)金雀花王朝《英國中世紀的一個王朝(1154–1399)名》：the House of ~ 金雀花王室。**2** Ⓒ金雀花王室的人。

plan·tain[1] ['plæntɪn; 'plæntin] *n.* Ⓒ《植物》車前草《車前草科的多年草本植物，常見於各地的山野、路旁；其葉、種子可當藥用》。

plan·tain[2] ['plæntɪn; 'plæntin] *n.* **1** Ⓒ(當菜食的)木瓜芎蕉，大蕉。**2** Ⓒ[當作食物時爲Ⓤ]大蕉的果實《用於烹食而不生吃》。

***plan·ta·tion** [plæn'teʃən; plæn'teiʃn] «源自拉丁文「種植」之義»—*n.* Ⓒ **1** (尤指亞熱帶地方大規模的)**農場**，農園，種植場：a coffee [rubber, sugar] ~ 咖啡[橡膠，甘蔗]園。**2** 造林地，植林地，森林。

plánt·er *n.* Ⓒ **1** [常構成複合字] **a** 種植者，耕作者。**b** 播種機。**2** 大農場主人。**3** 《美》(室內栽培植物的)容器，花盆。

plánt kìngdom *n.* [the ~]植物界《集合稱》。

plánt lòuse *n.* Ⓒ《昆蟲》蚜蟲(等)。

plaque [plæk; plɑ:k] *n.* **1** Ⓒ **a** (用金屬、陶瓷、象牙等製成的)匾額，飾板。**b** (爲紀念事跡、人物等的金屬或石製)銘碑，雕刻板。**2** Ⓤ《醫》齒斑。

plash [plæʃ; plæʃ] «擬聲語»—*n.* [常用單數；常 the ~]水的激濺[濺潑]聲。

—*v.i.* 〈水〉發出潑濺聲[嘩嘩聲]。

—*v.t.* 使〈水〉發出潑濺聲[嘩嘩聲]。

plash·y ['plæʃɪ; 'plæʃi] *adj.* (**plash·i·er**; **-i·est**) **1** 水坑多的；濕的。**2** 潰潰如濺水之聲的。

plasm ['plæzəm; 'plæzəm] *n.* ＝plasma.

plas·ma ['plæzmə; 'plæzmə] *n.* Ⓤ **1** 《生理》血漿，淋巴液。**2** 《物理》可自由活動的帶電粒子集團，等離子體。**3** 《生物》原生質。

plas·mid ['plæzmɪd; 'plæzmid] *n.* 《生物》Ⓒ細胞質體，質粒。

***plas·ter** ['plæstə; 'plɑ:stə] «源自拉丁文「塗上去」之義»—*n.* **1** Ⓤ灰泥，塗牆泥，石膏：a ~ figure 石膏像。**2** Ⓤ[指個體或種類時爲Ⓒ]《醫》膏藥：⇨ sticking plaster, mustard plaster.

pláster of Páris 熟[燒]石膏。

—*v.t.* **1** **a** 〔十受(十副)〕塗灰泥於…〈*over, up*〉：~ (*up* [*over*]) a wall 塗灰泥於牆壁上。**b** 〔十受十副(十介十(代)名)〕[用…]塗掉，掩飾，遮住〈有瑕疵之處〉〈*over, up*〉〔*with*〕：~ *over* shortcomings *with* beautiful words 用美麗的詞句掩飾缺點。**2** **a** 〔十受〕塗膏藥於…。**b** 〔十受十介十(代)名〕(像塗膏藥似地)〔以…〕塗滿…，〔以…〕貼滿…〔*with*〕；把…塗〔於…〕，貼…〔於…〕〔*on*〕：~ a wall *with* posters＝~ posters *on* a wall 貼海報於牆上《★比較前者强調「貼滿牆」之意》/The trunk was ~*ed* all over *with* hotel labels. 那隻大皮箱貼滿了旅館的標籤。**c** 〔十受十介十(代)名〕浮濫地給予〈某人〉〔誇獎〕〔*with*〕：He ~*ed* her *with* praise. 他過分地誇獎她。**d** 〔十受十副(十介十(代)名)〕〔用髮油等〕抹平〈頭髮等〉〈*down*〉〔*with*〕：Don't ~ your hair *down* (*with* pomade). 不要(用髮油等)抹平你的頭髮。**3** 〔十受〕《口語》猛打，狠狠地打…；使…徹底失敗。

pláster·bòard *n.* Ⓤ石膏板《以石膏爲夾心的紙板；用作牆壁的襯底》。

pláster cást *n.* Ⓒ **1** 石膏模型[像]。**2** 《醫》石膏(綳帶)。

plás·tered *adj.* [不用在名詞前]《俚》酒醉的。

plás·ter·er [-tərə; -tərə] *n.* Ⓒ泥水匠；石膏工藝品製作師。

plás·ter·ing [-trɪŋ, -tərɪŋ; -təriŋ] *n.* **1** **a** Ⓤ塗灰泥；泥水工程。**b** Ⓒ灰泥的塗層。**2** Ⓒ《口語》大敗，徹底失敗：give...a ~ 使…徹底失敗。

***plas·tic** ['plæstɪk; 'plæstik] «源自拉丁文「可造形的」之義»—*adj.* (**more** ~; **most** ~) **1** **a** (無比較級、最高級)**塑膠(製)的**：a ~ toy 塑膠玩具。**b** 人工的；人造的，不自然的，製作的：a ~ smile 假笑，强笑。**2** 可成形的。**3** [用在名詞前](無比較級、最高級)可塑(性)的；塑造的：~ clay 塑性黏土/a ~ figure 塑像。**4** 〈性格等〉柔順的，感受性强的。**5** 《美術》造形的：⇨ plastic arts. **6** 《外科》整形的：~ surgery 整形外科。

—*n.* **1** **a** Ⓤ[指種類時爲Ⓒ]塑膠，合成樹脂。**b** Ⓒ塑膠製品。**2** [~s] ⇨ plastics. **plás·ti·cal·ly** [-klɪ; -kəli] *adv.*

plástic árts *n. pl.* [the ~]造形藝術《雕刻、製陶等》。

plástic bómb *n.* Ⓒ塑膠炸彈。

plástic explósive *n.* **1** Ⓤ塑膠炸藥。**2** Ⓒ[常~s]塑膠炸彈。

Plas·ti·cine ['plæstə,sin; 'plæstisi:n] *n.* 《商標》Ⓤ塑像用黏土。

plas·tic·i·ty [plæs'tɪsətɪ; plæ'stisəti] «plastic 的名詞»—*n.* Ⓤ **1** 可塑性。**2** 適應性，柔軟性。

plas·ti·cize ['plæstə,saɪz; 'plæstəsaiz] *v.t.* & *v.i.* (使…)可塑造。

plástic mòney *n.* Ⓤ信用卡。

plas·tics ['plæstɪks; 'plæstiks] *n.* Ⓤ塑膠工學。

—*adj.* [用在名詞前]塑膠的。

plas·tron ['plæstrən; 'plæstrən] *n.* Ⓒ **1** **a** (女裝的)胸飾。**b** (男用的)漿硬襯衫的胸部。**2** (西洋劍用的)護胸革。**3** 《動物》(龜等的)腹甲。

plat [plæt; plæt] *n.* Ⓒ《美》**1** (劃分的)小塊地皮。**2** (土地的)圖面，地圖。

Plata, Río de la ['rioðela'plɑtə; 'ri:ouðeilɑ:'plɑ:tə] *n.* 拉巴拉他河口《在烏拉圭與阿根廷之間》。

plat du jour ['plɑdə'ʒur; ,plɑ:du'ʒuə] «源自法語 'plate of the day' 之義»—*n.* Ⓒ(*pl.* **plats du jour** [~])(餐廳的)當天特製的菜餚。

‡**plate** [plet; pleit] «源自希臘文「平的」之義»—*n.* **A** **1** Ⓒ **a** (通常指各人用的淺圓的)**盤子**，碟子(⇨ dish【同義字】)：a dinner ~ 大盤子/a paper ~ 紙盤/a stack of ~*s* 一大堆盤子。**b** 一盤的份量(plateful)：a ~ of meat 一盤肉餚/clean one's ~ 吃完一盤(的菜)。**2** Ⓤ[集合稱]器皿類《包括鍍金者》：⇨ silver plate/family ~ 刻有家徽的金銀餐具《家傳寶物》。**3** [the ~] **a** (教會使用的)捐款盤。**b** 捐款額。**4** [the ~] **a** 金[銀]獎杯。**b** 頒發金[銀]杯的賽馬[競賽]。

—**B** **1** **a** Ⓒ(金屬的)板，板狀金屬，打薄的金屬板：an iron [a tin] ~ 鐵[錫]板/⇨ plate armor. **b** Ⓤ[常構成複合字]電鍍(金屬)：gold ~ 鍍金(的餐具)，金器。**2** Ⓒ **a** 玻璃板：a ~ *of* glass 一片玻璃板。**b** 《攝影》感光板，印板：a dry [wet] ~ 乾[溼]板/a negative ~ 底片。**3** Ⓒ **a** (寫有名字等的)門牌；(尤指)醫生的招牌：⇨ doorplate, nameplate/put up one's ~ 掛牌行醫。**b** (汽車的)號碼牌。**4** Ⓒ(貼在書皮背面的)藏書籤(bookplate)。**5** Ⓒ《印刷》**a** 金屬板，電極版，鉛版。**b** 圖版，(全頁大的)插圖(cf. cut *n.* 6)：⇨ fashion plate. **6** Ⓒ(爬蟲類的)殼，(魚等的)鱗片。**7** Ⓒ[常用單數]《齒科》**a** 假牙牀(dental plate)。**b** 假牙。**8** Ⓒ《地質》構成地球最表層的岩板。**9** Ⓒ《棒球》**a** 本壘板(home plate)。**b** 投手板(pitcher's plate)。**10** Ⓒ《美》《電學》極板：the positive ~ 陽極板。**11** Ⓤ(牛的)肋骨肉(⇨ beef 插圖)。

on a pláte 《口語》輕易地，非常容易地《★源自「放在盤子上」之意》：give [hand] a person something *on a* ~ 輕易地(讓)給人東西。

on one's **pláte**《英口語》〈工作等〉該做而未做的：I have a lot [too much] *on* my ～. 我還有許多[太多]該做的工作。

—*v.t.* **1**〔十受(十介十(代)名)〕〔用…〕電鍍…〔*with*〕：gold-[silver-]*plated* spoons 鍍金[銀]的湯匙。

2〔十受〕給〈船等〉裝甲。

pláte àrmor *n.* Ⓤ(軍艦等的)薄裝甲板。

plat·eau [plæˋto; ˈplætou, plæˈtou] **«**源自法語「平的東西」之義**»—***n.* Ⓒ(*pl.* ～s, ～x [～z; ～z]) **1** 高原，台地。**2 a** (曲線表的)平坦區域。**b** (景氣等的)平穩[停滯]狀態《不上昇也不下降，變動較少的時期》。

plate·ful [ˋplet͵ful; ˈpleitful] *n.* Ⓒ一盤(的量)〔*of*〕.

pláte gláss *n.* Ⓤ(高品質的)板玻璃；厚玻璃板。

pláte·gláss *adj.*

pláte·làyer *n.* Ⓒ《英》鋪設[修護]鐵路的工人(《美》tracklayer).

plate·let [ˋpletlɪt; ˈpleitlit] *n.* Ⓒ **1**《醫》血小板。**2** 小盤；小板。

pláte màrk *n.* ＝hallmark.

plat·en [ˋplætn̩; ˈplætən] *n.* Ⓒ **1**《印刷》(印刷機用以把紙壓於版面)壓印板。

2 (打字機用以捲入紙張的)滾筒。

pláte ràck *n.* Ⓒ盤碟[餐具]架《晾乾用》。

pláte ràil *n.* Ⓒ擺放裝飾器皿的壁架《裝設於牆壁上方的狹窄橫條》。

plat·form [ˋplæt͵fɔrm; ˈplætfɔːm] **«**源自法語「平坦的地方」之義**»—***n.* **1 a** Ⓒ(車站的)月臺：a departure [an arrival] ～ 發車[到站]月臺/wait for a train *on* the ～ 在月臺上等火車/What ～ does the train leave from？那班火車從哪一個月臺開出？(cf. track 3a)/The train was standing at ～ 2. 那班火車停在第二月臺。**b** Ⓒ《美》客車的上下階梯。**c** [**the** ～]《英》公共汽車後面的乘客上下門。**2** Ⓒ演壇，講臺，主席臺。**3** Ⓒ[常用單數] **a** (政黨、候選人的)政綱，綱領。**b**《美》政綱的發表，政策的宣布。**4** Ⓒ[常 ～s] (皮包木[軟木塞(等)]的)厚底女鞋。

—*adj.* [用在名詞前]厚底的〈鞋子、鞋底〉。

plátfòrm bàlance *n.* ＝platform scale.

plátfòrm scále *n.* Ⓒ台秤。

plátform tìcket *n.* Ⓒ《英》(車站的)月臺票。

plát·ing *n.* Ⓤ **1** (金、銀等的)電鍍。**2** (船等的)裝甲。

plat·i·num [ˋplætn̩əm; ˈplætinəm] **«**源自西班牙語「銀」之義**»** **—***n.* Ⓤ《化學》白金《符號 Pt》。

plátinum blónde *n.* Ⓒ淡白金色頭髮的女子《大多為染髮，非天然》。

plat·i·tude [ˋplætə͵tud, -͵tjud; ˈplætitjuːd] *n.* **1** Ⓒ平凡的話，老套的話，陳腔濫調。**2** Ⓤ單調，平凡，陳腐。

plat·i·tu·di·nous [͵plætəˋtudn̩əs, -ˋtjud-; ͵plætiˈtjuːdinəs ˉ] **«**platitude 的形容詞**» —***adj.* 〈言詞等〉平凡的，陳腐的。

～**·ly** *adv.*

Pla·to [ˋpleto; ˈpleitou] *n.* 柏拉圖《427？－？347 B.C.；希臘哲學家，為蘇格拉底(Socrates)的弟子，亞里斯多德(Aristotle)的老師》。

Pla·ton·ic [pleˋtɑnɪk, plə-; pləˈtɔnik, pleiˈt-] **«**Plato 的形容詞**»—***adj.* **1 a** 柏拉圖的。**b** 柏拉圖哲學[學派]的。**2** [常 p～] 精神上的，友愛的，觀念上的：*p*～ love 精神戀愛。

platón·i·cal·ly, P- [-nɪklɪ; -nikəli] *adv.*

Pla·to·nism [ˋpletn̩͵ɪzəm; ˈpleitənizəm] *n.* Ⓤ **1** 柏拉圖哲學；柏拉圖主義。**2** [常 **p**～]精神戀愛。

pla·toon [plæˋtun, pləˋtun; pləˈtuːn] *n.* Ⓒ(步兵、工兵、警察隊的)排，小隊(⇨ army 2)。

plat·ter [ˋplætɚ; ˈplætə] *n.* Ⓒ **1 a** (尤指盛肉用的)大盤子。**b**《古》(通常為木製的)大的平底盤。**2**《美口語》唱盤；唱片。

plat·y·pus [ˋplætəpəs; ˈplætipəs] **«**源自希臘文「扁平脚」之義**» —***n.* Ⓒ(*pl.* ～·es, -pi [-͵paɪ; -pai])《動物》鴨獺(duckbill)《又名鴨嘴獸，為澳洲產的卵生哺乳動物》。

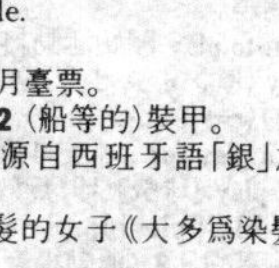

platypus

plau·dit [ˋplɔdɪt; ˈplɔːdit] *n.* Ⓒ [常 ～s]喝采，拍手，稱讚。

plau·si·bil·i·ty [͵plɔzəˋbɪlətɪ; ͵plɔːzəˈbiləti] **«**plausible 的名詞**»— ***n.* Ⓤ **1** 似眞實，好像有道理。**2** 嘴巧。

plau·si·ble [ˋplɔzəbl; ˈplɔːzəbl] **«**源自拉丁文「值得稱讚的」之義**»—***adj.* **1** 〈言詞、陳述等〉似眞實的，好像有道理的：a ～ excuse 好像有道理的藉口。**2** 〈人〉嘴巧的，會說話的。

pláu·si·bly *adv.*

‡**play** [ple; plei] *v.i.* **A 1 遊戲，**玩耍《★比較 尤指小孩不用功的玩樂，學生、大人則用 enjoy oneself, relax 等》：**a** 〈小孩子等〉玩耍，遊戲：There are a lot of children ～*ing* in the playground. 有很多小孩在運動場玩耍。**b**〔十介十(代)名〕玩〔…〕；〔與…〕嬉戲〔*with*〕：The child was ～*ing* ***with*** a doll. 那個小孩在玩洋娃娃/We watched the kitten ～*ing with* a ball. 我們望著那隻貓在玩球。

2〔十介十(代)名〕玩弄，摸弄〔…〕〔*with*〕《★可用被動語態》：～ ***with*** matches 玩(弄)火柴/～ *with* a woman's affection 玩弄女人的感情/～ *with* oneself《委婉語》耽於手淫《★不可用被動語態》/⇨ play with FIRE/He's not a man to be ～*ed with.* 他不是一個可以戲弄的人。

3 a〔十副詞(片語)〕〈光〉(在…)搖動，閃動；〈笑〉(在…)浮現，泛起；〈風〉(在…)輕拂，吹動：The beam of a flashlight ～*ed across* the room. 手電筒的光照過房間/There was a breeze ～*ing on* the water. 一陣微風輕拂著水面/A faint smile ～*ed on* [*over*] his lips. 他的唇上浮現一絲微笑。**b**〔動(十副詞(片語))〕〈噴泉、水管的水等〉噴水(於…)：The water of the fountain ～*ed on* the children's faces. 噴泉的水噴到孩子們的臉上。**c**〔動(十副詞(片語))〕〈槍、砲〉(對…)發射；〈煙火〉放出。

—B 1 a〔動(十副詞(片語))〕舉行[參加]競賽[比賽]：*P*～！比賽開始！/He ～*s* very well (*at* center forward). 他(擔任前衛中鋒)球打[踢]得很好/They both ～*ed in* the tennis match. 他們兩個人都參加了那場網球比賽。**b**〔十*as* 補〕比賽時擔任〈…〉：～ *as* a goalkeeper 擔任守門員。**c**〔十介十(代)名〕〔以…為對手〕比賽〔*against*〕：～ ***against*** the American team 與美國隊比賽。**d** [與 well, badly 等狀態副詞連用]〈競賽場地〉適於舉行比賽：The ground ～*ed* well [badly]. 這個場地適於[不適於]比賽。

2 a〈人〉演奏，吹奏，彈奏：～ by ear⇨ by EAR[1]/～ at sight 一看見(樂譜)就演奏/Will you ～ for us？你願意為我們演奏嗎？**b**〈樂器、音樂〉鳴奏；〈唱片、錄音帶〉播放：The music [radio] began to ～. 音樂[廣播]開始播放。

3 a〔十介十(代)名〕〔在…中〕演出一角，〔在…〕表演〔*in*〕；與…演對手戲〔*opposite*〕：He has often ～*ed* ***in*** comedies. 他經常在喜劇中演出/She ～*ed* ***opposite*** Charles Chaplin in that film. 她在那部影片中與查理・卓別林演對手戲。**b**〔十介十(代)名〕[常用進行式]〈戲劇、電影等〉〔在…〕上演，放映〔*in, at*〕；〈節目〉〔在電視上〕播出〔*on*〕：The movie *is* ～*ing* ***at*** several theaters. 那部電影正在幾家戲院上映中/What's ～*ing* ***on*** television tonight？今晚電視播出什麼節目？**c** [與 well 等狀態副詞連用]〈劇本等〉適於上演[舞台]：The script won't ～ well. 那個劇本不適於在舞台上演出。

4 a〔十補〕(…地)行動：～ fair 光明正大地行動，規規矩矩地比賽。**b**〔十補〕假裝〈…〉：He ～*ed* sick. 他假裝生病/Opossums ～ dead. 鼬會裝死。

5〔十介十(代)名〕玩票性地做〔…〕，不認眞地做〔…〕〔*at*〕《★可用被動語態》：I just ～ ***at*** tennis [gardening]. 我只是玩票性地打網球[蒔花]/What are you ～*ing at*？你在玩什麼把戲？

6 a〔動(十介十(代)名)〕〔與…〕玩遊戲[紙牌，西洋棋(等)]〔*with*〕. **b**〔十介十(代)名〕(打)賭〔…〕定勝負〔*for*〕：～ ***for*** money [nothing] 賭錢[不賭錢]定勝負。

7〔十介十(代)名〕利用〔人的同情心、恐懼心等〕〔*on, upon*〕《★可用被動語態》：～ ***on*** a person's weaknesses 利用某人的弱點。

—*v.t.* **1 參加競賽：a**〔十受〕參加〈球賽、比賽等〉，玩[打]…球《★用法 以表示球賽的字作受詞，不加冠詞；但 skiing, boxing, wrestling, judo, swimming 等則不用 play》：～ baseball [tennis, golf] 打棒球[網球，高爾夫球]/～ catch 玩接球(遊戲)《★用法 play catchball 是錯誤的用法》/～ a good [poor] game (球)打得好[不好]。**b**〔十受(十受)/十受十介十(代)名〕與〈人〉比賽…；〔與人〕比賽…〔*with, against*〕：Will anyone ～ me？有人願意跟我比賽[玩]嗎？/I'll ～ you a set of tennis.＝I'll ～ a set of tennis ***with*** you. 我願意跟你賽一場網球。**c**〔十受十介十(代)名〕〔在比賽中〕與…競爭〔*in*〕；〔爭奪…而〕與…比賽〔*for*〕：He ～*ed* Johnson ***in*** the tennis match. 在那場網球比賽他與約翰生對打/Dallas ～*ed* Chicago ***for*** the football championship. 達拉斯隊與芝加哥隊比賽爭奪足球冠軍。**d**〔十受十介十(代)名〕使〈人〉參加〔比賽〕〔*in*〕；任用〈某人〉〔就某位子〕〔*at*〕：We are going to ～ them ***in*** the next game. 我們打算讓他們參加下一次比賽/The captain decided to ～ him ***at*** fullback. 隊長決定起用他為後衛。**e**〔十受十*as* 補〕任用〈某人〉〈擔任…〉：The captain decided to ～ him *as* goalkeeper. 隊長決定任用他擔任守門員。**f**〔十受〕(在競賽中)擔任，防守〈某位置〉《★受詞的名詞無冠詞》：～ first base [shortstop] 擔任一壘手[游擊手]。**g**〔十受十副詞(片語)〕(巧妙地)把〈球〉打(到某方向)：He ～*ed* the ball *between* left and center. 他巧妙地把球打到左邊與中央之間的地帶。

2 演奏：a〔十受〕演奏〈樂器〉《★用法 樂器名稱前常加 the, 但也有不加者》：～ *the* piano [flute] 彈鋼琴[吹奏笛子]/⇨ play second FIDDLE (to...). **b**〔十受(十介十(代)名)〕〔用樂器〕演奏〈曲子〉〔*on*〕：～ a sonata (***on*** the piano) (用鋼琴)彈奏一首奏鳴曲。**c**〔十受十受/十受十介十(代)名〕為〈某人〉彈奏〈曲子〉；〔為某人〕彈奏〈曲子〉〔*for, to*〕：Will you ～ me some Chopin？＝

Will you ～ some Chopin ***for*** me? 你願意爲我彈奏幾首蕭邦的曲子嗎? **d**〔十受＋副詞(片語)〕以奏樂引導〈人等〉(…): They *～ed* the people *in* [*out, into* the hall]. 他們奏樂引導人們進場[退場, 進入會堂]。**e**〔十受〕播放〈唱片、錄音帶〉; (用唱片、收音機)播放〈音樂〉: ～ a record 播放唱片/～ some popular music (on the radio) (收音機)播放一些流行音樂。**f**〔十受十受/十受十介十(代)名〕爲〈某人〉播放〈唱片等〉; 〔爲某人〕播放〈唱片等〉〔*for, to*〕: Please ～ us your favorite record.＝Please ～ your favorite record ***for*** [***to***] us. 請爲我們播放你最喜愛的唱片。

3 表演: **a**〔十受〕演〈戲〉: ～ *Hamlet* [a comedy] 演「哈姆雷特」[喜劇]。**b**〔十受(十介十(代)名)〕〔在戲劇中〕扮演…角色, 飾演…〔*in*〕(cf. 4a): ～ an important part ***in*** a musical 在音樂劇中扮演重要的角色/She *～ed* (the part of) Ophelia. 她飾演奧菲莉亞(的角色)。**c**〔十受〕〈劇團等〉在〈某場所〉演出, 在…公演; 〈戲劇、電影等〉在…上演[放映]《★不用被動語態》: ～ London 在倫敦公演/The film was booked to ～ two theaters in New York. 該部影片預定在紐約的兩家戲院上映。

4 a〔十受十介十(代)名〕〔在…〕扮演…的角色〔*in*〕(cf. 3b): Salt *～s* an important part ***in*** the function of the body. 鹽在調節身體的機能方面扮演著重要的角色。**b**〔十受〕盡〈本分〉: ～ one's part 盡自己的本分[職責]。**c**〔十受〕[以"the＋單數名詞"爲受詞] 擔任…的角色; 舉動像…: ～ *the* host [hostess] 擔任男主人[女主人]的角色, 當男主人[女主人]/～ *the* fool 舉動像傻瓜, 裝傻/～ *the* man《文語》表現得像男子漢[勇敢]。**d**〔十受十副詞(片語)〕[～ it] 採取(…的)態度[行動]: ～ *it* one's (own) way 隨意而行, 爲所欲爲/～ *it* cool 表現得冷靜/⇨ play (it) SAFE.

5 a〔十受〕玩…遊戲: Let's ～ cowboys and Indians. 我們來玩西部牛仔和印地安人(的遊戲)。**b**〔十 do*ing*〕假裝〈做…〉; 玩(模仿)〈做…〉的遊戲: The children *～ed going* to work by car. 那些小孩玩坐車去上班的遊戲。

6 a〔十受〕打〈紙牌〉, 下〈西洋棋〉: ～ cards 打紙牌/～ the slot machines 玩吃角子老虎/They were *～ing* poker. 他們正在玩撲克牌(戲)。**b**〔十受十受/十受十介十(代)名〕與〈人〉玩〈遊戲〉; 〔與人〕玩〈遊戲〉〔*with*〕: I *～ed* him a game of chess.＝I *～ed* a game of chess ***with*** him. 我和他下[玩]了一盤西洋棋。**c**〔十受十介十(代)名〕〔在比賽中〕與〈人〉競爭, 與…對陣〔*at*〕: Will you ～ us ***at*** bridge? 你願意跟我們(湊成四人)玩橋牌嗎? **d**〔十受〕《西洋棋》移動〈棋子〉。**e**〔十受〕《紙牌戲》出〈牌〉。

7〔十受〕**a** 賭〈錢〉: He *～ed* his last few dollars. 他賭最後的幾塊錢。**b**《口語》對…下賭注: He *～s* the horses. 他賭賽馬。

8 a〔十受(十介十(代)名)〕〔對人〕做起〈惡作劇等〉, 開〈玩笑〉; 行〈詐欺等〉〔*on*〕: He *～ed* a practical joke (***on*** me). 他(對我)惡作劇。**b**〔十受十受〕對〈人〉做起〈惡作劇〉, 對〈人〉開〈玩笑〉; 對〈人〉行〈詐欺等〉: He *～ed* me a mean trick. 他對我耍了卑鄙的詭計《★被動語態爲 I *was ～ed* a mean trick.》。

9〔十受十副詞(片語)〕使〈光〉(在…)搖動[時隱時現, 照射]; (對…)發〈砲〉, 噴〈水〉: They *～ed* the hoses *on* the burning building. 他們用水管對著燃燒的建築物噴水/He searched through the grass, *～ing* the beam of his flashlight *around* in circles. 他轉動手電筒四處照射, 在草叢中尋找。

10〔十受〕《釣魚》調擺使〈上鈎的魚〉疲憊。

pláy abóut [aróund]《*vi adv*》(1)〈人、動物〉四處閒蕩, 到處嬉戲。(2)〔對…〕開玩笑, 說不正經的話〔*with*〕《★可用被動語態》。(3)《口語》〔與異性〕有性關係, 鬼混〔*with*〕《★可用被動語態》。

pláy alóng《*vt adv*》(1)〔～十受十along〕(遲遲不做表示而)使〈人〉等回答[決定]。**—**《*vi adv*》(2)假裝同意〔某人〕〔*with*〕. (3)合作。(4)配合〔他人(的主意)等〕〔*with*〕《★可用被動語態》。

pláy báck《*vt adv*》播放[播映]〈錄好的錄音[錄影]帶等的音樂、演講等〉(cf. playback).

pláy bóth énds agáinst the míddle ⇨ end.

pláy dówn《*vt adv*》(1)減低〈某事〉的重要性; 對…輕描淡寫。**—**《*vi adv*》(2)(迎合對方似地)〔對…〕採取低姿態〔*to*〕.

pláy hárd to gét (對於他人的勸誘、異性的引誘等)先故意擺出無意的樣子。

pláy ín《*vt adv*》(1)⇨ *v.t.* 2 d. (2)〔～ one*self* in〕(在比賽、競賽等時)逐漸發揮原有實力, 進入狀況。(3)使習慣於使用〈運動器具〉。

pláy (it) sáfe ⇨ safe.

pláy óff《*vt adv*》(1)使〈打成平手、中斷等的比賽〉全部結束。(2)(爲自己的利益)使〈某人〉〔與…〕競爭, 使…對抗〔…〕〔*against*〕: He *～ed* his girlfriends *off against* each other. 他使他的女友們互相競爭。**—**《*vi adv*》(3)(得分相同時)繼續比賽[加賽]以決勝負。

pláy ón《*vi adv*》(1)《板球》把球打到自己的三柱門而出局。**—**《*vt adv*》(2)《美式足球》使〈球員〉進入正規位置(onside).

pláy óut《*vt adv*》(1)把…演完; 結束〈比賽等〉。(2)⇨ *v.t.* 2 d. (3)使〈人〉筋疲力竭; 使〈東西〉跟不上時代[不流行], 使…不能用《★常以過去分詞當形容詞用; ⇨ played out》. (4)放出, 放長〈繩索等〉。

pláy thróugh《*vi adv*》《高爾夫》(徵得打得慢的先頭組的同意)先揮桿進行。

pláy úp《*vt adv*》(1)大肆渲染, 强調, 宣傳…。(2)〔～十受十up〕《英口語》使〈人〉痛苦; 使〈某人〉增麻煩。**—**《*vi adv*》(3)[常用祈使語氣](在競賽中)奮戰, 拼命。(4)《口語》惡作劇, 逗弄。(5)《口語》〈患處〉疼痛。

pláy úp to... (1)擔任…的配角, 爲…助演; 幫助…。(2)對…諂媚, 想討好…《★可用被動語態》。

—*n.* **A 1** Ⓤ(與讀書相對, 指小孩的)**玩耍, 遊戲**(↔ work): All work and no ～ (makes Jack a dull boy). ⇨ work *n.* A 1 a/children *at* ～ 在玩耍的孩子們/⇨ child's play. **2** ⓊⒸ嬉戲, 玩笑: I said it in ～. 我是說著玩的; 我是開玩笑的/a ～ on [upon] words 俏皮話, 雙關語。**3** [常用單數][光線等](輕快的)跳動, 閃動, 搖動〔*of*〕: the ～ *of* sunlight (up)on green leaves 在綠葉上閃動的陽光。**4** Ⓤ **a** 活動的餘地; 鬆弛; 活動[作用]自如: Give some ～ to the rope. 把繩子稍微放鬆一些/He gave full ～ to his fancy. 他完全沉迷於幻想中。**b** 活動, 運轉: ⇨ bring ... into PLAY, come into PLAY/in full ～ 在熱烈的活動中, 在全力運轉中。

—B 1 Ⓒ **a 戲劇**, 劇本: the *～s* of Shakespeare 莎士比亞的戲劇。**b** 戲, 演劇: go to a ～ 去看戲。**2** Ⓤ **a 比賽**, 競賽: during ～ 在比賽中/*P～* begins at 1 P.M. 比賽在下午一點鐘開始。**b** 比賽的狀況, 技能: fine ～＝a fine bit [piece] of ～ 妙技/rough ～ 粗野的打法, 粗技。**c** [常構成複合字](武器等的)操作法: ⇨ gunplay, swordplay. **3 a** Ⓤ[又作 **a** ～]《美》作法, 手法; (比賽時)預計的動態: ⇨ make a PLAY for. **b** Ⓤ(對待人的)態度, 作風, 行爲: foul ～ 卑鄙的行爲, 背叛/fair ～ 公平的競賽, 公正的行爲[對待]。**4** Ⓤ[又作 **a** ～]賭博: (*a*) high ～ 豪賭。

bríng [cáll] ...ínto pláy 利用…, 使…活動: He *brought* all his intelligence *into* ～ to solve the problem. 他運用全部智力來解決該問題。

cóme ínto pláy 開始活動[起作用]。

in pláy (1)⇨ *n.* A 2. (2)《球戲》〈球〉在使用中的, 在比賽進行中的, 界內的(↔ out of play).

máke a pláy for...《美口語》想用欺騙的花招引誘〈女[男]子等〉。

óut of pláy《球戲》〈球〉無效的, 出界的(↔ in play).

play·a·ble [ˈpleəbl; ˈpleiəbl] *adj.* **1 a**〈遊戲、比賽等〉可舉行的。**b** 可演奏的。**2**〈運動場等〉可使用的。

pláy·àct *v.i.* **1** 演戲。**2** 假裝; 作戲。

pláy·àcting *n.* Ⓤ **1** 演戲, 演藝業。**2** 假裝(pretense).

pláy·àctor *n.* Ⓒ《蔑》伶人, 戲子。

pláy·bàck *n.* Ⓒ **1** (錄音[錄影]帶、唱片等的)播放; 放音[影]: hear a ～ of a recording 聽錄音的播放。**2** 倒帶鈕。

pláy·bìll *n.* Ⓒ戲劇的宣傳單[節目單]。

pláy·bòok *n.* Ⓒ劇本, 腳本。

pláy·bòy *n.* Ⓒ(有錢而)四處玩樂的男子, 花花公子(cf. playgirl).

pláy-by-pláy *adj.* (尤指運動競賽)詳細描述的。

pláy·dày *n.* Ⓒ〈學校的〉假日; (礦工等的)休業日。

pláy·dòwn *n.*《加》＝playoff.

pláyed óut *adj.* [不用在名詞前] **1** 筋疲力竭的。**2** 趕不上時代[流行]的, 變成不能用的。

‡play·er [ˈpleɚ; ˈpleiə] *n.* Ⓒ **1 選手**, 競賽者, 遊戲的人。**2 演奏者**: a piano [violin] ～ 鋼琴[小提琴]演奏者《★比較 指職業性演奏家一般用 pianist, violinist 等》。**3 a** 自動演奏裝置: a ～ piano 自動(演奏)鋼琴。**b** [常構成複合字]演奏裝置, 電唱機。**4** 藝人, 演員。

pláy·fèllow *n.* Ⓒ遊伴, 玩伴。

play·ful [ˈplefəl; ˈpleiful] *adj.* **1**〈人、動物等〉好玩的, 愛嬉戲的, 快活的。**2**〈言詞、行爲等〉滑稽的, 逗笑的, 開玩笑的。

～·ly [-fəlɪ; -fuli] *adv.* **～·ness** *n.*

pláy·gìrl *n.* Ⓒ愛玩樂的女子(cf. playboy).

pláy·gòer *n.* Ⓒ常看戲的人, 戲迷。

***play·ground** [ˈpleˌgraund; ˈpleigraund] *n.* Ⓒ **1** (學校的)**運動場**。**2** 遊樂場, 遊戲場。

pláy·gròup *n.* Ⓒ遊戲托兒所《以透過遊戲學習爲目的, 專爲三歲至五歲幼童而設的私立托兒所》。

pláy·hòuse *n.* Ⓒ **1** [常 P～]戲院(theater). **2** (讓兒童進入遊玩的)玩具房屋。

pláy·ing càrd *n.* Ⓒ紙牌。

pláying field *n.* Ⓒ(學校等爲打球用而隔開的)運動場, 球場; 操場。

play·let [ˈplelɪt; ˈpleilit] *n.* Ⓒ短劇。

pláy·màte *n.* Ⓒ遊[玩]伴。

pláy-òff *n.* Ⓒ **1** (打成平手、同分時的)延長賽。**2** (在同一聯盟

內)爭奪冠軍的一連串決賽。

pláy·pèn *n.* Ⓒ(供幼兒在裏面玩的)幼兒圍欄。

playpen

pláy·ròom *n.* Ⓒ遊戲室。

pláy·sùit *n.* Ⓒ(幼兒寬鬆的)遊戲裝。

pláy·thìng *n.* Ⓒ **1** 玩具。**2** 供玩弄取樂的東西[人]。

pláy·tìme *n.* Ⓤ **1** 遊戲[娛樂]時間。**2** 演出時間。

pláy·wright [-ˌraɪt; -rait] *n.* Ⓒ編寫劇本的人，劇作家。

pláy·writing *n.* Ⓤ劇本撰寫。

pla·za [ˈplæzə, ˈplɑzə; ˈplɑ:zə, ˈplæzə] *n.* Ⓒ **1** (城市的)廣場《★用法 P~ 常用於電影院名》。**2** 《美》購物中心，購物廣場。**3** 《美》(高速公路的)服務區。

-ple [-pl; -pl] 字尾 [形容詞字尾]表示「倍，重」之意：sim*ple*, tri*ple*.

plea [pli; pli:] «源自拉丁文「使人高興的東西」之義» —*n.* **1** Ⓒ請願，懇求：make a ~ *for* help 懇求援助。**2** [常用單數；常 the ~]辯解，口實，藉口：on [under] *the* ~ of [that]... 藉口…。**3** Ⓒ[常用單數]《法律》答辯，抗辯。

cóp a pléa 《美俚》(1)(爲減輕罪而)避重就輕地認罪。(2)認罪以求寬恕。

pléa bàrgaining *n.* Ⓤ《法律》認罪求情協議。

pleach [plitʃ; pli:tʃ] *v.t.* 編結〈枝條等〉(作成樹籬)。

plead [plid; pli:d] «源自古法語「控告」之義» —(**plead·ed**, 《美》**ple(a)d** [plɛd; pled]) *v.t.* **1** 爲…辯護，辯論：You had better get a lawyer to ~ your case. 你最好請一位律師爲你的案件辯護/His lawyer ~*ed* his youth. 他的律師爲他辯護說他年輕。**2 a** 〔十受〕辯解，諉稱…；以…爲藉口：I ~*ed* a headache and went home. 我諉稱頭疼就回家了/He ~*ed* ignorance of the rule. 他辯解說他不懂規則。**b** 〔十 *that*__〕諉稱〈…事〉：He ~*ed that* his illness prevented him from coming. 他諉稱生病沒法來。

—*v.i.* **1** 〔動(十介十(代)名)〕 **a** 〔爲…〕辯護〔*for*〕：~ *for* the accused [defendant]爲被告辯護。**b** 〔對…〕抗辯，反駁〔*against*〕：~ *against* increased taxation 對提高課稅提出反駁。

2 a 〔十介十(代)名〕〔向人〕懇求〔…〕〔*with*〕〔*for*〕：~ *with* a creditor *for* an extension 向債權人懇求寬延期限。**b** 〔十介十(代)名十 *to* do〕懇求〔某人〕〈做…〉〔*with*〕：The actress ~*ed with* the director to let her play the part. 那位女演員懇求導演讓她演那個角色。

pléad guílty [**nót guílty**] ⇨ guilty.

pléad·er *n.* Ⓒ **1** 《法律》辯護人[律師]；抗辯者。**2** 懇求者，請願人。

pléad·ing *n.* **1** ⓊⒸ辯解，申辯；請願。**2** [~s]《法律》(原告的)訴狀；(被告的)答辯狀：⇨ special pleading.

pleas·ance [ˈplɛzn̩s; ˈplezəns] *n.* **1** Ⓤ《古》愉快，快樂，高興。**2** Ⓒ(幽靜的)庭園。

‡**pleas·ant** [ˈplɛzn̩t; ˈpleznt] «please 的形容詞» —*adj.* (~·er, ~·est；more ~, most ~) **1 a** 〈事情〉使人快樂的，令人愉快的，心情爽快的(↔ unpleasant)《★用法 作此義解時不以「人」爲主詞；I am ~. 是錯誤》：have [spend] a ~ evening 度過一個快樂的晚上/It was a ~ surprise. 那是一次驚喜。**b** 〔十介十(代)名〕〔對…是〕快樂的，愉快的〔*for, to*〕：~ *to* the eye [ear]悅目[悅耳]/That was very ~ *for* me. 那對我是非常愉快的。**c** 〔不用在名詞前〕〔十 *to* do〕〈做…是〉令人愉快[快樂]的：The book is ~ *to* read. 那本書讀起來令人愉快《★變換 主詞成爲 *to* do 之受詞時的說法，可換寫成 It is ~ *to* read the book.》。

2 [用 it 當主詞]〈天氣〉令人心情愉快的：*It* is ~ today. 今天的天氣令人心情愉快。

3 〈人、態度等〉快活的，開朗的；給人好感的，和藹可親的：a ~ person 給人好感的人/make oneself ~ to... 對…應對自如[八面玲瓏]。~·**ness** *n.*

***pleas·ant·ly** [ˈplɛzn̩tlɪ; ˈplezntli] *adv.* (**more** ~；**most** ~) **1** 快樂地，愉快地，快活地。**2** 和藹可親地。

pleas·ant·ry [ˈplɛzn̩trɪ; ˈplezntri] *n.* **1** Ⓤ(會話等的)幽默，詼諧。**2** Ⓒ玩笑。

‡**please** [pliz; pli:z] *v.t.* 〔十受〕 **1 a** 使〈人〉高興[快樂，滿足]；討…的喜歡《★也以過去分詞當形容詞用；⇨ pleased 1》：Nothing ~*d* him. 沒有一樣東西使他高興/She is hard to ~. 要討她喜歡[高興]很難《★變換 主詞成爲 to ~ 之受詞時的說法；故可換寫成 It is hard to ~ her.》/He is easily ~*d* by flattery. 恭維話容易討好他。**b** [以 it 當主詞]《文語》〈做…是〉〈人〉所高興[喜歡]的事：May *it* ~ you *to* show mercy to her. 但願憐憫她能令你高興《求您憐憫她吧》。

2 [用於以 as, what 等引導的關係子句中]想做…，認爲…合適(cf. *v.i.* 2)：Take as much *as* you ~. 你想要多少，就拿多少/You may say *what* you ~. 你想說什麼就說什麼。

3 [~ oneself] **a** 滿意。**b** [常 ~ your*self*]隨自己高興，隨意去做：*P*~ *yourself*! 隨你的便！請便！

—*v.i.* **1** 討人喜歡，使人心情愉快：She never fails to ~. 她總是討人歡心。

2 [用於以 as, when, if 等引導的附屬子句中]喜歡，中意，想做(cf. *v.t.* 2)：Do *as* you ~. 隨你的意思去做/You can come *when* [*if*] you ~. 你想來的時候就來。

if you pléase (1)請《★用法 雖較副詞的 please 拘泥，但有時不如 please 鄭重，有時也帶有恐嚇性的意思》：Pass me the salt, *if you* ~. 請把鹽遞給我/Let me through, *if you* ~！請讓我過去。請讓路。(2)對不起：I will have another cup of tea, *if you* ~. 對不起，我想再要一杯茶。(3)[用諷刺的語氣]你看多奇怪，(竟)…：Now, *if you* ~, he expects me to pay for it. 現在，你看多奇怪，他竟打算要我付錢呢。(4)⇨ *v.i.* 2.

pléase Gód 《文語》如果上帝允許的話，如果順利[運氣好]。

—*adv.* (無比較級、最高級)[當感歎詞用] **1** [給祈使句等加上客氣的請託語氣]請《★若視爲 May it ~ you. 之略，則爲及物動詞；如果視作 if you ~ 之略，則也可當作不及物動詞，但依現在用法，當作副詞用》：*P*~ come in. 請進/Two teas, ~. 請給我兩杯茶/*P*~ don't forget to post the letter. 請別忘了投寄那封信/Can you do it, ~？請那樣做好嗎？**2** [委婉地引起聽者的注意]對不起：*P*~, Daddy, can I watch TV now？對不起，爸爸，我現在可以看電視嗎？**3** [用以回答勸誘句]好，請："Would you like another cup of tea？"—"*P*~ [Yes, ~]."「你要再來一杯茶嗎？」「好，請(再給我一杯)。」

pleased [plizd; pli:zd] *adj.* **1** [不用在名詞前] **a** 〔十介十(代)名〕〔對…〕高興的，滿意的〔*with, at, about*〕：I'm very (much) ~ *with* his work. 我對他的工作非常滿意《★用法 with 引導表示原因的具體對象》/She looked ~ *with* herself. 她(對自己做的事)顯得很滿意/I was ~ *at* find*ing* him so well. 我很高興看到他那樣健康《★用法 at 表示瞬間性的原因，常與 do*ing* 連用》/She is ~ *about* her son's scholarship. 她很高興兒子獲得獎學金《★用法 about 用以引導事情》。**b** 〔十 *to* do〕高興〈做…〉的，樂於〈做…〉的：I shall be very ~ *to* see you tomorrow. 我很高興明天會見到你。**c** 〔十(*that*)__〕高興〈…事〉的：I am ~ (*that*) you have come. 我很高興你來了。**2** [用在名詞前]高興[滿意]的：She gave a ~ smile. 她露出高興的微笑/He had a ~ look on his face. 他的臉上顯出滿意的表情。

pléas·ing *adj.* **1** 愉快的，舒適的，令人滿意的；給人好感的：a ~ result 令人滿意的結果。**2** [不用在名詞前]〔十介十(代)名〕〔對…〕快樂的〔*to*〕：~ *to* the eye 賞心悅目的/The view was ~ *to* us. 那景色使我們心曠神怡。~·**ly** *adv.*

plea·sur·a·ble [ˈplɛʒrəbl, -ʒərəbl; ˈpleʒərəbl] *adj.* 《文語》愉快的，快樂的，高興的，滿意的：spend a ~ time 度過快樂的時光。**-a·bly** [-rəblɪ; -rəbli] *adv.* ~·**ness** *n.*

‡**plea·sure** [ˈplɛʒɚ; ˈpleʒə] «please 的名詞» —*n.* **1 a** Ⓤ快樂，愉快，喜悅，樂趣：show ~ 露出愉快的[滿意的]表情/⇨ with PLEASURE/find ~ *in* rid*ing* 發現騎馬的樂趣/take great ~ *in* music 非常喜歡音樂/take no ~ *in* work 不以工作爲樂/I have ~ *in* record*ing* here my grateful acknowledgement to the society. 我很高興在此表示我對該協會的謝意/It gave me great ~ to meet you. 見到你使我非常高興。

【同義字】pleasure 指包含愉快的心情、滿足感、幸福感等喜悅之意的最普通用語；delight 表示比 pleasure 更強烈的喜悅，藉態度、言語等明顯表露於外；joy 指令人興高采烈的極度快樂或幸福感；enjoyment 表示短暫性的滿足以及到相當長一段期間的幸福，也就是指靜靜地體會滿足的感覺。

b [the ~]〔…的〕榮幸，光榮〔*of*〕：May I have *the* ~ *of* the next dance (with you)？[在舞會上]我有榮幸與你共跳下一支舞嗎？/May we have *the* ~ *of* your presence？可否請你賞光出席？敬請光臨/Will you do me *the* ~ *of* com*ing* to dinner with me？可否賞光與我共餐？/Have I *the* ~ *of* address*ing* Mr. Brown？我可有榮幸和布朗先生交談？**c** 〔十 *to* do〕[**the** ~]〈做…的〉榮幸，光榮：He is the gentleman whom I had *the* ~ *to* meet soon after my arrival in London. 他就是我抵達倫敦不久有幸見到的那位紳士。

2 Ⓒ快樂[高興]的事：the ~*s* and pains of daily life 日常生活中的苦樂/It was a ~ to hear from you. 很高興收到你的信。

3 Ⓤ(世俗的)快樂，娛樂；(尤指肉體上的)快樂，放蕩：a man of ~ 尋歡作樂的人/a woman of ~ 追求快樂[自甘墮落]的女人；娼妓/seek ~ 追求逸樂，尋樂。

4 [用單數；常 **a person's** [**one's**] ~]某人的喜好[希望，意志，慾望]：ask a person's ~ 問某人的來意/consult a person's ~

問某人的意願/It is our ~ to do.... 朕希望…《★囲法詔書等的用語》。

at (one's) **pléasure** 隨時，隨意。

dùring one's **pléasure** 在高興的時候。

for pléasure 爲消遣[尋樂] (↔ on business)：I've come here *for* ~, not on business. 我爲玩樂而來此，並非爲工作。

The pléasure is míne.＝My pléasure. 不用客氣；那是我的榮幸：“Thank you for your information.”—“*The* ~ *is mine.*”「謝謝你告訴我。」「不用客氣。」

with pléasure (1)高興地，樂意地：He did the work *with* ~. 他高高興興地做那件工作。(2)[用於爽快的允諾]非常樂意：“Will you please help me to carry this ? ”—“(Yes,) *with* ~.”「請幫我提這個好嗎？」「(是的)，非常樂意。」

pléasure bòat *n.* Ⓒ遊樂用的小艇，遊艇。

pléasure gròund *n.* Ⓒ遊樂場。

pléasure prìnciple *n.* [the ~]快樂原理《認爲人類有逃避不愉快，追求快樂之傾向的原理》。

pléasure trìp *n.* Ⓒ遊覽。

pleat [plit; pli:t] *n.* Ⓒ(衣服的)褶。
—*v.t.* 在…打褶。

pleb [plɛb; pleb] «plebeian 之略»**—***n.* Ⓒ[常 ~s]平民，庶民，老百姓。

plebe [plib; pli:b] *n.* Ⓒ《美口語》軍官學校的最低年級學生。

ple·be·ian [plɪ'biən; pli'bi:ən] *n.* Ⓒ **1** (古羅馬的)平民(cf. patrician 1). **2** 庶民。
—*adj.* **1** (古羅馬的)平民的。**2** 庶民的；下等的。**3** 鄙俗的，平庸的。

pleb·i·scite ['plɛbə,saɪt, 'plɛbəsɪt; 'plebisit, -sait] *n.* Ⓒ公民投票：by ~ 以公民投票《★無冠詞》。

plebs [plɛbz; plebz] *n.* Ⓒ(*pl.* **ple·bes** ['pli,biz; 'pli:bi:z]) [the ~；集合稱] **1** (古羅馬的)平民，庶民。**2** 大衆。

plec·trum ['plɛktrəm; 'plektrəm] «源自希臘文「彈奏豎琴的工具」之義»**—***n.* Ⓒ(*pl.* ~**s**, **-tra** [-trə; -trə])(曼陀林(mandolin)等的)撥子，琴撥(pick).

pled *v.* 《美》plead 的過去式・過去分詞。

pledge [plɛdʒ; pledʒ] «源自古法語「保證」之義»**—***n.* **1 a** Ⓤ典當，抵押：*in* ~ 在抵押[典當]中/give [lay, put]...*to* [*in*] ~ 以…作抵押；典當…/take...out *of* ~ 贖回…。**b** Ⓒ典當物，抵押品：keep a watch as a ~ 把手錶作爲抵押品保管。
2 Ⓒ保證，信物〔*of*〕：as a ~ *of* friendship 作爲友情的信物/a ~ *of* love [affection, union] 愛情的信物《兩人所生的孩子》。
3 a ⓊⒸ誓言，誓約，諾言；(政黨等的)公約：redeem one's ~ 履行約定/take a ~ 發誓/under ~ (*of* secrecy) 在(保密的)誓約下，立誓(守祕)。**b** [the ~]戒酒的誓言：take [sign] *the* ~《謔》立誓戒酒。
4 Ⓒ《古》乾杯。
—*v.t.* **1 發誓**：**a** 〔十受〕發誓，宣誓…：~ allegiance 宣誓效忠。**b** 〔十 *to* do〕發誓〈做…〉：He ~*d to* keep the secret. 他發誓保守該祕密。**c** 〔十 *that*__〕發誓〈…事〉：We ~*d that* we would do our best. 我們發誓會盡全力。**d** 〔十受〕[常 ~ **one's word** (**of honor**) **that...**] (以名譽)保證；發誓：I ~*d* my *word that* I would never break my promise. 我發誓我決不毀約。
2 a 〔十受十介十(代)名〕使〈人〉發誓〔…〕〔*to*〕：~ a person *to* temperance 使某人立誓戒酒。**b** 〔十受十介十(代)名〕[~ one*self*]發誓〔…〕〔*to*〕：~ *oneself to* secrecy 發誓堅守祕密。**c** 〔十受十 *to* do〕使〈人〉發誓〈做…〉：~ a person *to* keep one's secret 使某人發誓保守祕密。**d** 〔十受十 *to* do〕[~ one*self*]發誓〈要做…〉：I ~*d myself to* protect her. 我發誓要保護她。
3 〔十受〕典當，抵押〈物品〉。
4 〔十受〕《文語》爲…乾杯，舉杯祝福…：They ~*d* the bride and bridegroom. 他們舉杯祝福新娘和新郎。

pledg·ee [plɛdʒ'i; ple'dʒi:] *n.* Ⓒ《法律》(動產)質權人，接受抵押者。

plédg·er *n.* Ⓒ **1** 典當者，抵押者。**2**《法律》設定質權者。**3** (戒酒等的)發誓人。**4** 舉杯祝賀的人，舉酒乾杯的人。

pléd·gor [-dʒɚ; -dʒə] *n.* ＝pledger 2.

Ple·iad ['pliəd, 'plaɪəd; 'plaiəd] *n.* Ⓒ(*pl.* **Ple·ia·des** [-ə,diz; -ədi:z], ~**s**) **1**《希臘神話》浦蕾雅斯《阿特拉斯(Atlas)的七個女兒之一》。**2** [the Pleiades]《天文》金牛宮星羣，昴星團。

【說明】據說阿特拉斯(Atlas)的七個女兒被歐來恩(Orion)所追逐而變成星星；其中美拉碧(Merope ['mɛrəpɪ; 'meərəpi])因愛上人類深感羞恥而匿跡，故金牛宮的星羣只能看到六顆。

Pleis·to·cene ['plaɪstə,sin; 'plaistəsi:n]《地質》*adj.* 更新[洪積]世的。**—***n.* [the ~]更新世。

ple·na *n.* plenum 的複數。

ple·na·ry ['plinərɪ; 'pli:nəri] *adj.* **1 a** 完全的；絕對的，無條件的：~ indulgence《天主教》大赦。**b** 有全權的；全權的。**2** 〈會議等〉全體出席的：a ~ session [meeting] 大會，全體會議。
plé·na·ri·ly [-rəlɪ; -rəli] *adv.*

plench [plɛntʃ; plentʃ] «*pl*ier 和 w*rench* 的混合語»**—***n.* Ⓒ夾鉗扳手。

plen·i·po·ten·tia·ry [,plɛnəpə'tɛnʃərɪ; ,plenipə'tenʃəri] *adj.* 有全權的：an ambassador extraordinary and ~ 特命全權大使。
—*n.* Ⓒ全權委員，全權大使。

plen·i·tude ['plɛnə,tud, -,tjud; 'plenitju:d] *n.* Ⓤ[又作 a ~]《文語》十分，完全；充分，充足；豐富。

plen·te·ous ['plɛntɪəs; 'plentjəs] *adj.*《詩》＝plentiful.
~**·ly** *adv.* ~**·ness** *n.*

plen·ti·ful ['plɛntɪfəl; 'plentiful] *adj.* 很多的，充分的，富裕的，豐富的(↔ scarce)：a ~ harvest 豐收。
~**·ly** [-fəlɪ; -fuli] *adv.* ~**·ness** *n.*

‡**plen·ty** ['plɛntɪ; 'plenti] «源自拉丁文「充分」之義»**—***n.* Ⓤ**豐富**，充分，多量：a year of ~ 豐年。
in plénty (1)多量地，豐富地：The country has natural resources *in* ~. 那個國家有豐富的天然資源。(2)富裕地：live *in* ~ 過得富裕。
—*pron.* **1 多量的東西**；充分《★囲法此意爲「超過必需的量[數]，而不是「非常多的量[數]」」》：He has ~. 他有很多/She prepares ~ *to* eat. 她準備很多食物/I've had ~. 我吃得過多了。
2 [~ of...]很多的…，充分的…《★囲法(1)述語動詞的數應與 plenty of 下面的名詞數符合；(2)在疑問句與否定句通常用 enough：Is there *enough* food？有足夠的食物嗎？》：There is still [We still have] ~ *of* food. 還有很多食物/There are [We have] ~ *of* good places to camp in. 有許多好地方可以露營/You'll arrive there in ~ *of* time. 你有充足的時間到那裡。
—*adj.*《口語》(無比較級、最高級) **1** [不用在名詞前]很多的，夠多的：Six will be ~. 六個就夠了。**2** 多量的，充分的：~ time 充分的時間。
—*adv.* (無比較級、最高級)《口語》**1** [常 ~...**enough**]充足地，充分地：~ good *enough* 足夠好了。**2**《美》非常，很：It was ~ hot yesterday. 昨天非常熱。

ple·num ['plinəm; 'pli:nəm] *n.* Ⓒ(*pl.* ~**s**, **ple·na** [-nə; -nə]) **1** 充滿物質的空間；充滿，充實。**2** 全體出席的會議；大會。

ple·o·nasm ['pliə,næzəm; 'pliənæzəm] «源自希臘文「多加的」之義»**—***n.*《修辭》**1** Ⓤ冗言法。**2** Ⓒ冗言，贅語《如 a false lie (假的謊言)等》。

ple·o·nas·tic [,pliə'næstɪk; pliə'næstik] «pleonasm 的形容詞»**—***adj.* 冗言的，贅語的。

ple·si·o·sau·rus [,plisɪə'sɔrəs; ,pli:siə'sɔ:rəs] *n.* (*pl.* **-ri** [-raɪ; -rai])Ⓒ《古生代》蛇頸龍。

pleth·o·ra ['plɛθərə; 'pleθərə] *n.* **1** [a ~]過多，過剩〔*of*〕：a ~ *of* problems [rice] 過多的問題[米]。**2** Ⓤ《醫》多血(症)，多血質。
pleth·or·ic ['plɛθərɪk, plɛ'θɔrɪk; ple'θɔrik] *adj.*

pleu·ra ['plʊrə; 'pluərə] *n.* Ⓒ(*pl.* **-rae** [-ri; -ri:])《解剖》肋膜，胸膜。

pleu·ral ['plʊrəl; 'pluərəl] «pleura 的形容詞»**—***adj.* 肋膜的，胸膜的：the ~ cavity 胸腔。

pleu·ri·sy ['plʊrəsɪ; 'pluərəsi] *n.* Ⓤ《醫》肋膜[胸膜]炎：dry [wet] ~ 乾[濕]性胸膜炎。
pleu·rit·ic [plʊ'rɪtɪk; ,pluə'ritik] *adj.*

Plex·i·glas ['plɛksɪ,glæs; 'pleksiglɑ:s] *n.* Ⓤ《商標》(耐熱)有機玻璃《塑膠玻璃的一種，可做擋風玻璃或透鏡等》。

plex·us ['plɛksəs; 'pleksəs] *n.* Ⓒ(*pl.* ~**·es**, ~)《解剖》(神經、血管、纖維等的)叢，網狀組織(network)：⇨ solar plexus.

pli·a·bil·i·ty [,plaɪə'bɪlətɪ; ,plaiə'biləti] «pliable 的名詞»**—***n.* Ⓤ柔軟(性)，柔順。

pli·a·ble ['plaɪəbl; 'plaiəbl] «源自 ply (彎曲)之義»**—***adj.* **1** 〈東西〉柔軟的。**2 a** 〈心、性格等〉柔順的，順從的，能變通的。**b** 易受影響的，順應性强的。**plí·a·bly** [-blɪ; -bli] *adv.*

pli·an·cy ['plaɪənsɪ; 'plaiənsi] *n.* ＝pliability.

pli·ant ['plaɪənt; 'plaiənt] *adj.* ＝pliable. ~**·ly** *adv.*

pli·ers ['plaɪɚz; 'plaiəz] *n. pl.* (剪)鉗，鋼絲鉗(⇨ pincers 比較)：a pair of ~ 一把剪鉗。

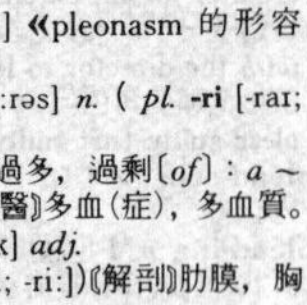

pliers

plight[1] [plaɪt; plait] *n.* Ⓒ[常用單數](常指壞的)狀態，狀況，(困難的)處境，苦境：*in* a miserable [piteous] ~ 在悽慘的[可憐的]境況中/What a ~ to be *in*！多麼糟糕的處境啊！

plight[2] [plaɪt; plait]《文語》*n.* Ⓒ誓約；婚約。
—*v.t.* **1** 發誓，承諾，約定…：~ one's faith [promise, words, honor] 牢牢地約定，海誓山盟/~ one's

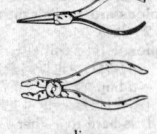

troth ⇨ troth 3. **2**〔十受(十介十(代)名)〕[常 ～ one*self*]〔與…〕訂婚〔*to*〕《★也用被動語態，變成「已訂婚」之意》：She *～ed herself to* a young artist. 她已和一位年輕藝術家訂婚。

plim·soll [ˋplɪmsl; ˈplimsəl] **《**源自鞋底擋泥處的上端與 Plimsoll mark 相似**》—***n.* Ⓒ [常 ～**s**]《英》膠底布鞋，運動鞋(《美》sneaker)。

Plím·soll lìne [màrk] **《**源自英國政治家的名字**》—***n.* Ⓒ《航海》(船隻的)載重吃水線。

plink [plɪŋk; pliŋk] **《**擬聲語**》—***v.t.* **1** 彈奏〈樂器等〉使發出玎玲聲。**2** 射擊〈錫罐等〉。

—*v.i.* **1** (用樂器等)彈出玎玲聲，發出玎玲聲。**2** (用槍)射擊。

—*n.* Ⓒ玎玲玎玲(響聲)。

plinth [plɪnθ; plinθ] *n.* Ⓒ **1**《建築》(圓柱下的方形)柱脚，底座。**2** (用作銅像基石的)底石。

Pli·o·cene [ˋplaɪəˏsin; ˈplaiəsi:n]《地質》*adj.* 鮮新世的，上新世的。**—***n.* [**the** ～]鮮新世，上新世。

PLO《略》Palestine Liberation Organization 巴勒斯坦解放組織。

plod [plɑd; plɔd] **《**擬聲語**》—**(**plod·ded**; **plod·ding**) *v.i.*〔十副詞(片語)〕**1** 拖著沉重的脚步走，吃力地走(在…)：The old man *plodded along* [*on* his way]. 那個老人吃力地走著。**2** 孜孜不倦地工作[用功]：～ *through* a task 勤苦地做完工作/He *plodded away at* his lessons. 他孜孜不倦地用功讀書。

—*v.t.* **1** 脚步沉重地走〈路〉，跋涉於…：He was destined to ～ the path of toil. 他注定要在艱辛的道路上跋涉。**2**〔十受(十副詞(片語))〕[～**one's way**]脚步沉重地走。

—*n.* Ⓒ **1 a** 沉重的脚步。**b** 沉重的脚步聲。**2** 孜孜不倦的工作；勞苦。

plód·der *n.* Ⓒ **1** 脚步沉重的步行者，步履艱難者。**2** 孜孜工作的人，勤學者。

plod·ding [ˋplɑdɪŋ; ˈplɔdiŋ] *adj.* 勤勞而有耐心的。

plonk[1] [plɑŋk; plɔŋk] *v., n., adv.* ＝plunk.

plonk[2] [plɑŋk; plɔŋk] *n.* Ⓤ[指個體時爲Ⓒ]《英口語》(尤指廉價的)葡萄酒。

plop [plɑp; plɔp] **《**擬聲語**》—**(**plopped**; **plop·ping**)《口語》*v.i.* **1 a** 發出噗通[砰]聲。**b**〔十介十(代)名〕噗通[砰]一聲掉進〔…〕〔*into*〕. **2**〔十副〕〈人〉噗通一聲掉下〈*down*〉.

—*v.t.* 使…噗通[砰]一聲落下。

—*n.* [**a** ～]噗通[砰]聲。

—*adv.* 噗通[砰]一聲地：A stone fell ～ into the water. 石頭噗通一聲掉進水中。

plo·sive [ˋplosɪv; ˈplousiv]《語音》*n.* Ⓒ破裂[爆發]音(《[p] [b] [t] [d] [k] [g]等；cf. stop *n.* 7, continuant》).

—*adj.* 破裂[爆發]音的。

plot**[1] [plɑt; plɔt] **《**源自 complot (共謀)之略**》—n.* Ⓒ **1 a** 陰謀；策劃：frame [hatch, lay] a ～ (*against*...) (對…)策劃陰謀。**b**〔十 *to* do〕〈策劃做…的〉陰謀：A ～ *to* assassinate the President was uncovered. 暗殺總統的陰謀被發覺。**2** (小說、劇本等的)情節，構想：The ～ thickens. 情節[事情]變得錯綜複雜。

—*v.t.* (**plot·ted**; **plot·ting**) **1 a**〔十受〕密謀，計謀〈壞事〉：She *plotted* the murder of her husband. 她密謀殺害她的丈夫。**b**〔十 *to* do〕圖謀〈做…〉：They *plotted to* overthrow the government. 他們圖謀顛覆政府。**c**〔十 *wh.*＿/十*wh.*十*to* do〕密謀〈…〉：They *plotted how to* kill him. 他們密謀如何殺死他。**2**〔十受(十副)〕擬定〈故事等〉的情節，擬出…的構想〈*out*〉. **—***v.i.* **1**〔動(十副)〕聚衆結黨〈*together*〉. **2**〔十介十(代)名〕**a**〔與人〕共謀〔反對…〕〔*with*〕〔*against*〕：They *plotted with* the communists *against* the government. 他們與共產主義者共謀反對政府。**b** 密謀〔…〕〔*for*〕：Those people *plotted for* the coup d'état. 那些人密謀政變。

plot**[2] [plɑt; plɔt] **《**源自古英語「一小塊土地」之義**》—n.* Ⓒ **1** (區劃的)一小塊土地：a vegetable ～ 菜園。**2**《美》建築用地圖，地區圖。

—*v.t.* (**plot·ted**; **plot·ting**) **1**〔十受(十副)〕劃分，區劃〈土地〉〈*out*〉.

2〔十受〕製作〈土地、建築物〉的圖面。

3〔十受〕**a** (在航海圖上)標出〈船、飛機等的位置、航線〉。**b** (在方格紙上)依照座標決定〈點〉；連結點畫〈曲線〉。

plót·ter *n.* Ⓒ[常 ～**s**]陰謀者，策劃者，共謀者。

***plough** [plaʊ; plau] *n., v.*《英》＝plow.

plóugh·bòy *n.*《英》＝plowboy.

plóugh·lànd *n.*《英》＝plowland.

plóugh·man [-mən; -mən] *n.*《英》＝plowman.

plóughman's lúnch *n.* Ⓒ《英》(麵包、乳酪和啤酒的)簡易午餐。

plóugh·shàre *n.*《英》＝plowshare.

plov·er [ˋplʌvɚ; ˈplʌvə] *n.* Ⓒ《鳥》千鳥，鴴。

***plow** [plaʊ; plau] *n.* **1** Ⓒ **a** (耕作用的)犁(《★常爲農業的象徵》)。**b** [常構成複合字]犁狀物；除雪機。**2** Ⓤ《英》耕地，田(地)。**3** [**the P～**]《天文》**a** 大熊座(the Great Bear). **b** 北斗七星(cf. dipper 4a).

plover

be at [fóllow, hóld] the plów 以農爲業，務農。

pùt one's hánd to the plów 開始工作(《★出自聖經新約「路加福音」》)。

ùnder the plów〈土地〉耕種中，在耕作下。

plowshare

plow 1 a

—*v.t.* **1**〔十受(十副)〕**a** 犁〈田〉，用犁耕〈地〉〈*up*〉：～ (*up*) a field 耕地。**b** 除…的雪。**2**〔十受(十介十(代)名)〕〔因…〕使〈臉等〉起皺紋〔*with*〕. **3 a**〔十受〕〈船等〉破〈浪〉前進；破浪航行於〈海上等〉：～ the ocean 破浪航行於海洋。**b**〔十受(十副詞(片語))〕[～ **one's way**] (在…)吃力[奮力]地前進：I *～ed* my way *through* (the crowd). 我(在人羣中)吃力地前進。**4**《英俚》〔十受〕使〈考試等〉不及格。

—*v.i.* **1** 用犁耕地。**2** [與狀態副詞連用]〈土地〉(能…)犁耕：This field *～s* easily. 這塊田地容易耕。**3**〔十介十(代)名〕**a** 辛苦地經過〔…〕〔*through*〕；吃力地越過〔…〕〔*across*〕：He *～ed through* his exams. 他費力地通過了考試。**b** 費力地讀〔書等〕〔*through*〕：He *～ed through* the pile of books. 他費力地把那一堆書讀下去。**4**〔十介十(代)名〕**a**〔與…〕相撞；撞上〔…〕〔*into*〕：The truck *～ed into* a parked car. 那輛貨車撞上一輛停著的汽車。**b** 起勁地做〔工作等〕〔*into*〕. **5**《英俚》不及格。

plów báck《*vt adv*》(1)把〈草等〉犁回原來的田地裏(以肥沃土地)。(2)把〈利益〉再投資於同一事業。

plów·bòy *n.* Ⓒ **1** (從前)耕田時牽牛[馬]的孩子。**2** 鄉下的年輕人，莊稼漢。

plów·lànd *n.* Ⓤ耕地，田地。

plów·man [-mən; -mən] *n.* Ⓒ(*pl.* **-men** [-mən; -mən])農夫；鄉下人。

plów·shàre *n.* Ⓒ犁刃，犁頭(⇨ plow 插圖)。

ploy [plɔɪ; plɔi] *n.* Ⓒ(先發制人的)策略，手法。

pluck [plʌk; plʌk] **《**源自古英語「拉出」之義**》—***v.t.* **1 a**〔十受(十副)〕(用力)拉出，拔出〈不要的東西〉〈*out, up, away*〉(《★比較 一般用 pull》)：～ *out* a grey hair 拔出一根白髮/～ *up* weeds 拔去雜草。**b**〔十受(十副)十介十(代)名〕把〈不要的東西〉〔從…〕拔出[掉]〈*out, up*〉〔*from, off, out of*〕：～ (*out*) a thorn *from* one's finger 從手指上拔掉一根刺。**2**《文語》**a**〔十受〕摘〈花、水果等〉(《★比較 一般用 pick》)：May I ～ some of these flowers? 這些花我可以摘一些嗎？**b**〔十受十受/十受十介十(代)名〕摘給〈某人〉〈花、水果等〉；〔爲某人〕摘〈花、水果〉〔*for*〕：She *～ed* me a flower.＝She *～ed* a flower *for* me. 她摘給我一朵花。**3**〔十受〕(爲烹調而)拔去〈鷄鴨等〉的羽毛。**4**〔十受〕《古俚》騙取…。**5**〔十受〕撥彈〈弦樂器〉。**—***v.i.* **1**〔十介十(代)名〕(猛)拉〔…〕〔*at*〕：Don't ～ *at* my sleeve. 別拉我的袖子。**2**〔動(十介十(代)名)〕撥彈〔弦樂器〕〔*at*〕.

—*n.* **1** [**a** ～]猛拉：give *a* ～ (*at*...) 猛拉(…)。**2** Ⓤ勇氣，膽子。**3** [**the** ～] (動物的)內臟。

pluck·y [ˋplʌkɪ; ˈplʌki] **《**pluck 的形容詞**》—***adj.* (**pluck·i·er**; **-i·est**)有勇氣的，有膽量的；有骨氣的。

plúck·i·ly [-kɪlɪ; -kili] *adv.* **-i·ness** *n.*

plug [plʌg; plʌg] **《**源自中古荷蘭語「木釘」之義**》—***n.* Ⓒ **1 a** (塞住水管等管口的)塞子，栓子。**b** 消防栓。**2 a** (電器用品的)插頭。**b** (俚)插座(《★非標準用法》)。**3**《口語》《機械》(內燃機的)火星塞(spark plug). **4** 板煙；煙餅。**5**《口語》(插播於節目間的)廣告，宣傳。

—*v.t.* (**plugged**; **plug·ging**) **1**〔十受(十副)〕用塞子塞住，堵塞，填塞…〈*up*〉：～ a leak 堵塞漏洞/～ *up* a hole 填塞洞。**2**〔十受〕《口語》反覆宣傳〈商品〉：The salesman *plugged* the new product. 那個推銷員反覆宣傳新產品。**3**〔十受〕《美俚》把子彈打入…；用拳頭打…。

—*v.i.* **1**〔十副十介十(代)名〕《口語》孜孜不倦地做〔…〕〈*away*〉〔*at*〕：He *plugged away at* his lessons. 他孜孜不倦地用功讀書。**2**〔十介十(代)名〕《美俚》射擊〔…〕，打〔…〕〔*at*〕.

plúg ín《*vt adv*》(1)把〈電器用品〉的插頭插入插座，使…接上插頭：～ *in* a television set 把電視機的插頭插入插座。**—**《*vi adv*》(2)(接上插頭)通電。

plúg·bòard *n.* Ⓒ插線板，插盤。

plúg hàt *n.* ＝top hat.

P

plúg·hòle *n.* Ⓒ《英》(浴缸、洗滌槽等)塞栓子的孔《用以放水》。

plúg-ìn *adj.* 插入式的。

plug·o·la [plʌ`golə; plʌ'goulə] *n.* 《俚》Ⓒ **1** (爲商業利益而)給演出者[電視播報員]的賄賂。**2** (電台或電視非廣告節目中對某人或某物的)免費廣告[宣傳]。

plúg-ùgly *n.* Ⓒ《美俚》流氓，惡棍。

plum [plʌm; plʌm] *n.* **1 a** Ⓒ[當作食物時爲Ⓤ]李子，梅子。**b** (又作 **plúm trèe**)Ⓒ李樹。**2** Ⓒ(放入糕餅等的)葡萄乾。**3** Ⓒ **a** 最好的東西[地方]，精華。**b** 輕鬆而收入好的工作。**4** Ⓤ暗紫色，深紫色。

plum·age [`plumɪdʒ; 'plu:midʒ] *n.* Ⓤ[又作 **a** ～]羽毛。

plumb [plʌm; plʌm] *n.* (又作 **plúm bòb**)Ⓒ鉛錘《繫在線或繩子的一端，用以測量水深或定垂直線》。

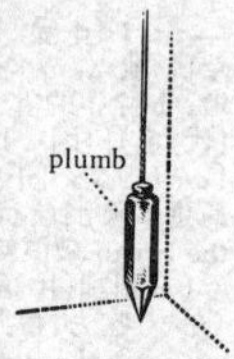

plumb

òff [òut of] plúmb 不垂直，歪斜。

—adj. **1** [不用在名詞前]垂直的。**2**《美口語》完全的，全然的：～ nonsense 簡直荒唐，愚蠢透頂。

—adv. **1** 垂直地；精確地：fall ～ down 垂直地落下。**2**《美口語》完全地，全然：～ in the face of... 正對著…。

—v.t. **1** (用鉛錘)檢查…(是否垂直)。**2** 測量…的深度；測量〈深度〉：～ (the depth of) a lake 測量湖深。**3** 看穿，了解〈想法等〉：～ a person's thoughts 看穿某人的心思。

plúmb the dépths (of...) 陷入(悲傷、孤獨的)深淵，達到(悲傷、孤獨等的)最高點。

plum·ba·go [plʌm`bego; plʌm'beigou] *n.* Ⓤ黑鉛，石墨。

plúmb bòb *n.* Ⓒ鉛錘，線鉈。

plum·be·ous [`plʌmbɪəs; 'plʌmbiəs] *adj.* **1** 鉛似的；似鉛的。**2** 鉛色的。**3** 覆以鉛的。

plumb·er [`plʌmɚ; 'plʌmə] *n.* Ⓒ(瓦斯管、蒸氣管、上下水道的)配管工，水管工。

plúmber's fríend [hélper] *n.* Ⓒ《美口語》＝plunger 2 b.

plumb·ing [`plʌmɪŋ; 'plʌmiŋ] *n.* Ⓤ **1** 水管工程，配管(工程)；水管[瓦斯管]的鋪設[裝修]。**2 a** [常 **the** ～；集合稱]鉛管類。**b** 《謔》消化管，肚子。

plúmb lìne *n.* Ⓒ(鉛)錘線。

plúm càke *n.* Ⓤ[指個體時爲Ⓒ]葡萄乾糕餅《用於婚禮等》。

plúm dúff *n.* ⓊⒸ葡萄乾布丁。

plume [plum; plu:m] «源自拉丁文「(鳥的)絨毛」之義»**—n.** Ⓒ **1 a** [常 ～s](尤指長而顯眼的)羽毛。**b** [常 ～s]羽飾。**2** 名譽[榮譽]的標誌。**3** 〔煙、雲所形成的〕柱〔*of*〕.

in bórrowed plúmes 穿著借來的衣服，以借來的東西；把他人的功勞說成自己功勞地《★源自伊索(Aesop)寓言》。

—v.t. **1** 〔十受〕**a** 〈鳥〉整理〈羽毛〉(preen)。**b** [～ one*self*]〈鳥〉整理羽毛。**2** 〔十受十介十(代)名〕[～ one*self*]自誇[自豪]〔…〕〔*on, upon*〕.

plumed *adj.* [用在名詞前][常構成複合字]有羽毛的，有羽飾的。

plum·met [`plʌmɪt; 'plʌmit] *n.* Ⓒ **1 a** 鉛錘。**b** (釣絲的)墜子。**2** 鉛錘線，錘線[規]。

—v.i. **1** 〔動(十副)〕〈東西〉垂直地落下〈*down*〉. **2** 〈聲望、物價〉急速跌落，暴跌。

plum·my [`plʌmɪ; 'plʌmi] «plum 的形容詞»**—adj.** (**plum·mi·er**; **-mi·est**) **1 a** 多李子[梅子]的；加入很多葡萄乾的。**b** 有李子[梅子]味道的，李子似的。
2 《英口語》極好的，極美的，上等的。
3 《口語》〈聲音〉洪亮的，粗壯渾厚的；圓潤的。

plu·mose [`plumos; 'plu:mous] *adj.* 有羽毛的，羽毛狀的。

plump[1] [plʌmp; plʌmp] *adj.* (～·er; ～·est) **1** 〈人、手臂〉豐滿的；《委婉語》圓胖的《★[比較]予人的感覺較 fat 好，也較常用；⇨ fat【同義字】》。**2** 〈烹調用的鳥獸〉多肉的。

—v.i. 〔動(十副)〕長[變]圓胖，變豐滿〈*up, out*〉：How your cheeks have ～*ed* ***up*** [***out***]！你的臉頰變得多麼豐滿啊！

—v.t. 〔十受(十副)〕使…膨脹，鼓起〈*up, out*〉：She ～*ed* ***up*** the sofa pillows. 她把沙發的枕頭弄鼓起來。**～·ness** *n.*

plump[2] [plʌmp; plʌmp] «擬聲語»**—v.i.** **1 a** 〔動(十副詞(片語))〕噗通地落下(於…)：～ overboard 從船上噗通地掉落水中/～ *into* a chair 噗一聲地坐在椅子上。**b** 〔十副(十介十(代)名)〕猛然地坐[躺]〔在…〕〈*down*〉〔*on*〕：Utterly exhausted, he ～*ed* ***down on*** the bed. 他筋疲力竭，猛一下躺在牀上。
2 〔十介十(代)名〕**a** (有連記投票權時只)投票〔給一個人〕〔*for*〕. **b** 選〔…〕〔*for*〕. **c** 全面支持〔…〕〔*for*〕：He has ～*ed* ***for*** the incumbent. 他一直擁護現職者。

—v.t. 〔十受十副(十介十(代)名)〕把…噗通[沉重]地放落〔在…〕〈*down*〉〔*on*〕：He ～*ed* the bundle ***down on*** the sofa. 他把包袱重重地丟在沙發上。

—adv. **1** 猛然地，噗通地，沉重地。
2 垂直地，直直地。
3 直截了當地，明白地，老實地：Say it out ～！老老實實地說出來吧！

—adj. 直言的，率直的，露骨的。

—n. [**a** ～]《口語》沉重的跌落(聲)。

plúm púdding *n.* Ⓒ[當點心名時爲Ⓤ]葡萄乾布丁《★在英國依慣例在耶誕節做此種布丁，所以也稱作耶誕布丁(Christmas pudding)》.

plúm trèe *n.* Ⓒ梅樹，李樹。

plum·y [`plumɪ; 'plu:mi] «plume 的形容詞»**—adj.** (**plum·i·er**; **-i·est**) **1** 有羽毛的；用羽毛裝飾的。**2** 羽毛狀的。

plun·der [`plʌndɚ; 'plʌndə] *v.t.* **1** 〔十受〕掠奪，搶劫〈人、地方等〉：～ a village 搶劫村莊。**2** 〔十受十介十(代)名〕從〈人、地方〉掠奪，搶奪，盜取〔東西〕〔*of*〕：They ～*ed* the village ***of*** everything they could lay hands on. 他們從那個村莊搶去了他們能拿走的一切東西《他們把該村莊洗劫一空》。

—v.i. 掠奪，偷。

—n. Ⓤ **1** 掠奪：live by ～ 以掠奪爲生。**2** 掠奪物。

plún·der·er [-dərɚ; -drɚ; -dərə] *n.* Ⓒ掠奪者；盜賊。

plunge [plʌndʒ; plʌndʒ] *v.t.* **1 a** 〔十受十介十(代)名〕把…插入〔…〕，使…投入〔…〕；使…沉入〔…〕〔*in, into*〕：～ one's hands ***into*** the water 把手插入水中。**b** 〔十受十副〕把〈東西〉插入，把…刺入〈*in*〉：～ a dagger ***in*** 把匕首刺入。**c** 〔十受十副〕使〈人〉向前傾倒〈*forward*〉：A sudden stop ～*d* the passengers ***forward***. 突然煞車使乘客都向前傾。**2** 〔十受十介十(代)名〕使…陷入〔…的狀態〕〔*into, in*〕：He has ～*d* the company ***into*** financial difficulties. 他使那個公司陷入財政困難/He was ～*d* ***in*** despair. 他陷入絕望中。**—v.i.** **1 a** 〔十介十(代)名〕跳入，衝進〔…〕〔*into*〕：He ～*d* headfirst ***into*** the stream. 他頭朝下跳入河中。**b** 〔十副〕跳進，投入〈*in*〉：He ran to the river and ～*d* ***in***. 他跑到那條河邊跳進去。**c** 〔十副〕向前傾倒〈*forward*〉. **2** 〔十介十(代)名〕**a** 陷入〔…的狀態〕〔*into*〕：～ ***into*** debt 陷入債務，負債。**b** 突然開始〔…〕〔*into*〕：They ～*d* ***into*** a quarrel. 他們突然吵起嘴來。**3** 〈船〉(船首朝下地)上下顛簸。**4** 《口語》濫賭，盲目投機。

—n. [用單數] **1** 插入，跳入。**2** 衝入，熱心的投入：make a ～ *into* politics 投入政界。

tàke the plúnge (1)跳進(游泳池等)。(2)大膽從事，冒險。

plúng·er *n.* Ⓒ **1** 跳入者，突然投入者。**2 a** (抽水幫浦、水壓機等活塞的)柱塞。**b** 橡膠吸盤，擴子《用以吸出阻塞物，疏通水管等》。**c** (擠出或吸入注射筒內液體的)推液塞。**3** 《口語》濫賭的人；盲目的投機者。

plúng·ing nécklìne *n.* Ⓒ(女裝的)低 V 字型領圍。

plunk [plʌŋk; plʌŋk] «擬聲語»**—v.t.** **1** 〔十受(十副)〕咚咚地彈〈鋼琴〉，撥〈弦樂器〉。**2 a** 〔十受十副詞(片語)〕把…砰地拋出(於…)：～ a book (*down*) *onto* the desk 把書砰地拋在桌上。**b** [～ one*self*]砰地坐下：～ one*self* (*down*) *in* a chair 砰地坐在椅子上。

—v.i. **1** 〔十副詞(片語)〕砰地掉落(在…)。**2** 〔十副〕咚咚地彈(鋼琴)，撥(弦樂器)〈*away*〉.

plúnk dówn 《*vt adv*》(1)砰地放下…。(2)付〈錢〉。**—**《*vi adv*》砰地坐下。

—n. [**a** ～]《口語》砰的聲響。

—adv. **1** 砰然一聲地，噗通地。**2** 正好，正是。

plu·per·fect [plu`pɝfɪkt; ˌplu:'pə:fikt] 《文法》 *n.* Ⓤ[指個體時爲Ⓒ]過去完成式《略作 plup(f).》. **—adj.** 過去完成式的。

plur. 《略》plural；plurality.

***plu·ral** [`plurəl; 'pluərəl] «源自拉丁文「較多的」之義»**—adj.** (無比較級、最高級)**複數的** (cf. dual 3, singular 2)：the ～ number〖文法〗複數/a ～ vote 複投票(權)《可在二個以上的選區投票》。**—n.** **1** Ⓤ複數。**2** Ⓒ複數詞。

plú·ral·ism [-lɪzəm; -lizəm] *n.* Ⓤ **1** 複數(性)。**2 a** 複雜(性)，多樣性。**b** (在國家等內多元的種族、宗教、政治信念等同時和平共存的)多元性共存。**3**〖哲〗多元論(cf. monism, dualism 2). **4**〖基督教〗(神職的)兼職。**plú·ral·ist** [-lɪst; -list] *n.*, *adj.*

plu·ral·is·tic [ˌplurəl`ɪstɪk; ˌpluərə'listik] *adj.* **1** 多元論[性]的。**2** 複數人種的。

plu·ral·i·ty [plu`rælətɪ; ˌpluə'ræləti] «plural 的名詞»**—n.** **1** Ⓤ複數(性)。**2** Ⓒ **a** 大多數，過半數。**b** 《美》(與競選對手的)得票差；(未超過半數的)最高得票數。**3** ⓊⒸ〖基督教〗(神職的)兼職。

plu·ral·ize [`plurəˌlaɪz; 'pluərəlaiz] *v.t.* 使…成複數(形)；以複數(形)表示…。

—v.i. **1** 成爲複數。**2**〖宗教〗兼職。

plú·ral·ly [-rəlɪ; -rəli] *adv.* 以複數，當作複數，成複數地。

***plus** [plʌs; plʌs] «源自拉丁文「較多的」之義»**—** (↔ minus) *adj.* (無比較級、最高級) **1** [用在名詞前]加的，正的：a ～ sign

加號，正號《+》. **2** [用在名詞前]陽的(positive)：the ~ pole 陽極。**3** [用在名詞前]《口語》多餘的，附加的，額外的：a ~ value 剩餘價值/a ~ factor 附加因素。**4 a** [記於評定的成績之後]…之上：A ~ 甲上(★寫成 A⁺). **b** [置於數詞之後]〈年齡〉…歲以上的：20 ~ 二十歲以上。**c** [置於名詞之後]《口語》另加某物的；略大[略高]的，標準以上的：She has personality ~. 她極有個性。

—*prep.* **1** 加上…，在…之上：Five ~ three is [equals] eight. 五加三等於八/the debt ~ interest 外帶利息的債款。**2** [常用於 be 之後]《口語》外加…：He was ~ a coat. 他還穿著外套/I'm ~ a dollar. 我多得了一美元。

—*n.* Ⓒ **1 a** (又作 **plús sign**)加號，正號《+》. **b** 正量，正數。**2** 附加物，有利的特質；剩餘，利益。**3**《高爾夫》强者的讓步。

plús fóurs *n. pl.* (從前打高爾夫球時穿的)短燈籠褲。

plush [plʌʃ; plʌʃ] «源自拉丁文「除毛」之義»

—*n.* Ⓤ長毛絨，絲絨(天鵝絨的一種)。

—*adj.* **1** [用在名詞前]絲絨(製)的。**2**《口語》豪華的：a ~ armchair 豪華的扶手椅。

plus fours

plush·y [ˋplʌʃɪ; ˈplʌʃi] *adj.* (**plush·i·er**; **-i·est**) **1** 絲絨(似)的。**2** 豪華的；華麗的。

Plu·tarch [ˋplutɑrk; ˈplu:tɑ:k] *n.* 蒲魯塔克《46？–120？；希臘歷史家、英雄傳記作家》。

Plu·to [ˋpluto; ˈplu:tou] *n.* **1**《希臘・羅馬神話》普魯托《冥府(Hades)之王》。**2**《天文》冥王星(⇨ planet 插圖)。

plu·toc·ra·cy [pluˋtɑkrəsɪ; plu:ˈtɔkrəsi] *n.* **1** Ⓤ 財閥政治，富豪統治。**2** Ⓒ富豪階級，財閥。

plu·to·crat [ˋplutə͵kræt; ˈplu:təkræt] *n.* Ⓒ **1** 財閥。**2** 富豪。

plu·to·crat·ic [͵plutəˋkrætɪk; ͵plu:təˈkrætik⁻] «plutocrat, plutocracy 的形容詞»**—*adj.*** 財閥政治(家)的。

Plu·to·ni·an [pluˋtonɪən; plu:ˈtounjən] «Pluto 的形容詞» **—*adj.*** **1**《希臘・羅馬神話》普魯托(Pluto)的。**2** 地獄的；冥府的，陰間的。

Plu·ton·ic [pluˋtɑnɪk; plu:ˈtɔnik⁻] «Pluto 的形容詞»**—*adj.*** **1**《希臘・羅馬神話》普魯托(Pluto)的。**2** [p~]《地質》深成的，火成的：*p*~ rocks 深成[火成]岩。

plu·to·ni·um [pluˋtonɪəm; plu:ˈtounjəm] *n.* Ⓤ《化學》鈽《一種放射性元素，符號 Pu》。

Plu·tus [ˋplutəs; ˈplu:təs] *n.*《希臘神話》普魯托斯《財富之神》。

plu·vi·al [ˋpluvɪəl; ˈplu:vjəl] «源自拉丁文「雨」之義»**—*adj.*** **1** 雨的，多雨的(rainy). **2**《地質》由於雨水作用的，雨成的。

plu·vi·om·e·ter [͵pluvɪˋɑmətɚ; ͵plu:viˈɔmitə] *n.* Ⓒ雨量計。

plu·vi·ous [ˋpluvɪəs; ˈplu:vjəs] *adj.* 雨的，多雨的。

ply¹ [plaɪ; plai] «apply 字首消失的變體字»**—*v.t.*** **1** 〔十受〕**a** 勤於〈工作等〉，用功讀…；經營〈生意〉：~ one's book 用功讀書/~ a trade 經營生意。**b**《文語》動用〈武器、工具等〉：The dressmaker *plies* her needle. 女裝裁縫師勤於用針。**2** 〔十受十介十(代)名〕**a** 勉强〈某人〉吃〔東西等〕〔*with*〕：He *plied* me ***with*** food and drink. 他强勸我吃喝。**b** 連續不斷地向〈某人〉盤問〔質問〕〔問題等〕〔*with*〕：They *plied* the lecturer ***with*** questions. 他們向講課者連續不斷地提出問題。**3** 〔十受〕〈船〉定期往返於〈河川等〉：Boats ~ the channel in all weather. 小船風雨無阻地定期往返於該海峽。

—*v.i.* 〔十介十(代)名〕〈交通工具〉定期往返〔於…之間〕〔*between, across*〕：Buses ~ ***between*** the two cities. 公車定期往返於那兩個城市之間/Ferryboats ~ ***across*** the English Channel. 渡船定期往返於英吉利海峽。

plý for híre《英》〈船夫、脚夫、計程車等〉等候客人。

ply² [plaɪ; plai] *n.* Ⓤ [常構成複合字] **1** (繩索的)股：a three-*ply* rope 三股索。**2** (三夾板等的)〈幾〉層；厚度：four-*ply* wood 四層板。

Plym·outh [ˋplɪməθ; ˈpliməθ] *n.* 普里茅斯：**1** 英格蘭西南部的一港市及海軍基地《爲 1620 年五月花(Mayflower)號的啓航地》。**2** 美國麻薩諸塞州(Massachusetts)的一海港《爲 1620 年五月花號到達之地》。

Plýmouth Bréthren *n. pl.* 普里茅斯教友會《1830 年前後由英人 John Darby 創始於英國 Plymouth，無正式信條及組織，惟以聖經爲信仰》。

Plýmouth Còlony *n.* 普里茅斯殖民地《Pilgrim Fathers 於 1620 年在麻薩諸塞州(Massachusetts)所建立的殖民地》。

Plýmouth Róck *n.* **1** 普里茅斯岩石《在美國麻薩諸塞州(Massachussetts)普里茅斯(Plymouth)的一塊岩石，爲紀念美國開國祖先(Pilgrim Fathers)搭乘五月花號(Mayflower)於 1620 年抵達美國的一處史蹟》。**2** Ⓒ一種美國原產普里茅斯品種的雞。

plý·wòod *n.* Ⓤ合板，三夾板(cf. veneer).

Pm《符號》《化學》promethium.

p.m.** [ˋpiˋɛm; ͵pi:ˈem] «源自拉丁文 *p*ost *m*eridiem (= after midday)之略»**—*adv.* & *adj. **午後(的)**，下午(的)(←→ a.m.)《★用法除 p.m. 外也寫作 P.M., P.M., 置於表示時刻的數字後面，但不與 o'clock 連用》：at 7 *p.m.* 在下午七點鐘/the 8 *p.m.* train 下午八點鐘的火車/Business hours, 10 a.m.—5 *p.m.* 營業時間上午十點至下午五點止《★讀法讀作 ten a.m. to five p.m.》。

p.m., P.M. 《略》postmortem. **P.M.** 《略》Past Master; Paymaster; Police Magistrate; Postmaster; Prime Minister; Provost Marshal.

P.M.G.《略》Paymaster General; Postmaster General.

pmh《略》per man-hour 每人每小時。

p.n., P/N.《略》《商》promissory note.

pneum.《略》pneumatic(s).

pneu·mat·ic [nuˋmætɪk, nju-; nju:ˈmætik] «源自希臘文「空氣」之義»**—*adj.*** **1** 充氣的，氣體的，裝滿壓縮空氣的：a ~ tire 氣胎。**2** 由於空氣作用的：a ~ pump 氣壓幫浦[唧筒]。

-i·cal·ly [-klɪ; -kəli] *adv.*

pneu·mat·ics [nuˋmætɪks, nju-; nju:ˈmætiks] *n.* Ⓤ《物理》氣體力學，氣動力學。

pneu·mo·co·ni·o·sis [͵numə͵konɪˋosɪs, ͵nju-; ͵nju:məkouniˈousis] *n.* Ⓤ《醫》肺塵埃沉著病；塵埃入肺病。

pneu·mo·nia** [nuˋmonjə, nju-; nju:ˈmounjə] «源自希臘文「肺的疾病」之義»**—*n. Ⓤ《醫》**肺炎**：acute ~ 急性肺炎/catarrh ~ 卡他肺炎/single [double] ~ 單[雙]肺炎。

po [po; pou] «源自法語 'pot' 的發音»**—*n.*** Ⓒ(*pl.* ~s)《英口語・謔》尿壺，便壺(chamber pot).

Po《符號》《化學》polonium. **p.o., P.O.**《略》petty officer; postal order; post office.

poach¹ [potʃ; poutʃ] «源自古法語「侵入」之義»**—*v.t.*** **1 a** 偸獵[捕]〈鳥、獸、魚等〉：~ hares 偸獵野兔。**b** 侵入〈他人的土地等〉，踐踏破壞〈獵場〉。**2 a** 侵害〈他人的權利等〉。**b** 以非法手段取得，偸取…。**—*v.i.*** **1** 〔動(十介十(代)名)〕**a** 偸獵，偸捕〔…〕〔*for*〕：go ~*ing* 去偸獵[偸捕]/~ ***for*** game 偸獵鳥獸。**b** 踐踏破壞〔獵場〕〔*on*〕. **2** 〔十介十(代)名〕侵害〔他人的權利等〕〔*on*〕：~ ***on*** another researcher's preserve 侵犯另一位研究者的領域。

poach² [potʃ; poutʃ] «源自中古法語「袋子、口袋」之義；由於蛋白被認爲是包裹蛋黃的袋子»**—*v.t.*** **1** 打〈蛋〉入沸水中煮，水煮〈荷包蛋〉：~*ed* eggs 水煮的荷包蛋。**2** 在沸水中煮〈魚等〉，水煮〈魚等〉。

póach·er¹ «源自 poach¹»**—*n.*** Ⓒ **1** 偸獵者；偸捕魚者；侵入者。**2** 侵犯(生意的)地盤。

póach·er² «源自 poach²»**—*n.*** Ⓒ水煮荷包蛋用的鍋。

POB, P.O.B., P.O. Box《略》Post Office Box.

Po·ca·hon·tas [͵pokəˋhɑntəs; ͵poukəˈhɔntəs] *n.* 波卡宏達絲《1595？–1617；北美一名印地安酋長的女兒；曾救冒險家約翰・史密斯(John Smith)使其免於被處刑》。

po·chard [ˋpotʃɚd; ˈpoutʃəd] *n.* Ⓒ(*pl.* ~s, ~)《鳥》磯鳧。

pock [pɑk; pɔk] *n.* Ⓒ(天花等的)痘疱，痘瘡(cf. pox).

pocked *adj.* 有痘疱的，有麻點的。

‡pock·et [ˋpɑkɪt; ˈpɔkit] «源自中古法語「小袋子」之義»**—*n.*** Ⓒ **1 口袋**：a coat ~ 外衣的口袋/a breast [hip] ~ 胸前[臀部]的口袋/He put his hand in his ~. 他把手放進口袋裏。**2** [常用單數](口袋)所帶的錢，財力，金錢：a deep ~ 充足的財力[財富]/an empty ~ 身無分文(的人)/live beyond one's ~ 過著超越自己財力[收入]的生活。**3** 袋狀物：**a** (火車、飛機等裝在座位的)網袋。**b** (汽車門內側的)裝物袋。**c** (窗框等)收藏板窗的地方，空處。**d** (袋鼠的)腹袋(pouch). **e**《棒球》(手套的)凹處。**4 a** (孤立的)小地區，孤立地帶〔*of*〕：There are rural ~*s* even around the city. 甚至在都市的四周仍有許多鄉村地區。**b**《航空》氣陷，氣穴《因垂直氣流或亂流等而使飛機驟降或搖晃的空中區域》(air pocket). **c**《軍》(被敵人佔領、包圍的)孤立地帶。**5**《撞球》球袋《設在球台四角落與兩側中央》。**6**《地理》**a** (埋藏金、石油等的)礦坑。**b** 礦坑內的埋藏量。

be in èach óther's pócket 〈兩人〉經常在一起，形影不離。

búrn (a hóle in) a person's **pócket** 口袋燒出一個洞，〈錢〉留不住，一有錢就花掉：Money *burns a hole in* his *pocket.* 他一有錢就花掉。

hàve...in one's **pócket** 使…完全成爲己有；可隨意左右〈某人〉。

in pócket (1)在手頭上有。(2)(在生意上)賺錢。

líne one's **(ówn) pócket**《口語》(通常以非法手段)中飽私囊，自肥(cf. line² *v.t.* 2).

líve in èach óther's pócket =be in each other's POCKET.

òut of pócket《英》(在生意、賭博、購物等)賠錢：I'm £5 *out of* ~ on that race. 我在那次比賽中賠了五英鎊。

píck a [a person's] **pócket** 扒竊。

pùt one's **hánd in** one's **pócket** 花錢，付錢。

pùt one's **príde in** one's **pócket** 抑制自尊心。

—*adj.* [用在名詞前] **1** (大小)可放入口袋的；袖珍型的，携帶用的：a ~ dictionary 袖珍字典/a ~ edition 袖珍版(的書籍)。**2** 小規模的，局部性的：~ insurgency 小規模的叛亂。

—v.t. 〔十受〕**1** 把…放入口袋：She ~*ed* some buttons. 她把一些鈕釦放入口袋。**2 a** (常指以不正當的方法)把…佔爲己有，侵吞…：He ~*ed* all the funds. 他侵吞了全部資金。**b** 《口語》賺〈錢〉。**3** 忍受〈侮辱等〉，把…放在心裡；隱藏，抑制〈感情〉：~ an insult 忍受侮辱/~ one's pride 抑制自尊心。**4** 《美》〈總統、州長〉擱置〈議案〉(cf. pocket veto)。**5** 《撞球》把〈球〉撞入球袋。

pock·et·a·ble [ˈpakɪtəbl; ˈpɔkitəbl] *adj.* 可放入衣袋的，可供私用的，可隱藏的。

pócket báttleship *n.* Ⓒ袖珍主力艦《排水量 10,000 噸，所裝配之槍砲口徑較巡洋艦者爲大》。

P

pócket·bòok *n.* Ⓒ **1 a** 《罕》錢包，皮夾子《★比較一般用 wallet》。**b** 《美》(沒有肩帶的女用)手提包。**2** (小型的)筆記本。**3** (又作 pócket bòok)《美》袖珍版的書，叢書版。

pócket bòrough *n.* Ⓒ《英史》(1832 年以前)國會議員選舉由某一個人[家族]操縱之選舉區。

pock·et·ful [ˈpakɪtˌful; ˈpɔkitful] *n.* Ⓒ **1** 一口袋的量〔*of*〕。**2** 《口語》很多〔*of*〕：a ~ of money 滿口袋的錢，相當的金額，一筆財富。

pócket-hándkerchief *n.* Ⓒ(放在口袋中的普通)手帕。

—adj. [用在名詞前]方形而小的，狹窄的：a ~ garden 狹小的花園。

pócket·knìfe *n.* Ⓒ(*pl.* **-knives**)(折疊式的)小刀。

pócket mòney *n.* Ⓤ **1** 零用錢(spending money)。**2** 《英》(尤指小孩的)零用錢。

pócket pìstol *n.* Ⓒ **1** (可放在衣袋中的)小手槍。**2** 《謔》可裝於口袋中的小瓶子；懷中之酒瓶。

pócket-sìze(d) *adj.* 袖珍型的；小型的：a ~ camera 袖珍型照相機。

pócket vèto *n.* Ⓒ《美》(總統、州長的)議案否決權。

póck·màrk *n.* Ⓒ痘痕，麻點。

póck·márked *adj.* **1** 有痘痕的，有麻點的。**2** [不用在名詞前]〔十介十(代)名〕〔因…而〕變成麻點似的〔*with*〕。

pod[1] [pad; pɔd] *n.* Ⓒ **1** (豌豆等的)豆莢。**2** 《航空》裝於機翼下的細長容器《用以放置燃料、引擎、彈藥等》：an engine ~ (噴射機的)引擎箱。**3** 《太空》(太空船的)可拆卸的部分。

—v.i. (**pod·ded**; **pod·ding**)〔動(十副)〕成莢，結莢；生莢〈*up*〉。

—v.t. 剝…的莢：~ peas 剝豌豆莢。

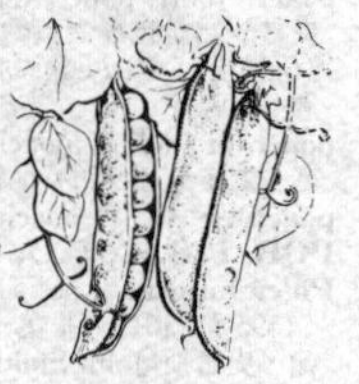

pods[1] 1

pod[2] [pad; pɔd] *n.* Ⓒ(海豹、鯨等的)小羣。

p.o.d., P.O.D. 《略》pay on delivery 貨到付款。

podg·y [ˈpadʒɪ; ˈpɔdʒi] *adj.* (**podg·i·er**; **-i·est**)〈人等〉矮胖的(pudgy)。**pódg·i·ness** *n.*

po·di·a·trist [poˈdaɪətrɪst; pouˈdaiətrist] *n.* Ⓒ《美》足醫，腳病醫生(《英》chiropodist)。

po·di·a·try [poˈdaɪətrɪ; pouˈdaiətri] *n.* Ⓤ《醫》《美》足醫術(《英》chiropody)。

po·di·um [ˈpodɪəm; ˈpoudiəm] 《源自希臘文「腳」之義》**—n.** Ⓒ(*pl.* **~s, -di·a** [-dɪə; -diə]) **1** 《建築》墩座的矮牆《古代建神殿等作基座的高石台》。**2 a** (演講的)講台。**b** (交響樂團的)指揮台。

Poe [po; pou], **Edgar Allan** *n.* 愛倫坡《1809–49；美國的短篇小說家及詩人》。

Poe

‡**po·em** [ˈpo·ɪm; ˈpouim] 《源自希臘文「被製造的東西」之義》**—n.** Ⓒ詩；韻文：a lyric ~ 抒情詩/an epic ~ 敍事詩。

po·e·sy [ˈpozɪ; ˈpouzi] *n.* Ⓤ《古·詩》**1** [集合稱]詩(poetry)。**2** 作詩(法)。

‡**po·et** [ˈpo·ɪt; ˈpouit] 《源自希臘文「製造的人」之義》**—n.** Ⓒ **1** 詩人。**2** 詩人一樣的人。

(**the**) **Póets' Córner** 詩人區《在倫敦西敏寺(Westminster Abbey)南側走廊(transept)的一區，有許多英國詩人的墳墓與紀念碑》。

po·et·as·ter [ˈpo·ɪtˌæstɚ; ˌpouiˈtæstə] *n.* Ⓒ蹩腳詩人，不入流的詩人。

po·et·ess [ˈpo·ɪtɪs; ˈpouitis] *n.* Ⓒ《罕》女詩人。

***po·et·ic** [poˈɛtɪk; pouˈetik] 《poem, poet 的形容詞》**—adj.** (**more** ~; **most** ~) **1** 詩的，詩般的：~ diction 詩的辭藻，詩語/a ~ drama 詩劇。**2** 詩人的，詩人氣質的：~ genius 詩才。**3** 羅曼蒂克的；想像的。

po·et·i·cal [poˈɛtɪkl; pouˈetikl] *adj.* **1** [用在名詞前]用詩寫的：the ~ works of Milton 密爾頓的詩集。**2** =poetic.

~·ly *adv.*

poétic jústice *n.* Ⓤ詩的正義《勸善懲惡、因果報應的思想》。

poétic lìcense *n.* Ⓤ詩的破格《寫詩等時爲求效果而在韻律、文法、邏輯等上逸出常規的作法》。

po·et·ics [poˈɛtɪks; pouˈetiks] *n.* Ⓤ **1** 詩學；詩論。**2** 韻律學。

póet láureate *n.* Ⓒ(*pl.* **poets laureate, ~s**)[常 **the** ~；又作 **P~ L~**](英國的)桂冠詩人。

【說明】桂冠詩人是英國王室自全國優秀的詩人中所選出的，每年選出一位支領年金，並爲國家大事慶典(例如國王、王子生日、新年、打勝仗等)賦新詩。據說 Ben Jonson 是第一位桂冠詩人，但經正式任命的第一位桂冠詩人是 John Dryden；cf. laureate.

***po·et·ry** [ˈpo·ɪtrɪ; ˈpouitri] *n.* **1** Ⓤ **a** (文學的一種形式上的)詩，韻文(↔ prose)：lyric [epic] ~ 抒情詩[敍事詩]。**b** [集合稱]詩：the ~ of Hardy 哈代的詩。**2** Ⓤ[又作 **a** ~]詩意，詩情，對詩的雅興。

pó-fáced *adj.* 《英口語》〈臉、表情〉一本正經的。

pó·go stìck [ˈpogoˌstɪk; ˈpougoustik] *n.* Ⓒ彈簧單高蹺《一根棒的下端裝有彈簧，類似竹馬的遊戲用具》。

pogo stick

po·grom [ˈpogrəm; ˈpɔgrəm] 《源自蘇聯語「破壞」之義》**—n.** Ⓒ(有組織、有計畫的)屠殺；(尤指)對猶太人的屠殺。

poi [pɔɪ; pɔi] 《源自夏威夷語》**—n.** Ⓒ[當作菜名時爲Ⓤ](夏威夷的)用芋頭(taro)烹調的菜餚。

poi·gnan·cy [ˈpɔɪnənsɪ; ˈpɔinənsi] 《poignant 的名詞》**—n.** Ⓤ強烈，尖銳；辛辣；痛切。

poi·gnant [ˈpɔɪnənt; ˈpɔinənt] 《源自拉丁文「刺」之義》**—adj.** **1 a** 〈悲傷等〉痛切的，鑽心刺骨的，深切的：~ regret 痛悔。**b** 〈興趣等〉強烈的，濃厚的。**2** 辛辣的，尖刻的：~ sarcasm. 尖刻的諷刺。

~·ly *adv.*

poi·lu [ˈpwalu; ˈpwɑːluː] 《源自法語》**—n.** Ⓒ法國兵。

poin·set·ti·a [pɔɪnˈsɛtɪə; pɔinˈsetiə] *n.* Ⓒ《植物》聖誕紅《上端葉子在聖誕節前後會變深紅色，常用作聖誕節的裝飾品》。

【字源】美國駐墨西哥(Mexico)公使波因塞德(Poinsett (1779–1851))在墨西哥發現此花把它帶回美國繁殖，因此得名。

‡**point** [pɔɪnt; pɔint] 《源自拉丁文「刺」「尖端」之義》**—n.** **A 1** Ⓒ尖端：**a** (武器、工具等的)尖頭〔*of*〕：the ~ *of* a sword [needle] 劍尖[針頭]/⇨ball-point pen/⇨at GUNPOINT/come to a ~ 前端變細尖。**b** 〔身體部位〕突出的前端〔*of*〕：the ~ *of* the jaw 顎端。**c** [常 P~ 用作地名]岬，地角：*P~* Conception (在美國加利福尼亞州(California)的)康塞普遜岬。**2** Ⓒ(小的)點：**a** 點，小標記：a ~ of light 一小點的光。**b** (小數的)小數點(decimal point)：two ~ five 二點五《2.5》/~ two 零點二《0.2》《★讀法 3.14 的讀法爲 three point one four》。**c** 句點，句號(period, full stop)。**d** (點字的)點。**e** 《音樂》附點；斷音符號。**3** (表示面、線、時間位置的)點：**a** Ⓒ(空間的)某一點[場所，地點](spot)：a ~ on a map 地圖上的一點/a starting ~ 出發點/visit the ~*s* of interest in a town 參觀鎮上的名勝《有趣的場所》/the ~ where the two streets cross 兩條街道的交叉點/⇨ POINT of view. **b** Ⓒ《口語》停車場，招呼站。**c** Ⓤ(時間的)某一點，(特定的)時刻；(決定性的)瞬間：⇨at the POINT of/At this ~ he burst out crying. 在這一瞬間他突然哭出來/when it comes to the ~ 到了緊要關頭時，說到要點時。**d** Ⓒ《數學》點：a ~ of contact 接觸點/a ~ of intersection 交叉點。**4** Ⓒ(程度、進度等的)點：**a** (計量器、刻度等的)度，點(degree)：(the) freezing ~ 冰點/(the) boiling ~ 沸點/The temperature has gone up two ~*s*. 溫度已上昇兩度。**b** (事態、進展等的)階段，程度(stage)：up *to* a (certain) ~ 到某一點爲止/The bag is full *to* the bursting ~. 那個袋子已裝得爆滿《已到快要裂開的飽和點》/He is inquisitive *to the* ~ *of* rudeness. 他的好問已到無禮的程度。**5** Ⓒ(計算、評價單位的)點：**a** (競賽等的)分數，得分：gain [score, win] a ~ 得一分/win a game by ten ~*s* to three 以十比三獲勝。**b** 《美》(學科制度上的)學分《通常以一個學期中每週上課的時數計，以一小時爲一單位》。**c** 《軍》評定勤務成績的單位，服役的分數：merit ~*s* 操行分數。**6** (成爲問題的)點：**a** Ⓒ[常用單數]有問題[爭執]之處，論點〔*of*〕：a ~ *of* conscience 良心的問題/a ~ *of* honor (有關)名譽的問題/the ~ at issue (目前)有問題之處，爭論之點/a debatable ~ 有爭議的地方/You have a ~ there. 你說的也有道理。**b** [**the** ~]要點，著眼點，旨趣，重點：*the* ~ of an argument 論據的要點/keep [stick] to *the* ~ 不離要點，不離題/Will you get [come] to *the* ~? 請(略去開場白)說出要點好嗎？/What is *the* ~ of the story? 那個故事的主旨是什麼？/*The* ~ is that we are short of funds. 問

題是我們短缺資金/That is just *the* ~. 那正是要點。**c** Ⓒ成爲特徵的特點[地方], 特質：the weakest [strongest] ~ in one's character 某人性格上的最弱點[最長處]/He has some good ~*s*. 他有一些長處。**d** Ⓒ(在全體中的)細節處, 細目, 事項：on this [that] ~ 關於這[那]一點/⇨POINT by point/Are you clear on each ~ of the plan？你是否清楚該計畫的每個項目呢？**7** Ⓒ《航海》方位, 羅經點《羅盤周圍 32 刻度之一, 兩個刻度圍成的角度爲 11°15′》：⇨the POINTS of the compass. **8** Ⓤ[常與基數連用]《印刷》磅因《活字的大小單位》：in 8 ~ 以八磅因活字, 八磅因活字的。**9** Ⓒ《電學》**a** (分電盤的)接觸點。**b**《英》插座(《美》outlet). **10** [~s]《英》《鐵路》軌閘, 轉轍器(《美》switches). **11** Ⓒ《獵》(獵狗)對獵物方向的指示(cf. pointer 2)：make [come to] a ~ 〈獵狗〉停下來指示獵物的方向。**12**《板球》**a** Ⓤ攻方三柱門(wicket)右方前面的防守位置。**b** Ⓒ攻方三柱門右方前面的防守人。**13** [~s]《芭蕾舞・舞蹈》(腳趾)尖：dance on ~*s* 以趾尖跳舞。

—B 1 Ⓤ(行爲等的)目的, 意義, 用處, 必要：There's no ~ [not much ~] *in* giv*ing* him advice. 給他勸告沒有[沒多大]用處/I don't see the ~ *of* [*in*] let*ting* him go without permission. 我看不出來有何必要讓他未經許可就離去/There's no ~ (*in*) worry*ing*. 擔心也沒用/What's the ~ *of* go*ing* to college？上大學有何用？**2** Ⓤ效果, 適切：a speech that lacks ~ 不適切的演講, 缺乏效果的演說/⇨to the POINT, off the POINT. **3** Ⓒ暗示, 提示〔*on*〕：get ~*s on* passing an exam 獲得通過考試的秘訣。

at áll póints 無論在那一方面；在各方面；完全地, 徹底地。

at the póint of... 瀕臨…, 就要…的時候, 在…的邊緣：The old man was *at the* ~ *of* death. 那個老人瀕臨死亡。

awáy from the póint 不得要領, (話等)離題。

besíde the póint 離開本題[要點]。

cárry [**gáin**] one's **póint** 說服別人接受自己的主張[意見]。

gíve póints to a person＝**gìve** a person **póints** (在競賽時)讓分給某人；强過〈某人〉。

in póint 適切的, 恰當的：a case *in* ~ 一個適當的例子。

in póint of... 《文語》就…來說, 關於…, 說到…。

in póint of fáct 就事實而言, 事實上：*In* ~ *of fact* you are wrong. 事實上你是錯的。

màke a póint of... (1)[與 do*ing* 連用]必定〈做…〉, 一定〈做…〉：He *made a* ~ *of* never be*ing* late. 他從未遲到過。(2)[常與 do*ing* 連用]主張, 强調, 重視…：Father *made a* great ~ *of* our return*ing* home on time. 父親强調我們要準時回家。

màke it a póint to dó 必定[一定]〈做…〉：I *make it a* ~ *to* shine my shoes every morning. 我每天早上必定擦鞋子。

màke one's **póint** (在議論等)贏得他人對自己論點的同意, 證明立論正確；達到目的。

nót to pùt tóo fine a póint on it 照實說, 坦白地說, 毫無忌憚地說。

òff the póint 離題(的), 不得要領(的)。

on a póint of órder 議事程序[進行上]的問題。

on the póint of... (1)[常與動名詞連用]正要…：He was *on the* ~ *of* leav*ing*. 他正要離開。(2)瀕臨…：He was *on the* ~ *of* death. 他瀕臨死亡。

póint by póint 一一, 逐一。

póint for póint 逐一[一一]比較。

póint of víew (1)觀點, 見地, 見解：*from* an educational ~ *of view* 從教育上的觀點(來看)/*from the* ~ *of view of* a scientist 從科學家的立場(來說)。(2)(講述故事等發展時的)敍事觀點。

scóre póints [**a póint**] **òff** a person ＝**scóre a póint òver** a person (在議論中)駁倒某人。

strétch a póint (當作特例)特別通融[寬容]。

the [**a**] **póint of nó retúrn** (1)《航空》回航極限點《飛機超過此點就沒有足夠的燃料返回起飛處》。(2)不能再後退的地步[階段]。

the póints of the cómpass 羅盤的三十二個方位。

to the póint 適切的, 中肯的, 扼要的(cf. B 2)：The instructions were precise and *to the* ~. 那些指示準確而扼要。

—*v.t.* 1 〔十受十介十(代)名〕**a** 把〈手指、槍等〉指向〔…〕〔*at, to, toward*〕：I ~*ed* my camera **at** him. 我把照相機朝著他/He ~*ed* his finger *at* me. 他用手指指著我《★以手指指人是不禮貌的事, 故也有「責難…」之意》。**b** 指給〈某人〉〔…〕〔*to*〕：He ~*ed* her **to** the seat. 他指點她入座。

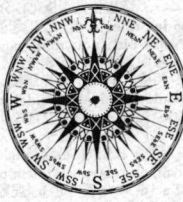

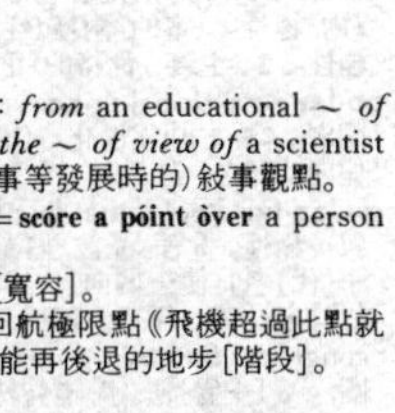

the points of the compass

2 〔十受〕使…尖(銳)；把…削尖：~ a pencil 削尖鉛筆《★比較 一般用 sharpen a pencil》。

3 〔十受〕**a** 加標點於…。**b** 給〈數字〉加小數點。**c**《音樂》加點[符]於…。

4 〔十受〕强調〈忠告、教訓等〉, 給…增加力量[勢力]。

5 〔十受〕〈獵狗〉指示〈獵物所在處〉。

6 〔十受〕《圬工》塗灰泥[水泥]於〈磚塊等〉的接縫。

7 〔十受〕〈舞者等〉踮起〈脚尖〉。

—*v.i.* 1 〔動(十介十(代)名)〕指著〔…〕, 指出〔…〕〔*at, to, toward*〕：He ~*ed* **to** the sails on the horizon. 他指著地平線上的帆船/The hands of the clock ~*ed to* 9：15. 時針指著九點十五分/A compass needle always ~*s to* the north. 磁針總是指向北方/All the evidence ~*s to* him as the murderer. 一切證據都表明他是殺人兇手/She ~*ed* **at** a dark corner of the cave. 她指著洞窟黑暗的一角。

2 〔十副詞(片語)〕指向(某方向)：The big signboard ~*s south* [~*s to* the south]. 那塊大告示牌指向南方。

3 〈獵狗〉停下來(以鼻子)指向獵物的位置。

póint óff《*vt adv*》以小數點分開〈數字〉。

póint óut《*vt adv*》(1)〔給…〕指出…〔*to*〕：***P***~ *out* any errors *to* me. 只要有錯誤就指給我看/He ~*ed* me *out* the tower. 他指給我看那座塔。(2)〔十 *that*＿〕指出〈…事〉：I ~*ed out that* the account must be settled at once. 我指出該筆帳必須立刻結淸。(3)〔十 *wh.*＿〕指出〈…〉：He ~*ed out how* important it is to observe law. 他指出守法是多麼地重要。

póint úp《*vt adv*》强調〈話、感情等〉。

póint-blánk *adj.* **1** 〈射擊等〉(從近距離)直射的：fire at ~ range 直射/a ~ shot 直射。**2** 坦率的, 直截了當的：a ~ refusal 直截了當的拒絕。**—*adv.* 1** 直射地：fire ~ 直射。**2** 率直地, 露骨地, 斷然, 直截了當地：She refused ~. 她斷然拒絕。

point d'ap·pui [ˌpwæ̃daˈpwi; ˈpwæ̃dæˈpwi:]《源自法語》**—*n.*** (*pl.* **points d'appui**) Ⓒ **1** 支點；據點。**2** 作戰基地。

póint dùty *n.* Ⓤ《英》(交通警察的)站崗, 值勤：on ~ till 3 P.M. 站崗到下午三點鐘。

póint·ed *adj.* **1** 尖的；尖銳的：a ~ beak 尖嘴/a ~ nose 尖鼻。**2** 〈言詞等〉尖刻的, 辛辣的, 挖苦的：a ~ remark 挖苦的話。**3** 强調的；明白的, 率直的。**~·ly** *adv.*

póint·er *n.* **1** Ⓒ **a** 指示者[物]。**b** (時鐘、磅秤等的)針, 指針。**c** (用以指地圖、黑版等用的)教鞭。**2** Ⓒ響導犬《一種短毛獵犬, 感覺敏銳能以鼻子指示獵物所在處》(cf. setter 1, point *n.* A 11, *v.i.* 3). **3** Ⓒ《口語》暗示, 提示, 線索。**4** [**the Pointers**]《天文》指極星《指大熊座 α, β 兩顆星；把這兩顆星間的距離延長五倍即爲北極星的位置》。

pointer 2

poin·til·lism [ˈpwæntəˌlɪzəm; ˈpɔintilizəm] *n.* Ⓤ《美術》(法國印象派的)點畫法。

poin·til·list [ˈpwæntəlɪst; ˈpɔintilist] *n.* Ⓒ點畫家。

póint làce *n.* Ⓤ針織花邊；手工花邊。

póint·less *adj.* **1** 無尖端的, 鈍的。**2** 無意義的, 無益的, 不得要領的。**3** (在競賽時)沒有得分的。**~·ly** *adv.* **~·ness** *n.*

póint of hónor *n.* Ⓒ有關(一己的)名譽之事；面子問題。

póint of órder *n.* Ⓒ關於議事程序的問題。

póint-of-sàle *adj.* (廣告)針對在場顧客的。

póints·man [-mən; -mən] *n.* Ⓒ (*pl.* **-men** [-mən; -mən])《英》(鐵路的)轉轍員(《美》switchman).

póint swìtch *n.* Ⓒ《鐵路》轉轍機。

póint sỳstem *n.* Ⓒ **1** (盲人的)點字法。**2** (學業成績的)分數制度。**3** (記錄汽車駕駛員違規的)記點制度。

póint-to-póint *n.* Ⓒ越野賽馬《由特定地點到目的地的路線可由騎士自由選擇的越野障礙競賽》。

Poi·rot [pwaˈro; pwɑ:ˈrou], **Her·cule** [ɛrˈkjul; ɛəˈkju:l] *n.* 波瓦羅《比利時的名偵探, 爲英國作家 A. Christie 的偵探小說中的人物》。

poise [pɔɪz; pɔiz]《源自古法語「量」之義》**—*v.t.* 1** 〔十受十介十(代)名〕**a** 使…〔在…〕保持平衡, 使…安定〔在…〕〔*on*〕：~ a water jug **on** one's head 使水罐在頭上保持平衡, 把水罐平衡地頂在頭上。**b** [~ *oneself*]〔用…〕保持平衡〔*on*〕：~ *oneself* **on** one's toes 踮著脚尖保持平衡。

2 a 〔十受(十副詞(片語))〕使〈身體的某部位〉保持(某種姿態), 採取(某種姿態)：She ~*d* her elbow *on* her knee. 她採取手肘置於膝蓋上的姿態。**b** 〔十受十介十(代)名〕[~ *oneself*]輕輕地坐〔在…〕〔*in, on*〕《★常以過去分詞當形容詞用；⇨ poised 4》。

P

3 〔十受(十副詞(片語))〕使…懸空(在…)《★常以過去分詞當形容詞用；⇨ poised 3》.

4 a 〔十受十介十(代)名〕〔～ one*self*〕擺出〔…的〕姿勢，做出〔…的〕準備〔*for*〕《★常以過去分詞當形容詞用；⇨ poised 5 a》：He *～d himself* **for** a jump. 他擺出跳躍的姿勢。**b** 〔十受十 *to* do〕〔～ one*self*〕擺出〈做…的〉姿勢；準備〈做…〉《★ones*self* 也常以過去分詞當形容詞用；⇨ poised 5 b》：He *～d himself* **to** jump [*to* ward off the attack]. 他擺出要跳起[擋開攻擊]的姿勢。

—*v.i.* **1** 均衡，保持平衡。**2** 〈鳥等〉盤旋。

—*n.* **1** Ⓤ平衡，均衡。**2** Ⓤ平靜；穩定，鎮定。**3** Ⓒ姿態，態度。

poised *adj.* **1** 〈人〉鎮定的，泰然自若的。

2 [不用在名詞前]〔十介十(代)名〕〔在…之間〕搖擺不定的，徘徊的〔*between*〕：The patient was ～ ***between*** life and death. 那個病人徘徊在生死之間。

3 [不用在名詞前]懸在空中的(cf. poise *v.t.* 3)：The lark was ～ for a moment before turning on its wings. 那隻雲雀在變更方向以前在空中盤旋了片刻。

4 [不用在名詞前]〔十介十(代)名〕輕輕地坐在〔…〕的〔*in, on*〕(cf. poise *v.t.* 2 b)：She was ～ ***on*** a chair. 她輕輕地坐在椅子上。

5 [不用在名詞前] **a** 〔十介十(代)名〕〔爲…事〕準備好的〔*for*〕(cf. poise *v.t.* 4 a)：They were ～ ***for*** departure. 他們爲出發做好了準備。**b** 〔十 *to* do〕準備好〈做…〉的(cf. poise *v.t.* 4 b)：They were ～ *to* depart. 他們準備好要出發了。

‡**poi·son** [ˈpɔɪzn̩; ˈpɔizn] 《源自古法語「喝的東西」之義》**—*n.*** **1** Ⓤ[表示種類時爲Ⓒ]**毒，毒藥**：a deadly ～ 劇毒/take ～ 服毒/One man's meat is another man's ～. ⇨ meat 4.

2 ⓊⒸ毒害；弊害；有害的主義[學說，影響]〔*to*〕：He thinks pornography is ～ *to* young minds. 他認爲色情會腐蝕年輕人的心靈。

3 [**one's ～**]《口語・謔》飲料；(尤指)酒：What's your ～? = Name your ～. 你喝什麼酒？

4 Ⓤ(原子爐的)有毒物質，有害物質。

háte...like póison 非常厭惡…，痛恨…。

—*v.t.* **1** 〔十受〕 **a** 放[塗抹]毒藥於…：～ a person's drink 在某人的飲料中下毒。**b** 毒殺…。**2 a** 〔十受〕(在道德上)危害，毒害〈人〉；使…染上壞習氣：Drugs ～ a person's joy in life. 麻藥危害人生的歡樂。**b** 〔十受十介十(代)名〕使〈人(心)〉〔對…〕存有(不良的)偏見〔*against*〕：That *～ed* his mind ***against*** me. 那件事使他對我心存偏見。

pói·soned *adj.* 摻毒的，下了毒的，塗有毒藥的：a ～ arrow 毒箭。

pói·son·er [-znɚ; -znə] *n.* Ⓒ毒害者，放毒者，毒殺者，有毒之物。

póison fáng *n.* Ⓒ毒牙。

póison gás *n.* Ⓤ毒氣。

pói·son·ing [-znɪŋ; -zniŋ] *n.* Ⓤ中毒：(get) food ～ (患)食物中毒。

póison ívy *n.* Ⓤ《植物》鉤吻，野葛《北美產，碰到皮膚會發炎》。

póison óak *n.* 《植物》 **1** ＝poison ivy. **2** ＝poison sumac.

poi·son·ous [ˈpɔɪznəs; ˈpɔiznəs] 《poison 的形容詞》**—*adj.*** (**more ～; most ～**) **1 有毒的，**(有)毒性的：a ～ snake 毒蛇/～ wastes 有毒的廢棄物。**2** (道德上)有害的，有惡意的。**3** 令人極端不快的。

póison-pén *adj.* [用在名詞前] **1** (匿名而)惡意誹謗的〈信件等〉。**2** 寫誹謗信的〈人〉。

póison súmac *n.* Ⓒ《植物》生於濕地的一種極毒的鹽膚木。

poke[1] [pok; pouk] 《源自中古荷蘭語「(用刀)刺」之義》**—*v.t.*** **1 a** 〔十受〕(用手指、手、棍子等)刺，戳…：Don't ～ me. 別戳我。**b** 〔十受十介十名〕推[戳]〈某人〉〔身體某部位〕〔*in*〕《★用法在表示身體部位的名詞前加 the》：He *～d* me ***in the*** ribs. 他戳了一下我的肋骨。**c** 〔十受(十副)〕撥燃〈埋在灰裏的炭火〉〈*up*〉：He *～d* the fire ***up***. 他把火撥燃。

2 〔十受十介十(代)名〕〔在…〕戳，刺〈洞〉〔*in, through*〕：Somebody has *～d* a hole ***in*** the paper screen. 有人在那個紙屏風上戳了個洞。

3 〔十受(十副詞(片語))〕把〈角、鼻子、棒子等〉伸出(…)，把…伸入(…中)：The boy *～d* the stick *through* the bars of the cage. 那個男孩把棍子從獸檻的鐵柵間伸進去/Never ～ your head *out of* a train window. 絕不可把你的頭伸出火車窗外/He *～d* his finger *in* [*through*]. 他把手指伸進去[戳入]。

4 《口語》 **a** 〔十受〕用拳頭毆打…。**b** 〔十受十介十名〕毆打〈某人〉〔身體某部位〕〔*in*〕《★用法在表示身體部位的名詞前加 the》.

5 〔十受〕《俚》與〈女子〉性交。

—*v.i.* **1 a** 〔動(十介十(代)名)〕刺，戳〔…〕〔*at*〕：He *～d* ***at*** the frog with a stick. 他用棍子戳青蛙。**b** 〔十介十(代)名〕撥燃〔埋在灰裏的炭火等〕〔*at*〕. **c** 〔十介十(代)名〕輕輕地[表示討厭地]戳〔食物〕〔*at*〕.

2 a 〔十副〕〈東西〉伸出，突出〈*out, up, down*〉：Only the tip of an iceberg *～s* ***up*** above water. 只有冰山的尖端突出於水面。**b** 〔十介十(代)名〕〈東西〉〔從…〕伸出，突出〔*through, out of*〕：His big toe was *poking* ***through*** his stocking. 他的大脚趾從襪子(的破處)伸了出來。

3 〔十介十(代)名〕刺探，調查〔…〕〔*into*〕：Stop *poking* ***into*** my personal affairs. 停止刺探我的私事。

4 〔十介十(代)名〕《口語》用拳頭揍〔…〕〔*at*〕.

póke abóut [《美》**aróund**] 《*vi adv*》《口語》⑴尋找，到處搜查；刺探〔…〕〔*for*〕. ⑵閒蕩，慢吞吞地前進[工作]：Don't ～ *around* on the way to school. 不要在上學途中閒蕩。

—*n.* Ⓒ **1** 刺，戳；推。**2** 《口語》(用拳頭的)毆打：take a ～ *at* a person 毆打某人。

poke[2] [pok; pouk] *n.* Ⓒ《古・方》口袋，小袋。

búy a píg in a póke ⇨ pig.

pok·er[1] [ˈpokɚ; ˈpoukə] *n.* Ⓒ **1** 刺[戳]的人[東西]。**2** 火鉗，撥火棍：(as) stiff as a ～ (態度等)很呆板[生硬]的。

po·ker[2] [ˈpokɚ; ˈpoukə] *n.* Ⓤ《紙牌戲》撲克牌。

> **【說明】**撲克牌是一種紙牌戲，打牌者各持五張牌，盡量組成高分[强勢]的手牌(hand)，以籌碼(chip)作賭注，使對方棄牌或攤牌；以包括丑角牌(joker)的五十三張牌玩，手牌的高分順序由上起爲 five of a kind, royal flush, straight flush, four of a kind, full house, flush, straight, three of a kind, two pairs, one pair, no pair；⇨ card[1] 2a【說明】。

póker fàce 《源自玩撲克牌戲者爲防洩漏手中牌的强弱而裝出的表情》**—*n.*** Ⓒ《口語》無表情的臉，撲克牌面孔。

póker-fáced *adj.*

póker·wòrk *n.* **1** Ⓤ烙畫術《用燒紅的烙鐵在木頭或皮革上烙成圖畫或花樣的工藝》。**2** Ⓒ烙畫裝飾。

pok(e)y [ˈpokɪ; ˈpouki] *adj.* (**pok·i·er; -i·est**)《口語》**1** 〈房間等〉悶人的，狹小的：a ～ little room 狹窄的房間。**2** 〈衣服等〉破舊的。

—*n.* Ⓒ(*pl.* ～s)《俚》監獄(jail). **pók·i·ly** *adv.*

pol [pɑl; pɔl] *n.* Ⓒ老資格的政客；黨派政治老手。

pol. 《略》political; politics. **Pol.** 《略》Poland; Polish.

Po·lack [ˈpolæk; ˈpoulæk] *n.* Ⓒ《俚・輕蔑》有波蘭血統的人。

Po·land [ˈpolənd; ˈpoulənd] *n.* 波蘭《歐洲中東部的一個共和國；首都華沙(Warsaw)》.

po·lar [ˈpolɚ; ˈpoulə] 《pole[2] 的形容詞》**—*adj.*** [用在名詞前] **1** 南[北]極的，極地的；近極地的：a ～ expedition 極地探險/the ～ circles (南北)極圈/the ～ lights 南[北]極光/the ～ star 北極星/the ～ route to London 繞北極往倫敦的航路。

2 《文語》〈性格、傾向、行動等〉正相反的：～ opposites 兩極端。

3 《電學》有陰[陽]極的；磁極的，有磁性的。

—*n.* Ⓒ《幾何》極線。

pólar bèar *n.* Ⓒ《動物》北極熊，白熊。

Po·lar·is [poˈlɛrɪs, -ˈlær-; pouˈlæris] *n.* **1** 《天文》北極星(the polestar). **2** Ⓒ《美海軍》北極星飛彈《可從潛航中的潛艇上發射的中程彈導飛彈》。

po·lar·i·scope [poˈlærəˌskop; pouˈlæriskoup] *n.* Ⓒ《光學》偏(振)光鏡。**po·lar·iscop·ic** [poˌlærəˈskɑpɪk; pouˌlæriˈskɔpik˝] *adj.*

po·lar·i·ty [poˈlærətɪ; pouˈlærəti] 《polar 的名詞》**—*n.*** ⓊⒸ **1** (兩)極性；(電的)兩極(性)；(陰、陽的)極性：magnetic ～ 磁極性。**2** (主義、性格的)正相反，對立；兩極端。

po·lar·i·za·tion [ˌpolərəˈzeʃən; ˌpouləraiˈzeiʃn] 《polarize 的名詞》**—*n.*** **1** Ⓤ極性化；(電的)兩極(化)，極化(作用)。**2** ⓊⒸ偏向；對立，分裂。

po·lar·ize [ˈpoləˌraɪz; ˈpouləraiz] 《polar 的動詞》**—*v.t.*** **1 a** 賦與…極性。**b** 使〈光波〉偏光：*～d* light 偏振光。**2 a** 〔十受(十介十(代)名)〕使…偏向〔…〕；定…方向〔*toward*〕. **b** 〔十受(十介十(代)名)〕使…極化，使…分裂〔爲二〕〔*into*〕：The issue has *～d* congress (***into*** two groups). 該爭論(點)使國會分裂(成兩個集團)。**c** 〔十受〕使〈字〉有特殊的意義。

—*v.i.* 產生極性；極化，分裂。

pólar·iz·er *n.* Ⓒ《光學》起偏振器《起偏振鏡等》。

Po·lar·oid [ˈpoləˌrɔɪd; ˈpoulərɔid] *n.* 《商標》**1** Ⓤ起偏振片《用於太陽眼鏡等的人造偏振片》。**2** (又作 **Pólaroid càmera**)Ⓒ拍立得照相機。**3** [～s]偏光眼鏡。

pol·der [ˈpoldɚ; ˈpouldə] *n.* Ⓒ(荷蘭沿海的)新填築之低地。

‡**pole[1]** [pol; poul] 《源自拉丁文「樁」之義》**—*n.*** Ⓒ **1 a** [常構成複合字](細長的)**棍子，竿，柱子**：a fishing ～ 釣竿/a punt ～ (用於平底船的)船篙/a telegraph ～ 電線桿/a ski ～ 滑雪杖/⇨ flagpole, maypole, totem pole. **b** (撐竿跳用的)跳竿。

2 a (電車的)豎桿。**b** (理髮店的)招牌桿(barber('s) pole). **c** (車的)轅桿。

3 竿《長度單位＝5.03 公尺；面積單位＝25.3 平方公尺；⇨ rod 5》.

ùp the póle 《英口語》⑴有點發瘋。⑵進退維谷，陷入困境。

—*v.t.* 〔十受十副詞(片語)〕**1** 用篙撐〈船等〉(往…)。**2** [~ one's way]用棒[竿]等推進(往…)。—*v.i.* 〔十副詞(片語)〕**1** 用篙撐船(往…)。**2** 用滑雪杖增加速度。

pole² [pol; poul] «源自希臘文「軸」之義» —*n.* Ⓒ **1**《天文·地理》極；極地：the North [South] *P*~ 北[南]極。**2** 電極；磁極；(電池等的)極板，極線：the positive [negative] ~ 陽[陰]極。**3** 極端，正相反。

be póles apárt [asúnder] 截然相反，極端不同，南轅北轍。

Pole [pol; poul] *n.* Ⓒ波蘭人：the ~*s* 波蘭國民。

póle·àx,《英》**-àxe** *n.* Ⓒ **1** (昔日的)戰斧《由斧與矛組合成之中世紀的步兵用武器》。**2** (屠宰家畜用的)斧，鉞。

—*v.t.* **1** 用斧屠宰〈動物〉。**2** 重擊頭部使〈人〉昏迷。

póle·càt *n.* Ⓒ《動物》**1**《英》雞貂。**2**《美》斑紋臭鼬。

póle jùmp =pole vault.

po·lem·ic [po'lɛmɪk; pou'lemik] «源自希臘文「戰爭的」之義» —*adj.* **1** 議論的，好爭論的：a ~ writer 好論戰的作家。**2** 辯論術的；論證法的。—*n.* Ⓒ爭論；辯論者。

po·lém·i·cal [-mɪkl; -mikl] *adj.* =polemic.

~**·ly** [-klɪ; -kəli] *adv.*

po·lem·ics [po'lɛmɪks; pou'lemiks] *n.* Ⓤ **1** 辯論(術)。**2** (神學上的)論證法。

póle·stàr *n.* **1** [the ~；常 P~]《天文》北極星(the North Star). **2** Ⓒ **a** 指導原則，指標。**b** 目標；有吸引力的中心。

póle vàult *n.* **1** [the ~] (運動項目的)撐竿跳。**2** Ⓒ (一次的)撐竿跳。

póle-vàult *v.i.* 作撐竿跳高。

‡po·lice [pə'lis; pə'li:s] «源自拉丁文「行政」之義；作「警察」之義始於十八世紀» —*n.* Ⓤ **1** [集合稱；當複數用；常 the ~]警察；警方(★作此字義時無複數；稱「一名警察」時用 policeman, policewoman)：harbor [marine] ~ 港口[水上]警察/the metropolitan ~ department 市警局/⇨ riot police/call *the* ~ 打電話給警方/*The* ~ *are* on his track. 警方正在追捕他/Several hundred ~ *are* on duty. 數百名警察在值勤當中。

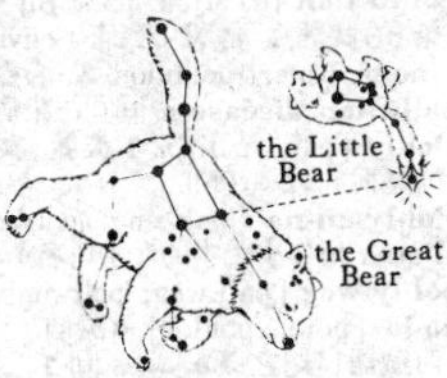

【插圖說明】小熊座(the Little Bear)尾巴的前端就是the polestar.

【說明】(1)美國的警察在地方政府的管轄下；英美都不設派出所，對警察的稱呼用 officer.
(2)英美的警察階級由下而上依序爲：
a 美國《因各州或各市的階級制度不相同，以下所舉者僅是其中一例》：police officer, patrolman–sergeant–lieutenant–captain– deputy inspector–inspector–deputy chief of police–assistant chief of police–chief of police《★有時 inspector 之上爲 deputy superintendent–superintendent》.
b 英國：constable–sergeant–inspector–chief inspector–superintendent–chief superintendent– 再上去(1)在 Metropolitan Police Force (倫敦首都警察(局))爲 commander–deputy assistant commissioner– assistant commissioner–deputy commissioner–Commissioner of Police of the Metropolis；(2)在 City of London Police Force (倫敦市警察)爲 assistant commissioner–Commissioner of Police；(3)在其他自治地方則爲 assistant chief constable–chief constable.

2 [集合稱；當複數用；常 the ~]保安(隊)(★作此字義時無複數)：*the* military ~ 憲兵隊/*the* campus ~ 校警。

—*v.t.* 〔十受〕**1** 維持…的治安：The zone was ~*d* by United Nations forces. 該地帶由聯合國部隊維持治安。**2** (由警察等)取締…：The expressway was ~*d against* speeding. 那條高速公路由警察取締超速。

políce bòx *n.* Ⓒ警察崗哨。

políce càr *n.* Ⓒ巡邏車。

políce cónstable *n.* Ⓒ《英》警員《階級最低的警察；略作 P.C.；⇨ police【說明】》。

políce còurt *n.* Ⓒ警務法庭，違警罪法庭《審理輕微罪行或違警案件》。

políce dòg *n.* Ⓒ警犬。

políce fòrce *n.* Ⓤ警力，警方。

políce inspéctor *n.* Ⓒ《美》巡官；《英》副巡官(⇨ police【說明】)。

políce mágistrate *n.* Ⓒ警務[違警罪]法庭的推事。

‡po·lice·man [pə'lismən; pə'li:smən] *n.* Ⓒ (*pl.* **-men** [-mən; -mən])警察，警員(cf. police 1)：a ~ on guard 值勤警察。

【說明】(1)英國的警察不帶槍，只帶警棍(truncheon)，而且只許爲自衛使用，美國警察因爲是從自衛團發展出來的，所以除了警棍(nightstick)外還帶手槍。
(2)英國人在口語中稱警察爲 bobby, 在英美的俚語中則稱其爲 copper,《口語》又作 cop.

políce òffice *n.* Ⓒ《英》(市、鎮的)警察局。

políce òfficer *n.* Ⓒ **1** 警官。**2**《美》警員《階級最低的警察；⇨ police【說明】》。

políce sérgeant *n.* Ⓒ警佐(⇨ police【說明】)。

políce stànd *n.* =police box.

políce stàte *n.* Ⓒ警察國家《用祕密警察來壓制人民權利和自由的國家》。

políce stàtion *n.* Ⓒ警察局。

políce·wòman *n.* Ⓒ(*pl.* **-women**)女警。

pol·i·cy¹ ['pɑləsɪ; 'pɔləsi] «與 police 同字源» —*n.* **1** Ⓒ政策，方針；手段，方法：a wise ~ 高明的方法/a foreign ~ 外交政策/Honesty is the best ~.《諺》誠實爲上策。**2** Ⓤ明智，深慮。

pol·i·cy² ['pɑləsɪ; 'pɔləsi] «源自希臘文「表示」之義» —*n.* Ⓒ保險單，保單：an endowment ~ 養老保單/take out a ~ on one's life 投保人壽保險。

pólicy·hòlder *n.* Ⓒ保險客戶，保戶，投保人。

pólicy·màker *n.* Ⓒ決策者；重要官員。

po·li·o ['polɪ,o; 'pouliou] «*polio*myelitis 之略» —*n.* Ⓤ《口語》小兒痲痺症。

pol·i·o·my·e·li·tis [,polɪo,maɪə'laɪtɪs; ,poulioumaiə'laitis] *n.* Ⓤ《醫》脊髓灰質炎，(脊髓性)小兒痲痺症。

pólio váccine *n.* Ⓤ [指產品個體時爲Ⓒ]《口語》小兒痲痺症疫苗。

pol·i·o·vi·rus [,polɪo'vaɪrəs; ,pouliou'vaiərəs] *n.* Ⓒ脊髓灰質炎病毒。

***pol·ish** ['pɑlɪʃ; 'pɔliʃ] «源自拉丁文「使光滑」之義» —*v.t.* **1 a** 〔十受(十副)〕磨光〈東西〉，使…光亮〈*up*〉：~ one's shoes [glasses]擦亮鞋子[眼鏡]/~ furniture 擦亮家具。

【同義字】polish 指使東西的表面光滑或磨擦東西使產生光澤；burnish 特指擦亮[磨光]金屬。

b 〔十受十補〕把〈東西〉擦〈成…〉，擦〈東西〉〈使成…〉：~ one's shoes shiny 把鞋子擦亮。

2 〔十受〕**a** 潤飾，推敲；磨鍊…：~ a speech 潤飾發言稿。**b** 使…洗鍊[高雅]《★常以過去分詞當形容詞用；⇨ polished 2》。

—*v.i.* [常與表示情況的副詞連用]發出光澤，變光滑：This floor won't ~. 這地板擦不亮。

pólish óff 《*vt adv*》(1)《口語》很快地做完〈工作〉；很快地吃完〈飯〉：~ *off* a bottle of wine 一下子喝完一瓶葡萄酒。(2)《口語》打敗，打倒〈對手、敵人等〉：He ~*ed off* the opponent in the third round. 他在第三回合就把對手打倒了。(3)《俚》殺掉〈人〉。

pólish úp 《*vt adv*》(1)⇨ *v.t.* 1 a. (2)擦亮；修飾；改進…(brush up)：~ *up* one's English 改進英語，提高英語水平。

—*n.* **1** Ⓤ [又作 a ~] **a** 磨擦：give...*a* ~ 磨擦〈東西〉。**b** 光澤，亮光：put *a* ~ on... (打磨)使…產生光澤/take *a* high ~ 可磨得很光亮。**2** Ⓤ [指產品個體或種類時爲Ⓒ]擦亮粉，光澤劑，洋漆(varnish)：shoe ~ 鞋油。**3** Ⓤ (態度、作法等的)洗鍊；修養；高雅，優美。

Pol·ish ['polɪʃ; 'pouliʃ] «Poland, Pole 的形容詞» —*adj.* 波蘭(人，語)的。—*n.* Ⓤ波蘭語《略作 Pol.》.

pól·ished *adj.* **1** 磨光的，擦亮的，有光澤的。**2** 高雅的，洗鍊的，優美的：a ~ gentleman 高雅的紳士/~ manner 優雅的舉止。

pól·ish·er *n.* Ⓒ **1** 擦亮者。**2** [常構成複合字]磨光器[布]。

Pol·it·bu·ro ['pɑlɪt,bjuro; 'pɔlit,bjuərou] «源自蘇聯語 'political bureau' 之義» —*n.* [常 the ~] (蘇聯的)政治局《決定政策的最高指導機關》。

‡po·lite [pə'laɪt; pə'lait] «源自拉丁文「打磨」之義» —*adj.* (**po·lit·er, po·lit·est**；**more ~, most ~**) **1 a** 有禮貌的，客氣的：a ~ man 有禮貌的人/a ~ remark 客氣的話/with ~ silence 以客氣的沉默/say something ~ about... 恭維…。

【同義字】polite 是體諒對方的心情，表示自己懂得規矩，因此也有消極的「避免失禮」之意；courteous 除了 polite 的含義外，還帶有避免傷害他人感情、尊嚴的特別考慮；civil 則較 polite 予人冷漠的感覺，其禮貌的程度僅只於保持不失禮，不與人不快感覺。

b [不用在名詞前]〔十介十(代)名〕〔對…〕有禮貌的，客氣的〔*to*〕：Be *politer* [more ~] *to* strangers. 對陌生人要有禮貌些。**c** 〔十 *of* 十(代)名 (十 *to* do)/十 *to* do〕[某人]〈做…是〉有禮貌的；〈某人〉〈做…是〉有禮貌的：It was ~ *of* her *to* offer me her seat.=She was ~ *to* offer me her seat. 她把座位讓給我，眞有禮貌。

2 a〈文章等〉推敲過的，精鍊的，優美的：～ letters [literature] 純文學。**b** 高雅的，有教養的；上流的(↔ vulgar)：～ society 上流社會/do the ～ thing 舉止高雅。

dò the políte《口語》(硬)裝高雅，(故意)裝出彬彬有禮的樣子。

～**·ly** *adv.* ～**·ness** *n.*

pol·i·tic [ˋpɑlə͵tɪk; ˈpɔlitik] *adj.*《文語》**1** 設想周到的，有智慮的，精明的。**2**〈人、行動等〉玩弄策略的，狡猾的。**3** 政治上的《★常用於下面片語》：the body ～ 國家。

‡**po·lit·i·cal** [pəˋlɪtɪkl; pəˈlitikl] *adj.* (**more** ～；**most** ～) **1** (無比較級、最高級) **a** 政治(上)的，有關政治的：～ freedom 政治自由/a ～ offense [prisoner] 政治犯罪[政治犯]/～ rights 政權/one's ～ enemies 政敵/a ～ view 政見。**b** 政治學的：～ theory 政治學理論。**2** (無比較級、最高級) **a** 參與政治的，國家政治的：a ～ party 政黨。**b** 政黨的，黨策的；政策(上)的：a ～ campaign 政治運動[活動]。**3** (無比較級、最高級) 有關行政的：a ～ office 行政機關。**4** 關心政治的，從事政治活動的，政治性的：Students today are not ～. 今日的學生都不關心政治。**5** 有關個人[團體]的地位的。～**·ly** [-kḷɪ; -kəli] *adv.*

polítical asýlum *n.* Ⓤ(對於流亡國外的政治異議份子的)政治庇護，政治避難。

polítical ecónomy *n.* Ⓤ **1** 政治經濟學。**2**《古》經濟學《economics 的舊稱》。

polítical geógraphy *n.* Ⓤ政治地理(學)。

po·lit·i·cal·ize [pəˋlɪtɪkḷ͵aɪz; pəˈlitikəlaiz] *v.* ＝politicize.

polítical scíence *n.* Ⓤ政治學。

polítical scíentist *n.* Ⓒ政治學家。

***pol·i·ti·cian** [͵pɑləˋtɪʃən; ͵pɔliˈtiʃn] *n.* Ⓒ **1** 政治家 (⇨ statesman【同義字】)。**2**《輕蔑》(以追求權利與財富爲目的的)政客。

po·lit·i·cize [pəˋlɪtə͵saɪz; pəˈlitisaiz] «politic 的動詞»—*v.t.* **1** 使…政治[政黨]化：Education is too important to be ～*d*. 教育(問題)很重要，不宜政治化。**2** 使〈人〉關心政治。

—*v.i.* 關心政治。**po·lit·i·ci·za·tion** [pə͵lɪtəsaɪˋzeʃən; pə͵litisaiˈzeiʃn] *n.*

pol·i·tick [ˋpɑlɪtɪk; ˈpɔlitik] *v.i.* 從事政治活動。

pol·i·tick·ing [ˋpɑlɪ͵tɪkɪŋ; ˈpɔlitikiŋ] *n.* Ⓤ(尤指爲圖謀個人利益而)從事政治活動。

po·lit·i·co [pəˋlɪtɪ͵ko; pəˈlitikou] «源自西班牙語或義大利語»—*n.* Ⓒ (*pl.* ～**s**, ～**es**)《輕蔑》政客。

po·lit·i·co- [pəˋlɪtɪko-; pəlˈitikou-] [複合用詞] 表示「政治(性的)」之意。

‡**pol·i·tics** [ˋpɑlə͵tɪks; ˈpɔlitiks] *n.* **1** Ⓤ(當作學問、技術的)政治；政治學：international ～ 國際政治/talk ～ 談論政治/go into ～ 踏入[進入]政界/*P*～ does not seem to interest him at all. 政治似乎一點也引不起他的興趣。**2** [當單數或複數用] (實際上的、職業上的) 政策；策略。**3** [當複數用] 政綱，政見：What are your ～? 你有何政見？

pláy pólitics 玩弄策略以圖私利。

pol·i·ty [ˋpɑlətɪ; ˈpɔləti] *n.* **1** Ⓤ政治形態[組織]，政體：civil [ecclesiastical] ～ 國家[教會]行政組織[機構]。**2** Ⓒ政治性的組織體，國家組織，國家(state)。**3** Ⓤ[常 **the** ～；集合稱] (一個國家內的) 市民，國民《★用法 視爲一整體時當單數用，指全部個體時當複數用》。

Polk [pok; pouk], **James Knox** *n.* 波克《1795-1849；於 1845-49 爲美國第十一位總統》。

pol·ka [ˋpolkə, ˋpokə; ˈpɔlkə, ˈpoulkə] *n.* Ⓒ **1** 波爾卡舞《起源於波希米亞，爲雙人跳的二拍子輕快圓舞》。**2** 波爾卡舞曲。

pólka dòt [ˋpolkə-; ˈpɔlkə-] *n.* Ⓒ[常 ～**s**] (衣料的)圓點花樣。

pólka-dòt(ted) *adj.*

poll [pol; poul] «源自中古荷蘭語「頭」之義»—*n.* **1** [用單數] **a** (選舉等的) 投票：at the head of the ～ 以最高票/head the ～ 得最高票。**b** 投票數；投票結果：a heavy [light] ～ 高[低]投票率/declare the ～ 發表投票結果。**2** Ⓒ選舉人名册。**3** [**the** ～**s**] 投票所：go to *the* ～*s* 到投票所(去投票)。**4** Ⓒ輿論調查，民意調查[問卷]：an opinion ～ 輿論調查/⇨ Gallup poll.

—*v.t.* 〔十受〕**1** 作…的民意調查。**2 a** 得到〈多少票數〉：The candidate ～*ed* over 30,000 votes. 那位候選人獲得了三萬多票。**b** 統計[記錄]〈選區〉的票《★常用被動語態》。**c** 投〈票〉：～ a vote 投一票。**3 a** 剪〈草、樹梢〉。**b** 鋸下〈家畜〉的角。

—*v.i.* [動(十介十(代)名)] 投票[給…] [*for*].

Poll [pɑl; pɔl] *n.* **1** 波爾《女子名》。**2** 鸚鵡《稱呼用》。

pol·lack [ˋpɑlək; ˈpɔlək] *n.* Ⓒ鱈屬之魚；狹鱈。

pol·lard [ˋpɑlɚd; ˈpɔləd] *n.* Ⓒ **1** 截去了樹梢的樹。**2** 無角[去角]的鹿[牛(等)]。

—*v.t.* 剪短〈樹〉的枝頭。

pol·len [ˋpɑlən; ˈpɔlən] *n.* Ⓤ《植物》花粉。

póllen còunt *n.* Ⓒ花粉數《一定場所與一定時間內空中所含有的花粉數量，被視爲花粉過敏症的警報》。

pol·li·nate [ˋpɑlə͵net; ˈpɔləneit] *v.t.*《植物》給…授粉；傳授花粉給…。

pol·li·na·tion [͵pɑləˋneʃən; ͵pɔliˈneiʃn] «pollinate 的名詞»—*n.* Ⓤ《植物》授粉(作用)。

póll·ing bòoth [ˋpolɪŋ-; ˈpouliŋ-] *n.* Ⓒ(投票所的)圈票處。

pólling dày *n.* Ⓒ投票日，選舉日。

pólling plàce [《英》**stàtion**] *n.* Ⓒ投票所。

pol·li·no·sis [͵pɑləˋnosɪs; ͵pɔliˈnousis] «源自 pollen (花粉) 之義»—*n.* Ⓤ《醫》花粉病，花粉過敏症《對特定的花粉會引起過敏的症狀》。

pol·li·wog [ˋpɑlɪ͵wɑg; ˈpɔliwɔg] *n.* Ⓒ《英方言·美》蝌蚪(tadpole)。

póll párrot *n.* (又作 **Poll, Polly**) Ⓒ《俚》(受人飼養的)鸚鵡。

poll·ster [ˋpolstɚ; ˈpoulstə] *n.* Ⓒ《口語》民意調查人。

póll tàx *n.* Ⓒ人頭稅。

pol·lu·tant [pəˋlutṇt; pəˈlu:tənt] *n.* ⓊⒸ污染物《尤指放入水中和空氣中之有害的化學物質》。

pol·lute [pəˋlut; pəˈlu:t] «源自拉丁文「弄髒」之義»—*v.t.* **1** 污染，弄髒〈水、空氣等〉：～ the air [the environment] 污染空氣[環境]。**2 a** 使〈心靈〉墮落；敗壞〈品性〉。**b** 褻瀆，冒瀆〈神聖的場所〉。

‡**pol·lu·tion** [pəˋluʃən; pəˈlu:ʃn] «pollute 的名詞»—*n.* Ⓤ **1** 污染(的狀態)，污穢；公害：environmental ～ 環境污染/⇨ air [noise, water] pollution. **2** (心靈的)墮落。

pollútion diséase *n.* ⓊⒸ污染病。

Pol·ly [ˋpɑlɪ; ˈpɔli] *n.* **1** 波麗《女子名；Molly 的變體字；Mary 的暱稱》。**2** ＝Poll.

Pol·ly·an·na [͵pɑlɪˋænə; ͵pɔliˈænə] «源自美國作家 Eleanor Porter 所作小說中的女主角名»—*n.* Ⓒ《輕蔑》過分樂觀的人。

pol·ly·wog [ˋpɑlɪ͵wɑg; ˈpɔliwɔg] *n.* ＝polliwog.

po·lo [ˋpolo; ˈpoulou] «源自西藏語「球」之義»—*n.* Ⓤ **1** 馬球《四人一組的兩組人騎在馬背上，用木槌狀的長柄棍(mallet)，把木球打入對方球門得分的一種球賽》：a ～ pony 打馬球時騎的小馬。**2** 水球(water polo).

polo 1

Po·lo [ˋpolo; ˈpoulou], **Mar·co** [ˋmɑrko; ˈmɑ:kou] *n.* 馬可波羅《1254？-1324？；義大利的旅行家，爲「東方見聞錄」的作者》。

pol·o·naise [͵pɑləˋnez, ͵pɑlə-; ͵pɔləˈneiz] «源自法語「波蘭的(舞蹈)」之義»—*n.* Ⓒ **1** 波羅奈舞曲《一種慢步三拍子的波蘭民族舞曲》。**2** 波蘭裙《一種長下襬的女裝》。

pólo nèck *n.* Ⓒ《英》翻摺的圓領(《美》turtleneck)《沿著頸部高起的翻摺領》。

po·lo·ni·um [pəˋlonɪəm; pəˈlounjəm] *n.* Ⓤ《化學》釙《放射性元素；符號 Po》。

po·lo·ny [pəˋlonɪ; pəˈlouni] «源自 bologna (sausage)？»—*n.* Ⓒ[當作菜名時爲Ⓤ]《英》半熟乾香腸《用豬、牛、羊等的肉混合製成》。

pólo shìrt *n.* Ⓒ馬球衫《運動用的圓領[翻摺領]短袖衫》。

pol·ter·geist [ˋpoltɚ͵gaɪst; ˈpɔltəgaist] «源自德語「發出聲響的幽靈」之義»—*n.* Ⓒ吵鬧的鬼《據說會發出怪聲響或打破室內東西的鬼魅》。

pol·troon [pɑlˋtrun; pɔlˈtru:n] *n.* Ⓒ《古》膽小鬼，懦夫(coward).

pol·troon·er·y [pɑlˋtrunərɪ; pɔlˈtru:nəri] *n.* Ⓤ膽小，怯懦。

pol·y [ˋpɑlɪ; ˈpɔli] «*poly*technic 之略»—*n.* Ⓒ (*pl.* ～**s**)《英》工藝學校。

pol·y- [pɑlɪ-; pɔli-] [複合用詞] 表示「多」之意 (cf. mono-, uni-, multi-).

pol·y·an·drist [͵pɑlɪˋændrɪst; ͵pɔliˈændrist] *n.* Ⓒ多夫的女人。

pol·y·an·drous [͵pɑlɪˋændrəs; ͵pɔliˈændrəs] «polyandry 的形容詞»—*adj.* **1** 一妻多夫的。**2**《植物》多雄蕊的。

pol·y·an·dry [͵pɑlɪˋændrɪ; ˈpɔliændri] «源自希臘文「擁有多夫」之義»—*n.* Ⓤ **1** 一妻多夫(制) (cf. polygamy 1, polygyny 1). **2**《植物》多雄蕊。

pol·y·an·thus [͵pɑlɪˋænθəs; ͵pɔliˈænθəs] *n.* Ⓤ [指個體或種類時爲Ⓒ]《植物》西洋櫻草《櫻草交配種的總稱》。

pol·y·ar·chy [ˋpɑlɪ͵ɑrkɪ; ˈpɔliɑ:ki] *n.* Ⓤ多頭政治。

pol·y·cen·tric [͵pɑlɪˋsɛntrɪk; ͵pɔliˈsentrik] *adj.* **1** 多中心的。**2** (共產黨)多元論的。

pol·y·chrome [ˋpɑlɪ͵krom; ˈpɔlikroum] *adj.* 多色的，多色[彩色]印刷的。

—*n.* Ⓒ多色的東西，多色[彩色]印刷品。

pol·y·chro·my [ˋpalɪ͵kromɪ; ˈpɔlikroumi] *n.* Ⓤ彩(色裝)飾法；多色畫法。

pol·y·clin·ic [͵palɪˋklɪnɪk; ˌpɔliˈklinik] *n.* Ⓒ綜合醫院，聯合診所。

pol·y·es·ter [ˋpalɪ͵ɛstɚ, ͵palɪˋɛstɚ; ˈpɔliɛstə, ˌpɔliˈestə] *n.* Ⓤ《化學》多元酯，聚酯《高分子化合物》；多元酯纖維。

pol·y·eth·y·lene [͵palɪˋɛθəlin; ˌpɔliˈeθili:n] *n.* Ⓤ《美》聚乙烯《塑膠的一種》(《英》polythene).

po·lyg·a·mist [pəˋlɪgəmɪst; pəˈligəmist] *n.* Ⓒ多配偶者，一夫多妻[一妻多夫]主義者。

po·lyg·a·mous [pəˋlɪgəməs; pəˈligəməs] 《polygamy 的形容詞》—*adj.* **1** 多配偶的，一夫多妻[一妻多夫]的。**2**《植物》雌雄混株的。

po·lyg·a·my [pəˋlɪgəmɪ; pəˈligəmi] *n.* Ⓤ **1** 重婚《一夫多妻或一妻多夫；cf. monogamy》. **2**《植物》雌雄混株《一種植物的花兼具單性花(雄蕊或雌蕊)和兩性花者》。

pol·y·glot [ˋpalɪ͵glat; ˈpɔliglɔt] *n.* Ⓒ **1** 通數國語言的人。**2** 用數種語言對照的書，用數種語言寫的書籍《尤指聖經》。

—*adj.* [用在名詞前] **1** 通曉數國語言的。**2** 用數國語言寫的〈書籍等〉。

pol·y·gon [ˋpalɪ͵gan; ˈpɔligən] *n.* Ⓒ《幾何》多角形：a regular ～ 正多角形。**po·lyg·o·nal** [pəˋlɪgənl; pɔˈligənl] *adj.*

pol·y·graph [ˋpalɪ͵græf; ˈpɔligra:f] *n.* Ⓒ測謊器(lie detector).

po·lyg·y·ny [pəˋlɪdʒənɪ; pəˈlidʒəni] *n.* Ⓤ **1** 一夫多妻。**2**《植物》多雌蕊。

poly·he·dron [͵palɪˋhidrən; ˌpɔliˈhedrən, -ˈhi:d-] *n.* Ⓒ(*pl.* **-dra** [-drə; -drə], ～s)《幾何》多面體。**pol·y·he·dral** [͵palɪˋhidrəl; ˌpɔliˈhedrəl, -ˈhi:d-ˉ], **pol·y·he·dric** [͵palɪˋhidrɪk; ˌpɔliˈhedrik, -ˈhi:d-ˉ] *adj.*

Pol·y·hym·ni·a [͵palɪˋhɪmnɪə; ˌpɔliˈhimniə] *n.*《希臘神話》波莉亨妮《司讚美歌的女神，繆斯女神(the Muses)之一》。

pol·y·math [ˋpalɪ͵mæθ; ˈpɔlimæθ] 《源自希臘文「博學」之義》—*n.* Ⓒ博學者，學識淵博的人。

pol·y·mer [ˋpalɪmɚ; ˈpɔlimə] *n.* Ⓒ《化學》聚合體，聚合物(cf. monomer). **pol·y·mer·ic** [͵palɪˋmɛrɪk; ˌpɔliˈmerikˉ] *adj.*

pol·y·mor·phic [͵palɪˋmɔrfɪk; ˌpɔliˈmɔ:fikˉ] *adj.* = polymorphous.

pol·y·mor·phism [͵palɪˋmɔrfɪzəm; ˌpɔliˈmɔ:fizəm] *n.* Ⓤ **1**《結晶》同質異像。**2**《化學》(同質)多形。**3**《生物》多態性[現象]。

pol·y·mor·phous [͵palɪˋmɔrfəs; ˌpɔliˈmɔ:fəsˉ] *adj.* 有多形態的，多形的。

Pol·y·ne·sia [͵paləˋniʃə, -ʒə; ˌpɔliˈni:zjə, -ʒjə] 《源自希臘文「許多島嶼」之義》—*n.* 玻里尼西亞《太平洋中西部諸小島的總稱；cf. Micronesia, Melanesia》.

Pol·y·ne·sian [͵paləˋniʃən, -ʒən; ˌpɔliˈni:zjən, -ʒjənˉ] 《Polynesia 的形容詞》—*adj.* 玻里尼西亞(人，語)的。

—*n.* **1** Ⓒ玻里尼西亞人。**2** Ⓤ玻里尼西亞語系[語羣]。

pol·y·no·mi·al [͵palɪˋnomɪəl; ˌpɔliˈnoumjəlˉ] *adj.* **1** 多名的。**2**《數學》多項式的：a ～ expression 多項式。

—*n.* Ⓒ **1** 多名。**2**《數學》多項式。

pol·yp [ˋpalɪp; ˈpɔlip] *n.* Ⓒ **1**《動物》水螅《珊瑚類》。**2**《醫》息肉《肥厚的黏膜形成的突起物》。

Pol·y·phe·mus [͵palɪˋfiməs; ˌpɔliˈfi:məs] *n.*《希臘神話》波里菲瑪斯《食人族獨眼巨人(Cyclops)的酋長，奧地修斯(Odysseus)把他弄瞎而免於被其幽禁》。

pol·y·phone [ˋpalɪ͵fon; ˈpɔlifoun] *n.* Ⓒ《語音》多音字母《如 read 中之 ea，可讀作[i; i:]及[ɛ; e]》；多音符號。

pol·y·phon·ic [͵palɪˋfanɪk; ˌpɔliˈfɔnikˉ] *adj.* **1** 多音的。**2**《音樂》複音的，對位法的。**3**《語音》〈文字等〉多音的。

po·lyph·o·ny [pəˋlɪfənɪ; pəˈlifəni] *n.* Ⓤ **1** 多音。**2**《音樂》複音音樂(cf. homophony).

pol·y·ploid [ˋpalɪ͵plɔɪd; ˈpɔliplɔid] *n.* Ⓒ《生物》有多倍體性的染色體；有多倍體性染色體的生物。

—*adj.* 有多倍體性染色體的。

pol·yp·ous [ˋpaləpəs; ˈpɔlipəs] 《polyp 的形容詞》—*adj.* (似)水螅[息肉]的。

pol·y·pus [ˋpaləpəs; ˈpɔlipəs] *n.* Ⓒ(*pl.* **-pi** [-͵paɪ; -pai], ～·es)《英》《醫》息肉(polyp).

pòly·stýrene *n.* Ⓤ《化學》聚苯乙烯《一種合成樹脂，可用作塑造的材料、絕緣體》。

pol·y·syl·lab·ic [͵paləsɪˋlæbɪk; ˌpɔlisiˈlæbikˉ] 《polysyllable 的形容詞》—*adj.* 多音節的。

pòl·y·syl·láb·i·cal·ly [-klɪ; -kəli] *adv.*

pol·y·syl·la·ble [ˋpalə͵sɪləbl; ˈpɔliˌsiləbl] *n.* Ⓒ(三音節以上的)多音節字。

pol·y·tech·nic [͵paləˋtɛknɪk; ˌpɔliˈteknikˉ] *adj.* 多種工藝的：a ～ school 工藝學校/the *P*～ Institution (尤指倫敦的)工藝訓練所。

—*n.* Ⓤ[指設施時爲Ⓒ] **1** 工藝學校。**2** (英國的)綜合技術[理工]學院《爲完成義務教育者繼續升學而設的一個教育機構，實施相當於大學程度的高等教育》。

pol·y·the·ism [ˋpaləθi͵ɪzəm; ˈpɔliθi:izəm] *n.* Ⓤ多神論；多神教(cf. monotheism).

pó·ly·thè·ist [-ɪst; -ist] *n.* Ⓒ多神論者[教徒]。

pol·y·the·is·tic [͵paləθiˋɪstɪk; ˌpɔliθi:ˈistikˉ] 《polytheism, polytheist 的形容詞》—*adj.* 多神教(徒)的。

pol·y·thene [ˋpalɪ͵θin; ˈpɔliθi:n] *n.* 《英》= polyethylene.

pol·y·un·sat·u·rat·ed [͵palɪʌnˋsætʃə͵retɪd; ˌpɔliʌnˈsætʃəreitid] *adj.*《化學》多重不飽和的，多未飽和的，富含不飽和鍵的。

pòly·úrethane *n.* Ⓤ《化學》聚亞胺酯，聚氨基甲酸乙酯。

pom·ace [ˋpʌmɪs; ˈpʌmis] *n.* Ⓤ **1** 蘋果渣。**2** (魚油、蓖麻油等的)榨渣。

po·ma·ceous [poˋmeʃəs; pouˈmeiʃəs] 《pome 的形容詞》—*adj.* 梨果類的，蘋果類的。

po·made [poˋmed, -ˋmad; pəˈma:d] 《源自拉丁文「蘋果」之義；源自以蘋果添加氣味》—*n.* Ⓤ髮油。

—*v.t.* 塗髮油於〈某人的頭髮〉。

po·man·der [poˋmændɚ; pouˈmændə] *n.* Ⓒ(置於房間、櫥櫃等狀似蘋果的)香丸，香球。

pome [pom; poum] *n.* Ⓒ《植物》梨果《蘋果、梨子、榲桲等》。

pome·gran·ate [ˋpam͵grænɪt, ˋpamə-; ˈpɔmiˌgrænit, ˈpɔmɪg-] 《源自古法語「有子蘋果」之義》—*n.* Ⓒ **1**《植物》石榴樹。**2** 石榴。

pomegranate

pom·e·lo [ˋpaməlo; ˈpɔmilou] *n.* Ⓒ(*pl.* ～s)《植物》**1** 柚子。**2** 葡萄柚(grapefruit).

Pom·er·a·ni·an [͵paməˋrenɪən; ˌpɔməˈreinjən] *n.* Ⓒ博美犬《尖嘴、豎耳、有蓬鬆長毛的博美拉尼亞(Pomerania)小狗》。

Pomeranian

pom·mel [ˋpʌml; ˈpʌml] *n.* Ⓒ **1** 鞍頭《馬鞍前面的凸起部分》。**2** (劍的)欄頭，刀把頭。

—*v.t.* (**pom·meled,** 《英》**-melled**; **pommel·ing,** 《英》**-melling**)用拳頭連打。

pómmel hórse *n.* Ⓒ(體操用的)鞍馬。

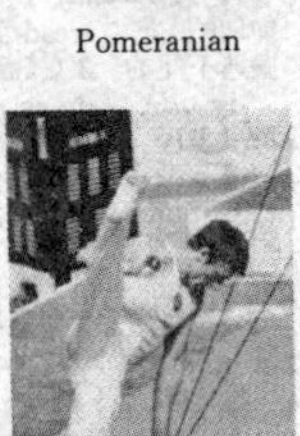

pommel horse

pom·my [ˋpamɪ; ˈpɔmi] *n.* Ⓒ(*pl.* **-mies**)《澳俚》**1** 新到之英國移民。**2** 英國人。

po·mol·o·gy [poˋmalədʒɪ; pouˈmɔlədʒi] *n.* Ⓤ果樹栽培學。

Po·mo·na [pəˋmonə; pouˈmounə] *n.*《羅馬神話》波蒙娜《果樹[實]的女神》。

pomp [pamp; pɔmp] 《源自希臘文「嚴肅的隊伍」之義》—*n.* **1** Ⓤ華麗，壯觀。**2 a** Ⓤ誇耀，虛飾，虛榮。**b** Ⓒ[常 ～s]虛飾的東西，誇耀的行爲。

pom·pa·dour [ˋpampə͵dor, -͵dɔr; ˈpɔmpəduə] 《源自法國國王 Louis 十五世的情婦名》—*n.* Ⓤ往上梳攏的女子髮型；頭髮全往後梳的男子髮型。

pom·pa·no [ˋpampə͵no; ˈpɔmpənou] *n.* Ⓒ(*pl.* ～s)鯧鰺《鱸形目鰺科海魚的統稱；產於北美的食用魚》。

Pom·pe·ian [pamˋpeən, -ˋpiən; pɔmˈpi:ənˉ] 《Pompeii 的形容詞》—*adj.* 龐貝的。

—*n.* Ⓒ龐貝人。

Pom·peii [pamˋpe·i; pɔmˈpeii:] *n.* 龐貝《義大利近那不勒斯(Naples)的古都，紀元七十九年因維蘇威(Vesuvius)火山爆發而被埋沒於地下》。

Pom·pey [ˋpampɪ; ˈpɔmpi] *n.* 龐培《106-48 B.C.；羅馬大將及政治家》。

pom-pom [ˋpampam; ˈpɔmpɔm] 《擬聲語》—*n.* Ⓒ自動機關槍；自動高射砲，對空速射砲，排發砲。

pom·pon [ˋpampan; ˈpɔmpɔn] *n.* Ⓒ **1** (女子或兒童帽子[鞋子]上裝飾用的)絨球，絲球。**2**《植物》大麗花，絨球菊花。

pom·pos·i·ty [pamˋpasətɪ; pɔmˈpɔsəti] 《pompous 的名詞》—*n.* **1** Ⓤ華麗，豪華；擺架子，自大，誇大。**2** Ⓒ自大[誇大]的言行。

pompadour

pom·pous [ˋpampəs; ˈpɔmpəs] «pomp 的形容詞»—*adj.* **1** 擺架子的，自大的。**2** 浮誇的，誇大的。
～**·ly** *adv.* ～**·ness** *n.*

Pompeii

ponce [pans; pɔns] 《英俚》*n.* Ⓒ **1** 皮條客，淫媒。**2** 舉動誇張而女性化的男人。
—*v.i.* 〔十副〕〈男人〉以女子般的姿態走來走去〈*about, around*〉.

pon·cho [ˋpantʃo; ˈpɔntʃou] *n.* Ⓒ(*pl.* ～**s**)(南美人在長方形厚毛布中央裁一個洞作成的)斗篷；(橡皮製的)雨披。

ponc·y [ˋpansı; ˈpɔnsi] «ponce 的形容詞» —*adj.* 《英俚》〈男人〉舉動誇張而有女人氣的。

pompon 1

‡**pond** [pand; pɔnd] *n.* **1** Ⓒ池塘；泉水。

【同義字】比 pool 大而比 lake 小，大多爲人工開鑿者。

2 [the ～]《英謔》大西洋。

pon·der [ˋpandɚ; ˈpɔndə] «源自拉丁文「衡量」之義» —*v.t.* **1** 〔十受〕仔細考慮，思索…：He spent the day ～*ing* the steps to be taken. 他整天在思索該採取的步驟。**2** 〔十 *wh.*__/十 *wh.*十*to* do〕仔細考慮〈…〉：I'm ～*ing what to* do next. 我在考慮下一步要做什麼。
—*v.i.* 〔動(十介十(代)名)〕仔細考慮〔…〕，〔對…〕加以熟慮〔*on, over*〕《★可用被動語態》：I ～*ed* ***on*** what my father had said. 我仔細考慮父親所說的話/He ～*ed* long and deeply ***over*** the question. 他對該問題作了長時間的深思。

poncho

pon·der·a·ble [ˋpandərəbl, ˋpandrə-; ˈpɔndərəbl] *adj.* **1** 可衡量的，可秤的，有重量的。**2** 值得考慮的。

pon·der·os·i·ty [͵pandəˋrasətı; ͵pɔndəˈrɔsiti] «ponderous 的名詞»—*n.* Ⓤ重；沉重；笨重；沉悶。

pon·der·ous [ˋpandərəs, ˋpandrəs; ˈpɔndərəs] «源自拉丁文「重量」之義»—*adj.* **1** 〈東西〉大而重的，笨重的。**2 a** 沉重的，沉甸甸的：a ～ tread 沉重的脚步聲。**b** (體積大又重而)難處理的，搬運不便的。**3** 〈談話、文章等〉冗長的，沉悶的。
～**·ly** *adv.* ～**·ness** *n.*

pónd lìly *n.* Ⓒ《植物》睡蓮(water lily).

pónd·wèed *n.* Ⓒ眼子菜《眼子菜屬水草的統稱》。

pone [pon; poun] *n.* Ⓒ[當作點心名時爲Ⓤ](尤指北美印地安人吃的)玉米麵包《加有牛奶及蛋》。

pong [paŋ; pɔŋ]《美俚》*n.* ⓊⒸ惡臭，臭味。
—*v.i.* 發出惡臭[臭味]。

pon·gee [panˋdʒi; pɔnˈdʒi:] «源自中文» —*n.* Ⓤ繭綢，府綢《用柞蠶絲織成的薄綢》。

pong·y [ˋpaŋı; ˈpɔŋi] «pong 的形容詞» —*adj.* (**pong·i·er**；**-i·est**)《英俚》有臭味的，發出惡臭的。

pon·iard [ˋpanjɚd; ˈpɔnjəd] *n.* Ⓒ短劍，匕首。

pon·ti·fex [ˋpantə͵fɛks; ˈpɔntifeks] *n.* Ⓒ**1** (古羅馬)高僧團之一員；高僧。**2** 主教；教皇，教宗。

pon·tiff [ˋpantıf; ˈpɔntif] *n.* **1 a** Ⓒ教皇，教宗(pope). **b** [the P～](羅馬)教皇，教宗：*the* Supreme [Sovereign] *P*～ 羅馬教皇。**c** Ⓒ《古》主教。**2** Ⓒ(猶太教的)大祭司(high priest).

pon·tif·i·cal [panˋtıfıkl; pɔnˈtifikl] «pontiff 的形容詞»—*adj.* **1** 教皇的，教宗的。**2** 大祭司的。**3** 《輕蔑》獨斷的，自大的。
—*n.* [～s]《天主教》(主教的)祭服：in full ～*s* 穿著主教的祭服[法衣]。～**·ly** [-klı; -kəli] *adv.*

pon·tif·i·cate [panˋtıfıkıt, -͵ket; pɔnˈtifikit] *n.* Ⓒ教皇的職務[地位，任期]。
— [-fı͵ket; -fikeit] *v.i.* **1** 〔動(十介十(代)名)〕武斷而踞傲地說[寫]〔…〕〔*about, on*〕. **2** 擺架子，裝出絕對正確[自以爲是]的樣子。

pon·toon[1] [panˋtun; pɔnˈtu:n] «源自拉丁文「橋」之義»—*n.* Ⓒ **1** (又作 **póntoon brídge**)浮橋《在許多浮舟上鋪板當作橋用者；⇨ bridge[1] 插圖》。**2** 平底船。**3** (水上飛機用的)浮筒(float).

pon·toon[2] [panˋtun; pɔnˈtu:n] *n.* Ⓤ《英》《紙牌戲》二十一點(《美》twenty-one).

po·ny [ˋponı; ˈpouni] «源自拉丁文「幼小動物」之義»—*n.* Ⓒ**1** 矮小的馬，矮種馬《通常高不超過 1.5 公尺的小型馬；⇨ horse【說明】》。
2 小型的東西：**a** 小型汽車。**b** 小杯子。
3 [常 **ponies**]《英俚》競賽馬《★常用於下列片語》：bet on the *ponies* 賭賽馬。
4 《美俚》(外語作品的)翻譯本，註釋本；考試作弊用的夾帶(crib trot).
5 《英俚》二十五英鎊《★用法主要用於賭博》。

póny éngine *n.* Ⓒ小火車頭。

póny expréss *n.* Ⓒ《美》乘快馬送信的制度。

póny·tàil *n.* Ⓒ馬尾《髮結在腦後，讓頭髮下垂的髮型》：She wears her hair in a ～. 她梳著馬尾髮型。

ponytail

póny-trèkking *n.* Ⓤ《英》騎小馬旅行《騎小馬在田野間走動的運動或消遣》。

pooch [putʃ; pu:tʃ] *n.* Ⓒ《俚・謔》狗(dog).

poo·dle [ˋpudl; ˈpu:dl] *n.* Ⓒ(小型捲毛的)獅子狗，貴賓狗《活潑而聰明的玩賞狗；常經人們精心修剪、裝扮》。

poof[1] [puf; pu:f] «源自 pooh»—*n.* Ⓒ《英俚》**1** (男子的)同性戀者。**2** 婆婆媽媽的男人。

poof[2] [puf; pu:f] «擬聲語»—*interj.* **1** 啪，喔喲《表示突然消失或出現的樣子》。
2 ＝pooh.

poodle

pooh [pu, pυ; phu:, pu:] «擬聲語» —*interj.* [表示焦躁、嘲笑、輕蔑]呸！啐！哼！

pooh-pooh [ˋpuˋpu, ˋpu͵pu; ͵pu:ˈpu:] *v.t.* 嘲笑，冷淡地對待…。

‡**pool**[1] [pul; pu:l] *n.* Ⓒ **1 a** (在坑窪處自然形成的)水坑，水塘。**b** (在庭院等以人工開鑿的)小池塘(small pond) (⇨ pond【同義字】)。
2 (游泳用的)水池，游泳池：a swimming ～ 游泳池/a heated ～ 溫水游泳池/an indoor ～ 室內游泳池。
3 一灘液體〔*of*〕：He lay in a ～ *of* blood. 他躺在血泊中。
4 (河水的)淵，深處。
—*v.i.* 積水；形成水坑。

pool[2] [pul; pu:l] «源自法語「賭」之義»—*n.* **1 a** Ⓒ(輸贏的)賭注，賭金。**b** [the ～s]《英》足球彩券，義大利式獎券：do *the* ～*s* 賭足球彩券。**c** Ⓒ放賭金處。
2 Ⓤ《美》(賭博的)落袋撞球戲《在有六個球袋的撞球台玩的賭博性撞球》。
3 Ⓒ **a** 共同出資；共同管理[利用]：⇨ car pool. **b** (爲共同目的而協議成立的)合夥經營，聯營。**c** (爲了共同的利益或需要的)儲蓄，預備金；需要的人員：a typing ～ 儲備的打字人員/⇨ motor pool/the labor ～ 預備的勞動力。
—*v.t.* 共同出〈資〉：The two brothers ～*ed* their savings for three years to buy a car. 兩兄弟把他們三年的積蓄湊合起來買了部車。

póol hàll *n.* ＝poolroom.

póol·ròom *n.* Ⓒ《美》(可賭博的)撞球房。

poon [pun; pu:n] *n.* ⓊⒸ《植物》(東印度產之)胡桐；胡桐木《爲製桅、桁、家具等之良材》。

poop[1] [pup; pu:p] *n.* Ⓒ《航海》**1** 艉艛(↔ forecastle). **2** (又作 **póop dèck**)艉艛甲板。

poop[2] [pup; pu:p] 《美俚》*v.t.* 〔十受十副〕使〈人〉筋疲力竭〈*out*〉《★常用被動語態》：I'*m* all ～***ed out***. 我已筋疲力竭。
—*v.i.* 〔十副〕**1** 〈人〉筋疲力竭〈*out*〉. **2** 〈機械等〉不能運轉，報廢。

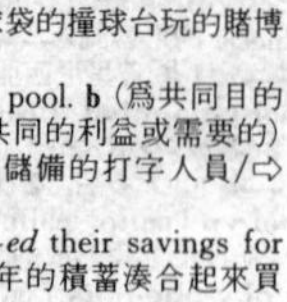

pooped [pupt; pu:pt] *adj.* 《俚》筋疲力竭的。

poo-poo [ˋpu͵pu; ˈpu:pu:] *n.* Ⓤ《兒語》大便。

poop[1] 1

‡**poor** [pυr; puə] *adj.* (～**·er**；～**·est**) **1 a** 貧窮的，貧困的(↔ rich)：～ people 貧窮的人們/(as) ～ as a church mouse [Job] 極爲貧窮，一貧如洗/I am too ～ to buy a car. 我太窮買不起車子。**b** [the ～；集合稱；當複數名詞用]窮人，貧民(↔ the rich)：We must help *the* ～. 我們必須幫助窮人。
2 a (數量)缺乏的，不足的，貧乏的：a ～ crop 歉收/a ～ three day's holiday 只有三天的休假。**b** 〈身體、記憶等〉差的；〈健康、

體力等〉不好的，欠佳的；不健康的：have a ~ memory 記憶力不好/in ~ health 健康欠佳/in ~ spirits 精神萎靡[消沉]/His eyesight was ~. 他的視力微弱。**c**〈土地〉貧瘠的，不毛的：~ soil 貧瘠的土地。**d** [不用在名詞前]〔十介十(代)名〕缺乏〔…〕的〔*in*〕：Taiwan is ~ ***in*** natural resources. 台灣缺乏天然資源。
3 a〈衣服〉**襤褸的**，破舊的，〈住屋〉簡陋的：~ clothes 破舊的衣服/a ~ place 沒落的地方。**b**〈品質〉壞的，粗劣的，低級品的：a ~ wine 品質差的葡萄酒/a ~ excuse 不高明的藉口。
4 a〈作法〉**差勁的**，拙劣的：a ~ cook 差勁的厨子，不善於烹調的人/a ~ speaker of English 英語講得差的人/a ~ correspondent 懶於寫信的人。**b**〔十介十(代)名〕不善於〔…〕的，不擅長〔…〕的〔*at*〕：He is ~ ***at*** English. 他不擅長英文/I am a ~ hand *at* conversation. 我不善於交談。**c**〈成績〉劣等的。
5 [用在名詞前]〈無比較級、最高級〉**a 可憐的**，不幸的：The ~ old man lost his only son. 那個可憐的老人失去他唯一的兒子/*P*~ fellow [soul, thing]！可憐的人[傢伙]！/*P*~ you [him, her, *etc.*]！**b** 已故的，去世的，亡…：My ~ father died in the war. 先父在戰爭中陣亡。
6 [用在名詞前]〈無比較級、最高級〉[表示謙虛或戲謔]膚淺的，淺陋的，微不足道的：in my ~ opinion 依我的淺見/to the best of my ~ ability 盡我微薄的力量。**~·ness** *n.*

póor bòx *n.* Ⓒ(教會的)濟貧捐款箱。

póor·hòuse *n.* Ⓒ(昔日的)救濟院(workhouse).
in the póorhouse 極爲貧窮，赤貧。

póor làw *n.* Ⓒ**1** 救濟貧民的法律，濟貧法。**2** [**the** ~]〈英國十六世紀末之後的〉濟貧法《★1947 年廢除此法而代之以國民救助法(National Assistance Act)》。

póor·ly *adv.* **1 a** 貧窮地，貧乏地：live ~ 貧窮地過活。**b** 缺乏地，不足地：~ paid 待遇菲薄的。**2** 拙劣地，差勁地：a ~ built house 蓋得粗陋的房子/He speaks [swims] ~. 他說話[游泳]差勁。
póorly óff (1)生活貧困的。(2)缺乏〔…〕的〔*for*〕：We are ~ *off for* oil. 我們缺乏石油。
think póorly of... 不認爲…好，對…評價低。
—*adj.* [不用在名詞前]《英》身體不適的，健康不佳的，有病的：feel ~ 覺得(身體)不適。

póor màn's *adj.* [用在名詞前]〈比同類的某物、某人〉差的，廉價的，簡便的：a ~ Porsche 較差的保時捷《其他公司製造，較原廠保時捷便宜的跑車》。

póor-mòuth [-ˌmaυθ; -mauθ]《美口語》*v.i.* 叫[哭]窮，以貧窮爲藉口。**—*v.t.*** 貶低…。

póor ràte *n.* Ⓒ濟貧稅。

póor relátion *n.* Ⓒ(同類中的)劣貨，劣者，最微不足道的人[物]：It is a ~ of real champagne. 那是眞的香檳中最差的。

póor-spírited *adj.* 膽小的，懦弱的，沒有精神的。**~·ly** *adv.*

póor whíte *n.* Ⓒ《輕蔑》(尤指美國南部)貧窮的白人。

póor whíte trásh *n.* Ⓤ[集合稱]《蔑》貧苦的白種人。

poove [puv; pu:v] *n.* =poof[1].

*__pop__[1] [pap; pɔp] **«擬聲語»—(popped; pop·ping)** *v.i.* **1 發出「砰」聲**，砰然爆炸[彈開]：The cork *popped.* 軟木塞砰的一聲拔開/The balloon *popped.* 氣球砰的一聲爆破了。**2 a**〔十副詞(片語)〕突然進來[出去]，突然移動[走動]：The hot toast *popped up* in the toaster. 熱土司砰的一聲從烤麵包機中彈起/Little children were *popping in* and *out* (*of* the room). 小孩子們(從房間)蹦進蹦出。**b**〔十副〕〈眼珠〉跳出，突出〈*out*〉：He looked as if his eyes were going to ~ ***out*** (in surprise). 他(吃驚得)眼珠好像要迸出來似的。**c**〔十補〕[常 ~ **open**]砰的一聲打開：The lid of the box *popped* open. 那個箱蓋砰的一聲開了。
3〔(十副)十介十(代)名〕《口語》砰然射擊〔…〕〈*away*〉〔*at*〕：They *popped* (***away***) ***at*** the pigeons. 他們砰砰地射擊鴿子。
4〔動(十副)〕《棒球》打出內野高飛球〈*up*〉；打出內野高飛球被接殺出局〈*out*〉。
5 [用進行式]《口語》〈舉辦的活動等〉令人心跳似地充滿活力：Things are really *popping* today. (在公司等)今天冒出好多事[忙不過來]。
—*v.t.* 1〔十受〕**a** 使…發出「砰」聲，使…砰的一聲爆開。**b** 砰的一聲拔出〈塞子〉：~ the cork 砰的一聲拔出(香檳酒等的)軟木塞。**c**《美》爆炒〈玉米等〉。**2**〔十受〕**a** 朝…開砲。**b**〈手槍等〉射擊…。**3**〔十受十副詞(片語)〕把…突然移動[放](出[入]…)：I *popped* my head *out of* the window. 我突然把頭移向[伸出]窗外/Just ~ this bottle *in* [*into* the cupboard]. 把這個瓶子放進去[放進碗橱裏]。**4**〔十受(十介十(代)名)〕突然〔向某人〕發〈問〉〔*at*〕：~ a question ***at*** a person 突然向某人發問。**5**〔十受十介十名〕《罕》輕打，敲〈某人〉〔身體某部位〕〔*on*〕《★用因在表示身體部位的名詞前加 the》：~ a person ***on the*** temple 敲某人的太陽穴。**6**〔十受〕《英俚》典當〈物〉。**7**〔十受(十副)〕《棒球》把〈球〉打成內野高飛球〈*up*〉：~ a fly to shallow center 打出前中央[投手前]的內野高飛球。
póp báck《*vi adv*》急速回去，速歸。
póp ín《*vi adv*》(1)⇨ *v.i.* 2 a. (2)突然訪問。
póp óff《*vi adv*》《口語》(1)突然離去。(2)死，突然死亡。(3)(把想說的話)〔向某人〕傾吐，講個沒完〔*at*〕.
póp the quéstion《口語》〔向女子〕求婚〔*to*〕.
póp úp《*vi adv*》(1)⇨ *v.i.* 4. (2)突然發生[出現]。
—*n.* 1 Ⓒ **a** 砰聲。**b** 開槍。**2** Ⓤ《口語》冒泡的飲料《汽水、香檳等》。
in póp《英古・口語》典當中。
—*adv.* 砰然；突然：go ~ 砰然作響，破裂/The cork went ~. 軟木塞砰然跳出。

pop[2] [pap; pɔp] **«popular 之略»—**《口語》*adj.* **流行的**，**大衆化的**，通俗的：a ~ singer 唱流行歌曲之歌手/a ~ song 流行歌曲/~ music 流行音樂。
—*n.* 1 a Ⓤ流行音樂。**b** Ⓒ流行歌曲。**2** [~s；常當單數用]流行歌曲[熱門]音樂會。**3** =pop art.
tóp of the póps ⇨ top[1].

pop[3] [pap; pɔp] **«poppa 之略»—*n.***《美口語》**1** Ⓒ[也用於稱呼]爸爸。**2** [也用於稱呼]叔叔，伯伯。

pop.《略》popular(ly)；population.

póp árt *n.* Ⓤ《美術》普普[大衆]藝術(pop)《從 1962 年左右起以紐約(New York)爲中心，採用廣告、漫畫等技巧的前衛派美術運動》。

pop·corn [ˈpapˌkɔrn; ˈpɔpkɔ:n] *n.* Ⓤ爆米花。

pope [pop; poup] **«源自希臘文「父親」之義»—*n.*** Ⓒ**1** ⌊常 **P**~；常用於尊稱⌋羅馬教皇[教宗]：*P*~ John Paul 教皇若望保祿。

【說明】羅馬梵諦岡市(Vatican City)的首長，也是天主教會的最高領袖，通常被稱爲羅馬教宗，被認爲在地球上代行基督的任務。現在雖無中世紀時代的盛況，但在精神、道德方面對全世界仍具有相當的影響力，常對世界性的問題發表言論；cf. Catholic【說明】

2 被認爲[自任]有最高權威的人〔*of*〕.

Pope [pop; poup], **Alexander** *n.* 波普《1688–1744；英國詩人》。

pop·er·y [ˈpopərɪ; ˈpoupəri] *n.* Ⓤ《輕蔑》天主教(制度)。

Pop·eye [ˈpapaɪ; ˈpɔpai] *n.* 卜派《美國卡通影片「大力水手」的主角；著水手服，口叼煙斗，吃菠菜(spinach)即力大無比》。

póp-èyed *adj.* **1** 眼睛突出的。**2** (因吃驚而)睜大眼睛的。

póp flý *n.* Ⓒ《棒球》內野高飛球。

póp·gùn *n.* Ⓒ(會砰然作響的玩具)紙彈槍，氣槍。

póp·in·jày *n.* Ⓒ《古・輕蔑》愛打扮[漂亮]的人，時髦的人。

pop·ish [ˈpopɪʃ; ˈpoupiʃ] *adj.*《輕蔑》天主教的。
~·ly *adv.* **~·ness** *n.*

pop·lar [ˈpaplɚ; ˈpɔplə] *n.* **1 a** Ⓒ《植物》白楊。**b** Ⓤ白楊木。**2** Ⓒ《美》《植物》鵝掌楸(tulip tree).

poplar

pop·lin [ˈpaplɪn; ˈpɔplin] *n.* Ⓤ毛葛《有橫稜紋的絲毛交織品》。

póp·òver *n.* Ⓒ薄空心酥餅《因過於鬆泡，常漲出烤型外》。

pop·pa [ˈpapə; ˈpɔpə] **«源自 papa»—*n.*** Ⓒ[也用於稱呼]《美口語》爸爸。

pop·per [ˈpapɚ; ˈpɔpə] *n.* Ⓒ**1** (使)砰砰作響的人[東西]。**2**《美》爆炒玉米的鍋子(cf. popcorn). **3**《英》(衣服的)按鈕。

pop·pet [ˈpapɪt; ˈpɔpit] **«puppet 的變體字»—*n.*** Ⓒ[也用於稱呼]《英口語》寶寶，小乖乖《用於呼叫喜愛的小孩[寵物]》：Be a ~ and get my gloves. 小乖乖去拿手套給我。

póp·ping crèase *n.* Ⓒ《板球》投球線《在三柱門(wicket)四呎前處；打球者站在此線後打球》。

pop·py [ˈpapɪ; ˈpɔpi] *n.* **1** Ⓒ《植物》罌粟《罌粟屬植物的統稱》：~ seeds 罌粟子/⇨ corn poppy, opium poppy. **2** (又作 **póppy réd**)Ⓤ罌粟色，黃紅色。

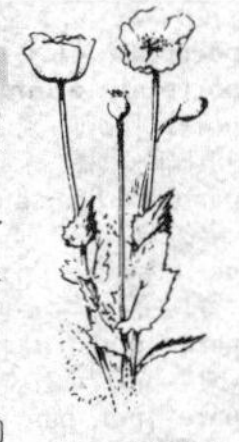
poppy

póppy·còck *n.* Ⓤ《口語》廢話，胡說(nonsense).

Póppy Dày *n.*《英》陣亡將士紀念日(Remembrance Sunday)《該日佩帶受傷軍人所做的紅色罌粟花以示紀念》。

pops [paps; pɔps] *n.* =pop[3] 2.

póp·shòp *n.* Ⓒ《英俚》當舖。

Pop·si·cle [ˈpapsɪkl; ˈpɔpsikl] *n.* Ⓒ《美》《商標》冰棒(《英》ice-lolly).

P

P

pop·sy [ˋpɑpsɪ; ˈpɔpsi] *n.* Ⓒ[也用於稱呼]《英俚》女朋友。

póp-tòp *adj.* 易開罐的，(用手指)向上拉開式的(cf. zip-top)：a ~ beer can 易開罐啤酒。

pop·u·lace [ˋpɑpjələs; ˈpɔpjuləs] *n.* Ⓤ[the ~；集合稱]大衆，民衆，老百姓；(區域的)全體居民《★用法視爲一整體時當單數用，指全部個體時當複數用》：literature for *the* ~ 大衆文學。

‡**pop·u·lar** [ˋpɑpjələ; ˈpɔpjulə] «源自拉丁文「民衆(people)」之義»—*adj.* (**more** ~；**most** ~) **1 a** 得衆望的，受歡迎的，深受好評的，流行的：a ~ song 流行歌/a ~ singer 流行音樂歌手/a ~ resort 受人歡迎的休閒勝地。**b** [不用在名詞前]〔十介十(代)名〕〔受…〕歡迎的，喜愛的；得到〔…的〕好評的〔*among, in, with*〕：He is ~ ***with*** the other children. 他受其他孩子們的歡迎/Professor Smith is ~ ***among*** the students. 史密斯教授很受學生的歡迎。
2 [用在名詞前](無比較級、最高級)民衆的，大衆的，人民的：~ opinion 輿論/~ support 大衆的支持/~ education 民衆教育/~ government 民治的政府/⇨ popular front.
3 a 普及於民間的，民間相傳的，大衆化的：~ superstitions 民間的迷信/~ballads 民謠/⇨popular etymology. **b** [用在名詞前]適合大衆口味的，通俗的；平易的：~ science 通俗科學/in ~ language 以平易[通俗]的語言/a ~ edition 普及版，廉價版。**c** [用在名詞前]便宜的，大衆化價格的〈價格〉：at ~ prices 以廉價。

pópular ètymólogy *n.* =folk etymology.

pópular frónt *n.* [the ~]人民陣線《尤指 1936–39 年法國爲反對法西斯主義等而由左派與中間派政黨聯合的陣線》。

*__pop·u·lar·i·ty__ [ˌpɑpjəˋlærətɪ; ˌpɔpjuˈlærəti] «popular 的名詞»—*n.* Ⓤ衆望，名望，通俗性，流行：enjoy (great) ~ (大)受歡迎/win ~ 贏得衆望。

pop·u·lar·i·za·tion [ˌpɑpjələraɪˋzeʃən; ˌpɔpjulərai'zeiʃn] «popularize 的名詞»—*n.* ⓊⒸ大衆[通俗]化，普及。

pop·u·lar·ize [ˋpɑpjələˌraɪz; ˈpɔpjuləraiz] «popular 的動詞»—*v.t.* **1** 使…大衆[通俗]化。**2** 使〈新產品等〉普及，推廣〈商品〉。**3** 使…獲好評[受歡迎]。

póp·u·lar·ly *adv.* **1** 一般地：It is ~ believed [supposed, thought] that.... 一般相信[認爲]…《★用法常有「錯誤地」含意》。**2** 適合大衆地，通俗地；平易地。
3 便宜地，廉價地。

pópular vóte *n.* Ⓒ《美》選民投票《像選舉總統候選人一樣由具有一定資格的選舉人舉行投票》。

pop·u·late [ˋpɑpjəˌlet; ˈpɔpjuleit] «源自拉丁文「人(people)」之義»—*v.t.* **1** 居住於〈國家、城市等〉《★常用被動語態》：a densely [sparsely] ~*d* district 人口稠密[稀少]的地區。**2** 使人居住於，殖民於，移民於〈某地〉：What peoples have ~*d* America？(迄今)有那些民族移民美國？

‡**pop·u·la·tion** [ˌpɑpjəˋleʃən; ˌpɔpjuˈleiʃn] «populate 的名詞»—*n.* **1** ⓊⒸ人口(總數)，居民人數：This city has a ~ of 350,000. = The ~ of this city is 350,000. 這個城市有三十五萬人口/What [How large] is the ~ of Taipei？台北有多少人口？《★用法不用 How many ~.》.
2 [the ~；集合稱](一定區域的)(全體)居民，市民《★用法視爲一整體時當單數用，指全部個體時當複數用》：*The* whole ~ of the town came out to welcome him. 全鎮鎮民都出來歡迎他。
3 [用單數；常與修飾語連用]《生物》(一定區域的)族羣，羣體：the koala ~ of Australia 澳洲的無尾熊族羣。

pòpulátion explósion *n.* Ⓒ人口之急速膨脹，人口爆炸。

Pop·u·lism [ˋpɑpjəˌlɪzəm; ˈpɔpjulizəm] *n.* Ⓤ (美國) 人民黨(People's Party)的主義[政策]。

Póp·u·list [-lɪst; -list] *n.* Ⓒ人民黨員。—*adj.* 人民黨的。

pop·u·lous [ˋpɑpjələs; ˈpɔpjuləs] *adj.* 〈地區〉人口稠密的；人口多的。~·**ly** *adv.* ~·**ness** *n.*

póp-ùp *adj.* 有自動跳起的構造的：a ~ toaster 自動烤麵包機《烤好的麵包會自動跳起》/a ~ book 打開時會跳出圖畫的書。

porce·lain [ˋporslɪn, ˋpɔr-; ˈpɔːsəlin] «源自義大利語「貝」之義»—*n.* Ⓤ **1** 瓷器(china). **2** [集合稱]瓷器類。

pórcelain cláy *n.* Ⓤ瓷土，高嶺土(kaolin).

pórcelain enámel *n.* ⓊⒸ搪瓷。

*__porch__ [portʃ, pɔrtʃ; pɔːtʃ] *n.* Ⓒ**1** (建築物、教堂等伸出外面有頂棚的)門廊，玄關(⇨ church 插圖)。**2**《美》陽台(veranda).

por·cine [ˋpɔrsaɪn; ˈpɔːsain] *adj.* **1** 豬的。**2** 似豬的；不乾淨的，卑劣的。

por·cu·pine [ˋpɔrkjəˌpaɪn; ˈpɔːkjupain] «源自古法語「有刺的豬」之義» —*n.* Ⓒ《動物》豪豬。

pore¹ [por, pɔr; pɔː] «源自希臘文「通路」之義»—*n.* Ⓒ(皮膚、樹葉等的)細孔；毛孔，氣孔。

pore² [por, pɔr; pɔː] *v.i.* 〔十介十(代)名〕熟讀，細讀〔書本等〕；仔細研究〔…〕〔*over*〕《★可用被動語態》。

por·gy [ˋpɔrgɪ; ˈpɔːdʒi] *n.* Ⓒ (*pl.* ~, ~**es**)《美》《魚》(地中海、大西洋產的)棘鬣魚。

porcupine

*__pork__ [pork, pɔrk; pɔːk] «源自法語・拉丁文「豬」之義»—*n.* Ⓤ豬肉(⇨ pig 相關用語)。

pórk bàrrel *n.* Ⓒ《美口語》(議員爲討好選民而使政府撥出的)國庫撥款，地方建設經費。

pórk bèlly *n.* Ⓒ新鮮的豬脊肋肉，豬腩。

pórk bùtcher *n.* Ⓒ《英》豬肉商，屠戶。

pórk chòp *n.* Ⓒ[當作菜名時爲Ⓤ]豬排《常指附有肋骨的豬肉；cf. mutton chop》。

pork·er [ˋporkə, ˋpɔr-; ˈpɔːkə] *n.* Ⓒ **1** (爲供食用而養肥的)小豬。**2**《謔》豬。

pórk pìe *n.* Ⓒ[當作點心名時爲Ⓤ]豬肉餡餅。

pórk·pie hát «源自形狀似豬肉餡餅»—*n.* Ⓒ套疊式平頂帽《平頂而帽邊可捲褶的男帽》。

pork·y [ˋporkɪ, ˋpɔr-; ˈpɔːki] «pork 的形容詞»—*adj.* (**pork·i·er**；**-i·est**) **1** 似豬(肉)的。**2** 肥胖的(fat). **3**《俚》傲慢的。

porn [pɔrn; pɔːn] «*porn*ography, *porn*ographic 之略»—《口語》*n.* Ⓤ色情；黃色刊物，色情文學：soft [hard] ~ 隱晦的[赤裸裸的]色情。—*adj.* 色情的：~ novels [movies] 色情小說[電影]/the ~ industry 色情業。

por·no [ˋpɔrno; ˈpɔːnou] *n.*, *adj.* = porn.

por·no·graph·ic [ˌpɔrnəˋgræfɪk; ˌpɔːnəˈgræfik⁻] «pornography 的形容詞» —*adj.* 色情的，春宮的，色情文學[畫]的，色情藝術的。

por·nog·ra·phy [pɔrˋnɑgrəfɪ; pɔːˈnɔgrəfi] «源自希臘文「娼妓文學」之義»—*n.* Ⓤ **1** 色情，春宮，色情文學。**2** [集合稱]色情電影[書，畫(等)]。

po·ros·i·ty [poˋrɑsətɪ; pɔːˈrɔsəti] «porous 的名詞»—*n.* Ⓤ多孔性。

po·rous [ˋporəs, ˋpɔrəs; ˈpɔːrəs] «pore¹ 的形容詞»—*adj.* **1** 有[多]小孔的，多孔性的。**2** 能滲透的，有浸透性的。~·**ness** *n.*

por·phy·ry [ˋpɔrfərɪ; ˈpɔːfiri] *n.* Ⓤ《地質》斑岩。

por·phy·rit·ic [ˌpɔrfəˋrɪtɪk; ˌpɔːfiˈritik⁻] *adj.*

por·poise [ˋpɔrpəs; ˈpɔːpəs] *n.* Ⓒ《動物》鼠海豚《形狀如海豚》。

por·ridge [ˋpɔrɪdʒ; ˈpɔridʒ] *n.* Ⓤ **1** 麥片粥。

【說明】燕麥(oatmeal)加水或牛奶煮成糊狀的東西。依個人喜愛加糖或鹽食用。嬰兒斷奶後的主食，英國人冬天早晨常當早餐吃。

2《英俚》(在監獄的)刑期：do ~ 服刑期。

kéep [sáve] one's bréath to cóol one's pórridge 省些力氣少開口，少說話。

por·rin·ger [ˋpɔrɪndʒə; ˈpɔrindʒə] *n.* Ⓒ (盛麥片粥等的)淺碗《尤指小孩吃飯用者》。

porringer

Por·sche [pɔrʃ; pɔːʃ] *n.* Ⓒ保時捷《西德保時捷(Porsche)公司所製造的高級跑車》。

‡**port¹** [port, pɔrt; pɔːt] «源自拉丁文「港口」之義»—*n.* **1** ⒸⓊ港，港口(⇨ harbor【同義字】)：an open ~ 對外開放的貿易港，商港/a coaling ~ 裝煤港/a ~ of delivery 交貨港/a ~ of distress 避難港/a ~ of entry 進口港/in ~ 在港口，停泊中的/clear (a) ~ = leave (a) ~ 出港/enter ~ (*at*...) = make ~ (*at*...) (在…)進港。**2** [常 P~ 當地名用]港口城鎮，港市：⇨ Port Said.

ány pórt in a stórm 窮途之策，臨難時的任何依靠。

pórt of cáll (1)(沿途的)停靠港。(2)《口語》(旅途中的)停留地。(3)常去的地方，長期逗留之處。

port² [port, pɔrt; pɔːt] «源自拉丁文「門」之義»—*n.* Ⓒ **1**《航海》**a** (商船船側的)艙門，上下貨口。**b** 舷窗(porthole). **2**《機械》蒸汽口，汽門口：an exhaust ~ 排氣口。**3** (戰車等的或從前在城牆上的)砲門，射擊孔，槍眼。

port³ [port, pɔrt; pɔːt] «源自 port¹；源自昔日船通常以左舷靠港»—*n.* Ⓤ(船舶、飛機的)左舷《面向船首[機首]左側；夜間時點有紅燈；⟷ starboard；⇨ ship 插圖》：put the helm to ~ 把舵轉向左舷(使船頭右轉)(cf. aport).
—*adj.* [用在名詞前]左舷的：on the ~ side 在左舷側；在左邊。

port⁴ [port, pɔrt; pɔːt] «源自拉丁文「搬運」之義»—*n.* **1** [the ~]《軍》端槍的姿勢《把槍斜舉於身體前面》：at *the* ~ 端著槍，以端槍的姿勢。**2** Ⓤ態度，舉止。

—*v.t.* 〖軍〗端〈槍〉：*P*~ arms！《號令》端槍！

port⁵ [port, pɔrt; pɔːt] 《源自葡萄牙的葡萄酒輸出港 Oporto [oˈporto; ouˈpɔːtou]》—*n.* (又作 **pórt wíne**) Ⓤ [指個體時爲Ⓒ] (葡萄牙原產的) (紅) 葡萄酒。

Port arms！

port. 《略》portrait.

Port. 《略》Portugal；Portuguese.

por·ta·bil·i·ty [ˌportəˈbɪlətɪ, ˌpɔr-; ˌpɔːtəˈbiləti] 《portable 的名詞》—*n.* Ⓤ可携帶，輕便。

por·ta·ble [ˈportəbl̩, ˈpɔr-; ˈpɔːtəbl] 《源自拉丁文「搬運」之義》—*adj.* (**more** ~；**most** ~) **可搬運的，可携帶的，携帶用的，手提式的**：a ~ typewriter [television (set)] 手提式打字機[電視機]。

—*n.* Ⓒ手提式的器具《收音機、打字機等》。

pór·ta·bly [-təblɪ; -təbli] *adv.*

por·tage [ˈportɪdʒ, ˈpɔr-; ˈpɔːtidʒ] *n.* **1** ⓊⒸ **a** 搬運，運輸。**b** (兩水路間的)陸運，連水陸的運輸《船、貨等由一水路到另一水路的陸上運輸》。**2** Ⓤ [又作 **a** ~] 運費。**3** Ⓒ連水陸路。

por·tal [ˈportl̩; ˈpɔːtl] *n.* **1** Ⓒ大門，正門，入口。**2** [~**s**]《文語》**a** (宮殿等大建築物的) 正門，大門。**b** 開端，開始〔*of*〕：We stand at the ~*s* of a new age (in science). 我們處於(科學)新時代的開端[開創階段]。

pórtal-to-pórtal páy *n.* Ⓤ根據自進入工廠或礦場至離開爲止所歷之全部時間而給付之工資。

pórtal véin *n.* Ⓒ《解剖》門靜脈。

Port-au-Prince [ˌportoˈprɪns, ˌpɔr-; ˌpɔːtouˈprins] *n.* 太子港《海地之首都》。

pórt authòrity *n.* Ⓒ港務局。

port·cul·lis [portˈkʌlɪs, pɔrt-; ˌpɔːtˈkʌlis] *n.* Ⓒ(昔日城門等的)格子吊閘，鐵閘門，吊門。

portcullis

porte co·chere [ˌportkəˈʃɛr, ˌport-; ˌpɔːtkoˈʃɛə] 《源自法語 'coach gate' 之義》—*n.* Ⓒ(有頂蓋的)門內停車處。

por·tend [porˈtɛnd, pɔr-; pɔːˈtend] *v.t.* 爲…的前兆，預示：Black clouds ~ a storm. 烏雲是暴風雨的前兆。

por·tent [ˈportɛnt, ˈpɔr-; ˈpɔːtent] 《portend 的名詞》—*n.* **1** Ⓒ(凶事、重大事的)前兆，徵兆〔*of*〕. **2** Ⓤ《文語》(前兆性的)意味。**3** Ⓒ令人驚異的[不可思議的]事物，怪事。

por·ten·tous [porˈtɛntəs, pɔr-; pɔːˈtentəs] 《portend, portent 的形容詞》—*adj.* **1** 前兆的；不祥的，有凶兆的。**2** 令人驚異的，難以相信的：a building of ~ size 大得驚人的建築物。**3 a** 嚴肅的，森嚴的。**b** 自大的，擺架子的。~**·ly** *adv.*

porte cochere

***por·ter¹** [ˈportɚ, ˈpɔr-; ˈpɔːtə] 《源自拉丁文「搬運」之義》—*n.* Ⓒ **1 a** (車站、機場等的) **搬運員**，脚夫。**b** (在飯店爲客搬行李的)服務生。**c** 搬運工人，挑夫。**2** 《美》(臥車等的)服務生。

por·ter² [ˈportɚ, ˈpɔr-; ˈpɔːtə] 《源自拉丁文「門」之義》—*n.* Ⓒ《英》門房，看門人。

por·ter³ [ˈportɚ, ˈpɔr-; ˈpɔːtə] 《源自從前倫敦等的行李搬運工喝的飲料》—*n.* Ⓤ [指個體時爲Ⓒ] 黑啤酒《用焦麥芽釀造，較 stout 淡》。

por·ter·age [ˈportərɪdʒ, ˈpɔr-; ˈpɔːtəridʒ] *n.* **1** Ⓤ搬運；運輸業。**2** Ⓤ [又作 **a** ~] 搬運費。

pórter·hòuse *n.* (又作 **pórterhouse stéak**) Ⓒ [當作菜名時爲Ⓤ] 上等牛排。

pórter's lódge *n.* Ⓒ《英》(學校、醫院等的)門房，警衛室。

port·fo·li·o [portˈfolɪˌo, pɔrt-; ˌpɔːtˈfouljou] 《源自義大利語「搬運紙的東西」之義》—*n.* Ⓒ(*pl.* ~**s**) **1** Ⓒ **a** 公事包，紙夾，文件夾(⇨ bag 2【同義字】)。**b** 文件夾[檔案夾]中的文件。**c** 紙夾式的畫集，畫册。**2** Ⓤ部長[閣員，大臣]的職位[地位]。**3** Ⓒ有價證券(一覽表)。

pórt·hòle *n.* Ⓒ **1 a** (船的)舷窗《從前爲發射大炮而開在舷側的射孔》。**b** (飛機的)圓窗。**2** (城牆等的)槍眼。

Por·tia [ˈporʃə, ˈpɔr-; ˈpɔːʃə] *n.* 波西亞《莎士比亞(Shakespeare)所著「威尼斯商人(*The Merchant of Venice*)」中的女主角》。

por·ti·co [ˈportɪˌko, ˈpɔr-; ˈpɔːtikou] *n.* Ⓒ(*pl.* ~**es**, ~**s**)《建築》柱廊，門廊《建築物入口處有列柱的門廊或由列柱支承的帶頂走廊》。

por·tière [ˌportɪˈɛr, ˌpɔr-; pɔːˈtjɛə] 《源自法語》—*n.* Ⓒ(*pl.* ~**s**) 門帷；門簾。

portico

***por·tion** [ˈporʃən, ˈpɔr-; ˈpɔːʃn] 《源自拉丁文「分得的一份」之義》—*n.* **1** Ⓒ(被切開的)(一)部分(part)〔*of*〕(⇨ part A【同義字】)：a ~ *of* the land 那塊土地的一部分。**2** Ⓒ **a** (在兩人以上之間分得的)一份(share)〔*of*〕. **b** 《法律》所得遺產。**c** 嫁妝(dowry)。**3** Ⓒ(食物的)一人份〔*of*〕：order two ~*s of* chicken 叫兩人份的鷄肉。**4** [用單數；**one's** ~] 命運(lot)：one's ~ *in* life 命運。

—*v.t.* 〔十受十副詞(十介十(代)名)〕〔在…之間〕分配〈某物〉〈*out*〉〔*among, between*〕：~ **out** land **among** the three [**between** the two] 把土地分配給三人[兩人]。

por·tion·er [ˈporʃənɚ, ˈpɔr-; ˈpɔːʃənə] *n.* Ⓒ獲得遺產[嫁奩]的人；分配的人。

Port·land [ˈportlənd, ˈpɔrt-; ˈpɔːtlənd] *n.* 波特蘭《美國俄勒岡州(Oregon)西北部之一城市》。

Pórtland cemént 《源自顏色與 Portland stone 相似》—*n.* Ⓤ波特蘭水泥《普通的水泥》。

Pórtland stóne *n.* Ⓤ波特蘭石《英國 Isle of Portland 產的建築用石灰石》。

Pórt Lóuis *n.* 路易士港《模里西斯之首都》。

pórt·ly 《port⁴ 的形容詞》—*adj.* (**port·li·er**；**-li·est**) **1** 《委婉語》〈中年人〉肥胖的，發福的。**2** 儀表堂堂的。**pórt·li·ness** *n.*

port·man·teau [portˈmænto, pɔrt-; ˌpɔːtˈmæntou] 《源自法語 'cloak carrier' 之義》—*n.* Ⓒ(*pl.* ~**s**, ~**x** [~z; ~z]) (對開的)旅行包[皮箱]。

portmánteau wòrd *n.* Ⓒ《語言》並[混]合詞(⇨ blend *n.* 2)。

***por·trait** [ˈportret, ˈpɔrt-, -trɪt; ˈpɔːtrit, -treit] 《源自古法語「描畫(portray)的東西」之義》—*n.* Ⓒ **1** **肖像(畫)**；畫像，人像；相片：have one's ~ painted 請人畫肖像畫。**2** 描述；生動的描寫[描畫]。**3** 酷似物；相似處。

pór·trait·ist [-tɪst; -tist] *n.* Ⓒ肖像畫家，人像攝影師。

por·trai·ture [ˈportrɪtʃɚ, ˈpɔr-; ˈpɔːtritʃə] *n.* Ⓤ **1** 肖像畫法：in ~ 被畫成(肖像)的。**2** [集合稱] 肖像畫。

por·tray [porˈtre, pɔr-; pɔːˈtrei] 《源自拉丁文「拉到前面」之義》—*v.t.* **1** 〔十受〕**描畫**〈人物、風景等〉；畫〈人〉的肖像。**2 a** 〔十受〕(用言語) 描寫…：It is difficult to ~ feelings in words. 感情很難用言語來描寫。**b** 〔十受十 *as* 補〕把…描寫〈成…〉：The author ~*s* the campus *as* a very pleasant place. 作者把該校園描寫成一個令人很愉快的地方。**3** 〔十受〕〈演員〉飾演〈某角色〉。

por·tray·al [porˈtreəl, pɔr-; pɔːˈtreiəl] 《portray 的名詞》—*n.* **1** Ⓤ **a** 描繪，描寫〔*of*〕. **b** 敍述〔*of*〕. **2** Ⓒ肖像(畫)。

Port Said [portˈsed, pɔrt-, -ˈsaɪd; ˌpɔːtˈsaid] *n.* 塞得港《在埃及東北部，蘇伊士(Suez)運河北端臨地中海的海港》。

Ports·mouth [ˈportsməθ, ˈpɔrts-; ˈpɔːtsməθ] *n.* **1** 樸次茅斯《英國南部的港市》。**2** 樸次茅斯《美國新罕布夏州(New Hampshire)的海港；締結日俄和約之地(1905)》。

Por·tu·gal [ˈportʃəgl̩, ˈpɔr-; ˈpɔːtʃugl] *n.* 葡萄牙《歐洲西南部的一共和國；首都里斯本(Lisbon)》。

Por·tu·guese [ˈportʃəˌgiz, ˈpɔr-; ˌpɔːtʃuˈgiːz] 《Portugal 的形容詞》—*adj.* 葡萄牙(人，語)的。

—*n.* (*pl.* ~) **1** Ⓒ葡萄牙人。**2** Ⓤ葡萄牙語。

Pórtuguese màn-of-wár 《英國近海的生物是生長於葡萄牙沿岸的生物隨海流漂來的，故名》—*n.* Ⓒ(*pl.* **Portuguese men-of-war**)《動物》僧帽水母《呈烏帽狀，觸絲有毒細胞，能刺螫其他動物》。

por·tu·lac·a [ˌportʃəˈlækə, ˌpɔr-; ˌpɔːtʃuˈlækə] *n.* Ⓒ《植物》馬齒莧屬之植物。

pose¹ [poz; pouz] *n.* **1** Ⓒ(爲拍照、畫肖像等擺出的)**姿態**，姿勢。**2** ⓊⒸ**擺樣子**，做作的態度，假裝：I detest ~. 我憎惡裝模作樣/Everything he says is only a ~. 他所說的一切只是假裝而已。

—*v.i.* **1** 〔十動(十介十(代)名)〕〈人、模特兒等〉〔爲…〕**擺出姿態**〔*for*〕：She ~*d* **for** her portrait [**for** the painter]. 她爲畫像而擺姿勢[擺姿勢給畫家畫]。**2 a** 裝模作樣，裝腔作勢。**b** 〔十 *as* 補〕裝〈作…〉，假裝〈爲…〉：He ~*d as* an authority on that subject. 他以那個問題的權威自居。

—*v.t.* **1** 〔十受(十介十(代)名)〕〔爲拍照、繪畫而〕使〈人〉擺好姿勢：The artist ~*d* me **on** a sofa. 那個畫家使我在沙發上擺好姿勢/The group was well ~*d* **for** the photograph. 那一羣人爲拍照而擺好姿勢。

2 a 〔十受〕〈人〉提出〈問題、要求等〉：Three problems must be ~*d* here. 有三個問題必須在這裏提出。**b** 〔十受十受/十受十介十(代)名]〈某人〉向〈他人〉提出〈問題、要求等〉；[向某人]提出〈問題、要求等〉[*to*]：He ~*d* us a difficult question. =He ~*d* a difficult question ***to*** us. 他向我們提出一個難題。

3 a [十受]〈事、物〉引起〈問題等〉：The increased cost of living ~*d* many problems. 生活費的增加引起許多問題。**b** [十受十受/十受十介十(代)名]〈事、物〉帶給〈人〉〈問題等〉；[給人]帶來〈問題等〉[*for*]：The situation ~*d* us a new problem. =The situation ~*d* a new problem ***for*** us. 那種情勢給我們帶來新的問題。

pose[2] [poz; pouz] *v.t.* (以難題)使〈人〉困惑，難住〈人〉(puzzle).

Po·sei·don [po`saɪdn̩, pə-; pɔ'saidən, pə-] *n.*《希臘神話》波塞頓《手持三叉矛的海神；相當於羅馬神話的納普敦(Neptune)》.

Poseidon

pós·er[1] 《源自 pose[1]》 —*n.* Ⓒ **1** 擺姿勢的人。**2** 裝模作樣的人。

pós·er[2] 《源自 pose[2]》 —*n.* Ⓒ難題。

po·seur [po`zɝ; pou'zəː] 《源自法語 'poser[1]' 之義》 —*n.* Ⓒ裝模作樣的人。

posh [pɑʃ; pɔʃ] *adj.*《口語》**1** 奢侈的，豪華的。**2** 時髦的，漂亮的。

pos·it [`pɑzɪt; 'pɔzit] *v.t.*《哲・邏輯》**1** 假定，斷定(postulate). **2** [十 *that*__] 假定[斷定]〈…事〉。

‡**po·si·tion** [pə`zɪʃən; pə'ziʃn] 《源自拉丁文「放置的地方」之義》 —*n.* **1** Ⓒ (人、物與其他東西的關係而存在的)**位置，**場所，處所；所在地，陣地：occupy an intermediate ~ between... 居於…之間的中間位置/attack an enemy's ~ 攻擊敵人的陣地/Find the ~ of New York on the map. 在地圖上找出紐約的位置/The policeman took up his ~ in front of the gate. 那名警員在大門前站崗。

2 Ⓤ **a 適當位置**：be *in* [*out of*] ~ 在[不在]適當的位置。**b** 規定的位置；(棒球等的)(守備)位置《★通常用於 in ~》：He put his false teeth securely *in* ~. 他把假牙牢牢地裝在正確的位置上/The players were *in* ~. 球員們在守備的位置。

3 a ⓊⒸ(社會上的)**地位，**身分[*in*]：the ~ of army officer 陸軍軍官的地位/one's ~ *in* life [society]某人的社會地位或身分/I have a [my] ~ to keep up. 我需要保持身分；我需要考慮到自己的身分。**b** Ⓤ(高的)身分：persons of ~ 有地位[身分]的人。

4 Ⓒ**工作，**職位(job)：He has a ~ *in* a bank. 他在銀行工作/He got [found] a ~ *as* a college lecturer. 他獲得[找到]大學講師的職位。

5 Ⓒ **a 姿勢**：sit in a comfortable ~ 以舒服的姿勢坐著/be in a standing ~ 站著。**b**《芭蕾舞》五種基本姿勢。

6 Ⓒ[常用單數] **a 立場，**態度，處境：He is *in* an awkward ~. 他處境困窘/That puts me *in* a difficult ~. 那會使我的處境困難。**b** [十 *to* do]〈做…的〉立場：I am not *in a* ~ *to* comply with your request. 我無法應允[滿足]你的要求。

7 Ⓒ **a** 見解，意見，看法[*on*]：my ~ *on* the question 我對該問題的看法。**b** [十 *that*__]〈…的〉見解，意見：He took the ~ *that* the law must be enforced at any cost. 他的意見是該法律無論如何必須實施。

8 Ⓤ有利的地位[位置]，地利：maneuver [jockey] for ~ 運用計謀爭取有利地位。

in a fálse posítion 處於被誤解[困窘]的地位：put a person *in a false* ~ 置人於被誤解的地位。

—*v.t.* [十受(十副詞(片語))] **1** 把…置於(適當的[特定的])地方]：She ~*ed* the vase carefully *on* the table. 她小心地把那花瓶放在桌上。**2**《軍》配置〈部隊〉。

po·si·tion·al [pə`zɪʃən]; pə'ziʃənl] 《position 的形容詞》 —*adj.* **1** 位置的，位置上的，地位上的。**2** [用在名詞前]《運動》守備(上)的。

***pos·i·tive** [`pɑzətɪv; 'pɔzətiv] 《源自拉丁文「(以協定)決定的」之義》 —*adj.* (**more** ~；**most** ~) **1 a 明確的，**確實的，無疑的，難以否定的：a ~ fact [change] 無可懷疑的事實[變化]/a ~ promise 明確的約定/~ proof=proof ~ 確證。**b**〈陳述等〉明白的，直截的：a ~ refusal 斷然拒絕/make a ~ statement of one's position 明言自己的立場。**c** [用在名詞前](無比較級、最高級)《口語》完全的，十足的：a ~ fool 十足的傻瓜，大傻瓜/a ~ nuisance 十分討厭[麻煩]的人。

2 [不用在名詞前] **a**〈人〉確信的，有把握的：“Are you sure?” —“I'm (absolutely) ~.”「你有把握嗎？」「我(絕對)有把握。」**b** [十介十(代)名]〈人〉確信[…]的，[對…]有把握的[*of, about*]：Are you ~ ***about*** [*of*] it? 你對那件事有把握嗎？**c** [十 *that*__]〈人〉確信〈…事〉的：I'm ~ *that* this man stole the car. 我確信這個男人偷了那部車。

3〈人、態度等〉(過分)自信的，獨斷的：One must be ~, but not too ~. 一個人必須有自信，但不可過分自信。

4 a 實用的，有用的，實在的，眞實的，實際上的：a ~ good 眞實的善/a ~ mind 實事求是者。**b**〈對於未來〉建設性的，樂觀的，積極的：~ criticism 建設性的批評/Don't give up. Be more ~. 別放棄，樂觀一點吧。**c**《哲》實證的：~ philosophy 實證哲學。

5 (無比較級、最高級)《文法》原級的：the ~ degree 原級。

6 (無比較級、最高級)《數學》正的，加的；《電學》正的，陽的(↔ negative)：a ~ charge 陽[正]電荷/~ electricity 陽[正]電/a ~ number 正數/the ~ sign 正號(+)。

7 (無比較級、最高級)《攝影》正片的(↔ negative)：a ~ print 正片。

8 (無比較級、最高級)《醫》〈反應結果爲〉陽性的(↔ negative)：~ conversion《醫》轉變爲陽性/The tuberculin test was ~. 結核菌素檢查(的反應結果)是陽性的。

—*n.* **1** Ⓒ《文語》現實(的東西)；實在。**2** [**the** ~] **a**《文法》原級。**b** 肯定：He answered in *the* ~. 他作肯定的回答。**3** Ⓒ《攝影》正片。**4** Ⓒ《數學》正數；正量。~**·ness** *n.*

pós·i·tive·ly *adv.* **1** 明確地；斷然地。**2** 實際上；建設性地。**3**《口語》**a** 完全，全然，斷然：It's ~ incredible. 那眞是令人難以相信/“Would you like to come?”—“I'd ~ love to.”「你願意來嗎？」「我十分樂意。」**b** [用於代替 yes]《美》當然，正是如此：“Will you come?”—“*P*~!”「你要來嗎？」「當然。」

4《電學》以陽[正]電：~ charged 荷陽[正]電的。

pósitive póle *n.* Ⓒ **1** (磁鐵的)正極。**2**《電學》陽極。

pós·i·tiv·ism [-vɪ,zəm; -vizəm] *n.* Ⓤ **1** 實證哲學，實證論；實證主義。**2** 明確性；確信，獨斷(論)。

pos·i·ti·vis·tic [,pɑzətɪ`vɪstɪk; ,pɔzəti'vistik] *adj.*

pós·i·tiv·ist [-vɪst; -vist] *n.* Ⓒ實證哲學家[主義者]。

pos·i·tron [`pɑzɪ,trɑn; 'pɔzitrɔn] *n.* Ⓒ《物理》陽電子。

poss.《略》possession；possessive；possible; possibly.

if póss. [`pɑs; 'pɔs]《略》《英口語》=if POSSIBLE.

pos·se [`pɑsɪ; 'pɔsi] 《源自拉丁文「力量」之義》 —*n.* Ⓒ **1**《美》(警察爲搜捕犯人、維持治安等而召集的)民團，民兵隊。**2** (常指具有共同目的的)羣衆。

***pos·sess** [pə`zɛs; pə'zes] 《源自拉丁文「處於有力地位」之義》 —*v.t.* **1** [十受] **a 擁有**〈資產等〉(own)《★無進行式》：~ wealth 擁有財富。**b** 具有〈能力、性質等〉(have)《★無被動語態及進行式》：He ~*ed* great wisdom. 他有卓越的智慧。**c** [十受十介十(代)名] [~ one*self*]擁有[…]，[使…]成己有[*of*]《★常以過去分詞當形容詞用；⇨ possessed 2》.

2 a [十受]〈鬼魂等〉**纏住，**附身於〈人〉；〈想法、感情等〉迷住〈人〉《★也以過去分詞當形容詞用；⇨ possessed 1》：A vague uneasiness ~*ed* him. 一種莫名的不安纏著他；他感到一種莫名的不安。**b** [十受十 *to* do]使〈某人〉著魔〈而做…〉：What ~*ed* her *to* act like that? 她著了什麼魔而那樣做呢？

3 a [十受]克制，抑制〈心、感情等〉：~ one's temper 抑制脾氣。**b** [十受] [~ one*self*]自制，忍耐。**c** [十受十介十(代)名]把〈心、感情等〉保持[在某種狀態][*in*]：~ one's mind ***in*** patience 保持耐心。

pos·séssed *adj.* **1 a** 鬼魂附身的；著了魔的，瘋狂的，著迷的：He seemed ~. 他似乎著了魔。**b** [不用在名詞前] [十介十(代)名]著了[…]魔的，[對…]瘋狂的[*by, with*] (cf. possess 2 a)：He thought he was ~ ***with*** an evil spirit. 他認爲自己被鬼魂附了身/He is ~ ***by*** a fear of failure. 他對失敗心懷恐懼。

2 [不用在名詞前] [十介十(代)名]《文語》擁有[…]的[*of*] (cf. possess 1 c)：He is ~ ***of*** great wealth [the facts]. 他擁有巨大的財富[掌握著事實]。

3 鎮定的，冷靜的(self-possessed).

like óne posséssed (像著了魔一般)猛烈[瘋狂，狂熱]地，拚命地。

***pos·ses·sion** [pə`zɛʃən; pə'zeʃn] 《possess 的名詞》 —*n.* **1** Ⓤ**擁有；**所有；佔有，佔據[*of*]：the ~ *of* land 土地的擁有/take [gain, get] ~ of... 拿到[佔有，佔領]…/in ~ of...〈人〉擁有[佔有]…/He is *in* ~ *of* a large estate in the country. 他在鄉下擁有一大塊地產/in the ~ of...〈東西〉爲…所有/The keys are *in the* ~ *of* the caretaker. 那些鑰匙由管理員持有[保管]/The house is *in* his ~. 那棟房子爲他所有/He came into ~ of the house.=The house came into his ~. 那棟房子落入他手中。

2 Ⓤ《法律》(與有無所有權無關的)佔有：enter into ~ of a house 正式佔有房子/*P*~ is nine tenths [points] of the law.《諺》現實佔有，敗一勝九。

3 Ⓒ[常 ~*s*]所有物；財產：a man of great ~*s* 大財主/lose all one's ~*s* 失去全部財產。

4 Ⓒ領地，屬地，殖民地：the former French ~*s* in Africa 法國在非洲的舊屬地。

5 Ⓤ著魔，著迷，鬼魂的附身。

pos·ses·sive [pəˋzɛsɪv; pəˈzesiv] «possess, possession 的形容詞»—*adj.* **1** 所有的，表示所有的：~ rights 所有權。**2 a** 佔有慾(强)的：a very ~ woman (在精神或性方面)佔有慾極强的女人/He has a strong ~ instinct. = The ~ instinct is strong in him. 他有强烈的佔有慾[佔有的本能]。**b** [不用在名詞前]〔十介十(代)名〕想獨佔〔…〕的〔*about, with, of*〕：He is terribly ~ ***about*** his car. 他對於自己的車子有極强的獨佔慾《不准他人觸碰》/My son is very ~ *about* [*of*] his mother. 我的兒子很黏他的母親。**3**《文法》所有的，表示所有的：the ~ case [pronoun] 所有格[所有格代名詞]。
—*n.*《文法》**1** [**the** ~] 所有格。**2** Ⓒ所有格的字；所有格代名詞[形容詞]。

pos·sés·sive·ly *adv.* **1** 當作所有物，佔爲己有地。**2** 當作所有格[代名詞]。

pos·sés·sor [-sɚ; -sə] *n.* Ⓒ[常用單數；常 **the** ~] 所有人，佔有者〔*of*〕.

pos·set [ˋpɑsɪt; ˈpɔsit] *n.* Ⓒ[當作菜名時爲Ⓤ]牛奶酒《熱牛奶中加入酒、砂糖、香料(有時也加麵包)的飲料；從前在感冒時等飲用》。

***pos·si·bil·i·ty** [ˏpɑsəˋbɪlətɪ; ˌpɔsəˈbiləti] «possible 的名詞»—*n.* **1** Ⓤ[又作 **a** ~] **a** 可能有[發生]的事，可能性〔*of*〕(⇨ probability【同義字】)：the ~ *of* miracles 奇蹟的可能性/Is there any [no] ~ *of* his com*ing* immediately? 他有[沒有]馬上來的可能嗎？/There is a ~ *of* older remains surviv*ing*. 有更古老的遺跡殘留的可能性/Improvement is within [not outside] the range [bounds] *of* ~. 改善是可能的。**b** 〔十 *that*_〕〈…的〉可能性：There is *a* ~ *that* there is life on other planets. 其他行星上有生物存在的可能性/The ~ *that* he might fail hadn't crossed his mind. 他不曾想過他有失敗的可能性。
2 Ⓒ可能(的事)：a remote [bare] ~ 萬一的事/Failure is a ~. 失敗是可能的事/There are a lot of *possibilities*. 有很多可能性[可能發生的事]。
3 Ⓒ[常 **possibilities**] 展望，發展的可能性，將來性：the commercial *possibilities* of a city 城市商業上的發展可能性。
4 Ⓒ《口語》適合[相配]的人[東西]：She is a ~ as a wife for me. 她是適合做我妻子的人。
by ány possibility (1)萬一，也許《★比較 by any chance 較爲普遍》。(2)[與否定語連用]絕(不)："Might he help us?"—"*Not by any* ~."「他可能援助我們嗎？」「絕不可能。」

‡**pos·si·ble** [ˋpɑsəbl; ˈpɔsəbl] «源自拉丁文「能」之義»—*adj.* **1 a** 〈事、物〉可能的，可實行的《★用法 作此義解時不以「人」爲主詞，故 He is ~. 的結構是錯誤的；⇨ probable【同義字】》：a ~ but difficult job 可行但困難的工作/a ~ excuse [answer] 可以接受的[過得去的]藉口[回答]/*It* is ~ *to* prevent disease. 疾病是可以預防的《★用法 與 impossible 不同，一般沒有主詞成爲 *to* do 受詞的說法，故沒有 Disease is ~ *to* prevent. 的用法，但加入 not 則有可能：a result not ~ *to* foresee (不可能預見的結果)》。**b** [不用在名詞前]〔十介十(代)名〕〔對…而言〕〈事、物〉是可能的，〔某人〕能做〈某事〉的〔*for, to*〕：This job is ~ ***for*** him. 對他而言，這件工作是可能的；他能做這件工作/All things are ~ ***to*** God. 神是萬能的。**c** 〔十*for*十(代)名十 *to* do〕〔人〕〈做…是〉可能的：Is *it* ~ *for* him *to* get there in time? 他能及時趕到那裏嗎？**d** [不用在名詞前]〔十介十(代)名〕可能〔…〕的〔*of*〕《★比較 一般用 capable》：His plan is ~ ***of*** realization. 他的計畫可能實現。
2 [與最高級或 all, every 等連用以加强語氣] 可能限度的，盡可能的：the great*est* ~ speed 可能的最高速度，最大速度/with the *least* ~ delay 儘快。
3 〈事、物〉可能有的，可能發生的：a ~ war 可能發生的戰爭/Frost is ~ even in May. 甚至在五月也可能下霜/*It* is ~ *to* drown in a few inches of water. 在幾吋深的水中也可能有溺水的事/*It* is ~ *that* she will be late. 她可能會遲到。
4 [用在名詞前] 適合當…的：a ~ president 適合當總統的人。
5《口語》差强人意的，可接受的，馬馬虎虎的：a ~ meal 差强人意的伙食。
as... as possible ⇨ as *adv.*
if póssible 如果可能，如果辦得到："Will you come?"—"Yes, *if* ~."「你會來嗎？」「是的，可能的話。」
—*n.* **1** [**the** ~] 可能性。**2** Ⓒ適當[合適]的人，提名候選人，預備[候補]球員[選手]：a list of ~s for the post [job] 該職位[工作]的適當人選名單。

‡**pos·si·bly** [ˋpɑsəblɪ; ˈpɔsəbli] *adv.* (**more** ~; **most** ~) **1** 或許，說不定，也許(⇨ perhaps【同義字】)：He may ~ recover. 他或許會復元/She's ~ over thirty. 她說不定超過三十歲/*P*~ he will come, too. 或許他也會來/"Will he come?"—"*P*~."「他會來嗎？」「也許。」
2 (無比較級、最高級)[與 can, could 連用以加强語氣] **a** [用於肯定句] 無論如何，儘可能地：Come as soon as you ~ *can*. 你儘可能早來。**b** [用於否定句] 無論如何(不)…，萬萬(不)…：I *cannot* ~ do it. 我無論如何不能做那件事。**c** [用於疑問句、條件句] 想辦法，設法：How *can* I ~ do it? 我怎能(設法)做那件事呢？

pos·sum [ˋpɑsəm; ˈpɔsəm] «opossum 字首消失的變體字»—*n.* Ⓒ《動物》《美》鼲《狀如袋鼠，遇到危險就裝死；⇨ opossum》.
pláy póssum《口語》裝死[睡，不知]，裝蒜。

‡**post**[1] [post; poust] «源自義大利語「車站」之義»—*n.* **1** Ⓤ《英》郵政，郵政制度(《美》mail)《★用法 英國對於外國郵政亦用 mail》：by ~ 以郵寄/send a letter by ~ 郵寄信件。
2《英》**a** [**the** ~；集合稱] Ⓤ(郵件一次的)收送，送達；(一次送達的)郵件(《美》mail)：catch [miss] *the* morning ~ 趕上[趕不上]早上收信的時間/*The* ~ hasn't come yet. 郵件還沒來。**b** [**a** ~；與修飾語連用；集合稱](收送的)郵件：I had *a* heavy ~ yesterday. 我昨天收到很多郵件。
3 [**the** ~]《英》郵筒；郵局：Take this letter to *the* ~, please. 把這封信投入郵筒[拿去郵局]。
4 [P~；用於報紙名稱] …郵報：the *Sunday P*~ 星期日郵報《倫敦(London)的星期日早報》。
by retúrn of póst《英》以回郵，由下一班郵遞。
—*v.t.* **1** 〔十受(十副)〕《英》把〈信件〉投入郵筒，投郵，郵寄〈*off*〉(《美》mail)：*P*~ (***off***) this letter, please. 請把這封信投郵。
2《英》**a** 〔十受〕郵寄〈信件等〉(《美》mail). **b** 〔十受十受/十受十介十(代)名〕郵寄給〈某人〉〈信件等〉；郵寄〈信件等〉〔給某人〕〔*to*〕(《美》mail)：I ~*ed* him a Christmas card. = I ~*ed* a Christmas card ***to*** him. 我寄給他一張耶誕卡。
3 〔十受(十副)十介十(代)名〕《口語》把〔…的〕(最近)消息告訴〈某人〉〈*up*〉〔*in, on, about*〕《★常用被動語態，變成「〈某人〉知曉，熟悉…」之意》：He *is* well ~*ed* ***in*** current politics. 他很熟悉現今的政情。
—*v.i.* 〔十副詞(片語)〕(昔日)騎驛馬[快馬]旅行。
kèep a person **pósted** 把最新消息一一告訴〈某人〉，使〈人〉知曉最近消息：I'll *keep* you ~*ed*. 我會使你知曉最近消息《我會隨時與你聯絡》/Reading these papers will *keep* you ~ ***on*** the latest happenings in the world. 讀這些報紙會使你通曉最近世界上所發生之事。
—*adv.* **1** 以快馬，以快遞信差。**2** 火速地。

post[2] [post; poust] «源自拉丁文「立於前面者」之義»—*n.* **1** Ⓒ[常構成複合字](常當作支柱，從地面、基座直立的木或金屬製)柱子，標桿，樁。**2 a** Ⓒ《運動》決勝桿，終點桿，球門(goalpost). **b** [**the** ~]《賽馬》(起點[終點]等的)標桿。
—*v.t.* **1 a** 〔十受(十副)〕把〈廣告單等〉貼於柱子[牆壁]〈*up*〉：*P*~ no bills.《告示》禁止招貼。**b** 〔十受(十副)十介十(代)名〕把〈廣告單等〉貼〔於柱子、牆壁等〕〈*up*〉〔*at, on*〕：I ~*ed* (***up***) a notice about it ***on*** the bulletin board. 我把有關那件事的通告貼在布告欄上。**c** 〔十受(十副)十介十(代)名〕在〈牆〉上貼〔廣告單等〕〈*over*〉〔*with*〕：The wall was ~*ed* (***over***) ***with*** placards. 那面牆壁上貼(滿)了海報。
2 a 〔十受〕公布，告示，公告…：~ a reward 公告懸賞。**b** 〔十受十(*as*)補〕告示，發表，公布…〈爲…〉《★常用被動語態》：The child *was* ~*ed* (*as*) kidnapped. 那個小孩經宣布遭到綁架。**c** 〔十受十(*as*)補〕宣布〈船〉〈未到達，失蹤〉《★常用被動語態》：Two ships *were* ~*ed* (*as*) lost. 兩艘船被宣布失蹤。
3 〔十受〕《美》公告〈某地〉禁獵，掛出禁獵的告示牌於〈某地〉。

post[3] [post; poust] «源自拉丁文「放置」之義»—*n.* Ⓒ **1** 地位；工作，職位：get a ~ as a teacher 找到教師的工作/resign one's ~ 辭職。**2 a** (衛兵、警察等的)崗位，管轄區，警戒區：Remain at your ~ until relieved. 留在你的崗位直到換班。**b** 駐紮地。**3** (尤指設立於未開化地的)貿易站(trading post). **4**《美》(退伍軍人協會的)分會。**5** [常 **the first** [**last**] ~]《英軍》熄燈號：the first ~ 頭次[預備]熄燈號/the last ~ 末次熄燈號，軍葬號。
—*v.t.* **1** 〔十受十副詞(片語)〕配置〈哨兵等〉(於…)：They ~*ed* soldiers *at* the gates of the palace. 他們把士兵配置於宮殿門口。
2 〔十受十介十(代)名〕《英》調派〈某人〉〔到…〕，使…調職〔到…〕〔*to*〕《★常用被動語態》：He has *been* ~*ed* ***to*** London. 他被調職到倫敦。

post- [post-; poust-] 字首 表示「(在)後」「次」等之意(↔ ante-).

***post·age** [ˋpostɪdʒ; ˈpoustidʒ] *n.* Ⓤ郵費，郵資：~ due [free] 欠(郵)資[免郵資]/What is the ~ for [on] this parcel? = How much ~ must I pay for [on] this parcel? 這個包裹要多少郵費？

póstage stàmp *n.* Ⓒ **1** 郵票。**2**《口語》非常小[狹小]的地方。

póstage-stàmp *adj.* [用在名詞前] 非常小的，面積狹小的。

post·al [ˋpostl; ˈpoustəl] «post[1] 的形容詞» —*adj.* [用在名詞前](無比較級、最高級) **1** 郵政的；郵局的：⇨ postal card/~ matter 郵件/a ~ money order《美》郵政匯票/a ~ order《英》

郵政滙票《略作 P.O.》/ (a) ~ service 郵務，郵政事業/the International [Universal] *P*~ Union 萬國郵政聯盟。**2** 郵寄的：a ~vote 郵寄投票，通信投票/a ~ application 郵寄申請(書)。
—*n.* 《美口語》=postal card.

póstal càrd *n.* Ⓒ《美》明信片(《英》postcard).

póstal còde *n.* =postcode.

Póstal Sérvice *n.* [the ~] (美國的)郵政國營公司《原爲郵政局；自 1971 年起公司化；cf. POSTAL service, post office 2》.

post·a·tom·ic [ˌpostəˈtɑmɪk; ˌpoustəˈtɔmik] *adj.* 第一顆原子彈爆炸之後的；核子武器發明以來的。

póst·bàg *n.* 《英》**1** Ⓒ郵袋(《美》mailbag). **2** [用單數；集合稱] 一次遞送的郵件。

post·bel·lum [postˈbɛləm; ˌpoustˈbeləm] «源自拉丁文»—*adj.* 戰後的。

póst·bòx *n.* Ⓒ《英》**1** 郵筒(⇨ pillar-box 照片)。**2** 信箱(《美》mailbox).

póst·bòy *n.* Ⓒ**1** 郵差。**2** 第一列左馬之騎者，左馬馭者(postilion).

***post·card** [ˈpostˌkɑrd; ˈpous*t*kɑ:d] *n.* Ⓒ(又作 **póst càrd**) **1** 《英》明信片(《美》postal card). **2** 私人製造的明信片；風景(圖畫)明信片。

póst chàise *n.* Ⓒ(有鐵路以前的)驛馬車《十八至十九世紀初用以快速載運旅客與郵件的四輪馬車》。

póst·còde *n.* Ⓒ《英》郵遞區號(《美》zip code)《如 BH 52 BN 等由字母與數字組合而成》。

pòst·dáte *v.t.* **1** 把〈信、支票、事件等〉日期填遲(↔ predate). **2** (在時間上)繼…之後。

post·doc·tor·al [postˈdɑktərəl; ˌpoustˈdɔktərəl] *adj.* 取得博士學位後的研究或工作的，博士(學位)後的。

póst·er «源自 post²»—*n.* Ⓒ **1** 海報，廣告單，宣傳單，招貼。**2** 貼海報[廣告單，傳單等]的人。

póster còlor *n.* Ⓤ [指產品個體或種類時爲Ⓒ] 不透明的水性顏料。

poste res·tante [ˌpostrɛsˈtɑnt; ˌpoustˈrestɑ:nt] «源自法語 'letter(s) remaining (at the post office)' 之義»—*n.* 《英》《郵政》**1** Ⓤ存局待領郵件《★郵件上的記載》(《美》general delivery). **2** Ⓒ存局待領課[處](《美》general delivery).
—*adv.* 以存局待領。

pos·te·ri·or [pɑsˈtɪrɪɚ; pɔˈstiəriəˇ] «源自拉丁文「後來的」之義的比較級»—*adj.* **1** (↔ prior) **a** [用在名詞前] (時間、次序)在後的，其次的：~ events 後來的事件。**b** [不用在名詞前] [十介十(代)名] [較…] 後(來)的 [*to*] 《★ 用法 不用 than》：the events ~ *to* the riot 暴動後發生的事件。**2** [用在名詞前]《生物》後面的，背面的(↔ anterior)：the ~ parts of the body 身體的背部。
—*n.* [one's [the] ~(s)]《委婉語》屁股，臀部。~**·ly** *adv.*

pos·ter·i·ty [pɑsˈtɛrətɪ; pɔˈsterəti] «源自拉丁文「後來的」之義»—*n.* Ⓤ **1** 後世，後代：hand ...down to ~ 把…傳給後世。**2** [集合稱；常 one's ~]《文語》子孫《★ 用法 視爲一整體時當單數用，指全部個體時當複數用》：Abraham and his ~ 亞伯拉罕與他的子孫。

pos·tern [ˈpostɚn; ˈpoustə:n, -tən] *n.* Ⓒ《文語》後門，邊門，便門：a privy [private] ~ 廚房的門，後門。
—*adj.* [用在名詞前] 後門的，邊門的：a ~ door 後門，便門/a ~ gate 後門。

póster pàint *n.* =poster color.

póst exchànge *n.* Ⓒ《美陸軍》營地的免稅商店(《英》Naafi)《★常用簡寫的 PX》.

póst-frée *adj.* & *adv.* **1** 免郵費的[地]。**2** 《英》郵資已付的[地] (postpaid).

pòst·gráduate *adj.* 大學畢業後的；研究院(學生)的 (cf. graduate 2, undergraduate).
—*n.* Ⓒ研究生(cf. graduate 1).

póst·háste *adv.* 《文語》火速地，趕緊地。

póst hòrn *n.* Ⓒ驛車喇叭《昔日收送郵件的馬車夫所吹的號角》。

póst hòrse *n.* Ⓒ驛馬。

post·hu·mous [ˈpɑstʃuməs; ˈpɔstjuməs] «源自拉丁文 'last' 的最高級之義，加上對「土」「埋葬」之義的聯想»—*adj.* **1** 死後的；父死後出生的，遺腹的：a ~ child 父死後出生的孩子，遺腹子/one's ~ name 諱；謚號/confer ~ honors on a person 死後追贈勳位給某人，謚封某人。**2** 作者死後出版的：~ works 遺著。
~**·ly** *adv.*

pos·til·ion, 《英》**pos·til·lion** [poˈstɪljən; pəˈstiljən] *n.* Ⓒ **1** (四頭馬車的) 前列左馬騎者[馭者]。**2** (兩頭馬車的) 左馬騎者[馭者]。

pòst·impréssionism *n.* Ⓤ《美術》後期印象派。

pòst·impréssionist *adj.* 後期印象派的。
—*n.* Ⓒ後期印象派的畫家。

pòst·indústrial *adj.* 由重工業社會進入服務業或科技(等)社會的，後工業化的。

póst·ing «源自 post³»—*n.* ⓊⒸ任命，派任。

post·lude [ˈpostˌlud; ˈpoustlju:d] *n.* Ⓒ《音樂》(↔ prelude) **1** (於教會)禮拜完畢後的風琴獨奏；後奏。**2** 後奏曲，尾曲；(樂曲的)末尾部。

***post·man** [ˈpostmən; ˈpous*t*mən] *n.* Ⓒ (*pl.* **-men** [-mən; -mən]) 郵差(《美》mailman, letter carrier).

póst·màrk *n.* Ⓒ(郵政的)郵戳。
—*v.t.* **1** 在〈郵件〉上蓋郵戳《★常用被動語態》。**2** [十受十補] 在〈郵件〉上蓋〈…的〉郵戳《★常用被動語態》：This letter *is* ~*ed* London. 這封信蓋有倫敦的郵戳。

póst·màster *n.* Ⓒ郵政局長。

Póstmaster Géneral *n.* Ⓒ (*pl.* **Postmasters General**) (美國的)郵政部長，(現在的)郵政國營公司總裁。

post·me·rid·i·an [ˌpostməˈrɪdɪən; ˌpous*t*məˈridiən] *adj.* 午後的；下午的；午後舉行(發生)的。

post me·ríd·i·em [ˈpostməˈrɪdɪˌɛm, -ˈrɪdɪəm; ˌpous*t*məˈridiəm] «源自拉丁文 'after midday' 之義»—*adv.* 《文語》下午，午後《★ 用法 常用 p.m., P.M., P.M. [ˈpiˈɛm; ˌpi:ˈem]; ↔ ante meridiem》.

póst·mìstress *n.* Ⓒ女性的 postmaster，女郵政局長。

pòst·mór·tem [-ˈmɔrtəm; -ˈmɔ:tem, -təmˇ] «源自拉丁文 'after death' 之義»—*n.* Ⓒ **1** 驗屍(解剖)。**2** 事後的檢討[討論]：have [hold] a ~ on... 就…作事後的檢討。
—*adj.* 死後的；驗屍的：a ~ examination 驗屍(解剖)。

pòst·ná·tal [-ˈnetl; -ˈneitlˇ] *adj.* 出生後的，產後的。
~**·ly** [-tlɪ; -təli] *adv.*

post·nup·tial [postˈnʌpʃəl; ˌpoustˈnʌpʃl] *adj.* 結婚後的。

***póst òffice** *n.* Ⓒ **1** 郵局(★ 英國的 post office 除總局外多兼營文具用品等，乍見不像郵局)。**2** [the P~ O~] 郵政國營公司 (cf. Postal Service).

post office 1

póst-òffice *adj.* 郵局的；郵政的。

póst òffice bòx *n.* Ⓒ郵政信箱《略作 P.O.B., P.O.Box》.

póst·páid *adj.* & *adv.* 郵資已付的[地](《英》post-free).

post·pone [postˈpon, posˈp-; ˌpous*t*ˈpoun] «源自拉丁文「置於後」之義»—*v.t.* **1 a** [十受(十介十(代)名)] 把…延期，延後[到…] (put off) [*to, until*] (⇨ delay 2【同義字】)：The meeting was ~*d until* the following day. 會議延期到第二天舉行。**b** [十 do*ing*] 延期，延緩〈做…〉《★ 用法 [十 *to* do] 是錯誤的用法》：You must not ~ answer*ing* his letter any longer. 你不可再延後給他回信。
2 [十受] 置於…之後：In Japanese the verb is ~*d*. 日語是動詞置於(受詞之)後[後置]的。

post·póne·ment [-mənt; -mənt] «postpone 的名詞»—*n.* ⓊⒸ 延期，延後。

post·po·si·tion [ˌpostpəˈzɪʃən; ˌpoustpəˈziʃn] *n.* 《文法》**1** Ⓤ後置。**2** Ⓒ後置詞。

post·pos·i·tive [postˈpɑzətɪv; ˌpoustˈpɔzətivˇ] *adj.*

post·pran·di·al [postˈprændɪəl; ˌpoustˈprændiəlˇ] *adj.* [用在名詞前]《文語・謔》飯後的，餐後的。

post·script [ˈpos·skrɪpt, ˈpost-; ˈpous*t*skript] «源自拉丁文「以後寫的」之義»—*n.* Ⓒ **1** (信的)附筆，附言《略作PS, P.S.》。**2** (書等的)附錄，補遺。

póst tìme *n.* Ⓤ **1** 郵件發送[到達、截止]時間；郵件收發時間。**2** 賽馬開始時間。

póst tòwn *n.* Ⓒ **1** (備有驛馬的)驛站。**2** 有郵局的市鎮。

pos·tu·lant [ˈpɑstʃələnt; ˈpɔstjulənt] *n.* Ⓒ(尤指)志願任神職者。

pos·tu·late [ˈpɑstʃəˌlet; ˈpɔstjuleit] «源自拉丁文「要求」之義»—*v.t.* **1 a** [十受] (認爲自明之理而)假定…；(作爲必要條件而)要求…：~ the inherent goodness of man 假定人性本善。**b** [十 *that*__] 假定〈…事〉：The author ~*s that* the sun will die after 100 million years. 那位作者假定一億年後太陽會消失[能量會用盡]。**2** 要求：the claims ~*d* 要求事項。
— [-lɪt, -ˌlet; -lət, -leit] *n.* Ⓒ **1** 假定。**2** 先決[必要]條件。**3** 《邏輯・數學》公理，基本原理。

pos·tu·la·tion [ˌpɑstʃəˈleʃən; ˌpɔstjuˈleiʃn] «postulate 的名詞»—*n.* ⓊⒸ **1** 假定，先決條件。**2** 要求。

pos·ture [ˈpɑstʃɚ; ˈpɔstʃə] «源自拉丁文「位置」之義»—*n.* **1 a** Ⓤ(身體的)姿勢，姿態：Good ~ is important for health. 好的

姿勢對健康是重要的。**b** Ⓒ(某特定的)姿勢，姿態：in a sitting [standing] ～〈模特兒等〉以坐[立]姿/in an upright ～ 以直立的姿勢/take up a defensive ～ 採取防衛的姿勢。**2** Ⓒ[常用單數] **a** 狀態，情勢：in the present ～ *of* affairs 在目前的情勢。**b**(特定的)態度：adopt a pro-Arab ～ 採取親阿拉伯的態度。
—*v.i.* **1** 擺出(做作的)姿勢；裝模作樣：She ～*d* before the camera. 她在相機前擺出做作的姿勢。**2** 〔＋*as* 補〕裝出，假裝〈…的〉樣子：～ *as* a critic 裝出一副批評家的樣子，以批評家自居。
—*v.t.* 使〈人〉擺某種姿勢：The painter ～*d* his model. 畫家使模特兒擺姿勢。

póst·wár *adj.* [用在名詞前]戰後的(⟷ prewar).

po·sy [ˋpozɪ; ˈpouzi] *n.* Ⓒ花束(bouquet).

‡**pot** [pɑt;pɔt] *n.* **1** Ⓒ[常構成複合字](圓形深底的陶器、金屬、玻璃製的)**壺，鉢，缸，罐，鍋**《有的有把手，有的沒有；cf. vacuum bottle [flask]》：a stew ～ 燉鍋/a jam ～ 果醬罐/～*s* and pans 鍋釜類，炊具/⇨ melting pot, coffeepot, flowerpot, teapot, chimney pot/A watched ～ never boils.《諺》苦候水不沸《急不得》。**2** Ⓒ **a** (小孩用的)便器，便壺(potty). **b** 寢室用便器(chamber pot). **3** Ⓒ一壺[鍋，罐，鉢]的量〔*of*〕：brew up a ～ *of* tea 泡一壺茶。**4** Ⓒ《口語》(比賽獎賞的)銀杯。**5** Ⓒ[常～s]《口語》巨款〔*of*〕：make ～*s* [a ～] *of* money 賺大錢。**6** [用單數；常 **the** ～]《美》**a** (玩撲克等所下的)賭注總額。**b** (一團體的)基金總額。**7** Ⓒ **a** 《英口語》偉人，大人物《★常用於下列片語》：a big ～ 大人物。**b** 大腹，大肚皮(potbelly). **8** Ⓒ《口語》亂射(potshot). **9** Ⓤ《俚》大麻：smoke ～吸大麻。
gò to pót 《口語》毀滅；沒落，衰落《★源自放久的肉只好切碎放進鍋中煮，所以有「被切碎，毀滅」之意》：My French is *going* (all) *to pot.* 我的法語(全)不行了。
kèep the pót bóiling (1)維持生活，生活下去。(2)繼續保持熱度[興旺，勢頭]。
—*v.t.* (**pot·ted**; **pot·ting**) **1** 〔＋受〕(為保存而)將…放入瓶[壺]中，將…裝入瓶[罐]中《★常以過去分詞當形容詞用；⇨ potted 2》. **2** 〔＋受(＋副)〕把〈花〉栽在盆裏，盆栽〈花等〉〈*up*〉：～ (*up*) tulips 把鬱金香栽在盆裏。**3** 〔＋受〕(為取其肉而)射殺〈獵物〉。**4** 〔＋受〕使〈小孩〉坐在便壺上。
—*v.i.* 〔(＋副)＋介＋(代)名〕亂射〔…〕〈*away*〉〔*at*〕.

po·ta·ble [ˋpotəbl; ˈpoutəbl] *adj.* 《謔》〈水〉適於飲用的。

po·tage [pɔˋtɑʒ; pɔˈtɑːʒ] «源自法語 'what is put in a pot' 之義»**—***n.* Ⓤ[指種類時為Ⓒ]濃湯(thick soup)(cf. consommé).

pot·ash [ˋpɑt,æʃ; ˈpɔtæʃ] *n.* Ⓤ《化學》**1** 鉀鹼，草鹼《碳酸鉀的俗稱》。**2** 鉀(potassium).

po·tas·si·um [pəˋtæsɪəm; pəˈtæsjəm] *n.* Ⓤ《化學》鉀《符號 K》：～ bromide [carbonate, chlorate, chloride, cyanide, hydroxide, nitrate, permanganate, sulfate]溴化鉀[碳酸鉀，氯酸鉀，氯化鉀，氰化鉀，氫氧化鉀(苛性鉀)，硝酸鉀，高錳酸鉀，硫酸鉀]。

po·ta·tion [poˋteʃən; pouˈteiʃn] *n.* 《文語》**1** Ⓤ飲。**2** Ⓒ **a** [常～s]飲酒。**b** (酒類)飲料。

‡**po·ta·to** [pəˋteto; pəˈteitou] *n.* (*pl.* ～**es**) **1 a** Ⓒ[當作食物時為Ⓤ]**馬鈴薯**。

> 【說明】(1)在歐洲，常吃馬鈴薯是十九世紀以後的事，後來美國人把它當作日常食物，有 fried, baked, mashed 等作法。美國的 potato chip 就是現在台灣流行的炸薯片，英國人稱其為 potato crisp. 在英國 fish and chips (炸魚片和炸薯條)是日常食物；⇨ potato chip, FISH and chips, French fried potatoes.
> (2) potato 指馬鈴薯，有時為與甘薯(sweet potato)區別，也叫作 white [Irish] potato.

b (又作 **potáto plànt**)Ⓒ《植物》馬鈴薯。**2** ＝sweet potato.
dróp...lìke a hót potáto ⇨ hot potato.
smáll potátoes ⇨ small potatoes.

potáto béetle *n.* ＝Colorado (potato) beetle.

potáto chíp *n.* Ⓒ[常 ～s] **1** 《美》炸薯片(《英》(potato) crisps)《油炸的馬鈴薯薄切片》。**2** 《英》炸薯條(《美》French fries)《馬鈴薯切成條狀後油炸者》。

potáto crìsp *n.* Ⓒ[常 ～s]《英》＝potato chip 1.

pót·bèllied *adj.* **1** 〈人〉腹部突出的，大肚皮的。**2** 〈暖爐、酒瓶等〉圓胖型的：a ～ stove 圓胖型暖爐。

pót·bèlly *n.* Ⓒ腹部突出[大肚皮](的人)。

pót·bòiler *n.* Ⓒ為賺錢的粗陋作品。

pót·bòund *adj.* [不用在名詞前]〈盆栽的植物〉根長滿一盆而無法再長的，受到花盆限制的。

pót·bòy *n.* Ⓒ《英》酒館侍役；酒館助手。

po·teen, po·theen [poˋtin, pə-; pɔˈtiːn, pou-] *n.* Ⓤ(在愛爾蘭)私釀的威士忌。

po·ten·cy [ˋpotṇsɪ; ˈpoutənsi] «potent 的名詞»**—***n.* Ⓤ **1** 力量；潛力：sexual ～ 性(行為)能力。**2** 權力，權威；勢力。**3** (藥等的)效力，功效。**4** (議論等的)說服力。

po·tent [ˋpotṇt; ˈpoutənt] «源自拉丁文「能夠的」之義»**—***adj.* **1** 有力的，有勢力的。**2** 〈藥等〉有效的。**3** 〈議論等〉使人信服的，有說服力的；有(精神上)影響力的。**4** 〈男子〉有性能力的。

po·ten·tate [ˋpotṇ,tet; ˈpoutənteit] *n.* Ⓒ **1** 有力者，有權勢者，當權者。**2** (昔日的)統治者，君主(monarch).

***po·ten·tial** [pəˋtɛnʃəl; pəˈtenʃl] *adj.* (無比較級、最高級) **1 a** 有充分可能性的；有潛力的：a ～ leader 具有領袖潛力的人/our ～ boss 很可能當我們上司的人。**b** 潛在的，有潛勢的：～ ability 潛力。**2** 《物理》(電)位的；(電)勢的：(a) ～ difference 電位差/～ energy 位能，勢能。
—*n.* Ⓤ[又作 **a** ～] **1** 可能性，潛力：war ～ 戰力。**2** 《物理》電位，電勢。

po·ten·ti·al·i·ty [pə,tɛnʃɪˋælətɪ; pə,tenʃiˈæləti] «potential 的名詞»**—***n.* **1** Ⓤ可能性。**2** Ⓒ[常 **potentialities**]潛力；有(發展)可能性者。

po·tén·tial·ly [-ʃəlɪ; -ʃəli] *adv.* 潛在地；可能地。

po·ten·ti·om·e·ter [pə,tɛnʃɪˋɑmətɚ; pə,tenʃiˈɔmitə] *n.* Ⓒ《電學》**1** 電位計；電勢計。**2** 分壓器。

pót·fùl *n.* Ⓒ一壺[鍋罐]的量〔*of*〕.

pót·hèad *n.* Ⓒ《俚》慣吸大麻的人，吸毒者。

poth·er [ˋpɑðɚ; ˈpɔðə] *n.* Ⓤ[又作 **a** ～] **1** 雲煙，籠罩的雲煙[煙霧，塵霧]。**2** [**a** ～] (瑣事引起的)喧擾，紛擾，騷動：be in *a* ～ 在喧擾中/make [raise] *a* ～ *about*... 因…引起騷動。

pót·hèrb *n.* Ⓒ **1** 煮食的蔬菜。**2** 作香料用的蔬菜。

pót·hòle *n.* Ⓒ **1** (路面上的)凹窩，坑洞，車印。**2** 《地質》地壺《河牀的岩石或冰，長年經水侵蝕而成的壺狀洞穴》。

pót·hòler *n.* Ⓒ《英俚》探坑的人。

pót·hòl·ing *n.* Ⓤ(當作一種運動的)地壺[岩洞]探險。

pót·hòok *n.* Ⓒ(S 字型的)活動掛鉤，鍋鉤。

pót·hòuse *n.* Ⓒ《古》(低級的)小酒店。

pót·hùnter *n.* Ⓒ **1** 胡亂射擊的狩獵者。**2** 為得獎而參加的競賽者。**3** (為了樂趣或利益而蒐集的)外行的考古物蒐集人。

po·tion [ˋpoʃən; ˈpouʃn] *n.* Ⓒ(毒藥或靈藥等藥水的)一服，一劑：⇨ love potion.

pót·lùck *n.* Ⓤ拼湊的菜，便飯《★常用於下列成語》。
tàke pótluck (1)〈不速之客等〉吃便飯[現成的飯菜]：Come in and *take* ～ with us. 過來和我們吃便飯吧。(2)(無充分知識的)選擇，靠運氣的選擇。

pótluck dìnner [sùpper] *n.* Ⓒ《美》家常菜聚餐會。

> 【說明】美國人有時在家庭舉行家常菜聚餐會(potluck dinner)，被邀參加的人或夫婦通常都帶一道或兩道作好的菜或其他食物飲料去，大家歡聚一堂。

Po·to·mac [pəˋtomək; pəˈtoumək] *n.* [**the** ～]波多馬克河《流經美國首都華盛頓(Washington)市區的河流》。

pót·píe *n.* Ⓒ[當作菜名時為Ⓤ]《美》**1** 鍋貼，肉餡餅。**2** 加入肉丸子的燉菜。

pot·pour·ri [pɑtˋpurɪ; ,pouˈpuriː] «源自法語 'rotten pot' 之義»**—***n.* Ⓒ **1** 百花香料《乾燥的玫瑰花等花瓣與香料混合放入壺中用於薰房間》。**2 a** 《音樂》混合曲(medley). **b** 文集，雜錄。

pót ròast *n.* Ⓒ[當作菜名時為Ⓤ]燜燒牛肉《燜燒的牛肉塊或菜餚》。

pót-ròast *v.t.* 燜燒〈牛肉〉。

Pots·dam [ˋpɑts,dæm; ˈpɔtsdæm] *n.* 波茨坦《東德境內一城市，位於柏林西南》。

Pótsdam Dèclarátion *n.* [**the** ～] 波茨坦宣言《1945 年 7 月 26日經中、英、美三國領袖簽署，於波茨坦(Potsdam)發表要求日本無條件投降的聯合宣言》。

pót·shèrd [-,ʃɝd; -ʃəːd] *n.* Ⓒ(考古學上的)陶器碎片。

pót·shòt *n.* Ⓒ **1** 隨手亂射；近距離狙擊：take ～*s* at... 對…隨手亂射。**2** 肆意[不加思索]的抨擊[批判]。

pot·tage [ˋpɑtɪdʒ; ˈpɔtidʒ] *n.* Ⓤ[指種類時為Ⓒ]《英古・美》濃湯《蔬菜或蔬菜加肉的濃湯》。

pót·ted *adj.* [用在名詞前] **1** 盆栽的：a ～ plant 盆栽的植物。**2** 壺[瓶，罐等]裝的：～ ham 罐裝火腿/～ meat 罐裝的調味肉。**3** 簡化的，使平易的。

pot·ter[1] [ˋpɑtɚ; ˈpɔtə] *n.* Ⓒ陶工；陶匠，陶藝家(ceramist)：～'s clay [earth] 陶土/a ～'s wheel (製陶用的)轉盤/～'s work [ware] 陶器。

pot·ter[2] [ˋpɑtɚ; ˈpɔtə] *v.* 《英》＝putter[3].

pótter's fíeld «源自聖經「馬太福音」»**—***n.* Ⓒ(埋葬貧民等的)公共墓地。

pot·ter·y [ˋpɑtərɪ; ˈpɔtəri] *n.* **1** Ⓤ陶器製造(法)。**2** Ⓤ[集合稱]陶器類(cf. earthenware). **3** Ⓒ陶器廠。**4** [**the Potteries**]英格蘭斯塔福郡(Staffordshire)北部的陶器產地。

pot·ting [ˋpɑtɪŋ; ˈpɔtiŋ] *n.* Ⓤ **1** 陶器製造。**2** (食品的)裝壺；裝瓶。**3** 盆栽。

pótting shèd *n.* Ⓒ園丁作盆栽移植或貯藏工具之小屋。

pot·tle [ˋpatl; ˈpɔtl] *n.* **1** Ⓒ昔時的一種液量單位《2 quarts 或 ½ gallon》. **2** Ⓒ能盛 1 pottle 的壺或瓶；Ⓤ盛於此種壺或瓶中之物。**3** Ⓤ酒。**4** Ⓒ盛水果的小盤。

pot·ty[1] [ˋpatɪ; ˈpɔti] *adj.* (**pot·ti·er**；**-ti·est**)《英口語》**1**〈人、想法等〉有些瘋狂的，入迷的；愚蠢的。**2** [不用在名詞前]〔十介十(代)名〕[對…]入迷的〔*about*〕: He is ~ ***about*** comics. 他對漫畫書著了迷。**3** [用在名詞前] [常 ~ **little**] 瑣碎的，不足取的，微不足道的：a ~ *little* house 一間微不足道的房子。

pót·ti·ness *n.*

pot·ty[2] [ˋpatɪ; ˈpɔti] *n.* Ⓒ(小孩用的)便器，尿壺。

pótty-tràined *adj.*〈幼兒〉訓練成會用尿壺的(toilet-trained).

pouch [pautʃ; pautʃ] 《源自法語「袋子、口袋」之義》—*n.* Ⓒ **1 a** (皮革製的)小袋，煙草袋。**b** 子彈袋，彈藥包《皮製袋子或盒子》。**2** (眼睛下方的)垂肉，眼袋。**3**《動物》**a** (袋鼠等有袋類的)囊狀部，腹袋。**b** (松鼠、猴子等的)頰袋。**4**《植物》囊狀胞。

pouched *adj.* 有袋的；袋狀的：~ animals 有袋類動物。

pouf, pouffe [puf; pu:f] *n.* Ⓒ **1** (當坐墊或歇脚台用的)鼓形軟墊。**2**《英俚》= poof[1].

poul·ter·er [ˋpoltərə; ˈpoultərə] *n.* Ⓒ家禽販；鷄鴨商。

poul·tice [ˋpoltɪs; ˈpoultis] *n.* Ⓒ濕布。

—*v.t.* 敷濕布於…。

poul·try [ˋpoltrɪ; ˈpoultri] *n.* **1** [集合稱；當複數用] 家禽《鷄、火鷄、鴨、鵝，有時也包括鴿子、東雉等；★作此義時無複數》: Have the ~ been fed? 餵了家禽沒有？**2** Ⓤ家禽的肉：*P*~ is expensive this winter. 今年冬天的家禽肉很貴。

póultry fàrm *n.* Ⓒ家禽飼養場；養雞場。

póultry·man [-mən; -mən] *n.* Ⓒ(*pl.* **-men** [-mən; -mən]) 家禽販，鷄鴨商。

pounce [pauns; pauns] *v.i.* **1** 〔動(十介十(代)名)〕**a** 突然撲向[…]〔*at, on, upon*〕《★可用被動語態》: The fox ~*d* ***on*** the rabbit. 狐狸突然撲向那隻兔子。**b** (從隱藏處)猛撲，突襲[…]〔*on, upon*〕《★可用被動語態》。**2** 〔十介十(代)名〕抓住；攻擊[某人的缺點、錯誤等]〔*on, upon*〕《★可用被動語態》: His boss ~*d* ***upon*** his blunder. 他的老闆抓住他的錯誤(而大做文章)。

—*n.* [用單數]猛撲；突襲：make a ~ 猛撲。

‡**pound**[1] [paund; paund] 《源自拉丁文「重量」之義》—*n.* (*pl.* ~s, ~) **1** Ⓒ磅《重量的單位；符號 lb. (源自拉丁文 *libra*)》: **a** (常衡 (avoirdupois)) 磅 = 16 ounces, 7000 grains, 0.454kg. **b** (金衡 (troy weight)) 磅 = 12 ounces, 240 pennyweight, 480 grains, 0.373kg. **c** (藥衡(apothecaries' weight)) 磅 = 12 ounces, 5760 grains, 0.373kg.

2 a Ⓒ(英)鎊《英國、愛爾蘭、奈及利亞、埃及、黎巴嫩、蘇丹、敍利亞、土耳其、以色列等的貨幣單位，符號 £；★英鎊(正式名稱爲 pound sterling) 爲 100 pence, 但在 1971 年前，1 pound = 20 shillings = 240 pence；★ 讀法 £6.10 = six pounds ten (pence)，又2½ p 讀作 two and a half pence [《口語》也讀作 p[pi；pi:]]；在舊貨幣制度，£4-5-6 = £4/5/6 = £4, 5s. 6d. 讀作 four pounds five shillings and six (pence)》. **b** [**the** ~] 英國的貨幣制度；英鎊行情。

pound[2] [paund; paund] 《源自古英語「毆傷」之義》—*v.t.* **1 a** 〔十受(十副)〕把…搗碎，把…搗成粉〈*up*〉: ~ rice 把米搗碎/~ sesame in a mortar 用搗缽搗碎芝蔴。**b** 〔十受十介十(代)名〕把…打碎[成…]〔*to, into*〕: The waves ~*ed* the boat ***to*** pieces. 浪把小船打成碎片。**2 a** 〔十受(十副)〕連續猛擊[亂敲]，敲打〈琴鍵、打字機鍵等〉〈*away*〉: He ~*ed* the drum furiously. 他猛打鼓。**b** 〔十受十介十(代)名〕[用…]砰砰地打[敲]…〔*with*〕；把…砰然撞[向…]〔*on*〕: ~ the door ***with*** one's fist = ~ one's fist ***on*** the door 用拳頭砰砰地敲門。**c** 〔十受十副〕敲[彈]出…〈*out*〉: ~ ***out*** a tune on the piano 在鋼琴上彈出曲子。**3** 〔十受〕猛烈地砲擊…。

—*v.i.* **1** 〔(十副)十介十(代)名〕重擊，連打，亂打[…]〈*away*〉〔*against, at, on*〕: Somebody was ~*ing* ***at*** [***on***] the door. 有人在猛敲門/I could hear him ~*ing on* the drum. 我聽到他在鼕鼕地打鼓。

2 〔(十副十介十(代)名〕連續砲擊[…]〈*away*〉〔*at*〕: The field artillery ~*ed away at* the fortress. 野戰砲兵連續砲擊那座要塞。**3** 〈大鼓等〉鼕鼕地響；〈心臟〉怦怦地跳：Drums were ~*ing* in the distance. 遠處鼓聲在鼕鼕地響/After running fast you can feel your heart ~. 快跑後你會感覺到心臟在怦怦地跳。

4 〔十副詞(片語)〕步子沉重而緩慢地走；吃力地跑：The young man ~*ed along* the rough road. 那個年輕人沿著凹凸不平的路吃力地走/I ~*ed down* the hill to catch the bus. 我吃力地跑下山丘去趕搭公車。

pound[3] [paund; paund] 《源自古英語「圍柵」之義》—*n.* Ⓒ **1 a** (收容走失的狗或野貓等的)動物收容所。**b** (保管違規停車車輛的)臨時保管處。**2** (昔日用以關住脫韁之馬、牛等的)圍柵，獸欄。

pound·age [ˋpaundɪdʒ; ˈpaundidʒ] *n.* Ⓤ [又作 **a** ~] 按磅支付的金額[手續費]。

pound·al [ˋpaundl; ˈpaundl] *n.* Ⓒ《物理》磅達《力的單位，使一磅的質量產生每秒一呎的加速度之力量》。

póund·càke 《源自 pound[1]；因所用材料(奶油、糖、麵粉)大致上各爲一磅》—*n.* Ⓒ [當作點心時爲Ⓤ]《美》磅糕(《英》Madeira cake)《蛋糕風味濃厚的一種西式點心》。

póund·er [ˋpaundə; ˈpaundə] *n.* Ⓒ連續猛打的人；搗的人。

-póund·er [複合用詞] **1** 「(重量)有…磅的東西[人]」: a 200-*pounder* 重兩百磅的人[魚，獵獲物(等)]。**2** 「…磅砲」: a five-*pounder* 五磅砲《發射五磅砲彈的砲》。

póund-fóolish *adj.* 省小錢浪費大錢的，貪小失大的(cf. penny-wise).

póund·ing 《源自 pound[2]》—*n.* ⓊⒸ **1** 重打，連打；重[連]打的聲音。**2**《口語》大敗，重挫：take [get] a ~ from... 大敗[受重挫]於…。

póund nóte *n.* Ⓒ [常與數字連用]…英鎊的紙幣[鈔票]: a 5-*pound note* 五英鎊鈔票。

póund stérling *n.* Ⓒ(*pl.* **pounds sterling**)英鎊。

‡**pour** [por, pɔr, pur; pɔ:] *v.t.* **1** 注，倒，灌：**a** 〔十受(十副)〕把〈液體等〉倒掉[倒入、倒出]〈*away, in, out*〉: She ~*ed* ***in*** the water. 她把水倒進去/She ~*ed* ***out*** the tea. 她把茶倒出來。**b** 〔十受十介十(代)名〕把〈液體等〉倒進[…]〔*into*〕；把〈液體等〉[從…]倒出〔*from, out of*〕: She ~*ed* some water ***into*** the pail. 她把一些水倒進提桶裡/She ~*ed* hot water ***from*** [***out of***] the thermos. 她從熱水瓶倒出熱水。**c** 〔十受十受/十受十介十(代)名〕倒給〈某人〉〈液體等〉；倒〈液體等〉[給某人]〔*for*〕: He ~*ed* me a glass of water. = He ~*ed* a glass of water ***for*** me. 他倒給我一杯水。**d** 〔十受十介十(代)名〕[~ one*self*]〈河川等〉注入[流入][…]〔*into*〕《★ 比較 一般用 *v.i.* 1》: The river ~*s* ***itself into*** the sea. 那條河流入海。

2 〔十受十副(十介十(代)名)〕放射〈光、熱等〉[於…]；使〈子彈等〉紛紛落[於…]；把〈錢等〉投入[…]〈*away, down, forth, in, out*〉〔*on, upon, over, into*〕: The sun ~*ed* ***down*** its warmth ***upon*** the earth. 陽光傾瀉大地把溫暖灑向人間。

3 〔十受十介十(代)名〕(從建築物等)[向…]大量地湧出〈人等〉〔*into*〕: After the game the stadium ~*ed* its crowds ***into*** the streets. 比賽完畢後大批羣衆從體育館擁到街上來。

4 〔十受十副(十介十(代)名)〕[向…]傾訴，傾吐，滔滔不絕地說〈感情、故事、苦惱等〉〈*out, forth*〉〔*to*〕: He ~*ed* ***out*** his grief [his heart] (***to*** us). 他把悲傷[眞情]向我們傾訴/He ~*ed* ***forth*** his feelings in a torrent. 他滔滔不絕地說出自己的感受。

—*v.i.* **1** 〔十副詞(片語)〕〈液體等〉流出，湧出：Tears were ~*ing down* her cheeks. 眼淚由她的臉頰流下來/When he opened the window, the fresh air ~*ed in.* 當他打開窗子時，新鮮空氣一湧而入/The river ~*s into* the sea. 那條河流入大海/Water was ~*ing out of* the pipe. 水從水管湧出來。

2 〔動(十副)〕**a** 〈雨〉傾盆而下〈*down*〉: The rain ~*ed* ***down*** as if someone were emptying it out of great buckets. 雨水好像有人把它從大水桶倒下來似地，傾盆而下。**b** [以 it 爲主詞] 雨傾盆而下〈*down*〉: *It* never rains but *it* ~*s.* ⇨ rain *v.i.* 1/ *It* was ~*ing.* (《英》with rain). 雨傾盆而下。

3 〔十副詞(片語)〕**a** 如流水般地移動[源源而來]，湧到：Thousands of people ~*ed out of* the hall. 幾千人從大廳中蜂湧而出/Honors ~*ed upon* him from all over the world. 榮譽從世界各地紛紛向他湧來/Applications ~*ed in* from all quarters. 申請書從四面八方湧來。**b** 〈話等〉傾吐而出。

4《口語》(在招待會等)〈女子〉做接待工作《倒茶等》。

póur it ón《口語》(爲使對方高興而)大肆吹捧[誇獎]: Aren't you ~*ing it on* a little thick? 你是否捧得太多了些？

pour·par·ler [purˋparlɪ, purparˋle; ˌpuəˈpɑ:lei] 《源自法語》—*n.* Ⓒ(*pl.* ~s [-lez, -ˋle; -leiz])(外交上的)非正式會談；預備會議。

pousse-ca·fé [ˌpuskæˋfe; ˌpu:skæˈfei] 《源自法語》—*n.* Ⓒ(*pl.* ~s [-ˋfez; -ˈfeiz]) **1** 喝完咖啡後飲酒之小酒杯。**2** 成套之小酒杯。

pout [paut; paut] *v.i.* 噘嘴；繃臉，鬧彆扭。

—*v.t.* 〔十受(十副)〕(不悅地)噘起〈嘴唇〉〈*out*〉.

—*n.* Ⓒ **1** 噘嘴。**2** [常 ~s] 繃臉：go into a ~ 繃起臉，噘起嘴/be in [have] the ~s 在繃著臉，在賭氣。

pout·er [ˋpautə; ˈpautə] *n.* Ⓒ**1** 噘嘴的人；繃臉的人；發脾氣的人。**2** 球胸鴿。

pout·y [ˋpautɪ; ˈpauti] *adj.* (**pout·i·er**；**-i·est**)《俚》容易生氣的；時常不悅的。

***pov·er·ty** [ˋpavətɪ; ˈpɔvəti] 《poor 的名詞》—*n.* **1** Ⓤ貧窮：live in ~ 過貧窮的生活/fall into ~ 陷於貧困。**2 a** Ⓤ [又作 **a** ~] 缺乏，不足：(*a*) ~ in vitamin A 缺乏維他命 A/(*a*) ~ of wit 缺乏機智。**b** Ⓤ(土地的)不毛，貧瘠：the ~ of the soil 土地貧瘠。

póverty-stricken *adj.* 爲貧窮苦惱的，非常貧窮的。

P̍Ò̍W̍, P̍.Ò̍.W̍. «*prisoner*(s) *of war* 的頭字語»—*n.* Ⓒ(*pl.* ~s)戰俘。

***pow·der** [ˋpaudɚ; ˈpaudə] «源自拉丁文「塵埃」之義» —*n.* **1** Ⓤ[指產品個體或種類時爲Ⓒ]粉，粉末：curry ~ 咖哩粉/grind... into ~ 把…磨成粉/He crushed the chalk to ~ under his feet. 他用脚把粉筆踩成粉/⇨ tooth powder, baking powder. **2** Ⓤ[常構成複合字]〈化妝〉粉；〈嬰兒爽身〉粉：face ~ 面粉/put on ~ 搽粉；撒粉。**3** Ⓤ[指產品個體或種類時爲Ⓒ]藥粉(⇨ medicine 2 [相關用語])：take a ~ 服用藥粉。**4** Ⓤ火藥：put ~ into... 把火藥裝入…。**5** (又作 **pówder snòw**)Ⓤ《滑雪》細雪，粉狀雪。

kèep one's **pówder drý** 準備萬一《★源自保持火藥乾燥以便隨時使用》。

tàke a pówder 《美口語》匆匆逃離，逃之夭夭《★源自女子假裝到洗手間補妝而藉機離開討厭的男子》。

—*v.t.* 〔十受〕 **1** 使…成粉狀，打[搗]碎…。**2** 把粉撒在…；把香粉搽在…。—*v.i.* **1** 變成粉，碎成粉。**2** 搽粉。

pówder blúe *n.* Ⓤ **1** 淺灰藍色。**2** 紫藤顏料粉《淺灰藍色》。

pów·dered *adj.* **1** 變[使]成粉末的，粉狀的：~ milk 奶粉。**2** 撒了粉的；搽了粉的。

pówdered súgar *n.* Ⓤ粉糖。

pówder flàsk *n.* Ⓒ(從前携帶用的)火藥筒。

pówder hòrn *n.* Ⓒ(從前的)牛角製火藥筒。

pówder kèg *n.* Ⓒ **1** (從前的)火藥桶。**2** (隨時會爆炸的)危險物品。

pówder magazine *n.* Ⓒ火藥庫。

pówder mill *n.* Ⓒ火藥工廠。

pówder pùff *n.* Ⓒ **1** (化妝用)粉撲(puff). **2** 《俚》懦弱者。

pówder ròom *n.* Ⓒ《委婉語》(旅館、飯店等婦女用)化妝室，洗手間。

pow·der·y [ˋpaudərɪ; ˈpaudəri] «powder 的形容詞»—*adj.* **1** 粉的，粉狀的：~ snow 粉狀雪。**2** 滿是粉的。**3** 容易粉碎的，脆弱的。

‡**pow·er** [ˋpauɚ; ˈpauə] «源自拉丁文「能夠」之義»—*n.* **1** Ⓤ力，力量。

> 【同義字】power 是力(量)，能力的一般用語；force 是實際使用的力量，也可變成武力、暴力之意；energy 是潛在的力量或養蓄的力量；might 是指權力、武力等强大的力量；strength 指使個人的行爲、行動變爲可能的力量。

a (物理上或自然具備的)力量，能力〔*of*〕：the ~ *of* nature 自然力/*to* the best of one's ~ 盡最大力量/do all *in* one's ~ 盡力而爲/I did all *in* my ~ to save the boy from drowning. 我盡全力去救那個男孩使他免於溺水/He has the ~ *of* hold*ing* his audience. 他具有吸引住聽衆的能力。**b** 〔十 *to* do〕[*the* ~]〈做…的〉力量，能力：She is said to have *the* ~ *to* foretell the future. 據說她有預測未來的能力。**c** (國家、軍隊等的)力量，國力，軍力。**d** 强力；魄力：by muscular [intellectual] ~ 憑肌肉的力量[智力]/a man of ~ 有魄力者/a poem of great ~ 一首氣勢磅礴的詩。**2** [~s] (身體上、精神上的自然)能力，體力，智力：His ~*s* were failing. 他的體力在衰退/lose one's ~*s* 喪失體力；衰老/a man of great mental ~*s* 才智橫溢的人。**3** Ⓤ**權力，勢力，控制力；政權**：the party *in* ~ 執政黨/come to [into] ~ 掌權；得勢/rise to [fall from] ~ 取得[失去]權力/be in a person's ~ 在某人之掌握中[控制下]/have a person in one's ~ 可隨意操縱[支使]某人/have ~ *over*... 控制…。**4** Ⓒ **a** 有力的人[東西]；擁有權力者：a ~ in politics 政界的有力人物。**b** [常 ~s]强國：a world industrial ~ 世界的工業大國/the great ~*s* of the world 世界的列强。**5** Ⓒ **a** 權限，委任(狀)：the ~*s* of Congress 國會的權限/the ~*s* of the President 總統的職權/⇨ power(s) of ATTORNEY. **b** 〔十 *to* do〕〈能做…的〉權限：The president has the ~ *to* pardon criminals 總統有赦免犯人的權限。**6** **a** Ⓒ[常 ~s] 神；魔鬼：Merciful ~*s*! 仁慈的神啊！/the ~*s* above 天上諸神/the ~*s* of darkness 魔鬼。**b** [~s]《神學》大能天使《九級天使中的第六級；cf. hierarchy 4》。**7** [*a* ~]《口語》很多，大量〔*of*〕：*a* ~ *of* people [work] 很多人[工作]。**8** Ⓤ **a** (推動機械的)動力，馬力：mechanical [motive] ~ 機械[原動]力/electric [water, nuclear] ~電力[水力，核能]。**b** 電力：⇨ power plant. **9** Ⓒ《數學》乘方，乘冪：raise to the second [third] ~ 二[三]次乘方。**10** Ⓤ《光學》(透鏡的)倍率，放大率。**11** Ⓤ《物理》力，能量，功率。

a [**the**] **pówer behìnd the thróne** 幕後操縱人。

beyònd [**òut of, nót withìn**] one's **pówer**(**s**) 力所不及的，無能爲力的：It is *beyond* my ~ to help you. 我無能力幫助你。

Mòre pówer to you [**him, her**]！＝**Mòre pówer to your** [**his, her**] **élbow**！《口語》願你[他，她]更加努力[奮鬥，健康，成功]！

the pówers that bé 當局者，掌權者。

—*adj.* [用在名詞前]裝有動力的〈手操作的器具或車等〉：a ~ mower 動力割草機/~ windows 自動開關式的汽車窗。

—*v.t.* 〔十受〕供以…動力，以動力驅動…《★常用被動語態》：This car *is* ~*ed* by a 2.8-liter engine. 這部車由 2800cc 的引擎所驅動。

pówer·bòat *n.* Ⓒ動力汽艇，快速汽艇(motorboat).

pówer bráke *n.* Ⓒ[常 ~s] (汽車等的)動力煞車。

pówer cùt *n.* Ⓒ切斷電源，停電。

pówer dìve *n.* Ⓒ《航空》動力俯衝《引擎轉動下的俯衝》。

pówer-dìve *v.t.* 使〈飛機〉作動力俯衝。—*v.i.* 作動力俯衝。

pówer drìll *n.* Ⓒ動力鑽。

pow·ered [ˋpauɚd; ˈpauəd] *adj.* [常構成複合字] **1** 裝有(…)動力[引擎]的：a high-*powered* engine 高馬力[强力]引擎。**2** 〈透鏡〉(…)倍率的。

***pow·er·ful** [ˋpauɚfəl; ˈpauəful] *adj.* (**more** ~；**most** ~) **1** 强的，强有力的：a ~ forearm 强有力的前臂。**2** 有勢力[權力]的，有力的：the most ~ nation in Asia 亞洲最强的國家。**3** 〈演講、論點等〉動人的，有說服力的。**4** 〈藥等〉有效的，有功效的。**5** **a** 動力[馬力]大的，高倍率的：a ~ engine [flashlight] 强力引擎[手電筒]。**b** 《諧》〈氣味等〉强烈的。

~·**ly** [-fəlɪ; -fuli] *adv.* ~·**ness** *n.*

pówer·hòuse *n.* Ⓒ **1** 發電廠。**2** 精力充沛的人，有勢力的人。

pówer·less *adj.* **1** 無力的，無能的；軟弱的；無權力的。**2** [不用在名詞前]〔十 *to* do〕無力〈做…〉的：The police would be ~ *to* do anything. 警方大概無力做任何事。~·**ly** *adv.* ~·**ness** *n.*

pówer lòom *n.* Ⓒ動力織布機。

pówer plànt *n.* Ⓒ **1** 發電[動力]裝置。**2** 《美》發電廠。

pówer plày *n.* Ⓒ **1** 《運動》(球賽等)集中攻勢《以使帶球者能得分》。**2** 《政治、外交、軍事等》集中壓力。

pówer pòint *n.* Ⓒ《英》(電的)插座。

pówer pólitics *n.* Ⓤ[又當複數用]强權政治[外交]。

pówer reàctor *n.* Ⓒ原子[核]能反應爐。

pówer shòvel *n.* Ⓒ(挖土的)動力鏟。

pówer stàtion *n.* Ⓒ發電站[廠]。

power shovel

pówer stéering *n.* Ⓤ《汽車》動力操縱《爲減輕方向盤的操縱而利用油壓等的動力操縱裝置》。

pówer strùcture *n.* ⓊⒸ **1** (政治、政府、教育等)權力機構。**2** 構成權力機構的人們。

pow·wow [ˋpau͵wau; ˈpauwau] «源自北美印地安語「巫師」之義；源自昔日北美印地安人爲治病或求戰勝等而舉行的喧鬧祈禱會» —*n.* Ⓒ **1** ((與)北美印地安人的)商議，會談。**2** 《口語》會議，會談；聚會。—*v.i.* 〔動(十介十(代)名)〕《口語》商議〔…〕，協議〔…〕〔*about*〕.

pox [pɑks; pɔks] «源自 pock»—*n.* **1** [*the* ~]《口語》梅毒(syphilis). **2** Ⓤ《古》天花(smallpox).

A póx on you [**him,** etc.]！《古》該死！

pp, pp. pages；〖音樂〗pianissimo. **p.p., P.P.** 《略》parcel post；〖文法〗past participle ;postpaid.

ppd. 《略》postpaid；prepaid.

ppm, p.p.m. 《略》parts per million 微小含量的單位；百萬分之一。

ppr., p.pr. 《略》〖文法〗present participle.

P.Q. 《略》Province of Quebec.

Pr 《符號》〖化學〗praseodymium. **PR** 《略》public relations. **pr.** 《略》pair；present；price；printer；printing；〖文法〗pronoun. **Pr.** 《略》Priest；Primitive；Prince；Provençal. **P.R.** 《略》proportional representation；public relations；Puerto Rico.

prac·ti·ca·bil·i·ty [͵præktɪkəˋbɪlətɪ; ͵præktikəˈbiləti] «practicable 的名詞»—*n.* ⓊⒸ **1** 可行性，實行的可能性。**2** 實用性。

prac·ti·ca·ble [ˋpræktɪkəbl; ˈpræktikəbl] *adj.* **1** 〈計畫等〉(雖未試過但)可行的，行得通的；實用的。**2** **a** 〈道路、橋等〉可使用的，可通行的：a ~ route 可通行的路。**b** [不用在名詞前]〔十介十(代)名〕可通行〔…〕的〔*for*〕：a street ~ *for* cars可通行車輛的街道。**prác·ti·ca·bly** [-kəblɪ; -kəbli] *adv.*

‡**prac·ti·cal** [ˋpræktɪkl; ˈpræktikl] «practice 的形容詞»—*adj.* (**more** ~；**most** ~) **1** **a** 〈想法、目的等〉實際的；實踐的：~ philosophy 實踐哲學/for (all) ~ purposes (不談理論的)實際上/⇨ practical joke. **b** 〈人〉(處事)好手法的，適於實務的，會做事的，能幹的：a ~ housewife 善於做家事的主婦/a ~ man 適

於做實務的人，講究實際的人。**c**《輕蔑》只講實用的；枯燥乏味的。

2 實用的，實際有用的：～ English 實用英語。

3 [用在名詞前]（無比較級、最高級）腳踏實地的，實地經驗過的；經驗豐富的〈人〉：a ～ gardener 有實際經驗的園丁。

4 實質上的，事實上的：a ～ failure 實質上的失敗，幾乎等於失敗。

—*n.* Ⓒ《口語》實地的上課[考試]；實習。

prac·ti·cal·i·ty [ˌpræktɪˋkælətɪ; ˌprækti'kæləti] «practical 的名詞» **—*n.*** **1** Ⓤ實際，實用(性)。**2** Ⓒ實際的事，實用的事物，實際的問題。

práctical jóke *n.* Ⓒ（不只是嘴上說，而是實際上的）惡作劇：play a ～ on a person 對某人惡作劇，耍弄某人。

practical joke

prac·ti·cal·ly [ˋpræktɪklɪ; 'præktikəli] *adv.* (**more** ～；**most** ～) **1** 實際地[上]；實用地[上]：learn English ～在實際中學習英語/～ speaking 實際上，實際地講。**2**（無比較級、最高級）[用於修飾整句] **實際上，事實上**：*P*～, the plan didn't work well. 實際上該計畫進行得不順利[行不通]。**3** [ˋpræktɪklɪ; 'præktikli]（無比較級、最高級）《口語》**幾乎，與…一樣**：It rained ～ all day. 幾乎下了整天的雨/We were already ～ at the top. 我們可說已在山頂上。

práctical núrse *n.* Ⓒ《美》（未受過正規護士訓練而實際從事看護病人的）準護士(cf. registered nurse)。

‡prac·tice [ˋpræktɪs; 'præktis] «源自希臘文「實行」之義» **—*n.*** **1** Ⓤ **a**（對理論、思想而言的）**實行，實踐，實施；實際**(↔ theory)：theory and ～ 理論與實踐/put a plan *into* [*in*] ～ ＝ bring a plan *into* ～把計畫付諸實施，實行計畫/⇨ in PRACTICE. **b**（實地獲得的）經驗：Have you had any ～ *in* teach*ing* students？你有任何教學生的實際經驗嗎？**2 a** ⓊⒸ（反覆做的）**練習**(⇨ exercise 2【同義字】)：chorus ～ ＝ ～ *in* chorus 練習合唱/do [have] ～ in spoken English 練習說口語英語/I have three piano ～*s* a week. 我一星期練習三次鋼琴/*P*～ makes perfect.《諺》練習造成完美，熟能生巧。**b** Ⓤ（由練習而得的）熟練；本領：One always has to keep *in* ～. 任何人都必須經常練習以求熟練/That golfer got out of ～. 那個打高爾夫球的人（因缺乏練習而）技術變差[荒疏]了。**3 a** Ⓒ [常用單數]（個人的）**習慣，習以爲常的事**：the ～ *of* ris*ing* early 早起的習慣/make a ～ *of* go*ing* to bed early ＝ make it a [one's] ～ *to* go to bed early 養成早睡的習慣。**b** Ⓤ（社會的）風俗，習慣，慣例(custom)：a matter of common [daily] ～ 日常茶飯事/the ～ of shak*ing* hands 握手的風俗。**c** Ⓒ [常 ～s]（未被社會認可但在反覆實行的）習俗，惡習。**4 a** Ⓤ（醫師、律師等的）開業：He is a physician in ～. ＝ He is in ～ as a physician. 他是個開業醫師。**b** Ⓒ業務，營業。**c** Ⓒ [集合稱] 病人、患者，訴訟委託人，客戶：That doctor [lawyer] has a large ～. 那位醫生[律師]有很多病人[客戶]。**d** Ⓒ開業地點[地方]：Where is his ～？他在哪裡開業？**5** Ⓤ [又作 ～s] 策略，陰謀：sharp ～（法律邊緣的）狡詐交易[行爲]。

in práctice (1)實際上；事實上：The idea did not work *in* ～. 那個構想實際上未能實行[行不通]/*In* ～ it is not easy to distinguish between needs and desires. 實際上要分辨需要與慾望並不容易。(2)⇨ 2b. (3)⇨ 4a.

—*v.t.* 《★拼法《英》用 practise》**1**〔十受〕**實行，實施…；以…爲習慣；遵守…**：～ early rising 習慣早起/～ economy（實施）節約/～ patience 鍛鍊耐心[要有耐性]/～ moderation 守中庸之道，節制/Try to ～ what you preach. 試著躬行已說[對己之說教身體力行]。**2 a**〔十受〕（反覆地）練習…：～ the violin 練習小提琴。**b**〔十 do*ing*〕練習〈做…〉：*P*～ play*ing* the piano regularly. 要經常地練習彈琴。**c**〔十受十介十(代)名〕傳授[訓練]〈某人〉〔技藝等〕〔*in*〕：～ a person **in** an art 傳授某人一種藝術。**3**〔十受〕以〈醫術、法律等〉爲業：～ law [medicine] 開業做律師[行醫]。

—*v.i.* **1** 經常地[習慣性地]做，實行。**2**〔動(十介十(代)名)〕練習〔…〕〔*on, at*〕：You must ～ more regularly. 你必須更經常地練習/He is *practicing* **on** [*at*] the piano. 他在練習彈鋼琴。**3 a** 執業當醫師[律師等]。**b**〔十*as* 補〕開業〈當醫師、律師〉：～ *as* a doctor 開業當醫師。

prác·ticed *adj.* **1 a** 經驗豐富的，有經驗的，熟練的：a ～ hand 熟練的手工；熟手，老手；熟練者/a ～ liar 說謊的能手。**b** [不用在名詞前]〔十介十(代)名〕〔對…〕熟練的〔*in*〕：He is ～ **in** teach*ing* English. 他對教英語很在行。**2**〈笑等〉裝出的，假裝的，不自然的：a ～ smile 裝笑，假笑。

práctice tèacher *n.* Ⓒ實習教師。

práctice tèaching *n.* Ⓤ教學實習，試教。

prac·ti·cian [prækˋtɪʃən; præk'tiʃn] *n.* Ⓒ **1** 有經驗的人；熟練的人。**2** 開業者。

prác·tic·ing *adj.* **1**（正在從事）活動的；開業中的：a ～ physician 開業的內科醫師。**2** 實踐宗教教義的：a ～ Catholic 身體力行的天主教徒。

prac·ti·cum [ˋpræktəkəm; 'præktikəm] *n.* Ⓒ (*pl.* **～s, -ca** [-kə;-kə])（大學的）實習課程《如在實驗室或野外所進行者》。

‡prac·tise [ˋpræktɪs; 'præktis] *v.*《英》＝practice.

prác·tised *adj.*《英》＝practiced.

prac·ti·tion·er [prækˋtɪʃənə; præk'tiʃnə] *n.* Ⓒ開業醫師，律師(等)：a general ～（對專科醫師而言的）一般開業醫師《兼內科和外科；略作 GP》。

prae·fect [ˋprifekt; 'pri:fekt] *n.* ＝prefect.

prae·no·men [prɪˋnomen; ˌpri:'noumen] *n.*（又作 **prenomen**）Ⓒ (*pl.* **-mi·na** [prɪˋnɑmɪnə; ˌpri:'nouminə])（古羅馬人的）第一個名字。

Prae·sid·i·um [prɪˋsɪdɪəm; pri'sidiəm] *n.* ＝presidium.

prae·tor [ˋpritə; 'pri:tə] *n.* Ⓒ（古羅馬的）執政官。

prae·to·ri·an [prɪˋtorɪən, -ˋtɔr-; pri:'tɔ:riən] «praetor 的形容詞» **—*adj.*** **1**（古羅馬的）執政官的。**2** [常 P～]（古羅馬的）禁衛軍的。

prag·mat·ic [prægˋmætɪk; præg'mætik] «源自拉丁文「通曉法律[事務]的」之義» **—*adj.*** **1** 實用本位的，實際的。**2**《哲》實用主義的。**prag·mát·i·cal·ly** [-klɪ; -kəli] *adv.*

prag·mat·i·cal [prægˋmætɪkl; præg'mætikl] *adj.* ＝pragmatic.

prag·mat·ics [prægˋmætɪks; præg'mætiks] *n.* Ⓤ語用學，語言實用學。

prag·ma·tism [ˋprægmə,tɪzəm; 'prægmətizəm] *n.* Ⓤ **1** 實際利益主義，現實主義。**2**《哲》實用主義。

> 【說明】一種觀念(idea)是否有價值，是否眞實，全視這個觀念實行結果有益或有效而定，這種態度叫做實用主義，產生於十九世紀後半的美國。

prág·ma·tist [-tɪst; -tist] *n.* Ⓒ實用[實踐]主義者。

Prague [preg, prɑg; prɑ:g] *n.* 布拉格《捷克的首都》。

prai·rie [ˋprɛrɪ; 'prɛəri] «源自拉丁文「牧草地」之義» **—*n.*** Ⓒ **1** 草地，牧場。**2**（美國密西西比河(Mississippi)流域的）大草原(cf. pampas, savanna(h), steppe)。

práirie chìcken *n.* Ⓒ草原雞。

práirie dòg «源自此動物會發出似狗吠聲» **—*n.*** Ⓒ《動物》草原犬鼠《羣居於北美大草原的松鼠科動物》。

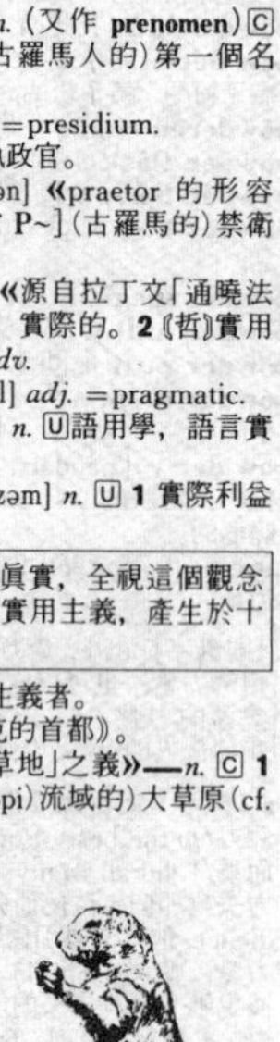

prairie dog

práirie òyster *n.* **1** Ⓒ[當作菜名時爲Ⓤ] 草原蠔《以鹽、胡椒、白蘭地酒等調味的生蛋或蛋黃，用以治宿醉》。**2** Ⓒ[常 ～s]（食用的）小牛睪丸。

práirie schòoner [wàgon] *n.* Ⓒ《美》（殖民時代拓荒者用以橫越北美大草原的）大蓬車。

práirie wòlf *n.* Ⓒ《動物》郊狼《棲息於北美西部草原，似狼，但體形略小》。

‡praise [prez; preiz] «源自拉丁文「價值」之義» **—*v.t.*** **1 a**〔十受〕**稱讚，讚揚**〈人、行爲等〉：～ a person's bravery 稱讚某人的勇敢/～ a person to the skies 把某人捧上天。**b**〔十受十介十(代)名〕稱讚〈某人〉〔…事〕〔*for*〕：～ a person *for* his bravery 稱讚某人勇敢。**2**〔十受〕《文語》（以歌等）讚美，讚頌〈神〉：God be ～*d*! 讚美神！謝天謝地！

prairie schooner

—*n.* **1 a** Ⓤ**稱讚，讚頌**：in ～ of ... 稱讚…，讚美…/I cannot say enough *in* ～ *of* his work. 我對他的工作讚揚不已《怎麼說也不嫌過分》/It's worthy of ～. 這件事值得稱讚。**b** [～s] 讚詞，讚美的話：ring the ～*s* of... 極力稱讚…/be loud [warm] *in* a person's ～*s* 對某人大加讚揚[讚不絕口]/He sings his own ～*s*. ＝He is loud [warm] in his own ～*s*. 他自吹自擂。**2**《文語》**a** Ⓤ讚美，崇拜：*P*～ be to God！榮耀歸於上帝！讚美上帝！**b** [～s]（以歌等）讚頌神的話，頌詞。

dámn... with fáint práise 用冷淡的稱讚來對…表示譴責之意《★ A. Pope 的話》。

práise·wòrthy *adj.* 值得稱讚的，令人欽佩的，可嘉許的。
práise·wòrthily [-ðɪlɪ; -ðili] *adv.* **-i·ness** *n.*
Pra·krit [ˈprɑkrɪt; ˈprɑ:krit] *n.* Ⓤ印度古代及中世之中部及北部方言。
pra·line [ˈprɑlin; ˈprɑ:li:n] *n.* **1** Ⓒ[當作茱名時爲Ⓤ]杏仁糖，胡桃糖《加有杏仁、胡桃等的糖菓，爲美國南部名產》。**2** Ⓒ撒滿糖粉的杏仁。
pram [præm; præm] «perambulator 之略»**—n.** Ⓒ《英》嬰兒車(《美》baby carriage)。
prance [præns; prɑ:ns] *v.i.* 〔十副〕**1** 〈馬〉(以後腿)騰躍而行〈*along*〉. **2** 〈人〉昂首闊步；意氣揚揚而行，歡躍〈*about*〉.
—n. [**a** ~]跳躍；昂首闊步。
prank [præŋk; præŋk] *n.* Ⓒ(無意加害他人的)惡作劇，戲弄，開玩笑：play ~*s* on... 對…開玩笑[惡作劇]。
pránk·ish [-kɪʃ; -kiʃ] *adj.* 愛開玩笑的，惡作劇的，搗蛋的。
prank·ster [ˈpræŋkstɚ; ˈpræŋkstə] *n.* Ⓒ惡作劇者，愛開玩笑的人。
pra·se·o·dym·i·um [ˌprezɪoˈdɪmɪəm; ˌpreiziouˈdimiəm] *n.* Ⓤ《化學》鐠《一種稀土類元素；符號 Pr》.
prat [præt; præt] *n.* Ⓒ《英俚》無能者，廢物，蠢貨。
prate [pret; preit] *v.i.* 〔十介十(代)名〕喋喋不休地說，嘮嘮叨叨地講，空談〔…〕〔about〕.
prat·fall [ˈprætˌfɔl; ˈprætfɔ:l] *n.* Ⓒ《口語》**1** (低級喜劇演出的)臀部著地的跌跤。**2** 尷尬的失敗。
pra·tique [præˈtik, ˈprætɪk; ˈpræti:k, præˈti:k] *n.* Ⓒ(檢役後發給船隻的)入港許可證。
prat·tle [ˈprætl; ˈprætl] *v.i.* **1** 〔動(十副)〕空談；瞎聊；(如幼兒)牙牙學語般地說話〈*on*〉. **2** 〔(十副)十介十(代)名〕喋喋不休地說，瞎聊[關於…事]〈*on*〉〔*about*〕. **—n.** Ⓤ空談，廢話。
prát·tler *n.* Ⓒ饒舌的人，講話如幼兒般幼稚的人，牙牙學語的幼兒。
Prav·da [ˈprɑvdə; ˈprɑ:vdə] «源自俄語「眞實」之義»**—n.** 眞理報《蘇聯共產黨中央機關報》。
prawn [prɔn; prɔ:n] *n.* **1** Ⓒ《動物》長鬚蝦，斑節蝦(⇨ lobster 插圖)。**2** Ⓤ長鬚蝦[斑節蝦]的肉。
—v.i. 捕長鬚蝦[斑節蝦]：go ~*ing* 去捕長鬚蝦[斑節蝦]。
prax·is [ˈpræksɪs; ˈpræksis] *n.* (*pl.* **prax·es** [-ˌsiz; -si:z]) **1** Ⓤ實用；實際。**2** Ⓤ習慣；慣例。**3** Ⓒ(文法等的)例題；習題。
‡**pray** [pre; prei] «源自拉丁文「乞求」之義»**—v.i.** **1 a** 〔動(十介十(代)名)〕〔向神、上帝〕**祈禱**〔*to*〕：~ *to* God 向神祈禱/He ~*ed* twice a day.他一天祈禱兩次。**b** 〔十介十(代)名〕〔向神〕祈求〔…〕〔*to*〕〔*for*〕：The peasants ~*ed for* sunshine [rain]. 那些農夫祈求天晴[下雨]/She ~*ed to* the gods *for* mercy. 她向神祈求慈悲。**c** 〔十介十(代)名〕〔爲某人〕禱告，祈禱〔*for, on behalf of*〕：She ~*ed for* her son. 她爲兒子祈禱。**2** 〔十介十(代)名〕懇求，請求〔…〕〔*for*〕：~ *for* pardon 懇求饒恕。
—v.t. **1** 祈求：**a** 〔十受〕祈求〈神等的…〉：~ God's mercy 祈求上帝的慈悲。**b** 〔十受十介十(代)名〕向〈神等〉祈求[禱告]〔…〕〔*for*〕：She ~*ed* God *for* strength in her troubles. 祈求神在她遭遇困難時賜予力量。**c** 〔十 *to* do〕祈求〈做…事〉：He ~*ed to* be given strength and courage. 他祈求(神)賜予力量與勇氣。**d** 〔十受十 *that*＿/十介十(代)名十 *that*＿〕向〈神等〉祈求〈…事〉；〔向神等〕祈求〈…事〉〔*to*〕：He ~*ed* (*to*) God *that* he might be forgiven. 他祈求上帝寬恕他。**2 a** 〔十 *that*＿〕禱告〈…事〉：He ~*ed that* he would not be seen by anybody who knew him. 他禱告他不會被任何認識他的人看到。**b** 〔十受十 *to* do〕《文語・古》請求，懇求〈某人〉〈做…〉：I ~ you *to* help me. 我懇求你幫助我。
be pást práying fòr 沒有挽回[悔改(等)]的希望《★用法 past 爲介系詞》。
—adv. 《文語・古》請，但願，希望，請問《★視爲 I *pray* you 之略，則屬動詞，但在用法上可當作副詞；★比較 一般用 please》：*P*~ sit down. 請坐下/*P*~ don't leave me. 請別離開我/*P*~ don't mention it. [應對話]不必客氣/What's the use of that, ~? 請問那有什麼用？
***prayer**[1] [prɛr, prær; prɛə] «pray 的名詞»**—n.** **1** Ⓤ **a 禱告**，祈禱：kneel down in ~ 跪下來祈禱/be in ~在祈禱。**b** [常 P~] (在教堂的)祈禱式：the Morning [Evening] *P*~ 早[晚]禱。**2** Ⓒ[常 ~*s*]祈禱語句[文]：be at one's ~*s* 正在祈禱/say one's ~*s* 做禱告，祈禱/give [offer up] ~*s* for a person's safety [recovery] 爲某人的平安[復元]而禱告/the Lord's *P*~ 主禱文/⇨ common prayer. **3** Ⓒ請願；請求的事：an unspoken ~ 默禱，心中的願望/an [the] answer to a person's ~(*s*) ⇨ answer *n.* 2c.

【說明】(1)基督教徒不論何時何地都可以禱告。基督教國家的電台廣播常以禱告開始。禱告與其說是對上帝的祈求，不如說是對上帝的感謝和讚美，末了才祈求上帝賜給自己克服困難達到目的的勇氣和力量。祈禱時天主教徒(Catholics)先在胸前畫十字《cross one*self*(⇨ cross v.t.3)》，然後合掌，新教徒(Protestants)僅垂頭合掌。團體祈禱時，常由一人領導說禱告詞，其餘的人不說話。個人祈禱可出聲說禱告詞，也可默禱；cf. God【說明】
(2)禱告詞的主文是耶穌告示弟子們的主禱文(the Lord's Prayer)，以「我們在天之父」(Our Father who art in heaven.)開始，接着說「請救我們脫離邪惡」(Deliver us from evil.)，信徒一再地反覆祈禱。英國國教等爲公私場合的祈禱訂有祈禱書(the Book of Common Prayer).

pray·er[2] [ˈpreɚ; ˈpreiə] *n.* Ⓒ禱告者，祈禱者。
práyer bòok *n.* **1** Ⓒ祈禱書。**2** [**the P~ B~**] ＝The Book of COMMON PRAYER.
prayer·ful [ˈprɛrfəl; ˈprɛəful] *adj.* **1** 常祈禱的，虔誠的。**2** 祈禱似的，表示祈禱的。~**·ly** [-fəlɪ; -fuli] *adv.* ~**·ness** *n.*
práyer mèeting [**sèrvice**] *n.* Ⓒ(新教徒的)祈禱會。
práyer rùg *n.* Ⓒ回教徒禱告跪拜時所用的小地毯。
práyer whèel [**mìll**] *n.* Ⓒ地藏車，祈禱輪《喇嘛教徒祈禱時所用者，轉一周相當於一次祈禱》。
práy-in *n.* Ⓒ祈禱示威《一種社會抗議形式，以消極抵抗和祈禱爲主》。
práy·ing mántis «源自螳螂舉起前肢的姿勢與祈禱的樣子近似»**—n.** Ⓒ《昆蟲》螳螂。
P.R.C. 《略》People's Republic of China.
pre(-) [pri-, prɛ-, prɪ-; pri:-, pri-] 字首 表示「預先」「…以前的」「在…前部的」之意。
preach [pritʃ; pri:tʃ] «源自拉丁文「通知，公佈」之義»**—v.i.** **1** 〔動(十介十(代)名)〕〔向…〕〔就…〕**說教**；傳教〔*to*〕〔*about, on*〕：The priest ~*ed to* the congregation *about* the Sermon on the Mount. 那位教士就山中聖訓向會衆說教。**2** 〔十介十(代)名〕〔就…〕諄諄勸誡，告誡〔…〕〔*at*〕〔*about*〕《★~ at 可用被動語態》：Our teacher always ~*es at* me *about* being late for school. 我們老師經常就上學遲到之事諄諄勸誡我。
—v.t. **1 a** 〔十受〕**傳**〈福音〉，說〈教〉，講〈道〉，佈〈道〉：~ the Gospel 傳福音/Two sermons were ~*ed* last Sunday. 上星期日佈道了兩次。**b** 〔十受十受/十受十介十(代)名〕向〈某人〉傳〈道〉；傳〈道〉〔給某人〕〔*to*〕：~ the congregation the meaning of God's love ＝~ the meaning of God's love *to* the congregation 向會衆傳教[講解]神愛(世人)的眞諦。**c** 〔十 *that*＿〕講道，佈道〈…事〉：The priest ~*ed that* God would save us. 那位教士講道說上帝會拯救我們。
2 〔十受〕倡導，鼓吹〈德行、主義等〉：~ peace 倡導和平。
3 a 〔十受〕《罕》勸導，勸誡〈某人〉：~ one's son 勸誡兒子。**b** 〔十受十介十(代)名〕《罕》〔就…事〕訓誡〈某人〉〔*about*〕：He ~*ed* me *about* my manners. 他就有關禮貌之事訓誡我。**c** 〔十受十受/十受十介十(代)名〕訓誡〈某人〉〈某事〉；〔對某人〕訓誡〈某事〉〔*to*〕：Don't ~ me a lesson about patience. ＝Don't ~ a lesson about patience *to* me. 別訓誡我有關忍耐的大道理；別規勸我要忍耐。
préach·er *n.* Ⓒ **1** 宣教者，傳道者。**2** 訓誡者，規勸的人。**3** 倡導者，鼓吹者。
preach·i·fy [ˈpritʃəˌfaɪ; ˈpri:tʃifai] *v.i.* 嘮嘮叨叨地說教，(令人厭煩地)訓誡。
préach·ment [-mənt; -mənt] «preach 的名詞»**—n.** ⓊⒸ說教，冗長的講道。
preach·y [ˈpritʃɪ; ˈpri:tʃi] *adj.* (**preach·i·er**；**-i·est**)《口語》**1** 愛說教的。**2** 說教似的。
Préak·ness Stákes [ˈpriknɪs-; ˈpri:knis-] *n. pl.* [**the** ~；當單數用]《賽馬》普瑞尼斯賽馬《美國三大賽馬之一；cf. classic races》.
pre·am·ble [ˈpriæmbl, prɪˈæmbl; pri:ˈæmbl] «源自拉丁文「前行」之義»**—n.** Ⓒ開場白，序文，緒言；〔條約等的〕前文，導言〔*to, of*〕: He spoke without ~. 他沒有開場白[開門見山]地講起來。
pre·ar·range [ˌpriəˈrendʒ; ˌpri:əˈreindʒ] *v.t.* 預先安排，事先協商；預定。
prè·ar·ránge·ment [-mənt; -mənt] «prearrange 的名詞»**—n.** Ⓤ事先的安排[協商]。
pre·a·tom·ic [ˌpriəˈtɑmɪk; ˌpri:əˈtɔmik] *adj.* 原子彈轟炸以前的，使用原子彈以前的《1945 年 8 月 6 日原子彈未擲於廣島以前的；↔ postatomic》.
preb·end [ˈprɛbənd; ˈprebənd] *n.* Ⓒ(大教堂牧師的)俸祿。
preb·en·dar·y [ˈprɛbənˌdɛrɪ; ˈprebəndəri] *n.* Ⓒ受俸的神職人員。
Pre-Cam·bri·an [prɪˈkæmbrɪən; priˈkæmbriən] 《地質》*adj.* 前寒武紀的。
—n. [**the** ~]前寒武紀《最古的地質時代》。

pre·can·cer·ous [prɪˋkænsərəs; priˈkænsərəs] *adj.* 尚未發展爲癌症以前的，癌前狀態的：~ condition 癌前症狀。

pre·car·i·ous [prɪˋkɛrɪəs; priˈkɛəriəs] «源自拉丁文「由祈禱而得的」之義»—*adj.* **1 a** 視事情而定的，不確定的，靠不住的，不安定的：a ~ living 不安定的生活。**b** 危險的：a ~ foothold 危險的立足點。**2** 無確實根據的，瞎猜的，可疑的：a ~ argument 無確實根據的論點。~·**ly** *adv.*

pre·cast [priˋkæst; ˌpri:ˈkɑ:st] *v.t.* 將〈建築材料〉預先製作成方塊形。

prec·a·to·ry [ˋprɛkəˌtorɪ, -ˌtɔrɪ; ˈprektəri] *adj.* 懇求的，表示懇求的。

pre·cau·tion [prɪˋkɔʃən; priˈkɔ:ʃn] *n.* Ⓤ Ⓒ [常 ~s] 小心，警惕 〔*against*〕：as a (measure of) ~ = by way of ~ 爲小心起見，爲了預防/take ~*s* 小心，警惕，採取預防措施；《委婉語》小心避孕/take ~*s against* fire 對火災採取預防措施。

pre·cáu·tion·àr·y [-ʃənˌɛrɪ; -ʃnəri] *adj.* 預防的，小心的：take ~ measures (*against*...) (對…)採取預防措施。

***pre·cede** [priˋsid, prɪ-; ˌpriˈsi:d, pri-] «源自拉丁文「前行」之義»—*v.t.* **1** 〔十受〕**a** 在…之前，帶領…：The band ~*d* the parade. 樂隊帶領遊行隊伍。**b** 居先於…；在…之前發生：Do you know who ~*d* Winston Churchill as Prime Minister? 你知道在邱吉爾之前的首相是誰嗎？/Volcanic eruptions are usually ~*d* by earthquakes. 在火山爆發之前常發生地震。**2** 〔十受〕就…的上座，在…之上，優於…，優先於…：This duty should ~ all others. 此項義務應該優先於其他一切義務。**3** 〔十受十介十(代)名〕〔把…〕置於…之前，在…之前〔先…〕〔*with, by*〕：~ one's lecture *with* a few words of greeting 在講課之前先說幾句問候語。—*v.i.* 居先，在前(cf. preceding)：the words that ~ 前面的那些字。

pre·ce·dence [prɪˋsidn̩s, ˋprɛsədəns; ˌpri:ˈsi:dəns] «precede 的名詞»—*n.* Ⓤ **1** (時間、順序等)在前[先]，先行。**2** 上座，上位；優先權：in order of ~ 依席次[位次]/give a person (the) ~ 承認某人的優越地位，把上席讓給某人/take [have] ~ over [of]... 優於…，在…之上。

pre·ce·dent [prɪˋsidn̩t; priˈsi:dənt, ˈpresid-] «precede 的形容詞»—*adj.* **1** 在前[先]的：~ causes 前因。**2** [不用在名詞前]〔十介十(代)名〕居先〔於…〕的，在〔…之〕前的〔*to*〕：the period ~ *to* the war 在戰前時期。

—(**prec·e·dent**) [ˋprɛsədənt; ˈpresidənt] *n.* **1 a** Ⓒ 先例，前例，(一向的)慣例：set [create] a ~ *for*... 爲…開先例/There is no ~ *for* such a procedure. 這樣的手續是沒有前例的/make a ~ of... 把…作爲先例。**b** Ⓤ 循先例：without ~ 無前例的，空前的/break with ~ 打破先例。**2** Ⓤ Ⓒ《法律》判例。

prec·e·dent·ed [ˋprɛsəˌdɛntɪd; ˈpresidentid] *adj.* 有先例的，有先例可援[循]的。

prec·e·den·tial [ˌprɛsəˋdɛnʃəl; ˌpresiˈdenʃl] *adj.* **1** 有先例的。**2** 優先的。

pre·ced·ing [priˋsidɪŋ; ˌpri:ˈsi:diŋ] *adj.* [用在名詞前] [常 the ~] 在前[先]的，前述的，上述的《★囲因有時置於名詞之後》：*the* ~ year 前一年/*the* ~ page = *the* page ~ 前頁。

pre·cen·tor [prɪˋsɛntɚ; ˌpri:ˈsentə, pri-] *n.* Ⓒ (教堂唱詩班的)領唱者。

pre·cept [ˋprisɛpt; ˈpri:sept] «源自拉丁文「反覆教」之義»—*n.* Ⓤ Ⓒ 教訓，告誡，勸告：Example is better than ~.《諺》身教勝於言教；榜樣勝於教訓。

pre·cep·tor [prɪˋsɛptɚ; priˈseptə] *n.* Ⓒ《文語》教訓者，導師，教師。

pre·cep·tress [prɪˋsɛptrɪs; priˈseptris] *n.* preceptor 之女性。

pre·ces·sion [priˋsɛʃən, prɪ-; priˈseʃn] «precede 的名詞»—*n.* Ⓤ Ⓒ **1** 前行，先行；前進運動。**2**《天文》歲差(運動)：the ~ of the equinoxes 分點歲差。~·**al** [-ʃənl; -ʃnəl] *adj.*

pre·cinct [ˋprisɪŋkt; ˈpri:siŋkt] «源自拉丁文「包圍」之義»—*n.* **1 a** Ⓒ [常 ~s] (用圍牆圍住的大學)校園內區，(教堂)院內圍地〔*of*〕：within the ~*s* of the university 在大學的校園內。**b** [~s] (建築物的)內部(inside)。**2** Ⓒ (都市等的特定)地區，區域：a shopping ~ 購物區，商店街。**3** Ⓒ《美》**a** (行政上的)區域；學區；選舉區。**b** 警察的管區。**4** Ⓒ [常 ~s] 境界(線)〔*of*〕。**5** [~s] 周圍，附近，近郊〔*of*〕。

pre·ci·os·i·ty [ˌprɛʃɪˋɑsətɪ; ˌpreʃiˈɔsəti] «precious 3 的名詞»—*n.* **1** Ⓤ (措詞、嗜好等的)過於講究[考究]；矯揉造作。**2** Ⓒ [常 **preciosities**] 矯揉造作的表現。

‡pre·cious [ˋprɛʃəs; ˈpreʃəs] «源自拉丁文「高價的」之義»—*adj.* (**more** ~; **most** ~) **1 a** 〈東西〉貴重的，寶貴的《★囲因指昂貴而美麗的東西；⇨ valuable【同義字】》：(the) ~ metals 貴金屬《金、銀、白金等》/~ stones 寶石。**b** 〈時間等〉重要的，寶貴的，貴重的：one's ~ time 某人的寶貴時間/This book is very ~ *to* me. 這本書對我而言是非常寶貴的。**2** 可愛的，寶貝的：one's ~ child 某人的愛兒/My ~ darling! 我的心肝寶貝。**3** 〈措詞、態度等〉考究的，矯揉造作的。**4** [用在名詞前] (無比較級、最高級)《口語》徹底的，十足的，非常的，嚴重的，大大的：make a ~ mess of it 把它弄得一團糟/He's a ~ rascal. 他是個十足的大流氓。—*adv.*《口語》相當地，極(very)《★囲因常作 ~ little [few]》：He took ~ *little* notice. 他幾乎未加注意。

—*n.* [用於稱呼]《口語》寶貝《指人或寵物》。

~·**ly** *adv.* ~·**ness** *n.*

prec·i·pice [ˋprɛsəpɪs; ˈpresipis] «源自法語「倒栽葱地掉落」之義»—*n.* Ⓒ **1** (幾乎垂直的)絕壁，懸崖。**2** 危險處，危機：be [stand] on the edge [brink] of a ~ 瀕臨危機。

pre·cip·i·tance [-təns; -təns] *n.* = precipitancy.

pre·cip·i·tan·cy [prɪˋsɪpətənsɪ; priˈsipitənsi] «precipitant 的名詞»—*n.* **1** Ⓤ 倉卒，慌張；輕率，急躁。**2** Ⓒ 慌張[輕率]的行爲。

pre·cip·i·tant [prɪˋsɪpətənt; priˈsipitənt] *adj.* **1** 倒栽葱的，猛衝的。**2** 突然的。**3** 急躁的，輕率的。—*n.* Ⓒ《化學》沈澱劑。

pre·cip·i·tate [prɪˋsɪpəˌtet; priˈsipiteit] «源自拉丁文「朝下投擲」之義»—*v.t.* **1**《文語》**a** 把〈東西〉倒摔下去，猛然扔下。**b** [~ one*self*] 倒栽葱地落下。**2** 〔十受十介十(代)名〕**a** 使…突然陷入〔…狀態〕〔*into*〕：~ a person *into* despair 使人突然陷入絕望中。**b** [~ one*self*] 使自己一下子陷入〔…狀態〕〔*into*〕：He ~*d himself into* new troubles. 他使自己一下子陷入新的困難中。**3** 加速〈壞事(的來臨)〉；促使〈危機等〉早現；突然引起…：The outbreak of the war ~*d* the collapse of our firm. 戰爭的爆發加速了我們公司的倒閉。**4**《化學》使〈溶解物〉沈澱。**5** 〔十受(十*as* 補)〕《物理》使〈水蒸氣〉凝結〈成雨霧等〉。—*v.i.* **1**《化學》〈溶解物〉沈澱。**2** 〔十*as* 補〕《物理》〈水蒸氣〉凝結〈成雨、霧等〉。

— [-ˌtet, -tɪt; -teit, -tit] *n.* Ⓤ Ⓒ《化學》沈澱物。

— [-ˌtet, -tɪt; -tət, -tit] *adj.* **1** 急躁的，貿然的，慌張的，輕率的。**2** 突然的。**3** 倒栽葱的；猛衝的。~·**ly** *adv.*

pre·cip·i·ta·tion [prɪˌsɪpəˋteʃən; priˌsipiˈteiʃn] «precipitate 的名詞»—*n.* **1** Ⓤ [又作 **a** ~] 猛然摔下，落下。**2** Ⓤ [又作 **a** ~] 匆促，慌張；輕率。**3**《化學》**a** Ⓤ 沈澱。**b** Ⓤ Ⓒ 沈澱物。**4** Ⓤ《氣象》降雨[水]，下雪，降水[雨]量。

pre·cip·i·tous [prɪˋsɪpətəs; priˈsipitəs] «precipice 的形容詞»—*adj.* **1 a** 垂直似的，險峻的，斷崖絕壁的。**b** 陡峭的，陡坡的。**2** 急躁的，鹵莽的《★非標準用法》。

~·**ly** *adv.* ~·**ness** *n.*

pré·cis [preˋsi, ˋpresi; ˈpreisi:] «源自法語 'precise' 之義»—*n.* Ⓒ (*pl.* ~ [~z; ~z]) 大意，要旨，摘要(summary)。

—*v.t.* 寫，摘取…的大意；寫…摘要：*P*~ this chapter in two pages. 用兩頁寫出這一章的大意。

***pre·cise** [prɪˋsaɪs; priˈsais] «源自拉丁文「切短」之義»—*adj.* (**more** ~; **most** ~) **1** 正確的，精密的，精確的，分毫不差的(⇨ correct【同義字】)：a ~ measurement 正確的尺寸。**2** [用在名詞前] (無比較級、最高級) 恰好的，正好的(very)：at that ~ moment 恰好在那時刻。**3** 明確的，準確的：a ~ statement 明確的陳述。**4 a** 〈人、規則等〉一絲不苟的，嚴謹的：a ~ person 一絲不苟[拘泥形式]的人。**b** [不用在名詞前]〔十介十(代)名〕〔對…〕一絲不苟的，嚴謹的〔*in*〕：He is prim and ~ *in* manner. 他的態度一本正經而嚴謹/He was very ~ *in* follow*ing* instructions. 他一絲不苟地遵行指示。~·**ness** *n.*

pre·císe·ly *adv.* **1** 精密地，正確地，準確地。**2** 一絲不苟地。**3** [用於回答] 正是如此。

pre·ci·sian [prɪˋsɪʒən; priˈsiʒn] *n.* Ⓒ **1** 墨守成規的人；拘泥形式的人《尤指關於宗教事務者》。**2** 十六或十七世紀英國之清教徒。

***pre·ci·sion** [prɪˋsɪʒən; priˈsiʒn] «precise 的名詞»—*n.* Ⓤ [又作 **a** ~] 正確，精密；精確：with ~ 正確[精確]地。

—*adj.* [用在名詞前] 精密的；精密度高的：a ~ instrument 精密儀器/a ~gauge 精密量規/~ bombing《軍》準確瞄準的轟炸。

precísion-máde *adj.* 精密製造的。

pre·clude [prɪˋklud; priˈklu:d] «源自拉丁文「預先關閉」之義»—*v.t.*《文語》**1** 阻止〈事情〉發生，使…不可能，排除…：My present finances ~ the possibility of buying a car. 按我目前的財務狀況我是不可能買車的。**2 a** 〔十所有格十 do*ing*〕阻止，妨礙〈某人做…〉：That will ~ his escap*ing*. 那將使他無法逃走(cf. 2b)。**b** 〔十受十介十 do*ing*〕阻止，妨礙〈某人〉〔做…〕；使〈人〉〔不能做…〕〔*from*〕：That will ~ him *from* escap*ing*. 那將阻止他逃走；那將使他無法逃走(cf. 2a)。

pre·clu·sion [prɪˋkluʒən; priˈklu:ʒn] «preclude 的名詞»—*n.* Ⓤ 排除，除去；防礙，阻止。

pre·clu·sive [prɪˋklusɪv; priˈklu:siv] *adj.* 排除的；除外的；阻止的；預防的；使不可能的。

pre·co·cious [prɪˋkoʃəs; priˈkouʃəs] «源自拉丁文「預先煮」之義»—*adj.* **1 a** 〈小孩〉早熟的。**b** 〈性格、知識等〉發展早的，早熟的。**2** 〈植物等〉早開花的，早成的。~·**ly** *adv.* ~·**ness** *n.*

pre·coc·i·ty [prɪˋkɑsətɪ; priˈkɔsəti] «precocious 的名詞»—*n.* **1** Ⓤ[又作 a ～]早熟。**2** Ⓤ早開花，早成。
pre·cog·ni·tion [ˌprikɑgˋnɪʃən; ˌpri:kɔgˈniʃn] *n.* ⓊⒸ《文語》事前認知，(超科學的)預知，預見。
pré-Colúmbian *adj.* 哥倫布發現美洲以前之時期的。
pre·con·ceive [ˌprikənˋsiv; ˌpri:kənˈsi:v] *v.t.* 事先考慮，預想：～*d* ideas 先入之見。
pre·con·cep·tion [ˌprikənˋsɛpʃən; ˌpri:kənˈsepʃn] «preconceive 的名詞»—*n.* ⓊⒸ預想，預料，先入之見，成見，偏見。
pre·con·cert [ˌprikənˋsɝt; ˌpri:kənˈsə:t] *v.t.* 預先安排；預先安置。
pre·con·di·tion [ˌprikənˋdɪʃən; ˌpri:kənˈdiʃn] *n.* Ⓒ先決條件，必需的條件，前提。
pre·con·scious [prɪˋkɑnʃəs; priˈkɔnʃəs] *adj.* 《心理》前意識的。
pre·cook [priˋkuk; ˌpri:ˈkuk] *v.t.* 預先烹調〈食物〉。
pre·cur·sor [prɪˋkɝsɚ; ˌpri:ˈkə:sə] «源自拉丁文「跑在前面」之義»—*n.* Ⓒ **1** 先驅，先鋒〔*of*〕。**2** 前任，前輩〔*of*〕。**3** 預兆，前兆〔*of*〕。
pre·cur·so·ry [prɪˋkɝsərɪ; ˌpri:ˈkə:səri] *adj.* **1** 先驅的，前輩[前任]的。**2** 前兆的；預備的。
pre·cut [prɪˋkʌt; priˈkʌt] *v.t.* 預切。
pred. 《略》predicate；predicative(ly)。
pre·da·ceous, pre·da·cious [prɪˋdeʃəs; priˈdeiʃəs] *adj.* = predatory 2.
pre·date [priˋdet; ˌpri:ˈdeit] *v.t.* **1** 在日期上早於[先於]…：The building ～*s* World War II. 那棟建築物建於第二次世界大戰前。**2** 把〈信、支票等〉的日期填早(↔ postdate)。
pred·a·tor [ˋprɛdətɚ; ˈpredətə] *n.* Ⓒ **1** 掠奪者。**2** 捕食其他動物的動物，肉食動物。
pred·a·to·ry [ˋprɛdəˌtorɪ, -ˌtɔrɪ; ˈpredətəri] «predator 的形容詞»—*adj.* **1 a** 掠奪的；以掠奪爲目的的。**b** 《輕蔑・謔》〈人〉(爲自己的利益、性的目的而)侵犯他人的。**2** 《動物》捕食其他動物的，肉食的。
pre·dawn [priˋdɔn; ˌpri:ˈdɔ:n] *adj.* 黎明前的。
pre·de·cease [ˌpridɪˋsis; ˌpri:diˈsi:s] *v.t.* 死於〈某人〉之前，比〈某人〉先死。
pred·e·ces·sor [ˌprɛdɪˋsɛsɚ, ˋprɛdɪˌsɛsɚ; ˈpri:disesə, ˌpri:diˈsesə] «源自拉丁文「先離去的人」之義»—*n.* Ⓒ **1** 祖先；前任；前輩〔*of*〕。**2** (被取代的)原先的東西〔*of*〕。
pre·de·par·ture [ˌprɪdɪˋpɑrtʃɚ; ˌpridiˈpɑ:tʃə] *adj.* 出發前的。
pre·des·ti·nate [prɪˋdɛstəˌnet; ˌpri:ˈdestineit] *v.t.* 《文語》**1** 〔十受(十介十(代)名)〕〈神〉預定，注定〈人等〉〔…〕命運〔*to*〕《★常用被動語態》：We *are* ～*d* **to** eternal death. 我們注定要遭到永久的死亡，我們終究要死。**2** 〔十受十 *to* do〕〈神〉預定，注定〈人等〉的命運〈要…〉《★常用被動語態》：We *are* ～*d to* die. 我們注定要死亡。
pre·des·ti·na·tion [prɪˌdɛstəˋneʃən; pri:ˌdestiˈneiʃn] «predestinate 的名詞»—*n.* Ⓤ **1** 預定；命運。**2** 《神學》命運預定說。
pre·des·tine [prɪˋdɛstɪn; ˌpri:ˈdestin, priˈd-] *v.t.* **1** 〔十受(十介十(代)名)〕〈神〉注定〈某人〉〔有…命運〕〔*to, for*〕《★常用被動語態》：～ a person **to** a certain fate 注定某人有某種命運。
2 〔十受十 *to* do〕〈神〉注定〈人〉〈要做…〉《★常用被動語態》：He *was* ～*d to* lead an adventurous life. 他注定要過冒險的生活。
pre·de·ter·mi·na·tion [ˌpridɪˌtɝmɪˋneʃən; ˈpri:diˌtə:miˈneiʃn] «predetermine 的名詞»—*n.* **1** ⓊⒸ事先決定，預定；宿命，命運。**2** Ⓤ(不承認人的自由意志的)宿命論。
pre·de·ter·mine [ˌpridɪˋtɝmɪn; ˌpri:diˈtə:min] *v.t.* **1** 事先決定，預定《★常用被動語態》：The present *is* ～*d* by the past. 現在是由過去所決定。**2** 預先計算，估計。**3 a** 〔十受十介十(代)名〕預定〈某人〉的方向〔爲…〕〔*to*〕。**b** 〔十受十 *to* do〕預定〈某人〉的方向〈要做…〉。
prè·detérminer *n.* Ⓒ《文法》前(限)定詞《用於 the, a, an 等限定詞前面的字，如 both, all, such 等》。
pred·i·ca·bil·i·ty [ˌprɛdɪkəˋbɪlətɪ; ˌpredikəˈbiləti] *n.* Ⓤ可被斷定之情況或性質。
pred·i·ca·ble [ˋprɛdɪkəbḷ; ˈpredikəbl] *adj.* 可斷定的，可斷定爲屬性的。
—*n.* Ⓒ可斷定的東西；屬性。
préd·i·ca·bly [-kəblɪ; -kəbli] *adv.*
pre·dic·a·ment [prɪˋdɪkəmənt; priˈdikəmənt] *n.* Ⓒ **1** 狀況，苦境，困境：be in a ～ 處於困境中。**2** [ˋprɛdɪkəmənt; ˈpredikəmənt]《邏輯》被斷定的東西，範疇。
***pred·i·cate** [ˋprɛdɪkɪt, -kət; ˈpredikət, -kit] «源自拉丁文「聲明」之義»—*n.* Ⓒ《文法》謂語，述語(cf. subject A 3)。
—*adj.* [用在名詞前](無比較級、最高級)《文法》謂語的，述語的：a ～ adjective 謂語性[述語]形容詞《如 He is *English.* / I made him *happy.*》/ a ～ noun 謂語性[述語]名詞《如 He is an *Englishman.* / I made him a *servant.*》/ a ～ verb 謂語性[述語]動詞。
—[ˋprɛdɪˌket; ˈpredikeit] *v.t.* **1 a** 〔十受〕斷定，斷言…(爲眞實、現實)；宣布，聲明…：His theory ～*s* the system of the universe. 他的理論斷定宇宙有體系。**b** 〔十介十(代)名十 *that*__〕〔關於…〕斷定，斷言〈…事〉〔*of*〕：Can we ～ **of** a dog that it has a soul？關於狗，我們能斷定牠有靈魂嗎？**c** 〔十受十 *to be* 補〕斷定，斷言…〈爲…〉：He ～*d* the proposal *to be* ridiculous. 他斷言該提案是荒謬的。
2 〔十受十介十(代)名〕使…基於〔某種根據〕，使…根據〔…〕〔*on, upon*〕《★常用被動語態》：Any code of ethics must *be* ～*d* **upon** the basic principles of truth and honesty. 任何倫理的規約都必須以眞實與誠實的基本原則爲依據。
pred·i·ca·tion [ˌprɛdɪˋkeʃən; ˌprediˈkeiʃn] *n.* ⓊⒸ **1** 斷定；認定。**2** 《文法》述語。
pred·i·ca·tive [ˋprɛdɪˌketɪv; priˈdikətiv] «predicate 的形容詞»—*adj.* **1** 斷定的。**2** 《文法》敍述的，述語的《★在本辭典中，形容詞的敍述用法以[不用在名詞前]表示；cf. attributive》：the ～ use of an adjective 形容詞的敍述用法。
—*n.* Ⓒ《文法》述詞，述語《稱作補語(complement)者》。
préd·i·cà·tive·ly *adv.* 敍述性地，當作述詞地。
***pre·dict** [prɪˋdɪkt; priˈdikt] «源自拉丁文「預先說」之義»—*v.t.* **1** 〔十受〕預言，預告，預報，預測…(⇨ foretell【同義字】)：The weather forecast ～*s* sunshine for tomorrow. 天氣預報預測明天天晴。**2 a** 〔十 *that*__〕預言〈…事〉：They ～*ed* [It was ～*ed*] *that* there would be an earthquake. 他們預言會有地震。**b** 〔十 *wh.*__〕預言〈…〉：He ～*ed when* war would break out. 他預言戰爭何時會爆發。
pre·dict·a·ble [prɪˋdɪktəbḷ; priˈdiktəbl] *adj.* **1** 可預言[預料，預測]的。**2** 《輕蔑》〈人〉無創意的，平庸的。
pre·díct·a·bly [-təblɪ; -təbli] *adv.* [修飾整句]如所預料，不出所料：*P*～, he left his umbrella in the train. 如所預料，他把雨傘遺留在火車上。
pre·dic·tion [prɪˋdɪkʃən; priˈdikʃn] «predict 的名詞»—*n.* **1** Ⓤ被預言[預報，預測]的事物：earthquake [weather] ～地震預測[天氣預報]。**2** Ⓒ **a** 預言，預報。**b** 〔十 *that*__〕〈…的〉預言，預知。
pre·dic·tive [prɪˋdɪktɪv; priˈdiktiv] «predict 的形容詞»—*adj.* **1** 預言[預報]的，預言性的。**2** [不用在名詞前]〔十介十(代)名〕成爲〔…〕預兆[前兆]的〔*of*〕：a cold rain ～ **of** snow 下雪前兆的寒雨。～·**ly** *adv.*
pre·díc·tor [-tɚ; -tə] *n.* Ⓒ預言者；預報者。
pre·di·gest [ˌpridəˋdʒɛst, -daɪ-; ˌpri:diˈdʒest, -dai-] *v.t.* **1** 把〈食物〉烹調成易消化。**2** 使〈作品等〉易懂《★用因有時用作壞的意思》。**pre·di·ges·tion** [ˌpridəˋdʒɛstʃən, -daɪ-; ˌpri:diˈdʒestʃən, -dai-] *n.*
pre·di·lec·tion [ˌpridḷˋɛkʃən; ˌpri:diˈlekʃn] «源自拉丁文「預先選出」之義»—*n.* Ⓒ〔對…的〕先入的愛好，偏愛，偏袒〔*for*〕。
pre·dis·pose [ˌpridɪsˋpoz; ˌpri:disˈpouz] *v.t.* **1 a** 〔十受十介十(代)名〕使〈人〉先傾向〔於…狀態〕〔*in, against*〕：His reputation ～*s* me **against** him [**in** his favor]. 他的名聲[風評]使我先傾向於對他沒有好感[有好感]。**b** 〔十受十 *to* do〕使〈人〉傾向於〈做…〉，使〈人〉有意〈做…〉：The novel ～*d* him *to* become a novelist. 那本小說使他有意成爲小說家。
2 〔十受十介十(代)名〕《醫》使〈人〉易患〔疾病〕〔*to*〕：Our genetic makeup ～*s* us **to** certain diseases. 我們的基因結構使我們易患某些疾病。
pre·dis·po·si·tion [ˌpridɪspəˋzɪʃən; ˈpri:ˌdispəˈziʃn] «predispose 的名詞»—*n.* Ⓒ **1 a** 〔…的〕傾向，性質，癖性〔*to*〕。**b** 〔十 *to* do〕〈做…的〉傾向，癖性。**2** 《醫》〔容易患病等的〕因素，體質〔*to*〕：a ～ *to* colds 易患感冒的體質。
pre·dom·i·nance [prɪˋdɑmənəns; priˈdɔminəns] «predominant 的名詞»—*n.* Ⓤ[又作 a ～]卓越，超羣，出衆；支配〔*over*〕。
pre·dom·i·nant [prɪˋdɑmənənt; priˈdɔminənt] *adj.* **1 a** (較其他)佔優勢的，有力的；卓越的。**b** [不用在名詞前]〔十介十(代)名〕〔對…〕佔優勢的，支配〔…〕的〔*over*〕：Man has been ～ **over** other species for a long time. 人類長久以來一直在支配其他物種。**2** 主要的，顯著的，突出的：the ～ color [idea] 主色[主旨]。
pre·dóm·i·nant·ly *adv.* **1** 佔優勢地，壓倒性地。**2** 主要地。
pre·dom·i·nate [prɪˋdɑməˌnet; priˈdɔmineit] *v.i.* **1 a** 佔[居]優勢，居支配地位，佔多數：Daffodils ～ in our garden. 在我們的花園中水仙花最多。**b** 〔十介十(代)名〕支配〔…〕，優於〔…〕〔*over*〕：Knowledge will always ～ **over** ignorance. 知識總是會勝過無知。**2** 以〈某種顏色等〉爲主[顯著]。
pre·dom·i·na·tion [prɪˌdɑməˋneʃən; priˌdɔmiˈneiʃn] *n.* = predominance.

pre·e·lec·tion [ˌpriɪˋlɛkʃən; ˌpri:iˈlekʃn] *adj.* 發生在選舉前的；選舉前所說的。**—***n.* UC預選。

pree·mie [ˋprimɪ; ˈpri:mi] «源自 Premature»**—***n.* C《美口語》早產兒。

pre·em·i·nence [prɪˋɛmənəns; ˌpri:ˈeminəns] «preeminent 的名詞»**—***n.* U[又作 a ~]超羣，出衆；卓越，傑出。

pre·em·i·nent [prɪˋɛmənənt; ˌpri:ˈeminənt] *adj.* 超羣的，優秀的；傑出的，卓越的；顯著的。~·**ly** *adv.*

pre·empt [prɪˋɛmpt; ˌpri:ˈempt, pri-] *v.t.* **1** 以優先購買權取得…。**2**《美》爲取得優先購買權而佔有〈公地〉。**3** 搶先取得…，預先佔有…：His car ~*ed* the parking space. 他的車搶先佔用停車位。**4 a**《文語》充當…的代理，代替…。**b**〖電視・廣播〗更換〈定期節目〉。**5** 私用，把…變成私有物。

pre·emp·tion [prɪˋɛmpʃən; ˌpri:ˈempʃn, pri-] «preempt 的名詞»**—***n.* U **1 a** 先買(權)，優先購買權。**b**《美》公地先買權的行使。**c** 私有物化。**2** 軍需品先買權(的行使)。**3** 先發制人的攻擊。

pre·emp·tive [prɪˋɛmptɪv; priˈemptiv, pri-] «preempt 的形容詞»**—***adj.* **1** 先買的，有優先購買權的：(a) ~ right 優先購買權。**2**〖軍〗先發制人的：a ~ attack (用核子武器的)先發制人的攻擊。**3**〖紙牌戲〗〈叫牌(bid)〉先發制人的《爲阻止對方叫牌而叫高》。~·**ly** *adv.*

pre·émp·tor [-tɚ; -tə] *n.* C有[取得]先買權的人。

preen [prin; pri:n] *v.t.* **1** (鳥)用嘴整理〈羽毛〉。**2** [~ one*self*]〈人〉打扮得漂亮，裝扮(自己)。**3** 〔十受十介十(代)名〕[~ one*self*]〔對…〕自鳴得意，自誇〔…〕〔*on*〕. **—***v.i.* 〈人〉打扮漂亮。

pre·ex·ist [ˌpriɪgˋzɪst; ˌpri:igˈzist] *v.i.* **1** 在[從]以前存在，〈人〉存在於前世。**2**〈靈魂〉與肉體成一體前即存在，先存在。
—*v.t.* 存在於…之前。

pre·ex·is·tence [ˌpriɪgˋzɪstəns; ˌpri:igˈzistəns] «preexist 的名詞»**—***n.* U **1** (靈魂的)先存在，前世。**2** (某事情)先前的存在；事先的存在。

pre·ex·ist·ent [ˌpriɪgˋzɪstənt; ˌpri:igˈzistənt] *adj.* 先存的，先在的。

pref.《略》preface；prefatory；preference；preferred；prefix.

pre·fab [ˋpriˌfæb; ˈpri:fæb] «prefabricated building [house] 之略»**—***n.* C《口語》活動[組合式]房屋，預鑄住宅。

pre·fab·ri·cate [priˋfæbrɪˌket; ˌpri:ˈfæbrikeit] *v.t.* 用組合式建材建造〈房屋等〉：a ~*d* house 活動[組合式]房屋，預鑄住宅。

pre·fab·ri·ca·tion [ˌprifæbrɪˋkeʃən; ˈpri:ˌfæbriˈkeiʃn] «prefabricate 的名詞»**—***n.* U預鑄；組合式[預鑄]房屋組件的製造。

pref·ace [ˋprɛfɪs, -fəs; ˈprefis, -fəs] «源自拉丁文「事先說」之義»**—***n.* C **1** 〔書等的〕序(文)，前言，序言〔*to*〕(⇨ introduction 3【同義字】)。**2** 成爲〔…〕開端的東西，開端，前兆〔*to*〕.
—*v.t.* **1** 〔十受〕給〈書〉寫序文。**2** 〔十受十介十(代)名〕〔以…〕開始…〔*with, by*〕：He ~*d* his talk ***with*** some coughs. 他先咳了幾聲才開始談話/He ~*d* his speech ***by*** refer*ring* to the recent death of the chairman. 他以提及最近會長之去世開始他的演講。

pref·a·to·ri·al [ˌprɛfəˋtorɪəl, -ˋtɔr-; ˌprefəˈtɔ:riəl] *adj.* = prefatory.

pref·a·to·ry [ˋprɛfəˌtorɪ, -ˌtɔrɪ; ˈprefətəri] «preface 的形容詞»**—***adj.* 序文的，開端的，開場白的。

pre·fect [ˋprifɛkt; ˈpri:fekt] *n.* C **1**《英》(寄宿制大學預備學校或私立中學(public school)的)監督生(monitor)《監督低年級生的高年級》。**2** [常 P~] **a** (古羅馬的)長官。**b** (法國、義大利的)地方行政首長，省長，縣長；長官：the ~ of police (巴黎的)警察總監。

pre·fec·to·ri·al [ˌprifɛkˋtorɪəl, -ˋtɔr-; ˌpri:fekˈtɔ:riəl] *adj.*

pre·fec·ture [ˋprifɛktʃɚ; ˈpri:fekˌtjuə, -tʃə] «源自拉丁文「長官(prefect)之職」之義» **—***n.* **1** C[常 P~] (法國的)省，(日本的)縣，府。**2** C縣長官邸。**3** UC長官(prefect)的職位[管轄權，任期]。**pre·fec·tur·al** [prɪˋfɛktʃərəl; priˈfektjuərəl] *adj.*

‡**pre·fer** [prɪˋfɝ; priˈfə:] «源自拉丁文「置於前」之義»**—***v.t.* (**pre·ferred**；**-fer·ring**) **1** 比較喜歡…《★無進行式》：**a** 〔十受〕喜歡…甚於…；寧願選擇…：I ~ beer above all other drinks. 我喜歡啤酒甚於其他一切飲料/Young people ~ rock music. 年輕人比較喜歡搖滾樂/This is generally *preferred*. 一般來說，這比較受人喜愛/Which do you ~, walking or riding？走路和騎車，你較喜歡哪一種？**b** 〔十受十介十(代)名〕比較喜歡…〔而不喜歡…〕〔*to*〕《★ 用法 to 不能以 better [more] than 取代》：I ~ physics ***to*** chemistry. 我比較喜歡物理而不喜歡化學《★ 變換 可換寫成 I like physics *better than* chemistry.》。**c** 〔十 do*ing*(十介十(代)名)〕比較喜歡〈做…〉〔而不喜歡做…〕〔*to*〕：I ~ stand*ing* (***to*** sit*ting*). 我比較喜歡站着(而不喜歡坐着)/Many people ~ liv*ing* in the country ***to*** liv*ing* in a city. 很多人偏愛住鄉間而不喜歡住在都市。**d** 〔十 *to* do〕比較喜歡[寧可]〈做…〉《★ 用法 在此構句中相當於「而不做…」的部分不用介系詞 to，而用 rather than (to)…；有時也省略 rather》：I ~ *to* wait (*rather than* (*to*) go at once). 我寧可等待(而不立刻去)《★ 變換 可換寫成 I would rather wait than go at once. = I would ~ *to* wait instead of going at once. 》/I ~ not *to* wait. 我寧可不等/I should ~ *to* have my Sunday afternoon undisturbed. (如果容許個人的喜好)我寧願星期天下午不受打擾。**e** 〔十受十 *to* do〕(若可能)寧願〈某人〉〈做…〉：I ~ you *to* start early. 我寧願你早一點出發《如果可能，希望如此》。**f** 〔十受十補〕比較喜歡〈某物〉〈…〉：I ~ sake hot. 我比較喜歡熱的(日本)酒。**g** 〔十受十過分〕比較喜歡〈某物〉〈被…〉：I ~ my eggs boil*ed*. 我比較喜歡(被)煮過的蛋。**h** 〔十 *that*_〕寧願〈…事〉：He *preferred that* nothing (should) be said about his generosity. 他寧願自己的慷慨不被人談到《★ 用法《口語》大都不用 should》。

2 〔十受十介十(代)名〕《文語》把〈某人〉提拔，擢陞，任用〔爲…〕〔*to*〕：He was *preferred* ***to*** the position over his boss. 他被擢陞至比他上司高的職位。

3〖法律〗**a** 〔十受〕(向法院等)提出[提起]〈權利、要求等〉：~ a claim to property 提出產權的要求。**b** 〔十受十介十(代)名〕〔對某人〕提出〈控告〉〔*against*〕：He *preferred* a charge ***against*** the pickpocket. 他控告那名扒手。

pref·er·a·ble [ˋprɛfrəbḷ, ˋprɛfərəbḷ; ˈprefərəbl] *adj.* **1** 較合人意的，比較好的，更可取的：It is ~ that you (should) wait. 你還是等一下較好。**2** [不用在名詞前]〔十介十(代)名〕〔比…〕更合人意的，更好的〔*to*〕：Poverty is ~ ***to*** poor health. 貧窮總比不健康好。

préf·er·a·bly [-rəblɪ; -rəbli] *adv.* (如果可能)儘量，最好，寧可，寧願：I want to get married； ~ to a rich man. 我想結婚，最好是找到一位有錢人/"So you think we should wait？"—"Yes, ~."「那麼，你想我們應該等嗎？」「是的，最好如此。」

pref·er·ence [ˋprɛfrəns, ˋprɛfərəns; ˈprefərəns] «prefer 1 的名詞»**—***n.* **1** U[又作 **a** ~]〔對…的〕喜歡，偏愛〔甚於…〕〔*for*〕〔*to, over*〕：*a* ~ *for* learning *to* [*over*] wealth 喜好學問甚於財富/by ~ 出於喜愛[自由意志]；(若有可能)儘量/have *a* ~ *for*… 喜愛[選擇]…/His ~ was *for* beer rather than whiskey.他喜愛啤酒甚於(喜愛)威士忌。**2** C喜愛的東西，選擇的東西：Her ~ *in* foods is omelets. 她喜愛的食物是煎蛋捲/What is your ~, Japanese, French or Chinese food？日本菜，法國菜或中國菜，你比較喜歡哪一種？**3** UC優先，優先權；(貿易的)優惠：in ~ to… 比…優先，與其…不如[寧願]/offer [afford] a ~ 給與優先權[優惠]/give a claim ~ 給與優先請求權。

préference stòck *n.* U《英》優先股(《美》preferred stock)。

pref·er·en·tial [ˌprɛfəˋrɛnʃəl; ˌprefəˈrenʃl←] «preference 的形容詞»**—***adj.* [用在名詞前] **1** 優先的，有優先權的。**2** 優惠的〈關稅法等〉：the ~ tariff [duties] 優惠關稅。
~·**ly** [-ʃəlɪ; -ʃəli] *adv.*

préferèntial shóp *n.* C工會會員得享特惠待遇之商店、公司或工廠。

pre·fér·ment [-mənt; -mənt] «prefer 2 的名詞»**—***n.* UC擢陞，晋級；提拔。

preférred stòck *n.* U《美》優先股(《英》preference stock)。

pre·fig·ure [priˋfɪgjɚ, -ˋfɪgɚ; ˌpri:ˈfigə] *v.t.* **1** 事前透過…形[型]表示，預示。**2** 預想，揣測。

pre·fix** [ˋpriˌfɪks; ˈpri:fiks] «源自拉丁文「加在前面」之義»**—n.* C **1**〖文法〗前綴，字首《★本辭典以字首的符號表示；↔ suffix》。**2** 加在人名前的尊稱《如 Sir, Mr. 等》。
— [priˋfɪks; ˌpri:ˈfiks, ˈpri:fiks] *v.t.* 〔十受(十介十(代)名)〕 **1 a** 把…字首加在〔某字〕〔*to*〕. **b** 〔在人名等前〕加上…的尊稱〔*to*〕：We ~ "Mr." ***to*** a man's name. 我們在男人的名字前加 "Mr.". **2** 〔給…〕前面加〈序文等〉，把…加在〔…〕前面〔*to*〕：An introductory paragraph has been ~*ed* ***to*** Chapter Three. 介紹(內容)的一段已加在第三章前面。

preg·na·ble [ˋprɛgnəbḷ; ˈpregnəbl] *adj.* **1** 可征服的，易佔領的。**2** 可[易受]攻擊的，有弱點的。

preg·nan·cy [ˋprɛgnənsɪ; ˈpregnənsi] «pregnant 的名詞»**—***n.* **1** UC懷孕。**2** U懷孕期間。**3** U含蓄，意義深長。

prégnancy tèst *n.* C驗孕。

preg·nant [ˋprɛgnənt; ˈpregnənt] «源自拉丁文「出生前的」之義»**—***adj.* (**more** ~；**most** ~) **1** (無比較級、最高級)**懷孕的**：a ~ woman 孕婦/become [《英》fall] ~ 懷孕/She is six months ~. 她已懷孕六個月。**2** [不用在名詞前]〔十介十(代)名〕孕育[包藏，充滿]〔…〕的〔*with*〕：an event ~ ***with*** consequences 一個包藏種種後果的事件。**3** [用在名詞前]意義深長的，含蓄的，啓示性的：a ~ silence 意義深長的沉默。**4** [用在名詞前]《文語》富於創意[想像力]的：a ~ mind 想像力豐富的腦子[人]。~·**ly** *adv.*

pre·heat [priˋhit; ˌpri:ˈhi:t] *vt.* 使〈烤箱等〉預先加熱。

pre·hen·sile [prɪˋhɛnsḷ, -sɪl; priˈhensail] *adj.*〖動物〗〈脚、尾巴等〉適於抓[拿]東西的，易於纏繞的，有捕握力的。

pre·his·tor·ic [ˌpriɪsˈtɔrɪk, ˌprihɪs-; ˌpri:hiˈstɔ:rik⁻] «prehistory 的形容詞»—*adj.* **1** 史前的，先史(時代)的。**2** 《輕蔑·謔》太古的，舊式的，古老的。

prè·his·tór·i·cal [-rɪkḷ; -rikəl⁻] *adj.* ＝prehistoric.

~·ly [-klɪ; -kəli] *adv.*

pre·his·to·ry [priˈhɪstrɪ, -ˈhɪstərɪ; ˌpri:ˈhistəri] *n.* **1** Ⓤ **a** 史前時代[時期]。**b** 史前學。**2** [**a** ~]〔…的〕前史，經緯，經過〔*of*〕.

pre·judge [priˈdʒʌdʒ; ˌpri:ˈdʒʌdʒ] *v.t.* **1** 預先判斷；過早[貿然]判斷。**2** 未審問而判決。

prej·u·dice [ˈprɛdʒədɪs; ˈpredʒudis] «源自拉丁文「預先判斷」之義»—*n.* **1** ⓊⒸ**偏見**，歧視，成見：racial ~ 種族歧視/have a ~ *against* [*in favor of*]... 對…有偏見[偏愛]。

【同義字】指偏差的想法，常用於有關錯誤或無根據的成見；bias 可用於好的情形也可用於壞的情形。

2 Ⓤ《法律》侵害，損害(injury)：to the ~ of... 構成…的傷害，損及…。

without préjudice (1)無偏見的[地]。(2)《法律》不侵害〔…〕的既得權利地〔*to*〕.(3)不侵害[不損害]〔…〕〔*to*〕.

—*v.t.* **1** 〔十受十介十(代)名〕使〈人〉〔對…〕有偏見[反感]〔*against, towards*〕；使〈人〉〔對…〕有偏愛[好感]〔*in favor of*〕《常用被動語態》：He *is* ~*d* ***against*** [***towards***] foreigners. 他對外國人反感[有偏見]/These facts have ~*d* us ***in*** his favor. 這些事實使我們偏袒他。

2 〔十受〕侵害，損害〈權利、利益等〉。

préj·u·diced *adj.* 有偏見的，有成見的，不公平的：a ~ opinion 偏見。

prej·u·di·cial [ˌprɛdʒəˈdɪʃəl; ˌpredʒuˈdiʃl⁻] *adj.* **1** [不用在名詞前]〔十介十(代)名〕〔對…〕有害的，不利的〔*to*〕：activities ~ ***to*** peace 對和平有害的活動。**2** 使產生偏見的。

~·ly [-ʃəlɪ; -ʃəli] *adv.*

prel·a·cy [ˈprɛləsɪ; ˈpreləsi] *n.* **1** Ⓒ高級神職人員的制度[職務]。**2** Ⓤ [**the** ~；集合稱] 高級教士團[主教團]，高級神職人員《★用法 視為一整體時當單數用，指全部個體時當複數用》。

prel·ate [ˈprɛlɪt; ˈprelit] *n.* Ⓒ高級神職人員《主教(bishop)，大主教(archbishop)等》。

pre·lim [ˈprilɪm; ˈpri:lim] «preliminary examination 之略»—*n.* Ⓒ **1** [常 ~s]《口語》**a** 初試，預考。**b** (比賽等的)預賽。**2** [~s；常 **the** ~s]《英口語》附加於(書)前的東西《如序文、目錄等》。

pre·lim·i·nar·y [prɪˈlɪməˌnɛrɪ; priˈliminəri] «源自拉丁文「在門檻前」之義»—*adj.* 預備的；準備的，序文的：a ~ examination 初試，預考(《口語》prelim)/a ~ hearing《法律》初審，調查庭/~ remarks 序(文)，前言。

prelíminary to... [當介系詞用]在…的前面。

—*n.* Ⓒ[常 **preliminaries**] **1** 初步行動，預備行為，準備；前言。**2 a** 初試。**b** (比賽等的)初選。

pre·lim·i·nar·i·ly [prɪˈlɪməˌnɛrəlɪ; priˈliminərəli] *adv.*

pre·lit·er·ate [priˈlɪtərɪt; ˌpri:ˈlitərit] *adj.* 使用文字之前的，文獻以前的。

prel·ude [ˈprɛljud; ˈprelju:d] «源自拉丁文「在…之前演奏」之義»—*n.* Ⓒ **1**《音樂》前奏曲。**2** [常用單數]〔…的〕前奏，前兆〔*to*〕. —*v.t.* **1** 成為…的序曲。**2** 成為…的開頭[前兆]。

—*v.i.* **1** 奏〔…的〕序曲〔*to*〕. **2** 〔十介十(代)名〕**a** 成為〔…的〕開頭〔*to*〕. **b** 〔以…〕開始〔*with*〕.

pre·mar·i·tal [priˈmærətḷ; ˌpri:ˈmæritl⁻] *adj.* 婚前的：~ sex 婚前性行為。**~·ly** *adv.*

pre·ma·ture [ˌpriməˈtjur; ˌpreməˈtjuə, ˌpri:m-] *adj.* **1** 過早的，未到時候的：(a) ~ death 早死，夭折/a ~ lunch 過早的午餐。**2** 早產的：~ delivery [birth] 早產/a ~ baby 早產兒。**3** 草率的；操之過急的：a ~ decision [conclusion] 草率的決定[結論]。**~·ly** *adv.*

pre·ma·tu·ri·ty [ˌpriməˈtjurətɪ; ˌpreməˈtjuərəti, ˌpri:m-] «premature 的名詞»—*n.* Ⓤ **1** 早熟，早開花。**2** 時期未到。**3** 早產。

pre·med [ˈprimɛd, priˈmɛd; ˈpri:med, ˌpri:ˈmed] *adj.* 醫預科的《為 premedical 之縮寫》。—*n.* (又作**premédic**)Ⓒ醫預科學生。

pre·med·i·cal [priˈmɛdɪkḷ; ˌpri:ˈmedikl⁻] *adj.* 醫科大學預科的，升入醫學系前的課程的。

pre·med·i·tate [prɪˈmɛdəˌtet; ˌpri:ˈmediteit] *v.t.* 事先考慮[策劃，計畫]；預謀。

pre·méd·i·tàt·ed *adj.* 事先考慮過的，有計畫性的，預謀的：(a) ~ murder 謀殺，預謀的殺人。

pre·med·i·ta·tion [ˌprimɛdəˈteʃən; pri:ˌmediˈteiʃn] «premeditate 的名詞»—*n.* Ⓤ **1** 事先考慮；預謀。**2**《法律》預謀犯罪。

pre·mi·er [ˈprimɪə, prɪˈmɪr; ˈpremjə] «源自拉丁文「第一(的)」之義»—*n.* Ⓒ **1** [常 P~] **內閣總理**，首相，(我國的)行政院長(prime minister)《★用法 主要為新聞用語》。**2** (加拿大、澳洲的)省長。

—*adj.* [用在名詞前] **1** 第一的，最高位的，首位的：take [hold] the ~ place 佔首位[席]。**2** 最初的。

pre·miere [prɪˈmɪr; ˈpremiɛə] «源自法語 'first' (第一)之義»—*n.* Ⓒ **1** (戲劇公演的)第一天，首演；(電影的)首映。**2** 女主角。—*v.t.* 作〈戲劇〉的首次演出；舉行〈電影〉的首映《★常用被動語態》。—*v.i.* 〈戲劇〉首次演出，〈電影〉舉行首映。

prem·ise[1] [ˈprɛmɪs; ˈpremis] «源自拉丁文「被放在前面」之義»—*n.* Ⓒ **1** (推論時成為結論基礎的)前提：a major [minor] ~ 大[小]前提/make a ~ 設前提。**2** 〔十 *that*_〕〈…的〉前提：We must act on the ~ *that* the worst can happen. 我們必須在可能發生最壞事態的前提下行動。

—(**pre·mise**) [prɪˈmaɪz, ˈprɛmɪs; priˈmaiz, ˈpremis] *v.t.*《文語》**1** 把…當作前提[前言]敘述，假定。**2** 〔十 *that*_〕作出〈…〉前提，假定〈…事〉。

prem·ise[2] [ˈprɛmɪs; ˈpremis] «源自列於權利書的說明事項之義»—*n.* [~s] **1** (包括土地、附屬建築物的)房屋，建築物，院內，屋內，店內：Keep off the ~*s*. 禁止進入院內/to be drunk [consumed] on the ~*s* 〈酒等〉必須在店內飲用。**2** [**the** ~]《法律》前述事項《土地、建築物等》。

prem·iss [ˈprɛmɪs; ˈpremis] *n.* Ⓒ《邏輯》前提(premise).

pre·mi·um [ˈprimɪəm; ˈpri:mjəm] «源自拉丁文「報酬」之義»—*n.* Ⓒ **1** 特別獎賞，獎金。**2** 額外加價[費用]。**3** (保險的)分期繳納款，保險費。

be [stánd] at a prémium (1)溢價，超過面值。(2)(因極欲獲得而)受珍視的，貴重的。

pùt a prémium on... (1)〈人〉重視…，給予…高評價：He *puts a ~ on* neat handwriting. 他給予工整的筆跡高的評價。(2)〈事情〉使…有利，成為…的獎勵。

Prémium (Sávings) Bónds *n. pl.* 《英》有獎債券《以抽籤給獎金抽獎方式但不付利息》。

pre·mix [priˈmɪks; ˌpri:ˈmiks] *v.t.* 預先混合。

pre·mo·lar [priˈmolə; ˌpri:ˈmoulə⁻] *adj.* 在臼齒前面的，小臼齒的。—*n.* Ⓒ小臼齒。

pre·mo·ni·tion [ˌpriməˈnɪʃən; ˌpri:məˈniʃn] *n.* Ⓒ **1** (可能會發生凶事的)預感，預告；警告；前兆〔*of*〕：have a ~ *of* failure 有失敗的預感。**2** 〔十 *that*_〕〈…的〉預感；預告：I have a ~ *that* there will be a storm. 我預感將有一場暴風雨。

pre·mon·i·to·ry [prɪˈmɑnəˌtorɪ, -ˌtɔrɪ; priˈmɔnitəri] «premonition 的形容詞»—*adj.* **1** 預告的，警告的，前兆的。**2**《醫》前驅的，警告性的。

pre·na·tal [priˈnetḷ; ˌpri:ˈneitl⁻] *adj.* 出生前的，胎兒期的：a ~ checkup《美》產前的健康檢查，產前檢查(《英》antenatal).

~·ly [-tḷɪ; -təli] *adv.*

pren·tice [ˈprɛntɪs; ˈprentis] *n.* Ⓒ《古》學徒。—*adj.* 《古》**1** 學徒的。**2** 無經驗的；未成熟的。

pre·oc·cu·pa·tion [priˌɑkjəˈpeʃən; pri:ˌɔkjuˈpeiʃn] «preoccupy 的名詞»—*n.* **1** Ⓤ Ⓒ全神貫注，出神〔*with*〕. **2** Ⓒ熱中[專心]的事物。

pre·oc·cu·pied [priˈɑkjəˌpaɪd; ˌpri:ˈɔkjupaid⁻] *adj.* **1** 全神貫注於(某事)的，(為某事)出神的，(對目前的事)心不在焉的：with a ~ air 全神貫注地，心不在焉地。**2** [不用在名詞前]〔十介十(代)名〕全神貫注〔於…〕的，〔對…〕出神的〔*with*〕(cf. preoccupy)：They were ~ ***with*** their thoughts. 他們各個心事重重《他們全神貫注於各自的思想》。

pre·oc·cu·py [priˈɑkjəˌpaɪ; ˌpri:ˈɔkjupai] *v.t.* 使〈人〉出神；盤據〈人心〉；使〈人〉專注《★也以過去分詞當形容詞用；⇨ preoccupied 2》：*preoccupied* by one's own affairs 一心想著自己的事。

pre·or·dain [ˌpriɔrˈden; ˌpri:ɔ:ˈdein] *v.t.* 〈神、命運等〉預定，預先注定《★常用被動語態》：**a** 〔十受〕預定…的命運，命中注定…。**b** 〔十 *that*_〕命運注定〈…事〉：It *was* ~*ed* that we should win. 命中注定我們要贏。**c** 〔十 *wh.*_〕預定〈…〉。**d** 〔十受十 *to* do〕命中注定〈某人〉〈要做…〉：He *was* ~*ed to* be our leader. 他注定要當我們的領袖。

prè·or·dáin·ment [-mənt; -mənt] *n.* ＝preordination.

pre·or·di·na·tion [ˌpriɔrdṇˈeʃən; ˌpri:ɔ:diˈneʃn] «preordain 的名詞»—*n.* ⓊⒸ(命運的)預先注定。

prep [prɛp; prep] «preparation, preparatory, prepare 之略»—《口語》*n.* **1** Ⓤ《英》(課後的)習題。**2** Ⓤ《英》(由寄宿學校老師監督的)預習；預習時間。**3** 《口語》＝preparatory school.

—*adj.* 《美》(進大學的)入學準備的：⇨ prep school.

—*v.i.* (**prepped**；**prep·ping**)《口語》**1** 〔動(十介十(代)名)〕〔為…而〕準備〔*for*〕. **2** 進預備學校(preparatory school). **3** 接受預習[預備訓練]。—*v.t.* 〔十受(十介十(代)名)〕**1** 使〈人〉做〔…的〕準備〔*for*〕. **2** 使〈患者〉做〔接受手術的〕準備〔*for*〕.

prep. 《略》preparation；preparatory；preposition.

P

prè·páck *v.* =prepackage.
prè·páckage *v.t.* 出售前包裝〈食品等〉。
pre·paid [priˋped; ˌpriːˈpeid] *v.* prepay 的過去式・過去分詞。
—adj. 先付的，付訖的。
***prep·a·ra·tion** [ˌprɛpəˋreʃən; ˌprepəˈreiʃn] «prepare 的名詞»**—n. 1 a** Ⓤ〔又作 **a** ～〕**預備，準備**〔*of, for*〕：in ～ 在準備中/in ～ *for* a journey 做旅行的準備/a hurried ～ *of* supper 匆忙的晚餐準備。**b** Ⓒ〔常 ～*s*〕(爲未來的)**準備安排，一切的準備**：My ～*s* are complete. 我已準備就緒/make ～*s* (*for*...) 做(…的)準備。**2** Ⓤ《英》(寄宿學校老師監督的)預習；預習時間。**3** Ⓒ調配劑；(烹調好的)菜餚，配製食品：a ～ *for* colds 爲傷風配製的藥《傷風藥》。
pre·par·a·tive [priˋpærətɪv; priˈpærətiv] *adj.* =preparatory.
～·ly *adv.*
pre·par·a·to·ry [priˋpærəˌtorɪ, -ˌtɔrɪ; priˈpærətəri] «prepare 的形容詞»**—adj.** (無比較級、最高級)**準備的，預備的**；(進大學的)升學準備的：a ～ course (大學)預科。
prepáratory to... [當介系詞用]作爲…的準備；在…之前。
prepáratory schòol *n.* Ⓤ[指設施時爲Ⓒ] **1** (以升大學爲目的的美國)私立高中，預備學校《★富家子弟念的全部住校制高中；《口語》又作 prep school》. **2** (英國的)預備學校(《口語》又作 prep school).

【說明】在美國以升學爲目的的私立高中稱作 preparatory school，通常是男女分校，採住校制。大部分由基督教各教派經營，有些學校學費很昂貴，所以學生大都來自上流社會的家庭。在英國 preparatory school (供八至十三歲的學童就讀)則是以進入寄宿學校(public school)爲目的而施行通才教育的私立高級小學，大都採住校小班制；cf. school[1]【說明】

‡pre·pare [priˋpɛr; priˈpɛə] «源自拉丁文「事先排列整齊」之義»**—v.t. 1 準備，預備**：**a** 〔+受〕準備，預備…：～ the table 準備用餐/*P*～ your lessons. 準備你的功課。**b** 〔+受+介+(代)名〕〔爲…而〕準備，預備…〔*for*〕：～ a room *for* a guest 爲客人準備房間/～ a field *for* spring planting 爲春天的種植而耕地。**c** 〔+ *to* do〕準備〈做…〉：After a short rest we ～*d to* climb down. 休息片刻後我們準備下山。**d** 〔+受+介+(代)名〕使〈人〉做〔…的〕準備[預備]〔*for*〕：～ children *for* examinations 教孩子們準備考試。**e** 〔+受+ *to* do〕給〈人〉〈做…的〉準備，使〈人〉〈做…的〉準備：～ a child *to* go out 給小孩做外出的準備。
2 a 〔+受〕**烹調[準備]**〈餐食等〉；調配〈藥等〉：～ dinner 準備晚餐/～ a vaccine 培製疫苗。**b** 〔+受+受/+受+介+(代)名〕爲〈人〉準備[預備]〈餐食、藥等〉；給〔人〕準備[預備]〈餐食、藥等〉〔*for*〕：Mother ～*d* us a substantial breakfast.＝Mother ～*d* a substantial breakfast *for* us. 母親爲我們預備了豐盛的早餐。
3 〔+受+介+(代)名〕**a** 使〈人〉〔對…〕有心理準備[有所準備]〔*for*〕：～ children *for* unhappy news 使孩子們對不幸的消息有(心理)準備。**b** 〔～ one*self*〕作〔…的〕心理準備[覺悟]〔*for*〕《★又以過去分詞當形容詞用；⇨ prepared 2 a》：*P*～ *yourself for* a shock. 爲會令你震驚的事作心理準備吧。**c** 〔+受+ *to* do〕使〈人〉有〈做…的〉心理準備：Nothing has ～*d* her *to* be a mother. 她毫無做母親的心理準備。**d** 〔+受+ *to* do〕〔～ one*self*〕(心理)準備〈做…〉《★又以過去分詞當形容詞用；⇨ prepared 2 b》：He ～*d himself to* die. 他準備一死。
—v.i. 〔+介+(代)名〕準備，預備；覺悟〔…〕〔*for*〕《★比較 ～ for... 用於對某種行爲作必要的準備時；另一方面，*v.t.* 的情形則用於作具體的準備時》：The student is *preparing for* the examination. 那個學生正在準備考試《爲參加考試而作準備》《★比較The teacher is *preparing* the examination. 那位老師正在準備考試的事《出試題等》/They ～*d for* death. 他們爲一死作了心理準備。
pre·páred *adj.* **1** 有準備的；經過調配的：a ～ statement 有準備的聲明/～ food (預先調配的)速食食品。**2** [不用在名詞前] **a** 〔+介+(代)名〕有〔…的〕心理準備的，準備好〔…〕的〔*for*〕：I am ～ *for* anything. 我有應付任何事情的心理準備。**b** 〔+ *to* do〕有〈做…的〉(心理)準備的；有意〈做…〉的：I'm not ～ *to* give an opinion. 我沒準備[無意]要發表意見/We are sufficiently ～ *to* be able to fight a long war. 我們有經得起長期作戰的充分準備。**～·ly** *adv.* **～·ness** *n.*
pre·pay [priˋpe; ˌpriːˈpei] *v.t.* (**-paid** [-ˋped; -ˈpeid])預付，提前繳納：send a telegram with reply *prepaid* 打一通預付回電費的電報。
pre·pense [priˋpɛns; priˈpens] *adj.* 預先計謀的；預謀的；蓄意的；故意的。
pre·pon·der·ance [priˋpɑndrəns, -dərəns; priˈpɔndərəns] «preponderant 的名詞»**—n.** Ⓤ[又作 **a** ～] **1** 重量[數量(等)上]的勝過〔*of*〕. **2** 優勢，優越〔*of*〕.
pre·pon·der·ant [priˋpɑndrənt, -dərənt; priˈpɔndərənt] «preponderate 的形容詞»**—adj. 1** 以重量取勝的；佔優勢的，壓倒性的。**2** [不用在名詞前]〔+介+(代)名〕優〔於…〕的，勝過〔…〕的〔*over*〕.
pre·pon·der·ate [priˋpɑndəˌret; priˈpɔndəreit] «源自拉丁文「比…有重量」之義»**—v.i.** 〔動(+介+(代)名)〕《文語》在重量[數量，力量，勢力][較…]佔優勢；〔以…〕爲主要[最重要]〔*over*〕：This reason ～*s over* all others. 這個理由較所有其他理由重要。
prep·o·si·tion [ˌprɛpəˋzɪʃən; ˌprepəˈziʃn] «源自拉丁文「放在前面」之義»**—n.** Ⓒ《文法》**介系詞**《本辭典中以 *prep.* 的符號表示》。
prep·o·si·tion·al [ˌprɛpəˋzɪʃənl; ˌprepəˈziʃənl] «preposition 的形容詞»**—adj.** 《文法》介系詞的：a ～ phrase 介系詞片語《in the room, with us 等》。**～·ly** [-ʃənlɪ; -ʃnəli] *adv.*
pre·pos·i·tive [priˋpɑzətɪv; priˈpɔzətiv] *adj.* 《文法》前置的(⟷ postpositive).
pre·pos·sess [ˌpripəˋzɛs; ˌpriːpəˈzes] *v.t.* **1** 給〈人〉好印象，使〈人〉有好感《★常用被動語態，變成「(對…)有好印象」之意》：I *am* ～*ed* by his manners. 他的態度使我對他產生好感。**2** 〈感情、觀念〉深入〈人心〉，吸引〈人〉的心《★常以過去分詞當形容詞用；⇨ prepossessed》.
prè·pos·séssed *adj.* [不用在名詞前]〔+介+(代)名〕〈人〉專注〔於…〕的，滿腦子〔…〕的，〔對…〕熱中的〔*with*〕：He is ～ *with* a queer idea. 他(腦子裏)有一種怪念頭。
prè·pos·séss·ing *adj.* 給人好印象的；有魅力的；使人有好感的。**～·ly** *adv.* **～·ness** *n.*
pre·pos·ses·sion [ˌpripəˋzɛʃən; ˌpriːpəˈzeʃn] «prepossess 的名詞»**—n. 1** Ⓒ **a** 〔對…的好的〕先入之見；偏愛，好感〔*for*〕. **b** 〔對…的壞的〕先入之見；反感〔*against*〕. **2 a** Ⓤ熱中，全神貫注。**b** Ⓒ所熱中的問題[事]。
pre·pos·ter·ous [priˋpɑstrəs, -tərəs; priˈpɔstərəs] «源自拉丁文「後部變成前部的」之義»**—adj. 1** 荒唐的，愚蠢的，不合乎常識的。**2** 不合理的。**～·ly** *adv.*
pre·po·ten·cy [priˋpotn̩sɪ; priˈpoutənsi] *n.* Ⓤ **1** 《生物》遺傳優勢。**2** 優勢；極有權力。
prep·pie [ˋprɛpɪ; ˈprepi] 《美俚》*n.* Ⓒ (大學)預備學校[私立高中](prep school)的學生[畢業生]《多富家子弟》。
—adj. (大學)預備學校學生的：the ～ look 《服飾》preppie 所穿的服裝樣式。
prè·prepáratory schòol *n.* Ⓤ[指設施時爲Ⓒ] (英國的)前期預備學校《爲進入 preparatory school 而設立的私立小學；學齡爲 5 至 11 歲或 13 歲》。
pre·pro·duc·tion [ˌpripro ˋdʌkʃən; ˌpriːprəˈdʌkʃn] *adj.* 生產前的；生產前試驗的。
prép schòol *n.* 《口語》＝preparatory school.
pre·puce [ˋpripjus; ˈpriːpjuːs] *n.* Ⓒ《醫》包皮(foreskin).
Pre-Raph·a·el·ite [priˋræfɪəˌlaɪt; ˌpriːˈræfəlait] *n.* Ⓒ **1** 前拉斐爾派(the Pre-Raphaelite Brotherhood)的一分子《此係由 Dante Gabriel Rossetti, Holman Hunt 與 J.E. Millais 等藝術家於 1848 年在英國組成的一協會，其目的係鼓勵繪畫忠於自然，效法拉斐爾時代以前的義大利藝術家》。**2** 有相同目的之現代藝術家。**3** 任何拉斐爾前的義大利畫家。
—adj. 1 前拉斐爾派的；有前拉斐爾派特色的。**2** 拉斐爾前之任何義大利畫家或繪畫的。
prè·recórd *v.t.* 預先錄音[錄影]〈節目等〉。
pre·req·ui·site [priˋrɛkwəzɪt; ˌpriːˈrekwizit] *adj.* **1** 預先需要的，不可或缺的；必修的：a ～ subject 必修課目。**2** 〔+介+(代)名〕〔對…〕不可或缺的，首先需要的〔*for, to*〕：～ credentials *for* the issuance of a passport 發行護照所必備的憑證。
—n. Ⓒ必要[先決]條件〔*for, to, of*〕.
pre·rog·a·tive [priˋrɑgətɪv; priˈrɔgətiv] «源自拉丁文「(比別人)先詢問的(權利)」之義»**—n.** Ⓒ[常用單數]特權，大典，大權《★比較比 privilege 更正式的字》；特性，特點：the ～ of mercy 赦免權/the royal ～ 帝王的大權/It's a woman's ～ to change her mind. 改變心意是女人的特點《女人善變》。
pres. 《略》present；presidency；president；presidential；presumptive. **Pres.** 《略》Presbyterian；Presidency；President.
pres·age [ˋprɛsɪdʒ; ˈpresidʒ] «源自拉丁文「預先感覺」之義»**—**《文語》*n.* Ⓒ前兆；預感。
— [priˋsedʒ; ˈpresidʒ, priˈseidʒ] *v.t.* 成爲…的前兆；預感，預知…《★無進行式》：Such incidents often ～ war. 那樣的(政治性)事件常成爲戰爭的前兆。
pres·by·cu·sis [ˌprɛzbəˋkjusɪs; ˌprezbiˈkjuːsis] *n.* (又作 **presbycousis**)《醫》Ⓤ老年失聰；老年聾。
pres·by·o·pi·a [ˌprɛzbɪˋopɪə; ˌprezbiˈoupiə] *n.* Ⓤ《醫》遠視。
pres·by·ter [ˋprɛzbɪtɚ; ˈprezbitə] «源自希臘文「更老的」之義»**—n.** Ⓒ **1** (初期教會的)長老。**2** (長老教會的)長老。**3** (監督教會的)牧師。

Pres·by·te·ri·an [ˌprɛzbəˋtɪrɪən; ˌprezbiˈtiəriən⁻] 《presbyter 的形容詞》—*adj.* 長老教會的(cf. episcopal 2)：the ~ Church 長老教會。—*n.* Ⓒ長老教會教徒。

Près·by·té·ri·an·ism [-nˌɪzəm; -nizəm] *n.* Ⓤ長老制，長老制主義，長老會教義。

pres·by·ter·y [ˋprɛzbɪˌtɛrɪ; ˈprezbitəri] *n.* Ⓒ《基督教》**1 a** (長老派教會的)長老會。**b** 長老會管轄區。**2** (在教堂東邊的)神職人員座席。**3**《天主教》神父住宅。

pre·school [priˋskul; ˌpri:ˈsku:l⁻] *adj.* [用在名詞前]學前的，學齡前的。—*n.* Ⓒ幼稚園，托兒所。

pre·school·er [priˋskulɚ; ˌpri:ˈsku:lə] *n.* Ⓒ未屆學齡的幼童。

pre·sci·ence [ˋprɛʃɪəns; ˈpresiəns] 《prescient 的名詞》—*n.* Ⓤ預知；先見。

pre·sci·ent [ˋprɛʃɪənt; ˈpresiənt] 《源自拉丁文「預先知道」之義》—*adj.* 預知的，有先見之明的，有遠見的。~·**ly** *adv.*

pre·sci·en·tif·ic [ˌprisaɪənˋtɪfɪk; ˌpri:saiənˈtifik⁻] *adj.* (近代)科學發展以前的。

pre·scind [prɪˋsɪnd; pri:ˈsind] *v.t.* 分開；使…分離；分別思考。—*v.i.* 將思考或注意力〔從…〕分開〔*from*〕.

pre·scribe [prɪˋskraɪb; priˈskraib] 《源自拉丁文「預先寫」之義》—*v.t.* **1 a** 〔十受〕(規)定…(爲規則、方針)：Do what the law ~*s.* 照法律規定行事。**b** 〔十 *that*__〕規定〈…事〉：Convention ~*s that* we (should) wear black at a funeral. 社會習俗規定葬禮時我們應穿黑衣(喪服)《★用法《口語》大都不用 should》. **c** 〔(十介十(代)名)十 *wh.*__/(十介十(代)名)十 *wh.*十*to* do〕〔對人〕下令，指示〈…〉〔*to*〕：He likes to ~ **to** others *how* they should act. 他喜歡指示別人應該怎麼做/Don't ~ *to* me *how to* do it. 別命令我如何做那件事。

2 a 〔十受(十介十(代)名)〕〔對病症〕開〈藥方〉，指示〔某人〕〈療法等〉〔*for*〕：My doctor ~*s* aspirin **for** every complaint. 我的醫生對每一種病都開阿斯匹靈。**b** 〔十受十受/十受十介十(代)名〕開給〈某人〉〈藥方〉，指示〈某人〉〈療法等〉；開〈藥方〉〔給某人〕，〔對人〕指示〈療法等〉〔*for*〕：He has ~*d* me a long rest. ＝He has ~*d* a long rest **for** me. 他指示我要長期休養。

—*v.i.* **1** 規定，命令，指示。**2** 〔動(十介十(代)名)〕〔對病人、病症〕開藥方〔*for*〕：~ **for** a patient [*for* the gout]爲病人[爲痛風]開藥方。

pre·scríbed *adj.* [用在名詞前]規定的，指定的：~*d* textbooks 指定的教科書。

pre·script [ˋpriskrɪpt; ˈpri:skript] *n.* ⓊⒸ《文語》規定；命令，法規，指令，法令，政令。

***pre·scrip·tion** [prɪˋskrɪpʃən; priˈskripʃn] 《prescribe 的名詞》—*n.* **1 a** Ⓤ**規定**。**b** Ⓒ法令，法規；訓令。**2** Ⓒ **a** 藥方，處方：write out a ~ (醫生)開藥方。**b** 處方的藥。**3** Ⓤ《法律》時效。—*adj.* [用在名詞前]無處方不能買的〈藥等〉：~ drugs 處方的藥。

prescríption chàrge *n.* Ⓒ[常 ~s]《英》(在國民健康保險制度下病人取藥時交付的)醫藥費《病人負擔的部分》。

pre·scrip·tive [prɪˋskrɪptɪv; priˈskriptiv] 《prescribe 的形容詞》—*adj.* **1 a** 規定的；命令的，指示的。**b**《文法》規範性的：~ grammar 規範文法。**2**《法律》因時效而取得的：a ~ right 因時效而得的權利。~·**ly** *adv.*

***pres·ence** [ˋprɛzṇs; ˈprezns] 《present¹ 的名詞》—*n.* **1** Ⓤ(**存**)**在**，現存：the ~ of germs in the atmosphere 大氣中細菌的存在。**2 a** Ⓤ**出席**，列席，在場：Your ~ is requested. 敬請光臨。**b** ⓊⒸ(軍隊等的)駐紮。**3** Ⓤ面前，(在人的)前面；見面，謁見：in the ~ of a person 在某人的面前/in his ~ 在他的面前/be admitted to the royal ~ 被允許晉見國王。**4** Ⓤ[又作 **a** ~] (能影響他人的)風采，風度，態度：a man of (*a*) noble ~ 儀態高貴的人/He has *a* poor ~. 他的風度不好。**5** Ⓒ[常用單數]鬼怪，妖怪，靈氣：an evil ~ 鬼魂，陰魂。

máke onesèlf [**one's présence**] **fèlt** ⇨ feel.

présence of mínd (1)平靜，沉著，鎮靜：lose one's ~ *of mind* 發慌，驚慌。(2)〔十 *to* do〕[**the** ~]〈做…的〉沉著，鎮靜：He had *the* ~ *of mind to* call the fire brigade department. 他沉著地打電話給消防隊。

présence chàmber *n.* Ⓒ謁見室。

‡**pres·ent¹** [ˋprɛzṇt; ˈpreznt] 《源自拉丁文「在前面」之義》—*adj.* (無比較級、最高級) **1** [不用在名詞前] **a** 〈人〉**在場的**，出席的，列席的(↔ absent)《★用法 the ~ company 僅表示(出席者；在場的人)時爲修飾形容詞》：Those ~ were all women. 那些出席者全是婦女/~ company excepted [excluded]出席者[在場的人]除外/Only a few people were ~ *at* the meeting. 只有少數人出席會議/*P*~, sir [ma'am]. 到，有《點名時的回答》。**b** 〔十介十(代)名〕《文語》在〔心中、記憶裏〕的，不忘記〔…〕的〔*to, in*〕：~ **to** the imagination 在想像中的/The accident is still ~ **in** my memory. 那次的意外事件仍然留在我的記憶裏。

2 [用在名詞前]**現在的**，今日的；當前的，目前的：at the ~ time [day]現今，現在/one's ~ address 現址/~ members 現有的會員《★比較 members ~ 是「出席會員」之意；cf. 1 a》/the ~ case 本案，這種情形/the ~ volume 本書/the ~ writer 筆者，本文作者《★用法 在論文等中筆者用於指自己；也稱 this writer》.

3《文法》現在的(cf. past 4, future 2)：the ~ tense 現在式。

4 [用在名詞前]《古》立即的，應急的：a very ~ help 應急的幫助《★源自聖經「詩篇」》。

—*n.* **1** [**the** ~]**現今**，現在，這時候(cf. past 1, future 1)：for *the* ~ 目前，眼前；暫且/up to *the* ~ 至今，到目前爲止。**2** Ⓒ [常 the ~]《文法》現在式(cf. past 3, future 3). **3** [~s]《法律》本文，本證書：by these ~*s* 根據這些文件。

at présent 現在，目前(now).

‡**pres·ent²** [ˋprɛzṇt; ˈpreznt] 《源自 present³》—*n.* Ⓒ**禮物**：a Christmas [birthday] ~ 耶誕[生日]禮物/give [make] a person a ~＝give [make] a ~ *to* a person 送禮物給某人/He brought back a ~ *for* each of us. 他帶回禮物給我們每一個人。

【同義字】present 指親友間贈送的禮物；gift 是較 present 更正式的字，用以指送有價值的東西或捐贈等。
【說明】主要指生日或耶誕節送的禮物，但出外旅行買回來或去拜訪親朋好友時帶去的禮物也算 present. 要送人 present 時，不像中國人常說的「這是一件小東西。」之類的客氣話，而大大方方地說"I hope you will like it."(希望你喜歡)等。要是收到禮物的是你，就先把禮物打開叫一聲"Beautiful!"(眞棒！)或"I like this very much!"(我好喜歡！)表示一下自己的高興然後再說"Thank you very much."(謝謝你)以表示謝意；cf. birthday party 或 compliment【說明】

‡**pre·sent³** [prɪˋzɛnt; priˈzent] 《源自拉丁文「放在前面」之義》—*v.t.* **1 贈送**：**a** 〔十受〕(舉行儀式時)贈送〈東西〉(⇨ give【同義字】)：~ prizes 贈獎。**b** 〔十受十介十(代)名〕將〈東西〉贈送〔給某人〕〔*to*〕；贈送〈某人〉〔東西〕〔*with*〕：He ~*ed* a signed copy of his book **to** me.＝He ~*ed* me **with** a signed copy of his book. 他送了一本他簽過名的書給我。

2 〔十受(十介十(代)名)〕**a** 〔向…〕**提出**，遞呈…〔*to*〕；〔把…〕遞給…〔*with*〕：They ~*ed* a petition **to** the authorities. 他們向當局遞呈請願書/The tailor ~*ed* his bill *to* me.＝The tailor ~*ed* me **with** his bill. 裁縫把帳單遞給[寄給]我。**b** 〔向…〕表達〈敬意等〉〔*to*〕《★用法 形式化的說法》：~ one's best respects **to** a person 向某人致以崇高的敬意/*P*~ my compliments [humble apologies] *to* Mr. Smith. 請替我向史密斯先生問好[道歉]。

3 〔十受(十介十(代)名)〕**介紹**〈某人〉〔給高職位的人〕〔*to*〕：May I ~ Mr. White (**to** you)? 請讓我介紹懷特先生給你。

4 〔十受〕**a** 演出〈戲劇〉；〈電影公司〉提供[公開]〈影片〉：The dramatic company ~*ed Macbeth* at the Student's Hall. 那個劇團在學生會館演出「馬克白(*Macbeth*)」《莎士比亞四大悲劇之一》。**b** 使〈演員等〉參加(戲劇、電視等的)演出。

5 a 〔十受十副詞(片語)〕[~ one*self*]〈人〉(在…)出現，**露面**，出席：He ~*ed himself at* the meeting an hour late. 他遲一小時後出現在會議中/I ~*ed myself in* court. 我出席法庭。**b** 〔十受〕[~ one*self*]〈機會等〉出現；〈主意等〉浮現：An opportunity may ~ *itself* any time. 機會也許隨時會出現/A good idea ~*ed itself* to her [in her mind]. 一個好主意浮現在她腦海裏；她想到了一個好主意。

6 a 〔十受〕〈事、物〉呈現[引起]〈問題、狀態等〉：The situation ~*ed* a serious problem. 該事態引起嚴重的問題。**b** 〔十受十介十(代)名〕提供〈問題、機會等〉〔給人〕〔*to*〕；提供〈某人〉〔問題、機會等〕〔*with*〕：This sort of work ~*s* no difficulty **to** me.＝This sort of work ~*s* me **with** no difficulty. 這類工作對我並不困難。**c** 〔十受(十介十(代)名)〕〔對…〕露出〈…樣子、表情〉，呈現〈光景〉〔*to*〕：She ~*ed* a gay appearance. 她外表華麗；她露出愉快的樣子/He ~*ed* a smiling face **to** the world. 他以笑臉處世。

7 〔十受十介十(代)名〕以〈武器等〉瞄準[指向]〔…〕〔*at*〕.

8 〔十受〕《軍事》舉〈槍〉敬禮《★常作號令而用命令語氣》：*P*~ arms! 舉槍！

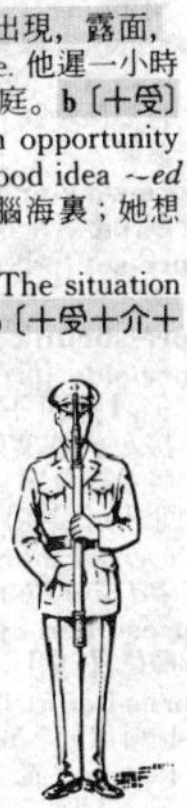

Present arms!

pre·sent·a·ble [prɪˋzɛntəbḷ; priˈzentəbl] *adj.* 拿得出去的，見得了人的，體面的：make oneself ~ (爲見人而)整裝。

pre·sén·ta·bly [-təblɪ; -təbli] *adv.* **pre·sen·ta·bil·i·ty** [prɪˌzɛntəˋbɪlətɪ; priˌzentəˈbiliti] *n.*

***pre·sen·ta·tion** [ˌprɛzṇˋteʃən, ˌprizɛn-; ˌprezənˈteiʃn] 《present³ 的名詞》—*n.* **1** ⓊⒸ**贈送**，遞呈，授與：the ~ *of* credentials

(到任)國書的呈遞。**2** Ⓤ Ⓒ 演出，上演，上映，公開。**3** Ⓤ 表示，提示，提出〔*of*〕. **4** Ⓤ Ⓒ《醫》胎位《生產時在子宮口的胎兒位置》。

presentátion còpy *n.* Ⓒ 贈送本，贈本。

pres·en·ta·tion·ism [-n,ɪzəm; -nizəm] *n.* Ⓤ《心理・哲學》表象說，表象主義《在知覺中，心靈直接認識外在物，而不需任何媒介物的理論》。

présent-dáy *adj.* [用在名詞前] 當代的，現代的，今日的：～ English 當代英語/the ～ world 今日世界。

pres·en·tee [,prɛzn̩'ti; ,prezn'ti:] *n.* Ⓒ 受贈者；被推薦爲牧師的人。

pre·sént·er *n.* Ⓒ **1** (獎賞等的) 贈與者；提出人。**2**《英》(電視、廣播的) 節目主持人；新聞播報員。

pre·sen·ti·ment [prɪ'zɛntəmənt; pri'zentimənt] *n.* Ⓒ **1** (尤指不祥的) 預感〔*of*〕：have a ～ *of* danger 有危險的預感。**2** 〔＋*that*__〕〈…的〉預感：I have a ～ *that* something bad will happen. 我有某種不祥事要發生的預感。

pre·sen·tive [prɪ'zɛntɪv; pri'zentiv] *adj.* 〈文字〉直接表達概念的；表意的。

pres·ent·ly ['prɛzn̩tlɪ; 'prezntli] *adv.* (無比較級、最高級) **1 很快地，不久** (⇨ soon【同義字】)。**2**《美・蘇格蘭》現在，目前《★ 用法 在英國也逐漸用作此義》。

pre·sent·ment [prɪ'zɛntmənt; pri'zentmənt] **《present[3] 的名詞》**—*n.* Ⓤ **1 a** 陳述，敍述〔*of*〕. **b** 描寫〔*of*〕. **c** 上演，演出。**2**《法律》大陪審團的報告[公告]。

présent párticiple *n.* Ⓒ《文法》現在分詞。

présent pérfect *n.* [the ～]《文法》現在完成式《have [has] ＋過去分詞》。

présent wít *n.* Ⓤ 機智。

pre·serv·a·ble [prɪ'zɝvəbl; pri'zə:vəbl] *adj.* 可保存[貯藏]的。

pres·er·va·tion [,prɛzɚ'veʃən; ,prezə'veiʃn] **《preserve 的名詞》**—*n.* Ⓤ **1** 保存，貯藏；保護；保管〔*of*〕：for the ～ *of* one's health 爲了保持健康/wildlife ～ 野生動物的保護。**2** 保存狀態：be in good [a good state of] ～ 保存得很好。

pre·ser·va·tive [prɪ'zɝvətɪv; pri'zə:vətiv] **《preserve 的形容詞》**—*adj.* 保存的；有保存力的；防腐的。

—*n.* Ⓤ [指個別產品或種類時爲Ⓒ] 防腐劑：No *Preservatives* 未使用防腐劑《★食品貼紙上的說明文字》。

***pre·serve** [prɪ'zɝv; pri'zə:v] **《源自拉丁文「預先保存[保護]」之義》**—*v.t.* **1** 〔＋受〕 **a** 保存〈房屋、東西等〉：～ historical places 保存史跡。**b** 維持，保持〈性質、狀態〉：～ one's health [looks] 保持健康[容貌]/～ one's calm 保持冷靜/～ order 維持秩序/⇨ well-preserved. **c** 保留〈名字、記憶等〉。**2 a** 〔＋受〕 **貯藏**〈食物〉；鹽醃，糖漬〈食物〉：～ fruit *in* [*with*] sugar 糖漬水果《製成蜜餞》。**b** 〔＋受＋介＋(代)名〕保存〈食物等〉〔使不腐爛〕〔*from*〕：Smoking [Salting] ～*s* food *from* decay. 煙燻[鹽醃]可保持食物不腐爛。**3 a** 〔＋受〕**保護**〈人、稀有動植物〉：Saints ～ us! 聖徒保護我們吧！《★ 用法 常當作驚訝聲》。**b** 〔＋受＋介＋(代)名〕保護〈某人〉〔使免於傷害、危險等〕〔*from*〕《★ 比較 一般用 protect》：～ a person *from* harm 保護某人使免受傷害。**4** 〔＋受〕 **a** 保護〈鳥獸、魚等〉。**b** 把〈某地〉劃爲禁獵地[區]。

—*n.* **1** Ⓒ Ⓤ [常 ～s] 水果的蜜餞，果醬 (jam)。**2** Ⓒ 禁獵[漁]區，自然保護區；(私有的) 池塘。**3** Ⓒ (個人、團體獨佔的) 活動範圍，領域。

pre·sérv·er *n.* Ⓒ **1** 保存者，保護者。**2** 蜜餞[罐頭]業者。**3** 鳥獸保護者，禁獵地管理人。

pre·set [pri'sɛt; ,pri:'set] *v.t.* (～；-**set·ting**) 預先調整[裝置]，預調。

prè·shrúnk *adj.* 〈布料等〉預先縮水過的，防縮加工過的。

pre·side [prɪ'zaɪd; pri'zaid] **《源自拉丁文「坐在前面」之義》**—*v.i.* **1** 〔**動**(＋介＋(代)名)〕**當**〔會議等的〕**主席**，當〔節目等的〕主持人；〔在宴席上〕當主人〔*at*〕：Who will ～ *at* the meeting? 誰將主持會議？/Mary ～*d at* the piano. 瑪麗負責彈鋼琴。**2** 〔＋介＋(代)名〕管理，主持〔…〕〔*over*〕《★可用被動語態》：He ～*s over* all the workshops. 他管理全部工廠/The conference *was* ～*d over* by the chairman. 協商會議由議長[主席]主持。

pres·i·den·cy ['prɛzədənsɪ; 'prezidənsi] *n.* Ⓒ [常 **the** ～] 總統的職位[任期]。

‡**pres·i·dent** ['prɛzədənt; 'prezidənt] *n.* Ⓒ **1** (共和國的) **總統**《★ 用法 用於人的頭銜時字首要大寫，如 the President, President Reagan；義 2 亦同；⇨請參照次頁圖》。

【字源】源自拉丁文，意思是「坐在前面的人」。「坐在前面的人」常是擔任重要職位的人，或是擔任指導地位的人，於是轉而指「總統，議長，大學校長，總經理」等人物。

【說明】(1)美國總統的任務和權限：總統單獨擁有行政權，內閣只有建議的立場，總統單獨負責行政責任。他擁有極大的行政權力，可否決國會通過的法案；他同時擔任三軍的最高統帥，經過參院同意，也可任命駐外大使、公使和最高法院法官。

(2)美國總統的選舉：總統每四年由總統選舉人(elector)間接選舉一次。十一月間有選舉權者選出選舉人，十二月由這些選舉人選舉總統。各州選出選舉人時，各政黨提出自己的候選者參加選舉，這些候選人將來當然會投所屬政黨總統候選人的票，所以實際上等於直接選舉。每州選出的選舉人票全數投給在該州獲得最高票數的政黨總統候選人。也就是說，在那一州獲勝的政黨，該政黨的總統候選人可獲得該州全部的總統選舉人票數。全部的選舉人人數是參議員人數(每州二名)、衆議員人數和華盛頓首府(Washington D.C.)的三人，一共有五百三十八名。大州如加州(California)有四十三名，紐約州(New York)有三十九名，但小州如內華達(Nevada)和阿拉斯加(Alaska)各只有三名。獲得這些總統選舉人過半數票的總統候選人就當選；cf. primary election (⇨ primary *n.* 2)【說明】

2 a (政府機構的) 總裁。**b** (大學的) 校長。**c** (學術會議、協會等的) 會長。**d**《美》(銀行、公司的) 董事長。

3《美》**a** 主席，主持人。**b** 班長。

président-eléct *n.* Ⓒ (*pl.* **presidents-elect**) (就任前的) 下任總統[會長，總裁(等)]。

pres·i·den·tial [,prɛzə'dɛnʃəl; ,prezi'denʃl˜] **《president 的形容詞》**—*adj.* [用在名詞前] 總統的：the ～ primaries《美》(各政黨的) 總統候選人預選/～ government 總統制/a ～ aide 總統助理(官)。

pre·sid·i·o [prɪ'sɪdɪ,o; pri'sidiou] **《源自西班牙語》**—*n.* Ⓒ (*pl.* ～**s** [～z; ～z]) **1** 衞戍地；要塞；城砦。**2** (西班牙的) 流刑地；充軍地。

pre·sid·i·um [prɪ'sɪdɪəm; pri'sidiəm] *n.* Ⓒ (*pl.* ～**s**, -**i·a** [-dɪə; -diə]) (蘇聯的) 最高會議的常務委員會。

‡**press**[1] [prɛs; pres] *v.t.* **1** (在表面加壓力) **壓，按**：**a** 〔＋受(＋副)〕按〈鈴等〉〈*down*〉：～ a button 按鈕；按電鈴/I ～*ed* (***down***) the accelerator (pedal). 我踩下油門(踏板)。**b** 〔＋受〕壓平〈東西〉；熨平〈衣服〉，用熨斗熨〈衣服〉：have one's trousers ～*ed* (送去洗衣店等交由別人) 熨燙長褲/*P*～ the flower between the pages of your book. 把那朵花壓在你的書頁間。**c** 〔＋受＋補〕把〈東西〉壓〈成…〉：～ dough flat 把生麵糰壓平。**d** 〔＋受(＋副)＋介＋(代)名〕把…壓〔在…〕〈*down*〉〔*on, against*〕；把…塞入〔…〕〔*to, into*〕：We ～*ed* ourselves ***against*** the wall. 我們把身體緊貼靠牆/He ～*ed* his foot (***down***) ***on*** the brake pedal. 他用腳踩下煞車板/She ～*ed* her fingers ***to*** her forehead. 她用手指按前額/He ～*ed* a ten-dollar bill ***into*** my hand. 他把一張十元美鈔塞入我的手中。**e** 〔＋受(＋副詞(片語))〕〔～ **one's way**〕擠進(人羣中等)：～ one's way *through* a crowd 從人羣中擠過去。

2 握緊，抱緊：**a** 〔＋受〕握緊〈手〉：～ a person's hand 握緊某人的手。**b** 〔＋受＋介＋(代)名〕把〈人等〉緊抱〔在懷裏〕〔*to*〕：He ～*ed* her ***to*** him [his side]. 他把她緊抱在懷裏[身邊]。**c** 〔＋受〕〈鞋子等〉擠壓〈腳趾等〉：My shoes ～ my toes. 我的鞋子擠腳。**d** 〔＋受〕壓碎，擠壓，壓榨〈水菓等〉：～ grapes (爲製葡萄酒而) 壓榨葡萄。**e** 〔＋受＋介＋(代)名〕〔由…〕擠出，榨取…〔*from, out of*〕：～ (the) juice ***from*** oranges 由橘子擠出橘子汁來/～ (the) oil ***out of*** seeds 由種子榨出油來。

3 〔＋受〕 **a** 用模子壓製〈東西〉；把…沖壓加工：～ bricks 把磚壓型加工。**b** (由原模) 壓製，複製〈唱片〉。

4 a 〔＋受〕敦促，催，强迫〈某人〉：It's no good ～*ing* him. 催他是沒用的。**b** 〔＋受＋介＋(代)名〕一再地要求[逼迫]〈某人〉〔…事〕〔*for*〕：He is ～*ing* me ***for*** payment. 他逼迫我付款。**c** 〔＋受＋*to* do〕逼迫，强求，力勸〈某人〉〈做…〉：We ～*ed* him *to* stay another week. 我們力勸他再停留一週。

5 a 〔＋受〕强迫接受〈意見等〉；堅持，强調…：He has been ～*ing* the need for research into the problem. 他强調調查該問題的必要性。**b** 〔＋受＋介＋(代)名〕把…强加〔於人〕；强迫〔某人〕接受…〔*on, upon*〕：I won't ～ my opinion ***on*** you. 我無意强迫你接受我的意見/She ～*ed* coffee ***on*** her guests. 她一再地勸客人喝咖啡。**c** 〔＋受〕强行〈攻擊等〉：～ an attack 强襲。

6 a 〔＋受〕使〈人〉陷入困境《★常以過去分詞當形容詞用；⇨ pressed 3 b》. **b** 〔＋受＋介＋(代)名〕〔因沒有金錢、時間、場所等而〕使〈人〉困窘，使…苦惱《★常以過去分詞當形容詞用；⇨ pressed 3 c》.

—*v.i.* **1 壓，按**：**a** 按鈕[鈴(等)]：*P*～ To Start. 按鈕即動《★寫在電鈕下的說明文字》。**b** 〔＋副＋介＋(代)名〕壓下〔…〕，踩下〔…〕〈*down*〉〔*on*〕：He ～*ed* ***down on*** the accelerator. 他踩下油門。**c** 熨燙。**d** [與 well 等狀態副詞連用]〈布料〉燙起來(…)：This cloth ～*es* well. 這塊布料很好燙。**e** 〔＋介＋(代)名〕擠〔在…〕〔*on, against*〕；擠〔向…〕，蜂擁〔到…〕〔*to, toward, around, round*〕：People ～*ed* ***toward*** [***around, round***] the baseball player. 人們擁向那個棒球選手[人們擠在那個棒球選手的周圍]/Something hard ～*ed* ***against*** his arm. 某種硬物壓著他的手臂。**f** 〔＋副詞(片語)〕推擠而進，突進，急行：I ～*ed through* the crowd. 我從人羣中擠過去/*P*～ *on* [*forward*]. 趕緊向前

走，奮勇前進，趕上去。**g** [(十副)＋介＋(代)名]推進[工作等]〈*on, forward*〉[*with*]：He ~*ed on with* his work. 他加緊工作。
2 〈鞋子等〉擠壓，緊：These shoes ~. 這雙鞋子太緊。
3 《口語》迫切，緊迫(cf. pressing 1)：Time ~*es*. 時間緊迫。
4 [十介＋(代)名]逼迫，催促[…][*for*]：She is ~*ing for* payment [an answer]. 她在催促付款[答覆]。
5 [(十副)＋介＋(代)名]壓迫，重壓[…]〈*down*〉[*on, upon*]：The responsibility ~*es* heavily *upon* me. 該責任沉重地壓在我的身上/Anxiety ~*ed down on* us. 我們憂心忡忡；我們深感焦慮。

préss hóme 《*vt adv*》(1)把〈東西〉塞滿。(2)儘量利用〈有利的立場〉。(3)強行〈攻擊等〉。(4)極力主張〈論點等〉：He ~*ed home* upon me the vital importance of my work. 他對我極力強調我的工作極為重要。

—*n.* A **1** [*a* ~]壓，按；握緊：*a* ~ of the hand 手的一握/Give the button *a* slight ~. 輕輕按鈕。**2** 《口語》**a** Ⓒ(衣服的)熨燙。**b** Ⓤ燙過[熨平]的狀態：My trousers are out of ~. 我的長褲沒有熨燙。**3** Ⓒ[常構成複合字]壓搾機，壓縮器；沖床：a wine [cider] ~ 葡萄[蘋果]壓汁機/a trouser ~ 褲子熨平器。**4** Ⓤ羣眾，人羣；擁擠，雜沓[*of*]：get lost in the ~ 在人羣中迷失/the ~ *of* people 人羣的擁擠。**5** Ⓤ壓迫，迫切；繁忙[*of*]：the ~ *of* business [one's daily life] 事業[日常生活]的繁忙/The ~ *of* many duties keeps me busy. 許多職責使我繁忙。**6** Ⓒ(常指嵌入牆壁中的)櫥櫃；壁櫥；書架。

—B **1** **a** Ⓤ[常 the ~]印刷(術)：in (《英》*the*) ~ 印刷中/off *the* ~ 已印好，已出版[發行]/send [go] to (*the*) ~ 送去印刷，付印/correct *the* ~ 校對。**b** Ⓒ印刷機：a printing ~ 印刷機。**c** Ⓒ[常 P~]印刷廠；出版社，發行機構：the Oxford University *P*~ 牛津大學出版部。**2** **a** [常用單數；常 the ~；集合稱]出版物；新聞，雜誌：freedom [liberty] of *the* ~ 出版的自由/Should we divulge the fact to *the* ~？我們該向報社(記者)揭發該事實嗎？**b** Ⓤ[常 the ~；集合稱]新聞記者，新聞界(★用法視為一整體時當單數用，指全部個體時當複數用)：The President met *the* ~. 總統接見新聞記者/*The* ~ is [are] concerned about this matter. 新聞界都關心這件事。**c** [a ~；與修飾語連用](出現於報紙、雜誌上的)批評，評論：His drama had *a* good ~. 他的戲劇獲得報章雜誌的好評。

préss of sáil [cánvas] 《航海》吃滿風的帆。

press² [prɛs; pres] *v.t.* **1** (十八世紀英國等)強迫〈人〉服兵役。**2** [十受＋介＋(代)名]徵用…[於…]；緊急時[臨時]徵用…[做…用][*into*]：~ a disused car *into* service 緊急徵用廢車。

préss àgency *n.* Ⓒ通訊社。

préss àgent *n.* Ⓒ(劇團、電影公司等的)主司宣傳業務者，宣傳員。

préss bàron *n.* ＝press lord.

préss bòx *n.* Ⓒ(議會、比賽場所等的)新聞記者席。

préss clìpping *n.* Ⓒ《美》剪報(《英》press cutting).

préss cònference *n.* Ⓒ記者(招待)會。

préss cùtting *n.* 《英》＝press clipping.

pressed *adj.* **1** [用在名詞前] **a** (為裝罐而)壓緊的〈食物〉：~ beef 壓緊的罐頭牛肉。**b** (由上下)壓平的〈花、葉等〉：~ flowers 壓花。**2** [常構成複合字]〈衣服等〉熨平的，用熨斗燙過的：well-[badly-]*pressed* clothes 燙得好[不好]的衣服。**3** [不用在名詞前]《口語》**a** 忙碌的，匆忙的：He's rather ~ today. 他今天相當忙碌。**b** [hard ~]陷入困境的(cf. press *v.t.* 6 a)：That year I was *hard* ~ financially. 那年我在財務上陷入困境。**c** [十 *to* do]〈為做…而〉勞苦的，感到困難的：I was hard ~ *to* meet the deadline. 我為趕上截止時間而焦頭爛額。**d** [十介＋(代)名]缺乏[時間、金錢等]的；[對…]感到困難的[*for*]：I'm ~ *for* time. 我苦於沒有(足夠的)時間，我的時間很緊迫。

美國總統

位	總統	政黨	生歿年	任期
1	George Washington	F	(1732– 99)	1789– 97
2	John Adams	F	(1735–1826)	1797–1801
3	Thomas Jefferson	DR	(1743–1826)	1801– 09
4	James Madison	DR	(1751–1836)	1809– 17
5	James Monroe	DR	(1758–1831)	1817– 25
6	John Quincy Adams	DR	(1767–1848)	1825– 29
7	Andrew Jackson	D	(1767–1845)	1829– 37
8	Martin Van Buren	D	(1782–1862)	1837– 41
9	William Henry Harrison	W	(1773–1841)	1841
10	John Tyler	W	(1790–1862)	1841– 45
11	James Knox Polk	D	(1795–1849)	1845– 49
12	Zachary Taylor	W	(1784–1850)	1849– 50
13	Millard Fillmore	W	(1800– 74)	1850– 53
14	Franklin Pierce	D	(1804– 69)	1853– 57
15	James Buchanan	D	(1791–1868)	1857– 61
16	†Abraham Lincoln	R	(1809– 65)	1861– 65
17	Andrew Johnson	D	(1808– 75)	1865– 69
18	Ulysses Simpson Grant	R	(1822– 85)	1869– 77
19	Rutherford Birchard Hayes	R	(1822– 93)	1877– 81
20	†James Abram Garfield	R	(1831– 81)	1881
21	Chester Alan Arthur	R	(1829– 86)	1881– 85
22	Grover Cleveland	D	(1837–1908)	1885– 89
23	Benjamin Harrison	R	(1833–1901)	1889– 93
24	Grover Cleveland	D	(1837–1908)	1893– 97
25	†William McKinley	R	(1843–1901)	1897–1901
26	Theodore Roosevelt	R	(1858–1919)	1901– 09
27	William Howard Taft	R	(1857–1930)	1909– 13
28	Thomas Woodrow Wilson	D	(1856–1924)	1913– 21
29	Warren Gamaliel Harding	R	(1865–1923)	1921– 23
30	Calvin Coolidge	R	(1872–1933)	1923– 29
31	Herbert Clark Hoover	R	(1874–1964)	1929– 33
32	Franklin Delano Roosevelt	D	(1882–1945)	1933– 45
33	Harry S. Truman	D	(1884–1972)	1945– 53
34	Dwight David Eisenhower	R	(1890–1969)	1953– 61
35	†John Fitzgerald Kennedy	D	(1917– 63)	1961– 63
36	Lyndon Baines Johnson	D	(1908– 73)	1963– 69
37	Richard Milhous Nixon	R	(1913– 94)	1969– 74
38	Gerald Rudolph Ford	R	(1913–)	1974– 77
39	James Earl Carter, Jr.	D	(1924–)	1977– 81
40	Ronald Wilson Reagan	R	(1911–)	1981– 89
41	George H. W. Bush	R	(1924–)	1989– 93
42	William Jefferson Clinton	D	(1946–)	1993–

F...Federal Party, DR...Democratic-Republican Party, W...Whigs, R...Republican Party, D...Democratic Party †...被暗殺

P

préss·er *n.* Ⓒ **1** 壓搾機。**2** 燙衣人。
préss gàllery *n.* Ⓒ(議會等的)記者席。
préss-gàng *n.* Ⓒ[常 **the** ～](十八世紀英國的)海軍拉伕隊《由海軍軍人組成，强迫他人加入海軍》。
—*v.t.* 〔十受(十介十(代)名)〕《口語》强迫〈某人〉〔做…〕〔*into*〕；强徵…入伍[服勞役]。
préss·ing *n.* Ⓒ(由原版複製成的)唱片。
—*adj.* **1** 緊急的，緊迫的：～ business 緊急的事，急事/The matter is ～. 事情緊急。**2** 〈人、人的要求等〉執拗的，糾纏不休的，懇切的：a ～ invitation 懇切的邀請/Don't be so ～. 不要那樣執拗。**～·ly** *adv.*
préss làw *n.* Ⓒ[常 ～s]出版法；新聞法規。
préss lòrd *n.* Ⓒ《口語》有力的報業老闆，報業大王。
préss·man [-mən; -mən] *n.* Ⓒ(*pl.* **-men** [-mɛn; -mən]) **1** 印刷工。**2** 《英》新聞記者，新聞播報員。
préss·màrk *n.* Ⓒ(圖書館書目上的)書架編號。
préss relèase *n.* Ⓒ發表新聞《政府等向傳播機構發佈的新聞稿》，(通訊社發佈的)通訊稿。
préss·ròom *n.* Ⓒ印刷機房。
préss sècretary *n.* Ⓒ(美國總統等的)新聞祕書。
préss-stùd *n.* Ⓒ《英》(衣服的)按釦(snap)。
préss-ùp *n.* Ⓒ《英》《體操》伏地挺身(《美》pushup)。
pres·sure** [ˋprɛʃɚ; ˈpreʃə] «press[1] 的名詞»**—n.* **1** Ⓤ**壓**，按，擁擠〔*of*〕：the ～ *of* a crowd 人羣的擁擠。**2** ⓊⒸ**壓力**；《物理》壓力度《符號 P》；《電學》電壓；《氣象》氣壓；《醫》血壓：high [low] ～ 高[低]壓/atmospheric ～ 氣壓/blood ～ 血壓。**3** Ⓤ **a** (令人不舒服的)壓迫感。**b** 壓迫，壓力，强制：the ～ of the times 時勢的影響力/under (the) ～ *of* hunger [poverty] 在飢餓[貧窮]的壓迫下。**4** ⓊⒸ緊迫，困苦，困難：financial ～ 財政困難/mental ～ 精神上的苦惱/～ *for* money 缺錢，手頭拮据。**5** Ⓤ緊急；匆忙，繁忙〔*of*〕：(the) ～ *of* work 工作的繁忙。
pùt préssure [**brìng préssure** (**to béar**)] (**upòn** a person) (對某人)施加壓力。
ùnder préssure (1)在壓力下，受到壓力[壓迫]：Gases *under* ～ become liquids. 氣體受壓即變成液體/be [come] *under* ～ *to* do... 被迫做…，受到壓力去做…/He is *under* ～ *from* his creditors. 他被債權人逼債。(2)(非自由意志而)被强制地，被迫地：He did it *under* ～. 他被迫做那件事。(3)被催趕。
—*v.t.* 《★用法 主要用於美國語法，《英》一般用 pressurize》 **1** 〔十受〕對…施加壓力；强迫…。**2 a** 〔十受十介十(代)名〕對〈人〉施加壓力[使做…]，强迫〈人〉〔做…〕〔*into*〕：I was *～ed into* this work against my will. 我被迫違反我的意志擔任這件工作。**b** 〔十受十 *to* do〕强迫〈某人〉〈使做…〉：～ a person *to* obey 强迫某人服從。
préssure càbin *n.* Ⓒ《航空》壓力艙。
préssure-còok *v.t.* 用壓力鍋煮…。
préssure còoker *n.* Ⓒ壓力鍋：by ～ 用壓力鍋《★by ～ 不用冠詞》。
préssure gàuge *n.* Ⓒ壓力表，氣壓計。
préssure gròup *n.* Ⓒ《社會學》壓力團體[羣體]《對政府或議會遊說或施加壓力以確保自身利益的團體》。
préssure pòint *n.* Ⓒ《醫》壓迫止血點。
préssure sùit *n.* Ⓒ《航空》(太空飛行等用的)壓力服。
pres·sur·ize [ˋprɛʃə͵raɪz; ˈpreʃəraiz] *v.t.* **1** 《航空》(在高空飛行時)使〈壓力艙〉保持正常的氣壓。**2** 用壓力鍋烹調〈食物〉。**3** 《英》＝pressure.
pres·sur·i·za·tion [͵prɛʃərəˋzeʃən, -raɪ-; ˌpreʃəraiˈzeiʃn] *n.*
préss·wòrk *n.* Ⓤ印刷；印刷作業。
pres·ti·dig·i·ta·tion [͵prɛstɪ͵dɪdʒɪˋteʃən; ˈpresti͵didʒiˈteiʃn] *n.* Ⓤ變戲法，幻術，魔術。
pres·ti·dig·i·ta·tor [͵prɛstɪˋdɪdʒɪ͵tetɚ; ˌprestiˈdidʒiteitə] *n.* Ⓒ變戲法者，魔術師。
***pres·tige** [ˋprɛstɪdʒ, prɛsˋtiʒ; preˈsti:ʒ] *n.* Ⓤ(來自地位、高品質等的)**威望**，威信，名聲，聲望：national ～ 國威/loss of ～ 威信[面子]的喪失。
—*adj.* [用在名詞前]風評好的，有名氣的，一流的《★比較 prestigious 常用於好的意思，但 prestige 有時用於炫耀名氣之不好的意思》：a ～ car 高級車/a ～ school 名校。

【字源】源自拉丁文，本義是「魔術師的工夫」，後來變成「障眼，欺騙」的意思，再變成「吸引人的魅力」，最後變成更好的「名聲，威望」的意思。

pres·ti·gious [prɛsˋtɪdʒəs; preˈstidʒəs] «prestige 的形容詞»**—***adj.* 有名聲[聲望]的：a ～ school 有聲望[有名]的學校。**～·ly** *adv.* **～·ness** *n.*
pres·tis·si·mo [prɛsˋtɪsə͵mo; preˈstisimou] «源自義大利語»**—**《音樂》*adj.* & *adv.* 極快的[地]，儘快的[地]。
—*n.* Ⓒ(*pl.* ～s)最急板。
pres·to [ˋprɛsto; ˈprestou] «源自義大利語»**—***adv.* **1** 《音樂》急速地《比 allegro(快板)快》。**2** 立刻，馬上：Hey ～! ⇨ hey 成語。**—***adj.* 急速的。
—*n.* Ⓒ(*pl.* ～s)急速(的樂章)，急板，急速調。
prè·stréssed *adj.* 〈混凝土〉加入鐵絲而具預應力的，加有補强鐵絲的。
pre·sum·a·ble [prɪˋzuməbl, -ˋzjum-; priˈzju:məbl] *adj.* 可假定[推測]的，或許會有的，可能的。
pre·súm·a·bly [-məblɪ; -məbli] *adv.* **1** 或許，可能，大概，推測起來：The report is ～ correct. 該項報導可能是正確的。**2** [附加性地表示輕微的疑問](…)吧：You'll be at the party, ～. 你會參加聚會吧。
pre·sume [prɪˋzum, -ˋzjum; priˈzju:m] «源自拉丁文「預取」之義»**—***v.t.* **1** 假定，推測：**a** 〔十受〕推測，假定…：～ her death 推測她的死亡(cf. 1 b, 1 c)。**b** 〔十(*that*)＿〕推定，推測〈…事〉：I ～ (*that*) she is dead. 我推測她已死(cf. 1 a, 1 c)。**c** 〔十受十(*to be*)補〕推定…〈爲…〉：They *～d* her (*to be*) dead. 他們推定她已死亡(cf. 1 a, 1 b)。
2 《口語》**a** 〔十(*that*)＿〕認爲，想〈…事〉：I ～ (*that*) this is true. 我想這是眞的(cf. 2 b)。**b** 〔十受十(*to be*)補〕認爲…〈是…〉：I ～ this (*to be*) *true*. 我想這是眞的(cf. 2 a)。
—*v.i.* **1** 推測，假定：Mr. Smith, I ～? 《古》(對不起)我想，你是史密斯先生吧？《對初見面人講的極爲拘泥的說法》。
2 a 《古》多管閒事，越分：You ～. 你眞冒昧[厚臉皮]。**b** 〔十 *to* do〕竟敢，膽敢〈做…〉：I won't ～ *to* trouble you. 我不敢麻煩你/May I ～ *to* ask you a question? 我可以冒昧地問你一個問題嗎？
3 〔十介十(代)名(十 *to* do)〕《文語》(不正當地)利用〔…〕〈做…〉〔*upon, on*〕：He *～d upon* her kindness *to* borrow some money. 他利用她的仁慈向她借了一些錢。
pre·súm·ing *adj.* 厚臉皮的，冒昧的，僭越的。**～·ly** *adv.*
pre·sump·tion [prɪˋzʌmpʃən; priˈzʌmpʃn] «presume 的名詞»**—***n.* **1** Ⓒ **a** 假定，推測：a ～ of fact 《法律》(基於已知事實的)事實的推斷/The ～ is *that*.... 看起來好像是…。**b** 〔十 *that*＿〕假定，推斷〈…事〉：On the ～ *that* he was innocent she took his part. 她推斷他無罪而袒護[支持]他。
2 a Ⓤ冒昧，僭越，厚臉皮：a great piece of ～ 極爲冒昧[無禮，放肆]的事/Please pardon my ～ *in* writ*ing* to you. 請原諒我很冒昧地寫信給你。**b** [**the** ～]〔十 *to* do〕〈做…的〉僭越，無禮，厚臉皮：He had *the* ～ *to* criticize my work. 他居然厚著臉皮批評起我的作品[工作]來。
pre·sump·tive [prɪˋzʌmptɪv; priˈzʌmptiv] «presume 1 的形容詞»**—***adj.* [用在名詞前]假定的，根據推斷的；可據以推定的：～ evidence [proof]《法律》推定證據。
presúmptive héir *n.* ＝heir presumptive.
pre·sump·tu·ous [prɪˋzʌmptʃuəs; priˈzʌm*p*tjuəs] «presume *v.i.* 2 的形容詞»**—***adj.* **1** 冒昧的，僭越的，不客氣的。**2** 〔十 *of* 十(代)名(十 *to* do)/十 *to* do〕〔某人〕〈居然做…是〉僭越的；〈某人〉〈居然做…是〉冒昧的：It is ～ *of* him *to* give orders. ＝He is ～ *to* give orders. 他居然下起命令來，眞是太放肆了。
～·ly *adv.*
pre·sup·pose [͵prisəˋpoz; ˌpri:səˈpouz] *v.t.* **1 a** 〔十受〕預先推定[假定]…：Don't ～ my guilt. 不要先假定我有罪。**b** 〔十 *that*＿〕預先推定[假定]〈…事〉：It's dangerous to ～ *that* a person is guilty. 先假定某人有罪是危險的。
2 a 〔十受〕必須先有…條件，以…爲前提：My plan *～s* financial support. 我的計畫必須先有財務支援(的條件)。**b** 〔十 *that*＿〕以〈…事〉爲前提：My plan *～s that* we can get enough money. 我的計畫以我們能獲得足夠金錢爲前提。
pre·sup·po·si·tion [͵prisʌpəˋzɪʃən; ˌpri:sʌpəˈziʃn] «presuppose 的名詞»**—***n.* **1** Ⓤ預測，假定，推定。**2** Ⓒ **a** 前提(條件)。**b** 〔十 *that*＿〕〈…的〉前提條件。
pret. 《略》preterit(e).
prêt-à-porter [͵prɛtapɔrˋte; ˌpretɑ:pɔ:ˈtei ←] «源自法語 'ready-to-wear' 之義»**—***n.* Ⓒ成衣。
—*adj.* [用在名詞前]成衣的。
pre·tax [priˋtæks; ˌpri:ˈtæks] *adj.* 繳稅前收入的；未除稅的。
pre·teen [priˋtin; ˌpri:ˈti:n] *n.* Ⓒ未滿十三歲的孩子。
—*adj.* 未滿十三歲的。
pre·tence [prɪˋtɛns; priˈtens] *n.* 《英》＝pretense.
‡**pre·tend** [prɪˋtɛnd; priˈtend] «源自拉丁文「展開在前面」之義»**—***v.t.* **1 a** 〔十受〕假裝…(的樣子)：He *～ed* sickness. 他假裝生病(的樣子)(cf. 1 b, 1 c)。**b** 〔十 *to* do〕假裝〈做…〉：He *～ed to* be sick. 他假裝生病(cf. 1 a, 1 c)/She *～ed* not *to* know me. 她假裝不認識我。**c** 〔十 *that*＿〕假裝〈…事〉：He *～ed that* he was sick. 他假裝自己生病(cf. 1 a, 1 b)。

2 a 〔+ *to* do〕〈小孩〉(遊戲時)假扮〈成[做]…〉: The boys *~ed to* be Indians. 男孩子們假扮成印地安人。**b** 〔+(*that*)__〕〈小孩〉(遊戲時)玩假扮…的遊戲: Let's ~ (*that*) we are pirates. 讓我們玩假扮海盜的遊戲吧。
3 〔+ *to* do〕[用於否定句]敢, 想, 妄想〈做…〉: I can*not* ~ *to* advise you. 我豈敢給你忠告/I do*n't* ~ *to* be a scholar. 我不以學者自居。
4 〔+受〕僞稱…: ~ innocence [ignorance] 僞稱不知道。
—*v.i.* 1 假裝[扮]。**2** 〈小孩〉玩假扮他人的遊戲。**3** 〔+介+(代)名〕**a** 要求, 主張; 覬覦〔…〕〔*to*〕: Both James Stuart and his son Charles *~ed **to*** the throne. 詹姆斯・史都華與其子查理都覬覦王位。**b** 自稱, 自封〔爲…〕; 自以爲〔…〕〔*to*〕: I don't ~ ***to*** scholarship. 我不自以爲有學識。
—*adj.* [用在名詞前](無比較級、最高級)《兒語》假的, 想像的: This is my ~ father. (遊戲時)這是我的(假)爸爸。

pre·ténd·ed *adj.* 假的, 表面上的: ~ illness [sickness] 假病。 **~·ly** *adv.*

pre·ténd·er *n.* Ⓒ **1** 假裝者, 冒充者〔*to*〕. **2** 覬覦王位者; (不當的)要求者。
the Old Preténder (英國的)老僭王《詹姆斯(James)二世之子 James Edward Stuart (1688–1766)的別稱》。
the Yóung Preténder (英國的)小僭王《詹姆斯(James)二世之孫 Charles Edward Stuart (1720–88) 的別稱; the Old Pretender 之子》。

pre·tense [prɪˋtɛns; priˈtens] **«pretend 的名詞»—*n.* 1** Ⓤ[又作 **a** ~]**僞裝**, 假裝; 虛僞: It's all ~. 那全是虛僞/He made *a* ~ *of* affection [*of* be*ing* affectionate]. 他假裝有情。**2** Ⓤ **a** [常用於否定句]聲稱〔(有)…〕, 自命〔爲…〕〔*to*〕: I have [make] *no* ~ *to* genius. 我不自命爲天才。**b** 虛飾, 虛裝門面, 炫耀: a man without ~ 不炫耀的人, 踏實的人。**3 a** ⓊⒸ藉口(pretext): on the slightest ~ 藉一點點口實/under [on] (the) ~ of... 以…爲藉口[托辭], 假藉…/He cheated me *under* (the) ~ *of* friendship. 他假藉友誼欺騙我。**b** [**false ~s**]《法律》詐欺行爲。

pre·ten·sion [prɪˋtɛnʃən; priˈtenʃn] **«pretend 的名詞»—*n.* 1** Ⓒ[常 **~s**]〔對…的〕主張, 權利; 自負, 自命〔*to*〕: He has no ~(*s*) *to* learning. 他不能自稱[說不上]有學問/make no *~s to*... 不擺…的架子, 不自詡爲…/She makes no *~s to* beauty. 她不自詡爲美人。**2** Ⓤ假裝, 僞裝, 虛飾, 浮誇, 做作: without ~ 樸素的[地]; 不做作的[地]。

pre·ten·tious [prɪˋtɛnʃəs; priˈtenʃəs] **«pretend 的形容詞»—*adj.* 1** 自負的, 自大的, 自命不凡的。**2** 虛飾門面的, 虛僞的: Don't be so ~. 別那樣虛僞。 **~·ly** *adv.* **~·ness** *n.*

pret·er·it(e) [ˋprɛtərɪt; ˈpretərit] 《文法》*adj.* 過去的《略作 pret.》: the ~ tense 過去式。
—*n.* Ⓒ過去式: in the ~ 以過去式。

pre·ter·mit [ˌpritəˋmɪt; ˌpri:təˈmit] *v.t.* (**-mit·ted**; **-mit·ting**) **1** 對…置之不問, 忽略, 忽視。**2** 把…忽略過去; 略去。
pre·ter·mis·sion [ˌpritəˋmɪʃən; ˌpri:təˈmiʃn] *n.*

pre·ter·nat·u·ral [ˌpritəˋnætʃərəl, -tʃrəl; ˌpri:təˈnætʃərəl ˉ] *adj.* **1** 超自然的。**2** 異常的, 不可思議的。
~·ly [-rəlɪ; -rəli] *adv.*

pre·test [ˋpriˌtɛst; ˈpri:test] *n.* Ⓒ **1** 事先之試驗; (產品等的)預行試驗。**2** 測驗學生程度(以決定是否授以新課程)之考試。
— [prɪˋtɛst; priˈtest] *v.t.* 預先測試〈學生、產品等〉。
—*v.i.* 舉行預先測試。

pre·text [ˋpritɛkst; ˈpri:tekst] *n.* Ⓒ **1** (不實的)藉口, 口實, 託辭: *on* some ~ or other 以某種藉口/find a ~ to refuse an invitation 找藉口推辭邀請/He remained home *on* [*under*] the ~ *of* be*ing* sick. 他以生病爲藉口[托辭生病]留在家裏(cf. 2). **2** 〔+ *that*__〕〈…的〉藉口, 托辭: He remained home *on* [*under*] the ~ *that* he was sick. 他用生病的托辭[藉口]留在家裏(cf. 1).

pre·tor [ˋpritɚ; ˈpri:tə] *n.* =praetor.

Pre·to·ri·a [prɪˋtorɪə, -ˋtɔr-; priˈtɔ:riə] *n.* 普利托里亞《南非共和國的行政首都; cf. Cape Town》.

pre·to·ri·an [prɪˋtorɪən, -ˋtɔr-; priˈtɔ:riən] *n., adj.* =praetorian.

pret·ti·fy [ˋprɪtɪˌfaɪ; ˈpritifai] **«pretty 的動詞»—*v.t.*** 過分裝飾; (尤指)低俗地過分裝飾…。

prét·ti·ly [-tɪlɪ; -tili] *adv.* 漂亮地; 可愛地; 〈小孩等〉有禮貌地, 文雅地。

‡pret·ty [ˋprɪtɪ; ˈpriti] **«源自古英語「巧妙的」之義»—*adj.*** (**pret·ti·er**; **-ti·est**) **1 a** 〈孩童、女子、小東西等〉**可愛的**, 討人喜愛的《★指所見所聞具吸引力的東西; ⇨ beautiful【同義字】》: a ~ little child 可愛的小孩/a ~ flower 可愛[漂亮]的花/a ~ voice 美妙[悅耳]的聲音。**b** 〈場所、東西等〉整潔的, 精緻的: a ~ house 精緻的房子。
2 〈男孩子〉(女孩般)女人氣的, 優柔的。
3 美妙的, 漂亮的, 高明的: a ~ stroke (高爾夫球等的)漂亮[精彩]的一擊。
4 [用在名詞前](無比較級、最高級)《反語》糟糕的; 很不好[差勁]的: Things have come to a ~ pass. 事情變得很糟糕/This is a ~ mess! 這眞是一團糟!
5 [用在名詞前](無比較級、最高級)《口語》相當大的〈數量、範圍等〉: The accident will cost him a ~ penny [sum]. 那件意外事故將使他花相當多的錢。
—*adv.* (無比較級、最高級)[用於修飾形容詞、其他副詞]**相當**; 頗; 非常: It amounts to ~ much the same thing. 它[事情]變得幾乎一樣/I am ~ well. 我相當好/It's ~ cold this morning. 今天早上相當冷/That sounds ~ interesting. 那聽起來相當有趣/I'm ~ sick about it. 我對它[那件事]非常厭煩。
prètty wéll (1)⇨ *adv.* (2)⇨ well[1] *adv.* 成語。
sitting prétty 《口語》〈人〉(無需努力而)過舒服[富裕]日子的[地]。
—*n.* 《口語》**1** [**my** ~; 用於稱呼]可愛的動物《尤指小鳥等》; 心肝, 寶貝《對子女、妻子》: My ~! 我的小寶貝! 心肝!
2 《罕》[**pretties**]漂亮[精緻]的東西; (尤指)女襯衣類。
—*v.t.* 〔+受+副〕使…漂亮[整潔]〈*up*〉.
prét·ti·ness *n.*

prétty-prètty *adj.* 〈圖畫等〉俗麗的。

pret·zel [ˋprɛtsl; ˈpretsəl] **«源自德語; 拉丁文「如臂狀樹枝的」之義; 因形狀如抱著膊臂»—*n.*** Ⓒ鹹脆捲餅《螺絲狀鹹味餅乾, 用於下酒》。

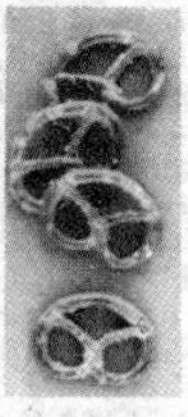
pretzels

【說明】英國人的餅乾(biscuit), 美國人的脆餅(pretzel), 都是生活上不可或缺的東西。形狀繁多, 主要是用麵粉加一點鹽烤硬的東西, 美國人常用以配啤酒, 或觀看球賽時吃。

pre·vail [prɪˋvel; priˈveil] **«源自拉丁文「較强」之義»—*v.i.* 1** 〔**動**(+介+(代)名)〕(打)**勝**, 勝過〔…〕; 佔優勢〔*over, against*〕: Good will ~. 善(終究)會獲勝/We *~ed **over*** the enemy. 我們戰勝敵人/Grammar cannot ~ ***against*** usage. 文法無法勝過習慣用法。**2** 〔**動**(+介+(代)名)〕〔在…〕**居優勢**, 佔上風; 優先〔於…〕; 流行, 盛行, 普及〔於…〕〔*in, among*〕: Despair *~ed **in*** her mind. 她心灰意冷/The idea [superstition] still *~s* (***among*** them). 那種想法[迷信]仍然(在他們之間)盛行。**3 a** 〔+介+(代)名〕說服〔人〕〔*with*〕: He could not ~ ***with*** her, however hard he tried. 無論他如何努力都無法說服她。**b** 〔+介+(代)名+ *to* do〕說服〔某人〕〈做…〉〔*on, upon*〕《★可用被動語態》: He *~ed **on*** me *to* go with him. 他說服我和他同行/I was *~ed **upon*** *to* stay all night. 我被說服留下來過夜。

pre·váil·ing *adj.* [用在名詞前] **1** 廣爲實施的, 流行的。**2** 有勢力的, 優勢的: the ~ wind《氣象》盛行風《在某地區[季節]中佔最優勢的風》。 **~·ly** *adv.*

prev·a·lence [ˋprɛvələns; ˈprevələns] **«prevail, prevalent 的名詞»—*n.*** Ⓤ普遍, 普及, 流行。

prev·a·lent [ˋprɛvələnt; ˈprevələnt] **«prevail 的形容詞»—*adj.*** (**more ~; most ~**) **1 普遍實施的**, 流行的, 盛行的。**2** [不用在名詞前]〔+介+(代)名〕普遍〔於…〕的, 遍及〔…〕各地的〔*in, among*〕: That superstition was ~ ***among*** them. 那種迷信在他們之間廣爲流傳。 **~·ly** *adv.*

pre·var·i·cate [prɪˋværəˌket; priˈværikeit] **«源自拉丁文「彎曲着走」之義»—*v.i.* 1** 《文語》支吾其詞, 搪塞, 推諉。**2** 《委婉語》說謊。 **-cà·tor** [-tɚ; -tə] *n.*

pre·var·i·ca·tion [prɪˌværəˋkeʃən; priˌværiˈkeiʃn] **«prevaricate 的名詞»—*n.*** ⓊⒸ **1** 支吾, 搪塞; 欺瞞。**2** 謊言。

pre·ven·ient [prɪˋvinjənt; priˈvi:njənt] *adj.* **1** 在前的; 先來的。 **2** 以前的(previous). **3** 預料的; 預期的。**4** 妨礙的; 預防的(preventive). **5** 在人類行動以前的。

‡pre·vent [prɪˋvɛnt; priˈvent] **«源自拉丁文「到前面來」「妨礙」之義»—*v.t.* 1 妨礙**, 阻止《★「使事情不發生[不存在]」之意》: **a** 〔+受〕阻止…, 使…不發生; 預防, 防止…: ~ progress 妨礙進步[進行]/~ traffic accidents 防止交通事故/Rain *~ed* the game [play]. 下雨妨礙了比賽[使比賽中止]。**b** 〔+受+介+do*ing*〕防止〈某人、某物〉〔做…〕; 妨礙〈某人、某物〉〔使不做…〕〔*from*〕: We *~ed* the fire ***from*** spread*ing*. 我們阻止火勢蔓延/Business *~ed* him *from* go*ing*. 他因有事而不能去(cf. 1 c)/I was *~ed from* attend*ing* by a cold. 感冒使得我不能出席。**c** 〔+受[所有格]+ do*ing*〕妨礙, 阻止〈…做…〉《★用因〔+受+ do*ing*〕不可用被動語態; ★比較〔+受+ do*ing*〕較口語化》: ~ gossip spread*ing* 使謠言不流傳/Business *~ed* his go*ing*. = Business *~ed* him go*ing*. 他因有事而不能去(cf. 1 b).
2 〔+受〕**a** 阻止, 阻擋〈某人〉: Before I could ~ him, he opened the door and entered. 我還沒來得及阻止他, 他就開門

進來了/I'll come to you tomorrow if nothing ~*s* me. 如果沒有什麼事阻撓，我明天會去你那裏。**b**《古》佔先〈對方〉的先機，搶在〈對方〉之前下手(anticipate).

pre·vent·a·ble [prɪˋvɛntəbl; pri'ventəbl] *adj.* 可阻止的，可防止的，可預防的。

pre·vent·a·tive [prɪˋvɛntətɪv; pri'ventətiv] *adj., n.* = preventive.

pre·ven·tion [prɪˋvɛnʃən; pri'venʃn] «prevent 的名詞»—*n.* Ⓤ防止；預防；預防的方法[措施]〔*of*〕：~ *of* fire 防止火災，防火/*P*~ is better than cure.《諺》預防勝於治療/by way of ~ 作爲預防的方法；爲預防起見/the Society for the *P*~ *of* Cruelty to Animals 防止虐待動物協會[保護動物協會]《略作 S.P.C.A.》/the Society for the *P*~ *of* Cruelty to Children 防止虐待兒童協會[保護兒童協會]《略作 S.P.C.C.》.

pre·ven·tive [prɪˋvɛntɪv; pri'ventiv] «prevent 的形容詞»—*adj.* **1** 預防的，防止的，阻止的，妨礙的：~ custody [detention] 防範性的拘留/~ measures [medicine] 預防措施[醫學]/the *P*~ Service《英》(取締走私的)海岸緝私隊。**2** [不用在名詞前]〔十介十(代)名〕預防〔…〕的，防止〔…〕的〔*of*〕：be ~ *of* crime 防止犯罪。

—*n.* Ⓒ **1** 預防法[措施，藥]。**2** 防止者[物]；妨礙物。

~·ly *adv.*

pre·view [ˋpri,vju; 'pri:vju:] *n.* Ⓒ **1 a** (戲劇的)試演，預演；(電影的)試映，試片。**b** 新書樣本的展示。**c** (展覽會等的)預展。**2**《美》**a** (電影、電視的)預告片。**b** (廣播的)節目預告。

—*v.t.* **1** 試演[試映]…供觀賞。**2** 舉行…的試演[試映]會，試演，試映。

***pre·vi·ous** [ˋprivɪəs; 'pri:vjəs] «源自拉丁文「向前去」之義»—*adj.* (無比較級、最高級) **1 a** [用在名詞前]在前的，在先的，以前的(prior)：a ~ engagement 先前的約定/the ~ evening 前一天的晚上/the ~ day 前一天。**b** [不用在名詞前]〔十介十(代)名〕在〔…之〕前的〔*to*〕：two days ~ *to* Christmas 耶誕節的前兩天。

2 [不用在名詞前]〔十介十 do*ing*〕《口語》〔做…事〕過早的，匆促的〔*in*〕：Aren't you a little ~ *in* form*ing* such a plan? 你擬定這樣的計畫不嫌早了些嗎？

prévious to... [當介系詞用]在…之前，在…之先(cf. 1b)：~ *to* the conference 在開會之前/*P*~ *to* leav*ing* England he sold his house. 離開英國以前，他把房子賣了。

pre·vi·ous·ly [ˋprivɪəslɪ; 'pri:vjəsli] *adv.* (無比較級、最高級)以前，事先，預先：two days ~ 兩天以前。

prévious quéstion *n.* Ⓒ《議會》先決問題《先決定正在討論的某案要不要立刻表決的問題。此動議的提出在英國是爲了暫時擱置該案，在美國則爲了結束討論該案》：move the ~ 提出可否表決的動議。

pre·vise [prɪˋvaɪz; pri'vaiz] *v.t.*《罕》**1** 預言；預見。**2** 警告。

pre·vi·sion [prɪˋvɪʒən; ˌpri:'viʒn] *n.* ⓊⒸ預知，先見，預感。

pre·vi·sion·al [prɪˋvɪʒənl; ˌpri:'viʒənl] «prevision 的形容詞»—*adj.* **1** 有先見之明的，預知的。**2** 預先就知道的，預期的。

pre·vo·ca·tion·al [ˌprivoˋkeʃənl; ˌpri:vou'keiʃənl] *adj.* 進入職業學校以前的。

pre·vue [ˋpri,vju; 'pri:vju:] *n.*《美》= preview 2 a.

pre·war [priˋwɔr; ˌpri:'wɔ:ˊ] *adj.* [用在名詞前]戰前的(↔ postwar).

prex·y [ˋprɛksɪ; 'preksi] «president 之略»—*n.* Ⓒ《美俚》(大學的)校長。

prey [pre; prei] «源自拉丁文「戰利品」之義»—*n.* **1 a** Ⓤ被捕食的動物，捕食的對象：in search of ~ 找尋捕食的對象。**b** Ⓤ[又作 **a** ~]犧牲者[品]〔*of, to*〕：become [fall] (*a*) ~ *to*... 成爲…的犧牲者，被…捕食/He was *a* ~ *to* fears. 他深受恐懼的折磨。**2** Ⓤ捕食的習性：a bird [beast] of ~ 猛禽[猛獸]。

—*v.i.* **1** 〈動物〉獵食，捕食。

2 〔十介十(代)名〕捕食〔…〕〔*on, upon*〕《★可用被動語態》：Eagles ~ *on* smaller birds and animals. 老鷹捕食較小的鳥和動物。

3 〔十介十(代)名〕奪取，掠奪〔…〕〔*on, upon*〕《★可用被動語態》：The pirates ~*ed on* coastal towns. 那些海盜掠奪沿海的城鎮。

4 〔十介十(代)名〕〈憂慮、疾病等〉〔使…〕痛苦〔苦惱〕；折磨〔…〕〔*on, upon*〕《★可用被動語態》：Care has ~*ed upon* him [his mind] for weeks. 憂慮已折磨了他幾個星期。

5 〔十介十(代)名〕〈人〉剝削[欺騙]〔某人〕〔*on, upon*〕《★可用被動語態》。

Pri·am [ˋpraɪəm; 'praiəm] *n.* 普萊安《特洛伊(Troy)之最後一個國王，爲希臘人所殺》。

‡price [praɪs; prais] «源自拉丁文「價值」之義»—*n.* **1** Ⓒ價格，價錢，代價：a fixed [set] ~ 定價/fetch a high ~ 〈商品〉賣得高價/get a good ~ for... 把…以好價錢賣出/give [quote] a ~ 開價，報價/What is the ~ of this? 這個東西多少錢？《★比較 How much is the ~ of this? 是錯誤的》/He bought it at the ~ asked. 他照所開的價錢購買它。/*Prices* have gone up [risen] a lot recently. 最近物價上漲了很多/The ~ of this commodity is high [low]. 這個商品的價格高[低]。

> 【同義字】price 指買賣東西時的價格；charge 是對付出的時間、勞力所索取的酬金，費用；fare 是乘坐交通工具的費用；cost 是付給貨物的總金額或現價。

2 [用單數]代價；犧牲：at the ~ of... 犧牲…/Willingness to work is the ~ of success. 成功的代價是工作上自覺的奉獻。**3** Ⓒ(賭博時賭金的)比率，(賭注與贏款的)差額：the starting ~ 賽馬起跑前的最後賭金比率。**4** Ⓒ **a** (對人頭等的)懸賞，獎金：have a ~ on one's head 懸賞緝拿某人/put [set] a ~ on a person's head 懸賞取某人的頭[命]。**b** 收買金，賄款：Every man has his ~.《諺》每一個人都有其價碼[每個人都可受誘惑]。

abòve príce = beyond PRICE.

at ány price (1)不惜任何代價[犧牲]，務必。(2)[用於否定句]無論如何都(不…)，決(不…)。

at a príce 以相當高的代價[價格]；付出相當的代價。

beyònd príce 無價的，非常貴重的。

pùt a príce on... 給…定價。

Whát príce...?《英口語》(1)你以爲…怎麼樣？：*What* ~ fine weather tomorrow? 你以爲明天天氣會好嗎？(2)…成什麼樣子[算什麼東西]：*What* ~ clean elections? 光明正大的選舉有什麼用？《嘲笑曾被吹捧而遭到失敗的某事物》。

withòut príce = beyond PRICE.

—*v.t.* **1 a** 〔十受十補〕給…定〈…〉價格，把…評價〈爲…〉《★常用被動語態》：All the goods at that store *are* ~*d* higher. 那家商店的所有貨品價格都定得較高。**b** 〔十受〕定…的價格《★常用被動語態》。

2《口語》(爲查出最便宜的商店或商品的行情而)四處查詢…的價格《★不可用被動語態》。

3 〔十受十介十(代)名〕**a** 將〈貨品等〉定價過高而被逐出〔市場〕〔*out of*〕. **b** 〔~ one*self*〕定離譜高價而被逐出〔市場〕〔*out of*〕.

príce contròl *n.* ⓊⒸ[常 ~s]物價管制。

príce cúrrent *n.* (*pl.* **prices current**)Ⓒ時價表。

príce cùtting *n.* ⓊⒸ大減價。

priced [praɪst; praist] *adj.* 附有定價的。

príce-èarnings rátio *n.* Ⓒ價格與獲利比例，本益比。

príce fìxing *n.* Ⓤ **1** 定貨物之零售價。**2** 同業者協議產品價格。

príce ìndex *n.* Ⓒ(表示多種商品價格變動的)物價指數。

príce·less *adj.* **1** 無價的，極爲貴重的。**2**《口語》非常有趣的；極荒謬的。

príce lìst *n.* Ⓒ價目表。

príce suppòrt *n.* ⓊⒸ政府用補貼或收購手段以維持某項物品之價格的作法。

príce tàg *n.* Ⓒ **1** 價格標籤，標價籤。**2** 價格，價錢。

príce-tàg *v.t.* 標價於…。

príce wàr *n.* Ⓒ同業間之競相減價以致價格跌至成本以下。

pric·ey [ˋpraɪsɪ; 'praisi] *adj.* (**pric·i·er**; **-i·est**)《口語》價格高的，高價的，昂貴的。

prick [prɪk; prik] «源自古英語「點」之義»—*v.t.* **1 a** 〔十受〕(以針尖等)扎，刺，戳，戳穿…；使…(穿孔而)破：~ a balloon 刺穿氣球/The thorn ~*ed* my finger. 那根刺刺到我的手指。**b** 〔十受十介十(代)名〕[以針等]刺…〔*with, on*〕：~ the skin *with* a pin 以大頭針刺皮膚。**c** 〔十受十介十(代)名〕[~ one*self*]被〔針等〕刺到〔*on*〕：He ~*ed himself on* a thorn. 他被刺刺到。**2** 〔十受〕使〈人〉(如受針刺般)痛苦；刺痛〈某人〉：My conscience ~*ed* me. 我的良心使我痛苦[難安]。**3 a** 〔十受(十介十(代)名)〕〔在…〕戳[刺]〈洞〉〔*in*〕：~ holes *in* paper 在紙上戳洞。**b** 〔十受(十副)〕以點線描畫〈式樣〉〈*off, out*〉.

—*v.i.* **1** (感到針刺般)刺痛；〈良心等〉責備：My skin ~*s*. 我的皮膚感到刺痛。**2** 刺一下。

prìck óut [óff]《*vt adv*》將〈苗〉種植於洞中。

prìck úp《*vi adv*》豎起，翹起〈耳朵〉。

prìck úp one's **éars** (1)〈馬、狗等〉豎起耳朵。(2)〈人〉豎耳傾聽；專注地聆聽。

—*n.* Ⓒ **1** (用針、刺等)刺，刺傷：the ~ of a thorn 刺的刺傷。**2** 刺痛；(良心的)責備，譴責：feel the ~*s* of conscience 受良心的譴責。**3** 用以戳[扎]的東西，針，刺：the ~*s* of a cactus 仙人掌的刺。**4** 點，刺點。**5**《鄙》陰莖(penis). **6**《俚・鄙》討厭的傢伙，嚕囌的人。

kíck agàinst the prícks《文語》頑強抵抗而受傷，作無益的抵抗而受害《★「牛發脾氣時踢刺棒」之意；源自聖經「使徒行傳」》。

príck·er *n.* Ⓒ **1** 刺的人。**2** (刺)針，小錐。

prick·le [ˋprɪkl; 'prikl] *n.* **1** Ⓒ(動植物表皮上的)刺，棘；刺狀物。

2 [用單數]如針刺般的痛。—*v.t.* 使…刺痛。—*v.i.* 刺痛：This sweater ～*s*. 這件毛衣會刺痛人。

prick·ly [ˋprɪklɪ; ˈprikli] «prickle 的形容詞»—*adj.* (**prick·li·er**; **-li·est**) **1** 多刺的，有刺的。**2** 如針刺般痛的。**3**〈人〉易怒的。**4** 麻煩的，棘手的。**príck·li·ness** *n.*

príckly héat *n.* Ⓤ痱子。

príckly péar *n.* **1** Ⓒ《植物》覇王樹《扇狀仙人掌》。**2** Ⓒ[當作食物時爲Ⓤ]覇王樹的梨狀果實，仙人球《可食用》。

pric·y [ˋpraɪsɪ; ˈpraisi] *adj.* (**pric·i·er**; **-i·est**) ＝pricey.

‡**pride** [praɪd; praid] *n.* **1** Ⓤ[又作 **a** ～]**驕傲**，得意，滿意(⇨ vanity【同義字】)：He has (great) ～ *in* his ability. 他對自己的能力感到(非常)驕傲/She takes (*a*) ～ *in* be*ing* punctual. 她以守時自豪。**2** [用單數]引以爲傲[自豪]的事物[人]〔*of*〕：He is the ～ of his parents. 他是父母引以自豪的兒子。**3** Ⓤ**自尊(心)**，自豪《★比較 爲與義 4 有所區別，也用 proper pride》：keep one's ～ 保持自尊心/swallow one's ～ 抑制自尊心。**4** Ⓤ**自負**，自大，自命不凡《★比較 爲與義 3 有所區別，也用 false pride》：～ of the world 虛榮/*P*～ goes before a fall. ＝*P*～ will have a fall.《諺》驕者必敗。**5** [**the** ～]顛峯；全盛(期)〔*of*〕：in *the* ～ *of* one's life [years] 在全盛時期。**6** Ⓒ[常用單數]〔獅子的〕一羣〔*of*〕：a ～ *of* lions 一羣獅子。

a person's **príde and jóy** 某人極珍惜的人[東西]。

tàke [**hàve**] **príde of pláce** 居最高位，佔第一位；被視爲至上者。

the príde of the mórning 日出時的霧[陣雨]《晴天的預兆》。

—*v.t.* [～ *oneself*] **1**〔十受十介十(代)名〕以…自傲[自豪]〔*on*, *upon*〕：She ～*s herself* **on** her skill in cooking. 她以自己的烹調技術自豪《★變換 可改寫爲 She is proud of her....》/He ～*d himself on* be*ing* a member of parliament. 他以身爲國會議員自豪。**2**〔十受十 *that*＿〕以〈某事〉自傲，自誇〈某事〉：She ～*s herself that* she is the best cook in the neighborhood. 她自誇自己是鄰近一帶最會做菜的厨子。

pride·ful [ˋpraɪdfəl; ˈpraidful] *adj.* ＝proud.

prie-dieu [priˋdjø; ˈpriːdjəː] «源自法語 'pray God' 之義»—*n.* Ⓒ (*pl.* ～s, **priedieux** [～(z); ～(z)])祈禱台；禱告椅。

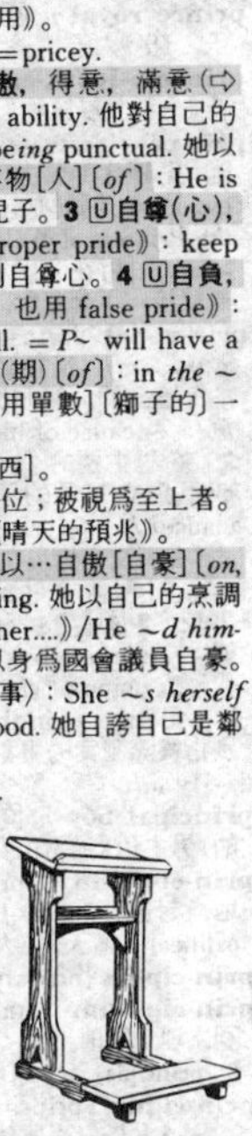

prie-dieu

***priest** [prist; priːst] «與 presbyter 同字源»—*n.* Ⓒ**神職人員**，(尤指天主教教會，英國國教教會的)祭司，教士。

priest·ess [ˋpristɪs; ˈpriːstis] «女性的 priest»—*n.* Ⓒ(基督教以外的)女祭司，女教士。

príest·hòod *n.* Ⓤ **1** [常 **the** ～]教士[祭司]之職，神職：be admitted to *the* ～ 就任神職。**2** [集合稱]神職人員，全體教士《★用法 視爲一整體時當單數用，指全部個體時當複數用》。

priest·ly [ˋpristlɪ; ˈpriːstli] «priest 的形容詞»—*adj.* (**priest·li·er**; **-li·est**)(像)神職者的，(像)祭司的。

príest-rìdden *adj.*〈國家、統治者等〉受神職者支配[控制]的。

prig [prɪg; prig] *n.* Ⓒ《輕蔑》拘泥於道德[規範等]的人，以道德家自居的人。

prig·ger·y [ˋprɪgərɪ; ˈprigəri] *n.* Ⓤ沾沾自喜的性格或行爲；自矜；自命不凡。

príg·gish [-gɪʃ; -giʃ] «prig 的形容詞» —*adj.*《輕蔑》拘泥於道德[規範等]而自負的，以道德家自居的。～**·ly** *adv.* ～**·ness** *n.*

prim [prɪm; prim] *adj.* (**prim·mer**; **prim·mest**) **1**《輕蔑》(尤指)〈女人〉過於愛乾淨的；一絲不苟的，一本正經的，拘謹的《★用以指有不合時代的道德觀念，裝扮樸素而對有關「性」的事表示排斥的人；★常用於下面的對等片語》：～ and proper 循規蹈矩，拘謹有禮。**2**〈服裝等〉端莊的。～**·ly** *adv.* ～**·ness** *n.*

prí·ma ballerína [ˋprimə-; ˈpriːmə-] «源自義大利語»—*n.* Ⓒ芭蕾舞的首席女舞星。

pri·ma·cy [ˋpraɪməsɪ; ˈpraiməsi] *n.* **1** Ⓤ(階級、地位等)第一位，首位〔*of*〕. **2** ⓊⒸ《基督教》大主教(primate)的職位；(天主教的)教皇的職位。

prima dón·na [-ˋdɑnə; -ˈdɔnə] «源自義大利語 'first lady' 之義»—*n.* Ⓒ **1** (歌劇的)首席女歌手。**2** (見異思遷又任性的)大小姐脾氣的人，喜怒無常的人《尤指女人》。

pri·mae·val [praɪˋmivl; praiˈmiːvl] *adj.* ＝primeval.

pri·ma fa·cie [ˋpraɪməˋfeʃɪ,i; ˌpraiməˈfeiʃiː] «源自拉丁文 'at first face' 之義»—*adj.* [用在名詞前]乍見的，初看時的：a ～ case《法律》有表面證據的案件，有希望立案的案件。

—*adv.* 乍見之下。

pri·mal [ˋpraɪml; ˈpraiml] «prime 的形容詞»—*adj.* **1** [用在名詞前]原始的，第一的，最初的。**2** 主要的；根本的。

***pri·mar·i·ly** [ˋpraɪ,mɛrəlɪ, ˋpraɪmərəlɪ; ˈpraimərəli] *adv.* **1** 第一，最初，首先。**2** 主要地；本來。

***pri·ma·ry** [ˋpraɪ,mɛrɪ, -mərɪ; ˈpraiməri] «源自拉丁文「第一位的」之義»—*adj.* (**more** ～; **most** ～) **1** [用在名詞前](無比較級、最高級)(時間、發展階段的順序等)**初期的**，最初的，原始的：the ～ organization of society 社會的初期結構[組織]。**2** [用在名詞前](無比較級、最高級)**初級的**，初步的〈教育、學校等〉(cf. secondary 3)：～ education 初級教育。**3 主要的**，根本的，基本的：the ～ meaning of a word 字的主要意義[本來意義]/the ～ causes of an accident 意外事故的根本[主要]原因。**4** [用在名詞前](無比較級、最高級)《電學》一次的，原的。**5** [用在名詞前](無比較級、最高級)主要的〈重音〉：⇨ primary stress.

—*n.* Ⓒ **1** 第一[最初，主要]的東西。**2** (又作 **prímary elèction**)《美》預選，初選。

【說明】美國兩大政黨民主黨(the Democratic Party)和共和黨(the Republican Party)，爲了舉辦全國黨代表大會(national convention)，在各州舉行預選，選舉州代表，同時決定該州要支持哪一位總統候選人。有些州不舉行預選，常由州代表大會決定出席全國代表大會的代表；cf. president【說明】

prímary áccent *n.* ＝primary stress.

prímary cólor *n.* Ⓒ原色《顏料指紅、黃、藍；光色則指紅、綠、藍》。

prímary próducts *n. pl.* 農產品。

prímary schòol *n.* **1** Ⓤ[指設施時爲Ⓒ](英國的)小學《★收五歲到十一歲學童的小學；有的地方把小學分爲兩個階段，收五歲到七歲者稱爲 infant school；七歲到十一歲者稱爲 junior school；相當於美國的 elementary school》. **2** Ⓒ(美國小學的)三[四]年級。

prímary stréss *n.* ⓊⒸ主重音《如在 [ˋpraɪ,mɛrɪ; ˈpraiməri] 用 [ˋ; ˈ] 表示》。

pri·mate [ˋpraɪmɪt, -met; ˈpraimət, -meit] «源自拉丁文「第一位的」之義»—*n.* Ⓒ [常 P～] **1 a**《英國國教》大主教。**b**《天主教》總主教。**2**《動物》靈長類的動物《人、猿、猴子等》。

the Prímate of Áll Éngland 坎特伯里(Canterbury)大主教。

the Prímate of Éngland 約克(York)大主教。

***prime** [praɪm; praim] «源自拉丁文「第一的」之義»—*adj.* [用在名詞前](無比較級、最高級) **1 a 第一的**，最初的；原始的：the ～ agent 主因。**b** 根本上的，基本上的。**2 主要的**，最重要的。**3** 第一流的，最好的；上等的：～ beef 上等牛肉(⇨ beef 相關用語)。**4**《數學》素數的，質數的：a ～ factor 素因數/a ～ number 素數，質數。

—*n.* **1** [用單數；**the** ～, **one's** ～]**全盛時期**，最完美狀態：in *the* ～ *of* life [manhood] 在壯年期，在年富力强時/He was at *the* ～ *of* his success. 他在成功的巔峯/He is already past his ～. 他已過了他的全盛期，他已過壯年。**2** [用單數；**the** ～]《文語》初期；青春：*the* ～ *of* the moon 新月/*the* ～ *of* the year 春天。**3** Ⓤ[常 P～]《基督教》早課(的時間)《CANONICAL hours之一；早上六點或日出時》。

—*v.t.* **1**〔十受〕給〈爆炸物等〉裝雷管[導火線]；給〈槍〉裝火藥。**2**〔十受〕**a** 給〈抽水機〉加水。**b** 給〈內燃機的汽化器〉加入汽油；將水倒進〈抽水機〉。**3**〔十受(十介十(代)名)〕預先教〈某人〉〔某事〕；〔就…〕爲…出主意〔*with*〕；〔爲應付…而〕給…提供消息[資料]〔*for*〕：The President was ～*d with* the latest news by his aides [～*d* by his aides *for* the press conference]. 總統由他的助理提供最新消息[提供記者會的資料]。**4**〔十受十介十(代)名〕《口語》使〈人〉飽食[喝足]〔飲料食物〕〔*with*〕：He was well ～*d with* food and drink. 他吃飽喝足了。**5**〔十受〕給〈畫面、牆壁等〉塗底[第一道油漆]。

príme cóst *n.* Ⓤ《經濟》主要費用；進貨價格[成本]。

príme merídian *n.* [**the** ～](通過英國格林威治(Greenwich)的)本初子午線。

príme mínister *n.* Ⓒ**總理**，首相(premier)《略作 P.M.》.

príme móver *n.* Ⓒ **1**《機械》原動力《風、水、電力等》。**2 a** 發動者，倡導者。**b** 第一原因，初因；本原(first cause).

prim·er[1] [ˋprɪmɚ; ˈpraimə, ˈprimə] *n.* Ⓒ **1** 初級讀本；初學書，入門書：a Latin ～ 拉丁文入門書。**2** Ⓤ《印刷》十磅因或十八磅因活字的舊稱：great ～ 十八磅因的活字/long ～ 十磅因的活字。

prim·er[2] [ˋpraɪmɚ; ˈpraimə] *n.* **1** Ⓒ雷管，導火線。**2** Ⓤ[指個別產品或種類時爲Ⓒ](圖畫、牆壁等的)底漆。

príme ráte *n.* Ⓒ[常 **the** ～]最優惠利率《銀行以無擔保之短期融資放款給信用良好的企業所適用的利率》。

príme tíme *n.* Ⓤ(電視等的)黃金時段。

príme-tíme *adj.* 黃金時間的。

pri·me·val [praɪˋmivl; praiˈmiːvl] *adj.* **1** 原始時代的。**2** 原始的，太古的，非常古老的：a ～ forest 原始森林。

prím·ing *n.* Ⓤ **1** 起爆藥，點火藥。**2** (畫、牆壁等的)塗底；底漆。

pri·mip·a·ra [praɪˋmɪpərə; praiˈmipərə] *n.* (*pl.* ~**s**, **-rae** [-ˏri; -riː])**1** 初產婦。**2** 僅生產過一次的婦人。

***prim·i·tive** [ˋprɪmətɪv; ˈprimitiv] **《**源自拉丁文「最初的」之義**》**—*adj.* (**more** ~；**most** ~) **1** [用在名詞前]原始的，初期的；上古的：~ man 原始人/the *P*~ Church 原始基督教會。**2 a** 原始性的，幼稚的，樸素的，簡單的：~ weapons 原始武器《如弓、槍等》。**b** 古代風格的，舊式的：a ~ car 舊式的汽車。**3** 根本的，基本的：~ colors 原色/the ~ line《數學》原線。**4**《生物》初生的。**5**《語言》原始的：~ Germanic 日耳曼原語。
—*n.* Ⓒ **1** 原始人。
2 文藝復興以前的畫家或作品；原初派的畫家[作品]。
~·**ly** *adv.* ~·**ness** *n.*

prím·i·tiv·ism [-vˏɪzəm; -vizəm] *n.* Ⓤ **1** 原始主義，尚古主義《認為原始的習俗等優於今日情形的看法》。**2**《美術》原初主義《主張尊重史前時期或未開化民族之原始藝術或文藝復興時的樸素風格》。

pri·mo·gen·i·tor [ˏpraɪməˋdʒɛnətɚ; ˌpraimouˈdʒenitə] *n.* Ⓒ 祖先，始祖。

pri·mo·gen·i·ture [ˏpraɪməˋdʒɛnətʃɚ; ˌpraimouˈdʒenitʃə] *n.* Ⓤ **1** 長子的身分。**2**《法律》長子繼承權[繼承法]：right of ~ 長子繼承權。

pri·mor·di·al [praɪˋmɔrdɪəl; praiˈmɔːdjəl] *adj.* **1** 原始的；自原始時代就存在的。**2** 最初的，根源的，根本的。~·**ly** *adv.*

primp [prɪmp; primp] *v.i.* 〈女人〉細心地裝扮整齊：~ and preen 打扮。
—*v.t.* **1** 整理〈頭髮、衣服〉。**2** [~ one*self*]打扮，裝扮。

prim·rose [ˋprɪmˏroz; ˈprimrouz] **《**源自古法語 'first rose' 之義**》**—*n.* **1** Ⓒ《植物》櫻草，櫻草花：⇨ evening primrose. **2** Ⓤ櫻草色《淡黃色》。

primrose

【說明】primrose 在春來之前開花，所以象徵「青春」，the primrose path [way]有「享樂的生活」之意。也是弔喪用花，有些人認為一年中初次看到的櫻草花可能帶來惡運，千萬不可摘回家，但也有人說可以用來避邪。

prímrose páth [**wáy**] **《**源自莎士比亞(Shakespeare)的「哈姆雷特(*Hamlet*)」「馬克白(*Macbeth*)」**》**—*n.* [the ~]享樂之路；追求快樂，放蕩的生活。

prim·u·la [ˋprɪmjʊlə; ˈprimjulə] *n.* Ⓒ《植物》報春花屬《櫻草科的植物》。

pri·mus [ˋpraɪməs; ˈpraiməs] *n.* (又作 **prímus stóve**) Ⓒ《商標》手提式汽化爐。

pri·mus in·ter pa·res [ˋpraɪməsˋɪntɚˋpɛriz; ˈpraiməsˈintəˈpeəriːz] **《**源自拉丁文 first among his peers 之義**》**—*n.* Ⓒ (男性)同輩中第一。

prin. 《略》principal(ly)；principle(s).

***prince** [prɪns; prins] **《**源自拉丁文「最初的人」之義**》**—*n.* Ⓒ **1** [常 P~]王子，(皇)太子，親王(↔ princess).

【字源】原義是「最初拿的人」；古時候打仗勝利有戰利品，最初拿的人當然是「君王」或「領袖」，故此字原非親王或王子之意。

2 [常 P~] (由大國保護的公國、小國的)君主(cf. principality 1)：the *P*~ of Monaco 摩納哥王。
3 (英國以外的)公爵(cf. duke 1).
4 a (某一行業的)泰斗，鉅子，宗師：a merchant ~ 商業鉅子。**b**《口語》好人，心胸寬大的人。
(as) háppy as a prínce 非常幸福的[快樂的]。
líve like a prínce 生活奢侈[豪華]。
the Prínce of Wáles ⇨ Wales.

Prince Álbert *n.* **1** 阿伯特王子(⇨ Albert). **2** Ⓒ《美》(雙排釦的)長大禮服(frock coat).

Prince Albert 2

Prince Chárming *n.* [用單數；也用於稱呼]有魅力的男人，女人理想中的男人。

prínce cónsort *n.* Ⓒ **1** (*pl.* **princes con·sort**)(女王、女皇的)丈夫[配偶]，王夫。**2** [the P~ C~]阿伯特王子(⇨ Albert).

prínce·dom [-dəm; -dəm] *n.* **1** ⓊⒸ prince 的地位[身分]。**2** Ⓒ (王子的)領地。

Prince Édward Island *n.* 愛德華島《加拿大東南部聖勞倫斯(St. Lawrence)灣內的一個島，為該國最小的一省；首府 Charlottetown [ˋʃɑrlətˏtaʊn; ˈʃɑːləttaun]》.

prince·ling [ˋprɪnslɪŋ; ˈprinsliŋ] *n.* Ⓒ幼君；小君主；小王子。

prínce·ly **《**prince 的形容詞**》**—*adj.* (**prince·li·er**；**-li·est**) **1** 王子[皇太子]的，王侯的。**2 a** 像王子[王侯]的，適合王子[王侯]身分的。**b** 壯麗的，堂皇的。**c** 有威儀的，有高尚氣質的。**d** 〈金額、贈品〉慷慨的，豪華的，豐富的。
—*adv.* 像王子[皇太子]地，適合王子[皇太子]身分地。

prínce róyal *n.* Ⓒ (*pl.* **princes royal**) (王或女王的)長子，大王子，(皇)太子。

prince's-feath·er [ˋprɪnsɪzˋfɛðɚ; ˈprinsizˈfeðə] *n.* Ⓒ《植物》雞冠花《一種莧屬植物》。

***prin·cess** [ˋprɪnsɪs; prinˈses, ˈprinses] **《**女性的 prince**》**—*n.* Ⓒ [常 P~] **1** 公主。**2** 王妃。**3** (英國以外的)公爵夫人(cf. duchess 1). **4** 美麗[有魅力]的女人。
the Prínces of Wáles ⇨ Wales.
—*adj.* [用在名詞前]緊腰身式的，公主線條的〈女裝〉《指腰線無縫接，下襬寬大，貼身的衣服》。

***prin·ci·pal** [ˋprɪnsəpḷ; ˈprinsəpl] **《**源自拉丁文「最初的」之義**》**—*adj.* [用在名詞前] (無比較級、最高級) **1** 主要的；首要的；第一的，領頭的：the ~ rivers of the world 世界的主要河流/a ~ cause of his failure 他失敗的一個主要原因。
2《文法》主要的：a ~ clause 主要子句《在複合句中僅本身即可成為獨立句子的子句：例 *I'll go* if it is fine.；cf. SUBORDINATE clause》/a ~ verb 主動詞/the three ~ parts 動詞的三個主要形式《在英文中指現在式、過去式和過去分詞》。
—*n.* **1** Ⓒ [常 P~] **a** (學校、大學等的)校長。**b** 長官，首長，董事長。**2** Ⓒ [常 ~s]主角。**3** [用單數]《商》本金，資本；基本財產：~ and interest 本金和利息，本利。**4** Ⓒ《法律》**a** [常 ~s] (對代理人(agent)而言的)本人：the ~ and accessory 主犯與從犯。**b** 主犯：the ~ in the first [second] degree 一級[二級]主犯《分別指實際犯案的主犯與從犯》。**5**《建築》主要屋架，主材。
~·**ly** *adv.*

príncipal bóy *n.* Ⓒ《英》**1** [常用單數] (在啞劇(pantomime)中的)男主角《通常由女演員扮演》。**2** 扮演男性角色的女演員。

prin·ci·pal·i·ty [ˏprɪnsəˋpælətɪ; ˌprinsiˈpæləti] *n.* **1** Ⓒ公國，領地，封邑。**2** [**the P~**]《英》威爾斯(Wales)的俗稱。**3** [**principalities**]掌權天使《九天使中的第七級；cf. hierarchy 4》.

prin·cip·i·a [prɪnˋsɪpɪə; prinˈsipiə] *n.* **principium** 的複數。

prin·cip·i·um [prɪnˋsɪpɪəm; prinˈsipiəm] *n.* (*pl.* **-i·a** [-ɪə; -iə]) **1** Ⓒ原理；原則。
2 [**principia**]基本原理；基本原則。

***prin·ci·ple** [ˋprɪnsəpḷ; ˈprinsəpl] **《**源自拉丁文「最初」之義**》**—*n.* **1** Ⓒ **a** (事所依據之根本)原理，原則；(自然、邏輯等的)法則，公理：first ~*s* 第一原理，本原/the ~ of causality 因果律/the ~*s of* economics 經濟學原理。**b** 〔+ *that*__〕〈…的〉原理，原則；法則：The ~ was established *that* the chairman should change yearly. 主席應每年更換的原則已確定。
2 Ⓒ **a** 主義，基本方針，政策〔*of*〕：as a matter of ~ ＝by ~ 當作原則的問題，按照原則，原則上《★ by ~無冠詞》/on the ~ *of* mak*ing* hay while the sun shines 根據把握時機的原則/It is my ~ to decide everything on the spot. 凡事當機立斷是我的原則。**b** 〔+ *that*__〕〈…的〉原則：on the ~ *that* peace is essential 根據和平為不可或缺的這個原則。
3 Ⓤ [~s] (成為正邪基準的)道義，道德，節操：a man of ~ [no ~]有[無]節操的人。
4 Ⓒ **a** 根源，本質：the vital ~ 活力，精力。**b** 素因；原動力：the ~*s* of human nature 人性的原動力[本原]。**c**《化學》素，要素，精：bitter ~*s* 苦味素/a coloring ~ 染色素。
in príncìple 原則上，大體上。
on príncìple 按照[根據]原則，從道德上的觀點。

prín·ci·pled *adj.* **1** 有節操的，講道義的；根據主義[原則]的。**2** [構成複合字]有…原則的，原則[節操]…的：⇨ high-principled.

prink [prɪŋk; priŋk] *v.* ＝primp.

‡print [prɪnt; print] **《**源自拉丁文「壓」之義**》**—*v.t.* **1** 〔+受〕**a** 印刷，出版，發行〈書等〉：The publisher ~*ed* 500,000 copies of the dictionary. 出版商將那本字典印了五十萬本/A hundred volumes of his poems were ~*ed.* 他的詩集印了一百冊。**b** 〈印刷機〉印刷〈紙〉。**2** 〔+受(+介+(代)名)〕〔在…〕壓〈印等〉；印，印染〈花樣[版畫]〉〔於…〕〔*on, upon, in*〕：~ a pattern *on* a piece of cloth 在一塊布上印花樣。**3** 〔+受(+介+(代)名)〕在〈布料〉上印染〔…〕，印〔…的〕花樣於…〔*with*〕：~ calico *with* a flower pattern 在白棉布上印染花的圖樣。**4** 〔+受(+副)〕曬印〈照片〉〔*off, out*〕：~ (*off* [*out*]) a negative 曬印[沖印]底片。**5** 〔+受+介+(代)名〕把…銘記在〔心、記憶〕，使…留下印象〔於…〕〔*on, upon*〕：The scene is ~*ed* **on** my memory. 那情景深印在我的記憶裡。**6** 〔+受〕用印刷體寫…：P~ your name clearly.

用印刷體清楚地寫出你的名字。

—v.i. 1 印刷；出版。**2** [與 well 等狀態副詞連用]〈底片〉曬印[洗]（得…）：This paper ~*s* well. 這種紙很好印底片。**3** 用印刷體寫。

print óut 《*vt adv*》《電算》(以印字機(printer))印出…(cf. printout).

—n. 1 Ⓤ**印刷**；印刷字體：in large [small] ~ 用大[小]字體印刷/⇨ fine print/in ~ 印好的，已出版的；〈書等〉在銷售中/out of ~ 絕版的/put...into ~把…付印[出版]/rush into ~〈作者〉倉卒出版[在報上發表]。**2** Ⓒ **a** 印刷物《★比較 在教室裏分發的「講義」稱 handout》. **b** 《美》出版物；(尤指)報紙。**3** Ⓒ **a** [常構成複合字]痕跡，印痕：the ~ of a foot on the sand 留在沙上的足跡/⇨ footprint, fingerprint. **b** [常 ~s]《口語》指紋(fingerprint). **4** Ⓒ [常用單數]《文語》印象；臨別紀念〔*on, upon*〕. **5** Ⓒ **a** 版畫《木版、石版等》：a ~ from [by] Smith = a Smith ~ 史密斯的版畫。**b** 《攝影》(印出的)照片：⇨ blueprint. **6** Ⓒ壓出來的東西：a ~ of butter (用模子壓出的)奶油塊。**7** Ⓤ [指個別產品時爲Ⓒ]印染布，印花布：cotton ~ 印花棉布/India ~ 印度花紋印花布。

print·a·ble [ˋprɪntəbl; ˈprintəbl] *adj.* **1 a** 可印刷的。**b** 適合印刷的，有出版價值的，可出版的。**2** 可沖印的。**3** 可壓印成型的。

print·ed *adj.* **1** 印好的：~ matter 印刷品《★用法 標示於郵件上》/a ~ circuit 印刷電路。**2** 印染的，印花紋的：~ cotton 印花棉布/~ goods 印染布料。

printed-pàper *adj.* 《英》印刷品的。

printed pápers *n. pl.* 《英》印刷品。

print·er *n.* Ⓒ **1 a** 印刷(業)者；印刷商。**b** 印刷工人；排字工人。**2** 印刷機。**3** 《電算》印字裝置，印表機，打印機《一種印字[記錄]的輸出裝置，用以將符號化的文字或記號印成可辨讀的形式》。

prínter's dévil «源自手、臉等被印刷油墨染汚»**—n.** Ⓒ 印刷廠的學徒。

prínter's ínk *n.* Ⓤ [指個別產品或種類時爲Ⓒ]印刷用的油墨。

***print·ing** [ˋprɪntɪŋ; ˈprintiŋ] *n.* **1** Ⓤ**印刷**(術，業)。**2** Ⓒ(印刷品)一次印的份數，印刷次數，版次：a first ~ of 100,000 copies 第一版十萬部。**3** Ⓤ(用手寫的)印刷體字。

prínting hòuse *n.* Ⓒ印刷廠。

prínting ìnk *n.* Ⓤ [指個體時爲Ⓒ]印刷用的油墨。

prínting machìne *n.* Ⓒ《英》印刷機。

prínting òffice *n.* Ⓒ印刷廠。

prínting prèss *n.* Ⓒ印刷機。

prínting shòp *n.* Ⓒ印刷廠。

print·less [ˋprɪntlɪs; ˈprintlis] *adj.* 不留痕跡的。

prínt·òut *n.* Ⓒ《電算》(使用印字裝置的)印出；打印出來的文字[記號](cf. PRINT out).

prínt·sèller *n.* Ⓒ版畫店；版畫售賣者。

prínt·shòp *n.* Ⓒ **1** 印刷廠。**2** 版畫店。

pri·or[1] [ˋpraɪɚ; ˈpraiə] «源自拉丁文「前面的」之義的比較級»**—adj.** (無比較級、最高級) **1** (↔ posterior) **a** [用在名詞前](時間、順序)**在前的**，在先的：a ~ engagement 早先的約定/~ consultation 事前的協議。**b** [不用在名詞前][十介十(代)名]〔比…〕前的，〔較…〕早的〔*to*〕《★用法 不用 than》：My appointment to the post was ~ *to* yours. 我被任命該職較你爲早。**2 a** [用在名詞前]**更重要的，優先的**：a ~ right 優先權。**b** [不用在名詞前][十介十(代)名]〔比…〕重要的，優先的〔*to*〕《★用法 與義 **1 b** 同》：Constitution is ~ *to* all other laws. 憲法優先於其他一切法律。

—adv. ★用於下面的成語。**prior to...** [當介系詞用]在…以前：*P~ to* the advent of the printing press, people had to copy by hand. 在印刷機問世以前，人們必須用手抄寫。

pri·or[2] [ˋpraɪɚ; ˈpraiə] *n.* [常 P~] Ⓒ **1** 小修道院院長(cf. priory). **2** 修道院副院長。

pri·or·ess [ˋpraɪərɪs; ˈpraiəris] «女性的 prior[2]»**—n.** [常 P~] Ⓒ **1** 小修道院女院長。**2** 修道院女副院長。

pri·or·i·tize [praɪˋɔrətaɪz, -ˋɑr-; praiˈɔritaiz] *v.t.* 以優先順位排列…。

pri·or·i·ty [praɪˋɔrətɪ; praiˈɔrəti] «prior[1] 的名詞»**—n. 1** Ⓤ(時間、順序上的)前，先；上位，上席〔*to*〕：his ~ of birth *to* his cousin 他較堂[表]弟早出生/according to ~ 依照順序，依次。**2 a** Ⓤ〔較…〕優先；優先權，先取權〔*over, to*〕：creditors by ~ 優先債權人/give ~ *to*... 把優先權給與…/take ~ *of*... 獲得…的優先權，比…優先/Your claim has ~ *over* his. 你的請求比他優先。**b** Ⓒ(應該)優先的事物：a first [top] ~ 最優先(事項)/get one's *priorities* right 正確地安排某人的優先事項。**c** Ⓤ(汽車行進的)優先權。

pri·o·ry [ˋpraɪərɪ; ˈpraiəri] *n.* Ⓒ小修道院《分獨立者以及在 abbey 之下者；其院長爲 prior 或 prioress》.

prise [praɪz; praiz] *v.* = prize[3].

prism [ˋprɪzəm; ˈprizəm] «源自希臘文「用鋸子鋸斷者」之義»**—n.** Ⓒ **1** 《光學》**稜鏡**，三稜鏡；分光光譜。**2** 《數學》稜柱(體)，角柱(體)：a regular ~ 正稜柱/a triangular ~ 三角稜柱。

pris·mat·ic [prɪzˋmætɪk; prizˈmætik] «prism 的形容詞»**—adj. 1** 稜鏡的，光譜的：~ colors 光譜的七色/~ binoculars [glasses] 稜鏡式雙目望遠鏡。**2** 《數學》稜柱(形)的，三稜形的。

pris·mát·i·cal·ly [-klɪ; -kəli] *adv.*

‡pris·on [ˋprɪzn; ˈprizn] «源自拉丁文「逮捕」之義»**—n. 1** Ⓤ [指設施時爲Ⓒ] **a** **監獄**，牢獄，拘留所：a state ~《美》州立監獄/be [lie] *in* ~ 在獄中，在服刑中/break (*out of*) ~ 逃獄，越獄/cast...*into* [put...*in* (*to*)] ~ 把…關進牢裡/go [be sent] *to* ~ 坐牢[被送入獄中]。**b** 監禁處，禁閉室。**2** Ⓤ監禁，禁閉。

P

príson brèak *n.* Ⓒ越獄。

príson brèaker *n.* Ⓒ越獄者。

príson brèaking *n.* Ⓤ越獄。

príson càmp *n.* Ⓒ戰俘集中營。

pris·on·er [ˋprɪznɚ; ˈpriznə] *n.* Ⓒ **1** **犯人**，囚犯，被監禁的人，(刑事)被告；俘虜：a political [state] ~ 政治[國事]犯/a ~ of war 戰俘(POW)/a ~'s camp 俘虜集中營/take [make] a person (a) ~ 俘虜某人《★常無冠詞》。**2** 被抓到的[被剝奪自由的]人[動物]：a ~ *to* one's room [chair] 離不開房間[椅子]的人《病人、殘障者等》/He made her hand (a) ~. 他抓住她的手。

prísoner's báse *n.* Ⓤ搶陣地[捉俘虜]遊戲。

príson hòuse *n.* Ⓒ監獄。

pris·sy [ˋprɪsɪ; ˈprisi] *adj.* (**pris·si·er; -si·est**)〈人〉潔癖而好挑剔的，服裝過於講究整潔的，拘謹的；煩人的。

prís·si·ly [-sļɪ; -sili] *adv.* **-si·ness** *n.*

pris·tine [ˋprɪstin, -tɪn, -taɪn; ˈpristain, -ti:n] *adj.* [用在名詞前]《文語》**1** 初期的，原始的，原始時代的。**2** 純樸的；保持本來面貌的，自然狀態的。

prith·ee [ˋprɪðɪ; ˈpriði] «源自 I pray thee» **—interj.** 《古》請你，求求你。

***pri·va·cy** [ˋpraɪvəsɪ; ˈprivəsi, ˈprai-] «private 的名詞»**—n.** Ⓤ **1** (不受他人干涉的個人的)**私生活**；隱私(權)：(an) invasion of ~ 隱私(權)的侵犯/in the ~ of one's thoughts 在內心深處/You must not disturb a person's ~. 你不可打擾他人的私生活。**2** 秘密，私下：I tell you this in ~. 我私下告訴你這件事。**3** 隱居，獨處：live in ~ 過隱居生活。

‡pri·vate [ˋpraɪvɪt; ˈpraivit] «源自拉丁文「拉開」之義»**—adj.** (**more ~; most ~**) **1** [用在名詞前](無比較級、最高級)**私人的**，(屬於)個人的，私人用的(↔ public)：a ~ car 自用車/a ~ door 便門，私人出入口/a ~ house 民宅/~ law 私法/a ~ room 私室，私人房間/one's ~ life 私生活/a ~ secretary 私人秘書/in my ~ opinion 依我個人的意見/in a ~ capacity 以個人身份[資格]。**2** **機密的**，守密的：Please keep this ~. 請守住這個秘密/He confided his most ~ secrets to me. 他對我吐露了心中的大秘密[隱私]。**3** [用在名詞前](無比較級、最高級)(↔ public) **a** **私立的**，民間的，私營的，私有的：~ enterprise 私人企業/a ~ detective [investigator,《口語》eye]私家偵探/a ~ railway 民營鐵路/a ~ school 私立學校。**b** 非正式的，不公開的：~ papers 手記，手書/a ~ view 預展[非公開展覽]/a ~ wedding 不公開的婚禮/*P~*《告示》禁止閒雜人進入；非請莫進。**4** [用在名詞前](無比較級、最高級)無官職的，平民的：a ~ citizen (沒有官職的)平民。**5 a** 〈人〉喜歡獨處的，不好社交活動的。**b** 〈場所等〉不引人注目的，隱密的，安靜的。**6** 秘密的：~ affairs 秘密的事，私事/a ~ letter 私人信件。

—n. Ⓒ **1** 《陸軍》列兵，二等兵。**2** [~s]《俚》陰部(private parts).

in private 秘密地，不公開地(↔ in public).

pri·va·teer [ˌpraɪvəˋtɪr; ˌpraivəˈtiə] *n.* Ⓒ **1** (昔時的)私掠船《戰時獲准攻擊敵船的私人武裝船隻》。**2** 私掠船的船長。

prívate hotél *n.* Ⓒ《英》(僅供熟人及經過介紹的人投宿之)特定旅館。

prí·vate·ly *adv.* 私下地，個人地；以私人身分。

prívate mémber *n.* Ⓒ《英》非內閣閣員之普通議員。

prívate párts *n. pl.* 《委婉語》陰部。

prívate sóldier *n.* Ⓒ列兵，二等兵。

pri·va·tion [praɪˋveʃən; praiˈveiʃn] *n.* **1** ⓊⒸ(生活必需品等的)欠缺，匱乏；窮困：die of ~ 因窮困而死/suffer many ~*s* 體驗過種種困苦。**2** Ⓒ [常用單數](生活上不可或缺之物的)喪失，剝奪，沒收。

priv·a·tive [ˋprɪvətɪv; ˈprivətiv] *adj.* **1** (某種性質)欠缺的。**2** 《文法》缺乏性質的；〈字首、字尾等〉否定的。

—n. Ⓒ《文法》缺性語[辭]《如表示缺乏屬性的 dumb, voiceless 等》；表否定的字首[字尾]《如 un-, -less 等》。

pri·vat·ize [ˋpraɪvəˌtaɪz; ˈpraivətaiz] *v.t.* 使…民營化；使…私營化。

priv·et [ˋprɪvɪt; ˈprivit] *n.* Ⓤ《植物》水蠟樹《常當籬笆用》。

P

priv·i·lege [ˈprɪvlɪdʒ; ˈprivilidʒ] «源自拉丁文「爲個人而設的法律」之義»—*n.* **1** Ⓤ Ⓒ **a** (與官職等連用)**特權**，特典，特別待遇：the water ~ 用水權/the ~*s* of birth 名門的特權/Our members have the ~ *of* us*ing* the lending service of the library. 我們的會員有享受圖書館借書服務的特權。**b** (議員在議會有免受責罰、自由發言、行動的)特權：a breach of ~ 對(議員等)特權的侵犯。**2** [用單數](個人的)恩典，(特別的)恩惠，名譽：It was a ~ to attend the ceremony. 出席那項典禮是一種殊榮。**3** [the ~](來自基本人權的)權利：*the* ~ of citizenship [equality] 公民[平等]權。
—*v.t.* 〔十受〕給與…特權《常以過去分詞當形容詞用；⇨ privileged 1》。

prív·i·leged *adj.* **1 a** 有特權的：the ~ classes 特權階級。**b** [不用在名詞前]〔十 *to* do〕被給與〈做…〉特權的，享有〈做…〉特權的：He was ~ *to* come at any time. 他有任何時候都可以來的特權。**2** 《法律》〈言論等〉免責權的《在特定的狀況下所享有之特權》。

priv·i·li·gent·si·a [ˌprɪvlɪˈdʒɛntsɪə; ˌprivili'dʒentsiə] *n.* Ⓤ特權階級。

priv·y [ˈprɪvɪ; ˈprivi] *adj.* **1** [不用在名詞前]〔十介十(代)名〕《文語》與聞[參與]〔…的〕秘密的〔*to*〕：I was made ~ *to* the secret. 我與聞該秘密。**2** 《古》隱密的，秘密的(secret)。
—*n.* Ⓒ《古》(尤指屋外的)廁所。

priv·i·ly [ˈprɪvlɪ; ˈprivili] *adv.*

Prívy Cóuncil *n.* Ⓤ [the ~；集合稱](英國的)樞密院《與國政有關的國王私人顧問的集合體；現在爲名譽職位；略作 P.C.；★ 用法 視爲一整體時當單數用，指全部個體時當複數用》。

Prívy Cóuncillor *n.* Ⓒ(英國的)樞密院官員，樞密顧問官《略作 P.C.》。

prívy pùrse *n.* [the ~；常 P~ P~]《英》(國王的)私人的支出費用，私財。

Prívy Séal *n.* [the ~](英國的)御璽《過去用在一般不需用國璽(great seal)的公文上》。

the Kéeper of the Prívy Séal 《英》掌璽官(cf. Lord Keeper)。

prix fixe [priˈfiks; ˌpri:ˈfi:ks] «源自法語»—*n.* (*pl.* ~s) Ⓒ **1** 客飯；有定價的一分餐食；和菜(table d'hôte)。**2** 客飯或和菜的定價。

‡**prize**[1] [praɪz; praiz] *n.* Ⓒ **1 a** (在競賽上給與優勝者的)**獎**，獎品，獎金，褒賞(★ 比較 reward 是對業務、努力等的報酬；award 是經過愼重的評審之後給與的獎賞)：the Nobel [Pulitzer] *P~* 諾貝爾[普立茲]獎/win [gain, carry off, take] a ~ at an exhibition 在展覽會上得獎。**b** (在學校因善行、優秀成績等而得到的)獎賞，優等獎：be awarded [given] a ~ *for* perfect attendance 獲得全勤獎。**c** (抽籤等的)贈品，獎金：draw a ~ in a lottery 中彩。
2 經由努力而獲取之物，值得競爭之物，貴重的物品：the ~*s* of life 人生的目標《人生中值得追求的事物，如財富、名譽等》/Good health is an inestimable ~. 健康是無上至寶。
—*adj.* [用在名詞前] **1** 當作獎品給與的，作爲獎品的：a ~ cup 獎杯/a ~ medal 優勝獎章。**2** 《口語・謔》該得獎的，一流的：a ~ idiot (到了該得獎之地步的)大傻瓜，超級白痴。**3** 入選的：a ~ bull (在評選會中)入選的公牛/a ~ novel 入選的小說。**4** 附有酬金[懸賞]的：a ~ contest 附有獎賞[懸賞]的比賽/⇨ prizefight.
—*v.t.* 〔十受〕重視，珍視；估價，評價…：my most ~*d* possessions 我最珍視的所有物。

prize[2] [praɪz; praiz] «源自拉丁文「捕捉」之義»—*n.* Ⓒ **1** (昔日的)捕獲物，戰利品；(特別是)擄獲的船隻；搶奪的財產：become (the) ~ *of* [*to*] ...爲…所捕獲/make a ~ of... 捕獲…。**2** 意外的收穫，偶然得到的珍品。

prize[3] [praɪz; praiz] *v.t.* **1 a** 〔十受十副詞(片語)〕撬開，挖出[剔出]…：~ *up* [*out*] a lid 撬開蓋子/~ a stone *from* a horse's hoof 從馬蹄裏剔出小石子。**b** 〔十受十補〕把…撬開〈成…〉：~ a door open 撬開一扇門。**2 a** 〔十受十副〕探聽出〈秘密等〉〈*out*〉。**b** 〔十受十介十(代)名〕〔從…〕探聽出〈秘密等〉〔*out of*〕：~ a secret *out of* a person 從某人那裏探聽出秘密。

príze dày *n.* Ⓒ [常 P~ D~](學校)一年一度的學業成績優良頒獎日。

príze·fight *n.* Ⓒ職業拳賽。

príze·fighter *n.* Ⓒ職業拳擊手。

príze·fighting *n.* Ⓤ職業拳擊。

príze·man [-mən; -mən] *n.* Ⓒ (*pl.* **-men** [-mən; -mən])《英》(大學)優等獎得獎學生。

príze mòney *n.* Ⓤ獎金。

príze rìng *n.* Ⓒ職業拳擊場。

príze·winner *n.* Ⓒ得獎者，優勝者。

pro[1] [pro; prou] «professional 之略»—《口語》*n.* Ⓒ (*pl.* ~s) 職業選手，專家，行家。
—*adj.* 職業選手的，專家的，行家的：a ~ boxer 職業拳擊手。

pro[2] [pro; prou] «prostitute 之略»—*n.* Ⓒ妓女。

pro[3] [pro; prou] «源自拉丁文「爲了…」之義»—*adv.* 贊成地：~ and con 從正、反兩方來…。
—*n.* Ⓒ [常 ~s] 贊成，贊成的議論；贊成票；贊成者：the ~*s* and cons 贊成與反對兩種論點[票數]；贊成者與反對者。

PRO [ˈpiˌarˈo; ˌpi:a:rˈou] *n.* Public Relations Officer.

pro(-)[1] 字首 **1** [pro-; prou-] **a** 代用…，副…：*pro*cathedral 代用大教堂。**b** 贊成…，親…(↔ anti-)：*pro*slavery 贊成奴隸制度的。**2** [prə-, pro-; prou-] [拉丁衍生語的字首] **a**「出」：*pro*duce. **b**「往前」：*pro*ceed. **c**「前」：*pro*fane. **d**「代理」：*pro*consul. **e**「公開」：*pro*claim. **f**「按照」：*pro*portion. **g**「代替」：*pro*noun.

pro-[2] [pro-; prou-] 字首 前…《★ 用法 科學用語》：*pro*gnathous, *pro*gnosis.

pro-am [ˈproˈæm; ˈprouˈæm] *adj.* 職業及業餘(選手)混合賽的。
—*n.* Ⓒ職業及業餘選手混合賽。

prob·a·bil·i·ty [ˌprabəˈbɪlətɪ; ˌprɔbəˈbiləti] «probable 的名詞»—*n.* **1** Ⓤ **a** 可能有[發生]的事〔*of*〕：Is there any ~ *of* his com*ing*? 他有可能來嗎？

【同義字】實現的可能性比 possibility 强，但較 certainty 弱。

b 〔十 *that*__〕〈…的〉可能，成算，或然率：There is every [no] ~ *that* he will take our side. 他很[不]可能站在我們這一邊/It lacks ~. 這缺乏可能性。**2** Ⓒ **a** 可能會有[發生]的事：It is a ~. 那是可能發生的/The ~ is that she will forget it. 她可能會忘記那件事/The *probabilities* are against us [in our favor]. 可能會對我們不利[有利]。**b** 〔十 *that*__〕〈…的〉可能性：There is a high ~ *that* it will rain toward evening. 傍晚下雨的可能性很大。**3** 《數學》**a** Ⓒ機率〔*of*〕. **b** Ⓤ機率論。**4** Ⓤ《哲》蓋然性。

in áll probabílity 大概，多半：*In all* ~, the employment situation will improve next year. 明年就業情形大概會轉好。

‡**prob·a·ble** [ˈprabəbl; ˈprɔbəbl] «源自拉丁文「證明(prove)」之義»—*adj.* (more ~; most ~) **1** (不確定)**可能有的，可能發生的**：the ~ cause of the fire 起火的可能原因/a ~ candidate 大有希望(獲選)的候選人，被預期的候選人/It's conceivable, but hardly ~. 那是可以想像得到的，可是幾乎不可能發生。

【同義字】probable 指雖無法完全確定，但極有可能發生的情形；possible 的可能性較小；likely 則介於 probable 與 possible 之間。

2 [不用在名詞前] [**it is ~ that...**]可能…，大概會…：It is (not) ~ that he will succeed. 他大概(不)會成功《★ 比較 不說成 He is (not) ~ to succeed. 或 It is (not) ~ for him to succeed. ★ 變換 可換寫成 He will probably (not) succeed.》。
—*n.* Ⓒ《口語》**1** 可能發生的事。**2** 被預期的[大有希望的]候選人[選手，出場者]。

‡**prob·a·bly** [ˈprabəblɪ; ˈprɔbəbli] *adv.* (more ~; most ~)**可能，十之八九**(⇨ perhaps【同義字】)：“Will you come?”—“*P~*.”「你會來嗎？」「或許會。」/I'll ~ be a little late. 我可能會稍微晚一點(到)。

pro·bate [ˈprobet; ˈproubeit, -bit] *n.* **1** Ⓤ《法律》遺囑認證(權)：*P~* Court 遺囑認證法庭。**2** (又作 **próbate cópy**) Ⓒ經過認證之遺囑。
—*v.t.* **1** 《美》認證〈遺囑〉。**2** 監護，監視教導〈緩刑者〉；處〈罪犯〉以緩刑。

pro·ba·tion [proˈbeʃən; prəˈbeiʃn, prou-] «probate 的名詞»—*n.* Ⓤ **1** 試用，審定。**2** 試用期間，實習(期間)。**3** 《美》(受罰學生的)留校察看期間。**4** 《法律》緩刑；(緩刑期間的)監護，監視教導：place [put] a person on [under] two years' ~ 判處某人緩刑兩年，對某人監護兩年。

on probátion (1)試用中。(2)實習中。(3)緩刑[監護]中。

pro·bá·tion·al [-ʃənl; -ʃənl], **-ar·y** [-ʃənˌɛrɪ; -ʃnəri] *adj.*

pro·bá·tion·er [-ʃənə; -ʃnə] *n.* Ⓒ **1 a** 見習生，(特別指宗教團體的)實習牧師。**b** 見習護士。**2** 緩刑中的被告者，緩刑犯。

probátion òfficer *n.* Ⓒ監護官，監督緩刑犯的官員。

pro·ba·tive [ˈprobətɪv; ˈproubətiv] *adj.* **1** 試驗的；嘗試用的。**2** 提供證明或證據的；立據的。

probe [prob; proub] «源自拉丁文「試驗」之義»—*n.* Ⓒ **1** (檢查傷口深度的)探針。**2** 嚴密的調查，徹底的探查。**3** 探測用的火箭[人造衛星，望遠鏡等]《用於探測太空等》：a lunar ~ 月球探測裝置[飛船]。
—*v.t.* **1** 用探針探查〈傷口〉。**2** 嚴密調查…：~ a person's feelings 查探某人的感情。
—*v.i.* 〔動(十介十(代)名)〕查明，探究〔眞相等〕〔*into*〕：~ *into* the causes of a crime 探究犯罪的原因。

pro·bi·ty [ˈprobətɪ; ˈproubəti] *n.* Ⓤ《文語》廉潔，誠實，正直。

‡**prob·lem** [ˋprɑbləm; ˈprɔbləm] «源自希臘文「被丟在前面的事物」之義» —*n.* Ⓒ **1** (尤指難解的)問題，疑問(⇨ question 3【同義字】)：solve a mathematical ～ 解答數學問題《★比較 一般而言，problem 之前的動詞用 solve；question 則用 answer》/tackle the ～ *of* adopt*ing* a new method 處理關於採用新方法的問題/We must discuss the ～ *of how to* prevent war. 我們必須討論如何防止戰爭的問題。**2** [常用單數]麻煩的人物，問題兒童；造成煩惱的原因：The boy is a ～. 那個少年是個難以管敎的兒童。

Nó próblem. 沒問題，OK.

—*adj.* [用在名詞前] **1** 有問題的，難以管敎的：a ～ child 問題兒童。**2** 有關社會問題的〈文學等〉：a ～ play (反映社會問題的)問題劇。

prob·lem·at·ic [ˌprɑbləˋmætɪk; ˌprɔbləˈmætik˝] «problem 的形容詞» —*adj.* 有問題的；可疑的；不確定的。

pròb·lem·át·i·cal [-tɪkḷ; -tikl˝] *adj.* = problematic.

～**·ly** [-kḷɪ; -kəli] *adv.*

pro·bos·cis [proˋbɑsɪs; prouˈbɔsis] *n.* Ⓒ (*pl.* ～**·es**, **-ci·des** [-səˌdiz; -sidi:z]) **1** (象等的)鼻子。**2** (昆蟲等的)針狀吻，長嘴。**3** 《謔》(人的)大鼻子。

probóscis mónkey *n.* Ⓒ《動物》長鼻猴。

pro·ce·dur·al [proˋsidʒərəl; prəˈsi:dʒərəl, prou-] «procedure 的形容詞» —*adj.* 程序上的；手續上的。

proboscis monkey

***pro·ce·dure** [prəˋsidʒɚ; prəˈsi:dʒə] «源自法語「向前進(proceed)」之義» —*n.* **1** Ⓒ (進行、行動的)手續，程序，順序〔*for*〕：the correct ～ *for* obtain*ing* a visa 取得簽證的正確手續。**2** Ⓤ Ⓒ 訴訟程序，議事程序：legal ～ 訴訟程序/a parliamentary ～ 議會[國會]程序；遵照議院法的程序/summary ～ 即決裁判程序，簡易訴訟程序/the code of civil [criminal] ～ 民事[刑事]訴訟法。

***pro·ceed** [prəˋsid; prəˈsi:d] «源自拉丁文「往前行」之義» —*v.i.* **1** 著手進行：**a** 〔動(＋介＋(代)名)〕開始，著手〔…〕〔*with*〕：Our course has been determined. Now let us ～. 我們的方針已經決定了，現在就著手進行吧！/Let us ～ *with* our lesson. 我們開始做功課[上課]吧！**b** 〔＋ *to* do〕開始〈做…〉：Then, he ～*ed to* light his pipe. 接著，他點燃他的煙斗。**2** (一度停止後繼續進行下一階段地)繼續：**a** 〔動(＋介＋(代)名)〕繼續〔…〕〔*with*〕：After a pause the runner ～*ed*. 跑者在歇口氣之後繼續往前跑/The speaker drank a glass of water and then ～*ed* *with* his speech. 演說者喝了一杯水後繼續他的演講。**b** 〔＋介＋(代)名〕(從某事)轉移[進行]〔至…〕〔*to*〕：Let us ～ *to* the next program. 我們進行[轉入]下一個節目吧！**c** 繼續說："In any case," he ～*ed*, "our course has been settled." 「不管怎樣，」他繼續說，「我們的路線已經決定了。」**3** 〔＋介＋(代)名〕《文語》繼續進行〔…〕〔*to*〕《★比較 go (on) 較爲口語化》：The explorers ～*ed* *to* the regions of snow and ice. 探險隊繼續往冰雪地帶前進。**4** 〔＋介＋(代)名〕〔由…〕發出，發生；出自〔…〕〔*from*〕：All these evils ～ *from* war. 所有這些弊害都是由戰爭造成的。**5** 〔＋介＋(代)名〕《法律》控訴〔…〕〔*against*〕：We shall ～ *against* transgressors. 我們將控訴違犯者。**6** 〔＋介＋(代)名〕《英大學》繼續攻讀〔比 B.A. 更高的學位〕〔*to*〕：～ *to* (the degree of) M.A. 繼續攻讀文學碩士學位。

pro·céed·ing *n.* **1** Ⓤ 進行，行動。**2** Ⓒ [常 ～s] 行爲，做法；手續；處置，處分：legal [illegal] ～*s* 合法[不法]處置。**3** [～s；常 P～] 議事錄，會報。**4** [～s]《法律》訴訟程序[行爲]：summary ～*s* 即決裁判程序，簡易訴訟程序/take [initiate] ～*s* (*against*...) (對…)提起訴訟。

pro·ceeds [ˋprosidz; ˈprousi:dz] *n. pl.* 營業額，收益：net ～ 淨收入，純益。

‡**proc·ess**[1] [ˋprɑsɛs; ˈprouses] «源自拉丁文「進行」之義» —*n.* **1** Ⓤ Ⓒ 過程，經過；作用；進行：the ～ of history 歷史的演進/the ～ of digestion 消化作用/in ～ 在進行中/in (the) ～ of... 在…的進行中/in ～ of construction 建築[工程進行]中/in ～ of time 隨時間的推移；逐漸地/They were *in* the ～ *of* form*ing* a plan. 他們正在擬定計劃。**2** Ⓒ (製造物品的)方法；程序，工程，處置〔*for*, *of*〕：The ～ *for* [*of*] mak*ing* steel is complex. 鋼鐵的製造工程很複雜。**3** Ⓒ《法律》訴訟程序；傳票：serve a ～ on... 對…發出傳票。**4** Ⓒ《解剖・動物・植物》突起，隆起：the alveolar ～ 齒槽突。**5** Ⓒ《印刷・攝影》製版(法)；照相製版：the three-color ～ 三色製版法。**6** Ⓒ《電算》處理《包括計算、組合、編譯、翻譯、產生等》。

—*adj.* [用在名詞前] **1** (以化學方法)加工處理的：⇨ process cheese. **2** 照相製版的：～ printing 彩色套印，三色版印刷。

—*v.t.* 〔＋受〕**1 a** 加工(貯藏)〈食品〉。**b** 化學(加工)處理〈廢物〉。**2** 沖印〈照片〉。**3** 調查分析〈資料等〉。**4**《電算》處理〈資訊、資料〉：～ information 處理資料。**5**《美》(用藥品)拉直〈卷曲的頭髮〉。

pro·cess[2] [proˋsɛs; prəˈses, prou-] «procession 的逆成字» —*v.i.* 〔＋副詞(片語)〕(在…)列隊行進。

prócess chéese *n.* Ⓤ [指單獨的製品時Ⓒ] 加工乳酪。

próc·ess·er *n.* = processor.

prócessing tàx *n.* Ⓤ Ⓒ 農產品之加工稅。

***pro·ces·sion** [prəˋsɛʃən; prəˈseʃn] «proceed 的名詞» —*n.* **1** Ⓒ 行列：a wedding [funeral] ～ 婚禮[葬禮]的行列/A ～ *of* graceful swans sailed majestically past. 成隊的優美天鵝威風凜凜地游過去。**2** Ⓤ (隊伍的)行進，進行：go [walk, march] in ～ 列隊而行[遊行]。**3** Ⓒ《運動》《英口語》慘敗。

pro·cés·sion·al [-ʃənḷ; -ʃənl] «procession 的形容詞» —*adj.* [用在名詞前] 行列的，前進的，遊行(用)的：a ～ march 行列的行進/a ～ cross 遊行用的十字架。

—*n.* Ⓒ《基督教》**1** 遊行儀式書。**2** 遊行時唱的聖歌。

próc·es·sor [-sɚ; -sə] *n.* Ⓒ **1**《電算》處理裝置，處理機：a word ～ 文字處理機。**2**《美》(農產品的)加工業者。

prócess sérver *n.* Ⓒ《法律》傳票送達員。

pro·claim [proˋklem; prəˈkleim, prou-] «源自拉丁文「喊叫」之義» —*v.t.* **1** 宣布《尤指國家大事》：**a** 〔＋受〕宣布，公布，宣告…：Peace was ～*ed*. 宣告和平了。**b** 〔＋受＋(*to be*)補〕宣告[公布]…〈爲…〉：The people ～*ed* him (*to be*) king. 人民擁他爲國王。**c** 〔＋ *that*＿〕宣布〈…事〉：The President ～*ed that* World War II was over. 總統宣布第二次世界大戰結束了。**2**《文語》顯示：**a** 〔＋受〕〈事、物〉顯示…：His face ～*ed* his sincerity. 他的臉顯示了他的眞摯。**b** 〔＋受＋(*to be*)補〕〈事、物〉顯示…〈是…〉：Such conduct ～*ed* him (*to be*) a fool. 這種行爲顯示他是個傻瓜(cf. 2 c)。**c** 〔＋ *that*＿〕〈事、物〉顯示〈…事〉：Such conduct ～*ed that* he was a fool. 這種行爲顯示他是個傻瓜(cf. 2 b)。

pro·cláim·er *n.*

proc·la·ma·tion [ˌprɑkləˋmeʃən; ˌprɔkləˈmeiʃn] «proclaim 的名詞» —*n.* **1** Ⓤ 宣布，布告，發布：the ～ of war 宣戰。**2** Ⓒ 宣言，聲明書，宣告書：issue [make] a ～ 發布公告[發表聲明]。

pro·clit·ic [proˋklɪtɪk; prouˈklitik] *adj.*《文法》連接發音(詞)的《在日常語言中，連同其後一字發音的，故而其自身無重音，如 to be or not to be 中的 to 字即是》。

pro·cliv·i·ty [proˋklɪvətɪ; prəˈklivəti, prou-] «源自拉丁文「斜坡」「傾向」之義» —*n.* Ⓒ **1** (尤指壞的)氣質，癖性，傾向〔*to*, *toward*〕：He has a ～ *to* [*toward*] violence. 他有暴力的傾向/a ～ *toward* steal*ing* things 偷東西的癖性。**2** 〔＋ *to* do〕〈從事…的〉癖性，傾向，性質：a ～ *to* steal 偷竊癖。

Proc·ne [ˋprɑknɪ; ˈprɔkni] *n.*《希臘神話》普洛克妮《Athens 王潘代安(Pandion)之女，後來變成了燕子；cf. Philomela 1》。

pro·con·sul [proˋkɑnsḷ; ˌprouˈkɔnsl] *n.* Ⓒ **1** (古羅馬的)地方總督。**2**《英》殖民地總督。

pro·con·su·lar [proˋkɑnsḷɚ, -sjələ; ˌprouˈkɔnsjulə˝] *adj.*

pro·con·su·late [proˋkɑnsḷɪt, -ˋkɑnsjəlɪt; ˌprouˈkɔnsjuleit] *n.* Ⓤ Ⓒ 地方總督[殖民地總督]之職位或任期。

pro·con·sul·ship [-ˌʃɪp; -ʃip] *n.* = proconsulate.

pro·cras·ti·nate [proˋkræstəˌnet; prouˈkræstineit] *v.i.*《文語》拖拖拉拉，耽擱，拖延。

pro·cras·ti·na·tion [proˌkræstəˋneʃən; prouˌkræstiˈneiʃn] «procrastinate 的名詞» —*n.* Ⓤ《文語》拖延，躭擱：*P*～ is the thief of time.《諺》拖延爲時間之賊[就是浪費時間]。

pro·cre·ate [ˋprokrɪˌet; ˈproukrieit]《文語》*v.t.* 生育，生殖；產生…。—*v.i.* 產子。

pro·cre·a·tion [ˌprokrɪˋeʃən; ˌproukriˈeiʃn] «procreate 的名詞» —*n.* Ⓤ《文語》生產，生殖。

pro·cre·a·tive [ˋprokrɪˌetɪv; ˈproukrieitiv] *adj.* 有生產[生殖]能力的。

pro·cre·a·tor [ˋprokrɪˌetɚ; ˈproukrieitə] *n.* Ⓒ 生產者；生育者；母親或父親。

Pro·crus·te·an [proˋkrʌstɪən; prouˈkrʌstiən] *adj.* [有時 p～] 硬使合於標準的，牽強附會的。

> 【字源】Procrustean 是希臘傳說中的普羅克拉斯提斯(Procrustes)的形容詞。他是一名强盜，把逮到的人平擺在鐵製床上，若身體比床長，就把伸出來的部份切掉；若身體比床短，就硬拉長，使符合床的長度。

proc·tor [ˋprɑktɚ; ˈprɔktə] *n.* Ⓒ **1** [常 P～]《法律》代理人，代訴人。**2**《英大學》(尤指 Oxford 與 Cambridge 大學的)學監，訓導長。**3**《美》監考人。

pro·cum·bent [proˋkʌmbənt; prouˈkʌmbənt] *adj.* **1** 俯伏的，趴的。**2**《植物》爬地的，匍匐的。

pro·cur·a·ble [proˋkjʊrəbl; prəˈkjuərəbl] *adj.* 可獲得的，可得到的。

proc·u·ra·tion [ˏprakjuˋreʃən; ˌprɔkjuəˈreiʃn] «procure 的名詞»——*n.* Ⓤ **1** 獲得。**2**《法律》代理(權)；委任狀：by [per] ～ 代理《略作 perpro(c).》. **3** 介紹妓女賣淫；淫媒。

proc·u·ra·tor [ˋprakjəˏretɚ; ˈprɔkjuəreitə] *n.* Ⓒ **1**《法律》(訴訟)代理人。**2**(古羅馬的)行政長官，地方稅吏。

pro·cure [proˋkjur; prəˈkjuə] «源自拉丁文「事先照顧」之義»——*v.t.* **1** (以努力、勞苦)獲得：**a** 〔十受〕獲得，取得；採購〈必需品〉：It was difficult to ～ food. 採購食品是困難的事。**b** 〔十受十受/十受十介十(代)名〕爲〈某人〉取得…；〔爲某人〕取得…〔*for*〕：My uncle ～*d* me employment.＝My uncle ～*d* employment ***for*** me. 我叔叔爲我謀得一份差事。**2** 〔十受(十介十(代)名)〕〔爲人〕介紹〈娼妓〉〔*for*〕. **3** 〔十受〕《古・文語》引起[招來]…：～ a person's death 導致某人的死亡。——*v.i.* 拉皮條。

pro·cúre·ment [-mənt; -mənt] «procure 的名詞»——*n.* Ⓤ **1** 獲得，取得；(必需品的)採購〔*of*〕. **2** (娼妓的)介紹。

pro·cur·er [-ˋkjurɚ; -ˈkjuərə] *n.* Ⓒ **1** 獲得者。**2** 介紹娼妓的人，拉皮條者。

pro·cur·ess [proˋkjurɪs; prəˈkjuəris] «女性的 procurer»——*n.* Ⓒ鴇母。

Pro·cy·on [ˋprosɪˏan, -sɪən; ˈprousjən] *n.*《天文》南河三(小犬座「*α*」).

prod [prad; prɔd] *n.* Ⓒ **1** 刺棒。**2** 刺，戳。**3** 刺激物。
——*v.t.* (**prod·ded**；**prod·ding**) **1** 〔十受(十介十(代)名)〕〔用…〕刺，戳…〔*with*〕：He *prodded* me in the side ***with*** his elbow. 他用手肘戳我脇下。**2 a** 〔十受〕刺激，喚起…：～ one's memory 喚起某人的記憶。**b** 〔十受十介十(代)名〕刺激…〔使轉變成…〕〔*to, into*〕：He *prodded* the lazy man ***into*** action by scolding. 他責罵那個懶人，激勵他有所作爲。
——*v.i.* 〔十介十(代)名〕刺，戳〔…〕〔*at*〕：～ ***at*** a bear 刺一隻熊。

prod·i·gal [ˋprɑdɪgl; ˈprɔdigl] *adj.* **1** 浪費的，放蕩的，揮霍的：the ～ son (回頭的)浪蕩子，(改過的)淫逸者《★源自聖經「路加福音」》。**2** 〔不用在名詞前〕〔十介十(代)名〕不吝惜〔…〕的，〔在…方面〕慷慨的〔*of*〕：He is ～ ***of*** praise. 他不吝於讚美。**3** 豐富的，大量的。——*n.* Ⓒ浪費的人；浪蕩子。～**·ly** [-glɪ; -gəli] *adv.*

prod·i·gal·i·ty [ˏprɑdɪˋgælətɪ; ˌprɔdiˈgæləti] «prodigal 的名詞»——*n.* Ⓤ **1** 放蕩，淫逸，揮霍，浪費。**2** 慷慨；豐富。

pro·di·gious [prəˋdɪdʒəs; prəˈdidʒəs] «prodigy 的形容詞»——*adj.* **1** 巨大的，莫大的。**2** 不可思議的，驚人的。～**·ly** *adv.*

prod·i·gy [ˋprɑdədʒɪ; ˈprɔdidʒi] «源自拉丁文「預言」之義»——*n.* Ⓒ **1 a** 非凡的人；天才。**b** 神童：a child ～＝an infant ～ 天才兒童，神童。**2** 不可思議之物；壯觀，奇觀：the *prodigies* of nature 自然界的奇觀。

‡**pro·duce** [prəˋdus, -ˋdjus; prəˈdjuːs] «源自拉丁文「引導於前」之義»——*v.t.* **1** 生產：〔十受〕**a** 生產〈穀物〉；結〈果實〉：The tree ～*s* big fruit. 這棵樹結大果實。**b** 製造，生產〈商品〉。**c** 製作〈作品等〉；畫〈畫〉，作〈詩〉；進行〈研究〉：That novelist ～*s* very little. 那個小說家創作極少。**d** 〈動物〉產〈子〉。
2 〔十受(十介十(代)名)〕〔從…〕提示，出示，拿出…〔*from*〕：*P*～ your proof. 拿出你的證據來！/I ～*d* my passport when asked to. 經要求我出示我的護照/He ～*d* his wallet ***from*** his trouser pocket. 他從褲袋裏取出錢包。
3 〔十受〕**a** 上演，演出〈戲劇等〉。**b** 製作〈電影、電視節目等〉。
4 〔十受〕引起，招來…：The musical has ～*d* a great sensation throughout the country. 這齣音樂劇已經在全國引起大轟動。
5 〔十受(十介十(代)名)〕《幾何》把〈線等〉延長，連結〔至…〕〔*to*〕：～ a line ***to*** a point 連結一線至某一點。
——*v.i.* **1** 出產。**2** 生產。**3** 創作。
——[ˋpradus, -djus; ˈprɔdjuːs] *n.* Ⓤ〔集合稱〕農產品。

pro·dúc·er *n.* Ⓒ **1** 生產者，製作者(↔ consumer). **2 a**《英》(戲劇、電影等的)導演(director). **b**《美》(戲劇等的)製作人。

prodúcer(s') gòods *n. pl.*《經濟》生產財(↔ consumer (s') goods).

pro·duc·i·ble [prəˋdusəbl, -ˋdju-; prəˈdjuːsəbl] *adj.* 可生產的；可製作的；可提出的；可延長的。

‡**prod·uct** [ˋprɑdəkt, -dʌkt; ˈprɔdʌkt] «源自 produce»——*n.* Ⓒ **1 a** 產物，生產品：natural ～*s* 天然產物/residual ～*s* 副產品/the ～*s* of genius 天才作品。**b** 製品：factory ～*s* 工廠製品。**2** 〔…的〕產物，結果，成果〔*of*〕：intellectual ～*s* 知性的產物，精神產品/a ～ ***of*** one's study 研究的成果。**3**《數學》(乘)積(⇨multiplication 2【說明】)。**4**《化學》化合物。

*__pro·duc·tion__ [prəˋdʌkʃən; prəˈdʌkʃn] «produce 的名詞»——*n.* **1** Ⓤ **a** 〔…的〕製造，製作，生產〔*of*〕：the ～ ***of*** arms 武器的製造。**b** 生產(量)。**2** Ⓒ製品；著作物，作品；(研究的)成果。**3** Ⓤ提供，提出，提示〔*of*〕. **4 a** Ⓤ演出，上演；(電影)製作。**b** Ⓒ上演的作品；製作的電影[節目]。**5** Ⓒ《口語》騷動，誇大的舉止：Don't make a big ～ out of it. 請不要誇張此事《別小提大做》。

prodúction contról *n.* Ⓤ(工廠之)生產管制。

prodúction line *n.* Ⓒ作業線，生產線。

*__pro·duc·tive__ [prəˋdʌktɪv; prəˈdʌktiv] «produce 的形容詞»——*adj.* (**more** ～；**most** ～) **1** 生產的，有生產力的：a ～ society 生產協會。**2** 〔不用在名詞前〕〔十介十(代)名〕產生〔…〕的，結果〔爲…〕的〔*of*〕：Poverty is ～ ***of*** crime. 貧窮產生犯罪。**3** 多產的，豐富的。**4**《經濟》產生利益的，營利的。
～**·ly** *adv.* ～**·ness** *n.*

pro·duc·tiv·i·ty [ˏprodʌkˋtɪvətɪ; ˌprɔdʌkˈtivəti] «productive 的名詞»——*n.* ⓊⒸ多產(性)，生產力，生產性；創作力。

pro·em [ˋproɛm, -ɪm; ˈprouem] *n.* Ⓒ《文語》序文，緒言。

prof [praf; prɔf] «professor 之略»——*n.* Ⓒ〔也用於稱呼〕《口語》教授。

prof., Prof.《略》professor.

prof·a·na·tion [ˏprafəˋneʃən; ˌprɔfəˈneiʃn] «profane 的名詞»——*n.* ⓊⒸ褻瀆神聖，冒犯；濫用(misuse).

pro·fane [prəˋfen; prəˈfein] «源自拉丁文「神殿外面」之義»——*adj.* **1 a** 褻瀆神聖的，汚神的。**b** 〈言語〉汚神的。**2 a** 世俗的；卑俗的。**b** [the ～；集合稱；當複數用]俗衆。
——*v.t.* **1** 玷汚…的神聖：～ the name of God 玷汚神名。**2** 濫用，誤用…。～**·ness** *n.*

pro·fan·i·ty [prəˋfænətɪ; prəˈfænəti] «profane 的名詞»——*n.* **1** Ⓤ冒瀆，不敬。**2** ⓊⒸ不敬[遭天譴]的言語[行爲]。

pro·fess [prəˋfɛs; prəˈfes] «源自拉丁文「公開說」之義»——*v.t.* **1 a** 〔十受〕聲稱，聲明，聲言…：He ～*es* a great dislike for me. 他聲言十分討厭我。**b** 〔十受十(*to be*)補〕[～ one*self*]聲稱[聲明]〈自己〉〈是…〉：He ～*ed himself* a supporter of the President. 他聲稱自己是總統的支持者/She ～*ed herself* convinced. 她聲稱自己已經明白了[同意了]。**c** 〔十 *that*__〕聲言〈…事〉：He ～*ed that* he was not happy with the idea. 他聲言自己並不滿意那個想法。**2 a** 〔十受〕自稱，裝作…：～ ignorance 自稱[假裝]不知道。**b** 〔十 *to* do〕裝作，自稱〈做…〉：I don't ～ ***to*** be a scholar. 我並未自稱是學者。**3** 〔十受〕《文語》告白[表白]對…的信仰，信仰…：What religion does he ～? 他信仰哪種宗教？**4** 〔十受〕《罕》**a** 以…爲業：～ law [medicine]當律師[醫生]。**b** 擔任…的教授；教授…：Mr. Jones ～*es* Romance languages. 瓊斯先生教授羅曼斯語。
——*v.i.* **1** 〔十介十(代)名〕聲明，宣稱〔…〕〔*to*〕：I don't ～ ***to*** an understanding of the matter. 我並沒有宣稱自己了解那件事。**2**《罕》表明信仰。

pro·féssed *adj.* **1** [用在名詞前]公然(宣稱)的：a ～ liar 公然說謊者。**2** [用在名詞前]宣誓加入修道會的。**3** 自稱的，假裝的：a ～ regret 僞裝的[表面上的]悔恨。

pro·féss·ed·ly [-sɪdlɪ; -sidli] *adv.* **1** 公然，公然宣稱地：He has ～ murdered many people. 他公然宣稱謀殺了很多人。**2** 表面上，僞裝地。

*__pro·fes·sion__ [prəˋfɛʃən; prəˈfeʃn] «profess 的名詞»——*n.* **1** Ⓒ(特指用腦的)職業，專業(⇨ occupation【同義字】)：by ～ 就職業而言(★無冠詞)。**2** Ⓤ [the ～；集合稱]同業者，同行《★用法 視爲一整體時當單數用，指全部個體時當複數用》：*the* medical ～ 醫學界。**3** ⓊⒸ宣布，宣言，表白〔*of*〕.

‡**pro·fes·sion·al** [prəˋfɛʃənl; prəˈfeʃənl] «profession 的形容詞»——*adj.* (**more** ～；**most** ～) **1 a** [用在名詞前](無比較級、最高級)(知識性)職業(上)的：～ education 職業教育/～ etiquette 同業間的禮儀[行規]。**b** 專家的，專業的：～ skill 專門技術，專業技術。**c** [用在名詞前](無比較級、最高級)從事知識性職業的，從事專門職業的：A lawyer or a doctor is a ～ man. 律師或醫生是從事專門職業的人。**2** (無比較級、最高級)職業性的(↔ amateur)：～ football 職業足球/a ～ golfer 職業高爾夫球手。**3** [用在名詞前](無比較級、最高級)《輕蔑》以從事…爲業的：a ～ politician 職業政客/a ～ beauty 以美貌爲業的人《模特兒等》。
——*n.* Ⓒ **1** 從事知識性職業的人，(技術)專家。**2** (與業餘選手相對的)職業選手。
túrn [**gò**] **proféssional** (業餘選手等)轉爲職業選手。

pro·fés·sion·al·ism [-ʃənlˏɪzəm; -ʃnəlizəm] *n.* Ⓤ **1** 專家[職業選手]的特性[氣質]。**2** 專業精神，專業主義。**3** 職業選手的身分[資格]。

pro·fes·sion·al·ize [prəˋfɛʃənlˏaɪz; prəˈfeʃnəlaiz] *v.t.* & *v.i.* (使…)職業化。

pro·fés·sion·al·ly [-ʃənlɪ; -ʃnəli] *adv.* **1** 職業上。**2** 專業地。

*__pro·fes·sor__ [prəˋfɛsɚ; prəˈfesə] *n.* Ⓒ **1** [也用於稱呼]教授《略作 prof., Prof.》：*P*～ Smith 史密斯教授《★用法 只有姓時，不用省略字 Prof.；cf. *Prof.* John Smith》/a ～ of English literature [the English language]英國文學[英語]教授/a ～'s chair 講座；教授的職位。

【說明】在美國指大學教師，論及等級時，其順序爲(full) professor, associate professor, assistant professor, instructor, assistant；在英國指大學教師的等級者，則有 professor, senior lecturer (又稱 reader), junior lecturer.

2 〔也用於稱呼〕(舞蹈、拳擊、戲法的)專家《誇張的自稱》。
3 a 聲明者，自稱者〔*of*〕. **b** 表白信仰者。

pro·fes·sor·ate [prəˋfɛsərɪt; prəˈfesərit] *n.* **1** Ⓤ Ⓒ 教授之職位或聘期。**2** [**the** ~] 教授之集合稱。

prof·es·so·ri·al [ˏprofəˋsorɪəl, ˏprafə-, -ˋsɔr-; ˌprɔfiˈsɔːriəl ˊ] «professor 的形容詞»—*adj.* 教授的，像教授的。～**·ly** *adv.*

proféssor·ship [-ˏʃɪp; -ʃip] *n.* Ⓤ Ⓒ 教授的職位[地位]：be appointed to a ~ 被聘爲教授。

prof·fer [ˋprafɚ; ˈprɔfə]《文語》*v.t.* **1** 提出，提供…：~ help 提供幫助。**2** 〔十受十受/十受十介十(代)名〕提供〈某人〉〈某物〉，將〈某物〉提供〔給某人〕〔*to*〕：We ~*ed* them the information.＝We ~*ed* the information *to* them. 我們向他們提供情報[信息]。
—*n.* Ⓒ 提供；提出；提供物。

pro·fi·cien·cy [prəˋfɪʃənsɪ; prəˈfiʃnsi] «proficient 的名詞» —*n.* Ⓤ 熟練，精通〔*in, at*〕：an English ~ test 英語能力測驗/attain ~ *in* spoken English 精通英語會話。

pro·fi·cient [prəˋfɪʃənt; prəˈfiʃnt] «源自拉丁文「前進」之義» —*adj.* (**more** ~；**most** ~) **1** 熟練的，精通的：a ~ pianist 熟練的鋼琴師。**2** 〔不用在名詞前〕〔十介十(代)名〕精通〔於…〕的，擅長〔於…〕的〔*in, at*〕：She is ~ *in* English. 她精通英文/He is ~ *at* repartee. 他擅長於機敏應答。～**·ly** *adv.*

pro·file [ˋprofaɪl; ˈproufail] «源自拉丁文「描繪輪廓」之義»—*n.* Ⓒ **1** (人，特別是臉部的)側面；(雕像的)側面像。**2** 輪廓，外形：⇨ low profile. **3** (報紙、電視等的)人物簡介。
in prófile (1)以側面。(2)由側面來看。
—*v.t.* **1** 〔十受〕畫…的輪廓[側面像]。**2** 〔十受十介十(代)名〕〔以…爲背景〕展現…的輪廓〔*against*〕《★常用被動語態》。

***prof·it** [ˋprafɪt; ˈprɔfit] «源自拉丁文「前進」之義»—*n.* **1** Ⓤ Ⓒ (金錢上的)盈利，利潤，收益(↔ loss) (⇨ benefit【同義字】)：clear [net] ~ 淨利/gross ~ 毛利/~ and loss 損益，損益類/make a ~ *on* (sales of) ... 在(出售)…上獲利/Newspapers make a ~ *from* [*out of*] the advertisements they carry. 報紙由其所刊登的廣告獲取利益/They sell it *at* a ~ of a thousand dollars. 他們賣掉它賺了一千美元。
2 Ⓤ 利益，好處：You will gain [get] ~ *from* your studies. 你將從唸書中獲得益處/I have read it *with* ~ [*to* my great ~]. 我讀完它之後獲益匪淺[大受裨益]/There is no ~ *in* complain*ing* [complaint]. 抱怨也得不到任何好處[無濟於事]。
—*v.i.* 〔十介十(代)名〕**1** 〔從…〕得到利益〔*by, from*〕：Who ~*s* *by* his death? 誰因他之死而得到利益？/A wise person ~*s by* [*from*] his mistakes. 智者由自己的過失中得到教益。
2 〔由…〕獲利〔*by, from*〕：I ~*ed* greatly *by* my travels in Europe and America. 我由赴歐美之行中獲益良多。
—*v.t.* **1** 〔十受〕《文語》對…有利，對…有益處：It will not ~ you to do so. 那樣做對你不會有益處的。
2 〔十受十受〕有利於〈人〉，有益於〈人〉：What will it ~ you? 那對你有什麼好處？

prof·it·a·ble [ˋprafɪtəbl; ˈprɔfitəbl] *adj.* (**more** ~；**most** ~) **1** 有利的。**2** 有益的。

próf·it·a·bly [-təblɪ; -təbli] *adv.* 有利地，有益地：You could have ~ stayed another year in Europe. 在歐洲再逗留一年對你有益。

prof·it·eer [ˏprafəˋtɪr; ˌprɔfiˈtiə] *n.* Ⓒ (乘物資不足時)獲取暴利者，牟取不當利益者。—*v.i.* 獲取暴利。

prófit·less *adj.* 沒有利益的，徒勞的。～**·ly** *adv.*

prófit màrgin *n.* Ⓒ 利潤率[幅度]。

prófit shàring *n.* Ⓤ 利益分配(制)。

prof·li·ga·cy [ˋprafləgəsɪ; ˈprɔfligəsi] «profligate 的名詞»—*n.* Ⓤ **1** 放蕩，品性不良。**2** 浪費。

prof·li·gate [ˋprafləgɪt; ˈprɔfligət, -git] *adj.* **1** 放蕩的，淫逸的。**2 a** 浪費的，揮霍的。**b** 〔不用在名詞前〕〔十介十(代)名〕浪費〔…〕的〔*of*〕. —*n.* Ⓒ 放蕩[淫逸]者。

***pro·found** [prəˋfaʊnd; prəˈfaund] «源自拉丁文「見底」之義»—*adj.* (~**·er**；~**·est**) **1 a** 〈人〉學問淵博的，造詣高深的：a ~ thinker 知識淵博的思想家；思考問題深刻的人。**b** 〈書籍、思想等〉深奧的，難理解的：a ~ doctrine 深奧的學說。**2** 來自內心深處的，由衷的；完全的：~ sympathy [gratitude] 由衷的同情[感謝]/He fell into a ~ sleep. 他熟睡了/She takes a ~ interest in music. 她對音樂極有興趣。**3** 《文語》深的。**4** 《古》極低的：make a ~ bow 深深地一鞠躬。

pro·fóund·ly *adv.* 深深地，深刻地；大大地：be ~ moved 深受感動/be ~ grateful 深深地感激。

pro·fun·di·ty [prəˋfʌndətɪ; prəˈfʌndəti] «profound 的名詞» —*n.* **1** Ⓤ 深奧，深沉，深度。**2** Ⓒ [常 ~**s**]《文語．謔》深淵；深邃的思想。

pro·fuse [prəˋfjus; prəˈfjuːs] «源自拉丁文「流至前面」之義»—*adj.* **1** 豐富的，大量的：~ apologies [thanks] 一再的道歉[感謝]/~ hospitality 豐盛的款待/~ bleeding 大量出血。**2** 〔不用在名詞前〕〔十介十(代)名〕〈人〉〔對…〕豪爽的，大方的，慷慨的；揮霍的〔*in, of, with*〕：He was ~ *in* his thanks for the gift. 他一再地感謝那件禮物/She is ~ *with* [*of*] her money. 她揮霍金錢。～**·ly** *adv.* ～**·ness** *n.*

pro·fu·sion [prəˋfjuʒən; prəˈfjuːʒn] «profuse 的名詞»—*n.* **1** Ⓤ [又作 **a** ~] 豐富，大量〔*of*〕：in ~ 豐富地，大量地/*a* ~ *of*... 很多的…，大量的…。**2** Ⓤ 浪費，奢侈。

pro·gen·i·tor [proˋdʒɛnətɚ; prouˈdʒenitə] «源自拉丁文「出生於前」之義»—*n.* Ⓒ **1** (人、動物等的)祖先。**2** 〔學問、流派等的〕開山祖，創始人〔*of*〕.

pro·gen·i·ture [proˋdʒɛnətʃɚ; prouˈdʒenitʃə] *n.* Ⓤ **1** 生育。**2** 子孫；後裔(progeny).

prog·e·ny [ˋpradʒənɪ; ˈprɔdʒəni] *n.* Ⓤ [集合稱] 子孫，後代《★ 用法 視爲一整體時當單數用，指全部個體時當複數用》。

pro·ges·ter·one [proˋdʒɛstəˏron; prouˈdʒestəroun] *n.* Ⓤ 《生理》黃體脂酮《一種結晶狀的荷爾蒙》。

prog·na·thous [ˋpragnəθəs, pragˋneθəs; prɔgˈneiθəs, ˈprɔgnəθəs] *adj.* 《解剖》下巴突出的。

prog·no·sis [pragˋnosɪs; prɔgˈnousis] *n.* (*pl.* **-no·ses** [-siz; -siːz]) Ⓤ Ⓒ **1** 《醫》預後《對生病過程的預測；cf. diagnosis》. **2** 預測。

prog·nos·tic [pragˋnastɪk; prɔgˈnɔstik ˊ] «prognosis 的形容詞»—*adj.* **1 a** 預測的，前兆的。**b** 〔不用在名詞前〕〔十介十(代)名〕預測〔…〕的〔*of*〕. **2** 《醫》預後的。
—*n.* Ⓒ **1** 前兆，徵兆〔*of*〕. **2** 預測。

prog·nos·ti·cate [pragˋnastɪˏket; prɔgˈnɔstikeit] *v.t.* 依據前兆而預測…，事先顯示…的徵兆。**-càtor** [-tɚ; -tə] *n.*

prog·nos·ti·ca·tion [pragˏnastɪˋkeʃən; prəgˌnɔstiˈkeiʃn] «prognosticate 的名詞»—*n.* **1** Ⓤ 預測，預言。**2** Ⓒ 前兆，徵兆。

***pro·gram** [ˋprogræm, -grəm; ˈprougræm] «源自希臘文「公然書寫」之義»—*n.* Ⓒ 《★ 拼法 《英》屬《電算》以外的語義，一般使用 programme》 **1** 節目；節目表(⇨ plan【同義字】)：a TV [radio] ~ 電視[收音機]節目。**2** 計畫，預定，預定表：What's the ~ *for* today? 今天的計畫是什麼？**3** (教育、科目的)課程(表)，(授課的)摘要。**4** (政黨的)綱領，政綱。**5** 《電算》程式《指示計算機處理資料的一連串指令或敍述》。**6** 《教育》(爲了促使主動學習而嚴謹分析、編排的)學習計畫。
—*v.t.* (**pro·grammed**, 《美》**-gramed**；**program·ming**, 《美》**-gram·ing**) **1 a** 〔十受〕製作…的節目，計畫…。**b** 〔十受十 *to* do〕爲〈做…〉擬計畫。**2** 《電算》把程式輸入〈電子計算機〉，爲…編製程序。**3** 爲〈自學教材〉配習題及題解。

prógram dirèctor *n.* Ⓒ (電臺等之)節目部主任。

prógram·er *n.* ＝programmer.

pro·gram·mat·ic [ˏprogrəˋmætɪk; ˌprougrəˈmætik ˊ] «program 的形容詞»—*adj.* **1** 計畫的。**2** 標題音樂的。

pro·gramme [ˋprogræm, -grəm; ˈprougræm] *n., v.* ＝program.

prógrammed léarning *n.* Ⓤ 《教育》(按照編列的課程)循序漸進的自學方式，利用有習題解答的教材進行的自學。

prógram·mer *n.* Ⓒ **1** 《美》《收音機．電視機》節目編排者。**2** 《電算》程式設計者；《教育》程序編製員。

prógram·ming *n.* Ⓤ 《電算》程式設計；《教育》編程序。

prógramming lánguage *n.* Ⓤ [有時 **a** ~] 《電算》程式設計語言(computer language).

prógram mùsic *n.* Ⓤ 《音樂》標題音樂(↔ absolute music).

prógram pìcture *n.* Ⓒ 低成本影片《常用作一場映兩部片子時的第二片》。

‡**prog·ress** [ˋpragrɛs, ˋpro-; ˈprougres] «源自拉丁文「往前」之義»—*n.* **1** Ⓤ 前進，進行：in ~ 進行中/A poker game was in ~ in the room. 當時房間裏有人正玩著撲克遊戲/make slow ~ toward the south 朝南慢慢前進。**2** Ⓤ 進步，發達，發展(↔ regress)：make ~ 進步，長進/make great [poor] ~ *in* (speak*ing*) English 英語(會話)大[少]有進步。

【同義字】progress 指朝著目標、方向不斷地進展；advance 爲程度提高，而 development 則是事物本身的特質提昇。

3 Ⓤ 經過，過程〔*of*〕. **4** Ⓒ 《古》巡行。
repórt prógress 報告進展情形。
—[prəˋgrɛs; prəˈgres] *v.i.* **1** 前進，進行，進展順利：The work hasn't ~*ed* very far. 工作沒有多大的進展。**2** 〔動(十介十(代)名)〕〔在…方面〕進步，發達〔*with, in*〕《★ 比較 常用 with》：How are you ~*ing with* your piano lessons? 你的鋼琴課進展到什麼程度？

pro·gres·sion [prəˋgrɛʃən; prəˈgreʃn] «progress 的名詞»—*n.* **1** Ⓤ[又作 **a** ~]〈階段式的〉前進；漸進。**2** Ⓒ《數學》級數：an arithmetic(al) [a geometric(al)] ~ 算術[幾何]級數，等差[等比]級數。

in progréssion 逐步地，漸進地。

pro·gres·sive [prəˋgrɛsɪv; prəˈgresiv] «progress 的形容詞»—*adj.* (**more** ~; **most** ~) **1** (無比較級、最高級)〈階段式〉前進的；漸進的：~ changes 漸進的變化/make a ~ advance 漸進。**2 a** 進步的，進展的。**b** 革新的；進步主義的(←→ conservative)。

【同義字】progressive 爲主張[贊成]政治、社會、教育等方面的改革；advanced 是在科學、思想、藝術等方面有高度的進展；radical 指意圖激烈地改革政治、社會、經濟等體制。

3 (無比較級、最高級) **a**〈病情〉進行性的，惡化的：~ paralysis 進行性麻痺。**b**〈稅等〉累進的：~ taxation 累進稅法。

4《文法》進行式的：the ~ form 進行式。

—*n.* Ⓒ **1** 進步論者。**2** [P~] 進步黨(員)。

~**·ly** *adv.* ~**·ness** *n.*

Progréssive Párty *n.* [the ~]〈美國昔日的〉進步黨。

pro·grés·si·vìsm [-vˌɪzəm; -vizəm] *n.* Ⓤ進步主義；進步黨員的政見；循序漸進的教育理論。

pro·grés·si·vist *n.* Ⓒ進步主義者。

pro·hib·it [proˋhɪbɪt; prəˈhibit, prou-] «源自拉丁文「壓在前頭」之義»—*v.t.* **1 a** [十受]〈根據法律或規定〉禁止…(⇨ forbid【同義字】)：~ the sale of alcoholic liquors 禁止販賣酒類。**b** [十 do*ing*] 禁止〈從事…〉：~ pupils' drink*ing* 禁止學生飲酒/Smoking (is) strictly ~*ed.* 嚴禁吸煙。**c** [十受十介十 do*ing*] 禁止…〔做…〕[*from*]：We are ~*ed from* smok*ing* on school grounds. 我們被禁止在校園內抽煙。**2 a** [十受]〈事、物〉妨礙，阻止…：Heavy rain ~*ed* the possibility of continuing the game. 豪雨妨礙了比賽的進行。**b** [十所有格十 do*ing*] 妨礙〈人的行爲〉：Heavy rain ~*ed* his go*ing* out. 豪雨使他無法外出(cf. 2 c)。**c** [十受十介十do*ing*] 阻撓〈人〉〔做…〕[from]：Heavy rain ~*ed* him **from** go*ing* out. 豪雨使他無法外出(cf. 2 b)。

pro·hi·bi·tion [ˌproəˋbɪʃən; ˌprouiˈbiʃn, ˌprouhi-] «prohibit 的名詞»—*n.* **1 a** Ⓤ禁止。**b** Ⓒ禁令。**2** Ⓤ **a** [常 P~] 禁止酒類的釀造與販賣。**b** [常 P~]〈美國的〉禁酒法實施期間(1920–33 年)。

prò·hi·bí·tion·ist [-ʃənɪst; -ʃnist] *n.* Ⓒ禁酒論者。

prohibítion láw *n.* [the ~]《美》禁酒法。

pròhibítion státe *n.* Ⓒ《美》禁酒州。

pro·hib·i·tive [proˋhɪbɪtɪv; prəˈhibitiv, prou-] «prohibit 的形容詞»—*adj.* **1** 禁止的。**2**〈價格〉非常高的，高得令人不敢問津的。

pro·híb·i·tive·ly *adv.*〈價格〉高得嚇人地，高得令人不敢問津地。

pro·híb·i·tor [-tɚ; -tə] *n.* Ⓒ禁止者；阻止者。

pro·hib·i·to·ry [proˋhɪbɪtorɪ, -tɔrɪ; prəˈhibitəri, prou-] *adj.*《文語》禁止的。

***proj·ect** [ˋprɑdʒɛkt, -dʒɪkt; ˈprɔdʒekt, -dʒikt] «源自拉丁文「投擲於前」之義»—*n.* Ⓒ **1** 計畫，企畫(⇨ plan【同義字】)：form [draw up] a ~ 訂計畫。**2** (大規模的)事業，企業。**3**《美》國民住宅(housing project)。

— [prəˋdʒɛkt; prəˈdʒekt] *v.t.* **A 1** [十受]計畫，企畫…：~ a new dam 計畫建造新水壩。**2** [十受]預料，預估，預算…：~ expenditures for the next year 預估明年的經費。

—**B 1** [十受(十介十(代)名)]投出，發射…〔至…〕[*into*]：A multistage rocket ~*s* missiles *into* space. 多段式火箭把飛彈發射至空中。

2 [十受(十介十(代)名)]投射〈光、影等〉〔於…〕；〔在…〕放映〈電影等〉[*on, onto*]：The tall oak ~*ed* a long shadow *on* the ground. 那棵高大的橡樹在地上投下長影/The film was ~*ed onto* the screen. 電影在銀幕上放映。

3 [十受] **a** 表現，反映，傳達〈感想、思想等〉：He ~*ed* his view of the world upon the events in his novel. 他把自己的世界觀反映在小說中。**b** [~ one*self*] 傳達自己的想法。

4 [十受十介十(代)名] **a** 把〈心、想像〉放置〔於…〕[*into*]：You must ~ your mind *into* the situation. 你必須設身處地考慮該情況。**b** [~ one*self*] 站在〔…的〕立場[*into*]：He tried to ~ *himself into* the hero's situation. 他試著站在主角的立場上思考問題。

5 [十受十介十(代)名]〈尤指〉把〈不好的態度、想法〉投射〔於他人〕[*onto, on, upon*]：He ~*s* his hostility *onto* others. 他對他人滿懷敵意。

6 [十受]《數學・地圖》**a** 投影於…。**b** 以投影法[平面圖法]描繪[繪製]…。

7 [十受]伸出〈舌頭等〉。

—*v.i.* **1** [動(十介十(代)名)]突出〔於…〕[*into, over*]：The breakwater ~*s* far *into* the sea. 防波堤一直伸向遠處的海面。**2** 傳達(思想)。**3** 投射(感情)。

pro·jec·tile [prəˋdʒɛktl, -tɪl; prəˈdʒektail] *adj.* [用在名詞前] 投射的，發射的，推進的：a ~ weapon 發射武器。

—*n.* Ⓒ投射物，發射物《尤指子彈，火箭等》。

pro·ject·ing [prəˋdʒɛktɪŋ; prəˈdʒektiŋ] *adj.* 突出的；凸出的。

pro·jec·tion [prəˋdʒɛkʃən; prəˈdʒekʃn] «project 的名詞»—*n.* **1** Ⓤ投射，發射，放射[*of*]。**2** Ⓤ **a**《繪畫》投影(法)，平面圖法。**b**《電影》放映。**3** Ⓒ投影畫。**4** ⓊⒸ主觀的投射。**5** Ⓒ突出(物)。**6** Ⓤ計畫。**7** Ⓒ預測，推定。

projéction bòoth *n.* Ⓒ(電影院的)放映室。

pro·jéc·tion·ist [-ʃənɪst; -ʃnist] *n.* Ⓒ **1** 放映師。**2** 電視操作師。

projéction ròom *n.* Ⓒ(電影)放映室。

pro·jec·tive [prəˋdʒɛktɪv; prəˈdʒektiv] «project 的形容詞»—*adj.* **1** 投影的，有投射力的：~ geometry 射影幾何學。**2**《心理》投射的。

pro·jéc·tor [-tɚ; -tə] *n.* Ⓒ **1 a** 投射器，投光器。**b**《電影》放映機。**2** 計畫者。

Pro·kof·iev [prəˋkɔfɪəf, -ˌɛf; prəˈkɔfief], **Ser·gei Ser·ge·e·vich** [sɪrˋgje sjɪrˋgjɛjɪvjɪtʃ; sjiəˈgjei sjiəˈgjejivjitʃ] *n.* 普羅高菲夫《1891–1953；俄國作曲家》。

pro·lapse [ˋprolæps; ˈproulæps] *n.* Ⓤ《醫》(身體內部器官之)脫出；脫垂。—*v.i.* 脫垂；脫出。

pro·late [ˋprolet; ˈprouleit] *adj.*《數學》扁長的。

prole [prol; proul] «proletarian 之略»—*n.* Ⓒ無產階級者；貧窮的人。

pro·le·gom·e·non [ˌprolɪˋgɑmɪnən; ˌprouleˈgɔminən] *n.* (*pl.* **-e·na** [-ɪnə; -inə]) 序言；序文；緒論。

pro·lep·sis [proˋlɛpsɪs; prouˈlepsis] *n.* (*pl.* **-lep·ses** [-siz; -si:z]) ⓊⒸ **1** 預期；預料。**2**《修辭》預辯法。**3**《文法》預期的賓詞法。**4**《哲學》感覺(知覺)概念。**5** 早記日期《即比實際發生之日期較早》。

pro·lep·tic [proˋlɛptɪk; prouˈleptik] *adj.* **1** 預期的，預料的。**2**《修辭》預辯法的。**3**《醫》早發的。

pro·le·tar·i·an [ˌproləˋtɛrɪən; ˌprouliˈtɛəriən] «源自拉丁文「不以財產，而以子孫貢獻國家的人」之義»—*n.* Ⓒ無產階級的人(←→ bourgeois)。

—*adj.* 無產階級的：~ literature 無產階級文學。

pro·le·tar·i·at [ˌproləˋtɛrɪət; ˌprouliˈtɛəriət] *n.* Ⓤ [集合稱；常 **the** ~] 無產階級(←→ bourgeoisie)《★用法 視爲一整體時當單數用，指全部個體時當複數用》：the dictatorship of the ~ 無產階級獨裁[專政]。

pro·lif·er·ate [proˋlɪfəˌret; prouˈlifəreit] *v.i.* **1**《生物》(以分芽、細胞分裂的方式)增殖，繁殖。**2** 激增；擴散。

pro·lif·er·a·tion [proˌlɪfəˋreʃən; prouˌlifəˈreiʃn] «proliferate 的名詞»—*n.* **1** Ⓤ [又作 **a** ~] 激增，擴散：the ~ of nuclear weapons 核子武器的擴散。**2** Ⓤ《生物》增殖，繁殖。

pro·lif·ic [prəˋlɪfɪk; prəˈlifik] «源自拉丁文「子孫」之義»—*adj.* **1 a** 多產的。**b**〈植物〉結很多果實的。**2**〈作家等〉作品多的：a ~ writer 多產的作家。**3** [不用在名詞前] [十介十(代)名] **a** 生產很多〔…〕的，發生很多〔…〕的[*of*]：The area is ~ *of* crime. 該地區多犯罪案件。**b**〔…〕很多的，富〔於…〕的[*in*]：a period ~ *in* great artists 偉大藝術家輩出的時代。

pro·líf·i·cal·ly [-klɪ; -kəli] *adv.*

pro·lix [proˋlɪks, ˋproˌlɪks; ˈprouliks, prouˈliks] *adj.* 冗長的，嚕囌的。**pro·lix·i·ty** [proˋlɪksətɪ; prouˈliksəti] *n.*

pro·loc·u·tor [proˋlɑkjətɚ; prouˈlɔkjutə] *n.* Ⓒ **1** 會議之主席。**2** 代言人；發言人。

pro·logue, pro·log [ˋprolɔg, -lɑg; ˈproulɔg] «源自希臘文「前面的言詞」之義»—*n.* Ⓒ **1** (戲劇的)開場白，序幕；(長詩等的)序詩，序詞。**2**〔事件等的〕前兆，開端[*to*]。

pro·long [prəˋlɔŋ; prouˈlɔŋ] *v.t.* [十受]延長，加長…：~ a line [a visit] 把線加長[延長訪問]。

pro·lon·ga·tion [ˌprolɔŋˋgeʃən; ˌproulɔŋˈgeiʃn] «prolong 的名詞»—*n.* **1** Ⓤ延長[*of*]。**2** Ⓒ延長的部份；延長線[*of*]。

pro·lónged *adj.* 延長的，長期的：a ~ stay 長期滯留。

prom [prɑm; prɔm] «promenade 之略»—*n.* Ⓒ《口語》**1**《英》**a** = promenade. **b** [常 P~] = promenade concert. **2**《美》(高中生、大學生主辦的)舞會。

【說明】美國高中或大學最高年級學生的畢業舞會。男女配對穿著正式服裝參加，從晚上八點開始，有時持續到次日黎明。邊跳舞、邊學行頒獎、演出短劇、教師說臨別贈言等。

prom·e·nade [ˌprɑməˋned, -ˋnɑd; ˌprɔməˈnɑ:d] «源自拉丁文「散步」之義»—*n.* Ⓒ **1**《文語》(悠閒地)散步，騎馬，開車兜風。**2 a** 海濱的散步道路。**b**《罕》散步場。**3**《美》= prom 2.

—*v.i.* [動(十副詞(片語))]〔在…〕散步，閒步：People were *promenading about* the town. 人們在鎮上閒步[漫步]。

—*v.t.* **1** [十受(十副詞(片語))]帶著〈某人〉悠閒地(在…)散步：He often ~*s* his wife *along* the Thames Embankment. 他常常

帶太太沿著泰晤士河堤防散步。**2** 炫耀地帶著〈人、物〉散步：～ one's new wife 炫耀地帶著新婚妻子散步。

prómenade cóncert *n.* Ⓒ [有時 P～ c～] 逍遙音樂會，散步音樂會《場內不設座位，聽衆在演奏中或走動，或站著聽，現在通常指具有開放氣氛的音樂會》。

promenáde dèck *n.* Ⓒ《航海》散步甲板《頭等艙乘客專用》。

prom·e·nád·er *n.* Ⓒ **1** 散步者。**2**《英口語》常參加逍遙音樂會[散步音樂會]的人。

Pro·me·the·an [prəˋmiθɪən; prəˈmi:θjən] «Prometheus 的形容詞»—*adj.* 像普洛米修斯的：～ agonies 像普洛米修斯一樣的(刑罰的)痛苦。

Pro·me·theus [prəˋmiθjəs; prəˈmi:θju:s] *n.*《希臘神話》普洛米修斯《因盜天火給人類而受懲，被綁在岩石上，肝臟爲老鷹所啄食》。

pro·me·thi·um [prəˋmiθɪəm; prəˈmi:θiəm] *n.* Ⓤ《化學》鉕《稀土類元素；符號 Pm》。

prom·i·nence [ˋprɑmənəns; ˈprɔmənəns] «prominent 的名詞»—*n.* **1** Ⓤ顯著，卓越，傑出，名聲：come [bring] into ～ 顯著，出名[使…顯著或出名]。**2** Ⓒ突出，突起；顯著的場所；浮雕：a rocky ～ 多岩石的山丘。**3** Ⓒ《天文》日珥。

*__prom·i·nent__ [ˋprɑmənənt; ˈprɔmənənt] «源自拉丁文「向前突出」之義»—*adj.* (**more** ～；**most** ～) **1** **突起的**，浮雕的：～ eyes [teeth] 突眼[暴牙]。**2** (較周圍)**顯著的**，卓越的；傑出的；有名的：a ～ writer 卓越的作家。～·**ly** *adv.*

prom·ís·cu·i·ty [ˌprɑmɪsˋkjuətɪ; ˌprɔmiˈskju:əti] «promiscuous 的名詞»—*n.* Ⓤ **1** (性的)雜交。**2** 雜亂，攙雜，不加選擇。

pro·mis·cu·ous [prəˋmɪskjuəs; prəˈmiskjuəs] «源自拉丁文「摻合」之義»—*adj.* **1** 〈性關係〉雜交的，不分男女的。**2** 雜亂的，混雜的，不加選擇的：a ～ mass 混雜的羣衆/in a ～ heap 成雜亂的一堆。**3**《口語》不規則的，隨便的，荒唐的：～ eating habits 不規則的飲食習慣。～·**ly** *adv.* ～·**ness** *n.*

‡**prom·ise** [ˋprɑmɪs; ˈprɔmis] «源自拉丁文「往前送」之義»—*n.* **1** Ⓒ **a** **約定**，諾言：make a ～ 承諾[許下諾言]/keep [break] one's ～ *with* [*to*] Betty 遵守[違背]與貝蒂的約定/under ～ of secrecy 約定守住秘密《★under ～ 無冠詞》/A ～ is a ～. 諾言就是諾言《要堅守諾言》。

【同義字】promise 是指答應[約定]做什麼事；而 appointment 是指爲會面而做的約定。

b [＋ *to* do] 〈做…的〉約定：I am under no ～ *to* keep his secret. 我並沒承諾守住他的秘密/He broke his ～ *to* give the book back to me within a week. 他並沒遵守諾言在一週內把書還給我。**c** [＋ *that*__] 〈…的〉約定：I hope you will keep your ～ *that* the work will be finished before the end of this month. 我希望你能遵守，在本月底前完成這工作的諾言。

【說明】不遵守公開的承諾，也就是違反契約(contract)，會受罰(penalty)，但 promise 大都是個人之間的事。歐美社會很重視諾言，如果食言，人格會受質疑；cf. punctual【說明】

2 Ⓤ [又作 **a** ～] **前途**，希望，指望，可能性[*of*]：a writer *of* great ～ 前途無量的作家/show ～ *of* future greatness 顯示前途大有希望/He is full of ～. 他大有前途/The weather gave ～ *of* warmth. 天氣很可能變暖和。

the Lánd of Prómise ＝Promised Land.

—*v.t.* **1** **答應**，約定：**a** [＋受] 答應…：He ～*d* help. 他答應幫忙。**b** [＋受＋受/＋受＋介＋(代)名] 答應〈某人〉〈某事〉；[對某人] 答應〈某事〉[*to*]：She ～*d* me a reward.＝She ～*d* a reward *to* me. 她答應給我報酬。**c** [＋ *to* do] 答應〈做…〉：He ～*d* not *to* tell anyone. 他答應不告訴任何人。**d** [＋受＋ *to* do] 答應〈某人〉〈做…〉《★用法 *to* do 意思上的主語並非受詞，而是與句子的主語一致，這種構句不可使用被動語態》：I ～*d* him *to* be there at one. 我答應他一點鐘到那裏。**e** [(＋受)＋ *that*__] 答應〈某人〉〈…事〉：They ～*d* (us) *that* the work should be done before Saturday. 他們答應(我們)在星期六以前做好這件工作。**f** [＋引句] 答應…："I won't tell anyone," she ～*d*.「我不會告訴任何人，」她答道。

2 a [＋受] **有…的可能性**，**可望…**，**預示…**：A rainbow ～*s* fair weather. 彩虹預示會有好天氣/His boyhood did not seem to ～ much. 他的少年時代並未預示出他大有前途。**b** [＋ *to* do] 可望，可能〈做…〉：It ～*s* *to* be fine this evening. 今晚可望放晴。

3 [＋受＋受] [～ one*self*] (暗自地)期待…：I ～*d myself* a holiday. 我盼望假日(的來到)。

—*v.i.* **1** 承諾，答應：It is one thing to ～ and another to perform. 承諾是一回事，履行是另一回事。

2 [與 well 等狀態副詞連用] **有可能性**，**可望**：The recent rapid progress in medicine ～*s* well for the future. 近來醫學長足的進步會給將來帶來希望。

I prómise (you) 我敢斷言，確實地，眞正地：I'm tired, *I* ～ *you.* 我眞的累了。

Prómised Lánd *n.* **1** [the ～]《聖經》許諾之地(cf. Canaan 1)；天國。**2** [the [a] promised land] 嚮往之地。

prom·is·ee [ˌprɑmɪˋsi; ˌprɔmiˈsi:] *n.* Ⓒ《法律》受約者(←→ promisor)。

prom·is·ing [ˋprɑmɪsɪŋ; ˈprɔmisiŋ] *adj.* (**more** ～；**most** ～) **有希望的**，有可能的：a ～ youth 有希望的青年/in a ～ state [way] 有希望；好轉/The weather is ～. 天氣可望好轉。～·**ly** *adv.*

prom·i·sor [ˋprɑmɪˌsɔr, ˌprɑmɪsˋɔr; ˈprɔmisɔr, ˌprɔmiˈsɔ:] *n.* Ⓒ《法律》要約人；立約者(←→ promisee)。

prom·is·so·ry [ˋprɑməˌsorɪ, -ˌsɔrɪ; ˈprɔmisəri] *adj.* **1** 約定的。**2**《商》約定支付的：a ～ note 本票，期票。

pro·mo [ˋpromo; ˈproumou] *n.* Ⓒ《俚》電視節目預告。

prom·on·to·ry [ˋprɑmənˌtorɪ, -ˌtɔrɪ; ˈprɔməntri, -tər-] *n.* Ⓒ岬，海角。

*__pro·mote__ [prəˋmot; prəˈmout] «源自拉丁文「往前移動」之義»—*v.t.* **1 a** [＋受(＋介＋(代)名)] 使〈某人〉昇級；擢陞〈某人〉[至…] [*to*]：The boys in Form III will soon be ～*d* *to* Form IV. 三年級的男孩們很快就會升上四年級了/Major Graves has been ～*d to* the rank of lieutenant colonel. 格雷弗斯少校已晉升爲中校。**b** [＋受＋補]《英》使〈某人〉昇級〈爲…〉《★用法 補語無冠詞》：He was ～*d* manager of the new workshop. 他晉升爲新工廠的經理。**2** [＋受] **a** 增進，促進，獎勵…：Kindness ～*s* peace. 親切的行爲可以促進和睦。**b** (在宣傳上)促銷，推銷〈商品〉。**3** [＋受] 努力促使〈法案〉通過：～ a bill in Parliament 努力促使法案在國會通過。**4** [＋受] **a** 籌設〈公司〉。**b** 主辦〈職業拳擊賽等〉的表演。**5** [＋受]《西洋棋》使〈小卒〉晉升爲女王，使…升格。

pro·mót·er *n.* Ⓒ **1** 增進者，助長者。**2 a** 獎勵者，贊助者。**b** [常用單數] 增進之物，促進劑。**c** (職業拳擊賽等的)主辦者。**3** (新公司的)發起人，創設者。

*__pro·mo·tion__ [prəˋmoʃən; prəˈmouʃn] «promote 的名詞»—*n.* **1 a** ⓊⒸ**晉升**，進級：get [obtain, win] ～ 晉升/*P*～ goes by seniority [merit]. 晉升以年資[功績]爲依據。**b** Ⓤ升遷[*of*]。**2 a** Ⓤ促進；提倡；獎勵；振興[*of*]：the ～ *of* health 健康的增進/the ～ *of* learning 學術的促進[學習的獎勵]。**b** ⓊⒸ促銷[*of*]。**3** Ⓒ促銷的商品。～·**al** *adj.*

pro·mo·tive [prəˋmotɪv; prəˈmoutiv] «promote 的形容詞»—*adj.* 促進的，助長的；獎勵的。

*__prompt__ [prɑmpt; prɔmpt] «源自拉丁文「提出來」之義»—*adj.* (～·**er**；～·**est**) **1** 〈行動等〉**迅速的**，**敏捷的**，立刻的，即時的：a ～ reply 迅速的答覆/a ～ decision 立即的決定。**2** [不用在名詞前] **a** [＋介＋(代)名] 〈人〉[在某事上]**敏捷的**，快速的[*in*]：He is ～ *in* his payments. 他的付款很快/He is ～ *in* carry*ing* out his duty. 他迅速完成自己份內的工作。**b** [＋ *to* do] 〈人〉〈做…〉快速的：He was ～ *to* act. 他行動快速。**3**《商》即時付款的：a ～ note 即期票據/～ cash 即時付現。

—*v.t.* **1 a** [＋受] 刺激，鼓舞，驅使〈人，行動〉：She was ～*ed* by hatred. 她受到仇恨的驅使。**b** [＋受＋ *to* do] 促使，鼓舞〈人〉〈做…〉：What on earth ～*ed* you to say such a strange thing? 是什麼原因促使你說出這樣的怪事？**c** [＋受＋介＋(代)名] 刺激，促使〈人〉[做出…] [*to*]：That has ～*ed* me *to* this conclusion. 那促使我做出這個結論。**2** [＋受] 喚起〈思想、感情〉，激起〈某種想法等〉：The sight ～*ed* pangs of regret. 那個景象激起了悔恨的痛苦。**3** [＋受] **a** 爲〈演員等〉提詞。**b** 從旁督促〈學習者〉。**c** 提供〈某人〉援助。

—*n.* Ⓒ **1 a** 刺激物。**b** (給忘記台詞之演員的)提詞。**2**《商》**a** 付款日期；欠帳償付日期。**b** 即時付款。

—*adv.*《口語》(時間)正確地：arrive at seven ～ ＝arrive ～ at seven 準七點到達。～·**ness** *n.*

prómpt·bòok *n.* Ⓒ《戲劇》提詞人使用的劇本。

prómpt bòx *n.* Ⓒ《戲劇》提詞人的座位《無法從觀衆席看到》。

prómpt·er *n.* Ⓒ **1** 激勵者，鼓舞者。**2**《戲劇》提詞人。

prompt·ing [ˋprɑmptɪŋ; ˈprɔmptiŋ] *n.* Ⓤ **1** [常 ～s] 鼓勵；刺激。**2** 提示。

prompt·i·tude [ˋprɑmptəˌtud, -ˌtjud; ˈprɔmptitju:d] «prompt 的名詞»—*n.* Ⓤ迅速；機敏；果斷。

prómpt·ly *adv.* **1** 敏捷地，即刻地，迅速地：They do things ～. 他們做事迅速俐落。**2** 準時地：He arrived ～ at 5 o'clock. 他準五點抵達。

prómpt sìde *n.* Ⓤ《英》面對觀衆時舞臺之左側《就觀衆論則爲「右側」》。

prom·ul·gate [prəˋmʌlget; ˈprɔmlgeit] *v.t.* **1** 頒布，公布〈法令〉。**2** 傳播，散播〈思想、信條等〉。

prom·ul·ga·tion [ˌprɑmʌlˋgeʃən; ˌprɔmlˈgeiʃn] «promulgate 的名詞»—*n.* Ⓤ **1** 頒布，公布[*of*]。**2** 傳播，普及[*of*]。

próm·ul·gà·tor [-tə; -tə] *n.* Ⓒ頒布者；傳播者。

pron.《略》pronominal；pronoun；pronunciation.

prone [pron; proun] «源自拉丁文「往前傾」之義»**—adj.** (**pron·er, -est; more ~, most ~**) **1** [不用在名詞前] **a** 〔十介十(代)名〕傾向〔於…〕的，有〔…之〕傾向的《通常指不好的事》〔*to*〕: He is ~ ***to*** idleness [superstition]. 他好偷懶[迷信]/I'm ~ ***to*** migraines. 我常患偏頭痛。**b** 〔十 *to* do〕容易〈做…〉的：He is ~ *to* get angry. 他動輒發怒。**2** (無比較級、最高級)〈人、位置〉向下的，俯伏的(cf. supine[1])：fall [lie] ~ 面向下跌倒[俯臥]。

~·ly *adv.* **~·ness** *n.*

prong [prɔŋ; prɔŋ] *n.* Ⓒ **1 a** 尖的器具。**b** 耙，乾草耙。**2 a** (叉子等的)叉尖(tine). **b** (鹿角的)尖部。

—*v.t.* **1** (用叉子、角等)刺…。**2** 〔十受十介十(代)名〕用耙子耙[掘翻]〈乾草、土〉〔至…〕〔*into*〕：~ dried grass ***into*** a barn 用耙子把乾草耙入倉內。

prong 2 a

pronged *adj.* **1** 有尖頭的。**2** [與數詞連用構成複合字] **a** 有…尖頭的：three-*pronged* 三叉尖的。**b** 〈攻擊〉來自…方面的：a two-*pronged* attack 兩面夾攻。

prong·horn [ˈprɔŋˌhɔrn; ˈprɔŋhɔ:n] *n.* Ⓒ (墨西哥與美國西部產的)叉角羚。

pro·nom·i·nal [prəˈnɑmənl; prəˈnɔminl] «pronoun 的形容詞»**—adj.** 《文法》代名詞的：a ~ adjective [adverb] 代名形容詞[副詞]。

pro·nóm·i·nal·ly [-nlɪ; -nəli] *adv.* 當作代名詞地。

***pro·noun** [ˈpronaun; ˈprounaun] *n.* Ⓒ《文法》代名詞《★本辭典以 *pron.* 的符號表示》。

pro·nounce** [prəˈnauns; prəˈnauns] «源自拉丁文「事先報告」之義»**—*v.t. **1** 〔十受〕發…的音：How do you ~ your name? 你的名字如何發音[唸]？/The 't' in 'often' is sometimes ~*d.* often 的 t 有時候也發音《★一般是 [ˈɔfən; ˈɔfn]，但 [ˈɔftən; ˈɔ:ftn] 亦可》。**2** (經過深思熟慮之後嚴肅地)宣布，公布：**a** 〔十受〕宣告，宣判…：Then judgment was ~*d.* 隨後就宣布了判決。**b** 〔十受十介十(代)名〕對…宣告，判決〔…〕〔*on, upon*〕：The judge ~*d* the sentence ***on*** the prisoner. 法官對被告宣告判決。**c** 〔十受十 (*to be*) 補〕宣告，宣稱…〈成…〉；斷言，斷定…〈爲…〉：She cut the apple and ~*d* it unripe. 她切開蘋果斷定它未熟/The patient was ~*d to be* out of danger. 病人經斷定已脫離危險。**d** 〔十受十過分(補)〕宣布，斷定…〈被…〉：He was ~*d* completely cured. 他被斷定完全治癒。**e** 〔十 *that*__〕宣布，斷定〈…事〉：The general ~*d that* the fortress was impregnable. 將軍斷言那座要塞是攻不下的。

—*v.i.* **1** [與 well 等狀態副詞連用]發音：He ~*s* well [badly]. 他發音很好[不好]。**2** 〔十介十(代)名〕**a** 〔對…〕表示意見，下判斷〔*on, upon*〕：I would not like to ~ ***on*** the issue. 我對那個問題不想表示意見。**b** 提出〔有利於…的〕意見，作〔有利於…的〕判決〔*for, in favor of*〕；提出〔不利於…的〕意見，作〔不利於…的〕判決〔*against*〕：The judge ~*d* ***against*** [***for, in favor of***] the accused. 法官作了不利[有利]於被告的判決。

pro·nounce·a·ble [prəˈnaunsəbl; prəˈnaunsəbl] *adj.* (音、字等)可唸出的，可發音的。

pro·nóunced *adj.* **1** 明確的，顯著的。**2** 斷然的。

~·ly [-sɪdlɪ; -sidli] *adv.*

pro·nóunce·ment [-mənt; -mənt] «pronounce *v.t.* 2, *v.i.* 2 的名詞»**—n.** Ⓒ **1** 宣言，聲明，發表，判決〔*on, upon*〕. **2** 〔十 *that*__〕〈…的〉宣言，聲明。

pron·to [ˈprɑnto; ˈprɔntou] «源自西班牙語»**—adv.** 《美俚》快速，馬上。

pro·nun·ci·a·men·to [prəˌnʌnsɪəˈmɛnto, -ˌnʌnʃɪ-; prəˌnʌnsiəˈmentou, -ʃiə-] *n.* (*pl.* **~s**) Ⓒ正式宣言《尤指革命宣言》；檄文。

***pro·nun·ci·a·tion** [prəˌnʌnsɪˈeʃən, -ˌnʌnʃɪ-; prəˌnʌnsiˈeiʃn] «pronounce *v.t.* 1, *v.i.* 1 的名詞»**—n.** **1** Ⓤ [指種類時爲Ⓒ] 發音，發音法：English ~ 英語發音/variant ~*s* of the word 該字的不同發音。**2** Ⓤ [又作 **a** ~] (個人的)發音：He has (*a*) good ~. 他的發音很好。

***proof** [pruf; pru:f] «prove 的名詞»**—n.** (*pl.* **~s**) **1** ⓊⒸ **a** 證明，證據〔*of*〕：positive ~ [~ positive] *of* his intention 他意向之確證/capable of ~ 能被證明/give (a) ~ *of* one's loyalty [affection] 證實自己的忠誠[愛情]/*In* ~ *of* [As (a) ~ *of*] his assertion, he produced a letter. 爲了證明他的說法，他拿出一封信。

> **【同義字】** proof 指意見、主張等具有令人信服的證據，evidence 指證明某種結論或判斷時所採用的證據；testimony 指證明某事眞僞的證據。

b 〔十 *that*__〕〈…的〉證明，證據：There is no ~ *that* he is guilty. 沒有他犯罪的證據。**2** Ⓒ **a** (品質、標準度的)試驗，考驗：put [bring] ... to the ~ 試驗…，考驗…/The ~ of the pudding is in the eating. 《諺》布丁好壞一吃就知[空言不如實證]。**b** 《數學》驗算。**c** 《幾何》證明。**3** Ⓤ (酒類的)標準酒精度：above [below, under] ~ 超過[低於]標準酒精度。**4** Ⓒ [常 **~s**] 《印刷》校樣：read ~*s* 校對/in ~ 依校樣《★無冠詞》。

—adj. **1** [不用在名詞前] 〔十介十(代)名〕耐〔…〕的，防〔…〕的〔*against*〕：He is ~ ***against*** bribery [flattery]. 他不爲賄賂[諂媚]所動。**2** 〈酒〉標準酒精度的：an 86-*proof* whiskey 標準酒精度八十六的威士忌。

—*v.t.* **1** 〔十受(十介十(代)名)〕使〈纖維質之物〉耐〔…〕；(尤指)使〈布〉防〔水〕〔*against*〕. **2** 〔十受〕《美》校對…。

-proof [-pruf; -pru:f] [形容詞複合用詞]表示「…不能穿透的」「耐…」「防…」之意：bullet*proof*, fire*proof*, water*proof*.

proof·read [ˈprufˌrid; ˈpru:fri:d] *v.t.* (**-read** [-ˌrɛd; -ˌred]) 校對。

próof·rèader *n.* Ⓒ校對員。

próof·rèading *n.* Ⓤ校對。

próof shèet *n.* Ⓒ [常 **~s**] 校樣。

próof spìrit *n.* Ⓤ 含標準酒精度的酒類《★在美國酒精含量爲 50%，英國 57.10%，日本爲 56.90%》。

prop[1] [prɑp; prɔp] *n.* Ⓒ **1** 支柱，支撐用的棍子。**2** 支持者，擁護者，後盾：the main ~ *of* a state 國家的棟梁。

—*v.t.* (**propped; prop·ping**) **1 a** 〔十受(十副)〕支撐住…〈*up*〉：~ (***up***) a roof 支撐住屋頂。**b** 〔十受(十副)十介十(代)名〕〔以…〕支撐…〔*with, by*〕：~ (***up***) a tree ***with*** a pole 用竿子支撐住樹木。**c** 〔十受十補(十介十(代)名)〕〔用…〕支撐…〈使成…狀態〉〔*with*〕：I *propped* the door open ***with*** the chair. 我用椅子撐開門。**2** 〔十受十副〕支持，支援〈人、物〉〈*up*〉. **3** 〔十受(十副)十介十(代)名〕使…倚靠〔在…〕〈*up*〉〔*against*〕：He *propped* his bicycle (***up***) ***against*** the wall. 他把自行車靠著牆壁放。

prop[2] [prɑp; prɔp] «propeller 之略»**—n.** Ⓒ《口語》推動者；推進器；螺旋槳。

prop[3] [prɑp; prɔp] «property 之略»**—n.** Ⓒ [常 **~s**] 《戲劇》道具。

pro·pae·deu·tic [ˌpropɪˈdutɪk, -ˈdju-; ˌproupi:ˈdju:tik] *adj.* 初步的；初階的；準備的。

—n. Ⓒ預備學科；[**~s**, 作單數用]初步教育，預備知識。

prop·a·gan·da [ˌprɑpəˈgændə; ˌprɔpəˈgændə] «源自 propagate»**—n.** Ⓤ (國家等組織的主義、教義之)宣傳《★用法 常用於輕蔑語，含有負面意味》：make ~ *for* [*against*] ... 宣傳…[進行反…之宣傳]。

prop·a·gan·dism [ˌprɑpəˈgændɪzəm; ˌprɔpəˈgændizəm] *n.* Ⓤ (主義、主張等之)宣傳；傳道。

pròp·a·gán·dist [-dɪst; -dist] *n.* Ⓒ (常指政治上的)宣傳者《★用法 常用於輕蔑語句》。

prop·a·gan·dize [ˌprɑpəˈgændaɪz; ˌprɔpəˈgændaiz] «propaganda 的動詞»**—**《★用法 常用於輕蔑語句》*v.t.* **1** 宣傳〈主義、教義等〉。**2** 對〈國家、社會〉進行宣傳。**—*v.i.*** 宣傳。

prop·a·gate [ˈprɑpəˌget; ˈprɔpəgeit] *v.t.* **1 a** 繁殖，增加…。**b** [~ one*self*] 繁殖：The trees ~ *themselves* by cuttings. 那些樹以插枝來繁殖。**2** 使…普及；宣傳，傳播〈思想等〉：Who is *propagating* that nonsense? 誰在傳播那種荒謬的想法？**3** 〔十受(十介十(代)名)〕〔透過…〕傳送〈聲音等〉〔*through*〕：Light is ~*d* ***through*** space in a straight line. 光以直線經由空中傳送。**4** 遺傳〈性質等〉。**—*v.i.*** 繁殖，增殖。

prop·a·ga·tion [ˌprɑpəˈgeʃən; ˌprɔpəˈgeiʃn] «propagate 的名詞»**—n.** Ⓤ **1** 繁殖〔*of*〕. **2** 宣傳；普及〔*of*〕. **3** 傳播〔*of*〕. **4** 遺傳〔*of*〕.

próp·a·gà·tor [-tɚ; -tə] *n.* Ⓒ **1** 繁殖者。**2** 宣傳者。

pro·pane [ˈpropen; ˈproupein] *n.* Ⓤ《化學》丙烷《碳氫化合物的一種，作爲燃料用》。

pro·pel [prəˈpɛl; prəˈpel] «源自拉丁文「往前推」之義»**—*v.t.*** (**pro·pelled; pro·pel·ling**) 推進，驅使，推動…(⇨ push【同義字】)：The ship is *propelled* by nuclear power. 這艘船是以核子動力來推動的/He was *propelled* by ambition. 他受到野心的驅使。

pro·pel·lant, pro·pel·lent [prəˈpɛlənt; prəˈpelənt] *adj.* 推進的，做爲推進用的。

—n. Ⓤ [指單獨製品及種類時爲Ⓒ] **1** (火箭等的)推進劑《燃料與氧化劑》。**2** (槍隻)發射藥。

pro·pel·ler [prəˈpɛlɚ; prəˈpelə] *n.* Ⓒ **1** 螺旋槳；推進器。**2** 推動者。

propél·ling péncil *n.* Ⓒ《英》自動鉛筆(《美》mechanical pencil)《★比較 a sharp pencil 指「筆心削尖的鉛筆」》。

propélling pówer *n.* Ⓤ推進力。

pro·pel·lor [prəˈpɛlɚ; prəˈpelə] *n.* ＝propeller.

pro·pen·si·ty [prəˈpɛnsətɪ; prəˈpensəti] *n.* Ⓒ《文語》**1** (天生的)〔喜好…的〕傾向，癖好，習性〔*for, to, toward*〕：His ~ *for* [*toward*] wonder and adventure was growing constantly. 他對

驚奇、冒險的癖好與日俱增/Little girls have a ~ *for* play*ing* with dolls. 小女孩有玩洋娃娃的習性。**2** 〔+ *to* do〕(天生的)〈做…的〉傾向, 習性：She has a ~ *to* exaggerate. 她有誇大的習性。

‡prop·er [ˈprɑpɚ; ˈprɔpə] «源自拉丁文「自己的」之義»—*adj.* (**more** ~ ; **most** ~) **1** (無比較級、最高級) **a** (符合目標、狀況) **適當的**, 適宜的：at ~ time 在適當的時候/in the ~ way 以適當的方法/as you think ~ 看你覺得怎麼樣適當[適宜]。**b** 〔+介+(代)名〕適合〔…〕的〔*for*〕：~ *for* the occasion 合時宜/He is the ~ person *for* the work. 他是從事該工作的適當人選。**c** [不用在名詞前] [it is ~ *that* 或 it is ~ *to* do] 當然的：*It is* ~ *that* you (should) deny the fact. = *It is* ~ for you *to* deny the fact. 你當然要否定那個事實《★用因《口語》常不用 should》.

2 a (符合社會禮儀) 規矩的, 高尚的, 舉止文雅[得體]的：a ~ young lady 舉止文雅的小姐/She is prim and ~. 她舉止端莊。**b** [用在名詞前] (無比較級、最高級) 英俊的；漂亮的, 美妙的：He is a ~ young man. 他是個英俊的青年。

3 [用在名詞前] (無比較級、最高級) **a** 正確的；嚴密的；原來的：in the ~ sense of the word 按這個字的原義/This watch keeps ~ time. 這個錶很準。**b** 《口語》眞實的 (real)。**c** [置於名詞後] 嚴格意義上的, 嚴格而言的, 眞正的：China ~ 中國本土/She lives in the City ~. 她住在該市市區。

4 [不用在名詞前] 〔+介+(代)名〕《文語》〔…〕特有的〔*to*〕：instincts ~ *to* mankind 人類特有的本能/a custom ~ *to* this country 這個國家特有的風俗。

5 [用在名詞前] (無比較級、最高級) [用於意思不好的字之前]《英》完全的：a ~ rascal 十足[徹頭徹尾]的無賴/a ~ stranger 完全陌生人。

6 [用在名詞前] (無比較級、最高級)《文法》專有的；專有名詞的：⇨ proper noun.

—*adv.* 《俚》完全地, 徹底地。

próper ádjective *n.* Ⓒ《文法》專有形容詞《如 American, Japanese 等》。

próper fráction *n.* Ⓒ《數學》眞分數。

prop·er·ly [ˈprɑpɚlɪ; ˈprɔpəli] *adv.* (**more** ~ ; **most** ~) **1 a 適當地**, 規矩地, 整齊地：He was ~ dressed. 他穿著整齊；他已經穿好衣服了。**2** [修飾整句] **理所當然地**：He very ~ refused. 他拒絕是理所當然。**3** 正確地, 正式地：He speaks English ~. 他說正式的英語。**4** 《英口語》完全地, 徹底地：The boxer was ~ beaten. 那個拳擊手徹底被打敗。

próperly spéaking = **spéaking próperly** = **to spéak próperly** 正確地說；嚴格地說。

próper mótion *n.* Ⓤ《天文》(恒星的) 自行《指恒星在天球上垂直於觀測者視線的視運動；通常以秒/年表示》。

próper nóun [**náme**] *n.* Ⓒ《文法》專有名詞。

próp·er·tied *adj.* [用在名詞前] 有財產的；(尤指) 擁有土地的：the ~ class(es) 有產階級；(尤指) 地主階級。

***prop·er·ty** [ˈprɑpɚtɪ; ˈprɔpəti] «源自中古英語「屬於自己的東西」之義»—*n.* **1** Ⓤ **a 財產**, 資產：a man of ~ 有資產的人/personal [real] ~ 動[不動]產。**b** [集合稱] 所有物：Is this your ~ ? 這是你的東西嗎？/ The secret is common ~. 那個秘密大家都知道。**2** ⓊⒸ 地產 (estate)：He has ~ [*several properties*] in the country. 他在鄉下有[有幾筆]地產。**3** Ⓤ [又作 **a** ~]《法律》所有權：~ *in* copyright 版權所有。**4** Ⓒ (某物的) 性質, 特性, 屬性〔*of*〕：the *properties of* iron 鐵的特性/Soap has the ~ *of* remov*ing* dirt. 肥皂具有去污的特性。**5** Ⓒ [常 **properties**]《戲劇》小道具《劇場中常作 props；在英國也包括服裝》。

próperty màn *n.* Ⓒ《戲劇》小道具管理員《★《英》也指服裝管理員》。

próperty tàx *n.* ⓊⒸ 財產稅。

proph·e·cy [ˈprɑfəsɪ; ˈprɔfisi] «源自 prophet»—*n.* **1** Ⓤ 預見(能力)。**2** Ⓒ **a** 預言：His ~ has come true. 他的預言應驗了。**b** 〔+ *that*_〕〈…的〉預言。

proph·e·sy [ˈprɑfəˌsaɪ; ˈprɔfisai] «prophecy 的動詞»—*v.t.* **1** 〔+受〕預言, 預告…：~ a storm 預告暴風雨。**2 a** 〔+ *that*_〕預言〈…事〉：He *prophesied that* war would break out. 他預言戰爭將爆發。**b** 〔+ *wh*._〕預言〈…〉：We cannot ~ *what* may happen. 我們無法預言會發生什麼。—*v.i.* 預言。

proph·et [ˈprɑfɪt; ˈprɔfit] «源自希臘文「預先說的人」之義»—*n.* Ⓒ **1 a 預言者**；告知神旨的人, 先知。**b** [**the P**~] (回教教祖) 穆罕默德 (Mohammed)：a follower of *the P*~ 回教教徒。**c** [**the Prophets**] (聖經舊約的) 預言書：⇨ Major Prophets 1, Minor Prophets 1. **2 a** 預知事物的人, 預告[報]者：a weather ~ 天氣預報員。**b** 《俚》(賽馬的) 預測者。**3** (主義等的) 提倡者〔*of*〕.

proph·et·ess [ˈprɑfɪtɪs; ˈprɔfitis] «prophet 的陰性»—*n.* Ⓒ 女預言者。

pro·phet·ic [prəˈfɛtɪk; prəˈfetik] «prophet, prophecy 的形容詞»—*adj.* **1** 預言者的, (似) 先知的。**2 a** 預言性的：It was a ~ statement. 那是預言性的聲明《後來成爲事實》。**b** [不用在名詞前] 〔+介+(代)名〕預言〔…〕的〔*of*〕.

pro·phét·i·cal [-tɪkl; -tikəl] *adj.* = prophetic.
~·**ly** [-klɪ; -kəli] *adv.*

pro·phy·lac·tic [ˌprofəˈlæktɪk, ˌprɑfə-; ˌprɔfiˈlæktik⁻] *adj.* 預防(疾病)的；性病預防的；避孕的。
—*n.* Ⓒ《醫》**1** 預防藥；預防法。**2** (性病) 預防器具；避孕用具；(男性用) 保險套。**prò·phy·lác·ti·cal·ly** [-klɪ; -kəli] *adv.*

pro·phy·lax·is [ˌprofəˈlæksɪs, ˌprɑfə-; ˌprɔfiˈlæksis] *n.* (*pl.* **-lax·es** [-siz; -si:z]) ⓊⒸ《醫》(疾病等的) 預防(法)。

pro·pin·qui·ty [proˈpɪnkwətɪ, -ˈpɪŋ-; prəˈpiŋkwəti] *n.* Ⓤ《文語》(時間、場所的) 接近；(關係的) 近親；類似〔*of, to*〕.

pro·pi·ti·ate [prəˈpɪʃɪˌet; prəˈpiʃieit] *v.t.* 安撫, 撫慰, 取悅…；使…息怒：offer a sacrifice to ~ the gods 供奉祭品以安撫諸神。

pro·pi·ti·a·tion [prəˌpɪʃɪˈeʃən; prəˌpiʃiˈeiʃn] «propitiate 的名詞»—*n.* Ⓤ 安撫, 撫慰；勸解〔*of*〕.

pro·pi·ti·a·to·ry [prəˈpɪʃɪəˌtorɪ, -ˌtɔrɪ; prəˈpiʃiətəri] «propitiate 的形容詞»—*adj.* 安撫的, 撫慰的；勸解的, 取悅的, 和解的。

pro·pi·tious [prəˈpɪʃəs; prəˈpiʃəs] *adj.* **1 a** 〈神〉慈悲的；表示善意的。**b** [不用在名詞前] 〔+介+(代)名〕〈運氣〉〔對…〕有利的〔*to, toward*〕. **2 a** 幸運的, 吉利的：a ~ sign [omen] 吉兆/the ~ moment 幸運的片刻。**b** 〔+介+(代)名〕〔對…〕有利的, 適合的〔*for, to*〕：~ weather *for* our trip 適合我們旅行的天氣。
~·**ly** *adv.*

próp·jèt *n.* Ⓒ《航空》渦輪螺槳飛機 (turboprop).

próp·màn *n.* = property man.

pro·po·nent [prəˈponənt; prəˈpounənt] *n.* Ⓒ **1** 提議者, 提案者, 主要提倡者〔*of*〕. **2** 支持者〔*of*〕.

***pro·por·tion** [prəˈporʃən, -ˈpɔr-; prəˈpɔ:ʃn] «源自拉丁文「爲了部分 (portion)」之義» —*n.* **1** ⓊⒸ **比例**, 比率〔*of*〕〔*to*〕：the ~ *of* births *to* the population 相對於人口數的出生率/a ~ *of* three *to* one 三對一的比例/*In* ~ *as* the sales increase the profit will rise. 銷售量增加利潤也成比例地增加[隨著銷售量的增加, 利潤也會相應地增加]/Their earnings are *in* ~ *to* their skill. 他們的收入與技術成比例。**2** Ⓤ **相稱, 調和, 配合, 均衡**〔*to*〕：due [proper] ~ 適當的配合, 調和/out of (all) ~ *to*... 與…(完全) 不相稱/His reputation bore no ~ *to* his ability. 他的聲譽與他的能力不相稱《指過好或過壞》/Scholars tend to lack a sense of ~. 學者往往缺乏冷靜地辨別輕重緩急的能力。**3** Ⓒ (分得的) 份, 部分《★用因視~ of 後面所接名詞之單數或複數而當單數或複數用》：obtain a ~ *of* the profit 獲得利潤的一份/A large ~ *of* the earth's surface is covered with water. 地球表面的大部分被水所覆蓋/A large ~ *of* people are engaged in the production of goods. 很多人[比例相當大的人] 從事商品的生產。**4** [~**s**] **a** (由美的觀點所看的) 均衡, 部分與整體的平衡：a woman of beautiful ~*s* 身材非常均勻的女人/a ship of fine ~*s* 一艘整體勻稱[堂皇]的船。**b** 大小, 面積, 容積：a building of gigantic ~*s* 一棟巨大的建築物。**c** 《謔》高大的身體, 大塊頭。**5** Ⓤ《數學》比例 (cf. ratio)：direct [inverse] ~ 正[反]比例/simple [compound] ~ 單[複]比例/in ~ 成比例。
—*v.t.* 〔+受(+介+(代)名)〕使…〔與…〕相稱, 使…〔與…〕成比例, 使…〔與…〕調和〔*to*〕：These rooms are well ~*ed*. 這些房間彼此很相稱/You must ~ your spending *to* your salary. 你必須使你的開支與你的薪水相均衡《量入爲出》。

pro·por·tion·a·ble [prəˈporʃənəbl, -ˈpɔr-; prəˈpɔ:ʃnəbl] *adj.* 相稱的；成相當比例的；可配合的。

pro·pór·tion·al [-ʃənl; -ʃənl] «proportion 的形容詞»—*adj.* **1** 平衡的, 相稱的, 均衡的。**2 a** 成比例的, 以比例而定的：~ representation (選舉上的) 比例代表制《略作 P.R.》。**b** [不用在名詞前] 〔+介+(代)名〕〔與…〕成比例的〔*to*〕：be directly [inversely] ~ *to*... 與…成正[反]比例。
—*n.* Ⓒ《數學》比例項：a mean ~ 比例中項。~·**ly** *adv.*

pro·por·tion·ate [prəˈporʃənɪt, -ˈpɔr-; prəˈpɔ:ʃnət] *adj.* = proportional. ~·**ly** *adv.*

pro·por·tioned [prəˈporʃənd, -ˈpɔr-; prəˈpɔ:ʃnd] *adj.* 成比例的；相稱的。

***pro·pos·al** [prəˈpozl; prəˈpouzəl] «propose 的名詞»—*n.* **1** Ⓤ Ⓒ [常 ~**s**] **a** 申請；提案；建議；計畫〔*of, for*〕：make [offer] ~*s of* [*for*] peace 提出和平建議, 求和/~*s for* increas*ing* international control 加强國際管制[監督]的提案。**b** 〔+ *to* do〕〈做…的〉提案：make a ~ *to* carry on negotiations 提出繼續交涉的提案。**c** 〔+ *that*_〕〈…的〉提議：the ~ *that* we (should) take a rest 我們該休息一會兒的提議《★用因《口語》大都不用 should》. **2** Ⓒ 求婚：make a ~ (of marriage) *to* a woman 向某女子求婚。

*__pro·pose__ [prə'poz; prə'pouz] «源自拉丁文「置於前」之義»——*v.t.* **1** 建議，提議(⇨ suggest[同義字])：**a** 〔十受〕提出，建議，提議〈計畫、動議等〉：The plans were ~*d* but not seconded. 那些計畫被提出，但未獲附議。**b** 〔十 do*ing*〕提議〈做…〉：He ~*d* tak*ing* a rest there. 他提議在那裡休息一下/He ~*d* our start*ing* at six. 他提議我們在六點出發。**c** 〔十 *that*__〕提議〈…事〉：He ~*d that* a doctor (should) be sent for. 他提議派人去請醫生《★[用法]《口語》大都不用 should》.

2 a 〔十受〕打算，計畫…：~ an attack 計畫攻擊。**b** 〔十 *to* do/十do*ing*〕計畫，打算〈做…〉《★[用法]〔十 *to* do〕與〔十 do*ing*〕雖屬同義，但後者主要用於義 1 b》：Where do you ~ *to* spend your holiday？你計畫在哪裏度假？《★[比較]較 Where are you going to spend...？形式化的說法》/He ~*d* writ*ing* a history of World War II. 他打算[計畫]寫一部二次世界大戰史。

3 〔十受(十介十(代)名)〕〈男子〉〔向女子〕求〈婚〉〔*to*〕：He ~*d* marriage ***to*** Margaret. 他向瑪格麗特求婚。

4 a 〔十受十介十(代)名〕推薦，提名…〔爲…〕〔*for*〕：I ~*d* her ***for*** membership. 我推薦她為會員。**b** 〔十受十 *as*補〕推薦，提名…〈當…〉：Mr. Johnson has been ~*d as* president of the society. 詹森先生已被推薦爲協會的會長。

5 〔十受〕(在宴會中)提議〈舉杯(祝賀)、乾杯〉《★常用於下面的片語》：~ a toast [a person's health]提議乾杯[祝某人健康]。

——*v.i.* **1** 提案，提議，建議：Man ~*s*, God disposes. ⇨ dispose *v.i.* 2.

2 〔十介十(代)名〕〈男子〉〔向女子〕求婚〔*to*〕：Have you ~*d **to*** her？你向她求婚了嗎？

pro·pós·er *n.* Ⓒ提出者，申請者，提案[提議，建議]者。

prop·o·si·tion [ˌprɑpə'zɪʃən; ˌprɔpə'ziʃn] «propose 的名詞»——*n.* **1** Ⓒ **a** (尤指商業上的)提案，提議，建議，計畫：a business ~ 事業計畫。**b** 〔十 *that*__〕〈…的〉提案，計畫：Nobody supported his ~ *that* part of the earnings (should) be pooled. 沒有人支持他把部分利潤作爲共同資金的提議《★[用法]《口語》大都不用 should》. **c** 《口語・委婉語》(對女子的性之)引誘，挑逗：He made her a ~. 他引誘她。**2** Ⓒ《口語》(商業交易等)條件的提出：make a person ~*s* of trade 向某人提出交易的條件。**3** [**a** ~；常與修飾語連用] **a** (必須處理、考慮的)事，工作，問題；事業，企業：*a* paying [workable] ~ 合算的[可行的]工作。**b** 難纏的對手，難應付的傢伙：He is *a* tough ~. 他是一個難應付的傢伙。**4** Ⓒ《數學》命題；定理。

——*v.t.* 挑逗〈異性〉。

pro·pound [prə'paund; prə'paund] *v.t.* 提出，提議〈問題等〉：~ a theory [question, riddle]提出學說[問題，謎語]。

pro·pri·e·tar·y [prə'praɪəˌtɛrɪ; prə'praiətəri] «property 的形容詞»——*adj.* [用在名詞前] **1** 所有者的，所有的：~ rights 所有權。**2** 獨佔的，專有的；專利的：~ medicines [drugs]專賣藥品。**3** 獨佔似的，壟斷似的。

propríetary cólony *n.* Ⓒ《美史》英皇特許之私人殖民地。

propríetary náme *n.* Ⓒ專利商標名稱《如 Kodak 等》。

pro·pri·e·tor [prə'praɪətɚ; prə'praiətə] *n.* Ⓒ **1** (商店、旅館、土地等的)所有人：a landed ~ 地主。**2** 經營者，業主。

pro·pri·e·tress [prə'praɪətrɪs; prə'praiətris] *n.* Ⓒ 女性的 proprietor，女所有人，女業主；女地主。

pro·pri·e·ty [prə'praɪətɪ; prə'praiəti] «與 property 同字源»——*n.* **1** Ⓤ (尤指男女間的或社會地位、年齡相異者之間的)禮節，規矩：a breach of ~ 無禮[失禮](的行爲)/with ~ 有禮地。**2** [the ~s]《文語》禮儀：observe *the proprieties* 遵守禮儀。**3** Ⓤ 適當，妥當；適宜。

props [prɑps; prɔps] *n. pl.* 《英俚》(小)道具。

pro·pul·sion [prə'pʌlʃən; prə'pʌlʃn] «propel 的名詞»——*n.* Ⓤ 推進(力)：jet ~ 噴射推進。

pro·pul·sive [prə'pʌlsɪv; prə'pʌlsiv] «propel 的形容詞»——*adj.* [用在名詞前]有推進力的，推進的。

próp wòrd *n.* Ⓒ《文法》支柱語；代替詞《置於形容詞或其相當字之後，使其具有名詞功能的字；例如 a white sheep and a black *one* 與 a white sheep and two black *ones* 中的 one 與 ones》。

pro·pyl·ene ['propəˌlin; 'proupəli:n] *n.* Ⓤ《化學》丙烯《無色有刺激性臭味的氣體，用作燃料或合成纖維的原料等》。

pro ra·ta [pro'retə; ˌprou'rɑ:tə, -'reitə] «源自拉丁文 'according to the reckoned (part)' 之義»——*adv.* 按[成]比例地。

——*adj.* 按[成]比例的。

pro·rate [pro'ret; prou'reit] «源自 *prorata*» ——*v.t.* 〔十受(十介十(代)名)〕《美》把…按照比率分配〔於…之間〕〔*between, among*〕：on the ~*d* daily basis 按照每日比例《計算的方式》/We ~*d* the interests ***among*** us. 我們把那些收益按照比率分配給自己。

pro·ro·ga·tion [ˌprorə'geʃən; ˌprourə'geiʃn] «prorogue 的名詞»——*n.* ⓊⒸ (議會等的) 休會。

pro·rogue [pro'rog; prə'roug, prou-] *v.t.* (在英國等)使〈議會〉休會。

pro·sa·ic [pro'zeɪk; prou'zeiik] «prose 的形容詞»——*adj.* **1** 散文(體)的。**2** 無聊的，乏味的；缺乏活力的；單調的，平凡的。

pro·sá·i·cal·ly [-klɪ; -kəli] *adv.*

pro·sa·teur [ˌprozə'tɝ; ˌprouzə'tə:] *n.* Ⓒ散文作家。

pro·sce·ni·um [pro'sinɪəm; prou'si:njəm] «源自希臘文「在舞台之前」之義»——*n.* Ⓒ [常 the ~]《戲劇》**1** 前(舞)台《幕與樂隊席之間的部分》。

2 (又作 **proscénium árch**)舞台前面用拱架圍起的部分。

pro·scribe [pro'skraɪb; prou'skraib] *v.t.* **1 a** 置〈人〉於法律保護之外；剝奪…的公權；放逐〈人〉。**b** (古羅馬)公布〈受刑者姓名〉。**2** (當作危險物而)禁止，排斥〈習慣等〉。

pro·scrip·tion [pro'skrɪpʃən; prou'skripʃn] «proscribe 的名詞»——*n.* Ⓤ **1 a** 公權的剝奪，放逐。**b** (古羅馬對放逐或死刑的)受刑人姓名的公佈。**2** 禁止，制止。

prose [proz; prouz] «源自拉丁文「率直的(言詞)」之義»——*n.* **1** Ⓤ散文；散文體(↔ poetry, verse)。**2** Ⓒ《英》翻譯練習題。

——*adj.* [用在名詞前] **1** 散文的：a ~ poem 散文詩/~ style 散文體。**2** 散文性質的；平凡的，單調的。

pros·e·cute ['prɑsɪˌkjut; 'prɔsikju:t] «源自拉丁文「跟隨前者」之義»——*v.t.* **1** 〔十受〕(踏實地)進行，執行，從事〈需要努力去做的工作等〉：~ a war 進行戰爭/~ an inquiry 進行調查/~ one's studies 從事研究。**2** 〔十受(十介十(代)名)〕〔因…而〕起訴，控告，告發〈某人〉〔*for*〕：Trespassers will be ~*d*. 非法侵入者將被起訴/He was ~*d **for*** exceed*ing* the speed limit. 他因超速而被告發。

——*v.i.* **1** 起訴。**2** (在審判時)擔任檢察官。

prós·e·cut·ing attórney *n.* Ⓒ《美》檢察官(public prosecutor)。

pros·e·cu·tion [ˌprɑsɪ'kjuʃən; ˌprɔsi'kju:ʃn] «prosecute 的名詞»——*n.* **1** Ⓤ執行，實行；從事，經營〔*of*〕：the ~ *of* one's duties 執行任務。

2 《法律》**a** ⓊⒸ起訴，控告，告發：a criminal ~ 刑事起訴。**b** Ⓤ [the ~；集合稱]起訴人；檢察當局《★[用法]視爲一整體時當單數用，指全部個體時當複數用；↔ defense》：a witness for *the* ~ 檢方的證人。

prós·e·cù·tor [-tɚ; -tə] *n.* Ⓒ **1** 《法律》檢察官。**2** 執行者，經營者。

pros·e·lyte ['prɑslˌaɪt; 'prɔsilait] *n.* Ⓒ **1** 變更宗教信仰者，改變主義[思想]的人。**2** (政治上)改入他黨者，變節者。

——*v.* ＝proselytize.

pros·e·ly·tize ['prɑsəlɪˌtaɪz; 'prɔsilitaiz] *v.t.* 使〈人〉改變宗教信仰[思想]，使…變節。

——*v.i.* **1** 改宗；變節。**2** 《美》(爲團體、球隊等)發掘會員[選手]。

Pro·ser·pi·na [pro'sɝpɪnə; prə'sə:pinə] *n.* 《羅馬神話》普蘿塞比娜《Jupiter 與 Ceres 之女；被 Pluto 帶到凡界當女王；相當於希臘神話中的 Persephone》。

Pros·er·pine ['prɑsɚˌpaɪn; 'prɔsəpain] *n.* ＝Proserpina.

pro·sit ['prosɪt; 'prouzit, -sit] «源自德語；拉丁文 'May it do you good' 之義» ——*interj.* 乾杯！祝您健康！《★乾杯祝賀成功的話》。

pro·slav·er·y [pro'slevrɪ, -vərɪ; prou'sleivəri] *adj.* 贊成奴隸制度的；《美史》(尤指)贊成保持黑奴制度的。

pro·sod·ic [prə'sɑdɪk; prə'sɔdik] *adj.* [用在名詞前] **1** 韻律學的，詩體論的。**2** 作詩法的。**pro·sód·i·cal·ly** [-klɪ; -kəlɪ] *adv.*

pros·o·dist ['prɑsədɪst; 'prɔsədist] *n.* Ⓒ韻律學者；詩體學者。

pros·o·dy ['prɑsədɪ; 'prɔsədi] *n.* Ⓤ作詩法；詩體論，韻律學。

*__pros·pect__ ['prɑspɛkt; 'prɔspekt] «源自拉丁文「看前方」之義»——*n.* **1** Ⓒ [常用單數；與修飾語連用] (尤指由高處的)眺望；風景，景色；(房屋等的)朝向：a house with a southern ~ 朝南的房屋/The hill commands a fine ~. (從)那座小山可俯瞰一片美景。

2 a Ⓤ [又作 **a** ~]預期，期待；希望〔*of*〕：a ~ *of* recovery 復原的希望/There is no [little, not much] ~ *of* his success. 他沒有[幾乎沒有，不太有]成功的希望/Is there any ~ *of* their win*ning* the game？他們有任何希望贏得比賽嗎？/*P*~ is often better than possession. 《諺》期待(擁有)往往勝過實際的擁有/They set up the company in the ~ of large profits. 他們期望獲得鉅額利潤而設立該公司。**b** [~s]成功[獲利(等)]的希望[展望]：a business with good ~*s* 有良好展望[遠景]的事業。**c** [~s]《文語》(成功的)希望，前途：He has good [no] ~*s*. 他有良好的[沒有]前途。

3 Ⓒ [常與修飾語連用] **a** 有前途的人；有希望的人。**b** 《美》可能成爲買主[客戶]的人。

4 Ⓒ《礦山》有希望的採礦地：strike a good [gold] ~ 掘到好[金]礦。

hàve...in próspect 有…的希望[可能性]；在計畫…：As yet we *have* nothing *in* ~. 到目前我們尚無任何展望[目標]/He *has* another business *in* ～. 他在計畫另一個事業。

in próspect 可預期的，有希望的：An abundant harvest is *in* ～. 豐收在望。

— [ˋprɑspɛkt; prəˋspekt, ˋprɔspekt] *v.i.* **1** 〔十介十(代)名〕〔爲尋求金、石油等而〕勘探，試掘〔*for*〕：～ ***for*** gold 勘探金(礦)。 **2** [與 well 等表示情況的副詞連用]有希望：This mine ～*s* well [ill]. 此礦很有[沒有]希望《有[沒有]探勘價值》。

—*v.t.* 〔十受(十介十(代)名)〕〔爲尋求金、石油而〕勘探，試掘〈某地〉〔*for*〕：～ a region ***for*** silver 勘探某地的銀(礦)。

pro·spec·tive [prəˋspɛktɪv; prəˋspektiv] «prospect 的形容詞»**—***adj.* 預期的，未來的；有希望的：my ～ son-in-law 我未來的女婿/a ～ customer 可能成爲買主的人。

pro·spéc·tive·ly *adv.* 可指望地，預期地。

prós·pec·tor [-tɚ; -tə] *n.* Ⓒ(礦山等的)勘探者，探礦者。

pro·spec·tus [prəˋspɛktəs; prəˋspektəs] *n.* Ⓒ **1 a** 創辦(公司等的)計畫書，(事業、計畫等的)發起書。**b** (私立)學校的入學簡介。**2** (即將出版的書等的)內容樣本。

pros·per [ˋprɑspɚ; ˋprɔspə] «源自拉丁文「順遂的」之義»**—***v.i.* **1** 〈事業等〉興隆，繁榮：His business has ～*ed.* 他的生意興隆。**2** 〈人〉成功：His father is ～*ing.* 他的父親諸事順遂。

—*v.t.* 〔十受〕《古》〈神〉使…繁榮，使…成功：May God ～ you！願上帝庇佑你成功！

pros·per·i·ty [prɑsˋpɛrətɪ; prɔˋsperəti] «prosper 的名詞»**—***n.* Ⓤ繁榮；成功。

pros·per·ous [ˋprɑspərəs; ˋprɔspərəs] «prosper 的形容詞»**—***adj.* (**more** ～；**most** ～) **1** 繁榮的，富裕的；(經濟上)成功的：a ～ farmer 富裕的農場主人/a ～ town 繁榮的城鎮。**2** 方便的，順利的，順遂的：～ weather 大好天氣/in a ～ hour 在方便的時刻，恰好，剛好。～**·ly** *adv.*

pros·tate [ˋprɑstet; ˋprɔsteit] 《解剖》*adj.* 攝護腺的：the ～ gland 攝護腺。**—***n.* Ⓒ攝護腺。

pros·ta·ti·tis [ˌprɑstəˋtaɪtɪs; ˌprɔstəˋtaitis] *n.* Ⓤ《醫》攝護腺炎。

pros·the·sis [prɑsˋθisɪs; prɔsˋθi:sis] *n.* (*pl.* **-the·ses** [-ˋθisiz; -ˋθi:si:z]) **1** Ⓤ人工彌補[補缺，修復]術。**2** Ⓒ人工彌補[補缺]物《如義肢、義腿、義手等》。

pros·thet·ics [prɑsˋθɛtɪks; prɔsˋθetiks] *n.* Ⓤ《醫》補缺學[術]，人工彌補學[術]。

pros·ti·tute [ˋprɑstəˌtut, -ˌtjut; ˋprɔstitju:t] «源自拉丁文「放在前面當出售品」之義»**—***n.* Ⓒ妓女，娼妓：a male ～ 男妓。

—*v.t.* **1** [～ one*self*]〈人〉賣淫，賣身。**2** 圖利而出賣〈名譽等〉，把〈才能等〉用於卑鄙的目的，濫用〈才能〉。

pros·ti·tu·tion [ˌprɑstəˋtuʃən, -ˋtju-; ˌprɔstiˋtju:ʃn] «prostitute 的名詞»**—***n.* Ⓤ **1** 賣淫，賣身。**2** 《文語》墮落，濫用〔*of*〕。

pros·trate [ˋprɑstret; ˋprɔstreit, -rit] «源自拉丁文「展開於前」之義»**—***adj.* **1 a** 俯臥的，匍匐的。**b** (爲表示屈服或尊敬而)俯伏的。**2** 《文語》〈國家等〉臣服的，降伏的。**3 a** 失去力氣的；沮喪的；疲憊的。**b** [不用在名詞前]〔十介十(代)名〕〔因…而〕精疲力盡的〔*with*〕：He is ～ ***with*** fatigue. 他疲憊不堪。**4** 《植物》匍匐性的，爬地的。

— [ˋprɑstret; prɔˋstreit] *v.t.* **1 a** 使〈人〉平卧。**b** [～ one*self*] 伏身，平伏：The old man ～*d himself* before the altar. 那個老人平伏[跪拜]在祭壇前。

2 使〈國家等〉臣服，使…降伏。

3 使〈人〉沮喪；使…衰弱《★常用被動語態，變成「精疲力竭」之意；介系詞用 *by, with*》：I *was* ～*d* ***by*** the heat. 我熱昏了。

pros·tra·tion [prɑˋstreʃən; prɔˋstreiʃn] «prostrate 的名詞»**—***n.* **1** ⓊⒸ平伏，伏身，跪拜：～ before the altar 在祭壇前的伏身[跪拜]。**2** Ⓤ沮喪；衰弱，疲勞：general [nervous] ～ 全身疲勞[神經衰弱]。

pros·y [ˋprozɪ; ˋprouzi] «prose 的形容詞»**—***adj.* (**pros·i·er**；**-i·est**) **1** 散文體[格調]的。**2** 平凡的；乏味的，單調的。

prós·i·ly [-zɪlɪ; -zili] *adv.* **-i·ness** *n.*

Prot. 《略》Protestant.

prot·ac·tin·i·um [ˌprotækˋtɪnɪəm; ˌproutækˋtiniəm] *n.* Ⓤ《化學》鏷《一種放射性稀金屬元素；符號 Pa》。

pro·tag·o·nist [proˋtægənɪst; prouˋtægənist] «源自希臘文「主要角色」之義»**—***n.* Ⓒ **1** [常 **the** ～] (戲劇的)主角；(故事等的)主人翁。**2** 〔思想、主義等的〕主要提倡者，領導者〔*of*〕。

prot·a·sis [ˋprɑtəsɪs; ˋprɔtəsis] *n.* Ⓒ (*pl.* **-a·ses** [-ˌsiz; -si:z]) 《文法》(條件句子的)條件子句(cf. apodosis)。

pro·te·an [ˋprotɪən, proˋtiən; prouˋti:ən, ˋproutjən] «Proteus 的形容詞»**—***adj.* **1** [P～] (海神)普羅透斯(Proteus)(似)的。**2** 《文語》變化自如的，千變萬化的，一人演幾個角色的。

‡pro·tect [prəˋtɛkt; prəˋtekt] «源自拉丁文「覆蓋於前」之義»**—***v.t.* **1 a** 〔十受〕(以遮蓋或看守的方法等)保護，庇護…：The outer cover ～*s* the inside. 外層的遮蔽物保護着內部/May God ～ you！願上帝保佑你！

【同義字】protect 指使用防衛性的東西防守以免遭受危險或損害；defend 指積極抵抗及排除逼近的威脅或攻擊以保安全；guard 是小心地看守以免遭到危險。

b 〔十受十介十(代)名〕防守，保護…〔以免受攻擊、危害等〕〔*from, against*〕《★用法 介系詞一般用 from》：The walls ～*ed* the city ***from*** enemies. 那些外牆保護城市以免受敵人的攻擊/She wore a hat to ～ her skin *from* the sun. 她戴帽子保護她的皮膚不受日曬/I'll ～ you *from* be*ing* insulted. 我將保護你使你不遭受侮辱/The people thought of a clever trick to ～ themselves ***against*** the tyranny of the king. 人民想到妙策來防備國王的暴政以保護自己。

2 〔十受〕(對進口貨課稅等)保護〈國內的產業〉。

3 〔十受(十介十(代)名)〕〔針對可能發生的損失、危險等〕投保以保護〈人、東西〉〔*against*〕.

4 〔十受〕給〈機器〉裝設保護裝置。

pro·tec·tion** [prəˋtɛkʃən; prəˋtekʃn] «protect 的名詞»**—n.* **1** Ⓤ保護，庇護，防禦：live under the ～ of... 在…的保護下生活/take a person under one's ～ 保護某人/Some of the plants need ～ *against* the weather. 植物中有的需要保護以防氣候的變化。**2** [**a** ～] 保護的人[東西]：*a* ～ *against* cold 禦寒用具/This coat is no ～ *from* rain. 這件外衣防不了雨/A dog is *a* great ～ *against* burglars. 狗是很好的防盜者。**3** Ⓤ保護貿易制度。**4** (又作**protéction mòney**) Ⓤ《俚》(付給不法幫派的)保護費；(不法幫派爲疏通有關單位的)賄賂金。

pro·téc·tion·ism [-ʃənˌɪzəm; -ʃənizəm] *n.* Ⓤ保護(貿易)主義[政「策」]。

pro·téc·tion·ist [-ʃənɪst; -ʃənist] *n.* Ⓒ保護貿易論者[主義者]。**—***adj.* 保護貿易主義的。

pro·tec·tive [prəˋtɛktɪv; prəˋtektiv] «protect 的形容詞»**—***adj.* (**more** ～；**most** ～) **1 a** 保護的，防護的：a ～ vest 防彈背心/a ～ father 袒護孩子的父親。**b** [不用在名詞前]〔十介十(代)名〕保護〔…〕的，袒護〔…〕的〔*toward*〕. **2** 保護貿易[政策]的：～ trade 保護貿易。**—***n.* Ⓒ保護的東西〔*against*〕.

protéctive cóloring [**colorátion**] *n.* Ⓤ《動物》保護色。

protéctive cústody *n.* Ⓤ(警方的)保護拘留，保護性監禁，監護。

protéctive táriff *n.* Ⓒ保護(性)關稅。

pro·téc·tor [-tɚ; -tə] *n.* **1** Ⓒ保護者，擁護者；支援者。**2** Ⓒ[常構成複合字] **a** 保護物，保護[安全]裝置：a point ～ 鉛筆套。**b** 《球戲》保護用具，護胸：a chest ～ (捕手等的)護胸。**3** Ⓒ[常 P～] (英國從前的)攝政。**4** [**the P～**] (英國共和政體時代的)護國公，監國(Lord Protector)。

pro·tec·tor·ate [prəˋtɛktərɪt; prəˋtektərət] *n.* **1** Ⓒ保護國；保護領地。**2** Ⓒ[常用單數]攝政期間。**3** [**the P～**] (英國的)攝政政治時代，護國公[監國]執政時期(1653–1659)。

protéctor·shìp *n.* ⓊⒸ[常用單數]攝政的任期[期間]。

pro·tec·tress [prəˋtɛktrɪs; prəˋtektris] *n.* Ⓒ女保護者；女攝政。

pro·té·gé [ˋprotəˌʒe; ˋprouteʒei] «源自法語 'protect' 之義»**—***n.* Ⓒ《★女性爲 **pro·té·gée** [～]》受保護者；手下。

pro·teid [ˋprotiɪd; ˋprouti:d, -ti:id] ＝proteide.

pro·te·ide [ˋprotiˌaɪd; ˋprouti:ˌaid] *n.* ⓊⒸ蛋白質(protein)。

pro·tein [ˋprotiɪn; ˋprouti:n, -ti:in] «源自希臘文「最初的物質」之義»**—***n.* Ⓤ[指種類時爲Ⓒ]蛋白質。

pro·tein·oid [ˋprotiˌnɔɪd, -tiə-; ˋprouti:nɔid] *n.* Ⓒ類蛋白(質)。

pro tem [proˋtɛm; ˌprouˋtem] *adv.* ＝*pro tempore.*

pro tem·po·re [proˋtɛmpəˌri; ˌprouˋtempəri] «源自拉丁文 'for the time' 之義»**—***adv.* 暫時地，臨時地。

Prot·er·o·zo·ic [ˌprɑtərəˋzoɪk; ˌprɔtərəˋzouik] 《地質》*adj.* 原生代的：the ～ era 原生代。**—***n.* [**the** ～] 原生代[層]。

pro·test** [prəˋtɛst; prəˋtest] «源自拉丁文「出面當證人」之義»**—v.t.* **1 a** 〔十受〕力辯，斷言，堅決聲明…：He ～*ed* his innocence. 他力辯自己的無罪[清白]。**b** [十 *that*＿]堅決聲明；力辯，斷言〈…事〉：I ～*ed that* I had never done it. 我堅決聲明我不曾做過那件事/It may be ～*ed that* it is right to hate those who do harm. 或許可以明說，憎恨那些害人者是對的。**2** 〔十受〕《美》對〈決議等〉提出異議，抗議…：～ low wages [a war] 抗議工資低[戰爭]。

—*v.i.* 〔動(十介十(代)名)〕〔對…〕抗議，提出異議〔*about, against, at*〕(⇨ object【同義字】)：We ～*ed* ***against*** the situation. 我們對那種情況提出異議/The boys ～*ed against* hav*ing* girls in the game. 那些男孩子抗議女孩子參賽。

— [ˋprotɛst; ˋproutest] *n.* **1** Ⓤ抗議：a ～ march 抗議遊行/without ～ 無異議地，不反對地/in ～ 抗議地，反對地。**2** Ⓒ異議的申訴，抗議書：enter [make, lodge] a ～ *against* the verdict 對判決[裁決]申訴異議。

ùnder prótest 在抗議下，不情願地：I'll go if I have to, but I do it *under* ～. 如果非去不可我會去，但我是心不甘情不願的。

～**·er**, **-tes·tor** [-tɚ; -tə] *n.*

***Prot·es·tant** [ˋprɑtɪstənt; ˈprɔtistənt] *n.* Ⓒ **1** 《基督教》新教徒。

【說明】十六至十七世紀宗教改革(the Reformation)後，從(羅馬)天主教會衍生出的教派，教徒總數超過美國人口的一半，其下還分成幾個教派，例如浸信會(the Baptists)，美以美教派(Methodism)，路德教會(the Lutheran Church)，長老教會(the Presbyterian Church)，聖公會(the Episcopal Church)等。在英國，英國國教(the Church of England)信徒總數超過其人口的半數，其次有(羅馬)天主教會、長老教會、美以美教派等。另外還有公理教會(the Congregational Church)、貴格教會(the Society of Friends)、救世軍(Salvation Army)、基督科學教會(Christian Scientist)、唯一神教會(Unitarian)等。廣義地說，英國國教也屬於新教，但幾乎保存着(羅馬)天主教的教義與儀式；cf. Catholic【說明】

2 [p~] [《美》又作 [prəˋtɛstənt] 異議者，抗議者。

—*adj.* **1** 《基督教》新教徒的：the ~ Epsicopal Church ⇨ episcopal 2/the ~ Reformation 宗教改革。

2 [p~] [《美》又作 [prəˋtɛstənt] 提出異議的。

Prótestant éthic *n.* [the ~] 基督教倫理《强調勤勞、節儉和自律》。

prót·es·tant·ìsm [-tɪzəm; -tizəm] *n.* Ⓤ新教(的教義)。

prot·es·ta·tion [ˏprɑtəsˋteʃən; ˌprɔteˈsteiʃn] 《protest 的名詞》**—*n.*** **1** Ⓒ **a** 斷言，力辯，主張，聲明〔*of*〕：make a ~ *of* one's innocence 力辯自己無罪。**b** 〔＋ *that*__〕〈…的〉斷言，主張。**2** Ⓤ抗議，異議〔*against*〕.

Pro·teus [ˋprotjus; ˈproutju:s] *n.* **1** 《希臘神話》普羅透斯《能變化自如，預言未來的海神》。**2** [常 p~] Ⓒ(形狀、性情等)多變化的人[東西]，反覆無常者。

pro·thal·li·um [proˋθælɪəm; prouˈθæliəm] *n.* Ⓒ (*pl.* **-thal·li·a** [-lɪə; -liə])《植物》(羊齒類的)原葉體。

proth·e·sis [ˋprɑθəsɪs; ˈprɔθisis] *n.* Ⓒ《希臘正教》聖餐臺；聖餐準備所。

pro·to [ˋproto; ˈproutou] [複合用詞] 表示「最初的，原始的」之意：*proto*plasm.

pro·to·col [ˋprotəˏkɑl; ˈproutəkɔl] *n.* **1** Ⓒ條約草案；議定書。**2** Ⓤ(外交上的)禮儀，禮節；典禮，儀式：according to ~ 按照儀式。

pro·to·mar·tyr [ˏprotoˋmɑrtɚ; ˌproutouˈmɑ:tə] **—*n.*** Ⓒ(某種主義之)第一個殉道者。

pro·ton [ˋprotɑn; ˈproutɔn] *n.* Ⓒ《物理》質子。

pro·to·plasm [ˋprotəˏplæzəm; ˈproutəplæzəm] *n.* Ⓤ《生物》(構成細胞的)原生質。

pro·to·plas·mic [ˏprotəˋplæzmɪk; ˌproutəˈplæzmik˜] *adj.*

pro·to·type [ˋprotəˏtaɪp; ˈproutətaip] *n.* Ⓒ **1** 原型；模範。**2** 《生物》原形。

Pro·to·zo·a [ˏprotəˋzoə; ˌproutəˈzouə] *n. pl.* 《動物》原生動物，原始動物。

pro·to·zo·an [ˏprotəˋzoən; ˌproutəˈzouən] *n.* Ⓒ《動物》原生動物《用顯微鏡才能看到的極微小的單細胞動物；cf. metazoan》.

—*adj.* 原生動物的。

pro·to·zo·on [ˏprotəˋzoən; ˌproutəˈzouən] *n.* (*pl.* **-zo·a** [-ˋzoə; -ˈzouə]) = protozoan.

pro·tract [proˋtrækt; prəˈtrækt] 《源自拉丁文「拉長」之義》**—*v.t.*** 延長，拖長〈時間等〉：They ~*ed* their visit for some weeks. 他們把訪晤的時間延長幾個星期。

pro·tráct·ed *adj.* 延長的，拖長的：a ~ disease 痼疾。

pro·trac·tile [proˋtræktl, -tɪl; prəˈtræktail] *adj.* 《動物》(動物器官等)能伸出的；能伸長的。

pro·trac·tion [proˋtrækʃən; prəˈtrækʃn] 《protract 的名詞》**—*n.*** ⓊⒸ拖延，延長，伸長。

pro·trac·tive [proˋtræktɪv; prəˈtræktiv] *adj.* 延長的；拖延的。

pro·trác·tor [-tɚ; -tə] *n.* Ⓒ **1** 使延長的人[物]。**2** 分度規，量角器。

pro·trude [proˋtrud; prəˈtru:d] 《源自拉丁文「向前突出」之義》**—*v.t.*** 使…突出；伸出，推出…：The naughty boy ~*d* his tongue and ran away. 那個淘氣的男孩伸出舌頭(扮個鬼臉)後就跑掉了。

—*v.i.* 〔動(＋介＋(代)名)〕〔從…〕突出，伸出，露出〔*from*〕：*protruding* teeth 暴牙/His shirttail ~*d* ***from*** beneath his coat. 他的襯衫下襬從外套下面露出來。

pro·trud·ent [proˋtrudənt; prəˈtru:dənt] *adj.* 突出的；凸出的；伸出的。

pro·tru·sile [proˋtrusl, -sɪl; prəˈtru:sail] *adj.* (如觸鬚、象鼻等)能伸出的；能伸展的。

pro·tru·sion [proˋtruʒən; prəˈtru:ʒn] 《protrude 的名詞》**—*n.*** **1** Ⓤ突出，凸出，隆起〔*of*〕. **2** Ⓒ突出[隆起]物。

pro·tru·sive [proˋtrusɪv; prəˈtru:siv] 《protrude 的形容詞》**—*adj.*** **1** 伸出的，突出的。**2** 觸目的，突兀的。

~**·ly** *adv.* ~**·ness** *n.*

pro·tu·ber·ance [proˋtubərəns, -ˋtju-; prəˈtju:bərəns] 《protuberant 的名詞》**—*n.*** **1** Ⓤ隆起，突起，凸出。**2** Ⓒ突起物，瘤，瘤子。

pro·tu·ber·ant [proˋtubərənt, -ˋtju-; prəˈtju:bərənt] 《源自拉丁文「向前鼓起」之義》**—*adj.*** **1** 突出[突起]的，隆起的：~ eyes 凸眼。**2** 顯著的。

‡proud [praud; praud] 《pride 的形容詞》**—*adj.*** (~**·er**；~**·est**)

1 a 驕傲的，自豪的，得意的：act the ~ father (因有好兒子等而)表現出得意的父親/a ~ look 得意的表情。**b** [不用在名詞前] 〔＋介＋(代)名〕〔以…〕感到光榮的，自豪的〔*of*〕：The English people are ~ ***of*** their queen. 英國人民爲他們的女王而感到自豪/He is ~ ***of*** be*ing* of Dutch origin. 他以他的荷蘭血統爲榮(cf. 1 c). **c** [不用在名詞前] 〔＋ *that*__〕〈爲…事〉驕傲的，自豪的：He is ~ *that* he is of Dutch origin 他以自己的荷蘭血統爲榮(cf. 1 b). **d** [不用在名詞前] 〔＋ *to* do〕驕傲[自豪]〈做…〉的：I am ~ *to* be given such an opportunity. 我爲獲得這樣的機會而感到驕傲。**2** 高傲的，自命不凡的，狂妄自大的：a ~ man 高傲的人。**3** 有自尊心的，自重的。**4** [用在名詞前] 足以誇耀的，卓越的，堂皇的〈事、物〉：a ~ achievement 卓越的成就/the ~*est* moment of my life 我一生中最足以誇耀的時刻。

(**as**) **próud as a péacock** 揚揚得意的，神氣活現的。

—*adv.* ★用於下列成語。**dó a person próud** 《口語》使〈某人〉非常高興[滿意]；厚待〈某人〉；使〈某人〉感到榮幸：You *did* me ~. 你(這樣做)使我感到榮幸。~**·ly** *adv.*

próud flésh *n.* Ⓤ(傷口痊癒後產生的)浮肉，疤。

Proust [prust; pru:st], **Mar·cel** [mɑrˋsɛl; mɑ:ˈsel] *n.* 蒲魯斯特《1871-1922；法國小說家》。

prov. 《略》proverb；provincial；provisional；provost. **Prov.** 《略》Provençal；《聖經》Proverbs；Providence；Provost.

prov·a·ble [ˋpruvəbl; ˈpru:vəbl] *adj.* 可證明的，可證實的。

próv·a·bly [-vəblɪ; -vəbli] *adv.*

‡prove [pruv; pru:v] 《源自拉丁文「試一試」之義》**—**(~**d**；~**d**, 《美・英古》**prov·en** [ˋpruvən; ˈpru:vən]) *v.t.* **1** (以證據、舉證等)證明：**a** 〔＋受〕證明，證實…：~ an alibi 證明當時不在場/I'm innocent；I can ~ it. 我是無辜的，我可以證明這一點/These papers will ~ his innocence. 這些文件將證明他的清白(cf. 1b, 1c). **b** 〔＋ *that*__〕證明〈…事〉：These papers will ~ *that* he is innocent. 這些文件將證明他是清白的(cf. 1a, 1c). **c** 〔＋受＋(*to be*)補〕證明…〈是…〉：These papers will ~ him (*to be*) innocent. 這些文件將證明他是清白的(cf. 1a, 1b)/He ~*d* himself (*to be*) a capable businessman. 他證明他自己是一個能幹的實業家。**d** 〔＋ *wh.*__〕證明〈…〉：I can ~ *where* I was yesterday afternoon. 我可以證明我昨天下午在哪裏。

2 〔＋受〕試…的性質[正確性(等)]。

3 〔＋受〕《法律》認證〈遺囑〉。

—*v.i.* **1** 〔＋(*to be*)補〕(事後、結果)證實，顯示〈爲…〉；(結果)成爲〈…〉(turn out)：He ~*d to be* the author of the book. 結果證實他是那本書的作者/Her fear was *proving* completely wrong. 她的恐懼經證實純屬無稽。**2** 〈麵包、糕餅〉膨脹到適當鬆軟程度。

prov·en [ˋpruvən; ˈpru:vən] *v.* 《美・英古》prove 的過去分詞《★用法主要用於法律；《美》在日常有時用以代替 proved》.

—*adj.* [用在名詞前] 經過證明的。

prov·e·nance [ˋprɑvənəns; ˈprɔvənəns] *n.* Ⓤ《文語》起源，出處〔*of*〕：a picture of doubtful ~ 一幅出處可疑的畫。

Pro·ven·çal [ˏprovənˋsɑl, ˏprɑv-; ˌprɔvɑ̃:ˈsɑ:l˜] 《Provence 的形容詞》**—*adj.*** **1** 普羅文斯(Provence)的。**2** 普羅文斯人[語]的。

—*n.* **1** Ⓒ普羅文斯人。**2** Ⓤ普羅文斯語《略作 Pr.》.

Pro·vence [ˋprɑvɛns, proˋvɑns; ˈprɔvɑ̃:s] *n.* 普羅文斯《法國東南部古時候的省名；以中世紀時產生抒情詩人 'troubadours' 而著名》。

prov·en·der [ˋprɑvəndɚ; ˈprɔvində] *n.* Ⓤ **1** 秣料，飼料《主要爲乾草與磨碎的穀物》。**2** 《口語・謔》(人的)食物。

pro·ve·nience [proˋvinɪəns; prouˈvi:niəns] *n.* Ⓤ來源，出處。

pro-verb [ˋproˏvɝb; ˈprouvə:b] *n.* Ⓒ《文法》代動詞《如 He speaks better than I do. 的 *do*(=speak)等》。

prov·erb [ˋprɑvɝb; ˈprɔvə:b] 《源自拉丁文「以前的話」之義》**—*n.*** **1** Ⓒ **a** 諺語，格言，俗話：as the ~ goes [runs, says] 俗話[諺語]說/pass into a ~ 成爲諺語。

【同義字】proverb 是一般性的話，含有忠告、警告等的短格言；saying 是社會上常說的話，簡潔地表現出眞理；maxim 是簡短的處世教訓。

b 〔＋ *that*__〕〈…的〉諺語：I now saw the truth of the ~ *that* time is money. 我現在明白了「時間就是金錢」這句諺語的眞理。

2 Ⓒ出名的事物，人人皆知的人[東西]；話柄，笑柄：His punctuality is a ～. ＝He is a ～ *for* punctuality. 他的守時是人人皆知的[出了名的]。
3 [the Proverbs]《聖經》箴言《聖經舊約中的一書；略作 Prov.》.

pro·ver·bi·al [prəˈvɝbɪəl; prəˈvə:bjəl] «proverb 的形容詞» —*adj.* **1 a** 諺語的：a ～ phrase [saying] 諺語，俗話。**b** [用在名詞前] 出於諺語的。**2** 有名的，出名的，衆所周知的：The jealousy of wives is ～. 太太們的善妒是衆所周知的。
～**·ly** [-brəlɪ; -biəli] *adv.*

‡**pro·vide** [prəˈvaɪd; prəˈvaid] «源自拉丁文「預先看」之義» —*v.t.* **1** 供給，準備。

【同義字】指預先準備必需品以便供給；supply 指補充不足的東西或必需品；equip 指爲特定的目的而準備工具或裝備等。

a〔十受〕提供，供應…：This restaurant ～*s* good wine. 這家餐廳供應香醇的葡萄酒。**b**〔十受十介十(代)名〕提供，供應…〔給某人〕〔*for*〕；提供〈某人〉〔…〕〔*with*〕：We ～ everything ***for*** our customers. ＝We ～ our customers ***with*** everything. 我們供應每樣東西給顧客。**c**〔十受十受〕《美》提供，供應〈某人〉〈某物〉：They ～*d* us food and drink. 他們供給我們食物和飲料。
2〔十 *that*＿〕〈法律、協定等〉規定〈…事〉：The law ～*s that* trespassing shall be punished. 法律規定非法侵入將受處罰。
—*v.i.*〔十介十(代)名〕**1 a**〔爲未來之事而〕準備〔*for*〕《★可用被動語態》：We ～*d* ***for*** our guests. 我們爲接待客人而做準備。**b**〔爲將來的危險等而〕準備，採取預防措施〔*against*〕《★可用被動語態》：*P*～ ***against*** accidents！預防意外事故！**2** 供給〔某人〕生活必需品，供給〔物品〕，扶養〔…〕〔*for*〕《★與表示情況的副詞連用，可用被動語態》：～ ***for*** a large family 扶養一個大家庭/They *were* well ～*d for*. 他們的供需充裕[什麼也不缺]。**3 a**〈法律、規章等〉規定〔…〕〔*for*〕《★可用被動語態》。**b**〈法律、規定等〉禁止〔…〕〔*against*〕.

***pro·vid·ed** [prəˈvaɪdɪd; prəˈvaidid] *conj.* [常 ～ **that**；表條件] 在…條件下；倘若，假若，只要…(only if)《★用法無假定之意，比 if 更文言，且以滿足條件爲前提》：I will accompany you ～ (*that*) I am well enough. 只要我身體好，我一定陪伴你。

prov·i·dence [ˈprɑvədəns; ˈprɔvidəns] «源自拉丁文「預見」之義» —*n.* **1** Ⓤ [又作 **a** ～] [常 P～] 神意，天道，天佑：by divine ～ 靠神的保佑/a visitation of *P*～ 天佑；天災，災難。**2** [P～] 神，上帝。**3** Ⓤ《古》先見，深謀遠慮，未雨綢繆；節約。

Prov·i·dence [ˈprɑvədəns; ˈprɔvidəns] *n.* 普洛維敦士《美國羅德島州(Rhode Island)之一港埠，爲該州之首府》。

prov·i·dent [ˈprɑvədənt; ˈprɔvidənt] *adj.* **1** 有先見之明的；深謀遠慮的。**2** 節約的。

prov·i·den·tial [ˌprɑvəˈdɛnʃəl; ˌprɔviˈdenʃl˝] «providence 的形容詞» —*adj.* 神的，(依照)神意的；幸運的。
～**·ly** [-ʃəlɪ; -ʃəli] *adv.*

pro·víd·er *n.* Ⓒ **1** 供應[供給]者；準備者。**2** [常與修飾語連用] 供給家人衣食的人；扶養家人者：a good [poor] ～ 盡責的扶養者，使家人豐衣足食的人[不盡責的扶養者，讓家人吃不飽穿不暖的人]。

pro·vid·ing [prəˈvaɪdɪŋ; prəˈvaidiŋ] *conj.* [常 ～ **that**；表條件] 倘若，假使…《★用法與 provided 同》：He will take the job ～ (*that*) he may do it in his own time. 倘若他可以在自己的(空閒)時間內做，他會接受該工作。

prov·ince [ˈprɑvɪns; ˈprɔvins] *n.* **1** Ⓒ (加拿大、澳洲、西班牙等的)省：the *P*～ of Alberta (加拿大的)亞伯達省。**2** [the ～s] 地方，鄉下《★英國指倫敦外的全國各地》。**3** Ⓤ (學問、活動的)範圍，領域；職責，本分：History is not my ～. 歷史不是我的本行[研究範圍]/It is within [outside] your ～. 那在你的職權內[外]；那是[不是]你分內的工作。**4** Ⓒ《基督教》轄區。**5** Ⓤ《生物》(動植物分佈的)區域，部。

pro·vin·cial [prəˈvɪnʃəl; prəˈvinʃl] «province 的形容詞» —*adj.* **1** [用在名詞前] (對首都而言)地方的，鄉下的，地方人民的。**2** [用在名詞前] 省的。**3** 地方[區域]性的，鄉下作風的。**4** 偏狹的。
—*n.* Ⓒ **1** 地方上的人民[居民]；鄉下人；偏狹的人。**2**《基督教》(管轄教區的)大主教。～**·ly** [-ʃəlɪ; -ʃəli] *adv.*

pro·vín·cial·ism [-lˌɪzəm; -lizəm] *n.* **1** Ⓤ地方性，鄉下人的見識[根性]，偏狹。**2** ⓊⒸ地方的特質[習慣]，地方色彩，鄉下作風。**3** Ⓒ土腔，方言。

pro·vin·ci·al·i·ty [prəˌvɪnʃɪˈælətɪ; prəˌvinʃiˈæləti] «provincial 的名詞» —*n.* ⓊⒸ地方的特性，鄉下氣，偏狹；鄉下作風。

próv·ing gròund [ˈpruvɪŋ-; ˈpru:viŋ-] *n.* Ⓒ (新裝置、新構想等的)試驗場。

***pro·vi·sion** [prəˈvɪʒən; prəˈviʒən] «provide 的名詞» —*n.* **1** Ⓤ 供給，供應，提供〔*of*〕：the ～ *of* food 食物的供給。**2** Ⓤ〔爲將來的〕準備，預備〔*for, against*〕：make ～ 準備/make ～ *for* the future 爲將來做準備。**3** Ⓒ供應量〔*of*〕：a ～ *of* food 一定量的食物。**4** [～s] 食物，糧食：*Provisions* are plentiful. 食物充裕/run out of [short of] ～*s* 食品用盡[短缺]。**5** Ⓒ《法律》**a** 規定，條款。**b**〔十 *that*＿〕〈…的〉規定。
—*adj.* [用在名詞前] 銷售食品[糧食]的：a ～ business 糧食銷售業。
—*v.t.*〔十受(十介十(代)名)〕給…供應〔…的〕糧食〔*for*〕：～ a truck ***for*** an expedition into the desert 給進入沙漠探險的卡車準備好糧食。

pro·vi·sion·al [prəˈvɪʒənl; prəˈviʒənl] *adj.* 暫時的，臨時的：a ～ treaty 臨時條約/a ～ government 臨時政府。
～**·ly** [-ʒənlɪ; -ʒnəli] *adv.*

pro·vi·so [prəˈvaɪzo; prəˈvaizou] *n.* (*pl.* ～**s**, ～**es**) **1** Ⓒ但書，附帶條款，條件：with a ～ 以附帶條件。**2** [用單數]〔十 *that*＿〕〈…的〉但書，條件：You can borrow this book, *with* the ～ *that* you return it to me within a week. 你可以借這本書，條件是你要在一週內還我/I make it a ～ *that*.... 我以…作爲條件。

pro·vi·so·ry [prəˈvaɪzərɪ; prəˈvaizəri] «proviso 的形容詞» —*adj.* **1** 附有條件的：a ～ clause 附文，但書。**2** 暫定的，臨時的。

prov·o·ca·tion [ˌprɑvəˈkeʃən; ˌprɔvəˈkeiʃn] «provoke 的名詞» —*n.* **1** Ⓤ觸怒；激怒；挑撥；刺激：feel ～ 感到惱怒/give ～ 激怒，觸怒/under ～ 受到挑撥，在憤怒下/get angry *at* [*on*] the slightest ～ 受到一點點刺激就發怒。**2** Ⓒ激怒人的事物，令人惱怒的事。

pro·voc·a·tive [prəˈvɑkətɪv; prəˈvɔkətiv] «provoke 的形容詞» —*adj.* **1** 激怒(人)的。**2** (性)刺激性的，挑撥性的，煽動的：She looked very ～ in her bikini. 穿着比基尼泳裝的她看來十分具挑逗性。～**·ly** *adv.*

pro·voke [prəˈvok; prəˈvouk] «源自拉丁文「叫出」之義» —*v.t.* **1**〔十受〕**a** 觸怒，刺激〈人、動物〉，使…惱怒(vex)：Don't ～ or tease the animals in the cage. 不要觸怒或刺激在籠中的動物。**b**〈女子〉(在性方面)挑逗[刺激]〈男子〉。**2 a**〔十受十介十(代)名〕刺激〈某人〉[使做…]〔*into, to*〕：His foolishness ～*d* me ***into*** hit*ting* him. 他的愚蠢激怒我揍他/Oppression ～*d* the people ***to*** rebellion. 壓迫激怒人民反叛。**b**〔十受十 *to* do〕刺激〈某人〉〈使做…〉：I was ～*d to* behave rudely. 我因被觸怒而舉動粗魯。**3**〔十受〕引起；煽動〈感情、行動等〉：～ indignation [a laugh] 引起憤怒[引人發笑]/～ a revolt 煽動叛亂。

pro·vók·ing *adj.*《文語》刺激人的；令人焦躁的，惱人的。
～**·ly** *adv.*

pro·vost [ˈprɑvəst; ˈprɔvəst] *n.* Ⓒ [常 P～；也用於稱呼] **1 a** (英國大學，尤指牛津、劍橋的)學院院長。**b** (美國大學的)教務長。**2**《蘇格蘭》市長。

próvost cȯurt [ˈprovo-; ˈprouvou-] *n.* Ⓒ憲兵法庭《在佔領區內對輕罪犯作迅速判決》。

próvost guȧrd *n.* Ⓒ憲兵糾察隊。

próvost márshal [ˈprovo-; ˈprouvou-] *n.* Ⓒ《陸軍》憲兵司令。

prow [prau; prau] *n.* Ⓒ **1** 船首。**2** (飛機的)機首。

prow·ess [ˈprauɪs; ˈprauis] *n.* Ⓤ《文語》**1** 英勇，勇敢，勇氣。**2** 好本事〔*at, in*〕.

prowl [praul; praul] *v.i.*〔十副詞(片語)〕**1**〈人〉(尋找偷竊機會而)潛行，逡巡，〈動物〉(尋找獵物而)遊蕩：Homeless dogs ～*ed around* the city. 無家可歸的狗在市內四處遊蕩。**2** 徘徊。
—*v.t.* 在〈某處〉徘徊：He ～*ed* the streets for hours. 他在街上徘徊了好幾小時。
—*n.* [**a** ～] 徘徊，遊蕩：take *a* ～ 徘徊。
be [gò] on the prówl (尋找偷竊機會而)走來走去。

prówl càr *n.* Ⓒ《美》巡邏車(squad car).

prówl·er *n.* Ⓒ **1** 徘徊的人[動物]。**2** 遊蕩者；(伺機闖空門的)竊賊(等)。

prox.《略》[prɑks; prɔks] proximo.

prox·e·mics [prɑkˈsimɪks; prɔkˈsi:miks] *n.* Ⓤ人類空間統計學《研究人類與文化空間關係的一門學問》。

prox·i·mal [ˈprɑksəml; ˈprɔksiml] *adj.*《解剖・植物》**1** 接近(人體[植物]中央[基部])的，近側的(↔ distal). **2** [不用在名詞前]〔十介十(代)名〕接近〔…〕的〔*to*〕. ～**·ly** [-mlɪ; -məli] *adv.*

prox·i·mate [ˈprɑksəmɪt; ˈprɔksimət] *adj.* **1 a** (場所、時間、順序等)最近的。**b** [不用在名詞前]〔十介十(代)名〕最接近〔…〕的〔*to*〕. **2** 直接的：the ～ cause 近因。～**·ly** *adv.*

prox·im·i·ty [prɑkˈsɪmətɪ; prɔkˈsiməti] «proximate 的名詞» —*n.* Ⓤ《文語》接近，鄰近〔*of, to*〕：in close ～ *to*... 極接近…的/in the ～ *of* a town 在某城鎮的附近。

prox·i·mo [ˈprɑksəmo; ˈprɔksimou] *adj.* [用於日期後] 下月的《略作 prox.；cf. ultimo, instant 4》：on the 5th *prox.* 在下月五日《★用法過去用於商函中，現在用 on the 5th of next month 或標明下月的月名》。

P

P

prox·y [ˋprɑksɪ; ˈprɔksi] *n.* **1** Ⓤ代理(權)。**2** Ⓒ **a** 委任狀；代理投票。**b** 代理人。
be [stánd] próxy for… 做…的代理人，代表…。
by próxy 由代理人[代表]。

prude [prud; pru:d] *n.* Ⓒ潔癖又過於拘謹的(女)人《★對於性方面的事表示極端厭惡、恐懼，而裝得高尙、正經的人，尤指女人》。

pru·dence [ˋprudn̩s; ˈpru:dns] «prudent 的名詞»—*n.* Ⓤ **1** 謹愼，愼重，小心：one's ～ *in* deal*ing* with matters 處理事情時的愼重態度。**2** 節儉。

pru·dent [ˋprudənt; ˈpru:dnt] «源自拉丁文「預見」之義»—*adj.* (**more** ～；**most** ～) **1 a 極小心的**，愼重的，審愼的《★以避開危險、困難、不愉快的經驗等方式審愼思考自己的利益》：a ～ housewife 細心的家庭主婦/a ～ policy 審愼的政策。**b** [不用在名詞前] (十介十 do*ing*) [對於做…] 愼重的，極小心的 (*in*)：He is ～ *in* do*ing* his duties. 他對於執行自己的任務極爲小心。**2** 節儉的。～·**ly** *adv.*

pru·den·tial [pruˋdɛnʃəl; pru:ˈdenʃl] *adj.* **1** 《文語》(尤指對於業務等)愼重的，細心的。**2** 《美》諮詢的，顧問性的：a ～ committee 諮詢委員會。～·**ly** [-ʃəlɪ; -ʃəli] *adv.*

pru·der·y [ˋprudərɪ; ˈpru:dəri] *n.* **1** Ⓤ拘禮的態度，假正經，裝淑女狀。**2** Ⓒ [常 **pruderies**] 假裝正經[高尙]的言行。

prúd·ish [-dɪʃ; -diʃ] *adj.* 裝得規規矩矩的，過分拘禮的，假裝正經[高尙]的。～·**ly** *adv.* ～·**ness** *n.*

prune[1] [prun; pru:n] *v.t.* **1** (十受(十副)) **a** 修剪，剪除〈多餘的樹枝〉；砍去〈樹等〉〈*away, off*〉：～ dead branches 剪除枯枝/～ *away* offshoots 剪除分枝。**b** 剪短〈樹枝〉〈*back*〉。**2 a** (十受(十副)) 刪除；縮短〈多餘的部分〉；使…簡潔〈*away, down*〉：～ *away* superfluities 刪掉多餘的東西。**b** (十受十介十(代)名) 從〈書本等〉刪去[多餘的部分] (*of*)：The playwright ～*d* his play *of* what he thought was irrelevant. 那位劇作家從他的劇本中刪去他認爲不相干的部分。

prune[2] [prun; pru:n] *n.* **1** Ⓒ [當作食物時爲Ⓤ] 梅乾《通常在食用前已煮軟者》：stewed ～*s* 燉梅乾。**2** Ⓒ《口語》蠢貨，傻瓜。

prun·ing [ˋprunɪŋ; ˈpru:niŋ] *n.* Ⓤ **1** 修剪；修枝；剪枝。**2** 被剪下的殘枝。—*adj.* 修剪用的；剪枝用的。

prún·ing hòok *n.* Ⓒ(修樹枝的)鉤鐮刀。

prúning shèars [scissors] *n. pl.* (修剪樹枝的)剪刀。

pru·ri·ence [ˋprurɪəns; ˈpruəriəns] «prurient 的名詞»—*n.* Ⓤ (病態的)好色，情慾。

prú·ri·en·cy [-ənsɪ; -ənsi] *n.* ＝prurience.

pru·ri·ent [ˋprurɪənt; ˈpruəriənt] *adj.* 好色的，淫亂的；猥褻的。～·**ly** *adv.*

pru·ri·tus [pruˋraɪtəs; pruˈraitəs] *n.* Ⓤ癢癢症；搔癢。

Prus·sia [ˋprʌʃə; ˈprʌʃə] *n.* 普魯士《1871 年以前位於德國北部的一個舊王國》。

Prus·sian [ˋprʌʃən; ˈprʌʃn] «Prussia 的形容詞»—*adj.* **1** 普魯士的；普魯士人的。**2** 普魯士作風的《以訓練嚴格、軍國主義及傲慢聞名》。—*n.* Ⓒ普魯士人。

Prússian blúe *n.* Ⓤ 深藍色，普魯士藍，鐵藍。

Prús·sian·ism [-ʃənˏɪzəm; -ʃənizəm] *n.* Ⓤ普魯士主義[精神]。

prus·sic [ˋprʌsɪk; ˈprʌsik] *adj.* 《化學》氰酸的，氰化物的。

prússic ácid *n.* Ⓤ《化學》氰酸，氫氰酸。

pry[1] [praɪ; prai] *v.i.* **1** (動(十介十(代)名)) 窺探；刺探，打聽；探問[…] (*into, about*)：He often *pries into* other people's affairs. 他常探問別人的事。**2** (十副) 到處窺探〈*about*〉：He *pried about*. 他到處窺探。

pry[2] [praɪ; prai] «prize[3] 的逆成字»—*v.t.* **1 a** (十受十副詞(片語)) (以槓桿)舉起，撬起，移動…：～ a lid *up* [*off*] 撬起[撬開]蓋子。**b** (十受十補) (以槓桿)把…移動[撬]〈成…狀態〉：～ a door open 撬開門。**2 a** (十受十副) 探出，打聽出〈秘密等〉〈*out*〉。**b** (十受十介十(代)名) [從…]探出[打聽出]〈秘密等〉(*out of*)：～ a secret *out of* a person 從某人處探出秘密。

prý·ing *adj.* 窺探的；愛打聽的(⇨ curious【同義字】)。～·**ly** *adv.*

P.S. «postscript 之略»—*n.* Ⓒ **1** (信函的)再啓。**2** 附言。

Ps, Ps., Psa. 《略》Psalm；《聖》Psalms.

PS, P.S. 《略》postscript；Privy Seal；public school.

psalm [sɑm; sɑ:m] «源自希臘文「和著豎琴唱的歌」之義»—*n.* **1** Ⓒ讚美詩[歌]，聖詩[歌]。**2 a** [**Psalms**；當單數用]《聖經》詩篇 (The Book of Psalms *or* The Psalms of David)《聖經舊約中的一書；略作 Ps(a).》。**b** [**the Psalms**] (「詩篇」中的)聖歌。

psálm·bòok *n.* Ⓒ讚美詩集。

psálm·ist [-mɪst; -mist] *n.* Ⓒ讚美詩作者。

psal·mo·dy [ˋsɑmədɪ, ˋsælm-; ˈsælmədi, ˈsɑ:m-] *n.* **1** Ⓤ聖詩[讚美詩]詠唱(法)。**2** Ⓒ [集合稱] 讚美詩，讚美詩集。

Psal·ter [ˋsɔltɚ; ˈsɔ:ltə] *n.* **1** [**the** ～] 詩篇 (Psalms)。**2** [**p**～] Ⓒ (禱告書中的)詩篇。

psal·ter·y [ˋsɔltrɪ, ˋsɔltərɪ; ˈsɔ:ltəri], **psaltry** [-trɪ; -tri] *n.* Ⓒ八弦琴《十四至十五世紀時的一種弦樂器，用手指或琴撥彈奏》。

psaltery

pse·phol·o·gy [sɪˋfɑlədʒɪ; pseˈfɔlədʒi] *n.* Ⓤ選舉學《有關投票、選舉的科學研究》。

pseud [sud; su:d] *n.* Ⓒ《英口語》(自認高人一等而)擺架子的人。

pseu·do- [sudo-; psju:dou-, psu:dou-] [複合用詞] 表示「僞的」，「假的」，「擬似的」之意 (cf. quasi-)。

pseu·do·morph [ˋsudəˏmɔrf; ˈsu:dəmɔ:f] *n.* Ⓤ **1** 假像，僞形；擬似形。**2** 假晶。

pseu·do·nym [ˋsudn̩ˏɪm; ˈpsju:dənim, ˈpsu:-] *n.* Ⓒ作家的筆名，假名 (cf. autonym)。

pseu·don·y·mous [suˋdɑnəməs; psju:ˈdɔniməs, psu:-ˉ] «pseudonym 的形容詞» —*adj.* **1** 筆名的，假名的。**2** 用筆名[假名]寫的。

Pseu·do·po·di·um [ˏsudəˋpodɪəm; ˏpsju:dəˈpoudiəm] *n.* Ⓒ **1** 《動物》僞足。**2** 《植物》假柄。

pseu·do·sci·ence [ˏsudoˋsaɪəns; ˏpsju:douˈsaiəns] *n.* ⓊⒸ假科學；僞科學。

pshaw [ʃɔ; pʃɔ:] *interj.* [表示輕蔑、不快、急躁等]《文語・罕》哼！啐！呸！

psi [saɪ; psai] *n.* ⓊⒸ希臘字母的第二十三個字 (Ψ, ψ)《發音是 [ps]；相當於英語的 ps；⇨ Greek alphabet 表》。

psit·ta·co·sis [ˏsɪtəˋkosɪs; ˏpsitəˈkousis] *n.* Ⓤ鸚鵡病，鸚鵡熱《呈現類似傷寒徵候的鸚鵡類傳染病，會傳染給人類》。

pso·ri·a·sis [səˋraɪəsɪs; psəˈraiəsis] *n.* Ⓤ《醫》乾癬；鱗癬；牛皮癬。

psst [pst; pst] *interj.* [以不顯眼的方式引人注意時的聲音] 喂。

P.(S.)T. 《略》Pacific Standard Time.

psych [saɪk; saik] «psychoanalyze 之略» —*v.t.* 《美俚》**1** (十受(十副)) 直覺地理解…，看穿…的心理，智勝〈對手〉〈*out*〉。**2** (十受(十副)) 使〈人〉不安，使…心生恐懼，使…膽怯〈*out*〉。**3** [～ **oneself**] 作好精神準備。

Psy·che [ˋsaɪkɪ; ˈsaiki] *n.* **1** 《希臘・羅馬神話》賽姬《愛神丘比特 (Cupid) 所愛的美少女；靈魂的化身》。**2** [**p**～] 靈魂；心靈，精神。—*v.* [**p**～] ＝psych.

psy·che·del·ic [ˏsaɪkɪˋdɛlɪk; ˏsaikiˈdelikˉ] «源自希臘文「看得見靈魂」之義»—*adj.* **1** 〈藝術等〉具幻覺風格的《彩色繽紛的奇特圖案者，使人產生似服用迷幻藥所引起的幻覺狀態》。**2** 〈藥物〉使產生幻覺的；幻覺劑的。
—*n.* Ⓒ幻覺劑，迷幻藥《如 LSD 等》。

psy·chi·at·ric [ˏsaɪkɪˋætrɪk; ˏsaikiˈætrikˉ] «psychiatry 的形容詞»—*adj.* 精神醫學的；(根據)精神病治療法的。
-ri·cal·ly [-klɪ; -kəli] *adv.*

psy·chi·a·trist [saɪˋkaɪətrɪst; saiˈkaiətrist] *n.* Ⓒ精神病醫師，精神病學家。

psy·chi·a·try [saɪˋkaɪətrɪ; saiˈkaiətri] *n.* Ⓤ精神醫學；精神病治療法。

psy·chic [ˋsaɪkɪk; ˈsaikik] *adj.* **1** 靈魂的，心靈的 (↔ physical)：～ phenomena 心靈現象。**2** 易受心靈作用的。**3** 〈疾病〉精神方面的。
—*n.* Ⓒ對超自然力敏感的人，通靈的人；靈媒。

psý·chi·cal [-kɪkl; -kikəl] *adj.* ＝psychic. ～·**ly** [-klɪ; -kəli] *adv.*

psýchical reséarch *n.* Ⓤ心靈研究。

psy·chics [ˋsaɪkɪks; ˈsaikiks] *n.* Ⓤ **1** 心靈研究；心靈哲學。**2** 心理學 (psychology)。

psy·cho [ˋsaɪko; ˈsaikou] «psychotic 之略» —*n.* Ⓒ (*pl.* ～**s**)《口語》精神病患。

psy·ch(o)- [saɪko-; saikou-] [複合用詞] 表示「靈魂」「精神」之意。

psỳcho·análysis *n.* Ⓤ精神分析(學，法)。

psỳcho·ánalyst *n.* Ⓒ精神分析(學)家。

psỳcho·analýtic «psychoanalysis 的形容詞»—*adj.* 精神分析的。

psỳcho·analýtical *adj.* ＝psychoanalytic.
～·**ly** [-klɪ; -kəli] *adv.*

psỳcho·ánalyze *v.t.* 對〈人〉施以精神分析。

psy·cho·dra·ma [ˏsaɪkoˋdrɑmə, -ˋdræmə; ˏsaikouˈdrɑ:mə] *n.* Ⓤ心理戲劇《通常由他人協助使患者表演與其問題有關之情景，從而使其感情得以發洩以達治療效果的治療法》。

psỳcho·kinésis *n.* Ⓤ念力《僅憑心中所思即能移動物體的精神力》。**psỳcho·kinétic** *adj.* **-ti·cal·ly** *adv.*

psy·cho·lin·guis·tics [ˏsaɪkolɪŋˋgwɪstɪks; ˏsaikouliŋˈgwistiks] *n.* Ⓤ心理語言學。

psy·cho·log·i·cal [ˌsaɪkəˋlɑdʒɪkḷ; ˌsaikəˈlɔdʒikl˜] «psychology 的形容詞» —*adj.* (**more** ～; **most** ～) **1** [用在名詞前] (無比較級、最高級) **心理學的**，使用心理學的，心理學上的。**2** **心理**(上的，精神的：～ warfare 心理戰(術)/a ～ novel 心理小說。
～**·ly** [-kḷɪ; -kəli] *adv.*
psýchological móment *n.* [**the** ～] 最恰當的時刻，最好的時機。
psy·chól·o·gist [-dʒɪst; -dʒist] *n.* Ⓒ心理學家。
psy·chol·o·gize [saɪˋkɑləˌdʒaɪz; saiˈkɔlədʒaiz] —*v.i.* 研究心理學；作心理學上之調查或思索。—*v.t.* 從心理學上分析…。
***psy·chol·o·gy** [saɪˋkɑlədʒɪ; saiˈkɔlədʒi] *n.* **1** Ⓤ**心理學**。
2 ⓊⒸ[常與修飾語連用] (個人、羣衆等的) **心理**，心理狀態；(人的) 性格，稟性，天性：mass ～ 羣衆心理/women's ～ 女人的心理/He has a complex ～. 他性格複雜。
3 Ⓤ《口語》看穿他人心理的能力。
psy·chom·e·try [saɪˋkɑmətrɪ; saiˈkɔmitri] *n.* Ⓤ **1** 精神測驗法。**2** (接觸一人或一物即知其一切之) 神秘能力。
psỳcho·neurósis *n.* (*pl.* **-ro·ses**) Ⓤ[指全部個體或種類時爲Ⓒ]《醫》精神神經症。**psỳcho·neurótic** *adj.*
psy·cho·path [ˋsaɪkəˌpæθ; ˈsaikəpæθ] *n.* Ⓒ(有反社會性或暴力傾向的) 精神病患者，精神變態者。
psy·cho·path·ic [ˌsaɪkəˋpæθɪk; ˌsaikəˈpæθik˜] «psychopathy 的形容詞» —*adj.* 精神病(態)的：a ～ personality 精神病態(者)。**-i·cal·ly** [-kḷɪ; -kəli] *adv.*
psỳcho·pathólogist *n.* Ⓒ精神病理學家。
psỳcho·pathólogy *n.* Ⓤ精神病理學。**psỳ·cho·pathológical** *adj.*
psy·chop·a·thy [saɪˋkɑpəθɪ; saiˈkɔpəθi] *n.* ⓊⒸ精神病。
psy·cho·phys·ics [ˌsaɪkoˋfɪzɪks; ˌsaikouˈfiziks] *n.* Ⓤ精神物理學《爲心理學之一門，研究刺激與感覺之關係》。
psy·cho·sis [saɪˋkosɪs; saiˈkousis] *n.* (*pl.* **-cho·ses** [-siz; -si:z]) ⓊⒸ精神病，精神變態。
psy·cho·so·cial [ˌsaɪkoˋsoʃəl; ˌsaikouˈsouʃl] *adj.* 心理與社會的；心理上與社會上的。
psy·cho·so·mat·ic [ˌsaɪkosəˋmætɪk; ˌsaikousəˈmætik˜] *adj.* **1** 身心(醫學)的；身心關係的：～ medicine 身心醫學。**2** 〈疾病等〉受精神狀態影響的《由精神上壓力等引起的疾病》。
-i·cal·ly [-kḷɪ; -kəli] *adv.*
psỳcho·súrgery *n.* Ⓤ《醫》精神病外科學。
psỳcho·thérapy *n.* Ⓤ精神療法《尤指利用催眠術者》。
psỳcho·therapéutic *adj.*
psy·chot·ic [saɪˋkɑtɪk; saiˈkɔtik˜] «psychosis 的形容詞» —*adj.* 精神病的。—*n.* Ⓒ精神病人，精神異常者。
-i·cal·ly [-kḷɪ; -kəli] *adv.*
psy·war [ˋsaɪˌwɔr; ˈsaiwɔ:] «*psy*chological *war*fare 之略» —*n.* ⓊⒸ心理戰。
Pt 《符號》《化學》platinum. **pt.** 《略》part；payment；pint(s)；point；port. **Pt.** 《略》Part；Port. **p.t.** 《略》past tense；*pro tempore.* **P.T.** 《略》Pacific Time；physical training.
Pta 《符號》(*pl.* ～s)《貨幣》peseta.
PTA, P.T.A. 《略》Parent-Teacher Association.
ptar·mi·gan [ˋtɑrməgən; ˈtɑ:migən] *n.* (*pl.* ～s, [集合稱] ～) **1** Ⓒ《鳥》雷鳥。**2** Ⓤ雷鳥肉。
PT bòat «*p*atrol *t*orpedo *boat* 之略» —*n.* Ⓒ《美海軍》巡邏魚雷艇，魚雷哨艇。
pter·o·dac·tyl [ˌtɛrəˋdæktɪl; ˌterəˈdæktil] *n.* Ⓒ《古生物》翼手龍。
P.T.O., p.t.o. Please turn over 請翻看後面。
Ptol·e·ma·ic [ˌtɑləˋme·ɪk; ˌtɔliˈmeiik˜] «Ptolemy 的形容詞» —*adj.* 托勒密的；天動說的 (cf. Copernican 1)：the ～ system [theory] 天動說《認爲地球爲宇宙中心，其他星球圍繞地球轉動的學說》。
Ptol·e·my [ˋtɑləmɪ; ˈtɔlimi] *n.* 托勒密《紀元二世紀時活躍於埃及亞力山卓 (Alexandria) 的希臘天文學家、地理學家、數學家；提倡天動說；cf. Copernicus》。
pto·main(e) [ˋtomen, toˋmen; ˈtoumein, touˈmein] *n.* Ⓤ《化學》屍毒，屍鹼：～ poisoning 屍毒中毒。
pts. 《略》parts；payments；pints；points；ports.
pty·a·lin [ˋtaɪəlɪn; ˈtaiəlin] *n.* Ⓤ《生化》唾液素；唾液澱粉酶；涎酵素。
Pu 《符號》《化學》plutonium.
***pub** [pʌb; pʌb] «public house 之略» —*n.* Ⓒ啤酒屋，酒館。

【說明】public house 之略，是英國特有的大衆化酒館或啤酒屋。營業時間自天從中午十二點到下午兩點，晚上從六點到十一點，主要是供人喝啤酒。裡面有櫃台 (bar)，在那裡付錢買杯啤酒，可以端到桌邊坐下來喝，也可以站在櫃台前邊聊天邊喝。內部分爲高級酒吧 (saloon [lounge] bar) 和大衆酒吧 (public bar)，前者顧客多爲薪水階級；後者則爲勞工階級所喜愛，且收費比前者低廉。在啤酒屋裡可以找到許多朋友，自由自在地閒聊，藉以消除一天的疲勞。到了禮拜五，pub 裡常舉行宴會 (party)，主人穿禮服主持。酒館內也有擲鏢 (darts) 等遊戲設施。

púb-cràwl 《英俚》*n.* Ⓒ(從一家喝到另一家的) 逛酒館：do [go on] a ～ 逛酒吧喝酒。
—*v.i.* 逛酒吧喝酒 (cf. barhop)。～**·er** *n.*
pu·ber·ty [ˋpjubətɪ; ˈpju:bəti] «源自拉丁文「大人」之義» —*n.* Ⓤ青春期，妙齡；發情期：the age of ～ 青春期《在法律上爲男子十四歲，女子十二歲》。
pu·bes·cence [pjuˋbɛsṇs; pju:ˈbesns] *n.* Ⓤ到達青春期，妙齡。
pu·bes·cent [pjuˋbɛsṇt; pju:ˈbesnt] *adj.*
pu·bic [ˋpjubɪk; ˈpju:bik] *adj.* 《解剖》陰部的：the ～ bone 恥骨/～ hair 陰毛。
pu·bis [ˋpjubɪs; ˈpju:bis] *n.* Ⓒ (*pl.* **pu·bes** [-biz; -bi:z]) 《解剖》恥骨。
‡**pub·lic** [ˋpʌblɪk; ˈpʌblik] «源自拉丁文「國民」之義» —*adj.* (**more** ～; **most** ～) **1** [用在名詞前] (無比較級、最高級) **公衆的**，大衆的，公共的，一般國民的，(爲) 人民全體的：～ opinion 輿論/the ～ good [interest] 大衆 [社會] 的利益，公益/a ～ holiday 公休假日/～ morality 公共道德，風紀/～ security 公共安全/～ welfare 大衆福利。
2 [用在名詞前] (無比較級、最高級) **公用的**，公開的，公立的 (↔ private)：a ～ bath 公共浴室，澡堂/a ～ toilet [lavatory, 《英》 convenience] 公共廁所/a ～ hall 民衆會堂/～ housing 國民住宅/a ～ lecture 公開演講/a ～ library 公立圖書館/a ～ telephone 公共電話/in a ～ place 在公共場所。
3 [用在名詞前] (無比較級、最高級) **a** (從事政府工作等) **公務的**，公事的：～ life 公務生活/a ～ man 公職人員/a ～ servant [official] 公務員，公僕。**b** 由政府的，國家的：a ～ document 公文/～ funds 國債，公債。
4 公然的；衆所周知的，有名的，著名的：a ～ figure 有名人物/a ～ scandal 衆所周知的醜聞/make ～ 公開，發表/It is a matter of ～ knowledge. 那是一件人人皆知的事/We made a ～ protest about it. 我們公然抗議那件事。
gò públic (1) 〈公司〉公開 (出售) 股票，上市。(2) 公開〔秘密等〕〔*with*〕。
in the públic éye ⇨ eye.
—*n.* **1** Ⓤ[**the** ～; 集合稱] **人民，國民，公衆**《★用法 視爲一整體時當單數用，指全部個體時當複數用》：*the* British ～ 英國國民/*the* general ～ 一般大衆/The museum is open to *the* ～. 該博物館對一般大衆開放/*The* ～ *is* [*are*] requested not to enter the premises. 民衆請勿入內。
2 Ⓤ[又作 **a** ～; 集合稱; 與修飾語連用] …界，(某方面的) **羣衆，大衆，愛好者**；(某階層的) 人們《★用法 與義 1 同》：the musical ～ 音樂愛好者/the reading ～ 一般讀者/This book will appeal to *a* large ～. 此書將打動廣大羣衆的心 [受廣大讀者的喜愛]。
in públic 公然地，在衆人面前 (↔ in private)。
～**·ly** *adv.*
públic-addréss sỳstem *n.* Ⓒ擴音設備 [系統]《麥克風、擴音器；又作 PA system》。
públic administrátion *n.* Ⓤ公共行政《政治學之一門》。
pub·li·can [ˋpʌblɪkən; ˈpʌblikən] *n.* Ⓒ **1** 《英》酒館 (pub) 的老板。**2** (古羅馬的) 收稅官。
públic assístance *n.* Ⓤ《美》民衆救濟《政府對貧困者、殘障者、老年人等的救濟》。
***pub·li·ca·tion** [ˌpʌblɪˋkeʃən; ˌpʌbliˈkeiʃn] «publish 的名詞» —*n.* **1** Ⓤ**發表**，公開，公佈〔*of*〕。**2** Ⓤ**出版**，發行，刊行：the date of ～ 發行日期。**3** Ⓒ出版物，刊物。
públic bár *n.* Ⓒ《英》(有隔間的酒館 (pub) 中的) 大衆酒吧 (↔ saloon bar)。
públic bíll *n.* Ⓒ(國會中提出的) 公共利益法案。
públic corporátion *n.* Ⓒ公共企業體，公共法人。
públic defénder *n.* Ⓒ《美》公設辯護律師。
públic domáin *n.* Ⓤ[常 **the** ～] 《法律》公有產業；國有土地。
públic héalth *n.* Ⓤ公共衛生。
públic héaring *n.* Ⓒ聽證會。
públic hóuse *n.* Ⓒ《英》啤酒屋，酒館 (⇨ pub【說明】)。
púb·li·cist [-sɪst; -sist] *n.* Ⓒ宣傳人員；時事評論家；政論家，新聞發佈官員。
***pub·lic·i·ty** [pʌbˋlɪsətɪ; pʌbˈlisəti] «public 的名詞» —*n.* Ⓤ **1** **公開(性)**，周知，出名，出風頭：avoid [shun] ～ 避免社會的評論，避免引人注意/court [seek] ～ 追求知名度，想要出風頭。**2** 宣傳，廣告；公開：give ～ to... 公開，公佈，宣傳…。
publícity àgent *n.* Ⓒ廣告代理商，宣傳員，廣告員。
pub·li·cize [ˋpʌblɪˌsaɪz; ˈpʌblisaiz] *v.t.* 公佈，發表；宣傳…。
públic-mínded *adj.* 熱心公益的。
públic núisance *n.* Ⓒ **1** 《法律》公害《如噪音、惡臭等危害整個社會的違法行爲》。**2** 《口語》妨害公衆的人或物。

públic ównership *n.* Ⓤ(企業、財產等的)國有(化)，國有(制度)。
públic prósecutor *n.* Ⓒ《法律》檢察官。
públic púrse *n.* [the ~]國庫。
públic relátions *n. pl.* **1** [常當單數用]公共關係，宣傳活動《略作 PR》。**2** 對外關係[聯繫](事務)。
públic relátions ôfficer *n.* Ⓒ公共關係[宣傳]官員[軍官]《略作 P.R.O.》.
públic schòol *n.* Ⓤ[指設施時爲Ⓒ]**1** (英國的)寄宿學校。

> 【說明】英國的 public school 是中上流社會的子弟爲了進大學而上的大學預備學校，或爲培養公務員而設立的寄宿制私立中等學校。像伊頓中學(Eton College)、哈洛學校(Harrow school)和拉戈比學校(Rugby school)等都因具有悠久的歷史而出名。主要招收十三至十八歲學生，近年來新設的也不少，也有專收女生的學校；cf. school[1]【說明】

2 (美國)公立中[小]學。
públic sérvice *n.* **1** Ⓒ公用事業《電力、瓦斯、自來水、交通等不以直接營利爲目的的企業》。**2** ⓊⒸ公共[社會]服務。**3** Ⓤ公職，公務。
públic-sérvice corporàtion *n.* Ⓒ《美》公用事業公司。
públic spéaker *n.* Ⓒ演說家。
públic spéaking *n.* Ⓤ演說。
públic spírit *n.* Ⓤ熱心公益的精神。
públic-spírited *adj.* 熱心公益的(public-minded).
públic utílity *n.* Ⓒ公用事業。
públic wórks *n. pl.* (建設道路、自來水管、學校等的)公共建設事業[工程]。
‡pub·lish [ˋpʌblɪʃ; ˈpʌbliʃ] «public 的動詞» —*v.t.* 〔十受〕**1 a** 發表，公佈，張揚…：Don't ~ the faults of your friends. 不要到處張揚你朋友的缺點。**b** 公佈〈法令等〉。**2** 出版，發行〈書籍、雜誌等〉：The book will be ~*ed* by the Oxford University Press. 那本書將由牛津大學出版部出版。
—*v.i.* **1 a** 出版。**b** 〈作品〉被出版。**2** 從事出版業。
púb·lish·er *n.* Ⓒ **1** 發表者，公佈者。**2** 出版者，出版社：Who is the ~ [are the ~*s*] (*of* the book)? 誰是(那本書的)出版者呢？(那本書是)哪一家出版社出版的？
púb·lish·ing *n.* **1** Ⓤ出版(業)。**2** [當形容詞用]出版(業)的：a ~ house 出版社。
Puc·ci·ni [puˋtʃinɪ; puːˈtʃiːni], **Gia·co·mo** [ˋdʒako͵mo; ˈdʒɑːkoumou] *n.* 蒲契尼(1858–1924；義大利歌劇作曲家)。
puce [pjus; pjuːs] «源自拉丁文「跳蚤」之義»—*n.* Ⓤ深褐色。
—*adj.* 深褐色的。
puck[1] [pʌk; pʌk] *n.* **1** [P~]《英國傳說》巴克(Robin Goodfellow)《喜歡惡作劇的精靈》。

> 【說明】Puck 是英國傳說中常出現在山野間惡作劇的頑皮小精靈，又名 Robin Good-fellow. 也出現在莎士比亞(Shakespeare)的「仲夏夜之夢(*A Midsummer Night's Dream*)」裡。

2 Ⓒ淘氣的小孩，頑皮的人。
puck[2] [pʌk; pʌk] *n.* Ⓒ(冰上曲棍球用的)橡膠圓盤。
puck·a [ˋpʌkə; ˈpʌkə] *adj.* 《英印》**1** 可靠的；眞正的；良好的；純良的。**2** 上等的；頭等的。**3** 堅牢的；分量足的。**4** 永久的。
puck·er [ˋpʌkɚ; ˈpʌkə] *v.t.* 〔十受(十副)〕**1** 把…折成褶；使…縮攏[起皺]：She ~*ed* the cloth as she sewed. 她縫那塊布時把它折成褶。**2** 縐起〈眉頭〉，撅〈嘴等〉〈*up*〉：He ~*ed* (**up**) his brows [face]. 他皺起眉頭[臉]來。
—*v.i.* 〔動(十副)〕**1** 成褶子；縐縮〈*up*〉：This cloth ~*s* (**up**) badly. 這塊布皺得很厲害。**2** 縮攏〈*up*〉.
—*n.* Ⓒ皺褶，皺紋；縐縮：in ~*s* 起皺[成褶]地。
puck·er·y [ˋpʌkərɪ; ˈpʌkəri] *adj.* **1** 起皺的，皺起的。**2** 〈水果等〉使嘴縮攏的。
púck·ish [-kɪʃ; -kiʃ] «puck[1] 的形容詞» —*adj.* 愛惡作劇的精靈似的；愛惡作劇的，淘氣的，頑皮的。~·**ly** *adv.* ~·**ness** *n.*
pud[1] [pʊd; pʊd] *n.* Ⓒ《兒語》手(hand)《cf. baby talk【說明】》。
pud[2] [pʊd; pʊd] «pudding 之略»—*n.* Ⓒ[當作點心名時爲Ⓤ]《英口語》布丁。
***pud·ding** [ˋpʊdɪŋ; ˈpudiŋ] *n.* **1** Ⓒ[當作點心名稱時爲Ⓤ]布丁《麵粉中摻入水果、牛奶、蛋等蒸或煮成的點心》：⇨ custard pudding, plum pudding, Yorkshire pudding/The proof of the ~ is in the eating. 《諺》⇨ proof 2 a. **2** Ⓤ[指全部個體或指種類時爲Ⓒ][常構成複合字]香腸：black ~ 黑色香腸《摻入豬血做成者》。**3** [a ~]濕而軟的東西[土]。
púdding fáce *n.* Ⓒ胖圓而無表情的臉。
púdding hèad *n.* Ⓒ[用於稱呼]《口語》傻瓜，笨蛋。
púdding héart *n.* Ⓒ懦夫；精神萎靡的人。
púdding stòne *n.* Ⓤ《地質》圓粒岩；礫岩(conglomerate).
pud·dle [ˋpʌdḷ; ˈpʌdl] *n.* **1** Ⓒ(路上的)水坑。**2** Ⓤ(沙與黏土加水搗成的)膠土。
—*v.t.* **1** 把〈黏土、沙、水〉搗成膠土。**2** 攪煉〈熔鐵〉。
pud·dling [ˋpʌdlɪŋ; ˈpʌdliŋ] *n.* Ⓤ精煉鐵之過程[方法]。
pud·dly [ˋpʌdlɪ; ˈpʌdli] *adj.* (**-dli·er**; **-dli·est**) **1** 〈道路〉多泥水坑的。**2** 汚濁的；泥汚的。
pu·den·dum [pjuˋdɛndəm; pjuːˈdendəm] «源自拉丁文「可恥的東西」之義»—*n.* Ⓒ(*pl.* **-den·da** [-də; -də])[常 ~s](尤指女性的)外生殖器，陰門。
pudg·y [ˋpʌdʒɪ; ˈpʌdʒi] *adj.* (**pudg·i·er**; **-i·est**)《口語》矮胖的，肥胖的。
pu·eb·lo [ˋpwɛblo; puˈeblou, ˈpweblou] «源自西班牙語「村」「人們」之義»—*n.* **1** Ⓒ(*pl.* ~s)印地安人村落《常見於美國西南部的石造或磚塊造的印地安人部落》。**2** [P~](*pl.* ~s, ~) **a** [the ~(s)]普埃布羅族《現居於新墨西哥(New Mexico)和亞利桑那(Arizona)等州的北美印地安人》。**b** Ⓒ普埃布羅族人。
pu·er·ile [ˋpjuə͵rɪl; ˈpjuərail] *adj.* **1** 孩子氣的。**2** 孩子(似)的，幼稚的。
pu·e·ril·i·ty [͵pjuəˋrɪlətɪ; pjuəˈriləti] «puerile 的名詞»—*n.* **1** Ⓤ孩子氣，幼稚。**2** Ⓒ[常 **puerilities**]幼稚的行爲[想法]。
pu·er·per·al [pjuˋɝpərəl; pjuːˈəːpərəl˜] *adj.* [用在名詞前]《醫》產後的，由分娩引起的：~ fever 產褥熱。
Puer·to Ri·can [͵pwɛrtəˋrikən; ˌpwəːtouˈriːkən˜] «Puerto Rico 的形容詞»—*adj.* 波多黎各的。—*n.* Ⓒ波多黎各人。
Puer·to Ri·co [͵pwɛrtəˋriko; ˌpwəːtouˈriːkou˜] *n.* 波多黎各《在西印度羣島中之一島；爲美國的自治領地；首府聖翰(San Juan [sænˋhwan, -ˋwan; sænˈhwaːn])》.

> 【說明】在美國自治領國波多黎各(Puerto Rico)出生的人約有二百萬，大部分住在紐約(New York). 他們雖然已具有美國國籍，但只會說西班牙語，移居美國本土後，因爲貧窮和教育程度低，大都成爲低收入階級，失業者也不少，成爲很大的社會問題。

puff [pʌf; pʌf] «擬聲語»—*n.* **1 a** Ⓒ噗的一吹[噴]：give a fire [toy boat] a ~ 對火[玩具船]吹氣/He took a ~ at [on] his cigar. 他抽了一口雪茄煙。**b** Ⓒ一噴[吹](的量)：a ~ *of* wind 一陣風。**c** Ⓤ《口語・謔》呼吸，氣息。
2 Ⓒ **a** 輕飄飄的膨脹物：a ~ of cloud 一朶浮雲。**b** 《服飾》袖口等打褶鼓起的部分。**c** (頭髮的)膨鬆部分。**d** (化妝用的)粉撲。**e** 《美》羽毛被。
3 Ⓒ[常構成複合字]膨鬆的糕餅，泡芙：a cream ~ 奶油泡芙。
4 Ⓤ《口語・罕》誇大的讚賞，吹噓，自我宣傳：My book got a good ~. 我的書大受讚賞。
—*v.i.* **1 a** 喘氣：He ~*ed* hard as he ran. 他跑的時候喘得厲害。**b** 〔(十副)十介十(代)名〕噗噗地連續抽〈煙等〉〈*away*〉〔*at, on*〕：The old man ~*ed* (**away**) **at** [**on**] his pipe. 那位老人噗噗地抽著煙斗。**c** 〔動(十副)〕噗噗地吹氣[煙(等)]；〈氣、蒸氣、煙等〉噗噗地冒出〈*out, up*〉. **d** 〔十介十(代)名〕〈蒸氣、煙等〉〔從…〕噗噗地冒出〔*out of*〕：Smoke ~*ed* **out of** the locomotive. 煙從火車頭噗噗地噴出來。
2 〔十副詞(片語)〕噗噗地噴著煙移動(出[入]…)：The locomotive ~*ed* slowly *away* [*into* the station]. 火車頭噗噗地噴著煙，緩緩地離站[進站]。
3 〔十副〕膨脹〈*up, out*〉.
—*v.t.* **1 a** (一陣陣地吐氣)吹(走)〈灰塵〉；吐出〈煙等〉：~ smoke 吐出煙。**b** 一口一口地抽〈香煙〉：~ a cigar 一口一口地抽雪茄煙。
2 〔十受(十副詞(片語))〕[~ **one's way**]〈火車等〉噗噗地噴煙前進。
3 使〈人〉喘氣《★常以過去分詞當形容詞用；⇨ puffed 2》.
4 a 〔十受十副(十介十(代)名)〕使…〔因…而〕膨脹〈*out*〉〔*with*〕：The sails were ~***ed out with*** wind. 那些帆因風而脹鼓起來。**b** 〔十受十副〕使〈頭髮〉膨鬆〈*out*〉.
5 《口語》過分稱讚；吹噓，誇大宣傳…。
púff and blów [**pánt**] 喘氣。
púff óut 《*vt adv*》(1)⇨ *v.t.* 4.(2)噗地吹熄〈火柴、火等〉：I ~*ed out* the match. 我把那根火柴吹熄。—《*vi adv*》(3)⇨ *v.i.* 1 c. (4) ⇨ *v.i.* 3.
púff úp 《*vt adv*》(1)〔以…〕使…膨脹〔*with*〕《★常用被動語態》。(2)〔因…而〕使〈人〉得意，使…〔以…〕自滿〔*with*〕《★常用被動語態》：He *is* ~*ed up with* self-importance. 他自以爲了不起而得意洋洋。—《*vi adv*》(3)⇨ *v.i.* 1 c. (4) ⇨ *v.i.* 3.
púff àdder *n.* Ⓒ鼓身蛇《一種非洲產的毒蛇，興奮時身體會膨脹》。
púff·bàll *n.* Ⓒ《植物》馬疕《馬疕屬蘑菇的通稱》。
puffed *adj.* **1** 膨脹的。**2** [不用在名詞前]《口語》〈人〉氣喘吁吁的，喘著氣的(cf. puff *v.t.* 3). **3** 自以爲了不起的，自傲的，自大的。

púff·er *n.* Ⓒ **1 a** 噴氣的人[物]《抽煙者、汽艇等》。**b**《兒語》玩具火車。**2**《魚》(又作 **púffer fish**)河豚。

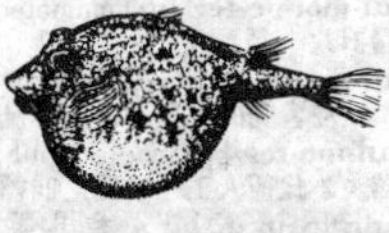

puffer 2

puf·fin [ˋpʌfɪn; ˈpʌfin] *n.* Ⓒ《鳥》善知鳥，海鴨《嘴扁平而有溝，形似海雀》。

puffin

puff·i·ness [ˋpʌfɪnɪs; ˈpʌfinis] *n.* Ⓤ **1** 膨脹。**2** 誇張；誇大。**3** 驕慢；自負；自大。**4**《醫》腫脹。

púff páste *n.* Ⓤ用以做鬆餅的發酵麪糰。

púff pástry *n.* Ⓤ(做派(pie)、水果派用的)發酵麵糰。

púff-pùff *n.*《英兒語》=puffer 1 b.

puff·y [ˋpʌfɪ; ˈpʌfi] «puff 的形容詞» *—adj.* (**puff·i·er**; **-i·est**) **1**〈風〉噗噗[陣陣]吹的，一陣的。**2** 呼吸短促的，喘著氣的。**3 a** 膨脹的。**b** 肥胖的。**4** 自大的。

púff·i·ly [-fɪlɪ; -fili] *adv.*

pug[1] [pʌg; pʌg] *n.* (又作 **púg dòg**)Ⓒ哈巴狗《一種類似北京狗的小型狗》。

pug[2] [pʌg; pʌg] *n.* Ⓤ **1** 調好的溼黏土。**2** 隔音材料。
—v.t. **1** 調〈土〉。**2** 把調好的黏土塗於〈地板下、牆壁細縫等〉。

pug[1]

Pú·get Sóund [ˋpjudʒɪt-; ˈpju:dʒit-] *n.* 普吉灣《美國華盛頓(Washington)州西北部臨太平洋的狹長海灣》。

pug·ging [ˋpʌgɪŋ; ˈpʌgiŋ] *n.* Ⓤ **1** 捏土；搗土；塗泥。**2** 防音材料《灰泥、鋸屑等》。

pu·gi·lism [ˋpjudʒə͵lɪzəm; ˈpju:dʒilizəm] *n.* Ⓤ《文語》(職業)拳擊。**pu·gi·lis·tic** [͵pjudʒəˋlɪstɪk; ͵pju:dʒiˈlistik⁻] *adj.*

pú·gi·list [-lɪst; -list] *n.* Ⓒ《文語》(職業)拳擊手，拳師。

púg mill *n.* Ⓒ和泥機；攪拌機。

pug·na·cious [pʌgˋneʃəs; pʌgˈneiʃəs] *adj.* 愛打架的，好鬥的。**~·ly** *adv.*

pug·nac·i·ty [pʌgˋnæsətɪ; pʌgˈnæsəti] «pugnacious 的名詞» *—n.* Ⓤ愛打架，好鬥(性)。

púg nòse *n.* Ⓒ獅子鼻(⇨ nose 插圖)。

púg-nòsed *adj.* 獅子鼻的。

pu·is·sance[1] [ˋpwɪsṇs; ˈpwi:sɑ:ns] *n.* Ⓒ《馬術》跨越障礙賽。

pu·is·sance[2] [ˋpjuɪsṇs; ˈpju:isns] «puissant 的名詞» *—n.* Ⓤ《古·文語》(尤指國王的)權力，勢力。

pu·is·sant [ˋpjuɪsṇt; ˈpju:isnt] *adj.*《古·文語》有權力[勢力]的。

puke [pjuk; pju:k] «擬聲語» *—*《俚》*v.t.* 吐出〈吃下的東西〉(vomit). *—v.i.* **1** 吐。**2** 想吐，覺得噁心。
—n. Ⓤ吐出的食物，嘔吐物。

puk·ka(h) [ˋpʌkə; ˈpʌkə] *adj.* =pucka.

pul·chri·tude [ˋpʌlkrɪ͵tud, -͵tjud; ˈpʌlkritju:d] *n.* Ⓤ《文語》(尤指女人)容貌的美麗，漂亮。

pul·chri·tu·di·nous [͵pʌlkrɪˋtudnəs, -ˋtjud-; ͵pʌlkriˈtju:dinəs⁻] *adj.*《文語》〈女人〉美麗的，漂亮的。

pule [pjul; pju:l] «擬聲語» *—v.i.*〈嬰兒等〉低聲哭泣，嗚嗚地哭。

Pul·it·zer [ˋpjulɪtsə; ˈpulitsə], **Joseph** *n.* 普立茲《1847–1911；美國新聞記者及慈善家，出生於匈牙利》。

Púlitzer Príze «源自美國報業經營者之名» *—n.* Ⓒ普立茲獎。

> 【說明】1917 年由於美國的新聞記者 Joseph Pulitzer (1847–1911)的遺囑而設立的獎金，每年頒給美國優秀的新聞、文學和音樂作品的作者。音樂獎每年只有一個，文學分小說、戲劇、傳記、美國史、詩歌等幾個獎；新聞則分爲論說、報導、攝影、時事漫畫等，頒獎的數目不等；cf. Oscar 2.

‡pull [pul; pul] *v.t.* **1** 拉，拖，牽(↔ push).

> 【同義字】pull 是往上下、前後方向拉的一般用語；draw 指輕輕滑行般地拉；drag 指拉重的東西；tug 指突然用力地拉一下。

a〔十受〕拉，牽引〈車等〉：The cow was *~ing* a cart. 那條牛在拉著貨車。**b**〔十受〕拉〈繩索等〉：~ a bell 拉繩敲鐘。**c**〔十受〕拉扯〈身體的某部位〉：~ a person's sleeve (爲引起注意而)拉某人的袖子(cf. 1 d). **d**〔十受十介十名〕拉，扯〈人〉〔身體、衣服的某部位〕〔*by*〕(《★用法在表示身體[衣服]某部位的名詞前用 the》：~ a person **by** *the* sleeve (爲引起注意而)拉某人的袖子(cf. 1 c)/He *~ed* me *by the* ear. 他拉我的耳朵。**e**〔十受十副詞(片語)〕把…拉(往…)：He *~ed* the sled *up* the hill. 他把雪車拉上小山/He *~ed* his chair *up to* the fire. 他把椅子拉近火邊/He *~ed* his cap *over* his ears. 他把帽子拉下來蓋住耳朵/She *~ed aside* the window curtains. 她把窗簾拉到一旁。**f**〔十受十補〕把…拉〈成…狀態〉：He *~ed* a drawer open. = He *~ed* open a drawer. 他把抽屜拉開/I *~ed* my pen free of my breast pocket. 我從胸前的口袋抽出鋼筆。

2 拉出：**a**〔十受(十副)〕拉出，拔出…〈*out, up*〉：He was *~ing* (*out*) weeds in the garden. 他正在花園裏拔草/You must have your bad tooth *~ed* (*out*). 你必須把壞牙拔掉/He *~ed* (*up*) some carrots. 他拔了一些胡蘿蔔。**b**〔十受十介十(代)名〕把…〔從…〕拉出〔*out of*〕：His father *~ed* him **out of** bed. 他父親把他從床上拉起來/He *~ed* a handkerchief *out of* his pocket. 他從口袋裏拉出一條手帕/⇨ pull...out of the FIRE.

3 拉開：**a**〔十受(十副詞(片語))〕拉開，撕開，拆開…：~ a seam 把接縫拆開/~ a newspaper *apart* 把報紙撕開/~ a piece of cloth *to* pieces 把一塊布撕成碎片。**b**〔十受(十副)〕摘〈水果等〉〈*off*〉：~ berries **off** 摘取漿果。**c**〔十受十介十(代)名〕〔從…〕摘取〈果實等〉〔*off*〕：They were *~ing* berries **off** a mulberry tree. 他們正從桑樹上摘取桑椹。**d**〔十受〕拔〈鳥等〉的毛：~ a fowl 拔鷄毛。

4 a〔十受〕搖〈槳〉，划〈船〉：He *~s* a good oar. 他善於划船。**b**〔十受十副詞(片語)〕划船把〈人〉載運(到…)：He *~ed* us *over to* the island. 他划船把我們載運到那個島上。

5〔十受(十副詞(片語))〕把〈車子〉開到[開進](…)：He *~ed* his car *to* the curb [*into* the parking lot]. 他把車子開到路緣[開進停車場]。

6〔十受十介十(代)名〕把〈軍隊、使節團等〉〔從…〕撤離，調走〔*out of*〕：He decided to ~ his troops **out of** action. 他決定把軍隊從戰場上撤離。

7 a〔十受〕拔〈槍、刀等〉。**b**〔十受(十介十(代)名)〕拔〈槍、刀等〉〔對著…〕〔*on*〕：She *~ed* a gun **on** the man. 她拔出手槍對著那個男人。

8〔十受〕把〈肌肉、腱等〉拉傷：~ a muscle 拉傷肌肉。

9〔十受十受/十受十介十(代)名〕倒給〈某人〉〈一定量的啤酒〉；倒出〈一定量的啤酒〉〔給某人〕〔*for*〕：~ a person a pint of beer = ~ a pint of beer **for** a person (從酒桶)倒給某人一品脫的啤酒。

10〔十受(十副)〕獲得〈某人的支持、援助〉；獲得〈支持票〉〈*in*〉.

11〔十受〕擺出〈各種臉色〉，露出…的表情：~ a face [faces] 愁眉苦臉/~ a long [wry] face 拉長[板起]面孔，露出不高興的樣子。

12〔十受(十介十(代)名)〕《口語》〔對某人〕行〈詐欺等〉〔*on*〕：~ a dirty trick (**on** a person) (對某人)耍卑鄙的詭計。

13〔十受〕《棒球·高爾夫球》(右手打擊者)把〈球〉打向左方[(左手打擊者則)打向右方]。

14〔十受〕**a**《賽馬》(爲了故意要落敗而)牽制〈馬〉。**b**《拳擊》控制〈打擊力〉不全力攻打。

15〔十受〕《印刷》用手印刷，打〈校樣〉：~ a proof 打校樣。

—v.i. **1 a** 拉，拖：Stop *~ing*! 不要拉！**b**〔十介十(代)名〕拉，拖〔…〕〔*at, on*〕：~ **at** [**on**] a rope 拉繩索/I *~ed at* my tie. 我拉一拉領帶《使結好的領帶鬆些》。

2〔動(十副詞(片語))〕〈人〉把船划(向…)；〈船〉被划(向…)：The crew [boat] *~ed for* (the) shore. 水手們把船划向岸[那條船被划向岸]/*P~ for* (the) shore. 向岸邊划。

3〔十介十(代)名〕**a** 抽〔香煙等〕〔*at, on*〕：~ **at** one's pipe 抽煙斗。**b**〔從酒瓶等〕一口喝下去〔*at*〕：~ **at** a rum bottle 一口氣喝光蘭姆酒。

4〈器具等〉(被拉)動，起動。

5〔十副詞(片語)〕〈人〉把車子(停)靠(在…)；〈車子〉靠(…)停下來：~ *to*[《英》*into*] the side of a road 把車子停靠在路邊；〈車子〉靠路邊停下來。

6《棒球·高爾夫球》擊出左[右]曲球。

7〈馬〉抗拒馬銜不聽指揮。

púll abóut [**aróund**]《*vt adv*》[~ + 受 + about [around]] 把〈人、物〉拖來拖去；粗暴地對待，虐待〈人、動物〉。

púll ahéad《*vi adv*》超前，追過：~ *ahead* (*of* an opponent) 超過(對手)。

púll awáy《*vi adv*》(1)〔從…〕逃走〔*from*〕. (2)〈路上的車子〉起動；〈船〉離(岸)。(3)追過，超越〔…〕〔*from*〕.

púll báck《*vi adv*》(1)改變主意而停止，取消前言，毀約。(2)〈軍隊〉撤退。(3)節約經費。*—*《*vt adv*》使〈軍隊〉撤退。

púll dówn《*vt adv*》(1)拆下〈房子等〉。(2)拉下〈帽子、百葉窗等〉。(3)[~ + 受 + down]使〈人〉衰弱：Illness *~ed* him *down*. 疾病使他衰弱。(4)《美口語》賺〈錢〉。

púll ín《*vt adv*》(1)⇨ *v.t.* 10. (2)〈胖者〉縮進〈肚子〉拉伸背脊。(3)

P

P

[~ one*self*] 採取端正的姿勢。(4)放慢〈馬等〉的脚步；使〈馬等〉止步。(5)《口語》逮捕〈嫌疑犯〉。(6)《口語》賺〈錢〉。—《*vi adv*》(7)〈火車〉進站：The train *~ed in* and stopped. 火車進站停了下來。(8)〈船、車子〉靠邊(停下)；〈人〉把車子靠邊(停下)。

púll óff 《*vt adv*》(1)(急忙)脫下〈衣服〉：He *~ed off* his hat *to* me. 他脫帽向我打招呼。(2)漂亮地完成〈難事〉。(3)⇨ *v.t.* 3 b. —《*vi adv*》(4)把車子駛靠路邊。

púll ón 《*vt adv*》急忙穿上〈衣服、鞋、襪〉：She *~ed* her stockings *on*. 她急忙穿上襪子。

púll óut 《*vt adv*》(1)⇨ *v.t.* 2 a. (2)撤出〈軍隊等〉，使…撤退。(3)自…撤手，退出。—《*vi adv*》(4)〈火車〉駛出車站。(5)〈船〉被划出；〈車子〉起動；〈人〉把船划出，把車子開出。(6)〈軍隊等〉撤出，撤退。(7)(從計畫、工作等)撤手，退出。

púll óver 《*vt adv*》(1)[~＋受＋over]把〈車子〉開到[路邊][*to*]：He *~ed* his car *over to* the side of the road. 他把車子開到路邊(停下來)。—《*vi adv*》(2)把車子開到路邊；〈車子〉停靠路邊。

púll róund 《*vt adv*》(1)[~＋受＋round]使〈人〉恢復精神[健康，意識]：This brandy will ~ you *round*. 這種白蘭地會使你恢復精神。—《*vi adv*》(2)恢復精神[元氣]。

púll thróugh 《*vt adv*》[~＋受＋through](1)使〈人〉克服困難。(2)使〈人〉脫離險境[重病，重傷等]。—《*vi adv*》(3)度過難關。(4)脫離重病[重傷(等)]。

púll togéther 《*vi adv*》(1)通力合作，和睦相處。—《*vt adv*》(2)圖謀〈組織等〉的協調[團結，統一]，合併〈組織〉。(3)[~ one*self*]使心平靜，恢復冷靜，鎮定。

púll úp 《*vt adv*》(1)⇨ *v.t.* 2 a. (2)拉起；豎起〈衣領等〉：He had his coat collar *~ed up*. 他把外套的領子豎起來。(3)把〈馬、車子〉停下來：He *~ed up* his car at the corner. 他把車子停在轉角處。(4)[~＋受＋up]制止，責罵〈在做錯[做壞]事的人〉；使…重作考慮[反省]。—《*vi adv*》(5)〈馬、車子等〉停止；〈司機〉停車：The driver *~ed up* at the red light. 司機遇紅燈把車子停住。

—*n.* **1 a** Ⓒ拉，一拉[拖]：give a ~ *at* a rope 拉一下繩索。**b** [a ~；與修飾語連用](使勁)拉的力量：keep *a* steady ~ on a rope 繼續使勁拉繩/A sudden ~ came on the rope. 繩索突然被使勁地拉了一下。**c** Ⓤ(自然的)引力。

2 [a ~]《口語》划船，划(槳)一下；划船遊戲：have *a* ~ on the river 在河裏划船。

3 a Ⓤ[又作 **a** ~；a ~ 時與修飾語連用]《口語》關係，門路；利益，好處：He's got some [*a* strong] ~ *with* the boss. 他和老闆有相當的[很好的]關係。**b** ⓊⒸ吸引力，魅力。

4 [a ~；與修飾語連用](登山等時的)努力，支撐：It was *a* long hard ~ up the hill. 上那座山是件費時費力的事。

5 Ⓒ[常構成複合字]拉手，把手，拉繩。

6 Ⓒ **a** 〔酒等的〕一杯，一飲〔*at*〕：have [take] a ~ *at* the bottle 喝一杯。**b** 〔香煙的〕一吸〔*at*〕.

7 Ⓒ[常用單數]《印刷》粗樣，校樣。

8 Ⓒ《棒球·高爾夫球》左[右]曲球的打擊。

púll·bàck *n.* Ⓒ[常用單數](軍隊的)後退，撤退。

pull·er [ˋpulɚ; ˈpulə] *n.* Ⓒ **1** 拉者；拔者。**2** 拉[拔]的工具。**3** 吸引人之物。

pul·let [ˋpulɪt; ˈpulit] *n.* Ⓒ(常指未滿一歲的)小母鷄。

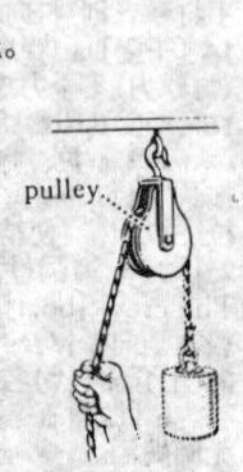

pulley

pul·ley [ˋpulɪ; ˈpuli] *n.* Ⓒ滑輪，滑車(cf. simple machine)：a compound ~ 複滑車/a driving ~ 主動滑車/a fast [fixed] ~ 固定滑車。

púlley blòck *n.* Ⓒ滑車裝置。

púll-ìn *n.* Ⓒ《英口語》(尤指爲貨車司機所利用的路邊)車輛休息處。

Púll·man (càr) [ˋpulmən-; ˈpulmən-] «源自美國設計者之名»—*n.* Ⓒ《鐵路》普耳曼式火車，臥車：by ~ 乘坐(普耳曼式的)臥車《★無冠詞》。

> 【說明】臥車也稱作 sleeping car 或 sleeper. 在美國以發明臥車者之名 G. M. Pullman (1831–97) 而稱之爲 Pullman car. Pullman Car Company 生產 Pullman car 租給各鐵路公司。這種臥車在白天是座位，晚上可以把座位改變成臥舖(berth)；cf. Amtrak.

púll-òn *adj.* [用在名詞前]套著穿進去的〈毛衣、襪子等〉。

púll·òut *n.* Ⓒ **1** (書本的)折頁(圖版)。**2** (軍隊等的)撤離，撤退。**3**《航空》(由俯衝改爲平飛時的)拉平。

púll·òver *n.* Ⓒ套頭毛衣。

púll·thróugh *n.* Ⓒ《英》(前端繫布的)槍管清潔繩。

pul·lu·late [ˋpʌljəˌlet; ˈpʌljuleit] *v.i.* **1** 發芽；萌芽。**2** 繁殖；增殖。**3** (教義等)發展；發生。

púll·ùp *n.* Ⓒ **1** 引體向上《拉單槓使下頦與槓平之動作》。**2** ＝pull-in.

pul·mom·e·ter [pʌlˋmɑmətɚ; pʌlˈmɔmitə] *n.* Ⓒ測肺容器《肺活量計之一種》。

pul·mo·nar·y [ˋpʌlməˌnɛrɪ; ˈpʌlmənəri] *adj.* [用在名詞前]肺的；侵害肺的：a ~ artery 肺動脈/~ tuberculosis 肺結核。

Pul·mo·tor [ˋpʌlˌmotɚ, ˋpul-; ˈpʌlmoutə] *n.* **1** Ⓒ[p~]人口呼吸器。**2** 此種人工呼吸器之商標名。

pulp [pʌlp; pʌlp] *n.* **1** Ⓤ(柔軟的)果肉。**2** Ⓤ[又作 **a** ~]漿狀物：be reduced to (*a*) ~ 變成漿狀，成紙漿[軟塊]。**3** Ⓤ(造紙原料的)紙漿。**4** Ⓒ《美》低俗雜誌。

béat a person **to (a) púlp** 把〈人〉打得癱軟，狠揍〈某人〉。

redúce a person **to (a) púlp** (在精神上)打垮〈人〉。

—*adj.* [用在名詞前]低俗的，低級趣味的：a ~ magazine 低級趣味的雜誌。

—*v.t.* [十受] **1** 使…成漿狀[紙漿]。**2** 自〈水果等〉取出果肉。

—*v.i.* 成爲漿狀[紙漿]。

pulp·er [ˋpʌlpɚ; ˈpʌlpə] *n.* Ⓒ使水果、樹木等變成漿狀的機器，搗漿器。

pul·pit [ˋpulpɪt; ˈpulpit] «源自拉丁文「壇」之義»—*n.* **1** Ⓒ(教會的)講道壇，演說壇。**2** [the ~；集合稱]傳教士，牧師；宗教界。**3** [the ~]講道，傳教。

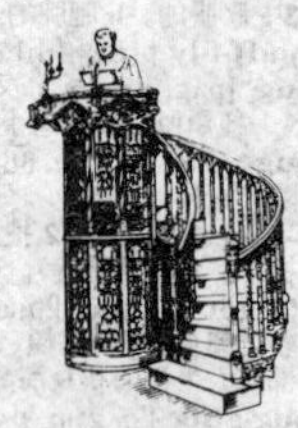
pulpit 1

púlp·wòod *n.* Ⓤ製紙漿的材料。

pulp·y [ˋpʌlpɪ; ˈpʌlpi] «pulp 的形容詞»—*adj.* (**pulp·i·er**；**-i·est**) **1** 果肉的。**2** 果肉狀的；漿狀的。

pul·que [ˋpulkɪ, ˋpulke; ˈpulki, ˈpu:lkei] *n.* Ⓤ墨西哥產的龍舌蘭酒。

pul·sar [ˋpʌlsɑr, -sɚ; ˈpʌlsə, -sɑ:] *n.* Ⓒ《天文》脈衝星《以有規律的周期發出電波的小天體之一》。

pul·sate [ˋpʌlset; pʌlˈseit, ˈpʌlseit] «源自拉丁文「推」之義»—*v.i.* **1** 〈脈搏等〉跳動；搏動。**2** 〈心臟〉悸動，撲通撲通地跳，顫動。**3**《電學》〈電流〉脈動，波動。

pul·sa·tion [pʌlˋseʃən; pʌlˈseiʃn] «pulsate 的名詞»—*n.* ⓊⒸ **1** 脈搏，跳動，悸動。**2** 波動；(聲音的)震動。**3**《電學》(電流的)脈動。

pulse[1] [pʌls; pʌls] «源自拉丁文「驅動」之義»—*n.* Ⓒ **1** [常用單數]脈搏；跳動：a weak [an irregular] ~ 微弱的脈搏[不規則的脈搏]/feel [take] a person's ~ 給某人診脈。**2 a** (光線、音響等的)波動，振動。**b**《音樂》律動；拍子。**3** (活力、感情等的)躍動，興奮；意向，心情：feel the ~ of... 探…的意向/stir a person's ~ 使〈某人〉興奮。**4**《電學》脈衝(波)《持續時間極短的電流或調幅電波》。

—*v.i.* [動(十介十(代)名)] **1** 〔因…而〕脈動，跳動，悸動〔*with*〕：Her heart *~d with* pleasure. 她的心因喜悅而跳動。**2** 〔在…中〕脈動，跳動〔*through*〕：The exercise sent the blood *pulsing through* his veins. 該運動使得血液在他的血管中搏動。

pulse[2] [pʌls; pʌls] *n.* **1** Ⓤ[集合稱；有時當複數用]豆類，豆。**2** Ⓒ[常 ~s]能長豆的植物。

pul·som·e·ter [pʌlˋsɑmətɚ; pʌlˈsɔmitə] *n.* **1** 眞空唧筒(vacuum pump). **2** 脈力計，脈搏計。

pul·ver·ize [ˋpʌlvəˌraɪz; ˈpʌlvəraiz] *v.t.* **1** 把…磨成粉狀，打碎…。**2**《口語》**a** 粉碎〈議論等〉。**b** 把…完全打垮。

—*v.i.* 變成粉狀，粉碎。

pul·ver·i·za·tion [ˌpʌlvərəˋzeʃən, -aɪˋz-; ˌpʌlvəraiˈzeiʃn] *n.*

púl·ver·ìz·er *n.* Ⓒ **1** 粉碎者。**2** 粉碎機；噴霧器。

pul·ver·u·lent [pʌlˋvɛrjələnt; pʌlˈverjulənt] *adj.* **1** 含有粉的；覆有粉的。**2** 粉狀的。**3** 碎成粉或塵粒的。**4** (岩石)密合力薄的；脆的。

pu·ma [ˋpjumə; ˈpju:mə] *n.* Ⓒ《動物》美洲獅。

pum·ice [ˋpʌmɪs; ˈpʌmis] *n.* (又作 **púmice stòne**)Ⓤ[指種類時爲Ⓒ]輕石，浮石。

pum·mel [ˋpʌmḷ; ˈpʌml] *v.t.* (**pum·meled**, 《英》**-melled**；**pum·mel·ing**, 《英》**-mel·ling**)＝pommel.

*__pump__[1] [pʌmp; pʌmp] «擬聲語»—*n.* **1** Ⓒ唧筒，幫浦；抽水機：a bicycle ~ 脚踏車的打氣筒/a breast ~ 吸奶器/a centrifugal [centripetal] ~ 離心[向心]唧筒/a feed(ing) ~ 供水幫浦/a force [forcing] ~ 壓力唧筒/a suction ~ 吸引唧筒/prime a ~ 把水注入唧筒(以排除空氣抽水)。

2 [a ~]幫浦的抽水[使用，作用]。

Áll hánds to the púmp(s)! 團結一致以度過難關。

gíve a person's **hánd a púmp** 握住某人的手並上下搖動。

príme the púmp 對不景氣的事業[產業]投入資金以刺激景氣的復甦。

—*v.t.* **1 a** 〔十受十副〕用唧筒[幫浦]把〈水、空氣、煤氣〉抽上[抽出]去〈*up, out*〉：~ water *up* [*out*] 用幫浦把水抽上去[抽出去〕。**b**〔十受十介十(代)名〕用幫浦把〈水、空氣等〉吸入〔…〕〔*into*〕；用幫浦把〈水、空氣等〉〔從…〕抽出〔*out of, from*〕：～ air ***into*** a tire (用打氣筒)把空氣打入輪胎/～ water ***out of*** a cellar 從地下室把水抽出。

2 a〔十受〕(用抽水機)從〈井、船〉中抽出水：～ a ship (用抽水機)從船底抽出積水。**b**〔十受十補〕(用抽水機)抽出…的水〈使成…狀態〉：He ～*ed* the cistern dry. 他把貯水槽的水抽乾。

3〔十受(十副)〕(用打氣筒)給…打氣〈*up*〉：～ (***up***) a balloon (用打氣筒)給氣球打氣。

4〔十受十介十(代)名〕**a** 把…灌輸〔給…〕〔*into*〕：He tried to ～ knowledge ***into*** his students. 他設法把知識灌輸給學生。**b**〔從…〕打聽出…〔*out of*〕；想從…打聽〔…〕〔*for*〕：～ a secret ***out of*** a person 從某人處探出秘密/～ a person ***for*** information 想從某人處打聽消息。

5〔十受〕《口語》向…套出：Don't let him ～ you. 不要被他套出話來。

—*v.i.* **1**〔動(十副)〕使用唧筒[抽水機]〈*away*〉.

2〔十副詞(片語)〕〈液體〉(斷斷續續地)流出，噴出：The blood [oil] kept ～*ing out.* 血[油]不斷地流[噴]出來。

3 行幫浦的作用：The heart goes on ～*ing* as long as life lasts. 只要生命存在，心臟就像幫浦似地繼續上下跳動。

4〈氣壓計的水銀〉急遽上下。

pump² [pʌmp; pʌmp] *n.* Ⓒ[常 ～s] **1** 一種無鞋帶[釦]、鞋口開得較長的女鞋。**2** (輕便)舞鞋。

pum·per·nick·el [ˋpʌmpɚˏnɪkl; ˈpumpənikl] «源自德語» **—*n.*** Ⓤ[指個別時爲Ⓒ]粗製的裸麥黑麵包。

pump·kin** [ˋpʌmpkɪn, ˋpʌŋkɪn; ˈpʌmpkin] «源自希臘文「大香瓜」之義» **—*n. Ⓒ[當作食物時爲Ⓤ]**南瓜**：a ～ pie 南瓜派(⇨ thanksgiving 2【說明】)。

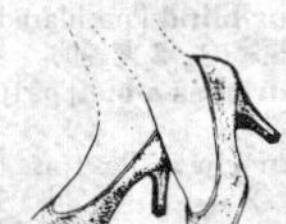

pumps² 1

【說明】南瓜的英語有 pumpkin 和 squash 兩字。pumpkin 主要用於做南瓜派(pumpkin pie). pumpkin 的收穫季節在秋天，在十月三十一日萬聖節前夕(Halloween)到來時，就把南瓜挖成中空，上面挖出嘴巴、眼睛、鼻子等，然後裡面再插上蠟燭，稱做 jack-o'-lantern.

púmp príming *n.* Ⓤ政府爲緩和失業與經濟蕭條而用在公用事業上的開支。

púmp ròom *n.* Ⓒ(溫泉地爲喝礦泉水而設的)社交大廳。

pun [pʌn; pʌn] *n.* Ⓒ(利用同音異義或語意雙關的)語意雙關的俏皮話，雙關語。

【說明】pun 是語意雙關的字或同音異義字，如"This *record* cost 500 dollars."—"How expensive; it must be a *record.*"「這張唱片(record)花了我五百元。」「好貴哦，那一定是項記錄(record).」/We must all *hang* together or we shall *hang* separately. (我們如不團結，會分別上絞刑台《佛蘭克林(Benjamin Franklin)所說》)/I can't *afford a Ford.* (我買不起福特車)；cf. tongue twister【說明】

—*v.i.* (**punned**; **pun·ning**)〔動(十介十(代)名)〕用[說]〔…〕的雙關語〔*on, upon*〕：～ ***on*** [***upon***] a word 說某字的雙關語。

punch¹ [pʌntʃ; pʌntʃ] *n.* Ⓒ **1** (剪車票等用的)**剪票鋏，打洞器。** **2**《電算》打孔機；打孔，孔。

—*v.t.* **1**〔十受〕在〈金屬等〉打孔；剪〈票〉：～ a ticket 剪票/～ cards《電算》在卡片上打孔。**2**〔十受十介十(代)名〕〔在…〕打〈孔〉〔*in*〕：～ holes ***in*** an iron plate 在鐵板上打孔。

púnch ín [**óut**]《*vi adv*》《美》打卡上班[下班]。

punch²** [pʌntʃ; pʌntʃ] *n.* **1** Ⓒ**拳打**〔*in, on*〕：get a ～ ***on the nose 鼻子挨了一拳。**2** Ⓤ力量，活力；(說話等的)魄力，效果。

béat a person to the púnch ⑴《拳擊》搶先打擊〈對手〉。⑵搶在〈對手〉之先，先發制〈對手〉。

páck a (**hárd**) **púnch**《口語》⑴〈人〉能擊出强打，〈人〉有擊出强打的能力。⑵(在辯論等時)措詞强烈，使用强有力的言辭。

púll one's **púnches** [常用於否定句](攻擊、批評時)手下留情，酌情處理(cf. pull *v.t.* 14 b).

—*v.t.* **1 a**〔十受〕用拳頭打…，毆打…(⇨ strike【同義字】)：～ a person's chin [face] 拳打某人的下顎[臉](cf. 1 b). **b**〔十受十介十名〕拳打，毆打〈某人〉〔身體的某部位〕〔*on, in*〕《★用法 表示身體某部位的名詞前加 the》：～ a person ***on*** *the* chin [***in*** *the* face] 拳打某人的下顎[臉](cf. 1 a). **2**〔十受〕**a** 用力敲打〈打字機等(的鍵)〉。**b**《電算》輸入〈程式〉。**3**〔十受〕用棒捅…；驅趕〈牛〉，誘導…。

punch³ [pʌntʃ; pʌntʃ] *n.* Ⓤ[指個別時爲Ⓒ]潘趣飲料《用酒、糖、牛奶、檸檬、香料等在大碗(punch bowl)中混合作成的飲料；有冷的和熱的兩種》。

Punch [pʌntʃ; pʌntʃ] *n.* **1** 潘趣《出現於英國木偶戲 Punch and Judy 中駝背鉤鼻的男主角；cf. Punch and Judy (show)》。**2** 笨拙畫報《以滑稽的諷刺畫與文章聞名的倫敦週刊雜誌，創刊於 1841 年》。(**as**) **pléased** [**próud**] **as Púnch** 非常滿意[洋洋得意]。

Púnch and Júdy (**shòw**) *n.* Ⓒ 潘趣木偶戲。

【說明】給小孩子看的英國傳統傀儡戲鬧劇。內容敍述鉤鼻駝背的主角潘趣先生(Mr. Punch)勒死自己的小孩，常和太太朱廸(Judy)吵架，最後把她打死。

púnch·bàll *n.*《英》=punching bag.

púnch bòwl *n.* Ⓒ潘趣大碗《調合潘趣飲料用》(cf. punch³).

púnch càrd *n.* Ⓒ(用於電子計算機等的)打孔卡片。

púnch-drùnk *adj.* **1**〈拳擊手等〉(被打得)搖搖晃晃的。**2** 站不穩的，東倒西歪的。

púnched cárd *n.* =punch card.

púnched tápe *n.* ⓊⒸ打過孔的資料紙帶。

pun·cheon [ˋpʌntʃən; ˈpʌntʃən] *n.* Ⓒ **1** 一種容量爲 72 至 120 加侖之大桶。**2** 短柱；架柱；支柱。**3** (用作支撐地板等表面之)短木料。**4** 打印器；任何有尖端之工具。

púnch·er *n.* Ⓒ打孔[洞]的東西[人]，打孔機。

Pun·chi·nel·lo [ˏpʌntʃəˋnɛlo; ˌpʌntʃiˈnelou] *n.* (*pl.* ～**s**, ～**es**) **1** 潘趣涅羅《十七世紀義大利的喜劇[木偶戲]主角，爲身材矮胖的小丑角色；潘趣的原型；cf. Punch 1》. **2** Ⓒ矮胖的男人。

púnching bàg *n.* Ⓒ《美》(練習拳擊用的)吊袋，梨球(《英》punchball).

púnch lìne *n.* Ⓒ[常用單數](笑話等的)關鍵處，最精彩的話[部分]，妙語，結尾(的話)。

púnch-ùp *n.* Ⓒ《英口語》互毆，打架。

punch·y [ˋpʌntʃɪ; ˈpʌntʃi] *adj.* (**punch·i·er**; **-i·est**)《口語》**1**〈拳擊手等〉被打得搖搖晃晃[東倒西歪]的。**2** 强有力的，有魄力的。

punc·til·i·o [pʌŋkˋtɪlɪˏo; pʌŋkˈtiliou] «源自西班牙語或義大利語；源自拉丁文「點」之義» **—*n.*** (*pl.* ～**s** [～z; ～z]) ⓊⒸ(儀式、形式等的)細微末節，(過分的)拘泥形式：stand upon ～ 拘泥於(禮節上的)細節。

punc·til·i·ous [pʌŋkˋtɪlɪəs; pʌŋkˈtiliəs] *adj.*《文語》死板的，一板一眼的，一絲不苟的。～**·ly** *adv.* ～**·ness** *n.*

punc·tu·al** [ˋpʌŋktʃuəl; ˈpʌŋktjuəl] «源自拉丁文「點」之義» **—*adj. (**more** ～; **most** ～) **1 嚴守時間的，準時的；準確的；規規矩矩的**：He was ～ to the minute. 他非常守時。

2 [不用在名詞前]〔十介十(代)名〕〈人〉〔對…〕嚴謹的；按時〔…〕的〔*in*〕：She is ～ ***in*** meet*ing* her engagements. 她準時赴約；她按時履行約定。

(**as**) **púnctual as the clóck** 像時鐘那樣準確的，嚴守時間的。

～**·ly** [-tʃuəlɪ; -tjuəli] *adv.*

【說明】歐美人士非常守時，不像中國人認爲遲到一些時間無所謂，而且地位愈高愈可以遲到。在歐美，不守時的人，人格常受懷疑；cf. promise【說明】

punc·tu·al·i·ty [ˏpʌŋktʃuˋælətɪ; ˌpʌŋktjuˈæləti] «punctual 的名詞» **—*n.*** Ⓤ守時，準時；嚴謹。

punc·tu·ate [ˋpʌŋktʃuˏet; ˈpʌŋktjueit] *v.t.* **1** 給…加標點符號。**2 a**〔十受十介十(代)名〕〔以動作等〕强調〈話〉〔*with*〕：He ～*d* his speech ***with*** gestures. 他以種種手勢加强演說之語勢。**b**〔十受〕不時中斷〈比賽等〉《★常用被動語態》。

punc·tu·a·tion** [ˏpʌŋktʃuˋeʃən; ˌpʌŋktjuˈeiʃn] «punctuate 的名詞» **—*n. Ⓤ **1 標點(法)**。**2** [集合稱]全部的標點符號。

punctuátion màrk *n.* Ⓒ標點符號。

punc·ture [ˋpʌŋktʃɚ; ˈpʌŋktʃə] «源自拉丁文「刺」之義» **—*v.t.*** **1 a** (用釘子等穿孔)使〈輪胎〉爆破：He had his car tire ～*d.* 他車子的輪胎爆破了[(被惡作劇地)刺破了]。**b** 刺〈孔〉。**2** 傷害〈人的自尊心等〉；毀壞…。

—*v.i.* 〈輪胎等〉(有刺孔而)爆破：Our tires do not ～ easily. 我們的輪胎不易爆破。

—*n.* Ⓒ(釘刺等引起的)爆破《★比較 blowout 指輪胎破裂引起的爆裂》。

pun·dit [ˋpʌndɪt; ˈpʌndit] *n.* Ⓒ **1** [與修飾語連用](…的)專家，權威。**2** 賢人，智者；《常謔》博學之士。

pun·gen·cy [ˋpʌndʒənsɪ; ˈpʌndʒənsi] «pungent 的名詞» **—*n.*** Ⓤ **1** (味覺、嗅覺、感情的)刺激。**2** 辛辣；尖刻。

pun·gent [ˋpʌndʒənt; ˈpʌndʒənt] «源自拉丁文「刺」之義» **—*adj.*** **1** 刺激舌頭或鼻子的，刺激的。**2** 尖刻的；辛辣的：～ criticism 尖刻的批評。**3** 刺激精神的。～**·ly** *adv.*

Pu·nic [ˋpjunɪk; ˈpjuːnik] *adj.* [用在名詞前] **1** (古代)迦太基(Carthage)(人)的。**2** (被認爲是古代迦太基人特徵的)無信義的，背叛的：～ faith 背信。

Púnic Wárs *n. pl.* [**the** ～] (迦太基與羅馬之間的)布匿戰爭《前後三次，最後羅馬戰勝》。

‡**pun·ish** [ˋpʌnɪʃ; ˈpʌniʃ] *v.t.* **1** 〔十受(十介十(代)名)〕 **a** 〔因…理由而〕**處罰**，懲罰〈人、罪行〉〔*for*〕：His father ~*ed* him ***for*** his carelessness. 他的父親因他粗心而處罰他。**b** 〔以…〕處罰〈人、罪行〉〔*by, with*〕：Any infringement of the law shall be ~*ed* ***with*** a fine. 凡是違反該法律者處以罰鍰。
2 〔十受〕《口語》讓〈對手〉吃苦頭；痛擊，嚴厲對付〈對手〉。

pun·ish·a·ble [ˋpʌnɪʃəbl; ˈpʌniʃəbl] *adj.* **1** 該罰的，可處罰的：a ~ offense 該受罰的罪行。**2** [不用在名詞前]〔十介十(代)名〕該處〔以…〕的〔*by, with*〕：a crime ~ ***by*** death 該處死刑的罪。

pún·ish·ing *n.* [**a** ~]《口語》遭殃，大虧，嚴重的損害；重擊：have *a* ~ 吃大虧，遭受嚴重的損害，受重挫。
—*adj.*《口語》**1** 使人疲憊不堪的；損壞的：a ~ journey 很累人的旅行/a ~ road (會損壞車子的)路況不佳的道路。**2** (球技等)强打的，重擊的。

*__pun·ish·ment__ [ˋpʌnɪʃmənt; ˈpʌniʃmənt] «punish 的名詞»**—***n.* **1** Ⓤ**處罰**，懲罰，刑罰：capital ~ 極刑/disciplinary ~ 紀律處分/divine ~ 天罰/the ~ *of* crime 犯罪的處罰/inflict ~ *on* a person *for* a crime 因某人所犯的罪行而處罰某人。**2** Ⓒ痛擊，責打。**3** Ⓤ《口語》虐待，苛待；(拳擊等的)重擊；損害：This car will take a lot of ~. 這部車很耐用。

pu·ni·tive [ˋpjunətɪv; ˈpju:nətiv] «punish 的形容詞»**—***adj.* **1** 處罰的，刑罰的，懲罰性的：~ justice 因果報應/a ~ expedition 懲罰性的征伐[討伐]。**2** 〈課稅等〉極嚴格的。~**·ly** *adv.*

púnitive dámages *n. pl.* 懲罰性的損害賠償費。

púnitive expedítion *n.* Ⓒ征伐；討伐。

Pun·jab [pʌnˋdʒab; ˌpʌnˈdʒɑ:b] *n.* [常 **the** ~]旁遮普《從前爲印度的一省，現在分屬於印度和巴基斯坦》。

Pun·ja·bi [pʌnˋdʒabɪ; ˌpʌnˈdʒɑ:bi:] «Punjab 的形容詞»**—***adj.* 旁遮普(人，語)的。
—*n.* **1** Ⓒ旁遮普人。**2** Ⓤ旁遮普語。

punk[1] [pʌŋk; pʌŋk] *n.* Ⓤ《美》(引火用的)腐木，朽木，火絨(touchwood).

punk[2] [pʌŋk; pʌŋk] 《口語》*n.* **1** Ⓒ廢物，年輕小子，太保太妹。**2** Ⓤ《罕》無價值的東西，無用之物。
—*adj.* **1** [用在名詞前]龐克風格的《指 1970 年代流行於英國，表現反抗性的大聲喊叫似的搖滾音樂及奇特的髮型、服裝》。
2《美俚》健康情形不好的。
3 [用在名詞前]《美俚》無價值的，無用的。

pun·ka(h) [ˋpʌŋkə; ˈpʌŋkə] *n.* Ⓒ《印度》大風扇《懸掛於天花板，用繩拉動的布扇》。

pun·net [ˋpʌnɪt; ˈpʌnit] *n.* Ⓒ《英》(放蔬菜、草莓等用的)木[塑膠]製的圓形淺籃。

pun·ster [ˋpʌnstɚ; ˈpʌnstə] *n.* Ⓒ善於說雙關語的人。

punt[1] [pʌnt; pʌnt] *n.* Ⓒ平底小船《兩端呈方形，用篙撐》：by ~ 乘坐平底小船《★無冠詞》。
—*v.t.* **1** 用篙撐〈平底小船〉。**2** 〔十受十副詞(片語)〕用平底小船載運〈人、物〉。
—*v.i.* 坐平底船去。~**·er** *n.*

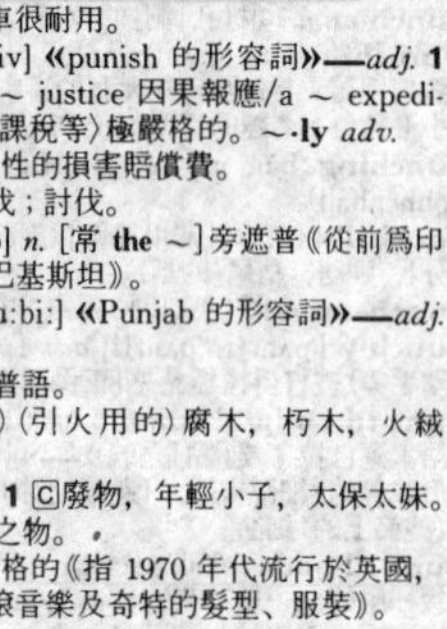

punt[1]

punt[2] [pʌnt; pʌnt] *v.i.* 《英口語》(賽馬時)下賭注。

punt[3] [pʌnt; pʌnt] 〖橄欖球·足球·美式足球〗**—***v.t.* (球未著地前)踢〈球〉。**—** *v.i.* (球未著地前)踢球。**—** *n.* Ⓒ高踢球。~**·er** *n.*

pu·ny [ˋpjunɪ; ˈpju:ni] *adj.* (**pu·ni·er**；**-ni·est**)小小的；微不足道的，無價值的；虛弱的。
pú·ni·ly [-nɪlɪ; -nili] *adv.* **-ni·ness** *n.*

pup [pʌp; pʌp] «源自 puppy 的尾音消失»**—***n.* Ⓒ **1 a** 小狗。**b** 小狐狸；小狼。**2** 小海豹；小海獺等。
in púp 〈母狗〉懷孕的。
séll a person a púp 《口語》(出售東西時僞稱將增值以)詐騙〈人〉，賣騙人的東西給〈人〉。
—*v.i.* (**pupped**；**pup·ping**)〈狗〉生小狗。

pu·pa [ˋpjupə; ˈpju:pə] *n.* Ⓒ(*pl.* **-pae** [-pi; -pi:])〖昆蟲〗蛹(cf. imago 1, larva 1).

pu·pal [ˋpjupl; ˈpju:pl] «pupa 的形容詞» **—***adj.* 蛹的。

pu·pate [ˋpjupet; ˈpju:peit] *v.i.* 成蛹，化蛹。

pu·pa·tion [pjuˋpeʃən; pju:ˈpeiʃn] *n.* Ⓤ成蛹的過程。

‡**pu·pil**[1] [ˋpjupl; ˈpju:pl, -pil] «源自拉丁文「男孩子，女孩子」之義»**—***n.* Ⓒ **1** (指中、小學的)**學生**(⇨ student【同義字】)。**2** (接受個人指導的)弟子，門生。

pu·pil[2] [ˋpjupl; ˈpju:pl] «源自拉丁文「小玩偶」之義»**—***n.* Ⓒ〖解剖〗瞳仁，瞳孔。

pu·pil·(l)age [ˋpjuplɪdʒ; ˈpju:pilidʒ] *n.* Ⓤ **1** 學生的身分；學徒身分。**2** 未成年期；幼時。**3** 未成熟或未開化之狀態；學習階段。

púpil téacher *n.* Ⓒ小老師《小學中教低年級學生的高年級學生》。

pup·pet [ˋpʌpɪt; ˈpʌpit] «源自拉丁文「玩偶」之義»**—***n.* Ⓒ **1 a** 木偶。**b** (套在手上操縱的)布袋木偶(glove puppet). **2** 傀儡，爪牙，受他人操縱的人〔*of*〕.
—*adj.* [用在名詞前]傀儡的；受他人操縱的人的：a ~ government 傀儡政府/a ~ king 傀儡國王[統治者]。

pup·pe·teer [ˌpʌpəˋtɪr; ˌpʌpiˈti:ə] *n.* Ⓒ操縱傀儡的人，演傀儡戲[布袋]戲的人。

pup·pet·ry [ˋpʌpɪtrɪ; ˈpʌpitri] *n.* (*pl.* **-ries**)**1** Ⓤ傀儡；木偶《集合稱》。**2** Ⓤ木偶之動作。**3** ⓊⒸ化裝滑稽表演。**4** Ⓤ耍傀儡戲之技術。

púppet shòw [**plày**] *n.* Ⓒ傀儡戲；木偶戲。

*__pup·py__ [ˋpʌpɪ; ˈpʌpi] «源自中古法語「玩偶」之義»**—***n.* Ⓒ **1** (尤指未滿一歲的)**小狗**：a ~ dog《兒語》小狗。**2**《罕》狂妄自大的小伙子。

púppy fàt *n.* Ⓤ(年幼時暫時性長得胖嘟嘟的)童胖。

púppy lòve *n.* Ⓤ童戀(calf love)《童年時對異性短暫的愛戀》，初戀。

púp tènt *n.* Ⓒ(楔形的)小型帳篷。

pur [pɝ; pə:] *v., n.* =purr.

pur·blind [ˋpɝˌblaɪnd; ˈpə:blaind] *adj.*《文語》**1** 半瞎的，視力朦朧的。**2** 遲鈍的。

pur·chas·a·ble [ˋpɝtʃəsəbl; ˈpə:tʃəsəbl] *adj.* **1** 可買的。**2** 可收買的。

*__pur·chase__ [ˋpɝtʃəs; ˈpə:tʃəs] «源自古法語「追求(chase)」之義»**—***v.t.* 〔十受〕《文語》**1** 買，購入〈東西〉(★ 比較 一般用 buy)：~ food 購買食物。**2** (經過努力或付出代價而)獲得…：They ~*d* freedom with their blood. 他們以自己的鮮血贏得自由/a dearly ~*d* victory 以很大的代價贏得的勝利。
—*n.* **1 a** Ⓤ**購入**，採購〔*of*〕：the ~ *of* a person's birthday present 購買某人的生日禮物。**b** Ⓒ購買(的東西)：make a good [bad] ~ 買得便宜[貴]。**2** Ⓤ(得自土地等的)收入，年收益：at ten years' ~ 以相當於十年間土地收入的價錢。**3** Ⓤ[又作 **a** ~]緊握，緊抓；手能抓緊[腳能站穩]之處：get *a* ~ with one's feet [hands] (登山等時) 找到穩住手 [腳]之處。
nót wórth an hóur's [a dáy's] púrchase 〈生命〉維持不了一小時[一天]的，〈命〉在旦夕的[垂危的]。

púrchase mòney *n.* Ⓤ定錢；定洋；代價。

púrchase òrder *n.* Ⓒ購貨定單。

púr·chas·er *n.* Ⓒ買主，購買者。

púrchase tàx *n.* ⓊⒸ《英》消費品零售稅。

púr·chas·ing pòwer *n.* Ⓤ購買力。

pur·dah [ˋpɝdə; ˈpə:dɑ:, -də] *n.* 《英印》**1** Ⓒ帳；簾《特指在印度爲使婦女避人注視而設者》。**2** Ⓤ深閨制度《印度上流婦女蟄居內室之制度》。

‡**pure** [pjur; pjuə] «源自拉丁文「清潔的」之義»**—***adj.* (**pur·er**；**pur·est**) **1** (表示不攙雜的)**純粹的**(↔ mixed)：~ gold 純金。**2** (表示無汚垢，無細菌等的)**乾淨的**，清潔的，清純的：~ water [air]潔淨的水[空氣]。**3** 〈品種等〉**純種的**，純血統的：~ blood 純血統/a ~ Englishman 道地的英格蘭人。**4** (道德上、性方面)**純潔的**，貞潔的。**5** [用在名詞前](無比較級、最高級)純理論的，純粹的〈學問等〉(↔ applied)：~ mathematics 理論數學。**6** 〈聲音〉清脆的。**7** [用在名詞前](無比較級、最高級)《口語》完全的；僅僅的：It's ~ nonsense. 那是一派胡言/He did it out of ~ mischief. 他做那件事完全出於惡作劇。
púre and símple [常用於名詞之後]《口語》純粹的，道地的，完全的：He is a scholar ~ *and simple.* 他是一位道地的學者。
~**·ness** *n.*

púre·blòod *adj.* =pureblooded.

púre·blóoded *adj.* 〈動物〉純血統的，純種的。

púre·bréd *adj.* 〈動物〉純種的。**—***n.* Ⓒ純種的動物。

pu·rée, pu·ree [pjuˋre, ˋpjure; ˈpjuərei] «源自法語「過濾」之義»**—***n.* Ⓒ[當作菜名時爲Ⓤ] **1** 純濃汁《蔬菜、水果、肉等煮爛過濾後做成的濃汁等》。**2** 以此法作成的純濃汁。
—*v.t.* 把〈食物〉作成濃汁。

pure·ly [ˋpjurlɪ; ˈpjuəli] *adv.* (**more** ~；**most** ~) **1** (無比較級、最高級)**完全地**，全然：It was ~ my oversight. 那完全是我的疏忽。**2** 純粹地，不攙雜地。**3** 純潔地，貞潔地。

pur·ga·tion [pɝˋgeʃən; pə:ˈgeiʃn] «purge 的名詞»**—***n.* Ⓤ **1** (罪的)淨化，滌淨；滌[洗]罪。**2** (用瀉藥)通便，催瀉。

pur·ga·tive [ˋpɝgətɪv; ˈpə:gətiv] «purge 的形容詞»**—***adj.* **1** 淨化的，滌淨的。**2** 催瀉的，通便的：a ~ medicine 瀉藥。
—*n.* Ⓒ瀉藥。

pur·ga·to·ri·al [ˌpɝgəˋtorɪəl, -ˋtɔr-; ˌpə:gəˈtɔ:riəl] «purgatory 的形容詞»**—***adj.* 煉獄的，(在煉獄中)滌罪的。

pur·ga·to·ry [ˋpɝgə͵torɪ, -͵tɔrɪ; ˈpəːgətəri] «源自拉丁文「洗淨」之義»—*n.* **1** [常 P~] Ⓤ《天主教》煉獄。**2** ⓊⒸ苦行，暫時的懲罰所[滌罪所]，暫時的苦難。

purge [pɝdʒ; pəːdʒ] «源自拉丁文「使清潔(pure)」之義»—*v.t.* **1 a** 〔十受(十副)〕洗淨〈汚穢、罪惡等〉〈*away*〉：～ (***away***) one's sins 洗淨某人的罪惡。**b** 〔十受十介十(代)名〕〔去汚等〕使〈身、心〉清淨；洗淨〈人〉〔罪等〕〔*of, from*〕：～ the mind ***of*** false notions 清除心中的錯誤觀念/He was ～*d of* [***from***] sin. 他的罪過被滌除了。**2 a** 〔十受〕整肅〈政治團體等〉。**b** 〔十受十介十(代)名〕〔自政黨中〕排除，整肅〈游離份子〉〔*of, from*〕：The party was ～*d* ***of*** its corrupt members. 該黨把腐敗份子肅清。**3 a** 〔十受〕贖〈罪〉。**b** 〔十受十介十(代)名〕洗清〈某人〉〔罪名、嫌疑等〕〔*of*〕：～ a person ***of*** a charge 洗滌某人的罪名。**c** 〔十受十介十(代)名〕[～ one*self*] 洗清自己的嫌疑〔*of*〕：He ～*d himself* ***of*** suspicion. 他洗清了自己的嫌疑。**4 a** 〔十受〕(用瀉藥)使…瀉；使〈人〉通便：～ the bowels 洗腸。**b** 〔十受十介十(代)名〕用瀉藥洗〈胃腸〉〔清除異物〕〔*of*〕.

—*n.* Ⓒ **1** 洗清，淨化。**2** (對游離份子的)整肅，肅清，開除。**3** 瀉藥。

pur·gee [pɝˋdʒi; pəːˈdʒiː] *n.* Ⓒ被整肅者。

pu·ri·fi·ca·tion [͵pjurəfəˋkeʃən; ͵pjuərifiˈkeiʃn] «purify 的名詞»—*n.* Ⓤ淨化(作用)；精製，精煉：～ *of* the air 空氣的淨化。

pú·ri·fi·er *n.* Ⓒ **1** 使潔淨的人；精製[精煉]者。**2** 淨化器[裝置]。

pu·ri·fy [ˋpjurə͵faɪ; ˈpjuərifai] «pure 的動詞»—*v.t.* **1** 淨化，使…清潔；精煉，精製。**2** 〔十受十介十(代)名〕洗清〈某人〉〔罪〕〔*of, from*〕：He was *purified* ***from*** [***of***] all sins. 他的一切罪惡都被洗滌了。

Pu·rim [ˋpjurɪm; ˈpjuərim] *n.* 普珥節《猶太人爲紀念其種族免受 Haman 計畫之屠殺，而訂於每年二月或三月的一個節日》。

pur·ism [ˋpjurɪzəm; ˈpjuərizəm] *n.* **1** ⓊⒸ(語言等的)純正主義《排除誤用、俗用、外來語等以保護母語純正的主義》。**2** Ⓤ(文體、用語的)純正癖。

púr·ist [-rɪst; -rist] *n.* Ⓒ純正主義者，(語言的)純正癖者。

Pu·ri·tan [ˋpjurətn̩; ˈpjuəritən] *n.* Ⓒ **1** 清教徒。

> 【說明】在英國伊利莎白時代不滿意英國國教而意圖淨化英國國教教會的喀爾文派中的清教徒；英國在 1642 至 1649 年間發生宗教革命；這一派人於 1620 年渡海到美國成爲 Pilgrim Fathers.

2 [p~] (宗教、道德上)嚴謹的人。

—*adj.* **1** 清教徒的，像清教徒的。**2** [p~] 嚴謹的。

pu·ri·tan·i·cal [͵pjurəˋtænɪkl; ͵pjuəriˈtænikl˞] *adj.* (像)清教徒的；嚴謹的。～**·ly** [-klɪ; -kəli] *adv.*

Pú·ri·tan·ism [-n̩͵ɪzəm; -nizəm] *n.* Ⓤ **1** 清教(主義)；清教徒氣質。**2** [p~] (尤指宗教上的)嚴格[嚴正]主義。

pu·ri·ty [ˋpjurətɪ; ˈpjuərəti] «pure 的名詞»—*n.* Ⓤ **1** 純粹。**2** 清淨，清潔。**3** 清廉，純潔，貞潔，清白。**4** (文體、言辭的)純正：～ of language 語言的純正。

purl[1] [pɝl; pəːl] «擬聲語»—*v.i.* 〈小溪〉潺潺地流；成旋渦地流。—*n.* [用單數] 潺潺的流動(聲)。

purl[2] [pɝl; pəːl]《服飾》*v.t.* 倒織，以反針法編織。

—*v.i.* 〔十介十(代)名〕倒織〔…段〕〔*for*〕.

—*n.* Ⓤ(編織的)反針法，倒織。

purl·er [ˋpɝlɚ; ˈpəːlə] *n.* Ⓒ《英口語》**1** (頭朝下的)落下，墜落：come a ～ 倒栽葱地墜落。**2** (擊倒對方的)毆打。

pur·lieu [ˋpɝlu; ˈpəːljuː] *n.* **1** Ⓒ常出入的場所；勢力範圍，地盤。**2** [～s]《文語》**a** 鄰近。**b**《罕》近郊，郊外。

pur·lin(e) [ˋpɝlɪn; ˈpəːlin] *n.* Ⓒ《建築》櫟條。

pur·loin [pɝˋlɔɪn; pəːˈlɔin] *v.t.* 《文語》盜取，偷〈小件貴重物品等〉。

***pur·ple** [ˋpɝpl; ˈpəːpl] «源自希臘文「作紫色染料的貝殼」之義»—*adj.* (**pur·pler; -plest**) **1** 紫(色)的。

> 【說明】purple 是「莊嚴、神秘、永遠」的象徵，也是表示高貴的顏色，所以 born in the purple 表示「生於帝王之家」。從前 purple 用來表示比「紫色」偏向「紅色」的「深紅色」(crimson)，象徵基督血液的「紅葡萄酒」稱作 *purple* wine，而「鮮血」稱作 *purple* blood.

2 a 帝王的；高位[高官]的。**b** [常表示輕蔑] 華麗的，絢爛的：a ～ passage [patch] (文章中尤其)華麗的[華而不實的]部分[字句]。

—*n.* **1** Ⓤ [指種類時爲Ⓒ] (略帶紅色的特別濃的)紫色 (cf. violet 2)：ancient [Tyrian] ～ 深紅色/royal ～ 帶藍的紫色，藍紫色。**2** [the ～] **a** 王權，帝位；高位。**b** 樞機[紅衣]主教的職位：be raised to *the* ～ 被擢升爲樞機[紅衣]主教。

be bórn in the púrple 《文語》生於帝王[王侯貴族]之家。

púrple héart *n.* Ⓒ《美俚》紫色錠狀的麻醉毒品。

Púrple Héart *n.* Ⓒ《美陸軍》榮譽紫心勳章《頒給作戰受傷者的紫色心形勳章；略作 PH》。

púr·plish [-plɪʃ; -pliʃ] *adj.* 帶紫色的。

pur·ply [ˋpɝplɪ; ˈpəːpli] *adj.* ＝purplish.

pur·port [ˋpɝport, -pɔrt; ˈpəːpət] «源自拉丁文「搬運到前面」之義»—*n.* Ⓤ [又作 **a** ～]《文語》意義，主旨，大意〔*of*〕：the ～ *of* his letter 他那封信的要點。

—[pɚˋport, ˋpɝport, -ɔrt; ˈpəːpɔːt, pəˈpɔːt] *v.i.* 〔十 *to* do〕聲稱，主張〈做…〉：a letter ～*ing to* come from his father 聲稱來自他父親的一封信/The document ～*s to* be official but is really private. 那份文件據稱是官方的，但實際上是私人的。

‡pur·pose [ˋpɝpəs; ˈpəːpəs] *n.* **1** Ⓒ**a** 目的，意圖：*for* that ～ 爲了那個目的/*for* ～*s of* education＝*for* educational ～*s* 爲了教育(的目的)/*For* what ～ are you doing that? ＝What is your ～ *in* do*ing* that? 你做那件事有何目的？/answer [fulfil, serve] the [one's] ～ 合乎[適合]某人的目的/ bring about [attain, accomplish, carry out] one's ～ 達到目的。**b** (使用東西的)用途：have various ～*s* 有種種用途/He bought the land *for* [*with*] *the* ～ *of* build*ing* a store on it. 他買那塊地是爲了(在上面)蓋一家商店。**2** Ⓤ(達成目的的)決心，決意，意志：weak of ～ 意志薄弱/wanting in ～ 缺乏決心。**3** Ⓤ效果，恰當：*to* little [no] ～ 很小[全無]效果的[地]，幾乎[完全]白費的[地]/*to* some [good] ～ 相當[很]成功的[地]，有些成效[十分有效]的[地]/There is no ～ *in* oppos*ing* it [him]. 反對那件事[他]是徒然[無意義]的。

of (sét) púrpose 《英・文語》故意(地)。

on púrpose (1)故意地《＝of (set) purpose》：He insulted me *on* ～. 他故意侮辱我/accidentally *on* ～ ⇨ accidentally 1. (2)〔十 *to* do〕專爲〈做…〉，(目的)是要〈做…〉：He came up to New York *on* ～ *to* arrange the matter with me. 他專程到紐約來是要與我安排那件事。(3)〔十*for* 十(代)名十 *to* do〕爲了要〔某人〕〈做…〉：She planted the tree *on* ～ *for* you *to* remember the day. 她種那棵樹是爲了要你記住那個日子。

to áll inténts (and púrposes) ⇨ intent[1].

to the púrpose 恰當的[地]，得要領[中肯]的[地]；切題的[地]。

—*v.t.* 《文語》意圖，企圖《★[比較]一般用 intend, plan》：**a** 〔十受〕意圖，企圖…：He ～*s* a tour around the world. 他意圖環遊世界。**b** 〔十*to* do/十do*ing*〕意圖〈做…〉，打算〈做…〉：They ～*d to* open [open*ing*] a restaurant. 他們打算開一家餐廳。**c** 〔十 *that*__〕意圖，打算〈…事〉：His father ～*d that* he should be a clergyman. 他父親打算要他當牧師。

púrpose-buílt *adj.* 《英》爲特別目的而建造的。

pur·pose·ful [ˋpɝpəsfəl; ˈpəːpəsful] *adj.* **1** 有目的的；有意圖的，故意的。**2** 〈人、性格等〉果斷的，有決心的。

～**·ly** [-fəlɪ; -fuli] *adv.*

púrpose·less *adj.* 無目的的，無意義的。～**·ly** *adv.*

púr·pose·ly *adv.* **1** 故意地，蓄意地。**2** 有特別目的地，特意地。

pur·po·sive [ˋpɝpəsɪv; ˈpəːpəsiv] *adj.* **1** 有目的[意圖]的。**2** 〈人、性格〉果斷的，有決心的。

pur·pu·ra [ˋpɝpjurə; ˈpəːpjurə] *n.* Ⓤ《醫》紫癜病。

purr [pɝ; pəː] «擬聲語»—*v.i.* **1 a** 〈貓等〉發出滿足似的咕嚕咕嚕聲 (⇨ cat [相關用語])。**b** 〈汽車引擎〉發出低顫聲。**2** 〈人〉以滿足似地語調說話。—*v.t.* **1** 〈女子〉以滿足似地語調表示：She ～*ed* her contentment. 她以滿足似地語調表示自己的滿意。**2** 〔十*that*__/十引句〕以滿足似地語調說〈…〉。

—*n.* **1** Ⓒ(貓等的)咕嚕咕嚕叫。**2** [**a** ～] (貓等的)咕嚕咕嚕叫聲；(汽車引擎的)低顫聲。

***purse** [pɝs; pəːs] «源自拉丁文「袋子」之義»—*n.* **1** Ⓒ **a** (有金屬卡口的)錢包《★[比較]「折疊式的皮夾」稱作 wallet, billfold 等》。**b** 《美》(無肩帶的)手提包，皮包。**2** [常單數] 金錢，財富；資力：the power of the ～ 金錢的力量/the public ～ 國庫。**3** Ⓒ獎金，捐款：make (up) a ～ for... 爲…而募捐/put up [give] a ～ 贈獎金，捐款。

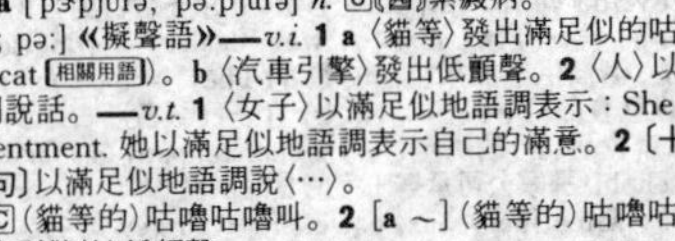

purse 1 a　　　wallet

díp ínto one's **púrse** ⇨ dip.

ópen one's **púrse** 解囊，出錢。

—*v.t.* 〔十受(十副)〕皺縮〈嘴唇〉，噘〈嘴〉〈*up*〉：She ～*d* (***up***) her lips. 她噘起嘴唇《★表示不贊成等的動作》。

púrse-pròud *adj.* 以富驕人的，因富有而傲慢的。

purs·er [ˋpɝsɚ; ˈpə:sə] *n.* Ⓒ[用於稱呼]（輪船、飛機上的）事務長。

púrse sèine *n.* Ⓒ捕魚用的袋網。

púrse-snátcher *n.* Ⓒ《美》搶皮包者。

púrse strìngs *n. pl.* [the ～]錢包的帶子[扣繩]；財政上的權限：hold *the* ～ 掌管金錢的出入，控制收支/loosen [tighten] *the* ～ 放鬆[抽緊]錢包的帶子，增加[緊縮]開支，揮霍[節約]錢財。

purs·lane [ˋpɝslɪn; ˈpə:slin] *n.* Ⓤ[指全部個體時爲Ⓒ]《植物》馬齒莧。

P

pur·su·ance [pɚˋsuəns, -ˋsju-; pəˈsjuəns, -ˋsu-] «pursue 的名詞»—*n.*《文語》Ⓤ(目的、計畫等的)執行，推行，追求；從事：in ～ of... 從事於…；執行…，履行…。

pur·su·ant [pɚˋsuənt, -ˋsju-; pəˈsjuənt, -ˋsu-] *adj.* ★用於下列成語。**pursúant to...** [當介系詞用]《文語》依據[按照]…的。

***pur·sue** [pɚˋsu, -ˋsju; pəˈsju:, -ˋsu:] «源自拉丁文「依照從前」之義»—*v.t.* 〔十受〕**1 a** (爲捕殺之目的而)追，追踪，追捕，追擊〈獵物、犯人等〉：The policeman ～*d* the robber. 那位警察追捕強盜。**b** 追趕，追逐〈某人〉。**2** 追求〈目標、快樂等〉：～ one's ends 追求自己的目標/～ pleasure 追求快樂。**3 a** 糾纏〈某人〉，不斷地煩〈人〉：He ～*d* the teacher *with* a lot of questions. 他用很多問題不斷地煩老師。**b**〈惡運、疾病等〉纏住，緊跟著〈某人〉：Misfortune ～*d* him whatever he did. 無論他做什麼，惡運總是糾纏著他。**4** 實行；從事，繼續進行，推行〈計畫、調查、研究等〉：He is still *pursuing* his original idea. 他仍然在推行他原來的構想/I will ～ my experiments. 我要繼續進行我的實驗。**5**《文語》走〈路〉：She ～*d* the same path as he. 她走上和他相同的道路《她的命運與他一樣》。

—*v.i.* **1** 追踪。**2** 繼續(說話)；講下去。

pur·sú·er *n.* Ⓒ **1** 追捕者，追踪者。**2** 追求者；實行者；研究者；從事者。

***pur·suit** [pɚˋsut, -ˋsjut; pəˈsju:t, -ˋsu:t] «pursue 的名詞»—*n.* **1** ⓊⒸ追踪，追擊〔*of*〕：in ～ *of*... 追踪…，想求得…/The ship cruised about *in* ～ *of* whales. 那條船爲追踪[捕捉]鯨魚而四處巡航/*in* hot ～ (*of*...) 緊追(…)，窮追(…)。**2** Ⓤ追求，繼續進行；執行〔*of*〕：the ～ *of* happiness (對)幸福的追求/the ～ *of* knowledge [truth] 知識[眞理]的追求。**3** Ⓤ從事，經營：the ～ *of* one's business 自己的事業[業務]的經營。**4** Ⓒ從事的事，工作；研究；嗜好，娛樂：daily ～*s* 日常的事務[工作]/literary ～*s* 著述業，著作業，文學的研究。

pursúit plàne *n.* Ⓒ追擊機，驅逐機。

pur·sui·vant [ˋpɝswɪvənt; ˈpə:sivənt] *n.* Ⓒ **1**《英》紋章院之屬官。**2** 侍從；從者。**3** 探究者；追究者。

pur·sy [ˋpɝsɪ; ˈpə:si] *adj.* (**pur·si·er**; **-si·est**) **1** (因胖而)氣喘的。**2** 肥胖的。**-si·ness** *n.*

pur·u·lence [ˋpjʊrələns; ˈpjuərulәns] «purulent 的名詞»—*n.* Ⓤ **1** 化膿。**2** 膿(pus)。

pur·u·lent [ˋpjʊrələnt; ˈpjuərulənt] *adj.* 化膿(性)的，有膿的。

pur·vey [pɚˋve; pəˈvei] *v.t.* 〔十受(十介十(代)名)〕供應，供給〈食品等〉〔給…〕〔*to, for*〕：A wine dealer ～*s* wine ***to*** his customers. 酒商供應酒類給他的顧客/They ～ food ***for*** the army. 他們供應食品給軍隊。—*v.i.* 〔十介十(代)名〕《古》〔爲團體、組織〕承辦食品(等)的供應〔*for*〕：The company ～*s* ***for*** the Royal Household. 那家公司承辦王室的食品供應。

pur·vey·ance [pɚˋveəns; pəˈveiəns] «purvey 的名詞»—*n.* Ⓤ〔對…的〕〔食品等的〕供應〔*of*〕〔*for*〕：the ～ *of* supplies *for* the army 對軍隊補給品的供應。

pur·véy·or [-ɚ; -ə] *n.* Ⓒ **1** 王室食品承辦商〔*of*〕〔*to*〕：the *P*～ *to* the Royal Household《英》王室食品承辦商。**2** 供應伙食者；管送飯的餐館。

pur·view [ˋpɝvju; ˈpə:vju:] *n.* Ⓤ **1** 範圍；權限：within [outside] the ～ of... 在…的範圍內[外]。**2**《法律》(法令的)條款：fall within the ～ of Art. 1 屬於第一條，該按第一條辦理。

pus [pʌs; pʌs] *n.* Ⓤ膿。

Pu·san [ˋpuˋsan; ˈpu:ˈsa:n] *n.* 釜山《韓國東南部一海港》。

‡push [pʊʃ; puʃ] *v.t.* **1** 推，推動，按(↔ pull)。

> **【同義字】** 指朝一定方向(通常爲前方)施加壓力；shove 指用力猛推一下；thrust 是用力快速地推(入)；propel 指(尤指利用機器力)推向前方。

a 〔十受〕推…：We ～*ed* the stone, but it was too heavy to move. 我們推了那塊石頭，但它重得推不動/He ～*ed* the button. 他按鈕《使鈴響等》。**b** 〔十受十副詞(片語)〕把…推(向…)，把…推(進[出]…)：Don't ～ me *forward.* 別把我推向前/He ～*ed aside* his half eaten meal. 他把吃了一半的食物推到一旁/He ～*ed* his chair *away from* the desk. 他把椅子推離桌邊/She ～*ed* the thought *out of* her mind. 她從心裏除去那種念頭/He ～*ed* his bicycle *up* the hill. 他推著脚踏車上山。**c** 〔十受十補〕把…推成〈…狀態〉：She ～*ed* the door open [shut]. 她把門推開[關上]。**d** 〔十受十介十(代)名〕把〈工作等〉推給〔某人〕〔*on, onto*〕：～ a task ***onto*** a person 把工作推給某人。

2 〔十受十副詞(片語)〕**a** [～ one's way] (排除障礙物)推進，擠：He ～*ed* his way *through* the crowd. 他從人羣中擠過去。**b** [～ one*self*] 推開前進；(積極地)引人注目地行動，擠到前面：He ～*ed himself to* the front of the crowd. 他推開人羣到前面去；他擠到羣衆的前面去/He often ～*es himself forward.* 他常愛出風頭。

3 〔十受十副(十介十(代)名)〕**a** 使〈物價、失業率等〉上昇〔達…〕〈*up*〉〔*to*〕：The slump ～*ed* ***up*** unemployment ***to*** 23%. 不景氣使失業率上昇達 23%. **b** 使〈物價、失業率等〉下降〔到…〕〈*down*〉〔*to*〕。

4 〔十受〕**a** 拼命追求〈目標〉，擴充〈事業〉，強行〈要求等〉：～ one's fortune 拼命賺取錢財/He ～*es* his own interests. 他努力促進自己的利益/He ～*ed* his exploration further. 他更進一步地推動他的探險。**b** 積極推銷〈商品〉；促進〈銷售〉：～ (the sale of) one's goods 積極推銷商品；促進商品的銷售。**c** 支持，支援，鼓勵〈某人〉：He has no supporters to ～ him. 他沒有鼓勵他的支持者。

5 a 〔十受〕(超過速度限制地)開〈車〉：He ～*ed* his car to over eighty miles an hour. 他以每小時超過八十哩的速度開車。**b** 〔十受十介十(代)名〕驅策，逼，迫使〈某人〉〔使成…狀態〕〔*to, into*〕：～ the nation ***into*** war 使整個國家捲入戰爭/His wife ～*ed* him *into* writ*ing* to his father for money. 她的妻子逼迫他寫信向他的父親要錢。**c** 〔十受十 *to* do〕迫使，驅使〈某人〉〈做…〉：～ a person *to* enter politics 驅使[力勸]某人進入政界。**d** 〔十受十 *to* do〕[～ one*self*] 迫使自己〈去做…〉：You must ～ *yourself to* answer the question. 你必須強迫自己去回答那個問題。

6 〔十受十介十(代)名〕**a** 〔爲求…而〕催促〈某人〉，一再地催促〈某人〉〔…事〕〔*for*〕：He is ～*ing* me ***for*** payment. 他一再地催促我付款。**b** 逼迫〈某人〉〔使陷於…狀態〕〔*to, into*〕：～ a person ***to*** the verge of exhaustion 逼迫某人到筋疲力竭的邊緣。**c** 〔因沒有金錢、時間等而〕使〈人〉困窘〔*for*〕《★常以過去分詞當形容詞用；⇨ pushed 1》。

7 〔十受〕[be ～ing十基數]《口語》漸漸接近〈某階段的年齡〉：Come on! You*'re* ～*ing* twenty. It's time you found a job. 好啦！你快要二十歲了，該找個工作了吧。

8 〔十受〕《俚》(從中斡旋)秘密出售〈毒品〉。

—*v.i.* **1** 〔動(十副詞(片語))〕推；推動，推進，前進：I ～*ed* with all my might. 我以全力推/Don't ～ *from* behind. 別從後面推。

2 〔十介十(代)名〕一再地要求，強求〔…〕〔*for*〕：They kept ～*ing* ***for*** wage increases. 他們一再地要求提高工資。

púsh alóng 《*vi adv*》(1)〔向…〕推進，前進〔*to*〕。(2)《口語》離去，回去：I must be ～*ing along.* 我必須告辭了。—《*vt adv*》(3)推進。

púsh aróund 《*vt adv*》[～十受十around]《口語》粗魯[輕蔑]地對待，任意驅使〈某人〉。

púsh báck 《*vt adv*》(1)把…往後推[推回去]，把〈頭髮〉攏上去。(2)使〈敵人〉後退。

púsh ín 《*vi adv*》(1)〈人〉擠進。(2)《口語》插嘴。

púsh óff 《*vi adv*》(1)(乘小舟)出航。(2)《俚》[常用祈使句]離去，離開。

púsh ón 《*vi adv*》(1)前進，趕進。(2)趕路[工]。(3)繼續〔工作等〕，繼續進行〔…〕〔*with*〕。—《*vt adv*》(4)激勵〈某人〉。(5)〔十 *to* do〕鼓勵〈某人〉〈使做…〉：He ～*ed* me *on to* complete the work. 他鼓勵我去完成那件工作。

púsh óut 《*vt adv*》(1)推出〈船等〉；將…推離。(2)把〈人〉趕出，解雇。—《*vi adv*》(3)(用小船)出航。

púsh thróugh 《*vt adv*》(1)[～十受十through]強行通過〈議案等〉；使〈人〉擠過，使〈學生〉及格。—《*vi adv*》(2)(從中間)擠進去，推進。(3)〈植物、芽〉從土中長出。

—*n.* **1** Ⓒ(一)推，按：give a ～ 推一下/at one ～ 一推；一下子。

2 [用單數；常 the ～]推擠力，壓力。

3 a Ⓒ加一把勁，奮力，奮發：make a ～《罕》奮發，加油。**b** Ⓤ《口語》氣魄，進取的精神，精力：He is full of ～. 他精力充沛。**c** Ⓤ支援，援助，後盾。

4 Ⓒ《軍》大攻擊，猛攻。

5 [the ～]《俚》解雇：get *the* ～ 被解雇/give a person *the* ～ 把某人解雇。

at a púsh 《英口語》危急時，臨危，緊急時。

if [when] it cómes to the púsh 臨到緊要關頭[危急]時。

púsh·bàll *n.* Ⓤ《美》推球《由兩隊人互推一個直徑約六呎的球，將球推入對方球門者勝的一種球戲》。
púsh·bìke *n.* Ⓒ《英》(對機車而言的)脚踏車：by ～ 騎脚踏車《★無冠詞》。
púsh bùtton *n.* Ⓒ按鈕。
púsh-bùtton *adj.* [用在名詞前] **1** 按鈕式的，按鈕操縱的：a ～ phone 按鍵式電話。**2** 搖控式的〈戰爭〉：～ war 按鈕式戰爭《使用核子飛彈、火箭等的戰爭》。**3** 自動化的。
púsh·càrt *n.* Ⓒ(超級市場購物用或沿街叫賣商人用的)手推車。

pushcart

púsh·chàir *n.* Ⓒ《英》摺疊式的小型嬰兒車(《美》stroller)。
pushed *adj.* [不用在名詞前] **1** 〔十介十(代)名〕〈人〉〔沒有金錢、時間而〕困窘[苦惱]的，〈人〉爲〔金錢、時間〕所逼迫的〔*for*〕：He is ～ ***for*** money. 他爲金錢所迫[感到手頭拮据]。**2** 忙碌的(busy)。**3** 〔十 *to* do〕被迫〈做…〉的：I am ～ *to* finish it by the end of this month. 我被迫要在本月底做完那件事。
púsh·er *n.* Ⓒ **1** 推[擠]者。**2 a** 推的東西[工具]。**b**《英》還不會使用刀、叉的幼兒用以把食物推入匙中的餐具。**3**《口語》有魄力的人；愛出風頭者。**4**《俚》販賣毒品者：a dope ～ 毒販。
push·ful [ˈpuʃfəl; ˈpuʃful] *adj.* **1** 有進取精神的，有鬥志的，奮發的。**2** 有魄力的；愛出風頭的。
púsh·ing *adj.* **1** 推的，推進的。**2** 進取的，活躍的，精力充沛的。**3** 有魄力的；愛出風頭的，好事的。
Push·kin [ˈpuʃkɪn; ˈpuʃkin], **A·le·xan·der Ser·ge·e·vich** [ˌælɪgˈzændɚsɚˈgeəvɪtʃ; ˌæligˈzɑːndəsəːˈgeiəvitʃ] *n.* 普希金《1799–1837；俄國詩人》。
púsh·òver *n.* [a ～]《口語》**1** 容易的事[工作]；輕鬆的獲勝。**2** 易受騙的人；易受影響的人；弱敵：I'm *a* ～ for pretty girls. 我是個不能抗拒漂亮女孩子的人《我一看到漂亮的女孩子心就動了》。
púsh·pìn *n.* Ⓒ《美》圖釘。
púsh·ùp *n.* Ⓒ《美》《體操》伏地挺身(《英》press-up)。
push·y [ˈpuʃɪ; ˈpuʃi] *adj.* (**push·i·er**；**-i·est**)《口語》有幹勁的；愛出風頭的，頑固的。
pu·sil·la·nim·i·ty [ˌpjuslə̩ˈnɪmətɪ; ˌpjuːsiləˈniməti] **《pusillanimous 的名詞》——*n.*** Ⓤ沒有氣魄，怯懦，懦弱。
pu·sil·lan·i·mous [ˌpjusl̩ˈænəməs; ˌpjuːsiˈlæniməs] *adj.*《文語》軟弱的，膽怯的。
puss[1] [pus; pus] *n.*《口語》**1** [常 **puss, puss**！用於稱呼]〈小〉貓咪(⇨ cat 相關用語)。**2** Ⓒ小姑娘，少女。
puss[2] [pus; pus] *n.* Ⓒ[常用單數]《俚・謔》臉；嘴臉。
puss·y[1] [ˈpusɪ; ˈpusi] *n.* Ⓒ《口語・兒語》[用於稱呼]貓咪，咪咪(⇨ cat 相關用語)。
pus·sy[2] [ˈpusɪ; ˈpusi] *n.*《俚・鄙》**1** Ⓒ女性的陰部。**2** Ⓤ《美》性交。
pússy·càt *n.* ＝pussy[1].
pússy·fòot *v.i.*《口語》**1** 〔動(十副)〕悄悄地走，潛行〈*around, round*〉。**2** 持觀望的態度。
pússy wíllow *n.* **1** Ⓒ《植物》貓柳《一種柳科落葉灌木，其芽鱗脫落時花穗呈銀白色狀似貓尾》。**2** Ⓤ[集合稱]貓柳的莖部。
pus·tu·lar [ˈpʌstʃələ; ˈpʌstjulə] *adj.* 膿疱的；有膿疱性質的；多膿疱的。
pus·tule [ˈpʌstʃul; ˈpʌstjuːl] *n.* Ⓒ《醫》膿疱。
‡**put** [put; put] *v.t.* (**put**；**put·ting**) **1** 放置。

> 【同義字】put 是「放置」之意的最普通用語；set 予人鄭重其事的感覺，且有强調置於「固定位置」之意；place 指置於正確的位置；lay 强調橫著放的狀態。

a 〔十受十副詞(片語)〕把〈東西、人〉放，擱在(某場所)：*P*～ your pencil *down.* 把你的鉛筆放下來/*P*～ the chair *here,* please. 請把那張椅子放在這裏/She ～ the dish *on* the table. 她把盤子放在桌子上。**b** 〔十受十副詞(片語)〕把〈東西、人〉置於(某位置)，使〈人〉陷入[處於](某種處境，情況)：You should ～ your happiness first. 你應該把你的幸福置於第一位《你應該最先考慮你的幸福》/This case will ～ him *in* a serious position. 這個案件將使他陷入困境/Just ～ yourself *in* his place. 請你設身處地替他想想。**c** 〔十受十副詞(片語)〕把…置於(…狀態、關係)，使…成爲(某種狀態、關係)：～ names *in* alphabetical order 把名字依字母順序排列/～ a law *in* force 執行法律，實施法律/～ something *in* motion 使東西移動/～ a person *in* (a) good humor 使某人興高采烈/～ a person *in* charge of the work 使某人負責那件工作/～ a person *out of* temper 使某人發脾氣[發怒]。**d** 〔十受十補〕把…弄成〈…狀態〉：She ～ his tie straight. 她把他的領帶弄直/His report ～ the matter wrong. 他的報告把那件事弄砸了。

2 移動：**a** 〔十受十副詞(片語)〕使…移動，使…朝向，把…放進(至…)：He ～ the pail *down* the well. 他把水桶放入井中/You mustn't ～ your finger *into* your mouth. 你不可把手指放進嘴裏/He ～ the book *in* his bag. 他把那一本書放進他的袋子裏/They ～ the man *into* jail. 他們把那個男子關進牢裏。**b** 〔十受十介十(代)名〕把〈東西〉安裝[接]〔在…〕；使…貼近，接近〔…〕〔*to*〕：The driver ～ the horse ***to*** his cart. 馬車夫把馬套在貨車上/He ～ his eye *to* the telescope. 他把眼睛貼在望遠鏡上/He ～ spurs *to* his horse. 他以踢馬刺刺馬。**c** 〔十受十介十(代)名〕把…打入〔…〕，將…灌入〔…〕〔*into, in, through*〕：～ a nail ***into*** a board 把釘子打入木板/～ a satellite *into* orbit 把衛星射入軌道/～ a knife *into* a person 把刀子刺入某人身體/～ one's pen ***through*** a word 在某字上畫線(刪除)/What ～ such an idea *into* your head？何事把如此念頭灌入你的腦子裏？《你腦子裏怎麼會有如此念頭？》

3 〔十受十介十(代)名〕**a** 使〈人〉承受〔痛苦〕，使〈人〉接受〔考驗等〕〔*to, on, through*〕：～ a person ***to*** torture 使某人受折磨/～ a person *to* great inconvenience [much trouble] 給某人帶來諸多不便[很多麻煩]/～ a person *to* death [the sword] 處死[殺死]某人/～ a person ***on*** trial 使某人受審判/～ students ***through*** an examination 使學生接受考試/⇨PUT a person through it. **b** (爲某種目的而)送[載]…〔到某場所〕，使…去〔…〕〔*to, on*〕：～ one's son ***to*** school 使兒子就學/～ one's children *to* bed 使孩子們就寢/～ one's son *to* a trade 使兒子從事某種生意/～ a play ***on*** the stage 上演一齣戲。**c** 使〈某人〉著手〔工作等〕〔*to*〕：～ a person ***to*** work 使某人工作/～ the group *to* digging 使那羣人去挖掘。**d** 〔～ one*self*〕著手，開始〔…〕〔*to*〕：～ one*self* ***to*** work 開始工作[用功]。

4 投入：〔十受十介十(代)名〕**a** 把〈注意力、精力等〉投入〔…〕〔*to, into*〕：～ one's mind ***to*** world economics 把心思投注於世界經濟/～ all one's energies ***into*** one's study 傾全力於研究。**b** 把〈錢〉投資〔於…〕〔*in, into*〕：～ one's money ***into*** land 把錢投資於土地。**c** 把〈錢〉賭在〔…上〕〔*on*〕：He ～ his last penny ***on*** the horse. 他把最後的錢賭在那匹馬的身上。

5 〔十受十介十(代)名〕**a** 把…交給，委託，託付〔…〕〔*in, into, under*〕：～ matters ***in*** [***into***] the hands of the police 把事情交給警方(處理)/～ one's child ***under*** the care of the doctor 把孩子交由那位醫生治療。**b** 把〈責任等〉歸於〔…〕，把…歸咎〔於…〕〔*to, on*〕：He ～ his failure ***to*** my carelessness. 他把自己的失敗歸咎於我的粗心/You must not ～ the responsibility ***on*** any other person. 你不可把該責任推給其他任何人。**c** 〔對…〕課〈稅〉；加以〈侮辱〉〔*on, upon*〕：～ a tax ***on*** an article 對物品課稅/～ an insult *on* a person 侮辱某人。**d** 〔對…〕予以〈信任〉，將〈信任〉寄予〔某人〕〔*in*〕：～ one's trust ***in*** a person 信任某人。

6 〔十受十介十(代)名〕**a** 〔向…〕提出，提起〈問題、議案等〉〔*to, before*〕：He ～ the motion ***to*** [***before***] the committee. 他向該委員會提出那項動議/He ～ several questions *before* me. 他向我提幾個問題/I ～ it *to* you that you have told a lie. 我要你承認你說了謊話《★用因促使對方考慮所要說的話》。**b** 〔對…〕設〈限〉，做〔了結〕〔*to*〕：～ an end [a stop] ***to*** ... 對…打上休止符，使…結束/～ an end *to* one's life 結束自己的生命。**c** 〔對…〕加以〈抑制〉，〔對…〕施加〈壓力〉〔*on*〕：～ a check ***on*** one's enthusiasm 抑制某人的狂熱。

7 〔十受十介十(代)名〕**a** 〔在…〕寫[簽]〈名字等〉〔*to*〕：I ～ my signature ***to*** the document. 我在文件上簽名。**b** 列〈名字等〉〔於表等上〕〔*on*〕：He ～ the name ***on*** the list. 他把那個名字列在表上。**c** 〔在…〕做[打]〈記號等〉〔*in, at, on, against*〕：～ a tick [check] ***against*** a name 在名字上打「√」記號/～ commas ***in*** a sentence 在句子中打上逗點。

8 a 〔十受〕[與狀態副詞連用]敍述…：Let me ～ it in another way. 讓我以另一種方式來說，讓我換個說法/To ～ it briefly, ... 簡單地說，簡言之/I'm—how shall I ～ it？—in love with you. 我不知怎麼說才好—我愛上了你。**b** 〔十受十介十(代)名〕將…〔以話、語言〕陳述；把…翻譯〔成某種語言〕〔*in, into*〕：～ Goethe ***into*** English 把歌德(的作品)翻譯成英文/*P*～ the following sentence *into* Chinese. 把下面的句子譯成中文/Can you ～ this well ***in*** French？你能用法語把這個說得很好嗎？

9 〔十受十介十(代)名〕**a** 把…估量，估計〔爲…〕；認爲…〔是…〕〔*at*〕：I ～ the losses ***at*** 10,000 dollars. 我認爲[估計]損失達一萬美元/He ～*s* the distance *at* ten miles. 他估計該距離爲十哩。**b** 〔給…〕估〈價〉，評〈價〉〔*on, upon*〕：The experts ～ a price ***on*** the painting. 那些專家給那幅畫估價/He ～*s* a high value *on* your ability. 他對你的能力給予很高的評價。

10 〔十受〕《運動》推〈鉛球〉，推〈高爾夫球〉入洞。

be hárd pút (to it) ⇨ hard *adv.*
nòt pùt it pást a person (**to dó**) ⇨ past *prep.*
pùt abóut 《*vt adv*》(1)[～＋受＋about]變更〈船等〉的方向。(2)散布〈謠言等〉。(3)[＋*that*__]謠傳〈…事〉：It has been ～ *about that* he will resign. 謠傳他要辭職。(4)[～it [one*self*] about]《英俚》〈女子〉輕佻的，輕浮的。—《*vi adv*》(5)〈船等〉變更方向。
put across [《*vt adv*》～ acróss](1)傳達…[給某人]，[使…]了解…[*to*]：I couldn't ～ the idea *across to* my students. 我無法使學生們了解那種思想。(2)把〈戲等〉演成功：She ～ the song *across* well. 她把那首歌唱得很成功。—[《*vt prep*》～ ... acróss...](3)使〈人等〉渡〈河等〉：He ～ me *across* the river. 他使我渡過那條河。(4)[～it [one, that] across a person]《口語》欺騙〈某人〉。
pùt ahéad 《*vt adv*》(1)促進…。(2)把〈鐘錶〉的針撥快。
pùt asíde 《*vt adv*》(1)收拾，整理〈東西〉；把〈東西〉放在一旁，挪開：～ *aside* a book 把書挪開[放在一旁]。(2)儲存〈錢等〉：How much do you ～ *aside* every month？你每月儲存多少錢？(3)忽視，忘記…。
pùt awáy 《*vt adv*》(1)收拾，整理〈東西〉。(2)(為將來而)儲存，貯存〈錢〉：～ a little money *away* 儲存少許錢。(3)《口語》吃光〈食物〉，喝完〈飲料〉。(4)《文語》放棄，摒棄〈想法等〉：He ～ *away* all prejudices. 他摒棄所有的成見。(5)《委婉語》殺死〈老狗等〉。(6)把〈人〉送入[監獄、精神病院][*to*].
pùt báck 《*vt adv*》(1)把〈東西〉放回(原處)：*P*～ the dictionary *back* on the shelf when you're through. 你用完字典後把它放回書架上。(2)使…後退[停滯，遲延]：The earthquake ～ *back* the development of the city (by) ten years. 地震使該城市的發展後退了十年。(3)把〈鐘錶〉的針撥慢：*P*～ the clock *back* five minutes. 把時鐘撥慢五分鐘。(4)使…延期[到…][*to, till, until*]. (5)使〈船等〉返回[…][*to*].—《*vi adv*》(6)〈船等〉回，返回[到…][*to*]：The boat ～ *back to* shore 那條小船回到岸邊。
pùt bý 《*vt adv*》儲存，積蓄〈錢等〉：～ *by* money for the future 為將來而儲存錢。
pùt dówn 《*vt adv*》(1)放下…：He ～ the phone *down.* (通完話後)他把聽筒放下。(2)《英》[在…]放下〈乘客〉[*at*]：*P*～ me *down at* Oxford Circus, please. 請在牛津圓環讓我下車。(3)[～＋受＋down]使〈飛機〉降落。(4)《英》儲存；儲藏〈食物、飲料〉：She ～ *down* some vegetables in salt. 她把一些蔬菜醃鹽儲存。(5)[～＋down＋*n.*]把…壓下來；鎮壓，制止…；使…沉默：～ *down* a strike 制止罷工。(6)使〈價格等〉下降。(7)把…寫[記]下來，將…記帳：～ *down* an address 把地址寫下來。(8)寫下…的名字[作為…的捐款[預約]者][*for*]：*P*～ me *down for* 50 dollars. 登記我捐五十元。(9)把〈費用〉記在[…][*to*]：*P*～ the bill *down to* my account. 把帳記在我的帳戶上。(10)認為〈某人〉[…]，估計〈某人〉[…][*at*]：I ～ the child *down at* nine. 我估計那個小孩是九歲。(11)[＋受＋*as* [for] 補]視〈某人〉(為…)，將…看作(…)：They ～ him *down as* an idiot. 他們視他為傻瓜。(12)把…歸咎[於…]，把…推給[…][*to*]：He ～ the mistake *down to* me. 他把那錯誤推給我/All the troubles in the world can be ～ *down to* money. 世上一切的糾紛都可歸因於金錢。(13)把…用於[某種目的]，將…利用[為…][*to*]：～ a field *down to* grass 利用原野作為牧草地。(14)殺死〈老狗等〉。(15)使〈人〉覺得沒出息，挫〈某人〉的銳氣。—《*vi adv*》(16)〈飛機、駕駛員〉降落。
pùt fórth 《*vt adv*》[～＋forth＋*n.*]《文語》(1)長出〈芽、葉等〉。(2)發揮〈力量等〉：We should ～ *forth* our best efforts. 我們應盡最大的努力。
pùt fórward 《*vt adv*》(1)推舉〈某人〉[為…][*for*]：They ～ him *forward for* chairman. 他們推舉他為主席。(2)把〈人〉推到前面，使…顯眼。(3)[～ one*self*]走到前面；出風頭。(4)提出〈思想、主張等〉。(5)促進…。(6)把〈鐘錶〉的針撥快：～ the clock an hour *forward* 把時鐘撥快一小時。
pùt ín 《*vt adv*》(1)把…伸入，插入：He ～ his head *in* at the door. 他在門口把頭伸進來。(2)插進〈話等〉：⇨ put in a good WORD for a person. (3)[＋引句]插嘴〈說…〉："I'll go, too," he ～ *in.* 他插嘴說：「我也要去。」(4)提出〈要求、請願書等〉，申請…：～ *in* a plea 提出請願書/He ～ *in* a missing persons report on his wife. 他提出妻子的失蹤人口報告書。(5)給予〈打擊等〉：～ *in* a blow 給予一擊。(6)做〈工作等〉：～ *in* an hour's weeding 拔草一小時。(7)度過〈時間〉：～ *in* a day *at* mahjongg 打麻將度過一天。(8)以選舉選出〈政黨、政府〉。—《*vi adv*》(9)進港。(10)《口語》順便訪問[…]，[在…]停留一下[*at*].
pùt ín for... 申請〈工作等〉，志願做…，做…的候選人《★可用被動語態》：～ *in for* a raise [a two-week vacation] 申請加薪[兩週休假]。
pùt it ón (1)《俚》誇張地表現感情；亂吹牛。(2)《口語》發胖。(3)《口語》亂開價。
Pút it thére！《口語》(表示同意、和解)握手吧！
pùt óff 《*vt adv*》(1)把…延期，使…延遲；使…等待[到…][*till, until*]：Don't ～ *off till* tomorrow what you can do today. 你今天可以做的事不要延到明天/We have ～ the Robinsons *off until* Saturday. 我們把跟羅賓遜夫婦的約會延到星期六。(2)[＋do*ing*]延期，延後〈做…〉：Don't ～ *off* answer*ing* the letter. 不要延遲回那封信。(3)[～＋受＋off][用藉口等]敷衍，搪塞〈某人〉[*with*]：He is not to be ～ *off with* words. 他不是用言辭可以敷衍過去的。(4)[～＋受＋off]使〈人〉喪失意願[失去幹勁，沒精神做事]：Anxiety ～ him *off.* 焦慮使他無心(工作等)。(5)[～＋受＋off]使〈人〉厭惡：The smell of the cheese ～ me *off.* 乳酪的氣味使我厭惡。(6)關掉〈自來水、瓦斯、收音機、電燈等〉。(7)把〈人〉(從車上)放下，使…下車[下船]：Please ～ me *off at* the next stop. 請讓我在下一站下車。—《*vi adv*》(8)〈船、船員等〉出航，出海：They ～ *off* from the port. 他們從港口出航。
put on [《*vt adv*》～ ón](1)穿上〈衣服、褲子、鞋子等〉；戴上〈眼鏡等〉；化〈妝〉，搽〈粉〉(↔ take off)(⇨ wear[1] A 用法)：～ *on* ordinary clothes 穿上便服/～ one's bedroom slippers *on* 穿上臥房用的拖鞋/～ *on* one's glasses 戴上眼鏡/～ some lipstick *on* 塗上少許口紅。(2)[～＋on＋*n.*]擺出〈態度、外表等〉，裝出…樣子：～ *on* an innocent air 裝出天真無邪的樣子。(3)[～＋on＋*n.*]增加〈體重、身上的肉、速度〉：～ *on* speed 增加速度/～ *on* years《口語》增加歲數，變老/He is *putting on* weight. 他的體重在增加。(4)把〈鐘錶〉的針撥快：The clock was ～ *on* one hour. 那個時鐘被撥快了一小時。(5)上演〈戲劇〉：～ *on* a new play 上演一齣新戲。(6)請求〈某人〉(演戲、出賽)：～ a person *on* next 請求某人接下去演出[出賽]。(7)打開開關放出〈自來水、瓦斯等〉；開〈收音機、電燈等〉：～ *on* the headlights 打開(車子的)前燈。(8)[～＋受＋on][常用進行式]《美口語》欺騙，戲弄〈某人〉；和…開玩笑："I love you."—"You'*re putting* me *on.*"「我愛你。」「你在開我的玩笑吧。」—[《*vi prep*》～ on...](9)《英》給〈人〉添麻煩。
pùt a person **ón to [ónto]** ...《口語》使〈人〉注意到…，使〈人〉知道…。
pùt óut 《*vt adv*》(1)熄滅〈燈、火〉，撲滅〈火〉；喪失〈視力〉：～ *out* the lights [the candle] 關掉電燈[熄滅燭火]/The firemen soon ～ *out* the fire. 那些消防隊員不久就把火撲滅了。(2)伸出，拿出，交出…：I ～ my tongue *out* for the doctor. 我伸出舌頭給醫生看。(3)[～＋out＋*n.*]長出，發〈芽等〉。(4)[～＋受＋out]把〈人〉趕出，逐出，解雇。(5)弄脫〈關節〉；使…脫臼：He ～ his shoulder *out* during the match. 他的肩膀在那次比賽中脫臼了。(6)把…拿[送]出去；把〈工作〉轉給[承攬工等][*to*]：We ～ *out* our washing. 我們把要洗的衣服送交洗衣店。(7)[～＋out＋*n.*]出產…，使…產生[發生]。(8)出版〈書籍〉；發表，發佈〈法令[命令]〉；廣播：They are *putting out* a new model in April. 他們預定在四月間推出新型產品。(9)(徵收利息)放〈款〉，借出〈錢〉；投資…。(10)使〈人〉慌亂；使…為難，使…困窘《★常用被動語態》：I *was* very much ～ *out* by his rudeness. 他的粗魯使我感到非常困窘。(11)[～＋受＋out]給〈人〉添麻煩，使…麻煩。(12)[～＋one*self*＋out]費神，操心：Don't ～ *yourself out* for me. 別為我費神(我會照料我自己)。(13)《棒球．板球》刺殺〈打擊者〉，使…出局。—《*vi adv*》(14)開船，出航：The ship ～ *out to* sea. 那艘船出航了。(15)《美俚》〈女人〉[與男人]沈迷於亂交[*for*].
pùt óver 《*vt adv*》(1)使…渡過。(2)《美》延期…。(3)《口語》使〈想法等〉被瞭解。(4)[～ one over on...]欺騙〈某人〉。—《*vi adv*》(5)〈船等〉渡航，渡過。
pùt páid to ...⇨ paid.
pùt thróugh 《*vt adv*》(1)完成，做完…：Our new plan has been ～ *through* successfully. 我們的新計畫已順利完成。(2)[～＋受＋through](用電話)幫〈某人〉接通[…][*to*]：Please ～ me *through to* Mr. Smith. 請接史密斯先生。(3)打〈電話〉：～ *through* a call *to* New York 打電話到紐約。
pút a person **thróugh it** 《口語》嚴格調查[盤問]〈某人〉。
pùt togéther 《*vt adv*》(1)整理〈思緒等〉；彙集，拼湊〈資料等〉；把…綜合起來，合計：*Putting* all this *together*.... 把這一切綜合起來(考慮)/⇨ put TWO and two together. (2)組合，組成…：～ a team *together* 組成一支球隊。(3)使…集在一起，結合《★常用被動語態》：All the money ～ *together* still won't be enough. 把全部的錢湊合在一起仍然不夠。
pùt úp 《*vt adv*》(1)升起，舉起〈旗、帆等〉；搭，撐開〈帳篷等〉：～ *up* a flag 升旗/～ *up* a tent 搭[撐開]帳篷/*P*～ *up* your hands！把手舉起來！(2)建造〈房子〉，立〈碑〉：～ *up* a memorial to the victims of the war 建造那次戰爭犧牲者的紀念碑。(3)梳攏〈頭髮〉。(4)貼〈告示等〉；公布，佈告〈結婚預告〉：～ *up* the banns 公布結婚預告。(5)[～＋up＋*n.*]提出〈意見、請願書〉。(6)[～＋up＋*n.*]表示〈抵抗等〉；繼續〈作戰〉：～ *up* opposition 唱反調，提出異議/～ *up* a bluff 虛張聲勢，故弄玄虛/They have ～ *up* a long hard fight against poverty. 他們已經和貧困

做了長期的苦鬥。⑺使〈商品〉上市，出售：～ *up* furniture *for* auction 拍賣家具。⑻[～＋up＋*n.*]《罕》儲藏，貯存〈食物等〉。⑼[～＋up＋*n.*]包裝〈食品、藥品等〉，將…捆包。⑽[～＋受＋up]提名，推薦〈某人〉爲〔…的〕候選人〔*for*〕：He was ～ *up for* president. 他被推薦[提名]爲主席。⑾提供〈資金〉。⑿[～＋up＋*n.*]整理，收拾…；插〈刀〉入鞘：We must ～ *up* the garden chairs for the winter. 冬天我們必須收起花園裏的椅子。⒀供〈某人〉住宿，留宿：Will you ～ us *up* for the weekend？你週末願意提供我們住宿嗎？⒁[～＋up＋*n.*]〈打獵時自巢中〉趕出〈動物〉。⒂[～＋受＋up]《英》通知，告知〈某人〉〔消息等〕；傳達…；教導〈某人〉〔工作等〕〔*to*〕：I ～ him *up to* the details of the situation. 我告訴他詳細的情況。⒃[～＋受＋up]唆使〈人〉〔使做壞事等〕〔*to*〕：His brother ～ him *up to* a prank [play*ing* a prank]. 他的哥哥唆使他去做惡作劇。—《*vi adv*》⒄住宿〔在…〕〔*at*〕：We ～ *up at* the hotel for the night. 我們那一晚住宿在那家旅館。⒅《英》提名爲〔…的〕候選人〔*for*〕：～ *up for* Parliament 提名爲國會議員的候選人。

pút upòn... 給〈人〉添麻煩。

pùt úp or shút úp [常用祈使語氣]《口語》下賭[要幹就幹；拿出確實證據]否則閉嘴。

pùt úp with... 忍受…(endure)《★可用被動語態》：I had to ～ *up with* a great many inconveniences. 我不得不忍受很多的不方便。

—*n.* Ⓒ[常用單數](鉛球等的)投擲。

—*adj.*《口語》一點都不動的《★用於下面的成語》。**stày pút** ⇨ stay.

pu·ta·tive [ˋpjutətɪv; ˈpju:tətiv] *adj.* [用在名詞前]推斷[推測]的，一般認爲的：the ～ father of this child 被認爲是這個小孩的父親的人。～**·ly** *adv.*

pút-dòwn *n.* Ⓒ **1** 飛機之降落。**2**《俚》反駁；無禮的回答；有意使人丟臉或難爲情的言語[行爲]。

pút-òff *n.* Ⓒ《口語》遁辭，藉口，辯解。

pút-òn *adj.* 表面上的，虛僞的，假裝的：a ～ smile 裝出來的微笑。

—*n.*《口語》**1** [常用單數]僞裝，假裝，裝腔作勢。**2** Ⓒ《美》玩笑。

pút-òut *n.* Ⓒ《棒球》出局。

pu·tre·fac·tion [ˌpjutrəˋfækʃən; ˌpju:triˈfækʃn] 《putrefy 的名詞》—*n.*《文語》Ⓤ **1** 腐敗(作用)。**2** 腐敗物。

pu·tre·fac·tive [ˌpjutrəˋfæktɪv; ˌpju:triˈfæktiv] *adj.* 使腐敗的，容易腐敗的。～**·ly** *adv.*

pu·tre·fy [ˋpjutrəˌfaɪ; ˈpju:trifai] *v.t.* 使…腐敗。—*v.i.* 腐敗。

pu·tres·cence [pjuˋtrɛsn̩s; pju:ˈtresns] 《putrescent 的名詞》—*n.* Ⓤ腐敗，腐爛。

pu·tres·cent [pjuˋtrɛsn̩t; pju:ˈtresnt] *adj.* 開始腐敗的。

pu·trid [ˋpjutrɪd; ˈpju:trid] *adj.* **1** 腐敗的：turn ～ 爛掉。**2**《口語》令人不快的，發臭的。

pu·trid·i·ty [pjuˋtrɪdətɪ; pju:ˈtridəti] 《putrid 的名詞》—*n.* Ⓤ腐敗，腐爛。

putsch [putʃ; putʃ] 《源自德語》—*n.* Ⓒ(顛覆政府的)突然叛亂[暴動]。

putt [pʌt; pʌt]《高爾夫》*v.t.* 用球桿輕擊[推]使〈球〉入洞。

—*v.i.* 輕擊，推球入洞。

—*n.* Ⓒ輕擊；短打球。

put·tee [ˋpʌtɪ; ˈpʌti] *n.* Ⓒ[常 ～s]纏繞式的布製綁腿；皮革做的綁腿。

put·ter[1] [ˋputɚ; ˈputə] 《源自 put》—*n.* Ⓒ放置者〔*of*〕.

putt·er[2] [ˋpʌtɚ; ˈpʌtə] 《源自 putt》—*n.* Ⓒ《高爾夫》**1** 輕擊者。**2** 輕擊用的球桿。

put·ter[3] [ˋpʌtɚ; ˈpʌtə]《美口語》*v.i.* [＋副]懶散[拖拖拉拉]地工作；閒蕩(potter)〈*about, around*〉：I like to ～ ***around*** in the garden. 我喜歡在花園裏閒蕩。

—*v.t.* [＋受＋副]悠閒地度過〈時間〉〈*away*〉.

1 2

1 cloth 2 leather puttees

put·tie [ˋpʌtɪ; ˈpʌti] *n.* ＝puttee.

pútt·ing grèen [ˋpʌtɪŋ-; ˈpʌtiŋ-] *n.* Ⓒ《高爾夫》**1** 果嶺《球洞周圍的輕擊區域》。**2** 輕擊練習場。

put·ty [ˋpʌtɪ; ˈpʌti] *n.* **1** Ⓤ油灰《用亞麻仁油和石膏粉調製而成的接合劑》：glaziers' ～ (裝窗玻璃用的)油灰/jewelers' ～ 磨擦玻璃[金屬]用的錫[鉛]粉。**2** Ⓒ可隨意造形的東西；受人擺佈的人(wax).

be pútty in a person's hánd 受人擺佈。

—*v.t.* **1** 用油灰固定[接合]。**2** 塗油灰於…。

pút-ùp *adj.*《口語》預謀的，預先安排[商定]的：a ～ job 預謀的事，陰謀；虛假的事。

pút-upòn *adj.* [不用在名詞前]〈人〉受利用的，被愚弄的。

‡**puz·zle** [ˋpʌzl; ˈpʌzl] *n.* **1** [用單數]困惑，迷惑：in a ～ 感到爲難[困惑]。

2 Ⓒ[用單數]使人困惑的人[東西]；(尤指)難題：It is a ～ to me how he did it. 我不清楚他怎麼做的。

3 Ⓒ[常構成複合字]謎：⇨ crossword puzzle, jigsaw puzzle.

—*v.t.* **1** [＋受]使〈人〉困窘，使…迷惑，使…困惑，使…苦惱《★又以過去分詞當形容詞用；⇨ puzzled；⇨ bewilder【同義字】》：Her long silence ～*d* me. 她長時間的沉默使我困惑。

2 [＋受＋介＋(代)名] **a** [爲…事而]傷〈腦筋〉，絞盡〈腦汁〉，使〈心〉苦惱〔*about, over*〕：I ～*d* my brains ***about*** [***over***] the answer. 我爲思索答案而絞盡腦汁。**b** [～ one*self*]〔因…事而〕苦惱〔*about, over*〕.

—*v.i.* [＋介＋(代)名]〔對…事〕傷腦筋，困惑〔*over*〕；〔爲…而〕絞盡腦汁〔*about*〕《★可用被動語態》：He ～*d* ***over*** the problem quite a while. 他爲那個問題傷了好一會兒腦筋。

púzzle óut《*vt adv*》[～＋out＋*n.*]解開，研究出；判斷…：I succeeded in *puzzling out* the mystery. 我成功地解開了那個謎。

púz·zled *adj.* **1** 迷惑的，困惑的：a ～ expression 迷惑的表情/I'm very ～. 我覺得非常困惑。

2 [不用在名詞前] **a** [(＋介)＋ *wh.*__/(＋介)＋*wh.*＋*to* do]〔對是否可做…〕覺得困惑的，迷惑的〔*about, as to*〕《★用法常省略介系詞》：He was quite ～ (***about***) *what to* do next. 他完全不知道接下去該怎麼辦/I was ～ *which* way *to* go [take]. 我不知道該走哪一條路。**b** [＋ *to* do]〈對做…〉感到困惑的，迷惑的：I was ～ *to* see her behaving like that. 看到她那樣的舉止使我感到困惑。

púzzle·héaded *adj.* 頭腦不清的；思想混亂的。

púz·zle·ment [-mənt; -mənt] 《puzzle 的名詞》—*n.* Ⓤ迷惑，困惑。

púz·zler *n.* Ⓒ《口語》使人困惑的人[物]；(尤指)難題。

púz·zling *adj.* 令人困惑的，難解的，使人爲難的。～**·ly** *adv.*

Pvt.《略》private.

PW《略》prisoner(s) of war；public works.

pwt.《略》pennyweight (cf. dwt.)

PX, P.X.《略》post exchange《美陸軍》免稅商店，福利社(cf. Naafi).

py·e·li·tis [ˌpaɪəˋlaɪtɪs; ˌpaiəˈlaitis] *n.* Ⓤ《醫》腎盂炎。

py·e·lo·ne·phri·tis [ˌpaɪəˌlonəˋfraɪtɪs; ˌpaiəˌlouniˈfraitis] *n.* Ⓤ《醫》腎盂腎炎。

py·e·mi·a [paɪˋimɪə; paiˈi:miə] *n.* Ⓤ《醫》膿(毒)血症。

Pyg·ma·lion [pɪgˋmeljən; pigˈmeiljən] *n.*《希臘神話》皮格梅利恩《愛上自雕少女像的塞普勒斯(Cyprus)島國王》。

pyg·my [ˋpɪgmɪ; ˈpigmi] *n.* Ⓒ **1** [P～]俾格米族人《赤道非洲的矮黑人》。**2** 侏儒；智能低的人，無能的人；小東西。

—*adj.* [用在名詞前] **1** 侏儒的。**2** 極小的，一點點的。

py·ja·ma [pəˋdʒæmə; pəˈdʒɑ:mə] *n.* [常 ～s]《英》睡衣褲(《美》pajama(s)). —*adj.* [用在名詞前]睡衣褲的。

py·lon [ˋpaɪlɑn; ˈpailən] 《源自希臘文「出入口」之義》—*n.* Ⓒ **1** (古埃及神殿的)塔門。

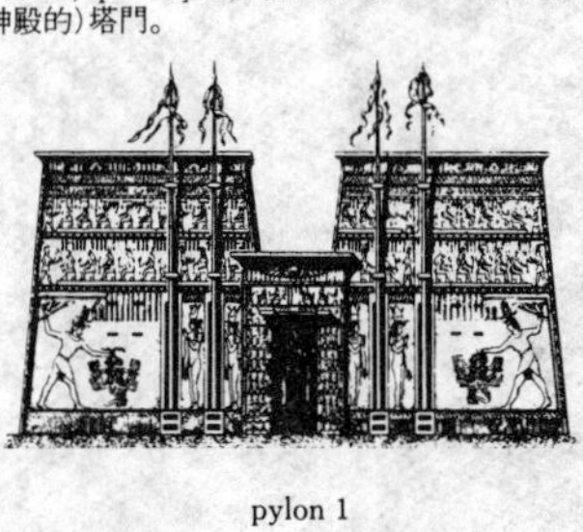

pylon 1

2《航空》(在機場的)目標[指示]塔。**3** (架高壓電線用的)鐵塔。

pylon 2

py·lo·rus [pəˋlorəs, paɪ-, -ˋlɔr-; paiˈlɔ:rəs] *n.* Ⓒ(*pl.* **-ri** [-raɪ; -rai])《解剖》幽門。

Pyong·yang [ˋpjʌŋˋjɑŋ; ˈpjʌŋˈjɑ:ŋ] *n.* 平壤《北韓首都》。

py·or·rhe·a, py·or·rhoe·a [ˌpaɪəˋriə, paɪˋriə; ˌpaiəˈriə] *n.* Ⓤ《醫》膿漏，膿溢；(尤指)齒槽膿漏。

P

***pyr·a·mid** [ˋpɪrəmɪd; ˈpirəmid] *n.* Ⓒ **1 a** [常 P~] 金字塔《古代埃及人所建造》。**b** 金字塔型的東西。**2**《數學》角錐：a regular [right] ～ 正[直]角錐。**3**《社會學》金字塔形組織[結構]。

pyramid 1 a

py·ram·i·dal [pɪˋræmədl̩; piˈræmidl] *adj.* 金字塔(狀)的。

pýramid sélling *n.* Ⓤ 老鼠會式[寶塔式]的銷貨法《由商人購買一種產品的銷售權後，再把該權的一部分轉售他人的一種銷貨法》。

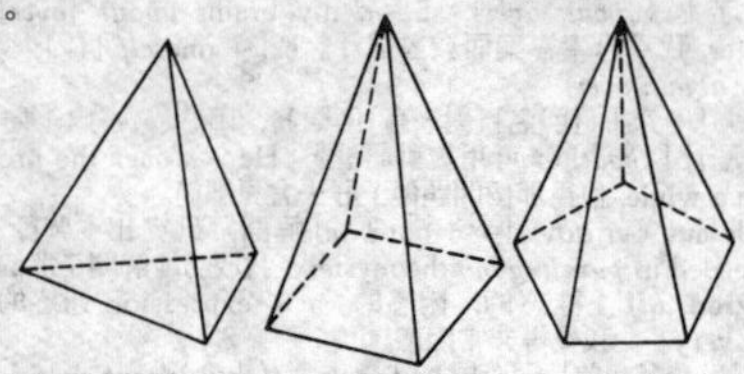

pyramids 2

Pyr·a·mus [ˋpɪrəməs; ˈpirəməs] *n.*《希臘神話》皮拉姆斯《誤信他所愛的 Thisbe 被獅子咬死而自殺的年輕人》。

pyre [paɪr; ˈpaiə] *n.* Ⓒ (火葬用的)柴堆。

Pyr·e·ne·an [ˏpɪrəˋniən; ˌpirəˈniːən˝] «Pyrenees 的形容詞»**—*adj.*** 庇里牛斯山脈的。**—*n.*** Ⓒ庇里牛斯山地的居民。

Pyr·e·nees [ˋpɪrəˏniz; ˌpirəˈniːz] *n. pl.* [**the** ～] 庇里牛斯山脈《位於法國與西班牙國界的山脈》。

py·re·thrum [paɪˋrɛθrəm, -ˋriθ-; paiˈriːθrəm] *n.* **1** Ⓒ《植物》除蟲菊。**2** Ⓤ《藥》除蟲菊粉，除蟲菊劑。

py·ret·ic [paɪˋrɛtɪk; paiˈretik˝] *adj.*《醫》熱病的，患熱病的；熱病用的。

Py·rex [ˋpaɪrɛks; ˈpaireks] *n.* Ⓤ《商標》不裂玻璃《一種耐熱玻璃(器皿)》。

py·rex·i·a [paɪˋrɛksɪə; paiˈreksiə] *n.* Ⓤ《醫》熱，發熱。

pyr·i·dox·ine [ˏpɪrɪˋdɑksin, -sɪn; ˌpiəriˈdɔksin, -siːn] *n.* Ⓤ《生化》維他命 B_6。

py·ri·tes [pəˋraɪtiz, paɪ-; paiˈraitiːz, pə-] *n.* Ⓤ《礦》硫化礦：copper ～ 黃銅礦/iron ～ 黃鐵礦。

py·ro- [paɪro-; paiərou-] [複合用詞] 表示「火」之意：*pyro*technics.

Py·ro·cer·am [ˏpaɪrosəˋræm; ˌpaiərousəˈræm] «源自商標名»**—*n.*** Ⓤ焦陶玻璃。

py·rog·ra·phy [paɪˋrɑgrəfɪ; ˌpaiəˈrɔgrəfi] *n.* **1** Ⓤ烙畫術。**2** Ⓒ烙出之畫。

py·ro·ma·ni·a [ˏpaɪrəˋmenɪə; ˌpairouˈmeiniə] *n.* Ⓤ《醫》縱火狂[癖]。

py·ro·ma·ni·ac [ˏpaɪroˋmenɪˏæk; ˌpairouˈmeiniæk] *n.* Ⓒ有縱火狂的人。

py·ro·tech·nic [ˏpaɪrəˋtɛknɪk; ˌpairəˈteknik˝] *adj.* **1** 煙火(製造術)的。**2** 燦爛的，輝煌的，天花亂墜的。

pỳ·ro·téch·ni·cal [-nɪkl̩; -nikl˝] *adj.* ＝pyrotechnic.

py·ro·tech·nics [ˏpaɪrəˋtɛknɪks; ˌpairəˈtekniks] *n.* **1** Ⓤ煙火製造術。**2** [當複數用] **a** 放煙火(會)。**b** 妙舌生花，異常的辯才。

py·rox·y·lin(e) [paɪˋrɑksəlɪn; paiˈrɔksilin] *n.* Ⓤ (可溶)硝棉；火棉《一種硝化纖維化合物，含氮化物較少，用做膠棉，及在人造絲、人造皮及油布工業中用之》。

Pyr·rha [ˋpɪrə; ˈpirə] *n.*《希臘神話》皮拉《杜凱里恩(Deucalion)之妻》。

Pyr·rhic [ˋpɪrɪk; ˈpirik] «Pyrrhus 的形容詞»**—*adj.*** 皮拉斯(Pyrrhus)王的：a ～ victory 付出很大犧牲贏得的勝利《★源自古希臘王 Pyrrhus [ˋpɪrəs; ˈpirəs] 曾付出重大犧牲打敗羅馬軍；cf. CADMEAN victory》。

Pyr·rhus [ˋpɪrəs; ˈpirəs] *n.* 皮拉斯《318？－272 B.C.；古希臘的一位國王；雖打敗羅馬軍，但亦付出了重大犧牲(279 B.C.)》.

Py·thag·o·ras [pɪˋθægərəs; paiˈθægəræs] *n.* 畢達哥拉斯《580？－500 B.C.；希臘哲學家、數學家、宗教家；發現「畢達哥拉斯定理」》。

Py·thag·o·re·an [pɪˏθægəˋriən; paiˌθægəˈriən, -ˈriːən˝] «Pythagoras 的形容詞»**—*adj.*** 畢達哥拉斯的：the ～ theorem [proposition]《幾何》畢達哥拉斯定理。
—*n.* Ⓒ畢達哥拉斯學說的信徒，畢達哥拉斯學派的人。

pyx

Pyth·i·an [ˋpɪθɪən; ˈpiθiən] *adj.* 古希臘特耳菲(Delphi)地方的；特耳菲(Delphi)之阿波羅(Appllo)神殿的；阿波羅神之女祭司的；阿波羅神的。

Pýthian gámes *n. pl.* 古希臘爲紀念阿波羅神(Appllo)在特耳菲(Delphi)每四年舉行一次之運動會。

Pyth·i·as [ˋpɪθɪəs; ˈpiθiæs] *n.*《羅馬傳說》皮西雅斯：⇨ DAMON and Pythias.

py·thon [ˋpaɪθɑn; ˈpaiθən] *n.* Ⓒ《動物》蟒，蚺蛇《熱帶地方的巨蛇》。

py·thon·ic [paɪˋθɑnɪk; paiˈθɔnik] *adj.* 神諭的；預言的。

pyx [pɪks; piks] *n.* Ⓒ《基督教》聖體容器《放置聖餐麵包所用的器具，通常以貴金屬製成》。

pyx·is [ˋpɪksɪs; ˈpiksis] *n.* Ⓒ (*pl.* **-i·des** [-sɪˏdiz; -sidiːz])(古希臘、羅馬人所使用的)小箱；珠寶盒，寶石盒。

pyxis

Q q **Q q** *Q q*

q, Q[1] [kju; kju:] *n.* (*pl.* **q's, qs, Q's, Qs** [-z; -z]) **1** Ⓤ Ⓒ 英文字母的第十七個字母。**2** Ⓤ (一序列事物的) 第十七個；(不包括 J 時的) 第十六個。**mind** [**wátch**] one's **P's** [**p's**] **and Q's** [**q's**] ⇨ p[1], P[1].

Q[2] [kju; kju:] *n.* Ⓒ (*pl.* **Q's, Qs** [-z; -z]) Q 字形 (的東西)；《溜冰》Q 字型旋轉：a reverse Q 倒 Q 字型旋轉。

q. 《略》quart；quarto；query；question.

Q. 《略》Queen；Question.

Qa·tar [ˋkartɚ; ˈkɑ:tə] *n.* 卡達《臨波斯灣的阿拉伯半島東部的獨立國；首都杜哈 (Doha [ˋdohə; ˈdouhə])》.

qb, QB 《略》《美式足球》quarterback.

Q-bòat *n.* ＝Q-ship.

Q.C. [ˋkjuˋsi; ˌkju:ˈsi:] **《Queen's Counsel 的頭字語》** —*n.* Ⓒ (女王統治期間的) 女王御用大律師。

Q.C. 《略》Queen's Counsel《★ 用法 如 Sir John Brown, *Q.C.* 附於專有名詞後面；cf. K. C.》.

Q. E. D., QED 《略》*quod erat demonstrandum.*

Q. M.(G.) 《略》Quartermaster (General).

qq 《略》questions.

qr(s). 《略》quarter(s)；quire(s).

Q-shìp *n.* Ⓒ 偽裝為商船誘敵潛艇至射程之內的戰艦。

QSL càrd *n.* Ⓒ《無線》QSL 卡《業餘無線電通訊者為紀念彼此交換通訊而寄發的卡片》。

qt. 《略》quantity；quart(s).

q.t., Q.T. [ˋkjuˋti; ˌkju:ˈti:] **《quiet 之略》** —*n.* [the ～]《口語》保密，秘密：on *the* (strict) *q.t.* (極) 秘密地，暗中，偷偷地。

qty 《略》quantity.

qu. 《略》query；question.

qua [kwa, kwe; kwei] **《源自拉丁文》** —*prep.* 作為…，以…的資格，以…身分來說：He stated the opinion as a private person, and not ～ president. 他以個人的身分而不以總統的身分表示他的意見。

quack[1] [kwæk; kwæk] **《擬聲語》** —*v.i.* **1** 〈鴨等〉呷呷叫。**2** 高聲閒聊[講歪理]。

—*n.* Ⓒ **1** 呷呷 (鴨等的叫聲) (⇨ cluck 相關用語)。**2** (高聲) 閒聊。

quack[2] [kwæk; kwæk] *n.* Ⓒ 密醫，庸醫，江湖醫生；騙子。

—*adj.* [用在名詞前] 騙子 (使用) 的，騙人的：a ～ medicine [remedy] 假藥[江湖療法]/a ～ doctor 密醫，庸醫。

—*v.i.* **1** 行江湖療法。**2** 以內行人的口氣說話。

quack·er·y [ˋkwækərɪ; ˈkwækəri] *n.* Ⓤ 江湖療法。

quáck·ish [-kɪʃ; -kiʃ] *adj.* (如) 庸醫的，騙人的。

quáck-quáck *n.* Ⓒ **1** 呷呷《鴨叫聲》。**2**《兒語》鴨子 (duck).

quad [kwad; kwɔd] *n.* **1**《口語》＝quadrangle 2. **2**《口語》＝quadruplet.

quad. 《略》quadrant；quadruplet.

quad·ra·ge·nar·i·an [ˌkwadrədʒɪˋnɛrɪən; ˌkwɔdrədʒiˈnɛəriən] *adj.* 四十歲的；四十歲與五十歲間的。

—*n.* Ⓒ 四十歲的人；四十歲與五十歲間的人。

Quad·ra·ges·i·ma [ˌkwadrəˋdʒɛsəmə; ˌkwɔdrəˈdʒesimə] *n.* (又作 **Quadragésima Súnday**) 四旬節 (Lent) 的第一個星期日。

quad·ran·gle [ˋkwadræŋgl; ˈkwɔdræŋgl] *n.* Ⓒ **1** 四角形，四邊形。**2 a** (尤指大學等四周為建築物圍成的) 方庭，中庭。**b** 圍繞方庭的建築物。

quad·ran·gu·lar [kwadˋræŋgjulɚ; kwɔˈdræŋgjulə˞] *adj.* 四角[四邊]形的。

quad·rant [ˋkwadrənt; ˈkwɔdrənt] *n.* Ⓒ **1** 四分圓。

2 四分儀，象限儀《從前觀測天文用的儀器，現在使用六分儀 (sextant)；cf. octant 2》.

quad·ra·phon·ic [ˌkwadrəˋfanɪk; ˌkwɔdrəˈfɔnik˞] *adj.* (錄音重播為) 四聲道的。

quad·rate [ˋkwadrɪt, -ret; ˈkwɔdrət, -rit]《解剖・動物》*adj.* 四邊形的，正方形的：a ～ lobe (小腦的) 方葉。

—*n.* Ⓒ 方骨，方肌。

quad·rat·ic [kwadˋrætɪk; kwɔˈdrætik˞]《數學》*adj.* 二次的：solve a ～ equation 解二次方程式。—*n.* Ⓒ《數學》二次方程式。

quad·ren·ni·al [kwadˋrɛnɪəl; kwɔˈdreniəl] *adj.* **1** 每四年發生一次的；每四年一次的。

2 四年的；四年間的。

—*n.* Ⓒ **1** 一段四年的期間；四年。

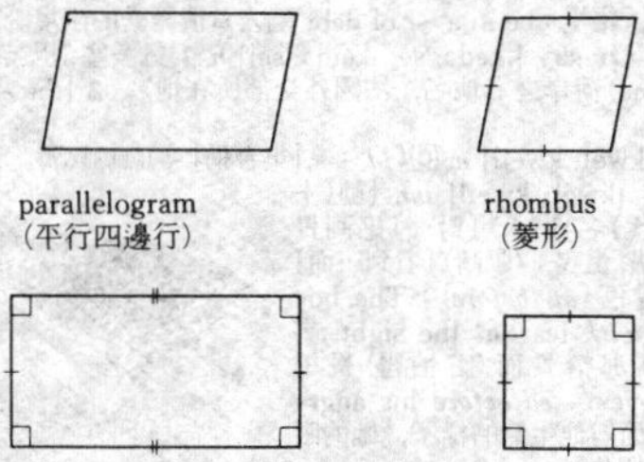

各種形狀的 quadrangles

2 每四年發生一次的事《如四周年及四周年慶祝活動等》。

quad·ri- [kwadrə-; kwɔdri-] [複合用詞] **1** 表示「四」「第四」之意。**2** 表示「二次的」之意。

quad·ri·ad [ˋkwadrɪˌæd; ˈkwɔdriæd] *n.* Ⓒ 四人小組。

quad·ri·cen·ten·ni·al [ˌkwadrɪsɛnˋtɛnɪəl; ˌkwɔdrisenˈteniəl] *n.* Ⓒ 四百周年紀念。

—*adj.* 四百年的；四百周年的。

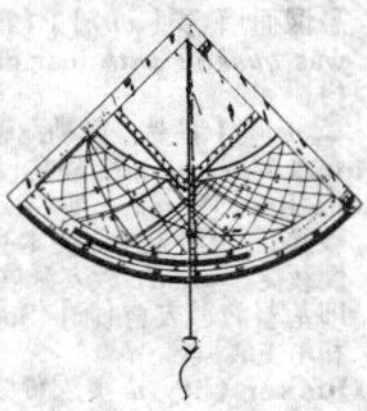

quadrant 2

quad·ri·lat·er·al [ˌkwadrəˋlætərəl, -trəl; ˌkwɔdriˈlætərəl˞] *adj.* 四邊形的。

—*n.* Ⓒ **1** 四邊形。**2** 方形地。

qua·drille [kwəˋdrɪl; kwəˈdril] *n.* Ⓒ **1** (四) 方舞《由男女四對組成的一種土風舞》。**2** 方舞舞曲。

qua·dril·li·on [kwadˋrɪljən; kwɔˈdriljən] *n.* Ⓒ **1** 《美》10^{15}. **2** 《英》10^{24}.

—*adj.* **1** 《美》10^{15} 的。**2** 《英》10^{24} 的。

quad·ri·no·mi·al [ˌkwadrɪˋnomɪəl; ˌkwɔdriˈnoumiəl] *adj.* 《代數》四項的。

—*n.* Ⓒ《代數》四項式。

quad·riv·i·um [kwadˋrɪvɪəm; kwɔˈdriviəm] *n.* (*pl.* **-riv·i·a** [-ˋrɪvɪə; -ˈriviə]) Ⓒ (中世紀的) 四門高級學科《即算術、幾何、天文、音樂等，屬七種學藝中之高級部分；cf. trivium》.

quad·roon [kwadˋrun; kwɔˈdru:n] *n.* Ⓒ 有四分之一黑人血統的混血兒《白人與 mulatto 的混血兒；cf. octoroon》.

quad·ru·ped [ˋkwadrəˌpɛd; ˈkwɔdruped] *n.* Ⓒ《動物》四足獸《常為哺乳類動物》。

quad·ru·ple [kwadˋrupl; kwɔˈdru:pl˞ | ˋkwadrupl; ˈkwɔdrupl] *adj.* **1** 四重的；四倍的。**2** 由四部分構成的。**3**《音樂》四拍子的：a ～ tune 四拍子曲/～ measure [rhythm, time] 四拍子。

—*adv.* 四倍地。

—*n.* Ⓤ [the ～] 四倍：*the* ～ *of*... …的四倍。

—*v.t.* 使〈數、量〉變成四倍。

—*v.i.* 變成四倍。

quad·rú·ply *adv.*

quad·ru·plet [kwadˋruplɪt; kwɔˈdru:plit˞ | ˋkwadruˌplɪt; ˈkwɔdruplit] *n.* **1 a** Ⓒ 四胞胎之一 (⇨ twin 相關用語)。**b** [～s] 四胞胎。**2** Ⓒ 四組，四套。

quad·ru·pli·cate [kwadˋruplɪkɪt; kwɔˈdru:plikət˞] *adj.* **1** 四倍[四重]的。**2** 〈文件等〉作成四份的。

—*n.* Ⓒ 四份中之一。

in quadrúplicate (作成) 一式四份。

—[-plɪˌket; -plikeit] *v.t.* **1** 使…成為四倍[四重] (cf. duplicate 1). **2** 把〈文件等〉作成一式四份，把…複印四份。

quad·ru·pli·ca·tion [kwadˌruplɪˋkeʃən; kwɔˌdru:pliˈkeiʃn] *n.*

quaff [kwæf, kwɑf; kwɔf, kwɑːf]《文語》*v.t.* & *vi.* 大口大口地喝(…)，痛飲(…)。
—*n.* Ⓒ暢飲，痛飲。

quag [kwæg, kwɑg; kwæg, kwɔg] *n.* Ⓒ泥沼(quag-mire).

quag·ga [ˋkwægə; ˈkwægə] *n.* Ⓒ《動物》擬斑馬《又稱泥鼠，非洲南部泥沼地區所產的一種斑馬，在十九世紀絕種》。

quag·gy [ˋkwægɪ, ˋkwɑgɪ; ˈkwægi] *adj.* (**quag·gi·er**; **-gi·est**) **1** 沼地的，泥沼的。**2** 泥濘的。

quag·mire [ˋkwægˏmaɪr; ˈkwægmaiə] *n.* Ⓒ **1** 沼(澤)地，泥潭。**2** 困境，絕境：be in a ~ of debt 陷入負債纍纍的困境。

Quai d'Or·say [ˏkedɔrˋse; ˌkeidɔːˈsei] *n.* **1** 凱多塞《巴黎市沿塞納(Seine)河岸之一地名，法國外交部所在地》。**2** [**the** ~]法國外交部。

quail[1] [kwel; kweil] *n.* Ⓒ(*pl.* **~s**,[集合稱]~)《鳥》鵪鶉。

quail[2] [kwel; kweil] *v.i.* 〔動(十介十(代)名)〕〈人〉〔對…〕感到畏懼，膽怯，沮喪；〈眼睛〉〔看到…而〕顯露懼色〔*at, before*〕：The boy ~*ed* (*with* fear) *at* the sight. 男孩看到那情景而(害怕得)畏縮/Her eyes ~*ed* ***before*** his angry looks. 面對他生氣的樣子，她的眼睛露出懼色。

quail[1]

quaint [kwent; kweint] *adj.* (尤指古老)奇怪而有趣的，古色古香而有情趣的。~**·ly** *adv.* ~**·ness** *n.*

quake [kwek; kweik] *v.i.* **1** 〈地面等〉搖晃，震動：The earth began to ~ suddenly. 地面突然開始搖晃。
2 〔動(十介十(代)名)〕〈人、身體〉〔因寒冷而〕發抖，〈人、心〉〔因恐懼而〕戰慄〔*with*〕；〔看到…而〕發抖〔*at*〕(⇨shake *v.i.* 2)：I was *quaking* ***with*** fear ***at*** the sight. 看到那光景使我恐懼得發抖。
—*n.* Ⓒ **1** 搖晃，震動，戰慄。**2**《口語》地震(earthquake).

quáke-pròne *adj.* 經常[易於]發生地震的。

Quak·er [ˋkwekɚ; ˈkweikə] **《**源自其創始人所言「聞上帝之言而戰慄」，但教友派信徒本身不用此名稱**》—*n.*** Ⓒ教友派信徒，戰慄教徒。**—*adj.*** 教友派信徒的《George Fox 所創基督教之一派，即基督教教友會[派](Society of Friends)的信徒，主張絕對的和平主義》。

Quáker Cíty *n.* 美國費城(Philadelphia)之別稱。

Quak·er·ess [ˋkwekərɪs; ˈkweikəris] *n.* Ⓒ教友派之女教徒。

Quak·er·ish [ˋkwekərɪʃ; ˈkweikəriʃ] *adj.* **1** 教友派教徒的；教友派的。**2** 嚴謹的；樸素的。

Quák·er·ìsm [-kəˏrɪzəm; -kərizəm] *n.* Ⓤ教友派的教義、習慣(等)。

Quáker mèeting *n.* Ⓒ **1** 教友派信徒的聚會《在受聖靈感應的信徒誦吟禱告前，大家均保持沉默》。**2**《美口語》沉默的聚會，場面冷清的宴會；徹夜的守靈。

Quáker's bárgain *n.* Ⓒ言不二價之交易。

quak·y [ˋkwekɪ; ˈkweiki] *adj.* 戰慄的；震顫的。

qual·i·fi·ca·tion [ˏkwɑləfəˋkeʃən; ˌkwɔlifiˈkeiʃn] **《**qualify 的名詞**》—*n.* 1** Ⓤ**資格的賦與，資格的具備。**
2 [**~s**, 有時Ⓤ] **a** 〔針對…的〕**資格**〔*for*〕：He has no ~*s for* the post. 他沒有資格擔任該職位/These are the ~*s for* enter*ing* a university. 這些是大學入學的資格限制(條件)。**b** 〔十 *to* do〕〈做…的〉資格：He has no ~(*s*) *to* practice medicine. 他沒有具備行醫的資格。
3 ⓊⒸ加以限制，限定，附加條件：with certain ~*s* 附加某些限制[條件]/without (any) ~ 無限制[條件]地。

qual·i·fied** [ˋkwɑləˏfaɪd; ˈkwɔlifaid] *adj.* (**more** ~; **most** ~) **1 a** **有資格的**，合格的，考取執照的，通過檢定的，適任的：a ~ doctor 合格醫師。**b** [不用在名詞前]〔十介十(代)名〕有[具備]〔…〕資格的〔*for, in*〕；適任〔…〕的〔*for*〕(cf. qualify 2 a)：He is ~ ***in medicine. 他有行醫的資格/He is well [fully] ~ ***for*** the work. 他有充分的資格擔任該工作《他十分適合做那工作》(cf. 1 c). **c** [不用在名詞前]〔十 *to* do〕有[具備]〈做…的〉資格的，適於〈做…〉的(cf. qualify 2 b)：He is ~ *to* be a lawyer. 他有資格當律師《★用因有時用以表示有資格但沒有正式的執照；cf. 1 d》/He is well [fully] ~ *to* do the work. 他十分適於做那工作(cf. 1 b). **d** [不用在名詞前]〔十*as* 補〕有[具備]〈當…的〉資格的；適合〈當…〉的(cf. qualify 2 c)：He is ~ *as* a lawyer. 他有當律師的資格。
2 受限制[限定]的，附有條件的：The operation was a ~ success. 這次手術獲得有限度的成功《並非完美無缺的成功》。

quál·i·fì·er [-ˏfaɪɚ; -faiə] *n.* Ⓒ **1** 合格的人[物]；賦與資格[權限]的人[物]；限定者。**2**《文法》修飾語《形容詞(子句)、副詞(子句)等》。

‡qual·i·fy [ˋkwɑləˏfaɪ; ˈkwɔlifai] *v.t.* **1 a** 〔十受十介十(代)名〕〈才能、技術等〉**使**〈人〉**適任**〔某工作、地位等〕〔*for*〕；給予〈人〉〔做…的〕資格〔*for, in*〕：His skill *qualifies* him ***for*** the job. 他的技術使他適任該工作。**b** 〔十受十 *to* do〕〈才能等〉使〈人〉適合〈做…〉：His experience *qualifies* him *to* do that job. 他的經驗使他適合做那工作。
2 a 〔十受十介十(代)名〕[~ one*self*]〈人〉獲得〔…的〕資格〔*in, for*〕《★常以過去分詞當形容詞用；⇨ qualified 1 b》：I *qualified myself* ***for*** the office [***in*** medicine]. 我有資格擔任此職[當醫生]。**b** 〔十受十 *to* do〕[~ one*self*]〈人〉獲得〈做…的〉資格《★常以過去分詞當形容詞用；⇨ qualified 1 c》：He *qualified himself to* do the job. 他能勝任這項工作。**c** 〔十受十*as* 補〕[~ one*self*]〈人〉獲得〈當…的〉資格《★常以過去分詞當形容詞用；⇨ qualified 1 d》：He *qualified himself as* a lawyer. 他有資格當律師。
3 〔十受〕**a** 使[限制；修正]〈陳述、意見等〉成爲特定的形式；限制，限定…。**b**《文法》限定…的意義，修飾…：Adjectives ~ nouns. 形容詞修飾名詞。
4 a 〔十受〕緩和，平息〈怒氣〉：~ one's anger 平息怒氣。**b** 〔十受十介十(代)名〕〔用水等〕稀釋〈酒等〉〔*with*〕：~ spirits ***with*** water 用水稀釋烈酒。
5 〔十受十*as* 補〕將…敍述〈爲…〉，把…視爲〈…〉：Their actions may be *qualified as* irrational. 他們的行動可視爲無理性的。
—*v.i.* 1 〔十*as* 補〕適合〈當…〉：~ *as* a secretary 適合當秘書。
2 a 取得〈工作、地位等的〉資格，成爲合格者：Where are you going to work when you ~? 取得資格後，你打算在哪裏工作？**b** 〔十介十(代)名〕獲得〔工作、地位等的〕資格〔*for, in*〕：He has not yet *qualified* ***for*** the race [***in*** medicine]. 他還沒有獲得出賽[出任醫師]的資格。**c** 〔十*as* 補〕獲得〈當…的〉資格，取得〈當…的〉執照：It takes six years to ~ *as* a doctor. 要獲得醫師資格需時六年。**d** 〔十 *to* do〕獲得〈做…的〉資格：He *qualified to* join the club. 他取得加入俱樂部的資格。
3《運動》通過預選[預賽]。

quál·i·fỳ·ing *adj.* [用在名詞前] **1** 給予資格的：a ~ examination [match] 資格檢定考試[選拔賽，預賽]。
2 限定的，限制的：a ~ statement 有限制的陳述《★有附帶條件的說法》。

qual·i·ta·tive [ˋkwɑləˏtetɪv; ˈkwɔlitətiv] *adj.* 性質(上)的，品質上的，質的(↔ quantitative)：~ analysis《化學》定性分析。
~**·ly** *adv.*

‡qual·i·ty [ˋkwɑlətɪ; ˈkwɔləti] **《**源自拉丁文「何種類的」之義**》—*n.* 1 a** Ⓤ[又作 **a** ~]**質，素質**，品質(↔ quantity)：of (*a*) good [high] ~ 品質好[高]的/of (*a*) poor [low] ~ 品質差[低劣]的/Q~ matters more than quantity. 質重於量。**b** Ⓒ〔物、人等的〕特質，特性，特色〔*of, for*〕：the *qualities of* gold [a king] 金[王者]該具備的特性/Is laughter a ~ *of* man? 笑是人的一種特性嗎？/The man had the ~ *for* lead*ing* the people. 那個人具備領導民衆的才能[本領]。**2** Ⓤ**優良品質**，優秀：goods of ~ 品質優良的東西/have ~ 優秀的。**3** Ⓤ《古·謔》高貴的身分：a lady *of* ~ 貴婦/the ~ 上流人士。
—*adj.* [用在名詞前] **1** 上流社會的，貴族的：~ people 上流社會的人。**2 a** 上等品質的，極好的：~ goods [meat, leather] 上等貨[上肉，上等皮革]。**b** [常構成複合字]…品質的：low ~ goods 低品質的貨品，劣貨/high [top] ~ goods 上等品質的貨品，高級品。

quálity contròl *n.* Ⓤ(產品)品質管制。

qualm [kwɑm; kwɑːm] *n.* Ⓒ[常 ~s] **1** (做某事前忽然產生的)不安，疑懼；良心的譴責〔*about*〕：She had no ~*s* of conscience. 她沒有良心不安/He had ~*s about* letting her go alone. 讓她單獨去，他心裏覺得不安。**2** (突然的)噁心，作嘔：~*s of* seasickness 暈船。

quálm·ish [-mɪʃ; -miʃ] *adj.* **1** 受良心譴責的。**2** 容易噁心的。

quan·da·ry [ˋkwɑndərɪ; ˈkwɔndəri] *n.* Ⓒ困惑，進退兩難(的窘境)，難局：be *in* a (great) ~ 陷入進退兩難的困境，完全束手無策。

quan·go [ˋkwæŋgo; ˈkwæŋgou] **《***qu*asi-*a*utonomous *n*ational *g*overnmental *o*rganization 之略**》—*n.*** Ⓒ(*pl.* ~**s**)[有時 Q~]《英》(政府的)特殊法人。

quan·ta *n.* **quantum** 的複數。

quán·ti·fì·er [-ˏfaɪɚ; -faiə] *n.* Ⓒ《文法》(定)量詞《some, many 等》。

quan·ti·fy [ˋkwɑntəˏfaɪ; ˈkwɔntifai] *v.t.* 定[測，示]…的量。

quan·ti·ta·tive [ˋkwɑntəˏtetɪv; ˈkwɔntitətiv] *adj.* 量的，關於量的(↔ qualitative)：~ analysis《化學》定量分析。~**·ly** *adv.*

***quan·ti·ty** [ˋkwɑntətɪ; ˈkwɔntəti] **《**源自拉丁文「多少量的」之義**》—*n.* 1** Ⓤ**量，數量**(↔ quality)(⇨ sum【同義字】)：I prefer quality to ~. 我重質不重量。

2 Ⓒ(某一特定的)分量，數量：a large ～ *of* wine [books] 大量的酒[很多的書]/They had only a small ～ left. 他們只剩下少量/a given ～ 一定量。
3 Ⓒ[常 quantities]《古》大量，許多：I had a ～ [*quantities*] *of* work to do. 我有許多工作要做。
4 Ⓒ《數學》量；表示量的數字[符號]：a known ～ 已知量[數]/⇨ unknown quantity.
in quántity＝in (lárge) quántities 大量，大宗：Paint is cheaper when you buy *in* ～. 油漆大量購買較便宜。
—*adj.* [用在名詞前]量的，數量的：～ production 大量生產。
quántity survèyor *n.* Ⓒ(建築的)估計建築工程費用的人，估算員。
quan·tum [ˈkwantəm; ˈkwɔntəm] *n.* Ⓒ(*pl.* **-ta** [-tə; -tə])**1 a** 量。**b** 特定量。**2** 分得的部分。**3**《物理》量子：～ mechanics 量子力學/(the) ～ theory 量子論。
quántum léap [júmp] *n.* Ⓒ **1**《物理》量子跳變《由光子的吸收、粒子的衝突等引起的量子力學狀態間的轉移》。**2** 次元性的跳變。
quar·an·tin·a·ble [ˌkwɔrənˈtinəbl, ˌkwar-; ˌkwɔrənˈti:nəbl] *adj.* 應爲檢疫對象的。
quar·an·tine [ˈkwɔrənˌtin; ˈkwɔrənti:n] *v.t.* 隔離〈傳染病患者等〉；檢疫〈船、乘客〉《★常用被動語態》：The patients *were* immediately ～*d.* 那些病患立刻被隔離檢疫。

【字源】源自表示「四十天期間」之義的義大利語。從前進港的船隻必須在港內等四十天，如果在這期間沒有發生疾病即可獲准上岸或卸貨。這是預防疾病傳入的一種措施。

—*n.* **1** ⓊⒸ(對來自疫區旅客、貨物的)隔離，交通封鎖；檢疫：be *in* [*out of*] ～ 在隔離中[已完成檢疫]/go into [come out of] ～ 被隔離[解除隔離]/put a person in (to) ～ 把某人隔離。
2 Ⓒ停船檢疫期間《★最初規定爲四十天》。
3 Ⓒ檢疫所，隔離所；停泊檢疫所。
quárantine flàg *n.* Ⓒ檢疫旗(yellow flag)《表示船上未發生傳染病的黃色方旗》。
quárantine òfficer *n.* Ⓒ檢疫官。
quárantine stàtion *n.* Ⓒ檢疫站。
quark [kwɔrk; kwa:k] *n.* Ⓒ《原子物理》夸克《構成基本粒子[元質點，元粒子]要素的粒子，到現在被證實存在者已有五種》。
‡**quar·rel**[1] [ˈkwɔrəl, ˈkwar-; ˈkwɔrəl] **«**源自拉丁文「抱怨」之義**»** **—***n.* Ⓒ **1** (生氣的)吵架，口角，爭吵：have a ～ *with*... 與…吵架[吵嘴]/get into a ～ *with*... 與…吵起架來/make up (after) a ～ 和解，和好/It takes two to make a ～.《諺》拌嘴也得要兩個人《★吵架的責任在雙方》。

【同義字】fight 指揪在一起的打架；brawl 是指在街頭吵吵鬧鬧的打架；struggle 是指爲克服障礙的身心上的苦鬥。

2 吵架的原因，怨言；爭吵的理由：in a good ～ 爲正當理由而爭吵/I have no ～ *against* my present salary [*with* my employer]. 我對目前的薪水[老闆]沒有怨言。
—*vi.* (**quar·reled,**《英》**-relled**；**quar·rel·ing,**《英》**-rel·ling**) **1 a** 吵架，吵嘴。**b** [十介十(代)名][因…事][與人]吵架，口角，吵嘴[*with*] [*over, about*]：They were always ～*ing* ***with*** one another ***over*** [***about***] trifles. 他們總是爲一些小事彼此爭吵。
2 [十介十(代)名][向…]抱怨，發牢騷，提出異議[*with*]：It is no use ～*ing* ***with*** Providence. 怨天是沒有用的/A bad workman ～*s* ***with*** his tools.《諺》技拙的工匠抱怨工具不好，笨工匠怪工具鈍。
quar·rel[2] *n.* Ⓒ **1** 方鏃箭。**2** 菱形玻璃板。
quár·rel·er,《英》**quár·rel·ler** *n.* Ⓒ吵架者，好爭吵者。
quar·rel·some [ˈkwɔrəlsəm, ˈkwar-; ˈkwɔrəlsəm] *adj.* 愛爭吵的，好口角的。
quar·ry[1] [ˈkwɔrɪ, ˈkwarɪ; ˈkwɔri] **«**源自拉丁文「使(石頭)成方塊」之義**»** **—***n.* Ⓒ **1** 鑿石場，採石場。**2** [知識、資料的]來源；[引用句的]出處[*of*]：a ～ *of* information 知識的源泉[寶庫]。
—*v.t.* **1** [十受(十副)]自採石場挖出〈石頭〉〈*out*〉. **2** (從古書中)找出〈事實等〉，探索〈資料、紀錄等〉。
—*v.i.* **1** 挖出石頭，採石。**2** 費心調查。
quar·ry[2] [ˈkwɔrɪ, ˈkwarɪ; ˈkwɔri] *n.* Ⓒ **1** (常指被追逐中的)獵物。**2** 追求物；(成爲攻擊目標等的)敵人。
quart** [kwɔrt; kwɔ:t] **«**源自拉丁文「四分之一」之義**»** **—n.* Ⓒ **1** 夸脫《容量的單位；液量＝¼ (gallon), 2 pints；略作 qt.》：**a**《美》0.946 公升。**b**《英》1.136 公升。
2 夸脫《量麥、豆類的乾量單位；＝⅛ peck, 2 pints；略作 qt.》：**a**《美》1.101 公升。**b**《英》1.136 公升。
3 裝一夸脫的瓶[壺]等容器。
trý to pùt a quárt ìnto a pínt pòt 嘗試不可能的事，知其不可爲而爲之《★因 1 quart 等於 2 pints》。
quar·tan [ˈkwɔrtn; ˈkwɔ:tn]《醫》*adj.* 〈瘧疾等熱病〉每四天發作一次的。
—*n.* Ⓤ四日熱。
quarte [kart; ka:t] *n.* Ⓒ《劍術》八種防禦姿勢中的第四種。
‡**quar·ter** [ˈkwɔrtə; ˈkwɔ:tə] **«**源自拉丁文「四分之一」之義**»** **—***n.* **A1** Ⓒ **a 四分之一** (a fourth)：a ～ of a mile 四分之一哩/a mile and a ～ 1¼ 哩/three ～*s* 四分之三/the first ～ of the 20th century 二十世紀的前四分之一《最初二十五年，即 1901–25 年》/for a ～ (of) the price＝for ～ the price 以該價的四分之一。**b** 十五分鐘，一刻鐘：at (a) ～ past [《美》after] five 在五點十五分，在五點一刻/at (a) ～ to [《美》before, of] five 在五點差一刻，在四點四十五分《★a 常省略》/The clock strikes the ～*s.* 那時鐘每十五分鐘響一次/three ～*s* of an hour ago 在四十五分鐘前/It isn't the ～ yet. 還不到一刻鐘[十五分鐘]。**c**《美・加》二角五分；二角五分硬幣《美國爲白銅幣，加拿大爲鎳幣；⇨ coin 1★》. **d** 一年的四分之一《三個月》；(分四季[期]結帳的)一季[期] (cf. quarter day)：the second ～ of 1985 1985 年的第二個四分之一[季]。**e**《美》(一年四學期制學校的)一個學期《約十二週；cf. semester, term A1》. **f** 夸特《重量單位；＝¼ hundredweight；略作 qr.；《美》25 pounds,《英》28 pounds》. **g**《英》夸特《量穀物的乾量單位；略作 qr. ＝8 bushels》. **h** 四分之一碼(9 inches). **i** 四分之一哩；[the ～]《英》四分之一哩賽跑(的距離)：He has done *the* ～ in 50″. 他以五十秒跑了四分之一哩。**j** [常構成複合字](獸類被四分肢解後的)四肢之一：⇨ hindquarter. **k**《天文》弦《月球公轉周期的四分之一》：the first [last] ～ 上[下]弦。**l**《航海》四分之一嗂《測量水深的長度單位》。**m**《紋章》盾面的四分之一。**n**《運動》美國足球等比賽時間的四分之一；cf. half *n.* 5 a》. **o**《美式足球》＝quarterback.
2 Ⓒ **a 方位**，方向，方角；地方，區域：from every ～ ＝from all ～*s* 從四面八方/What ～ is the wind in? 風向如何？形勢如何？**b** (都市的)地區，…街；[集合稱](特定地區的)居民：the Jewish ～ 猶太人區，猶太人街/the manufacturing ～ 工場地帶，工廠區/the residential ～ 住宅區/⇨ Latin Quarter. **c** [用以避免明示](社會、政府等)方面，(情報、消息等)來源：There is no help to be looked for in that ～. 從那方面不能期待有任何的援助。
3 [～s] **a**《軍》營舍，軍營：winter ～*s* 冬季營舍，冬營。**b**《航海》部署，工作崗位。**c** 住處，寓所：His living ～*s* were two small rooms on the second floor of the store. 他的住處是那家店鋪二樓上的兩個小房間/take up one's ～*s* (*in* [*at, with*]...) 投宿於…，在…停留/live in cramped [close] ～*s* 住在狹窄擁擠的地方。
4 Ⓒ《航海》船尾：on the ～ 在船尾處，在船尾附近部分。
—B Ⓤ寬大，慈悲；(對投降者的)饒命，寬恕：ask for [cry] ～〈俘虜等〉請求饒命/give no ～ to... 毫不留情地攻擊/give ～ 饒命，給予饒恕。
at clóse quárters ⇨ close quarters 1.
—*adj.* [用在名詞前]四分之一的：a ～ mile 四分之一哩。
—*vt.* **1** [十受] **a** 把…四等分，把…分成四部分：～ an apple 把一個蘋果切成四等分。**b** 把〈動物、罪犯等〉四分肢解[分屍]。**c**《紋章》以縱橫線把〈盾〉四分。
2 [十受(十介十(代)名)]使〈士兵〉駐紮[於…]，分配〈宿舍〉[給…] [*in, on, with*]：The soldiers are to be ～*ed* ***in*** all the houses of the village [***on*** the villagers]. 那些士兵將駐紮於所有村舍中[村民間]。
—*vi.* **1** [十介十(代)名]〈軍隊〉駐紮[在…] [*at, with*]. **2**《航海》〈風〉從船的斜後方吹來。
quárter·bàck *n.* Ⓒ[指防守位置時爲Ⓤ]《美式足球》四分衛《攻方的後衛，發指令接球，進攻時指揮本隊的球員；略作 qb, QB》.
quárter dày *n.* Ⓒ四季結帳日或付款日(cf. quarter *n.* A 1d).

【說明】英美一年分四期支付地租、房租。在美國分別爲一、四、七、十月的第一天；英國、威爾斯、北愛爾蘭分別爲 Lady Day (三月二十五日)，Midsummer Day (六月二十四日)，Michaelmas (九月二十九日)，Christmas (十二月二十五日)；蘇格蘭分別爲 Candlemas (二月二日)，Whitsunday (Easter 後第七個星期日)，Lammas (八月一日)，Martinmas (十一月十一日)。在 quarter day 分別清帳及辦理續租手續。

quárter·dèck *n.* [the ～]《航海》船尾甲板，後甲板 (cf. forecastle 1, lower deck 1).
quár·tered *adj.* **1 a** 四等分的，直劈成四分的。**b**《紋章》〈盾〉以縱橫線四分的。**2** 分配有宿舍的。
quàrter·fínal《運動》*n.* **1** Ⓒ複賽，半準決賽《準決賽前四場比賽中的一場；cf. final 2》. **2** [～s] 複賽，半準決賽。
—*adj.* 半準決賽的。

quàrter·fínalist *n.* Ⓒ進入半準決賽的選手[球隊]。

quárter hóur *n.* Ⓒ **1** 十五分鐘，一刻鐘。**2** (某時的)前[後]一刻鐘：on the ~ 在十五分鐘前[後]。

quár·ter·ing *n.* **1** Ⓤ**a** 四等分。**b** (處刑罪犯等的)四分肢解。**2** Ⓤ(士兵)宿舍的分配。**3** [~s]《紋章》組合紋章《將姻親家的家族紋章與自家的組合而成》。

quarterings 3

quár·ter·ly *adj.* & *adv.* **1** 〈雜誌等〉一年發行四次的[地]，每季的[地]；〈結帳等〉一年四次的[地]：a ~ magazine 季刊雜誌/This magazine comes out ~. 這種雜誌一年發行四期。**2**《紋章》四分盾形的[地]：~ quartered 盾形的十六分之一形的。
—*n.* Ⓒ季刊。

quárter·màster *n.* Ⓒ **1**《陸軍》軍需官《負責配給宿舍、糧食、衣服、燃料及掌管運輸等，略作 Q. M.》。**2**《航海》舵手。

quártermaster géneral *n.* Ⓒ(*pl.* **quartermasters general**)《陸軍》經理署署長，軍需部長兼軍需局局長《略作 Q. M. G.》。

quar·tern [ˈkwɔrtən; ˈkwɔ:tən] *n.* Ⓒ **1** (液量)四分之一品脫(pint)。**2** 麵包之標準稱量單位《即由四分之一吋(stone)或 3½ 磅麵粉做成重四磅之麵包》。

quárter nòte *n.* Ⓒ《美》《音樂》四分音符(《英》crotchet)。

quárter·sàw *v.t.* (**~ed**；**~ed** *or* **-sawn**)將〈木材〉直鋸成四等塊，再鋸成木板《以便查看紋理》。

quárter séction *n.* Ⓒ《美》《測量》四分之一平方哩的土地《160 噉》。

quárter sèssions *n. pl.*《英》按季開審法庭《每三個月開庭一次的初級刑事法庭；現由皇家法庭(Crown Court)所取代》。

quárter·stàff [-ˌstæf; -sta:f] *n.* Ⓒ(*pl.* **-staves** [-ˌstevz; -steivz])六呎棒《兩端嵌鐵的木棒，從前的英國農民用作武器》。

quar·tet(te) [kwɔrˈtɛt; kwɔ:ˈtet] *n.* Ⓒ **1**《音樂》四重唱[奏]，四重唱[奏]曲，四重唱[奏]樂團(⇨ solo 相關用語)。**2** 四人[個]一組，四個一套[副]。

quartets 1
【照片說明】上爲弦樂四重奏樂團；下爲爵士樂的四重奏樂團。

quar·to [ˈkwɔrto; ˈkwɔ:tou] *n.* (*pl.* **~s**) **1** Ⓤ四開本《全張紙折疊兩次，常爲 9×12 吋；略作 4 to, 4°；cf. format 1》：bound in ~ 〈書籍〉四開的，成四開本。**2** Ⓒ四開本的書。
—*adj.* 四開(本)的：a ~ edition 四開本。

quartz [kwɔrts; kwɔ:ts] *n.* Ⓤ《礦》石英《★其透明結晶稱作「水晶」(rock crystal)》：smoky ~ 煙水晶/violet ~ 紫水晶。
—*adj.* 石英的：a ~ clock [watch] 石英鐘[錶]。

quártz crýstal *n.* Ⓒ《電子》石英晶體。

quártz làmp *n.* Ⓒ石英燈。

qua·sar [ˈkwezar; ˈkweiza:] *n.* Ⓒ《天文》類星體，類星源《距離太陽系四十至一百億光年的四十天體之一，發出强力的電波能源》。

quash[1] [kwɑʃ; kwɔʃ] *v.t.* 鎮壓…，使…平息(suppress)：~ a revolt 鎮壓叛亂。

quash[2] [kwɑʃ; kwɔʃ] *v.t.*《法律》將〈判決等〉撤銷，廢止；使〈判決等〉無效。

qua·si [ˈkwesaɪ, -zaɪ, ˈkwɑsɪ; ˈkweizai, -sai, ˈkwa:zi] «源自拉丁文» **—***adj.* 類似的，準…，半…《★用法與作成 quasi- 的複合用詞時意義相同》：a ~ corporation 準法人/a ~ contract 準契約。

qua·si- [kwesaɪ-, -zaɪ-, kwɑsɪ-; kweizai-, -sai-, kwa:zi-] [複合用詞]表「類似；半…，準…，擬似…」(cf. pseudo-)《★常以「似是而非…」之意，用以表示輕蔑》：in a *quasi*-official capacity 以半官方的身分/*quasi*democratic government 半民主政治《★看似民主而非民主之意》。

quat·er·cen·ten·ar·y [ˌkwɑtəsɛnˈtɛnərɪ; ˌkwætəsenˈti:nəri] *n.* Ⓒ四百年紀念。

qua·ter·na·ry [ˈkwɑtəˌnɛrɪ, kwəˈtɝnərɪ; kwəˈtə:nəri] *adj.* **1** 由四要素構成的；四個一組的。**2** [Q~]《地質》第四紀的：the *Q*~ period 第四紀。**3**《化學》由四元素組成的，四元的。
—*n.* **1** Ⓒ由四部分組成一組的東西。**2** [**the Q~**]第四紀[系]。

quat·rain [ˈkwɑtren; ˈkwɔtrein] *n.* Ⓒ四行詩《常押韻爲 abab》。

quat·re·foil [ˈkætəˌfɔɪl; ˈkætrəfɔil] *n.* Ⓒ **1** (苜蓿等的)四片葉。**2**《建築》四葉飾。

quatrefoil 2

qua·ver [ˈkwevə; ˈkweivə] *v.i.* 〈聲音〉震顫；以震顫聲說[唱，吹，奏]。
—*v.t.* 〔十受(十副)〕以震顫聲唱[說]…〈*out*, *forth*〉：She ~*ed* (*out*) an old folk song. 她以震顫聲唱一首古老的民謠。
—*n.* Ⓒ **1** 顫聲，顫音。**2**《英》《音樂》八分音符(《美》eighth note)。

qua·ver·ing·ly [ˈkwevərɪŋlɪ; ˈkweivəriŋli] *adv.* 用顫音。

qua·ver·y [ˈkwevərɪ; ˈkweivəri] *adj.* 顫聲[音]的。

quay [ki; ki:] *n.* Ⓒ(常指石造或混凝土造的)碼頭(⇨ wharf【同義字】)：on [at] the ~ 在碼頭。

Que.《略》Quebec.

quean [kwin; kwi:n] *n.* Ⓒ《英古・美》**1** 潑婦；行跡可疑的女人。**2** 娼妓。

quea·sy [ˈkwizɪ; ˈkwi:zi] *adj.* (**quea·si·er**；**-si·est**) **1 a** 〈人〉想吐的。**b** 〈胃〉不易消化食物的，容易作嘔的。**c** 〈食物〉引起反胃的，令人作嘔的。**2 a** 不安的。**b** [不用在名詞前]〔十介十(代)名〕〔對…〕感到不舒服的，不安的〔*at*, *about*〕：She was a bit ~ ***at*** [***about***] her first appearance on the stage. 她初次登台感到有點不安。**quéa·si·ness** *n.*

Que·bec [kwɪˈbɛk; kwiˈbek] *n.* 魁北克《位於加拿大東部，爲加拿大最大的一省，首府魁北克(Quebec)市；略作 Que.》。

‡**queen** [kwin; kwi:n] «源自希臘文「女子，妻」之義» **—***n.* Ⓒ **1** [常 Q~] **a** 女王《★用法英國現君主爲女王時，含有 King 的字中的 King 要改成 Queen；如 King's English → Queen's English》：the *Q*~ of Scots 蘇格蘭女王《指 Mary Stuart》/*Q*~ Elizabeth Ⅱ 伊利莎白女王二世《★作頭銜時無冠詞》/the *Q*~ of England 英國女王。

【說明】(1)英國王位繼承的順位有法律規定，以王子(prince)爲先，無王子時，依年齡順序由公主(princess)繼承，公主繼位，則成女王(Queen Regnant)，其享有的權限與國王(King)完全相同，但現在的英國，如"The English sovereign reigns, but does not rule."(英國國王君臨全國，但不統治。)這句話表示國王已沒有政治上的實權。
(2)迄今英國歷代女王計有：都鐸(Tudor)王朝的瑪利一世(Mary Ⅰ)(1516–58)；伊利莎白一世(Elizabeth Ⅰ)(1533–1603)；斯圖亞特(Stuart)王朝的瑪利二世(Mary Ⅱ)(1662–94)；安(Anne)(1665–1714)；漢諾威(Hanover)王朝的維多利亞(Victoria)(1819–1901)；現在溫莎(Windsor)王朝的伊利莎白二世(Elizabeth Ⅱ)(1926–)。Elizabeth Ⅰ 與 Victoria 女王時代，是英國的極盛時代。

Queen Elizabeth Ⅱ

b 王后，皇后，王妃：the King and *Q*~ 國王夫妻。
2 [常 Q~](神話或傳說的)女神，女王：the *Q*~ of heaven 天上的女王；月亮/the *Q*~ of love 愛之女神，維納斯(Venus)/the *Q*~ of night 夜之女王，月之女神/the *Q*~ of Grace 聖母瑪利亞。
3 可比喻爲女王的東西[人]；美女；(尤指)選美會的當選者，…皇后：a beauty ~ 選美皇后/a ~ of society 社交界之花/a movie ~ 影后。
4 (蜜蜂、螞蟻等的)女王：⇨ queen ant, queen bee.
5《俚・謔》男性的同性戀者；(尤指)扮女人的同性戀者。
6《紙牌戲》皇后：the ~ of spades 黑桃皇后。
7《西洋棋》棋后，女王《★最强有力的棋子》。
the quéen of héarts (1)《紙牌戲》紅心皇后。(2)美人。
túrn Quéen's évidence ⇨ evidence.
—*v.t.* **1** 〔十受〕使〈人〉成爲女王[王后]。
2 〔十受(十介十(代)名)〕〔~ it〕〔對人〕擺出女王般的態度，表現得唯我獨尊，作威作福；如女王般統領〔…〕〔*over*〕：She ~*s it over* all the other children in the class. 她如女王般統領班上其他同學。
3 〔十受〕《西洋棋》使〈卒(pawn)〉變成女王。
—*vi.* 以女王身分君臨。

Quèen Ánne *n.* 安女王《1665–1714；英國女王；在統治期間(1702–1714)合併了英格蘭(England)與蘇格蘭(Scotland)》。
—*adj.* [用在名詞前]〈十八世紀初期的建築、家具等〉安女王朝代式的。

quéen ánt *n.* Ⓒ《昆蟲》蟻王。

quéen bée *n.* Ⓒ《昆蟲》蜂王，女王蜂。

quéen cónsort *n.* Ⓒ(*pl.* **queens consort**)王后[王妃]《國王之妻；cf. queen regnant》.

quéen·dom [-dəm; -dəm] *n.* **1** Ⓒ《罕》女王統治的國家《★例如英國雖在女王統治之下，但稱 United *King*dom；cf. kingdom 1》. **2** Ⓤ女王的身分[統治]。

quéen dówager *n.* Ⓒ(*pl.* ~s)太后《孀居的王后；cf. queen mother》.

quéen·ly *adj.* (**queen·li·er**；**-li·est**)似女王[皇后]的；適於女王[皇后]的(cf. kingly 2).

quéen móther *n.* Ⓒ(*pl.* ~s)母后，皇太后《現任君主的母親；cf. queen dowager》.

quéen pòst *n.* Ⓒ《建築》雙柱架《直立橫梁上支撐屋頂的兩根內柱；cf. king post》.

quéen régnant *n.* Ⓒ(*pl.* **queens regnant**)執政的女王[王后](cf. queen consort).

Queens [kwinz; kwi:nz] *n.* 昆士區《美國紐約(New York)市東部的行政區(borough)》.

Quéen's Bénch *n.* [**the**~]《英法律》(女王統治下的)英國高等法院(⇨ King's Bench).

Quéens·ber·ry rùles [ˈkwinzˌbɛrɪ-; ˈkwi:nzbəri-] 《《源自喜愛運動的侯爵名》》 **—***n. pl.* **1**《拳擊》拳擊規定《對於抓握(grab)的使用及回合制等的規定》. **2** 公平的比賽規則。

Quéen's Cóunsel *n.* ⇨ King's Counsel.

Quéen's Énglish *n.* [**the** ~] 純正[標準]英語(⇨ King's English).

quéen's évidence *n.* Ⓤ《英》檢察官所提出之證據。

quéen-sìze *adj.* 《口語》〈牀〉大號的《介於特大號(king-size)與標準型之間》.

Queens·land [ˈkwinzˌlænd, -lənd; ˈkwi:nzlənd] *n.* 昆士蘭《澳洲東北部的一省，首府爲布里斯班(Brisbane [ˈbrɪzben, -bən; ˈbrizbən; -bein])》.

quéen's wàre *n.* Ⓤ(英國的)乳白色威基伍陶器(⇨ Wedgwood).

quéen wásp *n.* Ⓒ《昆蟲》(黃蜂等的)蜂王，女王蜂。

***queer** [kwɪr; kwiə] *adj.* (~·**er**；~·**est**) **1** 奇怪的，古怪的(⇨ strange【同義字】)：a ~ fish 怪人。
2《口語》可疑的，費解的：a ~ transaction 不正當的交易/a ~ figure in the garden 花園裏的一個可疑人影。
3《口語》**a** 〈身體〉覺得不舒服的，暈眩的，眼花的：I felt a little ~. 我覺得身體有些不舒服。**b** [不用在名詞前]腦筋有問題的，失常的：He is ~ in the head. 他的腦筋有問題。
4《美俚》假的，僞造的：~ money 僞幣。
5《俚》[不用在名詞前]〔十介十(代)名〕〔對…〕入迷的；熱中〔於…〕的〔*for*〕：He is ~ **for** jazz. 他對爵士樂着了迷。
6《口語・輕蔑》(男人的)同性戀的《★用法由於有此意義，所以已不太用作義 3, 4, 5；cf. gay *adj.* 4》.
in Quéer Strèet [**quéer strèet**] 《英俚》(1)缺錢。(2)陷入困境；名譽不好。
—*n.* Ⓒ **1** 奇人，怪人。
2《口語・輕蔑》(男的)同性戀者(cf. lesbian).
—*v.t.* 〔十受〕《口語》**1** 糟蹋，破壞…：⇨ queer a person's PITCH[1]. **2** [~ *oneself*]處於不利的立場，失去信用。
~·ly *adv.* **~·ness** *n.*

quéer-lóoking *adj.* 樣子奇怪的，模樣古怪的。

quell [kwɛl; kwel] *v.t.* **1** 鎮壓〈叛亂等〉。**2** 減輕，消除〈恐懼等〉。

quench [kwɛntʃ; kwentʃ] *v.t.* **1** 〔十受(十介十(代)名)〕〔以…〕熄滅〈火、光等〉〔*with, in*〕：~ fire **with** water 以水滅火。**2** 〔十受(十介十(代)名)〕**a** 〔以…〕壓抑，抑制〈慾望，速度，動作〉〔*with, in*〕：Her sarcastic remarks ~*ed* his passion. ＝She ~*ed* his passion **with** sarcastic remarks. 她帶刺的話使他的熱情冷下來。**b** 〔以…〕解〈渴〉〔*with*〕：~ one's thirst **with** beer 以啤酒解渴。**3** 將〈熱的東西〉放入水中冷却：~ hot steel to harden it 用水冷却燒熱的鋼使其堅硬。**~·er** *n.*

quénch·less *adj.* 《文語》無法壓制的；不能消滅的《★比較一般用 unquenchable》.

quern [kwɝn; kwə:n] *n.* Ⓒ圓石磨；手磨。

quer·u·lous [ˈkwɛrələs; ˈkweruləs] *adj.* 愛發牢騷的，好抱怨的。
~·ly *adv.* **~·ness** *n.*

que·ry [ˈkwɪrɪ; ˈkwiəri] *n.* **1** **a** Ⓒ(帶有懷疑、疑問的)問題，質問，詢問《★比較比 question 更拘泥的用語》。**b** [用在疑問句句前]敢問，請問《略作 qu., qy.》：*Q*~ [*Qu.*], had you known of the fact？請問你知道這事實嗎？
2 Ⓒ問號《？》《★用法有時也指加在問句後的問號，但常指用於原稿或印刷品上有疑問之處者》：You have forgotten to put a ~ at the end of the sentence. 你忘了在句尾加個問號/He put a ~ against [by, next to] the word "true." 他在「眞實」這個字尾加上問號。
—*v.t.* **1** **a** 〔十受〕問明〈眞僞〉，對…表示懷疑[奇怪]：I am inclined to ~ the accuracy of that statement. 我頗懷疑該聲明的正確性。**b** 〔十 *whether* [*if*] ___〕詢問，懷疑〈是否…〉：I ~ *whether* [*if*] it is wise to do so. 我懷疑那樣做是否明智。
2《美》(尤指)對〈權威者〉發問(question).
3 在…打上問號：He *queried* my use of the word "true." 他在我用「眞實的」這個字處打上問號(⇨*n.* 2用法).
—*vi.* 質問，詢問。

quest [kwɛst; kwest] *n.* Ⓒ《文語》**探求**，追求〔*for*〕：the ~ *for* truth 追求眞理。
in quést of... 尋求…：He left home *in* ~ *of* adventure. 他離家去探險。
—*v.i.* 〔(十副)十介十(代)名〕**1** 搜尋〔…〕〈*about, out*〉〔*for*〕：~ (*about*) *for* buried treasure 搜尋藏寶。**2** 〈獵犬〉追尋〔…的〕蹤跡〈*about, out*〉〔*for*〕：The hounds ~*ed* (*about*) *for* the fox. 那些獵犬在追尋狐狸的踪跡。

‡ques·tion [ˈkwɛstʃən; ˈkwestʃən] *n.* **1** Ⓒ **a** **問題**，疑問，懷疑(←→ answer)：~ and answer 問答《因對話而無冠詞》/He put a difficult ~ *to* me. ＝《英》He put me a difficult ~. 他向我提出一個難題/May I ask (you) a ~？我可以問你一個問題嗎？/That's a good ~！那是個好問題《★在教室遇到難題時，爲節省時間的固定說法》。**b**《文法》疑問句。
2 Ⓤ **a** [常 **no** ~]〔關於…的〕疑問，懷疑(doubt)〔*about, as to, of*〕：There is *no* ~ *about* [*as to, of*] her sincerity. ＝There is *no* ~ *about* [*as to, of*] her be*ing* sincere. 她的誠實無庸置疑。**b** 〔十(*but*) *that* ___〕[常 **no** ~]無疑(的[地])，確實(的[地])：There is *no* ~ (*but*) *that* he will come. 毫無疑問，他會來[他必然會來]。**c** [否定句]可能性〔*of*〕：There is *no* ~ *of* escape. 沒有逃亡的可能性[絕對逃不了]/There is *little* ~ *of* failure. 很少有失敗的可能性《★用法以上兩句的意思略爲曖昧，有時因前後文的關係而有完全相反的意思。如果要表示那種意思時，多半用以下的明確說法：There is no ~ *of* our *eventual* escape. (我們終究能逃出是無庸置疑的)/There is little ~ *of* his *eventual* failure. (他最後會失敗是顯然的)》。
3 Ⓒ **a** 待解決的事物；論點，討論的事物，問題所在之處〔*of*〕：an open ~ 未解決的問題/a difficult [burning] ~ 困難的[燃眉的]問題/the ~ at [in] issue 爭執中的問題，懸案/the ~ *of* unemployment 失業問題/That is the ~. 問題就在那裏/The ~ *of* secur*ing* enough personnel is more important. 確保足夠人員的這個問題更爲重要/The ~ is who is to put up the money. 問題在於誰出錢。

【同義字】question 指引起困難或議論的問題；problem 指需要解決的問題；issue 指成爲爭論對象的問題所在之處或法律上的爭論之點，社會或國際性的問題。

b 〔(十介)十 *wh.* 子句・片語/(十介)十 *wh.*十*to* do〕〈是否(做)…的〉問題〔*of, as to*〕《★用法尤其在 the question 後面有 *wh.* 子句時，介系詞多半省略》：We must consider the ~ (*of*) *whether* we can afford such huge sums. 我們必須考慮是否出得起如此巨款這個問題/The ~ (*of*) *how to* coordinate our activities will be discussed. 如何協調我們的活動這個問題將要提出來討論。
bég the quéstion (1)假定論點爲眞實而進行討論。(2)巧妙地躲避論點[廻避問題]。
beside the quéstion 離題；不切題：Whether you want to or not is *beside the* ~. The point is, can you afford to？你是否想要，與問題無關。問題是你能不能付得起？
beyònd (áll) quéstion 無疑地，確實地，當然：He's bright, *beyond* (*all*) ~, but is he honest？無疑地，他是聰明的，但是他誠實嗎？
cáll...in [into] quéstion 對〈陳述等〉置疑，對…提出異議。
còme ìnto quéstion 被討論，成爲問題。
in quéstion 議論中的(人、物)，該(人、事)：the person [matter] *in* ~ 該人[事]。
òut of quéstion 《古》＝beyond (all) QUESTION.
òut of the quéstion (1)不被考慮的，完全不可能的："Will you lend me some money？"—"I'm sorry, but it is *out of the* ~." 「你願意借給我一些錢嗎？」「對不起，那根本是不可能的事。」(2)(當作實際問題而)不值得考慮的。
pùt the quéstion 〈議長、主席〉要求投票表決。
Quéstion！ [集會等中對演說者離題的注意]離題了！回到本題！有異議！
withòut quéstion (1)＝beyond (all) QUESTION. (2)無異議，沒問題。
—*v.t.* **1** **a** 〔十受〕**質問**，詢問，審問〈人〉《★比較與 ask 不同，不以「問題」爲受詞；追問人的意義較 ask 强》：~ a witness 詢問[盤問]證人。**b** 〔十受十介十(代)名〕向〈人〉詢問〔有關…〕〔*on, about, as to*〕：We ~*ed* the Governor **on** [**about, as to**] his

policies. 我們向州長質詢有關他政策的事。

2 a 〔十受〕懷疑…，把…當作問題；對…持疑，對…提出異議：～ a person's honesty 懷疑某人的誠實/The account may be *～ed*. 那樣的說明是可疑的。**b** 〔＋ *whether*[*if*]___〕懷疑〈是否…〉：I ～ *whether* [*if*] this measure is legal. 我懷疑這項措施是否合法。**c** 〔＋(*but*) *that*___〕〔用於否定句〕懷疑〈…事〉不確實《★[用法]常用 it cannot be questioned that ... 的說法》：It *cannot be ～ed that* she is very clever. 她無疑是很聰明的。

—*v.i.* 詢問，質問。

ques·tion·a·ble [ˈkwɛstʃənəbḷ; ˈkwestʃənəbl] *adj.* **1** (眞實性等)可疑的，有問題的：a ～ statement 可疑的陳述/It is ～ whether it is true. 它是否眞實值得懷疑。**2** (正直、行爲等)有問題的，不可靠的，可疑的：～ conduct 可疑的行爲。

qués·tion·a·bly [-nəblɪ; -nəbli] *adv.* **～·ness** *n.*

qués·tion·er *n.* Ⓒ質問者；詢問者。

qués·tion·ing [-tʃənɪŋ; -tʃəniŋ] *adj.* 詢問的，追問的，探詢的：a ～ look 一副探詢的神色。**—***n.* Ⓤ詢問。**～·ly** *adv.*

ques·tion·less [ˈkwɛstʃənlɪs; ˈkwestʃənlis] *adj.* & *adv.* 無疑的[地]；確然的[地]。

***question mark** [ˈkwɛstʃənˌmark; ˈkwestʃənmɑ:k] *n.* Ⓒ **1** 問號《？》. **2** 未知的事，未知數。

quéstion màster *n.* 《英》＝quizmaster.

ques·tion·naire [ˌkwɛstʃənˈɛr; ˌkwestiəˈnɛə] **《源自法語》** **—***n.* Ⓒ(參考資料用的)問卷，調查表，(分條寫的)一組問題，問卷(調查[用紙])：fill out a ～ 填寫問卷[問題調查表]/Use a ～ to survey [find out about] attitudes to smoking. 使用問卷方式調查對吸煙的意見。

quéstion tàg *n.* ＝tag question.

quéstion tìme *n.* Ⓤ國會之質詢官員時間。

quet·zal [kɛtˈsɑl; ˈkwetsl] *n.* Ⓒ **1** 《鳥》麗鵑《麗鵑目咬鵑科，分布於中美洲，長尾，爲瓜地馬拉(Guatemala)國鳥》。**2** (*pl.* **-za·les** [-les; -leis]) 克札《瓜地馬拉的貨幣單位；相當於 100 分(centavo)》。

quetzal 1

***queue** [kju; kju:] *n.* Ⓒ **1** 《英》(照順序等候的人、車輛的)行，隊(《美》line)：in a ～ 成一行/form a ～ 排成一行。**2** (從前男子的)辮子。

jump the quéue 《英》＝jump the LINE[1]

—*v.i.* 《英》〔動(＋副)〕排成一行，排隊等候〈*up*〉：You have to ～ ***up*** *at* the bus stop [*for* the bus]. 你在公車站[等公共汽車時]必須排隊。

Qué·zon Cíty [ˈkezan-; ˈkeizɔn-] *n.* 奎松市《菲律賓的一城市，爲其故都(1948–75)；⇨ Manila 1》.

quib·ble [ˈkwɪbḷ; ˈkwibl] *n.* Ⓒ **1** (躲避重大問題的)模稜兩可的話，遁辭，歪理，牽强之詞。**2** 無聊的議論，挑毛病。

—*v.i.* 〔動(＋介＋(代)名)〕〔關於…〕〔對人〕說模稜兩可的話，用遁辭，講歪理〔*with*〕〔*about, over*〕.

quiche [kɪʃ; ki:ʃ] **《源自法語》** **—***n.* Ⓒ一種酥殼餡餅《含牛奶、蛋，再加有切碎之火腿、海鮮或蔬菜等之餡》。

queue 2

‡quick [kwɪk; kwik] **《源自古英語「活著」之義》** **—***adj.* (**～·er, ～·est**; **more ～, most ～**)

1 a 急速的，迅速的，敏捷的(↔ slow)：walk at a ～ pace 以快步走/a ～ reader 閱讀速度快的人，速讀者/in ～ motion 迅速地/Be ～！趕快！/Let's do [have] a ～ mile [jog] before breakfast. 讓我們在早餐前很快地跑[慢跑]一圈吧。

> 【同義字】quick 指行動的敏捷、時間的短促；rapid, fast 均指動作、行動等的快速，但 rapid 著重於動作本身，fast 則著重於動著的人、物；swift 指運動的流暢、輕盈；speedy 則指速度的快速、行動的敏捷。

b 〔不用在名詞前〕〔＋ *to* do〕〈做…〉敏捷的：He is ～ *to* understand. 他的領悟力强/He is ～ *to* catch the moods of others [*to* take offense]. 他敏於掌握別人的心態[他易於被冒犯，容易動怒]。**c** 〔不用在名詞前〕〔十介＋(代)名〕敏於〔…〕的〔*at, in*〕；〔…〕靈敏的〔*of*〕：He is ～ ***at*** figures [*at* learn*ing* languages]. 他敏於計算[學習語言]/He is ～ ***in*** his decisions [*in* answer*ing* questions]. 他作決定[應答]敏捷/He is ～ ***of*** hear*ing* [understand*ing*]. 他的聽覺[領悟力]靈敏。

2 a 領悟力强的，伶俐的，機敏的：She has a ～ mind. 她的頭腦靈敏/That boy is not very ～. 那個男孩不太聰明。**b** 敏感的，敏銳的(acute)：The dog has a ～ sense of smell. 那隻狗有敏銳的嗅覺。

3 性急的，急躁的，易怒的：a ～ temper 急性子(cf. quick-tempered).

4 〈轉彎法等〉急速的：If we make a few ～ turns our pursuers will lose us. 如果我們來幾次急轉彎，追踪者就找不到我們了。

5 (無比較級、最高級) **a** 《古》活的；〔**the** ～；當複數名詞用〕活著的人們：*the* ～ and the dead 生者與死者。**b** 〔不用在名詞前〕〔十介＋(代)名〕懷〔孕〕的〔*with*〕《★漸不通用》：～ ***with*** child (懷孕而)感到胎動。

—*n.* Ⓤ **1 a** (指甲下的)嫩肉，活肉。**b** (傷口的)新肉；(尤指)新生的皮。

2 (感情的)最敏感處，要害，弱點。

to the quíck 觸到活肉；入骨；痛切地：The remark cut [touched] him *to the* ～. 那句話傷到他的要害；那句話深深地刺傷了他的心。

—*adv.* (**～·er, ～·est**; **more ～, most ～**) **1** 快速地，迅速地，急速地《★[用法]較 quickly 强有力，除感嘆句外置於動作的動詞後，爲口語化的用語》：Come ～. 快來/Now then, ～！喂，趕快！

2 〔與分詞構成複合字〕快速地，很快地：a *quick*-firing gun 速射砲；連發槍/～ forgotten 很快被遺忘的。

(as) quick as líghtning [**a flásh**] 如閃電般迅速地，風馳電掣般，即刻。**～·ness** *n.*

quíck-chánge *adj.* 〔用在名詞前〕換裝迅速的〈演員等〉；可迅速調換的〈工具零件等〉。

quíck-éared *adj.* 耳朵靈敏的，聽覺敏銳的。

quick·en [ˈkwɪkən; ˈkwikən] **《quick 的動詞》** **—***v.t.* 〔十受〕 **1** 加快，加速〈步伐等〉：*Q*～ your pace. 加速你的脚步。

2 使…更活潑，使…更有生氣；刺激…，激起…：This experience *～ed* his imagination. 這個經驗[經歷]激起他的想像力。

3 《古·文語》使…甦醒[復甦]。

—*v.i.* **1** 變快，加快：The runner's pace *～ed*. 跑者的脚步加快/The patient's pulse *～ed*. 病人的脈搏加快。**2** 變得有活力[生氣]。**3** 《胎兒》開始胎動。**4** 《古·文語》復甦，活過來。

quíck·en·ing *adj.* 〔用在名詞前〕加快的；使甦醒的；使活潑的，使有生氣的：a gradually ～ pace 逐漸加快的脚步[速度]。

quíck-éyed *adj.* 眼光敏銳的；慧眼的。

quíck-fírer *n.* Ⓒ連發槍。

quíck fíx *n.* Ⓒ(解決整個問題的)權宜之計。

quíck-frèeze *v.t.* (**-froze**; **-fro·zen**)使〈食品〉快速冷凍。

quíck fréezing *n.* Ⓤ快速冷凍(法)。

quick·ie, quick·y [ˈkwɪkɪ; ˈkwiki] *n.* Ⓒ《口語》 **1** 急就章的事物，趕出來的作品《草率寫成的小說、粗製濫造的影片》；速成的研究[計畫]。**2** (酒等的)匆忙的一飲。

—*adj.* 急就章的，敷衍的。

quíck·lime *n.* Ⓤ生石灰《★[比較]硝石灰[熟石灰]稱作 slaked lime》.

‡quick·ly [ˈkwɪklɪ; ˈkwikli] *adv.* (**more ～**; **most ～**)快速地，急速地，迅速地：Please don't speak so ～. 請不要說得那麼快/Can't you finish your work more ～？你能不能更快地做完工作？/He recovered [got better] surprisingly ～. 他康復得出奇快速。

quíck·sànd *n.* Ⓒ **1** 〔常～s〕流沙《在海岸或河口處能使放在上面的重物下沈而掩沒的厚沙床(地區)》。**2** 複雜而危險的情況[因素]；動盪而捉摸不定的事物。

quíck-scénted *adj.* 嗅覺敏銳的。

quíck·sèt *n.* (又作 **quíckset hédge**) Ⓒ《英》樹籬《尤指種植野山楂(hawthorn)修剪而成的藩籬》。

quíck-síghted *adj.* 眼光敏銳的；眼尖的。

quíck·sìlver **《源自古英語「活水銀」之義》** **—***n.* Ⓤ水銀(mercury).

quíck·stèp *n.* Ⓒ **1** 〔常用單數〕快速的步伐《輕快的舞蹈；舞步》。**2** 快拍子舞曲。

quíck-témpered *adj.* 性情急躁的，易怒的。

quíck tìme *n.* Ⓤ《陸軍》齊步，快步《每分鐘一百二十步》：in ～ 以快步。

quíck-wítted *adj.* 機靈的，頭腦靈活的。

quid[1] [kwɪd; kwid] *n.* Ⓒ(*pl.* ～)《英俚》一英鎊(£1).

quid[2] [kwɪd; kwid] *n.* Ⓒ(一口份量的)咀嚼用煙草塊。

quid·di·ty [ˈkwɪdətɪ; ˈkwiditi] *n.* Ⓒ **1** 實質；本質。**2** 無關緊要的區分。**3** 詭辯。**4** 遁詞。

quid·nunc [ˈkwɪdˌnʌŋk; ˈkwidnʌŋk] *n.* Ⓒ對任何事物均有好奇心的人；好打聽與傳播消息者，好管閒事者；搬弄是非者。

quid pro quo [ˌkwɪdproˈkwo; ˌkwidprouˈkwou] **《源自拉丁文》** **—***n.* Ⓒ(*pl.* **～s**)代替物，補償(物)，交換物，報酬。

qui·es·cence [kwaɪˈɛsṇs; kwaiˈesns] *n.* Ⓤ靜止；無活動；(昆蟲等的)休眠期；(疾病的)被遏制狀態。

qui·es·cent [kwaɪˋɛsn̩t; kwai'esnt] *adj.* 靜止的，不活動的。
~·**ly** *adv.*

‡**qui·et** [ˋkwaɪət; 'kwaiət] «源自拉丁文「平靜的」之義，與 quit 同字源» —*adj.* (~·**er**；~·**est**) **1 a** (無動靜的)**靜止的**，平穩的，平靜的(⇨silent 2【同義字】)：a ~ sea 風平浪靜的海/He lives a ~ life. 他過著平靜的生活。**b** (在休息的)安靜的，寧靜的。
2 無聲響的，肅靜的；〈人〉不出聲的，沈默的(↔ noisy)《★ 比較 較 silent 口語化》：Be ~, please. 請肅靜，請安靜。
3 恬靜的，清靜的，寂靜的：a ~ neighborhood 寧靜的地區。
4 安詳的，閒適的；平安無事的，和平的：spend a ~ evening at home 在家度過閒適的一晚。
5 a 〈態度、說話等〉溫和的，文雅的，文靜的：a ~ reproach [admonition] 溫和的譴責[訓誡]。**b** 〈人〉沉默寡言的，含蓄的：a ~ person 沈默寡言的人。
6 〈環境、生活等〉單調的，無變化的。
7 〈服裝、顏色等〉樸素的，不顯眼的，暗淡的(↔ loud)：a ~ color 素色/ ~ clothes 樸素的衣服。
8 《商》不活潑的，蕭條的，閒散的：a ~ market 不活潑的[不景氣的，疲軟的]市場。
—*n.* U **1 靜謐**，清靜，寂靜：the ~ after a storm 暴風雨後的寧靜/There isn't much ~ in this neighborhood. 這一帶不太寧靜。
2 休養，安息，平靜：rest and ~ 安息。
3 心裏的平靜，安寧；(社會的)安定，太平：live in peace and ~ 過平安寧靜的生活。
on the quiet 秘密地，偷偷地，私下(cf. on the (strict) Q. T.)。
—《★ 比較 《美》用 quiet，《英》多用 quieten》 *v.t.* **1** [十受(十副)] 使…安靜〈*down*〉：~ (*down*) the excited pupils 使興奮的學生靜下來。
2 [十受] 撫慰，安慰〈人〉；使〈人〉安心。
3 [十受] 緩和，平息〈騷動、恐懼等〉。
—*v.i.* [十副] 靜下來，變平靜〈*down*〉：The storm ~*ed down.* 暴風雨平靜了。~·**ness** *n.*

qui·et·en [ˋkwaɪətn̩; 'kwaiətn] (⇨quiet *v.* 比較) *v.t.* [十受(十副)] 使…平靜[安靜]〈*down*〉。
—*v.i.* [十動(十副)] 變平靜，變安靜〈*down*〉。

quí·et·ìsm [-tɪzəm; -tizəm] *n.* U **1** 《哲》寂靜主義《十七世紀末期西班牙教士莫利諾斯(Molinos)倡導的一種宗教神秘主義；主張排除人類的意志、世俗的慾望與事務，而對上帝及神聖事物做完全的沈思冥想》。**2** 冷漠，無情；清靜無爲。

qui·et·ist [ˋkwaɪətɪst; 'kwaiətist] *n.* C 信奉寂靜主義者。
—*adj.* 寂靜主義的；信奉寂靜主義者的。

‡**qui·et·ly** [ˋkwaɪətlɪ; 'kwaiətli] *adv.* (**more** ~；**most** ~) **1 安靜地**，靜靜地，悄悄地，平穩地；乖乖地：He closed the door ~. 他悄悄地關上門/"Come along ~," said the policeman. 「乖乖地跟我走，」警察說。
2 沉著地，鎮靜地："I'm not afraid of death," he answered ~. 「我不怕死，」他沉著地回答。
3 樸素地：She was ~ dressed. 她穿得很樸素。

qui·e·tude [ˋkwaɪə͵tud, -͵tjud; 'kwaiətju:d] «quiet 的名詞» —*n.* U 寧靜，安靜，平靜，寂靜。

qui·e·tus [kwaɪˋitəs; kwai'i:təs] *n.* C [常用單數]《文語》**1** 死；滅亡。**2** 無活動，無氣力(狀態)。

quiff[1] [kwɪf; kwif] *n.* C《英》掛在額角上的男子髮型。

quiff[2] [kwɪf; kwif] *n.* C《美俚》輕浮的女人。

quill [kwɪl; kwil] *n.* C **1** (羽毛的)翮，翎管。**2** 用翎管製造的東西：**a** (又作 **quíll pén**)(舊時用鵝翮製造的)羽筆，鵝毛筆：drive a ~ 揮毫，寫字。**b** (樂器的)撥子。**c** 管狀的線軸。**3** (豪豬等的)剛毛，硬毛。

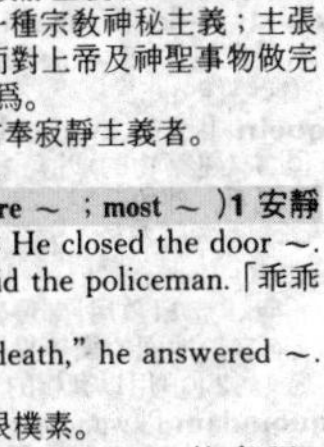

quill 2 a

quíll driver *n.* C《輕蔑》**1** 著作家；著述家；搖筆桿的人。**2** 抄寫員；小書記；錄事。

quilt [kwɪlt; kwilt] «源自拉丁文「牀墊(mattress)」之義» —*n.* C **1** (把羊毛、羽毛等放入，多層縫合的)羽毛被，被褥。**2** 被子，棉被；床罩。
—*v.t.* [十受] 把…多層縫合，把…製成被褥。

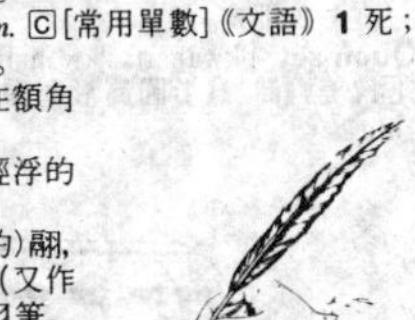

【插圖說明】全身滿是 quill 3 的豪豬 (porcupine)．

quílt·ing *n.* U 被褥的縫製；填被褥用的材料《如棉絮、羽毛等》。

quílting bèe *n.* C《美》婦女在一起縫棉被之聚會。

quin [kwɪn; kwin]《略》《英口語》=quintuplet 1.

qui·na·ry [ˋkwaɪnərɪ; 'kwainəri] *adj.* 由五個構成的；五個的；五的。

quince [kwɪns; kwins] *n.* C **1** 《植物》榲桲《薔薇科果樹》。**2** 榲桲《其果實，可製果醬、蜜餞》。

quince 的花與果實

quin·cen·te·nar·y [kwɪnˋsɛntɪ͵nɛrɪ, ͵kwɪnsɛnˋtɛnərɪ; ͵kwinsen'ti:nəri] *adj.* **1** 五百年的。**2** 五百的；第五百的。
—*n.* C **1** 五百年紀念。**2** 由五百所成之物；含有五百之物。

qui·nine [ˋkwaɪnaɪn; kwi'ni:n, 'kwini:n] *n.* **1** U 奎寧《又稱金雞納霜，取自金雞納樹皮(cinchona)的生物鹼(alkaloid)》。
2 U [指產品個體時爲C] 奎寧劑《瘧疾特效藥》。

【字源】十七世紀西班牙殖民地的秘魯(Peru)總督 Chinchón 伯爵夫人所患的瘧疾由於服用當地人稱爲奎寧的藥而治癒。從此以後奎寧《秘魯 Indio 語「樹皮」之意》被引進歐洲，作爲瘧疾的特效藥，稱爲 cinchona 或「伯爵夫人的藥粉」。

quin·qua·ge·nar·i·an [͵kwɪnkwədʒɪˋnɛrɪən, ͵kwɪŋ-; ͵kwiŋkwədʒi'neəriən] *adj.* **1** 五十歲的；五十多歲的。**2** 五十歲或五十多歲的人所特有的。
—*n.* C 五十歲的人；五十多歲的人。

Quin·qua·ges·i·ma [͵kwɪnkwəˋdʒɛsəmə; ͵kwiŋkwə'dʒesimə] *n.* (又作 **Quinquagésima Súnday**) **1** 《聖公會》大齋前的第一個主日《四旬齋(Lent)前的星期日》。**2** 《天主教》五旬齋(的主日)。

quin·que- [kwɪnkwə-; kwiŋkwə-] 字首 表示「五」之意。

quin·quen·ni·ad [kwɪnˋkwɛnɪ͵æd, kwɪŋ-; kwiŋ'kweniæd] *n.* = quinquennium.

quin·quen·ni·al [kwɪnˋkwɛnɪəl; kwiŋ'kweniəl←] *adj.* 每隔五年一次的，五年的，連續五年的。

quin·quen·ni·um [kwɪnˋkwɛnɪəm; kwiŋ'kweniəm] *n.* (*pl.* **-ni·a** [-nɪə, -njə]) C 五年期間。

quin·que·reme [ˋkwɪnkwɪ͵rim; 'kwiŋkwiri:m] *n.* C 古代一種有五行槳的單甲板平底船(cf. galley 1a)。

quin·sy [ˋkwɪnzɪ; 'kwinzi] *n.* U《醫》膿性扁桃腺炎，咽門炎。

quint [kwɪnt; kwint]《略》 *n.* 《美口語》=quintuplet 1.

quin·tain [ˋkwɪntɪn; 'kwintin] *n.* C (中世紀騎馬刺槍比賽的)槍靶；旋轉人像《以槍刺靶時由於反作用而使沙袋或棍棒彈回的旋轉式槍靶》。

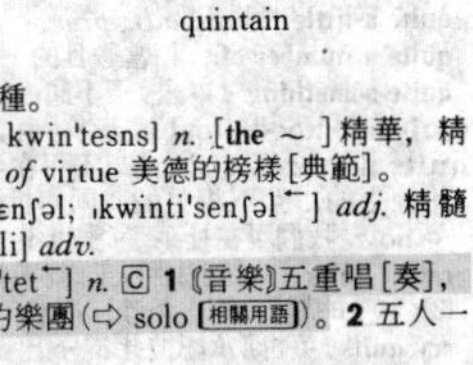

quintain

quin·tal [ˋkwɪntl̩; 'kwintl] *n.* C 衡量的單位：**a** 《美》100 磅；《英》112 磅 (hundredweight)．**b** 《公制》100 公斤，公擔《等於常衡(avoirdupois) 220.46 磅》。

quinte [kænt; kænt] *n.* C 《劍術》八種防禦姿勢中的第五種。

quin·tes·sence [kwɪnˋtɛsn̩s; kwin'tesns] *n.* [**the** ~] 精華，精髓，典型，榜樣〔*of*〕：*the* ~ *of* virtue 美德的榜樣[典範]。

quin·tes·sen·tial [͵kwɪntəˋsɛnʃəl; ͵kwinti'senʃəl←] *adj.* 精髓的，本質的。~·**ly** [-ʃəlɪ; -ʃəli] *adv.*

quin·tet(te) [kwɪnˋtɛt; kwin'tet←] *n.* C **1** 《音樂》五重唱[奏]，五重唱[奏]曲；五重唱[奏]的樂團(⇨ solo 相關用語)。**2** 五人一組，五個一組[一套]。

quin·til·lion [kwɪnˋtɪljən; kwin'tiljən] *n.* C **1** 《美·法》10^{18}. **2** 《英》10^{30}.
—*adj.* **1** 《美·法》10^{18} 的。**2** 《英》10^{30} 的。

quin·tu·ple [kwɪnˋtupl̩, -ˋtju-; kwin'tju:pl← | ˋkwɪntupl̩, -tju-; 'kwintjupl] *adj.* 五倍的，五重的。
—*n.* C 五倍(的量)。
—*v.t.* 使…成爲五倍。
—*v.i.* 變成五倍。

quin·tup·let [kwɪnˋtuplɪt, -ˋtju-; kwin'tju:plit← | ˋkwɪntəplɪt, -tu-; 'kwintjuplit] *n.* **1 a** C 五胞胎之一(⇨twin 相關用語)。**b** [~**s**] 五胞胎。**2** C 五個[五人]一組。

quip [kwɪp; kwip] *n.* C 警語，妙語；譏諷語，挖苦的話。
—*v.i.* (**quipped**；**quip·ping**) 說妙語[譏諷的話]。

qui·pu [ˋkipu; 'ki:pu:] *n.* C (*pl.* ~**s**) 結繩文字《古代印加帝國使用的文字》。

quire[1] [kwaɪr; 'kwaiə] *n.* Ⓒ(同質同大小的)一刀(紙)《一令(ream)的 $^{1}/_{20}$, 計二十四或二十五張，略作 qr.》.

quire[2] [kwaɪr; 'kwaiə] *n.*《古》=choir.

Quir·i·nal ['kwɪrənl; 'kwirinl] *n.* [the ~] **1** 奎爾納山《羅馬七丘之一，古羅馬即建於此七丘之上》。**2** (建於奎爾納山上之)義大利皇宮。**3** 義大利政府《以別於梵蒂岡教廷》。

quirk [kwɝk; kwə:k] *n.* Ⓒ **1 a** 急轉，劇變：by a ~ of fate 命運的劇變[播弄]。**b** 反覆無常，任性。**2** 奇行，怪癖。

quirk·y ['kwɝkɪ; 'kwə:ki] *adj.* (**quirk·i·er**; **-i·est**)劇變的；反覆無常的，任性的。

quirt [kwɝt; kwə:t]《美》 *n.* Ⓒ(皮條編織的短柄)馬鞭。
—*v.t.* 用馬鞭鞭打。

quis·ling ['kwɪzlɪŋ; 'kwizliŋ] «源自據稱賣國投向納粹德國的挪威政客之名»—*n.* Ⓒ(與敵國合作的)內奸，賣國賊(traitor).

***quit** [kwɪt; kwit] (**quit·ted**, 《美》**quit**; **quit·ting**) *v.t.* **1** 《口語》**a** 〔+受〕停止，放棄〈工作等〉：~ one's job 辭職/We ~ work at five. 我們在五點停止工作。**b** 〔+ do*ing*〕停止〈做…〉：*Q*~ worry*ing* about it. 別為那件事煩惱了。
2 〔+受〕《古》離開〈某人、場所〉，自…離去。
—*v.i.* 《口語》停止工作，離職，辭職。
nótice to quít 離開〈房子、工作等〉的通知。
—*adj* [不用在名詞前](無比較級、最高級)〔+介+(代)名〕免除[擺脫]〔…〕的〔*of*〕：At last I am [have gotten] ~ ***of*** her. 我終於擺脫了她/get ~ *of* one's debts 了清債務。

quit·claim ['kwɪt,klem; 'kwitkleim] *n.* ⓊⒸ《法律》 **1** 放棄要求；放棄權利。**2** 放棄權利[要求]之證書。
—*v.t.* 放棄對〈財產、權利等〉之要求。

‡**quite** [kwaɪt; kwait] *adv.* (無比較級、最高級) **1 a** 完全，全部，全然，十分：~ certain 十分確定/The doctor has told me that she has ~ recovered from her illness. 醫生告訴我她已完全病癒。**b** [與否定語連用表示部分的否定](不是)完全…，(非)全部…："Are you ready?"—"No, *not* ~."「你準備好了嗎?」「不，還差一點。」《★用法 表示還沒完全準備好的意思；如果回答說"Yes, almost [nearly]."則即使準備的情況相同，表示的是「幾乎都準備好了」的肯定意思》/He is*n't* ~ a gentleman. 他還稱不上是個紳士。
2 [**quite a** [**an**] ..., **quite some**...]格外地，非凡地，意外地；等於和…一樣《★用法 …部分用沒有形容詞的名詞》：That's ~ *a* picture. 那眞是一部了不起的影片/That was ~ *a* [*some*] party. 那是一次不尋常的宴會/He is ~ *a* fellow. 他是個很了不起的傢伙。
3 (出乎意外地)相當，頗《★用法 有時帶有諷刺的意思，未必是褒獎的話，需要留意》：She is ~ a pretty girl. 她是個相當漂亮的女孩/Your book is ~ interesting. 你(寫)的書相當有趣。
4 [後面常用 but]《英》相當[頗，十分，的確]…(但是)：She is ~ pretty, *but* uninteresting. 她的確很漂亮，但並不討人喜歡。
語法 quite 與有不定冠詞的「形容詞+名詞」連用時，有 *quite* a(n) ... 與 a *quite*... 的兩種不同詞序，後者多用於美國口語：It is *a quite* good book (=*quite a* good book).(那是一本相當好的書)。
(**Oh**,) **quíte**.=**Quíte** (**só**). [對於提案表示贊成的回答]的確，不錯。
quite a féw ⇨few.
quite a líttle ⇨little *adj.*, *pron.*
quite a númber of... 相當數目的…。
quite sómething 《口語》了不起，很棒。

Qui·to ['kito; 'ki:tou] *n.* 基多《南美厄瓜多(Ecuador)的首都》。

quits [kwɪts; kwits] *adj.* [不用在名詞前](因還債、報復等而)彼此扯平的，互不相欠的，兩相抵銷的：We are [have become] ~ now. 我們現在扯平了(誰也不欠誰)。
cáll it quíts 《口語》(1)將(工作、遊戲等)告一段落，今天到此結束。(2)〈爭吵的雙方〉停止爭吵，同意不分勝負地結束。
crý quits 《英古》承認彼此不分上下，算是平手，同意不分勝負地結束。
dóuble or quíts ⇨double *n.*

quit·tance ['kwɪtn̩s; 'kwitns] «quit 的名詞» —*n.* **1 a** Ⓤ《法律》〔債務等的〕免除，解除〔*from*〕。**b** Ⓒ收據。**2** Ⓤ償還。

quít·ter *n.* Ⓒ《口語》(對工作或義務等)很快就厭倦了的人，輕易放棄[停止](計畫)者。

quiv·er[1] ['kwɪvɚ; 'kwivə] *v.i.* **1** (微微地)搖動，震顫(⇨shake 2【同義字】)：The leaves ~*ed* in the wind. 樹葉在風中微微搖動。
2 〔+介+(代)名〕**a** 〔因…而〕發抖，震顫〔*with*〕：She was ~*ing* ***with*** fear [rage]. 她因恐懼[憤怒]而在發抖。**b** 〔對…而〕戰慄〔*at*〕：She ~*ed* ***at*** the sight. 她看到那景象而戰慄。
—*v.t.* 〔+受〕〈動物〉使〈耳、鼻、觸角等〉(微微)顫動，振動：The insect ~*ed* its antennae. 那隻昆蟲抖動它的觸角。
—*n.* Ⓒ[常用單數](微微的)震顫，振動；顫音。

quiv·er[2] ['kwɪvɚ; 'kwivə] *n.* Ⓒ箭囊，箭筒《用以裝箭，揹在背上》。

quiver[2]

qui vive [ki'viv; ,ki:'vi:v] «源自法語»—*n.*「誰？」《哨兵查問的口令》；警戒《★用於下列成語》。
on the quí víve 在守望，警戒著。

Quixote *n.* ⇨Don Quixote.

quix·ot·ic [kwɪks'ɑtɪk; kwik'sɔtik] «Quixote 的形容詞» —*adj.* 唐吉訶德式的：**a** 愚俠的；極富俠義心的。**b** 空想的，幻想的，不切實際的。
quix·ót·i·cal·ly [-kl̩ɪ; -kəli] *adv.*

quix·ot·ism ['kwɪksət,ɪzəm; 'kwiksətizəm] *n.* **1** Ⓤ唐吉訶德般的性格。**2** Ⓒ不切實際的行為[想法]。

***quiz** [kwɪz; kwiz] «可能係源自拉丁文的 'who, which, what'»—*n.* Ⓒ(*pl.* ~·**zes**) **1** (口頭或書寫的)簡單考試，小測驗(⇨examination 相關用語)。

【說明】美國大學的各系，除了舉辦定期考試外，為了瞭解學生平時有沒有讀書，多半約每週舉行一次小考，稱為 quiz.

2 (廣播電台、電視的)猜謎，問答遊戲[節目]。
—*v.t.* (**quizzed**; **quiz·zing**)〔+受(+介+(代)名)〕〔關於…〕向〈人〉問東問西〔*about*〕：He *quizzed* me ***about*** my private life. 他好奇地探詢我的私生活。

quíz·màster *n.* Ⓒ《美》猜謎[問答]節目的主持人(《英》question master).

quíz prògram [**shòw**] *n.* Ⓒ《美》(廣播電台、電視的)猜謎[問答]節目。

quiz·zi·cal ['kwɪzɪkl̩; 'kwizikl] *adj.* **1** 〈表情等〉懷疑的，可疑的：He gave me a ~ look. 他以狐疑的神色看我。**2** 戲弄(似)的，揶揄(似)的：a ~ smile 嘲笑。**3** 滑稽的，奇異的，古怪的。
~·**ly** [-kl̩ɪ; -kəli] *adv.*

quod [kwɑd; kwɔd] *n.* Ⓒ《英俚》監獄：in [out of] ~ 入獄[出獄]《★無冠詞》。

quod e·rat de·mon·stran·dum [kwɑd'ɛrət,dɛmən'strændəm; kwɔd 'eræt,demɔn'strændəm] «源自拉丁文 'which was to be demonstrated'»—證明[解答]完畢《★寫在數學的定理或證明題的末尾；略作 Q.E.D., QED》。

quod vi·de [kwɑd'vaɪdɪ; kwɔd'videi] «源自拉丁文 'which see' 之義»—參看《略作 q.v.》.

quoin [kɔɪn, kwɔɪn; kɔin, kwɔin] *n.* Ⓒ **1** (建築物的)外角；(房間的)角落。**2** 隅石，外角石。
—*v.t.* 置隅石於…。

quoin 2

quoit [kwɔɪt; kɔit, kwɔit] *n.* **1** [~s，當單數用]擲環套樁的遊戲《向立於地面的鐵棒投擲鐵環的遊戲》。**2** Ⓒ(用以套樁的)環圈。

quoits 2

quon·dam ['kwɑndəm; 'kwɔndæm] *adj.* 《文語》以前的，過去的：a ~ friend of mine 我過去的一位朋友。

Quon·set ['kwɑnsɪt; 'kwɔnsit] *n.* Ⓒ《美》《商標》半圓筒形營房，組合式[活動]房屋(cf. Nissen hut).

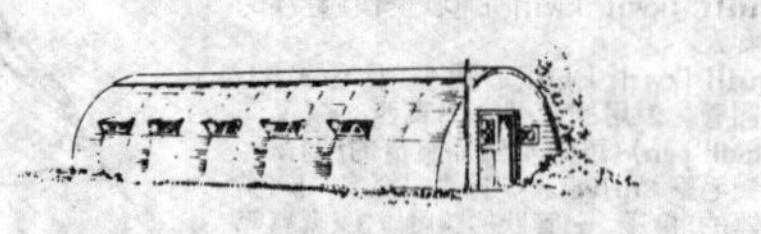

Quonset hut

【字源】第二次世界大戰期間，在美國羅德島州(Rhode Island) Quonset 海軍基地首次組合者，為此名稱之由來。英國人 Nissen 也設計出類似的組合式房屋，因而也用創始者之名，稱為 Nissen hut.

quo·rum ['kwɔrəm; 'kwɔ:rəm] *n.* Ⓒ《法律》(議決所需的)法定人數：have [form] a ~ 達到[構成]法定人數。

quot. 《略》quotation; quoted.

quo·ta ['kwotə; 'kwoutə] *n.* Ⓒ **1** 分擔，分攤，分配。**2 a** 分擔[分配]的數量，定數，定量。**b** (製造、輸出入的)商品分配量，(雇員的)配額：production ~*s* 生產配額。**3** (自外國移入美國的)每年移民配額：~ immigrants 適用(美國政府)移民限額的移民。

quot·a·ble ['kwotəbl̩; 'kwoutəbl] *adj.* 可引用的，值得引用的。

quóta sỳstem *n.* [the ～]〈輸入額、移民人數等的〉分配制度，配額制度。

quo·ta·tion [kwo'teʃən; kwou'teiʃn] «quote 的名詞»—*n.* **1** a Ⓤ引用〔*from*〕. b Ⓒ引用的文句〔*from*〕: a ～ *from* Shakespeare 出自莎士比亞(作品中)的文句。

2 Ⓒ a 行情(表)，報價單，時價〔*on*〕: ask for the latest ～*s on* several stocks 有關幾種股票最近行情的詢價。b 估價(金額)〔*for*〕: a ～ *for* repairs 修理的估價。

***quotation marks** [kwo'teʃən,marks; kwou'teiʃnma:ks] *n. pl.* 引號《★ 用法《美》一般用" "，《英》用' '，但在英國也有用" "；雙重引用時則用"' '"或相反的'" "'的符號》: double ～ 《" "》/single ～ 《' '》.

***quote** [kwot; kwout] «源自拉丁文「以數隔開段落」之義»—*v.t.* **1** 引用: a 〔＋受〕引用〈他人〉的話[文章(等)]；引用〈他人的話、文章等〉: ～ Shakespeare 引用莎士比亞(的詞句)。b 〔＋受＋介＋(代)名〕〔自…〕引用〈語句、文章等〉〔*from*〕: He ～*d* a phrase *from* Shakespeare. 他引用莎士比亞的詞句。

2 a 〔＋受〕引用〈人、實例等〉(作爲例證、典據): Don't ～ me in this connection. 關於這件事，不要把我引作例證。b 〔＋受＋受〕向〈人〉示〈例等〉: He ～*d* me some nice examples. 他給我引證了一些好例子。

3 〔＋受〕把〈語句、文句等〉納入引號中。

4 a 〔＋受(＋介＋(代)名)〕把〈價錢〉定在〔某金額〕；定…的行情〔爲…〕〔*at*〕: ～ a price (*at* ten dollars)定價[開價](十美元)/shares ～*d at* $10 行情[開價]十美元的股票。b 〔＋受＋受〕向〈人〉報〈價〉，開〈價〉: Please ～ me your lowest prices. 請報給我最低價。

—*v.i.* **1** 〔動(＋介＋(代)名)〕引用〔自…〕〔*from*〕: ～ *from* the Bible 引自聖經。**2** [用祈使語氣]開始引用(文句)，「引用開始」《★ 用法 用於筆錄、電文等開始引用文句時，結束時用 unquote》: He said (～) I will not run for governor (*unquote*). 他說：「我不競選州長。」

quóte únquote 《口語》所謂，也就是。

—*n.* Ⓒ《口語》**1** 引用文[句]。**2** [常～s]引號: in ～*s* 納入引號中。

quoth [kwoθ; kwouθ] *v.t.* 〔＋引句〕《古》說…(said)《★ 用於直說法第一、第三人稱過去式，常置於主詞前面》: "Very true," ～ he. 他說：「很對。」

quoth·a ['kwoθə; 'kwouθə] *interj.* 《古》眞的！實在！

quo·tid·i·an [kwo'tɪdɪən; kwɔ'tidiən] *adj.* [用在名詞前]**1** 天天的，每天發生的: a ～ fever 每日瘧，日發瘧《每日發作的熱病》。**2** 平常的，平凡的，瑣碎的。

quo·tient ['kwoʃənt; 'kwouʃnt] *n.* Ⓒ《數學》(除法的)商，商數(⇨ division 7【說明】): a differential ～ 微分係數/⇨intelligence quotient.

q.v. ['kju'vi; ,kju:'vi:] «拉丁文 *quod vide* (= which see) 之略»—參見，參照。

qy. 《略》query.

Q

Rr **Rr** *Rr*

r, R[1] [ar; ɑ:] *n.* (*pl.* **r's, rs, R's, Rs,** [~z; ~z]) **1** Ⓤ Ⓒ英文字母的第十八個字母《cf. rho》. **2** Ⓤ(一序列事物的)第十八個；(不包括 J 時的)第十七個。
the ŕ[ˈ ŕ ', Ŕ] mònths ⇨ R[ˈ r ', r] months.
the thrée[3] R's ⇨three [3] R's.
R[2] [ar; ɑ:] *n.* Ⓒ(*pl.* **R's, Rs** [~z; ~z])R字形(之物)。
R《略》Restricted《美》《電影》限制級電影《未滿十七歲者須有其父[母]或成人保護者同行才能入場觀賞的電影；⇨ movie【說明】》；reverse；《符號》rial；riyal；ruble；rupee.
R, r《略》response；《西洋棋》rook.
r.《略》right；《符號》ruble；《符號》rupee.
R.《略》Radius；Railroad；Railway；Ratio；Réaumur；Regina；Republic(an)；Rex；River；Royal.
® registered trademark. 註册商標。
Ra《符號》《化學》radium.
R.A.《略》Rear Admiral；Royal Academician [Academy]；Royal Artillery (英國)皇家砲兵隊。
rab·bet [ˈræbɪt; ˈræbit]《木工》*n.* Ⓒ **1** (相嵌接合用的)槽口，溝。**2** (又作 **rábbet jòint**)相嵌接合(法)。
—*v.t.* 以相嵌槽口連接。

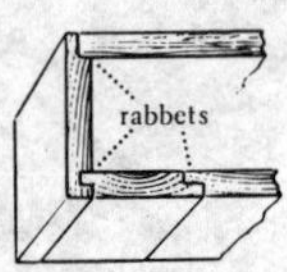

rabbet 2

rab·bi [ˈræbaɪ; ˈræbai] *n.*《猶太教》**1** Ⓒ(職業的)猶太教教士，拉比；法學專家；法師。**2** [用於稱呼，尊稱]拉比，老師，先生：R~ Jochonan 約可南先生。
rab·bin·ic [rəˈbɪnɪk, ræ-; rəˈbinik, ræ-]《rabbi 的形容詞》**—*adj.*** (猶太教)教士[法學專家](rabbi)的；猶太法學專家之理論的；猶太法學專家之學問及所用語言的。
rab·bín·i·cal [-nɪkl; -nikəl] *adj.* =rabbinic.
***rab·bit** [ˈræbɪt; ˈræbit] *n.* **1** Ⓒ(*pl.* **~s,** [集合稱] **~**)家兔：breed [multiply] like **~s**《輕蔑》〈人〉濫生孩子，生很多孩子。

【說明】體型較野兔(hare)小而有穴居的習性；在美國，一般不分家兔、野兔統稱爲 rabbit；兔子是多產的象徵，其後脚(rabbit('s) foot)被當作避邪的護身符。

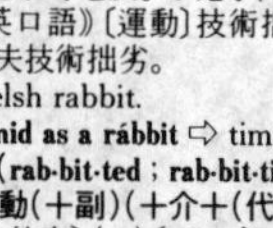
rabbit 1

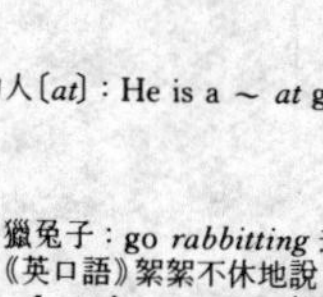
hare

2 Ⓤa 兔子的毛皮。**b** 兔子肉。
3 Ⓒ《英口語》〔運動〕技術拙劣的人〔*at*〕：He is a ~ *at* golf. 他的高爾夫技術拙劣。
4 =Welsh rabbit.
(as) tìmid as a rábbit ⇨ timid.
—*v.i.* (**rab·bit·ted**；**rab·bit·ting**) **1** 獵兔子：go *rabbitting* 去獵兔子。**2** [動(十副)(十介十(代)名)]《英口語》絮絮不休地說[抱怨]〔有關…的事〕〈*on*〉〔*about*〕：~ **on about** the poor pay 絮絮不休地抱怨薪水低。
rábbit bùrrow *n.* Ⓒ野兔穴。
rábbit èars *n. pl.* [當單數用]《美口語》兔耳型天線《V 字型的室內用小型電視天線》。
rábbit hùtch *n.* Ⓒ兔檻，兔籠。
rábbit pùnch《因於殺兔前常先擊其後頸部，故稱》**—*n.*** Ⓒ《拳擊》打後腦勺，猛擊頸背《犯規》。
rábbit wàrren *n.* Ⓒ **1** 養兔場，飼兔圈地。**2** 過度擁擠的共同住宅。
rab·ble [ˈræbl; ˈræbl] *n.* **1** [**the** ~]《輕蔑》下層社會，賤民。**2** [用單數；集合稱]雜亂無序的羣衆；暴民；烏合之衆。
rábble-ròuser *n.* Ⓒ煽動民衆者。
rábble-ròusing *adj.* [用在名詞前]煽動民衆的。
Rab·e·lais [ˌræblˈe, ˈræbl̩e; ˈræbəlei], **Fran·çois** [frɑ̃ˈswɑ; frɑ̃:ˈswɑ:] *n.* 拉伯雷《1494？–1553；法國諷刺作家及幽默家》。
Rab·e·lai·si·an [ˌræblˈeziən, -ʒən; ˌræbəˈleiziən⁻]《法國諷刺作家 Rabelais 的形容詞》**—*adj.*** 拉伯雷風格的，粗野而滑稽的。
rab·id [ˈræbɪd; ˈræbid] *adj.* (**~·er**；**~·est**) **1** [用在名詞前]瘋狂的，狂暴的；激烈的：a ~ Conservative 激烈的保守主義者。**2** 患恐水症的，(患)狂犬病的；狂犬的：a ~ dog 瘋狗。
~·ly *adv.* **~·ness** *n.*
ra·bies [ˈrebiz; ˈreibi:z] *n.* Ⓤ狂犬病，恐水症。
RAC《略》Royal Automobile Club (英國)皇家汽車俱樂部《爲汽車用戶提供服務，並舉辦賽車大會等活動的團體》。
rac·coon [ræˈkun; rəˈku:n] *n.* **1** Ⓒ《動物》北美浣熊《住在樹上，夜間活動的一種小動物》。**2** Ⓤ浣熊的毛皮。

raccoon 1

raccóon dòg *n.* Ⓒ《動物》(日本和中國所產的)狸。
‡**race**[1] [res; reis]《源自古北歐語「流」之義》**—*n.*** **1 a** Ⓒ(比速度的)賽跑；(各種)競賽〔*with, against, between*〕《賽舟、賽馬、賽狗、自由車競賽等》：a car ~ 賽車/an open ~ 可以自由參加的賽跑/win [lose] a ~ 跑贏[輸]/run a ~ *with* [*against*]... 跟…賽跑。**b** [**the** ~**s**]賽馬(大會)：play *the* ~*s*《美》以賽馬賭博，賭賽馬。
2 Ⓒ **a** 競爭〔*for, against*〕：a ~ *for* supremacy 爭霸戰/the TV ratings ~ 電視的收視率競爭。**b**《口語》(設法趕上期限的)趕工，趕快〔*for, against*〕：a ~ *for* a train 趕火車/a ~ *against* time 與時間賽跑《爲了在期限以前完成某事而作的努力》。
3 Ⓒ《文語》**a** (日、月等的)運行。**b** 時間的經過。**c** 人生的旅程；經歷：His ~ is nearly run. 他的壽命將盡。
4 Ⓒ**a** 急湍；急流。**b** 水流，水道，溝渠。
in [òut of] the ráce 有[沒有]勝算。
—*v.i.* **1 a** [動(十副詞(片語))]賽跑：Let's ~. 我們來賽跑/Some boys were *racing along* [*over*] the course. 有幾個男孩正在跑道上賽跑《★用法 使用 over 時，常指以汽車或機車飆車比賽》。**b** [十介十(代)名]〔與人〕賽跑〔*with, against*〕；〔爲獲得…而〕賽跑〔*for*〕：~ **with** a person 與某人賽跑/Eight horses will ~ **for** the cup. 將有八匹馬參賽爭奪獎杯。
2 [十介十(代)名]〔爲獲得…而〕競爭〔*for*〕：~ **for** the presidential nomination 爲獲得總統候選人的提名而競爭。
3 [十副詞(片語)]疾行，(快)跑：~ *about* [*around*] 到處跑/~ *after* a ball (想拿到而)快跑追球/~ *for* a train 跑步趕火車/The stream ~*d down* the valley. 溪水沿山谷奔流而下。
4 〈機器等〉空轉。
—*v.t.* **1 a** [十受]與…賽跑：I'll ~ you *to* school. 我來跟你賽跑去上學。**b** [十受十介十(代)名]使…〔與…〕賽跑〔*against*〕：He ~*d* his old car **against** a sports car. 他駕駛他的老爺車跟跑車比賽。
2 [十受]使〈馬、車、遊艇等〉出賽：~ horses 使馬參加比賽。
3 [十受(十副詞(片語))] **a** 使…以全速行進；趕快[趕緊]載運〈人〉：He ~*d* her *through* the country in his car. 他駕車載著她快速駛過鄉間。**b** 使〈議案等〉火速通過：They ~*d* the bill *through* the House. 他們使那議案在下議院火速通過。
4 [十受]使〈機器等〉空轉。
race**[2] [res; reis]《源自古法語「氏族」之義》**—*n. **1** Ⓒ**a** 人種(⇨ people 5【同義字】)：the black [white, yellow] ~ 黑[白，黃]色人種。**b** 民族：the Japanese [German] ~ 日本[德意志]民族。
2 a Ⓒ(有共同祖先的)子孫：the ~ of Abraham 亞伯拉罕的子孫。**b** Ⓤ家系；名門[世家]出身：a man of ancient ~ 世家出身的人。
3 Ⓒ伙伴，同類：the ~ *of* writers 作家[文人]們。
4 a Ⓒ[與修飾語連用](生物的)種類：the human ~ 人類/the feathered [finny, four-footed] ~《謔》鳥[魚，四足]類。**b** [**the** ~]人類。**c** Ⓒ[與修飾語連用](生物的)品種：an improved ~ of horse 改良種的馬。

—*adj.* [用在名詞前]種族的，種族上的：a ～ problem 種族問題/～ prejudice 種族偏見。
ráce-bàiting *n.* Ⓤ對異己民族之迫害。
ráce càrd *n.* Ⓒ賽馬順序單。
ráce·còurse *n.* =racetrack.
ráce·hòrse *n.* Ⓒ供賽馬用的馬(racer).
ra·ceme [reˈsim, rə-; rəˈsi:m] *n.* Ⓒ《植物》總狀花序。
ráce mèeting *n.* Ⓒ《英》賽馬會。
rác·er *n.* Ⓒ **1** 參加賽跑的人。**2** 參加賽馬的馬；供競賽用的遊艇[自行車，汽車(等)]。
ráce riot *n.* Ⓒ種族暴動。
ráce sùicide *n.* Ⓤ種族自殺《因人民不欲生育而造成的種族絕滅》。
ráce·tràck *n.* Ⓒ競賽場[跑道]；賽馬場，賽狗場。
Ra·chel [ˈretʃəl; ˈreitʃəl] *n.* **1** 瑞吉兒《女子名》。**2**《聖經》拉結《雅各(Jacob)之妻》。
ra·chi·tis [rəˈkaɪtɪs; ræˈkaitis] *n.* Ⓤ《醫》佝僂病。
***ra·cial** [ˈreʃəl; ˈreiʃl] «race² 的形容詞» —*adj.* (無比較級、最高級)人種(上)的，種族的，民族的：～ discrimination [segregation] 種族歧視[隔離]/～ prejudice 種族偏見。
～·ly [-ʃəlɪ; -ʃəli] *adv.*
rá·cial·ism [-ˌɪzəm; -izəm] *n.*《英》=racism.
rá·cial·ist [-lɪst; -list] *n., adj.*《英》=racist.
Ra·cine [ræˈsin; ræˈsi:n], **Jean Bap·tiste** [ʒɑ̃bæˈtist; ʒɑ̃:bæˈti:st] *n.* 拉辛《1639–99；法國詩人及悲劇作家》。
rác·ing *n.* **1** Ⓤ賽馬；賽跑；賽船[舟]。**2** [當形容詞用]賽跑(用)的；賽馬(用)的：a ～ car 賽車用的汽車/a ～ stable (賽馬的)馬廄。—*adj.* [用在名詞前]競賽的，參加競賽的：a ～ man 賽馬[賽船]迷。

racing car

rác·ism [-sɪzəm; -sizəm] *n.* Ⓤ《美》種族優越感[主義]；種族差別(論)。
rác·ist [-sɪst; -sist]《美》*n.* Ⓒ種族主義[差別論]者。
—*adj.* 種族差別論(者)的種族主義(者)的：～ policies 種族差別[歧視]的政策。
***rack**¹ [ræk; ræk] *n.* **1** Ⓒ擺置東西用的架子：**a** [常構成複合字](吊掛東西用的)…架：⇨ hat rack, plate rack. **b** (火車等的)行李架。**c** (用以存放文件的)文書架。**d** 飼草架；馬槽：⇨ hayrack.

rack¹ 3

2 a Ⓒ(古時用以拉扯人之四肢而逼供的)拷問臺。**b** [the ～]拷問；(肉體、精神的)巨痛：put a person on [to] *the* ～ 拷問某人。
3 Ⓒ《機械》(配裝齒輪的)齒棒。
on the ráck (1)受拷問[刑求](cf. 2 b).(2)極爲痛苦[苦惱]；勞苦；焦慮：We will all be *on the* ～ until the exam results are published. 在考試結果發表之前，我們將一直焦慮不安。
—*v.t.* 〔十受〕**1 a** 拷問〈人〉。**b** (像會撕裂身體似地)折磨〈人〉；使…苦惱《★常用被動語態，表示「〈人〉痛苦，苦惱」之意，介系詞用 *with, by*》：He *was* ～*ed with* pain. 他爲疼痛所苦。
2 a 壓榨〈佃農等〉。**b** 榨取〈地租等〉。
3 過度地使用〈頭腦等〉；絞盡〈腦汁〉：⇨ rack one's BRAINS.
ráck úp (*vt adv*)《口語》累積〈得分〉。
rack² [ræk; ræk] *n.* Ⓤ(常指建築物之)破壞《★常用於下列片語》：go to ～ and ruin (歸於)荒廢[毀滅]。
rack³ [ræk; ræk] *n.* Ⓒ《文語》飛雲，流雲。
rack⁴ [ræk; ræk] *n.* Ⓒ《馬術》**1** 輕跑《較快的四拍子步法；cf. gait 2》。**2** 溜蹄 (⇨ pace 3 b)。
***rack·et**¹ [ˈrækɪt; ˈrækit] «源自古法語「手掌」之義» —*n.* **1** Ⓒ(網球、羽毛球等的)球拍《★比較 桌球的球拍稱爲 paddle》. **2** Ⓒ(球拍形的)雪鞋。
rack·et² [ˈrækɪt; ˈrækit] «擬聲語？» —*n.* **1** [a ～]喧譁，吵鬧，擾嚷；熙嚷：make [kick up, raise] *a* ～ 大聲喧鬧，惹起大亂子。
2 Ⓤ玩樂，歡鬧〔*of*〕：go on the ～ 縱情玩樂[歡鬧]，過花天酒地的生活。
3 Ⓒ《口語》(藉恐嚇、勒索、詐欺等的)不正當的獲利，黑市買賣。
4 Ⓒ《謔·輕蔑》職業，工作：What's your ～? 你幹哪一行？
5 Ⓒ痛苦的經驗，考驗。
stánd the rácket (1)通過[經受]考驗。(2)負責任。(3)付帳。
rack·et·eer [ˌrækɪtˈɪr; ˌrækəˈtiə] *n.* Ⓒ(藉恐嚇、勒索、詐欺等)不正當地獲利的人；不良幫派份子，勒索者。
—*v.i.* (藉恐嚇、勒索、詐欺等)不正當地獲利；勒索，敲詐。
ràck·et·éer·ing *n.* Ⓤ(藉恐嚇、詐欺等的)不正當的獲利；勒索，敲詐；黑市買賣。
rack·et·y [ˈrækɪtɪ; ˈrækiti] *adj.* **1** 喧鬧的。**2** 喜歡喧鬧的，好玩樂的。
ráck·ing *adj.* 極爲痛苦的，難以忍受的：a ～ pain 劇痛。
ráck ràilway *n.* Ⓒ(陡坡用的)齒軌[阿卜特式(Abt system)]鐵路[路軌]：by ～ 以齒軌鐵路《★無冠詞》。
ráck rènt *n.* ⓊⒸ極高的地租[房租]。
ráck whèel *n.* Ⓒ大齒輪。
ra·con [ˈrekɑn; ˈreikən] «*ra*dar 和 bea*con* 的混合字» —*n.* Ⓒ雷達指標。
rac·on·teur [ˌrækɑnˈtɜ; ˌrækɔnˈtə:] «源自法語» —*n.* Ⓒ健談的人，善講故事的人；說書人。
ra·coon [ræˈkun; rəˈku:n] *n.*《英》=raccoon.
rac·quet [ˈrækɪt; ˈrækit] *n.* =racket¹.
rácquet·bàll *n.* Ⓤ短網拍牆球《一種由二人或四人在由四面牆和天花板、地板等六面形成的球場內把硬球拍向牆壁使彈回的球類運動，類似網球式牆球(squash tennis)；使用短柄球拍》。
rac·y [ˈresɪ; ˈreisi] *adj.* (**rac·i·er; -i·est**) **1** 〈食物、味道等〉有獨特風味的：a ～ flavor 獨特的風味。
2 〈談話、文章等〉有生氣的，活潑的；爽朗的；有力的：a ～ style 爽朗活潑的文體。
3 〈談話〉略帶淫猥的，猥褻的；挑逗性的。
rác·i·ly [-sɪlɪ; -sili] *adv.* **-i·ness** *n.*
rad.《略》radiator; radical; radius.
***ra·dar** [ˈredɑr; ˈreidɑ:] «*ra*dio *d*etecting *a*nd *r*anging 的頭字語» —*n.* **1** Ⓤ《電子》雷達，電波探測法。**2** Ⓒ電波探測器，雷達《裝置》。
—*adj.* [用在名詞前]雷達的：a ～ beacon 雷達信標/a ～ screen 雷達屏網[螢光屏]。
rad·dle [ˈrædl; ˈrædl] *n., v.t.* =ruddle.
ra·di·al [ˈredɪəl; ˈreidjəl] *adj.* **1** 放射[輻射]狀的：a ～ engine 輻射型引擎《汽缸排列成輻射狀》。**2** 半徑(radius)的。
—*n.* Ⓒ **1** 輻射狀之物。**2** (又作 **rádial(-plỳ) tíre**)防滑輪胎《將輪胎的輻條排列成對旋轉方向呈直角，以增强其抓地性》。
～·ly [-əlɪ; -əli] *adv.*
ra·di·an [ˈredɪən; ˈreidiən] *n.* Ⓒ《數學》弧度《角度的單位，約等於 57.295°》.
***ra·di·ance** [ˈredɪəns; ˈreidjəns] «radiant 的名詞» —*n.* Ⓤ **1** 發光；光輝。**2** (眼睛、臉上的)光彩。
rá·di·an·cy [-dɪənsɪ; -djənsi] *n.* =radiance.
ra·di·ant [ˈredɪənt; ˈreidjənt] *adj.* (**more** ～; **most** ～) **1** [用在名詞前]發光[熱]的；光輝燦爛的，光芒四射的：the ～ morning sun 燦爛的朝陽。
2 a 〈眼睛、面色、微笑等〉有光彩的；容光煥發的；流露著喜悅的；笑容滿面的：a ～ smile [face] 流露著喜悅的微笑[臉]。**b** [不用在名詞前]〔十介十(代)名〕〔喜悅、幸福等〕洋溢的〔*with*〕：She was ～ *with* happiness. 她洋溢著幸福《喜氣洋洋》。
3 [用在名詞前](無比較級、最高級)輻射的，放射光線的：～ energy《物理》輻射能/～ heat 輻射熱。
—*n.* Ⓒ **1**《光學》光點，光體。**2**《天文》(流星羣的)輻射點。
～·ly *adv.*
ra·di·ate [ˈredɪˌet; ˈreidieit] «源自拉丁文「發出光輝」之義» —*v.i.* 〔十介十(代)名〕**1** 〈熱、光等〉〔從…〕放出，射出〔*from*〕：Light and heat ～ *from* the sun. 光和熱發自太陽。**2** 〔從…〕呈輻射狀伸張[射出]，向四方散發〔*from*〕：Happiness ～*d from* her eyes. 幸福的光芒從她的眼中散發出來[她的眼中流露出幸福]/Four avenues ～ *from* the square. 四條林蔭大道從那廣場向四方延伸。
—*v.t.* 〔十受〕**1** 發出〈熱、光等〉；輻射出，放射出…。**2** 散發，洋溢〈喜悅、幸福等〉：His face ～*d* joy. 他臉上洋溢著喜悅。
— [-dɪɪt; -diit] *adj.* (無比較級、最高級)射出的，輻射狀的；發光的；光輝的。
ra·di·a·tion [ˌredɪˈeʃən; ˌreidiˈeiʃn] «radiate 的名詞» —*n.* **1** Ⓤ放熱，發光；輻射，放射。**2** Ⓒ放射物[線]。**3** Ⓤ《物理》輻射能；放射性(radioactivity).
radiátion sickness *n.* Ⓤ《醫》輻射病《會呈現疲勞、惡心、內出血等症狀》。
ra·di·a·tive [ˈredɪˌetɪv; ˈreidieitiv] *adj.* **1** 放熱的；放射光的。**2** 放射的；輻射的。
rá·di·à·tor [-tə; -tə] *n.* Ⓒ**1** 發光體；放熱體；輻射體。**2** (通熱水、蒸汽的)暖爐，電暖爐，電熱器。**3** (汽車引擎等的)冷却器；散熱器。
***rad·i·cal** [ˈrædɪkl; ˈrædikl] «源自拉丁文「根的」之義» —*adj.* (**more** ～; **most** ～) **1 a** 〈人、思想等〉激進的，極端的，革命性的(⇨ progressive 2 b【同義字】)：a ～ party 激進黨。**b** (無比較級、最高級)[常R～]激進黨的。**2 a** 根本的，基本的：a ～

R

principle 基本原理。**b**〈改革、治療等〉根治的；徹底的：a ~ cure 徹底的治療，根治/a ~ reform 徹底的改革。**3**（無比較級、最高級）《數學》根的：the ~ sign 根號《√或√‾》/a ~ expression 無理式。**4**（無比較級、最高級）《化學》基的。**5**（無比較級、最高級）《語言》語根的：a ~ word 語根字。

—n. Ⓒ **1 a** 偏激論者，激進分子。**b** [常 R~] 激進黨員：the ~*s* [*Radicals*] 激進派。**2**《數學》根數；根號；根式。**3**《化學》基。**4**《語言》**a** 語根。**b**（中國字的）偏旁；部首。

~·ly [-klɪ; -kəli] *adv.*

rád·i·cal·ism [-kḷ,ɪzəm; -kəlizəm] *n.* Ⓤ激進主義。

rád·i·cal·ize [-,laɪz; -laiz] *v.t.* 使〈人，團體〉激進；使…偏激；使…激進化；使…激烈化。

ra·di·ces *n.* **radix** 的複數。

rad·i·cle [ˈrædɪkl; ˈrædikl] *n.* Ⓒ《植物》胚根，幼根。

ra·di·i [ˈredɪ,aɪ; ˈreidiai] *n.* **radius** 的複數。

‡**ra·di·o** [ˈredɪ,o; ˈreidiou] **«**radiotelegraphy, radiotelephony 之略**»—***n.* (*pl.* **~s**) **1** Ⓤ [常**the** ~] **無線電廣播**；（無線電）廣播事業：~ and television 無線電和電視/set the time [one's watch] by *the* ~ 以無線電廣播對時[錶]/listen (in) *to the* ~ 聽無線電廣播/be on *the* ~ 〈人〉在無線電上廣播；〈節目〉正以無線電廣播播送/I listened to the news *on* [heard the news *on*, heard the news *over*] *the* ~ last night. 我昨夜從無線電廣播聽到了這消息。

> 【說明】美國的無線電廣播一律爲民營，較具代表性的有 NBC (*N*ational *B*roadcasting *C*ompany), ABC (*A*merican *B*roadcasting *C*ompany), CBS (*C*olumbia *B*roadcasting *S*ystem) 等。在英國則有由政府和民間合營的 BBC (*B*ritish *B*roadcasting *C*orporation) 等。

2 Ⓒ**收音機**：I have bought a new ~. 我買了一台新收音機/a portable ~ 手提收音機。

3 a Ⓤ**無線電通訊[電話]**，無線電報：send a message by ~ 以無線電報傳遞信息。**b** Ⓒ無線電報機，無線電裝置。

—*adj.* [用在名詞前] **1 無線的，無線電報的**：~ communication 無線電通訊 / a ~ patrol car 無線電通訊巡邏車。

2 無線電（廣播）的；用無線電（廣播）的；收音機的：a ~ play [drama] 無線電廣播劇/~ parts 無線電[收音機]零件/a ~ receiver＝a ~ (receiving) set 無線電接收機；收音機。

—*v.t.* 〔十受〕以無線電傳送〈信息〉；以無線電聯絡〈人〉。

—*v.i.* 以無線電聯絡：~ for help 以無線電求救。

ra·di·o- [redɪə-, -o-; reidiə-, -ou-] [複合用詞] 表示「輻射」「半徑」「鐳」「無線電」之意。

ràdio·áctive *adj.* 有輻射能的，放射性的：a ~ element 放射性元素/~ fallout [waste] 放射性落塵[廢料]/~ rays 放射線/~ contamination 輻射能汚染。**~·ly** *adv.*

rádioáctive decáy *n.* Ⓤ放射性衰變《一種化學元素轉變爲另一化學元素的過程》。

ràdio·actívity *n.* Ⓤ《物理》放射能[性]，放射現象。

rádio astrónomy *n.* Ⓤ電波天文學。

rà·di·o·áu·to·gràph *n.* ＝autoradiograph.

rádio bèacon *n.* Ⓒ導航臺；無線電信標臺《用以協助船隻、飛機的航行》。

rádio bèam *n.* Ⓒ《通信》導航波束《導航臺經常發出的無線電波束，用以指引航行方向》。

ràdio·bróadcast *v.t.* & *v.i.* (~, ~·ed) 以無線電廣播(…)。

—*n.* Ⓤ無線電廣播。

ràdio·cárbon *n.* Ⓤ《化學》放射性碳。

ràdio·chémistry *n.* Ⓤ放射化學。

rádio còmpass *n.* Ⓒ（船舶、飛機用的）無線電羅盤。

rádio contròl *n.* Ⓤ無線電操縱。

ràdio-contrólled *adj.* 以無線電操縱的。

rádio fréquency *n.* Ⓒ射頻。

ra·di·o·gen·ic [,redɪəˈdʒɛnɪk; ,reidiəˈdʒenik] *adj.* **1** 由於放射現象而產生的。**2** 適於電臺廣播的。

ra·di·o·gram [ˈredɪə,græm; ˈreidiəgræm] *n.* Ⓒ**1** ＝radiograph. **2** 無線電報。

ra·di·o·gram·o·phone [ˈredɪəˈgræməfon; ˈreidiəˈgræməfoun] *n.* Ⓒ收音電唱機。

ra·di·o·graph [ˈredɪə,græf; ˈreidiəgrɑːf] *n.* Ⓒ放射線照相；（尤指）X 光照片。

ra·di·og·ra·pher [,redɪˈɑgrəfə; ,reidiˈɔgrəfə] *n.* Ⓒ《英》X 光攝影師(radiologist).

ra·di·og·ra·phy [,redɪˈɑgrəfɪ; ,reidiˈɔgrəfi] *n.* ⓊX 光攝影(法)，放射線照相術。

ra·di·o·im·mu·no·as·say [ˈredɪə,ɪmjunoˈæse, -ˈæse; ˈreidiə,imjuːnouˈæsei, -æˈsei] *n.* Ⓒ放射免疫測定。

ràdio·ísotope *n.* Ⓒ《物理・化學》放射性同位素。

ràdio·locátion *n.* ＝radar 1.

rà·di·ól·o·gist [-dʒɪst; -dʒist] *n.* Ⓒ **1** 放射線[X 光]研究者。**2** 放射線照相專家。

ra·di·ol·o·gy [,redɪˈɑlədʒɪ; ,reidiˈɔlədʒi] *n.* Ⓤ**1** 放射學，應用輻射學。**2**《醫》放射線醫學。

ra·di·o·man [ˈredɪo,mæn; ˈreidioumæn] *n.* Ⓒ (*pl.* **-men**) 無線電人員；無線電技師；無線電商。

ra·di·om·e·ter [,redɪˈɑmətə; ,reidiˈɔmitə] *n.* Ⓒ輻射計。

rádio·pharmacéutical *n.* Ⓒ《醫》放射性藥物《用以診斷或治療》。

rádio·phòne *n.* ＝radiotelephone.

ràdio·phóto, ràdio·phótograph *n.* Ⓒ無線電傳眞照片。

ràdio·photógraphy *n.* Ⓤ無線電傳眞。

ra·di·o·scope [ˈredɪə,skop; ˈreidiəskoup] *n.* Ⓒ放射鏡。

ra·di·os·co·py [,redɪˈɑskəpɪ; ,reidiˈɔskəpi] *n.* Ⓤ放射線透視；放射線檢查法。

rádio sìlence *n.* ⓊⒸ無線電靜止《爲避免發信源被敵方等察知而實施的通訊停止》。

rádio·sònde *n.* Ⓒ《氣象》無線電探空儀《以汽球載上高空以探測氣象並用無線電將資料傳回地面的裝置；cf. sonde》.

rádio sóurce *n.* Ⓒ（無線）電波源《太空中一種祇發射無線電波而不發射光波的强大能源》。

rádio stàtion *n.* Ⓒ**1** 無線電臺。**2** 廣播電臺。

ràdio·télegràm *n.* Ⓒ無線電報。

ràdio·télegràph *n.* Ⓤ無線電報；Ⓒ無線電報機。

—*v.t.* & *v.i.* 以無線電報(機)發送(…)。

ràdio·telégraphy *n.* Ⓤ無線電報(學)。

ràdio·telegráphic *adj.*

ràdio·télephone *n.* Ⓒ無線電話(機)。

ràdio·teléphony *n.* Ⓤ無線電話學；無線電話。

ràdio·télescope *n.* Ⓒ《天文》無線電測遠儀。

ràdio·téletype *n.* Ⓒ電傳打字機。

ràdio·thérapist *n.* Ⓒ放射療法專家。

ràdio·thérapy *n.* Ⓤ **1** 放射療法。**2** 放射療法專家的工作。

rádio tùbe *n.* Ⓒ無線電眞空管。

rádio wàve *n.* Ⓒ《通信》無線電波。

rad·ish [ˈrædɪʃ; ˈrædiʃ] *n.* Ⓒ 萊菔子《又稱大菜；一種紅皮的小蘿蔔》。

radiotelescope

> 【說明】radish 是一種外皮呈紅色或白色、內爲白色，形狀似小蕪菁的蔬菜。自古以來就被食用，在歐美或作成沙拉生吃，或加以雕刻用作菜肴的裝飾。據說蛇厭惡這種植物。

ra·di·um [ˈredɪəm; ˈreidjəm] *n.* Ⓤ《化學》鐳《一種放射性元素；符號 Ra》.

rádium thèrapy *n.* Ⓤ鐳療法。

ra·di·us [ˈredɪəs; ˈreidjəs] **«**源自拉丁文「(車輪的)輻」之義**»—***n.* Ⓒ (*pl.* **-di·i** [-dɪ,aɪ; -diai], **~·es**) **1 半徑** (cf. diameter)：What [How long] is the ~ of this circle? 這個圓的半徑有多長？

2 a 半徑範圍，以半徑畫成的圓形面積〔*of*〕：within a ~ *of* three miles 在半徑三哩範圍以內。**b**〔活動、能力等的〕範圍，區域〔*of*〕：the ~ *of* action 行動範圍。

3《解剖》橈骨《與尺骨(ulna)形成前腕》。

ra·dix [ˈredɪks; ˈreidiks] *n.* Ⓒ (*pl.* **~·es, -di·ces** [ˈredə,siz; ˈreidisiːz]) **1**《植物》根(root). **2**《數學》(對數的)根值；(統計的)基數。

ra·dome [ˈredom; ˈreidoum] *n.* Ⓒ雷達罩《用以覆蓋飛機上之雷達天線的一種塑膠質半球形圓頂結構》。

ra·don [ˈredɑn; ˈreidɔn] *n.* Ⓤ《化學》氡《產自鐳之一種放射性元素；符號 Rn》.

RAF, R.A.F. [,ɑreˈɛf; ,ɑːreiˈef,《口語》ræf; ræf] **«***R*oyal *A*ir *F*orce 之略**»—***n.* [**the** ~] 英國皇家空軍(cf. USAF).

raff [ræf; ræf] *n.* ＝riffraff.

raf·fi·a [ˈræfɪə; ˈræfiə] *n.* **1** Ⓒ《植物》羅菲亞椰樹《馬達加斯加產的一種棕櫚》。**2** Ⓤ羅菲亞椰樹葉的纖維。

raff·ish [ˈræfɪʃ; ˈræfiʃ] *adj.* **1** 〈人、行爲、外表等〉不拘於風俗習慣的，隨便而奔放的《★較屬於好的意思》。**2** 不體面的，低俗的；放蕩的；卑劣的。

raf·fle [ˈræfl; ˈræfl] *n.* Ⓒ抽獎售賣法《讓購物人購買號碼牌抽獎，將商品交給中獎人的售賣方法》。

—*v.t.* 〔十受(十副)〕以抽獎售賣法銷售〈商品〉〈*off*〉.

raft[1] [ræft; rɑːft] **«**源自古北歐語「圓木」之義**»—***n.* Ⓒ**1 a** 筏。**b** 救生筏。**2 a** 浮橋。**b**（供游泳者使用的）浮臺。

—*v.t.* **1**〔十受十副詞(片語)〕**a** 將〈木材等〉製成筏（運送）。**b** 以筏運送〈人、物〉。**2** 乘筏渡〈河〉。

—v.i. 〔十副詞(片語)〕搭乘筏子(在…)航行：～ *down* a stream 搭乘筏子順流而下。

raft[2] [ræft; rɑ:ft] *n.* [a ～]《美口語》大量，許多〔*of*〕：*a* ～ *of* books 許多書。

raft·er [ˋræftɚ; ˈrɑ:ftə] *n.* Ⓒ《建築》椽。

ráft·ered *adj.* 〈屋頂、房間等〉用椽建築的，(從下面)看得見椽的：a ～ roof 裝有椽的屋頂。

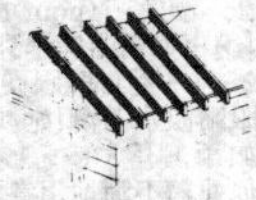
rafters

rafts·man [ˋræftsmən; ˈrɑ:ftsmən] *n.* Ⓒ(*pl.* **-men** [-mən; -mən])伐夫，撐木排的人。

rag[1] [ræg; ræg] *n.* **1** Ⓤ[指個體時爲Ⓒ]**破布**；碎布：a dirty ～ =a piece of dirty ～ 一塊弄髒的破布/His clothes were torn [worn] to ～*s.* 他的衣服破爛不堪了。

2 [～s] **a** 破衣服：(dressed) in ～*s* 衣衫襤褸。**b**《謔》衣服：⇨ glad rags.

3 Ⓒ**a** 小片，斷片〔*of*〕：a ～ *of* cloud 一小片雲。**b** [常用以强調否定]少量〔*of*〕：There was *not* a ～ *of* decency about him. 他絲毫沒有高雅之處。

4 Ⓒ **a**《輕蔑》(指報紙、手帕、旗子、帆、紙幣等而言)破布，廢紙，廢物：That magazine is a worthless ～. 那份雜誌是一堆沒有價值的廢紙。**b** 無價值之人[物]。

(as) límp as a rág 疲乏到極點。

chéw the rág=chew the FAT.

féel like a wét rág《口語》感到極度疲倦。

from rágs to ríches 由赤貧而致富，暴發致富，驟貴。

like a réd rág to a búll 使人憤怒的；極端令人煩惱的《★因鬥牛見紅布即發怒，故稱》。

—adj. [用在名詞前]用碎布製成的：⇨ rag doll.

rag[2] [ræg; ræg]《英口語》(**ragged**；**rag·ging**) *v.t.* **1** 〔十受(十介十(代)名)〕〔以…之事〕戲弄，揶揄；逗；惹〈人〉〔*about, for*〕：Everybody *ragged* him ***about*** his girlfriend. 人人拿他女朋友之事揶揄他。**2** 對…惡作劇；責罵〈人〉。

—v.i. 喧鬧。

—n. Ⓒ **1** (學生等的)沒有惡意的惡作劇。**2** (爲募捐等而舉行的學生的)遊行：⇨ rag day, rag week.

rag[3] [ræg; ræg] *n.* Ⓒ《音樂》具有繁音拍子(ragtime)節奏的一種樂曲。

rag·a·muf·fin [ˋrægəˏmʌfɪn; ˈrægəˌmʌfin] *n.* Ⓒ衣衫襤褸的流浪兒童；衣衫襤褸而骯髒的無賴。**～·ly** *adj.*

rág·bàg *n.* Ⓒ**1** 裝破衣服、破布的袋子。**2** (破爛物混雜的)一團。

rág dày *n.* Ⓒ《英》學生的遊行日；⇨ rag[2] *n.* 2.

rág dòll *n.* Ⓒ布玩偶。

【說明】美國典型的 rag doll 中有一種稱爲 Raggedy Anne. 這是强尼·格魯爾(Johnny Gruelle)所寫故事中的女孩子，被製成布玩偶後大受歡迎。

***rage** [redʒ; reidʒ] *n.* **1** Ⓤ[又作**a** ～] **a** (難壓抑的)**激怒，憤怒**《★[比較]較 anger 爲拘泥》：tremble with ～ 因激怒而發抖/in *a* (fit of) ～ 在盛怒之中/fly into *a* ～ 勃然大怒。**b** 凶猛，激烈，猛烈，狂暴：the ～ of Nature [the wind] 大自然[風]的凶猛/burst into *a* ～ of tears 嚎啕大哭。

2 [**a** ～]〔對…的〕熱望，渴望；…狂〔*for*〕：He had *a* ～ *for* (collect*ing*) first editions. 他熱衷於初版本(的蒐集)。

3 [**(*all*) the** ～]《口語》極爲流行(之物)：Small cars are (*all*) *the* ～ now. 小型汽車現在很流行。

—v.i. 1 a 〈人〉激怒，盛怒，震怒；狂暴。**b** 〔十介十(代)名〕〔對人〕大發雷霆，咆哮，斥罵〔*at, against*〕：He ～*d* ***at*** her *for* her carelessness. 他斥罵她不小心。

2 〈暴風雨，戰爭，疾病，熱情等〉狂暴，肆虐，猖獗，蔓延；澎湃：The wind ～*d* all night. 風狂吹了一整夜/The fever ～*d* *throughout* the country. 那熱病蔓延全國。

—v.t. 〔十受十副〕[～ one*self*]〈人、暴風雨等〉在狂暴之後平息〈*out*〉：The tempest ～*d itself* ***out***. 暴風雨平息了。

rag·ged [ˋrægɪd; ˈrægid] *adj.* (～·**er**；～·**est**) **1** 〈衣服等〉**破爛的，襤褸的**：dressed in a ～ coat [shirt] 穿著破爛上衣[襯衫]。

2 〈人〉**著破爛衣服的**；寒酸的。

3 粗糙的，嶙峋的；凹凸不平的。

4 〈聲音等〉不和諧的，刺[不悅]耳的。

5 〈作品、演奏等〉有缺點的，不完全的，粗雜的。

6 〈毛髮等〉不整齊的，亂蓬蓬的，糾結的。

7 (因持續緊張等而)神經疲憊的，筋疲力竭的：He ran himself ～. 他(因奔波[勞碌]過度而)筋疲力竭。

～·ly *adv.* **～·ness** *n.*

rágged édge *n.* Ⓒ《美》(懸崖等的)邊緣。

on the rágged édge 處在危險的邊緣，瀕臨生死關頭：He is *on the* ～ of bankruptcy. 他正瀕臨破產。

rag·gle-tag·gle [ˋrægḷˏtægḷ; ˈræglˌtægl] *adj.* 混雜湊在一起的，不統一的。

rag·ing [ˋredʒɪŋ; ˈreidʒiŋ] *adj.* **1** 激怒的。**2** 狂暴的，猛烈的，肆虐的：a ～ tempest [sea] 狂暴的暴風雨[海]/～ pestilence 肆虐的瘟疫。**3 a** 厲害的，疼得厲害的，劇痛的：a ～ headache 劇烈的頭痛。**b** 不尋常的，非凡的；出衆的：a ～ beauty 超羣出衆的美人。**～·ly** *adv.*

rag·lan [ˋræglən; ˈræglən] *n.* Ⓒ拉格蘭大衣《一種衣袖縫兒在領與袖之間而肩頭無縫兒的寬鬆大衣；cf. cardigan》.

—adj. [用在名詞前]拉格蘭的：～ sleeves 拉格蘭袖。

【字源】在克里米亞戰爭(Crimean War)(1853–56)時，英軍最高指揮官拉格蘭勳爵(Lord Raglan)因感到軍用外套過窄而發明此種衣袖寬鬆的款式，後來被稱爲拉格蘭袖；cf. cardigan【字源】

raglan

rág·màn [-mæn, -mən; -mæn, -mən] *n.* Ⓒ (*pl.* **-men** [-mən; -mən])收買破爛東西的人，撿破爛的人。

ra·gout [ræˋgu; ˈrægu:] **《源自法語》 —n.** Ⓒ[當菜名時爲Ⓤ]拉咕肉《一種加香料的蔬菜燉肉》。

rág·pìcker *n.* Ⓒ撿拾破爛的人，拾荒者。

rág·tàg *n.* [the ～；集合稱]下層社會；賤民。

(the) rágtag and bóbtail [集合稱]下層社會的羣衆，賤民。

rag·time [ˋrægˏtaɪm; ˈrægtaim] *n.* Ⓤ繁音拍子《一種多切分音的早期爵士樂》。

rág tràde *n.* [the ～]《口語》成衣銷售業。

rág·wèed 《因葉子似破布條(ragged)而得名》—n. Ⓒ《植物》猪草《開黃綠色小花；花粉可致乾草熱病》。

rág wèek *n.* Ⓒ《英》(募捐)遊行週《學生舉行遊行的一個星期期間；⇨ rag[2] *n.* 2》。

rag·wort [ˋrægˏwɝt; ˈrægwə:t] *n.* ⓊⒸ《植物》黃菀《葉呈不規則齒狀，開黃花》。

rah [rɑ; rɑ:] **《hurrah 之略》 —*interj.*** 《美》萬歲！

***raid** [red; reid] **《源自古英語「騎馬」之義》 —n.** Ⓒ**1** (不以佔領爲目的而以打擊對方爲目的，出其不意的)**襲擊，突襲；空襲**〔*on, upon*〕：⇨ air raid/a midnight ～ *on* the fridge 吃宵夜[半夜裏開冰箱找東西吃]。

2 (警察的)搜捕〔*on, upon*〕.

3 (以搶劫爲目的的)闖入，侵入〔*on, upon*〕.

4 (掌權者的)盜用[挪用]資金〔*on, upon*〕.

màke a ráid (on [upòn]...) (1)突襲(…)：*make a* ～ *on* [*upon*] the enemy line 突襲敵人陣線。(2)〈警察〉(對…)進行搜查[搜捕]：*make a* ～ *on* [*upon*] a night club 對夜總會進行搜查。

—v.t. 〔十受〕**1** 攻入，突襲，空襲〈場所〉：～ a bank 襲擊銀行。**2** 〈警察〉對…進行搜查[搜捕]：The night club was ～*ed* by the police. 那夜總會受到警方的搜查。**3** 突襲並搶劫…。

—v.i. 〔動(十介十(代)名)〕突襲，空襲〔…〕〔*on, upon*〕.

ráid·er *n.* Ⓒ**1 a** 侵入[侵略]者，突襲者。**b** 襲擊的飛機[艦艇]。**2** 進行搜查[搜捕]的警員。**3** [常R～](美國海軍陸戰隊的)突擊大隊的士兵。

***rail**[1] [rel; reil] **《源自拉丁文「直棒」之義》 —n. 1** Ⓒ**a** (作柵欄、籬笆等的)**橫木；橫槓**：a ～ fence 樁子上釘橫木而成的柵欄。**b** [常構成複合字](梯子、窗帘等的)橫桿，橫條；扶欄；欄杆：a curtain ～ 窗帘的橫桿/⇨ towel rail, handrail. **c** [常 ～s]柵，籬笆。**2 a** Ⓒ**鐵軌，軌道**：jump [run off] the ～*s* 〈火車〉出軌。**b** Ⓤ**鐵路**：by ～ 經由鐵路。

(as) stráight as a ráil 筆直。

frée on ráil ⇨ free *adj.*

òff the ráils (1)⇨ 2 a. (2)出軌；不守社會慣例。(3)混亂；擾亂秩序。(4)〈人〉狂亂。

on the ráils (1)上軌道，順利。(2)不逸出常軌；守社會慣例。

ríde a person on a ráil《美》將〈人〉載在橫槓上運(往城外)《從前的一種私刑；cf. TAR[1] and feather》. (2)嚴厲地處罰〈人〉。

—v.t. 1 〔十受〕將〈場所〉圍以柵欄[欄杆]：～ a park [road, garden]把公園[道路，花園]以柵欄圍起來。**2** 〔十受十副〕將〈場所〉圍以橫木[欄杆]〈*in*〉；隔開，分隔〈場所〉〈*off*〉：The fields were ～*ed* ***in*** [***off*** *from* the lane]. 田地用柵欄圍起[用柵欄與小徑隔開]。

rail[2] [rel; reil] *v.i.* 〔十介十(代)名〕罵，嘲罵，咒罵；奚落〔人等〕〔*at, against*〕.

rail[3] [rel; reil] *n.* Ⓒ《鳥》秧雞。

ráil càr *n.* Ⓒ**1** (單輛行駛的)鐵路機動車：by ～ 以[用]鐵路機動車《★無冠詞》。**2**《美》鐵路車廂《★包括客車、貨車等之通稱》。

ráil·hèad *n.* Ⓒ鐵路線的終點[起點]。

rail·ing[1] ['relɪŋ; 'reiliŋ] «源自rail[1]»—*n.* **1** Ⓒ[常 ~s]扶欄；柵欄，籬笆。**2** Ⓤ**a** [集合稱]鐵軌(rails). **b** 鐵軌的材料。

rail·ing[2] ['relɪŋ; 'reiliŋ] «源自 rail[2]» —*n.* Ⓤ[又作 ~s]罵，嘲罵，咒罵；奚落〔*at, against*〕.

rail·ler·y ['relərɪ; 'reiləri] «rail[2] 的名詞» —*n.* Ⓤ [又作 **railleries**]善意的嘲笑，逗弄。

‡**rail·road** ['rel,rod; 'reilroud] *n.* Ⓒ《美》**1 鐵路，鐵路軌道**(《英》railway)《★用法《美》輕便鐵路、市內鐵路等稱爲 railway》.

【說明】在美國的拓荒時代，鐵路曾扮演重要的角色，但如今却被稱爲夕陽工業。公路網的建設帶動了汽車業的發達以及航空路線的擴大已使鐵路成爲價格昂貴、速度慢而奢侈的交通工具。在美國，除了阿拉斯加國有鐵路以外其他鐵路都是民營，政府出一半資金創立了一家稱作 Amtrak 的公司，以統一的行車時刻表營運。在英國則有英國國有鐵路(British Rail)，其經營也因汽車公路網的發達而受到影響，情形並不理想。
長程列車很少依照時刻表行駛，車上沒有播音服務，列車出發時也沒有發出信號提醒旅客。

2 鐵路公司《略作 R.R.》.

—*adj.* [用在名詞前]鐵路的：a ~ accident 鐵路事故/a ~ bridge 鐵路橋樑/a ~ company 鐵路公司/a ~ crossing 鐵路平交道/a ~ engineer 鐵路工程師/a ~ line 鐵路線/a ~ station 火車站。

—*v.t.* **1** 〔十受〕《美》以鐵路運輸〈物〉。

2 〔十受十介十(代)名〕**a** 使〈議案〉〔在議會等〕草草通過〔*through*〕: They ~*ed* the motion ***through*** the committee. 他們使那項動議在委員會中草草通過。**b** 催〈人〉〔做…〕〔*into*〕: ~ the workers ***into*** work*ing* 催工人工作。

3 〔十受(十介十(代)名)〕《美》誣賴〈礙事者等〉而發落〔到監獄〕〔*to*〕: He was ~*ed* ***to*** prison without a fair trial. 他沒有經過公正的審判而鋃鐺入獄。

ráilroad apàrtment [**flàt**] *n.* Ⓒ列車式公寓《一棟沒有走廊的狹長公寓；各房間像火車車廂般地連接成一條，因此如果不通過一個房間就無法到其他房間》。

ráil·ròad·er *n.* Ⓒ《美》鐵路(從業)人員(《英》railwayman).

rail·road·ing ['rel,rodɪŋ; 'reil,roudiŋ] *n.* Ⓤ鐵路的修築與經營。

rail·split·ter ['rel,splɪtɚ; 'reil,splitə] *n.* **1** Ⓒ將木頭劈成欄杆者。**2** [the R~]林肯的綽號。

‡**rail·way** ['rel,we; 'reilwei] *n.* Ⓒ **1** 《英》**鐵路，鐵路線**(《美》railroad). **2** 《美》輕便[市內]鐵路。

—*adj.* [用在名詞前]《英》鐵路的(⇨ railroad *adj.*)：a ~ engineer 鐵路工程師。

ráil·way·man [-mən; -mən] *n.* Ⓒ(*pl.* **-men** [-mən; -mən])《英》鐵路(從業)人員(《美》railroader).

rai·ment ['remənt; 'reimənt] *n.* Ⓤ[集合稱]《文語》衣類，衣服。

‡**rain** [ren; rein] *n.* **1 a** Ⓤ[與形容詞連用表示種類、繼續時爲Ⓒ] **雨，下雨**：a heavy ~ 大雨，豪雨/a light ~ 小雨/a fine ~ 毛毛雨，細雨/(a) sprinkling ~ 稀稀落落的雨/(a) pouring ~ 傾盆大雨/a long ~ =a long spell of ~ 連續好幾天的雨/We had a lot of [much] ~ this summer. 今年夏天雨量多/We didn't have much [had little] ~ this year. 今年雨量少《★用法像上面所示兩個例子，表雨量時，雖與形容詞連用仍無冠詞》/We had [There were] heavy ~*s* last summer. 去年夏天下了多次[好幾場]大雨《★將一次降雨視爲一個單位時》/The ~ came down in torrents. 雨傾盆而下/I was caught in the ~. 我淋到雨了/The ~ stopped suddenly. 雨突然停了/They went out in the ~. 他們冒雨出去/She invited me to come in out of the ~. 她邀我入內避雨。**b** Ⓤ**下雨，雨天**：It looks like ~. 好像要下雨了。

【說明】在英國並沒有所謂的雨季(rainy season)，但一年四季經常下雨。在美國也沒有特定的雨季，但太平洋沿岸各州冬天常下雨；cf. umbrella【說明】

2 a [~s](雨季等的)降雨，久雨。**b** [**the** ~s](熱帶地區的)雨季。

3 [用單數]〔…之〕如雨般降落〔*of*〕：a ~ *of* ashes [bullets, kisses] 如雨般降下的灰[槍彈，吻]。

(as) ríght as ráin ⇨ right *adj.*

còme ráin or (còme) shíne =RAIN or shine.

ráin or shíne (1)不論下雨或晴天：The party will take place ~ *or shine.* 不論下雨或晴天聚會都將舉行。(2)風雨無阻；無論如何：I'll be there tomorrow, ~ *or shine.* 不論晴雨，我明天準去那兒。

—*v.i.* **1** [以 it 作主詞]**下雨**：*It* is ~*ing* hard. 雨正下得很大/*It* never ~*s* but it pours. 《諺》不雨則已，一雨傾盆；事情[(尤其)災禍]會接二連三地來；禍不單行/⇨ It rains CATS and dogs.

2 a 〔十副〕〈物〉如雨般降下〈*down*〉: The leaves came ~*ing* ***down***. 樹葉如雨般掉下來。**b** 〔十介十(代)名〕〈眼淚等〉如雨般流下〔…〕〔*down*〕: I felt tears ~ ***down*** my cheeks. 我感覺到淚流滿面。**c** 〔(十副)十介十(代)名〕〈物〉(如雨般)湧至〔…〕〈*down*〉〔*on, upon*〕: Congratulations ~*ed* (***down***) ***upon*** him. 賀詞[賀電]紛紛向他湧來《他接到一連串的賀詞[賀電]》。

—*v.t.* **1** 〔十受〕[以 it 作主詞]使…如雨般降落；使…如雨般傾注；灑落…(pour down)：*It* ~*ed* blood [invitations]. 血流如注[請柬如雨落般湧到]。

2 a 〔十受〕使〈眼淚等〉如雨般地流下：Her eyes ~*ed* tears. 她的眼睛淚水潸潸[她淚如雨下]。**b** 〔十受(十副)十介十(代)名〕使…如雨般落〔在…上〕〈*down*〉〔*on, upon*〕: He ~*ed* blows ***on*** me. 他連續不斷地用拳頭打我/Honors were ~*ed* (***down***) ***upon*** him. 他連連獲頒多項榮譽。

be ráined óff 《英》=be RAINED out.

be ráined óut 《美》〈競賽等〉因雨被中止[延期]。

ráin itsèlf óut 雨停：It has ~*ed itself out.* 雨(終於)停了。

ráin·bànd *n.* Ⓒ《氣象》雨帶《因大氣中水蒸汽關係而在太陽光譜的黃色部分顯出的暗色帶，有時用以預測氣象》。

***rain·bow** ['ren,bo; 'reinbou] «源自 rain (雨) 和 bow[3](弓)»—*n.* Ⓒ**彩虹**：all the colors of the ~ (像彩虹般的)種種顏色，絢麗多彩。

【說明】(1)根據傳說，彩虹女神愛麗絲(Iris)是天神與地上的仙女所生的，曾渡過彩虹橋往返於天地之間。據說在彩虹橋橋頭有愛麗絲所埋藏的金壺，尋找那金壺的人即所謂「幻想家」，稱爲 rainbow chaser. 相傳鳶尾(iris)是愛麗絲的化身。據聖經舊約記載，在諾亞大洪水(the Flood, the Deluge)後，神向人類允諾不再以洪水毀滅人類，並賜與彩虹作爲立約的信物(「創世記」9：13)；cf. Noah【說明】
(2)在英美的兒童書籍中也說明「彩虹是七彩的」，色彩的排列從裏向外依次爲 red, orange, yellow, green, blue, indigo, violet; 但有人把 indigo 與 blue 合併而爲六色彩虹；⇨ spectrum 的插圖。

cháse (àfter) ráinbows 追彩虹《意指追求不可能實現的夢而虛度很多的時間》。

ráinbow tròut *n.* Ⓒ[當作食物時爲Ⓤ]《魚》虹鱒。

ráin chèck *n.* Ⓒ《美》**1** 雨天延期入場憑證；延期特價優待憑證。

【說明】比賽等因雨而中止時，或在大減價期間內特價商品售完時，發給羣衆供其換取下次入場券，或留到下次機會以同樣條件購買的憑證；cf. rain date.

2 《口語》(雖然辭謝現在邀請，仍要求日後再邀請的)改日應邀的允諾[改日邀請的要求]：I'd like to take [ask for] a ~ *on* your invitation. 我希望你日後補請。

ráin clòud *n.* Ⓒ 雨雲(nimbus).

ráin·còat *n.* Ⓒ 雨衣。

ráin dànce *n.* Ⓒ(美國印地安人之)祈雨舞。

ráin dàte *n.* Ⓒ《美》(戶外活動[比賽])當天下雨時延後舉行的日期。

ráin·dròp *n.* Ⓒ 雨滴，雨點。

rain·fall ['ren,fɔl; 'reinfɔ:l] *n.* **1** Ⓤ Ⓒ **降雨**：The ~ grew heavier. 雨下得更大了。**2** Ⓤ**降雨量，雨量**：There is not much [is little] ~ here. 這兒的雨量不多。

ráin fòrest *n.* Ⓒ 雨林《降雨量多的熱帶叢林地區》。

ráin gàuge *n.* Ⓒ 雨量計。

Rai·nier [rə'nɪr; rə'niə], **Mount** *n.* 來尼爾峯《美國華盛頓州喀斯開(Cascade)山脈的一峯，高 14,408 呎》。

rain·less ['renlɪs; 'reinlis] *adj.* 無雨的；乾燥的。

ráin·màker *n.* Ⓒ **1** (以法術)祈雨者。**2** 人造雨專家[科學家]。

ráin·màking *n.* Ⓤ 藉人工方法或法術造雨。

ráin·òut *n.* Ⓒ **1** 因雨取消的比賽、表演等。**2** 大量的原子落塵現象。

ráin·pròof *adj.* 〈大衣等〉防雨的。

ráin·stòrm *n.* Ⓒ 暴風雨。

ráin·wàter *n.* Ⓤ雨水(cf. tap water).

ráin·wèar *n.* Ⓤ (加以防水處理，或用防水布料製成的)雨天用衣著《如雨衣、防水帽、鞋套等》。

‡**rain·y** ['renɪ; 'reini] «rain 的形容詞» —*adj.* (**rain·i·er**; **-i·est**) **1** 雨的，下雨的；多雨的；帶來雨的，似會下雨的：~ weather 多雨的天氣/the ~ season 雨季。**2** 〈街道等〉爲雨所淋濕的。

a ráiny dáy (1)下雨天。(2)將來可能有的苦日子，不時之需：provide [save up] *for* [*against*] *a* ~ *day* 未雨綢繆；儲備以備不虞；積穀防饑。**ráin·i·ness** *n.*

‡**raise** [rez; reiz] *v.t.* A **1** 〔十受〕**a** 將〈物〉**舉起**(⇨ lift【同義字】)：~ the blind(s) [window] 把百葉窗[窗]拉起/~ one's eyes 舉目觀看/*R*~ your right hand. 舉起你的右手。**b** 升起〈旗子等〉，撈起〈沈下之物〉：~ a flag 升旗/~ a sunken ship 撈起沈船。

2 a 〔十受十介十(代)名〕使〈人〉〔從…〕晉升，升級〔到…〕

〔from〕〔to〕: They ~*d* the salesman ***to*** manager. 他們把那位推銷員擢升爲經理/That officer was ~*d* ***from*** the ranks. 那名軍官是從士兵升上來的。**b**〔十受十介十(代)名〕〔~ one*self*〕〔從…〕發跡，飛黃騰達〔*from*〕: ~ *oneself* ***from*** poverty 從貧困中發跡；白手起家。**c**〔十受〕提高，擡高，增加，調升〈房租、名聲、薪水等〉: ~ the rent 提高租金/~ one's reputation 擡高某人的聲望。

3〔十受〕**a** 揚起〈灰塵等〉: ~ a cloud of dust 揚起一片塵土。**b** 掀起〈叛亂、騷動等〉: ~ a rebellion 掀起叛亂/⇨ raise CAIN [the DEVIL, HELL, the ROOF].

4〔十受〕**a** (拉開嗓門)提高〈聲音等〉《★意指發怒》: Don't ~ your voice at me. 不要對我大聲嚷嚷。**b** 引起，惹〈笑聲、臉紅等〉: That joke will ~ a laugh. 那個笑話將惹人發笑。**c** 使人產生〈疑惑、不安等〉: These facts ~*d* doubts in their minds. 這些事實使他們心中產生懷疑。

5〔十受(十副)〕**a** 扶起〈倒下之物、柱子等〉，使…立起〈*up*〉: ~ a fallen chair 把倒下的椅子扶起/~ a man *from* his knees 把跪著的人扶起來。**b** [~ one*self*] 起立〈*up*〉.

6〔十受〕**a** 使〈死人〉復活: ~ the dead 使死人復活。**b** 使〈靈魂等〉出現。**c** 燃起〈希望等〉，鼓起〈勇氣〉，奮起〈精神〉，激起〈鬥志〉: ~ a person's hopes 燃起某人的希望。

7〔十受〕提出〈質詢、異議等〉: ~ a protest [an objection] 提出抗議[異議]/~ a question 提出問題。

8〔十受〕使〈麵包〉膨起: Bread is ~*d* with yeast. 使用酵母麵包就會膨起。

9〔十受〕解除〈包圍、封鎖、禁令等〉，結束…: ~ an oil embargo 解除石油輸出禁令/The reinforcements scattered the enemy and ~*d* the siege on the fort. 援軍驅散敵軍並解除了要塞的圍困。

10〔十受〕《航海》來到看得見〈陸地、其他船隻等〉的地方: Our ship soon ~*d* land. 我們的船不久來到了看得見陸地的地方。

—**B 1**〔十受〕**建造，建立**〈高聳之物，顯眼之物〉: ~ a monument 立紀念碑。

2〔十受〕**a**《美》**養育，撫養**〈子女〉: ~ a large family 養育很多子女/He was born and ~*d* in a country town. 他在鄉間城鎮出生並長大。**b** 飼養〈牲畜〉；栽培〈蔬菜等〉: The farmer ~*s* crops and cattle. 這農夫栽種農作物並畜養牛隻。

3〔十受〕**a 籌措**，張羅〈金錢〉: They are *raising* funds for the expedition. 他們在籌措探險的資金。**b** 召集，募集，招募〈軍隊〉: ~ an army 招募軍隊，募兵。

—*n.* Ⓒ《美》**1** 高處，隆起之處。

2 a 增加。**b** 漲價，加薪(《英口語》rise): a ~ *in* salary 加薪。

ráis·er *n.* Ⓒ[常構成複合字]**1** 舉起的人[器具]；引起的人: a fire-*raiser* 縱火犯。**2** 飼育[栽培]者: a cattle-*raiser* 養牛業者。

rai·sin [ˋrezn; ˈreizn] *n.* Ⓒ[當作食物時爲Ⓤ]**葡萄乾**。

rai·son d'ê·tre [ˋrezɔnˋdɛt; ˌreizɔnˈdeitrə] «源自法語 'reason of being' 之義»—*n.* Ⓒ (*pl.* **rai·sons d'ê·tre** [~]) 存在的理由: What is the ~ for this policy? 這個政策有什麼存在的理由?

raj [radʒ; rɑːdʒ] *n.* [(**the**) ~]《印度》主權；支配，統治。

ra·ja(h) [ˋradʒə; ˈrɑːdʒə] *n.* Ⓒ[也用於稱號](印度、爪哇、婆羅洲等地的)王侯；首領；酋長；土王。

rake[1] [rek; reik] *n.* Ⓒ **1 a** (用以耙攏乾草、落葉等的)**耙子**，耙機。**b** (用以耙平土壤的)拖耙。**c** 火鉤，火撥。**2** (賭場中)耙攏賭注的工具。

(as) léan [thín] as a ráke 骨瘦如柴。

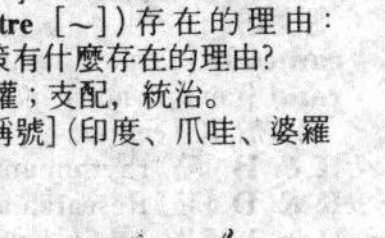

rakes[1] 1 a, b

—*v.t.* **1 a**〔十受〕以耙子等耙平〈場地等〉: ~ a flower bed 耙平花壇(的土壤)。**b**〔十受十補〕將〈某場所〉耙〈得…〉: They were *raking* the paths clean. 他們用耙子把小徑耙掃乾淨。

2〔十受十副〕**a** (用耙子等)耙集，聚攏…〈*together, up*〉: He ~*d* ***together*** the dead leaves. 他把枯葉耙攏/Some men were *raking* ***up*** hay. 有幾個人正把乾草耙成一堆〈*together, up*〉.

3 a〔十受十介十(代)名〕〔以…〕抓…〔*with*〕: The cat ~*d* his hand ***with*** its claws. 貓用爪抓了他的手。**b**〔十受〕〈暴風雨等〉掠過…。

4〔十受十介十(代)名〕〔爲尋求…而〕仔細地搜尋[調查]…〔*for*〕: I ~*d* all those books ***for*** examples of the expression. 我查遍那些書搜尋該辭句的例證。

5〔十受(十介十(代)名)〕**a**《軍》〔以槍等〕掃射[縱射]〈船、隊伍等〉〔*with*〕. **b**〔以望遠鏡等〕(從頭到尾)眺望，瞭望，掃視〈場所〉〔*with*〕: ~ the field ***with*** a telescope 以望遠鏡眺望原野。

—*v.i.* **1** 使用耙子[拖耙]，以耙子耙。**2**〔(十副)十介十(代)名〕〔在…中〕搜尋，到處調查〈*about, around*〉〔*among, through, over*〕: I ~*d* (***about***) ***among*** [***through***] the old papers. 我在舊文件中搜尋。

ráke ín 《*vt adv*》《口語》大撈一筆〈錢〉，賺進〈很多錢〉: ~ *in* money 大撈一筆，大幹一票。

ráke it ín 《口語》賺很多錢，發洋財。

ráke óut 《*vt adv*》⑴《口語》搜出，搜尋到〈物〉。⑵耙出〈火〉，清除〈壁爐〉。

ráke úp 《*vt adv*》《口語》⑴⇨ *v.t.* 2. ⑵揭發，揭露〈過去之事〉；揭〈舊瘡疤〉。

rake[2] [rek; reik] *n.* Ⓒ《古》放蕩者，浪子(libertine).

rake[3] [rek; reik] *n.* [用單數]**1** 傾斜(度)。**2**《航海》**a** 船首[船尾]的斜出。**b** (桅、煙囪等之)向船尾[後方]的傾斜。

—*v.t.* **1** 使〈舞臺等〉傾斜。**2**《航海》**a** 使〈船首、船尾〉斜出。**b** 使〈桅、煙囪等〉傾斜。

—*v.i.* **1**〈舞台〉向觀衆席傾斜。**2**《航海》**a**〈船首、船尾〉斜出。**b**〈桅、煙囪等〉傾斜。

rake·hell [ˋrekˌhɛl; ˈreikhel] *n.* Ⓒ放蕩者；無賴漢。

—*adj.* 放蕩的；無賴的。

ráke-ôff *n.* Ⓒ《口語》(不正當利益等的)分贓的一份；抽頭，佣金，回扣(rebate).

ra·ki [rəˋki, ˋrækɪ, ˋrɑkɪ; rəˈkiː, ˈræki, ˈrɑːki] *n.* Ⓤ(南歐與近東的)葡萄酒；梅酒。

rák·ish[1] [-kɪʃ; -kiʃ] «rake[3] 的形容詞；因海盜船的桅杆多向後傾斜，故稱»—*adj.* **1**〈船〉輕快的，速度很快似的。**2** 時髦的；俊俏的；瀟灑的。

rák·ish[2] [-kɪʃ; -kiʃ] «rake[2] 的形容詞» —*adj.* 放蕩的，好玩樂的，不務正業的。~**·ly** *adv.* ~**·ness** *n.*

Ra·leigh [ˋrɔlɪ; ˈrɔːli], Sir **Walter** *n.* 羅利《1552?–1618；英國探險家、政治家、朝臣、歷史家及詩人》。

ral·len·tan·do [ˌrɑlɛnˋtɑndo; ˌrælenˈtændou] «源自義大利語»—《音樂》*adj.* & *adv.* 漸緩的[地]《略作 rall.》.

—*n.* Ⓒ (*pl.* ~**s**)漸緩的樂章。

ral·ly[1] [ˋrælɪ; ˈræli] *v.t.* 〔十受〕**1 a 重新集合**；重整〈潰散的部隊、團體等〉: The commander was able to ~ the fleeing troops. 指揮官能夠重整其潰散的部隊。**b** (爲某目的而)召集，集合，集結〈人等〉: Please ~ the men on the playing field. 請把那些人召集到操場上去。

2 鼓起，重振，集中〈精神〉；恢復〈體力、氣力等〉: I *rallied* all my energy for further effort. 我振作精神以做更進一步的努力/He *rallied* his spirits [wits]. 他恢復了精神[理智]。

—*v.i.* **1 a**〈潰散的部隊、團體等〉**重新集合，重整陣容；集結。b**〔十介十(代)名〕靠攏[聚集，集結][到…；到…的周圍]；趕往[來]援助〔…〕〔*to; around, round*〕: He *rallied* ***to*** the side of his wounded comrade. 他趕往救助受傷的戰友/His supporters *rallied* ***around*** him. 他的擁護者聚集在他的周圍。**2 a 恢復元氣**；〈市場，景氣〉復甦，回穩，好轉: The patient will soon ~. 病人很快就會復元。**b**〔十介十(代)名〕〔從…〕復元〔*from*〕: He *rallied* ***from*** his coma. 他從昏迷中醒過來。

rálly róund 《*vi adv*》〈集團等〉團結以便在需要時予以協助。

—*n.* **1** [**a** ~]**再集合，再集結；重整旗鼓**: After retreating the soldiers made *a* ~. 撤退之後，士兵們重新集合。**2** [**a** ~](氣力、景氣等的)**回復。3** Ⓒ(政治性、宗教性的)**大集會**；示威活動: a political [peace] ~ 政治[和平運動]集會。**4** Ⓒ長途賽車《在公路上依照一般交通規則舉行的汽車長途競賽》。**5** Ⓒ《網球・羽毛球》連續來回對打。

ral·ly[2] [ˋrælɪ; ˈræli] *v.t.* 〔十受(十介十(代)名)〕〔以…之事〕揶揄，嘲弄；挖苦〈人〉〔*about, on*〕: Everybody *rallied* me ***on*** my haircut. 人人拿我的髮式嘲弄我。

rállying crỳ *n.* =battle cry.

rállying pòint *n.* Ⓒ 振作點；恢復點。

Ralph [rælf; rælf] *n.* 拉爾夫《男子名》。

ram [ræm; ræm] *n.* **1** Ⓒ(未閹過的)**公羊**(⇨ sheep 相關用語)。**2** [**the R~**]《天文》白羊宮(Aries). **3** =battering ram. **4** Ⓒ撞擊機，打樁機。**5** Ⓒ自動抽水機；活塞。

—*v.t.* (**rammed**; **ram·ming**) **1 a**〔十受〕猛烈地撞擊…: The car *rammed* the pole. 汽車猛烈地撞上了柱子。**b**〔十受十介十(代)名〕將…撞〔在…上〕〔*against, at, on*〕: He *rammed* his head ***against*** the wall. 他用頭撞牆壁/He *rammed* his horse ***at*** the fence. 他騎馬衝向柵欄。

2 a〔十受十副〕搗固，搗硬〈土等〉〈*down, in*〉: ~ ***down*** the soil 把土搗硬。**b**〔十受十補〕將〈土等〉搗硬〈成…〉: ~ the soil flat 把土搗平。**c**〔十受十介十(代)名〕將〈樁等〉打入〔…中〕〔*into*〕: ~ piles ***into*** the river bed 把樁打入河牀。

3〔十受十介十(代)名〕《口語》將〈物〉塞入〔容器(等)〕〔*into*〕: He *rammed* his clothes ***into*** the bag. 他把衣服塞進袋子裡。

—*v.i.* 〈車輛等〉(猛)撞〔在…上〕〔*into*〕《★可用被動語態》: The car *rammed* ***into*** the pole. 車子撞上柱子。

rám ... dówn a person's **thróat** ⇨ throat.
rám ... hóme 一再重複以使〈人等〉徹底明白〈理論等〉。
rám ... ìnto a person's **héad** 反覆地對某人灌輸〈意見、知識等〉。
rám·mer *n.*

RAM《略》random access memory《電算》隨機存取記憶體。

Ram·a·dan [ˌræməˋdɑn; ˌræməˈdɑ:n] *n.* (回教的)齋月《回教曆的九月；在這個月中，信徒每日從日出禁食到日落止》。

ram·ble [ˋræmbl; ˈræmbl] *v.i.* **1 a** 〔十動(十副)〕漫步，漫遊〈*about*〉(⇨ wander【同義字】)：～ *about* in the park 在公園中漫步。**b** 〔十介十(代)名〕〔在…〕漫步〔*among, over, through*〕：They ～*d through* the woods [*over* the country]. 他們在林中[鄉間]漫步。
2 〔動(十介十(代)名)〕漫無邊際地說[寫]〔…〕，漫談〔…之事〕；隨筆寫〔…〕〔*about*〕：～ *about* one's old days 漫談某人的往事。
3 〈草木等〉蔓延，滋長，叢生：Vines have ～*d* all *over* the fence. 蔓草長滿柵欄上。
rámble ón《*vi adv*》(1)一直漫步，繼續漫步。(2)漫無邊際地一直講[說]〔…之事〕〔*about*〕.
—*n.* Ⓒ漫步(stroll)：on [upon] the ～ 正在漫步中/go for a ～ in the country 漫步鄉間。

ram·bler *n.* Ⓒ **1** (在公園或鄉間道路等)漫步的人。**2** 漫談者；隨筆家。**3** (又作 **rámbler róse**)《植物》攀緣薔薇。

rám·bling *adj.* **1** 漫步的，漫遊的；流浪的。**2** 〈談話、文章等〉散漫的；漫無邊際的；閒談的，拉拉雜雜的。**3** 〈房屋、街道等〉排列不整齊的，凌亂無序的；蜿蜒曲折的。**4**《植物》攀緣的：a ～ rose 攀緣薔薇。～**·ly** *adv.*

Ram·bo [ˋræmbo; ˈræmbou] *n.* 藍波《電影中主角名，爲一越戰退伍軍人，獨來獨往，作風慓悍，驍勇善戰》。

ram·bunc·tious [ræmˋbʌŋkʃəs; ræmˈbʌŋkʃəs⁻] *adj.*《謔》〈人、行爲〉粗野的；粗暴的，放蕩不羈的；無法控制[駕馭]的；管束不了的。～**·ly** *adv.* ～**·ness** *n.*

ram·e·kin [ˋræməkɪn; ˈræmkin] «源自法語» —*n.* Ⓒ[當作菜名時爲Ⓤ] 烤蛋《以乾酪、蛋、麵包屑等混合，並置於小碟中加以烤成的一種食物》。

ram·ie [ˋræmɪ; ˈræmi] *n.* **1** Ⓒ《植物》苧麻《皮可製纖維》。**2** Ⓤ 苧麻纖維。

ram·i·fi·ca·tion [ˌræməfəˋkeʃən; ˌræmifiˈkeiʃn] «ramify 的名詞» —*n.* Ⓒ[常～s] (尤指規則、思想等被細分的)分枝，分叉；支脈，支流。

ram·i·form [ˋræməˌfɔrm; ˈræmifɔ:m] *adj.* **1** 枝狀的。**2** 有枝的。

ram·i·fy [ˋræməˌfaɪ; ˈræmifai] *v.i.* 〔動(十介十(代)名)〕分叉，分枝，分布；被區分〔成…〕〔*into*〕：The artery *ramifies into* a network of veins. 動脈分枝成許多網狀的靜脈。
—*v.t.* 使…分枝；使…分叉；區分…《★常用被動語態》。

rám·jèt *n.* (又作 **rámjet èngine**)Ⓒ《航空》衝壓噴射發動機《將燃料注入受高速飛行衝力而被壓縮流入的空氣中，以使其產生推力的引擎》。

ram·mish [ˋræmɪʃ; ˈræmiʃ] *adj.* **1** 公羊的；如公羊的。**2** 有羶腥味的。

ramp[1] [ræmp; ræmp] *v.i.* **1** 〔十副〕猛衝，暴跳，到處亂跑，橫衝直撞〈*about*〉：See the children ～*ing about* in the playground. 你看孩子們在運動場上亂衝亂跳。**2** 〈獅子等〉以後脚立起《尤指紋章的圖樣》。

ramp[2] [ræmp; ræmp] *n.* Ⓒ**1 a** (連接水平面高度不同的兩條道路或兩層建築物間的)坡道，斜坡(slope)。**b** (立體交流道等的)斜坡道：an on [off] ～ 入口[出口]斜坡道。**2** (用以上下飛機的)活動梯。

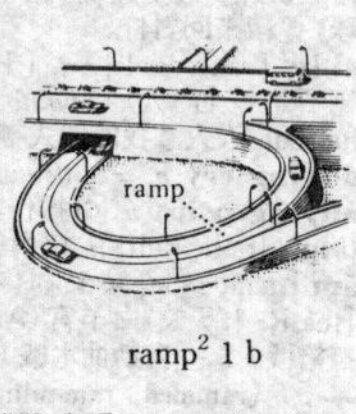

ramp² 1 b

ramp[3] [ræmp; ræmp] *n.* Ⓒ《英口語》詐欺，敲詐；暴利。

ram·page [ˋræmpedʒ; ræmˈpeidʒ] *n.* [用單數；常 **the** ～] (一陣盛怒的)狂暴行動，喧鬧，大鬧《★常用於下列片語》：go [be] on *the* ～ 狂暴地橫衝直撞(著)。
— [ræmˋpedʒ; ræmˈpeidʒ] *v.i.* 狂暴地向前衝；亂鬧，發怒；狂跳。

ram·pa·geous [ræmˋpedʒəs; ræmˈpeidʒəs⁻] *adj.* 亂鬧的，難抑制的；粗暴的；暴戾的。

ram·pan·cy [ˋræmpənsɪ; ˈræmpənsi] «rampant 的名詞» —*n.* Ⓤ**1** (言行的)激烈。**2** (疫病、壞事、迷信等的)蔓延，猖獗，橫行。**3** (植物的)繁茂。

lion rampant

ram·pant [ˋræmpənt; ˈræmpənt] *adj.* **1** 〈言行〉激烈的；自由奔放的：～ individualism 放蕩不羈的個人主義。**2** 〈疫病、壞事等〉猖獗的，蔓延的；流行的。**3** 〈植物〉蔓延的，繁茂的。**4** [置於名詞後]《紋章》〈獅子〉用後脚立起的：a lion ～ 競獅，賽獅。
～**·ly** *adv.*

ram·part [ˋræmpɑrt; ˈræmpɑ:t] *n.* Ⓒ **1** [常 ～s] 壁壘，城牆。**2** 防禦，守備。

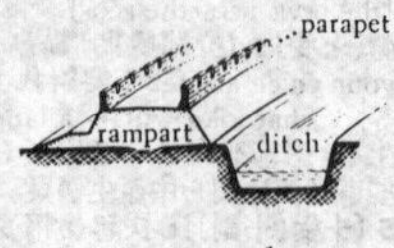

rampart 1

rám·ròd *n.* Ⓒ通條《從前用以由前膛槍的槍口裝火藥和子彈的金屬條；現在則用以擦拭槍膛》。
(as) stiff as a rámrod (1)直立的。(2)行爲嚴謹的。

Ram·ses [ˋræmsiz; ˈræmsi:z] *n.* 拉姆西斯《古埃及歷任十二位國王之名》。

rám·shàckle *adj.* 〈馬車、房屋、體制等〉似要倒塌的，搖晃的，搖搖欲墜的。

‡**ran** [ræn; ræn] *v.* **run** 的過去式。

***ranch** [ræntʃ; rɑ:ntʃ, ræntʃ] «源自西班牙語 'rancho'» —《美》*n.* Ⓒ **1** (美國、加拿大的)(大)牧場；⇨ dude ranch.

【說明】ranch 是指大型放養牧場及其建築物。在美國以飼養肉牛爲主的大牧場很多，佔地二萬噉(acres)(約八萬平方公尺)以上的有一千處左右，十萬噉(四十萬平方公尺)以上的也超過二百五十處。大的 ranch 大多數分布在德克薩斯(Texas)、新墨西哥(New Mexico)、亞利桑納(Arizona)等州。由家族經營的 ranch 也都有二千五百六十至一萬二千八百噉的面積。此外在美國西部有專供度假遊覽的觀光牧場，稱爲 dude ranch.

2 [常與表示動物、水果種類的修飾語連用]農場，農園：a chicken ～ 養雞場/a fruit ～ 果園。
—*v.i.* 經營牧場；在牧場工作。

ránch·er *n.* Ⓒ **1** 牧場[農園]主人。**2** 牧場[農場]工[管理]人。

ran·che·ro [rænˋtʃero; rænˈtʃɛərou] *n.* (*pl.* ～s)＝rancher.

ránch hòuse *n.* Ⓒ《美》**1** 牧場主人所住的房屋。**2** 農莊式平房《★一種在美國郊外常見的平房建築；屋頂坡度小而窗戶多》。

ránch·man [-mən; -mən] *n.* Ⓒ(*pl.* **-men** [-mən; -mən])《美》牧場經營者；牧場工人，牛仔。

ran·cho [ˋræntʃo, ˋrɑn-; ˈræntʃou] «源自西班牙語「小屋」之義» —*n.* Ⓒ(*pl.* ～s)**1** 牧場[農場]工人的小棚屋。**2** ＝ranch.

ran·cid [ˋrænsɪd; ˈrænsid] *adj.* **1** 〈奶油、油膩物等〉有惡臭[腐味]的：go ～ 發臭；腐敗。**2** 令人不舒服的，臭不可聞的。
～**·ly** *adv.* ～**·ness** *n.*

ran·cid·i·ty [rænˋsɪdətɪ; rænˈsidəti] *n.* Ⓤ腐敗；惡臭；腐臭氣味。

ran·cor [ˋræŋkɚ; ˈræŋkə] *n.* Ⓤ深仇，積怨，怨恨，惡意：I have no ～ *against* him. 我對他無怨無仇。

ran·cor·ous [ˋræŋkərəs; ˈræŋkərəs] *adj.* 有積怨的；深仇的；懷惡意的。

ran·cour [ˋræŋkɚ; ˈræŋkə] *n.*《英》＝rancor.

rand [rænd; rænd] *n.* Ⓒ(*pl.* ～)蘭德《南非共和國的貨幣單位；相當於 100 cents》.

R & B《略》rhythm and blues.

R & D《略》Research and Development 研究及發展。

Ran·dolf [ˋrændɑlf; ˈrændɔlf] *n.* 藍道夫《男子名》。

***ran·dom** [ˋrændəm; ˈrændəm] *adj.* [用在名詞前](**more** ～；**most** ～)漫無目的[計畫]的，順手的；隨便的；臨時打主意的：a ～ guess 隨意的亂猜/a ～ shot 亂射。

【字源】random 本來是法語，表示「異常的快速」。工作如果趕忙做，則計畫自然會走樣，並且考慮也欠周詳。因此後來產生了「漫無計畫的，隨便的」之意。
【同義字】haphazard 指忽視合理性、妥當性或後果而爲；casual 指行爲沒有考慮、意圖、目的等；desultory 指缺乏計畫、一貫性而從一件事轉到另一件事。

—*n.* ★用於下列成語。
at rándom 隨便地；漫無目的地：speak [select] *at* ～ 順口胡說[隨便挑選]。
～**·ly** *adv.* ～**·ness** *n.*

rándom-áccess *adj.* [用在名詞前]《電算》隨機存取的《藉資料所存入的位置能直接存取所儲存的資料的方式》。

rándom sámple *n.* Ⓒ《統計》隨機樣本。

rándom sámpling *n.* Ⓤ《統計》隨機抽樣。

rand·y [ˋrændɪ; ˈrændi] *adj.* (**rand·i·er**；**-i·est**)好色的，淫蕩的。

ra·nee [ˋrɑni; ˈrɑ:ni:] *n.* Ⓒ(印度的)王妃，公主。

‡**rang** [ræŋ; ræŋ] *v.* **ring**[2] 的過去式。

***range** [rendʒ; reindʒ] *v.t.* **1** 〔十受十介十(代)名〕排列〈人、物〉〔於…〕，使…〔沿…〕排成行〔*on, in, along*〕：The teacher ～*d* his pupils *along* the curb. 教師使學生沿著人行道旁的邊石排隊

/I ~d the books **on** the shelf by [according to] size. 我把書依大小順序排在書架上。
2 〔十受+介+(代)名〕[~ one*self*]加入〔…一夥、黨(等)之中〕；袒護，支持〔…〕〔*among, with, on*〕；站在〔與…對立〕的一邊〔*against*〕《★又用被動語態，表「列身〔一夥、黨(等)之中〕；站在〔與…對立〕的一邊」之意》：They *were ~d* ***against*** the government [***among*** [***with***] the rebels]. 他們站在與政府爲敵的一邊[站在反叛者那一邊]/They *~d themselves* ***on*** the side of law and order. 他們站在法治一邊《他們主張維護法律與秩序》。
3 〔十受〕在〈地區〉漫步[徘徊]《★無被動語態》。
4 〔十受〕《美》在放牧區養〈牛、馬等〉。
—*v.i.* **1** 〔十副詞(片語)〕〈山脈等〉綿亙；伸展，延及〔於…〕《★無進行式》：The boundary *~s east* and *west* [*from* northwest *to* southeast]. 這條邊界線由東延伸到西[由西北伸展到東南]。
2 〔十介+(代)名〕位列，位居〔於…〕〔*with, among*〕：He *~s* ***with*** [***among***] the greatest composers. 他是最偉大作曲家之一。
3 a 〔十介+(代)名〕〈動植物〉〔從…〕分布〔到…〕〔*from*〕〔*to*〕：This plant *~s* ***from*** Canada ***to*** Mexico. 這種植物分布於加拿大到墨西哥一帶。**b** 〔十副詞(片語)〕〈活動範圍、話題等〉廣達，涉及，及於〔…〕：His studies ~ *over* several languages. 他的研究涉及數種語言/There are two hundred boys *ranging from* seven *to* fourteen in age. 有年齡從七歲到十四歲的兩百個男孩。
4 〔十介+(代)名〕**a** 〈價格等〉〔從…〕變化〔到…〕；〈溫度計等〉〔從…〕升降〔到…〕〔*from*〕〔*to*〕：The temperature *~s* ***from*** ten ***to*** thirty degrees. 氣溫在十至三十度之間(cf. 4 b)。**b** 〈價格等〉〔在…和…之間〕變動；〈溫度計等〉〔在…和…之間〕升降〔*between*〕：The temperature *~s* ***between*** ten *and* thirty degrees. 氣溫在十至三十度之間(cf. 4 a)。
5 〔十補〕〈槍、子彈〉射程達到〈…〉：These guns ~ seven miles. 這些砲的射程是七哩。
6 〔十介+(代)名〕漫遊，徘徊〔於…〕〔*through, over*〕：Many animals *~d* ***through*** the forests. 許多動物漫遊於森林中。
—*n.* **1** Ⓒ **a** 排，行，列，連續：a long ~ of arches 一長排的拱門。**b** 山脈：a mountain ~ =a ~ *of* mountains (一列)山脈。
2 a Ⓤ(活動、知識、經驗等所及的)範圍，區域，界限：beyond the ~ of human understanding 超越人類理解的範圍/within ~ of vision 在看得到的範圍之內/be out of one's ~ 某人所不能及的，非自己知識範圍之內的，自己所無法知道的。**b** [用單數]〈動植物的〉分布[繁殖]區域。**c** Ⓤ[又作 **a** ~]音域；視界。**d** [用單數]〈變動的〉範圍，差距，幅度：the ~ of a thermometer 溫度計升降的高低差距[升降幅度]/the ~ of prices=the price ~ 價格的變動幅度。
3 a Ⓤ(子彈、飛彈等的)射程：within [out of] ~ 在射程內[外](的)。**b** Ⓤ[又作 **a** ~]射擊距離，彈著距離：at long [short, close] ~ 在遠[近]距離。**c** Ⓒ靶場；飛彈[火箭]發射場：⇨ rifle range.
4 Ⓒ《美》(大)放牧區，牧場(cf. ranch 1)。
5 Ⓒ **a** (同種類的)一套(工具等)物品。**b** (尤指從前的)(附有各種烹飪用具的)爐竈。**c** 《美》(瓦斯、電子、電)爐。

ránge finder *n.* Ⓒ(槍、照相機等的)測距器。
rang·er [ˈrendʒɚ; ˈreindʒə] *n.* Ⓒ **1 a** 《美》森林警備隊[看守]員 (forest ranger)。**b** 《英》皇家森林或公園看守員。**2** 《美》騎警隊員。**3** [R~]《美》突擊隊員(cf. commando)。**4** 《英》十六歲以上的女童軍(Girls Guides)團員。
Ran·goon [ræŋˋgun; ræŋˈguːn] *n.* 仰光《緬甸南部的海港都市；爲該國首都》。
rang·y [ˈrendʒɪ; ˈreindʒi] *adj.* (**rang·i·er**; **-i·est**) **1** 能[適於]到處走動的。**2** 《美》〈人、動物〉四肢瘦長的。**3** 《美》廣闊的。
ra·ni [ˈrɑni; ˈrɑːniː] *n.* =ranee.
***rank**[1] [ræŋk; ræŋk] *n.* **1 a** ⓊⒸ階級，等級，(社會上的)地位：the ~ *of* major 少校的官階[階級]/the upper *~s* of society 上流社會/be higher *in* ~ 階級[等級]較高/people *of* all *~s* 所有階層的人/give first ~ to... 將…列爲第一位/a writer *of* the first ~ 一流作家。**b** Ⓤ高的地位，顯貴；上流社會：a person *of* (high) ~ 身分高的人/the ~ and fashion 上流社會。
2 ⓊⒸ(人、物之)列，排：The ~ of book shelves seemed endless. 那一排書架似乎沒有盡頭/stand *in* a ~ 站[排]成一排。
3 《軍》**a** Ⓒ橫排《通常爲兩排；cf. file[2] 1 b》：the front [rear] ~ 前[後]排/break *~s* 弄散[亂]行列，散隊，解散/fall *into ~s* 加入隊伍/keep *~s* 保持隊伍不亂，保持秩序。**b** [~s]《與軍官區別而稱呼》士官[兵]，小兵：all the *~s* 全部的士兵/(the) other *~s*(軍官以外的)士官[兵]/rise from the *~s* 從小兵[基層]出身[發跡]。
4 Ⓒ《西洋棋》(西洋棋盤的)橫格。
clóse (the) ránks (1)《軍》使隊伍排密。(2)團結。
púll one's **ránk on** a person 《口語》仗勢凌〈人〉；對〈人〉濫用職權；(例如在意見衝突時)仗官階強制命令〈人〉。
tàke ránk of... 地位超越…，地位高於…。
tàke ránk with... 與…並列；與…並肩：The novel *takes ~ with* the best of the last ten years. 這部小說可媲美過去十年的最佳傑作。
the ránk and fíle Ⓤ[集合稱](1)士兵們《★用法視爲一整體時當單數用，指全部成員時當複數用》。(2)(農會、合作社等的)普通會員；普通社員《★用法與(1)同》。(3)民眾，老百姓《★用法與(1)同》。
—*v.t.* **1** 〔十受〕排列〈人、物〉，使〈人、物〉成行列：~ soldiers 使士兵排成行列。
2 a 〔十受+介+(代)名〕置〈人、物〉〔於…中〕〔*with, among*〕；置〈人、物〉〔於…之上[之下]〕〔*above*; *below*〕：Don't ~ me ***among*** such people. 別把我列爲這種人/~ a person ***above*** him 把某人評估得比他高。**b** 〔十受+(*as*)補〕將〈人、物〉列入，評價〈爲…〉：Charles Dickens is *~ed* (*as*) one of the greatest English novelists. 狄更斯被列爲英國最偉大的小說家之一。
3 〔十受〕《美》〈官銜〉高過…，位居…之上：A colonel *~s* a major. 上校位居少校之上。
—*v.i.* **1 a** 〔十(*as*)補〕位居，位列〈…〉：Canada *~s* fourth among the trading nations of the world. 加拿大在世界貿易國中名列第四/New York *~s as* one of the biggest cities in the world. 紐約是世界最大都市之一。**b** 〔十介+(代)名〕位居〔…之中〕〔*with, among*〕；位居〔…之上[之下]〕〔*above*; *below*〕：He *~s* ***with*** [***among***] the best English authors. 他名列英國第一流的作家之中/Dukes ~ ***above*** barons. 侯爵的爵位在男爵之上。
2 《美》居高位；占第一位。
rank[2] [ræŋk; ræŋk] *adj.* **1** 〈植物〉繁茂的，蔓延的。
2 a 〈土地〉雜草叢生的；過於肥沃的：a ~ soil 過於肥沃的土壤。**b** [不用在名詞前]〔十介+(代)名〕[雜草]叢生的〔*with*〕：The garden is ~ ***with*** weeds. 這花園雜草叢生。
3 發出惡臭的；臭味的，腐敗的：a ~ smoke 含有臭味的煙。
4 [用在名詞前]極端的，絕對的，完全的；令人惡心的；下賤的；猥褻的；卑鄙的：a ~ egoist 極端的利己主義者/a ~ beginner 十足的新手[無經驗者，初學者]。
~·ly *adv.* **~·ness** *n.*
ránk-and-fíle *adj.* [用在名詞前](農會、合作社等的)(非理監事等的)普通會員的，普通社員的；平民的，一般大衆的；(非軍官的)士兵的。
ránk and fíler *n.* Ⓒ低階層之一員；士兵。
ránk·er *n.* Ⓒ士官兵；出身行伍者。
ránk·ing *n.* Ⓤ順次，等級(之評鑑)，順序。
—*adj.* [用在名詞前]《美》**1** 出類拔萃的，第一流的：a ~ musician 第一流的音樂家。**2** (屬)幹部的，上級的〈軍官〉：a ~ officer 高級軍官。**3** [構成複合字]…的地位的，在…的地位的：high-*ranking* 高級的，職位[地位]高的。
ran·kle [ˋræŋkl; ˈræŋkl] *v.i.* (回憶等)不斷地使人心痛；〈怨恨等〉刻骨難忘。
ran·sack [ˋrænsæk; ˈrænsæk] *v.t.* **1 a** 〔十受(十介+(代)名)〕〔尋…而〕找[搜]遍，遍搜〈地方〉〔*for*〕：He *~ed* London ***for*** the book. 他搜遍了倫敦尋找那本書。**b** 〔十受十 *to do*〕〈爲做…而〉搜遍〈地方〉：They had *~ed* my room *to* try and find the letter. 他們曾搜遍我的房間設法找出那封信。
2 a 〔十受〕搶劫，掠奪，洗劫〈某地〉：~ a town 搶劫城鎮。**b** 〔十受+介+(代)名〕從〈…地方〉搶劫〔物品〕〔*of*〕：The palace was *~ed* ***of*** all its valuables. 宮中的貴重物品被洗劫一空。
ran·som [ˋrænsəm; ˈrænsəm] *n.* **1** Ⓒ(用以解救被捕者的)贖金：demand a ~ 要求[索]贖金。**2** Ⓤ(人質等的)贖身，贖回：His ~ has been effected. 他被用贖金贖回。
a kíng's ránsom 鉅款《★源自「贖回國王的贖金」之意》：I paid *a king's* ~ for these books. 我付一筆鉅款買了這些書。
hóld a person **to ránsom** 擄〈某人〉作人質索贖金。
—*v.t.* 〔十受〕(付贖金而)將〈人質等〉贖回；賠償…。
ránsom bíll *n.* Ⓒ《法律》贖償證書《尤指海上被擄獲之船舶於贖償之後所獲得之證書，可通行無阻，不再受同一國家其他船隻之騷擾》。
rant [rænt; rænt] *v.i.* **1** 咆哮，吼叫，怒吼；口出狂言；豪言壯語：~ and rave 大聲叫嚷。**2** 狂熱地講道。**3** 〈演員等〉大聲亂喊臺詞。
—*v.t.* 〈演員〉大聲嚷叫，激昂地說〈臺詞〉。
—*n.* Ⓤ豪言壯語，吵嚷聲。**~·er** *n.*
rap[1] [ræp; ræp] *n.* **1** Ⓒ **a** 敲擊，咚咚的輕敲〔*at, against, on*〕：There was a ~ *at* the door. 門口有人敲門。**b** 咚咚的敲擊聲。
2 Ⓒ《俚》**a** 嚴厲的斥責，責難；懲罰：take the ~ (*for*...) (代人受罪而)被斥責；被責難；背黑鍋。**b** 犯罪嫌疑：pin a murder ~ on a person 將殺人嫌疑加在某人身上。
3 Ⓒ《美俚》談話，饒舌。
4 (又作 **ráp mùsic**)Ⓤ饒舌音樂《像喋喋不休似地歌唱的靈魂音樂》。

béat the ráp《美俚》逃過法律的處罰，獲宣判無罪。
gèt a ráp on [òver] the knúckles (1)〈小孩等〉被打指關節[手背]（以示懲罰）。(2)被斥罵；被嚴厲地打擊，被狠狠地整一頓。
gìve a ráp on [òver] the knúckles (1)敲打〈小孩等〉的手指關節[手背]（以示懲罰）。(2)斥罵；嚴厲地打擊，狠狠地整一頓。
tàke a ráp《美口語》被打，被毆；被撞。
—*v.t.* (**rapped**; **rap·ping**) **1 a** 〔十受〕(輕快地)咚咚地[砰砰地]敲打〈門、桌等〉：The chairman *rapped* the table to call the meeting to order. 主席咚咚地敲桌要求維持會場秩序。**b** 〔十受十介十名〕輕輕地敲〈人〉〔的…〕〔*on, over*〕《★用法 在表身體部位的名詞前加 the》：~ a person **on** [**over**] *the* head 輕輕地敲某人的頭。
2 〔十受〕《口語》嚴厲地責難，苛刻地批評〈人〉。
—*v.i.* **1** 〔十介十(代)名〕咚咚地[砰砰地]敲打〔門、桌等〕〔*at, on*〕：He *rapped* **at** the door [**on** the table]. 他敲門[桌子]。
2 〔動(十介十(代)名)〕《美口語》輕鬆[無拘束]地談，聊，暢談〔…〕〔*about*〕：We *rapped* **about** baseball for hours. 我們暢談了好幾個小時的棒球。
ráp óut《*vt adv*》(1)厲聲說出〈話〉：~ *out* an oath 厲聲詛咒。(2)〈心靈〉以輕敲聲表達〈信息〉。

rap² [ræp; ræp] «十八世紀愛爾蘭的私鑄假幣» —*n.* [**a** ~；用於否定句]《口語》一文，些微，絲毫：I do*n't* care [mind, give] *a* ~ for his opinion. 我一點也不在乎他的意見。

ra·pa·cious [rəˋpeʃəs; rəˈpeiʃəs] *adj.*《文語》**1** 貪婪的；貪得無厭的。**2** 強取的，搶劫的。**3**〔動物〕〈鳥等〉捕食生物的，肉食的。~·**ly** *adv.* ~·**ness** *n.*

ra·pac·i·ty [rəˋpæsətɪ; rəˈpæsəti] *n.* Ⓤ **1** 貪婪，貪得無厭。**2** 強取，搶劫，掠奪。

rape¹ [rep; reip] *v.t.* **1** 強姦〈婦女〉。**2**《文語》(於戰爭時)劫掠；破壞〈國家、城市等〉。
—*n.* ⓊⒸ **1**〔法律〕強姦。**2**《文語》掠奪，破壞〔*of*〕.

rape² [rep; reip] *n.* Ⓤ〔植物〕油菜《又稱蕓薹，爲羊、豬等的飼料；種子可榨菜油(rape oil)》.

rape³ *n.* Ⓤ汁液被榨出後之葡萄渣。

rápe·sèed *n.* ⓊⒸ油菜籽。

Raph·a·el¹ [ˋræfɪəl, ˋref-; ˈræfeil, ˈreifl] *n.* 拉斐爾《男子名》。

Raph·a·el² [ˋræfɪəl; ˈræfeiəl, -fiəl] 拉斐爾《1483–1520；義大利畫家、雕刻家及建築家》。

【圖片說明】Raphael² 作品「塞濟歐拉的聖母」。

Raph·a·elesque [ˌræfɪəˋlɛsk; ˌræfeiəˈlesk] *adj.* 拉斐爾風格的。

‡rap·id [ˋræpɪd; ˈræpid] «源自拉丁文「搶奪」之義» —*adj.* (**more** ~, **most** ~; ~·**er**, ~·**est**) **1** 迅速的；急促的；敏捷的：a ~ river 水流湍急的河流/make ~ progress 進步很快。
2 〈行動〉敏捷的(⇨ quick【同義字】)：take a ~ glance 迅速地看一眼。
3 〈下坡〉陡急的。
4〔攝影〕〈透鏡〉快速拍攝用的；〈軟片〉感光度高的，快速感光的。
—*n.* Ⓒ〔常 ~**s**〕(河川的)急灘，湍流：shoot the ~*s* 渡過湍流。~·**ly** *adv.*

rápid èye móvement *n.* Ⓒ⇨REM.

rápid-fíre *adj.* **1** 〈槍砲〉速射的：a ~ gun 速射砲。**2** 〈詢問等〉一個緊接一個的，像連珠砲似的。

rápid-fíring *adj.* =rapid-fire.

ra·pid·i·ty [rəˋpɪdətɪ; rəˈpidəti] «rapid 的名詞» —*n.* Ⓤ迅速，敏捷；速度：with ~ 迅速地。

rápid tránsit *n.* Ⓤ(市區內的地下鐵路、高架鐵路等)捷運設施[系統]。

ra·pi·er [ˋrepɪɚ; ˈreipjə] *n.* Ⓒ一種細而長的雙刃劍《主要用於決鬥》。

rapier

rápier thrùst *n.* Ⓒ **1** 用細長雙刃劍的一刺。**2** 即時而巧妙的應答；巧妙犀利的諷刺。

rap·ine [ˋræpɪn; ˈræpin, -pain] *n.* Ⓤ《文語》強奪，搶劫，掠奪(plunder).

rap·ist [ˋrepɪst; ˈreipist] *n.* Ⓒ強姦者；犯強姦罪者。

rap·port [ræˋport, -ˋpɔrt; ræˈpɔː] «源自法語» —*n.* Ⓤ **1** 關係。**2** 一致，和諧，親善〔*with, between*〕：be in ~ *with*... 與…關係密切[融洽]。

rap·proche·ment [ræprɔʃˋmɑ̃; ræˈprɔʃmɑːŋ] «源自法語» —*n.* Ⓒ(尤指國與國之間的)建立或恢復友誼或和睦關係。

rap·scal·li·on [ræpˋskæljən; ræpˈskæljən] *n.* Ⓒ《古・謔》惡棍，流氓。

ráp sèssion *n.* Ⓒ研討會；座談會《通常指爲某一特定主題所召開的非正式討論會》。

rapt [ræpt; ræpt] *adj.* **1 a** 心蕩神馳的，恍惚迷離的：listen with ~ attention 著迷地聽。**b** [不用在名詞前]〔十介十(代)名〕〔爲…〕心移神馳的，恍惚的，狂喜的〔*with*〕：He is ~ **with** joy. 他欣喜若狂。
2 [不用在名詞前]〔十介十(代)名〕〔對…〕熱中的，全神貫注的；埋頭〔於…〕的〔*in*〕：He was ~ **in** thought [his work]. 他全神貫注於思索[埋頭工作]。

rap·to·ri·al [ræpˋtorɪəl, -ˋtɔr-; ræpˈtɔːriəl] *adj.* **1** 適於捕捉小生物的。**2**〔動物〕猛禽類的。

rap·ture [ˋræptʃɚ; ˈræptʃə] «rapt 的名詞» —*n.* Ⓤ[又作 ~**s**] 欣喜若狂，歡天喜地，狂喜，歡喜：be filled with ~ 欣喜若狂/be *in* ~*s* 在狂喜之中/fall [go] *into* ~*s* over... 對…喜愛若狂。

rap·tur·ous [ˋræptʃərəs; ˈræptʃərəs] *adj.* 欣喜若狂的，狂喜的；表示狂喜的；引起狂喜的。~·**ly** *adv.*

‡rare¹ [rɛr; rɛə] «源自拉丁文「稀薄的，稀疏的」之義» —*adj.* (**rar·er**; **-est**) **1** 罕見的，珍奇的，稀罕的：a ~ event 罕有的事件/a ~ bird 珍奇的鳥/ ~ books 珍本，善本書/in ~ cases = on ~ occasions 難得，不常，偶爾/a ~ piece of luck 很難交上的好運/It is ~ *to* see such a sight. 這種景象難得一見/It is ~ *for* him *to* go out. 他難得出門《★用法 It is ~ that.... 較罕用；⇨ rarely 1》.

【同義字】rare 指同類事物數量或實例少，暗示質優而價值高；scarce 指平常或以前豐富，但目前缺乏。

2《口語》極好的，很棒的，絕妙的：They had ~ fun [a ~ time]. 他們玩得很開心[高興極了]。
3 〈空氣等〉稀薄的：The air is ~ on high mountains. 高山上空氣稀薄。
ráre òld《口語》很好[糟]：have a ~ *old* time (of it) 過得很快樂；吃盡苦頭。

rare² [rɛr; rɛə] «源自古英語「輕煮的」之義» —*adj.* 〈牛排等肉〉只稍微煮熟的，三分熟的(underdone)(⇨ beefsteak【說明】)。

rare·bit [ˋrɛrˏbɪt; ˈrɛəbit] *n.* =Welsh rabbit.

ráre éarth *n.* Ⓒ〔化學〕**1** 稀土(族)。**2** =rare-earth element.

ráre-éarth èlement [mètal] *n.* Ⓒ〔化學〕稀土元素[金屬]。

rar·e·fac·tion [ˌrɛrəˋfækʃən; ˌrɛəriˈfækʃn] «rarefy 的名詞» —*n.* Ⓤ稀薄；稀釋。

rár·e·fìed *adj.* 崇高的，高尚的；深遠的：~ thinking 崇高的思想。

rar·e·fy [ˋrɛrəˏfaɪ; ˈrɛərifai] «rare¹ 的動詞» —*v.t.* **1** 使〈空氣、氣體等〉稀薄。**2** 使…純化[淨化](purify).
—*v.i.* 變稀薄。

***rare·ly** [ˋrɛrlɪ; ˈrɛəli] *adv.* (**more** ~; **most** ~) **1** [修飾整句]罕有地，極少地：We ~ see him nowadays. 我們現今極少看到他《★用法 在句中的位置與 often, seldom 同》/*R*~ have I seen such a scene. 我很少看到這樣的場面/It is ~ that he drinks. 他很少喝酒。
2 稀奇地；非常地；異常地：She was ~ beautiful. 她很漂亮。
rárely (if) éver 即使…也很少《★用法《口語》又作 rarely ever》：She ~ *if ever* plays the piano now. 她現在極少彈鋼琴。
rárely or néver 絕少：He ~ *or never* laughs. 他絕少笑。

rar·ing [ˋrɛrɪŋ; ˈrɛəriŋ] *adj.* [不用在名詞前]〔十 *to* do〕《口語》渴望〈做…〉的，急切想〈做…〉的，急於〈做…〉的：They are ready and ~ *to* go. 他們已準備妥當急切想出發[開始]。
~·**ness** *n.*

rar·i·ty [ˋrɛrətɪ; ˈrɛərəti] «rare¹ 的名詞» —*n.* **1** Ⓤ稀薄；珍奇。**2** Ⓒ稀奇的人；珍品。

ras·cal [ˋræskl; ˈrɑːskəl] *n.* Ⓒ**1** 流氓，惡棍。**2**《謔》調皮小鬼；傢伙。

ras·cal·i·ty [ræsˋkælətɪ; rɑːˈskæləti] *n.* **1** Ⓤ惡棍[流氓]行爲，殘忍；惡性。**2** Ⓒ惡事，壞事。

ras·cal·ly [ˋræsklɪ; ˈrɑːskəli] *adj.* **1** 惡棍的，流氓的，惡劣的，毒辣的。**2** 卑賤的；卑鄙的。

rase [rez; reiz] *v.*《英》=raze.

rash¹ [ræʃ; ræʃ] *adj.* (~·**er**; ~·**est**) **1** 性急的，輕率的，貿然的，欠缺斟酌的：a ~ scheme 輕率的計畫/It would be ~ to assert that.... 若堅定地斷言[肯定地說]…，那是太輕率了。
2 a 鹵莽的，不顧前後的：a ~ youth 鹵莽的年輕人。**b** [不用在名詞前]〔十 *of* 十(代)名(十 *to* do)/十 *to* do〕〔某人〕〈做…〉(眞是太)鹵莽的，不顧前後的；〈某人〉(眞是)鹵莽的〈竟做…〉：It was ~ *of* you *to* say so. = You were ~ *to* say so. 你那樣說眞是太鹵莽了《你眞鹵莽，竟那樣說》。

in a rásh móment 不充分考慮後果地，輕率地。
～·ly *adv.* **～·ness** *n.*

rash² [ræʃ; ræʃ] *n.* [**a** ～] **1**《醫》發疹，皮疹：*a* heat ～ 熱疹/come out in *a* ～ 發疹。**2** (常指不愉快事件等的)(迅速的)連續發生〔*of*〕：*a* ～ *of* strikes [burglaries] 接二連三的罷工[竊案]。

rash·er ['ræʃɚ; 'ræʃə] *n.* Ⓒ鹹肉[火腿肉]的薄片。

rasp [ræsp; rɑ:sp] *n.* **1** Ⓒ粗銼。**2** [**a** ～] 用銼子銼的聲音；刺耳聲。
—*v.t.* **1 a** 〔十受〕用銼子銼；磨粗…。**b** 〔十受十副〕銼去…〈*away, off*〉：～ ***off*** corners 將稜角銼掉/The water has ～*ed* ***away*** the rocks. 水磨掉[侵蝕]了岩石。
2 〔十受(十副)〕以刺耳[沙沙]的聲音說出…〈*out*〉：He ～*ed* (***out***) a command. 他以刺耳的[粗暴的]聲音下達命令。
3 使…焦躁，刺激…；使…興奮：The noises ～*ed* his feelings [nerves]. 那噪音使他的情緒[神經]焦躁不安。
—*v.i.* **1** 發出輾軋聲。
2 〔十介十(代)名〕〔對…〕發出輾軋的[令人不舒服的]聲音〔*on, upon*〕：Her voice ～*ed* ***on*** my ears. 她的聲音使我感到很刺耳。

rasp·ber·ry ['ræz,bɛrɪ; 'rɑ:zbəri] *n.* **1 a** Ⓒ《植物》懸鉤子。**b** Ⓒ〔當作食物時爲Ⓤ〕懸鉤子的果實《製成果醬等食用》。**2** Ⓒ〔常 **the** ～, **a** ～〕《俚》將舌頭挾在上下唇之間使之振動的怪叫[喝倒采，奚落]聲《表輕蔑、譏笑》：get [give] *the* [*a*] ～ 受到[加以]譏笑[奚落]。

raspberry 1

rásp·ing *adj.* **1** 發出輾軋[刺耳]聲的。**2** 使焦躁的。**3** 刺耳的。
～·ly *adv.*

rasp·y ['ræspɪ; 'rɑ:spi] *adj.* (**rasp·i·er**; **-i·est**) **1** 發出輾軋[刺耳]聲的。**2** 易怒的。

ra·sure ['reʒɚ; 'reiʒə] *n.* ＝erasure.

***rat** [ræt; ræt] *n.* Ⓒ **1**《動物》鼠《指大型的鼠；cf. mouse》。

> 【說明】(1)在英美，水溝、河堤等的鼠稱爲 rat，居住在人類住宅喜食乾酪的稱爲 mouse(小老鼠)。猫所追的是 mouse，而狗所追的是 rat. 據傳說，發生災難之前 rat 會逃往他處。一般人對老鼠的印象不佳，皆認爲老鼠是卑劣不潔之物。
> (2)老鼠的「咕、咕」叫聲爲 squeak.

2《俚》**a** 變節者，脫黨者；叛徒；卑鄙之人，下賤之人。**b** 不參加罷工的勞工，破壞罷工的人。**c** 奸細，告密者，打小報告的人。
like [(as) wét as] a drówned rát 渾身濕透。
sméll a rát《口語》覺得可疑，發覺不對勁《★貓(cat)雖然看不見老鼠(rat)却仍能用鼻子嗅出其藏身所在》。
—*interj.* [Rats！表不信、失望等]《俚》胡說八道！我不相信！
—*v.i.* (**rat·ted**; **rat·ting**) **1** 〈狗〉捕鼠。
2《俚》**a** 背叛，變節，告密。**b** 〔十介十(代)名〕背叛〔…〕；背棄〔…的〕諾言〔*on*〕《★可用被動語態》：He *ratted* ***on*** his pals. 他背叛了好友。

rat·a·ble ['retəbl; 'reitəbl] *adj.* **1** 可估價的。**2**《英》應負擔稅的，應課稅的。

rat·al ['retl; 'reitl] *n.* Ⓒ課稅額。
—*adj.* 課稅額的；納稅的。

ra·tan [ræ'tæn; rə'tæn, ræ-] *n.* ＝rattan.

rat-a-tat ['rætə'tæt; ˌrætə'tæt], **rat-a-tat-tat** ['rætə,tæ'tæt; ˌrætətæ'tæt] **《擬聲語》** **—***n.* [**a** ～] 砰砰，啄啄，咚咚(rat-tat)《敲門、鼓等的聲音》。

ratch·et ['rætʃɪt; 'rætʃit] *n.* Ⓒ **1** 棘齒，棘齒輪裝置《由棘齒輪(ratchet wheel)和使棘齒輪只能向一個方向旋轉的掣子(pawl)所組成的裝置；用於某種扳子等》。
2 (又作 **rátchet whèel**)棘齒輪。

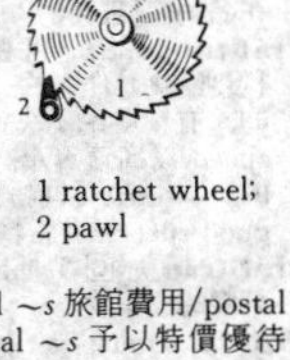

1 ratchet wheel; 2 pawl

‡**rate**¹ [ret; reit] *n.* **1** Ⓒ**a** 比率，率，比例〔*of*〕：*at* the ～ *of*... 按…的比例/birth ～ 出生率/the ～ *of* discount 折扣率。**b** 行情，行市，市價，時價：the ～ of exchange 兌換率。
2 Ⓒ(按一定收費標準的)費用，價格：hotel ～*s* 旅館費用/postal [railroad] ～*s* 郵資[鐵路運費]/give special ～*s* 予以特價優待/at a high [low] ～ 以高[廉]價。
3 Ⓒ速度，進度：*at* a great ～ 以高速/walk *at* a leisurely ～ 以悠閒的步伐走/*at* the [a] ～ of 40 miles an hour 以每小時四十哩的速度。
4 Ⓒ[常 ～**s**] (房屋、店鋪等之所有人所繳納的)稅；《英》地方稅(《美》local taxes)：～*s* and taxes 地方稅及國稅/pay the ～*s* 繳納地方稅。
5 Ⓤ[常與序數連用]等級；(…)等：⇨ first-rate, second-rate.
at an éasy ráte (1)以廉價。(2)不費力地，輕易地。
at ány ràte (1)無論如何。(2)至少：You didn't do the test very well, but *at any* ～ you passed. 你考得並不很好，但至少及格了。
at thát [thís] ràte 若照那種[這種]情形；如果那樣[這樣]的話。
—*v.t.* **1** 《★無進行式》**a** 〔十受十介十(代)名〕〔以…〕估價[評價]…〔*at*〕：It is difficult to ～ a man ***at*** his true value. 要評估一個人的眞正價值是困難的/The house may be ～*d* ***at*** $100,000. 那房屋可以估價爲十萬美元。**b** 〔十受〕[與狀態副詞連用]估價，評價…：I don't ～ his merits very high [highly]. 我對他的功勞評價不很高《我認爲他的功勞並不很大》。
2《★無進行式》**a** 〔十受十(*as*)補〕將…視爲[認爲]〈…〉：He ～*s* his abilities (*as*) superior to ours. 他認爲他的才幹勝過我們。**b** 〔十受十介十(代)名〕將…視爲，認爲〔…中的一人〕〔*among, with*〕：Do you ～ him ***among*** your benefactors？你當他是你恩人之一嗎？
3 〔十受十介十(代)名〕《英》(爲了課稅而)將〈房屋等〉估價〔爲某一金額〕〔*at*〕《★常用被動語態》：His house *was* ～*d* ***at*** £one million. 他的房屋被估價爲一百萬英鎊。
4 〔十受〕《美口語》值得…，有…的價值《★無進行式》：～ special treatment 應享受特別待遇[值得特別照顧或對待]。
—*v.i.* 〔十(*as*)補〕被估計，被評價〈爲…〉；位列〈於…〉：The ship ～*s as* first [～*s* A 1]. 這艘船列入第一級/Japan ～*s* high in the automobile industry. 日本在汽車工業上佔有很高的地位[享有盛譽]。

rate² [ret; reit] *v.t.* 嚴斥，斥責，罵〈人〉。
—*v.i.* 〔十介十(代)名〕嚴斥，謾罵〔人〕〔*at*〕.

rate·a·ble ['retəbl; 'reitəbl] *adj.*《英》＝ratable.

ráte·pàyer *n.* Ⓒ《英》地方稅納稅人。

rathe [reð; reið] *adj.*《古》**1** 活潑的；敏捷的。**2** 熱心的；急切的。**3** 早的。**4** 〈花〉早開的；〈植物等〉早熟的。
—*adv.* **1** 敏捷地。**2** 早地。

‡**rath·er** ['ræðɚ; 'rɑ:ðə] **《古英語 'rathe' (＝soon) 的比較級》**
—*adv.* (無比較級、最高級) **1 a** 〈與其…〉寧可，寧願，毋寧；不如〈*than*〉：He is a writer ～ *than* a scholar. 與其說他是學者，不如說他是作家/It is sultry ～ *than* warm. 這天氣與其說暖和不如說悶熱/*R*～ *than* travel by car, I'd prefer to walk. 與其乘汽車旅行，我寧可走路/I would prefer to stay home ～ *than* go out on such a rainy day. 在這種雨天，我寧可待在家裏也不出門/It is ～ cool *than* not [otherwise]. 天氣還是挺冷的。
b [**would** [**had**] ～]〈與其…〉寧願[寧可]…〈*than*〉《★《口語》常作 'd rather》：I'*d* ～ stay *than* go. 我寧可不去/I *had* ～ never have been born *than* see [have seen] this day of shame. 與其如今蒙羞，不如未曾出生的好/"Shall we go out for supper？" —"I'*d* ～ stay at home [not]."「我們出去吃晚飯好嗎？」「我寧願留在家裏[不出去]。」/I'*d* ～ not go. 我寧願不去。**c** 〔十(*that*)＿〕[**I would** [**had**] ～] 但願〈…事〉《★用法 *that* 子句中用假設語氣過去式》：I *would* [*had*] ～ he didn't tell her about it. 但願他不會把這件事告訴她。
2 毋寧說，更確切地說：The attempt was ～ a failure. 那項嘗試毋寧說是個失敗《★用法 僅有名詞時，只用單數名詞，並將 rather 置於不定冠詞前；a ～ failure 的字序是錯誤》/It was ～ a hot day. ＝It was a ～ hot day. 那是相當熱的一天《★用法 rather 修飾與形容詞連用的名詞時，字序與 quite 的情況相同》/She was one of the ～ clever girls I met. 她是我所看見的相當聰明的女孩中的一個《★用法 有定冠詞時，將 rather 置於其後》/I ～ dislike him. 說得確切點，我不喜歡他《★用法 與動詞連用時，置於動詞前》/I should ～ think so. 的確是那樣。
3 有幾分，有點，稍微；相當，頗《★用法 在審愼的說法中表 much, very 之義》：～ dark 相當暗/a ～ good-looking girl 頗爲漂亮的女孩/I feel ～ better today. 我今天覺得稍微好些/He was ～ the worse for liquor. 他醉得相當厲害/This book is ～ too difficult for you. 這本書對你來說稍微難了一點《★比較 fairly 不能用於比較級或 too 前，但 rather 則可》。
4 [當連接詞用] **a** 反之，相反地：It wasn't a help, ～ a hindrance. 那不是幫忙，反而是妨礙。**b** ＝or RATHER.
or ràther 更正確地說，說得更確切一點《★用於更正》：late last night, *or* ～ early this morning 昨天深夜，說得更確切點，是今天清早/He woke early, *or* ～, he was pulled out of bed. 他醒得早，說得更確切點，他是被拖下牀的。
—*interj.* ['ræ'ðɚ; 'rɑ:ðə, rɑ:'ðə:] [當反語用以加強肯定的回答]《英口語》當然！的確！怎麼不！(certainly)："Do you like it？" —"*R*～!"「你喜歡它嗎？」「怎麼會不喜歡[當然]！」

rát·hòle *n.* Ⓒ **1** 被鼠咬成的洞。**2** 鼠窩。**3** 狹小齷齪之地。
dówn the ráthole 白費；浪費。

raths·kel·ler ['rɑts,kɛlɚ; 'rætsˌkelə] *n.* Ⓒ**1** (德國)會堂地下室《常作酒館、餐館之用》。**2** 地下室內的酒店或餐館；德國式酒館。

rat·i·cide ['rætɪ,saɪd; 'rætisaid] *n.* ⓊⒸ滅鼠藥；殺鼠劑。

rat·i·fi·ca·tion [,rætəfə'keʃən; ˌrætifi'keiʃn] 《ratify 的名詞》 **—***n.* Ⓤ(條約等的)批准，承認。

rat·i·fy ['rætə,faɪ; 'rætifai] *v.t.* 批准，承認〈條約等〉：～ a treaty 批准條約。

ra·ti·né [,ræt'ne; ˌræt'nei] *n.* Ⓤ《紡織》平紋結子花呢；珠皮大衣呢。

rat·ing[1] ['retɪŋ; 'reitiŋ] *n.* **1 a** Ⓤ評價，評估，估計。**b** Ⓒ估價額。**2** Ⓒ《美》評分：a ～ of 80% in English 英語的評分八十分/a student with a good academic ～ 成績優良的學生。
3 Ⓒ **a** (電視的)收視率，(廣播的)收聽率：a TV program with a high ～ 收視率高的電視節目。**b** (政治的)支持率：The opinion polls gave the president a high ～. 民意測驗顯示人民對總統的支持率很高。**c**《美》(公司、個人等的)信譽。
4 Ⓒ(船艦、海員的)等級，級別。
5 Ⓒ《英海軍》士官，水兵：the officers and ～*s* 軍官和士官兵。
6 Ⓒ《英》地方稅額。

rat·ing[2] ['retɪŋ; 'reitiŋ] *n.* ⓊⒸ叱責，責罵，申斥。

***ra·tio** ['reʃo; 'reiʃiou] *n.* (*pl.* ～s)ⓊⒸ《數學》比，比率，比例(cf. proportion 5)：*in* direct [inverse, reciprocal] ～ 成正[反]比/They are *in* the ～ 3：2. 他們成三比二的比例《★ 讀法 讀作 ratio of three to two》/The ratio of men to women was two to one. 男女的比例是二比一。

rat·i·o·ci·nate [,ræʃɪ'ɑsṇ,et; ˌræti'ɔsineit] *v.i.* (以三段論法等)推理，推論。

rat·i·o·ci·na·tion [,ræʃɪ,ɑsṇ'eʃən; ˌrætiɔsi'neiʃn] *n.* Ⓤ(藉三段論法等的)推論，推理。

rat·i·ó·ci·nà·tive [-,netɪv; -neitiv] *adj.* **1** 推理的，推論(式)的。**2** 好辯的，好議論的。

ra·tion ['ræʃən; 'ræʃn] *n.* **1** Ⓒ(食料、燃料等的)一定配額，配給量，定量：a ～ of sugar 糖的配給量/be put *on* ～*s* 計口授糧，定額配授[配給]。**2** [～s] 糧食：*on* short ～*s* 糧食缺乏，糧食被限制。**3** Ⓒ[常 ～s]《軍》一日分的口糧：⇨ iron rations.
—*v.t.* **1 a** 〔十受(十副)〕配給〈定量的食物、燃料等〉；限制…的配給〈*out*〉：～ (*out*) meat 配給肉/Water must now be ～*ed.* 現在必須將供水加以限制。**b** 〔十受(十副)十介十(代)名〕將〈物〉配給〔給…〕〈*out*〉〔*to*；*among*〕：The remaining water was ～*ed* (*out*) carefully ***among*** the survivors. 剩下的水小心地被分配給生存者。
2 〔十受〕定量配給〈人〉；配給〈人〉食物：When supplies ran short we were ～*ed.* 糧食缺乏時，我們實行定量供應制。
3 〔十受十介十(代)名〕限制〈消費者〉的配給〔爲…〕〔*to*〕：People were ～*ed to* a pound of meat a week. 人們的定量供應被限制爲一星期一磅肉。

ra·tion·al ['ræʃənl; 'ræʃənl] *adj.* (**more** ～；**most** ～)(↔ irrational)**1** 〈人〉有理性的，懂道理的；通情理的：Man is a ～ being. 人是有理性的動物。**2** 〈言行〉合理的，通情達理的：a ～ explanation 合理的說明。**3** (無比較級、最高級)**a** 推理的，推論的：the ～ faculty 推理力。**b** 純理論的，理性主義的。**4** (無比較級、最高級)《數學》有理的：a ～ expression [number] 有理式[數]。
—*n.* Ⓒ《數學》有理數。～**·ly** [-lɪ; -li] *adv.*

ra·tion·ale [,ræʃə'næl; ˌræʃə'nɑːl] *n.* ⓊⒸ理論的解釋；理論的根據，原理〔*of*〕。

ra·tion·al·ism ['ræʃənl,ɪzəm; 'ræʃṇəlizəm] *n.* Ⓤ **1** 理性主義，純理主義，唯理主義，唯理論(cf. empiricism 1)。**2** (宗教上的)理性主義。

rá·tion·al·ist [-ʃənlɪst; -ʃṇəlist] *n.* Ⓒ唯理主義者，理性論者。
—*adj.* ＝rationalistic.

ra·tion·al·is·tic [,ræʃənl'ɪstɪk; ˌræʃṇə'listik˝] *adj.* **1** 唯理主義的，理性主義的。**2** 唯理主義者的，唯理論者的。

rà·tion·al·ís·ti·cal·ly [-klɪ; -kəli] *adv.*

ra·tion·al·i·ty [,ræʃə'nælətɪ; ˌræʃə'næləti] *n.* **1** Ⓤ唯理性，合理性；通情達理。**2** Ⓒ[常 **rationalities**]合理[有理性]的行爲[見解]。

ra·tion·al·i·za·tion [,ræʃənəlɪ'zeʃən; ˌræʃṇəlai'zeiʃn, -li'z-] 《rationalize 的名詞》 **—***n.* ⓊⒸ **1** 合理化。**2**《數學》有理化。

ra·tion·al·ize ['ræʃənl,aɪz; 'ræʃṇəlaiz] *v.t.* **1 a** 合理地處理[解釋]〈事〉。**b** 使〈自己的行爲等〉顯得合理，爲…尋求藉口。**2** 使〈產業等〉合理化。**3**《數學》使…成有理數[式]。
—*v.i.* **1** 合理地思索[解釋]。**2** 實行合理化。

rá·tion·ing *n.* Ⓤ配給。

rát kangaròo *n.* Ⓒ鼷《澳洲產》。

rat·lin(e) ['rætlɪn; 'rætlin] *n.* Ⓒ[常 ～s]《航海》索梯《以橫方向連繫橫桅索(shrouds)的細繩，當繩梯的梯階之用》。

RATO ['reto; 'reitou] 《源自 *r*ocket-*a*ssisted *t*ake *o*ff》 **—***n.* Ⓒ火箭輔助起飛(cf. jato)。

rat kangaroo

rát pòison *n.* ⓊⒸ殺鼠藥。

rát ràce *n.* [the ～]《口語》**1** (尤指在同事間之)無止境的無聊競爭，激烈的晉陞競爭。
2 勞神而無法逃避的日常工作；不停的勞碌奔波。

ráts·bàne *n.* Ⓤ **1** 殺鼠藥。**2** 有(殺鼠)毒性的植物。

rát·tàiled *adj.* 〈湯匙等〉形狀似老鼠尾巴的《細長的柄延伸到彎曲部之下》。

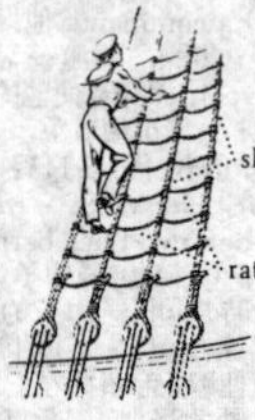

ratlines

rat·tan [ræ'tæn; rə'tæn, ræ-] *n.* **1** Ⓒ **a**《植物》籐。**b** 籐的莖和皮。
2 Ⓒ籐杖。
3 Ⓤ[集合稱](製造物品用的)籐條。

rat-tat [,ræt'tæt; ˌræt'tæt] *n.* ＝rat-a-tat.

rát·ter *n.* Ⓒ **1** 善於捕鼠的人[狗，貓]：This dog is a good ～. 這隻狗很會捕鼠。
2《俚》背叛者，變節者，叛黨者，告密者；阻礙罷工者。

***rat·tle** ['rætl; 'rætl] *v.i.* **1** 發出嘎嘎[卡嗒卡嗒]聲：We heard the windows *rattling in* the strong wind. 我們聽到窗戶在强風中發出嘎嘎的聲音/The hail ～*d on* the roof [*against* the window]. 冰雹霹靂啪啦地落在屋頂上[打在窗上]。
2 〔十副詞(片語)〕**a** 〈車輛〉轆轆地行駛(在…)：The cab ～*d by.* (破舊的)計程車轆轆地駛過。**b** 〈人〉使(車)轆轆作響而行駛，疾馳：They ～*d past.* 他們乘車轆轆作響地駛過/He ～*d along* at a steady 90 mph. 他一直保持時速九十哩駕車疾馳。
3 〔動(十副)〕喋喋不休[絮絮叨叨]地說〈*on, away*〉：He ～*d* ***away*** [*on*] gaily. 他快活地喋喋而言。
—*v.t.* **1** 〔十受〕使…嘎嘎[卡嗒卡嗒]地響，使…嘎嘎[卡嗒卡嗒]地搖動：The wind was *rattling* the windows. 風使窗嘎嘎作響。
2 〔十受(十副)〕嘴快地說[背誦]，喋喋而言…〈*off, out, away*〉：The girl ～*d* ***off*** her lessons. 那女孩倒背如流地朗誦功課。
3 a 〔十受十副〕迅速地做好，趕緊[匆匆]做好〈工作等〉〈*through*〉：～ ***through*** the work 迅速地處理工作。**b** 〔十受十介十(代)名〕〔在議會等〕迅速通過〈議案等〉〔*through*〕：They ～*d* the bill ***through*** the House. 他們使該議案在衆院匆匆通過。
4 〔十受〕《口語》使〈人〉激動，使…紊亂，使…驚慌，使…狼狽，使…煩惱《★常用被動語態》：Nothing ～*d* him. 他不爲任何事所驚動/Don't get ～*d.* 不要激動。
—*n.* **1** Ⓤ[又作 **a** ～]嘎嘎[卡嗒卡嗒](之聲)：*a* ～ of machine gun fire 機關槍發射的嗒嗒聲。**2** Ⓒ **a** 嘩啷棒《一種嘎嘎作響的玩具》。**b** 喀嗒喀嗒作響的器具《觀看足球賽時使用》。**c**《動物》(尤指響尾蛇尾部)嘎嘎作響的器官《角質小環；通常有六至十二圈》。**3** Ⓒ **a** 喋喋不休。**b** 喋喋不休的人。

ráttle·bráined, ráttle·héaded, ráttle·páted *adj.* 〈人〉腦袋空空[愚鈍]的，浮躁的。

rát·tler *n.* Ⓒ **1 a** 作嘎啦響聲之物[人]。**b**《美》＝rattlesnake.
2《美口語》鐵路貨車。

ráttle·snàke *n.* Ⓒ《動物》響尾蛇《美洲產的一種毒蛇》。

ráttle·tràp 《口語》 *n.* Ⓒ破舊的汽車[馬車(等)]，老爺車。**—***adj.* [用在名詞前]破舊的：a ～ car 老爺車。

rattlesnake

rát·tling *adj.* [用在名詞前]**1** 嘎嘎[嘎啦嘎啦]作響的。**2**《口語》**a** 活潑的，有精神的；快速的：drive at ～ speed 以高速駕車。**b** 極好的，很棒的。**—***adv.*《口語》很，非常：a ～ good speech 非常精彩的演講。

rát·tràp *n.* Ⓒ **1** 捕鼠器。**2** 絕望的境地。**3**《口語》骯髒而破舊荒廢的建築物。

rat·ty ['rætɪ; 'ræti] 《rat 的形容詞》**—***adj.* (**rat·ti·er**；**-ti·est**)**1 a** 似鼠的。**b** 多鼠的。**2**《俚》**a** 寒酸的，襤褸的，破爛的：a ～ hotel 收費低廉的低級旅館。**b** 卑賤的。**3**《英口語》焦躁的，暴躁的，易怒的：get ～ (*with*...) (對…)氣忿[發怒]。

rau·cous ['rɔkəs; 'rɔːkəs] *adj.* **1** 粗啞的；聲音沙啞的，刺耳的。**2** 嘈雜的，喧囂的：a ～ party 喧囂的聚會。
～**·ly** *adv.* ～**·ness** *n.*

raunch [rɔntʃ, rantʃ; rɔːntʃ] *n.* Ⓤ《俚》粗俗；邋遢；淫穢。

raun·chy [ˈrɔntʃɪ, ˈran-; ˈrɔːntʃi] *adj.* (**raun·chi·er**；**-chi·est**)《美俚》**1** 不整潔的，低級的。**2** 淫蕩的，猥褻的，好色的。

ráun·chi·ness *n.*

rav·age [ˈrævɪdʒ; ˈrævidʒ] **《源自法語「搶奪」之義》 —*n.* 1** Ⓤ破壞，荒廢；蹂躪，荼毒。**2** [~s] 被破壞的殘跡，損害〔*of*〕：the *~s of* war 戰禍，戰爭的創傷。

—*v.t.* 1 蹂躪；毀壞，破壞…：The crops were *~d* by the typhoon. 農作物遭颱風毀壞。

2〈軍隊、羣衆等〉掠奪〈地方〉：The army *~d* the whole town. 軍隊掠奪了整個城鎮。

rave [rev; reiv] **《源自法語「作夢」之義》 —*v.i.* 1 a** (像狂人似地)發譫語，發狂言，胡言亂語：You're *raving*! 你在胡言亂語！**b** 〔十介十(代)名〕〔就…而〕〔對…〕叫罵，吼叫，咆哮〔*at*, *against*〕〔*about*〕：Don't ~ ***at*** [***against***] fate. 不要抱怨命運/~ ***about*** one's misfortune 大聲叫嚷自己的不幸。

2 〔十介十(代)名〕很起勁地說；熱心地說；激賞〔…〕〔*about*, *over*〕：Everybody *~d* ***about*** the new singer. 大家熱烈地談論那位新歌星。

3〈風、水等〉狂暴，怒吼。

—*v.t.* 1 瘋狂般說出…《★稍舊式的說法》：She *~d* her grief. 她嚷著訴說自己的傷心事。

2 [~ one*self*] **a** 〔十受十補〕大聲叫嚷〈至…〉：He *~d himself* hoarse. 他叫嚷得嗓子都啞了。**b** 〔十受十副詞(片語)〕狂暴，咆哮〈至…〉：He *~d himself to* sleep [*into* a high fever]. 他咆哮至疲倦睡著[發高燒]/At last the storm *~d itself out*. 暴風雨狂襲了一陣後平息了。

—*n.* ⓊⒸ**1** 怒吼，咆哮。**2**《口語》激賞。

—*adj.* [用在名詞前]《口語》大加讚揚的，過分誇獎的；狂熱的：a ~ review 過分讚揚的評論。

rav·el [ˈrævl; ˈrævl] (**rav·eled**，《英》**-elled**；**rav·el·ing**，《英》**-el·ling**) *v.t.* 〔十受(十副)〕**1 a** 鬆開，拆開〈編織品、繩索等〉〈*out*〉：~ (***out***) the skein of wool 拆散一束[絞]毛線。**b** 使〈錯綜複雜的事件等〉明白，使…一目了然〈*out*〉：The detective soon *~ed* ***out*** the truth. 那名偵探很快就使眞相大白。**2 a** 使〈線、頭髮等〉糾纏，使…糾結〈*up*〉. **b** 使〈問題等〉混亂[變得錯綜複雜]〈*up*〉：the *~ed* skein of life 人生的錯綜複雜。

—*v.i.* 〔動(十副)〕**1** 解開，散開，鬆開〈*out*〉. **2**〈困難〉解決〈*out*〉：The difficulty soon *~ed* ***out***. 那困難很快就解決了。

—*n.* Ⓒ**1** (繩、編織品等的)解[散]開的一端。**2** (毛線等的)糾結。**3** 混亂，錯綜複雜。

ra·ven[1] [ˈrevən; ˈreivn] *n.* Ⓒ《鳥》渡鳥(⇨ crow²【說明】)。

> 【說明】(1)渡鳥(raven)是烏鴉(crow)的一種，體型較烏鴉爲大。羽毛烏黑光亮，因此有稱黑髮爲 *raven* locks 的說法。據說如果渡鳥叫聲沙啞淒涼就是壞天氣的預兆，而清晨時如叫聲清亮就會是好天氣。此外由於渡鳥吃腐肉，因此被視爲死亡或瘟疫之兆的不吉祥之鳥；cf. crow 或 Tower of London(⇨ tower)【說明】
> (2)渡鳥的「啞啞」叫聲稱爲 croak 或 caw.

—*adj.* [用在名詞前]《文語》烏黑的，烏黑光亮的：~ hair 烏黑的頭髮。

rav·en[2] [ˈrævɪn, -ən; ˈrævn] *v.i.* **1** 〔動(十副)〕掠奪，到處搶〈*about*〉. **2** 〔十介十(代)名〕到處搜尋[捕食，獵取]〔…〕〔*for*, *after*〕. **3 a** 貪婪地吞食，狼吞虎嚥。**b** 〔十介十(代)名〕〔對於食物等〕迫不及待地想要得到，急欲〔*for*〕.

—*v.t.* 貪婪地吃〈食物〉。

ráven-háired *adj.*《文語》頭髮烏黑(光亮)的。

ráv·en·ing [-vənɪŋ; -vniŋ] *adj.* [用在名詞前]貪婪的；搜尋獵物的；狼吞虎嚥的。

rav·en·ous [ˈrævənəs; ˈrævənəs] *adj.* **1** 狼吞虎嚥的，貪婪的。**2** [不用在名詞前]〔十介十(代)名〕〔對於食物〕迫不及待的，極餓的〔*for*〕：be ~ ***for*** food 急欲覓食。**~·ly** *adv.* **~·ness** *n.*

rav·er [ˈrevɚ; ˈreivə] *n.* Ⓒ《口語》(在社會及性方面)自由奔放地過快樂生活的人。

ráve-ùp *n.* Ⓒ《英俚》狂熱的晚會。

ra·vine [rəˈvin; rəˈviːn] *n.* Ⓒ峽谷，深谷(⇨ valley【同義字】)。

rav·ing [ˈrevɪŋ; ˈreiviŋ] *adj.* **1** 狂暴的；狂亂的，發譫語的；神志昏迷的：be *in* ~ hysterics 在狂亂的歇斯底里狀態中/a ~ maniac 精神錯亂的狂人。**2**《美口語》卓越的，非凡的：a ~ beauty 絕代佳人。

—*adv.* 狂亂地：be ~ mad 發瘋。

—*n.* [~s] 無條理的話，譫語，囈語：the *~s* of a madman 狂人的譫語。

ra·vi·o·li [ˌrævɪˈolɪ; ˌræviˈouli] **《源自義大利語》 —*n.*** Ⓤ一種義大利點心《以麵粉皮包碎肉、乾酪等餡並以肉汁煮成》。

rav·ish [ˈrævɪʃ; ˈræviʃ] *v.t.* **1** 使〈人〉銷魂；使…狂喜，迷住《★常用被動語態，表示「銷魂，狂喜」；介系詞用 *with*, *by*》：He *was ~ed* ***by*** her beauty. 他被她的美麗所迷住。**2**《文語》**a** 搶劫。**b** 强姦。

ráv·ish·ing *adj.* 迷人的，使人陶醉的；使人銷魂的；使人狂喜的：a ~ blonde 令人著迷的金髮美人。**~·ly** *adv.*

ráv·ish·ment [-mənt; -mənt] **《ravish 的名詞》 —*n.*** Ⓤ銷魂；熱衷，迷醉；狂喜；掠奪；强姦。

***raw** [rɔ; rɔː] *adj.* (無比較級、最高級) **1**〈食物〉生的，未煮過的：~ meat 生肉/eat fish ~ 吃生魚。

2 a 仍爲原料的，未加工的，未精製的：~ silk 生絲/⇨ raw material/ ~ milk 生牛乳。

> 【同義字】crude 指原料等只經過粗製的。

b〈獸皮〉未鞣製的：⇨ rawhide. **c**〈酒〉未攙水的：~ spirit(s) (未攙水或冰塊等的)純酒。**d**〈軟片〉未曝光的：~ film 未曝光[未使用]的軟片。

3 a〈人〉無經驗的，不熟練的：a ~ recruit 新兵。**b** [不用在名詞前]〔十介十(代)名〕〔對…〕生疏的〔*to*〕：He was ~ ***to*** the land [the work]. 他對該地[工作]生疏。

4 a〈傷、皮膚等〉擦破的，綻開的，刺痛的：a ~ wound 皮肉裂開的創傷/~ skin 擦破的皮膚。**b** [不用在名詞前]〔十介十(代)名〕〔因…而〕皸裂的〔*with*〕：hands ~ ***with*** cold因寒冷而皸裂的手。

5〈天氣等〉陰寒的，濕冷的：a ~ night 陰寒的夜晚。

6《口語》嚴苛的，不公平的：a ~ deal 刻薄的對待，不公平的待遇。

7《美》露骨的，直言的；赤裸的；淫猥的。

—*n.* [**the** ~] 皮膚擦破之處；脫皮後露出的紅肉；赤裸；擦傷；痛處；弱點。

in the ráw (1)保持着天然狀態地[的]；未經雕琢地[的]。(2)赤裸地[的]：swim *in the* ~ 裸泳。

tóuch a person **on the ráw**《英》觸及某人身上的痛處[某人的弱點]；觸犯某人；大傷某人感情。

~·ness *n.*

ráw·bóned *adj.* 骨瘦如柴的，消瘦的(gaunt).

ráw·hìde *n.* **1** Ⓤ(牛等的)生皮。**2** Ⓒ生皮作的鞭[繩]。

—*adj.* 生皮(作)的：a ~ whip 生皮鞭。

—*v.t.*《美》以生皮鞭鞭打…。

ráw matérial *n.* Ⓒ[常 ~s] **1** 原料〔*for*〕. **2** (小說等的)素材。

***ray**[1] [re; rei] **《源自拉丁文「車輻」之義》 —*n.* 1** Ⓒ光線〔*of*〕：a ~ *of* sunlight 一道陽光。

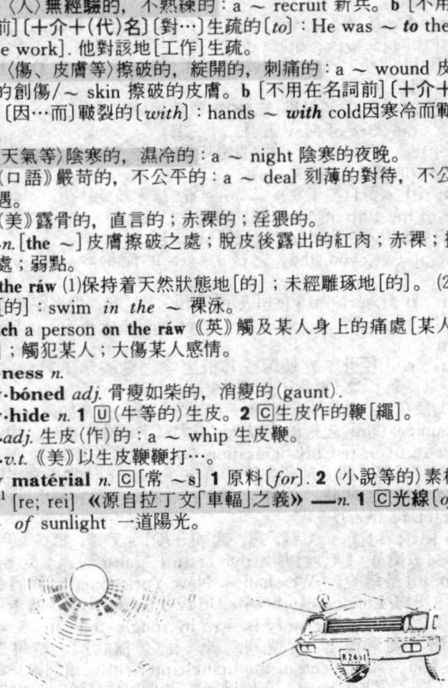

ray¹ 1　　beam

2 [a ~] **a** (希望等的一線)光明〔*of*〕：*a ~ of* hope 一線希望。**b** 少許，少量〔*of*〕：There is not *a ~ of* intelligence in him. 他沒有一點才智。**3** Ⓒ《物理》熱線，放射線，輻射線：anode [cathode] ~s 陽極[陰極]線。

—*v.i.* 1〈光等〉射出，發出，放光芒。**2**〈希望等〉閃現。

—*v.t.* 〔十受〕發出，射出，放射〈光等〉；以放射線治療〈疾病等〉。

ray[2] [re; rei] *n.* Ⓒ《魚》魟魚。

Ray [re; rei] *n.* 雷《男子名；Raymond 的暱稱》。

Ray·mond [ˈremənd; ˈreimənd] *n.* 雷蒙《男子名；暱稱 Ray》.

ray·on [ˈrean; ˈreiɔn] *n.* Ⓤ嫘縈，人造絲。

—*adj.* [用在名詞前]人造絲(作)的：~ yarn 人造絲紗[毛線，織物]。

raze [rez; reiz] *v.t.* 將〈城鎮、房屋等〉徹底摧毀[毀滅]，把…夷爲平地《★用因常用於 ~ to the ground 的片語中》：The house was *~d to the ground* by the earthquake. 那房子被地震夷平了。

***ra·zor** [ˈrezɚ; ˈreizə] *n.* Ⓒ剃刀，刮鬍刀，安全剃刀，電動刮鬍刀：⇨ safety razor.

(as) shárp as a rázor (1)銳利如剃刀的。(2)頭腦很好的；機警的。

rázor·bàck **《源自背部尖如剃刀刃》 —*n.*** Ⓒ《動物》**1**《英》鯧鯨。**2**《美》(背脊尖[高]的)(半)野豬《產於美國東南部》。

rázor-bácked *adj.* 背脊尖[高]的。

rázor blàde *n.* Ⓒ刀片。

rázor-èdge, rázor's èdge *n.* Ⓒ**1 a** 剃刀的刃；鋒銳的刀刃。**b** 尖銳的山脊。**2** 險境，危機；危險的關頭：be on the [a] ~ 陷

於險境，在千鈞一髮中。

rázor-thìn *adj.* 極薄的；薄如刀片的。

razz [ræz; ræz] **《源自 raspberry 之略》** ——《美俚》*v.t.* 苛刻地批評，責備，嘲弄，譏笑〈人等〉。

——*n.* Ⓒ苛刻的批評，責備，譏笑：give [get] the ～ 予以[受到]苛評，加以[受到]譏笑。

raz·zle(-daz·zle) [ˈræzl̩(ˌdæzl̩); ˈræzl(ˌdæzl)] *n.*《俚》[the ～] 混亂；惶惑；酩酊大醉：be [go] on *the* ～ 飲酒歡鬧；喝得酩酊大醉。

razz·ma·tazz [ˌræzməˋtæz; ˌræzməˈtæz] *n.* Ⓤ《俚》**1** 噱頭，華麗，浮華。**2** 生氣，活力。**3** 搪塞，支吾，託辭。

Rb《符號》《化學》rubidium.

RBI, rbi, r.b.i.《略》《棒球》run(s) batted in 打擊得分。

R.C.《略》Red Cross；Roman Catholic.

RCA《略》Radio Corporation of America.

RCMP, R.C.M.P.《略》Royal Canadian Mounted Police 加拿大騎警隊。

ŕ-còlored *adj.*《語音》〈母音〉帶有 r 音的《例如 further [ˋfɝðɚ; ˈfəːðə] 中的 [ɝ, ɚ; əː, ə]》。

RD, R.D.《略》rural delivery. **Rd.**《略》road. **R.D., R/D**《略》《商》Refer to drawer.

R

-rd 字尾 [表「三」及字尾爲「三」的序數數詞] 第(…)三《★「十三」爲例外》：the 23*rd* of May 五月二十三日。

re[1] [re; rei] *n.* (*pl.* ～s) Ⓤ [指個體時爲Ⓒ]《音樂》(固定唱法) C 大調音階中的第二音 (cf. sol-fa).

re[2] [ri; riː] **《源自拉丁文》** ——*prep.*《法律・商》關於…：～ your letter of the 10th of April 關於四月十日大函。

Re《符號》《化學》rhenium；《符號》rupee.

're [r; ə] (we, you, they 之後的) are 的簡稱：we'*re*, you'*re*, they'*re*.

re-[1] [ri-, rɪ-, rə-; riː-, ri-] 字首 表示「互相，反，後，退，祕密；離，去，下，再，否，不」等之意：*re*act, *re*sist, *re*main, *re*double, *re*sign.

re-[2] [ri-; riː-] 字首 加於動詞或其衍生字之前表示下列諸義：**1**「再，又，新」。**2**「重新…」。**3**「復原」。

拼法 (1)接在 re- 之後的音節頭一字母爲 e 時，通常加連字號(-)：re-examine. (2)re- 之後的字以 re- 或大寫字母爲字首時，加連字號：re-recover, re-Christianization. (3)re- 之後的字以 e 爲字首時，有時將第二個 e 加分音符(¨)作 ë：reëlect. (4)與原有字區別而表示「再」之意時，加連字號：re-collect (cf. recollect), re-cover (cf. recover).

***reach** [ritʃ; riːtʃ] *v.t.* **1** 到，達，抵：〔十受〕**a** 到達，抵達；到〈目的地、去處等〉《★用法 與 arrive at [in], get to 同義；但 reach at [in, to] 是錯的》：We shall ～ New York tonight. 我們今晚將抵達紐約/London can be ～*ed* in two hours. 兩個小時內可以到達倫敦/The upper story is ～*ed* by rough stone stairs. 崎嶇的石階可通到樓上。**b** 達到，屆，及〈某種狀態、結果等〉：Have you ～*ed* the end of the first chapter? 你已讀到第一章的末尾了嗎？/They have ～*ed* old age. 他們已屆高齡。**c** 達成〈決定、結論等〉：～ a conclusion [an agreement] 得出結論[達成協議]。**d** 伸手[脚等]觸及，接觸到〈物〉：I could not ～ the top of the wall. 我(的手)碰不到圍牆的頂端/The ladder did not ～ the window. 梯子(長度)達不到窗子/Her hair ～*es* her shoulders. 她髮長及肩。**e** 進入〈耳、目等〉：Rumor ～*ed* her ears that.... 她聽(人傳)說…《…的傳聞進入她耳中》/Not a sound ～*ed* his ears. 他沒有聽到一點聲音。**f**〈數量〉達…，及…：The total number of people infected with malaria was expected to ～ 20 million. 感染瘧疾者的總人數預期達到兩千萬人。**g**〈影響等〉擴及，延及〈某地〉：His influence ～*es* the next village. 他的勢力擴展到鄰村/The book ～*ed* a wide audience abroad. 那本書在海外擁有廣大的讀者《那本書深受海外廣大讀者的歡迎》。

2 伸出：**a**〔十受(十副)〕伸出〈手、樹枝等〉〈*out*〉：I ～*ed* **out** my hand *for* [*to* get] the fruit. 我伸手去拿那水果/The trees ～*ed* their branches toward the sun. 那些樹木向陽伸展着樹枝。**b**〔十受〕(伸手[臂])觸及，接觸…：Can you ～ the top shelf? 你伸手能觸及架子的頂層嗎？**c**〔十受(十副)十介十(代)名〕(伸手)〔從…〕取〈物〉〈*down*〉〔*from*〕：She ～*ed* the book (**down**) **from** the shelf. 她從書架上取(下)那本書。**d**〔十受(十副)十受/十受(十副)十介十(代)名〕(伸手)將〈物〉遞給〈人〉，爲〈人〉取〈物〉；(伸手)將〈物〉遞給[人]，[爲人]取〈物〉〈*over, down*〉〔*for*〕：Will you ～ me (**over**) the salt? ＝Will you ～ the salt *over* **for** me? 請把鹽遞給我好嗎？/Will you ～ me (**down**) the book? 請幫我把書拿來好嗎？

3〔十受〕打動〈人、人心等〉：Men are often ～*ed* by flattery. 人常爲恭維話所動。

4〔十受〕(以電話等)連絡…：He can be ～*ed* at this number. 打這個號碼便可與他聯繫上/If anything happens, you can ～ me by telephone [on the office telephone]. 如果有什麼事，可以打電話[打辦公室電話]跟我連絡。

——*vi.* **1**〔十副詞(片語)〕**a** (爲某種目的而)伸手：～ *for* the telephone 伸手去接電話/He ～*ed into* his pocket *for* his wallet. 他把手伸入口袋中去拿錢包/I ～*ed out for* a cigarette. 我伸手去拿香烟/He ～*ed over* the fence to pat the horse. 他把手伸過柵欄去拍馬/He ～*ed up* but could not get it. 他把手往上伸，但拿不到它。**b** 努力想得到，設法得到，追求(某物)：He ～*ed after* fame. 他追求名聲/The mind ～*es forward to* [*out toward*] the ideal. 心懷崇高的理想[一心向著崇高的目標邁進]。

2 a (伸手)搆到；〈視力、物等〉達，及，屆：A walkie-talkie will ～ as far as 20 miles. 手提式無線電對講機電波可達二十哩之遠/as far as [farther than] the eye can ～ 就視力所能及，極目望去/Can you get me down that vase from the top shelf? I'm too short to ～. 你能從架子的頂層拿下花瓶給我嗎？我太矮了，搆不到。**b**〔(十副)十介十(代)名〕屆，到，達，及〔…〕〈*down*〉〔*to*〕：The coat ～*ed* (**down**) **to** his knees. 那件外衣長及他的膝蓋/Her blond hair ～*ed to* her shoulders. 她的金髮長及雙肩。

——*n.* **1** [a ～] **a** (手、臂等之)伸出，伸長：He made *a* ～ *for* my hair 他伸手抓我的頭髮。**b** (伸直的)手臂長度：That boxer has *a* long ～. 那名拳擊手(握拳伸直)的手臂很長。

2 Ⓤ**a** (手、臂等的)所及的範圍；(從…)能輕易到達的距離〔*of*〕：Keep all medicines *out of* the children's ～. 把所有的藥放在孩子們搆不到的地方/The hotel was *within* easy ～ *of* the station. 那旅館離車站很近。**b** (能力、理解力等的)所及的範圍：The car is priced *beyond* the ～ *of* many of us. 那部車子定價太高，超出我們大多數人的財力所能及的範圍《我們大多數人都買不起這種定價過高的車子》/Nuclear physics is *beyond* [*out of*] my ～. 核子物理學非我所能理解。

3 Ⓒ **a** 廣袤；區域：the great ～*es* of forest 一大片一大片的森林地帶。**b** [常 ～s] 河區；江區《河流兩彎曲處之間的一段》；(運河)兩水閘間的部分：the upper [lower] ～*es* of the Thames 泰晤士河上[下]游。

nòt...by a lóng réach 遠(不…)：His English is *not* good enough for the exam *by a long* ～. 他的英語水平尚低得很，難以應付考試。

réach-me-dòwn *n.* Ⓒ [常 ～s]《英口語》年長者穿過後給年少者的衣服；舊衣服；二手貨(《美口語》hand-me-down).

re·act [rɪˋækt; riˈækt, riː-] *v.i.* **1**〔十介十(代)名〕**a**〔對刺激等〕反應〔*to*〕《★可用被動語態》：Our eye ～*s* **to** light. 我們的眼睛對光起反應。**b**〔對某作用〕起反作用，表示反應〔*on, upon*〕《★ 可用被動語態》：Your applause would ～ **on** [**upon**] the speaker. 你們的喝采對演說者有影響。**c** 反對，反抗〔…〕〔*against*〕：The people soon ～*ed* **against** the tyrannical system. 人民不久起來反抗暴政。

2〔十介十(代)名〕《化學》〔對…〕起化學反應〔*on, upon, with*〕.

3 復古，恢復原狀；倒退。

re-act [ˌriˋækt; riːˈækt] *v.t.* **1** 重演，再演〈戲劇、角色等〉。**2** 再做，重做〈某事〉。

re·ac·tance [rɪˋæktəns; riˈæktəns] *n.* Ⓤ《電學》電抗。

re·act·ant [rɪˋæktənt; riˈæktənt] *n.* Ⓒ《化學》作用物，反應物《起化學反應之物》。

***re·ac·tion** [rɪˋækʃən; riˈækʃn] **《react 的名詞》**——*n.* **1** ⓊⒸ**a** [對作用的]反作用〔*on, upon*〕：action and ～ 作用和反作用。**b** 反抗，抗拒〔*against, to*〕：His strong ～ *against* [*to*] my proposal surprised me. 他對於我的提議的强烈抗拒使我感到驚訝。

2 Ⓤ(政治上的)**反動**，(政治趨勢的)復古：conservative ～ 保守反動。

3 Ⓒ〔對於刺激、事件、影響等的〕**反應**，態度，意見，印象〔*to*〕：What was his ～ *to* this news? 他對這個消息的反應如何？

4 Ⓤ [又作 **a** ～] **a** 還原。**b** (過度疲勞、緊張、興奮後的)無氣力，虛脫。

5 ⓊⒸ《化學・醫》反應；核子反應：a chemical ～ 化學反應/an allergic ～ 過敏性反應。

re·ac·tion·ar·y [rɪˋækʃənˌɛrɪ; riˈækʃṇəri] *adj.* (於政治、思想等方面)反動的，復古的，倒退的：a ～ statesman 反動[保守]政治家。

——*n.* Ⓒ反動主義者，保守主義者。

re·ac·tion·ism [rɪˋækʃənˌɪzəm; riˈækʃnizəm] *n.* Ⓤ保守主義；復古主義；反動主義。

reáction tìme *n.* Ⓤ《心理》反應時間。

re·ac·ti·vate [rɪˋæktɪvet; riˈæktiveit] *v.t.* **1** 使…恢復活動[活躍]。**2** 使〈後備軍人等〉恢復現役；使〈停工中的工廠等〉恢復動工。——*v.i.* 恢復活動[活躍]，再度開始。

re·ac·tive [rɪˋæktɪv; riˈæktiv] *adj.* **1** (對刺激)敏感的，反應快的。**2**《化學》反應的。**3**《物理》反作用的。

re·ac·tiv·i·ty [ˌriækˋtɪvɪtɪ; ˌriːækˈtiviti] *n.* **～·ly** *adv.*

re·ac·tor [rɪ'æktɚ; ri'æktə] *n.* Ⓒ **1** 起反應[反動]之人[物]。**2** 《化學》化學反應器，反應裝置。**3** 《核子物理》核子反應爐，原子爐(nuclear reactor).

‡read[1] [rid; ri:d] (**read** [rɛd; red]) *v.t.* **1 a** 〔十受〕讀〈書籍、信等〉：～ a book [letter] 讀書[信]。**b** 〔十受〕讀…的作品：～ Shakespeare 讀莎士比亞的作品。**c** 〔十受〕朗讀，誦讀〈句子、論文等〉：～ a passage clearly 清晰地朗讀一節。**d** 〔十受十介十(代)名〕朗讀[閱讀]而使〈人〉〔…〕〔*to*〕：He ～ the child [him*self*] ***to*** sleep. 他以朗讀方法使孩子入睡[他讀得睡著了]。

2 〔十受〕**a 讀[看]懂，閱讀並了解**〈外語等〉：～ French 看懂法語。**b** 看〈樂譜等〉：I can't ～ music. 我不會看樂譜。**c** 查看，判讀〈符號、紀錄、刻度、地圖等〉：The boy was not used to ～*ing* maps. 那男孩不習慣看地圖。

3 a 〔十受十介十(代)名〕〔在…〕**讀知，閱悉…**〔*in*〕：Have you ～ the article ***in*** the morning paper? 你在晨報上讀到那篇文章沒有？**b** 〔(十介十(代)名)十*that*__〕〔在…〕閱悉〈…事〉〔*in*〕：I have ～ ***in*** the newspaper *that* he died last night. 我從報上獲悉他昨晚去世。**c** 〔十 *wh.*__/十*wh.* 十*to* do〕讀知〈如何(做)…〉：I ～ *where* the accident had occurred. 我從書面資料中得知事故在何處發生/I'll ～ *how to* make a pie. 我想看點東西瞭解餡餅的作法。

4 a 〔十受十受〕**讀[說]…給〈人〉聽**：He ～ us his poems. 他朗讀[誦]自己的詩給我們聽/He lifted the receiver and ～ the operator the number. 他拿起聽話筒，把號碼唸給接線生聽。**b** 〔十受(十副)十介十(代)名〕讀[說]…給〔人〕聽〈*out, back, aloud*〉〔*to*〕：I'll ～ ***out*** this letter [～ this letter ***aloud***] ***to*** all of you. 我來讀[大聲讀]這封信給你們大家聽/Please ～ it ***back to*** me. 請把它復誦給我聽《★例如在電話中對替自己傳口信的人說的話》。

5 a 〔十受〕**察覺，看出，領會，觀測〈人心、想法等〉**：～ a person's thoughts 觀測出某人的想法/He ～*s* me like a book. 他對我的想法摸得清清楚楚《簡直是看透了》。**b** 〔十受十介十(代)名〕〔在[由]臉上、表情等〕看出，察覺出〈感情等〉的流露〔*in, on, from*〕：He must have ～ my fear ***in*** [***on***] my face. 他一定在我的臉上察覺出我不安的樣子/I can ～ your thoughts ***from*** [*in*] your face. 我從你的臉上看得出你的想法。

6 a 〔十受十介十(代)名〕〔在話中〕**察覺出〈某種意思〉**〔*into, in*〕：You are ～*ing* more ***into*** her letter than she intended. 你把她的信解釋得超過了她的本意[你對她信中的意思作了節外生枝的解釋]。**b** 〔十受十 *as* 補〕將〈話等〉解釋〈爲…的意思〉：Your silence will be ～ *as* consent. 你的沉默將被解釋爲同意。**c** 〔十受十 *to* do〕將〈話等〉解釋〈爲指…的意思〉：I ～ this letter *to* mean that he won't come. 我想這封信的意思是說他不來了。**d** 〔十受〕〔與狀態副詞(片語)連用〕解釋…：How do you ～ these sentences? 你如何解釋這些句子？/The passage may be ～ (in) several ways. 這一節可以用幾種方式來解釋。

7 a 〔十受十介十(代)名〕(指出文句中的印錯、寫錯等)〔將某字〕讀爲…；〔某字〕爲…之誤植；〔將某字〕更正爲…〔*for*〕《★用法通常以祈使語氣用於勘誤表，有時加 please》：***For*** "hair" ～ "heir". "hair" 爲 "heir" 之誤。**b** 〔十受十(*as*)補〕將…解釋〈成…〉，將…讀〈作…〉《★用法常用祈使語氣，有時加 please》：Please ～ "plan" *as* "plain." "plan" 爲 "plain" 之誤/ "185" should be ～ (*as*) "158." 185 應爲 158.

8 〔十受〕**a** 解〈夢、謎〉，判斷〈徵候〉：～ a dream 解夢/～ cards 以紙牌占卜/～ a person's hand [palm] 看手相。**b** 預言〈未來〉：～ a person's future 占卜某人的前途。

9 〔十受〕〈溫度計、鐘錶、車票等〉指示著[寫著]…：The thermometer ～*s* 65 degrees. 溫度計指著(華氏)六十五度/The wall clock ～ eleven-forty. 牆上的掛鐘指著十一時四十分/The ticket ～*s* "from Taipei to Kaohsiung". 車票上寫著「自台北到高雄」。

10 〔十受十介十(代)名〕《英》〔在…大學〕主修〈學科〉〔*at*〕：He is ～*ing* chemistry ***at*** Cambridge. 他在劍橋大學主修化學。

11 〔十受〕(以無線通訊、電話等)了解〈對方〉的意思；聽見…的聲音：Do you ～ me? 你聽得見我的話嗎？

—*v.i.* **1 a 閱讀，讀書**：I seldom have time to ～. 我難得有時間閱讀/He that runs may ～. (清楚得)連在跑步的人都看得懂《可以邊跑邊看懂》。**b** 出聲讀，朗讀。

2 〔十介十(代)名〕閱悉，讀知〔…之事〕〔*about, of*〕：I have ～ ***about*** [***of***] the accident in the newspaper. 我在報上讀知那事故。

3 〔十介十(代)名〕讀給〔人〕聽〔*to*〕：She used to ～ ***to*** me before bed. 她常在就寢前讀(書)給我聽。

4 〔十介十(代)名〕**a** 〔爲獲得學位等而〕學習，研究〔*for*〕：～ ***for*** the bar [*for* a degree, *for* honors] 爲了律師資格[爲了獲得學位，爲了優等成績]而努力學習。**b** 〔與家庭教師〕讀書〔*with*〕：be set to ～ ***with*** a private tutor 《英》被安排在家庭教師指導下讀書[請家庭教師伴讀]。**c** 讀書〔到…〕〔*into*〕：He sat up, ～*ing* ***into*** the early hours of the morning. 他熬夜讀書到凌晨兩、三點。

5 〔與狀態副詞(片語)連用〕可解釋作…；寫着…，讀起來是…的意思：The rule ～*s* two different ways. 那項規則可作兩種不同解釋/It ～*s as* follows. 它讀起來意思如下。

6 〔與狀態副詞(片語)連用〕讀起來(…)：This play ～*s* better than it acts. 這個劇本讀起來效果比上演要好。

réad a person **a lécture** ⇨ lecture.

réad ín 《電算》《*vt adv*》(1)〈電腦〉讀入〈資訊〉。**—**《*vi adv*》(2)〈電腦〉讀入資訊。

réad óff 《*vt adv*》(從儀器等的針面、標度盤等)出聲讀出…；讀〈秒〉。

réad óut 《*vt adv*》(1)朗讀…。(2)《電算》從電腦中讀出〈資訊〉(⇨ readout). **—**《*vi adv*》(3)《電算》從電腦讀出資訊。

réad a person **óut** (**of**...) (宣布該要旨而)(自…)開除〈某人〉：They ～ him *out of* the party. 他們開除他黨籍。

réad óver 《*vt adv*》將…從頭讀到尾，讀完…：He ～ *over* my manuscript. 他把我的原稿過目一遍。

réad thróugh 《*vt adv*》(1) = read over. (2)排練〈戲劇〉的臺詞《不練動作》。

réad úp 《*vt adv*》(充分地)鑽研，熟讀，細讀〈書〉：You must ～ this *up* before your exam. 你必須在考前細讀這(本書)。

réad úp on ... (充分地)鑽研，熟讀，細讀…《★可用被動語態》：You must ～ *up on* this before your exam. 你必須在考前熟讀這個。

tàke ...as réad [rɛd; red] 將…視爲[視同]已經檢[審]查，(不加以審查而)保證…。

—*n.* 《英口語》**1** [**a** ～] (一次的)閱讀(時間)：Can I have *a* ～ of your article? 我可以拜讀一下你的論文嗎？/I'd like to have *a* good ～. 我想好好地看一會兒書。

2 [**a** ～；常與修飾語連用] 讀物：His most recent novel is *a* very good ～ [*a* hard ～]. 他最新的小說是一部很好[難]的讀物[書]。

‡read[2] [rɛd; red] *v.* **read** 的過去式・過去分詞。

—*adj.* (**more** ～；**most** ～) [與副詞連用構成複合字] **1 a** 〈人〉(因閱讀[讀書]而)有學識的；熟知的：a well-*read* man 博學的人。**b** [不用在名詞前]〔十介十(代)名〕〈人〉通曉〔…〕的〔*in*〕：He is deeply [well] ～ ***in*** the classics. 他精通古典文學/He is little [slightly] ～ *in* music. 他對音樂不大熟悉。

2 〈書、報刊等〉被…地閱讀的：a widely-*read* magazine 被廣泛地閱讀的[擁有廣大讀者的]雜誌。

read·a·bil·i·ty [͵ridə'bɪlətɪ; ͵ri:də'biləti] 《readable 的名詞》**—** *n.* Ⓤ **1** 可讀性。**2** 易讀(性)，清晰。

read·a·ble ['ridəbl; 'ri:dəbl] *adj.* **1** 可讀的，易讀的；讀起來有趣的：a ～ book 一本可讀的書。**2** 〈字體、印刷等〉清晰易讀的，易辨識的。**réad·a·bly** [-blɪ; -bli] *adv.* **～·ness** *n.*

re·ad·dress [͵riə'drɛs; ͵ri:ə'dres] *v.t.* **1** 再對〈人〉交談；再向〈人〉致詞。**2** 〔十受(十介十(代)名)〕改寫〈信件〉上的收信人地址〔爲…〕〔*to*〕(cf. forward *v.t.* 1)：～ a letter ***to*** ...把信上的收信人地址改寫爲[把信改寄到]…。

***read·er** ['ridɚ; 'ri:də] *n.* **1** Ⓒ [常與修飾語連用] **閱讀的人，讀者**；愛好閱讀的人：a great ～ 博覽羣書的人/the common [general] ～ (沒有專門知識的)一般讀者/a quick ～ 速讀者。**2** Ⓒ [表職務、身分時爲Ⓤ] (出版社的)審閱稿件者；校對者。**3** Ⓒ (初學者用的)讀本。**4** Ⓒ [表職務、身分時爲Ⓤ] **a** [常 R~] 《英》(某些英國大學中的)講師(⇨ professor【說明】)：a ～ *in* history 歷史講師。**b** 《美》(大學的)評分助教。**5** Ⓒ (瓦斯、電、自來水錶等的)查[抄]錶員。**6** = microreader. **7** = lay reader. **8** Ⓒ 《電算》閱讀機：a card [tape] ～ 卡片[磁帶]閱讀機。

réader·shìp *n.* **1** Ⓤ [又作**a** ～] 講師的職務[身分]。**2** [用單數] **a** 讀者人數：This magazine has a ～ of 10,000. = The ～ of this magazine is 10,000. 這本雜誌的讀者人數有一萬人。**b** 讀者羣：The paper has a wide ～. 該報擁有廣泛的讀者羣。

***read·i·ly** ['rɛdɪlɪ; 'redili] *adv.* (**more** ～；**most** ～) **1 欣然，爽快地，不遲疑地，迅速地**：She ～ consented. 她欣然答應。**2 容易地，輕易地**：Nowadays you cannot ～ get a maid. 現在要找個女傭不容易。

read·i·ness ['rɛdɪnɪs; 'redinis] *n.* **1** Ⓤ準備好的狀態《★通常用於 in ～》：Everything is *in* ～. 一切準備就緒/be *in* ～ *for* an emergency 做好應付緊急的準備。

2 Ⓤ [又作 **a** ～] **a** 願意，欣然答應，樂意：*with* ～ 欣然，爽快地，興沖沖地。**b** 〔十 *to* do〕願意[欣然]〈做…〉的心意：He expressed (*a*) great ～ *to* adopt the reform bill. 他表示非常願意採用那改革方案。

3 Ⓤ [又作 **a** ～] 迅速，敏捷〔*of*〕：～ *of* wit 急智/～ *of* speech [tongue] 說話的機敏。

4 Ⓤ 《教育》準備性《被認爲對於行爲、學習不可或缺的某一階段發展上的條件》。

***read·ing** ['ridɪŋ; 'ri:diŋ] *n.* **1** Ⓤ **讀書，閱讀(能力)**；朗讀；宣

R

讀：He is good at ～. 他閱讀能力强。
2 Ⓤ學識；(尤指)文學上的知識：a man of wide [vast, extensive] ～ 博學的人。
3 a Ⓤ[常與修飾語連用]讀物：good [dull] ～ 有趣的[乏味的]讀物。**b** [～s]文選，…讀本：～*s from* Shakespeare 莎士比亞文選/～*s in* economics 經濟學讀本[論文集]。
4 Ⓒ公開的朗讀會。
5 Ⓒ **a** 〔抄本、原稿等的〕讀法〔*of, for*〕：There are various ～*s of* [*for*] this passage. 這一節有幾種不同的讀法。**b** 〔事件、夢等的〕判斷，解釋；〔角色、樂曲的〕詮釋，演出[演奏]法〔*of*〕：What is your ～ *of* the facts？你對這些事實的看法如何？
6 Ⓒ〔氣壓計、溫度計等的〕指示之度數，表記〔*on, of*〕：The ～ *on* [*of*] the thermometer was -10°C. 溫度計上的度數是攝氏零下十度。
7 Ⓒ[與序數詞連用]（議會的）…宣讀會：the first [second, third] ～ 一[二，三]讀《在英國議案經三讀通過並獲得國王裁決之後成爲法令》。
8 [當形容詞用]讀書用的：a ～ lamp 檯燈/⇨ reading desk.
—*adj.* [用在名詞前]讀書的，愛好閱讀的：the ～ public 讀書界，讀者大衆/a ～ man 愛讀書的人。
réading dèsk *n.* Ⓒ（桌面傾斜的）書桌；（教堂中的）讀經臺(lectern)。
réading glàss *n.* **1** Ⓒ放大鏡，讀細字用的透鏡。**2** [～es]閱讀用的眼鏡。
réading màtter *n.* Ⓤ（與廣告區別而稱，指報章雜誌的）讀物，報導。
réading nòtice *n.* Ⓒ小廣告《排在報紙第一頁底部，以普通字體排出的一欄》。
réading ròom *n.* Ⓒ**1** 圖書閱覽室，閱讀室。**2** （印刷廠的）校對室。
re·ad·just [͵riəˈdʒʌst; ͵ri:əˈdʒʌst] *v.t.* **1** 〔十受(十介十(代)名)〕將…重新調整[爲…]〔*to*〕. **2** 重建〈企業〉。
—*v.i.* 〔動(十介十(代)名)〕再適應〔…〕〔*to*〕. ～·**ment** *n.*
réad·òut *n.* Ⓤ《電算》**1** （資訊的）讀出，解讀《指從儲存器中取出資訊》。**2** 讀出的資訊《以人所能了解的形式表示並紀錄者》。
réad-thròugh *n.* [**a** ～] **1** 全部讀完：Give it *a* quick ～. 請迅速地過目一下。**2** （沒有動作的）臺詞排練：have *a* ～ 做臺詞的排練。
‡**read·y** [ˈrɛdɪ; ˈredi] *adj.* (**read·i·er**；**-i·est**)**1** [不用在名詞前]**a** 已預備好的，準備妥當的：get dinner ～ 準備晚餐/Are you ～？準備好了嗎？/Lunch is ～. 午餐準備好了。**b**[十介十(代)名]已做好〔…之〕準備的〔*for*〕：～ *for* printing [sea] 已做好印刷[出航]的準備《★用法 用 printing 時，主詞是將被印刷之物》/ get [make] ～ *for* starting [supper] 做好出發的準備[做好晚餐]《★比較 make 是較爲拘泥的說法》/have games ～ *for* the party 爲集會安排一些遊戲活動/get the children ～ *for* a swim 使孩子們做好游泳的準備。**c** 〔十 *to* do〕（無比較級、最高級）已準備妥〈做…〉的，隨時可以〈做…〉的：I am ～ *to* go. 我隨時可以出發。**d** 〔十 *for* 十(代)名十 *to* do〕（無比較級、最高級）準備妥〔供人〕〈做…〉的，〔人〕隨時可以〈做…〉的：On the bed I saw a new dress ～ *for* me *to* put on. 我看到牀上已放好一件新衣服供我隨時穿。
2 [不用在名詞前]**a** 〔十介十(代)名〕〔對於…〕心理有所準備的〔*for*〕：I am ～ *for* death. 對於死我心理已有準備。**b** 〔十 *to* do〕願意[樂意，情願]〈做…〉的（⇨ willing 1 a 用法）：He was always ～ *to* help people in trouble. 他總是樂意幫助處於困難之中的人。
3 [不用在名詞前]〔十 *to* do〕**a** （無比較級、最高級）即將〈做…〉的：A tiger was getting ～ *to* jump on him. 有一隻老虎即將向他撲去。**b** 易於〈做…〉的，傾向〈做…〉的，動輒〈做…〉的(apt)：He is too ～ *to* make promises. 他太輕易地許下諾言/He is always ～ *to* apologize. 他總是動不動就道歉。
4 a [用在名詞前]敏捷的，迅速的，即刻的：a ～ writer 敏捷的作家，寫文章[書信]下筆快的人/have a ～ pen 勤於寫作[寫信]，文筆敏捷/a ～ wit 急智。**b** [不用在名詞前]〔十介十(代)名〕立即做〔…〕的，巧於〔…〕的，〔對…〕快的〔*at, with*〕：He is ～ *with* excuses. 他巧於辯解[動輒找藉口]/He is ～ *at* reckoning [*with* figures]. 他計算很快[善於計算]。
5 [用在名詞前]即時可有的，適用的；就在手邊的，現成的；方便的，簡便的；付現的：the *readiest* way to do it 做這件事的最簡便方法/pay ～ money [cash] 付現，以現金買。
6 （無比較級、最高級）《軍》備妥的。
hòld onesèlf réady to dó... 已擺好架勢[準備好]去做…：A soldier must *hold himself* ～ *to* die at any time. 軍人必須隨時準備捐軀。
réady to (one's) **hánd** ⇨ hand.
—*interj.* [用作競賽開始的口令]《英》就位！（⇨ on your MARK(S)）：*R*～, steady, go！就位，預備，跑[砰]！
—*adv.* (**read·i·er**；**-i·est**)**1** [常與過去分詞連用；常構成複合字]預先，準備好：The boxes were ～ pack*ed*. 那些箱子事先已包裝好/We bought some food ～ cook*ed*. 我們買了一些烹調好的食品/⇨ ready-made.
2 [常用於比較級、最高級]迅速地：the child that answers *readiest* 答得最快的孩子。
—*v.t.* 〔十受十介十(代)名〕[～ one*self*]《美》做〔…的〕準備，預備〔…〕〔*for*〕：He *readied himself for* a blow. 他擺好架勢準備毆擊。
—*n.* [**the** ～] **1** 準備就緒。**2** 《口語》現金。
at the réady 〈槍〉成端槍姿勢的：hold a gun *at the* ～ 端槍。
réad·y-máde *adj.* **1** 現成的，做好的(↔ made-to-order)：a ～ suit 一套現成的衣服。**2** 〈思想、意見等〉套用他人的，非獨創的：～ ideas 從他人那裏剽竊來的[陳腐的]思想。
—[ˊ-ˋ-ˊ] *n.* Ⓒ成衣，現成的衣服。
réady-míx *n.* Ⓒ主要成分已先拌好的食品。
—*adj.* (又作 **ready-míxed**)已拌好的。
réady réckoner *n.* Ⓒ簡易計算表。
réady-to-wéar *adj.* [用在名詞前]現成的，立即可穿的〈衣服〉。
réady-wítted *adj.* 機敏的，有機智的，有急智的。
re·af·firm [͵riəˈfɝm; ͵ri:əˈfə:m] *v.t.* 再斷定；再肯定；再證實。
re·af·fir·ma·tion [͵riæfɚˈmeʃən; ͵ri:æfəˈmeʃn] *n.* Ⓤ再斷定；再肯定；再證實。
re·af·for·est [͵riəˈfɔrɪst, -ˈfɑr-; ͵ri:əˈfɔrist] *v.t.* 《英》＝reforest.
Rea·gan [ˈregən; ˈreigən], **Ronald(Wilson)** *n.* 雷根《1911－；美國第四十位總統(1981－89)》.
re·agent [riˈedʒənt; ri:ˈeidʒənt] *n.* Ⓒ《化學》試藥，試劑。
‡**re·al**[1] [ˈriəl, ril, ˈrɪəl; ˈri:əl, riəl] 《源自拉丁文「物的」之義》—*adj.* (**more** ～, **most** ～；～·**er**, ～·**est**) **1** 現實的，實際的；實際上存在的：～ life 眞實生活/～ events 眞實的事件/a ～ person in history 歷史上的眞實人物。
2 a 眞實的，眞的；眞正的，純粹的，道地的，天然的：a ～ pearl 天然珍珠/～ silk 眞絲，眞綢/a ～ illness（對裝病而言的）眞病/a ～ summer 眞正的[不折不扣的]夏天/the ～ thing 眞[道地]貨，上等貨/a ～ friend 眞正的朋友/a ～ man 眞誠的人；有男人氣概的人/～ money 硬幣；現金。

> 【同義字】real 指外表和內容一致而不是假冒或是虛構的；true 指與眞實之物實際一致的；actual 指實際上存在的。

b 由衷的：I felt ～ sympathy. 我由衷地感到同情。
3 a 〈描寫等〉逼眞的。**b** [用在名詞前][加强語氣]十足的，完全的：a ～ idiot 十足的白癡。**c** [用在名詞前]非同小可的：a ～ problem 一個大問題/The earthquake was a ～ surprise to me. 那次地震使我感到十分驚訝。
4 （無比較級、最高級）《法律》不動產的(↔ personal, movable)：⇨ real estate.
5 （無比較級、最高級）《數學》實數的(↔ imaginary)：a ～ number 實數《有理數和無理數的總稱》。
6 （無比較級、最高級）《光學》實像的(↔virtual).
—*adv.* （無比較級、最高級）《美口語》眞正地，非常：a ～ nice day 天氣眞好的日子/I'm ～ glad. 我眞高興。
—*n.* [**the** ～]現實，實體(reality).
for réal 《美口語》(1)[當形容詞用]眞正的，道道地地的；當眞的，正經的：a *for* ～ car of one's own 眞正屬於自己的車子《★用法 常爲兒語》。(2)[當副詞用]眞地；當眞地，正經地：Is that *for* ～？眞地[當眞]那樣嗎？
re·al[2] [ˈriəl, ril, reˈɑl; reiˈɑ:l] *n.* Ⓒ (*pl.* ～**s**, **re·al·es** [reˈɑles; reiˈɑ:leis])里亞爾《昔日西班牙的貨幣單位；該貨幣單位的一種銀幣》。
réal estàte *n.* Ⓤ**1** 不動產。**2** [集合稱]《美》房地產。
réal estàte àgent *n.* Ⓒ《美》不動產業者(《英》estate agent).
re·al·gar [rɪˈælgɚ; riˈælgə] *n.* Ⓤ《礦》雄黃；雞冠石。
re·a·li·a [rɪˈælɪə, -ˈelɪə; riˈɑ:liə, -ˈeiliə] *n. pl.* **1** 《教育》(用以說明日常生活的)實物教材，示教實物。**2** 《哲》實物，現實。
re·align [͵riəˈlaɪn; ͵ri:əˈlain] *v.t.* 使…重結盟，使…再締盟；使…重看齊，使…再對齊。～·**ment** *n.*
réal íncome *n.* ⓊⒸ實質所得，實際收入《金錢所得所能購到的財貨與勞務之總和》。
‡**re·al·ise** [ˈriə͵laɪz, ˈrɪə-; ˈriəlaiz] *v.* 《英》＝realize.
re·al·ism [ˈriəl͵ɪzəm; ˈriəlizəm] *n.* Ⓤ**1** 現實主義(↔ idealism). **2** [常R～]《文學・藝術》寫實主義(cf. classicism, romanticism). **3** 《哲》實在論，實念論(↔ nominalism).
ré·al·ist [-lɪst; -list] *n.* Ⓒ **1** 現實主義者。**2** 《文學・藝術》寫實主義者。—*adj.* ＝realistic.
***re·al·is·tic** [͵riəˈlɪstɪk；͵riəˈlistik] *adj.* (**more** ～；**most** ～) **1** 現實主義的；現實的，實際的(↔ idealistic)：It isn't a ～ plan. 那是一項不切實際的計畫。**2** 《文學・藝術》寫實(派)的，寫實主

義的。3《哲》實在論的。**rè·al·ís·ti·cal·ly** [-kḷɪ; -kəli] *adv.*

***re·al·i·ty** [rɪˋælətɪ; riˈæləti] «real¹ 的名詞»—*n.* **1** Ⓤ**現實(性), 眞實性；實在**：a description based on ~ 根據事實的敍述/believers in the ~ of UFOs 相信幽浮[不明飛行物]之實際存在的人們。

2 Ⓒ **a 眞實, 事實**：not a dream, but a ~ 不是夢, 而是現實/the stern *realities of* life 人生的嚴峻現實[事實]。**b** 〔+*that*__〕〈…的〉事實, 現實：the harsh ~ *that* the two countries are at war 兩國正在交戰中的嚴酷事實。

3 Ⓤ逼眞, 逼眞性：He describes the scene with startling ~. 他對那景象的描述逼眞得令人驚訝。

in reálity (1)(不過)事實上：He looks young, but *in* ~ he is past forty. 他看起來年輕, 不過實際上他已過四十了。(2)實際地, 眞地。

re·al·iz·a·ble [ˋriə͵laɪzəbl; ˈriəlaizəbl] *adj.* **1** 可實現的：Is the plan ~? 這個計畫可實現嗎？**2** 可確實感覺得到的。**3** 可換成現金的：~ funds 可換成現金的資金。

***re·al·i·za·tion** [͵riələˋzeʃən, -aɪˋz-; ˌriəlaiˈzeiʃn] «realize 的名詞»—*n.* **1** Ⓤ[又作 a ~]**認識, 認知, 了解；察覺**：**a** 認知爲眞實, 了解實情〔*of*〕：have (*a*) full ~ *of* the situation 對於狀況有充分的認識。**b** 〔+ *that*__〕〈…的〉認識, 認知：The ~ *that* he had made a mistake was a shock. 知道他曾犯錯是件令人震驚的事。

2 Ⓤ〔希望、計畫等的〕**實現, 現實化**〔*of*〕：the ~ *of* one's hopes 希望的實現。

3 [**the** ~]換成現金, 變賣；(金錢、財產等的)賺取, 獲得〔*of*〕：*the* ~ *of* one's estate 地皮的變賣。

‡**re·al·ize** [ˋriə͵laɪz; ˈriəlaiz] «real¹ 的動詞» —*v.t.* **1 a** 〔+受〕**清楚地了解, 認清, 認知, 領悟…**《★無進行式》：She has not ~*d* her own mistakes. 她還沒有認清自己的錯誤。**b** 〔+(*that*)__〕領悟, 了解, 理解〈…事〉：I didn't ~ *that* she was so ill. 我不知道她病得那麼重(cf. 1 c)。**c** 〔+ *wh.*__〕領悟, 了解, 理解〈…〉：I didn't ~ *how* ill she was. 我不了解她病得多重(cf. 1 b)。

2 〔+受〕**實現, 實行〈希望、計畫等〉**《★常用被動語態》：His dream of going abroad *was* finally ~*d*. 他出國的夢想終於實現了。

3 〔+受〕**如實表現, 據實地表達…**：He tried to ~ these events on screen [in his book]. 他試圖把這些事件如實地搬上銀幕[寫進書本裡]。

4 a 〔+受〕變賣〈有價證券、不動產〉。**b** 〔+受+介+(代)名〕〔藉變賣、投資等而〕獲得, 賺得〈財產、利益〉〔*on*〕：~ a large profit *on* the sale of one's house 售屋獲巨利。**c** 〔+受〕將〈房屋、土地等〉脫手, 變賣；以〈…價格〉賣出：His picture ~*d* $20,000. 他的畫以兩萬美元賣出。

—*v.i.* **1** 變賣。**2** 〔+介+(代)名〕〔將資產〕(變賣以)求現〔*on*〕：~ *on* one's house 變賣房屋求現。

re·al·iz·ing [ˋriə͵laɪzɪŋ, ˋrɪə-; ˈriəlaiziŋ] *adj.* **1** 實現的。**2** 易於了解的。

réal-lífe *adj.* [用在名詞前]現實的, 實在的, 眞實的：This isn't just an abstract question—it's a ~ problem. 這絕不是抽象的疑問而是現實的問題。

‡**re·al·ly** [ˋriəlɪ, ˋrɪlɪ; ˈriəli] *adv.* (無比較級、最高級) **1 a 眞實地, 眞正地**：~ good weather 眞正好的天氣/see things as they ~ are 看清事物的眞正本質/Is it ~ so? 眞的是那樣嗎？/Tell me what you ~ think. 告訴我你眞正的想法。**b 實際上是, 其實是**：He was ~ joking; he was only pretending to be serious. 他其實是在開玩笑—只是假裝一本正經罷了。**c** [强調 ought to, should] 老實說, 本來是：You *should* ~ have done it (for) yourself. 老實說你應該自己做這件事。

2 [加强語氣]**實在, 確實, 的確**：It ~ is a pity. 那實在可惜/Try this wine; it is ~ [~ is] delicious. 嘗嘗看這種酒, 很好喝哦！

3 [當感歎詞用, 表輕微的驚訝、懷疑、責難]**哦！嘿！咦！嗄！**：*R*~? 眞的？/*R*~! 的確！/Not ~! 不會吧！/Well ~! 哎呀！眞是！

re·al·ly [͵riəˋlaɪ; ˌriːəˈlai] *v.t.* & *v.i.* (使…)重新結盟。

realm [rɛlm; relm] *n.* Ⓒ**1** [常 ~s] **領域, 範疇, 範圍**〔*of*〕：the ~ *of* nature 自然界/the ~ *of* romance [poetry] 傳奇文學[詩]的領域/in the ~ *of* science 在科學的領域[範圍]內《★用法 in scientific ~*s*「在科學界」中用複數是由於所指的是物理學、化學等各種範疇的緣故》。

2 [常 R~]《文語》《法律》王國：the laws of the ~ 王國的法律。**3**《生物》(動物分布區的)界, 部門。

re·al·pol·i·tik [reˋɑl͵polɪ͵tik; reiˈɑːlpɔlitiːk] «源自德語»—*n.* Ⓤ[常R~]現實政治, 權力政治《重視現實的事實或權利甚於重視主義等以謀求國家利益的政治》。

réal tíme *n.* Ⓤ《電算》即時；實時《母機收到終端機或控制對象要求處理的訊號時起至應答時止所需要的一段短時間》：operation *in* ~ = REAL-TIME operation.

réal-tíme *adj.* 《電算》實時的, 即時的：~ operation (電子計算機的)即時操作[演算]。

re·al·tor [ˋriəltɚ; ˈriəltə] *n.* Ⓒ《美》不動產經紀人(《英》estate agent).

re·al·ty [ˋriəltɪ; ˈriəlti] *n.* Ⓤ《法律》不動產(real estate).

réal wáges *n. pl.* 實質[實際]工資《不以錢之多寡而以購買力爲準的工資》。

ream¹ [rim; riːm] *n.* Ⓒ **1** 令《紙張單位, 在英國爲四百八十張(short ream), 在美國爲五百張(long ream)；cf. quire¹》. **2** [常 ~s]《口語》大量(的文件, 紙張)〔*of*〕：He writes ~*s* (and ~*s*) *of* verse. 他寫很多(很多)的詩。

ream² [rim; riːm] *v.t.* **1** (用鑽孔器或絞刀)擴[鑽]大〈孔〉。**2** (用擠[搾]果汁的器具)擠搾〈水果〉。**3**《美俚》詐騙, 詐取〈錢〉。**4**《美俚》嚴厲斥責〈人〉。

réam·er *n.* Ⓒ**1** 鑽孔器, 絞刀。**2** 用以搾果汁的器具。

reamers 1

re·an·i·mate [riˋænə͵met; riːˈænimeit] *v.t.* **1** 使…復活, 使…復甦。**2** 使〈失去生氣者〉恢復生氣；鼓舞, 激勵〈人〉。

reap [rip; riːp] *v.t.* 〔+受〕**1 a 收割, 刈, 收穫〈農作物〉**：~ crops 收割農作物。**b** 收割〈田中〉的農作物等：farmers ~*ing* fields 在收割田中農作物的農人。**2** 接受〈對自己行爲的回報等〉：~ what one has sown = ~ the fruits of one's actions 種瓜得瓜, 種豆得豆；自作自受。

reamer 2

—*v.i.* 收穫；受到報應；獲得回報：You cannot ~ where you have not sown. 你沒有耕種就不能有收穫《你不能不勞而獲》/~ as one has sown 種瓜得瓜, 種豆得豆《因果報應, 自作自受》。

réap·er *n.* **1** Ⓒ收割機。**2** Ⓒ收割者, 收穫者。**3** [常the (Grim) R~]死神, 死《★身穿壽衣手持大鐮刀(scythe)的骷髏》。

réaper and bínder *n.* Ⓒ收割捆紮機。

réap hòok *n.* =reaping hook.

réap·ing hòok *n.* Ⓒ《美》(收割用的)鐮刀。

réaping machìne *n.* Ⓒ收割機。

re·ap·pear [͵riəˋpɪr; ˌriːəˈpiə] *v.i.* 再出現；復發。

re·ap·pear·ance [͵riəˋpɪrəns; ˌriːəˈpiərəns] *n.* Ⓤ再出現；復發。

re·ap·point [͵riəˋpɔɪnt; ˌriːəˈpɔint] *v.t.* 再任命；再委派；再指定；使…復職。

re·ap·por·tion [͵rɪəˋporʃən, -ˋpɔr-; ˌriːəˈpɔːʃn] *v.t.* 重新分配。

re·ap·por·tion·ment [͵riəˋporʃənmənt; ˌriːəˈpɔːʃnmənt] *n.* ⓊⒸ **1** 重新分配。**2** 立法機構中代表之重新分配。

re·ap·prais·al [͵riəˋprezḷ; ˌriːəˈpreizəl] *n.* ⓊⒸ重新估價；再考慮。

***rear¹** [rɪr; riə] *n.* **1** [**the** ~] **a 後, 後部；背後, 背面(部)** (↔ front)：go to *the* ~ 繞到後面/She followed them *in the* ~. 她在後面跟着他們。**b** (艦隊、部隊等的)後方(部隊), 後陣, 尾部 (↔ van)：We attacked the enemy *from the* ~. 我們從後方襲擊敵人。**2** (又作 **réar énd**)Ⓒ《委婉語》屁股, 臀部(buttocks)：sit on one's ~ (屁股)沉甸甸地坐下。

at [in] the réar of ... 在…的背後, 在〈房屋等〉的後面(↔ in front of)《★用法《英》表示「在後面」「在背後」時用 at..., 表示「在後[尾]部」,「在背[後]面部分」時用 in...；《美》兩者均用 in...》：a room *in* [*at*] *the* ~ *of* a shop 在店內後部的房間。

brìng úp the réar 殿後；隨後。

—*adj.* [用在名詞前]**後方的**(↔ frontal)：the ~ gate 後門/the ~ seat of a car 汽車的後座。

rear² [rɪr; riə] *v.t.* 〔+受〕**1 a 將〈小孩〉養育, 教養〈長大〉**：~ one's children 養育子女。**b** 飼養〈牲口等〉；栽種〈植物〉：~ cattle [poultry] 養牛[家禽]。**2 a** 將〈物〉豎起；使…直立；擡起, 舉起, 揚起…：⇨ rear one's HEAD. **b** [~ one*self*] 站起。**3**《文語》建築, 建立〈高起之物〉：~ a monument 立紀念碑。

—*v.i.* 〔(動(+副)〕**1**〈馬等〉用後腿站起〈*up*〉. **2**〈蛇等〉揚起頸[昂首]〈*up*〉.

réar úp (*vi adv*) (1)⇨ *v.i.* 1, 2. (2)〈問題等〉出現, 發生。

réar ádmiral *n.* Ⓒ海軍少將。

réar énd *n.* Ⓒ **1** (物的)後部。**2**《俚》臀部。

réar-énd *adj.* 在後端的；尾部的。

réar guárd *n.* Ⓒ《軍》後衛(↔ vanguard).

réar·guard áction *n.* Ⓒ**1**《軍》後衛戰。**2** (抵擋佔優勢之社會趨向等的)遏止行動；維護舊制度的努力。

re·arm [riˋɑrm; riːˈɑːm] *v.t.* **1** 使…再武裝, 使…重整軍備。**2**

〔十受十介十(代)名〕〔以新武器〕裝備[供給]…〔*with*〕: ～ a country **with** nuclear weapons 給國家重新裝備核子武器。
—*v.i.* 再武裝，重整軍備。

re·arm·a·ment [ri'ɑrməmənt; ri'ɑ:məmənt] *n.* Ⓤ重新武裝，重整軍備。

réar·mòst *adj.* [用在名詞前]最後面的，最後的，最末尾的。

re·ar·range [ˌriə'rendʒ; ˌri:ə'reindʒ] *v.t.* 再整理[安排，編排]；重新排列。～**·ment** *n.*

réar síght *n.* Ⓒ(槍之)後瞄準器，照門。

réar·vìew mírror *n.* Ⓒ(汽車等的)後視鏡：⇨ car 插圖。

réar·ward ['rɪrwəd; 'riəwəd] *adj.* [用在名詞前]後面的，最末的，殿後的：～ visibility (車等的)後方視界。
—*adv.* 在[往]後面，在[往]背後。
—*n.* Ⓤ後面，後部：to ～ of ... 在…的後面[背後]。

réar·wards ['rɪrwədz; 'riəwədz] *adv.* ＝rearward.

‡**rea·son** ['rizn; 'ri:zn] *n.* **1** ⒸⓊ**a** 理由，原因，緣故；動機(⇨ cause【同義字】)：for economical ～*s* ＝for ～*s* of economy 爲了經濟的理由，爲了節約/for some ～ (or other) 爲了某種理由/He struck me without [for no] ～. 他無緣無故揍我 / He resigned for no other ～ than this. 他辭職不外乎是爲了這個理由/For what ～? 是爲了什麼理由？爲何緣故？**b** 〔…的〕理由；緣故；動機〔*for, of*〕：What is the ～ *for* his absence? 他缺席的理由是什麼？/He gave a good ～ *for* it. 他舉出其正當理由《★囲法 reason 常加 good, inadequate 等形容詞》/She had her own ～*s for* com*ing* here. 她來這裡有她的理由/There is (every) ～ *for* their be*ing* displeased. 他們感到不快是有其充分理由的。**c** 〔十 *that*＿/十 *why*＿〕〈…的〉理由《★囲法有時省略 that, why》：The meeting was put off *for* the simple ～ *that* the chairman was ill. 會議只是因爲主席生病而延期的《別無其他原因》/I see no ～ *why* they should not make a happy couple. 我看不出他們不能成爲幸福夫妻的理由/This [That] is the ～ *why* I am leaving Britain. 這[那]就是我即將離開英國的理由《★囲法口語中一般說 This [That] is why ... 或省略why；⇨ why B 1 囲法》/The ～ *why* he hesitates is that ... . 他遲疑的原因是…《★囲法《口語》此結構有時不用 is that ... 而用 is because...》. **d** 〔十 *to* do〕〈做…的〉理由《★在這句子結構中爲Ⓤ》：I have good ～ *to* suspect him. 我有充分理由懷疑他/There is ～ *to* believe that he is dishonest. 有理由相信他不誠實/He has every ～ *to* complain. 他有充分的理由抱怨，他抱怨也是當然。
2 Ⓤ**道理，理由**：bring a person to ～ 使人明白道理，使某人講道理；說服人/listen to [hear] ～ 聽從道理；合乎人情/speak [talk] ～ 說得有道理，言之有理/There is ～ in what you say. 你說的有道理。
3 Ⓤ**a 理性，**思考力，判斷力；通情達理，良知：Animals have no ～. 動物沒有理性/His ～ failed him. 他失去了理性。**b** [常 one's ～]理智，正常的心智：lose one's ～ 發狂/regain one's ～ ＝be restored to ～ 恢復正常的心智，恢復理性。

beyònd (áll) réason (完全)不合理[道理]，毫無道理：It's no use talking to him; he is *beyond* (*all*) ～. 跟他談沒有用；他不懂道理。
by réason of ... 《文語》由於…，因…。
in réason 合理的：I will do anything *in* ～. 我願意做任何合理的事/Everything he said was *in* ～. 他所說的事事合理。
pàst (áll) réason ＝beyond (all) REASON.
rhýme or réason ⇨rhyme.
stánd to réason 得當；合乎情理，理所當然《★囲法通常以 it 或 that 作主詞》：*It stands to* ～ *that* I should decline the offer. 我婉謝這番好意，乃是理所當然[是合乎情理的]。
withìn réason 合理的，得當的，理所當然的。
withòut rhýme or réason ⇨ rhyme.
with réason [修飾整句]有理由…，不無道理：He complains *with* ～. 他抱怨並非沒有道理。

—*v.i.* **1 a 思考，推理，推論**：Man has the ability to ～. 人有思考的能力。**b** 〔十介十(代)名〕〔據…〕推理，推論〔*from*〕；〔就…〕推論，論究，推理〔*about, on, upon*〕：You should not ～ *from* false premises. 你不應該根據不正確的前題來推論/To ～ *on* such a subject is of little use. 就這樣的問題來論究[辯論]是沒有什麼用的。
2 〔十介十(代)名〕說服，勸說[人]；〔對人〕講道理〔*with*〕《★可用被動語態》：I tried to ～ *with* him *about* the advantages of entering a university. 我設法曉之以理使他了解讀大學的好處。
—*v.t.* **1 a** 〔十受〕(邏輯式地)論，辯論，論究，論斷…：His argument is well ～*ed*. 他的議論條理分明。**b** 〔十 (*that*)＿〕推論，推斷〈…事〉：He ～*ed that* this would be the best way for us to proceed. 他推論[推想]這是我們着手去做的最好方法。
2 〔十受十副〕根據理論想出[解決]…〈*out*〉：Man is the only animal that can ～ *out* his problems. 人是唯一能經由推理解決問題的動物。
3 〔十受十介十(代)名〕勸服〈人〉〔…〕〔*into*〕；勸服〈人〉〔不要…〕〔*out of*〕：He tried to ～ me **out of** my obstinacy. 他設法勸服我不要頑固/I ～*ed* myself **into** perplexity. 我思考過度反把自己搞糊塗了。

***rea·son·a·ble** ['riznəbl; 'ri:znəbl] *adj.* (more ～; most ～) **1** 〈人〉**知理的，懂道理的，通人情的。**
2 〈思考、行爲等〉**合乎道理的，**合理的；正當的：a ～ excuse 合理的解釋[藉口]。
3 〈價格等〉**不貴的；**公道的；恰當的；適度的：at a ～ price 以公道的價格/The play had a ～ success. 那部戲劇獲得還算令人滿意的成功。～**·ness** *n.*

rea·son·a·bly ['riznəblɪ; 'ri:znəbli] *adv.* **1** 依據道理地，合理地；理性地，通情達理地：You are not behaving ～. 你的行爲不合情理。**2** 適度地，適當地；相當地：The first one is ～ good. 第一個相當地好。**3** [修飾整句]理所當然，當然：You could ～ argue that the store should replace these goods. 你當然可以力爭說該店應該退換這些商品。

réa·soned *adj.* [用在名詞前]經過思考的；有依據的〈議論等〉。

rea·son·ing ['rizṇɪŋ; 'ri:zniŋ] *n.* Ⓤ **1** 推理，推論；理論；推論的過程；推理力。**2** [集合稱]論據，證明。
—*adj.* **1** 有理性的：a ～ creature 有理性的動物《指人》。**2** 推論[推理]的：a ～ power 推理力。

réason·less *adj.* **1** 不明道理的，不合理的。**2** 〈動物等〉無理性的。

re·as·sem·ble [ˌriə'sembḷ; ˌri:ə'sembl] *v.t.* 再集合；再聚集。

re·as·sert [ˌriə'sɜt; ˌri:ə'sə:t] *v.t.* 再宣稱[堅持]〈權利、要求等〉：～ one's rights 再宣稱[堅持]權利。

re·as·sume [ˌriə'sum, -'sjum; ˌri:ə'sju:m] *v.t.* **1** 再取；取回。**2** 再承擔；再擔任。**3** 再假定。**4** 再開始。

re·as·sur·ance [ˌriə'ʃurəns; ˌri:ə'ʃuərəns] 《reassure 的名詞》—*n.* ⓊⒸ**1** 放心；信心的恢復，確信：You should offer [give] her constant ～. 你應該不斷地幫她樹立自信心/Everybody's ～*s* have encouraged me. 大家的勉勵鼓舞了我。**2** 再保證。**3** 《英》再保險。

re·as·sure [ˌriə'ʃur; ˌri:ə'ʃuə] *v.t.* **1 a** 〔十受〕消除〈人〉的不安，使〈人〉安心；使〈人〉恢復自信：The success ～*d* him. 那次成功使他恢復了自信心。**b** 〔十受十介十(代)名〕〔就…之事〕使〈人〉恢復自信，使〈人〉安心〔*about*〕：The doctor ～*d* the patient **about** his disease [condition]. 醫師說明病情使病人安心。**c** 〔十受十介十(代)名〕[～ one*self*]〔就…之事〕感到安心〔*about*〕《★也可用被動語態》：We went to the hospital to ～ *ourselves* **about** his condition. 我們去醫院查明他的病情以使我們安心。**d** 〔十受十 *that*＿/十受十 *to* do〕[～ one*self*]〈做…而〉感到安心《★也可用被動語態》：We *were* ～*d* (*to* hear) *that* the ship was safe and sound. 我們聽說該船安全無恙而感到安心。**2** 再保證…。**3** 《英》爲…投再保險。

re·as·súr·ing [-ə'ʃurɪŋ; -ə'ʃuəriŋ] *adj.* 令人安心的，令人鼓舞的。～**·ly** *adv.*

Ré·au·mur ['reəˌmjur; 'reiəˌmjuə] 《源自法國物理學家之名》—*n.* Ⓒ列氏溫度計《常略作R.》.

reave [riv; ri:v] (～**d** *or* **reft** [rɛft; reft]) *v.t.* 《古》掠奪；劫奪；奪去；偷竊…。
—*v.i.* 掠奪；劫奪；竊奪。**réav·er** *n.*

re·bar·ba·tive [rɪ'bɑrbətɪv; ri'bɑ:bətiv] *adj.* 《文語》不討人喜歡的，可憎的，令人討厭的，煩人的。

re·bate ['ribet, rɪ'bet; 'ri:beit, ri'beit] *v.t.* 將〈已付金額的一部分〉予以折扣[回扣，退還]。
— ['ribet; 'ri:beit] *n.* Ⓒ(已付金額之一部分的)折扣，回扣，退款：a tax ～ 退稅/You are allowed a ～ of $10. 你可以獲十美元的退款。

Re·bec·ca [rɪ'bɛkə; ri'bekə] *n.* 瑞貝嘉《女子名；暱稱 Becky》.

reb·el ['rɛbḷ; 'rebl] 《源自拉丁文「再打仗」之義》—*n.* Ⓒ**叛徒，反抗者**〔*against, to*〕.
—*adj.* [用在名詞前]叛逆的：the ～ army 叛軍。
—*v.i.* (**re·bel** [rɪ'bɛl; ri'bel]; **re·belled; rebel·ling**)〔動(十介十(代)名)〕**1 a** 〔對政府等〕**反叛，**謀反，背叛，造反〔*against*〕：The masses *rebelled* **against** the government. 民衆反叛政府。**b** 〔對權力、慣例等〕反對，反抗〔*against*〕：～ **against** the Establishment 反對既成之體制。**2** 〔對…〕表示反感，極度厭惡〔*against, at*〕：They *rebelled* **at** stay*ing* in on Sunday. 他們很討厭星期日待在家裡面。

reb·el·dom ['rɛbḷdəm; 'rebldəm] *n.* ⓊⒸ **1** [集合稱]反叛者；叛徒；叛逆。**2** 暴動地區；反叛地區。**3** 反叛；揭竿而起；暴動；叛亂。

re·bel·lion [rɪ'bɛljən; ri'beljən] 《rebel 的名詞》—*n.* ⓊⒸ **1** 〔對政府、權威者等的〕**反叛，叛亂**〔*against*〕：rise in ～ 揭竿而起，造反/put down [suppress] a ～ *against* the government 鎮壓

反對政府的叛亂。

【同義字】rebellion 常指失敗的叛亂；revolution 指獲得成功的革命或思想、社會的改革；revolt 指對權力的公然反抗。

2 〔對權力、社會慣例等的〕反抗，造反〔*against*〕：a ～ *against* old traditions 對舊[古老]傳統的反抗。

re·bel·lious [rɪ'bɛljəs; ri'beljəs] *adj.* **1 a** 謀反的，參與叛亂的，反叛的：～ subjects 反叛的臣民。**b** 有反叛意向的；反抗性的：a ～ temper 叛逆性的性情。**2** 〈病〉難治的；〈事物〉難處理的：～ curls 難以梳理的鬈髮。～**·ly** *adv.* ～**·ness** *n.*

re·bind [ˌri'baɪnd; ˌri:'baind] *v.t.* (**-bound** [-'baʊnd; -baund]) **1** 重新綁…。**2** 重新裝訂〈書〉。

re·birth [ri'bɝθ; ˌri:'bə:θ] *n.* Ⓤ[又作 **a** ～] **1** 再生，更生。**2** 復活，復興：*a* ～ of Nazism 納粹主義的復活。

reb·o·ant ['rɛboənt; 'rebouənt] *adj.* 《詩》大聲地再反響的；響亮地再回聲的。

re·born [ri'bɔrn; ˌri:'bɔ:n] *adj.* [不用在名詞前]（在精神上）更生的，再生的。

re·bound [rɪ'baʊnd; ri'baund] *v.i.* **1 a** 〈球等〉彈回，跳回。**b** 〔十介十(代)名〕〔從…〕彈回〔*from*〕：The ball ～*ed from* the fence. 球從圍牆彈回。**2** 回響，反響。**3** 〔十介十(代)名〕返回〔到…上〕〔*on, upon*〕：The evil deed ～*ed upon* him. 他的惡行報應到他身上。**4** 〔十介十(代)名〕〔從挫折、失敗等〕復原〔*from*〕：～ *from* the long recession 從長期的蕭條復原[恢復景氣]。

—['riˌbaʊnd; 'ri:baund] *n.* Ⓒ **1 a** 彈回，跳回，反彈；回響，反響。**b**（感情等的）反動，反作用。**2** 回聲。**3** 《籃球》籃板球。

on the rébound (1)〈球〉彈回時：hit a ball *on the* ～ 在球彈回時擊球。(2)因[趁]（失戀等的）惶惑狀態。

re·broad·cast [ri'brɔdˌkæst; ˌri:'brɔ:dkɑ:st] *v.t.* & *v.i.* (～, ～·ed)重播；轉播。—*n.* **1** Ⓤ重播。**2** Ⓒ重播節目。

re·buff [rɪ'bʌf; ri'bʌf] *n.* Ⓒ**1**（對於表示願意提供援助等好意的）斷然的[無情的]拒絕。**2**（行動、計畫等的）挫折。

—*v.t.* 斷然拒絕〈好意、援助等〉；阻礙…：He ～*ed* my attempts to help.＝He ～*ed* me when I tried to help. 我試圖幫助他，他却嚴峻地拒絕。

re·build [ri'bɪld; ˌri:'bild] *v.t.* (**-built** [-'bɪlt; -'bilt]) **1** 再建…，改建…。**2** 改造…。

re·buke [rɪ'bjuk; ri'bju:k] 《文語》 *v.t.* 〔十受(十介十(代)名)〕〔爲…之事〕譴責，責難，指責〈人〉〔*for*〕：The teacher ～*d* his pupils *for* be*ing* lazy. 教師責罵學生懶惰。

—*n.* ⓊⒸ譴責，責難：give [receive] a ～ 譴責[被指責]/without ～ 無可指責的，無缺點的。

re·bus ['ribəs; 'ri:bəs] *n.* Ⓒ 謎，謎畫《用畫或字的發音使人解答的一種謎，右圖 rebus 的答案是(ǝʍǝ =)noʎ ǝʌol (ǝʎǝ=)I)》。

rebus

re·but [rɪ'bʌt; ri'bʌt] *v.t.* (**re·but·ted; re·but·ting**)反駁，駁斥；舉出…的反證：～ an argument 反駁某一種論點/*rebutting* evidence 反證。

re·but·tal [rɪ'bʌtl; ri'bʌtl] *n.* Ⓒ反駁；反證(的舉出)。

rec. 《略》 receipt; received; receptacle; recipe; record(er); recorded; recording.

re·cal·ci·trance [rɪ'kælsɪtrəns; ri'kælsitrəns] *n.* Ⓤ難駕馭，頑梗，固執，頑抗。

re·cál·ci·tran·cy [-trənsɪ; -trənsi] *n.* ＝recalcitrance.

re·cal·ci·trant [rɪ'kælsɪtrənt; ri'kælsitrənt] *adj.* 頑强地反抗的，難駕馭[管不了]的，頑梗的，固執的：a ～ child 無法管教的孩子。—*n.* Ⓒ固執的人，頑梗的人；不服從的人，反抗者，有反叛性的人。

re·cal·ci·trate [rɪ'kælsɪˌtret; ri'kælsitreit] *v.i.* **1** 踢回；用力踢。**2** 不服從；頑抗。

re·cal·cu·late [ri'kælkjəˌlet; ˌri:'kælkjuleit] *v.t.* 再計算（以找出錯誤）。

re·ca·lesce [ˌrikə'lɛs; ˌri:kə'les] *v.i.* 發生復輝現象（⇨ recalescence）。

re·ca·les·cence [ˌrikə'lɛsṇs; ˌri:kə'lesns] *n.* Ⓤ《物理》復輝《冷卻中的金屬在某一溫度時突然變亮與發熱之現象》。

***re·call** [rɪ'kɔl; ri'kɔ:l] *v.t.* **1 a** 〔十受〕〈人〉（有意識地）憶起，想起〈某事〉（⇨ remember【同義字】）：～ old faces 想起(故舊們的)老面孔。**b** 〔十 do*ing*〕〈人〉想起〈曾做後…〉《★用法〔十 *to* do〕是錯誤的用法》：I ～*ed* meet*ing* him. 我想起曾見過他。**c** 〔十 *that*_〕想起〈…之事〉：I do ～ *that* I put the book on a shelf. 我的確記得把那本書放在某一個書架上。**d** 〔十 *wh.*_/十 *wh.*十 *to* do〕想起〈…〉：I cannot ～ *what* was said then. 我想不起那時說了些什麼/I cannot ～ *how to* cook it. 我記不得怎樣烹調它。

2 a 〔十受十介十(代)名〕〈人、物〉使〈某人〉想起〔…〕〔*to*〕：The danger ～*ed* him *to* a sense of duty. 危險使他意識到自己的責任感/The sound of his name ～*ed* him *to* himself. 他聽到別人喊他的名字才醒悟過來。**b** 〔十受十介十(代)名〕使〈人的心〉想起〈物〉〔*to*〕：The story ～*ed* old faces *to* my mind. 那故事使我想起了故舊們的老面孔。**c** 〔十介十(代)名十 *that*_〕〈人〉使〔某人〕想起〈…之事〉〔*to*〕：She ～*ed to* him *that* he had told the story before. 她使他想起他曾經說過這個故事。

3 a 〔十受(十介十(代)名)〕將〈某人〉〔從…〕叫回〔…〕〔*from*〕〔*to*〕：～ a person *from* abroad 將某人從國外叫回/The head office ～*ed* him *to* Japan. 總公司把他召回日本。**b** 〔十受(十介十(代)名)〕（爲解任）將〈大使〉〔從任所〕召回〔…〕〔*from*〕〔*to*〕：The ambassador has been ～*ed* (*from* his post *to* Washington). 大使被召回(華盛頓)。**c** 〔十受〕《美》使〈人〉解任，罷免〈官吏〉。

4 〔十受〕收回〈物〉：Defective cars were all ～*ed.* 有毛病的車子全部收回了。

5 〔十受〕取消，撤回，撤消〈命令、話等〉。

—['riˌkɔl, rɪ'kɔl; ri'kɔ:l, 'ri:kɔ:l] *n.* **1** Ⓤ回想，回憶；回想力，記憶力：He has instant ～. 他記憶力强(得幾乎任何事都能馬上想起來)。

2 Ⓤ[又作 **a** ～]**a** 叫回。**b**（大使等的）召回。**c** 《美》罷免《由人民投票解除官吏等的職權》。

3 Ⓤ(有缺陷商品的)回收。

4 Ⓤ取消；撤回。

5 [**the** ～] **a** 《軍》(號角等的)再集合號。**b** 《航海》召回船隻的信號。

beyònd [pàst] recáll (1)記不起，不能憶起。(2)不能召回或撤回，不能挽回：Once the announcement reaches the paper, it's *beyond* [*past*] ～. 這項公告一旦登報就不能挽回。

re·cant [rɪ'kænt; ri'kænt] *v.t.* 將〈信仰、主張等〉(正式地)取消，撤回；更改…。

—*v.i.* (正式地)撤回自己的言論[意見]：They could not make him ～. 他們無法使他改變自己的意見。

re·can·ta·tion [ˌrikæn'teʃən; ˌri:kæn'teiʃn] *n.* ⓊⒸ(正式的)取消，撤回。

re·cap[1] ['riˌkæp; 'ri:kæp, ri:'kæp] *v.t.* (**-capped; -cap·ping**) 《美》(將橡膠塡補於胎面而)翻新〈舊輪胎〉。

—*n.* Ⓒ翻新過的輪胎。

re·cap[2] ['riˌkæp; 'riˌkæp] 《略》—《口語》 *v.* (**-capped; -cap·ping**) ＝recapitulate.

—*n.* ＝recapitulation.

re·cap·i·tal·i·za·tion [riˌkæpɪtḷɪ'zeʃən; ri:ˌkæpitəlai'zeiʃn] *n.* Ⓤ資本結構之改變。

re·cap·i·tal·ize [ri'kæpɪtḷˌaɪz; ˌri:'kæpitəlaiz] *v.t.* 改變…之資本結構。

re·ca·pit·u·late [ˌrikə'pɪtʃəˌlet; ˌri:kə'pitjuleit] *v.t.* (在演講的結尾等)重述…的要旨，撮要說明…。

—*v.i.* 撮要說明，重述要旨。

re·ca·pit·u·la·tion [ˌrikəˌpɪtʃə'leʃən; 'ri:kəˌpitju'leiʃn] *n.* ⓊⒸ要點的重複；撮要。

re·cap·tion [ri'kæpʃən; ˌri:'kæpʃn] *n.* Ⓤ《法律》取回。

re·cap·ture [ri'kæptʃɚ; ˌri:'kæptʃə] *v.t.* **1** 奪回，收復；再捕獲。**2 a** 回憶。**b** 再度體驗，重溫。

—*n.* **1** Ⓤ再捕獲，再獲得；收復；再佔領。**2** Ⓒ再獲得之物[人]。

re·cast [ri'kæst; ˌri:'kɑ:st] *v.t.* (**re·cast**)**1** 重新鑄造，再鑄〈五金製品〉：～ a bell [gun]重新鑄造鐘[槍，砲]。**2** 重作[寫]〈計畫、文章〉：～ a sentence 重寫句子。**3** 更換〈戲劇等〉的角色分配。

—['riˌkæst; 'ri:kæst] *n.* Ⓒ **1** 再鑄(物)。**2** 改寫(的作品)。**3** 換角。

rec·ce ['rɛkɪ; 'reki] 《略》—《英俚》 *n.* ＝reconnaissance.

—*v.* ＝reconnoiter.

recd., rec'd. 《略》received.

re·cede [rɪ'sid; ri'si:d] *v.i.* **1** 〔動(十介十(代)名)〕〔從…〕後退〔*from*〕：The tide was *receding.* 潮水在退/The coast slowly ～*d* (*from* the ship). 海岸緩緩地遠離(船隻)。**2** 向後傾斜[縮]：He has a *receding* chin [hairline]. 他的下顎[額頭的髮際]向後縮[削]。**3** 〔十介十(代)名〕〔從契約等〕退出；〔將意見等〕撤回〔*from*〕。**4 a** 〈價值、品質等〉減低，下跌，降低：The prices have much ～*d.* 物價下跌了很多。**b** 〈記憶、印象等〉減退，沖淡。

***re·ceipt** [rɪ'sit; ri'si:t] 《receive 的名詞；cf. reception》—*n.* **1** Ⓤ收到，領收〔*of*〕：the ～ *of* a letter 收信，接函/*on* (the) ～ *of* payment 當收到付款時。**2** Ⓒ **a** 收到之物。**b** [常 ～**s**]收到的金額。**3** Ⓒ收據，收條。**4** 《古》＝recipe.

be in recéipt of... 《商》已收到…：I *am in* ～ *of* your letter dated... …日的來信已收到。

—*v.t.* 〔十受〕在〈帳單〉上寫「收訖」(Received)；爲〈貨物等〉開收據。

re·ceipt·or [rɪ'sitɚ; ri'si:tə] *n.* Ⓒ收受人。

re·ceiv·a·ble [rɪ'sivəbl; ri'si:vəbl] *adj.* **1**〈條件等〉可接收的。**2**〈帳等〉可收款的，應受支付的：accounts ～ 應收帳款。
—*n.* [～s] 應收帳款[票據]。

‡**re·ceive** [rɪ'siv; ri'si:v] 《源自拉丁文「取回」之義》—*v.t.* **1 a**〔十受〕**收，收到，領受**〈寄送、提供之物等〉：～ a degree [an award] 受學位[獎品]/I have ～*d* your letter. 我已收到你的來信。

> 【同義字】receive 指領受他人所給予、提供之物，與領受人之同意與否或承諾與否無關；accept 以樂意或感謝的心情接收；admit 指受方許可而同意。

b〔十受十介十(代)名〕〔從…〕收到…〔*from*〕：He ～*d* a telegram ***from*** home yesterday. 他昨天收到家裡打來的電報。**c**〔十受〕領〈聖體〉：～ the sacraments 領(受)聖餐/～ (Holy) Communion 領聖體。**d**〔十受十介十(代)名〕〈容器等〉〔從…〕接[引]入〈液體等〉〔*from*〕：Lake Huron ～*s* water ***from*** Lake Superior. 休倫湖從蘇必略湖引進水。
2〔十受〕**a 體驗，接受**〈教育、訓練等〉：～ one's education abroad 在國外受教育。**b 遭受**〈傷害、侮辱〉；受到〈同情〉；有〈印象〉：She ～*d* sympathy [a warm welcome]. 她受到同情[熱誠的歡迎]/He ～*d* a severe beating [blow]. 他被痛打一頓[遭受一場痛毆]。
3〔十受〕**a** 受理，接受〈提議、請願等〉《★用法與受理之一方有無同意或承認無關》：He ～*d* her offer but did not accept it. 他受理她的提議，但沒有接納。**b** 聽〈忠告、告解等〉：～ a person's confession〈神父等〉聽某人的告解。
4〔十受〕**a** 支撐〈力量、重量等〉；承受〈壓力〉：The arch ～*s* the weight of the roof. 這拱門承受屋頂的重量。**b** 擋住，迎擊〈敵人、毆擊等〉。
5《文語》**a**〔十受〕**迎接，歡迎，款待**〈人〉：The new couple were cordially ～*d*. 這對新婚夫妻受到熱誠的歡迎。**b**〔十受十介十(代)名〕接受〈人〉加入〔同夥、組織等〕〔*into*〕：We were ～*d* ***into*** the church. 我們獲准入教。**c**〔十受十 *as* 補〕容納〈人〉〈作爲伙伴〉：They ～*d* him *as* a member of the club. 他們吸收[接受]他爲俱樂部的會員。
6〔十受〕接納…(爲眞實、妥當之物)，承認…《★也以過去分詞當形容詞用；⇨ received》：The theory has been widely ～*d*. 這個學說已受到廣泛的承認。
7〔十受〕(打網球等時)打回〈對方發的球〉。
8〔十受〕《通信》(用無線電、電視)接收〈電波〉；收看，收聽…。
—*v.i.* **1** 收到，領收，接受。
2《文語》接待客人，接受訪問：He is not *receiving* today. 他今天不接見客人。
3 (打網球等時)接對方的發球。
4《通信》受訊，收視，收聽。

re·céived *adj.* [用在名詞前] 一般所接受的，受到廣泛地相信的，普遍受到承認的 (cf. receive *v.t.* 6)：the ～ view [opinion] 普遍受到承認的見解，公認的觀點/*R*～ Standard English 公認標準英語《英國的學校，尤指寄宿學校 (public school) 及牛津 (Oxford)、劍橋 (Cambridge) 兩所大學畢業者所說的英語》/*R*～ Pronunciation 公認發音《公認標準英語的發音；略作 RP》。

***re·ceiv·er** [rɪ'sivɚ; ri'si:və] *n.* **1** Ⓒ**a 領收人，收受者。b** 收款人。**c** 接待者。**d** (贓物的)收購者，收贓者。**2** Ⓒ**a** (電話的)**受話器** (⇨ telephone 插圖)。**b** 接收機；收音機：a radio ～ 無線電接收機；收音機/a TV ～ 電視接收機。**3** Ⓒ**a** 容器。**b**《化學》(承受蒸餾器所蒸餾出來的液體的)容器。**4** Ⓒ (網球等的)接發球的人 (cf. server)。**5** [the ～]《法律》(財團的)財產管理人，收益管理人。

recéiver·shìp *n.* Ⓤ (破產財團)財產管理人的職務[任期]；由財產管理人所做的管理。

re·céiv·ing *n.* Ⓤ **1** 收受。**2** 收購贓物。

recéiving blànket *n.* Ⓒ用來包剛洗過澡的嬰兒之浴巾。

recéiving énd *n.* ★常用於下列成語。
on the recéiving énd《口語》(1)在接受(物)之一方。(2)在[站在]受(損害、責難、攻擊等)的一方：I'm afraid you were *on the* ～ in that argument. 恐怕你在那爭議中是屬於受攻擊的一方。

recéiving sèt *n.* Ⓒ接收機。

recéiving stàtion *n.* Ⓒ《無線》接收電台；接收站。

re·cen·cy ['risṇsɪ; 'ri:snsi] *n.* Ⓤ新近；晚近。

re·cen·sion [rɪ'sɛnʃən; ri'senʃn] *n.* **1** Ⓤ校訂。**2** Ⓒ校訂本；校訂版。

‡**re·cent** ['risṇt; 'ri:snt] 《源自拉丁文「新的」之義》—*adj.* (more ～; most ～) **1 最近的，近來的，新的**：a ～ event 最近發生的事/in ～ years 近年來/This is the most ～ copy [edition] I could find. 這是我能找到的最新版本。**2** [R～] (無比較級、最高級)《地質》近世的：the *R*～ epoch 近世。～·**ness** *n.*

‡**re·cent·ly** ['risṇtlɪ; 'ri:sntli] *adv.* (more ～; most ～) **最近，近來**《★用法通常不與現在式動詞連用，而與現在完成式或過去式動詞連用》：He has ～ returned home from Europe. 他最近自歐洲返國/He came to see me ～. 他最近來探望過我/I did not know it until quite ～. 我一直到最近才知道這件事。

re·cep·ta·cle [rɪ'sɛptəkl; ri'septəkl] *n.* Ⓒ**1** 容器；放置場，貯藏處。**2**《植物》花托，花床。**3**《電學》插座。

***re·cep·tion** [rɪ'sɛpʃən; ri'sepʃn] 《receive 的名詞；cf. receipt》—*n.* **1** Ⓤ**a 接受**，領受，受理。**b** 入會(許可)，加入〔*into*〕。
2 Ⓒ [常用單數；與修飾語連用] **迎接**，接見，接待；歡迎：a warm ～ 熱烈歡迎；《反語》激烈抵抗。
3 Ⓒ**歡迎會**，招待會：hold [give] a ～ 舉行歡迎會[招待會]/a wedding ～ 結婚喜筵。

> 【說明】reception 是指爲歡迎某人或紀念某事而舉行的正式活動，首先排成歡迎之列 (receiving line) 歡迎賓客，後有茶點招待。主客 (the guest of honor) 須在所定的時刻前到場，並留到散會。在慣例上主客在 reception 之前或之後會向主持這項聚會的女主人 (hostess) 贈送附有謝函的花束；cf. party【說明】

4 Ⓤ《英》(公司等的)服務臺；(旅館的)櫃臺。
5 Ⓒ (社會的)歡迎態度，反應，風評：Such views will not have a favorable ～. 這樣的見解將得不到好評。
6 Ⓤ《通信》收聽(狀態)，接收(率)；接收[收視]力：Television ～ is good [poor] here. 這兒電視收視狀況[效果]良好[不佳]。

recéption dèsk *n.* Ⓒ (旅館的)櫃臺。

re·cép·tion·ist [rɪ'sɛpʃənɪst; ri'sepʃənist] *n.* Ⓒ服務臺人員，接待員；櫃臺人員。

recéption ròom *n.* Ⓒ **1** 客廳，接待室，會客室；(醫院的)候診室。**2**《英》(對臥房、廚房、洗手間而言的)起居室《★主要爲房地產業者的用語》。

re·cep·tive [rɪ'sɛptɪv; ri'septiv] *adj.* **1**〈人、精神等〉易接受(他人的見解等)的，感受性[容受力]强的：a ～ mind 容易接受新思想的精神。**2** [不用在名詞前]〔十介十(代)名〕善於[樂意]接納〔…〕的〔*of, to*〕：He is ～ ***of*** [***to***] new thoughts. 他善於[樂意]接納新思想。～·**ly** *adv.* ～·**ness** *n.*

re·cep·tiv·i·ty [rɪ,sɛp'tɪvətɪ; ,resep'tivəti, ,ris-] *n.* Ⓤ容受性，感受性。

re·cep·tor [rɪ'sɛptɚ; ri'septə] *n.* Ⓒ《生理》(感受刺激的)神經末梢；感受體。

re·cess [rɪ'sɛs, 'risɛs; ri'ses, 'ri:ses] 《源自拉丁文 'recede' 之義》—*n.* **1** ⓊⒸ**a** (工作時間中的短暫)**休息**。**b** 休息時間《★比較戲院等的休息時間是 intermission, interval》：a ten-minute ～ 十分鐘的休息/take an hour's ～ for lunch 爲進午餐而休息一小時/at ～ 在休息時間/during ～ 在休息時間內。**c** (議會的)休會。
2 ⓊⒸ《美》(學校的)休假；(法庭的)休庭，停審。
3 Ⓒ [常 ～es] 深入的地方；(心的)深處：in the in(ner)most ～*es* of the soul [heart] 在心靈的最深處[心底]。
4 Ⓒ**a** 牆壁的凹部，壁凹。**b** (山脈、海岸線等的)凹入處。
5 Ⓒ《解剖》(器官的)隱窩，凹處。
gò into recéss 休會：Parliament will *go into* ～ next week. 議會將於下週休會。
in recéss 休會[休庭，停審]中：The court is *in* ～. 法庭在停審[休庭]中。
—*v.t.*〔十受〕**1** 置〈物〉於凹處[壁凹(等)]。**2** 使〈牆壁等〉有凹處[壁凹]，在〈牆壁等〉設凹處[壁凹]。
—*v.i.*《美》休會，休庭，(學校)放假。

re·ces·sion [rɪ'sɛʃən; ri'seʃn] 《recede 的名詞》—*n.* **1** Ⓒ (暫時的)蕭條，不景氣 (⇨ depression 2【同義字】)：a severe ～ 嚴重的不景氣/recover from a [the] ～ 景氣復甦。**2** Ⓤ退却，引退，後退；(佔領地的)交還。**3** Ⓒ (牆壁等的)凹部，凹入處。

re·ces·sion·al [rɪ'sɛʃənl; ri'seʃənl] *adj.* **1 a** 退場的；後退的，撤回的。**b** 禮拜結束後牧師退場時唱的：a ～ hymn 退場聖歌《於禮拜後牧師及唱詩班退場時所唱》。**2**《英》(議會)休會的；(法院)休庭的；(學校)休假的。
—*n.* Ⓒ退場聖歌 (recessional hymn)。

re·ces·sion·ar·y [rɪ'sɛʃən,ɛrɪ; ri'seʃṇəri] *adj.* 經濟衰退的，景氣蕭條的。

re·ces·sive [rɪ'sɛsɪv; ri'sesiv] *adj.* **1** 退後的，倒退的：～ accent《語音》逆行重音。**2**《生物》〈遺傳因子〉潛性的，隱性的 (cf. dominant 3)：a ～ trait 隱性因子。
—*n.* Ⓒ《生物》隱性因子。

re·charge [ri'tʃɑrdʒ; ,ri:'tʃɑ:dʒ] *v.t.* **1** 給〈電池〉再充電。**2** 再進攻…，再襲擊…。

re·charge·a·ble [ri'tʃɑrdʒəbl; ,ri:'tʃɑ:dʒəbl] *adj.* (蓄電池之)可再充電的。

re·cher·ché [rə'ʃɛrʃe; rə'ʃeəʃei] 《源自法語》—*adj.*〈飲食、言語等〉精心想出的，精選的；講究的，精美的。

re·cid·i·vate [rɪ'sɪdə,vet, ri-; ri'sidiveit] *v.i.* 復發；再犯。

re·cid·i·vism [rɪ'sɪdə,vɪzəm; ri'sidivizəm] *n.* Ⓤ《法律》罪行之累

犯習性；累犯；常習犯《指犯罪行爲》。

re·cid·i·vist [rɪˋsɪdəvɪst; riˈsidivist] *n.* Ⓒ常犯罪的人，慣犯，累犯。

***rec·i·pe** [ˋrɛsəpɪ, -ˏpi; ˈresipi] *n.* Ⓒ**1**〔菜餚的〕**烹飪法**，〔飲料的〕調製法〔*for*〕. **2**〔做某事的〕秘訣，秘法〔*for*〕：the ~ *for* success in business 生意成功的秘訣。

re·cip·i·ence [rɪˋsɪpɪəns; riˈsipiəns] *n.* Ⓤ**1** 容納，收容，容受，領受。**2** 容受性[力]。

re·cip·i·ent [rɪˋsɪpɪənt; riˈsipiənt] *n.* Ⓒ**1** 接受者，領受者〔*of*〕：a ~ *of* a Nobel prize 諾貝爾獎受獎者。**2** 容器〔*of*〕.

—*adj.* 接受的；容納的；受領的；易於接受(新思想等)的，具有感受性的。

re·cip·ro·cal [rɪˋsɪprəkḷ; riˈsiprəkl] *adj.* **1** 相互的，交互的；互惠的：~ help 互助/ ~ love 相愛/ ~ trade 互惠通商/a ~ treaty 互惠條約。**2**《文法》相互的：a ~ pronoun 相互代名詞《each other, one another》. ~·**ly** [-kḷɪ; -kəli] *adv.*

re·cip·ro·cate [rɪˋsɪprəˏket; riˈsiprəkeit] *v.t.* **1** 報答，回報〈愛情、恩惠等〉：~ a person's favors [affection] 報答某人的好意[愛]。**2** 交換…：~ gifts 交換禮物。**3**《機械》使…做往復運動。

—*v.i.* **1 a** 回報，報答。**b**〔十介十(代)名〕〔以…〕回報〔*with*〕；〔對…〕報答〔*for*〕：To every attack he ~*d* ***with*** a blow. 他每次受到攻擊都還擊/I would like to ~ ***for*** your kindness. 我想報答你的好意。**2**〈機器〉做往復運動：*reciprocating* motion 往復運動。

recip·ro·cat·ing èngine *n.* Ⓒ《機械》往復式引擎(cf. rotary engine(⇨ rotary)).

re·cip·ro·ca·tion [rɪˏsɪprəˋkeʃən; riˏsiprəˈkeiʃn] *n.* Ⓤ **1** 回報，報答〔*for*〕：*in* ~ *for* my contribution 作爲對於我投稿的酬報。**2** 交換。**3**《機械》往復運動。

rec·i·proc·i·ty [ˏrɛsəˋprɑsətɪ; ˏresiˈprɔsəti] *n.* Ⓤ**1** 相互關係[狀態]；交互作用；交換。**2**《商》相互利益；互惠主義：a ~ treaty 互惠條約。

re·ci·sion [rɪˋsɪʒən; riˈsiʒən] *n.* Ⓤ割除。

re·cit·al [rɪˋsaɪtḷ; riˈsaitl] *n.* Ⓒ **1 a** (音樂、舞蹈等的一人或少數人的)**演奏會**，獨奏[唱，演]會。**b** (詩等的)朗誦會。**2**《文語》**a** 詳細的說明：give a brief ~ of the course of events 簡要地說明事件的經過情形。**b** 述說，故事。

re·cit·al·ist [rɪˋsaɪtḷɪst; riˈsaitlist] *n.* Ⓒ獨唱者；獨奏者。

rec·i·ta·tion [ˏrɛsəˋteʃən; ˏresiˈteiʃn] «recite 的名詞»—*n.* **1** Ⓤ詳述。**2 a** Ⓤ吟誦；背誦，朗誦。**b** Ⓒ所背誦的篇章。**3** Ⓒ《美》學生以口頭回答教師有關學科之質問的一連串練習。

rec·i·ta·tive [ˏrɛsətəˋtiv; ˏresitəˈti:v] *n.*《音樂》**1** Ⓤ敍唱調，敍唱部。**2** Ⓒ敍唱部分[詞]。

— [ˋrɛsəˏtetɪv; ˈresiteitiv] *adj.* 敍述的，說話的。

re·cite [rɪˋsaɪt; riˈsait] *v.t.* **1 a**〔十受〕(尤指在聽衆面前)**背誦**…，朗誦…，吟誦…：~ a poem 朗誦一首詩。**b**〔十受十介十(代)名〕〔向…〕朗誦〈詩等〉，朗誦〈詩等〉〔給…聽〕〔*to*〕：He ~*d* the poem ***to*** the class. 他背誦那首詩給全班聽。

2〔十受〕詳述…；列舉…：~ one's adventures 詳述自己冒險的故事。

3〔十受〕《美》(就已學過的學科)口頭回答〈教師的質問〉。

—*v.i.* **1** 背誦，朗誦。**2**《美》(就已學過的學科)回答(教師的)質問。

reck [rɛk; rek] [用於否定句、疑問句]《詩·文語》*v.i.*〔十介十(代)名〕顧慮，介意，在乎〔…〕〔*of*〕：They ~*ed little* [*not*] ***of*** the danger. 他們不大[毫不]在乎危險。

—*v.t.* 顧慮，介意，在乎。

reck·less [ˋrɛklɪs; ˈreklis] *adj.* (**more** ~ ; **most** ~)**1**〈人、行爲〉**鹵莽的**，不顧一切的，輕率的，不顧後果的：~ driving 鹵莽的駕車。**2** [不用在名詞前]〔十介十(代)名〕不介意[不在乎]〔危險等〕的〔*of*〕：He is ~ ***of*** danger. 他不在乎危險。

~·**ly** *adv.* ~·**ness** *n.*

reck·on [ˋrɛkən; ˈrekən] *v.t.* **1 a**〔十受(十副)〕**數**，計算；總計…〈*up*〉《★用法 ~ up尤用於英國；★比較作「數數目」解時，一般用 count；⇨ count[1]【同義字】》：~ the cost of the trip 計算旅費/He ~*ed* ***up*** the bill. 他把清單(上的各個項目加起來)合計了一下。**b**〔十受十介十(代)名〕將…〔從…〕算起〔*from*〕：In the U.S. taxes are ~*ed* ***from*** Jan. 1. 在美國，稅是從一月一日算起。

2〔十受十 (*as*) 補/十受十 *to be* 補〕將…看作〈…〉，認爲…〈是…〉：I ~ him the best swimmer in my class. 我認爲他是我班上最善於游泳的人/Most of the population there are ~*ed as* [~*ed to be*] uneducated. 那裏的大多數居民被認爲是沒有受過教育的。

3 a〔十 (*that*)＿〕《口語》以爲，想〈…事〉：I ~ he is over sixty. 我想他已年過六旬/"Is that John?"—"Yes, I ~ so."「那是約翰嗎？」「嗯，我想是吧。」《★用法 so 是承接前句，用以代替 *that* 子句》。**b** [I ~ 與主要子句並列，或作插句使用]以爲…：She will come soon, *I* ~. 我想她馬上就會來。

—*v.i.* **1** 計算，算帳，數。**2**〔十介十(代)名〕《口語》依賴，仗恃，指望，寄望〔…〕〔*on*〕《★可用被動語態》：I am not ~*ing* ***on*** her help. 我並不指望她的幫助/We did not ~ ***on*** find*ing* you here. 我們沒想到會在這裏看到你。

réckon ín《*vt adv*》計及…，將…算入：Did you ~ ***in*** this item? 你有沒有把這個項目算進去？

réckon with... (1)與…對決；和…算帳，和…結算。(2)考慮到…；將…列入考慮之中，認眞對付…《★可用被動語態》：If you want to start a business now, you'll have to ~ ***with*** a harsh economic climate. 如果你現在想創業，你就必須考慮到嚴苛的經濟環境/He is a man to be ~*ed with.* 他是個不可忽略的人。

réckon withòut ... 忽視…，不考慮到…《★可用被動語態》：How can we ~ *without* him？我們怎能夠不考慮[忽略]他？

réckon withòut one's **hóst** ⇨host[1].

réck·on·er *n.* Ⓒ **1** 計算者；清算人。**2** 計算表。

réck·on·ing *n.* **1** Ⓤ計算；決算，清算。**2** Ⓒ(酒館等的)帳單。**3** Ⓒ報應，懲罰。**4** Ⓤ《航海》(根據天文觀測的)船隻位置的推算。

be óut in one's **réckoning** (1)計算錯。(2)估計錯。

dáy of réckoning (1)[the D~ of R~]報應來到的日子，最後審判日。(2)結帳日，決算日。

re-claim [riˋklem; ˈri:ˈkleim] *v.t.* 要求歸還。

re·claim [rɪˋklem; riˈkleim] *v.t.* **1 a**〔十受〕糾正，矯正〈人〉。**b**〔十受十介十(代)名〕使〈人〉〔從惡行等〕歸正，〔從邪惡、罪惡等的淵藪中〕拯救〈人〉〔*from*〕：He was ~*ed* ***from*** vice. 他從邪惡的淵藪中被拯救出來。

2 a〔十受〕開墾〈荒地〉；塡築〈沼澤地等〉：~*ed* land 新生[開墾]地，塡築地。**b**〔十受十介十(代)名〕塡〔沼地、海等〕拓〈地〉〔*from*〕：~ land ***from*** the sea 塡海拓地。

3 a〔十受〕使〈物〉(恢復)有用，(再製)利用〈物〉：~ rubber 再製橡膠。**b**〔十受十介十(代)名〕〔從廢物〕再製利用，回收〈物〉〔*from*〕：~ iron ***from*** scrap 從回收廢鐵加以利用再製鐵。

—*n.* Ⓤ悔改，矯正《★常用於下列片語》：beyond [past] ~ 沒有悔改[矯正]的希望，無可救藥。

re·claim·ant [rɪˋklemənt; riˈkleimənt] *n.* Ⓒ矯正者；挽救者。

rec·la·ma·tion [ˏrɛkləˋmeʃən; ˏrekləˈmeiʃn] «reclaim 的名詞»—*n.* Ⓤ**1** 改正，矯正。**2** 開墾，墳地，塡築，墾殖。**3** (廢物的)再製利用，回收。

ré·clame [ˏreˋklɑm; ˏreiˈklɑ:m] «源自法語» —*n.* Ⓤ**1** 自我宣傳；沽名釣譽；出風頭；引人注意。**2** 大衆聞名；出名；虛名。

re·cline [rɪˋklaɪn; riˈklain] «源自拉丁文「向後傾斜」之義»—*v.t.*〔十受十介十(代)名〕將〈身體(的某部位)〉**靠在**；斜倚；憑依；橫臥，斜臥〔在…上〕〔*against, on*〕：He sat *reclining* his arms ***on*** the counter. 他把雙臂靠在櫃臺上坐著。

—*v.i.*〔十介十(代)名〕斜倚，憑依；橫臥，斜臥〔在…上〕〔*against, on*〕：He ~*d* ***on*** the sofa reading a magazine. 他躺在沙發上看雜誌。

re·clín·ing chàir *n.* Ⓒ坐臥兩用椅。

reclining chairs

rec·luse [ˋrɛklus, rɪˋklus; riˈklu:s] *n.* Ⓒ **1** (基於宗教理由等的)隱居者，隱士。**2** 遁世者。

—*adj.* **1** 遁世的，隱居的。**2** 避人耳目的，孤獨的，寂寞的。

re·clu·sive [rɪˋklusɪv; riˈklu:siv] *adj.* 蟄居的；隱居的；隱遁的。

‡**rec·og·nise** [ˋrɛkəgˏnaɪz; ˈrekəgnaiz] *v.*《英》＝recognize.

***rec·og·ni·tion** [ˏrɛkəgˋnɪʃən; ˏrekəgˈniʃn] «recognize 的名詞»—*n.* **1** Ⓤ **a 認識**，認知，(正式的)承認：give ~ to ... 承認…/receive [meet with] full ~ 大獲認同，受到充分的重視。**b**〔十 *that*＿〕〈…事的〉認識：There is growing ~ *that* we should abolish segregation. 我們應該廢止種族隔離一事愈來愈受到重視。

2 Ⓤ眼[耳]熟，認得，認出：escape ~ 未被認出[識破]/He has changed beyond [out of] (all) ~. 他變得使人(完全)認不出來。

3 Ⓤ [又作**a** ~]〔對於服務、功勞等的〕承認，認可，褒揚，酬謝〔*of*〕：in ~ [as *a* ~] *of* a person's services 以作爲對於某人之幫助的酬謝。

rec·og·niz·a·ble [ˋrɛkəgˏnaɪzəbḷ; ˈrekəgnaizəbl] *adj.* **1** 可以認識[承認]的。**2** 可以看得出的；認得的，可辨別的。

réc·og·nìz·a·bly [-əblɪ; -əbli] *adv.*

re·cog·ni·zance [rɪˋkɑgnɪzəns, -ˋkɑnɪ-; riˈkɔgnizəns] *n.* Ⓒ [常~s]《法律》保證[具結，切結](書)；履約保證金。

‡**rec·og·nize** [ˋrɛkəgˏnaɪz; ˈrekəgnaiz] *v.t.* **1 承認**：**a**〔十受〕承認…(爲事實[正當])；(正式地)認可，准許…：~ defeat 承認失

R

敗/~ a new government 承認新政府。**b**〔十受十 *to be*補/十受十*as* 補〕認爲，認出；(正式地)承認…〈是…〉: Professor Smith is *~d to be* [*as*] one of the great(est) scholars in English philology. 史密斯教授被公認爲是最了不起的英語語言學學者之一/He *~d* the voice *as* [*to be*] that of Dr. Brown. 他認出那是布朗博士的聲音。**c**〔十(*that*)__〕認清，領悟，承認，認定〈…事〉: We must ~ *that* we have been defeated. 我們必須承認我們被擊敗了。

2〔十受〕**a** **認出**，認得〈人、物〉(與以前所知者相同)；(見到而)憶起…: ~ an old friend 認出老朋友/~ a moth *by* its coloring 由顏色辨別蛾/~ a person *from* a description 從描述中認出某人/You have changed so much that I can hardly ~ you. 你變了好多，我幾乎認不出你來。**b** 向〈人〉問候，對〈人〉打招呼: They no longer ~ us on the street. 他們在街道上遇到我們都不再和我們打招呼。

3〔十受〕褒揚，酬謝〈某人的幫忙、服務等〉: Your services must be duly *~d*. 你的功勞必須受到充分的嘉獎。

4〔十受〕《美議會》予〈人〉以發言權，准許〈人〉發言。

re·coil [rɪˈkɔɪl; riˈkɔil] *v.i.* **1** **a** 退却，後退。**b**〔十介十(代)名〕(因驚嚇、恐懼等而)〔對…〕退縮〔*from, at*〕: They *~ed* ***from*** such radical ideas. 那樣偏激的想法使他們望而生畏/I *~ed* ***at*** see*ing* a dead cat on the road. 我在路上看見一隻死貓嚇得向後退縮。

2 **a** 〈彈簧等〉彈回，跳回。**b** 〈槍〉(於發射後)反彈；後座。

3〔十介十(代)名〕〈惡行等〉報應〔在…上〕〔*on, upon*〕: Plots sometimes ~ ***on*** [***upon***] the plotters. 陰謀有時會報應在陰謀者身上《陰謀有時害人反害己》。

— [rɪˌkɔɪl, ˈriˌkɔɪl; ˈriːkɔil, riˈkɔil] *n.* Ⓤ〔又作 **a ~**〕**1** 跳回，反作用；(槍砲的)後座力。

2 退却，退縮，畏縮；厭煩〔*from*〕: *R~ from* death is natural. 怕死是當然的。

re-col·lect [ˌrikəˈlɛkt; ˌriːkəˈlekt] *v.t.* **1** 重新收集…，再收集…。**2** **a** 集中〈心思〉，恢復〈冷靜〉: be *~ed* 冷靜，鎮定。**b**〔~ one*self*〕鎮定自己；(突然想到而)恢復冷靜。**3** 鼓起〈勇氣〉: ~ one's energy 奮力。

rec·ol·lect [ˌrɛkəˈlɛkt; ˌrekəˈlekt] *v.t.* **1** **想起**(⇨ remember【同義字】): **a**〔十受〕(努力)回憶，回想〈過去之事〉: I don't ~ you. 我想不起你。**b**〔十 do*ing*〕憶起〈曾做…〉《★用法 不可用〔十 *to* do〕》: I ~ hear*ing* his speech then. 我記得那時候聽過他的演說。**c**〔十受[所有]十do*ing*〕憶起〈某人曾做過…〉: I ~ his [him] tell*ing* me the story. 我記得他曾經跟我講過那故事《★用法 用受格 him 屬口語》。**d**〔十 *that*__〕憶起〈…事〉: At last I *~ed that* he had been there. 最後我想起他曾經去過那裏。**e**〔十 *wh.*__/十 *wh.*十*to* do〕憶起〈如何(做)〉: Can you ~ *how to* get there [*how* you got there]? 你能想起到那裏去該怎麼走嗎?

2 =re-collect 2, 3.

—*v.i.* 憶起，記起: As far as I ~, ... 就我所記得的…；如果我記得沒有錯…。

rec·ol·lec·tion [ˌrɛkəˈlɛkʃən; ˌrekəˈlekʃn] «recollect 的名詞»**—***n.* **1** Ⓤ〔又作 **a ~**〕**記憶(力)**；回想，回顧，想起〔*of*〕(⇨ memory【同義字】): be past [beyond] ~ 想不起來，記不得/*a* vague ~ 模糊的記憶/in [within] one's ~ 記得/to the best of my ~ 在我所記得的範圍之內；如果我沒有記錯/I have no ~ *of* it. 我不記得這件事/He had *a* clear ~ *of* hav*ing* witnessed the event. 他清晰地記得曾目擊過那樁事件。

2 Ⓒ〔常 ~s〕回想的事物，回憶，回憶錄: I have happy *~s* of my visit to your house. 上次登門拜訪讓我留下了美好的回憶。

re·com·bi·nant [riˈkɑmbənənt; ˌriːˈkɔmbinənt] *adj.* (遺傳因子的)重組的，再合併的，再結合的。

—*n.* Ⓒ由發生再合併之 DNA 所製造的遺傳物質，重組體[細胞]。

re·com·bi·na·tion [riˌkɑmbəˈneʃən; ˌriːˌkɔmbiˈneiʃn] *n.* Ⓤ(遺傳因子的)再合併，再結合，重組。

re·com·bine [ˌrikəmˈbaɪn; ˌriːkəmˈbain] *v.t.* 再結合。

re·com·mence [ˌrikəˈmɛns; ˌriːkəˈmens] *v.t.* & *v.i.* 再開始；重新開始(…)。**~·ment** *n.*

***rec·om·mend** [ˌrɛkəˈmɛnd; ˌrekəˈmend] *v.t.* **1** **推薦**，介紹，推舉: **a**〔十受〕推薦〈人、物〉: I can ~ this dish. 我可以推薦這道菜/His former employer *~s* him warmly. 他從前的雇主熱心地推薦他。

b〔十受十介十(代)名〕推薦〈人〉〔給…[擔任…]〕〔*for, to*〕: He *~ed* the young man ***to*** our firm [***for*** the post]. 他推薦那位年輕人到我們公司[擔任那個職位]。

c〔十受十 *as* 補〕推薦〈人〉〈爲…〉: I can ~ Miss Green *as* a good typist. 我可以推薦葛林小姐說她是個優秀的打字員。

d〔十受十受/十受十介十(代)名〕推薦〈某人〉〈人、物〉；將〈人、物〉推薦〔給某人〕〔*to*〕: Can you ~ me a gardener? =Can you ~ a gardener ***to*** me? 你能爲我推薦一名園丁嗎?

2 勸，勸告，建議: **a**〔十 do*ing*〕勸告《(做)…》，建議《(做)…》: I ~ go*ing* by airplane. 我建議搭飛機去。

b〔十受十*to* do〕勸〈人〉〈做…〉: The druggist has *~ed* me ***to*** try this ointment for sunburn. 藥房老板勸我試用這種藥膏治療曬斑。

c〔十 *that*__〕勸告，建議〈…事〉: He *~ed that* the prisoners (should) be released. 他建議釋放那些俘虜《★用法《口語》常不用 should》.

3〔十受(十介十(代)名)〕〈性質、特徵等〉使…得〔人的〕歡心；成爲〔…〕的優點；使〔…〕具有魅力〔*to*〕: What aspect of her character first *~ed* her ***to*** you? 是她性格上的哪一點先討你喜歡? /This hotel has very little *to* ~ it. 這家旅館沒有什麼可取之處。

4〔十受十介十(代)名〕《文語》將…託付，委託〔於神、人等〕〔*to*〕《★比較 作此解時，一般用 commend》: She *~ed* her soul ***to*** God. 她把心靈寄托於上帝。

rec·om·mend·a·ble [ˌrɛkəˈmɛndəbl; ˌrekəˈmendəbl] *adj.* 可推薦的，可推舉的，可建議的，可勸告的，可褒獎的。

rec·om·men·da·tion** [ˌrɛkəmɛnˈdeʃən; ˌrekəmenˈdeiʃn] «recommend 的名詞»**—n.* **1** Ⓤ**推薦**，褒獎；勸告，忠告；建議: a letter of ~ 推薦書。

2 Ⓒ推薦書: give a person a ~ *to* a professor 爲某人寫致教授的推薦書。

3 Ⓒ優點，可取之處，長處: His chief ~ is his honesty. 他的主要長處是誠實。

rec·om·mend·a·to·ry [ˌrɛkəˈmɛndəˌtorɪ; ˌrekəˈmendətəri] *adj.* **1** 推薦的；勸告的: a ~ letter 推薦書。**2** 成爲長處的。

re·com·mit [ˌrikəˈmɪt; ˌriːkəˈmit] *v.t.* (**-com·mit·ted; -com·mit·ting**) **1** 將〈法案等〉再交付委員會；再委託…。**2** 再犯〈罪行等〉。**rè·com·mít·ment, rè·com·mít·tal** [-tl; -tl] *n.*

rec·om·pense [ˈrɛkəmˌpɛns; ˈrekəmpens] *v.t.* **1** **a**〔十受〕報答，回報，酬報〈人的行爲〉: They *~d* his services. 他們酬答他的幫忙。**b**〔十受十介十(代)名〕〔爲了…而〕報答〈人〉〔*for*〕，報答〔某人的〕〈善行〉〔*to*〕: They *~d* him ***for*** his services. =They *~d* his services ***to*** him. 他們酬答了他的幫忙。**c**〔十受十介十(代)名〕〔以…〕報答…〔*with*〕: He *~d* good ***with*** evil. 他以怨報德。

2〔十受十介十(代)名〕對〈人〉補償[賠償]〔損失、損害等〕〔*for*〕: ~ a person ***for*** his losses 賠償某人之損失。

—*n.* Ⓤ〔又作**a ~**〕**1**〔對於人的行爲的〕報答，報酬，回報〔*for*〕: without ~ 無報酬地，義務地/give a person money *in* [*as a*] ~ *for* a service [his services] 給某人金錢以酬謝其幫忙。

2〔對於損害等的〕賠償，補償〔*for*〕: *in* ~ *for* damages 以補償損失。

re·com·pose [ˌrikəmˈpoz; ˌriːkəmˈpouz] *v.t.* **1** 重新安排；改組。**2**《印刷》重排。**3** 改編[改作]〈樂曲、詩文等〉。**4** 使…恢復鎮靜。

rec·on·cil·a·ble [ˈrɛkənˌsaɪləbl; ˈrekənsailəbl] *adj.* **1** 可[有希望]調停[和解]的: Are John and Mary ~? 約翰和瑪麗有希望和解嗎?《★ 可以不離婚嗎?》**2** 可調和[調諧一致]的。

rèc·on·cíl·a·bly [-əblɪ; -əbli] *adv.*

rec·on·cile [ˈrɛkənˌsaɪl; ˈrekənsail] *v.t.* **1** **a**〔十受〕使〈人〉言歸於好，使…和解《★ 常用被動語態》: The boys quarreled but they *were* soon *~d*. 男孩子們吵架，但很快就和好了。**b**〔十受十介十(代)名〕使〈人〉〔與人〕和解〔*with*〕: The workers will soon become *~d* ***with*** their employer. 工人不久將與雇主和解。

2〔十受〕調解〈紛爭等〉: I *~d* the dispute among the boys. 我調解了男孩們的爭端。

3 **a**〔十受〕使〈意見、行動等〉一致；使…和諧: How do you ~ your two different ideas? 你如何使你的兩個不同想法一致? **b**〔十受十介十(代)名〕使…〔與…〕一致；使…〔與…〕和諧〔*with*〕: ~ one's ideal ***with*** reality 使理想與實際一致。

4〔十受十介十(代)名〕〔~ one*self*〕安於，默從，將就〔…〕〔*to*〕《★ 也用被動語態，表示「安於，默從，將就…」》: He found it hard to ~ *himself* ***to*** the disagreeable state. 他發現難以忍受這種不愉快的狀況/I *was ~d to* liv*ing* in the country. 我安於鄉下的生活。

réc·on·cile·ment [-mənt; -mənt] *n.* =reconciliation.

rec·on·cil·i·a·tion [ˌrɛkənˌsɪlɪˈeʃən; ˌrekənsiliˈeiʃn] «reconcile 的名詞»**—***n.* Ⓤ〔又作 **a ~**〕和解；調停；和諧，一致〔*with, between*〕: There will be *a* ~ *between* the two countries. 兩國將會和解。

rec·on·cil·i·a·to·ry [ˌrɛkənˈsɪlɪəˌtorɪ, -ˌtɔrɪ; ˌrekənˈsiliətəri] *adj.* 和解[調停]的；和諧[一致]的。

rec·on·dite [ˈrɛkənˌdaɪt, rɪˈkɑndaɪt; riˈkɔndait] *adj.*《文語》〈思想、知識等〉深奧[難解]的。**~·ness** *n.*

re·con·di·tion [ˌrikənˈdɪʃən; ˌriːkənˈdiʃn] *v.t.* 使…恢復原來之良好狀態；整理，修復…。

re·con·firm [ˌrikənˈfɝm; ˌriːkənˈfəːm] *v.t.* 再確認，再確定，再證實《(飛機座位、旅館客房之)預訂等》。

—*v.i.* 再確認(飛機座位、旅館客房之)預訂等：Please ～ before you leave. 請於出發之前再確認一下。

rè·con·fir·má·tion *n.*

re·con·nais·sance [rɪˋkɑnəsəns; riˈkɔnisəns] «reconnoiter 的名詞»—*n.* ⓊⒸ **1** 《軍》偵察；偵察隊。**2** (土地、房屋等的)勘查：make a ～ of... 勘查…。

re·con·noi·ter, 《英》**re·con·noi·tre** [ˏrikəˋnɔɪtɚ, ˏrɛkə-; ˏrekəˈnɔitə] *v.t.* **1** 偵察〈敵情〉。**2** 勘察〈土地、房屋等〉；勘測〈地形、地勢〉。

—*v.i.* 偵察，勘查，勘測；觀察，探究。

re·con·quer [riˋkɑŋkɚ, -ˋkɑŋ-; ˏriːˈkɔŋkə] *v.t.* 再征服；再佔領。

re·con·sid·er [ˏrikənˋsɪdɚ; ˏriːkənˈsidə] *v.t.* 〔十受〕**1** 再考慮，再斟酌…。**2** 覆議[再審]〈議案、動議、投票等〉。

—*v.i.* 再考慮；覆議，再討論。

rè·con·sìd·er·á·tion [-ˏsɪdəˋreʃən; -ˏsidəˈreiʃn] *n.*

re·con·sti·tute [riˋkɑnstəˏtut,-ˏtjut; ˏriːˈkɔnstitjuːt] *v.t.* **1** 再構成，再組成；再任命，再選定；再設立，重制定。**2** (加水而)使〈粉末[脫水]食物〉恢復原狀：～ powdered milk 加水於奶粉沖成奶水。

re·con·struct [ˏrikənˋstrʌkt; ˏriːkənˈstrʌkt] *v.t.* 〔十受〕**1** (於破壞之後)重建…，改造…：～ a ruined castle 重建[修復]毀壞的城堡。**2** (連接片斷而)使〈事件〉重現，使…復原。

re·con·struc·tion [ˏrikənˋstrʌkʃən; ˏriːkənˈstrʌkʃn] «reconstruct 的名詞»—*n.* **1 a** Ⓤ重建，改造，復原，復興。**b** Ⓒ被重建[復原]之物。**2** [R～]《美》(南北戰爭後)南方諸州重新組織並與聯邦政府重建關係的過程[時期]。

re·cop·y [riˋkɑpɪ; ˏriːˈkɔpi] *v.t.* 再抄寫；複印。

‡**re·cord** [rɪˋkɔrd; riˈkɔːd] «源自拉丁文「再喚回心中，憶起」之義»—*v.t.* **1 a** 〔十受〕記錄…，登記…：We ～ our thoughts and experiences *in* diaries. 我們把自己的思想和經驗記錄在日記中。**b** 〔十 *wh.*__〕記錄，登記〈…〉：*Where* he lived is not ～*ed*. 關於他曾住何處沒有記載。

2 〔十受〕將…錄音[錄影]：His speech has been ～*ed* on tape. 他的演講已錄在磁帶上。

3 〔十受〕〈溫度計等〉顯示〈度數〉：The thermometer ～*ed* 20℃ overnight. 溫度計顯示昨晚攝氏二十度。

—*v.i.* **1** 記錄。**2** 錄音，錄影。

—(**rec·ord** [ˋrɛkɚd; ˈrekɔːd]) *n.* **1 a** Ⓤ記錄，被記錄；登記，被登記：a matter of ～ 在記錄上有記載的事情，有案可稽之事件/escape ～ 漏記，從記錄中遺漏/*on* ～ 記錄在案的，在記錄上有記載/the greatest earthquake *on* ～ 空前的大地震/put [place] an event *on* ～ 把事件記錄在案。**b** Ⓒ(具體的)記錄；會議記錄，審判筆錄：a ～ of accidents 事故記錄/various ～*s* of human life 人生各種各樣的經歷/make a ～ of... 將…加以記錄/keep a ～ of...將…做成記錄。

2 Ⓒ(個人等的)**履歷**；來歷；前科：a family ～ 家譜/have a criminal ～ 有前科[犯罪記錄]。

3 Ⓒ**a** (學校等的)**成績**：have a good [bad] ～ at school 學業成績好[差]。**b** (競賽等的)記錄；最高記錄：beat [break] the [a] ～ 破記錄。

4 Ⓒ**唱片**：an LP ～ of Beethoven's *Fifth Symphony* 貝多芬第五號交響樂的 LP[慢轉，密紋]唱片/cut a ～ 錄音在唱片上，灌唱片/play [put on, turn on] a ～ 放唱片。

for the récord 爲了將事實留存於記錄；正式地[的]；爲了希望被記住：*For the* ～, I disapprove of this decision. 我正式聲明不承認[贊成]這項決定。

gò on récord 意見[態度]明確，公開表明見解；被記錄下來。

òff the récord 《口語》不留在記錄的，非正式的，不可公開的。

—(**rec·ord** [ˋrɛkɚd; ˈrekɔːd]) *adj.* [用在名詞前]記錄的，破記錄的：a ～ crop(破記錄的)大豐收/He ran in ～ time. 他飛速地奔跑[以創記錄的速度跑]。

récord brèaker *n.* Ⓒ破記錄之人[物]。

récord-brèaking *adj.* 破記錄的，空前的：a ～ crop 空前的大豐收。

récord chànger *n.* Ⓒ(音響唱盤的)自動換唱片裝置。

re·córd·ed delívery *n.* Ⓤ《英》掛號郵遞(《美》certified mail)《遺失時之最高賠償額爲兩英鎊》。

re·cord·er [rɪˋkɔrdɚ; riˈkɔːdə] *n.* Ⓒ **1** 記錄員，登記者。**2 a** 記錄器，自動記錄裝置：a time ～ 時間記錄器。**b** 收訊機，收報機。**c** 錄音機。**3** [常 R～] (英國某城市的)首席司法官。**4** 《音樂》一種豎笛。

récord hòlder *n.* Ⓒ記錄保持人。

re·cord·ing [rɪˋkɔrdɪŋ; riˈkɔːdiŋ] *n.* **1** ⓊⒸ**錄音，錄影，錄製**：make a ～ of... 將…錄音[錄影]。**2** Ⓒ被錄音[錄影]之物《唱片、磁帶》。

—*adj.* **1** 記錄的。**2** 自動記錄裝置的：a ～ instrument 記錄儀器。

recórding ángel *n.* Ⓒ記錄天使《相傳專司記錄人的善行和惡行》。

récord lìbrary *n.* Ⓒ(出租)唱片圖書館。

récord plàyer *n.* Ⓒ 唱盤。

re·count [ˏriˋkaunt; ˈriːˈkaunt] *v.t.* 再算，重新算：～ the votes 覆算票數。

—*n.* [ˋriˏkaunt, riˋkaunt; ˈriːkaunt, ˏriːˈkaunt] Ⓒ(投票等的)覆算。

re·count [rɪˋkaunt; ˏriˈkaunt] *v.t.* 詳述，敍述，描述，細說…：He ～*ed* all his adventures in Africa. 他細說了他在非洲的全部歷險記。

re·coup [rɪˋkup; riˈkuːp] *v.t.* **1 a** 〔十受〕收回〈損失的錢等〉；取得…的補償：～ one's losses 挽回損失。**b** 〔十受十介十(代)名〕賠償[彌補]〈某人〉〔損失的錢等〕〔*for*〕：He ～*ed* me [him*self*] *for* the loss. 他補償了我[自己]的損失。**2** 《法律》扣除，扣留〈應付給的一部分款額〉。

re·course [ˋrikors, rɪˋkors, -ɔrs; riˈkɔːs] *n.* **1** Ⓤ求助，借助；依靠，依賴〔*to*〕：have ～ *to* the law [*to* money lenders] 求助於法律[放利者]/*R*～ *to* arms was open to them. 他們可循借助武器的途徑。**2** Ⓒ所依賴[借助]之物[人]：His last ～ was the law. 他最後的絕招是訴諸法律。

re·cov·er [ˏriˋkʌvɚ; ˏriːˈkʌvə] *v.t.* **1** 重新覆蓋，重新加蓋。**2** 裝…以新面；以新封面改裝…。

‡**re·cov·er** [rɪˋkʌvɚ; riˈkʌvə] *v.t.* **1** 〔十受〕**a** (偶然)復得〈失去之物、被取去之物〉：～ one's lost watch 尋回遺失的錶。

【同義字】regain 指努力、費力重獲失去之物。

b 恢復〈精力、知覺、健康等〉：～ consciousness [one's wits] 恢復知覺[心智]/I ～*ed* my legs [feet]. 我(倒下後)站起來。**c** [～ one*self*] 清醒過來；心定下來；恢復身體的平衡：I nearly fell but managed to ～ *myself*. 我差一點倒下，但最後還是站穩了脚根。

2 〔十受〕補償，彌補〈損失〉：～ losses [lost time] 彌補損失[失去的時間]。

3 〔十受十介十(代)名〕**a** 〔將沼澤地、海等〕塡平作〈新生地〉〔*from*〕：～ land *from* the sea 塡海拓地。**b** 〔從廢棄物等〕取出，回收，重新利用〈有用之物〉；〔從廢棄狀態中〕使…再生，使…恢復有用〔*from*〕：New techniques make it possible to ～ usable things *from* waste. 藉新技術即能從廢棄物中回收可用之物。

—*v.i.* **1 a** 恢復健康，康復：The patient ～*ed* quickly. 病人很快地康復了。**b** 〔十介十(代)名〕〔從…〕恢復原狀，恢復〔*from*〕：I sat down to ～ *from* my agitation. 我坐下以使自己平靜下來/She is ～*ing from* a severe illness. 她正逐漸從重病中復元。

2 《法律》(勝訴而)取得權利，打贏官司。

re·cov·er·a·ble [rɪˋkʌvərəbl; riˈkʌvərəbl] *adj.* 可收回的，可恢復的，可復元的。

***re·cov·er·y** [rɪˋkʌvərɪ; riˈkʌvəri] «recover 的名詞»—*n.* **1 a** Ⓤ**收回，復得**；(經濟狀況等的)恢復，復元〔*of*〕：The ～ *of* the Japanese economy after the war surprised many people. 戰後日本的經濟復蘇使許多人驚訝。**b** Ⓤ[又作**a** ～]〔從病等的〕**康復，痊癒**〔*from*〕：be past [beyond] ～ 沒有恢復的希望/make *a* quick ～ (*from*...) 迅速地(從…)恢復，很快地(從…)復元。

2 ⓊⒸ《法律》(權利、財產的)恢復。

recóvery ròom *n.* Ⓒ (醫院的)恢復室《病人於手術後在此等待從麻醉狀態中恢復知覺》。

rec·re·ant [ˋrɛkrɪənt; ˈrekriənt] 《文語》*adj.* **1** 怯懦的，卑劣的。**2** 叛逆的，變節的。

—*n.* Ⓒ膽小鬼，懦夫；叛徒。～**·ly** *adv.*

re·cre·ate [ˏrikrɪˋet; ˏriːkriˈeit] *v.t.* 改造，重新創造，重新作…；使…再現。

rec·re·ate [ˋrɛkrɪˏet; ˈrekrieit] *v.t.* **1** [～ one*self*] **a** 〔十受〕〈人〉(於工作等之後)得到休養；得以消遣[娛樂]。**b** 〔十受十介十(代)名〕〔以…〕爲消遣[自娛]〔*with, by*〕：I often ～ *myself with* garden*ing*. 我常以園藝爲消遣。**2** 使〈人〉提起精神，使〈人〉振作。

—*v.i.* 休養，娛樂，消遣。

re·cre·a·tion [ˏrikrɪˋeʃən; ˏriːkriˈeiʃn] «re-create 的名詞»—*n.* **1** Ⓤ改造；重新創造，使再現。**2** Ⓒ改造物，重新創造之物；再現之物[情景]。

***rec·re·a·tion** [ˏrɛkrɪˋeʃən; ˏrekriˈeiʃn] «recreate 的名詞»—*n.* ⓊⒸ**娛樂，休養，消遣**：play golf *for* ～ 打高爾夫球娛樂。

rec·re·a·tion·al [ˏrɛkrɪˋeʃənl; ˏrekriˈeiʃnəl] *adj.* 娛樂的，休養的，消遣的。

recreátion gròund *n.* Ⓒ《英》(用以踢足球等的)公共遊樂場。

recreátion ròom *n.* Ⓒ 《美》(醫院、家庭、俱樂部等的)娛樂室；康樂室。

rec·re·a·tive [ˋrɛkrɪˏetɪv; ˈrekrieitiv] *adj.* 供消遣的，供娛樂的；振奮精神的。

re·crim·i·nate [rɪˋkrɪmə͵net; riˈkrimineit] *v.i.* 〔十介十(代)名〕反控，反責〔…〕；〔對…〕反唇相譏〔*against*〕.

re·crim·i·na·tion [rɪ͵krɪməˋneʃən; ri͵krimiˈneiʃn] *n.* ⓊⒸ[常~s]反控，反唇相譏，反責；反訴(罪行)。

re·crim·i·na·to·ry [rɪˋkrɪmənə͵torɪ, -͵tɔrɪ; riˈkriminətəri] *adj.* 反控訴的，反唇相譏的，反責的；反攻的。

re·cross [riˋkrɔs; ͵ri:ˈkrɔs] *v.t.* 再橫過；再橫渡。

re·cru·desce [͵rikruˋdɛs; ͵ri:kru:ˈdes] *v.i.* 〈疼痛、疾病、憤怨等〉再發作，復發。

re·cru·des·cence [͵rikruˋdɛsn̩s; ͵ri:kru:ˈdesns] *n.* Ⓒ〔疾病、犯罪等的〕再發生，重犯；復發；復燃〔*of*〕.

re·cru·des·cent [͵rikruˋdɛsn̩t; ͵ri:kru:ˈdesnt] *adj.* 〈疾病、犯罪等〉再發生的；重犯的；復發的；復燃的。

re·cruit [rɪˋkrut; riˈkru:t] *n.* Ⓒ **1** 新兵，補充兵。**2**〔…的〕新會員，新黨員；新生〔*to*〕.

【字源】recruit 源自拉丁文，義爲「再成長」。這是把新補充的新兵、新會員或新生等比喻植物新生長的說法。

—*v.t.* 〔十受〕**1 a** 徵募〈新兵[新會員]〉。**b** 募集兵員[會員]加入〈新成立的軍隊、團體等〉。**2** 《古·文語》**a** 恢復〈活力、精神〉：~ one's health [strength]恢復健康[體力]。**b** [~ one*self*]保養，靜養，休息。

—*v.i.* **1** 募集[吸收]新兵[新會員]。**2** 《古·文語》恢復精神。

~·**er** *n.*

re·crúit·ment [-mənt; -mənt] *n.* Ⓤ招募新兵[新會員]。

rec't 《略》receipt.

rec·ta *n.* **rectum** 的複數。

rec·tal [ˋrɛktl; ˈrektəl] *adj.* 直腸(rectum)的。

rec·tan·gle [ˋrɛktæŋgl; ˈrek͵tæŋgl] 《源自拉丁文「正直的角」之義》—*n.* Ⓒ長方形，矩形。

rec·tan·gu·lar [rɛkˋtæŋgjələ; rekˈtæŋgjulə] 《rectangle的形容詞》—*adj.* **1** 長方形的：a ~ building 長方形的建築物。**2** 直角的。

rec·ti·fi·a·ble [ˋrɛktə͵faɪəbl; ˈrektifaiəbl] *adj.* **1** 可改正[修正，矯正]的：a ~ mistake [error] 可改正的錯誤。**2**《化學》可精餾的。**3**《電學》可整流的。

rec·ti·fi·ca·tion [͵rɛktəfəˋkeʃən; ͵rektifiˈkeiʃn] *n.* ⓊⒸ**1 a** 改正，矯正。**b**〈機械、軌道等的〉修正，調整。**2**《化學》精餾。**3**《電學》整流。

réc·ti·fi·er [-͵faɪɚ; -faiə] *n.* Ⓒ**1** 改正[修正]者。**2**《化學》精餾器。**3**《電學》整流器。

rec·ti·fy [ˋrɛktə͵faɪ; ˈrektifai] *v.t.* **1 a** 改正，修正，矯正，糾正：That mistake can be *rectified*. 那個錯誤可以更正。**b** [~ one*self*] 改正，改過來，變好：The matter will ~ *itself* in a few days. 那件事過幾天就會變好。**c** 將〈機械、軌道等〉修正，調整。

2《化學》精餾〈酒、酒精等〉。

3《電學》將…整流《將交流變爲直流》：a ~*ing* detector 整流檢波器/a ~*ing* tube [valve]整流管。

rec·ti·lin·e·al [͵rɛktəˋlɪnɪəl; ͵rektiˈliniəl˝] *adj.* =rectilinear.

rec·ti·lin·e·ar [͵rɛktəˋlɪnɪɚ; ͵rektiˈliniə˝] *adj.* **1** 直線的，用直線圍起來的，由直線構成的。**2** 成直線進行的。

rec·ti·tude [ˋrɛktə͵tud, -͵tjud; ˈrektitju:d] *n.* Ⓤ《文語》**1** 正直，清廉：a man of ~ 廉潔的人。**2**〈判斷、方法等的〉正確，正當。

rec·to [ˋrɛkto; ˈrektou] *n.* Ⓒ(*pl.* ~**s**)〈翻開書的〉右頁；紙張的正面(↔ verso, reverse).

—*adj.* [用在名詞前]右頁的。

rec·tor [ˋrɛktɚ; ˈrektə] 《源自拉丁文「支配者」「指導者」之義》—*n.* Ⓒ[用於稱呼]**1 a**《英國國教》教區主任牧師《從前領受教區收入什一稅(tithe)；cf. vicar 1》. **b**《美》(聖公會的)教區牧師。**c**《天主教》(修道院的)院長。**2** 校長。

rec·tor·ate [ˋrɛktərɪt; ˈrektərit] *n.* ⓊⒸrector 的職位[任期]。

réctor·ship *n.* =rectorate.

rec·to·ry [ˋrɛktərɪ; ˈrektəri] *n.* Ⓒ**1** rector 的住宅；教區主任牧師的住宅(cf. vicarage 1). **2**《英國國教》教區主任牧師的俸祿[收入]。

rec·tum [ˋrɛktəm; ˈrektəm] *n.* Ⓒ(*pl.* ~**s**, **-ta** [-tə; -tə])《解剖》直腸。

re·cum·ben·cy [rɪˋkʌmbənsɪ; riˈkʌmbənsi] *n.* Ⓤ橫臥，斜靠；休息。

re·cum·bent [rɪˋkʌmbənt; riˈkʌmbənt] *adj.* **1 a** 〈人、姿勢〉呈橫臥的。**b** [不用在名詞前]〔十介十(代)名〕斜靠〔於…〕的〔*on, upon, against*〕：be [lie] ~ ***on*** the bank 斜依著土堤的。**2** 休息著的；不活潑的；怠惰的。~·**ly** *adv.*

re·cu·per·ate [rɪˋkupə͵ret, -ˋkju-; riˈkju:pəreit] *v.t.* 恢復〈健康、精神等〉。—*v.i.* 〔動(十介十(代)名)〕〔從疾病、損失等〕恢復，復元，康復〔*from*〕：He is *recuperating* ***from*** illness. 他病後正在漸漸地復元。

re·cu·per·a·tion [rɪ͵kupəˋreʃən, -͵kju-; ri͵kju:pəˈreiʃn] 《recuperate 的名詞》—*n.* Ⓤ恢復，復元。

re·cu·per·a·tive [rɪˋkupə͵retɪv, -ˋkju-; riˈkju:pərətiv] *adj.* **1** 使恢復的，用以恢復體力[活力]的。**2** 有恢復能力的。

re·cur [rɪˋkɝ; riˈkə:] *v.i.* (**re·curred**; **recur·ring**) **1** 〈事件、問題等〉再發生；重複：The name of Mozart *recurred* frequently in his conversation. 在他的談話中，莫札特的名字一再地被提到/This festival ~*s* every five years. 這個節慶每五年舉行一次。

2〔十介十(代)名〕**a** 〈人、話等〉再回到，回想，回頭講〔…〕〔*to*〕：I shall ~ ***to*** the subject later on. 我稍後再回頭談這個問題。**b** 〈念頭、情景等〉再浮現[在人的心、腦海裏]，被〔…〕憶起〔*to*〕：The event constantly *recurred* ***to*** me. 那事件不斷地浮現在我腦海裏/The scene has often *recurred to* my memory. 那情景常浮現在我腦海中。

3《數學》循環：⇨ RECURRING decimals.

re·cur·rence [rɪˋkɝəns; riˈkʌrəns] 《recur 的名詞》—*n.* ⓊⒸ**1** 再發生，重複，重現；循環。**2** 回想，回憶。

re·cur·rent [rɪˋkɝənt; riˈkʌrənt] 《recur, recurrence 的形容詞》—*adj.* 再發[再現，頻頻發生]的，周期性地發生的：a ~ fever 回歸熱/a ~ problem [difficulty] 反覆地發生的問題[困難]。~·**ly** *adv.*

re·cúr·ring [-ˋkɝɪŋ; -ˈkə:riŋ,-ˈkʌriŋ] *adj.* 循環的：~ decimals《數學》循環小數《★ 如 2.131313...等，寫作 2.1̇3̇，讀作 2.13 recurring》.

re·curve [rɪˋkɝv; ͵ri:ˈkə:v] *v.t.* & *v.i.* (使…)曲回；折回；反彎。

re·curved [rɪˋkɝvd; ͵ri:ˈkə:vd] *adj.* 向後或向上彎曲的。

rec·u·san·cy [ˋrɛkjuzn̩sɪ, rɪˋkjuz-; ˈrekjuzənsi, riˈkju:z-] *n.* Ⓤ **1** 拒絕服從。**2** 不從國教。

rec·u·sant [ˋrɛkjuzn̩t, rɪˋkjuz-; ˈrekjuzənt, riˈkju:z-] *n.* Ⓒ **1** 拒不服從者；不屈從者。

2《英國史》拒不參加英國國教且否認其權威者《尤指天主教徒》。

—*adj.* **1** 不服從的；不屈從的。**2** 不從英國國教的。

re·cy·cla·ble [riˋsaɪkləbl; ͵ri:ˈsaikləbl] *adj.* 可以再製造而重新利用的；可使再循環的。

re·cy·cle [riˋsaɪkl̩; ͵ri:ˈsaikl] *v.t.* 將〈廢棄物〉加以再製造而重新利用；使…再循環：~*d* paper 再生紙。

‡**red** [rɛd; red] *adj.* (**red·der**; **red·dest**) **1 a** 紅的，紅色的，鮮紅的；粉紅的；通紅的：a ~ rose 紅玫瑰。

【說明】red 是紅色的血或火焰等的顏色，表示「熱情、革命、幸運、威嚴、憤怒」等。用來比喻紅色之物時，常用玫瑰花(rose)、血(blood)、雄火鷄(turkey cock)等字。

b 〈頭髮〉紅的，紅銅色的；紅毛的。**c** 〈人〉皮膚呈紅色的：Her hands were ~ with cold. 她的手冷得變紅。**d** 〈眼睛〉發紅的：with ~ eyes 眼球充血；哭紅著眼睛(cf. red-eyed 1). **e** (無比較級、最高級)〈葡萄酒〉紅的，深紫色的：⇨ red wine.

2 a (氣、羞)紅了臉的：Her cheeks burned ~. 她的兩頰通紅。**b** [不用在名詞前]〔十介十(代)名〕〔因怒、羞而〕滿臉通紅的〔*with*〕：He turned ~ ***with*** anger [shame]. 他氣得[羞愧得]滿臉通紅。

3 染著血的；流血的：with ~ hands 手上沾滿血跡的；犯了殺人罪的(cf. red-handed).

4 [常 R~] **a** (無比較級、最高級)共產主義的《★源自革命[共產]主義者之紅旗；cf. pink¹ 2》：the *R*~ Army (蘇聯、中共的)紅軍。**b** (在政治上)偏激的，革命性的，被赤化的。

5《會計》赤字的，虧損的：a ~ balance sheet 有赤字的資產負債表。

páint the tówn réd ⇨ town.

—*n.* **1 a** Ⓤ[指種類時爲Ⓒ]紅，紅色：Her dress was a deep ~. 她的衣服是深紅色。**b** Ⓒ紅色之物。

2 ⓊⒸ **a** 紅色水彩[顏料，塗料，染料]。**b** 紅衣(料)：dressed *in* ~ 穿著紅衣服。

3 a Ⓒ[常R~]共產黨員[主義者](cf. pink¹ 3). **b** [**the Reds**]紅軍。

4 [**the** ~]《會計》赤字。

gèt into the réd 出現赤字，虧損。

gèt [còme] òut of the réd 消弭赤字，不再虧損。

in the réd 〈生意等〉賠本，欠債(↔ in the black)：That company was $1,000,000 *in the* ~. 該公司有一百萬美元的虧損。

sée réd 冒火，勃然大怒《★ 因牛見紅布即衝動，故有此說法》。

~·**ness** *n.*

re·dact [rɪˋdækt; riˈdækt] *v.t.* **1** 編纂，編輯；修訂…。**2** 草擬〈政府命令、布告等〉。

re·dac·tion [rɪˋdækʃən; riˈdækʃn] *n.* **1** Ⓤ編輯；校訂，修訂。**2** Ⓒ修訂版。

réd·bìrd *n.* Ⓒ《鳥》**1** 紅雀(cardinal). **2** 紅鶯。

R

réd blóod cèll *n.* Ⓒ《生理》紅血球。
réd blóod còrpuscle *n.* =red blood cell.
réd-blóoded *adj.* [用在名詞前]雄糾糾的，有男人氣概的，活潑有力的，英勇的〈人、行爲等〉。
réd·brèast *n.* Ⓒ《鳥》胸部呈紅色的鳥類《例如知更鳥(robin)等》。
réd·brick 《源自英國古老的大學係用石頭建造而在十九世紀或二十世紀初創立的大學則用紅磚建造》——《英》*adj.* [用在名詞前]於近代設立的〈大學〉。——*n.* [常R~]Ⓒ近代大學。

【說明】尤指在 1960 年代以後創設的大學；主要者有曼徹斯特(Manchester)，伯明罕(Birmingham)，里茲(Leeds)，雪非耳(Sheffield)，布里斯托(Bristol)等各大學；牛津(Oxford)、劍橋(Cambridge)等古老的大學爲石造；cf. Oxbridge.

réd·càp *n.* Ⓒ **1** 《美》(火車站等的)頭戴紅帽的行李搬運工人。**2** 《英口語》憲兵。
réd cárpet *n.* **1** Ⓒ(用以迎接貴賓的)紅地毯。**2** [the ~]敬意的表明，隆重的接待：roll out [get out, put down] *the* ~ for a person(準備)隆重地歡迎某人，熱烈而慇懃地接待某人。
réd-cárpet *adj.* [用在名詞前]隆重的：give a person a ~ reception [(the) ~ treatment]地上鋪紅色地毯盛大隆重地歡迎某人；隆重地[慇懃地]接待某人。
réd cént *n.* [a ~；用於否定句]《美口語》一分錢，一文錢，少量：be *not* worth *a* ~ 不值一文錢/I do*n't* care *a* ~ if you do so. 縱使你這麼做，我一點也不在乎。
réd clóver *n.* Ⓒ《植物》紅菽草《美國佛蒙特州(Vermont)的州花》。
réd·còat 《源自從前穿著紅色制服》——*n.* Ⓒ(美國獨立戰爭時期的)英國士兵。
réd córpuscle *n.* =red blood cell.
Réd Créscent *n.* [the ~]紅新月會《與國際紅十字會相當的回教國家國際組織》。
Réd Cróss *n.* **1 a** Ⓤ[the ~](國際)紅十字會《正式名稱爲 the International Red Cross；1864 年創立於瑞士的日內瓦(Geneva)，在世界各國擁有分會；以紅十字(Geneva cross)爲其徽章；★用法視爲一整體時當單數用，指全部個體時當複數用》。**b** Ⓒ紅十字(徽章)。**2** [r~ c~]Ⓒ(白底染紅的)聖喬治十字徽章《爲英國國徽》。
réd·cúrrant *n.* Ⓒ《植物》紅醋栗(之果實)。
réd dèer *n.* Ⓒ(*pl.* ~)《動物》赤鹿《歐洲、亞洲產》。
red·den [ˋrɛdn; ˈredn] 《red 的動詞》——*v.t.* 〔十受〕使…變紅；使…面紅，使…赧顏：The blood ~*ed* the bandage. 血染紅了繃帶。
——*v.i.* **1** 變紅。**2** 〔動(十介十(代)名)〕〔看到…而〕臉紅〔*at*〕；〔因發怒、羞愧等而〕臉紅〔*with*〕：She ~*ed* ***at*** the sight. 她看到那景象而臉紅/His face ~*ed* ***with*** anger. 他的臉因憤怒而漲紅。
réd·dish [-dɪʃ; -diʃ] *adj.* 微紅色的，略帶紅色的。
re·dec·o·rate [riˋdɛkə͵ret; ͵riːˈdekəreit] *v.t.* 重新裝修…，重新裝潢…。——*v.i.* 重新裝修，重新裝潢。
re·deem [rɪˋdim; riˈdiːm] *v.t.* **1 a** 〔十受〕買回〈已賣之物〉；贖回〈典當物、抵押物等〉；清，償還〈帳〉：~ a mortgage 贖回抵押品/~ one's pawned watch 贖回典當的錶。**b** 〔十受十介十(代)名〕〔從當舖等〕贖出，贖回〈物〉〔*from*〕：~ one's watch ***from*** pawn [the pawnshop] 把典當的錶[把錶從當舖]贖回來。
2 〔十受〕挽回〈名譽等〉：~ one's honor [good name] 挽回名譽[好名聲]。
3 a 〔十受〕(交出賣身價、賠償金)贖回〈奴隸、俘虜〉：~ a prisoner 贖回俘虜/~ oneself [a person's life] 付出贖金贖回本身[人命]。**b** 〔十受十介十(代)名〕〔從…〕救出〈人等〉〔*from*〕：Comforting others ~*ed* him ***from*** his own despair. 他由於安慰他人而也使自己擺脫絕望。**c** 〔十受十介十(代)名〕《神學》〈上帝、基督〉〔從罪惡中〕拯救，救贖，超度〈人〉〔*from*〕：Jesus Christ ~*ed* men ***from*** sin. 耶穌基督把世人從罪惡中拯救出來。
4 a 〔十受〕彌補，補償〈缺點等〉：That fault of his is ~*ed* by his good points. 他那缺點可由他的優點彌補。**b** 〔十受十介十(代)名〕〔從缺點等〕補救…〔*from*〕：The eyes ~ the face ***from*** ugliness. 這雙眼睛彌補了他其貌不揚之缺陷。
5 〔十受〕履行〈諾言、義務〉。
6 〔十受〕**a** 將〈紙幣〉換成硬幣，把〈股票等〉兌換成現金。**b** 將〈贈獎券、禮券等〉換成商品：~ a coupon 以禮券換商品。
re·deem·a·ble [rɪˋdiməbl; riˈdiːməbl] *adj.* **1** 可買回[贖回]的。**2** 可償還的。**3** 可拯救的；可救贖的。
re·déem·er *n.* **1** Ⓒ買回者；贖回者；贖身者。**2** [the [our] R~]贖罪者，救主，基督。
re·déem·ing *adj.* 補救(缺點、過失等)的，彌補的：a ~ feature [point]可彌補缺點的特色[長處]，可取之處。
re·demp·tion [rɪˋdɛmpʃən; riˈdempʃn] 《redeem 的名詞》——*n.* **1** Ⓤ買回，贖回，贖當；償還。
2 Ⓤ **a** 贖身。**b** 救濟：beyond [past] ~ 不可救的，難以濟渡的。**c** 《神學》(基督的)贖罪，贖救。
3 Ⓤ(承諾、義務等的)履行；補償。
4 Ⓒ補償[彌補]之物；可取之處。
re·demp·tive [rɪˋdɛmptɪv; riˈdemptiv] *adj.* **1** 買回的，贖當的；贖身的；償還的。**2** 贖罪的。
re·demp·to·ry [rɪˋdɛmptərɪ; riˈdemptəri] *adj.* =redemptive.
réd énsign *n.* [the ~](英國商船所掛的)英國商船旗(cf. white ensign)。
re·de·ploy [͵ridɪˋplɔɪ; ͵riːdiˈplɔi] *v.t.* 調動，重新部署〈軍隊、生產設施等〉。~·**ment** *n.*
re·de·sign [͵ridɪˋzaɪn; ͵riːdiˈzain] *v.t.* 再設計。
re·de·vel·op [͵ridɪˋvɛləp; ͵riːdiˈveləp] *v.t.* **1** 再開發。**2** 《攝影》再沖洗。——*v.i.* 再發展。
réd-éyed *adj.* **1** (因哭等)眼(圈)紅的，哭紅了眼的。**2** 〈鳥等〉紅眼的，有紅眼圈的。
réd flág *n.* **1** Ⓒ(用作危險信號的)紅旗。**2 a** Ⓒ(象徵左翼革命的)紅旗。**b** [the R~ F~]紅旗歌《社會主義者等所唱的國際性的歌曲》。
réd fóx *n.* Ⓒ《動物》紅狐(cf. silver fox)。
réd gíant *n.* Ⓒ《天文》紅色巨星《表面溫度低而帶紅光的巨大恆星；cf. white dwarf》。
réd-grèen blíndness *n.* Ⓤ《醫》紅綠色盲。
réd gróuse *n.* Ⓒ(*pl.* ~)《鳥》紅松雞《產於英國》。
réd-hánded *adj.* [不用在名詞前](罪行)現行犯的：catch [nab] a person ~ 當場發現某人的罪行，於某人犯罪時當場逮捕/be taken ~ 當場被捕。
réd hát *n.* Ⓒ樞機[紅衣]主教(cardinal)的帽子。
réd·hèad *n.* Ⓒ《口語》紅髮的人。
réd·hèaded *adj.* 有紅頭髮的。
réd héat *n.* Ⓤ 紅熱，灼熱。
réd hérring *n.* Ⓒ **1** 燻鯡：⇨neither FISH, flesh, fowl, nor good red herring. **2** 用以引開他人注意之物；足以擾亂他人之情報。
dráw a réd hérring acróss the páth [tráck, tráil] (爲引開某人的注意)提起與話題不相干的事情；顧左右而言他《★昔時曾使用燻鯡訓練獵犬辨別狐與其它物之氣味，因而有此說法》。
réd-hót *adj.* **1 a** 〈金屬等〉紅熱的，灼熱的。**b** 熱烈的，極爲興奮的：in a ~ passion 極爲興奮。**2** 〈新聞等〉最新的。
——[ˊˊ] *n.* Ⓒ《美口語》法蘭克福香腸；熱狗。
re·di·al [riˋdaɪəl; ͵riːˈdaiəl] *v.t.* 再打，再撥〈電話〉。
re·diffusion [͵ridɪˋfjuʒən; ͵riːdiˈfjuːʒn] *n.* Ⓤ《英》《無線·電視》**1** (廣播、電視節目等的)再播送。**2** (在戲院、電影院進行的)電視放映。
Réd Índian *n.* =American Indian.
réd ínk *n.* Ⓤ**1** 用來記帳的紅墨水。**2** 虧損。
red·in·te·grate [rɪˋdɪntə͵gret, rɛdˋɪn-; reˈdintigreit, riˈd-] *v.t.* 使…恢復完整；使…再完善；使…再結合；重建，更新…。
re·di·rect [͵ridəˋrɛkt; ͵riːdiˈrekt] *v.t.* **1** 使…更改方向。**2** 重新寫〈信件〉上的姓名地址。
re·dis·count [riˋdɪskaunt; ͵riːˈdiskaunt] *v.t.* 再折扣；再貼現。
——*n.* ⓊⒸ **1** 再折扣。**2** [常 ~s]再貼現之票據。
re·dis·cov·er [͵ridɪˋskʌvə; ͵riːdiˈskʌvə] *v.t.* 再發現。
re·dis·cov·er·y [͵ridɪˋskʌvərɪ; ͵riːdiˈskʌvəri] *n.* **1** Ⓤ再發現。**2** Ⓒ再發現之事物。
re·dis·trib·ute [͵ridɪˋstrɪbjut; ͵riːdiˈstribjuːt] *v.t.* 再分配[分發]，重新分配[分發]。
re·dis·tri·bu·tion [͵ridɪstrəˋbjuʃən; ˈriː͵distriˈbjuːʃn] *n.*
re·di·vide [͵ridɪˋvaɪd; ͵riːdiˈvaid] *v.t.* & *v.i.* 再分割；重新分配(…)。
re·di·vi·sion [͵ridəˋvɪʒən; ͵riːdiˈviʒən] *n.* ⓊⒸ再分割；重新分配。
réd léad [-ˋlɛd; -ˈled] *n.* Ⓤ丹鉛，四氧化三鉛《用作顏料》。
réd-létter *adj.* [用在名詞前] **1** 紅字的；標有紅字的。**2** 節日的；值得紀念的。
réd-létter dày 《源自在日曆上以紅字標示》——*n.* Ⓒ**1** 節日。**2** 值得紀念的[留在回憶中的]日子：This is really a ~! 今天實在是個值得紀念的日子！

【說明】red-letter day 是指在教會日曆(church calendar)上用紅字標示的耶誕節(Christmas)、復活節(Easter)或聖人的紀念日等節日。在教堂有特別的禮拜和彌撒。有時也指個人的生日或結婚紀念日等，與這些吉日相對的凶日則稱爲 black-letter day；cf. calendar【說明】

***red light** [ˋrɛdˋlaɪt; ͵redˈlait] *n.* Ⓒ(用作停止信號、危險信號的)紅燈，(交通標誌的)紅燈：drive [go] through a ~ 闖紅燈/stop for a ~ 停下來等紅燈轉綠/see the ~ 察覺危險。

réd-líght dìstrict *n.* Ⓒ紅燈區，風化區，花街柳巷。
réd màn *n.* = Red Indian, American Indian.
réd mèat *n.* Ⓤ紅肉《牛肉、羊肉等》。
réd múllet *n.* Ⓒ《魚》側斑海緋鯉。
réd-nèck *n.* Ⓒ《美俚》美國南部未受教育的白種勞工。
re·do [riˋdu; ˌriːˈduː] *v.t.* (**-did** [-ˋdɪd; -ˈdid]; **-done** [-ˋdʌn; -ˈdʌn]) **1** 再做，重做。**2** 重新修理[裝飾]：I *redid* my hair. 我重新作了頭髮。
réd ócher *n.* Ⓤ赭色赤鐵礦，代赭石《一種紅色的土類；用作顏料》。
red·o·lence [ˋrɛdḷəns; ˈredələns] *n.* Ⓤ《文語》芳香，香味。
red·o·lent [ˋrɛdḷənt; ˈredələnt] *adj.* 《文語》**1 a** 芳香的：～ odors 芳香/a ～ dish香噴噴的菜餚。**b** [不用在名詞前]〔十介十(代)名〕〔…的〕氣味强烈的〔*of*〕：a room ～ ***of*** roses 有濃烈玫瑰香的房間。**2** [不用在名詞前]〔十介十(代)名〕使想起〔…〕的，暗示〔…〕的，充滿〔…〕之意味的〔*of*〕：a town ～ ***of*** romance 充滿著傳奇色彩的城鎮/He is ～ *of* evil. 他渾身充滿了邪氣。
～**·ly** *adv.*
re·dou·ble [rɪˋdʌbl; ˌriːˈdʌbl] *v.t.* 使…再倍增；使…再加倍，加强…；使…激增：We ～*d* our efforts [zeal]. 我們加倍努力[倍增熱忱]。
—*vi.* 加倍，增强，加强；激增：The rain ～*d*. 雨下得更大了。
re·doubt [rɪˋdaut; riˈdaut] *n.* Ⓒ(小型的臨時)堡壘；內堡，臨時堡。
re·doubt·a·ble [rɪˋdautəbḷ; riˈdautəbl] *adj.* 《文語·譴》**1** 可畏的；可懼的；不可輕視的：a ～ opponent [enemy] 不可輕視的對手[敵人]，勁敵。**2** 令人敬畏的。
re·dóubt·a·bly [-təblɪ; -təbli] *adv.*
re·dound [rɪˋdaund; riˈdaund] *v.i.* 〔十介十(代)名〕**1** 增進〈信用、聲譽、利益等〉〔*to*〕：This will ～ ***to*** his credit. 這將提高他的名氣[聲譽]。**2** 〈行爲的善惡等〉返回，報應[於人]〔*on, upon*〕：His past misdeeds ～*ed* ***on*** [***upon***] him. 他過去所做的壞事報應在他自己身上[到頭來害了自己]。
réd-péncil *v.t.* 用紅筆削除，删減，改正〈文稿〉。
réd pépper *n.* **1** Ⓒ **a** 《植物》長辣椒的植物。**b** 番椒《成熟時呈紅色並且非常辣》。**2** Ⓤ番椒粉《一種非常辣的調味料》。
re·draft [riˋdræft; ˌriːˈdrɑːft] *v.t.* 重新起草，再起草〈文件等〉：～ a plan [schedule] 重新草擬計畫[日程表]。
—*n.* Ⓒ **1** 重新草擬的稿子。**2** 《商》新匯票《因退票而對原發票人或背書人發的匯票》。
re·dress[1] [rɪˋdrɛs; riˈdres] 《文語》 *v.t.* **1** 改正，修正，矯正〈錯誤〉；革除〈弊端〉；補償〈損失〉。**2** 恢復〈平衡〉：～ the balance 恢復平衡，調整不平衡。
— [ˋridrɛs, rɪˋdrɛs; riˈdres] *n.* Ⓤ改正，修正；調整；補償。
re·dress[2] [ˌriˋdrɛs; ˌriːˈdres] *v.t.* **1** 再爲…穿衣；再供…以衣服：～ a person [doll] 再爲某人[玩偶]穿衣服。**2** 給…重新裹以繃帶：～ a wound 重新以繃帶裹傷。
Réd Ríver *n.* [the ～] 紅河《自美國德克薩斯州(Texas)西北部起沿俄克拉荷馬州(Oklahoma)南境向東流，在路易西安那州(Louisiana)流入密西西比河(Mississippi)的一條河流；長約兩千公里》。
Réd Séa *n.* [the ～] 紅海《阿拉伯半島與非洲大陸之間的狹海》。
réd·skìn *n.* 《古》＝American Indian.
Réd Squáre *n.* [the ～] (蘇聯莫斯科)紅場。
réd squírrel *n.* Ⓒ《動物》**1** 紅松鼠《北美產》。**2** 歐洲松鼠《原產於英國的紅松鼠》。
réd·stàrt *n.* Ⓒ《鳥》紅尾鴝《歐洲產的一種尾部紅褐色的小鳥》。
réd tápe *n.* Ⓤ(繁瑣的)官僚作風，官僚式[衙門式]的繁文縟節[形式主義]，官樣文章：There is too much ～ in this office. 這個辦公場所官僚作風嚴重。

【字源】red tape 源自昔日在英國政府官員用 red tape(紅色帶子)繫公文的習慣。通常用以指不好的意思：例如，He has a *red-tape* mind.(他只一味講法規，注意程序而缺乏效率。)

réd-tápe *adj.* 官僚作風的，繁文縟節的，官樣文章的。
red-tap·er·y [ˋrɛdˋtepərɪ; ˌredˈteipəri] *n.* ＝red-tapism.
red-tap·ism [ˋrɛdˋtepɪzəm; ˌredˈteipizəm] *n.* Ⓤ官樣文章；繁瑣手續；官僚作風。
réd·tòp *n.* Ⓒ糠穗草《又稱紅頂草》。
***re·duce** [rɪˋdus, -ˋdjus; riˈdjuːs] «源自拉丁文「向後引回」之義»
—*v.t.* **1 a** 〔十受〕(在大小、數量、程度等方面)減輕，減少；減縮，縮小；削減〈開支、體重、生產等〉：～ expenses 削減開支/～ production 降低生產/～ one's weight by three pounds 將體重減輕三磅。**b** 〔十受十介十(代)名〕將〈開支、體重、生產等〉〔由…〕減少，縮小〔爲…〕〔*from*〕〔*to*〕：～ one's weight ***from*** 70kg. ***to*** 60kg. 把體重從七十公斤減爲六十公斤。
2 〔十受(十介十(代)名)〕**a** 將〈人〉(的地位[階級(等)])降，降低〔爲…〕〔*to*〕《★常用被動語態》：He *was* ～*d* ***to*** the ranks. 他被降爲士兵。**b** 使〈人〉陷於〔窘困的立場〕，使…淪落爲〔…〕，把…貶爲〔…〕〔*to*〕《★常用被動語態》：He *was* ～*d* ***to*** poverty. 他陷於貧窮/The poor man *was* ～*d to* begging. 那可憐的人淪落爲乞丐。**c** 降低〈價格等〉；將…降低〔到…〕〔*to*〕：The price was ～*d* ***to*** $1000. 價格降到一千美元/The camera was ～*d to* half the original price. 那台照相機價格降到原價的一半。
3 〔十受十介十(代)名〕**a** 使〈人等〉成爲〔某種狀態〕，使…恢復成〔原狀〕；强迫…使成〔某種狀態〕〔*to*〕《★常用被動語態》：The police soon ～*d* the mob ***to*** order. 警方不久便使暴徒平息下來/The old man *was* ～*d to* a skeleton [skin and bones]. 那老人瘦成骷髏般[皮包骨]/The girls *were* ～*d to* silence [tears]. 女孩子們終於安靜了下來[禁不住哭了起來]。**b** 使〈物〉變形〔成…〕〔*to*〕：The clods were ～*d* ***to*** powder. 那些土塊被搗碎成粉末。**c** 將〈物〉(加以整理而)改變，簡化〔成爲簡單的形態〕〔*to*〕：～ a statement ***to*** its simplest form 將某一敍述簡化成最簡單的形式/～ practice *to* a set of rules 把慣例變成一套規則/These facts can be ～*d to* three categories. 這些事實可以歸納成三類。
4 〔十受〕征服，鎮壓〈城市、堡壘等〉：～ a fort 攻下堡壘。
5 《化學》**a** 〔十受〕使…還原。**b** 〔十受十介十(代)名〕將〈化合物〉分解〔爲…〕〔*to*〕：Let's ～ this compound ***to*** its elements. 我們來把這個化合物分解成元素。
6 〔十受〕《數學》將…簡化[簡約，約分]：～ an equation 簡化方程式。
7 〔十受〕《外科》使〈脫臼等〉復位。
—*v.i.* **1** 減少，縮小。**2** 《口語》(藉節食等)減輕體重，減肥：No more, thanks, I'm *reducing*. 謝謝，不再吃了，我在節食[減肥]。
re·dúced *adj.* **1** 減少的，縮小的；削減的；降低的：at a ～ price 以折扣價格。**2** 沒落的，落魄的：in ～ circumstances 處於落魄的狀況中。
re·dúc·er *n.* Ⓒ **1** 使變形[縮小]之物。**2** 《化學》還原劑。**3** 《攝影》減力液。
re·duc·i·ble [rɪˋdusəbl, -ˋdju-; riˈdjuːsəbl] *adj.* **1** 可縮小[減少]的。**2** 可簡化的。**3** 可還原的。
re·dúc·ing àgent *n.* Ⓒ《化學》還原劑。
re·duc·ti·o ad a·bsur·dum [rɪˋdʌkʃɪoˌædəbˋsɝdəm; riˌdʌktiouædæbˈsəːdəm] «源自拉丁文'reduction to absurdity'之義»
—*n.* Ⓤ **1** 《邏輯》歸謬法《藉說明某一命題的反面爲矛盾或荒謬，以證明該命題爲正確的一種論法》。**2** 反證論法《藉說明某一命題的邏輯上的結論爲荒謬或矛盾，以證明該命題爲錯誤的一種論法》。
re·duc·tion** [rɪˋdʌkʃən; riˈdʌkʃn] «reduce 的名詞» **—n.* **1** ⓊⒸ**a** 縮小，削減；折扣：a 5% ～ *in* auto accidents 汽車意外事故減少百分之五/give [get] a ～ *of* 10 percent 給予[獲得]九折/What ～ will you make *on* this article? 這個東西你要減價多少？**b** 地圖照相等的縮版。**2** Ⓤ**a** 降低，下降，降級。**b** 變形；整理，分類。**3** Ⓤ《數學》約化，簡化。**4** Ⓒ《天文》修正《觀測中誤差的補正》。
re·dún·dance [-dəns; -dəns] *n.* ＝redundancy.
re·dun·dan·cy [rɪˋdʌndənsɪ; riˈdʌndənsi] «redundant 的名詞» **—***n.* **1 a** Ⓤ過多，過剩。**b** Ⓒ過剩之物，累贅。**2 a** ⓊⒸ(措辭的)冗長；重複(性)：There is too much ～ in this essay. ＝This essay is full of *redundancies.* 這篇論文冗贅字句過多。**b** Ⓒ冗言。**3** 《英》**a** Ⓤ人員過剩。**b** Ⓒ(勞工的)冗員。**c** Ⓒ(因人員過剩而產生的)失業者。
redúndancy pày *n.* Ⓤ《英》雇主付給被資遣之勞工[冗員]的遣散費。
re·dun·dant [rɪˋdʌndənt; riˈdʌndənt] *adj.* **1 a** 過剩[過多]的。**b** 〈措辭〉冗長的。**2** 《英》〈勞工〉被視爲多餘[冗員]的。～**·ly** *adv.*
re·du·pli·cate [rɪˋdupləˌket, -ˋdju-; riˈdjuːplikeit] *v.t.* **1** 使…成雙重，使…加倍；重複…。**2** 《文法》**a** 重複〈字母、音節〉。**b** 重複音節以構成〈衍生字、變化形等〉。
— [-kɪt, -ˌket; -keit] *adj.* 反覆[重複]的；加倍的。
re·du·pli·ca·tion [rɪˌdupləˋkeʃən, -ˌdju-; riˌdjuːpliˈkeiʃn] «reduplicate 的名詞» **—***n.* Ⓤ **1** 重複；加倍；反覆。**2** 《文法》(字首、音節的)重複。
re·du·pli·ca·tive [rɪˋdupləˌketɪv, -ˋdju-; riˈdjuːplikətiv, -keit-] *adj.* 反覆的，加倍的，雙重的。
re·dux [riˋdʌks; ˌriːˈdʌks] *adj.* (自遠方或放逐)回來的；回家的。
réd wíne *n.* Ⓤ[指個體或種類時爲Ⓒ]紅葡萄酒《主要以紅葡萄爲原料，連皮一起發酵而釀成；cf. white wine, rosé》.
réd·wìng *n.* Ⓒ《鳥》紅翼鶇《歐洲產》。
réd·wòod *n.* **1** Ⓒ《植物》紅杉《又稱長葉世界爺，產於美國加利福尼亞州(California)之杉科巨樹；有高達一百三十公尺者》。**2** Ⓤ美洲杉的紅色木材。
re·ech·o, re-ech·o [riˋɛko; riːˈekou] *v.i.* 回響；響徹四方，響遍。

—*v.t.* 使…回響；使…響遍；使…再回聲。
—*n.* Ⓒ回聲的回響。

reed [rid; riːd] *n.* **1 a** Ⓒ《植物》**蘆葦**：a ~ shaken with the wind 隨風搖動的蘆葦；沒有固定意見的人《★出自聖經新約「馬太福音」》/a thinking ~ 會思考的蘆葦；「人」《★出自法國哲學家巴斯噶(Pascal)的詩》/⇨ broken reed.

【說明】昔日蘆葦被用以蓋屋頂，作箭或筆的代用品；因被作成笛子吹奏，蘆葦有時意指牧歌。

b Ⓤ蘆葦叢。**c** [~s]（作屋頂用的）茅草。**2 a** Ⓒ（樂器的）簧。**b** Ⓒ[常 ~s]簧樂器。**c** [**the** ~s]（管絃樂團的）簧樂器部。
léan on a réed 依賴不可靠之人[物]。

réed ìnstrument *n.* Ⓒ 簧樂器《bassoon, clarinet, oboe 等使用簧的木管樂器》。

re·ed·it [riˋɛdɪt; ˌriːˈedit] *v.t.* 重編(輯)…；修訂…。

re·e·di·tion [ˌriɪˋdɪʃən; ˌriːiˈdiʃn] *n.* **1** Ⓤ重編(輯)。**2** Ⓒ修訂版；更新版。

réed òrgan *n.* Ⓒ簧風琴，(腳踏式)風琴《用踏板或電力壓風箱(bellows)而使簧鳴響的風琴；cf. pipe organ, harmonium》。

réed pìpe *n.* Ⓒ **1** 蘆笛，牧笛。**2** (管風琴的)簧管。

réed stòp *n.* Ⓒ《音樂》簧管，音栓。

re·ed·u·cate, re-ed·u·cate [riˋɛdʒəˌket; ˌriːˈedjukeit] *v.t.* **1** 再教育〈人〉；(爲使其信奉某種意識形態而)對〈人〉重新施以教育，向…灌輸新的政治思想等，對…進行洗腦；對〈殘障者等〉施以特別的教育(以使其能在社會上從事活動)。**2** 〔十受十 *to* do〕再教育〈人〉〈使其…〉：~ a person *to* keep up with the times 再教育某人以使他跟上時代。

re·ed·u·ca·tion, re-ed·u·ca·tion [riˌɛdʒəˋkeʃən; ˈriːˌedjuˈkeiʃn] *n.* Ⓤ再教育。

reed·y [ˋridɪ; ˈriːdi] 《reed 的形容詞》—*adj.* (**reed·i·er**；**-i·est**) **1** 〈地方〉多蘆葦的，蘆葦叢生的。**2** 細長似蘆葦的：He has a ~ appearance. 他外表瘦長。**3** 〈聲音〉似蘆笛聲的，細而尖銳的。

reef[1] [rif; riːf] *n.* Ⓒ礁《岩石突出海面或海面附近細長部分；暗礁、灘、暗灘等》：a coral ~ 珊瑚礁/strike[go on]a ~ 觸礁。

reef[2] [rif; riːf]《航海》*n.* Ⓒ（帆的）可捲疊或收縮(以減少受風面積)的部分。
tàke ín a réef (1)捲疊一小部分帆。(2)小心行進；愼重而爲。
—*v.t.* 收〈帆〉，捲疊〈帆〉。

reef·er[1] [ˋrifɚ; ˈriːfə] *n.* Ⓒ **1** 縮帆者。**2** (用藍色結實厚布製成的)雙排鈕短上衣《尤指水手與漁夫所穿者》。

reef·er[2] [ˋrifɚ; ˈriːfə] 《源自形狀似捲疊之帆》—*n.* Ⓒ《俚》含有大麻(marijuana)的香煙。

reef·er[3] [ˋrifɚ; ˈriːfə] 《源自 refrigerator》—*n.* Ⓒ《美口語》(鐵路)冷凍貨車；冷凍卡[拖]車；冷凍船；大型冰箱。

réef knòt *n.* Ⓒ《英》《航海》方結(《美》square knot)。

reef·y [ˋrifɪ; ˈriːfi] 《reef[1] 的形容詞》—*adj.* (**reef·i·er**；**-i·est**) 〈海岸等〉多暗礁[灘，暗灘]的。

reek [rik; riːk] *n.* Ⓤ[又作 **a** ~] **1** 惡臭：*a* ~ of rotten onions 腐爛洋葱的惡臭。**2** 水汽，蒸汽。**3** 《蘇格蘭・文語》煙。
—*v.i.* **1** 〔十介十(代)名〕**a** 發出〔…的〕惡臭，帶有〔…的〕臭味〔*of*〕：He ~*ed of* alcohol[garlic]. 他身上有酒[大蒜]的臭味。**b** 帶有[充滿]〔令人不舒服之物等的〕氣味〔*of*〕：The way she speaks ~*s of* affectation. 她說話矯揉造作。**2** 冒煙，瀰漫水汽。**3** 〔十介十(代)名〕〔爲汗、血等〕濕透，沾滿〔*with, of*〕：The horse was ~*ing with* sweat. 那匹馬滿身汗水/hands still ~*ing of* [*with*] blood(因殺人而)仍沾滿著血的手，血腥之手。

reek·y [ˋrikɪ; ˈriːki] 《reek 的形容詞》—*adj.* (**reek·i·er**；**-i·est**) **1** 發出惡臭的。**2** 冒煙的；水汽瀰漫的。

reel[1] [ril; riːl] *n.* Ⓒ **1** (捲鐵絲、橡皮管、線、纜索等的)**捲軸**，捲筒：**a** 《英》紡車，繞線機(《美》spool)。**b** (釣竿的)線軸。**c** (軟片、磁帶等的)捲軸。**2 a** (捲在捲軸上的)一捲〔*of*〕：a ~ *of* sewing cotton 一捲縫紉用棉線。**b** 《電影》捲，本《通常一捲[本]爲一千呎或二千呎》：a six-*reel* film 一部六捲長的影片。**3** (機械的)廻轉部。
(stráight) óff the réel (1)〈釣魚線等〉伸直的。(2)《口語》流利地，口若懸河地，滔滔不絕地：He made a speech *straight off the* ~ without stumbling over a word. 他口若懸河，一字不頓地發表了演講。

各色各樣的 reels[1] 1

—*v.t.* **1** 〔十受〕將〈線〉捲收[繞]於線軸上。**2** 〔十受十副詞(片語)〕用線軸捲收〈線、釣魚線、測程線等〉：~ *in*[*up*] the log line 捲收測程線/~ *in* a fish 收釣線把魚拖近/~ the cocoon silk *off*＝~ the silk thread *off* cocoons 從繭抽取蠶絲。
—*v.i.* 用線軸捲[繞]。
réel óff 《*vt adv*》(1) ⇨*v.t.* 2. (2)迅速而容易地[流利地]說[寫]出〈話、文章等〉，滔滔不絕地[口若懸河地]講…：The boy began ~*ing off* the long verses. 那個男孩子開始滔滔不絕地背誦長詩。

reel[2] [ril; riːl] *v.i.* **1 a** 〔動(十副)〕搖晃〈*back*〉：He got up but ~*ed* (*back*) like a drunken man. 他是站了起來，但像醉漢似地搖晃著。**b** 〔十副詞(片語)〕(因醉或頭暈而)搖搖晃晃地走(在…)，蹣跚(沿…)而行：The old man went ~*ing along*[*down* the street]. 那老人蹣跚而行[沿街而行]。**2 a** 暈眩：My mind [brain] ~*ed* at the news. 我聽到那消息就感到一陣暈眩。**b** 〈光景〉看起來似在旋轉[擺盪]：The whole room ~*ed* before my eyes. 整個房間在我眼前旋轉。**3** 〈戰鬥的隊伍〉亂陣脚，動搖：The enemy ~*ed* when surprised from the rear. 敵軍從背後受到奇襲而亂了陣脚。
—*n.* Ⓒ **1** 搖晃，擺盪；蹣跚：without a ~ or a stagger 步伐穩定地，不搖搖晃晃地。**2** 眩暈。

reel[3] [ril; riːl] *n.* Ⓒ **1** 利爾舞《蘇格蘭高地人的一種輕快舞蹈》。**2** 利爾舞的曲子。
—*v.i.* 跳利爾舞。

R

re·e·lect, re-e·lect [ˌriəˋlɛkt; ˌriːiˈlekt] *v.t.* 再選，改選…。

re·e·lec·tion, re-e·lec·tion [ˌriəˋlɛkʃən; ˌriːiˈlekʃn] *n.* Ⓤ再選，改選…。

re·el·i·gi·ble [riˋɛlədʒəbl; ˌriːˈelidʒəbl] *adj.* **1** 有資格再度競選的。**2** 再度獲得資格的；再度合格的。

re·em·bark [ˌriɪmˋbɑrk; ˌriːimˈbɑːk] *v.t.* & *v.i.* (使…)重登機[船]；再啓程。

re·en·act [ˌriɪnˋækt; ˌriːiˈnækt] *v.t.* 再制定〈法律〉。
~·**ment** [-mənt; -mənt] *n.*

re·en·force, re-en·force [ˌriɪnˋfors, -ˋfɔrs; ˌriːinˈfɔːs] *v.t.* ＝reinforce.

re·en·ter [riˋɛntɚ; ˌriːˈentə] *v.t.* **1** 再進入，重入〈房間、地方〉：The spaceship ~*ed* the atmosphere. 太空船重入大氣層。**2** 再加入。**3** 再記入，使…再進入。
—*v.i.* **1** 再進入；再入境[場]。**2** 再加入。

re·en·trant, re-en·trant [riˋɛntrənt; riːˈentrənt] *adj.* **1** 再進入的。**2** 再登記的。**3** 凹角的。
—*n.* Ⓒ凹角。

re·en·try, re-en·try [riˋɛntrɪ; riːˈentri] *n.* ⓊⒸ **1** 再進[記]入；再入境[場]。**2** (太空船等之)重入(大氣層)。

reeve[1] [riv; riːv] *v.t.* (~**d**, **rove** [rov; rouv])《航海》**1 a** 〔十受〕將〈繩〉穿入孔。**b** 〔十受十介十(代)名〕將〈繩、線〉穿入[繞於]孔而縛緊[於…]〔*in, on, round, to*〕：~ a rope **in**[**on, round, to**] a yard 把繩子穿入孔而綁[繞]在帆桁。**2** 〈船〉穿過〈淺灘等〉的間隙航進。

reeve[2] [riv; riːv] *n.* Ⓒ **1** 《英》(英國中古時的)鄉、鎮、區長。**2** 《加》(鄉、鎮議會)議長。

re·ex·am·i·na·tion, re-ex·am·i·na·tion [ˌriɪgˌzæməˋneʃən; ˈriːigˌzæmiˈneiʃn] *n.* ⓊⒸ **1** 重考，覆試；再檢討，再檢查。**2** 《法律》再審問。

re·ex·am·ine, re-ex·am·ine [ˌriɪgˋzæmɪn; ˌriːigˈzæmin] *v.t.* **1** 再試驗；重考；再檢查。**2** 《法律》(經過審問之後)再審問〈(同一)證人〉。

re·ex·port, re-ex·port [ˌriɪksˋport, -ˋpɔrt; ˌriːekˈspɔːt] *v.t.* 再輸出。
— [riˋɛksˌport, -ˌpɔrt; ˌriːˈekspɔːt] *n.* **1** Ⓤ再輸出。**2** Ⓒ再輸出之貨物。

re·ex·por·ta·tion, re-ex·por·ta·tion [ˌriɪksporˋteʃən, -pɔr-; ˌriːekspɔːˈteiʃn] *n.* **1** Ⓤ再輸出。**2** Ⓒ再輸出品。

ref [rɛf; ref]《略》*n.* 《口語》＝referee.

ref. 《略》referee；reference；referred；reformed.

re·face [riˋfes; ˌriːˈfeis] *v.t.* 將〈建築物、石等〉之表面重新裝飾；整修〈房屋等〉的外表[門面]。

re·fash·ion [riˋfæʃən; ˌriːˈfæʃn] *v.t.* **1** 重作，改造，改裝。**2** 使…改變形狀[花樣]。

re·fec·tion [rɪˋfɛkʃən; riˈfekʃn] *n.* 《文語》**1** Ⓤ(飢餓、疲勞後靠飲食的)恢復活力；飲食。**2** Ⓒ便餐，點心。

re·fec·to·ry [rɪˋfɛktərɪ; riˈfektəri] *n.* Ⓒ(修道院、大學等的)餐廳，膳廳。

***re·fer** [rɪˋfɝ; riˈfəː] 《源自拉丁文「運回」之義》—(**re·ferred**；**re·fer·ring**) *v.i.* **1 a** 〔十介十(代)名〕言及，談到，提及；引用〔…〕；〔將…〕引作例證〔*to*〕《★可用被動語態》：The author ~*s* frequently *to* the Bible. 這位作者時常引用聖經/I didn't mean to ~ [wasn't *referring*] *to* you by that remark. 我那句話並不是存心針對你而言。

【同義字】refer 指爲引起某人的注意或關心而直接舉出某人或某物[事]爲例，或言及該人或該物[事]；allude 指以若無其事的或間接的說法暗示。

b 〔十介十(代)名十*as* 補〕〔將…〕稱〈爲…〉〔*to*〕《★可用被動語態》：The American Indians *referred* **to** salt *as* "magic white sand." 美洲印地安人將鹽稱作「神奇的白沙」。

2 〔十介十(代)名〕**a** 〔向人〕**探詢**，打聽〔人品、技能等〕〔*to*〕〔*for*〕《★可用被動語態》：We have *referred* **to** his former employer ***for*** information about his character. 我們向他以前的老闆打聽了有關他品格的資料。 **b** 〔爲…〕**參考**，參照，查閱〔字典、筆記等〕；憑依〔…〕〔*to*〕〔*for*〕《★可用被動語態》：～ ***to*** a dictionary [one's notes] 參考辭典[查看筆記]/***For*** proof the author ～*s to* a passage from the text. 爲了查明作者而參考了一節原文。

3 〔十介十(代)名〕**a** 〔與…〕有關係，適用〔於…〕〔*to*〕：This statement ～*s* ***to*** all of us. 這份聲明與我們大家都有關/The regulations ～ only *to* minors. 這些規則只適用於未成年者。 **b** 《文法》〈代名詞〉指，表示〔名詞等〕〔*to*〕：What noun does this "it" ～ ***to***？這個 it 指的是什麼名詞？

—*v.t.* **1** 〔十受十介十(代)名〕**a** (爲得到消息、援助而)**差〈人〉去**〔某人處〕，使〈人〉查詢〔…〕〔*to*〕；叫〈人〉去〔某人處〕打聽[索取]〔…〕〔*to*〕〔*for*〕：I *referred* her ***to*** the principal. 我叫她去請示校長/I was *referred to* the secretary ***for*** information. 我被吩咐去向秘書打聽消息。 **b** 叫〈人〉參考〔書籍等〕，使〈人〉參照〔…〕；使〈人〉注目[留意]〔事實等〕〔*to*〕：He usually ～*s* his pupils ***to*** this dictionary. 他平常叫學生查這本字典/The asterisk ～*s* the reader *to* a footnote. 星標(*)指示讀者參閱附註[註腳]。

2 a 〔十受十介十(代)名〕將〈事件、問題等〉提交，委託，付託，交付〔給…〕〔*to*〕：They decided to ～ the dispute ***to*** the United Nations. 他們決定把那項爭論交給聯合國處理。 **b** 〔十受十介十(代)名〕[～ one*self*]委身，依賴〔於…〕〔*to*〕：I ～ *myself* ***to*** your generosity. 我唯有求你寬容了。 **c** 〔十受(十副)十介十(代)名〕將〈議案等〉駁回，退回〔給…〕〈*back*〉〔*to*〕：～ a bill (***back***) ***to*** a committee 將法案駁回委員會。

3 〔十受十介十(代)名〕《罕》**a** 將〈…的起源、原因〉歸於，諉於〔…〕〔*to*〕：He *referred* his success ***to*** his own hard work. 他把他的成功歸於自己的辛勤。 **b** 認爲〈物〉屬於〔某一地方、時代〕〔*to*〕：The discovery of gunpowder is usually *referred* **to** China. 一般認爲火藥係中國所發現。

ref·er·a·ble [ˈrɛfrəbl, rɪˈfɝəbl; riˈfəːrəbl, ˈrefərəbl] *adj.* [不用在名詞前]〔十介十(代)名〕可歸因〔於…〕的；可參考〔…〕的〔*to*〕。

ref·er·ee [ˌrɛfəˈri; ˌrefəˈriː] *n.* Ⓒ **1** (競技、比賽的)**裁判員**《★主要用於 basketball, boxing, football, hockey, rugby, wrestling 等；cf. umpire》。**2** 被委任[委託](事情)的人，受委託人。**3** 《英》身分證明[鑑定]人。**4** 《法律》仲裁者，公斷人。

—*v.t.* 〔十受〕裁判，仲裁…：～ a football game 當足球比賽的裁判。**—*v.i.*** 裁判，仲裁。

ref·er·ence** [ˈrɛfrəns, ˈrɛfərəns; ˈrefərəns] 《refer 的名詞》 **—*n. **1** ⓊⒸ〔言論等的〕**言及**，**提及**，**論及**〔*to*〕：make ～ *to...* 言及…/Do you believe all the ～*s to* me that he made？你相信他所提到的一切有關我的事嗎？

2 ⓊⒸ **a** (有關人品、技能等的)〔向人的〕**查詢**，**打聽**〔*to*〕：make ～ *to* a person's former employer 向某人以前的雇主打聽。**b** 〔對於書籍等的〕參考，參照，參閱〔*to*〕：for ～ 供參考(的)/a book of ～ 參考書/make ～ *to* a guidebook 參考(旅行)指南。

3 Ⓒ **a** (身分、信用等的)證明書：He has a good ～ from his former employer. 他有以前老闆提供的一分很好的推薦書。**b** 信用[身分]證明者[人]，參考人，徵信人。

4 Ⓒ **a** 參照文，引用文。**b** 參考文獻，參考書。**c** (又作 **réference màrk**)參照符號《asterisk (*)，obelisk (†)，double obelisk (‡)，paragraph (¶)，section (§)等》。

5 Ⓤ關聯，關係〔*to*〕：have [bear] ～ *to...* 與…有關係/in [with] ～ *to...* 關於…；與…相關地/without ～ *to...* 與…無關(地)；不管…，不顧…。

6 Ⓤ〔對委員會等的〕委託，付託〔*to*〕；委託的範圍：the terms of ～ 委託的條件，權限/outside the terms of ～ 在(委託的)權限外。

7 Ⓒ《文法》(代名詞的)指示，表示〔*to*〕。

—*adj.* [用在名詞前]參考的，參考用的：⇨ reference book.

réference bòok *n.* Ⓒ參考書《指百科全書，字典，辭典，年鑑等》。

réference library *n.* Ⓒ **1** 參考圖書館《藏書不准外借；cf. lending library 2 a》。**2** 參考書(類)。

réference ròom *n.* Ⓒ(備有圖書、資料的)參考室，參考圖書室。

ref·er·en·dum [ˌrɛfəˈrɛndəm; ˌrefəˈrendəm] *n.* Ⓒ (*pl.* ～**s**, **-da** [-də; -də]) (有關政策等政治問題的)人民複決(權)，複決投票，公民投票(cf. plebiscite)：by ～ 以公民投票《★無冠詞》。

ref·er·ent [ˈrɛfrənt, ˈrɛfərənt; ˈrefərənt] *n.* Ⓒ《語言》指稱，語詞[符號]所指的對象。

ref·er·en·tial [ˌrɛfəˈrɛnʃəl; ˌrefəˈrenʃl˝] *adj.* **1** 參考的，參照的；供參考用的。**2** 附有參照資料的。～**·ly** [-ʃəlɪ; -ʃəli] *adv.*

re·fer·ral [rɪˈfɝəl; riˈfəːrəl] *n.* **1** ⓊⒸ參照；照會；推舉；委託，付託。**2** Ⓒ被推舉者。

re·fill [riˈfɪl; ˌriːˈfil] *v.t.* 〔十受(十介十(代)名)〕〔以…〕再注滿，再填滿…〔*with*〕.

— [ˈriˌfɪl; ˈriːfil] *n.* Ⓒ **1** (利用原來容器的)再注滿或填滿的換裝物；(原子筆等的)替換筆心：a ～ *for* a ball-point pen 原子筆的替換筆心。**2** (飲食的)再裝[倒，盛](的一碗[杯，盤])。

re·fine [rɪˈfaɪn; riˈfain] *v.t.* 〔十受〕**1 精製**，**精煉**，**淨化**…：～ sugar [oil, metals] 精製[精煉，提煉]糖[油，金屬]。**2 使**〈言語、談吐、態度等〉**文雅**；使…高尚[優雅]；琢磨，推敲…：You must ～ your manners [language]. 你必須使你的舉止[言語]優雅高尚。

—*v.i.* **1** 變純，變清淨。**2** 變文雅，變高尚[優雅]。**3** 〔十介十(代)名〕(仔細入微地)〔將…〕改良，精修；琢磨，推敲〔…〕；〔對…〕精益求精〔*on, upon*〕：～ ***on*** [***upon***] one's theory 將自己的理論加以琢磨[修改]。

re·fined [rɪˈfaɪnd; riˈfaind] *adj.* (**more** ～; **most** ～) **1** (無比較級、最高級)**精製的**，**精煉的**。**2 文雅的**，高尚的，優雅的(⇨ delicate【同義字】)：Her speech is most ～. 她講話很文雅(★㊟作此解用時常含輕蔑或諷刺)。**3** 微細的，精微的，精巧的，講究的；精確的；嚴密的。**re·fín·ed·ly** [-nɪdlɪ; -nidli] *adv.*

re·fíne·ment [-mənt; -mənt] 《refine 的名詞》 **—*n.*** **1** Ⓤ精製，精煉；淨化。**2** Ⓤ教養，文雅，高尚，優雅。**3** Ⓒ精細；精微的區別〔*of*〕：～*s of* metaphysical thought 形而上學思考的微細/a ～ *of* logic 邏輯的精細(之點)。

re·fin·er [rɪˈfaɪnɚ; riˈfainə] *n.* Ⓒ[常與修飾語連用] **1 a** 精製(業)者。**b** 精煉者。**2** 精製機。

re·fin·er·y [rɪˈfaɪnərɪ; riˈfainəri] *n.* Ⓒ精製廠[煉製設施]：an oil ～ 煉油廠/a sugar ～ 糖廠。

re·fit [riˈfɪt; ˌriːˈfit] (**re·fit·ted**; **re·fit·ting**) *v.t.* 重新裝備[改裝，修理]〈船等〉。**—*v.i.*** 〈船〉重新裝備[改裝，修理]。

—*n.* Ⓒ(尤指船的)修理，改裝。

refl. 《略》reflexive.

re·flate [riˈflet; ˌriːˈfleit] *v.t.* 使〈通貨等〉再膨脹。**—*v.i.*** 〈政府等〉採取通貨再膨脹政策。

re·fla·tion [riˈfleʃən; ˌriːˈfleiʃn] *n.* Ⓤ《經濟》(通貨緊縮後的)通貨再膨脹(⇨ inflation 3【同義字】)。

***re·flect** [rɪˈflɛkt; riˈflekt] 《源自拉丁文「向後彎曲」之義》

—*v.t.* **1** 〔十受〕〈物體、表面等〉**反射**〈光、熱等〉；使〈聲音〉反響：The pavement ～*ed* the heat [light]. 路面反射熱[光]。

2 a 〔十受〕〈鏡子等〉**反映**，**映**，**照出**〈像〉：The looking glass ～*ed* her figure. 鏡子照出她的身姿。**b** 〔十受十介十(代)名〕〈人、物等〉〔在…〕映出〈像〉〔*in*〕：She was looking at her figure ～*ed* ***in*** the mirror. 她看著映在鏡中的自己的身姿/The trees are clearly ～*ed in* the lake. 樹木清晰地映在湖中。

3 a 〔十受〕反映，表達…：The language of a people often ～*s* its characteristics. 一個民族之語言常反映其特性。**b** 〔十 *how*＿〕顯示；流露〈…〉：Her face ～*ed how* she loved him. 她的面容流露出她對他的愛慕之情。

4 〔十受十介十(代)名〕(結果)〔爲…〕帶來，招致〈信譽、恥辱等〉〔*on, upon*〕：His deeds ～*ed* honor ***on*** [***upon***] the school. 他的行爲給學校帶來了榮譽[爲學校增光]。

5 a 〔十 *that*＿〕深思熟慮，仔細想，思考；反省〈…事〉：She ～*ed that* she was no longer wanted. 她深覺自己已是多餘的人。**b** 〔十*wh.*＿/十*wh.*十*to* do〕深思熟慮，想，思考〈…〉《★*wh.*＿爲 how, what 等》：I never ～*ed how* difficult it would be to complete this work. 我從未考慮到完成這項工作會有多少困難/He ～*ed how to* finish the work. 他左思右想如何做完那工作。

—*v.i.* **1** 〈光、熱等〉**反射**；〈聲音等〉回響：Rays of light ～ when they meet a polished surface. 光線遇到磨光的表面就會反射。

2 〈水面等〉反射，反映；〈鏡子等〉映出影像。

3 a 仔細考慮，仔細想，思考：I want time to ～. 我需要時間仔細考慮。**b** 〔十介十(代)名〕仔細考慮，仔細想，深思熟慮〔…〕〔*on, upon*〕《★可用被動語態》：～ ***on*** [***upon***] one*self* 反省/*R*～ *on* [*upon*] what I have said to you. 仔細想一想我剛對你說的話。

4 〔十介十(代)名〕〈行爲等〉〔給…〕(不良地)影響，損害〔信譽，體面〕〔*on, upon*〕：Your rudeness will only ～ ***on*** [***upon***] your future career. 你的無禮行爲只會損及你未來的事業。

5 〔十介十(代)名〕責難，中傷，譴責，挑剔〔…〕〔*on, upon*〕：He ～*ed* ***on*** my veracity. 他對我的誠實加以中傷。

re·fléct·ing·ly [-ɪŋlɪ; -iŋli] *adv.* **1** 內省地，深思熟慮地。**2** 因反射，反射地。

re·fléct·ing tèlescope *n.* Ⓒ反射望遠鏡。

*__re·flec·tion__ [rɪˋflɛkʃən; riˈflekʃn] «reflect 的名詞» —*n.* **1 a** Ⓤ(光、熱等的)**反射**；(聲音等的)回響。**b** Ⓒ反映，投影；影響〔*of*〕：His dark looks are a ~ *of* his unhappiness. 他陰鬱的神情是內心苦惱的反映。

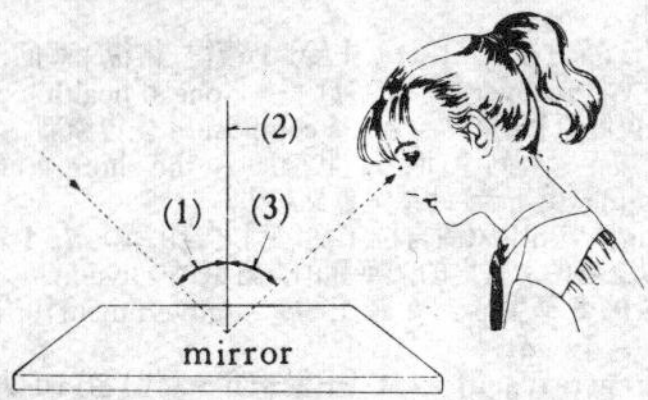

【插圖說明】(1)the angle of incidence(入射角)。(2)perpendicular line(垂直線)。(3)the angle of reflection(反射角)。

2 Ⓒ **a** (鏡子等的)**映像**，(水面上等映出的)**影像**：She stared at her ~ in the mirror. 她凝視著鏡中自己的映像。**b**《輕蔑》模倣他人的人，酷似的人[言行，思想]〔*of*〕：He is merely a pale ~ *of* his father. 他不太像他的父親；與其父親相較，他顯得黯然無光。

3 a Ⓤ**深思熟慮**，內省，默想；反省，再考慮：on [upon] ~ 經過熟思；(若)仔細想一想/without (due) ~ 沒有經過(充分的)考慮，輕率地。**b** Ⓒ[常 ~s](經深思熟慮而得的)感想，意見，評論〔*on, upon*〕：~*s on* his conduct 對他的行為的看法/~*s upon* history 歷史隨感錄[評論]。

4 Ⓒ **a** 責難；吹毛求疵，挑剔：cast ~*s on* [*upon*]...〈人〉責難…。**b** 造成不名譽的因素，損及體面的因素〔*on, upon*〕：That will be [cast] a ~ *upon* our honor. 那將損害我們的名譽。

5 Ⓒ《解剖》反折(部)。

re·flec·tive [rɪˋflɛktɪv; riˈflektiv] *adj.* **1** 反射的；反映的。**2** 反省[熟思]的，默想的；考慮周詳的。**3**〈動作〉反射性的。
~·**ly** *adv.* ~·**ness** *n.*

re·flec·tor [rɪˋflɛktɚ; riˈflektə] *n.* Ⓒ **1 a** 反射體[器]，反射鏡[板]《汽[自行]車的後部反射板等》；反射面。**b** 反射望遠鏡。**2** 反映[習慣、感情、意見等]之物〔*of*〕.

re·flex [ˋriflɛks; ˈri:fleks] *adj.* **1**《生理》反射作用的，反射性的：a ~ action 反射作用。**2**《植物》〈草、莖等〉向後翹曲的。
—*n.* **1** Ⓒ(光、熱的)反射；反射光。**2** Ⓒ **a** (鏡子等映出的)映像，映影。**b** 反映〔*of*〕. **3 a** Ⓒ《生理》反射作用。**b** [~es] 反應敏捷的能力，(俗稱)反射神經：a boxer with good ~*es* 反射神經良好[反應敏捷]的拳擊手。

réflex ángle *n.* Ⓒ《數學》優角《大於 180° 的角》。

réflex árc *n.* Ⓒ《心理》反射弧《反射作用中所涉及的全部神經路線》。

réflex càmera *n.* Ⓒ《攝影》反光取景照相機。

*__re·flex·ion__ [rɪˋflɛkʃən; riˈflekʃn] *n.*《英》=reflection.

re·flex·ive [rɪˋflɛksɪv; riˈfleksiv]《文法》*adj.* 反身的：a ~ pronoun 反身代名詞/a ~ verb 反身動詞。
—*n.* Ⓒ反身動詞[代名詞]《He often *absents himself*. 中的 absent 為反身動詞，himself 為反身代名詞》。~·**ly** *adv.*

re·float [riˋflot; ˌri:ˈflout] *v.t.* 使〈沈沒或觸礁的船隻等〉再浮起，打撈…。—*v.i.*〈沈沒或觸礁的船隻等〉再浮起。

ref·lu·ent [ˋrɛfluənt; ˈrefluənt] *adj.*〈潮水、血液等〉逆流的；倒流的。

re·flux [ˋriˌflʌks; ˈri:flʌks] *n.* Ⓤ逆流；退潮：⇨ FLUX and reflux.

re·for·est [riˋfɔrɪst; ˌri:ˈfɔrist] *v.t.* 再造林於〈土地〉。

re·for·es·ta·tion [ˌrifɔrɪsˋteʃən; ˌri:fɔrisˈteiʃn] *n.* Ⓤ再造林。

re-form [ˌriˋfɔrm; ˌri:ˈfɔ:m] *v.t.* **1** 再形成，再作，改造。**2** 重新組成，改編。
—*v.i.* **1** 重新形成，形成新貌。**2** 再組成，改編。

*__re·form__ [rɪˋfɔrm; riˈfɔ:m] *v.t.* 〔十受〕**1 改正**，改革，改善，改進〈社會制度、情況等〉：They are going to ~ the educational system. 他們正要改革教育制度。

2 a 使〈人〉悛改；矯正〈人的行為〉：The chaplain tried to~ the criminal. 牧師試著去使那名罪犯改邪歸正。**b** [~ one*self*] 改過自新：The man has completely ~*ed himself*. 那個人已經徹底地改過自新。

—*v.i.* **1** 獲得改善[改革，矯正]。**2** 改惡從善，改邪歸正，改過自新，悛改："Do you still smoke?"－"No, I have ~*ed*."「你還抽煙嗎？」「不，已經(改過)把煙戒了。」

—*n.* ⓊⒸ **1** 改正，改革，改善：tax ~ 稅制改革/educational ~*s* 教育改革。**2** 矯正，悛改。

re-for·ma·tion [ˌriforˋmeʃən; ˌri:fɔ:ˈmeiʃn] «re-form 的名詞» —*n.* Ⓤ重作，再構成，再形成。

ref·or·ma·tion [ˌrɛfɚˋmeʃən; ˌrefəˈmeiʃn] «reform 的名詞» —*n.* **1** ⓊⒸ **a** 改善，改革。**b** 矯正，感化。**2** [the R~] **a**《基督教》宗教改革《16 至 17 世紀對天主教的改革運動；cf. Protestant 1》. **b** 宗教改革時期。

ref·or·ma·tion·al [ˌrɛfɚˋmeʃənl; ˌrefəˈmeiʃənl] *adj.* **1** 改革[改善]的。**2** [R~] 宗教改革的。

re·for·ma·tive [rɪˋfɔrmətɪv; riˈfɔ:mətiv] *adj.* =reformatory.

re·for·ma·to·ry [rɪˋfɔrməˌtorɪ, -ˌtɔrɪ; riˈfɔ:mətəri] *adj.* **1** 改革[改善]的，革新的。**2** 矯正的，感化的，改過自新的。
—*n.* Ⓒ《美》感化院，少年感化院(《英》approved school)《以收容不良少年並施以感化教育使其重返社會為目的的設施》。

re·fórmed *adj.* **1** 經改善[改革，革新]的；改過自新的，痛改前非的，洗心革面的。**2** [R~] 新教的；(尤指)喀爾文教派的。

refórmed spélling *n.* Ⓒ 改良拼法，拼法改革《如將 through 以 thru 代替，省去不發音的字母而加以簡化的拼法》。

re·fórm·er *n.* Ⓒ **1** 改革者。**2** [R~] 宗教改革家。

re·fórm·ist [-mɪst; -mist] *n.* Ⓒ革新主義者。
—*adj.* 革新主義(者)的。

refórm schòol *n.*《美》=reformatory.

re·fract [rɪˋfrækt; riˈfrækt] *v.t.*《物理》〈水、玻璃等〉使〈光線〉屈折，使…折射：Water ~*s* light. 水會使光線折射。

re·fráct·ing àngle *n.* Ⓒ折射角。

refrácting tèlescope *n.* Ⓒ折射望遠鏡。

re·frac·tion [rɪˋfrækʃən; riˈfrækʃn] *n.* Ⓤ《光學》**1** (光線等的)折射(作用)：the index of ~ 折射率。**2** (眼的)折光能力(測量)。

re·frac·tive [rɪˋfræktɪv; riˈfræktiv] *adj.* **1** 折射光線的，有折光能力的。**2** 折射[因折射而引起]的：the ~ index 折射率。

re·frac·tom·e·ter [ˌrifrækˋtɑmətɚ; ˌri:frækˈtɔmitə] *n.* Ⓒ折射計，折光計。

re·frac·tor [rɪˋfræktɚ; riˈfræktə] *n.* Ⓒ **1** 折光物《如透鏡等》；折射媒體。**2** 折射望遠鏡。

re·frac·to·ry [rɪˋfræktərɪ; riˈfræktəri] *adj.* **1**〈人、動物等〉無法控制的，難駕馭的；倔強的；固執的：a ~ child 倔強的孩子。**2**《醫》〈疾病等〉難治療的；有抵抗力的。**3**《冶金》〈金屬等〉難以鎔化[處理]的；〈磚瓦等〉耐火的：(a) ~ brick 耐火磚。
—*n.* Ⓒ耐火[鎔]物質《耐火磚等》。

re·frain[1] [rɪˋfren; riˈfrein] *v.i.* 〔十介十(代)名〕**抑制**，戒，禁止；忍住，避免〔…〕〔*from*〕：I could not ~ ***from*** laughter. 我忍俊不禁/Please ~ *from* feed*ing* the monkeys.《告示》請勿給猴子餵物。

【同義字】 refrain 指暫時地抑制某行動或慾望；abstain 指因主義、信仰，或經過熟思之後，以堅强的意志節制自認為對自己有害的事物；forbear 指藉自制心抑制感情。

re·frain[2] [rɪˋfren; riˈfrein] *n.* Ⓒ(詩、歌各節結尾的)重疊句(cf. burden[2] 1).

re·fran·gi·ble [rɪˋfrændʒəbl; riˈfrændʒəbl] *adj.* 可折射的；折射性的。

re·fresh [rɪˋfrɛʃ; riˈfreʃ] *v.t.* **1 a** 〔十受〕〈飲食品、休息等〉**使〈人、人的身心〉爽快**，使…提神：A cup of coffee will ~ you. 喝杯咖啡可以讓你提神。**b** 〔十受(十介十(代)名)〕[~ one*self*]〈人〉〔藉飲食品、休息等而〕變得爽快，提神〔*with*〕《★ 也用被動語態》：He ~*ed himself* ***with*** a glass of water. 他喝杯水提神/I *was* [*felt*] quite ~*ed*. 我感到心神爽快[精神恢復了]。

2 〔十受〕重新喚起，恢復〈記憶〉；補充，補足…：May I~ your memory of [about] the last lecture before we go on? 在我們繼續上課之前請各位回憶一下上次的講課內容。

3 〔十受〕使〈火〉再旺盛；重新供應必需品給〈船隻等〉。

re·frésh·er *n.* Ⓒ **1** 使心神清爽之人[物]；飲食品；清涼劑《使人提神的飲料》；酒。**2** 使喚起記憶的事物。**3**《英法律》額外酬金《訴訟延長時應加給律師(barrister)的額外費用》。**4** (又作 **refrésher còurse**) 補習課程；進修課程《為補充專業知識或技能而舉辦者》。

re·frésh·ing *adj.* **1** 令人身心爽快的，提神的；給人以力量的；使人振奮的；清爽的：a~ beverage [drink] 清涼飲料/after a~ hour's nap 在一個小時使人精神恢復的小睡之後。

2 令人感到新鮮有趣的，嶄新而悅人的：a ~ new approach to the subject 研究該題目的一種新鮮有趣的方法。
~·**ly** *adv.*

*__re·fresh·ment__ [rɪˋfrɛʃmənt; riˈfreʃmənt] «refresh 的名詞» —*n.* **1** Ⓤ**恢復精神**，**提神**，**養神**；心神爽快，心曠神怡：feel ~ of mind and body 感到身心爽快。

2 a Ⓤ[又作 **a** ~] **使恢復精神之事物**；提神之事物：Amid life's worries we find ~ in poetry. 在人生憂煩中我們在詩裏尋得怡適/A hot bath is *a* great ~ after a day's work. 在一天工作之

後洗個熱水澡眞是舒暢。 **b** [~s] **簡單的飲食品**，點心，茶點：*Refreshments* can be obtained at the station. 在車站買得到點心。

refréshment ròom *n.* Ⓒ (車站等的) 餐飲室，小吃部。

re·frig·er·ant [rɪˈfrɪdʒərənt; riˈfridʒərənt] *adj.* **1** 冷却的；冷凍的。 **2** 〈藥劑〉退熱的。 **—***n.* Ⓒ **1** 冷却[冷凍]劑。 **2** 退熱劑。

re·frig·er·ate [rɪˈfrɪdʒəˌret; riˈfridʒəreit] *v.t.* **1** 冷却。 **2** 將〈食品〉冷藏[冷凍]。 **—***v.i.* (食品等) 被冷藏。

re·frig·er·a·tion [rɪˌfrɪdʒəˈreʃən; riˌfridʒəˈreiʃn] 《refrigerate 的名詞》 **—***n.* Ⓤ **1** 冷却，冷凍。 **2** (食物的) 冷藏。

***re·frig·er·a·tor** [rɪˈfrɪdʒəˌretɚ; riˈfridʒəreitə] *n.* Ⓒ **1** 冰箱 〈icebox〉《★[比較]《口語》稱作 fridge》. **2** 冷却[冷凍]裝置，冷凍機，冷凍[冷藏]庫。

refrígerator càr *n.* Ⓒ冷藏車。

reft [rɛft; reft] *v.* **reave** 的過去式．過去分詞。

re·fu·el [riˈfjuəl; ˌriːˈfjuəl, -ˈfjuːəl] (**re·fueled**, 《英》 **-elled**; **re·fu·el·ing**, 《英》 **-el·ling**) *v.t.* **1** 再供給…燃料，爲…加油。 **2** 在〈爭論等〉中火上加油。

—*v.i.* 接受燃料之供給，加油。

ref·uge [ˈrɛfjudʒ; ˈrefjuːdʒ] 《源自拉丁文「向後逃」之義》 **—***n.* **1** Ⓤ (從危險、災禍的) 逃難，避難，逃避；保護：a house of ~ 難民收容所/give ~ to... 庇護，包庇…/seek ~ *from* boredom at the movies 看電影解悶/take ~ *in* [*at*]...避難於…；逃匿於…。

2 Ⓒ **a** 避難處，躲藏處，隱匿處：find a ~ *in*... 避難於…。 **b** 《英》(街道的) 安全島 (《美》safety island)。

3 Ⓒ **a** 可依靠之人[物]，慰藉者[物]：the ~ of the distressed 苦惱者之友[精神支柱]。 **b** 遁詞，藉口：Patriotism is the last ~ of a scoundrel. 愛國就是惡棍的最後遁詞《★出自蘇格蘭傳記作家包斯威爾 (Boswell [ˈbɑzwɛl; ˈbɔzwel]) 之名言》。

ref·u·gee [ˌrɛfjuˈdʒi; ˌrefjuˈdʒiː] *n.* Ⓒ**逃難者，避難者，難民**；亡命者；逃亡者。

re·ful·gence [rɪˈfʌldʒəns; riˈfʌldʒəns] *n.* Ⓤ《文語》輝煌；燦爛。

re·ful·gent [rɪˈfʌldʒənt; riˈfʌldʒənt] *adj.* 《文語》輝煌的，燦爛的。

re·fund [rɪˈfʌnd; riˈfʌnd] *v.t.* **1** 將〈他人所付的錢等〉歸還，退還：Can you ~ the cost of postage in a case like this? 若發生這種情況你能退還郵資嗎？ **2** 〔+受+受/+受+介+(代)名〕還〈人〉〈錢〉；將〈錢〉還[人]〔*to*〕：He ~*ed* me the money. = He ~*ed* the money *to* me. 他把錢還給我。

—*v.i.* 償付，退錢。

— [ˈriˌfʌnd; ˈriːfʌnd] *n.* Ⓒ [有時爲Ⓤ] 退錢，償還。

re·fur·bish [riˈfɝbɪʃ; ˌriːˈfəːbiʃ] *v.t.* 整修；刷新 (renovate)。

re·fus·al** [rɪˈfjuzl; riˈfjuːzl] 《refuse 的名詞》 **—n.* **1** ⓊⒸ **a** **拒絕，謝絕**：take no ~ 不容許拒絕，堅持/give a person a flat ~ 對某人斷然拒絕/shake one's head in ~ 搖頭拒絕。 **b** 〔+ *to* do〕拒絕：They were offended by his ~ *to* attend the party. 他們因他拒不參加聚會而很惱火。

2 Ⓤ **a** [常 *the* ~] 取捨(權)，選擇(權)：buy *the* ~ of... (付訂金) 取得…的優先權。 **b** [(*the*) **first** ~] 優先權，先買權：give [have] (*the*) *first* ~ of... 給與[獲得]…之先買權[優先權]。

‡re·fuse[1] [rɪˈfjuz; riˈfjuːz] *v.t.* **1** **拒絕**。

【同義字】refuse 指以斷然的堅定態度拒絕；decline 指較 refuse 溫和地婉拒；reject 指以較 refuse 更堅定的態度斷然拒絕。

a 〔+受〕拒絕，謝絕〈請求、要求等〉：~ a request 拒絕請求[要求]/He ~*d* our offer. 他拒絕了我們的好意。 **b** 〔+受〕排拒〈人〉；〈女〉拒絕〈男〉的求婚。 **c** 〔+受+受/+受+介+(代)名〕拒絕〈人〉〈請求、要求等〉；〔對人〕拒絕〈請求、要求等〉〔*to*〕：He ~*d* me help. = He ~*d* help *to* me. 他拒絕給我援助/They were ~*d* admittance. 他們被拒於門外。

2 〔+ *to* do〕**拒絕**，不肯〈做…〉：He ~*d to* discuss the question. 他不肯談論那問題/She ~*d to* reveal her identity. 她拒絕透露自己的身分/The engine ~*d to* start. 引擎怎麼也發不動。

3 〔+受〕〈馬〉不肯跳過〈溝、垣牆等〉。

—*v.i.* 拒絕，謝絕：I asked her to come, but she ~*d*. 我請她來，但她不肯。

ref·use[2] [ˈrɛfjus, -juz; ˈrefjuːs] *n.* Ⓤ《文語》廢物，渣滓，垃圾：a ~ collector 收垃圾的人，清潔隊員。

—*adj.* [用在名詞前] 廢物的，無價值的：~ matter 廢物/a ~ dump 垃圾處理場，垃圾堆。

re·fus·er [rɪˈfjuzɚ; riˈfjuːzə] *n.* Ⓒ **1** 拒絕者，謝絕者，抗拒者。 **2** 不信國教者。

re·fut·a·ble [rɪˈfjutəbl; ˈrefjutəbl] *adj.* 〈主張、意見等〉可反駁[駁斥，駁倒]的 (↔ irrefutable)。

ref·u·ta·tion [ˌrɛfjuˈteʃən; ˌrefjuːˈteiʃn] *n.* ⓊⒸ反駁，駁斥，駁倒。

re·fute [rɪˈfjut; riˈfjuːt] *v.t.* **1** 反駁，駁斥，駁倒〈主張、意見等〉：~ a statement 駁斥某種說法。

2 駁斥[證明]〈人(的論據)〉爲錯誤，駁倒〈人〉：~ an opponent 駁倒對手。

reg. 《略》regent；regiment；region；register(ed)；registrar；regular(ly)。

re·gain [rɪˈgen; riˈgein] *v.t.* 〔+受〕**1** **復得，恢復；奪回，收復〈失去之物〉**(⇨ recover【同義字】)：~ (one's) health [consciousness] 恢復健康[知覺]/~ one's composure 恢復鎮靜。

2 重回，復至；再到達〈地方、狀態〉：~ the shore 重回岸邊/~ one's footing〈倒下者〉站起，重站起來。

re·gal [ˈrigl; ˈriːgl] 《源自拉丁文「王」之義》 **—***adj.* **1** 與帝王相稱的，似王者的；堂皇的，華麗的，莊嚴的：live in ~ splendor 過帝王般的豪華生活。 **2** 帝王的：~ government [office] 王政[王位]。 **~·ly** *adv.*

re·gale [rɪˈgel; riˈgeil] *v.t.* **1** 〔+受+介+(代)名〕**a** 〔以…〕盛大地款待〈人〉〔*with, on*〕：They ~*d* him ***with*** champagne. 他們以香檳酒款待他。 **b** [~ one*self*] 饗用[佳肴美酒等]〔*with, on*〕：They were *regaling themselves* ***with*** beer. 他們正在開懷暢飲啤酒。

2 **a** 〔+受〕〈美麗之物、音樂等〉使〈人〉大喜，使…享受：Delightful music ~*s* our ears. 美妙音樂使我們大飽耳福。 **b** 〔+受+介+(代)名〕〔以…〕使〈人〉歡娛，使…喜悅〔*with, on*〕：He ~*d* us ***with*** strange stories. 他講了一些奇怪的故事使我們喜悅。 **c** 〔+受+介+(代)名〕[~ one*self*] 〔以…〕自娛；享受，享用〔…〕〔*with, on*〕：He ~*d himself* ***on*** the music. 他以音樂自娛。

—*v.i.* **1** 吃[喝]得津津有味[開心]。

2 〔+介+(代)名〕享用〔盛餐[佳肴美酒]〕〔*on*〕.

re·gále·ment *n.*

re·ga·lia [rɪˈgelɪə; riˈgeiljə] *n. pl.* **1** **a** 王權的標識，即位的寶器《王冠 (crown)、寶杖 (scepter)、寶球 (orb) 等》。 **b** 王權。 **2** (官位、共濟會等國際性團體等的) 標識，徽章；(正式的) 衣服。 **3** 華麗的禮服：in party ~ 穿着赴會的華服。

regalia 1 a

re·gal·i·ty [riˈgælətɪ; riːˈgæliti] *n.* **1** Ⓤ王位。 **2** [**regalities**] 王權。 **3** Ⓒ王國，君主國。 **4** Ⓤ (國王賜予的) 地方管轄權。

‡re·gard [rɪˈgard; riˈgɑːd] *v.t.* **1** 〔+受+*as* 補〕**將…視爲[認爲]〈…〉**，視…〈爲…〉《★[用法]與 consider 不同，作此解時只用此句型》：I ~ the situation *as* serious. 我認爲情勢嚴重/The man was ~*ed as* a danger to society. 這個人被視爲社會上的危險人物/They ~*ed* the work *as* having been done. 他們認爲那工作已做完。

【同義字】regard 表示憑外觀上或憑視覺的判斷；consider 表經充分考慮和經驗的結果所下的判斷。

2 〔+受〕[與表感情的副詞或相當的"with + 副詞片語"連用] **a** (懷著某種感情) 注視，凝視，熟視…：He ~*ed* our plans *with* suspicion [suspiciously]. 他對我們的計畫抱持懷疑的態度。 **b** 《文語》注視，注目，凝視〈人等〉：I noticed he was ~*ing* me curiously [*with* curiosity]. 我注意到他好奇地凝視著我。

3 〔+受〕[常用於否定句] 顧慮，斟酌；注意…：He *seldom* ~*s* his wife's wishes [advice]. 他很少顧慮到妻子的願望[勸告]/*Nobody* ~*ed* what she said. 沒人注意她的話。

4 尊重，尊敬，敬重…：We must ~ each other's right. 我們必須尊重彼此的權利/I ~ him highly. 我很尊敬他。

as regàrds... 《文語》關於…，至於…。

—*n.* **1** Ⓤ [對…的] **關心**；惦記；掛念，操心；顧慮〔*for, to*〕：She has no ~ *for* my feelings. 她不顧到[關注]我的感情/You should pay more ~ *to* safety on the roads. 你應該多注意交通安全。

2 Ⓤ**尊敬**，敬意；好意〔*for*〕：They had high ~ *for* his ability. 他們很器重他的才能/I hold him in high [low] ~. 我(很)尊敬[瞧不起]他。

3 [~*s*] (書信等的) 問候：With best [kind] ~*s*. 謹啓《信尾的客套語》/Give him my (best) ~*s*. 請代我向他問候/Give my (kind) ~*s* to your parents. 請代我向令尊令堂問候/She sent you her ~*s*. 她向你致問候之意[她要我代她向你問候]。

4 Ⓤ (應予考慮之) 點，事《★常用於下列片語》：in this ~ 關於這一點。

5 Ⓒ《文語》注視，(目不轉睛的) 視線 (look)。

without regárd to [**for**]... 不顧…，不管…：*without* ~ *to* decency [*for* one's safety] 不顧禮貌規矩[自己的安全]。

with [**in**] **regàrd to...** 關於…：*With* ~ *to* this there is no disagreement among the member nations. 關於這一點，會員國之間並沒有爭論。

re·gard·ful [rɪ'gardfəl; ri'gɑːdful] *adj.* [不用在名詞前]〔十介十(代)名〕**1**〔對…〕注意[用心，小心]的，〔對…〕操心的，顧慮[到…]的〔*of*〕: He is ~ *of* the feelings of other persons. 他顧慮到他人的感情。**2**〔對…〕表示敬意的，敬重的〔*for*〕.

***re·gard·ing** [rɪ'gardɪŋ; ri'gɑːdiŋ] *prep.* **關於…，至於…**: *R*~ your enquiry of June 17.... 關於六月十七日大函所詢之事…。

***re·gard·less** [rɪ'gardlɪs; ri'gɑːdlis] *adj.* (無比較級、最高級) **1** **不注意的**: trample down flowers with ~ feet(脚步)不小心地踩壞花。

2 [不用在名詞前]〔十介十(代)名〕〔對…〕不注意的，不關心的，不顧的〔*of*〕: He is ~ *of* the result. 他不顧慮結果。

regárdless of... 不拘…，不分…: ~ *of* age or sex 不拘年齡或性別/We are determined to go ~ *of* your intentions. 不管你的意向如何，我們下定決心去了。

—*adv.* (無比較級、最高級)《口語》不顧費用[反對，結果等]地: Everybody flinched at his tactlessness, but he went on ~. 大家看到他直言直說而不免畏縮起來，但他不予理會繼續說下去。

~·**ly** *adv.* ~·**ness** *n.*

re·gat·ta [rɪ'gætə; ri'gætə] *n.* Ⓒ小艇[遊艇]賽船(會)。

【字源】regatta 源自義大利語，義爲「競爭」，原來是指水都威尼斯(Venice)平底船(gondola)舟子們的「划舟競賽」。

regatta

re·ge·late ['ridʒəˌlet, ˌridʒə'let; 'riːdʒileit, ˌriːdʒi'leit] *v.i.* **1** 凍結。**2** (碎冰、積雪等融化後)再凍結；復冰。

re·ge·la·tion [ˌridʒə'leʃən; ˌriːdʒi'leiʃn] *n.* Ⓤ《物理》復冰；復冰現象。

re·gen·cy ['ridʒənsɪ; 'riːdʒənsi] *n.* **1** Ⓤ攝政政治；攝政職位，執權之職務。**2** Ⓒ攝政期間。**3** [the R~] (英國的)攝政時期《喬治三世(George Ⅲ)生病而由皇太子(後稱 George Ⅳ)攝政的期間，即 1811 至 1820 年》。

—*adj.* [用在名詞前] [R~] (英國)攝政時期款式的〈家具〉。

re·gen·er·a·cy [rɪ'dʒɛnərəsɪ; ri'dʒenərəsi] *n.* Ⓤ新生；革新；復生。

re·gen·er·ate [rɪ'dʒɛnəˌret; ri'dʒenəreit]《文語》*v.t.* **1** 使〈人〉(在精神、道德上)重獲新生；使…更生；使〈人〉成爲神之子[基督徒]；使…改過自新。

2 a 〈生物〉使〈身體之失去部分〉再生。**b** 使〈失去之物〉復生，使…新生: ~ one's self-respect 恢復(失去的)自尊心。

3 革新[改革]〈社會、制度等〉。

—*v.i.* **1** 再生。**2** 獲得新生命，更生；改過自新。

— [-rɪt; -rət] *adj.* **1** 獲得新生命的，更生的。**2** 經過改良[革新，改革]的。

re·gen·er·a·tion [rɪˌdʒɛnə'reʃən; riˌdʒenə'reiʃn] *n.* Ⓤ **1** 重建，再建，復興，復活。**2** 改革，改造，革新；重生，再生。**3** (精神的、道德的)更生，新生。

re·gen·er·a·tive [rɪ'dʒɛnəˌretɪv; ri'dʒenərətiv] *adj.* **1** (使)再生的，(使)更生的；革新的，改造的。**2** 使改過自新的。**3**《機械》回熱式的，蓄熱式的。**4**《無線》再生式的。

re·gén·er·à·tor [-tə; -tə] *n.* Ⓒ**1** 再生[更生]者；改過自新者；改革者。**2**《機械》蓄熱器，復熱[蓄熱]爐。**3**《電學》再生器。

re·gent ['ridʒənt; 'riːdʒənt] *n.* Ⓒ **1** [常 R~]攝政。**2**《美》(州立大學等的)董事[評議員]。

—*adj.* [用在名詞後；常 R~]攝政的: the Prince [Queen] *R*~ 攝政王[皇后]。

Régent Strèet *n.* 攝政街《位於倫敦西區(West End)的高級商店街》。

Re·ges *n.* Rex[1] 的複數。

reg·gae ['rɛge; 'regei] *n.* Ⓤ雷格《起源於西印度羣島民俗音樂的一種搖滾樂》。

Reg·gie ['rɛdʒɪ; 'redʒi] *n.* 雷吉《男子名；Reginald的暱稱》。

reg·i·cid·al [ˌrɛdʒə'saɪdl; ˌredʒi'saidl] *adj.* 弒君的，弒君者的。

reg·i·cide ['rɛdʒəˌsaɪd; 'redʒisaid] *n.* **1** Ⓤ弒君。**2** Ⓒ弒君者。

ré·gime, re·gime [rɪ'ʒim, re-; rei'ʒiːm]《源自法語；源自拉丁文「支配」之義》**—*n.*** Ⓒ**1** [常與修飾語連用] **政體，體制；政權；制度**: a dictatorial ~ 獨裁制度/the ancient [old] ~ 舊政體；舊體制(⇨ ancien régime)/under a new ~ 在新體制[政權]之下。**2** =regimen 1.

reg·i·men ['rɛdʒəˌmɛn; 'redʒimen]《源自拉丁文「支配」之義》**—*n.*** **1** Ⓒ《醫》(藉節食、運動等的)養生之道，攝生法。**2**《文法》**a** Ⓤ支配。**b** Ⓒ(介系詞的)被支配語，受詞。

reg·i·ment ['rɛdʒəmənt; 'redʒimənt] *n.* Ⓒ**1**《軍》團(⇨ army 1): the Colonel of the ~ 團長。**2** [常 ~s]多數，大羣〔*of*〕: a ~ *of* people 一大羣人/~*s of* locusts 成羣的蝗蟲。

— ['rɛdʒəˌmɛnt; 'redʒiment] *v.t.* **1**《軍》將…編成[編入]團。**2** 嚴密地控制〈人〉，使…組織化《★常用被動語態》: I don't like *being* ~*ed*. 我不喜歡受人控制[支配]。

reg·i·men·tal [ˌrɛdʒə'mɛntl; ˌredʒi'mentl] 《regiment 的形容詞》**—*adj.*** [用在名詞前] (配屬於)團的: the ~ colors 團旗。

—*n.* [~s]軍服。

reg·i·men·ta·tion [ˌrɛdʒəmɛn'teʃən; ˌredʒimen'teiʃn] 《regiment 的名詞》**—*n.*** Ⓤ **1** 團的組成。**2** 編成，組織化；管轄，統制。

Re·gi·na [rɪ'dʒaɪnə; ri'dʒainə] 《源自拉丁文》**—*n.***《英》**1** [用於女王之名後]女王《用於布告等的署名；略作 R.；cf. Rex[1]》: Elizabeth ~ 伊利莎白女王《略作 E. R.》。**2**《法律》女王《★用法 在王室對人民的訴訟案件中用作稱號；cf. people 7, versus 1》: ~ v. Jones 女王對瓊斯(的訴訟案件)。

Reg·i·nald ['rɛdʒɪnld; 'redʒinld] *n.* 雷吉納德《男子名；暱稱 Reggie》。

***re·gion** ['ridʒən; 'riːdʒən] *n.* **1 a** Ⓒ [常 ~s] (無明確界限的廣大)**地方，地域；地帶**(⇨ area 2【同義字】): a desert ~ 沙漠地帶/a fertile ~ 肥沃地帶/the Arctic ~*s* 北極地區。**b** [~s；常 the ~s] (首都外的)地區，鄉下。

2 Ⓒ [常 ~s] (將天地分成上下的)部分，境，域: the airy ~ 天空/the lower [infernal, nether] ~*s* 地獄，冥府，陰間/the ~ beyond the grave 冥府，陰間/the upper ~*s* 天堂，天國。

3 Ⓒ(藝術、學問等的)範圍，領域，境界: the ~ *of* science 科學的領域。

4 Ⓒ《解剖・動物》(身體的)部位，局部: the lumbar ~ 腰部。

5 Ⓒ **a** 行政區，管(轄)區，區。**b** (依據 1975 年蘇格蘭行政區劃分改革的)郡《相當於英格蘭等的 county》。

in the région of... 在…的附近；…左右，約…(about): *in the* ~ *of* £100 一百英鎊左右。

***re·gion·al** ['ridʒənl; 'riːdʒənl] *adj.* (無比較級、最高級) **1** **全地區內的；區域性的**。**2** (某一)**地方的，地方性的**: ~ literature 地方文學。~·**ly** [-nlɪ; -nəli] *adv.*

ré·gion·al·ìsm [-lˌɪzəm; -lizəm] *n.* Ⓤ **1** 地方(分權)主義。**2** 鄉土愛。**3** 地方習慣；地方特質。**4**《藝術》鄉土主義；鄉土色彩，地方色彩。

re·gion·al·ize ['ridʒənlˌaɪz; 'riːdʒənəlaiz] *v.t.* 將…分成地區；照地區安排…。

reg·is·ter** ['rɛdʒɪstə; 'redʒistə] 《源自拉丁文「帶回，記錄」之義》**—*n. **1** Ⓒ(生死等的公務上的)**記錄，登記，註册，掛號**: His name doesn't appear on the ~. 他的名字沒有出現在記錄上。

2 Ⓒ**註册簿，登記簿**；(特定的人的)名簿: a parish [church] ~ (教區[教會])記事簿/a hotel ~ 旅館旅客登記簿/a visitors' ~ 來賓簽名簿[芳名錄]。

3 Ⓒ**自動記錄器，記錄指示器**: a cash ~ 收銀機。

4 Ⓒ(尤指冷、暖氣機的)通風調節裝置，換氣調節裝置。

5 Ⓒ《音樂》**a** 聲區，(樂器的)音域: the head [chest] ~ 頭聲[胸聲]區。**b** (風琴的)音栓。

6 ⓊⒸ《語言》語言位相，語(用)域《在語言的使用上，對於話題、使用字彙、態度等應社會場面而呈現有系統的變異賦與特徵者》: use (an [the]) informal ~ 使用非正式的語域[語體]。

—*v.t.* 〔十受〕**1 a** (在名册上等)(正式地)**登記，記錄，註册**…: ~ the names of the new members 登記新會員的名字/~ the birth of a child 登記孩子的出生日期。**b** [~ one*self*]在(選舉人等之)名册上登記，辦理登記手續。

2 將〈郵件等〉**掛號**: ~ a letter 把信交付掛號寄發。

3 〈溫度計〉指示〈溫度〉；〈機器〉自動記錄…: The thermometer ~*ed* four degrees of frost. 溫度計指著零下四度[溫度計上是零下四度]。

4 〈人、臉色〉現出〈驚、喜等〉之表情: He [His face] ~*ed* irrepressible joy. 他[他的臉上]流露出壓抑不住的喜悅。

—*v.i.* **1 a** (在旅館等)**登記姓名；署名**: ~ at a hotel 在旅館的旅客登記簿上登記姓名；住進旅館。**b** 在選舉人名册上登記姓名: A person must ~ before he can vote. 任何人必先登記方能投票。**c** 〔十介十(代)名〕辦理〔入學、聽講的〕註册[登記，報名]〔*for*〕: ~ *for* English literature 登記[報名]修讀英國文學。

2 〔動(十介十(代)名)〕[常用於否定句]《口語》〔在…〕留下印象，銘記於〔人心〕〔*with*〕: The name simply did *not* ~ *with* me. 那個名字我實在記不住。

rég·is·tered *adj.* **1** 註册[登記]過的，記名的: a ~ bond [design] 記名公債[註册圖案]/a ~ reader 書刊的預約者，訂閱者。

2 〈郵件〉掛號的：～ post《英》=《美》～ mail 掛號郵件/a ～ letter 掛號信。

régistered núrse *n.* Ⓒ《美》考試合格而有執照的護士《略作 R. N.》。

régister òffice *n.* =registry 3.

régister tòn *n.* Ⓒ註册噸位(⇨ ton 3 f)。

reg·is·tra·ble [ˋrɛdʒɪstrəbl; ˈredʒistrəbl] *adj.* **1** 可註册[登記]的。**2** 可掛號的。

reg·is·trant [ˋrɛdʒɪstrənt; ˈredʒistrənt] *n.* Ⓒ登記者《尤指因登記而取得商標等之權利者》。

reg·is·trar [ˋrɛdʒɪˏstrɑr; ˌredʒiˈstrɑ:] *n.* Ⓒ**1 a** 登記[註册]事務員，登記員，戶籍員。**b** (大學的)註册主任，教務事務員《保管學生的成績記錄並寄發通知單或校方印刷品等的事務員》。**2**《英法律》(法庭、議會等的)政府正式承認的記錄官。

***reg·is·tra·tion** [ˏrɛdʒɪˋstreʃən; ˌredʒiˈstreiʃn] «register 的名詞» —*n.* **1** Ⓤ記載，登記，註册；記名：a ～ number(汽車的)註册號碼。**2** Ⓤ掛號：a ～ fee 掛號費。**3** Ⓒ經登記的人[事項]。**4** Ⓒ[集合稱]註册[登記]人數[件數]。**5** Ⓤ《音樂》音栓配合法《風琴音栓的選擇、調整的技術》。

reg·is·try [ˋrɛdʒɪstrɪ; ˈredʒistri] *n.* **1** Ⓤ記載，登記，註册。**2** Ⓤ掛號。**3** (又作**régistry òffice**)Ⓒ戶籍登記處《登記出生、婚姻、死亡等的政府機關》：be married at a～(office)(不舉行宗教儀式而)以登記的方式結婚。

régistry òffice *n.*《英》Ⓒ保存公共記錄的戶籍及監管非教堂結婚的機關。

Re·gi·us [ˋridʒɪəs; ˈri:dʒjəs] «源自拉丁文» —*adj.* 國王的；國王所任命的：a ～ professor(牛津、劍橋大學等的)欽定講座教授。

reg·nal [ˋrɛgnəl; ˈregnəl] *adj.* **1** 國的；朝的。**2** 國王的；君主的。

reg·nant [ˋrɛgnənt; ˈregnənt] *adj.* [置於名詞後](尤指)〈女王〉統治的：⇨ queen regnant.

re·gorge [rɪˋgɔrdʒ; riˈgɔ:dʒ] *v.t.* **1** 擲回，拋回；吐出，嘔出。**2**《罕》再吞下。—*v.i.* 倒流。

re·gress [ˋrigrɛs; ˈri:gres] *n.* Ⓤ**1** 退回，後退，逆行；回歸〔*to, into*〕。**2** 退步，墮落(←→ progress)。

—[rɪˋgrɛs; riˈgres] *v.i.* **1** 退回；退步；退化。**2**《天文》退行，回歸。

re·gres·sion [rɪˋgrɛʃən; riˈgreʃn] «regress 的名詞» —*n.* Ⓤ**1** 回歸；後退，退步。**2**《生物》退化。**3**《天文》(行星的)退行。

re·gres·sive [rɪˋgrɛsɪv; riˈgresiv] *adj.* **1** 回歸的，逆行的。**2** 退步[退化]的，墮落的。

‡re·gret [rɪˋgrɛt; riˈgret] *n.* **1** Ⓤ[又作 **a** ～] **a** 懊悔，遺憾；後悔，悔恨〔*for, at*〕：express one's ～ *for* an accident 對意外事件表示遺憾/hear with ～ 遺憾地聞悉/He felt (*a*) great～ *at* hav*ing* spent his time in that way. 他很後悔那樣地浪費了時間/It is a matter *for* ～ that there is always some trouble going on in some parts of the world. 在世界上某些地方總是發生著某種糾紛，眞是令人遺憾。**b** 〔對死亡、不幸的〕悲悼，悲嘆；哀悼，哀惜〔*at, for, over*〕：a letter of ～ 弔唁信/express ～ *over* a person's death 對某人之逝世表示惋惜/He felt *a* great ～ *at* the loss of his friend. 他對朋友的去世深感哀痛。

2 [～s] **a** 遺憾之意[心情]，後悔[抱憾]之言：⇨ have no REGRETS. **b** (對請柬的)婉謝；婉謝函：send one's ～*s* 寄出對邀請的婉謝函/Please accept my ～*s*. 請接受我的歉意《我很遺憾無法應邀參加》/*Regrets* Only. 僅於無法參加時回覆《★請柬末尾的用語》。

hàve nó regréts 沒有遺憾[後悔]，感到遺憾[後悔]：Looking back over the long years, he *had no* ～*s*. 他回顧漫長的歲月，心中沒有(感到)遺憾[後悔]。

to one's **regrét** 令某人感到遺憾的是：*To* my ～, the plan had to be given up. 令我遺憾的是，那項計畫只好放棄/Much *to* my ～, I must say goodbye to you. 很遺憾，我必須向你告別。

—*v.t.* (**re·gret·ted**；**re·gret·ting**) 後悔，對…感到遺憾；悲嘆：**a** 〔十受〕對〈已發生的事、過失等〉懊悔[惋惜]，對…引以爲憾；悲嘆〈人之死、不幸〉：I *regretted* my words immediately. 我馬上後悔說了那種話/He *regretted* his child's death. 他爲孩子的死感到哀痛。

b 〔十 do*ing*〕後悔，遺憾；抱憾〈做了[做]…〉《★用法明確地表示過去之事時用完成式動名詞》：I ～ be*ing* unable to help you. 我不能幫助你，深感遺憾/He *regretted* not hav*ing* come oftener to her. 他因沒有常來看她而感到後悔。

c 〔十 *to* do〕爲〈做…〉感到遺憾，抱憾[抱歉]〈做…〉《★用法通常用 I[We] ～ *to* say [inform you, tell you] that .... 的形式，是比 I am sorry to say that .... 更拘泥的說法》：I ～ *to* say that Mr. Smith is ill in bed. 很抱歉，史密斯先生臥病在牀。

d 〔十 *that*＿〕對〈…事〉引以爲憾，後悔〈…事〉：I ～ *that* you should have been caused inconvenience. 我眞抱歉給你添了麻煩《★說話者爲過失等道歉》/I strongly ～ *that* the Government has not done more for the poor. 政府爲貧困人們做得太少，本人深感遺憾《★提出抗議》/It is to be *regretted that* he should have died so young. 他竟然這麼年輕就死了，實在令人惋惜[遺憾]。

re·gret·ful [rɪˋgrɛtfəl; riˈgretful] *adj.* **1** 抱憾的，惋惜的，遺憾的；表遺憾[哀悼]的；後悔的：with ～ eyes 以後悔的眼神。

2 [不用在名詞前]〔十介十(代)名〕〔爲…〕感到後悔的，感到悲痛的〔*for*〕：He is ～ *for* what he has done. 他對自己之所爲感到後悔。～**·ly** [-fəlɪ, -fuli] *adv.* ～**·ness** *n.*

re·gret·ta·ble [rɪˋgrɛtəbl; riˈgretəbl] *adj.* 令人遺憾的，令人懊悔的；令人惋惜的；可悲的，可悲嘆的：a ～ error 令人遺憾的錯誤/It is ～ that the authorities should allow this to happen. 當局竟容許此事發生實在令人遺憾。

re·grét·ta·bly [-təblɪ; -təbli] *adv.* **1** 可惜[令人懊悔]地，可憾地；到悲慘的程度：He was ～ drunk. 他醉得慘兮兮的。**2** [修飾整句]可惜，令人遺憾的是，令人悲痛地：*R*～, he failed the examination. 很可惜，他沒能通過考試。

re·group [riˋgrup; ˌri:ˈgru:p] *v.t.* 使…再集結成羣；再集合…。—*v.i.* 再集成羣；重編。

regt. 《略》regent；regiment.

‡reg·u·lar [ˋrɛgjələ; ˈregjulə] «源自拉丁文「規尺」之義» —*adj.* (**more** ～；**most** ～) **1 a 有規則的**，有規律的；規則性的：a ～ life 有規律的生活/⇨keep regular HOURS/(as) ～ as clockwork (像鐘錶裝置似地)有規律的。**b** 秩序井然的；有系統[組織]的；勻稱的，端正的，均衡的：～ features 端正的容貌/～ teeth 整齊的牙齒。**c** (無比較級、最高級)《文法》變化有規則的：～ conjugation (動詞的)規則變化/～ verbs 規則動詞。

2 [用在名詞前](無比較級、最高級) **a 定期的，例行的**：a ～ concert 定期演奏會/a ～ meeting 例行集會/～ meals 每天的三餐。**b** 會按時來的，正常的〈通便、月經等〉：～ bowel movements 正常的通便。

3 一定的，不變的，通常的；固定的：a ～ income 固定收入/one's ～ hour of rising 一個人平時的起牀時間/a ～ occupation[job] 固定職業/a ～ customer 老顧客/at a ～ speed 以常規的速度。

4 [用在名詞前](無比較級、最高級) **a** (合於法律、慣例、標準等的) **正規的，正式的**；有執照[資格]的，合格的，本行的：a ～ doctor 合格醫師/a ～ member 正式會員/a ～ player 正式選手/a ～ marriage (在教堂舉行的)合法婚姻(儀式)。**b**《美政》公認的；忠於某一黨派的領導或候選人的：a ～ candidate 公認的候選人。**c**《軍》正規的，常備的：a ～ army 常備[正規]軍/a ～ soldier 正規兵。

5 [用在名詞前](無比較級、最高級)《口語》完全的，十足的，眞正的：a ～ rogue 一個十足的流氓/a ～ fool 大傻瓜/It was a ～ holiday. 那是個例假日。

6 [用在名詞前](無比較級、最高級)《美口語》宜人的，令人愉快的，討人喜歡的，好的(nice)：a ～ fellow [guy] 好人，討人喜歡的傢伙。

7 (無比較級、最高級)《美》〈大小尺寸〉普通的，標準的：cigarettes of ～ size 標準尺寸的香煙。

8 (無比較級、最高級)《教會》〈神職人員〉屬於教團[修道會]的；受教規束縛的(←→ secular)：the ～ clergy 修道士。

9 (無比較級、最高級)《植物》〈花〉整齊的：a ～ flower 整齊的花。

10 (無比較級、最高級)《數學》(平面圖形)等邊等角的；(立體)各面的大小和形狀相等的：a ～ polygon 正多邊形/a ～ polyhedron 正多面體。

—*n.* Ⓒ **1 a** 正規兵。**b** 正式選手，大多數比賽都上陣的選手。**2**《口語》常客；長工。**3**《美》(衣服等的)標準尺寸，普通尺寸的成衣。**4**《教會》修道士。

reg·u·lar·i·ty [ˏrɛgjəˋlærətɪ; ˌregjuˈlærəti] «regular 的名詞» —*n.* Ⓤ**1** (有)規則，(有)規律：with ～ 有規則[規律]地。**2** 整齊；秩序；調和。**3** 一定，不變。**4** 正規，慣常。

reg·u·lar·ize [ˋrɛgjələˏraɪz; ˈregjuləraiz] *v.t.* 使…有規則[規律]，使…規則[規律]化，使…有秩序；使…整齊劃一；調整…；使…組織化；使…合法化。

reg·u·lar·i·za·tion [ˏrɛgjələraɪˋzeʃən; ˌregjuləraiˈzeiʃn] *n.*

reg·u·lar·ly [ˋrɛgjələlɪ; ˈregjuləli] *adv.* (**more** ～；**most** ～) **1 有規則[規律]地**；定期地：pay one's rent ～ 定期地付房租。**2** 如期地，照常地，循規蹈矩地。**3** 正式地，適當地。**4**《口語》完全地，眞正地，徹底地：I was ～ cheated. 我著實被騙了。

***reg·u·late** [ˋrɛgjəˏlet; ˈregjuleit] «源自拉丁文「支配」之義» —*v.t.* 〔十受〕**1** (以規則等)**管理**，規定；限制；整頓；管制…：～ air pollution 管制空氣污染/Traffic should be strictly ～*d*. 交通應予嚴加整頓。

2 a 調準，調節，校準〈機器等〉：～ a clock 調準鐘錶。**b** 調

整，增減〈數量等〉：～ the temperature of a room 調整[調節]室內溫度。

***reg·u·la·tion** [ˌrɛgjəˋleʃən; ˌregjuˈleiʃn] «regulate 的名詞»—*n.* **1** Ⓤ管制，限制。**2** Ⓤ增減，調節，調整。**3** Ⓒ**a** 規則，規定；條例，法規(⇨ law【同義字】)：traffic ～*s* 交通規則/rules and ～*s* ⇨ rule 1 a. **b** 〔＋ *that*__〕〈…的〉規則，規定：There is a ～ *that* large trucks must not use this road. 有一項規定是這條路禁止大型貨車通行。

—*adj.* [用在名詞前] **1** 正規的，正式的，(符合)規定的，標準的：a ～ ball 指定球/a ～ cap [uniform] 制帽[服]/exceed the ～ speed 超過規定速度。**2** 普通的，通常的(ordinary)。

reg·u·la·tive [ˋrɛgjəˌletɪv; ˈregjulətiv] *adj.* **1** 規定的；限制的，支配的；管理的，整頓的。**2** 調整[調節]的。

reg·u·la·tor [ˋrɛgjəˌletɚ; ˈregjuleitə] *n.* Ⓒ **1** 規定者；管理者；管制者；調整者；整頓者。**2**《機械》調節[調整]器，調節裝置。**3**《鐘錶》(調節快、慢的)整時器；標準時鐘。

reg·u·la·to·ry [ˋrɛgjələˌtorɪ, -ˌtɔrɪ; ˈregjulətəri] *adj.* **1** 規定的；管制的，限制的；支配的；管理的，整頓的。**2** 調節[調整]的。**3** 受規定的。

reg·u·lo [ˋrɛgjʊˌlo; ˈregjulou] «源自商標名» —*n.* Ⓒ(*pl.* ～s) [常與數字連用]《英》瓦斯爐熱度：Cook this on [at] ～ 3. 把熱度調到三度烹調此食品。

re·gur·gi·tate [riˋgɝdʒəˌtet; riˈgəːdʒiteit]《文語》*v.i.* 流回，反流；湧回。

—*v.t.* **1** 使〈胃中的半消化食物〉再回到口中，反芻。**2** (自己不加思考而)依樣重說〈他人所說過的話〉。

re·gur·gi·ta·tion [rɪˌgɝdʒəˋteʃən; riˌgəːdʒiˈteiʃn] *n.*

re·ha·bil·i·tate [ˌriəˋbɪləˌtet, ˌrihə-; ˌriːəˈbiliteit, ˌriːhə-] *v.t.* **1** 使…復原；修復，重建…：～ an old house 修復舊房屋。**2** **a** 使〈人〉恢復原有的職位。**b** 使〈人〉恢復地位、權利；使…獲得平反。**c** [～ one*self*] 恢復名譽[信譽]，獲得平反。**3** 使〈殘障者、受傷者、受刑人等〉重返社會工作[恢復正常生活]，對…施以復健。

re·ha·bil·i·ta·tion [ˌriəˌbɪləˋteʃən, ˌrihə-; ˈriːəˌbiliˈteiʃn, ˈriːhə-] *n.* Ⓤ **1** 修復，重建。**2** **a** 復職，復位，復權。**b** 恢復名譽。**3** 復健，〈殘障者、受刑人等之〉重返社會工作[恢復正常生活]。

re·hash [riˋhæʃ; ˌriːˈhæʃ] *v.t.* (不加以大變更或改良而以新形式)改變[作]〈舊思想，講稿等〉，換湯不換藥地處理…。

— [ˋriˌhæʃ; ˈriːhæʃ] *n.* Ⓒ[常用單數](舊東西的)改作，改寫品。

re·hear [riˋhɪr; ˌriːˈhiə] *v.t.* (**re·heard** [-ˋhɝd; -ˈhəːd]) **1** 再聽。**2**《法律》再審問，覆審。

re·hear·ing [riˋhɪrɪŋ; ˌriːˈhiəriŋ] *n.* Ⓒ《法律》覆審，再審。

re·hears·al [rɪˋhɝsl; riˈhəːsl] «rehearse 的名詞»—*n.* **1** ⓊⒸ(戲劇等的)排演，預演，對台詞：put a play into ～ 預演一齣戲/at a public ～ 在公開預演中/in ～ 在預演中/⇨ dress rehearsal. **2** Ⓒ詳述(故事、經驗等)，復述故事：a ～ of one's experiences 經驗之談。

re·hearse [rɪˋhɝs; riˈhəːs] *v.t.* 〔十受〕**1** **a** 預演，排演〈戲劇等〉：～ an opera 預演歌劇。**b** 使〈人〉排演，以排演使〈人〉熟習[熟練]。**2** 詳述，復述。

—*v.i.* 排演，預演。

【字源】rehearsal 是古法語，義爲「用馬拉耙子，把土再耙平」。本來是指用農耕器具反覆地耙平土壤的意思，但後來變成「在公演之前反覆地排演戲或音樂等」的意思。

re·house [riˋhauz; ˌriːˈhauz] *v.t.* 供〈人〉以新住宅，使…住進新住宅：The victims of the earthquake were immediately ～*d.* 受到地震危害的災民立即被安排新住處。

Reich [raɪk; raik] «源自德語「帝國」之義»—*n.* [**the** ～] 德國：*the* First ～ 第一帝國(962－1806)/*the* Second ～ 第二帝國(1871－1918)/*the* Third ～ 第三帝國(1933－1945)。

reichs·mark [ˋraɪksˌmark; ˈraiksmaːk] *n.* Ⓒ(*pl.* **～s, ～**)德國馬克《德國 1924 年 10 月至 1948 年間之貨幣單位》。

re·i·fi·ca·tion [ˌriəfɪˋkeʃən; ˌriːifiˈkeiʃn] «reify 的名詞»—*n.* Ⓤ(抽象觀念等的)具體化，實質化。

re·i·fy [ˋriəˌfaɪ; ˈriːifai] *v.t.* 將〈抽象觀念等〉具體化，將〈抽象之觀念〉視爲具體之物。

reign [ren; rein] «源自拉丁文「(王)支配」之義»—*n.* **1** Ⓤ**a** (君主、帝王等的)統治：under the ～ of Queen Victoria 在維多利亞女王之統治下。

【說明】正如 The English sovereign *reigns,* but does not rule. (英國君主統而不治。)這句話，英國是個君主立憲制的國家，實際的政治由國會(the Houses of Parliament)施行，政治責任則由內閣(the Ministry)承擔。所以 reign 表示在君主的地位之意，不一定包含支配、統治。

b 支配，勢力：the ～ of law 法治/Night resumes her ～. 夜幕又降臨了。

2 Ⓒ(某一帝王的)統治時代，朝代：in [during] the ～ of Queen Victoria 在維多利亞女王的統治期間。

the Réign of Térror (1)恐怖時代《指法國大革命最狂暴的 1793 年 3 月至 1794 年 7 月期間》。(2)[**r～ of t～**] (政治或社會的)暴力恐怖時代。

—*v.i.* **1** **a** 掌握主權，爲王，稱帝，做君王，在王位(⇨ govern【同義字】)：Queen Elizabeth I ～*ed* from 1558 till 1603. 伊利莎白一世自 1558 年至 1603 年之間稱王[在位]。**b** 〔十介十(代)名〕〈王等〉〔在國等〕做帝王，統治〔*over*〕：How many years has the present king been ～*ing over* the country？當今在位的國王統治該國已有幾年了？

2 〈人〉握有勢力，稱霸。

3 盛行，佔優勢：Silence ～*ed* in the large hall. 大廳內鴉雀無聲。

re·im·burse [ˌriɪmˋbɝs; ˌriːimˈbəːs] *v.t.* **1** 〔十受〕將〈費用〉付還，償還，退款：I shall ～ the expenses. 我要付還那些費用。

2 〔十受十受/十受十介十(代)名〕償還給〈人〉〈費用〉；償還〈人〉〔費用〕〔*for*〕；償還〈費用〉〔給人〕〔*to*〕：～ a person the cost ＝ ～ a person *for* the cost＝～ the cost *to* a person 償還某人費用。

rè·im·búrse·ment [-mənt; -mənt] «reimburse 的名詞»—*n.* ⓊⒸ退款，償還，付還；賠償。

re·im·port [ˌriɪmˋport, -ˋpɔrt; ˌriːimˈpɔːt] *v.t.* 將…輸入原出口國；逆輸入。

re·im·por·ta·tion [ˌriɪmporˋteʃən, -pɔr-; ˌriːimpɔːˈteiʃn] *n.* Ⓤ再輸入；逆輸入。

re·im·pres·sion [ˌriɪmˋprɛʃən; ˌriːimˈpreʃn] *n.* ⓊⒸ **1** 第二個或重複之印象。**2** (原版未予變動的)再印刷，重版。

rein [ren; rein] «源自拉丁文「抑制」之義»—*n.* **1** **a** Ⓒ[常～s] (通常爲皮革製，繫於馬口兩端的)韁繩(⇨ harness 插圖)。**b** [～s] (繫在幼兒身上供母親等牽的)安全帶，牽兒繩：⇨ leading reins.

2 Ⓒ[常 ～s] 統馭手段，牽制法[力]；統馭，牽制：assume [hold, drop] the ～*s* of government 掌握到[掌握着，放棄]政權/hold [keep] a tight [firm] ～ *on* [*over*] ... 嚴密地牽制[控制]…，緊緊地抑制…/take the ～*s* (代替現在的當權者)指揮，統治/without ～ *on* ... 無拘於…地，不受…限制地。

3 Ⓒ[常～s《★無冠詞》；有時爲Ⓤ] 行動之自由：give a horse (the) ～(*s*) 讓馬隨意走/give (the) (free [full]) ～ to one's imagination 充分發揮想像力。

dráw in the réin(s) (勒韁)停住馬。

dráw réin (1)使(步調等)慢下來。(2)＝draw in the REIN(s).

thrów the réins to ... 放開〈馬〉的韁，放任…。

—*v.t.* **1** 〔十受〕以韁繩操縱，駕馭〈馬〉。

2 〔十受十副〕**a** (勒韁繩)停住〈馬〉〈*back, up*〉：～ **back** [**up**] a horse 勒住馬。**b** (勒韁繩)使〈馬〉慢下來〈*in*〉。**3** 〔十受十副〕駕馭，抑制…〈*back*〉：～ **back** inflation 抑制通貨膨脹。

re·in·car·nate [ˌriɪnˋkarnet; riːˈinkaːneit, ˌriːinˈkaːn-] *v.t.* **1** 賦予〈靈魂〉新的肉體。**2** 〔十受十*as* 補〕使〈人〉化身〈爲…〉《★常用被動語態》：She *was* ～*d as* a snake. 她化身爲一條蛇。

— [ˌriɪnˋkarnɪt; ˌriːinˈkaːnit] *adj.*《古・文語》獲得新肉體的；化身的。

re·in·car·na·tion [ˌriɪnkarˋneʃən; ˌriːinkaːˈneiʃn] «reincarnate 的名詞»—*n.* **1** Ⓤ新肉體的賦予；靈魂的轉世，靈魂轉世說，輪迴。**2** Ⓒ再生，再投胎，化身。

rein·deer [ˋrenˌdɪr; ˈreinˌdiə] *n.* Ⓒ(*pl.* ～s)《動物》馴鹿《有大枝狀獸角(antler)的北極地帶產動物；用以拖雪橇(sledge)；cf. caribou》。

reindeer

re·in·force [ˌriɪnˋfors, -ˋfɔrs; ˌriːinˈfɔːs] *v.t.* **1** **a** 〔十受〕加强，增强，强化〈人員、軍隊、數量、大小等〉，使…有氣勢；增援…：～ a bridge 加固橋梁/～ one's argument 加强自己的論據[論證]/～ a supply 增加供應。**b** 〔十受十介十(代)名〕〔以…〕加强，增强，强化…〔*with*〕：～ the elbows of a jacket *with* leather 以皮革補綻使上衣的肘更耐磨。**2** 〔十受〕《心理》强化〈(對刺激之)反應〉。

ré·in·forced cóncrete *n.* Ⓤ鋼筋混凝土。

rè·in·fórce·ment [-mənt; -mənt] «reinforce 的名詞» —*n.* **1** Ⓤ加强，强化，增援。**2** [～s] 增援部隊[艦(隊)]，援軍，援兵。**3** Ⓒ加强之物，補給(品)。**4** ⓊⒸ《心理》强化。

rein·less [ˋrenlɪs; ˈreinlis] *adj.* **1** 無韁繩的。**2** 不受拘束的；自由的；放縱的。

re·in·state [ˌriɪnˋstet; ˌriːinˈsteit] *v.t.* **1** 使〈秩序等〉恢復，使…復元：～ law and order 恢復法律和秩序。**2** **a** 〔十受十介十(代)

名〕使〈人〉恢復〔原來的職位、地位〕〔*in*〕：I was ~*d* **in** my former office. 我恢復了原來的職務。**b**〔十受十*as* 補〕使〈人〉再任〈…〉：~ a person *as* a teacher 使某人再任教師。**~·ment** *n.*

re·in·sure [ˌriɪnˋʃur; ˌri:inˈʃuə] *v.t.* 重新給…保險，再給…保險。

rè·in·súr·ance [-ɪnˋʃurəns; -inˈʃuərəns] *n.*

re·in·te·grate [riˋɪntəˌgret; ri:ˈintigreit] *v.t.* **1** 使…再完整；恢復；再建；復興。**2** 使…再統一。

re·in·te·gra·tion [ˌriɪntəˋgreʃən; ˌri:intiˈgreiʃn] *n.* Ⓤ再統一。

re·is·sue [riˋɪʃu, -ˋɪʃju; ˌri:ˈiʃu:] *v.t.* 再發行〈郵票、通貨、書籍等〉。**—***n.* **1** Ⓤ再發行。**2** Ⓒ再版。

re·it·er·ate [riˋɪtəˌret; ri:ˈitəreit] *v.t.* 反覆地說；重說。

re·it·er·a·tion [riˌɪtəˋreʃən; ri:ˌitəˈreiʃn] «reiterate 的名詞» **—***n.* ⓊⒸ重申，反覆。

re·it·er·a·tive [riˋɪtəˌretɪv; ri:ˈitərətiv] *n.* Ⓒ **1** 重疊語；疊成語《如 dillydally, pellmell 等是》。**2**《文法》表反覆動作之字；反覆語《如由 prate 一字產生出 prattle》。

—*adj.* 反覆的。

*__re·ject__ [rɪˋdʒɛkt; riˈdʒekt] «源自拉丁文「向後投」之義» **—***v.t.* 〔十受〕**1 拒絕**，駁回，否決，否認〈(他人的)要求、提議等〉(⇨ refuse[1]【同義字】)：~ an offer 拒絕一項提議/~ a demand 駁回一項要求。

2 剔除，丟棄〈不良品等〉：All apples with soft spots are ~*ed.* 有軟掉地方的蘋果全部都被剔除。

3〈人、嘴、胃、身體〉容不得，嘔吐；排拒〈食物等〉：The skin graft was ~*ed.* 移植的皮膚引起了排拒反應。

— [ˋridʒɛkt; ˈri:dʒekt] *n.* Ⓒ被拒絕之人[物]；不合格者[品]，瑕疵品。

re·jec·ta·men·ta [rɪˌdʒɛktəˋmɛntə; riˌdʒektəˈmentə] *n. pl.* **1** 廢物；垃圾。**2** (船難的)漂浮物。**3** 排泄物；糞便。

re·jec·tion [rɪˋdʒɛkʃən; riˈdʒekʃn] «reject 的名詞» **—***n.* **1** ⓊⒸ排除，廢棄；拒絕；駁回，退回，拒收，否決。**2** Ⓒ廢棄物。

rejéction slìp *n.* Ⓒ退稿通知單《出版社退還作者稿件時附在稿件上的單子》。

re·jéc·tor, re·jéct·er [-tɚ; -tə] *n.* Ⓒ拒絕者。

*__re·joice__ [rɪˋdʒɔɪs; riˈdʒɔis]《文語》*v.i.* **1 高興，欣喜，歡喜；慶賀，慶幸**《★ 用法《口語》中則用 be glad, be pleased》：**a**〔十介十(代)名〕〔爲…而〕高興，歡喜，慶賀，慶幸〔*at, in, over*〕：He ~*d* **at** the news of her success. 他聽到她成功的消息非常高興/They all ~*d* **over** the brilliant victory. 他們大家歡慶那輝煌的勝利/She ~*d* **in** her daughter's happiness. 她爲她女兒的幸福而感到欣慰。**b**〔十 *to* do〕〈做…而〉高興，欣喜，歡喜：I ~ *to* hear that you have been reconciled. 聽到你們和解，我很高興。**c**〔十 *that*__〕慶賀，高興，欣喜〈…事〉：He ~*d that* she had succeeded at last. 他慶賀她終於成功。

2〔十介十(代)名〕《謔》享有〔…的〕名字，大名叫〔…〕〔*in*〕《★ 用法常用 ~ *in* the name of ... 的形式》：He ~*s* **in** *the name of* Flunkit. 他的大名叫 Flunkit(評分不及格)。

—*v.t.* 〔十受〕使〈人心〉高興，使…歡喜，使…快樂：The news ~*d* my father's heart. 那項消息使我父親高興/It ~*s* my heart to hear that my son is still alive. 聽到兒子仍活着，我心裏很高興。

re·jóic·ing *n.* **1** Ⓤ欣喜，歡喜。**2** [~s] 歡呼；祝賀，喜事；歡樂。

re·join[1] [ˌriˋdʒɔɪn; ˌri:ˈdʒɔin] *v.t.* **1** 使〈分離之物〉再接合[結合]。**2** 與〈舊夥伴等〉再聚首；再加入，再參加〈以前的團隊等〉：They ~*ed* their ship. 他們回到自己上的船。

—*v.i.* 再接合。

re·join[2] [rɪˋdʒɔɪn; riˈdʒɔin] *v.i.* **1** 應答，回答。**2**《法律》〈被告〉第二次答辯，抗辯。

—*v.t.* 〔十引句〕應話[回答]說…："Nonsense!" he ~*ed.* 他回答說：「胡扯！」

re·join·der [rɪˋdʒɔɪndɚ; riˈdʒɔində] «rejoin[2] 的名詞» **—***n.* Ⓒ **1** 答辯，回答，應答；還嘴，頂嘴。**2**《法律》(被告的)第二次答辯狀。

re·ju·ve·nate [rɪˋdʒuvəˌnet; riˈdʒu:vineit] *v.t.* 使〈人〉返老還童；使…恢復活力《★常用被動語態》：He *was* ~*d* by his trip. 旅行使他恢復了活力。**—***v.i.* 返老還童，恢復活力。

re·ju·ve·na·tion [rɪˌdʒuvəˋneʃən; riˌdʒu:viˈneiʃn] «rejuvenate 的名詞» **—***n.* Ⓤ [又作**a** ~] 返老還童，恢復青春，恢復活力。

re·ju·ve·nes·cence [rɪˌdʒuvəˋnɛsn̩s; ˌri:dʒu:viˈnesns] *n.* Ⓤ **1** 返老還童；新生；復壯。**2**《生物》(細胞的)再生；更新。

re·ju·ve·nes·cent [rɪˌdʒuvəˋnɛsn̩t; ˌri:dʒu:viˈnesnt] *adj.* 返老還童的；新生的；復壯的。

re·kin·dle [riˋkɪndl̩; ˌri:ˈkindl] *v.t.* **1** 再點燃…，使…再燃燒。**2** 使…再振奮[振作]。

—*v.i.* **1** 再燃。**2** 再振奮[振作]。

rel. 《略》relative(ly)；religion；religious.

re·laid [ˌriˋled; ˌri:ˈleid] *v.* **re·lay** 的過去式・過去分詞。

re·lapse [rɪˋlæps; riˈlæps] *v.i.* **1**〔動(十介十(代)名)〕回復〔到以前的不良狀態〕；再陷入〔邪惡、惡行之中〕，再墮落[退步]〔到…〕〔*into*〕：She ~*d* **into** melancholia [silence]. 她又變得鬱鬱寡歡[沉默寡言]/He kept off drink for a few weeks, but now he has ~*d.* 他酒戒了兩三個星期，可是現在故態復萌。**2**〈人〉病情復發。

— [rɪˋlæps, ˋriˌlæps; riˈlæps, ˈri:læps] *n.* Ⓒ **1** 故態復萌；墮落，退步〔*into*〕。**2** (病情的)再發，復發：have a ~ 又發作。

*__re·late__ [rɪˋlet; riˈleit] «源自拉丁文「向後運」「報告」之義» **—***v.t.* **A 1 a**〔十受十介十(代)名〕**使…〔與…〕有關聯[關係]**〔*to, with*〕《★常以過去分詞當形容詞用；⇨ related 1 b》：We cannot ~ these results **with** [**to**] any particular cause. 我們無法把這些結果與任何特定原因串聯起來。**b**〔十受〕說明[顯示]…之間的關係[關聯]：We cannot ~ these two phenomena. 我們無法說明這兩種現象之間的關係。**2**〔十受十介十(代)名〕使…〔與…〕有親戚關係〔*to*〕《★常以過去分詞當形容詞用；⇨ related 2 b》。

—B 1〔十受〕**敘述，講**〈事、經驗等〉(⇨ tell【同義字】)：He ~*d* a strange story. 他說了一個奇怪的故事。**2**〔十受十介十(代)名〕〔對人〕敘述，說〈事〉〔*to*〕：Tom ~*d* some amusing stories about his classmates **to** his parents. 湯姆把一些有關同學們的趣事說給他父母聽。

—*v.i.* 〔十介十(代)名〕**1**〔與…〕有關聯，有關係〔*to*〕：She won't notice anything but what ~*s* **to** herself. 她只注意與自己有關之事。**2**〔與…〕有關，指〔…〕〔*to*〕：This report does not ~ **to** him. 這項報告並不是在說他。**3**〔常用於否定句〕〔與他人〕友好地相處，(互相)合得來〔*to*〕：She does *not* ~ very well **to** her husband. 她和丈夫感情不好。

Stránge to relâte 說來奇怪。

*__re·lát·ed__ *adj.* (無比較級、最高級) **1 a 有關係的，有關聯的**：a ~ question 有關聯的質問。**b**〔不用在名詞前〕〔十介十(代)名〕〔與…〕有關聯的〔*to, with*〕(cf. relate *v.t.* A 1 a)：a question ~ **to** his lecture 與他的講演有關聯的質問。

2 a 親戚的，同族的：~ languages 同族語言。**b**〔不用在名詞前〕〔十介十(代)名〕〔與…〕有親屬關係的，同族的〔*to*〕(cf. relate *v.t.* A 2)：She is closely [distantly] ~ **to** me. 她和我有近[遠]親關係。

re·lát·er *n.* Ⓒ敘述者。

‡__re·la·tion__ [rɪˋleʃən; riˈleiʃn] «relate 的名詞» **—***n.* **A 1** Ⓤ**關係，關聯**〔*between, to*〕：the ~ *between* cause and effect 因果關係/have ~ to ... 跟…有關係[關聯]/be out of all ~ *to* ...＝bear no ~ *to* ... 與…無關係。

2 a Ⓤ親戚關係，親朋《★比較一般較常用 relationship》。**b** Ⓒ親戚《★比較一般用 relative》：Is he any ~ *to* you?＝Is he a ~ of yours? 他是你的親戚嗎？

3 Ⓒ [常 ~**s**] **a** (具體的)關係：the friendly ~*s between* China and the United States 中美之間的友好關係/They had no business ~(*s*) *with* the firm. 他們與該公司無業務來往/John and Mary have broken off ~*s.* 約翰跟瑪麗絕交了。**b** (與異性的)關係：have marital ~*s with* ... 與…有婚姻關係。

—B 1 a Ⓤ**敍述，陳述，提起**：make [have] ~ *to*... 提起[談及]…。**b** Ⓒ故事。

2 Ⓤ《法律》**a** 告發，申告。**b** (法律效率的)追溯〔*to*〕。

in [**with**] **relátion to ...** 關於…，有關…：my responsibility *in* ~ *to* the oversight 關於我疏忽出錯的責任。

re·lá·tion·al [-ʃənl̩; -ʃənl] *adj.* **1** 有關係的；相關的。**2** 親戚的。**3**《文法》(像介系詞、連接詞般地)表示文法關係的。

~·ly [-ʃənl̩ɪ; -ʃənli] *adv.*

‡__re·la·tion·ship__ [rɪˋleʃənˌʃɪp; riˈleiʃnʃip] *n.* ⓊⒸ **1 關係**：the ~ *between* Japan and the U.S. 美日關係/establish [break off] one's ~ *with* a person 與某人建立[斷絕]關係/The United States has good ~*s with* most countries in the world. 美國與世界上大多數國家關係良好。**2** 親屬關係：degrees of ~ 親等。

*__rel·a·tive__ [ˋrɛlətɪv; ˈrelətiv] «relate, relation 的形容詞» **—***adj.* (無比較級、最高級) **1 比較上的，相對的，相關的** (↔ absolute)：~ frequency [humidity] 相對頻率[濕度]/~ merits 優劣/Beauty is ~. 美是相對的。

2〔不用在名詞前〕〔十介十(代)名〕〔和…〕**有關係的，有關聯的**〔*to*〕：a fact ~ **to** the accident 和這事故有關聯的事實。

3〔不用在名詞前〕〔十介十(代)名〕〔和…〕相應的，〔與…〕成比例的〔*to*〕：Price is ~ **to** demand. 價格和需求成比例。

4《文法》表示關係的，由關係詞導引的：a ~ adjective [adverb, clause, pronoun] 關係形容詞[副詞，子句，代名詞]。

—*n.* Ⓒ **1 親屬，親戚**。**2**《文法》關係詞；(尤指)關係代名詞。

*__rel·a·tive·ly__ [ˋrɛlətɪvlɪ; ˈrelətivli] *adv.* (無比較級、最高級) **相對地；比較上，成比例地**：a thing of ~ small value 價值較小之物/*R*~ (speaking) it's a cold day today. 相對地說，今天是個寒冷的日子。

R

rél·a·tiv·ìsm [-vˌɪzəm; -vizəm] *n.* Ⓤ《哲》相對論[主義]。

rel·a·tiv·is·tic [ˌrɛlətɪvˈɪstɪk; ˌreləti'vistik⁻] *adj.* **1** 相對主義的。**2**《物理》相對論的。

rel·a·tiv·i·ty [ˌrɛləˈtɪvətɪ; ˌrelə'tivəti] *n.* Ⓤ **1** 關聯性，相關(性)。**2** [常R~]《物理》相對論：the principle [theory] of ~ 相對論。

re·la·tor [rɪˈletɚ; ri'leitə] *n.* Ⓒ **1** 敍述者；陳述者。**2**《法律》告發人；原告。

‡re·lax [rɪˈlæks; ri'læks] *v.t.* 〔十受〕**1 a** 鬆弛〈緊張、力量等〉；放鬆…：~ one's muscles 放鬆肌肉/I ~*ed* my grip on the rope. 我鬆開了握著繩子的手。**b** 使〈便秘的腸〉通便：~ the bowels 通便。
2 a 使〈人〉輕鬆，使…感到舒暢：Beautiful scenery will ~ you. 美麗的風景會使你心情輕鬆/I am feeling ~*ed.* 我感覺輕鬆。**b** [~ one*self*] 放鬆身心，寬心休息。
3 放寬〈法律、規矩等〉，緩和…：~ censorship 放寬(書刊、新聞等的)檢查制度。
4 鬆懈〈努力等〉：You must not ~ your efforts [attention]. 你不可以鬆懈你的努力[放鬆注意力]。
—*v.i.* 1 a 〈緊張、力量、寒冷等〉鬆懈，鬆弛，緩和。**b** 〔十介十(代)名〕放鬆〔成…〕〔*in, into*〕：His face ~*ed* ***in*** [***into***] a smile. 他的臉(原先繃得緊緊的)轉而露出了笑容。
2 a 〈人〉鬆懈精神的緊張，寬心，放鬆身心：You had better take a day or two off and ~. 你最好休假一兩天輕鬆一下。**b** 〔十介十(代)名〕〈人〉緊張鬆弛〔而成…〕〔*into*〕：They ~*ed* ***into*** friendly conversation. 他們消除了緊張，融洽[友好]地交談起來。
3 〔十介十(代)名〕〔力量、努力等〕減弱，衰退；鬆懈〔*in*〕：Don't ~ ***in*** your efforts. 不要懈怠。

re·lax·ant [rɪˈlæksənt; ri'læksənt] *adj.* 《醫》有緩和力的。
—*n.* Ⓒ《醫》緩和劑。

re·lax·a·tion [ˌrilæksˈeʃən; ˌri:læk'seiʃn] «relax 的名詞» **—*n.*** **1 a** Ⓤ休養，輕鬆，寬心；散心：I play golf for ~. 我藉著打高爾夫球散心。**b** Ⓒ消遣，娛樂。
2 Ⓤ放鬆，減輕，緩和〔*of*〕：the ~ *of* international tension 國際緊張局勢之緩和。

re·laxed [rɪˈlækst; ri'lækst] *adj.* **1** 輕鬆的，舒暢的：You look ~ these days. 這幾天你顯得很輕鬆。**2** 不拘形式的，不拘泥的：in a ~ atmosphere 在不拘泥[輕鬆]的氣氛之中。**3** 緩和的，寬大的。**re·láx·ed·ly** [-sɪdlɪ; -sidli] *adv.*

reláxed thróat *n.* Ⓒ咽喉炎。

re·láx·ing *adj.* 〈天氣，氣候〉使人懶洋洋的。

***re·lay** [ˈrile; 'ri:lei] «源自拉丁文「遺留在後」之義» **—*n.* 1** Ⓒ **a** 接替，接力；接替者，接班人：work by [in] ~(*s*) 輪班工作《★有時無冠詞》。**b** 新材料或人的供給，新補充的材料或人：Mother brought us pancakes in ~*s.* 母親接二連三地帶薄煎餅給我們。
2 Ⓒ(驛馬車等的)接替的馬，(打獵等時的)接替的狗。
3 Ⓒ**a** (又作 **rélay ràce**)《口語》接力賽跑。**b** 接力賽跑中各人所分擔的賽跑距離。
4 《廣播・電視》**a** ⓊⒸ轉播：by ~ 以轉播方式。**b** (又作 **rélay brôadcast**)Ⓒ轉播。
5 Ⓒ《電學》繼電器。
— [rɪˈle, ˈrile; ri:'lei, 'ri:lei] *v.t.* 〔十受〕**1 a** 準備…的接替者，給…換班。**b** 給…接替的馬。**c** 供給…新材料。**2 a** 轉播〈電視等〉。**b** 轉送〈口信等〉，以接力[接駁]的方式傳送…。
—*v.i.* 轉播。

re-lay [ˌriˈle; ˌri:'lei] *v.t.* (**re-laid** [-ˈled; -'leid]) **1** 再放置，重新安置。**2** 再舖設〈舖石、鐵軌等〉。

rélay stàtion *n.* Ⓒ《廣播・電視》轉播站。

re·lease** [rɪˈlis; ri'li:s] *v.t.* **1 a** 〔十受〕放開，放走，解開〈手中之物或固定之物〉：~ one's hold 放開握着的手/He suddenly ~*d* my arm. 他忽然鬆開了我的臂膀。**b** 〔十受十介十(代)名〕使〈物〉〔自固定之物〕分離，脫離〔*from*〕；〔自…〕投下〈炸彈〉〔*from*〕：~ an arrow ***from a bow 從弓上放箭/They ~*d* several bombs *from* the airplane. 他們從飛機上投下數枚炸彈。
2 a 〔十受〕釋放〈被囚禁或縛綁的人、動物等〉：~ prisoners of war 釋放戰俘。**b** 〔十受十介十(代)名〕〔從囚禁、限制等〕釋放，解放〈人、動物等〉；解除，免除〈人〉〔義務〕〔*from*〕：~ a bird ***from*** a cage 把鳥從籠中放走/He was ~*d from* the army. 他退伍了/We are ~*d from* school at five o'clock. 我們五點鐘放學。
3 〔十受〕**a** 首次公開放映[上演]〈電影等〉；發售〈唱片等〉：~ a new single 發售一張新的單曲唱片《一邊祇有一支歌曲的唱片》。**b** 發表，公開〈新聞等〉。
4 〔十受〕鬆開〈手煞車、門鈎等〉。
5 〔十受〕《法律》放棄，讓渡〈財產、權利等〉。
—*n.* 1 Ⓤ[又作**a** ~]放，發射；放開；(炸彈等的)投擲。
2 a Ⓤ[又作**a** ~]〔從囚禁、限制、義務等的〕釋放，免除，解除；解放〔*from*〕：His ~ *from* prison took place yesterday. 他昨天被釋放出獄。**b** Ⓒ釋放命令書；棄權[權利拋棄]書，讓渡證書。
3 ⓊⒸ **a** (電影的)新上演(影片)；(唱片等的)新發售(品)：on general ~〈電影〉全面首輪上映的。**b** (新聞等的)發表；新聞稿；擬發表的文章或聲明：⇨ press release.
4 Ⓒ**a** (手煞車等的)解除鈕[把手]。**b** (照相機的)快門開關。

reléase bùtton *n.* Ⓒ(汽車手煞車等的)解除鈕。

rel·e·gate [ˈrɛləˌget; 'religeit] *v.t.* **1** 〔十受十介十(代)名〕將〈人、物〉降職；貶謫，貶黜；放逐，驅逐〔到某地方、地位〕〔*to*〕：~ a person ***to*** an inferior position 把某人降到較低職位。
2 a 〔十受〕使〈球隊等〉歸屬於層次較前爲低的聯盟；《英》將〈足球隊〉降爲等級較低者《★常用被動語態》。**b** 〔十受十介十(代)名〕使〈球隊等〉歸屬〔較低層次的聯盟〕；《英》將〈足球隊〉降格〔爲等級較低者〕〔*to*〕《★常用被動語態》：The football team *was* ~*d* ***to*** the second division. 該足球隊被降格編入乙組。
3 〔十受十介十(代)名〕將〈事件、工作等〉移轉；委託〔給…〕〔*to*〕：~ a matter ***to*** another authority 把問題移轉給另一機構(處理)。**rel·e·ga·tion** [ˌrɛləˈgeʃən; ˌreli'geiʃn] *n.*

re·lent [rɪˈlɛnt; ri'lent] *v.i.* (憤怒、興奮等稍和緩下來而)變得心平氣和，動憐憫之心，變寬容：He ~*ed* at the sight of her tears. 他(雖然起先在生氣)看到她的眼淚就動了憐憫之心。

relént·less *adj.* **1** 冷酷[殘忍]的，毫不留情的，無情的：a ~ attack 毫不留情的攻擊。
2 [不用在名詞前]〔十介十(代)名〕〔對…〕冷酷無情的〔*in*〕：He was ~ ***in*** demand*ing* repayment of the debt. 他冷酷無情地要求償還那筆債。**~·ly** *adv.* **~·ness** *n.*

rel·e·vance [ˈrɛləvəns; 'reləvəns] «relevant 的名詞» **—*n.*** Ⓤ **1** 〔與當前問題的〕關聯〔*to*〕：What you are saying has no ~ [doesn't have any ~] ***to*** the matter in hand. 你現在所說的與正在考慮中的問題毫無關聯。**2** (措辭等的)貼切，切題，切合，中肯。

rél·e·van·cy [-sɪ; -si] *n.* ＝relevance.

rel·e·vant [ˈrɛləvənt; 'reləvənt] *adj.* **1** (對當前的問題)切合的，切題的，中肯的(↔irrelevant)：a ~ question 一個有關的問題。
2 [不用在名詞前]〔十介十(代)名〕〔與當前的問題或主題〕有關聯的，有關係的〔*to*〕：What you say is not ~ ***to*** the matter in hand. 你所說的事與目前考慮中的問題無關。**~·ly** *adv.*

re·li·a·bil·i·ty [rɪˌlaɪəˈbɪlətɪ; riˌlaiə'biləti] «reliable 的名詞» **—*n.*** Ⓤ可信賴性，可靠性，確實性：a ~ test (汽車等的)長距離行車耐久試驗[可靠性試驗]。

re·li·a·ble** [rɪˈlaɪəbl; ri'laiəbl] «rely 的形容詞» **—*adj. (**more** ~；**most** ~)**可靠的**，可信賴的；可恃的；確實的：a ~ man 可信賴的人/from a ~ source 據可靠的來源。

re·lí·a·bly [-əblɪ; -əbli] *adv.* **~·ness** *n.*

re·li·ance [rɪˈlaɪəns; ri'laiəns] «rely 的名詞» **—*n.* 1** Ⓤ信賴，信心，信任〔*on, upon, about*〕：I put [placed] ~ ***on*** him [his statement]. 我相信他[他的話]/I have no ~ ***about*** his assurance. 我不信賴他的保證/She acted *in* ~ ***on*** his promises. 她憑他的承諾而行動。**2** Ⓒ所依賴之人[物]；依據。

re·li·ant [rɪˈlaɪənt; ri'laiənt] «rely 的形容詞» **—*adj.*** [不用在名詞前]〔十介十(代)名〕依賴〔…〕的，依靠〔…〕的〔*on*〕：He is ~ ***on*** his parents. 他依靠父母。

rel·ic [ˈrɛlɪk; 'relik] *n.* **1** Ⓒ[常~s](歷史的)遺物，遺寶，遺跡。
2 Ⓒ(過去風俗等的)跡象，遺風。**3** [~s]遺體，遺骨。

rel·ict [ˈrɛlɪkt; 'relikt] *n.* Ⓒ《古》未亡人，寡婦，遺孀(widow)。
—*adj.* [用在名詞前] **1** 《古》生存下來的，殘存的；守寡的。
2 《生態》殘存[殘遺]種的；遺留的：a ~ species of fish 一種殘存[殘遺]種的魚。

re·lief[1] [rɪˈlif; ri'li:f] «relieve 的名詞» **—*n.* 1** Ⓤ(痛苦、憂慮等的)解除，減輕：obtain [get] ~ from pain [headache] 疼痛[頭痛]消除/This drug gives rapid ~ to sufferers from gout. 這藥對痛風患者的止痛效果神速。
2 ⓊⒸ放心，安慰，安心：give a sigh of ~ 寬慰地舒一口氣/What a ~！噢，這才放心了！/To our great ~ [Much to our ~], the miners were all saved. 使我們大爲欣慰的是，礦工全部獲救了/It was a great ~ *to* her to learn that her husband had safely arrived there. 她得知丈夫已安全抵達該地而感到很欣慰。
3 Ⓤ **a** (對難民或被包圍的城市等的)賑濟，救助，救濟，救援〔*of*〕：~ *of* old people 救濟老人/on ~ 受(政府等的)救濟。**b** 救濟物資[款]：send ~ to the victims 送救濟[賑災]物資給災民。
4 a Ⓤ散心，解悶，消遣，調劑：⇨ comic relief. **b** Ⓒ消遣之物。
5 a Ⓤ接替，換班，輪班。**b** Ⓒ[集合稱]接替者，接班者《★用法 視爲一整體時當單數用，指全部個體時當複數用》：The ~ for the guard *was* [*were*] late in coming. 接班的守衛姍姍來遲。
6 Ⓤ《英》稅的免除(《美》benefit)：tax ~ 稅金的免除。

—*adj.* [用在名詞前] **1** 救濟(用)的；接替的：a ~ fund 救濟金/~ goods 救濟物資/~ work(s) 為提供失業者就職機會而創辦的事業《例如土木工程事業等》。

2《棒球》救援的，緊要關頭上場接替的：a ~ pitcher 救援投手。

re·lief² [rɪ'lif; ri'li:f] «源自義大利語「再舉起」之義»—*n.* **1**《雕刻·建築》**a** Ⓤ [指個體時為Ⓒ] 浮雕：high [low] ~ 高[淺]浮雕。**b** Ⓒ浮雕作品[花樣]。**2** Ⓤ顯著，明顯；(藉對照而做的)强調：bring [throw] ... into ~ 使…顯著。**3** Ⓤ (土地的)高低，起伏。

in relíef 做成浮雕的；從表面突出的；鮮明的，明顯的：The castle stood out *in* (bold [strong]) ~ against the sky. 在天空的襯托下，那座古堡顯得輪廓分明。

relíef màp *n.* Ⓒ地形地圖《有等高線的地圖》；立體[模型]地圖。

relíef ròad *n.* Ⓒ (為減輕擁擠而作的)迂迴道路。

relíef vàlve *n.* Ⓒ保險閥，放洩閥，減壓閥。

***re·lieve¹** [rɪ'liv; ri'li:v] *v.t.* **1 a** 〔十受〕救濟[賑濟]〈難民等〉；援救，解救〈被包圍的城市等〉：The soldiers ~*d* the fort. 士兵們援救了那(被圍攻的)要塞/He devoted himself to *relieving* the distressed. 他獻身救助不幸者。**b** 〔十受十介十(代)名〕〔自危險、痛苦、困難之中〕救出，解救〈人〉；使〈人〉脫離[苦難等]〔*from*〕：Death ~*d* him *from* the pain. 死亡使他擺脫了痛苦。

2 〔十受〕緩和，減輕〈痛苦、煩惱等〉：~ distress 減輕痛苦/No words could ~ her worry. 什麼話都無法減輕她的憂慮。**b** [~ one*self* 或 ~ nature]《委婉語》(上廁所)方便，洗手。

3 〔十受十介十(代)名〕**a** 〔免除痛苦、煩惱等而〕使〈人〉舒暢[安心]〔*of*〕：~ a person *of* a psychological burden [load] 消除某人的心理負擔。**b** 使〈人〉擺脫[免於]〔負擔、義務等〕〔*of*〕：That ~*d* him *of* all responsibility. 那件事使他免於一切責任。**c**《委婉語》將〈人〉〔自某職位〕免職[解聘，革職]〔*of*〕《★常用被動語態》：He *was* ~*d of* his office. 他被革職了。**d**《謔》偷〈人〉〔之物〕〔*of*〕：The thief ~*d* him *of* his purse. 小偷偷走了他錢包。

4 〔十受〕使〈人〉放心，使…安心《★也以過去分詞當形容詞用；⇨ relieved》：The news ~*d* her parents. 那消息使她父母感到放心。

5 〔十受十介十(代)名〕〔藉變化等〕補救…的呆板，使…不單調〔*with, by*〕：~ the silence *with* witty jokes 以詼諧的笑話打破沉默。

6 〔十受〕**a** 交換〈衛兵等〉；使〈人〉交班休息：~ the watch 接替監視者[巡夜者]/We shall be ~*d* at five o'clock. 我們將於五點交班。**b**《棒球》在比賽中臨時更換〈投手〉：~ the starting pitcher 更換先發投手。

re·lieve² [rɪ'liv; ri'li:v] *v.t.* 〔十受十介十(代)名〕〔以…〕襯托〈物〉，使〈物〉明顯〔*against*〕《★常用被動語態》：The church *was* ~*d against* the sky. 教堂在天空襯托下顯得輪廓分明。

re·líeved *adj.* **1** [用在名詞前] 心情放鬆的，表情釋然的：a ~ look 一副放心的樣子/in a ~ tone 以放心的語氣。

2 [不用在名詞前] **a** 〔十介十(代)名〕〔因…而〕感到放心的，安心的〔*at*〕(cf. relieve¹ 4)：He was ~ *at* the news. 他聽到那消息後感到放心[寬慰]。**b** 〔十 *to* do〕〈做…而〉感到放心的：I was ~ *to* hear it. 我聽到了這件事後就放心多了。**c** 〔十 *that*__〕〈因…事而〉感到放心的，感到安心的：He was ~ *that* she was smiling. 見她在微笑，他就放心了。

re·liev·er *n.* Ⓒ **1** 救濟者[物]；救援投手。**2** 安慰[緩和，減輕，解除]之人[物]：a pain ~ 止痛劑。

re·lie·vo [rɪ'livo; ri'li:vou] *n.* (*pl.* ~s)《雕刻·建築》**1** Ⓤ [指個體時為Ⓒ] 浮雕(relief)：⇨ alto-relievo. **2** Ⓒ浮雕作品[花樣]。

‡re·li·gion [rɪ'lɪdʒən; ri'lidʒən] «源自拉丁文「重新綁(在自己的信仰)」之義»—*n.* **1 a** Ⓤ宗教。**b** Ⓒ (某一種)宗派，宗旨，…教：the Christian ~ 基督教/the established ~ 國教。

2 Ⓤ **a** (天主教的)修道[信仰]生活：one's name in ~ 修道名/be in ~ 在當修道者[神職人員]/enter into ~ 進入修道會，開始修道生活，成為修道者。**b** 信心，信仰：experience ~ 皈依宗教。

3 [a ~] (像信仰般)堅守之事，全神貫注之事：The pursuit of success was *a* ~ to him. 他一心追求的就是成功/He makes *a* ~ *of* keep*ing* [makes it *a* ~ *to* keep] faith with his friends. 他把對朋友守信作為信條。

find relígion (由於心靈的體驗而)皈依宗教。

gèt relígion (1)皈依宗教(信仰)。(2)變得凡事憑良心[嚴謹]，發菩提心。

re·lig·i·ose [rɪ,lɪdʒɪ'os, -'lɪdʒɪ,os; ri,lidʒi'ous, -'lidʒious] *adj.* 狂熱信仰的；有狂熱信仰的。

re·lig·i·os·i·ty [rɪ,lɪdʒɪ'ɑsətɪ; ri,lidʒi'ɔsəti] «religious 的名詞»—*n.* Ⓤ **1** 表現虔誠。**2 a** 對宗教的虔誠，篤信。**b** 狂熱的信仰。

‡re·li·gious [rɪ'lɪdʒəs; ri'lidʒəs] «religion 的形容詞»—*adj.* (more ~; most ~) **1** [用在名詞前] (無比較級、最高級) 宗教(上)的(↔ secular)：~ freedom [liberty] 信教的自由/a ~ service 禮拜。

2 a 〈人、行為等〉信奉宗教的，信仰的，篤信的，虔誠的(↔ irreligious)：a ~ man [life] 信教的人[生活]。**b** [the ~；當複數名詞用] 信教的人們。

3 a 憑良心的，細心的，周到的；嚴謹的：with ~ care 嚴謹地。**b** [不用在名詞前] 〔十介十(代)名〕〔於…〕憑良心的，嚴謹的〔*in*〕：He was ~ *in* his attendance at class. 他上課仔細聽講，毫不分心。

4 (無比較級、最高級) 修道的；屬於教團的：a ~ house 修道院。

—*n.* Ⓒ (*pl.* ~) [常冠以 the, some, several 等]《詩·古》修士，修女。~·**ness** *n.*

re·lí·gious·ly *adv.* **1** 在宗教上。**2** 虔誠地。**3** 憑良心地；嚴謹地，認真地：He was working ~ at his mathematics. 他在認真地學習數學。**4** 定期地，按時地，一定地。

re·line [ri'laɪn; ,ri:'lain] *v.t.* 換〈衣服〉的襯裏。

re·lin·quish [rɪ'lɪŋkwɪʃ; ri'liŋkwiʃ] *v.t.*《文語》**1** 放棄，廢除〈計畫、習慣等〉：~ hope [a plan] 放棄希望[計畫]。

2 a 〔十受〕讓與[放棄]〈擁有之物、權利等〉：~ one's claim 放棄要求。**b** 〔十受十介十(代)名〕將〈擁有之物等〉讓與，出讓〔給…〕〔*to*〕：They had to ~ their position *to* the enemy. 他們只好把陣地放棄讓於敵人。

3 放鬆…的手，使…放手：~ one's hold of [on] a rope 放鬆握着繩子的手。~·**ment** *n.*

rel·i·quar·y ['rɛlə,kwɛrɪ; 'relikwəri] *n.* Ⓒ聖骨箱；聖物箱；遺物盒。

re·liq·ui·ae [rɪ'lɪkwɪ,i; ri'likwii:] *n. pl.* **1** 遺物。**2** 遺著；遺作。**3**《地質》動植物之化石。**4**《植物》枯葉《尤指仍留枝上者》。

rel·ish ['rɛlɪʃ; 'reliʃ] «源自古法語「遺留之物，餘味」之義»—*n.* **1** Ⓤ [又作a ~] **a** (食物等特有的)風味，美味；原味：*a* ~ of garlic in the stew 燉菜裏的蒜味/Hunger gives ~ to any food. 饑餓使任何食物都具有美味[饑餓時吃什麼都好吃]；饑不擇食。**b** 嗜好，愛好，興趣，興味：The risk of discovery gave *a* ~ to the plan. 那項計畫因有可能會被發覺的危險而增添了其趣味性。

2 Ⓤ [又作a ~] 津津有味的品嚐[享受]；食慾：eat meat with (*a*) ~ 津津有味地吃肉。

3 Ⓒ [當作食物時為Ⓤ] (引起食慾的)調味品，佐料《如泡菜(pickles)、橄欖、生菜等》。

4 Ⓤ [常用於否定句] 喜好，嗜好，興趣〔*for*〕：I have *no* ~ *for* witnessing cruelty. 我對看殘忍的場面不感興趣。

5 Ⓤ [又作a ~] 少量，些許；…味道〔*of*〕：His speech had some ~ *of* sarcasm. 他的演講帶著些許諷刺[有諷刺的味道]。

—*v.t.* **1** 津津有味地吃，品嚐〈食物〉：~ one's food 品嚐食物。

2 a 〔十受〕欣賞，嗜好，喜好；享受…：~ the sea wind 享受[喜歡]海風/I ~*ed* that simple family life. 我欣賞[喜好]那種簡樸的家居生活。**b** 〔十do*ing*〕喜歡〈做…〉，將〈做…〉當樂趣：He won't ~ hav*ing* to walk all that distance. 他不會喜歡走那麼長的距離。

—*v.i.* 〔十介十(代)名〕有〔…的〕味道；有〔…的〕風味[氣味，臭味]〔*of*〕：The biography ~*es* too much *of* romance. 這篇傳記中傳奇色彩太濃。

re·live [ri'lɪv; ,ri:'liv] *v.t.* (憑想像)再體驗，再過一次〈過去的經驗、生活等〉。

—*v.i.* 再生，甦醒，復活。

re·load [ri'lod; ,ri:'loud] *v.t.* **1** 再裝貨於…，將…重新裝貨。**2** 再裝填子彈於〈槍等〉。—*v.i.* 再裝填。

re·lo·cate [ri'loket; ri:'loukeit] *v.t.* **1** 將〈住宅、工廠、居民等〉徙置於另一個地方，重新安置…，使…遷移《★美國常用以指因開發事業等而實施的強制遷移或疏散等》：We were ~*d* to the other side of town. 我們被徙置於城鎮的另一側。**2** 再定…的位置。**3** 再發現…的位置。—*v.i.* 遷往他處。**rè·lo·cá·tion** *n.*

re·luc·tance [rɪ'lʌktəns; ri'lʌktəns] «reluctant 的名詞»—*n.* Ⓤ [又作a ~] **1 a** 不願，厭惡，勉強，不情願，非本意：with ~ 不情願地，勉強地，硬着頭皮/without ~ 欣然，樂意。**b** 〔十 *to* do〕〈做…的〉不情願：He showed the greatest ~ *to* make a reply. 他表示出很不願意答覆的態度。**2**《電學》磁阻。

re·luc·tant [rɪ'lʌktənt; ri'lʌktənt] *adj.* (more ~; most ~) **1** 不情願的，勉強的，非本意的：a ~ answer 勉強的回答。

> 【同義字】reluctant 表示雖然有理想却自己不能下決心達成，而一時心不甘情不願地接受不合自己理想之事的心情；unwilling 指斷然表示不願意做某事；loath 表示較 unwilling 更斷然的拒絕。

2 [不用在名詞前] 〔十 *to* do〕遲遲不願意〈做…〉的，厭惡〈做…〉的：She was [seemed] ~ *to* go with him. 她不願意[好像不願意]跟他去。~·**ly** *adv.*

***re·ly** [rɪˋlaɪ; riˈlai] *v.i.* **1 a** 〔十介十(代)名〕**信賴**〔人〕〔*on, upon*〕《★可用被動語態》(⇨ depend【同義字】): You may ~ **on** [**upon**] his judgment. 你可以信賴他的判斷。**b** 〔十介十(代)名十*to* do〕信賴，相信〔人〕〈會做…〉〔*on, upon*〕《★可用被動語態》: Can I ~ **on** you to be punctual? 我能相信你會守時嗎?/ I ~ *on* you *to* be there! 我相信你會到那兒《★這是請對方一定要到的要求》。
2 a 〔十介十(代)名〕**仗恃，指望，倚靠，憑靠**〔物、諾言等〕〔*on, upon*〕《★可用被動語態》: ~ **on** [**upon**] a person's word 仗恃[憑靠]某人的諾言/ ~ *on* one's own efforts 靠自己的努力。**b** 〔十介十do*ing*〕指望〈會…〉〔*on, upon*〕《★可用被動語態》: I ~ **on** [**upon**] get*ting* my money back in due time. 我相信到期時可以收回我的錢。**c** 〔十介十(代)名十do*ing*〕相信，指望〔…會…〕〔*on, upon*〕《★可用被動語態》: You can ~ **on** my watch keep*ing* time. 你可以放心，我的錶走得很準/You may ~ **upon** him [《口語》his] com*ing* in time. 你可以放心，他會準時來的。**d** 〔~ **upon it that...**〕確定…，仗恃…: You may ~ *upon it that* he will be punctual. 你可以放心，他會準時到的。

rem [rɛm; rem] 《源自 *r*oentgen *e*quivalent in *m*an 的頭字語》—*n.* Ⓒ(*pl.* ~)雷姆《表示放射線作用之單位》。

REM [rɛm; rem] 《源自 *r*apid *e*ye *m*ovement 的頭字語》—*n.* Ⓒ《心理·生理》急速眼球運動《指人做夢時眼球的跳動》。

‡re·main [rɪˋmen; riˈmein] *v.i.* **1 a** **剩下，殘留，殘餘**[**續存**]，**活着未死**: If you take 3 from 7, 4 ~*s*. 七減三餘四/The ~*ing* snow began to freeze again. 殘留的雪又開始結冰。**b** 〔十介十(代)名〕〔與…有關地〕被遺留下來〔*of*〕: Very little ~*ed* **of** the original building. 原來建築物的殘跡遺留下來的很少/Most of what ~*s of* his laboratory is now in the museum. 他在實驗室遺留下來的大多數實物現放置在博物館中。**c** 〔十 *to* do〕尚須〈做…〉: Much more still ~ *to* be done. 還有更多事要做/That ~*s to* be seen. 那件事(在現階段)不得而知[祇能拭目以待]。**d** 〔十 *for*十(代)名十 *to* do〕仍須要〔由…〕〈做…〉: It only ~*s for* me *to* say that.... 剩下我所能說的是…。
2 a **留下**《★比較 當此義時，一般用 stay》: Tom went but his sister ~*ed*. 湯姆走了但他妹妹留下。**b** 〔十副詞(片語·子句)〕(在…)停留，逗留《★比較 與 2 a 同》: He will ~ *here*[*at* the hotel] three more days. 他將在這兒[這旅館]多停留三天/He ~*ed where* he was. 他停留在原處。
3 a 〔十補〕**依然，依舊**〈是…〉: When everyone else was in a panic, she ~*ed* calm. 當其他人都驚慌不已時，她依然鎮靜/They ~*ed* friends. 他們依舊是朋友。**b** 〔十 do*ing*〕繼續〈做…〉: She ~*ed* stand*ing* there. 她繼續站在那兒。
—*n.* 〔~s〕 **1 a** 殘餘，餘物: the ~*s of* a meal 剩飯剩菜。**b** 遺骸；遺物，遺跡〔*of*〕: the ~*s of* ancient Greece 古希臘的遺跡。**c** (古生物等的)化石: fossil ~*s* 化石。
2 《文語》遺體。
3 (作家的)遺稿。

re·main·der [rɪˋmendɚ; riˈmeində] *n.* **1** Ⓤ[常 **the**~; 集合稱] 殘餘，其餘之物[人們]〔*of*〕《★用法 視爲一整體時當單數用，指全部個體時當複數用》: *The* ~ *of* the group stayed at the hotel. 該團其餘的人留在旅館/He spent *the* ~ *of* his life in the country. 他在鄉間度過餘生。
2 Ⓒ《數學》(減法，除法的)餘數。
—*v.t.* 廉價出售〈風濆書等〉《★常用被動語態》。

re·make [riˋmek; ˌriːˈmeik] *v.t.* (**re·made** [-ˋmed; -ˈmeid]) 將…以改作，再作，重作；(尤指)將〈舊的電影〉重拍。
— [ˋriˌmek; ˈriːmeik] *n.* Ⓒ重拍的電影或劇本。

re·man [riˋmæn; ˌriːˈmæn] *v.t.* (**-manned**; **-man·ning**) **1** 重新配備人員給…；再派人給…。**2** 使…恢復剛勇；使…恢復男子氣概。

re·mand [rɪˋmænd; riˈmɑːnd] 《法律》 *v.t.* **1** 將〈案件〉發回下級法院重審。**2** 將〈犯人或被告〉還押，將…押回牢獄《★常用被動語態》: He *was* ~*ed* in custody. 他被還押。
—*n.* ⓊⒸ還押: *on* ~ 還押中，在押。

remánd hòme *n.* Ⓒ《英》(在判決之前拘留的)未成年者拘留所。

rem·a·nence [ˋrɛmənəns; ˈremənəns] *n.* Ⓤ《物理》殘留磁性，頑磁。

rem·a·nent [ˋrɛmənənt; ˈremənənt] *adj.* **1** 殘存的；殘餘的；殘留的。**2** 《蘇格蘭》附加的；添加的。

***re·mark** [rɪˋmɑrk; riˈmɑːk] *v.t.* **1** 〔十受〕**注意到…，發覺…，(留意)看…**: I ~*ed* the unpleasant odor as soon as I entered the house. 我一進屋裏就發覺到那股怪味。
2 a 〔十引句〕**說…**: "I thought you had gone," he ~*ed*. 他說:「我以爲你已經走了。」**b** 〔十 (*that*)__〕說〈…(事)〉: She ~*ed* (*that*) we'd better go at once. 她說我們最好立刻走。
—*v.i.* 〔十介十(代)名〕談論〔…事〕，〔就…〕述說[寫]所見〔*on, upon*〕《★可用被動語態》: This point has often been ~*ed* **on** [**upon**]. 這一點常被提到。
as remárked abóve 如上述。
—*n.* **1** Ⓒ**意見，評論，話語**(⇨ comment【同義字】): make [pass] a ~ *about*[*on*]...就…之事說話，評論…，批評…/make ~*s* 批評，述說感想[所見]；發表(簡短的)演說/pass ~*s* (當着人面)無忌憚地說冒昧的話。
2 Ⓤ《文語》注意，留意: This is nothing worthy of ~. 這不是什麼值得注意的事/Let's pass it by [pass over it] without ~. 那件事我們不必計較，就隨它去吧。

***re·mark·a·ble** [rɪˋmɑrkəbl̩; riˈmɑːkəbl] *adj.* (**more** ~; **most** ~) **1 a** **值得注意的；令人驚訝的；驚人的**: Really? How ~! 眞的? 多麼驚人啊!/He made a ~ recovery from his illness. 他令人驚奇地迅速病癒。**b** [不用在名詞前] 〔十介十(代)名〕〔因…而〕顯著的，引人注目的〔*for*〕: The boy is ~ **for** his courage. 那個男孩的勇氣引人注目。**2** **非凡的，卓越的，奇異的；出衆的**: He has a ~ memory. 他的記憶力過人。**~·ness** *n.*

re·mark·a·bly [rɪˋmɑrkəblɪ; riˈmɑːkəbli] *adv.* (**more** ~; **most** ~) **顯著地，引人注目地，非常地，格外地**: a ~ fine morning 一個格外晴朗的早晨/She sang ~ well. 她唱得非常好。

re·mar·riage [riˋmærɪdʒ; ˌriːˈmæridʒ] *n.* ⓊⒸ再婚。

re·mar·ry [riˋmærɪ; ˌriːˈmæri] *v.t.* **1** 與〈離了婚的配偶〉再度結婚。**2** 使〈人〉再度結婚。—*v.i.* **1** 〈仳離的夫妻〉再婚。**2** 再婚。

Rem·brandt [ˋrɛmbrænt; ˈrembrænt] *n.* 林布蘭《1606–69；荷蘭畫家》。

re·me·di·a·ble [rɪˋmidɪəbl̩; riˈmiːdjəbl] *adj.* **1** 可治療的。**2** 可補救[矯正]的。

re·me·di·al [rɪˋmidɪəl; riˈmiːdjəl] 《remedy 的形容詞》—*adj.* **1** 治療的，治療上的。**2** 救濟的；矯正的，改善的。**3** 《教育》補修的: ~ reading (以消除讀書的障礙爲目的之)讀書矯正法。
~·ly [-əlɪ; -əli] *adv.*

rem·e·di·less [ˋrɛmədɪlɪs; ˈremidilis] *adj.* 不治的，無法挽回的；無法補救[矯正]的。

rem·e·dy [ˋrɛmədɪ; ˈremidi] *n.* ⓊⒸ **1** **治療，療法**〔*for*〕: Is there any good ~ *for* this disease? 這種病有好的治療方法嗎?
2 **矯正法，補救(方法)**〔*for*〕: be beyond[past] ~ 沒有補救的希望，無法矯正/Economic progress is a ~ *for* social evils. 經濟發展是消弭社會罪惡的一種方法/There is no ~ but to cut down expenses. 除了削減經費之外別無他法。
—*v.t.* 〔十受〕 **1** 治療，醫治〈疾病、傷等〉(⇨ heal【同義字】)。
2 補救；矯正，改善…: ~ the situation 收拾局面[挽救(不利的)局勢]。

‡re·mem·ber [rɪˋmɛmbɚ; riˈmembə] *v.t.* 《★無進行式》**1 想起**: **a** 〔十受〕想起，記起…: I cannot ~ his name. 我想不起他的名字/She often ~*ed* her schooldays. 她常常想起她的學生時代。**b** 〔十 (*that*)__〕想起〈…(事)〉: I ~*ed that* I had a lot of things to do. 我想起有很多事要做。**c** 〔十 *wh*.__/十*wh*.十*to* do〕想起〈…〉: I cannot ~ *where* I met him. 我想不起在哪裏見過他/I have just ~*ed how to* operate this machine. 我剛想起操作這機器的方法[如何操作這機器]。

> 【同義字】remember 指記得或想起過去的事；recall 指努力而有意地想起；recollect 强調意圖想起遺忘之事的努力。

2 記得: **a** 〔十受〕記得，記着…: Do you ~ me? 你記得我嗎? **b** 〔十受〕記住…，把…牢記在心: *R*~ my promise. 記住[別忘了]我的承諾。**c** 〔十 do*ing*〕記得〈做過…〉《★用法 言及在過去發生之事時使用；cf. 2 e》: I ~ see*ing* her somewhere. 我記得以前在哪兒見過她/I ~ hav*ing* heard him mention it. 我記得曾經聽他提到過那件事《★用法 除特別表示完成之意以外不常使用》。**d** 〔十受[所有格]十do*ing*〕記得〈…做過…〉: I ~ you [your] say*ing* so. 記得你那樣說過。**e** 〔十 *to* do〕記住〈要(做)…〉《★用法 言及未來之事時使用；cf. 2 c》: I'll ~ *to* mail [《英》post] these letters. 我會記着[不會忘記]寄這些信《★比較 I ~ mail*ing* [《英》post*ing*] these letters. 則表示「我記得曾寄過這些信」》。**f** 〔十 (*that*)__〕記着〈…(事)〉: *R*~ *that* I love you very much. 記住[不要忘了]我很愛你。**g** 〔十 *wh*.__/十*wh*.十*to* do〕記得〈…〉: Do you ~ *where* you met her? 你記得你在哪兒見過她嗎? /Do you ~ *how to* spell his name? 你記得他的名字如何拼寫嗎? **h** 〔十受十*as* 補〕記得〈人、物〉〈(從前)是…〉: How fat he is! I ~ him *as* a thin little boy. 他現在好胖啊! 我記得他從前是個瘦瘦的小男孩。
3 a 〔十受〕送禮給〈人〉；酬謝，餽贈〈人〉: Please ~ the waiter. 請別忘了給服務生小費。**b** 〔十受十介十(代)名〕贈送〈人〉〔…〕〔*with*〕: She always ~*s* me **with** a Christmas card. 她總是送我一張耶誕卡。
4 〔十受十介十(代)名〕〔在…中〕提到…的名字〔*in*〕: Please ~ me **in** your prayers. 請你爲我禱告[在禱告時，也提到我的名字]/He ~*ed* her *in* his will. 他在遺囑中列入了她的名字[指明分給她遺產]。

R

5 〔十受十介十(代)名〕代…〔向…〕問候〔請安，致意〕〔*to*〕：Please ～ me ***to*** Mr. Brown. 請代我向布朗先生問候/My mother asked to be ～*ed to* you. 家母向你請安。

—*v.i.* 想起，憶起，回憶；記住(不忘)；記得：if I ～ right(ly) 如果我沒有記錯/"You met me there, didn't you?"—"Not that I ～." 「你在那兒跟我見過面，不是嗎？」「沒有，我不記得有這一回事。」《★有關此例句中的 that ⇨ that B *conj.* 2 e》/Don't forget to do it. Please ～! 請記着別忘了做這件事！

remémber...agàinst a person 對某人記恨〈某事〉：He still ～*s* it *against* me. 他還爲那件事記恨我。

re·mem·brance [rɪˋmɛmbrəns; riˈmembrəns] «remember 的名詞»—*n.* **1** ⓊⒸ牢記，記憶；回憶，追憶〔*of*〕(⇨ memory【同義字】)：bear [hold, keep] ...in ～ 將…留在記憶中，記着…/bring ...to ～ 使想起…/put a person in ～ of ... 使某人想起…/call to ～ 想起/come to ～ 浮現腦海，湧上心頭，想起/escape one's ～ 忘記/I have many good ～*s of* my schooldays. 學生時代給我留下了不少美好的回憶。

2 Ⓤ記憶力；記憶的範圍：to the best of my ～ 在我所能記得的範圍之內/within one's ～ 在某人記憶中。

3 a Ⓤ紀念〔*of*〕：a service *in* ～ *of* the fallen 爲(追悼)陣亡者所舉行的禮拜〔佛事，儀式〕。**b** Ⓒ紀念品，藉以回憶之物，遺物〔*of*〕。

4 [～s]問候：Give my ～*s* to your father. 代我問候令尊。

Remémbrance Dày [**Súnday**] *n.* (英國和加拿大的第一、二次大戰)陣亡將士〔國殤〕紀念日。

> 【說明】十一月十一日或最接近十一月十一日的星期日；因佩帶傷殘榮民所作的紅色罌粟花，故又稱爲 Poppy Day；cf. Veterans Day, Memorial Day.

re·mem·branc·er [rɪˋmɛmbrənsɚ; riˈmembrənsə] *n.* Ⓒ **1** 喚起記憶者；提醒者。**2** 紀念物。**3** [R～]《英》爲王室收債之官吏。**4** [R～]《英》高等法院之官員。

re·mil·i·ta·ri·za·tion [ˌrimɪlətərəˋzeʃən; ˌriːmilitərəˈzeiʃn] «remilitarize 的名詞» —*n.* Ⓤ重整軍備，再武裝。

re·mil·i·ta·rize [riˋmɪlətəˌraɪz; ˌriːˈmilitəraiz] *v.t.* 使〈國家等〉重整軍備，再武裝。

‡**re·mind** [rɪˋmaɪnd; riˈmaind] *v.t.* **使…想起**：**a** 〔十受〕〈人、物〉使〈人〉想起：That ～*s* me. 那倒使我想起來了《★[比較]《美》又作 That ～*s*.》. **b** 〔十受十介十(代)名〕〈人、物〉提醒〈人〉〔…〕，使〈人〉注意到〔…〕〔*of, about*〕：You ～ me ***of*** your father. 你使我想起你爸爸/I must go and ～ the president ***of*** [***about***] today's meeting. 我必須去提醒社長今天開會之事/I don't want to be ～*ed of* it. 我不要別人使我想起那件事。**c** 〔十受十 *to* do〕提醒〈人〉〈做…〉：*R*～ me *to* take my umbrella with me, please. 請提醒我要帶雨傘。**d** 〔十受十 *that*__〕使〈人〉想起〈…事〉，提醒〈人〉〈…事〉：Don't forget to ～ him *that* tomorrow is a holiday. 別忘了提醒他明天放假/Passengers are ～*ed that*.... 請旅客們注意…。**e** 〔十受十 *how*__〕使〈人〉想起〈…〉，提醒〈人〉〈…〉：Our teacher ～*ed* us *how* important it was to study English. 我們老師提醒我們注意學習英語的重要性。

re·mínd·er *n.* Ⓒ提醒之人〔物〕，助人記憶之事物；催函。

re·mind·ful [rɪˋmaɪndfəl; riˈmaindful] *adj.* [不用在名詞前]〔十介十(代)名〕**1** 〈物〉使想起〔…〕的〔*of*〕. **2** 〈人〉記得〔…〕的〔*of*〕.

rem·i·nisce [ˌrɛməˋnɪs; ˌremiˈnis] *v.i.* 〔(動(十介十(代)名)〕追憶〔…〕；述說往事〔*about*〕：～ ***about*** one's childhood 追憶孩提時代。

rem·i·nis·cence [ˌrɛməˋnɪsn̩s; ˌremiˈnisns] «reminisce 的名詞»—*n.* **1** Ⓤ回想，追憶。**2** Ⓒ喚起記憶之事〔物〕〔*of*〕. **3 a** Ⓒ回憶〔*of*〕. **b** [～s]懷舊談，回憶錄〔*of*〕.

rem·i·nis·cent [ˌrɛməˋnɪsn̩t; ˌremiˈnisnt] «reminisce, reminiscence 的形容詞»—*adj.* **1** 〈話、表情等〉懷舊的，緬懷過去的，追憶的；耽迷於回憶的：in a ～ tone 以耽迷於追憶的〔懷舊的〕口吻。**2** [不用在名詞前]〔十介十(代)名〕使憶起〔…〕的，使人聯想到〔…〕的〔*of*〕：a scene ～ ***of*** the pictures of a fairy tale book 一幅使人聯想到童話書中圖畫的景色。～**·ly** *adv.*

re·mise [rɪˋmaɪz; riˈmaiz] *v.t.* 《法律》放棄對…之權利要求，讓渡。

re·miss [rɪˋmɪs; riˈmis] *adj.* [不用在名詞前] **1** 〔十介十(代)名〕〔對…〕疏忽的，不小心的〔*in*〕：No policeman ought to be ～ ***in*** his duties. 警員不應該玩忽職責/I have been very ～ *in* writ*ing* to you. 我不曾寫信給你，實在疏忽之至。

2 〔十*of*十(代)名(十 *to* do)/十*to* do〕〔人〕〈做…〉實在疏忽〔不小心〕的，〔人〕實在疏忽〔不小心〕的〈竟…〉：It was ～ ***of*** him *to* forget her birthday. = He was ～ *to* forget her birthday. 他竟忘了她的生日，實在是糊塗。～**·ness** *n.*

re·mis·si·ble [rɪˋmɪsəbl; riˈmisəbl] *adj.* 可寬恕的；可赦免的。

re·mis·sion [rɪˋmɪʃən; riˈmiʃn] «remit *v.t.* B, *v.i.* 2 的名詞；cf. remittance»—*n.* **1** Ⓤ**a** 寬恕；〔債務、稅金、刑罰等的〕免除，減免〔*of*〕. **b** 《基督教》〔罪的〕赦免〔*of*〕：the ～ *of* sins 罪的赦免。**2** ⓊⒸ(囚犯因行爲良好的)減刑。**3** ⓊⒸ(疼痛、疾病等暫時的)減輕，和緩，鎮靜。

re·mit [rɪˋmɪt; riˈmit] (**re·mit·ted**; **re·mit·ting**) *v.t.* A (cf. remittance) **1 a** 〔十受〕滙寄，送出〈金錢〉：～ a check 滙寄支票。**b** 〔十受十受/十受十介十(代)名〕滙給〈人〉〈金錢〉；滙寄〈錢〉〔給人〕〔*to*〕：I'll ～ you the money. = I'll ～ the money ***to*** you. 我會把錢滙給你。

2 〔十受十介十(代)名〕**a** 將〈問題，案件〉交付〔委員會等〕〔*to*〕. **b** 《法律》將〈案件〉發回，移送，移交〔下級法院〕〔*to*〕.

—B (cf. remission) **1 a** 赦免〈罪〉。**b** 免除，減除〈債務、刑罰等〉：The tuition fees may be *remitted.* 學費可以減免。**2** 放鬆〈注意力、努力等〉；減輕，緩和〈痛苦〉：We didn't ～ our efforts until we attained our end. 在達成目標之前我們未曾鬆懈。

—*v.i.* **1** 滙款(cf. remittance)：Enclosed is our bill; please ～. 隨函寄上賬單，請寄款。**2** 減退，減輕，緩和(cf. remission)：The drought began to ～. 旱情開始緩和。

re·mit·tal [rɪˋmɪtl; riˈmitl] *n.* = remission.

re·mit·tance [rɪˋmɪtn̩s; riˈmitəns] «remit *v.t.* A l, *v.i.* 1 的名詞；cf. remission»—*n.* **1** Ⓤ[又作 **a** ～]滙款：make (*a*) ～. 滙款。**2** Ⓒ滙款額：a small ～ 小額滙款。

remíttance màn *n.* Ⓒ《英》依靠國內滙款而寄居外國的人《★典型的懶惰者》。

re·mit·tee [rɪmɪˋti, -ˋmɪti; rimiˈtiː, -ˈmiti] *n.* Ⓒ受款人。

re·mit·tent [rɪˋmɪtn̩t; riˈmitənt] *adj.* 〈熱病等〉忽輕忽重的，時好時壞的，弛張的，間歇性的。

re·mít·ter *n.* Ⓒ滙款人，出票人，發貨人；赦免者，寬恕者。

rem·nant [ˋrɛmnənt; ˈremnənt] *n.* **1** [**the** ～；常～**s**]殘留，殘餘，殘餘物〔*of*〕：*the* ～*s of* a meal 剩菜剩飯。**2** Ⓒ剩餘的布料，(布料等的)邊角料，零頭。**3** Ⓒ殘留物，遺物；遺跡，痕跡；遺風〔*of*〕：a ～ *of* medieval days 中世紀的遺跡〔遺風〕。

—*adj.* 殘留(物)的：a ～ sale (布料等的)零頭料的清倉大廉售。

re·mod·el [riˋmɑdl̩; ˌriːˈmɔdl] *v.t.* (**remodeled,** 《英》**-modelled**; **re·mod·el·ing,** 《英》**-mod·el·ling**) **1** 改…之型，修改；再塑，改塑：～ an army 改編軍隊。**2** 〔十受十介十(代)名〕將〈物〉修改〔改造〕〔成爲…〕〔*into*〕：The building was ～*ed* ***into*** a department store. 那棟建築物被改建成百貨公司。

re·mold [riˋmold; ˌriːˈmould] *v.t.* 將〈汽車輪胎〉的胎面再製〔翻新〕。—*n.* Ⓒ再生輪胎，翻修輪胎。

re·mon·e·tize [riˋmɑnɪˌtaɪz, -ˋmʌn-; riːˈmʌnitaiz] *v.t.* 使〈金屬〉再作貨幣使用；使〈貨幣〉再通用。

re·mon·strance [rɪˋmɑnstrəns; riˈmɔnstrəns] «remonstrate 的名詞»—*n.* ⓊⒸ抗議，諫疏，忠告，告誡。

re·mon·strant [rɪˋmɑnstrənt; riˈmɔnstrənt] *adj.* 諫言的，抗議的，忠告的。

—*n.* Ⓒ抗議者，忠告者。～**·ly** *adv.*

re·mon·strate [rɪˋmɑnstret; ˈremənstreit, riˈmɔns-] *v.i.* 〔十介十(代)名〕**1** 勸諫，忠告，告誡〔人〕〔…之事〕〔*with*〕〔*on, upon, about*〕：He ～*d* ***with*** his son ***on*** the ill effects of smoking. 他告誡兒子說吸烟有不良影響。**2** 〔對…〕提出抗議〔*against*〕：We ～*d* ***against*** the ill-treatment of prisoners of war. 我們對虐待戰俘之事提出抗議。

—*v.t.* 〔(十介十(代)名)十 *that*__〕〔對人〕抗議〈…事〉，勸諫〔人〕〈…事〉〔*to, with*〕：～ (***to*** [***with***] a person) *that* he is too stingy 對某人勸諫說他太吝嗇。

re·mon·stra·tion [ˌrimɑnˋstreʃən,ˌrɛmən-; ˌrimɔnsˈtreiʃn] «remonstrate 的名詞»—*n.* ⓊⒸ勸諫，忠告，抗議。

re·mon·stra·tive [rɪˋmɑnstrətɪv; riˈmɔnstreitiv] *adj.* 勸諫的，忠告的，抗議的。

re·morse [rɪˋmɔrs; riˈmɔːs] «源自拉丁文「再咬」之義»—*n.* Ⓤ **1** 〔對過錯的〕良心責備，懊悔，悔恨〔*at, for*〕：feel ～ *for* one's past 對自己的過去感到懊悔。**2** 憐憫，慈悲《★常用於下列片語》：without ～ 不寬恕地。

re·morse·ful [rɪˋmɔrsfəl; riˈmɔːsful] *adj.* 感覺懊悔的，深受良心責備的：～ tears 悔悟的眼淚。

～**·ly** [-fəlɪ; -fuli] *adv.* ～**·ness** *n.*

remórse·less *adj.* 無惻隱心的，無情的，冷酷的，殘忍的。

～**·ly** *adv.* ～**·ness** *n.*

re·mote** [rɪˋmot; riˈmout] «源自拉丁文「被移動的」之義»—*adj.* (**re·mot·er**; **-est**) **1 a** [用在名詞前] (距離)**遙遠的**，遠方的；遠隔的；隱秘的；人跡罕至的，偏僻的《★表示較遠而偏僻的比喻；⇨ distant【同義字】》：a ～ place 遙遠的地方/a ～ village 偏僻的村落。**b** [不用在名詞前]〔十介十(代)名〕遠離〔…〕的〔*from*〕：a village ～ ***from the town 遠離城鎮的村莊。**c** [當副詞用]遠離著：live [dwell] ～ 住在窮鄉僻壤。

2 (在時間上)**遙遠的**，遙遠的過去〔未來〕的：in the ～ past

[future] 在遙遠的過去[未來]/a custom of ~ antiquity 上古的習俗。

3 a 〈血緣關係〉遠的，遠親的：a ~ ancestor 遠祖。**b** [不用在名詞前]〔十介十(代)名〕(關係)〔與…〕離開很遠的，大不相同的〔*from*〕：That is ~ ***from*** his intentions. 那根本不是他的本意。

4 〈態度等〉不親近的，冷淡的，見外的：with a ~ air 以冷淡的態度。

5 [常用最高級；常用於否定句]〈希望、可能性等〉微小的，些微的；不太可能發生的：a ~ possibility 萬分之一的可能性/I had*n't* the remot*est* idea what he meant. 我根本不明白他指的是什麼意思/There is *not* the remot*est* chance of success. 毫無成功的希望。

6 遙控的：⇨ remote control. **~·ness** *n.*

remóte contról *n.* Ⓤ《電學・通信》遙控。

re·móte·ly *adv.* **1** 遠(離)地，遙遠地。**2** 關係不親密地，疏遠地：be ~ related 關係疏遠。**3** [常用於否定句]微小地，微微地：I am *not* ~ responsible for it. 我對這件事一點責任都沒有。**4** 不親密地，冷淡地，見外地：He speaks very ~. 他說話很冷淡。

re·mould [riˋmold; ˌri:ˈmould] *v., n.*《英》＝remold.

re·mount [riˋmaunt; ˌri:ˈmaunt] *v.t.* **1 a** 再騎上〈馬、自行車等〉。**b** 再爬上〈梯子、山等〉。**2** 重新框[鑲]上〈照片、寶石等〉。**3** 將新馬配給〈軍隊等〉。

—*v.i.* **1** 再騎上馬[自行車(等)]。**2** 再爬上梯子[椅子(等)]。

— [ˋriˌmaunt; ˈri:maunt] *n.* Ⓒ新馬，補充馬。

re·mov·a·ble [rɪˋmuvəbl; riˈmu:vəbl] *adj.* **1** 可移動的；可卸下的。**2** 可除去的。**3** 可免職[撤任]的。

re·mov·a·bil·i·ty [rɪˌmuvəˋbɪlətɪ; riˌmu:vəˈbiləti] *n.*

re·mov·al [rɪˋmuvl; riˈmu:vl] **《**remove 的名詞**》—*n.*** ⓊⒸ**1** 移動，遷移；搬家。**2** 撤任，免職。**3** 除去，撤除。

remóval vàn *n.* Ⓒ《英》搬家用的卡車(《美》moving van)。

re·move** [rɪˋmuv; riˈmu:v] **《源自拉丁文「除掉」之義》—*v.t. **1 a** 〔十受〕除去，拆除〈物〉；脫掉〈鞋子、帽子等〉：~ the cause of worry 祛除煩惱之因/Please ~ your shoes. 請脫鞋(入內)。**b** 〔十受十介十(代)名〕〔自…〕除去〈物〉〔*from*〕：~ a person's name ***from*** the list 從名單上除去某人的名字/Can these ink stains be ~*d from* the clothes? 衣服上的這些墨水污點洗得掉嗎？

2 〔十受十介十(代)名〕**a** 將〈軍隊、家人等〉遷移[移居，移動]〔到他處〕〔*to*〕《★[比較]remove 是拘泥的說法；move 在口語中和拘泥的說法中均使用》：~ the troops ***to*** the front 把軍隊移動[調]到前線。**b** 〔自某地方〕移開，移動〈物〉〔*from*〕：For a moment he did not ~ his eyes ***from*** her face. 有一會兒他的視線沒有從她的面孔上移開[他雙眼盯著她的臉看了一會兒]。**c** 〔~ one*self*〕〔從…〕走開，離去〔*from*〕：He ~*d himself* ***from*** the room. 他走出房間。

3 《文語》**a** 〔十受〕將〈人〉撤任[免職，解雇]：~ a stationmaster 把站長免職/The official was ~*d for* taking bribes. 那名官員因收受賄賂而被撤職。**b** 〔十受十介十(代)名〕將〈人〉〔從官職等〕撤任，免職；將〈人〉〔從學校〕開除；勒令…退[學]〔*from*〕：The magistrate was ~***d from*** office. 治安法官被免職/The boy was ~*d from* school. 那男孩被勒令退學。

—*v.i.* 〔十介十(代)名〕《文語》〔從…〕移動，遷移〔到…〕〔*from*〕〔*to, into*〕《★[比較]一般較常用 move》：The company has ~*d* ***from*** London ***to*** Oxford. 公司已從倫敦遷移到牛津/They ~*d* ***into*** the country. 他們搬遷到鄉下去了。

—*n.* Ⓒ [常與表數目的字連用] **1** 距離，間隔；路程；階段〔*from*〕：*at* many ~*s from...* 距…甚遠/Genius is but one ~ *from* insanity. 天才與瘋狂之間只有毫釐之差。

2 等級；親等：a (first) cousin *at* one ~ 第一代親堂[表]兄弟姊妹之子女，五親等(a (first) cousin once REMOVED)/a cousin *in* the second ~ 第一代親堂[表]兄弟姊妹之孫，六親等。

re·móved *adj.* **1 a** 遠的，遠離的。**b** [不用在名詞前]〔十介十(代)名〕[常 **far** ~]遠離〔…〕的；〔與…〕相距很遠的〔*from*〕：motives (*far*) ~***from*** self-interest 拋開私利的動機。**2** [與 once, twice, ...times 等連用](親屬關係爲)…親等的：a (first) cousin *once* [*twice*] ~ 第一代親堂[表]兄弟姊妹之子[孫]，五[六]親等。

re·móv·er *n.* Ⓒ **1** 遷移[遷居]者。

2 《英》搬家業者(《美》mover)。

3 去除劑：a hair ~ 脫毛劑[膏]。

re·mu·ner·ate [rɪˋmjunəˌret; riˈmju:nəreit] *v.t.* 《文語》**1 a** 〔十受〕報答，酬謝〈人〉。**b** 〔十受十介十(代)名〕〔爲…而〕酬謝〈人〉〔*for*〕：~ a person ***for*** his work 酬謝某人的工作。**2** 讓〈努力〉得到報償：His efforts were ~*d.* 他的努力得到了補償。

re·mu·ner·a·tion [rɪˌmjunəˋreʃən; riˌmju:nəˈreiʃn] **《**remunerate 的名詞**》—*n.*** Ⓤ [又作 **a** ~]《文語》報酬，酬金〔*for*〕：He received (*a*) generous ~ *for* his services. 他因服務而得到優厚的報酬。

re·mu·ner·a·tive [rɪˋmjunəˌretɪv; riˈmju:nərətiv] *adj.* 〈工作等〉有報酬[利益]的；合算的，有利的。**~·ly** *adv.* **~·ness** *n.*

Re·mus [ˋriməs; ˈri:məs] *n.* 《羅馬神話》雷摩斯(⇨ Romulus)。

re·nais·sance [ˌrɛnəˋzɑns, rɪˋnesṇs; rəˈneisəns] **《源自古法語「再出生」之義》—*n.*** **1** [**the R~**] **a** 文藝復興《十四世紀至十七世紀時在歐洲發生的古典文藝及學術的復興》。**b** 文藝復興運動時的美術[建築]式樣。**2** Ⓒ(文藝、宗教等的)復興，復活。

—*adj.* [用在名詞前][R~]文藝復興(時代)的，文藝復興式的：*R~* painters 文藝復興時期的畫家。

re·nais·sant [rəˋnesənt; rəˈneisənt] *adj.* 文藝復興的。

re·nal [ˋrinl; ˈri:nl] *adj.* 腎臟(kidney)的，關於腎臟的：~ diseases 腎臟病/a ~ calculus 腎結石。

re·name [riˋnem; ˌri:ˈneim] *v.t.* 再給…命名，給…以新名。

Re·nan [rɪˋnæn, rəˋnɑ̃; riˈnæn, rəˈnɑ:ŋ], **Joseph Ernest** *n.* 雷南《1823–92；法國語言學家、批評家及歷史家》。

re·nas·cence [rɪˋnæsṇs; riˈnæsns] *n.* **1** Ⓒ再生；復活，復興〔*of*〕。**2** [**the R~**]＝renaissance 1.

re·nas·cent [rɪˋnæsṇt; riˈnæsnt] *adj.* 《文語》再生的；復活[復興]的；再興起的，再興盛的。

ren·coun·ter, ren·coun·tre [rɛnˋkauntɚ; renˈkauntə] *n.* Ⓒ**1** 衝突，決鬥，爭鬥。**2** 偶遇，邂逅。

—*v.t.* & *v.i.* **1** (與…)衝突；爭鬥。**2** 邂逅(…)。

rend [rɛnd; rend] **《源自古英語「撕裂」之義》—** (**rent** [rɛnt; rent])《文語》*v.t.* **1 a** 〔十受(十副)〕撕，扯破…；使…分裂〈*apart, asunder*〉：The war *rent* the country ***asunder.*** 戰爭使得該國分裂。**b** 〔十受十介十(代)名〕將…撕裂[扯破]〔成…〕〔*into, to*〕：~ a letter ***into*** two [***to*** pieces] 把信撕成兩半[碎片]。

2 〔十受(十副)十介十(代)名〕〔從…〕奪取〈人，物〉，强使…〔從…〕分離〈*away, off*〉〔*from*〕：Will they ~ the child ***from*** his mother? 他們會不會把這個孩子從他的母親身邊奪走呢？

3 a 〈歡呼聲等〉震動〈天空等〉：A roar *rent* the air. 怒吼聲響徹[震動]雲霄。**b** 〈悲傷等〉使〈心〉破碎，攪亂〈人心〉：Her heart was *rent* by grief. 她因悲傷而心碎

—*v.i.* 裂開，破開，扯裂，分裂。

ren·der [ˋrɛndɚ; ˈrendə] *v.t.* **1** 〔十受十補〕使〈人等〉成爲〈…〉：His wealth ~*s* him influential. 他的財富使得他變得有影響力/He was momentarily ~*ed* speechless with joy. 他因欣喜若狂而一時說不出話來。

2 〔十受十受/十受十介十(代)名〕**a** 提供〈人〉〈服務〉，爲〈人〉效〈勞〉；提供〈服務〉〔給人〕，〔爲人〕效〈勞〉〔*to*〕：What service did he ~ you? ＝What service did he ~ ***to*** you? 他提供了你什麼服務[爲你做了什麼]？**b** 對〈人〉提供〈援助〉，給與〈人〉〈援助〉；〔對人〕提供〈援助〉，給與〔人〕〈援助〉〔*to*〕：~ a person help ＝ ~ help ***to*** a person 向人伸出援手[援助某人]。

3 a 〔十受〕表示〈恭順之意〉〔*to*〕：~ homage ⇨ homage 2. **b** 〔十受十介十(代)名〕對〔人，神等〕致〈感謝〉〔*to*〕：They ~*ed* thanks ***to*** God. 他們感謝上帝。

4 〔十受十介十(代)名〕**a** 以…報答，回報，回饋；報復〔…〕〔*for*〕：~ good ***for*** evil 以德報怨/ ~ thanks *for* blessings 感謝祝福，對祝福回報感謝。**b** 〔向…〕繳納〈應納付之物〉〔*to*〕：They ~*ed* tribute ***to*** the conqueror. 他們向征服者納貢。

5 a 〔十受(十介十(代)名)〕〔向…〕呈遞〈帳目等〉，〔向…〕提出〈理由、回答等〉〔*to*〕：~ a bill [an account] for payment (***to*** a customer) (向客戶)呈遞帳單[帳目]。**b** 〔十受〕(在法庭)宣告〈判決〉；下〈評定〉。

6 〔十受〕**a** (以文章、圖畫)表現，描寫…。**b** 演奏〈音樂〉：The piece of music was well ~*ed.* 那首曲子演奏得很好。**c** 演出〈戲劇〉；扮演〈角色〉：~ *Hamlet* 演出「哈姆雷特」。

7 〔十受十介十(代)名〕將〈文章等〉翻譯〔成…〕〔*into, in*〕：*R~* the following ***into*** Chinese. 把下文譯成中文/Poetry can never be adequately ~*ed* ***in*** another language. 詩絕對無法用另一種語言貼切地譯[表達]出來。

8 〔十受(十介十(代)名)〕將〈石頭、磚等〉〔用灰泥等〕抹底〔*with*〕。

rénder dówn 《*vt adv*》熬煉〈脂肪〉：~ *down* fat＝ ~ fat *down* 熬煉脂肪。

rénder úp 《*vt adv*》(1)《文語》說；唸〈祈禱詞〉。(2)《古》棄守，交出，讓出〈城堡等〉〔給敵人等〕〔*to*〕：They ~*ed up* the port *to* the enemy. 他們把那港口拱手讓給敵人。

rén·der·ing *n.* ⒸⓊ**1** 〔戲劇、音樂等的〕表現，演出，演奏〔*of*〕：She gave a splendid ~ *of* Beethoven's piano sonata. 她精采地演奏了貝多芬的鋼琴奏鳴曲。**2** 翻譯(方式、情況)，譯文〔*of*〕。

ren·dez·vous [ˋrɑndəˌvu; ˈrɔndivu:] **《源自法語》—*n.*** Ⓒ (*pl.* ~ [~z; ~z]) **1** (事先決定時間和場所的)約會，相會，集會：have a ~ with... 與…約會。**2 a** 約會的場所。**b** 衆人常去的地方，鬧市，鬧區：a popular ~ 衆人喜歡去的鬧區。**3** 《軍》**a** (軍隊、艦隊的)指定集合地，集合基地。**b** 集合，集結，會師。**4** (太空船的)會

R

合。—*v.i.* 1 在約定的地方會合；集合，集結。2〈太空船〉會合。

ren·di·tion [rɛnˋdɪʃən; renˈdiʃn] «render 的名詞»—*n.* Ⓒ 1 演奏；演出，公演〔*of*〕. 2 翻譯〔*of*〕.

ren·e·gade [ˋrɛnɪˏged; ˈrenigeid] *n.* Ⓒ1 叛教者。2 叛黨者，變節者；叛徒。
—*adj.* [用在名詞前] 1 叛教的。2 背叛的，變節的。
—*v.i.* 背叛，變節，脫黨，背教，出賣。

re·nege, re·negue [rɪˋnɪg, -ˋnig; riˈni:g] *v.i.* 1 a 違背諾言，食言。b〔十介十(代)名〕違背〔諾言〕，破壞〔約定〕〔*on*〕：～ *on* one's promise 違背諾言，破壞約定，食言。2 ＝revoke.

re·ne·go·ti·ate [ˏrinɪˋgoʃɪˏet; ˌri:niˈgouʃi:eit] *v.t.* 1 再協商。2 再審查〈政府契約〉《以視包商是否有超額利潤，並加修正或刪除》。
—*v.i.* 1 再協商。2 再審查政府契約中的成本和利潤。

***re·new** [rɪˋnu, -ˋnju; riˈnju:] *v.t.* 〔十受〕1 **更新**；重訂〈契約、票據等〉的期限：The agreement [lease] has been ～*ed* for another year. 該協定[租借契約]的期限已經再延長一年。
2 將…**換新**；補足，補充…：Tires should be ～*ed* after a certain mileage. 輪胎在跑過一定的里程後應該換新/You must ～ your store of gasoline. 你必須補足汽油。
3 a 恢復〈體力、年輕等〉；挽回，更新…：～ one's enthusiasm 恢復熱心/ ～ one's hopes 重新燃起希望。**b** 使…復活，復興；重建…：They ～*ed* their acquaintance. 他們重溫舊誼。**c** 使〈人〉(在精神上)脫胎換骨，使…更生。
4 a 再開始…：～ an attack 再開始攻擊。**b** 重做，重複，反覆…：～ one's demands [complaints] 反覆要求[抱怨]。
5 將〈舊物〉翻新，使…煥然一新：～ one's old coat 把舊外套改造翻新。
—*v.i.* 1 重訂[更換]契約或票據等的期限，續訂。2 再開始[發生]。3 變新；恢復。

re·new·a·ble [rɪˋnuəbḷ, -ˋnju-; riˈnju:əbl] *adj.*〈契約、票據等〉可[必須]重訂[更新，延長](期限)的。

re·new·al [rɪˋnuəl, -ˋnju-; riˈnju:əl] «renew 的名詞»—*n.* ⓊⒸ **1** (票據等的)**更換**，(契約等的)重訂。**2** 復興，復活；再生，復甦；再開始，重做：feel the ～ of courage 感覺勇氣在復甦。**3** 變新，更新。

re·new·ed·ly [rɪˋnuɪdlɪ, -ˋnju-; riˈnju:idli] *adv.* 重新地；再 (again).

ren·i·form [ˋrɛnəˏfɔrm, ˋrinə-; ˈrenifɔ:m, ˈri:ni-] *adj.* 腎臟形的。

ren·net [ˋrɛnɪt; ˈrenit] *n.* Ⓤ1 經過調製的牛犢第四胃內膜《其酵素可用以使牛奶中的酪蛋白凝固以製造乾酪》。2 凝乳酵素。

Re·no [ˋrino; ˈri:nou] *n.* 雷諾《美國內華達州(Nevada)西部一城市，有「離婚城市」之稱，只須在該市住三個月，即可依法實現離婚之目的》。

Re·noir [rəˋnwar; rəˈnwɑ:], **Pierre Auguste** [pjɛr oˋgust; pjɛə ouˈgust] *n.* 雷諾瓦《1841–1919；法國畫家》。

re·nounce [rɪˋnauns; riˈnauns] *v.t.* 〔十受〕1 (正式)**放棄**〈權利〉；宣誓拋棄[斷絕]〈關係〉；戒絕，捨棄，棄絕〈習慣等〉：Japan has ～*d* war. 日本已放棄了戰爭/He ～*d* his rights to the inheritance. 他放棄了財產繼承權。2 斷絕與…的關係：～ friendship 絕交/He was ～*d* by his father. 他父親與他斷絕了關係。

ren·o·vate [ˋrɛnəˏvet; ˈrenəveit] *v.t.* 1 (藉掃除、修補、改造等而)使…變新；修理，修復，革新，刷新…：～ an old building 整修翻新舊建築物。2 a 使…恢復精神，使…活躍起來。b [～ *oneself*] 恢復精神。

ren·o·va·tion [ˏrɛnəˋveʃən; ˌrenəˈveiʃn] «renovate 的名詞»—*n.* ⓊⒸ 1 修繕，修理；革新，刷新。2 恢復精神。

ren·o·va·tor [ˋrɛnəˏvetɚ; ˈrenəveitə] *n.* Ⓒ革新者；修理者。

re·nown [rɪˋnaun; riˈnaun] *n.* Ⓤ名聲，盛名，聲譽，令名：*of* (great, high) ～ (非常)有聲望的/He won ～ as a pianist. 他贏得鋼琴家的聲譽。

re·nowned [rɪˋnaund; riˈnaund] *adj.* (**more** ～；**most** ～) **1 有名的**，聞名的：one of the most ～ hot springs 最有名的溫泉之一。**2** [不用在名詞前]〔十介十(代)名〕〔以…〕聞名的〔*for*〕；〔以其為…〕聞名的〔*as*〕：He is ～ *for* his novels. 他以所著的小說聞名/He is ～ *as* a novelist. 他以小說家知名[他是位有名的小說家]。

‡rent[1] [rɛnt; rent] *n.* **1** Ⓤ[又作 **a** ～] **地租**，佃租，**房租**，房間租金；租金：at *a* reasonable ～ 以合理的租金/free of ～ 免租金地/pay one's ～ for the month 支付當月的租金。
2 Ⓤ《美》出租，租用。
for rént《美》[常置於名詞後]出租的：an apartment *for* ～ 出租公寓。
For Rént.《美》吉屋[雅房]招租(《英》**To Let.**).
—*v.t.* **1 a**〔十受〕**租用**〈房屋、土地等〉。**b**〔十受十介十(代)名〕〔向…〕租用〈房屋、土地等〉〔*from*〕：They ～ their house *from* Mr. Smith. 他們向史密斯先生租房子。
2〔十受十介十(代)名〕將〈房屋、土地等〉**出租**〔給人〕〔*to*〕：He ～*ed* the house *to* us at £100 a month. 他把那房屋以每月一百英鎊的租金租給我們。
3〔十受〕《美》**租用**〈車、衣服等〉(⇨ borrow【同義字】)；支付〈小船、衣服等〉的租金。
—*v.i.*〔十介十(代)名〕〈房屋、土地等〉〔以…的金額〕出租〔*at*, *for*〕：The farm ～*s* **at** [**for**] £5000 a year. 這農場以每年五千英鎊出租。
rént óut《*vt adv*》《美》出租…。

rent[2] *v.* **rend** 的過去式・過去分詞。

rent[3] [rɛnt; rent] «源自 'rend'»—*n.* Ⓒ1 a (衣服等的)裂縫，裂痕；綻線：a ～ *in* a sleeve 衣袖上的裂縫。b (雲、岩石等的)縫隙，裂口；峽谷：a ～ *in* a hillside [the clouds] 山腰[雲間]的縫隙。2 (關係、意見的)分裂；不和，破裂。

rent·a·ble [ˋrɛntəbḷ; ˈrentəbl] *adj.* 可出租[租用]的。

rent-a-car [ˋrɛntəˏkar; ˈrentəkɑ:] *n.* Ⓒ《美》出租汽車。

rent·al [ˋrɛntḷ; ˈrentl] *n.* Ⓒ 1 做為地租[房租]支付[收取]的金額，租金總額。2《美》租用物《公寓、汽車、電視機等》。
—*adj.* 出租的：a ～ car 出租汽車。

réntal lìbrary *n.* Ⓒ《美》出租書店。

rént·er *n.* Ⓒ1 租用[租地，佃耕，租屋]人。2 出租人。

rént-frée *adj.* & *adv.* 免地租[房租，使用費]的[地]，免租金的[地]。

rent·ier [ˋrɑntje; ˈrɔntiei] «源自法語»—*n.* Ⓒ靠利息、養老金、地租、股息等生活的人。

rént ròll *n.* Ⓒ1 (從前的)地租帳，租摺，租金清冊。2 (從前的)地租、房租等的)總收入。

rént strike *n.* Ⓒ(房租等的)集體拒付《租用人對租金的提高等不滿而聯合採取的抗議行動》。

re·nun·ci·a·tion [rɪˏnʌnsɪˋeʃən; riˌnʌnsiˈeiʃn] «renounce 的名詞»—*n.* ⓊⒸ放棄，棄權，棄絕；拒絕，否認。

re·o·pen [riˋopən; ˌri:ˈoupən] *v.t.* 1 再開…。2 再開始…，重新開始…：The matter is settled and cannot be ～*ed.* 此事已決定，無法再予討論。
—*v.i.* 再開；再開始：The law court will ～ on Monday. 法庭將於星期一再開庭。

re·or·der [riˋɔrdɚ; ˌri:ˈɔ:də] *v.t.* 1 再命令。2 再整理。3 重訂〈貨物〉。—*v.i.*《商》重訂。—*n.* Ⓒ《商》重訂貨物。

re·or·gan·i·za·tion [ˏriɔrgənəˋzeʃən, -aɪˋz-; ˈri:ˌɔ:gənaiˈzeiʃn] *n.* ⓊⒸ重新組織；改組；整頓。

re·or·gan·ize [riˋɔrgəˏnaɪz; ˌri:ˈɔ:gənaiz] *v.t.* 重新編組；改組，整頓，改革。

rep[1] [rɛp; rep] *n.* Ⓤ(絲、毛、棉、人造絲等所組成的)有稜線或稜條的紡織品《多用於窗帘、沙發面等》。

rep[2] [rɛp; rep] «representative 之略»—*n.* Ⓒ《俚》推銷員，外務員。

rep[3] [rɛp; rep]《略》—*n.*《口語》1 ＝repertory company, repertory theater. 2 ＝repertory 1 a.

rep.《略》repair；report (ed)；reporter；representative；republic.

Rep.《略》Representative；Republic(an).

re·paid [rɪˋped; ri:ˈpeid] *v.* **repay** 的過去式・過去分詞。

re·paint [riˋpent; ri:ˈpeint] *v.t.* 再油漆…；再著色於…；再畫…。
— [ˋripent, riˋpent; ˈri:peint, ri:ˈpeint] *n.* Ⓒ重漆過或畫過的部分《尤指描繪一幅畫壞掉的部分》。

‡re·pair[1] [rɪˋpɛr; riˈpɛə] *v.t.* 〔十受〕**1 修繕**，修理…(⇨ mend【同義字】)：～ a house [road, watch] 修理房屋[道路，鐘錶]。
2 修正，矯正〈缺陷、錯誤等〉(remedy)：～ a defect [an error] 修正缺陷[錯誤]。
3 補償，賠償〈損害等〉：You must ～ the harm you have done. 你必須賠償你所造成的損害。
4 恢復〈健康、體力等〉。
—*v.i.* 修繕，修理。
—*n.* **1 a** Ⓤ**修繕**，修理，**修護**：under ～ 在修理中(的)/Road Under *R*～《告示》道路施工中/My watch needs ～. 我的錶需要修理。**b** Ⓒ[常 ～s] 修繕[修理，修復]作業[工作]：*Repairs* done while you wait. 當場修理，即可取回(★廣告用語)。**2** Ⓤ修護[維護]狀況；修護[維護]良好的狀況：in good [bad] ～ = in [out of] ～ 維修良好[不佳]。～·**er** *n.*

re·pair[2] [rɪˋpɛr; riˈpɛə] *v.i.*〔十介十(代)名〕《文語》1 前往，赴〔…〕〔*to*〕：The ambassador ～*ed* **to** Rome. 大使前往羅馬。
2 時常去〔…〕；大夥兒去〔…〕〔*to*〕：We all ～*ed* **to** the bar together. 我們大家一道去酒吧。

re·pair·a·ble [rɪˋpɛrəbḷ; riˈpɛərəbl] *adj.* 可修(理)的；可補償的。

repáir·màn [-ˏmæn, -mən; -mæn, -mən] *n.* Ⓒ (*pl.* **-men** [-ˏmɛn, -mən; -men, -mən]) (鐘錶、打字機、電視機等的)修理工人。

repáir shòp *n.* Ⓒ修理廠。

rep·a·ra·ble [ˋrɛpərəbl; ˈrepərəbl] *adj.* **1** 可修復的；待修的。**2** 可補救的；可補償的。

rep·a·ra·tion [ˏrɛpəˋreʃən; ˌrepəˈreiʃn] «repair¹ 的名詞»**—***n.* **1** Ⓤ賠償：make ～ *for*...賠償…。**2** [～s] (戰敗國付給蒙受其害的國家的)賠款。

rep·ar·tee [ˏrɛpɑˋti; ˌrepɑːˈtiː] *n.* **1** Ⓒ敏捷的應對。**2** Ⓤ敏捷應對的才能。

re·par·ti·tion [ˏriparˋtɪʃən, ˏripɚ-; ˌriːpɑːˈtiʃn] *n.* Ⓤ **1** 區分；分配。**2** 再區分；再分配。
—*v.t.* 再區分；再分配…。

re·pass [riˋpæs; ˌriːˈpɑːs] *v.i.* 再通過；回頭通過。**—***v.t.* **1** 再渡過〈河、海等〉。**2** 再通過〈通路、門等〉。**3** 再通過〈議案〉。

re·past [rɪˋpæst; riˈpɑːst] *n.* Ⓒ《文語》餐，膳食；(一餐的)餐點飲料：a dainty ～ 豐盛的一餐/a light[slight] ～ 清淡的便餐。

re·pa·tri·ate [riˋpetrɪˏet; riːˈpætrieit] *v.t.* 將〈人〉遣送回國。
—*v.i.* 遣返(回國)。
—*n.* Ⓒ被遣送回國者，由海外撤回者(cf. evacuee).

re·pa·tri·a·tion [ˏripetrɪˋeʃən; ˌriːpætriˈeiʃn] *n.*

re·pay [rɪˋpe; riːˈpei] (**re·paid** [-ˋped; -ˈpeid]) *v.t.* **1 a** 〔十受〕將〈錢〉付還，償還〈債務〉：I will ～ this money as soon as I can. 我會儘早還給你這筆錢。**b** 〔十受〕付還〈人〉；還錢給…：Just lend me 10 dollars, and I'll ～ you tomorrow. 十塊錢借一下，明天還給你。**c** 〔十受十受/十受十介十(代)名〕付還〈人〉〈錢〉；付還〈錢〉〔給人〕〔*to*〕：When will you ～ him the money? = When will you ～ the money ***to*** him? 你打算什麼時候還他錢？

2 a 〔十受〕報答〈好意、所作所爲等〉：～ a person's kindness 報答某人的好意(cf. 2 c)。**b** 〔十受〕報答〈人〉，向…報恩：How can I ever ～ you? 我要怎樣才能報答你呢？**c** 〔十受十介十(代)名〕〔爲所受之恩等而〕報答，回報〈人〉〔*for*〕：I cannot ～ you ***for*** all your kindnesses. 我永遠報答不完你多方的好意(cf. 2 a)。**d** 〔十受十介十(代)名〕〔以…〕報答〈人〉，向…報恩；〔以…〕報答〈恩情等〉〔*with, by*〕：He *repaid* me only ***with*** ingratitude. 他給我的報答只是忘恩負義/He *repaid* her help ***by*** striking her. 他以毆打她來報答她的幫助。
—*v.i.* **1** 還債。**2** 回報。

re·pay·a·ble [rɪˋpeəbl; riːˈpeiəbl] *adj.* 可[應]付還[償還]的。

re·páy·ment [-mənt; -mənt] «repay 的名詞»**—***n.* ⓊⒸ**1** 付還，償還(之款)。**2** 報酬；賠償；回報，報復。

re·peal [rɪˋpil; riˈpiːl] *v.t.* 使〈法律等〉失效；廢除，撤銷…：The law was finally ～*ed.* 該項法律最後被廢除。
—*n.* Ⓤ(法律的)廢除，撤銷，撤回：the *R*～ of the Corn Laws (英國)穀類貿易法令之廢除《1846年》。 **～·er** *n.*

‡re·peat [rɪˋpit; riˈpiːt] *v.t.* **1 a** 〔十受〕重複，重複地說〈話〉：I ～*ed* the word for emphasis. 爲了强調起見，我重複了那個字。**b** 〔十 *that*__〕重複地說〈…事〉：I ～ *that* this must not happen again. 我重複地說一遍，這種事不容再發生。**c** 〔十引句〕重複地說…：“Don't do it again,” he ～*ed.* 他重複地說：「別再做了!」 **d** [～ one*self*]覆述。

2 〔十受〕**a** 照原樣傳達，覆述，跟着說〈他人所說的話〉；背誦…：*R*～ these sentences after me. 跟著我唸這些句子。**b** 向他人轉述，對他人講〈聽聞等〉：I promised not to ～ the secret. 我答應過不把這秘密向別人轉述。

3 〔十受〕**a** 重複做，再度做；再度經驗到…：～ an error 重複犯同樣的錯誤/～ the second grade 重讀二年級/～ a year [course]留級一年。**b** [～ one*self*]反覆做：She did nothing but ～ *herself.* 她只是反覆地做同樣的事。**c** [～ one*self*]重複出現[發生]：History ～*s itself.* 《諺》歷史會重演。

—*v.i.* **1** 重述，重做：Please ～ after me. 請跟着我說。
2 〈小數〉循環。
3 〔動(十介十(代)名)〕〈吃過之物〉(因打嗝等而)〔使人〕留下味道〔*on*〕：Onions sometimes ～ (《美》***on*** me). 洋葱有時會在嘴裏留下味道。
4 《美》(在一次選舉中)投票兩次以上，投票作弊。
5 留級，重修：Is John ～*ing*? 約翰留級了[在重修]嗎？
nót béar repéating 〈辭句、話等〉粗野鄙俗得不堪重複上口的，不能在他人面前說的：The story *won't bear* ～*ing.* 這話難登大雅之堂。
—*n.* Ⓒ **1** 重複。**2 a** 被重複之物。**b** 重播節目。**3** 《音樂》重複(樂節，符號)。**4** 《商》再供給，再訂貨。

re·péat·ed *adj.* [用在名詞前]反覆的，屢次的。

re·peat·ed·ly [rɪˋpitɪdlɪ; riˈpiːtidli] *adv.* (**more** ～；**most** ～)反覆地，再三地。

re·péat·er *n.* Ⓒ**1** 反覆動作之人[物]；背誦者。**2** 反覆報時鐘《按下彈簧後每隔所設定的時刻即重複報時的傳統時鐘》。**3** 連發槍。**4** 《美》(在一次選舉中投票兩次以上的)違法投票者。**5** 重修生，留級生。**6** 《數學》循環小數。

re·péat·ing *adj.* [用在名詞前] **1** 循環的〈小數〉：a ～ decimal 循環小數。**2** 連發的〈槍〉：a ～ rifle 連發來福槍。

repéating wátch[**clóck**] *n.* =repeater 2.

re·pel [rɪˋpɛl; riˈpel] (**re·pelled**；**-pel·ling**) *v.t.* **1 a** 逐退，驅逐，擊退，趕走〈來襲者、敵人等〉；不使〈人〉接近。**b** 拒絕，辭退，回絕〈提案、求愛等〉。**2** 使〈人〉不舒服，使…厭惡：The odor ～*s* me. 這股氣味很討厭《簡直令人噁心》。**3** 不透〈水等〉：This cloth ～*s* water. 這種布不透水。**4** 《物理》排斥，排拒，迸開：Particles with similar electric charges ～ each other. 電荷同性的分子互相排斥。
—*v.i.* **1** 驅逐，逐退；排斥。**2** 引起反感。

re·pel·lent [rɪˋpɛlənt; riˈpelənt] *adj.* **1** [常構成複合字]排斥的，拒絕的；不透(水等)的，驅除(昆蟲等)的：water-*repellent* cloth 防水布。
2 a 引起反感的，令人憎惡的：a ～ fellow 令人憎惡的傢伙/～ work 令人討厭的工作。**b** [不用在名詞前]〔十介十(代)名〕〔令人〕討厭的，使〔人〕產生憎惡感的〔*to*〕：His ugly face was ～ ***to*** her. 他的醜陋面孔使她產生反感。
—*n.* **1** Ⓒ排斥物。**2** Ⓤ[指產品個體或種類時爲Ⓒ]防水劑；驅蟲劑。

re·pent [rɪˋpɛnt; riˈpent] «源自拉丁文「使再覺得遺憾」之義»
—*v.i.* **1 a** 後悔：Marry in haste, and ～ at leisure. ⇨ marry¹ *v.i.* 1. **b** 〔十介十(代)名〕後悔，懊悔，悔恨〔…〕〔*of*〕：She soon ～*ed* ***of*** her hasty marriage. 她很快就對自己草率的婚事後悔了/He soon ～*ed of* hav*ing* said so. 他不久就懊悔說了這種話。**2** 〔十介十(代)名〕〔對…〕(後悔而)悛改〔*of*〕。
—*v.t.* **1 a** 〔十受〕後悔〈過錯等〉(《★比較 *v.i.* 1 b 較爲普遍》)：～ one's errors 後悔自己所犯的過錯/He ～*ed* his thoughtlessness. 他後悔自己的輕率。**b** 〔十 do*ing*〕後悔〈做…〉(《★用法 通常使用完成式動名詞》)：I ～ hav*ing* offended my sister. 我後悔傷了姊姊的感情。
2 〔十受〕覺得[懊悔]自己不…就好了：He ～*ed* his kindness. 他覺得自己不要那麼好心就好了《他懊悔自己表現得太好心》。

re·pen·tance [rɪˋpɛntəns; riˈpentəns] «repent 的名詞»**—***n.* Ⓤ後悔，悔恨，悔改，悔悟：He shows no ～ *for* what he has done. 他對於自己的所爲毫無悔悟/It was too late now for ～. 現在後悔已來不及。

re·pen·tant [rɪˋpɛntənt; riˈpentənt] *adj.* **1 a** 後悔的；懺悔的，悛改的；悔恨的；悔悟的：a ～ sinner 懺悔的罪人。**b** [不用在名詞前]〔十介十(代)名〕〔對…〕後悔的，感到遺憾的〔*of, for*〕：He is ～ ***of*** [***for***] his sins. 他對於自己所犯的罪後悔不已。**c** [**the** ～；當複數名詞用]懺悔犯罪的人們，懺悔[悔罪]者。
2 表示悔意的：～ sighs[tears]後悔的嘆息[眼淚]。 **～·ly** *adv.*

re·peo·ple [riˋpipl; ˌriːˈpiːpl] *v.t.* **1** 再殖民於…；使新居民住於…。**2** 再供…以牲畜。

re·per·cus·sion [ˏripɚˋkʌʃən; ˌriːpəˈkʌʃn] *n.* **1** ⓊⒸ(聲音的)回響。**2** Ⓒ[常～s](某事件或行動的長遠的)影響〔*on*〕：What ～*s* will the war have *on* the economy? 這場戰爭將給經濟帶來什麼影響？

rep·er·toire [ˋrɛpɚˏtwɑr, -ˏtwɔr; ˈrepətwɑː] «源自法語»**—***n.* Ⓒ(演員、劇團所能演的)(保留)戲目；(歌手的)演唱目錄；(演奏者可演奏的)演奏曲目：a large ～ *of* songs 豐富的演唱目錄。

rep·er·to·ry [ˋrɛpɚˏtorɪ, -ˏtɔrɪ; ˈrepətəri] *n.* **1 a** Ⓤ(戲劇的)由固定劇團在某一段期間演出幾種選定戲目的方式。**b** =repertoire. **2** Ⓒ(知識等的)貯藏，蒐集；寶庫〔*of*〕：a ～ *of* information 資訊的寶庫《百科辭典等》。

répertory còmpany *n.* Ⓒ在固定劇院的某一段期間定期演出幾種選定戲目的劇團。

répertory thèater *n.* Ⓒ由固定劇團演出各種選定的戲目的劇院。

rep·e·ti·tion** [ˏrɛpɪˋtɪʃən; ˌrepiˈtiʃn] «repeat 的名詞»**—n.* **1** ⓊⒸ重複，反覆，重說，重做。**2** Ⓤ背誦；復唱；復奏：by ～ 以復唱。**3** Ⓒ **a** 重複的話。**b** 模倣。

rep·e·ti·tious [ˏrɛpɪˋtɪʃəs; ˌrepiˈtiʃəs˝], **re·pet·i·tive** [rɪˋpɛtɪtɪv; riˈpetətiv] «repeat, repetition 的形容詞»**—***adj.* **1** 反覆多次的，令人厭倦地反覆着的；嚕嗦的。**2** 重複的，反覆性的。
～·ness *n.*

re·phrase [riˋfrez; riːˈfreiz] *v.t.* 再措辭表明…；改變措辭說[表達]…。

re·pine [rɪˋpaɪn; riˈpain] *v.i.* 〔動(十介十(代)名)〕《文語》〔對…〕抱怨，埋怨，發牢騷〔*at, against*〕：～ ***at*** one's sad fate 自怨命苦/～ ***against*** Providence 怨天。

***re·place** [rɪˋples, ˏrɪˋples; riˈpleis] *v.t.* **1** 〔十受〕將…置於原處，將…放回：He ～*d* the receiver. 他把電話的聽筒放回/*R*～ the book on the shelf. 把書放回書架上。
2 〔十受〕代替，接替…：December ～*d* November. 十一月過去，

R

十二月來臨/Nothing can ～ a mother's love. 什麼都無法取代母愛/He is hard to ～. 他是個難以另覓[無人可取代]的人才/Mr. A was ～*d* as prime minister by Mr.B. B先生接替A先生任首相。

3 a〔十受〕替換，更換…：～ a dead battery 更換已用完的電池。**b**〔十受十介十(代)名〕〔以…〕取代，更換…〔*with, by*〕：～ butter ***with*** margarine 以人造奶油取代奶油《★變換可換寫成 substitute margarine for butter》。

re·place·a·ble [rɪˋplesəbl; riˈpleisəbl] *adj.* **1** 可放回原處的。**2** 可替換[取代]的，可代替的：～ parts 可替換的零件。

re·pláce·ment [-mənt; -mənt] «replace 的名詞»**—*n.*** **1** Ⓤ放回原處，歸還；復職，復位。**2 a** Ⓤ替換，更換：regular ～ of tires 輪胎的定期更換。**b** Ⓒ更換[代替]品；接替者，後任者。**3** Ⓒ《美軍》接替人員；補充人員：a ～ depot 人員補充站。

re·plant [riˋplænt; ˌriːˈplɑːnt] *v.t.* **1** 再種植；移植〈樹木〉。**2** 移植樹木於…。**3** 新殖民於〈某地〉。

re·play [riˋple; ˌriːˈplei] *v.t.* **1 a** 再次比賽…。**b** 再演出[演奏]。**2** 再現，再放〈錄音等〉

— [ˋriˌple; ˈriːplei] *n.* Ⓒ**1 a** 再次比賽，復賽。**b** 再演出[演奏]。**2** (錄音等的)再現。

re·plen·ish [rɪˋplɛnɪʃ; riˈpleniʃ] *v.t.* **1 a**〔十受〕再裝滿；補充，補給…：～ one's stocks 補充庫存[存貨]。**b**〔十受十介十(代)名〕〔以…〕再裝滿；補充…〔*with*〕：He ～*ed* his pipe ***with*** tobacco. 他給煙斗再添滿煙草。**2** 再給…添燃料：We ～*ed* the fire. 我們再添加燃料於爐火中。**～·ment** *n.*

re·plete [rɪˋplit; riˈpliːt] *adj.* [不用在名詞前]〔十介十(代)名〕《文語》**1** 充滿〔…〕的，充分具有[具備]〔…〕的〔*with*〕：a room ～ ***with*** luxuries 奢侈品充斥的[擺滿了奢侈品的]房間。**2**〔以…〕飽滿的，飽足的〔*with*〕：He was ～ ***with*** food and drink. 他吃喝得飽飽的。

re·ple·tion [rɪˋpliʃən; riˈpliːʃn] «replete 的名詞»**—*n.*** Ⓤ《文語》**1** 充滿，充實，過多。**2** 飽食，滿腹。

to replétion 滿滿地，飽足地，充分地：eat *to* ～ 吃得飽飽的。

rep·li·ca [ˋrɛplɪkə; ˈreplikə] *n.* Ⓒ **1** (尤指原作者自己做的)摹寫，複製。**2** 摹寫品，複製品。

rep·li·cate [ˋrɛplɪˌket; ˈreplikeit] *v.t.* **1** 翻折，折轉〈樹葉等〉。**2** 摹寫，複製。**rep·li·ca·tion** [ˌrɛplɪˋkeʃən; ˌrepliˈkeiʃn] *n.*

‡re·ply [rɪˋplaɪ; riˈplai] *v.i.* **1 a** 答，答覆，回答，應答，答辯(⇨ answer【同義字】)：I asked her why she did it, but she did not ～. 我問她爲什麼那樣做，但是她沒有回答。**b**〔十介十(代)名〕〔對…〕回答，答覆〔*to*〕《★可用被動語態》：I won't ～ ***to*** this letter. 我不想回覆這封信。**c**〔十介十(代)名〕〔代表…〕致答辭[謝辭]〔*for*〕：I have the honor to ～ ***for*** the guests at this dinner. 我很榮幸代表參加這個宴會的來賓致謝辭。

2〔十介十(代)名〕〔對於攻擊等〕〔以反擊〕應對，應戰，應付，對付〔*to*〕〔*with*〕：They *replied* ***to*** the enemy's attack ***with*** heavy gunfire. 他們以猛烈的砲火對付[回敬]敵人的攻擊。

—*v.t.* **1**〔十受〕[常用於否定句]回答…：He did *not* ～ a word [anything]. 他一句話[什麼]也沒有回答/I did *not* know what to ～. 我不知道要怎麼回答。

2 a〔十引句〕回答說…，還嘴說…："No, thank you," he *replied*. 他回答說：「不用了，謝謝！」**b**〔十介十(代)名十 *that*__〕〔對人〕回答說，答稱〈…事〉〔*to*〕：He *replied that* his mind was made up. 他回答說，他已下定決心。

—*n.* Ⓒ**答覆**，回答，覆函〔*to*〕：I haven't heard your ～ yet. 我還沒有聽到你的回答《你還沒有回答我》/ He made no ～ ***to*** my request. 他沒有回答我的請求。

in replý (to...) 作爲(對…的)答覆，爲答覆…：He said nothing *in* ～. 他什麼也沒有回答/*In* ～ *to* the question, he referred me to a recent article in *The Times*. 爲答覆這個問題，他叫我參閱泰晤士報最近的一篇文章。

replý-pàid *adj.* (尤指)〈電報〉覆電費已付的：a ～ telegram 覆電費已付的電報。

re·point [riˋpɔɪnt; ˌriːˈpɔint] *v.t.* 重嵌[重新塗]灰泥於〈牆壁〉的磚[石]的空隙。

ré·pon·dez s'il vous plaît [repɔ̃ˋdesilvuˋplɛ; reipɔ̃ːˈdeisiːl-vuːˈple] «源自法語 'reply, if you please.'之義»敬請回覆《請帖中用語，略作 R.S.V.P.》。

‡re·port [rɪˋport, -ˋpɔrt; riˈpɔːt] *v.t.* **1 報告：a**〔十受〕傳達，報知，報導…(⇨ tell【同義字】)：Today's newspaper ～*s* the death of the Prime Minister. 今天的報紙報導首相的死訊/Any changes should be ～*ed* immediately. 有任何變化時，應立即報告/⇨ report PROGRESS.

【字源】re 和port 分別源自表示「向後」和「搬運」的拉丁文，而 report 本來是指「向後搬運」的意思。在古時 report 即是旅行者帶回來有關旅行地的「消息」。

b〔十受十介十(代)名〕〔向…〕報告，傳達…〔*to*〕：He ～*ed* his accident ***to*** the police. 他把自己的意外事件報告警方。**c**〔十 do*ing*〕傳達[報告，報知]說〈曾做…〉：He ～*ed* hav*ing* seen the man at the meeting. 他聲稱在集會上見過那個人。**d**〔十 *that*__〕傳達，報告〈…事〉《★用因不可用〔十引句〕的句型》：The chairman ～*ed that* the number of applicants had increased. 主席報告說申請者人數已增加/It is ～*ed that* over three hundred people died in the earthquake. 據報導有三百多人死於那次的地震。**e**〔十受十 to *do*〕傳達[報導]〈人、物等〉〈做…〉：The weatherman ～*ed* the typhoon *to* have approached the mainland. 氣象預報員報稱颱風已接近本土。**f**〔十受十(*to be*)補〕傳達[報導]〈人，物〉〈爲…〉《★用因《美》通常不用 to be》：They ～ed him *to be* the best man for this job. 他們報告說他是這項工作的最佳人選/She has been ～*ed* dead. 據說她已死亡。

2〔十受〕〈記者〉(爲作成報導文章而)寫〈有關…之事〉的報導：～ a speech[trial] 撰寫有關演說[審判]的新聞稿。

3〔十受十介十(代)名〕《美》〔向有關當局〕呈報〈不法行爲，受害等〉〔*to*〕；〔因某人行爲不端而〕〔向上級、警察當局等〕告發，控告〈人〉〔*to*〕〔*for*〕：He ～*ed* her disappearance ***to*** the police. 他向警方報告她失踪/I will ～ you *to* the police (***for*** a fraud). 我要到警察局告你(詐欺)。

4〔十受十介十(代)名〕[～ one*self*] **a** (將抵達、歸來信息等)〔向上級〕報告，呈報〔*to*〕. **b**〔向人〕報到〔*at, to*〕：*R～ yourself* ***to*** the manager between 2 and 3. (請)在兩點到三點之間向經理報到。

—*v.i.* **1**〔十介十(代)名〕〔就…之事〕〔向…〕**報告**；〔向…〕作[提出]〔…的〕報告書〔*on, upon*〕〔*to*〕：He ～*ed* ***on*** [***upon***] the war situation. 他就戰況提出了報告。

2〔十介十(代)名〕〈記者〉(爲新聞等而)採訪，報導；擔任[新聞的]採訪記者〔*for*〕：He ～*s* ***for*** *The Times*. 他擔任「泰晤士報」的採訪記者。

3〔十介十(代)名〕**a**〔向上級〕呈報〔*to*〕.**b**〔向…〕報到〔*to, for*〕：He was told to ～ ***to*** the police. 他被告知要到警察局報到/You are to ～ ***for*** duty at 8：30 a.m. 你要在早上八點三十分上班。

repórt báck《*vt adv*》(1)帶回…的報告。(2)〔十 *that*__〕(採訪等)歸來之後寫成〈…事〉的報導。**—**《*vi adv*》(3)調查後報告。

—*n.* **1** Ⓒ **a** (調查、研究的)**報告**〔*of, on*〕：a news ～ 新聞報導/⇨ weather report/make a ～ (*of*...) 報告(…)/draw up a ～ *on* an accident 寫有關某意外事件的報告。**b**《英》(學校的)成績單，通知單(《美》report card)：Did you get a good ～ this term？ 你本學期的成績好嗎？

2 Ⓒ **a** 公報。**b** (新聞等的)報導，通訊。

3 Ⓒ[常 ～s] **a** (演講、討論等的)記錄。**b**《議會》會議記錄。

4 Ⓤ評價，公衆議論；名聲：a man of good[ill] ～ 名聲好[壞]的人。

5 ⓊⒸ **a** 傳聞，風聞，謠傳：by ～ 據傳說/Mere ～ is not enough to go upon. 僅僅是傳聞並不足爲憑。**b**〔十 *that*__〕〈…的〉傳聞：*R～* goes[runs, has it] *that*.... 據說…，傳說…/There was a ～ *that* Tom had stolen the watch from her. 傳說湯姆從她那兒偷了錶。

6 Ⓒ爆炸聲；槍聲，砲聲：The rocket exploded with a loud ～. 火箭發出一聲巨響爆炸。

on repórt (因違規等而)被傳的。

re·port·a·ble [rɪˋportəbl, -ˋpɔrt-; riˈpɔːtəbl] *adj.* 可報告[報導]的，有報告[報導]之價值的。

rep·or·tage [rɪˋportɪdʒ, -ˋpɔrt-; ˌrepɔːˈtɑːʒ] «源自法語»**—*n.*** Ⓤ報導之文章[文體]；報導之消息；報導。

repórt càrd *n.* Ⓒ《美》(學校定期寄給學生家長等的)(學生的)成績單(《英》report)。

re·pórt·ed·ly [-tɪdlɪ; -tidli] *adv.* [修飾整句]據說，據傳：The Prime Minister is ～ going to resign in a few days. 據說首相將於近幾天之內辭職。

re·pórt·ed spéech *n.* Ⓤ《文法》間接敍述法。

re·pórt·er *n.* Ⓒ **1** 報告[呈報]者。

2 新聞[採訪]記者，通訊員〔*for*〕.

3 (法院的)書記；會議記錄員。

re·pose[1] [rɪˋpoz; riˈpouz]《文語》*n.* Ⓤ **1** 休息；睡眠；休養，靜養：seek[take] ～ 休息。

2 a (場所等的)安靜，寧靜，沉靜。**b** (態度等的)鎮靜，沈着。

3《繪畫》(色彩等的)恬靜，均勻和諧。

in repóse (表情)安詳：In ～, her face looks quite different. 表情安詳時，她的臉孔看上去完全是另一副樣子。

—*v.i.* **1**〔動(十介十(代)名)〕**a**〔在…〕休息，歇息〔*on, in*〕《★比較一般用 rest, lie》：～ ***on*** a couch 在睡椅上休息。**b**《婉轉語》〔在…〕長眠，安眠〔*in, at, below*〕：***Below*** this stone ～ the mortal remains of.... 在這石下長眠着…的遺骸《墓碑上的文句》。**c**〈土地等〉寂靜[安靜]地處〔在…中〕〔*in*〕：The village ～*d* ***in*** the dusk. 那村莊在暮色中沈寂著。

2〔十介十(代)名〕〈物〉放置〔在…〕;〔在…上〕擱着,安放着〔*on, upon*〕: The foundations ~ ***upon*** rock. 基座安設在岩石上。
3〔十介十(代)名〕〈證據、爭論等〉依據,依靠〔…〕〔*on*〕: His argument ~*d* ***on*** a close study of the facts. 他的論點是在仔細地研究事實的基礎上提出的。
—*v.t.* **1**〔十受十介十(代)名〕**a** 使〈身體的某部位〉橫臥〔在…上〕,使…〔在某處〕休息〔*on*〕: He ~*d* his head ***on*** the pillow. 他把頭靠在枕頭上。**b**〔~ one*self*〕〔在…上〕躺下,休息〔*on*〕: ~ *oneself* ***on*** a bed 躺在床上。
2 使〈人〉平靜下來。

re·pose² [rɪ'poz; ri'pouz] *v.t.*〔十受十介十(代)名〕《文語》將〈信賴等〉置〔於…〕;將〈希望等〉寄託〔在…上〕〔*in*〕: They ~*d* complete confidence ***in*** his loyalty. 他們對於他的忠誠寄以由衷的信賴。

re·pose·ful [rɪ'pozfəl; ri'pouzful] *adj.* 平靜的,沉着的;安詳的。~**·ly** [-fəlɪ; -fuli] *adv.*

re·po·si·tion [ˌripə'zɪʃən; ˌri:pə'ziʃn] *n.* Ⓤ**1** 放回;儲藏。**2**〈骨頭等之〉復位法。
—*v.t.* **1** 使〈骨頭、器官等〉恢復正常位置,使…復位。**2** 將…放於新位置。

re·pos·i·to·ry [rɪ'pɑzəˌtorɪ, -ˌtɔrɪ; ri'pɔzitəri] *n.* Ⓒ**1 a** 貯藏室,倉庫。**b** 安放遺骨的靈堂,埋葬地。**2**〔知識等的〕寶庫〔*of*〕.**3** 被告訴〔秘密等〕的人〔*of*〕.

re·pos·sess [ˌripə'zɛs; ˌri:pə'zes] *v.t.* 收回〈未付貨款的商品或未付租金的土地、房屋等〉。

re·pos·ses·sion [ˌripə'zɛʃən; ˌri:pə'zeʃn] *n.*

re·pot [ri'pɑt; ˌri:'pɔt] *v.t.* 將〈植物〉改種在別的(較大)花盆中,給…重新裝盆。

repp [rɛp; rep] *n.* =rep¹.

rep·re·hend [ˌrɛprɪ'hɛnd; ˌrepri'hend] *v.t.*《文語》叱責,譴責,責難〈人等〉: ~ a person's conduct 責罵某人的行爲。

rep·re·hen·si·ble [ˌrɛprɪ'hɛnsəbl; ˌrepri'hensəbl] *adj.* **1** 應受責難的,應受譴責的: ~ conduct 應受責難的行爲。
2〔十 *of*十(代)名 (十 *to* do)/十 *to* do〕〔人〕〔做…〕(實在)應受譴責〔不應該〕的;〈人〉(實在)應受責難的〈竟…〉: It was ~ ***of*** him *to* be so disloyal. =He was ~ *to* be so disloyal. 他如此不忠,(實在)應受譴責《他如此不忠,實在太不應該了》。

rèp·re·hén·si·bly [-blɪ; -bli] *adv.*

rep·re·hen·sion [ˌrɛprɪ'hɛnʃən; ˌrepri'henʃn] «reprehend 的名詞»—*n.* Ⓤ叱責,譴責,責難。

rep·re·hen·sive [ˌrɛprɪ'hɛnsɪv; ˌrepri'hensiv] *adj.* 責難的,譴責的。~**·ly** *adv.*

***rep·re·sent** [ˌrɛprɪ'zɛnt; ˌrepri'zent] *v.t.* **1 a**〔十受〕(尤指)〈繪畫、雕刻等〉表現,描繪…: This painting ~*s* a hunting scene. 這幅畫描繪狩獵的情景。**b**〔十受十 do*ing*〕〈繪畫、雕刻等〉描繪…〈正在…〉: This picture ~*s* a girl play*ing* the piano. 這幅畫描繪一位在彈鋼琴的少女。
2 a〔十受〕〈物〉(以文字、符號等)表示,象徵;意味…: X ~*s* the unknown. X 表示未知數/The stars in the American flag ~ the States. 美國國旗上的星是各州的象徵。**b**〔十受十介十(代)名〕〔對於…〕意味著…,具有…的意義〔*to*〕: His excuses ~*ed* nothing ***to*** me. 他的解釋對我毫無意義。
3〔十受〕**a** 代表,代理…: a union ~*ing* 700 workers 代表七百名員工的一個工會/Each party is ~*ed* at the committee. 各黨都有代表參加該委員會/Our firm is ~*ed* in Taiwan by Mr. White. 本公司在臺灣是由懷特先生代表[代理]。**b** 當…的議員[代表]: The State was ~*ed* (in Congress) by three Democrats and seven Republicans. 該州選出三名民主黨和七名共和黨人士爲(國會)議員。**c** 當…的代表而參加,作…的樣板[典型],示範…《★常用被動語態》: Every major American writer is ~*ed* in the library. 該圖書館收藏了美國每一位知名作家的代表作。
4〔十受〕相當於…;與…相對;比擬,代替…: Camels are ~*ed* in the New World [the Americas] by llamas. 在新世界[美洲]駝馬相當於駱駝。
5〔十受〕《文語》演出,上演〈戲劇〉;扮演,飾演〈角色〉: The actor was somewhat old to ~ Hamlet. 這演員扮演哈姆雷特稍嫌老了些。
6《文語》**a**〔十受〕(用語言)表達,表現〈信念等〉: ~ ideas by words 用語言表達觀念。**b**〔十受十介十(代)名〕(慷慨激昂、聲色俱厲地)〔向…〕說明,指出,陳述,主張,建議…〔*to*〕: The orator ~*ed* the importance of the bill ***to*** his audience. 那名講演者向聽衆指出該法案的重要性。**c**〔十介十(代)名十 *that*_〕(慷慨激昂、聲色俱厲地)〔向…〕說,陳述,說明,告知,建議〈…事〉〔*to*〕: I ~*ed* ***to*** him *that* the plan was not practicable. 我對他說那項計畫是行不通的。**d**〔十受十 *as* 補〕將…描寫〈爲…〉: Macaulay ~*s* Charles II *as* a faithless fanatic. 麥考萊把查理二世描寫爲無信義的狂熱者。
7〔十受十介十(代)名〕(憑想像)〔讓自己〕想起,在心裏想像〔*to*〕: Can you ~ infinity ***to*** yourself? 你能在心裏想像無限嗎?
8〔十受十 *as* 補/十受十 *to be* 補〕《文語》(或與事實不符地)將…(硬)說〈成…〉;聲稱,斷定,主張…〈是…〉: He ~*ed* the plan *as* safe, but it was not. 他聲稱該計畫萬無一失,但事實却不然/The stranger ~*ed* himself *to be* a lawyer. 那個陌生人聲稱自己是律師。

re-pre·sent [ˌriprɪ'zɛnt; ˌri:pri'zent] *v.t.* **1** 再贈予;再提出。**2** 再演出〈戲劇等〉。

rep·re·sen·ta·tion [ˌrɛprɪzɛn'teʃən; ˌreprizen'teiʃn] «represent 的名詞»—*n.* **1 a** Ⓤ表現,描寫,描繪;表示。**b** Ⓒ肖像,畫像,雕像,模型。
2 Ⓤ**a** 代表,代理。**b**〔集合稱〕代表: functional [vocational] ~ 職業代表。**c** 代議制度;選舉代表的權利: proportional ~ 比例代表制《略作 P.R.》/regional ~ 地區代表制。**d**〔集合稱〕議員團。
3 ⓊⒸ演出;上演。
4 a Ⓒ〔十 *that*_〕〈…的〉說明,陳述: on a false ~ *that*… 根據…之錯誤陳述。**b**〔~s〕陳情,抗議〔*to, against*〕: *Representations* were made *to* [*against*]… 向…陳情[抗議]。

rèp·re·sen·tá·tion·al [-ʃənl; -ʃənl] «representation 的形容詞»—*adj.* **1**《美術》具象的,具象派[主義]的(↔ abstract, nonrepresentational)。**2** 有關代議制度的。

rep·re·sent·a·tive** [ˌrɛprɪ'zɛntətɪv; ˌrepri'zentətiv] «represent, representation 的形容詞»—*adj.* (**more** ~; **most** ~) **1**(無比較級、最高級)**a** 代表的,代理的;代議制度的: the ~ chamber [house] 議院/~ government 代議制政府/the ~ system 代議制。**b**〔不用在名詞前〕〔十介十(代)名〕代表〔…〕的〔*of*〕: The Congress [Parliament] is ~ ***of the people. 國會代表國民。
2〔不用在名詞前〕〔十介十(代)名〕表現〔…〕的,表示〔…〕的,描寫〔…〕的,象徵〔…〕的〔*of*〕: These pictures are ~ ***of*** life in medieval Europe. 這些畫描繪着中古歐洲人的生活。
3 代表性的,典型的。
—*n.* Ⓒ **1** 代表(人),代理人〔*for, of*〕.

【同義字】delegate 指出席會議等的代表(人)。

2 議員,民意代表;《美》衆議員(⇨ congress【說明】): the House of *Representatives* ⇨ house 成語。
3 代表物;樣本,標本;典型。~**·ly** *adv.*

rep·re·sént·ed spéech *n.* Ⓤ《文法》描述敍法《介於直接敍述法和間接敍述法之間的一種敍述法》。

re·press [rɪ'prɛs; ri'pres] *v.t.* **1** (以武力)鎮壓〈暴徒等〉: ~ a revolt [riot] 鎮壓叛亂[暴動]。**2 a** 抑制,忍住,壓抑〈感情、慾望等〉: ~ one's emotions [tears] 忍住感情[眼淚]。**b** 壓制〈人〉。
3《心理》(無意識地)壓抑〈慾望等〉。

re·préssed *adj.* 被壓抑的,被抑制的。

re·press·i·ble [rɪ'prɛsəbl; ri'presəbl] *adj.* 可制止[鎮壓]的。

re·pres·sion [rɪ'prɛʃən; ri'preʃn] «repress 的名詞»—*n.* **1** Ⓤ**a** 抑制,制止。**b** 鎮壓。**2** ⒸⓊ《心理・生理》**a** 壓抑。**b** 壓抑本能。

re·pres·sive [rɪ'prɛsɪv; ri'presiv] *adj.* 制止的,壓抑的;鎮壓的。~**·ly** *adv.* ~**·ness** *n.*

re·prieve [rɪ'priv; ri'pri:v] *v.t.* **1** 緩期執行〈死刑等〉;(尤指)暫緩行刑[處決]〈死刑犯〉。
2〔十受十介十(代)名〕使〈人〉暫免〔危險、困難〕,使…暫時解脫[減輕]〔…〕〔*from*〕《★常用被動語態》: We *were* ~*d* ***from*** the danger for a time. 我們暫免危險。
—*n.* Ⓒ**1** (刑罰的)暫緩執行;(死刑的)緩刑(命令)。**2** (從危險、困難中的)暫時解脫。

rep·ri·mand ['rɛprəˌmænd; 'reprimα:nd] *n.* ⓊⒸ(正式的嚴厲)叱責;譴責,申斥,懲戒: deliver [receive, be given] a sharp ~ 加以[遭受]嚴厲的譴責。
—*v.t.* ['rɛprəˌmænd, ˌrɛprə'mænd; 'reprimα:nd, ˌrepri'mα:nd]〔十受(十介十(代)名)〕〔因…〕(嚴厲地)叱責;譴責,懲戒〈人〉〔*for*〕: He was sharply ~*ed* ***for*** his negligence. 他因玩忽職責而受到嚴厲的申斥。

re·print [ri'prɪnt; ˌri:'print] *v.t.* 再版,重印〈書〉《★常用被動語態》: The book is now *being* ~*ed*. 該書正再版中。
— ['riˌprɪnt; 'ri:print] *n.* Ⓒ再版(本),重印本。

re·pris·al [rɪ'praɪzl; ri'praizl] *n.* ⓊⒸ〔常 ~s〕報復(手段): make ~(*s*) 採取報復手段/attack the enemy camp in ~ [as a ~] 攻擊敵人陣營作爲報復。

re·prise [rɪ'praɪz; ri'praiz] *n.* Ⓒ《音樂》再現部《主題等在展開部之後所呈現的反覆、再現》。

re·proach [rɪ'protʃ; ri'proutʃ] *v.t.* **1**〔十受〕(以悲傷而非憤怒的樣子)責備,責怪〈人〉: You need not ~ yourself so much. 你不必自責太深/His eyes ~*ed* me. 他對我投以責備的眼光。**2**〔十受十介十(代)名〕〔因…之事〕叱責,申斥,責備,責難〈人〉〔*for, with*〕: She ~*ed* her son ***for*** be*ing* late for dinner. 她責備兒子

晚回來吃晚飯/He *~ed* his pupil ***with*** laziness. 他責備學生懶惰。

—*n.* 1 a Ⓤ叱責，責難：without[beyond, above] ~ 無可非議，毫無缺點。**b** Ⓒ責難的話[言詞]：He heaped *~es* on his son. 他把兒子痛罵一頓。**2 a** Ⓤ恥辱，沒有面子：That will bring ~ upon you. 那將使你丟臉。**b** [*a* ~]〔給…〕恥辱[蒙羞]之事物〔*to*〕：Slums are *a* ~ *to* a civilized city. 貧民區是文明都市的恥辱。

re·proach·a·ble [rɪ`protʃəbl; ri'proutʃəbl] *adj.* 應受責備的；可譴責的；可責備的。

re·proach·ful [rɪ`protʃfəl; ri'proutʃful] *adj.* 責備(似)的，責難(似)的，譴責(似)的：She gave him a ~ look. 她以責備似的眼光看他。**~·ly** [-fəlɪ; -fuli] *adv.*

re·próach·ing·ly *adv.* 責怪(似)地，責備(似)地，譴責(似)地。

re·proach·less [rɪ`protʃlɪs; ri'proutʃlis] 無可非難的；無可譴責的；無可非議的。

rep·ro·bate [`rɛprə͵bet; 'reprəbeit] *v.t.* **1**《文語・罕》嚴厲地譴責，責難〈人〉。**2**《神學》〈神〉遺棄…。

—*adj.* 1 邪惡的，墮落的。**2** 被神遺棄的(←→ elect)。

—*n.* Ⓒ **1** 墮落的人，酒色之徒，不務正業的人，無賴漢。**2** 被神遺棄的人。

rep·ro·ba·tion [͵rɛprə`beʃən; ͵reprə'beiʃn] 《reprobate 的名詞》**—*n.*** Ⓤ **1** 責難，叱責。**2**《神學》永罰，定罪《指被神遺棄；cf. election 2》。

re·pro·duce [͵riprə`dus, -`djus; ͵ri:prə'dju:s] *v.t.*〔十受〕**1** 重現〈場面、聲音等〉，使…再生：They are endeavoring to ~ the social conditions of prewar days. 他們正竭力(在作品等中)重現戰前的社會情況。

2 複製，仿造，重作…：Her features have been *~d* pretty well *on* canvas. 她的容貌被惟妙惟肖地描繪在畫布上/These illustrations have been *~d from* some rare prints. 這些插畫是從一些珍奇的版畫複製的。

3〈動植物〉使〈失去的部位或器官〉再生：Lobsters can ~ claws when lost. 龍蝦失去鉗後仍能再生。

4 a 生〈子〉，繁殖〈後代〉：~ offspring[one's kind]繁衍子孫[自己的種族]。**b** [~ one*self*]生殖，繁殖。

—*v.i.* 1〈動植物〉生殖，繁殖：Most plants ~ by seed. 大多數植物靠種子繁殖。

2 [與 well 等狀態副詞連用]複製，拷貝：This print will ~ well. 這張版畫能複製得很好。

rè·pro·dúc·er *n.* Ⓒ**1** 繁殖[生殖]的動植物。**2** (錄音、錄影機等的)放音[播放]裝置。

re·pro·du·ci·ble [͵riprə`dusəbl, -`djus-; ͵ri:prə'dju:səbl] *adj.* **1** 可再生[再現]的。**2** 可拷貝[翻印]的。**3** 可繁殖的。

re·pro·duc·tion [͵riprə`dʌkʃən; ͵ri:prə'dʌkʃn] 《reproduce 的名詞》**—*n.* 1** Ⓤ再生，再現。**2 a** Ⓤ複製，模造；轉載。**b** Ⓒ拷貝，複製品。**3** Ⓤ生殖(作用)，繁殖。**4** Ⓤ《經濟》再生產。

re·pro·duc·tive [͵riprə`dʌktɪv; ͵ri:prə'dʌktiv] *adj.* [用在名詞前] **1** 再生的，再現的。**2** 複製的，複寫[拷貝]的。**3** 生殖的：~ organs 生殖器官。

re·prog·ra·phy [ri`prɑgrəfɪ; ri'prɔgrəfi] *n.* Ⓤ複印，翻印。

re·proof [rɪ`pruf; ri'pru:f] 《reprove 的名詞》**—*n.***《文語》**1** Ⓤ叱責，責難：a word of ~ 譴責的話/in ~ of laziness 譴責怠惰。**2** Ⓒ譴責的話，規勸：receive a sharp ~ 遭受嚴厲的責備。

re·prov·al [rɪ`pruvl; ri'pru:vl] *n.* Ⓤ譴責，責難。

re·prove [rɪ`pruv; ri'pru:v] *v.t.* **1**〔十受〕(以矯正的好意)責罵，叱責，責備，責難〈人〉：He gently *~d* her for always putting others first. 他溫和地責備她總是先考慮別人。

2〔十受十介十(代)名〕〔爲…之事而〕責罵，譴責，責難〈人〉〔*for*〕：She *~d* the maid ***for*** her carelessness in washing up. 她責罵女傭洗餐具漫不經心。

re·próv·ing *adj.* 責罵似的，責難似的。**~·ly** *adv.*

rep·tile [`rɛptl, -tɪl; 'reptail] 《源自拉丁文「爬行」之義》**—*n.*** Ⓒ **1** 爬行類動物《蛇、蜥蜴、龜等》。**2** 卑鄙的人。

—*adj.* =reptilian.

rep·til·i·an [rɛp`tɪlɪən; rep'tiliən] 《reptile 的形容詞》**—*adj.* 1** 爬行動物的，似爬行動物的。**2** 卑鄙的，陰險的。

—*n.* Ⓒ爬行動物。

Repub.《略》Republic；Republican.

***re·pub·lic** [rɪ`pʌblɪk; ri'pʌblik] *n.* Ⓒ**1 a** 共和國(cf. monarchy)。**b** 共和政體。**2** [the R~；常與序數連用] (法國的)共和《★自第一共和(the First Republic)至第五共和(the Fifth Republic)的任何一次共和》。**3** (持共同目標之人的)…社會，…界：the ~ of letters 文學界，文壇。

re·pub·li·can** [rɪ`pʌblɪkən; ri'pʌblikən] 《republic 的形容詞》**—*adj. (**more ~；most ~**) **1 a** 共和國的。**b** 共和政體[主義]的。**2** [R~] (無比較級、最高級) (美國)共和黨的(cf. democratic 4)。

—*n.* Ⓒ **1** 共和主義者。**2** [R~] **a** (美國)共和黨員(cf. democrat 2)：the *Republicans* 共和黨。**b** 支持共和黨者。

re·púb·li·can·ism [-n͵ɪzəm; -nizəm] *n.* Ⓤ **1** 共和政體[主義]。**2** [R~] (美國)共和黨的主義[政策]。

美國共和黨的象徵 elephant

Repúblican Párty *n.* [the ~] (美國的)共和黨《與民主黨(the Democratic Party)同爲當前美國兩大政黨；以漫畫的象(elephant)爲其象徵》。

re·pub·li·ca·tion [͵ripʌblɪ`keʃən; 'ri:͵pʌbli'keiʃn] *n.* **1** Ⓤ再發行；再版；翻版。**2** Ⓒ再發行之書刊；再版之書刊。

Repúblic of Chína *n.* [the ~]中華民國。

re·pub·lish [ri`pʌblɪʃ; ͵ri:'pʌbliʃ] *v.t.* **1** 再公布，再頒布〈法令等〉。**2** 再版[印]〈書刊〉。

re·pu·di·ate [rɪ`pjudɪ͵et; ri'pju:dieit] 《源自拉丁文「離婚」之義》**—*v.t.* 1 a** 拒收〈物〉，拒絕…：~ a gift[suggestion]拒絕接受禮物[建議]。**b** 駁斥〈責難、嫌疑等〉爲不正[不當]；否認…：He *~d* the authorship of the book. 他否認那本書是他的著作。**c** 說〈人〉與自己無關係；棄絕，不認〈人〉；與…斷絕關係。**2** 拒不履行〈債務等〉，賴〈債〉。

re·pu·di·a·tion [rɪ͵pjudɪ`eʃən; ri͵pju:di'eiʃn] 《repudiate 的名詞》**—*n.*** Ⓤ **1 a** 拒絕。**b** 否認。**c** 斷絕關係。**2** 拒絕支付。

re·pug·nance [rɪ`pʌgnəns; ri'pʌgnəns] 《repugnant 的名詞》**—*n.* 1** Ⓤ [又作 *a* ~]嫌惡，厭惡，厭棄，反感〔*to*〕：He has *a* great ~ *to* writ*ing* letters. 他非常厭惡寫信。**2** ⓊⒸ矛盾，不一致〔*of, between, to, with*〕。

re·pug·nant [rɪ`pʌgnənt; ri'pʌgnənt] *adj.* **1a** [用在名詞前]使人討厭的，令人厭棄的：a ~ fellow 討厭的傢伙。**b** [不用在名詞前]〔十介十(代)名〕〔對…而言〕討厭的，厭惡的〔*to*〕：He is ~ ***to*** me. 我很討厭他/It is ~ *to* me even to speak to him. 我甚至連和他說話都感到討厭。

2 [不用在名詞前]〔十介十(代)名〕〔與…〕矛盾的；不一致[不和諧，不兩立]的〔*to, with*〕：These actions seem ~ ***to*** common sense. 這些行爲似乎有悖常識[常理]。

re·pulse [rɪ`pʌls; ri'pʌls] *v.t.* **1** 逐退，擊退〈敵人、攻擊〉：~ the enemy [an attack] 擊退敵人[攻擊]。**2** 拒絕〈人、建議、求婚等〉。

—*n.* ⓊⒸ擊退；拒絕：meet with [suffer] a ~ 被擊退[拒絕]。

re·pul·sion [rɪ`pʌlʃən; ri'pʌlʃn] 《repulse 的名詞》**—*n.* 1** Ⓤ [又作 *a* ~]反感，厭惡，嫌棄：I have *a* ~ *for* snakes. = Snakes have *a* ~ *for* me. 我很討厭蛇。**2** Ⓤ《物理》推斥作用，斥力(←→ attraction)。

re·pul·sive [rɪ`pʌlsɪv; ri'pʌlsiv] 《repulse, repulsion 的形容詞》**—*adj.* 1** 使人厭惡的，令人惡心的，討厭的：a ~ smell 惡臭。**2**《物理》反斥的，推斥的：~ forces 推斥力。

~·ly *adv.* **~·ness** *n.*

re·pur·chase [ri`pɝtʃəs, -ɪs; ͵ri:'pə:tʃəs] *v.t.* 再(購)買；買回…。**—*n.*** Ⓤ再買；買回。

rep·u·ta·ble [`rɛpjətəbl; 'repjutəbl] 《repute 的形容詞》**—*adj.*** 名譽好的，有聲譽的；可尊敬的，高尚的：a ~ doctor 有聲譽的醫師。**rép·u·ta·bly** [-blɪ; -bli] *adv.*

***rep·u·ta·tion** [͵rɛpjə`teʃən; ͵repju'teiʃn] *n.* **1** Ⓤ [又作 *a* ~] 名聲，名譽：a man of good [bad] ~ 名譽好的[壞的]人/make *a* ~ for oneself 贏得名聲，成名/Your ~ is [stands] very high. 你的聲譽很高/He has [enjoys] *a* good ~ *as* a physician. 他是位有名望的內科醫師/He had *a* ~ *for* business sagacity. 他以經營精明著稱/She has the ~ *of* be*ing* kind to the poor. 她對待窮人仁慈，享有美譽。

2 Ⓤ好評，聲望，美名，令名，名望：a person of his ~ 像他那種有聲望的人/a man of no ~ 名譽不好的[默默無聞的]人。

***re·pute** [rɪ`pjut; ri'pju:t] *n.* Ⓤ **1** 名譽，名聲，風評(reputation)：be in high [of good] ~ 名譽好的，有信譽的/by ~ 由[據]風評，因(某人的)名氣。**2** 好評，令名(fame)：a man of ~ 社會知名人士/wines of ~ 名酒。

re·pút·ed *adj.* **1** [用在名詞前] **a** (不明就裏而)號稱的，一般所認爲的，一般所說的，據說的：his ~ father 號稱他父親的人。**b** 評價好的，在社會上知名的：Buy our ~ whiskey. 請惠購本公司深受好評的威士忌。

2 [不用在名詞前] **a** [與 ill, well 等副詞連用]被認爲(壞，好)的：He is ill [well] ~. 他的名聲不好[好]。**b**〔十 (*to be*) 補/十 (*as*) 補〕被視爲〈…〉的，被認爲〈…〉的：He was ~ (*to be*) stingy. 他吝嗇得出了名[他是個有名的吝嗇鬼]/He is ~ (*as*) the best dentist in the town. 他被認爲是城裏最好的牙醫。**c**〔十 *to* do〕被認爲〈做…〉的，被謠傳〈做…〉的：He is ~ *to* have a good memory. 傳聞[據說]他記性很好。

re·pút·ed·ly *adv.* [修飾整句]根據風評，據說：He is ~ brilliant at mathematics.＝*R*~, he is brilliant at mathematics. 據說他在數學方面很有才能。

‡re·quest [rɪ'kwɛst; ri'kwest] *v.t.* **懇求**《★[比較]較 ask 爲拘泥的用語》：**a** 〔+受〕懇求，拜託〈事物〉：~ a person's presence 懇請某人出席/as ~*ed* 依照請求/We ~ the honor [pleasure] of your company. 敬請光臨。**b** 〔+受+介+(代)名〕〔向人、銀行等〕要求，申請，請求〈事物〉〔*of, from*〕：~ a loan ***from*** a bank 向銀行申請貸款/What I ~ ***of*** them is that they should keep it secret. 我請求他們的是，這件事要保密。**c** 〔+ *to* do〕請求，拜託〈做…〉：I ~ *to* be informed of the current state of affairs. 我請求讓我知悉當前的情勢。**d** 〔+受+ *to* do〕拜託，請求，央求〈人〉〈做…〉：I must ~ you *to* hold your tongue. 請保持肅靜/You are kindly ~*ed to* fasten your seat belts. 敬請繫上安全帶。**e** 〔+介+(代)名+ *that*__〕拜託，請求，央求〔人〕〔…〕〔*of*〕：He ~*ed that* the error (should) be corrected. 他請求改正那項錯誤/He ~*ed* ***of*** his guests *that* they (should) sit down. 他請他的客人坐下《★[用法]《口語》常不用 should》.

—n. 1 Ⓤ Ⓒ **a** **請求**，要求，懇求：We made a ~ *to* them *for* the information. 我們請求他們提供信息。**b** 〔+ *that*__〕〈…事的〉請求，要求：I granted his earnest ~ *that* his son (should) join our club. 我答應了他希望他兒子加入我們俱樂部的誠摯請求《★[用法]與 *v.t.* 義 e 同》。

> 【說明】拜託對方時口語的類似說法：*Be an angel* and sharpen my pencil. (行行好)請幫我削鉛筆/*Be a sport* and lend me a hand. 拜託請幫個忙 / Will you *be a dear* and make me a drink? 麻煩你弄一杯飲料給我好嗎？

2 Ⓒ **a** 請求[要求]的事物，需要品；拜託的信，請願書。**b** (聽眾的)點唱[點奏](曲)：play ~*s* 演奏點奏曲。

3 Ⓤ 需求：This article is *in* (great) ~. 這項物品需求量很大/Mr. Johnson was very much *in* ~ as a lecturer. 各校紛紛邀請詹森先生擔任講師。

at a person's **requést**＝**at the requést of** a person 應某人的請求：I did so *at* your ~. 我是應你的請求才這樣做。

by [**at**] **requést** 應請求；有請求時：Buses stop here only *by* ~. 巴士只有在(乘客)要求[招呼]時才在這裏停車。

on [**upòn**] **requést** 若提出請求，若有[承]索取：It is available *on* ~ *to* this office. 向本辦事處索取即可取得[本處承索即寄]。

requést stòp *n.* Ⓒ《英》只有在乘客要求[招呼]時才停車的公車站。

> 【說明】request stop 是倫敦(London)等地設在普通站牌(bus stop)之間的公共汽車站牌。在普通站牌各班車都會停，但 request stop 僅在有乘客想下車而向駕駛員示意時才停車。若想在這種站牌上車時，舉手向駕駛員招呼車子就會停；cf. bus stop【說明】

req·ui·em ['rikwɪəm, 'rɛk-; 'rekwiəm] «源自拉丁文「安息」之義；出自追思彌撒曲的頭一句»**—n.** Ⓒ **1** [有時 R~]《天主教》**a** (又作 **réquiem máss**)追思彌撒。**b** 追思彌撒曲，安魂曲，奠祭曲。

2 (祈死者靈魂安息的)哀歌，悲歌，輓歌。

‡re·quire [rɪ'kwaɪr; ri'kwaiə] *v.t.* **1** **需要**《★[比較]較 need 拘泥的用語》：**a** 〔+受〕需要〈某事〉：The matter ~*s* utmost care. 處理此事需要極度愼重。**b** 〔+ do*ing*〕有必要，需要〈做…〉《★[比較]在此構句中一般較常用 need, want》：The young seedlings ~ look*ing* after carefully. 這些幼苗需要小心照顧[培育]。**c** 〔+ *that*__〕〈情勢等〉需要〈…事〉：The situation ~*s that* this (should) be done immediately. (當前的)形勢要求這件事必須立刻辦成《當務之急是要把這件事辦成》《★[用法]《口語》常不用 should》. **2** **要求**(⇨demand【同義字】)：**a** 〔+受〕(作爲權利、憑權力)**要求**…；〈法律、規則等〉要求，命令…：Your presence is urgently ~*d*. 你務必出席[在場]/He has done all that is ~*d* by the law. 凡是法律所要求的事，他都執行了。**b** 〔+受+介+(代)名〕〔向人〕要求…〔*of, from*〕：We will do all that is ~*d* ***of*** us. 凡是向我們要求的事我們都會做到[我們有求必應]/He ~*d* some more information ***from*** me. 他要求我提供更多情報。**c** 〔+受+ *to* do〕要求，命令〈人〉〈做…〉：He was ~*d to* report to the police. 他被警方傳訊。**d** 〔+ *that*__〕命令，要求〈…事〉：The court ~*d that* I (should) appear. 法院要求我出庭《★[用法]與義 1 c 同》。

—v.i. 〈法律等〉要求，命令。

re·quíred *adj.* 《美》〈學科〉必修的(compulsory)(↔ elective)：a ~ subject 必修科目。

re·quíre·ment [-mənt; -mənt] «require 的名詞»**—n.** Ⓒ **1** 需要的事物，必需品；必備條件。**2** 要求[被要求]的事物，要件；需要：meet the ~*s* of the time 迎合時勢的需要。

req·ui·site ['rɛkwəzɪt; 'rekwizit] «require 的形容詞»**—adj. 1** 必要的，必需的：get the ~ two-thirds majority on the first ballot 在第一次投票時獲得必需的三分之二以上的多數。

2 〔+前+(代)名〕〔對…〕不可缺少的〔*for, to*〕：Decision is a quality ~ ***to*** a leader. 果斷是領導者必備的素質/Have you the ~ patience ***for*** such work? 你有沒有做這種工作必須具備的耐心？

—n. Ⓒ 必需品，需要物，要件，必備條件〔*for, to*〕：traveling ~*s* 旅行必備品/~*s to* good health 健康的必備條件。

~·ness *n.*

req·ui·si·tion [ˌrɛkwə'zɪʃən; ˌrekwi'ziʃn] *n.* **1** **a** Ⓤ (尤指軍隊等所做的)徵購，徵用：bring [call, place] horses *into* ~ ＝put horses *in* ~ ＝lay horses *under* ~ 徵用[徵購]馬匹。**b** Ⓒ 徵購令：The army made a ~ *on* the villagers *for* provisions. 軍方向村民下了徵購糧食的命令。

2 Ⓤ 需要：be in [under] ~ 有需要，被使用。

—v.t. 《軍》**1** **a** 〔+受〕徵用〈人員〉，徵購〈物資〉：~ supplies [horses, labor] 爲供軍用而徵購[用]物資[馬匹，勞力者]。**b** 〔+受+介+(代)名〕〔爲軍隊等〕徵用〈人、物資〉〔*for*〕：~ food ***for*** the troops 給軍隊徵購糧食。

2 〔+受+介+(代)名〕向〈城市等〉徵購〔物資等〕〔*for*〕：The army ~*ed* the village ***for*** provisions. 軍方向那村莊徵購糧食。

re·quit·al [rɪ'kwaɪtl; ri'kwaitl] «requite 的名詞»**—n.** Ⓤ《文語》報答，報酬；回報，復仇：in ~ of [for]... 爲酬謝…，爲報答…之恩，爲報復…。

re·quite [rɪ'kwaɪt; ri'kwait] *v.t.* 《文語》**1** **a** 〔+受〕報答〈人、好意等〉：Did she ~ your love? 她有沒有報答你的愛？**b** 〔+受+介+(代)名〕〔爲…而〕〔以…〕報答〈人〉〔*for*〕〔*with*〕：I'll ~ you ***for*** your help. 我會報答[酬謝]你的幫助/His kindness was ~*d* ***with*** cold contempt. 他的好意被報以[遭致]冷淡的輕蔑/I ~*d* him *for* his help *with* a present. 我送他一份禮以答謝他的幫助。

2 **a** 〔+受〕報復〈受害、受虐待等〉：~ a wrong 報復受不平的待遇。**b** 〔+受+介+(代)名〕〔爲…而〕向〈人〉報復，復仇〔*for*〕；〔以…〕報復〈受害、受虐待等〉〔*with*〕：~ a person ***for*** his contempt 報復某人的輕蔑/He ~*d* his employer's unfairness ***with*** his resignation. 他以辭職來報復雇主對他的不公平的待遇。

re·read [ri'rid; ˌri:'ri:d] *v.t.* (**re·read** [-'rɛd; -'red])再讀，重讀。

rer·e·dos ['rɪrdɑs; 'riədɔs] *n.* Ⓒ (教堂)聖堂背後的壁飾[屏風]《常有華麗的裝飾；cf. altarpiece》.

re·route [ri'rut, -'raut; ri:'ru:t, -'raut] *v.t.* 以新路線遞送，以不同的路線遞送…。

re·run [ri'rʌn; ˌri:'rʌn] *v.t.* (**re·ran** [-'ræn; -'ræn]; **re·run**; **re·run·ning**) **1** 再放映，再演；重播〈電影，電視節目〉。**2** 重新進行〈賽跑〉，再參加…的賽跑。

— ['riˌrʌn; 'ri:rʌn] *n.* Ⓒ 再放映(的電影)，再演出(的戲劇)；重播(節目)。

re·sale ['riˌsel, ri'sel; 'ri:seil, ri:'seil] *n.* Ⓤ Ⓒ 零售，轉售。

re·scind [rɪ'sɪnd; ri'sind] *v.t.* 《法律》使〈法律、條約等〉失效，廢止，撤銷。

re·script ['riskrɪpt; 'ri:skript] *n.* Ⓒ **1** 勅令，勅答，詔書。**2** 《天主教》教皇的勅答[勅令]。

res·cue** ['rɛskju; 'reskju:] *v.t.* **1** **a** 〔+受〕**解救**，救出〈在危險狀態的人〉(⇨save[1]【同義字】)：~ a drowning child 救出溺水中的小孩。**b** 〔+受+介+(代)名〕將〈人、物〉〔從危險、囚禁狀態中〕救出〔from〕：He ~*d* the boy ***from drown*ing*. 他把那快溺斃的男孩救出。

2 〔+受〕《法律》**a** 非法救出〈囚犯〉。**b** 奪回〈被扣押的財產〉。

—n. 1 Ⓤ Ⓒ **營救**，救援；救助(人命)：come [go] to a person's ~ ＝come [go] to the ~ of a person 來[去]營救某人，努力救人，對人伸出援手。

2 Ⓤ《法律》(囚犯、被扣押物之)非法奪回。

—adj. [用在名詞前](無比較級、最高級)營救的，救濟的：a ~ home (婦女)職訓所，娼妓救濟所，濟貧所/a ~ party [train] 援救隊[火車]/ ~ work 援救工作。

rés·cu·er *n.* Ⓒ 營救[解救]者；救濟者。

***re·search** ['risɝtʃ, rɪ'sɝtʃ; ri'sə:tʃ, 'ri:sə:tʃ] *n.* **1** **a** Ⓤ (學術)**研究**，學術調查，探索，探討：the results of recent ~ in physics 物理學上的最近[新近]研究成果。**b** Ⓒ [常 ~**es**]〔某一領域的〕研究〔*into, on*〕：They are making [carrying out] several ~*es* [a ~] *into* the history of languages. 他們正在做[進行]幾項語言史的研究。**2** Ⓤ **研究能力，研究心**：a scholar of great ~ 在研究方面造詣很深的學者。

— [rɪ'sɝtʃ, 'risɝtʃ; ri'sə:tʃ] *v.t.* 〔+受〕研究，探索，探討，調查…(⇨examine【同義字】)：~ cancer 研究癌症。

—v.i. 〔+動(+介+(代)名)〕研究，調查〔…〕〔*into, on*〕：~ ***into*** [***on***] a problem 調查問題。

re·séarch·er *n.* Ⓒ 研究員；調查員，探索者。

reséarch library *n.* Ⓒ 供研究專用的圖書館《專供學者與專家獲得某方面資料的圖書館》。

R

re·seat [ri`sit; ˌriː'siːt] *v.t.* **1** [～ one*self*] 再就座《★也用被動語態》。**2** 爲…增設座位。**3** 換〈椅子〉的座面。

re·sect [rɪ`sɛkt; ri'sekt] *v.t.* 《外科》切除…。

re·sec·tion [rɪ`sɛkʃən; riː'sekʃn, ri's-] *n.* U **1** 《古》削除；割去。**2** 《外科》切除術。

re·sell [ri`sɛl; ˌriː'sel] *v.t.* (**-sold** [-`sold; -'sould]) 再賣；轉賣〈商品〉。

re·sem·blance** [rɪ`zɛmbləns; ri'zembləns] «resemble 的名詞» **—*n. **1** U C 類似，相似；相似之處〔*between, to, in*〕：He has [bears] a strong ～ *to* his father. 他很像他父親/There was a distant [faint] ～ *between* them. 他倆有隱約相似的地方。**2** C 肖像。

re·sem·ble** [rɪ`zɛmbl; ri'zembl] *v.t.* 〔十受(十介十(代)名)〕〔在…這一點〕像…〔*in*〕《★ 用法 無被動語態、進行式》：The child ～*s* his father. 那孩子像他父親/The brothers ～ each other ***in taste. 那對兄弟興趣相似。

re·sent [rɪ`zɛnt; ri'zent] *v.t.* **1** 〔十受〕對…生氣 [氣憤，憤恨]；憎惡…《★ 並不意味憤怒一定顯現於表情、動作等》：He ～*ed* the cutting remark. 他聽了那種尖刻毒辣的話很氣憤。**2** 〔十do*ing*〕對〈做…〉生氣：Would your wife ～ my be*ing* with you here? 你太太會不會氣我跟你在這兒？

re·sent·ful [rɪ`zɛntfəl; ri'zentful] *adj.* **1** 憤恨的，氣憤的，憤慨的，憤怒的：a ～ look 憤恨的臉色。**2** [不用在名詞前] **a** 〔十介十(代)名〕〔對於…〕憤恨的，氣憤的〔*at, about*〕：He was ～ ***at*** her remarks. 他對於她的話感到氣憤。**b** 〔十 *that*_〕〈因…事〉感到憤恨的：My uncle was ～ *that* he had not been invited to the wedding. 我舅舅因爲沒有被邀請去參加婚禮而感到氣憤。
～**·ly** [-fəlɪ; -fuli] *adv.* ～**·ness** *n.*

re·sént·ment [-mənt; -mənt] «resent 的名詞» **—*n.*** U 〔對…〕(長久持續或鬱積的) 憤恨，惱怒，氣憤〔*against, at*〕：walk away in ～ 忿忿地走開/He felt ～ *against* his master. 他對主人感到氣憤。

res·er·va·tion** [ˌrɛzə`veʃən; ˌrezə'veiʃn] «reserve 的名詞» **—*n. **1 a** U [常～s] (火車、旅館等的) 預約，預訂：cancel ～*s* 取消預訂/I have *made* all *the* ～*s for* my trip. 我已辦妥旅行的全部預訂/Is ～ necessary at that restaurant? 那家餐廳需要預訂嗎？**b** C 預訂的座位 [房間]。
2 a U (爲供將來或某種目的使用的) 保存；(權利等的) 保留。**b** U C (限制) 條件，限制，保留，但書：with ～*s* 有保留 [條件] 地/without ～ 無條件 [保留] 地。**c** 〔十 *that*_〕〈…事的〉(限制) 條件，但書：They accepted the plan with the ～ *that* they might revise it later. 他們以日後可以修改爲條件接受了那項計畫。**d** 《法律》保留的權利；保留的條款 [條件]。
3 C (不能說出口的、內心的) 擔心，隱諱，疑慮〔*about*〕：I have some ～*s about* their marriage. 我對他們的婚姻有些隱諱 [擔心]。
4 C **a** 《美》(尤指給印地安人的) 特居 [保留] 地：the Indian ～*s* 印地安人特居 [保留] 地。**b** 《英》(汽車道路等的) (中央) 隔離帶。

re·serve** [rɪ`zɝv; ri'zəːv] *v.t.* **1** 〔十受十介十(代)名〕**a** 〔爲將來的使用或爲某種目的而〕留下，保存…；將…擱著不用〔*for*〕：*R*～ some milk ***for tomorrow. 留一點牛奶明天喝/You had better ～ your energies ***for*** the new task. 你最好爲新的工作保留精力。**b** [～one*self*]〔爲…〕保留精力〔*for*〕：*R*～ *yourself* ***for*** the match this afternoon. 請你爲下午的比賽養精蓄銳。
2 〔十受〕預訂〈座位、房間等〉《★ 常以過去分詞當形容詞用；⇨ reserved 1 a》：～ rooms at a hotel 預訂旅館房間/I'll ～ a table. 我要訂一桌 (酒席等)。
3 〔十受〕**a** 保留〈權利、利益、條約的適用等〉。**b** 暫緩，改期，推延，延期〈判決等〉。
4 〔十受十介十(代)名〕〔使…〕命運注定…〔*for*〕《★ 常以過去分詞當形容詞用；⇨reserved 3》。
—*n.* **1 a** U (爲將來的使用或爲某種目的之) 儲存 (狀態)，預備：money *in* ～ 準備金/ keep [have] food *in* ～ 儲備糧食。**b** C [常～s] 儲存；儲存物，預備品〔*of*〕：keep a ～ [some ～*s*] *of* fuel 儲存燃料/He has a great ～ *of* energy. 他精力充沛。**c** C [常～s] 準備 [預備] 金，公積金：the ～(*s*) of a bank 銀行準備金/foreign exchange ～*s* 外匯存底 [準備]/the gold ～ (發行紙幣銀行的) 黃金準備。**d** C 《運動》候補選手。
2 C [常與修飾語連用] 特居 [保留] 地，指定保護地區〔*for*〕：a forest ～ 保護林/a game ～ 禁獵區/a ～ *for* wild animals 野生動物保護區。
3 C (拍賣等的) 底價〔*of*〕：He put a ～ *of* $100,000 *on* the house. 他給那房屋訂了一個十萬美元的底價。
4 U **a** (性格、言行等的) 自制，節制，審慎，冷淡，隱諱，拘謹；沈默：with an air of ～ 以拘謹的樣子 [態度]/throw off ～ 消除隔閡，撇開拘謹。**b** (於文學、藝術等) 避免誇張的措辭。
5 [**the** ～；常～**s**；常**R**～]《軍》預備部隊，後備部隊：*the* first [second] ～預備 [後備] 部隊/an officer in *the* ～ 預備軍官/be placed to *the* ～〈軍艦〉被編入預備艦隊。
without resérve (1)坦率地，無忌憚地，毫無保留地。(2)無條件地。(3)(拍賣等) 不 [未] 標底價地 [的]。
—*adj.* [用在名詞前] 預備的；準備的：a ～ fund 準備金/a ～ officer 預備軍官。

resérve bànk *n.* C 《美》準備銀行。

re·sérved *adj.* **1 a** 預約的，預訂的，包租的，指定的 (cf. reserve *v.t.* 2)：a ～ seat 預定的 [對號的] 座位/a ～ car [carriage] (火車的) 包租車廂/a ～ book 指定參考書《在大學圖書館等與一般圖書分開存放的學生必讀書籍》。**b** 保留的，保存的；預備的：a ～ ration 預備口糧《緊急時使用的濃縮食品》。**2** 有所忌憚 [顧慮] 的，拘謹的，有隔閡的，隱諱的，緘默的，冷淡的，性格孤獨的：He is very ～. 他很保守 [拘謹]。**3** [不用在名詞前]〔十介十(代)名〕〈人〉被〔命運等〕注定的〔*for*〕；〈命運等〉被注定〔於人等〕的〔*for*〕(cf. reserve *v.t.* 4)：He was ～ ***for*** the discovery. ＝The discovery was ～ *for* him. 那項發現注定要由他完成/It was ～ *for* him to make the admirable discovery. 那項令人讚賞的發現注定由他完成。

re·sérv·ed·ly [-vɪdlɪ; -vidli] *adv.* 自制地，節制地；有隔閡地；冷淡地。

re·sérv·ist [-vɪst; -vist] *n.* C 後備軍人。

res·er·voir [`rɛzə˞ˌvɔr, -ˌvwɑr; 'rezəvwɑː] «源自法語» **—*n.*** C **1 a** 貯水池，水庫，儲器，(貯) 水槽，水塔：a depositing [settling] ～ 沈澱池/a receiving ～ 聚水池。**b** 儲藏庫。**c** (煤油燈的) 油壺；(自來水筆的) 墨水管；瓦斯槽。**2** (知識、財富等的) 儲藏，累積，寶庫〔*of*〕：a ～ *of* facts [knowledge] 事實 [知識] 的累積。

re·set [ri`sɛt; ˌriː'set] *v.t.* (**re·set**；**re·set·ting**) **1 a** 重新放置；再放置。**b** 重新調整〈計時器等〉：～ one's watch by the radio signal 藉收音機的報時來校正錶上時間。
2 重新鑲嵌〈珠寶〉。
3 《印刷》重排〈鉛字〉。
4 《外科》接合〈斷骨〉，把…整形，使…復位。
5 使〈刀剪類〉重新開刃；重新磨：～ a saw 銼尖鋸齒。
— [`risɛt, ri`sɛt; ˌriː'set] *n.* C **1** 重新放，改放；重新鑲嵌。
2 《印刷》重排 (之物)。

re·set·tle [ri`sɛtl; ˌriː'setl] *v.t.* **1 a** 〔十受(十介十(代)名)〕使〈人〉〔在…〕再 [重新] 定居〔*in*〕：The refugees were ～*d* ***in*** Canada by a U.N. relief organization. 難民被聯合國救難組織安頓在加拿大定居。**b** 〔十受十介十(代)名〕[～ one*self*]〔在…〕再 [重新] 定居〔*in*〕：They ～ *themselves* ***in*** Australia. 他們在澳洲重新定居下來。**2** 再殖民於〈某地〉。
—*v.i.* 再定居。

re·shape [ri`ʃep; ˌriː'ʃeip] *v.t.* 使…再形成；賦與…新形態；重訂…的新方針。**—*v.i.*** 形成新形態。

re·ship [ri`ʃɪp; ˌriː'ʃip] (**-shipped; -ship·ping**) *v.t.* **1** 再裝船運送。**2** 將…移往另一船；將…改裝他船。**3** 使…再乘船。
—*v.i.* **1** 再乘船。**2** (船員) 簽約參加另一次航行。～**·ment** *n.*

re·shuf·fle [ri`ʃʌfl; ˌriː'ʃʌfl] *v.t.* **1** 再 [重] 洗〈紙牌〉。**2** 改組〈內閣等〉。
—*n.* C **1** (紙牌的) 再洗牌。**2** (內閣等的) 更換，改組。

re·side [rɪ`zaɪd; ri'zaid] *v.i.* 《文語》**1** 〔十副詞(片語)〕**a** (長期間) 居住《★ 比較 一般多用 live》：He ～*s abroad* [*in* New Haven]. 他住在海外 [新哈芬]。**b** 〈官員〉駐 (在…)。**2** 〔十介十(代)名〕〈性質〉存在〔於…〕；〈權利等〉屬於〔…〕，歸於〔…〕〔*in*〕：Her charm ～*s* ***in*** her naive attitude to life. 她的魅力在於她對人生天眞爛漫的態度。

res·i·dence** [`rɛzədəns; 'rezidəns] «reside 的名詞» **—*n. **1** C (尤指大而堂皇的) 住宅，宅邸：an official ～ 官邸，公家宿舍。
2 a U 居住，駐留，居留：a hall of ～ (大學的) 學生宿舍/have [keep] one's ～ in ... 居住在…/take up (one's) ～ 定居。**b** C 《文語》居留 [停留] 期間：after a ～ of ten years in London 在倫敦居住十年之後。
in résidence (1)駐於任所的，住公家宿舍的；住校的。(2)〈與大學有關者〉居住在校內的：a doctor *in* ～ (醫院等的) 駐院 [住院] 醫師。

res·i·den·cy [`rɛzədənsɪ; 'rezidənsi] *n.* **1** U 《美》(醫師的) 實習期間《駐於醫院；cf. internship》；住院實習醫師的身分 (cf. resident *n.* 3)。**2** C (從前印度等的) 英國總督官邸 (cf. resident *n.* 2 b)。

res·i·dent** [`rɛzədənt; 'rezidənt] «reside, residence 的形容詞» **—*adj. (無比較級、最高級) **1 a** 居住的，居留的：～ aliens 居留的外國人，外僑/a ～ physician [surgeon, doctor] ＝resident *n.* 3/a ～ tutor 住在學生家中的家庭教師。**b** [不用在名詞前]〔十介十(代)名〕《文語》居住〔在…〕的〔*at, in*〕：She is ～ ***at*** his house. 她住在他家裏。
2 [不用在名詞前]〔十介十(代)名〕〈性質、權利等〉內在〔於…〕的，

〔於…〕固有的〔*in*〕：privileges ～ ***in*** a class 階級固有的特權。
3〖動物〗〈鳥等〉不遷徙的(↔ migratory).
—*n.* Ⓒ **1 居住者，**居民；僑民：foreign ～*s* 居留的外國人，外僑/summer ～*s* 避暑遊客。
2 a 駐在外國的事務官。**b** [**R**～]〈從前派駐印度土邦宮廷的〉英國總督代表。**c** 舊荷屬東印度羣島的行政官。
3《美》住院醫師《做完實習醫師(intern)後開業前的醫師；cf. house physician 1》。

res·i·den·tial** [ˌrɛzəˋdɛnʃəl; ˌreziˈdenʃl] «residence 的形容詞»**—*adj. (**more** ～；**most** ～) **1 住宅的**；有關住宅的；適於住宅的：a ～ district [quarter, section] 住宅區[區域，地段]/～ qualifications〈投票者所必須具備的〉居住資格。**2** (無比較級、最高級) **a**〈旅館等〉適於長期住宿旅客的：a ～ hotel 供長期住宿的旅館。**b** 有(供學生使用之)住宿設備的：a ～ college 有供學生住宿設備的大學。

re·sid·u·a *n.* **residuum** 的複數。

re·sid·u·al [rɪˋzɪdʒʊəl; riˈzidjuəl] «residue, residuum 的形容詞»**—*adj.*** **1** 剩餘的，殘餘的：a ～ product 副產物/～ property 剩餘財產。**2**〖數學〗**a** 剩餘的。**b**〈計算錯誤等〉無法說明的：a ～ error 殘差，剩餘誤差。
—*n.* **1** Ⓒ殘餘，殘留物。**2** [～**s**]《美》〈因電影或電視的重播或廣告等而付給演員等的〉附加酬金。**3** Ⓒ〖數學〗剩餘；誤差；差。
～**·ly** *adv.*

re·sid·u·ar·y [rɪˋzɪdʒʊˌɛrɪ; riˈzidjuəri] *adj.* [用在名詞前] **1** 剩餘的，殘渣的；殘留(性)的，渣滓的。**2**〖法律〗剩餘財產的：a ～ bequest [legacy] 剩餘財產之遺贈。

res·i·due [ˋrɛzəˌdu, -ˌdju; ˈrezidjuː] *n.* Ⓒ[常用單數] **1** 殘餘。**2**〖法律〗剩餘財產。**3**〖化學〗殘留物，殘渣。

re·sid·u·um [rɪˋzɪdʒʊəm; riˈzidjuəm] «源自拉丁文»**—*n.*** (*pl.* **-sid·u·a** [-dʒʊə; -djuə]) =residue.

***re·sign** [rɪˋzaɪn; riˈzain] *v.t.* **1** 〔十受〕**a** 辭去〈職位、官位等〉：He ～*ed* his post as headmaster. 他辭去校長的職務。**b** 拋棄，放棄〈權利、希望等〉：～ one's rights 放棄權利。
2 〔十受十介十(代)名〕**a** 將〈人、工作、財產等〉讓與，委託，交與〔他人〕〔*to*〕：They ～*ed* their child ***to*** an adoption agency. 他們把他們的孩子交給領養服務中心[收養機構]。**b** [～ one*self*] 聽任，順從〔於…〕〔*to*〕：I will ～ *myself* ***to*** your guidance. (我願意聽從你的指導)請多多指教《★ 拘泥的說法》。
3 〔十受十介十(代)名〕[～ one*self*] 認〔命〕；只好〔…〕〔*to*〕《★ 也以過去分詞當形容詞用；⇨resigned 1b》：He ～*ed himself* ***to*** his fate. 他聽天由命/She had to ～ *herself to* bring*ing* up her baby alone. 她不得不認命，獨力撫養她的孩子。
—*v.i.* **1 a** (尤指正式地) **辭職，**辭去工作：The Cabinet has ～*ed*. 內閣已經總辭。

【同義字】retire 尤指因年老或年資已滿而退休。

b 〔十介十(代)名〕辭去〔…〕；〔自…〕退出〔*from*〕：He ～*ed* ***from*** his post [position]. 他辭去了他的職位。**c** 〔十 *as* 補〕辭去〈當…的職位〉：He will ～ *as* chairman. 他將辭去議長之職。
2 〔十介十(代)名〕〔對命運等〕逆來順受；認〔命〕；委身，聽任〔於…〕〔*to*〕.

re-sign [ˌriˋsaɪn; ˌriːˈsain] *v.t.* 再簽署；再署名。

res·ig·na·tion [ˌrɛzɪgˋneʃən; ˌrezigˈneiʃn] «resign 的名詞»**—*n.*** **1** ⓊⒸ**辭職，**去職。**2** Ⓒ[常 **one's** ～]辭呈：give in [hand in, send in, tender] one's ～ 提出辭呈。**3** Ⓤ死心，放棄，隱忍服從，認命〔*to*〕：meet one's fate with ～ 接受命運的安排；聽天由命。

re·signed *adj.* **1 a** 已死心的，隱忍服從的：with a ～ look 帶著無奈的臉色。**b** [不用在名詞前]〔十介十(代)名〕〔對…〕逆來順受的，認命的〔*to*〕(cf. resign *v.t.* 3)：He was ～ ***to*** his fate. 他順從命運/He seemed (to be) ～ *to* the hard work. 他似乎無可奈何地做著那辛苦的工作。**2** 已辭職[去職]的。

re·sign·ed·ly [-nɪdlɪ; -nidli] *adv.* 死心地，無可奈何地，不得已地。

re·sil·ience [rɪˋzɪlɪəns; riˈziliəns] «resilient 的名詞»**—*n.*** Ⓤ [又作 **a** ～] **1** 彈回，跳回，反彈；彈力，彈性(elasticity). **2** (精神的)恢復力，復元力。

re·síl·ien·cy [-sɪ; -si] *n.* =resilience.

re·sil·ient [rɪˋzɪlɪənt; riˈziliənt] *adj.* **1** 彈[跳]回的；有彈力的。**2** 迅速恢復精神的；活潑的，精神充沛的。～**·ly** *adv.*

res·in [ˋrɛzn̩; ˈrezin] *n.* Ⓤ [指產品個體或種類時爲Ⓒ] **1** 樹脂，松香(cf. rosin). **2** 合成樹脂。

res·in·ate [ˋrɛzɪˌnet; ˈreziˌneit] *v.t.* 以樹脂注入[浸透]…；使…有樹脂香味。

res·in·at·ed [ˋrɛzənetɪd; ˈrezineitid] *adj.* 經過樹脂加工[處理]的。

res·in·ous [ˋrɛzn̩əs; ˈrezinəs] «resin 的形容詞»**—*adj.*** 樹脂(質)的；樹脂製的；含樹脂的。

***re·sist** [rɪˋzɪst; riˈzist] *v.t.* **1 a** 〔十受〕**抵抗，**反抗，對抗…(⇨oppose【同義字】)：～ an attack 抵抗攻擊/He ～*ed* the authority of the court. 他抗拒[蔑視]法庭的權威。**b** 〔十 do*ing*〕抗拒，抵抗〈做…〉：She ～*ed* be*ing* kissed. 她不讓人家吻她。
2 [常 **cannot** [**could not**] ～] **a** 〔十受〕忍耐，忍住…：I *cannot* ～ a joke. 我聽了笑話就忍不住要笑出來；想到笑話我忍不住要說出來/I *cannot* ～ ice cream. 我看[想，聞]到冰淇淋就忍不住(想吃)[非吃不可]。**b** 〔十do*ing*〕忍住〈做…〉：I *could not* ～ laugh*ing*. 我忍不住笑出來《無法不笑》。**3** 〔十受〕耐〈化學作用、自然力量等〉：This watchcase ～*s* water. 這個錶殼可防水《★ 防水性遜於 be waterproof 之說法》。
—*v.i.* 抵抗：The enemy ～*ed* stoutly. 敵人頑强地抵抗。
～**·er** *n.*

re·sis·tance** [rɪˋzɪstəns; riˈzistəns] «resist 的名詞»**—*n. **1 a** Ⓤ [又作 **a** ～] **抵抗，**反抗，對抗：passive ～ ⇨passive 1 a /put up (a) strong [stout] ～ 頑强地抵抗/make [offer] no ～ *to* the enemy attack 對於敵人的攻擊不予任何抵抗/meet with stiff ～ from ... 遭到…的猛烈抵抗。**b** Ⓤ(物理的)抵抗，抵抗力〔*of*〕：the ～ *of* the air=air ～ 空氣阻力。**c** Ⓤ(對化學作用等的)抵抗力[性]；(對細菌、疾病等的)抵抗力：build up ～ *to* (a) disease 增强對疾病的抵抗力。**d** Ⓤ反抗的意志，反感：Mass communication sometimes arouses ～ in us. 大衆傳播有時激起我們的反感。
2 Ⓤ [常 (**the**) **R**～；集合稱] 抗暴，(地下)反抗運動[組織]《★ 用法 視爲一整體時當單數用，指其個別成員時當複數用》：*the* French ～ in World War II 第二次大戰期間的法國抗暴[抵抗]組織[運動]。
3〖電學〗**a** Ⓤ電阻《略作 R》：electric(al) ～ 電阻。**b** Ⓒ電阻裝置，電阻器。
the line of léast resístance 最輕鬆[不費力]的方法：take [choose, follow] *the line of least* ～ 採取最輕鬆的方法。

resístance bòx *n.* Ⓒ〖電學〗電阻箱。

resístance còil *n.* Ⓒ〖電學〗電阻線圈。

re·sis·tant [rɪˋzɪstənt; riˈzistənt] *adj.* **1 a** 抵抗的。**b** [不用在名詞前]〔十介十(代)名〕〔對…〕有抵抗力的，耐〔…〕的〔*to*〕：A healthy diet creates a body ～ ***to*** disease. 保健飲食有助於增强體內對疾病的抵抗力。**2** [常構成複合字] 耐…的，有…抵抗力的：a quake-*resistant* building 耐震[防震]建築物/a fire-*resistant* house 耐火[防火]房屋。
—*n.* Ⓒ **1 a** 抵抗者，反抗者。**b** 抗暴[抵抗]組織的一分子。**2** 防染劑。

re·sist·i·ble [rɪˋzɪstəbl̩; riˈzistəbl] *adj.* 可抵抗[反抗]的。

re·sist·less [rɪˋzɪstlɪs; riˈzistlis] *adj.* **1** 不可抵抗的，無法抵抗的。**2** 無抵抗力的。

re·sis·tor [-tɚ; -tə] *n.* Ⓒ〖電學〗電阻器。

re·size [riˋsaɪz; ˌriːˈsaiz] *v.t.* 改變…的尺寸。

re·sole [riˋsol; ˌriːˈsoul] *v.t.* 換〈鞋〉底。

re·sol·u·ble [rɪˋzɑljəbl̩; riˈzɔljubl] *adj.* **1 a** 可分解的，可溶解的。**b** [不用在名詞前]〔十介十(代)名〕可分解[溶解]〔於…〕的〔*into*〕. **2** 可解決的。

res·o·lute [ˋrɛzəˌlut; ˈrezəluːt] *adj.* (**more** ～; **most** ～) **1 毅然的，堅決的**：a man of ～ will 意志堅決的人。**2 a**〈人〉毅然的，毫不動搖的：a ～ man 不屈不撓的人。**b** [不用在名詞前]〔十介十(代)名〕〔對…〕意志堅決的〔*for*〕：He is ～ ***for*** peace. 他堅決擁護和平。**c** [不用在名詞前]〔十 *to* do〕決心〈做…〉的：They are ～ *to* fight to the last. 他們決心戰鬥到底。
～**·ly** *adv.* ～**·ness** *n.*

res·o·lu·tion** [ˌrɛzəˋluʃən; ˌrezəˈluːʃn] «resolve 的名詞»**—*n. **1** Ⓒ **a 決意，**決心(之事)：good ～*s* 改邪歸正的決心/one's New Year ～ 新年的決心。**b** 〔十 *to* do〕〈做…的〉決心：He made a ～ never *to* repeat the act. 他決心不再採取那種行動。
2 Ⓤ**果斷力，不屈不撓**：a man of great ～ 很有果斷力的人/act with ～ 行動果斷。
3 Ⓒ**a** 決議(案)〔*for, in favor of; against*〕：pass a ～ *in favor of* [*against*] ... 通過贊成[反對]…的決議案/adopt a ～ *for* build*ing* a hospital 採納興建醫院的決議案。**b** 〔十 *to* do〕〈做…的〉決議(案)：The committee passed a ～ *to* build a general hospital. 委員會通過了興建綜合醫院的決議案。**c** 〔十 *that*＿〕〈…事的〉決議(案)：They adopted [rejected] the ～ *that* the subscription be raised. 他們採納[否決]了募集捐款的決議案。
4 Ⓤ **a** (成爲要素的)分解，溶解，分析；(由繁變簡的)變換，轉化〔*into*〕. **b** (問題等的)解決，解答(solution)〔*of*〕.

re·solv·a·bil·i·ty [rɪˌzɑlvəˋbɪlətɪ; riˌzɔlvəˈbiləti] «resolvable 的名詞»**—*n.*** Ⓤ可分解[溶解]性。

re·solv·a·ble [rɪˋzɑlvəbl̩; riˈzɔlvəbl] *adj.* **1** 可溶解的，可分解的。**2** 可解決的。

***re·solve** [rɪˋzɑlv; riˈzɔlv] *v.t.* **1 a** 〔十 *to* do〕〈人〉**決定，**決心〈做

…〉(⇨ decide【同義字】)：He ~*d* never *to* go to any such places again. 他決定再也不去那種地方。**b**〔+ *that*__〕〈人〉決心，決定〈…事〉：I ~*d that* nothing (should) hold me back. 我決心不因任何阻礙而退縮《★用法《口語》多不用 should》. **c**〔+ *wh.* + *to* do〕〈人〉決定，決心〈怎麼做…〉：We must ~ *what* to do next. 我們必須決定下一步驟該怎麼辦。

2 a〔+ *that*__〕〈議會等〉決議〈…事〉：The committee ~*d that* the step (should) be authorized. 委員會決議核准該項措施《★用法與義 1b 同》/ *Resolved,* (= It has been ~*d*) *that* the proceedings be adjourned for a week. 本會決議各事項將延期一星期討論。**b**〔+ *to* do〕〈議會等〉決議〈做…〉：The Senate ~*d to* fund the project. 參議院決議爲該項計畫編列經費[準備基金]。

3〔+受〕**a** 解決〈問題、困難等〉：Differences can be ~*d* through discussion. 意見的分歧可通過討論來解決。**b** 解釋，釋明〈疑問等〉：That will ~ your doubts. 那會使你的懷疑冰釋。

4〔+受+介+(代)名〕**a** 將…分解〔成…〕〔*into*〕：~ velocity ***into*** its components 把速度分解成其分力/~ a problem *into* simple elements 把問題分拆成各單純因素《加以探討》。**b**《加以分解或分散等而》將…變成〔…〕〔*into*〕：We can ~ the problem ***into*** more elementary items. 我們能夠把這個問題分拆成更基本的細目《進行考察》。

—*v.i.*〔+介+(代)名〕**1 a** 決心，決定〔做[不做]…〕〔*on, upon, against*〕：They ~*d* ***on*** [***against***] go*ing* back the same way. 他們決定循原路回去[不循原路回去]。**b** 決議〔贊成[反對]…〕〔*on, against*〕：They ~*d* ***on*** [***against***] continuing the struggle. 他們決定繼續[停止]鬥爭。

2 分解，溶解〔成…〕〔*into*〕：The mixture will ~ ***into*** three simple substances. 這種混合物可分解成三種單純物質。

—*n.* 1 Ⓒ〔+ *to* do〕〈做…的〉決心《★比較較 resolution 爲拘泥的用語》：He made a ~ *to* stop smoking. 他決心戒煙。

2 Ⓤ《文語・詩》果斷(力)，不屈不撓：a man *of* high ~ 堅毅[果斷]的人。

3 Ⓒ《美》(議會等的)決議。

re·sólved *adj.* [不用在名詞前]〔+ *to* do〕下定決心〈要做…〉的，決然〈要做…〉的，斷然〈要做…〉的：We are ~ *to* do our utmost. 我們下定決心要盡最大的努力。

re·solv·ed·ly [rɪˋzɑlvɪdlɪ; riˈzɔlvidli] *adv.* 堅決地，下定決心地。

re·solv·ent [rɪˋzɑlvənt; riˈzɔlvənt] *adj.* **1**《化學》分解的；溶解的；有分解力的；有溶解力的。**2**《醫學》能消腫的。

—*n.* Ⓒ **1** 分解物；溶劑。**2** 消腫劑。**3**《數學》分解式。**4**《問題等之》解決方法。

res·o·nance [ˋrɛzṇəns; ˈrezənəns]《resonant 的名詞》**—*n.* 1** Ⓤ Ⓒ反響，回響。**2** Ⓤ **a**《物理》共鳴，共振。**b**《通信》(波長的)調諧，共振。

résonance bòx *n.* Ⓒ共振箱。

res·o·nant [ˋrɛzṇənt; ˈrezənənt] *adj.* **1**〈聲音等〉反響的，回響的，洪亮的。**2 a**〈牆壁、房間等〉會產生共鳴的。**b** [不用在名詞前]〔+介+(代)名〕〈場所等〉〔以聲音〕反響的，響遍的〔*with*〕：The woods were ~ ***with*** the songs of birds. 鳥鳴聲響遍林間。

~·ly *adv.*

res·o·nate [ˋrɛzṇ,et; ˈrezəneit] *v.i.* **1** 共鳴，反響。**2** 產生共鳴，產生回響。

rés·o·nà·tor [-tɚ; -tə] *n.* Ⓒ共鳴器；共振器。

***re·sort** [rɪˋzɔrt; riˈzɔːt] *n.* **1** Ⓒ**a** 休閒勝地，遊樂勝地：a health ~ 休養地/a holiday ~ 假日遊樂地/a summer [winter] ~ 避暑[冬季遊樂，避寒]勝地。**b** [常與修飾語連用]人們常去的地方：a popular ~ 繁華街，鬧區。

2 Ⓤ聚集；人羣，人潮：a place *of* great [general, public] ~ 鬧市，鬧區，熱鬧的地方。

3 a Ⓤ(作爲最後手段所做的)訴求，依賴，憑藉，求助〔*to*〕：have [make] ~ *to* force [violence] 訴諸武力[暴力]/without ~ *to*... 不靠…地。**b** Ⓒ(在不得已之情形下)所依賴之人[物]；(不得不訴求的)手段，唯一的依靠。

as a [in the] lást resórt 作爲最後的手段。

—*v.i.*〔+介+(代)名〕**1**《常》去[遊樂地等]〔*to*〕：Young people ~ ***to*** the seaside or mountains in summer. 年輕人夏天常去海邊或山上。**2** 訴求，依靠，求助〔(不妥當的)手段〕〔*to*〕：~ ***to*** extreme measures 採取極端措施/At last the police ~*ed to* force. 最後警方訴諸武力。

re·sound [rɪˋzaund; riˈzaund] *v.i.* **1**〈聲音、樂器等〉鳴響，反響，共鳴。

2〔+介+(代)名〕**a**〈聲音等〉響徹〔…〕〔*through, throughout, in*〕：The trumpet ~*ed* ***through*** the hall. 喇叭聲響徹大廳。**b**〈名聲、事件等〉傳遍，轟動，揚名〔…〕〔*through, throughout, all over*〕：His discovery ~*ed* ***through*** the world. 他的發現轟動全世界。

3 a〈地方〉充滿響聲，回響：The hills ~*ed* when we shouted. 我們呼喊時，羣山回響著。**b**〔+介+(代)名〕〈地方〉充滿〔聲音的〕反響〔*with*〕：The room ~*ed* ***with*** their shouts. 室內充滿了他們的叫喊聲。

re·sóund·ing *adj.* [用在名詞前] **1** 鳴響的，洪亮的，發出回聲的〈聲音等〉。**2** 轟動的，馳名的，顯著的〈成功等〉：a ~ success 鉅大的成功。**~·ly** *adv.*

re·source [rɪˋsors, -ɔrs; riˈsɔːs] *n.* **1** Ⓒ[常 ~s] **a** (一個國家的)資源，(供應、幫助、救濟等的)來源，物資：⇨ natural resources/human ~*s* 人力資源。**b** 財源，財力，資產：~*s* of money 財源。

2 Ⓒ(遇事時的)依靠之物，手段，策略，辦法：Flight was his only ~. 他唯一的生路就是逃跑/We were at the end of our ~*s*. = No ~ was left us. 我們已經智窮慮竭[才盡]。

3 Ⓒ消遣，娛樂：a man of no ~*s* 毫無消遣的人(cf. 4)/Reading is a great ~. 閱讀是一種很好的消遣。

4 Ⓤ機智，應變的才能：a man of ~ [no ~] 有[沒有]機智的人，有[沒有]計謀的人(cf. 3).

be thrówn on one's ówn résources 陷於須自己(尋求)解決(之道)的窘境[只有靠自己才能擺脫困境]。

léave a person to his ówn résources 讓某人任意地打發時間；任某人隨其所欲行事；任某人自行照顧自己。

re·source·ful [rɪˋsorsfəl, -ˋsɔrs-; riˈsɔːsful] *adj.* **1** 富於才智[策略]的，有應變才能的，詭計多端的。**2** 資源豐富的。

~·ly [-fəlɪ; -fuli] *adv.* **~·ness** *n.*

re·source·less [rɪˋsorslɪs, -ˋsɔrs-; riˈsɔːslis] *adj.* **1** 缺乏資源的；無資源的。**2**〈人〉無謀略的；無隨機應變之才的。

‡re·spect [rɪˋspɛkt; riˈspekt] *v.t.*〔+受〕**1 a** 尊敬〈人、人格等〉：I ~ his sincerity. 我尊重他的誠意。**b**〔~ *oneself*〕自重，有自尊心。

【同義字】respect 指對具有價值者表示與其相配的敬意；esteem 指對具有價值者表示懷著好感的敬意；admire 暗示懷有比 esteem 更強且由衷的欽佩和愛慕之情。

2 重視，尊重，遵奉，敬重；顧慮，考慮…：He is a man who ~*s* his word. 他是重視諾言的人/I hope you will ~ my wishes. 希望你能考慮我的願望。

—*n.* 1 Ⓤ[又作 **a** ~]敬意，尊敬〔*for*〕(↔ disrespect)：have (*a*) deep [great] ~ *for*... 很尊敬…/You should show ~ *for* your teachers. 你(們)應該尊敬老師/He is held in great ~ by all his neighbors. 他深受鄰居們的尊敬。

2 Ⓤ **a** 尊重，重視〔*for, to*〕：He shows no ~ *for* the law. 他藐視法律。**b** 注意，關心，顧慮，考慮〔*for, to*〕：You must have ~ *for* [pay ~ *to*] the feelings of others. 你必須顧慮別人的感情。

3 [~s]問候，致意，請安：Give my ~*s* to your mother. 請代我向令堂請安/They all send you their ~*s*. 他們大家向你致問候之意/We paid our last ~*s* to the scholar. 我們參加了這位學者的臨終告別儀式《最後一次向他致敬》。

4 Ⓒ[*in* ...~]點，方面，細節：*in* all [many, some] ~*s* 在各[很多，某些]方面/*in* every ~ 在每一方面/*in* no ~ 在任何一點都不…，沒有一點…/*in* this ~ 在這一點/*In* that ~ he was mistaken. 在那一點上他是錯了/⇨ in RESPECT of.

5 Ⓤ關係，關聯《★用於下列成語》：⇨ with RESPECT to, without RESPECT to.

in respéct of... (1)就…而言，關於…，至於…(as regards)：His essay is fine *in* ~ *of* information, but the style is dreadful. 他的論文就資料而言非常好，但文體很糟。(2)《商》作爲…的代價[報酬]：We would like to give you £200 *in* ~ *of* the work you have done for us. 我們願付給你兩百英鎊以酬謝你替我們所做的工作。

with respéct to... 關於…，至於…(concerning)：*With* ~ *to* your proposal, we are sorry to say that we cannot agree to it. 關於你的提議，很抱歉我們無法同意。

withòut respéct to... 不顧慮…地，不管…地，不拘…：Anybody can join this club, *without* ~ *to* age or sex. 不拘年齡或性別，任何人都可以加入本俱樂部。

re·spect·a·bil·i·ty [rɪ,spɛktəˋbɪlətɪ; ri,spektəˈbiləti]《respectable 的名詞》**—*n.* 1** Ⓤ(在社會上的)正正當當；不難看；體面，光彩，面子；可尊敬；威望；高尚。**2** [常**respectabilities**]受尊敬之人[物]。

***re·spect·a·ble** [rɪˋspɛktəbl; riˈspektəbl] *adj.* (**more** ~; **most** ~) **1** (就具有社會所認可之水準或品格的意義而言)可尊敬的；正當的；有身分的；不失面子的，可見人的《★用法並不含有卓越的或值得尊敬的意思，因此，有時使用此形容詞反成不禮貌》：a ~ person 正正當當的人/She gave a ~ performance. 她的演出還不錯。

2 (服裝、打扮、態度等)端莊的，文雅的，不難看的，穿出去不會丟臉的；體面的：a ~ suit of clothes 一套體面的服裝/I suppose we have to be ～ for tonight's dance. 我想今晚的舞會我們必須打扮得端莊些。

3 裝高尚的，愛體面的：Oh, don't be so ～! Tell me what you really feel. 哎呀，不要這樣死要面子啦，告訴我眞心話吧！

4 〈品質、數量、大小等〉相當的，適度的，可觀的：a ～ minority 數量可觀的少數。

—n. Ⓒ〔常～s〕可敬的人。**re·spéct·a·bly** [-blɪ; -bli] *adv.*

re·spéct·er *n.* Ⓒ(待人)有欠公平的人，視人之地位或憑自己之好惡而厚此薄彼的人《★常用於下列成語》。

be nó respécter of pérsons 〈上帝、死、法律等〉不(因地位、貧富等而)給人差別待遇，待人不偏愛《★出自聖經「使徒行傳」》。

re·spect·ful [rɪˋspɛktfəl; riˈspektful] *adj.* (**more** ～；**most** ～) **1** (對他人)**表示敬意的，恭敬的，很有禮貌的**：a ～ bow 恭敬的鞠躬/keep [stand] at a ～ distance from... 對…敬而遠之。**2** [不用在名詞前]〔十介十(代)名〕**a**〔對…〕彬彬有禮的，謙恭的〔*to, toward*〕：You should be ～ ***to*** [***toward***] your superiors. 你對長上[長者]應該彬彬有禮。**b**〔對…〕敬重的，尊重的〔*of*〕：The older generation are ～ ***of*** tradition. 年老的一輩尊重傳統。

～·ness *n.*

re·spéct·ful·ly [-fəlɪ; -fuli] *adv.* 恭敬地，鄭重地，謹…。

Yóurs respéctfully ＝Respéctfully (yóurs) 謹上《給長上[長者]的舊式信函的信尾客套語》。

re·spéct·ing *prep.* 關於…。

***re·spec·tive** [rɪˋspɛktɪv; riˈspektiv] *adj.* [用在名詞前](無比較級、最高級)**個別的，各個的，各自的；分別的**《★用法常與複數名詞連用》：The tourists went back to their ～ countries. 觀光旅客回到各自的國家去。

re·spéc·tive·ly [rɪˋspɛktɪvlɪ; riˈspektivli] *adv.* (無比較級、最高級)[常置於句尾]**個別地，各個地，各自地；分別地**：The first, second, and third prizes went to Jack, George, and Frank ～. 頭獎、二獎和三獎分別歸傑克、喬治和法蘭克。

res·pi·ra·tion [ˏrɛspəˋreʃən; ˌrespəˈreiʃn] 《respire 的名詞》**—n. 1** Ⓤ呼吸(作用)：artificial ～ 人工呼吸。**2** Ⓒ一次呼吸，一口氣(breath)。

rés·pi·rà·tor [ˋrɛspəˏretɚ; ˈresparitə] *n.* Ⓒ **1 a** (紗布)口罩。**b** 防毒面具。**2** 人工呼吸器。

res·pir·a·to·ry [rɪˋspaɪrəˏtorɪ, -ˏtɔrɪ; riˈspaiərətəri] 《respire, respiration 的形容詞》**—adj.** [用在名詞前]呼吸(作用)的：the ～ organs 呼吸器官/a ～ disease 呼吸器官的疾病/the ～ system 呼吸系統。

re·spire [rɪˋspaɪr; riˈspaiə] *v.i.* 呼吸。

res·pite [ˋrɛspɪt; ˈrespait, -pit] *n.* Ⓤ[又作**a** ～] **1** 〔工作、痛苦等的〕暫止，休息；休息期間〔*from*〕：take *a* ～ *from* one's work 暫停工作，休息一下/without ～ 無休息地。**2** (債務等的)暫緩履行，延期；(死刑的)暫緩執行，緩刑。

pùt...in réspite 暫緩…，將…延期。

—v.t. 1 暫時減輕〈痛苦等〉。**2** 暫緩討回〈債款〉；對〈罪犯〉處以緩刑。

re·splen·dence [rɪˋsplɛndəns; riˈsplendəns] 《resplendent 的名詞》**—n.** Ⓤ輝煌，絢爛奪目，華麗。

re·splén·den·cy [-sɪ; -si] *n.* ＝resplendence.

re·splen·dent [rɪˋsplɛndənt; riˈsplendənt] *adj.* 輝煌的，絢爛奪目的，華麗的：～ in a white suit 穿着一套白衣服顯得燦麗奪目。

～·ly *adv.*

re·spond** [rɪˋspɑnd; riˈspɔnd] *v.i.* **1 a** (以口頭)**回答**(⇨answer【同義字】)。**b**〔十介十(代)名〕〔對…〕回答〔*to*〕《★可用被動語態》：～ ***to a toast [speech of welcome] 對乾杯[歡迎詞]答謝[致謝辭]/The wireless calls were soon ～*ed to.* 對無線電的呼叫不久有了回答。

2〔十介十(代)名〕〔對於…〕〔以…(動作)〕**響應，回敬**〔*to*〕〔*with, by*〕：Bob ～*ed* ***to*** his insult ***with*** a blow [***by*** giv*ing* him a blow]. 對於他的侮辱鮑伯回敬以[給他]一拳。

3〔十介十(代)名〕**a**〔對刺激等〕**反應**〔*to*〕：Nerves ～ ***to*** a stimulus. 神經對刺激會反應/The plane ～*s* well (*to* the controls). 這架飛機(對操縱裝置)反應靈敏。**b**〈病、受傷處等〉〔對治療、藥物等〕表現良好的反應〔*to*〕：The disease ～*s* ***to*** the new drug. 這個病對新藥表現良好的反應。

4《基督教》〈會衆〉對牧師唱和。

—v.t. 1〔十引句〕回答說…；唱和…："I cannot come, either." she ～*ed*. 她回答說：「我也不能來。」**2**〔十 *that*＿〕回答說〈…事〉：He ～*ed that* he wouldn't go. 他回答說他不去。

re·spon·dent [rɪˋspɑndənt; riˈspɔndənt] *adj.* 回答的；應答的；感應的。

—n. Ⓒ《法律》(尤指離婚訴訟的)被告。

***re·sponse** [rɪˋspɑns; riˈspɔns] 《respond 的名詞》**—n. 1** Ⓒ**回答，回應，應答**：a quick ～ 速答/make no ～ 不回答，不回應，不應答。**2** ⓊⒸ**反應，感應**；(對刺激(stimulus)的)反應：～ *to* stimulus 對刺激的反應/She got [received] little ～ from the audience. 聽衆對她幾乎沒什麼反應/I'm getting a strong ～ on the sonar. 我在聲納上測得強力反應。**3** Ⓒ[常～s]《基督教》(唱詩班或會衆應答牧師而唱的)應答文，應答歌，應唱《略作 R》.

in respónse to... 響應…，爲回答…。

***re·spon·si·bil·i·ty** [rɪˏspɑnsəˋbɪlətɪ; riˌspɔnsəˈbiləti] *n.* **1** Ⓤ**責任，職責，義務**〔*for, of, to*〕：a sense of ～ 責任感/a position of ～ 負有責任之地位/take (the) ～ *on* [*upon, to*] oneself 負起責任/I will take [assume] the ～ *of* [*for*] do*ing* it. 我會負責做那件事/I did it *on* my own ～. 我自作主張[自己負責]地做了這件事《不是受命而是自己獨斷地做》。

【同義字】responsibility 指完成自己所承辦或接受的工作或義務的責任；duty 指由於受良心或正義感、道德心的驅使而應盡的義務；obligation 指由於某種立場、承諾、契約和法律等緣故而產生的義務；cf. liability.

2 Ⓒ(具體的)**責任，負擔，重任，重擔子**：be relieved of one's ～ [*responsibilities*] 被解除責任《★用法複數時，又用作表示「被解雇」之意的婉轉說法》。

3 Ⓤ可靠性；確實性。

‡re·spon·si·ble [rɪˋspɑnsəbl; riˈspɔnsəbl] *adj.* (**more** ～；**most** ～) **1** [不用在名詞前]〔十介十(代)名〕**a**〔對…〕**有[負]〔…〕責任的；應負〔…〕責任的**〔*to*〕〔*for*〕：hold a person ～ ***for*** ...使某人負…的責任[爲…負責]/make oneself ～ *for*... 負起…的責任/I am ～ ***to*** her ***for*** the safety of her family. 我向她負責她家人的安全。**b**〈事物、人〉是〔…之〕原因的；〈事物、人〉招致〔…〕的，造成〔…〕的〔*for*〕：A drought was ～ ***for*** the high price of vegetables. 乾旱是菜價高漲的原因[乾旱造成菜價的高漲]。

2 〈工作、地位等〉責任重的；有責任的：a ～ position 責任重的職位，要職。

3 〈人等〉有道義心的，可靠的，可信賴的。

re·spón·si·bly [-blɪ; -bli] *adv.* 負責地；保證地；確實地。

re·spon·sive [rɪˋspɑnsɪv; riˈspɔnsiv] 《respond, response 的形容詞》**—adj. 1 a** 立即應答[反應]的，敏感的：～ students 反應快的學生。**b** [不用在名詞前]〔十介十(代)名〕〔對…〕易反應的，敏感的〔*to*〕：He is always ～ ***to*** my requests. 對於我的要求他總是作出積極的反應。**2** 回答的，表示回答的：a ～ smile 表示回答的微笑。**～·ly** *adv.*

‡rest[1] [rɛst; rest] *n.* **1** ⓊⒸ(一時的)**休息，休憩；睡眠**：have [take] a ～ 休息/have a good night's ～ 好好休息[睡]一個晚上/the day of ～ 安息日，星期日/an hour for ～ (一小時的)休息時間/You must take a ～ *from* your work. 你必須放下工作休息一下/We had several ～*s* on the way to our destination. 我們在前往目的地的途中休息了好幾次。**2** Ⓤ[又作**a** ～] **a** 安穩，安靜，安心：⇨at REST[1] (1)/This medicine will give you a ～ from the pain. 這種藥會使你暫時止痛。**b** 靜止，停止：⇨at REST[1] (2), come to REST[1]. **3** [常構成複合字](支持東西的)臺，架，托：a book ～ 閱書架/⇨armrest, footrest, headrest/a ～ *for* a billiard cue 撞球的球桿架。**4** Ⓒ《音樂》休止(符)。

at rést (1)無憂的，安靜的，安心的：set a person's mind [fears] *at* ～ 使人安心。(2)靜止的，停止的：The machine was *at* ～. 那部機器停着。(3)(在地下)長眠的。

còme to rést 停止，停住：The ball *came to* ～ right at my feet. 球恰好停在我脚邊。

láy...to rést (1)埋葬，安葬〈人、人的遺骨〉：He was *laid to* ～ in the churchyard. 他被安葬在教堂墓地。(2)了結，忘却〈事件等〉：It is time these rumors were *laid to* ～. 該是這些謠言被忘掉的時候了。

—v.i. 1 a (或躺或睡而)**休息**《★比較表此意時，用 have [take] a rest 較口語化》：It is best to ～ for a time after a meal. 飯後休息一會兒最好。**b** 躺，睡覺：Sorry, but father is ～*ing* now. 抱歉，現在父親正在睡。**c**〔十介十(代)名〕《委婉語》長眠，安息〔於…〕：～ ***in*** the grave [churchyard] 在墓[教堂的墓園]中長眠/May his soul ～ *in* peace! 願他的靈魂安息！

2 a 休養，靜養，休憩：I usually ～ for an hour after a morning of writing. 我通常寫了一個早上之後休息一小時。**b**〔十介十(代)名〕〔放下工作等而〕休息，休憩〔*from*〕：It is time to ～ ***from*** work. 該是放下工作休息的時候了。**c**〔十副〕《美》充分地靜養，休息以恢復精神〈*up*〉.

3 a 停止，靜止。**b**〔十副詞(片語・子句)〕截止，停頓，擱置：We cannot let the matter ～ *there* [*as* it is]. 我們不能讓問題就此被擱置下來。**c** [用於否定句]放心，心神安定：I can*not* ～ until the matter is settled. 我在事情未解決之前放心不下。

4〔十介十(代)名〕**a** 靠，凭[倚]靠，擱，擺，被支撐〔在…上〕〔*on, against*〕：Her hands ～*ed* ***on*** the arms of her chair. 她的雙手擱在椅子的扶手上/The roof ～*s on* a number of columns. 這屋頂由數根圓柱支撐着/⇨ rest on one's OARS/Let this ladder ～

R

against the wall. 把這梯子靠在牆上。 **b** 停留，落，照射，籠罩〔在…上〕〔*on, upon*〕：I saw a shadow ～ *on* her face. 我看見一道陰影籠罩在她臉上。 **c** 〈眼睛、視線〉停留，徘徊，對準〔在…上〕〔*on, upon*〕：His eyes ～*ed on* her doubtfully. 他懷疑地注視着她。

5 〔十介十(代)名〕**a** 依賴，依靠；信任，信賴〔人〕；根據〔證據等〕〔*on, upon*〕：Our hopes ～ *on* you alone. 我們的希望寄託在你一個人身上。 **b** (作爲權利、義務等而)繫於〔人之手中〕，責任歸於〔人〕〔*with*〕：It ～*s with* the President to decide. 這件事全要看總統決定。

6 〈農地〉休耕：This year we are letting that field ～. 今年我們讓那塊田休耕。

7《法律》自動停止提出證據。

—*v.t.* **1 a** 〔十受〕使…休息，使…休養；使…安樂：He stopped to ～ his horse. 他停下來讓馬休息/(May) God ～ his soul! 願上帝使他的靈魂安息！ **b** 〔～ one*self*〕休息《★也以過去分詞當形容詞用》：I ～*ed myself* for a while. 我休息了一會兒/Are you quite ～*ed*? 你休息充足嗎？/I felt ～*ed* and refreshed. 我休息夠了並且感覺精神爽快。

2 〔十受十介十(代)名〕將〈物〉放置，擺放，擱；依靠〔在…上〕〔*on, against*〕：Then he ～*ed* the book *on* his knees. 然後他把書放在膝蓋上/He ～*ed* his rifle *against* the wall. 他把來福槍靠牆放。

3 〔十受十介十(代)名〕使〈眼睛、視線〉停留〔對準〕〔在…上〕〔*on*〕：She ～*ed* her eyes *on* me and smiled. 她朝我看並微笑。

4 〔十受十介十(代)名〕將〈希望等〉寄託〔在人身上〕〔*on, in*〕：We ～ our hope〔trust〕*on* you alone. 我們把希望寄託在你一個人身上〔只信任你一個人〕。

5 〔十受〕使〈農地〉休耕：We must ～ the soil for a year. 我們必須讓土壤休耕一年。

6 〔十受〕《法律》自動停止提出〈案件〉的證據。

rest²** [rɛst; rest] **《源自拉丁文「站於後，留下」之義》** **—*n. Ⓤ〔**the** ～〕 **1** 剩餘，殘餘：He lived here with his family for *the* ～ *of* his life. 他跟家人在這裏度過餘生。 **2** 〔集合稱〕其餘之人〔物〕《★用法視爲一整體時當單數用，指全部個體時當複數用》：*The* ～ (*of* us) are to stay behind. (我們當中的)其餘的人得留下來。

and (áll) the rést (of it) 以及其他的一切，…等等。

for the rést 至於其他，剩下的：He is not much good；*for the* ～, they are hopeless. 他(的情況)不很好，至於其餘的人都無希望。

—*v.i.* 〔十補〕仍然是〔爲〕〈…〉：～ content〔satisfied〕仍然滿足〔滿意〕。

rést assúred 放心《★用法常用 *R*～〔You may～〕assured that....》：*R*～〔*You may* ～〕*assured that* I will do my best to help them. (你)放心，我會盡全力幫助他們。

re·stage [riˈstedʒ; ˌriːˈsteidʒ] *v.t.* 重新上演〈戲劇等〉。

re·state [riˈstet; ˌriːˈsteit] *v.t.* 重新陳述；重講；用不同方式講；再聲明。 **～·ment** *n.*

‡res·tau·rant [ˈrɛstərənt, -ˌrɑnt; ˈrestərɔnt, -rɔnt] **《源自法語》** **—*n.*** Ⓒ**餐館**，菜館，飯館，酒館，酒樓，麵館，餐廳。

> 【說明】(1)英國的餐館在上午十一點半以前通常不營業，因此要吃早餐時得在旅館、車站的餐廳或在咖啡廳。在美國則有自助餐廳(cafeteria)和賣藥品、雜貨、飲食品的雜貨店(drugstore)從清晨營業到深夜，吃便餐很方便。在英美絕少餐廳設櫥窗擺放餐飲樣品。
> (2)在餐館依慣例須付百分之十至十五的小費(tip)，但在自助(self-service)的餐廳不需小費而且價格低廉。點牛排(steak)或煎蛋(fried eggs)時，服務生一定會問顧客所喜歡的作法，而顧客必須明確表示自己的喜好。飯後的「買單！」爲"Check, please."；cf. steak, egg【說明】

réstaurant càr *n.* Ⓒ《英》(火車的)餐車(dining car).

res·tau·ra·teur [ˌrɛstərəˈtɝ; ˌrestɔrəˈtəː] **《源自法語》** **—*n.*** Ⓒ 餐館〔菜館，餐廳(等)〕的老闆，飯館的主人。

rést cùre *n.* Ⓒ安靜療養法，靜養。

rést dày *n.* Ⓒ休息日；安息日。

rest·ful [ˈrɛstfəl; ˈrestful] *adj.* **1** 安寧的，平靜的，恬靜的；不受打擾的：She fell into ～ slumber. 她進入寧靜的安眠之中。 **2** 給人休息的，休息充足的：a ～ weekend 身心能休息的週末。

～·ly [-fəlɪ; -fuli] *adv.* **～·ness** *n.*

rést hòme *n.* Ⓒ(老人、病人用的)靜養所，療養所。

rést hòuse *n.* Ⓒ(在無旅館處供旅行者使用之簡陋的)休息場所。

rést·ing plàce *n.* 〔**one's (last)**～〕休息處，休息所；《委婉語》墳墓。

res·ti·tu·tion [ˌrɛstəˈtuʃən, -ˈtju-; ˌrestiˈtjuːʃn] *n.* Ⓤ**1** 〔贓物等之〕〔對正當所有人的〕歸還，償還〔*to*〕〔*of*〕；〔損害等的〕賠償〔*of*〕：make ～ 歸還，賠償。 **2** 復位，復職；復舊，恢復。 **3** 《物理》藉彈力的〔彈力體的〕恢復：force〔power〕of ～ 恢復力。

res·tive [ˈrɛstɪv; ˈrestiv] *adj.* **1** 〈馬等〉不肯前進的；難駕馭的。 **2** 無法控制的；反抗的；倔強的。 **3** 不安寧的，不穩的，浮躁的：in a ～ mood 情緒煩躁不安。

～·ly *adv.* **～·ness** *n.*

***rest·less** [ˈrɛstlɪs; ˈrestlis] *adj.* (**more** ～；**most** ～) **1** 不安定的，浮躁的，急躁的：The children in my class get ～ near the end of the term. 我班上的兒童到了學期末尾就變得坐立不安。 **2** 無(法)睡眠的，無(法)休息的：spend a ～ night 過無法睡眠的一夜。 **3** 無靜止的，無休止的：～ waves 無休止的波浪。

～·ly *adv.* **～·ness** *n.*

re·stock [riˈstɑk; ˌriːˈstɔk] *v.t.* 〔十受十介十(代)名〕〔以…〕再供…，重新進貨〔儲存〕於…〔*with*〕：They ～*ed* the pond *with* carp. 他們重新在池塘裏放了鯉魚。

—*v.i.* 再供以物品，重新進貨，重新儲存。

re·stor·a·ble [rɪˈstorəbl, -ˈstɔr-; riˈstɔːrəbl] *adj.* 可恢復〔復舊〕的，可復原的。

res·to·ra·tion [ˌrɛstəˈreʃən; ˌrestəˈreiʃn] **《restore 的名詞》** **—*n.*** **1** Ⓤ**歸還**，償還〔*of*〕：the ～ *of* money *to* a person 還錢給某人。 **2** Ⓤ**a 恢復原來的狀態〔地位〕**，復職，復位〔*to*〕：one's ～ *to* health 恢復健康。 **b** 恢復，復舊〔*of*〕：the ～ *of* order 秩序的恢復。

3 a ⓊⒸ〔古建築物、美術品等的〕修復，復原(作業)〔*of*〕：the ～ *of* a painting 繪畫的修復。 **b** Ⓒ〈建築物、已滅絕動物等的〉修復〔復原〕(之物)。

4 〔**the R**～〕 **a** (英國的)王權復興(時代)《1660 年的查理二世(Charles Ⅱ)復辟》。 **b** 王權復興時代《1660-85，有時包括詹姆斯二世(James Ⅱ)治世至 1688 年》。

re·stor·a·tive [rɪˈstorətɪv, -ˈstɔr-; riˈstɔrətiv] *adj.* **1** 〈食物、藥劑〉(能)恢復健康或體力的，補的。 **2** 復舊〔復活〕的。

—*n.* Ⓒ興奮劑，蘇醒藥，補藥。

re·store [rɪˈstor, -ˈstɔr; riˈstɔː] *v.t.* **1 a** 〔十受〕交還，歸還〈遺失物、失竊物等〉：～ stolen goods 交還贓物。 **b** 〔十受十介十(代)名〕將〈遺失物、失竊物〉歸還〔給…〕〔*to*〕：The stolen document was soon ～*d to* its owner. 被偷的文件很快就歸還物主。

2 a 〔十受〕使〈人〉復職，使…復位：～ a dethroned king 使被廢黜的國王復位。 **b** 〔十受十介十(代)名〕使〈人〉恢復〔原來的地位等〕，使…恢復〔職務〕〔*to*〕：The officer has been ～*d to* his command. 那名軍官復職重掌指揮權。

3 a 〔十受〕使〈制度、習慣、秩序等〉恢復，再興；重建…：～ law and order 恢復治安。 **b** 〔十受十介十(代)名〕將〈古建築物、美術品等〉修復〔成原狀〕；將〈古生物等〉修復〔成原形〕〔*to*〕：The picture has been ～*d to* its original condition. 那幅畫已經被修復成原狀。

4 〔十受(十介十(代)名)〕使〈某人〉恢復〔健康的狀態等〕〔*to*〕《★常用被動語態，變成「〈某人〉恢復〔健康的狀態等〕，恢復健康〔體力〕」的意思》：She *was* soon ～*d to* life〔health, consciousness〕. 她很快就蘇醒〔恢復健康，恢復知覺〕/He felt quite ～*d* after a bath. 他洗過澡之後感覺完全恢復了體力。

re·stór·er *n.* Ⓒ使恢復原狀之人〔物〕：a picture ～ 繪畫修復師/a hair ～ 生髮劑。

re·strain [rɪˈstren; riˈstrein] **《源自拉丁文「綁在後」之義》** **—*v.t.*** **1 a** 〔十受〕**克制**，抑制〈感情、慾望等〉：He could not ～ his temper〔mirth〕. 他無法抑制憤怒〔歡笑〕。 **b** 〔十受十介十(代)名〕遏止，制止〈人等〉〔做…〕〔*from*〕：They ～*ed* him *from* interfer*ing*. 他們制止他干預。 **c** 〔十受十介十(代)名〕〔～ one*self*〕克制自己，自制，忍住〔做…〕〔*from*〕：He could not ～ *himself from* peep*ing*. 他忍不住窺視。

2 〔十受〕**a** 限制，約束〈活動等〉：～ a person's activities 限制某人的活動。 **b** 羈押〔監禁〕〈人〉。

re·stráined *adj.* **1** 〈人、行動等〉自制的，克制的，節制的。 **2** 〈措辭、文體等〉抑制的，克制的，不浮華的，持重的，嚴謹的。

re·stráin·ed·ly [-nɪdlɪ, -ndlɪ; -ndli] *adv.*

re·straint [rɪˈstrent; riˈstreint] **《restrain 的名詞》** **—*n.*** **1 a** Ⓤ抑制，遏制，遏止，制止：in ～ of vice 抑制邪惡。 **b** Ⓒ抑制之物，抑制力：put a～ on a person〔a person's activity〕抑制某人〔某人的活動〕。 **2 a** Ⓤ拘束，束縛；監禁：put a patient *under* ～ 將病患者收容(於醫院等)/lay a person *under* ～ 拘束〔羈押，拘留〕某人。 **b** Ⓒ拘束之物：the ～*s* of illness 病的束縛〔拘束〕。 **3** Ⓤ自制，謹言慎行，忍耐，撙節：without ～ 自由地，悠然自得地，無拘束地。

***re·strict** [rɪˈstrɪkt; riˈstrikt] *v.t.* **1** 〔十受〕**限制**〈自由、活動等〉：～ a person's freedom of action 限制某人的行動自由。 **2** 〔十受十介十(代)名〕將〈人、行動等〉局限，限定〔於…〕〔*to*〕：He was ～*ed to* five cigarettes a day. 他被限制一天(只可吸)五枝香煙/The speed is ～*ed to* 30 kilometers an hour here. 在此地車速被限制爲每小時三十公里。

re·stríct·ed *adj.* **1** 受〈法律〉限制[約束]的：a ～ area《美》〈軍人〉禁入區，禁止通行區；《英》速率限制區。**2 a** 限於特定之人[目的]的。**b** 限於白人的：a ～ hotel 白人專用的旅館。**3**《美》〈文件等〉對本部門以外秘密的《爲機密分類之最低級；其餘爲機密的(confidential)，極機密的(secret)，絕對[最高]機密的(top secret)》. ～**·ly** *adv.*

***re·stric·tion** [rɪˋstrɪkʃən; riˈstrikʃn]《restrict 的名詞》**—n. 1** Ⓤ**限制，**限定；約束，管制：without ～ 無限制地。**2** Ⓒ限制[約束]之物：currency ～*s* 貨幣(攜出)限制/impose [place, put] ～*s* on ... 對…加以管制[限制]/lift [remove, withdraw] ～*s* 解除限制，開放。

re·stric·tive [rɪˋstrɪktɪv; riˈstriktiv]《restrict, restriction 的形容詞》**—adj. 1** 限制[限定，拘束]的：a ～ monetary policy 限制性貨幣政策。**2**《文法》限定的，限制的(↔ continuative, nonrestrictive)：a～ relative clause 限制關係子句。
～**·ly** *adv.* ～**·ness** *n.*

rést ròom *n.* Ⓒ〈百貨公司、旅館、劇院等的〉洗手間，廁所。

re·struc·ture [rɪˋstrʌktʃɚ; riˈstrʌktʃə] *v.t.* 重新構造[組織]，重新建造。

‡**re·sult** [rɪˋzʌlt; riˈzʌlt]《源自拉丁文「向後跳」之義》**—n. 1 a** ⓊⒸ**結果；**收場，終局，成果(↔ cause)：the ～*s of* an election 選舉的結果/meet with good ～*s* 獲得好結果。

【同義字】result 所指的是某行爲或手續等所得的最後結果而不是對於原因的結果，它所表示的結果常常是具體的；effect 是與 cause 相對的字，用以指某原因所產生的直接結果；consequence 所指的不是某原因所造成的直接結果，而是隨着某事而產生或和它相關地產生的必然後果。

b Ⓒ[常 **～s**]〈考試、競技等的〉成績：the football ～*s* 足球比賽的結果。**2** Ⓒ《英俚》〈足球比賽的〉勝利。**3** Ⓒ《數學》結果，答案。

as a resúlt 結果《★比較 罕用 as the result》.

in the resúlt 結果。

withòut resúlt 白白地，徒然。

with the resúlt that...《文語》結果；結果是；因此…：There was a lot of drink but no food, *with the* ～ *that* everybody got drunk. 有很多酒可是沒有食物，因此[結果]人人都醉了。

—v.i. 1 a 作爲結果而發生：War is sure to～. 結果必定會發生戰爭。**b**〔十介十(代)名〕起因，由來〔於…〕；〔由…〕引起〔*from*〕：Disease often ～*s from* poverty. 疾病常由貧窮引起。**2**〔十介十(代)名〕〈結果〉歸於，終歸，終於〔…〕〔*in*〕：The plan ～*ed in* failure. 那項計畫終於失敗/The trial ～*ed in* his be*ing* acquitted. 審判的結果是他被判無罪。

re·sul·tant [rɪˋzʌltn̩t; riˈzʌltənt] *adj.* [用在名詞前] **1** 作爲結果而產生的。**2** 合成的〈力等〉：～ force《物理》合力。
—n. Ⓒ**1** 結果〔*of*〕. **2**《物理》合力，合成運動。**3**《數學》結式。

re·sult·ful [rɪˋzʌltfəl; riˈzʌltful] *adj.* 有結果的，有成果的；有成績的；有效果的。

re·sult·less [rɪˋzʌltlɪs; riˈzʌltlis] *adj.* 無結果的，無成果的；無效果的；無益的。

re·sume [rɪˋzum, -ˋzjum; riˈzjuːm] *v.t.* **1 a**〔十受〕〈在中斷之後〉**再開始**〈工作等〉：～ the thread of one's discourse 繼續談剛才的話題，言歸正傳/The House ～*d* work [its labors]. 議院再開始會議。**b**〔十 do*ing*〕再繼續，再開始〈做…〉：Now, ～ read*ing* where you left off. 現在從你停下的地方繼續讀下去。**2**〔十受〕**a** 再取[佔]…：Please ～ your seats. 請各位回座。**b** 恢復，復得，重獲〈健康等〉。
—v.i. 1 再開始，繼續〈談話、工作等〉。**2**〈議會等〉〈在中斷之後〉再開。

to resúme [作爲獨立不定詞片語]接著講下去。

rés·u·mé [ˌrɛzuˋme, ˌrɛzjuˋme; ˈrezjuːmei]《源自法語》**—n.** Ⓒ **1** 摘要，概略，提要(summary). **2**《美》〈求職者的〉簡歷。

re·sump·tion [rɪˋzʌmpʃən; riˈzʌmpʃn]《resume 的名詞》**—n.** Ⓤ **1** 〈中斷之後的〉再開(始)，繼續進行。**2** 取回，收回；恢復，重獲。

re·sump·tive [rɪˋzʌmptɪv; riˈzʌmptiv] *adj.* **1** 取回的；收回的；恢復的；再開始的。**2** 摘要的；概要的。

re·sur·face [riˋsɝfɪs; ˌriːˈsəːfis] *v.t.* 換新〈道路等〉的表面，再鋪裝。**—v.i.**〈潛水艇〉再浮上。

re·surge [rɪˋsɝdʒ; riˈsəːdʒ] *v.i.* **1** 再起；〔從死中〕復活。**2**〈波浪〉再起伏；再澎湃。

re·sur·gence [rɪˋsɝdʒəns; riˈsəːdʒəns] *n.* Ⓤ[又作 **a** ～]〈信仰、思想等的〉再起，復活：*a* ～ of Nazism [inflation] 納粹主義[通貨膨脹]的復活。

re·sur·gent [rɪˋsɝdʒənt; riˈsəːdʒənt] *adj.* [用在名詞前]復甦的，再起的，復活的。
—n. Ⓒ再起者，復活者。

res·ur·rect [ˌrɛzəˋrɛkt; ˌrezəˈrekt] *v.t.* **1** 恢復〈舊風俗、習慣等〉；使…復興。**2**《神學》使〈死者〉復甦，使…復活。**3**《謔》盜掘…的墳墓，挖出…的屍體。**4** 再度起用，使…再受世間注意。
—v.i.《神學》復甦，復活。

res·ur·rec·tion [ˌrɛzəˋrɛkʃən; ˌrezəˈrekʃn]《resurrect 的名詞》**—n. 1** Ⓤ復活，復興，再流行〔*of*〕. **2** [**the R～**] **a** 耶穌的復活。**b**〈最後審判日的〉全人類的復活。**3** Ⓤ《謔》發掘屍體，盜墓。**4** Ⓤ恢復，修復，恢復使用。

res·ur·rec·tion·ist [ˌrɛzəˋrɛkʃənɪst; ˌrezəˈrekʃənist] *n.* Ⓒ **1** 掘屍的人；盜屍賊。**2** 相信死者復活的人。**3** 闡釋者；〈秘密的〉暴露者。

re·sus·ci·tate [rɪˋsʌsəˌtet; riˈsʌsiteit] *v.t.* **1**〈以人工呼吸等〉使〈瀕臨死亡的人〉復甦，使…蘇醒。**2** 復興…；使…復活。

re·sus·ci·ta·tion [rɪˌsʌsəˋteʃən; riˌsʌsiˈteiʃn]《resuscitate 的名詞》**—n.** Ⓤ**1** 復甦，蘇醒。**2** 復活；復興。

ret [rɛt; ret] *v.t.* (**ret·ted**; **ret·ting**) 以水浸漬〈麻、木材等〉。

***re·tail** [ˋritel; ˈriːteil]《源自拉丁文「再切成小片」之義》**—n.** Ⓤ **零售**(↔ wholesale)：*at* [《英》*by*] ～ 以零售。
—adj. [用在名詞前]零售的：a ～ dealer [price, store] 零售商[價格，店]。
—adv. 以零售：sell ～ 零售。
—v.t.〔十受〕**1** 零售…。**2** [ˋritel; riːˈteil] 詳述，轉述，再說〈花邊新聞等〉：She ～*s* any kind of rumor. 她任何一種謠言都傳播。
—v.i.〔十介十(代)名〕〈商品〉〔以…價格〕零售〔*at, for*〕：This article ～*s* **at** [*for*] $2. 這東西的零售價格爲兩美元。

ré·tail·er *n.* Ⓒ**1** 零售商。**2** 到處轉述他人的話的人，到處傳話的人。

re·tain [rɪˋten; riˈtein]《源自拉丁文「保留在後」之義》**—v.t.**〔十受〕**1 保留…，保持…，保有…，維持…**：Do you ～ the custom [tradition, habit] of saying grace？你還保持飯前飯後禱告的習慣嗎？/China dishes～ heat longer than metal pans do. 瓷碟子比金屬盤保溫的時間要長。
2 不忘…，記憶…：I ～ a clear memory of those days. 我還清晰地記得那些日子。
3〈預付費用〉聘請〈律師等〉。

re·tàined óbject *n.* Ⓒ《文法》保留受詞。

【說明】指含有直接和間接兩個受詞的句子被改成被動語態句子時，被保留下來的受詞而言；如 He was given a book. 中的 book.

re·táin·er[1] *n.* Ⓒ **1** 保持者[物]，保留者[物]。**2**《古》家臣，臣下，侍從；門客；僕人：an old ～ 忠實的老僕。

re·táin·er[2] *n.* Ⓒ《法律》**1** 聘請的律師[顧問](等)。**2** 聘請律師的預約金，律師費。

retáining wàll *n.* Ⓒ防浪牆，擋土牆，胸牆(breast wall).

re·take [riˋtek; ˌriːˈteik] *v.t.* (**re·took** [-ˋtuk; -ˈtuk]; **re·tak·en** [-ˋtekən; -ˈteikən]) **1** 再取；取回，恢復。**2** 重新拍，重攝〈照片〉。
— [ˋriˌtek; ˈriːteik] *n.* Ⓒ〈照片、電影的〉重拍，重攝。

re·tal·i·ate [rɪˋtælɪˌet; riˈtælieit] *v.i.* **1**〈用與對方同樣的手段〉報復，報仇，回敬。**2**〔十介十(代)名〕〈以惡〉回報，復仇，報復〔…〕〔*on, upon, against*〕：He sought every opportunity to ～ **on** [**upon**] his persecutors. 他尋求每一個機會向迫害他的人復仇/He ～*d* **against** these attacks **with** sarcasm. 他以諷刺回敬這些譴責。
—v.t. 對〈危害、侮辱等〉〈以與對方同樣的手段〉復仇，報復。

re·tal·i·a·tion [rɪˌtælɪˋeʃən; riˌtæliˈeiʃn]《retaliate 的名詞》**—n.** Ⓤ回敬，回報；復仇，報復：in ～ for... 爲[以]報復…，作爲對…的報復。

re·tal·i·a·tive [rɪˋtælɪˌetɪv; riˈtæliətiv] *adj.* 報復的：a ～ tariff 報復性的關稅。

re·tal·i·a·to·ry [rɪˋtælɪəˌtorɪ, -ˌtɔrɪ; riˈtæliətəri] *adj.* ＝retaliative.

***re·tard** [rɪˋtɑrd; riˈtɑːd]《源自拉丁文「向後使緩慢」之義》**—v.t.**〔十受〕**1 減低…的速度；使…遲緩，使…耽擱；妨礙，阻止…**：We were ～*ed* by the arrival of a visitor just as we were leaving home. 我們正好要出門時有客人來訪而被耽擱。**2** 妨礙[阻止]…的成長[發達]《★可以過去分詞當形容詞用；⇨ retarded》：～ the economic recovery 妨礙經濟復甦。
—v.i.〈潮水的漲退、星球的運行等〉遲延。
—n. Ⓒ遲滯，遲延；妨礙；阻止。

re·tard·ant [rɪˋtɑrdənt; riˈtɑːdənt] *n.* ＝retarder *n.* 2.
—adj. 有阻礙作用的。

re·tard·ate [rɪˋtɑrdet; riˈtɑːdeit] *n.* Ⓒ白癡，智力遲鈍者。

re·tar·da·tion [ˌritɑrˋdeʃən; ˌriːtɑːˈdeiʃn] *n.* ⓊⒸ **1** 遲延；阻止，妨礙。**2** 智力遲鈍。**3**《物理》減速度。

re·tárd·ed *adj.*〈兒童〉智力遲鈍的，低能的：a (mentally) ～ child 智力遲鈍[智能發育不全]的兒童。

R

re·tard·er [rɪ'tɑrdɚ; ri'tɑ:də] *n.* Ⓒ **1** 阻礙者或物。 **2** 《化學》阻滯劑；緩凝劑。

retch [rɛtʃ; retʃ] *v.i.* 作嘔，乾嘔。

【同義字】retch 指有嘔意但吐不出；vomit 指眞正地嘔吐。

retd. 《略》retained；retired；returned.

re·tell [ri'tɛl; ˌri:'tel] *v.t.* (**re·told** [-'told; -'tould]) 再講述；換一種方式講述；再告知，再說：old Greek tales *retold* for children 爲兒童改述的古老希臘故事。

re·ten·tion [rɪ'tɛnʃən; ri'tenʃn] 《retain 的名詞》 **—***n.* Ⓤ**1** 保留，保有，保持；維持。 **2** 保持力；記憶(力)。 **3** 《醫》分泌閉止：~ of urine 蓄尿。

re·ten·tive [rɪ'tɛntɪv; ri'tentiv] *adj.* **1 a** 保持[維持]的，有保持力的。 **b** [不用在名詞前] 〔十介十(代)名〕保持[維持]〔…〕的〔*of*〕：a substance ~ *of* moisture 保持濕氣的物質。 **2** 〈記憶力〉好的；記憶力好的：a ~ memory 好的記憶力。

~·ly *adv.* **~·ness** *n.*

re·ten·tiv·i·ty [ˌritɛn'tɪvətɪ; ˌri:ten'tivəti] *n.* Ⓤ**1** 保持力；記憶力。 **2** 《物理》頑磁性。

re·think [ri'θɪŋk; ˌri:'θiŋk] *v.t.* & *v.i.* (**re·thought** [-'θɔt; -'θɔ:t]) 再想，再考慮(…)。

—*n.* [a ~] 《口語》再考慮：have *a* ~ on [about]... 就[對]…再考慮。

re·ti·ar·y ['rɪʃɪˌɛrɪ; 'ri:ʃiəri] *adj.* **1** 網的；網狀的。 **2** 結網的。 **3** 有網的。 **4** 巧於糾纏的。

ret·i·cence ['rɛtəsn̩s; 'retisəns] *n.* ⓊⒸ(性格上的)沉默，寡言，無言；(表達、措辭等的)撙節，保守，保留，愼言。

ret·i·cent ['rɛtəsn̩t; 'retisənt] *adj.* **1 a** (性格上)沉默的，寡言的；緘默的：a ~ boy 不愛說話的男孩。 **b** [不用在名詞前] 〔十介十(代)名〕〔對於…〕緘默的，閉口不談的〔*about, on*〕：He was ~ ***about*** his past [***on*** family affairs]. 他對自己的過去[家務事]閉口不談。 **2** 〈表達、措辭等〉撙節的，保守的，保留的，愼言的。

~·ly *adv.*

ret·i·cle ['rɛtək!; 'retikl] *n.* Ⓒ《光學》(望遠鏡等之)線網，十字線。

re·tic·u·la [rɪ'tɪkjələ; ri'tikjulə] *n.* **reticulum** 的複數。

re·tic·u·lar [rɪ'tɪkjəlɚ; ri'tikjulə] *adj.* **1** 網狀的，網狀組織的。 **2** 多孔的；蜂窩狀的。 **3** 錯綜複雜的。 **4** 《解剖》(反芻動物之)蜂巢胃的。

re·tic·u·late [rɪ'tɪkjəlɪt; ri'tikjulət] *adj.* 網狀的。

— [-ˌlet; -leit] *v.t.* 使…成網狀。 **—***v.i.* 成網(狀)。

re·tic·u·lat·ed [-tɪd; -tid] *adj.* =reticulate.

re·tic·u·la·tion [rɪˌtɪkjə'leʃən; riˌtikju'leiʃn] *n.* Ⓤ [常 ~s] **1** 網狀(物)，網狀組織，網目。 **2** 《攝影》網狀小皺紋《呈現於感光乳劑上》。

ret·i·cule ['rɛtɪˌkjul; 'retikju:l] *n.* Ⓒ **1** 女用手提網袋。 **2** = reticle.

re·tic·u·lum [rɪ'tɪkjələm; ri'tikjuləm] *n.* (*pl.* **-la** [-lə; -lə]) **1** Ⓒ網狀物；網狀組織；網狀花紋；網狀結構。 **2** [R~]《天文》網罟座《南天之一星座》。 **3** Ⓒ《生物》細胞原生質中發現的一種網狀組織；網狀膜。 **4** Ⓒ《動物》(反芻動物之)第二胃；蜂巢胃。 **5** Ⓒ《植物》(葉上的)網脈。

ret·i·na ['rɛtn̩ə, -tɪnə; 'retinə] *n.* Ⓒ (*pl.* **~s, -nae** [-tn̩ˌi, -tɪˌni; -tini:]) 《解剖》(眼球的)視網膜。 **rét·i·nal** [-nl; -nl] *adj.*

ret·i·nue ['rɛtn̩ˌu, -ˌju; 'retinju:] *n.* Ⓒ [集合稱] (尤指王侯、達官顯貴等的)侍從，隨員，家僕《★用法 視爲一整體時當單數用，指全部個體時當複數用》。

re·tire** [rɪ'taɪr; ri'taiə] 《源自拉丁文「向後拉」之義》 **—v.i.* **1 a** (因年老、到達退休年齡等而)**退職**，退休，退役(⇨ resign【同義字】)：He has ~*d on* a pension. 他領養老金退休。 **b** 〔十介十(代)名〕〔自職位、現實社會〕隱退，隱居〔*from*〕：The president will soon ~ ***from*** office. 總裁不久將辭任。

2 a 退去，離去；從飯廳回到客廳：The men went on drinking and smoking, while the ladies ~*d*. 男士們繼續飲酒吸煙，而女士們則回到客廳。 **b** 〔十副詞(片語)〕退〔到…〕去；閉居，錮居，(向…)離去：After greeting us, Mr. Jones ~*d to* his study. 瓊斯先生向我們問候之後回到書房去/~ *to* bed 就寢(cf. 3).

3 《文語》就寢《★比較 較 go to bed 爲形式化》：My wife ~*d* early that night. 那天晚上我內人就寢得很早。

4 a 〈軍隊〉後退，撤退。

【同義字】retreat 指不得已而後退；retire 則在指有計畫的後退時，或在婉轉地表達時使用。

b 〔十介十(代)名〕〈軍隊〉〔從…〕後退〔到…〕〔*from*〕〔*to*〕：The enemy ~*d* ***to*** the trenches [***from*** the field]. 敵人退到戰壕[從戰場後退]。

—*v.t.* **1** 〔十受〕使〈人〉隱退[退職，退休，退役]：He was compulsorily ~*d as* incompetent. 他以無能爲由而被迫退休。

2 〔十受十介十(代)名〕使〈軍隊等〉〔從…〕後退，撤退〔*from*〕：The troops were ~*d* ***from*** the action [front]. 那些部隊被撤離了戰役[戰線]。

3 〔十受〕收回〈票據、紙幣等〉。

4 〔十受〕《棒球・板球》使〈打擊手〉出局。

retíre into onesélf (沉思而)默不作聲；變得不喜歡社交，不與人交際。

re·tíred *adj.* **1 a** 〈人〉隱退的，退休的，退職的，退役的：a ~ naval officer 退役海軍軍官。 **b** (爲)退職者的：a ~ pension = ~ pay 退休金，養老金/a ~ life 隱退[隱居]生活。 **2** 〈地方〉偏遠的，偏僻的，隱蔽的：He is now living in a ~ spot. 他現在住在一個偏僻的地方。

retíred list *n.* Ⓒ(軍中)退役名册；退休人員名册。

re·tir·ee [rɪˌtaɪ'ri; riˌtaiə'ri:] *n.* Ⓒ退休者。

re·tire·ment [rɪ'taɪrmənt; ri'taiəmənt] 《retire 的名詞》 **—***n.* **1 a** ⓊⒸ(因屆年齡等的)**退職**，退休，退役：mandatory ~ at 65 (法規所定的)六十五歲强制退休。 **b** Ⓤ退職[役]後的期間；隱退，隱居：go into ~ 隱居/live [dwell] in ~ 閒居[隱居]。 **2** Ⓤ退去。 **3** Ⓒ隱居處，窮鄉僻壤，偏僻之處。

retírement pènsion *n.* Ⓒ《英》(國民保險的)退休[養老]金。

re·tir·ing [rɪ'taɪrɪŋ; ri'taiəriŋ] *adj.* **1** 內向的，客氣的，羞怯的。 **2** [用在名詞前]《英》退休(者)的；隱退的：(the) ~ age 退休年齡/a ~ allowance 退休金。 **~·ly** *adv.*

re·told [ri'told; ˌri:'tould] *v.* **retell** 的過去式・過去分詞。

re·took [ri'tʊk; ˌri:'tuk] *v.* **retake** 的過去式。

re·tool [ri'tul; ˌri:'tu:l] *v.t.* **1** 換或更改〈工廠〉的機器[工具]。 **2** 改組。

—*v.i.* 替換或更改機器[工具]。

re·tor·sion [rɪ'tɔrʃən; ri'tɔ:ʃn] *n.* Ⓤ《國際法》報復行爲。

re·tort[1] [rɪ'tɔrt; ri'tɔ:t] *v.t.* **1 a** 〔十引句〕(對於對方的意見或譴責等)**反駁說**…，回嘴說…，頂嘴說…："It's no business of yours," he ~*ed*. 他反駁說：「你管不著。」(cf. 1 b). **b** 〔十 *that*＿〕反駁說〈…事〉：He ~*ed that* it was no business of mine. 他反駁說我管不著(cf. 1 a). **2** 〔十受〕對〈攻擊、責難等〉報復，報仇：~ an insult 對侮辱報復。

—*v.i.* 〔十介十(代)名〕〔對對方〕還擊，頂嘴〔*on, upon*〕：~ ***on*** [***upon***] one's accusers 對責難自己者加以反責。

—*n.* ⓊⒸ報復，頂嘴，反駁：*in* ~ 反駁地/make a quick ~ 立刻反駁。

re·tort[2] [rɪ'tɔrt; ri'tɔ:t] *n.* Ⓒ《化學》蒸餾器。 **—***v.t.* 將〈罐頭食品〉封罐後放入加壓蒸汽鍋(以殺菌)。

retort[2]

re·touch [ri'tʌtʃ; ˌri:'tʌtʃ] *v.t.* 修描〈繪畫、照片、底片等〉；修改，潤飾〈文章等〉。

— ['riˌtʌtʃ, ri'tʌtʃ; ri:'tʌtʃ] *n.* Ⓒ修改，潤飾。

re·trace [rɪ'tres; ri'treis] *v.t.* **1** 折回…：You must ~ your steps [way]. 你必須折回原來走過的路；你必須重來一次/He ~*d* his steps back *to* where he had started from. 他折回到他出發的地方。 **2** 探…的根源，追溯調查…。 **3** 回顧…，追想…：~ one's past actions 回想過去的行動。 **4** =re-trace.

re-trace, re·trace [ˌri'tres; ri'treis, ˌri:'t-] *v.t.* 再模寫，再描摹。

re·tract [rɪ'trækt; ri'trækt] *v.t.* **1** 縮回〈身體的一部分〉；將〈著陸裝置等〉收進機身內；收進〈電線、照相機的三脚架等〉。 **2** 收回〈說過的話、諾言等〉，取消，撤回。

—*v.i.* **1** 縮回。 **2** 取消[撤回]前言，食言。

re·tract·a·ble [rɪ'træktəb!; ri'træktəbl] *adj.* **1** 可收縮的，可縮回的，伸縮自如的：~ headlights (汽車的)伸縮式車前燈。 **2** 可取消[撤回]的。

re·trac·tile [rɪ'trækt!; ri'træktail] *adj.* (貓爪、烏龜的頭部等)可縮進的，有收縮能力的，伸縮自如的。

re·trac·tion [rɪ'trækʃən; ri'trækʃn] 《retract 的名詞》 **—***n.* **1** Ⓤ縮回，縮進。 **2** ⓊⒸ(說過的話、諾言等的)取消，撤回，收回。

re·trac·tive [rɪ'træktɪv; ri'træktiv] *adj.* 可收縮的；能收縮的；有收縮傾向的。

re·trac·tor [rɪ'træktɚ; ri'træktə] *n.* Ⓒ**1** 《外科》牽開器。 **2** 《解剖》縮肌。 **3** (將已發射之彈殼排出鎗膛的)抓子鈎。 **4** 食言者。

re·train [ri'tren; ˌri:'trein] *v.t.* 再訓練…；授…以新技術。

—*v.i.* 接受再訓練。

re·tral ['ritrəl; 'ri:trəl] *adj.* 在後的；向後的；近後部的。

re·tread [ri'trɛd; ˌri:'tred] *v.t.* 翻修〈輪胎〉《重新加防滑花紋於〈(汽車)舊輪胎〉》；翻製〈輪胎〉。

— ['riˌtrɛd; 'ri:tred] *n.* Ⓒ翻修過的輪胎。

re·treat [rɪ'trit; ri'tri:t] *n.* **1 a** ⓊⒸ**退却**，後退，撤退：be in full ~ 全面撤退[全軍潰退]/make a ~ 退却/cover the ~ 掩護撤退

/cut off the ~ 截斷退路/after many advances and ~*s* 在多次的進擊和撤退之後。**b** [**the** ~]撤退軍號，撤退信號：sound *the* ~ 吹[擊]撤退軍號[鼓]。**2** Ⓒ **a** 隱居處，躲藏處，避難所，潛伏處，巢窟：a mountain ~ 山莊/a rural ~ 鄉野僻靜處/a summer ~ 避暑地。**b** (老人、精神病患等的)收容所。**3** ⓊⒸ《天主教》避靜(期間)：be in ~ 在避靜中。

béat a retréat (1)逃走，撤退，退却《★源自擊響撤退信號鼓之意》：*beat a* hasty ~ 慌忙地逃走。(2)放棄(事業、計畫等)。

màke góod one's **retréat** 順利地[安全地]撤退[逃走]。

—*v.i.* **1** 〔**動(十副詞(片語))**〕撤退，後退；〈軍隊〉(受敵人的壓力而)撤退(⇨ retire *v.i.* 4 a【同義字】)：They ~*ed before* the advance of the enemy. 他們在敵人進軍的威逼下撤退。**2** 〔**十副詞(片語)**〕(從不舒服的地方)(向…)離去，逃：~ *to* Italy in winter 在冬季到義大利避寒。

re·trench [rɪˋtrɛntʃ; riˈtrentʃ] *v.t.* **1** 減少，節省，縮減〈費用等〉。**2** 刪除，省略，削除。**—*v.i.*** 節約。

re·trénch·ment [-mənt; -mənt] «retrench 的名詞» **—*n.*** ⓊⒸ**1** 削減，減少支出，節約。**2** 縮短，削除。**3** 複廓；壕溝；堡壘。

re·tri·al [riˋtraɪəl; ˌriːˈtraiəl] *n.* ⓊⒸ《法律》再審，覆審：a petition for ~ 訴請再審。

ret·ri·bu·tion [ˌrɛtrəˋbjuʃən; ˌretriˈbjuːʃn] *n.* Ⓤ[又作 **a** ~]《文語》(惡行等應得的)報應，懲罰；天譴：the day of ~ 最後審判日；因果報應之日。

re·trib·u·tive [rɪˋtrɪbjətɪv; riˈtribjutiv] *adj.* 《文語》報復的，報應的，報償的。

re·trib·u·to·ry [rɪˋtrɪbjəˌtorɪ, -ˌtɔrɪ; riˈtribjutəri] *adj.* ＝retributive.

re·triev·a·ble [rɪˋtrivəbl; riˈtriːvəbl] *adj.* 可取回的；可恢復的；可補償的；可挽回的。

re·triev·al [rɪˋtrivl; riˈtriːvl] «retrieve 的名詞» **—*n.*** Ⓤ**1** (失去之物等的)復得；(失去的名譽、敗北等的)恢復，贏回，挽回；(損失、失誤等的)補償，彌補。**2** 恢復的希望：beyond [past] ~ 不能恢復的，不能挽回的。

retríeval sỳstem *n.* Ⓒ《電算》資訊檢索系統。

re·trieve [rɪˋtriv; riˈtriːv] *v.t.* **1 a** 〔**十受**〕取回…，收回…，尋回…：I should like to ~ my umbrella which I left in the car. 我想取回我留在車上的雨傘。**b** 〔**十受十介十(代)名**〕〔從…〕取回…；〔從不幸、歧途中〕拯救，救出〈某人〉〔*from, out of*〕：~ one's child ***from*** a kidnapper 從綁匪手中把孩子救出來/~ a person *from* [*out of*] ruin [bad ways] 把某人從毀滅[歧途]中拯救出來。

2 a 恢復…，挽回…：~ one's fortunes 重獲錢財/~ one's honor 挽回名譽。**b** [~ one*self*] 更生，悔改。

3 彌補，補償；補救；更正〈罪、錯誤等〉：~ one's errors 更正自己之錯誤。

4 〈獵狗〉尋回〈被射中的獵物〉。

5 《電算》檢出，檢索〈資訊〉。

6 (於網球等)將〈難打的球〉巧妙地打回。

—*v.i.* 〈獵狗〉尋回被射中的獵物。

—*n.* Ⓤ **1** 恢復，收回，取回；挽回：beyond [past] ~ 恢復無望的，不能挽回的。**2** (於網球等的)巧救難球。

re·tríev·er *n.* Ⓒ **1** 尋回東西之人[物]。**2** 拾獚《一種獚與諜犬的雜種狗；有啣物持回來的特性，故常被訓練作尋回被射中獵物的獵狗》。

retriever 2

ret·ro- [rɛtro-; retrou-] 字首 表示「向[在]後」「回溯」「相反地」「逆推進的」「歸還」等之意。

ret·ro·act [ˌrɛtroˋækt; ˌretrouˈækt] *v.i.* **1** 逆溯；反動。**2** 《法律》追溯既往。

ret·ro·ac·tive [ˌrɛtroˋæktɪv; ˌretrouˈæktiv] *adj.* 〈法律、效力等〉追溯的，溯及以往的：a ~ law [statute] 追溯法。~**·ly** *adv.*

ret·ro·cede[1] [ˌrɛtroˋsid; ˌretrouˈsiːd] *v.t.* 歸還；交還〈占領的領土〉。

ret·ro·cede[2] [ˌrɛtroˋsid; ˌretrouˈsiːd] *v.i.* **1** 後退；退回。**2** 《醫》(病症之)內攻。

ret·ro·ces·sion [ˌrɛtroˋsɛʃən; ˌretrouˈseʃn] *n.* Ⓤ**1** 交還；後退。**2** 《醫》後退，後移；隱退，外消內攻。**3** 《保險》再保險，轉分保。

ret·ro·fire [ˋrɛtroˌfaɪr; ˈretroufaiə] *n.* Ⓤ減速火箭之發動。

—*v.i.* 發動減速火箭。

ret·ro·fit [ˌrɛtroˋfɪt; ˌretrouˈfit] *n.* Ⓒ(飛機、電腦、工作母機等的)修整。

—*v.t.* & *v.i.* 修整(…)。

ret·ro·flex(ed) [ˋrɛtrəˌflɛks(t); ˈretrəfleks(t)] *adj.* **1** 反曲的，折返的，翻轉的。**2** 《醫》(子宮等)後屈的。**3** 《語音》捲舌的，捲舌音的。

ret·ro·flex·ion [ˌrɛtrəˋflɛkʃən; ˌretrəˈflekʃn] *n.* Ⓤ **1** 反曲，折返，翻轉。**2** 《醫》(子宮)後屈。**3** 《語音》捲舌(音)。

ret·ro·grade [ˋrɛtrəˌgred; ˈretrəgreid] *adj.* **1** 後退的，倒退的。**2** (順序)顛倒的；退步的，退化的。

—*v.i.* **1** 後退，逆行，回溯。**2** 退步，退化，墮落。**3** 《天文》〈行星等〉逆行。

ret·ro·gress [ˋrɛtrəˌgrɛs, ˌrɛtrəˋgrɛs; ˌretrəˈgres] *v.i.* 《文語》**1** 倒退，後退，逆行。**2** 退化，退步，惡化；墮落；衰微。

ret·ro·gres·sion [ˌrɛtrəˋgrɛʃən; ˌretrəˈgreʃn] «retrogress 的名詞» **—*n.*** Ⓤ **1** 後退，倒退，逆行。**2** 《生物》退化，退步。**3** 《天文》逆行。

ret·ro·gres·sive [ˌrɛtrəˋgrɛsɪv; ˌretrəˈgresiv] *adj.* **1** 後退[逆行]的。**2** 退化的，退步的，衰退的。**3** 墮落的。~**·ly** *adv.*

rétro·ròcket *n.* Ⓒ逆推進火箭，減速火箭。

ret·ro·spect [ˋrɛtrəˌspɛkt; ˈretrəspekt] *n.* Ⓤ回顧，追憶，懷舊(↔ prospect)《★常用於下列片語》：in ~ 回想，回顧。

ret·ro·spec·tion [ˌrɛtrəˋspɛkʃən; ˌretrəˈspekʃn] *n.* Ⓤ回顧，追憶，回想；回憶。

ret·ro·spec·tive [ˌrɛtrəˋspɛktɪv; ˌretrəˈspektiv] *adj.* **1** 回顧的，追憶的，懷舊的(↔ prospective)：a ~ exhibition 回顧展。**2** 《法律》追溯既往的。

rèt·ro·spéc·tive·ly *adv.* 回顧起來，回想起來：*R*~, I wish I hadn't done that. 回想起來，我要是沒有那樣做就好了。

re·trous·sé [ˌrɛtruˋse; rəˈtruːsei] «源自法語» **—*adj.*** 〈鼻子〉朝上的，向上翹的。

ret·ro·ver·sion [ˌrɛtroˋvɝʒən; ˌretrouˈvəːʃn] *n.* Ⓤ **1** 回顧，回頭。**2** 《醫》(子宮等的)後傾，後轉。

ret·ro·vert [ˌrɛtrəˋvɝt, ˌrɪtrə-; ˌretrəˈvəːt] *v.t.* 使…向後彎曲；使…反轉；使…後屈；使…後傾。

re·try [riˋtraɪ; ˌriːˈtrai] *v.t.* 再試驗；再審；重審。

ret·si·na [rɛtˋsinə; retˈsiːnə] *n.* Ⓤ(希臘和賽浦路斯產的強烈、帶松脂香味的)白或紅葡萄酒。

re·tune [riˋtun, -ˋtjun; ˌriːˈtjuːn] *v.t.* 再調整〈樂器或聲音〉的音調。

‡re·turn [rɪˋtɝn; riˈtəːn] «源自拉丁文「向後彎曲」之義» **—*v.i.*** **1 a** 歸，回，返《★比較 come [go, get] back 較為口語化》：What time does he ~? 他幾點回來？**b** 〔**十副詞(片語)**〕回(到…)，返(抵…)：My father will ~ *home from* Europe next month. 我父親下個月將從歐洲返國/They have ~*ed to* Boston. 他們已返抵波士頓。

2 a 恢復：Consciousness ~*ed* gradually. 知覺逐漸恢復過來。**b** 〔**十介十(代)名**〕恢復〔原狀〕〔*to*〕：~ ***to*** the old customs 恢復舊習慣/~ *to* power 重掌政權/~ *to* life 復生，活過來/~ *to* one*self* 醒悟過來，(從茫然自失之中)甦醒。**c** 〔**十介十(代)名**〕回到〔原先的話題等〕〔*to*〕：We shall ~ ***to*** this point later. 我們稍後再回到這個問題。

3 〈季節、疾病等〉再來，再發生，復發：The bad weather has ~*ed*. 壞天氣又來了。

—*v.t.* **1** 還，交還，歸還，送回《★用法 應前後關係而用 give [throw, put] back 較為口語化》：**a** 〔**十受**〕歸還，復歸〈物〉：Don't forget to ~ the money you borrowed. 別忘了把你借的錢歸還。**b** 〔**十受十介十(代)名**〕將〈物〉歸還，復歸〔原主、原處等〕〔*to*〕：The catcher ~*ed* the ball ***to*** the pitcher. 捕手把球還給投手。**c** 〔**十受十介十(代)名**/《英》**十受十受**〕將〈物〉還〔人〕〔*to*〕；還〈人〉〈物〉：Please ~ ***to*** me [~ me] the umbrella I lent you the other day. 請把日前我借你的雨傘還給我。

2 a 〔**十受**〕報答…，以…還禮，回(報)以…：~ thanks (飯前)禱告感謝；(對乾杯等)致詞答謝/~ a favor [compliment] 回饋[讚]/~ a visit 答訪。**b** 〔**十受十介十(代)名**〕〔對於…〕回(報)以…〔*for*〕；〔以…〕報…〔*with*〕：~ evil ***for*** good＝~ good ***with*** evil 以怨報德。

3 a 〔**十受十介十(代)名**〕〔對於…〕回答…，做〈答〉〔*to*〕：***To*** my question he ~*ed* no reply. 對於我的問題他沒有回答。**b** 〔**十引句**〕回答說…："You are welcome," he ~*ed*. 他回答說：「不客氣。」

4 a 〔**十受**〕(正式地)報告…，申報…，呈報…：He didn't ~ [failed to ~] all of his income. 他沒有[忽略]申報總收入。**b** 〔**十受**〕〈陪審團〉宣告〈判決〉：The jury ~*ed* a verdict of guilty [not guilty]. 陪審團宣告有罪[無罪]。**c** 〔**十受十補**〕評定，答覆〈某人〉〈為…〉：The prisoner was ~*ed* guilty. 被告被宣告有罪。

5 〔**十受**〕產生〈利息、利益等〉：The bazaar has ~*ed* a fairly good profit. 義賣獲利頗多。

6 a 〔**十受**〕〈選區〉選出，再選出〈某人〉：A Conservative candidate was ~*ed*. 有一名保守黨候選人獲選。**b** 〔**十受十介十(代)名**〕選〈某人〉〔為議員、政府首長等〕〔*to*〕；〔從選區〕選出〈某人〉〔*for*〕：He was ~*ed* ***to*** Parliament ***for*** Bath. 他由巴玆市選出為

國會議員。
7 〔十受〕《網球等》將〈對方打來的球〉擊回。
to retúrn (to the súbject) [當獨立不定詞片語用]言歸正傳，閒話休講。
—n. 1 a Ⓤ Ⓒ **歸來**，回來，返家，回家〔*to, from*〕: a ~ home 回家，回國/We are looking forward *to* your ~ to Taiwan [*from* America]. 我們盼望著你返回台灣[自美返台]/On his ~ he learned that his mother had died. 他一回到家才知道母親已過世。**b** (又作 **retúrn tícket**) Ⓒ《英》來回票 (cf. single *n.* 4): a day[weekend] ~ 當天[週末]有效的來回票。
2 Ⓤ Ⓒ **回歸**，恢復，復發，再發〔*of*〕: the ~ *of* the seasons 季節的循環/Many [I wish you many] happy ~*s* (*of* the day)! 祝你壽比南山!《生日賀詞》/There was a ~ *of* fever that year. 那一年熱病復發。
3 Ⓤ **歸還**，交還，送還: on sale or ~《商》以存貨退還為條件/They are demanding the immediate ~ of the loan. 他們要求立即歸還貸款。
4 Ⓒ **還禮**，答謝，報答，回報: the ~ of a salute 答禮；以禮砲答禮/a poor ~ *for* (one's) kindness 辜負別人好意的行為，以怨報德的行為。
5 Ⓒ 答覆，回答。
6 [常~s] 報酬，贏利，收益: Small profits and quick ~*s*. 薄利多銷《商店標語；略作 S.P.Q.R.》/He got a good ~ on the investment. 他在這項投資上獲得豐厚的利潤。
7 a Ⓒ 報告(書)，申報(書): a tax [an income tax] ~ 稅[所得稅]申報書。**b** [常~s] 開票報告: election ~*s* 選舉開票報告。
8 Ⓒ《網球等》(球的)擊回。
by retúrn 由原班郵遞，即刻地: Please send a reply *by* ~. 請即(由原班郵遞)回覆。
in retúrn (for ...) 以[為]報答，以[為]回報，以[為]抵消[交換](…): I gave her some flowers *in* ~ *for* her aid. 我給她一些花以報答她的幫助/I want nothing *in* ~. 我不要任何回報。
the [a] póint of nó retúrn ⇨ point.
—*adj.* (無比較級、最高級) **1 a** [用在名詞前]回程的，歸途的: a ~ journey 歸途；(旅行的)回程/a ~ flight (飛機的)回航/a ~ voyage 返航。**b** [用在名詞前]歸來的，回來的: a ~ cargo 載回來的貨物。**c**《英》〈票、票價〉來回的(《美》round-trip) (cf. single 6): a ~ fare 來回票價/The price is £2 single and £3.80 ~. 價格是單程兩英鎊，雙程三英鎊八十便士。**2** [用在名詞前] **a** 回答的；報答的，回禮的，答謝的: a ~ visit 答訪。**b** 再度的，雪恥的〈比賽等〉: a ~ match[game] 雪恥賽，復仇賽。
re·turn·a·ble [rɪˋtɝnəbl; riˈtə:nəbl] *adj.* **1** 可返還的；應返還的。**2** 應報告[申報]的。
retúrn càrd *n.* Ⓒ 訂貨用來回明信片《商號為做廣告並供對方訂貨而寄出的來回明信片》。
re·túrned *adj.* **1** 被退還的: ~ empties (向寄貨人)退還的空瓶[空箱(等)]。**2** 已歸的，(已)回來的: a ~ soldier (從戰場、國外等)歸來的士兵。
re·turn·ee [rɪ͵tɝˋni; ri͵tə:ˈni:] *n.* Ⓒ《美》從海外歸來的軍人，退伍者；回國者。
re·túrn·ing òfficer *n.* Ⓒ《英》選舉管理官，選舉監察人。
retúrn tríp *n.* Ⓒ **1**《美》(旅行的)回程。**2**《英》雙程旅行(round trip)。
re·tuse [rɪˋtus, -ˋtjus; riˈtju:s] *adj.*《植物》微凹狀的《葉片尖端微凹的》。
re·u·ni·fy [riˋjunə͵faɪ; ˈri:ˈju:nifai] *v.t.* 再統一。
re·u·nion [riˋjunjən; ˌri:ˈju:njən] *n.* **1** Ⓒ **重聚之會**，懇親會: a class ~ (畢業後的)同班同學會。**2** Ⓤ 再結合[團聚]；重聚；團圓。
re·un·ion·ist [riˋjunjənɪst; ˌri:ˈju:njənist] *n.* Ⓒ 主張重行結合者；(尤指)擁護英國國教同天主教重行聯合者。
re·u·nite [͵rijuˋnaɪt; ˌri:ju:ˈnait] *v.t.* 使…再結合，使…重聚[再團聚]《★常用被動語態》: Father and child *were* ~*d* after ten years of separation. 父子在分離十年之後重聚。
—*v.i.* 再結合，重聚，再團聚，團圓。
re·up [riˋʌp; ˈri:ˈʌp] *v.i.* & *v.t.*《俚》《軍》(使…)再留營服役。
re·use [riˋjuz; ˌri:ˈju:z] *v.t.* 再利用，再使用(recycle)。
— [-ˋjus; -ˈju:s] *n.* Ⓤ 再利用，再使用。
re·used [riˋjuzd; ˌri:ˈju:zd] *adj.* 〈羊毛〉再使用的。
Reu·ters [ˋrɔɪtəz; ˈrɔitəz] *n.* 路透通訊社《創設於倫敦；正式的名稱為 Reuter's News Agency》。
rev [rɛv; rev] «revolution 之略» **—**《口語》 *n.* Ⓒ (引擎的)旋轉。
—*v.t.* (**revved**; **rev·ving**) 〔十受十副〕加快〈引擎〉的旋轉速度，使…加速旋轉；使〈活動〉變得更活潑〈*up*〉: We *revved up* rehearsals for the opening of the play. 我們為戲劇的開演更加緊排演。
—*v.i.* 〔十副〕〈引擎〉加快旋轉速度〈*up*〉。
Rev [rɛv; rev]《略》**—** *n.* [**the** ~；也用於稱呼]《英俚》= reverend 2 b.
rev.《略》revenue；reverse(d)；review(ed)；revise(d)；revision；revolution；revolving.
Rev.《略》《聖經》Revelation(s).
re·val·u·a·tion [͵rivæljuˋeʃən; ˌri:vælju'eiʃn] *n.* Ⓤ **1** 再評價，重估。**2**《經濟》貨幣升值(↔ devaluation).
re·val·ue [riˋvælju; ri:ˈvælju:] *v.t.* **1** 再評價…，重估…。**2**《經濟》使…升值(↔ devalue).
re·vamp [riˋvæmp; ri:ˈvæmp] *v.t.* **1** 給〈舊鞋〉換新鞋面；修補，修理: ~ old boots 修補舊靴。**2** 修改，改良，改造，改訂，修訂。
***re·veal** [rɪˋvil; riˈvi:l] *v.t.* **1 a** 〔十受〕**透露**，暴露，洩露；揭發〈秘密、事實等〉: He did not ~ his identity. 他沒有透露他的身分/He ~*ed* the fact that he had been a spy. 他揭露了他曾為間諜的事實。**b** 〔十受〕[~ one*self*] 現原形，顯示身分，露出本性: His genius ~*ed itself*. 他的天賦顯露了出來。**c** 〔十受十介十(代)名〕〔向人〕透露，洩露；揭發〈秘密、事實等〉〔*to*〕: He ~*ed* the secret *to* his wife. 他向妻子透露了秘密。**d** 〔十 *that*__〕透露；顯示〈…事〉: Tests ~*ed that* there were no disease microbes in the soil. 試驗的結果顯示那土壤中無病菌。**e** 〔十受十 *to be* 補/十受十 *as* 補〕顯示…〈是…〉: His deed ~*ed* him *to be* a kind man. 他的行為顯示他是個好心的人/In this book the author ~*s* himself *as* a true scholar. 在這本書中作者顯示他是個真正的學者。**2 a** 〔十受〕將〈原來隱藏不見之物〉**顯出，揭露**；顯示: The moonlight ~*ed* her fair face. 月光使她白皙的面孔顯露出來。**b** 〔十受十介十(代)名〕〔向…〕顯出〈原來隱藏不見之物〉，使〔…〕看見…〔*to*〕: The telescope ~*s* a lot of distant stars *to* us. 望遠鏡使我們看到許多遙遠的恒星。
3 〔十受〕〈上帝〉啓示…，默示…。
revéaled relígion *n.* Ⓤ 天啓教《根據天啓所創的宗教，特指猶太教、基督教；cf. natural religion》.
re·véal·ing *adj.* **1** (通常隱藏而不見的部分)顯現的，露出的: a ~ dress 露出肌膚的女裝。**2** 啓發性的；意義深遠的: a ~ idea 頗有啓發性的想法。
rev·eil·le [ˋrɛvl͵i; riˈvæli] *n.* Ⓤ [常 **the** ~]《軍》起牀號；早點名；朝會。
rev·el [ˋrɛvl; ˈrevl] *v.i.* (**rev·eled**,《英》**-elled**; **rev·el·ing**,《英》**-el·ling**) **1** 〔十介十(代)名〕盡興地享受，耽溺，沉迷〔於…〕〔*in*〕: ~ *in* (playing) tennis 酷愛[熱中](打)網球。**2**《古・謔》設酒宴作樂，鬧飲。
—*n.* Ⓤ [常~s]《古・謔》酒宴；鬧飲。
rev·e·la·tion [͵rɛvlˋeʃən; ˌrevəˈleiʃn] «reveal 的名詞» **—*n.* 1** Ⓤ (原來未知之事、秘密等的)透露，洩露，揭露；暴露，顯示，發覺〔*of*〕: the ~ *of* the thief's hiding place 小偷窩藏處的暴露。
2 a Ⓒ 被暴露的事物；意外的新事實: It was a ~ *to* me. 那是一件我所始未料及的事/What a ~! 多麼意外的事! **b** 〔十 *that*__〕[**the** ~]〈…事的〉這項事實的發現: *The* ~ *that* he was the murderer surprised us. 他就是兇手這個事實使我們感到驚訝。
3 a Ⓤ《基督教》天啓，上天的啓示，默示。**b** [**the R**~, (**the**) **Revelations**；當單數用]《聖經》聖約翰(的)啓示錄(The Apocalypse, The Revelation of St. John the Divine)《聖經新約的最後一書；略作 Rev.》.
rev·e·la·tion·ist [͵rɛvlˋeʃənɪst; ˌrevəˈleiʃənist] *n.* **1** Ⓒ 信仰啓示錄者。**2** [**the R**~] 啓示錄作者。
rev·el·er,《英》**rev·el·ler** [-vlɚ, -lɚ; -lə] *n.* Ⓒ 宴樂者，鬧飲者，飲酒狂歡者。
rev·el·ry [ˋrɛvlrɪ; ˈrevlri] *n.* Ⓤ [又作 **revelries**] 飲宴作樂，飲酒狂歡。
re·venge [rɪˋvɛndʒ; riˈvendʒ] *n.* **1** Ⓤ [又作 **a** ~] **復仇**，報仇，報復《★用困對「人」時用 *on, upon*，對「行為」時則用 *for*》: have [take] one's ~ 報仇/in [out of] ~ *for* the insult 為報復侮辱/seek one's ~ *on*[*upon*] a person 伺機向某人報仇。**2** Ⓤ 復仇心，報仇心，宿怨。**3** Ⓤ (運動、遊戲等的)雪恥的機會: give a person his ~ 給某人雪恥的機會。
—*v.t.* 1 〔十受十介十(代)名〕[~ one*self*]〔對…〕**復仇**，報仇〔*on, upon*〕《★也可用被動語態》: He swore to ~ *himself* [to *be* ~*d*] *on* his enemy. 他發誓要向他敵復仇。

【同義字】revenge 指以個人的怨恨、惡意為動機而報仇；avenge 指受正義感的指使而對邪惡、惡行、壓迫等加以理所當然的正當報復。

2 〔十受〕**a** 報〈被害者〉的仇，為〈被害者等〉報仇: They ~*d* their dead cruelly. 他們殘酷地[以殘酷的方式]為死者報仇。**b** 報〈加害、侮辱等〉之仇: I'll ~ that insult. 我要報那羞辱之仇。
re·venge·ful [rɪˋvɛndʒfəl; riˈvendʒful] *adj.* 懷深仇的，懷恨的，想報仇的。**~·ly** [-fəlɪ; -fuli] *adv.* **~·ness** *n.*

***rev·e·nue** [ˈrɛvəˌnu, -ˌnju; ˈrevənju:] «源自拉丁文「回來」之義»—*n.* **1 a** Ⓤ(國家靠稅收等而得到的)歲入：⇨ inland revenue. **b** Ⓒ(國家、團體、個人等的)總收入，所得總額。**2** Ⓤ(得自土地、財產等的)收益，收入；收入來源。**3** [常**the** ~]國稅局，稅捐稽征處：defraud *the* ~ 逃稅。

révenue cùtter *n.* Ⓒ緝私船。

révenue expènditure *n.* Ⓤ[又作 **a** ~]《會計》收益支出《爲獲得利潤而作的支出；cf. capital expenditure》.

révenue ôfficer *n.* Ⓒ(負責緝私的)稅務官員。

révenue stàmp *n.* Ⓒ印花。

révenue tàriff [**tàx**] *n.* Ⓒ收入關稅。

re·ver·ber·ant [rɪˋvɝbərənt; riˈvə:bərənt] *adj.* 反響的，鳴響的；反射的。

re·ver·ber·ate [rɪˋvɝbəˌret; riˈvə:bəreit] *v.i.* 〈聲音〉反響；〈光、熱〉反射：The shout of applause ~*d through* the hall. 喝采聲響徹大廳。

—*v.t.* 使〈聲音〉反響；反射〈光、熱〉：The sound of the shot was ~*d* by the hills. 槍聲回響於羣山之間。

re·ver·ber·a·tion [rɪˌvɝbəˋreʃən; riˌvə:bəˈreiʃn] «reverberate 的名詞»—*n.* **1 a** Ⓤ反響；反射。**b** Ⓒ反射光[熱]。**2** Ⓒ[常~s]回響[反響]音，回聲。

re·ver·ber·a·tor [rɪˋvɝbəˌretɚ; riˈvə:bəreitə] *n.* Ⓒ反射器；反射燈；反射鏡；反射爐。

re·ver·ber·a·to·ry [rɪˋvɝbrəˌtorɪ; riˈvə:bərətəri] *adj.* **1 a** 〈火、熱〉被反射的，靠反射的。**b** 〈爐〉反射式的。**2** 反響的，回響的。

—*n.* Ⓒ反射爐。

re·vere [rɪˋvɪr; riˈviə] *v.t.* (懷着深摯的愛情)崇敬，尊崇，敬仰〈人、物等〉(⇨ worship【同義字】)：The people ~*d* the saint. 人們崇敬這位聖人。

rev·er·ence [ˋrɛvrəns, -vərəns; ˈrevərəns] «revere 的名詞»—*n.* **1** Ⓤ[又作**a** ~](懷着深摯敬意的)崇敬，尊敬；敬意《★比較 表程度較 respect 爲高的尊敬》：feel ~ *for* ... 對…懷尊敬的心，尊敬…/show (*a*) deep ~ *for* a person 向某人表達深摯的崇敬之意/hold a person *in* ~尊敬某人/pay ~ *to*... 向…致敬。**2** Ⓒ《古》敬禮，行禮，深鞠躬：make a profound ~ 恭恭敬敬地鞠躬。**3** 《英古・諧・美》[**your** [**his**] ~, **your** [**their**] ~**s** 用作對牧師、教士的尊稱]牧師。

—*v.* =revere.

rev·er·end [ˋrɛvrənd, -vərənd; ˈrevərənd] *adj.* [用在名詞前] **1** 應受崇敬的，可敬的〈人、事物、地方等〉。**2 a** 牧師的，教士的：the ~ gentleman 這位牧師[教士]。**b** [**the R**~；用作對牧師、教士的尊稱]…牧師《略作 the Rev.；★用法 作爲對牧師、教士的尊稱使用時，前面須加 the, 後面須連名帶姓才屬正式的用法：*the Reverend* Joseph [J.] Hames/*the Reverend* Dr. Joseph [J.] Hames(約瑟夫・海姆斯牧師)；把 *Reverend* 略作 *Rev.* 係屬報章雜誌及其他的非正式用法；在同一文中再度言及時，作 *the Rev.* Mr. [Dr.] Hames 而不作 *Rev.* Hames 或 the *Reverend*；即使是在口語中，對牧師或教士稱呼時，如果不連名帶姓而單稱 *Reverend*, 仍屬不禮貌》。

—*n.* Ⓒ[常~s]《口語》牧師。

rev·er·ent [ˋrɛvrənt, -vərənt; ˈrevərənt] *adj.* 恭敬的，虔誠的。

~·**ly** *adv.*

rev·er·en·tial [ˌrɛvəˋrɛnʃəl; ˌrevəˈrenʃl] *adj.* =reverent.

~·**ly** [-ʃəlɪ; -ʃəli] *adv.*

rev·er·ie [ˋrɛvərɪ; ˈrevəri] *n.* **1** ⓊⒸ(不在睡眠時的)幻想，夢想：be lost in (a) ~ 耽於幻想，想得出神/fall into a pleasant ~ *about* one's boyhood 陷入兒時的美好回憶中。

> 【同義字】dream 是睡眠中的夢。

2 Ⓒ《音樂》幻想曲。

re·vers [rəˋvɪr, -ˋvɛr; riˈviə] «源自法語»—*n.* Ⓒ(*pl.* ~ [-z; -z])[常~s](衣領、袖口等的)翻折。

revers

re·ver·sal [rɪˋvɝsl; riˈvə:sl] *n.* ⓊⒸ **1** 反轉，顛倒；倒退，倒轉。**2** 《法律》取消，撤銷，廢棄，倒轉，翻案。**3** 《攝影》(從負片到正片，或從正片到負片的)反轉顯影。

***re·verse** [rɪˋvɝs; riˈvə:s] *n.* **1** [**the** ~] [(…的)顛倒，相反〔*of*〕：quite *the* ~ =*the* very ~ 恰恰[正]相反/His remarks were *the* ~ *of* complimentary. 他所說的話與恭維話恰恰相反。

2 [**the** ~] **a** (物的)背面。**b** (硬幣、獎牌等的)反面(↔ obverse). **c** (書翻開後的)左頁(verso)(↔ recto).

3 Ⓒ[常~**s**]逆運，失敗，損失，敗北：the ~*s of* fortune 逆運，倒楣，敗北/suffer [sustain, meet with, have] a ~ 遭受挫折，失敗。

4 a ⓊⒸ(機械等的)反轉；(汽車的)倒退，倒檔《略作 R》：shift the gear into [put the car] ~ 把排檔換成倒檔。**b** Ⓒ反轉[倒退]裝置。

5 Ⓒ《舞蹈》逆轉。

in revérse (1)逆向地，顛倒地：drive a car *in* ~ 使汽車倒退。(2)從背面：take... *in* ~ 從背面攻擊…。

—*adj.* (無比較級、最高級) **1 a** [用在名詞前]**相反的，顛倒的，**向後的(⇨opposite【同義字】)：in ~ order 次序顛倒地。**b** [十介十(代)名]〔與…〕相反的〔*to*〕：a result ~ *to* what was intended 與本意相反的結果。

2 [用在名詞前]**反面的，背面的，背後的**：the ~ side of a coin 硬幣的反面。

3 逆轉的，倒轉的：a ~ drive 倒車/⇨ reverse gear.

—*v.t.* **1** [十受] **a** 使…顛倒，使…相反；使…翻轉：~ a process [procedure] 顛倒程序/~ the order 顛倒次序/R~ arms！倒槍！《於葬禮等使帶槍者將槍口向下的口令》。**b** 調換，轉換〈位置等〉：Our positions have been ~*d.* 我們的位置被調換了。

2 a [十受]使〈機器等〉倒轉，使…逆行；使〈車〉倒退：~ an engine 使引擎倒轉。**b** [十受十介十(代)名]使〈車〉倒退進入〔…中〕〔*into*〕：He ~*d* the car *into* the garage. 他使車子倒退進入車庫中。

3 [十受]推翻〈主義、決定等〉；《法律》廢棄，取消，撤銷〈判決等〉：~ a decision [sentence]撤銷判決[判刑]。

4 [十受]向受話人收〈電話費〉《★用於下列片語》：~ the charges 向受話人收費。

—*v.i.* **1** 反，顛倒；倒退，逆行。

2 a 〈引擎等〉倒轉。**b** 倒車，使車倒退。**c** 〈車〉倒退。

3 《舞蹈》反轉，向左旋轉。

revérse géar *n.* ⓊⒸ(汽車等的)倒檔。

re·vérse·ly *adv.* **1** 顛倒地，相反地。**2** 與此相反地，在另一方面。

re·vers·i·ble [rɪˋvɝsəbl; riˈvə:səbl] *adj.* **1** 可逆的，可反轉的。**2** 〈衣服等〉兩面都可向外或向裏翻過來穿的，兩面可穿的：a ~ coat 兩面可穿的短外套。

—*n.* Ⓒ正反面兩用衣，兩面均可作表面使用的布料。

re·ver·sion [rɪˋvɝʒən, -ˋvɝʃ-; riˈvə:ʃn] «revert 的名詞»—*n.* **1** Ⓤ〔常指向不理想的舊習慣、狀態、話題等的〕倒退，反回，回復〔*to*〕：I'm trying to prevent the ~ of my garden to nature. 我正在試圖防止我的花園回復到一片荒蕪的自然狀態。

2 Ⓤ《生物》返祖，隔代遺傳(atavism).

3 《法律》**a** Ⓤ租權回復；歸屬原主；恢復。**b** Ⓒ回復的財產[土地]；繼承權。

re·vér·sion·al [-ʒənl, -ʃənl; -ʃənl] *adj.* =reversionary.

re·ver·sion·ar·y [rɪˋvɝʒənˌɛrɪ; riˈvə:ʃnəri] *adj.* **1** 《法律》有租權回復的，將來可享有的。**2** 《生物》返祖的，隔代遺傳的(atavistic). **3** 反轉的，倒轉的。**4** 回復的，歸屬的。

re·ver·sion·er [rɪˋvɝʒənɚ, -ʃənɚ; riˈvə:ʃənə] *n.* Ⓒ《法律》有租權回復者。

re·vert [rɪˋvɝt; riˈvə:t] «源自拉丁文「折回」之義»—*v.i.* [十介十(代)名] **1 a** 返回，恢復，回復，重返〔到舊習慣、原狀〕〔*to*〕：The country has ~*ed to* a wild state. 農村又變得一片荒蕪。**b** 重新回到〔原來的話題〕；回過來講，回想，重思〔原來的問題〕〔*to*〕：Let us ~ *to* the original subject. 我們回過來談原來的主題吧。**2** 《法律》〈不動產等〉回復〔於…〕〔*to*〕：If you die without heirs, your property will ~ *to* the State. 如果你死時無繼承人，你的財產將歸屬國家。**3** 《生物》恢復祖性〔成…〕〔*to*〕.

rev·er·y [ˋrɛvərɪ; ˈrevəri] *n.* =reverie.

re·vest [rɪˋvɛst; riˈvest] *v.t.* **1** 再賦與〈某人〉所有權、職權等。**2** 再賦與〈所有權、職權等〉。

re·vet [rɪˋvɛt; riˈvet] *v.t.* (**re·vet·ted**; **re·vet·ting**)《土木》以石頭、混凝土(等)被覆〈堤防、牆壁等〉，築…的外側。

re·vét·ment [-mənt; -mənt] *n.* Ⓒ《土木》護坡，護岸。

***re·view** [rɪˋvju; riˈvju:] *v.t.* [十受] **1 再調查，再考量…；**細察…：He ~*ed* the scene of the crime. 他再觀察了犯罪的現場。

2 《美》**復習，**溫習〈學科等〉(《英》revise)：~ today's lessons 復習今天的功課。

3 回顧…，回想…：He ~*ed* his past life. 他回顧他過去的生活。

4 批評[評論]〈書刊、戲劇、電影等〉：His most recent works were favorably ~*ed.* 他的最新作品獲得好評。

5 檢察…；檢閱〈軍隊等〉：The President ~*ed* the fleet. 總統檢閱了艦隊。

6 《法律》再審…，覆審…：The court agreed to ~ the charge. 法庭同意覆審該項控告/A superior court may ~ decisions of a lower court. 上級法院可以覆審下級法院之判決。

—*v.i.* **1 a** 批評，作書評，寫書評。**b** [十介十(代)名]〔爲書刊等〕寫評論〔*for*〕：He ~*s* *for* the newspaper. 他爲該報寫評論。

2 《美》復習，溫習(《英》revise).

—*n.* **1** Ⓤ Ⓒ 再調查，再考量；觀察：His research will come under ～. 他的研究有待進一步考察[探討]。
2 Ⓒ (過去之事件、經驗等的)回顧，反省。
3 Ⓒ概觀，展望，概說〔*of*〕：make a ～ *of* Romanticism 概述浪漫主義。
4 Ⓒ復習，練習；習題。
5 a Ⓒ評論，批評，書評《★包括劇評、影評》：⇨ book review/write a ～ *for* the newspaper(s) 爲報紙寫評論。**b** [常R～用作書名]評論性刊物。
6 Ⓤ Ⓒ檢察；閱兵，閱兵[閱艦]大典：a military [naval] ～ 閱兵[閱艦]大典/march in ～ 作受閱行進，接受閱兵。
7 Ⓤ Ⓒ《法律》再審，覆審：a court of ～ 覆審法庭。
8 ＝revue.
páss (...) in review (1)(隊伍通過閱兵臺前)受檢閱；(檢閱者通過肅立之隊伍前面)檢閱。(2)回顧(…)。

re·view·al [rɪˋvjuəl; ri'vju:əl] *n.* Ⓤ Ⓒ **1** 再調查。**2** 校閱；校訂。**3** 批評；評論。**4** 檢閱；閱兵。**5** 復習；溫習。**6** 回顧。

re·víew·er *n.* Ⓒ評論家，批評家，書評家；評論雜誌記者；檢閱者，閱兵者。

re·vile [rɪˋvaɪl; ri'vail]《文語》*v.t.* 誹謗…，辱罵…。
—*v.i.* 〔動(十介十(代)名)〕〔對…〕惡言相向；辱罵〔…〕〔*at, against*〕：～ *at* [*against*] abuses 痛斥弊端。

***re·vise** [rɪˋvaɪz; ri'vaiz] «源自拉丁文「再看」「重新看」之義»—*v.t.* 〔十受〕**1** 改訂，校訂，校正，修正，修訂，改正〈書等〉：a ～*d* edition 修訂版。**2** 修正，變更〈意見等〉。**3**《英》復習〈學科〉(《美》review). —*v.i.*《英》復習(《美》review).
—*n.* Ⓒ **1** 修正，訂正，校正，校訂，修訂。**2**《印刷》再校樣，經校訂後的形式或版本。

Re·vísed Stándard Vérsion *n.* [the～]《聖經》標準本聖經修訂版《由美國學者根據美譯標準聖經 (the American Standard Version) 及英王欽定本聖經 (the King James Version) 所修訂者，於 1952 年發行；略作 **R.S.V.**》.

Revísed Vérsion *n.* [the～]欽定英譯本的修訂本聖經《爲英王詹姆斯欽定本聖經 (Authorized Version) 的修訂版；「新約」於 1881 年，「舊約」於 1885 年出版；略作 R.V., Rev. Ver.》.

re·vis·er [rɪˋvaɪzɚ; ri'vaizə] *n.* Ⓒ校訂者；修正者；校對。

***re·vi·sion** [rɪˋvɪʒən; ri'viʒn] «revise 的名詞»—*n.* **1** Ⓤ Ⓒ改訂，訂正；校訂，修訂，改正。**2** Ⓒ改訂版；修訂本，改譯。**3** Ⓤ《英》復習。

re·ví·sion·ìsm [-ˏɪzəm; -nizəm] *n.* Ⓤ修正論；修正主義，修正的社會主義。

re·ví·sion·ist [-ʒənɪst; -ʒnist] *n.* Ⓒ修正論[主義]者。
—*adj.* 修正主義(者)的。

re·vis·it [riˋvɪzɪt; ˌri:'vizit] *v.t.* 再訪…，重臨…，重遊…；返回…。—*n.* Ⓒ再訪，重遊。

re·vi·so·ry [rɪˋvaɪzərɪ; ri'vaizəri] *adj.* **1** 校訂的；改訂的，校正的，修訂的。**2** 修正的；以修正爲目的的。

re·vi·tal·ize [riˋvaɪtl̩ˏaɪz; ˌri:'vaitəlaiz] *v.t.* 再給予…活力，使…復蘇，使…復活；給予…新生命，使…更生；使…復興。

re·vi·tal·i·za·tion [riˏvaɪtl̩əˋzeʃən; ˌri:vaitəlai'zeiʃn] *n.*

re·viv·al [rɪˋvaɪvl; ri'vaivl] «revive 的名詞»—*n.* **1** Ⓤ Ⓒ **a** 復蘇，復活，再生〔*of*〕. **b** [健康、精神等的]恢復〔*of*〕. **c** (舊習俗、傳統等的)復興，再興〔*of*〕. **2** Ⓒ《基督教》信仰復興(運動)；(爲復興信仰而舉行的)佈道會。**3** Ⓒ (舊戲劇等的)再上演，(老電影的)再上映。**the Revíval of Léarning [Létters, Líterature]** 文藝復興 (Renaissance).

re·vív·al·ìsm [-l̩ˏɪzəm; -lizəm] *n.* Ⓤ信仰復興運動；復古傾向；復古主義。

re·vív·al·ist [-lɪst; -list] *n.* Ⓒ信仰復興論者，復古主義者。

re·vive [rɪˋvaɪv; ri'vaiv] «源自拉丁文「再活」之義»—*v.i.* **1 a** 復活，蘇醒。**b** 〈精神〉恢復：His courage [spirits, hopes] ～*d*. 他的勇氣[精神，希望]恢復了。**2** 〈舊的習俗等〉復活，復興，再興，再流行。
—*v.t.* 〔十受〕**1 a** 使…復活，使…蘇醒：He managed to ～ the half-drowned girl. 他總算使那個快淹死的女孩活了過來。**b** 使…振作；使…恢復：His encouraging words ～*d* my drooping spirits. 他令人鼓舞的話使我頹喪的精神振作起來。**2** 使…復興，使…再流行：We are trying to ～ the old customs. 我們正努力復興[恢復]那些古老的習俗。**3** 再上演〈舊戲〉，再上映〈老電影〉：The old film was ～*d*. 那部老片子再度上映了。

re·viv·i·fy [riˋvɪvəˏfaɪ; ri:'vivifai] *v.t.* **1** 使…蘇醒，使…復活。**2** 使…恢復生氣，使…振作。**re·viv·i·fi·ca·tion** [riˏvɪvəfəˋkeʃən; ri:ˌvivifi'keiʃn] *n.*

rev·i·vis·cent [ˏrɛvɪˋvɪsn̩t; ˌrevi'visnt] *adj.* 復活的；蘇醒的；氣力恢復的。

rev·o·ca·ble [ˋrɛvəkəbl; 'revəkəbl] *adj.* 可廢止[解除]的，可取消[撤銷]的(↔ irrevocable).

rev·o·ca·tion [ˏrɛvəˋkeʃən; ˌrevə'keiʃn] «revoke 的名詞»—*n.* Ⓤ Ⓒ廢止，解除，取消，撤銷，吊銷：the ～ of a driver's license 駕駛執照的吊銷。

rev·o·ca·to·ry [ˋrɛvəkəˏtorɪ; 'revəkətəri] *adj.* 廢止[解除，取消，撤銷]的。

re·voice [riˋvɔɪs; ri'vɔis] *v.t.* **1** 再發表；再道出。**2** 重述。**3** 再調整…之音調。

re·voke [rɪˋvok; ri'vouk] *v.t.* 取消〈命令、諾言等〉；撤銷，撤回，吊銷〈執照等〉；廢止，解除，使…無效：～ a decree 廢止法令/He had his driving license ～*d*. 他被吊銷了駕駛執照。
—*v.i.*《紙牌戲》有牌不跟《擁有可跟之牌却不跟而違規出其他之牌》。
—*n.* Ⓒ《紙牌戲》有牌不跟：make a ～ 有牌不跟。

re·volt [rɪˋvolt; ri'voult] *n.* Ⓤ Ⓒ **1** 〔對當權者、政府等的〕(較小規模的)**叛亂**，背叛，叛變〔*against*〕：*in* ～ *against*... 反抗…/rise *in* ～ 造反，舉旗起義。**2** 厭惡，討厭，惡心，不快，反感〔*from, against*〕：She turned her face away *in* ～ *from* the bloody scene. 她對流血的場面感到惡心而把臉轉過去。
—*v.i.* **1** 〔動(十介十(代)名)〕〔對當權者、政府等〕**造反**，背叛，反抗〔*against*〕：The mob ～*ed* ***against*** the governor. 暴民起來反抗統治者。**2** 〔十介十(代)名〕〔對…〕感到惡心，嫌惡，起反感〔*at, from, against*〕：The stomach ～*s* ***at*** such food. 這樣的食物倒胃口/His whole nature ～*ed* ***against*** [***from***] that case of corruption. 他對那宗貪污案痛心疾首。—*v.t.* 〔十受〕使〈人〉感到討厭，使〈人〉惡心，使…起惡感《★常用被動語態，變成「起惡感」之意；介系詞用 *at, by*》：The meal ～*ed* him. 那一頓飯使他倒胃口/She *was* ～*ed* ***at*** [***by***] the scene. 那場面使她反感。

re·vólt·ing *adj.* **1** 發動叛亂的，背叛的。**2 a** 令人起惡感的，非常討厭的：a ～ smell 討厭的氣味。**b** [不用在名詞前]〔十介十(代)名〕違反〔…〕的，令〔人〕震驚的〔*to*〕：It was ～ ***to*** the Englishman's idea of fair play. 這件事違反了英國人的公平競爭精神。

re·vólt·ing·ly *adv.* 令人惡心地，令人起惡感地。

rev·o·lute [ˋrɛvəˏlut; 'revəlu:t] *adj.*《植物》背捲的；〈葉〉下捲的。

***rev·o·lu·tion** [ˏrɛvəˋluʃən, ˏrɛvl̩ˋjuʃən; ˌrevə'lu:ʃn] «revolve 的名詞»—*n.* **1** Ⓤ Ⓒ (政治上的)**革命**：⇨ American Revolution, English Revolution. **2** Ⓒ (思想、行動、方法等的)**大改革**，劇烈的改變，革命〔*in*〕：a ～ *in* manufacturing 製造業的革命/⇨ Industrial Revolution. **3 a** Ⓤ Ⓒ**旋轉**，迴轉，周轉。**b** Ⓤ《物理》旋轉運動。**4** Ⓤ Ⓒ (季節等的)週期，循環。**5** Ⓤ Ⓒ《天文》(天體的)公轉 (cf. rotation 1b).

***rev·o·lu·tion·ar·y** [ˏrɛvəˋluʃənˏɛrɪ, ˏrɛvl̩ˋju-; ˌrevə'lu:ʃnəri] «revolution 的形容詞» —*adj.* **1 a** [用在名詞前]**革命的**；大改革的。**b** 〈發明等〉完全新的，革命性的。**c** [用在名詞前][R～]美國獨立戰爭的：the *R*～ War＝American Revolution. **2** 旋轉的，迴轉的，周轉的。
—*n.* ＝revolutionist.

Rèvolútionary Wár *n.* [the～](美國的)革命戰爭《即 1775 年至 1783 年之獨立戰爭》。

rèv·o·lú·tion·ist [-ʃənɪst; -ʃnist] *n.* Ⓒ革命黨員；革命(論)者；革命家。

rev·o·lu·tion·ize [ˏrɛvəˋluʃənˏaɪz; ˌrevə'lu:ʃnaiz] «revolution 的動詞»—*v.t.* **1** 對…起革命[大改革]，徹底改革，使…革命化。**2** 對〈人〉鼓吹革命思想。

re·volve [rɪˋvɑlv; ri'vɔlv] *v.i.* **1 a** **旋轉**，迴轉；周轉；環繞《★ 𝐏𝐑𝐈當「自轉」之意時，一般較常用 rotate》. **b** 〔十介十(代)名〕〔以軸爲中心而〕迴轉，周轉〔*on*〕；環繞〔…的周圍〕，《天文》〈天體〉〔在…的周圍〕公轉，繞轉〔*around, round, about*〕：The earth ～*s* ***around*** the sun. 地球繞太陽運轉[公轉]/The earth ～*s* ***on*** its axis. 地球在本身軸上旋轉[自轉]。**2** 〈季節等〉循環；週期性地發生：The seasons ～. 四季循環。**3** 〔(十副)十介十(代)名〕〈好幾個想法、心思〉〔在心胸中〕縈繞〈*around*〉〔*in*〕：Several fantasies ～*d* ***around in*** my mind. 好幾個幻想在我心中縈繞。**4** 〔十介十(代)名〕〈討論、辯論等〉〔將…〕作爲主題〔*around*〕：The debate ～*d* ***around*** the morality of abortion. 辯論以墮胎的道德性爲主題而進行[環繞墮胎的道德性問題展開]。
—*v.t.* 〔十受〕**1** 使…旋轉，使…迴轉，使…周轉(⇨ turn A【同義字】)：a mechanism for *revolving* the turntable 旋轉臺[轉盤]的旋轉裝置。**2** 左思右想，盤算，深思熟慮，反覆考慮〈問題等〉：I ～*d* the problem in my mind. 我反覆考慮了那個問題。

re·volv·er [rɪˋvɑlvɚ; ri'vɔlvə] *n.* Ⓒ左輪連發手槍。

re·vólv·ing *adj.* [用在名詞前]旋轉的，迴轉的：a ～ door 旋轉門/a ～ fund 周轉基金/a ～ stage 旋轉舞臺。

re·vue [rɪˋvju; ri'vju:] «源自法語 'review'» —*n.* Ⓤ Ⓒ時事諷刺劇《一種由歌舞等和諷刺時事的戲劇等組合成的輕鬆熱鬧喜劇》。

re·vul·sion [rɪˋvʌlʃən; ri'vʌlʃn] *n.* Ⓤ [又作 a ～] **1** 〔對…的〕反

感，厭惡，討厭〔*against*〕. **2**《文語》(感情、意見的)劇變，突變。

Rev. Ver. 《略》Revised Version.

***re·ward** [rɪˋwɔrd; riˈwɔːd] *n.* Ⓤ Ⓒ **1 a** 〔對勞動、服務等的〕報酬，獎賞〔*for*〕: *in* ～ *for*... 作為…的獎賞，為[以]報答…/receive just ～ 接受應得的報酬/I gave her a ～ for saving the children from the fire. 她從火災中救出了孩子們，為此我給予她獎賞。 **b** [常 ～s]報答，報酬，報應，懲罰〔*of, for*〕: the ～ *of* virtue 美德的報酬。 **2** (對歸還遺失物、捕獲罪犯等的)酬謝金，懸賞金〔*for, of*〕.
——*v.t.* **1** [十受]酬報…，酬謝…，答謝…: ～ a service 酬謝功勞。 **2** [十受十介十(代)名]〔為…〕酬謝〈人〉，給〈人〉報酬[獎賞]〔*for*〕；〔以…〕酬報〈人〉〔*with*〕: The teacher ～*ed* Tom ***for*** his diligence. 老師因湯姆勤奮而獎賞他/The mother ～*ed* her child ***with*** money. 母親給孩子錢作為獎賞。

revolving door

re·wárd·ing *adj.* 〈經驗、行動等〉值得(做…)的，有(做…的)價值的；有報酬的；有益的：a very ～ experience 一個很值得嘗試的經驗/a ～ book 值得讀[有益]的書。

re·ward·less [rɪˋwɔrdlɪs; riˈwɔːdlis] *adj.* 無報酬的；徒勞無功的。

re·wind [riˋwaɪnd; ˌriːˈwaind] *v.t.* (**re·wound** [-ˋwaund; -ˈwaund]) 捲回〈(錄音、錄影)帶、底片等〉。

re·wire [riˋwaɪr; ˌriːˈwaiə] *v.t.* 裝配〈房屋等〉的新電線。

re·word [riˋwɝd; ˌriːˈwəːd] *v.t.* 改說，再言；改寫。

re·work [riˋwɝk; ˌriːˈwəːk] *v.t.* 修改；修正。

re·write [riˋraɪt; ˌriːˈrait] *v.t.* (**re·wrote** [-ˋrot; -ˈrout]; **re·writ·ten** [-ˋrɪtn̩; -ˈritn]) **1** 改寫；重寫。 **2**《美》《新聞》將〈記者提出的原稿〉改寫為報導(文章)，重寫。
—— [ˋriˌraɪt; ˈriːrait] *n.* Ⓒ **1** 改寫(之物)。 **2**《美》改寫過的新聞報導。

Rex[1] [rɛks; reks] 《源自拉丁文》——*n.* Ⓒ (*pl.* **Re·ges** [ˋridʒiz; ˈriːdʒiːz])《英》**1** [附於在位國王之名後]王《略作 R.；cf. Regina 1》: George ～ 喬治王。 **2**《法律》[於訴訟案件時用作國王的稱號]王，國王《★於王室對臣民間有訴訟案件時用作國王的稱號；cf. people 7, versus 1》: the action ～ *v.* Smith 國王對史密斯之訴訟。

Rex[2] [rɛks; reks] *n.* 雷克斯《男子名》。

Rey·kja·vik [ˋrekjəˌvik; ˈreikjəviːk] *n.* 雷克雅維克《冰島共和國的首都》。

Reyn·ard [ˋrɛnəd, ˋrenəd; ˈrenəd, ˈreinaːd] *n.* **1** 列那《中世紀諷刺故事 *Reynard the Fox* (狐狸故事)主角狐狸的名字》。 **2** r～] Ⓒ 狐狸(fox)。

Reyn·old [ˋrɛnl̩d; ˈrenl̩d] *n.* 雷諾《男子名》。

r.f. 《略》radio frequency; rapid-fire; right field.

R.F.A. 《略》Royal Field Artillery 英國皇家野戰砲兵。

R(F)D, R.(F.)D. 《略》《美》Rural (Free) Delivery.

Rh 《略》《生化》Rhesus (factor)；《符號》《化學》rhodium. **r.h., rh, RH, R.H.** 《略》right hand《音樂》(使用)右手(cf. l.h.).

rhab·do·man·cy [ˋræbdəˌmænsɪ; ˈræbdəmænsi] *n.* Ⓤ 棒卜；探條尋礦《用神棒探索地下水源、礦藏之迷信行為》。

rhab·do·my·o·ma [ˌræbdomaɪˋomə; ˌræbdoumaiˈoumə] *n.* Ⓒ (*pl.* ～**ta** [～tə; ～tə], ～**s**)《醫》橫紋肌瘤。

Rhad·a·man·thus [ˌrædəˋmænθəs; ˌrædəˈmænθəs] *n.* =Rhadamanthys.

Rhad·a·man·thys [ˌrædəˋmænθɪs; ˌrædəˈmænθis] *n.* **1**《希臘神話》拉達曼西斯《主神宙斯(Zeus)與尤羅芭(Europa)之子；生前為人公正，故死後被封為冥府三判官之一》。 **2** Ⓒ 嚴正之審判官。

rhap·sod·ic [ræpˋsɑdɪk; ræpˈsɔdik] 《rhapsody 的形容詞》——*adj.* **1** 史詩(風格)的，敍事[吟誦]詩的。 **2** 狂想的，狂熱的，誇張的。

rhàp·sód·i·cal [-dɪkl̩; -dikl] *adj.* = rhapsodic.
～**·ly** [-kl̩ɪ; -kəli] *adv.*

rhap·so·dist [ˋræpsədɪst; ˈræpsədist] *n.* Ⓒ **1** (古代希臘的)遊唱詩人，吟誦史詩者。 **2** 狂文作者；狂詩[狂想曲]作者。

rhap·so·dize [ˋræpsəˌdaɪz; ˈræpsədaiz] *v.i.* **1** 寫[朗誦]狂文[狂詩]，作狂想曲。 **2** [十介十(代)名]〔就…〕狂熱地講[寫]〔*about, on, over*〕: He ～*d* ***over*** [***about, on***] the victory. 他狂熱地談論勝利的事。 ——*v.t.* 將…寫[作，朗誦]成狂文[狂想曲，狂詩]風格。

rhap·so·dy [ˋræpsədɪ; ˈræpsədi] 《源自希臘文「連接詩」之義》——*n.* **1** Ⓒ (古代希臘的)史詩《改作成適合吟誦的敍事詩；尤指奧德賽(*Odyssey*)或伊里亞特(*Iliad*)的一節》。 **2 a** Ⓒ [常 **rhapsodies**]狂熱的文章[詩歌，語言]〔*about, on, over*〕: go into *rhapsodies over...* 狂熱地說[寫，讚揚]…。 **b** Ⓤ 狂喜。 **3** [常 R～] Ⓒ《音樂》狂想曲，狂詩: Liszt's *Hungarian Rhapsodies* 李斯特的「匈牙利狂想曲」。

rhe·a [ˋriə; riə, ˈriːə] *n.* Ⓒ《鳥》鶆鷞《又稱美洲鴕鳥，產於南美洲；腳三趾》。

rhea

Rhe·a [ˋriə; riə, ˈriːə] *n.*《希臘神話》莉雅《大地之女神：為克羅納斯(Cronus)之妻，並且為宙斯(Zeus)，希拉(Hera)，波賽頓(Poseidon)等諸神之母；cf. Cybele》。

Rhein·gold [ˋraɪnˌgold; ˈraingould] *n.* 《德國傳說》萊茵黃金《藏於萊茵河底之黃金寶藏，能給予其擁有者神奇力量》。

Rhen·ish [ˋrɛnɪʃ; ˈriːniʃ, ˈren-] 《Rhine 的形容詞》——《古》*adj.* 萊茵河(流域)的《★比較 現在通常以 Rhine 代替此字當形容詞用》: ～ wine = Rhine wine 1. ——*n.* =Rhine wine 1.

rhe·ni·um [ˋrinɪəm; ˈriːniəm] *n.* Ⓤ《化學》錸《一種稀有金屬元素；符號 Re》。

rhe·o- [riə-; riə-] 字首 表示「流動之物；溪流；水流」之意。

rhe·o·base [ˋriəˌbes; ˈriəbeis] *n.* Ⓤ《生理》基強度，基本電位。

rhe·ol·o·gy [rɪˋɑlədʒɪ; riˈɔlədʒi] *n.* Ⓤ《物理》柔質力學，流變學。

rhe·om·e·ter [riˋɑmətə; riːˈɔmitə] *n.* Ⓒ《醫》血流速度計。

rhe·o·stat [ˋriəˌstæt; ˈriəstæt] *n.* Ⓒ《電學》變阻器。

Rhé·sus fàctor, Rhé·sus ántigen [ˋrisəs-; ˈriːsəs-] *n.* =Rh factor.

rhé·sus mónkey [ˋrisəs-; ˈriːsəs-] *n.* Ⓒ《動物》恆河獼猴《產於印度北部的一種短尾猴；體小，毛長而呈棕黃色；供醫學實驗用》。

rhe·tor [ˋritɚ; ˈriːtə] *n.* Ⓒ **1** 修辭學家，修辭學教師。 **2** 演說家。

rhet·o·ric [ˋrɛtərɪk; ˈretərik] 《源自希臘文「談」之義》——*n.* Ⓤ **1** 修辭學。 **2 a** 修辭法。 **b** (實際上既無誠實又無意義的)華麗的文體，優美亮麗的詞句；花言巧語；誇張: high-flown ～ 誇張的華麗詞句。

rhe·tor·i·cal [rɪˋtɔrɪkl̩; riˈtɔrikl] 《rhetoric 的形容詞》——*adj.* **1** [用在名詞前]修辭學的；修辭(上)的。 **2** 華麗詞句的；誇張的。

rhe·tór·i·cal·ly [-kl̩ɪ; -kəli] *adv.* **1** 依修辭學(而言)。 **2 a** 在修辭上。 **b** 詞藻華美地；誇張地。

rhetórical quéstion *n.* Ⓒ《文法》修辭性問句，反問《例如表 Nobody cares. 之意的 *Who cares?*》。

rhet·o·ri·cian [ˌrɛtəˋrɪʃən; ˌretəˈriʃn] *n.* Ⓒ **1** 修辭學家。 **2 a** 精通修辭法的人。 **b** 喜用華麗詞句的人。

rheum [rum; ruːm] *n.* Ⓤ《英古．美》**1** 稀黏液《黏膜的分泌物，如眼淚、鼻涕等》；眼淚。 **2** (鼻)黏膜炎；感冒。

rheu·mat·ic [ruˋmætɪk; ruːˈmætik] *adj.* **1** 風濕(性)的；風濕症所引起的: ～ fever 風濕性熱。 **2** 患風濕症的: one's ～ leg 患風濕症的腿。
——*n.*《口語》**1** Ⓒ 風濕症患者。 **2** [～s]風濕症(rheumatism).

rheu·mat·ick·y [ruˋmætɪkɪ; ruːˈmætiki] *adj.*《口語》= rheumatic 2.

rheu·ma·tism [ˋruməˌtɪzəm; ˈruːmətizəm] *n.* Ⓤ 風濕症。

rheu·ma·toid [ˋruməˌtɔɪd; ˈruːmətɔid] *adj.* 風濕(性)的: ～ arthritis 風濕性關節炎。

rheum·y [ˋrumɪ; ˈruːmi] *adj.*《英古．美》(**rheum·i·er**; **-i·est**) 黏膜分泌液的；(多)炎性分泌物的；患鼻炎的；引起鼻炎的。

Rh fàctor [ˋɑrˋetʃ-; ˈɑːˈeitʃ-] 《Rhesus factor 之略》——*n.* [**the** ～]《生化》Rh 因子，獼因子《紅血球中的凝血素；含有此種因子的血型稱為 Rh positive (Rh 陽性)，不含的稱為 Rh negative (Rh 陰性)》。

Rhine [raɪn; rain] *n.* [**the** ～]萊茵河《發源於瑞士，流經德國、荷蘭而注入北海》。

Rhíne·gòld *n.* =Rheingold.

Rhíne·lànd [-ˌlænd; -lænd] *n.* **1** 萊茵區域《西德萊茵河左岸一區域》。 **2** 萊茵省《即 Rhine Province, 為德國西北的一大省，大部分在萊茵河之西》。

rhíne·stòne [ˋraɪn-; ˈrain-] *n.* Ⓤ [指寶石個體時為 Ⓒ] 萊茵石《假鑽石》。

Rhíne wìne *n.* Ⓤ [指個體時為 Ⓒ] **1** 萊茵葡萄酒《尤指白色者》。 **2** 白葡萄酒(hock).

rhi·ni·tis [raɪˋnaɪtɪs; raiˈnaitis] *n.* Ⓤ《醫》鼻炎。

rhi·no [ˋraɪno; ˈrainou] *n.* (*pl.* ～, ～**s**)《口語》=rhinoceros.

rhi·noc·er·os [raɪˋnɑsərəs; raiˈnɔsərəs] *n.* Ⓒ (*pl.* ～**·es**, ～)《動物》犀牛。

rhi·no·vi·rus [ˋraɪnoˌvaɪrəs; ˈrainouˌvaiərəs] *n.* Ⓒ 鼻病毒。

rhi·zome [ˋraɪzom; ˈraizoum], **rhi·zo·ma** [raɪˋzomə; raiˈzoumə] *n.* Ⓒ《植物》根莖《地下莖的一種》。

rho [ro; rou] *n.* (*pl.* ～**s**) Ⓤ Ⓒ 希臘文字母的第十七個字母 *P, ρ*；

R

rhinoceroses

相當於英文字母的 R, r；《⇨ Greek alphabet 表》。

Rho·da [ˋrodə; ˈroudə] *n.* 羅達《女子名》。

Rhode Island [rodˋaɪlənd, roˋdaɪ-; ˌroudˈailənd] **《**源自荷蘭語「紅色島嶼」之義**》——*n.*** 羅德島《美國東北部最小的一州；位於新英格蘭(New England)；首府爲普洛維敦士(Providence)；略作 R.I., 〖郵政〗RI；俗稱Little Rhody [-ˋrodɪ; -ˈroudi]》。

Rhodes [rodz; roudz] *n.* 羅德斯島《希臘所轄位於愛琴海的島嶼；cf. colossus 1 b》。

Rho·de·si·a [roˋdiʒɪə, -ʒə; rouˈdi:zjə] *n.* 羅德西亞《非洲南部的前英國殖民地；現在英屬北羅德西亞(Northern Rhodesia)和英屬南羅德西亞(Southern Rhodesia)分別獨立成爲尚比亞(Zambia)和辛巴威(Zimbabwe)》。

rho·di·um [ˋrodɪəm; ˈroudjəm] *n.* Ⓤ〖化學〗銠《一種金屬元素；符號 Rh》。

rho·do·chro·site [ˌrodoˋkrosaɪt; ˌroudouˈkrousait] *n.* Ⓤ〖礦〗菱錳礦。

rho·do·den·dron [ˌrodəˋdɛndrən; ˌroudəˈdendrən] *n.* Ⓒ〖植物〗杜鵑花《杜鵑花屬植物的統稱》。

rho·do·ra [roˋdorə, -ˋdɔrə; rouˈdɔ:rə] *n.* Ⓒ〖植物〗加拿大杜鵑。

rhomb [rɑmb, rɑm; rɔm] *n.* =rhombus.

rhom·bi *n.* rhombus 的複數。

rhom·bic [ˋrɑmbɪk; ˈrɔmbik] **《**rhombus的形容詞**》——*adj.*** **1** 菱形的，斜方形的。**2**〖結晶〗斜方晶系的。

rhom·bo·he·dron [ˌrɑmbəˋhidrən; ˌrɔmbəˈhi:drən] *n.* Ⓒ (*pl.* ~s, **-dra** [-drə; -drə])〖結晶〗菱面體，斜方六面體。

rhom·boid [ˋrɑmbɔɪd; ˈrɔmbɔid] *n.* Ⓒ〖幾何〗偏菱形，長斜方形。**——*adj.*** 偏菱形的；菱形的。

rhom·boi·dal [ˋrɑmbɔɪdl; ˈrɔmbɔidl] *adj.* =rhomboid.

rhom·bus [ˋrɑmbəs; ˈrɔmbəs] *n.* Ⓒ (*pl.* ~·**es** [~ɪz; ~iz], **-bi** [-baɪ; -bai])〖幾何〗菱形，斜方形。

Rhone [ron; roun] *n.* [**the** ~] 隆河《流經瑞士南部與法國東南部，注入地中海》。

rhu·barb [ˋrubɑrb; ˈru:bɑ:b] *n.* Ⓤ**1**〖植物〗食用大黃《大黃屬草本植物，葉柄可供食用，根作藥用》。**2 a**《口語》(很多人同時說話的)喧嘩，鬧哄哄。**b**《美俚》吵架，爭吵。

rhum·ba [ˋrʌmbə; ˈrʌmbə] *n.* =rumba.

***rhyme** [raɪm; raim] **《**源自拉丁文「列」之義**》——**《★ 拼法 又作 rime》 *n.* **1** ⓊⒸ韻，脚韻，押韻《★即兩句詩行末尾的重讀母音及其後之子音相同，而其前面的子音相異》：double [female, feminine] ~ 二重韻，陰性韻《例如 motion 和 notion 般的兩個音節的押韻》/ imperfect ~ 不完全韻《例如 love 和 move, race 和 phase [fez; feiz]》/ ~ royal 由每行有十個音節的七行將其最後一個音節用 abc 三種同韻字，按 ababbcc 的順序押韻成一節 (stanza)的一種詩格/single [male, masculine] ~ 單韻，陽性韻《例如 disdain 和 complain 般，只在最後一個音節的押韻》。
2 Ⓒ同韻字〔*to, for*〕：“Mouse” is a ~ *for* “house.” mouse 是 house 的同韻字。
3 a Ⓒ[也當集合稱用]押韻詩：⇨ nursery rhyme. **b** Ⓤ韻文：write *in* ~ 以韻文寫。

rhýme or réason [用於否定句]理由，根據：His demand seems to have *neither* ~ *nor reason* [*no* ~ *or reason*]. 他的要求似乎完全不合理[簡直是莫名其妙]。

withòut rhýme or réason 沒有理由，莫名其妙，不合理。

——*v.i.* **1 a** 押韻，同韻：“Long” and “song” ~. long 和 song 押韻/The song ~*s* well. 那首歌很合韻。**b** 〔十介十(代)名〕〔與…〕押韻〔*with*〕：“Measure” ~*s* ***with*** “pleasure.” measure 與 pleasure 押韻。
2《文語·古》作詩。

——*v.t.* **1 a** 〔十受十介十(代)名〕使…〔與…〕押韻〔*with*〕：~ “greet” ***with*** “deceit” 使 greet 與 deceit 押韻。**b** 〔十受〕使〈字與字〉押韻：You cannot ~ “hot” *and* “foot.” hot 與 foot 無法押韻。**2** 〔十受〕《文語·古》作〈詩、韻文〉；使…成(押韻)詩：~ a story 把故事寫成韻文。

rhymed *adj.* 押[有]韻的：~ verse押[有]韻詩。

rhým·er *n.* Ⓒ **1** 作詩者，(尤指不高明的)詩人。**2** =rhymester.

rhýme schéme *n.* Ⓒ詩中用韻之格式《通常用字母表示》。

rhyme·ster [ˋraɪmstɚ; ˈraimstə] *n.* Ⓒ《古》不高明的詩人，(缺乏詩才的)二流詩人。

rhým·ing *adj.* [用在名詞前]押韻的；同韻字的：~ words 同韻字/a ~ dictionary押[同]韻字辭典，韻書。

rhýming cóuplet *n.* Ⓒ[常~s]兩行音節數相同並押韻的詩句，對句，雙韻。

rhýming slàng *n.* Ⓤ 押韻俚語《用與某字同韻的字句代替該字而成的俚語；例如把 sleep 改成 ‘Bo Peep’, 把 wife 改成 ‘trouble and strife’, 把 steak and kidney 改用人名說成 ‘Kate and Sidney’ 等》。

rhym·ist [ˋraɪmɪst; ˈraimist] *n.* Ⓒ詩人；作詩者。

rhythm** [ˋrɪðəm; ˈriðəm] **《**源自希臘文「流」之義**》——*n. ⓊⒸ **1** 節奏，律動；有規律的變動。**2**〖韻律〗韻律。**3**〖音樂〗節拍，節奏(cf. melody 3, harmony 2)。

rhýthm and blúes *n.* Ⓤ〖音樂〗藍調節奏音樂《藍調的美國黑人流行音樂；略作 R & B》。

rhyth·mic [ˋrɪðmɪk; ˈriðmik] *adj.* 律動的，有節奏的，依節奏的；有韻律的：have a strong ~ beat 有節奏强烈的拍子。

rhyth·mi·cal [ˋrɪðmɪkl; ˈriðmikl] *adj.* 律動的，有節奏的，有韻律的：The music is strongly ~. 那音樂有强烈的節奏。
~·**ly** [-klɪ; -kəli] *adv.*

rhýthm mèthod *n.* Ⓒ週期避孕法《利用排卵之週期性以獲避孕效果》。

rhýthm sèction *n.* Ⓒ〖音樂〗節奏樂器部分《在爵士樂團等主要擔任節奏的樂器羣》。

rhy·ton [ˋraɪtɑn; ˈraitɔn] *n.* Ⓒ (*pl.* **rhy·ta** [-tə; -tə], ~**s**)〖考古〗(古希臘的)角形(酒)杯。

RI《略》〖美郵政〗Rhode Island.

R.I.《略》Rhode Island; Royal Institution.

ri·a [ˋriə; ˈri:ə] *n.* Ⓒ溺河《由淹沒之河谷下游部分所形成的漏斗狀入海口》。

ri·al [riˋɔl, riˋɑl; riˈɑ:l, ri:ˈɔ:l] *n.* Ⓒ**1** 里奧《伊朗的貨幣單位；相當於 100 德納(dinars)；符號 R》。**2** =riyal.

ri·al·to [rɪˋælto; riˈæltou] *n.* (*pl.* ~**s**) **1** [**R~**] **a** 里亞爾托島《義大利威尼斯的一個島嶼；昔日爲貿易中心》。**b** [**the R~**]里亞爾托橋《橫跨義大利威尼斯大運河(Grand Canal)的一座大橋》。**2** Ⓒ交易所，市場。**3** Ⓒ《美》劇院街。

ri·ant [ˋraɪənt; ˈraiənt] *adj.* 大笑的；微笑的；愉快的；歡樂的。

***rib** [rɪb; rib] *n.* Ⓒ **1**〖解剖〗肋骨：⇨ false rib. **2** 肋骨狀之物：**a** (船的)肋材(⇨ gunwale 插圖)。**b** (傘的)骨。**c**〖建築〗(圓拱的)彎梁，肋(⇨ Gothic 插圖)。**3** (牛、羊等之帶骨的)排骨肉(⇨ beef 插圖)：⇨ spareribs. **4 a** 田埂。**b** (紡織品、編織物等的)稜線。**5**《謔》妻，女《★出自聖經「創世記」中有關用亞當(Adam)肋骨創造夏娃(Eve)的記載》。**6**〖植物〗樹葉的粗大葉脈。

póke [núdge, díg] a person in the ríbs 以肘[手指]輕刺某人的肋骨《促某人注意或向其表示欣賞某笑話》。

stíck to the [one's] ríbs《口語》〈飯菜〉內容豐盛營養[撐滿肚子]。

——*v.t.* (**ribbed; rib·bing**) 〔十受〕**1** 供…以肋骨[肋材]；圍…以肋骨[肋材]。**2** 耕〈地〉打壟；將〈布等〉綴以稜線。**3**《口語》(非惡意地)嘲弄，奚落〈人〉。

rib·ald [ˋrɪbld; ˈribld] *adj.* **1** 〈人〉說淫猥[卑鄙]之事的。**2** 〈話、行爲等〉卑鄙[粗野]的，淫猥[不敬]的：a ~ joke 低級的笑話。**——*n.*** Ⓒ說話下流[淫猥]的人，下流的人。

rib·ald·ry [ˋrɪbldrɪ; ˈribldri] *n.* Ⓤ下流的話[笑話]。

ribbed *adj.* [常構成複合字]**1** 有肋骨的。**2** 有稜線[壟]的：~ cloth [fabric]有稜線的布[織品]/a ~ sweater 編織成有稜線花樣的毛線衣/close-*ribbed* 有細密稜線的。

ríb·bing *n.* Ⓤ **1** [集合稱]肋骨。**2** (葉脈等的)肋狀組織；埂。**3** (編織物、紡織品的)稜線花樣。

***rib·bon** [ˋrɪbən; ˈribən] *n.* **1** Ⓤ[指個體時爲Ⓒ]絲帶，緞帶，絨帶：tie up one's hair with a ~用絲帶紮頭髮/a *ribbon*-cutting ceremony 剪綵典禮。**2** Ⓒ **a** (打字機、蓋印器等的)色帶。**b** (勳章的)綬帶，飾帶：⇨ blue ribbon. **c** (帽簷上的)飾帶。**3 a** Ⓒ絲帶狀之物，細長片：a ~ of road(像絲帶般蜿蜒的)一條道路。**b** [~s]裂成細條狀之物：be torn to [hang in] ~*s* 被撕裂成細長碎片[裂成細長碎片垂掛著]。

ríbbon buílding [devélopment] *n.* Ⓤ (沿著幹道向郊外延伸的都市的)帶狀發展《★在英國以其破壞景觀而於 1947 年禁止》。

ríbbon còpy *n.* Ⓒ (用打字機打出的文件之)第一份(cf. carbon copy)。

ríb càge *n.* Ⓒ〖解剖〗胸腔。

ri·bo·fla·vin [ˋraɪbəˌflevɪn; ˌraibəˈfleivin] *n.* Ⓤ〖生化〗核醣黃素《維他命 B_2；爲促進成長的要素》。

ri·bo·nu·cle·ase [ˌraɪboˋnuklɪˌes, -nju-; ˌraibouˈnju:kliˌeis] *n.* Ⓤ〖生化〗核醣核酸酶。

ri·bo·nu·cle·ic ácid [ˌraɪbonuˋkliɪk-, -nju-; ˌraibounju:ˈkli:ik-] *n.* Ⓤ〖生化〗核醣核酸(RNA)。

Ri·car·do [rɪˈkɑrdo; riˈkɑːdou], **David** *n.* 李嘉圖《1772-1823；英國經濟學家》。

‡rice [raɪs; rais] *n.* Ⓤ **1** 稻穀；(大)米；米飯《稻結的籽即稻穀，去殼後稱(大)米；炊熟大米即成米飯》：enriched ～ 營養米/polished ～ 白米/brown [rough, unpolished] ～ 糙米/ground ～ 米碾成的粉/unhulled ～ 稻穀。

【說明】在英美 rice 不是主食而被認爲是蔬菜的一種，主要用於菜餚的搭配或糕餅、米布丁(rice pudding)等的材料，在超級市場出售。英美有一種習俗把象徵多子的米粒撒向即將上路度蜜月的新婚夫妻。近年來由於東方漸受西方世界矚目，米在美國重新受到評價，壽司(sushi)、紹興酒、米酒等也漸受部分人士的歡迎；cf. bread【說明】(2).

2 《植物》稻。
—*v.t.* 〔十受〕用製粒器(ricer)壓碎〈馬鈴薯等〉；使…成米粒狀。

ríce·bìrd *n.* Ⓒ **1** 爪哇禾雀。**2** (美國南部產的)長喇歌鸝(bobolink).

ríce bòwl *n.* Ⓒ **1** 飯碗。**2** 產米區。

ríce cròp *n.* Ⓒ稻作。

ríce flòur *n.* Ⓤ **1** 米碾成的粉。**2** 碾米時米上脫落的粉狀物。

ríce pàper *n.* Ⓤ宣紙，通草紙《一種薄的高級紙》。

ríce púdding *n.* Ⓒ [當作點心名時爲Ⓤ] 米布丁《一種用牛奶和米製成的甜布丁》。

ric·er [ˈraɪsɚ; ˈraisə] *n.* Ⓒ《美》製粒器《將煮熟搗碎的馬鈴薯或蒜頭等擠壓過小孔使成細條或米粒狀的一種廚房用具》。

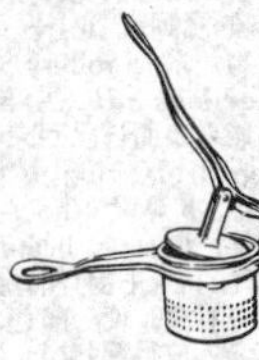
ricer

‡rich [rɪtʃ; ritʃ] *adj.* (～·er；～·est) **1 a** 〈人〉有錢的，富裕的(↔ poor)：a ～ man 有錢人/a ～ family 有錢人家，富豪人家。

【同義字】rich 和 wealthy 均表「有錢的」之意，但 wealthy 暗示非常有錢而在社會上佔有很高的地位。

b [the ～；當複數名詞用，集合稱] 富人(↔ the poor).
2 a [不用在名詞前] 〔十介十(代)名〕〔在…方面〕富的，豐富的，充裕的〔*in, with*〕：The country is ～ *in* oil. 該國石油豐富/The hill country is ～ *in* old legends. 那個山地鄉村有很多古老的傳說。**b** 富裕的，豐富的；〈頭髮等〉濃密的：a ～ crop [harvest] 豐收/～ brown hair 濃密的棕色頭髮。
3 a 〈土地〉肥沃的：～ soil 肥沃的土地。**b** 〈礦場等〉出產富饒的：a ～ mine 出產豐富的礦場。**c** 〈礦石等〉含量豐富的。
4 a 〈珠寶、衣服等〉貴重的，昂貴的；華貴的。**b** 豪華的；奢侈的：a ～ banquet 豪華的宴會。**c** [當副詞用與分詞構成複合字] 豪華地，奢侈地：*rich*-clad 穿著豪華的/*rich*-bound〈書等〉裝訂豪華的。
5 a 〈飲料、食物等〉有營養的；濃厚的。**b** 〈酒等〉甘美的，濃郁的：a ～ wine 濃郁的酒。
6 〈顏色〉濃的，鮮艷的。
7 〈聲音〉沈重的。
8 〈氣味〉馥郁的；醇厚的，濃烈的。
9 《口語》**a** 很可笑的，很好玩的：That's ～！那眞有趣！**b** [當反語用] 有趣的；荒唐的。
rích and póor [當複數用] 有錢人和窮人。
stríke it rích ⇨ strike *v.* **～·ness** *n.*

Rich [rɪtʃ; ritʃ] *n.* 里奇《男子名；Richard 的暱稱》。

Rich·ard [ˈrɪtʃɚd; ˈritʃəd] *n.* 理查《男子名；暱稱 Dick, Rich, Richie》.

Ríchard Róe *n.* ⓊⒸ《法律》**1** 乙方《從前在英國用於收回被占土地對被告身分不明者的假想名；cf. John Doe 1a》. **2** 乙方《訴訟、合約等男性當事人的一方；cf. John Doe 1b》.

Rich·ard·son [ˈrɪtʃɚdsn; ˈritʃədsn], **Samuel** *n.* 理查生《1689-1761；英國小說家》。

rich·es [ˈrɪtʃɪz; ˈritʃiz] *n. pl.* [常當複數用] **1** 財富，財寶《★比較 一般用 wealth》：He was said to have heaped up [amassed] great ～. 據說他蓄積了龐大的財富/*R*～ have wings.《諺》錢會飛《意指財富隨時會失去》。
2 豐富，很多：the ～ of knowledge 知識的豐富/the ～ of the soil 土地的豐饒。

Rich·ie [ˈrɪtʃi; ˈritʃiː] 里奇《男子名；Richard 的暱稱》。

rích·ly *adv.* **1** 富裕地。**2** 富饒地，生產豐富地。**3** 豪華地，富麗地。**4** 滋味豐富地；濃厚地。**5** [～ **deserve**] 充分地，完全地：He ～ *deserves* to be thrashed [*deserves* a thrashing]. 他的確該挨[鞭、棒]打。

Rich·mond [ˈrɪtʃmənd; ˈritʃmənd] *n.* **1** 里奇蒙《美國紐約市(New York City)西南部的一個區，包括斯塔頓島(Staten Island)等》。**2** 里奇蒙《美國維吉尼亞(Virginia)州的首府》。**3** [～ **upon Thames**] 里奇蒙《大倫敦(Greater London)的一個區；有邱植物園(Kew Gardens),里奇蒙公園(Richmond Park)等》。

Rích·ter scàle [ˈrɪktɚ-; ˈriktə-] 《源自美國地震學家之名》**—***n.* [the ～] 芮氏地震量，芮氏地震分等標準《用以表示地震強度的分級表；從零至十分爲十級》。

rick[1] [rɪk; rik] *n.* Ⓒ (乾草等的)堆積，乾草堆，禾堆《通常堆成像茅屋頂似的形狀》。
—*v.t.* 堆積〈麥桿、乾草等〉，把…堆成垛。

rick[2] [rɪk; rik] 《英》*v.t.* 輕微地扭傷〈足踝、筋等〉：～ a muscle in one's back 扭傷背肌。
—*n.* Ⓒ輕微的扭傷，扭傷筋：give one's neck a ～＝have a ～ in one's neck 扭傷脖子(的筋)。

rick·ets [ˈrɪkɪts; ˈrikits] *n.* Ⓤ [當單數或複數用] 佝僂病，軟骨症；駝背。

rick·ett·si·a [rɪˈkɛtsɪə; riˈketsiə] 《源自美國細菌學家之名》**—***n.* Ⓒ (*pl.* **-si·ae** [-tsɪ,i; -tsiiː], ～**s**)《生物》立克次體《一種較細菌小的微生物，爲斑疹傷寒或恙蟲病等的病原體》。

rick·et·y [ˈrɪkɪtɪ; ˈrikəti] *adj.* (**rick·et·i·er**; **-i·est**) **1** 〈家具等〉搖搖晃晃的；東倒西歪的：a ～ chair 搖搖晃晃的椅子。**2** 患佝僂病的；蹣跚的；柔弱的，虛弱的。

rick·rack [ˈrɪk,ræk; ˈrikræk] *n.* ⓊⒸ一種曲折的花邊。

rick·sha, rick·shaw [ˈrɪkʃɔ; ˈrikʃɔː] 《源自日語》**—***n.* Ⓒ 人力車，黃包車：ride in a ～ 搭乘人力車。

ricksha

ric·o·chet [,rɪkəˈʃe; ˈrikəʃei] 《源自法語》**—***n.* Ⓒ **1** 跳飛《指子彈、石頭等碰到平面或水面而斜著飛跳》；打水漂。
2 跳飛而中。
—*v.i.* (～**ed** [～d; ～d]；～**·ing** [-ɪŋ; -iŋ]) 〈子彈、石頭等〉跳飛；跳彈；打水漂。

ric·tus [ˈrɪktəs; ˈriktəs] *n.* (*pl.* ～, ～**·es**) Ⓒ **1** (鳥的)張嘴。**2** 開口。

rid** [rɪd; rid] 《源自古英語「開拓(土地)」之義》**—v.t.* (～, ～**·ded**) 〔十受十介十(代)名〕**1** 自〈人、場所〉除去，驅除，掃除，消除，免除〔不理想之物〕〔*of*〕：～ the house *of* rats 驅逐屋內的老鼠/～ a person *of* his fears 消除某人的恐懼。**2** [～ *oneself*] 避免，擺脫〔不理想之物〕〔*of*〕《★又用被動語態，變成「免於〔不理想之物〕，〔…〕不復在」之意》：～ *oneself of* a bad habit 擺脫壞習慣/He *is* ～ *of* the fever. 他已經退燒了/The world *is* well ～ *of* him. 那個傢伙死得好《沒有他，天下太平》。
gèt rid of... (1)免除，擺脫，解除，消除〈不理想之物〉《★可用被動語態》：I can't *get* ～ *of* this cold. 我的傷風老是不好。(2)驅除，賣掉，使…脫手，丟棄，廢除，消滅，殺《★可用被動語態》：These articles may be hard to *get* ～ *of.* 這些東西也許不易賣掉/Rats must be *got* ～ *of.* 老鼠必須撲滅。

rid·dance [ˈrɪdn̩s; ˈridns] 《rid 的名詞》**—***n.* **1** Ⓤ免除，除去：make clean ～ of...把…掃除乾淨。**2 a** [**a good** ～] 樂得沒有，樂得除去：They [Their departure] will be *a good* ～. 他們滾蛋最好。**b** [**Good** ～！] 好，從此眼不見，心不煩！〔*to*〕.

‡rid·den [ˈrɪdn̩; ˈridn] *v.* **ride** 的過去分詞。
—*adj.* [常構成複合字；cf. ride *v.t.* 7 a] **1 a** 受支配的，受虐待的，受折磨的：⇨priest-ridden. **b** (爲惡夢等)苦惱的，受折磨的：⇨ bedridden, hagridden/fear-*ridden* 被恐怖折磨的。**2** …很多的，充斥著…的：a slum-*ridden* town 到處有貧民窟的城鎭/a weed-*ridden* garden 雜草叢生的庭園。

***rid·dle**[1] [ˈrɪdl; ˈridl] *n.* Ⓒ **1** (猜謎等的)謎，謎語，費解之事物《★如：What has eyes but can't see, skin but no bones, and toes but no feet?(有眼看不見，有皮沒有骨，有趾沒有腳的是什麼？)答案是 potatoes》：solve [find out, guess] a ～ 解謎[找到謎底，猜謎]/I will put a ～ to you, boys. 孩子們，我出個謎語給你們猜/speak *in* ～*s* 說謎語，說令人費解的話。

【說明】以下是謎語(riddle)的例子：
1. What is full of holes yet still holds water? 有很多孔却仍能裝水的是什麼？
2. Where does Thursday come before Wednesday? 在什麼地方星期四會比星期三先到？
(答：1. A sponge. 2. In a dictionary.)
《★沒辦法解謎時，表示「投降」的說法是："I'll bite, what is it？"(我不懂，(謎底)是什麼？)》

2 費解[謎樣]的事物[人]：He is a ～ *to* me. 他這個人令我費解。

réad a ríddle 找到(費解的事物的)答案[意思]。

ríddle me [用祈使語氣]《古》猜猜我出的謎：*R~ me*, *~ me* what it is.= *R~ me* my ~, what is this? 你來猜，這是什麼？

rid·dle² [ˈrɪdl; ˈridl] *n.* Ⓒ(用以篩沙石、穀物等的粗孔)篩(cf. sieve)。

—*v.t.* **1 a** 篩〈沙石、穀物等〉。**b** 嚴謹地找出〈證據等〉的瑕疵，批評或證明…爲誤。

2 (爲使灰落下而)搖動〈火爐的爐格子等〉。

3 a 〔十受〕〈子彈等〉將〈人等〉打穿很多洞《★常用被動語態》：The wall was *~d* by bullets. 牆壁被子彈打得滿是洞孔。**b** 〔十受十介十(代)名〕〔以…〕填滿…；使…充滿〔…〕〔*with*〕《★常用被動語態，變成「充滿了…」之意》：Stay where you are, or I'll ~ you *with* bullet holes. 不要亂動，不然我就把你打得滿身是彈孔/He *is ~d with* defects. 他盡是缺點[他的缺點舉不勝舉]。

‡ride [raɪd; raid] (**rode** [rod; roud],《古》**rid** [rɪd; rid]; **rid·den** [ˈrɪdn̩; ˈridn]) *v.i.* **1 a** **騎馬，** 乘馬《★比較 表示具體的上馬動作時，用 get on a horse》：go *riding*(爲了取樂而)去騎馬/ ~ behind 坐在(騎士的)背後/ ~ double 兩人共騎一匹馬/ ~ bareback 不用鞍騎馬/ ~ (*on*) horseback 騎馬/ ~ *at* full gallop(以全速)疾馳/She *rode* astride[side-saddle]. 她跨[側]著騎。**b** 〔十副詞(片語)〕騎馬去：He jumped on his horse and *rode off* [*away*]. 他跳上馬騎走了/He *rode over* to see me yesterday. 他昨天騎馬來看我。

2 〔十介十(代)名〕(以乘客身分)**乘坐，** 搭乘〔交通工具〕；乘著〔…〕去〔*in,on*〕《★比較 獨自騎自行車、機車、馬等時，按 *v.t.* 1 的用法》：~ ***in***[***on***]a train 坐[搭]火車。

3 〔十介十(代)名〕騎，跨坐〔在…上〕〔*on*〕：He walked along with a little boy *riding* ***on*** his shoulders. 他行走時肩上跨坐着一個小男孩。

4 〔十副詞(片語)〕**a** 〈船等〉漂浮；停泊：The ship is *riding at* anchor. 船拋錨停泊著/The boat *rode over* angry waves. 小船駛過驚濤駭浪。**b** 〈月亮、太陽〉高掛空中：The sun was *riding* high *in* the heavens. 太陽高掛在空中。

5 a [與狀態副詞連用]〈馬、交通工具等〉可以騎乘，乘坐起來…：a horse that *~s* easily 騎起來舒服的馬。**b** 〔十補〕〈跑道〉騎起馬來〈…〉：The course *rode* soft after the rainfalls. 雨後騎起馬來覺得跑道很鬆軟/The frost had made the ground ~ hard. 由於霜凍，騎起馬來覺得地面很堅硬。

6 〔十補〕〈騎士〉穿著騎馬裝有…的重量：I ~ 12 stone.《英》我穿著騎馬裝有十二呎重。

7 〔十介十(代)名〕**a** 〔靠…〕(支撐而)動〔*on*〕：The wheel *~s* ***on*** the axle. 車輪靠軸而轉動。**b** 根據，取決於〔…〕〔*on*〕：The change *~s* ***on*** his approval. 這項變更要視他的認可而定。

8 《口語》〈事情〉順利進行[進展]：Let the matter ~. 讓事情自然發展；不要管這事。

9 〈折斷的骨頭、印刷等〉疊合，相疊。

—*v.t.* **1 a** (跨騎著)乘〈馬、自行車、機車等〉《★比較 乘坐像汽車等「坐進裏面的交通工具」而駕駛時，用 drive(但飛機則用 fly)；以乘客身分乘坐汽車或其他交通工具時，按 *v.i.* 2 的用法》：~ a horse[bicycle]騎馬[自行車]。**b** 〔十受〕騎著〈馬、自行車、機車等〉去：~ one's horse *at* a fence 騎馬越過柵欄/~ one's horse *to* town 騎馬上鎮。

2 〔十受〕**a** 騎馬[開車]經過[穿過，越過]〈路、地方等〉：~ the country 騎馬走過鄉村/~ the circuit〈法官、牧師〉巡廻(各地)。**b** 騎馬(等)舉行〈競賽〉：We *rode* a race (with each other). 我們(互相)比賽騎馬。

3 〔十受十介十(代)名〕使〈人〉乘坐，跨坐〔在…上〕；將…載，載運〔在…上〕〔*on*〕：~ a child ***on*** one's back 使小孩騎在某人的背上/⇨ ride a person on a RAIL¹.

4 〔十受〕《文語》〈船等〉漂浮[飄行，御行]在…：The ship was *riding* the waves. 船正乘浪前進。

5 〔十受(十副)〕**a** 〈船〉通過〈暴風雨〉，渡過…〈*out*〉：Our ship *rode* ***out*** the storm in safety. 我們的船頂住了暴風雨，安然無恙。**b** 克服，突破，渡過〈困難〉〈*out*〉：~ (***out***) the difficulties 克服困難。

6 〔十受〕(尤指疊合似地)掛在…，騎著…。

7 〔十受〕**a** 支配…，壓制…；使…苦惱，折磨…《★常用被動語態；⇨ ridden》：He *is ridden* by doubts[prejudices]. 他爲懷疑[偏見]而苦惱。**b** 《美口語》揶揄，嘲弄〈人〉。

8 〔十受〕**a** 〈雄性動物〉(爲了交配而)爬上〈雌性動物〉。**b** 《鄙》與〈女人〉性交。

ríde dówn 《*vt adv*》(1)騎馬追及，騎馬追趕。(2)騎馬撞倒。

ríde for a fáll (1)亂騎。(2)魯莽行事；自討苦吃；自取滅亡。

ríde óff on a síde íssue 規避要點而討論枝節的問題，將話題轉移到不重要之事上。

ríde óver... (1)踐踏…。(2)壓倒…，忽視…。

ríde úp 《*vi adv*》〈衣服〉(於坐下等時)向上滑，往上縮：Her tight skirt *rode up* when she sat down. 她坐下時，緊身裙往上縮。

—*n.* Ⓒ**1** **乘騎[載，背負]**(在馬、交通工具、人的背上等)，騎行，搭行，載行；騎馬[搭車]旅行：give a person a ~ 載[背負]某人，給某人乘騎/pick up a ~ 搭便車/thumb a ~ 在路邊搭(陌生人的)便車《★源自伸出大拇指攔車的習俗》/go for a ~ 去騎一騎[坐一坐](馬、自行車、火車等)；騎[乘](馬、自行車、火車等)去兜風[旅行]；乘(別人駕駛的)車去/have a ~ *in* a car 乘汽車/It is a long bus ~ to and from the school. 坐巴士往返那所學校需要很長的時間。

2 (遊樂場等的)乘坐物《觀光車、旋轉木馬、雲霄飛車等》。

3 (尤指森林中只供馬而不供車輛通行的)騎馬用的道路。

4 [與修飾語連用]**a** 騎起來(令人感覺…)的馬：This horse is a rough ~. 這匹馬騎起來不舒服。**b** (交通工具等)令人坐起來有…的感覺：This car has a soft ~. 這部車坐起來很舒服。

táke a person for a ríde (1)用車載某人去兜風。(2)《口語・委婉語》爲了要殺害而用汽車帶某人出去，帶某人出去而將其殺害。(3)《口語》欺騙某人。

rid·er [ˈraɪdɚ; ˈraidə] *n.* Ⓒ**1 a** (馬、自行車、機車等的)**騎手，** 騎士，騎馬者，騎師。**b** [與修飾語連用]騎起馬來…的人：He's a good [poor] ~. 他騎術高明[低劣]。**2 a** (文書、議案等的)附文，附記事項，附加條款；《英》(附記於陪審團之裁定文的)建議書，附加意見，附加條款：by way of ~ (to)作爲(…的)附件《★無冠詞》。**b** 〔十 *that*__〕〈…事的〉附加條款。**3** 《邏輯》被演繹之物，系(corollary)。

ríder·less *adj.* 〈馬〉無人在騎的：The horse came back ~. 那匹馬無人騎而自己回來。

ridge [rɪdʒ; ridʒ] *n.* Ⓒ**1** 山背，山脊；分水嶺。**2 a** 隆起(線)，稜線。**b** 鼻梁：the ~ of the nose 鼻梁。**c** 田壟，畦。**d** (屋頂的)橫梁，屋脊(⇨ beam 插圖)。

—*v.t.* **1** 〔十受〕使〈房屋〉有橫梁，以橫梁裝…。**2** 〔十受(十副)〕使…有壟，使…隆起，使…成脊〈*up*〉。

—*v.i.* 成爲壟[畦]；呈壟狀隆起[起浪]。

rídge·pòle *n.* Ⓒ棟木；帳篷的梁木。

rídge tìle *n.* Ⓒ屋脊瓦。

rídge·wày *n.* Ⓒ山背道，山脊道。

ridg·y [ˈrɪdʒɪ; ˈridʒi] **《ridge 的形容詞》** ***—adj.*** (**ridg·i·er; -i·est**)有脊的；有壟[埂]的；隆起的。

rid·i·cule [ˈrɪdɪˌkjul; ˈridikjuːl] *v.t.* 〔十受〕**嘲笑…，** 取笑…，訕笑…，譏笑…。

【同義字】ridicule指有意地懷著惡意愚弄人；deride 指出於輕蔑的心境而瞧不起人。

—*n.* Ⓤ嘲笑，訕笑，譏笑：bring a person *into* ~ ＝cast ~ *upon* a person＝hold a person up *to* ~ 嘲笑某人，嘲弄某人。

ri·dic·u·lous** [rɪˈdɪkjələs; riˈdikjuləs] **《ridicule 的形容詞》** ***—adj. (**more** ~; **most** ~)**荒謬的，** 荒唐的，可笑的：How ~! 太荒唐了！/It is ~ *for* you *to* fool about that way. 你那樣地混日子實在荒唐。

ri·díc·u·lous·ly *adv.* **1** 荒謬地，可笑地。**2** …得可笑；…得荒謬：~ easy 容易得可笑。

rid·ing¹ [ˈraɪdɪŋ; ˈraidiŋ] *n.* **1 a** Ⓤ騎馬。**b** [當形容詞用]騎馬(用)的，騎乘的：~ breeches[boots]馬褲[靴]/a ~ crop[whip]騎馬用的短馬鞭/a ~ coat 騎馬用的外衣/a ~ school 騎術學校[教練所]。

2 Ⓤ乘車。

ri·ding² [ˈraɪdɪŋ; ˈraidiŋ] *n.* [常 R~]Ⓒ《英》區《英國舊約克郡(Yorkshire)的東、西、北三個行政區之一；於 1974 年廢止》：the Three *Ridings* 約克郡(Yorkshire)全郡。

ríding hàbit *n.* Ⓒ女用騎裝。

ríding làmp[lìght] *n.* Ⓒ《航海》停泊燈《船隻在停泊時所點亮的白色燈》。

ríding màster *n.* Ⓒ騎術教練，騎兵隊的騎術教官。

ri·dot·to [rɪˈdɑto; riˈdɔtou] *n.* (*pl.* **~s**)Ⓒ(十八世紀英國流行的)化裝舞會。

Ries·ling [ˈrizlɪŋ; ˈriːzliŋ] *n.* Ⓤ[指個體時爲Ⓒ]里斯令(葡萄酒)《用里斯令品種的葡萄(Riesling grape)釀造的白葡萄酒；萊茵葡萄酒即是》。

rif [rɪf; rif] *v.t.* (**riffed**; **rif·fing**)《俚》爲經濟之理由而遣散〈人員〉；裁減〈人員〉。

rife [raɪf; raif] *adj.* [不用在名詞前]《文語》**1** 〈瘟疫、壞事〉流行的，盛行的，常發生的：Superstition is ~ among the savage tribes. 迷信盛行於蠻族之間。**2** 〔十介十(代)名〕〔壞事〕充斥的，充滿的，衆多的，無數的〔*with*〕：His thesis is ~ ***with*** errors. 他的學位論文錯誤連篇。

riff [rɪf; rif] **《源自 refrain² 之略》** ***—n.*** Ⓒ《爵士樂》反覆的音樂小節[詞句]《在樂曲中反覆出現，形成對獨唱者的伴唱》。

rif·fle ['rɪfl; 'rifl] *n.* Ⓒ **1**《美》**a**（河川的）急流，（激起激流或漣漪的）淺灘。**b** 漣漪（⇨ wave【同義字】）。**2** 紙牌遊戲時使用的一種洗牌法《將紙牌分成二堆，一張一張從左右對插重疊成一堆的洗法》。

—*v.i.* **1**〔＋介＋(代)名〕〈人、手指等〉迅速地一張一張翻過〔書頁等〕〔*through*〕：～ ***through*** papers 迅速翻文件。**2** 起漣漪。

—*v.t.* **1** 快速洗〈紙牌〉《分成二堆，左右交叉快速洗牌》。**2** 迅速地翻〈書頁等〉。**3** 在…上起漣漪，使…起漣漪。

riff-raff ['rɪf,ræf; 'rifræf] *n.* [**the** ～；集合稱；當複數用]（社會下層階級的）流氓；無賴；暴民；下等人，賤民《★此字無複數》。

***ri·fle**[1] ['raɪfl; 'raifl] *n.* **1** Ⓒ來復槍，步槍。

【字源】rifle 源自德語，義爲「作溝槽」。首先用以指在槍膛中的螺旋狀溝槽(即來復線(rifling))，後來變成把有來復線的長槍稱爲 rifle。

2 [～**s**] 來復槍兵，步槍兵。

—*v.t.* 加來復線(rifling)於〈槍管、砲管〉內。

ri·fle[2] ['raɪfl; 'raifl] *v.t.* **1** 搜遍〈地方〉而盜取；搶奪，掠奪；意圖偷竊而搜遍〈地方〉：A thief ～*d* all my pockets while I showered. 小偷趁我在淋浴時掏光了我全部的口袋。**2**〔＋受＋介＋(代)名〕自〈人、保險庫等〉搶奪，偷竊，盜取〔物〕〔*of*〕：～ a house ***of*** valuables 搶劫屋中貴重物品。

rí·fle·man [-mən; -mən] *n.* Ⓒ (*pl.* **-men** [-mən; -mən]) [常 **R**～ 用於稱號或稱呼] 來復槍兵；精於使用來復槍的人，來復槍神槍手。

rífle pìt *n.* Ⓒ散兵坑；散兵壕。

rífle rànge *n.* **1** Ⓒ（步槍）靶場。**2** Ⓤ步槍[來復槍]射程。

ri·fle·ry ['raɪflrɪ; 'raiflri] *n.* **1** [集合稱] 來復槍彈；步槍彈。**2** Ⓤ 來復槍射擊；步槍射擊。

rífle·shòt *n.* **1** Ⓒ步槍[來復槍]子彈。**2** Ⓤ步槍[來復槍]射程。

ri·fling ['raɪflɪŋ; 'raifliŋ] *n.* Ⓤ（來復槍的）膛線，來復線《鐫刻在來復槍槍管內側的螺旋狀溝痕》。

rift [rɪft; rift] *n.* Ⓒ**1** 裂縫，裂口，隙縫，罅隙〔*in*〕：a ～ ***in*** the clouds [curtains] 雲縫[窗帘的間隙]。**2**（朋友關係等的）斷絕，失和，破裂〔*in, between*〕：a ～ ***between*** the two parties 兩(政)黨間的失和[破裂]。

—*v.t.* 劈開，破開《★常用被動語態》。

—*v.i.* 裂開，破開。

ríft vàlley *n.* Ⓒ裂谷《在兩個幾乎平行的斷層之間因地陷而成的山谷》。

rig[1] [rɪg; rig] (**rigged; rig·ging**) *v.t.* **1 a**〔＋受〕裝索具於〈船〉；將…配備。**b**〔＋受＋介＋(代)名〕[以索具] 裝備〈船〉〔*with*〕：The ship is ***rigged with*** new sails. 這艘船裝上了新帆。**2**〔＋受＋副〕**a** 組合並裝備各種零件於〈船、飛機等〉〈*up*〉。**b** 準備…〈*up*〉：We ***rigged up*** a Christmas tree in the room. 我們在房間裏裝飾了一棵耶誕樹。**3**《口語》**a**〔＋受(＋副)＋介＋(代)名〕給〈人〉穿〔…〕，〔以…〕裝扮〈人〉〈*out*〉〔*in, with*〕：～ a girl ***in*** a sailor blouse 給少女穿水兵裝。**b**〔＋受(＋副)＋介＋(代)名〕[～ one*self*]〔以特殊的[怪異的]服裝〕打扮，裝扮〈*out*〉〔*in*〕《★又用被動語態，變成「裝扮著，穿戴著，打扮著」之意》：She'*s* (all) ***rigged out in*** her best finery. 她穿著她最華麗的服飾。**c**〔＋受(＋副)＋ *as* 補〕[～ one*self*] 將…裝扮〈成…〉，打扮…〈成…〉〈*out*〉《★也可用被動語態，變成「裝扮著，穿戴著，打扮著」之意》：He ***rigged himself out as*** a knight. 他裝扮成騎士。**4**〔＋受＋副〕匆促趕造…，草草作成…〈*up*〉：The explorers ***rigged up*** a shed for the winter months. 探險家匆促搭建了一間過冬用的小屋。

—*v.i.*〈船〉準備索具：Has the ship ***rigged for*** the voyage yet? 船已經做好了航行的裝備嗎？

—*n.* Ⓒ **1**（船上的）裝備；船具裝置法；縱帆裝置法[方式]。**2** [與修飾語連用]《口語》（尤指引人注目[怪異]的）服裝，裝扮：a bizarre ～ 奇裝異服。**3** [常用於複合字]（供某種目的的）道具，用具：⇨ oil-rig. **4**《美》配有馬的馬車。

in fúll ríg (1)裝備齊全的。(2)《口語》盛裝的。

rig[2] [rɪg; rig] *v.t.* (**rigged; rig·ging**)《口語》以不正當的手段操縱[左右]…，控制…，壟斷…；在…做手脚，在…作弊：～ an election 在選舉中做手脚[操縱選舉]/～ a horse race 在賽馬中作弊/～ the stock market〈投機者〉操縱股市。

rigged *adj.* **1**〖航海〗[常構成複合字] 裝有…帆的：square-***rigged*** 有橫帆的。**2** 作弊的；暗中操縱的。

rig·ger[1] 《源自rig[1]》**—***n.* Ⓒ**1**〖航海〗索具裝置者；搖絞轆者。**2**〖航空〗（飛機機身的）裝配員。**3** [常構成複合字]〖航海〗…帆的船：a square-～ 橫帆船。

rig·ger[2] 《源自rig[2]》**—***n.* Ⓒ操縱行市的人，大量買進[拋售]股票的人；作弊的人。

ríg·ging *n.* Ⓤ **1**〖航海〗**a** 索具《支撐船桅和帆的全套繩索》。**b** 艤裝。**2** 裝備，配備。**3** 服裝。

‡right [raɪt; rait] *adj.* (**more** ～；**most** ～) **A** (↔ wrong)

rigging 1 a

1（從道德上或一般觀念而言）**對的**：**a** 正當的，正義的，正直的：Always do what is ～. 永遠做正當的事/It is ～ that you should have given up the plan. 你放棄了這個計畫是對的。**b** [不用在名詞前]〔＋介＋(代)名〕〔在…上〕對的，〔做…是〕正當的〔*in*〕：You were ～ ***in*** judg*ing* so [***in*** your judgment]. 你那樣判斷[你的判斷]是對的。**c** [不用在名詞前]〔＋ *of*＋(代)名(＋ *to* do)/＋ *to* do〕[人]〈做…是〉正確的，應當的；〈人〉〈做…是〉正確的，應當的：It was quite ～ ***of*** you ***to*** refuse the offer. ＝You were quite ～ ***to*** refuse the offer. 你拒絕那項建議是完全正確的。

2 沒有錯的，準確的；正確的：the ～ answer 正確的答案/Show me the ～ way to do it. 教我做這件事的正確方法/See that you take the ～ train. 注意別搭錯火車/My watch isn't ～. 我的錶不準確。

3 a 適當的，恰當的：the ～ man in the ～ place 適材適所。**b**〔＋介＋(代)名〕〔對…〕最恰當的，正合適的〔*for*〕：Jack is the ～ boy ***for*** the job. 傑克正是適合做這件工作的男孩。

4 a 完滿的；妥當的，妥善的：All's ～. 一切妥善/All's ～ *with* the world. 世界萬事妥善《★出自 R. Browning 之詩》/That's ～. 那樣很好；《口語》對啊，是的，不錯/*R*～ you are.《口語》你說的對，正如你所說的；（回答提議或命令）好的，是，遵命，知道了。**b** [**R**～；當感歎詞用] 好的！可以！對！：⇨ all RIGHT.

5 整齊的，井然有序的：⇨ put [set, get] ... RIGHT.

6 a 身體狀況良好的，健康的；正常的，腦筋正常的：feel ～ 覺得身體狀況良好。**b** [常用於否定句或疑問句]（精神上）正常的，腦筋正常的：He is *not* (quite) ～ in his [the] mind [senses]. ＝He is *not* (quite) in his ～ mind [senses]. 他神志不(太)正常。

7 正面的：the ～ side（衣服等的）正面。

8 直角的：a ～ angle 直角。

—B (↔ left) **1** [用在名詞前]（無比較級、最高級）**右的，**右方的，右側的，右邊的：⇨ right-hand, right arm, right fielder/the ～ bank（河川的）右岸《面向下游而言》/on the ～ side of...在…的右側。**2** [常 **R**～]（政治上的）右翼的，右派的。

all ríght 完滿的，妥善的，沒問題的(cf. A 4)：He is *all* ～. 他是個正正當當的人[他很能勝任，他健康，他安然無恙(等)]/*All* ～! You shall remember this. [反語] 好哇，你記著！

(as) right as ráin《口語》很順利，精力充沛，很健康："Is everything all right?"—"*R*～ *as rain.*"「一切順利嗎？」「很順利。」

on the ríght síde of ⇨ side.

pùt [sèt] onesèlf ríght (1)[與…]親密起來；[與…]和好，相好；搏得[…]的喜愛〔*with*〕. (2)改正自己所犯的錯誤。

pùt [gèt, sèt] ...ríght (1)整理，調整，整頓…。(2)糾正，矯正，訂正…：I *put* my watch ～. 我對準了錶/Please *put* me ～ if I make a mistake. 如果我錯了，請糾正。(3)使…恢復健康，使…復元：Regular living will *put* him ～. 有規律的生活會使他復元[如果生活有規律，他會復元]。

rìght enóugh 完全令人滿意的(cf. *adv.* 成語)。

Rìght óh! ＝**Rìght-ó!** [-'o; -'ou]《英口語》好的，知道了(All right!)。

rìght or wróng 好歹，無論如何。

—*adv.* (**more** ～；**most** ～) **A 1 正直地，**正當地，公正地：act ～ 正當地行動。

2 正確地，無誤地，準確地：answer ～ 正確地回答/get the meaning ～ 正確地瞭解意思/if I remember ～ 如果我沒記錯。

3 如願地；順利地；妥當[妥善]地；整齊地，井然有序地：Things went ～. 事事順利。

4 a 完全地，全部，全然，徹底地：The car turned ～ over on its roof. 那部車整個兒翻成四輪朝天/The car turned ～ around and went off in the opposite direction. 那部車作一百八十度的廻轉後向相反的方向駛去。**b** 直直地，從正面地，正對著：～ in the wind's eye 正對著風/Go ～ on to the end of the street. 徑直走到這條街道的盡頭/I went ～ at him. 我徑直地向他衝去。**c** 一直：go ～ to the end 一直走到盡頭/～ through the winter 整個冬天一直都。

5 [置於副詞、介系詞前] **恰好，**正好，剛好：～ here 就在這裏，當場/～ now 立刻，現在馬上；目前/～ opposite 正對面，正相

R

反/～ in the middle 正好在中間/～ across the street[over the way]在街道[道路]的正對面/～ in the middle of one's work 正在工作的當中。

6《口語》馬上，立刻，很快就：I'll be ～ back. 我很快就回來/*R*～ after lunch mother went shopping. 吃過午餐後，母親立刻去買東西。

7《古》a 非常地，極：I know ～ well that.... 我知道得很清楚…。b [尊稱]非常地：the *R*～ Honourable ⇨ honorable 成語。

—B (↔ left) (無比較級、最高級) **向右地**，向右方地，向右側地：turn ～ 向右轉/Keep ～. 靠右行駛[通行]/*R*～!《美航海》向右轉舵！/Eyes ～! 向右看！

all right 完滿地，很好地，妥善地；平安地；順利地；確實地，一定地：I'll be there *all* ～. 我一定會到。

get in right with a person《美》討〈某人〉喜歡；討好〈某人〉。

right along《美口語》一直，不停地，不斷地。

right and left (1)向左向右地。(2)向[從，在]四面八方；無拘束地。

right away 即刻，馬上(at once)：I'll come ～ *away*. 我馬上來。

right enough 果然，正如所料，的確(cf. *adj.* 成語)：He came ～ *enough*. 他果然來了。

Right face [turn]! 向右轉！

right off《口語》⇨ off *adv.*

Right on! [當感歎詞用]《口語》(1)對啊！正是！(演[唱，做，說]得)好！繼續下去！(2)加油！

—*n.* A (↔ wrong) **1** Ⓤ(道德上的)**正**，正當；正義，公道，公正；正當的行爲：～ and might 正義和强權/fight for the ～ 爲正義而戰/do ～ 做正當的事/Do her ～. 公平地對待她。

2 Ⓒ **a** (法律上或政治上的)權利；正當的要求〔*to*〕：～*s* and duties 權利和義務/human ～*s* 人權/assert[stand on] one's ～*s* 堅持自己的權利/claim a ～ *to* the use of land 提出土地使用權的要求，宣稱有權使用土地/⇨the right *of* SEARCH/⇨right-of-way. **b** 〔+ *to* do〕〈做…的〉**權利**：the ～ *to* pursue one's happiness 追求幸福的權利/I have a [the] ～ *to* demand an explanation. 我有要求解釋的權利《我應當可以要求》/You have no ～ *to* say such things to us. 你沒有權利對我們說這些事。

3 [～*s*] 眞相：the ～*s* (and wrongs) of the matter 事情的眞相[是非，眞僞]。

4 [～*s*] 本來的狀態，正確的狀態：set[put, bring]... to ～*s* 整頓〈物〉，使…復元，使〈人〉恢復良好狀態，使…變得健康。

—B (↔ left) **1** Ⓤ[**the** ～, **one's** ～]**右**，右方，右邊，右側：sit *on* a person's ～ 坐在某人的右邊/*on*[*from*] *the* ～ *of*... 在[從]…的右方/*to the* ～ *of*... 向[位於]…的右方/turn *to the* ～ 向右轉/Keep *to the* ～. 靠右行駛[通行]。

2 Ⓤ[常**the R**～；集合稱]《政》坐在主席右側的議員；右翼，右派，保守派《★用法 視爲一整體時當單數用，指全部個體時當複數用；★因在法國革命後，保守派佔右側席位；cf. left[1] 2, center 8》：sit on *the R*～ 是右派[保守派]議員。

3《棒球》**a** Ⓤ右外野《位置》：He plays ～. 他防守右外野。**b** Ⓒ右外野手。

4 Ⓒ《拳擊》右手，右手所擊之拳。

as of right ＝by RIGHT(s).

be in the right 對的；有理的(↔ be in the wrong)：You *are in the* ～. 你(說[做]的)有道理，(是)你對。

by right of... 憑…的權利；據…的理由，由於…：He took the chair *by* ～ *of* seniority. 他由於資歷深而擔任主席。

by right(s) 公正地，恰當地，正當地；按理說：*By* ～(*s*), he should have received the land, but his younger brother got it. 那塊地理應由他繼承，但却落到他弟弟的手中。

do...right 公平地對待，公正[正當]地評價…。

in one's own right 憑自己(與生俱來)的權利[能力，價值(等)]，以自己的名義，本來：a queen *in* her *own* ～ (本身是)女王《即不是憑王后的身分[與國王的婚姻關係]而是天生具有爲女王者之權利的人；cf. queen consort》/a peeress *in* her *own* ～ ⇨peeress 2/She has a little money *in* her *own* ～. 她有一點屬於自己名下的錢/a great book *in* its *own* ～ 本身眞正具有價值的一本偉大著作。

in right of... ＝by RIGHT of.

Mr. Right《口語》(作爲結婚對象的)理想的男人。

of right ＝by RIGHT(s).

right of common《法律》共有權，共同使用權。

—*v.t.* 〔十受〕**1 a** 使…復歸正確位置[狀態]；扶直，豎立，扶起…：～ a fallen chair 把倒下的椅子扶起/～ the helm《航海》撥正船舵。**b** [～ one*self*] 恢復平衡，恢復直立，恢復正常：The boat ～*ed itself*. 船又自行恢復平穩。

2 糾正，改正〈錯誤〉；補償，解救，拯救〈人〉：～ the oppressed 解救被壓迫者/Your wrongs ought to be ～*ed*. 你所受的冤屈應該獲得補償[應該爲你雪冤]。

—*v.i.* 〈傾斜的船等〉恢復平衡。～**·ness** *n.*

right-about *n.* **1** ＝right-about-face. **2** [**the** ～] 相反的方向。

send a person **to the right-about** 將〈某人〉趕走，立刻免職；拒絕〈某人〉。

—*adj.* 相反方向的。**—*adv.*** 向相反方向地。

right-about-face *n.* Ⓒ **1**《軍》向後轉。**2** (政策等的)完全轉變[改變]。

right-angled *adj.* 直角的。

right arm *n.* **1** [**the** ～, **one's** ～] 右臂：I would give my ～ *for* a sight of it [*to* see it]. 若能看它，我願意付出我的右臂《付出任何代價都甘願》(cf. would give one's eyeteeth (⇨eyetooth 成語))。**2** [**one's** ～] 最得力的助手。

right-down *adj.* 完全的，徹底的。

righ·teous [ˋraɪtʃəs; ˈraitʃəs] *adj.*《文語》**1 a** 在道義上正當的，正義的，公正的；廉直的，有德的。**b** [**the** ～；當複數名詞用] 正人君子，有德之士。**2** 正當的，應當的：～ anger 義憤。

～·ly *adv.*

right·eous·ness *n.* Ⓤ正當，公正，正義；正直。

right field *n.* Ⓤ《棒球》右外野。

right fielder *n.* Ⓒ《棒球》右外野手。

right·ful [ˋraɪtfəl; ˈraitful] *adj.* [用在名詞前] 正直的，公正的，合法的，當然有權利的：Who is the ～ owner of this? 這個東西的合法所有人是誰？ ～**·ly** [-fəlɪ; -fuli] *adv.*

right hand *n.* **1** [**the** ～, **one's** ～] **a** 右手。**b** (友情、歡迎等的)握手之手。**2** [**one's** ～] 最得力的助手。

give [offer] a person **the right hand of fellowship** 向〈某人〉伸出友誼之手；(握手而)使〈某人〉入夥。

put one's **right hand to the work** 認眞地去做工作。

right-hand *adj.* [用在名詞前] **1 a** 右邊的，右方的，右側的：the ～ side 右側/～ traffic 靠右通行/～ drive(汽車的)右座駕駛(式)。**b** 用右手的，右手用的：a ～ glove 右手的手套。

2 最得力的，倚爲左右手的，最信賴的：one's ～ man 心腹，倚爲左右手的人。

3 a 〈繩索〉向右捻的，右搓的。**b** 右旋的，順時針方向的：a ～ screw 右旋的螺絲。

right-handed *adj.* **1** 習慣於用右手的(cf. left-handed). **2 a** 〈打擊、投球等〉用右手的：a ～ throw 右手投擲[投球]。**b** 〈道具等〉右手用的。**3** 右轉的，右旋的；右捲的。

—*adv.* 以[用]右手。～**·ly** *adv.* ～**·ness** *n.*

right-hander *n.* Ⓒ **1** 用右手的人；右投投手。**2** 右手之一擊[擲，投]。

right heart *n.* Ⓒ《解剖》右心房。

right·ist [-tɪst; -tist] *n.* [常**R**～] Ⓒ保守派[右派]者；保守主義者(↔ leftist).

—*adj.* 保守派[右派]的。

right·ly [ˋraɪtlɪ; ˈraitli] *adv.* (**more** ～; **most** ～) **1** (無比較級、最高級) **正直地**，正當地，公正地：judge a person ～ 公正地判斷某人。**2** (無比較級、最高級) **正確地**；無誤地，確實地：If I remember ～. 如果我沒有記錯。**3** [修飾整句] **得當地**，**適當地**；當然：It is ～ said that time is money. 時間即金錢這句話說得很恰當/He is ～ served. 他得到了應得的報應《活該》。

right-minded *adj.* 公正的；合理的；誠實的。

right-o [-ˋo; -ˈou] ⇨right *adj.* 成語。

right-of-way *n.* (*pl.* **rights-of-way**, ～**s**) **1** Ⓒ **a** (私用土地內的)通行權。**b** 有通行權的道路。**2** Ⓒ《美》公共道路用地；鐵路用地；輸電線[輸送管]用地。**3** Ⓤ(交通上的)優先通行權，先行權。

right triangle *n.* Ⓒ直角三角形。

right·ward [ˋraɪtwəd; ˈraitwəd] *adj.* [用在名詞前] 往右的，向右的。**—*adv.*** 往[在]右地，在右邊地。

right·wards [-wədz; -wədz] *adv.* 《英》＝rightward.

right wing *n.* **1** Ⓤ[**the** ～；集合稱] (政黨等的)右翼，右派，保守派(↔ left wing)《★用法 視爲一整體時當單數用，指全部個體時當複數用》。**2**《運動》**a** [**the** ～] (足球等的)右翼。**b** Ⓒ右翼手。

right-wing *adj.* 右翼的，右派的，保守派的。～**·er** *n.*

***rig·id** [ˋrɪdʒɪd; ˈridʒid] *adj.* (**more** ～; **most** ～) **1 僵硬不彎曲的**，僵直的(⇨stiff【同義字】)：～ arms 僵直的手臂/His face looked ～ with distress. 他的臉因悲痛而顯得僵硬。

2 a 嚴格的，**嚴厲的**：～ discipline 嚴格的紀律。**b** 嚴密的，精密的，嚴正的：a ～ distinction 嚴密的區別/The rules are ～. 這些規則嚴密。

3 a 〈想法、規則等〉**拘謹的**，不通融的，死板的：～ regulations [opinions] 不通融的規則[意見]/a ～ teacher 固執而死板的教師。**b** [不用在名詞前] 〔十介十(代)名〕〈人〉〔在…方面〕固執的，頑固的〔*in*〕：He is ～ *in* his opinions. 他堅持己見。

～**·ly** *adv.* ～**·ness** *n.*

ri·gid·i·ty [rɪˋdʒɪdətɪ; riˈdʒidəti] **《rigid 的名詞》—*n.*** Ⓤ **1** 僵

硬，僵直；剛直，不屈。**2 a** 嚴格，頑固，嚴峻。**b** 嚴密，嚴正；精密。**3**《物理》剛性。

rig·ma·role [ˈrɪgməˌrol; ˈrigməroul] *n.* **1** Ⓤ［又作**a** ～］無聊［拉拉雜雜］冗長的廢話。**2** Ⓤ無謂冗長的做法［手續］。

rig·or [ˈrɪgɚ; ˈrigə] *n.* **1 a** Ⓤ嚴厲，嚴格。**b** [**the** ～；常 ～**s**]〔寒冷等的〕嚴酷，酷烈；〔生活等的〕艱苦，困苦，困難〔*of*〕：*the* ～*s of* a long winter 漫長冬天的嚴寒/*the* ～*s of* life 生活的困苦。**2** Ⓤ〈研究方法等的〉嚴密，精密，正確。

rig·or·ism [ˈrɪgərɪzəm; ˈrigərizəm] *n.* **1** Ⓤ嚴肅主義。**2** Ⓤ嚴格性。

rígor mór·tis [-ˈmɔrtɪs; -ˈmɔːtis] «源自拉丁文»——*n.* Ⓤ《醫》屍體之僵硬，死殭。

rig·or·ous [ˈrɪgərəs,-grəs; ˈrigərəs] *adj.* **1**〈規則、規律等〉嚴格的：～ discipline 嚴格的紀律。**2** 嚴密的，精密的，正確的：make a ～ study of... 精密地研究…/the ～ methods of science 嚴密［嚴謹］的科學方法。**3**〈氣候、風土等〉(寒冷而)嚴酷的，尖刻的。～**·ly** *adv.* ～**·ness** *n.*

rig·our [ˈrɪgɚ; ˈrigə] *n.*《英》=rigor.

ríg·òut *n.* Ⓒ《英口語》全套衣服；(某人的一套)服飾。

rile [raɪl; rail] *v.t.* **1**《口語》激怒〈人〉，使…煩躁。**2**《口語·方言》攪渾，攪濁〈液體〉(roil)。

Ril·ke [ˈrɪlkə; ˈrilkə], **Rainer** [ˈraɪnɚ; ˈrainə] **Maria** *n.* 里爾克《1875-1926；德國詩人》。

rill [rɪl; ril] *n.* Ⓒ《詩》小河，小川，細流。

***rim** [rɪm; rim] *n.* Ⓒ**1** (尤指，圓形物的)**邊緣**：the ～ *of* a cup [one's eyeglasses] 杯子的邊緣［眼鏡的框］。

【同義字】brink 是懸崖等的邊緣；brim 是杯子、碗等的邊緣。

2 (安裝車輪輪胎的)輪框。

——*v.t.* (**rimmed**; **rim·ming**)〔十受〕加邊［緣，框］於…；鑲邊於…；將…包圍。

Rim·baud [ræmˈbo; ræmˈbou], **Arthur** *n.* 藍伯《1854-91；法國象徵派詩人》。

rime[1] [raɪm; raim] *n.*, *v.* =rhyme.

rime[2] [raɪm; raim] *n.* Ⓤ《文語》白霜，霜(hoarfrost).

rím·less *adj.*〈眼鏡等〉沒有框的。

rimmed *adj.* [常構成複合字] 有…緣［邊，框］的：gold-*rimmed* glasses 金邊眼鏡/one's red-*rimmed* eyes 哭紅了眼眶的眼睛/⇨horn-rimmed.

ri·mose [ˈraɪmos, raɪˈmos; ˈraimous] *adj.* 有裂隙的；有罅隙的。

rim·y [ˈraɪmɪ; ˈraimi] «rime[2] 的形容詞» ——*adj.* (**rim·i·er**; **-i·est**)覆以霜的，霜寒的(frosty).

rind [raɪnd; raind] *n.* Ⓤ［指個體時爲Ⓒ］(樹木、水果、醃肉、乾酪等之堅硬的)皮，外皮(★比較 此字所指的是甜瓜、西瓜、橙等的外皮，但稱橙皮時一般較喜用 peel；香蕉、洋葱等的外皮是 skin).

——*v.t.* 將…剝皮，去…的殼。

rin·der·pest [ˈrɪndɚˌpɛst; ˈrindəpest] *n.* Ⓤ《獸醫》牛瘟《一種很厲害的牛的傳染病》。

‡**ring**[1] [rɪŋ; riŋ] *n.* **1** Ⓒ 戒指，指環；耳環；手環；鼻環：a diamond ～ 鑽石戒指。

【說明】wedding ring(結婚戒指)戴在左手無名指(ring finger), engagement ring(訂婚戒指)戴在中指上。

2 Ⓒ**a** 輪，環：⇨key ring, napkin ring. **b** 圓［輪］形物；圍坐：form a ～ 圍成圓圈而坐；把大拇指食指彎曲連成圈《表示進行順利或表示 OK 的動作》/sit [dance] *in* a ～ 圍成圓圈而坐［跳舞］/He puffed smoke ～*s* (from his cigarette). 他(抽香烟)吐出幾個煙圈。**c**《美》(避孕用的)子宮環。

3 [**the** ～] **a** (馬戲團等的)圓形表演場；賽馬場；角力場；馬戲場。**b** (拳擊、摔角的)擂臺，比賽場。

4 [**the** ～；常**R**～；集合稱] (主持賽馬賭博的)賽馬師同夥。

5 Ⓒ (爲獲得非法利益而勾結的)黨徒，一夥；集團：a ～ *of* spies=a spy ～ 間諜集團/a smuggling [smugglers'] ～走私集團/a drug ～ 販毒集團。

6 Ⓒ (樹木的)年輪。

7 [～**s**] (體操的)吊環。

8 Ⓒ《幾何》環，環面，環體。

9 Ⓒ《化學》原子圈《結合成環狀的原子羣》。

rùn [**màke**] **ríngs aròund** a person《口語》遠比〈某人〉早去［跑得快，做得快］，遠勝過〈某人〉；絕對地［壓倒性地］勝〈某人〉。

thrów [**tóss**] one's **hát in the ring** ⇨hat.

——*v.t.*《★語形 和 ring[2] 不同，而是規則變化動詞》**1 a**〔十受(十副)〕圍繞，包圍…〈*round, about*〉《★ 常用被動語態，介系詞爲 *by, with*》：a lake ～*ed* **by** trees 四周樹木環繞的湖泊/The police ～*ed* the house. 警察包圍了那棟房子/The young singer *was* ～*ed* **about** [**round**] **with** excited girls. 那名年輕歌手被興奮的少女們團團圍住/His eyes *were* ～*ed with* dark circles. 他的眼睛有黑眼圈。**b**〔十受(十副)十介十(代)名〕〔以…〕圍繞…〈*round, about*〉〔*with*〕：～ a park **with** trees 以樹把公園圍繞起來。**c**〔十受十副詞(片語)〕〔～ one*self*〕圍坐：We ～*ed ourselves round* the pole. 我們圍在柱子四周。

2〔十受〕**a** 加鼻環於〈動物〉。**b** 套上腳環於〈信鴿等〉。

3〔十受〕《遊戲》擲鐵環套在…上。

——*v.i.* **1** 成爲圈，成爲環狀。**2 a**〈鷹、鳶等〉盤環廻旋著飛上去。**b**〈狐狸等〉兜著圈子跑。

‡**ring**[2] [rɪŋ; riŋ] (**rang** [ræŋ; ræŋ]; **rung** [rʌŋ; rʌŋ]) *v.i.* **1 a**〈鈴、鐘、電話等〉**鳴響**：The bell [telephone] is ～*ing*. 電鈴［電話］在響。**b**〔動(十副)〕〈聲音〉鳴響〈*out*〉：I heard a shot ～ **out** somewhere. 我聽到某處一聲槍響。**c**〈耳朵〉嗡嗡作響，耳鳴：My ears are still ～*ing*. 我的耳朵還在嗡嗡響。

2 a〔十介十(代)名〕〈話等〉(仍然)縈繞〔心際〕，在〔耳邊〕迴蕩〔*in*〕：The melody still *rang* **in** her ears. 那個旋律仍然在她的耳際廻盪［回響］。**b**〔十補〕發出〈…似的〉聲音；聽起來〈好像…〉：A good [bad] coin ～*s* true [false]. 硬幣的眞［假］可藉聲音來辨識/The orator's words *rang* hollow. 那位演說者的話聽上去不誠懇［虛假］。

3〔十介十(代)名〕**a**〈場所〉〔以聲音〕回響，鳴響，共鳴〔*with*〕：The beach *rang* **with** young people's shouts. 海灘上響起了年輕人的吆喝聲。**b**〈場所〉傳遍〔聲名、評價〕〔*with*〕：The whole city *rang* **with** the praises of the brilliant girl. 全城的人對那才氣洋溢的少女贊不絕口。

4 a 鳴(信號)鐘，按鈴：I wonder who is ～*ing* at the front door. 我不知誰在前門按電鈴？**b**〔十介十(代)名〕鳴鐘［搖鈴］召喚［求助］〔…〕〔*for*〕：I *rang* **for** the maid. 我搖鈴叫女僕/The bells are ～*ing for* church. 叫人上教堂的鐘聲在響。**c**〔十*for*十(代)名十 *to* do〕鳴鐘，搖鈴〔要…〕〈做…〉：He *rang for* the maid *to* bring tea. 他搖鈴叫女僕端茶來。

5 a〔動(十副)〕打電話〈*up*〉(call). **b**〔十副〕掛上電話，切斷電話〈*off*〉.

——*v.t.* **1 a**〔十受〕鳴，敲〈鐘、鈴等〉：～ the church bells 敲響教堂的鐘/⇨ring a BELL, ring BELLS, ring the CHANGES **b**〔十受〕使〈物〉發出聲音以識別眞假：～ a coin 敲硬幣以辨眞假。**c**〔十受十介十(代)名〕鳴〈鐘〉［搖〈鈴〉］召喚［求助於］〔…〕〔*for*〕：～ the bell **for** a maid 搖鈴［按鈴］召喚女僕。

2 a〔十受〕鳴鐘［鈴］示〈警〉；〈鐘錶，諧音鐘等〉報知〈時間〉：～ an alarm 鳴鐘示警，敲警鐘/The chimes were ～*ing* the noon hour. 諧音鐘正鳴報正午/⇨ring the KNELL of. **b**〔十受十副詞(片語)〕鳴鐘［搖鈴］叫〈某人〉：～ a servant *down* [*in, up*] 鳴鐘［搖鈴］叫僕人下來［進來，上去］/～ people *to* church 鳴鐘叫人們上教堂。**c**〔十受十副〕鳴鐘送走〈舊歲〉〈*out*〉；鳴鐘迎接〈新年〉〈*in*〉：*R*～ **out** the Old Year and ～ **in** the New. (隨著鐘聲)送走舊歲迎接新年。

3〔十受十副〕打電話給〈人〉〈*up*; *back*〉：I'll ～ you **up** again tomorrow morning. 我明天早上再打電話給你/I'll ～ you **back** later. 我稍後再回電話給你。

——*n.* **1** Ⓒ **a** 鳴響(鐘、鈴等)；(鐘、鈴等的)鳴響；響聲：give the bell a ～ (按)響鈴/answer the ～ at the door 回應門口的鈴聲。**b** (教堂等的)一組鐘(聲)：a ～ *of* six bells 六個一組的鐘。

2 [**a** ～] 打電話(★用法 又作 give a person a ～)：Give me *a* ～ this afternoon. 今天下午給我電話。

3 [用單數] **a** (表示物的性質、眞假的)聲音，響聲〔*of*〕：try the ～ *of* a coin 試敲一下硬幣的聲音來辨識眞假。**b** (話、文章等的)韻調；腔調；格調；語氣〔*of*〕：His words have the ～ *of* truth. 他的話聽起來頗爲眞實。**c** 響亮的聲音〔*of*〕：the ～ *of* her laughter 她響亮的笑聲。

ríng·bìnder *n.* Ⓒ鐵環式活頁夾《使用金屬環的活頁裝訂夾》。

ríng·bòlt *n.* Ⓒ帶環螺栓。

ringed *adj.* **1** (鑲)有環［圈］的；環狀的：the ～ planet 環狀行星《土星》。**2** 戴戒指的；已結［訂］婚的。

ríng·er[1] «源自 ring[1]»——*n.* Ⓒ**1** 圍繞的人［物］。**2 a** (擲鐵環、馬蹄鐵遊戲的)鐵環，馬蹄鐵(等)。**b** (擲鐵環、馬蹄鐵的)一擲。

ríng·er[2] «源自 ring[2]»——*n.* Ⓒ **1 a** 按鈴的人，(教堂等的)鳴鐘的人。**b** 鳴［搖］鈴裝置。**2** 冒名參加比賽的人，頂替的人［馬］。**3** [常 **dead** ～]《俚》酷似的人［物］：He is a (*dead*) ～ *for* his father. 他酷似他的父親。

ríng fìnger *n.* Ⓒ (常指戴結婚戒指之左手的)無名指(⇨hand插圖)。

ríng·ing *adj.* 鳴響的，響徹［遍］的：a ～ voice 嘹亮的聲音/a ～ frost 踩起來會嗜嗜響的霜。

ríng·lèader *n.* Ⓒ (暴動等的)主謀者，策動者，首領，魁首。

ríng·let [-lɪt; -lit] *n.* Ⓒ**1** 小環，小圈。**2** 鬈髮。

ríng·màster *n.* Ⓒ (馬戲團的)領班，管理人。

ríng-pùll *adj.* 〈罐頭等〉易開罐式的《將附在蓋子上方之環拉開

R

即可打開蓋子》：a ～ can 易開罐。

ríng ròad *n.* Ⓒ《英》(都市周圍的)環狀道路(《美》beltway).

ríng·sìde *n.* [the ～] **1** (拳擊、馬戲等的)場邊，最前排的座位。**2** 可以近看的地方，靠近舞台(的座位)。
—*adj.* [用在名詞前]最前排座位的：a ～ seat 最前排的座位。

ríng·tòss *n.* Ⓤ一種以繩圈套木樁的遊戲。

ríng·wòrm *n.* Ⓤ癬，錢癬。

rink [rɪŋk; riŋk] *n.* Ⓒ**1** (室內)溜冰場。**2** 冰上滾石戲(curling)比賽場；冰上曲棍球場。

rinky-dink [ˈrɪŋkɪˌdɪŋk; ˈriŋkiˈdiŋk] *adj.*《美俚》**1** 舊式的，落伍的，陳腐的。**2** 無用的，不值錢的；無趣的；劣等的；便宜的，破舊的。

rinse [rɪns; rins] *v.t.* **1 a** 〔十受(十副)〕清洗，漂清〈衣物〉，漱〈口〉〈*out*〉：～ the clothes (*out*)(爲了洗掉肥皂而)清洗衣服。
b 〔十受(十副)〕沖洗掉，洗濯掉〈肥皂水等〉〈*away*〉：*R*～ the soapy water ***away***. 請把肥皂水漂洗乾淨。
c 〔十受(十副)十介十(代)名〕〔自…〕清洗掉，洗去〈物〉〈*out, away*〉〔*from, out of*〕：Be careful to ～ the detergent ***from*** these dishes. 注意務必沖洗掉這些盤子上的清潔劑/*R*～ the soapy water ***out of*** the bottle. 把瓶子內的肥皂水沖洗掉/*R*～ *out* the soap ***from*** the washing. 把洗濯物上的肥皂漂洗乾淨。
2 〔十受十副〕(用水)將〈食物〉吞入胃中〈*down*〉《★[比較]《美》一般用 wash down》：*R*～ the food ***down*** with a glass of water. 用一杯水把那食物吞下。
—*n.* **1** Ⓒ漂洗，漱洗，漂清，清洗，洗去[掉]：give it a ～ 把它漂洗一下。**2** Ⓤ[當製品個體或種類時爲Ⓒ]洗淨劑，潤絲[洗髮]精。

Ri·o de Ja·nei·ro [ˈriodədʒəˈnɪro; ˌri:oudədʒəˈniərou] *n.* 里約熱內盧《巴西故都；簡稱 Rio》.

Ri·o Gran·de [ˌriəˈgrændɪ; ˌri:ouˈgrændi] *n.* [the ～]里約格蘭德河《形成美國和墨西哥的國界》。

ri·ot [ˈraɪət; ˈraiət] *n.* **1** Ⓒ**a** (集體[集團]的)暴動，騷亂，暴亂；放蕩；放縱；鬧飲；嘈雜：start [get up, raise] a ～ (against) (反抗…而)掀起暴動/suppress [put down] a ～ 鎮壓暴亂。**b** 大混亂，紊亂。**2** [a ～]**a** (顏色、聲音等的)五彩繽紛，各式各樣〔*of*〕：*a* ～ *of* color 五彩繽紛[五顏六色]的色彩，各式各樣的色彩。**b** (感情、想像等的)奔放〔*of*〕：*a* ～ *of* emotion 感情的奔放。**3** [a ～]《口語》非常有趣之物[事，人]；大成功，大豐收：His new comedy is *a* ～. 他的新喜劇作品實在是成功之作。
rùn ríot (1)到處胡鬧，放蕩。(2)〈植物〉蔓延；〈花〉盛開競艷。
—*v.i.* **1 a** 掀起暴動；騷亂。**b** 〔十介十(代)名〕〔反對…而〕掀起暴動〔*against*〕；〔爲得…而〕掀起暴動〔*for*〕：They are ～*ing against* the government [*for* bread]. 他們反對政府[爲求得溫飽]而掀起暴動。**2** 〔十介十(代)名〕(過度地)耽於〔不良行爲等〕〔*in*〕：Don't ～ ***in*** drink. 不要恣情暴飲。

Ríot Àct *n.* **1** [the ～]《英》取締暴動法《1715 年公布》。**2** [常 the r～ a～]嚴厲的責備；警告。
réad the Ríot Àct (1)〈警察〉(對騷擾者)警告[下令解散]。(2)〈父母等〉(對孩子等)嚴加責備，嚴厲地訓誡。

rí·ot·er *n.* Ⓒ暴徒，暴民。

ri·ot·ous [ˈraɪətəs; ˈraiətəs] **《riot 的形容詞》** —*adj.* **1** (掀起)暴動的。**2** 騷亂的；鬧飲的。**3** 非常有趣的；大成功的：a ～ comedy 非常有趣的喜劇。～**·ly** *adv.* ～**·ness** *n.*

ríot políce *n.* [集合稱；當複數用](鎮壓暴動的)鎮暴警察《★ 此字無複數》。

ríot squàd *n.* Ⓒ[集合稱](鎮壓暴動的)鎮暴警察《★[用法]視爲一整體時當單數用，指全部個體時當複數用》。

rip**¹ [rɪp; rip] (**ripped**；**rip·ping**) *v.t.* **1** 扯裂，碎裂：**a** 〔十受(十副)〕割裂，扯開，撕裂〈物〉〈*up*〉：～ the cloth in pieces 把布撕成碎片/～ ***up a letter 把信撕破/～ an old sheet *up* to make bandages 把舊布撕開做成繃帶。**b** 〔十受十副〕將…撕掉，扯掉〈*off*〉：～ the trimming ***off*** 把飾條[飾邊]扯掉。**c** 〔十受十介十(代)名〕將…〔自…〕扯除〔*off, from, out of*〕：He *ripped* the page ***out of*** the book. 他從那本書中撕去了一頁。**d** 〔十受十補〕將…撕[扯]〈成…的狀態〉：I *ripped* open the envelope. 我撕開了信封。
2 〔十受〕沿木紋理鋸，直鋸〈木材〉。
3 〔十受十副〕《口語》粗暴地說，亂講…〈*out*〉：～ ***out*** an oath 破口咒罵。
4 〔十受十副〕《俚》**a** 搶〈某人〉的東西〈*off*〉. **b** 《美》盜取〈物〉〈*off*〉. **c** 敲〈某人〉竹槓，騙取〈某人〉的錢〈*off*〉. **d** 《英》和〈女人〉性交；强姦〈女人〉〈*off*〉.
—*v.i.* **1** 裂開，破裂；綻開。
2 〔動(十副)〕《口語》〈車、船等〉突然猛進，直闖〈*along, away*〉：Let her [it] ～. 不要停住(船、車、機械等)；別管它，由它去。
3 〔十介十(代)名〕**a** 〈牙齒等〉用力咬進〔…〕〔*into*〕. **b** 激烈地攻擊[責難]〔…〕〔*into*〕.
lèt it ríp 《口語》(將車等)開足馬力，飆(車)。
lèt thìngs ríp 聽其自然，擱置不管。
—*n.* Ⓒ撕裂，裂縫；破綻；裂傷。

rip² [rɪp; rip] *n.* Ⓒ**1** (由於潮流的衝撞所產生的)大浪(cf. riptide). **2** (由於暗礁等而產生的)大浪，激流；(河川的)淺灘的浪花。

rip³ [rɪp; rip] *n.* Ⓒ**1** 《口語》無賴漢，流氓。**2** 劣馬。**3** 遊手好閒者。

R.I.P. 《略》*Requiescat in pace*《★ 爲拉丁文，意指 May he [she] rest in peace!》/*Requiescant in pace*《爲拉丁文，意指 May they rest in peace!》

ri·par·i·an [rɪˈpɛrɪən, raɪˈp-; raiˈpɛəriən, riˈp-] *adj.* **1** 河岸的；湖邊的。**2** 在水邊[河岸]生長[棲息]的。

ripárian ríghts *n. pl.*《法律》河岸權利《對漁業、用水等利用河川的權利》。

ríp còrd *n.* Ⓒ《航空》**1** (降落傘的)開傘索。**2** (用以使氣球緊急降落的)裂索。

***ripe** [raɪp; raip] *adj.* (**rip·er**；**rip·est**) **1 a** 〈水果、穀物〉成熟的：～ fruit 已熟的水果/a ～ grape 已熟的葡萄。

【同義字】 ripe 是充分地熟，成熟的意思；mature 强調成熟的過程；mellow 强調成熟果實的柔軟，味美，芳香。

b (紅而)豐滿的：～ lips 豐滿紅潤的嘴唇。
2 〈酒、乾酪等〉正好喝[正好吃]的：～ cheese 正好吃的乾酪/a ～ wine 正好喝的酒。
3 a 爛熟的；圓熟的，老練的；高齡的：at a ～ (old) age 在高齡時/a person of ～ judgment 判斷力成熟的人，經驗豐富的人/a person of ～ years 成年人，大人/Soon ～, soon rotten. 《諺》熟得早，爛得快；早慧早衰。**b** [不用在名詞前]〔十介十(代)名〕〔在…方面〕成熟的〔*in*〕：He is ～ ***in*** experience. 他經驗很豐富。
4 [不用在名詞前](無比較級、最高級)**a** 〔十介十(代)名〕〔爲…〕時機成熟的〔*for*〕：a plan ～ ***for*** execution 實施時機已成熟的計畫/The time is ～ *for* action. 行動的時機已成熟。**b** 〔十 *to* do〕已準備妥〈做…〉的：an opportunity ～ *to* be seized 可乘的大好機會。
5 《口語・委婉語》下流的，庸俗的：a ～ joke 下流的[低級的]笑話。～**·ly** *adv.* ～**·ness** *n.*

rip·en [ˈraɪpən; ˈraipən] *v.i.* **1** 〈水果、穀物等〉變熟，成熟：The wheat has ～*ed*. 小麥成熟了。**2 a** 時機成熟，純熟。**b** 〔十介十(代)名〕成熟而變成〔…〕〔*into*〕：Our mere acquaintance ～*ed* ***into*** friendship. 我們原本僅是點頭之交，現已是朋友了。
—*v.t.* 〔十受〕使…成熟；使…純熟，將…催熟：The sun ～*s* fruit. 陽光使水果成熟。

ríp-òff *n.* Ⓒ《俚》**1** 《美》盜取，搶奪。**2** 索取額外的金錢，敲竹槓，榨騙。

ri·poste [rɪˈpost; riˈpɔst, -poust] *n.* Ⓒ**1** 《劍術》回擊。**2** 機敏的應答，尖銳的反駁(repartee).
—*v.i.* **1** 敏捷地回刺。**2** 尖銳地反駁。
—*v.t.* 〔十 *that*＿/十引句〕機敏地應答說…。

rip·per *n.* Ⓒ **1** 扯裂之人[物]。**2** ＝ripsaw.

rip·ping [ˈrɪpɪŋ; ˈripiŋ] *adj.* 《英俚》非凡的，非常的，頂好的，絕妙的。

rip·ple [ˈrɪpl; ˈripl] *n.* **1** Ⓒ**a** 漣漪，微波。**b** 波紋：⇨ripple mark. **2** Ⓒ(毛髮等)波浪狀，捲曲。**3** [用單數](似)微波蕩漾的聲音，潺潺聲，(談話的)聲浪〔*of*〕：a ～ *of* laughter 一陣笑聲。
—*v.t.* 〔十受〕**1** 使…起漣漪；使…起波紋：A breeze ～*d* the surface of the pond. 微風使池面起了漣漪。**2** 使〈頭髮等〉成捲曲狀，使…成波浪狀。
—*v.i.* **1** 起漣漪[波紋]：The wheat field ～*d* in the breeze. 麥田在微風中成波浪狀起伏；麥浪隨風波動。**2** 作潺潺聲。

rípple effèct *n.* ⓊⒸ擴展效果，牽連的影響。

rípple màrk *n.* Ⓒ(沙等上面的)波痕，波浪狀。

rip·plet [ˈrɪplɪt; ˈriplit] *n.* Ⓒ小漣漪。

rip·ply [ˈrɪplɪ; ˈripli] *adj.* (**rip·pli·er**；**-est**) **1** 起漣漪的；有波痕[風吹過的痕跡]的。**2** 潺潺響的。

rip·rap [ˈrɪpˌræp; ˈripræp] *n.* Ⓒ **1** (水中或軟基上)碎石雜亂砌成之基或牆；亂堆石基。**2** (用以堆砌牆基的)碎石。
—*v.t.* (**-rapped**；**-rap·ping**)在…上砌亂石基；以亂石基鞏固。

rip-roar·ing [ˈrɪpˌrorɪŋ; ˈripˌrɔ:riŋ] *adj.* 《口語》吵鬧的，喧嘩的；騷亂的。

ríp·sàw *n.* Ⓒ沿紋理鋸木用的大鋸，粗齒大鋸。

ríp·tìde *n.* Ⓒ衝潮，撞潮《和其他潮流衝撞而引起大浪的潮流；cf. rip² 1》.

Rip van Win·kle [ˌrɪpvænˈwɪŋkl; ˌripvænˈwiŋkl] *n.* **1** 李伯・凡・文克《歐文(Washington Irving)所作「見聞札記」(*The Sketch Book*)中的故事；主角一睡二十年，醒來世事全非》。**2** Ⓒ跟不上時代的人，落伍者。

‡rise [raɪz; raiz] (**rose** [roz; rouz]; **ris·en** ['rɪzn; 'rizn]) *v.i.* **A 1** 〈太陽、月亮、星星〉**升起**(到地平線上)，現出，出來，升出(⟷ set)：The sun ~*s* in the east. 太陽從東邊升起/The moon is *rising above* the horizon. 月亮正升到地平線上。

2 a 〈煙等〉**飄上天空**：The smoke *rose* straight up into [in] the sky. 煙直上雲霄。**b** 〈鳥等〉飛起，飛上天空。**c** 〈舞臺的幕〉升起：The curtain ~*s.* 幕升起；新的局面展開。

3 a 〈高山、建築物〉聳立，矗立：Mt. Everest ~*s* (*to* the height of) 8848 meters. 埃弗勒斯峯高達 8848 公尺。**b** [十介十(代)名] 〔從…〕聳立，高聳〔*out of, from*〕：The mountain ~*s* 1000 meters ***out of*** the sea. 那座山海拔一千公尺高/The tower ~*s* steeply ***from*** the flat ground. 那座塔陡峭地自平地聳起。**c** [十介十(代)名]高聳〔至…〕〔*to, above*〕：~ ***to*** the sky 高聳入雲/~ ***above*** the clouds 聳入雲霄。

4 〈土地〉成上坡，漸漸高起：The ground gradually ~*s toward* the east. 地面朝東漸漸高起。

5 a 〈溫度計等〉上升：The thermometer has *risen above* 90°. 溫度計升到九十度以上。**b** 〈物價等〉上揚，高漲，飛漲：Prices have *risen* again. 物價又上漲了。**c** 〈需求、興趣等〉增加；〈量等〉增大。**d** 〈河川、洪水〉水量增加，漲：The river has *risen* more than a [one] foot. 河水已漲了一呎多。**e** 〈潮水〉上漲，漲潮：The tide is *rising.* 潮水正在上漲。**f** 〈麵包等〉膨脹，發起來：Yeast makes dough ~. 酵母使麵團膨脹。**g** 〈陸地〉隆起。

6 a 浮(到水面)；〈魚〉爲覓餌而浮出水面：A drowning man ~*s* three times. 人在溺水時會浮出水面三次《之後即無希望》。**b** [十介十(代)名]〔從…〕浮上〔*from*〕；浮出〔到…〕〔*to*〕：I saw bubbles *rising* ***from*** the bottom (***to*** the surface). 我看到氣泡正從底下浮(到表面)上來/Tears *rose to* her eyes. 她眼淚盈眶。

7 [十介十(代)名] **a** 〈人〉〔在信用、重要性、社會等中〕地位提高，發跡，高陞，上進，興隆，出頭〔*in*〕：~ ***in*** life [the world] 出人頭地。**b** 提陞〔名聲、偉大〕〔*to*〕：~ ***to*** greatness 變得偉大/~ *to* fame 成名/~ *to* power 掌權。**c** 〔從士兵等〕晋升〔*from*〕：He *rose* ***from*** the ranks. 他從士兵晋升(爲軍官)。

8 a 〈聲音等〉提高：His voice *rose* suddenly. 他的聲音突然間提高/Her voice *rose to* a shriek. 她的聲音轉爲尖叫。**b** 〈發燒〉變高，上升：Her temperature is *rising* again. 她的體溫又上升了。**c** 〈精神〉振奮，振作；〈感情等〉增强：My spirits *rose.* 我的精神振作起來了[我的情緒高漲]。

9 [十介十(代)名]超越，克服，擺脫〔感情、行爲等〕〔*above*〕：He ~*s* ***above*** petty quarrels. 他不屑作無謂的爭吵。

—B 1 《文語》**a** (從臥或坐的狀態)**起來**，起立《★[比較]較 stand up 拘泥》：~ *to* one's feet 站起來/He *rose from* his chair. 他從椅子上站起來。**b** 起來，起牀《★[比較]一般用 get up》：He ~*s* early (in the morning). 他(早晨)起得早。**c** 〈馬〉直立起來，躍起：The horse *rose on* its hind legs. 那匹馬(抬起前腿)用後腿站起來。

2 a [十介十(代)名]〔從…〕撤離，離席，退出〔*from*〕：~ ***from*** (the) table (吃完飯)離開飯桌，離席。**b** 《英》閉會，散會：Parliament ~*s* on Friday. 國會在星期五閉會。

3 a 掀起暴動，叛變：~ *in* revolt [rebellion] 掀起暴動。**b** [十介十(代)名]起義反抗〔…〕〔*against*〕：The people *rose* ***against*** oppression [the ruler]. 人民羣起反抗壓迫[統治者]。

4 [十介十(代)名]能應付，經得起；能處置〔…〕〔*to*〕：~ ***to*** the occasion 隨機應變/~ *to* the requirements 符合要求，勝任/I can't ~ *to* it. 我沒有氣力[心情]做這件事。

5 《神學》**a** 復活，蘇醒：Christ is *risen* again. 基督復活了。**b** [十介十(代)名]〔從死裡〕復活〔*from*〕：~ ***from*** the dead. 死而復活。

—C 1 [十介十(代)名]〈河川〉**發源**〔於…〕〔*in, from, at*〕《★無進行式》：The river ~*s* ***in*** the mountains. 那條河流發源於山脈/*Where* does the Mississippi ~? 密西西比河發源於何處？

2 [十介十(代)名]〈主意、情景等〉〔在心中、腦海裏〕發生，浮現，產生〔*before, in, to*〕：The idea *rose* ***to*** mind [***in*** my mind]. 那個主意湧上了我的心頭。

3 a 〈暴風雨等〉發生，產生：The wind has *risen.* 起風[刮風]了/The sea *rose* somewhat. 海有些起浪了。**b** 〈謠言〉散佈，產生：A rumor *rose* that he was going to resign. 謠傳他將要辭職。**c** [十介十(代)名]〈不和、誤解等〉〔由…而〕發生〔*from*〕：A quarrel often ~*s* ***from*** misapprehension. 爭吵常由誤解而引起。

4 〈建築物等〉建起，興建：New houses are ~*ing* on the hill. 新房子正在山丘上蓋起來。

—*v.t.* [十受] **1** 使〈鳥〉飛上天空；使〈野獸等〉躍起。

2 把〈魚〉引誘到水面。

rise and fáll (1)〈船〉在波浪中起伏。(2)〈胸中〉澎湃。

rise and shíne [常用祈使語氣]《謔》(從床上)起來。

rise from the áshes 從遭受打擊中復原，復興：After the war, a new city *rose from the ashes* (of the old). 戰後，新的城市從(舊城市的)廢墟中誕生。

—*n.* 1 [U] **a** **升起**，上升。**b** (日、月、星的)現[升]出：*at* ~ *of* moon [sun] 在月[日]出時《★[比較]一般用 at moonrise [sunrise]》。**c** (在劇場，幕的)拉起，開幕：at the ~ of the curtain 在幕升起時。

2 [C] **a** (物價、量、溫度等的)上漲，增加，增大，增多；增高：a ~ *in* unemployment 失業率的增加/the ~ and fall of the tide 潮水的漲退/be on the ~ 正在上升，在上漲[增加]，好轉。**b** 《英口語》加薪(《美》raise)：a ~ *in* pay [salary] 加薪/ask for a ~ 要求加薪。**c** 聲音[音調]的上揚：the ~ and fall of the voice 聲音的高低[抑揚]。

3 [U] [又作 **a** ~] 發跡，出人頭地，進步，上進〔*of, to*〕：have [make, achieve] *a* ~ 發跡，有出息，出人頭地/the ~ and fall *of* the Roman Empire 羅馬帝國的興亡[盛衰]/one's ~ *to* stardom 躋身明星行列。

4 [C]上坡，上坡路；高地，山丘：a ~ *in* the ground 高地。

5 [C]起源，發源，發生：The river has its ~ among the mountains. 那條河流發源於羣山中/The so-called technological revolution takes its ~ *from* [has its ~ *in*] the Industrial Revolution. 所謂的科技革命導源於工業革命。

6 [C] (魚的)浮出水面：He has fished all afternoon but never got a ~. 他釣魚釣了一下午但魚一次也沒浮上來吃餌。

gèt [tàke] a ríse òut of a person 《口語》(以戲弄等)使〈人〉惱怒，激怒〈人〉；激怒〈人〉使作出預期的回答(等)。

gìve ríse to... 引起，惹起，導致〈不好的事〉：Such words will *give* ~ *to* suspicion. 這些話會引起猜疑/Privilege often *gives* ~ *to* abuses. 特權常造成弊端。

‡ris·en ['rɪzn; 'rizn] *v.* **rise** 的過去分詞。

ris·er ['raɪzɚ; 'raizə] *n.* [C] **1** [與 early, late 等形容詞連用]起牀者：an *early* ~ 早起者/a *late* ~ 晚起者。**2** 《建築》梯級間的豎板(⇨ flight[1] 插圖)。

ris·i·bil·i·ty [ˌrɪzəˈbɪlətɪ; ˌriziˈbiləti] «risible 的名詞» **—*n.*** 《文語》**1** [U]笑的傾向與性質；笑的能力；笑癖。**2** [C] [常 **risibilities**] 發笑感；幽默感。

ris·i·ble ['rɪzəbl; 'rizibl] *adj.* **1** 笑的性質的，善笑的，愛笑的；引起笑的，奇怪的，可笑的。

2 [用在名詞前] (關於)笑的。

rís·ing *adj.* **1 a** 升起的，上升的。**b** 〈日、月、星〉現[升]出的：the ~ sun 朝陽。**2 a** 上漲的。**b** 增大[增加]的：a ~ market 上漲的行市。**c** 水漲的。**3** 高升[上進]的；新進[新興]的；蓬勃的，成長中的：a ~ man 如日之升的[前途有希望的]人，紅人/a ~ comedian 正走紅的喜劇演員/the ~ generation 年輕的一代。**4** 上(坡)的；變高的：~ ground 上坡。

—*prep.* 1 接近…，即將成爲…的：a boy ~ ten 快要十歲的男孩。**2** 《美中部》〈數、量〉超過…的：a crop ~ (*of*) a million bushels 超過一百萬蒲式耳(八百萬加侖)的收穫。

—*n.* 1 [U] **a** 上升。**b** (日、月、星的)現出，升出；升起：the ~ of the sun 日出。**2** [U]起立；起牀。**3** [U]蘇醒；復活。**4** [C]叛亂，暴動。**5** [C]高地。

‡risk [rɪsk; risk] *n.* **1 a** [U] [又作 **a** ~] (也許會遭受危險、不利等的) **危險** (性)，風險〔*of*〕(⇨ danger【同義字】)：There was some [*a great, no*] ~ *of* her be*ing* taken (in). 她有幾分[十分有，毫無]受騙的危險。**b** [C] (具體的)危險，冒險：run a ~ 從事冒險/take a ~ 冒險一試/Mind you don't take too many ~*s.* 你聽著，別冒太多風險。

2 [C] [常與修飾語連用]《保險》**a** (…的)危險(率)；保險金額。**b** 被保險者[物]：a good [bad] ~ (在保險公司來看)危險少[多]的被保險者；《比喩》可[不可]依賴的人。

at ány rísk 不論要冒什麼危險，無論如何。

at one's **ówn rísk** 自行負責：Enter *at* your *own* ~. (告示)入內者自行負責《★[用法]表示「不論其結果發生何事概不負責」之意；在某種情況表示「禁止入內」》。

at rísk 在危險的狀態下。

at rísk to... ＝at the RISK of.

at (the) ówner's rísk (商品運送時)損害由貨主承擔。

at the rísk of... 冒…的危險，把…作賭注：*at the* ~ *of* one's life 以自己的性命作賭注，拚著性命。

—*v.t.* 1 [十受]將…置於危險；將…作爲賭注：~ one's fortune [life] 以財產[性命]作賭注。**2 a** [十受]明知〈會失敗、有危害等〉而去做：~ failure 明知會失敗而去做。**b** [十 do*ing*] 敢於〈做…〉，冒〈做…〉的危險：I'm willing to ~ los*ing* everything. 我願意冒失去一切的危險。

risk·y ['rɪskɪ; 'riski] «risk 的形容詞» **—*adj.*** (**risk·i·er**; **-i·est**) **1** 危險的；冒險的。**2** ＝risqué. **rísk·i·ly** *adv.* **-i·ness** *n.*

ri·sot·to [rɪ'sɔto, -'zɔto; ri'sɔtou, -'zɔtou] «源自義大利語» **—*n.*** (*pl.* ~**s**) [C] [當作菜名時爲[U]]在米裏面加入洋葱、乾酪、雞肉等燉成的義大利菜。

R

ris·qué [rɪs'ke; 'riskei] **《源自法語》—*adj.*** 〈話、戲劇等〉敗壞風紀的，淫猥的，猥褻的。

ris·sole ['rɪsol; 'risoul] **《源自法語》—*n.*** Ⓒ[當作菜名時爲Ⓤ]小肉湯糰《把肉、魚肉等用麵包粉滾成丸狀後再油炸而成的東西》。

rit. 《略》《音樂》 ritardando.

Ri·ta ['ritə; 'ri:tə] *n.* 麗妲《女子名》。

ri·tar·dan·do [ˌritɑr'dændo, -'dɑn-; ˌritɑ:'dændou] **《源自義大利語》—** 《音樂》 *adj.* & *adv.* 漸緩的[地]《略作 rit.》.
—*n.* Ⓒ(*pl.* **~s**)漸緩(的樂曲)。

rite [raɪt; rait] *n.* Ⓒ[常 **~s**] (照宗教形式舉行的莊嚴)儀式，祭典，儀禮；典禮(⇨ ceremony【同義字】)：the burial [funeral] *~s* 葬禮/the ~ of confirmation 《基督教》堅信禮。

rit·u·al ['rɪtʃuəl; 'ritʃuəl] **《rite 的形容詞》—*adj.*** (關於[被用在])儀式的；祭典的：a ~ dance 祭神的舞蹈。
—*n.* 1 Ⓤ **a** 儀式的形式，禮拜式的程序；典禮。**b** [集合稱]儀式，式典。**2** Ⓒ **a** 儀式，禮拜式，(儀式的)活動。**b** (忠實地遵守的)習慣性的行爲，慣例。**~·ly** [-əlɪ; -əli] *adv.*

rít·u·al·ìsm [-ˌɪzəm; -lizəm] *n.* Ⓤ **1** 儀式主義，拘泥儀式。**2** 儀禮學，儀式研究。

rít·u·al·ist [-lɪst; -list] *n.* Ⓒ **1** 儀式主義者；拘泥儀式者。**2** 精通儀式者，研究儀式者。
—*adj.* 儀式主義(者)的。

rit·u·al·is·tic [ˌrɪtʃuəl'ɪstɪk; ˌritʃuə'listik] *adj.* **1** 儀式的。**2** 儀式主義的，拘泥儀式的。

ritz·y ['rɪtsɪ, 'ritsi] **《源自豪華的大飯店 Ritz 之名》—*adj.*** (**ritz·i·er**；**-i·est**) 《俚》豪華的，華麗的，奢華的：Wow！What a ~ outfit！哇！多麼華麗的服裝啊！

riv. 《略》river.

ri·val** ['raɪvl; 'raivl] **《源自拉丁文 'river'之義；源自使用同一條河而相爭的人之義》—*n. Ⓒ競爭對手，敵手；匹敵者，對等者，足堪比擬者：without(a) ~ 無敵，無可匹敵《★常無冠詞》/a ~ *in* love [trade] 情敵[商場對手]/The book has no ~ *in* its field. 那本書在同類書中鶴立鷄羣/They were *~s for* the throne. 他們互爭王位。
—*adj.* [用在名詞前]競爭的，對抗的，敵對的：~ lovers 情敵/~ suitors 求婚的競爭對手/a ~ candidate 競爭的候選人。
—*v.t.* (**ri·valed**, 《英》**-valled**；**ri·val·ing**, 《英》**-val·ling**) 〔十受十介十(代)名〕〔在…方面〕與…競爭，互爭；足可比擬…〔*in*〕：The two young men *~ed* each other *in* love. 兩個年輕人互爲情敵/Her cheeks ~ the rose *in* hue. 她緋紅的雙頰賽過玫瑰。

ri·val·ry ['raɪvl̩rɪ; 'raivlri] *n.* ⓊⒸ競爭，對抗，敵對者：friendly ~ 友誼賽/factional *rivalries* 派系間的抗爭/enter into ~ with... 開始與…競爭。

rive [raɪv; raiv] (**rived**；**riv·en** ['rɪvən; 'rivən], **rived**) 《古》 *v.t.* **1** 撕裂，劈開；扭斷…《★常用被動語態》：a tree *riven* by lightning 一棵被雷電劈裂的樹。
2 將〈心等〉撕裂，扯裂；使…碎裂《★常用被動語態》：Her heart *was riven* by grief. 悲傷使她心碎。
—*v.i.* 裂開，破裂，分裂。

‡riv·er ['rɪvɚ; 'rivə] *n.* **1 a** Ⓒ(比較大的)河流：swim *in* a ~ 在河裏游泳/go boating *on* a ~ 去河上划船。

> 【同義字】river 是直接注入海或湖中的較大的河流；stream 是小河流；brook 是文語化的字，指自源頭處流注 river 的小河。

b [當專有名詞用]…河《★用法《英》用 the river Thames 或 the River Thames;《美》用the Hudson River 不用小寫，通常省略 River, 如 the Rhine；cf. the A 2 b》。

> 【說明】代表英國的河流當然是泰晤士河(the Thames). 這條一直被歌頌爲"Sweet Thames"(美麗的泰晤士)的河流，兩岸有美麗的田園和史蹟，流經牛津(Oxford)和倫敦(London)注入北海(the North Sea). 此外，流經劍橋(Cambridge)的劍河(the Cam)、流經莎士比亞出生地斯特拉福(Stratford-upon-Avon)的阿文河(the Avon)，和流經愛爾蘭首都都柏林(Dublin)的利菲河(the Liffy)等也與文學有深厚的因緣。美國的密西西比河(the Mississippi)又稱爲 Old Man River, 與南部的歷史文化關係特別密切。

2 Ⓒ**a** 任何湧流之物：a ~ of mud 泥流。**b** [常 **~s**]湧流〔*of*〕：*~s of* tears 眼淚的湧流[如潮湧般的眼淚]/*~s of* blood 血流成渠。

séll a person dòwn the river 出賣〈人〉《★因從前在美國把奴隸賣給密西西比(Mississippi)河下游勞動條件苛刻的新奧爾良(New Orleans)農場而有此一說》。

sénd a person ùp the river 《美俚》把〈人〉關進監獄《★源自從前在美國把犯人從紐約(New York)逆哈德遜(Hudson)河送往位於上游的新新(Sing Sing)監獄》。

ríver·bànk *n.* Ⓒ河岸，河邊。

ríver bàsin *n.* Ⓒ(河流、湖泊的)流域，河流盆地。

ríver·bèd *n.* Ⓒ河底，河牀。

ríver·bòat *n.* Ⓒ河船，內河船隻。

ríver·frònt *n.* Ⓒ(一地之)河邊區。

ríver·hèad *n.* Ⓒ河流的發源地，水源。

ríver hòrse **《拉丁文 hippopotamus 的英譯》—*n.*** Ⓒ《動物》河馬。

riv·er·ine ['rɪvəˌraɪn, -rɪn; 'rivərain, -rin] *adj.* **1** 河的，河川的。**2** 河邊的，在[居住在]河岸的。

ríver·sìde *n.* [**the** ~]河岸，河畔。
—*adj.* [用在名詞前]河岸的，河畔的：a ~ hotel 河畔的旅館。

riv·et ['rɪvɪt; 'rivit] *n.* Ⓒ鉚釘《扎[釘]入重疊金屬板孔內，把一頭打扁以固定的大頭釘》。
—*v.t.* 1 a 〔十受(十副)〕將…用鉚釘鉚合[釘牢]〈*together, down*〉：~ two pieces of iron ***together*** 用鉚釘將兩塊鐵片釘在一起。**b** 〔十受十介十(代)名〕將〈金屬板〉用鉚釘釘牢〔於…〕〔*on, to*〕：~ a metal plate ***on*** a roof 把金屬板用鉚釘釘牢在屋頂上。
2 〔十受〕固定…，使…不動《★常用被動語態》：stand *~ed* to the spot 站在那地方文風不動。
3 a 〔十受〕集中；吸引〈視線、注意力等〉：His voice *~ed* their attention. 他的聲音吸引了他們的注意力。**b** 〔十受十介十(代)名〕將〈視線〉集中〔於…〕，把〈注意力等〉吸引〔到…〕〔*on, upon*〕《★常用被動語態》：Her eyes *were ~ed* ***on*** his face. 她的眼睛盯著他的臉。

rív·et·er *n.* Ⓒ **1** 釘鉚釘工人。**2** 鉚釘槍。

rív·et·ing *adj.* 《口語》迷人的，令人興奮的。

Ri·vi·er·a [ˌrɪvɪ'ɛrə; ˌrivi'ɛərə] *n.* [**the** ~] **1** 里維耶拉海岸地區《在地中海沿岸，從法國的坎城(Cannes)伸展到義大利西北部一帶的風光明媚，氣候溫暖地區》。**2** 海濱風景區：the Cornish ~ 英格蘭康瓦耳郡的風景區。

riv·ière [ri'vjɛr; ˌrivi'ɛə] **《源自法語》—*n.*** Ⓒ寶石項鍊。

riv·u·let ['rɪvjəlɪt; 'rivjulit] *n.* Ⓒ小河，溪流。

Ri·yadh [ri'jɑd; ri:'jɑ:d] *n.* 利雅德《沙烏地阿拉伯的首都》。

ri·yal [rɪ'jɔl, -'jɑl; ri'jɑ:l] *n.* Ⓒ利雅《沙烏地阿拉伯、卡達的貨幣單位；符號 R》.

R.L.S. 《略》Robert Louis Stevenson.

R.M. 《略》Royal Marines.

Ŕ [ŕ, 'ŕ'] **mònths** *n. pl.* [**the** ~]'r' 的月份《九月至四月；在月份名稱中含 r 字母，不忌食牡蠣(oyster)的季節；⇨ oyster【說明】》。

rm(s). 《略》ream(s)；room(s).

R.M.S. 《略》Royal Mail Steamer 英國郵船。

Rn 《符號》《化學》 radon.

R.N. 《略》 registered nurse；Royal Navy.

ŔŃÁ **《ribonucleic acid 之略》—*n.*** Ⓤ《生化》核醣核酸 (cf. DNA).

R.N.A.S. Royal Naval Air Service.

roach[1] [rotʃ; routʃ] *n.* Ⓒ(*pl.* ~, ~·**es**) 《魚》歐鯉《產於歐洲的鯉科淡水魚；類似石斑魚》。

roach[2] [rotʃ; routʃ] **《cockroach 之略》—*n.*** Ⓒ(*pl.* ~·**es**) **1** 《口語》《昆蟲》蜚蠊《俗稱蟑螂》。**2** 《俚》吸食大麻烟用的短烟斗。

‡road [rod; roud] **《源自古英語「騎馬(riding)」或「騎馬之旅」之義》—*n.* 1** Ⓒ**路**，道路(⇨street【同義字】)：There was ice *on* the ~. 道路上結著冰/Don't play *in* [*on*] the ~. 不要在馬路上玩《★用法表「在道路上」的介系詞常用 *on*，而含有「妨礙通行的」觀念時則用 *in*》/Don't stand *in* the ~；get on the pavement [《美》sidewalk]. 不要站在馬路上，到人行道上去/All *~s* lead to Rome. ⇨ Rome.

> 【說明】road 通常是指連繫都市間的公路(highway)，也稱爲市內道路，但不表示人行道之意。在英國市內也有取名爲 the...Road 的道路，但大都延伸到市外。同時，把該街道大約的起訖點加在…處，如 the Cambridge Road(劍橋路)，the Bath Road(巴玆路)等。但不論有沒有這種名稱，所有的公路都被分成爲 A 級或 B 級，加上道路號碼而稱爲 the A 28, the B 493 等。在以汽車爲主要交通工具的美國，不僅是都市，鄉下也有完善寬大的柏油路，大部分是公路(highway)，用道路號碼稱爲 Route 120(120 號公路)等。美國著名的 highway 是 Alaska Highway, Pan American Highway 等。英國的高速(不收費)道路稱爲 motorway. 高速(收費)道路稱爲 turnpike；cf. salt【說明】(3), street【說明】

2 a [**the R~**；用於通往某一場所的路]《英》街道《略作 Rd.》：*the* London *R~* 倫敦街道。**b** [**R~**；用於城市主要街道名]…路《略作 Rd.》：Victoria *R~* 維多利亞路/30 York *Rd.*, London 倫敦市約克路三十號。

3 [the ~]〔導向…之〕路，〔致…之〕道〔*to*〕：*the* ~ *to* peace [ruin] 通往和平[毀滅]之路/on the (high) ~ *to* recovery [success]在恢復中[正通往成功之途]/⇨ royal road.
4 Ⓒ《美》鐵路。
5 Ⓒ[常 ~s]《航海》停泊處：anchor in the ~*s* 在停泊處下錨。
6 ＝roadbed 2.
7 [the ~]《美》(劇團、選手團等的)巡廻公演地《通常指紐約以外的任何地方》(cf. on the ROAD (3), road show 1).
búrn up the róad《美口語》駕駛汽車飛馳。
by róad 經由陸路，以汽車。
hít the róad《口語》出發，出門，上路；離去：Let's *hit the* ~！來，走吧！
hóg the róad 在道路正中央駕駛[跑]，(駕車)一個人佔了整條道路(⇨ roadhog).
hóld the róad〈汽車〉(在高速時或在雨中仍)平穩地行駛。
in the róad (1)⇨ 1. (2)擋住路。(3)阻礙著。
óne for the róad 惜別而飲的一杯：We had *one for the* ~. 我們爲惜別而喝了一杯。
on the róad (1)⇨ 1. (2)《英》旅行中的。(3)〈推銷員〉巡廻各地途中的；〈劇團等〉巡廻公演中的。
táke to the róad (1)出發旅行。(2)當攔路强盜。
róad àgent *n.* Ⓒ《美》(從前驛馬車時代的)劫路的强盜(highwayman).
róad·bèd *n.* Ⓒ[常用單數] 1 路床《鐵軌下的鋪有碎石等的地基》。2 路基《道路的地基》。
róad·blòck *n.* Ⓒ 1 (軍警用的)路障；(管制通行；檢查訊問用的)拒馬，路障。2 障礙〔*to*〕。
róad gàme *n.* Ⓒ《運動》遠征比賽。
róad hòg *n.* Ⓒ《口語》(汽車等的)亂駕駛的人，開車橫衝直撞的人。
róad·hòlding *n.* Ⓤ(汽車等的)抓地性《高速、轉彎或在溼漉的路面上行駛的穩定性》。
róad·hòuse *n.* Ⓒ(公路旁的)旅館，客棧，酒館，夜總會。
road·ie [ˈrodɪ; ˈroudi] *n.* Ⓒ巡廻演出者[樂團]的經理人。
róad·less *adj.* 沒有路的。
róad·màn [-mən; -mən] *n.* Ⓒ(*pl.* **-men** [-mən; -mən]) 修[築]路工人。
róad màp *n.* Ⓒ(汽車旅行用的)公路地圖。
róad mènder *n.* ＝roadman.
róad mètal *n.* Ⓤ鋪設路基用的碎石、煤渣。
róad ràce *n.* Ⓒ(汽車等的)公路賽車。
róad ràcing *n.* Ⓤ(在公路或賽車場舉行汽車等的)公路賽車《競技》。
róad rùnner *n.* Ⓒ《鳥》走鵑《產於美國西部的杜鵑科的地棲鳥；飛行能力弱而疾走於地面，捕食蜥蜴、蛇等》。

road runner

róad sènse *n.* Ⓤ(駕駛者，行人的)避免交通事故的直覺[感覺]，安全駕駛的能力。
róad shòw *n.* Ⓒ《美》1 (劇團的)巡廻演出。2 (預售門票的新影片之)特約放映。3 (百老匯歌舞喜劇等在正式公開演出前做的)地方巡廻演出。
róad·side *n.* [the ~]路邊，路旁：by [on, at] *the* ~ 在路旁。
—*adj.* [用在名詞前]路邊的，路旁的：a ~ restaurant 路邊餐館。
róad sìgn *n.* Ⓒ公路標誌；道路標誌。
róad·stèad *n.* Ⓒ《航海》(港外的船的)停泊處。
road·ster [ˈrodstɚ; ˈroudstə] *n.* Ⓒ單排座位敞頂汽車《供二[三]人乘坐的早期的敞頂車；只有在前面有座位，或在後面有補助座位》。

roadster

róad tèst *n.* Ⓒ 1 道路試車《新車性能的實地試驗》。2 (汽車駕照的)實地路考。
róad·wày *n.* [the ~] (尤指)快車道，馬路。
róad·wòrk *n.* Ⓤ越野長跑訓練《拳擊手等爲了調整體能狀況而做的長途跑步等》。
róad wòrks *n. pl.*《英》[用於告示]道路施工中：*R*~ ahead. 前方道路施工中(★ 比較《美》用 Construction ahead. 或 Men working ahead.).
róad·wòrthy *adj.*〈車輛〉適合在公路上使用的。
roam [rom; roum] *v.i.* 〔動(+副詞(片語))〕〈人〉(毫無目標地)漫遊，漫步閒逛，遊蕩(⇨wander【同義字】)：~ *from* place *to* place 從一處漫遊到另一處/They ~*ed around.* 他們到處閒逛/The traveler ~*ed about* the world. 這位旅行家漫遊世界/We ~*ed through*[*across, over*] the fields. 我們漫步越過田野。
—*v.t.* 〈人〉漫步於〈某地〉，在…閒逛[遊蕩]：We ~*ed* the banks of the river gathering flowers. 我們邊採著花邊漫步河岸。
—*n.* Ⓒ漫遊，漫步閒逛。
roan[1] [ron; roun] *n.* Ⓤ(仿摩洛哥皮革，常用以裝訂書籍用的)柔軟羊皮。
roan[2] [ron; roun] *adj.* 黃棕雜色毛的《在黑色和棕色內雜有白色和灰色毛的(動物)》。
—*n.* Ⓒ黃棕雜色毛的動物《馬等》。
‡**roar** [ror, rɔr; rɔː] *v.i.* 1〈獅子等猛獸〉**吼叫**；〈引擎、大砲、風、海等〉發出怒吼聲，**轟響**，**轟鳴**：The fire ~*ed up* the chimney. 烈火轟隆隆衝上煙囪。
2〔+副詞(片語)〕〈汽車、機器等〉響起大的聲音而去[開動](…)：A huge truck ~*ed down* the road. 一部大卡車隆隆地駛過馬路。
3 a 叫嚷；吼叫，咆哮，哄笑，鼓噪：He ~*ed with* laughter [pain, anger]. 他哄然大笑[痛得吼叫，氣得咆哮了]。b〔+介+(代)名〕〔對…〕咆哮，大叫；大笑〔*at*〕(★可用被動語態)：You needn't ~ *at* me. 你不必對我大聲吼叫/They ~*ed at* the joke. 他們聽了那個笑話哄然大笑。c〔+介+(代)名〕〔要求…而〕叫嚷，大聲叫，喊叫〔*for*〕：They ~*ed* **for** an encore. 他們大聲叫著要求安可[再來一曲]。
—*v.t.* 1 a〔+受(+副)〕大聲說[唱]，吼叫，叫嚷…〈*out*〉：The audience ~*ed* its approval. 聽衆們喊叫著表示贊同/He ~*ed out* a command. 他大聲下命令。b〔(+副)+*that*_〕大聲[叫嚷著]說〈…事〉：He ~*ed* (**out**) *that* we should leave the ship. 他大聲叫嚷要我們離開船(★一般多加 out)。c〔(+副)+引句〕大聲嚷…，大聲喊叫…〈*out*〉："Abandon ship,"he ~*ed.* 他大聲喊著說：「棄船！」d〔+介+(代)名+*to* do〕大聲喊著要〈人〉〈做…〉〔*to*〕：He ~*ed* **to** us *to* abandon the ship. 他對我們大聲喊叫要我們棄船。
2 a〔+受+補〕大聲喊叫使…〈成某種狀態〉：He ~*ed* himself hoarse. 他大聲喊得聲音沙啞。b〔+受+副〕大聲叫而掩蓋了〈某人〉的聲音，將〈某人〉轟下台〈*down*〉：They ~*ed* the speaker *down*. 他們把演講者轟下台。
—*n.* Ⓒ1 (猛獸等的)吼[咆哮]聲；(引擎、大砲、風、海等的)怒吼聲，轟隆聲，轟鳴。
2 怒號，喧嘩，鼓噪聲；歡呼聲；哄然大笑〔*of*〕：a ~ *of* anger 怒吼，怒罵/~*s of* laughter 哄然大笑。
in a róar 哄笑的：He set them *in a* ~. 他使他們哄然大笑。
roar·er [ˈrorɚ, ˈrɔrɚ; ˈrɔːrə] *n.* Ⓒ 1 咆哮者；怒吼者。2《獸醫》患喘鳴症之馬。3《美俚》極受稱讚的人或物。
roar·ing [ˈrorɪŋ, ˈrɔrɪŋ; ˈrɔːriŋ] *n.* 1 Ⓤ吼叫，咆哮。2 [a ~]吼聲，轟隆聲。
—*adj.* 1 咆哮的，怒號的；轟響的；喧嘩的，鬧飲的：~ applause 歡聲雷動的大喝采/a ~ night 暴風雨之夜；縱酒狂鬧之夜。
2《口語》〈生意等〉興隆的，昌盛的，活絡的：a ~ success 大成功/They are doing a ~ trade [《美》business]. 他們的生意非常興隆。
the róaring fórties (大西洋的南緯四十度至五十度間的)風暴地帶《★現在不僅是南緯而且也指北緯四十度至五十度間的暴風雨帶》。
—*adv.*《口語》嚴厲地，極度地《★常用於下列片語》：~ drunk 爛醉如泥。
***roast** [rost; roust] *v.t.* 1〔+受〕(用烤箱等以輻射熱)**烤炙**〈肉等〉(⇨ cook【同義字】)：~ beef 烤牛肉。
2 a〔+受〕烘，焙，乾炒〈豆等〉：~ coffee beans 烘咖啡豆。b〔+受+補〕將〈豆等〉烘，焙〈成…〉：He ~*ed* the beans brown. 他把豆烘成褐色。
3〔+受〕a 將…烘暖。b [~ one*self*]用火取暖：She was ~*ing herself* before the fire. 她在烤火取暖。c 對〈人〉施以火刑。
4〔+受〕a《口語》挖苦，嘲弄，譏笑〈人等〉。b《口語》把…大罵一頓，把…批評得一文不值。
—*v.i.* 炙，烤，烘；焙，被乾炒：They lay on the beach ~*ing* in the sun. 他們躺在海灘上曬太陽[做日光浴]。
fít to róast an óx 〈火〉很旺(足以烤一頭牛)。
—*n.* 1 a Ⓒ[當作菜名時爲Ⓤ] (烤箱烤的)烤肉(★美國人在感恩節時吃烤火鷄(roast turkey)). b Ⓒ 烤肉用的肉《通常爲牛肉》。
2 [a ~]烤，烘，焙，乾炒：Give it *a* good ~. 把它好好烤一下。
3 Ⓒ《美》(戶外的)烤肉餐會，吃烤肉的野餐[郊遊]。
rúle the róast ＝rule the ROOST.
—*adj.* [用在名詞前]烤過的，烘過的：~ beef 烤牛肉。

【說明】對於美國人而言最佳盛饌是牛排(steak)，對於英國人則是把牛肉塊串在籤上烤成烤牛肉(roast beef)．在正式的晚宴一定有 roast beef 的切片和馬鈴薯等蔬菜，且常附有約克夏布丁(Yorkshire pudding)沾西洋山萮菜(horseradish)根製成的調味料食用。在自助式餐會常把大塊烤牛肉放在一處供賓客自由切取。有時候把小羊肉(lamb)用同樣方法烤成 roast lamb；cf. steak【說明】

róast·er *n.* Ⓒ **1** 烤炙的人。**2** 烤炙爐，烘烤用具。**3 a** 烘烤的肉。**b** 整隻烤的小雞[乳豬]。

róast·ing *adj.* **1** 天氣酷熱的，炙熱的：a ～ day 炙熱的日子/I'm simply ～. 我熱死了。**2** [當副詞用]要烤焦似地：a ～ hot day 炎熱的日子。**—*n.* 1** Ⓤ烤，乾炒，焙。**2** [a ～]一頓責罵：give a person *a* (good, real) ～ 痛斥某人一頓。

rob** [rab; rɔb] (**robbed**; **rob·bing**) *v.t.* **1** 〔十受十介十(代)名〕**a** 搶奪，掠奪，奪取〈人〉〔之物〕〔*of*〕(⇨ steal【同義字】)：A highwayman *robbed* the traveler ***of his money. 攔路強盜搶了旅行者的錢《★ 比較 A highwayman robbed the traveler's money. 係屬錯誤》/He was *robbed of* his watch. 他被搶了手錶。**b** 奪走〈人〉〔幸福、能力等〕〔*of*〕：The shock *robbed* him ***of*** his speech. 那個打擊使他說不出話來。**2** 〔十受〕**a** 搶奪，掠奪…：The gangsters *robbed* the bank. 匪徒搶了銀行。**b** 盜取〈物〉。**—*v.i.*** 搶劫，當強盜。

Rob [rab; rɔb] *n.* 羅伯《男子名；Robert 的暱稱》。

rob·and [ˈrabənd; ˈrɔbənd] *n.* Ⓒ《航海》帆腰繫繩。

***rob·ber** [ˈrabɚ; ˈrɔbə] *n.* Ⓒ(常指使用暴力的)**盜賊，強盜**(⇨ thief【同義字】)。

rob·ber·y [ˈrabərɪ; ˈrɔbəri] *n.* ⓊⒸ(常指使用暴力的或大規模的)**搶劫，搶案，強奪《罪》**：commit ～ 犯強盜罪/armed ～ 武裝搶劫/five bank *robberies* 五起銀行搶劫案/⇨ daylight robbery.

Rob·bie [ˈrabi; ˈrɔbi:] *n.* 羅比《男子名；Robert 的暱稱》。

robe [rob; roub] *n.* **1** Ⓒ**長袍**：**a** 長而寬鬆的外衣[室內服]：⇨ bathrobe. **b** (上下連身的)女外袍：a ～ décolleté (婦女的)露肩晚禮服。**c** 長的嬰兒服。**2 a** Ⓒ[常 ～s]**禮服，官服，法衣**。**b** [**the (long)** ～]《英》律師[司法官，神職人員]的服裝[職務]：gentlemen of *the* (*long*) ～ 律師們，法官們/follow *the* ～ 充任律師，從事法律工作。**3**《美》＝lap robe. **4** Ⓒ《詩》衣，覆蓋物：the ～ of night 夜幕。

—*v.t.* 1 〔十受〕使〈人〉穿上禮服[官服(等)]。**2** 〔十受十介十(代)名〕[～ one*self*]《文語》穿上〔…〕〔*in*〕《★也用被動語態，成「穿著…」之意》：The professors *were* ～*d in* gowns. 教授們穿著長袍。**—*v.i.*** 穿禮服[官服]。

Rob·ert [ˈrabɚt; ˈrɔbət] *n.* 羅伯特《男子名；暱稱 Bob, Bobby, Dobbin, Rob, Robin, Robbie》。

Ro·ber·ta [roˈbɝtə; rouˈbə:tə] *n.* 蘿波塔《女子名；暱稱 Bobbie, Bobby》。

rob·in [ˈrabɪn; ˈrɔbin] *n.* Ⓒ《鳥》**1** (又作 **róbin rédbreast**)**歐鴝**《又稱知更鳥，產於歐洲，胸部呈紅色；雄鳥稱作 cock robin》。

【說明】據說當耶穌背負十字架，被帶往刑場時，robin 曾為耶穌拔除他頭上冠冕的棘，因而胸部被耶穌的血染成紅色。於是 robin 被用作「虔誠的」「神聖的」等意思的形容詞。robin 在英國廣受喜愛，被稱為 God's bird，並於 1960 年經國民的投票而被指定為國鳥。

robin 1

2 紅襟鳥《北美產》。

Rob·in [ˈrabɪn; ˈrɔbin] *n.* 羅賓《男子名；Robert 的暱稱》。

Róbin Góod·fèllow *n.* 《英國傳說》羅賓小鬼。

【說明】此一英國民間故事中的頑皮小精靈，又稱為巴克(Puck)，在莎士比亞(Shakespeare)戲劇「仲夏夜之夢」(*A Midsummer Night's Dream*)中的小精靈即以 Puck 為名。

robin 2

Róbin Hóod *n.* 羅賓漢。

【說明】傳說在十二世紀左右居住於英國雪伍德森林(Sherwood Forest)中的綠林俠盜，與其徒眾均著綠色服裝搶劫諾曼貴族和有錢人以濟助貧窮的英國人。

Rob·in·son [ˈrabɪnsn; ˈrɔbinsn] *n.* 魯濱遜《男子名》。

befòre you can sày Jáck Róbinson ⇨ Jack Robinson.

Róbinson Crú·soe [-ˈkruso; -ˈkru:sou] *n.* 魯濱遜·克魯梭《英國作家狄福(Daniel Defoe)所著小說(1719)的主角；遭海難後數年間獨自在無人島上過著自給自足的生活；cf. man Friday》。

ro·bot** [ˈrobət, -bat; ˈroubɔt] «源自捷克語「奴隸」之義；語出捷克劇作家 K. Čapek 所著的戲劇» **—*n. Ⓒ **1 機器人**。**2** (沒有感情、思想而只是依他人的意思)呆板地工作的人。

róbot bòmb *n.* Ⓒ自動導航飛彈；裝有炸彈的無人轟炸機。

ro·bot·ics [roˈbatɪks; rouˈbɔtiks] *n.* Ⓤ機器人學。

ro·bust [roˈbʌst; rouˈbʌst] *adj.* (～·**er**；～·**est**) **1 a** 〈人、體格等〉強健的，健壯的，魁梧的(⇨ strong【同義字】)：a ～ physique [frame]魁梧的體格。**b** 〈信念、精神等〉堅強的，不屈不撓的。**2 a** 作得很堅固的。**b** 〈工作〉費力的。**3** 《委婉語》〈會話、笑話等〉粗野的，不文雅的，低俗的。**4** 〈酒等〉味道醇厚的，濃郁的。

～·ly *adv.* **～·ness** *n.*

roc [rak; rɔk] *n.* Ⓒ(阿拉伯、波斯等傳說故事中的)大怪鳥，大鵬：a ～'s egg 只見於傳說而實際上不存在的東西。

【說 明】roc 是在「天方夜譚」(*Arabian Nights*)的辛巴達(Sindbad)冒險中出現的大怪鳥。據說這種鳥曾棲息於馬達加斯加島(Madagascar)；馬可波羅(Marco Polo)所寫的遊記中也有關於用爪攫象飛起的大怪鳥記載。

roc

ROC, R.O.C. 《略》Republic of China 中華民國。

‡rock[1] [rak; rɔk] *n.* **1 a** Ⓤ**岩，岩石**；岩壁(⇨ stone【同義字】)：a mass of ～ 岩塊。**b** Ⓒ(個別的)岩，岩石，磐石：a house built (up) on a ～ 建築在岩石上的房子/a large ～ 巨大的岩石/a plateau covered with ～*s* 滿布岩石的高原。**c** Ⓒ《美》石頭，小石頭(stone)：throw ～*s* at a person 向人丟石頭。

2 Ⓒ[常 ～s]**岩礁，暗礁；危險物，禍根**：a sunken ～ 暗礁/strike a ～ 觸礁/go [run] up on the ～*s* 觸礁/run against a ～ 觸礁；遭受危險/*Rocks* ahead! 《航海》前方有暗礁！危險！

3 [用單數]**堅固的支持物，庇護者，靠山**：The Lord is my ～. 上主是保護我的巖石《★出自聖經「撒母耳記下」》/the *R*～ of Ages 萬世磐石《指永恆的庇護者基督；★出自聖經「馬太福音」等》。

4 Ⓤ **a** 《英》棒棒糖《★通常指棒狀的硬糖果；主要在海岸療養地販賣》：Brighton ～ 布來頓糖果《在英國南海岸的療養地販賣的棒棒糖》。**b** (又作 **róck cándy**)《美》冰糖。

5 Ⓤ[指個體時為Ⓒ]《俚》寶石；(尤指)鑽石。

6 [～s]《鄙》睪丸(testicles)。

(as) firm [stéady, sólid] as (a) róck (1)異常堅固的，穩如磐石的。(2)〈人〉可信賴的。

on the rócks (1)〈船〉觸礁。(2)《口語》毀滅的，失敗的，破產的，手頭拮据的：His marriage went *on the* ～*s*. 他的婚姻告吹了。(3)〈威士忌酒等〉加冰塊的：bourbon *on the* ～*s* 加冰塊的波旁威士忌酒。

rock**[2] [rak; rɔk] *v.t.* **1 a** 〔十受〕(向前後[左右]輕輕地)**搖動，搖晃**：She ～*ed* her baby *in* her arms [*on* her knees]. 她把嬰孩放在懷中[膝上]輕搖/He was ～*ing* himself *in* a rocking chair. 他坐在搖椅中搖動著/⇨ rock the BOAT. **b** 〔十受十補〕輕搖…〈使之…〉：She ～*ed* her child asleep. 她搖小孩入睡。**c** 〔十受十介十(代)名〕輕搖…〔使…〕〔*to, into*〕：She ～*ed* her child ***to sleep. 她搖小孩入睡。

2 〔十受〕〈地震、炸彈等〉**使…搖動，使…震動**：The house was ～*ed* by an earthquake. 房子被地震震得搖晃。

3 〔十受〕(在感情上)**強烈打動…；使…震驚，使…動搖**：～ a person's belief [conviction(s)] 動搖人的信念/The murder case ～*ed* the whole country. 那兇殺案震撼全國。

—*v.i.* 1 (向前後[左右]輕輕地)**搖晃**(⇨ swing【同義字】)：The cradle ～*ed*. 搖籃搖動著/The boat was ～*ing on* the waves. 船隨著波浪搖晃著。

2 振動：He felt the house ～. 他感覺屋子在晃動。

3 〔十介十(代)名〕〈人等〉〔因興奮、感動等而〕動搖，感動〔*with*〕：The hall ～*ed with* laughter. 會場因笑聲而鬨動。

4 跳搖滾舞(rock'n'roll)。

—*n.* 1 ⓊⒸ搖動，動搖。**2 a** (又作 **róck mùsic**)Ⓤ搖滾音樂《具有強烈拍子的流行爵士樂》。**b** ＝rock'n'roll.

rock·a·bil·ly [ˈrakəˌbɪlɪ; ˈrɔkəbili] *n.* Ⓤ山區搖擺樂《將鄉村音樂及搖滾樂結合而成的狂熱而有節奏感的輕音樂》。

róck and róll *n.* =rock'n'roll.
róck bóttom *n.* Ⓤ(價值等的)最低，最底層；谷底。
róck-bóttom *adj.* 〈價格等〉最低的，最底層的，谷底的：～ prices 底價。
róck·bòund *adj.* 〈海岸等〉被岩石包圍的。
róck càke [bún] *n.* Ⓒ[當作點心名時爲Ⓤ]一種表面粗糙而堅硬的小糕餅。
róck-clìmbing *n.* Ⓤ登岩(術)。
róck crỳstal *n.* Ⓤ《礦》(無色透明的)水晶。
Rock·e·fel·ler [ˋrɑkɪ,fɛlə; ˈrɔkifelə], **John D(av·i·son)** [ˋdevɪsn; ˈdeivisn] *n.* 洛克斐勒《1839－1937；美國資本家及博愛主義者；洛克斐勒基金會(the Rockefeller Foundation)的創立者》。
Róckefèller Cénter *n.* 洛克斐勒中心《位於紐約市中心的一處大廈區》。
rock·er [ˋrɑkɚ; ˈrɔkə] *n.* Ⓒ **1** 搖擺之物：**a** (搖擺木馬或搖椅下面的)搖軸，彎軸(⇨ rocking chair 插圖)。**b** =rocking horse. **c** =rocking chair. **2**《口語》搖滾歌手；搖滾樂。**3**《英》(1960 年代穿著皮夾克騎機車的)飆車年輕人(cf. mod 1)。
óff one's **rócker**《俚》瘋狂的(crazy)。
rock·er·y [ˋrɑkərɪ; ˈrɔkəri] *n.* =rock garden.
‡rock·et [ˋrɑkɪt; ˈrɔkit] «源自義大利語「纏線圈的竿子」之義，源自其形狀» **—*n.*** **1** Ⓒ**a** 火箭《藉著液化氧氣推進的噴射引擎》。**b** 火箭武器《炸彈、飛彈等》。**c** 靠火箭發射的太空船。**2** Ⓒ火箭，狼煙，沖天煙火。**3** [**a** ～]《英俚》嚴叱，責備，申斥：give a person *a* ～ 嚴厲指責某人/get *a* ～ 被嚴叱。
—*adj.* [用在名詞前]火箭的，藉火箭的：a ～ bomb 火箭彈/a ～ gun 火箭砲/a ～ range 火箭試射[實驗]場/a ～ engine 火箭引擎/a ～ launcher 火箭筒；火箭發射裝置/～ propulsion 火箭推進(力)。
—*v.i.* **1** 〔動(十副)〕《口語》〈物價等〉暴漲〈*up*〉：Prices have ～*ed* this year. 今年物價飛漲。**2** 〔十副詞(片語)〕〈馬，騎士，火車等〉(往…)猛衝。**3** 〔十介十(代)名〕很快速地達到〔所期待的狀態〕〔*to*〕：～ *to* fame 一舉成名。
—*v.t.* 〔十受十介十(代)名〕 **1** 用火箭將…〔向…〕推送〔*to, into*〕：～ a satellite *into* orbit 以火箭將人造衛星送入軌道/～ a person *to* the moon 以火箭將人送上月球。**2** 使〈人〉急速地成爲〔所期望的狀態〕〔*to, into*〕：This success ～*ed* him *to* a top position. 這次成功使他竄升到最高的職位[使他青雲直升，身居要職]。
rócket àirplane *n.* Ⓒ**1** 用火箭推進的飛機。**2** 配備火箭武器的飛機。
rock·e·teer [,rɑkəˋtɪr; ,rɔkiˈtiə] *n.* Ⓒ**1** 火箭發射手[操縱者，乘員]。**2** 火箭研究家[工程師，設計者]。
rócket-propélled *adj.* 火箭[噴射]推進的。
rock·et·ry [ˋrɑkɪtrɪ; ˈrɔkitri] *n.* Ⓤ**1** 火箭(工程)學；火箭實驗[使用，技術，研究]。**2** [集合稱]火箭(rockets)。
rócket shìp *n.* Ⓒ以火箭爲推進動力的飛行器或太空船。
róck gàrden *n.* Ⓒ岩石庭園，假山庭園《爲種植高山植物而以岩石砌成自然景色的庭園》。
róck hòund, róckhòund *n.* Ⓒ《俚》**1** 以收集並研究岩石作爲嗜好之人；愛石者。**2** 地質學家。
Rock·ies [ˋrɑkɪz; ˈrɔkiz] *n. pl.* [the～]= Rocky Mountains.
róck·ing chàir *n.* Ⓒ搖椅。
rócking hòrse *n.* Ⓒ搖擺式木馬。
rock'n'roll [ˋrɑkənˋrol; ,rɔkənˈroul] *n.* Ⓤ 搖滾樂《以單純之旋律及强烈之節奏爲其特徵的一種流行音樂》。

rocking chair

【說明】搖滾樂通常被稱爲 rock，早期的搖滾樂是指從美國的民歌(folk song)或爵士樂(jazz)、布魯士(blues)等產生的音樂。搖滾樂的特徵是具有强烈的節奏(rhythm)、單純的旋律(melody)、一再重複的歌詞和音符的後拍音(after beat)。從 1950 年代的後半起，美國的艾維士・普里斯萊(Elvis Presley)和恰克・貝利(Chuck Berry)唱 rock'n'roll 活躍於歌壇上。到 1960 年代初，來自英國的披頭四合唱團(The Beatles)風靡了全世界的年輕人。他們給已往單純的 rock'n'roll 加上了各種各樣的音樂形式和新觀念，而創出予人新感受的歌詞和容易親近的美麗旋律，對現在的整個搖滾樂和流行音樂(popular music)產生很大的影響；cf. Beatles【說明】

rock·oon [ˋrɑkun, rɑˋkun; rɔˈku:n] «*rock*et 和 ball*oon* 的混合語»**—*n.*** Ⓒ汽球火箭《藉由汽球帶到空中發射的火箭》。
róck plànt *n.* Ⓒ《植物》岩生植物。
róck-ríbbed *adj.* **1** 〈地面、海岸等〉有岩石層的。**2** 頑強的。
róck sálmon *n.* Ⓤ《英》斜頸鮭《諸魚科海產食用魚的通稱》。
róck sàlt *n.* Ⓤ岩鹽。
róck wòol *n.* Ⓤ岩棉，石毛《將礦石鎔化製成之纖維；供絕(電)緣，隔音用》。

rock'n'roll 的 band

rock·y**[1] [ˋrɑkɪ; ˈrɔki] «rock[1] 的形容詞» **—*adj. (**rock·i·er**；**-i·est**) **1** 多岩石的；由岩石形成的：a ～ coast 多岩石的海岸。**2** 像岩石般的，泰然不動的，頑固的；無情的，鐵石心腸的。**3** 困難[障礙]重重的。
rock·y[2] [ˋrɑkɪ; ˈrɔki] «rock[2] 的形容詞» **—*adj.*** (**rock·i·er**；**-i·est**) **1** 不安定的，搖擺的，不穩的；不確定的；不可靠的：His business was in(a) ～ condition. 他的生意處於不穩定的狀態。**2**《口語》站不穩的，頭昏眼花的。
Rócky Móuntains *n. pl.* [**the** ～]**落磯山脈**《自墨西哥和美國邊境經美國、加拿大至阿拉斯加州北部的北美西部大山脈；在其中央部的東端有美國落磯山國家公園(Rocky Mountain National Park)；最高峯爲馬金利山(McKinley)(6194 公尺)》。
ro·co·co [rəˋkoko; rəˈkoukou] *n.* [常 **R**～]Ⓤ洛可可式《在十八世紀以法國爲中心所盛行的一種華麗的建築、美術、音樂等的風格》。
—*adj.* **1** 〈建築、家具、文體等〉洛可可式[風格]的。**2**《輕蔑》裝飾過多的。
***rod** [rɑd; rɔd] *n.* **1** Ⓒ[常構成複合字]**a** (金屬或木製的細長的)**桿，棒，竿**(⇨ bar[1]【同義字】)：a curtain ～ 窗簾桿/⇨ divining rod. **b** 釣竿：a ～ and line 繫著釣線的釣竿/fish with ～ and line 釣魚(★with ～ and line 無冠詞)。**c** 避雷針(lightning rod)。
2 Ⓒ(細直的)枝，小枝。
3 **a** Ⓒ鞭。**b** [**the** ～]鞭打，責打，懲戒：give a person *the* ～ 鞭打人/kiss *the* ～ 很老實地甘心接受處罰/Spare *the* ～ and spoil the child. ⇨ spare 1 a.
4 Ⓒ **a** 象徵官階、階級、權威之杖；權杖。**b** 權威，權力，職權。
5 Ⓒ桿(perch, pole)：**a** 長度的名稱；約等於 5.5 碼，5.029 公尺。**b** 面積的單位；1 平方桿約等於 30.25 平方碼，25.3平方公尺。
6 Ⓒ《美俚》手槍。
7 Ⓒ《機械》桿，連桿。
8 Ⓒ《生物》桿菌。
9 Ⓒ《解剖》(網膜內的)桿狀體。
rúle with a ród of íron 實行高壓[暴虐]政策《★出自聖經「詩篇」》。
‡rode [rod; roud] *v.* **ride** 的過去式。
ro·dent [ˋrodnt; ˈroudənt] *n.* Ⓒ齧齒動物《老鼠、松鼠、海獺等》。**—*adj.*** **1** 具有咬的特性的。**2** **a**《動物》齧齒目的。**b** 像齧齒類動物的《★用以比喻人時，表體態似老鼠般而不能讓人信賴的那種類型的人》。
ro·de·o [ˋrodɪ,o, roˋdeo; rouˈdeiou, ˈroudiou] *n.* Ⓒ(*pl.* ～**s**)《美》**1** (騎著野馬，揮著套索(lasso)捕捉牛的)牛仔的公開競技或表演。**2** (爲清點數量或打烙印的)驅集牛羣。
Rod·er·ic(k) [ˋrɑdərɪk; ˈrɔdərik] *n.* 羅德瑞克《男子名》。
Ro·din [roˋdæn; rouˈdæn], **Au·guste** [oˋgust; ouˈgust] *n.* 羅丹《1840－1917；法國雕刻家》。
rod·o·mon·tade [,rɑdəmɑnˋted; ,rɔdəmɔnˈteid ˉ] 《文語》 *n.* Ⓤ 說大話。
—*adj.* 自誇的，說大話的。
—*v.i.* 自誇，吹牛。
roe[1] [ro; rou] *n.* Ⓤ[指卵塊個體時爲Ⓒ] **1** (又作 **hárd róe**)(雌魚等的)卵《常供食用》。

【同義字】roe 是魚體內的卵；spawn 是生下來的卵。

2 (又作 **sóft róe**)(雄魚等的)魚精，魚白(milt)。
roe[2] [ro; rou] *n.* (*pl.* ～**s**, [集合稱] ～) =roe deer.
róe·bùck [-,bʌk; -bʌk] *n.* Ⓒ(*pl.* ～**s**, [集合稱] ～)《動物》雄麞鹿。
róe dèer *n.* Ⓒ(*pl.* ～)《動物》麞鹿。
roent·gen [ˋrɛntgən; ˈrɔntjən, -tgən] *n.* Ⓒ倫琴《X 光或伽馬射線的輻射劑量單位》。

【字源】源自發現此種放射線的德國物理學家倫琴(W. K. Roentgen, 1845－1923)之名。倫琴本身稱此放射線爲 X 光(X ray)，但後來人們爲對發現者表示敬意而取名爲 roentgen ray.

R

—adj. [用在名詞前] [常 **R~**] X光(線)的 (cf. X-ray)：a ~ photograph X光照片/~ rays X光(線)。

roent·gen·o·gram [ˈrɛntgənə͵græm; rɔntˈgenəgræm] *n.* Ⓒ X光照相；X光攝影。

roent·gen·ol·o·gy [͵rɛntgənˈɑlədʒɪ; ͵rɔntgəˈnɔlədʒi] *n.* Ⓤ X光射線學。

ro·ga·tion [roˈgeʃən; rouˈgeiʃn] *n.* Ⓒ [常 **~s**]《基督教》(耶穌升天節前三天做的)禱告。

Rogátion Dàys [**dàys**] *n. pl.* [**the** ~] 祈禱節《耶穌升天節 (Ascension Day) 的前三天》。

rog·er [ˈrɑdʒɚ; ˈrɔdʒə] **«**源自無線電符號中將'received' 的 r 唸成 Roger**»** **—***interj.* **1**《通信》知道了；收到了。**2**《口語》好，知道了(OK)。

Rog·er [ˈrɑdʒɚ; ˈrɔdʒə] *n.* **1** 羅傑《男子名；暱稱 Hodge》。**2** ＝Jolly Roger.

rogue [rog; roug] *n.* Ⓒ**1 惡棍**，流氓，惡漢：play the ~ 做壞事。**2** [與修飾語連用作 you ~ 用於稱呼]《謔》小淘氣，淘氣鬼，惡作劇的人。

—*adj.* [用在名詞前] 離羣而兇猛的〈野生動物〉：a ~ elephant 離羣的野象。

ro·guer·y [ˈrogərɪ; ˈrougəri] *n.* Ⓤ Ⓒ 壞事；惡作劇，淘氣：There is ~ afoot. 有人在搞鬼[搗蛋]。

rógues' gállery *n.* Ⓒ (警察局的)前科犯相片陳列室。

rógue's márch *n.* [**the** ~] 放逐曲；惡棍進行曲《在某人被逐出隊伍或團體時所奏的嘲笑樂曲》。

rogu·ish [ˈrogɪʃ; ˈrougiʃ] **«**rogue 的形容詞**»** **—***adj.* **1 a** 流氓的，無賴的。**b** 做壞事的。**2** 淘氣的，戲弄人的，惡作劇的。

~·**ly** *adv.* ~·**ness** *n.*

roil [rɔɪl; rɔil] *v.t.* **1** 攪亂〈液體〉，使…混濁：~ a spring 攪混泉水。**2 a** 攪亂…的心，使…混亂。**b** 使…焦急，使…生氣。

rois·ter [ˈrɔɪstɚ; ˈrɔistə] *v.i.* **1** 擺架子，欺侮人。**2** 喝酒喧鬧，鬧飲。~·**er** [-tərɚ; -tərə] *n.* ~·**ous** [ˈrɔɪstərəs; ˈrɔistərəs] *adj.*

ROK [rɑk; rɔk] **«**the *R*epublic *o*f *K*orea 的頭字語**»** **—***n.* 大韓民國，韓國。

Ro·land [ˈrolənd; ˈroulənd] *n.* 羅蘭德《男子名》。

role, rôle** [rol; roul] **«**源自法語「記載演員台詞的書卷」之義**»** **—n.* Ⓒ**1** (演員的)角色：the leading ~ 主角/⇨ title role/play the ~ of Ophelia in *Hamlet* 扮演(莎士比亞名著)「哈姆雷特」中(可憐少女)歐菲莉亞的角色。

2 任務，職責，職務，本分：fill the ~ of... 完成…的任務/one's ~ as a teacher 教師的職責/play an important ~ in... 在…中扮演一個很重要的角色。

‡roll [rol; roul] **«**源自拉丁文「車」之義**»** **—***v.i.* **1** 〔動(＋副詞(片語))〕**a** 〈球、車輪等〉滾動，滾行，滾進：~ *down* 滾下去/~ *out* 滾出/~ *on* 滾去，滾進/The barrel ~*ed over* and *over.* 桶子轆轆地滾動著。**b** 〈淚、汗〉流下，滾流：Tears ~*ed down* his cheeks. 眼淚沿著他的臉頰流下來。**c** 〈人〉滾上(牀等)：I was so tired I just ~*ed into* bed. 我累得見牀滾上去就睡。

2 〔＋副詞(片語)〕**a** 〈車輛〉緩慢地行駛，前進：The cab ~*ed to* a halt. 計程車慢慢地停下來/The train ~*ed into* the station. 火車慢慢地駛入車站。**b** 〈人〉乘車去[跑]：He ~*ed by* in his car. 他搭車[駕車]經過。

3 a 〔＋副詞(片語)〕〈人、動物〉橫向亂滾[翻滾]，因痛苦而翻滾：The boy ~*ed downstairs.* 男孩滾下了樓梯/He ~*ed over* in (the) bed. 他在牀上翻滾。**b** 〔動(＋副)〕《口語》笑得打滾〈*about*〉：The comedian kept us ~*ing* with laughter [~*ing* ***about*** in stitches]. 那個諧星[喜劇演員]使我們笑得人仰馬翻。**c** 〔＋介＋(代)名〕[**be** ~**ing**]《口語》〔在…之中〕過悠閒而奢華的生活〔*in*〕：He *is* ~*ing* ***in*** money. 他腰纏萬貫，過奢華的生活。

4 〔＋副〕〈歲月〉逝去〈*by, on*〉；〈季節等〉循環〈*round*〉：The centuries ~*ed* **by** [**on**]. 數個世紀過去了/Spring ~*ed* **round**. 春天又循轉回來了。

5 〔動(＋副詞(片語))〕**a** 〈船等〉橫向搖晃 (cf. pitch¹ *v.i.* 3)；搖晃著行駛(在…)：The ship ~*ed* heavily (*in* the waves). 船(在浪中)搖晃得很厲害/The ship ~*ed over* and sank. 船翻身沉了下去。**b** 〈人〉搖晃身體；搖擺：He ~*s* as he walks. 他舉步踉蹌。

6 〔動(＋副詞(片語))〕**a** 〈波浪等〉翻騰，滾動，波動；〈土地〉起伏，〈河川等〉滔滔地流：The country went ~*ing by* [*on*] for miles and miles. 那片土地綿延起伏好幾哩/The Mississippi ~*s* *south* to the Gulf of Mexico. 密西西比河滔滔地向南流入墨西哥灣。**b** 〈雲、煙等〉(朝某方向)滾滾上升，捲攏；消散，飄去：The smoke ~*ed up* in billows. 煙滾滾升起/He saw the clouds ~*ing away.* 他看著雲兒飄散/A fog ~*ed over* the city. 霧飄過了城市上空。

7 a 〈雷、大鼓等〉隆隆作響，震鳴：Thunder ~*ed* in the distance. 雷聲在遠處隆隆作響。**b** 〈囀舌金絲雀等鳥類〉以顫聲鳴囀。**c** 〈言語等〉滔滔不絕。

8 [與 well 等狀態副詞連用]〈金屬、印刷油墨，麵糰等〉(被放到滾輪上)輾壓，軋，擀：The dough ~*s* well. 那一糰麵糰擀得很薄[細]。

9 〈眼睛〉溜轉，轉動：His eyes ~*ed* with fear. 他害怕得眼睛溜轉不定。

10 〔動(＋副)〕**a** 〈紙、布、線等〉捲成球，捲起〈*up*〉。**b** 〈貓等〉將背縮捲起來〈*up*〉.

—*v.t.* **A 1 a** 〔＋受〕滾動〈球等〉；使…回轉；使〈車〉轆轆地轉動：~ a barrel [ball] 滾動桶子[球]/~ a bicycle 推著自行車走。**b** 〔＋受＋副詞(片語)〕將〈物〉(朝…)滾去；將〈某物〉(放在滾軸 (rollers) 上)運(往…)：~ a barrel *to* the warehouse 將桶子推滾到倉庫去/~ a piano *into* the room 將鋼琴放到滾軸上推進房間內。**c** 〔＋受＋介＋(代)名〕將〈物〉滾〔成…〕〔*into*〕：~ the snow ***into*** a huge snowball 將雪滾成一個大雪球。**d** 〔＋受(＋副詞(片語))〕[~ one*self*] (在…)翻轉，翻身：He ~*ed himself onto* his stomach [front, face]. 他翻身成俯臥狀態。**e** 〔＋受〕投，擲〈骰子〉。

2 〔＋受〕滾滾推進〈波浪、水〉：The river is ~*ing* its waters. 河水滾滾而流。

3 a 〔＋受(＋副)〕以壓路機輾平〈地面、草坪等〉；輾平[擀薄]〈金屬、麵糰等〉〈*out*〉：~ a lawn [tennis court] 將草地[網球場]輾平/She ~*ed* **out** the pastry. 她將麵糰擀開。**b** 〔＋受＋補〕將〈地面、草地等〉以壓路機輾壓成…；將〈金屬、麵糰等〉輾成…：She ~*ed* the pastry flat [thin]. 她將麵糰擀平[薄]。**c** 〔＋受＋副〕攤開，延展，延伸〈捲曲之物〉〈*out*〉：~ ***out*** the red carpet for a person⇨ red carpet 2.

4 a 〔＋受〕溜轉〈眼球〉：He ~*ed* his eyes. 他溜轉著眼睛。**b** 〔＋受＋介＋(代)名〕溜轉〈眼睛〉〔看…〕；〈女人〉〔對男人〕送〈秋波〉〔*at*〕：She ~*ed* her eyes ***at*** me. 她向我頻送秋波。

5 〔＋受〕**a** 〈波浪、氣流等〉使〈船、飛機等〉左右搖晃：The rough waves ~*ed* the ship. 波濤使船搖晃。**b** [~ one*self*] 〈人〉將身體左右擺動。

6 a 〔＋受〕擊響〈大鼓等〉。**b** 〔＋受(＋副)〕嘹亮地唱[說]…〈*out, forth*〉：The organ ~*ed* **out** [***forth***] a stately melody. 風琴奏出莊嚴的樂曲。

7 〔＋受〕使〈攝影機等〉運轉。

8 〔＋受〕《美俚》盜取〈酒醉者、睡眠者〉的財物。

—B 1 a 〔＋受(＋副詞(片語))〕將〈紙、布、線等〉**捲起來**，把…捲成球〈*up*〉(↔ unroll)：~ a diploma 把畢業證書捲起來/~ one's umbrella 把傘捲摺起來/~ ***up*** one's sleeping bag 將睡袋捲疊起來/⇨ roll up one's SLEEVES. **b** 〔＋受＋副〕轉動把手使〈汽車的窗等〉上[下]〈*up, down*〉. **c** 〔＋受＋介＋(代)名〕將〈物〉捲[搓，繞，揉]〔成…〕〔*into*〕：~ yarn ***into*** a ball 將毛線繞捲成球。**d** 〔＋受〕[~ one*self*] 〈動物〉將身體捲縮起來：The kitten ~*ed itself.* 小貓捲縮著。**e** 〔＋受〕捲製…：~ a cigarette 捲紙煙。**f** 〔＋受＋受/＋受＋介＋(代)名〕爲〈人〉捲製〈物〉；〔爲人〕捲製〈物〉〔*for*〕：Please ~ me a cigarette.＝Please ~ a cigarette ***for*** me. 請爲我捲枝紙煙。

2 〔＋受(＋副)＋介＋(代)名〕**a** 將〈人、物〉裹〔入…〕〈*up*〉〔*in*〕：~ a baby ***in*** a shawl 將嬰兒裹入圍巾裏。**b** [~ one*self*] 裹〔在…裏〕〈*up*〉〔*in*〕：He ~*ed himself* (***up***) ***in*** the rug. 他把身體裹在毛毯裏。

3 〔＋受＋副〕揚起〈煙、灰塵等〉〈*up*〉：The chimneys were ~*ing* ***up*** smoke. 煙囪正冒著團團濃煙。

4 〔＋受〕捲舌發…音：He ~*s* his r's. 他捲舌發 r 音。

róll báck 《*vt adv*》(1)擊退〈敵人〉。(2)《美》藉管制使〈物價〉回降，壓低〈物價〉。

róll ín 《*vi adv*》(1)大量[源源，滾滾，蜂擁]進入[聚集]：Money ~*ed in.* 金錢滾滾而來。(2)《美口語》就寢，上牀。

róll ón 《*vi adv*》(1)⇨ *v.i.* 1. (2)⇨*v.i.* 4. (3)〈波浪等〉湧至。**—**《*vt adv*》(4)將〈襪子等〉邊翻轉邊穿上：She ~*ed* her stockings *on.* 她把長襪邊翻轉邊穿上。

róll óver 《*vt adv*》(1)再談判〈金融協議〉的條件。(2)將〈資金〉投資於同種類的其他資金上。

róll úp 《*vi adv*》(1)⇨*v.i.* 6b. (2)⇨*v.i.* 10. (3)〈財產等〉累積，增加。(4)(以不受歡迎的方式)(成羣)來到，蜂擁而至。(5)[常用新使語氣；用於馬戲團等的招攬客人]請進！歡迎！**—**《*vt adv*》(6)⇨*v.t.* B 1 a, b. (7)⇨*v.t.* B 2 a, b. (8)⇨*v.t.* B 3.

—*n.* **A** Ⓒ**1 a 轉動**，**回轉**。**b** (骰子的)投擲。**2** [常用單數；常 **the** ~] **a** (船、飛機等的)左右顛簸，搖擺 (cf. pitch¹ *n.* 5). **b** (走路時的)身體搖擺；蹣跚。**3** (波浪等的)滾動，起伏；(土地的)高低不平〔*of*〕：the ~ *of* waves 波浪的滾動/the ~ *of* the plain 原野的起伏不平。**4** [常用單數] **a** (雷聲等的)轟鳴：the ~ *of* thunder 雷鳴。**b** (大鼓的)連敲，疾擂 (drum roll). **c** (囀舌金絲雀等鳥的)顫聲，囀聲。**d** (韻文等)朗朗上口的調子。

—B 1 Ⓒ**a 捲物**，**卷軸**，**軸**：a ~ of gauze 一捲紗布。**b** (成卷的牛皮紙等的)記錄，公文。

2 a Ⓒ目錄，表；名簿：in the ～ of saints 列名於聖人錄中/a ～ of honor 陣亡將士名册/on the ～s of fame 留名於青史。**b** Ⓒ(學校、軍隊等的)點名簿：call the ～ 點名。**c** [**the ～s**]《英》律師名册：be [enter] on *the ～s* 列於律師名册中/strike...off *the ～s* 將〈律師〉自名册中除名。
3 Ⓒ〔東西等的〕一卷〔*of*〕：a ～ *of* film 一卷軟片/a ～ *of* carpet 一卷地毯/a ～ *of* stamps 一捲郵票《每五百張或一千張包裝在一起》。
4 Ⓒ捲狀之物：**a** 毛線團。**b** 麵包捲，圓形小麵包(⇨ bread【說明】(1))。**c** 蛋糕捲；肉捲。
5 Ⓒ《美俚》一疊鈔票。
róll·awày *n.* Ⓒ(有滑輪且可折疊的)活動家具《尤指牀》。
róll·bàck *n.* Ⓒ **1** (藉由管制等手段的)壓平物價。**2** 擊退。
róll bàr *n.* Ⓒ《汽車》防滾保護桿《汽車翻覆時可藉以保護駕駛員之競賽用車車頂增强金屬槓》。
róll bóok *n.* Ⓒ出席登記簿；勤惰登記簿。
***róll càll** *n.* ⓊⒸ**點名**；《軍》點名(信)號[號角]，**點名時間**：have a ～ 點名/skip (the) ～ 省略點名/come back before ～ 在點名之前回來。
róll-càll *v.t.* 點…的名。
rólled góld *n.* Ⓤ鍍金，包金。
roll·er [ˋrolɚ; ˈroulə] *n.* Ⓒ **1 a** 滾筒《用於壓路，粉碎，捲布，輾壓等》。**b** (捲髮用的)髮捲，捲髮器。**2** (掛圖、銀幕、遮陽幕等的)捲軸。**3** (搬動重物用的)滾軸；滾子。**4** (暴風後掀起的)大浪(⇨ wave【同義字】)。**5** (又作 **róller bàndage**) 綳帶捲。**6** 《鳥》佛法僧《佛法僧科鳴禽的統稱》。
róller bèaring *n.* Ⓒ《機械》滾子軸承(cf. ball bearing 1)。
róller blìnd *n.* Ⓒ《英》(窗上用以遮陽之)捲簾。
róller còaster *n.* Ⓒ(遊樂場等的)雲霄飛車(《英》switchback)。
róller dèrby *n.* Ⓒ輪式溜冰競賽大會《輪式溜冰者分兩組繞溜冰場競速，並設法在規定的時間內超越對方選手一圈(以上)，以爭取分數的比賽》。
róller skàte *n.* Ⓒ[常 **～s**]輪式溜冰鞋。
róller-skàte *v.i.* 〔動(十副詞(片語))〕穿輪式溜冰鞋溜冰。
róller skàter *n.* Ⓒ穿輪式溜冰鞋溜冰的人。
róller skàting *n.* Ⓤ輪式溜冰。
róller tòwel *n.* Ⓒ環狀(擦手)毛巾《兩端縫合套在滾輪上之毛巾》。
róll fìlm *n.* ⓊⒸ攝影膠卷。
rol·lick [ˋrɑlɪk; ˈrɔlik] *v.i.* 嬉戲；歡鬧；縱情地玩。
—*n.* ⓊⒸ嬉戲；歡鬧；高興。
rol·lick·ing [ˋrɑlɪkɪŋ; ˈrɔlikiŋ] *adj.* [用在名詞前] 歡鬧[嬉戲]的；歡樂的。
róllick·some *adj.* ＝rollicking.
roll·ing [ˋrolɪŋ; ˈrouliŋ] *n.* Ⓤ**1** 滾轉，回轉。**2** (船、飛機等的)左右搖擺(cf. pitching 1)。**3** (波浪的)滾動；(地面的)徐緩起伏。**4** (雷等的)轟隆隆響。
—*adj.* **1** 滾轉的；回轉的。**2** 〈眼睛〉溜轉的。**3** [用在名詞前]起伏的〈土地〉。**4** 〈雷等〉轟隆隆響的。**5** [不用在名詞前]〈人〉有很多錢的，很富有的，腰纏萬貫的。
rólling mìll *n.* Ⓒ **1** 輾軋廠。**2** 輾軋機。
rólling pìn *n.* Ⓒ擀麵棍。
rólling stóck *n.* Ⓤ[集合稱] **1** (鐵路的)(全部)車輛《火車、客車、貨車等》。**2** (運輸業者所擁有的)(全部)貨車《卡車、貨櫃車等》。
rólling stóne *n.* Ⓒ滾動的石頭；住所[職業，工作(等)]經常改變的人：A ～ gathers no moss. 《諺》滾石不生苔。

【說明】轉業不聚財；不斷換愛人的人得不到眞愛[結不了婚](見異思遷終無所獲)；在美國又喩爲不斷活動的人常保清新之意。

róll·òut, róll-òut *n.* Ⓒ**1** 飛機的首次公開展示。**2** 新產品的首次公開或展覽。
Rolls-Royce [ˋrolzˋrɔɪs; ˌroulzˈrɔis] 《源自兩名英國汽車製造者之姓氏》**—***n.* Ⓒ《商標》勞斯萊斯《英國製的一種高級轎車》。
róll·top désk *n.* Ⓒ一種附有可以捲縮之頂蓋的書桌。

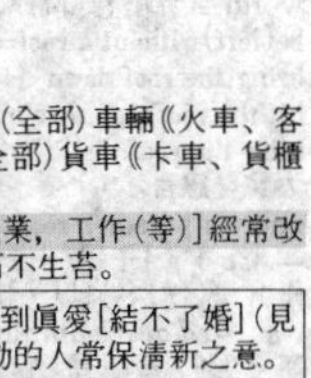
rolltop desk

ro·ly-po·ly [ˋrolɪˌpolɪ; ˌrouliˈpouli] *n.* **1** (又作 **róly-póly púdding**) Ⓒ[當作點心名時爲Ⓤ]《英》(抹了果醬的)布丁捲。**2** Ⓒ圓嘟嘟[矮胖]之人[物]。**—***adj.* 〈人〉矮胖的：a ～ puppy [baby] (胖得)圓滾滾的小狗[嬰孩]。
ROM 《略》read-only memory《電算》僅讀記憶體。
rom. 《略》《印刷》roman.
Rom. 《略》《聖經》Roman(s)；《語言》Romance；Ro(u)mania(n).
Ro·ma·ic [roˋme·ɪk; rouˈmeiik] *adj.* 現代希臘(文)的。
—*n.* Ⓤ現代希臘文(modern Greek)。
Ro·man [ˋromən; ˈroumən] 《Rome 的形容詞》**—***adj.* (**more ～；most ～**) **1** (無比較級、最高級) **a** 羅馬的。**b** (古代)羅馬(人)的；(古代)羅馬人風度[氣質]的：the ～ alphabet 羅馬字母。
2 (無比較級、最高級)(羅馬)天主教的：a ～ collar 羅馬硬領《神職人員所用的白衣領》。
3 鼻梁高的：a ～ nose 鼻梁高的鼻子(⇨ nose 插圖)。
4 a 〈建築〉(古)羅馬式的《多喜用拱門及圓屋頂》。**b** 〈拱門〉半圓形的。
5 [常 **r～**] (無比較級、最高級)《印刷》羅馬字體的。
—*n.* (*pl.* **～s**) **1** Ⓒ **a** (古)羅馬人：Do in [at] Rome as the *～s* do. ⇨ Rome. **b** 羅馬市人。
2 Ⓒ《口語》(羅馬)天主教徒。
3 [**～s**；當單數用]《聖經》羅馬書(The Epistle of Paul the Apostle to the Romans)《聖經新約中一書；略作 Rom.》。
4 [常 **r～**] Ⓤ《印刷》羅馬體活字《略作 rom.；⇨ type 插圖》。
Róman cándle *n.* Ⓒ羅馬煙火《一種放出火星、火球的煙火》。
Róman Cátholic *adj.* (羅馬)天主教會的：the ～ Church (羅馬)天主教會。
—*n.* Ⓒ(羅馬)天主教徒。
Róman Cathólicism *n.* Ⓤ **1** (羅馬)天主教。**2** 天主教的教義[儀式，習慣]。
ro·mance [roˋmæns; rouˈmæns] 《源自拉丁文「以 Romance languages 書寫之物」之義》**—***n.* **1** Ⓒ**羅曼史**，**小說般的事蹟；豔事，風流韻事**：She had a ～ with an actor. 她與一名演員有過一段羅曼史。
2 a Ⓒ中世紀騎士故事。**b** Ⓒ傳奇[幻想，冒險]小說，戀愛小說《★是一種舊式的傳奇小說；敍述在幻想世界中展開的波瀾萬丈的冒險，戀愛和英雄故事》。**c** ⓊⒸ虛構之事，編造的故事。

【說明】在歐洲中世紀的教會和修道院使用高尙的拉丁文，而一般人則使用夾雜著方言和俚語的羅曼斯語(Romance)。藉這種羅曼斯語《尤其是古式的法語》表達的文學就是 romance。由於大多以中世紀騎士的冒險或愛情爲題材，後來逐漸變成指虛構的故事和愛情故事。

3 Ⓤ浪漫的氣氛，羅曼蒂克的氣氛。
—*adj.* [**R～**]《語言》拉丁文[語系]的。
—*v.i.* 〔十介十(代)名〕**1** 〔把…的事〕想[講，寫]得羅曼蒂克〔*about*〕：～ ***about*** one's youth 以浪漫主義手法描述某人的青年時代。
2 《口語》〔與異性〕談情說愛〔*with*〕。
Románce lánguages *n. pl.* [**the ～**] 羅曼斯語《自拉丁文演變而成的語言；指葡萄牙語、西班牙語、法語、義大利語、羅馬尼亞語等由拉丁文演變而成的語言》。
ro·manc·er [rəˋmænsɚ; rəˈmænsə] *n.* Ⓒ**1** 傳奇作家。**2** 空想家。
Róman Émpire *n.* [**the ～**] 羅馬帝國《奧古斯都(Augustus Caesar)於紀元前 27 年建立，於紀元 395 年分裂爲東西兩帝國：⇨ Eastern Roman Empire, Western Roman Empire》。
Ro·man·esque [ˌromənˋɛsk; ˌroumәˈnesk⁼] *adj.* 〈建築、雕刻、繪畫等〉羅馬式的。
—*n.* Ⓤ羅馬式[風格]《建築、繪畫等》。
ro·man-fleuve [roˌmɑnˋflɝv; rouˌmɔnˈflə:v] 《源自法語》**—***n.* Ⓒ (*pl.* **romans-fleuves** [roˌmɑnˋflɝv; rouˌmɔnˈflə:v]) 長河[江河]小說《以家族世系的生活思想發展爲題材寫成的長篇小說》。
Róman hóliday 《源自古代羅馬使奴隸、俘虜等持武器格鬥的事蹟；源自 Byron 的詩》**—***n.* Ⓒ羅馬假期《以他人之犧牲爲樂的娛樂》。

Romanesque

Ro·ma·ni·a [roˋmenɪə; ru:ˈmeinjə] *n.* ＝Rumania.
Ro·ma·ni·an [roˋmenɪən; ru:ˈmeinjən] *adj., n.* ＝Rumanian.
Ro·man·ic [roˋmænɪk; rouˈmænik] *adj.* 拉丁語系的。
—*n.* Ⓤ拉丁語系的語言。
Ro·man·ist [ˋromənɪst; ˈroumənist] *n.* Ⓒ**1** 羅馬天主教徒；天主教徒。**2** 羅馬法學者；羅馬文物制度學者。
Ro·man·ize [ˋromənˌaɪz; ˈroumənaiz] *v.t.* **1** [有時 **r～**] 以羅馬字體[正體字]書寫，以羅馬體鉛字[正體字]印刷：～ Japanese 以羅馬字體[正體字]寫日文。**2** 使…皈依(羅馬)天主教。**3** 使…(古)羅馬化。**—***v.i.* **1** 成爲(羅馬)天主教徒。**2** 成爲(古)羅馬風格。
Ro·ma·ni·za·tion [ˌromənɪˋzeʃən; ˌroumənaiˈzeiʃn] *n.*

Róman láw *n.* Ⓤ羅馬法。
róman létter *n.* Ⓒ《印刷》羅馬體(鉛字)。
Róman nóse *n.* Ⓒ鼻梁高的鼻子。
Róman númerals *n. pl.* 羅馬數字《自一至十的羅馬數字爲 I, II, III, IV, V, VI, VII, VIII, IX, X；L 爲 50, C 爲 100, M 爲 1000, XL 爲 40, XC 爲 90, CM 爲 900；如：MCMXCIX＝1999；cf. Arabic numerals》.
Ro·ma·nov, -noff [ˋromə͵nɔf, roˋmɑnɔf; ˈroumənɔːf] *n.* **1** 羅曼諾夫《1596－1645；俄國沙皇，在位期間爲 1613－45》. **2** Ⓒ羅曼諾夫王朝(1613－1917)之一員。
Róman róad *n.* Ⓒ羅馬道路《凱撒(J. Caesar)在英國修築的道路；筆直爲其特徵；其遺跡及名稱至今猶存》。
***ro·man·tic** [roˋmæntɪk; rouˈmæntik] «romance 的形容詞» **—adj.** (more ～；most ～) **1** 羅曼蒂克的，浪漫的：**a** 〈人〉耽於幻想的，幻想的：He is very ～ about life. 他對於人生充滿著幻想。**b** 多情的，熱衷於談情說愛的；適合戀愛的：a ～ night 浪漫的一夜。**c** 幻想故事[般]的，小說般的。**d** 〈計畫、思考等〉不切實際的，難以實行的。**e** 〈故事、敍述等〉空想的，虛構的。**2** [常R～] (無比較級、最高級)《文學・藝術》浪漫主義[派]的：the *R*～ Movement 浪漫主義運動/the ～ poets (十九世紀初的)浪漫派詩人。
—n. Ⓒ **1** 羅曼蒂克[喜幻想]的人。**2** [常 R～]浪漫主義[派]的人。
ro·mán·ti·cal·ly [-klɪ; -kəli] *adv.* 浪漫地，以羅曼蒂克的方式。
ro·mán·ti·cìsm [-͵sɪzəm; -sizəm] *n.* Ⓤ**1** [常R～]《文學・藝術》浪漫主義《自十八世紀末至十九世紀初興起之文學及藝術思想；反對僞古典主義(pseudoclassicism)而謳歌熾烈奔放的感情；cf. classicism 1, realism 2》. **2** 浪漫的精神[傾向]。
ro·mán·ti·cist [-sɪst; -sist] *n.* Ⓒ**1** [常R～]浪漫主義者。**2** 羅曼蒂克的人，喜幻想的人。
ro·man·ti·cize [roˋmæntə͵saɪz; rouˈmæntisaiz] *v.t.* 使…浪漫化，使…傳奇化，羅曼蒂克地[用浪漫主義手法]描寫[述說]…。
—*v.i.* 羅曼蒂克地[用浪漫主義手法]述說[描寫]。
Ro·ma·ny [ˋrɑmənɪ; ˈrɔməni] *n.* (*pl.* ～, **Ro·ma·nies**) **1 a** Ⓒ吉普賽人。**b** [**the** ～；集合稱]吉普賽民族(Gypsy). **2** Ⓤ吉普賽語《吉普賽語的總稱》。
—*adj.* [用在名詞前]吉普賽語的。
Rómany rýe *n.* Ⓒ與吉普賽人保持密切關係者。
Rom. Cath. 《略》Roman Catholic.
Rome [rom; roum] *n.* **1** 羅馬《義大利的首都；古羅馬帝國的首都》：All roads lead to ～. 《諺》條條道路通羅馬；殊途同歸《比喻有種種方法可達同一目的》/Do in[at] ～ as the Romans do.＝When you are at ～, do as they do at～. 《諺》入鄉從鄉，入境問俗/*Rome* was not built in a day. 《諺》羅馬不是一天造成的《大事業非一蹴可就》。**2** (羅馬)天主教會。
fiddle while Róme is búrning 在羅馬城正在燃燒時彈琴做樂[眼看自己重要之物即將遭破壞却不採取措施，火已燒到眉頭仍耽於玩樂]《★源自尼祿(Nero)王眺望著羅馬城被焚燒而仍彈琴做樂的故事》。
Ro·me·o [ˋromɪ͵o; ˈroumiou] *n.* **1** 羅密歐《莎士比亞所著「羅密歐與茱麗葉」(*Romeo and Juliet*)的男主角》。**2** Ⓒ(*pl.* ～s)戀愛中的男人。
Rom·ish [ˋromɪʃ; ˈroumiʃ] *adj.* 《輕蔑》(羅馬)天主教會的，類似(羅馬)天主教會的。
romp [rɑmp; rɔmp] *v.i.* **1** 〔動(十副)〕〈小孩等〉活蹦亂跳，歡鬧，嬉戲〈*about, around*〉：The children are ～*ing* ***about*** on the playground. 孩童們在運動場嬉戲。
2 〔十介十(代)名〕《口語》輕易地通過〔…〕〔*through*〕：He ～*ed* ***through*** his examinations. 他很輕易地通過考試。
rómp hóme [in] 《*vi adv*》(在賽馬、賽跑中)輕易地獲勝：My horse ～*ed home* in first place. 我所下注的馬輕易地獲得冠軍。
—*n.* Ⓒ **1** 活潑的小孩；(尤指)頑皮的女孩。
2 喧鬧的遊戲；嬉鬧。
3 輕取的勝利。
rómp·er *n.* **1** Ⓒ蹦蹦跳跳的人。**2** [～s]連褲童裝《上衣或背心連褲子的兒童遊戲裝》：a pair of ～*s* 一套連褲童裝。
romp·ish [ˋrɑmpɪʃ; ˈrɔmpiʃ] *adj.* 嬉戲喧鬧的；頑皮的；亂跑亂叫的。
Rom·u·lus [ˋrɑmjələs; ˈrɔmjuləs] *n.* 《羅馬傳說》羅慕勒斯《古羅馬建國者；據說爲戰神(Mars)之子，與其孿生兄弟雷摩斯(Remus)同爲母狼所育》。

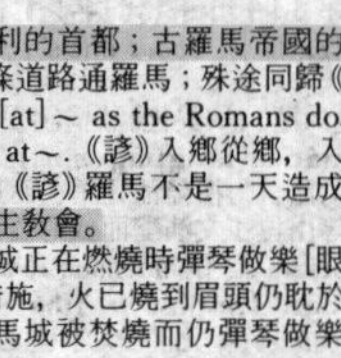

Romulus and Remus

Ron [rɑn; rɔn] *n.* 隆《男子名；Ronald 的暱稱》。
Ron·ald [ˋrɑnḷd; ˈrɔnld] *n.* 隆納德《男子名》《★暱稱 Ron, Ronnie, Ronny》.
ron·deau [ˋrɑndo; ˈrɔndou] «源自法語「小圓」之義» **—*n.*** Ⓒ(*pl.* ～x [～z; ～z]) **1** 《韻律》雙韻疊句短詩《一種十行或十三行構成的短詩，全詩只押兩個韻，以起首的幾個字在詩中重複兩次以構成疊句(refrain)》. **2**＝rondo.
ron·do [ˋrɑndo; ˈrɔndou] «源自義大利語» **—*n.*** Ⓒ(*pl.* ～s)《音樂》輪旋曲《主旋律反覆數次的一種曲子》。
ro·ne·o [ˋronɪ͵o; ˈrouniou] 《英》 *n.* Ⓒ(*pl.* ～s)用洛尼歐複印機(Roneo machine)複印之物。**—*v.t.*** 以洛尼歐複印機複印…。
Ron·nie, Ron·ny [ˋrɑnɪ; ˈrɔni] *n.* 隆尼：**1** 男子名《Ronald 的暱稱》。**2** 女子名。
rönt·gen [ˋrɛntgən; ˈrɔntjən, -tgən] *n.*, *adj.*＝roentgen.
rood [rud; ruːd] *n.* **1 a** Ⓒ(通常安置於教會之聖壇隔屏(rood screen)上之)十字架上的基督像。**b** [**the** ～]《古》(基督受難的)十字架。
2 Ⓒ路得《英國的土地面積單位；四分之一畝，約等於 1011.7 平方公尺》。
by the (hóly) Róod 《古》對著(神聖的)十字架發誓，對著神發誓，的確地。
róod lòft *n.* Ⓒ教堂中之十字架神壇。
róod scrèen *n.* Ⓒ(教堂的)聖壇隔屏。
‡roof [ruf; ruːf] *n.* Ⓒ(*pl.* ～s [～s; ～s]) **1** 屋頂。

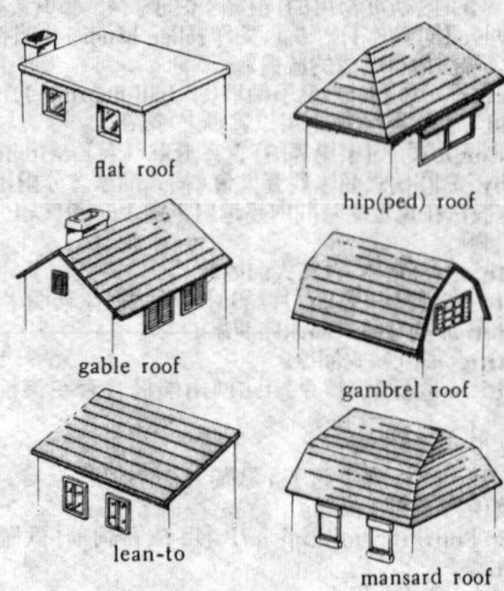

roofs 1

2 a 屋頂形之物。**b** (汽車的)車頂：⇨ roof rack. **c** (口腔的)上顎：the ～ *of* the [one's] mouth 上顎。
3 最高部，頂部〔*of*〕：the ～ *of* heaven 天空/the ～ *of* the world 世界屋脊《高原，尤指帕米爾高原(the Pamirs)》.
be (léft) withòut a róof＝hàve nó róof òver one's **héad** 無家可歸。
bring the róof dówn 《口語》大聲講話(幾至震垮屋頂)，喧鬧。
hít the róof＝gó through the róof 《口語》震怒，勃然大怒。
ráise the róof (1)(以喝采、憤怒、慶祝等)大聲喧鬧，鬧翻天。(2) 大聲發怨言。
ùnder a person's **róof** (住)在別人的家作客，受人關照。
—*v.t.* **1 a** 〔十受(十副)〕蓋頂於〈房屋等〉〈*over*〉. **b** 〔十受(十副)十介十(代)名〕〔以…〕蓋頂於〈房屋等〉〈*over*〉〔*with*〕：The shed was ～*ed* ***over with*** tin. 那間小屋以馬口鐵爲屋頂。**2** 〔十受十副〕將〈空地〉蓋以屋頂〈*over, in*〉：～ ***over*** [***in***] the front yard to make a storehouse 將前院加蓋屋頂以建成倉庫。
róof·er *n.* Ⓒ **1** 屋頂[屋面]工人。**2** 《英口語》＝Collins.
róof gàrden *n.* Ⓒ **1** 屋頂花園。**2** 《美》屋頂餐廳。
róof·ing *n.* **1** Ⓤ蓋屋頂。**2** Ⓤ蓋屋頂的材料。**3** Ⓒ屋頂。
róof·less *adj.* **1** 〈建築物〉無屋頂的。**2** 〈人〉無棲身之處的。
róof ràck *n.* Ⓒ(汽車的)頂棚《車頂上的行李架》。
róof·tòp *n.* Ⓒ屋頂。**—*adj.*** [用在名詞前](設於)屋頂上的：a ～ restaurant 屋頂餐廳。
róof·trèe *n.* Ⓒ《文語》**1**＝ridgepole. **2** 屋頂。
rook[1] [ruk; ruk] *n.* Ⓒ**1** 《鳥》禿鼻鴉《有羣居性，在樹上及建築物上築巢；⇨ crow[2]【說明】》。
2 向人敲竹槓[敲詐錢]的人；(尤指紙牌等賭博的)騙子，賭棍。
—*v.t.* **1** (以不正當方式，如以賭紙牌等)詐騙，敲詐，詐欺〈人〉。**2** 〔十受十介十(代)名〕詐騙〈人〉以取走〔財物〕〔*of*〕：He was ～*ed of* his money. 他被騙走了錢。
rook[2] [ruk; ruk] *n.* Ⓒ《西洋棋》城堡(castle)《★相當於象棋的「車[俥]」；略作 R》.

rook·er·y [ˈrukərɪ; ˈrukəri] *n.* Ⓒ**1** 禿鼻鴉羣居的處所[森林]；禿鼻鴉羣。**2** 海豹[海狗，企鵝]羣(的繁殖地)。

rook·ie [ˈrukɪ; ˈruki] 《recruit 的變形》**—***n.* Ⓒ《口語》**1** 新兵，新徵募的兵。**2**《棒球》新人，新手。

rook[1] 1

‡**room** [rum, rʊm; ru:m, rum] *n.* **1 a** Ⓒ[常構成複合字]**房間**，室：⇨ bathroom, dining room, living room.
b [~s]《英》一套(出租)房間《★與英國的 flat 或美國的 apartment 不同，通常沒有廚房設備》：*R*~ *to* let. =《美》*R*~ for rent. 雅房出租。
c [常 **the** ~]在房間內的人，在座的人：set the whole ~ laughing 使在座的人哄堂大笑。
2 Ⓤ **a** (人、物等所佔的)**地方**；**空間**[*for*]：a garage with [which has, having] ~ *for* three cars 有可容納三部車子空間的車庫/take up ~ 佔[堵塞]地方/I'm sorry；there is no ~ *for* you in the car. 很抱歉，車上已無多餘的位子可讓你坐/There's always ~ *for* one more. 總是有多容納一人的空間。
b 〔+ *to* do〕〈做…的〉地方，空間：There wasn't ~ *to* swing a cat (in). ⇨ swing *v.t.* 1 c.
c 〔+ *for*+(代)名+ *to* do〕供〈人、物〉〈做…的〉地方，空間：There was no ~ *for* us *to* sleep. 沒有可供我們睡覺的地方。
3 Ⓤ **a** […的]**餘地，機會**〔*for*〕：give a person ~ 給人機會/There is plenty of ~ ***for*** improvement [doubt]. 大有改進[置疑]的餘地。
b 〔+ *to* do〕〈做…的〉機會：At the new school he'll have ~ *to* get better at English. 在新學校裡，他的英語水平有可能會提高。
màke róom 空出通路[地方]，讓座位：I *made* ~ *for* the old man. 我讓位給那個老人坐。
róom and bóard 供膳食的出租房間。
róom and to spáre 充裕的空間[地方]。
—《美》*v.i.* **1** 〔+副〕共用房屋，同住〈*together*〉：~ ***together*** 同住，共宿。
2 〔+介+(代)名〕**a** 〔與人〕同住，共宿〔*with*〕：I used to ~ ***with*** a friend in London. 我在倫敦與朋友賃屋同住。**b** 住宿，租房間，寄宿[在某地]〔*at*〕.
—*v.t.* 〔+受〕留〈客〉住宿，租房間給〈房客〉。

roomed [rumd; ru:md] *adj.* [複合用詞] 有(…)房間的：a five-*roomed* house 有五個房間的房子。

róom·er *n.* Ⓒ《美》房客。

room·ette [ruˈmɛt; ru:ˈmet] *n.* Ⓒ《美》《鐵路》單人小室《臥車中附有衛生設備的個人房間》。

room·ful [ˈrumˌful, ˈrʊm-; ˈru:mful, ˈrum-] *n.* Ⓒ **1** 滿室〔*of*〕.
2 [集合稱] **a** 滿場[列席]的人們。**b** 室內滿滿的東西[物品]。

róom·ing hòuse *n.* Ⓒ《美》供寄宿的房屋(《英》lodging house).

róom·màte *n.* Ⓒ室友，同住者。

róom nùmber *n.* Ⓒ (旅館等的)房間號碼。

róom sèrvice *n.* Ⓤ **1** 客房用餐服務《旅館、賓館等將餐點送到客房的服務》。**2** [集合稱]客房用餐服務部門。

room·y [ˈrumɪ, ˈrʊmɪ; ˈru:mi, ˈrumi] *adj.* (**room·i·er**；**-i·est**)廣闊的，寬敞的。**róom·i·ly** *adv.*

roor·back, roor·bach [ˈrurbæk; ˈruəbæk] *n.* Ⓒ (在選舉前爲中傷政敵而捏造的)誹謗性謠言。

Roo·se·velt [ˈrozəˌvɛlt; ˈrouzəvelt], **Franklin Del·a·no** [ˈdɛləˌno; ˈdelənou] *n.* 羅斯福《1882–1945；狄奧多(Theodore)之姪兒，美國第三十二位總統(1933–45)》.

Róosevelt, Theodore *n.* 羅斯福《1858–1919；美國第二十六位總統(1901–09)》.

roost [rust; ru:st] *n.* Ⓒ**1** (鳥、特別是雞的)棲木，鳥窩；雞棚，雞舍。**2** 歇息處；臥房；牀鋪；旅社。
at róost 在窩巢裡；歇著，睡著。
còme hóme [báck] to róost 〈惡行〉反害自己，害人反害己：Curses (, like chickens,) *come home to* ~. ⇨ curse *n.* 1.
gò to róost (1)進窩巢。(2)《口語》上牀睡覺。
rúle the róost 〈人〉主宰家庭(等)，當家，作主，居首，稱雄。
—*v.i.* **1** 棲息於樹木上，歇於巢中。**2** 就寢；投宿。

roost·er [ˈrustɚ; ˈru:stə] *n.* Ⓒ《美》**公雞**，雄雞(⇨ cock[1]【用法】)。

‡**root**[1] [rut; ru:t] *n.* **1 a** Ⓒ[常~s](植物的)**根**《包括地下莖、球莖、塊莖、根莖等；⇨ tree 插圖》。**b** [~s]《英》根菜類。
2 Ⓒ(舌、耳、翼、手指等的)**根部**，底部；(牙齒、毛髮、指甲等的)根。
3 Ⓒ[常 **the** ~]**根源**，根本；核心，基礎：The love of money is *the* ~ *of* all evil. 愛錢是萬惡之源/His unhappiness has its ~(*s*) in early childhood. 他的不幸源自其幼年時代(★【比較】一般用 roots)/We must get at [go to] *the* ~ *of* the matter. 我們必須查明事情的眞相[追究事情的根底]。
4 a [~s] (人與土地、習慣等的)緊密連繫之所在；(精神上的)故鄉：pull up one's ~*s* 自久居之地移居他鄉/put down (new) ~*s* 在新的地方生根。**b** Ⓒ始祖，祖先。
5 Ⓒ《數學》根，根號《符號√》：a cube [square] ~ 立方[平方]根。
6 Ⓒ《語言》語幹《形成語言的基礎而無法再分析的基本要素》。
7《文法》Ⓒ **a** 字根(base). **b** (又作 **róot fòrm**)原形《不包含語形變化字尾或衍生字尾的動詞基本形；cf. base[1] 9》.
8 Ⓒ《音樂》(和弦的)根音。
by the róot(s) 連根；從根本：pull up a plant *by the* ~*s* 將植物(連根)拔起。
róot and bránch 完全地[的]，徹底地[的]：We must eradicate this evil ~ *and branch.* 我們必須根除這種弊病[弊端]。
tàke [strìke] róot (1)〈植物〉生根，扎根；開始生長。(2)〈思想等〉固定，確立，固著。
—*adj.* [用在名詞前]根的；根本的：the ~ cause 根本原因/a ~ fallacy 根本的謬誤。
—*v.t.* **1 a** 〔+受〕使〈植物〉生根。**b** 〔+受+介+(代)名〕〈恐懼等〉使〈人〉〔在某處〕(生了根般地)無法動彈〔*to*〕《★也以過去分詞當形容詞用；⇨ rooted 3》：Terror ~*ed* me ***to*** the spot. 我嚇得呆在那裏[我嚇得呆若木雞]。**c** 〔+受+介+(代)名〕使〈思想、主義等〉〔在…中〕生根〔*in*〕《★常用被動語態》：The desire to reproduce *is* deeply ~***ed in*** human nature. 繁衍下一代的慾望在人性中根深柢固。
2 〔+受+副〕根除，根絕〈植物、思想等〉〈*out, up*〉：~ ***up*** a plant 將植物連根拔除/~ ***out*** an evil 根絕弊病。
—*v.i.* **1** 〈植物〉生根。
2 固定，固著，確立。

root[2] [rut; ru:t] *v.i.* **1 a** 〔+副〕〈豬等〉以鼻翻土覓食〈*about, around*〉. **b** 〔(+副)+介+(代)名〕〈豬等〉〔爲覓…〕以鼻翻土〈*about, around*〉〔*for*〕：Pigs ~ ***for*** food. 豬用鼻子翻土覓尋食物。
2 〔+副+介+(代)名〕〔在…中〕(翻)尋，搜尋〈*about, around*〉〔*in, among*〕：He was ~*ing* ***about among*** the piles of papers [***in*** the drawer]. 他在那堆文件裡[抽屜裡]翻找著。
—*v.t.* **1** 〔+受+副〕〈豬〉以鼻翻〈土〉覓食物〈*up, out*〉：The pigs have ~*ed* ***up*** the garden. 那些豬用鼻子翻起花園的泥土找食物。
2 a 〔+受〕到處亂搜〈物〉：~ *out* something to eat 找出吃的東西。
b 〔+受+副+受/+受+副+介+(代)名〕替〈人〉尋〈物〉；〔替人〕尋〈物〉〈*out*〉〔*for*〕：I'll ~ you ***out*** something to wear. =I'll ~ *out* something to wear ***for*** you. 我來替你找穿的東西。

root[3] [rut; ru:t] *v.i.* 〔+介+(代)名〕《美口語》聲援，鼓舞，支持〔球隊等〕；〔爲…〕加油，喝采〔*for*〕：The students were ~*ing* ***for*** their team. 學生們齊爲自己的隊伍加油數氣[助陣]。

róot bèer *n.* Ⓤ[指個體時爲Ⓒ]《美》一種以撒爾沙(sarsaparilla, 又稱沙士)和黃樟等草木根汁發酵製成的不含酒精的清涼碳酸飲料。

róot canàl *n.* Ⓒ**1**《醫》齒根管。**2**(又作 **róot canàl thèrapy**)齒根管治療。

róot cròp *n.* Ⓒ根菜類農作物《以根供食用的蘿蔔、胡蘿蔔、馬鈴薯等》。

róot·ed *adj.* **1** 〈植物〉有根的，生根的。
2 〈思想、習慣等〉根深柢固的，牢不可破的，固定的：I have a ~ objection to driving. 我壓根兒討厭開車。
3 [不用在名詞前]〔+介+(代)名〕(因恐懼等而)〔在某處〕(生了根般地)無法動彈的〔*to*〕(cf. root[1] *v.t.* 1 b)：He stood ~ ***to*** the spot. 他像是生了根似地站住不動。

róot·er[1] 《源自 root[2]》**—***n.* Ⓒ以鼻翻土的動物《如豬等》。

róot·er[2] 《源自root[3]》**—***n.* Ⓒ《美口語》聲援者；啦啦隊。

róot hàir *n.* Ⓒ《植物》根鬚(⇨ tree 插圖)。

root·le [ˈrutl; ˈru:tl] *v.* 《英》=root[2].

róot·less *adj.* **1** 無根的。
2 a 浮動不定的；無根據的；在社會上無所寄託的：the ~ young 在社會上失去寄託的年輕人。**b** 不穩固的。
~·ness *n.*

root·let [ˈrutlɪt; ˈru:tlit] *n.* Ⓒ《植物》小根，支根，幼根。

róot·stòck *n.* Ⓒ **1**《植物》根莖(rhizome).
2 (接枝的)砧木，臺木(stock).
3 根源，起源。

root·y [ˈrutɪ; ˈru:ti] 《root[1] 的形容詞》**—***adj.* (**root·i·er**；**-i·est**)**1** 多根的。**2** 根狀的；似藥草根的。

R

‡rope [rop; roup] *n.* **1** Ⓤ[指個體時爲Ⓒ]**粗繩**，索，登山繩索《以纖維、鋼絲等捻製的强韌粗繩；★ 相關用語 由細到粗依次爲 thread, string, cord, rope, cable》：a piece of ～ 一條繩子/jump [skip] ～《美》跳繩/tie a person with (a) ～ 把某人用繩子綁起來。

2 a Ⓒ套索，一端有活結的繩索。**b** [～s]（拳擊場等的）圍欄索。**c** Ⓒ賣藝人走的繩索。

3 [the ～] **a** 絞首索。**b** 絞刑。

4 Ⓒ（用繩索連繫之物的）一串，一束：a ～ of pearls [onions] 一串珍珠[洋葱]。

5 [the ～s]（工作等的）秘訣，竅門：know *the ～s* 懂得秘訣，熟悉內情或規則等/learn *the ～s* 學習秘訣，摸到竅門[線索]/put a person up to *the ～s* = show a person *the ～s* 教某人方法[訣竅]，告訴某人內情。

【字源】昔日水手要在船上能做好一個水手應該做的工作，就要費功夫記憶船上所掛滿的帆索等的複雜結構。由於這個緣故，know the ropes, learn the ropes 等說法應運而生。

6 Ⓤ（麥芽膏或糖蜜製成的糖果等所產生的）絲狀黏質物；（液體中的）菌絲束。

give a person enóugh [plénty of] rópe 任〈某人〉自由行動：*Give* a fool *enough* ～ and he'll hang himself.《諺》放任愚人，他會自取滅亡[愚人燃火自焚]。

on the rópes (1)被逼到（拳擊場的）圍欄索邊。(2)《俚》被逼得走投無路的，陷於絕境的。

—*v.t.* 1 a 〔十受（十副）〕用繩索綁[捆，縛，繫]〈物、人〉〈*up, together*〉：～ *up* a chest 用繩捆箱/The climbers were ～*d* ***together***. 那些登山者互相用繩索綁着。**b** 〔十受十介十（代）名〕將〈物、人〉以繩子綁〔在…〕〔*to*〕：～ a thief ***to*** a tree 把小偷綁在一棵樹上。

2 〔十受〕《美》用套索捕捉〈馬、牛等〉。

3 〔十受十副〕 **a** 將…用繩索圍起[分隔]，拉繩圍住…〈*off*〉：They have ～*d* ***off*** part of the meadow. 他們用繩索把部分牧草地圍起來。**b** 將…拉繩隔離（禁止進入）。

—*v.i.* 1 a 〔動（十副）〕〈兩人以上的登山者〉用登山索互相繫住身體〈*up*〉。**b** 〔十副詞（片語）〕〈登山者〉用登山索攀登（上[下]…）：～ *up* [*down*] (the cliff) 用登山索攀登[攀下]（峭壁）。

2 形成黏漿，生黏絲：Some kinds of candy are cooked till they ～. 有些糖果被煮到形成黏漿。

rópe ín 《*vt adv*》(1)將〈場所〉用繩圍起。(2)《口語》將〈人〉誘入（爲同夥）；（教唆而）使…入夥。

rópe-dàncer *n.* Ⓒ（馬戲團）走繩索者。

rópe-dàncing *n.* Ⓤ走繩索（技藝）。

rópe làdder *n.* Ⓒ繩梯。

rópe-wàlk *n.* Ⓒ製索[繩]廠《製繩者來回走動製作繩索的狹長低矮工廠[小屋]》。

rópe-wàlker *n.* Ⓒ走繩索者。

rópe-wàlking *n.* Ⓤ走繩索（技藝）。

rópe-wày *n.* Ⓒ索道(cableway)。

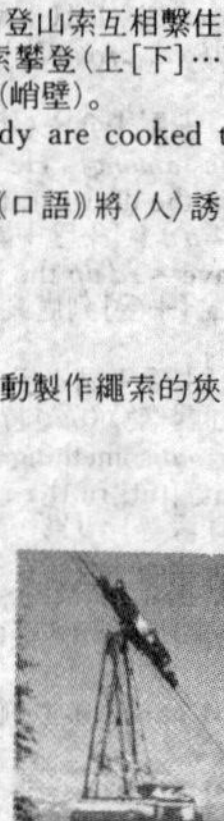

ropeway

rop·ey [ˈropɪ; ˈroupi] *adj.* = ropy.

rópe·yàrd *n.* = ropewalk.

rop·y [ˈropɪ; ˈroupi] *adj.* (**rop·i·er**; **-i·est**)

1 似繩索的，可做繩子的。

2 黏稠的，有黏性的；成黏線的：a ～ consistency 黏性的稠度。

3 《英口語》品質低劣的；情況糟的：The coat is a bit ～, isn't it? 這件上衣有點兒破舊，不是嗎？

Roque·fort [ˈrokfət; ˈrɔkfɔː] **«**源自法國南部的產地名**»—*n.*** Ⓤ[指個體時爲Ⓒ]《商標》酪可福《一種羊乾酪》。

Rór·schach tèst [ˈrɔrʃɑk-; ˈrɔːʃɑːk-] **«**源自瑞士心理學家之名**»—*n.*** Ⓒ《心理》羅夏[墨漬]測驗《視受測者對墨漬等不具意義的圖樣的反應而分析其性格的測驗》。

Ro·sa [ˈrozə; ˈrouzə] *n.* 羅莎《女子名》。

ro·sa·ceous [roˈzeʃəs; rouˈzeiʃəs] *adj.* **1**《植物》薔薇科的。

2 似玫瑰的。

ro·sa·ry [ˈrozərɪ; ˈrouzəri] *n.* Ⓒ《天主教》**1** 一串念珠《念玫瑰經時使用；以小珠十粒和大珠一粒爲一組(decade)，通常由十五組（一百六十五粒）或五組（五十五粒）珠子串成》。

2 [常 R～] **a** 玫瑰經祈禱。**b** 玫瑰經（書）。

rosary 1

‡rose[1] [roz; rouz] *n.* **1** Ⓒ **a**《植物》薔薇《又稱玫瑰；薔薇屬花卉的統稱》：No ～ [There's no ～] without a thorn. = Every ～ has its thorn.《諺》沒有無刺之玫瑰《世上沒有完美無缺的幸福》。**b** 玫瑰[薔薇]花。

【說明】(1)在基督教，白玫瑰象徵純潔、美和貞潔，紅玫瑰象徵殉教。

(2)薔薇是英國(England)的國花。在英國六月正是薔薇花季，各地舉行薔薇評審會。這時在各地的公園或郊外住宅處處都可以看到爭妍鬥豔的薔薇。薔薇因其美麗和芳香而被稱爲花中女王(the queen of flowers)，是純潔和美的象徵，同時也是「秘密的記號」(⇨under the ROSE)。

(3)英語中有不少如 sweet [fair] as a *rose*（像玫瑰花般地馥郁[美麗]）等與玫瑰有關的辭句。

(4)「薔薇戰爭」(the Wars of the Roses)(1455–85)是分別以白玫瑰[薔薇]與紅玫瑰爲家徽的約克(York)王室與蘭卡斯特(Lancaster)王室之間爭奪王位的戰爭，持續達三十年之久。最後蘭卡斯特王室的亨利・都鐸(Henry Tudor)擊敗約克王室的李查三世(Richard Ⅲ)而登基，世稱亨利七世(Henry Ⅶ)，並與約克王室的伊利莎白(Elizabeth of York)結婚而新創都鐸王朝(the House of Tudor)，結束了薔薇戰爭。之後把約克王室的白玫瑰和蘭卡斯特王室的紅玫瑰組合而成的徽章(Tudor Rose)至今仍是英國王室的徽章。

2 a Ⓤ玫瑰色，淡紅色。**b** [～s]玫瑰色的臉色：She has ～*s* in her cheeks. 她臉色紅潤。

3 Ⓒ（噴壺等的）噴嘴，蓮蓬頭。

4 = rosette.

be nót áll róses 不全都是快樂美好的事：Life *is not all ～s.* 人生並非盡善盡美。

còme ùp róses 《口語》成功，順利進行：Everything's *coming up ～s.* 一切順利。

gáther (lífe's) róses 追求（人生的）歡樂：*Gather ～s* while you can. 花開堪折直須折[趁年輕時享受人生及時行樂]。

ùnder the róse 《文語》秘密地。

【字源】爲 sub rosa 之英譯。根據羅馬神話，愛神丘比特(Cupid)爲央請沉默之神哈伯克拉底斯(Harpocrates)不要洩漏其母親即愛之女神維納斯(Venus)的韻事而贈送玫瑰花作爲答謝。under the rose 是從這個故事產生的成語。後來玫瑰花成爲沉默和秘密的象徵，在羅馬把玫瑰花雕刻在宴會場所的天花板上，以示意在酒宴中所說的話不可外洩。

—*adj.* [常構成複合字]玫瑰色的，淡紅色的：⇨ rose-pink, rose-red.

—*v.t.* 〔十受〕**1** 使…成爲玫瑰色。**2**（因運動、興奮等）使〈臉色〉變紅。

‡rose[2] [roz; rouz] *v.* **rise** 的過去式。

ro·sé [roˈze; ˈrouzei] **«**源自法語「粉紅色的」之義**»—*n.*** Ⓤ[指個體或種類時爲Ⓒ]玫瑰葡萄酒《一種淡粉紅色的葡萄酒；使用紅葡萄，於發酵後去皮；cf. red wine, white wine》。

ro·se·ate [ˈrozɪɪt; ˈrouziət] *adj.*《文語》**1** 玫瑰色的(rosy)。**2 a** 幸福的，明朗的；愉快的。**b** 樂觀的，有希望的。

Róse Bôwl *n.* [the ～]《美式足球》羅斯堡足球賽《於每年一月一日在美國加州帕沙第納(Pasadena)市羅斯堡(Rose Bowl)體育場舉行的美式足球全美決賽；當天爲增加此項比賽的熱鬧氣氛而舉行一項叫作 rose parade 的玫瑰花車遊行助興》。

róse·bùd *n.* Ⓒ **1** 玫瑰花蕾；（形狀或美麗）似玫瑰花蕾之物。**2** 妙齡少女。**3**《美口語》初入社交界的少女。

róse-còlored *adj.* **1** 玫瑰色的，淡紅色的。**2** 光明的，有希望的；樂觀的：see things through ～ spectacles [glasses] 以玫瑰色的眼鏡看事物《事事往樂觀方面看》/take a ～ view 持樂觀的看法。

róse hìp *n.* Ⓒ玫瑰的果實。

róse·lèaf *n.* Ⓒ (*pl.* **-leaves**) **1**《英》玫瑰花瓣。**2**《美》玫瑰葉。

a crúmpled róseleaf 幸福中的小折磨[煩惱]。

róse màllow *n.* Ⓒ《植物》**1** 美洲芙蓉。**2** 蜀葵(hollyhock)。

rose·mar·y [ˈrozˌmɛrɪ; ˈrouzməri] *n.* **1** Ⓒ《植物》迷迭香《唇形科常綠灌木；象徵忠實、貞操、記憶》。**2** Ⓤ[集合稱]迷迭香葉《可製調味料、香料》。

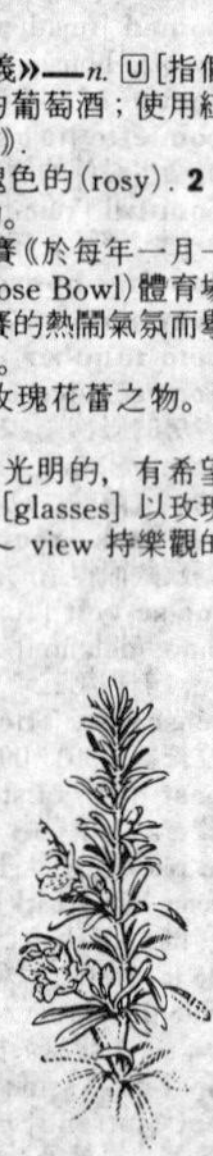

rosemary 1

Rose·mar·y [ˈrozˌmɛrɪ; ˈrouzməri] *n.* 露絲瑪麗《女子名》。

róse-pínk *adj.* 淡玫瑰色的，淡紅色的。

róse-réd *adj.* 深玫瑰色的，深紅色的。

Ro·sét·ta stòne [roˈzɛtə-; rouˈzetə-] *n.* [the ～]羅塞達碑[石]《1799 年在尼羅河(Nile)河口羅塞達(Rosetta)附近由一名法軍軍官發現的一塊碑石；因有象形文字，古埃及文，古希臘文三種文字對照，經法國學者向波倫(Champollion)研究成爲解讀古埃及象形文字的線索》。

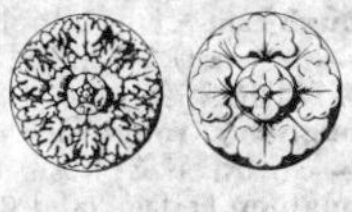

rosettes

ro·sette [ro'zɛt; rou'zet] *n.* Ⓒ **1** **a** (緞帶等的)玫瑰花結《★當作徽章或獎章佩戴於上衣》。**b** (服飾等的)玫瑰花飾。**2**《建築》**a** 圓花飾。**b** = rose window.

róse wàter *n.* Ⓤ玫瑰香水。

róse·wàter *adj.* 似玫瑰香水的；作態的，矯飾的，裝高尙樣子的。

rose window

róse wìndow *n.* Ⓒ《建築》玫瑰窗，車輪窗(rosette)《通常用於教堂正面的配有玫瑰式線紋裝飾或窗櫺的圓形大窗》。

róse·wòod *n.* **1** Ⓒ《植物》黃檀。**2** Ⓤ黃檀木《黃檀的木材》。

Rosh Ha·sha·na(h), Rosh Ha·sho·na [ˌroʃhə'ʃonə, ˌrɑʃ-, -'ʃanə; ˌrouʃhə'ʃounə, ˌrɑʃ-, -'ʃɑ:nə] *n.* 猶太新年。

ros·in ['rɑzɪn; 'rɔzin] *n.* Ⓤ松香；松脂《自松樹脂蒸餾松節油後殘留的硬塊；塗於小提琴的弓，舞者的鞋底及棒球投手的手等以防滑溜；cf. resin 1》。

—*v.t.* 塗松香於〈小提琴的弓等〉，以松脂擦…。

Ros·i·nan·te, Roz- [ˌrɑzn̩'æntɪ; ˌrozi'nænti] *n.* **1** 唐・吉訶德(Don Quixote)所騎之老瘦馬。**2** Ⓒ瘦弱無力之老馬；駑馬。

rósin òil *n.* Ⓤ松脂油，松香油。

ros·i·ny ['rɑzənɪ; 'rɔzini] *adj.* 多松脂的；似松脂的。

Ross [rɔs; rɔs] *n.* 羅斯《男子名》。

Ros·set·ti [ro'sɛtɪ, -'zɛtɪ; rɔ'seti], **Christina Georgina** *n.* 羅塞蒂《1830–1894；英國女詩人》。

Rossetti, Dante Gabriel *n.* 羅塞蒂《1828–1882；英國詩人及畫家；前者之兄》。

ros·ter ['rɑstə; 'roustə, 'rɔ-] *n.* Ⓒ **1** (記有值班次序等的)名册，登記簿。**2**《軍》勤務簿。

rós·tra *n.* rostrum 的複數。

ros·tral ['rɑstrəl; 'rɔstrəl] 《rostrum 的形容詞》**—***adj.* **1**《動物》有喙的。**2** 講壇的。**3**〈船等〉附有喙狀突起之裝飾的。

ros·trum ['rɑstrəm; 'rɔstrəm] 《因昔時羅馬人把在海戰中虜獲的敵船船首喙狀裝飾裝在 Forum(公共集會場)而得名》**—***n.* Ⓒ (*pl.* **-tra** [-trə; -trə], **~s**) **1** **a** 講壇；主席臺；講道臺；檢閱臺，司令臺；(管弦樂的)指揮臺：take the ~ 登壇，上講臺。**b** [集合稱]演說家[者]。**2**《動物・解剖》喙，喙狀突起物。

ros·y ['rozɪ; 'rouzi] 《rose[1] 的形容詞》**—***adj.* (**ros·i·er**；**-i·est**) **1** **a** **玫瑰色的**，淡紅色的。**b**〈皮膚、頰等〉(因健康而)紅潤的。**2**〈將來〉有希望的，光明的；樂觀的：~ views 樂觀的想法/His prospects are ~. 他的前途光明。

rós·i·ly [-zɪlɪ; -zili] *adv.* **rós·i·ness** *n.*

rot [rɑt; rɔt] (**rot·ted**；**rot·ting**) *v.i.* **1** 〔動(十副)〕**腐爛**，腐敗，朽壞，枯萎，凋落，凋謝；腐朽〈*away, off, out*〉：The log was *rotting away.* 原木正在腐爛/These branches will soon ~ *off.* 這些樹枝很快就會腐爛。

2 (在道德上)腐敗[墮落]；敗壞：The social fabric is *rotting.* 社會的組織日趨腐朽[社會風氣日趨敗落]。

3 〈囚犯〉消瘦，變得瘦弱：The prisoners were left to ~ in prison. 那些囚犯被留置在牢中任其枯瘦。

—*v.t.* 〔十受〕**1** **使…腐敗**，腐爛，朽壞，枯萎，凋落：Too much water will ~ the roots. 水太多會使根腐爛。**2** 使…(在道德上)墮落。

—*n.* **1** Ⓤ **a** 腐爛，腐敗；朽壞，枯萎；凋落，凋謝；腐朽；腐化；腐爛物。**b** (社會的、精神的)腐敗，墮落。

2 Ⓤ **a** [常與修飾語連用](細菌所引起的)腐爛病，腐蝕病：⇨ dry rot. **b** [常**the** ~]《獸醫》羊肝蛭病。

3 Ⓤ《英俚》囈語，蠢話，胡說，廢話(nonsense)：Don't talk ~! 不要胡說！/What ~ that you can't come with us! 你不能和我們同行，好無聊！

4 [用單數](運動競賽等的突如其來的)一連串失敗：stop the ~ 預防危機，防止失敗/A [The] ~ sets in. 突然一蹶不振而連連失敗。

—*interj.* 無聊！荒唐！胡說！混帳！

ro·ta ['rotə; 'routə] *n.*《英》= roster.

Ro·tar·i·an [ro'tɛrɪən; rou'tɛəriən] *n.* Ⓒ扶輪社(Rotary Club)的會員。

—*adj.* 扶輪社的；扶輪社會員的。

ro·ta·ry ['rotərɪ; 'routəri] 《源自拉丁文「車輪」之義》**—***adj.* **1** 旋轉的，廻轉的，輪轉的；圓環的，環行的：~ motion 廻轉運動/a ~ intersection 圓環交流[環行交叉]道。**2**〈機械等〉有廻轉部分的，廻轉式的：a ~ converter《電學》廻轉變流器/a ~ engine 廻轉式引擎《組合廻轉體的內燃機》/a ~ fan 電風扇/a ~ press [printing machine] 輪轉印刷機。

—*n.* Ⓒ **1**《美》圓環交流[環行交叉]道(《英》roundabout). **2** (輪轉印刷機等的)廻轉機械。

Rótary Clùb 《因爲從前依次輪流在各會員的辦事處舉行聚會而得名》**—***n.* [**the** ~]扶輪社《以服務社會和增進世界和平爲目的，於 1905 年在美國芝加哥所創立的實業家和知識界人士的團體；現已發展成爲國際性的 Rotary International(國際扶輪社)，在世界各地有分部》。

ro·tate ['rotet; rou'teit] 《源自拉丁文「車輪」之義》**—***v.i.* **1** **a** (以軸爲中心而)**旋轉**，廻轉；循環：The seasons ~. 四季周而復始。**b**《天文》〈天體〉自轉：the discovery that the earth ~*s* 地球自轉的發現。**2** 更迭，輪流，輪換。

—*v.t.* 〔十受〕**1** 使…(以軸爲中心)廻轉；使…循環(⇨ turn A【同義字】)。**2** **a** 使…輪流，使…交替，使…輪換。**b** 輪作〈農作物〉。

ro·ta·tion [ro'teʃən; rou'teiʃn] 《rotate 的名詞》**—***n.* Ⓤ Ⓒ **1** **a** (以軸爲中心的)廻轉，旋轉；循環：the ~ of the seasons 四季的循環。**b**《天文》(天體的)自轉(cf. revolution 4). **2** (農作物的)輪作：~ of crops = crop ~ 農作物輪作。**3** 交替，更迭，輪流，輪換：in [by] ~ 挨次地，輪流地，輪換地。

~·al [-ʃənl̩; -ʃənl] *adj.*

ró·ta·tor [-tə; -tə] *n.* Ⓒ **1** (*pl.* **~s**) **a** 旋轉者；廻轉機；廻轉物；旋轉爐。**b** 交替[輪換]之物[人]。**c**《物理》廻轉子。**2** (*pl.* **~s**, **~·es** [ˌrotə'toriz, -'tɔr-; ˌroutə'tɔ:ri:z])《解剖》旋轉肌。

ro·ta·to·ry ['rotəˌtorɪ, -ˌtɔrɪ; 'routətəri] *adj.* **1** 廻轉的，旋轉的。**2** 循環的，輪廻的；輪流(制)的，輪換的。

rote [rot; rout] *n.* Ⓤ機械式的方法[記憶]《★常用於下列片語》。

by róte 機械式地；强記[死背]地：learn a poem *by* ~ 背[死記]一首詩/act *by* ~ (不思考而)機械式地[呆板地]行動。

rot·gut ['rɑtˌgʌt; 'rɔtgʌt] *n.* Ⓤ《口語》劣等的威士忌酒。

ro·ti·fer ['rotəfə; 'routifə] *n.* Ⓒ《動物》輪蟲。

ro·tis·ser·ie [ro'tɪsərɪ; rou'tisəri:] 《源自法語「烤(肉)」之義》**—***n.* Ⓒ **1** 旋轉式烤肉機。**2** 烤肉店。

ro·to·gra·vure [ˌrotəgrə'vjur; ˌroutəgrə'vjuə] *n.* **1** Ⓤ輪轉凹版照像印刷術。**2** Ⓒ用凹版照像法印刷的圖畫等。

ro·tor ['rotə; 'routə] *n.* Ⓒ **1**《機械》(蒸汽渦輪的)軸輪。**2**《電學》轉(動)子。**3**《航空》(直升飛機等的)旋轉翼。

rot·ten ['rɑtn̩; 'rɔtn] *adj.* (**~·er**；**~·est**) **1** **a** **腐爛的**，腐壞的；腐朽的：a ~ egg 腐壞的蛋/go ~ 腐爛。**b** 不乾淨的；邋遢的；惡臭的。

2 **a** (道德上、社會上)墮落的：~ *to* the core 完全墮落的，壞透了的。**b** 禮貌[態度]差的，不禮貌的：a ~ child 沒有禮貌的[舉止不端莊的，不規矩的]孩子。

3 〈岩石等〉易碎的，脆的，不堅固的，虛弱的，軟的。

4 《俚》很不舒服的，不愉快的：a ~ book 很爛[糟]的書/~ weather 令人厭煩的天氣/a ~ headache 劇烈的頭痛/I'm feeling ~ this morning. 我今天早上感覺不舒服/It's a ~ shame. 那眞糟糕[可惜]。

~·ly *adv.* **~·ness** *n.*

rótten bórough *n.* Ⓒ (在 1832 年修正選擧法之前英國的)腐敗的選區《雖然因有權選民的劇減而失去資格，却仍藉有名無實的選擧選出議員的選區》。

rot·ter ['rɑtə; 'rɔtə] *n.* Ⓒ《英俚・謔》無賴，無用之人，癟三，下流胚。

Rot·ter·dam ['rɑtəˌdæm; 'rɔtədæm] *n.* 鹿特丹《荷蘭西南部之一海港》。

ro·tund [ro'tʌnd; rou'tʌnd] 《源自拉丁文「圓的」之義》**—***adj.*《文語・謔》**1** 〈人、臉形等〉圓滾滾的；圓胖的。**2** 〈聲音等〉洪亮的，圓潤的。**3** 〈文體等〉華麗的；虛誇的，鋪張的。

ro·tun·da [ro'tʌndə; rou'tʌndə] *n.* Ⓒ《建築》**1** (有圓頂的)圓形建築物。**2** (有圓頂的)圓形大廳。

ro·tun·di·ty [ro'tʌndətɪ; rou'tʌndəti] 《rotund 的名詞》**—***n.* Ⓤ [又作**a** ~] **1** 球[圓]狀；球[圓]形；圓形物。

2 圓滾滾；圓胖，肥胖。

3 (聲音的)洪亮。

4 (文體等的)華麗，虛誇，鋪張。

Rou·ault [ru'o, ru'o; ru'ou, ru:'ou], **Georges** *n.* 盧奧《1871–1958；法國畫家》。

rou·ble ['rubl; 'ru:bl] *n.* = ruble.

rou·é [ru'e; 'ru:ei] 《源自法語》**—***n.* Ⓒ遊蕩者；浪子；登徒子。

Rou·en [ru'ɑn, ru'ɑ̃; 'ru:ɑ̃:ŋ] *n.* 盧昂《法國北部一城市，有著名之天主教堂，聖女貞德即在此地被處死》。

rouge [ruʒ; ru:ʒ] 《源自法語「紅」之義》**—***n.* Ⓤ (化妝用)唇膏，

R

口紅，胭脂，腮紅。
—*v.i.* 擦胭脂(於臉上、嘴唇上)。
—*v.t.* 擦胭脂於〈臉、嘴唇〉上：~*d* lips 擦了胭脂的嘴唇。
rouge et noir [ˋruʒeˋnwar; ˈruːʒeiˈnwaː] **《**源自法語 'red and black' 之義**》**—*n.* Ⓤ紅黑牌戲《因其所用賭桌上有紅黑方塊形印記各二面，故名》。
‡**rough** [rʌf; rʌf] *adj.* (~·er; ~·est) **1 a** (手摸起來)**粗糙的**，粗澀的(↔ smooth)：~ hands 粗糙的手/This table feels ~. 這張桌子摸起來感覺是粗糙的。**b** 〈布料〉用粗線織的：a ~ tweed skirt 粗蘇格蘭呢裙。**c** [用在名詞前](無比較級、最高級)打稿用的〈紙張〉：~ paper 粗紙，草紙。
2 〈路等〉**崎嶇不平的**：a ~ road 崎嶇的路，凹凸不平的路。
3 a 〈毛〉**蓬亂的**。**b** 粗毛的；多毛的。
4 a 〈海〉洶湧的，狂暴的，〈天候等〉有風暴的：a ~ sea 洶湧的海/a ~ night 狂風暴雨之夜。**b** 〈航海、飛行等〉天候惡劣的：have a ~ flight 飛行途中顛得很厲害。
5 a 暴戾的，粗暴的，粗魯的，粗野的：~ sports 粗暴的運動/~ usage 粗心[不小心]的使用/have a ~ tongue 說話粗野。**b** [不用在名詞前]〔十介十(代)名〕〔對…〕粗暴的；虐待〔…〕的〔*with*〕：Don't be so ~ ***with*** the child. 不要如此虐待這孩子。**c** 粗野的，下流的，不禮貌的：~ manners 粗魯的態度。**d** [不用在名詞前]〔十介十(代)名〕〔…方面〕粗野的，下流的，粗魯的〔*of, in*〕：He is ~ ***of*** [***in***] speech. 他說話粗野。**e** 樸素的，從簡的：a ~ welcome 不鋪張但是誠心誠意的[簡單而隆重的]歡迎。
6 a 〈聲音〉刺耳的，難聽的：the ~ sound of a cheap violin 廉價小提琴的刺耳聲音。**b** 〈味道〉澀的；未成熟的；酸的；難吃的：a ~ peasant wine 有澀味的農家土製葡萄酒。**c** 草率的；粗製的；粗雜的，雜亂的；潦草的：a ~ style 雜亂的文體。**d** 不(大)好的，粗陋的：~ clothes 粗陋的衣服。
7 a [用在名詞前](無比較級、最高級)粗枝大葉的，大致的，概略的，大約的：a ~ estimate [guess] 粗略的估計[推算]/give a ~ outline 說明概要/make ~ notes for a lecture [an essay] 爲了講演[論文]記下幾個要點。**b** 粗重的，費勞力的〈工作等〉：~ work 粗活，粗重的工作；粗暴的舉動，粗略的加工。
8 未精製的，未作最後加工的，未琢磨的，不細緻的，未完成的：~ skin (未鞣的)粗皮；粗糙的皮膚/⇨rough DIAMOND.
9 《口語》**a** 辛苦的，難忍的：have a ~ time 吃苦，受苦，備嘗辛酸/What ~ luck! 眞倒楣！/a ~ deal 苦頭。**b** [不用在名詞前]〔十介十(代)名〕〔待人〕不留情的，不客氣的，粗暴苛刻的；使〔人〕倒楣的〔*on*〕：The teacher was ~ ***on*** him. 老師待他很苛刻/It is ~ *on* him *to* work [work*ing*] at Christmas. 他很倒楣，在耶誕節還要工作。
10 《口語》身體不舒服的：I feel ~ today. 我今天覺得不舒服。
róugh and réady = rough-and-ready.
—*adv.* (無比較級、最高級)**1** 粗暴地；粗魯地：play ~ (球賽等)玩得相當粗野。
2 (尤指，在屋外)粗野地：sleep ~ 〈流浪者等〉露宿。
cút úp róugh 《口語》勃然大怒，發脾氣。
—*n.* **1** Ⓤ **a** 崎嶇不平的地面。**b** [常the ~]《高爾夫》深草區《雜草等未修剪的荒地》。
2 Ⓒ(畫等的)草圖，素描，略圖。
3 Ⓒ粗暴的人，刁棍，莽漢。
in róugh 概略地：write down one's ideas *in* ~ 概略[扼要]地寫下自己的想法。
in the róugh (1)粗削的，未加工的，未完成的，雜亂的；大體上：⇨ DIAMOND in the rough. (2)照平常地[的]，處於日常狀態地[的]。
táke the róugh with the smóoth 把人生的幸與不幸一併承受；看淡人生浮沈，樂天知命。
—*v.t.* 〔十受(十副)〕**1** 使…粗，使…粗糙[凹凸不平]；攪亂…，使…蓬亂〈*up*〉：The wind had ~*ed* (***up***) his hair. 風吹亂了他的頭髮。**2** 粗魯地對待，虐待〈人〉；(球賽中)故意粗魯地攻擊〈對方〉；對〈對方〉舉動粗暴〈*up*〉.
—*v.i.* 粗魯行事。
róugh ín 《*vt adv*》寫…的概略，概略地描繪…[打…稿]。
róugh it 《口語》忍受不方便，過原始式的生活。
róugh óut 《*vt adv*》(1)寫出…的概略，概略地描出…，打…稿。(2)擬定…的概略計畫。
róugh úp 《*vt adv*》《口語》(1)粗暴地對待…，對…施加暴力：He was ~*ed up* by the other prisoners and had to be hospitalized. 他被其餘的囚犯施暴而不得不被送去住院。(2)將〈地方〉弄亂。
rough·age [ˋrʌfɪdʒ; ˈrʌfidʒ] *n.* Ⓤ粗糙食物《營養價值低而分量多的食物，可用以刺激腸的蠕動；例如纖維質，食用糠等》。
róugh-and-réady *adj.* 潦草的，粗雜的，草率的，不精美的，權宜的，趕製的，即席的：a ~ answer 草率的回答/a ~ supper 草率的晚餐。
róugh-and-túmble *adj.* 亂七八糟的，莽撞的，騷亂的：a ~ fight 一場混戰。
—*n.* ⓊⒸ混戰，扭鬥。
róugh·càst *n.* Ⓤ(灰泥摻小石或碎石而用以塗牆壁等的)粗灰泥。
—*v.t.* (**-cast**) **1** 塗粗灰泥於〈牆壁等〉。**2** 粗擬[作]〈計畫等〉；概略寫出〈故事等〉。
róugh·drŷ, róugh-drý *v.t.* 將〈洗好的衣服等〉(不燙而)曬乾。
—*adj.* 洗後曬乾(未燙過)的。
rough·en [ˋrʌfən; ˈrʌfn] **《**rough 的動詞**》**—*v.t.* 將…弄粗，使…變粗糙，使…成崎嶇[凹凸]不平。
—*v.i.* 變粗，變粗糙，變崎嶇[凹凸]不平。
róugh-héw *v.t.* (~**ed**; **-hewn**, ~**ed**) **1** 將〈木材、石材〉粗切[削，鉋]。**2** 粗製，概略作成。
róugh-héwn *adj.* **1** 粗切[削，鉋]的；粗製的，概略作成的：a ~ statue 粗製雕成的雕像。**2** 粗野的，無教養的，粗魯的。
róugh·hòuse 《俚》*n.* [用單數]室內喧鬧的遊戲或打鬥，大吵大鬧，大打鬥。
—*v.i.* 大吵大鬧，大打出手：Quit *roughhousing*! 不要吵鬧！
rough·ish [ˋrʌfɪʃ; ˈrʌfiʃ] *adj.* **1** 稍帶粗魯的；稍粗略的。**2** 稍有風浪的。
rough·ly [ˋrʌflɪ; ˈrʌfli] *adv.* (**more** ~; **most** ~) **1 粗野地**，粗暴地；粗魯地，沒禮貌地：treat a person ~ 粗暴地對待某人。
2 (無比較級、最高級)**粗略地**，概略地：~ speaking 大致說來/~ estimated粗略地估計起來/~ 50 people約莫五十個人/That's ~ right [correct]. 大致上就是那樣。
róugh·nèck *n.* Ⓒ《美口語》**1** 粗魯的人，刁棍，惡棍。**2** 鑿油井的人。
róugh·ness *n.* **1** Ⓤ **a** 粗(糙)；崎嶇[凹凸]不平；蓬亂。**b** (風、浪、天候的)狂暴，洶湧，惡劣；狂風暴雨。**c** 粗暴；粗野；粗雜；粗魯；莽撞。**d** 粗製[削，鉋，雕(等)]。**2** Ⓒ **a** 凹凸不平[粗糙]之處[部分]：There is a ~ to the feel of her hands. 她的手摸起來有粗糙的地方。**b** 粗削之處，草率之部分：the ~*es* of his novel 他的小說中未加潤色的部分。
róugh·rìder *n.* Ⓒ(悍馬的)馴馬師；能騎悍馬的人。
róugh·shód *adj.* 〈馬〉釘有防滑鐵蹄的。
ríde róughshód òver... 不顧…的麻煩而恣意妄爲；粗暴地對待…：The government is *riding* ~ *over* the people's rights. 政府恣意妄爲不顧人民的權利。
róugh-spóken *adj.* 言語粗魯的。
róugh stùff *n.* Ⓤ《口語》粗暴的行爲。
rou·lade [ruˋlad; ruːˈlaːd] *n.* Ⓒ《音樂》滾奏，顫音《由夾在兩個旋律之間的快速過渡和音(transient chord)而成，大多爲無甚意義之裝飾音》。
rou·leau [ruˋlo; ruːˈlou] *n.* Ⓒ(*pl.* ~**s**, ~**x** [-ˋloz; -ˈlouz])細長的小卷；用紙包的一捲硬幣。
rou·lette [ruˋlɛt; ruːˈlet] *n.* Ⓤ 輪盤賭《一種賭博》。

roulette

Rou·ma·ni·a [ruˋmenɪə; ruːˈmeinjə] *n.* =Rumania.
Rou·ma·ni·an [ruˋmenɪən; ruːˈmeinjən] *adj., n.* =Rumanian.
‡**round** [raʊnd; raund] *adj.* (~·er; ~·est) **1 圓的**：**a** 圓形的；略圓的：a ~ pond 圓池塘/a ~ face 圓臉/~ eyes 圓眼睛/⇨ round table. **b** 球形[狀]的：a ~ ball 圓球/a ~ shot (從前的)圓球形砲彈/The earth is ~, like an orange. 地球是圓的，就像個橘子。**c** 圓筒形[狀]的：a ~ can 圓筒形罐。**d** 〈拱門〉半圓形的，拱門狀的：a ~ arch 半圓拱。
2 a 胖得圓滾滾的；變圓的，彎曲的：one's ~ cheeks 圓胖[豐滿]的面頰/one's ~ shoulders 駝背。**b** 〈字體〉圓滑的：⇨ round hand.
3 a 兜圈子的，循圓而動的：a ~ dance 圓舞。**b** 繞一周的，繞一圈的：a ~ tour 周遊/⇨ round trip.
4 [用在名詞前](無比較級、最高級)**a** 恰恰好的，完全的，完整的〈數量〉：a ~ dozen 恰好一打(整)。**b** (10, 100, 1000 等)以十的倍數表示的，無零頭[尾數]的，約略數的，大約的：a ~ number 約略數/in ~ numbers [figures] 去掉尾數[零頭]以約略數而言/a ~ half million 約五十萬。**c** 可觀的，(數目)不小的〈金額等〉：a ~ sum 巨額。
5 a 有力的，輕快矯健的；活潑的；迅速的，快速的：a ~ pace 輕快活潑的步伐。**b** 坦率的，據實的；無忌憚的，不客氣的；露骨的；斷然[毅然]的：a ~ answer 坦率的回答。**c** [不用在名詞前]〔十介十(代)名〕〔對…〕坦率的，據實的〔*with*〕：be ~ ***with*** a person 對某人不隱諱，率直[不客氣]地跟某人說。
6 〈聲音〉洪亮的；嘹亮的。
7 流暢的，流利的。

8〖語音〗〈母音等〉用圓唇發聲的：～ vowels 圓唇母音。
—*n.* Ⓒ **1** **圓形物，球狀物**：**a** 圓，環。**b** 圓形之物［房間，建築物（等）］。**c** 環坐（的人）。
2 a **球［圓筒］狀之物。** **b**（牛的）腿肉（⇨ beef 插圖）。**c**（麵包）圓的一片《loaf 的圓切片》。
3 **轉動**：**a** 旋轉，廻轉；循環，輪廻：the earth in its daily [yearly] ～ 自轉［公轉］中的地球/the ～ of the seasons 四季的循環。**b**［常 ～s］一轉，一圈，一巡；巡廻，巡視；（醫師的）查病房：go for a long ～ 散步到遠處/take a ～ 轉一圈，兜個圈子；散步/do a paper ～（在一定的地區）送報紙/make [go] one's ～(*s*) 巡廻，走遍；做例行的巡視等/make the ～*s* of firms 遍訪公司行號。**c**［常 ～s］巡廻路線［區域］：⇨ milk round/go [pace, walk] the ～(*s*) 巡廻，走遍(cf. 3 d)。**d**［常 ～s］（謠言、消息等的）流傳的路徑：go the ～*s*〈謠言等〉流傳，傳遍(cf. 3 c)。
4（例行工作、日常事件等的）連續，反覆〔*of*〕：one's daily ～ = the daily ～ *of* life 日常生活［工作，事務］/a ～ *of* parties 連續的聚會。
5 a 一次比賽，一局，一場：a ～ of golf 高爾夫的一局《指賽完十八個洞》/play a ～ 比賽一局。**b**（拳擊的）一回合：a fight of ten ～*s* 十回合之交戰。
6 a（多數槍砲的）齊射，齊發，排射；一發（彈藥）。**b** 一陣（歡呼聲）：～ after ～ of cheers 一陣接一陣的歡呼聲。**c** 齊做，同時做，（許多國家同時參加的）大會議：the Tokyo ～ 東京會議。
7（酒等的）全體喝一巡（的分量）：pay for a ～ of drinks 付全體喝一巡的酒錢。
8（梯子、椅子脚等的）橫木。
9 圓舞（曲）。
10〖音樂〗輪唱。
in the róund (1)〖雕刻〗以立體雕刻（的），圓雕地［的］。(2)從一切角度（看的），栩栩如生地。(3)〈劇院〉圓形款式的。
—*v.t.* **1 a**〔十受〕**使…成圓形，使…成球狀［圓筒狀］**：Over millennia ice and water have ～*ed* the stones. 在數千年之間冰和水把石頭侵蝕成圓形。**b**〔十受（十副）〕使…圓胖；使…脹圓〈*out*〉：with ～*ed* eyes 睜大著眼睛。
2〔十受〕《口語》**環繞，繞過…**：The car ～*ed* the corner. 車子繞過了轉角/The runner is ～*ing* second. 跑壘手正繞過二壘（往三壘跑）。
3〔十受〕〖語音〗弄圓嘴唇發〈母音〉：～ the lips 弄圓嘴唇發聲《[u; u:] [w; w] 等》/～*ed* vowels 圓唇母音。
—*v.i.* **1**〔動（十副）〕**a 變圓，開始圓起來〈*out*〉。** **b** 變圓胖，脹圓，變得豐滿〈*out*〉：Her figure is beginning to ～ *out*. 她的身材開始豐滿起來了。
2 巡廻，巡視。
3 a 繞轉，回過頭：He ～*ed* on his heels to look at me. 他轉過身來看著我。**b**〔十介十（代）名〕轉身突然襲擊〔…〕；突然［冷不防］罵，責難〔人〕；密告，出賣〔人〕〔*on, upon*〕《★可用被動語態》：The tiger ～*ed* **on** him. 那隻虎出其不意地襲擊他/His wife ～*ed* **on** him when he returned drunk. 他醉酒返家時，老婆對他河東獅吼。
4〔十介十（代）名〕發展，成長〔爲…〕〔*into*〕：～ ***into*** manhood 長大成人。
róund dówn《*vt adv*》將〈數〉捨去尾數〔使成爲…〕〔*to*〕：～ *down* £33.30 *to* £33 把三十三英鎊三十便士捨去尾數［零頭］成三十三英鎊。
róund óff《*vt adv*》(1)除去…的角；使…變圓：～ *off* the corners of a table 把桌子的角磨圓。(2)使…完美；適切地完成［完結］〈文章〉；圓滿地結束…，愉快地度過…：Let's ～ *off* the party with a song. 我們來唱一首歌圓滿結束這次聚會/This passage should be ～*ed off*. 這一段文章應該好好地潤色一下。(3)以概略數表示〈數〉，將…四捨五入：～ *off* the figures to 3 decimals 將這些數目字四捨五入到小數點以下三位。
róund óut《*vt adv*》(1)⇨ *v.t.* 1 b. (2)完成…，使…完全，使…完美；使…（圓滿）結束，使…大功告成：～ *out* one's education by traveling abroad 去海外遊學深造《使所受的教育更完美》。**—**《*vi adv*》(3)⇨ *v.i.* 1 a, b.
róund úp《*vt adv*》(1)趕攏，驅集〈家畜〉。(2)聚集，集中〈散亂之人、物〉。(3)兜捕，逮捕〈一夥罪犯〉：The police ～*ed up* the gang of criminals. 警方圍捕那一夥罪犯。(4)《英》將〈數〉補足尾數〔成爲…〕〔*to*〕：～ *up* £33.70 *to* £34 把三十三英鎊七十便士（補足尾數［零頭］）算作三十四英鎊。
—*adv.* （無比較級、最高級）《★ 比較《美》around 較 round 常用》**1 a** **旋轉地，廻轉地；輪廻地，循環地**：⇨ LOOK round, TURN round/～ and ～ 環繞地/Spring comes ～ soon. 春天不久將來到。**b**（在某一段期間內）從頭到尾，始終，一直 (cf. *prep.* 7)：(all) (the) year ～ 一年到頭，整年。
2 a **在（地方的）周圍，在四處，到處；在附近**：go [walk] ～ 到處走/loaf ～ 四處遊蕩/show a person ～ 帶某人到處遊覽/all the country ～ 全國到處。**b**［與數字連用］周圍爲…：4 feet ～ 周圍四呎。
3（給每人）輪一巡地，遍及地；傳遍地，挨次地：Tea was carried ～.（對每人）都奉上茶/Hand glasses ～.（請）遞給每人一杯酒。
4 繞道地，繞彎地，迂廻地：go a long way ～ 繞遠路走。
5（從某一處向他處）轉移地，轉動地：Bring my car ～. 把我的車開過來。
6 朝某處：I'm going ～ to John's tonight. 我今晚打算到約翰家去。
7 到自己家：ask [invite] a person ～ 邀請某人來（自己家）/Come ～ sometime. 找個時候過來吧。
ròund abóut (1)成圓圈，在周圍；在四面八方：The pupils are mostly from the farms ～ *about*. 這些學生大半出身於附近的農家。(2)向相反方向：turn ～ *about* 把身體轉過去。(3)迂廻著。(4)在附近。
the óther [wróng, ríght, ópposite] wày róund ⇨ way[1].
—*prep.* 《★ 比較《美》around 較 round 常用》**1** **繞著…**：a tour ～ the world 環遊世界旅行/The earth moves ～ the sun. 地球繞著太陽運行。
2 **繞過，迂廻…**：go ～ a corner 繞過轉角處/⇨ round the CORNER.
3 向…的周圍：She looked ～ her [the room]. 她環顧周圍［房間］。
4 **在…的周圍，圍繞著…**：A fence has been built ～ the yard. 那院子的周圍架起了一道籬笆/The members of the committee sat ～ the table. 委員們圍著桌子而坐。
5 在…附近，在…一帶：ten miles ～ the town 那城鎮的方圓十哩。
6 大約…，…左右：I arrived ～ noon. 我大約中午抵達/He will probably pay somewhere ～ £500 for it. 他大概會爲它付五百英鎊。
7 在…的期間內一直 (cf. *adv.* 1 b)：He worked ～ the year. 他一年到頭工作。
ròund abòut... (1)環繞著…：dance ～ *about* the pole 繞著竿子跳舞。(2)大約…，差不多…，約莫… (cf. *prep.* 6)：He will come back ～ *about* 10 o'clock. 他將於十點左右回來。(3)在…的附近，在…一帶：He lives ～ *about* here. 他住在這附近。
róund and róund... 在…周圍兜圈子：argue ～ *and* ～ a subject（不觸及核心而）在問題之外兜圈子。
ròund the clóck ⇨ clock[1].
～·ness *n.*

róund·abòut *adj.* **1** 迂廻的，繞大圈子的，繞遠的：a ～ way 繞遠的路 (cf. 2)。
2〈言詞等〉委婉的，拐彎抹角的；間接的：in a ～ way 拐彎抹角地，委婉地，間接地 (cf. 1)。
—*n.* Ⓒ **1** 迂廻的路，繞遠的路；拐彎抹角的說法，委婉的說法。**2**《英》圓環交流道（《美》rotary）。**3**《英》旋轉木馬（《美》carousel）。

róund-àrm *adj.* & *adv.* 〖板球〗（投球時）橫［水平］地揮著手投的［地］，以側投的［地］，手臂齊肩的［地］。

róund brácket *n.* Ⓒ［常 ～s］《英》圓括弧。

róund·ed *adj.* **1** 弄成圓形的，盛滿呈圓形隆起的：a ～ teaspoonful of salt 盛滿一茶匙的鹽。**2**〖語音〗圓唇的。**3** 發展圓滿的，完整的。

roun·del [ˈraundl; ˈraundl] *n.* Ⓒ **1** 小圓形物；小圓盤；圓形徽章。**2**（表示飛機國籍的）圓形標幟。**3** 小圓形窗。**4** 小圓盾。**5**〖韻律〗雙韻疊句短詩 (rondeau) 之變體《三節，每節三行；第一及第三節之後有疊句》。

roun·de·lay [ˈraundəˌle; ˈraundilei] *n.* Ⓒ **1** 輪旋曲《一種有覆唱詞的短歌》。**2** 圓舞。

róund·er *n.* **1** Ⓒ **a**（基督教美以美教會的）巡迴牧師。**b**《美口語》喝完一家又喝另一家地巡迴酒館［酒家］的人，連續到處喝酒的人；花天酒地的人。**2** Ⓒ〖拳擊〗…回合的比賽：a 10-*rounder* 一場十回合的比賽。**3**［～s，當單數用］《英》一種類似棒球的遊戲《後蛻變成棒球》。

róund-éyed *adj.*（因驚訝、感嘆等而）睜大眼睛的。

róund hánd *n.* Ⓒ 圓潤豐滿的筆跡，圓形字體《主要爲製圖用之字母》。

Róund·hèad《因頭髮剪短而被保王黨所取之綽號》**—*n.*** Ⓒ（十七世紀英國的）圓顱黨員，議會派或清教派分子 (Parliamentarian)《1642–49 年英國內亂 (Civil War) 時與留長髮之保王黨員［騎士黨員］(Cavalier) 敵對的議會派清教徒》。

róund·hòuse *n.* Ⓒ **1**〖鐵路〗圓形火車頭車庫《中央有轉換火車頭方向用之轉車臺 (turntable)》。**2**〖航海〗（從前的帆船的）後甲板室。

róund·ish [ˈraundɪʃ; ˈraundiʃ] *adj.* 略圓的，稍圓的。

R

róund·ly *adv.* **1** 圓圓地，呈圓形地。 **2** 有力地，活潑地；激烈地，不容情地，嚴厲地。 **3** 充分地，完全地： We were ~ defeated. 我們遭到慘敗。
róund róbin *n.* Ⓒ **1** (爲隱蔽署名者之次序而)署名排列成圓形的請願書(等)。 **2** 《美》(網球、西洋棋等的)循環賽。
róund-shóuldered *adj.* 圓肩的，肩部前屈的，削肩的。
rounds·man ['raundzmən; 'raundzmən] *n.* Ⓒ (*pl.* **-men** [-mən; -mən]) **1** 《英》推銷員，外務員，送貨員：a milk ~ 牛奶送貨員。 **2** 《美》巡邏者；(尤指指揮一組巡警的)巡官。
róund stèak *n.* Ⓒ牛後腿上部之肉。
róund tàble *n.* **1 a** Ⓒ圓形桌，圓桌。 **b** Ⓤ圓桌會議。 **c** Ⓤ[集合稱]圓桌會議的與會者。 **2** [**the R~ T~**] **a** 亞瑟(Arthur)王爲了不分其屬下武士地位的高低而使他們坐成圓形的大理石圓桌。 **b** [集合稱]圓桌武士《★用法視爲一整體時當單數用，指全部個體時當複數用》。

【說明】根據十二世紀的亞瑟王稗史，英國的傳奇性英雄亞瑟王(King Arthur)爲了不分武士[騎士]們地位的高低而使他們於聚會時坐圓桌。而享有資格在這圓桌佔一席座位的武士就是圓桌武士(the Knights of the Round Table). 他們的首要任務是冒險犯難尋找相傳耶穌於最後的晚餐所使用而後來流失的聖杯(the Holy Grail). 在今天國與國之間的重要會議上有時候爲避免兩國代表分坐左右兩方，亦使用圓桌。

R

róund-tàble *adj.* [用在名詞前]圓桌的：a ~ conference [discussion] 圓桌會議；非正式的討論。
róund-the-clóck *adj.* 《英》=around-the-clock.
róund-the-wórld *adj.* 《英》=around-the-world.
róund tríp *n.* Ⓒ **1** 來回旅行，雙程旅行。 **2** 周遊旅行。
róund-tríp *adj.* 《美》來回(旅行)的(《英》return)：a ~ ticket 來回票。
róund·ùp *n.* Ⓒ **1** 《美·澳》**a** 家畜之驅集。 **b** [集合稱]驅集[趕攏]的家畜。 **2** 〔一夥罪犯等之〕搜捕，圍捕，兜捕，逮捕〔*of*〕：the attempted ~ *of* a gang 圍捕犯罪集團的企圖。 **3** 〔新聞等的〕摘要報導，綜述〔*of*〕.
róund·wòrm *n.* Ⓒ《動物》蛔蟲。
rouse [rauz; rauz] *v.t.* **1 a** 〔+受〕喚醒〈人〉，叫〈人〉起來：The noise ~*d* him. 那噪音驚醒了他。 **b** 〔+受+介+(代)名〕使〈人〉〔從睡眠中等〕醒來〔*from, out of*〕：The sound ~*d* him *from* sleep [his reflections]. 那噪音使他從睡眠[沉思]中醒來。
2 a 〔+受〕鼓舞〈人〉，使…振作[奮起]；使…激動，使…激昂《★常用被動語態》：~ the audience 鼓舞聽衆/She shrieked when she *was* ~*d*. 她激動時尖聲喊叫。 **b** 〔+受〕[~ *oneself*]振作精神，奮起：The people ~*d themselves* and put up a stout resistance. 人民奮起進行頑抗。 **c** 〔+受+介+(代)名〕使〈人〉〔從無氣力、不活潑中〕奮起[振作起來]〔*from, out of*〕：~ a person *from* depression 使某人從沮喪之中振作起來。 **d** 〔+受+介+(代)名〕激起[刺激]〈人〉〔…〕〔*to*〕：The insult ~*d* him *to* anger. 那侮辱激怒了他。 **e** 〔+受+ *to* do〕激起，刺激〈人〉〈使做…〉：~ students *to* study 刺激學生讀書。
3 〔+受〕激發；激起，挑動，惹起〈感情〉；攪動…：~ a person's anger 惹起某人的憤怒/Her curiosity was ~*d*. 她的好奇心被挑動了起來。
4 〔+受+介+(代)名〕使〈獵物〉〔從樹叢等之中〕飛起，將…〔自…中〕趕出〔*from, out of*〕：The dog ~*d* a hare *from* the bushes. 狗把兔趕出矮樹叢。
—*v.i.* 〔動(+副)〕 **1** 醒來〈*up*〉. **2** 振作起來，奮起〈*up*〉.
rous·er ['rauzɚ; 'rauzə] *n.* Ⓒ **1** 喚起者；激勵者。 **2** 《俚》最大者；最厲害者。
róus·ing *adj.* **1** 鼓舞的；使興奮的：a ~ sermon 鼓舞人心的[動人的]說教。 **2** [用在名詞前]熱烈的〈聲援等〉；興旺的〈貿易等〉：give three ~ cheers 熱烈地歡呼三次。 **3** 《口語》異常的，驚人的；荒謬的；很棒的；天大的：a ~ lie 天大的謊言[彌天大謊]/a ~ performance 很棒[極其精采]的表演。
Rous·seau [ru'so; 'ru:sou], **Jean-Jacques** [ʒɑ̃ʒɑk; ʒɑ̃:nʒɑ:k] *n.* 盧梭《1712–78；在瑞士出生的法國思想家、文學家》。
roust [raust; raust] *v.t.* 《俗》 **1** 激起…；驚起…〈*up*〉. **2** 驅逐…，將…逐出〈*out*〉.
roust·a·bout ['raustə,baut; 'raustəbaut] *n.* Ⓒ《美》 **1** 碼頭工人。 **2** (在油田做工的)半熟練工人。 **3** 馬戲場中的雜工。
rout¹ [raut; raut] *n.* **1** ⓊⒸ潰敗，潰散：put the enemy *to* ~ 擊潰敵人，使敵人潰敗[潰散]/The defeat turned to (a) ~. 這次敗得潰不成軍。 **2** Ⓒ《古》混亂無秩序的羣衆[集會]；烏合之衆。 **3** Ⓒ《古》社交聚會，大晚會。
—*v.t.* 擊潰，打垮…；使…潰敗[潰散]：The enemy was ~*ed*. 敵人被擊潰。
rout² [raut; raut] *v.t.* **1** 〈豬等〉以鼻挖掘〈土〉。 **2** 〔+受+副〕 **a** 找出，搜出…〈*out*〉. **b** (從牀鋪等)拖出…〈*out*〉. **3** 〔+受+副〕將〈人〉(從睡眠中)叫起來〈*up*〉.
—*v.i.* 〈豬等〉以鼻挖土(root).
route** [rut, raut; ru:t] 《源自拉丁文「被開闢的路」之義》**—n.* Ⓒ **1** 路，路線；途徑；航線：an air ~ 航空路線/the great circle ~ 大圈航線/take one's ~ 行進，(向…而)去。

【說明】美國的主要道路編有號碼。例如第六十六號公路稱爲 Route 66；cf. road【說明】

2 《美》(牛奶、報紙等的)送貨區域。
gò the róute 〖棒球〗《口語》(投手)投完整場比賽。
—*v.t.* **1** 〔+受+介+(代)名〕〔由…路線〕發送〈貨物等〉〔*by, through*〕：~ the goods *through* the Panama Canal 經由巴拿馬運河運輸貨物。 **2** 〔+受〕給…決定[安排]路線：~ one's tour 安排觀光路線。
róute màrch *n.* ⒸⓊ〖軍〗便步行軍，路上行軍。
róute stèp *n.* Ⓤ〖軍〗便步。
rou·tine** [ru'tin; ru:'ti:n] 《源自法語 'route'(路)》**—n.* ⓊⒸ **1 a** 例行公事，日常的工作[課程]：daily ~ 日常事務，日課/establish a (new) ~ 新增日課，增加日常的工作。 **b** 慣例；程序，機械式的[一成不變的]運作，常規。 **2** 《美》〖演藝〗老套的動作[演技]。 **3** 〖電算〗常式[例行程序]《藉程式實行的電子計算機[電腦]的一系列作業》。
—*adj.* (無比較級、最高級) **1** 日常的，定期的，例行的：~ business 例行業務/a ~ inspection 定期檢查。 **2** [用在名詞前]一成不變的，機械式的，死板的。 **~·ly** *adv.*
rou·tin·ize [ru'tinaɪz; ru:'ti:naiz] *v.t.* 使…成慣例。
roux [ru; ru:] 《源自法語「紅棕色的(奶油)」之義》**—***n.* (*pl.* ~ [~z; ~z]) Ⓒ[當作菜名時爲Ⓤ](把牛油或奶油等油脂與麵粉混合炒成的)奶油麵粉糊《用以加濃調味汁或湯》。
rove¹ [rov; rouv] *v.i.* **1 a** (漫無目標地)走來走去，徘徊，漂泊，流浪，漫遊。 **b** 〔+介+(代)名〕走[漫遊，流浪]遍〔廣闊的地區〕〔*through, over*〕：These tribes ~*d through* the uninhabited areas hunting game. 這些部族爲了尋找獵物走遍了那無人地區。 **2** 〔動(+介+(代)名)〕〈眼睛〉〔環視…而〕轉來轉去〔*around, about*〕：His eyes ~*d* (*around* the room). 他的眼睛轉來轉去(環視房間)。
—*v.t.* 〔+受〕在〈某地〉徘徊，流浪，漫遊，漂泊：~ the world 漫遊世界。
—*n.* Ⓤ[常 **the** ~]漫步，遊蕩，徘徊，漂泊，流浪：on *the* ~ 徘徊著，漂泊著。
rove² [rov; rouv] *v.* reeve¹ 的過去式·過去分詞。
róv·er *n.* Ⓒ **1** 《文語》漂泊者，流浪者。 **2** 海盜；海盜船。 **3** 〖箭術〗臨時選定的靶；遠靶；射遠靶者。 **4** (音樂會等的)站位。 **5** (十八歲以上的)男童子軍。
róv·ing *adj.* 流浪的，流動的，移動的，無定所的，不固定的：a ~ life 流浪生活。
róving commission *n.* Ⓒ **1** (調查員等的)自由旅行權。 **2** 《口語》要東奔西走的工作。
róving éye *n.* [**a** ~](不斷地轉向異性的)性的關注[興趣]，好色：have *a* ~ 好色，風流成性，水性楊花。
‡**row**¹ [ro; rou] *n.* **1** Ⓒ(通常指排成直線之人、物之)(一)列，(一)排，(一)行：a ~ of houses 一排房屋/a ~ of trees 一排樹/a ~ of teeth 一排牙齒。 **2** Ⓒ(劇院、教室等的)(橫排的)一排座位(cf. line)：in the front ~ 在頭排，在最前排。 **3 a** Ⓒ(兩側有成排的房屋的)路，街道。 **b** [**R**~；當街道名稱用]《英》…街，…道：Rochester *R*~ 羅契斯特街《London 的一條街名》。
a hárd [**lóng**] **rów to hóe** 一件困難的工作《★原爲難耕的田壟之意》。
in a rów (1)成一排：stand *in a* ~ (橫地)站成一排/Set the glasses *in a* ~. 把酒杯排成一排。(2)連續地：He won three games *in a* ~. 他連續贏了三局。
in róws 成數排，排列著。
‡**row**² [ro; rou] *v.i.* **1 a** (用槳)划船[舟]：I'll steer; you ~. 我來掌舵，你來划。 **b** 〔+副詞(片語)〕划船[舟]而去(…)：We ~*ed out.* 我們划出去/He ~*ed down* the river. 他划向河流的下游。
2 〔+介+(代)名〕 **a** 〔作爲…的一員〕參加划船比賽〔*in*〕：~ *in* the Oxford boat 成爲牛津大學選手參加划船比賽。 **b** 參加〔對抗…的〕划船比賽〔*against*〕：They ~*ed against* the Oxford crew. 他們與牛津大學隊進行划船比賽。
—*v.t.* **1** 〔+受〕 **a** 划〈船〉：Let's ~ a boat. 我們來划船吧。 **b** 以〈某一速度〉盪槳[划槳]：We ~*ed* 30 (strokes) to the minute. 我們一分鐘划槳三十下。 **c** 划〈第幾號槳〉：He ~*s* (No.) 4 in the Cambridge crew. 他在劍橋大學隊中划第四號《他是劍橋隊中的四號槳手》。
2 〔+受+副詞(片語)〕划船載運…(至…)：He ~*ed* us *up* [*down, across*] (the river). 他划船載我們到上游[到下游，渡過河]/He was ~*ed to* (the) shore. 他被載到岸上。

3 〔十受〕參加〈划船比賽〉：They began ～*ing* a race. 他們開始划船競賽。

—*n.* [a ～] **1** 划，划船，划船遊樂：Come for *a* ～ with me! 跟我來划船吧！

2 划船的距離[時間]：It is *a* long ～ to the island. 划船到那個島需時很久。

row³ [raʊ; rau]《口語》*n.* **1** Ⓒ(有時附帶激烈行動的)大吵架，口角，爭吵：He had a ～ *with* his wife. 他跟太太大吵了一架。

2 [用單數]喧鬧聲；噪音：make [kick up] a ～ 發出大聲響，喧鬧，騷動/What's the ～？發生了什麼事？

3 Ⓒ《英》(被)斥責，(挨)罵：get into a ～受責罵/There will be a ～ if we get found out. 如果被發現，我們會挨一頓罵。

—*v.i.* **1** 吵鬧；吵架，爭吵，口角。

2 〔十介十(代)名〕〔爲…之事〕〔與人〕吵架[爭吵，口角]〔*with*〕〔*about, over*〕：Stop ～*ing* ***with*** your brother ***over*** [***about***] such trifling things. 不要爲了這種小事跟你弟弟[哥哥]吵架。

row·an [ˋroən, ˋraʊən; ˈrauən, ˈrouən] *n.* Ⓒ **1** (又作 **rów·an trèe**)《植物》《歐洲》花楸。**2** (又作 **rówan·bèrry**)《歐洲》花楸果。

rów·bòat [ˋro-; ˈrou-] *n.* Ⓒ《美》(用槳划的)船(《英》rowing boat)(⇨ boat【相關用語】)。

row·dy [ˋraʊdɪ; ˈraudi] *adj.* (**row·di·er**; **-di·est**)〈人、行爲〉暴戾的，粗暴的，兇暴的，好鬥的；喧嚷的，吵鬧的：Don't be so ～. 安靜一點！

—*n.* Ⓒ暴戾的[好鬥的，愛吵鬧的]人，流氓，地痞。

rów·di·ly [-dəlɪ; -dili] *adv.* **-di·ness** *n.*

rów·dy·ism [-ˏɪzəm; -izəm] *n.* Ⓤ暴戾，粗暴；粗野；吵鬧。

row·el [ˋraʊəl; ˈrauəl] *n.* Ⓒ(馬刺(spur)末端的)齒輪(⇨ spur 插圖)。

row·er [ˋroə; ˈrouə] **«源自 row²»—***n.* Ⓒ划船者，划手。

rów hòuse *n.* Ⓒ《美》連棟式住宅(《英》terraced house)《聯立的多間同型住宅中的一間》。

row·ing [ˋroɪŋ; ˈrouiŋ] *n.* **1** Ⓤ划船，划艇，划舟。**2** [當形容詞用]划船用的。

rówing bòat [ˋroɪŋ-; ˈrouiŋ-] *n.*《英》＝rowboat.

row·lock [ˋroˏlɑk, ˋrʌlək; ˈrɔlək, ˈroulɔk] *n.* Ⓒ《英》槳架，橈架，櫓架(《美》oarlock)。

Roy [rɔɪ; rɔi] *n.* 羅伊《男子名》。

***roy·al** [ˋrɔɪəl; ˈrɔiəl] *adj.* [用在名詞前](無比較級、最高級) **1 a** [常 R～]國王[女王]的；王室的，皇家的：a ～ family [palace] 王室[宮]/a ～ house皇家/of the blood ～ 皇族的/a *R*～ Princess 公主/*R*～ "we" ⇨ we 2 ★. **b** 出自國[女]王的，國[女]王所賜給的：～ assent 國王的批准《在英國凡是國會通過的法案必須得到國王形式上的批准》。

2 [常 R～]《英》受國王保護的；在王權之下的；敕立的，敕建的《★用於公共機構、協會、團體等的名稱，但不一定是「敕立」》：the *R*～ Courts of Justice 皇家法院《在倫敦(London)市 Strand 街的高等法院》/the *R*～ Botanic Gardens 皇家植物園《指邱植物園(the Kew Gardens)》/the *R*～ Opera House 皇家歌劇院《指科芬特花園的歌劇院(the Covent Garden Theatre)》.

3 a 像王者的，與王者相稱的，崇高的，高貴的，莊嚴的；寬容[寬大]的：～ pomp 像王者的[莊嚴的]華麗。**b**《口語》堂皇的，很有氣派的；極好的，極佳的；大形的，非常大的；非常重要的；(顏色)深艷的，鮮亮的：have a ～ time 盡歡，過得極爲愉快/a (right) ～ feast 盛宴/a ～ welcome 盛大的歡迎/in ～ spirits 精神很好[情緒極佳]。

—*n.* Ⓒ《口語》王族。

Róyal Acàdemícian *n.* Ⓒ(英國)皇家藝術院院士；學會或學士院會員《略作 R.A.》.

Róyal Acádemy *n.* [the ～](英國)皇家藝術學會《1768 年創設；略作R.A.；⇨ academy 3》.

Róyal Áir Fòrce *n.* [the ～]英國(皇家)空軍《略作 RAF, R.A.F.》.

róyal blúe *n.* Ⓤ深藍色。

Róyal Commíssion *n.* 英國(皇家)調查委員會《由首相推薦經皇室指派的調查委員會；負責對法的運用、社會、教育情形進行調查並向政府報告》。

róyal flúsh *n.* Ⓒ(撲克牌)同花大順《同一組花中最大牌的連續五張；⇨ poker²【說明】》。

Róyal Híghness *n.* [Your ～ 用於稱呼；常 His [Her] ～, Their ～es]《英》殿下：His～, Prince Charles 查理皇太子殿下。

Róyal Institútion *n.* [the ～]英國科學研究所《1799 年創設；以研究科學及促進民衆科學知識爲宗旨；略作R.I.》.

roy·al·ism [ˋrɔɪəlˏɪzəm; ˈrɔiəlizəm] *n.* Ⓤ尊王主義，保王主義，忠君主義。

róy·al·ist [-lɪst; -list] *n.* Ⓒ **1 a** 尊王者，保皇者。**b** [R～](十七世紀英國清教徒革命時期的)保王黨員(Tory). **2**《美》保守主義者，頑固的保守政治家。

—*adj.* **1** 保皇[王]的，尊王的；保皇[王]黨的。**2** 尊王主義的，保皇[王]黨員的。

roy·al·is·tic [ˏrɔɪəˋlɪstɪk; ˌrɔiəˈlistik] *adj.* ＝royalist.

róyal jélly *n.* Ⓤ蜂王漿《由工蜂咽腺分泌的一種黏性物；用來餵幼蜂和幼女王蜂》。

roy·al·ly [ˋrɔɪəlɪ; ˈrɔiəli] *adv.* **1** 作爲王地；像國王地；莊嚴地；輝煌地，燦爛地。**2**《口語》大大地，大規模地。

Róyal Marínes *n.* [the ～]英國海軍陸戰隊(《美》Marine Corps).

róyal mást *n.* Ⓒ《航海》最上桅。

Róyal Nával Àir Sèrvice *n.* [the ～]英國(皇家)海軍航空隊《略作 R.N.A.S.》.

Róyal Návy *n.* [the ～]英國(皇家)海軍《略作 R.N.》.

róyal pálm *n.* Ⓒ大王椰《美國佛羅里達州南部及古巴產的一種高大、優美、羽狀葉的棕櫚；樹幹稍稍發白，底部較大》。

róyal prerógative *n.* [the ～；常 R～ P～]國王[女王]的特權，大權。

róyal púrple *n.* Ⓤ深藍紫色。

róyal róad *n.* Ⓒ平坦易行的道路，捷徑，近路：There is no ～ *to* learning.《諺》學無坦途，學問無捷徑。

Róyal Society *n.* [the ～]皇家學會《成立於 1662 年；正式名稱爲 the Royal Society of London for Improving Natural Knowledge; 略作 R.S.》：a Fellow of *the* ～ 皇家學會會員《略作 F.R.S.》.

roy·al·ty [ˋrɔɪəltɪ; ˈrɔiəlti] **«royal 的名詞»—***n.* **1** Ⓤ **a** 王位；王權。**b** 國王的尊嚴，王威；王者之風。

2 a Ⓒ皇族的一員。**b** Ⓤ[集合稱]皇族，王室(★用法視爲一整體時當單數用，指全部個體時當複數用)。

3 Ⓒ **a** 專利權使用費。**b** (著作、樂曲等的)版稅，著作權使用費；(戲劇的)上演稅[權利金]：a ～ of ten percent *on* a book 一本書的一成版稅/an advance against *royalties* 預付的版稅。**c** 礦場[油田]使用費。

Roz·i·nan·te [ˏrɑznˋæntɪ; ˌrɔziˈnænti] *n.* ＝rosinante.

RP《略》Received Pronunciation.

r.p.m., RPM《略》revolutions per minute 每分鐘…轉。

rpt.《略》report.

R.R.《略》railroad.

R.S., RS《略》Royal Society.

RSFSR, R.S.F.S.R.《略》Russian Soviet Federated Socialist Republic.

R.S.P.C.A., RSPCA《略》Royal Society for the Prevention of Cruelty to Animals 英國動物保護會。

R.S.V.《略》Revised Standard Version (of the Bible).

R.S.V.P.《略》Répondez s'il vous plaît《敬請答覆(Please reply.)；★附於請柬等的用語；cf. invitation【說明】》。

rt.《略》right.

Rt. Hon.《略》Right Honorable.

Ru《符號》《化學》ruthenium.

‡**rub** [rʌb; rʌb] (**rubbed**; **rub·bing**) *v.t.* **1** 摩擦：**a** 〔十受〕以手擦，摩擦，揉〈物、物之表面〉：He *rubbed* his eyes and yawned. 他揉揉眼睛打呵欠。**b** 〔十受(十副)〕互相摩擦…，使…相擦，搓…〈*together*〉：He *rubbed* his hands ***together***. 他搓著雙手(★常爲寒冷或滿意時的動作)。**c** 〔十受十介十(代)名〕〔以…〕擦，擦亮，擦拭，揩拭，磨光〈物〉〔*with*〕：*R*～ your feet ***with*** the ointment. 用軟膏擦擦脚吧。**d** 〔十受十補〕擦[拭]〈物〉〈使變成…〉：He *rubbed* himself dry with a towel. 他用毛巾擦乾身體。**e** 〔十受十介十(代)名〕〔在…〕磨成…〔*in*〕：He *rubbed* a hole ***in*** the knees of his trousers. 他在褲子的膝蓋上磨了一個洞。

2 〔十受十介十(代)名〕**a** 〔在…上〕擦，摩擦〈身體等〉〔*against, on, over*〕：The cat was *rubbing* itself [its head] ***against*** her legs. 那隻貓在她腿上摩擦身體[頭]。**b** 〔在…〕擦，塗，抹〈蠟、藥、化粧品等〉〔*on, over, in, into*〕：～ a lotion ***into*** one's face 擦化粧水使其滲入臉部。

3 a 〔十受十副〕將〈泥等〉擦掉，擦去，磨掉〈*off, away*〉：～ ***off*** the mud 把泥巴擦掉/I've *rubbed* the skin ***off***. 我把皮膚擦破了。**b** 〔十受(十副)十介十(代)名〕〔從…上〕擦掉，拭去，揩掉〈泥等〉〈*off*〉〔*off, from, out of*〕：～ the mud ***off*** one's shoes擦掉鞋上的泥/～ ***off*** the dirt ***from*** one's boots 從靴上擦掉灰泥。

—*v.i.* **1 a** 〔十介十(代)名〕擦，摩擦[到…]〔*against, on, upon*〕：The wheel is *rubbing* ***against*** something. 車輪擦到某種東西/The cat *rubbed against* her. 那隻貓以身體摩擦她。**b** 〔十副〕相擦〈*together*〉.

2 〔十副〕被擦掉〈*off, out*〉：Chalk ～*s* ***off*** easily. 粉筆容易被擦掉/Ink stains don't ～ ***out***. 墨漬擦不掉。

rúb alóng《*vi adv*》《英口語》(1)費力進行，勉强維持下去：He is *rubbing along* by doing a part-time job. 他靠兼差勉强糊口。(2)相安無事，和睦相處：We *rubbed along* quite well. 我們

R

相處得很好/They managed to ～ *along* together. 他們終於和睦相處。
rúb dówn 《*vt adv*》(1)擦淨〈身體〉，擦拭[乾]…：～ *down* a horse 把馬全身擦淨/I ～ myself *down with* a rough towel every morning. 我每天早上用粗毛巾擦淨身體。(2)磨平，磨光…；給予…最後的琢磨：She *rubbed* the chair *down with* sandpaper. 她用沙紙磨光椅子。—《*vi adv*》(3)擦拭，擦乾。
rúb ín 《*vt adv*》將〈塗敷用藥等〉擦入，塗敷…。
rúb it ín 《口語》(惡意地)把教訓、別人的失敗等反覆地講：The situation was embarrassing enough without having you ～ *it in*. 不消你一再講，情況已夠令人困窘了/All right, all right. There is no need to ～ *it in*. 好啦，好啦，不必反覆地嘮叨了！
rúb óff on to [**ònto**]…(接觸而)移傳[染，沾]到…上，給予…影響：His way of thinking *rubbed off onto* me. 他的想法傳染了給我[我受他的影響也持有他的想法]。
rúb ón 《*vi adv*》＝RUB along.
rúb óut 《*vt adv*》(1)擦掉，抹掉…：I *rubbed out* the pencil marks[my mistakes].我把鉛筆筆跡[錯誤]擦掉。(2)《俚》殺掉，幹掉〈人〉。—《*vi adv*》(3)⇨ *v.i.* 2.
rúb a person **the ríght wáy** 使〈人〉滿意[高興]，迎合〈人〉。
rúb úp 《*vt adv*》(1)充分地擦…；擦亮，擦淨…：Please ～ *up* these silver spoons. 請把這些銀湯匙擦乾淨《★比較 一般用 polish》. (2)溫習，復習…：I must ～ *up* my Greek. 我得重新溫習希臘文《★比較 一般用 brush up》. (3)重溫〈記憶〉：I'll try to ～ *up* my memory. 我將設法回憶起來。
rúb úp agàinst… 接觸，接近〈人〉。
rúb a person (**úp**) **the wróng wáy** 惹怒某人，困擾…，使…困惑，使…焦急(irritate)《★因貓被倒撫毛即發怒，故稱》。
—*n.* **1** [**a** ～]擦，摩擦：She always gives the plate *a* good ～. 她經常把餐具擦得乾乾淨淨。
2 Ⓒ[**the** ～]障礙，困難：There's *the* ～. 難處就在這裏了《★出自莎士比亞(Shakespeare)的「哈姆雷特」》/*the* ～*s* and worries of life 人生的辛酸。
3 Ⓒ傷害感情的事，指桑罵槐，挖苦的話。
rub-a-dub [ˈrʌbəˌdʌb, ˌrʌbəˈdʌb; ˈrʌbədʌb] 《擬聲語》—*n.* Ⓤ咚咚(聲)《鼓聲》。
‡**rub·ber**[1] [ˈrʌbɚ; ˈrʌbə] 《源自 rub 因被用作橡皮擦》—*n.* **A 1** Ⓤ **a** 橡皮，橡膠，生橡膠。**b** 人造橡膠，人造橡皮。
2 Ⓒ橡膠製品：**a** 《英》橡皮擦。**b** (又作 **rúbber bánd**)橡皮筋，橡皮圈。**c** (又作 **rúbber shéath**)《美口語》保險套。
3 Ⓒ[常～s] **a** 《美》(橡膠製的防水)鞋套。**b** 《英》(攀岩用的)膠底運動鞋。
4 [**the** ～]《棒球》投手板；本壘。
—**B** Ⓒ **1** 按摩師。**2** 磨(刀)石；粗銼；沙紙；磨沙。**3 a** 摩擦[擦拭]者[物]。**b** 黑板[石板]擦。**c** (浴後擦拭用的)毛巾。
—*adj.* [用在名詞前]橡皮(製)的：a ～ boat 橡皮艇[舟]/～ boots 橡膠靴/～ cloth 膠布。
rub·ber[2] [ˈrʌbɚ; ˈrʌbə] *n.* 《紙牌戲》**1** Ⓒ(橋牌等的)連續三盤的一局比賽：have[play]a ～ of bridge 做一局三盤的橋牌比賽。**2** [**the** ～]三盤比賽中的兩勝；三盤比賽中決定勝負的一次比賽。
rúbber chéck 《因反彈的球會跳回來故稱》—*n.* Ⓒ《俚》(被銀行退回的)空頭支票。
rúbber dínghy *n.* Ⓒ(以空氣吹脹的)充氣橡皮艇《★比較《美》一般用 rubber boat》.
rub·ber·ize [ˈrʌbəˌraɪz; ˈrʌbəraiz] *v.t.* 給〈布〉塗上橡膠。
rub·ber·ized [ˈrʌbəˌraɪzd; ˈrʌbəraizd] *adj.* 《美》塗敷或灌入橡膠的；經橡膠處理的：～cloth 橡膠布《表面塗有橡膠以防水，用以製雨具等者》。
rúbber·nèck 《美口語》 *n.* Ⓒ **1** 引頸而望者；好奇觀覽者。**2** 觀光客(sightseer).
—*adj.* [用在名詞前]供遊覽(使用)的：a ～ bus 遊覽汽車。
—*v.i.* 引頸而望，好奇觀覽；東張西望。
rúbber plánt *n.* Ⓒ《植物》**1** 榕乳樹《又稱印度橡膠樹(Ficus elastica)；原產於印度、馬來羣島；葉呈橢圓形而有光澤；爲室內裝飾用之觀賞植物》。**2** 橡膠樹《可採集天然橡膠的樹之統稱》。
rúbber stámp *n.* Ⓒ **1** 橡皮圖章。**2** 《輕蔑》瞎蓋章的人；官樣文章式的批准；不加思考就贊同或批准的人或機關等。
rúbber-stámp *v.t.* **1** 蓋橡皮圖章於…。**2** 《輕蔑》不加思考就贊同或批准〈計畫、建議、法案等〉；瞎蓋章於…。
rúbber trèe *n.* Ⓒ《植物》橡膠樹《可採製橡膠》。
rub·ber·y [ˈrʌbərɪ; ˈrʌbəri] 《rubber[1] 的形容詞》—*adj.* 似橡皮的；有彈性的：～ meat 強韌(而不好吃)的肉。
rúb·bing *n.* **1** ⓊⒸ擦；摩擦；按摩。**2** Ⓒ(碑銘等的)摹拓，搨本。
rub·bish [ˈrʌbɪʃ; ˈrʌbiʃ] *n.* Ⓤ**1** 垃圾，破爛，廢物；無用之物。**2** 無聊的想法[話]，荒唐之事(nonsense).
—*interj.* 無聊！廢話！荒唐！
rúbbish bìn *n.* Ⓒ《英》垃圾桶。

> 【同義字】rubbish bin 爲屋內用的垃圾桶，dustbin 爲屋外用的垃圾桶。

rub·bish·y [ˈrʌbɪʃɪ; ˈrʌbiʃi] 《rubbish 的形容詞》—*adj.* **1** 垃圾的，廢物的。**2** 無聊的，無價值的。
rub·ble [ˈrʌbl̩; ˈrʌbl] *n.* Ⓤ**1** (石頭、磚瓦等的)破片，瓦礫。**2** 粗石，碎石，毛石《用於地基工程等的打碎石塊》。
rúbble·wòrk *n.* Ⓤ碎石構造物；表面粗糙之石建築物。
rub·bly [ˈrʌblɪ; ˈrʌbli] *adj.* (**rub·bli·er**；**-bli·est**)多碎石[瓦礫]的；由毛石砌成的。
rúb·dòwn, rúb dòwn *n.* [**a** ～]全身摩擦，按摩：give a person *a* ～ 幫某人按摩/*a* brisk ～ with a rough towel 用粗糙毛巾輕快的摩擦/have *a* ～ with a wet towel 以濕毛巾擦全身。
ru·be·fa·cient [ˌrubəˈfeʃənt; ˌru:biˈfeiʃjənt] *adj.* 《醫》使皮膚發紅的。
—*n.* Ⓒ使皮膚發紅的藥劑；發紅劑；紅皮劑。
ru·bel·la [ruˈbɛlə; ru:ˈbelə] *n.* Ⓤ《醫》風疹，德國痲疹(German measles).
Ru·bens [ˈrubɪnz; ˈru:binz], **Peter Paul** *n.* 魯賓斯《1577–1640; 法蘭德斯(Flanders)的畫家》。
ru·be·o·la [ruˈbiələ; ru:ˈbi:ələ] *n.* Ⓤ《醫》**1** 紅疹。**2** 德國痲疹，風疹。
ru·bes·cent [ruˈbɛsn̩t; ru:ˈbesnt] *adj.* 發紅的。
Ru·bi·con [ˈrúbɪˌkɑn; ˈru:bikən] *n.* [**the** ～]盧比孔河《義大利中部的一條河》。
cróss[**páss**] **the Rúbicon** 採取斷然手段，下重大決心，孤注一擲，破斧沉舟。

> 【字源】盧比孔河爲古羅馬凱撒(Caesar)的領地與義大利之間的分界。凱撒喊一聲「骰子已經擲出(The die is cast.(⇨die[2]))」渡過這條河，與政敵龐培(Pompey)作最後決戰，取得羅馬的政權。對於凱撒而言，要渡盧比孔河無異於要越過無法復返的最後一線，所以有 cross [pass] the Rubicon 的說法。

ru·bi·cund [ˈrubəˌkʌnd; ˈru:bikənd] *adj.* 《文語・謔》〈人〉臉色紅潤狀似健康的；〈臉〉帶紅色的，臉色好看的。
ru·bid·i·um [ruˈbɪdɪəm; ru:ˈbidiəm] *n.* Ⓤ《化學》銣《一種金屬元素；符號 Rb》.
Rú·bik's Cúbe [ˈrubɪks-; ˈru:biks-] 《源自發明者匈牙利數學家姓氏》—*n.* Ⓒ《商標》魔術方塊《一種形狀如骰子的拼色益智玩具》。
ru·ble [ˈrubl; ˈru:bl] 《源自俄語「銀棒」之義》—*n.* Ⓒ盧布《蘇聯的貨幣單位；相當於 100 戈比(kopecks)；符號 R, r.》.
ru·bric [ˈrubrɪk; ˈru:brik] *n.* Ⓒ**1 a** 朱字，朱色印刷，紅字標題。**b** (書籍章節等之)標題。**c** 項目，部門(class). **2** 《基督教》禮拜規程；教儀《經書或祈禱書中用紅色印刷之說明；指示教徒行某一禮節，如跪、坐或誦讀某段祈禱文》。
rú·bri·cal [-brɪkl; -brikl] *adj.*
ru·bri·cate [ˈrubrɪˌket; ˈru:brikeit] *v.t.* **1 a** 將…弄成紅字，用紅字寫[印刷]…。**b** 加紅色標題於…。**2** 以禮拜規程規定…。
ru·by [ˈrubɪ; ˈru:bi] 《源自拉丁文「紅的」之義》—*n.* **1** Ⓤ[指寶石個體時爲Ⓒ]紅寶石(⇨ birthstone 表)。**2** Ⓤ紅寶石色，鮮紅色。**3** Ⓤ《英》《印刷》細鉛字(《美》agate)《5½ 磅因的鉛字》。
—*adj.* [用在名詞前]紅寶石色的，鮮紅的：her ～ lips 她鮮紅的嘴唇。
Ru·by [ˈrubɪ; ˈru:bi] *n.* 露比《女子名》。
rúby gláss *n.* Ⓤ深紅色玻璃。
ruche [ruʃ; ru:ʃ] *n.* Ⓒ婦女衣服上的褶帶或褶布等。
ruck[1] [rʌk; rʌk] *n.* **1** Ⓒ多數，多量[的…] [*of*]：a ～ *of* people [players]衆多的人[選手]。**2** [**the** ～] **a** 雜七雜八的一堆，破爛，廢物；羣衆。**b** (賽馬中)落伍的馬羣。**3** Ⓒ《橄欖球》拉克《當球在地上時，兩隊球員身體互相接觸圍繞在球四周所形成的狀態》。
ruck[2] [rʌk; rʌk] *n.* Ⓒ(布等的)皺，褶。
—*v.i.* & *v.t.* [十副](使…)變皺〈*up*〉.
ruck·sack [ˈrʌkˌsæk, ˈrʊk-; ˈrʌksæk, ˈruk-] 《源自德語》—*n.* Ⓒ(登山用的)軟式背囊。
ruck·us [ˈrʌkəs; ˈrʌkəs] 《*ruc*tion 和 rump*us* 的混合語》—*n.* Ⓒ[常用單數]《美俚》吵鬧，吵嚷，騷動：raise a ～ 引起爭吵。
ruc·tion [ˈrʌkʃən; ˈrʌkʃn] *n.* [《美》**a** ～；《英》～**s**]《口語》**1** 吵鬧，吵嚷，騷動。**2** 強烈的抱怨[抗議]。
rud·der [ˈrʌdɚ; ˈrʌdə] *n.* Ⓒ**1 a** (船的)舵(⇨ sailboat 插圖)。**b** (飛機的)方向舵。**2** 領導者；指針。
rúdder·less *adj.* **1** 無舵的。**2** 無領導者的。
rud·di·ly [ˈrʌdɪlɪ; ˈrʌdəli] *adv.* 呈赤紅色地。
rud·di·ness [ˈrʌdɪnɪs; ˈrʌdinis] *n.* Ⓤ紅色；紅潤；好氣色。
rud·dle [ˈrʌdl̩; ˈrʌdl] *n.* Ⓤ紅土，代赭石(redocher)《尤指塗於羊身上作爲記號用》。
—*v.t.* 用紅土作紅色記號於〈羊〉身上。

rud·dy [ˋrʌdɪ; ˈrʌdi] «源自古英語「紅的」之義»—*adj.* (**rud·di·er**; **-di·est**) **1 a** 〈臉等〉紅潤的，膚色紅潤好看的：a ~ complexion 紅潤的膚色。**b**《文語》紅的，微紅的。**2** [用在名詞前] [用以加强語氣]《英俚》討厭的，可惡的《★bloody 的委婉語》：You've got a ~ nerve！你臉皮眞厚！
—*adv.* [用以加强語氣]《英俚》很，非常：You'd ~ well better do it. 你最好做這件事《★恐嚇的說法》。

‡**rude** [rud; ru:d] «源自拉丁文「生[未煮]的」之義»—*adj.* (**rud·er**; **-est**) **1** 無禮貌的：**a**〈人、行爲〉粗野的，不禮貌的，無禮的：say ~ things 說粗魯話/answer in a ~ tone 以不禮貌的語氣回答/Would it be ~ to inquire where you come from? 恕我冒昧請問你是哪裏人？**b** [不用在名詞前]〔十*of*十(代)名(十*to* do)/十*to* do〕〈人〉〈做…是〉不禮貌的；〈人〉〈做…是〉不禮貌的：It was ~ *of* you *to* point at her. = You were ~ *to* point at her. 你用手指她是不禮貌的/It is ~ *of* me *to* have kept you waiting. 讓你等，我很失禮。**c** [不用在名詞前]〔十介十(代)名〕〔對…〕不禮貌的〔*to*〕：People should not be ~ *to* each other. 人們不應該互相失禮。
2 [用在名詞前]〈無比較級、最高級〉**a** 未加工的，生的；未完成的：~ ore 原礦。**b** 粗製的；粗笨的：a ~ wooden bench 粗陋的長木凳。**c** 無教養的；野蠻的〈人〉。
3 [用在名詞前] 突然的，粗暴的；猛烈的：⇨ rude AWAKENING /a ~ shock 突然的衝擊/~ passions 大怒[激烈的感情]。
4 [用在名詞前] 粗壯的，强壯的：in ~ health 健壯的。
5 〈笑話等〉下流的，淫猥的；粗鹵的：a ~ joke 下流的笑話。
~·ness *n.*

rude·ly [ˋrudlɪ; ˈru:dli] *adv.* (**more** ~; **most** ~) **1** 無禮貌地，粗鹵地：He spoke very ~. 他講話很不禮貌。
2 粗陋地，粗製地；粗笨地。
3 突然，粗暴地，猛烈地。

ru·der·al [ˋrudərəl; ˈru:dərəl]《植物》*adj.* 生長在路旁或垃圾堆中的；生長在荒地的。
—*n.* Ⓒ生長於上述地帶之植物。

ru·di·ment [ˋrudəmənt; ˈru:dimənt] *n.* **1** [~s] **a** 基本，基礎(原理)〔*of*〕. **b** 初步；入門〔*of*〕. **2** Ⓒ《生物》退化[臍餘的]器官。

ru·di·men·tal [ˌrudəˋmɛntḷ; ˌru:diˈmentl] *adj.* = rudimentary.

ru·di·men·ta·ry [ˌrudəˋmɛntərɪ; ˌru:diˈmentəri] «rudiment 的形容詞»—*adj.* **1** 基本的；初步的：a ~ knowledge of anatomy 解剖學的基本知識。
2《生物》未發達的；早期的，形成期的；發育不全的，有痕跡的：a ~ organ 臍餘器官，遺廢器官，退化器官。

Ru·dolf, Ru·dolph [ˋrudalf; ˈru:dɔlf] *n.* 魯道夫《男子名》。

rue[1] [ru; ru:] «源自古英語「悲傷」之義» —*v.t.*《文語·諧》**1** 後悔，悔恨，懊悔；悲嘆；抱憾：You'll live to ~ it. 你總有一天會後悔這件事。**2**〔十 do*ing*〕後悔，悔恨；抱憾〈做了…〉：You'll ~ hav*ing* failed in the examination. 你會悔恨考試失敗。
rúe the dáy (when)... 後悔做了…：He ~*d the day* (*when*) he was born. 他後悔自己出生。

rue[2] [ru; ru:] *n.* Ⓤ《植物》芸香《葉苦而有强烈香味，用作興奮劑或刺激劑；★因發音與 rue[1] 同，自古用以象徵悲嘆或悛改等》。

rue·ful [ˋrufəl; ˈru:ful] *adj.* **1** 後悔的，悔恨的；悲傷的，悲哀的：a ~ smile 悲傷的微笑；帶悔意的微笑。**2** 可憐的，悲慘的：a ~ sight 悲慘的情景。**~·ly** [-fəlɪ; -fuli] *adv.* **~·ness** *n.*

ruff[1] [rʌf; rʌf] *n.* Ⓒ**1** 襞襟《十六至十七世紀間男女均使用的有圓形襞的白領》。**2** (鳥獸的)襞襟狀頸毛。

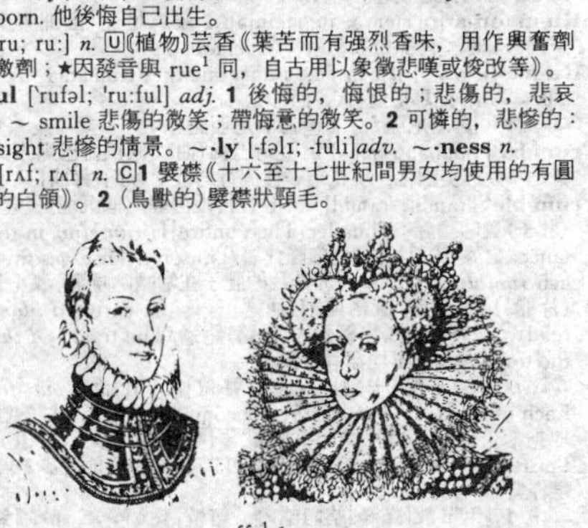

ruffs[1] 1

ruff[2] [rʌf; rʌf]《紙牌戲》*n.* Ⓤ用王牌取磴，出王牌：cross [double] ~ 與搭檔者交互出王牌。
—*v.i.* & *v.t.* 出王牌，用王牌取磴。

ruffed *adj.* **1** 有襞襟的。**2** 有襞襟狀頸毛的。

rúffed gróuse *n.* Ⓒ《鳥》流蘇松雞《北美洲產的一種松鷄》。

ruffed grouse

ruf·fi·an [ˋrʌfɪən; ˈrʌfjən] *n.* Ⓒ惡棍，流氓，無賴。

rúf·fi·an·ly *adj.* 惡棍的，流氓的；殘暴的，兇惡的，無法無天的。

ruf·fle[1] [ˋrʌfḷ; ˈrʌfl] *v.t.* **1**〔十受(十副)〕**a** 弄皺…，使…起波浪〈*up*〉：The wind ~*d* the water. 風吹皺了水面。**b** 攪亂〈頭髮等〉；使…起皺：He stood there with his hair ~*d* by the breeze. 他在那兒站著，微風吹亂了他的頭髮。
2 a〔十受(十副)〕〈鳥〉〈在發怒等時〉豎起〈羽毛〉〈*up*〉：The bird ~*d up* its feathers. 那隻鳥豎起羽毛。**b**〔十受〕擾亂，滋擾，騷擾〈人、心、安寧等〉；使…慌亂；使…焦躁，使…發怒《★常用被動語態》：Nothing ever ~*s* his serenity. 任何事情都攪亂不了他的安詳[不管有什麼事打擾，他總是處之泰然，安之若素]/Mary *is* not easily ~*d*. 瑪麗不容易被惹怒。
3〔十受〕**a** 迅速地連續翻過〈書頁等〉。**b** 洗〈紙牌〉。
4〔十受〕做褶紋於…，加褶邊於…。
—*v.i.* **1 a** 焦躁，發怒，發脾氣。**b**〔十介十(代)名〕〔對…〕生氣〔*at*〕：He ~*s at* the slightest criticism. 他稍微被批評一下就會生氣。
2 起波浪[波紋]；起皺，變皺。
—*n.* Ⓒ **1** 褶邊，襞飾。**2 a** 褶邊狀之物。**b** (鳥的)頸毛。**3** 興波起浪，漣漪，波紋。
4 動搖，忙亂；急躁，發怒：put a person in a ~ 使某人動搖[忙亂]；使某人急躁[生氣]/without ~ or excitement 不慌不忙《★無冠詞》。

ruffles[1] 1

ruf·fle[2] [ˋrʌfḷ; ˈrʌfl] *v.t.* 低聲連續地輕擂〈鼓〉。
—*n.* Ⓒ低沉而連續的輕擂鼓聲。

rúf·fled *adj.* **1** 有襞飾[褶邊]的；有皺領狀頸毛的。**2** 起皺的，變皺的；起漣漪[小波浪，波紋]的；被擾亂[惹怒]的。

***rug** [rʌg; rʌg] *n.* Ⓒ**1** (鋪在地板的一部分，尤指壁爐前的)地毯《★比較與 carpet 有所不同，即不接合而單塊使用，且不覆蓋全部地板》。**2**《英》蓋膝厚毯(《美》lap robe)：a traveling ~ 旅行用蓋膝厚毯。**3**《美俚》(男子用)假髮，假髮絡。
púll the rúg (óut) from ùnder a person = pull the CARPET from under a person.
swéep ... ùnder the rúg《美口語》= sweep ... under the CARPET.

***rug·by** [ˋrʌgbɪ; ˈrʌgbi] *n.* [常 R~](又作 **rúgby fóotball**)Ⓤ橄欖球(⇨ football 1).

【字源】在英國(英式)足球(在英國稱 association football, 在美國稱 soccer)曾經在各私立寄宿學校(public school)作爲教育的一環受到重視。據說在拉戈比學校(Rugby School)舉行的一次足球賽中，有一名學生犯規而帶球跑，於是把帶球跑的趣味性引進足球中，產生了橄欖球(Rugby football)賽。

Rug·by [ˋrʌgbɪ; ˈrʌgbi] *n.* 拉戈比：**1** 英國中部的一個城市《市內有拉戈比學校(Rugby School)》. **2** = Rugby School. **3** = rugby.

Rúgby Schòol *n.* 拉戈比學校《設在拉戈比(Rugby)市的一所著名的私立寄宿學校(public school)；創立於 1567 年》。

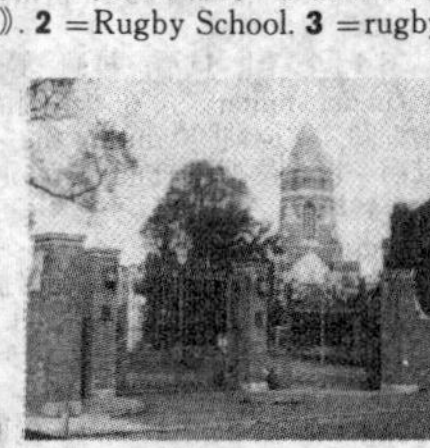

Rugby School

rug·ged [ˋrʌgɪd; ˈrʌgid] *adj.* (~·**er**; ~·**est**) **1 a** 凹凸不平的，多起伏的，崎嶇的；多岩石的：a ~ mountain 多岩石的山/a ~ road 崎嶇不平的路。**b**〈臉〉有(深)皺紋的；皺眉蹙額的，粗線條的：~ features 粗獷的容貌。**2**〈人、性格等〉未經陶冶琢磨的，粗野的，粗鹵的；粗魯而不矯飾的：~ kindness 粗魯而樸實的好意。**3**〈聲音等〉刺耳的。**4**〈生活、訓練等〉苦的，難受的，艱難的，嚴格的：~ training 嚴格的訓練/live a ~ life 過艱苦的生活/have a ~ time 吃苦。**5** 强壯的，强健的；堅固的，結實的。**6**〈天氣等〉狂暴的，惡劣的。**~·ly** *adv.* **~·ness** *n.*

rug·ger [ˋrʌgə; ˈrʌgə] *n.*《英口語》= rugby.

ru·gose [ˋrugos, ruˋgos; ˈru:gous] *adj.* **1** 有皺紋的；多皺紋的。**2**《植物》皺質的《葉面凹凸呈皺摺狀》。

Ruhr [rur; ruə] *n.* [**the** ~] **1** 魯爾河《德國西部一河名》。**2** 魯爾區《沿魯爾河之礦業及工業區》。

‡**ru·in** [ˋruɪn; ˈruin, ˈru:in] «源自拉丁文「猛墜」之義»—*n.* **1 a** Ⓤ 毀滅，滅亡；破產，沒落，淪落：Drink brought him to ~. 酒

使他走向毀滅[酒毀了他的一生]/The castle was reduced to ～. 那座城堡化爲廢墟/come[go, run]to ～ ＝fall into ～ 荒廢；毀滅，滅亡；崩潰，瓦解。**b** [**one's** ～, **the** ～]毀滅[沒落，衰敗]的原因：Drink [Women] will be *the* ～ *of* him[be his ～]. 他會因愛喝酒[女色]而身敗名裂。

2 Ⓒ **a** 毀壞[荒廢]之物；沒落[衰敗，淪落]之人；殘骸：the ～ of a ship 船的殘骸/He is but the ～ *of* what he was [his former self]. 他現已潦倒得大不如前。**b** [常 ～**s**]廢墟，遺跡，殘骸：the ～*s* of a castle 一座城堡的廢墟/lie in ～*s* 已成廢墟。

—*v.t.* 〔十受〕**1 毀滅**，破壞，毀掉…；使…荒廢，把…糟蹋掉(⇨ destroy【同義字】)：～ one's health 自毀健康/He ～*ed* his chances of promotion by his rudeness to the boss. 他由於對老板不禮貌而斷送了晉升的機會/The crops have been ～*ed* by the storm. 農作物被暴風雨毀了。

2 a 使〈人〉沒落[淪落，衰敗]，使…破產《★常用被動語態》：He *was* ～*ed* by drink. 愛喝酒使他落得身敗名裂。**b** [～ one*self*]毀掉自己：He ～*ed himself* by gambling. 他因好賭而毀了自己。**c** 《古》使〈女人〉墮落(cf. ruined 2 b)。

—*v.i.* **1** 毀滅，滅亡。**2** 沒落，淪落，衰敗。

ru·in·a·tion [ˌruɪnˋeʃən; rui'neiʃn, ˌru:i'neiʃn] «ruin 的名詞» **—*n.*** **1** Ⓤ毀滅，滅亡；破壞，荒廢；沒落，衰敗，淪落，破產。**2** Ⓒ毀滅[墮落]之原因：Drink will be his ～. 他會因愛喝酒而身敗名裂。

rú·ined *adj.* **1** 已毀滅[荒廢]的：a ～ castle 荒廢的城堡。**2 a** 沒落[衰敗，破產]的。**b** 《古》〈女人〉(在性方面)墮落的：a ～ maid 失身墮落的女人。

ru·in·ous [ˋruɪnəs; 'ruinəs, 'ru:inəs] «ruin的形容詞» **—*adj.*** **1** 〈房屋等〉毀壞的，荒廢的，變成廢墟的；沒落的，衰敗的。**2** 招致毀滅的；(價格等)貴得離譜的：～ taxes 重得離譜的稅[足以使人破產的稅收]。**～·ly** *adv.*

‡rule [rul; ru:l] «源自拉丁文「筆直的棒子」→「界尺」之義» **—*n.*** A Ⓒ**1 a** (社會、團體等之中爲維持秩序、機能而必須互相遵守的)**規則**，規定，法規，規章，章程，條例；教規，教條，法令(⇨ law【同義字】)：the ～*s* of baseball 棒球的比賽規則/a breach of (the) ～*s* 違規/～*s* and regulations (瑣細而多的)規章制度/bend the ～*s* 曲解規則/stretch the ～*s* 擴大解釋規則的適用範圍/*Rules* are made to be broken. 規則是爲了被違反而制定的/It is against the ～*s* for an employee to drink while on duty. 員工在上班時間喝酒是違反規定的。**b** 〔十 *that*＿〕〈…的〉規則：There is a ～ *that* one mustn't touch the ball with one's hands in soccer. 足球有一項規則球員不可用手觸球。**c** (科學、藝術等的)法則，方式；(數學上的)法(則)，規則，律(★對於有關科學事實的法則使用 law)：the ～*s* of grammar 文法規則/⇨ the RULE of three, (a) RULE of thumb.

2 習以爲常之事，習慣；慣例，常例，常發生之事：My ～ is to take a rubdown with a wet towel every morning. 我有每天早上用濕毛巾擦全身的習慣《我的習慣是每天早上用濕毛巾擦全身》/⇨ make it a RULE to do/He makes a ～ *of* read*ing* an hour before breakfast. 他自己規定在早餐前閱讀一小時。

3 尺，界尺，畫線板：a carpenter's ～ (木工)折尺。

4 《印刷》線，嵌線。

—B 1 Ⓤ**支配**，統治，控制，管理〔*of*〕：the ～ *of* force 武力統治/under military ～ 在軍事統治之下。**2** Ⓤ[與修飾語連用]統治期間，在位期間：during the ～ of Queen Elizabeth I 在伊利莎白一世在位期間/The dictator's ～ was harsh. 那獨裁者的統治是嚴酷的。

accórding to rúle＝by RULE.

(a) rúle of thúmb 用拇指的測量法；粗略的作法；根據經驗而不根據理論的作法：Experienced gardeners can mix soils in the right quantities by ～ *of thumb*. 老練的園藝家能憑經驗正確地調配土壤的份量。

as a (géneral) rúle 大體上，一般而言，通常：*As a* ～, business is slack in summer. 一般而言，夏季生意清淡/"Is he punctual?" —"Yes, *as a* ～." 「他守時嗎？」「通常是的。」

by rúle 依照規定：You cannot do everything *by* ～. 不一定凡事都能依規定做。

máke it a rúle to dó... 自己規定做…：He *makes it a* ～ *to* take an hour's walk every day. 他自己規定每天散步一小時(★用法 上面的例子是較爲拘泥的說法，通常作 He usually takes an hour's walk every day.)。

the rúle of thrée 《數學》比例的運算法則《依據「第一項與第四項之積等於第二項與第三項之積」的法則的解法》。

wórk to rúle ⇨ work.

—*v.t.* **1** 〔十受〕**a** 〈國王、政府等〉**統治**，管理〈國家、人民等〉(⇨ govern【同義字】)：How long did Queen Elizabeth I ～ England? 伊利莎白女王一世統治了英國多久？**b** 支配，指揮，命令〈人等〉；壓抑，抑制〈感情等〉：The good-natured man allowed himself to be ～*d* by his wife. 這溫厚的人任由妻子支配/You must learn to ～ your emotions. 你必須學會控制感情。**c** 〈熱情等〉影響，控制〈人〉《★常用被動語態》：Don't *be* ～*d* by your passions[feelings]. 不要受情感[感情]的影響。

2 a 〔十 *that*＿〕〈法庭等〉規定，判決，裁決，決定〈…事〉：The court ～*d that* the evidence was admissible. 法庭裁定那證據可採納。**b** 〔十受十補〕〈法庭等〉裁定[判定]〈人、物〉〈爲…〉：The court ～*d* him innocent. 法庭判決他無罪。

3 a 〔十受〕(用尺)畫線於〈紙、簿子等〉：～ a notebook 畫線於筆記本/～*d* paper 畫有線的紙。**b** 〔十受十介十(代)名〕畫〈線〉〔於紙上〕〔*on*〕；〔以線〕畫分〈紙〉〔*with*〕：～ lines ***on*** a piece of paper＝～ a piece of paper ***with*** lines 在紙上畫線。

—*v.i.* **1 a** 支配，統治。**b** 〔十介十(代)名〕支配〔…〕〔*over*〕(★可用被動語態)：This land was once ～*d* ***over*** by a warlike king. 這個國家從前由一個好戰的國王統治著。

2 〔十介十(代)名〕〔就…而〕裁決〔*on*〕；做〔反對…的〕裁決，否決〔…〕〔*against*〕：The court will ～ ***on*** the matter. 此事將由法庭裁決/The judge ～*d* ***against*** him. 法官裁決他敗訴。

3 《商》**a** 〈價格等〉穩定，保持某種程度或比率：Higher prices ～*d* throughout Japan that year. 那一年整個日本物價偏高。**b** 〔十補〕〈價格等〉普遍〈…〉：Prices are *ruling* high [low]. 物價普遍地高[低]。

rúle óff 《*vt adv*》畫線隔開〈欄等〉。

rúle óut 《*vt adv*》(1)(依照規定等)排除…在外。(2)除掉…，使…不可能；忽視，拒絕考慮…：You cannot ～ that possibility *out*. 你不能排除那種可能性。

rúle with a ród of íron ⇨ rod.

rúle·bòok *n.* **1** Ⓒ規則手冊。**2** [**the** ～] (某種活動、運動等的)比賽規則手冊。

***rul·er** [ˋrulɚ; 'ru:lə] *n.* Ⓒ**1 支配者**，**統治者**，**控制者**，**管理者**。**2 a** 尺，界尺：a 12-inch ～ 十二吋長的尺。**b** 畫線者[用具]。

rúl·ing *adj.* [用在名詞前] **1** 支配[統治]的：the ～ class(es) 統治階級 (★ 比較《美》用單數)。**2** 佔優勢[有力]的，主要的：one's ～ passion 主要的情緒[興趣]《支配行爲者》/the ～ spirit 主要人物;首腦。**3** 一般的，普遍的〈價格等〉：the ～ price 市價，時價。

—*n.* **1** Ⓤ支配，統治。**2** Ⓒ **a** 裁定，決定〔*on, against, for*〕. **b** 〔十 *that*＿〕〈…的〉裁定：The court made [gave] a ～ *that* he should pay back the money to her. 法庭裁定他應償還她那筆錢。**3** Ⓤ(用尺)畫線。

rúling pèn *n.* Ⓒ直線筆，鴨嘴筆。

rum[1] [rʌm; rʌm] *n.* Ⓤ[指個體時爲Ⓒ] **1 蘭姆酒**《由糖蜜或甘蔗製成的甜酒》。**2** 《美》酒。

rum[2] [rʌm; rʌm] *adj.* (**rum·mer**; **rum·mest**) 《英俚》**1** 奇異的，古怪的(odd)：a ～ fellow 古怪的傢伙/feel ～ 感覺奇怪。**2** 拙劣的：a ～ joke拙劣的笑話。**3** 難對付的，危險的：a ～ customer 難對付的顧客。**～·ness** *n.*

Ru·ma·ni·a [ruˋmenɪə; ru:'meiniə] *n.* 羅馬尼亞《歐洲東南部的一個共和國；首都布加勒斯特(Bucharest)》。

Ru·ma·ni·an [ruˋmenɪən; ru:'meiniən] «Rumania 的形容詞» **—*adj.*** 羅馬尼亞(人，語)的。

—*n.* **1** Ⓒ羅馬尼亞人。**2** Ⓤ羅馬尼亞語。

rum·ba [ˋrʌmbə; 'rʌmbə] *n.* Ⓒ倫巴舞(曲)《原爲古巴黑人的一種舞蹈；後經美國化，現在是一種流行的社交舞蹈[舞曲]》。

rum·ble[1] [ˋrʌmbl; 'rʌmbl] *v.i.* **1** 〈雷、地震等〉(低沉地)發隆隆聲，〈肚子〉發咕嚕聲：Thunder [The gunfire] is *rumbling* in the distance. 雷聲[砲聲]在遠處隆隆作響/I'm sorry. That was my stomach *rumbling*. 對不起，那是我的肚子在咕嚕咕嚕響。**2** 〔十副詞(片語)〕〈車輛等〉轆轆地跑[通過]〈…〉：A cart ～*d along* (the road). 一輛載貨馬車轆轆地(沿路)跑過/The train ～*d through* the town. 火車隆隆地穿過市鎮。

—*v.t.* **1 a** 〔十受(十副)〕以隆隆聲喊[說]出〈話〉〈*out, forth*〉：Each of them ～*d* ***out*** [***forth***] his complaint. 他們每位嘰哩咕嚕地抱怨。**b** 〔十引句〕以低沉的聲音[喃喃地]說…：“All right; I'm ready,” he ～*d*. 「好，隨時都可以。」他喃喃地說。**2** 使…轆轆作響。

—*n.* **1** [用單數]隆隆[咯噔咯噔，轆轆]聲；噪音，吵鬧聲，喧嘩聲：the ～ *of* distant thunder 遠處的隆隆雷聲。**2** Ⓒ **a** 《美俚》打鬧；打羣架。**b** (馬車後部的)隨員座位。

rúm·ble[2] [ˋrʌmbl; 'rʌmbl] *v.t.* 《英口語》看穿[識破]…的眞面目。

rúmble sèat *n.* Ⓒ 《美》(汽車車篷後的)無頂折合式座位。

rúm·bling *adj.* (低聲)隆隆[轆轆]地響的；喃喃而言的：a ～ stomach 咕嚕咕嚕響的肚子。

—*n.* **1** [用單數]隆隆[轆轆，喃喃]聲。**2** Ⓒ[常～**s**] **a** 牢騷，怨言，訴苦，抱怨〔*about*〕：There were widespread ～*s about* the new regulations. 新規則招致普遍的怨聲。**b** 〔十 *that*＿〕〈…之〉怨言：There were ～*s* in the ranks *that* the general should be dismissed. 士兵們紛紛抱怨說那位將軍應該被撤職。**3** Ⓒ〔常～s〕〔＋ *that*＿〕〈…之〉傳聞，傳說，風聲：I've heard ～*s that* she is going to be married. 我聽到風聲說她即將結婚。

rum·bus·tious [rʌm'bʌstʃəs; rʌm'bʌstiəs, -tʃəs] *adj.*《英口語》〈人、行爲〉喧鬧的，吵鬧的，歡鬧的。

ru·men ['rumɪn, -mən; 'ru:men] *n.* Ⓒ(*pl.* **ru·mi·na** ['rumɪnə; 'ru:minə], ～s)瘤胃《反芻動物的第一胃》。

ru·mi·nant ['rumənənt; 'ru:minənt] *adj.* **1** 反芻的；反芻動物的。**2** (在心中反芻似地)沉思的，沉思默想的，左思右想的。
—*n.* Ⓒ反芻動物《牛、羊等》。

ru·mi·nate ['ruməˌnet; 'ru:mineit] *v.i.* **1**〈牛等〉反芻。**2**〔＋介＋(代)名〕左思右想，深思熟慮，沉思默想，思索〔…〕〔*about, over, on*〕：He ～d **on**〔**over**〕what had happened the day before. 他沉思前一天發生的事。**—***v.t.*〈牛等〉反芻(再嚼)〈食物〉。

ru·mi·na·tion [ˌruməˈneʃən; ˌru:miˈneiʃn]《ruminate 的名詞》**—***n.* **1** Ⓤ反芻。**2** Ⓤ沉思默想，深思熟慮。**3** Ⓒ〔常～s〕深思熟慮的結果。

ru·mi·na·tive ['ruməˌnetɪv; 'ru:minətiv] *adj.*〈人〉沉思的，默想的。～**·ly** *adv.*

rum·mage ['rʌmɪdʒ; 'rʌmidʒ] *v.t.* **1** 亂翻，到處搜尋，翻查，(爲搜查)弄翻…：She ～d three drawers before she found her ring. 她翻了三個抽屜之後才找到指環。**2**〔＋受＋副〕(亂翻而)搜出，抄出〈物〉〈*up, out*〉：I ～d **up**〔**out**〕the pin. 我翻尋到那支別針。
—*v.i.*〔(＋副)＋介＋(代)名〕〔爲尋…〕〔在…裏〕到處翻搜，搜索，查遍〈*about*〉〔*for*〕〔*through, in, among*〕：I ～*d* **for** the ticket **in** my pockets. 我在口袋裏搜尋票/He was *rummaging* **about among** the documents. 他在文件中翻找著。
—*n.* **1**〔a～〕搜遍，查遍，找遍，搜索〔*in, through*〕：I had *a* ～ *in*〔*through* all my〕drawers. 我在抽屜裏翻找〔搜遍全部抽屜〕。**2** Ⓤ《美》搜尋出來的東西，七零八碎的東西，零零星星的東西。

rúmmage sàle *n.* Ⓒ《美》零星〔剩餘〕物品大拍賣；(尤指)慈善義賣(《英》jumble sale)。

rum·my[1] ['rʌmɪ; 'rʌmi] *adj.* (**rum·mi·er**；**-mi·est**)《口語》＝rum[2]。

rum·my[2] ['rʌmɪ; 'rʌmi] *n.* Ⓤ一種用兩副牌玩的紙牌戲。

rum·my[3] ['rʌmɪ; 'rʌmi]《源自 rum[1]》**—***n.* Ⓒ《美俚》酒鬼(drunkard)。

***ru·mor** ['rumə; 'ru:mə] *n.* **1** ⓊⒸ **a 傳聞**，傳說，風聲；謠言，風聞，流言〔*of, about*〕：start a ～ 造謠，放風聲，散布謠言/*R*～ has *it* 〔says〕*that* the Cabinet will be reshuffled in February next year. 傳說內閣將於明年二月改組/There was a ～ *of* a flying saucer hav*ing* been seen. 謠傳有人看到飛碟。

> 【說明】在和他人談論過某人之後，遇到被談論的當事人時，在中國往往會問「你耳朵有沒有癢？」，在英國則問"Were your ears burning(yesterday)?"(你(昨天)有沒有感到耳朵熱？)。「耳孔或耳垂(earlobe)發癢或是感到熱就是有人在背後談論」的說法，在英國自古就存在。

b〔＋ *that*＿〕〈…之〉傳聞：There is a ～ *that* he is going to resign. 傳聞他即將辭職。**2** Ⓒ《古》噪音，嘈雜聲〔*of*〕。
—*v.t.*〔＋受〕謠傳，傳聞，傳說…《★常以過去分詞當形容詞用；⇨ rumored》。

rú·mored *adj.* **1**〔用在名詞前〕被謠傳的，謠傳中的：the ～ event 謠傳中的事件。**2**〔不用在名詞前〕**a**〔**it is ～ that...**〕謠傳…的，傳說…的：*It is* ～ *that* he is sick. 傳說他病了(cf. 2b)/*It was* ～ *that* they had broken up the committee. 傳說他們已解散了委員會(cf. 2b)。**b**〔＋ *to* do〕傳說〈做了…〉的，謠傳〈做了…〉的：He is ～ *to* be sick. 傳說他病了(cf. 2 a)/They were ～ *to* have broken up the committee. 傳說他們已解散了委員會(cf. 2 a)。

rúmor·mònger *n.* Ⓒ散布謠言者，造謠者。

***ru·mour** ['rumə; 'ru:mə] *n.*《英》＝rumor.

rump [rʌmp; rʌmp] *n.* Ⓒ**1 a** (四足獸的)臀部；(牛的)臀肉(⇨ beef 插圖)。**b**《謔》(人的)臀部。**2 a** 最後剩下的不重要部分，剩餘物；渣滓。**b** 餘黨，留下來的一羣。

rum·ple ['rʌmpl; 'rʌmpl] *v.t.* 弄皺，弄亂〈衣服、頭髮等〉(crumple)：a ～*d* suit 弄皺的一套衣服。**—***n.* Ⓒ皺紋，褶子。

rúmp stèak *n.* Ⓒ〔當作菜名時爲Ⓤ〕後腿部的牛〔豬〕排(用肉片)。

rum·pus ['rʌmpəs; 'rʌmpəs] *n.*〔用單數〕《口語》**1** 噪音，吵鬧，喧嘩；騷擾：make〔cause, kick up, raise〕a ～ 引起騷擾/What's all this ～ about? 什麼事鬧鬨鬨的？**2** 激烈的爭論；口角，爭吵：have a ～ with a person 與某人爭吵。

rúmpus ròom *n.* Ⓒ《美》遊戲室，娛樂室《通常設於地下室》。

rúm·rùnner *n.* Ⓒ《美》秘密輸入私酒者；偷運私酒入境的走私船。

‡**run** [rʌn; rʌn] (**ran** [ræn; ræn]；**run**；**run·ning**) *v.i.* **A 1 a**〈人、動物〉跑，奔，趕去：He *ran* two miles. 他跑了兩哩/～ like a rabbit〔the devil〕拼命地跑〔一溜煙地逃跑〕/I *ran* for my life〔dear life〕. 我拼命地跑〔沒命地逃跑〕/⇨RUN for it. **b**〔＋副詞(片語)〕跑去，奔去(…)：～ *about* 跑來跑去/I *ran out* to see the parade. 我跑出去看遊行/Somebody came *running toward* us. 有人朝我們的方向跑過來。**c**〔＋副詞(片語)〕(到…)做匆匆忙忙的短期旅行；跑〔往訪〕一趟：～ *up to* New York 匆匆忙忙地旅行到紐約/～ *down to* Dorsetshire 到多塞特郡跑一趟。**d**〔＋介＋(代)名〕突然攻擊〔…〕；〔向…〕衝，撲過去〔*at*〕：The dog *ran* **at** the boy. 那狗向少年猛撲過去。

2〈人、動物〉逃，逃亡，逃走，逃跑：As soon as they saw us they *ran*. 他們一看到我們就逃跑/They *ran before* their enemy. 他們被敵人追著跑〔臨陣脫逃〕。

3 a〈車、船等〉行走，航行；〈帆船〉揚帆行駛：Trains ～ on rails. 火車在鐵軌上行駛/The train is *running* at a speed of 70 miles an hour. 火車正以時速七十哩行駛著/The sailing ship *ran before* the wind. 帆船順風行駛。**b**〈交通工具〉(定期地)開行，通行，行駛：The bus service ～*s* day and night. 公共汽車日夜都有班次/The ferryboats ～ every half hour. 渡船每半小時開一班。**c**〔＋介＋(代)名〕〈交通工具〉〔在…和…之間〕通行，來回跑，往來〔*between*〕：This bus ～*s* **between** New York *and* Washington, D.C. 這巴士往返紐約和華府之間。

4 a 參加賽跑；作跑步運動：I used to ～ when I was at Yale. 我在耶魯大學讀書時，常參加賽跑/His horse *ran in* the Derby. 他的馬參加了(英國)德貝賽馬大會。**b**〔與表示順位之副詞連用〕跑(第…)：Bob *ran* second nearly all the way. 鮑伯幾乎一路上都跑在第二位。**c**〔＋介＋(代)名〕《美》參加〔…的〕競選〔*for*〕；〔在選舉中〕當候選人，參加競選〔*in*〕(《英》stand)：He is going to ～ **for** Parliament〔*for* the Presidency, *for* President〕. 他準備參加國會議員〔總統〕的競選/～ **in** the next election 在下一次選舉中參加競選。

5 a〈機器等〉運轉，轉動，開動：I can't make this sewing machine ～ properly. 我無法使這部縫紉機運轉正常/The steel mills have ceased *running*. 製鋼廠已停止營運了。**b** 滑動，〈舌頭〉靈活地動：Curtains ～ *on* metal rods. 窗帘在金屬桿上滑動/A rope ～*s through*〔*over*〕a pulley. 繩穿過滑車〔在滑輪上輕快地〕滑動。**c**〈球〉滾。**d**〈生活、計畫等〉進行順利，順遂：Our arrangements *ran* smoothly. 我們的安排順遂。

6〔＋介＋(代)名〕**a**〈想法、記憶等〉〔在…〕浮現，一再出現，縈繞〔*in, into, through*〕：The idea kept *running* **through** his head. 這想法〔主意〕一直在他腦中浮現/The melody was *running through*〔**in**〕her head all day. 這曲調整天在她腦中縈繞著。**b**〈疼痛等〉〔在…〕發生，被感覺〔*up, down*〕：He felt a pain *running* **up** his arm. 他感到手臂疼痛/A cold shiver *ran* **down** my spine. 我背脊感覺一陣寒顫。**c**〈視線〉很快地掃過〔…〕；大略地過目，瀏覽〔…〕〔*over, through*〕：His eyes *ran* **over** the audience. 他眼睛很快地掃視聽衆。

7〈魚〉回溯河流，逆流而上：The salmon began to ～. 鮭魚開始逆流而上。

8〔＋介＋(代)名〕〈植物〉爬，蔓延〔地面〕〔*over, up*〕：Vines ～ **over** the ground〔**up** the sides of the porch〕. 藤蔓爬滿地面〔爬上門廊兩側〕。

—B 1 a〈液體、沙等〉**流出**；漏，溢出；〈沙漏的沙〉掉下：His nose was *running*. 他流著鼻涕/Somebody has left the water *running*. 有人(沒有關水龍頭而)讓水一直流著。**b**〔＋副詞(片語)〕〈液體、沙等〉流出〔流下〕(…)：Tears were *running down* her cheeks.眼淚順著她臉頰流下/The Thames ～*s through* London. 泰晤士河流過倫敦/The river ～*s into* the sea. 這條河注入大海。**c**〔＋補〕〈液體〉〈以…之狀態〉流：His blood *ran* cold. 他血都涼了《感到毛骨悚然》/⇨run HIGH/The tide *ran* strong. 潮水高漲/The mountain streams were *running* full. 山間溪流漲滿了水。**d**〔＋介＋(代)名〕流〔液體〕〔*with*〕：The floors *ran* **with** water. 地板上流著水/Her eyes *ran with* tears. 她眼睛流著眼淚。

2 a〈奶油、蠟燭等〉融化而流下。**b**〈染上的顏色等〉滲出；〈墨水等〉潤開，滲開：The color of this dress will not ～ when you wash it. 這件衣服洗了顏色不會滲開。

3 a〔動(＋副)〕〈時間〉經過，過去，流逝〈*by, on*〉：Time ～*s* **on**. 光陰流逝/How fast the years ～ **by**! 歲月過得多麼地快！**b**〔＋副詞(片語)〕繼續，延續，延長(…)：His life has only a few years to ～. 他只能再活幾年/The days *ran into* weeks. 日復一日，已有數週/My vacation ～*s from* the middle of July *to* September. 我的假期從七月中旬起至九月底。**c**〔動(＋副詞(片語))〕〈戲、電影〉連演，連映：*How* long is this play to ～? 這齣戲預定演多久？

4〔＋介＋(代)名〕〈性格、特徵〉流傳〔於…之中〕〔*in*〕：The desire for adventure ~*s in* his blood. 他承襲了熱愛冒險的性情/⇨run in a[the, one's] FAMILY.

5 a 〔十副詞(片語)〕〈路等〉(向某方向)延伸：A veranda ~*s around* the house. 廻廊環繞著那幢房子/The road ~*s along*[*at* right angles to] the river. 那一條道路沿著河流延伸[延伸與河流交成直角]/A scar *ran across* his cheek. 有一條傷痕橫過他的臉頰。**b** 〔十介十(代)名〕〈話題等〉涉及，關涉，談到〔…〕〔*on, upon*〕：His talk *ran* ***on*** current topics. 他的談話涉及時下的話題。

6 a 〈傳聞等〉傳布：(The) rumor ~*s* that our teacher will leave school before long. 有謠言說我們老師不久就要離職。**b** 〈法律、契約等〉通用，有效力，適用：The contract ~*s* for ten years. 這份合約的有效期間是十年。

7 a 〔十副〕〈話、諺語等〉寫著，說(cf. *v.t.* B 6)：So ~*s* the fable. 這寓言是這樣說的/How does the saying[proverb] ~? 那句諺語是怎麼說的？**b** 〔~ **as follows,** ~ **like this**〕〈如下這般地〉寫著：The letter ~*s like this.* 那封信這樣寫著/The will ~*s as follows.* 遺言如下。

8 a 〈針織品等〉脫針。**b** 《美》〈絲襪等〉抽絲，綻線(《英》ladder).

—C 1 〔十補〕成，變〈某種狀態〉：The sea *ran* high. 大海波濤洶湧/Prices for fish are likely to ~ high. 魚的價格可能會上漲/The food began to ~ short. 糧食開始短缺/She has ~ short of money. 她缺錢/The well has ~ dry. 這口井已乾涸了/⇨run RIOT, run WILD.

2 〔十介十(代)名〕**a** 〈數量等〉達〔…〕〔*to, into*〕：The cost of the expedition ~*s* ***to*** several million dollars. 探險費用達數百萬美元/His new novel will probably ~ *to* great length. 他的新小說大概會很長/The total cost of the building ~*s* ***into*** millions of pounds. 這座樓房的總工程費用達數百萬英鎊。**b** 成〔…的狀態〕〔*to*〕：~ ***to*** ruin 荒廢/⇨run to WASTE, run to SEED. **c** 傾向，趨向，流於〔…的趨勢〕〔*to*〕：This passage ~*s* ***to*** sentiment. 這一章節偏於[流於]傷感。**d** 陷入〔…的狀態〕〔*into*〕：~ ***into*** debt 負債/~ *into* difficulty 陷入困境。

—*v.t.* A 1 a 〔十受(十副詞(片語))〕使〈人、馬等〉跑：He *ran* his horse *up* the hill. 他使馬跑上小山/He *ran* the car *into* the garage. 他把車子駛入車庫。**b** 〔十受十補〕使〈人、馬等〉跑〈成…狀態〉：You are *running* me (clean) off my legs[feet]. 你搞得我疲於奔命/He *ran* the horse to death. 他使馬跑死了/He *ran* me breathless. 他使我跑得喘不過氣來/He *ran* himself out of breath. 他跑得喘不過氣來。**c** 〔十受〕與〈人〉賽跑：I'll ~ you to the house. 我來跟你賽跑，看誰先跑到家/~ a person close [hard] 幾乎追上某人；幾乎相等[無勝負]。**d** 〔十受(十介十(代)名)〕使〈馬〉參加[賽馬]〔*in*〕：~ a horse ***in*** the Derby 使馬參加英國德貝賽馬大會。**e** 〔十受十介十(代)名〕《美》使〈人〉〔在選舉中〕參加競選〔*in*〕；使〈人〉競選〔議員等〕〔*for*〕：~ a candidate ***in*** an election 推舉一位候選人/~ a person ***for*** the Senate 推舉某人競選參議員。

2 a 〔十受〕使〈汽車、火車等〉行駛，開行，通行：~ a train 使火車開行/Extra trains are ~ between the two places during the summer season. 僅在夏季該兩地間才行駛加班(列)車。**b** 〔十受十副詞(片語)〕用車送〈人〉：I'll ~ you *home.* 我會用車送你回家/I will ~ you *to*[*as far as*] the station. 我會用車子送你到火車站。**c** 〔十受(十介十(代)名)〕走私〈物〉〔到…〕〔*across, into*〕(cf. runner 3)：~ drugs (***into*** Britain) 走私毒品(到英國)。

3 〔十受〕**a** 開動〈機器等〉，駕駛〈汽車〉：He ~*s* a Rolls-Royce. 他駕駛一部勞斯萊斯(汽車)/Oil is necessary to ~ various machines. 開動各種機器都需要油。**b** 經營，管理，辦〈公司、商店等〉：~ a business [a hat shop] 經營事業[帽店]/The hotel is well ~. 這家飯店經營良好。**c** 指揮，支配〈人等〉：He is ~ by his wife. 他受太太的支配[指揮]。

4 〔十受十副詞(片語)〕**a** 將〈針、劍等〉刺入，刺穿，戳進(…)：~ a knife *into* a person 把小刀刺進某人的身體/~ a sword *through* (a person) 把劍刺入(某人的身體)。**b** 將〈線、指頭等〉穿過，插入(…)：~ thread *through* the eye of a needle 把線穿過針孔/He *ran* his hand *through* his hair. 他用手梳理[梳攏]他的頭髮。

5 〔十受十副詞(片語)〕使…撞[碰]上(…)：He *ran* the ship *ashore*[*aground*]. 他使船擱淺/He *ran* his head *into*[*against*] a lamppost. 他的頭撞上了路燈桿。

6 〔十受〕冒〈危險等〉，以性命等賭…：~ a risk⇨risk *n.* 1 b/You're going to ~ the chance, then. 這麼說，你打算碰一碰運氣囉！/If we stop for supper, you'll ~ the chance of missing your train. 如果我們停下來吃晚飯，你也許會趕不上火車。

7 〔十受十介十(代)名〕**a** 〔對…〕略一地過〈目〉〔*over, through*〕：~ one's eyes ***over*** a page 瀏覽一頁。**b** 使〈手指等〉〔在…〕輕快地移動〔*over, down*〕：He began to ~ his fingers ***over*** the strings of the harp. 他開始用手指在豎琴上輕快地彈奏/He *ran* his tongue *over* his dry lips. 他用舌頭舐了舐乾燥的嘴唇。

—B 1 a 〔十受(十副)〕跑步通過，渡過，横過，穿過〈路、跑道等〉〈*through*〉：~ a street 跑過街道/~ a corridor ***through*** 跑步穿過走廊/Let things ~ their course. 讓事情順其自然發展吧。**b** 〔十受〕跑步以做〈賽跑〉：The two boys decided to ~ a race. 這兩個男孩決定做一次賽跑。**c** 〔十受〕奔跑完成〈跑腿的工作等〉：~ an errand[a message] (for...) (為…)當差，(替…)跑腿。

2 a 〔十受〕追〈獵物〉：~ a fox[hare] 追狐狸[兔子]/~ a scent 追蹤臭跡。**b** 〔十受十介十(代)名〕追趕〈獵物〉〔到…〕；將…的來源追查〔到…〕〔*to*〕：*R*~ that report *back* ***to*** its source. 查明[追查]該則報導的來源/⇨run...to EARTH.

3 〔十受〕**a** 逃離〈某地〉：~ the [one's] country 流亡國外。**b** 跑過，通過…：~ a blockade⇨blockade.

4 a 〔十受〕流〈血、淚〉：~ tears[blood] 流淚[血]。**b** 〔十受〕裝水於〈浴缸等〉，倒[注]水於…：Have you ~ the bath? 你在浴缸放水了沒有？**c** 〔十受十介十(代)名〕將〈液體〉注入〔…之中〕〔*into*〕：~ water ***into*** a cask 把水注入桶裏。

5 a 〔十受〕鎔解〈金屬〉；鑄造…：~ bullets 鑄造子彈。**b** 〔十受十介十(代)名〕將〈金屬鎔液〉注入〔鑄模中〕〔*into*〕：~ lead ***into*** molds 把鉛的鎔液注入鑄模裏。

6 〔十引句〕寫著…，述說…(cf. *v.i.* B 7)：The proverb ~*s* "Time and tide wait for no man." 俗諺說：「歲月不待人」。

be rùn óff one's **féet** 《口語》疲於奔命；被弄得筋疲力盡。

rún acròss... 碰巧遇到…，偶然發現…《★ 可用被動語態》：I *ran across* Tom in [on] the street today. 我今天在街上碰巧[偶然]遇到湯姆。

rùn afóul of... ＝run FOUL of.

rún áfter... 《★ 可用被動語態》(1)追，追蹤…：Some boys *ran after* the cyclist. 有幾個男孩子在後面追那個騎自行車的人。(2)《口語》追逐，追求〈人〉；對…緊追不捨。(3)《口語》服侍〈人〉。

rùn agàinst... (1)撞及，碰撞…：The ship *ran against* an iceberg. 那艘船撞上了冰山。(2)偶然[碰巧]遇見〈人〉。(3)違反…，造成對…之不利：It *ran against* his interests. 這件事違反[有損]他的利益。

rùn alóng 《*vi adv*》[以新使語氣對小孩使用]離去，出去：*R*~ *along* now, Jimmy. Have a nice weekend. 去吧，吉米，去度個愉快的週末。

rùn aróund 《*vi adv*》〔與不理想的人物〕交往，來往，鬼混〔*with*〕〈*together*〉：Stop *running around with* those people. 不要再跟那些人交往。

rùn awáy 《*vi adv*》〈人、動物〉〔從…〕逃，逃亡，逃跑〔*from*〕：He *ran away from* his master. 他從主人那裏逃跑。

rùn awáy with... (1)帶〈物〉逃跑，偷走…：He *ran away with* the pearls. 他帶著那批眞珠逃跑了。(2)帶〈人〉逃跑；拐跑〈人〉；與…私奔：He *ran away with* his maid. 他與女僕私奔了。(3)〈馬、車子等〉拖[載]著…失去控制：The drunken man let his car ~ *away with* him. 那名醉漢開著車橫衝直撞。(4)〈感情等〉使〈人〉失去自制，驅使〈人〉走極端：Don't let your feelings ~ *away with* you. 不要受感情的驅使[不要感情用事]。(5)用掉，消耗〈錢等〉：The project has ~ *away with* a lot of our money. 那項計畫已耗費掉我們很多錢。(6)[常用於否定句]貿然斷定…：You must *not* ~ *away with* the idea that the examination will be easy. 你不可以貿然以為考試會容易。(7)輕易地贏得〈比賽等〉。

rùn báck 《*vt adv*》(1)將〈卷軸、磁帶等〉捲回，倒退。**—**《*vi adv*》(2)跑回。(3)回想〔…〕〔*over*〕. (4)〈股票價格〉下跌。

rùn dówn 《*vi adv*》(1)跑下；流下。(2)〈鐘錶等〉(因發條鬆了或電池耗盡而)停止；〈電池等〉耗盡：The batteries in his flashlight are *running down.* 手電筒的電池快要沒電了。(3)⇨*v.i.* A 1 c. **—**《*vt adv*》(4)將〈人、獵物〉追得走投無路；緊逼，追趕，追上，趕上，追捕…：The police *ran down* the thief at last. 警方終於追捕到那名盜賊。(5)搜出，查到…：I managed to ~ *down* the lost manuscript. 我總算尋到了那分遺失的原稿。(6)撞倒〈人等〉；撞沉〈船〉：The careless driver *ran down* the two cyclists. 那位粗心的駕駛撞倒了兩位騎自行車的人。(7)使…貶值；減低…的效率：~ *down* production at a factory 減低工廠的生產。(8)使〈人〉衰弱；使〈健康〉衰退；使…疲倦《★ 常用被動語態；⇨rundown》：He appeared to *be* much ~ *down.* 看來他是累垮了。(9)詆毀，誹謗〈人〉：He was constantly *running down* his boss. 他老是在詆毀他的老闆。(10)《棒球》夾殺〈跑壘者〉。

rún for it 《口語》跑著逃出。

rùn fóul of... ⇨foul *adj.*

rùn ín 《*vi adv*》(1)跑進。(2)揪[扭]在一起。(3)《口語》順道訪問〔別人家〕，〔到別人家〕作非正式訪問〔*to*〕：I'll just ~ *in* and see you about three o'clock. 我三點左右來看看你。(4)《橄欖球》帶球進(對方的)球門。**—**《*vt adv*》(5)慢慢開〈新車等〉以使運轉順暢。(6)《口語》逮住，拘留〈人〉：The man was ~ *in* for speeding. 那名男子因超速駕駛而被拘留。(7)《印刷》插入，補充…。

rùn ínto... (1)〈車輛〉與…相撞：The two cars *ran into* each other. 那兩部車互撞。(2)《口語》偶然遇到〈某人〉。(3)〈針等〉刺到…：A pin *ran into* his finger. 別針刺到他的手指。(4)⇨*v.i.* B 1 b. (5)⇨*v.i.* C 2 a. (6)⇨*v.i.* C 2 d.

rùn it fíne 把時間[金錢，數量(等)]縮減到最低限度。

rùn óff《*vi adv*》(1)〈人、動物〉逃，逃亡，逃跑：Seeing me, he *ran off.* 他看到我就逃跑了。(2)〈人〉私奔〈*together*〉：They *ran off together.* 他們私奔了。(3)流出。(4)《加》〈冰、雪〉融化。
——《*vt adv*》(5)放〈水〉，使…流出：Water is ~ *off* from the flow to turn the turbines. 水從水流中分流出來轉動渦輪。(6)印〈…份〉：We have ~ *off* a thousand brochures. 我們印了一千份小册子。(7)舉行〈賽跑〉的決賽：The race will be ~ *off* on Friday. 賽跑的決賽將於星期五舉行。

rùn óff with... (1)攜…而逃走；偷走：The messenger boy *ran off with* the money. 那送信的小弟帶著那筆錢逃跑了。(2)與〈某人〉私奔：She *ran off with* him. 她跟他私奔了。

rùn ón《*vi adv*》(1)繼續跑。(2)〈病情等〉發展。(3)⇨*v.i.* B 3 a. (4)喋喋不休：Once she began to speak, she would ~ *on* for hours. 她一旦開口就會絮絮叨叨地講好幾個小時。(5)〈句子等〉(不分行或段落而)接下去：The paragraph ~*s on to* the next page. 這一段持續到下頁。

rùn óut《*vi adv*》(1)⇨*v.i.* A 1 b. (2)流出。(3)〈潮水〉退。(4)〈庫存、供應等〉耗盡，用光；〈人〉變成一文不名；把庫存用盡：Our food is *running out.* 我們的糧食快要耗盡了/The sands are *running out.* ⇨sand 3. (5)〈期限〉告滿，到期。(6)《航海》〈繩索〉抽出，拉出，伸出。
——《*vt adv*》(7)將〈賽跑等〉跑到最後。(8)趕出，趕走〈人〉。(9)《航海》抽出，拉出〈繩索〉。(10)《板球・棒球》使〈擊出球的跑壘者〉出局。

rùn óut of...《*vi prep*》(1)用盡〈物〉，耗盡〈物品〉，缺乏…：We have ~ *out of* fuel and food. 我們燃料和糧食用完了。——《*vt prep*》(2)〔從某地〕趕出，趕走〈某人〉：~ a person *out of* town 把某人趕出城鎮。

rùn óut on...《口語》遺棄，背棄〈友、妻等〉《★ 可用被動語態》。

rùn óver《*vt adv*》(1)〈車〉輾過，壓過〈人、物〉：The car *ran over* some glass. 汽車輾過了一些玻璃/The old man was ~ *over* and immediately taken to hospital. 那老人被車子輾過後立即被送往醫院。——《*vi adv*》(2)〈容器、液體〉溢出，泛出：The pot began to ~ *over.* 鍋內的東西開始溢出來了。(3)順道去〔*to*〕：I was told to ~ *over to* Mr. Brown's and borrow the lawn mower. 我被吩咐去布朗先生家借用一下割草機。

run through[~ thròugh...《*vi prep*》](1)⇨*v.i.* B 1 b. (2)⇨*v.i.* A 5 b. (3)⇨*v.i.* A 6 a. (4)匆匆忙忙看一遍，過目一下，瀏覽《★ 可用被動語態》：He *ran through* the newspaper before breakfast. 他在早餐前匆忙地把報紙看了一遍。(5)浪費[濫用]〈財產等〉；用盡…《★ 可用被動語態》：He *ran through* his inheritance[fortune] in less than a year. 不到一年他就把遺產[財產]揮霍光了。(6)〈針等〉刺穿〈手指等〉。——[~ thróugh《*vt adv*》](7)⇨*v.t.* A 4 a. (8)⇨*v.t.* B 1 a. ——[~...thròugh...《*vt prep*》](9)⇨*v.t.* A 4 a. (10)⇨*v.t.* A 4 b. (11)⇨*v.t.* A 7 a.

rún to... (1)⇨ *v.i.* C 2 a. (2)⇨*v.i.* C 2 b. (3)(陷於困境而)去向…求助：~ *to* the police 去向警方求助。(4)〈人〉有〈支付、購買〉的財力：We cannot ~ *to* a new house. 我們無力買[買不起]新房子。(5)〈錢〉足夠…：Our funds won't ~ *to* a tour round Europe. 我們沒有足夠的錢去周遊歐洲。

rùn úp《*vi adv*》(1)迅速成長。(2)〈價格〉上漲。(3)〈費用等〉增加，〈債臺〉高築。——《*vt adv*》(4)增加，累積〈費用、債款等〉：~ *up* a score 累積欠帳。(5)(拍賣時)哄擡〈價格〉；迫使〈對方〉出高價。(6)升高〈旗子等〉：The national flag was ~ *up* on the staff. 旗竿上升起國旗。(7)《口語》匆匆蓋起；匆匆縫合：~ *up* a tent 匆匆搭起帳篷/~ *up* a tear 匆匆縫裂口。(8)將〈縱排的數字〉迅速地加起來。

rùn úp agàinst...《★可用被動語態》(1)撞上…，碰上…：The car *ran up against* a boulder. 汽車撞上了大圓石。(2)《口語》偶然遇到〈某人〉。(3)遭遇〈困難等〉。

rùn úp to... (1)向…跑過去[來]。(2)達到…：His debts had ~ *up to* more than a hundred pounds. 他的債款已達一百多英鎊。(3)⇨ *v.i.* A 1 c.

——*n.* A **1 a** Ⓒ跑，奔跑：have a good ~ 充分[盡情]地跑/go for a ~ 去跑一跑/He made a sudden ~ for the door. 他突然跑向門。**b** [a ~]匆忙的(短期)旅行，(短程的)小旅行：take *a* ~ *to* town 去城裏一趟。**c** Ⓤ《口語》跑的氣力，逃跑的氣力：There is no more ~ left in him. 他已無力再跑。**d** Ⓒ(飛機的)滑行(距離)；(滑雪的)滑下：a landing ~ 著陸滑行/ski a long ~ down the mountain 用滑橇滑一長段距離下山。

2 a Ⓒ賽跑，賽馬：a mile ~ 一哩賽跑。**b** [a ~](尤指交通工具等的)行駛時間[距離]；路程，旅程，行程，航程：Bath is *a* 3-hour ~ from London by train. 從倫敦乘火車到巴茲約三小時的路程。**c** [the ~](火車、公共汽車、船等的)行駛，開行，航行：an express train on *the* ~ between Taipei and Kaohsiung 行駛於臺北和高雄之間的鐵路快車。

3 a Ⓤ(尤指產卵期的魚的)溯流回游。**b** Ⓒ溯流回游的魚羣，遷徙中的鳥羣[獸羣]〔*of*〕.

4 [the ~；用單數]方向，走向；趨勢；進行，經過，演變〔*of*〕：the ~ *of* a mountain range 山脈的走向/the ~ *of* events 事件的經過[演變]，形勢。

5 Ⓒ**a** (家畜、家禽的)飼養場，圍場：a fowl ~ 養雞場。**b** (鹿等的)通路，動物常走的小徑。

6 Ⓒ[常the ~](人、物之)類型，種類：*the* common[ordinary] ~ *of* men 普通的人，平常的人。

7 [用單數]作業[工作]時間；運轉時間；工作量：the eight-hour ~ of a factory 工廠的八小時作業。

8 [the ~, one's ~]出入[使用]的自由〔*of*〕：have *the* ~ *of* a person's house 被允許自由進出某人的房子/give a person *the* ~ *of* one's books 允許某人自由使用藏書。

9 Ⓒ(運動用的)傾斜的跑道或場地等：a ski [bobsleigh] ~ 滑雪[連橇]坡道。

10 Ⓒ《音樂》=roulade.

11 Ⓒ《棒球・板球等》得分，一分：a three-*run* homer 一次得三分的全壘打/make three ~*s* 得三分。

12 Ⓒ《紙牌戲》同花順。

——B **1 a** Ⓤ(水等的)流出，流，流動；流量。**b** Ⓒ《美》小溪，水流。

2 [a ~]連續，延續，繼續，連綿不斷；(電影、戲等的)長期上映或長期演出：*a* long ~ 長期演出/*a* (long) ~ *of* office(長的)在職期間/*a* ~ *of* wet weather 連續的雨天/*a* ~ *of* good[bad] luck 一連串的好[惡]運。

3 [a ~] **a** 大受歡迎，暢銷〔*on*〕：*a* great ~ *on* beer 啤酒的大受歡迎[暢銷]。**b** (銀行的)擠兌〔*on*〕：*a* ~ *on* the bank 銀行的擠兌《指存款人湧向銀行提走存款的現象》。

4 Ⓒ《美》抽絲(《英》ladder)《指玻璃絲襪等的縱的梯形綻線》。

5 [the ~s；當單數或複數用]《口語》腹瀉(diarrhea).

at a rún 以跑步。

by the rún 突然。

gèt the rún upòn 奚落，挖苦。

hàve[gèt] a (góod) rún for one's **móney** (1)不白費力氣；不白花錢。(2)進行激烈的競爭。

in the lóng rùn 以長遠的眼光看來，終究，最後：A commutation ticket costs a lot but *in the long* ~ it is cheaper than buying a ticket each time you travel. 買定期票要花很多錢，但終究比每次搭車時買票省錢。

in the shórt rùn 今後短期之內，就目前而言，暫且：This will do *in the short* ~. 這樣暫時可以將就一下。

kèep the rún of...《美》與…並肩而行，與…並駕齊驅，不落在…之後。

on the rún (1)忙碌著；到處奔跑著。(2)急忙地，匆忙地。(3)(戰敗而)逃走著；(尤指罪犯)在逃亡，逃匿中。

rún·abòut *n.* Ⓒ **1** 流浪[遊蕩]者，遊民。**2 a** 小型無蓋馬車。**b** 小型汽車[汽艇，飛機]。**c** =roadster.

runabout 2 a

run·a·gate [ˈrʌnəˌget; ˈrʌnəgeit] *n.* Ⓒ **1** 逃亡者。
2 流浪者。
3 變節者；背教者。

rún·aròund *n.* [the ~]《口語》遁詞，藉口：give a person *the* ~ 對某人編造藉口。

rún·awày *adj.* [用在名詞前] **1 a** 逃亡的，離家的：a ~ child 離家出走的小孩。**b** 逃跑的，管束不了的，無法駕馭的〈馬等〉：a ~ horse 逃跑的馬，脫韁之馬。
2 a 私奔的：~ lovers 私奔的情侶/a ~ marriage[match]私奔結婚。**b** 邊逃邊做的。
3 輕易獲勝的〈賽跑等〉；決定性的〈勝利等〉：a ~ victory 壓倒性的勝利。
4 劇漲[節節上漲]的〈物價等〉：~ inflation 節節升高的通貨膨脹。
——*n.* Ⓒ **1 a** 逃亡[脫逃，奔逃]者；離家出走的少年[少女]。**b** 脫韁之馬，逃跑的馬。
2 逃亡，脫逃；私奔。
3 輕易獲得的勝利，輕易獲得的成功。

run·ci·nate [ˈrʌnsɪnɪt, -ˌnet; ˈrʌnsinət, -neit] *adj.*《植物》鋸齒狀的；有下向裂片的。

rún·dòwn *n.* **1** [常 the ~；用單數]裁員，削減人員。

R

2 Ⓒ《口語》概要，摘要，綱要，口頭簡報：I missed the meeting. Can you give me the [a] ～？我沒能參加會議，你能告訴我會議的概要嗎？
3 Ⓒ《棒球》夾殺。
rún-dówn *adj.* **1**〈鐘錶〉(因動力耗盡而)停止的。
2［不用在名詞前］〈人〉疲憊的，健康不佳的。
3 荒廢的：～ houses 破爛不堪的房子。
rune [run; ru:n] *n.* Ⓒ**1**［常 ～s］盧恩字母，古北歐字母《古代日耳曼人所使用的字母》。**2** 神秘的符號［字母］。

runes 1

‡**rung**[1] [rʌŋ;rʌŋ] *v.* **ring**[2] 的過去分詞。
rung[2] [rʌŋ;rʌŋ] *n.* Ⓒ**1 a** 梯級。**b** (椅子的四條腿之間的)橫撐。
2 (社會上的)階層。
the lówest [tópmost] rúng of Fórtune's ládder 不幸[幸運]之至。
ru·nic [ˈrunɪk; ˈru:nik]《rune 的形容詞》**—*adj.* 1** 盧恩字母的。
2〈詩、裝飾等〉古北歐風格的。
rún-ìn *adj.*《美》《印刷》插入(於原稿等中)的；〈段、行等〉未分開而接連的。
—*n.* 1 Ⓒ《美口語》(尤指)〔與警察等的〕吵架，爭吵，爭執〔*with*〕：have a ～ *with* the police 跟警方發生爭執。
2 [the ～]《英》＝run-up 2.
run·less [ˈrʌnlɪs; ˈrʌnlis] *adj.*《棒球》毫無得分的。
run·nel [ˈrʌnḷ; ˈrʌnl] *n.* Ⓒ **1** 小水路。**2**《文語》細流，小河。
run·ner [ˈrʌnɚ; ˈrʌnə] *n.* Ⓒ**1** 奔跑之人[動物]：**a** (賽)跑者；參加賽馬的馬；騎用的馬。**b**《棒球》跑壘員。**2 a** 跑腿者；外務員。**b** (昔時的)使者，信使。**3**［常構成複合字］**a** 走私者：a gun*runner* 槍械走私者。**b** 走私船。**4** (機器的)操作員。**5 a** (橇、溜冰鞋等的)滑行部分［滑條，滑板，冰刀］。**b** (機器的)滾子(roller)。**c** (石磨的)碾石。**d** (滑車的)通索。**6 a** (桌面中央的)細長桌巾。**b** 長條地毯。**7**《鳥》走禽類的鳥；(尤指)秧雞。**8**《植物》(草莓等的)纖匍枝，蔓：⇨scarlet runner.

runners 5 a

rúnner bèan *n.* Ⓒ《英》《植物》紅花四季豆《一種扁豆類》。
rúnner-úp *n.* Ⓒ（*pl.* **runners-up**, ～s）(競賽、賽跑的)亞軍，第二名。
run·ning [ˈrʌnɪŋ; ˈrʌniŋ] *adj.*［用在名詞前］(無比較級、最高級) **1 a** 跑的，奔跑的，跑步的：a ～ start(三級跳遠等的)助跑；好的開始。**b** 在奔馳的〈馬〉。**2** 邊跑邊做的：a ～ fight 追擊戰/⇨running jump. **3** 流的，流動的〈水、河流等〉：⇨running water. **4** 運轉中的，轉動中的〈機器等〉。**5** 連續的，連接的：a ～ pattern 連續花樣/⇨running fire. **6** 草書體的〈字體〉：a ～ hand 草書體。**7 a** 流膿的〈瘡等〉。**b** 流鼻涕的〈鼻子〉：have a ～ nose 感冒流鼻水。**8** 同時做的：a ～ translation 同步翻譯。
in rúnning órder〈機器〉正常地運轉著：The clock has come back from the mender's and it is *in* (good) ～ *order* again. 時鐘已從修理店取回而又正常地走著。
—*adv.* ［置於複數名詞後］接連地，連續地：It rained five hours ～. 雨連續下了五個小時。
—*n.* 1 a Ⓤ跑；跑步運動，賽跑。**b** Ⓤ《棒球》跑壘。**c**［當形容詞用］賽跑用的；賽馬用的：a ～ horse 賽馬用的馬/ ～ shoes 跑鞋。**2** Ⓤ跑的體能。**3** Ⓤ流出物；流出量。**4** Ⓤ經營。**5** Ⓤ開動，運轉。
in [òut of] the rúnning (1)參加[未參加]賽跑。(2)有[無]獲勝的機會：I'm still *in the* ～. 我還有獲勝機會。
màke the rúnning (1)〈馬〉先跑爲其他馬定步調。(2)《英口語》率先，帶頭，領導。
rúnning bòard *n.* Ⓒ(舊式汽車等的兩旁下部的)踏板。
rúnning cómmentary *n.* Ⓒ**1** (隨著本文或事情的進行而加的)連續的解說[評論，註解]。**2**《電視・廣播》(隨著競賽等之進行而做的)實況轉播報導。
rúnning fíre *n.* Ⓒ(槍砲、譴責、質問等的)連續砲火〔*of*〕。
rúnning héad *n.* Ⓒ《印刷》(每頁頁首的)欄外標題。
rúnning júmp *n.* Ⓒ先助跑再起跳的跳躍。
tàke a rúnning júmp (1)(跳高[跳遠]時)跑步到起跳點[線]。(2)［用祈使語氣］《俚》滾開！滾出去！
rúnning knót *n.* Ⓒ **1** (可使結環隨繩滑動而鬆緊的)活結。**2** 向左右任何一邊拉均可解開的活結(cf. slipknot).
rúnning màte *n.* Ⓒ《美》**1** (練習時和正式比賽時，和參加比賽的屬於同一主人的馬一起跑，以定其步調的)陪跑的馬。**2** (例如與總統候選人聯合成搭檔競選副總統的)競選伙伴；(尤指)副總統候選人。
rúnning títle *n.* ＝running head.
rúnning wáter *n.* Ⓤ **1** 流水。**2** 以水管供應的水，自來水。
run·ny [ˈrʌnɪ; ˈrʌni] *adj.* (**run·ni·er**; **-ni·est**) **1**〈奶油等〉過於鬆軟的；水分過多的；易流的。**2**〈鼻、眼〉分泌液體的：a ～ nose 流鼻涕的鼻子。
rún-ôff *n.* Ⓒ(積分相同者決勝負的)最後決賽。
rún-of-the-míll *adj.* 普通的，平庸的，平凡的：He is not particularly brilliant；just ～. 他並不是特別有才能，只是普普通通。
rún-òn *adj.* **1**《韻律》(行尾沒有停頓而)連接下一行的。**2**《印刷》(不分段落而)連續接排的。
—*n.* Ⓒ《印刷》連續接排《句，段，行等》。
runt [rʌnt; rʌnt] *n.* **1** Ⓒ(動物同一胎中發育不佳的)矮小者。**2**［you ～，用於稱呼］矮子《輕蔑》。
rún-thròugh *n.* Ⓒ(戲、音樂等的)預演；從頭至尾的排練。
runt·y [ˈrʌntɪ; ˈrʌnti] *adj.* (**runt·i·er**；**-i·est**)矮小的。
rún-ùp *n.* **1** Ⓒ(跳遠、撐竿跳等的)助跑。**2**［the ～］《英》〔某一舉辦事項的〕籌備期間(的活動)〔*to*〕：during [in] *the* ～ *to* an election 在競選(活動)期間。**3** Ⓒ(飛機的)起轉，試車。**4** Ⓒ漲價。
rún·wày *n.* Ⓒ**1 a** 跑道。**b** (機場的)跑道。**2** (動物的)常經過的路。**3** 水脈，水路。**4**《戲劇》從舞臺突出到觀衆席次間的細長部分，伸展臺。
ru·pee [ruˋpi; ru:ˈpi:] *n.* Ⓒ **1** 盧比《印度(相當於 100 paise)，巴基斯坦(相當於 100 paise)，斯里蘭卡(相當於 100 cents)等的貨幣單位；符號 R, Re, r.》. **2** 一盧比貨幣。
Ru·pert [ˈrupɚt; ˈru:pət] *n.* 儒柏《男子名》。
ru·pes·trine [ruˋpɛstrɪn; ru:ˈpestrin] *adj.*《植物》生長在岩石中的。
ru·pi·ah [ruˋpiə; ru:ˈpi:ə] *n.* Ⓒ盧比《印尼之貨幣單位》。
rup·ture [ˈrʌptʃɚ; ˈrʌptʃə] *n.* **1** ⓊⒸ**a** 破裂：the ～ *of* a blood vessel 血管的破裂。**b** 決裂，斷絕；鬧翻，失和〔*between*, *with*〕：a ～ *between* friends 朋友間的失和/come to a ～〈談判〉破裂；失和。**2** Ⓒ《醫》疝氣，脫腸(hernia).
—*v.t.* 1 a 弄破〈血管等〉；扯裂，使…破裂：～ a blood vessel 弄破血管。**b** 斷絕〈關係〉，使…決裂；使…鬧翻[失和]：～ a connection 斷絕關係，脫離關係。**2**《醫》**a** 使…患脫腸症[引起脫腸]。**b** [～ one*self*]患脫腸症，引起脫腸。
—*v.i.* 1 裂，破裂。**2**《醫》患脫腸症。
***ru·ral** [ˈrurəl; ˈruərəl] *adj.* (**more** ～；**most** ～) **1** (相對都市(urban)而言的)鄉下的，鄉村的，田園的，鄉村風味的，有鄉村氣息的：～ life 田園[鄉村]生活/a ～ scene 田園景色/We are now in ～ seclusion. 我們目前過着鄉村隱居生活。

【同義字】rural 强調鄉村的純樸，安和；rustic 强調鄉村或其居民樸素、單純、粗野，尤其指態度和外表方面；pastral 强調田園的純樸安和的生活。

2 (無比較級、最高級)農業的：～ economy 農業經濟。
～·ly [-rəlɪ; -rəli] *adv.*
rúral déan *n.* Ⓒ［指職稱時爲Ⓤ］(英國國教的)地方執事《副主教(archdeacon)的助理》。
rúral (frée) delívery *n.* Ⓤ《美》鄉村地區免費郵遞《略作 R(F)D, R.(F.)D.》.
ru·ral·i·ty [ruˋrælətɪ; ruəˈræləti] *n.* **1** Ⓤ田園生活；田園風味。**2** Ⓒ田園風景；田園特徵。
ru·ral·ize [ˈrurəˌlaɪz; ˈruərəlaiz] *v.t.* 使…田園化；使…農村化。
—*v.i.* 鄉居；過田園生活。
Ru·ri·ta·ni·an [ˌrurəˋtenɪən; ˌruəriˈteinjən] *adj.* **1** 理想王國的；想像中之國度的。**2** 關於皇室之浪漫想法的。
ruse [ruz; ru:z] *n.* Ⓒ策略，計謀，詐術(trick).
‡**rush**[1] [rʌʃ; rʌʃ] *v.i.* **1** 匆匆忙忙地行進，急往；匆促行事：Don't ～；there is plenty of time. 別慌忙，時間多的是/Excuse me. I must ～. I'm late. 對不起，我得趕去，我遲到了/ ～ home 趕回家。
2〔十副詞(片語)〕(朝某方向)衝進；湧至；突擊，襲擊：The river ～*ed along*. 河水奔流著/Fools ～ *in* where angels fear to tread.《諺》天使裹足不前的地方，愚人都衝進去[智者避之惟恐不及的，愚者卻輕舉妄動]《出自英國詩人波普(Alexander Pope)之 *Essay on Criticism*》/The boys ～*ed out of* [～*ed into*] the room. 男孩子們從室內衝出[衝進室內]/He ～*ed down* the stairs. 他衝下樓梯/They ～*ed toward* me. 他們朝我衝過來/They ～*ed at* the enemy. 他們衝向敵人。
3〔十介十(代)名〕性急[輕率]地進入〔行動等〕〔*into, to*〕：～ *to* extremes 走極端/～ *into* print⇨print *n.* 1/ ～ *into* marriage 倉促地結婚/We should avoid ～*ing to* conclusions. 我們應避免輕率地下結論。
4〔十介十(代)名〕突然發生[出現]〔於…〕〔*to, into*〕：Blood ～*ed*

to his face. 血湧上他的臉/My past life *~ed into* my memory. 過去的生活忽然浮現在我腦海中[我驀地想起過去的生活]。

—*v.t.* 1 a [十受]**催趕，催促，趕緊做，趕辦…**：~ a message to a person 火速向某人報信/I don't want to ~ you. 我不想催你。**b** [十受十介十(代)名]催促〈人〉〔做…〕〔*into*〕：I was *~ed into* buy*ing* a cheap necklace. 我在別人的催促下買了不值錢的項鍊。

2 [十受十副詞(片語)]**使〈人、物〉衝(向某方向)；驅趕…**：They *~ed* the bill *through*. 他們匆促地使議案通過/We *~ed* him *to* a hospital. 我們趕緊把他送進醫院。

3 [十受]**a 向…衝鋒，突襲**：They *~ed* the enemy. 他們向敵人衝鋒。**b** 突破〈障礙等〉：~ a fence 跳過柵欄。**c** 成羣湧至〈金礦區等〉：Crowds of people were *~ing* the territory that was reputed to produce gold. 一羣一羣的人潮湧向那個據說產金的地區。

4 [十受]《美口語》**a** 執拗地追求〈女人〉。**b** 為爭取會員而款待〈未加入大學交誼社團的學生〉。

rúsh a person **óff** his **féet** 催促〈某人〉；迫使〈某人〉忙碌地工作。

rúsh óut (*vt adv*) 大量地趕製〈印刷品等〉。

—*n.* 1 Ⓒ **a 衝進，突進；衝鋒，突擊，襲擊**：a ~ of rain 一陣驟雨/a ~ of wind 一陣强風/make a ~ for the door 衝向門口。**b** (感情的)激發：a ~ of anger 勃然湧上的憤怒，激怒。

2 Ⓤ [又作**a ~**]**匆忙的活動，匆忙；忙碌；交通擁擠[尖峯]時間**：the ~ *of* city life 都市生活的匆忙/I'm in terrible ~. I can't stay to talk. 我趕得要死[趕著要辦件事]，無法待下來講話/He talked in *a* ~. 他匆促地講著/The ~ is over. 忙碌[尖峯時間]已經過去了/What's the ~? 急什麼？

3 [用單數]**a** [(…的)大量需求，搶購，訂單的蜂擁而至〔*for, on*〕]：a ~ *for* iron 鐵的大量需求，鐵的搶購/a ~ *on* mining stocks 搶購礦業股。**b** [十 *to* do]〈做…的〉熱潮：a ~ *to* travel abroad 出國旅行的熱潮，出國熱。

4 [**a ~**][向新開發地、新礦區等的]**蜂擁而至，熱潮**〔*to, for*〕：*a* ~ *for* gold = *a* gold ~ 淘金潮/*a* ~ *to* the gold fields 往金礦地區的淘金熱。

5 Ⓒ [常 **~es**]《電影》毛片[樣片]《拍完後立即製作的試映、剪接編輯用拷貝影片》。

6 Ⓒ《美式足球》帶球衝向敵陣。

give a person **the búm's rúsh**《美俚》把〈人〉從酒吧中攆出去。

with a rúsh (1)以突擊。(2)一舉，哄地一下子，猛然：The army carried the fortress *with a* ~. 軍隊一舉攻下了堡壘。

—*adj.* [用在名詞前]蜂擁而至的，熙熙攘攘的，忙碌的；匆促的，趕造的：a ~ order 緊急訂單/a ~ job 急件[急事]。

rush² [rʌʃ; rʌʃ] *n.* **1** Ⓒ《植物》燈心草《用以編織草蓆、籃子等》。**2** Ⓤ [集合稱](作為材料的)燈心草：a bed made of ~ 用燈心草做的牀。

—*adj.* [用在名詞前]用燈心草做的：a ~ bed [basket] 用燈心草做的牀[籃子]。

rúsh cándle *n.* = rushlight 1.

rúsh hòur *n.* Ⓒ (上、下班時等的)交通擁擠時間，尖峯時間：during the morning and evening *~s* 在早晚的交通擁擠時間當中/in [at] the ~ 在交通擁擠的時刻/The crowds in the *~s* are terrible. 交通尖峯時間的人潮真叫人受不了。**rúsh-hòur** *adj.*

rúsh·light *n.* Ⓒ **1** 燈心草蠟燭《昔時用油浸燈心草製成的細蠟燭》。**2 a** 黯淡的光，微光。**b** 微薄[不充足]的知識。

Rush·more [ˋrʌʃmɔr; ˈrʌʃmɔː], **Mount** *n.* 拉希摩山《位於美國南達科塔州(South Dakota)的一座山》。

【說明】這座山的岩壁上雕刻有高約十八公尺的美國歷史上四位總統的頭像，由左向右依次為華盛頓(Washington)、哲斐遜(Jefferson)、羅斯福(Theodore Roosevelt)、林肯(Lincoln)；這一帶是國家公園所在地。

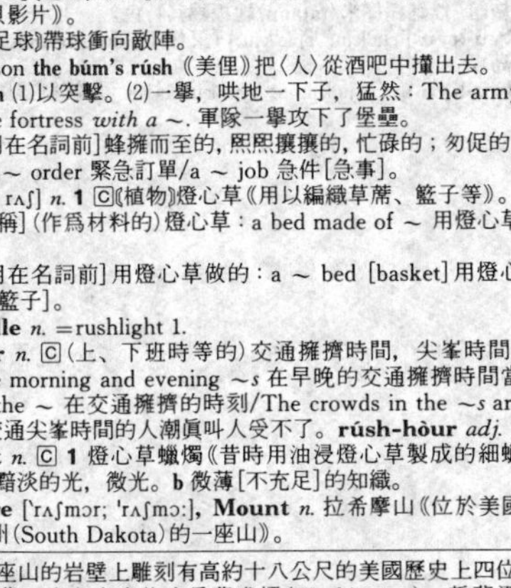

Mount Rushmore 的頭像

rush·y [ˋrʌʃɪ; ˈrʌʃi] 《rush²的形容詞》**—*adj.*** (**rush·i·er**; **-i·est**) **1** 似燈心草的；用燈心草做的。**2** 多燈心草的：a ~ pond 燈心草茂盛的池塘。

rusk [rʌsk; rʌsk] *n.* Ⓒ [當作菜名時為Ⓤ]乾麵包《將麵包的薄切片用烤爐烤成的黃棕色硬麵包》；脆甜餅乾。

Rus·kin [ˋrʌskɪn; ˈrʌskin], **John** *n.* 羅斯金《1819–1900；英國散文家、批評家及社會改革者》。

Russ [rʌs; rʌs] *n.* (*pl.* ~, ~-**es**) **1** Ⓒ俄國人。**2** Ⓤ《古》俄國語。

—*adj.* 俄國的；俄國人的；俄國語的。

Russ.《略》Russia; Russian.

Rus·sell [ˋrʌsl; ˈrʌsl], **Ber·trand** (**Arthur William**) [ˋbɝtrənd; ˈbəːtrənd] *n.* 羅素《1872–1970；英國數學家、哲學家及作家》。

rus·set [ˋrʌsɪt; ˈrʌsit] *n.* **1** Ⓤ [又作 **a ~**]赤褐色，枯葉色。**2** (又作 **rússet ápple**) Ⓒ一種赤褐色，在秋天成熟的粗皮蘋果。

—*adj.* 赤褐色[枯葉色]的。

***Rus·sia** [ˋrʌʃə; ˈrʌʃə] *n.* **1** (1917 年以前的)**俄羅斯帝國**(Russian Empire)《隨 1917 年革命而滅亡；首都聖彼得堡(St. Petersburg [ˏsentˋpitəzbɝg; sntˈpiːtəzbəːg])；即現在的列寧格勒(Leningrad)》。**2** = Soviet Russia.

***Rus·sian** [ˋrʌʃən; ˈrʌʃn] 《Russia 的形容詞》**—*adj.* 俄國(人，語)的。**

—*n.* 1 Ⓒ**俄國人**。**2** Ⓤ**俄語**《略作 Russ.》。

Rússian Émpire *n.* [the ~]俄羅斯帝國(⇨Russia 1)。

Rus·sian·i·za·tion [ˏrʌʃənɪˋzeʃən; ˌrʌʃəniˈzeiʃn] *n.* Ⓤ俄國化。

Rus·sian·ize [ˋrʌʃəˏnaɪz; ˈrʌʃənaiz] *v.t.* 使…俄國化；使…有俄國風味。

Rússian (Órthodox) Chúrch *n.* [the ~](革命前的)俄國國教會《希臘正教的一支》。

Rússian Revolútion *n.* [the ~]俄國革命《發生於一九一七年三月(陰曆二月)和同年十一月(陰曆十月)的革命》。

Rússian roulétte *n.* Ⓤ俄國式輪盤賭《參與賭博者輪流當東家，俟衆人下賭注之後，將僅裝有一發子彈的左輪手槍輪形彈膛當作輪盤旋轉，然後將槍口對準自己之頭扣板機以決定死亡或贏錢的一種玩命遊戲》。

Rússian Sóviet Féderated Sócialist Repúblic *n.* [the ~]俄羅斯社會主義聯邦蘇維埃共和國《為蘇聯境內最大之共和國，首都莫斯科(Moscow)；略作 RSFSR, R.S.F.S.R.; cf. USSR》。

Rússian wólfhound *n.* = borzoi.

Rus·so- [rʌso-; rʌsou-] [複合用詞]表示「俄國(人)的」「俄國和…(之間)的」。

Rùs·so-Jap·a·nése *adj.* 日俄的：the ~ War 日俄戰爭(1904–5)。

Rus·so·phile [ˋrʌsəˏfaɪl; ˈrʌsoufail] *adj.* 親俄國的。

—*n.* Ⓒ親俄者。

Rus·so·phobe [ˋrʌsəˏfob; ˈrʌsəfoub] *n.* Ⓒ懼俄者；恨俄者。

Rus·so·pho·bi·a [ˏrʌsəˋfobɪə; ˌrʌsəˈfoubjə] *n.* Ⓤ恐俄症；恨俄症。

rust [rʌst; rʌst] *n.* Ⓤ **1 銹**：be covered with ~ 生滿了銹/gather ~ 生銹。**2**《植物》銹菌，銹斑病。**3** 紅褐色。

—*v.i.* 1 〈金屬〉生銹，腐蝕。**2** 變成紅褐色。**3** [動(十副)]〈鐵等〉生銹；(因不使用而)變(遲)鈍，變成無用，腐朽，荒廢〈*out, away*〉：Don't let your talents ~. 不要糟蹋你的才華/Better wear out than ~ ***out***.《諺》銹壞不如用壞；閒死不如忙死。**4**《植物》患銹病。

—*v.t.* [十受] **1** 使…生銹，使…腐蝕。**2** (不使用而)使…變(遲)鈍，使…變得無用。

rúst-còlored *adj.* 紅褐色的。

rus·tic [ˋrʌstɪk; ˈrʌstik] 《源自拉丁文「鄉村」之義》**—*adj.*** (**more** ~; **most** ~) **1**《文語》**土裡土氣的，鄉土氣的，樸素的，質樸的；沒有禮貌的，粗野的**(⇨rural【同義字】)。**2**《文語》鄉村的，鄉村生活的。**3** [用在名詞前](無比較級、最高級)粗造的；原[圓]木造的〈家具、搭建物等〉：a ~ bridge [chair] 原木橋[椅]/a ~ seat (涼亭的)粗木椅/~ work (涼亭等)原木結構的部分。

—*n.* Ⓒ《文語・輕蔑》鄉下人；(尤指)農人。

rús·ti·cal·ly [-klɪ; -kəli] *adv.*

rus·ti·cate [ˋrʌstɪˏket; ˈrʌstikeit] *v.i.*《文語・諧》去鄉村，下鄉；暫居鄉村，過鄉居生活。

—*v.t.* 1 a 將〈人〉送往鄉村，使…定居鄉村。**b** 使…田園[鄉村]化。**2**《英》〈大學〉勒令〈學生〉停學。**3** 使〈壁面砌石〉成粗面《★常用被動語態》。

rus·ti·ca·tion [ˏrʌstɪˋkeʃən; ˌrʌstiˈkeiʃn] *n.* Ⓤ **1** 送往鄉間；鄉居生活。**2** (英國大學生的)停學(處分)。**3** 粗面石工。

rus·tic·i·ty [rʌsˋtɪsətɪ; rʌˈstisəti] 《rustic 的名詞》**—*n.*** Ⓤ鄉村風格[風味]；質樸，樸素；粗野，無禮貌。

rus·tle [ˋrʌsl; ˈrʌsl] 《擬聲語》**—*v.i.* 1 a** 〈紙、樹葉、絲布等〉**發沙沙聲**：The leaves *~d* in the night breeze. 樹葉在夜風中發出沙沙聲。**b** [動(十副詞(片語))]沙沙作響地移動，發出沙沙的摩擦聲而走：Something was *rustling along* [*through* the

R

grass]. 有東西發出沙沙聲而過[穿過草而去]/She ~*d* in her silks. 她穿着絲衣，走動時發出沙沙聲。

2《美口語》**a** 奮力工作，活躍。**b** 偷牛等。

—*v.t.* 〔十受〕**1** 使〈紙、樹葉、絲等〉沙沙地搖動，使…發出沙沙聲：The wind ~*d* the leaves. 風吹樹葉發出沙沙的聲音。

2《美口語》**a** 奮力而得到…；奮力地做…。**b** 偷〈牛等〉。

rústle úp《*vt adv*》《口語》張羅，費力湊集[尋找]；趕緊準備[做]…：We ~*d up* some food *for* an unexpected guest. 我們趕著爲一位不速之客準備一些吃的東西。

—*n.* [用單數]沙沙聲，絲布等的摩擦聲。

rús·tler *n.* Ⓒ **1** 發出沙沙聲之物[人]。**2**《美口語》**a** 富有活力而好動的人。**b** 偷牛賊。

rúst·less *adj.* **1** 〈金屬〉不生銹的。**2** 沒有銹的，沒有生銹的。

rús·tling *adj.* **1** 發沙沙聲的，發出(絲布)摩擦聲的。**2**《美俚》富有活力而好動的。

—*n.* **1** Ⓤ[又作 ~s]沙沙響[聲]：the ~(*s*) of leaves 樹葉的沙沙聲。**2** Ⓤ《美口語》偷牛[馬]。**~·ly** *adv.*

rúst·próof *adj.* 防銹的，不銹的。

rust·y [ˋrʌstɪ; ˈrʌsti] **«rust 的形容詞»—*adj.*** (**rust·i·er**; **rust·i·est**) **1** **a** 生銹的，有銹色的：a ~ oil drum 生銹的油桶/The machine is getting ~. 這機器正在生銹。**b**《植物》患銹斑病的。**2** [不用在名詞前] **a** 〔十介十(代)名〕〈人〉〔在能力、技術等方面〕(因不使用而)變遲鈍[笨拙]的，荒疏的；荒廢的〔*on*〕：I am a bit ~ *on* French. 我的法語有點荒疏了。**b** 〈能力、技術等〉變遲鈍[笨拙]的，荒疏的，荒廢的：My French is a bit ~. 我的法語有點荒疏了。**3** 銹色的，紅褐色的；褪了色的。

rúst·i·ness *n.*

R

rut[1] [rʌt; rʌt] *n.* **1** Ⓒ轍跡。**2** [用單數]一成不變的做法，常規，常習：get [settle, sink] *into* a ~ 陷入固定模式，墨守成規/ go on [continue] *in* the same old ~ 總是做老一套的事/*in* a ~ 按常規，照慣例。

—*v.t.* (**rut·ted**; **rut·ting**)留轍跡於…《★常以過去分詞當形容詞用》：a deeply *rutted* road 留有很深轍跡的路。

rut[2] [rʌt; rʌt] *n.* Ⓤ **1** (雄鹿、公牛等的)周期性的春情發動，發情。**2** [常 **the** ~]春情發動期：go to (the) ~ 發情/at (the) ~ 在發情。

—*v.i.* (**rut·ted**; **rut·ting**)春情發動，發情。

ru·ta·ba·ga [ˌrutəˋbegə; ˌru:təˈbeigə] *n.*《美》＝Swede 2.

Ruth [ruθ; ru:θ] *n.* **1** 露絲《女子名》。**2**《聖經》路得《和波哈次(Boaz)結婚的女人，大衛(David)爲其後裔》。**3**《聖經》路得記(The Book of Ruth)《聖經舊約中一書》。

ru·the·ni·um [ruˋθinɪəm; ru:ˈθi:njəm] *n.* Ⓤ《化學》釕《屬白金類的一種金屬元素；符號 Ru》。

ruth·less [ˋruθlɪs; ˈru:θlis] *adj.* (**more** ~; **most** ~)狠心的，無情的，殘忍的，冷酷的：a ~ killer 冷酷的殺手/The teacher was ~ about my mistakes. 老師對於我的錯誤毫不留情。

~·ly *adv.* **~·ness** *n.*

Rut·land(·shire) [ˋrʌtlənd(ˏʃɪr); ˈrʌtlənd(ʃə)] *n.* 拉特蘭郡《英格蘭中東部之一郡》。

rút·ting *adj.* [用在名詞前]在發情的，發情期的〈雄鹿等〉。

rut·tish [ˋrʌtɪʃ; ˈrʌtiʃ] *adj.* 淫亂的，好色的。

rut·ty [ˋrʌtɪ; ˈrʌti] **«rut**[1] **的形容詞»—*adj.*** (**rut·ti·er**; **-ti·est**)〈路等〉多轍跡的。

RV《略》recreational vehicle.

R.V.《略》Revised Version (of the Bible).

Rwan·da [ruˋandə; ruˈændə] *n.* 盧安達《非洲東部的一個共和國；首都爲吉佳利(Kigali [kɪˋgalɪ; kiˈgɑ:li])》。

Rx《符號》《處方》recipe.

Ry. railway.

-ry [-rɪ; -ri] 字尾 [名詞字尾] -ery 的變體。

rye [raɪ; rai] *n.* **1** Ⓤ **a**《植物》黑麥，裸麥。**b** 黑麥籽[粒] (⇨ wheat【同義字】)。

> 【說明】黑麥在北歐是麵包和威士忌的原料，在北美也用作威士忌的原料，但在英美通常用爲家畜的飼料。有些農民相信黑麥在歉收的那一年會變成爲矢車菊(cornflower)等雜草。此外，民間自古傳誦這樣的歌：
> In July shear your rye. (七月割黑麥)/March dry, good Rye; (三月沒雨黑麥多)/April wet, good Wheat. (四月多雨小麥就豐收)

2 (又作 **rýe bréad**) Ⓤ黑[裸麥]麵包《以黑麥麵粉製成的麵包，通常加香芹籽作爲香料；⇨ bread【說明】(1)》。**3** (又作 **rýe whís·key**) Ⓤ [指個體時爲Ⓒ]黑麥酒《以黑麥釀造的威士忌酒》。

ry·o·kan [ˋrioˏkan; ˈri:oukɑ:n] **«源自日語»—*n.*** Ⓒ傳統日式小旅館《以鋪榻榻米(tatami)地板爲其特色》。

Ryu·kyu [ˋrjuˋkju; ˈrju:ˈkju:] (又作 **Rýukyu Íslands**) *n.* 琉球(羣島)。

Ryu·kyu·an [ˋrjuˋkjuən; ˈrju:ˈkju:ən] *n.* Ⓒ琉球(羣島)人。

S s **S s** *S s*

s, S[1] [ɛs; es] *n.* (*pl.* **s's, ss, S's, Ss** [～ɪz; ～iz]) **1** Ⓤ Ⓒ英文字母的第十九個字母。 **2** Ⓤ(一序列事物的)第十九個；(不包括 J 時的)第十八個。
S[2] [ɛs; es] *n.* Ⓒ(*pl.* **S's, Ss** [～ɪz; ～iz]) S 字形(之物)。
S《略》small.
S《符號》schilling(s)；sol；sucre；《化學》sulfur.
S/《符號》sol；sucre.
s.《略》second 秒；see；set；shilling(s)；solidus；son；south；steamer；substantive.
s., S.《略》school；secondary；senate；signature；singular；society；soprano.
s., S, S.《略》south；southern.
S.《略》Saint；Saturday；shilling(s)；Señor；September；Signor；Society；Sunday.
**$, $**《略》《將拉丁文 solidus 的第一個字母'S'加以裝飾者》dollar(s)：*$*100 一百美元《★〔讀法〕讀作 one hundred dollars》；sol(s).
-s[1] [(在母音及有聲子音後面)-z; -z, (在無聲子音後面)-s; -s] 〔字尾〕名詞的複數字尾(cf. -es[1])：dog*s*, cat*s*.
-s[2] [(在 [s, z, ʃ, ʒ, tʃ, dʒ] 的後面)-ɪz, -əz; -iz, -əz, (在其他母音及有聲子音後面)-z; -z, (在其他無聲子音後面)-s; -s] 〔字尾〕動詞的第三人稱單數現在式的字尾(cf. -es[2])：It rain*s*./He work*s* hard.
-s[3] [(在母音及有聲子音後面)-z; -z, (無聲子音後面)-s; -s] 〔字尾〕副詞字尾：always, forward*s*, indoor*s*, need*s*,《美口語》night*s*,《美口語》Sunday*s*.
-'s[1] [(在[s, z, ʃ, ʒ, tʃ, dʒ]的後面)-ɪz, -əz; -iz, -əz, (在其他母音及有聲子音後面)-z; -z, (在其他無聲子音後面)-s; -s] **1** 名詞的所有格字尾《★〔用法〕專有名詞的尾字爲 s 時，-s'*s*, -s' 均可用：Dicken*s's*, Dickens' ['dɪkɪnz; 'dikinz]》：Tom'*s*, men'*s*, cat'*s*, wife'*s*, nurse'*s*. **2** 文字、數字、略語等的複數字尾《★〔用法〕有時省略[']》：t'*s*/3'*s*/M.P.'*s*/the 1980*s* (1980 年代) /get five A*s* (拿到五個A).
-'s[2] [(在母音及有聲子音後面)-z; -z, (在無聲子音後面)-s; -s]《口語》**1** is 的縮寫：He'*s* (=He is) a student. 他是學生/That'*s* (=That is) right. 對的，就是那樣。
2 has 的縮寫：He'*s* (=He has) done it. 他做了那件事/The cake'*s* (=cake has) been baked. 蛋糕已經烤好了。
3 does 的縮寫《★〔用法〕只用於疑問詞的後面》：How'*s* (=How does) he do it？他怎麼做的？/What'*s* (=What does) he want？他要什麼？
〔語法〕所有縮寫都不能用於句尾，因此，I wonder where he is. (我不知道他在哪裏。)是正確的，但 I wonder where he'*s*. 就錯了。
-'s[3] [-s; -s]《口語》us 的縮寫《★〔用法〕除以 let'*s* (=let us) 開始的說法以外，均爲方言用法》：Let'*s* go. 我們走吧。
Sa《符號》《化學》samarium.
S.A.《略》Salvation Army；South Africa [America, Australia].
Saar [sɑr; sɑ:] *n.* **1** 薩爾河《發源於法國北部，向北流經德國西部注入莫色耳(Moselle)河》。 **2** (西德之)薩爾省《在薩爾河流域》。
Sa·bah ['sɑbɑ; 'sɑ:bɑ:] *n.* 沙巴《馬來西亞聯邦之一州，位於婆羅州之東北部》。
Sab·ba·tar·i·an [ˌsæbə'tɛrɪən; ˌsæbə'tɛəriən˜] [常 s～] *adj.* 嚴守安息日的。
—*n.* Ⓒ **1** 嚴守星期日爲安息日的基督徒。 **2** 遵守星期六爲安息日的猶太教徒。
Sab·bath ['sæbəθ; 'sæbəθ] 《源自希伯來語「休息」之義》**—*n.*** Ⓒ [又作 **the** ～] 安息日：break *the* ～ 不守安息日《在安息日不休息》/ keep [observe] *the* ～ 奉守安息日《在安息日休息》/⇨ witches' Sabbath.

【說明】基督教的安息日爲星期日，但猶太教的安息日則爲星期六。英美兩國的基督徒，尤其是繼承清教徒(Puritans)傳統的教徒，多半嚴格遵守安息日不工作、節制娛樂。不過近來某些娛樂場所、電影院、劇場、餐館等在星期天也照常營業；cf. Sunday【說明】

Sábbath-brèaker *n.* Ⓒ不守安息日的人。
Sábbath dày *n.* =Sabbath.
Sábbath schòol *n.* Ⓒ **1** =Sunday school. **2** (耶穌再臨派之)在星期六上課的主日學校。
Sab·bat·ic [sə'bætɪk; sə'bætik] *adj.* =Sabbatical.
Sab·bat·i·cal [sə'bætɪkḷ; sə'bætikl] 《Sabbath 的形容詞》**—*adj.*** [用在名詞前]《罕》安息日的。
—*n.* [s～] (又作 **sabbátical léave**) Ⓒ休假年《爲研究或旅行，每七年給予大學教授一年或半年的有薪休假》：Professor Robins is *on sabbatical* this year. 羅賓士教授今年在度他的休假年《★on ～無冠詞》。
sabbátical yéar *n.* Ⓒ **1** 安息年《古代猶太人每七年停止所有農事，讓土地休耕之一年》。 **2** =sabbatical *n.*
sa·ber ['sebɚ; 'seibə] *n.* **1** Ⓒ(從前所使用的)馬刀，軍刀《單刃，刀身微彎的重型騎兵刀；cf. bayonet》。 **2**《劍術》**a** Ⓒ似騎兵刀的一種西洋劍《用以刺和擊的劍；cf. épée, foil[3]》。 **b** Ⓤ使用這種西洋劍以刺或擊的動作而得分的比賽(項目)。 **3** Ⓒ(昔時的)騎兵隊，騎兵。
ráttle one's [**the**] **sáber** (沒有實際行動而)以武力威嚇，裝出生氣的樣子《★源自使軍刀鏗鏘作響》。
—*v.t.* 以軍刀斬殺[砍傷]…。
sáber ràttling *n.* Ⓤ(炫耀軍力的)耀武揚威，武力威脅。
sáber-ràttling *adj.*
saber-toothed ['sebɚˌtuθt; 'seibətu:θt] *adj.* 有軍刀形[長而銳利]之上犬齒的。
sáber-tòothed tíger *n.* Ⓒ《古生物》劍齒虎《犬齒長而銳利的化石獸》。

saber-toothed tiger

Sa·bine ['sebaɪn; 'sæbain] *n.* **1** Ⓒ塞賓人《主要居住於義大利中部亞平寧(Apennines)山區的一古代民族，紀元前 290 年爲羅馬所征服》。 **2** Ⓤ塞賓語。
—*adj.* 塞賓人[語]的。
Sá·bin vàccine ['sebɪn-; 'seibin-] 《源自發明人 Albert B. Sabin 之名》**—*n.*** Ⓤ沙賓疫苗《防治小兒麻痺症疫苗》。
sa·ble ['sebḷ; 'seibl] *n.* **1 a** Ⓒ《動物》黑貂。 **b** Ⓤ黑貂皮。 **2** Ⓤ《紋章》黑色。
—*adj.* **1** 用黑貂毛[皮]製造的：a ～ coat 貂皮大衣。 **2**《詩》黑色的，黑暗的。
sab·ot ['sæbo; 'sæbou] 《源自法語》**—*n.*** Ⓒ (*pl.* ～**s** [～z; ～z]) 木鞋《由木頭挖空製成的鞋子，尤指法國及荷蘭等國農民所穿者》。

sabot

sab·o·tage ['sæbəˌtɑʒ; 'sæbətɑ:ʒ] 《源自法語》**—*n.*** Ⓤ **1** 破壞行動《在勞資糾紛中，工人故意損壞機器、產品等的行爲；★〔比較〕英語的 sabotage 並無「怠工」之意；「怠工」在美國爲 slowdown，在英國爲 go-slow》。 **2** 妨礙行爲。
—*v.t.* 故意破壞[妨礙]：～ a person's plan 破壞某人的計畫。

【字源】此字係指工人在罷工時破壞機器、產品，或妨礙生產等行爲。由法國工人在罷工時用木鞋(sabot)破壞機器而來。

sab·o·teur [ˌsæbə'tɝ; ˌsæbə'tə:] 《源自法語》**—*n.*** Ⓒ從事破壞工作的人，破壞份子。
sa·bra ['sɑbrə; 'sæbrə] *n.* Ⓒ出生於以色列的以色列人。
sa·bre ['sebɚ; 'seibə] *n., v.*《英》=saber.
sac [sæk; sæk] *n.* Ⓒ《動物・植物》囊；袋；液[氣]囊。
sac·cha·rim·e·ter [ˌsækə'rɪmətɚ; ˌsækə'rimitə] *n.* Ⓒ《化學》糖量計。
sac·cha·rin ['sækərɪn; 'sækərin] *n.* Ⓤ《化學》糖精。
sac·cha·rine ['sækəˌraɪn, -rɪn; 'sækərain] *adj.* **1** 似糖精[砂糖]的；太甜的。 **2**〈態度〉嬌媚的；〈說話聲〉嬌滴滴的。
sac·cu·lar ['sækjulɚ; 'sækjulə] *adj.* 囊狀的。
sac·er·do·tal [ˌsæsɚ'dotḷ; ˌsæsə'doutl˜] *adj.* **1** 神職(人員)的，僧侶的。 **2** 尊重僧權[神職]的。
sàc·er·dó·tal·ism [-tḷˌɪzəm; -təlizəm] *n.* Ⓤ **1** 祭司制度，神職人員的慣例。 **2**《輕蔑》神職尊重主義。
sa·chem ['setʃəm; 'seitʃəm] *n.* Ⓒ(美國印地安人的，尤指亞爾崗金(Algonkin)族同盟的)酋長。

sa·chet [sæˋʃe; ˈsæʃei] 《源自法語'sack'之義》 —*n.* Ⓒ **1** (裝有一次份量洗髮粉或砂糖等的)小袋子，小包。**2** (放在抽屜或衣櫃內使衣服帶香味的)香囊，香袋。

***sack**¹ [sæk; sæk] *n.* **1** Ⓒ **a** 粗布袋《麻、帆布等粗布製長方形大袋子，用以裝穀物、煤、粉狀物、馬鈴薯等》。**b** 一大袋(的份量)〔*of*〕: three ~*s of* potatoes 三大袋的馬鈴薯。
2 Ⓒ《美》**a** 厚紙袋(bag)《用以給顧客裝所購物品》: a grocery ~ (食品店用以裝食品的)購物袋。**b** 一袋子份量〔*of*〕: a ~ *of* candy 一袋糖果。
3 Ⓒ(婦女、兒童穿的)寬鬆上衣。
4 [the ~]《俚》牀: hit *the* ~ 睡覺，就寢。
5 《源自從前工匠學徒被解雇時，帶著工具袋(sack)離開老闆處》[the ~]《口語》解雇，開除，革職: get *the* ~ 被解雇，被開除/give a person *the* ~ 把某人開除[解雇]。
6 Ⓒ[常 the ~]《棒球》壘(base).
—*v.t.* 〔十受〕**1** 把…放入(大)袋子中: ~ potatoes in the field 把田裏的馬鈴薯裝入大袋子中。
2 《英》解雇，開除〈受雇者〉: ~ superfluous workers 解雇多餘的工人/You are ~*ed*! 你被解雇了!
sáck óut[**in**]《*vi adv*》《美俚》睡覺。

sack² [sæk; sæk] *v.t.* 〈佔領軍〉劫掠〈城市〉。
—*n.* [用單數; 常 the ~] (占領地的)掠奪: put a city to *the* ~ 劫掠某城市。

sack³ [sæk; sæk] *n.* Ⓤ[指個體時爲Ⓒ]十六、十七世紀時由西班牙、加那利(Canary)羣島等輸入英國的一種烈性白葡萄酒。

sack·but [ˈsæk,bʌt; ˈsækbʌt] *n.* Ⓒ **1** 中世紀時之一種管樂器《形似伸縮喇叭》。**2** (聖經但以理書(Daniel)中提到的)一種古代的弦樂器。

sáck·clòth *n.* Ⓤ **1** 麻袋布，粗麻布。**2** (從前服喪、懺悔所穿的)粗布衣服。
in sáckcloth and áshes 在哀傷中，在深深的懺悔中《★出自聖經「馬太福音」》。

sáck còat *n.* Ⓒ(沒有腰身的寬短)男用上衣。

sáck drèss *n.* Ⓒ布袋裝《直線條的寬鬆女裝》。

sack·ful [ˈsæk,ful; ˈsækful] *n.* Ⓒ(大袋子)一袋子(的量)〔*of*〕: a ~ *of* coal 一袋煤。

sack·ing [ˈsækɪŋ; ˈsækiŋ] *n.* Ⓤ麻袋布。

sack·less [ˈsæklɪs; ˈsæklis] *adj.* 《蘇格蘭》**1** 無精打采的，垂頭喪氣的。**2** 頭腦愚鈍的; 軟弱的。**3** 《古》無罪的。

sáck ràce *n.* Ⓒ套袋賽跑《把兩脚或下半身套入袋中，跳著前進的一種賽跑》。

sáck sùit *n.* Ⓒ《美》男用寬鬆短上衣。

sacque [sæk; sæk] *n.* =sack¹ 3.

sa·cral [ˈsekrəl; ˈseikrəl] *adj.* 聖禮的，根據聖禮的。

sac·ra·ment [ˈsækrəmənt; ˈsækrəmənt] 《源自拉丁文「當作神聖之物而予以分開」之義》 —*n.* **1** Ⓒ《基督教》聖禮，聖事《當作神的恩寵象徵而被認爲神聖的宗教儀式，天主教稱爲「秘跡」，指聖洗(baptism)、堅振(confirmation)、聖體(the Eucharist)、告解(penance)、終傅(extreme unction)、聖秩(holy orders)、婚配(matrimony)等七大聖事; 新教(Protestant)稱「聖禮」，僅指洗禮與聖餐》。
2 [常 the ~, the S~] **a** 聖餐(禮)，聖晚餐(禮): *the* last ~ 臨終的聖餐[秘跡]/administer[receive, take] *the* ~ 行[領]聖餐禮。**b** 聖體; (尤指)聖餐用麵包《天主教(徒)稱爲 the Blessed[Holy] Sacrament》。

sac·ra·men·tal [,sækrəˋmɛntl; ,sækrəˈmentl] 《sacrament 的形容詞》 —*adj.* 聖禮的，聖事的，秘跡的，聖典的，聖餐(禮)的: ~ rites 聖餐式/ ~ wine 聖餐用葡萄酒。

sàc·ra·mén·tal·ism [-tl,ɪzəm; -təlizəm] *n.* Ⓤ《基督教》重視聖禮[聖事，秘跡](主義)。

Sac·ra·men·to [,sækrəˋmɛnto; ,sækrəˈmentou] *n.* 薩克拉門托《美國加利福尼亞州(California)的首府》。

***sa·cred** [ˈsekrɪd; ˈseikrid] *adj.* (**more** ~; **most** ~) **1** **a** (表示奉獻給神的)神聖的: the ~ altar 聖壇/the ~ name of Jesus 耶穌的聖名。**b** 〈動物等〉神之使者的，被視爲神聖的: ⇨ sacred cow, sacred ibis.
2 [用在名詞前](無比較級、最高級)有關宗教(儀式)的，宗教性[上]的: the ~ book(s) [writings] 聖典《聖經、可蘭經等》/a ~ concert 聖樂會，宗教音樂會/a ~ edifice[building] 教會，教堂，寺院/~ history 宗教[教會]史/~ music 聖樂，宗教音樂/a ~ number 宗教上神聖的數字《尤指七》/~ orders 聖職，神職/~ songs 聖歌，讚美歌。
3 [不用在名詞前](無比較級、最高級)〔十介十(代)名〕**a** 獻給〔神、人的靈等〕的，祭祀〔…〕的，供奉〔…〕的〔*to*〕: a temple ~ *to* the gods 一座供奉衆神的神殿/This monument is ~ *to* the memory of the Unknown Soldier. 這座紀念碑是獻給無名戰士的。**b** 〔某人、某目的等〕專用的〔*to*〕: a fund ~ *to* charity 慈善基金。
4 〈諾言、約定、義務等〉(神聖)不可違背的，該尊重的: a ~ promise 不可違背[鄭重]的諾言/I hold my duty ~. 我尊重我的義務。
the Sácred Héart (of Jésus) 《天主教》聖心《耶穌被矛刺穿的心臟，爲神愛世人的象徵》。
~·**ly** *adv.* ~·**ness** *n.*

Sácred Cóllege *n.* [the ~]《天主教》羅馬天主教樞機主教團(the College of Cardinals)《教宗的最高諮議機構，並有選舉教宗及提出建議之職權》。

sácredców *n.* Ⓒ **1** (印度的)聖牛《在印度，牛被視爲神聖的動物，受到禮遇》。**2** 《輕蔑·謔》神聖不可侵犯的人[物]《不能加以批判、攻擊的人、思想、制度等》。

sácred íbis *n.* Ⓒ《鳥》聖䴉《產於阿拉伯南部和非洲撒哈拉以南，在古埃及被尊爲神的使者》。

Sácred Wrít *n.* =Scripture.

***sac·ri·fice** [ˈsækrə,faɪs, -,faɪz; ˈsækrifais] 《源自拉丁文「使神聖」之義》 —*n.* **1** **a** ⓊⒸ供奉祭品: in ~ 作爲供神的祭品，成爲犧牲品/make a ~ to God 把祭品獻給上帝。**b** Ⓒ(獻出的)祭品，犧牲品: kill an ox as a ~ *to* the gods 宰殺公牛作爲供奉諸神的祭品。
2 **a** ⓊⒸ犧牲〔*of*〕: at the ~ *of*... 犧牲…/make a ~ *of*... 以…爲犧牲(品)。**b** Ⓒ犧牲(的行爲): Parents often make ~*s for* their children[to educate their children]. 父母常爲了孩子[爲了教育孩子]而做種種犧牲。**c** Ⓒ犧牲品: fall a ~ to ... 成爲…的犧牲(品)。
3 Ⓒ(明知損失的)賤賣，拋售《★常用於下列片語》: sell at a (large, great) ~ 以賤價出售，大賤賣。
4 (又作 **sácrifice hít**[**búnt**]) Ⓒ《棒球》犧牲打。
5 Ⓤ《神學》基督的犧牲《被釘死於十字架上》。
màke the supréme sácrifice (1)(爲國家等)犧牲生命。(2)《謔》〈女子〉不情願地獻身。
—*v.t.* **1** 〔十受(十介十(代)名)〕把〈動物等〉作爲祭品供奉〔神等〕〔*to*〕: ~ a lamb 以小羊爲祭品/ ~ a sheep *to* a god 以羊祭神。
2 **a** 〔十受〕犧牲…: He ~*d* his life to save his boy from drowning. 他爲了救他那溺水的孩子而犧牲了自己的生命。**b** 〔十受十介十(代)名〕〔爲…而〕奉獻，犧牲，放棄…〔*for, to*〕《★囲因一般用 for; 在英國語法中也用 to》: He ~*s* business *for*[*to*] pleasure. 他爲逸樂而放棄工作/Can you ~ your political beliefs *for* money? 你能爲錢而放棄政治信仰嗎?
3 〔十受〕《口語》把〈商品〉拋售，賤賣。
4 〔十受(十介十(代)名)〕《棒球》以犧牲打使〈跑者〉進佔〔…〕〔*to*〕: Tom ~*d* Smith *to* third base. 湯姆以犧牲打使史密斯進佔三壘。
—*v.i.* **1** 〔動(十介十(代)名)〕供奉祭品〔給…〕〔*to*〕: ~ *to* idols 供奉祭品給偶像。
2 〔十介十(代)名〕〔爲…〕犧牲〔*for, to*〕《★囲因《美》常用 for，在英國語法中用 to》: A mother will ~ *for* her children. 母親肯爲她的孩子犧牲自己。
3 《口語》拋售，賤賣。
4 《棒球》擊出犧牲打。

sácrifice flý *n.* Ⓒ《棒球》高飛犧牲打《爲了使在三壘之跑者能跑回本壘得分》。

sac·ri·fi·cial [,sækrəˋfɪʃəl; ,sækriˈfiʃl] 《sacrifice 的形容詞》 —*adj.* **1** 祭品的，供品的: a ~ lamb[rite] 獻祭的小羊[儀式]。**2** 犧牲的，奉獻的。**3** 虧本出售的，賤賣的: ~ prices 賤價，犧牲價/a ~ sale of winter dresses 冬裝賠本大拍賣。~·**ly** *adv.*

sac·ri·lege [ˈsækrəlɪdʒ; ˈsækrilidʒ] *n.* ⓊⒸ **1** 褻瀆神聖(罪)《侵犯教堂等聖地，竊取聖物等》。**2** 會遭到報應的事，可惡的事: Putting water in brandy is (a great) ~. 在白蘭地中摻水是(極)可惡的事。

sac·ri·le·gious [,sækrɪˋlɪdʒəs; ,sækriˈlidʒəs] 《sacrilege 的形容詞》 —*adj.* **1** 褻瀆神聖的: a ~ act 褻瀆的行爲。**2** 會遭到報應的，可惡的，豈有此理的。~·**ly** *adv.* ~·**ness** *n.*

sa·cring [ˈsekrɪŋ; ˈseikriŋ] *n.* Ⓤ《古》聖餐禮。

sac·ris·tan [ˈsækrɪstən; ˈsækristən] *n.* Ⓒ(教會的)聖器保管人。

sac·ris·ty [ˈsækrɪstɪ; ˈsækristi] *n.* Ⓒ(教會的)聖器保管室[收藏室]。

sac·ro·il·i·ac [,sækroˋɪlɪæk, ,sekro-; ,seikrouˈiliæk, ,sækrou-] *adj.* 《解剖》骶髂的; 骶骨與腸骨間之關節的。
—*n.* Ⓒ骶骨與腸骨之間的關節(或軟骨)。

sac·ro·sanct [ˈsækro,sæŋkt; ˈsækrousæŋkt] *adj.* **1** 神聖不可侵犯的，極爲神聖的: ~ rights 神聖不可侵犯的權利。**2** 《謔》非常重要的: My weekends are ~. 我的週末是很寶貴的《不喜歡受到別人的打擾》。

‡**sad** [sæd; sæd] 《源自古英語「滿足的，厭煩的」之義》 —*adj.* (**sad·der**; **sad·dest**) **1** **a** 〈人、心、表情等〉悲哀的，悲傷的(↔ glad): a ~ face[heart] 愁容[哀傷的心]/a ~ man 面容愁苦的

人/What makes you so ～？什麼事使你如此悲傷？/It is ～ to think that he is no more with us. 想到他已不再和我們在一起就覺得傷心《★變換可換寫成 It makes me ～ to think.... 這種說法較口語化》。b [不用在名詞前]〔十介十(代)名〕〔對…〕感到悲傷的〔*about, at*〕：She was ～ ***at*** the news of his death. 她聽到他去世的噩耗而感到悲傷/We all felt ～ ***about*** his death. 我們都對他的去世感到悲傷。c [不用在名詞前]〔十 *to* do〕〈做…而〉悲傷的：She was ～ *to* see him go. 她見他離去而悲傷。

2〈事物等〉(使人)**悲傷的**，可悲的，悽慘的：a ～ event 可悲的事件，慘事/ ～ news 噩耗/a ～ song[tale]悲歌[悲傷的故事]/It is ～ that he should retire. 他要退休是件憾事。

3 [用在名詞前]《口語》(令人悲嘆地)**極爲糟糕的，豈有此理的，**不像話的《★用法常用於戲謔、輕蔑》：a ～ coward 沒出息的懦夫/a ～ mistake 可怕的錯誤，大錯/The children left the room in a ～ state. 這些小孩把房間弄得亂七八糟。

4〈顏色〉黯淡的，陰鬱的：a ～ color 暗色。

in sád éarnest《古》很認眞地，(變得)嚴肅地。

sádder but wíser 歷經坎坷而變得明智《★出自 S. T. Coleridge 的詩》。

sád to sáy [常置於句首]可悲的是，遺憾的是。

sad·den [ˈsædn; ˈsædn] **《sad 的動詞》** ——*v.t.* 使〈人〉悲傷：Her death ～*ed* him. 她的逝世使他悲傷/He felt ～*ed* by her departure. 他因爲她的離去而感到傷心。

——*v.i.*〔動(十介十(代)名)〕〔對…〕感到悲傷：She ～***ed at*** the thought of his departure. 想到他的離去，她就覺得傷心。

***sad·dle** [ˈsædl; ˈsædl] *n.* **1** Ⓒ(馬等的)**鞍**：put a ～ on a horse 爲馬套上鞍座/take[get into]the ～ 騎上馬。

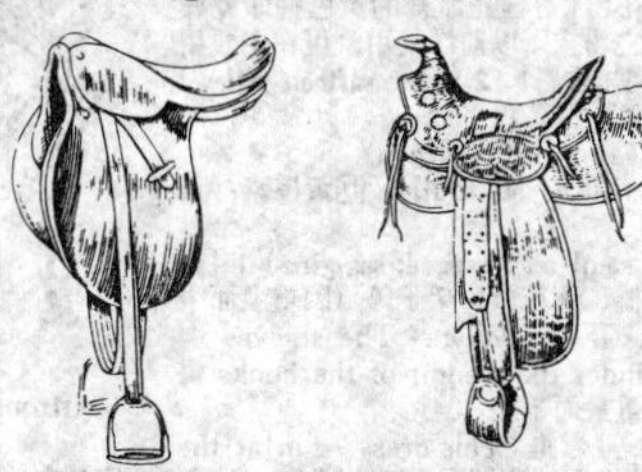

英國式 美國式

saddles 1

2 Ⓒ(自行車等的)**車座**。

3 Ⓤ[指切片時爲Ⓒ]《英》(羊、鹿的)帶脊骨的腰肉：(a) ～ of mutton[venison]羊[鹿]的帶脊骨腰肉(一片)。

4 Ⓒ(山的)鞍部《兩峯間的凹下處》。

in the sáddle (1)騎著馬。(2)《口語》掌握權力的：the man *in the* ～ 掌握權力的人。

——*v.t.* **1**〔十受(十副)〕**套鞍於**…〈*up*〉：～ (***up***) a horse 爲馬套上鞍座。

2〔十受十介十(代)名〕**a** 使〈某人〉擔負〔責任等〕〔*with*〕；〔使某人〕擔負〈責任等〉〔*on, upon*〕：～ a person ***with*** a heavy task = ～ a heavy task ***on*** a person 使某人做繁重的工作。**b** [～ *oneself*] 負起〔責任等〕〔*with*〕：He ～*d himself* ***with*** numerous debts. 他負了很多債。

——*v.i.* **1** 跨坐馬鞍上，騎馬。**2**〔動(十副)〕爲馬套上鞍座〈*up*〉.

sáddle·bàg *n.* Ⓒ **1** (裝在馬等背部兩側的)鞍囊。**2** (自行車、機車等的)馬鞍型袋子。

sad·dle·bow [ˈsædlˌbo; ˈsædlbou] *n.* Ⓒ鞍之前穹。

sáddle·clòth *n.* Ⓒ鞍褥，鞍墊《置於鞍下，用以保護馬皮膚的毛毯》。

sáddle hòrse *n.* Ⓒ可騎乘的馬，鞍馬。

sad·dle·less [ˈsædllɪs; ˈsædllis] *adj.* 無鞍的。

sáddle·lìke *adj.* 似馬鞍的。

sád·dler *n.* Ⓒ製造[販賣]馬具[馬鞍]的人。

sáddle ròof *n.* Ⓒ《建築》鞍狀屋頂《中有一脊兩面傾斜者》。

sad·dler·y [ˈsædlərɪ; ˈsædləri] *n.* **1** Ⓤ[集合稱]一套馬具，馬具類。**2** Ⓤ**a** 馬具製造業，馬具商。**b** 馬具製造技術。**3** Ⓒ馬具製造廠，馬具店。

sáddle shòe *n.* Ⓒ[常～s]《美》鞍鞋《中央有黑色或茶色鞍形裝飾皮革的白色便鞋》。

sáddle sòre *n.* Ⓒ鞍瘡《因馬鞍不合適而在馬背上或騎馬者身上所引起的腫傷》。

sáddle-sòre *adj.*〈人〉因馬鞍不合適而引起腫傷的，肌肉發痛的。

sáddle stìtch *n.* Ⓒ **1**《裝訂》用釘書機等從紙張中間釘住的裝訂法《用以裝訂雜誌、小冊子等》。**2** 鞍形針縫《針縫皮革用具邊緣的方法》。

saddle shoe

sáddle·trèe *n.* Ⓒ鞍架。

Sad·du·ce·an [ˌsædʒʊˈsiən; ˌsædjuˈsi:ən] *adj.* 撒都該(Zadok)教信徒的；撒都該教教義的。

Sad·du·cee [ˈsædʒəˌsi; ˈsædjusi:] *n.* Ⓒ撒都該(Zadok)教信徒《不相信復活、天使及靈魂等的存在，爲猶太教的一派》。

sa·dhu [ˈsadu; ˈsɑ:du:] *n.* Ⓒ(印度教信奉者的)苦行者，聖人。

sad·i·ron [ˈsædˌaɪən; ˈsædaiən] *n.* Ⓒ熨斗。

sa·dism [ˈsædɪzəm; ˈseidizəm, ˈsæd-] **《源自在小說中探討性虐待狂的法國小說家 Marquis de Sade 之名》** ——*n.* Ⓤ **1** 性虐待狂《對於虐待異性有性快感的怪癖；cf. masochism》。**2** (病態的)殘忍癖，虐待狂。

sá·dist [-dɪst; -dist] *n.* Ⓒ **1** 性虐待狂者，有虐待狂的人。**2** 有殘忍癖的人。

sa·dis·tic [sæˈdɪstɪk; səˈdistik, sæˈd-] *adj.* (性)虐待狂的。

-ti·cal·ly [-klɪ; -kəli] *adv.*

‡sad·ly [ˈsædlɪ; ˈsædli] *adv.* (**more** ～；**most** ～) **1 悲傷地**，悲哀地：She stood ～ beside the grave. 她悲傷地佇立墓旁。**2** (無比較級、最高級) [修飾整句] **可悲的是，**遺憾的是：*S*～, he failed (in) the exam. 遺憾的是，他沒通過考試。**3** (無比較級、最高級)《口語》極端地，非常，令人悲嘆不已地：He is ～ lacking in common sense. 他極爲缺乏常識/If you think he will help you, you are ～ mistaken. 如果你認爲他會幫助你，那就大錯特錯了。

sad·ness [ˈsædnɪs; ˈsædnis] *n.* Ⓤ**悲傷，**悲哀(⇨ sorrow【同義字】)。

sà·do·másochism [ˌsedo-; ˌseidou-] *n.* Ⓤ(性)施虐受虐狂《同時具有 sadism(虐待狂)與 masochism(被虐待狂)的混合性心理變態者》。 **sà·do·masochístic** [ˌsedo-; ˌseidou-ˉ] *adj.*

sád sàck *n.* Ⓒ《美口語》糊塗而常犯錯的人；不中用的士兵。

s. a. e.《略》stamped addressed envelope (附有郵票寫有地址的)回郵信封。

sa·fa·ri [səˈfɑrɪ; səˈfɑ:ri] **《源自阿拉伯語「旅行」之義》** ——*n.* Ⓒ **1 a** (在非洲的)狩獵[探險]旅行：go *on* (a) ～ 去狩獵[探險]旅行《★on ～ 常無冠詞》。**b** 狩獵[探險]隊。**2**《口語》旅行：a sightseeing ～ 觀光旅行。

safári pàrk *n.* Ⓒ野生動物園《把動物放養於自然環境中，遊客可乘車觀看的動物園》。

‡safe [sef; seif] **《源自拉丁文「無傷的」之義》** ——*adj.* (**saf·er**; **saf·est**) **1 安全的。**

【同義字】safe 指沒有危險、損害、冒險之虞而安全的；secure 指不必擔心[害怕]危險等的。

a (免於危險而)安全的，沒有危險的：a ～ place 安全的地方/We are ～ here. 我們在這裏是安全的/It is not ～ to swim here. 在這裏游泳不安全。**b** [不用在名詞前]〔十介十(代)名〕〔對…是〕安全的〔*for*〕：This beach is ～ ***for*** swimming. 在這個海灘游泳是安全的。**c** [不用在名詞前]〔十介十(代)名〕經得起〔…〕的，〔對於防…是〕安全的〔*against*〕：This building is ～ ***against*** any kind of earthquake. 這幢建築物經得起任何地震。**d** [不用在名詞前]〔十介十(代)名〕免於〔危險等〕的〔*from*〕：We are ～ ***from*** attack[discovery]here. 我們在這裏不會有遭受攻擊[被發現]的危險/A child once infected with the measles is ～ *from* hav*ing* it a second time. 曾經患過痲疹的孩子不會有再患的危險。**e** (無比較級、最高級) [不用在名詞前] 安全的，平安的《★用法在 arrive, bring, come, keep 等後面當補語用》：⇨ SAFE and sound /They all arrived ～. 他們都平安抵達/I saw her ～ home. 我把她平安送到家。**f** [不用在名詞前]〔十 *to* do〕〈做…是〉安全的《★用法主詞與 *to* do 的受詞發生關係時的說法》：This dog is ～ *to* touch. 觸摸這隻狗是安全的《不會咬人》《★變換可換寫成 It is ～ to touch this dog.》。

2 a (不會有加害於他人之虞而)**安全的，**無危險的，無害的：The lions are ～ in the cage. 在獸檻裏的獅子是沒有危險的《不會加害於人》。**b** (因受監禁等而)無脫逃之虞的，不怕被逃走的：in ～ custody 在安全的監護之下/We have got the criminal ～. 我們抓牢了那名罪犯《不會讓他脫逃》。

3 a〈推測、投資、方法等〉**無誤的，**不會有問題的；〈公司、工作等〉沒有危險的，踏實的，可靠的；〈書籍、藥品等〉無害處的，安全的：a ～ bet《口語》準成功[穩贏]的事；確實可靠的事/That's a ～ guess.《口語》那樣想準沒錯/a ～ book *for* children 可放心讓小孩讀的書/This medicine is not ～ *for* children. 這種藥對小孩不安全/It is ～ to say that the storm is over. 說暴風雨已經過去是不會錯的；確實可說暴風雨已經過去(cf. 3 b). **b** [不用在名詞前]〔十介十(代)名〕〔即使…也〕不會錯的〔*in*〕：

You would be ~ ***in*** say*ing* that the storm is over. 你說暴風雨已過錯不了(cf. 3 a). **c** 〔＋ *to* do〕〈即使做…也〉無妨的：a ~ person *to* confide in 可放心向其吐露(秘密等)的人/The weather is a subject quite ~ *to* talk about. 以天氣爲談論話題十分保險。

4 a 〈人〉可信賴的，靠得住的，愼重的，謹愼的：a ~ first 準得第一名的人/a ~ driver 謹愼的司機。**b** 〈消息來源等〉確實的，可靠的：from a ~ quarter 據可靠方面。**c** 〈選舉區等〉穩[鐵定]當選的：a ~ Republican seat 穩當選的共和黨議席/The district is ~. 那地區是沒問題的《本黨的地盤》。**d** 〔不用在名詞前〕〔＋ *to* do〕必然〈做…〉的，必定〈做…〉的：The President is ~ *to* be reelected. 總統必然再次當選。

5 《棒球》安全上壘的：The runner is ~ (on first). 跑者安全上(一)壘。

(as) sáfe as hóuses ⇨ house.

be on the sáfe side 爲愼重起見，妥加準備以防萬一：Let's *be on the* ~ *side* and take the child to the doctor. 爲了愼重起見，還是帶小孩去看醫生吧/It is always better[best] to be *on the* ~ *side.* 妥加準備以防萬一總是較好[上策]。

pláy (it) sáfe 《口語》小心行事，不冒險：We'd better *play (it)* ~ and start at once. 爲愼重起見，我們最好立刻動身。

sáfe and sóund 平安無恙《★出自聖經「路加福音」》：He returned home ~ *and sound* from the war. 他經歷了戰爭之後平安無恙地回到家。

—*n.* Ⓒ (*pl.* ~s) **1 保險櫃[箱]**：a fireproof ~ 防火保險櫃/crack[《英》break (into)] a ~ (强盜)打開保險櫃搶劫。**2** (保存肉類等食品的)冷藏櫃；防蠅紗罩：⇨ meat safe. **3** 《美》(避孕用)保險套。**~·ness** *n.*

sáfe·blòwer *n.* Ⓒ以炸藥炸開保險箱搶劫的人。

sáfe·blòwing *n.* Ⓤ以炸藥炸開保險箱搶劫。

—*adj.* 用炸藥炸開保險箱的。

sáfe·brèaker *n.* 《英》＝safecracker.

sáfe·brèaking *n.* 《英》＝safecracking.

sáfe-cónduct *n.* **1** Ⓤ (主要指戰時的)安全通行權，通行許可。**2** Ⓒ (保證安全的)通行證。

sáfe·cràcker *n.* Ⓒ《美》打開保險櫃的搶劫犯(《英》safebreaker).

sáfe·cràcking *n.* Ⓤ《美》打開保險櫃的搶劫(行爲)(《英》safebreaking).

sáfe-depòsit *adj.* 安全保管的。**—*n.*** Ⓒ貴重物品保管處。

sáfe-depòsit bóx *n.* Ⓒ出租保險箱《在銀行的地下室等處，出租給私人》。

sáfe·guàrd *v.t.* 〔＋受(＋介＋(代)名)〕保護，防護〈人、物〉〔使免於…〕〔*against, from*〕；~ one's property 保護財產/ ~ children ***against*** traffic accidents 保護小孩以免發生交通事故。

—*n.* Ⓒ **1** 保護物，安全裝置〔*against*〕：a ~ *against* fire 防火設備。**2** 〔對抗…的〕防衛(措施)；保障〔…的〕條款，章程〔*against*〕：as a ~ *against*... 作爲對…的預防(辦法)。

sáfe hóuse *n.* Ⓒ(情報工作者所使用之沒有被竊聽或受監視之虞的)隱匿處，連絡場所，地下工作指揮部，地下工作人員的集會所。

sáfe·kéeping *n.* Ⓤ保管，保護：Those papers are *in* ~ *with* him. 那些文件由他妥善保管著。

‡**safe·ly** [ˈseflɪ; ˈseifli] *adv.* (**more** ~; **most** ~) **1 安全地**，平安無事地：The parcel reached me ~. 包裹完好地到達我手裏/The runner slid ~ into second base. 跑者安全地滑上二壘。

2 確切地，無誤地：It may ~ be said that.... 說…準不會錯，可以確切地說…。

sáfe pèriod *n.* Ⓒ〔常**the** ~〕(不會懷孕的)安全期間。

safe·ty** [ˈseftɪ; ˈseifti] 《**safe** 的名詞》**—*n. **1** Ⓤ**安全，平安** (↔ danger)：~ first 安全第一《提醒人們注意安全，避免危險的標語》/in ~ 安全地，平安地/assure[menace] a person's ~ 保證[威脅]某人的安全/seek ~ in flight 在逃亡中尋求安全，避難/The inhabitants have been removed for ~. 爲安全起見，居民已被遷移他處[疏散]/You cannot do it with ~. 你不可能做那事而平安無事《準會有事》/There is ~ in numbers. (無論做什麼事)人多保險；人多就安穩；人多勢衆《★出自聖經「箴言」》/I am anxious for his ~. 我擔心他的安全。

2 (又作 **sáfety càtch**) Ⓒ(槍的)安全裝置，保險栓：He made sure the ~ was on. 他確信上了保險栓。

3 Ⓒ《棒球》安打。

4 Ⓒ《美式足球》安全得分《拿著本隊傳來的球，被對方絆倒致球掉在本隊得分區內；如此對方可得兩分》。

at sáfety (槍等)裝有保險栓的：a gun *at* ~ 上了保險栓的槍。

pláy for sáfety 《英》謹愼行事，不冒險。

—*adj.* 〔用在名詞前〕保障安全的：a ~ device[apparatus] 安全裝置/ ~ measures 安全措施/road ~ rules 道路安全規則。

sáfety bèlt *n.* Ⓒ **1** (繫於飛機或汽車座位等的)安全帶《★比較現在一般用 seatbelt》。**2** (高空作業人員使用的)安全帶。

sáfety bìcycle *n.* Ⓒ安全腳踏車《即腳踏車，早期腳踏車前後輪大小不一，後改爲一致而較爲安全，故名》。

sáfety cùrtain *n.* Ⓒ(戲院的)防火幕。

sáfety-fírst *adj.* 〔用在名詞前〕安全第一的，至爲愼重的：a ~ policy 安全至上政策。

sáfety fùse *n.* Ⓒ **1** 安全信管。**2** 《電學》保險絲；安全熔斷器。

sáfety glàss *n.* Ⓤ安全玻璃。

sáfety inspèction *n.* ⓊⒸ《美》(車輛)安全檢查(《英》M.O.T. (test)).

sáfety ìsland *n.* Ⓒ《美》(街道上的)安全島[地帶](《英》refuge)《用石頭、油漆、綠地等隔開，爲保護行人安全而設的地帶》。

sáfety làmp *n.* Ⓒ(礦工在礦坑內使用的)安全燈。

sáfety lòck *n.* Ⓒ **1** 保險鎖。**2** (槍砲上之)保險機；閉鎖保險。

sáfety màtch *n.* Ⓒ安全火柴《現在一般所用不含黃燐的火柴》。

sáfety pìn *n.* Ⓒ安全別針。

sáfety ràzor *n.* Ⓒ安全剃刀。

sáfety vàlve *n.* Ⓒ **1** (鍋爐的)安全瓣[閥]。**2** 〔精力、感情等的〕發洩對象〔*for*〕：act[serve] as a ~ *for*... 作爲對…的安全瓣[閥]；作爲發洩[解決]…的穩妥方法[途徑]。

sáfety zòne *n.* 《美》＝safety island.

saf·flow·er [ˈsæˌflauɚ, -ˌflaur; ˈsæflauə] *n.* ⓊⒸ **1** 《植物》紅花《又名紅藍，乾花可提取紅花素，用作染料》。**2** 紅花染料。

sáfflower òil *n.* Ⓤ紅花籽油。

saf·fron [ˈsæfrən; ˈsæfrən] *n.* **1 a** Ⓒ《植物》番紅花《又稱藏紅花，鳶尾科多年生植物》。**b** Ⓤ番紅花粉《番紅花雌蕊的黃色柱頭乾燥後所磨成之粉末；以前作藥用，現在主要用作染料、調味香料》。**2** (又作 **sáffron yéllow**) Ⓤ番紅花色，橘黃色。

saffrons 1 a

S. Afr. 《略》South Africa(n).

saf·role [ˈsæfrol; ˈsæfroul] *n.* Ⓤ黃樟素，黃樟油精。

sag [sæg; sæg] *v.i.* (**sagged; sag·ging**) **1** 〔動(＋副)〕〈橋、天花板、架子等〉(因重量而中間)下垂，下陷〈*down*〉：The shelves ~ (***down***) under the weight of the books. 書架因書的重量而下陷。

2 a 〈衣服等〉鬆垂：This dress ~*s* in[at] the back. 這件衣服的背部鬆垂。**b** 〈肌肉、面頰等〉(因年老、疲勞而)鬆垂[下垂]：with *sagging* shoulders 肩膀下垂地。

3 a 〈人〉沒有精神，頹喪；〈精神〉不振，消沉；〈氣力〉減退；衰退：He *sagged into* the chair. 他無力地跌進椅子 / His spirits *sagged* when he was told he had to start the work again. 當他被告知必須重做該工作時，他變得垂頭喪氣。**b** 〈小說、戲劇等〉變得乏味。

4 《商》〈行情、銷路等〉一時下跌，走下坡。

—*n.* 〔用單數〕**1** 鬆垂：the ~ in one's trousers 長褲(臀部)的鬆垂 / the ~ of one's stomach (中年時)腹部的鬆垂。

2 《商》(行情的)下跌，(銷路的)減少。

sa·ga [ˈsɑgə; ˈsɑːgə] 《源自古代北歐語「故事」之義》**—*n.*** Ⓒ **1 a** 敍述中世紀冰島(Iceland)、挪威(Norway)的英雄及國王戰績的(散文)故事。**b** 英勇事蹟，英雄故事，冒險故事。**2** (又作 **sága nòvel**)長篇小說，年代記《將一家、一族、一個社會作傳記[歷史]性敍述的長篇小說》。

sa·ga·cious [səˈgeʃəs; səˈgeiʃəs] 《**sagacity** 的形容詞》**—*adj.*** 《文語》〈人、判斷等〉賢明的，睿智的，伶俐的《★比較較 wise 爲拘泥》：a ~ choice of personnel 對人事的精明挑選。

~·ly *adv.* **~·ness** *n.*

sa·gac·i·ty [səˈgæsətɪ; səˈgæsəti] *n.* Ⓤ《文語》賢明，伶俐，精明。

sage[1] [sedʒ; seidʒ] *adj.* 〔用在名詞前〕《文語》**1** (深謀遠慮而富於經驗地)賢明的，睿智的：~ advice 賢明的忠告/a ~ counselor 深謀遠慮而富於經驗的顧問。**2** 《諷刺》以賢人[哲人]自居的。

—*n.* Ⓒ **1** 賢人，哲人；年高望重的人。**2** 《諷刺》以賢人自居的人。

the Séven Ságes (of Gréece) 古希臘的七賢人。

~·ly *adv.* **~·ness** *n.*

sage[2] [sedʒ; seidʒ] *n.* Ⓤ **1 a** 《植物》洋蘇草《藥用鼠尾草》。**b** 洋蘇葉《洋蘇草的乾葉，可作藥用或調味料》。**2** ＝sagebrush.

ságe·brùsh *n.* Ⓤ《植物》北美山艾《產於北美西部不毛之地，尤指三齒山艾，其白花被認爲是內華達州的州花》。

ságe gròuse *n.* Ⓒ (*pl.* ~)艾叢松雞《北美西部生長山艾之草原上產的松雞》。

sag·gy [ˈsægɪ; ˈsægi] 《**sag** 的形容詞》**—*adj.*** (**sag·gi·er**; **-gi·est**) 鬆垂的，下垂的。

Sagh·a·lien [ˌsægəˈlin; ˌsægəˈliːn] *n.* ＝Sakhalin.

Sag·it·tar·i·us [ˌsædʒɪˋtɛrɪəs; ˌsædʒiˈtɛəriəs] *n.* **1**《天文》射手座(cf. Archer). **2**《占星》**a** 射手座，人馬宮(cf. the signs of the ZODIAC). **b** Ⓒ屬射手座的人。

sa·go [ˋsego; ˋseigou] *n.* (*pl.* ~s) **1** Ⓤ西穀米《由印度尼西亞所產西穀棕櫚的莖髓製成的粒狀澱粉》。**2** (又作 **ságo pàlm**)Ⓒ《植物》西穀棕櫚。

sa·gua·ro [səˋgwɑro; səˈgwɑːrou] *n.* Ⓒ (*pl.* ~s)《植物》薩瓜茹柱《美國亞利桑那州所產仙人掌科的一種巨型仙人柱，莖部可充作木材，果實可食用》。

saguaro

Sa·ha·ra [səˋhɛrə, -ˋhe-, -ˋhɑ-; səˈhɑːrə] 《源自阿拉伯語「沙漠」之義》 —*n.* [the ~]撒哈拉沙漠《在非洲北部，爲世界最大沙漠》。

Sa·ha·ran [səˋhɛrən, -ˋherən, -ˋhɑrən; səˈhɑːrən] 《Sahara 的形容詞》 —*adj.* (像)撒哈拉沙漠的。

sa·hib [ˋsɑɪb, ˋsɑhɪb; sɑːb, ˈsɑːhib] *n.* 《印度》**1** [S~；加在姓名或官職頭銜後面]先生，閣下，大人：Jones *S*~ 瓊斯先生/ Colonel *S*~ 上校閣下。**2** Ⓒ[在殖民地時代，印度人對歐洲人的稱呼]大人。

‡**said** [sɛd; sed] *v.* **say** 的過去式・過去分詞。—*adj.* [用在名詞前] [常 **the** ~]《文語》前述的，上述的；該：*the* ~ person 該人，上述的人。

Sai·gon [saɪˋgɑn; saiˈgɔn] *n.* (越南的)西貢(⇨ Ho Chi Minh City)。

‡**sail** [sel; seil] 《源自古英語「被剪下的一塊布」之義》 —*n.* (*pl.* ~s, (義 2) ~) **1 a** Ⓒ(船的)帆：with all ~*s* set 全帆揚起地[張帆待航(地)]/bend a ~ 把帆綁在橫桿[支索(等)]上/fill a ~ 使帆張滿/furl a ~ 收帆，捲起帆/hoist [haul down, lower] a ~ 揚[下]帆。**b** Ⓤ[集合稱](船的)帆《一部分或全部》：under full ~ 張滿帆前進中/keep full ~ 正張滿著帆/hoist [carry] ~ 揚起帆[正揚著帆]/⇨ make SAIL/mend ~ 重新折疊[捲]帆[重新調整好帆]/⇨ set SAIL/shorten ~ 收帆減速/strike ~ (遇强風時或表示敬意[降服之意]而)降帆/The ship had all ~ spread. 那艘船揚全帆航行。

2 (*pl.* ~) Ⓒ**帆船**；船：the days of ~ 帆船的時代/a fleet of ten ~ 由十艘船組成的船隊/There wasn't a ~ in sight. 看不見一艘船/*S*~ ho！看到船了！《★無冠詞》。

3 [a ~](純粹玩樂的)揚帆駛船，航海，坐船旅行，航行：*a* ~ around the world 坐船航行世界一周，坐船環遊世界/go for *a* ~ 去坐帆船玩，去揚帆駛船。

4 Ⓤ[又作 **a** ~]航程：Copenhagen is two days' ~ from here. 哥本哈根距離此地要兩天的航程。

5 Ⓒ帆狀物：**a** 風車的翼。**b** 旗魚(sailfish)的大背鰭。

màke sáil (1)〔朝…〕啓航〔*for*〕。(2)(爲增加速度而)張帆，增帆急駛。

sèt sáil (1)揚帆。(2)啓航：set ~ *from* Keelung *for* Hong Kong 從基隆啓航到香港。(3)《口語》出發，啓程。

tàke ìn sáil (1)收帆減速。(2)減少活動，收斂氣焰[慾望]。

tàke the wínd òut of a person's **sáils** [**the sáils of** a person] ⇨ wind[1].

ùnder sáil 揚著帆；在航行中。

—*v.i.* **1 a** 〔動(十副詞(片語))〕〈船、人〉**揚帆而行**，航海，航行：The boys are learning to ~. 那些男孩子在學習航海(技術)/The ship ~*ed into* the harbor [*up* the Indian Ocean]. 那艘船駛入港口[北上印度洋]/We ~*ed against* [*before*] the wind. 我們逆風[順風]航行/I have never ~*ed across* the English Channel. 我未曾橫渡過英吉利海峽。**b** (當作運動)駕駛遊艇，揚帆駛船(★常用於下列片語)：go ~*ing* 去揚帆駛船。

2 〔動(十介十(代)名)〕〈船、人〉〔自…〕**啓航**，出港〔向…〕〔*from*〕〔*for*〕：The ship ~*s* at eight tomorrow morning. 那艘船明天早上八點啓航/He ~*ed* (on the *United States*) *from* San Francisco (bound) *for* Honolulu. 他從舊金山乘坐(美國號)輪船去檀香山。

3 〔十副詞(片語)〕**a** 〈鳥、魚、雲、飛艇等〉(像帆船一樣)飛行，游泳，飄浮，滑行：The cloud ~*ed across* the sky. 雲飄過天空/Swans were ~*ing* gracefully *on* the lake. 天鵝姿勢優美地浮游在湖面上。**b** 〈女子〉脚步輕盈地[裝模作樣地]走：The duchess ~*ed into* the room. 公爵夫人儀態萬方地走進房間。

4 〔十介十(代)名〕《口語》**a** 有勁地著手〔…〕〔*into*〕：He ~*ed* **into** his work [hamburger]. 他有勁地開始工作[吃起漢堡]。**b** (用話)抨擊，譴責，叱責〔某人〕〔*into*〕：She ~*ed* **into** her children *for* mak*ing* too much noise. 她叱責孩子們太吵鬧。

5 a 〔十介十(代)名〕〔考試、議案等〕輕易過關；〔困難的工作等〕輕易完成〔*through*〕：The bill ~*ed through* the House almost intact. 該法案在衆院幾乎原案未動[未加修正]地輕易通過。**b** 〔十副〕輕易通過考試等，輕易克服困難等〈*through*〉：Don't worry. You'll just ~ ***through***. 別擔心，你會輕易過關的。

—*v.t.* **1** 〔十受〕**a** 〈船、人〉渡〈海〉，在〈海洋〉航行：He has ~*ed* the seven seas. 他航行過世界七大海洋。**b** 〈鳥等〉飛渡，飛翔〈天空〉。

2 〔十受(十副詞(片語))〕駕駛〈船、遊艇〉：He ~*ed* his yacht *out to* the island. 他駕遊艇駛往那個島。

sáil ín 《*vi adv*》(1)進港。(2)《口語》熱烈地展開議論[活動(等)]。

sáil néar [**clóse to**] **the wínd** ⇨ wind[1].

sáil·bòard *n.* Ⓒ風浪飯[帆飯]《只能乘坐一至二人，風浪飯[帆飯]運動(windsurfing)用》。

sáil·bòat *n.* Ⓒ《美》(比賽、遊樂用的)帆船，遊艇(《英》sailing boat)(⇨ boat 相關用語)。

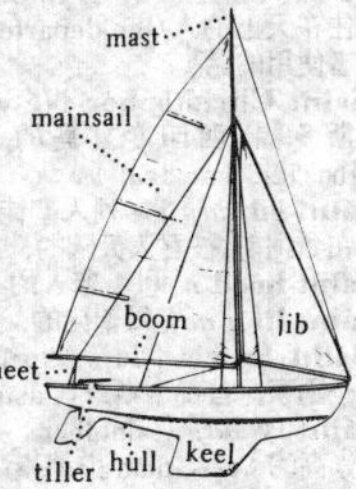

sailboat

sáil·clòth *n.* Ⓤ(帆、帳篷等用的)帆布。

sáil·er *n.* Ⓒ **1** 帆船。**2** [常與修飾語連用](航速…的)船：a good [fast] ~ 快速的船/a bad [slow] ~ 緩慢的船。

sáil·fish *n.* Ⓒ (*pl.* ~, ~·es)《魚》帆鰭魚《背鰭極大》。

sailfish

sáil·ing *n.* **1** Ⓤ航海(術)，航行(法)：great circle ~ 大圈航法/⇨ plain sailing, plane sailing. **2** ⓊⒸ **a** 坐船旅行，航海：It is a six-day ~ from Southampton to New York. 從南安普敦到紐約要六天的航程。**b** (定期班輪的)啓航，出航：the hour [the port] of ~ 啓航時間[港口]/a list of ~*s* 出航[航行]表。**3** [當形容詞用]航海的，出航的：the ~ day 出航[出港]日/~ orders 出港[出航]命令。

sáiling bòat *n.* 《英》＝sailboat.

sáiling màster *n.* Ⓒ航海官。

sáiling shìp *n.* Ⓒ(大)帆船。

sáil·màker *n.* Ⓒ **1** 縫帆工；製帆者。**2**《美海軍》帆纜軍士長。

‡**sail·or** [ˋselɚ; ˈseilə] *n.* Ⓒ **1 船員**，海員，水手，船夫。

sailing ship

2 (對軍官(officer)而言的)水兵；海軍士兵。

3 [與 good, bad 等修飾語連用]對船會…的人：a bad [poor] ~ 會暈船[怕坐船]的人/a good ~ 不暈船的人。

4 (又作 **sáilor hàt**)水手[兵]帽《婦女、兒童用的草帽》。

sáilor cóllar *n.* Ⓒ水手領《仿水兵制服背部寬而方的女裝翻領》。

sáil·or·ing [-lərɪŋ; -ləriŋ] *n.* Ⓤ水手[船員]生活，水手的工作。

sail·or·ly [ˋselɚlɪ; ˈseiləli] *adj.* 似水手的；適於水手的。

sáilor·màn *n.* Ⓒ (*pl.* -men)《俚》船員，水手：Popeye the ~ 水手卜派《美國一漫畫中的主角》。

sáilor's knót *n.* Ⓒ水手所用的繩結(法)；水手結《領帶的一種打法》；拱結。

sáilor sùit *n.* Ⓒ(兒童等穿的)水兵裝。

sailor suit

sáil·plàne *n.* Ⓒ輕滑翔機《利用上升氣流作長途飛行的滑翔機》。

***saint** [sent; seint] 《源自拉丁文「神聖的」之義》 —*n.* Ⓒ **1 聖人**，聖徒，聖者《由於生前德高望重，死後被列爲聖人者，或對於殉教者的尊稱；★

[用法]習慣上也常略作 St. 冠於名字前，成爲 St. Peter(聖彼得)，St. Thomas(聖湯瑪斯)等；這種情形的發音爲[sent；snt]；cf. St.》：⇨ patron saint/make a ～ of... 把…列爲聖人[徒]。

【說明】本辭典對於聖人名字的處理法是除去 Saint，以專有名詞的語彙列出；源於聖人名字，包含地名、聖人名字的複合名詞，則根據一般慣用，成爲 St. Louis(聖・路易斯)，St. Valentine's Day(聖・華倫泰節，情人節)等的語彙。

2 (如聖徒般)德高望重的人，君子：It would (be enough to) provoke [try the patience of] a ～. 那會[足以]觸怒聖人《那是聖人都無法忍受的》/play the ～ 裝作聖人[篤信者]。
3 [常～s]上天堂的人，死者：the (blessed) *Saints*(神所挑選)住在天上的人/the departed ～ 故人，死者《★[用法]尤指參加葬禮者使用的話》。

Saint Chrístopher Né·vis [-ˋnɛvɪs, -ˋnivɪs; -ˈni:vis] *n.* 聖克里斯多福《西印度羣島的一國家，首都巴士特爾(Basseterre [bɑsˋtɛr; ˌbɑ:sˈtɛə])》.

sáint·ed *adj.* **1 a** 列入聖徒的。**b** 似聖徒的，道德崇高的。**2** [用在名詞前]被召入天國的，已故的：my ～ mother 我的亡母。

sáint·hòod *n.* [U] **1** 聖人的身分[地位]。**2** [集合稱]聖人[聖徒]。

sáint·lìke *adj.* 爲聖徒的；適宜於聖者的。

Sàint Lú·cia [-ˋluʃə; -ˈlu:ʃə] *n.* 聖露西亞《西印度羣島東南部的一國家，首都卡斯翠(Castries [ˋkæstriz; ˈkæstri:z])》.

sáint·ly *adj.* (**saint·li·er**；**-li·est**)似聖人的；品德高尚的，道德崇高的：a ～ man 道德崇高的人/a ～ face 高貴的面孔[容貌]。
sáint·li·ness *n.*

saint·pau·li·a [sentˋpɔlɪə; seintˈpɔ:liə] 《源自發現者的德國軍人之名》 —*n.* [C]《植物》非洲堇《原產於非洲，花朵美，在溫室中栽培》。

sáint's dày *n.* [C]聖徒紀念日。

sáint·shìp *n.* [U]聖徒之地位及品格。

Saint Víncent and the Gren·a·dínes [-ˏgrɛnəˋdinz; -ˌgrenəˈdi:nz] *n.* 聖文森《在西印度羣島的一國家，首都金斯頓(Kingstown [ˋkɪŋzˏtaʊn; ˈkiŋstən, -ztəun])》.

Sai·pan [saɪˋpɑn, saɪˋpæn; saiˈpæn] *n.* 塞班島《西太平洋馬里亞納羣島(the Mariana Islands)中之一島，原爲日本之委任統治地，第二次世界大戰後於 1946 年成爲美國之託管地》。

saith [sɛθ; seθ] *v.* 《古・詩》**say** 的第三人稱單數現在式。

***sake**[1] [sek; seik] 《源自古英語「訴訟，爭論」之義》—*n.* [**for the ～ of...**, **for ...'s ～**]**爲了…的緣故**《★[比較] for the ～ of..., for...'s ～ 表示目的、利益；because of..., on account of... 表示原因、理由；★[拼法]修飾 sake 的名詞，其尾音爲[s]時，常略去所有格的 s(有時略去 's 全部)》：*for* charity's [safety's] ～ 爲了慈善[安全]/art *for* art's ～ 爲藝術而藝術《藝術至上主義》/for appearance(') ～ 爲了體面，面子上/for conscience(') ～ 爲良心起見/for convenience' ～ 爲了方便/for old acquaintance' ～ 看在老朋友的份上/for shortness' ～ 爲簡潔起見/I don't like to argue *for* argument's ～. 我討厭爲議論而議論/He would do anything *for* money's ～ [*for the* ～ *of* money]. 他爲了錢什麼事都會做《不擇手段》/I didn't do it *for* my own ～. 我不是爲了我自己做這件事的/For both [all] our ～*s* we must do our best. 爲了我們雙方[大家]，我們必須盡全力。

for Christ's [Gód's, góodness('), Héaven's, mércy's, píty('s)] sàke (1)[加强祈使語氣]看在上帝面上，看在老天份上，千萬《★[比較] for Christ's ～ 語氣最强，for mercy's ～ 是舊式的說法》：*For God's* ～, do [stop] it. 看在上帝面上，做吧[住手吧]。(2)[强調疑問句]究竟，到底：What are you doing, *for goodness* ～？你究竟在做什麼？

for óld tímes' sàke ⇨ time 成語。

sa·ke[2], **sa·ki** [ˋsɑkɪ; ˈsɑ:ki] 《源自日語》 —*n.* [U](日本的)酒，清酒。

Sa·kha·lin [ˏsækəˋlin; ˌsækəˈli:n] *n.* 庫頁島《在西伯利亞之東，日本之北，原以北緯 50° 爲界，北屬俄國，南屬日本，1945 年的雅爾達會議(Yalta Conference)中決定全歸蘇聯所有》。

sal [sæl; sæl] 《源自拉丁文》 —*n.* [U]《藥》鹽(salt).

sa·laam [səˋlɑm; səˈlɑ:m] 《源自阿拉伯語「平安」之義》 —*n.* [C] **1** 回教徒打招呼用語。**2** (打招呼時的)額手鞠躬禮《身體前彎，右手掌放在前額的敬禮》：make one's ～ 行額手鞠躬禮。
—*v.t.* 對〈人〉行額手鞠躬禮，以額手鞠躬禮迎接〈人〉。
—*v.i.* 〔動(十介十(代)名)〕〔對人〕行額手鞠躬禮〔*to*〕.

sal·a·bil·i·ty [ˏseləˋbɪlətɪ; ˌseiləˈbiləti] 《salable 的名詞》—*n.* [U]銷售可能性；暢銷。

sal·a·ble [ˋseləbl; ˈseiləbl] *adj.* **1** 可銷售的；暢銷的。**2** 〈價錢〉易賣的，好賣的，適於銷售的。

sa·la·cious [səˋleʃəs; səˈleiʃəs] *adj.* **1** 〈人〉好色的。**2** 〈言語、書籍、畫等〉黃色的，猥褻的。**～·ly** *adv.* **～·ness** *n.*

sa·lac·i·ty [səˋlæsətɪ; səˈlæsəti] 《salacious 的名詞》 —*n.* [U]好色，淫穢。

***sal·ad** [ˋsæləd; ˈsæləd] 《源自拉丁文「醃的」之義》 —*n.* **1** [C][當作菜名時爲[U]]**沙拉**，生菜，涼拌生菜：(a) combination [mixed] ～ 混合[什錦]沙拉/(a) green [fruit, chicken] ～ 蔬菜[水果，雞肉]沙拉/make [prepare] a ～ 做沙拉[涼拌生菜]/toss [mix] a ～ (倒入調味料)攪拌沙拉/～ fork 吃沙拉用的叉子《通常用木製》。

【說明】(1)所謂沙拉是指萵苣(lettuce)、甘藍菜(cabbage)、芹菜(celery)、洋葱(onion)等蔬菜與沙拉醬(salad dressing)或蛋黃醬(mayonnaise)攪拌而吃的生菜食品。有時也加些火腿(ham)、罐頭魚肉、水果、馬鈴薯等。
(2)在英美兩國，沙拉醬有法式(French)，義式(Italian)，藍乳酪(blue cheese)等種類，因此在餐廳裡問起："What dressing would you like on your *salad*？"(生菜上要加什麼沙拉醬？)時，可以回答如下："French dressing, please."(請加法式沙拉醬。)
(3)沙拉有很多種類。專門爲素食者(vegetarian)供應沙拉的餐館稱爲 Salad Restaurant.

2 [C]做沙拉用的蔬菜，(尤指)萵苣。

sálad bàr *n.* [C]沙拉吧，沙拉枱《顧客可隨意調配沙拉》。

sálad bòwl *n.* [C]沙拉碗《盛沙拉的容器》。

sálad crèam *n.* [U][指種類時爲[C]]奶油狀的調味料《沙拉醬等》。

sálad dàys *n. pl.* [**one's** ～]少不更事的時期，初出茅廬[無經驗]的年輕時候《★出自莎士比亞的悲劇「安東尼與克麗歐佩特拉」(*Anthony and Cleopatra*)》.

sálad drèssing *n.* [U][指種類時爲[C]] **1** 沙拉調味料，沙拉醬(cf. French [Thousand Island] dressing). **2** ＝salad cream.

sálad òil *n.* [U]沙拉油。

sal·a·man·der [ˋsæləˏmændɚ; ˈsæləˌmændə] *n.* [C] **1** 《動物》蠑螈。**2 a** 火蜥蜴《傳說中的動物，據傳生活在火中》。**b** 火精靈(⇨ nymph [相關用語])。

salamander 1

sa·la·mi [səˋlɑmɪ; səˈlɑ:mi] *n.* [U][指個體時爲[C]]義大利香腸《加有大蒜等强烈香料，鹹而硬》。

Sal·a·mis [ˋsæləmɪs; ˈsæləmis] *n.* 沙拉米斯《希臘東南海岸外的一島，位於雅典之西的埃琴那灣(Gulf of Aegina)中；紀元前 480 年希臘人於一次海軍戰役中在此擊敗波斯人》。

sal am·mo·ni·ac [ˏsæləˋmonɪˏæk; ˌsæləˈmouniæk] *n.* [U]《化學》氯化銨《俗稱硇砂》。

sal·a·ried [ˋsælərɪd; ˈsælərid] *adj.* 〈人〉領薪水的；〈地位、工作等〉支薪的：a ～ worker 靠薪水生活的人/the ～ class 薪水階級/The post is ～. 該職位是支薪的。

【說明】在美國領薪資的工作者(salaried worker)很少有終身僱用制度，而是依個人與公司的契約受僱，也沒有定期獎金。下班後同事之間的交際不多。能力强的人，即使被自己公司的競爭對手爭取時，只要條件合適，很容易就轉到該公司工作。

***sal·a·ry** [ˋsælərɪ; ˈsæləri] 《源自拉丁文》 —*n.* [U][C](公務員、公司職員的)**薪水**(⇨ pay【同義字】)：a high [low, small] ～ 高[低]薪/a monthly [an annual] ～ 月薪[年薪]/The company pays good [poor] *salaries.* 那家公司待遇好[差]/He draws [earns, makes] a ～ of £50,000 per annum. 他支領年薪五萬英鎊/Give us a raise in ～！給我們加薪！/What [How much] ～ does he get？他支領多少薪水？

【字源】從前羅馬軍隊發餉給士兵是給他們買鹽用的，稱爲 soldier's salt money. 而 salary 一字就是從此 salt 字演變而來的。
【說明】wages 是指以每小時爲單位計酬的工資，分週薪與日薪兩種，而 salary 是以週或月爲單位計酬，分週薪與月薪兩種《週薪制在美國較普遍，月薪制則在英國較普遍》。通常 wages 是指藍領階級工資，salary 是指白領階級薪金。計薪方式是依個人與公司的契約來決定，通常沒有定期獎金(bonus)，而即使有獎金也是依照個人能力的高低來決定其多寡，並非平均分配利潤；cf. weekend【說明】

***sale** [sel; seil] 《sell 的名詞》 —*n.* **1 a** [U][C]**銷售**，出售；買賣，交易：(a) cash ～ 現金交易/⇨ on SALE, for SALE/the ～ *of* oil *to* Taiwan 對台灣的石油銷售/We haven't made a ～ yet this morning. 我們今天早上還沒做成一筆生意。**b** [～s]銷售業務，銷售部門：a manager in charge of ～*s* 擔任銷售業務經理/He works in ～*s.* 他在業務部門工作；他擔任銷售。**c** ⇨ sales.
2 [C]**a 銷路**，需求：These articles have a ready ～. 這些物品暢銷。**b** [常～s]銷售額：hope for a large ～ 期待有高銷售額/*Sales of* air conditioners are up this month. 本月冷氣機的銷售

額增加了。

3 Ⓒ**特價廉售**，賤賣：⇨ BARGAIN sale, CLEARANCE sale, jumble sale, white sale/a ～ price 特價/an end-of-season ～ *of* winter wear 冬季衣服季末特價廉售/I got this cheap *at* a department store ～. 我在百貨公司特價廉售時買到了這件便宜貨。

4 Ⓒ(大)拍賣。

for sále 出售的；(尤指個人)出售的：a used car *for* ～ 出售的中古車/His house is (up) *for* ～. 他的房屋待售/Not *for* ～《告示》非賣品。

on sále (1)(在店面)上市，作爲出售物品：These are *on* ～ at any supermarket. 這些東西在各超級市場均有出售。(2)《美》廉價出售：The butcher has beef *on* ～ today. 肉販今天廉售牛肉/These ten-dollar jeans are now *on* ～ for five. 這些十美元一條的牛仔褲現以五美元廉售。

on sále and [or] retúrn《商》(交貨給零售商時)以剩貨可退還的條件，採取託售方式。

sále of wórk 慈善義賣。

sale·a·ble [ˈseləbl; ˈseiləbl] *adj.* ＝salable.

Sa·lem [ˈseləm; ˈseilem, -ləm] *n.* **1** 賽倫《耶路撒冷(Jerusalem)之古名》。**2** 沙連《麻薩諸塞州(Massachusetts)東北之一海港》。**3** 塞勒姆《俄勒岡州(Oregon)之首府》。

sal·e·ra·tus [ˌsæləˈretəs; ˌsæləˈreitəs] *n.* Ⓤ烹飪用的重碳酸鈉；小蘇打；酸粉。

sále·ròom *n.*《英》＝salesroom.

sales [selz; seilz] *adj.* [用在名詞前]銷售的：a ～ plan 銷售計畫/a ～ department 銷售部門；門市部。

sáles chèck *n.* Ⓒ《美》銷貨傳票，收據。

sales·clerk [ˈselzˌklɝk; ˈseilzklɑ:k] *n.* Ⓒ《美》(門市部的)**店員**，售貨員(《英》shop assistant)(★用法 也用於指女性)。

sáles engineèr *n.* Ⓒ推銷工程師，推銷專家。

sáles·gìrl *n.* Ⓒ(常指年輕的)女店員。

sáles·làdy *n.* ＝saleswoman.

***sales·man** [ˈselzmən; ˈseilzmən] *n.* Ⓒ(*pl.* **-men** [-mən; -mən]) **1** **推銷員**，外務員，業務員：a car ～ 汽車推銷員。**2** 男店員。

sálesman·shìp *n.* Ⓤ推銷技術，銷貨術。

sáles·pèople *n.* [集合稱；當複數用]《美》售貨員(★此字無複數)。

sáles·pèrson *n.* Ⓒ《美》售貨員，店員(★用法 特別用於避免使用 salesman, saleswoman 等有性別的用語時)。

sáles promòtion *n.* Ⓤ《商》促[推]銷(活動)。

sáles represèntative *n.* Ⓒ業務代表，外務員，推銷員(★比較 較 salesman 爲拘泥)。

sáles·ròom *n.* Ⓒ售貨場，(尤指)拍賣場。

sáles slìp *n.*《美》＝sales check.

sáles tàlk *n.* ⓊⒸ推銷(商品的)言詞[說辭]。

sáles tàx *n.* ⓊⒸ《美》貨物稅，銷售稅《一般都由售貨者附加在售價上徵收；因州而有不同稅率；cf. VAT》。

sáles·wòman *n.* Ⓒ(*pl.* **-women**)女店員。

sal·i·cin [ˈsæləsɪn; ˈsælisin] *n.* Ⓤ《化學》柳苷，水楊苷《一種無色的結晶糖原質，由美洲柳樹之皮中取得，可做解熱劑》。

Sal·ic law [ˈsælɪkˈlɔ; ˈsælikˈlɔ:] *n.* [the ～] **1** 撒利族法律《撒利族和其他日耳曼部族的規定女人不得繼承土地之法典》。**2** 昔日法國的不准女人繼承王位之法律。**3** 任何有類似規定之法律。

sa·lic·y·late [ˈsæləsɪˌlet, səˈlɪsəˌlet; sæˈlisileit] *n.* Ⓤ《化學》水楊酸鹽。

sál·i·cyl·ic ácid [ˌsæləˈsilik-; ˌsæliˈsilik-] *n.* Ⓤ《化學》水楊酸，柳酸，羥基苯甲酸。

sa·lience [ˈselɪəns; ˈseiljəns] «salient 的名詞» —*n.* **1 a** Ⓤ突出，突起。**b** Ⓒ突起物。**2** Ⓒ(話、議論等的)要點。

sá·lien·cy [-lɪənsɪ; -ljənsi] *n.* ＝salience.

sa·lient [ˈselɪənt; ˈseiljənt] «源自拉丁文「跳起」之義» —*adj.* **1** 顯著的，突出的：a ～ feature 特徵/the ～ points of [in] the speech 演說要點。**2** 突起的；凸角的：a ～ angle《數學》凸角。**3 a**〈動物、魚等〉跳(躍)。**b**〈水、泉水等〉噴出。～**·ly** *adv.*

—*n.* Ⓒ(戰線、要塞、岬等的)凸角[突出]部分。

sa·lif·er·ous [səˈlɪfərəs; səˈlifərəs] *adj.*《地理》〈地層等〉含鹽的，產鹽的。

sal·i·fy [ˈsæləˌfaɪ; ˈsælifai] *v.t.* 使…鹽化。

sa·line [ˈselaɪn; ˈseilain] *adj.* 含鹽的，有鹽分的，鹹的：a ～ lake 鹹水湖/a ～ solution 鹽液，食鹽水/a ～ taste 鹹味。

— [ˈselaɪn; səˈlain] *n.* Ⓤ含鎂[鹽]瀉劑；生理食鹽水。

Sal·in·ger [ˈsæləndʒɚ; ˈsælindʒə], **Jerome David** *n.* 沙林傑《1919–；美國小說家》。

sa·lin·i·ty [səˈlɪnətɪ; səˈlinəti] «saline 的名詞» —*n.* Ⓤ鹽分，鹹味，鹽度。

sal·i·nom·e·ter [ˌsælɪˈnɑmətɚ; ˌsæliˈnɔmitə] *n.* Ⓒ鹽量計。

Sális·bur·y Pláin [ˈsɔlzˌbɛrɪ-; ˈsɔ:lzbəri-] *n.* [the ～]索爾斯伯里平原《在英格蘭威爾特郡(Wiltshire)索爾斯伯里北部的高原地帶，爲著名的史前巨石柱羣(Stonehenge)所在地》。

sa·li·va [səˈlaɪvə; səˈlaivə] *n.* Ⓤ唾液，口水(spittle).

sal·i·var·y [ˈsæləˌvɛrɪ; ˈsælivəri] «saliva 的形容詞» —*adj.* 唾液的，分泌唾液的：～ glands 唾液腺。

sal·i·vate [ˈsæləˌvet; ˈsæliveit] «saliva 的動詞» —*v.i* 分泌唾液，流出口水。

sal·i·va·tion [ˌsæləˈveʃən; ˌsæləˈveiʃn] «salivate 的名詞» —*n.* Ⓤ **1** 唾液的分泌。**2**《醫》流涎(症)。

Sálk vaccine [ˈsɔlk-; ˈsɔ:lk-] «源自開發此疫苗的美國細菌學家 Jonas E(dward) *Salk* 之名» —*n.* Ⓤ沙克疫苗《預防小兒痲痺症》。

salle [sæl; sæl] «源自法語» —*n.* Ⓒ室；廳；大廳。

sal·low[1] [ˈsælo; ˈsælou] *adj.* (～**·er**；～**·est**)〈臉、皮膚等〉(異常)發黃的，土黃色的，血色不好的。—*v.t.* 使…變灰[土]黃色。

～**·ness** *n.*

sal·low[2] [ˈsælo; ˈsælou] *n.* Ⓒ《植物》闊葉柳《又稱黃華柳，楊柳科柳屬喬木》。

sál·low·ish [-ɪʃ; -iʃ] *adj.* 略微發黃的，略帶土黃色的。

sal·low·y [ˈsælo·ɪ; ˈsæloui] *adj.* 多柳樹的。

sal·ly [ˈsælɪ; ˈsæli] «源自拉丁文「跳出」之義» —*v.i.* [十副] **1** 突擊，(反攻性)出擊〈*out*〉：～ **out** against a besieging army 向包圍的軍隊出擊。**2** 精神抖擻地出發〈*forth, out*〉：We *sallied forth* on our excursion. 我們精神抖擻地出去遠足。

—*n.* Ⓒ **1** (被圍困於城池中軍隊等的)出擊，突擊：make a ～ 出擊。**2** [感情的]突發；[機智的]脫口而出；[行爲等的]突然發生[*of*]：a ～ *of* anger 突然發怒。**3** 俏皮話，詼諧語，警句。**4**《口語》遠足，短距離旅行。

Sal·ly [ˈsælɪ; ˈsæli] *n.* 莎麗《女子名；Sarah 的暱稱》。

Sálly Lúnn [-ˈlʌn; -ˈlʌn] «源自 1800 年左右在英國叫賣此餅的女子名» —*n.* Ⓒ[當作菜名時爲Ⓤ]莎倫餅《似麵包的小甜餅，趁熱時沾奶油吃》。

sal·ma·gun·di [ˌsælməˈgʌndɪ; ˌsælməˈgʌndi] *n.* **1** ⓊⒸ一種義大利雜膾《由碎肉、鹹魚、醋、油、胡椒、葱等製成》。**2** Ⓒ任何混雜物；雜錄。

***salm·on** [ˈsæmən; ˈsæmən] *n.* (*pl.* ～, ～**s**) **1** Ⓒ《魚》**鮭**(★被認爲是智慧的象徵，有「淡水魚王」之稱；可做成鮭魚排(salmon steak)或燻製食用)。**2** Ⓤ鮭肉：canned [《英》 tinned] ～ 鮭魚罐頭/smoked ～ 燻製鮭魚。**3** (又作 **sálmon pínk**)Ⓤ橙紅色，鮭肉色，略帶黃的粉紅色。

salm·on-col·ored [ˈsæmənˌkʌlɚd; ˈsæmənˌkʌləd] *adj.* 鮭肉色的，橙紅色的。

sal·mo·nel·la [ˌsælməˈnɛlə; ˌsælməˈnelə] «源自發現者美國獸醫之名» —*n.* Ⓒ(*pl.* **-nel·lae** [-li; -li:], ～**s**, ～)沙門氏桿菌《引起食物中毒的病原菌》。

sálmon tròut *n.* (*pl.* ～, ～**s**) **1** Ⓒ一種似鮭的鱒魚《歐洲產的 brown trout》。**2** Ⓤ鮭肉。

Sa·lo·me [səˈlomɪ; səˈloumi] *n.* 莎樂美《希律(Herod)王後妻希羅底(Herodias)之女，請求國王把施洗者約翰(John the Baptist)斬首，並將首級賜給她》。

sal·on [saˈlɔ̃; ˈsælɔ̃:, ˈsælɔn] *n.* **1** Ⓒ(法國等大邸宅的)大廳，客廳，沙龍。**2** Ⓒ(尤指流行於十七至十八世紀，在沙龍舉辦的)名流社交聚會[聯誼會]。**3 a** Ⓒ美術展覽會場，畫廊。**b** [the S～]沙龍畫展《每年在巴黎舉行的現代美術展覽會》。**4** Ⓒ[常構成複合字](時髦的)服飾店，美容院：a shoe ～ (出售流行鞋類的)鞋店/⇨ beauty salon.

sa·loon [səˈlun; səˈlu:n] *n.* Ⓒ **1 a**《美》(如見於西部影片中的)酒店，酒吧。**b** (又作 **salóon bàr**)《英》高級酒吧《酒館(pub)適合上流人士的酒吧；⇨ pub》(lounge bar). **2** (旅館等的)大廳《用作聚會場所或展覽會場等》。**3 a** (輪船的)交誼廳：a dining ～ (輪船的)餐廳。**b** (又作 **salóon càr**)《英》特別客車(《美》parlor car)《客房沒有隔間，用作交誼室或餐廳等》。**4** (又作 **salóon càr**)《英》轎車型汽車(《美》sedan). **5** [常構成複合字]《英》…店，…場，…廳：a billiard ～ 撞球場/a dancing ～ 舞廳/a hairdressing ～ 理髮店/a shooting ～ 射擊場。

salóon càbin *n.* Ⓒ頭等艙。

salóon càrriage *n.* ＝saloon 3 b.

salóon dèck *n.* Ⓒ頭等艙乘客之專用甲板。

sa·loon·ist [səˈlunɪst; səˈlu:nist] *n.* Ⓒ《美》**1** 酒店主人。**2** 酒店之常客。

salóon kèeper *n.* Ⓒ《美》酒店主人。

salóon pàssenger *n.* Ⓒ頭等艙之乘客。

salóon pìstol *n.* Ⓒ《英》射擊場專用的手槍。

salóon rífle *n.* Ⓒ《英》射擊場專用的步槍。

Sal·op [ˈsæləp; ˈsæləp] *n.* 賽洛普郡《1974 年由什羅浦郡(Shropshire)改稱爲 Salop，爲英格蘭中西部的一郡，首府舒玆伯利(Shrewsbury [ˈʃruzˌbɛrɪ, ˈʃroz-; ˈʃrouzbəri, ˈʃru:z-])》。

sal·pinx [ˋsælpɪŋks; ˈsælpiŋks] *n.* Ⓒ (*pl.* **sal·pin·ges** [sælˋpɪndʒiz; sælˈpindʒi:z])《解剖》**1** 輸卵管(Fallopian tube). **2** 耳咽管，歐氏管(eustachian tube).

sal·si·fy [ˋsælsəfɪ; ˈsælsifi] *n.* Ⓒ[當作食物時爲Ⓤ]《植物》牡蠣菜《又稱蒜葉婆羅門參《歐洲產，根有蠔味，可食用》。

sál sòda *n.* Ⓤ《化學》結晶碳酸鈉；蘇打晶鹼。

‡**salt** [sɔlt; sɔ:lt] *n.* **1 a** Ⓤ**鹽，食鹽**：⇨ rock salt, table salt/preserve vegetables in ～ 以鹽醃保存蔬菜/throw a pinch of ～ over the left shoulder with the right hand 用右手將一撮鹽越過左肩向後拋擲。**b** Ⓒ鹽瓶(saltcellar)：Pass (me) the ～, please. 請遞給我鹽瓶《爲餐桌上有禮貌的說法》。

> 【說明】(1)用餐時，如果把餐桌上的鹽瓶(salt-cellar，《美》salt-shaker)打翻，或使鹽溢出(spill salt)照西方迷信來說是不吉利的，而且會帶給在鹽倒出的方向的人災難。消災的方法是用右手抓起倒出的鹽，然後越過左肩往後丟過去就行了；cf. superstition【說明】
> (2)用膳時，如果食鹽(table salt)不在自己座位附近，伸手到他人面前去拿是違背禮節(etiquette)的。遇到那種情形應該說"Will you pass (me) the salt, please？"(請把鹽遞給我好嗎？)請他拿給你。
> (3)美國的公路(highway)在下雪時，常可見到州政府或市政府派出的卡車在路上撒岩鹽，以防止路面結冰。另外，一般開車者，基於想防止交通事故的公德心，都會很自動的把散置在路邊的岩鹽拿來沿路撒下，以方便後面來的車輛，可謂很徹底遵守駕駛禮節。但是撒岩鹽卻也帶來車輛因此比較容易生銹的問題。

2 Ⓒ《化學》鹽，鹽類。
3 [～s] **a** 藥用鹽類(緩瀉劑、防腐劑等)：⇨ Epsom salt/take a dose of ～*s* 服用一服瀉劑。**b** 提神藥(smelling salts).
4 Ⓤ **a** 給予活力的東西，刺激，趣味：Traveling is the ～ of life to him. 旅行對他來說是生活中的一大樂趣。**b** 尖酸的機智：talk full of ～ 充滿尖酸機智[饒有風趣]的談話。
5 Ⓒ[常**old** ～]《口語》老練的船員[水手]。

abòve[belòw] the sált 在上座[下座]，坐在上席[末席]。

> 【字源】從前，餐桌中央放有一大鹽罐(salt cellar)，地位高的客人與長輩習慣坐上席，地位低的客人與傭人等則坐於末席。

éat a person's **sált** 在某人家作客，成爲某人的食客。
like a dóse of sálts《口語》(如瀉劑生效般)迅速地，有效率地。
rúb sált in[into] the[a person's] wóund(s) (猶如將鹽擦入[某人的]傷口般)加深某人的恥辱[悲傷，痛苦(等)]。
tàke...with a gráin[pinch] of sált 持保留[斟酌，打折扣]的態度聽…，對…有所懷疑[抱保留的態度]。
the sált of the éarth 地球上的鹽《防止世界腐敗的社會中堅份子，萬世師表的人》。

> 【字源】此語出自聖經新約「馬太福音」五章十三節：「你們是全人類的鹽。鹽若失掉了鹹味，就無法使它再鹹。它已成爲廢物，只好丟掉，任人踐踏。」這是耶穌最著名的「山上寶訓」(the Sermon on the Mount)中關於鹽的教訓；cf. sermon【說明】

wórth one's **sált** [常用於否定句]值得付薪水的；能幹的，有用的，稱職的《★由於從前發給鹽作爲薪水而有此說》。

—*adj.* (無比較級、最高級)**1 a** 含鹽分的，鹹的：～ water 鹽水；海水/the ～ tang of the sea 海水的鹽味。**b** 醃的：～ cod [pork] 醃鱈魚[豬肉]。**2** [用在名詞前]浸於海水的；鹽水的〈土地等〉：a ～ marsh 鹽澤[沼]《海濱常遭潮水浸淹的沼澤地》/a ～ lake 鹹水湖。

—*v.t.* **1** 〔十受〕**a** 給…加鹽調味，撒鹽於…：～ potatoes 撒鹽於馬鈴薯。**b** (爲融化冰而)撒鹽於〈凍結的道路上等〉。**c** 以鹽餵〈家畜〉。**2** 〔十受(十副)〕醃〈魚、肉等〉〈*down, away*〉：～ (**down**) meat for the winter 爲過冬而醃肉。**3** 〔十受十介十(代)名〕〔以…〕添加刺激性[趣味]於〈談話等中〉〔*with*〕《★常用被動語態》：Most magazines *are* ～*ed* **with** sex and violence nowadays. 現今的大部分雜誌都以性和暴力增加刺激性。**4** 〔十受〕**a** (放入其他礦產的好品質礦石)使〈礦山〉看來更具價值(以欺瞞他人)。**b** 使〈商品等〉看來超過其實值。

sált awáy 《*vt adv*》(1)⇨ *v.t.* 2. (2)《口語》積蓄[收藏]〈金錢〉，收集〈情報等〉：I have some money ～*ed away.* 我存了一些錢。

～·ness *n.*

SALT [sɔlt; sɔ:lt]《略》Strategic Arms Limitation Talks (美俄)限制戰略(核子)武器談判[會談]。

sált-and-pépper *adj.* ＝pepper-and-salt.

sal·ta·tion [sælˋteʃən; sælˈteiʃn] *n.* Ⓤ **1** 跳舞；跳躍。**2** 激變；突變；急動。**3**《生物》突變。

sal·ta·to·ry [ˋsæltəˌtorɪ, -ˌtɔrɪ; ˈsæltətəri] *adj.* **1** 跳躍的；舞蹈的。**2** 躍進的；以疾速動作前進的。

sált·bòx *n.* (又作 **sáltbox hòuse**) Ⓒ《美》鹽盒型房屋《十七至十九世紀間所建造，前面二樓後面一樓的房子》。

sált·cèllar *n.* Ⓒ(餐桌用)鹽罐，鹽瓶。

sált·ed *adj.* 用鹽醃漬的，用鹽調味的。

sált·er *n.* Ⓒ **1** 製鹽業者，鹽商。**2** 醃製(魚、肉等的)加工廠。

sált hòrse *n.* Ⓤ《航海》《俚》醃牛肉。

salt·ine [sɔlˋtin; sɔ:lˈti:n] *n.* Ⓒ《美》(撒鹽的)鹹餅乾。

salt·ire [ˋsæltɪr; ˈsɔ:ltaiə] *n.* Ⓒ《紋章》X 形十字(⇨ cross 2 插圖)。

sált·ish [-tɪʃ; -tiʃ] *adj.* 略帶鹹味的，有鹽分的。

Sált Làke Cíty *n.* 鹽湖城《美國猶他州的首府，其西北部有大鹽湖(Great Salt Lake)；爲摩門(Mormon)教總部所在地》。

Sált Làke Státe *n.* 美國猶他州之別稱。

sált·less *adj.* **1** 沒有鹽分的，無鹹味的。**2** 沒有活力的，不刺激的，乏味的。

sált lìck *n.* Ⓒ **1** 野獸舐食天然岩鹽的地方。**2** (讓家畜舐食的)鹽塊。

sált mìne *n.* Ⓒ岩鹽坑；岩鹽產地。

sált·pàn *n.* Ⓒ(天然或人工的)鹽田。

salt·pe·ter,《英》**salt·pe·tre** [ˋsɔltˋpitɚ; ˈsɔ:ltˌpi:tə] *n.* Ⓤ 硝石：Chile ～ 智利硝石。

sált pórk *n.* Ⓤ醃豬肉。

sált rhèum *n.* Ⓤ《醫》溼疹。

sált·shàker *n.* Ⓒ《美》(蓋子上有細孔的)撒出式鹽瓶。

sált spòon *n.* Ⓒ鹽匙。

sált·wáter *adj.* [用在名詞前]**1** 鹽水[海水]的，鹽水[海水]產的(←→ freshwater)：a ～ lake 鹹水湖/～ fish 鹹水魚。**2** 海的，習慣於海上生活的，在海上工作的：a ～ fisherman 海上漁夫。

sált·wòrks *n.* Ⓒ(*pl.* ～)製鹽場，鹽廠。

salt·y [ˋsɔltɪ; ˈsɔ:lti]《salt 的形容詞》**—***adj.* (**salt·i·er, -i·est**; **more** ～, **most** ～) **1** 含鹽的，有鹹味的：～ butter 鹹奶油/Tears are ～. 淚水是鹹的。**2** 〈話、幽默等〉尖酸刻薄的，帶刺的；猥褻的：a ～ remark 尖酸的話/～ talk 猥褻的談話。**3** 《口語》海(味)的；(像)船員的。

sált·i·ly [-tlɪ; -təli] *adv.* **-i·ness** *n.*

sa·lu·bri·ous [səˋlubrɪəs; səˈlu:briəs] *adj.*《文語》〈氣候、空氣、土地等〉有益健康的：～ mountain air 有益健康的山上空氣。

～·ly *adv.* **～·ness** *n.*

sa·lu·bri·ty [səˋlubrətɪ; səˈlu:brəti]《salubrious 的名詞》**—***n.* Ⓤ《文語》有益健康。

sa·lu·ki [səˋlukɪ; səˈlu:ki] *n.* Ⓒ東非獵犬《中東原產，類似靈猩(greyhound)的一種獵犬》。

sal·u·tar·y [ˋsæljəˌtɛrɪ; ˈsæljutəri] *adj.* **1** 〈忠告、處罰等〉有益的：a ～ experience[lesson]有益的經驗[教訓]。**2** 有益健康的：～ exercise 有益健康的運動/～ medicine 增進健康的藥。

sal·u·tar·i·ly [ˌsæljəˋtɛrəlɪ; ˈsæljutərəli] *adv.* **-i·ness** *n.*

sal·u·ta·tion [ˌsæljəˋteʃən; ˌsælju:ˈteiʃn]《salute 的名詞》**—***n.* **1**《文語》**a** Ⓤ致意，問候：raise one's hat *in* ～ 舉帽致意。**b** Ⓒ問候的話。**2** Ⓒ(信函起頭的)稱呼《如 Dear Mr. Jones 等》。

sa·lu·ta·to·ri·an [səˌlutəˋtorɪən, -ˋtɔr-; səˌlu:təˈtɔ:riən] *n.* Ⓒ《美》(在學校畢業典禮上)向來賓致歡迎詞的畢業生《通常爲成績第二名者；cf. valedictorian》.

sa·lu·ta·to·ry [səˋlutəˌtorɪ, -ˌtɔrɪ; səˈlu:tətəri] *adj.* 致意的，歡迎的。

—*n.* Ⓒ《美》(學校畢業典禮上，由成績第二名的優等畢業生對來賓的)致歡迎詞(cf. valedictory).

sa·lute [səˋlut; səˈlu:t]《源自拉丁文「祝(對方)健康」之義》**—***v.t.* **1**《軍》**a** 〔十受〕向〈長官、軍旗等〉敬禮：～ the colors 向軍旗敬禮/The soldier ～*d* the officer. 士兵向軍官敬禮。**b** 〔十受十介十(代)名〕〔以舉手、舉槍、鳴砲等〕向…致敬〔*with, by*〕《★[用法]with 後面用名詞，by 後面用do*ing*》：It is the custom in Britain to ～ the Queen's birthday **with** [**by** fir*ing*] 21 guns. 以鳴砲二十一響祝賀女王生日是英國的習俗。**2**《文語》**a** 〔十受(十介十(代)名)〕[點頭或舉帽等]向〈人〉致意[問候，打招呼]〔*with, by*〕《★[用法]與 1b 相同；★[比較]一般用 greet》：They ～*d* each other **with** a bow [**by** shak*ing* hands]. 他們以鞠躬[握手]互相問候。**b** 〔十受十介十(代)名〕[以微笑、物]迎接〈某人〉〔*with*〕：～ a person **with** a smile 以笑臉迎人。**3** 〔十受〕《文語》頌揚，讚揚〈勇氣、人等〉。

—*v.i.* 敬禮：The young soldier ～*d* awkwardly. 那名年輕士兵笨拙地敬禮。

—*n.* Ⓒ **1**《軍》**a** 敬禮，舉手禮；敬禮的姿勢：come to[take] the ～ 敬禮[接受敬禮]/stand at the ～ 立正敬禮，立正致敬。**b** 禮砲：a Royal [an Imperial] ～ of 21 guns 二十一響皇家禮砲/exchange ～*s* 互放禮砲/fire [give] a 10-gun ～ 鳴放十響禮砲。**c** 舉槍[刀]致敬。**2**《文語》(點頭、鞠躬、舉帽的)致意，問候，打招呼(★[比較]一般用 greeting)：in ～ 作爲打招呼，致意《★

無冠詞》/give a person a ～ 向人問候[打招呼]/answer[return] a ～ 答禮。

sal·va·ble [ˋsælvəbḷ; ˈsælvəbl] *adj.* **1** 《神學》可獲救的。**2** 〈船、貨等〉可以打撈的；可搶救的。

Sal·va·dor [ˋsælvə,dɔr; ˈsælvədɔ:] *n.* **1** ＝El Salvador. **2** 薩爾瓦多《巴西東部之海港 São Salvador 的正式名稱》。

Sal·va·do·ran [,sælvəˋdorən, -ˋdɔr-; ˌsælvəˈdɔ:rən], **Sàl·va·dór·i·an** [-rɪən; -riən] «El Salvador 的形容詞» **—*adj.*** 薩爾瓦多共和國的。**—*n.*** Ⓒ薩爾瓦多人。

sal·vage [ˋsælvɪdʒ; ˈsælvidʒ] «源自拉丁文「援救」之義» **—*n.*** Ⓤ **1 a** 海難援救《對遇難船舶與貨物的搶救》：There is little hope of her ～. 營救這條船的希望幾乎沒有。**b** (潛水夫的)打撈(作業)。**c** (援救海難而)救出的船舶[貨物]。**2 a** (火災、災難中等的)人命救助，財物的搶救：a ～ corps《英》火災[災難]搶救隊。**b** 救出財物。**3** 廢物利用[回收]；可利用的廢物：a ～ campaign 廢品回收運動。

—*v.t.* **1 a** 〔十受(十介十(代)名)〕〔從海難、火災、災難等中〕搶救〈船舶、貨物、財物等〉〔*from*〕. **b** 〔十受〕打撈〈沉船〉。**2** 利用〈廢物〉：～*d* wastepaper (廢紙的)再生紙。**3** 搶救〈病人〉；救治〈患處〉。

sal·vage·a·ble [ˋsælvɪdʒəbḷ; ˈsælvidʒəbl] *adj.* **1** (從海難、火災等中)可搶救的，能救出的。**2** 〈沉船〉可打撈的。

sal·va·tion [sælˋveʃən; sælˈveiʃn] «源自拉丁文「援救」之義» **—*n.*** **1** Ⓤ救濟，救助。**2** Ⓒ[常用單數]救濟物；救濟辦法：A cold beer would be my ～. 冷啤酒可使我得救[有冷啤酒喝會使我恢復元氣]。**3** Ⓤ《基督教》拯救，救世(主)。

wórk óut one's ówn salvátion (1)達成自己(靈魂)的拯救《★出自聖經》。(2)設法自救，獨力解決[克服]問題。

Salvátion Ármy *n.* [the ～]救世軍。

> 【說明】英國牧師威廉・布斯(William Booth)於 1865 年在倫敦創設的基督教團體。他認爲要實際而有效地救助貧困民衆，僅僅依賴中產階級化的教會是無濟於事的，因此創立了兼顧傳佈福音與社會救濟的國際性軍隊式基督教團體。

Sal·va·tion·ism [sælˋveʃənɪzəm; sælˈveiʃṇizəm] *n.* Ⓤ救世軍的教義。

Sal·vá·tion·ist [-ʃənɪst; -ʃṇist] *n.* Ⓒ **1** 救世軍之成員。**2** [常 s～]傳福音者。

salve[1] [sæv; sɑ:v] *n.* **1** Ⓤ[指產品個體或種類時爲Ⓒ]軟膏，膏藥。**2** Ⓒ安慰(物)，緩和物：a ～ to wounded feelings 對受傷害之感情的一種安慰《溫柔的話等》。

—*v.t.* **1** 塗軟膏於〈傷處等〉。**2** 《文語》安慰，緩和〈自尊心、良心等的痛苦〉：～ one's conscience 緩和良心的譴責。

salve[2] [sælv; sælv] *v.* ＝salvage.

sal·ver [ˋsælvɚ; ˈsælvə] *n.* Ⓒ銀、鉛、錫合金製的圓盤《僕人用以托送信件、名片、食物等》。

sal·vi·a [ˋsælvɪə; ˈsælviə] *n.* Ⓤ《植物》鼠尾草《唇科鼠尾草屬植物的統稱，通常指夏天開深紅色花的西洋[一串]紅》。

sal·vo [ˋsælvo; ˈsælvou] «源自義大利語» **—*n.*** Ⓒ (*pl.* ～s, ～es) **1** 齊射；(炸彈的)齊投；(禮砲的)齊放：a surprise nuclear ～ 出其不意的核彈齊攻[襲擊]。**2** 齊發的掌聲，齊聲的喝采[歡呼(等)]：～*s* of applause [cheers]陣陣的掌聲喝采[反覆的齊聲歡呼]。

sal vo·lat·i·le [ˋsælvoˋlætḷ,i; ˌsælvəˈlætəli] «源自拉丁文 'volatile salt' 之義» **—*n.*** Ⓤ碳酸銨(水)，揮發鹽《提神藥》。

sal·vor [ˋsælvɚ; ˈsælvə] *n.* Ⓒ(海難的)救難者；救難船。

Salz·burg [ˋsɔlz,bɝg; ˈsæltsbə:g] *n.* 薩爾斯堡《奧國西部一城市，音樂家莫札特(Mozart)誕生地》。

Sam [sæm; sæm] *n.* 山姆《男子名，Samuel 的暱稱》。

SAM [sæm; sæm] «*s*urface-to-*a*ir *m*issile 的頭字語» **—*n.*** Ⓒ地對空飛彈，薩姆飛彈。

Sam. 《聖經》Samuel.

Sa·man·tha [səˋmænθə; səˈmænθə] *n.* 莎曼莎《女子名》。

sam·a·ra [ˋsæmərə; ˈsæmərə] *n.* Ⓒ《植物》翅果；翼果。

Sa·mar·i·a [səˋmɛrɪə, -ˋmer-; səˈmɛəriə] *n.* 撒馬利亞《古代巴勒斯坦(Palestine)北部地方，首府 Samaria》。

Sa·mar·i·tan [səˋmærətṇ, -ˋmer-; səˈmæritn] «Samaria 的形容詞» **—*adj.*** **1** 撒馬利亞的。**2** 撒馬利亞人的。

—*n.* **1** Ⓒ撒馬利亞人。**2 a** [the ～s]撒馬利亞人協會《1953 年創設於倫敦，以救助精神上的苦惱者爲其宗旨的團體》。**b** Ⓒ撒馬利亞人協會會員。

a góod Samáritan 苦難者的好友，富於同情心的人。

> 【字源】出自聖經「路加福音」中所說之善心的撒馬利亞人一平時受猶太人蔑視的撒馬利亞人救了遇盜賊而受苦的猶太旅行者。

sa·mar·i·um [səˋmærɪəm, səˋmɛr-; səˈmɛəriəm] *n.* Ⓤ釤《稀金屬元素；符號 Sm》.

sam·ba [ˋsæmbə; ˈsæmbə] *n.* **1** [the ～]森巴舞《舞步輕快的巴西舞，起源於非洲》。**2** Ⓒ森巴舞曲。

sam·bo [ˋsæmbo; ˈsæmbou] *n.* **1** Ⓒ黑人與北美印地安人或黑白混血兒(mulatto)的後裔(cf. quadroon, octoroon). **2** Ⓒ[常 S～] ＝Negro. **3** Ⓤ桑勃式摔跤《集自由式、古典式摔跤與柔道爲一體的摔跤》。

Sám Brówne bèlt *n.* Ⓒ(第一次世界大戰時英美軍官所佩掛之)武裝帶。

sam·bu·ca, sam·buke [sæmˋbjukə; sæmˈbju:kə] *n.* Ⓒ桑布卡管《一種類似豎琴的三角形古弦樂器》。

‡same [sem; seim] *adj.* (無比較級、最高級) **1** [the ～]相同的，同一的《★用法無論是作修飾用法或敍述用法，均要用 the》.

> 【同義字】same 指同一物或非同一物但質地、內容、外觀等完全相同；identical 指同一物或非同一物，但質、量、形等幾乎完全相同的相似；equal 指非同一物，但數量、大小、價值等相同；similar 指同種東西而性質、形狀等相似。

a (質、量、程度、種類等)相同的，同一的，同樣的：We eat *the* ～ food every day. 我們每天吃同樣的東西/Her name and mine are *the* ～. 她的名字和我的(名字)相同/It is just *the* ～ with our family. 我們家的情形也一樣/He has made *the* very ～ mistake again. 他又犯了完全相同的錯誤《★用法强調 the same 時有時可用 the very same；cf. one and the SAME》. **b** (與以前)一樣的，不變的：The patient is much [about] *the* ～. 病人的情形大致與以前一樣/Tokyo was not *the* ～ city after the war. 戰後東京市完全變了樣子[和以前全不一樣]。

2 [與 the ～；as, that, who, where 等連用] **a** (質、量、程度、種類等)(與…)相同的，同一種的，同一的《★用法與 1 相同》：I have *the* ～ watch *as* [*that*] you have. 我的錶和你的相同《★用法as 被認爲指同一種，that 指同一樣東西，但現在已沒有嚴格的區別》/They met at [in] *the* ～ place (*where*) they had met before. ＝They met at [in] *the* ～ place *as* before. 他們在以前見面的同一地方相見《★用法從屬子句中的主詞、動詞被省略時，要用 as》. **b** (與以前)一樣的，不變的：His attitude is *the* ～ *as* ever [always]. 他的態度和以前一樣。

3 [緊接於 this, that, these, those 後面] (以前提過或談話雙方已知的)上述的，那個[事，人]，該《★用法語氣較 the 强，但常帶有輕蔑的意思》：We are fed up with *that* ～ old sermon of his. 我們對他那老一套的說教感到很厭煩/Later *this* ～ boy became president. 以後就是這個少年成爲總統。

àll the sáme (1)[常以 it 爲主詞]〔對…〕都一樣，沒有關係，無所謂〔*to*〕：if *it* is *all the* ～ (*to* you) 如果(對你)沒有關係的話/You can pay now or later；*it* is *all the* ～ *to* me. 你可以現在付或以後付，對我都一樣[我無所謂]。(2)[當副詞用]同樣，仍然(nevertheless)：He has defects, but I like him *all the* ～. 他有缺點，但是我仍然喜歡他。

amóunt to the sáme thíng ⇨ thing.

at the sáme tíme ⇨ time.

còme to the sáme thíng ⇨ thing.

jùst the sáme ＝all the SAME.

óne and the sáme 完全同一的：The two parts were played by *one and the* ～ actor. 那兩個角色由(完全)同一個演員演出。

(the) sáme but [ònly] different 《口語》約略相同的，有些不同的。

—*pron.* **1** [the ～]同一物[事，人]：*The* ～ applies to you. 同樣的情形也適用於你《對你也一樣》/He will do *the* ～ again. 他又會做同樣的事/I'll have *the* ～. [點叫餐飲時]我也要同樣的(東西)。**2** [不用 the]《謔》同上的東西[事，人]《★用法一般用 it 等代名詞》：The charge is $100；please remit ～. 貨款是一百元，請匯款。

Sáme hére. 《口語》(1)[對於對方的話表示同意的說法]我也一樣："I'm very tired." — "*S～ here.*"「我筋疲力盡了。」「我也是。」(2)[點叫餐飲時]也給我同樣的東西。

(The) sáme agáin, pléase. 再來一碗[杯，份](同樣的東西)。

(The) sáme to yóu! [對 Happy New Year! 或 Merry Christmas! 等祝賀詞的回答]你也一樣。

—*adv.* (無比較級、最高級) **1** [the ～] **a** 同樣地，相同地：'Rain' and 'reign' are pronounced *the* ～. rain 與 reign 的發音相同/I think *the* ～ of him. 我對他的看法沒有改變。**b** [與 as 連用](與…)同樣地，相同地：I fell *the* ～ *as* you (do). 我與你有同樣的感受；我的感受和你一樣。**2** [不用 the；與 as 連用]《口語》與…同樣地[一樣地]：He has his pride, ～ *as* you (do). 他與你一樣，有他的自尊心。

sáme·ness *n.* **1** Ⓤ同一，同樣，相同；酷似。**2** Ⓤ[又作 **a** ～]單調，千篇一律，無變化。

S. Am(er). 《略》South America(n).

Sám Hill *n.* 《美俚》地獄《★用法通常用於 wh- 問句中，表輕微咒罵或憤怒，其前常用 in 或 the》：Who *in* ～ are you? 你到

底是什麼人？

Sam·my [ˈsæmɪ; ˈsæmi] *n.* **1** 薩米《男子名，Samuel 的暱稱》。**2** Ⓒ《俚》(第一次世界大戰時的)美國兵。

Sa·mo·a [səˈmoə; səˈmouə] *n.* 薩摩亞羣島《南太平洋中的一羣島》。

Sa·mo·an [səˈmoən; səˈmouən] «Samoa 的形容詞» —*adj.* **1** 薩摩亞島的。**2** 薩摩亞人[語]的。
—*n.* **1** Ⓒ薩摩亞人。**2** Ⓤ薩摩亞語。

sam·o·var [ˈsæməˌvɑr; ˌsæmoˈsæmouvɑː] «源自俄語» —*n.* Ⓒ俄國煮茶的銅壺《中央有炭火》。

samovar

samp [sæmp; sæmp] *n.* Ⓤ《美》**1** 玉米糝《由玉米磨成的粗粒》。**2** 玉米粥《玉米糝煮成的粥》。

sam·pan [ˈsæmpæn; ˈsæmpæn] «源自中文» —*n.* Ⓒ《航海》舢板《在中國、東南亞河川或沿岸使用的小型木造平底船》。

sampan

***sam·ple** [ˈsæmpl; ˈsɑːmpl] «example 的字首消失的變體字» —*n.* Ⓒ **1 a** (代表全體或種類的)**樣品**，樣本，標本：a ~ of dress material 衣服料子的樣品/a blood ~ 血液樣品。**b** (免費奉送的)試用品。**2** 例，實例，範例：That is a fair ~ of his manners. 那就是他舉止的一個好例子；他的舉止就是那個樣子。**3**《統計》抽樣，樣品。
—*adj.* [用在名詞前]樣本的，樣品的：a ~ copy 書籍樣本，樣書/a ~ bottle of perfume 一瓶樣品香水。
—*v.t.* 〔十受〕**1** (根據樣品)檢查…的品質，試…的味：~ wine 試嚐酒[品酒]/She ~*d* the cake and found it very good. 她試吃蛋糕，覺得很好吃。**2** 體驗，嘗試…：~ the pleasures of mountain life 體驗山中生活的樂趣。**3**《統計》抽出…的樣品。**3** 對…作抽樣調查。

sámple cárds *n. pl.* 貨物樣品卡片。

sám·pler *n.* Ⓒ **1 a** 樣品[試樣]檢查者[器]。**b** 試食[試飲]者。**2**《美》集粹，(名作家作品的)集錦。**3** (展示各種繡花技藝的)刺繡花樣，刺繡作品《常保存作爲壁飾》。

sámple ròom *n.* Ⓒ樣品陳列室。

sám·pling *n.* **1** Ⓤ**a** 抽樣(法)，採[取]樣。**b** 試食，試飲。**2** Ⓒ**a** 抽出[採取]的樣品。**b** 試食[飲]會。

sam·sa·ra [səmˈsɑrə; səmˈsɑːrə] *n.* Ⓤ《佛教・印度教》輪迴。

Sam·son [ˈsæmsn; ˈsæmsn] *n.* **1** 參孫《男子名》。**2** 參孫《聖經舊約中力大無比的勇士，被愛人黛利拉(Delilah)欺騙，成爲盲人而被交給敵人》。

Sam·u·el [ˈsæmjuəl; ˈsæmjuəl] *n.* **1** 撒母耳《男子名，暱稱 Sam, Sammy》。**2 a** 撒母耳《希伯來的士師兼先知》。**b** 撒母耳記(The First [Second] Book of Samuel)《聖經舊約中的書名，分上下兩卷；略作 Sam.》。

sam·u·rai [ˈsæmuˌraɪ; ˈsæmurai] «源自日語» —*n.* (*pl.* ~, ~s) **1** Ⓒ(日本封建時代的)武士。**2** [the ~]武士階級。

San [sɑn; sɑːn] «源自西班牙語・義大利語» —*n.* =Saint.

San An·to·ni·o [ˌsænænˈtonɪo; ˌsænænˈtouniou] *n.* 聖安東尼《美國德克薩斯州(Texas)中南部的一城市；cf. Alamo》。

san·a·tive [ˈsænətɪv; ˈsænətiv] *adj.* 有治療效力的；醫治的。

san·a·to·ri·um [ˌsænəˈtorɪəm, -ˈtɔr-; ˌsænəˈtɔːriəm] «源自拉丁文「健康，保養」之義» —*n.* Ⓒ (*pl.* ~s, **-ri·a** [-rɪə; -riə]) **1** (爲肺結核、精神病、酒精中毒者而設的)療養院。**2** 休養地。

san·a·to·ry [ˈsænəˌtorɪ, -ˌtɔrɪ; ˈsænətəri] *adj.* 有益於健康的；治療的。

San·cho Pan·za [ˈsæŋkoˈpænzə; ˌsæntʃouˈpænzə, -kou-] *n.* 山卓・潘札《西班牙小說家塞凡提斯(Cervantes)所著小說「唐・吉訶德」(*Don Quixote*)中，主角唐・吉訶德的隨從，是個常識豐富而典型的庸俗人物》。

sanc·ta *n.* **sanctum** 的複數。

sanc·ti·fi·ca·tion [ˌsæŋktəfəˈkeʃən; ˌsæŋktifiˈkeiʃn] «sanctify 的名詞» —*n.* Ⓤ **1** 神聖化，聖潔。**2** (罪的)洗淨。

sánc·ti·fied *adj.* **1** 神聖化的；聖潔的，被淨化的。**2** 假裝虔誠的。

sanc·ti·fy [ˈsæŋktəˌfaɪ; ˈsæŋktifai] *v.t.* **1** 使…神聖，使…聖潔：God blessed the seventh day and *sanctified* it. 上帝祝福第七天並且使它成爲神聖的日子《★出自聖經「創世記」》。**2** 洗淨〈人、心〉的罪：~ one's heart 淨化某人的心。**3** 使…成爲正當；認可…《★常用被動語態》：a custom *sanctified* by long practice 由於長年實施而被認可的習俗。

sanc·ti·mo·ni·ous [ˌsæŋktəˈmonɪəs; ˌsæŋktiˈmounjəs] «sanctimony 的形容詞» —*adj.* 假裝虔誠的，僞裝神聖的：a ~ hypocrite 假裝神聖的僞善者。~·**ly** *adv.* ~·**ness** *n.*

sanc·ti·mo·ny [ˈsæŋktəˌmonɪ; ˈsæŋktiməni] *n.* Ⓤ僞裝虔誠，故作神聖狀。

sanc·tion [ˈsæŋkʃən; ˈsæŋkʃn] «源自拉丁文「使神聖」之義» —*n.* **1** Ⓤ**a** (法令等的)**批准**，認可；(輿論、習慣上的)肯定，承認：popular ~ 輿論的肯定[認可]/give ~ to... 批准…，認可…。**b** 〔十 *to* do〕〈做…的〉許可，認可：We need the ~ of the law *to* hunt in this place. 我們在這地方打獵需要有法律的許可。
2 Ⓒ **a** (對違反法令、規則的)**制裁**，處罰：social ~*s* 社會的制裁/take ~*s* against... 對…採取制裁手段。**b** [常 ~s]《國際法》(通常爲幾個國家聯合對違反國際法的國家所採取的)制裁(措施)：apply economic [military] ~*s* against... 對…使用[實行]經濟[軍事]制裁。
3 Ⓒ (不允許違背道德、義務等的)道德[社會]約束力：In Chinese society shame operates as the principal ~. 在中國的社會，羞恥心在道義上具有一種壓倒一切的約束力。
—*v.t.* **1** 〔十受〕批准，認可；承認，容許…：That expression has been ~*ed* by usage. 那種表達方式在慣用法上已被認可。
2 〔十 do*ing*〕認可，容許〈做…〉：His conscience didn't ~ steal*ing*. 他的良心不允許他做偷竊的事。

sanc·ti·ty [ˈsæŋktətɪ; ˈsæŋktəti] *n.* **1** Ⓤ高尚的品德，虔誠。**2** Ⓤ神聖，尊嚴。**3** [**sanctities**] 神聖的義務[感情(等)]：the *sanctities* of parenthood (做)父母的神聖義務。

sanc·tu·ar·y [ˈsæŋktʃuˌɛrɪ; ˈsæŋktjuəri] *n.* **1** Ⓒ **a** 神聖的場所，聖所《教會、神殿、神社、寺院等》。**b** 聖壇，至聖所，內殿《教堂最裏面設有祭壇的特別神聖之處》。
2 Ⓒ **a** (逃入者不受法律約束，如中世紀教會等的)聖域，避難所。**b** (犯罪者、亡命者等)逃入的地方，避難[庇護]所。
3 Ⓤ (教會等的)犯人庇護權；(避難所提供的)庇護，保護：give ~ to... 庇護…；對…提供「聖域」/take [seek] ~ 逃入「聖域」，尋求「聖域」的庇護，(在教堂等處)避難/violate [break] ~ 侵犯「聖域」《侵入「聖域」逮捕罪犯》。
4 Ⓒ(鳥獸的)禁獵區，保護區：a bird [an animal] ~ 鳥類[動物]保護區。

sanc·tum [ˈsæŋktəm; ˈsæŋktəm] *n.* Ⓒ (*pl.* ~s, **-ta** [-tə; -tə]) **1** 神聖的場所，聖所。**2**《口語》(不受人打擾的)私室，書房。

sánctum sanc·tó·rum [~sæŋkˈtorəm; ~sæŋkˈtɔːrəm] «源自拉丁文» —*n.* Ⓒ **1** (猶太教堂之)內殿；至聖之所。**2** =sanctum 2.

Sanc·tus [ˈsæŋktəs; ˈsæŋktəs] «源自拉丁文 'holy' 之義» —*n.* [the ~]《基督教》彌撒禮中以 Holy, holy, holy, Lord God of hosts(聖哉，聖哉，聖哉，萬衆之主)開始的聖歌[讚美歌]。

‡sand [sænd; sænd] *n.* **1** Ⓤ沙：a grain of ~ 沙粒/I've got some ~ in my eye. 沙粒進入我眼睛裏。**2** [~s] **a** 沙地；沙灘；沙岸；沙丘；沙漠：play in [on] the ~*s* 在沙地[沙灘]上玩。**b** 沙洲：strike the ~*s* 發現[碰到]沙洲。**3** [~s] **a** (沙漏中的)沙粒。**b** 時刻，壽命：The ~*s* (of time) are running out. 沙漏中的沙粒即將漏盡；壽命將盡，餘時不多。**4** Ⓤ沙色，略紅的黃色。**5** Ⓤ《美口語》勇氣，決斷力：have plenty of ~ 很有勇氣[決斷力]。
built on sánd (如建在沙上)不穩定的，不可靠的《★出自聖經「馬太福音」》：a house *built on* ~ 建在沙上的房屋《比喻不安定，不穩固的東西》。
búry one's héad in the sánd ⇨head.
plów the sánd(s) (猶如在沙地上耕作)徒勞無功。
—*v.t.* **1** 〔十受〕撒沙於…，蓋沙於…：~ a road 在(凍結[積雪]的)道路上撒沙。**2** 〔十受(十副)〕**a** 用沙[砂紙]擦[磨]…〈*down*〉：~ (*down*) a door (油漆前)將門用砂紙擦淨。**b** 用砂紙擦掉…〈*out*〉：~ *out* an ink stain 用砂紙擦掉墨漬。**3** 〔十受十副〕用沙鋪蓋[掩埋]…，以沙阻塞…〈*up*〉：The harbor has been ~*ed up* by the tides. 那港口因潮水沖積的泥沙而淤塞。

san·dal [ˈsændl; ˈsændl] *n.* Ⓒ [常 ~s] **1** (橡膠底，用(皮)帶扣緊[繫]於腳上的)涼鞋；草鞋。**2**《美》一種短淺的套鞋。**3** (古代希臘人、羅馬人穿的皮製)涼鞋。

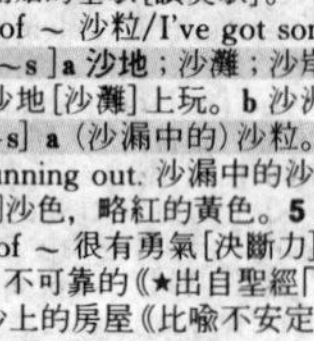
sandals 1

sán·daled, sán·dalled *adj.* 穿著涼鞋[便鞋]的。

sándal·wòod *n.* **1** Ⓒ《植物》白檀《又稱檀香樹，檀香科常綠喬木》。**2** Ⓤ檀香木《白檀的木材，質堅有香味》。

sánd·bàg *n.* Ⓒ **1** 沙袋，沙囊，沙包《★ 比較 練習拳擊用的沙袋，在美國稱 punching bag，在英國稱 punchball》。**2**《美》(當作凶器使用的)棍棒狀沙袋《可擊倒人而不留下傷痕》。

—*v.t.* (sand·bagged; -bag·ging) **1** 用沙袋防禦[堵塞]…：～ a rising river 在水漲的河裏堆積沙袋。**2**《美》以沙袋擊倒〈某人〉。**3**《美口語》**a**〔十受〕强迫〈某人〉。**b**〔十受十介十(代)名〕强迫〈某人〉〔使做…〕〔*into*〕.

sánd·bànk *n.* Ⓒ **1** (河口等的)沙洲。**2** (風吹而形成的)沙丘。

sánd·bàr *n.* Ⓒ (河口等的)沙洲。

sánd·blàst *n.* **1** Ⓤ噴沙《用於去掉玻璃表面的光澤或洗滌金屬、石、建築物等表面》。**2** Ⓒ噴沙器[機]。

—*v.t.* (用噴沙器)噴沙以打磨[切斷]…。

sandbar

sánd·bòx *n.* Ⓒ《美》(供兒童在裏面玩耍的)沙箱，沙場(《英》sandpit).

sánd·bòy *n.* Ⓒ《英》(英昔日在海濱的)賣沙童《★主要用於下列成語》。**(as) háppy [jól-ly, mérry] as a sándboy** 《口語》非常快活的。

sánd·càstle *n.* Ⓒ (小孩用沙堆起的)城堡，小山。

sánd dùne *n.* Ⓒ沙丘。

sand·er [ˋsændɚ; ˈsændə] *n.* Ⓒ撒沙器；砂紙；磨光機；以砂紙磨光器物者。

San·der [ˋsændɚ; ˈsændə] *n.* 桑德《男子名；Alexander 的暱稱》。

sánd flèa *n.* Ⓒ **1**《動物》砂蚤。**2**《昆蟲》恙蟲；日本秋恙蟲。

sánd·flỳ *n.* Ⓒ《昆蟲》白蛉。

sánd·glàss *n.* Ⓒ (用以計時的) 沙漏 (cf. hourglass).

sánd hìll *n.* Ⓒ沙丘。

Sand·hurst [ˋsændhɝst; ˈsændhəːst] *n.* **1** 桑德赫斯特《英格蘭南部一鄉村》。**2** 英國陸軍軍官學校《位於 Sandhurst》.

San Di·e·go [ˏsændiˋego; ˌsændiːˈeigou] *n.* 聖地牙哥《美國加州一個海港，爲海軍、海運基地》。

sánd·lòt *n.* Ⓒ《美》(都市裏的孩子運動和玩耍的)空地《常爲沙地》。

—*adj.* [用在名詞前]空地的，在空地舉行的：～ baseball (在空地上打的)非專業性的棒球(賽)。

sánd·lòt·ter *n.* Ⓒ《美》非專業性的棒球選手。

sánd·màn «源自睏倦時會像眼睛進沙似地揉眼» —*n.* [the ～] (傳說撒沙於小孩眼睛，將其催眠的)睡仙，睡魔：*The* ～ is coming. [父母對孩子說的話]睡仙要來了；你該睡覺了。

sánd·pàper *n.* Ⓤ砂紙。

—*v.t.* 〔十受(十副)〕用砂紙打磨…〈*down*〉.

sánd·pìper *n.* Ⓒ《鳥》磯鷸《棲息於海邊的鷸科海鳥》。

sánd·pìt *n.* Ⓒ《英》(小孩玩耍的)沙場，沙坑(《美》sandbox).

San·dra [ˋsændrə; ˈsændrə] *n.* 珊德拉《女子名，Alexandra 的暱稱》。

sánd shòe *n.* Ⓒ [常～s]《英》(在沙灘上穿的橡膠底)帆布鞋。

sánd·sòap *n.* Ⓤ加沙的肥皂。

sánd·stòne *n.* Ⓤ [指種類時爲Ⓒ]《地質》沙岩《主要爲建築用》。

sánd·stòrm *n.* Ⓒ (沙漠上的)大風沙。

sánd tràp *n.* Ⓒ《高爾夫》沙坑(bunker).

‡**sand·wich** [ˋsændwɪtʃ, ˋsæn-; ˈsænwidʒ, -tʃ] «源自十八世紀英國伯爵之名；據說他爲了避免用餐耽誤賭紙牌而發明這種簡便食物» —*n.* Ⓒ [當作菜名時爲Ⓤ] **1** 三明治：make a ham ～ 做火腿三明治。

2 (又作 **sándwich càke**)《英》夾心蛋糕《夾果醬、奶油等的一種西點》。

—*v.t.* **1** 〔十受十副〕將〈人、物、事〉插入〈*in*〉：I'll try to ～ the interview ***in*** after lunch. (雖然預定的事已排滿但)我會設法把面談之事安插在午餐後。**2** 〔十受(十副)十介十(代)名〕把〈人等〉夾[塞]入〔…之間〕〈*in*〉〔*between*〕：I was ～*ed* (***in***) ***between*** two large men on the crowded train. 我在擁擠的火車上被夾在兩個大男人之間。

sándwich bàr *n.* Ⓒ (常指櫃臺式的)專賣三明治的速簡[快]餐廳。

sándwich bòard *n.* Ⓒ夾板廣告員的廣告牌《胸前及背後各掛一面廣告板》。

sándwich cóurse *n.* Ⓒ《英》《教育》(技術專科學校等的)課室教學與現場實習(每三個月或六個月)輪流反覆實施的教育制度。

sándwich màn *n.* Ⓒ夾板廣告員《用 sandwich board 夾著身體遊街做廣告的人》。

sand·y [ˋsændɪ; ˈsændi] «sand 的形容詞» —*adj.* (sand·i·er; -i·est) **1** 沙(質)的；沙地的，多沙的：a ～ shore 沙灘/ ～ soil 沙地。**2** 〈頭髮〉沙色的，淡茶色的。**sánd·i·ness** *n.*

San·dy [ˋsændɪ; ˈsændi] *n.* **1** 山迪《男子名；Alexander 的暱稱》。**2** 珊蒂《女子名；Alexandra 的暱稱》。**3** Ⓒ山迪《蘇格蘭人的綽號；⇨ Uncle Sam【說明】》。

sand·y·ish [ˋsændɪɪʃ; ˈsændiiʃ] *adj.* **1** 略帶沙質的。**2** 淡茶色的。

sane [sen; sein] «源自拉丁文「健康的」之義» —*adj.* (san·er, san·est; more ～, most ～) **1** 〈人〉神志清明的，頭腦清醒的(↔ insane)：He doesn't seem ～ at all. 他的神志看來一點也不清醒。**2** 〈思想、行動等〉健全的，穩健的，通達事理的：a ～ policy 健全的政策/(a) ～ judgment 通達事理的判斷。

～**·ly** *adv.* ～**·ness** *n.*

San·for·ize [ˋsænfəˏraɪz; ˈsænfəraiz] «源自商標名» —*v.t.* 將〈布料〉施以防縮加工。

San·for·ized [ˋsænfəˏraɪzd; ˈsænfəraizd] *adj.*《紡》(棉布)經過防縮加工的。

San Fran·cis·can [ˏsænfrənˋsɪskən; ˌsænfrənˈsiskən] *n.* Ⓒ舊金山人。

‡**San Fran·cis·co** [ˏsænfrənˋsɪsko; ˌsænfrənˈsiskou] *n.* **舊金山**，三藩市《位於美國加州中央部分，臨舊金山灣(San Francisco Bay)的大城，爲美國西部最大的貿易港》。

> **【說明】** 舊金山市由於有很多陡坡，所以自 1873 年開始便以纜車(cable car)取代馬車而成爲主要交通工具。現在雖然有公共汽車，費用較便宜，運輸量較大，但因該市是唯一保存纜車爲交通工具的都市，因此被指定爲國家古蹟，成爲觀光名勝。由於纜車已陳舊，所以政府正在積極籌劃保存及修復的辦法。

‡**sang** [sæŋ; sæŋ] *v.* sing 的過去式。

sang·froid [sɑ̃ˋfrwɑ; ˌsɑ̃ːˈfrwɑː] «源自法語'cold blood'(冷血)之義» —*n.* Ⓤ冷靜，鎮定，沉著：with ～ 冷靜地，沉著地。

san·gri·a [sæŋˋgriə; sæŋˈgriːə] «源自西班牙語「血」之義» —*n.* Ⓤ [指個體時爲Ⓒ]桑葛莉酒《紅葡萄酒中加入果汁、汽水，冰過後飲用的西班牙飲料》。

san·gui·nar·y [ˋsæŋgwɪnˏɛrɪ; ˈsæŋgwinəri] *adj.*《文語》**1** 血腥的，沾滿血的，血淋淋的：a ～ battle 血戰。**2** 嗜殺的，殘忍的，殘暴的：a ～ disposition [villain] 生性殘忍[殘暴的惡棍]。**3**《英》〈言語〉粗鄙的，嘴不饒人的。**-nar·i·ly** [ˏsæŋgwɪnˋɛrəlɪ; ˈsæŋgwinərəli] *adv.* **-nar·i·ness** *n.*

san·guine [ˋsæŋgwɪn; ˈsæŋgwin] «源自拉丁文「血」之義» —*adj.* **1 a** 〈生性〉快活的，樂觀的，樂天的：a ～ disposition 樂觀[快活]的天性/He has a ～ attitude to life. 他對於人生有樂觀的看法。

> **【說明】** 古代生理學四種體液(humor)中之一，意謂「多血質的」。屬此體質的人被認爲血色好而生性快活。

b [不用在名詞前]〔十介十(代)名〕〔對於…〕樂觀的，有自信的〔*about, of*〕：They were ～ ***about*** [***of***] victory. 他們對勝利表示樂觀[確信會勝利](cf. 1 c). **c** [不用在名詞前]〔十(*that*)__〕〈對…(事)〉自信的，確信的：They were ～ *that* they would win. 他們確信自己會贏(cf. 1 b).

2 a 〈臉色等〉紅潤的：a ～ complexion 紅潤的臉色。**b**《文語》〈顏色〉紅的，血紅色的。

～**·ly** *adv.* ～**·ness** *n.*

san·guin·e·ous [sæŋˋgwɪnɪəs; sæŋˈgwiniəs] *adj.* **1** 血的；含有血的。**2** 血色的；紅色的。**3** 流血的。**4** 有信心的；有希望的。

san·i·tar·i·an [ˏsænəˋtɛrɪən; ˌsæniˈtɛəriən] *n.* Ⓒ (公共)衛生學家。

san·i·tar·i·um [ˏsænəˋtɛrɪəm; ˌsæniˈtɛəriəm] *n.* (*pl.* ～s, -i·a [-rɪə; -riə])《美》=sanatorium.

san·i·tar·y [ˋsænəˏtɛrɪ; ˈsænitəri] *adj.* (more ～; most ～) **1** [用在名詞前](無比較級、最高級)(公共)衛生的，保健方面的：～ fittings (家中的)衛生設備；(尤指)廁所/ ～ regulations 公共衛生規則/a ～ inspector 衛生檢查官/ ～ science 公共衛生學。**2** 衛生的，清潔的(↔ insanitary)：in a ～ condition 在清潔[衛生]的狀態中。 **san·i·tar·i·ly** [ˏsænəˋtɛrəlɪ; ˈsænitərəli] *adv.*

sánitary bèlt *n.* Ⓒ月經帶。

sánitary engineér *n.* Ⓒ衛生技師；衛生工程師；《委婉語》(自來水、瓦斯、廁所等的)鉛管[配管]工人。

sánitary engineéring *n.* Ⓤ衛生工程(學)。

sánitary nàpkin *n.* Ⓒ《美》衛生棉，月經帶。

sánitary tòwel *n.*《英》=sanitary napkin.

sánitary wáre *n.* Ⓤ [集合稱]衛生設備《廁所、浴缸等》。

san·i·ta·tion [ˏsænəˋteʃən; ˌsæniˈteiʃn] *n.* Ⓤ **1** (公共)衛生。**2** 衛生設備[設施]；(尤指)下水道設備。

san·i·ta·tion·man [ˏsænəˋteʃənˏmæn; ˌsæniˈteiʃənmæn] *n.* (*pl.* ～·men) Ⓒ《美》環境衛生員。

san·i·tize [ˋsænəˏtaɪz; ˈsænitaiz] *v.t.* (用消毒、清掃等)使…衛生。

san·i·ty [ˋsænətɪ; ˈsænəti] «sane 的名詞» —*n.* (↔ insanity) Ⓤ **1** 神志清醒，心智健全：lose one's ～ 神志不清，發瘋。**2** (思想等的)健全，穩健。

San José [ˌsanho'sɛ; ˌsænho'ze, -no'ze; ˌsaŋ:hou'sei] *n.* 聖約瑟《中美哥斯大黎加(Costa Rica)之首都》。

San Juan [sæn'hwan, sæn'wan; sæn'hwa:n] *n.* **1** 聖胡安《阿根廷(Argentina)西部之一城市》。**2** 聖胡安《波多黎各(Puerto Rico)之首都》。

‡sank [sæŋk; sæŋk] *v.* sink 的過去式。

San Ma·ri·no [ˌsanmə'rino; ˌsænmə'ri:nou] *n.* 聖馬利諾《在義大利東部，爲世界最小的共和國；首都 San Marino》.

sans[1] [sænz; sænz] «源自法語» ―*prep.*《文語》沒有，缺(without)：～ teeth, ～ eyes, ～ taste, ～ everything (年邁而成)無牙，失明，食無味，一無所有《★出自莎士比亞的喜劇「如願」(*As You Like It*)》.

sans[2] [sænz; sænz] *n.* ＝sans serif.

San Sal·va·dor [sæn'sælvəˌdɔr; sæn'sælvədɔ:] *n.* **1** 聖薩爾瓦多《薩爾瓦多(El Salvador)之首都》。**2** 聖薩爾瓦多島《巴哈馬羣島之一島，又名 Watlings，爲哥倫布最初登上新大陸之處》。

San·scrit ['sænskrɪt; 'sænskrit] *n., adj.* ＝Sanskrit.

sans-cu·lotte [ˌsænzkju'lɑt; ˌsænzkju'lɔt] «源自法語「沒有穿著短褲(culotte)」之義» ―*n.* Ⓒ**1** 無短褲者《法國大革命時給巴黎下層階級共和黨員的綽號；當時貴族穿短褲，民衆穿長褲(pantaloons)；cf. Jacobin 2》. **2** 偏激共和主義者，激進革命家(cf. Bolshevik 3).

san·sei [sɑn'se; 'sɑ:nsei] «源自日語» ―*n.* Ⓒ(*pl.* ～, ～s) 三世《二世(nisei)之子；在美國出生受教育的日裔美國人；⇨ Japanese-American【相關用語】》。

san·ser·if [sæn'sɛrɪf; ˌsæn'serif] *n.* ＝sans serif.

San·skrit ['sænskrɪt; 'sænskrit] *n.* Ⓤ梵文《古代印度的文章用語；略作 Skr., Skrt., Skt.》. ―*adj.* 梵文的。

sans serif [sæn'sɛrɪf, sænz's-; ˌsæn'serif] *n.*《印刷》**1** Ⓤ沒有襯線(serifs)的鉛字體；⇨type 插圖。**2** Ⓒ(文字兩端等)有細線裝飾的鉛字。

Sans Souci [sɑ̃su'si; sɑ̃:su:'si:] «源自法語» ―*n.* 無憂宮《在普魯士(Prussia)之波茨坦(Potsdam)，爲腓特烈大帝(Frederick the Great)所建》。
―*adj.* [s～ s～] 無憂無慮的，逍遙自在的。

San·ta ['sæntə; 'sæntə] *n.*《口語》＝Santa Claus.

San·ta Claus ['sæntɪˌklɔz, 'sæntə-; ˌsæntə'klɔ:z] «源自兒童的守護聖人'St. Nicholas'的名字» ―*n.* **耶誕老人**。

【說明】指在耶誕前夕(Christmas Eve)乘坐馴鹿(reindeer)所拉的雪橇而來的耶誕老人，他從煙囪進入屋裏，把禮物放進小孩子們掛在床頭或其他地方的襪子裏。相傳 Santa Claus 在第三世紀時出生於小亞細亞一小國 Lycia，而後成爲聖尼古拉(Saint Nicholas)的牧師。由於移民到美國的荷蘭人把聖尼古拉稱爲 Sante Klaas，經過一段時間後而轉變成 Santa Claus，所以 Santa Claus 原本與耶誕節沒有直接的關係。在英國耶誕老人稱爲 Father Christmas；cf. Christmas Eve【說明】

San·ta Fe ['sæntəˌfe, ˌsæntə'fe; 'sæntəˌfei] *n.* 聖大非《美國新墨西哥州(New Mexico)的首府》。

San·ta Fé [ˌsantə'fe; ˌsæntə'fei] *n.* 聖大非《阿根廷東部之一城市》。

Sánta Fe Tráil *n.* [the ～] 聖大非山道《連接聖大非(Santa Fe)與密蘇里州(Missouri)西部之十九世紀的重要通商道路；cf. Oregon Trail》.

San·ta·ya·na [ˌsæntɪ'ænə, -'ɑnə; ˌsæntə'jɑ:nə], **George** *n.* 桑塔亞那《1863–1952, 生於西班牙之美國詩人及哲學家》。

San·ti·a·go [ˌsæntɪ'ego, -'ɑgo; ˌsænti'ɑ:gou] *n.* 聖地牙哥《智利(Chile)的首都》。

San·to Do·min·go [ˌsæntodə'mɪŋgo; ˌsæntoudə'miŋgou] *n.* **1** 聖多明哥《多明尼加共和國(Dominican Republic)之首都》。**2** 聖多明尼哥《多明尼加共和國之舊稱》。

san·to·nin ['sæntənɪn; 'sæntənin] *n.* Ⓤ《化學》山道年；蛔蒿素；茵陳素《用以驅除蛔蟲》。

São Pau·lo [ˌsɑ̃u'paulu; ˌsɑ̃ũ'paulu:] *n.* 聖保羅《巴西南部的一州；首府 São Paulo；盛產咖啡》。

São To·mé and Prin·ci·pe [ˌsɑ̃utə'me ənd'prɪnsɪpə; ˌsɑ̃ũtə-'meiənd'prinsipə] *n.* 聖多美及普林西比《位於非洲西南部，大西洋上的一個共和國；首都聖多美(São Tomé)》.

sap[1] [sæp; sæp] *n.* **1** Ⓤ(植物的)**樹液，汁液**。**2** Ⓤ元氣，朝氣，活力：the ～ of life 活力，生命力，精力/the ～ of youth 年輕人的活力。**3** Ⓒ《口語》容易受騙的人，笨蛋：You ～! 你這個笨蛋！
―*v.t.* (**sapped**；**sap·ping**)〔十受〕從…榨取樹液；使…傷元氣，使…衰弱。

sap[2] [sæp; sæp] *n.* Ⓒ《軍》地道，對壕《爲接近敵陣而挖的地道》。
―*v.t.* (**sapped**；**sap·ping**) **1**《軍》挖地道逼近〈敵陣〉。**2**〔十受(十副)〕挖掘…下面而加以破壞〈*away*〉：The foundations were *sapped away* by termites in a few years. 地基在兩三年內被白蟻挖垮。**3** (逐漸)削弱…，損壞…：The extreme heat *sapped* his strength and health. 極度的暑熱逐漸損耗他的體力與健康。
―*v.i.*《軍》挖掘對壕；挖掘對壕接近敵陣。

sap[3] [sæp; sæp] «sapling 之略» ―《美》*n.* Ⓒ短棍棒。
―*v.t.* (**sapped**；**sap·ping**) 用棍棒擊倒〈人〉。

sáp·hèad *n.* Ⓒ《美口語》蠢人，笨蛋，呆子。～**·ed** *adj.*

sa·pi·ence ['sepɪəns; 'seipjəns] «sapient 的名詞» ―*n.* Ⓤ《文語》智慧。

sa·pi·ent ['sepɪənt; 'seipjənt] «源自拉丁文「知道」之義» ―*adj.*《文語》有智慧的，聰慧的。～**·ly** *adv.*

sáp·less *adj.* **1** 無樹液的；枯萎的。**2** 沒有生氣的，衰弱的：a ～ old man 沒有生氣的乾癟老人。

sap·ling ['sæplɪŋ; 'sæpliŋ] *n.* Ⓒ**1** 樹苗。**2** 年輕人。

sap·o·dil·la [ˌsæpə'dɪlə; ˌsæpə'dilə] *n.* Ⓒ **1**《植物》人心果樹《西印度及中美洲所產的一種常綠喬木，從樹液中可採取做口香糖原料的 chicle》. **2** 人心果樹的果實《可食用》。

sap·o·na·ceous [ˌsæpə'neʃəs; ˌsæpə'neiʃəs] *adj.* 似肥皂的；石鹼質的。

sap·per ['sæpɚ; 'sæpə] *n.* Ⓒ《軍》**1** 挖壕的工兵。**2**《美》敵前的工兵。**3** 炸彈、水雷處理專家。

Sap·phic ['sæfɪk; 'sæfik] «Sappho 的形容詞» ―*adj.* **1** 莎孚風格[詩體]的：a ～ verse 莎孚的詩體。**2** [s～]《文語》〈女子〉同性戀的。
―*n.* Ⓒ莎孚詩體。

sap·phire ['sæfaɪr; 'sæfaiə] *n.* **1** Ⓤ[指寶石個體時爲Ⓒ]《礦》**藍寶石，青玉**(⇨ birthstone 表)。

【字源】原義是「對土星很重要的(東西)」。古代印度人相信各行星上都有神，而土星(Saturn)上的神特別喜愛青玉。後來印度人把此意解釋成「青玉對土星是很重要的」。

2 Ⓤ青玉色，蔚藍色。

sap·phism ['sæfɪzəm; 'sæfizəm] *n.* Ⓤ(女子間的)同性戀(lesbianism).

Sap·pho ['sæfo; 'sæfou] *n.* 莎孚《紀元前六百年左右的希臘女詩人，以同性戀聞名》。

sap·py ['sæpɪ; 'sæpi] «sap[1] 的形容詞» ―*adj.* (**sap·pi·er**；**-pi·est**) **1** 多樹液的, 多汁液的。**2**《英口語》(年輕而)活力充沛的。**3**《美口語》愚蠢的；極端傷感的。

sap·ro·phyte ['sæproˌfaɪt; 'sæproufait] *n.* Ⓒ《植物》腐生植物《寄生於生物屍體內之微生物》。

sáp·sùcker *n.* Ⓒ吸汁啄木鳥《產於北美，以樹汁爲食物的啄木鳥》。

sáp·wòod *n.* Ⓤ(木材的)液材，邊材，白木質《樹皮下多汁液的白色木材部分；cf. heartwood》.

sar·a·band(e) ['særəˌbænd; 'særəbænd] *n.* Ⓒ **1** 薩拉邦舞《三拍子，動作優雅的西班牙舞》。**2** 薩拉邦舞曲。

Sár·a·cen ['særəsn; 'særəsn] *n.* Ⓒ **1** 薩拉森人《羅馬時代居住於敍利亞、阿拉伯沙漠地帶的遊牧民族》。**2** (尤指對抗十字軍的)阿拉伯人，回教徒。―*adj.* ＝Saracenic.

Sar·a·cen·ic [ˌsærə'sɛnɪk; ˌsærə'senik] «Saracen 的形容詞» ―*adj.* **1** 薩拉森(人)的。**2**〈建築等〉薩拉森式[風格]的。

Sar·ah ['sɛrə; 'sɛərə] *n.* 莎拉《女子名；暱稱 Sally》.

Sa·rán (Wràp) [sə'ræn; sə'ræn] *n.* Ⓤ《商標》賽綸《用乙烯基製造的塑膠包裝紙的牌子名稱》。

Sár·a·tó·ga trúnk [ˌsærə'togə-; ˌsærə'tougə-] *n.* Ⓒ一種十九世紀婦女用的大旅行箱。

Sa·ra·wak [sə'rawak; sə'rɑ:wək] *n.* 沙勞越《在婆羅洲(Borneo)島西北部，爲馬來西亞聯邦的一邦，首府古晉(Kuching)》.

sar·casm ['sarkæzəm; 'sɑ:kæzəm] «源自希臘文「撕開肉」→「(像撕開肉那樣傷人的)諷刺」之義» ―*n.* **1** Ⓤ諷刺，挖苦，譏諷《★ 比較 sarcasm 含有傷害對方的惡意，這點與 irony 不同；⇨ satire【同義字】》：in ～ 挖苦地，諷刺地。**2** Ⓒ挖苦[諷刺]的話。

sar·cas·tic [sar'kæstɪk; sɑ:'kæstik] «sarcasm 的形容詞» ―*adj.* 諷刺的，挖苦的：a ～ comment 諷刺的[挖苦的]話/a ～ person 一個好諷刺的人。**sàr·cás·ti·cal·ly** [-klɪ; -kəli] *adv.*

sarce·net ['sarsnɪt, -nɛt; 'sɑ:snit] *n.* Ⓤ一種薄絹。

sar·co·ma [sar'komə; sɑ:'koumə] *n.* (*pl.* ～s, ～**·ta** [-tə; -tə]) Ⓤ Ⓒ《醫》肉瘤《肉質外長物，通常指惡性者》。

sar·coph·a·gus [sar'kafəgəs; sɑ:'kɔfəgəs] *n.* Ⓒ(*pl.* **-gi** [-gaɪ; -gai], ～**·es**) (有精巧雕刻的古代大理石製)石棺。

sar·co·phile ['sarkəˌfaɪl; 'sɑ:kəfail] *n.* Ⓒ食肉動物。

sard [sard; sɑ:d] *n.* Ⓤ《礦》肉紅玉髓。

sar·dine [sar'din; sɑ:'di:n] *n.* (*pl.* ～, ～s) **1** Ⓒ《魚》沙丁魚。**2** Ⓤ沙丁魚肉。
pácked (in) like sardínes 擠得像(罐裝)沙丁魚一樣，擁擠不堪。

Sar·din·i·a [sɑrˈdɪnɪə; sɑːˈdinjə] *n.* **1** 薩丁尼亞《地中海上之一大島，屬義大利》。**2** 薩丁尼亞《昔時之一王國，包括薩丁尼亞島及大陸上之薩伏伊(Savoy)，皮得蒙(Piedmont)及熱那亞(Genoa)》。

Sar·din·i·an [sɑrˈdɪnɪən; sɑːˈdinjən] *adj.* **1** 薩丁尼亞(島)的。**2** 薩丁尼亞(島)人的。**3** 薩丁尼亞語的。
—*n.* **1** Ⓒ薩丁尼亞(島)人。**2** Ⓤ薩丁尼亞語。

sar·don·ic [sɑrˈdɑnɪk; sɑːˈdɔnik] *adj.* 冷笑的，嘲弄的，諷刺的：a ~ laugh [smile] 冷笑，嘲笑/~ humor 挖苦的幽默。
-i·cal·ly [-klɪ; -kəli] *adv.*

sar·don·yx [ˈsɑrdənɪks; ˈsɑːdəniks] *n.* Ⓤ [指寶石個體時爲Ⓒ]《礦》紅條紋瑪瑙，纏絲瑪瑙《cameo 工藝用；⇨ birthstone 表》。

sa·ree [ˈsɑri; ˈsɑːri] *n.* = sari.

sar·gas·so [sɑrˈgæso; sɑːˈgæsou] *n.* (*pl.* ~s, ~es) Ⓒ《植物》馬尾藻。

Sargásso Séa *n.* [the ~] 馬尾藻海《北大西洋西印度羣島東北之海域，因散布著漂浮之馬尾藻，故名》。

sarge [sɑrdʒ; sɑːdʒ] *n.* 《口語》= sergeant.

sa·ri [ˈsɑrɪ; ˈsɑːri] *n.* Ⓒ紗麗《印度婦女用以裹身的棉[絲]製長布，通常自腰纏繞到肩膀，剩餘的部分戴在頭上或自肩膀垂下》。

sar·ky [ˈsɑrkɪ; ˈsɑːki] *adj.* (**sar·ki·er**; **-ki·est**)《英俚》= sarcastic.

sa·rong [səˈrɔŋ; səˈrɔŋ] *n.* Ⓒ紗龍，圍裙《馬來羣島等地的男女用以纏繞腰部的裙布》。

sa·ros [ˈsɛrɑs; ˈsɛərɔs] *n.* Ⓒ《天文》沙羅周期《計 18 年又 11.32 天，爲日蝕及月蝕關係之反覆週期》。

Sa·roy·an [səˈrojən; səˈrɔiən], **William** *n.* 薩洛揚《1908–81；美國劇作家及短篇小說家》。

sar·sa·pa·ril·la [ˌsɑrspəˈrɪlə, ˌsɑrsə-; ˌsɑːsəpəˈrilə] *n.* **1 a** Ⓒ《植物》洋菝葜《產於熱帶美洲的幾種百合科植物，菝葜屬藤本植物，尤指墨西哥所產的馬兜鈴葉菝葜》。**b** Ⓤ洋菝葜根《用作補藥、飲料》。**2** Ⓤ沙士汽水《用洋菝葜根調味的汽水》。

sars(e)·net [ˈsɑrsnɪt; ˈsɑːsnit] *n.* = sarcenet.

sar·to·ri·al [sɑrˈtorɪəl, -ˈtɔr-; sɑːˈtɔːriəl] *adj.* 《文語》**1** 服裝加工店的，裁縫(師)的：the ~ art《謔》裁縫的技術/a ~ triumph《謔》做工極好的衣服。**2** 有關衣服的：one's ~ taste 某人的服裝嗜好。

Sar·tre [ˈsɑrtrə; ˈsɑːtrə], **Jean-Paul** *n.* 沙特《1905–80；法國哲學家，小說家及劇作家》。

SAS [sæs; sæs]《略》Scandinavian Airlines System 斯堪的那維亞航空公司。

sash[1] [sæʃ; sæʃ] *n.* Ⓒ **1** (婦女、兒童用的)腰帶，彩帶。**2** (由肩斜披於軍官正裝上的)肩帶，肩章。

sash[2] [sæʃ; sæʃ] *n.* Ⓒ [集合稱爲Ⓤ]《建築》(上下開關的)窗框，(門)框(⇨ window 插圖)。
—*v.t.* 給〈房子等〉裝上窗框。

sa·shay [sæˈʃe; sæˈʃei] *v.i.* 〔十副詞(片語)〕《美口語》滑行，滑動，滑進；裝模作樣地走路。

sásh còrd [lìne, ròpe] *n.* Ⓒ(拉動窗戶上下之)曳繩。

sa·shi·mi [sɑˈʃimi; sɑːˈʃiːmiː] 《源自日語》**—***n.* Ⓤ生魚片。

sásh window *n.* Ⓒ框格窗，上下開關的窗子(cf. sash[2]；⇨ window 插圖)。

Sas·katch·e·wan [sæsˈkætʃəˌwɑn; səsˈkætʃiwən] *n.* 薩克其萬省《加拿大中西部一省；首府利宅那(Regina [rɪˈdʒaɪnə; riˈdʒainə])》。

sass [sæs; sæs]《源自 sassy 的逆成字》**—**《美口語》*n.* Ⓤ無禮的話(sauce)，頂嘴。
—*v.t.* 對〈人〉出言不遜，對…說無禮的話。

sas·sa·fras [ˈsæsəˌfræs; ˈsæsəfræs] *n.* **1** Ⓒ《植物》檫樹《樟科檫屬落葉喬木，原產於北美》。**2** Ⓤ檫樹皮《用作强壯劑、香料》。

sass·y [ˈsæsɪ; ˈsæsi]《saucy 的變形》**—***adj.* (**sass·i·er**; **-i·est**)《美口語》莽撞的，無禮的，厚臉皮的。

‡**sat** [sæt; sæt] *v.* sit 的過去式・過去分詞。

SAT [ˈɛsˌeˈti; ˈeseiˈtiː]《略》《美》Scholastic Aptitude Test 學力性向測驗《美國教育當局爲高中生升大學而舉辦的全國性統一測驗》。

Sat.《略》Saturday.

Sa·tan [ˈsetn̩; ˈseitn]《源自希伯來語「敵人」之義》**—***n.*《基督教》撒旦，魔鬼，惡魔(the Devil)《★「惡」的擬人化者；希伯來語爲「敵人」的意思，在基督教則指與神敵對的惡魔之王》。

sa·tan·ic [seˈtænɪk, sə-; səˈtænik]《Satan 的形容詞》**—***adj.* **1** [常S~]撒旦的，惡魔的。**2** 如惡魔的，極邪惡的：~ features 惡魔般的長相/~ cruelties 魔鬼般的殘暴行爲。
sa·tán·i·cal·ly [-klɪ; -kəli] *adv.*

Sá·tan·ism [-n̩ˌɪzəm; -nizəm] *n.* Ⓤ惡魔崇拜，惡魔主義，魔道。

Sá·tan·ist [-nɪst; -nist] *n.* Ⓒ崇拜惡魔者，本性邪惡者。

satch·el [ˈsætʃəl; ˈsætʃəl] *n.* Ⓒ學生書包《雖附有可提的手把，但通常都背在肩上；⇨ bag【同義字】》。

sate [set; seit] *v.t.* **1** 充分滿足〈渴、慾望等〉。**2** 使〈人〉生膩《★常以過去分詞當形容詞用；⇨ sated；★比較意義較 satiate 强》。

satchels

sát·ed *adj.* **1** 膩的：feel ~ 感到膩。**2** [不用在名詞前]〔十介十(代)名〕〔對…〕生膩的〔*with*〕：He was ~ ***with*** steak. 他吃膩了牛排。

sa·teen [sæˈtin; sæˈtiːn] *n.* Ⓤ緯緞，棉緞《似 satin 的棉布》。

sate·less [ˈsetlɪs; ˈseitlis] *adj.* 《詩》不知足的。

sat·el·lite** [ˈsætl̩ˌaɪt; ˈsætəlait]《源自拉丁文「護衛，隨從」之義》**—n.* Ⓒ **1**《天文》衛星：an artificial ~ 人造衛星。
2 人造衛星：a broadcasting [military, scientific] ~ 廣播[軍事，科學]衛星/⇨ communications satellite, weather satellite/by ~ 以衛星傳播《★無冠詞》/place a ~ into orbit 將人造衛星送入軌道。
3 a 附庸國。**b** 衛星都市。
4 a 隨從，跟班。**b** 諂媚者，食客。
—*adj.* [用在名詞前] **1** 衛星的：~ communications 衛星[太空]通訊。
2 處於衛星般關係的；鄰接的；附帶的：a ~ nation [state] (在政治上、經濟上附屬於大國的)衛星[附庸]國/a ~ city [town] 衛星都市；(都市的)近郊，城郊住宅區，大都市周圍的衛星住宅區。

sátellite stàtion *n.* Ⓒ人造衛星基地，太空站；小型扱力電臺，中型中繼臺。

sa·ti [ˈsʌti, sʌˈti; səˈtiː] *n.* = suttee.

sa·tia·ble [ˈseʃɪəbl̩; ˈseiʃjəbl] *adj.* 《文語》可使滿足的(↔ insatiable).

sa·ti·ate [ˈseʃɪˌet; ˈseiʃieit] *v.t.* **1** 使〈需求、慾望等〉充分滿足：This book ~*s* the reader's interest. 這本書可充分滿足讀者的興趣。**2** 使〈人〉生膩《★常以過去分詞當形容詞用；⇨ satiated》.

sá·ti·àt·ed *adj.* **1** 充分滿足的。**2** [不用在名詞前]〔十介十(代)名〕〔對…〕厭倦的，生膩的〔*with*〕：I am ~ ***with*** chocolate. 我對巧克力生膩。

sa·ti·a·tion [ˌseʃɪˈeʃən; ˌseiʃiˈeiʃn]《satiate 的名詞》**—***n.* Ⓤ**1** 飽滿，飽食，滿足(的狀態)。**2** 生膩。

sa·ti·e·ty [səˈtaɪətɪ; səˈtaiəti]《satiate 的名詞》**—***n.* Ⓤ生膩，饜足，飽滿：to (the point of) ~ 到生膩的程度。

sat·in [ˈsætn̩; ˈsætin]《源自產地中國福建省的海港名》**—***n.* Ⓤ緞《表面光滑而有光澤的絲織品；cf. sateen》：figured ~ 花緞/in ~ 穿着緞衣的。
—*adj.* (無比較級、最高級)緞的，如緞的，光滑的，有光澤的：a ~ dress 緞衣/a ~ finish (製銀器)最後的磨光工作。

sátin·wòod *n.* **1** Ⓒ《植物》緞木《印度產的楝科桃花心木類的植物》。**2** Ⓤ 緞木的木材《製家具用的上等材料》。

sat·in·y [ˈsætn̩ɪ; ˈsætini]《satin 的形容詞》**—***adj.* 如緞的；有光澤的；光滑的。

sat·ire [ˈsætaɪr; ˈsætaiə] *n.* **1** Ⓤ諷刺，譏刺。

> 【同義字】satire 特別指對於社會制度、社會權威者等的諷刺；sarcasm 指對一般個人的挖苦。

2 a Ⓤ [集合稱] 諷刺文學。**b** Ⓒ諷刺作品《詩、小說、戲劇等》：Chaplin's *Modern Times* is a ~ ***on*** machine civilization. 卓別林的「摩登時代」是對機械文明的諷刺作品。

sa·tir·ic [səˈtɪrɪk; səˈtirik] *adj.* = satirical.

sa·tir·i·cal [səˈtɪrɪkl̩; səˈtirəkl]《satire 的形容詞》**—***adj.* **1** 諷刺的，諷刺性的：a ~ novel 諷刺小說。**2** 好諷刺的：a ~ writer 諷刺作家。**~·ly** [-klɪ; -kəli] *adv.*

sat·i·rist [ˈsætərɪst; ˈsætərist] *n.* Ⓒ**1** 諷刺(詩[文])作者。**2** 諷刺家。

sat·i·rize [ˈsætəˌraɪz; ˈsætəraiz]《satire 的動詞》**—***v.t.* 諷刺，挖苦：~ society 諷刺社會。

sat·is·fac·tion** [ˌsætɪsˈfækʃən; ˌsætisˈfækʃn]《satisfy 的名詞》**—n.* **1** Ⓤ滿足，滿意(↔ dissatisfaction)：**a** 〔使…〕得到滿足，充足〔*of*〕：for the ~ ***of*** one's curiosity 爲了滿足某人的好奇心/The ~ ***of*** hunger requires food. 需要食物充饑/*S*~ guaranteed or your money back. 保證滿意否則退錢《★用法廣告等的用語》。**b** 〔對…的〕滿意，滿足(感)，喜悅〔*at, in, with*〕：with great [much] ~ 非常滿意地/express one's ~ ***at*** [***with***] the result 對結果表示滿意/feel ~ ***at*** hav*ing* realized one's long-cherished hope 得償夙願而感到心滿意足/Your father will find ~ ***in*** your success. 你父親對於你的成功會感到滿意[高興]/I have the ~ ***of*** be*ing* amply rewarded for my efforts. 我爲自己的努力得到充分的報償而感到高興。
2 Ⓒ令人滿意的事物：It is a ~ to know that ... . 知道…而感到

滿意/His election was a great ～ *to* all concerned. 他的當選使所有關心他的人都覺得很滿意/Listening to music is one of his greatest ～*s*. 聽音樂對他來說是一種極大的樂趣。

3 Ⓤ **a** (義務的)履行；(損害的)賠償；(負債的)清償：in ～ of... 用以支付…，作爲…的賠償/demand ～ for... 要求…的賠償/give ～ to... 對…賠償/make ～ for... 賠償…。**b** (對損害名譽的)賠罪，(因決鬥等的)恢復名譽的機會：demand ～ for an insult 對於受辱要求賠罪[決鬥]。

to a person's satisfáction＝to the satisfáction of a person (1)[常置於句首，用以修飾整句]令…滿足的是，使…滿足的是：*To* our ～, he has passed the examination. 令我們高興的是，他通過了考試。(2)[常置於子句[句]尾]使…滿意地：The dress was done *to* her ～. 那件服裝做得令她感到滿意/It is difficult to settle the matter *to the* ～ *of* all. 要把事情解決得令大家都滿意是困難的。

sat·is·fac·to·ri·ly [ˌsætɪsˈfæktrəlɪ, -tərəlɪ; ˌsætisˈfæktərəli] *adv.* 令人滿意地，如願以償地，充分地。

sat·is·fac·to·ry** [ˌsætɪsˈfæktrɪ, -tərɪ; ˌsætisˈfæktəri] 《satisfaction 的形容詞》**—*adj. (**more** ～；**most** ～) **1** (令人)滿意的，滿足的：a ～ answer [excuse] 令人滿意的答覆[解釋，辯解]/That's very ～. 那很好；那是很令人滿意的。

2 [不用在名詞前]〔十介十(代)名〕〔對…〕感到滿意的；適合的〔*for, to*〕《★用法 for 後面接「事情」，to 後面接「人」》：Do you think he is ～ ***for*** the task？你認爲他適合那工作嗎？/The arrangement was ～ ***to*** both parties. 那樣的安排雙方都感到滿意。

3 (成績)普通的，可以的，丙的(cf. grade 3)。

‡sat·is·fied [ˈsætɪsˌfaɪd; ˈsætisfaid] *adj.* (**more** ～；**most** ～) **1 a** 滿足的，滿意的(cf. satisfy 1)：a ～ customer 滿意的顧客。**b** [不用在名詞前]〔十介十(代)名〕〔對…〕滿意的〔*with, by*〕(cf. satisfy 1)：He isn't ～ ***with*** the result. 他對結果不滿意。**c** [不用在名詞前]〔十 *to* do〕〈做…而〉滿意的(cf. satisfy 1)：They were ～ *to* get equal shares. 他們爲各得相等的份兒而感到滿意。**2** (無比較級、最高級)[不用在名詞前] **a** 〔十介十(代)名〕瞭解〔…〕的，確信〔…〕的〔*of, about*〕(cf. satisfy 4 c)：I am ～ ***of*** his innocence. 我確信他是無辜的(cf. 2 b)。**b** 〔十(*that*)__〕瞭解〈…(事)〉的，確信〈…(事)〉的(cf. satisfy 4 d)：I am ～ *that* he is innocent. 我確信他是無辜的。

‡sat·is·fy [ˈsætɪsˌfaɪ; ˈsætisfai] 《源自拉丁文「使充足」之義》**—*v.t.* 1 a** 〔十受〕使〈人〉滿足[滿意]《★常以過去分詞當形容詞用；⇨ satisfied 1》：Nothing *satisfies* her. 什麼事都不能使她滿足。

> **【同義字】**satisfy 指充分滿足慾望，希望，需求等；content 指對現狀的滿足而不要求超過需要以上的東西。

b 〔十受十介十(代)名〕〔以…〕使〈人〉滿意〔*by, with*〕《★用法 by 後面用do*ing*》：He tried to ～ his master ***by*** do*ing* all (that) he had been ordered to do. 他把(主人)吩咐的事全部做完以博得主人的歡心。

2 a 〔十受〕滿足〈慾望等〉；符合〈要求〉，達到〈標準等〉：～ one's curiosity 滿足某人的好奇心/～ the conditions [requirements] 滿足條件[要求]。**b** 〔十受十介十(代)名〕〔以…〕滿足〈慾望等〉〔*with*〕：～ one's thirst ***with*** water 以水解渴。

3 〔十受〕償付〈債務〉；清償〈負債〉：～ a creditor [an obligation] 償還債權人[債務]/～ a claim for damages 答應賠償損害的請求。

4 a 〔十受十介十(代)名〕使〈人〉瞭解[確信]〔…〕〔*of, about*〕：I'll ～ him ***of*** my grasp of the matter. 我會使他瞭解有關那件事我所掌握的情況。**b** 〔十受十(*that*)__〕使〈人〉瞭解[確信]〈…事〉：He *satisfied* me *that* he could finish it successfully. 他使我相信他能順利地完成那件事。**c** 〔十受十介十(代)名〕〔～ one*self*〕瞭解，確信〔…〕〔*of, about*〕《★常以過去分詞當形容詞用；⇨ satisfied 2 a》：I *satisfied myself* ***of*** his competence. 我確信他有能力《★變換 可換寫成 4d》。**d** 〔十受十(*that*)__〕〔～ one*self*〕瞭解〈…事〉，確信〈…事〉《★常以過去分詞當形容詞用；⇨ satisfied 2 b》：I *satisfied myself that* he was competent. 我確信他有能力[是能幹的]《★變換 可換寫成 4 c》。

5 〔十受〕消除〈疑念、憂慮等〉：～ one's doubts 消除某人的疑念。

6 〔十受〕《數學》滿足…的條件；爲〈方程式等〉之解答。

—*v.i.* 使人滿意，給人充分的滿足。

sátisfy the exáminer(s) ⇨examiner.

sát·is·fỳ·ing *adj.* 令人滿足的，使人滿意的，充分的。

～·ly *adv.*

sa·trap [ˈsetræp; ˈsætræp] *n.* Ⓒ **1** 古波斯之省長。**2** 殖民地的總督。**3** 暴吏。**4** 主管；主持人。

sa·tsu·ma [sætˈsumə; sætˈsuːmə] 《源自日語》**—*n.* 1** (又作 **satsúma òrange**) Ⓒ [當作食物時爲Ⓤ]《英》溫州蜜柑《無子而美味》。**2** [S～] (又作**Satsúma wàre**) Ⓤ薩摩燒《日本九州南部薩摩出產的陶瓷器》。

sat·u·rate [ˈsætʃəˌret; ˈsætʃəreit] 《源自拉丁文「使滿」之義》**—*v.t.* 1 a** 〔十受〕〈液體〉浸…，浸透…；使…濕透《★常以過去分詞當形容詞用；⇨ saturated 1》：The rain had ～*d* our clothes by the time we got home. 等到我們抵家時，衣服被雨水淋得濕透了。**b** 〔十受十介十(代)名〕〔以…〕浸透，滲透…〔*with*〕：～ a sponge ***with*** water 使海綿吸滿水。**c** 〔十受〕〈煙霧等〉瀰漫〈房間等〉《★常以過去分詞當形容詞用；⇨ saturated 1 c》。**d** 〔十受〕〈傳統、偏見等〉滲入…《★常以過去分詞當形容詞用；⇨saturated 1 d》。

2 〔十受(十介十(代)名)〕供應過多〔商品〕給〈市場〉，使〔商品〕充斥〈市場〉〔*with*〕。

3 《化學》使〈溶液、化合物等〉飽和。

sát·u·ràt·ed *adj.* **1 a** 滲入的，濕透的(cf. saturate 1)：a ～ towel 濕透的毛巾。**b** [不用在名詞前]〔十介十(代)名〕《口語》〔因…而〕濕透的〔*with*〕(cf. saturate 1)：She was ～ ***with*** water. 她被水淋濕了。**c** [不用在名詞前]〔十介十(代)名〕充滿〔…〕的，瀰漫著〔…〕的〔*with*〕(cf. saturate 1 c)：The room was ～ ***with*** the aroma of coffee. 那房間瀰漫著咖啡的芳香。**d** [不用在名詞前]〔十介十(代)名〕〔傳統、偏見等〕滲入的，濃厚的〔*with*〕(cf. saturate 1 d)：a college ～ ***with*** tradition 傳統氣息濃厚的大學/His novel is ～ *with* prejudice toward Christianity. 他的小說充滿著對基督教的偏見。

2 《化學》飽和的：a ～ solution 飽和溶液。

sat·u·ra·tion [ˌsætʃəˈreʃən; ˌsætʃəˈreiʃn] 《saturate 的名詞》**—*n.*** Ⓤ **1** 浸透，浸潤。**2** 《化學》飽和(狀態)。**3** 《光學》(顏色的)彩度。**4** 《軍》飽和轟炸。

sàturátion bòmbing *n.* Ⓤ飽和轟炸。

sàturátion pòint *n.* Ⓒ飽和點；極限：reach a [the, its] ～ 達到飽和點[極限]。

‡Sat·ur·day [ˈsætədɪ, -de; ˈsætədi, -dei] *n.* [原則上無冠詞且爲不可數名詞；但因意義的不同，也可以有冠詞而成爲可數名詞] 星期六《一週的第七天；略作 S., Sat.》：Today is ～. 今天是星期六/next [last] ～ ＝*on* ～ next [last] 在下[上]星期六《★後者主要爲英國語法》/*on* ～ 在星期六/*on* ～*s* 每星期六/*on* a ～ 在(過去或未來的)某星期六/*on* (《英》 the) ～ of next week 在下星期六。

> **【字源】**Saturday 一字源自 Saturn. 原義爲「獻給 Saturn 的日子」(the day of Saturn). Saturn 是羅馬神話中的農神。

—*adj.* [用在名詞前]星期六的：*on* ～ afternoon 在星期六下午。

—*adv.* 《美》在星期六(⇨ Saturdays)：See you ～. 星期六見。

Sáturday nìght spécial 《源自常用於週末的犯罪》**—*n.*** Ⓒ《美俚》(可輕易到手的廉價)手槍。

Sat·ur·days [ˈsætədɪz, -dez; ˈsætədiz, -deiz] *adv.* 《美》在星期六，每星期六。

Sáturday-to-Mónday *n.* Ⓒ週末休假。

—*adj.* 週末的。

Sat·urn [ˈsætən; ˈsætən] *n.* **1** 《天文》土星(⇨ planet插圖)：～'s rings 土星環。**2** 《羅馬神話》撒登《農神；在朱彼特(Jupiter)以前的黃金時代支配世界的主神；相當於希臘神話中的克羅納斯(Cronos)》。

Sat·ur·na·lia [ˌsætəˈnelɪə; ˌsætəˈneiljə] *n.* **1** (古羅馬)祭農神的節日，農神節《過十二月半後的收穫節，舉行大慶宴》。**2** [s～] Ⓒ (*pl.* ～s, ～)《文語》狂歡喧鬧：a *s*～ *of* crime 恣意犯罪。

Sa·tur·ni·an [sæˈtɝnɪən; sæˈtəːnjən] 《Saturn 的形容詞》**—*adj.* 1** 《天文》土星的。

2 《古》(農神所支配的)黃金時代一般的，幸福[和平]的：the ～ age 黃金時代。

sat·ur·nine [ˈsætəˌnaɪn; ˈsætənain] 《源自古法語「受土星(Saturn)影響而誕生的」之義；據從前的占星術，這樣的人生性憂鬱》**—*adj.*** 《文語》〈性情、人等〉沉默的，陰沉的，憂鬱的；〈臉色〉不悅的，悶悶不樂的。

sa·tyr [ˈsætə; ˈsætə] *n.* Ⓒ **1** [常S～]《希臘神話》塞特《森林之神，跟隨酒神(Bacchus)的半人半獸，好酒色；相當於羅馬神話的faun；⇨ faun插圖》。**2** 《文語》色狼，好色者。

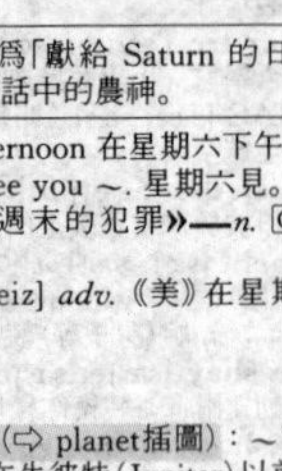

Satyr 1

sa·ty·ri·a·sis [ˌsetəˈraɪəsɪs, ˌsætə-; ˌsætəˈraiəsis] *n.* Ⓤ男子淫狂，求雌癖，色情狂，異常性慾(cf. nymphomania)。

sa·tyr·ic [səˈtɪrɪk; səˈtirik] 《satyr 的形容詞》**—*adj.* 1** (如)森林之神的。**2** 《文語》好色的。

***sauce** [sɔs; sɔːs] *n.* **1** Ⓤ [指種類時爲Ⓒ]醬，調味汁《比較 一般常用的番茄醬是 tomato sauce，醬油是 soy sauce》：cranberry ～ with turkey 用蔓越橘醬調味的火雞/ice cream with chocolate ～ 澆巧克力醬的冰淇淋/Two ～*s* are served with the meat course. 兩種調味醬和那一道肉一起端上桌/Hunger is the best ～.《諺》饑餓是最好的調味品《肚子餓時什麼都好吃》/*S*～ [What's ～] for the goose is ～ for the gander.《諺》用來沾母鵝肉的醬也可用來沾公鵝肉；適用於甲的也適用於乙。

【字源】sauce 一字源自拉丁文 sal, 義爲「鹽醃的，鹹的」，而 saucer(碟子)一字原義是「裝醬油的碟子」。因此 sauce, saucer 等字與salt(鹽)，salary(薪水)等字同一字源。
【說明】我國和日本的醬油一樣，只有一種(通常稱作 soy sauce). 西方調味醬的種類很多。通常吃火雞時用蔓越橘醬(cranberry sauce)，吃羊肉(mutton)時用薄荷醬(mint sauce)，吃魚時用雞蛋醬(egg sauce)或荅荅醬(tartar sauce).但西方家庭不大使用市面上賣的調味醬，而多半使用自製的調味醬。在法國食品中，調味醬尤其佔有重要的地位。因此有這麼一句話：The sauce is better than the fish. 調味醬比魚還好《喧賓奪主》。

2 Ⓤ《美》(用以搭配餐後甜點或菜餚的)果醬，罐頭水果：⇨ applesauce.
3 Ⓒ添加味道[刺激，趣味]的東西：That affair was a ～ to the monotony of rural life. 那件事給單調的鄉村生活增添了樂趣。
4 Ⓤ《口語》(對長輩的)無禮(的言行)，厚臉皮：What ～！多沒禮貌！/(Give me)none of your ～！別胡說八道！別亂來！
—*v.t.* **1 a** 〔十受〕添加調味料於…。**b** 〔十受十介十(代)名〕〔以…〕給…調味〔*with*〕：～ meat ***with*** pepper 肉用胡椒調味。
2 〔十受〕給…添加刺激[趣味]。
3 〔十受〕《口語》對〈長輩〉說無禮的話：How dare you ～ your father? [母親對小孩說]你怎麼敢對你父親說這樣無禮的話？

sáuce·bòat *n.* Ⓒ(餐桌上的)船形醬碟。
sáuce·bòx *n.* Ⓒ《俚》魯莽無禮之人；(尤指)頑皮的孩子。
sáuce·pàn *n.* Ⓒ燉鍋《一般都是長柄有蓋的深鍋》。
sau·cer** [ˈsɔsɚ; ˈsɔːsə] 《源自古法語「醬碟」之義》**—n.* Ⓒ **1** (茶杯(cup)的)托碟，小碟，茶碟(⇨ dish【同義字】)：a cup and ～ ⇨ cup 1/put a cup *on* a ～ 把茶杯放在托碟上。**2 a** 托碟狀的東西。**b** ＝flying saucer.

sauceboat

sáucer-éyed *adj.* (吃驚而)張大眼睛的，眼睛大而圓的。
sáucer éyes *n. pl.* 大而圓的眼睛。

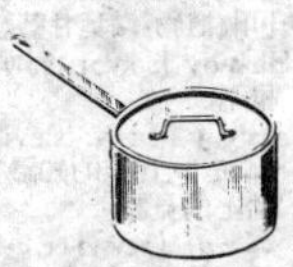

saucepan

sauc·y [ˈsɔsɪ; ˈsɔːsi] 《sauce *n.* 4 的形容詞》**—***adj.* (**sauc·i·er, -i·est**; **more** ～, **most** ～)**1 a** 〈人、言語、舉止等〉無禮的，鹵莽的，厚臉皮的：a ～ child 無禮的小孩/Don't be ～！別說大話！別狂妄！**b** [不用在名詞前]〔十 *of*十(代)名(十*to* do)〕〔某人〕〈做…是〉無禮[傲慢]的：It was ～ ***of*** you ***to*** contradict your father. 你頂撞父親，眞是無禮。**2** 〈東西〉俊俏的，俏麗的，瀟灑的：a ～ car[hat]漂亮的汽車[俊俏的帽子]。
sáu·ci·ly [-səlɪ; -sili] *adv.* **-ci·ness** *n.*
Sau·di [ˈsaudɪ, ˈsɔdɪ, saˈudɪ; ˈsaudi, ˈsɔːdi] *adj.* 沙烏地阿拉伯的。
—*n.* Ⓒ沙烏地阿拉伯人。
Sáudi Arábia *n.* 沙烏地阿拉伯《佔據大部分阿拉伯半島的一個王國；首都利雅德(Riyadh)；宗教上首都爲麥加(Mecca)》.
Saúdi Arábian *adj.* 沙烏地阿拉伯王國的；沙烏地阿拉伯人的；沙烏地阿拉伯語的。
—*n.* Ⓒ沙烏地阿拉伯人。
sau·er·kraut [ˈsaurˌkraut; ˈsauəkraut] 《源自德語「酸的」與「甘藍菜」之義》**—***n.* Ⓤ泡甘藍菜《加鹽後發酵變酸的甘藍菜》。
Saul [sɔl; sɔːl] *n.* **1** 索魯《男子名》。**2** 《聖經》掃羅《以色列的第一位君王；使徒保羅(Paul)的原名》。
sau·na [ˈsaunə, ˈsɔnə; ˈsɔːnə, ˈsaunə] 《源自芬蘭語「洗澡」之義》**—***n.* (又作 **sáuna bàth**)Ⓒ **1** 三溫暖：take a ～ 泡三溫暖，洗三溫暖。**2** 三溫暖澡堂。
saun·ter [ˈsɔntɚ; ˈsɔːntə] *v.i.* 〔十副詞(片語)〕(悠閒地)(在…)漫步，溜達，閒逛：～ *about*[*along* a street, *through* a park]在[街上，公園]到處溜達。
—*n.* [a ～]漫步，溜達：have *a* ～ in the woods 在林中漫步。
sáun·ter·er [-tərɚ; -tərə] *n.* Ⓒ以漫步爲樂的人，喜歡溜達的人。
sau·ri·an [ˈsɔrɪən; ˈsɔːriən] *n.* Ⓒ蜥蜴《蜥蜴類亞目爬行動物的統稱》。
—*adj.* 蜥蜴類的。
***sau·sage** [ˈsɔsɪdʒ; ˈsɔsidʒ] *n.* Ⓤ[指個體時爲Ⓒ]香腸，臘腸：⇨ bologna sausage, Vienna sausage/a string of ～*s* 一串香腸/I like ～. 我喜歡香腸。

【字源】sausage 原義是「用鹽醃製的」。從前需用鹽防止肉類腐敗。而 sauce(醬油)及 salad(沙拉)等字，溯其字源，都與拉丁文的 sal(用鹽調味)有關。

sáusage dòg *n.* Ⓒ《英口語》臘腸狗《德國原產，四肢短，身體長的小型狗》(dachshund).
sáusage mèat *n.* Ⓤ(灌製臘腸用的)絞肉。
sáusage róll *n.* Ⓒ[當作菜名時爲Ⓤ]臘腸捲《以麵粉捲臘腸肉烤製的食物，英國人當點心食用》。
sau·té [soˈte; ˈsoutei] 《源自法語》**—***n.* Ⓒ[當作菜名時爲Ⓤ]炒菜，煎肉《用少量油快速煎炒，上面澆調味汁的菜餚》：a ～ of onion and garlic 爆炒洋葱蒜。
—*adj.* 爆炒的：～ potatoes 煎洋芋片。
—*v.t.* (**sau·té(e)d**; **sau·té·ing**)爆炒〈蔬菜〉，嫩煎〈魚、肉〉(⇨ cook【同義字】)。
sau·terne [soˈtɝn; souˈtəːn] 《源自產地名》**—***n.* Ⓤ 嗽泰恩酒《法國產的一種甘甜的佐餐用白葡萄酒》。
sav·a·ble [ˈsevəbl; ˈseivəbl] *adj.* **1** 可救的。**2** 可節省的，可儲蓄的。
sav·age** [ˈsævɪdʒ; ˈsævidʒ] 《源自拉丁文「森林的，野生的」之義》**—adj.* (**sav·ag·er, sav·ag·est**; **more** ～, **most** ～) **1** [用在名詞前]野蠻人的，未開化(地方)的：～ customs 野蠻的習俗/～ tribes 未開化的部落[種族]。
2 〈動物、人、性情等〉兇暴的，殘忍的，殘酷的：a ～ lion 兇暴的獅子/a ～ temper 殘暴的性情。
3 [用在名詞前] **a** 荒廢的，荒涼的〈土地、場所等〉：～ mountain scenery 荒涼的山景。**b** 未馴服的，野生的〈動物〉。
4 〈舉止等〉庸俗的，下流的，無禮的：～ manners 無禮，沒規矩。
5 a 〈說話、攻擊等〉不留情的，殘酷的，猛烈的：～ criticism 酷評/make a ～ attack on... 猛攻…。**b** 《英口語》〈人〉大發雷霆的：get ～ with... 對…大發雷霆/That made him ～. 那使他火冒三丈。
—*n.* Ⓒ **1** 野蠻人，未開化的人。**2** 兇暴[殘忍]的人。**3** 無禮者。
—*v.t.* 〔十受〕 **1** 〈狗等〉亂咬…，〈馬等〉亂踢…。
2 猛然攻擊…，非難…。
～**·ly** *adv.* ～**·ness** *n.*
sav·age·ry [ˈsævɪdʒrɪ; ˈsævidʒri] 《savage 的名詞》**—***n.* **1** Ⓤ**a** 野蠻[未開化]的狀態：live in ～ 過未開化的生活。**b** 殘暴，殘忍。
2 Ⓒ[常**savageries**]野蠻的行爲，蠻行。
sa·van·na, sa·van·nah [səˈvænə; səˈvænə] 《源自西班牙語》**—***n.* Ⓤ[指個體時爲Ⓒ]指熱帶地方等沒有樹木的大草原《cf. pampas, prairie 2, steppe》.
sa·vant [səˈvɑnt, ˈsævənt; ˈsævənt] 《源自法語「知道」之義》**—***n.* Ⓒ《文語》(尤指專門領域的)學識豐富[淵博]的人，學者。
sav·a·rin [ˈsævərən; ˈsævərin] 《源自法國美食家的名字》**—***n.* Ⓒ[當作菜名時爲Ⓤ]摻入蘭姆酒(rum)等的圓筒形蛋糕。
‡**save**[1] [sev; seiv] 《源自拉丁文「安全的」之義；cf. safe》**—***v.t.* A **1** 援救，拯救。

【同義字】save 是把人從危險中救出的最普通用語；rescue 是指以敏捷、快速的活動，從逼近的危險中救出人，常用以表示有組織的救援行動；help 所著重的「給予援助」超過「援救的行動」。

a 〔十受〕救助〈人、生命、財產等〉(使其免遭危險、損失等)：～ a person's life 救某人的生命/～ one's country 救某人的國家。**b** 〔十受十介十(代)名〕〔從危險、損失、災難等中〕救〈人、生命〉，保全〈財產等〉〔*from*〕：He ～*d* her ***from*** drown*ing*. 他救了她，使她免遭溺斃/He tried to ～ the country *from* economic ruin. 他試圖拯救該國，使其免於經濟崩潰。**c** 〔十受(十介十(代)名)〕《神學》〈神〉〔從罪惡中〕拯救〈人〉〔*from*〕：Christ came to ～ us ***from*** our sins. 基督來到人世是爲了拯救我們脫離罪惡[拯救我們這些罪人]。
2 〔十受〕 **a** 保全〈名譽、信用等〉：～ one's honor[name]保全某人的名譽[名聲]/～ (one's) face ⇨ face *n.* 8/⇨save one's SKIN. **b** 巧妙地度過〈困境、難關〉：～ the situation 救急，應急。**c** 〈神〉保佑〈國王等〉，使〈國王等〉長壽《★常用於下列說法》：God ～ the Queen！願上帝保佑女王！女王萬歲！《★用法 在這句中的 save 爲假設語氣的現在式》。
—B 1 儲蓄：**a** 〔十受〕儲存〈金錢、東西〉，貯蓄…：～ money out of one's salary 從薪水中拿出錢來儲蓄/A penny ～*d* is a penny gained[earned].《諺》省下一分錢就是賺到一分錢《積少成多》。**b** 〔十受十介十(代)名〕〔爲未來而〕保存〈金錢、東西〉〔*for*〕：He is *saving* money ***for*** his old age. 他存錢防老/She ～*d* what was left of the food *for* supper. 她把剩下的食物留作晚餐。**c** 〔十受十受/十受十介十(代)名〕留…給〈某人〉；留…〔給某人〕〔*for*〕：*S*～ me some fruit.＝*S*～ some fruit ***for*** me. 留些水

果給我。

2 a 〔十受〕節省〈勞力、費用等〉；不浪費…；不要消耗…：*S*~ your strength. 不要消耗[節省]你的體力/You'd better ~ your provisions as much as possible. 你最好盡量節省糧食。**b** 〔十受(十介十(代)名)〕〔~ one*self*〕〔爲…而〕不消耗體力〔*for*〕：*S*~ *yourself* **for** the game tomorrow. 爲明天的比賽而養精蓄銳吧。

3 省下：**a** 〔十受〕省下，減少〈金錢、時間、勞力等〉：A stitch in time ~*s* nine. 《諺》及時縫一針，可免縫九針《小洞不補，大來吃苦》/We can ~ two hours by taking the express. 坐快車我們可省下兩小時。**b** 〔十do*ing*〕省下〈做…〉：Thank him now; it will ~ writ*ing* [hav*ing* to write] later. 現在謝他，免得以後寫謝函。**c** 〔十受十受〕使〈人〉節省〈金錢、時間、勞力等〉《★用法沒有與此句型對應的〔十受十介十(代)名〕構句》：That will ~ me 5000 dollars. 那樣我可以節省五千美元/The bridge ~*d* them a lot of time and trouble. 那座橋使他們省去很多時間與麻煩/I was ~*d* the trouble of going there myself. 我省了自己去那裏的麻煩/He knows how to ~ himself trouble. 他知道如何爲自己免除麻煩。**d** 〔十受十do*ing*〕使〈人〉省去〈做…〉：If you telephone, it will ~ you writ*ing* a letter. 如果你打電話就可不必寫信了。**e** 〔十受十介十(代)名〕使〈人〉免除〔做…之勞〕〔*from*〕：A telephone call will ~ you ***from*** hav*ing* to write a letter. 打一通電話可使你免除寫信。

4 〔十受〕《運動》防止〈敵隊的得分〉。

—*v.i.* **1 a** 〔動(十副)〕儲蓄，存錢〈*up*〉. **b** 〔(十副)十介十(代)名〕〔爲…而〕存錢〈*up*〉〔*for*〕：We're sav*ing* (***up***) ***for*** a new house. 我們正在存錢準備買新屋/One should ~ ***for*** a rainy day. 一個人應爲不時之需作準備《未雨綢繆》。

2 〔十介十(代)名〕節省，節約〔燃料等〕〔*on*〕：Living there will ~ ***on*** fuel. 住在那裏可節省燃料費。

3 《神學》拯救。

—*n.* Ⓒ **1** 《足球等》救球，妨礙敵隊得分：make a good ~ 巧妙地救球[救出險球]。**2** 《棒球》救援投手維持本隊的領先局面直到終局。

***save**[2] [sev; seiv] *prep.* 《文語》除…以外(except)：the last ~ one 倒數第二《除了一個以外的最後》/We all went ~ him. 除他以外我們全去/The store is open ~ on Sundays. 那一家店舖除星期日以外都營業。

sàve for… 《文語》除了…(except for).

—*conj.* **1** 〔~ **that**〕《文語》除…外：There was not a sound ~ *that* from time to time a bird called. 除了偶而有鳥叫聲外，一點聲音也沒有。**2** 《古》除非…。

save·a·ble [ˈsevəbl; ˈseivəbl] *adj.* =savable.

sáve-àll *n.* Ⓒ**1** 防止浪費或損傷的東西。**2** 燭台的底盤。**3** 工作服(overalls)。**4** 《航海》脚帆。**5** (兒童之)撲滿。

sav·e·loy [ˈsævəˌlɔɪ; ˌsævəˈlɔi, ˈsævəlɔi] *n.* Ⓒ〔當作菜名時爲Ⓤ〕《英》(加入香辣調味料的)豬肉乾臘腸。

sáv·er *n.* Ⓒ **1** 救助者，援救者。**2** 節儉的人，儲蓄者。**3** 〔常構成複合字〕節省的機器[方法，裝置]：This machine is a real time-*saver*. 這部機器是一部名副其實的省時裝置。

***sav·ing**[1] [ˈsevɪŋ; ˈseiviŋ] *adj.* (**more** ~; **most** ~) **1 a** 〈人〉節省的，節儉的：a ~ housewife 節儉的家庭主婦。**b** 〔構成複合字〕可節省…的，可省去…的：⇨ laborsaving, timesaving.

2 〔用在名詞前〕(無比較級、最高級)成爲(可彌補缺點的)長處的，補償(不足)的：⇨ saving grace/He is not without a ~ sense of humor. 他並非沒有幽默感《他也有瞭解幽默的可取之處》。

3 (無比較級、最高級)《法律》《條款等》保留的，除外的：a ~ clause 保留條款，但書。

—*n.* **1** ⓊⒸ**節約，節儉**：the ~ of electricity 省電/a ten-percent ~ on fuel 節省一成燃料/It would be a big ~ to walk [if we walked]. 走路大可節省(能源)/From ~ comes having. 《諺》節儉爲致富之本。

2 〔~**s**〕**儲蓄，儲金**：considerable [little] ~*s* 高額[小額]儲金《★用法指儲金額的多寡時爲Ⓤ，一般都不用 many, much 而用 considerable, little》/I keep my ~*s* in the bank. =My ~*s* are in the bank. 我的儲金存在銀行。

3 Ⓤ救助，拯救。

4 Ⓤ《法律》保留，除外。

sav·ing[2] [ˈsevɪŋ; ˈseiviŋ] *prep.* 《文語・罕》**1** 除…以外。**2** 說了未免失禮。

sáving your présence 請恕我冒昧[說句失敬的話]。

sáving gráce *n.* Ⓒ(彌補缺點的)可取之處〔*of*〕：This novel is very dull, but it has the ~ *of* be*ing* short. 這本小說很乏味，但是簡短是它可取之處。

sávings accòunt *n.* Ⓒ **1** 《美》儲蓄存款戶頭《有利息；cf. checking account》。**2** 《英》儲蓄存款戶頭《利息較存款帳戶(deposit account)高》。

sávings and lóan associàtion *n.* Ⓒ信用合作社。

sávings bànk *n.* Ⓒ **1** 儲蓄銀行《僅辦理儲蓄存款戶頭(savings account)》。**2** 《美》撲滿。

sávings bònd *n.* Ⓒ《美》儲蓄公債。

sav·ior, 《英》**sav·iour** [ˈsevjɚ; ˈseivjə] *n.* **1** Ⓒ救助者，救濟者，救星。**2** 〔**the** [**our**] **S**~〕救世主基督(Christ)《★拼法《美》作此義解時一般也用 Saviour》。

sa·voir faire [ˈsævwɑrˈfɛr; ˈsævwɑːˈfɛə] «源自法語 'know how to do' 之義»—*n.* Ⓤ(社交等的)隨機應變的才能，機智。

sa·voir-vi·vre [ˈsævwɑrˈvivr; ˈsævwɑːˈviːvr] «源自法語»—*n.* Ⓤ對人情世故社交禮儀之知識。

sa·vor, 《英》**sa·vour** [ˈsevɚ; ˈseivə] «源自拉丁文「味道」之義»—*n.* **1** Ⓤ〔又作 **a** ~〕(特有的)味，香味；風味：This soup has *a* ~ *of* garlic. 這湯有大蒜味。**2** Ⓤ〔又作 **a** ~〕情趣，趣味，興趣，刺激：Wit adds (*a*) ~ to conversation. 機智給談話添加情趣。**3** 〔**a** ~〕〔…的〕意味，感覺〔*of*〕：There was *a* ~ *of* insolence in his manner. 他的態度有些傲慢的樣子。

—*v.i.* 〔十介十(代)名〕**1** 有〔…的〕味道[香味]〔*of*〕：This sauce ~*s* ***of*** lemon. 這個調味醬有檸檬味。**2** 〔常指壞方面的〕有〔…的〕意味[傾向，樣子]〔*of*〕：His talk ~*s* ***of*** self-conceit. 他的談話給人以自負的感覺。

—*v.t.* 〔十受〕(慢慢地)品嚐…：I took a mouthful and ~*ed* the taste. 我吃[喝]一口，慢慢地品嚐其滋味/We ~*ed* (the pleasures of) mountain life to the full. 我們細細地體會了山居生活(的樂趣)。

sa·vor·less [ˈsevɚlɪs; ˈseivəlis] *adj.* 無香味的；無風味的；無趣味的。

sa·vo·ry[1] [ˈsevərɪ; ˈseivəri] *n.* Ⓤ《植物》香薄荷《唇形科芳香草本植物，原產於歐洲，烹調肉、豆子時用作調味香料》。

sa·vor·y[2], 《英》**sa·vour·y** [ˈsevərɪ; ˈseivəri] «savor, savour 的形容詞»—*adj.* **1** 味香的，可口的，有風味的，有香味的：the ~ smell of roast beef 紅燒牛肉的香味。**2** 辣味的，有刺激性的，鹹的：a ~ omelet (加入蔬菜、乳酪等的)鹹味煎蛋捲。**3** 有趣的：a ~ anthology of verse 有趣的詩集。**4** 〔常用於否定句〕(道德上)健全的，高尚的，名譽好的：He does*n't* have a very ~ reputation. 他的名譽不太好。

—*n.* Ⓒ《英》辣味菜餚《常在餐後端出》。

sá·vor·i·ly [-rəlɪ; -rəli] *adv.* **-i·ness** *n.*

sa·voy [səˈvɔɪ; səˈvɔi] *n.* (又作**savóy càbbage**)Ⓒ〔當作食物時爲Ⓤ〕《植物》皺葉甘藍。

Sa·voy [səˈvɔɪ; səˈvɔi] *n.* 薩伏伊《法國東南部地名，昔爲一公國》。

sav·vy [ˈsævɪ; ˈsævi] 《俚》*v.i.* 知道，懂，了解：*S*~? 懂嗎？

—*n.* Ⓤ實際的知識；精明；理解，見識：his political ~ 他在政治上的見識。

—*adj.* (**sav·vi·er**; **-vi·est**)《美》精通(事情)的：a ~ investor 精明老練的投資人。

‡saw[1] [sɔ; sɔː] *v.* see[1] 的過去式。

saw[2] [sɔ; sɔː] *n.* Ⓒ**鋸子**：a power ~ 電動鋸子/set the teeth *of* a ~ 銼鋸齒。

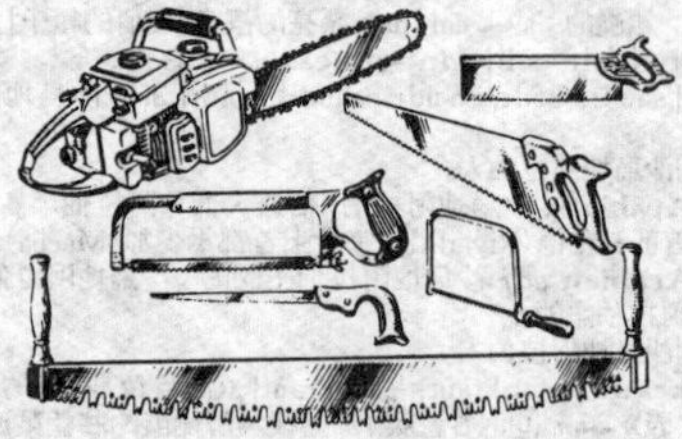

各式 saws[2]

—*v.t.* (~**ed**; 《美》~**ed**, 《英》**sawn** [~n; ~n]) **1 a** 〔十受(十副)〕鋸開…〈*off, through, up*〉：~ wood 鋸木材/~ a log *in* two 把木頭鋸成兩段/~ ***up*** a pile of wood 把一堆木材鋸成小段《作木柴用》/~ a tree ***through*** 把一棵樹完全鋸開/~ a branch ***off*** 鋸斷樹枝。**b** 〔十受十副〕把〈樹等〉鋸倒〈*down*〉：~ a tree ***down*** 鋸倒一棵樹。**c** 〔十受十介十(代)名〕〔從…〕鋸下…〔*off, from*〕：~ a branch ***off*** a tree 從樹上鋸下樹枝。**d** 〔十受(十副)十介十(代)名〕把…鋸成〔…〕〈*up*〉〔*into*〕：~ timber (***up***) ***into*** planks 把木材鋸成木板。

2 〔十受〕(如使用鋸子般)使…前後[左右]移動：He ~*ed* the towel across his back. 他拉鋸般用毛巾擦背。

—*v.i.* **1** 鋸開：He ~*s* well. 他鋸得很好。

S

2 [十介十(代)名] 如用鋸子般切[拉][…] [*at, on*]: ~ ***at*** a steak with a knife 用刀子(來回移動地)切開厚肉片/~ ***on*** a violin (向左右來回地)拉小提琴。

3 [與狀態副詞連用]〈木材〉(容易或不容易)鋸開: This wood ~*s* easily[badly]. 這種木材容易[不容易]鋸開。

saw³ [sɔ; sɔː] *n.* Ⓒ諺語, 格言(proverb): an old ~古諺/a wise ~ 金玉良言。

sáw·bònes «源自「鋸骨(者)」之義»—*n.* Ⓒ (*pl.* ~, ~·es)《俚·謔》外科醫生。

sáw·bùck *n.* Ⓒ **1** =sawhorse. **2** 《美俚》十元紙幣《★由於羅馬數字表示「10」的「X」近似鋸木架(⇨ bucksaw 插圖)的脚架, 故稱》。

saw·der ['sɔdɚ; 'sɔːdə] *v.t.* 《俚》奉承; 諂媚。—*n.* Ⓤ《俚》奉承; 諂媚; 甘言; 諛詞。

sáw·dùst *n.* Ⓤ鋸屑。

sáwed-òff *adj.* 《美》**1** 鋸短了的: a ~ shotgun (爲方便使用而)把槍身[槍管]鋸短的散彈槍。

2 《口語》〈人〉個子比一般人矮的。

sáw·fìsh *n.* (*pl.* ~, ~·es) Ⓒ《魚》鋸鰩《生活於溫暖淺海或河口附近, 主要產於熱帶美洲和非洲, 長可達十至二十呎》。

sáw·flỳ *n.* Ⓒ《昆蟲》葉蜂《雌者有一對鋸狀器官, 以劃破植物產卵其中》。

sáw·hòrse *n.* Ⓒ《美》鋸木架(⇨ bucksaw 插圖)。

sáw·mìll *n.* Ⓒ **1** 鋸木廠。**2** 鋸木機。

sawn [sɔn; sɔːn] *v.* 《英》**saw²** 的過去分詞。

sáwn-òff *adj.* 《英》=sawed-off 1.

sáw·pìt *n.* Ⓒ鋸木坑《從前上下兩人鋸木時, 居下者進入的坑洞》。

sáw-tòothed *adj.* 有鋸齒的。

saw·yer ['sɔjɚ; 'sɔːjə] *n.* Ⓒ **1** 鋸木匠《鋸木材爲業的人》。**2** (又作**sáwyer bèetle**)《美》《昆蟲》天牛。

sax [sæks; sæks] «saxophone 之略»—*n.* Ⓒ《口語》薩克斯風, 薩克管。

Saxe-Co·burg-Go·tha ['sæks'kobɝg'goθə; sæksıkoubəːg'gouθə] *n.* **1** 薩克斯·科堡·哥德王室《1901–17 年的英國王室, 歷任國王有愛德華七世(Edward Ⅶ)及喬治五世(George Ⅴ)》。**2** 薩克斯·科堡·哥德《昔時德國中部之一公國》。

sax·horn ['sæks,hɔrn; 'sækshɔːn] *n.* Ⓒ《音樂》薩克號《一種裝有活塞的有鍵銅管樂器》。

sax·i·frage ['sæksəfrɪdʒ; 'sæksifridʒ] *n.* Ⓤ《植物》虎耳草《虎耳草屬草本植物的統稱》。

Sax·on ['sæksn̩; 'sæksn] «源自日耳曼語「劍」之義; 由於撒克遜人以劍爲武器»—*n.* **1 a** [**the** ~s] 撒克遜民族《日耳曼民族的一系, 爲德國北部的古代民族, 第五、六世紀時與盎格魯族(Angles)、朱特族(Jutes)共同侵略英國, 經過融合後成爲盎格魯撒克遜民族》。**b** Ⓒ撒克遜人。

2 Ⓒ(對愛爾蘭人、威爾斯人、蘇格蘭人等而言的)英格蘭人。

3 Ⓤ(撒克遜人使用的)撒克遜語。

—*adj.* 撒克遜人[語]的: ~ words (源自撒克遜語的)純粹英語。

Sax·on·ism ['sæksənɪzəm; 'sæksənizəm] *n.* Ⓤ撒克遜語風, 撒克遜氣質。

Sax·on·ist *n.* Ⓒ精通撒克遜語者; 主張用純粹撒克遜語者。

Sax·o·ny ['sæksənɪ; 'sæksni] *n.* **1** 薩克森《從前德國西北部之一省》。**2** [有時 **s~**] Ⓤ薩克森毛料; 薩克森毛線。

sax·o·phone ['sæksə,fon; 'sæksəfoun] *n.* Ⓒ《音樂》薩克斯風, 薩克管《屬於 clarinet 的單簧片管樂器》。

【字源】發明此樂器者是比利時(Belgium)的薩克(Antoine Joseph Sax). 此字就是用他的姓 Sax 和 phone 兩字組合而成的。phone(聲音)一字源自希臘文。此樂器也被簡稱爲 sax, 常被用來演奏爵士音樂等。

saxophone

sax·o·phon·ist ['sæksə,fonɪst; sæk'sɔfənist, 'sæksəfounist] *n.* Ⓒ吹奏薩克斯風者。

sax·tu·ba ['sæks,tubə, -,tjubə; ısæks'tjuːbə] *n.* Ⓒ《音樂》低音大薩克號。

‡**say** [se; sei] (**said** [(重讀) sɛd; sed; (輕讀) səd; səd]; 第三人稱單數現在直說法 **says** [(重讀) sɛz; sez; (輕讀) səz; səz]) *v.t.* **1** 說: **a** [十受(十介十(代)名)] [對人]說…[*to*]: What did you ~? 你說什麼? /What do you expect me to ~ ***to*** you? 你要我對你說什麼? /I have nothing more to ~ (*to* you). 我不再有話要(對你)說/Who shall I ~, sir? 請問先生尊姓大名《★傳達者問來客的話》/Easier *said* than done. 《諺》說比做容易《言易而行難》/*S~* it with flowers. ⇨ flower 1 a/⇨ say the WORD, say a good WORD for. **b** [十受十介十(代)名] [關於…]說…, 陳述… [*about, on*]: What did he ~ ***about*** the accident[***on*** the subject]? 關於那意外事件[主題]他怎麼說? /Something needs to[should] be *said about* it. 關於那件事有些話要說/The less *said about* it the better. 關於那件事說得愈少愈好。**c** [(十介十(代)名)十引句] [對人]說…[*to*]: He *said* ***to*** me, "Thank you, sir." 他對我說: 「謝謝您, 先生。」/He *said*, "Yes, I will." 他說: 「我會的。」《★用法有時句子的構造可變成如下: "Yes, I will," he *said*. 或 "Yes, I will," *said* he.; 再者" " 中的字不多時也可用 He *said* "Yes" to me. 的句型》。**d** [十(*that*)__] 說〈…(事)〉《★用法一般不常用 say to... that 的文句結構, 而用 tell... that》: She *said that* she lived alone with her mother. 她說她單獨和母親住在一起《★變換可換寫成 She *said*, "I live alone with my mother."》/It is not too much to ~ *that*.... 說…也不爲過/I must ~ you are exaggerating. 我必須說你是在誇大其辭/They ~[*It is said*] *that* we are going to have a warmer winter this year. 據說今年冬天會比較暖和/I should[would] ~ (*that*).... (避免斷言)可以說…吧, 大概會…吧/"Will she come?"—"I should[would] ~ so[not]." 「她會來嗎?」「大概會[不會]吧!」《★用法這裏的 so, not 是承前句的內容而來, 用以代替 *that* 子句》/You may well ~ so. 你大可以這樣說, 你說得有理/So they ~. 據說是如此《確實如何不清楚》/So you ~. 你是這樣說《但是否如此還很難說》。**e** [十 *wh.*__/十*wh.*十*to* do] 說〈…〉: I cannot ~ *when* she'll come back. 我不敢說[不知道]她什麼時候會回來/I cannot ~ *which* way *to* go. 我不知道走哪一條路/He *said how* glorious the sunset was. 他說日落是多麼的輝煌燦爛/*S~ what* you like, ... 隨你怎麼說…。**f** [**be said to do**] 據說是…《★用法這種句型沒有主動語態》: He *is said to* be dead. 據說他死了《★變換可換寫成 It is said that he is dead.》/He *is said to* have done it. 據說他已做了那件事《★變換可換寫成 It is *said* that he did[has done] it.》。

2 a [十引句]〈告示等〉寫着…: The Bible ~*s*, "Thou shalt not steal." 聖經上說: 「你不可行竊。」/The notice ~*s*, "No school on Tuesday." 佈告欄上寫着: 「星期二停課。」/The sign ~*s* "Danger." 路標上寫着: 「危險!」**b** [十(*that*)__]〈報紙、信等〉說〈…(事)〉: The letter ~*s that* her mother is seriously ill. 那信上說她母親病危。

3 a [十受]〈鐘錶等〉指着〈時間〉: My watch ~*s* ten minutes after ten. 我的錶指着十點十分。**b** [十 *wh.*__]〈表情等〉顯露〈…〉: Your face ~*s how* much you want it. 你臉上(的表情)顯露出[從你臉上的表情可看出]你多麼想要它。**c** [十(*that*)__]〈表情等〉露出〈…事〉: Her eyes *said that* she was happy. 她的眼睛流露出愉悅的神情。

4 [十受] **a** 背誦, 誦讀, 念出〈祈禱詞〉: ~ one's lesson(s) (在教師面前)背誦功課, 背書/*S~* your prayers[grace]. 做飯前(或飯後)的禱告吧。**b**〈神職者〉做〈彌撒〉: ~ Mass ⇨ Mass 1.

5 [用祈使語氣或 let's ~] [十(*that*)__] 假定, 假使〈…(事)〉: *S~*[**Let's** ~] it were true, what then? 假使是真的, 又如何?

6 [十 *to* do]《口語》說, 要, 指示〈做…〉: He *said to* tell you not to come. 他叫[指示]我告訴你不要來了/It ~*s* on the prescription *to* take two pills after every meal. 藥方上寫着每餐後服用兩顆藥。

—*v.i.* **1 a** 言, 說: just as you ~ 正如你所說。**b** [用於插入句] 假定說, 大概: That, I should[would] ~, is true. 那大概是事實吧/She is, I'd ~, fifty. 她大概是五十歲的人吧。**c** [常插入句中, 用於數字或例子前] 譬如, 例如, 大約: Look at the map of a large city, ~ London or New York. 看看一個大城市的地圖, 例如倫敦或紐約/You will have to pay some money on account, ~[let's ~] five dollars. 你得付一些錢做定金, 大約是五塊錢吧。

2 [用於否定、疑問句] 表示意見, 斷言: I ca*n't*[could*n't*] ~. 我不敢斷言, 我不知道/I'd rather *not* ~. 我不太想說, 我寧可不說/Who can ~? 誰知道? 《誰也不知道。》

3 [十介十(代)名] [把 It 當作 *that* 子句的形式主詞] [在…上面]寫着…[*in*]: *It* ~*s* ***in*** our contract *that* we get three weeks' summer vacation. 合約上寫着我們有三星期的暑假。

4 a [當作感嘆詞用以引人注意]《美口語》喂喂, 我說, 嘿(cf. I SAY(1)): *S~*, there! 喂喂! **b** [表示贊成、感嘆等] 哎呀, 眞是(意外): *S~*, that's a good idea. 那眞是個好主意。

as mùch as to sày... ⇨ much *adv.*

as whó should sáy... ⇨ who.

I sày 《英口語》(1) [引起別人的注意] 喂, 嘿(cf. *v.i.* 4a): I ~, look at that girl over there. 嘿, 你看在那邊的那個女孩。(2) [表示輕微的驚訝、生氣、同情等] 哎呀! 眞是!: *I* ~! What a surprise! 哎呀! 眞意外!

It gòes withòut sáying that.... …是不用說的, …是理所當然的《★譯自法文的 *Cela va sans dire*》。

S

I wòuldn't sày nó.《英口語》樂意，好呀《表示欣然的接受》：“Would you like some beer?”－“*I wouldn't ~ no.*”「你要喝一點啤酒嗎？」「好呀。」

nòt to sày... 即使不能說…，即使不是說…《★用法含蓄的說法》：It is quite warm, *not to ~* hot. 天氣即使不能說熱，也相當暖和。

sáy for onesèlf 爲自己辯解[辯白]：He had nothing to *~ for himself.* 他找不出爲自己辯解的話；他無法爲自己辯白。

sáy ón 《*vi adv*》[常用祈使語氣]說下去，繼續說《★比較一般用 go on》。

sáy to onesèlf (1)在心裏想，對自己說。(2)《罕》自言自語《★比較現在都用 speak[talk]to oneself》。

Sày whén. 《口語》[給對方斟酒時說]夠的時候就告訴我：“*S~ when.*”－“That's fine[enough].”「要多少呢？」「那樣就夠了。」

so to sày ⇨ so[1].

thàt is to sày ⇨ that *pron.*

though I sáy it(who should nót) 雖然由我自己來說有點奇怪[不妥]。

to sày nóthing of... …更不用說，…更不待言，姑且不提…《★比較一般用 both...and 或 as well as》：She can speak German and French, *to ~ nothing of* English. 她連德文及法文都會，更別說英文了/He doesn't even drink beer, *to ~ nothing of* whiskey. 別說是威士忌酒，他甚至連啤酒都不喝。

to sày the léast(of it) ⇨ least *pron.*

Whát do you sáy(to...)? [邀對方做某事時，徵求其意見的說法](做…事)你以爲如何？《★用法不用不定詞》：*What do you ~ to* a glass of sherry[go*ing* for a walk]？我們去喝一杯雪利酒[散步]如何？

when áll is sáid(and dóne) 到最後，結果，總之(after all)。

You can sày thát agáin! 《口語》你說得很對。

You dòn't sáy sò! [表示輕微的驚訝]《口語》不會吧？不見得吧？不至於吧？未必吧。

You[You've] sáid it! 《口語》你說得對極了，一點也沒錯，正是如此。

—*n.* **1 a** Ⓤ[又作 a ~]發言權，發言的機會：We have *a*[no, some, not much] ~ *in* the matter. 我們對於那件事有[沒有，有些，不太有]發言權。**b** [**one's** ~]該說的話，說詞：Say your ~. 把想說的都說出來/Let me have my ~. 讓我說我想說的話/Has everyone had his ~？每一個人想說的話都說了嗎？

2 [**the** ~]決定權〔*in, about*〕：Who has *the ~ in* this matter？對這件事誰有決定權？

say·est [ˋse·ɪst; ˈseiist], **sayst** [sest; seist] *v.t.* & *v.i.* 《古》say 之第二人稱單數現在式。

***say·ing** [ˋse·ɪŋ; ˈseiiŋ] *n.* **1 a** Ⓤ話，發言，陳述：~ and doing 言行/He is better at ~ than at doing. 他說話比做事行[他說得好，做得差]。**b** Ⓒ說過的話，名言：a collection of the ~*s* of great men 偉人名言集。**2** Ⓒ **a** 俗語，諺語，格言(⇨ proverb【同義字】)：as the ~ is[goes] 常言道…，俗語說…《★用法可用於句首及句尾》/It is a common ~ that.... …是一句常說的諺語。**b** 〔+ *that*__〕〈…的〉俗語，諺語：There is an old ~ *that* time is money. 古諺說時間就是金錢。

sáy-sò *n.* [用單數]《口語》**1** [常 **on a person's** ~](獨斷的)主張，(無根據的)發言：I cannot accept it just *on* your ~. 我不能只憑你的話就相信那件事。**2** (權威性的)聲明，斷定〔*of*〕：*on* the ~ *of* medical specialists 根據醫學專家的聲明[判斷]。

Sb 《符號》《源自拉丁文 *stibium*》《化學》antimony. **sb.** 《略》《文法》substantive. **s.b., sb** 《略》《棒球》stolen base(s). **S.B.** 《略》Bachelor of Science；simultaneous broadcast(ing)；southbound.

SBA 《略》Small Business Administration(美國的)中小企業管理局。

SbE, S.bE. 《略》south by east.

SBN 《略》Standard Book Number 標準圖書號碼。

SbW, S.bW. 《略》south by west.

Sc 《符號》《化學》scandium；《略》《氣象》stratocumulus. **SC** 《略》Security Council(of the United Nations)；《美郵政》South Carolina. **sc.** 《略》scene；science；scilicet；screw；scruple. **Sc.** 《略》Scotch；Scotland；Scots；Scottish. **s.c.** 《略》self contained；single column；small capitals. **S.C.** 《略》Signal Corps；South Carolina；Supreme Court.

scab [skæb; skæb] *n.* **1** Ⓒ(傷口處結的)痂，疤。**2** Ⓤ **a** (家畜的)疥癬。**b** (蘋果、馬鈴薯等的)斑點病。**3** Ⓒ《口語・輕蔑》**a** (以工會不承認的較低工資、條件工作的)非工會會員的工人。**b** 破壞罷工的人，不參加罷工者。

—*v.i.* (**scabbed**; **scab·bing**) **1** 〔動(+副)〕〈傷口〉結疤〈*over*〉：The wound *scabbed over.* 傷口結了疤。**2** 《口語・輕蔑》不加入工會而工作；破壞罷工，不參加罷工。

scab·bard [ˋskæbəd; ˈskæbəd] *n.* Ⓒ**1** (刀劍等的)鞘《★比較利器、工具等的套子爲 sheath》。**2** 《美》槍套。

thrów awáy the scábbard 採取斷然的處置，戰鬥到底《★源自拔刀後丟棄刀鞘的意思》。

scábbard físh *n.* (*pl.* ~, ~·**es**) Ⓒ《魚》帶魚《有刃狀利齒及扁長之軀體》。

scab·bed [ˋskæbɪd, skæbd; skæbd, ˈskæbid] *adj.* 有痂的，多痂的。

scab·by [ˋskæbɪ; ˈskæbi] «scab 的形容詞» **—*adj.*** (**scab·bi·er**; **-bi·est**) **1 a** 結痂的。**b** 患疥癬[斑點病]的。**2** 《口語》卑鄙的：a ~ trick 卑鄙的詭計。

sca·bies [ˋskebɪ,iz, ˋskebiz; ˈskeibii:z] *n.* Ⓤ《醫》疥癬。

sca·bi·ous [ˋskebɪəs; ˈskeibjəs] *n.* Ⓤ《植物》山蘿蔔。

scab·rous [ˋskebrəs; ˈskeibrəs] *adj.* 《文語》**1** 〈表面〉粗糙的，凹凸不平的：a ~ leaf 表面粗糙的葉子。**2** 〈問題等〉麻煩的，棘手的。**3** 〈小說、謠傳等〉下流的，猥褻的。

scad [skæd; skæd] *n.* Ⓒ[常 ~**s**]《美口語》許多，大量〔*of*〕：~*s of* money[guests]很多錢[客人]。

scaf·fold [ˋskæfḷd, -fold; ˈskæfəld, -fould] *n.* **1** Ⓒ **a** (建築工地等的)鷹架。**b** (如擦拭高樓窗子時使用的)脚手架。

2 a Ⓒ絞台，斷頭台。**b** [**the** ~](絞死[斷頭]的)死刑：go to [mount] *the* ~ 登上絞台[上斷頭台；被處死刑]/send[bring]a person to *the* ~ 把某人送上斷頭台，處某人以死刑。

3 Ⓒ(搭蓋於戶外的)戲台，看台。

—*v.t.* 給〈建築物〉架設鷹架。

scáf·fold·ing *n.* Ⓤ **1** (建築工地等的)鷹架，脚手架。**2** [集合稱]搭鷹架的材料。

scal·a·ble [ˋskeləbl; ˈskeiləbl] *adj.* **1** 可攀登的。**2** 可秤的。**3** 可去鱗的。

sca·lar [ˋskelə; ˈskeilə]《數學》*n.* Ⓒ無向量，數量。**—*adj.*** 無向量的，數量的。

scal·a·wag [ˋskælə,wæg; ˈskæləwæg] *n.* Ⓒ《美》**1** 流氓，無賴，惡棍。**2** 沒出息的人《美國南北戰爭後的重建時期加入共和黨的南方白人；南方民主黨員指罵的話》。

scald[1] [skɔld; skɔ:ld] *v.t.* **1 a** 〔+受(+介+(代)名)〕〔被熱水、蒸氣等〕燙傷〈身體某部位〉〔*on, with*〕：I ~*ed* my tongue ***on*** [***with***] the hot soup. 我被熱湯燙傷舌頭。**b** 〔+受〕[~ *oneself*]燙傷：The child ~*ed himself* in the hot bath. 那個小孩洗熱水澡時被燙傷。**2** 〔+受〕用熱水洗刷[消毒]〈器具〉。**3** 〔+受〕**a** 把〈牛奶等〉煮到接近沸點。**b** 〔爲使容易剝皮或去羽毛而〕用熱水處理[燙過]〈水果、鳥等〉。**—*v.i.*** (被熱水等)燙傷。

like a scálded cát 《口語》(像燙傷的貓)驚惶不已。

—*n.* **1** Ⓒ(由熱水、蒸氣等引起的)燙傷《★比較火的燙傷是 burn》。**2** Ⓤ《植物》(蘋果等的)發霉，熟爛。

scald[2] *n.* ＝skald.

scáld·ing *adj.* **1 a** 會燙傷(人)的：~ water 很燙的水/~ tears 熱淚，傷心淚。**b** [當作修飾 hot 的副詞]熱到燙傷人的程度的：The coffee was ~ *hot.* 這咖啡是滾燙的。**2** 〔批評、意見等〕嚴厲的，尖酸刻薄的。

‡scale[1] [skel; skeil] «源自拉丁文「階梯，梯子」之義» **—*n.*** **1** Ⓒ **a** 刻度，度數：the ~ *on* a ruler 尺面上的刻度/a thermometer with a Celsius ~ 有攝氏刻度的溫度計。**b** (有刻度的)尺。

2 Ⓒ **a** (對實物而言的模型、地圖、製圖等的)比例；縮小[放大]比；(尤指)縮尺：⇨ large-scale, small-scale/a map on[with]a ~ of 1:50,000 縮尺五萬分之一的地圖《★讀法讀成 one to fifty thousand》/The ~ is one inch to 10 miles. 縮尺以一吋代表十哩。**b** (附加於圖表、地圖等上面的)縮尺線。

3 ⓊⒸ規模：on a small ~ 小規模地/on a large[gigantic, grand, vast] ~ 大規模地/ The business is large *in* ~. 該事業的規模很大。

4 Ⓒ **a** 等級，階級：⇨ wind scale/the social ~ 社會等級/be high[low]in the ~ of civilization 文明程度高[低]。**b** (費用、工資、課稅等的)比率；等級表，工資表：⇨ wage scale /a ~ of charges[pensions, taxation]手續費[養老金，課稅]比率。

5 Ⓒ《音樂》音階：a major[minor] ~ 長[短]音階/practice ~*s* on the piano 彈鋼琴練音階。

6 Ⓒ《數學》記數法，…進法：the decimal[ordinary] ~ 十進法。

òut of scále 〔與…〕不調和的〔*with*〕.

to scále 按照一定比例縮小[放大]的：a model of a car made *to* ~ 按照一定比例縮小製造的汽車模型。

—*v.t.* **1** 〔+受〕〔用梯子〕登上；攀登〈山等〉：~ a wall with a [by]ladder 用梯子爬上牆《★by ~ 無冠詞》。**2** 〔+受〕以縮尺繪[製]〈圖表，模型等〉：~ a map 以縮尺[按照一定的比例]繪地圖。**3 a** 〔+受+介+(代)名〕〔配合…〕調整…〔*to*〕：~ a production schedule ***to*** actual demand 根據實際的需要擬定生產計畫。**b** 〔+受+副〕按比例減低[縮小]…〈*down*〉；按比例增加[放大]…〈*up*〉：Retail prices were ~*d* ***up*** by 5 percent. 零售價格提高百分之五。**—*v.i.*** 攀登。

***scale**^{2} [skel; skeil] **《源自古代北歐語「盤子」之義》—n. 1** Ⓒ **a** [常 ~s]**天平，秤**：a pair of ~*s* 一台天平。**b** 天平盤。
2 Ⓒ [常 ~s]**磅秤**：a beam ~ 桿秤/weigh oneself on the bathroom ~(*s*) 用浴室磅秤量體重。
3 [**the Scales**]《天文》天秤座(Libra).
hóld the scáles éven 公平裁判(雙方)。
túrn [**típ**] **the scále**(**s**) (1)《口語》有〔…的〕重量(weigh)〔*at*〕：The boxer *tipped the* ~(*s*) *at* 125 pounds. (過磅後)那位拳擊手的體重有 125 磅。(2)(使天平傾斜似地)使形勢[局面]轉變。
—*v.i.* 〔十補〕重達〈若干〉：He ~*s* 150 pounds. 他的體重有一百五十磅。
—*v.t.* 〔十受〕用天平[秤]稱…。

scale^3 [skel; skeil] **《源自古法語「殼」之義》—n. 1** Ⓒ **a** (魚類、爬蟲類等的)鱗：scrape the ~*s* off a fish 刮去魚鱗。**b** (蝴蝶翅膀等處的)鱗粉。**2** Ⓤ [指個體時爲Ⓒ；常 ~s] **a** (成鱗狀脫落的)薄片。**b** (皮膚病形成的)疥瘡，痂。**3** Ⓤ **a** (鍋爐裏層的)水垢。**b** 齒石。**4** Ⓒ《植物》(保護芽、花苞的)鱗苞，包葉，殼，莢。**5 a** (又作**scále insect**)Ⓒ《昆蟲》介殼蟲。**b** Ⓤ介殼蟲造成的病害。
remóve the scáles from a person's **éyes** 使(受騙者等)清醒[看清眞相，領悟錯誤]。
The scáles fáll from one's **éyes.** 鱗片自眼睛脫落，領悟錯誤，覺醒。

> 【字源】此語出自聖經新約「使徒行傳」九章十八節：「掃羅(Saul)的眼睛上，好像有鱗立刻掉下來，他就能看見，…」。這裡的 Saul 就是使徒保羅原來的名字。他原先是迫害基督徒的人，但自從重見光明後就成了虔誠的信徒。

—*v.t.* **1 a** 〔十受〕使…的鱗片脫落；去掉…的殼：~ a fish 刮去魚鱗/~ a chestnut剝去栗子的外殼。**b** 〔十受十副〕刮去〈油漆等〉〈*off*〉：~ ***off*** the paint (*from* a wall) (從牆上)刮去油漆。**2** 〔十受(十介十(代)名)〕〔從牙齒〕刮去〈牙垢〉〔*from*〕：~ tartar (***from*** the teeth) (從牙齒)刮去牙垢。**3** 使〈鍋爐等〉生水垢《★常以過去分詞當形容詞用，變成「生水垢的」之意》：a heavily ~*d* boiler 積了厚厚水垢的鍋爐。
—*v.i.* **1** 〔十副〕剝落，脫落〈*off*〉：The paint is *scaling* ***off***. 油漆正在脫落。**2** 生水垢。

scále·bòard *n.* Ⓒ **1** 極薄之木板。**2**《印刷》(插於活字行間的)薄木條。**3** 鑲蓋表面用的薄木片。

scále·dòwn *n.* ⓊⒸ (按比例)減低，縮小。

sca·lene [ske'lin; 'skeili:n] *adj.*《幾何》〈三角形〉不等邊的：a ~ triangle 不等邊三角形。

scáling làdder *n.* Ⓒ雲梯。

scal·la·wag ['skælə͵wæg; 'skæləwæg] *n.*《主英》=scalawag.

scal·lion ['skæljən; 'skæljən] *n.* Ⓒ [當作食物時爲Ⓤ]《美》**1** 青蔥。**2** 冬蔥，慈蔥(shallot)《蔥屬植物的一種》。

scal·lop ['skɑləp, 'skæl-; 'skɔləp] *n.* Ⓒ **1 a** 《貝》扇貝。**b** [常 ~s] 扇貝的貝柱[干貝]《食用》。**2** (又作**scállop shèll**)**a** 扇貝殼。**b** (貝殼狀，煎魚等用的)淺鍋，貝形鍋。**3** [常~s] (衣邊、袖口等處的)扇形邊飾。
—*v.t.* **1** 在〈魚介類、馬鈴薯等〉上加調味醬、灑麵包粉，用貝形鍋煎煮[煎]…《★也以過去分詞當形容詞用》。**2** 使…成扇形，以扇形(滾)邊裝飾…《★也以過去分詞當形容詞用》：a ~*ed* cuff 有扇形邊飾的袖口。

scallop 1 a

scallops 3

scal·ly·wag ['skælɪ͵wæg; 'skæliwæg] *n.*《英》= scalawag 1.

scalp [skælp; skælp] *n.* Ⓒ **1** 頭皮。**2 a** 帶髮的頭皮《從前北美印地安人從敵人屍體上剝取頭皮當作戰利品》。**b** 勝利的象徵；戰利品。
be áfter [**óut for**] a person's **scálp**《口語》(以威脅剝取頭皮)向人擺出打架姿態，向人挑戰，大發雷霆。
—*v.t.* **1** (從前)〈北美印地安人〉剝取…的頭皮。**2**《美口語》**a** 買賣[炒作]〈股票等〉套利。**b** 買賣〈電影票等〉以做黃牛生意，加價出售〈車票等〉。

scal·pel ['skælpəl; 'skælpəl] *n.* Ⓒ外科[解剖]用的小刀。

scalp·er ['skælpɚ; 'skælpə] *n.* Ⓒ《美口語》**1** (以買賣股票等)套利者。**2** (賣車票、電影票等的)黃牛。

scal·y ['skelɪ; 'skeili] **《scale**^{3} **的形容詞》—adj.** (**scal·i·er**；**-i·est**) **1** 有鱗的；鱗狀的。**2** (如鱗般)剝落的。**3** 附有水垢的。**4** 有介殼蟲病害的。**scál·i·ness** *n.*

scam [skæm; skæm]《美俚》*n.* Ⓒ詐欺，騙案。**—***v.t.* 欺騙，詐欺〈某人〉。

scamp [skæmp; skæmp] *n.* Ⓒ **1** 無賴，惡棍。**2** 頑皮[搗蛋]者；野丫頭。**~·ish** *adj.*

scam·per ['skæmpɚ; 'skæmpə] *v.i.* 〔十副詞(片語)〕〈小孩、小動物等〉蹦蹦跳跳，嬉戲；落荒而逃：~ *about* 跑來跑去，跳來跳去/The mouse ~*ed* (*away*) *to* its hole.那隻老鼠迅速逃入洞裏。
—*n.* Ⓒ跑來跑去，跳來跳去：have a ~〈小孩、狗等〉跳上跳下，跑來跑去。

scam·pi ['skæmpɪ; 'skæmpi] **《源自義大利語「蝦子」之義》—n.** Ⓒ [當作菜名時爲Ⓤ] 炸斑節蝦《用大蒜調味的一道菜肴》。

scan [skæn; skæn] (**scanned**；**scan·ning**) *v.t.* **1 a** 細察，審視…：~ a person's face 審視某人的臉/They *scanned* the sky for the spacecraft. 他們注視著天空尋找太空船。**b** 仔細查看…：I *scanned* my pocket for change. 我仔細查看口袋找零錢。**2** 大略翻閱，瀏覽〈報紙等〉：~ the headlines 瀏覽大標題。**3** 分析〈詩〉的韻律，將〈詩〉按韻脚劃分(音步)，按韻律誦〈詩〉。**4 a**《電視》掃描〈影像〉。**b**《通信》(用雷達等)探測〈某地區〉。**c**《電算》掃描〈資料等〉。**d**《醫》掃描〈人體等〉。
—*v.i.* **1** 〈詩〉合於韻律：This line won't ~. 這一行不合韻律。**2** 瀏覽，粗略過目。
—*n.* [a ~] **1 a** 審視。**b** 仔細查看。**2** 分析韻律。**3**《電視・通信・電算・醫》掃描。

Scan., Scand.《略》Scandinavia(n).

scan·dal ['skændl; 'skændl] **《源自希臘文「障礙物，圈套」之義》—n. 1** ⓊⒸ**醜聞**，醜行；瀆職事件，貪污案，收賄案：a political ~ 政治醜聞/hush up a ~ 掩蓋醜聞。
2 Ⓒ (社會對醜聞的)反感，物議：cause [give rise to] a ~ 引起(世人的)反感[憤慨，物議]。
3 Ⓒ恥辱，丟臉[沒面子]的事，荒謬的事：to the ~ of... 使…丟臉的/It is a ~ that such a thing should happen. 竟然發生這種事眞是丟臉。
4 Ⓤ中傷，誹謗，詆毀：talk ~ (about...) 說中傷[誹謗]…的話。

scan·dal·ize ['skændl͵aɪz; 'skændəlaiz] **《scandal 的動詞》—v.t.** 使〈人〉震驚，使…感憤慨《★常用被動語態，變成「〈某人〉〔對…〕感到震驚，憤慨」的意思；介系詞用*at, by*》：People *were* ~*d* ***at*** the slovenly management of the company. 人們對該公司草率的經營感到憤慨。

scándal·mònger *n.* Ⓒ《輕蔑》散布惡意中傷之言者，到處說別人壞話者。

scan·dal·mon·ger·ing ['skændl͵mʌŋgərɪŋ; 'skændl͵mʌŋgəriŋ] *n.* Ⓤ散布惡意中傷之言，傳播醜聞，到處說別人壞話。

scan·dal·ous ['skændləs; 'skændələs] **《scandal 的形容詞》—adj. 1** 可恥的，恥辱的，不好聽的，駭人聽聞的：~ prices 令人駭異的高價/a most ~ election 最可恥的舞弊選舉/He is a ~ wife beater.他是個毆打妻子的可恥之徒。
2 〈謠言、話等〉中傷人的：~ reports 中傷人的報導。
~·ly *adv.* **~·ness** *n.*

scándal shèet *n.* Ⓒ《美俚》專登醜聞的報紙[雜誌]。

Scan·di·na·vi·a [͵skændə'nevɪə, -vjə; ͵skændi'neivjə] *n.* 斯堪的那維亞，北歐《挪威、瑞典、丹麥的總稱，有時也包括冰島、芬蘭；略作 Scan., Scand.》。

Scan·di·na·vi·an [͵skændə'nevɪən, -vjən; ͵skændi'neivjən] **《Scandinavia 的形容詞》—adj. 1** 斯堪的那維亞的。**2** 斯堪的那維亞人[語]的。
—*n.* **1** Ⓒ斯堪的那維亞人，北歐人。**2** Ⓤ斯堪的那維亞語《挪威語、瑞典語、丹麥語等》。

Scandinávian Península *n.* [the ~] 斯堪的那維亞半島《歐洲北部的一個半島，包括挪威與瑞典兩國》。

scan·di·um ['skændɪəm; 'skændiəm] *n.* Ⓤ《化學》鈧《稀有金屬元素，符號 Sc》。

scán·ner *n.* Ⓒ **1**《電視・通信》影像掃描機。**2**《醫》(檢查人體內部的)掃描器，掃描裝置。

scán·ning *n.* Ⓤ **1**《電視・通信》掃描。**2**《醫》掃描(法)。

scánning disk *n.* Ⓒ《電視》掃描盤。

scánning eléctron mìcroscope *n.* Ⓒ電子掃描顯微鏡。

scan·sion ['skænʃən; 'skænʃn] **《scan** *v.t.* **3 的名詞》—n.** Ⓤ (詩的)韻律分析。

scant [skænt; skænt] *adj.* **1 a** 〈知識、經驗〉貧乏的，欠缺的，〈聽衆等〉少的，不足的《★ 比較 較 scanty 爲拘泥的用語》：a ~ supply of water 供水不足/with ~ courtesy 不太有禮地，草率地/pay ~ attention to... 不太注意…。**b** [不用在名詞前]〔十介十(代)名〕缺乏〔…〕的〔*of, in*〕：He is ~ ***of*** breath. 他在喘氣/This paper is ~ ***in*** documentation. 這篇論文缺乏文獻上的證明[這篇論文論據不足]。
2 [用在名詞前] [修飾表示數量的字] (全體而言)有些不足的，未滿…的：There was a ~ spoonful of sugar. 有不滿一湯匙的糖/We had a ~ hour to pack. 我們只有不到一小時的時間整理行李。
—*v.t.* **1** 捨不得…，吝於…。**2** 輕視…：a subject ~*ed* in the mass media 大衆傳播所輕視的問題，大衆傳播不大提的問題。

S

scant·ies [ˋskæntɪz; ˈskæntiz] «scant 和 panties 的混合語» —*n. pl.* 女用之極短的襯褲。

scant·i·ly [ˋskæntḷɪ; ˈskæntili] *adv.* 缺乏地，不足地，貧乏地：She is ~ clad. 她衣著單薄/His room was ~ furnished. 他的房間陳設簡陋。

scant·ling [ˋskæntlɪŋ; ˈskæntliŋ] *n.* **1** Ⓒ(用於做椽等的五立方吋以下的)小塊木材，小塊木材尺寸。**2** Ⓤ[集合稱]小塊木材類。

scant·y [ˋskæntɪ; ˈskænti] *adj.* (**scant·i·er**; **-i·est**)(所需數、量、尺寸等)**缺乏的**，不足的，貧乏的(↔ ample)(⇨scant [比較])：a ~ harvest 量少的收穫，歉收/a ~ bathing suit 暴露的游泳衣/The rainfall was rather ~ this month. 這個月的雨量不足。

scánt·i·ness *n.*

Scap·a Flow [ˋskæpəˋflo; ˌskæpəˈflou] *n.* 斯卡帕夫羅《蘇格蘭北部奧克尼羣島(Orkney)間一內海，英國海軍基地》。

scape[1] [skep; skeip] *n.* Ⓒ **1** 《植物》根生花梗；花莖。**2** 《動物》羽軸；觸角根。**3** 《建築》柱身；柱底特大部分。

'scape, scape[2] *v., n.* 《古》=escape.

-scape [-skep; -skeip] [名詞複合用詞]「(…的)風景」之意：a city*scape* 都市景觀/a sea*scape* 海景。

scape·goat [ˋskepˌgot; ˈskeipgout] «源自 scape(escape 的中古時期英文字)與 goat 的結合，意思爲「被允許逃到荒野的山羊」» —*n.* Ⓒ **1** 《聖經》替人贖罪的羊《古代猶太人在贖罪日將替人贖罪的山羊放逐到荒野》。**2** 替人頂罪者，代人受過者，替身，犧牲(者)：be made the ~ *for*... 做…的替身[替罪羔羊]。

scape·grace [ˋskepˌgres; ˈskeipgreis] *n.* Ⓒ(常惹出麻煩的)添麻煩者，累贅者，廢物，無賴，流氓，惡棍。

scap·u·la [ˋskæpjələ; ˈskæpjulə] *n.* Ⓒ(*pl.* **-lae** [-ˌli; -li:], **~s**)《解剖》肩胛骨(shoulder blade)。

scap·u·lar [ˋskæpjələ; ˈskæpjulə] «scapula 的形容詞» —*adj.* 肩胛骨的，肩膀的。

scar [skɑr; skɑ:] *n.* Ⓒ **1 a** (割傷皮膚等所留下的)**傷痕**；(燙傷、疔瘡等的)疤，痕跡。**b** (家具等的)刮(痕)：It made [left] a ~ on the table. 它使桌面上留下刮痕。

2 a (戰爭等的)痕跡。**b** 內心的創傷：His insult left a deep ~. 他的侮辱留下難以磨滅的創傷。

—*v.t.* (**scarred**; **scar·ring**) **1** 〔十受〕使…留下傷痕《★常以過去分詞當形容詞用；⇨scarred 1》：She dropped the ashtray and *scarred* the table. 煙灰缸從她手中落下，砸傷了桌面/His cheek *was* badly *scarred* by a knife cut. 他的面頰上留有嚴重的刀疤。

2 〔十受十介十(代)名〕〔在…〕留下…的傷痕〔*with*〕《★常以過去分詞當形容詞用；⇨scarred 2》。

—*v.i.* 〔十副〕〈傷口〉留下痕跡[疤]〈*over*〉。

scar·ab [ˋskærəb; ˈskærəb] *n.* Ⓒ **1** (又作**scárab bèetle**)《昆蟲》聖金龜子。**2** 聖金龜子雕像，甲蟲石雕《仿金龜子形狀的雕刻物，古埃及人用作護身符或裝飾品》。

scar·a·mouch [ˋskærəˌmaʊtʃ, -ˌmuʃ; ˈskærəmu:tʃ, -mautʃ] *n.* Ⓒ **1** [S~](古代義大利喜劇中)愛虛張聲勢的丑角。**2** 虛張聲勢的懦夫，愛吹噓的無賴。

***scarce** [skɛrs, skærs; skɛəs] *adj.* (**scarc·er**; **scarc·est**) **1** [不用在名詞前]〈食物、生活必需品等〉**不足的，缺乏的，短少的**：Oil will become ~. 石油將會短缺/Houses are getting *scarcer*. 住屋漸趨不足。**2** 稀有的，難得的，罕見的(⇨rare[1]【同義字】)：~ Chinese calligraphy. 稀有的中國墨寶。

màke onesèlf scárce 《口語》(從別人面前)走出去，溜走，消失；不出席。

—*adv.* 《詩·文語》=scarcely.

***scarce·ly** [ˋskɛrslɪ; ˈskɛəsli] *adv.* (無比較級、最高級) **1 a 幾乎沒有**…(⇨ hardly【同義字】)《★[用法]在 a、b 句中的位置與 hardly 相同》：I can ~ hear him. 我幾乎聽不見他的話/At first he was so astonished that he ~ knew what to say. 起先他驚訝得幾乎不知道要說什麼才好/There was ~ anything left to eat. 幾乎沒有剩下什麼可吃的東西。**b** [當作帶有含蓄、諷刺意味的 not 的委婉語]一定不…；不可能…：He is ~ the right person for the job. 他根本不適合擔任這工作/He can ~ have said that. 他不可能說那樣的話。**2 勉強，好不容易**：*S*~ twenty people were present. 勉強有二十位出席。

scárcely éver 很少…：I ~ *ever* smoke. 我很少抽煙。

scárcely...when [befòre] ... 一…就(cf. HARDLY ... when [before])：He had ~ begun his speech *when* the audience began to heckle him. 他一開始演講，聽衆就開始(用難題)詰問他《★[用法]如 *S*~ had he begun.... 一樣，scarcely 有時置於句首，爲文章用語》。

scar·ci·ty [ˋskɛrsətɪ; ˈskɛəsəti] «scarce 的名詞» —*n.* **1** ⓊⒸ (生活必需品等的)**不足，缺乏**：an energy ~ 能源不足/the ~ of labor [teachers] 勞工[教師]的缺乏/Japan has *scarcities* in most natural resources. 日本缺乏大部分的天然資源。**2** Ⓤ**稀罕，難得。**

***scare** [skɛr, skær; skɛə] *v.t.* **1** 〔十受〕**使**〈人〉(突然)**害怕，恐懼**《★常以過去分詞當形容詞用；⇨ scared；⇨ frighten【同義字】》：The sudden barking ~*d* him. 突然的狗叫聲嚇了他一跳/You ~*d* me! 你嚇了我一跳。

2 a 〔十受十補〕把〈人〉驚嚇〈成…狀態〉：The accident ~*d* them senseless. 那意外事件把他們嚇昏了/The sight of the body ~*d* him stiff. 看到屍體使他嚇僵[嚇呆]了。**b** 〔十受十副〕嚇走〈人〉〈*away, off*〉：The dog ~*d* **away** [**off**] the burglar. 狗嚇走了夜賊。**c** 〔十受十介十(代)名〕使〈人〉害怕〔而做…〕〔*into*〕；使〈人〉害怕〔而停止…〕〔*out of*〕：They ~*d* him **into** sign*ing* the paper. 他們用恐嚇的手段逼他在文件上簽字/His threats ~*d* them **out of** carry*ing* out the plan. 他的威脅迫使他們不敢實行該計畫。

—*v.i.* (突然)**害怕，恐懼**：He ~*s* easily. 他容易受驚。

scáre úp 《*vt adv*》《美口語》費心收集，搜羅〈資料〉；籌措〈錢〉；調集〈人手等〉；〔湊合各種東西〕準備〈用餐等〉〔*from*〕。

—*n.* **1** [a ~](突然的)**恐慌，驚恐**：have *a* ~ 嚇一跳，感到害怕/give a person *a* ~ =throw *a* ~ into a person 使人嚇一跳，使人大吃一驚。**2** Ⓒ(世人對錯誤的謠傳等產生莫名的)驚恐，(社會的)恐慌，惶恐：The rumor caused a war ~. 謠傳引起了戰爭的恐慌。

—*adj.* [用在名詞前](無比較級、最高級)《口語》使人害怕[吃驚]的，嚇人一跳的：a ~ headline 令人吃驚的報紙標題/a ~ story 可怕的故事。

scáre·cròw *n.* Ⓒ **1** 稻草人。

【說明】歐美的稻草人都是雙脚，頭上戴著帽子，身上穿著破爛的衣服，其作用是用來保護小麥，嚇走烏鴉類的鳥(因此稱之爲 scarecrow)；在臺灣，稻草人主要是用來嚇走麻雀，保護稻米。

scarecrow 1

2 (如稻草人般的)嚇唬人的東西。**3** 衣著襤褸的人，枯瘦的人。

***scared** [skɛrd; skɛəd] *adj.* (**more** ~; **most** ~)(cf. scare *v.t.* 1) **1 a 受驚嚇的**：a ~ child [look] 受驚嚇的孩子[表情]。**b** 〔十介十(代)名〕〔被…〕嚇著的〔*at, by*〕：She was ~ (*to* death) **at** [**by**] the strange noise. 她被奇怪的聲響嚇了一跳(嚇得要死)。

2 [不用在名詞前] **a** 〔十介十(代)名〕**害怕**〔…〕**的**〔*of*〕：I was ~ *of* slipp*ing* on the ice. 我害怕在冰上滑倒/She is ~ *of* snakes. 她怕蛇(怕得身體發僵)。**b** 〔十 *to* do〕害怕〈做…〉的：He was ~ *to* cross the rickety bridge. 他害怕過那座搖晃的橋。**c** 〔十 (*that*) __〕〈怕…而〉提心吊膽的：I was ~ (*that*) we'd run out of gas. 我怕瓦斯告罄而提心吊膽。

scáred·y·càt [ˋskɛrdɪˌkæt; ˈskɛədikæt] *n.* Ⓒ《俚》易受驚嚇的人；膽小鬼。

scáre·hèad *n.* Ⓒ《口語》(轟動性的)報紙特大字標題。

scáre·mònger *n.* Ⓒ散布(戰爭、天災等危險將至的)謠言者，(傳播謠言等)引起他人驚慌者。

***scarf** [skɑrf; skɑ:f] *n.* Ⓒ (*pl.* **scarves** [skɑrvz; skɑ:vz]) **1 圍巾，頸巾，領巾。2** 《美》(細長的)桌巾(蓋)，鋼琴罩(等)。

scárf·pìn *n.* Ⓒ領帶扣針，圍巾針。

scar·i·fy [ˋskærəˌfaɪ; ˈskɛərifai] «scar 的動詞» —*v.t.* **1** 《外科》在〈皮膚〉上劃痕《如種痘等在皮膚表面細劃幾刀》。**2** (因農耕、工程等)將〈田地、道路〉的表面土地翻鬆。**3** 嚴厲批評〈某人〉，將〈某人〉貶得一文不值。

scar·la·ti·na [ˌskɑrləˋtinə; ˌskɑ:ləˈti:nə] *n.* Ⓤ《醫》猩紅熱(scarlet fever)。

***scar·let** [ˋskɑrlɪt; ˈskɑ:lət, -lit] *n.* Ⓤ **1 緋色，深紅色，猩紅**《★象徵罪惡，同時也象徵高地位、高身分的顏色》。

2 緋紅色的衣服(料子)。

—*adj.* **1** 緋紅的，深紅(色)的：turn ~ with anger [shame] 因發怒[羞恥]而面紅耳赤。

2 a 罪重的，極邪惡的：a ~ crime 滔天大罪。**b** 〈女子〉淫蕩的：⇨ scarlet woman.

scárlet féver *n.* Ⓤ《醫》猩紅熱。

scárlet hát *n.* =red hat.

scárlet létter *n.* Ⓒ猩紅 A 字《昔時被判通姦罪之婦女所佩帶的標記》。

scárlet pímpernel *n.* Ⓒ《植物》琉璃繁蔞《報春花科開紅花的草本植物》。

scárlet rúnner *n.* Ⓒ《植物》紅花菜豆《原產於中美洲的菜豆屬植物，開緋紅色的花》。

scárlet wóman *n.* Ⓒ《委婉語·謔》蕩婦，妓女。

scarp [skɑrp; skɑ:p] *n.* Ⓒ《地理》(斷層或侵蝕造成的)陡坡，懸崖。

scar·per [ˋskɑrpɚ; ˈskɑːpə] *v.i.* 《英》突然離去《尤指不付帳而潛走》。

scarred *adj.* **1** 留下傷痕的 (cf. scar *v.t.* 1)：a war-*scarred* country 留有戰爭痕跡的國家。**2** [不用在名詞前] 〔十介十(代)名〕留着〔…〕傷痕的〔*with, by*〕(cf. scar *v.t.* 2)：a face ~ *with* sorrow 有悲傷痕跡的面容。

***scarves** [skɑrvz; skɑːvz] *n. pl.* **scarf** 的複數。

scar·y [ˋskɛrɪ; ˈskeəri] *adj.* (**scar·i·er**; **-i·est**) 《口語》**1** 〈事物〉可怕的，恐怖的，嚇人的：a ~ movie 恐怖電影。**2** 容易受驚的，膽怯的；提心吊膽的；戰戰兢兢的：Don't be so ~. 不要那樣的提心吊膽。**scár·i·ly** [-rəlɪ; -rəli] *adv.* **-i·ness** *n.*

scat[1] [skæt; skæt] *v.i.* (**scat·ted**; **scat·ting**) [常用祈使語氣] 《口語》快走開：*S*~！[對狗、貓、纏人的孩子等說] 走開！到那邊去！/You'd better ~. 你(們)最好快走。

scat[2] [skæt; skæt] 《爵士樂》*n.* Ⓤ即興歌唱(法)《不唱歌詞而以即興方式唱無意義的音》。
—*v.i.* (**scat·ted**; **scat·ting**) 唱即興歌曲。

scathe [skeð; skeið] *n.* Ⓤ《古》損傷；傷害。
—*v.t.* **1** 酷評；苛責。**2** 《古》傷害。**3** 《古》使…枯萎。

scathe·less [ˋskeðlɪs; ˈskeiðlis] *adj.* 無傷害的；無損害的。~**·ly** *adv.*

scath·ing [ˋskeðɪŋ; ˈskeiðiŋ] *adj.* 〈批評、譏諷等〉冷酷的，不留情的，苛刻的：a ~ remark 刺傷人的話。~**·ly** *adv.*

sca·tol·o·gy [skəˋtɑlədʒɪ; skæˈtɔlədʒi] *n.* Ⓤ糞石學《研究史前動物糞便化石的學問》；糞便學《研究以糞便占卜疾病的學問；以排泄物為主題的糞尿文學及其研究》。
scat·o·log·i·cal [ˌskætəˋlɑdʒɪkl; ˌskætəˈlɔdʒikl˝] *adj.*

‡**scat·ter** [ˋskætɚ; ˈskætə] *v.t.* **1 a** 〔十受(十副)〕散播，撒播；揮霍〈錢財〉〈*about, around, round*〉：~ seeds 播種/~ toys *about* 亂丟玩具/He is ~*ing* his money *about.* 他在揮霍錢財。**b** 〔十受十介十(代)名〕把…散放〔於…中〕〔*about, around, round*〕：~ clothes *about* the house 把衣服散置在家中/~ ashtrays *around* the room 把煙灰缸隨便亂放在房間各處。**c** 〔十受十介十(代)名〕把…撒在〔某處等〕〔*on, over*〕；〔把…〕撒在〈某處等〉〔*with*〕：~ gravel *on* the road = ~ the road *with* gravel 把砂礫撒在道路上。**2** 〔十受〕**a** 驅散〈羣衆、敵軍等〉，使〈羣衆等〉四散：The police ~*ed* the crowd. 警方將羣衆驅散。**b** 〈風等〉吹散〈雲、霧等〉。
—*v.i.* 四散，分散，散開：The crowd ~*ed* in fright. 羣衆驚恐地向四處散開。
—*n.* **1** Ⓤ散播(的狀態)。**2** [*a*~] 散播的數[量]；少數，少量〔*of*〕：*a* ~ *of* applause[rain] 零零落落的掌聲[稀疏撒落的雨]。

scátter·bràin *n.* Ⓒ《口語》精神散漫的人，容易分心[注意力不集中]的人，浮躁的人。

scátter·bràined *adj.* 《口語》心神不定的，精神散漫的，容易分心的，浮躁的。

scát·tered *adj.* 四散的，分散的，散亂的，稀疏的：~ hamlets 疏疏落落的小村/a thinly ~ population 稀疏的人口/There will be ~ showers in the afternoon. 午後有局部陣雨。

scátter·gòod *n.* Ⓒ揮霍無度的人。

scát·ter·ing [-tərɪŋ; -təriŋ] *adj.* **1** 四散的，稀疏的：a ~ flock of birds 四處飛散的一羣鳥。**2** 散開的，分散的：~ votes 散票。
—*n.* **1** Ⓤ散布。**2** [*a* ~] 散布的數[量]；少數，少量〔*of*〕：have *a* ~ *of* visitors 有零零落落的賓客來訪。~**·ly** *adv.*

scátter rùg *n.* Ⓒ小幅地毯《用以鋪部分地板者》。

scátter·shòt *adj.* **1** 擴散很廣的；漫無目標的。**2** 廣泛的；一般的。

scat·ty [ˋskætɪ; ˈskæti] *adj.* (**scat·ti·er**; **-ti·est**) 《英口語》頭腦有些不正常的，思想不集中的。

scav·enge [ˋskævɪndʒ; ˈskævindʒ] *v.t.* **1** 從垃圾箱中蒐集〈可利用的東西〉。**2** 清掃〈街道等〉。
—*v.i.* 〔十介十(代)名〕**1** 搜尋〔可利用的東西〕〔*for*〕。**2** 〈動物〉覓食〔腐肉，殘飯等〕〔*on*〕。

scav·en·ger [ˋskævɪndʒɚ; ˈskævindʒə] *n.* Ⓒ **1** 吃腐肉腐屍的動物《兀鷹、胡狼等》。**2** (從垃圾中尋找可用之物的)撿破爛者，收購廢物者。

Sc. B. Bachelor of Science 理學士。

Sc. D. Doctor of Science 理學博士。

sce·na·ri·o [sɪˋnɛrɪˌo, -ˋnær-, -ˋnɑr-; siˈnɑːriou] 《源自義大利語「場面」之義》**—***n.* Ⓒ (*pl.* ~s) **1 a** (電影的)劇本，腳本。**b** (戲劇、歌劇等的)劇情說明書。**2** (計畫、預定事項等的)綱要，概要，草稿。

sce·na·rist [sɪˋnɛrɪst, -ˋnær-, -ˋnɑr-; ˈsiːnərist] *n.* Ⓒ電影劇本作者。

‡**scene** [sin; siːn] 《源自希臘文「舞台」之義》**—***n.* **1** Ⓒ **a** (電影、電視等的特定)場景，一場：a love ~ 談情說愛的場面/the ~ where the boy shouts, "Shane, come back!" 男孩喊：「申，回來吧！」的場景。**b** [常 ~s] (戲劇、電影等的)舞台面，背景，佈景，道具布置：paint ~*s* 描畫佈景/shift the ~*s* 變換佈景[道具布置]。
2 Ⓒ **a** (如舞台面一般的)景色，風景，景象《⇨ view 3【同義字】；★比較scene 指受限制的個別景色，scenery 是集合稱的(尤指大自然的)全景》：photographs of street ~*s* 街景照片。**b** (社會的)情勢，情況，實況：the American ~ 美國實況《美國的政治、社會現況等》。
3 Ⓒ **a** (事件、故事等的)舞台，場面，現場；(浮現腦海中的)情景：the ~ of an accident 意外事件的現場/Criminals often return to the ~ of the crime. 罪犯常回到犯罪現場/The police arrived quickly *on* the ~. 警方迅速趕到現場/The ~ of this story is laid in London. 這個故事以倫敦為背景。**b** (使人想起戲劇、電影等情景似的)事件：A distressing ~ occurred. 慘案發生了。
4 Ⓒ (構成戲劇一幕(act)的)場《略作 sc.》：Act I, *S*~ ii 第一幕第二場《★讀法讀作act one, scene two》。
5 [用單數；與 "the + 修飾語" 連用] 《口語》…的舞台，…界：an intriguing newcomer *on the* rock-music ~ 搖滾樂界一顆極具吸引力的新星。
6 Ⓒ《口語》(不成體統的)大吵大鬧，醜態：His old girlfriend made[created] a ~ at his wedding. 他的舊女友在他的婚禮上大吵大鬧。
behìnd the scénes (1)在後台，在幕後。(2)在裏面，暗中，秘密地。(3)熟悉內幕。
còme on the scéne 登場，出現。
sèt the scéne 設定〔…的〕舞台，準備〔…〕〔*for*〕。

scéne pàinter *n.* Ⓒ **1** (舞台的)背景畫家。**2** 風景畫家。

***scen·er·y** [ˋsinərɪ; ˈsiːnəri] *n.* Ⓤ [集合稱] **1** (一個地方整體的)風景，景色 (⇨ view 3【同義字】；cf. scene 2 比較)：the ~ *in* Scotland 蘇格蘭的景色/admire the mountain ~ 欣賞山景。
2 (戲劇的)舞台面，道具布置，背景。

scéne·shìfter *n.* Ⓒ(戲院)移換佈景者，後台工作人員，道具員，撿場。

scéne-stèaler *n.* Ⓒ《口語》**1** 比名演員更出風頭[搶鏡頭]的配角。**2** (非中心人物而)大出風頭的人。

sce·nic [ˋsinɪk, ˋsɛn-; ˈsiːnik, ˈsen-] 《scene 的形容詞》**—***adj.* **1 a** 景色的，風景的：~ wallpaper 畫有風景的壁紙/~ beauty 風景之美，勝景。**b** 景致好的，風光明媚的：a ~ highway 沿途風景幽美的公路/a ~ route 觀光路線/a ~ spot 風景區，名勝地。
2 舞台(上)的；(舞台)背景的：~ effects 舞台效果/a ~ artist (舞台的)背景畫家。
3 〈繪畫、雕刻等〉描畫場景的。
scé·ni·cal·ly [-klɪ; -kəli] *adv.*

scénic ráilway *n.* Ⓒ在觀光樂園、休閒地等搭載旅客作短程遊覽的鐵路。

sce·nog·ra·phy [siˋnɑgrəfɪ; siːˈnɔgrəfi] *n.* Ⓤ配景圖法；寫景術。

***scent** [sɛnt; sent] *n.* **1** Ⓒ氣味；(尤指好的)氣味，香(味) (⇨ smell 2【同義字】)：a sweet ~ 芳香/the ~ of lilac 紫丁香的香氣。
2 Ⓒ [常用單數] (野獸、人走過後留下的)臭跡，臭味，蹤跡，線索：a cold ~ 微淡的[經過一段長時間的]臭跡/a hot ~ 強烈的[留下不久的]臭跡/follow up the ~ 〈獵犬等〉聞着臭跡追趕；〈人〉循着線索追查/lose the ~ 〈獵犬等〉失去臭跡；〈人〉失去線索。
3 [*a* ~] **a** (獵犬等的)嗅覺：Dogs have *a* keen ~. 狗有敏銳的嗅覺。**b** [嗅出…的]直覺(力)〔*for*〕：He has *a* good ~ *for* talent. 他具有發掘人才的直覺力。**c** 覺察〔…的〕跡象〔*of*〕：catch *a* ~ *of* danger 覺察到危險。
4 Ⓤ [指種類時為Ⓒ]《英》香水：wear ~ 擦香水。
òff the scént 失去臭跡[斷了線索]的，被甩掉的：The criminal managed to throw[put] the police *off the* ~. 那名罪犯擺脫了警方的追蹤。
on the scént 嗅出(臭跡)；獲得線索：They were *on the* ~ *of* a new plot. 他們查獲了新陰謀的線索。
—*v.t.* **1 a** 〔十受〕嗅…的氣味：The dog ~*ed* the air. 那隻狗嗅四周的空氣。**b** 〔十受(十副)〕〈獵犬等〉嗅出，聞出〈獵物等〉〈*out*〉：The hound ~*ed* (*out*) a fox. 那頭獵犬嗅出狐狸的蹤跡。
2 a 〔十受〕〈人〉探出〈秘密等〉；察覺〈危險等〉的存在：~ gossip 聽到(關於某人的)閒話/~ danger 察覺到危險。**b** 〔十 *that*_〕察覺，發覺〈…事〉：He ~*ed that* trouble was brewing. 他察覺麻煩事正在醞釀中[他預感到問題即將發生]。
3 〔十受〕使香味[氣]充滿…《★常以過去分詞當形容詞用；⇨ scented 1 b》。
4 〔十受〕擦[灑]香水於…：~ one's handkerchief 在手帕上灑香水。

—*v.i.* **1** 〔(十副)＋介＋(代)名〕〈獵犬等〉循着臭跡〔追蹤…〕〈*about*〉〔*after*〕: Dogs ~*ed* (*about*) *after* game. 狗(四處)聞着, 尋找獵物。**2** 〔十介＋(代)名〕有〔…的〕氣味〔*of*〕: The air ~*s of* spring. 空氣中飄着春天的氣息。

scént bàg *n.* Ⓒ(麝鹿等之)香囊。

scént bòttle *n.* Ⓒ香水瓶。

scént·ed *adj.* **1 a** 有香味的, 芳香的。**b** [不用在名詞前]〔十介＋(代)名〕充滿〔…〕香味的〔*with*〕(cf. scent *v.t.* 3): The room was ~ *with* flowers. 那個房間充滿花香。**2** 灑[擦]有香水的, 裝有香水的: ~ soap 香皂。

scént·less *adj.* **1** 無香味的, 無臭的。**2** (狩獵時)臭跡消失的。

scep·ter [ˋsɛptɚ; ˈseptə] *n.* **1** Ⓒ(帝王持於手中象徵王權的)權杖, 王節, 寶杖(⇨ regalia 插圖)。**2** [the ~] 王權, 王位; 主權: wield *the* ~ 君臨[統治]。

scep·tic [ˋskɛptɪk; ˈskeptik] *n.*, *adj.* 《英》＝skeptic.

scép·ti·cal [-tɪkḷ; -tikl] *adj.* 《英》＝skeptical.

scép·ti·cism [-təˏsɪzəm; -tisizəm] *n.* 《英》＝skepticism.

scep·tre [ˋsɛptɚ; ˈseptə] *n.* 《英》＝scepter.

***sched·ule** [ˋskɛdʒul; ˈʃedju:l] «源自拉丁文「papyrus 紙片」之義»—*n.* Ⓒ **1 預定(表), 計畫**: a publishing ~ 出版預定[計畫]表/one's work ~ 工作預定表/My ~ *for* next week is very tight. 我下週預定要做的事排得很緊/What is *on* the ~ (*for*) today? 今天預定要做的事是什麼?

2 a 《美》**時間表**(timetable): a class ~ 課程表/a train ~ 火車時刻表。**b** 表, 一覽表: a ~ of charges 收費表。**c** (文件等另附的)清單, 明細表, 附帶的細則。

(accòrding) to schédule (1)按照預定[時間表]。(2)依照計畫。

ahèad of schédule 比預定(的時間)提早, 比預定(的進度)快。

behìnd schédule 比預定(的時間)落後, 比預定(的進度)慢: The train is an hour *behind* ~. 這班列車比預定的時間慢了一小時。

on schédule 按照預定, 按照時間表, 準時。

—*v.t.* **1** 〔十受〕**將…列入時間表中; 預定, 安排…**: The bus company has ~*d* six special buses for hikers. 巴士公司爲徒步旅行者安排了六部專車。

2 a 〔十受＋介＋(代)名〕**把〈事物〉預先安排〔在…時間〕**〔*for*〕《★常用被動語態》: The match *is* ~*d for* Monday [1 p.m.]. 比賽定在星期一[下午一點鐘]。**b** 〔十受＋ *to* do〕預定〈人、事物〉〈做…〉《★常用被動語態, 變成「預定…」的意思》: He *is* ~*d to* have an operation this afternoon. 預定今天下午爲他施行手術/The trial *is* ~*d to* start on October 10. 審判定於十月十日開始。

Sche·her·a·za·de [ʃəˏhɛrəˋzadə; ʃiˏhiərəˈzɑ:də] *n.* 薛拉莎德(「天方夜譚」中波斯王之妻, 據說她在一千零一夜間, 每晚講有趣的故事給國王聽, 因而免遭殺身之禍)。

sche·ma [ˋskimə; ˈski:mə] *n.* Ⓒ(*pl.* ~·**ta** [~tə; ~tə]) **1** 圖表, 圖解, 略圖。**2** 概要, 綱要。

sche·mat·ic [skiˋmætɪk; skiˈmætik, ski:ˈm-ˊ] «schema 的形容詞»—*adj.* **1** 圖表的, 圖解式的。**2** 概要的, 要略的。

sche·mát·i·cal·ly [-kḷɪ; -kəli] *adv.*

sche·ma·tize, sche·ma·tise [ˋskiməˏtaɪz; ˈski:mətaiz] «schema 的動詞»—*v.t.* 把…圖解化。

***scheme** [skim; ski:m] «源自希臘文「形」之義»—*n.* Ⓒ **1 a** (周密有組織的)**計畫, 方案**〔*for*〕: a ~ *for* build*ing* a new highway 建設新公路的方案。**b** 《英》(政府、公司等正式的)事業計畫: a governmental nuclear power generation ~ 政府的核能發電計畫。

2 a (邪惡的)**計謀, 陰謀**。**b** 〔十 *to* do〕〈做…的〉圖謀, 詭計: Their ~*s to* evade taxes were very crafty. 他們逃稅的計謀非常狡猾。

3 a 組織, 機構, 體系, 結構: a ~ of philosophy 哲學的體系/the present ~ of society 現存的社會結構/in the ~ of things 在事物的組成[性質]方面。**b** 配合, 構成: ⇨ color scheme/a painter's ~ of color 某畫家的(對)色彩之調配。

4 一覽表, 分類表: a ~ of postal rates 郵資一覽表。

—*v.i.* **1 a** 〔十介＋(代)名〕圖謀〔…〕〔*for*〕: He is *scheming for* the collapse of the Government. 他在圖謀顛覆政府。**b** 〔十 *to* do〕策劃〈做…〉: He ~*d to* become president. 他處心積慮地想當總統。

2 〔十介＋(代)名〕策劃〔反對…〕〔*against*〕: He was arrested for *scheming against* the president. 他因策劃反對總統而被捕。

—*v.t.* 〔十受(十副)〕圖謀, 計畫…〈*out*〉.

schém·er *n.* Ⓒ **1** 計畫者, 設計者。**2** 陰謀者, 策士。

schém·ing *adj.* 詭詐的, 狡猾的: a ~ politician 一位善於計謀[老謀深算]的政客。

scher·zo [ˋskɛrtso; ˈskeətsou] «源自義大利語「戲謔」之義»—*n.* Ⓒ(*pl.* ~**s**, **-zi** [-tsi; -tsi:])《音樂》諧謔曲。

Schil·ler [ˋʃɪlɚ; ˈʃilə], **Johann Christoph Friedrich** von *n.* 席勒(1759-1805; 德國詩人及劇作家)。

schil·ling [ˋʃɪlɪŋ; ˈʃiliŋ] *n.* Ⓒ **1** 西令(奧地利的貨幣單位; 符號 S, S.)。**2** 一西令的貨幣。

schism [ˋsɪzəm; ˈsizəm] *n.* ⓊⒸ(團體的)分離, 分裂; (尤指教會、宗教的)派系, 派別。

schis·mat·ic [sɪzˋmætɪk; sizˈmætik ˊ] «schism 的形容詞» —*adj.* 分離[分裂]的。

—*n.* Ⓒ教會[宗派]分離論者, 分裂宗教[教會]的人。

schist [ʃɪst; ʃist] *n.* Ⓤ《地質》片岩。

schis·to·so·mi·a·sis [ˏʃɪstəsoˋmaɪəsɪs; ˌʃistəsouˈmaiəsis] *n.* Ⓤ《醫》住血吸蟲病; 血吸蟲病。

schiz·o [ˋskɪtso, ˋskɪzo; ˈskitsou] «schizophrenic 之略»—*n.* Ⓒ (*pl.* ~**s**)《口語》精神分裂症患者。

schiz·o·gen·e·sis [ˏskɪzəˋdʒɛnəsɪs, ˏskɪtsə-; ˌskitsəˈdʒenisis] *n.* Ⓤ《生物》分裂生殖(靠裂殖法生殖)。

schiz·oid [ˋskɪtsɔɪd, ˋskɪzɔɪd; ˈskitsɔid]《醫》*adj.* 精神分裂症傾向的, 精神分裂病樣的。

—*n.* Ⓒ精神分裂病樣患者。

schiz·o·phre·ni·a [ˏskɪtsəˋfrinɪə, ˏskɪzə-; ˌskitsəˈfri:njə] *n.* Ⓤ《醫》精神分裂症(cf. split personality).

schiz·o·phren·ic [ˏskɪtsəˋfrɛnɪk, ˏskɪzə-; ˌskitsəˈfrenik ˊ]《醫》*adj.* 精神分裂病的。

—*n.* Ⓒ精神分裂病患者。

schìz·o·phrén·i·cal·ly [-kḷɪ; -kəli] *adv.*

schiz·zy, schiz·y [ˋskɪtsɪ, ˋskɪzɪ; ˈskitsi] *adj.* 《俚》＝schizophrenic.

schle·miel, schle·mihl [ʃləˋmil; ʃləˈmi:l] *n.* Ⓒ《俚》笨手笨脚的人; 笨蛋。

schlep(p) [ʃlɛp; ʃlep] *v.i.* (**schlepped**; **schlep·ping**)緩慢地移動。

—*n.* Ⓒ《俚》笨蛋, 蠢貨。

schli·ma·z(e)l [ʃlɪˋmazḷ; ʃliˈmɑ:zəl] *n.* Ⓒ《俚》無能而又經常運氣不佳者。

schlock [ʃlak; ʃlɔk] 《美俚》*adj.* 低賤的, 不值錢的: ~ TV programs 低級的電視節目。—*n.* Ⓤ不值錢的東西。

schmaltz, schmalz [ʃmalts; ʃmɑ:lts] *n.* Ⓤ(音樂、文學等的)極端的感傷主義; 感傷的曲調[藝術]。

schmaltz·y [ˋʃmaltsɪ; ˈʃmɑ:ltsi] *adj.*

schmear [ʃmɪr; ʃmiə] *n.* Ⓒ《俚》事情, 事件; 事務。

schmuck [ʃmʌk; ʃmʌk] «源自意第緒語(Yiddish)» —*n.* Ⓒ《俚》笨蛋; 粗鄙的人。

schnapps [ʃnæps; ʃnæps] *n.* Ⓤ [指個體時爲Ⓒ] 一般的烈酒(酒精含量多的蒸餾酒, 尤指荷蘭的杜松子酒)。

schnau·zer [ˋʃnaʊzɚ; ˈʃnauzə] *n.* Ⓒ髯狗(原產於德國的一種獵犬)。

schnit·zel [ˋʃnɪtsḷ; ˈʃnitsl] *n.* Ⓒ [當作菜名時爲Ⓤ] 油炸的小牛肉薄片。

schnor·kel [ˋʃnɔrkḷ; ˈʃnɔ:kl] *n.* ＝snorkel.

‡schol·ar [ˋskalɚ; ˈskɔlə] «源自拉丁文「到學校去的人」之義» —*n.* Ⓒ **1** (尤指人文科學領域的)**學者**: an eminent Shakespeare ~ 研究莎士比亞的著名學者。**2** 領獎學金的人, (成績優異的)免學費學生(cf. scholarship 2): a British Council ~ 領英國文化振興會(British Council)獎學金的學生。**3** [常用否定句]《口語》受過教育的人, 有學問的人: He *isn't* much of a ~. 他沒受過什麼教育[他的文化程度不高]。**4** 《文語·古》學生。

a schólar and a géntleman 受過教育而且有好教養的人。

schól·ar·ly *adj.* **1** 有學者風度的, 學究型的。**2** 學術上的(↔ popular): a ~ journal 學術性刊物。

***schol·ar·ship** [ˋskalɚˏʃɪp, ˈskɔləʃip] *n.* **1** [常與特定名稱連用作 S~] Ⓒ**獎學金, 育英基金[制度]**: a ~ association [society] 育英會/receive a ~ *to* Yale University 獲得進耶魯大學的獎學金/study *on* a Fulbright [ˋfʊlbraɪt; ˈfulbrait] *S*~ 靠領美國傅爾布萊特獎學金讀書。

【說明】英國的大專學生約有九成左右都可領到公立或私立基金會的獎學金。美國也模倣英國的制度, 但一般說來, 獎學金只夠付學費, 因此學生打工的情形很普遍。在英國, 大學教授通常規勸學生不要去打工。

2 Ⓤ(尤指人文科學的)**學問; 學識, 博學**: a man of great ~ 博學者。

scho·las·tic [skoˋlæstɪk; skəˈlæstik] «源自拉丁文「學校的」之義; scholar的形容詞» —*adj.* **1** [用在名詞前] **a** 學校的, 學校教育的: a ~ institution 教育設施, 學校/~ attainments 學業成績/the ~ profession 教職。**b** 學者的, 學問的: ~ life 學者的生活。**2** [常 S~] [用在名詞前] (中世紀之)煩瑣哲學的。**3** 以學者自居的, 炫耀才學的。

—*n.* Ⓒ **1** [常 S~] (中世紀之)煩瑣哲學家。**2** 以學者自居的人。

scho·lás·ti·cism [-təˏsɪzəm; -tisizəm] *n.* [常 S~] Ⓤ (中世紀之)煩瑣哲學。

‡school¹ [skul; sku:l] «源自希臘文「餘暇」→「利用餘暇學習」→「學習場所」之義»—*n.* **1** Ⓒ[常構成複合字](作爲設施、校舍的)**學校**《★[用法]一般指小學、中學、高中的學校，但美國有時大學也稱 school》：⇨ nursery school, primary school, secondary school, high school/build a new ～ 興建一所新學校/keep[run] a ～ 創辦[開設](私立)學校/teach in a ～ 在學校教書，當教師/He is *at* the ～. 他在上學《★[用法]作此義時不用冠詞，一般用 He is at school. ⇨ cf. 2》.

【說明】(1)**美國的學校制度**：美國教育制度的權限隸屬於各州，沒有全國共同統一的學校制度，義務教育年限也因州、郡而異。從小學到中學共計十二年，現在最普遍的制度爲 6-3-3 制，6-2-4 制，8-4 制或 6-6 制等。就 6-3-3 制的情形來說，最初的六年爲 elementary school(小學)，通常六歲入學，中間的三年稱爲 junior high school，後三年則稱 senior high school. 4-4-4 制的情形則最初的四年稱爲 elementary[一部分稱 primary] school，中間四年稱 middle school，後四年稱 high school. 小學、初級中學的私立學校約佔 11%，大半由教會設立經營。另外，小學之前還有兩年的幼稚園(kindergarten)學前教育。英美兩國各學校新學年通常在九月開始。
(2)**英國的學校制度**：英國沒有全國劃一的教育制度，義務教育在五至十六歲的十一年期間實施，公立學校體系以十一歲爲劃分界線，十一歲以前稱爲初級教育，以後則稱中等教育。實施初級教育的是 primary school(小學)，有的地區將這個階段的教育分成五至七歲間的 infant school(幼兒學校)與七至十一歲的 junior school(小學)；也有地區則分爲 first school(五至八歲或九歲)，middle school(八至十二歲或九至十四歲)。中等教育在十一至十六歲或十八歲時結束。公立的中等學校依照1944 年的教育法，成爲系列化的 grammar school, (secondary) modern school, (secondary) technical school 三種學校，但現在多半綜合或改爲 comprehensive school. 不接受公費補助的初級、中級階段的私立學校稱爲 independent school, 其中也包括以八至十三歲爲對象的 preparatory school 以及升學爲主的 public school.
(3)美國的高中生通常在學校的自助餐廳(cafeteria)吃午餐。高中的餐廳，通常校外的人不能進去，但大學裡的餐廳往往對外開放。午餐的菜單通常是豬肉、牛肉或魚，附加一些土司。飲料是咖啡、紅茶、牛奶或果汁。另外較受歡迎的是 soup and sandwiches(三明治附湯)及 soup and salad(沙拉附湯)。
(4)在英國及澳洲的公立學校裡沒有什麼社團活動，因此如果想參加社團或俱樂部，必須到校外申請。在美國雖有社團活動，但其多寡因州而異。其中有一個有趣的社團稱作 future teacher's club, 參加的高中生還可以到附近小學去試教。
(5)從小學到高中階段，學校老師叫學生時，習慣上直呼其名(first name)而不叫姓，如 Tom, Mary 等。而學生對男老師的稱呼用 Mr., 對女老師則用 Miss 或 Mrs., 加上老師的姓(family name)，如 Mr. Brown, Miss Brown 等。在大學及研究所裡，老師與學生有時相互用名字(first name)稱呼。但在點名查堂時，則以全名(full name)稱呼學生，而學生回答「有」或「到」時要說 Present (sir, ma'am), 或 Here, (sir, ma'am). 學生的成績單(report card)通常是一年發一次。

2 Ⓤ[無冠詞](有學校教育意義的)**學校，就學**《★[用法]有關 high school, art school 等複合字的用法也相同》：⇨ go to SCHOOL/start ～ 〈小孩〉上學，就學/send[put] a child to ～ 送小孩上學，使小孩就學/finish ～ 完成學業，畢業/leave ～ 畢業；退學；放學/teach ～《美》在學校教書，當教師/My son is old enough for ～. 我的兒子已到了入學年齡/His daughter is still *in* [*at*] ～. 他的女兒還在就學《★[用法]《美》主要用 in,《英》用 at；cf. 1》/He went to ～ at Eton. 他進入伊頓學院。
3 Ⓤ[無冠詞]**授課，上課；上課的日子**：after ～ 放學後/be late for ～ 上課遲到/We have no ～ today. 我們今天不上課《學校放假》/*S*～ begins at 8:30. 八點半開始上課/*S*～ starts [ends] tomorrow. 明天開學[開始放假]。
4 Ⓒ[常 the ～；集合稱]**全校師生**《★[用法]視爲一整體時當單數用，指全部個體時當複數用》：*The* whole ～ knows[know] it. 全校的人都知道那件事。
5 Ⓒ **a** [常構成複合字](教授特殊技能的)**學校，研習所，訓練班，養成所**：a driving ～ 汽車駕駛訓練班/a finishing ～ 女子精修學校/a trade[vocational] ～ 職業訓練學校。**b** (修行等的)道場，鍛鍊的地方：in the hard ～ *of* adversity 在逆境的磨練場。
6 Ⓒ **a** (大學的)**院，系**，(研究所的)**學院；研究所**：the Yale Law *S*～＝the Yale *S*～of Law 耶魯大學法學院(研究所)《★[比較]後者是較爲拘泥的說法》/Harvard Business *S*～ 哈佛大學商學院(研究所)/⇨ GRADUATE school. **b** 其建築物，校舍。
7 Ⓒ **a** (學問、藝術等的)**流派，學派，派別**：the classical ～ (文學、藝術史上的)古典派/the romantic ～ (文學、藝術史上的)浪漫派/the ～ of Plato 柏拉圖學派/Raphael and his ～ 拉斐爾及其流派。**b** (生活等的)作風：a gentleman of the old ～ 老派的紳士。
gò to schóol (1)上學，就學。(2)通學：Where do you *go to* ～? 你在哪裏上學？
schóol of thóught (*pl.* **schools of thought**)有相同思想[意見]的人；學派，流派。
—*adj.* [用在名詞前]學校的：～ education[life] 學校教育[生活]/～ fees 學費/a ～ library 學校圖書館/～ supplies 教學用品。
—*v.t.* **1** 〔十受〕教育〈人〉，使〈人〉受教育：He was ～*ed* by adversity. 逆境使他學到很多事。
2 **a** 〔十受〕調教〈馬等〉：～ a horse 調教馬。**b** 〔十受十 *to* do〕教育，訓練〈某人〉〈做…〉。**c** 〔十受十 *to* do〕[～ *oneself*]修養，培養自己〈做…〉：*S*～ *yourself to* control your temper. 學習控制自己的脾氣。**d** 〔十受十介十(代)名〕充分教導〈某人〉〔…〕〔*in*, *to*〕：～ an athlete *in* tim*ing* 訓練選手善於掌握時機/She is well ～*ed in* languages. 她在語言方面受到很好的訓練。**e** 〔十受十介十(代)名〕[～ *oneself*]鍛鍊，訓練〔…〕〔*in*, *to*〕：He ～*ed himself to* patience. 他訓練自己的耐心。

school² [skul; sku:l] *n.* Ⓒ (魚、鯨等的)羣，隊〔*of*〕(⇨ group【同義字】)：in ～*s* 成羣地/a ～ *of* sardines[porpoises] 一羣沙丁魚[海豚]。
—*v.i.* 〈魚〉成羣，成羣結隊地游。

school of porpoises
(海豚羣)

schóol àge *n.* Ⓤ **1** 學齡，就學年齡。**2** 義務教育年限。
schóol·bàg *n.* Ⓒ書包。
schóol bòard *n.* Ⓒ《美》(學區的)教育委員會。
schóol·bòok *n.* Ⓒ教科書。
school·boy ['skul,bɔɪ; 'sku:lbɔi] *n.* Ⓒ (小學、初中、高中的)**男學生**《★此字予人尙年幼的感覺，美國不太使用；cf. schoolgirl》. ～**·ish** *adj.*
schóol bùs *n.* Ⓒ校車。

【說明】在歐美校車通常是用來接送小學兒童的，但近來初中、高中裡如果通學生很多，校方也常有校車接送。校車大小和公共汽車差不多，多半漆成黃色，車前上方寫著很大的 SCHOOL BUS. 接送小學生的校車上通常有一位照顧兒童安全的女子，稱作 bus mother；cf. busing【說明】

schóol·chìld *n.* Ⓒ (*pl.* **-children**) 學童《schoolboy 或 schoolgirl》.
schóol dày *n.* **1** Ⓒ授課日：on a ～ 學校授課的日子。**2** [**one's** ～**s**] (過去)求學[學生]時代：in one's ～*s* 在學生時代。
schóol dìstrict *n.* Ⓒ《美》學區。
schóol edìtion *n.* Ⓒ書籍的教科書版本。
schóol·fèllow *n.* ＝schoolmate.
school·girl ['skul,gɜl; 'sku:lgə:l] *n.* Ⓒ (小學、初中、高中的)**女學生**(cf. schoolboy).
schóol hóuse *n.* Ⓒ《英》(public school 或 boarding school 的)校長宿舍。
schóol·hòuse *n.* Ⓒ (尤指鄉下小學的小)校舍。
schóol·ing *n.* Ⓤ **1 a** 學校教育：He has little real ～. 他幾乎沒受過正式的學校教育。**b** (函授教育的)教室授課。**2** 學費。**3** (馬的)調教。
schóol inspèctor *n.* Ⓒ督學。
schóol-lèaver *n.* Ⓒ《英》離校者。

【說明】英國的小學、初中沒有「畢業」這件事，只要到達法定義務教育年齡的十六歲，在該學期末以後可隨時離開學校。

schóol·mà'am, schóol·màrm [-,mam, -,marm; -ma:m] *n.* Ⓒ《口語・謔》**1** (頭腦古板的鄉下或小鎭)女教師。**2** (老派，愛嘮叨而嚴厲的)教師型女子。
schóol·man [-mən; -mən] *n.* Ⓒ (*pl.* **-men** [-mən; -mən]) **1** [常 S～] (中世紀的)煩瑣哲學家，煩瑣派學者。**2** 《美》(學校)教師。
schóol·màster *n.* Ⓒ《英》**1** (小學、初中、高中的)男教師。**2** ＝headmaster 1.
schóol·màte *n.* Ⓒ同學(cf. classmate).
schóol·mìstress *n.* Ⓒ《英》**1** (小學、初中、高中的)女教師。**2** ＝headmistress.
schóol repòrt *n.* Ⓒ《英》成績單(《美》report card).
schóol·ròom *n.* Ⓒ教室《★[比較]一般用 classroom》.
schóol·tèacher *n.* Ⓒ (小學、初中、高中的)教員，教師《★《英》指幼兒學校或小學教員》。
schóol·tèaching *n.* Ⓤ教職。

S

schóol tíe *n.* ＝old school tie.

schóol·tìme *n.* **1** Ⓤ授課時間。**2** Ⓒ〔常～s〕學生〔求學〕時代。

schóol·wòrk *n.* Ⓤ功課，學業（成績）：neglect one's ～ 疏忽功課，不唸書。

schóol·yàrd *n.* Ⓒ校園，運動場。

schóol yéar *n.* Ⓒ學年《★英美通常指九月至六月》。

schoo·ner [ˋskunɚ; ˈsku:nə] *n.* Ⓒ **1**（通常有二桅或三桅以上的）縱帆式帆船。**2** ＝prairie schooner. **3 a**《美》（有把手的）大啤酒杯。**b**《英》（喝雪利酒等用的）高腳杯。

schooner 1

schóoner-rìgged *adj.* 有縱帆裝置的；縱帆式的。

Scho·pen·hau·er [ˋʃopənˏhauɚ; ˈʃoupənhauə], **Arthur** *n.* 叔本華《1788–1860；德國哲學家》。

schot·tische [ˋʃatɪʃ; ʃɔˈti:ʃ] 《源自德語》**—***n.* Ⓒ **1** 一種十九世紀流行的類似波加舞（polka）的二拍子輪旋舞。**2** 此種舞蹈之舞曲。

Schu·bert [ˋʃubɚt; ˈʃu:bət], **Franz** *n.* 舒伯特《1797–1828；奧地利的作曲家》。

Schu·ber·tian [ʃuˋbɝʃən; ʃu:ˈbə:ʃn] *adj.* 舒伯特的，舒伯特式的。**—***n.* 舒伯特之崇拜者。

Schu·mann [ˋʃumən; ˈʃu:mən], **Robert** *n.* 舒曼《1810–56；德國作曲家》。

S

schuss [ʃus; ʃus] 《源自德語「子彈」之義》**—***n.* Ⓒ（滑雪的）直線高速滑行：make a ～ down a hill 以直線高速滑下山丘。
—*v.i.* 直線高速滑行。

schwa [ʃwa; ʃwɑ:] *n.* Ⓒ《語音》**1** 非重元音，輕母音《如 *a*bout 的 *a* [ə]，circ*u*s 的 *u* [ə]等》。**2** 輕母音的符號 [ə]：⇨ hooked schwa.

Schweit·zer [ˋʃwaɪtsɚ; ˈʃwaitsə], **Albert** *n.* 史懷哲《1875–1965；法國的醫師、哲學家及傳教士，一生在非洲從事醫療與傳教工作，曾獲一九五二年諾貝爾和平獎》。

sci.《略》science；scientific.

sci·am·a·chy [saɪˋæməkɪ; saiˈæməki] *n.*（*pl.* **-chies**）Ⓒ同影子作戰；同想像之敵人作戰；假想戰。

sci·at·ic [saɪˋætɪk; saiˈætik] *adj.* **1** 坐骨的：the ～ nerve 坐骨神經。**2**（患）坐骨神經痛的：～ pain 坐骨神經的疼痛。

sci·at·i·ca [saɪˋætɪkə; saiˈætikə] *n.* Ⓤ《醫》坐骨神經痛。

‡**sci·ence** [ˋsaɪəns; ˈsaiəns] 《源自拉丁文「知識」之義》**—***n.* **1 a** Ⓤ（作爲體系化知識的）科學；（尤指）自然科學；理科：a man of ～ 科學家/the laws of ～ 科學的法則/*S*～ is verified knowledge. 科學是被證實的知識。**b** ⓊⒸ（細分的各）科學，…學：applied [practical] ～ 應用[實用]科學/medical ～ 醫學/⇨ natural science, political science/Economics and sociology are social ～*s*. 經濟學與社會學是社會科學。**2** Ⓤ（由運動、烹調等訓練而獲得的）技術：the ～ of cooking 烹調技術/He has more ～ than strength. 他的技巧優於他的氣力。
hàve...dówn to a scíence 掌握…的秘訣，熟練於…。

scíence fíction *n.* Ⓤ科幻小說《略作SF, sf》。

‡**sci·en·tif·ic** [ˏsaɪənˋtɪfɪk; ˌsaiənˈtifik] 《science 的形容詞》**—***adj.*（**more** ～；**most** ～）**1**〔用在名詞前〕（無比較級、最高級）科學的；自然科學（上）的；理科的：a ～ discovery 科學上的發現/a ～ instrument 科學儀器/ ～ knowledge 科學知識。**2** 科學上的，精確的，嚴謹的；有系統的：～ farming [management] 合乎科學的耕作[經營]。**3**（競賽等）善於技巧的：a ～ boxer 技巧熟練的拳擊手。
sci·en·tíf·i·cal·ly [-klɪ; -kəli] *adv.*

sci·en·tism [ˋsaɪənˏtɪzəm; ˈsaiəntizəm] *n.* Ⓤ **1** 科學主義；科學家的態度[方法]。**2** 科學的語言，擬似科學的語言。

‡**sci·en·tist** [ˋsaɪəntɪst; ˈsaiəntist] *n.* Ⓒ科學家；（尤指）自然科學家。

sci·en·tol·o·gy [ˏsaɪənˋtalədʒɪ; ˌsaiənˈtɔlədʒi] *n.* Ⓤ信仰療法，精神療法《結合宗教與心理學，主張經由某種課程與心理途徑，便可發揮個人最大潛力而達到增進健康的效果》。

sci-fi [ˋsaɪˋfaɪ; ˈsaiˈfai] 《*sci*ence *fi*ction 之略》**—***n.* Ⓤ《口語》科幻小說，SF.

scil·i·cet [ˋsɪlɪˏsɛt; ˈsailiset] 《源自拉丁文 'it is permitted to know' 之義》**—***adv.* 就是，換言之《略作scil., sc.》。

scim·i·tar [ˋsɪmətɚ; ˈsimitə] *n.* Ⓒ（阿拉伯人、土耳其人、波斯人等使用的）單刃彎刀，偃月刀。

scin·til·la [sɪnˋtɪlə; sinˈtilə] *n.* [**a** ～] 微量，極微，一點點〔*of*〕：There's not *a* ～ *of* evidence. 沒有一點點證據[毫無證據]。

scin·til·late [ˋsɪntḷˏet; ˈsintileit] *v.i.* **1** 發出火花，（鑽石般）閃爍。**2 a**〈才氣、機智〉閃現。**b**〔十介十（代）名〕〈人、文章等〉〔才氣等〕橫溢〔*with*〕：The author ～*s with* wit. 該作者才智橫溢[才華煥發]。

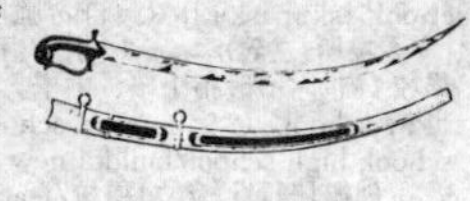

scimitar 及其 scabbard（鞘）

scín·til·làt·ing *adj.* **1** 閃閃發光的；閃爍的。**2 a**〈才氣等〉閃現的：～ wit 橫溢的才氣。**b**〈話、文章等〉充滿機智的：～ conversation 充滿機智的談話。～**·ly** *adv.*

scin·til·la·tion [ˏsɪntḷˋeʃən; ˌsintiˈleiʃn] 《scintillate 的名詞》**—***n.* Ⓤ **1** 火花的迸出，閃爍。**2**（才氣的）閃現，（才華的）煥發。

sci·o·lism [ˋsaɪəˏlɪzəm; ˈsaiəlizəm] *n.* Ⓤ淺學，膚淺的知識；一知半解。

sci·o·list [ˋsaɪəlɪst; ˈsaiəlist] *n.* Ⓒ淺學之人；一知半解者；半瓶「醋」。

sci·o·lis·tic [ˏsaɪəˋlɪstɪk; ˌsaiəˈlistik] *adj.* 淺學（者）的；一知半解（者）的。

sci·on [ˋsaɪən; ˈsaiən] *n.* Ⓒ **1**（爲接枝或栽種而剪下的）芽，小枝。**2**《文語》（貴族、名門的）子孫，後裔〔*of*〕.

scis·sile [ˋsɪsḷ; ˈsisail] *adj.* 可以切割的；易於割裂的。

scis·sion [ˋsɪʒən; ˈsiʒən] *n.* Ⓤ切斷；分離，分裂，剪斷。

scis·sor [ˋsɪzɚ; ˈsizə] 《scissors 的逆成字》**—***v.t.* **1**〔十受十副〕（用剪刀）剪斷，剪下…〈*out, off*〉. **2**〔十受十介十（代）名〕〔從…〕剪下，剪取…〔*out of*〕：～ an article *out of* a newspaper 從報紙上剪下一篇文章。

scis·sors** [ˋsɪzɚz; ˈsizəz] 《源自拉丁文「剪斷的工具」之義》**—n.* *pl.* **1** 剪刀《★用法 常當複數用，但有時也當單數用；當單數用時，一般都用 a pair of ～》：a pair [two pairs] of ～ 一[兩]把剪刀/ Where are my ～? 我的剪刀在哪裏？**2** [**a** ～；當單數用] **a**《角力》用雙腳夾住對方的頭或身體的攻法。**b**《體操》交叉。

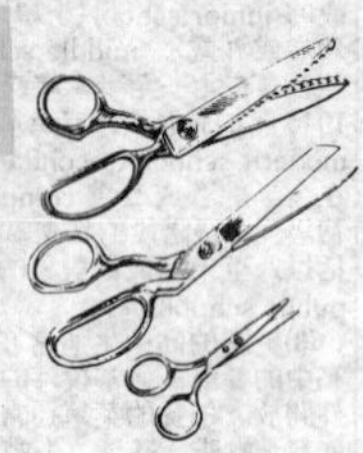

three pairs of scissors

scíssors-and-páste *adj.*《口語・輕蔑》（用漿糊與剪刀把別人的著作適當地）剪接的；剪貼的：This book is just a ～ job. 這本書不過是東拼西湊而成的作品。

scíssors kìck *n.* Ⓒ《游泳》剪式打腿動作。

scle·ro·sis [sklɪˋrosɪs; ˌskliəˈrousis] *n.* ⓊⒸ（*pl.* **-ro·ses** [-siz; -si:z]）《醫》（動脈等的）硬化（症）（cf. arteriosclerosis）.

scle·rot·ic [sklɪˋratɪk; ˌskliəˈrɔtik] *adj.* **1**《植物》硬的；厚的。**2**《解剖》鞏膜的。**3**《醫》硬結的。

scoff[1] [skɔf; skɔf] *v.i.* **1** 嘲笑，嘲弄。**2**〔十介十（代）名〕嘲笑，瞧不起〔…〕〔*at*〕：～ *at* other's religion 嘲笑別人的宗教信仰/He ～*ed at* difficulties. 他把難事付諸一笑《他不把困難當作一回事》。
—*n.* **1** Ⓒ〔常～s〕嘲笑，嘲弄，冷嘲。**2**〔用單數；常**the** ～〕笑柄，笑料〔*of*〕：*the* ～ *of* the world 天下的笑話[笑柄]。～**·er** *n.*

scoff[2] [skɔf; skɔf]《英口語》*v.t.*〔十受（十副）〕狼吞虎嚥…，急忙地吃…〈*up, down*〉. **—***v.i.* 貪婪地吃。

scoff·er [ˋskɔfɚ; ˈskɔfə] *n.* Ⓒ嘲笑者。

scóff·ing·ly *adv.* 嘲笑地，瞧不起地。

scóff·làw *n.* Ⓒ《美俚》違反法律者《尤指飲用私酒者》。

‡**scold** [skold; skould] *v.t.*〔十受（十介十（代）名）〕〔因…理由〕（嘮叨地）責罵〈小孩等〉，（嚴厲地）申斥…〔*for*〕：Don't ～ the child without reason. 不可無緣無故地責罵小孩/She ～*ed* her son *for* be*ing* out late. 她責罵兒子在外面逗留得太晚。
—*v.i.*〔動（十介十（代）名）〕（嘮叨地）責罵，（嚴厲地）申斥〔小孩等〕〔*at*〕.
—*n.* Ⓒ〔常用單數〕愛罵人者；（尤指）嘮叨的女人。

scóld·ing *adj.*（尤指）〈女人〉嘮叨罵人的，愛叱責人的。
—*n.* ⓊⒸ叱責，責罵：give [get, receive] a good ～（*for*...）（因…理由而）痛罵[挨了大罵]。

scol·lop [ˋskaləp; ˈskɔləp] *n., v.* ＝scallop.

sconce [skans; skɔns] *n.* Ⓒ（裝於牆上等的）突出的燭臺；突出的燭臺式電燈。

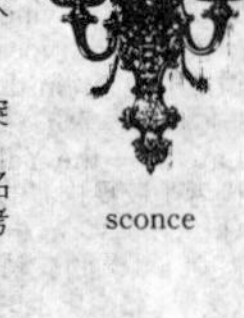

sconce

scone [skon; skɔn, skoun] *n.* Ⓒ〔當作點心名時爲Ⓤ〕一種加入醱酵粉（baking powder）烤成的小型柔軟麵包《剝開成兩半沾奶油吃》。

Scone [skun; sku:n] *n.* ★用於下列成語。
the Stóne of Scóne 史昆石。

【說明】從前在蘇格蘭伯斯(Perth [pɝθ; pə:θ])郊外的村莊一史昆(Scone)的宮殿內，爲蘇格蘭王加冕時所坐的石頭，1296 年時移至西敏寺(Westminster Abbey)，成爲英國王加冕寶座下面的一塊石頭。

scoop [skup; sku:p] *n.* Ⓒ **1 a** (舀取穀物、糖、煤等的)杓子。**b** (半球狀、有柄的)舀取冰淇淋[馬鈴薯泥]的用具。**2** (疏浚機、電鏟等的)舀泥用具，鉛桶。**3 a** 一舀，舀取，汲取：at one ～ 一舉，一下子 / make a ～ with one's hand 用手迅速地舀取。**b** 一舀[杓，鏟]的量〔*of*〕：I used three ～*s of* flour and one (～) *of* sugar. 我用了三杓麵粉和一杓糖。**4**《口語》(報紙的)特訊，獨家報導：The newspaper got a ～ *on* the airplane crash. 該報獨家報導了那次飛機失事事故。**5**《口語》(搶先別人的)大撈一票，發大財：He made a ～ *with* the shares. 他在股票上賺了大錢。

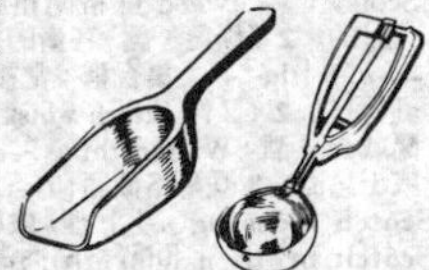

a b

scoop 1

—*v.t.* 1 a 〔十受(十副)〕舀取，汲取，(用鏟子)挖起，挖出…〈*up, out*〉：～ ***up*** snow 挖起雪/ ～ ***out*** the last bit of soup (把碗傾斜)舀取最後一匙湯。**b** 〔十受十介十(代)名〕〔從…〕舀出…〔*from, out of*〕：～ water ***out of*** a boat 從船上舀出水。**c** 〔十受十補〕舀出…的水〈使成…狀態〉：～ a boat dry 把船裏的水舀乾。

2 〔十受(十副)〕(用鏟子)挖成〈洞、溝等〉〈*out*〉：～ (***out***) a hole in the sand 在沙地上挖洞。

3 〔十受〕《口語》搶先〈他報〉一步刊出獨家新聞；刊登〈獨家新聞〉：The *New York Times* ～*ed* its rivals with an early report on the accident. 紐約時報比他報搶先報導了那次意外事故。

scoop·ful [ˈskup,ful; ˈsku:pful] *n.* Ⓒ (湯匙、杓子等的)一舀[杓]之量〔*of*〕：a ～ *of* ice cream 一杓量的冰淇淋。

scóop nèck [néckline] *n.* Ⓒ衣服上開得較低的圓領口。

scoot [skut; sku:t] *v.i.* 〔動(十副詞(片語))〕《口語》(向…)疾走，跑開，快走：The car ～*ed off into* the dark. 汽車向黑暗中疾駛而去。

—*v.t.* 〔十受十副詞(片語)〕使…快跑，使…疾走。

scóot·er *n.* Ⓒ **1** (兒童玩的)滑行車，踏板車《一腳踩在車上，另一腳踢地使其滑行》。**2** (裝有馬達的)速克達機車。**3**《美》(滑行水上、冰上的)帆船。

scooter 1

scope[1] [skop; skoup] «源自希臘文「標靶」之義»**—*n.*** Ⓤ **1** (智力、研究、活動等涵蓋的)範圍，視野：a scheme of vast ～ 規模龐大的計畫/a mind of wide [limited] ～ 開闊[狹窄]的心胸/beyond [within] one's ～ 在自己能力的範圍外[內]，在自己能力所不及[所及]的地方/learn a foreign language to expand one's ～ 爲擴大眼界而學習外國語言。**2** (活動或思考等的)餘地，機會〔*for*〕：give (full) ～ to one's abilities (充分)發揮某人的才能/There's not much ～ *for* imagination in this job. 做這項工作發揮想像力的機會不太多。

scooter 2

scope[2] [skop; skoup] *n.* Ⓒ《口語》觀察用儀器《尤指顯微鏡 microscope)，潛望鏡 (periscope)，望遠鏡 (telescope) 等》。

-scope [-skop; -skoup] [名詞複合用詞] 表示「觀察…的儀器」「…鏡」「…檢查器」之意：tele*scope*, stetho*scope*.

scor·bu·tic [skɔrˈbjutɪk; skɔ:ˈbju:tik ˊ] *adj.* (患)壞血病 (scurvy)的。

scorch [skɔrtʃ; skɔ:tʃ] «源自古北歐語「(使)枯萎」之義»**—*v.t.*** 〔十受〕**1** 使…燒焦，烘焦…：I ～*ed* the shirt with the iron. 我用熨斗燙焦了這件襯衫。**2** 〈日照、太陽等〉使〈草木〉枯萎：The grass was ～*ed* by the hot summer sun. 草被夏天炎熱的太陽曬枯了。**3**《軍》燒毀〈敵人陣地(之…)〉，使…成焦土。**4** 把…貶得一文不值，大罵…。**—*v.i.* 1 a** 燒焦。**b** (因熱而)枯萎。**2**《口語》**a** 〔十副詞(片語)〕〈汽車等〉(在…)疾駛。**b** 〔十副十介十(代)名〕〈人〉〔以汽車、腳踏車〕飛駛，猛開快車，飆車〈*away, off*〉〔*on*〕：He ～*ed* ***away on*** his motorbike. 他騎機車飛馳而去。

—*n.* 1 Ⓒ燒焦，焦跡。**2** Ⓤ (植物的)葉子焦黃。

scórched éarth pòlicy *n.* Ⓒ《軍》焦土政策《爲免失土被敵人所用而在撤退時燒毀所有農作物、設施、街道等的一種戰略》。

scórch·er *n.* **1** [a ～]《口語》酷熱的日子：The day was *a* ～. 那是一個酷熱的日子。**2** [a ～]嚴厲的非難[批評]。**3** Ⓒ猛開快車的人，飆車者。**4** [a ～]《俚》特別美好的事[物]，令人極感興奮的事物。

scórch·ing *adj.* **1 a** 酷熱的，灼熱的：～ heat 酷暑，灼熱。**b** [當副詞用]燃燒般地：It's ～ *hot.* 天氣熱得火燒似的。**2**《口語》〈批評、非難等〉嚴厲的，尖刻的，苛刻的。～**·ly** *adv.*

score** [skor, skɔr; skɔ:] «源自古北歐語「(第二十的)刻度，二十」之義；從前數羊時使用手指與腳趾，每二十隻在木棒上刻劃做記號»**—*n. (*pl.* ～s, (5 a 爲) ～) **1** Ⓒ **a** [常用單數](競賽、比賽的)得分：make a ～ 得分。**b** 總分，得分記錄：keep (the) ～ 記錄得分《★有時無冠詞》/win by a ～ of 4 to 2 以四比二獲勝/What's the ～? 現在的比數是多少？/The ～ is [stands at] 10–3 in our favor. 比數是十比三，我們贏《★讀法 讀作 ten to three》。

2 Ⓒ (考試的) 分數，成績：He had a perfect ～ *on* the mathematics exam. 他數學考試得滿分。

3 Ⓒ **a** (又作 **scóre màrk**) 抓傷的痕跡[傷痕]，刻痕，劃痕：～*s* on the floor (椅子等的磨擦而形成的)地板上的劃痕/make ～*s* in the bark of a gum tree 在橡膠樹的樹皮上刻劃。**b** (從前酒吧等用粉筆寫在黑板或門上的)帳，欠帳，賒帳：pay one's ～ 付帳/run up a ～ 欠債，負債/What's the ～? 帳上多少錢？

4 Ⓒ《音樂》樂譜，(尤指)總樂譜《合奏[唱]，重奏[唱]等各部分譜表上下並列，可以一目瞭然的樂譜》：an orchestral ～ 管弦樂用總樂譜/a vocal ～ 聲樂(用樂)譜/in full ～ 用總樂譜，各部併記地《★無冠詞》。

5 a Ⓒ (*pl.* ～) 二十(個，人)：three ～ (years) and ten (人生)七十年《★聖經「詩篇」中所說的壽命》/four ～ and seven years ago 八十七年前《★出自林肯 (Lincoln) 蓋茨堡演講辭 (Gettysburg Address)》/a ～ *of* people 二十個人。**b** [～s] (…)許多〔*of*〕：in ～*s* 很多，大批，大羣/～*s of* times 屢次/～*s of* years ago 幾十年前。

6 Ⓒ [常用單數；**on** ～]理由，根據，緣故；點：*on* the same ～ 以相同理由/⇨ on that [this] SCORE, on the SCORE of.

7 Ⓒ (該報的)仇恨：settle [pay off, wipe out] an old ～ 報復舊怨[宿仇]/I have a few old ～*s* to settle with him. 我有一些老帳要和他算清楚。

8 Ⓒ《口語》**a** (爭論時)駁倒對方，漂亮還擊：make a ～ *off* one's opponent 駁倒對方[駁得對方無話可說]。**b** 成功，幸運：What a ～! 多麼幸運啊！

knów the scóre《口語》知道事情的眞相[內幕]；瞭解社會(的內情)。

on thát [thís] scóre (1)由於那個[這個]理由：I refused *on that* ～. 由於那個理由[緣故]，我拒絕了。(2)關於那[這]一點：He had no anxiety *on that* ～. 關於那一點他不擔心。

on the scóre of... (1)由於…的理由《★比較 一般用 on the grounds of》：He retired *on the* ～ *of* ill health. 他由於健康欠佳而退休。(2)關於…的方面[事]：*On the* ～ *of* money, don't worry. 關於錢的事，你不必擔心。

—*v.t.* 1 a 〔十受(十介十(代)名)〕〔競賽、比賽時〕得〈多少〉分〔*in, at*〕：～ a goal (足球)得一分/ ～ a century ***at*** cricket 打板球得一百分[踢進一球]/The team ～*d* three runs ***in*** the second half of the ninth inning. 該隊在第九局的下半場得三分。**b** 〔十受〕算〈幾分〉：A touchdown ～*s* six points. (美式足球)觸地算得六分。**c** 〔十受十受/十受十介十(代)名〕〈裁判〉給予〈選手〉〈分數〉；給予〔選手〕得〈分〉〔*for, to*〕：The judge ～*d* him 10 points. = The judge ～*d* 10 points ***to*** [***for***] him. 裁判給他十分。

2 a 〔十受十介十(代)名〕〔考試〕得〈分〉〔*on, in*〕：He ～*d* 80 points ***on*** the English exam. 他英文考了八十分。**b** 〔十受〕《美》給〈考試、應徵者等〉評分，打分數：～ a test 打考試分數。

3 〔十受〕獲得〈利益、成功、衆望等〉：～ an advantage 獲得利益/ ～ a great victory 獲得大勝/He ～*d* a success *with* this novel. 他寫了這部小說而一舉成名/She ～*d* a great hit *as* Eliza in *My Fair Lady.* 她在窈窕淑女 (*My Fair Lady*) 一片中扮演伊莱莎 (Eliza) 的角色而一砲而紅。

4 a 〔十受〕在…作記號，刻劃於…，畫線於…：*S*～ the paper before tearing it. 把紙撕開前先壓折痕/Mistakes were ～*d in* red ink. 錯處用紅墨水作了記號。**b** 〔十受十副〕劃線消去…〈*out, through*〉：～ ***out*** [***through***] the wrong figure 劃掉錯誤的數字。

5 a 〔十受〕給…加截痕[切痕，刻痕]：～ a leg of lamb 在小羊腿上加切痕/The glacier has ～*d* the mountainside. 冰河在山腰留下刻痕。**b** 〔十受十副十介十(代)名〕(作記號)把〈借錢等〉作爲〔…的帳〕，把…記入〔…的〕帳內〈*up*〉〔*against, to*〕：～ ***up*** ten pounds ***against*** [***to***] a customer 記下十英鎊作爲客人的賒帳/I will ～ *up* that remark *against* [*to*] you. 我一定記住你那一句話《以後一定要向你報復》。

S

6 〔十受(十介十(代)名)〕《美口語》〔因…而〕嚴責…〔*for*〕: The President ~*d* Congress *for* reject*ing* his plan. 總統因他的計畫被駁回而嚴責國會。
7 〔十受十介十(代)名〕〔爲管弦樂、聲樂等〕編[作]〈樂曲〉〔*for*〕《★ 常用被動語態》: a piece ~*d for* full orchestra 爲各式樂器齊備的管弦樂團編的一首曲子。
—*v.i.* **1 a** 〈比賽〉得分: He ~*d* several times. 他多次得分。**b** 記分。**c** 〔動(十介十(代)名)〕優於〔…〕, 較〔…〕爲優〔*over, against*〕: That is where you ~ *over* others. 那是你優於別人的地方。
2 〔與狀態副詞連用〕〈考試等〉得到(好, 壞)成績, 被評價(爲…): ~ high on an exam 考試獲得高分/The car ~*d* well in fuel consumption. 那部汽車在燃料消耗方面獲得好評《較能節省燃料》。
3 〔動(十介十(代)名)〕〔因…而〕得利, 有利, 成功〔*by, with*〕《★[用法]by 後面用 do*ing*》: She ~*s by* know*ing* English well. 她因精通英語而受益/He ~*d with* that idea. 他因那個主意而獲得成功。
4 加截痕[切痕, 刻痕]。
scóre óff 《*vt adv*》《英》(議論、爭論時)(以漂亮的反擊)駁倒[擊倒]〈對方〉: It's not easy to ~ *off* Tom. 要駁倒湯姆並非易事。
scóre·bòard *n.* [C]記分板。
scóre·bòok *n.* [C]記分簿《比賽時記錄得分用》。
scóre·càrd *n.* [C] **1** 記分卡; 評分表《高爾夫球的記分卡片, 拳擊賽的評分表(judge paper), 登記選手在一回合中得分多寡的表格等》。**2** 選手一覽表。
scóre·kèeper *n.* [C]〈比賽時的〉記分員, 記錄員。
scóre·less *adj.* 〈比賽〉沒有得分的, 雙方掛零的。
scor·er [ˋskorɚ, ˋskɔrɚ; ˈskɔːrə] *n.* [C] **1** 〈比賽的〉得分者。**2** = scorekeeper.
scóre·shèet *n.* [C]運動或比賽之記分紙。
sco·ri·a [ˋskorɪə, ˋskɔr-; ˈskɔːriə] *n.* (*pl.* **-ri·ae** [-rɪ,i; -rii:]) **1** [C]金屬鎔渣。**2** [U][C]火山之岩燼。
scor·ing [ˋskorɪŋ, ˋskɔr-; ˈskɔːriŋ] *n.* **1** [U]得分。**2** [U]勝利; 成功。**3** [U]作曲; 作譜。
***scorn** [skɔrn; skɔːn] *n.* **1** [U]〈帶怒的强烈〉輕蔑, 蔑視, 嘲笑: with ~ 輕蔑地, 蔑視地/have[feel] ~ for... 對…存有輕蔑的念頭/hold a person in ~ 瞧不起[蔑視]某人/laugh a person to ~ 嘲笑某人/pour ~ on[over]... 蔑視…/think[hold]it ~ to do... 不屑做…/think ~ of... 藐視…, 瞧不起…。

> **【同義字】**contempt 是對低級品、劣品、人等具有强烈非難之意的輕蔑。

2 [the ~]〔…的〕嘲笑對象, 笑料, 笑柄〔*of*〕: He is *the* ~ *of* his neighbors. 他是鄰居嘲笑的對象。
—*v.t.* **1 a** 〔十受〕(蔑視而)拒絕, 回絕…: She ~*ed* his proposal. 她蔑視地拒絕他的求婚[提議]。**b** 〔十 *to* do/十 do*ing*〕不屑於〈做…〉, 以〈做…〉爲恥: He ~*s to* tell[~*s* tell*ing*] a lie. 他不屑於撒謊/The judge ~*ed to* take a bribe. 那位法官拒受賄賂。
2 〔十受〕(忿怒與厭惡地)蔑視, 瞧不起…: ~ delights and live laborious days 不屑娛樂而過勤勉的日子《★ 出自密爾頓(Milton)》/We ~ liars and hypocrites. 我們瞧不起說謊者與僞君子。
scorn·ful [ˋskɔrnfəl; ˈskɔːnful] *adj.* (**more** ~; **most** ~) **1** 輕蔑的, 瞧不起的, 輕視的: a ~ attitude[smile]輕視的態度[微笑]。
2 [不用在名詞前]〔十介十(代)名〕輕視〔…〕的, 嘲笑〔…〕的〔*of*〕: He is ~ *of* honors. 他對榮譽看得很輕[對爭名之事不屑一顧]。~**·ly** [-fəlɪ; -fuli] *adv.* ~**·ness** *n.*
Scor·pi·o [ˋskɔrpɪ,o; ˈskɔːpiou] *n.* **1** 《天文》天蠍座(the Scorpion). **2** 《占星》**a** 天蠍座, 天蠍宮(cf. the signs of the ZODIAC). **b** [C]屬天蠍座的人。
scor·pi·on [ˋskɔrpɪən; ˈskɔːpjən] *n.* **1** [C]《動物》蠍。**2** [the S~]《天文》天蠍座(Scorpio).

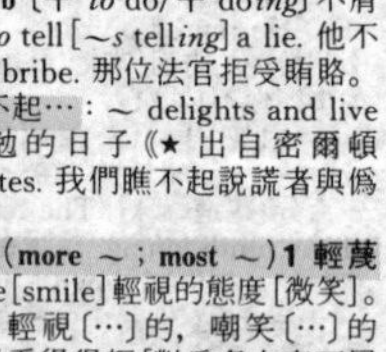
scorpion 1

scot [skɑt; skɔt] *n.* [U]稅款; 負擔; 應分擔的給付。
Scot [skɑt; skɔt] *n.* **1 a** [C]蘇格蘭人《★[用法]蘇格蘭人本身用 Scot, Scotsman,Scotswoman(一個蘇格蘭人); the Scots, the Scottish(全體蘇格蘭人); Scotchman, Scotchwoman; the Scotch 被認爲有輕蔑的意思而不用》。**b** [the ~s; 集合稱; 當複數用]蘇格蘭人《全體》。**2 a** [the ~s] 蘇格族《六世紀時由愛爾蘭遷住蘇格蘭的蓋爾人(Gaels)的一族, Scotland 的名稱源自此族名》。**b** [C]蘇格族人。
Scot. 《略》Scotch; Scotland; Scottish.
scotch [skɑtʃ; skɔtʃ] *v.t.* **1 a** (以出示正確證據)消滅, 遏止〈謠言、錯誤報導等〉。**b** 阻遏, 粉碎〈計畫、陰謀等〉。**2** 弄傷(而不殺死)…: ~ a snake 把蛇打個半死。
Scotch [skɑtʃ; skɔtʃ] 《Scottish 之略; Scotland 的形容詞》 —*adj.* **1 a** 蘇格蘭(產)的《★[用法]蘇格蘭人自己除了指蘇格蘭的事物、產物以外, 認爲 Scotch 帶有輕蔑的意思而用 Scottish 或 Scots》: ~ tweed 蘇格蘭粗呢/⇨ Scotch terrier. **b** 蘇格蘭人[語]的。**2** 《輕蔑・謔》吝嗇的, 小氣的。
—*n.* **1** [the ~; 集合稱; 當複數用]蘇格蘭人《全體; ⇨ Scot 1 a[用法]》。**2** (又作 **Scótch whísky**) [U][指個體時爲[C]]《口語》蘇格蘭威士忌酒: Waiter, three ~*es*, please. 夥計, 請來三瓶蘇格蘭威士忌酒。**3** [U]蘇格蘭語[方言]《★[比較]一般用 Scots》.
Scótch bléssing *n.* [C]《俚》嚴厲的斥責。
Scótch bróth *n.* [U]蘇格蘭肉湯《牛肉或羊肉與蔬菜、大麥混合煮成的濃湯》。
Scótch càp *n.* [C]蘇格蘭人戴的無邊帽。
Scótch cóusin *n.* [C]遠親。
Scótch égg *n.* [C][當作菜名時爲[U]]《英》蘇格蘭蛋, 腸肉蛋《煮硬的蛋包在絞碎的肉裡, 再沾以麵包粉油炸的食物》。
Scótch-Írish *adj.* 有蘇格蘭血統之愛爾蘭人的《尤指移居美國具有蘇格蘭血統的北愛爾蘭人》。
Scótch·man [ˋskɑtʃmən; ˈskɔtʃmən] *n.* [C] (*pl.* **-men** [-mən; -mən])蘇格蘭人(⇨ Scot 1 a[用法])。
Scótch míst *n.* [U][C]〈常見於蘇格蘭高地的〉潮濕的濃霧, 霪雨, 山靄。
Scótch píne *n.* [C]《植物》歐洲赤松《松科的常綠喬木, 樹皮紅褐色而龜裂》。
Scótch tápe *n.* [U]《美》透明膠帶(cf. Sellotape).
scótch-tápe *v.t.* 用透明膠帶補[封, 貼]…。
Scótch térrier *n.* [C]〈短脚粗鬈毛的〉蘇格蘭㹴。
Scótch·wòman *n.* [C] (*pl.* **-women**)蘇格蘭女人(⇨ Scot 1 a[用法])。
Scótch wóodcock *n.* [U]塗抹鯷魚醬、上放炒蛋的烤麵包片。
scót-frée *adj.* [不用在名詞前]《口語》免於受罰的, 安然無恙的《★常用於下列成語》。**gò[gèt óff, escápe] scót-free** 《口語》無罪釋放, 平安逃脫。

Scotch terrier

Sco·tia [ˋskoʃə; ˈskouʃə] *n.* 《詩》蘇格夏《蘇格蘭的拉丁名稱》。
***Scot·land** [ˋskɑtlənd; ˈskɔtlənd] 《源自古英語「蘇格族(Scots)之國」之義》—*n.* **蘇格蘭**《在大不列顛(Great Britain)島北部, 與英格蘭(England), 威爾斯(Wales)構成聯合王國(United Kingdom); 1707 年與英格蘭(England)合併前爲獨立國; 首都愛丁堡(Edinburgh); 略作 Scot.》.
Scótland Yárd 《源自原址地名》—*n.* **1** 倫敦警察廳, 蘇格蘭警場。

> **【說明】**倫敦警察廳(the Headquarters of the Metropolitan Police of London)之所以稱爲 Scotland Yard 是因爲倫敦警察廳於 1829 年所設立的地點原來是十三世紀間蘇格蘭王室正式訪問倫敦時所下榻的地點。該廳於 1890 年遷到泰晤士河(the Thames)河畔的國會街(Parliament Street), 又於 1966 年移至西敏寺(Westminster)百老滙(Broadway)附近的二十層大樓。因此, 1890 年以後的倫敦警察廳就已改稱 New Scotland Yard, 但由於長久的習慣難以改變, 許多人還是沿用 Scotland Yard. 在英國口語中則簡稱 the Yard.

2 〈倫敦警察廳的〉偵緝部(cf. C.I.D.): call in ~ 〈地方警察〉(遇到棘手案件時)委託倫敦警察廳偵緝部偵查。
sco·to·ma [skəˋtomə; skəˈtoumə] *n.* (*pl.* ~ **s**, **-ma·ta** [-mətə; -mətə])[C]《醫》暗點; 盲點。
Scots [skɑts; skɔts] 《Scotland 的形容詞》 —*adj.* 蘇格蘭(人, 語)的(⇨ Scotch *adj.* 1 [用法]): a ~ girl 蘇格蘭女子/the ~ community 蘇格蘭人社區/~ law 蘇格蘭法律。
—*n.* [U]蘇格蘭語[方言]。
Scóts·man [-mən; -mən] *n.* [C] (*pl.* **-men** [-mən; -mən])蘇格蘭人(⇨ Scot 1 a[用法])。
Scóts·wòman *n.* [C] (*pl.* **-women**)蘇格蘭女人(⇨ Scot 1 a[用法])。
Scott [skɑt; skɔt] *n.* 司考特《男子名》。
Scott [skɑt; skɔt], **Robert Fal·con** [ˋfɔlkən; ˈfɔːlkən] *n.* 司考特《1868–1912; 英國海軍軍人, 爲南極探險家, 1912 年抵達南極, 以司考特隊長(Captain Scott)之名而享譽》。
Scot·ti·cism [ˋskɑtə,sɪzəm; ˈskɔtisizəm] *n.* [C]〈對標準英語而言的〉蘇格蘭語法[腔調]。
Scot·tish [ˋskɑtɪʃ; ˈskɔtiʃ] 《Scotland 的形容詞》—*adj.* **1 蘇格蘭(人, 語)的**(⇨ Scotch *adj.* [用法]): the ~ character 蘇格蘭人個性[脾氣]/~ dialects 蘇格蘭方言/~ history 蘇格蘭歷史/I am ~. 我是蘇格蘭人。**2** 《由於蘇格蘭人被認爲吝嗇》《輕蔑・

譃》吝嗇的，小氣的。**—*n.* 1** [**the** ～；集合稱；當複數用]蘇格蘭人《全體；⇨ Scot 1 a[用法]》。**2** Ⓤ蘇格蘭語[方言]。

Scóttish térrier *n.* ＝Scotch terrier.

scoun·drel [ˈskaundrəl; ˈskaundrəl] *n.* Ⓒ惡棍，無賴。

scóun·drel·ly *adj.* 《文語》惡棍(似)的。

scour[1] [skaur; ˈskauə] *v.t.* **1 a** 〔十受(十介十(代)名)〕〔以…〕用力擦磨〈地板等〉，洗滌〈衣服等〉〔*with*〕：～ the floor ***with*** a brush 用刷子刷洗地板/～ clothing *with* soap 用肥皂洗滌衣服。**b** 〔十受(十副)〕用力擦洗〈鍋、瓶子等〉(使發亮)〈*out*〉：～ ***out*** a milk bottle 洗擦奶瓶內部/She ～*ed* the saucepan *with* cleanser. 她用清潔劑把鍋(長柄有蓋子的煮鍋)擦亮。**2** 〔十受十副(十介十(代)名)〕〔從…〕擦去〈銹〉，沖去〈污垢等〉〈*off, away*〉〔*from*〕：She ～***ed off*** the grease ***from*** the dishes. 她擦掉盤子上的油污。**3 a** 〔十受〕用水把〈導管、水溝、水管等〉沖洗乾淨：～ a ditch [toilet] 沖洗水溝[廁所]。**b** 〔十受(十副)〕〈水等〉急流形成〈水路等〉〈*out*〉：The torrent ～***ed*** (***out***) a channel (down the hillside). 急流(沿著山腰)沖出一條水道。

—*n.* [**a** ～]用力擦洗，沖洗，沖走：give a pot *a* good ～ 仔細擦洗深底鍋。

scour[2] [skaur; ˈskauə] *v.t.* 〔十受(十介十(代)名)〕〔爲求…而〕(急忙)遍尋，到處奔走搜索〈某處等〉〔*for*〕：They ～*ed* the neighborhood ***for*** the lost child. 他們跑遍鄰近一帶，搜尋那個走失的小孩。

—*v.i.* 〔十介十(代)名〕[常與副詞(片語)連用]〔爲尋求…而〕(急忙)到處搜尋〔*for, after*〕：～ *about* [*over* a hillside] ***for*** firewood 到處[在山腰上]尋找柴薪。

scour·er [ˈskaurə; ˈskauərə] *n.* Ⓒ(尼龍、鋼絲製的)刷子。

scourge [skɝdʒ; skəːdʒ] *n.* Ⓒ **1** (從前用以處罰人的)鞭子。**2** (懲罰人的)天譴，天災，災難《戰亂、瘟疫、社會罪惡等》：the ～ of God 神的處罰，天譴/the ～ of war 戰禍。

—*v.t.* 1 鞭打…。**2** 《文語》嚴懲…。**3** 折磨…，使…苦惱。

scour·ings [ˈskaurɪŋz; ˈskauəriŋz] *n. pl.* Ⓤ **1** 殘屑。**2** 穀殼。

***scout**[1] [skaut; skaut] 《源自拉丁文「聽」之義》**—*n.* 1** Ⓒ**a** 斥候，偵察兵。**b** 偵察艦[機]。**2** Ⓒ(體育界、演藝界等發掘或提拔有潛力新人的)星探，物色人材的人：a talent ～ (發掘演藝界新人的)星探，物色人材者。**3** [常 S～] Ⓒ男童軍(Boy Scouts)的一員《★[用法]《美》也用以指女童軍(Girl Scouts)的一員》。**4** Ⓒ《英》(Oxford 大學的)校工。**5** [**a good** ～]《口語》可靠的人，好傢伙，好漢：He's *a good* ～. 他是一條好漢。**6** [**a** ～]偵察；尋找：take *a* ～ *around* [《英》*round*] 到處偵察[尋找]。

on the scóut 在偵察中。

—*v.i.* 1 斥候，偵察：He is out ～*ing.* 他出去偵察。**2** 〔十副(十介十(代)名)〕到處尋找〔…〕；當星探；四處物色新人材〈*around, about*〉〔*for*〕：*S*～ ***around*** *and* see if you can find it. 到處找一找，看看你是否能找到它/We ～***ed about for*** a good place to eat. 我們到處去看，尋找一處吃飯的好地方。**3** 〔動(十介十(代)名)〕〔爲…〕擔任星探，發掘新人〔*for*〕：～ ***for*** a college team 爲大學球隊物色新人材[選手]。

—*v.t.* 1 〔十受(十副)(十介十(代)名)〕〔爲…而〕偵察，搜尋，調查〈某處〉〈*out*〉〔*for*〕：～ (***out***) a place ***for*** gold 爲尋找黃金而搜遍一個地方。**2** 〔十受十副〕搜尋而發現…〈*out*〉。

scout[2] [skaut; skaut] *v.t.* (輕蔑地)拒絕，嘲笑〈提案、意見等〉。

scout·er [ˈskautə; ˈskautə] *n.* Ⓒ **1** 偵察者；尋找者。**2** [常 S～]十八歲以上之男童軍。

scóut·ing *n.* Ⓤ **1** 斥候[偵察]活動。**2** 男[女]童子軍的活動。

scóut·màster *n.* Ⓒ男[女]童子軍的隊長；(尤指)男童軍隊長。

scow [skau; skau] *n.* Ⓒ大型平底船《用於搬運沙、礦石、廢棄物等》。

scowl [skaul; skaul] *v.i.* 〔動(十介十(代)名)〕〔對…〕(生氣或不悅而)皺眉，怒視，蹙額〔*at*〕：The teacher ～*ed* ***at*** the noisy boy. 教師不悅地怒視那個喧鬧的男孩。

—*v.t.* 以皺眉表示〈心中的感受〉：He ～*ed* his disapproval (*at* me). 他(對我)皺眉表示不贊成。

—*n.* Ⓒ皺眉，怒容：have a ～ on one's face 怒容滿面。

scrab·ble [ˈskræbl̩; ˈskræbl] 《源自荷蘭語「抓」之義；cf. scramble》**—*v.i.* 1** 〔動(十副)(十介十(代)名)〕《口語》(用手或腳)爬尋，翻找〔…〕〈*about, around*〉〔*for*〕：He ～*d* ***about*** in the bush ***for*** the ball. 他在灌木叢中爬著到處找球。**2 a** 抓。**b** 潦草地寫。

—*n.* [**a** ～]《口語》**1** 爬尋，翻找。**2** 互爭，爭奪。

Scrab·ble [ˈskræbl; ˈskræbl] *n.* Ⓤ《商標》排字遊戲《在盤子上面玩》。

scrag [skræg; skræg] *n.* **1** Ⓒ骨瘦如柴的人[動物]。**2** (又作 **scrág ènd**) Ⓤ[指個體時爲Ⓒ]羊[小牛]的頸肉《燉或煮湯用》。

—*v.t.* (**scragged**; **scrag·ging**) **1** 絞殺〈動物〉；扭〈鳥等〉的頸部。**2** 《口語》粗暴地按住…的脖子。

scrag·gly [ˈskræglɪ; ˈskrægli] *adj.* (**scraggli·er**; **-gli·est**)《美》〈鬍子等〉稀疏的，散亂的。

scrag·gy [ˈskrægɪ; ˈskrægi] 《scrag 的形容詞》**—*adj.*** (**scrag·gi·er**; **-gi·est**) **1** 枯瘦如柴的，皮包骨的：a ～ neck 瘦脖子。**2** 凹凸不平的，參差不齊的：～ cliffs 凹凸不平的山崖。

scram [skræm; skræm] *v.i.* (**scrammed**; **scram·ming**) [常用祈使語氣]《俚》出去；逃走：*S*～! 快走！快滾！/Let's ～! 我們快逃！**—*n.*** Ⓒ原子爐的緊急關閉。

***scram·ble** [ˈskræmbl̩; ˈskræmbl] *v.i.* 〔十副詞(片語)〕(敏捷地)爬行，(靈活地)攀登(…)：～ *up* a steep hill 爬上峻峭的山/The children ～*d over* [*under*] the fence. 孩子們爬過圍牆[自圍牆下爬過去]。

2 a 〔十介十(代)名〕爭奪，爭取〔…〕〔*for*〕：～ ***for*** good seats 爭奪好座位/The players ～*d for* the ball. 球員搶球(cf. 2 b). **b** 〔十 *to* do〕爭著〈做…〉：The players ～*d to* get the ball. 球員爭著去搶球(cf. 2 a).

3 《空軍》〈戰鬥機〉(爲攔截敵機而)緊急起飛。

—*v.t.* 1 〔十受〕**a** 將〈書頁〉攪亂；洗〈紙牌〉；使〈計畫等〉混亂：Bad weather ～*d* the air schedules. 惡劣的天氣把飛行班次打亂了《使班機到達[起飛]時間混亂》。**b** 把〈蛋〉邊攪邊炒：～*d* eggs 炒蛋。

2 〔十受(十副)〕(匆忙)湊合，湊攏，收集(成)…〈*up*〉：～ ***up*** some data 收集一些資料/～ *up* a hasty supper 湊合著做晚餐。

3 〔十受〕《空軍》(爲攔截敵機而)使〈戰鬥機〉緊急起飛。

4 〔十受〕(爲防止竊聽而)使〈電話、無線電通訊〉的波長混亂[改變]。

—*n.* 1 [**a** ～]爬登，攀登，攀緣：It was *a* long ～ to the top of the hill. 到山頂須要爬登一段長路。

2 [**a** ～] **a** 〔…的〕互相爭奪〔*for*〕：*a* ～ *for* the best bargains 搶購(招攬顧客的)特價品(cf. 2 b). **b** 〔十 *to* do〕〈做…的〉爭奪戰：*a* ～ *to* get the best bargains (想獲取)特價品的爭奪戰(cf. 2 a).

3 [**a** ～]湊合，混雜〔*of*〕.

4 Ⓒ《空軍》(戰鬥機爲攔截敵機的)緊急起飛。

5 Ⓒ(賽程多起伏的)機車比賽。

scrám·bler *n.* Ⓒ《通信》(防止竊聽用的)攪頻器。

scrap[1] [skræp; skræp] *n.* **1 a** Ⓒ碎塊，碎片，小片，破片〔*of*〕：a ～ *of* paper 一張紙片/～*s of* conversation 談話的片斷。**b** [**a** ～；用於否定句]一點點，少許〔*of*〕：I *don't* care *a* ～. 我一點也不在乎/He could*n't* produce *a* ～ *of* evidence against it. 對於那件事他一點也提不出證據。**2** Ⓒ[常～**s**]《罕》(報紙的)剪報。**3** Ⓤ碎屑，廢物，破爛東西，廢鐵：～ value (商品)報廢時之價值/⇨ scrap paper/This car will soon go for ～. 這部車子很快將作爲廢鐵處理。**4** [～**s**]剩餘的食物，殘物：feed a dog on ～*s* 以剩餘的食物餵狗。

—*v.t.* (**scrapped**; **scrap·ping**)〔十受〕**1** 把…丟棄，把…變成廢鐵：～ an old car 把舊車作爲廢鐵處理。**2** 把〈計畫等〉作廢，廢棄。

scrap[2] [skræp; skræp]《口語》*n.* Ⓒ爭吵，口角，吵架。

—*v.i.* (**scrapped**; **scrap·ping**)〔十介十(代)名〕〔與人〕吵架〔*with*〕.

scráp·bòok *n.* Ⓒ剪貼簿，集錦簿。

scrape [skrep; skreip] *v.t.* **1 a** 〔十受十副〕將〈附着物〉(以銳利、粗糙物)刮掉，擦去，削去〈*off, away*〉：～ peeling paint ***off*** [***away***] 將剝落的油漆刮掉/～ *off* scales 刮去魚鱗。**b** 〔十受十介十(代)名〕〔從…〕擦去，刮去〈附著物〉〔*from, off*〕：～ the mud ***from*** [***off***] one's shoes 擦去鞋上的泥巴/～ scales *off* a fish 刮去魚鱗。**c** 〔十受(十副)〕擦〈變髒的東西〉使乾淨，使…去污〈*down*〉：～ muddy shoes 擦乾淨沾滿泥巴的鞋/～ a ship's bottom (爲去掉附著的貝殼等而)刮擦船底/～ a door (***down***) (用砂紙等)擦掉門上的污物。**d** 〔十受十補〕把…擦〈成…狀態〉：She ～*d* her boots clean. 她把長靴擦得乾乾淨淨。

2 a 〔十受〕擦傷…：He fell and ～*d* his knee. 他跌倒而擦傷膝蓋。**b** 〔十受十介十(代)名〕使…擦到〔…〕〔*against, on*〕：He ～*d* his car ***against*** a wall. 他的車子擦到牆壁。**c** 〔十受十介十(代)名〕使…(重重地或發出聲響地)〔與…〕相擦，磨擦〔*against, on*〕：～ a chair ***on*** the floor 在地板上拖椅子發出磨擦聲。

3 〔十受(十副)〕(用手腳抓的方式)挖〈洞等〉，穿〈孔〉〈*out*〉：～ (***out***) a hole (*in* the sand) (在沙地上)挖個洞。

4 a 〔十受〕勉强賺到〈生活費〉：manage to ～ a living 設法謀生，勉强過活。**b** 〔十受十副〕用耙子耙攏…；用手指集攏…〈*together, up*〉：～ ***together*** dead leaves (*into* a pile) 把枯葉集攏(成堆)。**c** 〔十受十副〕(辛苦地)湊合〈金錢等〉：～ ***up*** a few dollars 勉强湊合了兩三塊錢。

—*v.i.* 1 a 〔十副〕勉强通過，貼近而過〈*through*〉：The lane is narrow but I think we can ～ ***through***. 這條巷子狹窄，但是我想我們可以勉强通過。**b** 〔十介十(代)名〕勉强通過〔…〕〔*through*〕.

2 a 〔十副(十介十(代)名)〕勉强通過〔考試等〕〈*through*〉〔*in*〕：He barely ～*d* ***through*** (***in*** English). 他僅以及格分數勉强通過(英文)考試。**b** 〔十介十(代)名〕〔考試等〕勉强及格〔*through*〕：I ～*d* ***through*** the exam (with a D). 勉强(以丁等)通過考試。

3〔十副〕勉強維持生計[過活]〈*by, along, through*〉：The family just ~*d* **by** [**along**] *on* his small wages. 這一家人勉強靠他微薄的工資過活。
bów and scrápe ⇨ bow¹.
scrápe (the bóttom of) the bárrel ⇨ barrel.
—*n.* Ⓒ **1 a** 磨擦，輾軋。**b** 磨擦[輾軋]聲：with a ~ 輾軋作聲地。
2 磨擦[抓過]的痕跡；擦傷：get a ~ *on* the knee 擦傷膝蓋。
3《口語》(自己惹來的違規等的)苦惱，麻煩：get into a ~ with the law 惹出違警[違法]事。
bów and scrápe ⇨ bow¹.
bréad and scrápe ⇨ bread.

scráp·er *n.* Ⓒ **1 a** (置於門口，用以擦去鞋底所沾之泥或雪等的)刮擦用具，擦墊。**b** (刮削油漆用的)刮漆刀。**c** 硬橡膠製刮刀(用以刮去附著於鍋上的食物)。**2**《輕蔑》差勁的提琴手。**3** 吝嗇的存錢者，守財奴。

scráp hèap *n.* **1** Ⓒ廢物[廢鐵]堆。**2** [*the* ~] 垃圾堆，廢物堆置處：put...on *the* ~ 把…丟棄於垃圾堆；把〈計畫等〉作廢。

scráp·ing *n.* **1** Ⓤ擦，刮，削。**2** [~s] 被刮下[削落]的東西，削屑。

scráp ìron *n.* Ⓤ碎鐵，廢鐵。

scráp pàper *n.* **1** Ⓤ紙片，便條紙。**2**《英》＝scratch paper.

scrap·per [ˈskræpɚ; ˈskræpə] *n.* Ⓒ《俚》**1** 拳擊家。**2** 好打架者。

scrap·py¹ [ˈskræpɪ; ˈskræpi] «scrap¹ 的形容詞» **—*adj.*** (**scrap·pi·er**; **-pi·est**) **1** 碎片的；剩餘的。**2** 片斷的，不連貫的，散漫的：~ remembrances 片斷的回憶/This report is a bit ~. 這篇報告有一點雜亂無章。
scráp·pi·ly [-plɪ; -pili] *adv.* **-pi·ness** *n.*

scrap·py² [ˈskræpɪ; ˈskræpi] «scrap² 的形容詞» **—*adj.*** (**scrap·pi·er**; **-pi·est**)《口語》好鬥的；愛吵架[爭論]的。

‡**scratch** [skrætʃ; skrætʃ] *v.t.* **1 a**〔十受〕〈人、動物等〉(以指甲等銳利的東西)抓傷…：The cat ~*ed* my face. 貓抓傷了我的臉。**b**〔十受十介十(代)名〕〔從…〕撕下…〔*off*〕：Will you ~ that sticker **off** the car window？請你把車窗上的那張貼紙撕下好嗎？**c**〔十受(十介十(代)名)〕〔被…〕抓傷…〔*on, with*〕：He ~*ed* his hand **on** a nail. 他的手被釘子劃傷/The child ~*ed* the table top **with** his toy. 小孩用他的玩具刮傷桌面。**d**〔十受(十副)〕用爪挖〈洞等〉〈*out*〉；用爪挖出〈地下的東西等〉〈*up*〉：~ (**out**) a hole 用爪挖洞/The birds ~*ed* **up** worms. 鳥用爪挖出蟲。
2 a〔十受〕(用指甲等)搔〈癢處等〉：~ a mosquito bite 搔被蚊子叮的地方/~ one's head (困擾地)搔頭，不知所措/*S*~ my back and I will ~ yours.《諺》你搔我的背，我也搔你的背《你幫我，我也幫你；你捧我，我就捧你》。**b**〔十受〕[~ *oneself*] 搔身體：The dog was ~*ing itself* (*with* a hind leg). 那隻狗(用牠的後腿)在搔癢。**c**〔十受(十介十(代)名)〕將…劃[輕擦]〔於…之上〕〔*on*〕：He ~*ed* a match **on** the sole of his shoe. 他在鞋底上劃亮了一根火柴。
3 a〔十受十介十(代)名〕匆忙刻劃[書寫]〈記號、名字等〉〔於…之上〕〔*on*〕：~ one's name **on** a wall (*with* a nail) (用釘子)把某人名字刻於牆上。**b**〔十受〕潦草書寫…：~ one's signature 潦草簽名/~ a note *to* a friend 草草寫一封短函給朋友。
4 a〔十受(十副)〕(以劃線或塗抹)勾消，刪除…〈*out, off*〉：~ **out** [**off**] a name 劃掉[刪除]一個名字。**b**〔十受十介十(代)名〕〔從…〕劃去，刪除…〔*off, from*〕：The name had been ~*ed* **off** [**from**] the list. 那個名字已經從名單上刪除。
5《運動》**a**〔十受〕將〈選手或出賽的馬名〉從出賽名單上劃去，取消〈選手等〉的出賽：The horse was officially ~*ed*. 那匹馬被正式取消出賽。**b**〔十受十介十(代)名〕將〈選手等〉〔從出賽名單、比賽、球隊等中〕除去，刪除〔*from*〕：We had to ~ him **from** the race (because of his injury). (由於他的受傷，)我們不得不取消他出場賽跑。
6 a〔十受〕勉強賺取〈生活費等〉：~ a living 勉強謀生[過活]。**b**〔十受十副〕(設法)湊合〈金錢等〉〈*up, together*〉：~ **up** [**together**] some money 湊合一些錢/~ **up** a team *from* various sources 從四面八方湊成一個球隊。
—*v.i.* **1 a** (用爪等)抓：That cat ~*es*. 那隻貓會抓傷人。**b**〔動(十副)〕到處扒尋〈*about*〉：The hens were ~*ing* (**about**) in the barnyard (*for* food). 那隻母雞正在穀倉附近到處扒尋(食物)。**c**〔十介十(代)名〕以爪用力抓〔…〕〔*at*〕：The cat is ~*ing* **at** the door. 那隻貓在用力抓門。
2 搔癢：This dog is always ~*ing*. 這隻狗總是在搔癢。
3〈筆等〉刮紙《寫起來不滑》：This pen ~*es* a little. 這枝筆寫起來不太滑《會刮紙》。
4《運動》〈選手、出賽的馬等〉退出比賽。
5〔動(十副)〕勉強維生[過活]〈*along*〉.
—*n.* **1** Ⓒ **a** 刮擦的痕跡，抓痕，抓傷，擦傷：There were deep ~*es* on the desk. 書桌上有深的刮痕/He escaped without a ~. 他安然無恙地逃脫了。**b** 刮擦的聲音；唱片的刮擦傷痕：the ~ of a pen on the paper 筆刮紙的聲音。
2 [*a* ~] (癢處的)搔抓：The dog had *a* good ~. 那條狗好好搔了一頓癢。
3 Ⓒ《運動》被撤出比賽的馬[選手]。
4 Ⓤ《美俚》錢 (money).
from scrátch《口語》從一開始，從一無所有：start (again) *from* ~ 從一無所有(重新)開始，白手起家。
ùp to scrátch《口語》夠上水準，情況良好：bring a person *up to* ~ 使某人夠上水準[準備好(迎接困難)]，使某人獲得相當的能力/His work isn't *up to* ~. 他的工作達不到水準。
—*adj.* [用在名詞前] **1** 湊合的，現有的：a ~ meal 以現有食物湊成的一頓飯/a ~ team 東拼西湊成的球隊。
2《運動》對強者不加阻礙的，公平競爭的：a ~ golfer 公平競爭的打高爾夫球者/a ~ race 公平競爭的賽跑。

Scratch [skrætʃ; skrætʃ] *n.* 惡魔 (Old Scratch).

scrátch hìt *n.* Ⓒ《棒球》意外安打。

scrátch pàd *n.* Ⓒ《美》(可一張張撕下的)拍紙簿。

scrátch pàper *n.* Ⓤ《美》便紙條(《英》scrap paper).

scrátch shèet *n.* Ⓒ《美俚》記錄退出比賽之馬及其他有關賽馬消息的刊物。

scratch·y [ˈskrætʃɪ; ˈskrætʃi] «scratch 的形容詞» **—*adj.*** (**scratch·i·er**; **-i·est**) **1**〈文字〉潦草的；〈畫等〉亂畫的：~ handwriting 潦草的筆跡。**2**〈筆〉會刮紙的；〈唱片等〉發出刮擦聲音[沙沙作響]的。**3**〈衣服等〉粗糙[使人覺得發癢]的，使人覺得刺痛的：a ~ wool sweater 粗糙[使人覺得發癢]的毛衣。
scrátch·i·ly [-tʃɪlɪ; -tʃili] *adv.* **-i·ness** *n.*

scrawl [skrɔl; skrɔːl] *v.t.* 潦草地寫，亂寫…：~ one's signature 潦草地簽名。
—*v.i.* 〔動(十介十(代)名)〕〔在…〕亂寫[畫]〔*on, over*〕：The children ~*ed* all **over** the wall. 小孩子們在整面牆上亂塗亂畫。
—*n.* **1** Ⓒ [常用單數] 潦草的書寫；潦草書寫的信。**2** [用單數] 潦草的筆跡：Excuse my ~. 原諒我潦草的筆跡。

scraw·ny [ˈskrɔnɪ; ˈskrɔːni] *adj.* (**scraw·ni·er**; **-ni·est**) **1**〈人、動物、身體的某部位等〉骨瘦如柴的，皮包骨的。**2**〈植物等〉矮的。

‡**scream** [skrim; skriːm] «擬聲語» **—*v.i.*** **1 a** (因恐懼、痛苦等而)尖叫：She ~*ed* when she bumped into me in the dark. 當她在黑暗中撞到我時，她尖聲喊叫。

> 【同義字】shriek 是比 scream 更激烈而歇斯底里般地叫喊；screech 是以刺耳的難聽聲音叫。

b〔十介十(代)名〕〔恐懼地〕尖聲大叫〔*in*〕；〔因憤怒、痛苦、煩躁而〕尖聲喊叫〔*with*〕：She ~*ed* **in** fright [**with** sudden pain]. 她因恐懼[突然的發痛]而尖聲喊叫。**c**〔十介十(代)名〕〔求…而〕大叫〔*for*〕：She ~*ed* **for** help. 她尖叫救命；她大聲求救。**d**〔十介十(代)名〕〔對…〕尖叫〔*at*〕：She lost her temper and ~*ed* **at** her brother. 她大發脾氣，對著她的弟弟尖叫。
2 a〈貓頭鷹等〉尖聲啼叫；〈汽笛等〉鳴叫；〈風〉呼嘯：The gale ~*ed* through the streets. 強風呼呼地吹過街道。**b**〔動(十副詞(片語))〕〈噴射機、巡邏車等〉呼嘯(而過…)：Police cars ~*ed* past. 警車呼嘯而過。
3〔動(十介十(代)名)〕〈人〉放聲[大笑]〔*with*〕：We all ~*ed* **with** laughter *at* his joke. 我們聽了他講的笑話都捧腹大笑。
4 a〈衣服、顏色等〉俗麗刺目。**b**〈海報、標題等〉特別顯眼。
5〔十介十(代)名〕**a**〈人〉〔對…〕大聲[強烈]抗議〔*about*〕. **b**〈報紙等〉〔對…〕大寫特寫，大肆渲染〔*about*〕.
—*v.t.* **1 a**〔十受(十副)〕尖叫著發出…〈*out*〉：~ **out** a warning 大聲警告。**b**〔十受(十副)十介十(代)名〕〔對…〕尖叫出…〈*out*〉〔*at*〕：She ~*ed* (**out**) curses **at** him. 她對他尖聲咒罵。**c**〔十*that*__〕尖聲喊叫說〈…事〉：She ~*ed that* there was a mouse under the bed. 她尖聲喊叫說牀底下有隻老鼠。**d**〔十引句〕高聲喊叫…：“Look out！”he ~*ed*. 他高聲喊叫：「當心！」
2〔十受十補〕[~ *oneself*] 尖聲喊叫〈以致成…狀態〉：He ~*ed himself* hoarse. 他尖叫得聲音都變啞了。
—*n.* **1** Ⓒ **a** (恐懼、痛苦的)喊叫；(憤怒、煩躁的)尖叫聲：give a ~ (of pain) 發出(痛苦的)尖叫聲。**b** (鷹、鷲等的)尖銳叫聲；(汽笛等的)鳴叫聲；(輪胎、煞車等輾軋的)吱吱聲。**c** 格格笑聲。
2 [*a* ~]《俚》非常滑稽的人[事，物]：It [He] was *a* perfect ~. 那簡直是個笑話[他這人眞是滑稽極了]。

scréam·er *n.* Ⓒ **1** 尖叫者；發出尖銳聲音的人[物]。**2**《口語》**a** 很可笑或令人發噱的話[戲劇，演員(等)]。**b** 令人拍案叫絕的事物。**3**《美俚》(報紙上)引人注目的[轟動的]大標題。

scréam·ing *adj.* **1 a** 尖叫的，發出尖銳聲音的。**b** 吱吱叫的，嗶嗶[嗚嗚]響的，發出輾軋聲的。**2 a**〈人〉格格笑的。**b**〈話等〉令人發噱[捧腹大笑]的。**3**〈顏色等〉刺眼的：a ~ red 刺眼的紅色。**4**〈標題等〉誇大的，轟動的。**5**《口語》令人叫絕的。

scréam·ing·ly *adv.* [常 ~ funny] 極，非常：~ *funny* 非常滑稽[可笑]。

scream·ing-mee·mies [ˋskrimɪŋˋmimiz; ˈskri:miŋˈmi:mi:z] *n. pl.* [當單數或複數用]《俗》歇斯底里；神經極度緊張之狀態。

scree [skri; skri:] *n.* **1** Ⓤ(山的)多岩石陡坡《覆滿風化而崩潰的岩屑、碎石等的山坡》。**2** Ⓒ陡坡下的碎石堆。

screech [skritʃ; skri:tʃ] **《擬聲語》—***v.i.* **1 a** (因恐懼、痛苦等而)發出刺耳的尖銳叫聲(⇨scream【同義字】)。**b** 〈鳥、猴子等〉吱吱叫：I heard some owls ～*ing* in the trees. 我聽見貓頭鷹在林中尖聲叫著。**2** 〈汽車、煞車等〉發出尖嘎聲：The car ～*ed* to a halt. 車子發出尖嘎聲停下來[嘎一聲停住]。

—*v.t.* **1 a** [十受(十副)]以尖聲喊叫…〈*out*〉：～ (***out***) a slogan 尖聲喊叫口號。**b** [十引句]尖聲喊叫…："You animal!" she ～*ed.* 她尖叫道：「你這個畜生！」**2** 〈汽車、煞車等〉發出尖嘎聲。

—*n.* Ⓒ **1** 尖叫聲。**2** 尖嘎聲。

scréech·ing *adj.* **1** 發尖銳刺耳聲音的，尖叫的。**2** 發出尖嘎聲的：come to a ～ halt 〈車子等〉發出尖嘎聲停下來；〈計畫等〉突然中止。

scréech òwl 《以尖銳聲(screech)鳴叫，而非低叫(hoot)故而有此名稱》**—***n.* Ⓒ《鳥》**1**《美》北美的鳴角鴞《角鴞屬猛禽類，頭部有耳狀羽毛》。**2**《英》倉鴞《眼睛小而面部呈心臟形，頭上沒有突出的耳狀羽毛》。

screech·y [ˋskritʃɪ; ˈskri:tʃi] 《screech 的形容詞》**—***adj.* (**screech·i·er**；**-i·est**) **1** 〈聲音、響聲等〉尖銳的，高聲的。**2** 〈人〉發出尖叫聲的。

screed [skrid; skri:d] *n.* Ⓒ[常 ～s]冗長(而乏味)的話[報告，文章(等)]。

screen** [skrin; skri:n] 《源自中古英語「窗帘，篩子」之義》**—n.* **1** Ⓒ**a** (用以擋風、防熱、遮住視線或裝飾的)**屏風**；簾，幕；隔板：a folding ～ 摺疊屏風/a sliding ～ (日式房屋的)滑道式拉門。**b** (窗、門等防避蚊蟲的)網，鐵絲網；紗窗[門]。

2 Ⓒ**遮蔽物，保護物，阻擋視線的東西**：⇨windscreen/A ～ of trees hides our house from the road. 一排樹籬擋住了視線，使行人不能從道路上看到我們的房子/put on a ～ of indifference 假裝冷淡[不關心]。

3 a Ⓒ(電影、幻燈片的)**銀幕**。**b** [**the** ～；集合稱]電影；電影界：a star of *the* (silver) ～ 電影明星。**c** Ⓒ(電視的)螢光幕，畫面；雷達網，雷達螢光幕。

4 Ⓒ(用來篩撿砂、土、石、煤等之顆粒大小的)粗孔篩子。

ùnder scréen of... 在…的掩護下：*under* ～ *of* night 在夜幕的掩蔽下，趁夜晚。

—*adj.* [用在名詞前] **1** 有(防蟲)鐵絲網的：a ～ door 紗門。**2** 電影的：a ～ star 電影明星。

—*v.t.* **1 a** [十受]**遮擋**…：A row of trees ～*ed* our view. 一排樹木擋住了我們的視線/The moon was ～*ed* by clouds. 月亮被雲遮住了。**b** [十受十介十(代)名]遮住，隱藏，保護…[而阻擋視線、光、熱等]〔*from*〕：The fence ～*s* our house ***from*** view. 我們的房子被圍牆遮住而看不見/She ～*ed* her face *from* the sun with her hand. 她用手遮臉以擋住陽光。**c** [十受十副]隔絕〈光、聲音、熱等〉〈*out*〉：The curtains ～*ed* ***out*** the sunlight. 窗帘擋住了陽光。

2 a [十受]**庇護**，袒護〈罪行、犯罪者等〉：～ a person's faults 庇護某人的過失。**b** [十受十介十(代)名]保護，守護〈人〉[防止犯罪、危險等]〔*from*〕：～ children ***from*** the harmful effects of television 保護孩子們免受電視的壞影響。

3 [十受十副(十介十(代)名)](用屏風等)將〈某處〉[從…]分開，隔開〈*off*〉〔*from*〕：His desk is ～*ed* ***off*** (***from*** the rest of the room). 他的書桌被屏風(和房間的其他部分)隔開了。

4 [十受(十介十(代)名)][為防止…而]裝紗網於〈窗、房間等〉〔*against*〕：We must ～ this room ***against*** flies. 我們必須給這個房間裝上紗窗以防蒼蠅。

5 [十受] **a** 放映，上映〈電影、電視〉《★常用被動語態》：The film will *be* ～*ed* next week. 那部電影下週放映。**b** 將〈小說、戲劇等〉拍成電影。

6 a [十受]將〈沙、煤等〉過篩(分級)。**b** [十受]甄選，審查〈應徵函、應徵者等〉《★常用被動語態》：～ visa applications 審查護照簽證的申請書/The students *are* carefully ～*ed* before being granted scholarships. 這些學生在接受獎學金以前都經過嚴格的審查。**c** [十受(十副)](以審查)除去，剔除〈不合適的應徵者等〉〈*out*〉.

—*v.i.* [與 well 等的狀態副詞連用]〈人〉適合上銀幕；〈書〉適合拍成電影：She [This play] will ～ well [badly]. 她[這齣戲]適合[不適合]拍電影。

scréen·ing *n.* **1** ⓊⒸ(電影、電視等的)上映，放映。**2** ⓊⒸ **a** 審查，選拔，銓選：a ～ committee 審查委員會。**b** 團體健康檢查。**3** Ⓤ(為防蟲而裝於窗上的)網，鐵絲網。**4** [～s](小麥等的)篩屑，篩剩的東西；(過篩的)煤屑。

scréen·plày *n.* Ⓒ電影腳本。

scréen tèst *n.* Ⓒ(對應徵演員的)試鏡(頭)。

screev·er [ˋskrivɚ; ˈskri:və] *n.* Ⓒ《主英》馬路畫家。

screw [skru; skru:] *n.* Ⓒ **1 螺絲，螺旋，螺釘**：give the ～ another turn 把螺絲再轉一下，再轉緊一些。

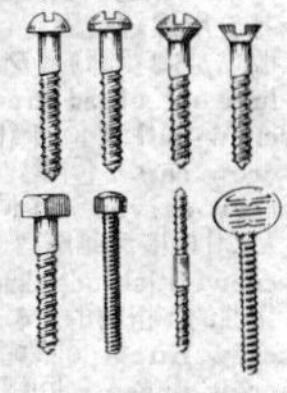

screws 1

2 a 拔塞鑽(corkscrew)。**b** (又作 **scréw propèller**)(船的)螺旋槳推進器；(飛機的)螺旋槳。

3 轉一下，一轉：give a nut a few ～*s* 把螺帽轉兩三下。

4《英》(放少量煙草或鹽的)小紙包；一小包的量〔*of*〕：a ～ *of* tobacco 一包煙草《重約½ ounce》.

5《俚》(監獄的)看守員。

6《英口語》吝嗇鬼；愛殺價的人。

7《英俚》薪水，工資：a beginning ～ of £100 a week 每週一百英鎊的起薪。

8《英口語》老弱的馬，駑馬。

9《鄙》性交。

hàve a scréw lóose [**míssing**]《口語》腦筋有一點問題[毛病]《★源自螺絲鬆[脫落]的器具》：He must *have a* ～ *loose* to do that. 他一定是腦筋有問題才會做出那樣的事。

pùt the scréws on [**to**] a person《口語》(為使人聽從而)對人施加壓力，威脅人《★源自從前做為刑具的拇指夾(thumbscrew)》。

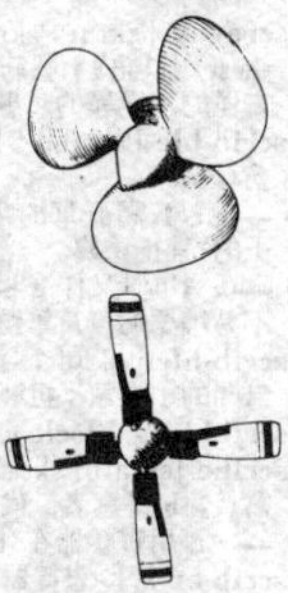

screws 2 b

—*v.t.* **1 a** [十受十副]**用螺絲擰緊**…，給…上螺絲〈*up*〉；用螺絲釘釘住…〈*down, on*〉：～ ***up*** a handle 用螺絲擰緊把手/～ ***down*** the cover of a coffin 用螺絲釘釘住棺材蓋/*S*～ the handle ***on*** last. 最後給把手上螺絲。**b** [十受十介十(代)名]用螺絲把…固定[於…]〔*to, on*〕：～ a license plate ***to*** [***on***] a car 用螺絲把車牌固定在車子上。**c** [十受十介十(代)名][自某物上]轉開螺絲而取下…〔*off*〕：He ～*ed* the lock ***off*** the door. 他轉開螺絲，取下門鎖。

2 a [十受(十副)]扭轉〈身體、手臂等〉〈*around, round*〉：～ one's head ***around*** [***round***] 扭轉頭部。**b** [十受十副]把〈蓋子等〉轉緊[固定]〈*on*〉；把〈蓋子等〉轉開取下〈*off*〉：～ a lid ***on*** [***off***] 把蓋子轉緊[轉開取下]。**c** [十受十副]把〈兩根管子等〉扭轉相接〈*together*〉：*S*～ the two pipes ***together***. 把兩根管子(的各一端)相接扭緊。**d** [十受十介十(代)名]把…轉緊[固定][於…]〔*on, to*〕：～ a hose ***to*** a hydrant 把水管轉進消防栓裏/～ the lid ***on*** a jam jar 把果醬瓶蓋轉緊。**e** [十受十介十(代)名]把…[從…]轉開取下〔*off*〕：～ the lid ***off*** a jam jar 轉開取下果醬瓶蓋。**f** [十受十補]扭轉蓋子使…〈成…狀態〉：～ a bottle open [shut] 扭轉蓋子使瓶子打開[關閉]。

3 [十受十副] **a** (因不安、疼痛、不贊成等而)扭曲〈臉〉；皺〈眉頭〉〈*up*〉：～ ***up*** one's face 皺起面孔。**b** (因光線太強或細看而)眯起〈眼睛〉〈*up*〉：～ ***up*** one's eyes 眯起眼睛。**c** 扭歪，噘〈嘴等〉〈*up*〉：～ ***up*** one's lips 噘著嘴[歪扭著嘴唇]。**d** [十受(十副)十介十(代)名]扭曲〈臉〉[成…]〈*up*〉〔*into*〕：He ～*ed* his face (***up***) ***into*** a frown. 他皺起眉頭，面露慍色。

4 a [十受十副](煩躁地)將…揉成一團〈*up*〉：～ ***up*** a letter 把信揉成一團。**b** [十受(十副)十介十(代)名]把…揉[成…]〈*up*〉〔*into*〕：She ～*ed* (***up***) her handkerchief ***into*** a ball. 她把手帕揉成球狀。

5 [十受十介十(代)名] **a** [從…]擰出〈液體〉〔*out of, from*〕：～ water ***out of*** a wet towel 從濕毛巾擰出水來。**b** [從…]強取[榨取]…〔*out of, from*〕：～ money ***out of*** the poor 榨取窮人的錢/They ～*ed* (his) consent *out of* him. 他們迫使他同意。

6 [十受十副] **a** 鼓起〈勇氣等〉，使…振作起來〈*up*〉：～ ***up*** one's courage 鼓起勇氣。**b** [～ *oneself*]鼓起勇氣〈*up*〉.

7 [十受十副]《口語》**a**《英》使〈人〉緊張[變得神經質]〈*up*〉《★常用被動語態》：He gets very ～*ed* ***up*** before exams. 考試前他變得很緊張。**b** 把〈事情〉弄砸，搞垮〈*up*〉《★常用被動語態》：～ ***up*** one's exam 考壞/Things *were* ～*ed* ***up*** from start to finish. 事情從頭到尾都搞砸[糟]了。

8《俚》**a** [十受]欺騙〈人〉《★常用被動語態》：He *was* easily ～*ed.* 他容易受騙。**b** [十受十介十(代)名]騙〈人〉[而取走…]〔*out of*〕《★常用被動語態》：I *was* ～***ed out of*** 50 dollars. 我被騙走五十美元。

9 [十受]《鄙》〈男〉與〈女〉性交。

—*v.i.* **1 a** 扭歪，旋轉：This handle won't ～ well. 這個把手不好轉。**b** [十副]轉緊，關閉〈*on*〉：This lid won't ～ ***on*** properly.

這個蓋子無法轉緊。c〔十副(十介十(代)名)〕用螺絲釘固定〔於…〕〈*on*〉〔*to*〕：This rack ～*s* **on** easily (**to** the wall). 這個掛物架易於用螺絲釘固定(在牆上)。2〔十副〕《口語》弄砸，弄錯，失敗〈*up*〉. 3《鄙》性交。

hàve one's **héad scréwed ón** (**ríght** [**the ríght wáy**]) ⇨head.

scréw·bàll *n.* Ⓒ 1《棒球》內[外]旋轉球。2《美口語》怪人，奇人。

scréw càp *n.* Ⓒ螺旋帽；有螺紋的瓶蓋。

scréw·driver *n.* 1 Ⓒ螺絲起子，螺絲刀，改錐。2 Ⓤ[指個體時爲Ⓒ]柳橙汁雞尾酒《伏特加酒(vodka)與柳橙汁調合而成者》。

screwed [skrud; skru:d] *adj.* 1 以螺釘固定的。2 有螺旋紋的。3 扭曲的；扭轉的。4《英俚》有幾分醉的。5《俚》被騙的。

scréw nùt *n.* Ⓒ螺帽。

scréw prèss *n.* Ⓒ螺旋式加壓機。

scréw thrèad *n.* Ⓒ螺紋。

scréw tòp *n.* Ⓒ(瓶子等的)螺旋蓋，旋轉式瓶[罐]蓋《以扭轉方式開關》。

screw·y [ˈskruɪ; ˈskru:i] «screw 的形容詞» **—***adj.* (**screw·i·er**; **-i·est**)《口語》1 腦筋有問題的，神經有毛病的。2〈事物、想法等〉奇怪的，怪異的，愚蠢的。

scrib·ble [ˈskrɪbl; ˈskribl] *v.t.* 〔十受(十副)〕潦草書寫；亂寫，亂塗〈*down*〉.

—*v.i.* 1 寫潦草的字，亂寫。2 塗鴉：No *scribbling*！(印在書上的)禁止塗寫。

—*n.* 1 Ⓤ[又作 **a** ～]潦草的書寫，潦草的字跡：*an* illegible ～ 不易辨認的潦草筆跡。2 Ⓒ[常～*s*]胡亂寫成的東西，塗鴉，雜文。

scríb·bler *n.* Ⓒ 1 字跡潦草者。2《輕蔑·謔》三流作家；沒沒無聞的小作家；粗製濫造的作者。

scríbbling blòck *n.*《英》=scratch pad.

scribe [skraɪb; skraib] *n.* Ⓒ1 a (印刷術未發明前抄寫文卷的)抄寫員。b 書寫者，代書人，書記。2 [常 S～]法律學者。

—*v.t.* 用畫線器在〈樹木、金屬〉上刻畫線條。

scríb·er *n.* Ⓒ畫線器；刻畫者，書寫者。

scrim [skrɪm; skrim] *n.* Ⓤ 1 疏織的薄棉布[麻布]《用作家具的襯墊裏布、窗帘等》。2《美》(舞台用的背景)紗幕。

scrim·mage [ˈskrɪmɪdʒ; ˈskrimidʒ] *n.* Ⓒ1 (互相)扭打，羣毆混戰。2《美式足球》a 爭球；比賽開始至死球期間的攻守。b (同一隊分成兩隊的)練習比賽。**líne of scrímmage**《美式足球》爭球線《攻守兩方以中立地區(neutral zone)爲界的對峙線》。

—*v.i.* 1 混戰。2《美式足球》a 爭球。b 練球。

scrimp [skrɪmp; skrimp]《口語》*v.i.* 1 [常 ～ **and save**] (節儉過活)一點一點地存錢，省錢：They had to ～ *and save* to send their son to college. 爲了送兒子上大學，他們不得不省吃儉用，拼命攢錢。2〔十介十(代)名〕節省，節約〔…〕〔*on*〕：Mother never ～*ed* **on** meals. 在三餐上母親從不節省。

—*v.t.* 1 節省，削減，縮減〈食物等〉。2 吝於給〈人〉必需的東西：He ～*s* his family. 他對家人慳吝剋扣。

scrimp·y [ˈskrɪmpɪ; ˈskrimpi] «scrimp 的形容詞» **—***adj.* (**scrimp·i·er**; **-i·est**)縮減的，節省的，吝嗇的。

scrímp·i·ly [-pɪlɪ; -pili] *adv.*

scrim·shank [ˈskrɪm͵ʃæŋk; ˈskrimʃæŋk] *v.i.*《英俚》逃避責任，推諉責任，偷懶。～**·er** *n.*

scrim·shaw [ˈskrɪmʃɔ; ˈskrimʃɔ:] *n.* 1 Ⓤ(水手在長期航海中爲消遣而刻的貝殼、鯨骨等)細工。2 Ⓒ[集合稱爲Ⓤ](貝殼、鯨骨等的)雕刻品。

scrip [skrɪp; skrip] *n.* Ⓤ(政府等在非常時期發行的)臨時通貨；(佔領軍發行的)軍票。

script [skrɪpt; skript] «源自拉丁文「被寫成(之物)」之義» **—***n.* 1 Ⓒ(戲劇、電影、廣播、電視等的)腳本，原稿：a film ～ 電影腳本/not in the ～ 不在腳本上面的；《口語》意料之外的[地]。2 Ⓤa 手稿；筆跡。b《印刷》書寫體[草體](鉛字)(⇨type 插圖)。3 Ⓤ文字：Arabic [Russian] ～ 阿拉伯[俄國]文字。4 Ⓒ[常～*s*]《英》答案。**—***v.t.* 〔十受〕寫〈電影等〉的腳本。

scrípt·ed *adj.* 〈演講、廣播等〉有原稿[腳本]的，照原稿[腳本]的。

script·er [ˈskrɪptɚ; ˈskriptə] *n.*《俚》=scriptwriter.

scrípt gìrl *n.* Ⓒ《電影》場記；電影導演之女秘書。

scrip·to·ri·um [skrɪpˈtorɪəm,-ˈtɔr-; skripˈtɔ:riəm] *n.* (*pl.* ～**s**, **-ri·a** [-rɪə; -riə]) Ⓒ(修道院內之)繕寫室。

scrip·tur·al [ˈskrɪptʃərəl; ˈskriptʃərəl] *adj.* [有時 S～](根據)聖經的：a ～ scholar 聖經學者。

scrip·ture [ˈskrɪptʃɚ; ˈskriptʃə] «源自拉丁文「寫的東西」之義» **—***n.* 1 [**the S**～]聖經(the Bible)《★指舊約、新約兩者或其中之一，又作 Holy Scripture 或 the (Holy) Scriptures》. 2 Ⓒ聖經中的話。3 Ⓤ[又作 ～**s**；常S～](基督教以外的)聖典，經典：the Buddhist *Scriptures* 佛經。

scrípt·wrìter *n.* Ⓒ(戲劇、電影、廣播等的)腳本作家；劇作家。

scrive·ner [ˈskrɪvnɚ, -vənɚ; ˈskrivnə] *n.* Ⓒ《古》1 代書人。2 公證人。

scrod [skrɑd; skrɔd] *n.* Ⓒ《美》(已切開準備烹煮的)小鱈魚。

scrof·u·la [ˈskrɔfjələ, ˈskrɑf-; ˈskrɔfjulə] *n.* Ⓤ《醫》瘰癧，腺病《頸部淋巴結腫大症》。

scrof·u·lous [ˈskrɔfjələs, ˈskrɑf-; ˈskrɔfjuləs] «scrofula 的形容詞» **—***adj.* (患)瘰癧的。

scroll [skrol; skroul] «源自古法語「紙(片)」之義；現在的字形則來自對 roll 的聯想» **—***n.* Ⓒ1 紙卷，卷軸《用紙草(papyrus)、羊皮紙做的古書、文件，爲便於捲起而兩端附有軸》。2 (見於愛奧尼亞(Ionia)式柱頭、椅腳及桌腳的)渦形裝飾。3 (小提琴等弦樂器頭部的)渦卷部(⇨ violin 插圖)。

scroll 1, 2

scróll sàw *n.* Ⓒ曲線鋸《一種用以鋸彎曲線條之窄鋸》。

scróll·wòrk *n.* Ⓤ渦旋裝飾[圖案]。

scrooge [skrudʒ; skru:dʒ] «源自 Dickens 所著 *A Christmas Carol* 中的主角名字» **—***n.* Ⓒ[常 S～]《口語》吝嗇鬼，守財奴。

scro·tum [ˈskrotəm; ˈskroutəm] *n.* Ⓒ(*pl.* **scro·ta** [-tə; -tə], ～**s**)《解剖》陰囊。**scro·tal** [ˈskrotl; ˈskroutl] *adj.*

scrounge [skraʊndʒ; skraundʒ]《口語》*v.t.* 1 搜尋…。2〔十受(十介十(代)名)〕〔向某人〕索取[求得]…〔*off*〕：～ a cigarette ***off*** a person 向某人索取一根香煙。

—*v.i.* 〔十副〕到處搜尋〈*around*〉.

scróung·er *n.* Ⓒ敲詐者；食客。

*****scrub**[1] [skrʌb; skrʌb] (**scrubbed**; **scrub·bing**) *v.t.* 1 (用硬刷子等)刷洗：a〔十受(十介十(代)名)〕〔用刷子、抹布等〕刷洗，擦洗〈髒、髒物等〉〔*with*〕：～ dirty shirts 刷洗髒襯衫/ ～ the floor ***with*** a scrub brush 用刷子刷洗地板。b〔十受十副〕用力刷洗，擦洗〈污垢、污跡等〉〈*away, off, out*〉：～ stains ***away*** [***off, out***] 把污跡擦洗掉。c〔十受十介十(代)名〕將〈污跡〉〔從…〕擦去〔*off*〕：She *scrubbed* the cold cream ***off*** her face ***with*** a tissue. 她用化妝紙擦去臉上的冷霜。d〔十受十補〕用力擦…〈使成…狀態〉：He *scrubbed* the walls clean. 他把牆壁擦洗乾淨。e〔十受十副〕〈外科醫生、護士〉(在施手術前)清洗〈手、手臂等〉〈*up*〉.

2 a〔十受(十副)〕《口語》取消，中止〈行事、計畫、命令等〉〈*out*〉：The game was *scrubbed* (***out***) because of the rain. 比賽因雨而取消。b〔十受〕中止〈飛彈的發射、飛行〉。

—*v.i.* 1 用力擦洗。2〔動(十副)〕〈外科醫生、護士〉(在施手術前)清洗手或手臂〈*up*〉.

—*n.* [**a** ～]用力擦洗：give a pan *a* ～ 用力擦洗鍋子/This floor needs *a* good ～. 這地板需要好好刷洗一番。

scrub[2] [skrʌb; skrʌb] «shrub 的變形» **—***n.* 1 Ⓤ[集合稱](茂密的)灌木叢，灌木林，叢林地帶。2 Ⓒ矮小的人；無名小卒。3 Ⓒ《美口語》候補[預備]選手。

scrúb·ber *n.* Ⓒ1 a 打掃地板的人。b 刷洗工具。2《英俚》蕩婦；妓女。

scrúb·bing brùsh *n.* Ⓒ(洗衣、洗地板用的)刷子，刷帚。

scrúb brùsh *n.*《美》=scrubbing brush.

scrub·by [ˈskrʌbɪ; ˈskrʌbi] «scrub[2] 的形容詞» **—***adj.* (**scrub·bi·er**; **-bi·est**) 1〈樹木、動物等〉矮小的。2 灌木[雜木]茂盛的。3〈人〉矮小的；衣著寒酸的。

scrúb wòman *n.* Ⓒ(*pl.* **-women**)《美》清潔婦。

scruff[1] [skrʌf; skrʌf] *n.* [常 **the** ～ **of the neck**]頸背：take a person **by** *the* ～ *of the neck* 抓住某人的頸背。

scruff[2] [skrʌf; skrʌf] *n.* Ⓒ《英口語》齷齪而不修邊幅的人。

scruff·y [ˈskrʌfɪ; ˈskrʌfi] «scruff[2] 的形容詞» **—***adj.* (**scruff·i·er**; **-i·est**)《口語》齷齪的，(衣著)寒酸的。

scrum [skrʌm; skrʌm] *n.* Ⓒ1《橄欖球》並列爭球《兩隊對峙，互相頂架爭球傳給後方》。2《英口語》湧入(滿載的電車、大拍賣的場所等)的人們。**—***v.i.*《橄欖球》並列爭球。

scrúm·càp *n.* Ⓒ《橄欖球》(選手戴在頭上的)爭球頭盔。

scrúm hàlf *n.* Ⓒ《橄欖球》傳鋒，投球員。

scrum·mage [ˈskrʌmɪdʒ; ˈskrʌmidʒ] *n.*, *v.* =scrum.

scrump·tious [ˈskrʌmpʃəs; ˈskrʌmpʃəs] *adj.*《口語》極好的，很棒的；〈食物等〉很好吃的：We had a ～ lunch. 我們吃了一頓很棒的午餐。

scrunch [skrʌntʃ; skrʌntʃ]《口語》*v.t.* 1 嘎吱嘎吱地咬碎[壓碎]…。2〔十受(十副)〕把…搓皺[揉成一團]〈*up*〉.

—*v.i.* 嘎吱嘎吱地碎裂；嘎吱嘎吱作響。

—*n.* [**a** ～]嘎吱嘎吱的破碎(聲)。

scru·ple [ˈskrupl; ˈskru:pl] «源自拉丁文「小尖石」→「(如小尖石刺痛似的)良心的責備」之義» **—***n.* 1 Ⓒ[常～*s*]良心的責備[譴責]〔*about*〕：a man of no ～*s* 不擇手段的人，肆無忌憚的人/I have ～*s* *about* play*ing* cards for money. 我對於玩紙牌賭錢有所顧忌。

2 Ⓤ[常用於 no, without 等之後] **a** (對事情的正邪、妥當與否的)疑慮，猶豫，顧忌：He will do anything *without* ~. 他任何(惡)事都做得出來。**b** 〔十 *to* do〕〈做…的〉躊躇，猶豫，顧忌：He makes *no* ~ *to* tell a lie. 他說起謊來無所顧忌；他肆無忌憚地說謊《★[變換]一般說 He makes *no* ~ *of* tell*ing* a lie.》.
3 Ⓒ斯克魯《藥衡(apothecaries' weight)的單位；約等於 20 grains, 0.333 drams, 1.295 g；略作 sc.》.
—*v.i.* [常用於否定句] **1** 〔十 *to* do〕顧忌，猶豫〈做…〉：She did*n't* ~ *to* take Tom from his wife. 她毫不猶豫地從湯姆妻子手中奪走湯姆。
2 〔十介十(代)名〕〔對…〕感到內疚[良心不安]〔*at, about*〕：He does*n't* ~ **at**[**about**] ly*ing*. 他對於說謊不會感到內疚[他說起謊來毫無顧忌]。

scru·pu·los·i·ty [ˌskrupjəˈlɑsətɪ; ˌskru:pjuˈlɔsəti] «scrupulous 的名詞» **—***n.* Ⓤ周密，嚴謹，深慮，細心。

scru·pu·lous [ˈskrupjələs; ˈskru:pjuləs] «scruple 的形容詞» **—***adj.* **1** 有良心的，規規矩矩的，耿直的：a ~ treasurer 耿直[誠實]的出納/with ~ honesty 問心無愧地；極誠實地。
2 a 小心謹慎的，細心的，嚴謹的：with ~ care 小心翼翼地，很細心地/She took ~ care of the children's health. 她很細心照顧孩子們的健康。**b** [不用在名詞前]〔十介十(代)名〕〔對…〕一絲不苟的，周密的〔*about, in*〕：She is ~ **about** her dress. 她很講究衣著/He is always ~ **in** tak*ing* his holidays. 他總是如期地休假。~·**ly** *adv.* ~·**ness** *n.*

scru·ti·neer [ˌskrutəˈnɪr; ˌskru:tiˈniə] *n.* Ⓒ《英》檢查官；(尤指)選票檢查人，監票者。

scru·ti·nize [ˈskrutṇˌaɪz; ˈskru:tinaiz] «scrutiny 的動詞» **—***v.t.* **1** 細察，詳審：He ~*d* the diamond for flaws. 他仔細察看鑽石有無瑕疵。**2** 仔細打量，端詳：She ~*d* herself in the mirror. 她對著鏡子端詳自己。

scrú·ti·nìz·ing·ly *adv.* 仔細地，詳細地。

scru·ti·ny [ˈskrutṇɪ; ˈskru:tini] «源自拉丁文「小心搜尋」之義» **—***n.* **1** ⓊⒸ**a** 周密的調查[檢查]：His theory wouldn't bear ~. 他的理論經不起周密的審察/Every product undergoes a close ~. 每件產品都經過仔細的檢查。**b** 仔細的打量，端詳：under public ~ 〈名人等〉在衆人注視之下/A close ~ will reveal the lines at the corners of her eyes. 仔細端詳你會發現她眼角的皺紋。**2** Ⓒ《英》調查投票《選票的複查或複計》。

scu·ba [ˈskubə; ˈsku:bə] «*s*elf-*c*ontained *u*nderwater *b*reathing *a*pparatus(自給式水中呼吸裝置)的頭字語» **—***n.* Ⓒ水肺。

【同義字】aqualung 是 scuba 問世前的商標名。

scúba dìve *v.i.* 利用水肺潛水。
scúba dìver *n.* Ⓒ用水肺潛水者。
scúba dìving *n.* Ⓤ用水肺潛水的運動。

scud [skʌd; skʌd] *v.i.* (**scud·ded**；**scud·ding**)〔動十副詞(片語)〕〈雲〉(被風吹而)疾馳；〈船〉(乘著强風)幾乎不揚帆而飛駛：Clouds were *scudding across* the sky. 雲朵掠過天空/The boat *scudded along* before the rising wind. 帆船乘著起風疾駛。
—*n.* **1** [**a** ~]疾行，飛駛。**2** Ⓤ(被風吹著的)斷雲，飛雲。**3 a** Ⓒ[常~s](來勢洶洶的)驟雨，陣雨。**b** Ⓒ陣風，突然刮起的風。

scuff [skʌf; skʌf] *v.i.* **1** 曳足而行。**2** [動(十副)]〈鞋、地板等〉磨損，擦傷〈*up*〉.
—*v.t.* **1 a** 拖著〈腳〉。**b** (以腳)擦〈地等〉。**2** 〔十受(十副)〕磨損，擦傷〈鞋、地板等〉〈*up*〉：~ (**up**) one's shoes 把鞋子磨損[穿壞]。
—*n.* Ⓒ **1** 磨痕，擦痕。**2** [常 ~s]拖鞋(cf. slipper).

scuf·fle [ˈskʌfl; ˈskʌfl] *v.i.* **1** 〔動(十介十(代)名)〕〔與…〕互相揪抓，扭打，混戰〔*with*〕：The demonstrators ~*d* **with** the police. 示威者與警方人員混戰。**2** 慌張地跑[走來走去]。**3** 曳足而行。
—*n.* Ⓒ互相扭打，混戰，格鬥。

scúff·màrk *n.* ＝scuff *n.* 1.

scull [skʌl; skʌl] *n.* **1** Ⓒ**a** (雙手各持一葉用以划船的)短槳。**b** 短槳划船，輕艇《單人雙槳的比賽用輕舟》。**2 a** [**a** ~](用短槳的)划船。**b** [~s]短槳划船比賽。
—*v.i.* 用短槳划船。**—***v.t.* 用短槳划〈船〉。~·**er** *n.*

scul·ler·y [ˈskʌlərɪ; ˈskʌləri] *n.* Ⓒ餐具洗滌室《大宅邸或舊式房屋中設於廚房旁用以洗滌及貯藏碗碟、鍋等的小室》。

scúllery màid *n.* Ⓒ女幫廚。

scul·lion [ˈskʌljən; ˈskʌljən] *n.* Ⓒ(從前)廚房打雜的助手，洗碗盤者。

sculp [skʌlp; skʌlp] *v.* 《口語》＝sculpture.

sculp. 《略》sculptor；sculpture.

scul·pin [ˈskʌlpɪn; ˈskʌlpin] *n.* Ⓒ(*pl.* **-pin**, ~**s**) **1** 〘動物〙杜父魚《無鱗海魚，頭大嘴闊》。**2** 《輕蔑》不中用的東西[人]。

sculpt [skʌlpt; skʌlpt] *v.* ＝sculpture.

sculpt. 《略》*sculpsit*(拉丁文＝he[she] sculptured it)；sculptor；sculpture.

sculp·tor [ˈskʌlptɚ; ˈskʌlptə] *n.* Ⓒ雕刻家，雕刻師。

sculp·tress [ˈskʌlptrɪs; ˈskʌlptris] *n.* Ⓒ女雕刻家。

sculp·tur·al [ˈskʌlptʃərəl; ˈskʌlptʃərəl] «sculpture 的形容詞» **—***adj.* 雕刻(術)的。

sculp·ture [ˈskʌlptʃɚ; ˈskʌlptʃə] «源自拉丁文「雕刻物」之義» **—***n.* **1** Ⓤ雕刻，雕刻術。**2** Ⓒ[集合稱爲Ⓤ]雕刻(物)，雕像。
—*v.t.* **1 a** 〔十受〕雕刻〈人、物〉成像：~ a king 雕刻國王的像。**b** 〔十受十介十(代)名〕〔以…〕雕刻〈像〉〔*in, out of*〕：~ a bust **in** stone 以石雕刻半身像/ ~ a statue **out of** bronze 以青銅雕像。**c** 〔十受十介十(代)名〕雕刻…〔成…〕〔*into*〕：~ stone **into** a bust 雕石作半身像。
2 〔十受〕對…施以雕刻，以雕刻裝飾…。
3 〔十受(十介十(代)名)〕〈風雨〉侵蝕而將〈地面〉改變〔成…〕〔*into*〕. **—***v.i.* 雕刻。

scúlp·tured *adj.* 雕刻的，以雕刻裝飾的：~ columns 有雕刻裝飾的圓柱。

sculp·tur·esque [ˌskʌlptʃəˈrɛsk; ˌskʌlptʃəˈresk] *adj.* **1** 似雕刻的；精緻的。**2** 肅穆的。

scum [skʌm; skʌm] *n.* **1** Ⓤ[又作**a** ~] **a** (煮沸或發酵時所產生的)浮渣[泡沫]，薄膜。**b** (不流動的水面所形成的)浮泡。**2** 《輕蔑》**a** Ⓤ[集合稱]人類的渣滓《★視爲一整體時當單數用，指全部成員時當複數用》：the ~ of the earth 人世間的渣滓。**b** Ⓒ廢物；人渣。
—*v.i.* (**scum·med**；**scum·ming**)產生浮渣[浮泡]。

scum·my [ˈskʌmɪ; ˈskʌmi] «scum 的形容詞» **—***adj.* (**scum·mi·er**；**-mi·est**) **1** 生浮渣[浮泡]的：a ~ pond 生浮泡的池塘。**2** 《口語》〈人、物等〉下級的，無價值的。

scup·per [ˈskʌpɚ; ˈskʌpə] *n.* Ⓒ[常~s]〘航海〙(甲板兩側的)排水孔。**—***v.t.* 《英》**1** 故意沉〈船〉。**2** 破壞〈計畫等〉《★常用被動語態》。

scurf [skɝf; skə:f] *n.* Ⓤ頭皮屑。

scurf·y [ˈskɝfɪ; ˈskə:fi] «scurf 的形容詞» **—***adj.* (**scurf·i·er**；**-i·est**) **1** 多頭皮屑的。**2** 頭皮屑似的。

scur·ril·i·ty [skəˈrɪlətɪ; skəˈriləti] *n.* **1** Ⓤ下流，低級。**2 a** Ⓤ無口德，謾罵。**b** Ⓒ粗話，髒話。

scur·ril·ous [ˈskɝɪləs; ˈskʌriləs] *adj.* 〈人、話等〉下流的，卑鄙的；謾罵的，無口德的。~·**ly** *adv.* ~·**ness** *n.*

scur·ry [ˈskɝɪ; ˈskʌri] *v.i.* 〔十副詞(片語)〕(在某處)慌亂地(小步)跑，小步疾走：Mice are always ~*ing about* in the wall. 老鼠總是在牆壁中亂竄。
—*n.* [用單數；常 **the** ~](慌亂的)快步疾走；疾行的腳步聲：There was a great ~ *for* bargains. 大家急忙跑去搶購特價品/I heard *the* ~ *of* feet outside. 我聽到外面疾走的腳步聲。

scur·vy [ˈskɝvɪ; ˈskə:vi] *n.* Ⓤ〘醫〙壞血病《因缺乏維生素 C 所引起的疾病》。
—*adj.* [用在名詞前](**scur·vi·er**；**-vi·est**)《口語》卑鄙的，下流的，卑劣的：a ~ fellow 卑鄙的傢伙/a ~ trick 卑劣的詭計。

scúr·vi·ly [-vɪlɪ; -vili] *adv.* **-vi·ness** *n.*

scut [skʌt; skʌt] *n.* Ⓒ(兔、鹿等直立的)短尾。

scutch [skʌtʃ; skʌtʃ] *v.t.* **1** 把〈麻、線等〉打散加工。**2** 切割〈磚、石等〉。**—***n.* Ⓒ **1** 打麻機；彈[清]棉機。**2** 磚工錘。

scutch·eon [ˈskʌtʃən; ˈskʌtʃən] *n.* ＝escutcheon.

scute [skjut; skju:t] *n.* Ⓒ〘動物〙角板；盾片；稜鱗。

scut·ter [ˈskʌtɚ; ˈskʌtə] *v.i., n.* 《英方言》＝scurry.

scut·tle[1] [ˈskʌtl; ˈskʌtl] *v.i.* 〔十副詞(片語)〕急行，倉皇跑走：The boys ~*d away*[*off*] when they saw the teacher. 那些男孩子看到老師時便倉皇逃走。
—*n.* [**a** ~]倉促撤退[逃走，出發]。

scut·tle[2] [ˈskʌtl; ˈskʌtl] *n.* Ⓒ **1** 〘航海〙(甲板或船舷的附蓋)舷窗；(在船底或舷側的)有蓋孔。**2** (屋頂或牆壁上的附蓋)天窗。**3** 《英》(汽車的)車頸《緊接在引擎罩後面的車身》。
—*v.t.* **1** (在船底或船側)鑿孔沉〈船〉。**2** 放棄〈計畫、工程等〉。

scut·tle[3] [ˈskʌtl; ˈskʌtl] *n.* Ⓒ(室內用)煤箱，煤斗(coal scuttle).

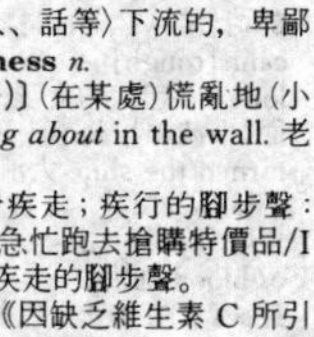
scuttle[3]

Scyl·la [ˈsɪlə; ˈsilə] *n.* **1** 西拉巨岩《在西西里島(Sicily)與義大利本土之間的巨岩》。**2** 〘希臘・羅馬神話〙西拉《住在西拉巨岩上，有六頭十二足的女妖怪》。

betwèen Scýlla and Charýbdis 《文語》進退兩難，腹背受敵。

【字源】西拉(Scylla)是指位於義大利與西西里島(Sicily)間、墨西拿(Messina)海峽中的大岩石，也指希臘神話中住在該巨岩裡六頭十二足的女妖怪(會如狗一般嚎叫)。在西拉巨岩前方有一非常危險的大漩渦，稱作卡力布狄斯(Charybdis)，希臘神話裡，則指引起那漩渦的怪物。經過此海峽的船隻如躲開卡力布狄斯大漩渦，就會接近西拉巨岩，有被女妖吃掉的危險。在 between Scylla and Charybdis 中，Scylla 和 Charybdis 都是比喻非常危險的情況。

scythe [saɪð; saið] *n.* Ⓒ(長柄的)大鐮刀《★ [比較] 單手拿的小鐮刀是 sickle》.

【說明】雙手持長柄向左或右揮去，用以割下草、穀物；被視爲死神攜帶的物品；⇨ Father Time.

scythe

—*v.t.* 〔十受(十副)〕用大鐮刀割〈穀物、草等〉〈*down, off*〉.

—*v.i.* **1** 用大鐮刀割。**2** 〔(十副)十介十(代)名〕〔朝…〕大揮手臂〈*away*〉〔*at*〕.

Scyth·i·a [ˈsɪθɪə; ˈsiðiə, ˈsiθ-] *n.* 西西亞《古代東南歐黑海北岸一地區》。

Scyth·i·an [ˈsɪθɪən; ˈsiðiən, ˈsiθ-] *adj.* 西西亞的；西西亞人的；西西亞語的。—*n.* **1** Ⓒ西西亞人。**2** Ⓤ西西亞語。

S/D **1** school district 學區。**2** sight draft 見票即付之匯票。

SD《略》《美郵政》South Dakota.

S.D(ak).《略》South Dakota.

'sdeath [zdɛθ; zdeθ] 《源自 God's *death*》 —*interj.*《古》該死！畜生！

SDI《略》Strategic Defense Initiative 戰略防禦計畫《又稱作「星際大戰」(Star Wars)》.

SDRs, SDR's《略》special drawing rights 特別提款權。

Se《符號》《化學》selenium.

s.e., SE, S.E.《略》southeast(ern).

‡sea [si; si:] *n.* **1 a** Ⓒ〔常 the ～；《詩・文語》又作～s〕海，海洋(↔ land)：⇨high sea, seven seas/swim in *the* ～ 在海裏游泳/sail on[in] *the* ～ 〈船〉在海上航行。**b** 〔the ～〕海岸，海濱《★ [用法] 與地名連用時爲 -on-Sea, 如 Bexhill-on-Sea》：spend one's summer vacation at *the* ～ 在海濱度暑假/He lives by *the* ～. 他住在海邊/Naples is on *the* ～. 那不勒斯臨海。

2 〔the(…)S～；當作地名的一部分〕**a** …海：⇨Black Sea/*the* Mediterranean *S*～ 地中海/*the S*～ of Japan 日本海。**b** (大的內陸)湖；鹹水湖：*the S*～ of Galilee 加利利湖/⇨Dead Sea.

3 Ⓒ〔常～s；常與修飾語連用〕(某種狀態的)海；波，波浪：a calm[rough] ～ 風平浪靜[波濤洶湧]的海/a broken ～ 碎浪/a long ～ 起伏的大浪，波濤滾滾的海面/short ～*s* 起伏翻滾的海面[小波浪]/ship a ～ 〈船等〉被浪沖擊/Heavy ～*s* nearly overturned the ship. 大浪幾乎使那一條船傾覆。

4 〔a ～ of…, ～s of…〕(如海水般)多量(的…)，許多(的…)，無限(的…)：*a* ～ *of* troubles[care] 很多的麻煩事[苦惱事]/～*s of* blood 血海。

at séa (1)在海上；在航海中：The ship was lost *at* ～. 那隻船在航行中失踪。(2)〔常 **completely**[**all**] **at** ～〕大感困惑，完全不知所措：He was *completely at* ～ as to how to run the machine. 他完全不知道如何去操作那部機器。

beyònd the séa(s)《文語》海的那一邊；在國外，在海外。

by séa 由海路，用船運。

fóllow the séa 當船員，做水手。

gò to séa (1)當船員。(2)揚帆，出航。

pùt (óut) to séa 開船，出港。

—*adj.* 〔用在名詞前〕**1** 海的；海上的：～ air 海(邊)的空氣/a ～ chart 海圖/～ traffic 海上交通。

2 海邊[岸]的：～ bathing 海水浴。

【說明】在英國夏天最熱的時候也只不過是相當於臺灣四、五月的程度，因此雖然說去洗海水浴，實際上不一定眞的下水游泳。英國海水浴場通常有鋪水泥的散步道(promenade)及鋪小石的海灘，遊客坐在摺椅(camp chair)，在太陽傘(beach umbrella)下看看書，眺望海景或睡懶覺的人居多。有名的海水浴場有布來頓(Brighton)及波茅斯(Bournemouth)等地。美國的海水浴場在東、南、西岸都很多，但情況也類似英國，把海水浴場當作遊樂休閒場所。最有代表性的是佛羅里達州(Florida)的邁阿密(Miami)及夏威夷懷基基(Waikiki)海水浴場。眞正想游泳的人都是利用游泳池(swimming pool).

3 海軍的：～ forces 海軍(部隊)。

séa anèmone *n.* Ⓒ《動物》海葵。

séa·bàg *n.* Ⓒ海員用帆布袋《用以裝衣服等的圓筒狀帆布袋》。

séa bànk *n.* Ⓒ **1** 海岸之護岸；防波堤。**2** 海岸。

séa·bèach *n.* Ⓒ海濱。

séa·bèd *n.* 〔the ～〕海底，海牀。

Sea·bee [ˈsibi; ˈsi:bi:] 《*C*onstruction *B*attalion 的頭字語》— *n.* Ⓒ《美海軍》工程營隊(員)。

séa·bìrd *n.* Ⓒ海鳥。

séa bìscuit *n.* Ⓒ〔當作菜名時爲Ⓤ〕可供久藏的硬餅乾。

séa·bòard *n.* Ⓒ海岸，海岸地帶：the Atlantic ～ 大西洋岸。—*adj.* 〔用在名詞前〕濱海的，海岸的。

séa bòat *n.* Ⓒ(可航行於大海的)海船；海上救急船。

séa-bòrn *adj.* **1** 生於海中的。**2** 海中出產的。

séa-bòrne *adj.* 船運的，海上運輸的；渡海而來的：～ goods 海運貨物/a ～ invasion 來自海上的侵略/～ trade 海上貿易。

séa brèad *n.* ＝hardtack.

séa brèam *n.* **1** Ⓒ《魚》眞鯛《鯛科的食用魚》。**2** Ⓤ眞鯛的魚肉。

séa brèeze *n.* Ⓒ《氣象》海風《白天由海上吹向陸地；↔ land breeze》.

séa càlf *n.* ＝harbor seal.

séa càptain *n.* Ⓒ(商船的)船長。

séa chànge *n.* Ⓒ《文語》驚人的(急劇)變化，改變面貌：undergo a ～ 面目一新，煥然一新。

séa còal *n.* Ⓤ《英》煤《英格蘭南部地方無煤礦，煤炭需從紐加塞耳(Newcastle)海運而來，有別於木炭(charcoal)，故名》。

séa·còast *n.* Ⓒ海岸，海濱，沿岸。

séa còw *n.* Ⓒ《動物》儒艮《又稱海牛，儒艮科海生哺乳動物的總稱》。

séa cùcumber 《由於形狀像小黃瓜而有此名稱》—*n.* Ⓒ〔當作食物時爲Ⓤ〕《動物》海參。

séa dòg *n.* Ⓒ《文語・謔》老經驗的船員[水手]。

séa èagle *n.* Ⓒ《動物》以魚爲食之海鷹。

séa-èar *n.* ＝abalone.

séa èlephant *n.* Ⓒ《動物》海象《一種大海豹》。

séa·fàr·er [-ˌfɛrə; -ˌfɛərə] *n.* Ⓒ《文語》船員，水手(sailor)；海上[船上]旅客。

séa·fàr·ing [-ˌfɛrɪŋ, -ˌfær-; -ˌfɛəriŋ] *adj.* 〔用在名詞前〕《文語》航海的；航海業的；在海上過活的：a ～ man 船員，海員/a ～ nation 以航海爲主的國家。

—*n.* Ⓤ **1** 航海。**2** 航海業。

séa fìght *n.* Ⓒ(戰艦與戰艦間的)海戰。

séa fòam *n.* **1** Ⓤ海水之泡沫。**2** ＝meerschaum 1.

séa fòg *n.* ⓊⒸ(由海漂向陸地的)海霧。

séa·fòod *n.* Ⓤ海產食物《魚貝類做成的食物》：a ～ restaurant 海鮮餐廳《專門供應魚貝類菜餚的餐廳》。

séa·fòwl *n.* Ⓒ(*pl.* ～, ～s)海鳥。

séa·frònt *n.* ⓊⒸ(城市)濱海的部分，海岸區：a hotel on the ～ 濱海區的旅館。

séa gàuge *n.* Ⓒ**1** (船的)吃水深度。**2** 氣壓測深器。

séa·gìrt *adj.*《詩》〈島等〉四面環海的。

séa-gòd *n.* Ⓒ海神。

séa·gòing *adj.* 〔用在名詞前〕**1** (適合)遠洋航海的〈船〉。**2** 以航海爲業的〈人〉：a ～ fisherman 遠洋漁業者。

séa gréen *n.* Ⓤ海綠色。

séa-gréen *adj.* 海綠色的。

séa gùll *n.* Ⓒ《鳥》鷗；(尤指)海鷗。

séa hòg *n.* ＝porpoise.

séa hòrse *n.* Ⓒ《魚》海馬。

séa ìsland *n.* (又作**séa ísland còtton**) Ⓤ《植物》海島棉《西印度羣島、北美南部產的高品質棉花》。

séa·kàle *n.* Ⓒ〔當作食物時爲Ⓤ〕《植物》海芥藍，濱菜《原產於歐亞大陸海灘及峭壁的十字花科植物；英國栽培爲食用蔬菜》。

the Seal of the United States

séa kìng *n.* Ⓒ(中古時代北歐的)海盜王。

***seal[1]** [sil; si:l] 《源自拉丁文「小印章」之義》—*n.* Ⓒ **1 a** 印章，圖章，印鑑《★歐美用於官署、大學、公司等的公文；最近一般人都用簽名(signature)而不用seal》：an official ～ 官印/⇨great seal, Privy Seal, seal ring. **b** (國王、諸侯等蓋在信件、布告文件等所附蠟、鉛等上面的)印章，證明印鑑。

【說明】事先將 seal 蓋印在小紙片(wafer)上，再把它貼在文件上；或在繫著絲帶(ribbon)的文件上，將紅色封蠟(sealing wax)溶解塗抹於絲帶上，再蓋 seal 於蠟上。

2 a (封信件用的)封緘紙，封印：break a ～ 拆封，開封。**b** (社會事業團體等所發行的)封條，捐款印花《貼於信封、包裹等》：a Christmas ～ 耶誕節的封條。

3 a (防止空氣、水等漏出的)密封，密閉。**b** 用以封住別人嘴的東西；保密的義務：put a ～ upon a person's lips 封住某人的嘴/*under* ～ *of* secrecy 在嚴守祕密的承諾下《★under ～ 無冠詞》。

4 a (當作保證、確認的)印戳，戳記〔*of*〕：the ～ *of* love 愛的標誌《接吻、結婚、生產等》/A handshake is the ～ *of* friendship.

握手是友誼的表示。**b** 保證，確認〔*of*〕：give the ~ *of* approval [consent]給予認可[同意]的確認，正式地認可[同意]，批准。
5 [常 **the ~s**]《英》大法官[內閣大臣]的官職：receive [return] *the ~s* 就任[辭去]內閣大臣的官職。
gìven ùnder one's **hánd and séal** 簽名蓋章。
sèt[**pùt**] one's **séal to**[**on**]... (1)蓋印於…。(2)承認[保證，認可]…。
sèt the séal to[**on**]...《文語》結束…，完成…。
—*v.t.* **1** 〔十受〕**a** 蓋印[章]於〈文件等〉：They signed and *~ed* the treaty. 他們在條約上簽名蓋章。**b** 在〈商品等〉蓋上〈品質保證的〉檢查印。
2 a 〔十受(十副)〕將〈信件等〉密封，封緘〈*up, down*〉：~ (*up*) an envelope 把信封加以密封/~ (*up*) a warehouse 蓋印於倉庫的封條上。**b** 〔十受(十副)十介十(代)名〕〔用膠帶等〕封住…〈*up, down*〉〔*with*〕：~ (*up*) a parcel *with* adhesive tape 用膠帶封住包裹。
3 a 〔十受(十副)(十介十(代)名)〕〔用…〕封閉[密封]〈瓶子、窗子等〉；〔用…〕堵塞[填塞]〈裂縫、洞等〉〈*up*〉〔*with*〕：~ (*up*) a leaky pipe 堵塞漏水的管子/~ (*up*) a hole 填洞/~ (*up*) a crack *with* putty 用油灰填塞裂縫。
4 〔十受〕緊閉〈眼睛、嘴唇等〉：Death has *~ed* her eyes. 死亡使她的眼睛緊閉/They tried to ~ his lips with a bribe. 他們企圖以賄賂封住他的嘴/My lips are *~ed*. 我會三緘其口；我會嚴守祕密。
5 〔十受十副〕**a** 把…封入〈*in*〉；把…關在外面〈*out*〉：Ice *~ed* ***in*** the boat. 船困在冰堆裏/Saran Wrap *~s* ***in*** freshness and *~s* ***out*** odors. 莎綸這種品牌的塑膠包裝紙保住(食物的)新鮮，除去臭味。**b** 封鎖，禁止出入〈入口、建築物、地區等〉〈*off*〉：The police *~ed* ***off*** the area from demonstrators. 警方封鎖該區，禁止示威者出入。
6 〔十受十介十(代)名〕〔以…〕保證[確認]〈契約、約束等〉，使…堅固[鞏固]〔*by, with*〕《★ [用法] by 後面用 do*ing*》：They *~ed* their bargain ***by*** shak*ing* hands [***with*** a handshake]. 他們握手表示確認交易契約。
7 〔十受〕《口語》決定〈命運等〉：His fate [doom] was *~ed* by her testimony. 她的證言決定了他的命運。

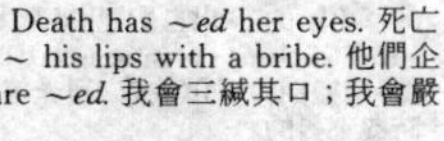
seal² 1

seal² [sil; si:l] *n.* (*pl.* **~s**, [集合稱] ~) **1** Ⓒ 海豹，海獅，海狗。

【說明】seal 是除海象(walrus)以外的海獅科及海豹科的總稱；有耳殼者為海獅(eared seal)，無耳殼者是海豹(earless seal)，海狗稱 fur seal.

2 Ⓤ海豹[海獅，海狗]的毛皮。
—*v.i.* 獵海豹[海狗，海獅]。
séa·làne *n.* Ⓒ海上航道。
seal·ant [ˋsilənt; ˈsi:lənt] *n.* Ⓤ [指產品個體時為Ⓒ] 密封劑；封水劑。
sealed *adj.* [用在名詞前] 蓋了印章的，加封的，封口的：a ~ letter 封好的信。
séaled bóok 《源自「加封而內容不詳的書」之義》**—***n.* Ⓒ神祕，謎：Young people were always a ~ to him. 對他而言，年輕人(的心)始終是令人無法理解的。
séaled órders *n. pl.* (在指定時間以前不公布的)密封的指令。
séa lègs *n. pl.* 《口語》水手腿《在搖晃的船中仍能行走的能力》。
find [**gèt, hàve**] one's **séa lègs** 《諧》(不暈船而)能腳步平穩地在甲板走動，習慣於乘船。
séal·er¹ 《源自 seal¹》**—***n.* **1** Ⓒ《美》度量衡檢查官《對於合格者加蓋檢查印》。**2** Ⓒ**a** 捺印者。**b** 封口的機器。**3** Ⓤ [指產品個體或種類時為Ⓒ] 底漆《為避免木材等吸收油漆或洋漆而塗的打底塗料》。
séal·er² 《源自 seal²》**—***n.* Ⓒ獵海豹[海獅，海狗]的人[船]。
seal·er·y [ˋsilərɪ; ˈsi:ləri] *n.* (*pl.* **-er·ies**) **1** Ⓤ捕海豹業。**2** Ⓒ捕海豹之地方。
séa lèvel *n.* Ⓤ《測量》海平面，海拔。
abòve [**belòw**] **séa lèvel** 海拔[海平面下]…：Mt. Fuji, 3776 meters *above* ~ 富士山，海拔[標高]三千七百七十六公尺/Fully one-fourth of Holland is *below* ~. 荷蘭的整整四分之一(的土地)在海平面下。
séa·lìft *n.* Ⓒ海上運輸。**—***v.t.* 海上輸送…。
séa lìly *n.* Ⓒ《動物》海百合《海百合綱無脊椎動物的統稱》。
séal·ing 《源自 seal²》**—***n.* Ⓤ獵捕海豹[海獅，海狗]。
séal·ing wàx *n.* Ⓤ封蠟《一般為紅色，成棒狀；cf. seal¹ 1b【說明】》。
séa lìon *n.* Ⓒ《動物》海獅。
seal·less [ˋsillɪs; ˈsi:llis] *adj.* 〈文件等〉未蓋印的。
séal rìng *n.* Ⓒ圖章戒指。
séal·skìn *n.* **1** Ⓤ海豹[海獅，海狗]的毛皮。**2** Ⓒ用海豹[海獅，海狗]的毛皮製的外套(等)。
Sea·ly·ham [ˋsilɪ,hæm, ˋsilɪəm; ˈsi:liəm] *n.* (又作 **Séalyham térrier**) Ⓒ西里漢㹴《原產於威爾斯(Wales)的長腳白毛獵犬》。
seam [sim; si:m] *n.* Ⓒ **1** (布、毛皮、衣服等的)接縫，接合處：My jacket is coming apart at the ~*s*. 我的夾克的接縫處裂開了。**2 a** 傷痕。**b** 《外科・解剖》縫合線。**c** (臉上等的)皺紋。**3** 《地質》(兩個地層間的)(薄)層：a coal ~ 煤層。
búrst at the séams 《口語》〈場所等〉爆滿，擠得水洩不通《★源自「接縫要裂開」之意》。
còme [**brèak, fàll**] **apárt at the séams** (1)接縫脫線。(2)《口語》〈計畫、公司等〉(有了破綻而)垮掉；〈人〉(煩亂而)神經崩潰，情緒失控。
—*v.t.* **1** 〔十受(十副)〕把〈兩塊布等〉縫[接]合〈*together*〉。**2** 〔十受〕使…留下傷痕；使…起皺紋《★ 常以過去分詞當形容詞用；⇨ seamed》。
séa·man [-mən; -mən] *n.* Ⓒ (*pl.* **-men** [-mən; -mən]) **1 a** 海員，船員，水手：a merchant ~ 商船的船員。**b** 《海軍》水兵。**2** [與形容詞連用] (…的)駕船者：a good [poor] ~ 善於[拙於]駕船的人。
séa·man·lìke *adj.* 像船員[水手]的。
séaman·shìp *n.* Ⓤ船舶操縱術，航海技術。
séa·màrk *n.* Ⓒ **1** 航路標識 (cf. landmark)。**2** (海岸上的)漲潮水位線。
seamed *adj.* **1 a** 有皺紋的：a deeply ~ face 有深皺紋的面孔。**b** [不用在名詞前] 〔十介十(代)名〕〔因…而〕起皺紋的〔*with*〕：His face was ~ ***with*** care [old age]. 他的臉因憂慮[年老]而生皺紋。**2** [不用在名詞前] 〔十介十(代)名〕留有〔…〕傷痕的〔*with*〕：a face ~ ***with*** scars 有傷疤的面孔。
séa mèw *n.* Ⓒ鷗《尤指產於歐洲者》。
séa mìle *n.* Ⓒ海里，浬 (nautical mile)。
séa mìst *n.* ⓊⒸ自海洋或海上發生的霧，海霧。
séam·less *adj.* 無接縫的：~ stockings 無接縫的長統襪。
séa mònster *n.* Ⓒ海怪，海妖。
seam·stress [ˋsimstrɪs; ˈsemstris] *n.* Ⓒ女裁縫，縫紉女工。
seam·y [ˋsimɪ; ˈsi:mi] 《seam 的形容詞》**—***adj.* (**seam·i·er**; **-i·est**) **1** 有接縫的，露出縫線的。**2** [常 **the ~ side of...**] 背面的，黑暗面的：*the ~ side of* life [New York] 人生[紐約]的黑暗面。
séam·i·ness *n.*
Sean·ad Eir·eann [ˋsænad'erən, -ˋɛrən; ˈsænad'eərən] 《源自蓋爾語(Gaelic) 'Senate of Ireland' 之義》**—***n.* [**the ~**] (愛爾蘭共和國的)上院 (cf. Dail (Eireann))。
sé·ance [ˋseans, ˋsians; ˈseiɑ:ns] 《源自法語「坐」之義》**—***n.* Ⓒ (透過靈媒(medium)與死者靈魂溝通的)降靈會。
séa nỳmph *n.* Ⓒ水仙，海精。
séa òtter *n.* Ⓒ《動物》海獺。
séa·pìece *n.* =seascape 1.
séa·plàne *n.* Ⓒ水上飛機。
séa·pòrt *n.* Ⓒ海港；港埠。
séa pòwer *n.* **1** Ⓒ海軍強國。**2** Ⓤ海軍力量；制海權。
sea·quake [ˋsi,kwek; ˈsi:kweik] *n.* Ⓒ海底地震。

seaplane

sear [sɪr; siə] *v.t.* **1 a** 灼燒，燒焦…：The hot iron *~ed* the trousers. 熱熨斗燙焦了長褲。**b** (用大火)爆炒〈肉〉。**2 a** 〔十受〕(為治療而)灼燒〈傷口等〉。**b** 〔十受(十介十(代)名)〕〔被…〕燙傷〈身體〉〔*on, with*〕：She *~ed* her hand ***on*** the hot iron [***with*** the boiling water]. 她的手被熱熨斗[沸水]燙傷。**3** 〈強烈的陽光、寒風等〉使〈植物〉枯萎。
—*adj.* 《文語》=sere.
‡search [sɜtʃ; sə:tʃ] 《源自拉丁文「繞一圈」→「巡迴尋找」之義》**—***v.t.* **1** (為找某物而仔細徹底地)搜尋：**a** 〔十受〕搜查〈身體、地方等〉《★[用法]注意：搜尋的東西不成為受詞；cf. *v.t.* 1 b, *v.i.* 1)》：~ a house 搜查家中[住宅]/~ the records of the case (為探查眞相而)查看案件記錄。**b** 〔十受十介十(代)名〕〔為找…而〕遍尋，嚴密查看〈身體、攜帶物品、場所等〉〔*for*〕：~ a house ***for*** evidence 搜索房屋找證據/They *~ed* the woods ***for*** the missing child. 他們搜索森林，尋找失踪的小孩。
2 〔十受(十介十(代)名)〕**a** 〔為找出…而〕審察，仔細凝視〈地點、面孔等〉〔*for*〕：~ the sky *with* one's binoculars 用雙眼望遠鏡仔細查看天空/He *~ed* her face ***for*** a sign of her true feelings. 他審視她的面孔看看有無眞情的表露。**b** 〔找…而〕探查〈傷處、內心、記憶等〉〔*for*〕：~ a wound (*for* a bullet) 查看傷口(有無子彈)/~ one's conscience [soul] 自我反省[剖析]，捫心自問/~ a person's heart 探查某人的心/I *~ed* my memory ***for*** his

name. 我苦思艮久想記起他的名字。

3 〔十受〕《文語》〈光、風、寒冷等〉到處侵入…：The beam ~*ed* the room. 光線射入整個房間。

—*v.i.* **1 a** 〔十介十(代)名〕〔常與副詞(片語)連用〕(細心)**搜尋**，尋求〔人、物〕〔*for*〕《★囲因所尋求的東西成爲介系詞的受詞；cf. *v.t.* 1 a, b》：They ~*ed around* all day. 他們尋找了一整天/The police ~*ed everywhere* **for** the murderer. 警方到處搜尋那名殺人兇手/I ~*ed through* the telephone directory *for* his number. 我查電話簿尋找他的電話號碼/He ~ *ed for* the answer [solution] in vain. 爲了尋找答案[解決辦法]，他白白地浪費了精力。**b** 〔十介十(代)名〕追求，尋求〔財富、名聲、眞理等〕〔*after*〕：~ **after** fame [truth] 追求名聲[眞理]。

2 〔十介十(代)名〕調査〔事件、問題等〕〔*into*〕：We must ~ ***into*** the matter. 我們必須調査該事件。

Séarch mé. 《口語》我不知道；我怎麼會知道？《★源自「搜我的身看看《找不出答案的》」之意》："What's up?"—"*S~ me.*"「發生什麼事？」「我不知道。」

séarch óut 《*vt adv*》(以調査、探査等)找出…：~ *out* an old friend 找到一位老朋友/ ~ *out* the weaknesses in an argument 找出論據中的弱點。

—*n.* Ⓒ**1** 〔…的〕搜尋，追求〔*after, for*〕：the ~ *after* truth 眞理的追求/The ~ *for* the lost plane is still in progress. 失踪飛機的搜尋工作仍在進行中/The police made a thorough ~ *of* the city *for* the suspect. 爲了找出嫌疑犯，警方徹底搜尋了該城市。

2 (確定有無危險物品等的)檢査，調査：a body ~ (査看有無攜帶危險物品、走私物品的)搜身/a customs ~ 海關的檢査。

in séarch of... 尋找…，尋求…：They all went *in* ~ *of* the buried treasure. 他們都去尋找埋藏的寶物。

the ríght of séarch (在公海上交戰國對中立國行使的)搜索權。

séarch·er *n.* Ⓒ**1** 搜索者，尋求者。**2 a** 調査者，檢査者。**b** 海關[船舶]檢査官；身體搜査員。

séarch·ing *adj.* **1 a** 嚴格的，仔細的，徹底的：a ~ investigation 徹底的調査/a ~ question 追根究底的問題。**b** 〈眼光、觀察等〉銳利的：a ~ look 銳利的眼光。**2** 〈寒冷等〉刺骨的：a ~ cold [wind] 刺骨的寒冷[風]。**~·ly** *adv.*

séarch·light *n.* Ⓒ探照燈(的光)：play a ~ on... 以探照燈照射…。

séarch pàrty *n.* Ⓒ[集合稱]搜索隊《★囲因視爲一整體時當單數用，指個別成員時當複數用》。

séarch wàrrant *n.* Ⓒ《法律》(對住宅等的)搜索狀。

séar·ing *adj.* 灼燒的，灼熱的：a ~ pain 灼熱的疼痛。

séa rìsk *n.* Ⓒ[常 ~s]海上航行的各種危險。

séa ròbber *n.* Ⓒ海盜；海賊。

séa ròom *n.* Ⓤ《航海》船隻可以自由航行之無障礙的海面。

séa ròver *n.* Ⓒ **1** 海盜。**2** 海盜船。

séa·scàpe *n.* Ⓒ **1** 海景畫。**2** 海景。

séa scòut *n.* [常 Séa Scòut] Ⓒ海洋童子軍。

séa sèrpent *n.* Ⓒ **1** (傳說的)大海蛇。**2** 《動物》海蛇(sea snake)。

séa·shèll *n.* Ⓒ海貝，貝殼：She sells ~*s* on the seashore. 她在海邊賣貝殼《★這個句子出自英語的繞口令(tongue twister)之一》。

sea·shore [ˈsiˌʃor, -ˌʃɔr; ˈsiːʃɔː] *n.* Ⓤ**海岸，海濱。**

—*adj.* [用在名詞前]海岸的，海濱的，沿海的：a ~ cottage 海濱別墅/a ~ village 沿海的村莊。

séa·sìck *adj.* 暈船的：get ~ 暈船。

séa·sickness *n.* Ⓤ暈船。

***sea·side** [ˈsiˌsaɪd; ˈsiːsaid] *n.* [**the** ~] **海岸**《★《英》尤指當作避暑地的海岸地帶》：go to *the* ~ (爲洗海水浴、避暑、休養等)到海邊。

—*adj.* [用在名詞前]海岸的，臨海的：a ~ hotel 海濱旅館/a ~ resort 海岸避暑[避寒]勝地，海水浴場。

séa snàke *n.* Ⓒ《動物》蛇婆《也稱「海蛇」，屬脊椎動物蛇婆科，與魚類中的海蛇不同》。

‡**sea·son** [ˈsizn; ˈsiːzn] **«源自拉丁文「播種(時期)」之義»**—*n.* Ⓒ**1 a 季節，**季《四季之一》：the (four) ~*s* (一年的)四季《spring, summer, autumn [《美》fall], winter》/in all ~*s* 在四季中。**b** 季節：the ~'s greetings = the compliments of the ~ 季節的問候《★囲因尤指耶誕節[新年]的賀詞》/*Season's* Greetings! ⇨ greeting.

2 [常與修飾詞連用] **a** (…的)**時期，時節，季節**：the [a] dry [rainy] ~ 乾季[雨季]/a harvest ~ 收穫季節/a holiday ~ 休假期《耶誕節、復活節、八月等》/a busy [dull] ~ (in hotels) (旅館的)旺[淡]季。**b** (水果、魚類等的)盛產期，當令季節：the strawberry ~ 盛產草莓的時期/the oyster ~ = the ~ *for* oysters 產牡蠣的季節/Everything is good in its ~. 《諺》萬物在當令季節都美好；醜女妙齡也好看；粗茶新沏也好喝。**c** (社交、戲劇、運動等的)活動時期：the (London) ~ (倫敦的)社交季(★指阿斯科特(Ascot)賽馬與溫布頓(Wimbledon)網球賽開賽的初夏時候)/the baseball [tourist] ~ 棒球[觀光]季/at the height of the ~ 在季節的顚峯時候，最盛期/Autumn is a good ~ *for* travel(*ing*) [*to* make a trip]. 秋天是旅行的好季節。

3 《文語》**時期，期間**：The months after Christmas were a good [bad] ~ for the company. 耶誕節後的幾個月是公司的旺[淡]季。

4 《英口語》= season ticket.

for a séason 《文語》短暫的一段時間。

in góod séason 《文語》及時；時間上充裕的，提前的。

in séason (↔ out of season) (1)〈水果、魚類等〉盛產期的，正當時令的，最適於吃的，味道最美的：Peaches are now *in* ~. 桃子正當時令。(2)狩獵季節的，(狩獵)解禁期的。(3)《動物》發情期的。(4)〈旅館、觀光等〉旺季的。(5)〈忠告等〉合時宜的，時機好的：a word (of advice) *in* ~ 合時宜的一句忠告。(6) = in good SEASON.

ín (sèason) and óut of sèason 不選時期的，經常的，不拘任何時候的，不斷的《★出自聖經「提摩太後書」》。

òut of séason (↔ in season) (1)〈水果、魚類等〉不當令的。(2)〈狩獵〉禁獵期的。(3)〈旅館、觀光等〉淡季的。(4)〈忠告等〉不合時宜的，時機不對的。

—*v.t.* **1 a** 〔十受〕**給〈食物、菜餚等〉加味，調味**：~ a dish too highly 給一道菜加味過重。**b** 〔十受十介十(代)名〕〔用佐料、香辣調味料等〕給〈食物、菜餚等〉調味〔*with*〕：~ beef ***with*** ginger 用薑加入牛肉裏調味。**c** 〔十受十介十(代)名〕〔以機智、幽默等〕給〈話等〉添加趣味〔*with*〕：He ~*ed* his conversation ***with*** jokes. 他偶開玩笑使交談妙趣横生。

2 〔十受〕使〈木材〉乾燥(以防變形)：~ wood in the open air 使木材在屋外風乾。

3 〔十受十介十(代)名〕(透過經驗、訓練等)使〈人〉熟悉〔困難的狀況〕〔*to*〕《★常用被動語態》：These soldiers *are* ~*ed* ***to*** the rigors of the climate. 這些士兵(已)適應嚴酷氣候。

4 〔十受〕《文語》緩和…：Let mercy ~ justice. 讓仁慈來緩和峻法吧[寬嚴並濟，恩威兼施]《★出自 Shakespeare 的「威尼斯商人」(*The Merchant of Venice*)》.

—*v.i.* 〈木材〉乾燥，變乾。

sea·son·a·ble [ˈsiznəbl̩; ˈsiːznəbl] *adj.* **1** 適合季節[時令]的，應時的：~ clothes 適合季節的衣服/ ~ weather 合季節的氣候。

2 適合時機的，合於時宜的：~ advice 合於時宜的忠告/ ~ gifts [help] 適時的禮物[及時的援助]。

séa·son·a·bly [-nəblɪ; -nəbli] *adv.* **~·ness** *n.*

sea·son·al [ˈsiznəl; ˈsiːzənl] **«season 的形容詞»**—*adj.* **1** 特定季節的，季節性的：a ~ laborer 季節性的勞工/ ~ rates (電費、旅館等的)季節性收費。**2** 季節的，周期性的：~ changes of weather 季節性的天氣變化。**~·ly** [-znəlɪ; -znəli] *adv.*

séa·soned *adj.* **1** 經過加味[調味]的。**2 a** 〈木材等〉充分乾燥的。**b** 〈煙斗等〉用慣了的。**3** [用在名詞前]經驗豐富的，老練的〈人〉：a ~ traveler 經驗豐富的旅行者/a ~ politician 老練的政客。

sea·son·er [ˈsizənɚ; ˈsiːzənə] *n.* Ⓒ調味者；調味器；調味料。

séa·son·ing [ˈsizn̩ɪŋ; ˈsiːzniŋ] *n.* **1 a** Ⓤ調味：This soup needs more ~. 這個湯需要更多的佐料。**b** Ⓒ調味品，佐料，香辣調味料。**2** Ⓒ增添趣味的東西：a ~ of humor 增加風趣的幽默。**3** Ⓤ(木材等的)乾燥。

séason tícket *n.* Ⓒ **1** 《英》定期車票，季票(《美》commutation ticket)。**2** (演奏會等的)長期[定期]入場券。

‡**seat** [sit; siːt] *n.* Ⓒ **1 座椅**《chair, bench, sofa 等可坐之物的總稱》：use a box for a ~ 把箱子當座椅。

2 座位，座席：have [take] a ~ 坐下，就座《★匹較較 sit down 有禮的說法》/get up from one's ~ 離席，退席/keep one's SEAT /He took the ~ next to me. 他坐在我的鄰座。

3 (戲院、火車等買票入座的)**座位，預約座位，指定的座位**：a 500-*seat* theater 有五百個座位的戲院/take one's ~ (在戲院、會議場所等)坐在規定的座位上/reserve a ~ *on* a plane [train] 預訂飛機[火車]座位。

4 議席，議員[委員(等)]的席位：lose [win] one's ~ 失去[贏得]〈議員〉席位，落選[當選]/have a ~ *in* Parliament 當國會議員/resign one's ~ *on* the committee 辭去委員會的委員(席位)。

5 a (椅子、凳子等的)座部：This chair has a broken ~. 這把椅子的座部壞了。**b** (褲子等的)臀部：These trousers are tight in the ~. 這條褲子的臀部[後檔]較緊。**c** (身體的)臀部，屁股：I had a sore ~ after sitting so long. 我坐那麼久以後屁股發痛。**d** (機器等的)台，台座：a valve ~ 閥座。

6 a (活動的)所在地，中心，場所〔*of*〕：the ~ *of* government 政府所在地/Universities are ~*s* of learning. 大學是求學的地方[學府]。**b** (身體的機能)所在之處，(疾病的)根源〔*of*〕：the ~

of disease 病源，病巢/The stomach is the ~*of* digestion. 胃是消化的地方。**c**〔貴族的鄉間〕宅邸[別墅]：The family ~ is in Devon. 那一家的宅邸座落在得文郡/⇨ countryseat.
7 騎法，騎乘的姿勢：She has a good ~. 她騎乘的姿勢很好。
by the séat of one's **pánts**《口語》根據某人的經驗，憑直覺《★源自不依賴測量儀器地駕駛飛機》。
kèep one's **séat** 保持坐著不動，坐在座位上：Please *keep* your ~*s*! 請坐在座位上！(不要站起來)。
—*v.t.* **1**〔十受(十副詞(片語))〕**a** 使〈人〉入座，使…就座：She ~*ed* her guests *around* the table. 她請客人圍著桌子而坐/The usher ~*ed* me *in* a vacant chair. 服務生讓我坐在一個空位上。**b**〔~ one*self*〕坐下，就座《★也用被動語態，變成「坐著」之意》：She ~*ed herself* quietly *before* the piano. 她靜靜地坐在鋼琴前面/He *was* ~*ed at* his desk. 他坐在他自己桌子的位置上/Please *be* ~*ed*, ladies and gentlemen. 先生女士們，請入座《★匹較比 Please sit down.... 更拘泥的說法》。
2〔十受〕〈建築物、交通工具、餐桌等〉有…人的座席，可容納…人：This hall ~*s* 2000 people. 這個大廳可容納兩千人/This car ~*s* five passengers. 這部汽車可坐五位乘客。
3〔十受十介十(代)名〕[~ one*self*] 位於，定居〔於某處〕〔*at, in*〕《★常用被動語態，形成「座落於…，定居於…」之意》：The U.S. government *is* ~*ed* **at** Washington D.C. 美國政府位於華盛頓哥倫比亞特區/an old family long ~*ed* **in** Kent 長居肯特郡的一個古老家族。
4〔十受(十介十(代)名)〕固定，安裝〈機器(的零件)〉〔於…〕〔*in, on*〕：Make sure that the pipe is properly ~*ed*. 你要確保管子安裝妥當。
5 a〔十受〕換裝〈椅子〉的座墊；換〈褲子等〉的後襠《★匹較作此義解時一般用 reseat》：~ an old pair of trousers 換一條舊褲子的後襠。**b**〔十受十介十(代)名〕給〈椅子、褲子等〉裝上〔…的〕座墊[後襠]〔*with*〕：~ a chair **with** strong cane 給椅子裝上堅固的籐座墊。
séat·bèlt *n.* Ⓒ(飛機、汽車上的)安全帶(safety belt)。
séat·ed *adj.* [常構成複合字] **1** (有)…座墊[座位]的：a hard-*seated* sofa 座墊堅硬的沙發。**2** 根深柢固的：(a) deep-*seated* hatred 深仇大恨。
-séat·er *n.* Ⓒ[構成複合字] 可供…人乘坐的車子[飛機(等)]：a four-*seater* 四座汽車[飛機(等)]。
séat·ing *n.* Ⓤ**1** 就座，引人入座。**2** [集合稱] 座席(的設備)：a ~ capacity of 50 五十個座位的設備/ ~ room *for* fifty persons 設置五十人座位的容量[空間]。**3** (椅子的)座墊[填塞物]材料：strong cotton ~ (繃沙發椅等用的)堅牢的棉布。
séat·màte *n.* Ⓒ(飛機、公車上)鄰座的人。
SEATO [ˋsito; ˈsi:tou]《略》Southeast Asia Treaty Organization 東南亞公約組織。
Se·at·tle [siˋætl; siˈætl] *n.* 西雅圖《美國華盛頓州臨普吉灣(Puget Sound)的城市》。
séat·wòrk *n.* Ⓤ《教育》課間自修，課室習作《學童在課堂上自己可做不需監管的功課》。
séa ùrchin《形狀似猬(urchin)而來》**—***n.* **1** Ⓒ《動物》海膽。**2** Ⓤ海膽的肉《可食用》。
séa·wàll *n.* Ⓒ(海岸的)護岸堤防，防波堤。
sea·ward [ˋsiwəd; ˈsi:wəd] *adj. & adv.* 向海的[地]，朝海的[地]。
séa·wards [ˋsiwədz; ˈsi:wədz] *adv.* =seaward.
séa·wàter *n.* Ⓤ海水。
séa·wày *n.* **1** Ⓒ海路，航路，航道。**2** Ⓒ(遠洋船隻可航行的)深的內陸航道：the St. Lawrence *S*~ (美國的)聖羅倫斯河航道。**3** Ⓤ船路，航行：make(good) ~ 〈船隻〉(以快速)前進，破浪前進。
séa·wèed *n.* Ⓤ海草，海藻。
séa wìnd *n.* =sea breeze.
séa·wòrthy *adj.* 〈船〉適於航海的，經得起風浪的。
séa·wòrthiness *n.*
se·ba·ceous [sɪˋbeʃəs; siˈbeiʃəs] *adj.* (似)脂肪的；分泌脂肪的：a ~ gland 皮脂腺。
Se·bas·tian [sɪˋbæstʃən; siˈbæstjən] *n.* 西貝士強《男子名》。
SEbE, S.E.bE.《略》southeast by east.
SEbS, S.E.bS.《略》southeast by south.
sec [sɛk; sek]《second[3] 之略》**—***n.* Ⓒ《口語》一會兒，片刻：in just a ~ 立刻，馬上/ Wait a ~. 稍候，等一下。
sec《略》《數學》secant.
SEC《略》Securities and Exchange Commission (美國)證券交易管理委員會。
sec.《略》secant；second(ary)；secretary；section；sector.
se·cant [ˋsikənt, -kænt; ˈsi:kənt]《數學》*adj.* 正割的，交割的，交叉的：a ~ line 割線。
—*n.* Ⓒ正割，割線《略作 sec》。

sec·a·teurs [ˋsɛkətəːz; ˌsekəˈtə:z, ˈsekətə:z] *n. pl.*《英》(用以修剪樹枝的)大剪刀，剪枝刀，修枝鋏：a pair of ~ 一把剪枝刀。
se·cede [sɪˋsid, sɪ-; siˈsi:d] *v.i.*〔動(十介十(代)名)〕《文語》〔從政黨、教會等〕脫離，退出〔*from*〕：~ **from** a political party 脫離某政黨。
se·céd·er *n.* Ⓒ脫離者，退出者。
se·ces·sion [sɪˋsɛʃən, sɪ-; siˈseʃn]《secede 的名詞》**—***n.* Ⓤ **1** (自政黨、教會等的)脫離，退出。**2** [常 S~] (美國 1860–61年間南部十一州的)脫離聯邦《此舉引發了南北戰爭(Civil War, War of Secession)》。
se·ces·sion·ism [sɪˋsɛʃənˌɪzəm, sɪ-; siˈseʃnizəm] *n.* Ⓤ脫離論；分離主義《尤指美國南北戰爭時南方脫離聯邦之主張》。
se·cés·sion·ist [-ʃənɪst; -ʃənist] *n.* Ⓒ**1** 分離主義者，分離論者。**2** [常S~] (美國南北戰爭時期的)脫離聯邦主義者。
se·clude [sɪˋklud; siˈklu:d] *v.t.*〔十受(十介十(代)名)〕**1** 把〈人〉〔從…〕分離，隔離，隔絕〔*from*〕：~ one's children **from** bad influences 使孩子們與有壞影響力的事物隔離[免受壞的影響]。**2**〔~ one*self*〕〔從…〕退隱，隱居〔*from*〕；蟄居，深居〔於…中〕〔*in*〕《★也以過去分詞當形容詞用；⇨ secluded 2》：~ *oneself* **from** society 與社會隔絕，過隱居生活/He has ~*ed himself* **in** his room. 他蟄居於房間內[深居簡出]。
se·clúd·ed *adj.* **1**〈場所等〉在隱蔽處的，在偏僻地方的：a ~ mountain cottage 偏僻的山莊。**2 a**〈人、生活等〉與世隔絕的，退隱的：the ~ life of a convent 修道院與世隔絕的生活。**b** [不用在名詞前]〔十介十(代)名〕〔從…〕退隱的〔*from*〕；隱居〔於…〕的〔*in*〕：live ~ **from** the world 過隱居生活，過與世隔絕的生活/He remains ~ **in** his room. 他蟄居於房間內。
se·clu·sion [sɪˋkluʒən; siˈklu:ʒn]《seclude 的名詞》**—***n.* Ⓤ**1** 隔離，隔絕：a policy of ~ 閉關(自守)政策/in the ~ of one's room 蟄居於自己房間內。**2** 隱遁，閒居，退隱：live *in* ~ 閒居，過隱居生活。
se·clu·sive [sɪˋklusɪv; siˈklu:siv]《seclusion 的形容詞》**—***adj.* 〈人〉喜歡蟄居的，隱遁的，趨於與世隔絕的。
~·ly *adv.* **~·ness** *n.*
‡sec·ond[1] [ˋsɛkənd, ˋsɛkənt; ˈsekənd]《源自拉丁文「跟隨在後」之義》**—***adj.* **1** [常 the ~] 第二的：⇨ second base, second floor/*the* ~ chamber (兩院制議會的)上院/in *the* ~ place 第二，其次/*The* ~ month of the year is February. 一年的第二個月是二月/*the* ~ largest city in the world 世界的第二大城《★接下去為 *the* third[fourth, fifth...]largest... 世界第三[第四，第五]大…》。
2 a (順位、重要性等)二等的，居次位的：win(the) ~ prize 獲第二獎/He was ~ in the race. 他賽跑得第二名《★用法當補語用時無冠詞》。**b** [不用在名詞前]〔十介十(代)名〕次〔於…〕的，劣〔於…〕的〔*to*〕：*S*~ **to** him, I am the fastest runner on[in] our team. 我僅次於他，是隊中跑得第二快的人/He is ~ only **to** his teacher. 他僅次於他的老師/⇨SECOND to none.
3 另一個的，又一個的，另外的，附加的，替代的：have a ~ helping (用餐時)再來一碗[份]。
4《音樂》第二度音程的；〈音、聲〉較低的：the ~ violin 第二小提琴/ ~ alto 次女低音，次男高音/the ~ fiddle⇨ fiddle.
5《汽車》第二速的，第二檔的。
at sécond hánd ⇨ hand.
sécond to nóne《口語》不亞於任何人，不比任何人遜色：He is ~ *to none in* French[*as* a cook]. 他的法文[當廚師]不比任何人遜色。
—*adv.* **1** 第二地，次要地：come[place] ~ 得第二，居次位。
2 以搭乘二等(座位)方式：travel ~ 以搭乘二等座位方式[搭乘二等客艙]旅行。
—*n.* **1** Ⓤ[常 **the** ~；有時 **a** ~] **a** (序數的)第二(位)，二等，第二名，第二號，第二部，二世，第二代《略作 2nd》：(*the*) ~ in command 副司令官，副指揮官/Elizabeth *the S*~ 伊利莎白二世《★拼法又作 Elizabeth Ⅱ》/be *a* close[distant, poor] ~ 與第一名差距很小[大]的第二名。**b** (月的)第二日，初二：*the* ~ of April 四月二日(⇨ January【說明】)。
2 Ⓒ《英》(大學的單位考試的)第二等：get a ~ 考第二等，獲得第二名。
3 Ⓒ **a** 輔助者。**b** (決鬥、拳擊賽的)助手，幫手。
4 [~s]《口語》(食物的)第二碗[份]。
5 [a ~] (在議會的)附議。
6 Ⓤ《汽車》第二速，第二檔(second gear)：in ~ 以第二檔。
7 Ⓒ《音樂》第二音，第二度音程。
8 Ⓤ[無冠詞]《棒球》二壘。
—*pron.* [**the** ~]〔十 *to* do〕〈做…的〉第二個人[另一個人，另一物]：You are *the* ~ *to* arrive. 你是第二個到達的人。
—*v.t.*〔十受〕**1 a** 贊成，附議〈動議、決議〉：He ~*ed* our motion. 他附議我們的動議。**b** 支持，支援，證實…《★常用被動語

態》：He *was* ~*ed* in his opinion by his friends. 他的意見獲得朋友的支持。
2 (在決鬥、拳擊賽時)擔任〈某人〉的監場人；輔助〈人〉。

sec·ond[2] [ˈsɛkənd, -nt; ˈsekənd] 《源自法語'second position'之義》 **—*v.t.*** [十受十介十(代)名]《英文語》**1** 命令〈軍官〉擔任(臨時性)〔…的〕隊外勤務；(解除隨隊任務)指派，借調〈某人〉〔任…的〕勤務〔*for*〕：He has been ~*ed* ***for*** special duties. 他負有特別任務。**2** 將〈公務員〉(臨時)調〔到…〕〔*for, to*〕.

‡**sec·ond**[3] [ˈsɛkənd, -nt; ˈsekənd] 《源自拉丁文「第二種(分)」之義；一小時的第一種分類爲「分」(minute)，第二種分類爲「秒」(second)》 **—*n.* 1** Ⓒ(時間單位的)秒《一分鐘的 $^1/_{60}$；符號″；cf. hour 1 a, minute[1] 1》：three minutes and thirty ~*s* 三分三十秒/50 miles a [per] ~ 每秒五十哩《★per ~ 無冠詞》。**2 a** Ⓒ[常用單數]瞬間，片刻：*in* a ~ 片刻間/every ~ 時時刻刻，不斷。**b** [*a* ~；當副詞用]片刻(的時間)，一會兒：Wait *a* ~. 等一會兒；稍待片刻。**3** Ⓒ(角度單位的)秒《一分的 $^1/_{60}$；符號″；cf. degree 3, minute[1] 3》.

Sécond Ádvent *n.* =advent 2 b.

sec·ond·ar·i·ly [ˈsɛkən͵dɛrəlɪ; ˈsekəndərəli] *adv.* 以第二位[名]，次要地，從屬地，輔助性地。

sec·ond·ar·y** [ˈsɛkən͵dɛrɪ; ˈsekəndəri] *adj.* (無比較級、最高級) **1 a** [用在名詞前](重要性、順序等)第二位的，二流的(cf. primary 3)：a ~ infection 第二次感染/of ~ importance 次要的。**b** [不用在名詞前][十介十(代)名]次〔於…〕的〔*to*〕：This matter is ~ ***to that. 這件事較那件事次要。**2** [用在名詞前]副的，衍生的；從屬的，輔助性的：a ~ meaning 引伸的意義/a ~ product 副產品。**3** [用在名詞前]中等教育[學校]的(cf. primary 2)：~ education 中等教育/a ~ teacher 中等學校的教師。
—*n.* Ⓒ**1 a** 次要的人[事，物]。**b** 代理人，輔助者，助理。**2** 《天文》衛星。**3** 《美式足球》後衛(backfield)外的第二道防線守備球員。

sécondary áccent *n.* =secondary stress.

sécondary cólor *n.* Ⓒ橙黃(orange)、綠(green)或紫(violet)等以混合兩種顏色而成的顏色。

sécondary mód *n.* 《口語》=secondary modern (school).

sécondary módern (schòol) *n.* Ⓤ[指設施時爲Ⓒ](英國的)(新)中等學校。

> 【說明】1944 年創辦的三系列公立中等學校之一；對於不升入 grammar school 與 secondary technical school 的學生施以一般基礎教育與實務教育爲宗旨；現在隨著 comprehensive school 的增加，這種新中等學校已漸減少。

sécondary schòol *n.* Ⓤ[指設施時爲Ⓒ]中等學校《指美國的高中(high school)，英國的公立中等學校，我國的初中，高中》：the lower [upper] ~ (我國的)初[高]中。

sécondary séx characterístic *n.* Ⓒ《醫》第二性徵。

sécondary stréss *n.* ⓊⒸ次重音《★介於主要重音(primary stress)與第三重音(tertiary stress)之間的重音；如在 examination [ɪg͵zæməˈneʃən; ig͵zæmiˈneiʃn]中用[͵] (K.K. 音標)與 [͵] (D.J. 音標)表示》。

sécondary téchnical schòol *n.* Ⓤ[指設施時爲Ⓒ](英國的)技術學校，中等工業學校。

> 【說明】與 grammar school 及 secondary modern (school) 並列的三系列公立學校之一；實施以一般教育與術科爲主的教育，也簡稱 technical school.

sécond bállot *n.* **1** ⓊⒸ第二次投票《第一次投票未能選出時而舉行者》。**2** Ⓒ第二次投票數。

sécond banána *n.* Ⓒ《美俚》主角諧星的搭檔，演配角的人；隨從式人物。

sécond báse *n.* Ⓤ[常無冠詞]《棒球》二壘；二壘的位置[守備]：play ~ 守二壘。

sécond báseman *n.* Ⓒ《棒球》二壘手。

sécond bést *n.* Ⓒ次等[次好]的人[物]。

sécond-bést *adj.* 第二好的，第二等的：one's ~ suit 某人第二好的一套衣服/the ~ policy 次善之策；中策。
—*adv.* 以第二名[位]，落到第二地：come off ~ 落入第二名，被打敗，輸。

sécond chíldhood 《源自第二個童年之義》 **—*n.*** [*a* ~, *one's* ~]《委婉語》衰老，老糊塗：I'm not *in* my ~. 我沒有變成老糊塗[我的智力尚未衰退]。

sécond cláss *n.* **1** Ⓤ第二級，次級，二流。**2** Ⓤ(交通工具的)二等(cf. first class 1, cabin class, tourist class)。**3** Ⓤ(郵件的)第二類。

> 【說明】美國、加拿大的報紙、雜誌等定期刊物列入此類；在英國則指非優先處理的普通郵件，傳遞較 first class 慢。

4 Ⓒ《英》(大學的單位考試的)第二等。

sécond-cláss *adj.* **1** 二等的，二級的，次級的：a ~ passenger [ticket]二等客[票]。
2 二流的，平凡的：a ~ hotel [writer]二流旅館[作家]。
3 〈郵件〉第二類的。
—*adv.* 以二等，以第二類：travel ~ 坐二等艙[車]旅行/send a letter ~ 《英》以第二類郵件寄信。

Sécond Cóming *n.* [the ~]基督的再臨(⇨ advent 2 b).

sécond-degrée *adj.* [用在名詞前] **1** 第二級的〈灼傷〉。**2** 第二級的〈犯罪〉。

sécond divísion *n.* Ⓒ《運動》B 級，乙組《聯賽中較弱的隊伍所組成者》。

se·conde [sɪˈkand; siˈkɔnd] *n.* (*pl.* ~s) Ⓒ《劍術》第二姿勢《八種防禦姿勢中的第二種》。

séc·ond·er *n.* Ⓒ支援者；(尤指動議的)附議者，贊成者。

sécond flóor *n.* [the ~]《美》二樓《★【相關用語】對三層樓以上的房屋，二樓稱爲 second floor，對兩層樓房屋的二樓，一般稱爲 upstairs，貯藏室或馬廄的二樓稱爲 loft》；《英》三樓。

sécond-guéss *v.t.* 《美口語》對〈別人(所做的事)〉作事後批判，對…放馬後炮。

sécond hánd[1] *n.* ★用於下列成語。**at sécond hánd** ⇨ hand.

sécond hànd[2] *n.* Ⓒ(鐘錶的)秒針。

sec·ond-hand [ˈsɛkəndˈhænd; ͵sekəndˈhænd] *adj.* (無比較級、最高級) **1 a** 〈商品〉二手的，舊的，用過的：a ~ car 二手[中古]車。**b** [用在名詞前]買賣舊貨的〈商人、商店等〉：a ~ bookstore 舊書店/a ~ dealer 舊貨商人。**2** 間接的，聽別人說的，轉賣的：~ information 由旁人處聽來的消息/~ knowledge 現買現賣的[第二手，間接]知識。
—*adv.* (無比較級、最高級) **1** 當舊物，以二手貨：a car bought ~ 以二手貨買來的汽車。**2** 間接地，間接聽來地。

sécond-in-commánd *n.* Ⓒ (*pl.* **seconds-in-command**) **1** 副司令官。**2** 副指揮官。

sécond lánguage *n.* Ⓒ **1** (母語(mother tongue)以外所學的)第二種語言。**2** (母語、當地語言以外的)共同語言，公用語。

sécond lieuténant *n.* Ⓒ《美陸空軍・海軍陸戰隊・英陸軍》少尉。

séc·ond·ly *adv.* 第二，其次(⇨ first *adv.* 3).

sécond náture *n.* Ⓤ第二天性《習慣或毛病》：Habit is ~. 《諺》習慣是第二天性。

sécond pápers *n. pl.* 《美口語》第二次申請書《外國僑民要入美國籍的最後申請書》。

sécond pérson *n.* [the ~]《文法》第二人稱《用 you 表示；cf. first person, third person》.

sécond-ráte *adj.* 《口語》二流的，次等的，劣等的，平凡的：a ~ actor 二流演員。

sécond-rát·er *n.* Ⓒ二流的人[物]，無價值的東西，沒用的人[物]。

sécond sélf *n.* Ⓒ第二自我；心腹之交，知心，密友，摯友。

sécond shèet *n.* **1** Ⓒ白信紙《作爲第二頁而無頭銜者》。**2** Ⓒ較劣質的複寫用信紙。

sécond síght *n.* Ⓤ預知力，千里眼。

sécond-stòry *adj.* **1** 第二層樓的。**2** 《俚》〈賊〉從樓上窗子進屋的。

sécond-stóry màn *n.* Ⓒ《俚》夜盜，竊賊《尤指從樓上窗子進屋之小偷》。

sécond-stríng *adj.* 《美》**1** 〈球隊、選手等〉預備球隊[員]的，候補的。**2** 二流的，次要的。~·**er** *n.*

sécond thóught *n.* Ⓤ[又作~s]再考慮，再思索，深思熟慮；重新考慮：have ~*s* about ... 重新考慮…，再考慮…，下不了決心…/*Second thoughts* are best. 《諺》深思熟慮爲上策；再思爲上。
on sécond thóughts [《美》**thóught**] 仔細考慮後，再考慮後，重新考慮後。

sécond wínd *n.* [用單數] **1** (激烈運動後的)換氣，恢復正常呼吸。**2** 元氣的恢復：get one's ~ 恢復元氣；恢復常態。

Sécond Wórld Wár *n.* [the ~]第二次世界大戰(World War II).

se·cre·cy [ˈsikrəsɪ; ˈsiːkrəsi] 《secret 的名詞》 **—*n.*** Ⓤ**1** 秘密(的狀態)，不公開：in ~ 秘密地，暗中/Guard the ~ of the plan. 保守計畫的秘密。**2** 秘密的嚴守，保守秘密的能力：promise ~ 答應守密/You can rely on his ~. 你可以信賴他的保密功夫[相信他會保守秘密]。

‡**se·cret** [ˈsikrɪt; ˈsiːkrit] 《源自拉丁文「另外分開的」之義》 **—*adj.*** (more ~; most ~) **1 a** 秘密的，隱秘的，保密的：a ~ messenger 密使/~ negotiations 秘密交涉[談判]。**b** [不用在名詞前][十介十(代)名]〔對某人〕保守秘密的〔*from*〕：We must keep this ~ ***from*** them. 我們必須對他們保守這件事的秘

密。**2** [用在名詞前]**隱秘的**，不易被人發現的，深入的〈場所等〉：a ~ door [drawer] 暗門[隱秘的抽屜]/a ~ passage 秘密通道，間道。**3** [不用在名詞前]〔十介十(代)名〕《口語》〈人〉〔對…〕守秘密的，嘴緊的〔*about*〕《★ 比較 作此義解時，一般用 secretive》：He is rather ~ ***about*** his private life. 他對自己的私生活相當保密[閉口不談]。**4** [用在名詞前](無比較級、最高級)沒有被公布的，沒有被承認的〈人〉：a ~ bride 沒有被公開承認的新娘。

—*n.* 1 Ⓒ**秘密(的事)，機密(事項)**：an open ~ 公開的秘密/industrial ~*s* 企業機密/make a [no] ~ of... 保密[不保密]…/keep a ~ 守密/let a person into a [the] ~ 向某人透露秘密，讓某人知道秘密/The ~ has leaked out. 秘密洩露了。**2** Ⓒ(自然界無法說明的)**奧秘**，神秘，謎：Science unlocks the ~*s* of nature. 科學揭開大自然的奧秘。**3** [用單數；常 **the** ~]〔…的〕**秘訣**，秘方，訣竅〔*of*〕：*The* ~ *of* invention is (in) thinking hard. 發明的秘訣在於用心思考。

in sécret 秘密地，暗中，偷偷地。

~·ly *adv.*

sécret ágent *n.* Ⓒ情報人員，間諜，特務，密探。

sec·re·taire [ˌsɛkrɪˈtɛr; ˌsekrəˈtɛə] 《源自法語》**—*n.*** Ⓒ寫字桌；寫字檯。

sec·re·tar·i·al [ˌsɛkrəˈtɛrɪəl; ˌsekrəˈtɛəriəl⁻] 《secretary 的形容詞》**—*adj.*** [用在名詞前] **1** 秘書的，書記的：~ work 秘書的工作/a ~ pool [section] 秘書室[處]。**2** [S~] 大臣的，部長的。

sec·re·tar·i·at [ˌsɛkrəˈtɛrɪət; ˌsekrəˈtɛəriət] *n.* **1** Ⓒ(聯合國、政府等的)事務局；秘書處，文書課。**2** Ⓤ [the ~；集合稱] 事務局[秘書處]的全體職員。

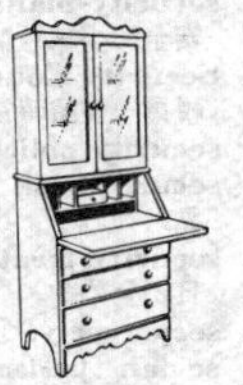

secretary 4

‡sec·re·tar·y [ˈsɛkrəˌtɛrɪ; ˈsekrətri] 《源自拉丁文「機密的受託人」之義》**—*n.*** Ⓒ **1** (私人)**秘書**：an executive ~ 執行[行政]秘書/She is [acts as] ~ *to* the president. 她是[擔任]董事長的秘書《★ 用法 當補語用時無冠詞》。

2 (團體、協會的)**書記，幹事**；(官署的)**書記官，秘書官，事務官**：a chief ~ 秘書長/the First [Second] *S*~ *at* the Chinese Embassy 中國大使館一[二]等秘書。

3 [S~] **a** 《美》(部會(Department)的)首長。

> 【說明】相當於他國的部長(Minister)；美國的部長有：the Attorney General 司法部長/ the *S*~ of Agriculture 農業部長/the *S*~ of Commerce 商務部長/the *S*~ of Defense 國防部長/the *S*~ of Education 教育部長/the *S*~ of Energy 能源部長/the *S*~ of Health and Human Services 衛生及社會福利部長/the *S*~ of Housing and Urban Development 住宅及都市發展部長/the *S*~ of the Interior 內政部長/the *S*~ of Labor 勞工部長/the *S*~ of State 國務卿/the *S*~ of Transportation 交通部長/the *S*~ of the Treasury 財政部長。

b 《英》大臣《★ 比較 英國新設部會的大臣，一般用 Minister》：⇨ the SECRETARY of State (2).

4 寫字檯《附有抽屜、折疊式桌面及書架等》。

the Sécretary of Státe (1)(美國的)國務卿《國務院(Department of State)的首長，爲首席內閣閣員，相當於他國的外交部長》。(2)(英國的)國務大臣。

> 【說明】英國的內閣(Cabinet)由以下大臣組成：the Prime Minister(首相)，the *S*~ of State for the Home Department(內政大臣)，the Lord High Chancellor (大法官)，the *S*~ of State for Foreign and Commonwealth Affairs(外務大臣)，the Chancellor of the Exchequer(財政大臣)，the *S*~ of State for Trade and Industry(貿易工業大臣)，the *S*~ of State for Defence(國防大臣)，the Lord Privy Seal(掌璽大臣)，the *S*~ of State for Employment(就業大臣)，the Lord President of the Council (內閣秘書長)，the Minister of Agriculture, Fisheries and Food(農漁糧食大臣)，the *S*~ of State for the Environment(環境大臣)，the *S*~ of State for Scotland(蘇格蘭事務大臣)，the *S*~ of State for Wales(威爾斯事務大臣)，the *S*~ of State for Northern Ireland(北愛爾蘭事務大臣)，the *S*~ of State for Social Services(社會福利大臣)，the *S*~ of State for Energy(能源大臣)，the *S*~ of State for Education and Science(教育科學大臣)，the Chief *S*~ to the Treasury(首席政務次長)，the *S*~ of State for Transport(交通大臣)，the Chancellor of the Duchy of Lancaster(蘭卡斯特公爵領地大臣)。

sécretary bìrd 《源自這種鳥的鳥冠使人連想到耳朵後夾著羽毛筆的秘書[書記]》**—*n.*** Ⓒ《鳥》鷺鷹《又稱文書鳥，產於非洲》。

sécretary-géneral *n.* Ⓒ(*pl.* **secretaries-general**) 秘書長，書記長。

sécretary·shìp *n.* ⓊⒸ秘書[書記，大臣(等)]的職位[任務；任期]。

secretary bird

se·crete[1] [sɪˈkrit; siˈkri:t] *v.t.* 偷偷地隱藏，隱匿〈東西〉：Squirrels ~ a supply of nuts for winter. 松鼠爲準備過冬而藏堅果。

se·crete[2] [sɪˈkrit; siˈkri:t] *v.t.* 《生理》分泌。

se·cre·tion[1] [sɪˈkriʃən; siˈkri:ʃn] 《secrete[1] 的名詞》**—*n.*** Ⓤ隱藏，隱匿。

se·cre·tion[2] [sɪˈkriʃən; siˈkri:ʃn] 《secrete[2] 的名詞》**—*n.*** 《生理》**1** Ⓤ分泌(作用或過程)：hormone ~ 荷爾蒙的分泌。**2** Ⓒ分泌物[液]。

se·cre·tive [sɪˈkritɪv; ˈsi:krətiv, siˈkri:tiv] *adj.* 〈人、性情等〉喜好隱瞞的，秘密主義的；與人有隔閡的，不融洽的：a ~ nature 與人有隔閡的性情，不坦白的個性。**~·ly** *adv.* **~·ness** *n.*

se·cre·to·ry [sɪˈkritərɪ; siˈkri:təri] 《secrete[2] 的形容詞》**—*adj.*** 《生理》分泌的：a ~ organ [gland] 分泌器官[腺]。

sécret políce *n.* [the ~] 秘密警察。

sécret sérvice *n.* **1** [the ~] (國家的)情報局，特務機構。**2** [the S~ S~] **a** (美國的)財政部秘密偵察局《專司保護總統等重要人物及揭發僞幣的製造》。**b** (英國政府的)情報局。

sécret socíety *n.* Ⓒ秘密結社，幫會。

sect [sɛkt; sekt] *n.* Ⓒ(宗教、哲學、政治等的)分派，宗派，教派，學派，黨派。

sect. 《略》section.

sec·tar·i·an [sɛkˈtɛrɪən; sekˈtɛəriən⁻] 《sect 的形容詞》**—*adj.*** **1** 分派的，宗派的，學派的，黨派的：~ politics 派系政治。**2** 派系意識强烈[褊狹]的，有門戶之見的。

—*n.* Ⓒ有派系[學派]心的人；宗派[黨派]意識强烈者。

sec·tár·i·an·ìsm [-nˌɪzəm; -nizəm] *n.* Ⓤ宗派心，派系意識[主義]，門戶之見。

sec·ta·ry [ˈsɛktərɪ; ˈsektəri] *n.* ＝sectarian.

***sec·tion** [ˈsɛkʃən; ˈsekʃn] 《源自拉丁文「被切」之義》**—*n.* 1** Ⓒ**a** (東西的)**部分，片斷**：the freezer ~ of a refrigerator 冰箱的冷凍室/cut a cake into four equal ~*s* 把蛋糕切成四等分。**b** (可組成整體的)零件，組件：a bookcase built in ~*s* 用零件組合的[組合式]書架。**c** (柑桔等的)瓣。

2 Ⓒ **a** (書、文章等的)**節，段落，項**《★chapter 以下的劃分，以節標 §(section mark)表示》：*S*~ 1 第一節《★ 讀法 讀作 section one》. **b** (報紙、雜誌的)欄：the business ~ of *Time* 時代週刊(*Time*)的商業欄。**c** (法律條文的)條款。**d** 《音樂》(不能獨立的)樂節。

3 Ⓒ **a** 《美》(都市等的)**區域，地區**：a city's business [residential] ~ 都市的商業[住宅]區。**b** (社會等的)階層，階級：a politician popular with all ~*s* of society 受社會各階層歡迎的政治家。

4 Ⓒ(組織中的)**部門**：**a** (公司、官署的)部，課，科，股：an accounts ~ 會計課。**b** (團體等的)派，黨。**c** (學會等的)部(門)。**d** 《美》(主要爲大學的)小班。

5 a ⓊⒸ(外科、解剖的)**切開，切斷**：⇨ CESAREAN section. **b** Ⓒ切下的切片：a triangular ~ of cloth 裁成三角形的布。**c** Ⓒ(爲了用顯微鏡檢查而切下的生物組織或礦物的)薄片。**d** Ⓒ(立體的)斷面(圖)，(內部構造的)斷面，截面：⇨ cross section.

6 Ⓒ《音樂》(管弦樂隊等的)**部門，樂器組**《演奏同種樂器的部分》：the string ~ 弦樂部門[全部弦樂器]。

7 Ⓒ《軍》分隊。

—*v.t.* 〔十受〕 **1** 區分，劃分…：~ a room 把一個房間劃分(成若干部分)。

2 (爲了用顯微鏡檢查而)將〈組織、礦物〉分切成薄片。

3 把…切成斷面。

4 畫…的斷面圖。

sec·tion·al [ˈsɛkʃənl̩; ˈsekʃənl] 《section 的形容詞》**—*adj.*** **1** 部分的，劃分的，分項的，分節的：the ~ renovation of a building 建築物的部分修復。**2** 部門的，課[科，股]的：a ~ chief 課長。**3** 局部的，地方性的：~ quarrels 派系之爭/ ~ interests 地方性的[局部的]利益。**4** 〈家具等〉組合式的，組件式的：a ~ bookcase 組合式書架。**5** 斷面(圖)的：a ~ plan of a building 建築物的斷面圖。**~·ly** [-ʃənl̩ɪ; -ʃnəli] *adv.*

séc·tion·al·ìsm [-ʃənl̩ˌɪzəm; -ʃnəlizəm] *n.* Ⓤ **1** 地方主義，對於地方的偏重，地方偏見。**2** 派系主義，地域觀念。

sec·tion·a·lize [ˈsɛkʃənəˌlaɪz; ˈsekʃənəlaiz] *v.t.* (**-ized, -iz·ing**) **1** 區分，劃分。**2** 使…成派別[地方]性；使…造成黨派之見。

S

séction gàng *n.* Ⓒ《美鐵路》負責保養一段路軌的一組工人。
séction pàper *n.* Ⓤ方格紙。
sec·tor [ˋsɛktɚ; ˈsektə] *n.* Ⓒ**1** (產業、經濟等的)部門，活動領域[範圍]：the banking ~ 金融部門/the private[public] ~ (國家產業的)私營企業[公營企業]部門。**2**《幾何》扇形。**3**《軍》防衛區，戰區。**sec·to·ri·al** [sɛkˋtorɪəl, -ˋtɔr-; sekˈtɔːriəl˥] *adj.*
sec·u·lar [ˋsɛkjəlɚ; ˈsekjulə] *adj.* **1 a** (有別於心靈的(spiritual))世俗的，世俗主義的，俗人的，現世的，塵世的：~ affairs 俗事/a ~ society 世俗主義的社會。**b** (有別於宗教性的(religious))非宗教性的，與宗教無關的：~ education (對宗教教育而言的)普通教育/ ~ music (對宗教音樂而言的)一般[世俗]音樂。**2**《天主教》〈神職者〉不住在修道院的，住在教區的：the ~ clergy 住在教區的神職者[僧侶]。
—*n.* Ⓒ **1** (對宗教家而言的)俗人。**2**《天主教》居住於教區內的神職者[僧侶]，(修道院外的)俗界神父。**~·ly** *adv.*
séc·u·lar·ìsm [-ləˏrɪzəm; -lərizəm] *n.* Ⓤ **1** 世俗[現世]主義(↔ clericalism)。**2** (主張宗教不得滲入教育的)教育與宗教分離主義。
séc·u·lar·ist [-rɪst; -rist] *n.* Ⓒ**1** 世俗主義者。**2** 教育與宗教分離主義者。
sec·u·lar·is·tic [ˏsɛkjələˋrɪstɪk; ˌsekjuləˈristik˥] *adj.* (信奉)世俗主義的。
sec·u·lar·i·ty [ˏsɛkjəˋlærətɪ; ˌsekjuˈlærəti] *n.* (*pl.* **-ties**) **1** = secularism. **2** Ⓤ世俗；俗心；Ⓒ俗事。
sec·u·lar·i·za·tion [ˏsɛkjələrəˋzeʃən, -aɪˋz-; ˌsekjulərai'zeiʃn] 《secularize 的名詞》**—***n.* Ⓤ **1** (世)俗化。**2** 教育(等)的脫離宗教。
sec·u·lar·ize [ˋsɛkjələˏraɪz; ˈsekjuləraiz] *v.t.* **1** 使…世俗化。**2** 使…與宗教分離：~ education 使教育脫離宗教。
se·cur·a·ble [sɪˋkjurəbl̩; siˈkjuərəbl] *adj.* 可獲得的，能確保的。
se·cure** [sɪˋkjur; siˈkjuə] 《源自拉丁文「不擔心」之義》**—adj.* (**se·cur·er, -cur·est**；**more ~, most ~**) (↔ insecure) **1 a** 安全的，沒有危險的(⇨ safe【同義字】)：a ~ investment [shelter] 安全的投資[避難所]/This building would be ~ in an earthquake. 這幢建築物遇到地震不會有危險。**b** [不用在名詞前][十介十(代)名]無[…之]虞的[*from*]；[對…]不用擔心的[*against*]：a nation ~ ***from*** [***against***] attack 沒有受攻擊之虞的國家/You are ~ *from*[*against*] danger here. 你在這裏不用擔心危險。
2 a 〈地位、生活、未來等〉安定的，無憂慮的，受到保障的：a ~ job with good pay 高薪的安定工作/We all hope for a ~ old age. 我們都希望有個無憂無慮的晚年。**b** 〈勝利、成功、升遷等〉確定的，可靠的：a ~ victory 確實可靠的勝利/His success is ~. 他的成功是可以確定[有把握]的。**c** [不用在名詞前][十介十(代)名]〈人〉[對於…]放心的，不擔心的[*about*]：He feels ~ ***about*** his future. 他對自己的未來感到放心《他不擔心自己的未來》。
3 a 〈立足點、地基、結等〉穩固的，牢固的；〈鎖、門等〉關好的，緊閉的：a ~ foothold 穩固的立足點/a ~ knot 打牢的結/Is the door ~? 門關好了嗎？**b** 〈信念等〉鞏固的：a ~ belief 堅定的信念。**c** [不用在名詞前]嚴密保管[監禁]的：keep a prisoner ~ 嚴密監禁犯人/Are you sure the money is ~? 你確定那筆錢被妥善保管著？
4 [不用在名詞前][十介十(代)名]《古》〈人〉確信[…]的[*of*]：We were ~ ***of*** victory. 我們確信能獲勝。
—*v.t.* **A 1** [十受(十介十(代)名)] **a** 使…免於[受攻擊等][*against*]：~ a nation ***against*** attack 使國家免於受攻擊/He ~*d* himself *against* the cold. 他防止自己受寒[他做了防寒的準備]。**b** 保護…[以防危險等][*from*]：She locked the door to ~ the house ***from*** burglary. 她鎖門以防家裏遭竊。
2 a [十受]關好，鎖緊〈窗、門、鎖等〉《★比較 一般用 fasten》：~ a door[window] 關好門[窗]。**b** [十受十介十(代)名][用…]扣住，固定…[*with*]：~ a boat ***with*** a rope 用繩索繫牢[固定]船。
3 [十受] **a** 嚴密保管〈貴重物品等〉：~ valuables 保管貴重物品。**b** 嚴密監禁〈人等〉：~ a prisoner with handcuffs 用手銬銬牢犯人。
4 a [十受]保證〈權利、自由等〉：This bill will ~ the rights of strikers. 這項法案將確保罷工者的權利。**b** [十受(十介十(代)名)]對〈債權人〉[以擔保]保證還債；[以抵押品]保證償清〈債務〉[*by, with*]：~ a creditor 對債權人保證還債/ ~ a loan ***with*** [***by*** a pledge of] collateral 以擔保保證償還借款。**c** [十受十介十(代)名](立遺言)讓與〈財產等〉[給…][*to*]。
—B 1 (因努力的結果而)順利獲得：**a** [十受]獲得，確保…：~ a prize 獲獎/*S*~ your seats early. 早一點弄到座位。**b** [十受十介十(代)名][從…]獲得…[*from*]：~ a promise ***from*** a person 從某人處取得承諾[取得某人的承諾]。**c** [十受十受/十受十介十(代)名]為〈某人〉取得〈某物〉；[為某人]確保〈某物〉[*for*]：He ~*d* me two tickets. = He ~*d* two tickets ***for*** me. 他為我弄到兩張票《★用法 被動語態的說法一般為 Two tickets *were* ~*d for* me.》/He ~*d* himself a good job. 他為自己找到一分好差事。
2 [十受]引發〈笑等〉：~ a laugh 使人發笑。
se·cúre·ly *adv.* 安全地，確定地，牢固地。
se·cu·ri·ty** [sɪˋkjurətɪ; siˈkjuərəti] 《secure 的名詞》**—n.* **A** Ⓤ **1** 安全，平安：public ~ 治安，公共安全/in ~ 安心地，平安地。**2 a** 安心，心安：with ~ 安心地，放心地/feel great ~ 覺得很放心/*S*~ is the greatest enemy. 《諺》高枕無憂是最大的敵人。**b** (財政上的)穩定，保障：⇨ social security.
3 [對危險、災害等的]防衛(措施)，戒備，安全保障[*against, for*]：Tight ~ is in force. 採取嚴密的戒備措施/Is our ~ *against* theft adequate? 我們對竊盜的防備工作做得充分嗎？
—B 1 Ⓤ**a** (對償債的)保證，擔保，抵押(物品)：on (the) ~ of ... 以…為擔保[抵押]/He has given his house as ~ *for* the loan. 他以抵押自己的房屋作為貸款的擔保。**b** 保證人：go ~ for... 做…的保證人。**2** Ⓒ[常**securities**]有價證券：government *securities* 政府發行的有價證券《公債等》。
—*adj.* [用在名詞前]安全的，保安的，安全保障的：~ measures 安全[保安]措施/a ~ company 保全公司/for ~ reasons 為了[基於]安全的理由。
secúrity ànalyst *n.* Ⓒ股市分析師《分析股票價格之起落、紅利等之專家》。
secúrity blànket *n.* Ⓒ《美》**1** 安樂毯《給小孩抓摸使感覺舒適安全的小絨毯》。**2** 擁有即能使人有安全感的東西。
Secúrity Còuncil *n.* Ⓤ[**the** ~] (聯合國的)安全理事會《★用法 視為一整體時當單數用，指個別成員時當複數用；略作 SC》。
secúrity police *n.* Ⓤ保安警察，秘密警察(secret police)。
secúrity risk *n.* Ⓒ危險人物《★指以洩密等危及國家安全的不可靠人物》。
secúrity trèaty *n.* Ⓒ安全防衛條約：the U.S.-Japan *S*~ *T*~ 美日安全公約。
secy., sec'y. 《略》secretary.
se·dan [sɪˋdæn; siˈdæn] *n.* Ⓒ **1** 《美》轎車(《英》saloon)《駕駛人座位不隔開的普通箱型汽車》。
2 (又作 **sedán chàir**) (十七至十八世紀時使用的)轎子。

sedan 1

Se·dan [sɪˋdæn; siˈdæn] *n.* 色當《法國東北部之一城市，為 1870 年普法戰爭之古戰場，法軍大敗於此》。
se·date [sɪˋdet; siˈdeit] *adj.* (**se·dat·er**；**-dat·est**)〈人、態度等〉平靜的，沉著的。
—*v.t.* 給予鎮靜劑(sedative)使〈人〉鎮靜。**~·ly** *adv.* **~·ness** *n.*
se·da·tion [sɪˋdeʃən; siˈdeiʃn] 《sedate 的名詞》**—***n.* Ⓤ (服用鎮靜劑引起的)鎮靜作用[狀態]：be under ~ 在鎮靜狀態中/put a person under ~ 使人鎮靜。
sed·a·tive [ˋsɛdətɪv; ˈsedətiv] *adj.* 鎮靜(作用)的。**—** *n.* Ⓒ《醫》鎮靜劑。

sedan 2

sed·en·tar·y [ˋsɛdn̩ˏtɛrɪ; ˈsedntəri] *adj.* **1 a** 坐著的，多[常]坐著的：lead a ~ life (由於年老、受傷等)過著須常坐著而少運動的生活。**b** 坐著做的，坐著工作的：a ~ occupation 坐著工作的職業/a ~ worker 坐著工作的人。**2**《動物》不遷徙的，定居性的，固定於一地的。**séd·en·tar·i·ly** [ˋsɛdənˏtɛrəlɪ; ˈsedntərəli] *adv.* **-i·ness** *n.*
sedge [sɛdʒ; sedʒ] *n.* Ⓤ《植物》薹《莎草科薹屬植物的統稱，尤指生於海濱的蓑草》。
sedg·y [ˋsɛdʒɪ; ˈsedʒi] 《sedge 的形容詞》**—***adj.* **1** 薹屬植物叢生的，多蓑草的。**2** (似)薹的。
sed·i·ment [ˋsɛdəmənt; ˈsedimənt] *n.* **1** Ⓤ[又作 **a** ~]沈澱物，渣。**2** Ⓤ《地質》沈積物《沉澱於河牀等的砂土》。
sed·i·men·ta·ry [ˏsɛdəˋmɛntərɪ; ˌsediˈmentəri˥] 《sediment 的形容詞》**—***adj.* **1** 沉澱物的，由沉澱作用造成的。**2**《地質》沈積成的：~ rock 沈積岩。
sed·i·men·ta·tion [ˏsɛdəmənˋteʃən, -mɛn-; ˌsedimenˈteiʃn] *n.* Ⓤ**1** 沉澱(作用)，沉降：a ~ test 血球沉降檢驗。**2**《地質》沈積作用。
se·di·tion [sɪˋdɪʃən; siˈdiʃn] *n.* Ⓤ (反政府的)煽動，治安的擾亂。
se·dí·tion·ist [-ʃənɪst; -ʃnist] *n.*
se·di·tion·ar·y [sɪˋdɪʃəˏnɛrɪ; siˈdiʃənəri] *adj.* 騷動的；暴亂的；煽動暴亂的。
—*n.* (*pl.* **-ar·ies**) Ⓒ倡亂者；煽動暴亂者。
se·di·tious [sɪˋdɪʃəs; siˈdiʃəs] 《sedition 的形容詞》**—***adj.* 煽動性的，擾亂治安的。**~·ly** *adv.* **~·ness** *n.*

se·duce [sɪ'dus, -'dju-;si'dju:s] «源自拉丁文「導入旁邊」之義» —*v.t.* **1** 誘姦，勾引〈年輕無經驗的女子〉：Don Juan ~*d* many young girls. 唐璜勾引了許多年輕女子。
2 a 〔+受+介+(代)名〕(以巧言)引誘〈人〉〔做壞事等〕，誆騙〈某人〉〔做…〕〔*into*〕：His doctrines have ~*d* a great many people ***into*** error. 他的學說誤導許多人犯錯/They were ~*d into* buy*ing* imitations. 他們受騙而買下贗品。**b** 〔+受+介+(代)名〕唆使〈人〉〔使忘忽義務〕，慫恿〈人〉〔使放棄主張〕〔*from*〕：He was ~*d **from*** his duty. 他受慫恿而怠忽職守。**c** 〔+受+ *to* do〕唆使，慫恿〈某人〉〈做…〉：He was ~*d to* betray his friend. 他受唆使而出賣朋友。
3 〔+受(+副詞(片語))〕(用於好的方面)使〈人〉著迷，吸引〈人〉：The beauty of the evening ~*d* me *abroad.* 黃昏之美吸引我走出戶外。
se·dúc·er *n.* Ⓒ誘惑者；(尤指)誘姦者。
se·duc·i·ble [sɪ'dusəbl, -'dju-; si'dju:səbl] *adj.* 可引誘的；可誘惑的；可誘姦的。
se·duc·tion [sɪ'dʌkʃən; si'dʌkʃn] «seduce 的名詞» —*n.* **1** Ⓤ Ⓒ誘惑，慫恿。**2** Ⓒ〔常~s〕使人著迷的東西，魅力〔*of*〕：the ~*s of* city life 都市生活的魅力。
se·duc·tive [sɪ'dʌktɪv; si'dʌktiv] «seduce 的形容詞» —*adj.* 誘惑的，迷人的，吸引人的：a ~ woman 富有魅力的女人/~ swimwear 吸引人的泳衣。~**·ly** *adv.* ~**·ness** *n.*
se·du·li·ty [sɪ'dulətɪ, -'dju-; si'dju:liti] *n.* Ⓤ勤勉；恆心。
sed·u·lous ['sɛdʒələs; 'sedjuləs] *adj.* 《文語》**1** 勤勉的，努力工作的：a ~ student 孜孜不倦的學生。**2** 細心的，密切的，周全的：~ attention 密切的注意。~**·ly** *adv.* ~**·ness** *n.*
‡**see**[1] [si; si:] (**saw** [sɔ; sɔ:]; **seen** [sin; si:n]) *v.t.* **1** (指映在視覺上地)看見(★通常無進行式；⇨ look A【同義字】)：**a** 〔+受〕〈人等〉看見，看得見…：I ~ some people in the garden. 我看見一些人在花園裏/Can you ~ the dog over there? 你看得見在那兒的那條狗嗎？(★用法與 can, could 連用時，表示有想要看的努力)。**b** 〔+受+原形〕看見〈某人〉〈做…〉(⇨ 1 c 用法)：I *saw* him enter the room. 我看見他進入房間(★用法用被動語態時與不定詞 to 連用，但較多用於文章寫作：He was *seen to* enter the room. 有人看到他進入房間)。**c** 〔+受+ do*ing*〕看見〈某人〉〈在做…〉(★用法〔+受+原形〕的結構中，原形不定詞表示一個完整的動作，而在〔+受+do*ing*〕中的現在分詞則表示繼續中的動作，更具描述力)：I can ~ some little fish swim*ming* about in the water. 我看到一些小魚在水裏游來游去/She was *seen* walk*ing* along the street with a gentleman. 有人看見她和一位男士沿著街道走。**d** 〔+受+過分〕看見〈某人、事、物〉〈被…〉：Have you ever *seen* a man murder*ed*? 你見過人被殺害嗎？/I have twice *seen* a bribery overlook*ed.* 我曾兩次目睹賄賂被放過(未加追究)。**e** 〔+受〕〔常用祈使語氣〕參照，參閱…(略作 s.)：*S*~ p. 38. 參照第三十八頁。
2 仔細看：a 〔+受〕弄清楚，查明…：Let me ~ your passport. 讓我看一看你的護照。**b** 〔+ *wh.*__/+*wh.*+to do〕仔細看，看清楚〈如何(做)…〉：*S*~ *how* I operate this machine. 仔細看我如何操作這部機器/*S*~ *how to* operate the machine before turning it on. 開電源以前先弄清楚這部機器如何操作/Go and ~ *if* the door is locked. 去看看門是否上了鎖。
3 看了…而知道(★通常無進行式)：**a** 〔+受〕(在報紙上等)看到，讀到〈消息〉：I *saw* the report of his death in today's newspaper. 我在今天的報紙上看到他死亡的報導。**b** 〔+ (*that*) __〕看到，知道〈…事〉；(在報紙上)讀到〈…事〉：I ~ *that* you have given up smoking. 我知道你已戒煙了/I *saw* in the paper *that* another earthquake had occurred in Italy. 我從報紙上得知義大利又發生了另一次地震。
4 了解(★無進行式)：**a** 〔+受〕明白，了解，發覺…：Do you ~ the point of my remark? 你明白我所說的重點嗎？/I ~ what you mean. 我明白你的意思。**b** 〔+ (*that*) __〕知道〈…事〉：He didn't ~ *that* she was mistaken. 他並不知道她弄錯了。**c** 〔+受+ *to be* 補〕《文語》知道…〈是…〉：I *saw* him *to be* a liar. 我知道他是個扯謊者。**d** 〔+ *wh.*__/+*wh.*+*to* do〕知道〈如何(去做)…〉：I don't ~ *why* he is absent. 我不知道他爲什麼缺席/I don't ~ *how to* avert it. 我不知道如何去避免它。
5 〔+受〕**a** 遊覽，參觀〈名勝等〉：~ the sights 遊覽名勝/Have you ever *seen* Rome? 你遊覽過羅馬嗎？ **b** 看，觀賞〈戲劇、電影等〉：~ a movie 看電影/I'm going to ~ a baseball game. 我要去看棒球賽。**c** 看〈電視、節目〉(★比較一般用 watch)：Did you ~ the baseball game on TV yesterday? 你昨天看了電視轉播的棒球賽沒有？
6 〔+受〕**a** 會見〈某人〉，和〈某人〉見面：I am glad [pleased] to ~ you.=It's nice to ~ you. 我很高興見到你；幸會(★比較初次見面常用 meet)/⇨ SEE much [nothing, something] of, SEE you (later, soon). **b** 訪問，探望〈某人〉；看〈醫生〉：You'd better ~ a doctor at once. 你最好立刻去看醫生/I'm ~*ing* my client today. 我今天要和我的客戶見面。
7 a 〔+受+副詞(片語)〕送，護送〈某人〉(至…)：Let me ~ you *home* [*to* your car]. 讓我(護)送你回家[到你停車的地方]/⇨ SEE off (1), SEE out (1). **b** 〔+受+副〕(幫助或加以留意等)對〈某人〉照顧[負責]到底〈*through*〉：I'll ~ you ***through***. 我會幫你幫到底。**c** 〔+受+介+(代)名〕幫助〈某人〉〔使度過…〕〔*through*〕：Father is ~*ing* me ***through*** college. 父親供我念大學。
8 〔+受〕經歷過，遭遇到…(★無進行式)：He has *seen* a lot of life [the world]. 他已經見過不少世面(他已積有很多的人生經驗)/She has *seen* better days. 她過去過得不錯(現已落魄)/I have *seen* the time when it didn't rain for a month. 我經歷過一個月不下雨的日子/He will never ~ 50 again. 《口語》他已年過五十/It was the worst heat wave that the nation ever *seen.* 那是該國前所未有的最熱的熱浪/This coat has *seen* hard wear. 這件上衣已經穿得很舊了。
9 《文語》**a** 〔+受〕〈在某時代、某地〉發生〈事件、事態等〉：The nineteenth century *saw* the Industrial Revolution. 十九世紀發生了工業革命/The autumn *saw* a cruel recurrence of Spanish flu. 那年秋天西班牙流行性感冒再度肆虐。**b** 〔+受+do*ing*〕〈某時、某地〉使〈某人〉經歷〈做…〉(★無進行式)：The following day *saw* us fly*ing* northward. 第二天我們向北飛行。
10 a 〔+ *that*__〕留意，注意，負責，查看〈…事〉(★用法 *that* 子句中表示未來的動作，不用表示未來的助動詞；cf. *v.i.* 4 b)：*S*~ *that* he does it properly. 注意要他做好那件事/*S*~ *that* the window is shut. 留意把窗戶關好。**b** 〔+受+過分〕注意[留神]期使〈某人、事物〉〈被…〉：~ a thing *done* 留意[監督](某人)使之確實做完某事/~ justice *done* 期使正義伸張；報復。
11 a 〔+受〕〔常與狀態副詞連用〕看，想，判斷…：as I ~ it 就我所見/I ~ things differently now. 我現在對事情有不同的看法。**b** 〔+受+*as* 補〕把〈某人、事物〉〈認爲…〉，視…〈爲…〉：Some *saw* the affair *as* a tragedy. 有些人把這件事視爲一場悲劇。**c** 〔+受+過分〕〔常 **will** [**would**] ~〕(輕微的斥責)希望〈某人〉〈被…〉：I'*ll* ~ him hang*ed* [blow*ed*, damn*ed*] (first). 那種事我絕不幹/I'*ll* ~ him damn*ed* before I lend him money. 我絕不借錢給他。
12 a 〔+受〕想像，預料…(★無進行式)：~ a catastrophe in the near future 預料不久的將來有大災難。**b** 〔+受+do*ing*〕想像〈人等〉〈會做…〉：Can you ~ him agree*ing* to our plan? 你能想像他會贊成我們的計畫嗎？**c** 〔+受+過分〕想像…〈被…〉：We cannot ~ our team defeat*ed.* 我們無法想像我們的球隊會輸。**d** 〔+受+*as* 補〕想像…〈爲…〉，視…〈爲…〉：He *saw* himself *as* a social reformer. 他以一位社會改革者自居[他自以爲是一位社會改革家]。
13 〔常用於否定句、疑問句〕**a** 〔+受+介+(代)名〕〔在…中〕發現〈好處、優點〉〔*in*〕：What can he possibly ~ ***in*** her? 他可能在她身上發現什麼優點呢？(他到底看她好在哪裏呢？) **b** 〔+do*ing*〕贊成，默認〈做…〉：He wo*n't* ~ be*ing* used. 他不願意被利用。**c** 〔+受+原形〕眼睜睜地看〈某人〉…：You can*not* ~ them starve. 你不能眼睜睜地看他們挨餓。
—*v.i.* **1 a** 看見(★用法常與 can 連用；無進行式)：Owls *can* ~ in the dark. 貓頭鷹能在黑暗中看見東西/It is so dark (that) I *can't* ~. 天這樣黑，我看不見(東西)。**b** 〔用祈使語氣〕你看，瞧：*S*~, here comes the bus! 你看，公共汽車來了！
2 明白，了解：(Do you) ~? 你明白了嗎？/I ~. 我明白了；我知道了/You ~. 你知道，(事情是…)/We will [《英》shall] ~. 我們就會明白(事情會變成怎樣)/You'll ~. 你就會明白(我說得沒錯)。
3 檢查，查看，調查：Somebody knocked at the door. I'll go and ~. 有人敲門，我去看一看。
4 〔+介+(代)名〕**a** 注意，留意，處理，照料〔…〕〔*to*〕：Help Kate wash up while I ~ ***to*** the bedding. 我整理房間時你去幫凱蒂洗碟子/I'll ~ *to* that. 我來處理[負責]那件事。**b** 〔~ **to it that**〕負責，注意[去做…]〔*to*〕(★用法口語省略 to it，變成 *v.t.* 義 10 a)：Please ~ *to it that* the door is locked. 請務必[留意]把門鎖好。
5 〔常 **Let me** ~〕讓我考慮一下：*Let me* ~, what shall I say? 讓我想一想，我該說什麼呢？
(I'll) sée you! =I'll be séeing you! 再見！回頭見！
I'll sèe you déad [in héll] befòre thát háppens! 我絕不同意！
sée abòut... 負責…，處理…；考慮…：I'll ~ *about* mail*ing* it. 我會負責把它寄出去/I'll ~ *about* it. 那件事由我來處理[我考慮看看](★用法不馬上處理事情時的說法)。
sée àfter... 照顧…(★比較一般用 look after)。
sèe fit [góod] to dó... 認爲做…適宜，決心做…(★用法習慣上不把形式受詞 it 用在 see 後面)：We must wait until they ~ *fit to* help us. 我們必須一直等到他們認爲適合幫助我們爲止。

S

Sèe hére!［常帶有警告、禁止之意］喂喂！

séeing that... ⇨ seeing *conj.*

sée ìnto... (1)調查…《★比較 一般用 look into》. (2)看穿，看透…：～ *into* the future 展望未來。

sée múch［nóthing, sómething］of... 常常［完全沒有，偶而］見到〈某人〉：I've *seen nothing of* her for the last ten years. 這十年來我從未見過她/Do you ～ *much of* him？你常見到他嗎？《★用法 在此構句中用 much 時，常用於否定句或疑問句；肯定句則用 a good［great］deal》/Let's ～ *more of* each other. 我們以後彼此多見面吧。

sèe óff《*vt adv*》(1)［～＋受＋off］〔在…〕送別〈某人〉〔*at*〕：～ one's friend *off at* the airport 在機場送別朋友(⇨*v.t.* 7 a). (2)撐到〈敵人等〉的攻擊停止爲止。

sèe óut《*vt adv*》(1)［～＋受＋out］送〈人〉到大門口。(2)把〈事情〉看到終了［完成］爲止：The play was so bad (that) I could not ～ it *out.* 那齣戲如此乏味我無法把它看完。(3)《口語》撐到…終了，支持到比…更久：She will never ～ the winter *out.* 她撐不過冬天《她在冬天結束前會去世》。

sèe óver (1)巡視，查看，檢查〈房子等〉。(2)調查…。

sèe róund ＝SEE over (1).

see through［《*vi prep*》～ thróugh...］(1)看透，看破〈人(心)〉：～ *through* a person 看透某人(的心)。——［《*vt prep*》～...through...］(2)⇨*v.t.* 7 c.
——［《*vt adv*》～ thróugh］(3)⇨*v.t.* 7 b.

Sée you (láter［sóon］)! ＝I'll SEE¹ you!

Số I sée. 好像是那樣；就像你說的那樣。

see² [si; siː] *n.* Ⓒ主教(bishop)的轄區；大主教(archbishop)的轄區：the ～ of Canterbury 坎特培里大主教轄區。

the Hóly Sée＝the Sée of Róme 教宗的職權。

‡**seed** [sid; siːd] *n.* (*pl.* ～s, ［集合稱］～) **1** Ⓒ［集合稱爲Ⓤ］種，種子《★用法 指大量種子時一般當作不可數名詞》：a handful of ～*s* 一把種子/grape ～(*s*) 葡萄種子/sow［plant］～(*s*) 播種，撒種子/save part of the crop for ～ 留下部分穀物作種。

2 Ⓒ［常 ～s］〔爭執的〕原因，〔善、惡等的〕根源〔*of*〕：sow the ～*s* of discontent［doubt, virtue］播下不滿［懷疑，善行］的種子。

3 Ⓤ［集合稱］子孫(們)，後裔《★用法 除聖經上所用者以外均爲古語》：the ～ of Abraham 亞伯拉罕的後裔《希伯來人》。

4 Ⓤ **a** 魚精，魚白。**b**《文語・古》精液。

5 Ⓒ《運動》種子選手。

gò［rùn］to séed (1)〈花卉等〉花已開過而結子。(2)〈人等〉過了盛年［期］而衰老。

in séed〈開過花而〉結成種子的。

——*adj.*［用在名詞前］**1** 作種(用)的：～ corn 作種用的玉蜀黍/a ～ potato 作種用的馬鈴薯。**2** 小粒的：a ～ egg 小蛋/a ～ pearl 小粒珍珠。

——*v.t.* **1 a**〔十受〕在〈土地〉上播種：～ a field 在田地裏播種。**b**〔十受十介十(代)名〕在〈土地〉上播下〔…種子〕〔*with*〕；撒〈…種子〉〔於土地上〕〔*in*〕：They ～*ed* their fields ***with*** wheat.＝They ～*ed* wheat ***in*** their fields. 他們在自己的田地裏播種小麥。

2〔十受〕從〈水果〉中除去種子：～ grapes 除去葡萄子。

3〔十受〕挑出〈種子選手〉，挑選〈人〉爲種子選手《將選手分組以免優秀選手開始出賽時相遇；★常用被動語態》。

4〔十受(十介十(代)名)〕(爲製人造雨而)〔以乾冰、碘化銀等〕撒於〈雲層〉中〔*with*〕.

——*v.i.* **1** 播種，撒下種子。**2**〈植物〉結子。

séed·bèd *n.* Ⓒ**1** 苗牀。**2**〔罪惡的〕溫牀〔*of*〕.

séed·càke *n.* Ⓒ［當作點心名稱時爲Ⓤ］香籽蛋糕《加入芳香種子，尤指加入香芹籽(caraway)的蛋糕》。

séed·càse *n.* Ⓒ《植物》**1** 莢。**2** 種子外衣。

séed còrn *n.* Ⓤ(作種子用的)穀種。

séed·er *n.* Ⓒ **1** 播種者。**2** 播種機，除種子機，除果核的裝置。

seed·ing ['sidɪŋ; 'siːdiŋ] *n.* Ⓤ **1** 播種。**2** 結果實，結種子。**3** (比賽中)種子運動員之分配［安排］。**4** (製人造雨時之)撒乾冰。

séed lèaf *n.* Ⓒ子葉。

séed·less *adj.*〈葡萄等〉無子的，無核的。

seed·ling ['sidlɪŋ; 'siːdliŋ] *n.* Ⓒ **1** 從種子中長出的植物。**2** (三呎以下的)幼木，樹苗。

séed mòney *n.* Ⓤ《美》種子基金《基金會用來支持各種計畫的錢》。

séed òyster *n.* Ⓒ蠔種《供繁殖用的牡蠣》。

séed plànt *n.* Ⓒ種子植物。

séeds·man [-mən; -mən] *n.* Ⓒ (*pl.* **-men** [-mən; -mən]) **1** 播種者。**2** 賣種子者，種子商。

séed·tìme *n.* Ⓤ播種時期《晚春或初夏》。

séed vèssel *n.* Ⓒ包種子的莢［外殼(等)］。

seed·y ['sidɪ; 'siːdi] «seed 的形容詞» ——*adj.* (**seed·i·er**; **-i·est**) **1** 多種子的，有種子的：～ grapes 多子葡萄。**2**《口語》(衣著)寒酸的，破舊的：～ clothes 破舊的衣服/a ～ hotel 低級旅館。**3**［不用在名詞前］《口語》身體不舒服的，精神不好的：He felt［looked］～. 他覺得［看來］不舒服。

séed·i·ly [-dəlɪ; -dili] *adv.* **-i·ness** *n.*

see·ing ['siɪŋ; 'siːiŋ] *n.* Ⓤ **1** 看，見：*S*～ is believing.《諺》眼見爲信；眼見是實；百聞不如一見。**2** 視覺，視力。
——*conj.*［常與 that［《口語》as(how)］連用］從…這一點來看，鑑於…，因爲…：*S*～ (*that*) he is young, his salary is not so bad. 他還年輕，這樣的薪水算是不錯的了。

Séeing Èye (dòg) *n.* Ⓒ導盲犬《美國新澤西州(New Jersey)導盲犬訓練所(Seeing Eye)訓練出來的狗》。

Seeing Eye dog

‡**seek** [sik; siːk] (**sought** [sɔt; sɔːt]) *v.t.* **1 a**〔十受〕尋找，尋求〈人、物等〉《★比較 look for 較口語化；cf. *v.i.* 1 b》：～ a solution 尋求解決辦法/～ the truth 追求眞理/～ shelter from the rain 尋找避雨處。**b**〔十受十副〕(爲求援助或傳達消息而)找出〈人、想要的東西〉〈*out*〉：*S*～ him ***out*** and pass on the news. 把他找出來並且把消息傳達給他。

2 a〔十受〕追求〈財富、名聲、快樂等〉；企圖獲得〈工作、地位等〉：～ one's［a］fortune 企圖獲得一大筆錢財/～ fame［employment］求名［職］/～ a quarrel 找碴，找人吵架。**b**〔十受(十介十(代)名)〕〔向…〕請求〈忠告、援助、說明等〉〔*from*〕：～ a doctor's advice 向醫生請教《請醫生看病》/～ a person's forgiveness 請求某人的原諒/I *sought* information ***from*** him. 我向他詢問。

3〔十 *to* do〕《文語》嘗試，試圖〈做…〉《★比較 一般用 try》：I *sought to* persuade him, but in vain. 我試圖說服他，但無效。

4〔十受(十介十(代)名)〕《文語・古》〔爲尋求…而〕去〈某處〉；向〈…方向〉移動〔*for*〕：～ one's bed 就寢/The compass needle always ～*s* the north. 指南針的針總是指向北方/He *sought* the woods ***for*** herbs. 他在樹林中搜尋藥草。

——*v.i.* **1 a** 尋找：*S*～ and you shall find. 尋找就能找到《★出自聖經「馬太福音」》。**b**〔十介十(代)名〕［常與副詞(片語)連用］(拼命)尋求〔…〕〔*for*〕《★比較 熱心、執拗的程度較 *v.t.* 1 a 强烈》：She *sought* (*about*) ***for*** the lost dog. 她拼命地四處尋找走失的狗/I *sought along* the shelf *for* the book. 我順著書架尋找那本書。

2〔十介十(代)名〕想要獲得〔…〕〔*after*〕《★可用被動語態》：His pictures *are* much *sought* ***after*** by collectors. 他的畫爲收藏家所爭相搜購《他的畫深受收藏家的歡迎》。

be nòt fár to séek 在近處；很明顯：The reason for his success *is not far to* ～：he worked hard. 他成功的原因不難找，那就是他工作勤奮。

séek·er *n.* Ⓒ尋找者，搜索者。

‡**seem** [sim; siːm] «源自古北歐語「適合」之義» ——*v.i.* **1** 看似，看來，似乎《★用法 通常表示說話者推測性的看法、判斷，文法上的主詞與判斷的主體常不一致，有時爲表示判斷的主體而附加 to a person 這些字；★無進行式》。

> 【同義字】seem 常表示說話者主觀的判斷；appear 指外觀看來那樣，有時帶有「實際也許並非那樣」的含意；look 也和 appear 一樣，用以表示外表上的事，但多半是「實際上也如此」。

a〔(十介十(代)名十(*to be*)補〕〈人、事物〉〔在…〕看來〈好像是…〉，看似〈…〉〔*to*〕：He ～*s* (*to be*) sick. 他看上去像是病了/He ～*s to* have been sick. 他看來好像生過一場病/He ～*s* young. 他看上去很年輕/I ～ unable to do it. 我似乎無法做那件事/It ～*s* likely to snow. 看樣子可能要下雪/Things are not always what they ～. 事情往往和其外表不一樣《人不可貌相，海水不可斗量》/It ～*s* like years since I left my hometown. 自從我離開家鄉後似乎已過了好多年/The valley ～*ed* very deep *to* me. 在我看來這山谷很深/She ～*ed to* her father *to be* unhappy. 在她父親看來她並不快樂/It ～*s* probable that he will resign. 看樣子他可能會辭職/It ～*s* obvious *to* me that the building needs to be rebuilt. 我看這幢建築物顯然需要重建。**b**〔十 *to be* 十do*ing*〕〈人、東西〉看似〈在做…〉《★用法 接形容詞以外的現在分詞時通常不省略 to be》：She ～*ed to be* trembl*ing*. 她似乎在發抖/He ～*ed to be* look*ing* for something he'd lost. 看樣子他是在尋找他遺失的東西。**c**〔十 *to* do〕〈人、物〉看來要〈做…〉，似乎要〈做…〉：He ～*s to* know everything about it. 他似乎知道有關那件事的一切情況/I ～ *to* have left my umbrella behind. 我似乎忘了帶走我的雨傘/He ～*ed* not *to* know her name. 他似乎不知道她的名字。**d**〔(十介十(代)名)十(*to be*)補〕［there ～s］〔在…看來〕似乎有〈…〉〔*to*〕：*There* ～*s* (*to be*) no need to help him. 看樣子(是)

不必去幫助他了/*To* me *there* ~*ed* no reason to hold a meeting. 在我看來似乎沒有理由開會。

2 [以 it 作主詞]〔(十介十(代)名)十(*that*)__/(十介十(代)名)十 *as if*__〕〔在…看來〕好像〈…事〉〔*to*〕《★用法(1)《口語》有時省略 that；(2)《口語》用 as if，有時也用 like 來代替 that；子句中不一定要用假設語氣》：*It* ~*s* (*that*) you were lying. 看來你是在說謊/*It* would ~ *that* something is wrong with the radio set. 看來這收音機有點毛病《★比較比 It ~*s* that.... 委婉的說法》/*It* ~*s* **to** me *that* you are not really interested in learning. 在我看來你不是真正對學習有興趣/It ~*s as if* he will be elected. 看樣子他會被選上/*It* ~*ed as if* she would recover. 看來她會復元/"I hear the law will be amended soon."—"It ~*s* so."="So it ~*s*."「我聽說該法律就快要修正。」「好像是如此。」《★用法 so 承前文內容，用以代替 *that* 子句》。

càn't[cannòt] séem to dó...《口語》似乎不能…，覺得不能…：He *can't*[*cannot*] ~ *to* understand it. 看來他無法理解它《★比較He *doesn't*[*does not*] ~ *able* to understand it. 是比較客氣的說法》。

séem·ing *adj.* [用在名詞前]〈僅〉表面的，外表上的，似乎是的：a ~ friend 表面上的朋友/with ~ kindness 表面看似親切地。
—*n.* Ⓤ表面，外表，外觀：to all ~ 無論怎麼看。

séem·ing·ly *adv.* **1** 表面上，外表上：two ~ unrelated cases 表面上看來無關的兩個案件。**2** [修飾整句] 看起來(顯然)：*S*~ he is mistaken. 看來他是錯了。

seem·ly [ˋsimlɪ; ˈsiːmli] *adj.* (**seem·li·er**; **-li·est**)〈態度、舉止等〉合乎(禮節)的，適當的，端莊的(↔ unseemly)：~ behavior 端莊的舉止/Chewing gum on a train is not ~ in a lady. 淑女在火車上嚼口香糖不太雅觀。**séem·li·ness** *n.*

‡**seen** [sin; siːn] *v.* **see**[1] 的過去分詞。

seep [sip; siːp] *v.i.* 〔十副詞(片語)〕**1**〈液體〉滲出，漏。**2**〈思想、觀念等〉一點點地滲入，普及，擴大。

seep·age [ˋsipɪdʒ; ˈsiːpidʒ] *n.* Ⓤ[又作 **a** ~] 漏，滲；滲出的液體。

seer [ˋsiɚ; ˈsiːə] *n.* Ⓒ **1** 觀看者。**2**《文語》先知，預言者。

seer·ess [ˋsɪrɪs; ˈsiəris] *n.* Ⓒ女先知，女預言家。

seer·suck·er [ˋsɪr,sʌkɚ; ˈsiə,sʌkə] *n.* Ⓤ(印度織的)泡泡紗《織起有條紋的薄織亞麻布》。

see·saw [ˋsi,sɔ; ˈsiːsɔː] «saw[2] 的加强形» **—*n.*** **1 a** Ⓤ蹺蹺板(遊戲)。**b** Ⓒ上下[前後]移動的板。**2** ⓊⒸ一進一退，一上一下：the ~ of supply and demand 需求與供給的拉鋸狀態。
—*adj.* [用在名詞前] **1** 拉鋸似的，上下[前後]移動的。**2** 一進一退的：a ~ game[match] (勢均力敵的)拉鋸賽。
—*v.i.* **1** 坐蹺蹺板，玩蹺蹺板。**2 a** 上下[前後]移動[搖動]。**b** 動搖，變動：Prices ~ wildly. 價格劇烈變動/He ~*ed between* two opinions. 他在兩種意見之間舉棋不定[遊移不定]。

seethe [sið; siːð] *v.i.* **1 a** 煮沸，沸騰。**b**〈波浪等〉翻滾，倒捲。**2**〔十介十(代)名〕[常用進行式] **a**〈人〉〔因生氣等而〕大發雷霆〔*with*〕：He *was* seeth*ing* **with** rage. 他大發雷霆。**b**〔因不平、不滿等而〕舉國騷動，羣情譁然〔*with*〕：The nation *is seething* **with** political unrest. 該國因政治動盪而舉國騷動。**c**〈地方〉〔因人眾多而〕混亂不堪，亂哄哄〔*with*〕：The town *is seething* **with** tourists. 鎮上因觀光客衆多而混亂不堪。

séeth·ing *adj.* **1 a** 沸騰的。**b**〈波浪等〉翻滾的，倒捲的：the ~ waters 翻滾的波浪。
2 a 滿腔怒火的，激動的：~ anger 滿腔怒火。**b** [不用在名詞前]〔十介十(代)名〕〔因…而〕騷動的，動搖的〔*with*〕：a country ~ **with** revolution 因革命而動盪的國家。

sée-thròugh *adj.* [用在名詞前] 可透視裏面的，透明的〈衣服等〉。**—*n.*** Ⓒ透明的薄衣。

seg·ment [ˋsɛgmənt; ˈsegmənt] *n.* Ⓒ **1** (自然形成的)片，斷片，分節，部分：the ~*s* of an orange 柑橘的一瓣瓣。**2**《幾何》(線)段弓形；(圓的)弧段。**3**《生物》環節。
— [ˋsɛgmənt, sɛgˋmɛnt; segˈment, ˈsegment] *v.t.* 〔十受〕分割…，使…分裂。
—*v.i.* 分裂，分開。**ség·men·tàry** *adj.*

seg·men·tal [sɛgˋmɛntl; segˈmentl] «segment 的形容詞» **—*adj.*** 部分的，分成部分的；由部分構成的。

seg·men·ta·tion [,sɛgmənˋteʃən; ,segmənˈteiʃn] «segment 的名詞» **—*n.*** **1** ⓊⒸ分割，分裂。**2** Ⓤ《生物》(受精卵的)分裂，割裂。

seg·re·gate [ˋsɛgrɪ,get; ˈsegrigeit] «源自拉丁文「離羣」之義» **—*v.t.*** **1 a**〔十受〕分離，隔離〈人、團體〉：~ the sexes 分開男女/~ boys *and* girls 把男孩子與女孩子分開。**b**〔十受十介十(代)名〕把〈人、團體〉〔與其他人、團體〕分開，隔離〔*from*〕：~ sick children **from** the rest of the group 把病童與團體中其他的兒童隔開。**2** (依照人種、性別等)分開，隔離〈人、團體等〉《★常用被動語態》。
—*v.i.* **1** 分離。**2** 採取(種族、性別等的)隔離政策。

ség·re·gàt·ed *adj.* **1** 分離的，被隔離的。**2** 採取(種族、性別等)隔離政策的：~ education 實行種族隔離的教育《依照種族[性別]的不同而施的教育》。**3** 限於特定種族[團體]的：~ bars [stores, schools] 黑人[白人]專用酒吧[商店，學校]。

seg·re·ga·tion [,sɛgrɪˋgeʃən; ,segriˈgeiʃn] «segregate 的名詞» **—*n.*** Ⓤ **1** 分離，隔離。**2** 不同種族[性別]的隔離《差別待遇》。

【說明】指對某特定種族的差別待遇，尤指對美國黑人的隔離。在美國南方種族的差別待遇曾經實施得非常嚴格，到處都可以看得到「白人專用」(Whites Only)，「黑人地區」(Colored Areas) 等牌子，限制黑人出入。自從 1957 年阿肯色州 (Arkansas) 小岩城 (Little Rock) 發生黑人學生暴動，政府出動軍隊保護黑人以來，由於最高法院 (Supreme Court) 的判決以及國會裏種種保障黑人人權法律的制定，種族的差別待遇情況已經改善了許多；cf. busing【說明】

sèg·re·gá·tion·ist [-ʃənɪst; -ʃənist] *n.* Ⓒ種族[性別]隔離主義者。

seg·re·ga·tive [ˋsɛgrɪ,getɪv; ˈsegrigeitiv] *adj.* **1**〈人〉討厭社交的，不合羣的。**2** 人種[性別]隔離的：~ policies 種族[性別]隔離政策。

sei·gneur [sinˋjɝ; seiˈnjəː, siːˈnjə] «源自法語» **—*n.*** (*pl.* ~s) Ⓒ[有時S~](封建之)君主；領主；諸侯。

seign·ior [ˋsinjɚ; ˈseinjə] «源自法語» **—*n.*** Ⓒ[有時S~] **1** 封建君主；莊園園主；諸侯。**2** 君《尊稱，相當於 sir》。

seign·ior·y, sig·no·ry [ˋsinjərɪ; ˈseinjəri] *n.* (*pl.* **-(i)or·ies**) Ⓒ **1** 君權；領主權。**2** 領地。**3** (尤指中世紀義大利之)領主團體。

seine [sen; sein] *n.* (又作 **séine nèt**) Ⓒ大捕魚網，拖網，拉網。
—*v.i.* 以大魚網捕魚。
—*v.t.* **1** 以大魚網捕〈魚〉。**2** 把拖網撒下〈海裏等〉。

Seine [sen; sein] *n.* [**the** ~] 塞納河《在法國北部，貫穿巴黎 (Paris)，流入英吉利海峽》。

seise [siz; siːz] *v.t.*《法律》扣押；占有；強奪(seize)。

sei·sin [ˋsizɪn; ˈsiːzin] *n.* =seizin.

seis·mic [ˋsaɪzmɪk, ˋsaɪs-; ˈsaizmik] *adj.* 地震的；與地震有關的，由地震引起的：a ~ area 震區/the ~ center 地震中心，震央/a ~ belt 地震帶/~ waves 震波。

seis·mo·gram [ˋsaɪzmə,græm, ˋsaɪs-; ˈsaizməgræm] *n.* Ⓒ(地震儀所記錄的)震動記錄，震波圖。

seis·mo·graph [ˋsaɪzmə,græf, ˋsaɪs-; ˈsaizməgrɑːf] *n.* Ⓒ地震儀。

seis·mo·graph·ic [,saɪzməˋgræfɪk, ,saɪs-; ,saizməˈgræfik] *adj.* 地震儀的。

seis·mog·ra·phy [saɪzˋmɑgrəfɪ, saɪs-; saizˈmɔgrəfi] *n.* Ⓤ **1** 地震檢測法；地震記錄法。**2** 地震學(seismology)。

seis·mo·log·i·cal [,saɪzməˋlɑdʒɪkl, ,saɪs-; ,saizməˈlɔdʒikl] «seismology 的形容詞» **—*adj.*** 地震學的：a ~ laboratory 地震研究所。

sèis·mól·o·gist [-dʒɪst; -dʒist] *n.* Ⓒ地震學家，地震專家。

seis·mol·o·gy [saɪzˋmɑlədʒɪ, saɪs-; saizˈmɔlədʒi] *n.* Ⓤ地震學。

seis·mom·e·ter [saɪzˋmɑmətɚ, saɪs-; saizˈmɔmitə] *n.* Ⓒ地震計。

seiz·a·ble [ˋsizəbl; ˈsiːzəbl] *adj.* **1** 可捕捉的，可逮捕的。**2** 可扣押[收押]的。

***seize** [siz; siːz] *v.t.* **1 a**〔十受〕(突然用力)抓住，捉住，攫取，握…(⇨ take A【同義字】)：In terror the child ~*d* his father's arm. 小孩驚恐地用力抓住父親的手臂。**b**〔十受十介十名〕粗暴地抓住〈人〉〔身體、衣服的某部位〕〔*by*〕《★用法表示身體、衣服部位的名詞前要用 the》：The policeman ~*d* the suspect **by** *the* neck. 警察抓住嫌疑犯的脖子。

2〔十受〕**a** 捉，逮捕〈犯人等〉：~ a thief 捉小偷。**b** (依法)扣押，查封〈違禁品、文件等〉：~ a person's property 扣押某人的財產/The police ~*d* a large quantity of drugs. 警方扣押了大量藥物。

3〔十受〕強奪，奪取〈敵陣、權力等〉：~ an air base 奪取空軍基地/~ the throne 奪取王位。

4〔十受〕**a** (迅速)把握，了解，明白〈意思、重點等〉：~ an idea 了解一個意念/~ the point 抓住重點。**b** (迅速)把握〈機會等〉，迫不及待地接受〈提案等〉：~ an opportunity 抓住機會/~ an invitation[offer] with both hands 以雙手(迫不及待地)接受邀請[提議]。

5〔十受〕〈憤怒、恐懼、疾病等〉(突然)襲擊，侵襲〈人〉《★常用被動語態，介系詞用 *with*, *by*》：Terror ~*d* him. 他突然覺得恐懼/He *was* ~*d* **with** a sudden rage. 他勃然大怒[感到一陣突然冒起的怒火]。

6《航海》**a**〔十受十副〕把〈繩索等〉綁[結，繫]在一起〈*together*〉：~ two ropes **together** 把兩條繩子繫[接]在一起。**b**〔十受十介十(代)名〕把…接[繫]〔在…上〕〔*to*〕：~ one rope **to** another 把一條繩子接在另一條繩子上。

7 ⇨ seized.

S

—*v.i.* **1**〔十介十(代)名〕抓住〔機會、缺點〕；迫不及待地接受〔提案、主意等〕〔*on, upon*〕《★ 比較 較 *v.t.* 强調的說法》：～ *on* [*upon*] a chance [pretext] 抓住機會[找到藉口]/They ～*d on* [*upon*] my suggestion. 他們迫不及待地接受我的提議/He ～*d on* [*upon*] the flaws in the argument. 他抓住論據中的弱點。**2**〔動(十副)〕**a**〈機器〉(因過熱等而)突然停止運轉；卡住〈*up*〉：The engine has ～*d* (*up*). 引擎過熱而轉不動。**b**《英口語》〈交涉等〉陷入僵持狀態，停滯不前，觸礁〈*up*〉.

séize contról of... 掌握…。

séize hóld of... 抓住…。

seized *adj.* [不用在名詞前]〔十介十(代)名〕《法律》擁有〔…〕的，占有〔…〕的〔*of*〕：He is [stands] ～ *of* much property. 他擁有很多資產。

sei·zin [ˈsizɪn; ˈsiːzin] *n.* ⓊⒸ《法律》土地之占有；占有地；占有物；財產。

seiz·ing [ˈsizɪŋ; ˈsiːziŋ] *n.* ⓊⒸ **1** 捕捉；强奪；强占；扣押。**2**《航海》用細繩索綑紮；綑紮用的細繩。

sei·zure [ˈsiʒɚ; ˈsiːʒə] «seize 的名詞» —*n.* **1** Ⓤ捕捉，捕獲。**2** Ⓤ扣押，查封，沒收，强奪。**3** Ⓒ(疾病的)發作；(尤指)中風：a heart ～ 心臟病的發作。**4** Ⓤ(機器等的)卡住。

‡**sel·dom** [ˈsɛldəm; ˈseldəm] *adv.* (**more**～, **most** ～；～**·er**, ～**·est**) 很少，難得(rarely) (↔ often)《★ 用法 在句中的位置與 often 相同》：He ～ eats fish. 他很少吃魚/I have ～ seen him. 我很少見到他/She attends our meeting very ～. 她很少參加我們的會議/It is ～ that such things happen here. 這類事情在這裏很少發生/*S*～ seen, soon forgotten. 《諺》少見則易忘；別久則情疏。

nòt séldom 往往，常常：It *not* ～ happens that....…是常有的(事)。

séldom, if éver 即使有也很少：He ～, *if ever,* goes out. 即使他外出過，次數也極少《他難得出門》。

séldom or néver 幾乎不…，簡直不…：He ～ *or never* reads a book. 他簡直不看書。

se·lect** [səˈlɛkt; siˈlekt, səˈl-] «源自拉丁文「另外收集」之義» —*v.t.* **選擇，挑選**(⇨ choose【同義字】)：**a**〔十受〕(當作最適宜的東西而愼重)選擇…：*S*～ the book you want. 選擇你想要的書。**b**〔十受十介十(代)名〕〔爲…而〕挑選〈某物〉〔*for*〕：She ～*ed* a birthday present ***for her husband. 她爲丈夫挑選生日禮物。**c**〔十受十介十(代)名〕〔從…中〕選出〈人、物〉〔*from, out of*〕：I ～*ed* a passage ***from*** Milton. 我從密爾頓的作品中選出一段/He was ～*ed* ***out of*** a great number of candidates. 他從衆多的候選人中被選出來。**d**〔十受十*as* 補〕把…選爲〈…〉：They ～*ed* John *as* leader of their group. 他們選約翰做他們一組人的領袖。**e**〔十受十 *to* do〕選出〈某人〉〈做…〉：I was ～*ed to* make a speech. 我被選出來發表演說。

—*v.i.* 挑選，選擇。

—*adj.* (**more** ～；**most**～) **1** [用在名詞前] (無比較級、最高級) **a** 挑選的，精選的：a ～ passage from Shakespeare 從莎士比亞的作品中精選的一段。**b** 選拔的，精挑細選的，極好的：～ wines 精選的各種葡萄酒/a small but ～ library 少而精的藏書。**2 a**〈會、學校等〉入會[學]條件嚴格的，高級的；(適合)高階層的：a ～ club 入會條件嚴格的俱樂部/～ society [circles] 上流社會/This hotel is very ～. 這家旅館很高級[適合高階層人士]。**b** [不用在名詞前]〔十介十(代)名〕〈人〉〔對…〕挑剔的，苛擇的〔*in*〕：She is ～ ***in*** her friends. 她挑選朋友很嚴格。

～**·ness** *n.*

seléct commíttee *n.* Ⓒ[集合稱] (議會的)特別(調查)委員會《★ 用法 視爲一整體時當單數用，指全部個體時當複數用》：the Senate ～ *on* intelligence activities (美國的)參議院情報活動特別委員會。

se·lect·ee [səˌlɛkˈti; siˌlekˈtiː] *n.* Ⓒ **1** 被挑選的人。**2**《美》應召兵，選募兵。

***se·lec·tion** [səˈlɛkʃən; siˈlekʃn, səˈl-] «select 的名詞» —*n.* **1 a** Ⓤ(愼重的)**選擇**，選拔；精選。**b** Ⓒ選出來的人[物]；精選品，精萃：*Selections from 20th-Century American Short Stories*「二十世紀美國短篇故事選集」《書名》/The new leader is a good ～. (這次的)新領袖是個好人選。**2** Ⓒ[常用單數] **a**〔…的〕精選品〔*of*〕：That store has *a* good ～ *of* furniture. 那家店有很多家具可供挑選。**b** (收集精選作品的)選集：*A S*～ *from Lamb's Works* 蘭姆作品選集《書名》。**3** Ⓤ《生物》選擇，淘汰：⇨ natural selection.

se·lec·tive [səˈlɛktɪv; siˈlektiv, səˈl-] «select, selection 的形容詞» —*adj.* **1 a** 選擇的，精選的，有挑選眼光的：～ readers 有眼光的讀者。**b** [不用在名詞前]〔十介十(代)名〕〔對…〕有選擇性的〔*in*〕；精挑細選〔…〕的〔*in, about*〕：This medicine is ～ ***in*** its action. 這種藥的藥效有選擇性的《只對患處發生功效》/She is ～ *in* [***about***] the dresses she wears. 她對於自己穿的衣服精挑細選。**2**《通信》〈收報機等〉有良好選擇性的。

～**·ly** *adv.* ～**·ness** *n.*

seléctive sérvice *n.* Ⓤ《美》(以前的)義務兵役(制度)(《英》national service)《★越戰後已變更爲志願役制度(voluntary service)》。

se·lec·tiv·i·ty [səˌlɛkˈtɪvətɪ; ˌsilekˈtivəti] «selective 的名詞» —*n.* Ⓤ **1** 選擇能力，選擇性；精選。**2**《通信》(收報機等的)選擇性。

se·lect·man [səˈlɛktmən; siˈlektmən] *n.* Ⓒ (*pl.* **-men** [-mən; -mən]) (美國新英格蘭除羅德島(Rhode Island)外各州之)市政委員。

se·léc·tor [-tɚ; -tə] *n.* Ⓒ **1 a** 選擇者，挑選者，選拔者。**b**《英》(運動委員會的)選手選拔委員。**2 a** 選擇器。**b** (自動車的)變速桿，變速器。**c**《通信》選波器。

Se·le·ne [səˈlini; siˈliːni] *n.*《希臘神話》色麗妮《月的女神，爲海波瑞恩(Hyperion)之女；相當於羅馬神話的露娜(Luna)》。

se·le·ni·um [səˈlinɪəm; siˈliːnjəm] *n.* Ⓤ《化學》硒《非金屬元素；符號 Se》。

sel·e·nog·ra·phy [ˌsɛləˈnɑgrəfɪ; ˌseliˈnɔgrəfi] *n.* Ⓤ《天文》月面學《研究月球表面的特徵、地勢等的學問》。

sel·e·nol·o·gy [ˌsɛləˈnɑlədʒɪ; ˌseliˈnɔlədʒi] *n.* Ⓤ《天文》月球學《研究月球表面或內部的物理特性的學問》。

***self** [sɛlf; self] *n.* (*pl.* **selves** [sɛlvz; selvz]) **1 a** Ⓒ[常與修飾語連用]**自身**，自己：my humble ～ 鄙人，不才/one's own ～ 本身，自身/⇨ second self/for his own ～ 爲了他自己/I put my whole ～ into the job. 我全心投入這項工作。**b** Ⓤ [常 **the** ～]《哲》自我：the study of (*the*) ～ 自我的探究。

2 Ⓒ[與修飾語連用] (某時期、某狀態下的)**自己**，本身：one's better ～ 好的自我，自己好的一面，自己的良心/one's former [present] ～ 以前[現在]的自己/reveal one's true ～ 顯現眞正的自我，顯現本性/He's not looking like his old ～ lately. 他最近看起來不像以前那樣(氣色好[鎭靜])。

3 Ⓤ自己的利益，私利，私欲，私心：He always puts ～ first. 他總是把自己的利益擺在第一[以自我爲中心]/She takes no thought of ～. 她不考慮自己的利益《總是以他人利益爲重》。

4 [所有格＋self]《文語》…自己，…本身：Caesar's ～ 凱撒本人/beauty's ～ 美本身，美的本質。

5 Ⓤ《商》本人《我[你，他]自己等》：a check drawn [payable] to ～ 開給自己[付款給簽名者]的一張支票。

—*adj.* (與其他東西)同色的，同種的，同材料的：a dress with the ～ belt 附有與衣服同布料之腰帶的女裝。

self- [sɛlf-; self-] [複合用詞]表示「自己，由自己，對自己，獨自地，自動的」之意。

語法 (1)這種複合字幾乎全部用連字號(-)連接。(2)主要重音幾乎全部在 self- 上，但構成複合字的第二個字保有原來的重音。(3)本辭典未列出的複合字，其字義由複合字的第二個字義類推。

-self [-sɛlf; -self] (*pl.* **-selves** [-sɛlvz; -selvz]) 用以構成：my*self*, your*self*, him*self*, her*self*, it*self*, one*self*；our*selves*, your*selves*, them*selves* 等反身[複合]代名詞，爲「…自己」之意。

sélf-abándoned *adj.* 自暴自棄的；放肆的。

sélf-abándonment *n.* Ⓤ自暴自棄；放肆。

sélf-abásement *n.* Ⓤ自卑；自謙；自貶。

sélf-abhórrence *n.* Ⓤ自嫌，自我憎惡。

sélf-abnegátion *n.* Ⓤ《文語》自我犧牲，自制，克己。

sélf-absórbed *adj.* 專心於自己的事[思考，利益]的，不管別人的。

sélf-absórption *n.* Ⓤ(對自己利益或事業的)專注，只顧自己。

sélf-abúse *n.* Ⓤ **1** 自責。**2**《委婉語》手淫。

sélf-àccusátion *n.* Ⓤ自責。

sélf-ácting *adj.* 自動(式)的。

sélf-àctualizátion *n.* Ⓤ《心理》自我實現。

sélf-addréssed *adj.* (爲方便回信)〈信封等〉寫明自己姓名地址的，寫給自己的：Enclose a stamped, ～ envelope with your letter. 來信請內附一個，寫明你自己姓名及地址的回郵信封。

sélf-adjústing *adj.* 自動調節的。

sélf-aggrándizement *n.* Ⓤ自我權力的加强[擴張]，自己財富的增大。

sélf-análysis *n.* Ⓤ自我精神分析《指不經由精神分析專家者》。

sélf-appóinted *adj.* 自薦的，自己指定的，自稱的。

sélf-assérting *adj.* ＝self-assertive.

sélf-assértion *n.* Ⓤ堅持己見；逞强，逞能。

sélf-assértive *adj.* 堅持[固執]己見的，任性的，逞强的。

～**·ly** *adv.* ～**·ness** *n.*

sélf-assúrance *n.* Ⓤ自信，自滿，自恃。

sélf-assúred *adj.* 有自信的，自信心强的。～**·ness** *n.*

sélf-céntered *adj.* 自我中心的，自私自利的。～**·ness** *n.*

sélf-cólored *adj.* **1**〈花、動物、織物等〉單色的。**2**〈布料等〉天然色的，本色的。

sélf-commánd *n.* Ⓤ自制，克己；沉著。
sélf-complácence, self-complácency *n.* Ⓤ自我陶醉；自滿。
sélf-complácent *adj.* 自我陶醉的，自以爲是的，自命不凡的。
sélf-compósed *adj.* 鎮定自若的，沉著的。
sélf-concéit *n.* Ⓤ自大，自負，自滿。
sélf-concéited *adj.* 自大的，自負的。
sélf-concérned *adj.* 過分關心自己利益的。
sélf-còndemnátion *n.* Ⓤ自責。
sélf-condémned *adj.* 自責的。
sélf-conféssed *adj.* [用在名詞前]〈對於缺點〉自認的，公開承認的：a ~ liar 自認說謊的人。
sélf-cónfidence *n.* Ⓤ自信。
sélf-cónfident *adj.* 有自信的。~**·ly** *adv.*
self-con·scious** [ˈsɛlfˈkɑnʃəs; ˌselfˈkɔnʃəs ˉ] *adj.* (**more** ~；**most**~) **1 a** 自我意識過强的；自覺的，神經過敏的，羞怯的，害羞的。**b** [不用在名詞前]〔十介十(代)名〕〔對…〕有强烈意識[自覺]的〔*about*〕：He is too ~ ***about his being small. 他太在意自己的個子矮小。
2《哲·心理》自我意識的，有自覺的。
~**·ly** *adv.* ~**·ness** *n.*
sélf-cónsequence *n.* Ⓤ妄自尊大。
sélf-consístent *adj.* 前後一致的，不自相矛盾的，有條理的。
sélf-cónstitùted *adj.* 自我構成的；自我任命的；自行設立的。
sélf-contáined *adj.* **1 a** 必需品齊全的，自給自足的。**b**《英》〈房屋、公寓等〉各戶獨立的《浴室、廁所、廚房等不共用，通常有獨立的門戶》：a ~ flat 獨門獨戶的公寓。**c**〈機器等〉本身設備齊全的，自備(全套)的。
2 a〈人〉寡言的，與人有隔閡的。**b** 能克制自己言行的，冷靜的。
sélf-contémpt *n.* Ⓤ自卑，自輕。
sélf-contént *n.* Ⓤ自滿自足。
sélf-conténted *adj.* 自滿自足的。~**·ly** *adv.*
sélf-contradíction *n.* **1** Ⓤ自相矛盾。**2** Ⓒ自相矛盾的聲明[命題]。
sélf-contradíctory *adj.* 自相矛盾的。
self-con·trol [ˈsɛlfkənˈtrol; ˈselfkənˈtroul] *n.* Ⓤ自制，克己：exercise[lose] ~ 運用[喪失]自制力。
sélf-contrólled *adj.* 能自制的，克己的。
sélf-corrécting, sélf-corréctive *adj.*〈機器等〉自動修正(錯誤)的。
sélf-críticism *n.* Ⓤ自我批判。
sélf-cúlture *n.* Ⓤ自我修養。
sélf-decéit *n.* =self-deception.
sélf-decéived *adj.* **1** 自負的；自命不凡的。**2** 自欺的。
sélf-decéiving *adj.* =self-deceptive.
sélf-decéption *n.* Ⓤ自欺。
sélf-decéptive *adj.* 自欺的。
sélf-deféat·ing *adj.*〈計畫等〉與目標[企圖]背道而馳的，招致相反結果的，弄巧成拙的，使自己失敗的。
sélf-defénse *n.* Ⓤ **1** 護身，自衛，防身：the right of ~ 自衛權/the art of ~ 防身術《拳擊、柔道等》/buy a handgun *in* ~ 買手槍自衛。**2**《法律》正當防衛。
sélf-defénsive *adj.* 自衛(性)的。
sélf-delúsion *n.* =self-deception.
sélf-deníal *n.* Ⓤ自我犧牲，無私；自制(力)，克己。
sélf-denýing *adj.* 自我犧牲的；克己的；無私的。
sélf-destrúct *v.i.*〈火箭、飛彈〉(發生故障時)自毀，自爆。
sélf-destrúction *n.* Ⓤ自滅，自殺，自毀。
sélf-destrúctive *adj.* 自毀的，自滅的。
sélf-determinátion *n.* Ⓤ **1** 自己決定，自決。**2** 民族自決(權)。
sélf-devótion *n.* Ⓤ獻身，埋頭，專心。
sélf-diréctéd *adj.* 自己決定方向的，自己指導的，自發的。
sélf-díscipline *n.* Ⓤ自我訓練[修養]，自律，自制。
sélf-discóvery *n.* ⓊⒸ自我發現。
sélf-displáy *n.* Ⓤ自我炫耀[宣傳]。
sélf-distrúst *n.* Ⓤ缺乏自信。
sélf-dríve *adj.*《英》〈汽車等〉由租借者自己駕駛的：a ~ car 租來自己駕駛的汽車。
sélf-éducated *adj.* 自修的，自學的。
sélf-èducátion *n.* Ⓤ自修，自學。
sélf-effácement *n.* Ⓤ不出風頭，謙讓（的態度）。
sélf-effácing *adj.* 謙讓的，不出風頭的。
sélf-emplóyed *adj.* **1** 自雇的《如作家等不受雇於別人的》，自己經營的。**2** [the ~；當名詞用；集合稱；當複數用]自營(工商)業者。
sélf-estéem *n.* Ⓤ自尊（心）；自大，自負。
sélf-évident *adj.* 不證自明的，不言而喻的。
sélf-examinátion *n.* Ⓤ自省，反省，自我批判。
sélf-explánatory, sélf-expláining *adj.* 意義明顯的，不解自明的。
sélf-expréssion *n.* Ⓤ（藉藝術的）自我表現。
sélf-féeder *n.* Ⓒ（自動充分供飼料給家畜的）飼料自給器。
sélf-fertilizátion *n.* Ⓤ《植物》自花受精。
sélf-fílling *adj.* 自動注入式的。
sélf-forgétful *adj.* 忘我的，無私的。
sélf-fulfíl(l)ment *n.* Ⓤ達成[實現]自己願望。
sélf-góverned *adj.* **1** 自治的；獨立的。**2** 自律的。
sélf-góverning *adj.* 自治的，獨立的：a ~ state 自治國。
sélf-góvernment *n.* Ⓤ自治。
sélf-hátred *n.* Ⓤ自我憎恨，怨恨自己。
sélf-hélp *n.* Ⓤ自助，自立《不求別人的幫助，靠自己努力》：*S*~ is the best help.《諺》自助是最好的援助《求人不如求己》。
sélf·hòod *n.* Ⓤ **1** 個性；自我。**2** 自我本位，自私自利心。
sélf-idèntificátion *n.* Ⓤ自我認同《將自己與他人或他事視爲同一》。
sélf-idéntity *n.* Ⓤ自我同一[認同，意識]。
sélf-immolátion *n.* Ⓤ自我犧牲；自焚《尤指作爲對社會或政治不平的抗議》。
sélf-impórtance *n.* Ⓤ妄自尊大，自視過高，自負。
sélf-impórtant *adj.* 自大的，自視過高的，自負的。~**·ly** *adv.*
sélf-impósed *adj.*〈工作、義務等〉自己加給自己的，自願去做的。
sélf-impróvement *n.* Ⓤ自我改進；自修。
sélf-indúlgence *n.* Ⓤ放縱，放任。
sélf-indúlgent *adj.* 放縱的，任性的。~**·ly** *adv.*
sélf-inflícted *adj.*〈傷害等〉自己施加的；自己造成的。
sélf-ínterest *n.* Ⓤ私利，私慾，私心。
sélf-ínterested *adj.* 自我本位的，自私自利的。
sélf-invíted *adj.*〈客人等〉不請自來的，不速之客的。
self·ish [ˈsɛlfɪʃ; ˈselfiʃ] *adj.* (**more** ~；**most** ~) **1** 自私的，利己的，自我本位的，任性的：a ~ attitude[motive] 自私的態度[動機]。
2 [不用在名詞前]〔十 *of*十(代)名(十*to* do)/十*to* do〕〔某人〕〈做…是〉自私的；〈某人〉〈做…是〉自私的：It was ~ ***of*** you ***to*** go there without me.=You were ~ *to* go there without me. 你不帶我而自己去那裏是自私的。~**·ly** *adv.* ~**·ness** *n.*
sélf-júdgment *n.* ⓊⒸ對自己之判斷；自我審判。
sélf-jùstificátion *n.* Ⓤ自我辯白。
sélf-knówledge *n.* Ⓤ自我認識，自覺，自知。
sélf·less *adj.* 無私的，忘我的。~**·ly** *adv.* ~**·ness** *n.*
sélf-lóading *adj.*〈步槍、照相機等〉自動裝塡的。
sélf-lócking *adj.*〈門等〉(一關即)自動上鎖的，自動鎖的。
sélf-lóve *n.* Ⓤ自愛，自憐；自私。
sélf-máde *adj.* **1** 自力完成的，自己做的。
2 白手起家的，自力成功的：a ~ man 靠自己力量成功的人，白手起家的人。
sélf-máiler *n.* Ⓒ寫上姓名、地址不需另加信封即可郵寄的廣告或小册子。
sélf-mástery *n.* Ⓤ自制（self-control）.
sélf-mòrtificátion *n.* Ⓤ禁慾，禁慾主義；有意給自己施加痛苦。
sélf-móving *adj.* 自動的，能自己移動的。
sélf-múrder *n.* Ⓤ自殺。
self·ness [ˈsɛlfnɪs; ˈselfnis] *n.* Ⓤ自我中心；自私自利；利己主義。
sélf-opínionated *adj.* **1** 固執己見的，執迷不悟的，頑固的。**2** 過於自負的。
sélf-ordáined *adj.* 自己制定的。
sélf-píty *n.* Ⓤ自憐。
sélf-pórtrait *n.* Ⓒ自畫像。
sélf-posséssed *adj.* 冷靜的，沉著的，鎭靜的。
sélf-posséssion *n.* Ⓤ冷靜，沉著，泰然自若。
sélf-pówered *adj.* 自力推動的。
sélf-práise *n.* Ⓤ自讚，自誇。
sélf-preservátion *n.* Ⓤ自保，自衛(本能)。
sélf-propélled *adj.*〈飛彈等〉自己推進的。
sélf-protéction *n.* Ⓤ自我防衛，自衛。
sélf-quéstioning *n.* Ⓤ反省。
sélf-ráising *adj.*《英》=self-rising.
sélf-rèalizátion *n.* Ⓤ自我實現；自己能力之發揮。
sélf-recórding *adj.* 自動記錄的。
sélf-regárd *n.* Ⓤ**1** 自利，只顧自己的利益。**2** 自尊。
sélf-régistering *adj.* 自動記錄的：a ~ barometer 自動記錄式晴雨計[氣壓計]。
sélf-régulating *adj.* 自動調節的。
sélf-relíance *n.* Ⓤ自恃，自立。
sélf-relíant *adj.* 自立的，自恃的。

sélf-renùnciátion *n.* Ⓤ自己放棄權利；自我犧牲；大公無私。
sélf-represśion *n.* Ⓤ自我抑制。
sélf-repróach *n.* Ⓤ自譴，自責。
sélf-respéct *n.* Ⓤ自尊(心)，自重。
sélf-respécting *adj.* [用在名詞前]有自尊心的，自重的。
sélf-restráint *n.* Ⓤ自制，克己。
sélf-revéaling *adj.* 表露自己心底情感的，坦白無隱的。
sélf-ríghteous *adj.* 自以爲是的，自以爲有道德的。 **～·ly** *adv.* **～·ness** *n.*
sélf-ríghting *adj.* 打翻後能自動立起來的；能自動扶正的。
sélf-rísing *adj.* 《美》〈麵粉〉攙有發酵粉的：～ flour 攙有發酵粉的麵粉(cf. plain flour).
sélf-rúle *n.* Ⓤ自治。
sélf-sácrifice *n.* Ⓤ自我犧牲，獻身。
sélf-sácrificing *adj.* 自我犧牲的，獻身的。
self·same [ˈsɛlfˈsem; ˈselfseim] *adj.* [**the** ～]完全相同的，同一的《★[用法]same 的强調形》：The two accidents happened on the ～ day. 這兩起意外事故發生在同一天。
sélf-satisfáction *n.* Ⓤ自滿，自足，自我陶醉。
sélf-sátisfied *adj.* 自滿的，自足的，自我陶醉的。
sélf-schóoled *adj.* **1** 自修的，自學的。**2** 自律的。
sélf-schóoling *n.* Ⓤ **1** 自修。**2** 自律。
sélf-séaling *adj.* **1** 〈輪胎等〉(爆破時)自行封口的。**2** 〈信封等〉一壓即能封口的。
sélf-séarching *adj.* 自我檢討的。
sélf-séeker *n.* Ⓒ自私自利的人，任性的人。
sélf-séeking *n.* Ⓤ自利，自私，任性。
—*adj.* 自利的，自私的，任性的。
sélf-sérvice *n.* Ⓤ(在餐廳、商店等顧客的)自取，自助(式)。
—*adj.* 自取的，自助的：a ～ restaurant 自助餐廳。
sélf-sérving *adj.* 自私的，求私利的，利己的：～ propaganda 自我宣傳。
sélf-sówn *adj.* 〈植物等〉自然播種的，自然長出來的。
sélf-stárter *n.* Ⓒ **1 a** (自行車、汽車等的)自動起動器。**b** 裝有自動起動器的汽車[機車]。**2** 《口語》自行發起某項工作[計畫]的人。
sélf-stýled *adj.* [用在名詞前]自稱的，自任的，自封的。
sélf-sufficiency *n.* Ⓤ自給自足。
sélf-sufficient, sélf-suffícing *adj.* **1** 自給自足的：～ economy 自給自足的經濟。**2** [不用在名詞前]〔十介十(代)名〕〔…〕能自給自足的〔*in*〕：Is Taiwan ～ ***in*** rice？臺灣的米能自給自足嗎？
sélf-supplýing *adj.* 自給的。
sélf-suppórt *n.* Ⓤ **1** (人的)自立，自營生計。**2** (公司等的)自營，獨資經營。
sélf-suppórting *adj.* **1** 〈人〉(能)自立的，自食其力的。**2** 〈公司等〉自營的，獨資經營的。
sélf-sustáining *adj.* 自立的；自給的。
sélf-táught *adj.* 自修的，自學的：～ knowledge 自修而得的知識/a ～ painter 自學的畫家/*Russian Self-Taught*「自修俄語」《書名》。
sélf-tímer *n.* Ⓒ《攝影》(照相機的)快門定時自動關閉裝置，自拍裝置，自動記秒器。
sélf-tórture *n.* Ⓤ自我折磨。
sélf-trúst *n.* Ⓤ自信；自恃。
sélf-wíll *n.* Ⓤ固執己見，任性，執拗。
sélf-wílled *adj.* 任性的，執拗的。
sélf-wínd·ing [ˈsɛlfˈwaɪndɪŋ; ˌselfˈwaindiŋ] *adj.* 〈手錶〉自動(上發條)的。
sélf-wórship *n.* Ⓤ自我崇拜。
‡**sell** [sɛl; sel] «源自古英語「給與」之義» **—(sold** [sold; sould]**)** *v.t.* **1** 賣，售(↔ buy)：**a** 〔十受〕賣，出售〈東西〉：～ books [insurance]賣書[保險]/～ things *by* auction 以拍賣方式售貨。**b** 〔十受十介十(代)名〕〔以…價〕出售〈東西〉〔*at, for*〕：He *sold* the watch ***at*** a good price[£100]. 他以好價錢[一百英鎊]賣了那隻手錶/He *sold* his house ***for*** $50,000. 他以五萬美元賣掉他的房子。**c** 〔十受十受/十受十介十(代)名〕賣給〈人〉〈東西〉；把〈東西〉賣〔給人〕〔*to*〕：I *sold* him my car.＝I *sold* my car ***to*** him. 我把我的車子賣給了他《★[用法]被動語態爲 My car *was sold* (*to*) him. 或 He *was sold* my car.》/I *sold* him my car *for* $500.＝I *sold* my car *to* him *for* $500. 我以五百美元把車子賣給他。**d** 〔十受十受十補〕把〈東西〉〈以…狀態〉賣給〈人〉：I *sold* him the car almost new. 這輛車子我賣給他時幾乎是全新的。
2 a 〔十受〕〈商店〉販賣，銷售〈商品〉：That store ～*s* sweets. 那家商店賣糖果(cf. 2 b). **b** 〔十受(十介十(代)名)〕〈人〉〔在店裏〕賣〈商品〉〔*at, in*〕：Do you ～ cigars (***in*** this shop)？你們(這家店)賣雪茄煙嗎？/They ～ sweets ***at*** [*in*] that store. 那家商店賣糖果(cf. 2 a).
3 〔十受〕〈事物〉促進…的銷售，促銷…：Comics ～ newspapers. 漫畫促進報紙的銷售/His name on the cover will ～ the book. 他的名字印在封面上會促進這本書的銷路。
4 〔十受〕〈東西〉銷售〈多少〉：His book *sold* a million copies. 他的書已賣了一百萬本。
5 a 〔十受〕出賣，背叛〈國家、朋友等〉；出賣[犧牲]〈名譽、貞操等〉：～ one's vote 出賣選票/～ a game[match]受賄賂而在比賽時放水《故意輸給對方》/～ one's honor [chastity]出賣[犧牲]自己的名譽[貞操]。**b** 〔十受(十介十(代)名)〕[～ one*self*]〈爲金錢而〉將自己賣〔給…〕〔*to*〕。**c** 〔十受十介十(代)名〕把〈國家、朋友等〉賣給〔敵人等〕〔*to*〕：～ one's soul ***to*** the devil 把自己的靈魂出賣給魔鬼，爲金錢[權力(等)]而做可恥的事/The spy *sold* his associates *to* the police. 那名間諜把他的同夥出賣給警方。**d** 〔十受十介十(代)名〕〔爲金錢、權力等〕出賣，背叛〈國家等〉〔*for*〕：The traitor *sold* his country ***for*** money. 叛徒爲了錢而背叛他的國家。
6 《口語》**a** 〔十受十受/十受十介十(代)名〕向〈人〉推銷，宣傳〈觀念等〉；(說服)使〔人〕接受〈某觀念〉〔*to*〕：You'll never ～ me that.＝You'll never ～ that ***to*** me. 你休想使我接受那樣的想法。**b** 〔十受(十介十(代)名)〕[～ one*self*]〔向…〕推銷[推薦]自己〔*to*〕《★[用法]也用於好的事情》：It is important to know how to ～ *yourself* (***to*** the interviewers). 知道如何向面談者推銷自己[使面談者賞識自己]是重要的。
7 〔十受十介十(代)名〕《口語》**a** 使〈某人〉了解〔…的〕價值，說服〈某人〉接受〔…的〕價值〔*on*〕：～ one's children ***on*** reading 使孩子們了解閱讀的價值[益處]。**b** 使〈某人〉相信〔…〕是好的；使〈某人〉熱中於〔…〕〔*on*〕：He is completely *sold* ***on*** the idea. 他完全接受那種觀念《他熱中於那種觀念》。
8 〔十受〕《口語》欺騙〈某人〉《★常用被動語態》：We've *been sold* again. 我們又上當了。
—*v.i.* **1** 〈人〉販賣，銷售：Merchants buy and ～. 商人做買賣。
2 a 〈東西〉賣出去：The pictures he paints won't ～. 他畫的畫賣不出去。**b** 〔十介十(代)名〕〔以…價格〕出售，賣出〔*at, for*〕：These apples are ～*ing* ***at*** ten cents apiece today. 今天這些蘋果一個賣一角錢/This painting will ～ ***for*** 10,000 dollars. 這幅畫可賣一萬美元。**c** [與 well 等的狀態副詞(片語)連用]銷路：This dictionary ～*s* well. 這本辭典暢銷[銷路好]/The new products are ～*ing* badly. 這種新產品滯銷[銷路不好]。
3 《口語》〈觀念等〉獲得承認，得到贊同：Your excuse just won't ～. 你的辯解就是行不通。
be sóld óut of... 〈人、商店〉把…全部賣出，售完…(cf. SELL out)：We *are sold out of* new models. 我們的新型(產品)全部售完。
máde to séll (不管質量等)僅製造來賣的。
séll óff 《*vt adv*》廉售〈庫存品、所有物等〉。
séll one's **life déar**[**déarly**]使敵人蒙受重大損失而後死，不白死，死得夠本《★源自「高價出售生命」之意》。
séll óut 《*vt adv*》⑴賣光，售完〈商品等〉《★常用被動語態；cf. be sold out of...(⇨ sell 成語)》：The performances [tickets] are *sold out.* 各場表演[門票]賣完了/*Sold out.*《告示》售完。⑵(爲還債、遷移、退休等而)賣掉，變賣〈店鋪、店號等〉。⑶《美》拍賣〈債務人〉的財產抵債：He went bankrupt and was *sold out.* 他因破產而被拍賣財產抵債。⑷《口語》(爲金錢等)出賣，背叛〈朋友等〉：Do you intend to ～ us *out*？你想出賣我們？—《*vi adv*》⑸〈店鋪、人〉賣完〈商品〉：Sorry, we've *sold out.* 對不起，我們已經賣完了。⑹〈商品〉賣完：The tickets *sold out* fast. 票很快就售完了。⑺(爲還債等而)賣掉店鋪[店號(等)]：The shop is ～*ing out* next week. 那家店鋪(因盤店)下週結束營業。⑻《口語》投向，倒向〔敵人〕〔*to*〕。
séll óut of... 〈商店、人〉賣完〈商品〉：The store *sold out of* summer goods. 那家商店賣完了夏天的貨物。
séll shórt ⇨ short *adv.*
séll úp 《英》《*vt adv*》⑴賣掉，變賣〈店鋪、店號〉。⑵拍賣〈債務人〉的財產抵債。—《*vi adv*》⑶賣掉店鋪[店號(等)]。
—*n.* 《口語》**1** Ⓤ銷貨(法)⇨ hard sell, soft sell. **2** [**a** ～]期待落空的事；欺騙：What *a* ～！多麼叫人失望！[上當啦！]
séll·er *n.* Ⓒ **1** 賣者，出售者，推銷員(↔ buyer)：⇨ bookseller.
2 [常與修飾語連用]好賣的東西：a good[bad] ～ 銷路好[不好]的東西/a popular ～ 受人歡迎的東西，一般好賣的商品/a hot ～ 暢銷品/⇨ best seller.
séller's màrket *n.* Ⓒ[常用單數]賣方市場《商品短缺而對賣方有利的市場；cf. buyer's market》.
sell·ing [ˈsɛlɪŋ; ˈseliŋ] *adj.* **1** 可售賣的，可出售的。**2** 售賣的，出售的，關於出售的。
—*n.* Ⓤ售賣，販賣，出售。
séll·ing pòint *n.* Ⓒ(銷售時)强調的商品特點[優點]，(商品、

人的)特色，特點：Her ~ is her looks. 她的特點是美貌。

Sel·lo·tape [ˋsɛlətep; ˈseləteip] *n.* Ⓤ《商標》透明膠帶(cf. Scotch tape).

—*v.t.* [又作 **s~**] 用透明膠帶黏貼…。

séll·òut *n.* Ⓒ《口語》**1** 賣完。
2 [常用單數] 賣滿座的演出，(戲院等的)爆滿：Every concert of hers has been a ~. 她的每次演奏會都是滿座。
3 [常用單數] 〔投敵等的〕背叛，變節〔*to*〕.

selt·zer [ˋsɛltsɚ; ˈseltsə] *n.* (又作 **séltzer wàter**) Ⓤ **1** [有時 S~] 德國威斯巴登(Wiesbaden)地方之礦水。**2** (人工的)碳酸水。

sel·vage, sel·vedge [ˋsɛlvɪdʒ; ˈselvidʒ] *n.* Ⓒ布的織邊；邊緣。

***selves** [sɛlvz; selvz] *n.* **self** 的複數。

SEM 《略》scanning electron microscope. 電子掃瞄顯微鏡。

se·man·tic [səˋmæntɪk; siˈmæntik] *adj.* **1** 意義的，與語意有關的。**2** 語意[義]學的。

se·man·tics [səˋmæntɪks; siˈmæntiks] *n.* Ⓤ《語言》語意[義]學《研究語言符號與其意義的關係》。

sem·a·phore [ˋsɛmə͵for, -͵fɔr; ˈseməfɔː] *n.* **1** Ⓤ旗語：send a message by ~ 以旗語發信號。**2** Ⓒ信號裝置；(尤指鐵路的)信號機。

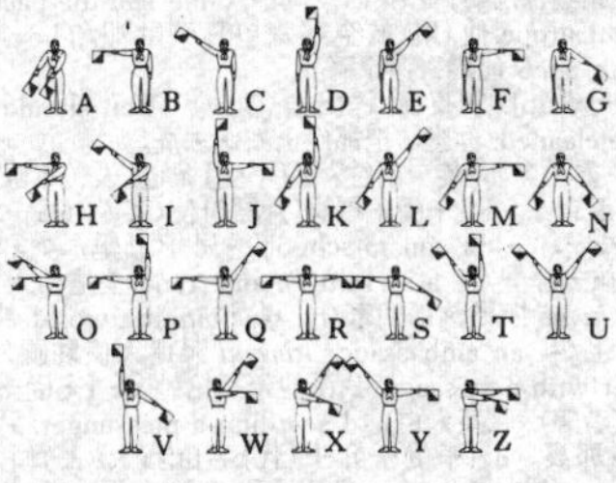

semaphore 1

—*v.t.* 以手旗發出〈信號〉。
—*v.i.* 以手旗通知。

sem·blance [ˋsɛmbləns; ˈsembləns] *n.* [用單數] **1 a** 外表，外觀，外貌：in ~ 外表上，外貌上/Those clouds have the ~ of a large head. 那些雲的形狀像一個巨大的人頭。**b** 樣子，模樣，裝扮：put on a ~ of penitence 假裝後悔的樣子。**2** 類似，相似：without the ~ of an apology 沒有類似道歉的表示。

se·mei·ol·o·gy [͵simɪˋɑlədʒɪ, ͵sɛmɪ-; ͵semiˈɔlədʒi] *n.* = semiology.

se·men [ˋsimən; ˈsiːmen, -mən] *n.* Ⓤ精液。

se·mes·ter [səˋmɛstɚ; siˈmestə] 《源自拉丁文「六個月」之義》**—*n.*** Ⓒ(兩學期制度的)半學年，一學期。

> 【字源】拉丁文的 se 是 six(六)，mester 是 month(月)，因此 semester 原來的意思是「六個月」。
> 【說明】在美國、德國等大學一學期通常是十五至十八週。學生在學期開始前需註册、選課。一學年(school year)中，九月至一月是第一[秋]學期(the first [fall] semester)，二月至六月爲第二[春]學期(the second [spring] semester)．一學年如果分成三學期，則稱作 term；如果分成四學期，則稱作quarter. 在英國，通常把第一學期[秋學期]稱爲 Michaelmas term，把第二學期[冬學期]稱爲 Easter term，把第三學期[春學期]稱爲 Trinity term；cf. term【說明】

sem·i[1] [ˋsɛmɪ; ˈsemi] *n.* 《美口語》= semifinal.

sem·i[2] [ˋsɛmɪ; ˈsemi] *n.* 《英口語》= semidetached.

sem·i[3] [ˋsɛmɪ; ˈsemi] *n.* 《美口語》= semitrailer.

sem·i- [ˋsɛmɪ-; ˈsemi-] 字首 **1** 表示「半…；…的一半」之意(cf. hemi-, demi-)：*semi*circle. **2** 表示「有幾分…，略爲…」之意：*semi*darkness 微暗。**3** 表示「…兩次」之意：*semi*annual.
語法 (1)除專有名詞或 i- 起頭的字以外，這種複合字一般都不用連字號(-). (2)本辭典中未列的複合字，其字義由第二個字的意思類推。

sèmi·ánnual *adj.* (每)半年的，一年兩次的。**~·ly** *adv.*

sem·i·ar·id [͵sɛməˋærɪd; ͵semiˈærid] *adj.* 半乾燥的。

sèmi·automátic *adj.* 半自動的。
—*n.* Ⓒ半自動式的機器[步槍]。

sèmi·autónomous *adj.* (內政等)半自治的。

sémi·brève *n.* Ⓒ《英》《音樂》全音符(《美》whole note).

sèmi·centénnial *adj.* 五十周年的。
—*n.* Ⓒ **1** 五十周年。**2** 五十周年慶典。

sémi·cìrcle *n.* Ⓒ半圓，半圓形(的東西)。

sèmi·círcular 《semicircle 的形容詞》**—*adj.*** 半圓(形)的：the ~ canals 《解剖》(在內耳的)半規管。

sèmi·cívilized *adj.* 半文明的。

sem·i·co·lon [ˋsɛmə͵kolən; ͵semiˈkoulən, ˈsemi͵koulən] *n.* Ⓒ半支點，分號《；》(★用法 比 period《.》輕，比 comma《,》重的標點符號：如 A fool babbles continuously；a wise man holds his tongue. (愚者絮聒；賢者緘默))。

sèmi·condúcting *adj.* 半導體的。

sèmi·condúctive *adj.* = semiconducting.

sèmi·condúctor *n.* Ⓒ《物理》半導體。

semidetached house

sèmi·cónscious *adj.* 半意識的，半自覺的。

sèmi·dáily *adj.* & *adv.* 每半日的[地]；半日一次的[地]；每天兩次的[地]。

sèmi·dèmisémiquàver *n.* Ⓒ《音樂》六十四分音符。

sèmi·detáched *adj.* 〈房屋等〉有一邊牆壁與鄰屋毗連的，雙拼式的，半獨立式的：a ~ house 雙拼式房屋[住宅]。

> 【說明】指有院子的兩間相連[雙拼]的房子。中間有共用隔牆(party wall)，左右兩邊爲對稱的兩戶半獨立式[雙拼式]房屋。這是爲節省建地及建築費用而設計的式樣。英國的中產階級家庭一般都採用此種建築方式。隔間方式通常一樓有玄關(front door)，左右有客廳(hall)及飯廳(dining room)，後面有廚房(kitchen)．二樓有三間臥室(bedroom)及一間浴室(bathroom)的最爲普通。有些人在一樓加隔一間書房(study)．單戶的獨門獨院房子稱作獨立式住宅(detached house)；有多戶相連的稱作連棟住宅(terraced house)；cf. house【說明】

—*n.* Ⓒ《英》雙拼式住宅(《美》duplex (house)) (cf. terraced house).

sèmi·devéloped *adj.* **1** 發育不全的。**2** 半開發的。

sèmi·diámeter *n.* ⓊⒸ半徑(radius).

sèmi·documéntary *n.* Ⓒ半記錄性影片《以記實電影的手法製作的劇情片》。
—*adj.* 半記錄性影片的。

sèmi·domésticated *adj.* 〈動物等〉半馴服的。

sèmi·dúrables *n. pl.* 半耐久貨品《如衣服、家具等》。

sèmi·ellípse *n.* Ⓒ《幾何》半橢圓。

sèmi·fínal *n.* 《運動》**1** Ⓒ準決賽《選拔參加決賽者的比賽；cf. final 2》. **2** [the ~s] 準決賽。
—*adj.* 準決賽的。

sèmi·fínalist *n.* Ⓒ參加準決賽的選手[球隊]。

sèmi·flúid *n.* ⓊⒸ半流體。
—*adj.* 半流體的。

sèmi·fórmal *adj.* 〈服裝、宴會等〉略微正式的，半正式的：a ~ dinner 半正式[着半正式禮服]的晚宴。

sèmi·líquid *n., adj.* = semifluid.

sèmi·líterate *adj.* **1** 半文盲的。**2** 識字但不諳書寫的。

sèmi·lúnar *adj.* 半月形的，新月狀的。

sèmi·mónthly *adj.* (每)半月的，每月兩次的。
—*adv.* 每月兩次地，每半月地。
—*n.* Ⓒ半月刊。

sem·i·nal [ˋsɛmənḷ; ˈseminl] *adj.* **1** 精液的：a ~ duct(輸)精管。
2 《植物》種子的：a ~ leaf 子葉。
3 a (如種子般)有發展可能性的，有潛力的，有前途的；有助於未來發展的：a ~ idea 有助未來發展的意見[看法]。**b** 生產性的；有影響力的：a most ~ book 極具影響力的書。

sem·i·nar [ˋsɛmə͵nɑr; ˈseminɑː] 《源自拉丁文「苗牀」之義》**—*n.*** Ⓒ **1 a** 研討班，講習會《在教授指導下，少數大學生研究討論某特定主題的一種學習方法》：a ~ *on Hamlet* 以「哈姆雷特」爲主題的研討班。**b** 研討室。**2** (短期間集中舉辦的)研習會。

sem·i·nar·i·an [͵sɛməˋnɛrɪən; ͵semiˈnɛəriən] *n.* Ⓒ《美》天主教神學院的學生。

sem·i·nar·ist [ˋsɛmənərɪst; ˈseminərist] *n.* 《英》= seminarian.

sem·i·nar·y [ˋsɛmə͵nɛrɪ; ˈseminəri] *n.* Ⓒ **1 a** 天主教的神學院。**b** (各宗派的)神學院。**2** 《古》(私立的)女子中學，女子專科學校。

sèmi·offícial *adj.* 半官方的，半正式的：a ~ statement 半官方的聲明。

se·mi·ol·o·gy [͵simɪˋɑlədʒɪ, ͵sɛmɪ-; ͵semiˈɔlədʒi] *n.* = semiotics.

se·mi·ot·ic [͵simɪˋɑtɪk, ͵sɛmɪ-; ͵semiˈɔtik⁻] *adj.* 《邏輯・語言》符號(學)的。
—*n.* = semiotics.

S

se·mi·ot·ics [ˌsimɪˈɑtɪks, ˌsɛmɪ-; ˌsemiˈɔtiks] *n.* Ⓤ《邏輯・語言》符號學。
sèmi·pérmeable *adj.* 半透性的；可令小粒透過的。
sèmi·póstal *adj.* 慈善捐款性質之高價郵票的。
—n. Ⓒ慈善捐款性質的高價郵票。
sèmi·précious *adj.* 〈礦石〉準寶石的，半寶石的，半珍貴的：～ stones 準寶石《amethyst, garnet 等》。
sémi·prò *adj., n.*《口語》＝semiprofessional.
sèmi·proféssional *adj.* 半職業的。
—n. Ⓒ半職業的人[選手]。
sémi·quàver *n.* Ⓒ《英》《音樂》十六分音符（《美》sixteenth note）.
sèmi·skílled *adj.* 〈工人〉半熟練的。
sèmi·sóft *adj.* 〈乳酪等〉軟度恰好的，固體形但容易切割的，半軟體的。
sèmi·sólid *adj.* 半固體的。
—n. Ⓒ半固體。
sèmi·swéet *adj.* 〈蛋糕、巧克力等〉略甜的，不很甜的。
Sem·ite [ˈsɛmaɪt, ˈsi-; ˈsi:mait, ˈse-] *n.* Ⓒ **1** 閃族，塞姆族《現代的猶太人(Jew)，阿拉伯人(Arab)，古代的巴比倫尼亞人(Babylonian)，腓尼基人(Phoenician)，亞述人(Assyrian)等》。**2** (尤指)猶太人。
Se·mit·ic [səˈmɪtɪk; siˈmitik] «Semite 的形容詞»**—adj.** **1 a** 閃族的。**b** 閃族語(系)的。**2** 猶太人的。
—n. Ⓤ閃族語(系)《包括希伯來語(Hebrew)，阿拉伯語(Arabic)等》。
Sem·it·ism [ˈsɛməˌtɪzəm, ˈsɪmə-; ˈsemitizəm] *n.* **1** Ⓤ閃族人(尤指猶太人)之性格、氣質。**2** Ⓒ閃族語言的詞或習語。
sémi·tòne *n.* Ⓒ《英》《音樂》半音(《美》half tone).
sémi·tràiler *n.* Ⓒ半拖車《一種可分離的運貨拖車，構造上其前端與牽引車後部均由共同的車輪支持；也指半拖車式的大型貨車》。

semitrailer

sèmi·transpárent *adj.* 半透明的。
sèmi·trópical *adj.* 半熱帶的，亞[副]熱帶的。
sémi·vòwel *n.* Ⓒ **1**《語音》半母音《英語的[j, w]音等》。**2** 半母音字母《y, w》。
sèmi·wéekly *adj.* 一週兩次的。**—adv.** 一週兩次地。
—n. Ⓒ半週刊。
sèmi·yéarly *adj.* (每)半年的，一年兩次的。
—adv. 半年一次，每年兩次。
sem·o·li·na [ˌsɛməˈlinə; ˌseməˈli:nə] «源自義大利語»**—n.** Ⓤ粗小麥粉《用以製造通心粉或布丁等》。
sem·pi·ter·nal [ˌsɛmpɪˈtɜnl; ˌsempiˈtə:nl] *adj.*《詩》永遠的，永久的。**～·ly** *adv.*
sem·pli·ce [ˈsɛmplɪˌtʃe; ˈsemplitʃi] «源自義大利語»**—adj.**《音樂》單純的；不加修飾的。
sem·pre [ˈsɛmpre; ˈsempri] «源自義大利語»**—adv.**《音樂》經常，始終。
semp·stress [ˈsɛmpstrɪs; ˈsempstris] *n.* ＝seamstress.
sen., Sen.《略》senate; senator; senior.
***sen·ate** [ˈsɛnɪt; ˈsenit] «源自拉丁文「元老院」之義»**—n.** **1 a** Ⓒ [the S～；集合稱] (美國、加拿大、澳洲等的)參議院，上議院《★用法視為一整體時當單數用，指全部個體時當複數用》。

【說明】美國的國會(Congress)是由參議院及眾議院(the House of Representatives)所組成的。參議員(Senator)每州選出兩名，全國共選出一百人，任期六年，每兩年改選三分之一，由副總統(vice-president)擔任議長。在美國如果想成為大政治家或問鼎白宮，一般認為都必須先競選參議員；cf. lord 3 d；⇨ congress, parliament【說明】

b Ⓒ參議院議堂；參議院議場。
2 Ⓒ [常 the ～；集合稱] (大學等的)評議委員會《★用法與義 1a 相同》。
3 Ⓤ [the ～；集合稱] (古希臘、羅馬的)元老院《★用法與義 1a 相同》。

sénate hòuse *n.* Ⓒ **1** 參議院議場。**2** 英國劍橋大學評議委員辦公處。
***sen·a·tor** [ˈsɛnətə; ˈsenətə] *n.* Ⓒ **1** [常S～；也用於稱呼]參議員(⇨congress【說明】)：*S～* Smith《美》史密斯參議員。
2 (大學的)評議委員。
3 (古代羅馬的)元老院議員。
sen·a·to·ri·al [ˌsɛnəˈtorɪəl, -ˈtɔr-; ˌsenəˈtɔ:riəl] «senator 的形容詞»**—adj.** **1** 參議院(議員)的：a ～ district《美》參議員選區。
2 (大學的)評議委員(會)的。
3 元老院(議員)的。
‡**send** [sɛnd; send] «源自古英語「使往」之義»**—**(**sent** [sɛnt; sent]) *v.t.* **1** 送，寄《★指利用運輸方法寄東西等》：**a** 〔十受〕送，傳遞，傳達〈東西、訊息等〉；發[打]〈電報等〉：～ a gift 送禮物/～ a letter[parcel] by mail 郵寄信件[包裹]/～ a telegram 打[發]電報/～ word 傳話/He *sent* a congratulatory message. 他寄賀詞[拍賀電]來。
b 〔十受十受/十受十介十(代)名〕寄給〈某人〉〈物品、賀詞等〉；寄〈物品、賀詞等〉〔給某人〕〔*to*〕：He *sent* me a letter of appreciation.＝He *sent* a letter of appreciation ***to*** me. 他寄給我一封謝函/*S～* her my best regards. 請代我向她致意[問好]。
c 〔十受十副詞(片語)〕寄〈東西〉(到…)：He *sent* the package by airmail *to* Europe. 他(用)航空郵寄包裹到歐洲/They *sent* the manuscript *back*. 他們寄還原稿。
d 〔十受十 *to* do〕把〈東西〉送出去〈做…〉：You should ～ that coat *to* be cleaned. 你應該把那件上衣送去洗。
2 (命令、委託等而)使…前往：**a** 〔十受〕派遣〈人、軍隊等〉：～ troops 派遣軍隊。**b** 〔十受十副詞(片語)〕使〈某人〉(去…)，派遣〈某人〉(去…)：～ a son *to* school 送兒子上學/～ a child *to* bed 叫小孩去睡覺/～ a servant *on* an errand 差遣傭人去辦事/～ a boy *home* 把男孩送回家/be *sent into* the world 被送入這世界，出生/～ an ambassador *abroad* 派遣大使駐外國/I *sent* him *to* her with a message. 我派他帶話給她。**c** 〔十受十受〕《文語》派〈使者等〉到〈某人處〉：I *sent* him a messenger. 我派一位使者到他那裏。**d** 〔十受十介十(代)名〕差〈人〉去買[請]〔…〕〔*for*〕：I *sent* him ***for*** some milk. 我差他去買一些牛奶/*S～* someone *for* the doctor. 差人去請醫生來。**e** 〔十受十 *to* do〕差〈人〉去〈做…〉：I *sent* her *to* fetch some sugar from the kitchen. 我差她去廚房拿一些糖。
3 a 〔十受十介十(代)名〕迫使，促使…〔成為…狀態〕〔*to, into*〕：～ a person ***to*** his death 置某人於死地/The music *sent* him *to* sleep. 音樂促使他入睡/Her remark sent him ***into*** a rage. 她的話使他勃然大怒。**b** 〔十受十do*ing*〕使〈人、物等〉〈做…〉：The blow *sent* him spinn*ing*. 那一拳打得他搖搖晃晃/Inflation has *sent* food costs soar*ing*. 通貨膨脹使食物價格飛漲。**c** 〔十受十補〕使〈人、物等〉〈成為…〉：The smell is ～*ing* me crazy！那種氣味使我受不了。
4 〔十受(十介十(代)名)〕**a** 投〈球〉，發射〈箭、火箭等〉〔到…〕〔*to*〕：～ an arrow 射箭/～ a rocket ***to*** another planet 發射火箭到另一行星。**b** 〔朝著…〕給予〈打擊等〉〔*to*〕：～ a punch ***to*** the chin 朝著下巴給予一拳。
5 a 〔十受十副(十介十(代)名)〕〈天然物〉射出〈光〉，冒出〈煙〉，放出〈熱等〉〔於…〕〈*forth, out*〉〔*to, into*〕：Mt. Vesuvius is constantly ～*ing* ***forth*** steam ***into*** the air. 維蘇威火山不斷向空中冒出蒸氣。**b** 〔十受十副〕〈樹木〉發〈芽〉，長出〈樹枝等〉〈*forth, out*〉：～ ***out*** leaves 長出葉子。
6 a 〔十受〕送出〈電流、電磁波〉；發出〈信號〉：～ a current [signal] 送出電流[發出信號]。**b** 〔十受十副詞(片語)〕使〈興奮、恐懼等〉(在…)發生：The news *sent* a thrill *through* him. 那消息使他全身振奮/The sight *sent* cold shivers *down* [*up* (and *down*)] my back. 那景象使我的背脊感到一陣冷顫。
7《文語》**a** 〔十受〕〈上帝〉賜給，准許…：May God ～ help！願上帝賜救！**b** 〔十受十受/十受十介十(代)名〕〈上帝〉施予〈人〉…；施予…〔給人〕〔*to*〕：May God ～ us rain！＝May God ～ rain ***to*** us！願上帝賜雨給我們！/God ～ you better health！願上帝保佑你更健康。**c** 〔十(*that*)＿〕〈上帝〉准許〈…〉：Heaven ～ (*that*) my son comes back safely. 願上天保佑我兒子平安回來。
d 〔十受十補〕〈上帝〉使〈人〉〈成…狀態〉：*S～* her [him] victorious！上帝賜給她《女王》[他《國王》]勝利！《★英國國歌中的一句》。
8 〔十受〕《口語》〈音樂、藝術等〉使〈聽眾、演奏者〉狂熱[興奮]：His music really ～*s* me. 他的音樂真使我激動。
—v.i. **1 a** 派人來，傳消息：If you want me, please ～. 如果你需要我，請派人來(通知我)。**b** 〔十介十(代)名〕差(人)去拿[叫]〔…〕；〔需求…而〕訂購〔*for*〕《★可用被動語態》：～ ***for*** a doctor 派人去請醫生/The doctor has *been sent for*. 已經派人去請醫生了/I'll ～ *for* the book. 我要訂購那本書。**c** 〔(十介十(代)名)十 *to* do〕派，差〔人〕〈做…〉〔*to*〕：They *sent* ***to*** me *to* come. 他們

派人叫我來/We *sent to* invite her to supper. 我們差人去邀請她來吃晚餐。**2** 發出信號。

sénd a person **abòut** his **búsiness** ⇨ business.

sènd áfter... ⑴(使…)隨在…的後面。⑵傳話給…。

sènd awáy 《*vt adv*》⑴趕走，解雇〈人等〉：~ *away* a servant 解雇傭人/I was *sent away* in disgrace. 我因失寵而被解僱。⑵把…送到遠方：We *sent* our son *away* to school in France. 我們把兒子遠送至法國求學。—《*vi adv*》⑶從遠方取得，(郵)購〔…〕〔*for*〕《★可用被動語態》：We have to ~ *away for* a catalog. 我們必須去函索取目錄。

sènd dówn 《*vt adv*》⑴使…下降：~ prices *down* 使物價下降。⑵《英口語》將〈人〉關入監獄。⑶《英大學》勒令〈某人〉退學，開除〈某人〉《★常用被動語態》。—《*vi adv*》⑷〔向廚房等〕要〔…〕〔*to*〕〔*for*〕：I'll ~ *down to* the kitchen *for* some more coffee. 我要廚房再送些咖啡來。

sènd ín 《*vt adv*》⑴把〈人〉請進(房間等)：*S*~ him *in*. 請他進來。⑵郵寄…；提出〈辭呈、申請書等〉；遞〈名片等〉給接待員。⑶將〈繪畫等〉送出〔展示〕；使〈選手〉出場〔比賽〕〔*for*〕：He has *sent* two oil paintings *in for* the exhibition. 他已經送兩張油畫參展。

sènd óff 《*vt adv*》⑴寄出〈信件、包裹等〉；打〈電報等〉：We have *sent off* all the letters. 我們已寄出所有的信。⑵送走〈妻、孩子等〉去(旅行、上學)。⑶給〈某人〉送行《★比較一般用 see off》. ⑷=SEND away ⑵. ⑸《英》《足球》《裁判》使〈選手〉退出比賽。—《*vi adv*》⑹=SEND away ⑶.

send on [《*vt adv*》~ ón] ⑴轉送〈行李〉，轉寄〈信件〉〔到新址〕〔*to*〕. ⑵使〈人〉先走；先送出〈東西〉。⑶使〈選手〉出場；使〈明星〉登臺。—[《*vt prep*》~...on...] ⑷使〈人〉去(旅行、度假等)。

sènd óut 《*vt adv*》⑴⇨ *v.t.* 5. ⑵發出；派遣〈人〉：~ *out* invitations 發出請帖。⑶發出〈信號〉：Every night at the same hour the boys *sent out* their call signs. 每晚在同一時刻，那些男孩子發出呼叫信號。—《*vi adv*》⑷差人〔去拿〔買〕…〕；要求〔飯館等把菜〕外送〔*for*〕：~ *out for* sandwiches 差人去買三明治。

sénd a person **pácking** ⇨ pack.

sènd úp 《*vt adv*》⑴使…上揚〔升高〕；把〈火箭等〉發射上去。⑵〔向上司、上級機構等〕提出〈建議申請書等〉〔*to*〕. ⑶《美口語》把〈人〉送進監獄。⑷《英口語》(模仿以)對〈別人、事物〉加以嘲弄，戲謔。

sénd·er *n.* Ⓒ (↔ receiver) **1** 送者，發送人，發貨人，發信人：If undelivered, please return to ~. 如果無法送達，請退回寄信人《★用法 信封等上面寫的字；無冠詞》。**2** 《電學》發報機，送話器(transmitter).

sénd-òff *n.* Ⓒ《口語》(在車站的)送行，送別；祝賀(事業的)開張：get a ~ party 受到盛會的熱烈歡送/give a person a good ~ 盛大地歡送某人。

sénd-ùp *n.* Ⓒ《英口語》(模仿別人動作等的)嘲弄，戲謔；打油詩，諷刺詩文：do a ~ of a person 嘲弄[戲謔]某人。

Sen·e·ca [ˋsɛnɪkə; ˈsenikə], **Lucius Annaeus** [ˋluʃəsəˋniəs, ˋluʃɪəs-; ˈlu:sjəsəˈni:əs, ˈlu:ʃjəs-] *n.* 塞尼加《4 B.C.?–A.D.65，羅馬政治家、哲學家及悲劇作家》。

Sen·e·gal [ˌsɛnɪˋgɔl; ˌseniˈgɔ:l] *n.* 塞內加爾《西非的一個共和國；首都達卡(Dakar [dɑˋkɑr, də-; ˈdækə, -kɑ:])》.

Sen·e·gal·ese [ˌsɛnɪgəˋliz; ˌsenigəˈli:z] 《Senegal 的形容詞》—*adj.* 塞內加爾(人)的。—*n.* Ⓒ(*pl.* ~)塞內加爾人。

se·nes·cence [səˋnɛsṇs; siˈnesns] 《senescent 的名詞》—*n.* Ⓤ 老年，衰老。

se·nes·cent [səˋnɛsṇt; siˈnesnt] *adj.* 年老的；(開始)衰老的。

sen·es·chal [ˋsɛnəʃəl; ˈseniʃl] *n.* Ⓒ(中世紀皇宮或貴族莊園中的)管家；執事《不但司理貴族財產，在法庭中更可代表其主人》。

se·nile [ˋsinaɪl; ˈsi:nail] *adj.* 衰老的，老邁的，老耄的：~ decay 年老體衰。

se·nil·i·ty [səˋnɪlətɪ; siˈniləti] 《senile 的名詞》—*n.* Ⓤ衰老，老邁，老耄。

‡**se·nior** [ˋsinjə; ˈsi:njə] 《源自拉丁文「年邁」之義的比較級》—(↔ junior) *adj.* (無比較級、最高級) **1** 年長者的(elder)《★用法 尤其爲表示同姓同名父子中的父親，或同姓的兩個學生中的年長者而加在其姓氏後面》：Smith(,) ~ 年長的那位史密斯《★用法 父子等情形通常略作 Sr., sr., Sen., sen., 如 John Smith(,) *Sr.* (老約翰·史密斯)》。

2 [不用在名詞前]〔十介十(代)名〕**a** (較…)年長的(older)〔*to*〕《★用法 介系詞不用than》：She is three years ~ *to* me.=She is ~ *to* me *by* three years. 她比我年長[大]三歲。**b** 〈制度等〉〔較…〕古老的，〈就職等〉〔較…〕先到任的〔*to*〕：His employment is ~ *to* mine *by* a year. 他比我早到任一年。

3 前輩的，老資格的，資深的，上級的：(the) ~ counsel 首席律師/the ~ partner (合股公司等的)股東/the *S*~ Service《英》(對陸軍而言的)海軍。

4 a 《美》(四年制大學、高等學校的)最高年級的；(二年制大學的)二年級的；(三年制高中的)三年級的。**b** 《英》高年級(學生)的。

—*n.* Ⓒ **1** [one's ~] **a** 年長者：He is three years my ~. =He is my ~ by three years. 他比我年長[大]三歲。**b** 前輩，先到任者，資深者，上司。

2 a 《美》(大學、高中的)最高年級學生(⇨ freshman【說明】)。**b** 《英》高年級生。

sénior cítizen *n.* Ⓒ《委婉語》高齡者，老年人。

sénior hígh schòol *n.* Ⓤ [指設施時爲Ⓒ] (美國的)高中《又作 senior high》.

【說明】6-3-3 制的情形則指三年 junior high school 之後繼續的三年；採取 4-4-4 制的地區則指最後的四學年；大致上相當於我國的高級中學；⇨ high school.

se·nior·i·ty [sinˋjɔrətɪ; ˌsi:niˈɔrəti] 《senior 的名詞》—*n.* Ⓤ **1** 年長。**2** 前輩的身分，老資格。**3** 年資，資歷。

seniórity rúle *n.* Ⓤ《美》資深規則，資歷規定《國會中由多數黨資深議員任委員會主席的規則》。

sen·na [ˋsɛnə; ˈsenə] *n.* **1** Ⓒ《植物》旃那《豆科決明屬草本植物，原產於熱帶美洲，現在多爲熱帶野生者》。**2** Ⓤ《藥》旃那葉《通便劑》。

sen·net [ˋsɛnɪt; ˈsenit] *n.* Ⓒ《古》伊利莎白一世時代指示演員在儀式中登場、退場之號角。

sen·night, se'n·night [ˋsɛnaɪt, -nɪt; ˈsenait] *n.* Ⓒ《古》一星期。

se·ñor [senˋjɔr; seˈnjɔ:] 《源自西班牙語 'senior' 之義》—*n.* (*pl.* **se·ñor·es** [-nˋjores; -ˈnjɔ:reis], ~s) **1 a** [用於稱呼]先生，您《相當於英語的 sir；cf. don[1] 1》. **b** [S~] [尊稱]…先生《相當於英語的Mr.；略作 Sr.》. **2** Ⓒ(西班牙的)紳士，男士。

se·ño·ra [senˋjorə, -ˋjɔrə; seˈnjɔ:rə] 《源自西班牙語 'senior' 之義的陰性形》—*n.* **1 a** [用於稱呼]太太，夫人《相當於英語的 madam》. **b** [S~] [尊稱]…夫人，…太太，…女士《相當於英語的 Mrs., Madam，略作 Sra.》. **2** Ⓒ(西班牙的)已婚婦女，女士。

se·ño·ri·ta [ˌsenjəˋritə; ˌsenjəˈri:tə] 《源自西班牙語》—*n.* **1 a** [用於稱呼]小姐，姑娘。**b** [S~] [尊稱]…小姐《相當於英語的 Miss，略作 Srta.》. **2** Ⓒ(西班牙的)未婚女子，小姐，姑娘。

***sen·sa·tion** [sɛnˋseʃən; senˈseiʃn] *n.* **1** Ⓤ Ⓒ (五官的)**感覺**，知覺《★比較 較 feeling 專業性[學術性]的用語》：~*s* of heat and cold 熱與冷的感覺。

2 Ⓒ **a** (漠然的)感覺，知覺，…感《★比較 一般用 feeling》：a pleasant [disagreeable] ~ 愉快[不愉快]的感覺/He had a ~ of dizziness [fear]. 他有一種暈眩[恐懼]的感覺。**b** 〔十 *that*__〕〈有…的〉感覺，感受：In my dream I had the ~ *that* I was falling. 在夢中我有一種正往下墜的感覺。

3 Ⓒ **a** (大)**轟動**，感情的激動：The movie caused a ~. 那部影片引起了大轟動/His speech created a ~ among the audience. 他的演說在聽衆間引起轟動。**b** 轟動的東西[事，人]；聳人聽聞的大事件：He was a real ~ as Hamlet. 他因扮演哈姆雷特一角而大轟動[大出風頭]。

sen·sa·tion·al [sɛnˋseʃənl; senˈseiʃənl] 《sensation 的形容詞》—*adj.* **1** 令人激動的，轟動的，聳人聽聞的：a ~ crime 聳人聽聞的犯罪。**2** 〈報紙、小說、作品等〉煽情的，激情的，譁衆取寵的：a ~ novel 煽情小說。**3** 《口語》極好的，好棒的：That's ~！那好極了！**4** 感覺(上)的，知覺的。

~**·ly** [-ʃənlɪ; -ʃənli] *adv.*

sen·sá·tion·al·ism [sɛnˋseʃənlˌɪzəm; senˈseiʃnəlizəm] *n.* Ⓤ **1** (藝術、報章雜誌的)煽情主義，激情主義，譁衆取寵。**2** 《哲》感覺論。

sen·sá·tion·al·ist [-ʃənlɪst; -ʃnəlist] *n.* Ⓒ煽情主義者，譁衆取寵的人。

sen·sa·tion·al·ize [sɛnˋseʃənəˌlaɪz; senˈseiʃənlaiz] *v.t.* (**-ized, -iz·ing**)渲染…；使…聳人聽聞。

‡**sense** [sɛns; sens] *n.* **A 1** Ⓒ**感覺(機能)**《五官之一》〔*of*〕：the ~ *of* hearing 聽覺/the (five) ~*s* 五官/⇨ sixth sense.

2 Ⓤ [又作 a ~] **a** (漠然的)感覺，知覺〔*of*〕：*a* ~ *of* hunger [pain] 飢餓感[疼痛感]/*a* ~ *of* uneasiness [fulfilment] 不安[充實]的感覺。**b** 〔十 *that*__〕〈…的〉感覺，意識：He had *a* ~ *that* rain was coming. 他覺得天快要下雨了。

3 Ⓤ [又作 a ~] **a** (對美醜、方向等本能的)**直覺**，**感覺能力**〔*of*〕：*a* ~ *of* beauty 美感，審美的眼光/*a* ~ *of* humor 幽默感/I have *a* poor ~ *of* direction. 我對方向的辨識力差。**b** (理智上、道德上的)感覺，觀念，認識〔*of*〕：the moral ~ 道德觀念/*a* ~ *of* guilt 罪惡感/*a* ~ *of* honor 榮譽感/his strong ~ *of* responsibility 他强烈的責任感。

4 [one's ~s] **神智**，理性：*in* one's right ~*s* 神智清醒[正常]/*out of* one's ~*s* 神智不清[失常]/be frightened *out of* one's

～*s* 嚇昏過去/bring a person to one's ～*s* 使某人清醒，醒悟/lose one's ～*s* 昏厥，發瘋/recover one's ～*s* 恢復知覺，清醒過來。

5 Ⓤ **a** 思慮，判斷力，辨別力，見識：a man of ～ 有辨別力的人，懂道理的人/⇨ common sense, horse sense/There's some ～ *in* what you say. 你說的話有些道理/There's no ～ [No ～] (*in*) do*ing* that. ＝It's no ～ do*ing* that. 做那樣的事欠思考；做那樣的事毫無意義[白費精神]/talk ～ 說有道理[意義]的話。**b** 〔十 *to* do〕〈做…的〉思慮，判別力：She had the ～ *to* see that he was lying. 她有判別力看穿他在撒謊/Didn't you *have* enough ～ *to* offer your seat to the old lady？你難道不懂得讓位給那位老婦人嗎？/He has more ～ than *to* do that. 他有見識不致於做那樣的事。**c** 意義，價值，合理性〔*of*〕：What is the ～ *of* wait*ing* any longer？再等下去有什麼意思？《沒有意思》。

—B 1 Ⓒ **a** (文脈或辭典所下定義的)**意義**，字意(⇨ meaning【同義字】)：in all ～*s* 無論在哪一方面[點]/in a narrow[broad] ～ 在狹[廣]義上/He is a gentleman in no[every] ～ of the word. 無論在哪一方面，他都不是[是]紳士/There is a ～ in which this applies to all cases. 就某種意義來說，這適用於一切情形。**b** (說話者所指的)意思，意圖，旨趣：the ～ of a statement 聲明的意圖[旨趣]/ You miss my ～. 你沒有領會我的意思《你誤解了我的意思》。

2 Ⓤ (全體的)意見，(多數人的)意向：What was the ～ of the meeting？那次集會大家的意向如何？

have (gòt) enóugh sénse to còme ín from [óut of] the ráin [常用於否定句、疑問句]《口語》有判斷力[辨識力]《★源自「有判斷力下雨時懂得避雨」之義》：Don't leave it to him. He *hasn't got enough* ～ *to come in from the rain.* 不要把它[事情]交給他，他沒有足夠的判斷力。

in a [óne, sóme] sénse 就某種意義[方面]來說，至某種程度爲止，有幾分：What he says is true *in a* ～. 他說的話有幾分是眞實的。

in nó sénse (無論就任何意義[方面]來說)絕不是…：He is *in no* ～ normal. 他絕不是正常的。

màke sénse (1)〈話、文句等〉構成意義，有意義，合理，講得通：This passage doesn't *make* ～. 這一段(文章)不知所云[意義不明]。(2)〈事情〉合道理的，有意義的：Your decision *makes* ～. 你的決定有道理。

màke sénse (òut) of... [常用於否定句、疑問句]了解[明白]…的意義：I could*n't make* ～ (*out*) *of* the situation. 我不了解那情況/Can you *make* ～ *of* what he is saying？你了解他在說什麼嗎？

—*v.t.* 1 a 〔十受〕感覺到，察覺…：～ danger 感到危險。**b** 〔十(*that*)__〕發覺，察覺〈…事〉：He ～*d that* he was an unwelcome guest. 他發覺自己是不受歡迎的客人。**c** 〔十 *wh.*__/十 *wh.* 十 *to* do〕感知，察覺，了解，明白〈…〉：I ～*d what* he was thinking. 我察覺到[了解]他在想什麼。**d** 〔十受十原形〕感到〈某事、物〉…：She ～*d* a flush rise to her cheeks. 她感到一陣紅暈泛上面頰。**e** 〔十受十do*ing*〕感到〈某事物〉〈在做…〉：He ～*d* danger approach*ing*. 他感到危險漸近。

2 〔十受〕《美》了解〈意思等〉：I cannot ～ your meaning. 我不能領會你的意思。

3 〔十受〕〈計量器〉測得…。

sénse dàtum *n.* Ⓒ (*pl.* **sense data**)《心理》(由對感官之刺激行動中所生的)經驗因素。

sense·less [ˈsɛnslɪs; ˈsenslis] *adj.* (**more** ～；**most** ～) **1** (無比較級、最高級)**失去感覺的**，無感覺的，不省人事的：fall ～ 昏倒/knock a person ～ 把人擊昏。

2 a 無常識的，無判斷力的，愚蠢的，缺乏良知的：What a ～ idea！多麼愚蠢的想法！**b** 無意義的，無益的：a ～ murder 無意義的殺人。**～·ly** *adv.* **～·ness** *n.*

sénse òrgan *n.* Ⓒ 感覺器官。

sen·si·bil·i·ty [ˌsɛnsəˈbɪlətɪ; ˌsensiˈbiləti] 《sensible 的名詞；但意義上較接近 sensitive》**—*n.* 1** Ⓤ [常 **sensibilities**] **a** (藝術家等的)細膩的感受，敏銳的感覺：the ～ *of* a writer *to* words 作家對文字的敏銳感受。**b** (人的)細膩的感情：a woman of ～ 感情細膩的女子/wound a person's *sensibilities* 傷害某人的感情。

2 Ⓤ **a** (神經等的)感覺能力，感度：The skin has lost its ～. 皮膚已失去感覺(能力)。**b** [對刺激的]敏感，感受性〔*to*〕：～ *to* pain 對痛苦的敏感 / ～ *to* praise [shame] 對讚賞[恥辱]的敏感。

sen·si·ble** [ˈsɛnsəbḷ; ˈsensəbl] *adj.* (**more** ～；**most** ～) **1 a** 〈人、行動等〉**通情達理的**，愼重的，明智的，合理的：a ～ man 明理的人/a ～ age 懂事的年齡/a ～ suggestion 明智[合理]的提案。**b** [不用在名詞前]〔十 *of* 十(代)名(十 *to* do)/十 *to* do〕〔某人〕〈做…是〉明智的；〈某人〉〈做…是〉明智的：It was ～ ***of you *to* refuse the proposal. ＝You were ～ *to* refuse the proposal. 你拒絕該提案是明智的/That is very ～ ***of*** him. 他是非常通情達理的人。**2 a** 可感覺的，能感知的(↔ insensible)：Her distress was ～ from her manner. 她的悲痛從她的態度上可覺察到。**b** 可察覺到的，引起注意的，相當的，顯著的：There is a ～ increase in air pollution. 空氣污染已明顯地加重。**c** [不用在名詞前]〔十介十(代)名〕感覺到〔…〕的，意識到〔…〕的〔*of*〕《★ 囲圄現在給人古老或拘泥的感覺》：He was ～ ***of*** the danger. 他感覺到危險。**3** 〈衣服等〉注重實用(勝過好看)的：～ clothes 實用的衣服。

sén·si·bly [-səblɪ; -səbli] *adv.* **1** 很明理地，明智地，機靈地：act ～ in a crisis 臨危中明智地行動。**2** 顯著地，相當地。**3** 注重實用(勝過好看)地：She was ～ dressed in tweeds. 她穿著實用的蘇格蘭粗呢製衣服。

***sen·si·tive** [ˈsɛnsətɪv; ˈsensitiv] *adj.* (**more** ～；**most** ～) **1 a** 敏感的，易感的；容易受到傷害的，過敏的：a ～ ear 敏銳[靈敏]的耳朵/(a) ～ skin 敏感[柔細]的肌膚。

> 【同義字】sensitive 指對於外面的影響容易有反應或感受；susceptible 是容易受到外面的影響。

b [不用在名詞前]〔十介十(代)名〕〔對…〕敏感的，過敏的〔*to*〕：Dogs are ～ ***to*** smell. 狗對氣味敏感/He is very ～ *to* heat [cold]. 他對熱[冷]非常敏感《他很怕熱[冷]》。

2 a 〈人〉(對於批判、申斥有過敏反應之意的)**很在乎的**，神經質的：a ～ child 神經質的小孩。**b** [不用在名詞前]〔十介十(代)名〕(很)在乎〔…〕的〔*about, to*〕：He is ～ ***to*** criticism. 他很在乎別人的批評/He was very ～ ***about*** his failure. 他對於自己失敗過的事很在乎。

3 a 〈人、演技等〉感受敏銳的，細膩的：a ～ actor 演技[感情]細膩的演員/give a ～ performance 作細膩的表演[演奏]。**b** 〈計量儀器等〉靈敏的，感度良好[高]的；〈軟片等〉感光的：～ paper 感光紙/a ～ radio receiving set 靈敏度高的無線電接收機。

4 a 〈話題、問題等〉微妙的，需要注意的，敏感的：a ～ issue 敏感的問題。**b** 〈文件、職務等〉有關國家機密的，當機密處理的：～ documents 機密文件。

～·ly *adv.* **～·ness** *n.*

sénsitive plànt *n.* Ⓒ《植物》含羞草。

sen·si·tiv·i·ty [ˌsɛnsəˈtɪvətɪ; ˌsensiˈtivəti] 《sensitive 的名詞》**—*n.*** Ⓤ **1** 敏感(度)，靈敏度。**2** (軟片等的)感光度；(計量儀器、接收機等的)感度。

sen·si·tize [ˈsɛnsəˌtaɪz; ˈsensitaiz] *v.t.* **1** 使…敏感[敏銳]《★常以過去分詞當形容詞用》：become ～*d* to... 對…變敏感。**2** 使〈紙、軟片等〉容易感光《★常以過去分詞當形容詞用》：～*d* paper 感光紙。

sen·sor [ˈsɛnsə; ˈsensə] *n.* Ⓒ感測器；偵檢器《對光、熱、聲音等起反應的感應器》。

sen·so·ri·al [sɛnˈsorɪəl, -ˈsɔr-; senˈsɔːriəl] *adj.* ＝sensory.

sen·so·ri·um [sɛnˈsorɪəm, -ˈsɔr-; senˈsɔːriəm] *n.* (*pl.* ～**s**, **-ria** [-rɪə; -riə]) Ⓒ **1** 《解剖》感覺中樞。**2** (全身的)感官系統。

sen·so·ry [ˈsɛnsərɪ; ˈsensəri] *adj.* 感覺(上)的，知覺的：～ nerves 知覺神經/a ～ organ 感覺器官。

sen·su·al [ˈsɛnʃuəl; ˈsensjuəl] *adj.* **1 a** (與心智、精神有別的)肉體感覺的，官能的，肉感的：～ appetite 肉慾/～ pleasure 官能[肉體]的快樂[快感]。**b** 刺激官能的，肉慾的：～ music 刺激官能的音樂/thick and ～ lips 厚而肉感的嘴唇。**2** 好色的，耽於肉慾的：a ～ person 好色者。**～·ly** [-əlɪ; -əli] *adv.*

sén·su·al·ìsm [-ˌlɪzəm; -lizəm] *n.* Ⓤ **1** 肉慾主義；對肉慾[酒色]的耽溺。**2** 《美術》官能主義。

sén·su·al·ist [-lɪst; -list] *n.* Ⓒ **1** 好色者。**2** 《美術》官能主義者。

sen·su·al·i·ty [ˌsɛnʃuˈælətɪ; ˌsensjuˈæləti] 《sensual 的名詞》**—*n.*** Ⓤ **1** 感覺性。**2** 對官能[肉慾]的耽溺，好色。

sen·su·al·ize [ˈsɛnʃuəˌlaɪz; ˈsensjuəlaiz] *v.t.* 使…縱於肉慾；使…墮落。

sen·su·ous [ˈsɛnʃuəs; ˈsensjuəs] *adj.* **1 a** 感覺的，感官的，訴諸感覺的：～ colors [music] 引起美感的顏色[感性的音樂]。**b** 感覺美好的，舒服的：rich, ～ velvet 華麗而觸感舒服的天鵝絨/He stretched himself with ～ pleasure in the warm bath. 他泡在溫暖的澡盆中舒服地伸展身體。**2** 感覺敏銳的，敏感的。

～·ly *adv.* **～·ness** *n.*

‡sent [sɛnt; sent] *v.* **send** 的過去式・過去分詞。

‡sen·tence [ˈsɛntəns; ˈsentəns] 《源自拉丁文「意見」之義》**—*n.* 1 a** Ⓤ 判決，(刑事案的)宣判；刑罰(cf. verdict)：be under ～ of... 被處以…的刑罰/give [pass, pronounce] ～ upon a person 對某人判刑/serve one's ～ 服刑。**b** Ⓒ [與修飾語連用](…的)刑罰：a life ～ 無期徒刑/a death ～ 死刑/receive a light [heavy] ～ 受輕[重]刑/get [be given] a suspended ～ 獲得[被處以]緩刑。

2 Ⓒ《文法》句子：a declarative ～ 敍述句/an interrogative ～ 疑

問句/an imperative ～ 祈使句/an exclamatory ～ 感嘆句/a simple ～ 簡單句/a compound ～ 複合句。

—*v.t.*《法律》**1** 〔十受十介十(代)名〕對〈某人〉宣判〔…刑罰〕〔*to*〕《★常用被動語態》: The man *was* ～*d* ***to*** three years' imprisonment (for the crime). 那個人(爲了那項罪行而)被判三年監禁。**2** 〔十受十 *to* do〕宣判〈某人〉〈做…〉《★常用被動語態》: He *was* ～*d to* pay a fine of $1000. 他被判罰款一千美元。

sen·ten·tial [sɛnˈtɛnʃəl; senˈtenʃəl] *adj.* **1** 句子的。**2** 判斷的; 判決的。

sen·ten·tious [sɛnˈtɛnʃəs; senˈtenʃəs] *adj.* **1** 〈人、說話等〉帶有教訓意味的, 好說教的。**2** 《古》金玉良言的, 警句的。 ～**·ly** *adv.* ～**·ness** *n.*

sen·tience [ˈsɛnʃəns; ˈsenʃəns], **-tien·cy** [-ʃənsɪ; -ʃənsi] *n.* Ⓤ **1** 感覺性; 知覺力。**2** 感覺; 知覺。

sen·ti·ent [ˈsɛnʃənt; ˈsenʃnt] *adj.* **1** [用在名詞前]有感覺的, 有知覺力的: a ～ being 有感覺的生物。**2** 《文語》**a** 意識的, 敏感的。**b** [不用在名詞前]〔十介十(代)名〕意識到〔…〕的, 感覺到〔…〕的〔*of*〕。

sen·ti·ment [ˈsɛntəmənt; ˈsentimənt] *n.* **1 a** Ⓤ[常～s]感情, 情緒, 情操(⇨ feeling 3【同義字】): religious [patriotic] ～ 宗教情操[愛國心]/Japanese ～ *toward* the U.S. 日本人對美國人的感情/have friendly [hostile] ～*s toward* a person 對某人懷有好意[敵意]/Art appeals to ～. 藝術訴諸情感。**b** Ⓤ(表現於藝術品的)洗鍊的感情, 情趣: a poem of ～ 充滿情趣[耐人尋味]的詩。**2** Ⓤ(因眷戀、回憶等的)傷感, 多愁善感: There is no place for ～ in competition. 競爭中不可感情用事[競爭論勝負不講情面]。**3** Ⓒ[常～s](常夾雜著感情的)感想, 觀點, 意見: Those are my ～*s*. 那些是我的感想[意見]/I share your ～*s on* the matter. 關於那件事, 我的意見和你相同。**4** Ⓒ[常～s](老套的)致意, 問候(語)《★用法 賀卡上所印或乾杯時所說的話》。

sen·ti·men·tal [ˌsɛntəˈmɛntl; ˌsentiˈmentl] «sentiment 的形容詞»**—***adj.* **1 a** 〈人〉感傷的, 多愁善感的; 感情用事的; 多情的: a ～ man 多愁善感的人/She is getting ～ in her old age. 她老年時變得多愁善感。**b** 〈小說、戲劇等〉賺人熱淚的, 感傷的: a ～ melodrama 賺人熱淚[傷感]的通俗劇。**2** (比理性、思考等更)受感情影響的, 感情上的: for ～ reasons 爲了感情上的理由。～**·ly** [-tlɪ; -təli] *adv.*

sèn·ti·mén·tal·ism [-tlˌɪzəm; -təlizəm] *n.* Ⓤ **1** 感情[感傷]主義。**2** 多愁善感, 脆弱感情的天性。

sèn·ti·mén·tal·ist [-lɪst; -list] *n.* Ⓒ容易感傷的人, 多愁善感的人, 感情脆弱的人。

sen·ti·men·tal·i·ty [ˌsɛntəmɛnˈtælətɪ; ˌsentimenˈtæləti] «sentimental 的名詞»**—***n.* Ⓤ傷感, 溺於感情, 多愁善感, 感傷性。

sen·ti·men·tal·ize [ˌsɛntəˈmɛntlˌaɪz; ˌsentiˈmentlaiz] *v.t.* 感傷地想[處理]…, 使…傷感: We are apt to ～ our past. 我們容易感傷地回憶我們的過去。**—***v.i.* 〔動(十介十(代)名)〕〔對…〕溺於情感, 變得感傷〔*over, about*〕。

sen·ti·nel [ˈsɛntənl; ˈsentinl] *n.* Ⓒ《文語·古》步哨, 哨兵《★比較 現在一般用 sentry》。

sen·try [ˈsɛntrɪ; ˈsentri] *n.* Ⓒ步哨, 哨兵; 守望者, 衛兵。

séntry bòx *n.* Ⓒ哨亭, 哨兵崗位, 衛兵房。

séntry-gò *n.* Ⓤ《英》步哨勤務; 步哨線: be on ～ 執行步哨勤務, 站崗。

Seoul [sol; soul] *n.* 漢城《韓國首都》。

Sep. 《略》September.

se·pal [ˈsipl; ˈsepəl, ˈsiːp-] *n.* Ⓒ《植物》萼片(cf. calyx)。

sep·a·ra·bil·i·ty [ˌsɛpərəˈbɪlətɪ; ˌsepərəˈbiləti] «separable 的名詞»**—***n.* Ⓤ可分離, 可分性。

sep·a·ra·ble [ˈsɛpərəbl; ˈsepərəbl] *adj.* **1** 能分開的, 可分離的。**2** [不用在名詞前]〔十介十(代)名〕〔自…〕分開的〔*from*〕。

sep·a·ra·bly [-blɪ; -bli] *adv.*

‡sep·a·rate [ˈsɛpəˌret; ˈsepəreit] «源自拉丁文「分開而準備」之義»**—***v.t.* **1** 分離, 分開。

> 【同義字】separate 指把原來連接的或纏繞在一起的東西一一切開; divide 指爲了分割、分配而將原來集合體的東西分成幾個部分; part 指把有密切關係的人或物子以分離; sever 指强行[憑力量]切斷全體的一部分。

a 〔十受〕把〈兩個(以上)的東西〉切開, 把…分開: ～ lettuce leaves 一片片地剝開萵苣葉/～ two boxers 把(扭在一起的)兩名拳擊手分開/～ church *and* state 把教會與國家[政教]分開。**b** 〔十受十介十(代)名〕把…〔從…〕分開, 分離〔*from*〕: ～ cream ***from*** milk 從牛奶中分離出奶油。**2 a** 〔十受〕把…分開, 隔開《★常用被動語態; 無進行式》: A hedge ～*s* the two gardens. 樹籬把兩個花園隔開/The two towns *are* ～*d* by a river. 兩鎮被一條河隔開。**b** 〔十受(十副)十介十(代)名〕把…〔從…〕分開, 隔開〈*off*〉〔*from*〕: The English Channel ～*s* Great Britain ***from*** the Continent. 英吉利海峽隔開了大不列顛和歐洲大陸。**3 a** 〔十受(十副)十介十(代)名〕把…分割〔成…〕, 把…劃分〔爲…〕〈*up*〉〔*into*〕: The land had been ～*d* (***up***) ***into*** smaller plots. 那片土地已被分割成較小的幾塊地。**b** 〔十受〕使…分散, 使…四散: War ～*s* families. 戰爭使家人離散。**4 a** 〔十受(十副)〕區別, 識別〈兩件東西〉〈*out*〉: ～ (***out***) the two arguments 分別思考兩個論點。**b** 〔十受十介十(代)名〕〔從…〕區分出…, 區別…〔和…〕〔*from*〕: ～ butterflies ***from*** moths 區別蝴蝶與蛾/～ sense *from* nonsense 識別有理與無理。**5 a** 〔十受〕使〈朋友等〉失和: Spiteful gossip ～*d* the two old friends. 惡毒的流言使兩位老友失和。**b** 〔十受十介十(代)名〕使…〔與…〕分居〔*from*〕《★常用被動語態, 變成「分居」之意》: At that time he *was* ～*d* ***from*** his first wife. 那時他與第一個妻子分居。**6** 〔十受十介十(代)名〕《美》使〈某人〉退〔役〕, 解除〈某人〉〔公司職〕, 將〈某人〉〔自公司〕解雇, 將〈某人〉〔自學校〕開除〔*from*〕《★常用被動語態》: He *was* ～*d* ***from*** the army. 他退役了。

—*v.i.* **1 a** 〔動(十副)〕離開, 分離〈*out*〉: Oil and water ～ (***out***). 油和水分離。**b** 〔十介十(代)名〕〔從…〕分離, 脫離〔*from*〕: ～ ***from*** a party 脫黨/America ～*d from* England in 1776. 美國在1776年脫離英國(獨立)。**2** 〔(十副)十介十(代)名〕分開〔爲…〕〈*up*〉〔*into*〕: High Street ～*s* here ***into*** East Street and Elm Street. 高街在此分爲東街和楡樹街/The party ～*d* (***up***) *into* three cars. 一行人分乘三部車子。**3 a** 〈人們〉分散, 分手: We ～*d* after leaving the cinema. 走出電影院後我們分手。**b** 〈夫妻〉分居。**4** 〈繩索〉斷開。

— [ˈsɛprɪt, -pər-; ˈseprət, -pər-] *adj.* (**more** ～; **most** ～) **1** (無比較級、最高級) **a** 別的, 不同的, 獨自的: This word has five ～ meanings. 這個字有五個不同的意思/They went their ～ ways. 他們分別走不同的路; 他們各奔前程。**b** [用在名詞前]各別的, 各自的, 單獨的: ～ checks 各別算帳/sit at ～ tables 坐在不同的桌子旁[分桌坐下(進餐)]。**2** [不用在名詞前] **a** 分開的, 獨立的: Our teeth are ～. 我們的牙齒是各自分開的。**b** 〔十介十(代)名〕〔與…〕分開的〔*from*〕: keep one's private life ～ ***from*** business 把自己的私生活與工作分開。

— [ˈsɛprɪt, -pər-; ˈseprət, -pər-] *n.* **1** [～s]上下搭配的衣服《短上衣(blouse)和裙子(skirt)等可隨意搭配著穿的女裝、童裝》。**2** Ⓒ(雜誌論文等的)抽印本(offprint)。～**·ness** *n.*

séparàted bróther *n.* Ⓒ《天主教》非天主教徒。

séparate estáte [próperty] *n.* Ⓤ(妻之)獨有財產。

sép·a·rate·ly *adv.* **1** 分開地, 各別地, 各自地。**2** 〔十介十(代)名〕〔與…〕分開地, 單獨地〔*from*〕。

séparate máintenance *n.* Ⓤ(夫妻分居後, 一方所給予另一方及其子女的)贍養費。

sep·a·ra·tion [ˌsɛpəˈreʃən; ˌsepəˈreiʃn] «separate 的名詞»**—***n.* **1** Ⓤ Ⓒ **a** 分離, 獨立, 脫離: ～ of church and state 教會與國家的分離, 政教分離/～ of the (three) powers 三權分立。**b** 別離, 離別: after a ～ of ten years 離別十年後。**2** Ⓒ **a** 分離點[線, 處]。**b** 裂口[縫], 缺口。**3** Ⓒ間隔, 距離。**4** ⓊⒸ《法律》(夫妻的)分居: judicial [legal] ～ 根據判決的夫妻分居[合法分居]。**5** Ⓤ《美》退役; 解雇, 開除〔*from*〕。**6** Ⓤ《太空》(多節火箭的)分離。

sèparátion allòwance *n.* Ⓒ軍屬津貼。

sep·a·ra·tism [ˈsɛpərəˌtɪzəm, ˈsɛprə-; ˈsepərətizəm] *n.* Ⓤ(政治、宗教、人種、階級上的)分離主義。

sép·a·ra·tist [-tɪst; -tist] *n.* Ⓒ分離主義者; 分離派的人《主張獨立自治的人》。

sep·a·ra·tive [ˈsɛpəˌretɪv, ˈsɛpərə-, ˈsɛprə-; ˈsepərətiv] *adj.* 分離性的; 獨立性的。

sép·a·rà·tor [-tə; -tə] *n.* Ⓒ **1** 分離者。**2 a** (從牛奶中分離出奶油的)分離器。**b** 選礦機。**c** (電池的)隔離板。

se·pi·a [ˈsipɪə; ˈsiːpjə] «源自拉丁文「烏賊」之義»**—***n.* Ⓤ **1** 褐色顏料《取自烏賊(cuttlefish)墨汁的深褐色顏料》。**2** 深褐色。**—***adj.* 深褐色的, 深褐色畫的。

se·poy [ˈsipɔɪ; ˈsiːpɔi] «源自波斯語「騎兵」之義» **—***n.* Ⓒ(原英國殖民地印度軍的)印度傭兵。

Sépoy Rebéllion [Mútiny] *n.* ＝Indian Mutiny.

sep·pu·ku [sɛˈpukʊ; seˈpuːkuː] «源自日語»**—***n.* Ⓤ切腹自殺(hara-kiri)。

sep·sis [ˈsɛpsɪs; ˈsepsis] *n.* Ⓤ Ⓒ《醫》敗毒病, 敗血病; 膿毒病。

Sept. 《略》September.

sept- [sɛpt-; sept-] [複合用詞]表示「七…」之意。

S

Sep·tem·ber [sɛpˋtɛmbɚ; sep'tembə] *n.* 九月《略作 Sep., Sept.》: *in* ～ 在九月/*on* ～ 4＝*on* 4 ～ ＝*on* the 4th of ～ 在九月四日(⇨ January【說明】)。

【字源】September 一字源自拉丁文 *septem*(意思是「七」), 原指「七月」; 因古羅馬分一年爲十月, 以三月爲一年之始。後因曆法修改而改指九月; cf. December【字源】

Septémber Mássacre *n.* 九月大屠殺《法國大革命時 1792 年 9 月 2 日至 6 日對保皇黨及巴黎監獄囚犯之大屠殺》。

sep·ten·a·ry [ˋsɛptə͵nɛrɪ; 'septəneri] *adj.* **1** 七個的; 由七個組成的。**2** 七年一次的; 七年一度的。
—*n.* (*pl.* **-nar·ies**)Ⓒ **1** 七個一組。**2** 七年間。**3** 七。**4** 《詩》七音步的詩行。

sep·ten·ni·al [sɛpˋtɛnɪəl; sep'tenjəl] *adj.* 七年的; 每七年的; 七年一次的。

sep·tet(te) [sɛpˋtɛt; sep'tet] *n.* Ⓒ《音樂》七重唱[奏]; 七部合唱, 七部合奏[唱]曲(⇨ solo 相關用語)。

sep·ti- [sɛptɪ-; septi-](在子音前的)sept- 的變體。

sep·tic [ˋsɛptɪk; 'septik] «sepsis 的形容詞» —*adj.* 腐敗(性)的; 敗血病的。

sep·ti·ce·mi·a, sep·ti·cae·mi·a [͵sɛptəˋsimɪə; ͵septi'si:miə] *n.* Ⓤ《醫》敗血病。

séptic tànk *n.* Ⓒ(下水道污水處理的)淨化槽《利用細菌淨化》; 化糞池。

sep·time [ˋsɛptim; 'septi:m] *n.* Ⓒ《劍術》第七姿勢《八種防禦姿勢中的第七種》。

sep·tu·a·ge·nar·i·an [͵sɛptʃuədʒəˋnɛrɪən; ͵septjuədʒi'neəriən] *n.* Ⓒ七十多歲的人。
—*adj.* 七十多歲的。

Sep·tu·a·ges·i·ma [͵sɛptʃuəˋdʒɛsəmə; ͵septjuə'dʒesimə] «源自拉丁文「第七十天」之義» —*n.* 《天主教》七旬節(的主日), 《聖公會》封齋期(Lent)前第三主日《四旬節前的第三星期日》。

Sep·tu·a·gint [ˋsɛptuə͵dʒɪnt; 'septjuədʒint] *n.* [the ～] 七十人翻譯的聖經《據說奉埃及王托勒密(Ptolemy)二世(紀元前三世紀)之命, 七十二名猶太人七十二天內在亞歷山大港翻譯完成的希臘文聖經舊約》。

sep·tu·ple [ˋsɛptupl, sɛpˋtupl; 'septjupl] *adj.* 七倍的。
—*v.t.* 把…變成七倍; 將…乘以七。

sep·ul·cher [ˋsɛpl̩kɚ; 'seplkə] «源自拉丁文「埋葬」之義»—*n.* Ⓒ《文語·古》墓《尤指鑿岩或用石、磚製造者》。

se·pul·chral [səˋpʌlkrəl; si'pʌlkrəl] «sepulcher 的形容詞»—*adj.* **1** 墳墓的; 有關埋葬的。**2** 墓似的; 〈臉相、聲音等〉陰沉的。

sep·ul·chre [ˋsɛpl̩kɚ; 'seplkə] *n.* 《英》＝sepulcher.

sep·ul·ture [ˋsɛpl̩tʃɚ; 'sepltʃə] *n.* Ⓤ《罕》埋葬。

se·qua·cious [sɪˋkweʃəs; si'kweiʃəs] *adj.* **1** 盲從的; 順從的; 附和的。**2** 有條理的; 合邏輯的; 前後一貫的。

se·quel [ˋsikwəl; 'si:kwəl] *n.* Ⓒ **1** 〔小說等的〕續集, 續篇, 後續〔*to*〕。**2** 〔事情的〕演變, 結果〔*of, to*〕: as a ～ *to*... 作爲…的結果。

***se·quence** [ˋsikwəns; 'si:kwəns] «源自拉丁文「跟在後面者」之義»—*n.* **1 a** Ⓤ連續, 連續發生; (因果的)關聯〔*of*〕: the ～ *of* seasons 四季的循行/the cause-and-effect ～ *of* events事件的因果關係。**b** Ⓒ(連續發生的)結果〔*of, to*〕: Crime has its ～ *of* punishment. 罪行帶來懲罰的結果。**2** Ⓒ一連串, 連續〔*of*〕: a ～ *of* rich harvests 連續的豐收/Do you think life is a ～ *of* agreeable events? 你認爲人生就是一連串愉快的事情嗎? **3** Ⓤ(發生的)順序: in ～ 有順序地, 依序地/out of ～ 順序混亂地/in alphabetical [chronological] ～ 依照英文字母[年代]的順序。**4** Ⓒ《紙牌戲》(同花)連續的牌, 順。**5** Ⓒ《電影》有整體性的一連串畫面, 連續鏡頭。**6** Ⓒ《數學》序列。
the séquence of ténses 《文法》時態的一致[配合, 呼應]。
—*v.t.* 〔十受〕按順序排列…。

sé·quenc·ing *n.* Ⓤ(尤指時間的)排列, 編排, 調整: the ～ of trains 火車開車和到達時間的編排。

se·quent [ˋsikwənt; 'si:kwənt] *adj.* 《文語》**1** 連續的, 繼續的。**2** 繼起的, 隨後發生的。

se·quen·tial [sɪˋkwɛnʃəl; si'kwenʃl] *adj.* **1** 連續性的, 繼起的。**2** 結果的。～**·ly** [-ʃəlɪ; -ʃəli] *adv.*

se·ques·ter [sɪˋkwɛstɚ; si'kwestə] *v.t.* **1** 《文語》隔離。**2** 〔十受(十介十(代)名)〕《文語》**a** 使〈人〉〔從…〕退隱〔*from*〕. **b** [～ *oneself*]〔從…〕退隱〔*from*〕: ～ *oneself from* the world 隱居, 遁世。**3** 《法律》假扣押〈債務人的財產等〉。

se·qués·tered *adj.* 《文語》**1** 〈人、生活等〉退隱的: lead a ～ life過退隱的生活。**2** 〈地點等〉偏僻的, 離開村莊很遠的。

se·ques·trate [sɪˋkwɛstret; si'kwestreit] *v.t.* ＝sequester 2.

se·ques·tra·tion [sɪ͵kwɛsˋtreʃən; ͵si:kwe'streiʃn] «sequester, sequestrate 的名詞»—*n.* Ⓤ Ⓒ **1** 《文語》隔離; 退隱, 隱遁。**2** 《法律》(財產的)假扣押。

se·quin [ˋsikwɪn; 'si:kwin] *n.* Ⓒ亮片《縫在衣服等上作裝飾的圓形金屬[塑膠]片》。

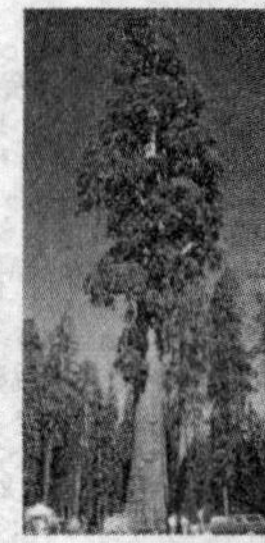
sequoia

se·quoi·a [sɪˋkwɔɪə; si'kwɔiə] *n.* Ⓤ[指個體時爲Ⓒ]《植物》美洲杉《美國加利福尼亞州產的杉科巨木, 有長葉世界爺(giant sequoia)和紅杉(redwood)兩種》。

【字源】此樹名源自美國印地安人學者(屬柴拉基(Cherokee)部族) Sequoya (1760–1843)之名。他以發明了書寫 Cherokee 語的音節文字而聞名。

Sequóia Nátional Párk *n.* 紅杉國家公園《美國加州中部之國家公園, 多高大杉樹》。

se·ra *n.* **serum** 的複數。

se·ra·glio [sɪˋræljo; se'rɑ:liou] *n.* Ⓒ(*pl.* ～**s**)(回教國家的)後宮, 土耳其皇宮。

se·ra·pe [sɛˋrɑpɪ; sə'rɑ:pi] *n.* Ⓒ拉丁美洲人用的色彩華麗的披肩, 彩色披毯。

serape

ser·aph [ˋsɛrəf; 'serəf] *n.* Ⓒ(*pl.* ～**s, ser·a·phim** [-͵fɪm; -fim])熾愛天使, 撒拉弗《九級天使中地位最高者; cf. hierarchy 4》。

se·raph·ic [səˋræfɪk; se'ræfik] «seraph 的形容詞» —*adj.* **1** 熾愛天使的, 撒拉弗的。**2** 〈微笑、小孩等〉如天使的, 美而神聖的, 清純的。

ser·a·phim *n.* **seraph** 的複數。

Serb [sɝb; sə:b] *adj., n.* ＝Serbian.

Ser·bi·a [ˋsɝbɪə; 'sə:bjə] *n.* 塞爾維亞《南斯拉夫(Yugoslavia)的一部分, 以前爲巴爾幹半島(Balkan Peninsula)上的一個王國》。

Ser·bi·an [ˋsɝbɪən; 'sə:bjən] «Serbia 的形容詞»—*adj.* **1** 塞爾維亞的。**2** 塞爾維亞人[語]的。
—*n.* **1** Ⓒ塞爾維亞人。**2** Ⓤ塞爾維亞語。

Ser·bo-Cro·a·tian [ˋsɝbo·kroˋeʃən; ͵sə:boukrou'eiʃn] *adj.* Serbia 和 Croatia 的。
—*n.* Ⓤ塞爾維亞—克羅地亞語《南斯拉夫的斯拉夫語系語言》。

sere [sɪr; siə] *adj.* 《文語》凋萎的, 乾枯的(sear).

ser·e·nade [͵sɛrəˋned; ͵serə'neid] «源自義大利語「晴朗的(serene)」之義, 再加入義大利語 sera(夜)的聯想» —*n.* Ⓒ《音樂》夜曲, 小夜曲《尤指南歐的一種習俗, 男人在情人窗外所唱[奏]的抒情歌[樂]曲》。
—*v.t.* 對…唱[奏]小夜曲。**sèr·e·nád·er** *n.*

ser·en·dip·i·ty [͵sɛrənˋdɪpətɪ; ͵serən'dipəti] «源自 *The Three Princes of Serendip* 的童話故事; 由於故事裏的主人翁在偶然間發現了遍尋無著的珍寶»—*n.* Ⓤ偶然發現有價值物品的才能, 易遇奇緣的運氣。

se·rene [səˋrin; si'ri:n] *adj.* (**se·ren·er**; **-est**) **1 a** 〈天氣等〉晴朗的, 和煦的, 暖和的: ～ weather 暖和的天氣/a ～ summer day 一個晴朗的夏天。**b** 〈天空等〉萬里晴空的, 沒有一點雲的。**c** 〈海等〉平靜的。**2** 〈人、心、生活等〉寧靜的, 安詳的, 和平的: a ～ life 平靜的生活。**3** [用在名詞前](無比較級、最高級)[S～; 在歐洲大陸對王侯[王妃]的尊稱]高貴的: His [Her] *S*～ Highness 殿下《略作 H.S.H.》/Your *S*～ Highness [用於稱呼]殿下。～**·ly** *adv.* ～**·ness** *n.*

se·ren·i·ty [səˋrɛnətɪ; si'renəti] «serene 的名詞»—*n.* **1** Ⓤ晴朗, 和煦, 暖和。**2** Ⓤ(心的)平靜, 寧靜, 沉著。**3** [S～]殿下《稱號》: Your [His, Her] *S*～ 殿下。

serf [sɝf; sə:f] *n.* Ⓒ(中世紀)農奴《最低階級的農民, 附屬於土地, 隨土地被買賣》。

serf·dom [ˋsɝfdəm; 'sə:fdəm] *n.* Ⓤ農奴的身分; 農奴制度。

sérf·hòod *n.* ＝serfdom.

Serg. 《略》Sergeant.

serge [sɝdʒ; sə:dʒ] *n.* Ⓤ一種斜紋布料, 嗶嘰。

ser·gean·cy [ˋsɑrdʒənsɪ; 'sɑ:dʒənsi] *n.* Ⓤ士官之職位或階級。

***ser·geant** [ˋsɑrdʒənt; 'sɑ:dʒənt] *n.* Ⓒ **1** [也用於稱呼]《美陸空軍·海軍陸戰隊·英陸軍》**a** 中士《略作 Serg., Sergt., Sgt.; 比下士(corporal)高一階級, 但在美空軍中係指任一等級的士官, 即下士、中士或上士》。**b** (此字爲階級名稱的一部分時)士官, 軍士: ⇨ first sergeant, master sergeant. **2** (又作 **police sérgeant**)警佐(⇨police【說明】)。

sérgeant-at-árms *n.* Ⓒ(*pl.* **sergeants-at-arms**)《英》(議會、法院等的)衛士, 法警。

sérgeant-at-láw *n.* ＝serjeant-at-law.

sérgeant májor *n.* Ⓒ(*pl.* **sergeants major,** ～**s**)《美陸軍·海軍陸戰隊》軍士長, 士官長; 《美空軍》行政班長。

sérgeant·shìp *n.* ＝sergeancy.

Sergt.《略》Sergeant.

se·ri·al [ˈsɪrɪəl; ˈsiəriəl] «series 的形容詞» —*adj.* **1** 連續性的, 一連串的, 一系列的：~ murders 連續殺人/in ~ order 連續地, 按順序地。**2** [用在名詞前]連載的〈小說等〉；定期的〈出版物〉：a ~ novel 連載小說/a ~ publication 定期刊物。
—*n.* Ⓒ **1** (小說、電影的)續集, (廣播、電視等的)續播, 連續劇(⇨series 2 b【比較】)：a television ~ 連續放映的電視節目。
2 定期刊物。~·**ly** [-əlɪ; -əli] *adv.*

se·ri·al·i·za·tion [ˌsɪrɪələˈzeʃən; ˌsiəriəlaiˈzeiʃn] «serialize 的名詞» —*n.* Ⓤ Ⓒ連續廣播[放映, 上映]。

se·ri·al·ize [ˈsɪrɪəˌlaɪz; ˈsiəriəlaiz] «series, serial 的動詞» —*v.t.* 將…當作連續物連載[刊行, 廣播, 放映, 上映]。

sérial nùmber *n.* Ⓒ連續[成序列]的號碼, 編號。

se·ri·ate [ˈsɪrɪɪt, -ˌet; ˈsiəriit] *adj.* 按次序排列的；順序的；連續的。— [ˈsɪrɪˌet; ˈsiərieit] *v.t.* (**-at·ed, -at·ing**)按順序排列…。

se·ri·a·tim [ˌsɪrɪˈetɪm, ˌsɛrɪ-; ˌsiəriˈeitim, ˌseri-] «源自拉丁文» —*adv.* 逐一地, 順次地, 連續地。

se·ri·a·tion [ˌsɪrɪˈeʃən; ˌsiəriˈeiʃn] *n.* Ⓤ順序排列。

ser·i·cul·ture [ˈsɛrɪˌkʌltʃɚ; ˈserikʌltʃə] *n.* Ⓤ養蠶(業)。

ser·i·cul·tur·al [ˌsɛrɪˈkʌltʃərəl; ˌseriˈkʌltʃərəl⁻] *adj.*

ser·i·cul·tur·ist [ˌsɛrɪˈkʌltʃərɪst; ˌseriˈkʌltʃərist] *n.* Ⓒ養蠶(業)者。

‡**se·ries** [ˈsɪrɪz, ˈsiriz; ˈsiəriːz] *n.* (*pl.* ~) **1** Ⓒ〔…的〕一系列, 一連串, 連續〔*of*〕：a ~ *of* victories[misfortunes]連戰連勝[一連串的不幸]/A car comes into being through a ~ *of* complex operations. 汽車經過一連串的複雜作業程序而製成/A ~ *of* tremors often precedes an earthquake. 地震前常發生一連串的微震《★【用法】a series of... 的後面接複數名詞當單數用, 但如 There *are* several ~ *of* columns in the temple.(神殿裏有幾排圓柱)的情形時, 則當複數用》。
2 Ⓒ **a** (出版物的)連續刊物, 叢書。**b** (收音機的)連續廣播節目, (電視、電影等的)影集《★【比較】指作品自成獨立單元完結地連續下去者爲 series；在高潮處暫時結束下集再續的連續物爲 serial》. **c** (貨幣、郵票等的)一套, 一組《尤指可成爲研究、蒐集對象者》：a ~ of bird stamps 一套鳥類郵票。
3 Ⓒ (棒球等的)一連串[系列]比賽：The World *S*~ 美國職業棒球聯賽《美國一年一度的職業棒球錦標賽》。
4 Ⓒ《數學》級數：an arithmetic ~ 等差級數。
5 Ⓤ《電學》串聯。
in séries (1)成系列地, 連續地。(2)成叢書, 成連續刊物。(3)《電學》串聯(↔ in parallel).
—*adj.* [用在名詞前]《電學》串聯的：a ~ circuit 串聯電路。

se·ries-wound [ˈsɪrizˌwaund; ˈsiəriːzwaund] *adj.* 《電學》串聯的。

ser·if [ˈsɛrɪf; ˈserif] *n.* Ⓒ《印刷》襯線《附加於 H, I 等字母上下的裝飾細線；cf. sans serif》.

se·rig·ra·phy [sɪˈrɪgrəfɪ; siˈrigrəfi] *n.* Ⓤ絲網印刷術, 孔版印刷術, 網版印刷術。

se·ri·o·com·ic [ˌsɪrɪoˈkɑmɪk; ˌsiəriouˈkɔmik⁻] *adj.* 嚴肅而又詼諧的。**-cóm·i·cal·ly** *adv.*

‡**se·ri·ous** [ˈsɪrɪəs; ˈsiəriəs] *adj.* (**more** ~ ; **most** ~) **1 a** 〈表情、態度等〉**嚴肅的**, 莊重的, 認眞的, 正經的：a ~ talk 正經的話/a ~ look on one's face 認眞[嚴肅]的表情/a ~ fisherman 認眞的漁夫/Are you ~? 你說的可是當眞的？/You cannot be ~. 你不可能是當眞的《你是在開玩笑》。

【同義字】serious 指性格、態度等審愼, 暗示認眞面對工作或重要事；earnest 指以認眞的心情或態度一心一意地努力；sober 表示冷靜而認眞；grave 表示人的言行、態度等認眞而帶有威嚴。

b [不用在名詞前]〔十介十(代)名〕〈人〉〔對於…〕認眞的〔*about*〕：He was ~ ***about*** the matter. 他對於那件事很認眞。**2 a** 〈事態、問題等〉**嚴重的**, 重大的, 非同小可的：~ damage 嚴重的損害/a ~ mistake 嚴重的錯誤/Your connection with it would put you in a ~ position. 你和那件事的關聯[牽連]會使你陷入困境。**b** 〈疾病、受傷、罪行等〉嚴重的：a ~ illness 重病/a ~ charge [offense]重罪；(尤指)對婦女的暴行。**3** [用在名詞前] **a** (非娛樂爲主地)嚴肅的, 呆板的, 一本正經的〈文學、音樂等〉：a ~ book 嚴肅的書/a ~ play 嚴肅的戲劇。**b** 寫嚴肅之作品的〈作家〉；作嚴肅之表演的〈演員等〉。

‡**se·ri·ous·ly** [ˈsɪrɪəslɪ; ˈsiəriəsli] *adv.* (**more** ~ ; **most** ~) **1 a** **認眞地**, 正經地：Don't take it so ~. 不要把它看得那樣嚴重/Do you ~ mean what you say? 你說的話當眞嗎？**b** [用於句首；修飾整句]說正經地。
2 嚴重地：She is ~ wounded. 她受重傷。
sériously spéaking 說正經的。

sérious-mínded *adj.* 思想[心情, 性格]嚴肅的；認眞的。

sé·ri·ous·ness *n.* Ⓤ **1** 認眞：in all ~ 一本正經地, 認眞地, 鄭重地。**2** 嚴重, 重大：the ~ of an illness 病危。

ser·jeant [ˈsɑrdʒənt; ˈsɑːdʒənt] *n.* =sergeant.

sérjeant-at-árms *n.* =sergeant-at-arms.

sérjeant-at-láw *n.* (*pl.* **serjeants-at-law**) Ⓒ《法律》《英》(從前在皇家法庭具有特權的)高級律師。

ser·mon [ˈsɝmən; ˈsəːmən] «源自拉丁文「話」之義» —*n.* Ⓒ **1** **說教, 講道**：preach a ~ 說教。**2** 《口語》申斥, 教訓, 惹人厭的長篇演說：get a ~ on... 因…事受訓誡[申斥]。
the Sérmon on the Móunt (基督的)山上寶訓《★出自聖經「馬太福音」》。

【說明】這是指耶穌基督向衆信徒述說怎樣才能進入天國的訓話, 可以說是基督教倫理的精華(聖經新約「馬太福音」5–7). 其中有些話常被引用, 如：Love your enemies.(愛你的敵人)/You are the salt of the earth.(你們是社會的中堅分子)/Ask and it shall be given you.(你們誠心求我, 我必會應你們所求)/Do to others as you would be done by.(己所欲施予人)這句話通常被稱爲 the golden rule(金科玉律)。另外還包括以 Blessed are the poor in spirit.(謙卑者有福了)起首的「山上寶訓[八福]」(the Beatitudes)以及以 Our Father who art in heaven(我們在天國的父)起首的「主禱文」(Lord's Prayer)；cf. Ten Commandments【說明】

ser·mon·ize [ˈsɝmənˌaɪz; ˈsəːmənaiz] «sermon 的動詞» —*v.t.* **1** 對…說教。**2** 訓誡, 教訓〈某人〉。—*v.i.* **1** 說教。**2** 訓誡。

se·rol·o·gy [sɪˈrɑlədʒɪ; siˈrɔlədʒi] *n.* Ⓤ血清學。

se·ro·ther·a·py [ˌsɪroˈθɛrəpɪ; ˌsiərouˈθerəpi] *n.* Ⓤ《醫》血清療法。

se·rous [ˈsɪrəs; ˈsiərəs] *adj.* **1** 《生理》漿液(性)的, 血清的。**2** 〈液體〉稀薄的, 似水的。

ser·pent [ˈsɝpənt; ˈsəːpənt] *n.* Ⓒ **1** **蛇**。

【說明】指比 snake 大而有毒的蛇, 象徵陰險、邪惡。聖經舊約的「創世記」中記載撒旦變的 serpent 引誘夏娃(Eve)吃禁果；cf. Eve【說明】

2 似蛇般陰險[邪惡]的人。**3** 《音樂》蛇形大號《十六至十八世紀彎曲如蛇狀的木製低音大號》。
the (óld) Sérpent 惡魔(the Devil)《★出自聖經「創世記」》。

sérpent-chàrmer *n.* Ⓒ弄蛇者《尤指以吹笛弄蛇者》。

ser·pen·tine [ˈsɝpənˌtin, -ˌtaɪn; ˈsəːpəntain] «serpent 的形容詞» —*adj.* 《文語》 **1 a** 蛇狀的, 似蛇的：a ~ movement 蛇似的動作。**b** 彎彎曲曲的, 蜿蜒的：a ~ road[river]蜿蜒的道路[河流]。**2** 陰險的, 狡猾的, 陷害人的。

ser·rate [ˈsɛrɪt, -et; ˈserit, -reit] *adj.* **1** 鋸齒狀的, (有)鋸齒的。**2** 〈葉子等〉呈鋸齒狀的, 有鋸齒的。

ser·rat·ed [ˈsɛretɪd; seˈreitid] *adj.* =serrate.

ser·ried [ˈsɛrɪd; ˈserid] *adj.* [用在名詞前]密集的, 擁擠的：~ ranks of soldiers 密集排列的士兵。

se·rum [ˈsɪrəm; ˈsiərəm] *n.* (*pl.* ~**s**, **-ra** [-rə; -rə]) **1** Ⓤ《生理》漿液, 淋巴液, 血漿。**2** Ⓤ [指種類時爲Ⓒ]《醫》血清(cf. vaccine)：a ~ injection 血清注射/~ therapy 血清療法。

ser·val [ˈsɝvl; ˈsəːvl] *n.* Ⓒ《動物》藪貓《產於非洲的野貓, 又稱大耳貓, 形狀如尋常的貓, 毛金色, 有暗色斑點, 其中有若干互相結合爲線狀》。

‡**ser·vant** [ˈsɝvənt; ˈsəːvənt] «源自古法語「服侍」之義» —*n.* Ⓒ **1 a** 傭人, 僕人《★【用法】通常避免單獨用作「男僕」「女僕」之意, 而用 manservant, maid(servant)或與修飾語連用》：a female ~ 女僕, 女傭/an outdoor ~ 專做屋外工作的僕人《如園丁等》/a general ~ 雜工。**b** (忠於上帝、藝術的)僕人：Ministers are called the ~*s* of God. 牧師被稱爲上帝的忠僕。**2** 公務員：⇨ civil servant, PUBLIC servant.
your húmble sérvant 《英古》(1)[對長輩說話時的自稱]屬下, 晚輩(I, me). (2)敬上, 謹啓《★【用法】用於寫給長輩信函的結尾語, 但有老式意味, 現已成爲戲謔性用法》。
Your obédient sérvant 《英》謹啓《★【用法】僅用於正式的信函, 現已不常用》。

sérvant gìrl[màid] *n.* Ⓒ女僕。

‡**serve** [sɝv; səːv] «源自拉丁文「奴隸, 僕人」之義» —*v.t.* **1 a** 〔十受〕爲〈某人〉效勞, 當〈某人〉的僕人；爲〈國家、上帝〉服務：~ a master 服侍主人/~ two masters 事二主；信奉兩種相反的主義/~ God 侍奉上帝/~ mankind 爲人類服務。**b** 〔十受十*as* 補〕〈以…身分〉爲…服務：She ~*d* the family *as* a housekeeper for thirty-three years. 她當管家爲那一家服務了三十三年。
2 a 〔十受〕任〈職〉, 服〈刑〉：~ time 服刑期, 服役/~ a sentence 服刑。**b** 〔十受十介十(代)名〕〔在…〕任職, 服役, 服刑〈若干時間〉〔*in*〕：~ five years ***in*** Parliament [*in* the Army]在國會任職[軍隊服役]五年。**c** 〔十受十介十(代)名〕〔因…罪〕服〈若

干刑期〉〔*for*〕: He ~*d* seven years ***for*** armed robbery. 他因持械搶劫而服七年徒刑。**d**〔十受十*as* 補〕任職〈…職務〉〈若干任期等〉: Franklin Roosevelt ~*d* three full terms *as* President. 法蘭克林・羅斯福整整當了三任的總統。

3 a〔十受〕**對〈某人〉有用**: Can I ~ you in any way? 我能爲你效勞嗎?/That excuse will not ~ you. 你那種藉口沒有用/If (my) memory ~*s* me right,.... 如果我沒記錯…。**b**〔十受十*as* [*for*] 補〕〈當作…〉對〈人〉有用, 可讓〈人〉派上用場: Your letter will ~ him *as* an encouragement. 你的信對他有鼓勵的作用/Pieces of stone ~*d* primitive men *as* tools. 石塊被原始人類當作工具。

4〔十受〕**適合**, 合於〈目的、需要、用途〉: This will ~ my purpose [needs]. 這東西適合我用[可滿足我的需求]/He had ~*d* his purpose. 他的作用已發揮完了《他已經沒有用了》/⇨ serve a person's TURN.

5 a〔十受〕〈人、餐廳服務生等〉**將〈飲料、食物〉端上〈餐桌〉**: That restaurant ~*s* the choicest food. 那家餐廳供應最高級的食物/Fish is often ~*d* with tomato sauce. 魚常與番茄醬一起端上桌/Dinner is ~*d*. 晚餐準備好了。**b**〔十受十補〕將〈飲料、食物〉〈以…狀態〉端出: Please ~ the coffee hot. 請給我熱咖啡。**c**〔十受〕服侍, 招呼〈人〉: Which waitress ~*d* you? 哪一位女服務生招呼你? **d**〔十受十受/十受十介十(代)名〕爲〈人〉端出〈飲料、食物〉; 端出〈飲料、食物〉〔給人〕〔*to*〕: She ~*d* them beer and wine.=She ~*d* beer and wine ***to*** them. 她端給他們啤酒和葡萄酒。

6 a〔十受〕〈鐵路、醫院等〉**給予〈某地區〉方便**; 〈醫師、牧師等〉負責〈某地區〉: Long Island is ~*d* by a commuter railway. 長島有通勤電車之便/One doctor ~*s* the whole town. 有位醫師負責全鎮。**b**〔十受十介十(代)名〕供給…〔必需品〕〔*with*〕: ~ a town ***with*** water 供水給鎮上/The district is not ~*d* *with* gas. 該地區沒有瓦斯的設備。**c**〔十受〕〈食物、菜餚〉有〈幾人〉份: This dish will ~ five (persons). 這道菜可供五個人吃。

7〔十受〕〈店裏的服務生等〉**聽取〈客人〉點叫餐飲, 接待〈客人〉**《★常用被動語態》: Have you *been* ~*d*? 有人招呼[接待]你了嗎?/Are you *being* ~*d*, sir? 先生, 有人在招呼[接待]你嗎?

8 a〔十受〕[常與狀態副詞(片語)連用]對待〈人〉(…): She ~*d* me ill [unfairly]. 她待我不好[不公平]/⇨SERVE a person right. **b**〔十受十受〕以〈…態度〉待〈人〉: He ~*d* me a dirty trick. 他以卑鄙的詭計作弄我。

9《法律》**a**〔十受十介十(代)名〕送達〔傳票、令狀等〕給〈人〉〔*with*〕; 送達〈傳票、令狀等〉〔給人〕〔*on*〕: ~ a person ***with*** a summons=~ a summons ***on*** a person 送達傳票給某人。**b**〔十受十受〕送達〈傳票、令狀等〉給〈人〉: ~ a person a summons 送達傳票給某人。

10〔十受〕《網球・排球等》發〈球〉: ~ a ball 發球。

11〔十受〕〈雄性動物〉與〈雌性動物〉交配。

—*v.i.* **1 a**〔動(十介十(代)名)〕〔在…單位〕**服務**, 服勤〔*in*〕; 〔在委員會[陪審團]〕擔任委員[陪審員]〔*on*〕; 〔在…屬下〕工作, 服務〔*under*〕: Robert ~*s* ***in*** the army. 羅伯特在服兵役/He is ~*ing* ***on*** the jury. 他在擔任陪審員/His grandfather ~*d* ***under*** Lincoln. 他的祖父在林肯屬下工作。**b**〔十*as* 補〕擔任〈…〉職務[工作]: He ~*s* *as* a clerk. 他做職員的工作/She ~*s* *as* secretary. 她做秘書工作《★用法 官職時無冠詞》。

2 招呼, 接待〈客人〉: At that restaurant a beautiful waitress ~*s* (at table). 那家餐廳有一位漂亮的女服務生(在桌邊)招待客人。

3 a〔動(十介十(代)名)〕〔對…〕**有用, 派得上用場**〔*for*〕: This tool ~*s* (***for*** many purposes). 這個工具有(多種)用途/This wrench is too small to ~. 這支扳手太小派不上用場。**b**〔十*as* 補〕〈當…〉用, 派上用場: The shed ~*s* *as* a garage. 那間小屋當車庫用/Many of the stars have ~*d* *as* guides for mariners. 有許多星星充當了水手的嚮導。**c**〔十*to* do〕對〈做…〉有用: This accident ~*s* *to* show what drunken driving can lead to. 這次車禍足以說明酒醉開車會造成怎樣的後果。

4〈天氣、時間等〉適宜, 合適: when the tide ~*s* 當適於駛離港口的時候《趕上潮水, 得以立即離港》/as occasion ~*s* 方便的時候, 一有機會。

5《網球・排球等》發球。

6《基督教》充當(彌撒時司祭的)輔祭(server).

sérve óut《*vt adv*》(1)分配〈餐飲等〉。(2)服完〈任期、刑期〉。

sérve a person **ríght**《口語》[常以 it 作主詞]給〈某人〉應得的處罰; 〈某人〉自作自受, 活該: *It* ~*s* him *right*. 那是他活該/*Serve*(*s*) you *right*! 那是你罪有應得[自作自受]! 活該。

sérve úp《*vt adv*》把〈餐飲〉端上餐桌。

—*n.* Ⓒ《網球・排球等》發球(的方法)。

sérv·er *n.* Ⓒ **1 a** 服務者, 服役者。**b** 服務生。**c**《天主教》(舉行彌撒時幫助司祭的)輔祭。**2**(網球等的)發球者。**3 a**(盛菜餚的)大盤子, 盆。**b**(用以分菜餚的)大叉子[湯匙], 夾沙拉的鉗子(等)。**c** 搬菜用的小推車。

ser·ver·y [ˈsɝvərɪ; ˈsəːvəri] *n.* Ⓒ (*pl.* **-eries**) 廚房與餐廳間之備餐室《準備上菜之處》。

‡ser·vice [ˈsɝvɪs; ˈsəːvis] *n.* **1 a** Ⓤ (對別人的)**服務**: social ~ 社會服務/receive [offer] ~ 接受[提供]服務。**b** ⓊⒸ 有用, 效勞, 幫助: ⇨ at a person's SERVICE/be *of* ~ 有用的, 有幫助的/Can I be *of* (any) ~ to you? 我能爲你效勞嗎?《★用法 店員對顧客說的話, 常帶有「歡迎光臨」之意》; [對於遇到困難的人]我能幫助你嗎?/do a person a ~ 爲某人效勞[服務]/Will you do me a ~? 你願意幫助我嗎?/You have done me a great ~ by driving me home. 你開車送我回家幫了我一個大忙。**c** Ⓒ [常 ~s]《文語》盡力, 努力, 功勞, 功績, 貢獻: employment ~*s* 職業介紹[輔導]/medical ~*s* 醫療(服務)/You need the ~*s* of a doctor [lawyer]. 你需要看醫生[與律師商量]。

2 ⓊⒸ **公共事業**: **a** (火車、公車等的)班次, 行駛: (an) hourly train ~ 一小時有一班火車/There is an excellent bus ~ in this town. 這城鎮有極方便的公共汽車班次/We have regular air ~ to London. 我們有定期航空班機到倫敦。**b**(郵電、電話等的)(公共)事業, 設施: ⇨ public service/the telephone ~ 電話事業(cf. 5 b)/The postal ~ is poor in this district. 這個地區的郵政服務差《有誤投或不按時送達等》。**c**(瓦斯、自來水、電氣等的)供應, 設施: water ~ 供水, 給水。

3 Ⓒ [常與修飾語連用](官署等的)**部, 門, 局**: ⇨ civil service/(the) government ~ 官署/go into the diplomatic ~ 當外交官, 在外交部工作。

4 a Ⓤ (陸、海、空軍的)**軍務, 兵役**: military ~ 兵役/on active ~ 服現役/⇨ in SERVICE (1). **b** Ⓒ [常 the ~](陸、海、空)軍: *the* Senior *S*~《英》(對陸軍而言的)海軍/*the* (armed [fighting, three]) ~*s* 陸海空軍。

5 Ⓤ **a**(旅館、餐廳、商店等的)**服務, 對客人的接待, 應對**: That restaurant gives good ~. 那家餐廳的服務好/Is ~ charged on [included in] this bill? 服務費包括在帳單裏嗎? **b**(旅館等)服務生的服務: ⇨ room service/telephone ~ 電話服務(cf. 2 b).

6 ⓊⒸ (商品的)(售後)**服務, 檢查修理, 保養檢查**: repair ~ (對產品的)修理服務/regular ~ (車子等的)定期檢修。

7 Ⓒ [常 ~s] **服務(業)**《提供與生產無關的勞務、便利、娛樂等》: Laundry ~*s* are available. (旅館等)提供洗衣的服務。

8 Ⓒ [常與修飾語連用](餐具、茶具等的)**一套, 一組**〔*for*〕: a tea ~ *for* six 一組六人用茶具。

9 Ⓒ [《美》有時 ~s] **禮拜(的儀式), 儀式**: a funeral ~ 葬禮/a marriage ~ 婚禮/church ~*s* 教會的禮拜。

10 Ⓤ **僕人的職業, 僱傭, 受僱**: domestic ~ 家庭傭工/go *into* ~ 去當傭工, 出外幫傭/take a person *into* one's ~ 雇用某人/take ~ *with*... 受雇於…。

11 Ⓒ (打網球等的)**發球**; 發球的方法; 發的球, 輪到發球: a ~ ace 令對方無法打回去的發球/deliver [return] a ~ 發球[將對方的發球打回去]/keep [drop] one's ~ 保持[失去]發球/He has a strong [weak] ~. 他發的球强勁[無力]/Whose ~ is it? 輪到誰發球了?

12 Ⓤ《法律》(傳票或其他訴訟文件的)送達。

13 Ⓤ (動物的)交配。

at a person's sérvice 隨時爲〈某人〉效勞[提供服務], 讓〈某人〉自由使用: I am *at* your ~. 我聽候你的吩咐, 我隨時爲你提供服務/My car is *at* your ~.=I place my car *at* your ~. 我的車子讓你自由使用。

in sérvice (1)在服兵役。(2)在當傭工, 受雇。(3)〈機器等〉在正常轉動, 在運轉中: The number you have called is no longer *in* ~. 你打的電話號碼現在不再使用。

in the sérvices《英》在服兵役。

sèe sérvice (1)出征, 體驗實際戰爭。(2)[用於完成式]〈衣服等〉穿舊, 舊了: This jacket [car] *has seen* good ~. 這件夾克[這部車子]已經穿[用]得很舊了。

—*adj.* [用在名詞前] **1** 軍隊的, 軍用的: a ~ rifle 軍用(來復)槍/(a) ~ uniform [dress] 軍服。**2** 服務業的: the ~ industry 服務業。**3** 售後服務的: the ~ department (in a store) (商店的)售後服務部門。**4** 從業人員用的, 業務用的: a ~ elevator [stairway] 業務[從業人員]用電梯[樓梯]。**5** 服務性的, 經濟實惠的。

—*v.t.*〔十受〕做…的售後服務, 保養檢修…: I have my car ~*d* regularly. 我的車子定期做保養檢修。

ser·vice·a·bil·i·ty [ˌsɝvɪsəˈbɪlətɪ; ˌsəːvisəˈbiləti]《serviceable 的名詞》**—***n.* Ⓤ 可貴之處, 便利, 實用性, 有用性, 耐用性。

ser·vice·a·ble [ˈsɝvɪsəbl; ˈsəːvisəbl] *adj.* **1** 可使用的, 有用的。**2** 堅固的, 耐用的, 實用的: ~ shoes 耐穿的鞋子。

-a·bly [-əblɪ; -əbli] *adv.* **~·ness** *n.*

sérvice àrea *n.* Ⓒ **1** (廣播、電視的)播放地區。**2** 服務地區《鄰接高速公路等的加油站、餐廳等的區域》。
sérvice bòok *n.* Ⓒ祈禱書；禮拜儀式書。
sérvice càp *n.* Ⓒ《軍》軍帽。
sérvice cèiling *n.* Ⓒ《航空》實用升限《從海平面算的高度》。
sérvice chàrge *n.* Ⓒ手續費，服務費。
sérvice clùb *n.* Ⓒ **1** (以服務地方社區爲宗旨的)親善團體[組織]《如扶輪社(Rotary club)等》。**2** (軍人用的)社交俱樂部。
sérvice còurt *n.* Ⓒ《網球》發球區。
sérvice èntrance *n.* Ⓒ傭人或送貨人使用之門。
sérvice flàt *n.* Ⓒ《英》提供服務的公寓《供伙食也提供清潔服務》。
sérvice hàtch *n.* Ⓒ《英》(廚房與餐廳間之)遞送飯菜的小窗口。
sérvice lìfe *n.* [用單數]耐用年數。
sérvice lìne *n.* Ⓒ《網球》發球線。
sérvice·màn [-ˏmæn; -mæn] *n.* Ⓒ(*pl.* **-men** [-ˏmɛn; -men]) **1** 軍人：an ex-*serviceman* 退役軍人。**2** (售後服務的)修理員。**3** (service station 的)服務員。
sérvice màrk *n.* Ⓒ服務標誌《爲識別某一公司的服務與其他公司的服務而使用的標誌、文句等》。
sérvice mòdule *n.* Ⓒ(太空船的)機械艙《包括主要推進系統、電力系統、水和其他供給品》。
sérvice pìpe *n.* Ⓒ(自來水、煤氣等之)輸送管。
sérvice ròad *n.* ＝frontage road.
sérvice stàtion *n.* Ⓒ **1** 加油站，供應汽油[機油]處。**2** 服務站《修理電氣用品或提供零件的地方》。
sérvice strìpe *n.* Ⓒ《美》軍人制服左袖上之斜條《每條代表服役三年》。
sérvice trèe *n.* Ⓒ《植物》花楸樹。
ser·vi·ette [ˏsɝvɪˈɛt; ˏsə:viˈet] *n.* Ⓒ《英口語》(餐桌用的)餐巾(table napkin).
ser·vile [ˈsɝvl, -ɪl; ˈsə:vail] *adj.* **1 a** 奴隸的。**b** 〈勞動等〉奴隸般的。**2 a** 奴隸性的，卑屈的：～ flattery 卑躬屈節[膝]的諂媚。**b** [不用在名詞前]〔十介十(代)名〕〔對…〕盲從的〔*to*〕：be ～ *to* authority 對權威盲從的。**3** 〈藝術等〉盲從的，無獨創性的。
～·ly *adv.*
ser·vil·i·ty [səˈvɪlətɪ, sɝ-; sə:ˈviləti] «servile 的名詞» ——*n.* Ⓤ **1** 卑躬屈節[膝]。**2** 奴隸性；卑屈。
sérv·ing *n.* **1 a** Ⓤ服務，服侍。**b** [當形容詞用]將食物端到餐桌用的，用來把食物從大盤[大鍋]分給小盤的：a ～ tray 端食物用的大盤子。**2** Ⓒ(飲料、食物的)一人份，一客。
ser·vi·tor [ˈsɝvətɚ; ˈsə:vitə] *n.* Ⓒ《古》僕從，(男的)侍從。
ser·vi·tude [ˈsɝvəˏtud, -ˏtjud; ˈsə:vitju:d] *n.* Ⓤ **1** 奴隸的身分，奴役，隸屬〔*to*〕. **2** 强制勞動，苦役，勞役。
ser·vo [ˈsɝvo; ˈsə:vou] *n.* **1** ＝ servomotor. **2** ＝ servomechanism.
sérvo·mèchanism *n.* Ⓤ《機械》伺服機構，隨動系統，自動控制裝置。
sérvo·mòtor *n.* Ⓒ《機械》(靠自動控制裝置轉動的)伺服電動機[馬達]。
ses·a·me [ˈsɛsəmɪ; ˈsesəmi] *n.* Ⓤ **1** 《植物》芝麻《又稱胡麻》。**2** [集合稱]芝麻子：～ oil 芝麻油。
ópen sésame ⑴[當感嘆詞用]芝麻開門！開門！《★源自「天方夜譚」中阿里巴巴與四十大盜(*Ali Baba and the Forty Thieves*)的故事，盜賊叫開洞窟時所說的咒語》。⑵[當名詞用](能達成願望的)魔法口令〔*to*〕.
ses·qui- [sɛskwɪ-; seskwi-] 字首 表示「一又二分之一」之意。
ses·qui·cen·ten·ni·al [ˏsɛskwɪsɛnˈtɛnɪəl; ˏseskwisenˈteniəl⁻] *n.* Ⓒ一百五十周年紀念。
——*adj.* 一百五十年(紀念)的。
***ses·sion** [ˈsɛʃən; ˈseʃn] «源自拉丁文「坐」之義» ——*n.* **1 a** Ⓤ(議會、會議的)開會，(法庭的)開庭：go *into* ～ 開會，開庭/Congress is now *in*[*out of*] ～. 議會現在開會[閉會]中。**b** Ⓒ聚會，集會：a plenary[an extraordinary] ～ 全體大會[臨時會議]/a secret ～ 秘密會議。
2 Ⓒ會期，開會[開庭]期：The Diet will have a long ～. 國會將有長會期。
3 Ⓒ **a** 《美・蘇格蘭》(大學的)學期：a summer ～ 暑期講習(班)，暑期研習會，暑期學校。**b** 《美》授課(時間)：the morning ～ 上午的授課(時間)/double ～*s* 二部制授課《因學生過多每天分兩批授課》。**c** 《英》(大學的)學年：the ～ 1985–86 1985年(九月)至 1986 年(六月)的學年。
4 Ⓒ **a** (尤指在一定期間團體舉行的)活動，講習會，聚會：a gossip ～ 閒聊的聚會/jazz dance ～*s* 爵士舞研習會。**b** 《口語》(兩人間的)洽談，商議。
5 [～s](又作 **séssions of the péace**)《英》治安法庭開庭：⇨ quarter sessions.

ses·sion·al [ˈsɛʃənl; ˈseʃənl] «session 的形容詞» ——*adj.* 開會[開庭，會期](中)的；每逢會期的：～ orders(英國議會)會期中的議事規程。
ses·tet [sɛsˈtɛt; sesˈtet] *n.* Ⓒ **1** 《音樂》六重奏；六部合唱。**2** 《詩》任何六行的一節詩《尤指義大利型十四行詩之最後六行》。
*****set** [sɛt; set](set; set·ting) *v.t.* **A 1** (在特定場所穩定地)安置，安放(⇨ put【同義字】)：〔十受十副詞(片語)〕**a** 安置，安裝，放置〈人、物〉〈在…〉：She ～ the dish *on* the table. 她把盤子安置在餐桌上/A vase was ～ *on* the desk. 花瓶被放置在桌上/He ～ the ladder *against* the wall. 他把梯子靠牆放/She ～ her baby *in* the chair. 她把嬰兒放在椅子上《她使嬰兒坐在椅子上》。**b** 使〈某人〉居於(某種關係)；把〈某人〉配置於(工作崗位等)，安插〈某人〉(任某職務)：～ a watch *here* and *there* 四處部署衛兵/～ spies *on* a person 派人監視某人/～ a guard *at* the gate 在大門配置守衛/They ～ him *over* the group as its leader. 他們安置他爲該團體的領袖。**c** 將…評定(爲…)：～ Shakespeare *above* all other writers 評定莎士比亞優於所有其他作家/～ duty *before* pleasure 把工作看得比娛樂重要。
2 固定：**a** 〔十受(十介十(代)名)〕將〈柱子等〉豎立〔於…〕〔*in*〕：～ a flagpole ***in*** concrete 將旗竿插入水泥地中豎起。**b** 〔十受(十介十(代)名)〕將〈樹苗等〉種植〔於…〕；〔在…〕撒〈種子〉〔*in*〕：～ plants ***in*** the ground 在地上種植花卉。**c** 〔十受十介十(代)名〕將〈寶石等〉嵌[鑲]〔入…〕〔*in*〕；〔用寶石等〕嵌入，鑲入…〔*with*〕：～ a ruby ***in*** a ring 將紅寶石鑲入戒指裏/a ring ～ ***with*** diamonds 鑲有鑽石的戒指。
3 〔十受十介十(代)名〕**a** 將…貼近〔…〕，使…緊靠〔…〕〔*to*〕：He ～ his lips ***to*** the glass[～ the glass ***to*** his lips]. 他將嘴唇湊近玻璃杯[把玻璃杯移向嘴唇]/ ～ the ax(e) *to*... 把…砍倒；破壞…/～ fire *to*... 放火燒…。**b** 〔在文件上〕簽〈名〉，蓋〈章〉〔*to*〕：～ one's hand [name] ***to*** a document 在文件上簽名。
4 a 〔十受〕課以[指派]〈工作〉，命〈題〉，出〈難題等〉：～ a paper[an examination paper]出考卷[試題]/～ questions in an examination 出試題。**b** 〔十受十受/十受十介十(代)名〕課〈人〉以〈工作、問題等〉；課〔人〕以〈工作、問題等〉〔*for*〕：The chief ～ me a difficult task.＝The chief ～ a difficult task ***for*** me. 上司派給我一件棘手的工作。
5 a 〔十受〕展示〈模範、先例等〉；領先〈流行等〉：Don't ～ a bad example. 不要立壞榜樣/～ the fashion 創立新款式[式樣]/⇨ set the PACE(S). **b** 〔十受十受/十受十介十(代)名〕給…展示〈模範、先例等〉；〔給…〕展示〈模範、先例等〉〔*for, to*〕：You should ～ your younger brother a good example.＝You should ～ a good example ***to*** [***for***] your younger brother. 你應該給弟弟樹立一個好榜樣/This model ～ the standard *for* the whole car industry. 此型車子成爲整個汽車工業的標準。**c** 〔十受〕創〈記錄〉(cf. SET up(5))：He ～ a new record in[for] the 10,000 meters. 他創下了一項萬米賽跑的新記錄。
6 〔十受〕**a** 對準〈鐘錶〉；調〈相機的鏡頭〉：She ～ the alarm (clock) *for* 7 o'clock. 她把鬧鐘定在七點/I always ～ my watch *by* the station clock. 我總是按車站的時鐘來對準我的手錶。**b** 調整，調節〈器具等〉：～ a saw 銼[調整]鋸齒。**c** 擺好〈餐具〉，準備〈用餐〉：～ a table for dinner 擺好吃晚餐的餐具。**d** 設〈圈套〉，裝置〈爆炸物等〉：～ a trap for... 對…設圈套。**e** 排〈鉛字〉(cf. SET up ⒂)：～ type 排鉛字。**f** 做〈頭髮〉：have one's hair ～ 去做頭髮。**g** 接合〈斷骨等〉。
7 a 〔十受〕決定，指定〈時間、地點等〉：～ a place[date, time] for a meeting 決定聚會的地點[日期，時間]/～ a wedding day 決定結婚的日子。**b** 〔十受十 *as* 補〕決定〈時間〉〈爲…〉：They ～ the end of May *as* the deadline for going to press. 他們決定五月底爲付印的最後期限。**c** 〔十受〕制定〈規則、形式等〉：～ the terms of a contract 定契約的條件。**d** 〔十受(十介十(代)名)〕〔對…〕設〈限、目標等〉〔*to, on*〕：～ a limit ***to*** [***on***]... 限制…/He hates to ～ rules *on* anything. 他討厭對任何事定規則。
8 〔十受十介十(代)名〕**a** 〔給…〕定〈價〉〔*on, upon*〕：～ a price ***on*** an article 給商品定價。**b** 定〈…(的價錢)〉〔爲…〕〔*at*〕：～ the value of a horse ***at*** $1000 定一匹馬的價錢爲一千美元。**c** 把〈價值、重視〉置於〔…〕〔*on, upon*〕；把…評價〔爲…〕〔*at*〕：He ～*s* a high value ***on*** friendship.＝He ～*s* friendship ***at*** a high value. 他重視友情。
9 〔十受(十介十(代)名)〕**a** 使〈雞〉孵〔蛋〕〔*on*〕：～ a hen (***on*** eggs) 使母雞孵蛋。**b** 〔給母雞〕孵〈蛋〉〔*under*〕：～ eggs(***under*** a hen)把蛋給母雞孵。
10 a 〔十受十副詞(片語)〕把〈臉、前進路線等〉朝向(…)：～ one's face *toward* home 把臉朝向家的方向/ ～ one's face *against*... 把臉背向…；反對…/The tide had ～ the boat *eastward.* 潮水使船駛向東方[船乘潮駛向東方]/He ～ his heart [hopes] *on* becom*ing* a composer. 他一心一意要成爲作曲家/The premier ～ his mind *against* all the appeals. 首相打定主

意不理會一切訴願。**b**〔十受十介十(代)名〕唆使…攻擊〔…〕〔*on, at, against*〕：He ~ the dogs ***on*** the trespasser. 他唆使狗攻擊侵入者。**c**〔十受十介十(代)名〕〔~ one*self*〕强硬反對，反抗〔…〕〔*against*〕.

11 a〔十受〕在〈舞台等〉佈景，安排〈佈景〉於舞台上：~ the scene for a drama 爲一齣戲佈景。**b**〔十受十介十(代)名〕將〈戲劇、故事等〉(的場面、舞台)定於〔某時代、國家等〕〔*in*〕《★常用被動語態》：The (scene of the) novel *is* ~ ***in*** Vienna just after World War II. 那部小說以第二次世界大戰後的維也納爲背景。

12〔十受〕**a** 使〈東西〉凝固，使〈東西〉變硬：~ milk for cheese 凝固牛奶製造乾酪。**b**〈常表示決意等〉收緊，繃緊〈下巴、臉等〉：He ~ his jaw and said, 'No.' 他收緊下巴說：「不。」**c** 使〈顏色、染料〉固著。

13〔十受(十介十(代)名)〕《音樂》爲〈歌詞〉作〔曲〕，將…編成〔曲子〕〔*to*〕：~ a psalm ***to*** music 爲讚美詩譜曲/~ new words *to* an old folksong 爲古老的民謠譜寫新歌詞。

14〔十受〕〈獵犬〉採取不動的姿勢以鼻子指示〈獵物〉所在之處(cf. setter 1).

—B 1 a〔十受十補〕使…成爲〈…狀態〉：~ slaves free 使奴隸自由，解放奴隸/~ a person right 改正某人的錯誤；使某人恢復健康/~ a boat adrift 使船漂流/He ~ the house on fire. 他放火燒那幢房子/Her words ~ my mind at rest. 她的話使我放心。**b**〔十受十 do*ing*〕〈人、物〉使…開始〈做…〉：He ~ the engine go*ing*. 他使引擎開始發動/His words ~ me think*ing*. 他的話引起我的深思。**2 a**〔十受十 *to* do〕使〈人〉〈做…〉：I ~ my children *to* rake the fallen leaves. 我叫孩子們把落葉耙到一處/*S*~ a thief *to* catch a thief. 《諺》以賊捉賊，以惡制惡。**b**〔十受十 *to* do〕〔~ one*self*〕竭力設法〈做…〉：She ~ *herself to* finish her homework. 她竭力設法做完家庭作業。**c**〔十受十介十(代)名〕〔~ one*self*〕開始盡力〔工作等〕〔*to*〕：She ~ *herself* ***to*** her work. 她開始盡力工作。

—*v.i.* 1〈太陽、月亮〉下沉，落下；〈權勢〉衰落：The sun [moon] has ~. 太陽[月亮]已落下。

2〈果樹、花〉結果實：The pears have ~ well this year. 今年梨子結得多。

3 a〈液體等〉凝固。**b**〈臉〉繃緊。**c**〈顏色、染料〉固著。

4〈母雞〉孵蛋。

5 a〈頭髮〉做花式；〈人〉做頭髮。**b**〈骨等〉接合；骨折復原。

6〔十副詞(片語)〕〈水流、風等〉流，吹(向…)；〈感情、意見等〉傾向(於…)：The current ~*s in toward* the shore [~*s to* the south, ~*s through* the channel]. 潮水朝海岸[南方，經過海峽]流去。

7〔與 well 等的狀態副詞連用〕〈衣服〉合適《★比較 作此義解時一般用 sit》：That dress ~*s* well [badly]. 那件衣服很合[不合]身。

8〈獵犬〉身體不動以鼻子指示獵物所在之處：The dog ~*s* well. 那隻狗善於發現獵物。

set about [《*vi prep*》~ *abóut*...]《★可用被動語態》(1)著手〈工作等〉，開始做…：~ *about* a job 開始工作/We ~ *about* repair*ing* our hut. 我們著手修理我們的小木屋《★〔十 *to* do〕爲古語》。(2)攻擊…：The two men ~ *about* each other in fine style. 兩位男子打得很精采。**—**[《*vt adv*》~ *abóut*] (3)散佈〈謠言〉：Who has ~ this gossip *about*? 誰散佈了這樣的流言蜚語？

set against [《*vt prep*》~...*against*...] (1)將〈東西〉與…比較[對照]；把…從…中減去：~ gains *against* losses 比較得失。(2)⇨ *v.t.* A 10. **—**[《*vi prep*》~ *agàinst*...] (3)表示反對…的傾向：The world is *setting against* racism. 舉世反對種族歧視。

sèt apárt《*vt adv*》(1)留出…，存下…〔作爲…用〕〔*for*〕：She ~*s apart* some of her salary *for* her wedding. 她存下一些薪水作爲婚禮用。(2)〔~十受十 apart〕〔從…中〕撥出…；〈事物〉使…〔與其他〕有區別，使…〔自其他中〕受到注意〔*from*〕：He felt ~ *apart from* the other boys. 他覺得自己有別於其他男孩。

sèt asíde《*vt adv*》(1)將〈東西〉擱置；暫不整理〈東西〉。(2)〔爲…目的而〕保留〈金錢、時間等〉〔*for*〕：~ *aside* money *for* a rainy day 爲不時之需而存錢。(3)忽視，排除，捨棄…：The financial problems were ~ *aside*. 財務問題被排除。(4)《法律》取消，廢止〈判決〉。

sèt báck《*vt adv*》(1)使〈房屋等〉離開〔…〕(某些距離)，將〈房屋等〉蓋在距〔…〕(某些距離處)〔*from*〕《★常用被動語態》：The house *was* ~ some distance *back from* the road. 那幢房屋離道路有一段距離。(2)將〈東西〉移向後面；撥慢〈鐘錶的針〉：He ~ *back* his watch five minutes. 他把他的手錶撥慢五分鐘。(3)〈動物等〉將〈耳朵等〉後傾：The wolf ~ *back* its ears. 那隻狼把耳朵往後傾。(4)使〈進步等〉退後，遲緩，受挫：The harvest was ~ *back* by bad weather. 收穫因惡劣天氣而延後。(5)〔十受十受〕《口語》使〈人〉破費〈多少費用〉《★不可用被動語態》：The ball ~ him *back* a hundred dollars. 那次舞會使他破費一百美元。

sét...besíde... (1)把〈東西〉放在…的旁邊。(2)將…與…作比較《★常用被動語態》：As a singer there is no one to ~ *beside* her. 作爲歌唱家，沒有人比得上她。

sèt bý《*vt adv*》保留，貯存〈東西、金錢等〉。

sèt dówn《*vt adv*》(1)放下，卸下〈東西、人等〉《★比較 一般用 put down》. (2)《英》使〈乘客等〉下車：I'll ~ you *down* at the corner. 我會在轉角處讓你下車。(3)寫下，記下…。(4)〔十受十 *as* 補〕把…視爲〈…〉，認爲…〈是…〉：We ~ him *down as* a liar. 我們認爲他是個撒謊者。(5)把〈原因等〉歸於〔…〕〔*to*〕：You must ~ *down* your failure *to* your own idleness. 你必須將你的失敗歸於懶惰。(6)制定〈規則等〉；決定〈時日等〉。(7)〔十 *that*__〕規定〈…事〉。(8)使〈飛機〉著陸，使…降落。**—**《*vi adv*》(9)〈飛機〉著陸，降落。

sèt fórth《*vt adv*》(1)《文語》發表，宣佈〈意見等〉。**—**《*vi adv*》(2)《古》出去旅行，啓程，動身。

sèt ín《*vi adv*》(1)〈壞天氣、冬季等〉開始：Cold weather has ~ *in*. 冷天已經開始了。(2)〔十 *to* do〕[以 it 作主詞] 開始〈做…〉：*It* was *setting in to* rain. 天開始下雨了。(3)〈疾病、流行等〉發生，開始蔓延。(4)〈潮水〉向海岸流；〈風〉向陸地吹。

sèt óff《*vi adv*》(1)出發：~ *off* for home 動身回家/~ *off* on a [one's] journey [trip] 出發去旅行。**—**《*vt adv*》(2)使〈炸彈、炸藥等〉爆炸；燃放〈煙火等〉，發射〈火箭等〉：~ *off* fireworks 燃放煙火。(3)使〈機器、裝置等〉起動，開始運轉：~ *off* a fire alarm 拉火警警報。(4)〔~十off十名〕(突然)引發〈事情〉，展開〈活動〉：His story ~ *off* some laughter. 他的話引發大笑。(5)〔十受十do*ing*〕使〈人〉爆出…；使…哄然〈大笑〉：That ~ us *off* laugh*ing*. 那使我們哄然大笑。(6)襯托…，成爲…的裝飾，使…更爲出色：The green curtain ~ *off* the brown carpet. 綠色的窗帘襯托出褐色的地毯《使褐色地毯更爲出色》。(7)使…〔與…〕平衡[均衡]；以…抵消[彌補]〔…〕〔*against*〕：~ *off* money *against* lack of intellect 以金錢彌補智力的不足。(8)〔以…〕劃分，分開〈文字等〉〔*by, in*〕《★常用被動語態》：Sentences *are* ~ *off by* full stops. 句子用句點分開。

set on [《*vi prep*》~ on...] (1)攻擊…，襲擊…《★可用被動語態》：He ~ *on* her with a knife. 他用刀攻擊她。**—**[《*vt adv*》~ ón] (2)〔~ 十受十on〕〔十 *to* do〕唆使…〈做…〉：~ a person *on to* attack another 唆使某人去襲擊他人。**—**[《*vt prep*》~ ...on...] (3)⇨ *v.t.* A 10 b. (4)⇨ *v.t.* A 8 a, c.

sèt óut《*vt adv*》(1)井然有序地提示，陳述〈想法、議論等〉：~ *out* one's ideas 陳述自己的想法。(2)裝飾，陳列，擺出〈食物等〉；排〈桌、椅等〉：~ *out* books on a stall 把書陳列在攤位上。(3)間隔種植〈樹苗等〉。**—**《*vi adv*》(4)〔向…〕出發〔*on, for*〕：We ~ *out on* the return journey. 我們踏上歸途。(5)〔十do*ing*〕出發〈做…〉：He ~ *out* seek*ing* India and found America. 他啓程去尋找印度而發現了美國。(6)〔十 *to* do〕開始，著手〈做…〉：He ~ *out to* educate the public. 他著手去教育大衆。

sèt stóre by [**on**]... ⇨ store.

set to [《*vi prep*》~ to...] (1)著手〈工作〉：~ *to* work 開始工作。(2)〈跳方塊舞時〉與〈對方〉面對面：~ *to* one's partner 與舞伴面對面。**—**[《*vi adv*》~ tó] (3)認眞做起來；開始吃：As soon as the food was served, the men ~ *to*. 食物一端出來，男人們就開始吃。(4)開始打架[打戰，議論]：The two boys ~ *to* with their fists. 那兩個男孩用拳頭互毆起來。

sèt úp《*vt adv*》(1)豎起〈柱子、肖像等〉；掛起〈旗子、招牌等〉：~ *up* a pole [flag] 豎起柱子[旗子]/~ *up* a sign 掛出招牌。(2)安放〈三腳架、桌子等〉；搭〈帳蓬〉：~ *up* a tent 搭帳蓬。(3)蓋〈小屋等〉；設置〈障礙物等〉：~ *up* a barricade (在道路)設置障礙物。(4)設立，發起〈會、組織、事業等〉：~ *up* a hospital [school] 設立醫院[學校]/~ *up* a bookshop 開書店/~ *up* housekeeping 成立家庭/⇨ set up SHOP. (5)《英》創〈新記錄〉。(6)〈提供資金等〉給〈人〉開始做〔生意等〕〔*in*〕：He ~ *up* his son *in* business. 他提供資金給兒子創業。(7)〔十受十*as* 補〕〔~ one*self*〕就〈…的〉職業：He ~ *himself up as* a composer. 他成爲作曲家。(8)對〈人〉提供〔必需的資金等〕〔*with, for*〕《★常用被動語態》：He *is* well ~ *up*. 他有充足的資金/I *was* ~ *up with* a lot of money and a library of good books. 我備有一大筆錢和一書庫的好書。(9)〔~十up 十名〕發出〈叫聲等〉；引起〈騷動等〉；發生〈症狀等〉：~ *up* a shout 發出叫聲/~ *up* a protest 提出抗議/~ *up* inflammation 引起炎症。(10)〔~十受十up〕《口語》〈休假、進食等〉使〈人〉康復：A few weeks' stay at the seaside will ~ her *up*. 在海邊住兩三星期會使她康復。(11)〔十受十*as* 補〕〔~ one*self*〕自稱〈爲…〉，裝作〈…〉《★不可用被動語態》：He ~*s himself up as* a great scholar. 他自稱是位大學者[以大學者自居]。(12)〈以鍛鍊等〉使〈身體〉强壯《★常以被動語態用於下列片語》：He *is* well ~ *up*. 他有一副强壯的體格。(13)準備〈飲料等〉。(14)《美》請〈人〉喝〔酒等〕〔*to*〕；請〔人〕喝〈酒等〉〔*for*〕. (15)排〈鉛字版〉；將…排版。(16)陰謀，策劃〈犯罪〉；完成…的步驟[準備]。(17)(以

策略)使〈人〉陷入危險的立場：He was ～ *up.* 他被奸計陷害。——《*vi adv*》⒅〔＋*as* 補〕開業〈當…〉：She ～ *up as* a beautician 她開業當美容師。⒆〔＋*as* [*for*] 補〕主張〔宣佈〕〈爲…〉，裝出〈…的〉樣子，以〈…〉自居：He ～ *up for* an authority. 他以權威者自居。
——*adj.* (**set·ter, set·test**；**more** ～，**most** ～) **1** (無比較級、最高級) **a** (事先)決定的，規定的，定好的：a ～ rule 制定的規則/begin at a ～ time 在規定的時間開始。**b** 〈圖書等〉指定(學習用)的，課題的：the ～ books for an examination 考試指定用書。**c** [用在名詞前]《英》固定價錢的；客飯的；快餐的〈餐廳菜餚〉：a ～ meal 快餐；客飯。**d** 事先準備好的；有計畫性的：a ～ question 事先準備好的問題/of ～ purpose 故意地。**e** 定型的，按照型式的：a ～ phrase 陳腔濫調，老套的話/in ～ terms 以老套的說法。
2 a 〈表情等〉(凝固)不動的，固定的：～ eyes 不轉動的眼睛/a ～ smile 僵硬的笑，假笑/with ～ teeth 咬緊牙關。**b** 〈態度、意志等〉不變的，堅定的，斷然的：a man of ～ opinion 固執己見的人。**c** [不用在名詞前]〔＋介＋(代)名〕〈人〉〔意見、作風等〕固執的，頑固的〔*in*〕：He is ～ ***in*** his opinions [ways]. 他意見[作風]堅定。**d** [不用在名詞前]〔＋介＋(代)名〕決意〔…〕的，決心〔…〕的〔*on, upon*〕：He is ～ ***on*** be*ing* a doctor. 他決意要成爲醫師/He is ～ *on* his aims. 他對於自己的目標堅定不移。
3 (無比較級、最高級) **a** 〈場所等〉在(某位置)的：⇨ deep-set, wide-set, close-set/a village ～ in a wood 在森林中的一座村莊。**b** (事先)組合的，安裝的：a ～ machine 安裝好的機器/～ fireworks 花式煙火。
4 [不用在名詞前] (無比較級、最高級) [常 **all** ～] **a** 準備好的：*All* ～? 《口語》準備好了嗎？/Ready, ～, go! 就位，預備，跑！**b** 〔＋介＋(代)名〕〔爲…而〕準備的，準備齊全的〔*for*〕：get ～ ***for*** a picnic 做野餐的準備。**c** 〔＋ *to* do〕完成〈做…〉準備的；(正)要〈做…〉的：We were (*all*) ～ *to* leave when the telephone rang. 我們正要離開時電話鈴響了。
——*n.* **1** Ⓒ〔工具、茶具等的〕一套，一組，一式〔*of*〕：a ～ *of* chairs 一組椅子/writing utensils in ～*s of* three 三件一組的書寫用具/a ～ *of* twins 一對雙胞胎/a complete ～ *of* Shakespeare 莎士比亞全集/It makes a ～ with those. 它和那些構成一組[套]。
2 [用單數；常與修飾語連用當集合稱用；常 ～*s*, 有時當單數用] (職業、地位、年齡等相同的)同伴，伙伴，一羣人；黨派，社會，集團：a ～ of thieves 竊盜集團/the golf(ing) ～ 打高爾夫的伙伴/⇨ jet set/the best ～ 上流社會/the smart ～ 一羣自認爲很時髦的人/His friends are a nice ～ of people. 他的朋友是一羣好人/He's not one of our ～. 他不是我們一夥的。
3 Ⓒ (電視機、收音機等的)機組，顯像機，受訊機。
4 Ⓤ **a** 〔身體的〕姿勢，樣子；體形；形狀〔*of*〕：the ～ *of* a person's shoulders 某人肩膀的形狀/the ～ *of* the hills 小山的形狀。**b** 〔衣服的〕合身情形，穿在身上的感覺〔*of*〕：the ～ *of* a coat 上衣穿在身上的樣子。
5 [用單數] **a** (潮水、風的)流動，方向。**b** (輿論的)趨向，趨勢。**c** (性格的)傾向，偏向〔*toward*〕。**d** 傾斜，歪斜，翹曲，彎曲。**e** 《心理》(對刺激的)心向；定勢。
6 Ⓒ (網球比賽等的)一盤 (⇨ tennis【說明】)。
7 a [用單數]凝固，凝結：hard ～ (混凝土的)凝結。**b** Ⓤ (獵犬發現獵物時的)站住不動的姿勢(dead set)。
8 [用單數]做頭髮：have a ～ 去做頭髮。
9 Ⓒ插枝，嫩枝，苗。
10 Ⓤ《詩》(日、月的)下沉；日落：at ～ of sun 在日落時分。
11 Ⓒ《戲劇》大道具，舞台佈置，布景。
12 Ⓒ《電影》內景：be *on* the ～ 〈明星等〉在內景。
13 Ⓒ《數學・邏輯》集合(class)。
14 Ⓒ (鋪設地板、河床、道路用的四角形)鋪石(sett)。
màke a déad sét at... ⇨ dead set.
sét·bàck *n.* Ⓒ **1 a** (進步等的)妨礙；逆轉，逆行。**b** (疾病的)復發，變壞。
2 挫折，失敗：He had [suffered] a ～ *in* his business. 他在生意上遭到挫折。
3 《建築》高樓外牆成階梯式逐漸縮入《期使通風良好並避免阻礙陽光對街道的照射》。

setback 3

sét·dòwn *n.* Ⓒ **1** 責罵，斥責；反駁。
2 (搭車等的)一段路。
Seth [sɛθ; seθ] *n.* **1** 塞特《男子名》。**2** 《聖經》塞特《亞當(Adam)之第三子，諾亞(Noah)之祖》。
sét-in *adj.* 嵌入的，附建在建築物上的：a ～ bookcase 嵌入式書架。
sét·òff *n.* Ⓒ **1** (債務的)一筆勾消；抵消。**2** 襯托物；裝飾。
Se·ton [ˈsitn, ˈsitən; ˈsi:tn], **Ernest Thompson** *n.* 席頓《1860–1946；英裔美國作家及畫家，其故事及畫多與動物有關》。
sét·òut *n.* **1** Ⓒ **a** (餐具等的)一套，一組。**b** (擺出的)一桌飯菜。**2** Ⓒ準備，整裝，裝束。**3** Ⓤ開始；出發：*at* the frist ～ 首先，最初。
sét pìece *n.* Ⓒ **1** 花式煙火。
2 (藝術、文學等流於固定型的)一般化作品。
3 《足球》《英》定位進攻《如角球(corner kick)、自由踢(free kick)等》。
4 事先精心策畫的行動[場面]。
sét pòint *n.* Ⓒ《網球等》勝盤分《決定該場比賽勝利的關鍵性得分》。
sét scène *n.* Ⓒ舞台上之立體布景。
sét·scrèw *n.* Ⓒ定位螺釘；固定螺釘。
sét shòt *n.* Ⓒ《籃球》原地投籃《罰球綫外或從球場一隅之立定長射》。
sét·squàre *n.* Ⓒ《英》三角板(《美》triangle)。
sett [sɛt; set] *n.* Ⓒ (鋪設地板、河床的四角形)鋪石(set)。
set·tee [sɛˈti; seˈti:] *n.* Ⓒ (有靠背的)長椅子。

settee

sét·ter *n.* Ⓒ **1** 諜犬《英國產的長毛獵犬，用以指示獵物所在之處；cf. pointer 2, set *v.t.* A 14》。**2** [常構成複合字]放置者，排列的人：⇨ bonesetter, typesetter.
sét thèory *n.* Ⓤ《數學》集合論。
set·ting [ˈsɛtɪŋ; ˈsetiŋ] *n.* **1** Ⓤ安裝，裝置，放置〔*of*〕：the ～ *of* a vase on a table 花瓶的放置桌上。

setter 1

2 Ⓤ (日、月的)沉落〔*of*〕：the ～ *of* the sun 日落，日沒。
3 Ⓒ (計量儀器等的)調節，調節點：change the ～ of a thermostat 改變自動調溫器的調節點。
4 Ⓒ (寶石等的)鑲嵌，鑲台。
5 Ⓒ [常用單數] **a** (大自然的)環境，背景：a scenic mountain ～ 優美的山景。**b** (小說、戲劇、電影等的)背景：The play has its ～ in Vienna. 該劇以維也納爲背景。**c** 《戲劇》布景，舞台裝置。
6 a Ⓤ (詩、歌詞等的)譜曲，作曲。**b** Ⓒ (譜成的)曲子。
7 Ⓒ一人份的一套餐具。
‡**set·tle**[1] [ˈsɛtl; ˈsetl] *v.t.* **1** 決定(最後的結果)：**a** 〔＋受〕決定〈日期等〉；解決〈問題、爭議、糾紛等〉：～ a dispute 解決糾紛/～ the day for a meeting 決定集會的日期/The question [problem] is not ～*d* yet. 那問題還沒解決/That ～*s* it!《口語》那就這樣決定了/It's all ～*d.* 事情全部解決了。**b** 〔＋ *to* do〕決定〈做…〉：They ～*d to* reject the proposal. 他們決定拒絕該提案。**c** 〔＋ *that*＿〕決定〈…事〉：We ～*d that* we would go on Wednesday. 我們決定星期三去。**d** 〔＋ *wh.*＿/＋*wh.*＋*to* do〕決定〈…〉：They ～*d when* they would start. 他們定下了動身的時間/Have you ～*d what to* say? 你已決定要說什麼了嗎？
2 使…定居，使…安頓：**a** 〔＋受＋副詞(片語)〕使〈某人〉定居(於…)：～ one's family *in* a new place 使家人定居於新地方。**b** 〔＋受＋介＋(代)名〕[～ one*self*]定居〔在…〕〔*in*〕(★常以過去分詞當形容詞用；⇨ settled 2)：They have ～*d themselves* ***in*** their new house. 他們已經搬進新屋。**c** 〔＋受〕使人定居[殖民]於〈某地〉《★常用被動語態》：The Pilgrim Fathers ～*d* Plymouth. 清教徒定居於普里茅斯/This town *was* originally ～*d* by gold prospectors. 此鎮原爲採金礦者安身之處。
3 (安定地)放置：〔＋受＋副詞(片語)〕**a** 把…放置，安放，安頓(於…)：She ～*d* her child *in* a chair. 她把孩子安頓在椅子上。**b** [～ one*self*]坐：He ～*d himself in* the armchair. 他安坐在扶手椅子上。
4 使…安靜：〔＋受〕**a** (搖動)使〈所裝之物〉安定，穩定：～ the contents of a test tube 搖動試管內的東西使之穩定下來。**b** 使〈塵埃等〉落定；使〈液體〉澄清；使〈渣滓〉沉澱，使…下沉：A rainfall will ～ the dust on the road. 一場雨使馬路上的塵埃落定。**c** 使〈神經等〉鎮靜，鎮定：This medicine will ～ your nerves. 這種藥可以鎮定你的神經。
5 〔＋受(＋介＋(代)名)〕**a** 使〈人〉〔就業等〕而安定下來〔*in*〕；使〈某人〉成家：～ one's son ***in*** business 使兒子從商/～ one's daughter 使女兒結婚。**b** [～ one*self*]〔在…中〕安定下來〔*in*〕：～ *oneself* ***in*** life 在生活中安定下來。
6 〔＋受(＋介＋(代)名)〕付〈帳〉；〔與某人〕算清〈帳〉〔*with*〕：～ a bill 付帳/I have a debt to ～ ***with*** him. 我有一筆帳要償付他/～ an account *with*...⇨ account *n.* A 1.
7 〔＋受＋介＋(代)名〕《法律》贈與〔某人〕〈財產〉；給與〔某人〕…

的終身繼承權〔*on, upon*〕：～ one's property **on** one's niece 贈與姪女財產。

—*v.i.* **1**〔十介十(代)名〕**a** 決定〔…〕〔*on, upon*〕《★可用被動語態》：Have you ～*d* **on** a date for your departure？你出發的日子已決定了嗎？**b** 同意，安於〔不滿意的事物〕；〔對…〕採取辦法〔*for*〕：I want $20,000 for my car and won't ～ **for** less. 我的車子要賣兩萬美元，少於這價錢就不行/Why should such a well-educated man ～ *for* be*ing* a butler？爲什麼受過這樣好教育的人竟甘爲僕役長？

2〔十介十(代)名〕定居，安身，住下來，移民〔於…〕〔*in*〕：Many Germans ～*d* **in** Pennsylvania. 有許多德國人定居於賓州。

3 a〔十副詞(片語)〕(在…上)坐下，休息：He ～*d in*〔*into*〕an armchair. 他坐在扶手椅子上/They ～*d in* the parlor to watch TV. 他們坐在客廳裏看電視。**b**〔十介十(代)名〕安於〔新環境、職業等〕〔*into*〕：He soon ～*d* **into** his new position. 他很快地安於他的新職位。**c**〔十介十(代)名〕固定〔爲某種狀態〕〔*into*〕：～ **into** shape 定形；(事情)有了眉目。

4〔十介十(代)名〕**a** 償還〔…的〕債，〔與…〕清帳〔*with*〕《★可用被動語態》：I have ～*d* **with** my creditors. 我已還清債權人的債。**b** 付清〔某人的〕帳〔*for*〕：Let me ～ **for** all of you. 讓我替你們大家付帳吧。

5〔動(十介十(代)名)〕**a**〈鳥等〉棲息，停在〔…〕〔*on, upon, over*〕：A fly ～*d* **on** his nose. 蒼蠅停在他的鼻子上。**b**〈疾病等〉局部化〔於…〕〔*in, on*〕. **c**〈霧等〉降〔於…〕；〈寂靜、黑暗等〉籠罩〔…〕〔*on, upon, over*〕：A strange calmness ～*d* **upon** her. 她表現出一種奇異的平靜/Dusk was *settling* **over** the city. 都市籠罩在漸暗的天色之中。

6 a〈液體〉澄清；〈渣滓〉沈澱：The wine〔coffee〕will soon ～. 葡萄酒〔咖啡〕很快就會澄清。**b**〔動(十介十(代)名)〕〈灰塵等〉落，積〔在…〕〔*on, upon, over*〕：Dust has ～*d* **on** the furniture. 家具上積著灰塵。

7 a〈天氣等〉變穩定。**b**〈吵鬧、興奮等〉靜下來，變平靜。

8〈地層、地基等〉下陷。

séttle one's affáirs (1)處理工作。(2)(尤指完成遺書等)妥善處理身邊的事務。

séttle dówn《*vt adv*》〔～十受十 down〕(1)〔～ *oneself*〕(舒適地)坐下：He ～*d himself down into* his chair. 他(舒適地)坐在椅子上。(2)使〈人〉安靜，使…平靜：She tried to ～ the baby *down*. 她試著使嬰兒安靜。**—**《*vi adv*》(3)坐下。(4)安心〔於新職業、生活等〕〔*to*〕；定居；成家：～ *down to* a new life 習慣於新生活而安定下來/All his daughters have married and ～*d down*. 他所有的女兒都結了婚而且安定下來。(5)穩定地開始，定心去做〔…〕〔*to*〕：They quickly ～*d down to* business. 他們很快地定下心來做生意。(6)〈鳥等〉棲息。(7)〈船〉在下沈，傾斜。(8)〈霧等〉籠罩〔…〕〔*on, upon, over*〕. (9)變安靜，靜下來：*S～ down*! 安靜！

séttle ín《*vi adv*》遷入(新居)安頓下來。**—**《*vt adv*》把〈人〉安頓於(新居等)。

séttle úp《*vi adv*》償還〔欠…的〕債，〔與…〕清帳〔*with*〕《★可用被動語態》。

set·tle[2] [ˈsɛtl; ˈsetl] *n.* Ⓒ (木製的) 長椅《有扶手，高靠背，座位下爲櫃子》。

settle[2]

sét·tled *adj.* **1 a** 一定的，固定的，確立的，堅定的：a ～ income 固定的收入/～ convictions 堅定的信念。**b**〈天氣等〉穩定的，不變的：～ weather 穩定的天氣，連續的晴天。**c**〈人、生活等〉安定的：lead a quiet, ～ life 過寧靜安定的生活。**d**〈悲傷等〉深切的。**2 a**〈人〉定居的；〈土地〉被殖民的，有人居住的：A desert has no ～ population. 沙漠沒有固定的居民。**b**〔不用在名詞前〕〔十介十(代)名〕〈人〉定居〔於…〕的〔*in*〕(cf. settle[1] *v.t.* 2 b)：They are ～ **in** their new house. 他們在新居安頓下來。**3** 已付清的，結了帳的：a ～ account 結算清楚的帳目。

set·tle·ment** [ˈsɛtlmənt; ˈsetlmənt]《settle[1] 的名詞》**—*n. **1** Ⓤ **a** (在固定住處的)安頓，定居：～ *in* a new house 在新居的安頓。**b** 就任固定職業；(尤指結婚而)成家。

2 a Ⓤ殖民，移民，開拓：the ～ of the Pilgrim Fathers in Plymouth 最初移居普里茅斯的清教徒的殖民。**b** Ⓒ殖民地，居留地，新闢地，開拓地。**c** Ⓒ村落：a fishing ～ 漁村。

3 a (又作**séttlement wòrk**)Ⓤ社會福利工作《定居於多貧民的地區，從事改善或啓發的工作》。**b** (又作 **séttlement hòuse**)Ⓒ社會福利館〔中心〕《推行社會福利工作的據點、設施》。

4 Ⓤ(液體的)澄清；(渣滓的)下沈，沈澱。

5 Ⓤ(建築物、地層等的)下陷。

6 Ⓒ解決，決定；和解：the ～ of a dispute 紛爭的解決/come to〔reach〕a ～ 達成和解，商議解決。

7 Ⓒ清算，清償：the ～ of one's debts 清償債務/in ～ of... 作爲清償…《★無冠詞》。

8 Ⓒ《法律》(財產的)贈與；贈與財產：make a ～ on... 贈與…財產。

set·tler [ˈsɛtlɚ; ˈsetlə] *n.* Ⓒ **1** (初期的)殖民者，移民，移住者；開拓者。**2 a** 解決問題的人，調停者：a ～ of a dispute 紛爭的調停者。**b**《口語》用以結束的事物，最後的一擊《決定性的打擊、議論、事件等》。

set·tlings [ˈsɛtlɪŋz; ˈsetliŋz] *n. pl.* 沈澱物，渣滓，沈渣。

sét-tò *n.* [a ～]《口語》(短時間的)互毆；口角。

sét·ùp *n.* Ⓒ **1**〔常用單數〕**a** (組織等的)機構，結構，構成。**b** (機器等的)組合，裝置；裝備。

2《美》身體的動作，姿態，體格。

3《美口語》**a** (雙方事先內定勝負的)假比賽，欺騙觀衆的比賽。**b** (安排成)容易做的工作〔目標〕。

4《美口語》(製造自己喜愛的酒所需的)蘇打水、冰、酒杯等的一套東西《爲自備酒的客人所準備者》。

5〔常用單數〕《網球・排球》送給對方易打的球。

‡**sev·en** [ˈsɛvən; ˈsevn] *adj.* **1**〔用在名詞前〕七的，七個的，七人的：～ (dollars and) fifty (cents) 七元五角/He is ～ years old〔of age〕. 他七歲。**2**〔不用在名詞前〕七歲的：He is ～. 他七歲。

the City of (the) Séven Hílls 七丘之城《羅馬(Rome)市的俗稱》。

the séven cárdinal〔príncipal〕vírtues ⇨ virtue.

the séven déadly síns ⇨ sin.

the Séven Hílls (of Róme) 羅馬七丘《古羅馬的七個山丘；古代羅馬市的中心》。

the Séven Wónders of the Wórld(古代的)世界七大奇觀。

> 【說明】(1)埃及(Egypt)的金字塔(Pyramids).
> (2)亞力山大港(Alexandria)的燈塔 (the Pharos).
> (3)巴比倫(Babylon)的空中花園(Hanging Gardens).
> (4)位於小亞細亞南部的希臘古代都市哈利卡那塞斯(Halicarnassus [ˌhælɪkɑrˈnæsəs; ˌhælikɑːˈnæsəs])的摩索拉斯(Mausolus)王的陵寢。
> (5)位於小亞細亞西部的古都以弗所(Ephesus)的月神阿特蜜斯(Artemis)神殿。
> (6)位於奧林匹亞(Olympia)的宙斯(Zeus)神像。
> (7)位於羅德港(Rhodes)太陽神阿波羅(Apollo)的巨大銅像(the Colossus).
> 以上七大奇觀中，只有埃及的金字塔保存到現在。

—*n.* **1 a** ⓊⒸ〔通常無冠詞〕(基數的)七：Two from ～ leaves five. 七減二爲五。**b** Ⓒ七的記號《7, vii, VII》.

> 【說明】(1)「七」在宗教上是個神秘的數字，表示「完美」、「多數」等意思。所謂七大罪(the seven deadly sins)是指傲慢(pride)，嫉妒(envy)，暴怒(wrath)，懶惰(sloth)，貪婪(avarice)，貪食(gluttony)，以及貪慾(lust). 根據基督教的教義，凡是犯了這些罪都要下地獄。在猶太教及回教裡，最高層的天國稱作 the seventh heaven(第七重天)。另外還有七大美德(the seven cardinal virtues)等說法。
> (2)棒球的第七局，常被稱作 lucky seven(幸運的第七局)，或 seventh-inning stretch(第七局伸腰)。到了第七局，在第一個打者走到打擊位置前，觀衆都會站起來伸伸腰，好像期待著有利的轉機。這是自從美國職業棒球開始以來，觀衆爲了討吉利而形成的習慣。

2 Ⓤ七點鐘，七歲，七美元〔英鎊，分，便士(等)〕：at ～ 在七點鐘/a child of ～ 七歲的小孩。

3 Ⓒ七個〔人〕一組者。

4 Ⓒ(紙牌等的)七。

—*pron.* 〔當複數用〕七，七個，七人：There are ～. 有七個〔人〕。

séven·fòld *adj.* **1** 七倍〔重〕的。**2** 有七個部分〔要素〕的。

—*adv.* 七倍〔重〕地。

séven séas *n. pl.* [**the** ～] **1** 七大洋《南北太平洋、南北大西洋、印度洋、南冰洋及北冰洋》。**2** 世界的全部海洋。

‡**sev·en·teen** [ˌsɛvənˈtin, ˈsɛvənˈtin; ˌsevnˈtiːn˝] *adj.* **1**〔用在名詞前〕十七的，十七個的，十七人的：He is ～ years old〔of age〕. 他十七歲。**2**〔不用在名詞前〕十七歲的：He is ～. 他十七歲。

—*n.* **1 a** ⓊⒸ〔通常無冠詞〕(基數的)十七。**b** Ⓒ十七的記號《17, xvii, XVII》. **2** Ⓤ十七歲，十七美元〔英鎊，分，便士(等)〕：a boy of ～ 十七歲的少年。

—*pron.* 〔當複數用〕十七個，十七人。

‡**sev·en·teenth** [ˌsɛvənˈtinθ; ˌsevnˈtiːnθ˝]《源自 seventeen ＋ -th[1] (構成序數的字尾)》**—*adj.*** **1**〔常 **the** ～〕第十七(個)的。**2** 十七分之一的。

—*n.* **1** Ⓤ〔常 **the** ～〕**a** (序數的)第十七《略作 17th》. **b** (每月的)十七日。**2** Ⓒ十七分之一。

—*pron.* [the ~]第十七個人[物]。

‡sev·enth [ˈsɛvənθ; ˈsevnθ] «源自 seven＋-th¹(構成序數的字尾)»—*adj.* **1** [常 the ~]**第七(個)的。** **2** 七分之一的：a ~ part 七分之一。

in (the) séventh héaven ⇨ heaven.

—*adv.* 第七。

—*n.* **1** Ⓤ[常 the ~]**a** (序數的)**第七**《略作 7th》. **b** (每月的)七日。**2** Ⓒ七分之一。**3** Ⓒ《音樂》七度，七度音程。

—*pron.* [the ~]第七個人[東西]。

Séventh Dáy *n.* [the ~]每週的第七天《猶太人以及教友派教會以星期六爲安息日》。

sév·enth·ly *adv.* 第七地，第七個地。

***sev·en·ti·eth** [ˈsɛvəntɪɪθ; ˈsevntiiθ] «源自 seventy＋-th¹(構成序數的字尾)»—*adj.* **1** [常 the ~]**第七十(個)的。** **2** 七十分之一的。

—*n.* **1** Ⓤ[常 the ~](序數的)**第七十**《略作 70th》. **2** Ⓒ七十分之一。

—*pron.* [the ~]第七十個人[東西]。

‡sev·en·ty [ˈsɛvəntɪ; ˈsevnti] *adj.* **1** [用在名詞前]**七十的，七十個的，七十人的**：He is ~ years old [of age]. 他七十歲。**2** [不用在名詞前]七十歲的：He is ~. 他七十歲。

séventy tìmes séven 到七次的七十倍，無數次地《★出自聖經「馬太福音」》。

—*n.* **1 a** ⓊⒸ[通常無冠詞](基數的)七十。**b** Ⓒ七十的記號《70, lxx, LXX》. **2 a** Ⓤ七十歲；七十美元[英鎊，分，便士(等)]：an old man of ~ 七十歲的老人。**b** [**the seventies**](世紀的)七十年代。**c** [**one's seventies**](年齡的)七十幾歲。

—*pron.* [當複數用]七十個，七十人：There are ~. 有七十個[人]。

séventy-éight *n.* Ⓒ《口語》每分鐘七十八轉的唱片《★通常寫作 78，現已過時；cf. forty-five》.

séven-yèar ítch *n.* Ⓤ[常 the ~]《口語》七年之癢《據稱婚後七年開始產生的倦怠期》。

Séven Yèars' Wár *n.* [the ~]七年戰爭《1756-63，英國與普魯士(Prussia)聯盟戰勝法、奧、俄、瑞典及薩克森(Saxony)》.

sev·er [ˈsɛvɚ; ˈsevə] *v.t.* **1 a** [十受]切斷…，割斷…(⇨ separate【同義字】)：~ a rope 割斷繩子/The road was ~*ed* at several places. 道路被分開爲幾段。**b** [十受十介十(代)名][從…]切去…，[從…]割斷…[*from*]：~ a bough ***from*** a tree 從樹上砍下粗大的樹枝。

2 斷絕，終止〈關係等〉；使…失和：~ a friendship與朋友絕交，終止友誼/~ diplomatic relations with... 與…斷絕外交關係。

—*v.i.* **1** 切斷，分裂爲二，斷裂：The rope ~*ed* under the strain. 繩子拉得太緊斷了。

2 斷絕，分裂。

‡sev·er·al [ˈsɛvərəl; ˈsevrəl] *adj.* [用在名詞前](無比較級、最高級)[常修飾複數名詞] **1 幾個的，數名[數個，數度]的**《★比較表示比 a few 多，比 many 少，大約爲 3, 4, 5 的數目；a few 有時有「少數」的含意，但 several 無此含意，也沒有像 some 的模糊感覺》：He can speak ~ languages. 他會說數國語言/I have met him ~ times. 我已見過他幾次。**2**《文語》**a** [常 one's ~]個別的，各自的，單獨的：The students went their ~ ways. 學生們各走自己的路；學生們各奔前程/The debaters expressed their ~ opinions. 辯論者各抒己見。**b** 種種的：the ~ effects of the postwar changes 戰後變化的種種影響。

—*pron.* [當複數用]**幾個，數個，數人，數隻**：*S*~ (of them) were absent. (他們當中)有幾位缺席。

séveral·fòld *adj.* & *adv.* 好幾倍的[地]。

sév·er·al·ly [-rəlɪ; -rəli] *adv.* 各自，個別地，分別地。

sev·er·al·ty [ˈsɛvrəltɪ, ˈsɛvərəltɪ; ˈsevrəlti] *n.* **1** Ⓤ各自；各個。**2** Ⓒ《法律》(財產，尤指土地的)各別租借；個別所有之財產。

sev·er·ance [ˈsɛvərəns; ˈsevərəns] «sever 的名詞»—*n.* **1** ⓊⒸ斷絕，分離；切斷，隔斷。**2** Ⓤ(雇用的)契約解除。

séverance pày *n.* Ⓤ離職金，遣散費。

se·vere** [səˈvɪr; siˈviə] «源自拉丁文「嚴重的」之義»—*adj.* (**se·ver·er, -est**；**more ~, most ~**) **1 a** 〈人、臉上表情、規則等〉**嚴厲的，嚴格的；嚴正的，嚴密的**(⇨ strict【同義字】)：a ~ teacher 令人生畏的教師；表情嚴肅的教師/put on a ~ face [look] 裝出一副嚴厲的表情/a ~ examination 嚴密的檢查。**b** [不用在名詞前][十介十(代)名]〈人〉[對…]嚴格的，苛刻的[*on, with*]《★用法with 後面接表示「人」的(代)名詞，on 後面接表示「人、事」的(代)名詞》：Don't be too ~ ***on others' errors. 對別人的過錯不要過於苛責/He is very ~ ***with*** [*on*] his children. 他對待孩子們很嚴格。

2 a 〈處罰、要求等〉**嚴重的，苛刻的，不饒恕的**：a ~ punishment [sentence] 嚴罰[刑]/make ~ demands on... 苛刻要求…。**b** 〈批評(家)等〉苛刻的，嚴厲的：a ~ critic 苛刻的批評家。**c** [不用在名詞前][十介十(代)名]〈人〉[對…]嚴厲的，苛刻的[*in*]：He is ~ ***in*** his literary criticism. 他的文學批評十分嚴苛。

3 a 〈自然現象等〉**劇烈的，猛烈的**：~ heat 酷暑/a ~ winter 嚴冬/the *severest* earthquake in [for] ten years 十年來最嚴重的一次地震。**b** 〈疾病等〉嚴重的：suffer a ~ illness 罹患重病。

4 〈工作、考試等〉困難的，艱難的，辛苦的：a ~ competition 劇烈的競爭/a ~ task 艱難的工作。

5 〈服裝、建築、文體等〉樸實無華的，簡潔的，簡樸的：He dresses in a ~ style. 他穿著樸素/That dress looks too ~ on you. 那件衣服穿在你身上太樸素了。

se·vére·ly *adv.* **1** 嚴格地，嚴厲地：be ~ punished 被嚴罰/He is ~ ill in bed. 他重病臥床。**2** 樸素地，簡樸地。

se·ver·i·ty [səˈvɛrətɪ; siˈverəti] «severe 的名詞»—*n.* **1** Ⓤ **a** 嚴厲，嚴格，苛刻：the ~ of a punishment 處罰的嚴厲/with ~ 嚴厲[格]地。**b** 劇烈，嚴重：the ~ of the pain [winter] 那痛苦的劇烈[那年冬天的嚴寒]。**c** (批評等的)苛刻，嚴厲。**d** (工作、考試等的)困難，艱難，辛苦。**e** (服裝等的)簡樸。**2** Ⓒ [常 ~s]備受艱辛的經驗[嚴苛的對待]。

Sev·ern [ˈsɛvɚn; ˈsevən] *n.* [the ~]塞文河《自威爾斯中部東流經英格蘭部分地區進入布里斯托海峽(Bristol Channel)》.

Sè·vres [ˈsɛvrə, ˈsɛvɚ; ˈseivrə] *n.* **1** 塞弗爾《法國巴黎附近之一城市》。**2** Ⓤ塞弗爾出產之昂貴瓷器。

sew** [so; sou] (~**ed**；**sewn** [son; soun], ~**ed**) *v.t.* **1 a** [十受(十副)]**縫，縫合**〈布、皮革等〉〈*together*〉：~ pieces of cloth ***together 把布塊縫合。**b** [十受]**縫製**〈衣服、鞋子等〉：~ curtains 縫製窗帘/~ a button hole 縫鈕洞[鈕孔]。

2 a [十受十副]**縫上**…〈*on*〉：~ buttons ***on*** 縫上鈕釦。**b** [十受十介十(代)名][在…上]縫…[*on, onto*]：~buttons ***on*** a shirt 把鈕釦縫在襯衫上。

3 a [十受十副]把…縫進去〈*inside*〉：~ money ***inside*** 把錢縫在裡面。**b** [十受十介十(代)名]把…縫入[…][*in, into*]：~ money ***into*** the lining of a coat 把錢縫入上衣的襯裏中。

4 [十受(十副)]把〈洞等〉縫補起來，縫合〈傷口等〉〈*up*〉：~(***up***) a wound 把傷口縫合。

—*v.i.* 做裁縫，縫紉，做針線工作，使用縫紉機。

séw úp《*vt adv*》(1)⇨ *v.t.* 4. (2)《口語》成功地完成〈交涉、協商等〉，成功地訂立〈合約等〉：The deal was soon *sewn up.* 交易很快談成。(3)《口語》確保，壟斷〈選票〉；使〈選舉、比賽等的勝利等〉確定。

sew·age [ˈsuɪdʒ, ˈsju-; ˈsju:idʒ] *n.* Ⓤ下水道中的汚物，汚水：raw ~ (沒有經過化學處理的)生汚水。

séwage dispòsal *n.* Ⓤ汚水處理。

sew·er¹ [ˈsoɚ; ˈsouə] «源自 sew»—*n.* Ⓒ縫製者，裁縫師，做針線工作的女工；縫紉機。

sew·er² [ˈsuɚ, ˈsjuɚ; sjuə] «源自中古法語「排水」之義»—*n.* Ⓒ下水道，陰溝，排水管。

sew·er·age [ˈsuərɪdʒ, ˈsju-; ˈsjuəridʒ] *n.* Ⓤ **1** 下水道設備，下水道系統。**2** 下水道的汚水[汚物]處理。**3** ＝sewage.

sew·ing [ˈso·ɪŋ; ˈsouiŋ] *n.* Ⓤ **1** 裁縫，針線工作，縫紉。**2** 縫製物。

séwing cìrcle *n.* Ⓒ定期集會爲教會或慈善事業從事縫紉的婦女會。

séwing còtton *n.* Ⓤ縫紉用線。

séwing machìne *n.* Ⓒ縫紉機。

***sewn** [son; soun] *v.* sew 的過去分詞。

***sex** [sɛks; seks] *n.* **1** Ⓤ**性，性別**《男[雄]與女[雌]的區別》：without distinction of race, age or ~ 不分人種、年齡或性別。**2** Ⓒ[常the ~；與修飾語連用；集合稱]**男[女]性**：the equality of *the* ~*es* 男女平等/a school for both ~*es* 男女兼收的學校/a member of the same [opposite] ~ 同[異]性的人/*the* male [rough(er), sterner, stronger] ~ 男性/*the* female [fair, gentle, second, softer, weaker] ~ 女性。**3** Ⓤ **a 性的特徵，性的吸引力**：Nowadays there is too much ~ on television. 現今電視上呈現性氾濫。**b 性行爲，性交**：have ~ with... 與…性交。

—*adj.* [用在名詞前]性的，與性有關的：a ~ act 性行爲，性交/a ~ crime 性犯罪/~ education 性教育。

【說明】在男女約會盛行的美國，男女交際時的行爲規範是很重要的問題。爲了避免不必要的煩惱，許多地方從小學開始就有性教育的實施。內容包括懷孕、生產、育嬰等，其目的無非是要使學生認識正當的男女交際，並且也讓他們了解父母的立場以及責任。

—*v.t.* **1** [十受]鑑別〈小雞等〉的性別。**2** [十受十副] **a** 引起〈某人〉的性興奮，勾引〈某人〉〈*up*〉. **b** 增加…的性感〈*up*〉.

sex·a·ge·nar·i·an [ˌsɛksədʒəˈnɛrɪən; ˌseksədʒiˈneəriən] *adj.* 六十歲[六十至七十歲間]的。

—*n.* Ⓒ六十歲[六十至七十歲]的人。

sex·ag·e·nar·y [sɛksˈædʒɪˌnɛrɪ; sekˈsædʒinəri] *adj.* **1** 六十的。

S

2 =sexagenarian.

—*n.* =sexagenarian.

Sex·a·gés·i·ma [ˌsɛksəˈdʒɛsəmə; ˌseksəˈdʒesimə] *n.* (又作 **Sex·agésima Súnday**)四旬節(Lent)前之第二個星期日。

sex·a·ges·i·mal [ˌsɛksəˈdʒɛsəml; ˌseksəˈdʒesiml] *adj.* 六十的；六十進位的。

—*n.* Ⓒ《數學》六十分數《即以六十爲分母之分數》。

séx appèal *n.* Ⓤ性感，性的吸引力。

séxchànge *n.* Ⓤ變性。

séx chròmosome *n.* Ⓒ《生物》性染色體(cf. X chromosome, Y chromosome).

sexed *adj.* **1 a** 有性慾的。**b** 性感的，有性吸引力的。**2** [常構成複合字]有…性慾的，性慾…的：highly-*sexed* 性慾强的/⇨oversexed, undersexed.

séx·ism [-sɪzəm; -sizəm] *n.* Ⓤ性差別(主義)；(尤指)對女性的歧視，男性重視主義。

séx·ist [-sɪst; -sist] *n.* Ⓒ(尤指男子的)性別歧視者。

séx·less *adj.* **1** 無性的，不分男女[雌雄]的。**2** 不性感的，無性吸引力的。

sex·ol·o·gy [sɛkˈsɑlədʒɪ; sekˈsɔlədʒi] *n.* Ⓤ性科學。

séx·ploitàtion «sex 和 exploitation 的混合語»—*n.* Ⓤ(電影等)對於「性」的利用。

séx·pòt *n.* Ⓒ《口語》性感的女子。

séx ràtio *n.* ⓊⒸ《社會》男女人口比例，性別比率《通常以每一百名女性的數目與若干男性數目之比表示》。

sext [sɛkst; sekst] *n.* Ⓒ **1** 《宗教》第六時禱告《即正午的禱告，爲每天七次禱告中之第四次》；第六時禱告儀式。**2** 《音樂》第六度音程。

sex·tant [ˈsɛkstənt; ˈsekstənt] *n.* Ⓒ六分儀《在船上用以測量太陽自水平線的高度等一切角度的航海計量儀器；cf. quadrant 2, octant》。

sextant

sex·tet(te) [sɛksˈtɛt; seksˈtet] *n.* Ⓒ六重唱[奏]；六重唱[奏]曲，六人合唱[奏]團(⇨solo【相關用語】)。

sex·to·dec·i·mo [ˌsɛkstoˈdɛsɪˌmo; ˌsekstouˈdesimou] *n.* (*pl.* ~s) Ⓒ十六折本；十六開本《通常爲 4½×6⅞吋之大小；略作 16 mo 或 16°》.

—*adj.* 十六開本的。

sex·ton [ˈsɛkstən; ˈsekstən] *n.* Ⓒ教堂司事[管理員]，寺廟的男僕《做挖掘墓穴及敲鐘等工作》。

sex·tu·ple [ˈsɛkstupl, -tjupl; ˈsekstjupl] *adj.* **1** 六重的；六倍的。**2** 《音樂》六拍子的。

—*n.* Ⓒ六倍(的東西)。

—*v.t.* 使…成爲六倍。

—*v.i.* 變成六倍。

sex·tu·plet [ˈsɛkstuˌplɪt, -tju-; ˈsekstjuplit] *n.* **1 a** Ⓒ六胞胎中的一個(⇨twin【相關用語】)。**b** [~s]六胞胎。**2** Ⓒ六個[件]一組，由六組成的事物。

***sex·u·al** [ˈsɛkʃuəl; ˈseksjuəl] «sex 的形容詞»—*adj.* (more ~; most ~) **1** (無比較級、最高級)性的：~ appetite[desire]性慾/~ intercourse 性交/~ perversion 性慾異常，變態性慾。**2** 性的，性慾的，對性很感興趣的：~ excitement 性的興奮。

~·ly [-əlɪ; -əli] *adv.*

sex·u·al·i·ty [ˌsɛkʃuˈælətɪ; ˌseksjuˈæləti] «sexual 的名詞»—*n.* Ⓤ **1** 對於性的興趣；性慾；性行爲。**2** 男女[雌雄]之別，性別。

sex·y [ˈsɛksɪ; ˈseksi] «sex 的形容詞»—*adj.* (sex·i·er; -i·est) 《口語》**1** 性感的，富於性感的，有性魅力的：a ~ man 性感的男人。**2** 涉及性的，挑逗性的，煽情的：a ~ dress 挑逗性的女裝/a ~ novel 煽情[色情]小說。

séx·i·ly [-sɪlɪ; -sili] *adv.* **-i·ness** *n.*

Sey·chelles [seˈʃɛlz; seiˈʃelz] *n.* 塞席爾《由印度洋西部的島羣所構成的一個共和國；首都維多利亞(Victoria)》.

Séy·fert gàlaxy [ˈsaɪfɚt-, ˈsɪ-; ˈsiːfət-, ˈsai-] *n.* [the ~]《天文》塞弗特星系。

Sey·mour [ˈsimor, -mɔr; ˈsiːmɔː] *n.* 西摩《男子名》。

SF, sf [ˈɛsˈɛf; ˌesˈef] 《略》science fiction. **Sf.** 《略》sforzando.

sfor·zan·do [sfɔrtˈsɑndo; sfɔːtˈsændou] «源自義大利語「强調」之義»—《音樂》*adj.* & *adv.* 强音的[地]，特別加强的[地]《略作sf., sfz.；符號 >》.

Sfz. 《略》sforzando.

s.g. 《略》specific gravity. **S.G.** 《略》Solicitor General.

sgd. 《略》signed.

Sgt. 《略》Sergeant.

Sh 《符號》shilling(s).

sh, shh [ʃ; ʃ] *interj.* [命令對方安靜]噓！

shab·by [ˈʃæbɪ; ˈʃæbi] *adj.* (**shab·bi·er**; **-bi·est**) **1** 〈衣服等〉穿舊的，破舊的，簡陋的，粗製的：a ~ raincoat 破舊的雨衣/a ~ sofa 簡陋的沙發。**2** 〈人〉衣著襤褸的，寒酸的：a ~ old man 衣著襤褸的老人。**3** 〈街道、住處等〉狹小而亂的，骯髒的：a ~ boarding house 狹小而亂糟糟的宿舍。**4** 〈行爲〉卑鄙的，卑劣的；吝嗇的：get ~ treatment 受到卑劣的對待/a ~ trick 卑鄙的把戲。**sháb·bi·ly** [-blɪ; -bili] *adv.* **-bi·ness** *n.*

shábby-gentéel *adj.* 襤褸破敝而仍圖裝著高貴尊嚴的；窮擺架子的；窮了還要面子的。

shack [ʃæk; ʃæk] *n.* Ⓒ **1** 簡陋的小屋。**2** [常與修飾語連用](…的)小屋，房間：a radio ~ 無線電收發室。

—*v.i.* 《口語》**1** [十副]同居〈*up*〉〈*together*〉：They have ~ed ***up together***. 他們同居了。**2** [十副十介十(代)名][與人]同居〈*up*〉[*with*]：He is ~*ing* ***up with*** his girlfriend. 他正與女友同居。

shack·le [ˈʃækl; ˈʃækl] *n.* **1** Ⓒ[常 ~s] **a** 手銬，腳鐐。**b** 《文語》束縛，桎梏，羈絆：break the ~*s* of convention 打破習俗的桎梏[束縛]。**2** Ⓒ(洋鎖等的 U 字形)鉤環。

—*v.t.* **1 a** [十受]給…加上手銬[腳鐐]。**b** [十受十介十(代)名]將…綁[在…][*to*].

2 束縛…，奪去…的自由《★常用被動語態》：They *are* ~*d* by convention. 他們受到習俗的束縛。

shad [ʃæd; ʃæd] *n.* (*pl.* ~, ~s) **1** Ⓒ《魚》西鯡《多產於北美北大西洋沿岸》。**2** Ⓤ西鯡魚片。

shad·dock [ˈʃædək; ˈʃædək] *n.* **1** Ⓒ《植物》柚樹，文旦樹。**2** Ⓒ[當作食物時爲Ⓤ]柚子，文旦。

‡**shade** [ʃed; ʃeid] *n.* **1 a** Ⓤ[與形容詞連用時常 **a** ~](光、陽光被物體遮住而形成的)陰暗，蔭：There is not much ~ there. 那裏陰涼的地方不多/The tree gives *a* pleasant ~. 這棵樹(在其樹蔭下)提供了一塊舒適陰涼的地方。

【同義字】shadow 是光被遮住而形成輪廓清楚的影子。

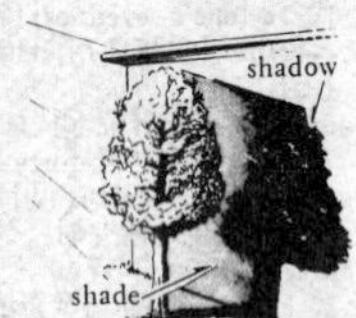

shade 1 a

b [**the** ~]陰，蔭[*of*]：in *the* ~ 在陰暗處，在樹蔭下/take a rest in *the* cool ~ *of* a forest 在森林的陰涼處休息。**c** [~s]《文語》日暮，微暗，闇黑：the ~*s* of night 夜幕。

2 a Ⓒ[常構成複合字]遮光(的東西)，百葉窗；(燈)罩，屋簷：⇨sunshade, window shade. **b** [~s]《口語》太陽眼鏡(sunglasses).

3 a Ⓒ[常與修飾語連用](常爲相同色彩的)深淺，色調，色度(⇨color A【同義字】)：a lighter ~ of green 色度較淺的綠色。**b** Ⓤ[又作 ~s](繪畫、照片等的)陰暗(部分)，陰影(↔ light)：This artist uses ~ to good effect. 這位畫家利用陰影達到良好的效果/The lights and ~*s* of this picture are well-balanced. 這幅畫的明暗配合得很好[明暗色調勻稱]。

4 Ⓒ[意義等的]細微差異，微差[*of*]：appreciate delicate ~*s of* meaning 辨別意義的微妙差異。

5 [**a** ~] **a** 極微，少許，幾分[…][*of*]：with *a* ~ *of* curiosity 略帶好奇地/There was *a* ~ *of* humor in his voice. 他的說話聲中帶有一點幽默。**b** [當副詞用]少量地，稍微，一點點：The child is *a* ~ sulky.那個小孩有一點不高興/This coffee is *a* ~ too bitter. 這咖啡太苦了一點。

6 《文語》**a** Ⓒ鬼魂，幽靈。**b** [**the** ~s]陰間，冥府。

in the sháde (1)⇨ 1b. (2)不顯眼地，被人遺忘地。

pùt [**thrów, cást**] **...in** [**into**] **the sháde** 使…不顯眼，打敗…，使…相形失色[失去光彩]：He is *put in the* ~ by his more brilliant younger brother. 他那位較能幹的弟弟使他相形失色。

Shádes of...! 《口語》使想起…：*Shades of* Joe DiMaggio! What a beautiful play! (他)彷彿就是 Joe DiMaggio! 多麼漂亮的一次比賽！

—*v.t.* **1 a** [十受]使…成蔭，使…變暗：The trees ~ the house nicely. 那些樹木使房子變得陰涼[房子周圍綠樹成蔭]/A sullen look ~*d* his face. 悶悶不樂的表情使他的臉蒙上陰影。**b** [十受十介十(代)名][用…]遮住〈眼睛、臉等〉以避〈光、熱等〉[*from*][*with*]：She ~*d* her face ***from*** the sun ***with*** her hand. 她用手遮臉，以避陽光。

2 a [十受(十副)]給〈畫、照片等〉加上陰影[明暗，濃淡]〈*in*〉：~ ***in*** a portrait 給肖像畫加上陰影。**b** [十受]使〈意見、意義等〉逐漸改變。

3 [十受]《口語》將〈價錢等〉稍微降低：He ~*d* the price (*for* me). 他(對我)少算了些錢。

—*v.i.* [(十副)十介十(代)名]〈色彩、意見、方法、意義等〉[由…]逐漸變[爲…]〈*off*〉[*from*][*into*]：red *shading* ***off into***

vermilion 逐漸淡化爲朱砂色的紅色/The colors of the light ~*d from* blue *into* purple. 光線的顏色由藍逐漸變紫。
shade·less *adj.* 無陰影的。
shade trèe *n.* Ⓒ能遮蔭的樹，擋陽光的樹木《榆樹、楓樹、洋梧桐等》。
shád·ing *n.* **1** Ⓤ成蔭，遮光，遮陽。
2 Ⓤ(繪畫的)描影[明暗]法，濃淡。
3 Ⓒ(顏色、性質等的)細微[逐漸]變化。
‡**shad·ow** [ˈʃædo, -ə; ˈʃædou] «與 shade 同字源» —*n.* **1** Ⓒ(光被遮住，形成輪廓清楚的)影子，人影(⇨shade【同義字】，插圖)：I saw a man's ~ on the wall. 我看見牆上有一個人影/*Shadows* become longer in the evening. 影子在黃昏時變長/The girl was afraid of her own ~. 那女孩怕自己的影子《非常膽小》/May your ~ never grow less！祝您永保健康！《★源自「願您的影子永不變細」之義》。
2 Ⓒ(映在水裏、鏡中等的)影子，映像，影像《★[比較]一般用 reflection》：one's ~ *in* a mirror [*on* (the) water] 映在鏡中[水面上]的自己影子。
3 Ⓒ **a** (某物)似影子的東西，模糊的影像：He wore himself to a ~ by working too hard. 他因工作過度而消瘦得不成人形/She is only a ~ of her former self. (因患病等)她瘦得不成樣子《只成爲從前的一個影子》/They had only the ~ of freedom. 他們只有名義上的自由。**b** 無實體的東西，幻影：run after a ~ 追影子，捕風捉影/catch at ~*s* 捕風捉影，徒勞。**c** 亡魂，幽靈，鬼。
4 Ⓒ **a** (如影)隨形者，常跟在身邊的人。**b** 尾隨者，刑警，間諜。
5 a Ⓤ太陽曬不到的地方，陰暗處：The back part of the room is still *in* ~. 那個房間的背面仍然陰暗/The thieves lurked *in* the ~ of the house. 竊賊躲藏在房屋的黑暗處。**b** [**the** ~**s**]暗處，日暮：*The* ~*s* of night are falling. 夜幕低垂[降臨]，天色漸暗。**c** [**the** ~]不引人注目的地方[狀態]：live in *the* ~ 沒沒無聞地過日子。
6 Ⓒ暗的部分；(畫、照片、X 光等的)暗影：She had ~*s* under [(a)round] her eyes from fatigue. 她因疲倦而眼圈發黑。
7 [用單數；常用於否定句]極微，少許〔*of*〕：beyond the ~ *of* a doubt 毫無疑問/He had *not* the ~ *of* an alibi. 他全無不在現場的證明。
8 Ⓒ(不幸、疑惑等的)暗影，陰影，陰霾：the ~ of death 死亡的陰影/A ~ of disappointment passed over her face. 失望的陰影籠罩在她的臉上/The event cast a ~ on our friendship. 那事件使我們的友誼矇上了陰影。
9 Ⓒ預兆：the ~ *of* coming war 戰爭即將來臨的預兆/Coming events cast their ~(*s*) before (them). 《諺》(不幸)事件的發生，必有其預兆《事之將來，先投其影；山雨欲來風滿樓》。
in the shádow of... (1)較…不醒目[不顯眼]的。(2)＝under the SHADOW of (1)(2).
ùnder the shádow of... (1)在…的近旁，在…近旁的：We met in a café *under the* ~ *of* the *Opera*. 我們在「歐裴拉戲院」近旁的咖啡室碰面。(2)《文語》在…的庇護[保護]之下：live *under the* ~ *of* the Almighty 我們在上帝[神]的庇護下生活。(3)在…的陰影下，有…的危險：We live *under the* ~ *of* death. 我們在死亡的陰影下生活。
—*adj.* [用在名詞前] **1** 影子的；陰影的：a ~ play [show] 影子戲。
2 無實質的形式上的：⇨shadow cabinet.
3 爲不時之需而備用的：a ~ army 預備軍。
—*v.t.* **1** 〔十受〕投陰影於…，使…陰暗，遮蔽…：The mountain is ~*ed* by clouds. 那座山被雲所遮蔽/Sudden gloom ~*ed* her face. 突如其來的憂鬱籠罩在她臉上《她的臉突然變得陰暗》。
2 〔十受〕尾隨…，跟蹤…：The detective ~*ed* the suspect. 刑警尾隨嫌疑犯。
3 〔十受(十副)〕成爲…的前兆；表示…的概略〈*forth*〉.
shádow·bòx *v.i.* (與假想對手)鬥拳，打太極拳。
shádow·bòxing *n.* Ⓤ(與假想對手的)拳擊練習，太極拳。
shádow càbinet *n.* Ⓒ《英》影子內閣《在野黨計畫中的預備內閣》。
shad·ow·graph [ˈʃædoˌgræf, -ˌgrɑf; ˈʃædougrɑːf, -græf] *n.* **1** Ⓒ將陰影投諸光幕上所製之圖像。**2** Ⓒ放射線照像(radiograph). **3** Ⓒ影子戲(shadow play).
shádow·lànd *n.* ⓊⒸ陰府；鬼魅之國；想像之世界。
shádow·less *adj.* 無陰影的。
shad·ow·y [ˈʃædəwɪ; ˈʃædoui] «shadow 的形容詞» —*adj.* (**shad·ow·i·er**；**-i·est**) **1** 多蔭的，陰暗的：~ woods (多蔭的)陰暗森林/the ~ world of espionage 間諜活動的陰暗世界。
2 似影子的；隱約的，模糊的：~ fire light 隱約的火爐之光/a ~ outline on a window shade 百葉窗上模糊的輪廓。
shád·ow·i·ness *n.*

shad·y [ˈʃedɪ; ˈʃeidi] «shade 的形容詞» —*adj.* (**shad·i·er**；**-i·est**) **1 a** 遮蔭的，多蔭的：a ~ path 樹蔭小徑。**b** 成蔭的，蔭蔽的，在蔭處的：~ trees 成蔭的樹林。**2** 《口語》可疑的，有問題的：a ~ character 可疑的人物。
on the shády síde of... ⇨side.
shád·i·ly [-dḷɪ; -dili] *adv.* **-i·ness** *n.*
shaft [ʃæft; ʃɑːft] *n.* **A** Ⓒ **1** (槌子、斧頭、高爾夫球桿等的)手柄(⇨golf club 插圖)。
2 [常構成複合字](機器的)軸，轉軸，心軸：⇨crankshaft.
3 [常 ~s](馬車等的)車杠，車把，車轅。
4 a 箭桿(⇨arrow 插圖)；箭柄。**b** 箭，矛：the ~*s* of love (邱比特射放的)愛神的箭/~*s* of wit [satire] (一針見血似的)尖銳[鋒利]的機智[諷刺]。
5 一道的光線：a ~ of light [lightning] 一道光[閃電]。
6 (鳥毛的)羽軸。
—**B** Ⓒ **1** [常構成複合字] **a** (電梯上下的)通道。**b** 換氣坑。**c** 《礦》豎坑。**2** (圓柱的)柱身，柱體(⇨column 插圖)。**3** 《美》紀念碑[塔]。
gèt the sháft 《美俚》遭殃；上當。
gìve a person **the sháft** 《美俚》使〈某人〉遭殃；欺騙〈某人〉。
—*v.t.* 〔十受〕《美俚》使〈某人〉遭殃；欺騙〈某人〉《★常用被動語態》：I got ~*ed* in that deal. 我在那次交易中受騙。
shag[1] [ʃæg; ʃæg] *n.* Ⓤ **1 a** 粗毛，尨毛，糾結在一起的頭髮。**b** (紡織物的)絨毛。**2** 濃味的粗煙絲。
shag[2] [ʃæg; ʃæg] *v.t.* 《英俚》與…性交。
shagged [ʃægd; ʃægd] *adj.* [不用在名詞前] [常 ~ **out**] 《英俚》筋疲力竭的：I'm ~. 我筋疲力竭了。
shag·gy [ˈʃægɪ; ˈʃægi] «shag[1] 的形容詞» —*adj.* (**shag·gi·er**；**-gi·est**) **1 a** 多粗毛的，毛髮濃密的，毛茸茸的：~ eyebrows 濃眉，粗眉/a ~ dog 毛茸茸的狗。**b** 〈毛、髮等〉蓬亂的。
2 〈紡織物〉起絨毛的，毛長的：a ~ rug 長毛地毯。
shág·gi·ly [-gɪlɪ; -gili] *adv.* **-gi·ness** *n.*
shággy-dóg stòry «源自話中有毛茸茸的狗出現» —*n.* Ⓒ **1** 說者興致高而聽者覺得乏味的笑話。**2** 故意使重點含糊不清的糊塗笑話；內有會說話的動物的滑稽故事。
sha·green [ʃəˈgrin; ʃæˈgriːn, ʃə-] *n.* Ⓤ **1** 表面粗糙而有顆粒狀的生皮，起顆粒的鞣皮。**2** 鯊皮《研磨用》。
shah [ʃɑ; ʃɑː] *n.* [常 S~] Ⓒ(王制時代的)伊朗國王的尊稱。
Shak. 《略》Shakespeare.
shak·a·ble [ˈʃekəbḷ; ˈʃeikəbl] *adj.* 能使其動搖[搖晃]的。
‡**shake** [ʃek; ʃeik] (**shook** [ʃuk; ʃuk]；**shak·en** [ˈʃekən; ˈʃeikən]) *v.t.* **1** (上下[前後]地快速)震動，搖動：**a** 〔十受〕搖動…，擺動…：~ a tree 搖樹/~ dice (投擲前)搖動混合骰子/To be *shaken* before use. 使用前搖一搖《★藥水等的使用說明》/He *shook* his head at the plan. 他對該計畫搖頭《表示不同意、不贊成、非難、失望的動作》。**b** 〔十受〕[~ one*self*]搖動身體：The wet dog *shook itself*. 那隻濕淋淋的狗猛搖身體。**c** 〔十受十介十名〕抓住〈人〉〔身體的某部位〕而使其搖動〔*by*〕《★[用法]表示身體某部位的名詞前用 the》：⇨SHAKE a person by the hand/She *shook* her son **by** *the* shoulders. 她抓住兒子的肩膀猛搖《強烈譴責時的動作》。**d** 〔十受(十副)(十介十(代)名)〕〔從…〕搖落…，抖掉…〈*off, down*〉〔*off, from*〕：~ apples (***down***) ***from*** a tree 將樹上的蘋果搖落/He removed his jacket and *shook* the snow ***off***. 他脫去夾克，抖掉上面的雪。**e** 〔十受十副〕搖出…〈*out*〉：~ ***out*** some pills *into* one's hand 搖(瓶子)倒藥丸到手中。**f** 〔十受十介十(代)名〕〔從…〕搖動取出…〔*out of*〕：~ a cigarette ***out of*** packet 搖動煙盒，取出一根香煙。**g** 〔十受十介十(代)名〕〔在…上〕撒〈粉末等〉〔*over, on*〕：~ pepper ***over*** meat 把胡椒撒在肉上。**h** 〔十受十補〕搖動…〈使成…狀態〉：~ oneself awake 把自己搖醒/She *shook* herself [her arm] free from his grasp. 她把身子[手臂]從他的緊抱中掙脫出來。**i** 〔十受十介十(代)名〕搖動…〔使成…狀態〕〔*to, into*〕：He *shook* his hair ***into*** place. 他甩動頭髮，使其整齊。
2 a 〔十受〕抖落…：~ a coat (爲除塵而)抖動上衣。**b** 〔十受十介十(代)名〕〔朝…〕揮〈拳頭、棍棒等〉〔*at, in*〕：~ one's finger ***at*** a person [***in*** a person's face] 朝某人[某人臉上]揮動手指《警告、非難、責罵的動作》/The demonstrators *shook* their fists *at* the police. 示威者朝警方人員揮動拳頭。
3 〔十受〕使…震動，搖撼…：The explosion *shook* the house. 爆炸使房屋震動。
4 a 〔十受〕使〈信心、自信等〉動搖；使〈勇氣、決心等〉削弱，使…受挫：~ one's faith [the credit of a bank] 使某人的信心[銀行的信用]動搖/Nothing can ~ my belief in his integrity. 什麼也動搖不了我認爲他爲人誠實的信心。**b** 〔十受(十副)〕使〈人〉驚慌失措，使〈人〉嚇一跳〈*up*〉《★常用被動語態》：I'll bet that *shook* you (***up***)！我敢打賭那使你嚇了一跳/They *were shaken* (*up*) by the report. 那項報告使他們震驚。**c** 〔十受十介十(代)

名〕使〈人〉吃驚而〔從…狀態中〕覺醒〔*out of*〕：~ a person ***out of*** his apathy 使某人從冷漠的狀態中振作起來。

5 〔十受(十副)〕《口語》**a** 除去〈煩惱〉；治好〈疾病〉；擺脫〈惡習等〉〈*off*〉：~ ***off*** one's feelings of guilt 摒除某人的罪惡感/~ (*off*) a bad habit 擺脫惡習/I can't ~ *off* my cold. 我的感冒一直沒治好。**b** 擺脫〈追蹤者等〉〈*off*〉：~ ***off*** reporters 擺脫新聞記者。

6 〔十受〕使〈聲音、樂音〉顫動，以顫音唱〈歌〉。

—*v.i.* **1** 搖動，搖晃，震動：The earth *shook* violently. 地面劇烈地震動/The trees *shook* in the wind. 樹在風中搖曳。

2 a (因寒冷、憤怒等而)顫抖，發抖：~ like a jelly[leaf] 像果凍[樹葉]似地微微抖動/⇨shake in one's SHOES/He *shook* in every limb.(連手指、腳趾在內)他渾身發抖。

【同義字】shake 是表示「震動」之意的最普通用語；tremble 指身體的某部位因恐懼、疲勞、寒冷等而無意識地震顫；shiver 指因恐懼、寒冷而整個身體瞬間性地震顫；quake 指劇烈的興奮或恐懼所引起的身體的大震顫；shudder 是因恐懼或痙攣，身體像突然抽搐似地發抖；quiver 指微微地抖動。

b 〔十介十(代)名〕〔因寒冷、憤怒等而〕發抖〔*with, from*〕：She *shook* ***with*** cold [fear]. 她因寒冷[恐懼]而發抖/His hands *shook* ***from*** excitement. 他的手因興奮而發抖。**c** 〔十介十(代)名〕〈人〉〔因笑而〕扭動身體，捧腹而笑；〈肚皮、身體〉〔因笑而〕扭動〔*with*〕：He [His belly] *shook* ***with*** laughter. 他扭著身體[捧腹]大笑。**d** 〈聲音〉震顫；使聲音震顫，以顫音唱。

3 〔十副〕〈砂等〉抖落〈*off*〉：Sand ~*s* ***off*** easily. 砂子容易抖落。

4 〈信心等〉動搖；〈勇氣等〉受挫：His courage [faith] began to ~. 他的勇氣[信心]開始動搖。

5 《口語》握手：Let's ~ and make up. 讓我們握手言和。

sháke a person **by the hánd** = **sháke** a person's **hánd** = **sháke hánds with** a person 與人握手。

sháke dówn 《*vt adv*》(1)⇨*v.t.* 1 d. (2)試航〈船隻〉，試飛〈飛機〉，試用〈機器等〉，調整…。(3)《美俚》向…敲詐金錢，勒索，脅迫。(4)《美口語》徹底搜索〈人身、場所等〉。—《*vi adv*》(5)〈人〉安定下來，熟識〈周圍的環境或人〉：He will soon ~ *down* in his new job. 他很快就會適應他的新工作。(6)臨時搭牀鋪睡覺。

sháke óut 《*vt adv*》(1)⇨*v.t.* 1 e. (2)搖動而使〈旗子、桌布、手帕等〉展開，抖開…。(3)搖動而使〈容器、口袋等〉變空，掏空…。(4)搖動而使〈火柴等〉熄滅。(5)=SHAKE up (5).

sháke úp 《*vt adv*》(1)搖動〈液體、瓶子等〉使液體(等)混合；調製〈雞尾酒等〉。(2)搖動〈枕頭、坐墊等〉以調整形狀。(3)⇨*v.t.* 4 b. (4)使〈某人〉奮起，刺激〈某人〉使有所行動：He needs *shaking up*. 他需要鞭策一下(才能振作起來)。(5)《口語》大事改革[革新]〈組織等〉，對…進行改組。

—*n.* **1** Ⓒ[常用單數] **a** 搖動，搖一下：with a ~ of the head 搖一搖頭《表示「不」的動作》/give a pole a ~ 搖一下竿子。**b** 握手：welcome a person with a hearty ~ 以誠摯的握手歡迎某人。

2 Ⓒ **a** 震動，動搖，搖晃。**b** 《美口語》地震(earthquake).

3 a Ⓒ顫抖：a ~ in one's voice 聲音的顫抖/He was all of a ~. 他全身哆嗦著。**b** [the ~s]《口語》(因發燒、寒冷、酒精中毒等引起的)發抖，戰慄。

4 Ⓒ《美口語》奶昔(milk shake).

5 Ⓒ《口語》瞬間：in two ~*s* (of a lamb's tail) = in a ~ 立刻，立即。

6 [a ~；與形容詞連用]《美口語》安排，對待：give[get] *a* fair [good] ~ 給予公平的對待[受到公平的對待]。

7 Ⓒ《音樂》顫音。

nó gréat shákes 《口語》〈人、物等〉沒什麼了不起的，平凡的：He is *no great ~s as* a pianist. 作為一位鋼琴家，他並不出色。

shake·a·ble [ˈʃekəbl; ˈʃeikəbl] *adj.* =shakable.

sháke·dòwn *n.* Ⓒ **1** 臨時湊合的牀鋪。**2** 《美口語》敲詐，恐嚇。**3** 《美口語》徹底的搜索。**4** (試驗船、飛機等的性能，使服務人員熟悉的)試航，試飛；調整。

—*adj.* [用在名詞前]試航的，試飛的：a ~ cruise [flight] 試航[飛]。

‡**shak·en** [ˈʃekən; ˈʃeikən] *v.* **shake** 的過去分詞。

sháke·òut *n.* Ⓒ **1** 公司行號或產品之因競爭或品質改良而被淘汰。

2 股票在市場上之暴跌。

3 大規模裁員，改組人事或政策之更迭等。

shák·er *n.* Ⓒ **1 a** 搖動者。**b** 搖盪器；攪拌器。**c** (調製雞尾酒的)搖杯。**d** (餐桌用蓋上有小孔的)胡椒瓶，鹽瓶：⇨saltshaker.

2 [S~]震盪教徒《十八世紀中葉時興起於英國的基督教的一派，其教徒在禮拜中作身體震盪之舞而得名，提倡財產共有及獨身》。

Shake·speare [ˈʃekˌspɪr; ˈʃeikˌspiə], **William** *n.* 莎士比亞《1564–1616；英國的劇作家、詩人》。

Shake·speare·an, Shake·spear·i·an [ʃekˈspɪrɪən; ʃeikˈspiəriən] 《Shakespeare 的形容詞》—*adj.* 莎士比亞(風格)的。

—*n.* Ⓒ研究莎士比亞的學者[專家]。

Shakespeare 誕生的家

Shake·spear·i·an·a, Shake·spear·ean·a [ˌʃekspɪrɪˈenə, -ˈænə, -ˈɑnə; ˈʃeikˌspiəriˈɑːnə] *n. pl.* 莎士比亞學；莎士比亞文物。

sháke-ùp *n.* Ⓒ(人事、組織的)大革新，大改革：a cabinet ~ 內閣改組。

shak·o [ˈʃæko, ˈʃeko; ˈʃækou] 《源自匈牙利語「尖(帽子)」之義》—*n.* Ⓒ(*pl.* ~(e)s)前面有裝飾物的圓筒形軍帽。

shako

shak·y [ˈʃekɪ; ˈʃeiki] 《shake 的形容詞》—*adj.* (**shak·i·er**；**-i·est**) **1** 搖動的，搖晃的，震動的，搖擺的：a ~ table 搖晃的桌子。**2** 〈身體〉顫慄的，震顫的，搖晃的；〈聲音、筆跡等〉發抖的：in a ~ voice 以顫抖的聲音/be ~ ***on*** one's legs 腳步踉蹌[不穩]/I feel a bit ~ still. 我覺得腳步還是有一點不穩。**3 a** 〈地位、信用、政權、知識等〉不安定的，不穩固的，不可靠的，靠不住的：a ~ coalition cabinet 不穩固的聯合內閣/~ evidence 不可靠的證據。**b** [不用在名詞前]〔十介十(代)名〕〈人〉〔對…〕沒把握的，沒信心的〔*at, in*〕：be ~ ***in*** one's belief 信心動搖的/He's rather ~ ***at*** English. 他的英文相當靠不住[不大行]。**shák·i·ly** [-kɪlɪ; -kili] *adv.* **-i·ness** *n.*

shale [ʃel; ʃeil] *n.* Ⓤ《地質》頁岩，泥板岩。

shále òil *n.* Ⓤ頁岩油。

‡**shall** [(輕讀)ʃəl, ʃl; ʃəl, ʃl; (重讀)ʃæl; ʃæl] 《源自古英語「有義務」之義》—*aux.* 《★ 語形 縮寫 **'ll**；否定 **shall not**, 否定的縮寫 **shan't**；過去式 **should**；★shan't 主要用於英國語法》。**1** [與說話者的意志無關，表示未來發生的事]《★ 用法 常用於第一人稱，為拘泥的文體，尤其見於英國語法中；在日常口語中英、美語法均傾向於用 will 代替 shall》：**a** [用於直述句]將…，會…；打算要…：I hope I ~ succeed this time. 我希望我這次會成功/I ~ be twenty years old next month. 我下個月就二十歲了/I ~ be very happy to see you. 我將很高興見到你《我很樂意和你見面》/We ~ have to hurry to get there in time. 我們將不得不及時趕到那裏/I ~ have come home by six o'clock. 在六點以前我會回家《★ 用法 表示未來完成式》。**b** [用於疑問句]會…嗎[呢]？《★ 用法 通常用於第一人稱，用於第二人稱的問句時，所期待的回答為 I shall..., 口語用 will 或 won't》：When ~ we see you again? 我們什麼時候會再見到你呢？/*S*~ you be at home tomorrow afternoon? 你明天下午會在家嗎？

語法 (1)在間接引述句的附屬子句中表示單純的未來時(He says, "I shall never succeed.")與主詞的人稱無關，常用 will：He says that he will[shall] never succeed. 他說他絕不會成功。(2)在直接引述句中表示單純未來的 you[he] will, 在間接引述句的子句中變成以第一人稱為主詞時美國語法用 will, 英國語法常用 shall：Ask the doctor if I will [《英》shall] recover. 問醫生我是否會康復。

2 [表示意志的未來] **a** [用於第二、第三人稱為主詞的直述句或附屬子句，表示說話者的意願]會[將]…，打算…：You ~ have my answer tomorrow. 你明天會得到我的答覆[我打算明天答覆你]《★ 比較 這樣的說法較拘泥，一般用 You will certainly have my answer tomorrow. 或 I'll give you my answer tomorrow. 或 You can have my answer tomorrow.》/I'm determined that nobody else ~ do that. 我決定不讓其他任何人做那件事。**b** [常用於第一人稱為主詞的疑問句，以探詢對方的意向，決心]要不要…？…好嗎？…吧？《★ 用法 作此用法時，美英常用 Shall I [we]...？》："*S*~ I show you some photographs?"—"Yes, do, please."「我拿一些照片給你看好嗎？」「好的，請給我看。」/What ~ I do next? 接下去我要做什麼？/"*S*~ we go out for a walk?"—"Yes, let's."「我們去散步吧？」「好吧。」**c** [**Let's...,** ~ **we?**](做)…好嗎？：*Let's* go to see a movie, ~ *we*? 我們去看電影好嗎？**d** [以第一人稱為主詞，表示強烈的義務或決心]一定要…《★在肯定句中多半重讀為 [ʃæl; ʃæl]》：I ~ go, come what may. 無論發生何事，我一定去/I ~ never forget your kindness. 我絕不忘記你的好意。

3 a [表示命令、規定]應該…，必須…(cf. shalt)：The fine ~ not exceed $300. 罰款(定為)不超過三百美元。**b** [用於表示命令、要求、協定等動詞後的 *that* 子句中]：The law *demands that* the money ~ be paid immediately. 法律要求該款必須馬上付清。

4 [表示對不可避免之事的預言]《文語》…的吧，應當…：Oh, East is East, and West is West, and never the twain ~ meet. 啊，東方是東方，西方是西方，兩者似乎永不相會《★出自吉普林(Rudyard Kipling [ˋrʌdjədˋkɪplɪŋ; ˈrʌdjədˈkipliŋ])的作品》。

shal·loon [ʃəˋlun, ʃæ-; ʃæˈluːn] *n.* Ⓤ一種輕軟的毛織斜紋布《主要做襯裡用》。

shal·lop [ˋʃæləp; ˈʃæləp] *n.* Ⓒ(淺底的)小船，輕舟。

shal·lot [ʃəˋlɑt; ʃəˈlɔt] *n.* Ⓒ《植物》冬葱；慈葱《玉葱的變種》。

***shal·low** [ˋʃælo; ˈʃælou] *adj.* (~·er；~·est) **1** 〈水流、容器等〉淺的(↔ deep)：a ~ dish 淺碟子/Cross the stream where it is ~*est*.《諺》涉淺渡河《做事時挑選簡便的方法》。

2 a 淺薄的，膚淺的，皮相的：a ~ man [mind] 膚淺的人[頭腦]。**b** [不用在名詞前]〔+ *of*+(代)名(+ *to* do)/+ *to* do〕〔某人〕〈做…是〉膚淺的；〈某人〉〈做…是〉膚淺的：It is ~ *of* you *to* ridicule abstract art.＝You are ~ *to* ridicule abstract art. 你嘲笑抽象藝術不免失之淺薄。

—*n.* [~s] 淺灘，沙洲：wade through the ~*s* 涉過淺灘。

—*v.i.* 變淺。**shál·low·ness** *n.*

sha·lom [ʃɑˋlom; ʃəˈloum] **《源自希伯來語「平安」之義》—** *interj.* 你好；再見《猶太人的問候或告別語》。

shalt [(輕讀) ʃəlt, ʃlt; ʃəlt; (重讀) ʃælt; ʃælt] *aux.*《古》shall 的主詞爲第二人稱單數 thou 時的直說法現在式：Thou ~ (＝You shall) not steal. 汝不可偸竊《★出自聖經「出埃及記」》。

sham [ʃæm; ʃæm] *n.* **1** Ⓤ僞裝，虛僞，虛假；欺詐：What she said was all ~. 她說的全是謊話。**2** [a ~] 僞物，贋品：His anger was *a* mere ~. 他的憤怒只是假裝的。**3** Ⓒ騙子，欺騙者。

—*adj.* [用在名詞前] **1** 欺騙的，假的，虛僞的：~ diligence 假裝勤奮/~ tears 假哭，假慈悲。**2** 模擬的：a ~ battle [fight] 模擬戰，作戰演習，假戰。

—*v.t.* (**shammed**；**sham·ming**) 假裝…，僞裝…：~ madness 裝瘋/~ sleep 裝睡。

—*v.i.* **1** 僞裝，假裝：You're only *shamming*. 你不過是假裝而已。**2** 〔+補〕假裝〈…的〉樣子：~ mad 假裝發瘋的樣子。

sha·man [ˋʃɑmən, ˋʃæm-; ˈʃæmən] *n.* Ⓒ黃教僧，巫師。

shá·man·ìsm [-ˌnɪzəm; -nizəm] *n.* Ⓤ黃教《以咒術爲主的一種原始宗教》。

sham·ble [ˋʃæmbl; ˈʃæmbl] *v.i.* 〔+副詞(片語)〕跟蹌而行，蹣跚而行：A drunken man ~*d along* the street. 一個喝醉酒的人沿街踉蹌而行。**—***n.* Ⓒ踉蹌的脚步，蹣跚的步態。

sham·bles [ˋʃæmblz; ˈʃæmblz] *n.* (*pl.* ~) **1** Ⓒ屠宰場。**2** [a ~] 流血[激戰]的場面：The war converted the country into *a* ~. 戰爭把該國變成屠殺場。**3** [a ~]《口語》凌亂[狼藉](的場面)：make *a* ~ (out) of... 把…弄得亂七八糟[一團糟]/The general meeting was *a* complete ~. 大會鬧得天翻地覆。

‡shame [ʃem; ʃeim] *n.* **1** Ⓤ**羞愧，慚愧，羞恥**：*in* ~ 羞愧地/flush *with* ~ 因羞愧而臉紅/I cannot do that *for* (very) ~. 我覺得很難爲情而做不出那樣的事/Don't you feel any ~ *at* hav*ing* lied to me? 你對我撒謊一點都不覺得羞恥嗎？/He has no ~. 他不知羞恥。

2 a Ⓤ**恥辱，丟臉**(⇨ disgrace【同義字】)：bring ~ on one's family 使家門蒙羞/bring ~ on oneself 使自己丟臉[沒面子]/*to* a person's ~ 令人感到羞恥的是/His foolish behavior brought her to ~. 他的愚行使她失面子。**b** [a ~] 可恥的事[人]，丟臉的事：He [His misconduct] was *a* ~ *to* his friends. 他[他的行爲不檢]使他的朋友們臉上無光。

3 [a ~] 惋惜[遺憾，過分]的事：It's *a* ~ to treat you like that. 那樣對待你太過分了/It's *a* ~ (that) he failed in the exam. 他考試失敗是件可惜的事/What *a* ~！多麼可恥的事！豈有此理！眞可憐[可惜]！

For sháme！＝Sháme (on you)！眞丟臉！多麼可恥！多可惜！《★比較 For shame！是較誇張而拘泥的說法》。

pùt...to sháme (1)使〈人〉蒙羞，使…失面子：His delinquency *put* his parents *to* ~. 他的犯法使他的父母蒙羞。(2)勝過，壓倒〈某人、某物〉：This new car will *put* other cars *to* ~. 這部新車將勝過其他車子。

—*v.t.* **1** 〔十受〕**使…羞愧**，使…失面子：~ one's family 使家門蒙羞/Your dishonesty ~*s* me. 你的不誠實使我覺得羞愧。**2** 〔十受〕(在優劣的比較上)使…相形見絀，使…黯然失色：His industry ~*s* us all. 他的勤勉使我們全體感到羞愧。**3** 〔十受十介十(代)名〕**a** 使〈人〉覺得慚愧〔而做…〕〔*into*〕《★常用被動語態》：He *was* ~*d* ***into*** work*ing*. 他覺得慚愧而肯工作了。**b** 使〈人〉覺得慚愧〔而放棄…〕〔*out of*〕《★常用被動語態》：He *was* ~*d* ***out of*** his bad habits. 他自覺慚愧而改掉惡習。

téll the trúth and sháme the dévil ⇨ truth.

shame·faced [ˋʃemˌfest; ˌʃeimˈfest˝] *adj.* **1** 羞愧的，慚愧而窘迫的，赧顏的：a ~ apology 羞愧的道歉。**2** 怕羞的，羞怯的：in a ~ way 害羞地。**-fac·ed·ly** [-ˌfestlɪ; -ˈfeistli] *adv.* **-fac·ed·ness** [-ˌfestnɪs; -ˈfeistnis] *n.*

shame·ful [ˋʃemfəl; ˈʃeimful] **《shame 的形容詞》—***adj.* (**more** ~；**most** ~) **1** 可恥的，失面子的：~ conduct 可恥的行爲/a ~ secret (羞於對別人說的)可恥的秘密。**2** 豈有此理的，無禮的，不像話的：It's ~ that he behaves that way. 他那樣的舉止太無禮[太不像話]。**~·ly** [-fəlɪ; -fuli] *adv.*

sháme·less *adj.* 不知恥的，無恥的，厚臉皮的：a ~ deception [liar] 無恥的詐欺行爲[撒謊者]/You're absolutely ~！你毫不知羞恥！**~·ly** *adv.* **~·ness** *n.*

shám·mer *n.* Ⓒ假裝(生病、瘋狂等)的人，僞裝者，欺騙者，撒謊者。

sham·my [ˋʃæmɪ; ˈʃæmi] *n.* ＝chamois 2.

sham·poo [ʃæmˋpu; ʃæmˈpuː] *n.* (*pl.* ~s) **1** Ⓒ洗頭[髮]：give oneself a ~ (自己)洗髮/have a ~ and set at the hairdresser's 在美容院洗髮和做頭髮。**2** Ⓤ[指產品個體或種類時爲Ⓒ]洗髮劑[粉，精]。

—*v.t.* (~ed；~·ing) **1** 用洗髮精洗〈頭髮等〉。**2** 用洗髮精給〈某人〉洗髮。

sham·rock [ˋʃæmrɑk; ˈʃæmrɔk] *n.* Ⓤ[指個體時爲Ⓒ]《植物》山酢漿草；三葉草。

shamrock

【說明】是一種開小黃花的三葉草屬植物。其三片葉子正好象徵基督的三位一體(the Trinity)，所以愛爾蘭(Ireland)選它作國花。相傳選定此花爲國花的是愛爾蘭的守護聖徒聖巴特里克(Saint Patrick)，因此每年在三月十七日的聖巴特里克節(St. Patrick's Day)時，愛爾蘭人把此花插在帽子或胸前等處表示敬意。

shan·dy [ˋʃændɪ; ˈʃændi] *n.* Ⓤ[指個體時爲Ⓒ]《英》啤酒與檸檬水或與薑汁汽水(ginger ale)的混合酒。

shang·hai [ˋʃæŋhaɪ; ʃæŋˈhai] **《源自中國東海岸的大城市上海；從前爲徵集東方航線的船員所採取的强硬手段而來》—***v.t.* (~ed；~·ing) **1** (從前)對…使用麻醉藥[灌醉…，脅迫…]而帶上船(當船員)；誘拐。**2** 〔十受十介十(代)名〕《口語》欺騙[强迫]〈某人〉〔使做…〕〔*into*〕：She ~*ed* him ***into*** buy*ing* her a mink coat. 她用誘騙的手段使他買了一件貂皮大衣給她。

Shang·hai [ˋʃæŋhaɪ; ˌʃæŋˈhai] *n.* 上海《位於長江口的海港都市》。

Shan·gri-la, Shan·gri-La [ˋʃæŋgrɪˌlɑ; ˌʃæŋgriˈlɑː] **《源自英國作家 James Hilton 小說中虛構的理想樂園》—***n.* 人間樂園，世外桃源，香格里拉。

shank [ʃæŋk; ʃæŋk] *n.* **1** Ⓒ(人、動物腿部的)脛，脛骨《膝(knee)與踝(ankle)之間；cf. shin；⇨body 插圖》。**2** Ⓒ(錨、釘、鎖匙、魚鈎、湯匙等的)柄部，幹，軸。**3** Ⓤ[指個體時爲Ⓒ](牛、羊等的)脛肉(⇨ beef 插圖)。

shánk's [shánks's] máre [póny]《口語・謔》自己的脚，徒步：by ~'s [~*s's*] *mare* [*pony*] 用步行[徒步]/ride [go on] ~'s [~*s's*] *mare* [*pony*] 步行[徒步]去。

the shánk of the évening《美》夜幕降臨的時候；晚上最好之時間。

Shan·non [ˋʃænən; ˈʃænən] *n.* [**the** ~] 夏農河《發源於愛爾蘭共和國中部，注入大西洋，爲英倫三島最長的河流》。

‡shan't [ʃænt; ʃɑːnt]《口語》**shall not** 之略。

shan·tey [ˋʃæntɪ; ˈʃænti] *n.* ＝chantey.

shan·tung [ʃænˋtʌŋ; ˌʃænˈtʌŋ] **《源自產地的中國山東省(Shantung)之名》—***n.* Ⓤ山東綢《絲綢狀的綢布》。

shan·ty[1] [ˋʃæntɪ; ˈʃænti] *n.* ＝chantey.

shan·ty[2] [ˋʃæntɪ; ˈʃænti] *n.* Ⓒ(簡陋的)小屋(hut)。

shánty·tòwn *n.* Ⓒ(城市中)由簡陋小屋構成的地區；貧民窟。

‡shape [ʃep; ʃeip] *n.* **1 a** Ⓒ形，形狀，外形，樣子(⇨ figure【同義字】)：a rock *in* the ~ of a human face 人面形的岩石/The ~ of Italy is like a boot. 義大利的地形像隻長靴/These dresses come in all ~*s* and sizes. 這些女裝有各種式樣與尺寸/What ~ is it？它是怎樣的形狀？《★用法 Of what...？是拘泥的說法》。**b** Ⓤ(抽象的)形狀，原狀：shake a feather pillow into ~ 把羽毛枕頭整理好《搖動羽毛枕頭使恢復原狀》/All solids have ~. 一切固體均有形狀/A ball is round *in* ~. 球的形狀是圓的/These shoes are rather *out of* ~. 這些鞋子幾乎全走樣了。

2 a Ⓤ[又作 a ~] 形態，模樣，裝扮：an angel *in* human ~ 扮成人形的天使/an enemy *in* the ~ of a friend 裝作朋友的敵人/She has *a* slender ~. 她的體態苗條。**b** Ⓒ(模糊的、奇怪的)形像，輪廓，幻影，幽靈：A strange ~ could be seen through the fog. 在霧中隱約可見到一個奇怪的人形。

3 Ⓤ(計畫等的)完整[具體]形式：take ~ 〈計畫、方案等〉成形，定形/get [put, knock] ...into ~ 使…成形，整理…的形狀/give

S

～ to... 賦…以形態，整理…/put one's thoughts into ～ 整理思緒，使思想具體化/⇨ WHIP ... into shape.

4 Ⓤ[與修飾語連用]《口語》(健康、經營等的)情形，狀況：I want to get into good ～ for the exam. 我要保持良好的身體以備考試/He is *in* good[poor] (physical) ～. 他的身體情況良好[差]/This car is *in* perfect ～. 這部車子的狀況十分良好。

5 Ⓒ **a** (製凍膠物、帽子等的)模子，模型。**b** (果凍、洋菜等)用模子製成的東西。

in ány shàpe or fòrm [用於否定句]不論以任何形式(都不…)，一點(都不…)：You may *not* use my ideas *in any ～ or form*. 不論以任何形式你都不能引用我的構想。

in shápe (1)⇨ 1 b. (2)身體狀況良好的，健康的(←→ out of shape)：Physical exercise keeps you *in* ～. 體操使你保持健康。

in the shápe of... (1)⇨ 1 a, 2 a. (2)…形式的，以…形式，作爲…的：a reward *in the* ～ *of* $200 以兩百美元(的金錢)作爲酬勞。

líck...into shápe ⇨ lick.

òut of shápe (1)⇨ 1 b. (2)身體情況差(←→ in shape)：I am rather *out of* ～ these few days. 我這幾天身體情況不太好。

—*v.t.* 1 a 〔十受〕**將〈東西〉造成某形，塑造…**：～ a pot on a wheel 在陶輪上捏製陶壺/The earth is ～*d* like an orange. 地球的造形如橘子。**b** 〔十受十介十(代)名〕把…造成〔…形狀〕〔*into*〕：～ clay ***into*** a cup 把黏土捏成茶杯。**c** 〔十受十介十(代)名〕〔用…〕製造…〔*out of*〕：～ a cup ***out of*** clay 用黏土製造茶杯。**d** 〔十受十 *to* do〕〈爲…而〉將…造形：～ clay *to* make a cup 將黏土塑成茶杯。

2 a 〔十受〕**將〈計畫等〉具體化**；(以言語)表示，提出〈質問、答覆等〉：～ a plan 制定一項計畫/ ～ a statement 提出聲明。**b** 〔十受十介十(代)名〕將〈想法等〉整理〔成…〕〔*into*〕：～ one's ideas ***into*** a book 把自己的想法整理成書。

3 〔十受十介十(代)名〕使…適合〔…〕〔*to*〕《★常用被動語態》：～ one's ideas ***to*** the times 使自己的想法適合時代(潮流)/The dress *is* ～*d to* her figure.這套女裝正適合她的身材。

4 〔十受〕決定〈未來的方向、方針、一生等〉：～ one's future 決定某人的前程/～ one's course in life 決定人生的方向。

—*v.i.* 1 a 〔動(十副)〕成形，完成〈*up*〉：Clouds are *shaping* on the horizon. 雲逐漸湧起於地平線上/The project is *shaping* ***up*** nicely. 該項研究計畫進展順利。**b** 〔十介十(代)名〕成爲〔…的〕形狀〔*into*〕.

2 〔動(十副)〕發展，發達，順利進行〈*up*〉：Things are *shaping* ***up***. 事情進行順利/His political career was *shaping* well. 他的政治生涯進展順利[很有起色]。

shápe úp 《*vi adv*》(1)⇨ *v.i.* 1 a. (2)⇨*v.i.* 2. (3)好好幹，改正行爲《★用法 責罵人等時所說的話》：*S*～ *up* or get out. 好好幹，否則出去。(4)調整身體情況，爲美容、健康而運動。

SHAPE [ʃep; ʃeip] 《*S*upreme *H*eadquarters *A*llied *P*owers, *E*urope 的頭字語》**—*n.*** (又作 **Shape**)Ⓤ駐歐盟軍最高指揮部。

shaped [常構成複合字]…形狀的：an egg-*shaped* head 蛋形頭/well-*shaped* 形狀良好的/ill-*shaped* 形狀不好的。

shápe·less *adj.* **1** 無形的，無定形的：a ～ coat 不成樣子的上衣。**2** 難看的：a fat, ～ figure 肥胖難看的身材。

～·ly *adv.* **～·ness** *n.*

shape·ly [ˈʃeplɪ; ˈʃeipli] *adj.* (**shape·li·er**；**-li·est**)〈女子的身材、腿〉好看的，姿態優美的，均衡的。**shápe·li·ness** *n.*

shard [ʃard; ʃa:d] *n.* Ⓒ(陶瓷器、瓦等的)破片，碎片。

‡share[1] [ʃɛr, ʃær; ʃɛə] *n.* **1 a** [用單數] (一人持有的)份，部分：get a fair ～ 獲得正當的[應得的]一份/⇨ the LION's share/This is my ～ *of* it[them]. 這是我應得的一份/He has some ～ *of* his father's genius. 他有幾分承自父親的天賦/He had his ～ *of* luck. 他也有幾分運氣；他的運氣也不差/Each had[was given]a ～ *in*[*of*] the profits. 各人有[分得]一份利潤。**b** [用單數] (每人對於費用、工作、責任等的)分攤，分擔，負担：pay a fair ～ 付出應付的一份；分擔該付的一份/Please let me take a ～ *in* the fund. 請讓我分擔一份資金吧/Your ～ *of* the expenses is five dollars. 你應付的費用是五美元/We must assume our ～ of the responsibility. 我們必須分擔我們的責任/The task falls to your ～. 該工作由你承擔。**c** Ⓤ[又作 **a** ～][對於…] (一個人擔任的)角色；參加，貢獻[*in*]：He took no ～ *in* the plot. 他沒有參與該項陰謀/I have no ～ *in* the matter. 我沒有參與該事；我與該事無關/He had *a* large ～ *in* build*ing* up the company. 他對於公司的創立有很大的貢獻。

2 a Ⓒ**股；股票**：ordinary ～*s*《英》普通股/preferred[《英》preference] ～*s* 優先股/I have 50,000 ～*s in* the steel company. 我在該鋼鐵公司擁有五萬股。**b** Ⓒ[對公司等的]出資，股權[*in*]：He has a ～ *in* the bank. 他在這銀行有股權；他出資給這銀行。**c** [～s]股份(《美》stock).

gò shares 《口語》平分，均攤，分擔，共同做：I *went* ～*s with* him *in* the taxi fare. 我和他分擔計程車費。

shàre and shàre alíke 平均的分配，等分：It's ～ *and* ～ *alike*. 那是平均分配的。

—*adj.* [用在名詞前]《英》股(份)的：～ capital 股本[股份資本]/a ～ market 股市/a ～ certificate 股票。

—*v.t.* 1 a 〔十受(十副)〕**分配…**〈*out*〉：How shall we ～ (*out*) the money？我們如何分配那筆錢？ **b** 〔十受(十副)十介十(代)名〕〔與…〕分享…，把…分給〔某人〕〈*out*〉〔*with*〕：He ～*d* his food ***with*** the poor man. 他把食物分給那個窮人。**c** 〔十受(十副)十介十(代)名〕〔在…之間〕分配…，分享…〈*out*〉〔*among, between*〕《★用法 兩人之間用 between，三人以上之間則用 among》：Let's ～ the profits ***between*** us. 我們兩人平分利潤吧/The teacher ～*d* the tasks ***among*** the pupils. 教師把工作分配給學生們/The cake was ～*d* ***out*** *among* all the children. 蛋糕分配給所有的小孩子。

2 a 〔十受〕共享，分享〈東西、快樂〉；分擔〈費用、責任、痛苦等〉；贊同〈意見〉：They ～ a room. 他們共住一個房間[同住一室]/I don't ～ your opinion. 我不贊同你的意見/Would you ～ my umbrella？你願意和我共撐一把傘嗎？**b** 〔十受十介十(代)名〕〔與人〕共用…，共享…〔*with*〕：He ～*s* an apartment ***with*** his brother. 他和弟弟[哥哥]同住一間公寓/He ～*d* my joys and sorrows *with* me. 他和我同甘共苦《他分享我的快樂，分擔我的痛苦》/I have very happy news to ～ *with* you. 我有很高興的消息要告訴你。

—*v.i.* 1 a 共用(某物)：“I don't have a textbook.”－“Never mind；let's ～.”「我沒有教科書。」「沒關係，我們共用吧。」**b** 分享，分受。**2** 〔十介十(代)名〕〔與人〕分擔〔甘苦、費用、工作等〕〔*in*〕〔*with*〕：He ～*d* ***in*** the expense ***with*** me. 他與我分擔該費用/He ～*d in* my sorrows as well as *in* my joys. 他分擔我的悲傷也分享我的快樂。

shàre and shàre alíke 平均分配，平分；一切與…分享：You must ～ *and* ～ *alike with* your brother. 你必須和你弟弟分享一切。

shár·er *n.*

share[2] [ʃɛr, ʃær; ʃɛə] *n.* Ⓒ犂頭(plowshare).

sháre·cròp *v.t.* 《美》作佃農耕作〈土地〉。

—*v.i.* 作佃農。

sháre·cròpper *n.* Ⓒ《美》(南部的)利益共享的佃農[佃戶]《向農莊主人借用土地、肥料等耕作，以收穫的農作物繳納地租的佃農》。

sháre·hòlder *n.* Ⓒ股東(stockholder).

sháre-òut *n.* [用單數]分配，均分，平分〔*of*〕.

***shark**[1] [ʃark; ʃa:k] *n.* Ⓒ《魚》**鯊，鮫**。

shark[2] [ʃark; ʃa:k] *n.* Ⓒ **1** 《口語》利用他人的人；騙子，詐欺者：⇨loan shark. **2** 《美俚》技藝高超的人，高手：a card ～ 玩紙牌的高手。

shárk·skin *n.* Ⓤ **1** 鯊皮。**2** 外表織成如鯊皮的布料。

Shar·on [ˈʃærən; ˈʃɛərən, rən] *n.* **1** 沙崙平原《古巴勒斯坦沿岸的肥沃平原》。**2** 沙倫《美國賓州之一城市》。

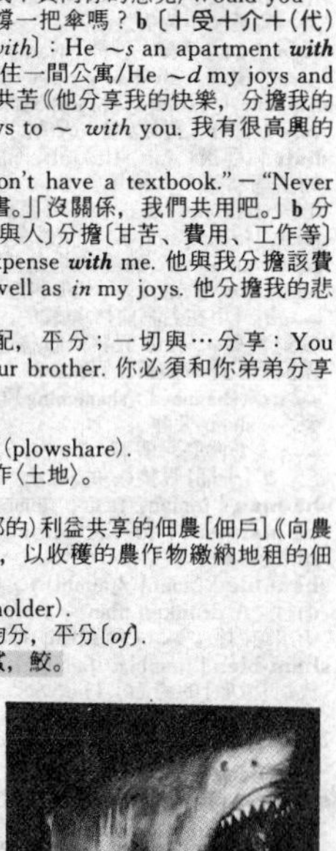

shark[1]

‡sharp [ʃarp; ʃa:p] *adj.* (～·**er**；～·**est**) **1 a** **銳利的，鋒利的**(←→ blunt, dull)：a ～ knife[edge] 銳利的刀[刃]。**b** (前端)尖的，帶棱角的：～ features 輪廓分明的臉部，有稜有角(鼻尖下巴尖)的面貌。

2 a 〈轉彎、回轉等〉**急的，急轉的**：a ～ turn in the road 道路的急轉彎/make a ～ turn 急轉彎。**b** 〈坡路等〉峭急的，陡的：a ～ ascent [descent]峭急[陡峭]的上坡[下坡]。**c** 〈角度〉尖銳的，銳角的：a ～ angle 銳角。

3 **清晰的，鮮明的**：a ～ outline 清晰的輪廓/a ～ contrast 鮮明的對照/a ～ impression 鮮明的印象/The focus of this photograph isn't very ～. 這張照片的焦點不清晰/The tower stood ～ against the clear sky. 那座塔在晴朗天空的襯托下顯得(輪廓)格外清晰。

4 a 〈聲、音等〉**尖銳的，尖叫的，高聲的，刺耳的**：a ～ cry 尖銳的叫聲/Her voice was ～ with indignation. 她氣得發出尖叫聲。**b** 〈眼光〉銳利的：He shot her a ～ glance. 他對她投以銳利的眼光。**c** 〈光線〉閃耀刺目的，强烈的：a ～ flash 强烈的閃光。

5 a 〈味、氣味等〉**刺激性强的**；苦的；辣的；酸的：a ～ taste 辛辣的味道/a ～ smell 刺鼻的氣味。**b** 《美》〈乾酪〉有辛辣味道的。

6 a 〈氣候、風等〉**凜冽的，刺骨的**：a ～ wind 刺骨的寒風/a ～ frost 刺骨的嚴寒。**b** 〈疼痛等〉劇烈的；〈食慾、飢餓等〉强烈的：a ～ pain 劇痛/a ～ appetite 旺盛的食慾。

7 a 〈眼、鼻、耳等〉**敏銳的，靈敏的**：have a ～ eye[ear, nose] for... 具有敏銳的眼光[靈敏的聽力、嗅覺]去鑑別[欣賞，發現]…。

b〈監視等〉嚴密的，注意的：keep a ~ watch [lookout] for... 嚴密監視…。

8 a〈行動、動作〉迅速的，活潑的；〈變化等〉快速的，急遽的：a short and ~ life 短而活躍的一生/take a ~ walk 以快步散步/There was a ~ rise[fall]in prices last month. 上個月物價急速上升[下降]/We must be ~ or we'll miss the train. 我們一定要快否則會趕不上火車。b〈打擊等〉重大的，嚴重的：a ~ push 用力推/get a ~ blow on the head 頭部挨了重重的一擊。c〈比賽、議論等〉激烈的，猛烈的：~ arguments 激烈的爭論/a ~ contest 激烈的競爭。

9 a〈言詞〉苛刻的，尖酸的；〈脾氣〉剛烈的，嚴厲的：a ~ answer 尖酸的回話 / a ~ tongue 言語刻薄；利嘴，利舌/~ words 嚴厲的話/a ~ temper 易怒的脾氣/I had a ~ scolding. 我狠狠的挨了一頓罵。b [不用在名詞前]〔十介十(代)名〕〔對…〕嚴厲的，嚴格的〔*with, on, upon*〕: He is ~ ***with*** his children. 他對孩子們很嚴厲。

10 a 伶俐的，聰明的，精明的：a ~ child 伶俐的孩子/~ judgment 聰明的判斷/a ~ intelligence 敏銳的智能/~ wits 敏銳的才智，機智。b [不用在名詞前]〔十介十(代)名〕擅長〔…〕的，善於〔…〕的〔*at*〕: He is ~ ***at*** math. 他擅長數學。

11 a 奸猾的，精明的，狡黠的：a ~ gambler [lawyer] 狡猾的賭徒[精幹的律師]/~ practice 不擇手段的行爲，舞弊/He is too ~ for me. 他太狡猾，我應付不了。b [不用在名詞前]〔十介十(代)名〕〔對…〕精明的〔*about*〕: He is ~ ***about*** money. 他用錢十分精明。c [不用在名詞前]〔十 *of*十(代)名(十 *to* do)/十 *to* do〕〔某人〕〈做…是〉精明的，〈某人〉〈做…是〉精明的：It is ~ ***of*** you[You were ~] ***to*** catch him. 你捉住他，是非常精明的。

12《口語》〈裝扮〉瀟灑的，漂亮的，時髦的：a ~ suit 漂亮的套裝/a ~ dresser 衣著時髦的人。

13〈無比較級、最高級〉[置於符號後面]《音樂》嬰音的，升半音的，高調的《符號♯；cf. flat[1] 9 b》: B ~ 升 B 調《符號 B♯》.

(as) shárp as a néedle[táck] 非常聰明的，腦筋極好的；很精明的。

Shárp's the wórd！ 趕快！

—*adv.* (~**·er**, ~**·est**；**more** ~，**most** ~) **1**〈無比較級、最高級〉[置於表示時間的副詞之後]正，準：We arrived at three (o'clock) ~. 我們在三點鐘正抵達。**2** 急遽地，突然地；急轉彎地：The train pulled up ~. 火車突然停下來/The car turned ~ left[right]. 那部車向左[右]急轉彎。**3** 升半音地，比原音高地：You're singing ~. 你唱得太高音了。

lòok shárp《口語》⑴小心，注意〔…〕〔*for*〕. ⑵趕快。

—*n.* Ⓒ **1**《音樂》嬰音，升半音《高半音的聲音》；升半音符號《♯；cf. flat[1] *n.* 5》.

2《口語》騙子。

3《美口語》專家。

shárps and fláts《音樂》〈鋼琴、風琴的〉黑鍵。

—*v.t.*《美》《音樂》〔十受〕把〈聲音、調子〉升高半音(《英》sharpen).

—*v.i.*《美》《音樂》以高半音唱[奏]（《英》sharpen).

~**·ly** *adv.* ~**·ness** *n.*

shárp-cút *adj.* **1** 削成銳利的。**2** 顯明的；輪廓清楚的。

shárp-éared *adj.* **1** 有尖形耳朵的；耳呈尖形的。**2** 聽覺靈敏的。

shárp-édged *adj.* **1** 有利刃的。**2** 尖銳而譏刺的。

sharp·en [ˋʃɑrpən; ˈʃɑ:pən] «sharp 的動詞» **—*v.t.***〔十受〕**1** 使…銳利，使…鋒利；磨…，削尖…：~ a pencil *with* a knife 用刀削鉛筆/ ~ a razor *on* a strop 在革砥[皮條]上磨剃刀。

2 a 增進〈食慾〉，使〈疼痛〉加劇：Exercise ~*s* your appetite. 運動增進你的食慾。**b** 使〈感覺、知性〉敏銳。**c** 使〈言詞等〉尖銳，刻薄：~ one's tongue 使詞鋒更尖利[刻薄]；磨練說話能力。

3《英》《音樂》= sharp.

—*v.i.* **1** 變銳利，變尖。**2** 變激烈：The debate ~*ed* considerably. 辯論變得相當激烈。**3**《英》《音樂》= sharp.

shárp·en·er [ˋʃɑrpənɚ; ˈʃɑ:pənə] *n.* Ⓒ磨[削]的人[工具]：a knife ~ 磨刀器/a pencil ~ 削鉛筆機。

sharp·er [ˋʃɑrpɚ; ˈʃɑ:pə] *n.* Ⓒ騙子，詐欺者；(尤指)賭博[紙牌]郎中。

shárp-éyed *adj.* **1** 目光銳利的：a ~ detective 目光銳利的偵探[探員]。**2** 洞察力敏銳的：~ criticism 洞察力敏銳的批評。

shárp-fánged *adj.* **1** 有尖牙的。**2** 譏刺的。

shárp-fréeze *v.t.* (**-froze**, **-fro·zen**)急速冷凍…(quick-freeze).

shárp-nósed *adj.* **1** 鼻尖的。**2**〈飛機、子彈等〉尖頭的。**3** 嗅覺靈敏的：a ~ dog 嗅覺靈敏的狗。

shárp-sét *adj.* **1** 極餓的，飢餓的。**2** 使前端成銳角的。

shárp·shòoter *n.* Ⓒ射擊高手；狙擊兵[手]。

shárp-síghted *adj.* **1** 目光銳利的，具慧眼的。**2** 機警的，精明的。

shárp-tóngued *adj.* (說話)尖酸的，刻薄的。

shárp-wítted *adj.* 敏悟的，機敏的。

Shás·ta dáisy [ˋʃæstə-; ˈʃæstə-] *n.* Ⓒ《植物》沙斯塔雛菊《大濱菊的變種》。

shat·ter [ˋʃætɚ; ˈʃætə] *v.t.*〔十受〕**1** 使〈玻璃等〉粉碎，使…破碎：The explosion ~*ed* every window in the house. 爆炸使屋裏的每一面玻璃窗都破碎了。

2 損傷，損害〈健康、神經等〉；使〈希望等〉破滅：The noise is ~*ing* our nerves. 噪音使我們的神經受不了/His health was ~*ed* by the war. 他的健康被戰爭摧毀。

3《口語》使〈人心〉受到衝擊《★常以過去分詞當形容詞用；⇨ shattered 3》.

4《英口語》使〈人〉筋疲力盡《★常以過去分詞當形容詞用；⇨ shattered 4》: The hard work absolutely ~*ed* him. 辛苦的工作使他筋疲力盡。

—*v.i.* **1** 變成粉碎。**2** 損害，損毀。

—*n.* [~*s*]破片，碎片：break into ~*s* 破成碎片/in ~*s* 成粉碎狀，支離破碎地。

shát·tered *adj.* **1** 粉碎的，破碎的：a ~ cup 破碎的杯子。**2** 受損的，壞了的：one's ~ health 受損的健康。**3**《口語》驚慌失措的(cf. shatter *v.t.* 3)：He had a ~ look on his face. 他臉上有驚慌之色/He was ~ by the news. 那消息給他重大的打擊[使他驚慌失措]。**4**《英口語》筋疲力盡的(cf. shatter *v.t.* 4)：She felt ~ after the long journey. 長途旅行後她覺得筋疲力盡。

shátter·próof *adj.*〈玻璃等〉破裂也不碎的，防止碎散的，防碎的。

shave** [ʃev; ʃeiv] (~**d**；~**d**, **shaven** [ˋʃevən; ˈʃeivn])《★[語形]尤指當作分詞形容詞時用 shaven》*v.t.* **1 a**〔十受〕刮〈臉、鬍子〉；剃去〈臉上、腿上〉的毛：~ one's face[beard]修面[剃鬍子]。**b**〔十受〕[~ one*self*]剃(自己的)面[鬍子(等)]。**c**〔十受〕剃〈某人〉的面[頭，鬍子]：I had a barber ~ me. 我請理髮師爲我修面。**d**〔十受十補〕把…剃成〈…狀態〉：A barber ~*d* him bald. 理髮師把他剃成光頭。**e**〔十受十副〕把〈鬍子等〉剃掉〈*off*〉: He ~*d* ***off his moustache. 他剃掉髭。

2〔十受〕修剪〈草坪等〉：a closely ~*d* lawn 修剪整齊的草坪。

3 a〔十受(十副)〕把〈乾酪等〉削[切]成薄片〈*off*〉: ~ ***off*** thin slices of cheese 把乾酪切成薄片。**b**〔十受〕鉋…：~ wood 鉋木材。

4〔十受〕掠過…，擦過…：The car ~*d* the wall. 那部車擦牆而過。

—*v.i.* 剃[刮]鬍子。

—*n.* **1** Ⓒ[常用單數]剃鬍子：have a ~ 請人剃鬍子/You need a ~. 你需要剃鬍子了《你的鬍子長了》。

2 Ⓒ薄片，削屑：beef ~*s* 牛肉薄片。

3 [**a close** [**narrow, near**] ~]死裏逃生，千鈞一髮：⇨ close shave/He had *a near* ~ with a car. 他差一點被車子撞到。

shave·ling [ˋʃevlɪŋ; ˈʃeivliŋ] *n.* Ⓒ **1**《輕蔑》剃掉鬢髮之人；僧人。**2** 青年人。

***shav·en** [ˋʃevən; ˈʃeivn] *v.* shave 的過去分詞。

—*adj.* [常構成複合字] **1** 剃過的：a ~ chin [head] 剃過鬍子的下巴[剃光的頭]/a clean-*shaven* face 把鬍子剃乾淨的臉。**2**〈草坪等〉修剪過的。

sháv·er *n.* Ⓒ **1** 刮[削]的人；理髮師。**2 a** 刮[削]的器具。**b** 電鬍刀。**3** [常**young**[**little**]~]《罕》年輕人，小伙子，男孩子。

Sha·vi·an [ˋʃevɪən; ˈʃeivjən] *adj.* 蕭伯納的。

—*n.* Ⓒ蕭伯納的崇拜者。

sháv·ing *n.* **1** Ⓤ **a** 刮，刮鬍子，修面。**b** 削。**2** Ⓒ[常~*s*]削片，刨花：pencil ~*s* 鉛筆削屑。

sháving brùsh *n.* Ⓒ修面刷。

sháving crèam *n.* Ⓤ刮鬍膏。

sháving sòap *n.* Ⓤ刮鬍皂。

Shaw [ʃɔ; ʃɔ:], **George Bernard** *n.* 蕭伯納《1856–1950；生於愛爾蘭的英國劇作家、批評家；略作 G. B. S.》.

shawl [ʃɔl; ʃɔ:l] *n.* Ⓒ披肩，圍巾。

shay [ʃe; ʃei] *n.* Ⓒ《方言》輕便馬車(chaise).

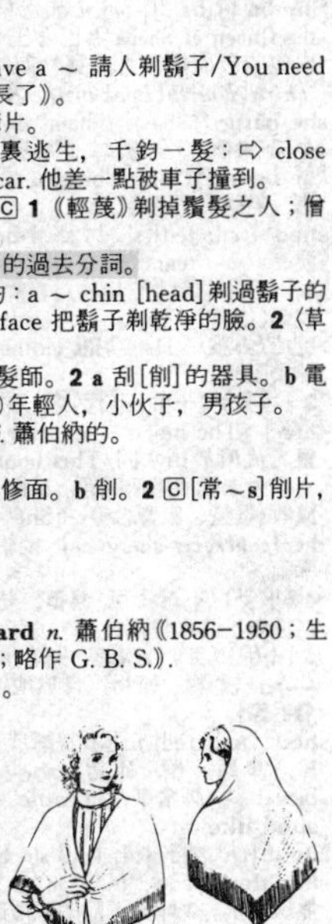

shawls

‡she [(輕讀) ʃɪ; ʃi; (重讀) ʃi; ʃi:] *pron.*《★[語形]所有格 **her**，受格 **her**，所有格代名詞 **hers**，複合人稱代名詞 **herself**；⇨ they》**1** [第三人稱，單數，女性，主格]她《★[用法]也用以指船舶、月亮、列車、國家、城市及其他擬爲女性之物》: My mother says ~ likes you. 我母親說她喜歡你/What a beautiful ship！What is ~ called？多麼漂亮的一條船！船名叫什麼？**2** [對女嬰說]你(you)：Does ~ want *her* toy？你要你的玩具嗎？

— [ʃi; ʃi:] *n.* Ⓒ (*pl.* ~**s**) **1** 女孩子，女子，女人：Is your

baby a he or a ～？你的嬰兒是男的或是女的？**2** 雌者，雌性動物(female)(cf. he[1] 2).
— [ʃi; ʃiː] *adj.* [用在名詞前][冠以動物名構成複合字]雌的(female)(cf. he[1])：a *she*-cat 雌貓(⇨ cat【相關用語】)；壞心眼的女人/a *she*-goat 母山羊。
sheaf [ʃif; ʃiːf] *n.* Ⓒ(*pl.* **sheaves** [ʃivz; ʃiːvz]) **1** (收割穀物的)束，捆〔*of*〕(⇨ bundle【同義字】)：a ～ *of* barley 一捆大麥。**2** (文件等的)束(⇨ bundle【同義字】)：a ～ *of* letters 一束信函。
shear [ʃɪr; ʃiə] *n.* **1** [～s] **a** 大剪刀，修剪枝葉用的剪刀：garden ～*s* 園藝用大剪刀《一把》/a pair of ～*s* 一把大剪刀。**b** 剪斷機。**2** Ⓒ《英》(羊的)剪毛次數；(羊的)年齡：a sheep of one ～[two ～*s*]一歲[兩歲]的羊。
— *v.t.* (**～ed**；**～ed, shorn** [ʃorn, ʃɔrn; ʃɔːn])《★【語形】當作 *v.t.* 義 2, 3 及分詞形容詞時用 shorn》. **1 a** (用大剪刀)剪〈羊〉的毛：～ sheep 剪羊毛。**b** 剪下〈羊毛〉：～ wool (from sheep)(從羊身上)剪下羊毛。**2** 〔十受(十副)〕《文語・謔》剪〈髮〉；剪〈某人〉的頭髮〈*off*〉：You have been rather closely *shorn*. 你的頭髮剪得相當短。**3** 〔十受十介十(代)名〕從〈某人〉搶去，奪去〔…〕〔*of*〕《★常以過去分詞當形容詞用；⇨ shorn 2》. **4** 〔十受(十副)〕《機械》剪斷〈電纜等〉〈*off*〉.
— *v.i.* 〔動(十副)〕《機械》〈電纜等〉斷掉〈*off*〉.
shear·er [ˈʃɪrɚ; ˈʃiərə] *n.* Ⓒ剪(羊等)毛的人。
shear·hog [ˈʃɪrag; ˈʃiərɔg] *n.* Ⓒ《英方言》剪過第一次毛的羊。
shear·ing [ˈʃɪrɪŋ; ˈʃiəriŋ] *n.* ⓊⒸ **1** 剪羊毛；剪毛。**2** 剪下之羊毛。**3**《機械》剪斷；剪割。
shéar·wàter *n.* Ⓒ海鷗。
sheath [ʃiθ; ʃiːθ] *n.* Ⓒ(*pl.* **～s** [ʃiðz; ʃiːðz]) **1 a** (刀、利器的)鞘。**b** (器具、用具的)覆蓋物，保護套。**2** 一種貼身女裝。**3** (男性爲避孕、防性病用的)保險套(condom).
sheathe [ʃið; ʃiːð]《sheath 的動詞》**—** *v.t.* **1** 把…納入鞘中。**2** 〔十受(十介十(代)名)〕(爲保護而)〔以…〕覆蓋，裹住…〔*with, in*〕：～ a roof ***with*** copper 用銅板覆蓋屋頂/～ a mummy ***in*** linen 用亞麻布裹住木乃伊。
sheath·ing [ˈʃiðɪŋ; ˈʃiːðiŋ] *n.* Ⓤ **1** 納入鞘中。**2** (保護用的)護套，包覆材料：waterproof ～ 防水的包覆材料。
shéath knìfe *n.* Ⓒ鞘刀。
sheaves *n.* sheaf 的複數。
She·ba [ˈʃibə; ˈʃiːbə] *n.* 希巴《阿拉伯西南部的一古國》。
the Quéen of Shéba 希巴女王《聽到所羅門王的偉業與智慧，爲向他請教而携帶大批寶物前往拜訪；★出自聖經「列王紀」(*The Third*[*Fourth*] *Book of the Kings*)》.
she·bang [ʃɪˈbæŋ; ʃiˈbæŋ] *n.* **1** [**the whole** ～]《美口語》一切，全部(事情)，全盤。**2** Ⓒ陋屋；賭場；妓院。
she·been [ʃɪˈbin; ʃiˈbiːn] *n.* Ⓒ《愛爾蘭・蘇格蘭》賣私酒之小酒店，無執照的酒店。
***shed**[1] [ʃɛd; ʃed](**shed**；**shed·ding**) *v.t.* **1** 〔十受〕流出，滴下〈血、淚等〉：～ tears 流淚，哭/～ blood 流血，引起流血事件。**2** 〔十受〕**a** 〈動物、植物〉(自然地)使〈葉、犄角、皮、毛、羽毛等〉脫落(換新)：Trees ～ their leaves in autumn. 樹在秋天落葉。**b** 脫掉〈衣服〉：He ～ his clothes and jumped into the river. 他脫掉衣服跳入河中。
3 a 〔十受(十介十(代)名)〕放射，發出〈光、熱、香氣等〉〔*on, over*〕：The moon ～ a silver luster ***over*** the landscape. 月亮的銀光流瀉於山水間/This book ～*s* no light ***on*** the question. 這本書中未闡明這個問題。**b** 〔十受十副詞(片語・子句)〕(向周圍)擴散〈氣氛、影響力等〉：She ～*s* warmth and happiness *around* her[*wherever* she goes]. 她給周圍的人[所到之處]帶來溫暖與幸福。
4 〔十受〕(不滲透而)瀉落，排掉〈水等〉：This cloth ～*s* water. 這種布不沾水[防水]。
5 〔十受〕《英》〈貨車等〉失落〈所載的貨物〉。
— *v.i.* 〈動物、植物〉(自然地)脫落，換新葉子[犄角，皮，毛，羽毛等]。
shed[2] [ʃɛd; ʃed] *n.* Ⓒ[常構成複合字](收藏東西的)小屋，小倉庫，車庫，棚，庫房：a ～ *for* tools 工具房/⇨ toolshed/a bicycle ～ 腳踏車棚/a cattle ～ 家畜棚/a train ～ 列車車庫。
shéd·lìke *adj.*
‡**she'd** [ʃɪd, ʃid; ʃid, ʃiːd] **she had**[**would**] 之略。
shed·der [ˈʃɛdɚ; ˈʃedə] *n.* Ⓒ **1** 脫落者；放射者。**2** 開始脫殼之龍蝦或蟹。**3** 剛換過殼的龍蝦或蟹。
shé-dévil *n.* Ⓒ女魔鬼，殘暴的女人。
shéd ròof *n.* Ⓒ《建築》單坡屋頂。
sheen [ʃin; ʃiːn] *n.* Ⓤ [又作 **a** ～]光輝，光澤，光彩：*a* silver ～ on her hair 她頭髮的銀色光澤/polish to *a* ～ 擦到光亮。
sheen·y [ˈʃinɪ; ˈʃiːni]《sheen 的形容詞》**—** *adj.* (**sheen·i·er**；**-i·est**)閃閃發亮的，閃爍的，有光澤的。
‡**sheep** [ʃip; ʃiːp] *n.* (*pl.* ～) **1** Ⓒ羊，綿羊《★【相關用語】未閹過的公羊爲 ram，閹過的公羊爲 wether，母羊爲 ewe，羔羊爲 lamb；羊肉稱 mutton，小羊肉稱 lamb；羊叫爲 bleat，羊叫聲「咩」是 baa》：a flock of ～ 一羣羊/⇨ black sheep/count ～ 數羊《★根據歐美的民間傳說，晚上睡不著時想像羊羣或跳過牧場柵欄的羊，心裏數著：「一隻羊，兩隻羊，…」很快就會睡著了》/One may[might] as well be hanged for a ～ as (for) a lamb.《諺》一不做，二不休《★源自「與其偷小羊受絞刑倒不如偷大羊受絞刑」之義》。

【說明】從聖經中可以看出，在希伯來人(Hebrews)的生活中，綿羊佔有很重要的地位。綿羊性情溫馴，象徵柔順、溫和、純潔、天眞、率直、膽小。在基督教中牧羊人與羊的關係則象徵著統治者與受統治者以及牧師與信徒的關係。而牧羊人的工作就是引導迷路的羊(stray [lost] sheep)走入正途。

2 Ⓒ膽小者，懦弱的人。**3** Ⓤ羊皮(sheepskin).
màke [**cást**] **shéep's èyes at...** 對…拋媚眼。
séparate the shéep and[**from**] **the góats** 區別善人與惡人[能幹的人與無能的人]《★出自聖經「馬太福音」；cf. goat【說明】》。
wólf in shéep's clóthing ⇨ wolf.
sheep·cote [ˈʃipˌkot; ˈʃipkout] *n.* Ⓒ《主英》羊欄；羊舍。
sheep-dip [ˈʃipˌdɪp; ˈʃiːpdip] *n.* ⓊⒸ羊消毒液。
shéep·dòg *n.* Ⓒ看守羊羣的狗，牧羊犬《如 collie 等》。

sheepdog

shéep·fòld *n.* Ⓒ羊欄，羊舍。
shéep·hèrder *n.* Ⓒ《美》牧羊人(shepherd).
shéep·hòok *n.* Ⓒ牧羊杖。
shéep·ish [-pɪʃ; -piʃ] *adj.* (如綿羊般)內向的，羞怯的，靦覥的，怯懦的，膽小的：a ～ boy 怯懦的少年/a ～ smile 羞怯的微笑。
～·ly *adv.* **～·ness** *n.*
shéep rùn *n.* Ⓒ大牧羊場。
shéeps·hèad *n.* Ⓒ **1** (做食物之)羊頭。**2** 愚蠢的人。**3** 羊首鯛。
shéep·shèarer *n.* Ⓒ剪羊毛的人[機器]。
shéep·shèaring *n.* **1** Ⓤ剪羊毛。**2** Ⓒ**a** 剪羊毛的時期。**b** 剪羊毛的慶宴會。
shéep·skìn *n.* **1 a** Ⓤ羊皮。**b** Ⓤ羊的鞣皮。**c** Ⓒ羊皮外套；羊毛地毯。**2** Ⓤ羊皮紙。**3** Ⓒ《美口語》畢業證書(diploma).
shéep·wàlk *n.* Ⓒ《英》牧羊場。
sheer[1] [ʃɪr; ʃiə] *adj.* (**～·er**；**～·est**) **1** [用在名詞前]完全的，全然的，十足的，眞正的：～ folly 愚蠢透頂/by ～ luck 全憑運氣/talk ～ nonsense 胡說八道，一派胡言。**2** 極薄的，透明似的：～ stockings[tights]極薄[透明]的長襪[緊身衣]。**3** 峭立的，險峻的：a ～ cliff 懸崖，峭壁。
— *adv.* (無比較級、最高級) **1** 全然地，完全地：The date went ～ out of my head. 那個日期完全從我腦子裏消失了《我全忘了那日期》。**2** 垂直地，直直地，峭立地：The cliff rises ～ from the sea. 懸崖峭立於海面。
— *n.* **1** Ⓤ透明似的薄紡織品。**2** Ⓒ薄紡織品製的衣服。
sheer[2] [ʃɪr; ʃiə] *v.i.* **1** 〔十副〕〈船等〉(爲避免相撞而)急速轉向〈*off, away*〉. **2** 〔十副(十介十(代)名)〕避開〔厭惡的人、討厭的話題等〕〈*away, off*〉〔*from*〕：I saw him but I ～*ed off*. 我看到他但是避開他/He always ～*s* ***away from*** this topic. 他總是避談這個話題。
‡**sheet**[1] [ʃit; ʃiːt] *n.* Ⓒ **1** 牀單，被單，褥單《★牀舖使用上下兩張牀單，人睡於其間》：get between the ～*s* 鑽進被窩，上牀就寢/change the ～*s* on a bed 換牀單。
2 a (規定大小的紙張等的)一張(⇨ paper【用法】)：a ～ *of* wrapping paper 一張包裝紙/tear a ～ from a pad 從拍紙簿上撕去一張。**b** 薄板，壓延(金屬)板(⇨ board【同義字】)：a ～ *of* glass [iron]一片玻璃[一塊鐵板]。
3 a 印刷物：a fly ～ 宣傳單，廣告單/a specification [《口語》spec] ～ 規格明細單。**b**《俚》新聞：a news ～ (簡單的)單張報紙/a scandal ～ 刊登醜聞的報紙。**c**《郵票》大全張《印在一張紙上，未撕開的郵票》。**d**《印刷》張頁紙，單張紙《折疊成書前的大張印刷紙》。
4 [常 **～s**]一大片(水、雪、冰、火等)：a ～ *of* ice 一大片的冰/a ～ *of* fire 一片火海/～*s of* rain 傾盆[滂沱]大雨/⇨ in SHEETS (1).
(as) white as a shéet 〈臉〉(因病、恐懼、受到打擊等而)蒼白的，無血色的。
in shéets (1)〈雨勢〉滂沱地，傾盆地；〈霧〉一片茫茫地：The rain fell *in* ～*s*. 雨傾盆而下。(2)(印刷好而)未裝訂成書的，一張張散開的。
— *adj.* [用在名詞前]薄板狀的：～ glass 薄玻璃板/～ iron 薄鐵

板/~ metal 金屬薄板，金屬片。
—v.t. 〔十受〕**1** 鋪牀單於…：~ a bed 在牀上鋪牀單。**2** (如牀單)全面覆蓋…《★常用被動語態，介系詞用 *with, by*》：The floor *was ~ed with* dust. 地板上積著一層灰塵。
—v.i. 〈雨〉傾盆地下。
sheet[2] [ʃit; ʃi:t] *n.* Ⓒ帆脚索《把帆繫於船的繩索；⇨ sailboat 插圖》。**thrée shéets in[to] the wind**《口語》(喝酒過多)搖搖晃晃地《★源自三根帆脚索脫落後，形容船在風中搖晃的情形》。
shéet ànchor *n.* Ⓒ **1**《航海》緊急時使用的大錨。**2** 緊急時依恃的人[物]，最後的靠山。
sheet·ing [ˈʃitɪŋ; ˈʃi:tiŋ] *n.* Ⓤ **1** 牀單布，被單布。**2** (被覆、墊裏用的)板金；(塑料等的)薄膜，壓片。
shéet lìghtning *n.* Ⓤ片狀閃電《反射在雲上，成幕狀光亮的閃電》。
shéet mùsic *n.* Ⓤ(沒有裝訂的)單張樂譜。
Shéet·ròck *n.* **1**《商標》一種石膏板(plasterboard)的牌子。**2** [s~] Ⓤ此種牌子的石膏板。
Shef·field [ˈʃɛfild; ˈʃefi:ld] *n.* 雪菲耳《英格蘭中北部南約克郡(South Yorkshire)的一個工業城市，為鋼鐵業的中心》。
shé-gòat *n.* Ⓒ母羊(⟷ he-goat)。
sheik(h) [ʃik; ʃeik, ʃi:k] *n.* Ⓒ (回教國家，尤指阿拉伯各國的)酋長，族長，長老，教主《★用法也用作尊稱、敬語》。
shéik(h)·dom [-dəm; -dəm] *n.* Ⓒsheik 統轄的領土，酋長國。
shei·la [ˈʃilə; ˈʃi:lə] *n.* Ⓒ《澳口語》年輕女子，少女。
Shei·la [ˈʃilə; ˈʃi:lə] *n.* 希拉《女子名》。
shek·el [ˈʃɛkl; ˈʃekl] *n.* **1** Ⓒ雪克爾《古代猶太的貨幣單位》。**2** [~s] 《謔》錢：have a lot of ~*s* 有很多錢。
shel·drake [ˈʃɛlˌdrek; ˈʃeldreik] *n.* Ⓒ《鳥》雄潦鳧。
shel·duck [ˈʃɛlˌdʌk; ˈʃeldʌk] *n.* Ⓒ《鳥》潦鳧。
***shelf** [ʃɛlf; ʃelf] *n.* Ⓒ (*pl.* **shelves** [ʃɛlvz; ʃelvz]) **1 a** 架，棚：Put this book on the ~. 把這本書放在架子上。**b** 一架子的東西〔*of*〕：a ~ *of* books 一架子的書。**2 a** (懸崖的)岩棚。**b** 暗礁，沙洲，淺灘：⇨ continental shelf.
on the shélf《口語》〈人〉被擱置的，沒有被派上用場的，不再流通[流行]的；(尤指)〈女子〉過了婚期的，嫁不出去的。
shélf lìfe *n.* ⓊⒸ (藥、食品等的) 儲藏壽命[期間]。
shélf màrk *n.* Ⓒ《圖書館學》書架號《書脊下方指示該書放置書架的記號》。
‡**shell** [ʃɛl; ʃel] *n.* **1** Ⓤ [指個體時為Ⓒ] [常構成複合字] **a** 貝殼(seashell)；(牡蠣的)殼(oyster shell)：gather ~*s* 收集貝殼/buttons made of ~ 貝殼製的鈕扣。**b** (烏龜、蝦、螃蟹等的)甲殼：⇨ tortoiseshell. **c** (甲蟲等的)硬殼。**d** (鳥蛋的)外殼(⇨ egg[1] 插圖)。**e** (果實、種子等的)殼(nutshell)。**f** (豆類的)莢。

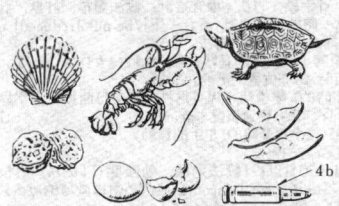

各式各樣的 shells 1, 4 b

2 Ⓒ **a** (建築物、交通工具等的)骨架，外殼，船身，車身：After the fire the house was a mere ~. 一場火災後那棟房屋只剩下骨架。**b** (做菜時未包餡前的)外皮。
3 Ⓒ **a** (無實質內容的)外觀，外表：the ~ of religion 宗教的外表，表面上的宗教。**b** (人的)軀殼：a mere ~ of a man(失去幹勁的)空殼似的人[行屍走肉]。
4 Ⓒ **a** (會炸開的)砲彈，榴彈(⇨ bullet【同義字】)。**b**《美》彈殼。
5 Ⓒ單人划艇《類似 scull 的比賽用輕型船》。
ìnto one's shéll《口語》自我封閉地：go[retire] *into* one's ~ 把自己封閉在殼中，變得羞怯沉默；與世隔絕。
òut of one's shéll《口語》脫殼地：come *out of* one's ~ 走出自己的殼，不再羞怯沉默，與別人打成一片；破繭而出/bring a person *out of* his ~ 使人從自己的殼中走出來，使人與別人打成一片。
—v.t. 〔十受〕**1 a** 自殼中取出…，去掉…的外殼，剝…的莢[皮]：~ peas 剝豌豆，去掉豆莢。**b** 自穗心刮取〈玉蜀黍粒〉，自穗中取出〈小麥等穀粒〉。**2** 砲擊[轟]…：~ a town 砲轟一城鎮。
—v.i. **1** 莢[皮]剝落：These nuts ~ easily. 這些堅果容易去皮[脫殼]。**2** 砲擊。
shéll óut《口語》《*vi adv*》(1)付出[交給](所需之錢)。**—**《*vt adv*》(2)付[交]〈錢〉。
‡**she'll** [ʃɪl, ʃil; ʃil, ʃi:l] **she will[shall]** 之略。
shel·lac [ʃəˈlæk; ʃəˈlæk] *n.* Ⓤ蟲膠[紫膠]片《精製 lac (蟲膠)使成薄板狀，為洋漆(varnish)等的原料》。
—v.t. (**-lacked** [-kt; -kt]；**-lack·ing**) **1** 塗蟲膠於…。**2**《美口語》把…徹底擊敗。
shel·láck·ing [-kɪŋ; -kiŋ] *n.* Ⓒ [常用單數]《美口語》慘敗，敗得慘兮兮，大敗：take a ~ 慘遭敗北，大吃敗仗。
Shel·ley [ˈʃɛlɪ; ˈʃeli], **Percy Bysshe** [bɪʃ; biʃ] *n.* 雪萊《1792–1822；英國的抒情詩人》。
shéll·fìre *n.* ⓊⒸ砲火。
shéll·fìsh *n.* (*pl.* ~, ~·es) Ⓒ [當作食物時為Ⓤ] **1** (尤指食用的)貝類《牡蠣、蛤、蚌等》。**2** 甲殼水生動物《蟹、蝦等》。
shéll·pròof *adj.* 經得起砲擊的，防彈的。
shéll shòck *n.* Ⓤ彈震症《由炮彈之爆炸和震盪所引起之精神病》。
shéll-shòcked, shéll·shòcked *adj.* 受到彈震的，彈震症的。
shéll·wòrk *n.* Ⓤ貝殼細工。
shell·y [ˈʃɛlɪ; ˈʃeli] «shell 的形容詞» **—adj.** (**shell·i·er**；**-i·est**) **1** 多貝殼的，覆以貝殼的。**2** 似貝殼的。
‡**shel·ter** [ˈʃɛltɚ; ˈʃeltə] *n.* **1** Ⓒ**a** (躲避風雨、危險等的)避難所，庇護所，遮避物，(避難)小屋：The hut provided a ~ *from* the storm. 那間小屋成了避暴風雨的避難所。**b** 公共汽車亭；避雨的場所：a bus ~ (可避雨的)公共汽車亭/find a ~ from the rain 找個可避雨的地方。**c** 防空洞[壕] (⇨ basement 2【同義字】)：a nuclear bomb ~ 核彈掩護所。**d** (臨時的)收容所[設施]。**2** Ⓤ避難；保護，庇護，掩護：find ~ *from* a storm 躲避暴風雨/take ~ in a doorway 在門口[屋簷下]躲雨/get under ~ 躲避/They sought ~ at my house. 他們在我家避難。**3** Ⓤ住處，寓所：food, clothing and ~ 食衣住。
—v.t. **1 a** 〔十受(十介十(代)名)〕保護，庇護，窩藏〈某人〉〔於…處〕〔*in*〕：~ an escaped prisoner (*in* one's house) 窩藏逃犯(於家中)。**b** 〔十受十介十(代)名〕保護，掩蔽…〔使不受…〕〔*from*〕：You can't ~ the children ***from*** the real life forever. 你不能永遠保護孩子們使他們免受現實生活的(嚴峻)考驗/The wall ~*s* the house *from* the north wind. 這堵牆阻擋北風吹襲房屋。**2** 〔十受十介十(代)名〕[~*oneself*] 依賴〔父母、上司等的〕庇護，仗著〔…(的勢力)〕〔*under, beneath, behind*〕：He always ~*s himself* ***under*** his boss. 他總是仰仗著老闆的庇護。**3** 〔十受〕保護〈貿易、產業等〉免受(國際競爭)。
—v.i. 〔十介十(代)名〕**1** 躲避，隱匿〔…〕〔*from*〕：~ ***from*** the rain 避雨。**2** 〔用…〕擋太陽，避風[雨(等)]〔*in, under*〕：He ~*ed* ***in*** a cave[***under*** a tree]. 他在洞中[樹下]避雨。
shélter·bèlt *n.* Ⓒ防風林；有保持水土作用的森林，防護林帶。
shél·tered *adj.* **1** 〈貿易、產業等〉受保護的；免於受國際競爭的：a ~ industry 受保護的工業/ ~ trade 受保護的貿易。**2** 免遭(危險等)的：lead a ~ life 過著(與外界很少接觸的)隱匿生活。
shélter·less *adj.* 沒有避難所的，無處躲藏的，無掩蔽的。
shélter tènt *n.* Ⓒ(攜帶用的)小帳篷。
shélter trènch *n.* Ⓒ為避砲火的臨時戰壕。
shelve [ʃɛlv; ʃelv] «shelf 的動詞» **—v.t.** **1 a** 把…置於架上：~ books 把書放在架上。**b** 裝架子於…。**2** 將〈法案等〉擱置，把…束諸高閣；使〈計畫等〉中止，延期：~ a bill 將法案擱置。**3** 解雇〈人〉，把…免職。
—v.i. 〔動(十副詞(片語))〕〈土地〉成(緩)坡狀，變成傾斜狀：The ground ~*s down to* the beach. 該地向海灘漸次傾斜。
***shelves** [ʃɛlvz; ʃelvz] *n.* shelf 的複數。
shelv·ing *n.* Ⓤ **1** (裝設)架子的材料。
2 [集合稱]架子(shelves).
Shem [ʃɛm; ʃem] *n.* 閃《諾亞(Noah)的長子，據傳為閃族的元祖》。
Shem·ite [ˈʃɛmaɪt; ˈʃemait] *n.* ＝Semite.
she·nan·i·gan [ʃəˈnænəˌgæn, -gən; ʃiˈnænigən] *n.* Ⓒ [常~s] 《口語》**1** 惡作劇，開玩笑。**2** 欺騙，詭計。
Shen·yang [ˈʃʌnˈjɑŋ; ˈʃʌnˈjɑ:ŋ] *n.* 瀋陽市《中國東北院轄市，舊稱 Mukden》.
She·ol [ˈʃiol; ˈʃi:oul] *n.* Ⓤ (希伯來人的)陰間，冥府(cf. Hades).
‡**shep·herd** [ˈʃɛpəd; ˈʃepəd] *n.* **1** Ⓒ牧羊人。**2 a** Ⓒ (把教會信徒視為羔羊的)牧師。**b** Ⓒ (精神上的)指導者，領袖。**c** [the (Good) S~]好牧羊人，耶穌基督。
—v.t. **1** 〔十受〕牧〈羊〉；看管，照顧〈羊羣〉。**2** 〔十受十副詞(片語)〕指導，領導〈人羣〉：The guide ~*ed* the tourists *around.* 導遊帶觀光客四處遊覽/The teacher ~*ed* the children *through* the museum. 教師帶領兒童參觀博物館。
shépherd dòg *n.* ＝sheep dog.

S

shép·herd·ess [-ɪs; -is] *n.* Ⓒ牧羊女。

Shépherd Kíng *n.* Ⓒ埃及西克索王朝(Hyksos)的任一位國王。

shépherd's chéck *n.* **1** Ⓒ黑白棋盤方格的花紋。**2** Ⓤ印有黑白棋盤方格花紋的布料。

shépherd's píe *n.* Ⓒ[當作菜名時爲Ⓤ]牧羊人的肉餅《馬鈴薯泥包絞肉烤成的餡餅》。

shépherd's pláid *n.* ＝shepherd's check.

shépherd's púrse *n.* Ⓤ[指個體時爲Ⓒ]《植物》薺菜。

Sher·a·ton [ˈʃɛrətn̩; ˈʃerətn] **《源自英國家具設計師之名》** **—adj.** 雪里頓式的《指始於十八世紀末的輕型優美的家具設計》。

sher·bet [ˈʃɝbɪt; ˈʃə:bət] **《源自阿拉伯語「飲料」之義》** **—n. 1** Ⓒ[當作飲料名時爲Ⓤ]《美》冰果凍(《英》sorbet)《果汁中加入牛奶、蛋白、膠質將其冷凍成冰淇淋狀的冰果》。**2**《英》**a** Ⓤ[指個體時爲Ⓒ]冰果子水(《美》sorbet)《速成的清涼甜飲料》。**b** Ⓤ冰果子精《粉末狀，溶解即成冰果子水》。

sherd [ʃard, ʃɝd; ʃə:d] *n.* ＝shard.

Sher·i·dan [ˈʃɛrədn̩; ˈʃeridn], **Richard Brinsley** *n.* 雪利敦《1751–1816；愛爾蘭劇作家及政治領袖》。

sher·iff [ˈʃɛrɪf; ˈʃerif] *n.* Ⓒ **1** [也用於稱呼]《美》**郡保安官**《由郡民選出的郡中最高官吏；通常掌有司法權與警察權》。**2**《英》郡長《county(或 shire)的行政長官，現在的正式名稱爲 high sheriff，爲任期一年的榮譽職；cf. bailiff 2 b》。

Sher·lock Holmes [ˈʃɝlɑkˈhomz; ˈʃə:lɔkˈhoumz] *n.* **1** 福爾摩斯《柯南・道爾(Conan Doyle)所著偵探小說中的主角，爲名偵探》。**2** Ⓒ名偵探。

【說明】福爾摩斯(Sherlock Holmes)由於在小說裡憑他的神機妙算解決了許多的疑難案件，令無數的讀者爲之著迷。很多人甚至把他看成眞實人物，世界各地的福爾摩斯迷不僅組織俱樂部，甚至發行刊物。小說裡他和華生大夫(Dr. Watson)一起住在倫敦的貝克街(Baker Street)221 號之B。雖然倫敦貝克街實際上沒有 221 之 B 這個門牌號碼，據說到現在還有許多人以此地址寫信給福爾摩斯。另外，倫敦有一家酒館(pub)就叫做 Sherlock Holmes. 在這酒館的二樓有一間福爾摩斯館，裡面陳列他的肖像、日常愛用的煙斗、有關刑案的恐嚇信函、剪報等等，林林總總，煞有介事。

Sher·pa [ˈʃɝpə; ˈʃə:pə] *n.* Ⓒ雪巴人《★居住於喜馬拉雅山脈的西藏族；常爲登山者擔任嚮導或挑夫》。

sher·ry [ˈʃɛrɪ; ˈʃeri] **《源自西班牙產地名》** **—n.** Ⓤ[指個體時爲Ⓒ]雪利酒《酒精成分重的白葡萄酒，通常當飯前酒飲用》。

shérry cóbbler *n.* Ⓒ冰雪利《一種由雪利酒，柑橘的汁及冰混成之飲料》。

Shér·wood Fórest [ˈʃɝwudˈfɔrɪst; ˌʃə:wud ˈfɔrist] *n.* 雪伍德森林《英國中部之舊時皇家森林，傳爲羅賓漢(Robin Hood)出沒之處》。

‡she's [ʃɪz, ʃiz; ʃiz, ʃi:z] **she is[has]** 之略。

Shét·land Íslands [ˈʃɛtlənd; ˈʃetlənd] *n. pl.* [**the ～**]謝德蘭羣島《在蘇格蘭東北部海面，約有一百個海島，構成蘇格蘭的謝德蘭(Shetland)郡；首府爲 Lerwick [ˈlɝwɪk; ˈlə:wik]》。

Shétland póny *n.* Ⓒ謝德蘭羣島原產的强壯小馬。

Shétland shéepdog *n.* Ⓒ謝德蘭羣島原產的牧羊犬。

Shétland wóol *n.* Ⓤ謝德蘭羊毛《謝德蘭羣島原產的極細羊毛[毛線]》。

s.h.f., S.H.F. 《略》superhigh frequency.

shib·bo·leth [ˈʃɪbəlɪθ; ˈʃibəleθ] **《源自希伯來語「河」之義》** **—n.** Ⓒ **1** 「示播列」。

Shetland sheepdog

【說明】據聖經舊約，基列人(Gileadites)擊敗了以法蓮人(Ephraimites)後，爲了捕殺逃慢的以法蓮人，在約旦河(Jordan)的渡口叫渡河的人唸示播列(shibboleth)這個字。以法蓮人因爲都不會發"sh"音，把那字唸成西播列(sibboleth)，所以個個被發現而遭殺害(聖經舊約「士師記」12：6)。

2 a 暗號語。**b** (特定階級等的)獨特習慣[主張，措辭]。**3** 陳腐[落伍]的文句[想法]。

***shield** [ʃild; ʃi:ld] *n.* Ⓒ **1** 盾《從前用以擋箭、槍、刀等的防身武器》：both sides of the ～ 盾的兩面；事物的表裏/the other side of the ～ 盾的另一面；事物的背面，問題的另一面。**2 a** 盾形的獎品，優勝錦標。**b**《美》警官[保安官，俱樂部(等)]的(盾形)徽章。**c**《紋章》盾形(escutcheon)。

3 a 保護物，防禦物。**b** (機器等的)外部包裝，護套。**c** 盾形框架《挖礦或隧道時用以保護工人的框架》。**d** (包住原子爐的)遮蔽物。

4 保護者，擁護者，後盾：God is our ～. 神[上帝]是我們的保護者。

—v.t. 〔十受(十介十(代)名)〕**1** 保護…，庇護…〔免於…〕〔*from, against*〕(★比較一般用 protect)：～ one's eyes ***from*** [***against***] the sun 保護眼睛免受强烈陽光的照射/He ～*ed* me *from* hostile criticism. 他庇護我使我免受懷敵意的批評。**2** 〈某物〉遮住…〔免受…〕〔*from*〕：The wide-brimmed straw hat ～*ed* his face. 寬邊草帽遮住他的臉。

***shift** [ʃɪft; ʃift] **《源自古英語「整理」之義》** **—v.t. 1 a** 〔十受(十副詞(片語))〕**移動，變換，轉移〈東西〉**：We ～*ed* the bookcase *around.* 我們搬動[移動]了書架的位置/I～*ed* the heavy bundle *from* one hand *to* the other. 我把沉重的包裹從一手換到另一手/He didn't ～ his gaze *from* the television. 他一直凝視著電視機(視線沒有移開)。**b** 〔十受〕改變，變換〈場所〉；移動〈位置〉：⇨ shift one's GROUND¹/～ the scenes 改變(舞台、小說等的)場景/The center fielder ～*ed* his position for the next batter. 中堅手爲應戰下一位打擊手而改變防守位置。

2 〔十受十介十(代)名〕把〈責任、過失等〉轉嫁，推給〔…〕〔*to, onto*〕：He tried to ～ the blame **to** [***onto***] me. 他試圖諉過於我。

3 〔十受〕變換…爲(他者)：～ jobs 換職業。

4 〔十受〕《美》〈汽車等〉變〈速〉，換〈檔〉：⇨ shift GEARS.

—v.i. 1 〔動(十副詞(片語))〕**a 移動，轉移，變換位置**：The load ～*ed.* (因車子搖晃)裝載的貨物移動了位置/He ～*ed from* place *to* place. 他到處遷移/He ～*ed* uncomfortably *in* his chair. 他在椅子裏不舒服地動來動去。**b** 〈舞台等〉換〈景〉；〈風〉改變方向：The wind ～*ed* (*round*) *to* the south. 風向轉南。

2 〔動(十副)(十介十(代)名)〕《美》變換(汽車的)排檔數〔爲…〕〈*up, down*〉〔*into, to*〕：～ ***up*** [***down***] into third 調高[低]到三檔。

3 [常～ for one*self*](不依賴他人)自己設法，自己謀生：You'll have to ～ *for yourself* when you live in the city. 你如果要在城市裏生活，就必須自行謀生。

—n. Ⓒ**1** (位置、方向、狀態等的)**改變**，變換，替換，移動：a ～ *in* policy[public opinion]政策[輿論]的改變/a ～ *of* scenery 場景的變換/the ～*s* and changes of life 人生的禍福榮枯。

2 a 輪班(制)；換班時間：⇨ night shift /an eight-hour ～ 八小時輪班/We worked eight hours a day in three ～*s.* 我們每天工作八小時以三班制輪值。**b** [集合稱]輪換的班。

3 [常～s]手段，方法；權宜之計，設法籌措，詐欺，計策：for a ～ 爲一時的權宜之計[湊合一下]/be put [reduced] to ～*s* 作孤注一擲，採取最後的辦法。

4 a 由肩膀垂直而下的寬鬆衣服。**b**《古》女內衣。

5 (球賽時)防守位置的更換。

6 (打字時的)變換活字桿《爲打大寫字母而按下活字桿 (type bar)》。

7《美》(汽車的)變速裝置(gearshift).

8《音樂》(拉小提琴時的)左手的移動。

9《語言》聲音的變換。

màke shíft (1)〔以…〕設法過活，勉强度日〔*with*〕：They must *make* ～ *with* a small income. 他們必須以微薄的收入設法維持生活/There was no desk, so I had to *make* ～ *with* a box. 因爲沒有桌子所以我必須湊合著用箱子。(2)〔＋ *to* do〕設法，努力〈做…〉：I must *make* ～ *to* finish this work by tomorrow. 我必須設法在明天以前完成這工作。

shift·ing [ˈʃɪftɪŋ; ˈʃiftiŋ] *adj.* **1** 移動的；易變的。**2** 狡賴的；詭詐的。**—n.** ⓊⒸ**1** 狡賴；遁詞詐術之使用。**2** 移動。**3** 變化；轉變。

shíft kèy *n.* Ⓒ打字機上改用大寫字體時所按的鍵，字型變換按鍵。

shíft·less *adj.* 懦弱無魄力的，不中用的，無能的，懶惰的：a ～ husband 不中用的[無能的]丈夫。**～·ly** *adv.* **～·ness** *n.*

shift·y [ˈʃɪftɪ; ˈʃifti] **《shift *n.* 3 的形容詞》** **—adj.** (**shift·i·er**；**-i·est**)**1** 多策略的，鬼計多端的，不正直的：～ behavior 可疑[詭詐]的行爲。**2** 〈眼神等〉猜疑的，偷看的：a ～ eye[look]猜疑的眼神[表情]。**shíft·i·ly** [-tɪlɪ; -tili] *adv.* **-i·ness** *n.*

***shil·ling** [ˈʃɪlɪŋ; ˈʃiliŋ] *n.* Ⓒ **1 a** **先令**《自諾曼第人征服英國(Norman Conquest)以後使用至 1971 年 2 月的英國貨幣單位；1/20 英鎊，十二舊便士；略作 s., 符號/；cf. pound¹ 2, pence》：3 *s.* [3/]三先令/5 *s.* 10 p. 五先令十便士。**b** 先令銀幣《自 1946 年起爲白銅幣》。

2 先令《肯亞、烏干達、索馬利亞、坦尚尼亞的貨幣單位，相當於 100 cents；符號 Sh》。

shílling màrk *n.* Ⓒ先令符號(/).

shílling shòcker *n.* Ⓒ《英》**1** (尤指維多利亞時代後期流行的)犯罪小說，暴力小說。**2** 煽情的短篇小說。

shil·ly-shal·ly [ˋʃɪlɪ͵ʃælɪ; ˈʃiliˌʃæli] «源自 shall I 的反覆形»**—***n.* Ⓤ優柔寡斷，猶豫。**—***adj.* 優柔寡斷的，猶豫不決的。**—***adv.* 猶豫地。**—***v.i.* 猶豫，躊躇。

shim [ʃɪm; ʃim] *n.* Ⓒ(使東西成水平或塞入空隙等的)塡隙用木[金屬]片。

—*v.t.* (**shimmed**; **shim·ming**)在…塡入木[金屬]片使成水平[塡滿]。

shim·mer [ˋʃɪmɚ; ˈʃimə] *v.i.* **1** 閃閃發光，發微弱的光：The moonlight *~ed* on the pond. 月光在池面上閃閃發光。**2**〈熱浪等〉搖曳，搖晃：Heat waves *~ed* from the pavement. 熱浪從道路上搖曳而起。

—*n.* **1** Ⓤ[又作 **a** ~]閃爍，搖曳的光，微光：the ~ of the morning sun 朝陽的微光/The jewel has a beautiful ~. 那顆寶石有美麗的閃光。**2** Ⓒ弱光或熱浪反射出的晃動景象：The hot pavement sent up *~s.* 曬熱的道路浮起熱氣晃動的景象。

shim·my [ˋʃɪmɪ; ˈʃimi]《美》*n.* Ⓒ**1** (尤指汽車前輪的)異常搖盪。**2** 西迷舞《第一次世界大戰後流行的一種搖肩擺腰的爵士舞》。

—*v.i.* **1** 搖盪，擺動。**2** 跳西迷舞。

shin [ʃɪn; ʃin] *n.* Ⓒ外脛《脛(shank)骨所在的前面部分；⇨ body 插圖》。

—*v.i.* (**shinned**; **shin·ning**)**1 a**〔十副〕攀登，爬上〈*up*〉. **b**〔十介十(代)名〕攀登〔…〕〔*up*〕：~ ***up*** a tree 爬上樹。**2 a**〔十副〕緊扶著下來〈*down*〉. **b**〔十介十(代)名〕緊扶著〔…下來〕〔*down*〕：~ ***down*** a tree 緊扶著樹下來。

shín·bòne *n.* Ⓒ脛骨(tibia).

shin·dig [ˋʃɪndɪg; ˈʃindig] *n.* Ⓒ《口語》**1** (吵鬧而盛大的)聚會，宴會，舞會。**2**＝shindy.

shin·dy [ˋʃɪndɪ; ˈʃindi] *n.* Ⓒ《英口語》喧囂，喧嘩，糾紛：kick up a ~ 引起一陣喧囂。

‡**shine** [ʃaɪn; ʃain] (**shone** [ʃon; ʃɔn])《★語形 *v.t.* 2 用**shined**》*v.i.* **1 a**〔動(十副詞(片語))〕發光，照耀：The sun *~s* bright(ly). 太陽燦爛地照耀著/The sun *shone out.* 太陽光芒四射/The moon *shone* brightly *in through* the window. 皎潔的月光從窗口照了進來。

> 【同義字】twinkle 指星光等的閃爍；glitter 是發出强光的閃耀；flash 是瞬間的發光。

b (反射光而)發光，發亮：Wax makes the floor ~. 打蠟使地板發亮。

2〔十介十(代)名〕**a**〈臉、眼睛等〉〔因…而〕發出光彩〔*with*〕：Her face *shone **with*** youth[health, happiness]. 她的臉上因年輕[健康，幸福]而發出光彩[容光煥發]。**b**〈希望、幸福〉閃耀〔於…〕〔*in*〕：with hope *shining **in*** one's eyes 眼睛裏閃耀著希望的光彩。**c**〔從…〕發出光芒〔*from, out of*〕：Contentment *shone* ***from*** his face. 他臉上露出滿足的神色。

3 a〔十介十(代)名〕〔在…方面〕卓越，出衆，出色，放異彩，出類拔萃〔*at, in*〕：She *~s* ***at***[***in***]foreign languages. 她的外語能力出衆。**b**〔十*as* 補〕〈作爲…〉很出色，卓越：He doesn't ~ *as* a teacher. 他當教師並不出色。

—*v.t.* **1**〔十受十副詞(片語)〕用…照明，把…光照(在…上)：Someone *shone* a flashlight *on* us. 有人用手電筒照我們。

2 (**shined**)〔十受〕使〈鞋子、金屬零件等〉發亮，擦亮《★比較 作此義解時一般用 polish》：~ shoes[windows]擦鞋子[玻璃]。

shíne úp to a person《美俚》討好，巴結〈某人〉，博得〈某人〉好感《★語形 shine 的動詞變化有規則》。

—*n.* **1** Ⓤ[又作 **a** ~] **a** 光，光亮：the ~ of street lights 街燈的光。**b** 光輝，華麗。

2 [**a** ~] **a** 光澤：Silk has *a* ~. 絲綢有光澤。**b** (鞋子的)擦亮：put *a* (good) ~ on one's shoes 把鞋子擦得亮晶晶。

3 Ⓤ陽光，日照，晴天：(come) rain or ~＝come rain, come ~《口語》不論晴雨；不管怎樣。

tàke a shíne to a person《美口語》一眼就看上[喜歡]〈某人〉，說不出理由地看上〈某人〉。

shín·er *n.* Ⓒ**1** 發光的人[東西]；出色的人，出類拔萃的人。

2《口語》(挨揍而)變青腫的眼睛：get a ~ 挨揍而眼圈發黑。

shin·gle[1] [ˋʃɪŋgl; ˈʃiŋgl] *n.* Ⓒ**1** (用以鋪屋頂、外牆的)薄木板，石棉瓦。**2**《美口語》(醫師、律師等的)小招牌《★常用於下列片語》：hang out[up]one's ~〈醫師、律師〉掛出招牌開業。**3** (後腦部頭髮剪短的)一種婦女髮型。

—*v.t.* **1** 用薄木板修葺〈屋頂〉。**2** 把〈婦女頭髮〉剪成後腦部很短的髮型。

shin·gle[2] [ˋʃɪŋgl; ˈʃiŋgl] *n.* Ⓤ[集合稱](岸邊的)小石子，砂礫《比 gravel 大，用以鋪路或置於庭園內》。

shin·gles [ˋʃɪŋglz; ˈʃiŋglz] *n.* Ⓤ《醫》帶狀疱疹。

shin·gly [ˋʃɪŋglɪ; ˈʃiŋgli] «shingle[2] 的形容詞»**—***adj.* 多小石的，多砂礫的：a ~ beach 多砂礫的海濱。

shín guàrd *n.* Ⓒ[常~s](打棒球、曲棍球等時使用的)護脛。

shin·ing [ˋʃaɪnɪŋ; ˈʃainiŋ] *adj.* **1** 發光的，光亮的，閃耀的：~ eyes 閃亮的眼睛/the ~ sun 照耀的太陽。**2** 明亮的，光明的，光輝的：a ~ future 光明的前途。**3** [用在名詞前]顯目的，傑出的：a ~ example 一個明顯的例子，傑出表現的典範。

impróve each[**the**]**shíning hóur** ⇨ hour.

~·ly *adv.*

shin·ny[1] [ˋʃɪnɪ; ˈʃini] *n.* **1** Ⓤ(兒童玩的)簡易的曲棍球遊戲。**2** Ⓒ(玩簡易曲棍球用的)球棒。

shin·ny[2] [ˋʃɪnɪ; ˈʃini] *v.*《美》＝shin.

Shin·to [ˋʃɪnto; ˈʃintou] *n.* Ⓤ(日本的)神道。

> 【說明】爲日本傳統的宗教，由於二次大戰末期日本的神風特攻隊駕戰鬥機撞擊敵艦等的瘋狂表現，致使許多歐美學者開始對日本人的心理起了好奇心。他們尤其注意到佛教(Buddhism)、儒家思想(Confucianism)以及神道對日本人的影響。

—*adj.* [用在名詞前]神道的：a ~ priest (日本神社的)主祭，神官。

Shín·to·ism [-͵ɪzəm; -izəm] *n.* ＝Shinto.

Shín·to·ist [-ɪst; -ist] *n.* Ⓒ神道家，神道信徒。

*__shin·y__ [ˋʃaɪnɪ; ˈʃaini] «shine 的形容詞» **—***adj.* (**shin·i·er**; **-i·est**)**1 a** 發光的，發亮的，閃亮的：~ new cars[shoes]閃亮的新車[新鞋]。**b** 太陽照耀的，晴朗的：It's warm and ~. 天氣暖和而晴朗。

2〈衣服等〉磨光的，磨亮的，磨損的：the ~ seat of trousers (因磨損而)發亮的褲襠。

‡**ship** [ʃɪp; ʃip] *n.* **1 a** Ⓒ(大)船《通常指以帆、動力操作的航海、運輸用的大型船；★用法 常用女性代名詞》：a ~'s doctor 船醫/the ~'s journal 航海日誌/the ~ of the desert 沙漠之舟《指駱駝》/a ~ (bound) for America 開往美國的船。

ship 1 a

> 【同義字】ship 是意指船的最普通用語；boat 一般用以指小型船，即靠槳、帆、小型引擎操作的小船，但廣義上有時也泛指一般的船；vessel 一般用以指大型船，但爲拘泥的用語。
>
> 【說明】古時候一艘船在下水時需要用人血來祭海神以祈求航海安全。另外還得請占卜師或牧師替船命名。之後有灑紅葡萄酒的儀式——這是古希臘、羅馬時代傳下來的習俗。現在在下水典禮時，按習俗要請一位小姐拿裝滿香檳酒的瓶子去敲打船首，如果沒有敲破，則被認爲是不祥的徵兆。

b Ⓤ(視爲交通工具的)船隻：by ~ 以船運[海運]/get[go]on board (a) ~ 坐船/He took ~ at New York for Europe. 他在紐約上船前往歐洲。

2 Ⓒ《口語》飛艇；(大型)飛船；飛機，太空船。

spóil the shíp for a há'porth of tár《諺》因小失大《★ship 由 sheep 而來；源自「捨不得花小錢買塗傷口的焦油而損失一隻羊」之義》。

when one's shíp còmes hóme [**ín**]《口語》當某人時來運轉[發了財]時《★源自「載貨的船進港後」之義》。

—*v.t.* (**shipped**; **ship·ping**) **1**〔十受(十副)〕用船載[運]…，把…裝載於船上〈*off, out*〉：~ the cargo 把貨物裝船/A vast quantity of foodstuffs was *shipped* (***off*** [***out***]) *to* Africa. 大量食品，以船運往非洲。

2〔十受(十副詞(片語))〕(用列車、貨車等)載運，運輸〈大件物品等〉《★用法《英》爲商業用語》：These goods are *shipped* by truck *from* New York *to* Washington. 這些貨物用貨[卡]車從紐約運至華盛頓。

3〔十受十副(十介十(代)名)〕把〈人〉送往〔…〕，把…放逐〔到…〕〈*off*〉〔*to*〕：~ ***off*** criminals ***to*** the frontier 把犯人放逐到邊境。

4〔十受〕灌入〈海水〉：The boat *shipped* water [a sea] in a storm. 那艘船遇到暴風雨而大量進水。

—*v.i.* **1**〔十副詞(片語)〕**a** 坐船，搭船：~ *at* New York 在紐約搭船。**b** 坐船去：We *shipped across* the sea. 我們坐船渡海。

2〔十*as* 補〕〈以…身分〉上(船)，在(船上)〈當…〉：He *shipped as* cook aboard an ocean liner. 他在遠洋定期輪船上當廚師。

-ship [-ʃɪp; -ʃip] [字尾] **1** 加在形容詞後面構成抽象名詞：hard*ship*. **2** 加在名詞後面，構成表示狀態、身分、職位、任職期間、本事、手腕等的名詞：friend*ship*, governor*ship*, horseman*ship*.
shíp bìscuit *n.* [U]（船上用的）粗硬餅乾（hardtack）.
shíp·bòard *n.* [U]船《★用於下列片語》：on ～ 在船[艦]上，在船裏。
—*adj.* [用在名詞前]在船上[裏]的：～ life 船上生活。
shíp·bòrne *adj.* 船[艦]載運的；海上運輸（用）的。
shíp brèaker *n.* [C]收買廢船或解體廢船者；廢船解體業者。
shíp bròker *n.* [C]船舶經紀人；水險掮客。
shíp·buìlder *n.* [C]造船業者，造船工程師。
shíp·buìlding *n.* [U]造船（業）；造船術。
shíp canàl *n.* [C]可航行大船的運河。

ship canal

shíp chàndler *n.* [C]船具商《供應食品雜貨及船上用品給船舶的商人》。
shíp·lòad *n.* [C]一條船的裝載量，船載量〔*of*〕.
shíp·màster *n.* [C]船長。
shíp·màte *n.* [C]（同一條船上的）船員，水手。
shíp·ment [-mənt; -mənt] «ship 的名詞» **—*n.* 1** [U]**a** 裝船。**b** 運貨，發貨《★[用法]《英》爲商用語》。**2** [C]**a** 船貨。**b** 裝載的貨物《★[用法]《英》爲商用語》。
shíp·òwner *n.* [C]船主，船舶所有人。
shíp·per *n.* [C]**1** 海運業者。**2** 裝船者，裝貨者，託運人《★[用法]《英》爲商用語》。
shíp·ping *n.* [U] **1** [集合稱]船舶；船舶噸數。**2 a** 裝船。**b** 運貨，船運《★[用法]《英》爲商用語》。**3 a** 海運業。**b** 貨運業《★[用法]《英》爲商用語》。
shípping àgent *n.* [C]海運業者，航運代理商。
shípping àrticles *n. pl.* 〖航海〗船員僱傭契約。
shípping clèrk *n.* [C]運務員《負責貨物打包及裝運之人》。
shípping ròom *n.* [C]（商號、工廠等之）發貨室。
shíp-rìgged *adj.* 〖航海〗**1** 有三桅橫帆的。**2** 有方形帆的。
shíp's bìscuit *n.* 《英》＝ship biscuit.
shíp's chàndler *n.* ＝ship chandler.
shíp·shàpe *adj.* 整齊的，井然有序的：keep everything ～ 把每一樣東西都放得井然有序。**—*adv.*** 整齊地，井然有序地。
shíp's pápers *n. pl.* 〖航海〗船舶文件《船隻國籍的證明文件、航海日誌、船員名册、乘客名單、載貨明細表等》。
shíp-to-shíp *adj.* 〈飛彈等〉艦對艦的：a ～ missile 艦對艦導彈。
shíp·wòrm *n.* [C]〖貝〗鑿船蟲，船蛆《一種雙殼貝軟體動物，其幼貝常附著於木造船身造成嚴重損害》。
ship·wreck [ˈʃɪpˌrɛk; ˈʃiprek] *n.* **1** [U][C]**船隻的遇難[失事]，海難；遇難[失事]的船**：suffer ～ 遭遇海難/There are many ～*s* in these waters. 在這些海域多海難事件。**2** [U]破滅，毀滅，失敗：the ～ of one's hopes[plans]希望的破滅[計畫的受挫]。
—*v.t.* 〔十受〕**1 使〈人〉遭遇海難**《★常用被動語態，變成「遭遇海難」之意；★[比較]受詞爲「船」時，則用 wreck》：They *were* ～*ed* off the coast of Alaska. 他們在阿拉斯加外海遭遇海難。**2** 使〈人〉毀滅；使〈希望等〉破滅《★常用被動語態》：His career *was* ～*ed* by the war. 他的事業被戰爭所毀。
shíp·wrècked *adj.* **1** 遭遇海難的；海難船的。**2** 受挫的，被摧毀的：～ hopes 破滅的希望。
shíp·wrìght *n.* [C]造船者，修船者。
shíp·yàrd *n.* [C]造船廠；船塢。
shire [ʃaɪr; ˈʃaiə] *n.* 《英》**1** [C]郡《★[用法]正式稱呼爲 county, shire；現已用作郡名的字尾；⇨ -shire》. **2** [the ～s]（以-shire 爲字尾的）英格蘭中部各郡《尤指以獵狐聞名的 Leicestershire, Northamptonshire》. **3**（又作 **shíre hòrse**）[C]（英格蘭中部各州產，用於拖貨車的）高壯大種馬。
-shire [-ʃɪr, -ʃɚ; -ʃə, -ʃiə] [字尾]《英》…郡《★[用法]如 Devon（shire）一樣可略去 shire 者，也有如 Essex, Kent 等不加 -shire 的郡》：Derby*shire*, Hamp*shire*.
shirk [ʃɝk; ʃəːk] *v.t.* **1** 對〈責任、義務、工作等〉（偷懶或厭惡而）廻避，逃避：～ one's duty 逃避義務/It's no use ～*ing* facts. 逃避事實是沒用的；事實不可廻避；要面對事實。**2** 〔十 do*ing*〕規避，躲避〈做…〉：He ～*ed* go*ing* to school that day. 他那一天逃課[蹺課]。
—*v.i.* 逃避責任，偷懶，怠忽。**～·er** *n.*
Shir·ley [ˈʃɝlɪ; ˈʃəːli] *n.* 雪莉《女子名》。
shirr [ʃɝ; ʃəː] *v.t.* **1** 〖服飾〗縫褶緊線於…上。**2** 〖烹飪〗（用塗有奶油的淺鍋）煎〈蛋〉。**—*n.*** ＝shirring.
shirr·ing [ˈʃɝɪŋ; ˈʃəːriŋ] *n.* [U]〖服飾〗多層收皺，平行皺縫，抽褶（縫法）。
shirt [ʃɝt; ʃəːt] «源自古英語「短的」之義；與 skirt 同字源»
—*n.* [C] **1**（男用）**襯衫**：⇨ boiled shirt, stuffed shirt/have not a ～ to one's back 連襯衫也沒得穿；窮得衣不蔽體。
2 襯衣，內衣（undershirt）.
gìve the shírt òff one's **báck** 《口語》送掉身上的所有東西。
kèep one's **shírt ón** 《口語》保持冷靜，不著急，不生氣《★源自「不脫去襯衫，不打算打架」之義》。
lóse one's **shírt** 《口語》（因賭博或投資等而）變成身無分文，失去一切，丟得精光《★源自「連身上的襯衫也失去」之義》。
pùt one's **shírt on...** 《英口語》以所有的錢賭〈賽馬等〉《★源自「連身上穿的襯衫也用來賭」之義》。
shírt·bànd *n.* [C]襯衫的領口或袖口。
shírt·frònt *n.* [C]襯衫的前胸部分，（尤指穿禮服用襯衫的）漿硬的胸部。
shírt·ing *n.* [U][指種類時爲[C]]襯衫布料。
shírt·slèeve, shírt slèeve *n.* [C]襯衫的袖子《★主要用於下列片語》：in one's ～*s* 脫去上衣，只穿著襯衫。
shírt-slèeve *adj.* [用在名詞前]**1** 未穿外套的；襯衫裝扮的；衣著隨便的：～ spectators 衣著隨便的觀衆。**2 a** 非正式的，不拘形式的：～ diplomacy（不拘形式而開門見山的）外交。**b** 粗糙的，簡樸的，率直的，坦率的：a ～ biography（樸素無華的）坦率的傳記。
shírt-slèeved *adj.* ＝shirt-sleeve.
shírt·tàil *n.* [C]襯衫的後幅。
shírt·wàist *n.* [C]《美》**1**（無裝飾的）襯衫型上衣。**2** ＝shirtwaister.

shirtwaist 1

shírt·wàist·er *n.* [C]（上衣與裙子相連的）襯衫型女裝。
shirt·y [ˈʃɝtɪ; ˈʃəːti] *adj.* (**shirt·i·er**; **-i·est**) 《口語》脾氣暴躁的，不高興的。
shish ke·bab [ˈʃɪʃkəˌbɑb; ˌʃiʃkiˈbæb] *n.* [C][當作菜名時爲[U]]烤羊肉串《用佐料汁醃過的小片羊肉成串烤成的一道菜》。
shit [ʃɪt; ʃit] 《鄙》(**shit**; **shit·ting**) *v.i.* 大便。**—*v.t.* 1** 在…大便。**2** [～ one*self*] **a** 大便失禁。**b**（大便失禁似地）抽動。
—*n.* 1 a [U]糞，大便（feces）. **b** [a ～]大便：have[take] *a* ～ 大便，拉屎。**c** [the ～s] 腹瀉，拉肚子。**2** [U]胡說。**3** [C]無聊的傢伙，狗屎，混蛋。
nót gìve a shít 《鄙》一點也不管：I do*n't give a* ～ about politics. 我管它什麼政治[我才不管什麼政治]。
nót wórth a shít 《鄙》毫無價值。
—*interj.* [表示憤怒、焦躁等]可惡！狗屎！混蛋！
shit·ty [ˈʃɪtɪ; ˈʃiti] «shit 的形容詞» **—*adj.*** (**shit·ti·er**; **-ti·est**) 《鄙》討厭的，令人不快的：I feel ～. 我覺得討厭。
Shi·va [ˈʃivə, ˈʃɪvə; ˈʃiːvə, ˈʃivə] *n.* ＝Siva.
shiv·er¹ [ˈʃɪvɚ; ˈʃivə] *v.i.* **1**（因恐懼、寒冷而）**顫抖**（⇨ shake 2【同義字】）：I ～*ed* all over. 我渾身顫抖。**2** 〔十介十(代)名〕〔因恐懼、寒冷而〕戰慄，發抖〔*with*〕：He is ～*ing with* fear. 他怕得直顫抖。
—*n.* 1 [C]**顫抖，發抖，戰慄**：with a ～ 哆嗦著身體/The shriek sent ～*s*(up and) down my spine. 那尖叫聲使我的背脊起了一陣寒顫。**2** [the ～s]《口語》發冷，惡寒；戰慄：The thought of it gives me *the* ～*s*. 只要想到它我就不寒而慄。
shiv·er² [ˈʃɪvɚ; ˈʃivə]《罕》*n.* [C][常～s]粉碎，破片，碎片：*in* ～*s* 成粉碎狀。
—*v.t.* 把…粉碎。**—*v.i.*** 粉碎，破碎。
shiv·er·ing [ˈʃɪvrɪŋ, ˈʃɪvərɪŋ; ˈʃivəriŋ] *n.* [C] **1** 顫抖；發抖。**2** 〖獸醫〗（馬之肌肉的）顫抖。**3** 陶器上瓷釉之裂縫或小片脫落。**4** 小片。**—*adj.*** 顫抖的；使…顫抖的。
shiv·er·ing·ly [ˈʃɪvrɪŋlɪ, ˈʃɪvərɪŋlɪ; ˈʃivəriŋli] *adv.* 顫抖地，發抖地。
shiv·er·y [ˈʃɪvrɪ, ˈʃɪvərɪ; ˈʃivəri] «shiver¹ 的形容詞» **—*adj.* 1** 〈人〉顫抖的；戰慄的，毛骨悚然的；感到寒意的：I feel ～. 我覺得冷。**2** 〈天氣〉冷得使人打哆嗦的：a ～ winter day（冷得使人打哆嗦的）寒冷的冬日。
shlep(p) [ʃlɛp; ʃlep] *v.*, *n.* ＝schlep(p).
shlimaz(e)l [ʃlɪˈmɑzəl; ʃliˈmɑːzəl] *n.* ＝schlimaz(e)l.
shmuck [ʃmʌk; ʃmʌk] *n.* ＝schmuck.
shoal¹ [ʃol; ʃoul] *n.* [C]淺灘，沙灘，沙洲。
shoal² [ʃol; ʃoul] *n.* [C] **1** 羣；（尤指）魚羣〔*of*〕（⇨group【同義字】）：a ～ *of* salmon 一羣鮭魚。**2** 《口語》大量，許多〔*of*〕：～*s of* people 許多人，大批的人。
in shóals (1)〈魚〉成羣的。(2)大量的，大批的：At Christmas I

get cards *in* ~*s.* 在耶誕節時我收到大批祝賀卡。

shoal·y [ˈʃolɪ; ˈʃouli] *adj.* 多淺灘的。

‡**shock**[1] [ʃɑk; ʃɔk] *n.* **1** Ⓤ Ⓒ (衝突、爆發、地震等的)**衝擊**，震動：the ~ of an explosion 爆炸的震動/We felt several earthquake ~*s.* 我們感覺到幾次地震的震動。

2 Ⓤ Ⓒ (精神上的)**打擊**，衝擊，震驚：He was white *with* [*from*] ~. 他因受到打擊而臉色發白/His words gave me a ~. 他的話使我大吃一驚/Her death was a great ~ to me. 她的死使我大爲震驚。

3 Ⓤ Ⓒ (電流通過體內所引起的)電擊，觸電：You'll get a ~ if you touch it. 如果你碰它，你會觸電。

4 Ⓤ《醫》休克(症)：die of ~ 休克而死。

5《口語》(又作 **shóck absòrber**) Ⓒ (汽車、飛機等的)緩衝器，減震器。

—*v.t.* **1**〔十受〕予〈人〉**衝擊**，使〈人〉驚駭[愕住，憤慨]《★常以過去分詞當形容詞用；⇨ shocked 1》：His behavior ~*s* me. 他的行爲使我震驚/She was deeply ~*ed* by her husband's sudden death. 她丈夫的暴斃使她深受打擊。

2〔十受十介十(代)名〕**a** 使〈人〉驚駭得陷入〔…狀態〕〔*into*〕：He was ~*ed* ***into*** silence. 他驚駭得說不出話來。**b** 使人驚駭而奪去〔某人的〕…〔*out of*〕：My sense of humor was ~*ed* ***out of*** me. 我震驚得失去了幽默感。

3〔十受〕〈電流〉使…觸電《★常以過去分詞當形容詞用；⇨ shocked 2》。

4〔十受〕《醫》使…引起休克。

shock[2] [ʃɑk; ʃɔk] *n.* Ⓒ (豎立的穀物、玉蜀黍等的)捆堆，束堆。

—*v.t.* 把…捆束成堆。

shock[2]

shock[3] [ʃɑk; ʃɔk] *n.* Ⓒ [常 **a ~ of hair**] 蓬亂的一堆頭髮：a boy with *a* ~ *of* red *hair* 一頭蓬亂紅髮的少年。

shocked *adj.* **1 a** 受到衝擊[打擊]的；愕住的，目瞪口呆的(cf. shock *v.t.* 1)。**b** [不用在名詞前]〔十介十(代)名〕受到〔…〕打擊的，受震驚〔於…〕的〔*at*〕：They were ~ ***at*** the news. 那消息使他們震驚。**c** [不用在名詞前]〔十 *to* do〕〈因…而〉震驚的：They were ~ *to* hear the news. 他們聽到那消息而震驚。**d** [不用在名詞前]〔十 *that*__〕〈對…事〉感到震驚的：I was ~ *that* he could be so careless. 他竟如此粗心使我感到震驚。**2** 觸電的(cf. shock[1] *v.t.* 3)：You'll get ~ if you touch it. 如果你碰它，你會觸電。

shock·er [ˈʃɑkɚ; ˈʃɔkə] *n.* Ⓒ **1** 引起震驚的人。**2** 引起震驚[可怕，糟糕]的事；(尤指)煽情的小說[戲劇，影片]。

shóck-hèaded *adj.* 頭髮蓬亂的。

shóck·ing *adj.* **1** 駭人的，使人震驚[戰慄]的：a ~ accident 使人震驚的意外事件。**2** 不像話的，極可惡的：~ behavior 極可惡的行爲。**3**《口語》極劣的，極壞的，很差勁的：a ~ dinner 很差勁的晚餐/I had a ~ cold. 我患了很嚴重的感冒。**4** [當副詞用]《口語》不像話地，極劣地：~ poor 極窮。

shóck·ing·ly *adv.* **1** 駭人地，使人震驚地，可怕地：~ rude behavior 極粗魯的行爲，粗魯得使人震驚的行爲。**2**《口語》不像話地，極劣地：It is ~ expensive. 它貴得嚇人。

shóck-pròof *adj.* 〈鐘錶等〉防震的。

shóck tàctics *n. pl.* 突襲；奇襲。

shóck thèrapy [**trèatment**] *n.* Ⓤ《醫》(對精神病患的)震擊療法。

shóck tròops *n. pl.*《軍》奇襲隊，突擊隊。

shóck wàve *n.* Ⓒ《物理》衝擊波，激波，震波。

shod [ʃɑd; ʃɔd] *v.* **shoe** 的過去式・過去分詞。**—***adj.*《文語》穿鞋的：properly-*shod* children 鞋子穿得整齊的孩子們。

shod·dy [ˈʃɑdɪ; ˈʃɔdi] *n.* Ⓤ **1 a** 用舊毛絨再製的毛線。**b** 再製毛料[織品]。**2** 虛有其表[外表好看，品質低劣]的東西，便宜貨，贋品。

—*adj.* (**shod·di·er**; **-di·est**) **1** 再製羊毛[毛織品]的。**2** 虛有其表的，欺騙的，冒充的：~ merchandise 冒充物，假貨，贋品。**3** 卑劣的，卑鄙的；吝嗇的：a ~ trick 詭計，卑鄙的計謀。

shód·di·ly [-dɪlɪ; -dili] *adv.* **-di·ness** *n.*

‡**shoe** [ʃu; ʃu:] *n.* Ⓒ **1** [常 ~**s**] **鞋子**《★有時與長靴(boot)有別而指長及足踝的鞋子或短統鞋》：a pair of ~*s* 一雙鞋/put on [take off] one's ~*s* 穿[脫]鞋/She has her new ~*s* on. 她穿上她的新鞋。

【說明】(1)在英美，只有和家人休息時，或在就寢前才脫鞋。當然有時也會在家裡換穿拖鞋(slippers)。在英美人士的觀念裡，鞋子是屬於服裝的一部分，因此在自己家以外的地方脫鞋子是絕少有的。所以他們認爲在他人面前脫鞋子是很不禮貌的事情。另外，家門口或門邊都沒有放置鞋架。他們的鞋架(shoe rack)通常是做在衣橱(wardrobe)下面。

(2)在量身高時，我們說「不穿鞋子身高是…」，英語的說法是「穿著襪子身高是…」：She stands five feet six inches in her stockings. (她的身高是五呎六吋。)

2 蹄鐵(horseshoe)。**3 a** (車輪的)煞車裝置，制動器。**b** (雪橇滑行部分的)金屬箍。**c** (汽車輪胎的)外胎。**d** (汽車等的)制動蹄，軔塊(brake shoe)。**e** (用以套住桌、椅等脚部的)金屬包頭(cap)。**f** (手杖等末端的)金屬套(cap)。

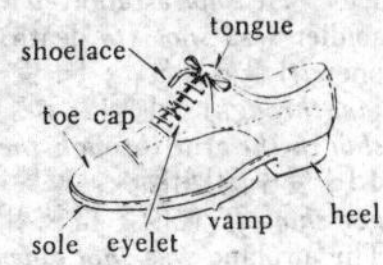

shoe 1

díe in one's **shóes** = **díe with** one's **shóes ón** ⇨ die[1].

fill a person's **shóes** 代替某人，繼任某人的工作。

If the shóe fíts(, **wéar it**). 《美》 = If the CAP fits(, wear it).

in a person's **shóes** 站在別人的立場。

Òver shóes, òver bóots. 《諺》一不做二不休《★源自「既然進入水深及短統鞋高度的水中，乾脆也進入水深及長統靴高度的水中」之義》。

pùt one**sèlf in** [**ìnto**] a person's **shóes** 站在別人的立場[替別人]想。

sháke [**shíver**] **in** one's **shóes** 發抖，顫抖，害怕。

stép ìnto a person's **shóes** 繼任[接替]某人。

The shóe is on the óther fóot. 形勢逆轉。

where the shóe pínches《口語》困難[麻煩]之處，癥結所在。

【字源】一位羅馬賢者在外人眼中好像與妻子過著幸福生活。當其離婚而受人批評時，似有難言之隱地說："Only the wearer knows where the shoe pinches." 意思是說，只有穿鞋子的人才知道什麼地方使脚不舒服。表示「局外人難知當事人痛苦」之義。

S

—*v.t.* (**shod** [ʃɑd; ʃɔd], ~**d**)《★ 語形 尤指當作分詞形容詞時用 shod》**1**〔十受〕**a** 使…穿鞋。**b** 給〈馬〉釘蹄鐵。**2**〔十受(十介十(代)名)〕給…裝上〔金屬環箍〕〔*with*〕：a stick *shod with* iron (著地部分)裹有鐵套的手杖。

shoe·bill [ˈʃuˌbɪl; ˈʃu:bil] *n.* Ⓒ《動物》廣嘴鸛《非洲產，其喙寬如鞋狀，灰色，翼與尾爲黑色，居於白尼羅河》。

shoebill

shóe·blàck *n.* Ⓒ 擦鞋匠(bootblack)。

shóe·brùsh *n.* Ⓒ 鞋刷。

shóe·hòrn *n.* Ⓒ 鞋拔。

shóe·làce *n.* Ⓒ 鞋帶(⇨ shoe 插圖)。

shóe lèather *n.* Ⓤ 製鞋用之皮革；[集合稱]皮鞋。

shoe·less [ˈʃulɪs; ˈʃu:lis] *adj.* 無鞋的，不穿鞋的；沒有釘蹄鐵的。

shóe·màker *n.* Ⓒ 鞋匠，修鞋匠，製鞋業者。

shóe·màking *n.* Ⓤ 製鞋，修鞋。

shóe·shìne *n.* Ⓒ 擦鞋(者)。

shóe shòp *n.*《英》= shoe store.

shóe stòre *n.* Ⓒ《美》鞋店(《英》shoe shop)。

shóe·strìng *n.* Ⓒ 鞋帶。**on a shóestring**《口語》以少許錢[資本]《★源自從前貧窮的小販賣鞋帶謀生》：live *on a* ~ 勉强度日/He started his business *on a* ~. 他以小資本開始做生意。

—*adj.* [用在名詞前] **1** (如鞋帶)細長的：~ potatoes 細長的炸馬鈴薯條/a ~ tie 細長帶子綁的結。**2 a** 極少的，不足的〈資金、預算等〉：a ~ budget 不足的預算。**b** 營運資金少的〈事業等〉。

shóe trèe *n.* Ⓒ 鞋楦《置於鞋內，以保持鞋形》。

sho·gun [ˈʃoˌgʌn, -ˌgun; ˈʃougən] 《源自日語》 **—***n.* Ⓒ (日本幕府的)將軍。

sho·gun·ate [ˈʃoˌgʌnɪt, -gʌnˌet, -gun-; ˈʃougənət, -nit, -neit] *n.* Ⓤ (日本的)將軍職[政治]，幕府(時代)。

‡**shone** [ʃon; ʃɔn] *v.* **shine** 的過去式・過去分詞。

shoo [ʃu; ʃu:] *interj.* [趕鳥獸的呼聲]噓!噓!

—*v.t.* (**shooed**)〔十受十副詞(片語)〕發出噓聲趕走，噓走〈小鳥、小孩等〉：~ birds *away* [*off*] 發噓聲趕走鳥/She ~*ed* the children *out of* the house *into* the garden. 她把那些小孩子噓出屋子趕到花園裏。

shóo-ìn *n.* Ⓒ《美口語》被認爲可輕易當選或獲勝的人[馬，比賽(等)]。

‡**shook** [ʃuk; ʃuk] *v.* **shake** 的過去式。

‡**shoot**[1] [ʃut; ʃu:t] (**shot** [ʃɑt; ʃɔt]) *v.t.* **1 a**〔十受(十副)〕〈人〉**發射**〈子彈〉，開〈槍〉；射出〈箭〉〈*off*〉：~ a gun [bullet] 開槍[發射子彈]/~ a bow [an arrow] 開弓射箭[射箭]。**b**〔十受(十副)〕〈槍〉射出〈子彈〉〈*off*〉：The gun *shot* (***off***) a bullet. 槍射出子彈。

c [十受十介十(代)名]〈人〉[瞄準…]開〈槍〉，發射〈子彈〉，射出〈箭〉[*at*]：I *shot* an arrow ***at*** the target. 我瞄準目標射箭。

2 a [十受(十介十(代)名)][用子彈、箭]射(殺)〈人、物〉[*with*]《★比較 shoot 之意是「射中」，shoot at 是「瞄準射擊」；cf. *v.i.* 1 c》：He *shot* a rabbit(***with*** a gun). 他(用槍)射死兔子/The soldier was *shot* (*to* death). 那名士兵被射死。**b** [十受][～ one*self*]舉槍自殺。**c** [十受十介十名]射中〈人等〉[身體某部位][*in, through*]《★用法 表示身體部位的名詞前面用 the》：He was *shot* ***in*** *the* arm[***through*** *the* head]. 他被射中手臂[射穿頭部]。**d** [十受十副]射斷…，擊毀…〈*away, off, out*〉：He had his finger *shot* ***off***. 他的手指被射斷。**e** [十受十副]擊落…〈*down*〉：The airplane was *shot* ***down*** in flames. 那架飛機被擊中，著火墜落了。**f** [十受十補]射擊…〈使成…狀態〉：The prisoner was *shot* dead. 那個囚犯被槍決。**g** [十受十副詞(片語)][～ **one's way**]邊射擊邊前進：He *shot* his way *through* the police cordon. 他開槍射擊突破警察的警戒線。

3 a [十受(十副)](如發射子彈般)連續說〈話〉〈*out*〉：He *shot* ***out*** a stream of curses.他連珠砲似地口出惡言。**b** [十受十介十(代)名][向…]連續提出〈問題等〉[*at*]：He *shot* one question after another ***at*** me. 他一個問題接一個問題地向我發問。

4 a [十受十受/十受十介十(代)名]向〈某人〉投以〈眼光、微笑等〉，[向某人]投以〈眼光、微笑等〉[*at*]：She *shot* me an angry glance.＝She *shot* an angry glance ***at*** me. 她憤怒地瞥了我一眼。**b** [十受(十副)]發出〈光等〉；噴出〈火焰等〉〈*forth*〉：The sun *shot* its beams *through* the clouds.太陽從雲間射出光線。

5 a [十受(十副)]投擲，拋出〈人、物〉〈*out*〉：He *shot* a line to the drowning boy. 他投給溺水的男孩子一條繩子/He was *shot* ***out*** in the crash. 他在相撞的事故中被拋了出去。**b** [十受十介十(代)名][從…]投出…，拋出…[*out of*]：He was *shot* ***out of*** the car. 他被拋出車外。

6 [十受(十副)] **a** 很快地伸出…〈*out*〉：～ ***out*** one's tongue 很快地伸出舌頭/The snail *shot out* its horns. 那隻蝸牛伸出牠的觸角。**b**〈草木〉發〈芽〉，生〈枝〉〈*out, forth*〉：～ ***out*** [***forth***] sprouts 發芽。

7 a [十受] 穿過〈急流、橋等〉：The boat *shot* the rapids [bridge].那條船穿過急流[從橋下穿過]。**b** [十受]《口語》忽視〈交通號誌〉向前闖：The car *shot* the traffic lights. 那部車闖紅燈。**c** [十受十副詞(片語)]迅速移動[搬運]…：He *shot* his car *into* the parking space. 他把車子迅速駛入停車場/The elevator *shot* us *to* the top floor. 電梯把我們迅速送到頂樓。

8 [十受] **a** (狩獵時)射殺〈獵物〉：～ lions [wild duck] 射殺獅子[野鴨]。**b** 用槍在〈某處〉打獵：～ the woods (用槍)在森林中打獵。

9 [十受] **a** 彈〈玻璃珠等〉；朝球袋(pocket)擊出〈球〉；擲，搖動〈骰子〉。**b**《美》玩〈玻璃珠、撞球、擲雙骰子的賭博(craps)等〉。

10 [十受]拍攝〈照片、影片、場面等〉：～ a film at a studio 在攝影棚拍攝影片/This scene was *shot* on location. 這個景是實地拍攝的。

11 [十受]迅速掛上[打開]〈門閂、鎖〉：She closed the door and *shot* the bolt. 她關門並迅速掛上[門上]門閂。

12 [十受十介十(代)名][以不同顏色[東西]]給…加上變化[*with*]《★常以過去分詞當形容詞用；⇨ shot² *adj.* 1 b》。

13 [十受]《俚》(給靜脈)注射〈麻藥〉。

14 [十受]《運動》**a** (球賽時)把〈球〉踢[投，射]向〈球門等〉。**b** (射[踢，投]球入球門等而)得〈分〉。**c**《口語》(打高爾夫球時)得到(最後的)〈…桿數〉。

15 [十受]《航海》測量〈天體〉的高度：～ the sun 以六分儀測量太陽的高度。

—*v.i.* **1 a** [常與狀態副詞連用]〈人〉**射擊**，發射：Don't ～！不要射擊！/He ～*s* well. 他善於射擊/Do you ～ straight? 你射得直嗎？《你能射中嗎？》**b** [與狀態副詞連用]〈槍、大砲等〉發射子彈：This gun ～*s* straight[high]. 這支槍射得準[偏向上方]。**c** [十介十(代)名][瞄準…]射擊，發射[*at*](⇨ shoot *v.t.* 2 a 比較)：He *shot* ***at*** a rabbit but missed it. 他瞄準兔子射擊但沒射中。**d** 用槍打獵：～ in the woods (用槍)在林中打獵/ go ～*ing* (用槍)去打獵。

2 [十副詞(片語)] **a** **快速移動**[**跑**]：Then he began to ～ *ahead.* (賽跑時)然後他開始快速衝向前面/A cat *shot past* us. 一隻貓打從我們身邊衝過去/A meteor *shot across* the sky. 一顆流星劃過天空/He *shot from* his seat. 他(驚駭得)從椅子上跳起來。**b**〈火焰、煙、水、血等〉射出，噴出；〈光〉射出：Water was ～*ing up out of* a broken main. 水從破裂的幹管中噴出來/Blood *shot from* the wound. 血從傷口噴出來/Arrows of sunshine *shot through* the clouds. 陽光如箭般從雲中射出。**c**〈痛苦、酷熱〉使人突然或强烈地感受到：Pain *shot through*[*up*] my arm. 我的手臂陣陣作痛。

3 [動(十副)] **a**〈芽〉發出；〈草木〉長芽[生枝]〈*forth, up*〉：Buds ～ ***forth*** in (the) spring. 芽在春天長出。**b**〈小孩等〉快速成長，迅速發育〈*up*〉：You've *shot* ***up***, haven't you, Dick? 狄克，你已經長得好高了，不是嗎？**c**〈物價〉暴漲；〈聲望〉驟升〈*up*〉：The price of gasoline *shot* ***up*** overnight. 汽油價格在一夜之間暴漲。

4 [十副] **a** 聳立〈*up*〉：The tower ～*s* ***up*** *in* the middle of the city. 那座塔聳立於市中心。**b** 突出，伸入〈*out*〉：A cape ～*s* ***out*** *into* the sea. 海角伸入海中。

5 攝影，拍攝影片。

6〈門閂、鎖〉掛著，可取下。

7 [十介十(代)名]《美口語》朝向[…]，爭取[…]，[以…]爲目標[*for, at*]：We are ～*ing* ***for*** a 10% increase in wages. 我們力爭使工資提高百分之十。

8 [常用祈使語氣]《口語》(把要說的話)很快地說出："Will you do me a favor?"—"Certainly. *S*～!"「你願意幫我一個忙嗎？」「好，快說吧！」

9《運動》朝目標(球門，籃等)踢[投，射]球。

I'll be shót if... (1)如果…我就被射殺了。(2)[表示强烈的否定、否認]《口語》如果…我甘願被射殺，絕不可能有那種事：*I'll be shot if* it is true. 如果那是眞的，可以取我的命。

shóot dówn《*vt adv*》(1)⇨ *v.t.* 2 e. (2)《口語》否決〈提案、動議等〉：～ *down* a proposal 否決一提案。

shóot from the híp《口語》慌慌張張[貿然斷定]地說話[行動]。

shóot it óut《口語》以互相射擊解決(爭執)：The two gunmen *shot it out*(*with* each other). 那兩個槍手(互相)開槍一決生死。

shóot óff《*vt adv*》(1)⇨ *v.t.* 2 d. (2)對空開〈槍〉。(3)對空燃放〈煙火〉。

shóot úp《*vt adv*》(1)《口語》在〈村舍等〉到處放槍，到處亂開槍威脅〈村舍等〉。**—**《*vi adv*》(2) ⇨ *v.i.* 3. (3)⇨ *v.i.* 4 a.

—*n.* Ⓒ**1 a** 射擊，放槍，發射。**b** 射擊賽會，遊獵會。**c** 遊獵地，獵場。

2《美》(太空船、火箭等的)發射：a moon ～ 月球火箭的發射。

3 新芽，嫩枝：a bamboo ～ 竹筍。

4《美》斜槽，瀉槽，滑槽(chute).

the whóle shóot《口語》全部，一切。

shoot² [ʃuːt; ʃuːt] **«**shit 的委婉語**»—***interj.* [表示驚訝、焦躁、後悔等]《美口語》哇！可惡！哎呀！

shoot-'em-up [ˈʃutəmˌʌp; ˈʃuːtəmʌp] *n.* Ⓒ《口語》多槍戰流血場面的電影[電視節目]。

shóot·er *n.* Ⓒ**1 a** (來復槍、弓箭等的)射手。**b** 用槍打獵者。**2** [常構成複合字]…連發槍，…槍：a pea*shooter* 豆子槍/a six-*shooter* 六發子彈手槍。

shoot·ing [ˈʃutɪŋ; ˈʃuːtiŋ] *n.* **1** ⓊⒸ發射；射擊。**2** Ⓤ狩獵；遊獵。**3** Ⓤ《主英》(某一地區之)狩獵權。**4** Ⓒ《主英》遊獵地；獵場。

shóot·ing bòx *n.* Ⓒ《英》狩獵用小屋，獵屋。

shóoting bràke *n.*《英》＝station wagon.

shóoting gàllery *n.* Ⓒ**1 a** (室內)射擊練習場。**b** (遊藝場所等的)打靶場。**2**《俚》私賣麻藥處，吸食[注射]麻藥者的聚集處。

shóoting iron *n.* Ⓒ《美俚》槍，手槍。

shóoting lòdge *n.* ＝shooting box.

shóoting màtch *n.* **1** Ⓒ射擊比賽。**2** [**the whole** ～]《口語》全部，一切，整個：run *the whole* ～ 總管一切。

shóoting rànge *n.* Ⓒ射擊場；靶場。

shóoting stár *n.* Ⓒ流星(falling star).

shóoting stìck *n.* Ⓒ獵人手杖《頂端打開即成椅子》。

shóoting wàr *n.* Ⓒ(使用武器的)槍戰，熱戰。

shóot-òut *n.* Ⓒ互相射擊。

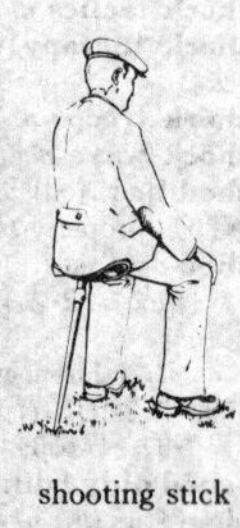

shooting stick

‡**shop** [ʃap; ʃɔp] **«**源自古英語「(蓋在主房旁邊的)小屋」之義**»—***n.* **1** Ⓒ**a** **商店**，零售店《★用法 在表示職業種類名稱的名詞所有格後面時，多半略去不用》：a flower ～ 花店/a book*shop* 書店/a chemist's(～)藥房，藥局/a grocer's(～)食品雜貨店/a stationer's (～)文具店/keep a ～ 經營一家店，開店/buy things *at* a ～ 在商店購物。**b** 專櫃；(在百貨公司裏面的)精選商品專櫃《★語形 作此義解時英、美通用；爲使商店有古老風格，有時使用 shoppe 的寫法》：Smith's Gift *Shoppe* 史密斯禮品專櫃/the ski ～ at Macy's 美西百貨公司裏的滑雪用品專櫃。

【說明】shop 主要用於英國語法；美國語法一般用 store，但有時也用 flower shop, gift shop, curiosity shop 等。

2 Ⓒ[常構成複合字] **a** (兼工作場所的)店(⇨ factory【同義字】)：a barber*shop*《美》理髮店[廳]/a beauty ～ 美容院。**b** 工作處；(工廠裏的)部門，工廠：a carpenter's ～ 木工廠/the engine ～

(汽車廠的)引擎部門/a repair ～ 修理廠。**c** 工作場所[單位]，辦事處：⇨ closed shop, open shop, union shop.

3《美》**a** Ⓒ(中、小學的)手工藝[勞作]教室。**b** Ⓤ(作為教育科目的)勞作，手工藝《木工、印刷等》：do well in ～ 手工藝科的成績好。

4 Ⓤ(專業)用語，本行話：talk ～ (不管時間、地點)專談自己的生意[職業，本行]。

àll óver the shóp《英口語》(1)在各處，到處：He looked for it *all over the* ～. 他到處尋找它。(2)雜亂地，零亂地，散亂地：Everything was *all over the* ～. 一切都零亂不堪。

clóse shóp ＝shut up SHOP (1).

cóme to the ríght [wróng] shóp《口語》找對[錯]了人。

kèep shóp 看店，照顧店裏生意。

sèt ùp shóp 開店，開業：*set up* ～ *as* a lawyer 開律師事務所，執律師業。

shùt ùp shóp (1)(夜晚等)關店，打烊。(2)停止營業。(3)停止工作等。

—*v.i.* (**shopped**；**shop·ping**) **1** (去)購物：go *shopping* 去購物/Mother is out *shopping.* 母親出去購物。**2** 〔十介十(代)名〕**a** 購買〔某物〕〔*for*〕：I am *shopping* **for** a new dress. 我在買新衣。**b** 〔在…〕購物〔*at, in*〕：She usually ～*s* **at** supermarkets. 她平常在超級市場購物。

—*v.t.* 〔十受〕**1**《美》(為採購而)瀏覽，造訪〈商店〉。**2**《英俚》密告〈某人〉。

shóp aròund《*vi adv*》(1)(購買前)先逛幾家商店看看：You'd better ～ *around* before deciding what to buy. 你最好在決定買什麼以前先去逛幾家看看。(2)尋找，物色〔…〕〔*for*〕：～ *around for* an apartment [a job] 找(出租)公寓[找工作]。(3)(決定以前)先探聽各種可能性。

shóp assìstant *n.* Ⓒ《英》(零售店的)店員(《美》salesclerk).

shóp·bòy *n.* Ⓒ店鋪的伙計；小店員。

shóp chàirman *n.* ＝shop steward.

shóp flòor *n.* [the ～](與經營者有別的)一般工人的工作場所。

shóp·gìrl *n.* Ⓒ女店員。

shóp hòurs *n. pl.* (商店正式的)營業時間。

shop·keep·er [ˋʃɑpˏkipɚ; ˈʃɔpˌkiːpə] *n.* Ⓒ**零售店店主[老闆]，零售商人**《★ 比較 主要用於英國語法；美國語法一般用 storekeeper》.

shóp·kèeping *n.* Ⓤ零售商[業]。

shóp·lìft «shoplifter 的逆成字»**—***v.i.* 逛商店時行竊，假裝顧客而偷竊。**—***v.t.* 逛商店時偷竊〈貨品〉。

shóp·lìfter *n.* Ⓒ在商店順手牽羊的人，假裝顧客偷竊商品者。

shóp·lìfting *n.* Ⓤ在商店裏偷竊商品；順手牽羊。

shop·man [ˋʃɑpmən; ˈʃɔpmən] *n.* (*pl.* **-men** [-mən; -mən]) Ⓒ **1** 售貨員。**2** 零售商人；小商人；店主。

shoppe [ʃɑp; ʃɔp] *n.* ＝shop 1 b.

shóp·per *n.* Ⓒ購物的顧客，購物者：Christmas ～*s* 耶誕節的購物顧客。

*__shop·ping__ [ˋʃɑpɪŋ; ˈʃɔpiŋ] *n.* Ⓤ**1 a 購物**：I've some ～ to do. 我要採購一些東西。

【說明】(1)美國人出去買東西時，通常不攜帶現金而用支票(check)或信用卡(credit card)，主要是為了安全以及節省找錢的時間與麻煩《cf. check, credit card【說明】》。另外，東西的定價並不含稅金(tax)，所以買東西時要另加 10% 以內的稅金，而稅率的多寡因州而異。英國自從加入歐洲共同市場(European Communities)以來，商品的定價已加上了 10% 的稅金。
(2)英美兩國的商店招牌上常可看到 "In Business Since 1913" (1913 年開業)，"Established In 1681" (1681 年設立)等字樣，誇示著該商店的歷史悠久。店鋪打烊時，常掛出這樣的牌子："Sorry, we are closed." (對不起，我們打烊了。)店員見到顧客進來最常說的話是 "May I help you?" 及 "What can I do for you?" (歡迎光臨，需要我為你服務嗎？)拿東西給顧客時會說一句 "Here you are!" 而顧客則禮貌上必說一聲 "Thank you!"

b [當形容詞用]購物用的：a ～ bag (手提的紙[塑膠]製)購物袋/a ～ cart (超級市場等的)購物用手推車/a ～ street 商店街。**2** [集合稱]購買的東西：Put the ～ in the kitchen. 把買回來的東西放在廚房裏。

shópping-bàg làdy *n.* Ⓒ《美》購物袋女郎《把全部錢財放在購物袋裏四處流浪的女子》。

shópping cènter *n.* Ⓒ購物中心《在郊外等各類商店聚集的地方，設有停車場》。

shópping màll *n.* Ⓒ行人專用商店街《以車子不能駛入的廣場或街道為中心的商店街》。

shóp·sòiled *adj.*《英》＝shopworn.

shóp stèward *n.* Ⓒ(工會的)工廠代表。

shóp·tàlk *n.* Ⓤ **1** 職業用語，行話。**2** (尤指下班之後)有關工作[業務]的交談(cf. talk shop (⇨ shop *n.* 4)).

shóp·wàlker *n.* Ⓒ《英》(大商店、百貨公司的)巡視員；招待員。

shóp·wìndow *n.* Ⓒ商店的櫥窗(show window).

shóp·wòrn *adj.* **1** 〈商品等〉在店裏擺舊的。**2** 〈詞句、想法等〉陳腐的，古老的。

sho·ran [ˋʃoræn; ˈʃɔːræn] «*sho*rt-*ra*nge *n*avigation 的頭字語» **—***n.* Ⓤ短程無線電導航系統《根據飛機、船舶所發出的電波與地上兩處塔臺往返所需時間來推算飛機或船舶所在位置的一種裝置；cf. loran》.

‡**shore**[1] [ʃor, ʃɔr; ʃɔː] *n.* **1** Ⓒ(海、湖、河的)岸；(尤指)海岸：the ～ of the sea 海岸/walk along the ～ of a lake 沿著湖邊走/The ship was driven on a low rock off the ～. 那隻船擱淺於海岸外的低岩礁上。

【同義字】shore 是從海上、水上所看到的岸，用以指海、湖以及河的岸；coast 僅用以指海岸，通常指由陸地所看到的海岸；beach 是指被海水、湖水、河水沖洗的沙石所覆蓋的海邊、岸邊。

2 Ⓤ(對海而言的)陸地(land)。**3** Ⓒ[常 ～s]《文語》(以海岸為界的)國家：foreign ～*s* 外國/one's native ～ 故國；故鄉。

òff shóre 在離岸不遠的海面上。

on shóre 在陸地，在岸上：go[come] *on* ～ 登陸，上岸。

shore[2] [ʃor, ʃɔr; ʃɔː] *n.* Ⓒ(船身、建築物、圍牆、樹木等的)支柱，撐柱。

—*v.t.* **1 a** 〔十受(十副)〕以支柱支撐…〈*up*〉：～ **up** a leaning tree 用支柱支撐傾斜的樹。**b** 〔十受(十副)十介十(代)名〕〔用支柱等〕頂住…〈*up*〉〔*with*〕：～ **up** a shaky building **with** timbers 用木材頂住搖晃的建築物。

2 〔十受十副〕支撐〈經濟、通貨、體制等〉；提高〈士氣等〉〈*up*〉.

shores[2]

shóre·bìrd *n.* Ⓒ岸邊的鳥，濱鳥《棲於河口或海岸的鷸、千鳥(又名鴴)等》。

shóre dìnner *n.* Ⓒ《美》海鮮大餐。

shóre lèave *n.* Ⓤ(給予船員、水手等)上岸許可，上岸時間。

shore·less [ˋʃorlɪs, ˋʃɔrlɪs; ˈʃɔːlis] *adj.* **1** 無可供登陸之海岸的；無岸的。**2** 無邊的；無涯的。

shóre·lìne *n.* Ⓒ海岸線。

shóre patròl *n.* Ⓒ《美》海岸巡邏隊《美海軍，海岸防衛隊或陸戰隊所派出之一支巡邏沿岸執行憲兵職務的小隊；略作 SP, S.P.》.

shóre·ward [-wɚd; -wəd] *adv.* 向岸[陸地]。

—*adj.* 向岸[陸地]的。

shóre·wards [-wɚdz; -wədz] *adv.* ＝shoreward.

shor·ing [ˋʃorɪŋ, ˋʃɔrɪŋ; ˈʃɔːriŋ] *n.* Ⓤ **1** [集合稱](建築物、船等之)支柱。**2** 支撐(作用)。

shorn [ʃorn, ʃɔrn; ʃɔːn] *v.* **shear** 的過去分詞。

—*adj.* **1** 剪過頭髮[毛]的：God tempers the wind to the ～ lamb.《諺》上帝對剪過毛的羔羊《弱者》會緩和風力《比喻不再受更多的麻煩》。**2** [不用在名詞前]〔十介十(代)名〕被奪去〔…〕的〔*of*〕：a dictator ～ **of** his power 被奪去權力的獨裁者。

‡**short** [ʃɔrt; ʃɔːt] *adj.* (～**er**；～**est**) **1 短的**(↔ long)：**a** (尺寸)短的：a ～ line[tail]短線[尾]/～ hair 短髮/This skirt is too ～ *on* me. 這條裙子對我來說太短。**b** (距離)短的，近的：a ～ walk 短距離的散步/at a ～ distance 在近處，在附近/The bus stop is only a ～ way from my house. 公共汽車站離我家很近。**c** (時間、過程)短的；(行為等)短暫的：a ～ time ago 不久以前/a ～ trip 短程的旅行/I waited only (for) a ～ time before he appeared. 我等了沒多久他就出現了/*S*～ pleasure, long repentance.《諺》短暫的快樂，長久的後悔。**d** 〈時間、行為等〉令人感到短暫的：in just a few ～ years 僅在這短暫的幾年裡/Today was a ～ day. 今天過得真快[令人覺得很短暫]。

2 (身材)矮的(↔ tall)：a ～ man 矮人/～ grass 短草/She is ～ and plump. 她的身材矮而豐滿。

3 a 〈東西、數量等〉(未達標準、定量而)**缺乏的**，不足的：～ change 不足的找頭，找錢不足/～ weight[measure]重量[度量、尺寸]不足/a ～ hour 不到一小時/Oil is now in ～ supply. 石油現在缺貨/The weight is ～ by 50 grams. 重量短少五十公克。**b** [不用在名詞前][置於表示數量的名詞後]短少(…)的：The weight is 50 grams ～. 重量短少五十公克/I am a dollar ～. 我缺少一美元。**c** [不用在名詞前]〔十介十(代)名〕缺乏〔…〕的〔*of*,《口語》*on*〕：～ **of** breath 喘著氣，上氣不接下氣/We are ～ *of* food [hands, money]. 我們缺乏食物[人手，錢]/He is long on ambition but ～ **on** brains. 他雄心十足，但缺乏智慧《心有餘，智不足》。**d** [不用在名詞前]〈人〉缺錢的：I am a bit ～ today.

我今天缺一點錢；我今天身上帶的錢不夠。

4 a 〈眼光〉短的；〈見識等〉狹的：～ sight 短視，近視，無眼光 /take a ～ view 只看到眼前的，沒有先見之明的。**b** 〈記憶力〉差的：He has a ～ memory. 他的記憶力差[健忘]。

5 a 無禮的，唐突的：a ～ answer 無禮的回答/in a ～ manner 以不客氣的態度。**b** [不用在名詞前]〔十介十(代)名〕〔對人〕無禮的，粗魯的，鹵莽的〔*with*〕：The policeman was very ～ *with* him. 警察對他非常無禮。**c** 急躁的，容易生氣的：He has a ～ temper. 他的脾氣急躁。

6 a 簡潔的，簡單的：a ～ speech 簡短的演說/to make a long story ～ 長話短說，總之/Be ～ and to the point when you speak. 你說話時要簡明扼要。**b** [不用在名詞前]〔十介十(代)名〕〔…〕的簡稱〔*for*〕：'Phone' is ～ *for* 'telephone'. phone 是 telephone 的簡稱。

7 a 〈餡餅、西點等〉（加入多量油酥而）鬆脆的，酥脆的：a ～ pie crust 酥脆的餡餅皮。**b** 〈金屬〉脆弱的。

8 [用在名詞前]強烈的〈酒〉；（因酒烈而）盛於小杯子的：a ～ drink（盛於小酒杯的）烈酒《威士忌酒、甜酒等》/Let's have something ～. 我們來一點烈酒吧。

9 《語音》短音的：～ vowels 短母音。

10 《商》**a** 〈支票等〉短期的。**b** 賣空的：a ～ sale 賣空/a ～ seller 空頭《賣空的人》。

in shórt órder ⇨ short order.

in the shórt rùn ⇨ run *n.*

nóthing [líttle] shórt of... 完全[幾乎，簡直]…的：His conduct was *nothing* ～ *of* madness. 他的行爲簡直就是瘋狂/His success was *little* ～ *of* miraculous [a miracle]. 他的成功簡直是奇蹟。

shórt and [but] swéet 簡潔而扼要的；簡短而有趣的：Better ～ *and sweet*, than long and lax.《諺》簡潔扼要勝過冗長散漫。

shórt of... (cf. SHORT of *adv.*) (1)⇨ 3 c. (2)除…以外的：They will try everything ～ *of* war. 他們會嘗試戰爭以外的一切方法/She is a few weeks ～ *of* (be*ing*) twenty. 只差幾個禮拜她就二十歲了。(3)距離…，離開…：We were still some miles ～ *of* our destination. 我們距離目的地還有幾哩。

—*adv.* (～·er；～·est) **1** (無比較級、最高級)突然：bring [pull] up ～ 突然停下來/stop ～ 突然停止。**2** 無禮地，不客氣地：talk ～ with... 對…不客氣地說話/He answered me ～. 他不客氣地回答我。**3 a** (離目標等)很近地，在(目標)跟前：The arrow fell ～. 箭落在目標前面一點點的地方。**b** 〔十介十(代)名〕在〔某地點〕近處〔*of*〕：He parked ～ *of* the gate. 他把車子停靠在大門口。**4** 《商》以賣空方式：⇨ sell SHORT.

be táken [cáught] shórt 《英口語》突然想要大小便[上廁所]；(尤指在沒有廁所的地方)想要小便。

còme [fàll] shórt of... (1)未達[不及]…：The arrow *fell* ～ *of* the mark. 箭未射及靶。(2)不足…：The result *fell* ～ *of* our expectations. 該結果不符合[未達到]我們的期望。

cùt shórt 《*vt adv*》(1)削減，縮短：to *cut* a long story ～ 簡單地說，長話短說/*Cut* it ～! 長話短說！(2)使…中斷；打斷：He *cut* me ～. 他打斷了我的話/We had to *cut* our holiday ～. 我們不得不中止我們的假期。

gò shórt (of...) 忍受沒有(…)，忍受短缺(…)的不便：I don't want you to *go* ～ (*of* money). 我不想讓你缺錢用。

rùn shórt (1)〈東西〉短缺，不足，沒了：Our stock *ran* ～. 我們的庫存品短缺/My patience is *running* ～. 我快要忍耐不住了。(2)〈東西〉在〔…〕以下；低於，少於〔…〕〔*of*〕：The supply is *running* ～ *of* what we need. 供應逐漸少於我們的需求量。(3)〈人〉短缺〔…〕〔*of*〕：We have *run* ～ *of* tea. 我們缺茶葉。

séll shórt 《*vi adv*》(1)《商》賣空。—《*vt adv*》(2)輕視，看不起…：They *sold* him ～. 他們看不起他。

shórt of... (cf. SHORT of *adj.*) (1)⇨ 3b. (2)[當介詞用]除…以外(except)：*S*～ *of* theft, I will do anything I can for you. 除了偷竊以外，我願意爲你做任何我能做的事。(3)[當介詞用]如果沒有…，除非有…：*S*～ *of* a miracle we can't hope to save the company. 除非有奇蹟發生，我們不能指望去挽救那家公司。

—*n.* 1 [the ～]要點，概要：*The* ～ of it is, ... 總而言之，總之。**2** Ⓒ(電影的)短片；短篇小說；(報章雜誌的)短篇記事。**3** Ⓒ(威士忌酒、甜酒等)烈酒的一杯：He only drinks ～*s*. 他只喝烈酒。**4** [～s] ⇨ shorts. **5** ＝shortstop. **6** Ⓒ《語音》短母音，短音節。**7** (又作 **shórt círcuit**) Ⓒ《電學》短路，漏電。**8** Ⓒ《商》**a** 賣空。**b** 空頭。

for shórt 簡稱，略作：Her cousin, Margaret, is called 'Maggie' *for* ～. 她的表姊[妹]瑪格麗特被簡稱爲瑪姬。

in shórt 簡單地說；總而言之：*In* ～, it was a failure. 總而言之，那是一次失敗。

the lóng and (the) shórt of it ⇨ long[1] *n.*

—*v.* ＝short-circuit. **～·ness** *n.*

short·age** [ˈʃɔrtɪdʒ; ˈʃɔːtidʒ] 《short 的名詞》**—*n. ⓊⒸ不足，短缺，缺乏：a housing ～ 住屋缺乏[不足]/a ～ *of* food [housing] 食物[住屋]的缺乏/The ～ of energy is the problem. 能源的缺乏是問題所在。

shórt·brèad *n.* Ⓒ[當作點心名時爲Ⓤ]奶油酥餅《加入多量奶油的一種鬆脆的酥餅》。

shórt·càke *n.* **1** Ⓒ[當作點心名時爲Ⓤ]《美》油酥糕餅。

【說明】在通稱 biscuit 的蛋糕間夾入草莓等果漿，上面覆以奶油的蛋糕。

2 《英》＝shortbread.

shórt·chánge *v.t.* 《口語》**1** (故意)少找錢給〈顧客〉。**2** 欺騙〈某人〉。

shórt-círcuit *v.t.* **1** 《電學》使…發生短路，漏電。**2** 躲開，躲避〈障礙、手續等〉。**3** 阻礙，使…中斷。**—*v.i.*** 《電學》發生短路，漏電。

shòrt·cóming *n.* Ⓒ[常 ～s]短處，缺點《★比較一般用 fault》：make up for one's ～*s* 彌補缺點。

shórt-cómmons *n. pl.* [當單數用]分量不足的食糧。

shórt·cùt *n.* Ⓒ **1** 近路，捷徑〔*to*〕：take a ～ 抄近路，走捷徑。**2** 快速(達成目的)的方法，捷徑〔*to*〕：There is no ～ *to* success. 成功無捷徑。

short·en [ˈʃɔrtn̩; ˈʃɔːtn] 《short 的動詞》**—*v.t.*** 〔十受〕**1** 使…變短，縮短：～ a story 把故事縮短/～ trousers *by* an inch 把褲子改短一吋/～ a report *to* 1000 words 把報告縮短爲一千字。**2** 加入奶油使〈糕餅等〉鬆脆。**3** 《航海》收〈帆〉：～ sail 收帆。**—*v.i.*** 變短，縮短：The days are ～*ing* rapidly. 白天在快速地變短。

short·en·ing [ˈʃɔrtnɪŋ; ˈʃɔːtniŋ] *n.* Ⓤ **1 a** 縮短。**b** 《語言》縮短(法)，省略(法)。**2** 油酥《使糕餅、麵食等酥脆的奶油、豬油等》。

shórt·fàll *n.* Ⓒ不足，不夠；不足的數量。

shórt·hànd *n.* Ⓤ速記：take ～ 用速記法寫下來/make notes *in* ～ 用速記做筆記。

—*adj.* [用在名詞前]速記的，用速記(寫下)的：a ～ writer 速記員。

shórt·hánded *adj.* 人手不足的。

shórt-hànd týpist *n.* Ⓒ《英》(擅長速記與打字的)速記打字員(《美》stenographer)。

shórt-hàul *adj.* 短距離的；短程的。

shórt·hòrn *n.* Ⓒ短角牛《英格蘭(England)原產的肉牛》。

short·ie [ˈʃɔrtɪ; ˈʃɔːti] *n.* ＝shorty.

short·ish [ˈʃɔrtɪʃ; ˈʃɔːtiʃ] *adj.* 略短的，稍爲簡短的。

shórt lìst *n.* Ⓒ《英》最有希望的候選人名單《從這份名單中做最後的挑選，以決定人選》。

shórt-lìst *v.t.* 把〈某人〉列入最有希望的候選人名單中。

shórt-líved [-ˈlaɪvd; -ˈlivd] *adj.* **1** 短命的：～ insects 短命的昆蟲。**2** 短暫的，持續不久的，曇花一現的。

***short·ly** [ˈʃɔrtlɪ; ˈʃɔːtli] *adv.* (**more** ～；**most** ～) **1** (無比較級、最高級)不久，很快地(⇨ soon【同義字】)：～ before [after] 在…之前[後]不久/He will arrive ～. 他很快會到達。**2** 簡單地，簡短[略]地：～ but clearly 簡單明瞭地/to put it ～ 簡單地說，換句話說。**3** 不客氣地，無禮地，唐突地：answer ～ 唐突地回答。**4** (無比較級、最高級)在近處；馬上：Turn left ～ beyond the post office. 過了郵局馬上向左轉。

shórt órder *n.* Ⓒ《美》(在櫃臺式餐廳等)點叫後很快供應的速食[快餐]；速食[快餐]的點叫。**in shórt órder** 《美》迅速地，即刻。

shórt-ránge *adj.* **1** 射程短的，短程的：a ～ missile 短程飛彈。**2** 短期間的：a ～ forecast 短期預報。

shórt-rùn *adj.* 短時的；爲時甚短暫的。

shorts [ʃɔrts; ʃɔːts] *n. pl.* **1** (男用)短褲，運動褲：a pair of ～ 一條短褲。**2** 《美》(男用)內褲。

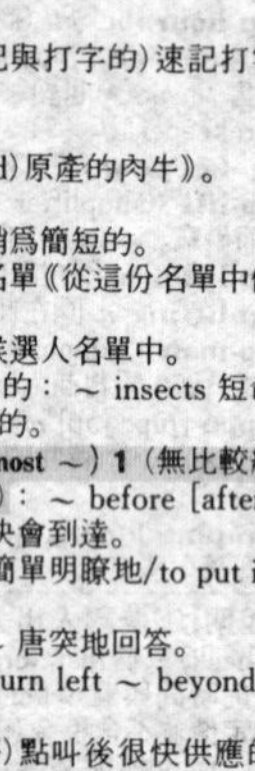

shorts 1

shórt shórt stòry *n.* Ⓒ極短篇小說《比短篇小說(short story)更短的小說，常有意想不到的結局》。

shórt shríft *n.* Ⓤ **1** (死刑囚犯在執行死刑前)簡短的懺悔時間。**2** (因缺乏耐心或同情心)不理會，漠不關心：give [get] ～ 給予[受到]冷漠的對待/make ～ of... 快速處理…；敷衍…。

shórt·síghted *adj.* **1** 近視眼的，近視的(nearsighted)(↔ longsighted)：a ～ person 近視的人/She is very ～. 她近視很深。**2** 近視的，短視的，無遠見的(↔ farsighted). **～·ly** *adv.* **～·ness** *n.*

shórt-spóken *adj.* 言詞簡短的；粗魯的，不客氣的。

shórt·stòp *n.* 《棒球》**1** Ⓒ(二壘與三壘間)游擊手。**2** Ⓤ游擊手的位置：play ～ 守二壘與三壘間，擔任游擊手。

shórt stóry *n.* Ⓒ短篇小說。
shórt-témpered *adj.* 容易生氣的，脾氣暴躁的。
shórt-tèrm *adj.* 短期的(↔ long-term)：a ～ loan 短期貸款。
shórt tíme *n.* Ⓤ縮短作業時間。
shórt tón *n.* Ⓒ短噸，美噸(＝2000 pounds, 907.2 kg; ⇨ ton 1).
shórt·wáve *n.* **1** Ⓤ《通信》短波《波長六十公尺以下的無線電波；cf. long wave, medium wave》：transmit *on* ～ 以短波播送。**2** Ⓒ短波收音機[發報機]。
shórt-wínd·ed [-ˈwɪndɪd; -ˈwindid⁀] *adj.* **1** 喘氣的，上氣不接下氣的。**2** 〈文章等〉簡短的，扼要的。
short·y [ˈʃɔrtɪ; ˈʃɔ:ti] *n.* Ⓒ矮子。
—adj. [用在名詞前]短的〈衣服等〉。

***shot**[1] [ʃɑt; ʃɔt] *n.* **1** Ⓒ **a** 發射，射擊：take a ～ *at* a bird 瞄準鳥射擊/He fired five ～*s*. 他射擊五次[發射五顆子彈]。**b** 槍聲，砲聲：The ～ echoed through the hills. 槍聲響遍羣山。**c** (太空船、火箭等的)發射。
2 (*pl.* ～) **a** Ⓤ[指個體時爲Ⓒ] (獵槍的)霰彈(⇨ bullet【同義字】)：a charge of ～ (裝好彈藥的)一發霰彈/Several ～ still remain in his leg. 他的腿裏還留有幾顆子彈/*S*～ is usually made of lead. 霰彈通常用鉛製造。**b** Ⓒ[集合稱爲Ⓤ] (舊式不會爆炸的)彈丸，砲彈《★比較 會爆炸的砲彈爲 shell》。
3 Ⓤ射程，彈著距離：out of [within] ～ 在射程外[內]。
4 Ⓒ[常與修飾語連用]射擊者，射手：He's a good [poor] ～. 他是個高明[拙劣]的射手。
5 Ⓒ **a** 嘗試：have a ～ *at*... 嘗試…，試做…。**b** 推測，猜測：have [take, make] a ～ *at*... 猜測…/make a bad [good] ～ 猜錯[中]/It's a long ～, but I should say she's about forty. 這不好猜，但我猜她大約是四十歲左右。
6 Ⓒ《運動》**a** (擲鉛球(shot put)的)鉛球。**b** 《球戲》(朝球門、球籃等目標的)投射，撞，踢：make a good ～ *at* the goal 朝球門[球籃]射入球/practice golf ～*s* 練習打高爾夫球的揮桿/Good ～！打得好！好球！
7 Ⓒ **a** 攝影，照片：a mug ～ (犯人、嫌疑犯的)臉部照片/take a ～ of... 拍攝…的照片。**b** (影片的)拍攝《攝影機開始轉動到停止的一場面(的攝影)》：⇨ close shot, long shot.
8 Ⓒ **a** 《口語》注射：⇨ SHOT[1] in the arm (1). **b** (威士忌酒等的)一杯：swallow a ～ of whiskey 喝下一杯威士忌酒。
9 Ⓒ《英》(酒館的)酒錢《★主要用於下列片語》：pay one's ～ 付酒錢。
cáll the shóts 《口語》命令，指揮《★源自「下令射擊」之義》。
like a shót (像子彈般)快速地，飛快地：He went off *like a* ～. 他像子彈般飛奔而去。
nót by a lóng shót 一點也不…，毫不…：He is *not* a scholar *by a long* ～. 他絕不是學者。
shót in the árm (1)在手臂上打針[注射]。(2)《口語》刺激[鼓勵]的事物，有幫助的事物。
shót in the dárk 亂猜，瞎猜《★源自「在黑暗中放槍」之義》。

‡**shot**[2] [ʃɑt; ʃɔt] *v.* shoot 的過去式・過去分詞。
—adj. (**more** ～; **most** ～) **1 a** (無比較級、最高級)〈紡織品等〉閃光色的《顏色因光線關係而變化的》；閃光色織法的：～ silk 閃光色絲綢。**b** [不用在名詞前]〔十介十(代)名〕[以別的顏色、東西等]加上變化的(cf. shoot[1] *v.t.* 12)〔*with*〕：His hair is ～ ***with*** gray. 他的頭髮夾雜灰白的顏色。
2 [不用在名詞前]〔十介十(代)名〕[常與 ～ **through** 連用]《文語》滲入〔…〕的，充滿〔…〕的〔*with*〕：a composition ～ (*through*) ***with*** errors 錯誤連篇的作文/He was ～ *through with* love [hatred]. 他的心裏充滿著愛[憎恨]。
3 [不用在名詞前]《美口語》〈東西等〉用舊了的；〈神經等〉非常疲累的：His nerves were ～. 他已疲憊不堪。
4 [不用在名詞前] (無比較級、最高級)〔十介十(代)名〕《口語》免除[結束]〔…〕的〔*of*〕：I'm glad to be ～ ***of*** the work. 我很高興做完那工作。
shót·gùn *n.* Ⓒ霰彈槍，獵槍。
shótgun márriage [wédding] *n.* Ⓒ《口語》(因女方懷孕而)不得不舉行的婚禮，强迫的結合[協調]《★源自女方父親以 shotgun 逼迫男方結婚》。
shót pùt *n.* [the ～]《運動》擲鉛球。
shót-pùtter *n.* Ⓒ擲鉛球的選手。
shót tòwer *n.* Ⓒ彈丸製造塔。

‡**should** [(輕讀)ʃəd; ʃəd; (重讀)ʃud; ʃud] *aux.* 《★語形 縮寫爲'd；否定式爲**should not**, 否定式縮寫爲 **shouldn't**》A [以直述法表示未來 shall 的過去式] **1** [基於時態的一致而用於附屬子句中；用於單純未來的情形]會…，將…《★用法 第二、三人稱時多半以 would 代替 should；在美國語法和英國口語中，第一人稱時也多用 would》：I knew that I ～ soon get quite well. 我知道我很快會康復/He said that he ～ get there before dark. 他說天黑以前他會到達那裏《★變換 可換寫成 He said, "I shall get there before dark."》/I told him that I ～ be twenty years old next month. 我告訴他我下個月就二十歲了《★變換 可換寫成 I said to him,"I shall be twenty years old next month."》.
2 [基於時態的一致而用於附屬子句中；用於意志未來] **a** [表示說話者的强烈意向、決心]要…《★用法 與義 1 相同》：He said he ～ never forget it. 他說他絕不會忘記那件事《★變換 可換寫成 He said,"I shall never forget it."》. **b** [用以確定對方的意志]要不要…《★用法 不論主詞的人稱，均用 should》：I asked him if I ～ shut the window. 我問他要不要我關上窗子《★變換 可換寫成 I said to him, "Shall I shut the window？"》.
—B [用假設語氣] **1** [不論人稱，表示義務、當然] **a** 該做…，理應…《★比較 意思較 ought to, must 弱，往往表示勸告的意思重於義務》：You ～ be more punctual. 你該更守時些/You *shouldn't* speak so loud. 你不該那樣大聲說。**b** [～ have＋過分]該…(而沒有…)：You ～ *have seen* the film. 你該看那部影片的《你要是看了那部影片就好了》/You *shouldn't have done* that. 你不該做那件事。
2 a [用於表示遺憾、驚訝等主要子句後所接的 *that* 子句中，或者用於 I am surprised, I regret 等後面所接的 *that* 子句中]竟…，居然…《★用法 現在多半不用 should 而用直述法》：It is a pity *that* he ～ miss such a golden opportunity. 他竟錯過如此大好機會，眞可惜/It is strange [surprising] *that* you ～ not know it. 你居然不知道那件事，眞奇怪[令人驚訝]/I wonder *that* such a man as he ～ commit an error. 想不到像他這樣的人竟會犯錯。**b** [用於表示需要、當然等的主要子句所接的 *that* 子句]做…(是需要的，當然的)：It is not necessary *that* I ～ go there. 我不必去那裏/It is natural *that* he ～ have refused our request. 他拒絕我們的要求是理所當然的。**c** [用於表示命令、要求、主張、意向等的主要子句所接的名詞子句中]要做…《★用法《口語》多半不用 should》：It was proposed that we ～ do it at once. 有人提議我們立刻做這件事/I insist that he ～ stay where he is. 我堅持他留在原來的地方。
3 a [與 why, how 等連用，以强調「不解、理應如此」的意思]非…不可，沒有理由不可…：*Why* ～ he go for you？ 爲什麼他非代你去不可呢？/There is no reason *why* philosophers ～ not write novels. 沒有理由說哲學家不可寫小說《哲學家當然也可以寫小說》。**b** [以 who [what] ～ ... but ... 的構句表示驚訝、奇怪] (除…外)會是誰[何物]呢：*Who* ～ they see *but* Hannah！他們看見的，除了漢娜，還會是誰！《他們看見的不是別人，正是漢娜！》/*What* ～ I find in my soup *but* a silver coin？ 我在羹湯中找到的，竟是一枚銀幣！**c** [常 ～ **worry**]《反語・諷》何必擔心：With his riches, he ～ *worry* about a penny! 以他的財富何必在乎一便士這種小錢！
4 [表示可能性、期待]一定是…，應該是…《★比較 比 ought to 的意思溫和》：If you leave now, you ～ get there by five o'clock. 如果你現在出發，你應該會在五點前抵達那裏/The plane ～ be landing right on schedule. 那架飛機應該會按預定時間降落。
5 a [用於條件子句，表示對不太可能實現之事的假設、讓步]萬一…，如果(有…的情形)：If such a thing ～ happen, what shall we do？萬一發生這樣的事，我們該怎麼辦？/*S*～ he [If he ～] be given another chance, he will [would] do his best. 如果再給他一次機會，他會盡全力去做/Even if he ～ deceive me, I would [will] still love him. 即使他欺騙我，我仍然會愛他/If I ～ fail, I will [would] try again. 萬一我失敗，我會再試。**b** [用於條件句的結論子句中，以 I [we] ～ 表示對於現在或未來的想像]會…《★用法 在美國語法及英國口語中多半用 would》：If you were to quarrel with him, *I* ～ feel very sorry. 如果你和他吵架，我會覺得很遺憾。**c** [用在條件句的結論子句中，以"I [we] ～ have＋過分"表示對過去事情的想像]會…《★用法 在美國語法及英國口語中多半用 would》：*We* ～ *have been* glad to be there, if only we'd had enough money. 只要我們那時候有足夠的錢，我們會喜歡在那裏的。
6 [以 I～ 婉轉地表達說話者的意見、感情]我想…；(如果是我，)我會…《★用法 言外含有「如果我是你」「如果有人問起」「如果有人勸告」等條件的說法，有時用 would》：He is over fifty, *I* ～ think. 我想，他已年過五十/That's beautiful, *I* ～ say. 據我看，那是美麗的 /*I* ～ say so. 我想是這樣的 /"Can you do it for me？"—"Yes, *I* ～ think so."「你能爲我做那件事嗎？」「我想，我能。」/*I* ～ (surely) think not.我(確實)不那樣想/*I* ～ have thought it was worse than that. 《英》我以爲事情要比那樣更糟糕《★所含的言外之意爲 if you hadn't told me 等》/*I* ～ refuse. (如果是我)我會拒絕《我想拒絕比較好》。
7 《文語》**a** [用於表示目的的副詞子句] (爲)使…：He lent her the book so that she ～ study the subject. 他借書給她，爲的是要她研究該問題；他爲了要她研究該問題而把書借給她。**b** [用於 lest 後的子句中]爲了不使…，以免…《★用法《口語》多半不用 should》：We gave them bread, *lest* they ～ starve. 我們給他們麵包，以免他們餓死。

I should like to... 我想要…《★用法表示自己願望的有禮貌說法；美國語法中多半用 would 代替 should; I should [would] like to 在口語中常被略作 I'd like to；問對方的願望時則用 *Would* you like to...？》：*I* ～ *like to* go with you. 我想要和你一起去。

‡shoul·der [ˈʃoldɚ; ˈʃouldə] *n.* **1** Ⓒ **a** 肩(⇨ body 插圖)：with a bundle on one's ～ 肩扛著行李/square one's ～*s* 挺肩，挺起胸膛/shrug one's ～*s* 聳肩。**b** (衣服的)肩部。

2 Ⓒ [常 ～s] **a** 肩膀，背的上部：⇨ have broad SHOULDERS/carry a child on one's ～*s* 讓小孩騎在肩上。**b** (擔負責任的)雙肩：shift the responsibility to other ～*s* 把責任推給別人/take the work on one's own ～*s* 負起該工作的責任/The future of our country rests on your ～*s*. 我們國家的未來重任落在你們的雙肩上《我們國家的前途要靠你們》。

shrug *one's* shoulders
【插圖說明】表示爲難、不贊成、無可奈何等的手勢。

3 Ⓒ **a** (山)肩《山頂附近的斜坡》。**b** (瓶子、弦樂器等的)肩部。**c** [常用單數](道路的)路肩。

4 Ⓤ[指個體時爲Ⓒ]肩膀肉《豬、牛等前腿連肩部份》：a ～ of mutton 羊的肩肉。

crý on a person's shóulder (爲博取同情而)向別人訴苦，發牢騷。

gìve [shów] the cóld shóulder to a person＝**tùrn a cóld shóulder on** a person ⇨ cold shoulder.

hàve an óld héad on yóung shóulders ⇨ head.

hàve bróad shóulders (1) 肩膀寬。(2)負得起重擔[重任]；可靠。

héad and shóulders abòve... ⇨ head.

pùt [sèt] one's shóulder to the whéel 努力工作，拼命幹《★源自以肩推車輪》。

rúb shóulders with... 與〈名人等〉交往或爲伍。

shóulder to shóulder (1)並肩地；羣集地。(2)同心協力地，團結地。

(stráight) from the shóulder 《口語》從正面，毫不隱瞞地，率直地《★源自「拳擊的正面攻擊」之義》：I told them *straight from the* ～ that.... 我坦白地告訴他們…。

— *v.t.* **1** 〔十受〕**a** 把…扛起[挑在肩上]：～ a heavy load 肩負重擔/*S*～ arms！《口令》槍上肩！**b** 負起〈責任〉；擔任〈工作等〉：You don't need to ～ the blame for this failure. 你無須對這次失敗承擔責任/You must ～ the future of the company. 你們必須肩負公司的未來重任。**2 a** 〔十受十副詞(片語)〕用肩推…：～ a person *out of* the way 用肩把人推開/I was ～*ed aside*. 我被人用肩推至一邊。**b** 〔十受十副詞(片語)〕[～ **one's way**] 用肩膀推開別人前進：He ～*ed* his way *through* the crowd. 他用肩膀推開人羣前進。**c** 〔十受十補〕用肩膀推開…〈使成…狀態〉：He ～*ed* the swing door open. 他用肩膀推開廻旋門。

shóulder bàg *n.* Ⓒ有肩帶的女用手提包。

shóulder bèlt *n.* Ⓒ(從肩上斜掛的)汽車安全帶。

shóulder blàde *n.* Ⓒ《解剖》肩胛骨。

shóulder bòard *n.* ＝shoulder mark.

shóulder hàrness *n.* ＝shoulder belt.

shóulder knòt *n.* Ⓒ肩飾。

shóulder màrk *n.* Ⓒ《美》(海軍的)軍銜肩章。

shóulder pàtch *n.* Ⓒ(佩戴於制服袖上部的)臂章。

shóulder stràp *n.* Ⓒ(裙子、長襯裙、褲子等的)吊帶，背帶。

‡should·n't [ˈʃudn̩t; ˈʃudnt] **should not** 的縮寫。

shouldst [(輕讀) ʃədst; ʃədst; (重讀) ʃudst; ʃudst] *aux.* 《古》shall 的第二人稱單數(thou) shalt 的過去式：thou ～ ＝you should.

‡shout [ʃaut; ʃaut] *v.i.* **大聲喊叫**(⇨ cry【同義字】)：**a** 〔動(十副)〕叫，喊〈*out*〉：Don't ～. I can hear you. 別叫，我聽得見/They ～*ed with* [*for*] joy. 他們歡呼/He ～*ed out in* pain. 他痛得大叫。**b** 〔十介十(代)名〕〔求…而〕叫〔*for*〕：～ ***for*** help 大聲求救/He ～*ed for* a waiter. 他大聲叫服務生。**c** 〔十介十(代)名〕〔向…〕大叫〔*to*〕：Someone ～*ed* ***to*** me. 有人大聲叫我。**d** 〔十介十(代)名〕〔對某人〕吼叫〔*at*〕：You must not ～ ***at*** him. 你不可對他吼叫。**e** 〔十 *to* do〕大叫[吼叫]〈使…〉：I ～*ed to* make them hear. 我大叫使他們聽得見。**f** 〔十 *for*十(代)名十 *to* do〕〔對…〕大叫[吼叫]〈使…〉：He ～*ed for* them *to* go forward. 他大叫，要他們向前進。**g** 〔十介十(代)名十*to* do〕大聲叫[某人]〈做…〉〔*to*〕：I ～*ed* ***to*** him *to* look out. 我大聲叫他注意。**h** 〔十介十(代)名十*to* do〕[對某人]吼叫〈使…〉〔*at*〕：He ～*ed* angrily ***at*** us *to* go away. 他對我們怒吼，要我們走開。

—*v.t.* **1 a** 〔十受(十副)〕大聲說…〈*out*〉：～ **(*out*)** an answer 大聲回答/He ～*ed* (*out*) his orders. 他大聲下令。**b** 〔(十介十(代)名)十(*that*)＿〕〔對…〕高聲說〈…事〉〔*to*〕：I ～*ed that* all were safe. 我高聲說大家都平安/I ～*ed* (***to*** them) *that* I was ready. 我(對他們)高聲說我已準備好了。**c** 〔十引句〕大聲叫道…：“Get out of the room！” he ～*ed*. 他大叫：「滾出房間去！」**d** 〔十受十補〕[～ one*self*] 大叫〈使成…狀態〉：I ～*ed myself* hoarse. 我喊到聲音變啞[叫得聲嘶力竭]。**2** 〔十受〕大叫表示〈歡喜等〉：The audience ～*ed* its [their] pleasure. 觀衆高聲歡呼。

shóut dówn 《*vt adv*》大叫而使〈某人〉沉默，大聲喝〈某人〉倒采：They ～*ed down* the speaker. 他們向演講者大聲喝倒采。

—*n.* **1** Ⓒ叫，喊；大叫；歡呼，喝采：with a ～ 喊叫著/a ～ *for* help 呼救聲/give a ～ *of* triumph 發出勝利的歡呼。**2** [用單數；常**one's** ～]《英口語》輪到請人喝(酒)：It is my ～. 輪到我請喝酒了。**shóut·er** *n.*

shóut·ing *n.* Ⓤ喊叫(聲)，歡呼。

be áll óver bùt [bàr] the shóuting 《口語》〈比賽、競賽等〉大勢已定，勝負已成定局《★源自「除留下歡呼聲外，幾乎全部已告結束」之義》。

within shóuting distance 在呼叫聲聽得見的地方。

shove [ʃʌv; ʃʌv] *v.t.* **1 a** 〔十受十副詞(片語)〕(用力)推(開)；撞；擠…(⇨ push【同義字】)：～ a person *aside* [*out of* the way] 把人用力推到一邊 / She ～*d* the dictionary *across* the desk *to* him. 她把辭典推到書桌的另一邊給他。**b** 〔十受十副詞(片語)〕[～ **one's way**] 用力推擠…前進：He ～*d* his way *through* the crowd. 他推開人羣向前走。**c** 〔十受十補〕用力推…〈使成…狀態〉：He ～*d* open the door. 他用力把門推開。**2** 〔十受十副詞(片語)〕《口語》把…放置[插入](在…)《★比較用以代替 put，但帶有粗率的意思》：～ something *down on* paper 在紙上潦草地寫些東西/He ～*d* it *back in* the drawer. 他把它塞回抽屜裏。

—*v.i.* 〔動(十副詞(片語))〕推(進)，撞：*S*～ *over*, would you？請向前擠一些好嗎？/They ～*d up to* the bargain counter. 他們擠向廉售櫃臺/We got into [onto] the train with a lot of pushing and *shoving*. 我們推擠著上了火車。

shóve aróund 《*vt adv*》《口語》驅使〈人〉。

shóve óff 《*vi adv*》(1)(在岸上用竹竿等)推船離岸；船離岸。(2)[常用祈使語氣]《口語》離去，去：*S*～ *off*！走開，滾到一邊去。

—*n.* **1** Ⓒ[常用單數]推一把，撞一下：He gave me a ～. 他推了我一把。**2** ⓊⒸ支持，支援：We gave the plan the ～ it needed. 我們給予該計畫所需的支援。

shóve-há'penny *n.* Ⓤ《英》推幣遊戲《用拇指推桌上的錢幣或黃銅圓盤使其入洞得分的一種遊戲》。

shov·el [ˈʃʌvl; ˈʃʌvl] *n.* Ⓒ **1 a** (長柄附有寬刃可鏟土、雪等)鏟子，鐵鍬《用以鏟土、沙、煤等並移向他處；★比較泥水匠用的抹子[鏝刀]爲 trowel; cf. spade》：remove snow with a ～ 用鏟子除雪。**b** 掘土機(power shovel)。

2 一鏟子(的分量)〔*of*〕：a ～ *of* coal 一鏟子的煤。

shovels 1 a

—*v.t.* (**shov·eled,** 《英》**-elled; shov·el·ing,** 《英》**-el·ling**) **1** 〔十受十副詞(片語)〕**a** 用鏟子鏟起[除去]…：～ *up* coal 用鏟子鏟煤/*S*～ the snow *away from* the steps. 鏟除台階上的雪/～ sand *into* a cart 把沙子鏟入手拉車上。**b** 用鏟子挖〈路等〉：～ a path *through* the snow 用鏟子從雪中挖出[開出]一條小路。**2** 〔十受十介十(代)名〕將…不加思索地[接連地]投入〔…〕〔*into*〕：He was so hungry (that) he ～*ed* his food ***into*** his mouth. 他很餓，所以接連把食物塞入口中。

shóvel·bìll *n.* Ⓒ《鳥》廣味鳧《又名琵喙鴨；喙扁平而長呈匙狀的水禽》。

shóvel·bòard *n.* ＝shuffleboard.

shov·el·er, 《英》**shov·el·ler** [ˈʃʌvl̩ɚ; ˈʃʌvlə] *n.* Ⓒ **1** 用鏟之工人；鏟東西的工具。**2** ＝shovelbill.

shov·el·ful [ˈʃʌvl̩ˌful; ˈʃʌvlful] *n.* Ⓒ一鏟子(分量)〔*of*〕.

shóvel hàt *n.* Ⓒ鏟形帽《英國國教牧師所戴的寬邊帽》。

shovel hat

‡show [ʃo; ʃou] (～**ed** [ʃod; ʃoud]; **shown** [ʃon; ʃoun], 《美》～**ed**) *v.t.* **1** 出示，露出。

【同義字】show 是「給人看東西」之意的最普通用語；display 是顯示東西之美與優點的展示；exhibit 是爲引人注目而展示於公衆前面；expose 是將隱藏的東西曝露。

a 〔十受〕出示〈東西〉：*S*～ your ticket, please. 請出示你的票/This picture ～*s* a variety of dogs. 這張照片裏有各種狗《★用法這句子的被動語態爲 A variety of dogs is *shown in* this picture.》/⇨ show one's FACE, show one's HAND/ ~ one's teeth ⇨ tooth 成語。b 〔十受〕給〈人〉看《★囲因義 1 c 的〔十受十受〕的直接受詞被省略而成》：“This is a new coin.”—“*S*~ me.”「這是新硬幣。」「給我看。」c 〔十受十受/十受十介十(代)名〕給〈人〉看〈東西〉；〔給人〕看〈東西〉〔*to*〕：He ~*ed* me his photos. = He ~*ed* his photos ***to*** me. 他拿他的照片給我看。d 〔十受十 *wh*.__〕給〈某人〉看〈…〉：I ~*ed* the doctor *where* my leg hurt. 我給醫生看腿傷的地方。e 〔十受十do*ing*〕顯示…〈在做…〉：The photo ~*s* them sit*ting* on a bench. 在這張照片中他們坐在長凳子上。

2 〔十受〕**a** **使…看得見，使…注意到；顯出，露出…**：That color will not ~ dirt. 那顏色不會看得出髒來[那顏色耐髒]/Your coat is ~*ing* signs of wear. 你的外套顯出磨損的痕跡/That dress ~*s* your slip. 那件衣服(太短)使你的內衣露出來。b 〔~ one*self*〕出席，出現：I doubt if he'll ~ *himself* at such a big party. 我懷疑他是否會出席如此盛宴。

3 〔十受〕**a** (在評審會等)展出〈動物、花卉〉；展示，陳列〈繪畫〉：He got a prize for the dog he ~*ed*. 他展出的狗獲獎。b 上演〈電影、戲劇〉：What do you think of the films *shown* at that cinema？那家電影院上映的影片你認爲如何？

4 **a** 〔十受〕**表現，露出〈感情、態度、神情〉**：His face ~*ed* (his) disappointment. 他面露失望之色/She ~*ed* no interest in shopping. 她對於購物不表興趣。b 〔十受〕〔~ one*self*〕出現，表現〈感情、特徵等〉：A woman's age often ~*s itself* in her face. 女人的年齡常顯露在她的臉上/Her fear ~*ed itself* in her speech. 她的恐懼流露在她的言詞之間。c 〔十受十受/十受十介十(代)名〕對〈人〉表示〈善意、感謝等〉；〔對人〕表示〈善意、感謝等〉〔*to*, *toward*〕：He didn't ~ me any friendliness. = He didn't ~ any friendliness ***to*** me. 他對我沒有任何友好的表示[他對我一點也不親切]。d 〔十受十介十(代)名〕《文語》〔對人〕垂〈憐〉〔*on*, *upon*〕：Lord, ~ your mercy ***upon*** us. 主啊，請垂憐我們吧。

5 〔十受〕〈鐘錶、溫度計、表等〉**指示[顯示]…**：The thermometer ~*s* ten below zero. 溫度計指著零下十度/The clock ~*s* just 6 o'clock. 時鐘指著六時正。

6 **a** 〔十受十受〕**對〈人〉指出〈路、地點等〉**：I'll ~ you the way to the station. 我指示你到車站的路(cf. 7 d)。b 〔十受十副詞(片語)〕引導，帶領〈某人〉(到…)：~ a person *in* [*out*] 把人引入[送出]/He ~*ed* me *into* his room. 他帶我進入他的房間/The lady was *shown into* the drawing room. 那位女士被引進客廳/He ~*ed* her *to* the door. 他送她到門口/My friend ~*ed* me *around* (the) town. 我的朋友帶我到該鎮四處遊覽。

7 **a** 〔十受〕**把…弄清楚；證明，說明…**：He ~*ed* the man's innocence. 他證明那個人的無辜(cf. 7 b, 7 c)。b 〔十受十*to be*補〕把…弄清楚〈是…〉，證明…〈是…〉：He ~*ed* the man *to be* innocent. 他證明那個人是無辜的(cf. 7 a, 7 c)。c 〔十(*that*)__〕把〈…事〉弄清楚，證明〈…事〉：He ~*ed that* the man was innocent. 他證明那個人是無辜的(cf. 7 a, 7 b)。d 〔十受十受〕對〈人〉指出…，指給〈人〉…：Please ~ me the way. 請做示範給我看[請指點我一下](cf. 6 a)。e 〔十 *wh*.__〕明示，指出〈…〉：That ~*s how* happy she is. 那說明她是多麼的快樂。f 〔十受十 *that*__〕使〈人〉明白〈…事〉，給〈某人〉指出〈…事〉：I'll ~ you *that* it is very foolish. 我會使你明白那是很愚蠢的。g 〔十受十 *wh*.__/十受十 *wh*.十*to* do〕使〈人〉明白〈…〉，告知〈人〉〈如何做…〉：I'll ~ you *how* foolish it is. 我會使你明白那是多麼的愚蠢/She ~*ed* me *how to* make a knot. 她教我如何打結。

—*v.i.* **1** **a** **出現，可見，顯現**：Your slip is ~*ing*. 你的襯衣露出來了/Her embarrassment ~*ed in* her face. 她面露窘態。b 〔十補〕顯現〈…〉：The walls ~*ed* white in the moonlight. 那道牆在月光中顯現白色。

2 《口語》露臉，出現，來到。

3 《口語》〈影片等〉上映[上演]：What's ~*ing at* that theater？那家電影院在上映什麼片子？

4 《美》(賽馬時)跑第三名，入圍(cf. place *v.i.*)。

have nóthing to shów for... 在…方面沒有可顯示的成績，乏善可陳：I've had *nothing to* ~ *for* all these thirty years of work. 我對於這三十年來的工作，沒有什麼成績可言[乏善可陳]。

it gòes to shów (that...) 成爲…的證明。

shòw óff 《*vt adv*》(1)炫耀，賣弄〈能力、學問等〉；把…襯托得更好：This dress will certainly ~ *off* your figure. 這件衣服一定會把你的身材襯托得更美/Mothers will always ~ *off* their children. 母親總是炫耀自己的孩子。**—**《*vi adv*》(2)炫耀，賣弄(自己的能力、學問等)；做惹人注目的事：He is always ~*ing off*. 他總是在炫耀自己。

shòw úp 《*vt adv*》(1)揭發…：~ *up* an imposter 揭發騙子。(2)使…突出，使…顯眼：The light ~*ed up* the stain on the cloth. 光使得布上的污點顯眼。(3)[~十受十up]《口語》使〈人〉相形見絀。**—** 《*vi adv*》(4)突出，顯眼：Her white dress ~*ed up* against the sky. 她的白衣在天空的襯托下顯得更美/The white cliff ~*ed up* with surprising clearness. 白色的懸崖顯得出奇的鮮明。(5)《口語》出席(聚會等)，出現：We invited him to the party, but he did not ~ *up*. 我們邀請他參加這個聚會，但是他沒有出現[出席]。

—*n.* **1** 〔**a** ~〕**a** **出示，顯示，展示**〔*of*〕：make *a* ~ *of* force 展現武力。b 〔感情、性能等的〕表示，誇示〔*of*〕：He greeted me with *a* great ~ *of* cordiality. 他以極大的熱誠歡迎我。

2 Ⓒ **a** 展示會，(農產品或工業產品的)評選會：a flower ~ 花展/an auto ~ 汽車展示會/a one-man ~ of one's paintings 某人的繪畫個展。b (戲院、夜總會、電視上等的)表演[秀]，演出：a TV ~ 電視表演/the greatest ~ on earth 世界上最偉大的表演《指馬戲表演》/What ~*s* are on tonight？今晚有什麼表演？/⇨ LORD MAYOR'S Show. c 笑料，笑柄，丟臉的人：make a ~ of one*self* 成爲笑柄，使自己丟臉。

3 **a** Ⓤ〔又作 **a** ~〕假裝；外表，外觀，樣子〔*of*〕：with some ~ *of* reason 有幾分道理似地，也有些看似有道理之處/He hurt her by *a* [his] ~ *of* indifference. 他假裝冷淡以傷她的心/He was only making *a* ~ *of* work*ing*. 他只是假裝在工作。b Ⓤ炫耀，虛榮，虛飾：He's fond of ~. 他喜歡派頭/for ~ 爲了炫耀[虛榮]，爲引人注目/She did it *for* ~. 她爲了引人注目而做那件事。

4 〔用單數〕**a** 〔與修飾語連用〕嘗試，企圖；(完成的)行爲：Good ~！《英口語》幹得好！那好極了！/put up a good [poor] ~ 做得很好[差勁]。b 企劃，事業，工作；發生的事，事情：Who's running the whole ~ now？現在整件事情由誰在管理[主持]呢？c 《口語》機會；(表現本領或找藉口的)好機會：give a person a (fair) ~ 給某人(好)機會。

5 Ⓤ《美》(賽馬等的)第三名[入圍](cf. place *n.* 13)。

(a) shów of hánds 舉手(表決)。

gèt the shów on the róad 《口語》開始工作，展開活動。

in shów 外表上，外觀上。

on shów 展覽中，陳列著，展示著：goods *on* ~ 陳列品。

stéal the shów 《口語》〈配角、預想不到的人〉搶出風頭。

shów bìll *n.* Ⓒ廣告招貼[海報]。

shów bìz 《show business 之略的變形》 **—*n.*** Ⓤ《口語》演藝事業。

shów·bòat *n.* Ⓒ演藝船。

【說明】這種演藝船從十九世紀到二十世紀初，航行於美國中西部的各河流，尤其是密西西比河(the Mississippi)。停泊在新開發各城鎮的沿岸，在船上爲當地居民提供戲劇、綜藝節目、特技等娛樂。隨著電影、廣播以及汽車的普及，船上已不再提供演藝節目，現在這種船已被改裝成觀光船，載運遊客遊覽河岸風光。其中航行密西西比河仍然最有名。

shów bùsiness *n.* Ⓤ演藝界。

shów·càse *n.* Ⓒ(玻璃製的)展示橱櫃。

shów·dòwn *n.* Ⓒ〔常用單數〕**1** 《紙牌戲》(撲克牌戲的)攤牌《出示手中全部的牌》。

【字源】這是由美國發明的撲克牌(poker)遊戲而來的一個字。遊戲進行到最後階段，無法再打下去時，須把全部牌攤開來(show down)，由攤在桌上的牌來公開對決，以決定勝負。

2 《口語》(緊要關頭的，最後關頭的)一決勝負，辨明是非：when it comes to a ~ 到了攤牌的時刻/have a ~ with... 與…攤牌[作個了結]。

‡show·er[1] [ˈʃauɚ; ˈʃauə] *n.* **1** Ⓒ **a** 〔常用複數〕**驟雨，陣雨；突然下的雪[冰雹等]**：I was caught in a ~. 我碰到陣雨/March winds and April ~*s* bring forth May flowers. 三月風與四月雨帶來五月的花《★傳說》。

【說明】shower 指短時間即結束的降雨，多見於英國；「雷陣雨」也屬於這一類，但沒有完全符合「雷陣雨」之意的英語單字。

b 〔子彈、信件等之〕大批，大量，紛至〔*of*〕：a ~ *of* applause 熱烈的鼓掌/a ~ *of* blows 如雨般落下的拳頭/*Showers of* sparks went up from the bonfire. 從篝火上升起陣陣火花。

2 Ⓒ **a** **淋浴**：have [take] a (quick) ~ (快速地)淋浴。

【說明】美國人的日常生活中，淋浴(shower)佔很重要的地位。他們早上起床後，下班回家後，或想提提神時，必來個淋浴。在各高中，上體育課(physical education)後，排有淋浴的時間，也有足夠的設備供學生使用。

b (又作 **shówer bàth**)淋浴設備，蓮蓬頭；淋浴室：have a ～ installed 請人裝設淋浴設備。
3 Ⓒ《美》(對新娘、新生嬰兒等所舉行的)送禮會：have a bridal [stork] ～ 舉行慶賀待嫁新娘[待產婦]的禮物贈送會。
4 [有時 **a** ～；集合稱；常 ～**s**, 有時當單數用]《英口語》骯髒的懶漢們；討厭的一羣傢伙。
—*v.t.* **1** 〔十受〕給…澆水：～ flowers 給花澆水。**2** 〔十受十介十(代)名〕將…如陣雨般拋〔給…〕〔*on, upon*〕；〔將…〕大量地給與…〔*with*〕：The audience ～*ed* applause ***on*** [***upon***] him. ＝The audience ～*ed* him ***with*** applause. 觀衆對他報以熱烈的鼓掌。
—*v.i.* **1** [常以 it 爲主詞]下驟雨[陣雨]：*It* ～*ed* off and on all afternoon. 整個下午斷斷續續地下著陣雨。**2 a** 〔動(十副)〕如陣雨般落下[紛紛落下]〈*down*〉：Leaves ～*ed* ***down.*** 樹葉紛紛落下。**b** 〔(十副)十介十(代)名〕如陣雨般落〔於…〕；大量給與〔某人〕〈*down*〉〔*on, upon*〕：Congratulations ～*ed* (***down***) ***on*** [***upon***] the newlyweds. 大家紛紛向那對新婚夫婦道賀。**3** 淋浴。
show·er² [ˈʃoɚ; ˈʃouə] «源自 show»**—***n.* Ⓒ表演者，展示者[物]，出示者[物]。
shówer cùrtain *n.* Ⓒ淋浴時防水四濺的塑膠帘。
show·er·y [ˈʃaʊərɪ; ˈʃauəri] «shower的形容詞»**—***adj.* 多陣雨的；似陣雨的，大量的。
shów·fòlk *n.* [當複數用]影劇界人士。
shów·gìrl *n.* Ⓒ(歌舞片等的)唱歌兼跳舞的女郎。
shów·ing *n.* **1** Ⓒ **a** 展示(會)，展覽(會)：a ～ *of* new-model cars 新型車的展示會。**b** (電影的)上映；(戲劇的)上演。**2** [**a** ～] 外觀，外表，看頭：This dress makes *a* good [bad] ～. 這件女裝外觀漂亮[不好看]。**3** [用單數；常 **on** ～] **a** 情勢，形勢，外觀：*on* any ～ 無論情勢如何，無論怎麼看/*On* this [(the) present] ～ he will pass. 按現狀來看，他會及格。**b** (情勢的)說明，主張，聲明：*on* the government's own ～ 根據政府當局的聲明[說明]。**4** [**a** ～]成績，表現：He made *a* good ～ in the finals. 他在決賽時表現良好。
shów júmping *n.* Ⓤ《馬術》超越障礙比賽。
shów·man [-mən; -mən] *n.* Ⓒ(*pl.* **-men** [-mən; -mən]) **1** (劇團、馬戲團等的)主持人，演出業者。**2** 擅長表演的人，藝人。
shówman·shìp *n.* Ⓤ **1** 演出的技藝[本領]。**2** 吸引聽衆、觀衆等的技巧[本領]。
‡**shown** [ʃon; ʃoun] *v.* **show** 的過去分詞。
shów-òff *n.* **1** Ⓤ炫耀，誇示。**2** Ⓒ《口語》炫耀的人，自鳴得意的人。
shów·pìece *n.* Ⓒ **1** 展示品，供展覽的樣品。**2** (可成爲典範的)優秀作品[傑作]。
shów·plàce *n.* Ⓒ名勝《有來歷的建築物、庭園等》；展出場所。
shów·ròom *n.* Ⓒ展示室，陳列室：a car ～ 汽車展示室。
shów·ùp *n.* Ⓒ《俚》暴露；出現；揭發。
shów wìndow *n.* Ⓒ(商店的)櫥窗。
show·y [ˈʃoɪ; ˈʃoui] «show的形容詞»**—***adj.* (**show·i·er**; **-i·est**) **1** 華麗的，引人注目的：a ～ flower 鮮艷奪目的花。**2** 俗麗的；艷麗的：This dress is too ～ for you. 這件衣服對你而言是太艷麗了。**3** 裝飾門面的，追求虛榮的：a ～ person 愛裝飾門面的人，虛榮的人。**shów·i·ly** [-ɪlɪ; -ili] *adv.* **-i·ness** *n.*
shrank [ʃræŋk; ʃræŋk] *v.* **shrink** 的過去式。
shrap·nel [ˈʃræpnəl; ˈʃræpnl] «源自英國的發明者姓名»**—***n.* Ⓤ[集合稱] **1** 榴霰彈。**2** (炸開的)榴霰彈[砲彈，炸彈]破片。
shred [ʃrɛd; ʃred] *n.* **1** Ⓒ[常 ～**s**](細長的)一片，斷片，破片：in ～*s* 成碎片[碎條]/She tore his letter *to* ～*s.* 她把他的信撕成碎片。**2** [**a** ～；用於否定句、疑問句]微量，少許，一點點〔*of*〕：without *a* ～ *of* interest 沒有一點興趣/There is *not a* ～ *of* evidence for his guilt. 毫無他犯罪的證據。
—*v.t.* (**shred·ded**; **shred·ding**)把…撕[切]成碎片：～ cabbage 把甘籃菜切碎/In her anger she *shredded* her dress into strips. 盛怒之下她把衣服撕成碎片。
shréd·der *n.* Ⓒ **1** (食物等的)擦菜板。**2** (把文件等切成碎片的)碎紙機。
shrew [ʃru; ʃru:] *n.* Ⓒ **1** 嘮叨[嚕囌]的女人，潑婦。**2** 《動物》尖鼠；鼩鼱。
shrewd [ʃrud; ʃru:d] *adj.* (～**·er**, ～**·est**; **more** ～, **most** ～) **1 敏銳的**；銳利的；聰明的；有洞察力的：a ～ choice 聰明的抉擇/a ～ observer 敏銳的觀察者/make a ～ guess (as to...) (對於…)作準確的推測。
2 a 精明的，機靈的：a ～ lawyer [politician] 精明的律師[政客]。**b** [不用在名詞前]〔十介十(代)名〕〔對…〕精明的〔*in, about*〕：He is ～ ***in*** business (matters). 他做生意很精明。
3 〈目光〉銳利的；〈臉〉看來聰明的。
～**·ly** *adv.* ～**·ness** *n.*

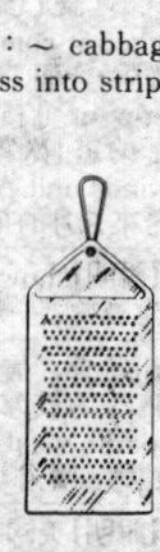
shredder 1

shrew·ish [ˈʃruɪʃ; ˈʃru:iʃ] «shrew 的形容詞»**—***adj.* 〈女人〉嘮叨的，嚕囌的；不懷好意的，惡意的。～**·ly** *adv.*
shréw·mòuse *n.* (*pl.* **-mice**) ＝shrew 2.

shrew 2

shriek [ʃrik; ʃri:k] *v.i.* **以尖聲說[叫，笑]，發出尖叫**(⇨scream【同義字】)：～ *with* laughter 尖聲大笑/She ～*ed* when she saw a snake. 她看到蛇時尖聲大叫/A jet plane ～*ed* low overhead. 飛機在頭頂上方尖聲低空飛行。**—***v.t.* **1** 〔十介(十副)〕以尖叫聲發出…〈*out*〉：～ (***out***) a warning 尖聲發出警告。**2 a** 〔十引句〕尖叫…："Help!" he ～*ed.* 他尖叫：「救命！」**b** 〔十受十介十(代)名〕以尖聲〔對…〕說…〔*at*〕：She ～*ed* curses ***at*** me. 她尖聲咒罵我。
—*n.* Ⓒ**慘叫聲，尖叫聲，尖銳的聲響**：～*s* of laughter 尖銳的笑聲/give [utter] a ～ of pain [terror] 發出痛苦[恐懼]的慘叫聲。
shrift [ʃrɪft; ʃrift] *n.* Ⓤ《古》(對神父、牧師的)懺悔；(因懺悔而得的)寬恕，赦罪：⇨short shrift.
shrike [ʃraɪk; ʃraik] *n.* Ⓒ《鳥》伯勞《伯勞科鳴禽的統稱》。
shrill [ʃrɪl; ʃril] *adj.* (～**·er**, ～**·est**; **more** ～, **most** ～) **1** 〈聲音、聲響等〉**尖銳的**，尖叫的，高叫的：a ～ cry [whistle] 尖銳的悲叫[汽笛聲]。**2** 〈要求、批評等〉誇大的，辛辣的，尖酸的：Their demands became ever ～*er.* 他們的要求變得更爲强烈。
—*n.* Ⓒ尖叫聲。
—*v.i.* 發出尖銳聲音[鳴聲]：The telephone ～*ed* and she ran to answer it. 電話鈴聲大作，她跑去接聽。
—*v.t.* 〔十受〕以尖銳聲說，唱…：～ an order [a song] 高聲下令[唱歌]。
shríl·ly [-lɪ; -li] *adv.* ～**·ness** *n.*
shrimp [ʃrɪmp; ʃrimp] *n.* (*pl.* ～, ～**s**) **1 a** Ⓒ《動物》小蝦(⇨lobster 插圖)。**b** Ⓤ小蝦肉。**2** Ⓒ《口語》短小的人，矮人；無足輕重的人，小人物。**—***v.i.* 捉小蝦：go ～*ing* 去捉小蝦。
shrine [ʃraɪn; ʃrain] «源自拉丁文「箱」之義»**—***n.* Ⓒ **1 a** (奉祀聖人遺骸、遺物、像等的)**聖殿，廟，祠**。**b** (日本的)神社。**2** (安放聖人遺骸、遺物等的)聖骨[聖物]箱。**3** (被視爲神聖的)殿堂，聖地，寺廟〔*of*〕：a ～ *of* learning 學問的殿堂。
—*v.t.* 〔十受〕《文語》把…供奉於祠廟(enshrine).
shrink [ʃrɪŋk; ʃriŋk] (**shrank** [ʃræŋk; ʃræŋk], 《美》**shrunk** [ʃrʌŋk; ʃrʌŋk]; **shrunk, shrunken** [ˈʃrʌŋkən; ˈʃrʌŋkən]) (★ 語形 尤其當作分詞形容詞時用 shrunken) *v.i.* **1 a** 〈布等〉**收縮**，縮短，縮水：This cloth does not ～ in the wash. 這塊布洗了不會縮水。**b** 減少，變少[小]：My savings quickly *shrank.* 我的儲蓄急速減少/American cars are generally ～*ing* in size. 美國汽車一般都在改爲[趨向]小型化。**2** 〔動(十副)〕身體收縮，蜷縮〈*up*〉：～ (***up***) *with* cold 因寒冷而蜷縮身體。**3 a** 〔十副〕退縮[避]，畏縮〈*back*〉：The dog *shrank back* in fear. 那隻狗害怕得退縮。**b** 〔十介十(代)名〕退避〔至…〕〔*into*〕：The dog *shrank* ***into*** the corner in fear. 那隻狗害怕得躲進角落裏。**c** 〔(十副)十介十(代)名〕〔看見…而〕畏縮〈*back*〉〔*at*〕：～ ***at*** the sight of blood 見血而畏縮/He ～*s* at nothing to achieve his ends. 爲達成目的，他從不退縮。**d** 〔(十副)十介十(代)名〕〔從…〕退縮；退避〈*back*〉〔*from*〕：The girl *shrank* (*back*) ***from*** the dog. 女孩退縮以躲避那隻狗/My shy brother ～*s from* meet*ing* strangers. 我那羞怯的弟弟怕見陌生人。
—*v.t.* 〔十受〕 **1** 使…縮小，縮短。**2** 對〈布料等〉施以防縮加工。
—*n.* Ⓒ **1** 退縮，畏縮。**2** 收縮，縮小。**3** 《美俚》精神科醫師[分析醫師]。
shrink·a·ble [ˈʃrɪŋkəbl; ˈʃriŋkəbl] *adj.* 易縮的。
shrink·age [ˈʃrɪŋkɪdʒ; ˈʃriŋkidʒ] «shrink 的名詞»**—***n.* Ⓤ[又作 **a** ～]收縮；縮小，減少：allow for ～ 考慮縮減的情形《計入會縮小的分量》/*a* ～ *in* the budget 預算的削減。
shrink·ing·ly [ˈʃrɪŋkɪŋlɪ; ˈʃriŋkiŋli] *adv.* 畏縮地；逡巡不前地。
shrive [ʃraɪv; ʃraiv] *v.t.* (～**d**, **shrove** [ʃrov; ʃrouv]; **shriv·en** [ˈʃrɪvən; ˈʃrivən], ～**d**) 《古》〈教士〉聽取〈某人〉的自白[懺悔]而給與赦罪。
shriv·el [ˈʃrɪvl; ˈʃrivl] (**shriv·eled**, 《英》**-elled**; **shriv·el·ing**, 《英》**-el·ling**) *v.t.* 〔十受(十副)〕使…萎縮，使…枯萎，使…皺縮[捲縮]；使…起皺〈*up*〉：a ～*ed* face 有皺紋的臉/The hot sun ～*ed* (***up***) the leaves. 炎熱的太陽使樹葉捲縮。
—*v.i.* 〔動(十副)〕枯萎，萎縮，捲縮，起皺〈*up*〉：Leaves ～ in autumn. 樹葉在秋天枯萎。
shriv·en *v.* **shrive** 的過去分詞。
Shrop·shire [ˈʃrɑpʃɪr, -ʃɚ; ˈʃrɔpʃə, -ʃiə] *n.* 什羅浦郡《英格蘭西部的一郡，1974年改稱爲賽洛普(Salop)》。

shroud [ʃraud; ʃraud] 《源自古英語「衣服」之義》—*n.* Ⓒ **1** (用以包裹屍體的)屍衣，壽衣(winding-sheet). **2** 包裹用的東西，遮蔽物，覆蓋物，幕，帷〔*of*〕：under the ～ *of* night 在夜幕下。**3** [常 ～s]《航海》橫桅索《由桅前端拉向船的左右兩舷；⇨ratline 插圖》。

—*v.t.* 遮蔽，覆蓋，包住《★ 常用被動語態，介系詞用 *in, by*》：The airport *was ～ed in* a heavy mist. 機場籠罩在濃霧之中。

shrove *v.* **shrive** 的過去式。

Shróve Túesday *n.* 懺悔星期二(Mardi Gras)《復活節前之第七個星期三(Ash Wednesday)的前一天》。

shrub [ʃrʌb; ʃrʌb] *n.* Ⓒ灌木《★比較 shrub 的意思是「一棵灌木」；bush 除了「一棵灌木」外還有「灌木叢」的意思；⇨tree【同義字】》。

shrub·ber·y [ˈʃrʌbərɪ; ˈʃrʌbəri] *n.* **1** Ⓤ[集合稱]灌木(林)。**2** Ⓒ(庭院內等的)矮樹叢。

shrub·by [ˈʃrʌbɪ; ˈʃrʌbi] 《shrub 的形容詞》—*adj.* (**shrub·bi·er**; **-bi·est**) **1** 多灌木的，灌木茂密的。**2** 灌木(狀，質)的。

***shrug** [ʃrʌg; ʃrʌg] (**shrugged**; **shrug·ging**) *v.t.* 〔十受〕(雙手掌朝上而)聳〈肩〉《表示不愉快、絕望、驚訝、懷疑、冷笑等的動作》：He just *shrugged* his shoulders. 他只是聳聳肩膀而已《沒有說話》。—*v.i.* 聳肩。

shrúg awáy 《*vt adv*》(認爲微不足道而)忽視…。

shrúg óff 《*vt adv*》⑴(認爲微不足道而)不理會〈人、事等〉，對…不屑一顧：～ *off* a protest 不理會抗議。⑵拋開，擺脫…：～ *off* sleep 擺脫睡意。⑶扭轉身體脫〈衣〉。

—*n.* Ⓒ聳肩：with a ～ of disappointment 失望地聳肩/give a ～ 聳肩。

shrunk [ʃrʌŋk; ʃrʌŋk] *v.* **shrink** 的過去式・過去分詞。

shrunk·en [ˈʃrʌŋkən; ˈʃrʌŋkən] *v.* **shrink** 的過去分詞。

—*adj.* [用在名詞前]皺縮的，萎縮的：a ～ face 皺縮的臉。

shuck [ʃʌk; ʃʌk] *n.* 《美》**1** Ⓒ(玉蜀黍、花生米等的)皮，殼，莢。**2** Ⓒ(牡蠣、文蛤的)殼。**3** [～s]無價值的東西《常用於下列片語》：It's not worth ～*s*. 那種東西一文不值。

—*v.t.* 去[剝]…的皮[殼，莢]。

shucks [ʃʌks; ʃʌks] *interj.* [表示不快、失望、焦躁等]《美口語》呸！無聊！可惡！

shud·der [ˈʃʌdə; ˈʃʌdə] *v.i.* **1** (因害怕、寒冷等而)戰慄，發抖(⇨shake 2【同義字】)：He *～ed with* cold. 他冷得發抖。**2 a** 〔十介十(代)名〕〔對…〕(厭惡得)不寒而慄〔*at*〕：She *～ed at* the sight [thought] of it. 看[想]到它，她就不寒而慄。**b** 〔十 *to* do〕〈做…而〉戰慄：I ～ *to* think what might happen. 我想到可能發生的事而戰慄。

—*n.* **1** Ⓒ發抖，戰慄：with a ～ 發抖著，戰慄著。**2** [the ～s]戰慄的發作：It gives me *the ～s*. 《口語》它使我戰慄。

shúd·der·ing·ly [-dərɪŋlɪ, -drɪŋlɪ; -dəriŋli] *adv.* 發抖地，戰慄地，毛骨悚然地。

shuf·fle [ˈʃʌfl; ˈʃʌfl] *v.t.* **1** 曳〈足〉而行。

2 a 〔十受(十副)〕把…混合，混在一起〈*together*〉：Don't ～ the papers *together*. 不要把文件混在一起。**b** 〔十受〕洗〈紙牌〉：～ cards 洗牌/～ the cards 改變任務[政策]。

3 〔十受十副詞(片語)〕把…四處移動[更換位置]。

4 〔十受十副〕**a** 粗魯地脫〈衣〉〈*off*〉：He *～d* his clothes *off*. 他很隨便地脫掉衣服。**b** 拋棄，排除〈煩雜的事物等〉〈*off*〉：～ *off* this mortal coil 擺脫人生的煩雜事；死亡《★ 出自莎士比亞的「哈姆雷特(*Hamlet*)」》。

5 〔十受十副十介十(代)名〕把〈責任等〉推諉〔給…〕〈*off*〉〔*onto*〕：～ *off* responsibility *onto* others 把責任推給別人。

—*v.i.* **1 a** 〔十副詞(片語)〕拖著脚步(緩慢地)走：～ *away*[*off*] 拖著脚步走去/～ *along* (a street) 拖著脚步(沿街)走去/～ *out* (*of* a room) 拖著脚步走出(房間)。**b** (小步)曳足而舞。

2 a 閃爍其詞，矇混：He *～d* when asked about it. 被問及那件事時，他閃爍其詞。**b** 設法完成(工作)，履行(責任)，度過(難關等)〔*through, out of*〕：He *～d through* his work [*out of* the responsibility]. 他設法做完他的工作[逃避責任]。

3 〔十介十(代)名〕隨隨便便地穿〔衣〕〔*into*〕；隨隨便便地脫〔衣〕〔*out of*〕：He *～ed into* [*out of*] his clothes. 他隨隨便便地套上[脫掉]衣服。

4 洗牌。

—*n.* **1** [用單數] **a** 曳步：walk with a ～ 曳足而行。**b** 《舞蹈》急速的曳足舞步；拖步。

2 Ⓒ **a** 混合，混雜：On his desk was a ～ *of* papers. 他的桌上放著混雜的文件。**b** 紙牌的洗牌；輪到洗牌：give the cards a (good) ～ (好好)洗牌/It's your ～. 輪到你洗牌了。

3 Ⓒ(內閣等的)改組(reshuffle)：a Cabinet ～ ＝a ～ of the Cabinet 內閣的改組。

4 Ⓒ詭計，矇混，支吾之詞。**shúf·fler** *n.*

shúffle·bòard *n.* Ⓤ推移板遊戲《用一根長棒推動圓盤，使其進入寫有分數的框中；主要在船的甲板上玩》。

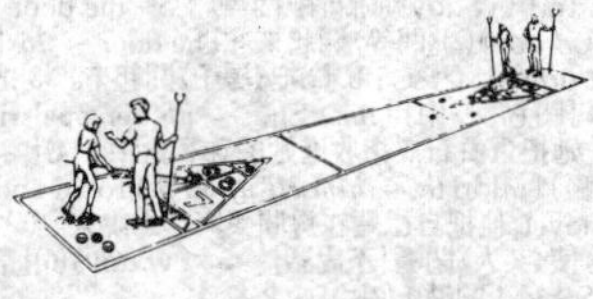

shuffleboard

shuf·ty [ˈʃʌftɪ; ˈʃʌfti] *n.* [**a** ～]《英俚》一瞥，一眼《★ 常用於下列片語》：have [take] *a* ～ (at...) (對…)看一眼，瞥一下。

shun [ʃʌn; ʃʌn] *v.t.* (**shunned**; **shun·ning**) **1** 〔十受〕(始終)規避…：～ company [publicity, temptation]避開與人交往[出名，誘惑]。**2** 〔十do*ing*〕避免〈做…〉：He *shunned* meet*ing* any of his friends. 他避免與他的任何朋友碰面。

'shun [ʃʌn; ʃʌn] 《attention 4 b 之略》—*interj.* 《口令》立正！

shunt [ʃʌnt; ʃʌnt] *v.t.* **1** 〔十受(十副)十介十(代)名〕把〈列車、車輛〉轉入〔別的軌道、道路〕〈*on*〉〔*to, onto*〕《★ 常用被動語態》：The train *was ～ed* (*on*) *to* a branch line. 列車被轉入支軌。

2 《口語》**a** 〔十受(十副)〕排擠〈某人〉〈*aside, off*〉：He was *～ed aside*. 他受到排擠。**b** 〔十受十介十(代)名〕把〈某人〉降職〔到…〕〔*to*〕：The boss *～ed* him *to* a branch office. 老闆把他降職到分公司工作。

3 《口語》**a** 〔十受〕改變〈意見、行動等〉；迴避〈問題的討論〉；擱置〈計畫等〉。**b** 〔十受(十副)十介十(代)名〕改變〈話題等〉〔爲…〕〈*on*〉〔*to*〕：He *～ed* the conversation (*on*) *to* more interesting subjects. 他把談話轉到更有趣的話題上。

—*v.i.* 〈列車、車輛〉轉入支軌[支線]。

—*n.* Ⓒ《英》轉轍器(《美》switches).

shúnt·er *n.* Ⓒ《英》**1** 轉轍手。**2** 轉轍器。

shúnt-wóund [-ˈwaund; -ˈwaund] *adj.* 《電學》分繞的。

shush [ʃʌʃ; ʃʌʃ] *interj.* 噓！安靜！

—*v.t.* 〔十受(十副)〕發噓聲使〈某人〉安靜〈*up*〉.

‡shut [ʃʌt; ʃʌt] (**shut**; **shut·ting**) *v.t.* **1** 關，閉(↔ open)：**a** 〔十受〕關〈門、窗等〉；閉〈眼、口、耳等〉：～ a door [window, drawer] 關門[窗，抽屜]/⇨shut the DOOR on/ ～ one's mouth 閉嘴/(It is too late to) ～ the stable door when the steed is stolen. 《諺》馬被偷了才鎖廐，爲時已晚[亡羊補牢，賊過關門]。**b** 〔十受十介十(代)名〕〔對…〕關上[封閉]…〔*to, on, against*〕：～ one's mind *to*... 不接受…，不理會…，不答應…/He ～ his ears *to* their entreaties. 他對他們的懇求充耳不聞/The examiner ～ his eyes *to* the fact. 審查員假裝沒看到[不知道]這項事實/We ～ the door *against* [*on*] him. 我們把他關在門外。

2 〔十受十副詞(片語)〕**a** 把…關進[圍在]〔…中〕：～ a bird *into* a cage 把鳥關進籠中/They ～ the man *in* a cell. 他們把那個人關入小室中/The ground is ～ *in* by a wire fence. 那塊地被鐵絲籬笆圍住。**b** [～ one*self*]關閉：He ～*s himself in* his study all day long. 他整天把自己關閉在書房中。

3 〔十受〕合攏〈書本、手掌〉；摺起〈小刀等〉《★比較 作此義解時常用 close[1]》：～ a book [a (folding) fan] 把書[扇子]合起來。

4 〔十受十介十(代)名〕把〈手、衣服等〉夾在〔…中〕〔*in*〕：He ～ his fingers *in* the door. 他的手指被門夾住。

5 〔十受(十副)〕**a** (暫時性或永久性地)關閉〈店舖、工廠〉〈*down*〉：Heavy snow caused the airport to be ～ *down*. 大雪使機場(暫時)關閉。**b** (結束一天營業而)使〈店等〉打烊〈*up*〉：He ～ *up* his shop for the night. 到了夜晚他把店關起來《打烊》。

—*v.i.* **1** 〈門、窗等〉關上：The door would not ～. 這扇門關不起來。**2** 〔動(十副)〕〈店、工廠等〉關閉、停業〈*down, up*〉.

shút awáy 《*vt adv*》⑴把…收藏起來。⑵[～ 十受十 away]將…隔離，使…離開人羣[遁世]。⑶[～ one*self*十 away]遁世：He ～ *himself away* in the country. 他遁世隱居鄉間。

shút dówn 《*vt adv*》⑴⇨ *v.t.* 5 a. ⑵把〈窗等〉關(緊)：～ *down* a window 放下窗子(使關閉)。—《*vi adv*》⑶⇨*v.i.* 2. ⑷〈夜幕〉降臨〔…〕；〈霧等〉籠罩〔…〕〔*over*〕.

shút óff 《*vt adv*》⑴關閉〈瓦斯、自來水、收音機等〉：～ *off* the gas [electricity] 關掉瓦斯[電源]。⑵切斷〈交通〉。⑶把…〔與…〕切斷，隔絕，隔離〔*from*〕：～ *off* a road *from* traffic 斷絕道路交通/ The village was ～ *off from* the world by mountains. 羣山使該村莊與外界隔絕。—《*vi adv*》⑷〈機器等〉停止(運轉)。

shút óut 《*vt adv*》⑴把…關在外面，使…不能進入：～ a person *out* 把人關在外面/ ～ *out* idle thoughts from one's mind 除去[清除]心裏的雜念。⑵遮住…，使…看不見：These trees ～

out the view. 這些樹擋住了視線。(3)《美》《運動》完全封鎖〈對方〉使不能得分，使〈對方〉以零分慘敗。

shút tó [tu; tu:] 《*vt adv*》(1)關閉〈門等〉：*S~* the door *to*. 把門關起來。—《*vi adv*》(2)〈門等〉關起來：The door ~ *to*. 門關上了。

shút úp《*vt adv*》(1)⇨*v.t.* 5 b. (2)把〈房子〉關起來。(3)把〈東西〉收進，把…關閉〔於…中〕〔*in*〕：She ~ *up* her opal ring *in* her jewel box. 她把蛋白石戒指收進她的珠寶盒中。(4)[~ one*self*] 閉居〔於…裏〕〔*in*〕：He ~ *himself up in* his room and began to write the novel. 他把自己關在房間裏寫起小說來。(5)[~＋受＋up]《口語》使〈某人〉閉嘴[不說話]。—《*vi adv*》(6)[常用祈使語氣]閉嘴：*S~ up*！閉嘴！(7)⇨*v.i.* 2.

shút·dòwn *n.* Ⓒ(工廠等的)暫時停工[關閉]。

shút-èye *n.* Ⓤ《口語》睡覺：get some ~ 稍睡一會兒。

shút-ìn《美》 *n.* Ⓒ病弱不能外出的人，臥病的人，(臥病不能離家的)病人。

—*adj.* **1** 因病弱等關在家中[醫院]的，臥病的。**2** 畏首畏尾的，內向的。

shút·òut *n.* Ⓒ《棒球》完全封鎖對方使對方掛零(的比賽)：pitch a ~ 〈投手〉完全封鎖對方。

shut·ter [ˈʃʌtɚ; ˈʃʌtə] *n.* Ⓒ **1** 百葉窗，窗板：close [open] the ~*s* 關上[打開]窗板[百葉窗]。**2** (照相機的)快門。

pùt úp the shútters (1)放下百葉窗，上板，關店。(2)(永久地)關店，停業。

—*v.t.* 〔十受〕關上…的窗板[百葉窗]《★ 常用被動語態》：All the windows *were* ~*ed* before the storm. 暴風雨來臨前所有窗子的窗板都關上了。

shútter·bùg *n.* Ⓒ《美俚》愛好攝影者，攝影迷。

shut·tle [ˈʃʌtl̩; ˈʃʌtl] *n.* **1** Ⓒ **a** (短距離間的)定期往返運輸(路線，工具)，來回行駛：He caught the nine-o'clock ~ to New York. 他趕上九點鐘飛往紐約的班機。**b** 定期往返的公共汽車[火車、飛機(等)]。**c** 太空梭 (space shuttle)。**2** Ⓒ **a** (紡織機的)梭。**b** (縫紉機的)滑梭《用以裝下線》。**3** ＝shuttlecock.

shuttle 2 a

—*adj.* [用在名詞前]定期往返的，區間的；穿梭般來回的：a ~ bus [train, plane] 定期往返的[區間]公共汽車[火車，飛機]/a ~ flight 定期飛行班次。

—*v.t.* 〔十受十副詞(片語)〕**1** 將…以(定期)往返班次運送：The buses ~ visitors *to* Disneyland. 區間公共汽車將遊客載至狄斯奈樂園。**2** 使…作穿梭式左右移動。

—*v.i.* 〔十副詞(片語)〕**1** (定期地)往返：This plane ~*s between* Washington and New York. 這架飛機在華盛頓與紐約間定期往返。**2** 左右移動。

shúttle·còck *n.* Ⓒ羽毛球；Ⓤ羽毛球運動。

‡**shy**[1] [ʃaɪ; ʃai] *adj.* (**shy·er**, **-·est**；**shi·er**, **shi·est**；**more** ~, **most** ~) **1 a** 害羞的，膽小的，畏縮的：a ~ girl 害羞的女孩/Don't be ~. 別害羞。

【同義字】shy 指由於性格或不習慣與他人交往而不喜歡與他人接觸，或在別人面前表現强烈羞怯的；timid 是缺乏自信而膽怯畏縮的；modest 是很少作自我主張，表現得含蓄而審慎的；humble 指柔順而謙遜，無傲慢或獨斷之處的，有時也用作卑躬屈節的意思。

b 不好意思的，羞怯的：a ~ look [smile] 羞怯的表情[微笑]。**c** [不用在名詞前]〔十介十(代)名〕〔見…就〕躲避的，不好意思〔…〕的〔*with, about*〕：He is ~ ***with*** strangers. 他怕生《見陌生人就躲避》/She is ~ ***about*** sing*ing* in public. 她不好意思在大眾面前唱歌。

2 [不用在名詞前] **a** 〔十介十(代)名〕〔對…〕存戒心的，猶豫的〔*of*〕：My children are ~ ***of*** strangers. 我的孩子對陌生人持有戒心。**b** 〔十介十 do*ing*〕猶豫〔…〕的，不敢貿然〔…〕的〔*of*〕：Don't be ~ ***of*** tell*ing* me. 別猶豫，告訴我吧。

3 a 〈鳥、獸等〉容易受驚的。**b** 〈態度等〉畏畏縮縮的，提心吊膽的：with ~ steps 以畏縮的腳步。

4 (無比較級、最高級) **a** [不用在名詞前]〔十介十(代)名〕《口語》缺乏〔…〕的，不夠〔…〕的〔*of, on*〕《★ 用法 常省略 of, on》：I'm ~ (***of***) three dollars. 我缺三塊錢。**b** [置於表示數量的名詞後面]〔距…〕差(多少)的〔*of*〕：We are still $1000 ~ (***of*** the target figure). 我們(距目標金額)還差一千美元。

5 [構成複合字]討厭(…)的，怕(…)的《★ 用法 比較級、最高級變化僅有 more ~；most ~》：⇨camera-shy, gun-shy/girl-*shy* 怕女孩子的。

fight shý of... 厭惡…，避開…：He *fought* ~ *of* meet*ing* her. 他避開見到她。

—*v.i.* (**shied**；**shy·ing**) **1** 〔動(十介十(代)名)〕〈馬〉〔受驚於…而〕驚退，畏縮〔*at*〕：The horse *shied* ***at*** the car. 那匹馬看到汽車嚇得往後倒退。

2 〔(十副)十介十(代)名〕〈人〉〔對…〕畏縮，退縮；避開〔…〕〈*away, off*〉〔*at, from*〕：He *shied* (***away***) ***from*** speak*ing* in public. 他避開在大眾面前說話。

—*n.* Ⓒ(馬的)驚退，畏縮。~**·er** *n.* ~**·ly** *adv.* ~**·ness** *n.*

shy[2] [ʃaɪ; ʃai] (**shied**；**shy·ing**) *v.t.* 〔十受十介十(代)名〕〔向…〕投，扔〈石頭等〉〔*at, over*〕：~ stones ***at*** a bottle 向瓶子投石。

—*v.i.* 投擲(東西)。

—*n.* Ⓒ **1** 投，扔：⇨coconut shy. **2** 《口語》嘗試；企圖：have [make] a ~ at... 嘗試…。**3** 《口語》嘲笑，嘲弄，挖苦。

Shy·lock [ˈʃaɪlɑk; ˈʃailɔk] *n.* **1** 夏洛克《莎士比亞所著「威尼斯商人 (*The Merchant of Venice*)」一劇中放高利貸的冷酷猶太人》。**2** Ⓒ冷酷的放高利貸者。

shy·ster [ˈʃaɪstɚ; ˈʃaistə] *n.* Ⓒ《美口語》騙子；(尤指)騙人的奸猾律師，訟棍。

SI 《略》**1** «源自法語 *S*ystème *I*nternationale» International System 國際(單位)制。**2** simultaneous interpreter 即席口譯者。

si [si; si:] *n.* 《音樂》＝ti. **Si** 《符號》《化學》silicon.

Si·am [saɪˈæm; ˌsaiˈæm] *n.* 暹羅《(泰國) (Thailand) 的舊名》。

Si·a·mese [ˌsaɪəˈmiz; ˌsaiəˈmi:z] «Siam 的形容詞»**—***adj.* 暹羅的；暹羅語[人]的。

—*n.* (*pl.* ~) **1 a** Ⓒ暹羅人。**b** Ⓤ暹羅語。**2** (又作 **Siamèse cát**) Ⓒ暹羅貓。

Síamese twíns *n. pl.* 暹羅雙胎，劍突聯胎。

【字源】這名稱源自出生於暹羅[泰國]的連體雙胞胎 (1811–74)。他們是華僑，一個叫章 (Chang)，另一個叫炎 (Eng)；兩人胸部有一條粗的韌帶把他們相連在一起。

sib [sɪb; sib] *n.* **1** Ⓒ **a** 血親，近親。**b** [集合稱]親戚 (relatives)。**2** ＝sibling.

Si·be·li·us [sɪˈbelɪəs, -ˈbi-; siˈbeiliəs], **Jean** *n.* 西貝留斯《(1865–1957；芬蘭作曲家》。

Si·be·ri·a [saɪˈbɪrɪə, sə-; saiˈbiəriə] *n.* 西伯利亞。

Si·be·ri·an [saɪˈbɪrɪən, sə-; saiˈbiəriən] «Siberia 的形容詞» **—***adj.* 西伯利亞的。**—***n.* Ⓒ西伯利亞人。

sib·i·lance [ˈsɪbl̩əns; ˈsibiləns] *n.* Ⓤ嘶嘶發聲；噝音；齒擦音。

sib·i·lan·cy [-bl̩ənsɪ; -bilənsi] *n.* ＝sibilance.

sib·i·lant [ˈsɪbl̩ənt; ˈsibilənt] *adj.* **1** 發[有] 噝噝音的。**2** 《語音》齒擦音的。

—*n.* Ⓒ《語音》齒擦音《如 [s, z, ʃ, ʒ] 等》。

sib·ling [ˈsɪblɪŋ; ˈsibliŋ] *n.* Ⓒ《文語》(不分男女的)兄弟姊妹。

sib·yl [ˈsɪbl̩, -ɪl; ˈsibil, -bl] *n.* Ⓒ **1** 西比爾《古希臘、羅馬等的女巫》。**2 a** 女預言家，女占卜者。**b** 魔女。

Sib·yl [ˈsɪbl̩, -ɪl; ˈsibil, -bl] *n.* 西碧兒《女子名》。

sib·yl·line [ˈsɪbl̩ˌin, -ɪn; siˈbilain] «sibyl 的形容詞»**—***adj.* **1** 西比爾(所寫[所說])的：the ~ books 西比爾古語集《古羅馬的神諭書》。**2** 預言[神諭]的；神秘的：~ riddles 神秘的謎。

sic[1] [sɪk; sik] «源自拉丁文 'thus' 之義» **—***adv.* 原文如此《引用可疑或謬誤的原文時，在引用的文句後加上[*sic*]的記號》。

sic[2] [sɪk; sik] *v.t.* (**sicked**；**sick·ing**) **1** 〔十受十介十(代)名〕唆使〈狗〉〔咬[攻擊]…〕〔*on, upon*〕：He *sicked* the dog ***on*** the burglar. 他唆使狗去咬竊賊。

2 [常用於對狗的命令]攻擊〈人〉：*S~* him, Fido! Fido, 咬他！

sic·ca·tive [ˈsɪkətɪv; ˈsikətiv] *adj.* 促使乾燥的。**—***n.* Ⓒ乾燥劑。

Si·cil·i·an [sɪˈsɪlɪən, -ljən; siˈsiljən] «Sicily 的形容詞»**—***adj.* 西西里島的；西西里島人的。**—***n.* Ⓒ西西里島人。

Sic·i·ly [ˈsɪsɪlɪ; ˈsisili] *n.* 西西里島《位於義大利南方，為地中海最大的島》。

‡**sick**[1] [sɪk; sik] *adj.* (~**·er**；~**·est**) **1 a** 有病的，患病的，身體不舒服的：a ~ man 病人/a ~ child 病童/be ~ 生病的/fall [get] ~ 得病，患病/take ~ 《罕》得病《★常用過去式》。**b** [不用在名詞前]〔十介十(代)名〕《美》得〔…〕病的，患〔…〕病的〔*with*〕：He was ~ ***with*** pneumonia. 他患肺炎。**c** [用在名詞前](無比較級、最高級)病人(用)的：a ~ ward 病房/⇨sick leave, sick pay. **d** [**the** ~；當複數名詞用]病患，病人《★ 比較 與此用法相符合的 the ill 為罕用字》。

2 a [不用在名詞前]《英》想嘔的，作嘔的，嘔吐的《★ 用法 《美》常用 ~ to one's stomach》：be ~ 嘔吐的/feel [turn, get] ~ 覺得要嘔，想嘔/make a person ~ 使人作嘔/I'm going to be ~. 我快要嘔吐了/He was ~ *to* his *stomach*. 他覺得反胃[噁心想吐]。**b** [用在名詞前]令人作嘔的，使人想嘔的〈惡臭等〉：a ~ smell 使人作嘔的氣味。**c** [構成複合字]暈(…)的：⇨airsick, carsick, seasick.

3 〔十介十(代)名〕〔常用 ~ and tired〕**厭惡〔…〕的，厭倦〔…〕的**〔*of*〕：I'm ~ *of* writ*ing* letters. 我討厭寫信/He is ~ *of* this hot, sticky weather. 他厭惡這種悶熱的天氣/I am ~ *and tired of* her complaints. 我聽厭了她的埋怨。
4 〔不用在名詞前〕〔十介十(代)名〕渴望〔…〕的，思念〔…〕的〔*for*〕：They were ~ ***for*** home. 他們思念故鄉[家]。
5 〔不用在名詞前〕**a** 懊惱的，失望的：It makes me ~ to think of it. 我想到那件事[它]就懊喪。**b** 〔十介十(代)名〕〔對…〕沮喪的，失望的〔*at, about*〕：He was very ~ ***at*** fail*ing* in the examination. 他對於考試不及格覺得很沮喪。
6 〈臉色等〉蒼白的；無精打采的；垂頭喪氣的：a ~ look [voice] 無精打采的表情[聲音]/You look ~. 你的臉色不好[蒼白]。
7 **a** 不健全的〈精神等〉，病態的：a ~ thought 不健康的思想。**b** 令人害怕的，令人毛骨悚然的，異常的〈玩笑等〉：a ~ joke 令人害怕的玩笑。
cáll in síck 打電話請病假。
gò [repórt] síck 報告因病缺勤，請假。
lóok síck (1)⇨6. (2)《口語》(與他人或他物比較)相形見絀。
síck at héart 《文語》心中煩悶的，悲觀的。
wórried síck 〔對…〕很擔心〔*about*〕：He is *worried* ~ *about* his son. 他很擔心他兒子。
—*v.t.* 〔十受十副〕《英俚》把〈吃進去的東西〉吐出〈*up*〉.

sick² [sɪk; sik] *v.* =sic².
síck bày *n.* Ⓒ(船內的)病房。
síck·bèd *n.* Ⓒ病牀。
síck bènefit *n.* Ⓤ病假津貼《工人因病不能工作時由雇主發給的錢》。
síck càll *n.* Ⓒ《美軍》就診時段；診斷集合號。
sick·en [ˈsɪkən; ˈsikən] «sick 的動詞» **—*v.i.*** **1** **a** 生病，患病。**b** 〔十介十(代)名〕《英》快要生[病]的樣子，出現[患病的]徵候〔*for*〕：The child is ~*ing* ***for*** the measles. 這孩子顯現要出痲疹的跡象。**2** **a** 〔十介十(代)名〕〔因…而〕想嘔，不舒服〔*at*〕：~ ***at*** the sight of blood 看見血而不舒服[噁心]。**b** 〔十 *to* do〕〈做…而〉覺得噁心，不舒服：I ~*ed to* see what he had done. 看到他所做的事我就覺得噁心。**3** 〔十介十(代)名〕〔對…〕生厭，感到厭倦〔*of*〕：He soon ~*ed* ***of*** his new house. 他不久就對他的新房子生厭了/He ~*ed of* go*ing* to school. 他討厭上學。
—*v.t.* **1** 使〈人〉想嘔，使…作嘔：The cheese ~*ed* him. 乾酪使他作嘔/The very thought of it ~*s* me. 只要想到那件事我就覺得噁心。**2** 使〈人〉厭煩。
síck·en·ing [-kənɪŋ; -kəniŋ] *adj.* 使人作嘔的，令人不舒服的，厭煩的：a ~ smell 使人作嘔的氣味。**~·ly** *adv.*
síck héadàche *n.* Ⓒ《美》嘔吐性頭痛；偏頭痛。
sick·ish [ˈsɪkɪʃ; ˈsikiʃ] *adj.* **1** 有病的。**2** 令人作嘔的。
sick·le [ˈsɪkl; ˈsikl] *n.* Ⓒ(單手拿著使用的新月形)鐮刀，小鐮刀《★比較 雙手拿著使用的長柄大鐮刀爲 scythe》.

sickle

síck lèave *n.* Ⓤ(支薪的)病假：*on* ~ 病假中。
síckle-cèll anèmia *n.* Ⓤ《醫》鐮狀細胞貧血症《常見於黑人；由於異常的血紅素，紅血球呈異常形態的貧血》。
síck lìst *n.* Ⓒ病籍，病冊。
sick·ly [ˈsɪklɪ; ˈsikli] *adj.* (**sick·li·er**；**-li·est**) **1** **a** 多病的，病弱的，常患病的：a ~ woman 病弱的婦女。**b** 像病人的，虛弱的，蒼白的：a ~ complexion 病容。**2** **a** 〈惡臭等〉使人作嘔的：a ~ taste 使人作嘔的味道。**b** (令人噁心地)多愁善感的：~ sentimentality 多愁善感的感傷。
sick·ness [ˈsɪknɪs; ˈsiknis] *n.* **1** Ⓤ〔指個體或種類時爲Ⓒ〕**病**，疾病，患病(↔ health)(⇨illness【同義字】)：in ~ and in health 無論是患病或健康時《★出自基督徒的結婚誓言》/on account of ~ 由於生病/⇨mountain sickness, sleeping sickness/suffer from a strange ~ 罹患怪病/Viruses and germs cause most ~*es*. 病毒與細菌引起大部分的疾病。**2** Ⓤ噁心：be overcome by a feeling of ~ 想吐，作嘔/⇨seasickness.
síckness bènefit *n.* Ⓤ《英》(國民保險等的)病假津貼。
síck nùrse *n.* Ⓒ護士。
síck-òut *n.* Ⓒ集體托病怠工。
síck pày *n.* Ⓤ(雇員生病期間由雇主支付的)病假津貼。
síck·ròom *n.* Ⓒ病房。
Sid·dons [ˈsɪdnz; ˈsidnz], **Sarah (Kemble)** *n.* 希登斯《1755–1831；英國悲劇女演員》。
‡**side** [saɪd; said] *n.* **1** Ⓒ **a** (左右、上下、前後、東西方等的)**側，邊，面**：the right [left] ~ of a road 道路的右[左]側/*on* this ~ of the post office 在郵局的這一邊[前面]/*on* the east [west] ~ of a town 在城鎮的東[西]邊/The study was lined *on* three ~*s* with books. 那間書房三面都是整排的書。**b** (內外、表裏等的)側，面：the ~*s* of a cave 洞窟的內側[壁面]/the other ~ of the moon 月球的背面/both ~*s* of a record 唱片的兩面/put one's socks on (the) wrong ~ out 把襪子的裏面穿在外面《穿反》《★比較 一般用 inside out》. **c** (書、筆記簿的)單面，頁。
2 Ⓒ(前後、上下以外的)**側面**：the ~ of a house(從外面看到的)房屋側面/Your tie is *on* one ~. 你的領結歪了/The bus lay *on* its ~. 那部巴士橫臥著。
3 Ⓒ **a** (身體的)脇，腹側：I had a pain *in* my right ~. 我的右脇痛/They burst [split] their ~*s* (laughing [with laughter]). 《口語》他們笑破肚皮。**b** (頭部的)側面，旁邊：hair graying *at* the ~*s* 兩鬢斑白的頭髮。**c** 〔常構成複合字〕山腹，山腰，山坡：on the ~ of a hill 在山腰處/⇨hillside, mountainside. **d** (豬、牛的)半邊軀體，肋肉：a ~ of beef 牛的肋肉。
4 Ⓒ〔常用單數〕(人的)**旁邊，側面**：take a person *to* [*on*] one ~ 把某人叫到一旁《如說悄悄話時》/Come and sit *by* [*at*] my ~. 過來坐在我旁邊/The child never leaves his mother's ~. 那個小孩寸步不離母親身旁。
5 Ⓒ **a** (敵對的，自己的)**一方，集團，派系**；(比賽的)**一方，隊**：take a person's ~ 站在某人的那一方/support the losing ~ 支持輸的一方/He is *on* Fraser's ~. 他站在 Fraser 那一方[支持 Fraser]/Whose ~ are you *on*? 你是屬於哪一方[邊]的？/There is much to be said *on* both ~*s*. 雙方都有許多說詞/He changed ~*s* in our favor. 他改變立場加入我們這一邊/They chose [picked] ~*s* for the game. 他們爲比賽而分成敵我雙方。**b** 〔集合稱〕《英》(參加運動的)隊《★用法 視爲一整體時當單數用，指個別成員時當複數用》：a strong cricket ~ 一支實力堅强的板球隊。
6 Ⓒ(事物、性格的)**面，方面**：think of the practical ~ of things 想到事物的實際方面/look on the bright [dark] ~ (of things) 看事物光明[黑暗]的那一面，持樂觀[悲觀]的看法。
7 Ⓒ **a** 〔常構成複合字〕(東西的)端，邊緣；(河等的)岸：the ~ of a desk [one's mouth] 桌子的一端[嘴邊，嘴角]/by the ~ of a road [river] 在路旁[河岸]/⇨roadside, seaside. **b** 《幾何》(三角形等的)邊；(立體的)面。
8 Ⓒ〔常與父、母的修飾語連用〕(血統上)…方，系：an uncle *on* the paternal [maternal] ~ 父[母]系的伯叔[舅舅]/He is French *on* his mother's ~. 他的母系是法國血統。
9 Ⓒ《英》(中等學校中注重特別科目的)部門：a science ~ 科學部門。
10 Ⓤ《英罕》傲慢，擺架子，自大《★常用於下列片語》：put on ~ 擺架子，逞威風/be without ~ =have no ~ 不擺架子，不傲慢。
by the síde of…=by a person's síde (1)在…的旁邊[附近]。(2)與…比較。
from áll sídes [évery síde] 從四面八方；從各方面。
from síde to síde 左右地：The cart rattled by, swinging *from* ~ *to* ~. 兩輪運貨馬車發出嘎嘎聲左右搖擺地駛過。
gèt on the ríght [wróng] síde of a person 討〈人〉喜愛[惹〈人〉厭]。
lèt the síde dówn 《英》使己方的人[同事，家族]失望[丟臉]。
Nó síde! 《橄欖球》比賽時間終了！比賽完了！
on áll sídes [évery síde] 在四面八方，到處，處處。
on the ríght [bríght, súnny] síde of… 〈人〉在…歲以前的，尚未…歲的(cf. on the wrong [shady, far] SIDE of)：He is *on the right* ~ *of* sixty. 他還不到六十歲。
on the síde (1)作爲副業。(2)《英》(以矇混方式)多餘地，附加地；秘密地，暗中地。(3)《美》作爲添加的菜餚。
on the…side 有幾分…，有點兒…的樣子：*on the* small [large] ~ (比較上)屬於略小[大]的/He is a bit *on the* stingy ~. (比較上)他是有一點兒吝嗇。
on the wróng [shády, fár] síde of… 〈人〉超過…歲(cf. on the right [bright, sunny] SIDE of)：He is *on the wrong* ~ *of* sixty. 他已年過六十。
on the wróng síde of the trácks 《美》在城鎮的貧窮地區《★源自貧窮地區往往在隔著鐵路的對面》。
pùt…on [to] óne síde (1)收拾，整理〈東西〉；把…留起來。(2)將〈問題、工作等〉暫時停止[擱置]。
síde by síde 〔與…〕並排著，並肩〔*with*〕：The two boys stood ~ *by* ~. 那兩個男孩並肩而立。
tàke sídes 加入〔…〕一方，袒護〔…〕〔*with*〕：I *took* ~*s with* him *against* them in the argument. 在爭論中，我支持他對抗他們。
thís síde of… 《口語》(1)不必遠赴…的：the best French cuisine *this* ~ *of* Paris 不必遠赴巴黎即可享受的最佳法國菜。(2)即將…以前，瀕臨…以前：He remained barely on *this* ~ *of* madness. 他在瀕臨瘋狂前勉强穩住了《他尚未達到瘋狂的地步》。
—*adj.* 〔用在名詞前〕(無比較級、最高級) **1** 脇的，旁邊的，側面的，從側面的：a ~ door [entrance] 側門[側面的入口]/a ~

S

road 旁邊的路，側道/take a ~ glance 斜視。**2 a** 從屬的，副的；附加的，附帶的：a ~ order《美》(餐廳中)主菜以外另點的菜/a ~ effect 副作用/a ~ issue 枝節的問題。**b** 兼差的，副業的：a ~ job 兼差，附帶的工作/a ~ business 副業。**3** 暗中的，秘密的，偷偷的：a ~ payment 秘密的付款。

—v.i. 〔十介十(代)名〕袒護，支持〔…〕〔*with*〕；支持〔…的相反的那一方〕〔*against*〕：He always ~*s* ***with*** [***against***] the strongest party. 他總是支持最强者[與最强者敵對的一方]。

síde·àrm *adj.* 從側面的，從旁邊的：a ~ pitch《棒球》側投。

—*adv.* 從側面[旁邊]：pitch ~ 從側面投。

síde àrm *n.* Ⓒ[常~s]佩帶於腰間的武器，隨身携帶的武器《刀、劍、手槍等》。

síde·bòard *n.* **1** Ⓒ(餐廳等靠牆擺設的)餐具櫥，餐具架。**2** [~s]《英》=sideburns 1.

síde·bùrns 《burnsides 的變形》**—***n. pl.*《美》**1** (常指短的)兩頰上的鬍鬚，短腮巴鬍子(cf. burnsides)。**2** 鬢角。

sideburns 2

síde·càr *n.* **1** Ⓒ(附於機車旁可載一人或行李的)邊車。**2** Ⓤ[指個體時爲Ⓒ]《美》以等量的白蘭地、橘子酒、檸檬汁混合而成的一種雞尾酒。

síd·ed *adj.* [常構成複合字]有(…)面[邊]的：one*sided*, many-*sided*/a steep*sided* hill 坡面陡峭的山。

síde dìsh *n.* Ⓒ(主菜之外另加的)添菜，小菜。

síde hòrse *n.* Ⓒ《美》(健身用的)鞍馬(pommel horse)。

síde·kìck *n.* Ⓒ《美口語》**1** 密友，夥伴。**2** 助手，合作者。

síde·light *n.* **1** Ⓤ從側面射入的光，側光，側燈。**2** Ⓒ(在大窗、門等旁邊的)側窗。**3** Ⓒ**a** [常~s]《英》(汽車的)側燈(⇨car 插圖)。**b** (船上夜間點的)舷燈《右舷爲綠色，左舷爲紅色》。**4** ⓊⒸ[常~s]間接的說明，附帶的啓示：throw much ~ [some interesting ~*s*] on...(從側面)對…作深入說明[作些有趣的附帶說明]。

sidecar 1

síde·lìne *n.* Ⓒ **1 a** (足球場、網球場等的)界線，邊線。**b** [常~s]界外區域《供觀衆或候補選手所坐的地區》。**2** (商店)附帶出售的商品。**3** 副業，兼職。

on the sídelines 作爲旁觀者，以旁觀者。

síde·lìner *n.* Ⓒ旁觀者；置身於事外的人。

síde·lòng *adj.* 橫的，斜的，側面的：cast a ~ glance upon [at] ... 以斜眼看[斜視]…。

—*adv.* 橫地，斜地，側面地。

síde·màn *n.* Ⓒ(*pl.* **-men**) **1** 爵士樂隊或交響樂團的隊員。**2** 伴奏者。

si·de·re·al [saɪˈdɪrɪəl; saiˈdiəriəl] 《源自拉丁文「星的」之義》**—***adj.* [用在名詞前] **1** 星的，星座的。**2** 以恆星測量的：a ~ clock 恆星時鐘/a ~ revolution 恆星週期/a ~ day 恆星日《23 時 56 分 4.09 秒》/a ~ year 恆星年《365 日 6 時 9 分 9.54 秒》。

sid·er·ite [ˈsɪdəˌraɪt; ˈsaidərait] *n.* Ⓤ《礦》菱鐵礦。

síde·sàddle *n.* Ⓒ女鞍，橫鞍，偏座鞍《雙腿垂於同一側》。

—*adv.* (在馬背上)側坐著，偏坐著：ride ~ 側坐在馬背上。

síde·shòw *n.* Ⓒ **1** (馬戲等的)餘興，雜耍，附屬的表演。**2** 枝節問題，附屬事件。

síde·slìp *v.i.* (**-slipped**；**-slip·ping**)橫滑，側滑。

—*n.* Ⓒ(汽車、飛機等的)滑向一邊。

sídes·man *n.* Ⓒ(*pl.* **-men**)(英國國教教會的)助理《收奉獻金等工作》。

síde·splitting *adj.* 令人捧腹的：a ~ joke 令人捧腹的笑話。

síde stèp *n.* Ⓒ側步，向側面走一步。

síde·stèp (**-stepped**；**-step·ping**) *v.t.* **1** (拳擊、足球等)向旁邊閃避，閃開〈攻擊〉。**2** 避開，迴避，規避〈問題、責任等〉：~ a question [difficulty] 規避問題[困難]。**—***v.i.* **1** 閃避。**2** 迴避。

síde strèet *n.* Ⓒ(通往街道的)巷道。

síde·stròke *n.* Ⓒ[常用單數；常 **the** ~]《游泳》側泳。

síde·swìpe *n.* Ⓒ **1**《美》(掠過似的)側擊；(車子等)沿邊擦過。**2**《口語》附帶的批判。

—*v.t.*《美》從側面毆打；擦過。

síde tàble *n.* Ⓒ(餐廳等靠牆擺設或置於大桌子旁邊的)小几。

síde·tràck *n.* Ⓒ **1** (鐵路的)側線，旁軌。**2** 脫離主題，脫軌。

—*v.t.* **1** 將〈火車等〉駛入側線《★常用被動語態》。**2** 把〈人〉支吾過去，轉移〈某人〉的目標[話題]《★常用被動語態》：The teacher *was* ~*ed* by questions on other subjects. 有關其他事的發問使教師講課脫離了主題。

síde vìew *n.* Ⓒ側景；側面圖。

síde·view mírror *n.* Ⓒ(汽車的)後視鏡(⇨car 插圖)。

***side·walk** [ˈsaɪdˌwɔk; ˈsaidwɔ:k] *n.* Ⓒ《美》(用柏油、混凝土鋪成的)人行道(《英》pavement)。

sídewalk àrtist *n.* Ⓒ《美》街頭畫家，路邊畫家(pavement artist)《用粉筆等在人行道上作畫，向行人要錢的畫家》。

【說明】常見於大都市中鬧區的街角或美術館附近。這是流傳到今日的路邊藝術之一。把路面當作畫布，怡然自得地在路邊畫出動人圖畫的景象，可說是繁忙都市的清涼劑。往往使從旁邊經過的行人感動不已。

síde·wàll *n.* Ⓒ輪胎側壁。

síde·wàrd *adj.* (向)側面的，旁邊的，斜向的：a ~ look 斜視。

—*adv.* 向側面[旁邊]，斜向地。

síde·wàrds *adv.* =sideward.

síde·wày *adv.* & *adj.* = sideways.

síde·wàys *adv.* 斜向一邊地，橫斜地：look ~ (at a person) 斜視(某人)/turn ~ to come through a door 側著身體通過門。

knóck [thrów] ...sídeways《口語》⑴予〈人〉打擊，使〈人〉困惑。⑵予〈事物〉不良的影響。

—*adj.* (向)橫的，斜向的：a ~ glance 斜視/a ~ jump 橫著跳。

síde whìskers *n. pl.* (蓄於兩頰的)絡腮鬍。

síde·wìnd·er [-ˌwaɪndə; -waində] *n.* Ⓒ **1**《動物》棲息於北美西南部沙漠的一種響尾蛇《身體向斜前方移動》。**2** 自側面來的痛擊。**3**《美軍》響尾蛇飛彈《超音速短距離空對空導向飛彈》。

sidewinder 1

síde·wìse *adv.* & *adj.* =sideways.

sid·ing [ˈsaɪdɪŋ; ˈsaidiŋ] *n.* **1** Ⓒ(鐵路的)側線，旁軌。**2** Ⓤ《美》(建築物外側橫釘的)壁板，牆板。

si·dle [ˈsaɪdl; ˈsaidl] *v.i.* 〔十副詞(片語)〕側著身體走[移動]；(悄悄地或羞怯地)側身而去：He ~*d through* the crowd. 他側身穿過人羣/She ~*d away* [*up to* him shyly]. 她悄悄離去[羞怯地側身向他走去]。

Sid·ney [ˈsɪdnɪ; ˈsidni] *n.* 西德尼《男子或女子名》。

Sídney, Sir Philip *n.* 西德尼《1554-86；英國軍人、政治家、詩人；伊利莎白時代的典型廷臣》。

siege [sidʒ; si:dʒ] *n.* **1** ⓊⒸ(城堡、都市等的)圍攻；圍城[圍困]期間：~ warfare 圍攻戰/stand a long ~ 抵住長期的圍困/Troy was *under* ~ for ten years. 特洛伊城被圍困了十年。**2** Ⓒ(疾病、不幸等的)長期(困擾)：have a ~ of flu 受流行性感冒的長期折磨。

lày siege to... 圍攻…。

ráise the siege of... ⑴〈圍攻者〉停止…的圍攻。⑵〈援兵〉解…的圍。

Sieg·fried [ˈsigfrid; ˈsi:gfri:d] *n.* 《德國・北歐傳說》齊格飛《消滅巨龍的英雄，爲「尼伯龍之歌(*Nibelungenlied*)」上篇的主角》。

Síegfried Lìne *n.* [**the** ~] 齊格飛防線《德國於1940年在西部邊境所築的一條防線，1944年爲美軍在亞琛(Aachen)地方所突破》。

Siegfried

si·en·na [sɪˈɛnə; siˈenə] 《源自出產濃黃土(sienna)的義大利地名》**—***n.* Ⓤ **1** 濃黃土《含氧化鐵等的黃土，爲一種顏料》：burnt ~ 燒過的濃黃土《黃赤褐色的顏料》/raw ~ 生濃黃土《赤褐色的顏料》。**2** 赭色，黃褐色。

si·er·ra [sɪˈɛrə, ˈsɪrə; ˈsiərə, siˈerə] *n.* Ⓒ[常~s](西班牙、南北美的)山峯如鋸齒狀直立的山脈。

Si·er·ra Le·one [sɪˈɛrəlɪˈonɪ, ˈsɪrəlɪˈon; siˌerəliˈoun, -ˈouni] *n.* 獅子山《非洲西岸的一個共和國；首都自由城(Freetown [ˈfriˌtaun; ˈfri:taun])》。

Siérra Neváda *n.* [**the** ~]內華達山脈：**a** 美國加利福尼亞州東部的山脈。**b** 西班牙南部的山脈。

si·es·ta [sɪˈɛstə; siˈestə] 《源自西班牙語，原爲「第六個時刻」之

義，相當於正午»——*n.* Ⓒ(西班牙、南美等地白天日正當中時的)午睡，午後小睡：take a ~ after lunch 午餐後午睡。

sieve [sɪv; siv] *n.* Ⓒ **1** (細孔的)篩子。**2** (液體的)漏杓，過濾器《濾茶器等》。

hàve a héad [mémory, mínd] like a síeve《口語》(頭腦如漏杓)記性很差，健忘。

——*v.t.* **1** 過濾，用篩子篩。**2**〔十受十副〕篩分…〈*out*〉。

sift [sɪft; sift] *v.t.* **1** **a**〔十受〕篩…：~ sand 篩沙。**b**〔十受(十副)十介十(代)名〕〔從…中〕篩出…〈*out*〉〔*from*〕：~ (*out*) pebbles *from* sand 從沙中篩出小石頭。**2**〔十受(十介十(代)名)〕篩撒〈砂糖、粉等〉〔於…上〕〔*on, over*〕：~ sugar *on* [*over*] a cake 把砂糖篩撒在蛋糕上。**3** **a**〔十受〕甄別，挑選…：~ the candidates 甄別候選人。**b**〔十受(十副)十介十(代)名〕〔從…中〕挑出…〈*out*〉〔*from*〕：They ~*ed out* the pertinent facts *from* his testimony. 他們從他的證言中挑出(與事件)相關的事實。**4** 嚴密調查〈證據等〉：We ~*ed* the evidence for pertinent facts. 我們詳察證據以獲得(與該事件)有關聯的眞相。

——*v.i.* **1** 使用篩子。**2**〔十副詞(片語)〕〈雪、光線等〉(通過篩子般地)落下[射入]：Light ~*ed through* a chink in the wall. 光線從牆縫射入。**3**〔十介十(代)名〕嚴密調查，細審〔…〕〔*through*〕：~ *through* the evidence 細審證據。

sift·er *n.* Ⓒ **1** 篩子。**2** (上面有細孔用以撒胡椒粉、砂糖等的)小罐，小瓶。

Sig.《略》《藥》signature；signor.

‡**sigh** [saɪ; sai] *v.i.* **1** **a**〔動(十介十(代)名)〕〔因悲傷、放心、疲倦等而〕嘆氣，嘆息〔*with, for*〕：~ *with* vexation [relief] 發出煩惱[欣慰]的嘆息/~ *for* grief 悲嘆/She ~*ed* heavily. 她深深地嘆息。**b**《文語》〈風〉發出嘆息似的聲音[颯颯聲]：The wind ~*ed* in the branches. 風在樹枝間發出嘆息的聲音。**2**〔十介十(代)名〕**a** (因悲傷、羨慕而)〔對…〕發出嘆息[驚嘆]聲〔*over*〕：~ *over* one's misfortune 悲嘆自己的不幸/All the girls ~*ed over* Betty's beautiful dress. 所有的女孩子看到貝蒂的漂亮衣服都發出讚嘆的聲音。**b** 嚮往〔…〕，仰慕〔…〕〔*for*〕：She ~*ed for* her lost youth. 她嚮往[渴望恢復]她逝去的青春。

——*v.t.* **1**〔十受(十副)〕以嘆息聲說…〈*out*〉：~ (*out*) a prayer 以嘆息似的聲音祈禱。**2**〔十引句〕嘆息著說…："I'm tired out." he ~*ed*. 他嘆息著說：「我筋疲力竭了！」

——*n.* Ⓒ嘆氣，嘆息：(with) a ~ of grief [relief] 帶著悲傷[欣慰]的嘆息/heave [sigh, give (out)] a ~ 發出一聲嘆息。

‡**sight** [saɪt; sait] «see 的名詞»——*n.* **1** Ⓤ視力，視覺：have good [bad] ~ 視力好[差]/lose one's ~ 失明/have one's ~ tested 接受視力檢查。

2 Ⓤ[又作 **a** ~]看，見，一見：at (the) ~ of 一看到…/She faints at the ~ of blood. 她一看到血就昏過去/catch ~ of... 看見…/lose ~ of... 看不見…/get *a* good ~ of... 仔細看…，端詳…/They waited for *a* ~ of the popular actress. 他們等著看一眼那位家喻戶曉的女明星。

3 Ⓤ視界，視野：in a person's ~ 在某人眼前/We came *in* ~ *of* land. 我們來到看得見陸地的地方/The land is still *in* ~. 陸地依然看得見/Out of ~, out of mind.《諺》眼不見，心不煩[去者日以疏；離久情疏]/Out of my ~! 走開！滾開！/The ship is *within* ~ *of* land. 船在看得見陸地的地方。

4 Ⓒ情景，景象，風景，景致(⇨view 3【同義字】)：The flowers in the garden were a wonderful ~ [a ~ to see]. 花園裏的花是一幅美景。

5 [**the** ~**s**]名勝地，觀光地：see [do] *the* ~*s* of London 遊覽倫敦名勝。

6 [**a** ~]《口語》笑料，醜態：*a* perfect ~ 十足的笑話，不像樣/What *a* ~ (you are)! (看你)成什麼體統！(你)太不像樣了！

7 Ⓤ見解，看法，判斷：in the ~ of the law《文語》從法律觀點，在法律上/In my ~, he did very well. 就我看來，他做得很好。

8 Ⓒ[常~s](槍砲等的)瞄準具[器]，表尺，照準：a telescopic ~ 附有望遠鏡的瞄準具/take a (careful) ~ (注意)瞄準/have ...*in* one's ~*s* 瞄準…；以…爲目標/set one's ~*s* on... 把目標定於…，志在…/raise [lower] one's ~*s* = set one's ~*s* higher [lower] 把目標定得高[低]一點。

9 **a**《英口語》[**a** ~]很多〔*of*〕(many, much)：*a* ~ *of* questions 很多問題/*a* ~ *of* money 很多錢。**b** [**a** (**long, damn**) ~]；當副詞用修飾比較級]遠較…，…很多：This is *a* (*long*) ~ *better* than that. 這個比那個好得很多。

a síght for sóre éyes《口語》喜歡看到的東西[人]，珍品，受歡迎的客人，稀客。

at fírst síght (1)一見，初見：love *at first* ~ 一見鍾情。(2)乍見之下，乍看起來：It isn't so bad as it appears *at first* ~. 它並沒有像初見時那樣壞。

at síght 一見就，見到立即：She can sing *at* ~. 她一見到樂譜就會唱。

in síght (1)⇨3. (2)在望，看得見：No agreement is *in* ~. 還沒有達成協議的希望。

knów a person **by síght** 看過〈某人〉的面孔，認得〈某人〉。

lóse síght of... (1)⇨2. (2)失去…的音訊。(3)忘記…，忽略…。

nót (...) by a lóng síght《口語》絕非(…)，遠不如(…)，比(…)差得遠。

on síght = at SIGHT.

òut of síght (1)⇨3. (2)《口語》不合理的[地]，非常的[地]，離譜的[地]：Labor costs have risen *out of* ~. 人工成本[工資]漲得太不合理。(3)《美俚》了不起，很棒：He's [That's] *out of* ~. 他[那]很了不起。

síght unséen 沒看現貨：She ordered the article ~ *unseen*. 她沒看現貨就訂了貨。

——*adj.* [用在名詞前] **1** 一看立刻就做[懂]的，初見的：⇨sight reading. **2** 見票即付的〈支票等〉：a ~ draft 見票即付的匯票[票據]《略作 S/D》。

——*v.t.* **1**〔十受〕**a** (靠近而)看出，發現…：At last they ~*ed* land. 最後他們看到陸地/Several rare animals have been ~*ed* there in recent years. 數種稀有動物最近幾年在那裏被發現。**b** 觀測〈天體等〉：~ a star 觀測一顆星。**2** **a**〔十受十(介十(代)名)〕以〈槍砲〉瞄準〔…〕〔*on*〕：~ a rifle (*on* a rabbit) 以來復槍瞄準(兔子)。**b**〔十受〕給〈槍等〉裝上瞄準器。

——*v.i.* **1**〔動(十介十(代)名)〕瞄準，調節照準器〔*on, along*〕。**2**〔十介十(代)名〕注視〔某方向〕〔*on, along*〕：He drove straight by ~*ing along* the center line. 他注視著(道路中間的)中央線，駕車逕直向前駛去。

síght·ed *adj.* **1**〈人〉眼睛看得見的。**2**[構成複合字]視力(…)的：⇨ nearsighted, farsighted/weak-*sighted* 視力差的。

síght·ing *n.* **1** Ⓤ瞄準。**2** Ⓒ〔幽浮(UFO)、稀奇動物等的〕目擊(事例)，發現〔*of*〕。

síght·less *adj.* 眼睛看不見的，盲的，瞎的。

sight·ly [ˈsaɪtlɪ; ˈsaitli] *adj.* (**sight·li·er**；**-li·est**) **1** 悅目的，美麗的，好看的：a ~ house 美麗的房子。**2**《美口語》可眺望的，眺望美景的：a ~ location 眺望美景的地點。**síght·li·ness** *n.*

síght-rèad [-ˌrid; -riːd] (**-read** [-ˌrɛd; -red]) *v.t.* **1** 隨看隨讀〈外國語文〉。**2** 隨看〈樂譜〉隨唱[奏]。

——*v.i.* **1** 隨看隨讀。**2** 隨看隨唱[奏]。

síght rèading *n.* Ⓤ **1** (外國語文的)隨看隨讀《不經過預習的立即讀》。**2** (樂譜的)隨看隨唱[奏]《沒有預習的歌唱[演奏]》。

síght·sèe «sightseeing 的逆成字»——*v.i.* [常 **go** ~**ing**]觀光，遊覽《★用法 此字沒有過去式及過去分詞，要用 went sightseeing, has been sightseeing》：go ~*ing* in London 遊覽倫敦。

síght·sèeing *n.* **1** Ⓤ觀光，遊覽：do some ~ 觀光。**2** [當形容詞用]觀光[遊覽]的：a ~ bus [coach] 觀光巴士[遊覽車](⇨bus 相關用語)/a ~ tour 觀光旅行。

síght·sèer *n.* Ⓒ觀光客，遊覽者。

sig·ma [ˈsɪgmə; ˈsigmə] *n.* ⓊⒸ希臘文字母的第十八個字母 Σ, σ, ς《相當於英文的 S,s；⇨Greek alphabet 表》。

‡**sign** [saɪn; sain] *n.* Ⓒ **1** (數學、音樂等的)符號，記號《★比較「簽名」之意的名詞是 signature 或 autograph；但動詞的「簽名」是 sign》：the negative [minus] ~ 負號[減號][−]/the positive [plus] ~ 正號[加號][+].

2 **a** 信號，暗號；手勢，姿勢(⇨signal【同義字】)：⇨call sign/A red flag is a ~ of danger. 紅旗是危險的信號/make the ~ of the cross 用手畫十字。**b**〔十 *to* do〕〈做…的〉信號，暗號；姿勢：make a ~ *to* walk 做出步行的手勢[示意步行]。**c**〔十 *for* 十(代)名十 *to* do〕〔對某人發出做…的〕信號，暗號，姿勢：She made a ~ *for* me *to* approach her. 她對我發出靠近她的暗號[她示意我靠近她]。**d**〔十 *that*_〕〈…事的〉信號，暗號；姿勢：She made a ~ *that* I (should) approach. 她以動作示意我靠過去《★用法《口語》多半不用 should》。

3 **a** 標誌，告示，牌示：a road [traffic] ~ 道路[交通]標誌/a safety ~ 安全駕駛標誌。**b** 招牌(signboard)。

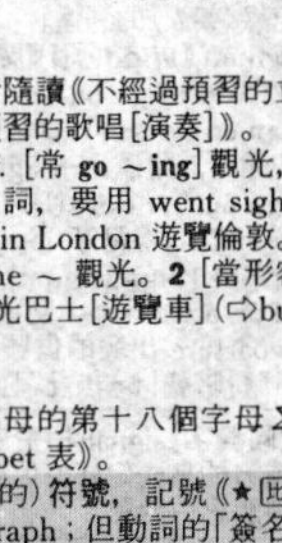
sign 3 b

【說明】英國的招牌多半用畫表示，例如當鋪招牌畫的是三個金球，酒吧名稱爲 The *Red Lion* 時，招牌上畫的是紅獅子。

c 暗語，秘語：a ~ and countersign 黑話，行話；隱語《如說「山」則回說「河」等》。**4** **a** 顯現，徵兆，預兆，跡象〔*of*〕：the ~*s of* the times 時代的徵兆，動向，時勢/The robin is a ~ *of* spring. 知更鳥是春天來臨的徵兆。**b**〔十 *that*_〕〈…事的〉徵兆，表示：Yawning is a ~ *that* you are sleepy or tired. 打呵欠表示你睏了或是累了。

5〔常用否定句〕形跡，痕跡〔*of*〕：There are *no* ~*s of* human habitation. 沒有人住過的痕跡/He looked at me with *no* ~ *of* anger. 他注視著我，沒有一點生氣的樣子。
6《聖經》神力，神威的象徵，神諭，神蹟：pray for a ~ 祈求神蹟(的出現)/seek a ~ 尋求奇蹟/~*s* and wonders 奇蹟。
7《天文》宮《黃道十二宮之一；⇨zodiac 插圖》。
—*v.t.* A 1 a〔十受〕**簽名於…，在…處寫名字蓋章**：~ a letter 在信上簽名/~ a treaty 簽署條約。**b**〔十受(十介十(代)名)〕寫〈名字〉〔於…〕〔*on, to*〕：~ one's name ***on*** [***to***] a check 在支票上簽名。**2**〔十受十副(十介十(代)名)〕簽名把〈權利、財產等〉處理[讓渡]〔給…〕〈*away, over*〉〔*to*〕：He ~*ed* ***away*** [***over***] his rights in the invention. 他簽名讓渡了此一發明的權利。**3**〔十受(十副)〕簽約雇用〈選手等〉〈*on, up*〉：~ a new player 簽約雇用新選手/The team ~*ed* ***on*** ten more players yesterday. 該隊昨天又簽約雇用了十名選手。
—B 1 打暗號，發信號：**a**〔十受〕以手勢[動作，暗號]表示…：He ~*ed* his assent. 他做手勢表示同意。**b**〔十受十 *to* do〕以手勢[動作，暗號，眼神]示意〈某人〉〈做…〉：He ~*ed* them *to* get out of the hotel. 他做手勢要他們離開旅館。**c**〔十 *that*__〕做〈…事〉的手勢，打信號表示〈…事〉：He ~*ed that* he was ready to start. 他打信號表示已準備好動身。**2**〔十受〕表示…；成爲…的前兆[預兆]《★比較 作此義解時一般用 signal》。
—*v.i.* A 1 a 簽名，簽章：refuse to ~ 拒絕簽名/Please ~ here. 請在這裏簽名。**b**〔十介十(代)名〕簽名接受〔…〕〔*for*〕：~ ***for*** delivered goods 簽名收下送達的貨物。**2 a**〔動(十副)〕簽字受雇，簽約就業〈*on, up*〉：He ~*ed* for three years. 他簽了三年的(受雇)合約/He ~*ed* ***on*** at the factory [*as* a welder]. 他簽約在該工廠工作[當焊接工]。**b**〔(十副)十 *to* do〕簽約受雇〔做…〕〈*on, up*〉：She ~*ed* (***up***) *to* be a model. 她簽約受雇爲模特兒。
—B 1 a〔十介十(代)名十 *to* do〕〔對某人〕做手勢，打信號〈使做…〉〔*for, to*〕：He ~*ed* ***to*** me *to* open the window. 他做手勢要我開窗/The patrolman ~*ed* ***for*** them *to* halt. 巡邏警察做手勢要他們停下。**b** 使用動作語言[手語]。**2** 立標誌。
sígn ín《*vi adv*》(1)簽名報到(↔ sign out)。—《*vt adv*》(2)簽名記錄〈某人〉的到達。
sígn óff《*vi adv*》(1)《廣播・電視》(以音樂等)宣布廣播的結束，收播(↔ sign on)(cf. off the AIR)。(2)《口語》簽名寫完信函。
sígn ón《*vi adv*》(1)⇨*v.i.* 2. (2)《廣播・電視》(以音樂等)告知廣播的開始，開播(↔ sign off)。
sígn óut《*vi adv*》(1)簽名記錄外出(↔ sign in)。—《*vt adv*》(2)簽名帶出〈書籍等〉。
‡**sig·nal** [ˋsɪgnḷ; ˈsignl] *n.* Ⓒ **1 a 信號，暗號**：a distress ~ 遇難信號/a traffic ~ 交通信號/a ~ *of* danger 危險信號/a ~ *for* departure 出發的信號/at a given ~ 一有信號(即)/by ~ 根據信號[暗號]《★無冠詞》/send smoke ~*s* 升起煙火信號。

【同義字】 signal 指主要用光、音、煙、手(旗)等，尤指傳送至遠方的事先定好的信號[暗號]；sign 是主要以手勢、動作表達某意思的示意。

b (棒球的)暗號：a ~ between battery mates 捕手和投手間的暗號。**c**〔十 *to* do〕〈做…的〉信號，暗號：give the ~ *to* attack 發出攻擊的信號。**d**〔十 *for*十(代)名十 *to* do〕〔要某人做…的〕信號：When I put my finger to my lips, it's a ~ *for* you *to* be quiet. 我把手指放到嘴唇上，這就是要你們安靜的手勢。**e**〔十 *that*__〕〈…事的〉信號，暗號：The rumble of distant thunder was a ~ *that* a lightning storm was approaching. 遠處的隆隆雷聲是雷雨即將來臨的信號[預兆]。
2 信號器；(鐵路的)信號。
3 a〔…的〕動機，導火線〔*for*〕：The demonstration was the ~ *for* the riot. 示威是暴動的導火線。**b**〔十 *for* 十(代)名十 *to* do〕〔要某人做…的〕動機，導火線：The wage cut was the ~ *for* the workers *to* strike. 刪減工資是工人罷工的導火線。
4 (電視、廣播等的)信號《收發電訊的電波、聲音、映像等》。
—*adj.* [用在名詞前] (**more** ~；**most** ~) **1** (無比較級、最高級)信號的：the ~ corps《軍》信號[通訊]隊/a ~ fire 烽火/a ~ flag 信號旗。
2《文語》顯著的，引人注目的，傑出的(cf. signalize)：a ~ success [exploit] 巨大的成功[卓越的功績]。
—*v.t.* (sig·naled,《英》-nalled；sig·nal·ing,《英》-nal·ling) 1 發信號：a〔十受〕向…發[作]信號：~ a taxi 向計程車作(停車)的信號，示意計程車(停車)。**b**〔十受十 *to* do〕向…發出〈做…的〉信號：The commander ~*ed* his men *to* fire. 指揮官向部下作開火的信號。**c**〔十受十介十(代)名〕向…示意[要求…]〔*for*〕：He ~*ed* the bartender ***for*** another drink. 他示意酒保再端上一杯酒。**d**〔十 *that*__〕發出[作]〈…事〉的信號：He ~*ed that* the coast was clear. 他發出海防線無障礙[時機正好]的信號。**e**〔十受十 *that*__/十介十(代)名十 *that*__〕向…作〈…事的〉信號；〔向…〕作〈…事的〉信號〔*to*〕：The captain ~*ed* (***to***) the lifeboat *that* the ship was out of danger. 船長向救生艇作該船已脫險的信號。**2**〔十受〕以信號通知：~ a message [an order] 以信號發出訊息[命令]/The school bell ~*ed* the end of the class. 學校鐘聲報知上課結束[下課]。**3**〔十受〕**a** 表示…，爲…的特徵：A camera and an aloha shirt ~ a tourist. 一部相機和夏威夷襯衫是觀光客的特徵[標誌]。**b** 成爲…的預兆[徵兆]：~ a new era 成爲新時代的象徵。
—*v.i.* 發[作]信號：a〔動(十介十(代)名)〕〔向…〕發信號〔*to*〕：I ~*ed* ***to*** them *with* a flashlight. 我用手電筒向他們發信號。**b**〔十介十(代)名〕作信號[要求…]〔*for*〕：The doorman ~*ed* ***for*** a cab. 門房(招手)叫計程車/The catcher ~*ed for* a low fast ball. 捕手發出要求投快速低球的信號。**c**〔十介十(代)名十 *to* do〕〔向…〕發出〈做…的〉信號[手勢]〔*to*〕：The policeman ~*ed* ***to*** the truck *to* stop. 那名警察向卡車做手勢示意停車。
sígnal bòx *n.*《英》＝signal tower.
síg·nal·er *n.* Ⓒ **1** (陸海軍的)信號員[手，兵]。**2** 信號器。
sig·nal·ize [ˋsɪgnəˏlaɪz; ˈsignəlaiz] 《signal *adj.* 2 的動詞》**—*v.t.* 1** 使…著名[顯著，放出異彩]《★常用被動語態》：This century *is* ~*d* by man's conquests in space. 人類征服太空使本世紀大放異彩。**2** 顯示。
síg·nal·ler *n.*《英》＝signaler.
síg·nal·ly [-nḷɪ; -nəli] *adv.*《文語》顯著地，非常地。
sígnal·man [-ˏmæn, -mən; -mən, -mæn] *n.* (*pl.* **-men** [-ˏmɛn, -mən; -mən, -men]) Ⓒ **1** 信號員[兵]。**2**《英》(鐵路的)信號手。
sígnal tòwer *n.* Ⓒ《美》(鐵路的)信號塔。
sig·na·to·ry [ˋsɪgnəˏtorɪ, -ˏtɔrɪ; ˈsignətəri] *adj.* 參加簽約的，簽署的：the ~ powers *to* a treaty 簽署條約的列强。
—*n.* Ⓒ **1** 簽字[約]者。**2** (條約的)簽署國。
sig·na·ture** [ˋsɪgnətʃɚ; ˈsignətʃə] 《sign *v.* A 的名詞》**—*n. Ⓒ **1 a 簽名**《★比較 表示「簽名」之意的名詞是 signature (cf. autograph 比較)，「信號」之意是 signal, sign；動詞的「簽名」是 sign，「發信號」是 signal》：write one's ~ 簽某人的名字《★用法 一般不用 sign one's ~》/put one's ~ on [to]... 簽名於…。**b** 簽名《指行爲》：witness a person's ~ 爲某人的簽名列席作證。

【說明】(1) sign 是指本人親手寫的名字，其作用相當於我國的圖章。外國的契約、信件等多半是用打字的，但最後的簽名必須親手簽。爲了避免他人模仿，通常每一個人都有他獨特的簽法。各種公私文件、執照、書信以及銀行支票等都需要簽名；cf. letter【說明】

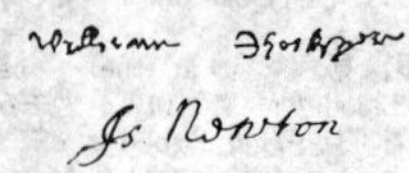

【圖片說明】 William Shakespeare 與 Isaac Newton 的 signatures.

(2)sign 是簽名、署名的意思，是動詞，而 signature 是名詞，指簽好的名字。此外，名人、明星等爲仰慕者所簽的名稱爲 autograph：May I have your autograph? 請替我簽名好嗎？

2《音樂》(音調、拍子)記號：a key ~ 調號/a time ~ 拍子記號。
3 (又作 **signature tùne**)《廣播・電視》(節目的)主題曲，信號曲。
4《印刷》**a** 折帖，折疊紙《折疊的一大張印刷紙，可裝訂成一本書》。**b** (加在折疊紙上的)折疊號碼。
5《美》(藥方上所寫的)用法說明《略作 S., Sig.》。
sígnature lòan *n.* Ⓒ不需抵押品的貸款。
sígn·bòard *n.* Ⓒ招牌。

【說明】 由於中世紀時文盲多，店鋪的招牌必須用圖繪來表示店裡賣什麼。這種有圖的招牌就稱作 signboard，或簡稱 sign. 這種招牌在歐洲的古老城鎮還可以看得到。例如當鋪(cf. pawnshop)的招牌是畫三個金球(three balls)，理髮店的招牌是紅白旋轉柱(cf. barber's pole)，還有旅館(inn)及酒家(pub)等都在店前掛著畫有代表該店標誌的招牌。

signed *adj.* 簽了名的，署名的：a ~ first edition 有(作者)簽名的初版本。
sígn·er *n.* Ⓒ簽名者。
sig·net [ˋsɪgnɪt; ˈsignit] *n.* Ⓒ(刻在戒指等上的)小印章，圖章。
sígnet rìng *n.* Ⓒ刻有小印章的戒指，圖章戒指。
sig·nif·i·cance** [sɪgˋnɪfəkəns; sigˈnifikəns] 《significant 的名詞》**—*n. Ⓤ [又作 **a** ~] **1 重要**；重要性：a person [matter] *of* little [no] ~ 不太[不]重要的人[事]/Money holds no ~ *for* him. 金錢對他不重要。**2 意思，意義，意旨**(⇨meaning【同義字】)：the ~ of his remark 他話中的意思。**3** 有意義，意義深

遠：a look of great ～ 意味深長的表情。

sig·nif·i·cant** [sɪgˋnɪfəkənt; sig'nifikənt] «signify 的形容詞»**—*adj. (**more** ～；**most** ～) **1 重要的,** 重大的：a ～ date 重要的日子《紀念日等》。**2 有含意的,** 暗示的：a ～ nod 有含意的點頭。**3 a** 有意義的，意義深遠的：a ～ phrase 意義深遠的語句。**b** [不用在名詞前]〔十介十(代)名〕表示〔…〕的, 意味著〔…〕的〔*of*〕：Smiles are ～ ***of*** pleasure. 微笑表示喜悅。**4** 相當的，顯著的：a ～ change [increase] 顯著的變化[增加]。

sig·níf·i·cant·ly *adv.* **1** 有含意地，暗示地。**2** 相當地，顯著地。

sig·ni·fi·ca·tion [ˏsɪgnɪfəˋkeʃən; ˌsignifi'keiʃn] «signify 的名詞»**—*n.*** 《文語》**1** Ⓒ(字的)意義，字義，語義。**2** ⓊⒸ表示。

sig·nif·i·ca·tive [sɪgˋnɪfəˏketɪv; sig'nifikətiv, -keit-] *adj.* **1** 指示的；表示的。**2** 有象徵意義的。

sig·ni·fy [ˋsɪgnəˏfaɪ; 'signifai] «源自拉丁文「畫符號(sign)表示」之義»**—*v.t.*** **1 a** 〔十受〕**意味著,** 表示…：The sign＋*signifies* 'plus'. ＋的符號表示「加」。**b** 〔十 *that*__〕意味著，表示〈…事〉：The wrinkles on his face *signified that* he had lived a hard life. 他臉上的皺紋表示他過去備嘗人生的辛酸。**2 a** 〔十受(十介十(代)名)〕〈人〉〔以言語、行爲、信號等〕表示，告知〈意向等〉〔*with, by*〕《★ 用法 by 後面用 do*ing*》：～ one's approval [satisfaction] (***with*** a nod) (點頭)表明贊成[滿意]的意思/She *signified* her consent ***by*** rais*ing* her hand. 她舉手表示同意《cf. 2 b》。**b** 〔十 *that*__〕表示，表明〈…事〉：She *signified that* she consented *by* rais*ing* her hand. 她舉手表示同意《cf. 2 a》。**3** 〔十受〕成爲…的前兆[預告]：A red sunset *signifies* fine weather. 紅紅的晚霞是晴天的預兆。**4** 〔十受〕[常用於疑問句]有…的重要性(cf. *v.i.*)：What does it ～? 那有多重要？《那根本不重要嘛！》

—*v.i.* [常用於否定句或疑問句；常與 little, much 連用]有重要性，有關係：That does *not* ～. 那不重要；那沒有什麼關係/It *signifies little.*＝It does*n't* ～ *much.* 那沒什麼大不了；那沒有什麼關係。

sígn lànguage *n.* Ⓤ **1** 比手劃脚的身體動作語言《指美國印地安人等所使用的有系統者以及異國人之間所用的即興式者》。**2** (聾啞者使用的)手語，指語法。

sígn mánual *n.* (*pl.* **signs manual**) Ⓒ **1** 特殊之記號、品質等。**2** (文件上君主或行政官之)親筆署名。

sígn-òff *n.* Ⓒ收播；廣播結束之宣布。

si·gnor [ˋsinjor, -jɔr; 'si:njɔ:] «源自義大利語»**—*n.*** Ⓒ (*pl.* ～**s, -gno·ri** [sinˋjori; si:n'jɔ:ri]) **1** [S～]…先生，…君《★相當於英語的 Sir, Mr.》。**2** [也用於稱呼](義大利的)貴族，紳士。

si·gno·ra [sinˋjorə; si:n'jɔ:rə] «源自義大利語»**—*n.*** Ⓒ (*pl.* ～**s, -gno·re** [-re; -rei]) **1** [S～]…夫人，…太太《★相當於英語的 Madam, Mrs.》。**2** [也用於稱呼]太太，夫人。

si·gno·ri·na [ˏsinjəˋrinə; ˌsi:njə'ri:nə] «源自義大利語»**—*n.*** Ⓒ (*pl.* ～**s, -ne** [-ne; -nei]) **1** [S～]…小姐《★ 相當於英語的 Miss》。**2** [也用於稱呼]小姐。

sígn pàinter *n.* Ⓒ畫廣告者；畫招牌者。

sígn·pòst *n.* Ⓒ路標，廣告柱。

Sikh [sik; si:k] *n.* Ⓒ(印度的)錫克教徒。**—*adj.*** 錫克教徒的。

Síkh·ism [-ɪzəm; -izəm] *n.* Ⓤ錫克教《以調合印度教與回教爲宗旨而興起的宗教》。

Sik·kim [ˋsɪkɪm; 'sikim] *n.* 錫金《又名哲孟雄，位於中國西藏與印度之間，昔爲印度之保護國，1974 年 9 月併爲印度一自治省，首府干托克(Gangtok)》。

si·lage [ˋsaɪlɪdʒ; 'sailidʒ] *n.* Ⓤ(貯藏於密閉式穀倉(silo)中的)新鮮牧草。

‡si·lence [ˋsaɪləns; 'sailəns] «silent 的名詞»**—*n.*** **1 a** Ⓤ**沉默,** 無聲，無言，靜默：a man of ～ 沉默寡言的人/in (dead) ～ (完全)沉默地，無言地/break [keep] ～ 打破[保持]沉默/*S*～! 噓！安靜！肅靜！/Speech is silver, ～ is golden. 《諺》雄辯是銀，沉默是金。**b** Ⓒ沉默的時間：a breathless ～ 令人屏息的沉默/When he had finished the story, there was a (short) ～. 當他講完那故事，接著是(短暫的)沉默。**c** ⓊⒸ默禱：observe (a) two-minutes ～ 默禱[默哀]兩分鐘。**2** Ⓤ**寂靜，安靜**：the ～ *of* the night 夜的寂靜。**3 a** Ⓤ渺無音訊，音訊杳然：after ten years of ～ 十年渺無音訊以後/I apologize for my long ～. 我爲久無音訊而道歉。**b** Ⓒ音訊杳然的期間：There are always long ～*s* between his letters. 他總在久無音訊之後來信。**4** Ⓤ緘默；守口如瓶：buy a person's ～ 用錢使人保持緘默。**5** Ⓤ湮沒，忘卻：pass into ～ 被忘卻，被遺忘/I denounce the government's ～ *on* this issue. 我指責政府抹殺這個爭論的問題[對這個問題不表態]。

—*v.t.* 〔十受〕使…沈默，使…靜下來：～ a barking dog 使吠叫的狗安靜/～ criticism 壓制批評/～ a rumor 平息謠言/～ the enemy's guns 使敵人停止砲擊。

sí·lenc·er *n.* Ⓒ **1** 使沈默的人[物]。**2 a** (手槍等的)消音裝置，滅音器。**b** 《英》(內燃機的)消音器(《美》muffler)。

‡si·lent [ˋsaɪlənt; 'sailənt] *adj.* (**more** ～；**most** ～) **1 a 沈默的,** 寡言的：a ～ man 沈默寡言的人/fall ～ 沈默下來/Be ～! 別作聲！安靜！肅靜！**b** (無比較級、最高級)無聲(響)的，無言的：a ～ protest 無言的抗議/a ～ prayer 默禱/～ reading 默讀。**c** (無比較級、最高級)〈電影〉無聲的：a ～ film 默片，無聲電影。**2 安靜的,** 寂靜的，無聲無息的：a ～ engine(幾乎不發出噪音的)無聲引擎/a ～ night 安靜的夜晚/(as) ～ as the grave(如墓地般)寂靜的。

【同義字】silent 指完全無聲音；quiet 指沒有聲音、動作等的安靜；still 指沒有聲音、動作的狀態。

3 [不用在名詞前]〔十介十(代)名〕〔關於…〕保持緘默的，不提及的〔*about, on*〕：He was ～ ***about*** the plan. 他閉口不談那個計畫/History is ～ ***on*** this event. 關於這事件歷史上沒有記載。**4** 無音訊的，音訊斷絕的：I have been ～ for a long time. 我很久沒有通信。**5** (無比較級、最高級)〈工作、火山等〉停止活動的：a ～ volcano 休火山。**6** (無比較級、最高級)〈文字〉不發音的：a ～ letter 不發音的字母/The"k"in"knife"is ～. knife 中的 k 是不發音的。

—*n.* Ⓒ[常 ～s]無聲電影，默片。～**·ly** *adv.*

sílent majórity *n.* Ⓤ[常 **the** ～；集合稱；常 **silent majorities**，有時當單數用]沈默的大衆《政治上中庸且極少表態的大多數民衆》。

sílent pártner *n.* Ⓒ《美》不記名股東；隱名合夥人(《英》sleeping partner)《對事業出資分紅，但與業務無關的股東》。

sílent trèatment *n.* ⓊⒸ無言的冷遇《表示抗議或輕蔑》。

sílent vòte *n.* Ⓒ **1** 無記名投票。**2** 有資格投票而不投票者所有的票數。**3** 對候選人、政見等事先不表示意見者所投之票。

Si·le·si·a [saɪˋliʃɪə, sə-, -ʃə; sai'li:ʃiə, si-, -ʃə] *n.* **1** 西里西亞《東歐之一地區，包括蘇臺山脈(Sudeten)及奧德河(Oder)盆地，煤、鐵及其他金屬礦產藏量甚豐》。**2** [s～] Ⓤ作襯裏用的一種細布。

si·lex [ˋsaɪlɛks; 'saileks] *n.* **1** Ⓤ燧石。**2** Ⓤ耐熱性石英玻璃。**3** Ⓒ此種玻璃製的咖啡壺。**4** [S～]此種咖啡壺之商標名。

sil·hou·ette [ˏsɪluˋɛt; ˌsilu:'et] «源自法國政治家的名字»**—*n.*** Ⓒ **1** 黑色半面畫像，側面影像，剪影。

【字源】以黑紙剪側面肖像是於十八世紀開始流行的。由於當時以節儉聞名的法國財政部長(Silhouette) (1709-67)頗雅好這種廉價肖像，所以他的名字就被用來稱呼這種肖像了。

2 a 輪廓。**b** (流行女裝、新車等的)輪廓(線條)。

in silhouétte (1)以白底黑像表示的，構成白底黑像的。(2)僅用輪廓地。

—*v.t.* 把…畫成白底黑色畫像，使顯出…的輪廓《★ 常以過去分詞當形容詞用，介系詞用 *against*》：The mountain was ～*d* ***against*** the sky. 那座山在天空的襯托下顯得輪廓分明/He stood ～*d against* the light. 他背著光站，形成黑色的影像。

silhouette 1

sil·i·ca [ˋsɪlɪkə; 'silikə] *n.* Ⓤ《化學》矽石，氧化矽。

sílica gèl *n.* Ⓤ矽凝膠(乾燥劑)。

sil·i·cate [ˋsɪlɪˏket; 'silikeit] *n.* Ⓤ[指種類時爲Ⓒ]《化學》矽酸鹽。

si·li·ceous, si·li·cious [sɪˋlɪʃəs; si'liʃəs] *adj.* **1** 含有矽土的；由矽土構成的；像矽土的。**2** 生長在含多量矽土之土壤中的。

si·lic·ic [səˋlɪsɪk; si'lisik] *adj.* 《化學》**1** 含矽的；矽土的；似矽土的。**2** 矽的；矽酸的。

sil·i·con [ˋsɪlɪkən; 'silikən] *n.* Ⓤ《化學》矽，硅《非金屬元素；符號 Si》。

sil·i·cone [ˋsɪlɪˏkon; 'silikoun] *n.* Ⓤ[指產品個體或種類時爲Ⓒ]《化學》矽酮；矽氧樹脂《合成樹脂的一種》。

Sílicon Válley *n.* 矽[硅]谷《在美國加州舊金山市郊，爲精密電子工業集中地區》。

sil·i·co·sis [ˏsɪlɪˋkosɪs; ˌsili'kousis] *n.* Ⓤ《醫》矽肺病《因吸入過量的矽土而致的肺病，常見於礦工、石工等》。

***silk** [sɪlk; silk] *n.* **1 a** Ⓤ**絲，綢，蠶絲**：artificial ～ 人造絲/raw ～ 生絲。

【字源】silk 源自希臘文的 *Seres*(意思是「中國人」)。由於古代中國以絲聞名，而且是由中國傳到西方，所以此字就被用來稱呼絲了。

b Ⓤ綢布，絲織品。**c** Ⓒ[常～s]絲綢，絲綢的衣服：be dressed in ～*s* and satins 穿著絲綢衣服，講究服裝。**2** Ⓒ《英》(穿絲綢法服(silk gown)的)王室律師(King's [Queen's] Counsel)。**3** [～s](賽馬的)騎士服《顏色因所屬馬廄而不同》。**4** Ⓤ《美》玉蜀黍鬚(corn silk)。**5** Ⓤ蜘蛛絲。

tàke silk 《英》當王室的律師。

—*adj.* **絲(製)的**；生絲的：～ stockings 絲襪/a ～ handkerchief 絲製的手帕/a ～ gown 絲綢的法服《英國王室律師的制服》/ This dress is ～. 這件衣服是絲製品。

sílk còtton *n.* Ⓤ木棉《又稱爪哇棉》。

sílk-cotton trèe *n.* Ⓒ木棉樹《木棉科熱帶喬木，尤指長於南美洲及爪哇的絲光木棉樹》。

silk·en [ˈsɪlkən; ˈsilkən] 《silk 的形容詞》 —*adj.* **1** 《文語》絲(製)的：a ～ dress 絲綢的衣服。**2** 如絲的；柔軟的；有光澤的。

sílk·gròwer *n.* Ⓒ養蠶者。

sílk hát *n.* Ⓒ圓筒形的絲質大禮帽。

sílk mìll *n.* Ⓒ繅絲廠；織綢廠。

Sílk Ròad *n.* [the ～] 絲路《古時中亞細亞與中國間之貿易路線，因以絲為主要貿易品，故名》。

sílk scrèen *n.* Ⓤ(絲絹染印花用的)絹印法。

sílk-stócking *adj.* 《美》**1** 穿著華麗的。**2** 上流社會的，貴族的，富裕的。

sílk·wòrm *n.* Ⓒ《昆蟲》蠶《蠶蛾科家蠶的幼蟲》。

silk hat

silk·y [ˈsɪlkɪ; ˈsilki] 《silk 的形容詞》—*adj.* (**silk·i·er**；**-i·est**) **1** (像)絲的，柔滑的：a ～ dress 質料像絲的衣服。**2** 〈態度等〉溫柔的；親暱的，巧言的。**silk·i·ness** *n.*

sill [sɪl; sil] *n.* Ⓒ **1** 門檻：⇨doorsill, windowsill. **2** (圍牆、房屋等的)基石。

sil·la·bub [ˈsɪlə,bʌb; ˈsiləbʌb] *n.* ＝syllabub.

‡**sil·ly** [ˈsɪlɪ; ˈsili] 《源自古英語「幸福的」之義；以後變化為「天真的」→「愚蠢的」》 —*adj.* (**sil·li·er**；**-li·est**) **1** **a** 愚蠢的，傻的，缺乏思考的(⇨foolish【同義字】)：a ～ fellow 蠢人，傻瓜/Don't be so ～. 別那樣傻了，別說那樣的傻話。**b** 〈言行等〉愚蠢的，傻的，滑稽的：～ behavior 愚蠢的行為/a ～ joke 愚蠢的笑話。**c** [不用在名詞前] (＋*of*＋(代)名(＋*to* do)/＋*to* do) [某人] 〈做…是〉愚蠢的；〈某人〉〈做…是〉愚蠢的：It's ～ ***of*** you ***to*** trust him. ＝You are ～ *to* trust him. 你相信他真是愚蠢/How ～ *of* you! 你真笨！**2** (無比較級、最高級) [不用在名詞前] 《口語》眼花的，頭暈的，發昏的《★ 常用於下列片語》：bore [knock] a person ～ 使人無聊得發昏[把人擊昏]。**3** 《罕》低能的，迷糊的，癡呆的。

—*n.* Ⓒ [用於溫柔的稱呼對方] 傻瓜：Don't be frightened, ～! 別怕，傻瓜！**síl·li·ly** [-lɪlɪ; -lili] *adv.* **-i·ness** *n.*

sílly sèason *n.* [the ～] 新聞淡季《七、八月間新聞缺乏時期》。

si·lo [ˈsaɪlo; ˈsailou] *n.* Ⓒ (*pl.* ～s) **1** 貯塔；筒倉《貯藏穀物、草料等的塔狀建築物或地下室》。**2** 地下飛彈發射室[掩體]。

silos 1

silt [sɪlt; silt] *n.* Ⓤ淤泥《比沙細但比黏土粗的淤積土》。

—*v.t.* 〔＋受＋副〕使淤泥充塞〈河口等〉〈*up*〉. —*v.i.* 〔＋副〕為淤泥充塞〈*up*〉.

sil·van [ˈsɪlvən; ˈsilvən] *adj.* 《文語》＝sylvan.

Sil·va·nus [sɪlˈvenəs; silˈveinəs] *n.* 《羅馬神話》席爾威納斯《森林與農牧之神；cf. Pan》.

‡**sil·ver** [ˈsɪlvɚ; ˈsilvə] *n.* Ⓤ **1** 《化學》銀《符號 Ag》：pure [solid] ～ 純銀。**2** [集合稱] 銀器，銀製品：table ～ 餐桌用銀器，銀餐具。**3** 銀幣：a pocketful of ～ 滿口袋的銀幣。**4** 銀的光澤，銀色，銀白色。

cróss a person's **pálm** (**with sílver**)⇨palm[1].

—*adj.* (無比較級、最高級) **1** 銀的，銀製的：a ～ spoon 銀製湯匙/ ～ coins 銀幣/This watch is ～. 這隻錶是銀製的。**2** 如銀的；銀白色的；發銀光的：～ gray 銀灰色/the ～ moon 銀色的月亮。**3** 《文語》**a** 〈音色、聲音〉清脆的。**b** 能言善辯的：He has a ～ tongue. 他能言善辯。**4** [用在名詞前] 二十五年的〈紀念日等〉：a ～ anniversary 二十五周年紀念日/⇨silver jubilee, silver wedding.

—*v.t.* 〔＋受〕**1** 把…包以銀，以銀鍍…：～ copper articles 把銅器鍍銀。**2** 《文語》使…成為銀色；使〈頭髮〉變(銀)白色：Age has ～*ed* his hair. 年老使他的頭髮變白。

—*v.i.* 《文語》成銀白色；發銀光；〈頭髮等〉變白。

Sílver Áge *n.* [the ～，有時 the s～ a～] 《希臘・羅馬神話》(僅次於黃金時代的)白銀時代(cf. Golden Age).

sílver bírch *n.* Ⓒ《植物》銀樺《又稱紙皮樺，原產於北美的樺木科喬木》。

sílver certificate *n.* Ⓒ銀票《美國政府發行的一種紙幣，可隨時兌換與票面等值之銀》。

sílver córd *n.* Ⓒ **1** 臍帶。**2** 母子[母女]之情。

sílver·físh *n.* Ⓒ **1** (*pl.* ～，～·es) 銀魚《銀白色的魚，如大海鰱(tarpon)，銀鯽等》。**2** (*pl.* ～) 《昆蟲》衣魚《又名蠹魚，啃書及衣物的害蟲》。

sílver fóil *n.* Ⓤ銀箔。

sílver fóx *n.* **1** Ⓒ《動物》銀狐《北美紅狐的一個色型，長毛的尖端為銀灰色》。**2** Ⓤ銀狐的毛皮。

sílver gílt *n.* **1** Ⓤ鍍金之銀。**2** Ⓒ塗黃色油漆於銀箔上之金箔仿製品。

sílver-gráy *adj.* 銀灰色的。

sílver-háired *adj.* 銀髮的。

sil·ver·ing [ˈsɪlvərɪŋ, ˈsɪlvrɪŋ; ˈsilvəriŋ] *n.* ⓊⒸ **1** 鍍銀；包銀。**2** 所鍍之銀。

sílver íodide *n.* Ⓤ《化學》碘化銀。

sílver júbilee *n.* Ⓒ(國王登基的)二十五周年慶典。

sílver lèaf *n.* Ⓤ銀箔。

sílver líning *n.* Ⓒ **1** 黑雲之白色邊緣。**2** 光明前途；漸入佳境之希望。

sílver médal *n.* Ⓒ銀牌《比賽等的第二獎》。

sil·vern [ˈsɪlvɚn; ˈsilvən] *adj.* 《古・詩》(似)銀的，銀白的。

sílver nítrate *n.* Ⓤ《化學》硝酸銀。

sílver pàper *n.* Ⓤ薄紙，錫[鋁]箔。

sílver pláte *n.* **1** Ⓤ鍍銀。**2** ＝silverware.

sílver-pláte *v.t.* 將…鍍銀《尤指電鍍》。

sílver-pláted *adj.* 包銀的；鍍銀的。

sílver scréen *n.* **1** Ⓒ(放映電影的)銀幕。**2** [the ～；集合稱] 電影。

sílver·sìde *n.* Ⓤ《英》牛腿最上端的肉。

sílver·smìth *n.* Ⓒ銀匠。

sílver spóon *n.* Ⓒ [常 a ～] 財富，富貴《尤指生來即有者》。

sílver-spóon *adj.* 生於富貴之家的。

Sílver Stár *n.* [the ～] 《美陸軍》銀星勳章《僅次於國會榮譽勳章(Congressional Medal of Honor) 及服務優異十字章(Distinguished Service Cross)》.

sílver-tóngued *adj.* 《文語》雄辯的，有口才的。

sílver·wàre *n.* Ⓤ [集合稱] 銀器；(尤指)銀製餐具。

sílver wédding *n.* (又作 **sílver wédding annivérsary**) Ⓒ銀婚《結婚二十五周年紀念》。

sil·ver·y [ˈsɪlvərɪ; ˈsilvəri] 《silver 的形容詞》—*adj.* **1** 銀(似)的；銀白色的：～ hair 銀髮，白髮/ ～ moonbeams 銀白色的月光。**2** 〈聲音等〉如銀鈴般的，清脆的。

Sil·ves·ter [sɪlˈvɛstɚ; silˈvestə] *n.* 西爾維斯特《男子名》。

Sil·vi·a [ˈsɪlvɪə; ˈsilviə] *n.* 西薇亞《女子名》。

Sim [sɪm; sim] *n.* 西姆《男子名；Simeon, Simon 的暱稱》。

Sim·e·on [ˈsɪmɪən; ˈsimiən] *n.* **1** 西米恩《男子名；暱稱 Sim》。**2** 《聖經》西緬《雅各(Jacob)之子》。

sim·i·an [ˈsɪmɪən; ˈsimiən] *n.* Ⓒ類人猿，猴。

—*adj.* 類人猿的，(似)猴的。

‡**sim·i·lar** [ˈsɪmələ; ˈsimilə] 《源自拉丁文「同樣的」之義》—*adj.* (**more** ～；**most** ～) **1** **a** 類似的；同樣的，同類的(↔ dissimilar) (⇨same【同義字】)：～ colors 同一系統的顏色/ ～ tastes 同樣的嗜好/Our opinions are ～. 我們的意見相似。**b** [不用在名詞前] 〔＋介＋(代)名〕〔與…〕類似的，相似的〔*to*〕：Your opinion is ～ ***to*** mine. 你的意見和我的相似。**2** (無比較級、最高級) 《幾何》相似的：～ figures 相似形。

sim·i·lar·i·ty [,sɪməˈlærətɪ; ,simiˈlærəti] 《similar 的名詞》—*n.* **1** Ⓤ類似，相似：points of ～ 類似點。**2** Ⓒ相似之點，類似之處：There are some *similarities* between the two poets. 那兩位詩人之間有些相似之處。

sim·i·lar·ly [ˈsɪmələlɪ; ˈsimiləli] *adv.* **1** 類似地。**2** [修飾整句] 同樣地，相同地：I am wrong. *S*～, you are to blame. 我錯了。同樣地，你也該受到譴責。

sim·i·le [ˈsɪmə,li, -lɪ; ˈsimili] 《源自拉丁文「類似的」之義》—*n.* ⓊⒸ《修辭》直喻，明喻《以 A is as ... as B [like B] 的表現法作比喻的修辭法；cf. metaphor》.

si·mil·i·tude [səˈmɪlə,tud, -,tjud; siˈmilitju:d] 《similar 的名詞》—*n.* 《文語》**1** **a** Ⓤ類似，相似。**b** Ⓒ類似物，相似的東西[人]。**2** Ⓤ(相似的)模樣，外形：in the ～ of... 以…的樣子[外貌]。**3** Ⓒ比喻(的話)：talk in ～*s* 用比喻來說。

sim·i·tar [ˈsɪmətɚ; ˈsimitə] *n.* ＝scimitar.

Sim·la [ˈsɪmlə; ˈsimlə] *n.* 西姆拉《印度北部之一市鎮，為避暑勝地》。

sim·mer [ˈsɪmɚ; ˈsimə] 《擬聲語》—*v.i.* **1** **a** 〈羹湯、肉等〉以文火慢慢煮[煮沸]。**b** 〈水壺等〉發出嘶嘶聲。**2** 〔動(＋介＋(代)名)〕〈人〉快要爆發出〔强烈的感情〕〔*with*〕：He was ～*ing with* anger [laughter]. 他怒火中燒[快要笑出來了，忍俊不禁]。

—*v.t.* 把…(以文火)慢慢煮(⇨cook【同義字】)：～ stew 以文火燉菜。

símmer dówn 《*vi adv*》(1)〈食物等〉(用文火)熬煮。(2)[常用祈使語氣]〈憤怒、爭執等〉平靜[緩和]下來。—《*vt adv*》(3)將〈食物等〉(用文火)熬煮。

—*n*. [用單數]徐徐沸騰[快要沸騰]的狀態；壓抑的憤怒[笑]即將爆發的狀態：*at* a[*on* the] ～ 開始徐徐沸騰；快要爆發。

sím·mer·ing [-mərɪŋ; -məriŋ] *adj*.〈憤怒、叛逆等〉即將爆發的：～ anger 即將爆發的憤怒。

Si·mon [ˋsaɪmən; ˈsaimən] *n*. **1** 賽門《男子名》。**2** [St. ～]《聖經》(聖)西門《耶穌十二使徒之一》。

si·mo·ni·a·cal [ˏsaɪməˋnaɪəkḷ, ˏsɪmə-; ˌsaiməˈnaiəkl] *adj*. 買賣聖職的；犯買賣聖職罪的。～·**ly** [-kḷɪ; -kəli] *adv*.

Símon Péter *n*. 聖彼得(cf. Peter 3)。

sí·mon-púre [ˋsaɪmən-; ˈsaimən-] «源自十八世紀英國的喜劇人物名»—*adj*. 眞正的，道地的。

Si·mon says [ˋsaɪmənˋsɛz; ˈsaimənˈsez] *n*. Ⓒ一種兒戲。

【說明】玩這種遊戲時，Simon(領頭者)說了什麼，其餘的人就得做什麼動作。譬如他說 Simon says,"Touch your left eye."(賽門說：「摸你的左眼。」)其餘的人就非摸左眼不可。如果沒有說 Simon says 而光說"Touch your left eye."時，如果有人摸了左眼，那麼他就犯規，不能再玩。以這方式玩下去，留到最後的那個人就可擔任下一次的 Simon 了；cf. tag[2]【說明】

si·mo·ny [ˋsaɪmənɪ; ˈsaiməni] *n*. Ⓤ(從前的)買賣聖職。

si·moom [sɪˋmum, saɪ-; siˈmu:n] *n*. Ⓒ西蒙風《在阿拉伯沙漠等地引起暴風沙的熱風》。

simp [sɪmp; simp] «simpleton 之略»—*n*. Ⓒ《美口語》傻瓜，笨蛋。

sim·per [ˋsɪmpɚ; ˈsimpə] *v.i.* 假笑，傻笑。

—*n*. Ⓒ(癡癡的)假笑。**sím·per·ing·ly** *adv*.

‡**sim·ple** [ˋsɪmpḷ; ˈsimpl] «源自拉丁文「一倍」之義»—*adj*. (**sim·pler, -plest**; **more** ～, **most** ～) **1 a 簡單的**，容易的：a ～ question 簡單的問題/a ～ task 簡單的工作/(as) ～ as ABC 像 ABC 那樣[極]簡單的/This problem is not as ～ as you think. 這個問題不像你所想的那樣簡單/It is ～ *to* answer the question. 解答這一題是容易的(cf. 1 b)。

【同義字】simple 指內容、構造等單純而容易處理的；easy 是指身心方面不需要太多的努力，因而容易的。

b [不用在名詞前]〔十 *to* do〕易於〈做…〉的(★用法 *to* do 的受詞變成主詞的句型)：The question is ～ *to* answer. 這個問題易於解答(cf. 1 a)。**c** 單純的，不複雜的，基本的：a ～ design[style] 單純的設計[式樣]/～ forms of life 單一的生命體《如細菌等》。

2 樸實的，無虛飾的，樸素的：a ～ dress 樸素的衣服/lead a ～ life 過樸實的生活。

3 純眞的，天眞的，不做作的，率眞的：(as) ～ as a child 像小孩一樣的率眞，非常天眞的/with a ～ heart 純眞地，一心一意地/She has a ～ manner. 她的態度不做作。

4 a 老實人的，易於受騙的，頭腦簡單的，無知的：a ～ soul 老好人/She is not so ～ as to believe him. 她不致於老實到相信他的地步。**b** [不用在名詞前]〔十介十(代)名〕〔對…〕無知的〔*about*〕：He is ～ ***about*** money matters. 他對於金錢的問題是無知的。**c** [不用在名詞前]〔十*of*十(代)名(十*to* do)/十 *to* do〕〔某人〕〈做…是〉無知的；〈某人〉〈做…是〉無知的：It's ～ of you [You are ～] *to* be taken in by such a story. 你眞是無知得很，竟會受騙聽信這樣的話。**d**《委婉語》愚蠢的，傻的。

5 [用在名詞前](無比較級、最高級)純然的，完全的：the ～ facts 純然的事實/～ madness 完全的瘋狂/⇨PURE and simple.

6《文語》(出身、身分)低的，平民的：a ～ farmer 一介農夫/～ people 庶民。

7 (無比較級、最高級)(對複合而言的)單純的，單一的，單…(↔ compound)：a ～ sentence《文法》簡單句/a ～ substance《化學》單體。

—*n*. Ⓒ **1** 無知的人，愚人。**2**《古》藥草。～·**ness** *n*.

símple·héarted *adj*. 純眞的，天眞無邪的，愚直的。

símple ínterest *n*. Ⓤ《金融》單利：at ～ 以單利(方式)。

símple machíne *n*. Ⓒ簡單機械《指一切機器的基本：槓桿(lever)、車輪與車軸(wheel and axle)、滑車(pulley)、斜面(inclined plane)、楔(wedge)及螺絲(screw)六種》。

símple-mínded *adj*. **1 a** 頭腦簡單的，容易受騙的，愚蠢的。**b** 腦筋差的，低能的。**2**〈遊戲等〉無聊的；〈錯誤等〉蠢的，幼稚的。～·**ly** *adv*. ～·**ness** *n*.

sim·ple·ton [ˋsɪmpḷtən; ˈsimpltən] *n*. Ⓒ愚人，蠢貨。

sim·plex [ˋsɪmplɛks; ˈsimpleks] *adj*. **1** 單一的，單純的(↔ complex)。**2**《通信》單式的《不能同時發報與收報的》。

sim·plic·i·ty [sɪmˋplɪsətɪ; simˈplisəti] «simple 的名詞»—*n*. Ⓤ **1 簡單**，簡易；單一，單純：It's ～ itself.《口語》那很簡單。**2 簡樸**，樸素，樸實：I like the ～ of her dress. 我喜歡她衣著的樸素。**3 純眞**，天眞，不做作：with ～ 天眞地。**4** 老實，耿直，愚直，無知。

sim·pli·fi·ca·tion [ˏsɪmpləfəˋkeʃən; ˌsimplifiˈkeiʃn] «simplify 的名詞»—*n*. **1** Ⓤ單純化，簡易化。**2** Ⓒ簡化[單純化]的東西。

sím·pli·fied *adj*. [用在名詞前]簡化[單純化]的：a ～ spelling 簡化拼字《如 though 拼成 tho 等》。

sim·pli·fy [ˋsɪmpləˏfaɪ; ˈsimplifai] «simple 的動詞»—*v.t.* 〔十受〕**使…簡易，使…單純，將…簡化**：～ one's explanation [language] 使說明[語言]簡化/That will ～ matters. 那樣將使事情變單純了。

sim·plis·tic [sɪmˋplɪstɪk; simˈplistik] *adj*. 過分單純化[簡化]的：a ～ explanation 過於簡單的說明。

sìm·plís·ti·cal·ly [-kḷɪ; -kəli] *adv*.

Sim·plon [ˋsɪmplɑn; ˈsimplən] *n*. [**the** ～] **1** 辛普倫山口《位於瑞士南部的利旁廷阿爾卑斯山(Lepontine Alps)中》。**2** 辛普倫隧道《位於瑞士與義大利間，辛普倫山口東北方的一條隧道，長約二十公里，是世界上最長的隧道》。

‡**sim·ply** [ˋsɪmplɪ; ˈsimpli] *adv*. (**more** ～; **most** ～) **1 簡單地**，簡易地，單純地：explain ～ 明白易懂地說明/to put it ～ 簡單地說，簡言之/You see things too ～. 你把事情看得太單純。

2 簡樸地，樸素無華地，樸實地：live ～ 過簡樸的生活/She was ～ dressed. 她穿著樸素。

3 (無比較級、最高級)**單單地**，只(爲了…而已)：read books ～ for pleasure 只爲了消遣而看書/work ～ to get money 只爲了賺錢而工作。

4 (無比較級、最高級) **a** [强調用法]**眞正地**，的確，確實；事實上，實際上：～ awful 實在厲害[嚴重]/She is ～ (and solely) a beautiful woman. 她的確是個美女/You ～ must come. 實際上你非來不可。**b** [用於否定句]全然，絕對地，簡直：I ～ do*n't* believe it. 我絕對不相信那件事/It ～ *can't* be done. 那簡直不可能辦得到的。

sim·u·lac·rum [ˏsɪmjəˋlekrəm; ˌsimjuˈleikrəm] *n*. Ⓒ (*pl*. **-cra** [-krə; -krə], ～**s**)《文語》**1** 像，影像。**2** 幻影，影子。**3** 僞物，假像。

sim·u·late [ˋsɪmjəˏlet; ˈsimjuleit] *v.t.* **1** 假裝…的樣子，僞裝：～ illness 裝病/She ～*d* modesty. 她裝出端莊[謙虛]的樣子。**2** 模擬。**3** 做…的模擬實驗[訓練]。**4**《生物》擬態：Some moths ～ dead leaves. 有些蛾擬態爲枯葉。

sím·u·làt·ed *adj*. **1** 模擬的，假裝的：a ～ diamond 仿造的鑽石。**2** 模擬(實驗[訓練])的：a ～ moon landing 登月的模擬實驗。

sim·u·la·tion [ˏsɪmjəˋleʃən; ˌsimjuˈleiʃn] «simulate 的名詞»—*n*. ⓊⒸ **1** 假裝，僞裝，模擬。**2**《生物》擬態。**3** 模擬實驗[訓練]。

sim·u·la·tive [ˋsɪmjəˏletɪv; ˈsimjuleitiv] *adj*. 僞裝的；假裝的。

sím·u·làt·or [-tɚ; -tə] *n*. Ⓒ(做出與實際狀況相同的)模擬訓練[實驗]裝置，模擬機；僞裝者，擬態者。

si·mul·cast [ˋsaɪmḷˏkæst, ˋsɪmḷ-; ˈsiməlkɑ:st] «*simul*taneous 和 broad*cast* 的混合語»—*v.t.* (**-cast, -cast·ed**)以電視與廣播同時播出〈節目〉。

—*n*. Ⓒ同時播出(節目)。

si·mul·ta·ne·i·ty [ˏsaɪmḷtəˋniətɪ, ˏsɪmḷ-; ˌsiməltəˈni:əti] «simultaneous 的名詞»—*n*. Ⓤ同時，同時發生[存在]。

***si·mul·ta·ne·ous** [ˏsaɪmḷˋtenɪəs, ˏsɪm-, -njəs; ˌsiməlˈteinjəs] *adj*. (無比較級、最高級) **1 同時的**，同時發生的：～ broadcasting 無線電廣播與電視同時播出/～ interpretation 同步翻譯[口譯]。

2 [不用在名詞前]〔十介十(代)名〕〔與…〕同時發生的〔*with*〕：The explosion was almost ～ ***with*** the announcement. 爆炸事件與那項聲明幾乎同時發生。～·**ness** *n*.

sì·mul·tá·ne·ous·ly *adv*. **1** 同時地。**2**〔十介十(代)名〕〔與…〕同時地〔*with*〕.

***sin** [sɪn; sin] *n*. **1** ⓊⒸ(宗教、道德上的)**罪**，罪惡(⇨ crime【同義字】)：⇨ original sin/a [the] ～ *against* the Holy Ghost 違逆聖靈的罪，不可饒恕的罪《★出自聖經「馬太福音」》/～*s* of omission and commission 作爲與不作爲的罪《該做的事不做以及做不該做的事所犯的罪行》/commit [forgive] a ～ 犯罪[恕罪]。

2 Ⓒ〔對世事習慣的〕過失，失禮，違反〔*against*〕：～*s against* propriety 違反禮節的行爲，無禮的行爲。

3 Ⓒ《口語・謔》不該的事，罪過，蠢事：It's a ～ to waste so much money. 浪費那麼多的錢眞是罪過。

(as) úgly as sín《口語》醜得不像話。

live in sín《謔・委婉語》(不結婚而)同居。

the séven déadly síns 七大罪惡《傲慢(pride)，貪婪(covetousness)，色慾(lust)，憤怒(anger)，暴食(gluttony)，嫉妒(envy)，怠惰(sloth)》。

—*v.i.* (**sinned**; **sin·ning**) **1**〔動(十介十(代)名)〕(宗教上、道德

S

上，多半爲意識的)〔對…〕犯罪〔*against*〕. **2**〔十介十(代)名〕違背〔習慣等〕〔*against*〕: ~ ***against*** public decency 違背善良[敗壞]風俗。

be mòre sínned agàinst than sínning 與其說自己有過失倒不如說自己是受害者；所受的譴責超過所犯的罪《★出自莎士比亞的「李爾王(*King Lear*)」》.

sin《略》《數學》sine.

Si·nai [ˋsaɪnaɪ, ˋsaɪnɪ,aɪ; ˈsainiai] *n.* **1** [**Mount** ~] 西奈山《西奈半島上的山，爲上帝授與摩西十誡之處，現在爲哪一座山則不詳》。**2** (又作 the **Sínai Península**) 西奈半島《介於紅海與地中海間的一個半島》。

Sin·bad [ˋsɪnbæd; ˈsinbæd] *n.* =Sindbad.

‡**since** [sɪns; sins] «源自古英語「其後」之義»——*conj.* **1** [表示動作、狀態開始的過去某一時刻] **a** [常 **ever** ~, 用於表繼續之完成式主要子句後] 自從…以後，自…以來，從…起一直《★[用法] since 子句中的動詞常爲過去式》: He has been abroad (*ever*) ~ he parted from me. 自從他離開我後就一直待在海外/I've been doing this work (*ever*) ~ I retired. 自從退休後我一直在做這工作。**b** [常用於表示經驗之完成式主要子句之後] 從做…時候起(到現在[那時]的期間)《★[用法] since 子句中的動詞常用過去式，但繼續中的事與動作、狀態開始的時刻有關時，也用現在[過去]完成式》: The city has changed a lot ~ I have lived here. 自從我住在這裏的時候起，這城市已改變了很多《★[用法] since 子句中的現在完成式表示現在還是住在該處》/He had not seen her ~ he (had) married. 自從他結婚之後他就一直沒見過她。**c** [用於 It is [《口語》 It has been] ... ~ .... 的構句] 自…後(已過…年)《★[用法] since 子句中的動詞爲過去式》: *It is* [*has been*] two years ~ I left school. 自從我離校後已經過了兩年《★[變換] 可換寫成 Two years have passed ~ I left school.》.

2 [表示理由] 既然…，因爲…《★[比較] since 不像 because 那樣表示直接的因果關係，所以有些不能換寫成 because》: *S*~ there's no more time, we must give it up. 既然不再有時間，我們必須放棄那件事/Let's do our best, ~ we can expect no help from others. 既然我們不能指望別人的幫助，我們就盡全力去做吧。

——*prep.* **1 a** [常 **ever** ~, 常與表示繼續之完成式連用] 自…以來(一直): They have been very happy together *ever* ~ their marriage. 自結婚以來，他們一直快樂地生活在一起/*S*~ then I had wondered where he lived. 從那時起，我一直在想他住在哪裏/*S*~ when have you lived here？ 從什麼時候起你就住在這裏了？**b** [用於 It is... ~. 的構句] 從…以後(時間[期間]有多久): It's a long time ~ her death. 她去世後已經過了很久。

2 a [常與表示經驗之完成式連用] 從…以後(到現在[那時]的這一段期間): She has changed a good deal ~ her sickness. 自從她生病後她已經改變了很多。**b**《口語》從發明[發現]…的時代以來: He is the greatest novelist ~ Henry James.《口語》他是自亨利・詹姆斯以來最偉大的小說家。

——*adv.* (無比較級、最高級) **1** [常與完成式連用] **a** [常 **ever** ~] (那時)以來(一直)，從那時以後(直到現在): He went to America twenty years ago and has stayed there *ever* ~. 二十年前他去了美國，從此就一直留在那裏《★[比較] He has ~ stayed there. 較常用於文章用語》。**b** 從那時起(到現在[那時]的這一段期間)，其後: I have not seen him ~. 從那時候起我一直沒見過他。

2 [常 **long** ~] (從現在起)(幾年)前: *long* ~ 很久以前，好久以前/not *long* ~ 不久以前，未久/He has *long* ~ arrived. 他好久以前就到了；他到了很久了《★[比較] 一般用 He arrived long ago.》.

sin·cere** [sɪnˋsɪr; sinˈsiə] «源自拉丁文「純粹的」之義»——*adj.* (**sin·cer·er, -cer·est**; **more, most** ~) **1 a** 〈人〉言行一致的，眞實的，誠實的: a ~ man 誠實的人。**b** [不用在名詞前]〔十介十(代)名〕〔對…〕眞誠的，言行一致的〔*in*〕: He is ~ ***in his promises. 他作出的承諾是眞誠的；他遵守自己的諾言。**2**〈感情、行爲等〉由衷的，眞心的，表裏一致的: ~ sympathy 由衷的同情/It is my ~ hope that.... 我衷心的希望是…。

【同義字】sincere 指完全沒有僞善之處，言行眞實而沒有謊言、矇騙、誇張等；hearty 指表露的感情眞誠而溫馨的；heartfelt 表示表露於外之衷心的感情深度。

***sin·cere·ly** [sɪnˋsɪrlɪ; sinˈsiəli] *adv.* (**more** ~; **most** ~) 由衷地，衷心地，誠懇地: I ~ hope (that) you'll pass the exam. 我由衷地盼望你能通過考試。

Yóurs sincérely =《美》**Sincérely (yóurs)** 敬啓《給朋友等私函的結尾用語；cf. yours 3》.

***sin·cer·i·ty** [sɪnˋsɛrətɪ; sinˈserəti] «sincere 的名詞»——*n.* Ⓤ眞實，誠懇，眞摯: a man of ~ 言行一致的人，誠懇的人/in all ~ 極誠懇地，極眞誠地。

Sin·clair [ˋsɪŋklɛr, ˋsɪn-,ˋsɪŋklər; ˈsiŋkleə, ˈsin-,ˈsiŋklə] *n.* 辛克萊《男子名》。

Sind·bad [ˋsɪnbæd; ˈsinbæd] *n.* 辛巴達《「天方夜譚(*The Arabian Nights' Entertainments*)」中的人物，經歷過七次奇異航海的水手》。

sine[1] [saɪn; sain] *n.* Ⓒ《數學》正弦《略作 sin》.

si·ne[2] [ˋsaɪnɪ; ˈsaini] «源自拉丁文»——*prep.* 無(without).

si·ne·cure [ˋsaɪnɪ,kjʊr; ˈsainiˌkjuə] *n.* Ⓒ(沒有實務的)閒差事；領乾俸的職位: This is hardly a [not a, no] ~. 這哪裏是[不是]閒差事《很忙》。

si·ne di·e [ˋsaɪnɪˋdaɪ·i; ˌsainiˈdaii:] «源自拉丁文 'without day' 之義»——*adv.* 無限期地: adjourn a meeting ~ 使會議無限期休會。

si·ne qua non [ˋsaɪnɪkweˋnɑn; ˌsainikweiˈnɔn] «源自拉丁文 'without which not' 之義» ——*n.* Ⓒ(*pl.* ~**s**) 必要的東西，必要條件。

sin·ew [ˋsɪnu, ˋsɪnju; ˈsinju:] *n.* **1** Ⓒ[集合稱爲Ⓤ] 腱。**2** Ⓤ[又作 ~**s**] **a** 肌肉；體力，精力: a man of mighty ~*s* 體格强壯的人，精力充沛的人。**b** 力量的來源，原動力: the ~*s of* war 軍費，軍用品。

sin·ew·y [ˋsɪnjəwɪ; ˈsinju:i] «sinew 的形容詞»——*adj.* **1** 强壯的，肌肉結實的: a strong, ~ frame 强壯有力的體格。**2** 〈肌肉等〉多腱的，堅韌的。**3** 〈文件等〉組織緊密的，有力的。

sin·ful [ˋsɪnfəl; ˈsinful] *adj.* **1** 有罪的，罪重的: a ~ act [man] 罪孽深重的行爲[人]。**2**《口語》該受譴責的，可惜的: a ~ waste of money 金錢方面該受譴責的浪費。

~**·ly** [-fəlɪ; -fuli] *adv.* ~**·ness** *n.*

‡**sing** [sɪŋ; siŋ] (**sang** [sæŋ; sæŋ]; **sung** [sʌŋ; sʌŋ]) *v.i.* **1 a** 歌唱: ~ in a chorus 進入合唱團唱歌/She ~*s* well. 她歌唱得好/You are not ~*ing* in tune [are ~*ing* out of tune]. 你唱得不合調子[走調]。**b**〔十介十(代)名〕[配合樂器等]唱歌〔*to*〕: He *sang* ***to*** the piano. 他和著鋼琴唱。**c**〔十介十(代)名〕〔對人等〕唱歌〔*for, to*〕: Come and ~ ***for*** [***to***] us. 來，爲我們唱首歌吧；來，唱給我們聽吧。

2 a 〈鳥、蟲等〉鳴叫: The birds were ~*ing* in the trees. 鳥兒在林中鳴叫。**b** 〈風〉嗖嗖作聲；〈小溪等〉作潺潺水聲；〈水壺〉嘶嘶作響；〈子彈等〉發出咻聲: The kettle was ~*ing* on the fire. 水壺在火上嘶嘶作響。

3 a 〈耳朵〉(嗡嗡)作響，耳鳴: My cold makes my ears ~. 感冒使我耳鳴。**b** 〈話、聲音等〉縈繞耳中: His voice *sang* in her ears. 他的聲音在她耳中縈繞。

4〔十介十(代)名〕《文語》〔把…〕作成詩[歌]；(作成詩[歌])讚美，歌頌，吟詠〔…〕〔*of*〕: Homer *sang* ***of*** Troy. 荷馬吟詠特洛伊城的故事。

5 [與 well 等的狀態副詞連用]〈歌詞等〉可唱成(…)，可成歌: This song ~*s* well in French. 這首歌用法語唱起來好唱。

6《美俚》〈犯罪者〉告密；自白，承認。

——*v.t.* **1 a**〔十受〕唱〈歌等〉: ~ a German song 唱德國歌/ ~ the tenor part 唱男高音部。**b**〔十受〕唱歌般地說出…，唱出…: Don't ~ the lines like that; speak them naturally. 別像唱歌般地說臺詞，自然地說出來/The priest ~*s* Mass. 牧師吟唱彌撒曲。**c**〔十受十受/十受十介十(代)名〕爲〈某人〉唱〈歌〉；唱〈歌〉〔給某人聽〕〔*for, to*〕: Please ~ us a song. =Please ~ a song ***for*** us. 請爲我們唱一首歌。

2〔十受〕〈鳥、蟲等〉鳴叫…，唱〈歌〉。

3〔十受十副〕**a** 唱歌送走…〈*out*〉；唱歌迎接…〈*in*〉: They *sang* the old year ***out*** and the new year ***in***. 他們唱歌送走舊年，迎接新年。**b** 唱歌度過…，唱歌消除…〈*away*〉: ~ one's life ***away*** (悠閒地)唱歌過一生/~ *away* one's troubles 唱歌解愁。

4〔十受十介十(代)名〕唱歌使〈人〉陷入[進入]〔…狀態〕〔*into, to*〕: She *sang* her child ***to*** sleep. 她唱歌使她的孩子入睡/He *sang* himself ***into*** a happier humor. 他唱歌使自己心情開朗。

5〔十受〕《文語》把…作成詩[歌]；把…(作成詩[歌])拿來吟詠，歌頌: ~ a person's praises 歌頌某人。

síng for one's **súpper** 做分內的回報，做應做的事《★源自「唱歌以答謝請吃晚餐」之義》。

síng óut《*vi adv*》《口語》(1)大聲喊叫，吼叫；大聲叫(人): *S*~ *out* if you need help. 如果你需要幫助，大聲喊出來。——《*vt adv*》(2)大聲說: ~ *out* a command 大聲吩咐。(3)〔十 *that*＿〕大聲喊叫〈…事〉: He *sang out that* land was in sight. 他大聲喊叫看到陸地了。(4)〔十引句〕大聲說…: "Ready？" he *sang out*. 他大聲說:「準備好了嗎？」(5)⇨ *v.t.* 3 a.

síng smáll (因受挫或受懲罰而)變謙遜，頹喪。

síng úp《*vi adv*》提高嗓子唱，更大聲唱: *S*~ *up*, so that we all can hear you. 你大聲點唱讓我們大家都聽得到。

——*n.* Ⓒ《美》合唱會[的聚會]《《英》sing-song》.

sing.《略》singular.

sing·a·ble [ˋsɪŋəbl; ˈsiŋəbl] *adj.* 可歌唱的，可吟詠的；容易唱的。

sing(-)a·long [ˈsɪŋə,lɔŋ, -,lɑŋ; ˈsiŋəlɔŋ] *n.* Ⓒ **1** 非正式或未經預演的團體歌唱《通常在一位指揮者的帶領下進行》。**2** 此種場合。

Sin·ga·pore [ˈsɪŋgə,por, ˋsɪŋə-, -,pɔr; ˌsiŋəˈpɔː, ˌsiŋgə-] *n.* 新加坡《馬來半島南端的一個島嶼，1965 年脫離馬來西亞獨立，為大英國協內的一共和國；首都新加坡市(Singapore)》.

Sin·ga·po·re·an [,sɪŋgəˈporɪən, -ˋpɔr-; ˌsiŋgəˈpɔːriən] *adj.* 新加坡的；新加坡人的。
—*n.* Ⓒ新加坡人。

singe [sɪndʒ; sindʒ] *v.t.* (**singed**; **singe·ing**) **1** 燒…的表面，燒焦…。**2 a** 燒〈毛髮〉的末梢。**b** 燒除〈鳥、豬等〉的毛。**c** 燒〈布〉的細毛[絨毛]。
sínge one's **wíngs** (因投機性或冒險性的事業而)嚐到苦頭；受挫；鎩羽《★源自飛蛾接近燈火而燒到翅》。
—*n.* Ⓒ 燒焦，燒焦的痕跡。

‡sing·er [ˈsɪŋɚ; ˈsiŋə] *n.* Ⓒ **1** 歌唱者，歌手，聲樂家：a good [bad] ~ 好的[差的]歌手，善[拙]於唱歌者。**2** 詩人，歌者。**3** 鳴禽。

Sin·gha·lese [,sɪŋgəˈliz; ˌsiŋhəˈliːz, ˌsiŋgə-ˊ] *adj.*, *n.* = Sinhalese.

síng·ing *n.* **1 a** Ⓤ聲樂：study ~ 學聲樂。**b** ⓊⒸ歌唱，唱歌。**c** [當形容詞用]歌唱的：a ~ lesson [teacher] 歌唱課，聲樂課[教師]/a ~ voice 歌唱的聲音，歌聲。**2** Ⓤ **a** (鳥、蟲等)鳴叫，啼叫。**b** 嗡嗡聲，咻咻聲。**3** [*a* ~]耳鳴：have *a* ~ in one's ears 有耳鳴。

sínging schòol *n.* Ⓒ (1800 年前後盛行於美國新英格蘭區的)音樂學校。

‡sin·gle [ˈsɪŋgl; ˈsiŋgl] *adj.* (無比較級、最高級) **1** [用在名詞前] **a** 單一的，一人的，僅一個的：a ~ survivor 唯一的生存者[生還者]/a ~ drop of water 僅一滴的水。**b** [與否定字連用]連一個[一人](也沒有)的：I have *not* a ~ penny. 我身無分文[一分錢也沒有]/They parted *without* speaking a ~ word. 他們連一句話也沒說就分手。
2 獨身的(↔ married)；單身的：a ~ career girl 單身的職業婦女/~ blessedness《謔》獨身狀態/(a) ~ life 獨身生活/remain ~ 保持獨身。
3 [用在名詞前]一人用的，單人的〈牀、房間等〉：a ~ bed [room] 單人牀[(旅館)單人房]。
4 [用在名詞前]個別的，各別的，各自的：every ~ person 各人/write down every ~ word 逐字寫下來，寫下每一個字。
5 [用在名詞前]一對一的，單打的，單挑的〈比賽、作戰等〉：engage in ~ combat 參加一對一的比武。
6 [用在名詞前]《英》單程的(one-way)〈車票、費用、行程等〉(cf. return *adj.* 1 c)：a ~ fare [ticket] 單程車費[車票]。
7 [用在名詞前]單式的，單一的，大家通用的：a ~ pay scale for men and women 男女通用的單一支薪體系。
8 一致的，團結的：with a ~ purpose 一條心地，同心協力地/We are ~ in our aim. 我們的目標一致。
9 純真的，單純的，誠心誠意的：~ devotion 誠心誠意的奉獻/with a ~ eye [heart, mind] 誠實地，一心一意地。
10 [用在名詞前]《植物》單瓣的〈花等〉(↔ double).
—*n.* Ⓒ **1 a** 一人。**b** (旅館等的)單人房。**2** (年輕的)獨身者，單身漢[女子]。**3** (一面只有一支曲子的)單曲唱片(cf. EP, LP). **4**《英》單程車票(one-way ticket) (cf. return *n.* 1 b)：A ~ to Oxford, please. 請給我一張到牛津的單程車票。**5** [常 ~s]《口語》**a**《美》一美元紙幣。**b**《英》一英鎊紙幣。**6**《棒球》一壘安打。**7** [常 ~s]《高爾夫》單打，兩人間的比賽。**8** ⇨ singles.
—*v.t.* **1 a** 〔十受十副十介十(代)名〕〔為…而〕挑選…〈*out*〉〔*for*〕：The section head ~*d* Mr. Jones *out for* promotion. 科長擢陞瓊斯先生。**b** 〔十受十副十 *as* 補〕挑選〈某人〉〈作為…〉〈*out*〉：Why did you ~ him *out as* your successor? 你為什麼挑選他作為你的繼承人？
2 〔十受(十介十(代)名)〕《棒球》以一壘安打使〈跑壘者〉上〔…壘〕〔*to*〕.
—*v.i.*《棒球》擊出一壘安打。

síngle-bárrel *n.* Ⓒ單管槍。

síngle-bárreled *adj.* 單槍管的。

síngle-bréasted *adj.* 〈上衣、外套等〉單襟的，單排扣的(cf. double-breasted).

síngle-chámber *adj.* 一院制的〈國會〉。

síngle cróss *n.* Ⓒ《遺傳》單雜交《自交系的第一代雜種》。

síngle-décker *n.* Ⓒ《英》單層的公共汽車(cf. double-decker)：by ~ 坐單層公共汽車《★無冠詞》。

síngle éntry *n.* Ⓤ《簿記》單式記帳法(cf. double entry)：by ~ 以單式(簿記)。

síngle-éyed *adj.* **1** 單眼的，獨眼的。**2** 純真的；誠實的；無貳心的。

síngle fíle *n.* Ⓒ一列縱隊：form a ~ 形成一列縱隊/walk *in* ~ 成一列縱隊行走《★in ~ 無冠詞》。—*adv.* 成一列縱隊地。

síngle-fòot *n.* =rack[4] 2.

síngle-hánded *adj.* **1** 單手的；單手用的。**2** 一個人的；單獨的，獨力的。—*adv.* 以單手；單獨地，獨力地。~·**ly** *adv.*

síngle-héarted *adj.* 純真的，誠實的；一心一意的，專一的。~·**ly** *adv.* ~·**ness** *n.*

síngle-lens réflex (càmera) *n.* Ⓒ單透鏡反射式照像機《略作 SLR》.

síngle-mínded *adj.* 目的專一的，一心一意的。
~·**ly** *adv.* ~·**ness** *n.*

síngle-name pàper *n.* Ⓒ只有開票人背書的期票。

sín·gle·ness *n.* Ⓤ **1** 單一，單獨。**2** 獨身。**3** 誠意，專心：with ~ of purpose [mind, heart] 目的專一地，目標單純地，誠心誠意地。

sin·gles [ˈsɪŋglz; ˈsiŋglz] *n.* Ⓒ (*pl.* ~) (網球等的)單打(比賽) (cf. doubles).

síngles bàr *n.* Ⓒ顧客多半為單身男女的酒吧[店]。

síngle-séater *n.* Ⓒ單座機[車]。

síngle·stìck *n.* **1** Ⓒ劍形木棍，木劍。**2** Ⓤ木劍術[比賽]。

sin·glet [ˈsɪŋglɪt; ˈsiŋglit] *n.* Ⓒ《英》(無袖的男用)汗衫，背心，運動衫。

síngle tàx *n.* ⓊⒸ《經濟》單一稅。

sin·gle·ton [ˈsɪŋgltən; ˈsiŋgltən] *n.* Ⓒ《紙牌戲》(某一花色的)單張(牌)，弔單之牌。

síngle-tráck *adj.* **1** 〈鐵路〉單軌的。**2** 〈頭腦等〉褊狹的，不能變通的：a ~ mind 死心眼[不會轉彎的腦袋瓜](的人)。

síngle·trèe *n.* =whiffletree.

sin·gly [ˈsɪŋglɪ; ˈsiŋgli] *adv.* **1** 單獨地；獨力地：~ or in cooperation 以獨力或合作(方式)/Misfortunes never come ~. 禍不單行。**2** 一個一個地，各自地，個別地。

síng·sòng *n.* **1** [*a* ~]唸經似的聲調，單調的節奏：in *a* ~ 以唸經似的聲調，單調地。**2** Ⓒ《英》非正式的臨時歌唱會(《美》sing).
—*adj.* [用在名詞前]唸經似的，沒有抑揚的：a ~ recitation of the multiplication table 聲調平板的背誦九九乘法表。

***sin·gu·lar** [ˈsɪŋgjəlɚ; ˈsiŋgjulə] *adj.* (**more** ~; **most** ~) **1 a** 卓異的，罕見的，非凡的：a woman of ~ beauty 罕見的美人/We had ~ success. 我們獲得非凡的成功。**b** 奇異的，不可思議的，奇特的：a ~ event 奇異的事件。**2** (無比較級、最高級)《文法》單數的(cf. plural)：a ~ noun 單數名詞/The noun 'tooth' is ~. 名詞 tooth 是單數。
—*n.* Ⓒ [常 *the* ~]《文法》單數；單數的字：a noun in *the* ~ 單數名詞。

sin·gu·lar·i·ty [,sɪŋgjəˈlærətɪ; ˌsiŋgjuˈlærəti] «singular 的名詞»—*n.* **1** Ⓤ **a** 稀有，非凡。**b** 奇異，奇特。**2** Ⓒ奇異之處，特性。**3** Ⓤ單獨，單一。

sín·gu·lar·ly *adv.* **1** 稀有地，非凡地，非常地：a ~ charming woman 嫵媚異常的女人，極有魅力的女人。**2** 奇異地，奇特地：be ~ dressed 著奇裝異服。

Sin·ha·lese [,sɪnhəˈliz; ˌsiŋhəˈliːz, ˌsinhəˈl-ˊ] *adj.* 錫蘭[人，語]的。—*n.* (*pl.* ~) **1 a** [*the* ~]錫蘭族《斯里蘭卡(Sri Lanka)的主要民族》。**b** Ⓒ錫蘭族的人。**2** Ⓤ錫蘭語。

Sin·i·cism [ˈsɪnəsɪzəm; ˈsinisizəm] *n.* Ⓤ中國風味；中國習慣；中國語言特徵。

Sin·i·cize [ˈsɪnə,saɪz; ˈsinisaiz] *v.t.* 使…中國化。

sin·is·ter [ˈsɪnɪstɚ; ˈsinistə] «源自拉丁文「左(側)」之義；左(側)被認為不吉利»—*adj.* (**more** ~; **most** ~) **1 a** 不吉利的，不祥的：~ symptoms 不祥的徵候。**b** [不用在名詞前]〔十介十(代)名〕〔對…〕不方便的，不利的〔*to*〕：The event was ~ *to* their enterprise. 該事件對他們的企業不利。**2** 有惡意的，邪惡的：a ~ face [plot] 邪惡的面孔[奸計]。**3**《紋章》(盾形紋章之)左側的《面對的右邊；↔ dexter》. ~·**ly** *adv.*

sin·is·tral [ˈsɪnɪstrəl; ˈsinistrəl] *adj.* (↔ dextral) **1** 左側的；用左手的。**2** 〈螺旋貝殼等〉左旋紋的。~·**ly** [-trəlɪ; -trəli] *adv.*

‡sink [sɪŋk; siŋk] (**sank** [sæŋk; sæŋk],《美・英罕》**sunk** [sʌŋk; sʌŋk]; **sunk, sunk·en** [ˈsʌŋkən; ˈsʌŋkən]) (★語法 sunken 現在通常僅當形容詞用) *v.i.* **1** 〔動(十介十(代)名)〕**a** 〈重物〉沈下，沈落〔於液體、雪、泥濘等中〕〔*in, into, under*〕(↔ float)：The ship *sank*. 船沈沒/She *sank in* the snow up to her knees. 她陷入深達膝部的雪中/He *sank under* the waves. 他沈入浪下。**b** 〈日、月等〉沈落〔於…〕〔*in, behind, below*〕：The sun was slowly ~*ing in* the west. 太陽正慢慢地在西方沈落/The sun *sank behind* the mountain. 太陽沈落山後。
2 a 〔動(十副詞(片語))〕〈地盤、建築物等〉下陷：A portion of the road suddenly *sank in*. 部分道路突然陷下去/The house has *sunk* about ten centimeters. 那棟房屋下陷約十公分。**b** 〔動

S

(十副)〕〈眼睛、面頰〉陷下去，凹入〈*in*〉：Her eyes [cheeks] have *sunk* (*in*). 她的眼睛[面頰]凹陷下去了。**c** 〔十介十(代)名〕〈土地〉〔朝…方向〕傾斜〔*to, toward*〕：This land ~*s* gradually ***to*** [***toward***] the lake. 這塊土地逐漸朝湖邊傾斜。**d** 〔動(十副詞(片語))〕〈頸、肩等〉垂下；〈眼睛〉朝下：His head *sank forward on* his breast. 他的頭垂向胸前；他頹喪地垂下頭。

3 a 〔十介十(代)名〕〈人〉(力竭而)倒，投〔向…〕〔*to, into*〕：~ ***to*** one's knees (無力地)雙膝跪地/He *sank to* the ground. 他(沮喪地)倒在地上/She *sank* ***into*** his arms. 她投入他的懷抱中。**b** 〔(十副)十介十(代)名〕(無力地)坐下〔到…中〕〈*back, down*〉〔*in, into, on*〕：~ ***back into*** a chair(疲倦地)跌進[一屁股坐進]椅子。

4 a 〔動(十副)〕〈風、火勢、洪水等〉**減弱，消退，平靜**〈*down*〉：The flood is ~*ing*. 洪水正在消退/The wind [flames] at last *sank* ***down***. 風[火勢]終於減弱了。**b** 〔動(十介十(代)名)〕〈聲音等〉降低[而成爲…]；〈火勢等〉變弱[而成爲…]〔*to*〕：His voice *sank* ***to*** a whisper. 他的聲音降低爲耳語/The fire *sank to* embers. 火勢減弱而成餘燼。

5 〔動(十介十(代)名)〕**a** 〈價值、評價、水準等〉**下降**[至…]〔*to*〕：The dollar is ~*ing*. 美元在貶值/The shares *sank* ***to*** nothing. 股票暴跌而變得不值錢。**b** 〈…(的數)〉〔由…〕減少[爲…]〔*from*〕〔*to*〕：Unemployment has *sunk* ***from*** 12.3 ***to*** 10.9 percent. 失業率已經由 12.3% 降爲 10.9%。**c** 〔評價、聲望〕降低，跌落〔*in*〕：He *sank* ***in*** the opinion of his girlfriends. 女友們對他的評價降低。

6 a (因疲勞、生病等而)**體力衰退，身體衰弱**：The patient was ~*ing* fast. 病人已瀕於死亡。**b** 〔十介十(代)名〕〔因不幸、痛苦等而〕氣餒，洩氣，體力衰退〔*under, from*〕：She began to ~ ***under*** her burden of worry. 煩惱的重壓開始使她氣餒。**c** 〈心情〉沮喪，灰心；〈意氣〉消沈：My heart *sank* (within me) at the news. 我一聽到那消息就覺得失望/His courage [heart, spirits] *sank* (into his boots).《口語》他心情沮喪[意志消沈]。

7 〔十介十(代)名〕**a 陷入**〔沈睡、忘我、絕望等〕；陷入〔思想、夢想、悲傷等〕〔*into*〕：He *sank* ***into*** sleep [(a) reverie]. 他陷入沈睡[夢想]中。**b** 陷入〔貧困、邪惡等〕〔*into*〕：~ ***into*** poverty 陷入貧困/The company *sank* deeper *into* the red. 該公司因赤字擴大而處境益發困難。

8 a 〔十副〕〈水、墨水等〉滲入，滲透〈*in*〉：This dye ~*s* ***in*** well. 這種染料容易滲進去。**b** 〔十介十(代)名〕滲入〔…中〕〔*into, through*〕：Water ~*s* ***through*** sand. 水滲入沙中/The ink soon *sank* ***into*** the blotting paper. 墨水很快滲入吸墨紙中。**c** 〔十副〕〈教訓、訓誡等〉被充分接受，使人銘記〈*in*〉：The idea took a long time to ~ ***in***. 這個觀念費時甚久才爲人所接受。**d** 〔十介十(代)名〕滲入〔人心〕，銘記〔於心〕〔*into*〕：Let this lesson ~ ***into*** your mind. 要把這個教訓銘記在心。

—*v.t.* 1 〔十受〕**使…沈下[沈沒]，將…擊沈**：The submarine *sank* an enemy ship. 那艘潛水艇擊沈一艘敵艦。

2 a 〔十受〕掘，鑿〈井等〉：~ a well 鑿井。**b** 〔十受(十介十(代)名)〕把〈樁等〉打入〔地中〕；把〈管子、暗渠等〉埋入〔地中〕〔*into*〕：~ a pile (ten meters deep) ***into*** the ground 把木樁打入地下(十公尺深)。**c** 〔十受十介十(代)名〕把〈短劍等〉刺入〔…〕；使〈牙齒等〉咬入〔…中〕〔*into*〕：~ one's teeth ***into*** an apple (大口地)咬蘋果。**d** 〔十受(十介十(代)名)〕雕刻〈印、字等〉〔於…〕〔*in*〕：~ words ***in*** a stone 刻字於石頭上。

3 a 〔十受(十副詞(片語))〕垂下〈頭等〉，垂下〈眼睛〉：He *sank* his head *on* his chest. 他頹喪地垂下頭。**b** 〔十受十介十(代)名〕把〈吊桶〉放下〔到…〕〔*into*〕：~ a bucket ***into*** a well 把吊桶放下井。

4 〔十受十介十(代)名〕把〈聲音、調子等〉放低〔到…〕〔*to*〕：She *sank* her voice ***to*** a whisper. 她把聲音放低成耳語。

5 a 〔十受〕降低〈名聲、威信等〉。**b** 〔十受十介十(代)名〕降低對〈某人〉的〔評價等〕〔*in*〕：That will ~ you ***in*** her estimation. 那會使她對你的評價降低。

6 〔十受〕減少…的水，使…的水下降：The dry spell *sank* the river. 持續的乾旱使河流的水位下降。

7 〔十受〕**a** 使〈人〉爲難[困窘]；毀掉〈人〉的身體：The difficulties would have *sunk* a rasher man. 那些困難會使更蠻幹的人都吃不消/We are *sunk*. 我們完了；萬事休矣。**b** 使〈計畫等〉落空[受到挫折]。

8 〔十受十介十(代)名〕將〈資本〉投入〔不賺錢的事業等〕〔*in, into*〕：He has *sunk* a lot of money ***in*** [***into***] the unfortunate undertaking. 他已投入很多資金在那不順利的事業上。

9 〔十受〕隱瞞〈身分、證據等〉；對…置之不理；忽視，壓抑…：~ evidence 隱瞞證據/ ~ one's own interests 捨棄自己的利益(而謀他人的利益)/~ one's pride 壓抑傲氣/We *sank* our differences. 我們摒棄歧見。

10 〔十受十介十(代)名〕〔~ one*self*〕陷入〔沈思、絕望等〕〔*in*〕《★也以過去分詞當形容詞用；⇨ sunk 3》：He *sank himself in* thought [his work]. 他陷入沈思[埋頭工作]。

11 〔十受〕還清[償還]〈借款〉。

12 〔十受〕《球戲》投[擊，打]〈球〉進籃[洞，袋(等)]。

sínk or swím 無論成敗，孤注一擲《★起因於從前把被懷疑是巫婆的人投入水中，以「沈下則爲巫婆，能游者則否」作爲試罪的方法》。

—*n.* Ⓒ **1 a** (廚房的)**流理臺，水槽**：a stainless steel ~ 不銹鋼流理臺[水槽]。**b** 《美》洗臉臺。**2 a** 污水槽。**b** 積水的低窪地。**3** 《文語》藏污納垢之處〔*of*〕：a ~ *of* iniquity 罪惡的巢窟[淵藪]。

èverything [áll] but the kítchen sìnk ⇨ kitchen sink.

sink·a·ble [ˈsɪŋkəbl; ˈsiŋkəbl] *adj.* 可沈下的；有下沈之虞的。

sínk·er *n.* Ⓒ **1** 沈下的東西[人]，使沈下的東西[人]。**2** 鑿井的人。**3** (釣絲或漁網的)鉛錘。**4** 《美口語》甜甜圈，炸麵圈。**5** 《棒球》下墜球《投到本壘附近時會忽然下墜的球》。

sínk·hòle *n.* Ⓒ **1** (流理臺等的)出水口。**2** 污水溝，陰溝。

sínk·ing fùnd *n.* Ⓒ(政府、公司等提存的)償債基金。

sínking spèll *n.* Ⓒ(市價的)暫時下跌；(健康的)暫時衰退。

sín·less *adj.* 無罪的，清白的。~**·ness** *n.*

sín·ner *n.* Ⓒ **1** (宗教、道德上的)罪人，犯罪者。**2** 《口語》該遭報應的人。

Sinn Fein [ˈʃɪnˈfen; ˌʃinˈfein] 《源自愛爾蘭語「我們本身」之義》**—*n.*** 新芬黨《成立於 1905 年左右，以愛爾蘭完全獨立爲其宗旨》。

Si·no- [saɪno-, sɪno-; sainou-, sinou-] 表示「中國的；中國與…的」之意的複合用詞：*Sino*-Japanese 中日的。

sín ôffering *n.* Ⓒ贖罪之祭物。

Si·nól·o·gist [-dʒɪst; -dʒist] *n.* Ⓒ漢學家。

Si·nol·o·gy [saɪˈnɑlədʒɪ, sɪ-; saiˈnɔlədʒi, si-] *n.* Ⓤ漢學《研究中國的語言、歷史、制度、習俗等》。

sin·ter [ˈsɪntɚ; ˈsintə] *n.* Ⓤ泉華《溫泉口四周沈澱的結晶岩》。

sin·u·ate [ˈsɪnjuɪt, -ˌet; ˈsinjueit] *adj.* **1** 彎曲的。**2** 《植物》波狀的〈葉〉。

—*v.i.* 彎曲；蜿蜒；成波狀。

sin·u·os·i·ty [ˌsɪnjuˈɑsətɪ; ˌsinjuˈɔsəti] 《sinuous 的名詞》**—*n.*** **1 a** Ⓤ蜿蜒，彎曲。**b** Ⓒ(河流、道路的)轉角，彎處。**2** Ⓒ複雜，錯綜，曲折。

sin·u·ous [ˈsɪnjuəs; ˈsinjuəs] 《sinus 的形容詞》**—*adj.*** **1** 彎彎曲曲的，蜿蜒的，波狀的：a ~ road 彎彎曲曲的路。**2** 〈動作等〉柔軟有彈性的。**3** 〈議論等〉繞圈子的，迂迴的，複雜的。

si·nus [ˈsaɪnəs; ˈsainəs] *n.* Ⓒ **1** 彎曲；灣。**2** 《解剖》竇。**3** 《醫》瘻，瘻管。

-sion [-ʃən; -ʃn] 字尾 [表示動作、狀態等的名詞字尾]：confu*sion* (cf. -tion).

Sioux [su; su:] *n.* (*pl.* ~ [su, suz; su:z]) **1** [the ~] 蘇族《美國印地安人中最大的一族》。**2** Ⓒ蘇族人。

Síoux Stàte *n.* [the ~] 美國北達科塔州(North Dakota)之別稱。

sip [sɪp; sip] (**sipped**; **sip·ping**) *v.t.* 〔十受〕**啜，啜飲…**：He *sipped* his brandy. 他啜飲白蘭地酒。**—*v.i.*** 〔十介十(代)名〕啜飲〔…〕〔*at*〕：I *sipped* ***at*** the coffee. (因太熱)我啜飲咖啡。

—*n.* Ⓒ(飲料、羹湯的)**一啜，一口**：in ~*s* 一口一口地，一點一點地/She took a ~ of the cocktail. 她啜飲一口雞尾酒。

si·phon [ˈsaɪfən; ˈsaifn] 《源自希臘文「管子」之義》**—*n.*** Ⓒ **1** 彎管，虹吸管。**2** (又作 **síphon bòttle**) (裝汽水的)虹吸瓶。**3** 《動物》(軟體動物的)水管；呼吸管；管形口器；管形突。

—*v.t.* 1 a 〔十受(十副)〕用虹吸管吸[傳送]…〈*off, out*〉：~ ***off*** some water for tests 吸取一些水作試驗。**b** 〔十受(十副)十介十(代)名〕用虹吸管把…〔從…〕吸[傳]〔到…〕〈*off, out*〉〔*from*〕〔*into*〕：~ petrol (***out***) ***from*** a tank ***into*** a can 把石油從油槽中吸至罐中。**2** 〔十受十副〕取得〈收入〉，收取〈利益等〉〈*off*〉：Heavy taxes ~ ***off*** the huge profits. 重稅吸走(富人的)巨額利潤(以支持政府)。**3** 〔十受十副(十介十(代)名)〕**a** 把…〔從…〕移轉〔向…〕〈*off*〉〔*from*〕〔*into*〕. **b** 把〈資金等〉〔由…〕〔向…〕流通〈*off*〉〔*from*〕〔*into*〕.

—*v.i.* 通過虹吸管，(如)從虹吸管中流出。

síp·per *n.* Ⓒ **1** 啜飲者。**2** 嗜酒者。**3** 《美口語》吸管。

‡**sir** [(輕讀) sɚ; sə; (重讀) sɝ; sə:] *n.* **1** [用於稱呼男子] **a 君，先生，閣下**(cf. madam)《★用法對不認識的人，僕人對主人，學生對教師，店員對顧客，晚輩對長輩或議會中對議長的尊稱》：Good morning, ~. 早安，先生/*S*~, may I ask a question? 老師，我可以發問嗎？(★句首的 sir 常發音爲 [sɝ; sə:])/Don't call me ~. 不要叫我 sir. **b** [用於表示意見或諷刺]喂！你！老兄！：Will you be quiet, ~! 老兄，安靜一點！**c** [S~] 敬啓者《商函、公函的抬頭用語》：(My) Dear *S*~ 敬啓者《寫給個人的情形》/(Dear) *Sirs* 敬啓者，諸位先生《寫給公司、團體等的情形；美國常用 Gentlemen》. **d** [用於加强語氣，與性別無關]《美口語》：

No,～. 不，不是[不對]。**2** [S~] 爵士《英國對從男爵(baronet)或爵士(knight)的尊稱，通常連名帶姓一起使用；cf. dame 2, lady 2》：*S~* Isaac Newton 艾澤克・牛頓爵士《★用法日常稱呼與 Mr. 的情形相反：與名(first name)連用而稱 Sir Isaac, 卻不稱 Sir Newton (Newton 爲姓(surname))》.

sire [saɪr; ˈsaiə] *n.* **1** Ⓒ(四腳獸，尤指家畜的)雄性種畜(cf. dam²)；種馬。**2** [用於稱呼國王]《古》陛下。
—*v.t.* 〈種馬〉生〈小馬〉。

si·ren [ˈsaɪrən; ˈsaiərən] *n.* Ⓒ **1** 號笛；警報器：an ambulance ～ 救護車的警報器/blow[sound]a ～ 鳴號笛，響著警報器。

【字源】現代的警報器發出的聲音雖然不見得好聽，但它卻源自希臘神話中歌聲美妙、曾經誘惑了無數水手的女妖賽倫(Siren)．到了十九世紀初發明了警報器之後，這個字才開始有了「警報器」的意思。

2 [常 S~]《希臘神話》賽倫。

【說明】希臘神話中上半身爲女人，下半身爲鳥的怪物，據說有兩、三個。它們居住在義大利南方的西西里島(Sicily)附近的小島。由於其歌聲太美妙，無數的水手聽後情不自禁地跳入海裡而溺斃。希臘軍的大將奧地修斯(Odysseus)因爲怕他們的歌聲，經過此島時，把自己捆綁在船柱上，並命令全體船員塞住耳朵，因此逃過了一劫。

siren 2

3 迷人的美女；(尤指誘惑男人的)妖婦。

Sir·i·us [ˈsɪrɪəs; ˈsiriəs] *n.*《天文》天狼星(the Dog Star)《位於大犬座，爲天空中最亮的星》。

sir·loin [ˈsɝlɔɪn; ˈsə:lɔin] «由 sir 的聯想而產生的變體字；sir 相當於法語的 sur (上部)，也就是指腰肉(loin)的上部分»**—***n.* Ⓤ [指肉片個體時爲Ⓒ] 牛腰肉上部《爲最好吃的部分》：a ～ steak 腰肉上部的牛排(用肉片)。

【說明】相傳英國某國王有一天吃的牛排特別味美，因此召見御廚詢問。御廚回答說，這只不過是 loin(腰肉)而已。國王聽了便說，「好吧，那麼朕來賜給它 Sir 的爵位吧！」於是舉行授與勳爵士(knight)爵位的儀式，拿了一把刀刺着牛肉大聲說 “Sir Loin” 當然這純粹是編造的趣話罷了。

si·roc·co [səˈrɑko; siˈrɔkou] «源自阿拉伯語「東(風)」之義»**—***n.* Ⓒ(*pl.* ～s)西洛可風《由北非吹向南歐，夾帶沙子的熱風》。

sir·rah [ˈsɪrə; ˈsirə] *n.* [用於稱呼]《古》喂，小子！你這傢伙！

sir·ree, sir·ee [səˈri; səˈri:] *n.*《美口語》[用於 yes, no 後面以加强語氣，與性別無關]：Yes, ～.是的，就是這樣/No,～. 不，沒那回事[完全不是]。

sir·up [ˈsɪrəp; ˈsirəp] *n.* ＝syrup.

sir·up·y [ˈsɪrəpɪ; ˈsirəpi] *adj.* ＝syrupy.

sis [sɪs; sis] «sister 之略»**—***n.* [用於稱呼]《口語》小姐。

si·sal [ˈsaɪsl; ˈsaisl] *n.* Ⓤ **1**《植物》西沙爾瓊麻《墨西哥、中美洲所產龍舌蘭屬熱帶植物》。**2** (又作 **sísal hèmp**) 瓊麻《上述植物葉子的纖維，白而堅韌，用以製各種粗繩》。

sis·si·fied [ˈsɪsɪˌfaɪd; ˈsisifaid] *adj.* ＝sissy.

sis·sy [ˈsɪsɪ; ˈsisi]《口語》*n.* Ⓒ娘娘腔的少年[男人]，膽小者，懦弱者。**—***adj.* 娘娘腔的，膽小的。

‡**sis·ter** [ˈsɪstɚ; ˈsistə] *n.* **1** Ⓒ姊，妹；(姻親的)姊妹：the Brontë ～s 布朗蒂(三)姊妹。

【說明】⑴在中文裡我們有「姊」「妹」之區分，但英語中沒有這種區分，不管姊姊或妹妹，一律稱作 sister. 如果需要區分時，在美國稱「姊姊」爲 an older sister 或 a big sister,「妹妹」是 a younger [little] sister. 在英國稱「姊姊」爲 an elder sister,「妹妹」爲 a younger sister.
⑵姊妹之間，他們沒有稱呼「姊姊」或「妹妹」的習慣，都互相直呼名字(first name)；cf. brother, father, mother, grandparent【說明】

2 Ⓒ姊「妹」一般的人，女性的親友：She is a ～ to homeless children. 她對無家可歸的孩子們關懷備至，親如手足。
3 Ⓒ[也用於稱呼] **a** 女人們，女士們，同胞姊妹。**b** 同班女生；同一團體[教會]的婦女會員；(女性解放運動等的)女同志。
4《天主教》**a** Ⓒ[用於稱號、稱呼]修女《★拼法用於稱號時拼爲 Sister》：*S~* Maria (Theresa) 瑪利亞(黛麗莎)修女《★用法不單獨與姓連用》。**b** [the Sisters] 修女會：*the Sisters* of Mercy 慈善修女會。
5 Ⓒ[用於稱號、稱呼]《英》護士；(尤指)護士長《★拼法用於稱號時拼爲 Sister》：*S~* Betts護士(長)貝慈。
6 [用於稱呼]《美俚》小姐。
the Fátal [thrée] Sísters＝the Sísters thrée《希臘神話》命運三女神《⇨ fate 3》.
—*adj.* [用在名詞前]情同姊妹的，有姊妹般關係的，姊妹…：～ cities 姊妹市/a ～ language (有相同祖語的)姊妹語《如英語與德語等》/a ～ ship (根據相同設計而建造的)姊妹船[艦]。

síster·hòod *n.* **1** Ⓤ姊妹身分，姊妹關係。**2** Ⓒ[集合稱]婦女團體；(尤指天主教的)女修會，修女會《★用法視爲一整體時當單數用，指個別成員時當複數用》。

síster-in-làw *n.* Ⓒ(*pl.* **sisters-in-law**)姻親的姊[妹]《配偶的姊妹，兄[弟]之妻或配偶的兄[弟]之妻》。

sís·ter·ly «sister 的形容詞»**—***adj.* **1** 姊妹的。**2** 姊妹般的，和睦的，親密的。**sís·ter·li·ness** *n.*

Sis·tine [ˈsɪstin, -tɪn; ˈsisti:n, -tain] *adj.* 羅馬教宗西克斯特斯(Sixtus)的。

Sístine Chápel *n.* [the～]梵諦岡(Vatican)教宗的小禮拜堂《爲西克斯特斯四世(Sixtus IV)而建，以米開蘭基羅(Michelangelo)的壁畫聞名》。

Sis·y·phe·an [ˌsɪsəˈfiən; ˌsisiˈfi:ən] *adj.* **1** 西西弗斯(Sisyphus)的。**2** 無止境而困難的；勞苦的。

Sis·y·phus [ˈsɪsəfəs; ˈsisifəs] *n.*《希臘神話》西西弗斯《科林斯的國王，生性邪惡；命運註定他要在地獄中把推至山頂即滾落的石頭不斷地反覆推至山頂上》。

‡**sit** [sɪt; sit] (**sat** [sæt; sæt]; **sit·ting**) *v.i.* **1 a** 坐，就坐：～ next to a person 坐在某人鄰座/～ cross-legged on the floor 盤腿坐在地板上/～ with one's legs bent beneath one正坐，端坐。**b** 〔十副(十介十(代)名)〕坐[在…]〈*down*〉〔*on, in*〕《★表示動作時一般用 sit down；cf. 1 b》：Please ～ ***down***. 請坐/He *sat down* ***on*** the bench. 他坐在長凳上。**c** 〔十介十(代)名〕坐[在…處]〔*on, in*〕；坐[在桌子邊]〔at〕《★通常表示狀態；cf. 1 a》：～ ***at*** table 入席[坐下吃飯]《★at table 通常無冠詞》/～ ***on*** [***in***] a chair 坐在椅子上。**d** 〔十補〕〈以…狀態〉坐著：She *sat* still for hours. 她靜靜地坐了好幾小時。**e** 〔十 do*ing*〕坐著〈做…〉：She *sat reading* in the sitting room. 她坐在起居室[客廳]讀書。
2 〔動(十介十(代)名)〕**a** 〈狗等〉[用…]坐著，蹲著〔*on*〕：The dog was *sitting* ***on*** his hind legs. 那隻狗用牠的後腿端坐著。**b** 〈鳥〉棲息[於樹枝]〔*on*〕；棲息[在樹上]〔*in*〕：A bird was *sitting* ***in*** a tree. 鳥棲息在樹上。**c** 〈鳥〉孵蛋〔*on*〕：The hens don't ～ this year. 這些母雞今年都不孵蛋。
3 〔十介十(代)名〕**a** 任[委員會、議會等的]一員〔*on, in*〕：～ ***on*** a jury [committee] 擔任陪審員[委員]/⇨ sit on the BENCH/～ ***in*** Parliament [Congress] 任國會議員。**b**《英》代表[選區]〔*for*〕：～ ***for*** a constituency (在議會)代表一個選區。
4 a 〈議會〉開會；〈法庭〉開庭；進行議事討論：The court will ～ next week. 法庭預定下週開庭。**b** 〔十介十(代)名〕《文語》〈委員會等〉調查[事件]〔*on, upon*〕.
5 〔十介十(代)名〕參加[考試等]〔*for*〕：～ ***for*** an examination 參加考試。
6 〔十介十(代)名〕**a** 讓[畫家]畫像；讓[攝影師]拍照〔*for, to*〕：～ ***for*** [***to***] an artist [a photographer] 擺好姿勢讓藝術家[攝影師]畫像[拍照]/～ *for* a painter 充當畫家的模特兒。**b** 爲[供人畫像[拍照]]而擺姿勢〔*for*〕：～ ***for*** one's portrait 坐著讓人畫像。
7 〔十介十(代)名〕[與 well 等的狀態副詞連用] **a** 〈衣服、地位等〉適合，配合[…]〔*on, upon*〕：That dress [hat] ～*s* well ***on*** her. 那件衣服[那頂帽子]很適合她/The jacket ～*s* badly *on* your shoulders. 那件夾克肩部很不合你的身。**b** [與人、物]配合；適合；調和〔*with*〕：The curtain doesn't ～ well ***with*** the room. 那窗簾和房間不調和/He doesn't ～ well *with* me. 他和我合不來。
8 〔(十補)十介十(代)名〕**a** 〈損害、責任、勞苦等〉〈以…狀態〉成爲[…的]負擔〔*on*〕：Care *sat* heavy ***on*** his brow. 他的眉間顯出憂慮；他愁眉苦臉。**b** 〈食物〉〈以…狀態〉停滯，沈滯[於胃裡]〔*on*〕：Rich foods ～ (heavy) ***on*** the stomach. 油膩的食物沈滯於胃裏[不消化]。
9 〔十副詞(片語)〕**a** 〈東西〉位於(…)，坐落(於…)：The house ～*s on* a hill. 那一幢房子坐落在一座小山上/The house ～*s back from* the street. 那一幢房子並不靠街道。**b** 〈風〉(從…)吹來：The wind ～*s in* the east. 風從東方吹來；颳東風。**c** 〈東西、事情〉放置，擱置(於…)，留在原處不動：His car *sat in* the garage. 他的車子停放在車庫裏。
10 a《美》當臨時保姆，替人照顧嬰兒[小孩](babysit). **b** 〔十介十(代)名〕照顧[病人]〔*with*〕.
11 〔十介十(代)名〕《口語》**a** [把人](粗暴地)壓住；[使人]沉默〔*on*〕. **b** [把報導、調查等]擱置〔*on*〕.
—*v.t.* **1** 〔十受十副詞(片語)〕**a** 使…就坐(於…)：He *sat* the child *at* table. 他使小孩坐在餐桌前。**b** [～ one*self*]坐在(…)：He *sat himself at* my side. 他坐在我的旁邊/*S~ yourself down.* 坐下來吧。**2** 〔十受〕騎〈馬〉，騎乘…：She *sat* her horse well

[gracefully].她善於[優雅地]騎馬。**3** 〔十受〕《英》應〈試〉，參加〈筆試〉。「放鬆休息。」

sit báck《*vi adv*》(1)(靠椅背而)坐。(2)袖手旁觀。(3)(工作後)

sit bý《*vi adv*》採取不關心[消極，含蓄]的態度。

sit dówn on... 反對…。

sit dówn to... (1)就席，入席〈用餐〉。(2)熱心著手〈工作〉。

sit dówn ùnder... 溫順地忍受，甘受〈輕蔑、對待等〉。

sit ín (1)〈在比賽、會議等〉代理，擔任〈…職務〉〔*for*〕〈*as*〉：～ *in for* a person *as* chairman 代理某人擔任議長。(2)靜坐抗議[示威]。

sit ín on... (以觀察員的身分)參觀，出席，見習〈討論會、教室等〉。

sit on one's **hánds** ⇨ hand.

sit óut《*vi adv*》(1)坐在戶外(向陽處)。—《*vt adv*》(2)不參加〈跳舞〉，坐冷板凳。(3)〈戲劇、音樂會等〉(即使乏味也)看[聽]完，坐到…的終場：He decided to ～ the lecture *out* and see if it got better. 他決定聽完(乏味的)演講，看看是否中途會變得有趣些。

sit thróugh《*vt adv*》＝SIT out (3).

sit tíght ⇨ tight *adv.*

sítting prétty ⇨ pretty *adv.*

sit úp《*vi adv*》(1)(從睡姿改爲坐姿的)坐起：～ *up* in bed〈病人等〉坐起於牀上。(2)端坐：～ *up* (straight) (筆直地)坐正/Come and ～ *up* (*at* [*to*] the table). 就座(用餐)吧。(3)不睡：～ *up* late [all night] 熬夜[整夜不睡]/～ *up* at work 做夜工/～ *up for* a person 夜晚不睡而等人/～ *up with* a patient 不睡而照顧病人/～ *up with* a corpse 爲死者通夜守靈。(4)《口語》嚇一跳，驚起，奮起：make a person ～ *up* 使人吃驚[嚇一跳]；鼓勵〈無精神的〉人，使人振作。(5)〈狗〉用後腿站起來：～ *up* and beg〈狗〉用後腿站起，做拜拜的姿勢。—《*vt adv*》(6)使〈人〉坐起來。

sit úp and tàke nótice《口語》吃驚，興奮，害怕。

si·tar [sɪ`tɑr; si'tɑ:] *n.* Ⓒ西塔琴《印度的一種六弦樂器》。

sit·com [`sɪtˏkɑm; 'sitkɔm] *n.* 《口語》＝situation comedy.

sít-dòwn *n.* Ⓒ **1** (又作 **sít-dòwn stríke**)靜坐罷工。**2** 靜坐抗議。

—*adj.* [用在名詞前]坐在餐桌前的〈用餐等〉(cf. buffet[2]).

***site** [saɪt; sait] *n.* Ⓒ **1** (現在或預定的)**地點**，用地：a building ～ 建築用地[現場]/the ～ *for* a new school 建造新學校的地點。**2** (有過城鎮、建築物等的)遺跡，遺址；發生過(事件等)的場所：historic ～*s* 史跡。

—*v.t.* 〔十受(十副詞(片語))〕設定…的地點[用地]，使…坐落(於…)《★常用被動語態》：They have decided to ～ the new school *in* this town. 他們已經決定把新校設於本鎮。

sith [sɪθ; siθ] *conj., prep., adv.*《古》＝since.

sít-ìn *n.* **1** Ⓒ靜坐抗議：stage a ～ 進行[發起]靜坐抗議。**2** ＝sit-down 1.

si·tol·o·gy [saɪ`tɑlədʒɪ; sai'tɔlədʒi] *n.* Ⓤ營養學。

sit·ter [`sɪtɚ; 'sitə] *n.* **1** Ⓒ(供人繪畫、拍照的)模特兒。**2** ＝babysitter. **3** Ⓒ孵蛋的鳥。

sítter-ín *n.* Ⓒ(*pl.* **sitters-in**)《英》＝baby-sitter.

sít·ting *n.* **1** Ⓤ就座，入席：～ with one's back straight 挺直的坐著。**2** Ⓒ充當繪畫[拍照]模特兒的時間[期間]：This painting took five ～*s.* 這張畫有人(坐著)當了五次模特兒才畫成。**3** Ⓒ(坐著連續做)一件工作[一次賭博]：read a book *at a* ～ 把書一口氣讀完/win one hundred dollars *in* a [one] ～ 一次贏了一百元。**4** Ⓒ(議會等的)會期，開會[開庭]期間。**5** Ⓒ(分派給一羣人的)用餐時間：serve dinner *in* two ～*s* 分兩次供應晚餐。**6 a** Ⓤ(鳥)入巢孵蛋。**b** Ⓒ一次孵的蛋。

—*adj.* [用在名詞前] **1** 現任的〈議員等〉：the ～ members 現任議員。**2** 《英》居住中的〈房客等〉。**3** 入巢孵蛋中的〈鳥〉。

sítting dúck *n.* Ⓒ容易射中[易受攻擊]的目標；容易上當的對象。

sit·ting room [`sɪtɪŋˏrum, -ˏrum; 'sitiŋru:m, -rum] *n.* Ⓒ《英》**起居室**，**客廳**(living room).

sit·u·ate [`sɪtʃʊˏet; 'sitjueit, -tʃu-] *v.t.* 〔十受十副詞(片語)〕把…置於(…)，使…位於(…)《★常以過去分詞當形容詞用；⇨ situated》.

sít·u·àt·ed *adj.* [不用在名詞前] **1** 〔十副詞(片語)〕位於(…)的，坐落於(…處)的(cf. situate)：The school is ～ *on* the top of a hill. 那所學校坐落於小山頂上。**2** 〈人〉處於(…)的立場[境遇]的：He was awkwardly ～. 他處於困境。

‡sit·u·a·tion [ˏsɪtʃʊ`eʃən; ˏsitju'eiʃn, -tʃu-] 《situate 的名詞》—*n.* Ⓒ **1** (城鎮、建築物等的)**位置**，**地點**；(客觀的)地理條件：His house stands in a fine ～. 他的房子坐落於好地點。

2 (人所處的)**立場**，**境遇**(⇨ state A【同義字】)：That will put us in an awkward ～. 那會使我們陷入困境。

3 a (事情的)**狀態**，**情勢**，**事態**：the oil ～ 石油情勢/the political ～ 政治情勢/ save the ～ 挽回局勢，解救危局。**b** (故事、戲劇等的)緊張[危急]情節，場面，結局。

4 《文語》職業，工作：*Situations* Wanted《廣告》求職/the *situations*-vacant column (報紙等的)求才欄。

situátion cómedy *n.* ⓊⒸ(廣播、電視中的)情節[情景]喜劇《以人爲的情景作爲情節基礎的系列喜劇；其中人物固定但故事相對獨立》。

sít-ùp *n.* Ⓒ仰臥起坐《一種腹肌運動》。

sít-upòn *n.* Ⓒ《英謔・委婉語》臀部。

SÍ ùnit *n.* Ⓒ國際單位制《當作基本物理量而被國際公認的長度、質量、時間、電流、溫度、照明度等的單位》。

Si·va [`sivə, `ʃivə; 'si:və, 'ʃi:və] *n.* 《印度教》濕婆《印度教三位主神之一，象徵毀滅；cf. Brahma, Vishnu》.

‡six [sɪks; siks] *adj.* **1** [用在名詞前]**六的**，**六個的**，**六人的**：～ men 六個男人/He is ～ years old [of age]. 他六歲。**2** [不用在名詞前]六歲的：He is ～. 他六歲。

It is síx of óne and hálf-a-dózen of the óther. 旗鼓相當，半斤八兩；難兄難弟。

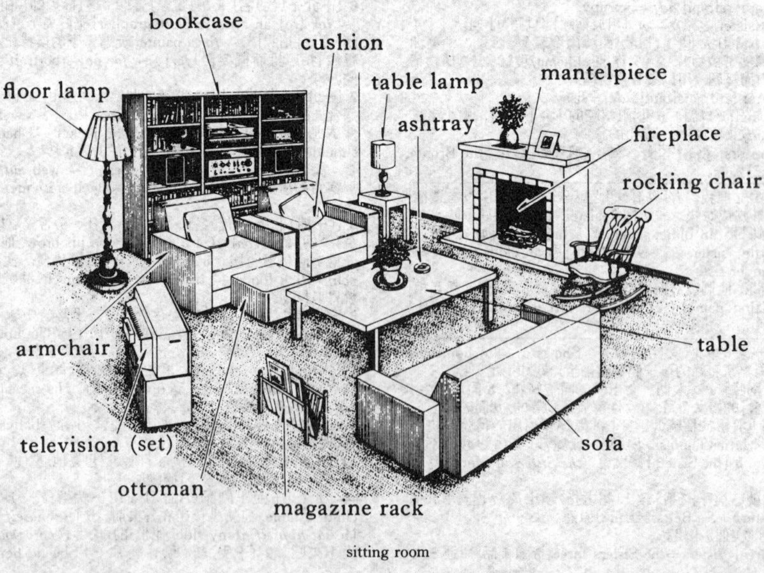

sitting room

six to óne ⑴六比一。⑵相差[優劣]懸殊。
—*n.* **1 a** Ⓤ[有時Ⓒ；常無冠詞]（基數的）六：Divide ~ by two and you get three. 六除以二得三。**b** Ⓒ六的記號《6, vi, VI》. **2** Ⓤ六點鐘；六歲；六美元[英鎊，分，便士(等)]：at ~ 在六點鐘/a child of ~ 六歲的小孩。**3** Ⓒ（紙牌、骰子等的）六點：the ~ of hearts 紅心的六點。
at síxes and sévens ⑴亂七八糟。⑵不一致。

【字源】關於此成語的起源有幾種說法，莫衷一是。一說是，Six and seven make thirteen.（六加七等於十三）是不吉利的數字。另一說是與賭博用的骰子有關。因爲骰子上只有六個數目字，想擲出七的數目的人必是腦筋有問題或亂糟糟。

—*pron.* [當複數用]六個，六人：There are ~. 有六個[人]。
six·fòld *adj.* **1** 六倍的，六重的。**2** 有六個部分[要素]的。
—*adv.* 成六倍，成六重。
síx-fóoter *n.* Ⓒ《口語》身高六呎(以上)的人，高個子。
síx-gùn *n.* ＝six-shooter.
síx-pàck *n.* Ⓒ《美》半打裝的容器《可裝半打啤酒、罐裝果汁等有提手的容器》。
six·pence [ˈsɪkspəns; ˈsikspəns] *n.* **1** Ⓒ（英國的）六便士銀幣《1946 年後改爲白銅幣；1971 年 2 月起廢除》。**2** Ⓤ六便士的價值。
síx·pen·ny [ˈsɪksˌpɛnɪ, -pənɪ; ˈsikspəni] *adj.* 《英》**1** 六便士的。**2** 廉價的，不值錢的。
síx-shóoter *n.* Ⓒ可連續射六發子彈的左輪手槍。
‡**six·teen** [sɪksˈtin; ˌsiksˈtiːn] *adj.* **1** [用在名詞前]十六的，十六個的，十六人的：He is ~ years old [of age]. 他十六歲。**2** [不用在名詞前]十六歲的：He is ~. 他十六歲。
—*n.* **1 a** Ⓤ[有時Ⓒ；常無冠詞]（基數的）十六。**b** Ⓒ十六的記號《16, xvi, XVI》。**2** Ⓤ十六歲；十六美元[英鎊，分，便士(等)]：a boy of ~ 十六歲的少年。
—*pron.* [當複數用]十六個，十六人：There are ~. 有十六個[人]。
‡**six·teenth** [sɪksˈtinθ; ˌsiksˈtiːnθ] 《源自 sixteen＋-th[1]（構成序數的字尾）》**—***adj.* **1** [常 the ~]第十六(個)的。**2** 十六分之一的。
—*n.* **1** Ⓤ[常 the ~] **a**（序數的）第十六《略作 16th》. **b**（某月的）十六日。**2** Ⓒ十六分之一。
sixtéenth nòte *n.* Ⓒ《美》《音樂》十六分音符（《英》semiquaver）.
‡**sixth** [sɪksθ; siksθ] 《源自 six＋-th[1]（構成序數的字尾）》**—***adj.* **1** [常 the ~]第六(個)的：⇨ sixth sense. **2** 六分之一的：a ~ part 六分之一。
—*adv.* 在第六，第六地。
—*n.* **1** Ⓤ[常 the ~] **a**（序數的）第六《略作 6th》. **b**（某月的）六日。**2** Ⓒ六分之一。**3** Ⓒ《音樂》六度音程[和音]。**4** [the ~]《英》＝sixth form.
—*pron.* [the ~]第六個人[東西]。～·**ly** *adv.*
síxth fórm *n.* Ⓒ[集合稱]《英》第六學年，六年級，（尤指中等學校的）第六學年[六年級]《完成義務教育後，爲取得 A level 而留下來，由十六歲以上的學生所構成的最高年級；★用法視爲一整體時當單數用，指全部個體時當複數用》。～·**er** *n.*
síxth sénse *n.* [用單數]第六感，直覺。
*__six·ti·eth__ [ˈsɪkstɪɪθ; ˈsikstiiθ] 《源自 sixty＋-th[1]（構成序數的字尾）》**—***adj.* **1** [常 the ~]第六十(個)的。**2** 六十分之一的。
—*n.* **1** Ⓤ[常 the ~]（序數的）第六十《略作 60th》. **2** Ⓒ六十分之一。
Six·tus I [ˈsɪkstəs-; ˈsikstəs-], **Saint** *n.* 聖西克斯特斯一世《羅馬教宗(A.D. 116?–125?)》.
Sixtus II, Saint *n.* 聖西克斯特斯二世《羅馬教宗(A.D. 257–258)》.
Sixtus III, Saint *n.* 聖西克斯特斯三世《羅馬教宗(A.D. 432–440)》.
Sixtus IV *n.* 西克斯特斯《1414–84；羅馬教宗(1471–84)》.
Sixtus V *n.* 西克斯特斯《1521–90；羅馬教宗(1585–90)》.
‡**six·ty** [ˈsɪkstɪ; ˈsiksti] *adj.* **1** [用在名詞前]六十的，六十個的，六十人的：He is ~ years old [of age]. 他六十歲。**2** [不用在名詞前]六十歲的：He is ~. 他六十歲。
—*n.* **1 a** Ⓤ[有時Ⓒ；常無冠詞]（基數的）六十。**b** Ⓒ六十的記號《60, lx, LX》。**2 a** Ⓤ六十歲；六十美元[英鎊，分，便士(等)]：a man of ~ 六十歲的男人。**b** [the sixties]（世紀的）六十年代。**c** [one's sixties]（年齡的）六十幾歲。
—*pron.* [當複數用]六十個，六十人：There are ~. 有六十個[人]。
síxty-fòld *adj.* & *adv.* 六十倍的[地]；六十重的[地]。
síxty-four-dóllar quéstion *n.* [the ~]《俚》基本問題；關鍵問題《起源於無線電有獎難題問答節目中，正確答覆最後一道問題所獲得之獎金》。
síxty-fóurth nòte *n.* Ⓒ《音樂》六十四分音符。
siz·a·ble [ˈsaɪzəbl; ˈsaizəbl] *adj.* **1** 相當大的，頗大的。**2** 相當(多)的：a ~ salary 相當多[高]的薪水。
‡**size**[1] [saɪz; saiz] *n.* **1** ⓊⒸ（東西、人的）大小，規模，身材，尺寸：take the ~ of... 量…的尺寸/It is (half, twice) the ~ of an egg. 它有一個(半個，兩個)蛋的大小/children all *of* a (＝the same) ~ 身材都一樣的孩子們/try on a sweater *for* ~ 試穿毛衣看尺寸是否合身。**2** Ⓒ（衣服、鞋子等的）尺寸，…號，…型；（臀部、胸圍等的）尺寸(cf. vital statistics)：a ~ 10 jacket 十號的夾克/They are *of* [come in] all ~*s*. 它們的大小尺碼齊全/May I take your ~, ma'am? 太太，我給您量尺寸吧/What ~ (shoes) do you take? ＝What ~ do you take (in shoes)? 你穿幾號(鞋)？**3** Ⓤ大，偉大；（人的）力量，才幹：a town *of* some ~ 相當大的一個城鎮。**4** [the ~]《口語》眞相，實況：That's about *the* ~ of it (as it stands). (目前)實際情況[眞相]大概是那樣的。
cút...dówn to síze 把〈(被高估的)人、問題等〉降至適合其實力[實況]的評價，還…的本來面目。
—*v.t.* **1** 〔十受〕把…按大小分類[排列]：~ apples 把蘋果按大小分類。**2** 〔十受十介十(代)名〕〔按照某種大小、尺寸〕製造…〔*to*〕.
size úp 《*vt adv*》⑴量…的尺寸。⑵《口語》評論，評估，判斷〈人物、情勢等〉。
size[2] [saɪz; saiz] *n.* Ⓤ **1** 膠料，礬水《膠水中加入明礬者，用以防止墨水等在紙上滲開》。**2** 紡織品用的漿糊《主要用澱粉》。
—*v.t.* 給…上膠，塗敷膠料[礬水]於…。
size·a·ble [ˈsaɪzəbl; ˈsaizəbl] *adj.* ＝sizable.
sized *adj.* [構成複合字]…大小的：large-[small-]*sized* 大[小]型(號)的。
síze-ùp *n.* ⓊⒸ估量。
siz·ing [ˈsaɪzɪŋ; ˈsaiziŋ] *n.* **1** Ⓤ上膠，上漿；上膠或上漿之過程。**2** Ⓤ增加紙面光澤所塗之膠。**3** Ⓤ依大小比例配列；分配。**4** Ⓒ（劍橋大學）學生自飲食供應部領取的定量食品。
siz·zle [ˈsɪzl; ˈsizl] 《擬聲語》**—***v.i.* **1** 〈油炸物等〉發出嗞嗞聲：Sausages are *sizzling* in the pan. 香腸在鍋中發出嗞嗞聲。**2** 《口語》炎熱，灼熱。**3** 《口語》〈人〉怒氣沖沖。
—*n.* [用單數]嗞嗞(的聲音)。
síz·zler *n.* Ⓒ《口語》非常炎熱的日子。
síz·zling *adj.* **1** 發出嗞嗞聲的。**2** 《口語》**a** 非常炎熱的，熱得令人發昏的。**b** [當副詞用]灼熱地：~ hot 令人發昏地炎熱。
S.J. 《略》Society of Jesus《★用法耶穌會會士用以加在名字的後面》：Francis Xavier, *S.J.* 耶穌會會士聖方濟沙勿略。
skald [skɔld, skɑld; skɔːld] *n.* Ⓒ古代斯堪的那維亞(Scandinavia)的詩人。
‡**skate**[1] [sket; skeit] *n.* **1** Ⓒ[常~s]冰鞋，冰刀：**a** 溜冰鞋(ice skate). **b** 輪式溜冰鞋(roller skate). **2** Ⓒ[常**a** ~]（溜冰的）一溜：go for *a* ~ 去溜冰。
gèt [pùt] one's skátes ón 《英口語》趕快。
—*v.i.* **1** 〔動(十副詞(片語))〕穿溜冰鞋溜冰[滑冰]：~ *on* a lake 在湖上溜冰/go *skating* (*at* a rink) (到溜冰場)去溜冰。**2** 〔十介十(代)名〕略微觸及，不深入[問題等]〔*over, around, round*〕.
skáte on [òver] thín íce （如履薄冰似地）處於危險的狀態，冒險。
skate[2] [sket; skeit] *n.* (*pl.* ~, ~s) **1** Ⓒ《魚》鰩《鰩科軟骨魚的統稱》。**2** Ⓤ鰩魚切片。
skáte·bòard *n.* Ⓒ滑板《板下裝有滑輪的橢圓形滑板，作運動或遊戲用》。
—*v.i.* 用滑板滑行。

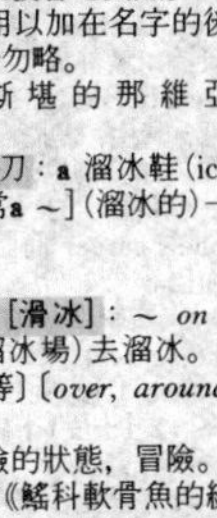

skateboard

skát·er *n.* Ⓒ溜冰者。
skát·ing *n.* Ⓤ（當作遊戲、運動的）溜冰，滑冰。
skáting rìnk *n.* Ⓒ溜冰場。
ske·dad·dle [skɪˈdædl; skiˈdædl] *v.i.* 《口語》匆忙[慌張]逃走，逃竄。
skeet [skit; skiːt] *n.* (又作**skéet shòoting**) Ⓤ《射擊》飛靶射擊。
skein [sken; skein] *n.* Ⓒ **1** 〔紗的〕一束，一絞〔*of*〕. **2** 〔雁等飛鳥的〕一羣〔*of*〕.
skel·e·tal [ˈskɛlətl; ˈskelitl] 《skeleton 的形容詞》**—***adj.* **1** 骨骼的，骸骨的。**2** 似骸骨的，骨瘦如柴的。
skel·e·ton [ˈskɛlətn; ˈskelitn] 《源自希臘文「乾枯的東西」之義》**—***n.* Ⓒ **1 a**（人、動物的）骨骼；（尤指）骸骨。**b** 《口語》皮包骨的人：a mere [living, walking] ~ 瘦得像骷髏的人，瘦得只剩皮包骨的人/be reduced to a ~ 消瘦成皮包骨，瘦得像骷髏。**2** 〔房屋等的〕骨架，架構〔*of*〕：the steel ~ *of* a building 建築

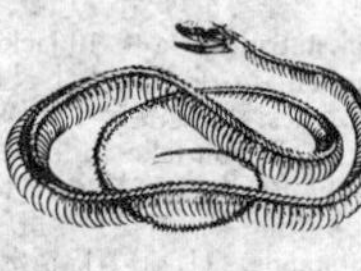

蛇的 skeleton 1 a

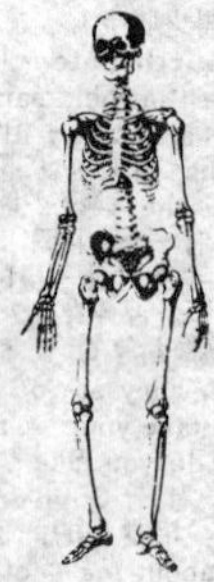

人類的 skeleton 1 a

物的鋼架。**3**〔故事、事件等的〕綱要，概略，輪廓〔*of*〕.

skéleton at the féast 掃興的人[物]，使冷場的人[物]《★源自古代埃及人於宴會時在顯眼的場所放置骷髏的習慣》。

skéleton in the clóset [《英》**cúpboard**]（不可外揚的）家醜，醜聞。

> **【字源】** 此成語的由來很有趣：有一婦人在人們心目中生活非常美滿，但在羨慕者相詢之下，終於透露了她難唸的經：她丈夫每晚命令她去吻一具骸骨——那是在決鬥中被她丈夫殺死的情敵的骸骨。

S

—*adj.* [用在名詞前] **1** 僅有輪廓的，概要的〈計畫等〉。**2** 只有最起碼的人數的，只有基本幹部的〈人員、服務等〉：a ~ staff [crew] 最低限度的人員，基幹作業人員[船員，機員]。

skel·e·ton·ize [ˈskɛlətnˌaɪz; ˈskelitənaiz] «skeleton 的動詞»**—***v.t.* **1** 使…成爲骸骨。**2** 記下…的概略[概要]。**3** 大量裁減〈…(的數目)〉。

skéleton kèy *n.* Ⓒ萬能鑰匙。

skep·tic [ˈskɛptɪk; ˈskeptik] *n.* Ⓒ **1** 懷疑論者，多疑的人。**2** 對宗教表示懷疑者，無神論者。

skep·ti·cal [ˈskɛptɪkl; ˈskeptikl] «skeptic 的形容詞»**—***adj.* **1 a** 懷疑的，多疑的：a ~ person 多疑的人/a ~ expression 懷疑的表情。**b** [不用在名詞前]〔十介十(代)名〕〔對…〕懷疑的，不信的〔*about, of*〕：He is ~ ***about*** everything. 他對於一切事都持疑[懷疑一切]。**2** 無神論的。**~·ly** *adv.*

skep·ti·cism [ˈskɛptəˌsɪzəm; ˈskeptisizəm] *n.* Ⓤ **1** 懷疑。**2** 懷疑論；無神論。

sketch** [skɛtʃ; sketʃ] «源自希臘文「即興」之義»**—n.* Ⓒ **1** 速寫，寫生，畫稿，素描；草圖，略圖：make a ~ (of...) 速寫(…)，作(…的)寫生，畫(…的)草圖。

2（事件等的）概要，概略；（人物等的）素描，略圖：a ~ of one's career 簡歷/It's just a ~ of the plan. 那只是計畫的概略而已。

3 a（文學作品的）小品(文)，短篇作品。**b**（穿插在表演中間的）短劇。**c**（音樂的）短曲《通常爲鋼琴用的小曲》。

—*v.t.* **1**〔十受〕給…作速寫；畫…的略圖：~ roses 給玫瑰作速寫。**2**〔十受(十副)〕記述…的概略〈*in, out*〉：~ ***out*** a plan 草擬一項計畫。

—*v.i.* 寫生，畫略圖：go ~*ing*=go out to ~ 出外寫生。

skétch·bòok *n.* Ⓒ **1** 寫生簿，素描簿。**2**（文學作品的）小品文集，短文集，隨筆集。

skétch màp *n.* Ⓒ略圖。

skétch·pàd *n.* Ⓒ(可一張張撕開的)寫生簿，素描簿。

sketch·y [ˈskɛtʃɪ; ˈsketʃi] «sketch 的形容詞»**—***adj.* (**sketch·i·er**；**-i·est**) **1** 速寫[略圖，草圖](似)的。**2** 概略的，皮毛的，不完全的，不徹底的：a ~ knowledge of French 對於法語的一點皮毛知識。**skétch·i·ly** [-tʃəlɪ; -tʃili] *adv.* **-i·ness** *n.*

skew [skju; skju:] *adj.* 斜的，歪曲的，彎曲的。

—*n.* ⓊⒸ歪曲，歪斜，彎曲。

on the skéw 歪斜地，彎曲地。

skew·bald [ˈskjuˌbɔld; ˈskju:bɔ:ld] *adj.* 〈馬〉有斑紋的《指身上的毛由黑色以外的顏色與白色的斑紋構成》。

—*n.* Ⓒ有斑紋的馬。

skew·er [ˈskjuɚ; ˈskjuə] *n.* Ⓒ(烤肉用的)串肉扦，烤肉叉。

—*v.t.* 用串肉扦串〈肉等〉。

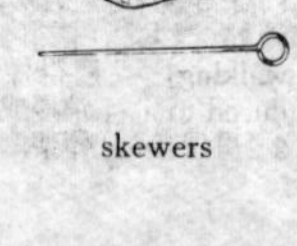

skewers

skéw·whíff *adj.* 《英口語・謔》斜的，歪(曲)的。

‡ski [ski; ski:] «源自古北歐語「木棒」之義» **—***n.* Ⓒ[常~s] **1** 雪屐，滑雪板《★比較 當作運動的是 skiing》：a pair of ~*s* 一雙雪屐/bind on one's ~*s* 穿[繫上]雪屐。**2** 滑水板(water ski).

—*adj.* [用在名詞前] 滑雪(用)的：~ boots [pants] 滑雪靴[褲]/a ~ suit 滑雪裝/ ~ poles [sticks] 滑雪杖/a ~ resort 滑雪勝地《包括滑雪練習場、旅館等在內的休閒地》。

—*v.i.* (~ed；**ski·ing**)〔動(十副詞(片語))〕滑雪：go ~*ing* (*on* a hill) 去(小山上)滑雪/~ *down* a slope 穿滑雪屐滑下斜坡。

skí·bòb *n.* Ⓒ雪車《前部分爲附有把手的雪橇，後部分附有低坐位，狀似脚踏車》。

skibob

skid [skɪd; skid] *n.* **1** [a ~]（汽車、飛機等的）滑行，橫滑，滑向一邊：The car went into *a* ~. 那部車子滑向一邊。**2** Ⓒ（車子、車輪的）制輪器，煞車。**3** Ⓒ[常 ~s] 枕木，滾木，滑材《用作重物滑下的滑道》。**4** Ⓒ（直昇機降落用的）起落橇，滑橇。

on the skíds 《美俚》〈人〉走下坡的，變弱的。

pùt the skíds ùnder [**on**] ... 《口語》(1)使〈人〉趕快。(2)使〈人、計畫等〉失敗[受挫]，使〈人〉走下坡。

—*v.i.* (**skid·ded**；**skid·ding**)〔動(十副詞(片語))〕〈車輪、汽車等〉滑行，橫滑，滑向一邊：The car *skidded into* ours [*over* the cliff]. 那部汽車橫滑而撞到我們的車子[墜落懸崖]。

skíd·lìd *n.* Ⓒ《英口語》(騎乘機車用的)頭盔，安全帽(crash helmet).

skíd·pàn *n.* Ⓒ《英》試車場《爲使駕車者在容易滑行之地練習駕車而設的滑溜場地》。

skíd rów *n.* Ⓤ《美口語》(城鎮中流浪漢、酒鬼聚居的)髒亂街區。

ski·er [ˈskiɚ; ˈski:ə] *n.* Ⓒ滑雪者。

skiff [skɪf; skif] *n.* Ⓒ(一人划的)小船，小艇。

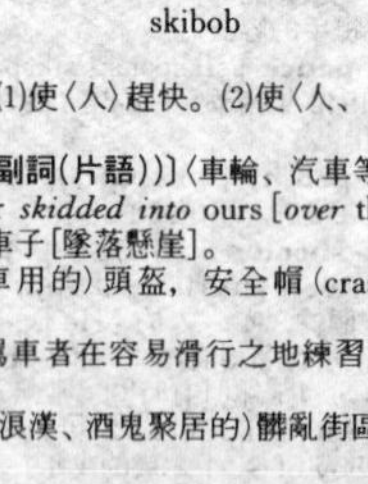

skier

skif·fle [ˈskɪfl; ˈskifl] *n.* Ⓤ《英》《音樂》民歌爵士樂《流行於 1950 年代後半期的爵士與民歌的混合音樂》。

ski·ing [ˈskiɪŋ; ˈski:iŋ] *n.* Ⓤ(作爲運動、遊戲的)滑雪。

skí jùmp *n.* Ⓒ **1 a** 飛躍滑雪。**b** 飛躍滑雪比賽。**2** 滑雪的跳台[場地]。

***skil·ful** [ˈskɪlfəl; ˈskilful] *adj.* 《英》=skillful.

skí lìft *n.* Ⓒ(滑雪場載運遊客的)吊椅自動輸送設備。

‡skill [skɪl; skil] *n.* **1** Ⓤ **a** 本領，手腕，擅長，熟練〔*in, at*〕：political ~ = ~ *in* politics 政治手腕/play the piano with ~ 熟練地彈琴/He has great ~ *in* handiwork [*in* teach*ing* junior classes]. 他很擅長手工藝[教初級班]。**b**〔十*to* do〕本事：He has the ~ *to* be a carpenter. 他有當木匠的本事。**2** Ⓒ(需要訓練、熟練的)特殊技能，技術〔*of*〕：Mastering a foreign language means mastering the four ~*s of* hear*ing*, speak*ing*, read*ing* and writ*ing*. 精通一種外國語言就是要精通聽、說、讀、寫等四種技能。

skiff

skilled [skɪld; skild] *adj.* (**more** ~；**most** ~) **1 a** [用在名詞前] **熟練的**，老練的，有技巧的：a ~ driver(駕駛)技術熟練的司機/a ~ politician 老練的政治家/~ hands [workmen] 熟手[技術熟練的工人]。

> **【同義字】** skilled指由過去的經歷、鍛鍊而來的狀態，skillful 則著重於現在的能力。

b [不用在名詞前]〔十介十(代)名〕〔對於…〕熟練的；精於〔…〕的〔*in, at*〕：He is ~ ***in*** music [*in* keep*ing* accounts]. 他精於音樂[記帳]。**2**〈工作等〉需要熟練[技巧，特殊技術]的：~ labor 技能工作[勞動]《需要熟練的技巧或特殊技術方可從事的工作》。

skil·let [ˈskɪlɪt; ˈskilit] *n.* Ⓒ **1** 《美》平底鍋(frying pan). **2** 《英》(通常附有支腳的)長柄淺鍋。

skill·ful** [ˈskɪlfəl; ˈskilful] «skill 的形容詞»**—adj.* (**more** ~；**most** ~) **1 a** [用在名詞前] **熟練的，擅長的，靈巧的**(⇨ skilled【同義字】)：a ~ bridge player 玩橋牌的高手/a ~ surgeon 技術熟練的外科醫師。**b** [不用在名詞前]〔十介十(代)名〕〔對…〕技能熟練的，精湛的〔*at, in*〕：be ~ ***at*** danc*ing* [handicraft] 舞藝精湛[手藝靈巧]的/The child has become ~ ***in*** read*ing* and writ*ing*. 那

個小孩變得善於讀寫。**c** [不用在名詞前]〔十介十(代)名〕善於〔使用…〕的〔*with*〕: He is ~ *with* his fingers. 他的手指靈巧。**d** [不用在名詞前]〔十 *of*十(代)名(十 *to* do)/十*to* do〕[某人]〈做…〉靈巧的，熟練的；〈某人〉〈做…〉靈巧的，熟練的：It is ~ *of* you *to* be able to repair a television.＝You are ~ *to* be able to repair a television. 你能修理電視機，眞是個巧手。**2** 製作精巧的，巧妙的：a ~ evasion 巧妙的遁辭[辯解]/That's a ~ piece of bricklaying. 那是件精巧的砌磚工作。

~·ly [-fəlɪ; -fuli] *adv.* ~·ness *n.*

skim [skɪm; skim] (**skimmed**; **skim·ming**) *v.t.* **1 a** 〔十受(十副)〕(用湯匙等)**撇取**〈液體〉的浮皮[浮沫等]〈*off*〉: ~ soup 撇取湯表面的浮沫。**b** 〔十受(十副)十介十(代)名〕〔從液體中〕撇取〈浮皮、浮渣等〉〈*off*〉〔*from*〕: ~ (*off*) the cream *from* milk 從牛奶中撇取乳皮[奶油]。**2 a** 〔十受〕掠過，擦過〈水面等〉: A swallow flew west *skimming* the lake. 一隻燕子掠過湖面往西飛。**b** 〔十受十副詞(片語)〕拋出〈石頭等〉使掠過：He *skimmed* a flat stone *over* the water. 他拋出一塊扁平石頭使之掠過水面。**3** 〔十受〕瀏覽，略讀〈書等〉: ~ a book 瀏覽一本書。

—*v.i.* **1** 〔十副詞(片語)〕掠過，飛掠，滑似地前進：A swallow *skimmed* low (*over* the ground). 一隻燕子(掠過地面)低飛而去/The motorboat *skimmed over* the water. 汽艇從水面上飛掠而過。**2** 〔動(十介十(代)名)〕瀏覽，略讀[書等]〔*through*, over〕: I *skimmed through* [*over*] the novel. 我把那本小說草草閱讀[瀏覽]了一遍。

skím óff 《*vt adv*》(1)⇨*v.t.* 1. (2)提取〈最上面的部分〉，選出〈精華〉《★常用被動語態》: The best students *were skimmed off from* leading universities. 這些最好的學生是從一流大學中挑選出來的。

—*n.* Ⓤ **1 a** 撇取。**b** 掠過，擦過。**2** (撇取的)浮皮[浮沫]。

skímmed mílk *n.* ＝skim milk.

skím·mer *n.* Ⓒ **1** (撇取浮皮[浮沫等]的)網杓。**2**《鳥》剪嘴鴴《剪嘴鴴科水禽的統稱；嘴如刀片，覓食時飛掠水面，嘴尖一直浸在水裏》。

skím mílk *n.* Ⓤ脫脂奶粉(⇨milk 相關用語)。

skim·ming [ˈskɪmɪŋ; ˈskimiŋ] *n.* Ⓤ **1** 撇取浮皮。**2** [~s] 被撇去之糟粕，浮渣。

skimp [skɪmp; skimp] *v.t.* 吝於使用[供應]，節省：Don't ~ the butter when you make cakes. 你做蛋糕時不要吝惜用奶油。

—*v.i.* 〔動(十介十(代)名)〕節約，節省〔…〕〔*on*〕: They had to ~ (*on* everything) to send their sons to college. 他們不得不省吃儉用以便送兒子進大學。

skimp·y [ˈskɪmpɪ; ˈskimpi] 《skimp 的形容詞》—*adj.* (**skimp·i·er**; **-i·est**) **1** 吝嗇的，小氣的；短缺的，不足的：a ~ meal (飯菜)很少的一餐。**2** 〈衣服等〉太緊的，尺寸不夠的。

skímp·i·ly [-pəlɪ; -pili] *adv.* **-i·ness** *n.*

‡**skin** [skɪn; skin] *n.* **1** Ⓤ[指種類時爲Ⓒ] (人的)**皮膚，肌膚**：a fair [dark] ~ 白皙[淺黑色]皮膚/the outer ~ 外皮/next to the ~ 貼身地，不離身地/fit like ~ 很合身的，很貼身的/be wet [drenched] to the ~ 渾身濕透的。**2** Ⓤ[指個體或種類時爲Ⓒ] **a** (動物的)**皮，毛皮，皮革** (cf. hide² 2, leather 1): a green [raw] ~ 生皮。**b** (用作墊子等的)獸皮：a tiger ~ (坐墊用的)虎皮。**c** (放酒等的)皮製容器，皮囊：⇨ wineskin. **3** Ⓒ **a** (水果、蔬菜等的)**薄皮，殼** (⇨ rind 比較): onion ~ 洋葱皮/slip on a banana ~ 踩到香蕉皮而滑倒。**b** (火腿、香腸等的)皮。**4** Ⓒ (燉煮的菜餚、熱牛奶等上面形成的)薄膜，薄皮。**5** Ⓒ (船身、機身、建築物等的)外殼，外板，殼板。

(áll) skín and bóne(s) 《口語》(1)皮包骨的，骨瘦如柴的。(2)皮包骨的人。

be nó skín óff a person's **nóse** [**báck**] 《口語》與某人不相干，對某人沒有影響。

by the skín of one's **téeth** 《口語》(1)勉强地，好不容易地：I caught the train *by the* ~ *of* my *teeth*. 我勉强趕上那班火車。(2)僥倖地，相差極微地，險些：He escaped *by the* ~ *of* his *teeth*. 他險些喪命；他倖免於難。

> 【字源】上帝想考驗享盡榮華富貴的約伯(Job)，所以讓他備嘗人世的各種貧病痛苦。在極度痛苦時他對他的朋友說：「我只剩牙皮逃脫了《僅有的是一口氣息》。」(and I am escaped with the skin of my teeth). 這個成語的典故就是從這裡來的《聖經舊約「約伯記」19:20》。

gèt ùnder a person's **skín** 《口語》使人生氣[焦躁]。

hàve a thíck [**thín**] **skín** (對別人的話、批評等)反應遲鈍[敏感]。

in a whóle skín ＝with a whole SKIN.

in one's (**báre**) **skín** 赤裸地，一絲不掛地。

júmp òut of one's **skín** (因吃驚等而)跳起。

sáve one's (**ówn**) **skín** 《口語》(僅自己)安然逃脫，未受損傷。

ùnder the skín 在表面背後，在骨子裏，在內心裏。

with a whóle skín 平安無事地，無損傷地。

—*adj.* [用在名詞前] **1** (有關)皮膚的：~ care 皮膚的保養/~ cream 防止皮膚乾燥的乳霜/a ~ disease 皮膚病。**2**《美俚》裸體的，色情的：a ~ film [flick] 色情[黃色]影片/a ~ magazine 色情雜誌。

—*v.t.* (**skinned**; **skin·ning**) **1** 〔十受〕剝〈動物、水果、蔬菜〉的皮：~ a rabbit 剝兔子的皮/ ~ onions [potatoes] 剝[削去]洋葱[馬鈴薯]的皮。**2** 〔十受〕擦破，擦傷〈…處〉: ~ one's knee 擦傷膝蓋。**3**《口語》**a** 〔十受〕向〈某人〉搶奪[騙取]金錢：He got *skinned* at cards. 他玩紙牌被騙走了錢。**b** 〔十受十介十(代)名〕向〈人〉搶奪，騙取〔金錢〕〔*of*〕. **4** 〔十受〕《美口語》嚴厲非難〈某人〉。

—*v.i.* **1** 〔十副〕爲皮所覆蓋，生皮，長皮〈*over*〉: The wound has *skinned over*. 傷口已經長皮[癒合]了。**2**《美》**a** 〔十副〕勉强穿過(狹窄處)；(考試等)勉强及格〈*through*, *by*〉. **b** 〔十介十(代)名〕勉强通過〔狹窄處、考試等〕〔*through*〕.

skín...alíve (1)生剝…的皮。(2)《口語》痛斥…，痛罵…。(3)《美口語》大勝…。

skín-déep *adj.* **1** 僅一層皮(深度)的：a ~ wound 表皮的擦傷。**2** 表面的，皮毛的，膚淺的：Beauty is but ~. 《諺》美貌只是表相。

skín-dìve *v.i.* 潛水《只帶面罩而不穿潛水衣地潛游》。

skín díver *n.* Ⓒ潛水者。

skín díving *n.* Ⓤ潛水《帶水肺、鰭狀橡皮肢(flippers)的潛水》。

skín·flìnt *n.* Ⓒ吝嗇鬼，非常小氣的人。

skin·ful [ˈskɪnˌful; ˈskinfəl] *n.* [a ~]《口語》(酒)能使人喝醉的量：have a ~ 喝得大醉。

skín gàme *n.* Ⓒ《口語》**1** 騙人的比賽。**2** 詐欺，欺騙。

skín gràft *n.* Ⓒ《醫》供皮膚移植用的皮膚片；皮膚移植。

skín gràfting *n.* Ⓤ《醫》皮膚移植法，植皮術。

skín·hèad *n.* Ⓒ《口語》**1** 理平頭的男孩子[少年]。**2**《英》平頭族少年，小混混，小太保《1970 年代初期英國的小混混都理平頭且衣著怪異》。**3** 海軍陸戰隊的新兵。

skín·less *adj.* **1** 無皮的。**2** 〈香腸等〉無腸衣的。

skinned [skɪnd; skind] *adj.* **1** 剝了皮的。**2** [構成複合字] (有…)皮膚的：fair- [dark-] *skinned* 皮膚白皙[淺黑色]的。

skín·ner *n.* Ⓒ **1 a** 剝皮者。**b** 毛皮商人，皮革商。**2**《美口語》趕(騾子等)牲口的人。

skin·ny [ˈskɪnɪ; ˈskini] 《skin 的形容詞》—*adj.* (**skin·ni·er**; **-ni·est**) 〈人〉很瘦的，皮包骨的。

skínny-dìp 《美口語》*v.i.* 裸泳。—*n.* Ⓒ裸泳。

skint [skɪnt; skint] *adj.* [不用在名詞前]《英俚》一文不名的，破產的。

skín·tíght *adj.* 〈衣服等〉很合身的，緊身的。

***skip¹** [skɪp; skip] (**skipped**; **skip·ping**) *v.i.* **1 a** 〔動(十副詞(片語))〕〈小羊、小孩等〉**輕快地跳躍**，蹦蹦跳跳：The kids were *skipping* (*about*) in the park. 小孩們在公園裏蹦蹦跳跳。**b** 〔十介十(代)名〕〈石頭等〉飛掠〔…的〕表面〔*over*, *on*〕.

2 a 《英》**跳繩**。**b** 〔動(十介十(代)名)〕輕快地跳越〔…〕〔*over*, *across*〕: He *skipped over* the fence. 他跳過圍牆。

3 a 〔十副〕〈話等〉東拉西扯，縱談〈*around*〉: His speech *skipped around*. 他的演講縱談了許多話題[東拉西扯，漫無中心]。**b** 〔十介十(代)名〕〈說話者〉〔由…〕轉移話題〔到…〕；〈故事等的情節〉一口氣〔由…〕跳〔到…〕〔*from*〕〔*to*〕: The speaker *skipped from* one subject *to* another. 演講者由一主題跳到另一主題。

4 a 跳著讀[看]：read without *skipping* 不跳著讀，不遺漏地讀。**b** 〔十介十(代)名〕跳過，略過〔某部分〕〔*over*〕；跳著讀〔書等〕〔*through*〕: ~ *over* certain chapters 跳過某些章不讀/~ *through* a book 跳著讀一本書。

5 〔動(十副)〕《口語》(因無法付錢或逃罪而)匆匆離去，遠走高飛〈*off*, *out*〉.

6 《教育》跳級，越級升班。

—*v.t.* **1** 〔十受〕**a** (有意或無意地)**略過**，跳過〈某部分〉: ~ the difficult parts of a book 跳過書中難懂的部分不讀。**b**《口語》省去〈某餐〉不吃：~ breakfast 省掉早餐。**c**《口語》蹺〈課〉，曠〈課〉，不出席〈聚會等〉: Students shouldn't ~ lectures. 學生不應該蹺課。

2 〔十受〕**a**《美》跳〈繩〉: ~ rope 跳繩。**b** 跳越…。

3 〔十受十介十(代)名〕使〈石頭等〉飛掠〔…〕〔*over*, *on*〕: We *skipped* stones *over* the water. 我們玩拋石跳掠水面的遊戲[打水漂]。

4 〔十受〕《口語》(因付不出錢或逃罪而)匆促離開〈某場所〉；自〈某處〉遠走高飛。

5 〔十受〕《教育》跳〈級〉，越〈級〉。

Skíp it. 《口語》(1)別提了；別放在心上。(2)別擔心。

— *n.* Ⓒ **1** 輕跳，跳躍，蹦蹦跳跳。**2** 遺漏，省略；漏讀(的部分)。

skip² [skɪp; skip] *n.* Ⓒ《英》(搬運建築現場等清理出之廢棄物

的)大型鐵桶。

skip[3] [skɪp; skip] *n.* Ⓒ **1** (保齡球(bowling)及冰上滾石(curling)遊戲中之)主將。**2** 船長。

skíp·jàck *n.* Ⓒ(*pl.* ~, ~s) 飛魚《常躍出水面的魚，如鰹等》。

skí-plàne *n.* Ⓒ雪屐飛機《裝有雪屐起落架，可在雪地升降的飛機》。

skip·per[1] [ˈskɪpɚ; ˈskipə] *n.* [也用於稱呼]Ⓒ **1** (小商船、漁船、遊艇等的)船長。**2** 《口語》(飛機的)機長。**3** 《口語》**a** (球隊等運動隊的)隊長。**b** 《美》經理，領隊。

—*v.t.* **1** 擔任〈船〉的船長。**2** 《口語》任〈運動隊〉的隊長[《美》經理，領隊]。

skíp·per[2] [ˈskɪpɚ; ˈskipə] *n.* Ⓒ跳躍的人[東西]。

skip·ping·ly [ˈskɪpɪŋlɪ; ˈskipiŋli] *adv.* 跳躍地，跳過地；輕忽地；遺漏地。

skípping ròpe *n.* =jump rope 2.

skíp stràight *n.* Ⓒ《紙牌戲》五張牌隔號順序《如 5, 7, 9, Jack 和 King》.

skirl [skɝl; skə:l] *v.i.* (如風笛(bagpipe)般)發出嗶嗶聲[尖銳聲]。

—*n.* [用單數]風笛聲；尖銳響聲。

skir·mish [ˈskɝmɪʃ; ˈskə:miʃ] *n.* Ⓒ **1** 小戰鬥，小衝突。**2** 小爭論。

—*v.i.* 〔動(十介十(代)名)〕〔與…〕進行小規模戰鬥，發生小衝突〔*with*〕. ~·**er** *n.*

‡**skirt** [skɝt; skə:t] **《與 shirt 同字源》—***n.* **1** Ⓒ **a** 裙子：⇨ miniskirt/wear a ~ 穿裙子。**b** (長外衣腰部以下的)裾。**2** Ⓒ **a** (機器、車輛等的)鐵板蓋。**b** (時鐘向外展開的)外緣。**3** Ⓒ[常 ~s] [城鎮等的]外圍，周邊，郊外，郊區〔*of*〕: on the ~*s of* the village 在村莊的外圍。**4** Ⓤ[集合稱；常 **a bit**[**piece**] **of** ~]《俚》女人，年輕姑娘：a nice *bit of* ~ 好女人/chase ~ 追求女人。

—*v.t.* 〔十受〕**1 a** 圍繞，環繞…：The path ~*s* the wood. 小徑環繞著樹林的周圍[小徑繞著森林的邊緣]。**b** 沿著…的邊緣；繞過…的邊緣：~ pools of water 繞過積水處。**2** 避開，迴避〈問題、困難等〉：You can't ~ this matter. 你不能避開這個問題。

—*v.i.* 〔十介十(代)名〕**1 a** 〈河、道路等〉位於〔…的〕邊緣〔*along*〕. **b** 〔沿著…〕邊緣而行〔*along*〕. **2** 避開，迴避〔問題、困難等〕〔*round, around*〕.

skirt·ing [ˈskɝtɪŋ; ˈskə:tiŋ] *n.* **1** =skirting board. **2** Ⓤ女裙材料。**3** Ⓤ[常~s]羊毛末端經修剪的劣質部分。

skírt·ing bòard *n.* Ⓤ[指個體時爲Ⓒ]《英》《建築》(牆壁下的)踢腳板，壁腳板(《美》baseboard).

skí rùn *n.* Ⓒ滑雪道，適於滑雪的山坡，滑雪場。

skit [skɪt; skit] *n.* Ⓒ **1** (幽默且具諷刺性的)短劇。**2** (短篇的)諷刺文，笑罵文章。

skí tòw *n.* Ⓒ將滑雪者送上山坡用的電纜。

skit·ter [ˈskɪtɚ; ˈskitə] *v.i.* 〔十副詞(片語)〕**1 a** 輕快地前進[跑]：A rabbit ~*ed across* the road. 一隻兔子輕快地跑過馬路。**b** 〈水鳥等〉飛掠水面；使釣鉤在水面上漂動。**2** 將餌放入流水中垂釣。**—***v.t.* 〔十受十副詞(片語)〕使〈釣鉤〉在水面上跳動。

skit·tish [ˈskɪtɪʃ; ˈskitiʃ] *adj.* **1** 〈馬等〉容易受驚的，容易驚恐的。**2** 〈女人〉輕浮的，輕佻的。~·**ly** *adv.*

skit·tle [ˈskɪtl; ˈskitl] *n.* 《英》**1** [~s；當單數用]九柱戲《又稱撞柱戲，用木製圓盤或球擊倒九支木柱的遊戲》。**2** (又作 **skíttle pìn**) Ⓒ(玩九柱戲用的橢圓形)木柱。

nòt áll béer and skíttles ⇨ beer.

skíttle àlley[**gròund**] *n.* Ⓒ九柱戲場。

skive [skaɪv; skaiv] *v.i.* 〔動(十副)〕《英俚》(巧妙地溜走而)閃避工作，偷懶〈*off*〉.

skiv·vy[1] [ˈskɪvɪ; ˈskivi] 《英俚·輕蔑》 *n.* Ⓒ女傭。

—*v.i.* 當女傭，做女傭的工作。

skiv·vy[2] [ˈskɪvɪ; ˈskivi] *n.* Ⓒ[常 **skivvies**]《美俚》(男用)內衣，汗衫。

skí·wèar *n.* Ⓤ滑雪衣。

skoal [skol; skoul] **《源自丹麥、挪威語「杯子」之義》—***interj.* 乾杯！

Skr., Skrt., Skt. 《略》Sanskrit.

sku·a [ˈskjuə; ˈskju:ə] *n.* (又作 **skúa gùll**) Ⓒ《鳥》賊鷗《賊鷗科掠食性海鳥，通常僅指大賊鷗，形似海鷗》。

skul·dug·ger·y, skull·dug·ger·y [skʌlˈdʌgərɪ; skʌlˈdʌgəri] *n.* Ⓤ《謔》不正當的行爲，卑鄙的行爲，欺騙，陰謀。

skulk [skʌlk; skʌlk] *v.i.* **1** 〔十副詞(片語)〕(因恐懼、膽怯、詭計等而)躲躲藏藏，潛逃，藏匿，潛行：~ *about* 躡手躡腳地四處走動/~ *behind* a door 藏匿在門後。**2** 《英》偷懶(不工作)，逃避義務[責任]。

skull [skʌl; skʌl] *n.* Ⓒ **1** 頭蓋骨，腦殼，頭顱。**2** 《口語》頭，頭腦，腦筋：have a thick ~ 腦筋[頭腦]遲鈍。

skúll and cróssbones 骷髏畫《頭蓋骨(skull)下面畫有交叉大腿骨(crossbones)，爲死亡的象徵；從前用於海盜的旗幟上，現在則用作監獄或毒藥的標誌》。

skull and crossbones

skúll·càp *n.* Ⓒ(僅能蓋住頭蓋的)無邊便帽《多爲老人、神職人員、猶太人所使用》。

skullcap

skunk [skʌŋk; skʌŋk] *n.* **1 a** Ⓒ《動物》臭鼬。**b** Ⓤ臭鼬的毛皮。**2** Ⓒ《口語》令人討厭的傢伙，討厭鬼。

—*v.t.* 《美口語》使〈對方〉得零分[慘敗，吃鴨蛋]。

skúnk càbbage *n.* Ⓒ《植物》**1** 地湧金蓮《又稱臭菘草，有强烈臭味》。

2 觀音蓮《黃色臭菘草》。

skúnk wòrks, skúnk·wòrks 《源自美國漫畫家 Al Capp 所作漫畫中的重地名稱》—*n. pl.* 秘密研究部門(計畫)。

‡**sky** [skaɪ; skai] **《源自古北歐語「雲」之義》—***n.* **1 a** [**the** ~]天，天空(↔ earth)(《★ 用法 《文語·詩》常 the skies》：There were no clouds in *the* ~. 天空無雲/from the look of *the* ~ 從天空的情形[天色]看來/the stars in *the skies* 天上的星星《滿天星斗》。**b** Ⓤ[又作 **a** ~；與修飾語連用](某種狀態的)天空，天氣(《★ 用法 《文語·詩》常 skies》：*a* clear ~ 晴朗的天空《晴空萬里》/*a* starry ~ 星空/*a* stormy ~ 暴風雨欲來的天空/leaden *skies* 陰沉[烏雲密布]的天空。

2 Ⓒ[常 **skies**]氣候，風土：a foreign ~ 異鄉(的天空)/under the sunny *skies* of southern France 在法國南部充滿陽光的氣候下。

skunk 1 a

3 [**the** ~, **the skies**]天國，天堂：be raised to *the skies* 升天，死亡/He is in *the* ~ [*skies*]. 他已進天國[去世了]。

dróp from the skíes =drop from the CLOUDS.

òut of a cléar(**blúe**)**ský** 突然地，出其不意地，晴天霹靂地。

The ský is the límit. 《口語》(儘管點叫)沒有限制；(想賺錢)儘管去賺；(賭博)下注不限。

to the skíes [**ský**] 無保留地，過分地，非常：praise[laud] a person *to the skies*[~]把某人捧上天，極力稱讚某人。

—*v.t.* (**skied** [skaɪd; skaid]) 〔十受〕(板球、高爾夫球等)把〈球〉打上去[打高]。

ský blúe *n.* Ⓤ天藍色。**ský-blúe** *adj.*

sky·borne [ˈskaɪˌbɔrn, -ˌborn; ˈskaibɔ:n] *adj.* 空降的(airborne).

ský·càp *n.* Ⓒ《美》機場的搬運工人。

ský dìver *n.* Ⓒ花式跳傘的跳傘運動員。

ský·diving *n.* Ⓤ花式跳傘運動《從飛機跳出作長時間的自由降落，在張開降落傘前常作出各種翱翔動作的一種運動》。

Skye [skaɪ; skai] **《源自原產地蘇格蘭西北部的 Skye 島島名》—***n.* (又作 **Skýe tèrrier**) Ⓒ史凱㹴《一種身長腳短的長毛獵㹴》。

sky·ey [ˈskaɪɪ; ˈskaii] *adj.* 《詩》**1** 天的；天空的；天藍色的。**2** 來自天空的；天降的；在天空的。**3** 高的；高聳的。

ský-hígh *adv.* **1** 高入雲霄地。**2** 極高地。**3** 粉碎地，支離破碎地：We blew his argument ~. 我們徹底駁倒了他的論點。

—*adj.* 極高的；高得不合理的：~ inflation 高得離譜的通貨膨脹。

sky·jack [ˈskaɪˌdʒæk; ˈskaidʒæk] **《*sky* 和 high*jack* 的混合語》—***v.t.* (空中)劫持〈飛機〉(cf. highjack).

ský·jàck·er *n.* Ⓒ劫機犯。

ský·jàck·ing *n.* ⓊⒸ劫機。

Sky·lab [ˈskaɪˌlæb; ˈskailæb] *n.* Ⓒ(繞行地球的)太空實驗站《sky laboratory 之略》。

sky·lark [ˈskaɪˌlark; ˈskailɑ:k] *n.* Ⓒ《鳥》天鷚《又稱雲雀；以其雄鳥高飛時發出宛轉的鳴聲聞名》。

【說明】在西方及東方文學中，雲雀常被詩人們歌頌。它喜歡高飛，叫聲悅耳，象徵春天的喜悅。在英國，雲雀於四月到六月間用乾草築巢。常常可見到雲雀從高空筆直飛下，但它不直接飛到巢裏，而先在巢附近著地，然後橫著飛回巢裏。從三月到八月間都可聽到它的鳴叫聲。英國詩人雪萊(P.B. Shelley (1792–1822)的「雲雀頌」(*To a Skylark*)非常有名。

—*v.i.* 〔動(十副)〕《口語》跳來跳去，胡鬧，嬉戲〈*about*〉.

sky·lark·ing [ˈskaɪˌlarkɪŋ; ˈskailɑ:kiŋ] *n.* Ⓤ《俚》嬉戲；調笑。

S

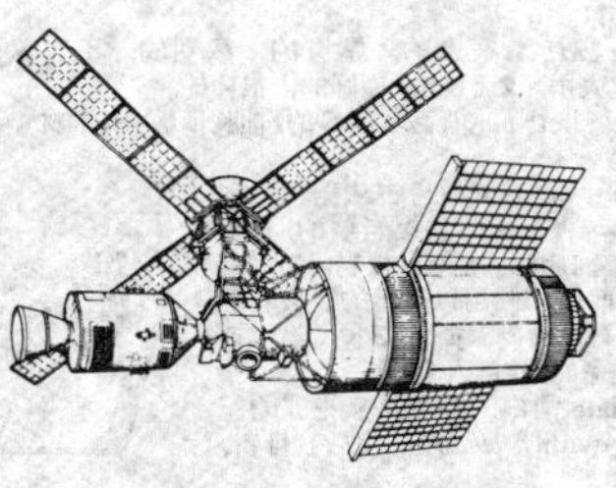
Skylab

ský·light *n.* Ⓒ(屋頂、天花板的)天窗。

skylark

ský·line *n.* Ⓒ **1** 地平線(horizon). **2** (羣山、都市建築物等的)空中輪廓。

ský màrshal *n.* Ⓒ《美》空中警長《在客機上預防劫機事件的聯邦便衣警長》。

ský pilot *n.* Ⓒ **1** 《俚》牧師；〔尤指〕軍中隨營牧師(chaplain). **2** 飛行員。

ský·ròcket *n.* Ⓒ流星煙火《沖天爆炸後有五光十色的花樣》。
—*v.i.* 〈物價等〉暴漲，猛漲。

ský·sàil *n.* Ⓒ《航海》第三桅上帆。

skylight

***sky·scrap·er** [ˈskaɪˌskrepɚ; ˈskaiˌskreipə] *n.* Ⓒ摩天樓。

【說明】此字是由 sky(天空)＋scrape(摩擦)＋er 三部分構成的，就是「可以摩擦到天空那麼高的建築物」之意。通常是指紐約的摩天樓。著名的摩天樓如下：帝國大廈(Empire State Building)高 381 公尺，一百零二層；世界貿易中心(World Trade Center)高 412 公尺，一百一十層，另外於1973年完成位於芝加哥(Chicago)的席爾斯大樓(Sears Tower)高達 442 公尺。

ský·sìgn *n.* Ⓒ《英》空中廣告；屋頂廣告。

ský·ward *adv.* 向天空，向上。
—*adj.* 朝向天空的。

ský·wards *adv.* ＝skyward.

ský wàve *n.* Ⓒ《通信》(反射在電離層或人造衛星而傳送的)天(空電)波。

ský·wày *n.* Ⓒ **1** 航線(airway). **2** 《美》高架式高速公路。

ský·writing *n.* Ⓤ(飛機在空中噴煙所形成的)空中文字[廣告]。

skywriting
【插圖說明】以噴煙畫出的 SKY 字樣

slab [slæb; slæb] *n.* **1** Ⓒ **a** (石、木、金屬等四角形廣幅的)厚板，平板：a marble ～ 大理石板。**b** (麵包、香腸、餅等的)扁平厚片：a ～ of chocolate 巧克力片。**2** [the ～]《口語》(醫院、太平間的)石製屍體放置台。

slab·ber [ˈslæbɚ; ˈslæbə] *v., n.* ＝slobber.

slack[1] [slæk; slæk] *adj.* (～·er；～·est) **1** 〈繩子、螺絲等〉鬆弛的，寬鬆的(↔ tight)：a ～ knot 鬆弛的結/The rope hung ～. 那條繩子鬆懸著。**2 a** 〈人、紀律等〉鬆懈的，馬馬虎虎的：～ law control 鬆懈的法律控制/a ～ official 懈怠的官吏。**b** [不用在名詞前]〔十介十(代)名〕〔對…〕馬虎的，怠慢的〔*in, at*〕：He is ～ ***in*** [***at***] his duties. 他怠忽職務。**3 a** 〈人、步調等〉緩慢的，遲緩的：at a ～ pace 以緩慢的腳步。**b** 〈流水等〉緩動的，滯緩的：⇨ slack water. **4** 〈生意等〉不景氣的，蕭條的，閒散的：a ～ season 淡季/ ～ time(交通工具、餐廳等)顧客少的時間/Business is ～ now. 現在生意蕭條。

kèep a sláck réin 寬大地對待〔…〕〔*on*〕《★源自放鬆馬的韁繩之意》。

—*n.* **1** ⓊⒸ(繩索、帆等的)鬆弛；鬆弛的部分：There is too much ～ *in* the rope. 這條繩子太鬆了/take up the ～ 拉緊(繩子等)鬆弛的部分；使(蕭條不振的產業等)變興隆。**2** Ⓒ(生意等的)清淡(時期)。**3** [～s] ⇨ slacks.

—*v.t.* **1** 〔十受(十副)〕怠忽〈義務、警戒等〉〈*up*〉：～ ***up*** one's effort 鬆懈努力。**2** 〔十受十副〕放慢，減低〈速度〉；放鬆〈帶子、帆等〉〈*off*〉：～ ***off*** (the) speed 減低速度。

—*v.i.* **1** 〔動(十副)〕**a** 〈風雨、狂熱、景氣等〉變弱，減退〈*off, up*〉：The rain has ～*ed to* a drizzle. 雨勢減弱成毛毛細雨/Their enthusiasm ～*ed* ***off***. 他們的熱情減退了。**b** 速度減慢〈*off, up*〉. **2** 怠惰，敷衍了事，偷工：He was scolded for ～*ing* (*in* his work). 他因(在工作中)偷懶而挨罵。

～·ly *adv.* ～·ness *n.*

slack[2] [slæk; slæk] *n.* Ⓤ煤渣，煤屑。

slack·en [ˈslækən; ˈslækən] «slack[1] 的動詞» —*v.t.* 〔十受(十副)〕**1** 放鬆…〈*off, away*〉：～ (***off***) a rope 把繩子放鬆/Don't ～ your grip. 別鬆手。**2** 減低，減慢〈速度〉；鬆懈〈努力等〉〈*up*〉：～ (***up***) speed for a curve 為了轉彎而減速。

—*v.i.* 〔動(十副)〕**1** 〈繩子等〉變鬆；放鬆(繩子等)〈*off, away*〉：*S*～ ***off*** [***away***]! 鬆繩！**2 a** 〈人〉鬆懈，怠惰〈*off, up*〉. **b** 〈速度〉漸緩；〈生意等〉變蕭條〈*off, up*〉. **c** 〈風勢、戰鬥等〉變弱〈*off, up*〉.

sláck·er *n.* Ⓒ **1** 偷懶者，敷衍工作的人。**2** 逃避兵役者，規避責任者。

slacks [slæks; slæks] *n. pl.* 寬鬆的長褲(⇨ trousers【同義字】)《★不與上衣成套的寬鬆長褲，多半指平時換裝的家常褲》：a pair of ～ 一條寬鬆長褲。

sláck súit *n.* Ⓒ **1** 男人的便服《寬鬆的長褲配上襯衫或寬鬆的夾克》。**2** ＝pantsuit.

sláck wáter *n.* Ⓤ **1** (河水等的)緩慢流動或靜止。**2** 《航海》平潮《退潮或滿潮時，潮水暫時靜止的狀態》。

slag [slæg; slæg] *n.* **1** Ⓤ礦渣，鎔渣《提煉礦石時留下的渣滓》。**2** Ⓤ火山岩渣。**3** Ⓒ《英俚》輕佻的醜女人。

slag·gy [ˈslægɪ; ˈslægi] *adj.* (**slag·gi·er**；**-gi·est**)礦渣的；鎔岩的；似礦渣或鎔岩的。

slág·hèap *n.* Ⓒ《英》礦渣堆；鎔渣堆。

slain *v.* slay 的過去分詞。

slake [slek; sleik] *v.t.* **1** 解〈渴〉，充〈飢〉，滿足〈慾望等〉。**2** 滅〈火〉。**3** 使〈石灰〉消和[沸化]。—*v.i.* 〈石灰〉消和[沸化]。

sláked líme *n.* Ⓤ消石灰，熟石灰《★比較生石灰為 quicklime》.

sla·lom [ˈslɑləm; ˈslɑːləm] «源自挪威語「坡道」之義» —《滑雪》*n.* Ⓤ[常 the ～]障礙滑雪(比賽)，彎道滑雪(比賽)《斜坡上插著許多旗桿，比賽者循著由旗桿標成的「之」字形滑道往下滑》。
—*v.i.* 比賽障礙[彎道]滑雪。

slam[1] [slæm; slæm] (**slammed**；**slam·ming**) *v.t.* **1 a** 〔十受(十副)〕砰然關閉〈門、窗等〉〈*down, to*〉：～ a window (***down***)砰然關上(放下)窗子/He *slammed* the door ***to***. 他砰然關上門。**b** 〔十受十補〕砰然使〈門、窗等〉成為〈…狀態〉：～ a window shut 砰然把窗子關上。

2 a 〔十受十副詞(片語)〕使勁把〈東西〉擲於(…)：He *slammed* his books (*down*) *on* the desk. 他把書砰地扔在書桌上/He *slammed* the papers *into* the drawer. 他用力把文件扔進抽屜裏。**b** 〔十受十副〕猛踩〈煞車器等〉〈*on*〉：～ ***on*** the brakes＝ ～ the brakes *on* 猛踩煞車器。

3 〔十受〕用力打，擊出〈球等〉：He *slammed* the ball over the fence. 他用力把球擊過圍欄。

4 〔十受〕猛烈批評，抨擊…。

—*v.i.* **1** 〔動(十副)〕〈門、窗等〉砰然關閉〈*down, to*〉：The door *slammed* (***to***) in the wind. 門因風而砰然關上。

2 〔十補〕〈門、窗等〉砰然成〈…狀態〉：The door *slammed* shut. 那扇門砰的一聲關上。

—*n.* **1** [*a* ～]砰然聲：with *a* ～ 砰然，砰一聲地；猛然。**2** Ⓒ《美口語》嚴厲的批評，苛刻的抨擊。

slam[2] [slæm; slæm] *n.* Ⓒ《紙牌戲》(橋牌)滿貫，全勝《★贏十三磴牌稱 grand slam(大滿貫)，贏十二磴牌稱 small [little] slam(小滿貫)》。

slám-báng *adv.* 《俚》砰訇作響地，砰然。

slám·mer *n.* Ⓒ[常 the ～]《美俚》監獄。

slan·der [ˈslændɚ; ˈslɑːndə] *n.* **1** Ⓒ中傷，誹謗。**2** Ⓤ《法律》口頭誹謗。
—*v.t.* 誹謗，中傷；損害…的名譽。～·**er** *n.*

slan·der·ous [ˈslændrəs, -dərəs; ˈslɑːndərəs] «slander 的形容詞» —*adj.* **1** 〈話等〉造謠中傷的，誹謗的。**2** 〈人〉說話惡毒傷人的：a ～ tongue 惡毒傷人的嘴巴。～·**ly** *adv.*

slang [slæŋ; slæŋ] *n.* Ⓤ **1** 俚語《★雖用於通俗的會話中，但不被認為是體面而正統的用語》：a ～ word 俚語/"Pot" is ～ for "marijuana." pot 是 marijuana 的俚語。**2** (某特定職業、社會的)專用語，習用語；(盜賊等的)隱語，行話，暗語：doctors' ～ 醫師用語/students' ～ 學生用語。

—*v.t.* 〔十受〕《英口語》說〈某人〉的壞話，罵〈人〉。

slang·y [ˈslæŋɪ; ˈslæŋi] «slang 的形容詞» —*adj.* (**slang·i·er**；**-i·est**) **1** 俚語的，似俚語的。**2** 使用俚語的。**sláng·i·ness** *n.*

slant [slænt; slɑːnt] «源自斯堪的那維亞語「滑(slide)」之義» —*n.* **1** [用單數] **傾斜**，歪斜：the ～ of a roof 屋頂的傾斜面/at [on] a ～ 傾斜著，歪斜地。**2** Ⓒ **a** 斜坡，斜面。**b** 斜線。**3** Ⓒ **a** (心等的)傾向，偏向〔*toward*〕. **b** (特殊的，個人的)觀點，見解〔*on*〕. **4** Ⓒ《美口語》斜眼看，一瞥〔*at*〕：take a ～ *at* a person 斜眼看某人一眼。

—*v.t.* 〔十受〕**1** 使…傾斜，使…歪斜：～ a line 畫斜線。**2** 使〈報章雜誌等內容〉迎合某類讀者；歪曲〈內容〉《★常用被動語態》：a magazine ～*ed for* rural readers 為迎合鄉村讀者而編輯的雜誌。

—*v.i.* 〔動(十副詞(片語))〕(向…)傾斜，歪斜：Most handwriting ～*s to* the right. 大多數的書寫字體都向右傾斜。

—*adj.* (無比較級、最高級)歪斜的，傾斜的：a ～ line 斜線。

slánt-éyed *adj.* (如蒙古人種)眼尾向上的《也用以表示輕蔑；cf. almond-eyed》.

slánt·ing *adj.* 傾斜的；歪斜的：the ～ rays of the sun 夕陽的光線，斜陽。～**·ly** *adv.*

slánt·wìse *adv.* & *adj.* 歪斜地[的]，傾斜地[的]。

slap [slæp; slæp] «擬聲語» —*n.* Ⓒ **1** **掌擊，摑**。**2** 拒絕，侮辱，非難。

sláp and tíckle Ⓤ《英口語》(男女的)調情。

sláp in the fáce (1)一個耳光，一巴掌。(2)(意外的，嚴厲的)拒絕。

sláp on the wríst 輕罰，輕微的警告。

—(**slapped**；**slap·ping**) *v.t.* **1 a** 〔十受〕(以手掌)**拍擊**，打…(⇨ pat[1]【同義字】)：～ a person's face 給某人一個耳光。**b** 〔十受十介十名〕(以手掌)打〈某人〉〈身體的某部位〉〔*in, on, across*〕《★用法 表示身體某部分的名詞前加 the》：～ a person ***across*** [***in, on***] *the* face 摑某人的臉/He *slapped* me *on the* back. 他拍了一下我的背(作為熟識的打招呼)。**2 a** 〔十受十(副)十介十(代)名〕啪一聲把〈東西〉擲於〔…〕〈*down*〉〔*on*〕：He *slapped* the album (***down***) ***on*** the desk. 他啪一聲把相簿丟到書桌上。**b** 〔十受(十副)〕隨便地戴上〈帽子等〉〈*on*〉：He *slapped* his hat ***on***. 他隨便地把帽子戴上。**3** 〔十受十介十(代)名〕《口語》把〈東西〉任意[草率]地置於[塗上]〔…〕〔*on*〕：～ butter ***on*** bread 把奶油隨意地塗在麪包上。—*v.i.* 發出啪的聲響。

sláp dówn 《*vt adv*》(1)⇨*v.t.* 2 a. (2)用力[粗暴]地壓制，制住。

—*adv.* **1** 啪一聲地，用力地，猛然：hit a person ～ in the face 啪一聲掌摑某人的臉。**2** 迎面地，正面地，直接地：run ～ into...與…撞個滿懷。

sláp·bàng *adv.* 《英口語》激烈地；突然，猛然。

—*adj.* ＝slapdash.

sláp·dàsh *adv.* 魯莽地，草率地，不顧一切地。

—*adj.* 草率的，急就章的。

slap·dash·er·y [ˈslæpˌdæʃərɪ; ˈslæpˌdæʃəri] *n.* Ⓤ草率；不整齊；髒亂。

sláp·hàppy *adj.* 《口語》**1** (因頭部受擊而)頭昏目眩的。**2** 《英》做事漫無計畫的，草率的。**3** 得意忘形的，樂昏頭的。

sláp·jàck *n.* 《美》**1** Ⓒ烤焙之薄餅。**2** Ⓤ一種簡單之牌戲。

sláp·stìck *n.* **1** Ⓒ前端劈開的響棒《從前演滑稽戲時用以毆打對方，打人不痛而能發響聲》。**2** Ⓤ鬧劇。

—*adj.* [用在名詞前]鬧劇的：a ～ comedy [motion picture] 胡鬧喜劇[影片]。

sláp-ùp *adj.* [用在名詞前]《英口語》極好的，一流的，上等的〈用餐等〉。

slash [slæʃ; slæʃ] *v.t.* **1** (用刀、劍等)深深切進[砍入]，亂砍，亂斬：～ a canvas 割開帆布。**2 a** 〔十受(十介十(代)名)〕(用…)鞭打〈人、動物〉〔*with*〕：～ a person ***with*** a whip 用鞭子打人。**b** 〔十受〕猛揮，猛動，猛拉〈鞭子、劍等〉。**c** 〔十受十副詞(片語)〕[～ **one's way**] 砍(樹，樹枝)在…前進：He ～*ed* his way *through* the jungle. 他在叢林中砍樹前進。**3** 在〈衣服〉上開叉〈使露出襯裏[內衣]〉《★常以過去分詞當形容詞用；⇨ slashed》. **4 a** 大幅削減[減少]《★常用被動語態》：～ prices [taxes, salaries] 大幅削減價格[稅金，薪水]。**b** 刪改〈書等〉；大加修訂。**5** 嚴厲批評，貶低：～ the government's policy on education 嚴厲批評政府的教育政策。

—*v.i.* **1** 〔動(十介十(代)名)〕〔朝…〕亂砍，亂鞭打〔*at*〕：He ～*ed at* the vines with a machete. 他用大刀亂砍藤蔓。**2** 〔十介十(代)名〕〈雨等〉猛烈地打〔在…〕〔*against*〕.

—*n.* **1** Ⓒ砍，斬，一擊，鞭打。**2** Ⓒ砍傷，傷痕。**3** Ⓒ(為露出襯裏[內衣]之衣服的)長縫，叉口。**4** Ⓒ減少，削減。**5** (又作 **slásh màrk**) Ⓒ斜線。**6** [**a** ～]《英鄙》撒尿，小便。

slashed *adj.* 〈衣服〉(為露出襯裏[內衣]而)開叉的：a ～ sleeve 開叉的袖口。

slásh·ing *adj.* **1** 嚴厲的，厲害的，激烈的，不客氣的：a ～ rain 傾盆大雨。**2** 《口語》極好的，很棒的。

slat [slæt; slæt] *n.* Ⓒ(百葉窗等的)細長薄板《有木材、金屬、塑膠製等》。

slate[1] [slet; sleit] «源自古法語「碎木」之義» —*n.* **1 a** Ⓒ(黏板岩製的)**石板**(瓦)《蓋屋頂用》。**b** Ⓤ黏板岩。**2** Ⓒ寫字板《從前孩子們用以書寫的黏板岩製薄板，用石筆寫後擦掉》。**3** Ⓒ《美》(被提名或任命的)候選人名單。

slate[1] 2 與 slate pencil

a cléan sláte 清白的經歷，無犯罪的記錄：start with *a clean* ～ (改過)自新，從新開始。

wípe the sláte cléan 勾消往事，了結義務，放棄進行中的事。

—*adj.* [用在名詞前] **1** 石板質的，石板(似)的。**2** 石板色的，深藍灰色的，鼠灰色的。

—*v.t.* **1** 〔十受〕用石板瓦鋪蓋〈屋頂〉：The roof was ～*d* instead of thatched. 那個屋頂不是用草而是用石板蓋的。**2** 《美》**a** 〔十受(十介十(代)名)〕提名〈某人〉為〔某職位等的〕候選人〔*for*〕《★常用被動語態》：He *is* ～***d for*** the office. 他被提名為該職位的候選人/White ～*d for* Presidency [新聞標題] 懷特被提名為總統候選人。**b** 〔十受十*to be* 補〕提名…為〈…的〉候選人《★常用被動語態》：He *is* ～*d to be* the next chairman. 他被提名為下一屆議長的候選人。**3** 《美》**a** 〔十受十介十(代)名〕把…預定〔在某時間〕〔*for*〕《★常用被動語態》：The election has *been* ～***d for*** October. 選舉已經定在十月舉行。**b** 〔十受十 *to* do〕預定使…〈做…〉《★常用被動語態，變成「…預定〈做…〉」之意》：The delegation *is* ～*d to* arrive next week. 代表團預定下週抵達。

slate[2] [slet; sleit] *v.t.* 《英口語》〔十受(十介十(代)名)〕(尤指在報紙的書評[劇評]欄中)〔因…而〕抨擊…，把…貶得一文不值；〔為…而〕責罵〈某人〉〔*for*〕.

sláte péncil *n.* Ⓒ石筆。

slat·er [ˈsletɚ; ˈsleitə] *n.* Ⓒ石板瓦匠，鋪蓋屋頂的工人。

slat·tern [ˈslætɚn; ˈslætən] *n.* Ⓒ懶散的女人，衣著不整潔[邋遢]的女人。

slát·tern·ly [-lɪ; -li] *adj.* 衣著不整潔的，邋遢的，懶散的。

—*adv.* 衣著不整地，邋遢地，懶散地。

slat·y [ˈsletɪ; ˈsleiti] «slate 的形容詞» —*adj.* (**slat·i·er**；**-i·est**) **1** 石板的，石板狀的。**2** 石板色[深藍灰色]的，鼠灰色的。

slaugh·ter [ˈslɔtɚ; ˈslɔːtə] «源自古北歐語「屠宰肉」之義» —*n.* **1** Ⓤ**宰殺，屠宰**。**2** ⓊⒸ (大規模的)殘殺，殺戮。**3** Ⓒ[常用單數]《口語》大敗。

—*v.t.* 〔十受〕**1** 宰殺，屠宰〈動物〉：～ animals for food 宰殺動物作為食物。**2** 殘殺〈人〉。**3** 《口語》(尤指競賽時)徹底打敗。

～**·er** [-tərɚ; -tərə] *n.*

sláughter·hòuse *n.* Ⓒ屠宰場。

slaugh·ter·ous [ˈslɔtərəs; ˈslɔːtərəs] «slaughter 的形容詞» —*adj.* 嗜殺的，殘酷的。～**·ly** *adv.*

Slav [slɑv, slæv; slɑːv] *n.* **1** [**the** ～**s**] 斯拉夫民族《俄國人(Russians)，保加利亞人(Bulgarians)，捷克人(Czechs)，波蘭人(Poles)及其他》。**2** Ⓒ斯拉夫人。

—*adj.* ＝Slavic.

Slav. 《略》Slavic；Slavonic.

‡**slave** [slev; sleiv] «源自拉丁文「斯拉夫人(Slav)」之義；由於中世紀時斯拉夫人被日耳曼人征服而淪為奴隸» —*n.* Ⓒ**1** **奴隸**。**2** 像奴隸般做苦工的人：⇨ white slave. **3 a** 沉湎〔於…〕的人，成為〔…的〕奴隸的人〔*of, to*〕：a ～ *of* [*to*] drink 沉湎於酒的人，酒的奴隸/～*s of* fashion 時髦的奴隸，趕時髦的人。**b** 《謔》獻身〔主義等〕的人〔*to*〕：a ～ *to* duty 全力盡忠職守的人。**4** (又作 **sláve ànt**)《昆蟲》奴蟻《被俘而被迫做苦工的螞蟻》。

—*v.i.* 〔動(十副)〕如奴隸般辛苦工作〈*away*〉：～ (***away***) for a living 為生活而勞碌奔波/I have ～*d away at* the translation for years. 這件翻譯工作我已辛苦地做好了幾年。

sláve clòck *n.* Ⓒ(精密天文鐘的)副鐘(cf. master clock).

Sláve Còast *n.* [**the** ～] 奴隸海岸《位於赤道非洲的西部，貝南(Benin)河和伏塔(Volta)河之間；十六至十九世紀間為奴隸買賣中心》。

sláve drìver *n.* Ⓒ **1** 監督奴隸工作的監工。**2** 嚴苛的工頭或監工。

sláve·hòlder *n.* Ⓒ奴隸的主人，蓄奴者。

sláve·hòlding *n.* Ⓤ奴隸之擁有。

—*adj.* 擁有奴隸的。

sláve hùnting *n.* Ⓤ(非洲的)獵捕奴隸。

sláve làbor *n.* Ⓤ **1** 奴役，苦役。**2** 《謔》(幾乎)沒有報酬的強

迫勞動，不划算的工作。
sláve màrket *n.* Ⓒ奴隸市場。
slav·er[1] ['sleva; 'sleivə] **《源自 slave》——*n.*** Ⓒ **1** 買賣奴隸者，奴隸販子。**2** 販奴船。
slav·er[2] ['slævɚ, 'sle-; 'slævə] *n.* Ⓤ口水，涎。**——*v.i.*** **1** 流口水，垂涎。**2**〔十介十(代)名〕垂涎，渴望〔…〕〔*over, after*〕：～ ***after*** fame 渴望成名。
***slav·er·y** ['slevərɪ; 'sleivəri] *n.* Ⓤ **1 奴隸制度**，奴隸之擁有。**2** 奴隸的身分[狀態]。**3**〔情慾、食慾等的〕奴隸，奴才，沉迷〔*to*〕：～ *to* cigars 沈迷煙癮。**4** 苦差事，苦役。
sláve shìp *n.* Ⓒ奴隸船，販賣奴隸的船。
sláve stàte *n.* Ⓒ[常 S~ S~]（美國在南北戰爭前以奴隸制度爲合法的）南方各州《共有十五州；cf. free state》.
sláve tràde [**tràffic**] *n.* Ⓤ奴隸買賣。
sláve tràder *n.* Ⓒ奴隸販子；買賣奴隸的商人。
sla·vey ['slevɪ; 'slevi] *n.* (*pl.* ～s) Ⓒ《英俚》女傭；打雜之女僕。
Slav·ic ['slævɪk; 'slɑ:vik] **《Slav 的形容詞》——*adj.*** **1** 斯拉夫人[民族]的。**2** 斯拉夫語的。**——*n.*** Ⓤ斯拉夫語。
slav·ish ['slevɪʃ; 'sleiviʃ] **《slave 的形容詞》——*adj.*** **1** 奴隸的。**2** 像奴隸的；奴性的，卑賤的，卑屈的。**3** 完全模倣的，沒有獨創性的。**～·ly** *adv.* **～·ness** *n.*
Sla·von·ic [slə'vɑnɪk; slə'vɔnik] *adj., n.* ＝Slavic.
slaw [slɔ; slɔ:] *n.* 《美》＝coleslaw.
slay [sle; slei] **《源自古英語「打(strike)」之義》——*v.t.*** (**slew** [slu; slu:]；**slain** [slen; slein]) **1** 《文語・謔》殺害〈人等〉：He was *slain* by his enemy. 他爲敵人所殺害。**2** 《美俚》使〈人〉笑破肚皮。**～·er** *n.*
SLBM, S.L.B.M. 《略》 **1** sea-launched ballistic missile 從海上發射的彈道飛彈。**2** submarine-launched ballistic missile 從潛水艇上發射的彈道飛彈。
SLCM 《略》 submarine-launched cruise missile 從潛艇發射的巡弋飛彈。
sld. 《略》 sailed；sealed.
slea·zy ['slizɪ, 'sle-; 'sli:zi] *adj.* (**slea·zi·er**；**-zi·est**) **1** 〈紡織品等〉薄而質差的。**2** 破舊的；低廉的。**sléa·zi·ness** *n.*
sled** [slɛd; sled] *n.* Ⓒ **1 a**（載人的小型）**雪車，雪橇。b**（極地等）狗拉的雪車。**2** 《美》（滑雪用的）小型雪車（《英》sledge）. **——*v.i. (**sled·ded**；**sled·ding**) 坐雪車（去）；滑雪橇。**——*v.t.*** 〔十受〕《美》用雪車搬運…。

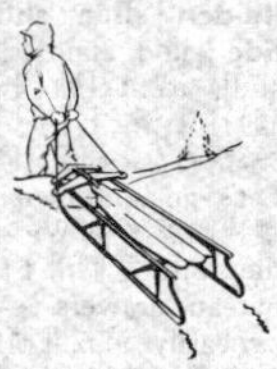

sled 1 a

sléd·ding *n.* Ⓤ **1** 滑雪橇；用雪車的搬運。**2** 《美》（工作等的）進展情形：The work was hard ～. 那件工作難以開展[那件工作很費勁]。
sléd dòg *n.* Ⓒ拉雪車的狗。
sledge[1] [slɛdʒ; sledʒ] *n.* Ⓒ **1** 《美》運貨用雪車，雪橇。**2** 《英》＝sled 2.
——*v.i.* 《英》乘雪車，滑雪橇：～ down a hill 滑雪橇下山。
——*v.t.* 《美》用雪車搬運…。
sledge[2] [slɛdʒ; sledʒ] *n.* ＝sledgehammer.
slédge dòg *n.* ＝sled dog.
slédge·hàmmer *n.* Ⓒ（用雙手拿的）長柄大鎚。**——*adj.*** [用在名詞前]强有力的，壓倒性的：a ～ blow（致命的）大打擊。

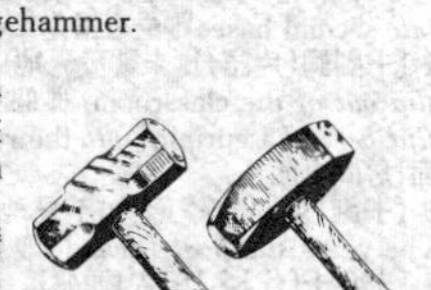

sledgehammers

sleek [slik; sli:k] **《slick 的變形》——*adj.*** **1** 〈毛髮、毛皮等〉光滑的，有光澤的。**2 a** 〈裝扮等〉漂亮的，光鮮的，時髦的。**b** 嘴甜的，花言巧語的，圓滑的。
——*v.t.* 〔十受(十副)〕使…光滑[有光澤，服貼]〈*down, back*〉.
～·ly *adv.* **～·ness** *n.*
‡**sleep** [slip; sli:p] (**slept** [slɛpt; slept]) *v.i.* **1 a 睡眠**：～ like a top[log] 熟睡/ We ～ at night. 我們夜晚睡覺/Did you ～ well last night？你昨晚睡得好嗎？/I *slept* only three hours last night. 我昨晚只睡了三小時。**b**〔十介十(代)名〕[在…]過夜，睡覺〔*at, in*〕：I *slept* ***at*** his house [***in*** the living room] last night. 昨晚我在他家過夜[在客廳睡覺]。**c** 長眠，被埋葬：Keats ～*s in* an old cemetery in Rome. 濟慈被埋葬於羅馬的一處古墓園裏。
2 不活動，静止，休止；納入：His sword now ～*s* in the sheath. 他的劍現在在鞘內/His hatred never *slept*. 他的怨恨永無休止。
3 〈陀螺(top)〉穩定地快速旋轉《轉得很快而看似靜止》。
4 a〔十副〕(與異性)共眠〈*together*〉. **b**〔十介十(代)名〕〔與異性〕同牀睡覺〔*with*〕. **c**〔十副〕《口語》搞男女關係，隨便與人同牀睡覺[性交]〈*around*〉.
——*v.t.* **1**〔十受〕[與帶有修飾語的同系受詞連用]睡…覺：～ a sound *sleep* 熟睡一覺/～ one's last *sleep* 長眠，死。
2〔十受〕可供〈若干人〉住宿，過夜：Our house can ～ ten persons. 我們家可供十人住宿。
3 a〔十受十副〕以睡眠消磨〈時間〉〈*away, through*〉：I *slept* the night ***through***. 我一覺睡到天亮《當中一次也沒起來過》/He *slept* the day ***away***. 他以睡覺打發掉那一天。**b**〔十受十副〕藉睡眠而治好，消除〈疼痛等〉〈*off*〉：I *slept* ***off*** my headache. 我藉睡眠來消除頭痛/⇨SLEEP it off. **c**〔十受十補〕[～ one*self*]藉睡眠而成〈…狀態〉：He *slept himself* sober. 他藉睡眠使自己清醒[酒醒]。
sléep ín 《*vi adv*》(1)〈傭人〉住在雇主家中。(2)早上起得晚，睡過頭。
sléep it óff 《口語》睡覺以消除酒醉。
sléep on [**upòn, òver**]... 《口語》徹夜思考〈問題等〉，把…的決定延至第二天[稍微延後]。
sléep óut 《*vi adv*》(1)外宿。(2)在外面過夜。(3)〈傭人〉(不住在雇主家中而)通勤。
sléep óver 《*vi adv*》《美》外宿〔於他人家中〕，〔在他人家中〕過夜〔*at*〕.
sléep ròund [**aròund**] **the clóck** ＝sleep the CLOCK[1] (a)round.
sléep through... 不被〈聲響等〉吵醒而繼續睡：～ *through* an earthquake 未被地震吵醒而繼續睡。
——*n.* **1** Ⓤ **a 睡眠，睡覺**：get some ～ 睡了一會兒覺/talk in one's ～ 說夢話/I didn't get enough ～ last night. 我昨晚睡得不夠/The boy cried himself to ～. 那個男孩一直哭到睡著。**b** 睡意：She rubbed the ～ from her eyes. 她揉眼睛驅走睡意。
2 [a ～]睡眠時間，一覺：have *a* good ～ 熟睡/fall into *a* deep ～ 睡得很熟/*a* short [*an* eight-hour] ～ 小睡[八小時的睡眠]。
3 Ⓤ長眠，死：one's last [long] ～＝the big [long] ～ 最後的睡眠[長眠]。
4 Ⓤ《口語》眼屎，眼垢。
gèt to sléep [常用於否定句、疑問句]睡著：I could*n't get to* ～ last night. 我昨晚睡不著。
gò to sléep (1)睡著，入睡。(2)《口語》〈手、腳等〉麻痺。
lóse sléep òver [**abòut**]... [常用於否定句]《口語》爲…憂慮而失眠。
pùt [**sènd**] **...to sléep** (1)使〈人〉入睡。(2)使〈人〉麻醉。(3)《委婉語》使〈動物等〉安樂死。
sléep·er *n.* Ⓒ **1 a** 睡眠者。**b** [與修飾語連用]睡眠(…的)人：a good [bad] ～ 容易[不易]入睡者/a light [heavy] ～ 淺[沉]睡者，容易[不易]驚醒的人。**2** 《美》臥車。**3** 《英》《鐵路》枕木(《美》tie). **4** [常 ～s]《美》(幼兒用的)睡衣褲《腳不會露出在外》。**5** 《美口語》意外成功的人[物]，意外的發現，爆出的冷門。
sléep-ìn *adj.* 〈傭人等〉住在雇主家中的。
sleep·ing ['slipɪŋ; 'sli:piŋ] *adj.* (無比較級、最高級) **1 睡覺中的，睡著的。2** 不活動的，休止的。**3** 〈手、腳等〉麻痺的。
lèt sléeping dógs líe 不要去惹麻煩的事，不要把事情鬧大，不要打草驚蛇。
——*n.* Ⓤ **1 a** 睡眠。**b** [當形容詞用]睡眠用的。**2** 不活動，休止。
sléeping bàg *n.* Ⓒ(登山用的)睡袋。
Sléeping Béauty *n.* **1** 睡美人《法國作家柏羅(Perrault)所著童話中之女主角，爲一公主，受魔法後長眠百年，後爲一勇敢王子所吻，因而覺醒，遂嫁之》。
2 睡美人《童話故事名》。
sléeping càr *n.* Ⓒ(鐵路的)臥車(sleeper)《美國的「臥車」稱作 Pullman (car)》.
sléeping càrriage *n.* 《英》＝sleeping car.
sléeping dràught *n.* Ⓒ安眠藥水，催眠劑。
sléeping pártner *n.* Ⓒ《英》不參與經營的股東；匿名合夥人(《美》silent partner).
sléeping pìll *n.* Ⓒ 安眠藥(丸)。
sléeping polícеman *n.* (*pl.* **-men**) Ⓒ《英》橫過路面突起的狹長部分《迫使車輛減速慢行》。
sléeping sìckness *n.* Ⓤ《醫》**1** (熱帶非洲的)昏睡病。**2** 嗜眠性腦炎。
sléeping tàblet *n.* Ⓒ安眠藥(片)，催眠劑。
sléep-lèarning *n.* Ⓤ睡眠學習法(hypnopedia).
sléep·less *adj.* **1 a** 〈人〉不能入睡的，睡不著的：He was [lay] ～ with worry. 他因煩惱而睡不著。**b** 〈夜晚等〉失眠的，不眠的；spend a ～ night 度過不眠之夜[徹夜不眠]。**2** 不休息的，警戒的，警覺的：～ care 不斷的警覺[注意]。**～·ly** *adv.* **～·ness** *n.*
sléep·wàlk *v.i.* 夢遊；夢行。
——*n.* Ⓤ夢遊；夢行。
sléep·wàlker *n.* Ⓒ患夢行[遊]症者(somnambulist).
sléep·wàlking *n.* Ⓤ夢行[遊](症)(somnambulism).

***sleep·y** [ˋslipɪ; ˋsliːpi] «sleep 的形容詞» —*adj.* (**sleep·i·er**; **-i·est**) **1 a** 睏的，想睡的：I feel very ～. 我覺得很睏[很想睡]。**b** 睏倦的：a ～ voice 睏倦的聲音。**2** 如在睡眠中的，無朝氣的，沒有活力的；靜止的：a ～ fishing village 死氣沈沈的漁村。**3** 使人入睡的，催眠的：a ～ song [lecture] 催人入眠的歌[講課]。**4** 〈水果等〉(成熟後)開始腐爛而變乾枯之味的。

sléep·i·ly [-pəlɪ; -pili] *adv.* **-i·ness** *n.*

sléepy·hèad *n.* Ⓒ貪睡者，(終日)昏昏欲睡的人，懶鬼。

sléepy sìckness *n.* 《英》=sleeping sickness.

sleet [slit; sliːt] *n.* Ⓤ霙；雨雪：The rain turned to ～. 雨變成霙。—*v.i.* [以 it 爲主詞]下雨雪。

sleet·y [ˋslitɪ; ˋsliːti] «sleet 的形容詞» —*adj.* (**sleet·i·er**; **-i·est**) (如)霙的，下雨雪的：a ～ rain 夾著雪的雨。

sleeve [sliv; sliːv] *n.* Ⓒ **1** (衣服的)袖子(⇨suit 插圖)：Every man has a fool in his ～. 《諺》每一個人都有弱點。**2** (唱片的)套子，封套(《美》jacket). **3** 《機械》套筒，套管。

hàve [kèep] ...ùp one's **sléeve** 爲應急[萬一]而偷偷準備…；〔對…〕，別有用心，胸有成竹。

láugh ùp one's **sléeve** 在背後[偷]笑，暗笑《★源自用手掩嘴而「笑的模樣」》。

róll úp one's **sléeves** (捲起袖子)準備(認眞地)開始工作《★源自捲起襯衫的袖子》。

wéar one's **héart on [upòn]** one's **sléeve** ⇨heart.

> 【字源】此成語(字面意思是「把心臟戴在袖上」)源自中世紀騎士(knight)將自己愛慕的淑女(lady)所送給他的緞帶(ribbon)繫在袖上的習俗。莎士比亞(Shakespeare)的悲劇「奧賽羅」(*Othello*)中，大惡人依阿高(Iago)說的臺詞裡曾用過這句成語。

sleeved *adj.* **1** 有袖的。**2** [構成複合字]…袖的：half- [long-, short-] *sleeved* 半[長，短]袖的。

sléeve·less *adj.* 無袖的。

sléeve lìnks *n. pl.* 《英》=cuff links.

sléeve nòte *n.* Ⓒ《英》(唱片封套上的)內容說明。

sleigh [sle; slei] «源自荷蘭語「橇」之義» —*n.* Ⓒ雪車《附有鐵製滑板(runners)，常由馬拉，主要供乘坐用》：drive [travel] in a ～ 乘坐雪車(旅行)。—*v.i.* 乘坐雪車。

sleigh

sléigh bèll *n.* Ⓒ雪車鈴。

sleight [slaɪt; slait] «源自古北歐語「狡猾」之義» —*n.* **1** Ⓤ熟練，靈活的手法，巧妙。**2** Ⓤ Ⓒ狡計，計策《★常用於下列成語》。

sléight of hánd (1)手部動作的熟練[技巧]。(2)變戲法，花招。(3)狡計，計策。

***slen·der** [ˋslɛndɚ; ˋslendə] *adj.* (～·**er**, ～·**est**; **more** ～, **most** ～) **1 a** 細長的，修長的，苗條的(⇨thin 2【同義字】)：a ～ girl 身材苗條的女孩。**b** (與長度、高度比較，寬度、周圍)細的，細長的：a ～ post 細長的柱子。**2 a** 〈收入〉微薄的；〈飯菜〉量少的。**b** 〈希望〉渺茫的；〈基礎等〉薄弱的。～·**ly** *adv.* ～·**ness** *n.*

slen·der·ize [ˋslɛndə,raɪz; ˋslendəraiz] «slender 的動詞» —《美口語》*v.t.* **1** 使…變細[變苗條]。**2** [～ *oneself*] (以控制飲食、運動等)使身材變苗條。—*v.i.* 變細，變苗條。

‡slept [slɛpt; slept] *v.* **sleep** 的過去式・過去分詞。

sleuth [sluθ; sluːθ] *n.* **1** Ⓒ《口語・謔》刑警，偵探。**2** =sleuth-hound 1.

sléuth·hòund *n.* Ⓒ **1** 警犬。**2** 《口語》偵探。

S lèvel «*S*cholarship *level* 之略» —*n.* Ⓒ《英教育》大學獎學金課程考試(及格)(⇨ General Certificate of Education).

slew¹ [slu; sluː] *v.* **slay** 的過去式。

slew² [slu; sluː] *v., n.* =slue.

slew³ [slu; sluː] *n.* [**a** ～或～**s**]《美口語》許多，多數，多量[*of*]：*a* ～ *of* relatives 許多親戚。

slewed [slud; sluːd] *adj.* [不用在名詞前]《俚》酒醉的(drunk).

SLIC, S.L.I.C. 《略》(Federal) Savings and Loan Insurance Corporation 《美》(聯邦)儲蓄及借貸保險公司。

***slice** [slaɪs; slais] «源自古法語「薄[細]裂者」之義» —*n.* Ⓒ **1** 薄片，片：a ～ *of* bread 一片麪包(⇨ bread【說明】(1)).

2 部分，(分得的)一分：a ～ *of* life 人生的(一個)片段。

3 (薄刃的)鍋鏟，刮子《用以翻煎東西或在餐桌上分配食物；cf. fish slice》。

4 (高爾夫、棒球等的)斜擊球，曲球《球在中途向使慣的手臂方向(一般爲右手)彎曲》。

—*v.t.* **1 a** 〔十受(十副)〕把…切成薄片〈*up*〉：～ (*up*) a loaf of bread 把麪包切成薄片。**b** 〔十受十副(十介十(代)名)〕〔從…處〕切下…的薄片〈*off*〉〔*from*〕：～ *off* a piece of meat 切下一薄片肉/～ *off* a piece *from* a loaf 從一條麪包切下一片。**c** 〔十受十受/十受十介十(代)名〕切一片…給〈某人〉，切一片…〔給某人〕〔*for*〕：Please ～ me a piece of ham. = Please ～ a piece of ham *for* me. 請切一片火腿給我。**d** 〔十受十補〕把…切成〈…狀〉：～ a lemon thin 把檸檬切成薄片。

2 〔十受〕(用小刀等)切到〈手指等〉。

3 〔十受〕使〈球〉斜向右[左]方，打右[左]曲球。

—*v.i.* **1 a** 擊出右[左]曲球。**b** 〈球〉向右[左]曲斜飛。

2 〔十介十(代)名〕切到〔…〕〔*into*〕：Mind you don't ～ *into* your hand. 注意別切到手。

ány wày you slíce it 《美口語》無論你怎麼想。

slíc·er *n.* Ⓒ **1** 切片機《把麪包、火腿、蔬菜等切成薄片的機器》。**2** 把東西切成薄片的人。

slick [slɪk; slik] *adj.* **1 a** 平滑的，光滑的。**b** 滑溜溜的：The roads were ～ with oil. 道路因有油而滑溜溜的。**2 a** 有技巧的，巧妙的。**b** 口齒伶俐的，嘴巧的。**c** 〈態度等〉圓滑的，狡黠的。**3** [用在名詞前]使用光面紙張的〈雜誌〉：a ～ magazine 使用光面紙張的雜誌。

—*n.* Ⓒ **1** 水面上的一層油膜(oil slick). **2** 光滑的部分，容易滑溜的部分。**3** [常 ～**s**]《美口語》(使用光面紙張印刷，內容一般爲通俗的)高級雜誌。

—*adv.* **1** 光滑地。**2** 巧妙地，技巧地。

—*v.t.* 使…光滑：～ the skid with grease 塗油脂使滑材變滑。

slíck dówn 《*vt adv*》用水[油]使〈頭髮〉光滑。

slíck úp 《*vt adv*》《美口語》把…打扮漂亮[整潔]。

～·**ly** *adv.* ～·**ness** *n.*

slíck·er *n.* Ⓒ **1** 《美》寬長的雨衣。**2** 《美口語》**a** 騙子。**b** (衣冠楚楚而圓滑的)都市人(city slicker).

***slid** [slɪd; slid] *v.* **slide** 的過去式・過去分詞。

slid·den [ˋslɪdn; ˋslidn] *v.* 《美》**slide** 的過去分詞。

***slide** [slaɪd; slaid] (**slid** [slɪd; slid]) *v.i.* **1** 〔動(十副詞(片語))〕**a** 滑(上[下]…)，(在…)滑行(⇨ slip¹【同義字】)：Let's go *sliding on* the ice. 讓我們溜冰去/We *slid down* the slope. 我們滑下山坡/The bureau drawers ～ *in* and *out* easily. 這五斗櫃的抽屜容易推進和拉出。**b** 滑落(…)：Her blouse *slid from* the chair. 她的短衫從椅子上滑下來/The glass *slid out of* his hand *to* the floor. 那隻玻璃杯從他的手中滑落到地板上。**c** 《棒球》滑壘(至…)：The runner *slid into* second base. 跑壘者滑進二壘。

slide 1 a　　slip

2 〔十副詞(片語)〕(未被發覺地)偷偷進入[溜出](…)：The boy *slid out of* the classroom. 那個男孩子偷偷溜出教室/The thief *slid behind* a curtain [*into* the room]. 那名竊賊溜到[進]窗帘後面[房間裏面]。

3 〔十副〕〈時間等〉(不知不覺地)過去，溜走〈*past, by, away*〉：The years *slid* **past** [**away**]. 歲月流逝/Time *slid* **by**. 時光荏苒。

4 〔十介十(代)名〕陷入[罪惡]，漸漸養成[壞習慣]〔*into, to*〕：～ *into* [*to*] bad habits 漸漸養成[不知不覺地染上]壞習慣。

—*v.t.* **1** 〔十受(十副詞(片語))〕使…滑(向…)：*S*～ the left ski *forward* and then the right. 先使左邊的滑雪板向前滑，然後滑右邊的(滑雪板)/They *slid* the boat *into* the river. 他們把小船滑進河裏。

2 〔十受十介十(代)名〕把〈東西〉輕輕放入[…中]〔*into*〕：He *slid* his hand *into* his pocket. 他把手輕輕放入口袋中/He *slid* a coin *into* her hand. 他悄悄把一枚硬幣放入她的手中。

lèt...slíde 《口語》不去理會…，使…聽其自然。

slíde óver [aróund] ... 避開，迴避，爽快處理〈問題等〉。

—*n.* Ⓒ **1** 滑，滑行，滑動。

2 滑落，滑下。

3 a 滑面，滑臺，滑道，滑坡。**b** (兒童玩的)滑梯。

4 (使東西滑落的)斜溝，滑板。

5 a 幻燈片。**b** (顯微鏡的)載玻片。

6 [常構成複合字]山崩，土崩，雪崩：⇨ landslide, snowslide.

7 (伸縮喇叭用以改變音程的)U形管。

8 (女用)髮夾，髮針。

9 《棒球》滑壘。

slíde fàstener n. Ⓒ 拉鍊。
slíde·film n. =filmstrip.
slíde projèctor n. Ⓒ幻燈片放映機，幻燈機。
slíd·er n. Ⓒ 1 滑動的東西，滑雪[冰]者。
2〖機械〗滑件，滑動器。
3〖棒球〗(投手投出的)向打擊者外側自然旋轉的球。
slíde rùle n. Ⓒ計算尺。
slid·ing [ˈslaɪdɪŋ; ˈslaidiŋ] adj. 1 滑的；滑動的。
2 易變的；不可靠的。
3 視情形而升降的；有伸縮性的；富彈性的。
—n. Ⓤ滑行，滑動。
slíd·ing dóor n. Ⓒ滑門，拉門。
slìding rúle n.《古》=slide rule.
slíding scále n. Ⓒ〖經濟〗滑準法折算率《依照工資、物價、稅等經濟狀況而調整的比率》。
slíding séat n. Ⓒ(賽艇的)滑座，滑軌。
‡**slight** [slaɪt; slait] adj. (~·er; ~·est) 1 a〈數、量〉少的，少許的，微不足道的；〈程度〉輕微的，細微的：a ~ difference 微小的差異/pay a person ~ attention 很少注意[忽視]某人。b [用最高級；用於否定句]一點也(沒有…)：There is *not* the ~*est* doubt about it. 關於那件事一點疑問也沒有。2 a 微不足道的，不足取的：a ~ problem 微不足道的問題。b 輕微的，輕度的：a ~ cold 輕微的感冒。3 纖細的，瘦小的，苗條的(⇨thin 2【同義字】)。
nót...in the slightest 絲毫不…(not at all)：I do*n't* mind your smoking *in the* ~*est*. 我毫不在意你吸煙。
—v.t. 〔十受〕1 輕視，蔑視，侮辱〈人〉：They ~*ed* Mary by not inviting her. 他們以不邀請瑪麗的方式來藐視她。2 忽略，疏忽〈工作等〉。
—n. Ⓒ輕視，藐視，侮辱：put a ~ *on*[*upon*] a person 藐視[侮辱]某人/suffer ~s 受到藐視[慢待]。
slíght·ing adj. 輕視[藐視]的，侮辱的。~·**ly** adv.
***slight·ly** [ˈslaɪtlɪ; ˈslaitli] adv. (more ~; most ~) 1 (無比較級、最高級)略，輕微地，稍微：It is ~ better. 它稍微好些/She shivered ~. 她微微地在發抖。2 纖細地，苗條地，瘦弱地：He is very ~ built. 他的體格非常瘦弱[他身材瘦小]。
sli·ly [ˈslaɪlɪ; ˈslaili] adv. =slyly.
***slim** [slɪm; slim] «源自荷蘭語「壞的」之義» —adj. (**slim·mer**; **slim·mest**) 1 細長的，纖弱的(⇨ thin 2【同義字】)：a ~ waist 細腰/a ~ girl 苗條的女孩子。2〈議論等〉空洞的，不充實的。3〈希望等〉微渺的，渺茫的：a ~ chance of success 成功的希望渺茫。

slim 1 thin

—v.i. (**slimmed**; **slim·ming**) 〔動(十副)〕(以節食、運動等)減輕體重，減肥〈down〉：She ought to ~ (**down**). 她應該減肥。
~·**ly** adv. ~·**ness** n.
slime [slaɪm; slaim] n. Ⓤ 1 黏而滑的東西；(河底等的)黏土，黏泥。2 (蝸牛、魚等的)黏液。
slim·nas·tics [ˌslɪmˈnæstɪks; ˌslimˈnæstiks] n. [當單數或複數用]健美操。
slim·y [ˈslaɪmɪ; ˈslaimi] «slime 的形容詞»—adj. (**slim·i·er**; **-i·est**) 1 a 黏糊糊的，黏液性的。b 泥濘的。2 令人討厭的，不舒服的。**slím·i·ness** n. **slím·i·ly** adv.
sling [slɪŋ; sliŋ] n. Ⓒ 1 a 投石器《古代的武器》。b 彈弓《兒童用以彈出石頭的玩具》。2 (以投石器)投石，投擲。
3 a 吊腕帶：have one's arm *in* a ~ 以吊腕帶吊掛手臂。b (吊掛重物等的)吊索，吊鏈。c (槍等的)吊帶，背帶。

sling 3 b

—v.t. (**slung** [slʌŋ; slʌŋ]) 1 〔十受十介十(代)名〕a (用彈弓)把〈石頭等〉〔朝…〕投擲〔at〕：~ stones **at** a dog 用石頭打狗/⇨ sling MUD at. b 把…披掛在〔肩上等〕〔over〕：~ a coat **over** one's shoulder 把上衣披在肩上。2 a 〔十受(十副)〕把…吊起，懸掛〈劍等〉，用吊腕帶吊掛〈手臂〉〈up〉：~ (**up**) a heavy box 把重箱吊起。b 〔十受十介十(代)名〕把…吊，掛，背〔在…上〕〔*from, on, over, around*〕《★常用被動語態》：~ a sword **from** one's belt 把劍吊在帶子上/~ a gun **over** one's shoulder (用吊帶)把槍背在肩上/with a camera *slung* **around** one's neck 脖子上掛著相機。
slíng·shòt n. Ⓒ《美》(把橡皮帶裝在Y形棒上用以彈出小石頭的)彈弓(《英》catapult).
slink [slɪŋk; sliŋk] v.i. (**slunk** [slʌŋk; slʌŋk]) 〔十副詞(片語)〕潛行[逃]，溜走，偷偷地走。
slínk·ing·ly adv. 偷偷摸摸地，鬼鬼祟祟地。

slingshot

slinky [ˈslɪŋkɪ; ˈsliŋki] adj. (**slink·i·er**; **-i·est**) 1 偷偷摸摸的。2 a〈動作、姿態等〉柔軟而優美的。b〈女裝等〉線條優美的。**slínk·i·ness** n.
‡**slip¹** [slɪp; slip] (**slipped** [slɪpt; slipt]; **slip·ping**) v.i. 1 a 〔動(十副詞(片語))〕滑，滑落(…)《★比較 汽車的「滑動」用 skid》：~ *along* [*off*] 滑下去[滑落]/The snow sometimes ~*s*, forming snowslides. 雪有時會滑落，造成雪崩/The book *slipped off* [*from*] my knees. 書從我的膝蓋滑落下去/Some stones *slipped down* the face of the cliff. 一些石頭從懸崖面滑落。

【同義字】slip 指東西本身自然地或因失誤在某物表面上滑行；slide 指在光滑的表面輕輕地長滑。

b〈飛機〉側滑。c 〔動(十介十(代)名)〕〔在滑溜處〕滑倒〔on〕：Be careful not to ~ **on** the icy sidewalk. 小心不要在結冰的人行道上滑倒/I *slipped on* a banana peel [skin]. 我踩到香蕉皮而滑倒。
2 a 〔十副詞(片語)〕偷偷地移動，潛入，溜走；悄悄地經過(…)：A mistake has *slipped in* [*into* the text]. (注意是注意但還是)有一個錯誤(在本文中)/She *slipped away* (*from* the doorway). 她(從門口)悄悄溜走/Mother has just *slipped across to* the baker's. 母親剛才悄悄到對面的麪包店去了。b 〔動(十副詞(片語))〕如滑行般地行駛(通過…)：The ship *slipped through* the waves. 那艘船破浪前行。c 〔十副〕〈時間〉不知不覺地過去〔經過〕〈*away, past, by*〉：Time [The hours] *slipped* **by** [*past*]. 時間不知不覺地過去了。d 〔動(十副)〕〈機會等〉被錯過，溜走〈*away, past, by*〉：let an opportunity ~ (**by**) 讓機會溜走。
3 〔十介十(代)名〕a 〔從腦子裏、記憶中〕消失，溜走〔*from, out of*〕：His name had *slipped* **from** my mind [memory]. 他的名字從我的腦子裏[記憶中]溜走《我想不起他的名字了》。b〈秘密、話等〉〔從嘴裏〕溜出，不小心洩漏出去〔*from*〕：The secret *slipped* **from** his lips. 那個秘密從他的口中不小心洩漏了出去[他不小心洩漏了秘密]。
4 〔十介十(代)名〕a 迅速鑽進，迅速穿上〔…〕〔*into*〕：~ **into** bed 迅速鑽進被窩裏/~ **into** a dress 迅速穿上衣服。b 迅速脫掉〔衣服等〕〔*out of*〕：~ **out of** a dress 迅速脫掉衣服。
5 〔動(十副)〕不小心犯錯〈*up*〉：He often ~*s* (**up**) in his grammar. 他常不小心犯文法上的錯誤。
—v.t. 1 a 〔十受〕使〈腳〉滑溜；使〈人〉滑倒。b 〔十受十副詞(片語)〕俐落[輕輕]地套上[取下]〈戒指等〉：She *slipped* the ring *on to* [*onto*] her finger. 她把戒指輕輕套入手指 / She *slipped* the ring *from* her finger. 她俐落地從手指上取下戒指。c 〔十受十介十(代)名〕把〈東西〉悄悄放入〔…中〕〔*into*〕；把〈東西〉〔從…〕悄悄取出〔*out of*〕：He *slipped* a letter **into** her bag. 他把信悄悄放入她的手提包裏/He *slipped* his wallet **out of** his pocket. 他悄悄從口袋中拿出皮夾子。
2 〔十受十副〕a 迅速[悄悄]穿上〈衣服〉〈*on*〉：~ **on** a coat = ~ a coat *on* 迅速穿上外衣。b 迅速[悄悄]脫下〈衣服〉〈*off*〉：~ **off** a coat = ~ a coat *off* 迅速[悄悄]脫下外衣。
3 〔十受十受/十受十介十(代)名〕把…偷偷(交)給〈某人〉，偷偷交…〔給某人〕〔*to*〕：He *slipped* the porter a quarter. = He *slipped* a quarter **to** the porter. 他偷偷地塞給搬運工人兩角五分錢的硬幣。
4 a 〔十受〕〈狗等〉掙脫〈鎖鏈、繩索等束縛物〉；擺脫〈追蹤者等〉：The dog *slipped* his leash. 那條狗掙脫皮帶逃走/He *slipped* his pursuers. 他擺脫追蹤者而逃走。b 〔十受(十介十(代)名)〕〔從…〕放開，釋放〈狗等〉〔*from*〕：He *slipped* the hound **from** the leash. 他解開皮帶放掉獵狗。
5 〔十受〕從〈記憶〉中溜走；自〈心〉中消失；脫離〈注意〉：Your name has *slipped* my mind [memory]. 你的名字已從我的腦子裏[記憶中]溜走《我已經忘了你的名字了》/It *slipped* my mind that I was visiting him today. 我忘了今天要訪問他的事。
slíp one óver on a person《美口語》蒙騙，欺騙〈人〉。
—n. 1 Ⓒ a 滑，溜。b (飛機等)滑向一邊，側滑。
2 Ⓒ滑倒，踩空，絆倒。
3 Ⓒ(偶然的)小過失，失敗，失言，筆誤(⇨ error【同義字】)：a ~ of the pen 寫錯，筆誤/a ~ of the tongue 說錯，失言/a ~ of the press 誤植/There's many a ~ 'twixt [between] the cup and the lip.《諺》杯到口邊也會失手《錢弄到手才能算數》；功虧一簣。
4 Ⓒ婦女內衣[襯衣]。
5 Ⓒ枕頭套(pillow slip).
6 Ⓒ[常 ~s]〖船舶〗(傾斜的)造船臺。

7《板球》**a** [**the** ~**s**] 外野《距三柱門數碼後(從打者位置來看)的左側部分》：in *the* ~*s* 當外野手。**b** Ⓤ外野的守備位置。**c** Ⓒ守外野位置的外野手。

8 [**the** ~**s**]《英》《戲劇》(舞臺的)邊門。

give a person **the slip**《口語》躲開〈某人〉而逃走。

slip² [slɪp; slip] *n.* Ⓒ **1 a** 細長片，紙片：a long narrow ~ *of* paper 一條細長的紙片。**b** 傳票；便條紙。**2**《園藝》插穗，插枝。**3** [常用單數]《罕》瘦小的年輕人〔*of*〕《★常用於下列片語》：a (mere) ~ *of* a boy [girl] 一個瘦削的男[女]孩。

slip³ [slɪp; slip] *n.* Ⓤ《窯業》泥釉，滑泥《陶藝用的泥漿》。

slíp·càse *n.* Ⓒ(保護書籍用的)厚紙板製書套。

slíp·còver *n.* Ⓒ(沙發等的)套子，椅套。

slíp·knòt *n.* Ⓒ **1** 活結，滑結(拉一端即可解開)。**2** (可隨繩牽引而收緊的)活結(running knot)。

slíp(·)nòose *n.* Ⓒ 活結繩套。

slíp·òn *adj.* [用在名詞前] 套頭的〈衣服〉；便於穿脫的〈鞋子、手套等〉。

—*n.* Ⓒ **1** 套領衫，套頭易穿的毛衣(等)。**2** [常 ~s] 便鞋，套鞋。

slíp·òver *adj.* [用在名詞前] 從頭部套穿的，便於穿脫的。

—*n.* Ⓒ套衫，套頭毛衣(pullover).

slipped dísk [**dísc**] *n.* Ⓤ [又作 **a** ~]《醫》脊椎骨間軟骨性圓盤的變位《脫離正常的位置，會引起背部的劇痛》。

***slip·per** [ˈslɪpɚ; ˈslipə] *n.* Ⓒ [常 ~s] (無帶，低跟，容易穿的)室內便鞋，拖鞋《★ 比較 無後跟的拖鞋稱 mule 或 scuff，英美人士不太使用》。

slipper

slip·pery [ˈslɪprɪ, ˈslɪpərɪ; ˈslipəri] *adj.* (**more** ~, **most** ~; **slip·per·i·er, -i·est**) **1** 〈道路等〉滑的，滑溜的。**2** 容易滑脫的，難以捉住的：a ~ eel 滑溜溜的鰻魚/⇨ (as) slippery as an EEL. **3** 不可靠的，狡猾的：a ~ customer 不可靠的人，狡猾的傢伙，滑頭。**4** 意思不清楚的，曖昧的，含糊的。**slíp·per·i·ness** *n.*

slip·py [ˈslɪpɪ; ˈslipi] *adj.* (**slip·pi·er**; **-pi·est**) **1** ＝slippery 1. **2**《英口語》敏捷的，快速的《★常用於下列片語》：Look ~！快一點！別磨菇了！

slíp ròad *n.* Ⓒ《英》進入高速公路的道路，叉道，交流道。

slíp·shòd *adj.* **1** 穿著鞋跟已磨損之鞋的。**2** 懶散的，隨便的：a ~ style 散漫的文體/a ~ piece of work 一件不考究的[粗糙的]作品。

slíp·slòp *n.* Ⓤ **1**《古》淡薄之酒。**2** 隨便寫的文字；信口之談。

slíp·strèam *n.* Ⓒ **1**《航空》(飛機螺旋槳的)滑流。**2**《汽車》滑流《在高速疾駛中的賽車後面所形成的低氣壓部分；跟在後面的車子進入此區時容易維持其車速》。

slíp·ùp *n.* Ⓒ《口語》(輕微的)錯誤，疏忽。

slíp·wày *n.* ＝slip¹ *n.* 6.

slit [slɪt; slit] *v.t.* (**slit**; **slit·ting**) **1 a** 〔十受〕把…(直直地)剪[割，撕開]成細長條。**b**〔十受十介十(代)名〕把…(直直地)剪[割，撕開]成〔…〕〔*in, into, to*〕：~ cloth *into* strips 把布剪成細長條。**2 a**〔十受〕在…直直地劃一刀；割開…：~ an envelope with a knife 用小刀割開信封。**b**〔十受十補〕在…直直地劃一刀〈使成…狀態〉：He ~ the bag open. 他把袋子割開。

—*n.* Ⓒ **1** (細長的)切口，裂縫，縫隙。**2** ＝slot 1 b.

slith·er [ˈslɪðɚ; ˈsliðə]《口語》*v.i.*〔十副詞(片語)〕**1** (在…)搖晃不穩地滑動[滑行]。**2** 搖晃不穩地滑(上[下]…)：We ~*ed down* the muddy slope. 我們搖晃地滑下泥濘的斜坡。

—*n.* Ⓒ搖晃不穩的滑行。

slith·er·y [ˈslɪðərɪ; ˈsliðəri]《slither 的形容詞》—*adj.* 滑溜溜的。

slít trènch *n.* Ⓒ **1** 狹窄之防空壕。**2** 散兵坑(foxhole).

sliv·er [ˈslɪvɚ; ˈslivə] *v.t.* 把…縱切[撕開]，把…切成細長條。

—*v.i.* 裂開。

—*n.* Ⓒ〔樹、木材等的〕細長條，裂片，細片〔*of*〕。

sliv·o·vitz [ˈslɪvəvɪts; ˈslivəvits] *n.* Ⓤ一種用梅子釀成的烈性白蘭地酒。

slob [slɑb; slɔb] *n.* Ⓒ《口語》邋遢的人；行動慢吞吞的人；笨蛋。

slob·ber [ˈslɑbɚ; ˈslɔbə] *v.i.* **1 a** 淌口水，流涎。**b** (吃或喝時)嘴裏流出液體。**2**〔十介十(代)名〕過分用情地[感傷地]說〔…事〕〔*over*〕. —*v.t.* 以口水弄濕[髒]…：Baby has ~*ed* his bib. 嬰兒已經把圍兜弄濕了。

—*n.* Ⓤ **1** 口水，涎。**2** 感傷的話，哭訴。

slob·ber·y [ˈslɑbərɪ; ˈslɔbəri]《slobber 的形容詞》—*adj.* **1** 淌口水的，流涎的；被口水弄濕的。**2** 哭訴的，嘮叨的。

sloe [slo; slou] *n.* Ⓒ **1**《植物》黑刺李《薔薇科灌木及其藍黑色酸果》。**2** 北美野梅《梅屬灌木或小喬木及其深紫色酸果》。

slóe gín *n.* Ⓤ [指個體時為Ⓒ] 野梅酒《用野梅添加香味的杜松子酒》。

slog [slɑg; slɔg] (**slogged**; **slog·ging**) *v.t.* 猛擊〈對手、球等〉。—*v.i.* **1**〔十介十(代)名〕猛力打〔球〕〔*at*〕：~ *at* a ball 猛力打球。**2 a**〔(十副)十介十(代)名〕〔對…〕不斷地努力〈*away*〉〔*at*〕：*S*~ *away at* your studies. 不斷地努力學習。**b**〔十副詞(片語)〕以沉重的腳步走，吃力地走(在…)：He *slogged* (*on*) *through* the mud. 他吃力地在泥濘中跋涉。

—*n.* **1** Ⓤ [又作 **a** ~] 辛苦乏味的不斷工作(的期間)。**2** Ⓒ《板球的》猛擊。**slog·ger** [ˈslɑgɚ; ˈslɔgə] *n.*

slo·gan [ˈslogən; ˈslougən]《源自蓋爾語(Gaelic)「軍隊作戰的吶喊聲」之義》—*n.* Ⓒ(處世、生意、團體等的)標語，口號，箴言。

slo·gan·eer [ˌslogəˈnɪr; ˌslougəˈniə] *n.* Ⓒ創造[使用]口號者；口號製造家。

—*v.i.* 擬定口號，使用口號。

sloid, slojd [slɔɪd; slɔid] *n.* ＝sloyd.

sloop [slup; sluːp] *n.* Ⓒ多帆單桅的小船。

sloop

slop [slɑp; slɔp] (**slopped**; **slop·ping**) *v.t.* **1 a**〔十受〕(不小心)灑出，潑出〈容器中的液體〉。**b**〔十受十介十(代)名〕灑，潑〈液體〉〔在…〕〔*on, over*〕；〔因液體〕灑出而弄濕[弄髒]…〔*with*〕：The baby *slopped* milk *on* the floor. 嬰兒把牛奶灑在地板上/~ soup *over* the table＝~ the table *with* soup 把湯灑在餐桌上。**2** 以餿水餵〈豬等〉。

—*v.i.* **1 a**〔動(十副)〕〈液體〉溢出，灑出〈*over, out*〉：The soup *slopped over*. 湯溢出。**b**〔(十副)十介十(代)名〕〈液體〉溢出，灑在〔…〕〈*over*〉〔*into, over*〕：The coffee has *slopped* (*over*) *into* the saucer. 咖啡溢到小碟子裏。

2〔十副詞(片語)〕(在泥濘中)濺水而行：The boy *slopped about in* the mud. 那個男孩在泥濘中走來走去/I had to ~ *through* the rain. 我不得不在雨中涉水而行。

slóp óut《*vi adv*》(1)《英》〈監獄的受刑人〉把牢房的污水[污物]丟棄在房外。—《*vt adv*》(2)〈受刑人〉把〈容器〉中的污水[污物]丟棄在外面。

slóp óver《*vi adv*》(1)⇨ *v.i.* 1. (2)《美口語》過分感傷。

—*n.* **1** Ⓤ **a** 溢出的水，濺起的水。**b** 泥水；(尤指)泥濘。

2 [~s] **a** 餿水，殘湯剩菜《豬等的飼料》。**b** (稀飯、菜湯等)沒有味道而多水的食物；(病人吃的)流質食物。

3 [~s] (人的)糞尿。

slóp bàsin [**bòwl**] *n.* Ⓒ《英》餐桌上盛殘渣的淺碟。

slóp bùcket *n.* ＝slop pail.

***slope** [slop; sloup]《aslope 字首消失的變體字》—*v.i.*〔動(十副詞(片語))〕(向…)傾斜，成斜坡：His handwriting ~*s forward* [*backward*]. 他寫的字向右[向左]傾斜/The bank ~*s* gently (*down*) *to* the water's edge. 堤防緩緩向水邊傾斜。

—*v.t.*〔十受〕使…傾斜，使…有斜度：~ the roof of a house 使屋頂有斜度。

Slópe árms! [常用祈使語氣]《英》《軍》托槍！

slópe óff《*vi adv*》《英口語》(為逃避工作而)偷偷逃走，溜走。

slópe the stándard《軍》使軍旗下斜《一種表示敬禮的方式》。

—*n.* **1** Ⓒ斜坡，斜面。**2** ⓊⒸ傾斜度，坡度。**3** Ⓤ《軍》托槍的姿勢：at the ~《英》以托槍的姿勢[狀態]。

slóp·ing *adj.* 傾斜的，有坡度的，成斜坡的：~ shoulders 斜肩。~**·ly** *adv.*

slóp pàil *n.* Ⓒ(盛殘湯剩菜供餵家畜之用的)餿水桶。

slop·py [ˈslɑpɪ; ˈslɔpi]《slop 的形容詞》—*adj.* (**slop·pi·er**; **-pi·est**) **1** 味淡而多水的，稀薄的。**2 a** 〈道路等〉多水坑的，泥濘的。**b** 〈餐桌等〉(被湯、水等)濺污的。**3**《口語》〈工作〉草率的；〈服裝等〉邋遢的，隨便的。**4**《口語》感傷的，感情脆弱的，愛發牢騷的。**slóp·pi·ly** [-pɪlɪ; -pili] *adv.* **-pi·ness** *n.*

Slóppy Jóe *n.* Ⓒ **1** 不整潔的男子。**2** [又作 **s**~ **J**~, **s**~ **j**~] 寬大的女用羊毛衫。**3** [又作 **s**~ **J**~, **s**~ **j**~] 一種牛肉三明治。

slóp·shòp *n.* Ⓒ出售廉價成衣之店鋪。

slóp·wòrk *n.* Ⓤ **1** 現成衣服或廉價衣服之縫製。**2** 現成的衣服，廉價衣服。**3** 任何匆匆完成之工作。

slosh [slɑʃ; slɔʃ]《slush 的變形》—*n.* **1** ＝slush. **2** Ⓤ [又作 **a** ~] (液體的)濺潑聲。

—*v.t.* **1**〔十受(十副)〕**a** (在水等中)劈啪劈啪地攪動…〈*about, around*〉. **b** 濺出〈水等〉〈*about, around*〉. **2**《英俚》**a** 猛擊，用力打…。**b**〔十受十介十名〕猛擊〈某人〉〔身體的某部位〕〔*on, in*〕《★ 用法 表示身體某部位的名詞前加 the》：He ~*ed* me *on the* chin. 他用力打我的下顎。

—*v.i.* **1**〔十副詞(片語)〕(在水[泥]中)濺水而行：~ *about in* a puddle 在水坑中濺著水來回遊蕩。**2**〔動(十副)〕〈水〉劈啪劈啪地飛濺〈*about, around*〉.

sloshed *adj.* [不用在名詞前]《口語》喝醉了的。

slot[1] [slɑt; slɔt] «源自中古英語「乳溝」之義»—*n.* Ⓒ **1 a** 槽溝, 狹縫, 長孔。**b** (自動販賣機、公用電話等的)投幣口。**2** 《口語》**a** (組織、計畫、表等中的)位置, 地位, 場所: find [make] a ～ in one's schedule 在某人計畫表中找出一個空檔(以便插入某事)。**b** (電視、廣播等的)一段時間。

—*v.t.* (**slot·ted**; **slot·ting**) **1** 在…鑿孔: ～ the wall for guns 在牆壁上鑿槍眼。**2** 〔十受十副〕把…放入(一系列的東西中)〈*in*〉.

slot[2] [slɑt; slɔt] *n.* Ⓒ (*pl.* ～) **1** 嗅跡, (尤指鹿的)足跡。**2** 任何足跡; 蹤跡。

—*v.t.* (**slot·ted**; **slot·ting**) 循…之足跡追蹤。

sloth 2

sloth [sloθ, slɔθ; slouθ] «源自古英語 slow 的名詞»—*n.* **1** Ⓤ 怠惰, 懶散。**2** Ⓒ《動物》樹懶《產於南美洲的一種哺乳動物, 行動遲緩, 常棲於樹枝上》。

slóth bèar *n.* Ⓒ《動物》印度懶熊《印度的一種長毛熊》。

sloth·ful [ˋsloθfəl, ˋslɔθfəl; ˈslouθful] *adj.* 怠惰的, 懶惰的, 懶散的。

～·ly [-fəlɪ; -fuli] *adv.* **～·ness** *n.*

slót machìne *n.* Ⓒ **1** 《英》(賣車票、糖果等的)自動販賣機(《美》vending machine). **2** 《美》吃角子老虎。

slot machine (1)

slot machine (2)

【照片說明】(1)英國倫敦地下鐵的自動賣票機。(2)美國遊樂場的吃角子老虎。

【說明】在美國是指賭博用的吃角子老虎, 放入硬幣後拉一下把手, 畫有各種圖案的圓筒開始轉動, 停止時若圓筒上顯示出的是某些特定之圖案組合, 機器便會掉出若干或大量的硬幣。因為中了大獎(jackpot)時會立即掉出大量現金, 所以在美國是很受歡迎的一種賭博方式。在英國, 同樣的機器則被稱作 fruit machine, 因為圓筒上的圖案都是水果。

slót màn *n.* Ⓒ《美》報館之編輯主任(copy editor).

slouch [slautʃ; slautʃ] *n.* **1** [**a** ～] (辛苦、吃力的)彎腰(步行, 坐, 站立), 垂頭: walk with *a* ～ 彎著腰走, 垂頭喪氣地走。**2** Ⓒ [常用於否定句] 《口語》笨拙的人, 懶人, 不中用的人〔*at*〕: He is *no* ～ *at* the job. 他工作得很不錯; 他工作很行。

—*v.t.* **1** 使〈帽子〉低垂; 把〈帽子〉戴得很低: He ～*ed* his hat *over* his eyes. 他把帽子拉得遮住眼睛。**2** 向前傾[彎]〈肩膀等〉: He ～*ed* his shoulders. 他使肩膀向前彎。

—*v.i.* **1** 〈帽沿〉低垂: a hat with a brim that ～*es* 帽沿垂下的帽子。**2 a** 垂頭彎腰地坐[站]。**b** 〔十副〕垂頭彎腰[沒精打采]地走〈*along, about*〉: The exhausted man ～*ed* **along** [**about**]. 那個疲憊的人垂頭彎腰地走著[走來走去]。

slóuch·ing·ly *adv.*

slóuch hát *n.* Ⓒ 帽沿下垂[可向下彎]的軟帽。

slouch·y [ˋslautʃɪ; ˈslautʃi] «slouch 的形容詞»—*adj.* (**slouch·i·er**; **-i·est**) **1** 垂頭彎腰的, 垂頭喪氣的, 消沈的。**2** 不修邊幅的, 不整潔的, 邋遢的。

slough[1] [slau; slau] *n.* Ⓒ **1** 泥濘(的地方), 泥巴路。**2** 泥沼, 泥潭, 泥坑。**3** 無法(從墮落、絕望等中)脫身的狀態。

the Slóugh of Despónd 絕望的泥沼《★出自班揚(John Bunyan)所著的「天路歷程(*Pilgrim's Progress*)」》。

slough[2] [slʌf; slʌf] *n.* Ⓒ **1 a** (蛇等的)蛻皮, 蛻殼。**b** 被摒棄的習慣[偏見]。**2** 《醫》腐肉, 死肉, 腐痂。

—*v.i.* 〔動(十副)〕 **1** 〈蛇等〉蛻皮〈*off*〉. **2** 〈皮〉脫落, 蛻落〈*off*〉.

—*v.t.* 〔十受十副〕 **1** 脫去, 蛻落〈皮〉〈*off*〉: The snake ～*ed* **off** its skin. 那條蛇蛻皮。**2** 摒棄〈偏見等〉〈*off*〉: He managed to ～ **off** his drinking habit. 他終於戒掉了酗酒的習慣。

slough·y[1] [ˋslauɪ; ˈslaui] «slough[1] 的形容詞» —*adj.* (**slough·i·er**; **-i·est**) 泥濘的; 泥深的; 多泥沼的。

slough·y[2] [ˋslʌfɪ; ˈslʌfi] «slough[2] 的形容詞» —*adj.* 蛻皮的; 死皮的; 像蛻皮的; 像死皮的。

Slo·vak [ˋslovæk, sloˋvæk; ˈslouvæk] *n.* **1** Ⓒ 斯洛伐克(Slovakia)人。**2** Ⓤ 斯洛伐克語。

—*adj.* 斯洛伐克人[語]的。

Slo·va·ki·a [sloˋvɑkɪə, -ˋvæk-; slouˈvækiə] *n.* 斯洛伐克《捷克斯拉夫東部的一省》。

Slo·va·ki·an [sloˋvɑkɪən, -ˋvæk-; slouˈvækiən] *n., adj.* = Slovak.

slov·en [ˋslʌvən; ˈslʌvn] *n.* Ⓒ《文語》不修邊幅的人, 邋遢的人。

Slo·vene [sloˋvin, ˋslovin; ˈslouviːn] *n.* **1 a** [**the** ～**s**] 斯拉維尼亞族《居於 Slovenia 的斯拉夫人》。**b** Ⓒ 斯拉維尼亞人。**2** Ⓤ 斯拉維尼亞語。**—*adj.*** 斯拉維尼亞(人, 語)的。

Slo·ve·ni·a [sloˋvinɪə; slouˈviːniə] *n.* 斯拉維尼亞《南斯拉夫西北部的一個共和國; 首都盧布拉納(Ljubljana [ˋljublɑnɑ; ˈljuːbljɑːnɑː])》。

Slo·vé·ni·an [-nɪən; -niən] *n., adj.* = Slovene.

slóv·en·ly «sloven 的形容詞»—*adj.* 不修邊幅的, 邋遢的, 懶散的。**—*adv.*** 不修邊幅地, 懶散地。**-li·ness** *n.*

‡**slow** [slo; slou] *adj.* (～·**er**; ～·**est**) **1** (時間、速度等)慢的, 緩慢的, 遲緩的(↔ fast, quick, swift): a ～ ball 慢速球/a ～ runner 跑得慢的人/a ～ waker 睡醒後情緒不好的人/a ～ train 慢車[普通列車]/in ～ motion 以緩慢的移動方法; 〈電影畫面等〉(採用高速拍攝)以慢動作/Don't be so ～. 別那樣慢吞吞的/*S*～ and [but] sure [steady] wins the race. 《諺》慢而穩者獲勝。

【同義字】slow 指移動速度的緩慢; leisurely 指時間充裕, 可慢慢來。

2 a 費時的, 慢吞吞的, 慢慢的: a ～ growth 緩慢的成長[發育]/a ～ reader 閱讀速度慢的人/a ～ poison 藥性慢的毒藥/goods of ～ sale 銷售慢[滯銷]的商品。**b** [不用在名詞前] 〔十 *to* do〕〈人〉〈做…〉費時的, 慢吞吞的: He was ～ *to* come. 他姍姍來遲(cf. 2 c). **c** [不用在名詞前] 〔十介十 do*ing*〕〈人〉〔做…〕費時的, 慢吞吞的〔*in*〕《★用法《口語》常省略 in》: He was ～ (*in*) com*ing*. 他慢吞吞地來(cf. 2 b)/She has been ～ (*in*) admit*ting* her mistake. 她遲延認錯。

3 [不用在名詞前] 〈鐘錶〉慢的: Your watch is (seven minutes) ～. 你的錶慢了(七分鐘)。

4 a (性質等)笨的, 遲鈍的: a ～ pupil 笨學生, 學得慢的學生。**b** [不用在名詞前] 〔十介十(代)名〕〈人〉〔做…〕慢的, 遲鈍的; 〈人〉拙於〔做…〕的〔*at, with, in, of*〕: He is ～ *at* mathematics [*with* figures]. 他拙於數學[計算]/He is ～ *in* his movements. 他動作遲緩/He is ～ *in* his speech. =《文語》He is ～ *of* speech [tongue]. 他的口齒不伶俐; 他不善於說話/He is ～ *of* understanding. 他的理解力差。**c** [不用在名詞前] 〔十 *to* do〕〈人〉〈做…〉遲鈍的; 不輕易〈做…〉的: He is ～ *to* learn. 他學得慢/Your father is ～ *to* take offense. 你的父親不輕易動怒。**d** [不用在名詞前] 〔十介十(代)名〕〈人〉〔對…〕遲鈍的; 不輕易〔…〕的〔*to*〕: He is ～ *to* anger [enthusiasm]. 他不輕易發怒[興奮]。

5 a 〈爐子等〉火力弱的: a ～ fire 文火。**b** 沒有活力的; 不景氣的, 不振的: a ～ month 不景氣的月份, 淡月。**c** (無趣而)時間過得緩慢的; 乏味的, 無聊的: The game was very ～. 那場比賽很乏味/We passed a ～ evening. 我們過了一個無聊的晚上。

—*adv.* (～·**er**; ～·**est**) **1** 慢慢地, 緩慢地《★比較 slow 的語氣比 slowly 強, 在感嘆句以外的句中都置於表示動作的動詞後面, 為口語用法》: I told the driver to go ～*er*. 我告訴司機開慢點。**2** [與現在分詞構成複合字] 慢地, 緩慢地(slowly): *slow*-burning 燃燒緩慢的; 耐火的/⇨ slow-moving.

—*v.t.* 〔十受(十副)〕使…減慢, 使…變慢; 減低〈汽車等〉的速度〈*up, down*〉: The policeman suddenly ～*ed* his walk. 警察突然放慢腳步/The train ～*ed* **down** [**up**] its speed. 火車的速度慢了下來/*S*～ *down* your car. 減低車速。

—*v.i.* **1** 〔動(十副)〕速度減低, 變慢〈*up, down*〉: The driver ～*ed* **down** [**up**] at the roundabout. 司機在圓環路口減低車速。**2** 〔(十副)十介十(代)名〕減低速度至〔…〕〔*to*〕: The train ～*ed* (**down**) **to** thirty miles an hour. 列車減速至時速三十哩。

～·ness *n.*

slów búrn *n.* Ⓒ《俚》漸漸發怒《與突然暴怒對比》。

slów·còach *n.* Ⓒ《英口語》遲鈍的人(《美》slowpoke); 落後於時代的人。

slów·dòwn *n.* Ⓒ **1 a** 減速。**b** (生意等的)衰退, 減退。**2** 《美》怠工, 減產(《英》goslow).

slów-fóoted *adj.* 腳步緩慢的, 速度慢的。

‡**slow·ly** [ˋslolɪ; ˈslouli] *adv.* (**more** ～; **most** ～) 緩慢地, 慢慢地(cf. slow *adv.* 比較): drive ～ 慢慢地開車[駕駛]/Please

speak a little more ～. 請你說慢些。

slów mátch *n.* [C]導火線；引信。

slów mótion *n.* [U]《電影・電視》慢動作。

slów-mótion *adj.* **1** 慢動作的，以高速拍攝的：a ～ (video) replay 慢動作(電視)重播。**2** 緩慢的，慢吞吞的。

slów-móving *adj.* **1** 緩慢移動的，動作遲緩的。**2**〈商品等〉銷售慢的，滯銷的。

slów·pòke *n.* [C]《美口語》動作特別遲鈍的人(《英》slowcoach).

slów-ùp *n.* [U]減速；趨緩；減退。

slów-wítted *adj.* 理解力差的，頭腦不好的。

slów·wòrm *n.* [C]《動物》蛇蜥《無腳的蜥蜴》。

sloyd [slɔɪd; slɔid] *n.* [C](瑞典式)手工藝訓練《以木雕手工藝爲基礎課程》。

sludge [slʌdʒ; slʌdʒ] *n.* [U] **1** 泥漿，泥濘；半融的雪，浮冰。**2** (排水溝裏的)污物，污泥。**3** (積於水槽、油槽、鍋爐底下的)沉澱物。

sludg·y [ˈslʌdʒɪ; ˈslʌdʒi] «sludge 的形容詞»**—***adj.* (**sludg·i·er**；**-i·est**)泥濘的，泥漿的，有淤泥的。

slue [slu; slu:] *v.t.* 〔十受(十副)〕轉動，回轉…〈*around, round*〉：～ the boat ***round*** 把小船轉過頭來。

—*v.i.* 〔十副〕轉動，旋轉〈*around, round*〉.

—*n.* [C]回轉，旋轉。

slug[1] [slʌg; slʌg] *n.* [C] **1**《動物》蛞蝓。**2 a** 懶人。**b** 動作緩慢的動物[車(等)]。

—*v.i.* (**slugged**；**slug·ging**)虛擲時光，蹉跎，遊手好閒。

slug[2] [slʌg; slʌg] *n.* [C] **1 a** 金屬小塊。**b** (氣槍等的)霰彈。**c**《俚》(手槍的)子彈。**2**《印刷》排版用的大鉛條《厚於鉛片而低於活字的嵌條，用以隔開排好的文字》；空鉛，隔鉛(interline leads)《六磅因程度以上者》。**3**《美》(自動販賣機用的)代用硬幣。

slug[3] [slʌg; slʌg]《美口語》*v.t.* (**slugged**；**slug·ging**)以拳重擊，猛毆。

slúg it óut 猛打到底，打到分出勝負爲止。

—*n.* [C]重擊，猛擊(slog).

slúg·abèd *n.* [C]晏起之人；睡懶覺的人；懶人。

slug·gard [ˈslʌgɚd; ˈslʌgəd] *n.* [C]懶人，游手好閒者。

—*adj.* 怠惰的，懶惰的。

slug·ger [ˈslʌgɚ; ˈslʌgə] *n.* [C]《美》(拳擊、棒球等的)强打者。

slug·gish [ˈslʌgɪʃ; ˈslʌgiʃ] «slug[1] 的形容詞»**—***adj.* **1** 動作慢吞吞的；〈流水等〉緩慢的。**2 a** 機能遲鈍的。**b** 不振的，不景氣的。**3** 偷懶的，怠惰的。～**·ly** *adv.* ～**·ness** *n.*

sluice [slus; slu:s] «源自拉丁文「關在門外」之義»**—***n.* [C] **1 a** (又作**slúice gàte**)水門，水閘。**b** (有水閘的)堰，堤壩。**2** 泄水道，(流放木材等的)斜水槽。

—*v.t.* **1** 〔十受(十副)〕打開水門排放〈水庫等的水〉〈*out, down*〉. **2** 〔十受(十副)〕沖洗…，在…大量放水〈*out, down*〉：～ (***down***) a pavement with a hose 用橡皮管輸水沖洗人行道。**3** 放〈木材等〉入水道。

—*v.i.* 〔十副詞(片語)〕〈水〉流出水門；奔流：Water ～*d out* [*down* the channel]. 水從水門流出[在水道上奔流]。

slúice·wày *n.* [C](有水閘的)泄水道，人工水道。

slum [slʌm; slʌm] *n.* [C] **1** [常～s] 貧民窟，貧民區：the ～*s* of New York 紐約市貧民區。

> 【說明】指貧民、失業者、少數民族所集中的地區，常見於大都市的中心或周圍地區。由於生活環境惡劣，失業率、犯罪率都很高。在美國是以紐約的哈林區(Harlem)，英國是倫敦的東區(East End)最出名。

2《口語》骯髒的地方。

—*v.i.* (**slummed**；**slum·ming**) [常 **go slumming**] (因好奇而)訪問貧民區。

slúm it 以最低廉的方式生活，過最起碼的生活。

slum·ber [ˈslʌmbɚ; ˈslʌmbə]《文語・詩》*v.i.* **1** 安睡；打盹。**2**〈火山等〉停止活動；蟄伏：His talents had ～*ed* until this time. 他的才華一直蟄伏到此時。

—*v.t.* 〔十受十副〕以睡眠消磨〈時間〉；虛度〈一生〉〈*away, out*〉：He ～*ed* ***away*** his years in college. 他在大學裏混了幾年[虛度歲月]。

—*n.* **1** [U][C] [常～s] 睡眠，打盹，瞌睡。**2** [U]無生氣狀態，沈滯。～**·er** *n.*

slum·ber·ous [ˈslʌmbərəs; ˈslʌmbərəs], **slum·brous** [-brəs; -brəs] «slumber 的形容詞»**—***adj.*《文語》**1** 想睡的，昏昏欲睡的，打盹的。**2 a** 似在睡眠中的；安靜的，寧靜的。**b** 不活潑的，呆滯的。

slúmber pàrty *n.* [C]《美》睡衣聚會《十幾歲的少女穿著睡衣在寢室裏談天過夜的聚會》。

slúm·lòrd «*slum* 和 land*lord* 的混合語» **—***n.* [C]《美》(以簡陋設備索取高租金的)缺德房東。

slum·mer [ˈslʌmɚ; ˈslʌmə] *n.* [C] **1** (因獵奇等而)赴貧民窟訪問之人。**2** 貧民窟居民。

slum·my [ˈslʌmɪ; ˈslʌmi] «slum 的形容詞»**—***adj.* (**slum·mi·er**；**-mi·est**) **1** 貧民窟[區]的。**2** 不乾淨的，骯髒的。

slump [slʌmp; slʌmp] *v.i.* **1 a** 〔十副〕噗通掉下[落下]〈*down*〉. **b** 〔十介十(代)名〕噗通掉在〔…中〕，陷入〔…〕〔*into*〕：The ice cracked and he ～*ed* ***into*** the cleft. 冰裂開，他(噗通)掉入裂縫中。**c** 〔(十副)十介十(代)名〕砰一聲倒在〔…〕〈*down*〉〔*to*〕：He ～*ed* (***down***) ***to*** the floor in a faint. 他砰一聲昏倒在地板上。**d** 〔十介十(代)名〕砰一聲倒在〔…裏〕〔*in, into*〕：Utterly wearied, I ～*ed* ***into*** the chair. 我疲憊不堪，砰一聲倒在椅子裏。**2 a**〈物價等〉暴跌；〈銷售額〉遽降。**b**〈事業、聲望等〉突然衰退。**c**〈元氣等〉突然消失。**3** 走下坡。

—*n.* [C] **1 a** 驟落；暴跌(↔ boom). **b** 蕭條，不景氣。**2 a** 不好的評價[聲譽]。**b**《美》(活動、精神的)消沈，低落，不振。

slump·fla·tion [ˌslʌmpˈfleʃən; ˌslʌmpˈfleiʃn] «*slump* 和 in*flation* 的混合語» **—***n.* [U][C]滯脹，不景氣的通貨膨脹《與物價急速膨脹同時出現的經濟衰退和失業人數增長》。

slung *v.* **sling** 的過去式・過去分詞。

slúng·shòt *n.* [C]《美》繩子、皮帶前端裝上小塊金屬或石頭等用作武器。

slunk *v.* **slink** 的過去式・過去分詞。

slur[1] [slɝ; slə:] *v.t.* (**slurred**；**slur·ring**) **1** 快速而含糊地說…：If you ～ 'won't you', it sounds like 'wancha'. 如果你快速而含糊地說 'won't you', 聽起來就像是 'wancha' [ˈwɑntʃə; ˈwɔntʃə]. **2**《音樂》**a** 圓潤地接連演奏[唱]〈音符〉。**b** 給〈音符〉加圓滑線。**3** 〔十受(十副)〕對〈事實、過失等〉(作袒護性地)隱瞞；忽略，放過…〈*over*〉：He *slurred* ***over*** the details to head off disagreement. 爲防止意見的分歧，他略過細節。

—*n.* **1** [a ～] 含糊的連續發音[說話]。**2** [C]《音樂》圓滑線《⌒或⌣的符號；cf. tie 8》.

slur[2] [slɝ; slə:] *v.t.* (**slurred**；**slur·ring**)誣蔑，中傷，毀謗〈人等〉。

—*n.* [C]中傷，非難；侮辱，汚點：cast [put, throw] a ～ on [upon]...＝《美》cast [throw] ～*s* at... 毀謗，誣蔑…。

slurb [slɝb; slə:b] «*slu*m 和 sub*urb* 的混合語» **—***n.* [C]《美》市郊貧民區。

slurp [slɝp; slə:p]《口語》*v.t.* 發出聲音吃[喝]〈飲料、食物〉。

—*v.i.* 啜食[飲]。

—*n.* [C]啜食[飲]。

slur·ry [ˈslɝɪ; ˈslʌri] *n.* [U]泥漿《泥、黏土、石灰等與水的混合物》。

slush [slʌʃ; slʌʃ] *n.* [U] **1** 半融的雪，雪泥。**2** 泥濘。**3** [集合稱] 無聊感傷的話[文章，影片(等)]。

slúsh fùnd *n.* [C]《美》(競選時的)收買資金，行賄基金。

slush·y [ˈslʌʃɪ; ˈslʌʃi] «slush 的形容詞» **—***adj.* (**slush·i·er**；**-i·est**) **1** 雪融化的，雪泥的。**2** 泥濘的，稀泥的。**3** 愚癡而感傷的，無聊的，愚蠢的。

slut [slʌt; slʌt] *n.* [C] **1** 齷齪而不整潔的女人，邋遢的女人。**2** 放蕩的女人。

slút·tish [-tɪʃ; -tiʃ] «slut 的形容詞»**—***adj.* **1**〈女人〉齷齪的，邋遢的。**2**〈女人〉放蕩的，行爲不檢的。

sly [slaɪ; slai] *adj.* (**sly·er, sly·est**；**sli·er, sli·est**) **1** 狡詐的，狡猾的，陰險的：a ～ look 狡猾的樣子[面貌]/ ～ questions 狡黠的問題。

> 【同義字】sly 指在暗中鬼鬼祟祟策劃詭計的狡詐；cunning 指動腦筋，擅長欺騙人或使人中計；crafty 含有比 cunning 更陰險、狡猾等之意。

2 淘氣的，頑皮的：a ～ wink 淘氣的眨眼。

on the slý (做壞事而)鬼鬼祟祟地，偷偷地。

～**·ly** *adv.* ～**·ness** *n.*

slý·bòots *n.* [C] [當單數用] 狡猾的人。

Sm《符號》《化學》samarium.

S.M.《略》Master of Science；sergeant major.

smack[1] [smæk; smæk] «源自古英語「品嚐」之義»**—***n.* **1** [C] (獨特的)味道，風味，香味，原味〔*of*〕：There is a ～ *of* the cask in this wine. 這葡萄酒裏有酒桶味。**2** [**a** ～ **of...**] **a** 有…的氣味[風味]，有些…之處，有幾分…：There is [He has] *a* ～ *of* recklessness in his character. 他的個性有些鹵莽。**b** 少許，微量：add *a* ～ *of* pepper to a dish 菜裏加入少許胡椒。

—*v.i.* 〔十介十(代)名〕 **1** 有〔…的〕味道[氣味]〔*of*〕：～ ***of*** ginger 有薑味。**2** 帶有〔…的〕味道〔*of*〕：His opinions ～*ed* ***of*** conservatism. 他的意見帶有保守主義的味道。

smack[2] [smæk; smæk] «擬聲語»**—***v.t.* **1** 咂〈嘴[唇]〉作響：He ～*ed* his lips over the soup. 他喝湯時咂嘴作聲。**2 a** 〔十受〕響吻…。**b** 〔十受十介十名〕響吻〈某人〉〔身體的某部位〕〔*on*〕《★[用法] 表示身體某部位的名詞前加 the》：He ～*ed* his cousin ***on the***

cheek. 他在表妹的臉頰上親了個響吻。**3** 啪一聲打…，掌擊…：Dad ~*ed* me for talking back. 父親因我頂嘴而打了我一巴掌。
4 〔十受十副詞(片語)〕把…啪一聲放在(…)。
—*n.* Ⓒ **1** 咂嘴[唇](聲)。**2** 響吻。**3** 掌擊，掌摑：give a person a ~ 掌摑某人，給某人一巴掌。**4** 《口語》嘗試《★常用於下列片語》：have a ~ at... 嘗試…。
smáck in the éye 《口語》意料之外的拒絕[挫折]：get a ~ *in the eye* 碰一鼻子灰[釘子]，遭到挫折。
—*adv.* 《口語》**1** 啪一聲地，突如其來地：He hit me ~ in the face. 他啪一聲打了我的臉。**2** 正面地：run ~ into... 與…正面衝突。

smack³ [smæk; smæk] *n.* Ⓒ (有養魚池設備的)小漁船。
smáck-dáb *adv.* 《美口語》＝smack²。
smáck·er «源自 smack²»**—*n.*** Ⓒ **1** 咂嘴的人。**2** 發出聲音的吻。**3** [常~s] 《俚》**a** 《美》美元。**b** 《英》英鎊。
smáck·ing *adj.* **1** 〈吻等〉發出聲音的。**2** 〈風等〉强勁的。**3** [當副詞用；用以修飾 big，good 等]特別，格外：a ~ *big* boat 一艘特別大的船。

‡small [smɔl; smɔ:l] *adj.* (~·er；~·est) **1 a** (形狀、規模)小的，小型的(↔ big, large)《★[比較]不像 little 那樣帶有感情因素》：a ~ town 小鎮/a ~ man 小男人/⇨ small intestine/a ~ capital 小號大寫字母《如SMALL；略作 s.c.》/a ~ bottle of soda 一小瓶蘇打水[汽水]/a ~ whiskey 普通分量一半的威士忌酒/It's a ~ world. 這世界眞小《★[用法]無意中碰到熟人時說的話》。**b** 〈房子等〉狹小的。**c** 少的，少數的(↔ large)：a ~ number 少數/a ~ sum 小額/no ~ sum of money 金額不小的錢，金額頗大的錢。
2 a 〈過失等〉不嚴重的，微不足道的，無關緊要的。**b** 度量狹小的，吝嗇的，卑劣的：a man with a ~ mind 度量狹小的人。**c** 平凡的。**d** [用在名詞前]小規模的：a ~ farmer 小規模農場主/⇨ smallholder, small holding/on a ~ scale 小規模地[的]。
3 〈聲音等〉低的，小的，微弱的：in a ~ voice 小聲地。
4 〈時間〉短暫的。
5 [用在名詞前][修飾不可數名詞]幾乎沒有的，沒有多少的：She left him, and ~ blame to her. 她離開了他，而她並沒有多少可責備之處/(It is) ~ wonder that.... …並不足爲奇。
féel smáll 灰心，氣餒，感到慚愧。
in a smáll wáy 小規模地，儉約地。
lòok smáll 顯得渺小，靦覥，羞怯。
—*adv.* (~·er, ~·est) 〈聲音〉低低地，細聲地；〈文字等〉細小地。
síng smáll ⇨ sing.
—*n.* **1** [the ~] (細)小的部分：*the* ~ *of* the back 背部最細的部分，後腰。**2** [~s] 《英口語》小件洗濯物《內衣、手帕等》。
~·ness *n.*

smáll ád *n.* Ⓒ《英》(報紙等的)分類廣告。
smáll árms *n. pl.* 輕便武器《步槍、手槍》。
smáll béer *n.* **1** Ⓤ[指個體時爲Ⓒ]淡啤酒。**2** Ⓤ微不足道的東西[事，人]，小東西，無價値的東西，瑣事，小人物。
smáll cálorie *n.* Ⓒ《物理》小卡(路里)(cf. calorie)。
smáll chánge *n.* Ⓤ **1** 小額硬幣，零錢。**2** 無足輕重的東西[談話]。
smáll·clòthes *n. pl.* **1** 《古》短褲。**2** 《英》內衣、手帕等小件衣物。
smáll frỳ *n.* Ⓒ(*pl.* ~)[常用複數] **1** 小魚。**2** 《輕蔑》無名小卒，鼠輩，無足輕重的人物[東西]。**3** 《謔》兒童。**smáll-frỳ** *adj.*
smáll gáme *n.* Ⓤ[集合稱]小獵物《如野兔、鵪鴣等》(cf. big game 1)。
smáll·hòlder *n.* Ⓒ《英》小自耕農，小農。
smáll hòlding *n.* Ⓒ《英》小自耕農地《通常不足五十畝》。
smáll hóurs *n. pl.* [the ~]深更半夜，深夜《夜晚過十二點後至三、四點左右》：in *the* ~ 在深更半夜。
smáll intéstine *n.* Ⓒ《解剖》小腸(cf. large intestine)。
smáll·ish [-lɪʃ; -liʃ] *adj.* 略小的。
smáll létter *n.* Ⓒ小寫字母《如 a, *a*, b, *b*；↔ capital letter》。
smáll-mínded *adj.* 度量小的，卑劣的，小氣的。**~·ness** *n.*
smáll potátoes *n. pl.* [當單數或複數用]《口語》微不足道的人[東西]。
smáll·pòx *n.* Ⓤ《醫》天花，痘瘡。
smáll-scále *adj.* **1** 小規模的。**2** 〈地圖〉小比率尺的，比率小的。
smáll tàlk *n.* Ⓤ閒談，聊天。
smáll-tíme *adj.* 《口語》不足取的，不重要的：a ~ gambler 微不足道的賭徒。
smáll-tímer *n.* Ⓒ **1** 屬於小劇團者。**2** 從事小規模之事業者。
smáll-tówn *adj.* [用在名詞前]《美》**1** 小市鎭的。**2** 鄉土氣的，樸實的。
smarm·y [ˈsmarmɪ; ˈsmɑ:mi] *adj.* (**smarm·i·er**；**-i·est**)《口語》滿口恭維話的，奉承的。

smart** [smart; smɑ:t] «源自古英語「感到疼痛」之義» **—*adj. (~·er；~·est) **1 a** 〈疼痛等〉如針刺的，尖銳的，劇烈的。**b** 〈處罰等〉嚴厲的。**c** 〈打擊等〉强烈的，猛烈的。**2 a** 〈動作等〉活潑的，敏捷的，機敏的：make a ~ job of it 做得漂亮[出色]。**b** [不用在名詞前]〔十介十(代)名〕〔對…〕機敏的，敏捷的〔*at, in*〕：He is ~ *at*[*in*] his work. 他工作敏捷。**3 a** 頭腦好的，聰明的。**b** 伶俐的，精明的，機警的，鬼頭鬼腦的。**c** 〈小孩等〉早熟的；傲慢的。**d** [不用在名詞前]〔十介十(代)名〕〔對…〕精明的〔*in*〕：He is ~ *in* his dealings. 他在交易方面十分精明[經營手段高明]。**4 a** 〈服裝等〉漂亮的，整潔的。**b** 時髦的，入時的，流行的。
lòok smárt ⑴看來瀟灑[漂亮]。⑵[常用祈使語氣]《口語》趕快，快做。
—*adv.* **1** 嚴厲地，劇烈地。**2** 敏捷地，俐落地。**3** 聰明地。
pláy it smárt 《美口語》幹得俐落，做得漂亮；從善如流(act wisely)。
—*v.i.* **1** 〔動(十介十(代)名)〕**a** 〔因…而〕感到劇痛，一陣陣地[刺]痛〔*with, from*〕：This cut ~*s.* 這傷口劇痛/My eyes ~ *with* smoke. 我的眼睛被煙燻得很痛。**b** 〔因…而〕痛心，苦惱；受良心的譴責；憤慨〔*under, from, with*〕：~ *under* the prickings of one's (own) conscience 受良心譴責而苦惱/~ *from* an insult 受到侮辱而憤慨/He was ~*ing with* vexation. 他非常苦惱[焦躁]。**2** 〔十介十(代)名〕〔爲…而〕受罰〔*for*〕：I will make you ~ [You shall ~] *for* this. 我會讓你爲這件事[你將爲這件事]而受重罰。
—*n.* Ⓒ **1** 疼痛，劇痛。**2** 痛苦，苦惱，傷心。
~·ly *adv.* **~·ness** *n.*

smárt ál·ec(k) [-ˈælɪk; -ˈælik] *n.* Ⓒ《口語》過分自負而令人討厭的人，自作聰明的人，自以爲樣樣都懂的人。
—*adj.* ＝smart-alecky.
smárt-ál·eck·y *adj.* 過分自負的，自作聰明的。
smárt bómb *n.* Ⓒ《美軍》《俚》精靈炸彈《裝有雷射制導器的炸彈》。
smart·en [ˈsmartn̩; ˈsmɑ:tn] «smart 的動詞»**—*v.t.*** 〔十受十副〕使…時髦，使…漂亮；打扮，修飾…〈*up*〉：~ *up* one's clothes 使衣著整齊漂亮。**—*v.i.*** 〔十副〕變時髦，變瀟灑〈*up*〉。
smart·ish [ˈsmartɪʃ; ˈsmɑ:tiʃ] *adj.* **1** 略爲時髦的。**2** 相當可觀的。
smárt móney *n.* Ⓤ《美》**1** (有經驗的投資者等)投下的資金。**2** [集合稱](消息靈通的)投資者，對下注精明的人。

smash** [smæʃ; smæʃ] «smack² 和 mash 的混合語»**—*v.t. **1 a** 〔十受(十副)〕(猛力)打破，搗碎，粉碎…；(因意外衝撞而)打碎…〈*up*〉：~ (*up*) a window 打碎窗子/He ~*ed up* his car. 他把車子撞毀了。**b** 〔十受十介十(代)名〕把…粉[砸]碎〔成…〕〔*to, into*〕：~ a plate *into*[*to*] pieces 把盤子砸碎。**c** 〔十受十補〕把…打破〈使成…的狀態〉：He ~*ed* the door open. 他把門撞開。**d** 〔十受十副〕(從外面)打破…進入(裏面)〈*in*〉：The detective ~*ed in* the door. 那名偵探破門而入。
2 a 〔十受(十介十(代)名)〕〔以…〕重擊，毆打〈人〉〔*with*〕：He ~*ed* the man *with* his fist. 他以拳頭毆打那個男人。**b** 〔十受十介十名〕重擊，毆打〈某人〉〔身體的某部位〕〔*in, on*〕《★[用法]表示身體某部位的名詞前加 the》：~ a person *on the* nose[*in the* belly]毆打某人的鼻子[腹部]。**c** 〔十受〕《網球》殺〈球〉《猛力把球由上往下打下去》。
3 〔十受十介十(代)名〕**a** 猛力投擲…〔而穿過硬物〕〔*through*〕：He ~*ed* a stone *through* the window. 他猛力投擲石頭而擊穿窗子。**b** 把…猛力擲〔向硬物〕〔*against*〕：They ~*ed* the log *against* the gate. 他們用圓木撞擊大門。
4 〔十受〕打破〈紀錄等〉，擊破〈敵人、論點等〉：~ the enemy 大敗[擊潰]敵人/~ the record 打破紀錄/~ a theory 推翻理論。
5 〔十受〕《物理》使〈原子、原子核〉發生裂變。
—*v.i.* **1** 粉碎，破裂：The maid let the dishes ~ *on* the floor. 女僕失手將盤子掉在地板上破成碎片。
2 〔十介十(代)名〕**a** 猛然撞到〔…〕〔*against, into*〕：The car ~*ed into* a wall. 那部汽車猛撞在牆上。**b** 奔馳穿過〔…〕〔*through*〕：~ *through* a thicket 在灌木叢中奔馳而過。
3 〔動(十副)〕〈公司等〉破產[倒閉]〈*up*〉。
4 《網球》殺球。
—*n.* Ⓒ **1** 粉碎，粉碎的聲音：The dishes fell with a ~. 碟子嘩啦一聲掉下去。
2 a 重擊。**b** 《網球》殺球。
3 (車輛、火車等的)相撞(聲)；倒塌；墜落。
4 失敗，破產，倒閉；毀滅：the ~ of a great business 大企業的倒閉。
5 (又作 **smásh hit**)《口語》大成功。
còme[gò] to smásh 《口語》⑴破成稀爛，垮台。⑵破產。
—*adv.* 砰然(相撞聲)，嘩啦(破碎聲)：The two cars ran[went] ~ into each other. 那兩部車子迎面相撞。
smásh-and-gráb *adj.* [用在名詞前]《英》打破櫥窗搶走東西的。

smashed *adj.*《口語》酒醉的。

smásh·er *n.* Ⓒ **1 a** 打碎者，破壞者。**b** 用以打碎東西的器具[機器]。**2**《口語》絕好的東西，了不起[漂亮]的人。

smásh hít *n.* Ⓒ**1** 演出極爲成功的電影或戲劇。**2** 風行一時的事物；極受歡迎的人。

smásh·ing *adj.* **1 a** 粉碎(性)的，破壞的。**b**〈打擊等〉猛烈的：give a person a ~ blow 給某人猛烈的一擊。**2**《英口語》極好的，絕妙的，美好的：have a ~ time 玩得很痛快/ That's ~！那很棒！

smásh·ùp *n.* Ⓒ **1** 猛擊，碰撞《指意外事故》，翻覆；墜落。**2** 失敗，破產；毀滅。

smat·ter·ing [ˈsmætərɪŋ; ˈsmætəriŋ] *n.* Ⓒ[常用單數]一知半解，淺薄的知識；少量〔of〕：He has *a* ~ *of* knowledge about physics. 他對物理一知半解。

smaze [smez; smeiz] «*sm*oke (煙) 和 h*aze* (薄霧) 的混合語» —*n.* Ⓤ煙霧，煙靄《煙與霧的混合物》。

smear [smɪr; smiə] «源自古英語「塗油」之義» —*v.t.* **1**〔十受十介十(代)名〕〔以油等〕塗…，弄髒…〔*with*〕；塗〈油等〉〔在…上〕〔*on, over*〕：~ a pan ***with*** butter＝~ butter ***on*** a pan 塗油在鍋上/The baby ~*ed* the wall *with* jam. 嬰兒用果醬弄髒牆壁。

2〔十受〕損害，玷汚〈某人的名聲等〉：~ a person's (good) reputation 損害某人的名聲。

3〔十受〕(磨擦或滲透)使…不鮮明，使…模糊：Rain had ~*ed* the address. 雨水使地址模糊不清。

4〔十受〕《美俚》徹底[完全]打敗〈敵人等〉。

—*v.i.* **1**〈油、未乾的墨水等〉被擦而弄汚：This ink won't ~. 這種墨水不會被擦汚。**2** 磨擦而變模糊，不鮮明。

—*n.* Ⓒ **1** 汚點，汚跡。**2** 中傷，誹謗。**3**《醫》塗抹標本，塗片《將血液、痰等塗抹在玻璃片上作爲顯微鏡的標本》。

sméar tèst *n.* Ⓒ《醫》塗片檢查(cf. smear *n.* 3)。

smear·y [ˈsmɪrɪ; ˈsmiəri] «smear 的形容詞» —*adj.* (**smear·i·er**；**-i·est**) **1**〈半乾墨水等〉容易弄髒的；有汚跡的，造成汚痕的。**2** 發黏的，黏的。

‡smell [smɛl; smel] (~**ed** [~d; ~d]，**smelt** [smɛlt; smelt]) 《★語形《美》通常用 smelled，《英》常用 smelt》*v.i.* **1**《★通常無進行式》**a**〔十補〕〈東西〉有[發出]〈…〉氣味：This flower ~*s* sweet. 這朵花散發芳香/The room ~*ed* damp. 這個房間發出潮濕味。**b**〔十介十(代)名〕〈東西〉發出〔…似的〕香味〔*like*〕；有〔…的〕香味〔*of*〕：It ~*s* ***like*** violets. 它發出紫羅蘭似的香味/His breath ~*s* (strongly) ***of*** tobacco. 他的呼吸有(强烈的)煙臭味。**c**〔十介十(代)名〕覺得似乎〔…〕，感覺出〔有…的〕跡象〔*of*〕：His suggestion ~*s* ***of*** trickery. 他的建議似乎有詐。

2 有臭味，很臭《★無進行式》：The meat began to ~. 肉開始發臭/His breath ~*s.* 他有口臭。

3〔動(十介十(代)名)〕嗅〔…的〕味道，聞〔…的〕氣味〔*at*〕：The dog ~*ed* ***at*** his shoes. 狗嗅他的鞋味。

4 能辨別氣味，有嗅覺：Not all animals can ~. 並非所有動物都有嗅覺。

—*v.t.* **1 a**〔十受〕嗅[聞]出…氣味，憑香氣[氣味]知道…：You can ~ the smell of cheese. 你能嗅到乾酪的氣味/I cannot ~ anything. 我聞不出什麼/Can a camel ~ water a mile off？駱駝能嗅出在一哩外的水嗎？**b**〔十 do*ing*〕聞到〈在做…〉的氣味：~ cook*ing* 聞到在煮菜的氣味。**c**〔十受十do*ing*〕聞到…〈在做…〉的氣味：I ~ something burn*ing.* 我聞到什麼東西燒焦的氣味。**d**〔十(*that*)＿〕能嗅出[憑嗅覺知道]〈…事〉：I can ~ *that* this meat is rotten. 我能嗅出這塊肉已經腐壞了。**e**〔十 *wh.*＿〕憑嗅覺知道〈何時…〉：I can ~ *when* it's going to rain. 我憑嗅覺能預知什麼時候會下雨。

2 a〔十受〕察覺，發覺〈陰謀等〉：~ a good idea 發覺一個好主意/I ~*ed* some trouble. 我察覺會有一些麻煩。**b**〔十受十do*ing*〕察覺〈某事〉〈會做…〉：He could ~ disaster com*ing.* 他察覺災難即將來臨。**c**〔十(*that*)＿〕發覺〈…事〉：I could ~ *that* something was going wrong. 我發覺某事不對勁。

3 a〔十受〕嗅…的氣味：She picked up a flower and ~*ed* it. 她撿起一朵花，聞它的氣味。**b**〔十受十副〕〈狗〉嗅出〈獵物等〉；〈人〉探出…〈*out*〉：Our dog ~*ed* ***out*** the thief. 我們的狗嗅出那名竊賊來。

4〔十受十副〕使〈場所等〉充滿氣味〈*out,*《美》*up*〉：The cigarettes ~*ed* the room ***out***. 那房間充滿了煙味。

sméll of the lámp ⇨ lamp.

—*n.* **1** Ⓤ嗅覺：He has a good sense of ~. 他有靈敏的嗅覺。

2 Ⓒ **a** 氣味，香味：a bad [good] ~ 臭[香]味/This flower has a strong ~. 這朵花有一股强烈的氣味。

【同義字】smell 是表示「氣味」的最普通用語；odor 多半用以指令人不舒服的氣味；fragrance 指花、香水等的令人舒服的芳香；scent 指淡淡的氣味；stench 指强烈的惡臭。

b 惡臭，臭味。**c** 跡象，嫌疑〔*of*〕：There is a ~ *of* trickery about it. 那件事似乎有詐。

3 Ⓒ[常用單數]聞，嗅：have a ~ of ... 嗅一嗅[聞一聞]…/She took a ~ *at* the flower. 她聞了聞那朵花。

smell·er [ˈsmɛlɚ; ˈsmelə] *n.* Ⓒ **1** 嗅者；有嗅覺的動物。**2** 有味道的東西。**3** 受雇用嗅覺檢驗東西的人。**4**《俚》鼻。**5** (動物的)觸角；觸鬚。**6** 往鼻子上的重擊；重擊。

smélling bòttle *n.* Ⓒ嗅鹽瓶。

sméll·ing sàlts *n. pl.* 嗅鹽《主要成分爲碳酸銨的提神藥》。

smell·y [ˈsmɛlɪ; ˈsmeli] «smell 的形容詞» —*adj.* (**smell·i·er**；**-i·est**)臭的，有臭味的。**sméll·i·ness** *n.*

‡smelt[1] [smɛlt; smelt] *v.* **smell** 的過去式・過去分詞。

smelt[2] [smɛlt; smelt] *v.t.* 熔解〈礦石〉；精煉，治煉〈金屬〉：~ copper 煉銅。

smelt[3] [smɛlt; smelt] *n.* (*pl.* ~, ~**s**) **1** Ⓒ《魚》銀白魚《胡瓜魚科銀白色食用魚的統稱；體細長而側扁，其肉味如胡瓜》。**2** Ⓤ銀白魚肉。

smélt·er *n.* Ⓒ **1** 熔煉業者，治煉者。**2** 煉礦所，熔爐。

smi·lax [ˈsmaɪlæks; ˈsmailæks] *n.* Ⓒ《植物》菝葜《菝葜屬藤本植物的統稱》。

‡smile [smaɪl; smail] *v.i.* **1** (不發出聲音的)笑(⇨ laugh【同義字】)：**a**〈人、臉等〉微笑，眉開眼笑：~ sweetly [bitterly, cynically] 笑得甜[苦笑，嗤笑]/She never ~*s.* 她從來不笑/Her gentle eyes ~*d.* 她眉開眼笑。**b**〔十介十(代)名〕〔對…〕微笑〔*at, on*〕《★用法 at 表示對象，on 是對於對象表示好意、喜悅的心情，而有「對…微笑」之意，不用 to》：He is able to ~ ***at*** misfortune. 他能對不幸一笑置之/He ~*d* ***on*** his children. 他望著孩子們微笑。**c**〔十 *to* do〕〈…而〉微笑：He ~*d to* see the children's frolics. 他看到孩子們嬉戲而微笑。

2《文語》**a**〈風景等〉呈現出明媚的景象：All nature ~*d* in the sunlight. 大自然的一切在陽光下顯得明媚開朗。**b**〔動(十介十(代)名)〕〈運氣、機會〉眷顧〔某人〕，〔做某事的〕〈機會〉來臨〔*on, upon*〕：Fortune ~*d* ***on*** [***upon***] him at last. 命運女神終於眷顧他了《他的運氣終於來了》/The weather ~*d on* us. 天公作美《天氣變晴朗了》。

—*v.t.* **1**〔十受〕[與帶有修飾語的同系受詞連用]作出(…)笑容《★不可用被動語態》：He ~*d* a cynical *smile.* 他面露冷笑[皮笑肉不笑]。

2〔十受〕以微笑表示〈同意、感謝等〉《★不可用被動語態》：He ~*d* his consent [thanks]. 他以微笑表示同意[感謝]。

3 a〔十受十副〕笑著忘掉…〈*away*〉：*S*~ your grief ***away***. 笑著忘掉憂愁《以笑解愁》。**b**〔十受十介十(代)名〕對〈人〉微笑〔使變成…〕〔*into*〕；對〈人〉微笑〔使…消失〕〔*out of*〕：She ~*d* him ***into*** a good humor. 她對他微笑使他心情好轉/She ~*d* him ***out of*** his anger. 她對他微笑使他氣消。

còme úp smíling 不屈服地再鼓起勇氣去做。

I should smíle.《美口語》(1)(表示同意)好啊，可以。(2)《輕蔑》原來如此。

—*n.* Ⓒ **1 a** 微笑(cf. laugh 1, laughter)：She had a warm [faint] ~ on her face. 她臉上露出親切的[淡淡的]微笑/He looked at me with a ~ on his lips. 他嘴邊浮現著微笑看著我/with a ~ 微笑著，微笑地。**b** [**all** ~**s**, 當補語用]滿臉笑容，極高興(的表情)：He was *all* ~*s.* 他滿臉笑容。

2《文語》(大自然等)晴朗明媚的樣子；(命運等的)恩惠，眷顧：the ~*s* of fortune 命運的眷顧，時運的亨通。

smíl·ing *adj.* **1** 微笑的，含笑的：a ~ face 微笑的臉，笑臉。**2**〈風景等〉明媚的：the warm and ~ countryside 和煦明媚的鄉村景色。

smíl·ing·ly *adv.* 微笑地，含笑地，開朗地。

smirch [smɝtʃ; smə:tʃ] *v.t.* 玷汚，損害〈名聲等〉。

—*n.* Ⓒ〔名聲等的〕汚點〔*on, upon*〕。

smirk [smɝk; smə:k] *v.i.* (得意地)笑；假笑，傻笑。

—*n.* Ⓒ傻笑。

smite [smaɪt; smait] *v.t.* (**smote** [smot; smout]；**smit·ten** [ˈsmɪtn; ˈsmitn]) **1**《文語・謔》**a**〔十受(十介十(代)名)〕〔以…〕打，重擊…〔*with*〕：The blacksmith *smote* the anvil. 鐵匠錘打鐵砧。**b**〔十受〕打倒，打敗，殺〈敵人等〉。

2 a〈疾病、災難等〉襲擊〈人等〉《★常用被動語態，介系詞用 *with, by*》：He *is smitten* ***with*** flu. 他患了流行性感冒。**b**〈良心等〉譴責…《★常用被動語態，介系詞用 *with, by*》：She *was smitten* ***with*** remorse. 她深感懊悔。**c**〈美女、美的東西〉迷惑…《★常用被動語態，介系詞用 *with, by*》：He *was smitten* ***with*** [***by***] the charming girl. 他被那個迷人的女孩子迷住了/They *are smitten with* each other. 他們彼此傾慕。

smith [smɪθ; smiθ] *n.* Ⓒ[常構成複合字]**1** 金屬工匠，鐵匠，治工：⇨ goldsmith, tinsmith, whitesmith. **2** 製造者，製作人：⇨ gunsmith.

Smith [smɪθ; smiθ], **Adam** *n.* 史密斯《1723–90；蘇格蘭經濟學家，「國富論」(*The Wealth of Nations*)」的作者》。

smith·er·eens [ˌsmɪðəˈrinz; ˌsmiðəˈri:nz] *n. pl.*《口語》碎片，碎屑：smash a cup *to* [*into*] ～ 把茶杯摔成碎片。

Smith·só·ni·an Institútion [smɪθˈsonɪən-; smiθˈsouniən-] «由英國化學家 J. Smithson [ˈsmɪθsn; ˈsmiθsn] (1765–1829) 捐款修建»**——*n.*** [**the** ～] 史密生研究所《爲求科學知識的普及與進步，於 1846 年設立在美國華盛頓(Washington, D. C.)的學術機構，有國營的設施、博物館、天文台、美術館等》。

smith·y [ˈsmɪθɪ, ˈsmɪðɪ; ˈsmiði, ˈsmiθi] *n.* Ⓒ鐵匠鋪，鍛冶場。

smit·ten *v.* **smite** 的過去分詞。

smock [smɑk; smɔk] *n.* Ⓒ **1** (幼童、婦女、畫家等的)罩衫，工作服。**2** 孕婦裝。

——*v.t.* 《服飾》用針線在〈布料等〉上縫褶飾(smocking)。

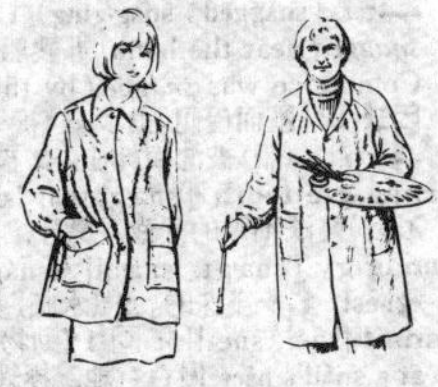

smocks 1

smóck fròck *n.* Ⓒ(歐洲農夫等所穿的)一種寬鬆的罩衫。

smóck·ing *n.* Ⓤ《服飾》打褶成幾何圖形的一種褶飾。

smog [smɑg; smɔg] «smoke (煙)和 fog (霧)的混合語»**——*n.*** Ⓤ煙霧《含煙的霧，常見於大都市上空等》：photochemical ～ 光化學的煙霧。

smog·gy [ˈsmɑgɪ; ˈsmɔgi] «smog 的形容詞»**——*adj.*** (**smog·gi·er**; **-gi·est**) (多)煙霧的。

smocking

‡**smoke** [smok; smouk] *n.* **1** Ⓤ煙：(There's) no ～ without fire. = Where there's ～, there's fire. 《諺》無火不生煙；無風不起浪。

2 Ⓤ **a** 似煙霧的東西。**b** 霧；飛沫。**c** 熱氣，水蒸氣。

3 Ⓒ **a** (香煙的)一根；抽煙：have [take] a ～ 抽[吸]一根煙。**b** 《口語》雪茄煙，紙煙。

gò úp in smóke (1)〈房子等〉燒燬。(2)〈計畫、希望等〉如煙般消失，化爲烏有，成泡影。

——*v.i.* **1 a 吸煙**，抽煙：I don't ～. 我不抽煙/He ～*s* like a chimney. 他的煙癮很大，他煙抽得很多。**b** [與 well 等的狀態副詞連用]〈煙斗、香煙等〉抽起來(…)：This pipe ～*s* well. 這支煙斗好抽。

2 冒煙，噴煙：The volcano is *smoking*. 那座火山在冒煙。

3 燻，起煙霧：The stove is *smoking* badly. 那爐子煙冒得很厲害。

——*v.t.* **1 a** 〔十受〕吸，抽〈香煙、鴉片〉：～ a cigarette [pipe] 抽紙煙[煙斗]。**b** 〔十受十補〕[～ one*self*] 抽煙〈成…狀態〉：You will ～ *yourself* sick. 你會因抽煙而生病。

2 〔十受〕使…充滿煙，把…燻黃[黑]；使…生煙臭：The lamp has ～*d* the wall. 那盞油燈把牆壁燻黑了。

3 〔十受〕燻製…：～ salmon 燻製鮭魚。

4 a 〔十受〕以煙消毒…；燻〈植物〉除蟲：The plants in the greenhouse were being ～*d*. 正以煙燻溫室裏的植物以除蟲。**b** 〔十受十副〕把…(從洞穴、隱藏處)燻[趕]出〈*out*〉。**c** 〔十受(十副)十介十(代)名〕〔從…〕燻出〈蟲等〉〈*out*〉〔*from, out of*〕：～ ***out*** bees ***from*** a hollow 從洞穴中燻出蜜蜂/～ mosquitoes ***out of*** a room 把蚊子燻出房間。

smóke óut 《*vt adv*》(1)⇨*v.t.* 4b, c. (2)嗅出，察覺出〈計謀等〉；查出〈犯罪者等〉。

smóke bòmb *n.* Ⓒ煙幕彈。

smóke-còlored *adj.* 灰褐色的。

smoked *adj.* [用在名詞前] **1** 燻製的：～ ham 燻製火腿。**2** (被煙)燻(黑)的：～ glass 被煙燻黑的玻璃。

smóke-drìed *adj.* 燻製的。

smóke-drỳ *v.t.* & *v.i.* 燻製，燻乾(…)。

smóke·hòuse *n.* Ⓒ燻製室；燻肉貯藏所。

smóke·less *adj.* 無煙的：～ coal [powder] 無煙煤[火藥]。

smók·er *n.* Ⓒ **1** 吸煙者：a heavy ～ 很愛抽煙的人，煙癮大的人/～'s throat [heart] 因抽煙過多而引起的咽喉病[心臟病]。**2** 吸煙車(廂)(smoking car)，吸煙室。**3** (從前)男子非正式的輕鬆聚會。

smóke scrèen *n.* Ⓒ **1** 《軍》煙幕。**2** (隱藏眞正意圖的)僞裝，煙幕，障眼法。

smóke sìgnal *n.* Ⓒ **1** 狼煙；用煙作的信號。**2** 朕兆；象徵。

smóke·stàck *n.* Ⓒ **1** (船、工廠等的)高煙囪。**2** 《美》(蒸汽火車頭的)煙筒。

Smok·ey [ˈsmokɪ; ˈsmouki] *n.* Ⓒ (*pl.* ～**s**) 《美》 **1** (又作 **Smókey Béar**) 森林防火標誌《一頭穿著森林消防隊員制服的漫畫熊》。**2** [常 ～**s**] 《俚》高速公路巡迴警官《因其所戴的帽子與義 1 的漫畫熊所戴者類似》。

smók·ing *n.* Ⓤ **1 a** 吸煙：No ～ (within these walls). (場內)禁煙。

> 【說明】(1)在西方，通常要在他人，尤其是女性前吸煙時，禮貌上必須先問一下"May I smoke ?"(我可以吸煙嗎？)交通工具通常也把可以吸煙的和不可以吸煙的車子分得很清楚，後者一定有"No Smoking Car"的標示。另外在餐廳裏劃分吸煙桌與非吸煙桌的也愈來愈普遍。
>
> (2)在美國，公共場所尤其限制吸煙，電視、廣播禁止做香煙廣告，香煙盒或雜誌中的香煙廣告則必須標示"Warning : The Surgeon General Has Determined that Cigarette Smoking Is Dangerous to Your Health."(警告：公共衛生局長已認定吸煙有害健康。)

b [當形容詞用]吸煙(用)的：⇨ smoking jacket. **2** 煙製，煙燻。**3** 冒煙，冒水蒸汽。

——*adj.* [用在名詞前] **1** 冒煙的，煙燻的。**2** 吸煙的，抽煙的。**3 a** 冒著熱氣的，熱氣騰騰的：a ～ horse 冒汗的馬。**b** [當副詞用]冒蒸氣地：～ hot food 熱騰騰的食物。

smóking càr *n.* Ⓒ吸煙車。

smóking compàrtment *n.* Ⓒ(火車內的)吸煙室《僅在此隔間內可吸煙》。

smóking còncert *n.* Ⓒ《英》准許吸煙的音樂會。

smóking jàcket *n.* Ⓒ吸煙服《男用寬鬆上衣，爲室內穿著的便衣》。

smóking ròom *n.* Ⓒ吸煙室。

smok·y [ˈsmokɪ; ˈsmouki] «smoke *n.* 的形容詞»**——*adj.*** (**smok·i·er**; **-i·est**) **1** 冒煙的，煙燻的，噴黑煙的。**2 a** 煙霧瀰漫的，多煙的。**b** 煙燻黑的，燻汚的。**3 a** 如煙的。**b** 煙色的，灰暗的。**4 a** 〈氣味、味道等〉有煙味的。**b** 〈顏色等〉暗色的，不鮮艷的。**smók·i·ly** [-kɪlɪ; -kili] *adv.* **-i·ness** *n.*

smol·der [ˈsmoldɚ; ˈsmouldə] *v.i.* **1** 不發火焰而慢慢燃燒或冒煙，悶燒，燻燒：The wood was ～*ing* in the fireplace. 木柴在壁爐中悶燒。**2 a** 〈感情等〉(不表露於外而)潛伏，鬱積，悶在心中：～*ing* discontent 鬱積的不滿。**b** 〔十介十(代)名〕〈眼睛等〉表現出〔壓抑在心中的怒火、厭惡等〕〔*with*〕：eyes ～***ing with*** anger 燃燒著怒火的眼睛。

——*n.* Ⓒ[常用單數] **1** 冒煙，悶燒。**2** (情緒的)壓抑。

smolt [smolt; smoult] *n.* Ⓒ《動物》兩歲之小鮭《剛由淡水入海者》。

SMÓN disèase [ˈsmɑn-; ˈsmɔn-] *n.* Ⓤ《醫》亞急性脊髓視神經障礙。

smooch[1] [smutʃ; smu:tʃ] 《口語》*v.i.* 接吻，擁吻。

——*n.* [**a** ～] 接吻，擁抱。

smooch[2] [smutʃ; smu:tʃ] *n., v.t.* = smudge.

***smooth** [smuð; smu:ð] *adj.* (～**er**; ～**est**) **1 a** 〈表面等〉**平滑的，光滑的**(↔ rough)：～ skin 光滑的皮膚。**b** 〈道路等〉平坦的，沒有凹凸的：a ～ road 平坦的路。**c** 〈水面等〉平靜的，平穩的。**d** 〈邊緣等〉沒有凹凸的，沒有鋸齒狀的。**e** 〈毛髮等〉光滑的，有光澤的。**f** 〈身體等〉無毛[鬍鬚]的。**g** 《動物·植物》光滑的，無毛的。

2 a 〈動作等〉**圓滑的**，平穩的。**b** 〈事情等〉順利的，順遂的：make things ～ (除去障礙)使事情順利進行。

3 a 〈說話、文章等〉流暢的，流利的。**b** 〈音樂〉旋律悅耳的。**c** 口齒伶俐的；不得罪人的，待人圓滑的：say very ～ things 說恭維話。

4 〈飲料等〉可口的，溫和的。

5 〈物質、液體等〉均勻的，無結塊的。

in smóoth wáter(s) ⇨ water.

réach [gét to] smóoth wáter 度過難關。

——*adv.* (～**er**; ～**est**) 平滑地，流暢地。

——*v.t.* **1** 〔十受(十副)〕**a** 使…平坦，把…弄平，(用某物)推平…〈*down, out*〉：～ asphalt with a roller 用壓路機推平柏油。**b** 整平，燙平；拉平〈布料等〉的皺紋〈*away, out*〉：*S*～ this dress with an iron. 用熨斗把這件衣服燙平/～ ***out*** a rumpled bedsheet 把起皺的牀單弄平。**c** 把〈頭髮、羽毛〉撫平，梳平〈*down*〉：～ (***down***) one's hair 把頭髮撫平[梳平]。**2 a** 〔十受(十副)〕除去[排除]〈困難等〉〈*away, out*〉：～ difficulties ***away*** 排除困難。**b** 〔十受〕(排除困難等)使…容易：～ the way (for...) 除去阻擋(…)的障礙，(爲…)鋪平道路。**c** 〔十受〕使〈憤怒〉平息；使〈心情等〉平穩。

——*v.i.* **1** 〔動(十副)〕變平滑，變平坦〈*down*〉。**2** 〔十副〕變平穩，變平靜，變緩和〈*down*〉：His anger ～***ed down***. 他的憤怒平息了；他的氣消了/Affairs are ～*ing down*. 事態逐漸緩和[平息]下來。

smóoth óver《vt adv》掩飾〈缺點、過失〉：～ *over* faults 掩飾缺點。

—*n.* **1** [a ～] 平滑，平坦，撫平：give *a* ～ to one's hair 把頭髮撫平。**2** Ⓒ平面，平地。

take the róugh with the smóoth ⇨ rough *n.*

～**·ly** *adv.* ～**·ness** *n.*

smóoth·bòre *n.* Ⓒ滑膛槍[砲]。

—*adj.* 滑膛式的。

smóoth-fáced *adj.* **1** 表面平坦的。**2** 臉光滑的，沒有鬍子的；鬍子剃乾淨的。**3** (表面上)取悅他人的；僞裝的。

smooth·ie [ˋsmuðɪ; ˈsmu:ði] *n.* Ⓒ《口語》圓滑的人，會迎合人的人；舉止優雅的人；善於對女人獻慇懃的男人。

smóoth-rúnning *adj.* 運轉平穩的。

smóoth-spóken [**-tóngued**] *adj.* 嘴巧的，能言善道的，口齒伶俐的。

smooth·y [ˋsmuðɪ; ˈsmu:ði] *n.* ＝smoothie.

smor·gas·bord [ˋsmɔrgəsˏbɔrd; ˈsmɔ:gəsbɔ:d] 《源自瑞典語 'open sandwich table' 之義》—*n.* Ⓤ瑞典式自助餐(館)《★陳列有三明治、魚、肉、蔬菜、水果、餐後甜點等食品，由客人自由取食的一種北歐式自助餐(館)》。

smote *v.* smite 的過去式。

smoth·er [ˋsmʌðɚ; ˈsmʌðə] *v.t.* **1** 〔十受(十介十(代)名)〕〔用…〕悶死〈人等〉〔*with*〕：The unhappy woman ～*ed* her own baby ***with*** a pillow. 那個不幸的婦女用枕頭悶死自己的嬰兒。**2** 〔十受(十介十(代)名)〕〔用…〕把〈火〉悶熄〔*with*〕：He ～*ed* the fire ***with*** sand. 他用沙把火悶熄。

3 a 〔十受(十副)〕忍住〈呵欠〉；抑制〈說話、感情〉〈*up*〉：～ (***up***) a yawn 忍住呵欠/～ one's grief 抑制悲傷。**b** 〔十受(十副)〕隱蔽，遮掩〈罪惡〉〈*up*〉：～ (***up***) a crime 把罪行掩蓋起來。**c** 〔十受〕抑止…的發展[發育]。

4 覆蓋，籠罩…《★常用被動語態，介系詞用 *in, with*》：The town *is* ～*ed* ***in*** fog. 那個小鎮籠罩在霧中/The country house *was* ～*ed* ***with*** roses. 那間農宅掩映在玫瑰花叢中。

5〖烹飪〗**a** 〔十受〕蒸(煮)，燉〈食物〉：～*ed* chicken 燉雞。**b** 〔十受十介十(代)名〕給…添加多量〔的…〕〔*in, with*〕：～ a salad ***with***[***in***] dressing 給沙拉添加大量的調味醬。

6 〔十受十介十(代)名〕不停地給與〔吻、善意等〕使…透不過氣來〔*with*〕：She ～*ed* the child ***with*** kisses. 她吻得小孩透不過氣來。

—*v.i.* 窒息，透不過氣來。

—*n.* [a ～] (令人窒息般的)濃煙，濃霧，煙燻。

smoth·er·y [ˋsmʌðərɪ; ˈsmʌðəri] *adj.* 易使窒息的；充滿灰塵或煙霧的。

smoul·der [ˋsmoldɚ; ˈsmouldə] *v., n.* 《英》＝smolder.

smudge [smʌdʒ; smʌdʒ] *n.* Ⓒ **1** 污點，污斑，污跡。**2** 《美》(驅蟲、除霜用的)燻火，蚊煙。

—*v.t.* **1 a** 使…起污斑，弄髒…：His sooty hand ～*d* the paper. 他被煤煙燻污的手把紙弄髒了。**b** 在…留下污跡。**2** 燻〈帳篷、果樹園等〉的蚊蟲；使〈火〉冒出滾滾濃煙。

—*v.i.* 變髒，形成污斑。

smudg·y [ˋsmʌdʒɪ; ˈsmʌdʒi] 《smudge 的形容詞》—*adj.* (**smudg·i·er**；**-i·est**)髒污的，多污斑[污跡]的；模糊不清的。

smúdg·i·ly [-dʒɪlɪ; -dʒili] *adv.* **-i·ness** *n.*

smug [smʌg; smʌg] *adj.* (**smug·ger**；**smug·gest**)自以爲是的，沾沾自喜的，自鳴得意的，過於做作的。～**·ly** *adv.* ～**·ness** *n.*

smug·gle [ˋsmʌgl; ˈsmʌgl] *v.t.* 〔十受(十副詞(片語))〕**1** 把…走私運入[運出](…)：～ *in*[*out*] heroin 走私運入[運出]海洛英/He tried to ～ diamonds *into* Japan [*through* (the) customs]. 他企圖偷運鑽石進日本[通過海關]。**2** 把…偷偷帶進[出](…)：The man ～*d* a revolver *into* the prison. 那個男人把一支左輪槍偷偷帶進監獄。

—*v.i.* 走私運入[運出]。

smúg·gler *n.* Ⓒ **1** 走私者，偷運者。**2** 走私船。

smut [smʌt; smʌt] *n.* **1** Ⓤ[指個體時爲Ⓒ]煤煙，煤炱，劣煤；污斑，污物。**2** Ⓤ猥褻(的談話)，色情文學。**3** Ⓤ(麥、玉蜀黍等的)黑穗病。

—*v.t.* (**smut·ted**；**smut·ting**)用〈煤煙等〉弄髒…，使…污黑。

—*v.i.* 變髒，變黑。

smutch, smouch [smʌtʃ; smʌtʃ] *n., v.t.* ＝smudge.

smut·ty [ˋsmʌtɪ; ˈsmʌti] 《smut 的形容詞》—*adj.* (**smut·ti·er**；**-ti·est**) **1** 變黑的，多煤灰的。**2** 猥褻的。**3** 患黑穗病的。

smút·ti·ly [-tɪlɪ; -tili] *adv.* **-ti·ness** *n.*

Sn 《源自拉丁文 *stannum*》〖符號〗〖化學〗tin.

snack [snæk; snæk] 《源自中古荷蘭語「咀嚼」之義》—*n.* Ⓒ **1** (三餐以外的)點心，小吃，宵夜。**2** (飲料、食物的)一口，少量。

—*v.i.* 《美》吃點心[小吃]。

snáck bàr *n.* Ⓒ小吃店，賣小吃的櫃台。

snaf·fle [ˋsnæfl; ˈsnæfl] *n.* (又作 **snáffle bit**) Ⓒ輕勒《無勒索的一種輕馬銜》。

—*v.t.* **1** 給〈馬〉裝上輕勒；用輕勒控制〈馬〉。**2** 《英俚》輕易拿到〈球〉。**3** 《英俚》摸走，偷取〈東西〉。

sna·fu [snæˋfu; snæˈfu:] 《*s*ituation *n*ormal *a*ll *f*ucked [*f*ouled] *u*p 的頭字語》—《美俚》*adj.* 混亂的。

—*n.* Ⓤ混亂(狀態)。

—*v.t.* (～**ed**；～**·ing**)使…混亂。

snag [snæg; snæg] *n.* Ⓒ **1 a** (樹砍下或折斷後剩下的)殘株，殘根。**b** (突出水面妨礙船隻航行的)倒樹，沉樹。**2** 意外的障礙[故障，瑕疵]：strike [come up against] a ～ 碰到意外的障礙。**3** 暴牙，齙牙，缺牙。**4** (襪子等的)鉤破，抽絲。

—*v.t.* (**snagged**；**snag·ging**) **1** 使〈船〉撞上沈樹：The ship was *snagged* near the bank. 那艘船在近岸處被沈樹絆住。**2** 妨礙…：Commerce was *snagged* by the lack of foreign exchange. 商業因缺少外匯而受阻。**3** 鉤破〈襪子等〉。**4** 《美口語》偷取，攫取…。

—*v.i.* **1** 〈船〉被沈樹絆住。**2** 被絆住而不能動彈。

snag·gle·tooth [ˋsnæglˏtuθ; ˈsnægltu:θ] *n.* Ⓒ (*pl.* **-teeth** [-ˏtiθ; -ti:θ])殘缺不齊的牙齒，暴牙，歪齒。

snag·gy [ˋsnægɪ; ˈsnægi] 《snag 的形容詞》—*adj.* (**snag·gi·er**；**-gi·est**) **1** 多殘株的。**2** (水底)多暗樁[沈樹]的。

snail [snel; sneil] *n.* Ⓒ **1**〖動物〗蝸牛。**2** 動作慢吞吞的人。

at a snáil's páce 慢吞吞地，極緩慢地。

***snake** [snek; sneik] *n.* Ⓒ **1**〖動物〗蛇。**2** 蛇一般的人，陰險[狡猾]的人。**3**〖建築〗(通陰溝或水管等的)通條。

snáke in the gráss 隱藏的敵人，潛伏的危險。

snákes and ládders Ⓤ蛇梯棋《一種棋子遊戲》。

—*v.i.* 〔十副詞(片語)〕(如蛇般)蜿蜒(而行)，蛇行。

—*v.t.* **1** 〔十受十副詞(片語)〕[～**one's way**]蜿蜒而行，彎彎曲曲地走：The stream ～*s* its way *across* the field. 小溪蜿蜒曲折地流過田野。**2** 《美口語》**a** 〔十受〕(用繩子)拉〈圓木等〉：～ logs 拉圓木。**b** 〔十受(十副)〕用力拉[拖]…〈*out*〉：～ ***out*** a tooth 拔牙。

snáke·bìrd *n.* Ⓒ蛇鵜《蛇鵜科食魚水鳥的統稱，頸長細如蛇》。

snáke·bìte *n.* **1** Ⓒ蛇咬的傷。**2** Ⓤ蛇咬傷的症狀[疼痛]。

snáke chàrmer *n.* Ⓒ弄蛇者，玩蛇的人。

snáke dànce *n.* Ⓒ **1** 蛇舞《構成北美印地安人部分宗教儀式的舞蹈》。**2** (慶祝勝利的)蛇行隊伍，蜿蜒前進的遊行行列。

snáke dòctor *n.* Ⓒ**1** 《美方言》蜻蜓。**2** 美洲蛇蛉的幼蟲《可作魚餌》。

snáke·lìke *adj.* 似蛇的；蜿蜒的；彎彎曲曲的。

snáke pìt *n.* Ⓒ **1** 瘋人院。**2** 蛇窖。**3** 混亂和痛苦的場所；混亂悲慘。

snáke·skìn *n.* **1** Ⓒ蛇皮。**2** Ⓤ(加工、手工藝用的)蛇皮皮革。

snak·y [ˋsnekɪ; ˈsneiki] 《snake 的形容詞》—*adj.* (**snak·i·er**；**-i·est**) **1 a** 蛇的，蛇形的，似蛇的。**b** 多蛇的。**2** 〈河流等〉蜿蜒曲折的。**3** 陰險的，奸詐的。

snap [snæp; snæp] (**snapped**；**snap·ping**) *v.t.* **1 a** 〔十受〕使…發出啪噠[噼啪，啪]聲；〈手槍等〉砰然擊發〈子彈〉：～ a whip 使鞭子噼啪作響/～ a rubber band 使橡皮筋發輕脆的響聲/～ one's fingers (用兩根指頭)叭地一彈。**b** 〔十受十副〕把〈蓋子等〉啪噠一聲關上〈*down*〉：He *snapped* ***down*** the lid of the box. 他啪噠一聲關上箱蓋。**c** 〔十受十補〕啪[啪噠]一聲使…〈成…狀態〉：He *snapped* his watch open [shut]. 他啪一聲打開[關上]錶蓋。

2 〔十受(十副)〕啪一聲折斷…，咔嚓一聲剪斷…〈*off*〉：～ a stick 啪一聲折斷棍子/～ ***off*** a twig 啪一聲折下一根小枝/～ a piece of thread *in* two 咔嚓一聲把線剪成兩段。

3 a 〔十受(十副)〕咬，咬住…〈*up*〉：The dog *snapped* ***up*** the piece of meat. 那隻狗咬住那塊肉。**b** 〔十受十副〕一口咬下，咬斷…〈*off*〉：The shark *snapped* the man's leg ***off***. 那條鯊魚咬斷了那人的一條腿。

4 〔十受十副〕攫取，奪取；撲奪，爭先恐後地搶…〈*up*〉：～ ***up*** an offer 搶著接受某項提議/The cheapest goods were soon *snapped up*. 最便宜的貨品很快被搶購一空。

5 a 〔十受(十副)〕厲聲[冷不防]說出〈話〉〈*out*〉：He *snapped out* a retort. 他厲聲[立即]頂嘴[反駁]。**b** 〔十引句〕厲聲[突然]說…："Quiet!" *snapped* the teacher. 教師以嚴厲的口氣說：「安靜！」

6 〔十受〕《口語》咔嚓一聲拍〈照片〉，拍…的快照：He *snapped* the scene. 他快速拍下那場面。

—*v.i.* **1 a** 發出啪噠[噼啪，啪]的聲響；〈手槍〉發出咔嚓聲而〈子彈〉不發火：The wood *snapped* as it burned. 木柴燃燒時發出噼啪噼啪聲。**b** 〔動(十副)〕〈蓋子、門等〉啪噠[啪]一聲關上〈*down, to*〉：The door *snapped* ***to***. 門砰一聲關上。**c** 〔十介十(代)名〕〈蓋子、門等〉啪噠[啪，砰]一聲在〔…處〕關上〔*into*〕：The bolt *snapped* ***into*** place. 門閂啪噠一聲扣上了。**d** 〔十補〕〈門等〉發出

啪噠[啪，砰]一聲〈成…狀態〉：The door *snapped* shut [open]. 那扇門啪噠[砰]一聲關上[打開]。

2 a〔動(十副)〕咔喳一聲斷掉，折斷；〈神經等〉承受不住，受不了〈*off*〉：He heard one of the strings of his violin ～. 他聽到他小提琴的一根弦突然斷了/His nerves *snapped*. 他的神經(承受不了壓力而)突然崩潰[失常]/Something *snapped* in his head. 他的頭腦突然亂了[他一時之間無法自制]/The mast *snapped off*. 船桅啪一聲折斷了。**b**〔十補〕啪一聲斷成〈…狀態〉：The stick *snapped* short. 那根棍子突然啪一聲折斷了。

3〔動(十介十(代)名)〕突然咬(住)〔…〕〔*at*〕：That dog ～*s* ***at*** people's hands. 那隻狗會咬人的手。

4〔十介十(代)名〕〔對提議等〕搶先接受，立刻接受〔*at*〕：He *snapped* ***at*** our offer. 他欣然接受我們的提議。

5〔十介十(代)名〕〔對某人〕嘮叨〔*at*〕：She always ～*s* ***at*** him. 她總是對他嘮叨不休。

snáp báck《*vi adv*》(1)啪的一聲彈回去。(2)厲聲頂回去。(3)突然恢復(原狀)；迅速恢復過來。

snáp a person's **héad óff** ⇨ head.

snáp into it [常用祈使語氣]《口語》快開始，幹起來。

snáp it úp [用祈使語氣]《美》趕快。

snáp óff《*vi adv*》(1)⇨ *v.i.* 2 a. —《*vt adv*》(2)⇨ *v.t.* 2. (3)咔一聲關掉〈電燈、收音機等〉。(4)咔嗒一聲拍下〈照片〉；〈槍〉快速射擊〈子彈〉。

snáp óut of it《口語》(靠意志力)迅速擺脫〈疾病、惡劣的情緒等〉，振作起來。

snáp to it = SNAP into it.

—n. **1** Ⓒ啪噠[噼啪，啪]聲；突然的折斷[斷掉，破裂]；啪的關閉聲：He heard the ～ of a twig broken underfoot. 他聽見小樹枝在腳下(被踩)折斷的噼啪聲。

2 Ⓒ **a** 突然的咬：The dog took [made] a ～ *at* the meat. 那隻狗猛然咬住那塊肉。**b** (迅速的)攫取，搶奪。

3 (又作 **snáp fàstener**) Ⓒ扣(環)，鉤，按扣。

4 Ⓒ [當作菜名時爲Ⓤ] [常構成複合字] 薄的脆餅：⇨ gingersnap.

5 Ⓤ《口語》精力，元氣，活力，俐落：a style without much ～ 不太有力的文體。

6 Ⓒ(天氣的)驟變；(尤指)突然的酷寒，寒流：a cold ～ 一陣短暫的寒冷，寒潮。

7 Ⓒ《口語》快照。

8 [a ～]《美口語》輕鬆的工作[科目]：The homework was *a* ～. 那些家庭作業很簡單。

9 Ⓤ一種紙牌遊戲。

—adj. [用在名詞前] **1** 啪一聲扣住的，彈簧[自動]式的〈扣環、門鈎等〉。

2 倉卒的，突然的，冷不防的：a ～ decision (情勢所逼的)倉卒決定。

3《美俚》輕鬆的。

—adv. 啪噠[啪，噼啪]一聲地。

—interj.《英》**1** 相同！同點！《玩紙牌的 snap 遊戲時，出現兩張同點紙牌時說的話》。**2**《口語》(出現兩個相同東西時)一樣！完全相同！

snap·back [ˈsnæpˌbæk; ˈsnæpbæk] *n.* **1** Ⓒ《美式足球》快速後傳。**2** ⓊⒸ突然彈回；突然好轉。

snáp bèan *n.* Ⓒ《植物》青豆；菜豆。

snáp·dràgon《源自把袋狀的花看成龍(dragon)口》***—n.*** **1** Ⓒ《植物》金魚草《又稱龍嘴花》。**2** Ⓤ火中取栗《從燃燒著白蘭地酒的盤子中取出葡萄乾的一種耶誕節遊戲》。

snáp·òut *n.* Ⓒ **1** 在裝訂線附近打孔以便單頁易於撕下的小簿子，尤指夾有複寫紙者《如拍紙簿、發票簿等》。**2** 此等簿子的打孔頁面。

snáp·per *n.* Ⓒ **1 a** 發出啪噠[噼啪，啪]的響聲者。**b** 嘮叨的人。**2**《動物》鱷龜(snapping turtle)。**3** (*pl.* ～, ～s)《魚》笛鯛。

snápping bèetle *n.* = click beetle.

snáp·ping tùrtle *n.* Ⓒ《動物》鱷龜《北美產》。

snap·pish [ˈsnæpɪʃ; ˈsnæpiʃ]《snap 的形容詞》***—adj.*** **1** 〈狗等〉有咬人習慣的，愛咬人的。**2** 嘮叨的；〈言語、態度〉不耐煩的，粗暴的，暴躁的。～**·ly** *adv.* ～**·ness** *n.*

snap·py [ˈsnæpɪ; ˈsnæpi]《snap 的形容詞》***—adj.*** (**snap·pi·er**; **-pi·est**) **1**《口語》**a** 迅速的，倉卒間做的：a ～ worker 工作迅速的人。**b** 敏捷的，有幹勁的，精神飽滿的，乾淨俐落的。**2** 打扮漂亮的，時髦的，瀟灑的：a ～ dresser 衣著瀟灑的人。**3** = snappish. **4** 〈寒風、寒冷等〉刺骨的。**5** 〈火等〉噼啪作響的。

Máke it snáppy! =《英》**Lóok snáppy!**《口語》有話快說！趕快！

snáp·shòot *v.t.* (**snap·shot**; **snap·shoot·ing**) 拍…之快照。～**·er** *n.*

snáp·shòt *n.* Ⓒ快照：take a ～ *of*... 拍…的快照。

snare [snɛr, snær; snɛə] *n.* Ⓒ **1** (通常用繩子做成，用來套住動物、鳥等腳部的)圈套。**2** [常 ～s] (陷害人的)陷阱，誘惑：lay a ～ for... 爲…設下圈套[布下羅網]；欲陷害…。**3** [常 ～s] (小鼓(snare drum)的)響弦。

snares 1

—v.t. 〔十受〕**1** 以陷阱捕捉〈動物〉：～ a rabbit in a trap 以陷阱捕兔。**2** 陷害，誘惑〈人〉；誘〈人〉入圈套。**3** 巧妙地鑽營而獲得…：He ～*d* a job with IBM. 他以巧妙的手段在 IBM 公司謀得一職。

snáre drùm *n.* Ⓒ小鼓《軍用小鼓，鼓底的皮面張有響弦(snares)》。

snarl[1] [snarl; snɑːl] *v.i.* **1**〔動(十介十(代)名)〕〈怒犬等〉〔對…〕(露牙)吠叫，咆哮〔*at*〕(⇨ bark[1]【同義字】)：That dog usually ～*s* ***at*** strangers. 那隻狗常會對陌生人吠叫。**2**〔動(十介十(代)名)〕〈人〉〔對…〕嘮叨，吼叫〔*at*〕：Don't ～ ***at*** me like that. 別對我那樣吼叫。

—v.t. **1 a**〔十受(十副)〕厲聲地說，咆哮著說…〈*out*〉：He ～*ed* ***out*** his answer. 他吼著回答。**b**〔十引句〕吼著說…："Get away!" he ～*ed*. 他吼道：「滾！」

2〔十受十補〕[～ *oneself*] 吼叫著說〈而成…狀態〉：He ～*ed himself* hoarse. 他咆哮得嗓子都啞了。

—n. Ⓒ吼叫，咆哮，謾罵，怒聲：answer with a ～ 以怒聲回答。

snarl[1] 1

snarl[2] [snarl; snɑːl] *n.* Ⓒ [常 ～s] **1** (毛、髮等的)糾結。**2** 混亂：a traffic ～ 交通混亂。

—v.t. 〔十受(十副)〕**1** 使〈頭髮等〉纏結〈*up*〉《★常用被動語態》：Her hair *is* ～*ed*. 她的頭髮纏結在一起。**2** 使〈問題、交通等〉混亂〈*up*〉《★常用被動語態》：Traffic *was* ～*ed* by the accident. 意外事故使交通混亂。

snárl-ùp *n.* Ⓒ混亂；(尤指)交通混亂。

snatch [snætʃ; snætʃ] *v.t.* **1 a**〔十受(十副)〕(突然用力)攫取，奪去，抓住，搶去〈東西〉〈*up, away, off*〉：The man ～*ed* ***up*** a club and struck at me. 那個男人一把抓起棍子打我/*Snatching* ***off*** his hat, he took her hand. 他趕緊脫帽，握住她的手。**b**〔十受(十副)十介十(代)名〕〔從…〕(突然)攫取，奪去，搶走〈東西〉〈*away, off*〉〔*from, out of*〕：He ～*ed* the knife (***away***) ***from*** the burglar [***out of*** the burglar's hand]. 他奪下竊賊的刀[他從竊賊手中奪下刀]。

2 a〔十受〕趁機獲得…；急忙吃…：～ a few hours of sleep 偷閒睡上兩三小時/～ a hasty meal 急忙用餐。**b**〔十受(十介十(代)名)〕(未得對方許可，趁機)迅速〔從…〕得到…〔*from*〕：He ～*ed* a kiss ***from*** her. 他出其不意吻了她一下。

3〔十受(十副)十介十(代)名〕〔從世上等〕突然把〈人〉帶走，殺死〈某人〉〈*away*〉〔*from*〕：He was ～*ed* ***away*** [～*ed* ***from*** us] by sudden death. 他突然去世。

4〔十受〕《美俚》誘拐，綁架〈某人〉。

—v.i. 〔十介十(代)名〕**1** 想搶走〔…〕，嘗試奪取〔…〕〔*at*〕：The policeman ～*ed* ***at*** the gangster's revolver. 警察試圖奪取那名歹徒的左輪槍。

2 抓住〔機會等〕〔*at*〕：I ～*ed* ***at*** the chance to travel. 我抓住旅行的機會。

—n. Ⓒ **1** 攫取，奪取，搶，抓住〔*at*〕：make a ～ (*at*...) 想奪取(…)；試圖抓住(…)。

2 a [常 ～es] (工作、睡眠等的)片刻，短時間：work *in* [*by*] ～*es* 有時工作(有時停止)，斷斷續續地工作/a ～ *of* sleep 片刻的睡眠。**b** [常 ～es] (歌唱、談話等的)片斷，一段：short ～*es of* song 一首歌的片段。

3《美俚》誘拐，綁架。

snátch·er *n.* Ⓒ **1** 攫取者，強奪者：a body ～ 盜屍者。**2**《美俚》誘拐者。

snatch·y [ˈsnætʃɪ; ˈsnætʃi]《snatch *n.* 2 的形容詞》***—adj.*** (**snatch·i·er**; **-i·est**) 時作時輟的；不定時的，斷斷續續的。

snaz·zy [ˈsnæzɪ; ˈsnæzi] *adj.* (**snaz·zi·er**; **-zi·est**)《口語》打扮漂亮的，時髦的。

sneak [snik; sniːk]《源自古英語「爬」之義》***—v.i.*** **1 a**〔十副詞(片語)〕偷偷進[出](…)；行跡可疑地(在某處)徘徊，潛行：～ *into* [*out of*] a room 悄悄進入[走出]房間/I saw him ～ *away from* us. 我看見他悄悄地從我們身邊走開。**b**〔十副(十介十(代)名)〕悄悄地走近〔…〕〈*up*〉〔*on, behind*〕：He ～*ed* ***up on*** [***behind***] her. 他悄悄地走近她[她的背後]。**2**〔十介十(代)名〕取巧逃避〔…〕〔*out of*〕：～ ***out of*** danger 取巧逃避危險。**3**〔動(十介十(代)名)〕《英學生俚》告訴老師〔…的事〕，向老師告密[打

S

小報告]〔*on*〕.

—*v.t.* **1**〔十受十副詞(片語)〕把…偷偷帶出[進]〔(…)〕。**2**《英俚》摸走，偷取…。

—*n.* Ⓒ **1 a** 鬼鬼祟祟。**b** 卑怯的人；小偷。**2**《英學生俚》告密的人，打小報告的學生。

—*adj.* [用在名詞前]**1** 鬼鬼祟祟的，偷偷的，秘密的：⇨ sneak thief. **2**《口語》出其不意的：a ~ attack 偷襲。

snéak·er *n.* Ⓒ **1** 鬼鬼祟祟的人，卑劣的人。**2** [常~s]《美》膠底帆布鞋[運動鞋]（《英》plimsoll）.

snéak·ing *adj.* [用在名詞前]**1** 潛行的，偷偷摸摸的。**2** 卑劣的，膽怯的。**3** 秘密的，隱藏心中的〈感情等〉。**~·ly** *adv.*

snéak thief *n.* Ⓒ（不使用暴力的）小偷。

sneak·y [ˈsnikɪ; ˈsni:ki] «sneak 的形容詞»**—***adj.* (**sneak·i·er**; **-i·est**) 鬼鬼祟祟的，偷偷摸摸的，卑劣的。

snéak·i·ly [-kɪlɪ; -kili] *adv.* **-i·ness** *n.*

sneer [snɪr; sniə] *v.i.*〔動(十介十(代)名)〕嘲笑，冷笑，譏誚〔…〕〔*at*〕《★可用被動語態》：He ~*s* ***at*** religion. 他嘲笑宗教。

—*v.t.* **1**〔十受〕嘲笑著說〈回答的話等〉，輕蔑地說…。**2**〔十受十副〕冷笑而蔑視〈某人〉〈*away, down*〉：~ a person's reputation ***away*** 對某人的名聲付之一笑/~ a person ***down*** 嘲笑某人，冷笑而使某人沉默。

—*n.* Ⓒ冷笑，輕蔑〔*at*〕.

sneer·ing·ly [ˈsnɪrɪŋlɪ; ˈsniəriŋli] *adv.* 冷笑地，嘲笑地。

sneeze [sniz; sni:z] *n.* Ⓒ噴嚏。

【說明】⑴根據西方迷信，打噴嚏會把靈魂噴出體外，因此產生了如下求神避邪的習俗：如果一個人打了噴嚏，在旁的人要馬上替他說聲："God bless you !"（願神保佑你！）打噴嚏的人也要馬上回答一聲"Thank you."（謝謝。）
⑵噴嚏的聲音是 ahchoo [ɑˈtʃu; ɑ:ˈtʃu:].

—*v.i.* 打噴嚏。

nót to be snéezed àt《口語》不可輕視，值得考慮：It's *not to be ~d at.* 那是不容忽視的。

snéez·er *n.* Ⓒ打噴嚏的人。

snell [snel; snel] *n.* Ⓒ連接釣鉤與釣竿的細絲線。

snick [snɪk; snik] *v.t.* 微微割開…；作細刻痕於…。

—*n.* Ⓒ小割痕，刻痕。

snick·er [ˈsnɪkɚ; ˈsnikə] *v.i.* **1**〔動(十介十(代)名)〕《美》暗笑，竊笑〔…〕〔*at*〕. **2**《英》〈馬〉嘶。

—*n.* Ⓒ **1**《美》暗笑，竊笑。**2**《英》馬嘶。

snide [snaɪd; snaid] *adj.* 貶抑的，惡意的，挖苦的：make ~ comments 說挖苦的話。**~·ly** *adv.* **~·ness** *n.*

sniff [snɪf; snif] *v.i.* **1**〔動(十介十(代)名)〕呼呼吸氣地聞，嗅〔…〕〔*at*〕：The dog ~*ed* ***at*** the bone. 那隻狗呼呼地嗅那根骨頭。**2**〔十介十(代)名〕〔對…〕嗤之以鼻〔*at*〕《★可用被動語態》：You shouldn't ~ ***at*** that offer. 你不該對那項提議嗤之以鼻。

—*v.t.* **1**〔十受〕嗅…的氣味：She ~*ed* the fish. 她嗅一嗅那魚(的氣味)。**2**〔十受(十副)〕從鼻子吸…〈*up*〉：This medicine is to be ~*ed* (***up***). 此藥要用鼻子吸入。**3**〔十受(十副)〕嗅出，發覺〈陰謀等〉〈*out*〉：~ (***out***) a plot 覺察有陰謀。**4**〔十引句〕嗤之以鼻地說…，以輕蔑的口吻說…："I'm more beautiful than she is," she ~*ed.* 她以輕蔑的口吻說：「我比她漂亮。」

—*n.* Ⓒ呼呼吸氣(聲)；嗅，吸：get a ~ of... 呼呼吸氣而聞…/give a ~ 聞一聞，嗅一嗅。

snif·fle [ˈsnɪfl; ˈsnifl] *v., n.* =snuffle.

sniff·y [ˈsnɪfɪ; ˈsnifi] «sniff 的形容詞» **—***adj.* (**sniff·i·er**; **-i·est**)《口語》**1** 嗤之以鼻的，鄙夷的；傲慢的。**2**《英》臭的，發出惡臭的。

snif·ter [ˈsnɪftɚ; ˈsniftə] *n.* Ⓒ **1**《英口語》(酒等的)一小口。**2**（上面逐漸變窄的）盛白蘭地酒的玻璃杯。

snig·ger [ˈsnɪgɚ; ˈsnigə] *v., n.* =snicker.

snip [snɪp; snip] (**snipped**; **snip·ping**) *v.t.* **1**〔十受十副〕剪斷，用剪刀剪去…〈*off*〉：~ ***off*** the ends 把末端剪去。**2**〔十受十介十(代)名〕用剪刀〔在…上〕剪〈洞〉〔*in*〕：~ a hole ***in*** a sheet of paper 在一張紙上剪個洞。**3**〔十受十介十(代)名〕把…〔從…〕剪下〔*off, out of*〕：~ a bud ***off*** a stem 從莖部剪下花苞。

—*v.i.*〔十介十(代)名〕用剪刀剪〔…〕〔*at*〕：~ ***at*** a hedge 剪樹籬。

—*n.* **1** Ⓒ **a** 剪斷；剪的聲音。**b** 剪下的小片[斷片]。**c**（用剪刀剪的）剪痕。**2** Ⓒ[常用單數]《英口語》買得划算的東西。**3** Ⓒ《美口語》不足道的小人物，乳臭未乾的小子。**4** [~s]（剪金屬的）鐵絲剪，平頭剪。

snipe [snaɪp; snaip] *n.* Ⓒ (*pl.* ~, ~s)《鳥》鷸。

—*v.i.* **1** 獵鷸。**2**〔動(十介十(代)名)〕**a**《軍》(從埋伏地)狙擊〔…〕《★可用被動語態》：He was ordered to ~ ***at*** anyone moving about the camp. 他奉令狙擊任何在營地附近走動的人。**b** 中傷，誹謗〔人等〕〔*at*〕《★可用被動語態》。

snip·er *n.* Ⓒ **1**《軍》狙擊兵。**2** 獵鷸者。

snipe

snip·pet [ˈsnɪpɪt; ˈsnipit] *n.* Ⓒ **1 a** 小片，碎片。**b** [常~s]片斷，零星的東西〔*of*〕：~*s of* information [knowledge] 片斷的資訊[知識]。**2**《美口語》不足道的人。

snip·py [ˈsnɪpɪ; ˈsnipi] «snip 的形容詞» **—***adj.* (**snip·pi·er**; **-pi·est**)《美》**1** 片斷的；湊合的，拼湊的。**2**《口語》言語唐突的，脾氣暴躁的。

snitch [snɪtʃ; snitʃ]《口語》*v.t.* 攫取，偷取〈沒多大價值的東西〉。

—*v.i.*〔動(十介十(代)名)〕告密，告發〔…〕〔*on*〕.

—*n.* Ⓒ **1** 告密者，告發者。**2**《英謔》鼻子。

sniv·el [ˈsnɪvl; ˈsnivl] *v.i.* (**sniv·eled**,《英》**-elled**; **sniv·el·ing**,《英》**-el·ling**) **1 a** 流鼻涕。**b** 吸鼻涕。

2 a 嗚咽，啜泣，抽噎地哭。**b** 以啜泣假裝後悔[悲哀]的樣子，哭哭啼啼地說。

—*n.* Ⓤ **1** 鼻涕。**2** 哭訴。

sniv·el·er,《英》**sniv·el·ler** *n.*

snob [snɑb; snɔb] *n.* Ⓒ **1** 庸俗的人《擺紳士架子，崇拜地位及錢財，諂上傲下的人》，勢利小人。

【字源】snob 這個字源自斯堪的那維亞語(Scandinavian)，原來的字義是「鞋匠」「鞋匠的學徒」。到了十九世紀這個字才被廣泛使用，用來指那些羨慕上流社會而瞧不起無地位或無金錢者的勢利小人。

2 [與修飾語連用]（以自己愛好的學藝、嗜好爲至上而引以爲傲的）知識分子，附庸風雅之徒，恃才傲物的人：a musical ~ 自以爲對音樂內行的人。

snob·ber·y [ˈsnɑbərɪ; ˈsnɔbəri] *n.* **1** Ⓤ好勢利的性格[行爲]，擺紳士架子。**2** Ⓒ勢利小人的言行。

snob·bish [ˈsnɑbɪʃ; ˈsnɔbiʃ] «snob 的形容詞»**—***adj.* 勢利眼的，庸俗的，擺紳士架子的。**~·ly** *adv.* **~·ness** *n.*

snób·bism [-bɪzəm; -bizəm] *n.* =snobbery.

snob·by [ˈsnɑbɪ; ˈsnɔbi] *adj.* (**snob·bi·er**; **-bi·est**) =snobbish.

SNOBOL [ˈsnobl; ˈsnoubl] «*stri*ng-*o*riented sym*bo*lic *l*anguage 的頭字語»**—***n.* Ⓤ《電算》字串導向符號語言《一種作高等字串處理工作的程式語言》。

snog [snɑg; snɔg]《英口語》*v.i.* (**snogged**; **snog·ging**) 接吻，擁抱。

—*n.* [a ~]接吻，擁抱。

snood [snud; snu:d] *n.* Ⓒ **1 a**（女用）髮網《使垂在後面的頭髮不會散亂》。**b** 髮網式的帽子。**2**（從前蘇格蘭女子象徵處女的）束髮帶。

snood 1 a

snook [snuk, snuk; snu:k, snuk] *n.*《英》表示輕蔑[鄙視]的動作《★以拇指頂住鼻尖並張搖其他四指；常用於下列成語》。

cóck a snóok《英》(作拇指頂住鼻尖張搖其他四指的動作)鄙視〔某人〕，〔對…〕表示輕蔑〔*at*〕.

cock a snook

snook·er [ˈsnukɚ; ˈsnu:kə] *n.* Ⓤ《撞球》落袋檯球《使用一白色母球、十五個紅球與六個其他顏色的球在有六個袋子的檯子上玩的球戲》。

—*v.t.*《口語》使〈人、計畫等〉陷入困境；欺騙，打敗…《★常用被動語態》。

snoop [snup; snu:p]《口語》*v.i.* **1**〔動(十副)〕徘徊窺探，窺伺〈*around, about*〉：~ ***around*** 到處窺探。

2〔動(十介十(代)名)〕打探，探聽〔…〕〔*into*〕：~ ***into*** a person's private life 探聽某人的私生活。

—*n.* =snooper.

snóop·er *n.* Ⓒ《口語》窺探[探聽]者。

snoop·y [ˈsnupɪ; ˈsnu:pi] *adj.* (**snoop·i·er**; **-i·est**)《口語》**1** 到處窺探的。**2** 愛打聽的，愛管閒事的。

Snoo·py [ˈsnupɪ; ˈsnu:pi] *n.* 史奴比《美國漫畫家 Charles M. Schulz [ʃults; ʃults] 筆下的一隻畢格爾獵犬(beagle)之名》。

snoot [snut; snu:t] *n.* Ⓒ **1**《美俚》鼻子。**2**（表示輕視的）鬼臉。

snoot·y [ˈsnutɪ; ˈsnu:ti] *adj.* (**snoot·i·er**; **-i·est**)《口語》**1** 庸俗的；裝模作樣的。**2** 傲慢的，自大的。

snóot·i·ly [-tɪlɪ; -tili] *adv.* **-i·ness** *n.*

snooze [snuz; snu:z]《口語》*v.i.* 打瞌睡，小睡。

—*n.* Ⓒ[常用單數]打盹，打瞌睡，小睡：have a ~ 打個盹，小睡一下。

snore [snor, snɔr; snɔː]《擬聲語》*v.i.* 打鼾。
—n. Ⓒ鼾聲。**snor·er** [ˋsnorɚ, ˋsnɔrɚ; ˋsnɔːrə] *n.*
snor·kel [ˋsnɔrkl; ˋsnɔːkl] **《源自德語「鼻子」之義》—n.** Ⓒ **a** 通氣管《使潛水艇能長時間潛航的裝置》。**b** (潛水人用的)呼吸管。
snort [snɔrt; snɔːt] *v.i.* **1** 〈馬等〉噴氣作聲，噴鼻息。
2 〔動(十介十(代)名)〕(表示輕蔑、驚愕、不同意等)〔對…〕哼鼻子〔*at*〕：～ ***at*** a person 藐視某人而哼鼻子。
—v.t. 1 a 〔十受(十副)〕噴鼻息般地噴出…；氣呼呼地說出…〈*out*〉：He *～ed* ***out*** a reply. 他氣呼呼地回答。**b** 〔十引句〕氣呼呼地說…：“Indeed !” he *～ed*. 他氣呼呼地說：「眞是！」**2** 〔十受(十介十(代)名)〕噴鼻息〔對…〕表示〈輕蔑、挑戰等〉〔*at*〕：They *～ed* defiance ***at*** us. 他們對我們哼鼻子以示不服。
—n. Ⓒ **1** 鼻息(聲)。**2**《口語》一口氣喝下烈酒。
snórt·er *n.* Ⓒ **1 a** 鼻息粗的人。**b** 大聲噴鼻息的馬[豬]。**2** 〔常用單數〕《口語》特別棒[猛烈，難]的東西。
snot [snɑt; snɔt] *n.* Ⓤ《鄙》鼻涕。
snot·ty [ˋsnɑtɪ; ˋsnɔti] **《snot 的形容詞》—*adj.*** (**snot·ti·er**；**-ti·est**)《俚》**1** 流鼻涕的。**2** 可鄙的；可嘆的。**3** 傲慢的，無禮的。
snout [snaut; snaut] *n.* **1** Ⓒ (豬等)突出的鼻子(⇨nose【同義字】)。**2** Ⓒ《俚》(人的)鼻子；(尤指)大鼻子。**3**《英俚》**a** Ⓤ煙草。**b** Ⓒ紙煙。

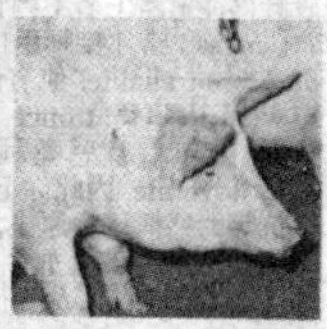
snout 1

‡**snow** [sno; snou] *n.* **1 a** Ⓤ雪：a road deep in ～ 積雪很深的道路/play in the ～ 在雪中玩。**b** Ⓒ降雪，下雪：We had a heavy ～ yesterday. 昨天下了一場大雪/We had heavy *～s* last year. 去年下了幾次大雪。

【說明】在英國下雪是在一月和二月，有時還會有雪暴(snowstorm)，可是積雪不深，因此想滑雪的人需要去奧國或瑞士。在美國則各地區的差別很大，北部從十二月到三月間都會下雪，有時寒流(cold wave)及暴風雪(blizzard)的襲擊會造成相當大的災害。在新英格蘭(New England)各地都會有很多積雪，道路兩旁容易造成雪堆(snowbank)，稍爲離開都市的地方都可見到一大片雪地，落磯山脈上則終年積雪。在公路(highway)上需要撒上岩鹽，以防止路面凍結；cf. salt【說明】(3)。

2 Ⓤ《詩》雪白，純白。
3 Ⓤ《俚》(粉末狀的)古柯鹼，海洛英。
4 Ⓤ《電視》(畫面上)跳動的白點，雪花效應(干擾)。
—v.i. 1 [以 it 作主詞]下雪：*It* was *～ing* heavily. 雪下得很大。
2 〔十副〕如雪般降下，似雪片般飛來〈*in*〉：Congratulations came *～ing* ***in***. 賀詞如雪片似地飛來。
—v.t. 1 〔十受十副〕以雪覆蓋[包住，封閉]…〈*in, up, under*〉《★常用被動語態》：The cars *were ～ed* ***under*** by drifts. 那些汽車被雪堆所覆蓋/They *were ～ed* ***up*** in the valley. 他們被雪困在山谷中。
2 〔十受〕《美俚》(鼓起三寸不爛之舌)說服，欺騙〈某人〉。
snów únder《*vt adv*》(1)⇨ *v.t.* 1. (2)《口語》窮於應付〈太多的函件、工作等〉，被…壓得透不過氣來《★常用被動語態，介系詞用 *by, with*》：I *am ～ed under with* correspondence. 如雪片般飛來的函件使我窮於應付。
snów·bàll *n.* Ⓒ **1** 雪球。**2**《植物》繡球莢蒾《莢蒾屬灌木，開球形白花，故名》。
not stánd [hàve] a snówball's chánce in héll《口語》全無(成功等的)機會。
—v.t. 1 向…擲雪球。**2** 使…滾雪球般地逐漸增大[增加]。
—v.i. 1 擲雪球；作擲雪球遊戲。**2** 滾雪球般地逐漸增大。
snów·bànk *n.* Ⓒ(爲風吹集的堤狀)大雪堆；雪堤，雪丘。
snów·bèrry *n.* Ⓒ《植物》雪果《北美產雪果屬灌木的統稱，尤指尖葉雪果，結白色漿果》。
snów·bìrd *n.* Ⓒ **1**《鳥》燈草鵐《尤指分布於北美洲的灰藍燈草鵐》。**2**《美俚》吸食古柯鹼[海洛英]者，有嗎啡癮者。
snów-blìnd *adj.* 雪盲的《由於雪的閃爍而暫時失去視力》。
snów blìndness *n.* Ⓤ雪盲。
snów·bòund *adj.* 爲雪所封閉[困]的，爲雪所阻(而進退不得)的。
snów bùnting *n.* Ⓒ《鳥》雪鵐。
snów-cápped *adj.* 〈山〉積雪蓋頂的，頂上積雪的。
snów-clád[-cóvered] *adj.* 爲雪所覆蓋的。
Snow·don [ˋsnodn; ˋsnoudn] *n.* 斯諾登山《在威爾斯(Wales)西北部，高 1085 公尺，爲威爾斯的第一高峯》。
snów·drìft *n.* Ⓒ吹雪，雪堆。
snów·dròp *n.* Ⓒ《植物》雪花蓮《石蒜科雪花蓮屬草本植物的統稱，春天開白花，原產於歐亞》。
snów·fàll *n.* **1** Ⓒ降雪。**2** Ⓤ[又作**a** ～]降雪量。
snów·fìeld *n.* Ⓒ雪原。
snów·flàke *n.* Ⓒ **1** 雪片，雪花。**2**《植物》春白菫《石蒜科觀賞植物，原產於歐洲中、南部，葉子近似水仙花葉》。

snowdrop

snów ìce *n.* Ⓤ雪冰。
snów jòb *n.* Ⓒ《美俚》(以巧言或恭維話)說服[欺騙]人(的行爲)。
snów lèopard *n.* Ⓒ《動物》雪豹《棲息於中亞細亞和印度次大陸山區的貓科動物》。
snów lìne *n.* [**the** ～]雪線《終年積雪的最低界線，此線以上的積雪終年不融化》。
snów·màn *n.* Ⓒ(*pl.* **-men**) **1** 雪人《用雪堆成的人形》。

【說明】英美兩國的小孩在堆雪人時，常把它當作「洋娃娃」，給它戴帽子，圍圍巾，嘴裡含煙斗等。眼睛、鼻子、耳朵是用木片或小石頭做成。

2 [S～]＝Abominable Snowman.
snow·mo·bile [ˋsnomoˏbil; ˋsnoumoubiːl] *n.* Ⓒ機動雪車，摩托雪車。

snowmobile

snów·plòw,《英》**snówplòugh** *n.* Ⓒ(除)雪犁。
snow·scape [ˋsnoˏskep; ˋsnouskeip] *n.* Ⓒ雪景。
snów·shèd *n.* Ⓒ雪擋《在山腰鐵路沿線設置的防止雪崩的架棚》。
snów·shòe *n.* Ⓒ [常～s] 雪鞋《一種可在深雪地上行走的鞋子；cf. racket[1] 3》。
snów·slìde *n.* Ⓒ雪崩；崩落的雪塊。
snów·stòrm *n.* Ⓒ雪暴，大風雪，暴風雪。
snów tìre *n.* Ⓒ(汽車的)雪地用輪胎。
snów-whìte *adj.* 雪白的，純白的。
Snow White *n.* 白雪公主《「格林童話集(*Grimm's Fairy Tales*)」中一女主角》。

snowplow

snow·y** [ˋsnoɪ; ˋsnoui] **《snow 的形容詞》—*adj. (**snow·i·er, -i·est**; **more ～, most ～**) **1 a** 下雪的，多雪的。**b** 積雪的，爲雪覆蓋的。**2 a** 雪白[純白]的。**b** 潔白的，純淨的。**snówi·ness** *n.*
Snr.《略》《英》Senior.
snub [snʌb; snʌb] *v.t.* (**snubbed**；**snub·bing**) **1** 斥責；冷落，輕待〈部屬等〉《★常用被動語態》。**2** 喝止〈某人的發言等〉；斷然拒絕〈提議等〉。**3** 〔十受十副〕《美》揉熄[壓熄]〈紙煙〉〈*out*〉。

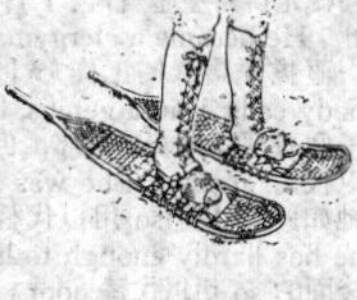
snowshoes

—n. Ⓒ斥責；嚴拒；冷待。
—adj. [用在名詞前]短、扁而微向上翻的〈鼻子〉：a ～ nose 獅子鼻(⇨ nose 插圖)。
snub·by [ˋsnʌbɪ; ˋsnʌbi] *adj.* (**snub·bi·er**；**-bi·est**)獅子鼻的；〈鼻子〉短扁而微向上翻的。
snúb-nósed *adj.* **1** 獅子鼻的。**2** 〈手槍等〉槍管極短的。
snuff[1] [snʌf; snʌf] *v.i.* 〈狗、馬等〉噴鼻子，嗅，聞《★比較 現在一般用 sniff》。
—v.t. 1 從鼻子吸入〈海風、香煙等〉：～ sea breezes 吸入海風。**2** 〔十受(十副)〕嗅出，發覺…〈*up*〉。
—n. 1 Ⓤ鼻煙：take a pinch of ～ 吸一撮鼻煙。**2** Ⓒ [常用單數]噴鼻子吸氣，嗅，聞。
gìve a person snúff 冷待某人；痛斥某人。
úp to snúff (1)《美口語》〈人(的健康)、品質等〉情況良好的，夠標準的。(2)《英口語》精明的，不輕易受騙的。
snuff[2] [snʌf; snʌf] *v.t.* **1** 剪〈蠟燭等〉的芯。**2** 〔十受十副〕**a** 熄滅〈蠟燭〉〈*out*〉。**b** 消滅，毀滅…〈*out*〉：Our hopes have been nearly *～ed out*. 我們的希望幾乎破滅了。
snúff it《英俚》死(die)。
snúff·bòx *n.* Ⓒ鼻煙盒。
snúff·er *n.* Ⓒ **1** 熄滅蠟燭的器具。**2** [常～s]燭花剪子。
snuf·fle [ˋsnʌfl; ˋsnʌfl] *v.i.* **1 a** (因感冒等鼻塞而)發出呼呼鼻

S

聲, 抽鼻子。b〈狗等〉(爲嗅氣味而)使鼻子發出呼呼聲。2 用鼻音說話, 發出鼻音。

—*v.t.* 〔十受(十副)〕用鼻音唱[說]…〈*out*〉: ~ (**out**) a song 用鼻音唱歌。

—*n.* **1** Ⓒ抽鼻子, 鼻塞。**2** [**the** ~**s**]鼻傷風, 鼻炎。**3** Ⓒ鼻聲; 令人憐憫的聲音: speak in a ~ 用鼻音說話。

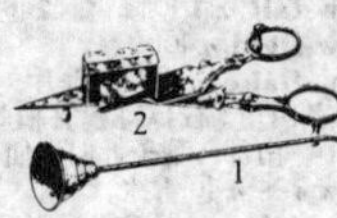

snuffers 1, 2

snuff·y [ˈsnʌfɪ; ˈsnʌfi] *adj.* (**snuff·i·er**; **snuff·i·est**) **1** 如鼻煙的; 爲鼻煙弄污的; 好吸鼻煙的。**2** (外表)令人厭惡的; 不吸引人的。**3** 惱怒的; 易怒的。

snug [snʌg; snʌg] *adj.* (**snug·ger**; **snug·gest**) **1**〈房間、座位等〉舒服的, 溫暖而舒適的: a ~ seat by the fire 爐邊的溫暖座位。**2**〈衣服等〉很合身的, 恰好的。**3**〈收入等〉足夠的。**4** 整潔的。**5** 隱密的, 看不見的, 秘密的: lie ~ 隱匿。

(**as**)**snúg as a búg in a rúg** 舒舒服服而安穩, 非常舒適。

—*n.* Ⓒ《英》(尤指酒館的)個別房間, 私室。

~·**ly** *adv.* ~·**ness** *n.*

snug·ger·y [ˈsnʌgərɪ; ˈsnʌgəri] *n.* Ⓒ舒適的地方, 整潔小巧的房間; (尤指酒館的)個別房間, 私室。

snug·gle [ˈsnʌgl; ˈsnʌgl] *v.i.* **1** 〔十副〕舒舒服服地躺〈*down*〉: ~ ***down*** in bed 舒舒服服地睡在牀上/The village ~*s* at the bottom of the valley. 該村莊安安穩穩地坐落在山谷底。**2** 〔(十副)十介十(代)名〕(求舒適、溫暖、愛情而)挨近, 貼近, 依偎〔…〕〈*up*〉〔*to, into*〕: The little boy ~*d* ***up to*** his mother [~*d* ***into*** his mother's arms]. 小男孩緊挨著他的母親[依偎在母親的懷裏]。

—*v.t.* 〔十受十介十(代)名〕將〈小孩等〉抱緊〔在…〕, 使〈小孩等〉依偎〔在…〕〔*in, to, against*〕: The mother ~*d* the baby ***in***[***to***] her arms. 母親把嬰兒緊抱在她的懷裏。

so¹ [(輕讀) sə, su; sə; (重讀) so; sou] *adv.* (無比較級、最高級)

A [表示狀態] **1 那樣**, 這樣, 如此, 如彼: Hold your chopsticks (just) *so.* 把你的筷子(就像)這樣拿著/*So* was I [I was *so*] engaged, when the telephone rang. 我正忙著的那時候電話鈴響了/As it *so* happened, he was not at home. 碰巧那時他不在家《★用法 本句中的 so 可省略》。

2 a [承接前述事項] **那樣地, 眞實地**: You probably won't believe it, but it is *so.* 你也許不相信那件事, 但那是眞的/Are you married? If *so,* tell me your wife's name. 你結婚了嗎? 如果是(這樣), 告訴我你太太的名字/"Things will remain like this for some time."—"Quite [Just] *so.*"「事情會像這樣繼續一段時期吧。」「正是如此。」**b** [爲 just 等字所修飾]整然, 整整齊齊, 有條不紊: He wants everything (to be) *just so.* 他要把所有的東西都放得井然有序/His books are always (arranged) *exactly so.* 他的書總是排得整整齊齊。**c** [代替前述的名詞、形容詞等]那樣, 如此: He became a clergyman and remained *so.* 他成爲牧師並且一直擔任這樣的工作《★用法 so 用以代替 clergyman》/Everybody calls Tom a genius, but he doesn't like to be *so* called. 每一個人都稱湯姆爲天才, 但他不喜歡被人如此稱呼《★用法 so 用以代替 genius》/She was sad, and rightly *so.* 她悲傷, 也難怪她如此《★用法 so 用以代替 sad》/He is poor—*so* much *so* that he has hardly enough to live. 他窮—窮得難以維持生活《★用法 後面的 so 用以代替 poor; 前面的 so 是屬於義 B 3 a 的用法》。

3 [與 be, have, do 等(助)動詞連用] **a** [以 "so 十主詞十(助)動詞" 的句型, 對前述之事表示同意、確認] **正是(如此)**, 實際如此: You said it was good, and *so* it *is* [ˈɪz; ˈiz]. 你說過它是好的, 而它確實是如此/"You look very tired."—"*So* I *am* [ˈæm; ˈæm]."「你看起來很累的樣子。」「我確實是如此。」/"They work hard."—"*So* they *do* [ˈdu; ˈduː]."「他們很用功。」「他們眞的是這樣。」/"You promised to buy me a ring!"—"*So* I *did* [ˈdɪd; ˈdid]!"「你答應要給我買一隻戒指的!」「不錯, 我是這樣答應過《但忘了這回事》。」**b** ["so十(助)動詞十主詞", 附於不同主詞的肯定敍述]…也是(如此), …也一樣: My father was a Tory, and *so am* I [ˈaɪ; ˈai]. 我的父親是保守黨黨員, 我也是/The door is shut, and *so are* the windows. 門關著, 窗戶也關著/Bill can speak French, and *so can* his brother. 比爾會說法語, 他的哥哥[弟弟]也會[也一樣]/He has lots of books, and *so has* his wife. 他有很多書, 他的太太也有很多書[也是如此]。**c** [用以反駁對方否定的說法]《口語·兒語》這樣(做了): "I didn't touch it."—"You did *so*!"「我沒有碰它。」「你碰了!」

4 [當代名詞用] **a** [當動詞 say, tell, think, hope, expect, suppose, believe, fear, hear 等的受詞] **如此**《★用法 此用法可代替 *that* 子句, 本辭典將其放在〔十*that*__〕的部分》: I think *sò.* 我這樣想/I dòn't thínk *so.* 我不這樣想《★比較 也有 I think not. 的說法, 但這種說法比較拘泥》/I suppóse *sò.* = *So* I suppose. 我想大概如此/I tóld you *sò.* 我這樣告訴過你《我不是這樣告訴你的嗎?》/You dòn't sáy *sò*? 你不是這樣說的吧? [難道眞的是這樣?]《表示驚訝的說法》。**b** [當動詞 do 的受詞用]那樣(地)《★用法 也可用 do it 代替do *so,* 但一般而言, it 多用以指有明確意志行動的動詞(片語); 而表示與意志無關的動詞片語時, 則多用 do *so* 而不用 do it》: He was asked to leave the seat, but he refused to *dó sò.* 人家叫他離開那個座位, 但他拒絕那樣做。**c** [**like so**] (像)這樣(地): Swing the club *like so.* 像這樣地揮桿。

5 [**As...so...**] **a 像…是…一樣**: Just *as* the lion is the king of beasts, *so* the eagle is [*so* is the eagle] the king of birds. 就像獅子是百獸之王一樣, 鷹是百禽之王。**b** 與…同時…, 隨著…而…: *As* it became darker, *so* the wind blew harder. 隨著天變黑, 風也愈大《★比較 雖然 so 可省略, 但文章中常用》。

6 a [**so...that...**; 表示狀態、目的] **使成爲**…(的情形): It *so* happened *that* he was not at home. 碰巧他不在家《★用法 此句中的 so 可省略》/They *so* arranged matters *that* one of them was always on duty. 他們把事情安排成他們之中總有一人在值班。**b** [**so...as to do**] 如此…以致於; 使成爲…(的結果), 以便…: The house is *so* designed *as to* be invisible from the road. 這幢房子設計得從道路上看不到它。

7 [**and so**; 當連接詞用] **因此**, 所以 (therefore): He was biased, *and so* unreliable. 他有偏見, 所以不可靠/I felt very tired, *and so* went to bed at once. 我覺得很累, 因此立刻就寢。

8 [用於句首當感嘆詞用] **a** [用作話頭] **所以**, 因此: *So* you don't love me. 因此你不愛我。**b** [表示發現某事時的驚愕、輕蔑、反抗等的感情] 噢, 原來, 果然, 確實是: *So,* that's who did it. 噢, 原來是那個人做了那件事/*So,* I broke it. 確實是我打破了它(, 那又怎麼樣)/⇨ So WHAT? *pron.* /*So* there! ⇨ there *interj.* 1 b.

—B [表示程度] **1 a 到那種[這種]程度**, 那樣[這樣]地, 如此地: I caught a very big fish. It was *so* long. 我捉到一條很大的魚, 牠大約這樣長/Excuse me for having been silent *so* long. 原諒我久疏問候[久未作聲]/*So* long! ⇨ so long/Don't get *so* worried. = Don't worry *so.* 別那麼擔心/I have never seen *so* beautiful a sunset. 我從沒見過如此美麗的日落《★注意 不定冠詞 a 的位置; ★比較 這種用法比 ... *such a* beautiful sunset 更常用於文章》/He couldn't speak, he got *so* excited [*so* did he get excited]. 他興奮得說不出話來《★變換 可換寫成 He got *so* excited *that* he could not speak.》. **b** [指一定的限度] (最多)到那種[這種]程度: I can eat only *so* much and no more. 我只能吃那麼多, 再多就吃不下了。**c** [加强語氣]《口語》極, 非常, 很: That's *sò* sweet of you! 你眞好! / (I'm) *sò* sorry! 很對不起! /Thank you *sò* much. 多謝/You've been *sò* kind. 你一直都非常親切/My husband *sò* wants to meet you. 我先生非常想見您/⇨ EVER SO.

2 [**so...as...**] **a** [用於否定句] **(不)到…的程度, (沒有)和…一樣的程度**: He is*n't so* tall *as* you. 他沒有你那麼高《★用法 有時也用 He is*n't as* tall *as* you. 或 not *as...as...*》/She was*n't* quite *so* clever *as* I expected. 她沒有我所想的那樣聰明/I do*n't* have *so* many friends [*so* much money] *as* you have. 我沒有像你那麼多的朋友[錢]《★ 用法 as 爲關係代名詞》/⇨ not so¹ much...as.../not [without] *so* much as... ⇨ so¹ much as... **b** [强調高程度] 像…那樣…的: A boy *sò* wise *as* John ought to know better. 像約翰那樣聰明的孩子應該更懂事《更懂得那是不該做的》。

3 [表示程度、結果] **a** [**so...that...**] **到…的程度, 如此…以致於**…《★用法 尤其口語常省略 that》: No one is *so* busy *that* he cannot read the newspaper for a week. 沒有人會忙得一星期當中連看報的時間都沒有/He was *so* excited (*that*) he could not speak. 他興奮得說不出話來/These lakes are *so* small *that* they aren't shown in maps. 這些湖太小以致於地圖上沒有標示。**b** [**so...as to do**] …到(做)…的程度; …得去(做)… (cf. A 6 b): Nobody is *so* stupid *as to* believe that. 沒有人會愚蠢到相信那件事/Would you be *so* kind *as to* hold the door for me? 你願意幫我把門按住嗎? 《★比較 比 Would you be kind *enough* to hold...? 更拘泥的說法》。

and só fòrth [**òn**] ⇨ and.

in so fàr as... = insofar as.

nòt so mùch...as... 與其說…倒不如說…: He is *not so much* a scholar *as* a writer. 與其說他是學者倒不如說是作家/She did*n't so much* dislike me *as* hate me. 與其說她不喜歡我, 倒不如說她憎恨我。

or sò [用在表示數量、期間的字後] 大約…, …左右: It'll be finished in a day *or so.* 那大約在一天內可做完/He must be fifty *or so.* 他一定是五十歲左右的人/There were ten *or so* customers. 大約有十位顧客。

sò as to dó [**sò as nót to**] ⇨ as *conj.*

só càlled ⇨ so-called.

só fàr ⇨far *adv.*
sô fár from dóing... 不但不…(反而)，別說…(反而)：*So far from* work*ing* as fast as my father, I could not even work half as fast. 我工作不但不能和父親一樣快，連他的一半都趕不上《★比較Far from do*ing* 的習慣性強調用法》。
so lóng as ⇨ long¹ *adv.*
só mány ⇨ many *adj.*
só múch (1)⇨ B 1 b. (2)[修飾不可數名詞]完全(nothing but)：It is only *so much* rubbish. 那完全是廢物。(3)[指一定量[金額]]多少的，若干的：at *so much* a week[a head]每週[每人，每頭]多少(錢)/*so much* brandy and *so much* water 多少白蘭地就多少水《一半白蘭地一半水》。(4)[修飾 the＋比較級]那更："It's begun to rain."—"*So much the better*[*worse*] (for us)!"「下起雨來了。」「那更好[更糟]！」
so mùch as...[與 not, without 連用，也用於條件子句]甚至…，連…(even)：He can*not so much as* write his own name. 他甚至連自己的名字也不會寫/He left us *without so much as* a goodbye. 他連一聲再見都沒說就離開我們/If I *so much as* speak to another man, my husband makes the most frightful scenes. 我只要和其他男人說話，我丈夫就會鬧得天翻地覆。
so múch for... (1)…事到此為止[就此結束]，…的事[話]就是這些了：*So much for* today. 今天到此結束/*So much for* him, now about.... 他的事到此為止，其次關於…。(2)…不過如此《★用法用以諷刺言行的不一致》：He arrived late again—*so much for* his punctuality! 他又遲到了，他的守時也不過如此《這就是他所標榜的守時》。
sò that (1)[用以引導受詞的副詞子句]為了…，以便…《★用法《口語》常省略 that；cf. *conj.* 1》：Switch the light on *so that* we can see what it is. 把燈打開，好讓我們看清那是什麼。(2)[用以引導表示結果的副詞子句]所以，因此《★用法《口語》常省略 that；cf. *conj.* 1》：The roof had fallen in, *so that* the cottage was not habitable. 那間小屋的屋頂已塌陷，所以不適於居住。
sò to sáy[**spéak**]可以說，好比，如同：The dog is, *so to speak*, a member of the family. 那隻狗可以說是家庭中的一份子。
—*conj.* **1** [當對等連接詞用]因此，所以(cf. *adv.* A 7)：The wind was blowing harder, *so* I decided not to go. 風颳得愈來愈大，所以我決定不去了/I'm feeling slightly unwell today, *so* can you come some other day? 我今天覺得有點不舒服，你能不能改天再來？
2 [當從屬連接詞用]**a** 為了…，以便…，好讓…《★用法so that(cf. *adv.* 成語)省略 that 而來》：Speak a little louder *so* we can all hear you. 說大聲一點，好讓我們都能聽到。**b** [**just so**]《口語》只要…：I don't care what they say, *just so* I get paid. 只要付給我報酬，我不在乎他們說什麼。
so² [so; sou] *n.* ＝sol¹.
So. 《略》south; southern.
soak [sok; souk] *v.t.* **1 a** 〔十受〕把〈東西〉浸[泡](在水等液體中)：*S*~ the blanket before you wash it. 洗毛毯以前先把它浸在水中。**b** 〔十受十介十(代)名〕把〈東西〉浸[泡]〔在液體中〕〔*in*〕：*S*~ the dirty clothes ***in*** water. 把髒衣服泡在水中。**c** 〔十受十介十(代)名〕〔~ one*self*〕浸，泡〔在液體中〕〔*in*〕：~ *oneself* ***in*** a hot bath 把自己泡在熱水中。
2 〔十受〕〈液體〉濡溼〈人、物〉《★常以過去分詞當形容詞用；⇨ soaked 1》。
3 〔十受十副〕**a** 吸入〈液體〉〈*up*〉：Sponges readily ~ ***up*** water. 海綿容易吸水。**b** 吸收〈陽光〉，浴於〈陽光〉中〈*up*〉：~ ***up*** the sun 做日光浴。**c** 把…牢記(在心裏)，吸收〈新知等〉〈*up*〉：~ ***up*** information 吸收知識。
4 a 〔十受十副〕(泡在液體中)除去…〈*out*〉：~ ***out*** dirt 泡在水中去汚。**b** 〔十受十介十(代)名〕(泡在液體中以)除去〔…的〕〈汚跡等〉〔*out of*〕：~ stains ***out of*** a shirt 把襯衫泡水去汚。
5 〔十受十介十(代)名〕〔~ one*self*〕專心〔於…〕，埋頭〔於…〕〔*in*〕《★也以過去分詞當形容詞用；⇨ soaked 2》：He ~*ed himself* ***in*** literature. 他專心於文學。
6 《口語》**a** 〔十受〕狂飲〈酒〉。**b** 〔~ one*self*〕(狂飲而)醉《★也以過去分詞當形容詞用；⇨ soaked 3》。
7 〔十受〕《口語》向〈人〉敲竹槓，敲詐：They ~ you at that store. 那商店會敲詐你。
8 a 〔十受〕《美俚》痛毆〈某人〉。**b** 〔十受十副〕《口語》重擊…〈*up*〉.
—*v.i.* **1 a** 浸，泡在(水等的)液體中：Let the cloth ~ for an hour. 讓那塊布泡一小時。**b** 〔十介十(代)名〕浸〔於液體〕〔*in*〕：She let the clothes ~ ***in*** soapy water for half an hour. 她讓衣服在肥皂水中浸泡半小時。
2 a 〔十副〕〈液體〉滲透，滲入〈*in*〉。**b** 〔十介十(代)名〕〔從…〕滲出，滲透〔*through, out of*〕：Blood from the wound has ~*ed* ***through*** the bandages. 傷口的血滲透了繃帶。**c** 〔十介十(代)名〕滲入〔…〕〔*into*〕：The rain has ~*ed* ***into*** the ground. 雨水已滲入地下。
3 a 〔十副〕慢慢地滲入(心裏、感情等)〈*in*〉：His advice is beginning to ~ ***in***. 他的忠告開始逐漸滲入(人心)《人們逐漸明白他的忠告》。**b** 〔十介十(代)名〕慢慢地滲入〔心裏、感情等〕〔*into*〕：The idea ~*ed* ***into*** my mind. 那種想法逐漸滲入我的腦子裏。
—*n.* Ⓒ **1** 浸，泡；滲入：Give the clothes a good ~. 把衣服好好地泡一下。**2** 《俚》酒徒，酒鬼。
soaked *adj.* [不用在名詞前] **1 a** (因雨水等液體而)溼透的(cf. soak *v.t.* 2)：He was ~ *through*[*to* the skin]. 他全身溼透。**b** 〔十介十(代)名〕〔因…而〕溼透的〔*with, by*〕：The jacket was ~ ***with*** blood. 夾克沾滿了血/The ground was ~ ***by*** the rain. 地面因雨而溼透。**2** 〔十介十(代)名〕專心〔於…〕的，埋頭〔於…〕的〔*in*〕(cf. soak *v.t.* 5)：She is ~ ***in*** music. 她醉心於音樂。**3** 《口語》酒醉的(cf. soak *v.t.* 6 b).
soak·er [ˈsokə; ˈsoukə] *n.* Ⓒ **1** 浸漬者。**2** 浸漬物；濡濕物。**3** 《俚》酗酒者，酒鬼。**4** 《俚》大雨。
sóak·ing *adj.* **1** (使)溼透的：a ~ downpour 傾盆[滂沱]大雨，豪雨。**2** [當副詞用]溼淋淋地：get ~ wet 變成溼淋淋[落湯雞]。
só-and-sò *n.* (*pl.* ~s, ~'s) **1** Ⓤ **a** 某某，某人：Mr. *So-and-So* [*So-and-so*]某某先生。**b** 這樣這樣，如此這般：say ~ 說這樣這樣[云云]。**2** Ⓒ(卑鄙、無禮的)某某，某人《★用法bastard 等的委婉語》。
***soap** [sop; soup] *n.* **1** Ⓤ**肥皂**：a cake[bar] of ~ 一塊肥皂/toilet [laundry] ~ 香皂[洗衣肥皂]/hard ~ 硬皂/⇨ soft soap/in ~ and water 用肥皂水。**2** (又作**sóap òpera**)Ⓒ(電視、廣播的)連續劇。

【說明】通常在白天播出的電視或廣播連續劇。多以鬧劇或濫情的通俗劇形式編成。由於在 1920 年代此類的連續劇最先多半是肥皂公司所提供，因而產生此一名稱。

nó sóap 《美口語》(1)(對建議、要求、提案)拒絕，不接受，不實行。(2)《結果等》失敗，無效，徒然。
—*v.t.* 〔十受(十副)〕用肥皂洗…〈*up*〉：~ (***up***) one's hands 用肥皂洗手。
sóap·bòx *n.* Ⓒ **1** 裝肥皂的木箱。**2** (街頭演說時)充作演說臺的空箱子。

【說明】西方國家的人在街頭等地演講時常用木製的肥皂箱權充演講台，因此 soapbox 一字便多了一個字義。在倫敦的海德公園(Hyde Park)中的演講會場(Speakers' Corner)也是以 soapbox 充作演講台。

—*adj.* [用在名詞前]街頭演說的：a ~orator 街頭演說家。
Sóap Bòx Dérby *n.* 兒童自製玩具車比賽。

【說明】原先是指十一歲到十五歲兒童利用木製肥皂箱做成箱形玩具車從斜坡滑下來的比賽。現在是指一種無引擎或踏板的小型自製玩具汽車的比賽。這種比賽在美國各地都有舉行，每年八月間在俄亥俄州(Ohio)的阿克倫市(Akron)尚有全美的此種賽車大會。

sóap bùbble *n.* Ⓒ肥皂泡：blow ~*s* 吹肥皂泡。
soap·less [ˈsoplɪs; ˈsouplis] *adj.* **1** 無肥皂的。**2** 未洗的；骯髒的。
sóap pòwder *n.* Ⓤ皂粉。
sóap·stòne *n.* Ⓤ皂石。
sóap·sùds *n. pl.* 起泡的肥皂水，肥皂泡。
soap·y [ˈsopɪ; ˈsoupi] 《soap 的形容詞》**—*adj.*** (**soap·i·er**; **-i·est**) **1 a** 肥皂(質)的；似肥皂的。**b** 含肥皂的，多肥皂泡的：~ water 肥皂水。**2** 《口語》待人圓滑的，滿口奉承話的，諂媚的。
3 《口語》如通俗連續劇(soap opera)的，通俗劇式的。
soar [sor, sɔr; sɔː] *v.i.* **1** 〔動(十副詞(片語))〕〈鳥、飛機等〉高飛，翱翔：The eagle ~*ed into* the sky. 老鷹飛向天空/The jet plane ~*ed away into* the distance. 那架噴射機高飛遠去。
2 〈滑翔機等〉滑翔：The glider was ~*ing* above the valley. 那架滑翔機在山谷上空滑翔。
3 〈希望〉提高；〈精神〉昂揚。
4 〈塔、山等〉聳立《★無進行式》。
5 暴漲：Prices have ~*ed*. 物價暴漲。
soar·ing [ˈsorɪŋ, ˈsɔrɪŋ; ˈsɔːriŋ] *adj.* **1 a** 高飛的，翱翔的：a ~ eagle 翱翔的老鷹。**b** 聳立雲霄的：a ~ spire 聳立雲霄的尖塔。
2 〈思想、理想等〉高超的，遠大的：(a) ~ ambition 遠大的抱負。
3 〈物價等〉高漲的：~ prices 暴漲的物價。
sob [sɑb; sɔb] 《擬聲語》**—**(**sobbed**; **sob·bing**) *v.i.* **1** 啜泣，嗚咽，抽噎(⇨ cry 2【同義字】)。**2** 〈風、浪等〉發出似嗚咽聲：The cold wind was *sobbing* through the trees. 寒風蕭蕭吹過樹林。
—*v.t.* **1 a** 〔十受(十副)〕嗚咽著說…〈*out*〉：She *sobbed* ***out*** an account of her sad life. 她嗚咽著敍述她自己悲哀的身世。**b** 〔十

S

引句〕嗚咽著說…："But I still love you," *sobbed* the girl. 那女孩子嗚咽著說：「但是我仍然愛你。」**2**〔十受十介十(代)名〕〔~ one*self*〕啜泣〔而成…狀態〕〔*to*〕：The poor boy *sobbed himself to* sleep. 那可憐的男孩啜泣著睡著了。

sób one's **héart óut** 哭得死去活來。

—*n.* Ⓒ啜泣，抽噎，嗚咽。

S.O.B., s.o.b., SOB «*s*on *o*f a *b*itch 的頭字語»**—*n.*** Ⓒ(*pl.* ~s, ~'s)《美口語》(罵人的話)混蛋，畜生，狗娘養的，王八蛋。

sób·bing·ly *adv.* 嗚咽地，抽噎著。

so·ber [ˈsobɚ; ˈsoubə] «源自古法語「沒有醉的」之義»**—*adj.*** (~·er, ~·est; more ~, most ~) **1 a 清醒的**，沒有喝酒的，未醉的(↔ drunken)：become [get] ~ 酒醒。**b**〈人等〉平時不喝酒的。**2**〈想法、意見等〉穩健的，冷靜的；〈人、個性、態度等〉沈著的，審慎的，認眞的(⇨ serious【同義字】)。**3**〈顏色等〉樸素的，素淨的，不鮮艷的。**4**〈事實等〉不誇張的，實在的。

—*v.t.* **1**〔十受十副〕使…清醒，使…酒醒〈*up*〉：We had to ~ him *up* before taking him home. 帶他回家以前我們必須使他清醒。**2**〔十受(十副)〕使…沈著，使…認眞，使…反省〈*down*〉.

—*v.i.* **1**〔十副〕酒醒，清醒〈*up*〉：The drunken man soon *~ed up*. 那個醉漢不久便酒醒了。**2**〔動(十副)〕冷靜下來，變認眞，反省〈*down*〉：The excited people *~ed down*. 那些興奮的人們冷靜下來了。

~·ly *adv.* **~·ness** *n.*

sóber-mínded *adj.* 沈著的，冷靜的。

sóber·sìdes *n.* Ⓒ(*pl.* ~)《口語》嚴肅而沈著的人，嚴謹的人。

so·bri·e·ty [səˈbraɪətɪ, so-; souˈbraiəti] «sober 的名詞»**—*n.*** Ⓤ **1 a** 未醉，清醒(↔ inebriety). **b** 不耽溺於酒，節酒。**2** 嚴肅，平靜，沈著，穩重。

so·bri·quet [ˈsobrɪˌke; ˈsoubrikei] «源自法語»**—*n.*** Ⓒ渾名，別名，綽號。

sób sister *n.* Ⓒ報導傷感消息的(女)記者。

sób stòry *n.* Ⓒ傷感的故事；使人同情的辯解。

soc. 《略》society.

so-called [ˈsoˈkɔld; ˌsouˈkɔːld˝] *adj.* [用在名詞前] **1 所謂的**《通常帶有不相信、輕蔑之意；★囲囲置於名詞後面時不用連字號(-)而寫成兩個字》：~ high society 所謂的上流社會/a ~ feminist 所謂的女權運動者。**2** 社會上所說的。

soc·cer [ˈsɑkɚ; ˈsɔkə] *n.* Ⓤ足球(⇨ football 1).

> 【字源】倫敦足球協會(the London Football Association)於十九世紀後期成立，並制定了足球規則。遵守此規則的足球賽就稱作 association football；後來取 as*soc*iation 的 soc 作爲簡稱，但因 soc 不好唸，所以加上 -cer 而成爲 soccer.

so·cia·bil·i·ty [ˌsoʃəˈbɪlətɪ; ˌsouʃəˈbiləti] «sociable 的名詞»**—*n.*** Ⓤ愛[善]交際；有人緣；和氣，友善。

so·cia·ble [ˈsoʃəbl; ˈsouʃəbl] *adj.* **1 a** 愛[善]交際的。**b** 討人喜歡的，和氣的，有人緣的。**2**〈聚會等〉親善[聯誼]性的，融洽的。

—*n.* Ⓒ《美》懇親[聯誼]會。

só·cia·bly [-blɪ; -bli] *adv.*

‡so·cial [ˈsoʃəl; ˈsouʃl] «society 的形容詞»**—*adj.*** (more ~; most ~) **1** (無比較級、最高級) **a 社會的**，有關社會的，社會上[性]的：~ morality 社會道德/~ justice 社會正義/~ problems 社會問題/~ psychology 社會心理學/~ statistics 社會統計學。**b** 有關社會地位的：~ classes 社會階級。**2** (無比較級、最高級) **a**〈聚會等〉**社交上的**，聯誼的：a ~ gathering 社交上[性]的聚會，聯誼會。**b** 社交界的，上流社會的：the ~ register《美》社交界名人錄。**3 善交際的**；融洽的(sociable)：a ~ character 善交際的個性。**4 a 社會性的**：Man is a ~ animal. 人是社會性的動物。**b**《動物》羣居的。**c**《植物》羣生的，叢生的。**5** (無比較級、最高級)社會主義的：~ democracy 社會民主主義/a *S*~ Democrat 社會民主黨員。

—*n.* Ⓒ(尤指教會等的)懇親會，聯誼會。

~·ly *adv.*

sócial anthropólogy *n.* Ⓤ社會人類學。

sócial clímber *n.* Ⓒ尋求飛黃騰達的人，(尤指)想盡辦法躋身上流社會的人，攀龍附鳳者。

sócial clímbing *n.* Ⓤ攀高枝，(爲爭地位而)向上爬。

sócial cómpact *n.* =social contract.

sócial cóntract *n.* [the ~] 民約論，社會契約論《盧梭(J. Rousseau)的學說》。

sócial contról *n.* Ⓤ《社會》社會控制。

sócial dáncing *n.* Ⓤ交際舞，交誼舞。

sócial Dárwinism *n.* (又作**Sócial Dárwinism**)Ⓤ社會演化論，社會達爾文論。

sócial disèase *n.* Ⓒ性病，花柳病。

sócial engineéring *n.* Ⓤ社會工程。

sócial envíronment *n.* Ⓤ《社會》社會環境《有別於自然環境》。

sócial évil *n.* **1** [the ~] 賣淫(prostitution). **2** Ⓒ對社會有害之事。

sócial insúrance *n.* Ⓤ社會保險。

***so·cial·ism** [ˈsoʃəlˌɪzəm; ˈsouʃəlizəm] *n.* [常S~] Ⓤ**社會主義**：state ~ 國家社會主義。

so·cial·ist [ˈsoʃəlɪst; ˈsouʃəlist] *n.* Ⓒ **1 社會主義者。2** [常S~] 社會黨黨員。**—*adj.*** **1** 社會主義的。**2** [常 S~] 社會黨(黨員)的。

so·cial·is·tic [ˌsoʃəˈlɪstɪk; ˌsouʃəˈlistik˝] *adj.* 社會主義(者)的。

-ti·cal·ly [-klɪ; -kli] *adv.*

Sócialist Párty *n.* [the ~]《英口語》(英國的)工黨。

so·cial·ite [ˈsoʃəˌlaɪt; ˈsouʃəlait] *n.* Ⓒ(社交界的)名士，名流，聞人。

so·ci·al·i·ty [ˌsoʃɪˈælətɪ; ˌsouʃiˈæliti] «social 的名詞»**—*n.*** **1 a** Ⓤ愛社交，社交性。**b** Ⓒ[常socialities] 社交性活動。**2** Ⓤ羣居本能，羣居性。

so·cial·i·za·tion [ˌsoʃələˈzeʃən; ˌsouʃəlaiˈzeiʃn] «socialize 的名詞»**—*n.*** Ⓤ **1** 社會化。**2** 社會主義化。

so·cial·ize [ˈsoʃəˌlaɪz; ˈsouʃəlaiz] «social 的動詞»**—*v.t.*** **1** 使〈人〉適於社會生活，使〈人〉有社交性。**2** 使…符合社會的要求，使…社會化。**3** 使…社會主義化；使…國營化《★常用被動語態》。

—*v.i.* **1** 從事[參加]社交活動。**2**〔十介十(代)名〕〔與…〕交際〔*with*〕.

só·cial·ized médicine *n.* Ⓤ《美》公營醫療，(由稅收資助的)公費醫療制度。

sócial scíence *n.* ⓊⒸ社會科學《歷史學、經濟學、社會學等》。

sócial scíentist *n.* Ⓒ社會科學家。

sócial secúrity *n.* Ⓤ **1** [常S~ S~]《美》社會福利(制度)，社會安全[保障]制度《失業保險、社會醫療、養老金等》。**2**《英》生活保障(《美》welfare).

sócial sérvice *n.* **1** Ⓤ(由團體組織所推行的)社會服務。**2** Ⓒ[常~s]《英》(政府等實施的)社會福利事業《包括道路、住宅、鐵路的建設，醫療、教育、退休金、失業救濟等》。

sócial stúdies *n. pl.* (當作學校教育科目的)社會科。

sócial wélfare *n.* Ⓤ **1** 社會福利。**2** 社會服務。

sócial wórk *n.* Ⓤ社會工作，社會福利事業。

sócial wórker *n.* Ⓒ社會工作人員，社會福利工作者。

so·ci·e·tal [səˈsaɪətl; səˈsaiətl] *adj.* (有關)社會的，社會上[性]的。

‡so·ci·e·ty [səˈsaɪətɪ; səˈsaiəti] «源自拉丁文「夥伴，朋友」之義»**—*n.*** **1** ⓊⒸ(具有獨自慣例、法律等組織體的特定的)**社會**：human ~ 人類的社會/primitive ~ 原始社會/Ants have a well organized ~. 螞蟻有組織良好的社會。**2** Ⓤ**社交界，上流社會**：move in ~ 出入社交界。**3** Ⓤ **a 社交**，交往，交際：seek [avoid] the ~ of... 尋求[避免]與…的交往。**b** 社交場所：in ~ 在社交場所。**4** Ⓒ**會，協會，學會**，工會，團體，社：a literary ~ 文學會/⇨ Royal Society/the *S*~ for the Propagation of the Gospel 福音佈道會《略作 S.P.G.》/⇨ the Society of FRIENDS, the Society of JESUS.

—*adj.* [用在名詞前] 社交界的，上流社會的：a ~ column (報紙的)社交欄/a ~ man [lady, woman] 社交界的男士[女士]。

Socíety Íslands *n. pl.* [the ~] 社會羣島《在南太平洋，屬法國，最大島爲大溪地(Tahiti)》.

socíety vèrse *n.* Ⓤ社交詩《一種輕鬆而優美之詩》。

so·ci·o- [sosɪo-, soʃɪo-; sosiou-, souʃiou-] [複合用詞] 表示「社會的、社會學的」之意。

so·ci·o·bi·ol·o·gy [ˌsosɪoˌbaɪˈɑlədʒɪ, ˌsoʃɪo-; ˌsousioubaiˈɔlədʒi, ˌsouʃiou-] *n.* Ⓤ社會生物學。

sòcio·ecónomic *adj.* 社會經濟的。

so·ci·o·gram [ˈsosɪəˌgræm; ˈsousiəgræm] *n.* Ⓒ《社會》社網圖《描繪社會集團內人們關係結構的測量圖》。

so·ci·o·log·i·cal [ˌsoʃɪəˈlɑdʒɪkl, ˌsosɪ-; ˌsousjəˈlɔdʒikl, -ʃjə-˝] «sociology 的形容詞»**—*adj.*** 社會學(上)的。

~·ly [-klɪ; -kli] *adv.*

sò·ci·ól·o·gist [-dʒɪst; -dʒist] *n.* Ⓒ社會學家。

so·ci·ol·o·gy [ˌsoʃɪˈɑlədʒɪ, ˌsosɪ-; ˌsousiˈɔlədʒi] *n.* Ⓤ社會學。

so·ci·om·e·try [ˌsosɪˈɑmətrɪ; ˌsousiˈɔmətri] *n.* Ⓤ社交計量學；人類關係社會學。

sòcio·polítical *adj.* 社會政治的。

‡sock[1] [sɑk; sɔk] «源自拉丁文「低跟鞋」之義»**—*n.*** Ⓒ **1** [常 ~s] **短襪**(cf. sox；⇨ stocking【同義字】)：a pair of *~s* 一雙短襪。/knee *~s* 長及膝蓋的襪子。**2 a** (從前希臘、羅馬的喜劇演員所穿的)輕便軟鞋。**b** 喜劇(cf. buskin 2).

púll one's **sócks úp**《英口語》加緊努力，奮起。

Pùt a sóck in [ìnto] it!《英諺》別說話，閉嘴，住口。

sock[2] [sɑk; sɔk] *v.t.*《口語》**1** 毆打〈人〉。**2**〔十受十介十名〕毆打〈人〉〔身體的某部位〕〔*on, in*〕《★囲囲表示身體某部位的名詞前加 the》：He *~ed* his opponent *on the* jaw. 他毆打對手的顎部。

sóck it to a person《美口語》(1)猛揍〈某人〉。(2)(辯論、演技等)壓倒，擊敗〈某人〉。

—*n.* Ⓒ[常用單數]《口語》拳打，重擊：give a person a ～ 毆打人。

—*adv.*《英俚》正好，迎面，不偏不倚地(right)：The man hit him ～ in the eye. 那個男人一拳正好打在他的眼睛上。

sock·er [ˋsɑkɚ; ˈsɔkə] *n.*《英》=soccer.

sock·et [ˋsɑkɪt; ˈsɔkit] *n.* Ⓒ **1 a** (承物的)凹處，承窩；管節；燈座，插座。**b** (燭台的)燭窩《插蠟燭處》。**2**〖解剖〗窩，腔：the ～ of the eye 眼窩。

Soc·ra·tes [ˋsɑkrəˏtiz; ˈsɔkrətiːz] *n.* 蘇格拉底《470？-399B.C.；古代雅典的哲學家》。

So·crat·ic [soˋkrætɪk; sɔˈkrætik] «Socrates 的形容詞» **—***adj.* 蘇格拉底(哲學)的：～ irony 蘇格拉底的辯證法《假裝向辯論對手討教而暴露其錯誤》/the ～ method 蘇格拉底的問答法[對話法]《蘇格拉底使用的一種教學法》。**—***n.* Ⓒ蘇格拉底的門徒。

sod¹ [sɑd; sɔd] *n.* **1** Ⓤ草皮，草地：under the ～ 被埋於地下，長眠地下，死亡。**2** Ⓒ(切割成四方形移植用的)草皮。

sod² [sɑd; sɔd] «sodomite 之略» **—***n.* Ⓒ《英俚》**1** 笨蛋，累贅者。**2** [表示親密]傢伙：a queer ～ 奇怪的傢伙。**3** 麻煩[困難]的事物：This puzzle is a real ～. 這個謎眞難(解)。

nòt gìve [cáre] a sód 全不在乎。

ódds and sóds ⇨ odds.

— *v.* ★用於下列成語。

sód it [表示焦躁、不悅]《英俚》可惡，去他的。

sód óff《*vi adv*》[常用祈使語氣]《英俚》滾！滾開！

***so·da** [ˋsodə; ˈsoudə] *n.* **1** Ⓤ**蘇打**；(化合物中的)鈉(sodium)《尤指碳酸鈉，碳酸氫鈉(baking soda)，苛性蘇打(caustic soda)等》。**2** (又作 **sóda wàter**)Ⓤ**蘇打水，**汽水《無味或加味》：(a) brandy and ～ 白蘭地汽水《白蘭地加汽水而成者》。**3** Ⓒ冰淇淋蘇打(ice-cream soda)。

sóda àsh *n.* Ⓤ蘇打灰《工業用碳酸鈉》；無水碳酸鈉；純鹼，鈉鹼灰。

sóda bìscuit *n.* =soda cracker.

sóda cràcker *n.* Ⓤ[指個體時爲Ⓒ]《美》蘇打餅乾《輕度烘烤的淡味脆餅》。

sóda fòuntain *n.* Ⓒ《美》冷飲販賣部。

【說明】設於藥房(drugstore)或超級市場等的一角，通常爲櫃台式；也供應冰淇淋或各種清涼飲料、小吃等。

sóda jèrk *n.* Ⓒ《美口語》冷飲販賣部的販賣員。

so·dal·i·ty [soˋdælətɪ; souˈdæləti] *n.* **1** Ⓒ **a** 公會，協會，團體。**b**〖天主教〗(羅馬天主教徒間的)宗教[慈善]團體。**2** Ⓤ友誼。

sóda pòp *n.* Ⓤ《美》(常爲瓶裝的)加味蘇打水[汽水]。

sod·den [ˋsɑdn; ˈsɔdn] «seethe 舊式的過去分詞» **—***adj.* **1 a** 浸水變重的，浸透的，漲溼的：～ ground 溼透的地面。**b** [不用在名詞前][十介十(代)名][因…而]溼透的；浸[於…]的[*with*]：His clothes were ～ ***with*** rain. 他的衣服被雨溼透了。**2** 喝醉的，沈湎於酒的。

so·di·um [ˋsodɪəm; ˈsoudjəm] *n.* Ⓤ〖化學〗鈉《符號 Na》：～ bicarbonate 碳酸氫鈉/ ～ carbonate 碳酸鈉/ ～ chloride 氯化鈉，食鹽/ ～ cyanide 氰化鈉/ ～ hydroxide 苛性鈉，氫氧化鈉，燒鹼/～ nitrate 硝酸鈉，智利硝石/～ thiosulfate 硫代硫酸鈉(⇨ hypo¹).

Sod·om [ˋsɑdəm; ˈsɔdəm] *n.* 所多瑪城《死海南岸的古城，據說因罪惡而被神所滅》。

Sod·om·ite [ˋsɑdəmˏaɪt; ˈsɔdəmait] *n.* Ⓒ **1** 所多瑪城(Sodom)的居民。**2** [s～]嗜男色者；雞姦者。

sod·om·y [ˋsɑdəmɪ; ˈsɔdəmi] *n.* Ⓤ嗜男色；雞姦。

so·ev·er [soˋɛvɚ; souˈevə] *adv.*《文語》**1** [强調讓步的說法]無論…：*how* wide ～ the difference may be 無論差異多大。**2** [强調 any, no, what 後面的名詞]絲毫，完全，根本：He had *no* home ～. 他根本沒有家。

-so·ev·er [-soɛvɚ; -soueva] 字尾 擴大或加强 who, what, when, where, how 等字意之字尾，表「任何(人，物，時，地等)」之意。

so·fa [ˋsofə; ˈsoufə] «源自阿拉伯語 'bench' 之義» **—***n.* Ⓒ沙發。

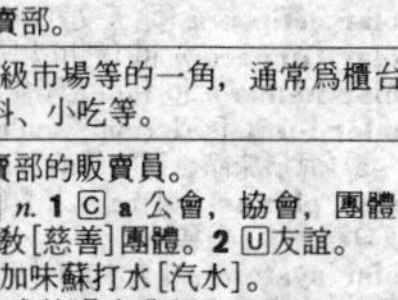

sofa

【說明】有靠背(back)及扶手(arms)的長椅；把靠背放下即成牀的是 sofa bed 或稱 davenport, 無靠背而靠牆使用的沙發椅稱 divan.

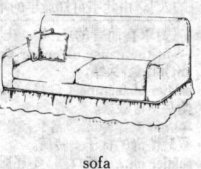

sófa bèd *n.* Ⓒ可兼作沙發的兩用牀《沙發的靠背放下即成牀》。

so·far [ˋsofɑr; ˈsoufɑː] «*so*und *f*ixing *a*nd *r*anging 的頭字語» **—***n.* Ⓒ聲發《水中測音裝置》。

So·fi·a [ˋsofɪə, soˋfiə; ˈsoufjə] *n.* 索非亞《保加利亞(Bulgaria)首都》。

****soft** [sɔft; sɔft] *adj.* (～·er；～·est) **1 a** (一壓即變形的)**柔軟的，**軟的(↔ hard, tough)：a ～ mattress [pillow] 軟牀墊[枕頭]/a ～ cake 柔軟的蛋糕/(a) ～ ice cream 霜淇淋/ ～ ground 柔軟的地面。**b**〈木材、金屬等〉容易造形的，軟質的：～ metal 軟金屬。**c**〈乳酪等〉可塗抹的，柔軟的：～ cheese 軟乳酪。

2 (觸感)柔軟的，柔滑的：a ～ hand 柔軟的手/ ～ skin 柔嫩的皮膚/(as) ～ as velvet如絲絨般柔滑的/ ～ clothes 柔軟的衣服。

3 a 身體柔弱的，吃不了苦的；個性軟弱的，優柔的：a ～ man 個性軟弱的男人。**b**〈肌肉等〉柔弱的。**c**《口語》愚蠢的；癡呆的：He is a bit ～ (in the head). 他(的頭腦)有一點笨/Bob's gone ～. 鮑伯變得癡呆了。

4 a〈性情、態度等〉溫柔的，慈祥的，軟心腸的：a ～ heart 悲憫的心，仁慈的心/the ～(*er*) sex 女性/He appealed to the ～*er* side of his master's character. 他求助於他主人的慈悲心腸/*S*～ and fair goes far.《諺》柔能克剛。**b** [不用在名詞前][十介十(代)名]迷戀[…]的，愛慕[某人]的[*on, about*]：Bill is ～ ***on*** [***about***] Kate. 比爾愛上凱蒂。

5 a〈色彩、光線等〉柔和的，不鮮艷的，樸素的。**b**〈聲音等〉低的；柔和的，溫和的：～ music 柔和的音樂/in a ～ voice 低聲地。**c**〈輪廓、線條等〉柔和的，不明顯的，朦朧的：the ～ curve of her cheek 她面頰的柔和線條。

6 a〈季節、氣候、空氣等〉溫和的，溫暖的：a ～ winter 暖冬/ ～ air 溫和的空氣。**b**〈風雨〉不激烈的，溫和的：a ～ rain 細雨/a ～ breeze 柔和的微風。

7 a〈行動、處分、態度等〉不嚴厲的，溫和的，寬大的：a ～ sentence 寬大的判決。**b** [不用在名詞前][十介十(代)名][對…]不强硬的，不嚴厲的[*on*]：He is ～ ***on*** his students. 他對學生不嚴厲。**c** [不用在名詞前][十介十(代)名][對…]和藹的，溫和的，寬大的[*with*]：He is ～ ***with*** his children. 他對孩子們寬大和藹。

8〈工作等〉輕鬆的，賺錢容易的：a ～ job《俚》輕鬆而收入豐厚的工作。

9〈說話等〉甜言蜜語的，嘴巧的：～ nothings 恭維話，客套話；枕邊話，情話/～ glances 秋波，媚眼/A ～ answer turneth away wrath.《諺》溫和的回答使人息怒。

10 a〈水〉軟性的(↔ hard)：～ water 軟水。**b** (無比較級、最高級)〈飲料〉不含酒精的：～ drinks 清涼飲料，不含酒精的飲料。**c**〈合成洗潔劑〉有分解性的，軟性的：a ～ detergent軟性洗潔劑。

11《口語》**a** (無比較級、最高級)〈麻醉劑〉藥性弱的，毒性不大的《如 marijuana, hashish 等；cf. hard 12》。**b**〈春宮畫、色情文學等〉猥褻度低[隱晦地描寫]的(↔ hard)。**c**〈情報〉可靠性低的。

12〈學問〉軟性的《較偏重於思想而較不注重事實或數字等的學問》。

13 (無比較級、最高級)〖語音〗**a** 軟音的，有聲的《如對 k 而言的 g 等》。**b**〈c, g〉發 [s, dʒ]音的(cf. hard 14).

14〖商〗〈市價、行情等〉下跌的，疲軟的(↔ hard).

—*adv.* (～·er；～·est)安靜地，柔和地，溫和地，輕柔地。

～·ly *adv.* **～·ness** *n.*

sóft·bàll *n.* **1** Ⓤ壘球《類似棒球的一種球賽》。**2** Ⓒ打壘球用的球。

sóft-bóiled *adj.*〈蛋〉半熟的(cf. hard-boiled).

sóft·bòund *adj.* =softcover.

sóft cóal *n.* Ⓤ煙煤，生煤(bituminous coal).

sóft·cóver *n.* Ⓒ紙封面的書，平裝書。

—*adj.* 平裝的，紙封面的。

sóft cúrrency *n.* ⓊⒸ〖經濟〗軟性貨幣，弱勢通貨《不能兌現或不能兌換成外幣(尤指美金)的貨幣》。

sof·ten [ˋsɔfən; ˈsɔfn] «soft 的動詞» **—***v.t.* [十受] **1** 使…變軟，使…軟化(↔ harden)：～ leather 使皮革變軟。**2** 使〈心等〉變軟，使…變溫和：～ a person's heart 使人心軟。**3** 使…柔弱，使…軟弱；使…喪失男子氣概：troops ～*ed* by luxurious living 因生活奢靡而戰鬥力被削弱的軍隊。**4** 把〈音、聲〉放低，使…變柔和：He ～*ed* his voice. 他把聲音放低。**5** 使〈色、光等〉變柔和：Those blinds ～ the sunlight. 那些窗簾減弱了陽光的强度《那些窗簾使陽光變得柔和》。

—*v.i.* **1** [動(十副)]變柔軟，軟化〈*up*〉：Wax ～*s* in heat. 蠟遇熱即軟化。**2 a**〈心等〉變溫和，軟化：Her heart ～*ed*. 她的心軟化了。**b** [十介十(代)名]軟化[成…][*into*]：He ～*ed* ***into*** tears. 他心軟而落淚。

sóften úp《*vt adv*》(1)(以連續轟炸等)削弱〈敵人〉的抵抗力。(2)(以說服、宣傳等)軟化〈某人〉的態度。**—**《*vi adv*》(3)⇨ *v.i.* 1.

S

sóf·ten·er [ˈ-fənɚ, -fnɚ; -fnə] *n.* Ⓒ **1** 使變柔軟的人[物]，使軟化的人[物]。**2**（使硬水變軟水的）軟化劑[裝置]。
sóft·en·ing *n.* Ⓤ軟化。
sóftening of the bráin Ⓤ《醫》腦軟化；思想上對外界引誘的抵抗力減弱。
sóft fúrnishings *n. pl.*《英》（室內的）裝潢用品《窗帘、墊子等》。
sóft gòods *n. pl.* 紡織品，非耐久性貨品。
sóft-héaded *adj.* 愚蠢的，笨的。
sóft-héarted *adj.* 仁慈的，溫柔的，心腸軟的。
～**·ly** *adv.* ～**·ness** *n.*
soft·ie [ˈsɔftɪ; ˈsɔfti] *n.* =softy.
sóft-lànd *v.t.* 使〈太空船等〉緩慢降落[輕著陸]。
—*v.i.*〈太空船等〉緩慢降落[輕著陸]。
sóft lánding *n.* ⓊⒸ《太空》（太空船）緩慢降落，輕著陸。
sóft lóan *n.* Ⓒ優惠貸款《以自己國家弱勢通貨償還的國外貸款》。
sóft móney *n.* Ⓤ《美俚》紙幣。
sóft pálate *n.* Ⓒ軟口蓋，軟顎(↔ hard palate)。
sóft pèdal *n.* Ⓒ（鋼琴的）弱音踏瓣。
sóft-pédal *v.i.*（鋼琴、風琴等）使用弱音踏瓣。**—***v.t.* **1**（以弱音踏瓣）降低〈鋼琴等〉的音。**2**《口語》緩和〈語氣、聲調等〉。**3**《口語》使〈事情〉不惹人注目。
sóft róck *n.* Ⓤ軟性搖滾樂。
sóft sáwder *n.* Ⓤ奉承；諂媚(flattery)。
sóft séll *n.* Ⓤ[常the ～]軟式[溫和式]推銷(法)《廣告等以形象或氣氛等間接訴說商品優點的推銷(法)；↔ hard sell》。
sóft-shéll *adj.* **1** 有軟殼的。**2**《美》〈政策、措施、手段等〉溫和的。
—*n.* Ⓒ **1** 軟殼動物；殼尚未變硬的蟹。**2** 主張中庸政策的人。**3** 心腸軟的人。
sóft-shélled *adj.* =soft-shell.
sóft shóulder *n.* Ⓒ公路邊緣未鋪柏油等的軟地。
sóft sóap *n.* Ⓤ **1** 軟皂。**2** 恭維話。
sóft-sóap *v.t.*《口語》以恭維話巧妙地籠絡〈人〉，向…諂媚，拍…的馬屁。～**·er** *n.*
sóft-spóken *adj.* **1** 說話語氣溫和的。**2**〈話等〉用溫柔聲調說的。
sóft spòt *n.* Ⓒ[常用單數]（性格上）〔對…的〕喜愛，弱點〔*for*〕：He has a ～ *for* girls. 他對女孩子有特別的好感《喜歡女孩子是他的弱點》。
sóft tóuch *n.* Ⓒ《俚》容易受騙的人，容易(被說動)借錢[捐款]給別人的人。
sóft·wàre *n.* Ⓤ軟體《與電腦、語言實驗室、太空火箭等的設計、安裝、程式等有關的系統的總稱；cf. hardware》。
sóft·wòod *n.* Ⓤ軟質木材《組織鬆軟的木材，如松樹(pine)，冷杉(fir)等針葉樹的木材》。
soft·y [ˈsɔftɪ; ˈsɔfti] *n.* Ⓒ《口語》**1** 容易受騙的人，笨蛋，傻瓜。**2** 軟弱的人。
sog·gy [ˈsɑgɪ; ˈsɔgi] *adj.* (**sog·gi·er**; **-gi·est**) **1** 濕透的，浸水的。**2**〈麪包等〉未烘透的，泡漲的。**3** 沒精神的，散漫的。
sóg·gi·ly [-gəlɪ; -gili] *adv.* **-gi·ness** *n.*
So·ho [soˈho, ˈsoho; ˈsouhou, souˈhou] *n.* 蘇活區《倫敦(London)中央地區，多外國人經營的夜總會、餐廳等》。
soi·gné [swɑˈnje; swɑːˈnjei] **《**源自法語「被細心照料的」之義**》—***adj.*《★[語形]陰性形 **soignée** [-ˈnje; -ˈnjei]》**1**〈化粧等〉仔細的，刻意的。**2** 服裝整潔的。
‡**soil**[1] [sɔɪl; sɔil] **《**源自拉丁文「座位」之義；受「地面」之義的拉丁文 *solum* 的影響**》—***n.* **1** Ⓤ土，土壤，表土《尤指與植物生長有關的表層部分的土；⇨ mud【同義字】》：rich[poor] ～ 肥沃[貧瘠]的土壤。**2** [the ～]農地，田園(生活)：a son of *the* ～ 農夫。**3** ⓊⒸ土地，國家：one's native ～ 祖國，故鄉。
soil**[2] [sɔɪl; sɔil] **《**源自拉丁文「豬」之義**》—v.t.* 〔十受〕**1** 弄髒〈…(的表面)〉，使…起污點[斑]：The walls have been ～*ed* by the children's dirty hands. 那些牆壁被孩子們的髒手弄髒了。**2** 汚辱〈家門〉，敗壞〈名聲等〉。
—*v.i.* **1** 弄髒，變汚：White shirts ～ easily. 白色襯衫容易弄髒。**2** 墮落。
sóil one's **hánds with…** 被…弄髒手[損壞名譽]，與…有關：I would not ～ my *hands with* it. 我不願意與那件事扯上關係(而損壞名譽)。
—*n.* Ⓤ **1** 汚穢的狀態。**2** 汚點，汚斑。**3** 汚物，糞便，肥料。
sóil bànk *n.* Ⓒ《美》休耕地補助政策《聯邦政府津貼農民使其減少某種作物產量，以避免生產過賸之政策》。
sóil conservàtion *n.* Ⓤ水土保持。
sóil pìpe *n.* Ⓒ（沖汚物的）汚水管，地下排水管。
soi·ree, soi·rée [swɑˈre; ˈswɑːrei] **《**源自法語「黃昏(之宴)」之義**》—***n.* Ⓒ（音樂、談話的）晚會，…之夜(cf. matinee)。

so·journ [ˈsodʒɝn, soˈdʒɝn; ˈsɔdʒəːn]《文語》*v.i.* (十介十(代)名) **1** 逗留，停留〔在…〕〔*at, in*〕：The explorers ～*ed in* the town for a while. 那些探險家在該鎮暫時停留/They ～*ed at* a hotel. 他們停留在一家旅館。**2**（暫時）寄居〔在…的家〕〔*with*〕：He ～*ed with* his uncle. 他暫時寄居在伯[叔]父家。
—*n.* Ⓒ逗留，停留，寄居。～**·er** *n.*
sol[1] [sol; sɔl] *n.* (*pl.* ～**s**) Ⓤ[指個體時爲Ⓒ]《音樂》(固定唱法)C 大調音階中的第五音(cf. sol-fa)。
sol[2] [sol; sɔl] *n.* (*pl.* **so·les** [ˈsolɛs; ˈsɔles]) Ⓒ **1** 索爾《秘魯的貨幣單位；相當於 100 centavos；符號 S, $, S/》。**2** 一索爾錢幣《銀幣或紙幣》。
sol[3] [sɑl, sol; sɔl] *n.* Ⓤ《化學》膠質溶液《液體與膠體的混合物；cf. gel》。
Sol [sɑl, sɔl; sɔl] *n.* **1**《羅馬神話》梭爾《太陽神，相當於希臘神話的希里阿斯(Helios)；cf. Apollo》。**2**《謔》（擬人化的）太陽。
Sol.《略》Solicitor；Solomon.
so·la [ˈsolə; ˈsoulə] *n.* Ⓒ **1**《植物》印度合萌《印度所產豆科合萌屬灌木，其莖中木髓，可製遮陽盔、帽》。**2** 合萌木髓所做的盔[帽]。
sol·ace [ˈsɑlɪs, -əs; ˈsɔləs, -lis] **《**源自拉丁文「安慰」之義**》—***n.* **1** Ⓤ安慰，慰藉(⇨ comfort【同義字】)：find[take] ～ in... 在…中獲得安慰；以…作爲慰藉。**2** Ⓒ使人感到安慰的東西。
—*v.t.* **1** 〔十受(十介十(代)名)〕〔以…〕安慰；撫慰…〔*with*〕：I ～*d* myself *with* the fine scenery. 我以欣賞那美景自遣[解悶]。**2**（以安慰）減輕〈痛苦、悲傷等〉：I don't know how to ～ his grief. 我不知道如何安慰他使之減輕悲痛。
so·lar** [ˈsolɚ; ˈsoulə] **《**源自拉丁文「太陽的」之義**》—adj.*（無比較級、最高級）**1 太陽的**，有關太陽的：the ～ cycle 太陽周期《日曆上月日和星期的排列重複出現的年，每二十八年一次》/a ～ flare 發生於太陽表面的大爆炸，耀斑。**2** 太陽作用引起的，利用太陽光[熱]的：～ heating 利用太陽能的暖氣。
sólar báttery *n.* Ⓒ太陽能電池(組)《將太陽能轉換成電能的裝置》。
sólar cálendar *n.* Ⓒ陽曆(cf. lunar calendar)。
sólar céll *n.* Ⓒ太陽(能)電池。
sólar dáy *n.* Ⓒ《天文》太陽日(cf. lunar day)。
sólar eclípse *n.* Ⓒ《天文》日蝕。
sólar fúrnace *n.* Ⓒ（利用太陽能的）太陽爐。
sólar hòuse *n.* Ⓒ利用太陽能調溫的房子。
so·lar·i·um [soˈlɛrɪəm; souˈlɛəriəm] *n.* Ⓒ (*pl.* **-i·a** [-rɪə; -riə], ～**s**)（海濱旅館、醫院等的）日光浴室。
sólar pléxus *n.* [the ～] **1**《解剖》（胃後方的）太陽神經叢。**2**《口語》胃；心窩。
sólar sỳstem *n.*《天文》**1** [用單數；常 the ～]太陽系。**2** Ⓒ（其他的）太陽系。
sólar yéar *n.* Ⓒ《天文》太陽年《地球繞太陽一周的時間，約 365 日 5 時 48 分 46 秒；cf. lunar year》。
so·la·ti·um [soˈleʃɪəm; səˈleiʃiəm] *n.* (*pl.* **-ti·a** [-ʃɪə; -ʃiə]) ⓊⒸ 賠償；慰藉物；賠償費；慰問金。
‡**sold** [sold; sould] *v.* **sell** 的過去式・過去分詞。
sol·der [ˈsɑdɚ; ˈsɔldə, ˈsɔːdə] *n.* **1** Ⓤ焊錫，焊劑，焊料：hard[soft] ～ 硬[軟]焊料。**2** Ⓒ接合物，聯接因素，枷，紐帶，羈絆(bond)。**—***v.t.* 〔十受(十副)〕**1** 焊接，以焊錫修補…〈*up*〉：～ a leaky pipe 焊合漏水的水管。**2** 結合…〈*up, together*〉。
sól·der·ing iron [-dərɪŋ-, -drɪŋ-; -dəriŋ-] *n.* Ⓒ電焊棒，烙鐵。
‡**sol·dier** [ˈsoldʒɚ; ˈsouldʒə] **—***n.* Ⓒ **1 a 陸軍軍人**，**軍人**《包括士兵和軍官全部》：～*s* and sailors 陸海軍軍人/an old ～ 老兵；（某方面的）熟手，老資格/enlist as a ～ 志願服陸軍兵役/play(at) ～*s* 玩軍隊遊戲。

> 【字源】源自拉丁文的 solidus，原義爲「金幣」。後來由此字衍生出 soldi(工資)一字，再加上 -er 即成爲 soldier，義爲「領工資的人」。由此字可知最早的軍人是「傭兵」。

b（對軍官而言的）士兵，士官。**2**（爲主義等而奮鬥的）鬥士：a ～ in the cause of peace 爲和平而奮鬥的戰士。**3**（又作 **sóldier ánt**）《昆蟲》兵蟻。
sóldier of fórtune《口語》（爲利益、冒險等而受雇去任何地方的）傭兵；冒險家。
—*v.i.* **1** 作軍人，當兵，服兵役：go ～*ing* 去當兵。**2**《口語》假裝忙碌的樣子；裝病。
sóldier on...《英口語》不屈服於〈困難等〉而堅持[努力]下去。
sóldier·like, sól·dier·ly *adj.*《文語》像軍人的，勇敢的。
sol·dier·y [ˈsoldʒərɪ; ˈsouldʒəri] *n.* Ⓤ[集合稱]（通常指情況不良的）軍隊，軍人《★[用法]視爲一整體時當單數用，指個別成員時當複數用》。
sole[1] [sol; soul] **《**源自拉丁文「孤單」之義**》—***adj.* [用在名詞前]（無比較級、最高級）**1 唯一的**，單一的，僅有的：the ～

survivor 唯一的生還[倖存]者。
2 單獨的，獨占性的，獨家的：the ~ agent 獨家代理商，總代理人。
3《法律》未婚的，單身的，獨身的。

sole^2 [sol; soul]《源自拉丁文「腳底」之義》**—n.** Ⓒ **1 a**（人、動物的）腳底，腳掌。**b**（鞋子、襪子等的）底（⇨ shoe 插圖）：a rubber ~（鞋子的）膠底。**2 a**（橇）底；鉋底（等）。**b**（高爾夫球桿的）底端。
—v.t. 給〈鞋子等〉配底《★常用被動語態》。

sole^3 [sol; soul] *n.* **1** Ⓒ《魚》鰨魚《鰨科海魚的統稱，尤指歐洲鰨，爲具商業價值的食用魚》。**2** Ⓤ鰨魚肉。

sol·e·cism [ˈsɑləˌsɪzəm; ˈsɔlisizəm] *n.* Ⓒ **1** 違反文法[語法]；破格。**2** 無禮，失禮。**3** 錯誤，不適當。

sole·ly [ˈsollɪ; ˈsoulli] *adv.* **1** 唯一，單獨，獨自：You are ~ responsible for it. 你一個人對那件事負責。**2** 僅，只，完全：I did it ~ for his sake. 我完全爲了他才做那件事。

sol·emn** [ˈsɑləm; ˈsɔləm]《源自拉丁文「每年舉行的（宗教儀式）」之義》**—*adj. (~·er, ~·est；more ~, most ~) **1**〈面容、態度等〉一本正經的，嚴肅的：a ~ face 嚴肅的面容。
2〈儀式等〉嚴肅的，莊重的，莊嚴的：a ~ festival 隆重的慶典/a ~ sight 莊嚴的景象。
3 一本正經的，板著面孔的，裝腔作勢的：You look very ~. 你看來一本正經的樣子。
4 宗教上的，神聖的。
5《法律》正式的：a ~ oath 正式的宣誓。
~·ly *adv.* ~·ness *n.*

sol·em·ni·ty [səˈlɛmnətɪ; səˈlemnəti]《solemn 的名詞》**—n.** **1** Ⓤ一本正經，裝腔作勢。**2** Ⓤ嚴肅，莊嚴，莊重，神聖。**3** Ⓒ[常 solemnities] 儀式，祭典。**4** Ⓤ《法律》正式；（使文件、契約等生效的）必要的手續。

sol·em·ni·za·tion [ˌsɑləmnəˈzeʃən; ˌsɔləmnaiˈzeiʃn]《solemnize 的名詞》**—n.** Ⓤ **1** 莊嚴化。**2**（尤指結婚儀式的）舉行。

sol·em·nize [ˈsɑləmˌnaɪz; ˈsɔləmnaiz]《solemn 的動詞》**—v.t.**《文語》**1 a** 舉行〈儀式，（尤指）婚禮〉：~ a marriage 舉行隆重的婚禮。**b** 舉行儀式慶祝〈節日等〉。**2** 使…莊嚴[莊重]。

Sólemn Máss *n.* =High Mass.

so·les *n.* **sol**^{2} 的複數。

sol-fa [solˈfɑ; ˌsɔlˈfɑː] *n.* Ⓤ《音樂》階名唱法《do, re, mi, fa, sol, la, ti》：sing ~ 唱 do, re, mi, fa, sol, la, ti.

【說明】指第一音到第八音的全音階唱名，即 do, re, mi, fa, sol, la, ti, do. 第七音的 ti 本來的音爲 si，爲了避免與 sol 的開頭字母相同，所以改作 ti（在英國則改作 te）. 這是 1850 年由柯文牧師（Rev. John Curwen）所完成的唱名法。

do re mi fa sol la ti do

sol-fa

sol·feg·gio [sɑlˈfɛdʒo, -dʒɪˌo; sɔlˈfedʒiou] *n.* Ⓒ (*pl.* **-gi** [-dʒi; -dʒiː])《音樂》視唱練習。

so·li [ˈsoli; ˈsouliː] *n.* **solo** 的複數。

so·lic·it [səˈlɪsɪt; səˈlisit]《源自拉丁文「使動搖」之義》**—v.t.** **1 a** 〔十受〕懇求，央求…：~ advice[trade] 懇求忠告[交易]。**b** 〔十受十介十（代）名〕向…懇求[央求]〔…〕〔*for*〕：We ~ you *for* your custom. 我們懇求你的惠顧《敬請光臨》。**c** 〔十受十介十（代）名〕〔向…〕懇求，央求…〔*from, of*〕：He ~*ed* aid *from* the minister. 他向部長懇求協助。
2 〔十受〕**a**（用賄賂）引誘〈某人〉做壞事。**b**〈娼妓等〉勾搭〈男子〉，拉〈客〉。
—v.i. **1** 〔動（十介十（代）名）〕懇求〔…〕〔*for*〕：They are ~*ing for* contributions. 他們在請求捐款[募捐]。**2**（尤指）〈娼妓〉勾搭男子，拉客。

so·lic·i·ta·tion [səˌlɪsəˈteʃən; səˌlisiˈteiʃn]《solicit 的名詞》**—n.** ⓊⒸ懇求，請求，勸誘，引誘。

so·líc·i·tor [səˈlɪsətə; səˈlisitə] *n.* Ⓒ **1**《英》初級律師《擔任法律顧問或居於出庭律師（barrister）與訴訟委託者之間處理訴訟事務的初級律師，不能出庭高等法院作辯護；⇨ barrister【說明】；lawyer【同義字】》。**2**《美》（市、鎮等的）法務官。**3**《美》推銷員，掮客，募捐者，助選員（等）。

solícitor géneral *n.* Ⓒ (*pl.* **solicitors general**) **1**《美》（若干無檢察長的州的）首席檢察官；副司法部長《略作 S.G.》。**2**《英》副檢察長《輔助檢察長（attorney general）者》。

so·lic·it·ous [səˈlɪsɪtəs; səˈlisitəs] *adj.* **1 a** 擔心的，掛念的：~ parents 擔心的父母。**b** [不用在名詞前]〔十介十（代）名〕關心〔…〕的，關切〔…〕的〔*about, for, of*〕：They were ~ *for* their son's health. 他們關心兒子的健康。**2** [不用在名詞前] **a** 〔十 *to* do〕渴望[切望]〈做…〉的：They were ~ *to* please. 他們渴望討人喜歡。**b** 〔十介十（代）名〕熱切要求[希望]〔…〕的〔*of*〕：I am ~ *of* his help. 我渴望得到他的幫助。
~·ly *adv.* ~·ness *n.*

so·lic·i·tude [səˈlɪsəˌtud, -ˌtjud; səˈlisitjuːd]《solicitous 的名詞》**—n.** **1** Ⓤ擔心，掛念，焦慮，不安。**2** [~s] 擔心[焦慮]的事。

sol·id** [ˈsɑlɪd; ˈsɔlid]《源自拉丁文「完全的」之義》**—*adj. (~·er；~·est) **1 a** 固體的（cf. liquid 1）：a ~ body 固體/ ~ fuel 固體燃料/in a ~ state 成固體形態。**b**〈雲、霧等〉濃密的：a ~ mass of clouds 一團濃密的雲。**c**〈物質〉實心的，堅固的：~ rock 堅硬的岩石/~ ground 堅固的地面。
2 a（無比較級、最高級）堅實的，充實的（↔ hollow）：a ~ tire[ball] 實心輪胎[球]。**b**〈飯菜等〉充實的，實質的：a ~ meal 充實[菜餚豐盛]的一餐。
3 [用在名詞前]（無比較級、最高級）**a** 全部同一物質的，質純的，非鍍金的《★比較 pure 表示純度》：a ~ gold spoon 純金質的湯匙。**b**《美》一樣的，同一顏色的〈顏色〉：a ~ black dress 全黑的女裝。
4（身體）強健的；結實的：a man of ~ build 體格強健的人/a ~ door[desk] 牢固的門[桌子]。
5 a〈學問等〉基礎穩固的；可靠的：~ reasons [arguments] 充實的理由[有充分根據的論點]/a ~ fact 有充分根據的事實。**b**（財政上）穩固的，有資產的，殷實的：a ~ bank 財力穩固的銀行。**c**〈人〉可信賴的，可靠的：a ~ friend 可信賴的朋友。
6 a 團結的，全體[舉國]一致的：a ~ vote 全場一致的投票/a ~ combination 團結一致。**b** [不用在名詞前]〔十介十（代）名〕〔爲贊成…而〕團結一致的〔*for, in favor of*〕；〔爲反對…而〕團結一致的〔*against*〕：go[be] ~ *for*[*in favor of*]... 爲贊成…而團結一致。
7 [用在名詞前]（無比較級、最高級）整整的，完全的，連續的：He spoke for a ~ hour. 他說了整整一小時/for three ~ weeks 連續三週。
8《美俚》極好的。
9（無比較級、最高級）《數學》立體的：⇨ solid geometry.
10《印刷》字沒有隔開的，實[密]排的。
11（無比較級、最高級）〈複合字〉沒有連字號（hyphen）而寫成一字的：a ~ compound 沒有連字號而寫成一字的複合字《如 anything, barbershop, *etc.*》。
—n. Ⓒ **1 a** 固體（cf. liquid 1）. **b** [常 ~s]（液體中的）塊，固體物質。**c** [常 ~s] 固體食物。**2**《幾何》立體。
~·ly *adv.* ~·ness *n.*

sol·i·dar·i·ty [ˌsɑləˈdærətɪ; ˌsɔliˈdærəti]《solid 6 的名詞》**—n.** Ⓤ團結（一致），休戚相關。

sólid-fúeled *adj.* 用固體燃料的。

sólid geómetry *n.* Ⓤ立體幾何學。

sol·i·di *n.* **solidus** 的複數。

so·lid·i·fi·ca·tion [səˌlɪdəfəˈkeʃən; səˌlidifiˈkeiʃn]《solidify 的名詞》**—n.** Ⓤ **1** 凝固。**2** 團結。

so·lid·i·fy [səˈlɪdəˌfaɪ; səˈlidifai]《solid 的動詞》**—v.t.** **1** 使…凝固[凝結，結晶]；使…變堅固：~ concrete 使混凝土凝固。**2** 使…團結，使…一致：the factors that *solidified* public opinion 使輿論一致的因素。
—v.i. **1** 凝固，變堅硬：Jelly *solidifies* as it gets cold. 果凍冷了就凝固。**2** 團結（一致）。

so·lid·i·ty [səˈlɪdətɪ; səˈlidəti]《solid 的名詞》**—n.** Ⓤ**1** 堅固，固體性。**2** 實質，（內容的）充實，實心。**3** 牢靠，堅實，殷實。

sólid-lòoking *adj.* 看來堅實的；看來殷實可靠的。

sólid ròcket *n.* Ⓒ用固體燃料推進的火箭。

Sólid Sóuth *n.* [the ~]（美國民主黨地盤鞏固之）南方諸州。

sólid-státe *adj.* **1**《物理》固態物理的。**2**《電子》固態的《以處理固體內電子動態的半導體或 IC 來代替利用氣體狀態內電子動態的眞空管》。

sol·i·dus [ˈsɑlɪdəs; ˈsɔlidəs]《源自原來的 ʃ 變成/，用作表示先令（shilling）的符號》**—n.** Ⓒ (*pl.* **-di** [-ˌdaɪ; -dai]) 分開兩個文字的斜線：**a** 先令符號（shilling mark）《3/6 是 3 shillings 6 pence》. **b** 表示日期或分數的斜線《★ 1/6 在英國語法爲六月一日，在美國語法爲一月六日或六分之一》。**c** 表示比率的斜線《如 miles/day》.

sol·i·fid·i·an [ˌsɑlɪˈfɪdɪən; ˌsɔliˈfidiən] *n.* Ⓒ《神學》唯信論者《堅決主張僅靠信心，無需善行即可得救的人》。

so·lil·o·quist [səˈlɪləkwɪst; səˈliləkwist] *n.* Ⓒ獨語者；獨白者。

so·lil·o·quize [sə'lɪlə,kwaɪz; sə'liləkwaiz] *v.i.* **1** 自言自語，獨語。**2**《戲劇》獨白。

so·lil·o·quy [sə'lɪləkwɪ; sə'liləkwi] *n.* (*pl.* **-o·quies**) **1** Ⓤ Ⓒ 自言自語，獨語。**2** Ⓒ(戲劇等的)獨白(cf. monologue 1)。

so·lip·sism ['sɑlɪp,sɪzəm; 'sɔlipsizəm, 'sou-] *n.* Ⓤ **1**《哲》唯我論《只肯定自我存在的一種認識論》。**2**《口語》自我中心主義。

só·lip·sist [-sɪst; -sist] *n.* Ⓒ **1**《哲》唯我主義者。**2**《口語》自我中心主義者。**so·lip·sis·tic** [,solɪp'sɪstɪk; ,sɔlip'sistik] *adj.*

sol·i·taire [,sɑlə'tɛr, -'tær; ,sɔli'tɛə] *n.* **1** Ⓒ **a** (尤指鑽石的)單顆，單粒寶石。**b** 鑲嵌單粒寶石的耳環[袖扣(等)]。**2** Ⓤ《美》單人玩的紙牌戲(《英》patience)。

sol·i·tar·i·ly ['sɑlə,tɛrɪlɪ, ,sɑlə'tɛrəlɪ; 'sɔlitərili] *adv.* 孤獨寂寞地。

sol·i·tar·y ['sɑlə,tɛrɪ; 'sɔlitəri] «源自拉丁文「孤單」之義»—*adj.* (**more** ~; **most** ~) **1 a** [用在名詞前](無比較級、最高級)一個人的，孤單的，孤獨的：a ~ cell 單人牢房/ ~ confinement 單獨監禁/a ~ walk 獨自散步。**b** 喜愛孤獨的，有孤癖的。
2〈場所等〉人跡罕至的，偏僻的，孤立的，幽寂的，孤寂的：a ~ house 一棟孤立的房子。
3 [用在名詞前](無比較級、最高級)[常用於否定句、疑問句]唯一的，單一的：There is *not* a ~ exception. 無一例外。
—*n.* **1** Ⓒ 獨居者，隱居者。**2**(又作 **sólitary confínement**)Ⓤ(犯人的)單獨監禁。

sol·i·tude ['sɑlə,tud, -,tjud; 'sɔlitju:d] «源自拉丁文「孤單的」之義»—*n.* **1** Ⓤ (離羣)**獨處**，獨居(⇨ loneliness【同義字】)：live in ~ 孤單[孤獨]地生活。**2** Ⓒ 幽靜的地方，荒野。

sol·mi·za·tion [,sɑlmə'zeʃən; ,sɔlmi'zeiʃn] *n.* Ⓤ《音樂》階名唱法《使用拼音而不用字母來唱音階之方法》。

so·lo ['solo; 'soulou] «源自拉丁文「孤單的」之義»—*n.* Ⓒ (*pl.* ~**s**, **-li** [-li; -li:]) **1**《音樂》**獨唱[奏]**，獨唱[奏]曲(★[相關用語]雙重唱[奏](曲)至九重唱[奏](曲)依序爲 duet, trio, quartet, quintet, sextet, septet, octet, nonet)：a piano ~ 鋼琴獨奏。**2** 單獨表演，獨舞，單獨飛行。
—*adj.* (無比較級、最高級) **1 獨唱[奏]的**；單獨表演的。**2** 單獨的：a ~ flight 單獨飛行/a ~ homer 一分全壘打。
—*adv.* (無比較級、最高級)單獨地：fly ~ 單獨飛行/play ~ 獨奏。
—*v.i.* 單獨[獨自]做；(尤指)單獨飛行。

só·lo·ist [-ɪst; -ist] *n.* Ⓒ 獨唱[奏]者。

Sol·o·mon ['sɑləmən; 'sɔləmən] *n.* **1** 所羅門王《紀元前十世紀時以色列的賢明國王》。
2 Ⓒ 大賢人，大智者。
be no Sólomon 是傻瓜。
the Sóng of Sólomon ⇨ song.

Sólomon Íslands *n. pl.* [the ~]所羅門羣島《西南太平洋新幾內亞(New Guinea)島東方的一羣島嶼；大英國協[英聯邦]內的一個君主立憲國；首都荷尼阿拉(Honiara [,honɪ'ɑrə; ,houni'ɑ:rə])；西北部構成巴布亞新幾內亞(Papua New Guinea)的一部分》。

Sólomon's séal *n.* Ⓒ 所羅門的封印，六角星形《由明暗兩個三角形組合而成，被認爲具有神秘力量》。

Solomon's seal

So·lon ['solən; 'soulɔn, -lən] *n.* **1** 梭倫《638?–?559BC；雅典的立法者，爲希臘七賢人之一》。
2 [常 **s**~] Ⓒ 賢明的立法者。

***so long, so-long** [so'lɔŋ; ,sou'lɔŋ] *interj.*《口語》再見，再會(good-bye)《★比 good-bye 更通俗，常用於親友平輩之間，但於長輩則最好不用；cf. bye-bye》。

sol·stice ['sɑlstɪs; 'sɔlstis] *n.* Ⓒ **1**《天文》(太陽的)至，至日，至點《太陽離赤道最南或最北時》：⇨ summer solstice. **2** 最高點，極點。

sol·u·bil·i·ty [,sɑljə'bɪlətɪ; ,sɔlju'biləti] «soluble 的名詞»—*n.* Ⓤ **1** 溶解；溶解性，可溶性；溶解度。**2** (問題、疑問等的)可解釋[解決]之性質。

sol·u·ble ['sɑljəbl; 'sɔljubl] *adj.* **1** 可[易]溶解的(↔ insoluble)：Salt and sugar are ~ in water. 鹽和糖可溶於水中。
2〈問題等〉可解決的。

so·lus ['soləs; 'souləs] «源自拉丁文»—*adj.* 單獨的《從前用於舞台指導》：Enter the king ~. 國王單獨登場/I found myself ~.《謔》我發覺自己甚爲孤單。

sol·ute ['sɑljut, 'soljut, 'solut; sɔ'lju:t] *n.* Ⓒ《化學》溶質。

***so·lu·tion** [sə'luʃən; sə'lu:ʃn] «solve 的名詞»—*n.* **1 a** Ⓤ **溶解**：Many chemical substances may be held in ~ in water. 許多的化學物質可以溶於水中。**b** Ⓤ [指個體或種類時爲Ⓒ]**溶液**，溶劑：a strong[weak] ~ 濃[稀薄]溶液。**2** Ⓤ Ⓒ〔問題等的〕**解決，解釋，解答**〔*of, to, for*〕：the ~ *of* a problem[riddle] 問題[謎]的解答/Is there any ~ *to* the grievance? 對於那些不平[抱怨]有什麼解決方法嗎？

solv·a·ble ['sɑlvəbl; 'sɔlvəbl] *adj.* **1**〈問題等〉可解決[解答]的；〈謎〉可解開的。**2** 可分解的。

Sol·vay ['sɑlve; 'sɔlvei], **Ernest** *n.* 索爾維《1838–1922；比利時化學家》。

Sólvay pròcess *n.* Ⓒ 索爾維蘇打製造法。

‡**solve** [sɑlv; sɔlv] «源自拉丁文「解放，放鬆」之義»—*v.t.* 〔十受〕**解決，解釋，解答**〈問題、難事等〉：~ a problem 解決問題/Nobody has ever ~*d* the mystery. 沒有人曾經解開過這個謎。
sólv·er *n.*

sol·ven·cy ['sɑlvənsɪ; 'sɔlvənsi] «solvent 的名詞»—*n.* Ⓤ《法律》(有)償付能力。

sol·vent ['sɑlvənt; 'sɔlvənt] *adj.* **1**《法律》有償債能力的(↔ insolvent)。**2** 有溶解力的。
—*n.* Ⓒ **1** 溶劑，溶媒。**2** 解決的方法。

Som.《略》Somerset(shire).

So·ma·li·a [so'mɑlɪə, sə-; sou'mɑ:liə] *n.* 索馬利亞《非洲東部的一個共和國；首都摩加迪休(Mogadishu [,mɑgə'dɪʃu; ,mɔgə'diʃu:])》。

So·ma·li·land [so'mɑlɪ,lænd; sou'mɑ:lilænd] *n.* 索馬利蘭《包括索馬利亞等的東非一地區》。

so·mat·ic [so'mætɪk; sou'mætik] *adj.* (對精神而言的)身體(上)的，肉體的。**so·mát·i·cal·ly** [-klɪ; -kli] *adv.*

somátic céll *n.* Ⓒ(軀)體細胞《生物體除生殖細胞外的一切細胞》。

som·ber,《英》**som·bre** ['sɑmbɚ; 'sɔmbə] «源自拉丁文「陰影下」之義»—*adj.* (**more** ~; **most** ~) **1 a 陰暗的**，發黑的，幽暗的：a ~ sky 陰暗的天空。**b**〈顏色等〉暗色的，樸素的。**2** 陰沉的，憂鬱的：He had a ~ expression on his face. 他臉上有憂鬱的表情。~**·ly** *adv.* ~**·ness** *n.*

som·bre·ro [sɑm'brɛro; sɔm'brɛərou] «源自西班牙語「陰影」之義»—*n.* Ⓒ (*pl.* ~**s**) 寬邊呢[草]帽《美西南部、墨西哥等地的人常戴；cf. ten-gallon hat》。

sombrero

‡**some** *adj.* [用在名詞前](無比較級、最高級)
1 [(輕讀) səm, sm; səm, sm; (重讀) sʌm; sʌm] [與複數的可數名詞或不可數名詞連用，表示若干的數、量等]：**a** [用於肯定句]**若干的，一些的，少許的**(★[用法]意義輕微，因此複數的可數名詞可視爲與"a + 單數"相對的複數說法)：I want ~ books[money]. 我需要(一點)書[錢]/I saw ~ people walking across the bridge. 我看見一些人走過那座橋。**b** [用於疑問句]若干的，少許的(★[用法]疑問句、否定句中通常不用 some 而用 any，但勸誘等不含否定意思的情形則用 some)：Will you have ~ more coffee? 你再來一點咖啡好嗎？/Wo*n't* you have ~ cookies? 你不要(吃)一點餅乾嗎？/Did*n't* I give you ~ money? 我沒有給你(一些)錢嗎《給了吧?》 **c** [用於條件子句]若干(的)，一些(的)：If I have ~ time, I'll read it. 如果我有時間，我會讀它。
2 [sʌm; sʌm] [指不明確或不特定的東西或人]：**a** [與單數的可數名詞連用]**某，某個，某處，某種**(★[用法]常在名詞後加 or other 以加强語氣)：in ~ way (*or other*) 以某種方法，設法/for ~ reason 爲某種理由，不知爲何/He went to ~ place in Africa. 他到非洲的某地/*S*~ careless man has taken my umbrella. 某個粗心大意的人拿走了我的雨傘/He's staying with ~ artist (*or other*) in Paris. 他和某個藝術家逗留於巴黎/Come back ~ other day. 改天再來。**b** [與複數的可數名詞連用]某些的，某些人的：She's honest in ~ ways. 她在某些方面是誠實的/*S*~ people think they know everything. 某些人以爲自己無所不知。
3 [sʌm; sʌm] [與複數的可數名詞或不可數名詞連用，表示全體中的一部分]**有些…[人，物]，某些…**(★[用法]常在後面接有對照性的(the) other(s), the rest 或 some)：*S*~ people like that sort of thing, and *others* don't. 有些人喜歡那一類的事，但其他人則不然/*S*~ fruit is sour. 有些水果是酸的。
4 [sʌm; sʌm] **a** 相當多的，不少的：I stayed there for ~ days [time]. 我在那裏待了好多天[相當長的時間]/The airport is (at) ~ distance from here. 機場離開這裏有相當的距離《比較遠》。**b**《口語》了不起的，好棒的，極好的，相當(大)的：It was ~ party. 那是一次盛會/He is ~ scholar. 他是位了不起的學者/I call that ~ poem. 我認爲那首詩很棒。**c** ["some + 名詞"置於句首]《口語·諷刺》了不起的…《根本不是…》：*S*~ friend you were! 你眞是了不起的朋友《你根本不是朋友》/"Can you finish it by Monday?"—"*S*~ chance!"「你在星期一以前能完成嗎？」「根本不可能。」

—pron.《★[用法](1)用法依據形容詞的情形；(2)表示可數名詞時當複數用，表示不可數名詞時當單數用》**1** [sʌm; sʌm] **若干**(數量、部分)，幾分，一些："Is there any sugar?"—"Yes, there's ~". 「還有(些)糖嗎？」「是的，有一些。」/"Are there any eggs?"—"Yes, there are ~". 「還有(一些)蛋嗎？」「是的，有一些。」/S~ of these books are quite interesting. 這些書中有些是十分有趣的《★[用法]如 some of books, 將不帶有 限制詞的名詞接在 some of 後面是錯誤的；但如 some of them, 接代名詞時則可》/S~ of that ink was spilled on the desk. 有少許墨汁灑在書桌上/I agree with ~ of what he said. 我贊成他所說的一部分事。

2 [sʌm; sʌm]**有些[某些]人，有些[某些]事物**《★[用法]常在後面對照使用 others 或 some》：S~ say it is true, ~ not. 有的人說那是眞的，有的人則說不是眞的/S~ are good, and ~ are bad, and *others* are indifferent. 有好的，有壞的，也有不好不壞的/Not all labor is hard；~ is pleasant. 並不是一切勞動都是苦的，有的是令人愉快的。

and thén some《美口語》(比…)還要多一些，遠不止於此，此外還有很多：He's smart *and then* ~. 他不止是聰明而已。

—adv. (無比較級、最高級) **1** [sʌm; sʌm] [用於數字前面]**大約**《★[比較]about 較口語化》：~ fifty books 大約五十本書。

2 [sʌm; sʌm]《美》幾分，稍微：I slept ~ last night. 我昨晚稍微睡了一下。

3 [sʌm; sʌm]《美口語》極為，非常：It's going ~ to say he's the best, but he is good. 說他是最好的那是誇大其詞，但他是蠻好的/You'll have to study ~ to catch up with the others. 你必須多下功夫才能趕上別人。

sòme féw ⇨ few *adj.*

sòme líttle ⇨ little *adj.*

-some [-səm; -səm] [字尾] **1** [加在名詞、形容詞、及物動詞後面，為形容詞字尾]適於…的，產生[導致]…的，使人…的；易於…的，有…傾向的：trouble*some*, lone*some*. **2** [加在數詞後面，為形容詞、名詞字尾]…個一組(的)：two*some*.

‡**some·bod·y** [ˈsʌmˌbɑdɪ, -ˌbʌdɪ, -bədɪ; ˈsʌmbədi, -ˌbɔdi] *pron.* **某人，有人**《★[比較]較 someone 為口語化；★[用法](1)通常用於肯定句中；否定句與疑問句要用 nobody, anybody, 但 somebody 在疑問句的用法，要依據 some *adj.* 1 b 的用法；(2)當單數用；相呼應的人稱代名詞通常為單數的 he, his, him 或 she, her, 但口語中常用 they, their, them；(3)注意不要與 some people(幾個人)混淆》：There's ~ on the phone for you. 有人打電話給你/Will ~ please turn the light on? 請哪位打開燈好嗎？/If ~ telephones, remember to ask his [《口語》their] name. 如果有人打電話來，別忘了問他的名字。

or sómebody… …那一類的人：We need a plumber *or* ~. 我們需要鉛管工那一類的人。

—n. Ⓒ《口語》叫做某某的(偉)人，有相當身分的人，重要人物《★[用法]常省略不定冠詞，也可視為 *pron.*》：He thinks he's (a) ~. 他自以為是個了不起的人/If he isn't ~! 他是個了不起的人物。

***some·day** [ˈsʌmˌde; ˈsʌmdei] *adv.* (無比較級、最高級)(沒有明確指定的)**將來有一天，來日，他日**《★[變換] someday 可換寫成 some day (or other)；★[比較]someday 僅用於未來，過去的「有一天」要用 one day》：S~ you'll understand. 有一天你會了解。

***some·how** [ˈsʌmˌhau; ˈsʌmhau] *adv.* (無比較級、最高級) **1 設法，想辦法，以某種方法**《★[用法]後面常接 or other》：S~ I must find her. 我必須設法找到她/I must get it finished ~ (*or other*). 我必須想辦法把這件事辦完。**2 不知什麼緣故，**未知如何《★[用法]後面常接 or other》：S~ I don't like him. 不知什麼緣故我不喜歡他/It got broken ~ *or other.* 不知怎麼搞的它壞了。

‡**some·one** [ˈsʌmˌwʌn, -wən; ˈsʌmwʌn] *pron.* **有人，某人**(⇨ somebody [比較])：S~ is ringing the doorbell. 有人在按門鈴。

sóme·plàce *adv.*《美口語》在[向]某處(somewhere)。

som·er·sault [ˈsʌməˌsɔlt; ˈsʌməsɔːlt] *n.* Ⓒ (向前、向後的)觔斗：do [turn] a ~ 翻觔斗。**—v.i.** 翻觔斗。

som·er·set [ˈsʌməˌsɛt; ˈsʌməsit] *n., v.* ＝somersault.

Som·er·set(·shire) [ˈsʌməˌsɛt(ˌʃɪr); ˈsʌməsit(ʃə, -ˌʃiə)] *n.* 索美塞得郡《英格蘭西南部的一郡；首府陶頓 (Taunton [ˈtɔntən; ˈtɔːntən])》。

‡**some·thing** [ˈsʌmθɪŋ; ˈsʌmθiŋ] *pron.* **1 a** [用於肯定句]**某物，某事**《★[用法]形容詞要置於後面》：S~ must have gone wrong. 一定有什麼事不對勁/I want ~ to eat [drink]. 我要一點吃[喝]的東西/I'll look for ~ cheaper. 我要找些更便宜的東西。**b** [用於疑問句]某物，某事《★[用法]在疑問句、否定句中通常不用 something 而用 anything, 但說話者心中肯定之意强時則用 something》：Is there ~ to eat? 有什麼可吃的東西嗎？《★[比較] Is there *anything* to eat? 沒有可吃的東西嗎？》/How about seeing ~ interesting? 去看點有趣的東西如何？/Can't you do ~? 你不能想點辦法嗎？《★[比較]Can't you do anything? 什麼辦法都沒有嗎？》。**c** [用於條件子句]某物，某事：If ~ happens to you, I'll come to help you at once. 假如你發生什麼事，我會立刻來幫助你。

2 a (…的)若干，一些，少許，幾分 (*of*)：There was ~ *of* uncertainty in his reply. 他的答覆有點含糊/I have seen ~ *of* his work. 我已經看過一些他的作品/He knows ~ *of* psychology. 他懂得一些心理學。**b** [~ of a[an]…, 當補語用]《口語》稍[略]有(名氣)的，頗為…：He is ~ *of a* musician. 他是位略有名氣的音樂家/His novel was ~ *of a* success. 他的小說頗為成功。

3 a《口語》重要的東西[人]：He believes he is quite ~. 他相信自己是十分重要的人物/⇨ make SOMETHING of (2). **b** 某道理[眞理]，若干價值[意義]：There's ~ *in* [*to*] what he says. 他說的話有點道理/It meant ~ to him. 它對他有些意義。**c** 總算不錯的事，還不錯的事：At least we're all home again without an accident. That's ~! 至少我們又都未發生意外地平安回到家。

4 a 某種吃[喝]的東西：Shall we have ~ with our tea? 我們喝茶要不要也吃點東西？**b** (已忘記或記不清的)某地位人士，做某事的人《★[用法]常 ~ or other》：He does ~ (*or other*) in the U.N. 他在聯合國裡做事《其具體職務不太清楚》。**c** [指人名、年號、時刻等的一部分]…什麼，…幾年[幾點，幾分]：What's his name? Bobby ~, isn't it? 他叫什麼名字？叫鮑比什麼的吧？/The train leaves at three ~. 那班火車在三點左右開。

màke sómething of… (1) 利用…。(2)把…訓練成[作成]重要人物[東西]：*make* ~ *of* oneself [one's life] 成功，發跡。(3)重視…。(4)把…當作問題，把…說得很重要。

màke sómething of it《俚》因那件事而開始爭吵：You want to *make* ~ *of it*? 你想為此事吵架嗎？

or sómething (1)[表示前面的說法不正確]…或什麼的：He is a lawyer *or* ~. 他是律師或什麼的/She turned dizzy *or* ~ and fell down. 她突然頭暈或什麼的而倒下來。(2)[表示不相信前面所說的話語]…或什麼的：Why did he say that? Is he neurotic *or* ~? 他為什麼說那樣的話？他有神經病還是什麼的？

sómething élse (1)其他的某事[物]。(2)《口語》格外了不起的事物[人]，極好的東西[人]：Her marmalade was ~ *else.* 她做的柑橘(含皮)果醬格外好吃。

sómething télls me《口語》(不知為何)我總覺得…〈*that*〉《★通常不用 that》：S~ *tells me* we've taken the wrong road. 我總覺得我們走錯了路。

sómething to dó with… (1)與…的關係[牽連]：He has ~ *to do with* the murder. 他與該謀殺案有牽連。(2)《英》與…有關[牽連]的人[事物]：I think he is ~ *to do with* the Government. 我認為他與政府有關。

—adv. (無比較級、最高級) **1** [用於帶有介系詞的片語前]幾分，稍，略，多少：It cost ~ over $10. 它值十美元多一點。

2《口語》非常地，極：This engine sounds ~ awful. 這部引擎發出極可怕的聲響。

sómething like ⇨like[1] *prep.*

some·time [ˈsʌmˌtaɪm; ˈsʌmtaim] *adv.* (無比較級、最高級) **1 哪一天，**(今後的)**有一天，在任何時候，在近期中**《★[用法]sometime 表示未來或過去(⇨2)不固定的某一時間；★[拼法]《英》多半寫成分開的 some time 兩個字》：~ *or other* 隨便什麼時候，遲早。**2** (過去的)某時，從前，曾經：He was in Paris ~ in April. 四月的某段時間他曾在巴黎。

—adj. [用在名詞前](無比較級、最高級)《文語》**1** 以前的，從前的：a ~ professor 以前的教授。**2** 有時候的，有時發生的：His wit is a ~ thing. 他的機智偶而閃現。

‡**some·times** [ˈsʌmˌtaɪmz; ˈsʌmtaimz] *adv.* (無比較級、最高級) **有時，偶而**：S~ I feel like quitting my job. 有時候我想辭去我的工作/I walk to school ~. 我有時步行上學。

sóme·wày *adv.*《美口語》設法，想辦法。

***some·what** [ˈsʌmˌhwɑt, -ˌwɑt, -hwət, -wət; ˈsʌmwɔt, -hwɔt] *adv.* (無比較級、最高級)**有幾分，**略微，有點，多少：It's ~ different. 它有點不同/He looked ~ annoyed. 他看來有幾分困擾的樣子。

móre than sómewhat 非常地，極：I was *more than* ~ displeased. 我很不愉快。

—pron. [~ of…]幾分，多少，略有：He is ~ *of* an artist. 他有幾分藝術家的樣子；他多少總算是位藝術家。

‡**some·where** [ˈsʌmˌhwɛr, -ˌwɛr; ˈsʌmwɛə, -hwɛə] *adv.* (無比較級、最高級) **1 a 在[向]某處**：~ around here 在這附近[一帶]某處/You'll find the passage ~ in chapter three. 你會在第三章的某處找到那一段。**b** [當名詞用；用作介系詞、及物動詞的受詞](在)某處：from ~ 從某處/He needed ~ to stay. 他需要有個住宿的地方。**2** [常置於介系詞片語前](數量、時間、年齡等)大約，大概：a woman ~ *around* fifty 五十歲左右的婦女。

gèt sómewhere ⇨ get.

S

or sómewhere... …或其他地方：He went away to Mexico *or* ～. 他到墨西哥或其他地方去了。

Somme [sʌm, sɔm; sɔm] *n.* [the ～]索姆河《位於法國北部的一條河，向西北流入英吉利海峽；曾爲第一和第二次世界大戰的戰場》。

som·me·lier [ˌsʌməlˈje; ˌsʌməˈljei] «源自法語»—*n.* Ⓒ(餐廳裏的)酒侍者，斟酒服務員。

som·nam·bu·late [sɑmˈnæmbjəˌlet; sɔmˈnæmbjuleit] *v.i.* 夢遊，夢行。

som·nam·bu·lism [sɑmˈnæmbjəˌlɪzəm; sɔmˈnæmbjulizəm] «源自拉丁文「睡著走路」之義»—*n.* Ⓤ夢行[遊](症)。

som·nám·bu·list [-lɪst; -list] *n.* Ⓒ夢行[遊]症患者。**som·nam·bu·lis·tic** [sɑmˌnæmbjəˈlɪstɪk; sɔmˌnæmbjuˈlistik⁺] *adj.*

som·ni·fa·cient [ˌsɑmnəˈfeʃənt; ˌsɔmniˈfeiʃənt] *adj.* 催眠的。—*n.* Ⓒ催眠劑。

som·nif·er·ous [sɑmˈnɪfərəs; sɔmˈnifərəs⁺] *adj.* 催眠的，使昏昏欲睡的，致睡的。

som·nil·o·quy [sɑmˈnɪləkwɪ; sɔmˈniləkwi] *n.* Ⓤ **1** 說夢話，囈語。**2** 說夢話之習慣。

som·no·lent [ˈsɑmnələnt; ˈsɔmnələnt] *adj.* **1** 想睡的。**2** 使人入睡的，睡眠的。

som·no·lence [ˈsɑmnələns; ˈsɔmnələns] *n.* **～·ly** *adv.*

Som·nus [ˈsɑmnəs; ˈsɔmnəs] *n.* 〖羅馬神話〗森奈斯《睡神；相當於希臘神話的許普諾斯〈Hypnos〉》。

‡**son** [sʌn; sʌn] *n.* **1** Ⓒ [也用於稱呼] **a** 兒子(↔ daughter)：I have two ～*s*. 我有兩個兒子/one's ～ and heir 某人的子嗣，長子。**b** 女婿，養子。**2** Ⓒ [常 ～s] (男的)子孫：the ～*s of* Abraham 亞伯拉罕的子孫[猶太人]。**3** Ⓒ《文語》〔…〕之子，從事〔…〕的人《通常指男性》〔*of*〕：a ～ *of* the Muses 詩人/a ～ *of* the soil 農夫，鄉下人/a ～ *of* toil 勞動者，工人。**4** [年長者對年輕人的稱呼]年輕人，朋友：my ～ 年輕人，小伙子/old ～ 老弟。**5** [the S～]〖基督教〗(三位一體的第二位的)(聖)子，耶穌基督。

són of a bítch (*pl.* **sons of bitches**)《鄙》(1)狗娘養的，畜生《略作 S. O. B., s.o.b., SOB》. (2)[當感嘆詞用]畜生！媽的！

són of a gún (*pl.* **～s, sons of guns**)(1)[又作 you ～ 用於稱呼]《口語》傢伙《★用法表示親密》。(2)[表示驚訝、失望等]咦，糟了，可惡。

the sóns of mén 人類(mankind).

so·nance [ˈsonəns; ˈsounəns] «sonant 的名詞»—*n.* Ⓤ **1** 聲響。**2**〖語音〗有聲音，響音，濁音。

so·nant [ˈsonənt; ˈsounənt] *adj.* **1** 聲音的，有聲響的。**2**〖語音〗**a** 有聲音的，響音的，濁音的。**b**〈子音〉爲半元音的，爲半母音的。

—*n.* Ⓒ〖語音〗**1** 有聲音，響音《[b, v, z]等》。**2** 半元音，半母音。

so·nar [ˈsonar; ˈsounɑː] «*so*und *na*vigation *a*nd *r*anging 的頭字語»—*n.* Ⓤ聲納《用以偵察潛艇與助航的水中測音設備》。

so·na·ta [səˈnɑtə; səˈnɑːtə] *n.* Ⓒ〖音樂〗奏鳴曲。

son·a·ti·na [ˌsɑnəˈtinə; ˌsɔnəˈtiːnə] *n.* Ⓒ (*pl.* **～s, -ne** [-ne; -nei])〖音樂〗小奏鳴曲。

sonde [sɑnd; sɔnd] «源自法語 'sounding line' 之義»—*n.* Ⓒ同溫層測候儀《用於觀測高空氣象等的氣球、火箭等》。

Son·dra [ˈsɑndrə; ˈsɔndrə] *n.* 桑德拉《女子名；愛麗珊黛(Alexandra)的暱稱》。

son et lu·mi·ère [sɔnelyˈmjɛr; ˌsɔneiluːˈmjɛə] «源自法語 'sound and light' 之義»—*n.* Ⓒ聲光「秀」，照明配音表演《不用演員與舞台裝置而用燈光、錄音效果與敍述重現歷史上大事件的大規模表演》。

‡**song** [sɔŋ; sɔŋ] *n.* **1** Ⓒ歌；歌曲：a popular ～ 流行歌曲/a marching ～ 進行曲。**2** Ⓤ唱，歌唱，聲樂：the gift of ～ 唱歌的才能/break [burst] into ～ 放聲歌唱，唱起歌來。**3 a** Ⓒ(尤指適於歌唱的)短詩，民歌，歌謠。**b** Ⓤ詩歌，抒情詩，韻文：famous in ～ 以詩歌聞名。**4** ⓊⒸ(鳥等的)鳴叫；(流水的)潺潺聲，(風吹的)蕭蕭聲：The birds are in full ～. 鳥兒在齊聲高鳴。

for a sóng《口語》以賤價，非常便宜地：buy a used car *for a* ～ 以賤價買中古車/go *for a* ～ 賤價拋售。

> 【字源】古時候的藝人不管是在客棧或酒家唱敍事歌謠(ballad)或替人抄寫一首歌詞，所得的賞錢都很低廉；for a song 這個成語是由此而來的。

nóthing to màke a sóng abòut《英》無足輕重的小事，不值得大驚小怪的事。

síng the sáme sòng 反覆說同樣的事，唱老調。

sóng and dánce (1)(尤指輕鬆喜劇等的)歌舞。(2)《口語》遁詞，花言巧語的解釋。(3)《英口語》〔對…〕大驚小怪〔*about*〕：make a ～ *and dance about* the news 對該消息大驚小怪。

the Sóng of Sóngs [Sólomon]〖聖經〗雅歌《聖經舊約中一書；略作 Song of Sol.》。

sóng·bìrd *n.* Ⓒ **1** 鳴禽。**2** 女歌手，歌女。

sóng·bòok *n.* Ⓒ歌(謠)集，歌曲集。

sóng·fèst *n.* Ⓒ《美口語》(齊唱民謠等的)合唱會。

song·less [ˈsɔŋlɪs; ˈsɔŋlis] *adj.* 不唱的；不能唱的。

sóng spàrrow *n.* Ⓒ〖鳥〗歌雀《北美洲雀科鳴禽》。

song·ster [ˈsɔŋstɚ; ˈsɔŋstə] *n.* Ⓒ **1** 歌手，歌曲作者；詩人。**2** 鳴禽。

song·stress [ˈsɔŋstrɪs; ˈsɔŋstris] *n.* Ⓒ **1** 女歌手，女性的歌曲作者，女詩人。**2** 雌性鳴禽。

sóng·thrùsh *n.* Ⓒ〖鳥〗歌鶇《歐洲鶇科鳴禽》。

sóng·wrìter *n.* Ⓒ(流行歌曲的)作詞者，作曲家。

son·ic [ˈsɑnɪk; ˈsɔnik] *adj.* **1** 音的，音波的。**2** [常構成複合字]音速的，同音速的：⇨hypersonic, subsonic, supersonic, transonic/at ～ speed 以音速。

son·i·cate [ˈsɑnɪˌket; ˈsɔnikeit] *v.t.* 以超音波處理[破壞]〈細胞、病毒等〉。**son·i·ca·tion** [ˌsɑnəˈkeʃən; ˌsɔniˈkeiʃn] *n.*

sónic báng *n.* ＝sonic boom.

sónic bárrier *n.* [the ～]音障(⇨sound barrier).

sónic bóom *n.* Ⓒ音爆《超音速飛機等衝破 sound barrier 時的震波所引起的爆炸聲》。

sónic míne *n.* Ⓒ感音[音響]水雷《藉輪船推進機聲音的振動而爆發之水雷》。

so·nif·er·ous [soˈnɪfərəs; souˈnifərəs] *adj.* 傳聲的；發音的。

són-in-làw *n.* Ⓒ(*pl.* **sons-in-law**)女婿。

son·less [ˈsʌnlɪs; ˈsʌnlis] *adj.* 無子的。

son·net [ˈsɑnɪt; ˈsɔnit] *n.* Ⓒ十四行詩《起源於義大利，有種種形式，通常爲抑揚五步格》。

son·net·eer [ˌsɑnəˈtɪr; ˌsɔniˈtiə] *n.* Ⓒ **1** 十四行詩人，短詩作者。**2**《輕蔑》拙劣的詩人，劣等詩人。

son·ny [ˈsʌnɪ; ˈsʌni] *n.* [用於稱呼]孩子，年輕人。

so·nom·e·ter [soˈnɑmətɚ; souˈnɔmitə] *n.* Ⓒ **1**〖醫〗聽力計；測音器。**2**〖物理〗弦音計。

so·nor·i·ty [səˈnɔrətɪ; səˈnɔrəti] *n.* Ⓤ響亮，宏亮。

so·no·rous [səˈnorəs, -ˈnɔr-; səˈnɔːrəs] *adj.* **1** 響亮的，宏亮的。**2**〈文體、演說等〉調子高的，鏗鏘有力的。**～·ly** *adv.*

son·sy, son·sie [ˈsɑnsɪ; ˈsɔnsi] *adj.* (**-si·er; -si·est**)《英方言》**1** 幸運的。**2** 健美的；漂亮的；悅人的。**3** 舒適的。**4** 好脾氣的。

‡**soon** [sun, sʊn; suːn] «源自古英語「立即」之義»—*adv.* (**～·er; ～·est**) **1** (無比較級、最高級)沒多時，不久，馬上，一會兒：He will come ～. 他馬上就來/I will ～ be back. 我很快就回來/She left ～ *after* ten. 她剛過十點就離開了。

> 【同義字】soon 指沒過多久的時間內；presently 也同義，但爲略微拘泥的用語；shortly 表示比 soon 或 presently 更短的時間；immediately 則指沒有時間間隔的現在時刻。

2 早，快(⇨early【同義字】)：as ～ as possible [one can] 儘早，儘快/I'll be home by five at the ～*est*. 我最早也要在五點才能到家/You spoke too ～. 你說得太早[太急]了/Winter has come too ～. 冬天來得太早了/The ～*er*, the better.《諺》愈快[早]愈好。

3 迅速地，快速地，輕易地：*S*～ got, ～ spent.《諺》得來容易去得快/*S*～ learnt, ～ forgotten.《諺》學得快，忘得快。

as sòon as... [當連接詞用]一…就…：Tell me *as*～*as* you have finished. 你一完成就告訴我。

as sòon as nót 寧可，寧願：I would go there *as* ～ *as not.* 我寧可到那裏去。

had sòoner dó than...＝**had as sòon dó as ...**＝would SOONER do than.

no sòoner ... than ... [當連接詞用]剛…就…《★比較 比 as soon as 更爲文言的說法》：He had *no* ～*er* arrived *than* he fell sick.＝*No* ～*er* had he arrived *than* he fell sick. 他剛抵達就病倒了《★用法 no sooner 在句首時要倒裝》/*No* ～*er* said *than* done. 一說就做；說到做到。

sóoner or láter 遲早，總有一天，早晚：*Sooner or later* things will all come right again. 事情遲早都會恢復正常。

sóoner than... (與其)…不如…(rather than)：*Sooner than* take a bus, I'd walk. 與其坐公共汽車，我不如走路。

so sóon as...＝as SOON as《★用法 主要用於否定詞後面或附有理由或條件的觀念時》：We did*n't* arrive *so* ～ *as* we expected. 我們沒有如預期那樣早到。

would sòoner dó than...＝**would as sòon dó as...** 寧願…也不願…：I *would* ～*er* die *than* do it. 我寧願死也不願做那事/I *would* just *as* ～ stay at home (*as* go). 我寧願留在家裏(也不願去)/"Will you drink?"—"I'*d* just *as* ～ *not.*"「要不要喝一杯？」「我寧可不要《還是不喝的好》。」《★用法 not 後面的 drink 省略》。

soot [sʊt, sut; sut] *n.* Ⓤ煤灰，煤煙，油煙。

—*v.t.* 〔十受(十副)〕把…弄得盡是煤煙，用煤煙弄髒…〈*up*〉《★常用被動語態》。

sooth [suθ; su:θ] *n.* Ⓤ《古》眞實；事實；實際。

in(gòod, vèry)sóoth 實際上。

sóoth to sáy 老實說；說老實話。

—*adj.* **1**《古》眞實的。**2**《詩》撫慰的；柔和的；爽快的。

soothe [suð; su:ð] *v.t.* 〔十受〕**1** 安慰，撫慰〈人等〉：He tried to ~ the crying child. 他試著去哄那個在哭的孩子。**2** 使〈神經、情緒〉鎮定，平靜；使〈痛苦等〉緩和，減輕：I tried to ~ her nerves[anger]. 我試著使她的神經[怒氣]鎮定[平息]下來。

sóoth·ing *adj.* 安慰的，撫慰的，緩和的：in a ~ voice 以安撫(對方的不安、興奮等)的語調。~**·ly** *adv.*

sóoth·sàyer *n.* Ⓒ《古》占卜者，預言者。

sóoth·sàying *n.* Ⓤ《古》占卜，預言。

soot·y [ˋsʊtɪ, ˋsutɪ; ˈsuti] «soot 的形容詞» **—***adj.* (**soot·i·er**; **-i·est**) **1** (似)煤煙的；被煤煙燻汚的，盡是油煙的：a ~ building 燻黑的建築物。**2** 煤黑色的，淺黑色的。**sóot·i·ness** *n.*

sop [sap; sɔp] *n.* Ⓒ **1** (浸於牛奶、羹湯、葡萄酒等的)食物，(尤指)麪包片。**2 a** (爲討好別人或爲息事寧人而給予的)取悅之物，餌〔*to*〕. **b** 賄賂〔*to*〕.

gìve[thrów]a sóp to Cérberus ⇨Cerberus.

—*v.t.* (**sopped**; **sop·ping**) **1** 〔十受(十介十(代)名)〕浸〈麪包片等〉〔於牛奶、湯汁中〕〔*in*〕：~ some bread ***in*** soup 把一些麪包泡在羹湯中。**2** 〔十受十副(十介十(代)名)〕〔用…〕吸去，抹去〈液體〉〈*up*〉〔*with*〕：She *sopped* ***up*** the spilt milk ***with*** a cloth. 她用一塊布抹去溢出的牛奶。

sop.《略》soprano.

SOP, S.O.P.《略》standard [standing] operating procedure 標準作業程序。

soph [saf; sɔf]《略》*n.* ＝sophomore.

So·phi·a [soˋfɪə, səˋfaɪə; səˈfaiə] *n.* 蘇菲亞《女子名，暱稱 Sophie, Sophy》.

So·phie [ˋsofɪ; ˈsoufi] *n.* 蘇菲《女子名；Sophia 的暱稱》。

soph·ism [ˋsafɪzəm; ˈsɔfizəm] *n.* **1** Ⓒ詭辯，巧辯，牽强附會《形式、外表上似是而非的理論》。**2** Ⓤ詭辯法。

sóph·ist [ˋsafɪst; ˈsɔfist] *n.* Ⓒ **1** 詭辯家，巧辯家。**2** [S~] (古代希臘的)詭辯學家《教授辯論術、修辭學、哲學等的教師》。

so·phis·tic [səˋfɪstɪk; səˈfistik] «sophism 的形容詞» **—***adj.* **1** 〈辯論等〉詭辯的，巧辯的，强詞奪理的：the ~ school 詭辯學派。**2** 〈人〉要詭辯術的，搬弄歪理的。

so·phís·ti·cal [-tɪkḷ; -tikl] *adj.* ＝sophistic. ~**·ly** [-kḷɪ; -kli] *adv.*

so·phis·ti·cate [səˋfɪstɪˌket; səˈfistikeit] *v.t.* **1 a** 使〈人〉懂世故，使…受(都市、智慧上的)洗禮。**b** 使…喪失自然[純眞]。**2** 使〈機器等〉複雜化，使…精巧。

— [-kɪt, -ˌket; -kət, -keit] *n.* Ⓒ矯飾者，老於世故的人，老練者。

***so·phis·ti·cat·ed** [səˋfɪstɪˌketɪd; səˈfistikeitid] *adj.* (**more** ~; **most** ~) **1 a** 老於世故的，老練的，有(高度)教養的。**b** 〈文體等〉精緻的；〈雜誌等〉適合知識份子的。**c** 〈人、嗜好等〉世故深的，老練的，不單純的；圓滑的。

2 〈機器、技術等〉(引進尖端技術而)極爲複雜的，先進的，精巧的，高性能的：a ~ computer 精巧的電腦/a ~ fighter plane 高性能戰鬥機。~**·ly** *adv.*

so·phis·ti·ca·tion [səˌfɪstɪˋkeʃən; səˌfistiˈkeiʃn] «sophisticate(d) 的名詞» **—***n.* Ⓤ **1 a** (高度的)智慧上的洗鍊：linguistic ~ ＝ ~ *in* linguistics 語言學的素養。**b** 變世故，老練；圓滑。**2** (機械等的)複雜化，精巧化。

soph·ist·ry [ˋsafɪstrɪ; ˈsɔfistri] *n.* **1** Ⓤ詭辯法。**2** Ⓒ[常 **sophistries**]詭辯，牽强附會。

Soph·o·cles [ˋsafəˌkliz; ˈsɔfəkli:z] *n.* 沙孚克里斯《495?–406 B.C.；古希臘的悲劇詩人》。

soph·o·more [ˋsafmˌor, -ˌɔr; ˈsɔfəmɔ:] «希臘文「賢明的(sopho)」和「愚蠢的(more)」的混合語» **—**《美》*n.* Ⓒ(四年制大學、高級中學的)二年級學生(⇨freshman【說明】)。

—*adj.* [用在名詞前]二年級學生的：a ~ class 二年級的班。

soph·o·mo·ric [ˌsafəˋmɔrɪk; ˌsɔfəˈmɔ:rik˝] «sophomore 的形容詞» **—***adj.*《美》**1** (大學或四年制高級中學的)二年級學生的。**2** 幼稚而自大的；一知半解的，傲慢的。

So·phy [ˋsofɪ; ˈsoufi] *n.* 蘇菲《女子名；Sophia 的暱稱》。

sop·o·rif·er·ous [ˌsopəˋrɪfərəs; ˌsɔpəˈrifərəs˝] *adj.* 催眠的，引人入睡的。

sop·o·rif·ic [ˌsopəˋrɪfɪk, ˌsapə-; ˌsɔpəˈrifik˝] *adj.* **1** 使人想睡的，催眠的。**2** 睡眠的，想睡的，睏倦的。

—*n.* Ⓒ催眠劑，痲醉劑。

sóp·ping *adj.*《口語》**1** 濕透的，浸透的：~ clothes 濕透的衣服。**2** [當副詞用]濕透地：~ wet 濕淋淋的。

sop·py [ˋsapɪ; ˈsɔpi] «sop 的形容詞» **—***adj.* (**sop·pi·er**; **-pi·est**) **1 a** 濕透的，浸濕的。**b** 〈天氣〉多雨的，潮濕的。**2**《口語》**a** 多愁善感的，易感傷的。**b** [不用在名詞前]〔十介十(代)名〕〔對…〕著迷的〔*on*〕.

so·pra·no [səˋpræno, -ˋprano; səˈprɑ:nou] «源自義大利語「上面的」之義» **—***n.* (*pl.* ~**s**, **-ni** [-ni; -ni(:)])《音樂》**1 a** Ⓤ女高音，最高音部《女子、少年的最高音；⇨bass[1]【相關用語】》：sing ~ 唱女高音，唱最高音部/sing in ~ 以女高音唱。**b** Ⓒ女高音的聲音。**2** Ⓒ女高音歌唱家。

—*adj.* 女高音的，最高音的：a ~ voice 女高音的聲音。

sor·bet [ˋsɔrbɪt; ˈsɔ:bət, -bit] *n.* **1** Ⓤ[指個體時爲Ⓒ]《英》果汁冰水(《美》sherbet). **2**《美》＝sherbet 2.

sórb·ic ácid [ˋsɔrbɪk ~; ˈsɔ:bik ~] *n.* Ⓤ《化學》山梨酸，已二稀酸。

Sor·bonne [sɔrˋban, -ˋbʌn; sɔ:ˈbɔn] *n.* [**the** ~]梭爾邦大學《十六至十七世紀時的巴黎大學神學院，現爲巴黎大學的文理學院》。

sor·cer·er [ˋsɔrsərəː; ˈsɔ:sərə] *n.* Ⓒ魔法師，術士，男巫。

sor·cer·ess [ˋsɔrsərɪs; ˈsɔ:səris] *n.* Ⓒ女魔法師，女巫。

sor·cer·y [ˋsɔrsərɪ; ˈsɔ:səri] *n.* Ⓤ魔法，巫術。

sor·did [ˋsɔrdɪd; ˈsɔ:did] «源自拉丁文「骯髒」之義» **—***adj.* **1** 〈環境等〉髒亂的，汚穢的。**2** 〈行爲、人等〉卑鄙的，卑劣的，貪婪的。~**·ly** *adv.* ~**·ness** *n.*

sore** [sor, sɔr; sɔ:] *adj.* (**sor·er**; **-est**) **1 a** 〈炎症、傷口等〉痛的，疼痛發炎的：~ muscles 疼痛的肌肉/feel ~ 感到痛/have a ~ throat(因感冒等)喉嚨痛/I am ~ all over. 我全身疼痛。**b** [用在名詞前]使人悲痛的，傷人感情的：a ~ subject 傷人感情[不愉快]的話題/That's his ~ spot[a ~ spot with him]. 那就是使他痛苦[傷心]的事。**2** 痛心的，傷心的，悲哀的：with a ~ heart 痛心地，傷心地/She is ~ at heart. 她心中悲傷。**3** [不用在名詞前]《美口語》**a** 生氣的，惱火的，惱怒的：Don't get so ~. 別那樣生氣。**b** 〔十介十(代)名〕〔對…〕生氣的，惱怒的〔*at, about, on, over*〕：He felt ~ ***about the defeat. 他對這次的敗北感到惱怒/He is ~ ***at*** miss*ing* the game. 他對錯過那一次的比賽感到惱怒。**4** [用在名詞前]《古》辛苦的，吃力的，極端的，厲害的：~ distress 非常窮困/in ~ need 在極度的窮困中。

(as) cróss as a béar (with a sóre héad) ⇨**a sight for sóre éyes** ⇨ sight.

—*n.* Ⓒ **1** 痛處，傷處，糜爛，腫瘡。**2** 傷心事，不愉快的問題[回憶]。

—*adv.*《古》＝sorely. ~**·ness** *n.*

sóre·hèad *n.* Ⓒ《美口語》容易動怒[發脾氣]的人。

sóre·ly *adv.* **1** 痛苦地；嚴厲地：be ~ tried 受到嚴厲考驗。**2** 猛烈地，厲害地，非常：We are ~ in need of support. 我們極需支援。

sor·ghum [ˋsɔrgəm; ˈsɔ:gəm] *n.* Ⓤ **1**《植物》高粱《禾本科農作物及其穎果》。**2** (甜高粱製成的)高粱糖漿。

so·ror·i·cide [səˋrɔrəˌsaɪd; səˈrɔ:risaid] *n.* **1** Ⓤ殺親姊妹之行爲。**2** Ⓒ殺親姊妹者。

so·ror·i·ty [səˋrɔrətɪ, -ˋrar-; səˈrɔrəti] *n.* Ⓒ[集合稱]《美》(尤指大學的)女學生社交俱樂部；姊妹會；婦女會；婦女團體(cf. fraternity 2 c)《★【用法】視爲一整體時當單數用，指個別成員時當複數用》。

sorórity hòuse *n.* Ⓒ《美》(大學的)女學生社交俱樂部會所。

sor·rel[1] [ˋsɔrəl, ˋsar-; ˈsɔrəl] *adj.* 〈馬等〉淡紅褐色的，栗色的(cf. bay[4]).

—*n.* **1** Ⓤ淡紅褐色，栗色。**2** Ⓒ栗色馬《淡紅褐色的馬，尾端常爲白色》。

sor·rel[2] [ˋsɔrəl, ˋsar-; ˈsɔrəl] *n.* Ⓤ《植物》酸模《蓼科酸模屬草本植物的統稱，其莖、葉有酸味》。

‡sor·row [ˋsaro, ˋsɔro; ˈsɔrou] *n.* **1** Ⓤ悲傷，悲哀，悲痛，傷心〔*over, at, for*〕：the ~ of parting 離別的傷感/to a person's ~ 令人悲傷[難過]的是(…)/feel ~ *at* one's misfortunes [*for* a person] 爲自己的不幸感到悲傷[爲別人感到難過]/*In* ~ and in joy, he thought of his mother. 悲傷或歡樂時他都想起母親。

> 【同義字】sorrow 是對於失去親人或不幸事件表示悲傷的一般用語；grief 指由某特定的不幸事件所引起的極强烈悲痛；sadness 指由某種原因引起或沒有來由的心情消沈。

2 Ⓒ[常~**s**]可悲[傷心]的事；不幸，苦難：He is a ~ to his parents. 他使父母傷心/He has had many ~*s*. 他遭遇過許多不幸。

—*v.i.* 〔動(十介十(代)名)〕〔爲…〕感到悲傷[難過]〔*at, for, over*〕：a ~*ing* widow 傷心的寡婦/~ ***at*** [*for, over*] one's misfortune 悲嘆自己的不幸/~ *for* a person 爲某人感到悲傷[難過]。

sor·row·ful [ˋsarofəl, ˋsɔr-; ˈsɔroufuI] *adj.* (**more** ~; **most** ~) **1** 悲痛的，悲嘆的。**2** 〈面容、言語等〉悲傷的，憂愁的。**3** 使人悲傷的，可悲的，悲慘的：a ~ sight 令人悲痛的景象。

~**·ly** [-fəlɪ; -fuli] *adv.*

‡**sor·ry** [ˋsɔrɪ, ˋsɑrɪ; ˋsɔri] «源自古英語「(心)痛」之義»**—adj.** (**sor·ri·er**; **-ri·est**) **1** [不用在名詞前]**覺得可憐的**：**a** 覺得可憐[難過]的：I'm (very) ~. 我覺得(很)難過。**b** 〔+介+(代)名〕〔爲…〕感到難過的〔*for, about*〕：I am [feel] ~ ***for*** her. 我爲她感到難過/I am deeply ~ ***about*** his death. 我爲他的死深感悲痛。**c** 〔+ *to* do〕〈因…而〉感到難過的：I am ~ *to* hear it. 我聽到那件事而感到難過。**d** 〔+ (*that*)__〕難過〈…事〉的：We are ~ (*that*) you are sick. 我們因你生病而感到難過。

2 [不用在名詞前]**抱歉的**：**a** 遺憾的，後悔的(cf. *interj.* 1)：I'm so [very] ~. 我非常抱歉。**b** 〔+介+(代)名〕〔爲…事而〕抱歉的，過意不去的〔*for, about*〕：You will be ~ ***for*** it later. 你以後會爲那件事而後悔的。**c** 〔+ *to* do〕抱歉〈做…〉的：I am ~ *to* trouble you, but could [would] you (be so kind as to)...? 抱歉給您添麻煩[對不起]，您能不能…？/I'm ~ *to* have kept you waiting. 抱歉讓你久等。**d** 〔+ (*that*)__〕抱歉〈…事〉的：I am ~ (*that*) I have not written to you for so long. 抱歉我好久沒寫信給你。

3 [不用在名詞前]**覺得遺憾的**，惋惜的(cf. *interj.* 2)：**a** 惋惜的，可惜的，遺憾的："Can you come with me?"—"I'm ~, but I can't."「你能同我一道去嗎？」「抱歉，我不能。」**b** 〔+介+(代)名〕惋惜〔…〕的，遺憾〔…〕的〔*for, about*〕：I'm ~ ***about*** the way things turned out. 我很遺憾事情變成這樣子。**c** 〔+ *to* do〕〈做…是〉遺憾的，遺憾〈做…〉的：I am ~ *to* say (that) I cannot come to the party. 很遺憾我不能來參加宴會。**d** 〔+ (*that*)__〕遺憾〈…事〉的：I am ~ (*that*) you cannot stay longer. 我很遺憾你不能多停留一些時候。

4 [用在名詞前]可悲的，沒價值的，悲哀的，悲慘的：a ~ sight 悲慘的景象/in a ~ plight 陷入悲慘的境況中。

—*interj.* 《★用法 I'm ~. 之略》**1** [表示歉意]對不起(cf. *adj.* 2 a)：Did I step on your toe? *S*~! 我踩到你的脚趾了嗎？對不起。**2** [表示遺憾、惋惜]**對不起**，抱歉(cf. *adj.* 3)：*S*~, we are closed. 很抱歉我們打烊了。**3** [用於反問時]對不起，請再說一遍，你說什麼？《★發音 以上升的音調說》："I'm hungry."—"*S*~?"—"I said, I'm hungry."「我肚子餓了。」「你說什麼？」「我說我肚子餓了。」

sór·ri·ly *adj.* **sór·ri·ness** *n.*

‡**sort** [sɔrt; sɔ:t] «源自拉丁文「命運」之義» **—*n.*** Ⓒ **1 種類** (kind)〔*of*〕《★用法 sort of 後面的單數可數名詞加 a(n) 較爲口語化，多半帶有感情的成分》：this ~ *of* house＝a house of this ~ 這種房屋/these ~*s* of trees＝trees of these ~*s* 這些種類的樹木/problems of this ~ ＝《口語》these ~ *of* problems 這種[這些]問題/all ~*s* and conditions *of* men 各式各樣的人，各種類型的人/That's the ~ *of* thing I want. 那就是我所要的東西/What ~ *of* (a) book do you want? 你要哪一種書？

2 [常用單數；與修飾語連用]《口語》(…的)人，東西《★用法 省略 sort 後面的 of(a) person [thing]》：He is a good [bad] ~. 他是個好[壞]人/He is not my ~. 他不是我喜歡的那一型的人/It takes all ~*s* to make a world. 世界上有各種各樣的人[世界上的人形形色色無奇不有]《所以不要見怪》。

3 《印刷》某類型的一套鉛字。

àfter a sórt (雖然不充分，但)有些，有幾分，稍爲。

a sòrt of... 一種…，可以說是…的東西[人]：*a* ~ *of* politician 可以說是政治家的人，像政治家那一類的人。

in a sórt＝after a SORT.

of sórts＝**of a sórt** 蹩脚的，較差的：a poet *of*~*s* 蹩脚[二流]的詩人。

òut of sórts 《口語》(1)不舒服的，沒精神的。(2)心情不好的，鬧脾氣的。

sòrt of [當副詞用；用以修飾緊接其後的形容詞、動詞]《口語》有些，有幾分，有點，稍微《★拼法《美》有時訛音寫作 *sort o', sort a', sorta, sorter*》：He was ~ *of* angry. 他有些生氣了/The building ~ *of* tilted. 那棟建築物有點傾斜/"Do you like movies?"—"Well, ~ *of*."「你喜歡電影嗎？」「嗯，有一點兒。」

—*v.t.* 〔十受(十副)〕把…加以分類；揀〈郵件〉〈*out, over*〉：*S*~ these cards according to their colors. 按顏色將這些卡片分類。

sórt óut 《*vt adv*》(1)⇨ *v.t.* (2)把…〔從…中〕分開，挑出〔*from*〕：~ *out* the sheep *from* the goats 分開山羊和綿羊《區別善人與惡人》/ She ~*ed out* her summer clothes. 她挑出夏季衣服。(3)歸納〈想法等〉；改善〈事態〉。(4)《英口語》整理，整頓；解決〈問題、糾紛等〉。(5)《英俚》嚴懲[幹掉]〈某人〉。

sort·a [ˋsɔrtə; ˋsɔ:tə] *adv.* ⇨SORT of.

sórt·er[1] [ˋsɔrtɚ; ˋsɔ:tə] *n.* Ⓒ **1** 分類者，(郵局)揀信員，選別者。**2** 分類器[裝置]，選別機。

sort·er[2] [ˋsɔrtɚ; ˋsɔ:tə] *adv.* ⇨SORT of.

sor·tie [ˋsɔrti, -tɪ; ˋsɔ:ti:, -ti] «源自法語 'going-out' 之義»**—*n.*** Ⓒ **1** (到不太熟悉的地點所作的)短期旅行。**2** 《軍》**a** (從被包圍陣地的)防禦突擊。**b** (軍機的)出擊，發航。

sórt-òut *n.* Ⓒ [常用單數]《英》整理，整頓。

SOS [ˌɛsˌoˋɛs; ˌesouˋes] «情況危急時最容易拍發的摩爾斯(Morse)電碼的組合《···———···》，非一般所謂 *Save Our Souls* [*Ship*] 的縮寫»**—*n.*** Ⓒ (*pl.* ~'s) **1** 遇難[求救]信號。**2** 緊急援救的請求。

só-sò 《口語》*adj.* 普普通通的，還過得去的，不好不壞的，馬馬虎虎的：a ~ golfer 高爾夫球打得馬馬虎虎的人/"How is your father?"—"Only ~."「你父親好嗎？」「還好《差强人意》。」**—*adv.*** 馬馬虎虎地，不好也不壞地，還過得去地(tolerably)。

so·ste·nu·to [ˌsɑstəˋnuto; ˌsɔstəˋnu:tou] «源自義大利語「持續的」之義»**—*adj.* & *adv.*** 《音樂》(音)持續的[地]，延長的[地]。

sot [sɑt; sɔt] *n.* Ⓒ酒徒，酒鬼。

sot·tish [ˋsɑtɪʃ; ˋsɔtiʃ] «sot 的形容詞» **—*adj.*** **1** (似)酒鬼的，酗喝酒的。**2** 愚蠢的，遲鈍的。**~·ly** *adv.* **~·ness** *n.*

sot·to vo·ce [ˋsɑtoˋvotʃɪ; ˌsɔtouˋvoutʃi] «源自義大利語 'under the voice' 之義»**—*adv.*** 低聲地；用旁白。

sou [su; su:] «源自法語；由法國從前的 5 centime 銅幣而來»**—*n.*** [**a** ~；用於否定句]小錢：I have*n't a* ~. 我一點錢也沒有，我身無分文。

sou. 《略》south; southern.

sou·brette [suˋbrɛt; su:ˋbret] «源自法語» **—*n.*** Ⓒ **1** 喜劇中幫助女主人與人私通之侍女；紅娘之流；扮演紅娘角色之女演員。**2** 風流之侍女；賣俏侍女；輕薄少婦。

sou·bri·quet [ˋsubrɪˌke; ˋsu:brikei] *n.* ＝sobriquet.

Sou·dan [suˋdæn; su:ˋdæn] *n.* ＝Sudan.

souf·flé [suˋfle, ˋsufle; ˋsu:flei] «源自法語 'blown up' 之義»**—*n.*** Ⓒ[當作菜名時爲Ⓤ]蛋白牛奶酥《將蛋白加牛奶攪拌起泡後再烘烤的甜食或菜餚》：cheese ~ 乾酪蛋白酥。

sough [sʌf, saʊ; sau, sʌf] *v.i.* 〈風〉發出颯颯[颼颼]聲；〈樹等〉沙沙地響。**—*n.*** Ⓒ颼颼，颯颯《風吹的聲音》。

‡**sought** [sɔt; sɔ:t] *v.* seek 的過去式・過去分詞。

sóught-àfter *adj.* 很吃香的，爭相羅致的，廣受歡迎的《★拼法 作敍述用法時寫作 sought after》。

‡**soul** [sol; soul] *n.* **1** Ⓒ**a 靈魂**，魂；死者之靈，亡靈(↔ body, flesh)：the immortality of the ~ 靈魂之不滅/the abode of departed ~*s* 離開肉體的靈魂住處，天國。**b** 精神，心靈：He has a ~ above material pleasures. 他有一顆超越物質享受的心靈。

2 Ⓤ **a** (與知性有所區別的)情，感情：He has no ~. 他沒有感情。**b** 氣魄，朝氣，熱情：His picture lacks ~. 他的畫缺乏氣魄[沒有生氣]。

3 [**the** ~] **a** (事物的)精髓，秘訣，精華，根源，生命〔*of*〕：Brevity is *the* ~ *of* wit. 簡潔是智慧的精華；言以簡潔爲貴(★出自 Shakespeare 的「哈姆雷特(*Hamlet*)」)。**b** [行動、運動等的]中心人物，指導者，主腦〔*of*〕：*the* (life and) ~ *of* the party 聚會中的中心人物[靈魂人物]。**c** [某種道德的]化身，榜樣，典範〔*of*〕：He is *the* ~ *of* honesty. 他是誠實的化身。

4 Ⓒ **a** [與數詞或否定語句連用]人，人命：*Not* a ~ was to be seen. 一個人影也看不到/Do*n't* tell a ~. 不要跟別人講/The jetliner crashed with 130 ~*s* on board. 那架載有一百三十位乘客的噴射客機墜毀了。**b** [與修飾語連用]人《★用法 常表示愛情、憐憫》：an honest ~ 誠實的人/a kind ~ 親切的人/Be a good ~ and do it. 行行好，做了這件事吧/She's lost her son, poor ~! 可憐的人！她失去了兒子。

5 (又作 **sóul mùsic**)Ⓤ靈魂音樂《一種混合爵士音樂(jazz)及藍調節奏(rhythm and blues)而成的黑人音樂》。

for the sóul of me [用於否定句]無論如何(也想不起某事等)。

héart and sóul ⇨heart.

kèep bódy and sóul togéther ⇨BODY and soul (1).

séll one's **sóul** 〔爲獲得金錢、權力而〕昧著良心做事，出賣靈魂〔*for*〕.

the flów of sóul ⇨flow *n.* 2.

upòn my sóul! 《罕》(1)發誓，眞的，確確實實的。(2)[當感嘆詞用]天啊！眞叫人吃驚！

—*adj.* [用在名詞前]《口語》黑人(特有)的：~ food 美國南部黑人的(特有的)菜餚[食品]。

sóul bròther *n.* Ⓒ《美俚》[用於年輕的黑人之間]黑人男子。

sóul-destròying *adj.* 〈作品等〉毀滅靈魂的，損人神志的，消磨精神的。

soul·ful [ˋsolfəl; ˋsoulful] *adj.* 心靈上的，充滿感情的，感動(似)的；感傷的。**~·ly** [-fəlɪ; -fuli] *adv.* **~·ness** *n.*

sóul kiss *n.* Ⓒ把舌頭伸入異性口中的接吻(French kiss)。

sóul-kiss *v.t.* & *v.i.* 把舌頭伸入對方口中接吻。

sóul·less *adj.* 沒有靈魂的，沒有精神的，無情的。**~·ly** *adv.* **~·ness** *n.*

sóul màte *n.* Ⓒ **1** 情人。**2** 密友。

sóul-sèarching *n.* Ⓤ深入的自我反省，內省。**—*adj.*** 自我反省的。

sóul sìster *n.* Ⓒ《美俚》[用於年輕黑人之間]黑人女子。

sóul-stírring *adj.* 使〈人〉精神奮發的；使〈人〉興奮的。

‡**sound**[1] [saund; saund] *n.* **1** ⓊⒸ**聲音，音響**：the ~ of voices 人聲/a musical ~ 樂聲，悅耳的聲音/a vowel ~ 母音/Not a ~ was heard. 一點聲音都沒聽到/*S*~ travels in waves. 聲音成波狀傳播。

【同義字】sound 是指「聲音」的最普通用語；noise 多半用以指刺耳的噪音或嘈雜的聲音；tone 是指音質、高低、强弱等方面有一定頻率的聲音。

2 [用單數；常與修飾語(片語)連用]聲音，調子；(聲音、言語的)回響，感覺，印象：a joyful [mournful] ~ 高興[悲傷]的聲音/This sentence has a queer ~. 這個句子聽起來怪得很/I don't like the ~ of it. 我不喜歡那個調調。
3 Ⓤ(無意義的)噪音，嘈雜聲，鬧聲：~ and fury 噪音與憤怒《★出自 Shakespeare 的「馬克白(*Macbeth*)」》/It has much ~ but no [little] sense. 它聲音很大，但沒有[少有]意義。
4 Ⓤ聲音聽得見的範圍[距離]：within ~ of... 在聽得見…的範圍[距離]以內。
—*adj.* [用在名詞前] 錄音材料的〈唱片、影片等〉：⇨sound track.
—*v.i.* **1 發出聲音，響，鳴響**：The bell ~*ed*. 鐘響了/Some of the keys on that piano won't ~. 那架鋼琴上有些鍵按不響。
2 a [十補(十介十(代)名)]〔對…〕**聽起來像**，看似，似乎〈…〉〔*to*〕："Rough" and "ruff" ~ the same. rough 與 ruff 的發音聽起來一樣/That excuse ~*s* queer. 那個藉口似乎有點怪/Her explanation ~*s* all right (*to me*). 她的解釋(在我聽來)似乎沒有問題/strange as it may ~ 也許聽起來奇怪/I suppose the story ~*s* absurd *to* you. 我想這故事在你聽起來是荒謬的。**b** [十介十(代)名]〔對…而言〕聽起來〔像…〕〔*to*〕〔*like*〕：It ~*ed* **like** thunder. 它聽起來像雷聲/I must ~ *like* a fool **to** you. 在你看來，我一定像個傻瓜/That ~*s like* a lot of fun. 那聽起來好像很有趣。**c** [(十介十(代)名)十 *as if*＿]〔在…〕聽來〈好像[猶如]…的口氣〉；令人覺得〈…〉〔*to*〕《★用法(1)可用 as though，《美口語》用 like 代替 as if》；(2)《口語》在 as if 子句中用直述法》：It ~*ed* (*to* me) *as if* the roof was falling in. 那聲音在我聽來猶如屋頂塌下來了(一般)/It ~*s to* me *as if* somebody is calling you. (那聲音)在我聽來像是有人在叫你/He ~*s like* he is a great scholar. 《美口語》(聽他說話的口氣)他好像是位偉大的學者。
—*v.t.* [十受] **1 吹響**〈喇叭等〉：~ a trumpet 吹喇叭。**2** 唸出〈文字〉，發…的音《★常用被動語態》：The 'h' in 'honest' *is* not ~*ed*. honest 的 h 是不發音的。**3 a** (以鐘聲、喇叭、打鼓等)通知…，發…的信號；鳴〈警報等〉：~ one's horn 鳴(汽車)喇叭/~ a [the] retreat 發出撤退信號。**b** 傳播〈名聲等〉：He ~*ed* her praises far and wide. 他四處讚美她。**4**《醫》叩診，聽診〈胸部〉。
sóund óff 《*vi adv*》《口語》直截了當地說，自吹自擂似地說〔…〕〔*about, on*〕.

sound**[2] [saund; saund] 《源自古英語 gesund 的 ge- 消失》**—*adj. (~·er；~·est) **1**〈身體、精神〉健全的，正常的：a man of ~ body 身體健全的人/~ common sense 健全的常識[判斷力]/A ~ mind in a ~ body. 《諺》健全的心理寓於健康的身體；有健康的身體才有健全的心理。
2 沒有腐爛的；完好的，無瑕疵的。
3 a〈建築物等〉堅固的，安全的。**b**〈財政狀態等〉穩固的，健全的，資金充實的，有償付能力的。
4 a〈理論、判斷等〉正確的，有確實根據的：a ~ opinion [judgment] 正確的意見[判斷]。**b** [不用在名詞前] [十介十(代)名]〔對…〕有正確想法的〔*on*〕：He is ~ **on** democracy. 他對於民主主義有正確的想法。
5 a〈睡眠〉充分的：a ~ sleep 熟睡。**b**〈打擊等〉徹底的，痛快的，厲害的：a ~ beating [thrashing] 痛打[毆]。
6《法律》有效的。
(as) sóund as a béll [tóp] (1)〈人〉極為健康的。(2)〈機器等〉狀況正常[完好]的。
sáfe and sóund ⇨safe *adj.*
—*adv.* (~·er；~·est)深沈地，舒暢地《★常用於下列片語》：sleep ~ 熟睡/~ asleep 熟睡著。~**·ly** *adv.* ~**·ness** *n.*

sound[3] [saund; saund] 《源自中古英語「海峽」之義》**—*n.*** Ⓒ **1** 海峽《★比較 比 strait 大》。**2** 海灣，海口，河口。

sound[4] [saund; saund] 《源自中古英語「刺穿」之義》**—*v.t.*** **1** (以測錘)測量〈海、湖等〉的深度。**2 a** [十受] 試探，打聽〈某人的意向〉：Has anyone ~*ed* his views yet? 有人試探過他的看法嗎？ **b** [十受(十副)十介十(代)名]〔就…事〕打聽〈某人〉的意向[想法]〈*out*〉〔*about, on, as to*〕：We must ~ him (**out**) **about** his willingness to help us. 我們必須試探他是否有意幫助我們/I'm going to ~ (*out*) the manager **on** the question of wages. 關於工資的問題，我要去試探經理的意思。**3**《醫》(用探針)探查…：~ a patient's bladder 以探針探查患者的膀胱。
—*v.i.* **1** 測量水深。**2**〈鯨魚等〉潛入水底。
—*n.* Ⓒ《醫》(外科用的)探針[探子]。

sóund bàrrier *n.* [the ~]音障《飛機等速度接近音速時所出現的氣動阻力》。

sóund·bòard *n.* ＝sounding board.

sóund·bòx *n.* Ⓒ **1** (唱機之)唱頭。**2**《音樂》共鳴箱；反響體。

sóund càmera *n.* Ⓒ錄音攝影機。

sóund detèctor *n.* Ⓒ檢聲器。

sóund effècts *n. pl.* (電視、廣播、戲劇等的)音響效果。

sóund·er[1] 《源自 sound[1]》**—*n.*** Ⓒ **1** 發聲器[物]，會鳴響的物體。**2**《電學》音響機。

sóund·er[2] 《源自 sound[4]》**—*n.*** Ⓒ **1** 測深機[員]。**2**《醫》探針，探子。

sóund·ing[1] 《源自 sound[1]》**—*adj.*** [用在名詞前] **1** 作聲的，鳴響的。**2** 聽起來了不起的，誇張的，堂皇的：a ~ title 堂皇的頭銜/~ oratory 誇張的演說。

sóund·ing[2] 《源自 sound[4]》**—*n.*** **1** ⓊⒸ(用測錘的)水深測量。**2** [~s] 測錘可及的(測量)範圍：in [on] ~*s* 〈船隻〉在測錘可及之處/off [out of] ~*s* 〈船隻〉在測錘不可及之處。**3** Ⓤ [又作 ~s] 調查，探測：take ~*s* 慢慢探查事情的情況。

sóunding bòard *n.* Ⓒ **1 a** (樂器的)共鳴板(⇨ violin 插圖)。**b** (裝在講壇上使聲音響亮的)響板。**2** 傳播意見等的方法，造成輿論的途徑《報紙的讀者投書欄等》〔*for*〕.

sóunding lèad [-lɛd; -led] *n.* Ⓒ測錘《測量水深用的鉛塊》。

sóunding lìne *n.* Ⓒ測深索。

sóund·less[1] 《源自 sound[1]》**—*adj.*** 無聲的，不響的，寂靜的。~**·ly** *adv.*

sound

sóund·less² 《源自 sound⁴》—*adj.* 極深的，深不可測的。
sóund pollùtion *n.* =noise pollution.
sóund·próof *adj.* 防音的，隔音的：a ~ door 隔音門。
—*v.t.* 在…設防[隔]音裝置。
sóund recòrding *n.* **1** Ⓤ©錄音。**2** ©錄音片。
sóund shift *n.* Ⓤ©《語言》語音推移；語音變化。
sóund spéctrogràm *n.* ©《物理》聲譜圖。
sóund spéctrogràph *n.* ©《物理》音響攝譜儀。
sóund tràck *n.* © **1** (電影膠片邊緣的)聲波溝跡；聲帶。**2** (電影膠片邊緣的)聲帶音樂。
sóund trùck *n.* ©《美》(備有擴音器的)宣傳車；廣播車。
sóund wàve *n.* ©[常~s]《物理》音波[聲波]。
‡**soup¹** [sup; su:p] *n.* ©[當作菜名時爲Ⓤ]湯，羹湯(cf. consommé, potage)：chicken[onion] ~ 雞[洋葱]湯/⇨ pea soup/eat ~ (用湯匙)喝湯《★比較 不用湯匙而直接從杯子等喝湯則稱作 drink soup》.

eat soup　　drink soup

from sóup to núts 《美口語》從頭到尾，自始至終，無所不包。
in the sóup 《口語》陷入困境[困難]中。
—*adj.* [用在名詞前]喝湯(用)的：a ~ spoon 喝湯用的湯匙[大湯匙]。
soup² [sup; su:p] *v.t.* 〔十受十副〕**1** 增加〈車子(的引擎等)〉的馬力[性能]〈*up*〉：He bought an old car and ~*ed* it *up*. 他買了一輛舊車並增加它的馬力。**2** 《口語》使…更精彩[更有趣，更富於魅力]〈*up*〉.
soup·çon [sup'sɔ̃; 'su:psɔ̃:] 《源自法語 'suspicion' 之義》—*n.* [**a** ~]少許，少量，輕微的形跡[氣味]〔*of*〕：Give it *a* ~ *of* garlic[humor]. 給它添加少許蒜味[一絲幽默]。
souped-up ['supt'ʌp; ˌsu:pt'ʌp] *adj.* **1** 增加馬力的。**2** 加强的。
sóup kìtchen *n.* ©(救濟貧民的)施捨食物處，施粥場。
soup·y ['supɪ; 'su:pi] 《soup¹ 的形容詞》—*adj.* (**soup·i·er**; **-i·est**) **1** (似)羹湯的。**2** 糊狀的。**3** 《口語》〈天氣〉陰沉的。**4** 《俚》感傷的，多愁善感的。
***sour** [saur; 'sauə] *adj.* (~·**er**; ~·**est**) **1** 酸的，有酸味的(↔ sweet)：a ~ apple 酸的蘋果/⇨ sour grapes.
2 〈牛奶等〉(發酵)變酸的，發酸味的：go ~ 變酸。
3 a 心腸不好的，乖戾的。**b** 不高興的，慍怒的：look ~ 顯得滿臉不高興。**c** [不用在名詞前]〔十介十(代)名〕《美口語》討厭〔…〕的，厭惡〔…〕的〔*on*〕：He is ~ *on* me. 他討厭我。
gò[tùrn] sóur (1)⇨ 2. (2)《口語》變得不順利，行不通。
—*v.t.* **1** 〔十受〕使…變酸，使…酸敗：Hot weather will ~ milk. 天熱會使牛奶變酸。
2 〔十受〕使〈人〉變乖戾《★常用被動語態》：He *was* ~*ed* by a business failure. 生意失敗使他的心情變乖戾。
3 〔十受十介十(代)名〕《美》使〈人〉變得討厭〔…〕〔*on*〕：The accident ~*ed* me *on* driving. 那次意外事故使我變得討厭開車。
—*v.i.* **1** 變酸。**2** 變慍怒，變乖戾。
—*n.* **1** ©酸的東西。
2 [the ~]不愉快的事物：*the* sweet and ~ *of* life 人生的苦樂。
3 Ⓤ[指個體時爲©]《美》威士忌等加酸味或砂糖而成的雞尾酒。
~·**ly** *adv.* ~·**ness** *n.*
sóur bàll *n.* ©有酸味的硬圓小糖果。
‡**source** [sors, sɔrs; sɔ:s] 《源自古法語「發生」之義》—*n.* © **1 a** (事、物的)根源，本源，原因〔*of*〕：a ~ *of* light[electricity] 光[電]源/a ~ *of* political unrest 政治動盪不安的根源。**b** (河、溪流的)水源(地)。
2 [常~s]消息來源，出處〔*of*〕：a ~ *of* information 消息來源/a news ~ 新聞的出處/a reliable ~ 可靠的來源/historical ~*s* 史料/a ~ *of* revenue 財源。
sóurce bòok *n.* © **1** 原典，原始資料(書)。**2** 史料集。
sóurce matèrial *n.* Ⓤ(調查、研究等的)資料。
sóur crèam *n.* Ⓤ酸奶油《奶油中加入乳酸使其發酵而成，用於烹調食物》。
sóur·dòugh *n.* 《美·加》**1** Ⓤ(將發酵麪留下一小塊，作下次發酵用的)酵頭。**2** ©(在阿拉斯加[加拿大西北部]採金礦有過冬經驗的)探礦者。

sóured crèam *n.* 《英》=sour cream.
sóur grápes *n. pl.* 不認[服]輸，酸葡萄《得不到的東西就說它不好》。

【字源】此典故源自「伊索寓言」(*Aesop's Fables*). 一隻狐狸想吃葡萄，但想盡辦法也採不到，最後離開時心不甘情不願地說：「反正那些都是酸的葡萄，不能吃。」

sour·ish ['saurɪʃ; 'sauəriʃ] *adj.* 微酸的。
sóur órange *n.* **1** ©《植物》酸橙樹《柑橘屬常綠小喬木或灌木》。**2** ©[當作食物時爲Ⓤ]酸橙《其果實有香氣，帶酸味，多用以製柑橘醬》。
sóur·pùss *n.* ©《謔》性情乖戾者，不滿分子。
sou·sa·phone ['suzəˌfon; 'su:zəfoun] 《源自發明者美國吹奏樂指揮家 John Philip Sousa 之名》—*n.* ©低音大喇叭《銅管樂隊(brass band)所用的大型金屬樂器》。

sousaphone

souse [saus; saus] *n.* **1** Ⓤ **a** 鹽漬汁，鹽水。**b** (醃豬頭[腳，耳]，鯡魚等的)醃貨。**2** ©濕透，浸濕，泡水。**3** ©《俚》酒鬼，酒徒。
—*v.t.* **1** 鹽漬…。**2 a** 〔十受(十介十(代)名)〕把…浸泡〔於水等〕〔*in*〕：~ a thing *in* water 把東西泡在水中。**b** 〔十受十介十(代)名〕〔把水等〕澆在…上〔*with*〕；澆〈水等〉〔在…上〕〔*over*〕：~ a person *with* water = ~ water *over* a person 把水澆在某人身上。**3** 《俚》使〈人〉酒醉《★常以過去分詞當形容詞用；⇨ soused 2》.
soused *adj.* **1** 鹽漬的：~ herrings 醃鯡魚。**2** 《俚》酒醉的(cf. souse 3)：get ~ 醉了。
sou·tane [su'tɑn; su:'tæn] *n.* ©《天主教》神父平時所穿的黑色法衣(cassock).
‡**south** [sauθ; sauθ] *n.* **1** [the ~]南，南方；南部《略作 s., S, S.；↔ north；⇨ north 用法》：in *the* ~ of 在…的南部/on *the* ~ of... 在…的南側/to *the* ~ of... 在…以南。
2 a [the ~]南部地方。**b** [the S~]《美》南部(各州)《自賓州(Pennsylvania)的南部邊境至密蘇里州(Missouri)東部與北部邊境之間的地方；爲南北戰爭時的南軍地區》。
3 [the S~]南半球；(尤指)南極地方。
sóuth by éast 南偏東《略作 SbE, S.b E.》.
sóuth by wést 南偏西《略作 SbW, S.b W.》.
—*adj.* [用在名詞前]《★用法 方位不太明確時用 southern》**1** (在)南方的；朝南的：a ~ window 朝南的窗子。
2 [常S~]南部的，南方的，南部居民的。
3 從南方(吹)來的〈風〉：a ~ wind 南風。
—*adv.* 在[向]南，在[向]南方，在[向]南部：due ~ 在正南(方)/down ~ 在[向]南(方)/go ~ (向)南行/That village is[lies] 15 miles ~ *of* London. 那個村莊位於倫敦以南十五哩處。
sóuth by éast[wést] 向南偏東[西](cf. *n.*).
sóuth of... 在…的南方[以南]。
Sòuth África *n.* 南非(共和國)《非洲南端的一共和國；首都(行政上)普利托里亞(Pretoria)，(立法上)開普敦(Cape Town)，(司法上)布隆泉(Bloemfontein ['blumfənˌten, -fɑn-; 'blu:mfɔnteim, -fɔn-])》.
Sòuth Áfrican 《South Africa 的形容詞》—*adj.* 南非(共和國)的。—*n.* ©南非(共和國)的人民。
Sóuth Amèrica *n.* 南美洲(大陸)。
Sóuth Amèrican 《South America 的形容詞》—*adj.* 南美(人)的。—*n.* ©南美人。
South·amp·ton [sauθ'hæmptən, sau'θæmptən; sauθ'æmptən, sauθ'hæmptən] *n.* 南安普敦《英格蘭南部漢普郡(Hampshire)一港埠》。
Sóuth Austrália *n.* 南澳大利亞州《澳大利亞南部的一州；首府阿得雷德(Adelaide ['ædḷˌed; 'ædəleid])》.
sóuth·bòund *adj.* 南行的，向南的，南轉的。
Sóuth Carolína 《源自 Charles Ⅰ[Ⅱ]，再加上 South》—*n.* 南卡羅來納州《美國東南部大西洋岸一州；首府哥倫比亞(Columbia)；略作 S.C.，《郵政》SC；俗稱 the Palmetto State》.
Sóuth Carolínian 《South Carolina 的形容詞》—*adj.* 南卡羅來納州的。—*n.* ©南卡羅來納州的居民。
Sóuth Chína Séa *n.* [the ~]南海《位於中國大陸東南海岸外》。
Sóuth Dakóta 《源自北美印地安語「同盟」之義，再加上 South》—*n.* 南達科塔州《美國中北部一州；首府皮爾(Pierre [pɪr; piə])；略作 S. Dak., S.D., 《郵政》SD；俗稱 the Coyote State》.
Sóuth Dakótan 《South Dakota 的形容詞》—*adj.* 南達科塔州的。—*n.* ©南達科塔州的居民。

South·down [ˈsauθˌdaun; ˈsauθdaun] *n.* Ⓒ南丘羊《英格蘭南部丘陵地帶所產的無角短毛羊》。
south·east [ˌsauθˈist; ˌsauθˈi:st] *n.* **1** [the ~] **東南**《略作 s.e., SE, S.E.》. **2 a** [the ~] 東南部[地方]。**b** [the S~]《美》美國東南部。
sóuthéast by éast 東南偏東《略作 SEbE, S.E.bE.》.
sóuthéast by sóuth 東南偏南《略作 SEbS, S.E.bS.》.
—*adj.* [用在名詞前] (無比較級、最高級) **1** (**在**)**東南的**；向東南的。**2** 從東南方(吹)來的〈風〉。
—*adv.* (無比較級、最高級)**在東南**(**方**)，**向東南**(**方**)，在[向]東南部。
Sóutheast Ásia *n.* 東南亞。
south·east·er [ˌsauθˈistɚ; ˌsauθˈi:stə] *n.* Ⓒ東南(強)風。
sòuth·éast·er·ly [-tɚlɪ; -təli⁻] *adj.* **1** 東南的。**2**〈風〉從東南方(吹)來的。—*adv.* 從[向]東南。
sòuth·éastern 《southeast 的形容詞》—*adj.* **1** (在)東南的。**2** [S~]《美》美國東南部(特有)的。**3**〈風〉從東南方(吹)來的。
sòuth·éastward *adv.* 在[向]東南(方)。
—*adj.* 向東南方的；在東南(方)的。
—*n.* [the ~]東南(方)。
sòuth·éastward·ly *adj.* & *adv.* =southeasterly.
sòuth·éastwards [-wɚdz; -wədz] *adv.* =southeastward.
south·er [ˈsauðɚ; ˈsauðə] *n.* Ⓒ(強烈的)南風。
south·er·ly [ˈsʌðɚlɪ; ˈsʌðəli] *adj.* **1** 偏南的。**2**〈風〉從南方吹來的。—*adv.* **1** 向南(方)。**2**〈風〉從南方。—*n.* Ⓒ南風。
‡**south·ern** [ˈsʌðɚn; ˈsʌðən] 《south (南) + -ern (「…方的」之意的字尾)》—*adj.* (無比較級、最高級；cf. southernmost)《★ 用法 方位明確時傾向於用 south》 **1** (**在**)**南方的**；向南(方)的：⇨ southern lights.
2 [常 S~]《美》**a** 南部(各州)的：the *S*~ States 南部各州。**b** 南部(地方)方言的。
—*n.* [常S~] **1** =Southerner. **2** Ⓤ《美》南部(地方)方言。
Sóuthern Cróss *n.* [the ~]〖天文〗南十字(星)座。
Sóuthern dráwl *n.* Ⓒ南方慢腔《美國南方人特有的拉長母音的緩慢說話方式》。
Sóuthern English *n.* Ⓤ南部英語《尤指英格蘭南部有教養人士所講的英語》。
South·ern·er [ˈsʌðɚnɚ; ˈsʌðənə] *n.* Ⓒ **1** 南方人，南部人。**2**《美》南部各州的人。
Sóuthern Hémisphere *n.* [the ~]南半球。
sóuthern líghts *n. pl.* [the ~] 南極光 (aurora australis) (cf. northern lights).
sóuthern·mòst 《源自 southern 的最高級》—*adj.* 最南(端)的，極南的。
Sóuthern Yémen *n.* 南葉門《葉門民主人民共和國的舊稱；cf. Yemen》.
Sou·they [ˈsauðɪ, ˈsʌðɪ; ˈsauði, ˈsʌði], **Robert** *n.* 索在《1774–1843；英國作家，1813–43 爲桂冠詩人》。
south·ing [ˈsauðɪŋ; ˈsauðiŋ] *n.* ⓊⒸ **1**〖航海・測量〗南向緯度差《航海向南進行之緯度差》。**2**〖天文〗任何天體在赤道以南的距離。**3** 南行；南進；南航。
Sóuth Koréa *n.* 南韓《正式名稱爲 the Republic of Korea (大韓民國)；首都漢城(Seoul)》.
sóuth·lànd *n.* Ⓒ(一國之)南方；南部地方。
sóuth·mòst *adj.* 最南的(southernmost).
sóuth·pàw *n.* Ⓒ **1** (棒球的)左投手。

【字源】棒球場的本壘通常在西側，而投手面向西，左手投球的投手，他的左手正好在南側，因此左手投手就被稱爲 southpaw. 通常 paw 是指動物的足掌，但在這裏是當作「人的手」解釋。

2 慣用左手的選手；(尤指)慣用左手的拳擊手。
—*adj.* 慣用左手的，左撇子的。
Sóuth Póle *n.* **1** [the~] (地球的)**南極**。**2** [the s~ p~] **a** (天的)南極。**b** (磁石的)南極，S 極。
south·ron [ˈsʌðrən, ˈsʌðərən; ˈsʌðrən] *n.* Ⓒ **1**《美》= Southerner 2. **2** [常 S~]《蘇格蘭》《輕蔑》英格蘭人。
Sóuth Sèa Íslander *n.* Ⓒ南太平洋諸島的居民。
Sóuth Sèa Íslands *n. pl.* [the ~]南太平洋諸島。
Sóuth Séas *n. pl.* [the ~]南太平洋，南洋。
sóuth-sòuth·éast *n.* [the ~]東南南《略作 SSE, S.S.E.》.
—*adj.* & *adv.* 東南南的[地]。
sóuth-sòuth·wést *n.* [the ~]西南南《略作 SSW, S.S.W.》.
—*adj.* & *adv.* 西南南的[地]。
south·ward [ˈsauθwɚd; ˈsauθwəd] *adv.* (無比較級、最高級)**向南**(**方**)。
—*adj.* (無比較級、最高級)向南(方)的。
—*n.* [the ~]南方：to[from] *the* ~向[來自]南方。
sóuth·ward·ly *adj.* **1** 向南的。**2**〈風〉自南方(吹)來的。
—*adv.* =southward.
south·wards [ˈsauθwɚdz; ˈsauθwədz] *adv.* =southward.
South·wark [ˈsʌðɚk; ˈsʌðək] *n.* 沙札克《英國泰晤士(Thames)河的南岸地區；爲倫敦(London)的自治區》。
south·west [ˌsauθˈwɛst; ˌsauθˈwest] *n.* **1** [the ~] **西南**《略作 s.w., SW, S.W.》. **2 a** [the ~]西南部[地方]。**b** [the S~]《美》美國西南部《尤指俄克拉荷馬州(Oklahoma)，德克薩斯州(Texas)，新墨西哥州(New Mexico)，亞利桑那州(Arizona)及南加州(southern California)等地》.
sóuthwést by sóuth 西南偏南《略作 SWbS, S.W.bS.》.
sóuthwést by wést 西南偏西《略作 SWbW, S.W.bW.》.
—*adj.* [用在名詞前] (無比較級、最高級) **1 西南**(**部**)**的**。**2** 自西南方(吹)來的〈風〉。
—*adv.* (無比較級、最高級)**在**[**向**]**西南**(**方**)，在[向]西南部。
south·west·er [ˌsauθˈwɛstɚ; ˌsauθˈwestə] *n.* **1** Ⓒ西南(強)風。**2** =sou'wester 2.
sòuth·wést·er·ly [-tɚlɪ; -təli] *adj.* **1** 西南(方)的。**2**〈風〉自西南方(吹)來的。—*adv.* 向[來自]西南。
sòuth·wéstern 《southwest 的形容詞》—*adj.* **1** (在)西南的。**2** [S~]《美》美國西南部(特有)的。**3**〈風〉自西南方(吹)來的。
sòuth·wéstward *adv.* 向[在]西南(方)。
—*adj.* 向西南(方)的；在西南的。
—*n.* [the ~]西南(方)。
sòuth·wéstwardly *adj.* & *adv.* =southwesterly.
sòuth·wéstwards [-wɚdz; -wədz] *adv.* =southwestward.
Sóuth Yórkshire *n.* 南約克郡《英格蘭北部的一郡(⇨ Yorkshire)；首府 Barnsley [ˈbɑrnzlɪ; ˈbɑ:nzli]》.
sou·ve·nir [ˌsuvəˈnɪr; ˌsu:vəˈniə] 《源自法語「令人回憶的東西」之義》—*n.* Ⓒ(能使人回憶旅行、地點、事情等的)**紀念品**，**特產**。
sou'west·er [sauˈwɛstɚ; sauˈwestə] *n.* **1** = southwester 1. **2** Ⓒ(氣候惡劣時海員所戴之後沿較寬的)防水帽。

sou'wester 2

sov.《略》sovereign(s).
sov·er·eign [ˈsɑvrɪn; ˈsɔvrin] 《源自古法語，由於對 reign 的聯想而加入 g 字》—*n.* Ⓒ **1** 最高統治者，擁有主權者，君主，元首，國王。**2**《英》金鎊《一鎊金幣，現已廢止不用，略作 sov.》.
—*adj.* **1 a** 擁有主權的，君主的：~ authority 主權/a ~ prince 君主，元首。**b**〈國家〉獨立的，自治的：a ~ state 主權國家。**2** 至上[最高]的；卓越的：the ~ good〖倫理〗至善。**3**《文語》〈藥物〉有特效的：a ~ remedy 特效藥，靈藥。~·ly *adv.*
sov·er·eign·ty [ˈsɑvrɪntɪ; ˈsɔvrənti] 《sovereign 的名詞》—*n.* **1** Ⓤ主權，統治權〔*over*〕. **2** Ⓒ獨立國。
so·vi·et [ˈsovɪɪt; ˈsouviət] 《源自俄語「會議」之義》—*n.* **1** Ⓒ (蘇聯的)會議，評議會。**2** [the Soviets]蘇聯政府；蘇聯國民；蘇聯軍。
—*adj.* **1** (蘇聯的)會議的，評議會的。**2** [S~]蘇聯(政府，人民)的。
the Únion of Sóviet Sócialist Repúblics ⇨ Soviet Union.
Sóviet Céntral Ásia *n.* 蘇聯中亞細亞《亞洲中部，包括蘇聯的五個共和國》。
só·vi·et·ìsm [-ˌtɪzəm; -tizəm] *n.* Ⓤ蘇維埃主義[制度]，共產主義。
so·vi·et·ist [ˈsovɪətɪst; ˈsouviətist] *n.* Ⓒ蘇維埃主義者。
—*adj.* **1** 蘇維埃主義的；蘇維埃主義者的。**2** 蘇維埃統治的。
so·vi·et·ize [ˈsovɪəˌtaɪz; ˈsouviətaiz] *v.t.* 使…蘇維埃化，使…共產主義化。
So·vi·et·ol·o·gy [ˌsovɪəˈtɑlədʒɪ; ˌsouviəˈtɔlədʒi] *n.* = Kremlinology.
Sóviet Rússia *n.* **1** 蘇聯《通稱》。**2** 俄羅斯蘇維埃聯邦社會主義共和國(Russian Soviet Federated Socialist Republic).
Soviet Union [ˈsovɪɪtˈjunjən; ˌsouviətˈju:njən] *n.* [the ~]**蘇聯**《正式名稱爲 the Union of Soviet Socialist Republics；首都莫斯科(Moscow)；略作 USSR，於1991 年解體》。
sov·ran [ˈsɑvrən, ˈsʌv-; ˈsɔvrən] *n.*, *adj.*《詩》=sovereign.
sow¹ [so; sou] (~ed; **sown** [son; soun], ~ed) *v.t.* **1 a** 〔十受(十介十(代)名)〕撒，播〈種子〉〔於…〕〔*in*〕：~ wheat *in* a field 撒小麥種子於田裏。**b** 〔十受十介十(代)名〕在〈田裏等〉撒〔種子〕〔*with*〕：~ a field *with* wheat 在田裏種小麥。
2 〔十受〕散佈，惹起〈謠言、爭執等〉，播下…的種子：~ the seeds of hatred 散布仇恨的種子。
—*v.i.* **1** 撒種子。**2** 播種：As you ~, so shall you reap.《諺》種什麼因得什麼果；種瓜得瓜，種豆得豆。
sow² [sau; sau] *n.* Ⓒ(已長大的)母豬(⇨pig 相關用語)：You cannot make a silk purse out of a ~'s ear.《諺》豬耳朵做不成絲錢

包；朽木不可雕也。
(as) **drúnk as a sów** 爛醉如泥的。
hàve [tàke, gèt] the wróng sów by the éar 弄錯人，拿錯東西；錯怪人。

sów bùg ['saʊ-; 'saʊ-] *n.* Ⓒ《動物》潮蟲 (woodlouse)《潮蟲屬小型陸生甲殼動物》。

sow·er ['soɚ; 'souə] *n.* Ⓒ **1 a** 播種者。**b** 播種機。**2** 傳播[倡導]者。

sown [son; soun] *v.* **sow**[1] 的過去分詞。

sox [sɑks; sɔks] **《socks 的變體》**—*n. pl.* 短襪《★用法《商》非標準用語》。

soy [sɔɪ; sɔi] **《源自日語》**—*n.* **1** (又作**sóy sàuce**) Ⓤ醬油。**2** Ⓒ《植物》大豆，黃豆 (soybean)。

soy·a ['sɔɪə; 'sɔiə] *n.* (又作**sóya bèan**)《英》= soybean.

sóy·bèan *n.* Ⓒ《植物》大豆，黃豆《豆科的重要農作物及其種子》：~ oil (大)豆油/ ~ sprouts 黃豆芽。

sóybean milk *n.* (又作**sóya milk**) Ⓤ豆漿。

soz·zle ['sɑzl; 'sɔzl] *v.t.* **1** 水花四濺地洗。**2** 使…醉。

soz·zled ['sɑzḷd; 'sɔzld] *adj.*《口語》喝醉的，醉醺醺的。

sp.《略》special；species；specific；specimen；spelling. **s.p., SP, S.P.**《略》shore patrol.

Sp.《略》Spain；Spaniard；Spanish.

spa [spɑ; spɑ:] **《源自比利時以礦泉聞名的療養地名》**—*n.* Ⓒ **1** 礦泉，溫泉。**2** 有礦泉[溫泉]的療養地。**3** 備有運動器具、三溫暖等設施的地方，健身中心。

‡space [spes; speis] *n.* **1** Ⓤ空間：time and ~ 時間與空間/vanish into ~ 消失在空中。
2 Ⓤ(地球大氣層外的)太空：launch a spaceship into ~ 將太空船射入太空/⇨ outer space.
3 ⓊⒸ **a** 空處，場地，空隙；(報紙、雜誌等的)版面，篇幅：blank ~ 空白/open ~ 空地/a ~ between two buildings 兩幢建築物間的空處/take up [occupy] too much ~ 佔地太多/sell ~ for a paper 爲報紙賣(廣告等)版面。**b** 空白，距離；間隔：for the ~ of a mile 一哩的距離/at equal ~*s* 以等距離的間隔/There's not enough ~ between the cars. 車與車之間沒有足夠的間隔。
4 Ⓒ(有特定用途的)場所，地區：an enclosed ~ 圍起的場所/find a parking ~ 尋找停車處。
5 Ⓤ(火車、飛機、輪船等預約的)座位：reserve ~ for four [one's ~] 預訂四個人[自己]的座位。
6 a ⓊⒸ[常用單數](時間的)間隔，時間：for a ~ of four years 四年之間/I can't do it in so short a ~ of time. 我無法在那樣短的時間內完成那件事。**b** [a ~] 片刻的時間，一會兒工夫：for *a* ~ 一會兒。**c** Ⓤ《廣播・電視》(售給客戶的)廣告時間。
7 Ⓒ **a**《印刷》行間，空鉛(間隔)。**b** (打字稿)一格或一行的寬度。
—*adj.* [用在名詞前] 太空的。
—*v.t.* [十受(十副)] 使…保持一定的間隔[距離]，在…隔開字與字[行與行] 〈*out*〉《★常用被動語態》：*S~ out* the type more. 把鉛字的行間[字間]空大些/The seedlings *were* equally ~*d* (*out*). 那些樹苗以一定的間隔種植。

spáce àge *n.* [the ~；常S~ A~] 太空時代。

spáce bàr *n.* Ⓒ空間棒《打字機上用以打出空格的橫桿》。

spáce càpsule *n.* Ⓒ太空艙。

space·craft ['spes,kræft; 'speiskrɑ:ft] *n.* Ⓒ (*pl.* ~) 太空船；太空飛行器。

space capsule

spáced-óut *adj.*《美俚》(因麻藥、酒、疲倦等而)頭腦不清的，迷迷糊糊的。

spáce fìction *n.* Ⓤ(想像的)宇宙小說；有關將來太空旅行的小說。

spáce flìght *n.* ⓊⒸ太空飛行：a manned ~ 載人的太空飛行。

spáce hèater *n.* Ⓒ(可置室內任何地方的)小暖爐。

spáce·làb, spáce làb **《space laboratory 之略》**—*n.* Ⓒ太空實驗室。

spáce làw *n.* ⓊⒸ太空法。

spáce·less *adj.* **1** 不受空間限制的，無限的。**2** 不佔空間的。

spáce·màn *n.* Ⓒ (*pl.* **-men**) 太空人。

spáce màrk *n.* Ⓒ《印刷》間隔記號 (#)。

spáce mèdicine *n.* Ⓤ太空醫學。

spáce plàtform *n.* = space station.

spáce·pòrt *n.* Ⓒ太空船基地。

spáce pròbe *n.* Ⓒ太空探測火箭[器]。

spáce-sàving *adj.* 節省空間的；所佔空間不大的。
—*n.* Ⓤ節省空間之舉或過程。

space science *n.* Ⓤ太空科學。

space·ship ['spes,ʃɪp; 'speisʃip] *n.* Ⓒ太空船。

spaceship

spáce shùttle *n.* Ⓒ太空梭，航天飛機。

【說明】(1)這是指於一九八一年在佛羅里達州(Florida)的甘迺迪太空中心首次發射升空的具有飛機形狀的太空船。藉輔助火箭的增力引擎(booster)而像火箭似地發射升空，然後像一般太空船那樣進入太空軌道，最後像一般飛機那樣飛回地球。第一部太空梭命名爲哥倫比亞號 (Columbia)，第二部稱爲挑戰者號(Challenger)，第三部稱爲發現號(Discovery)。
(2)這種太空梭因爲像織布機的梭(shuttle)來來去去，可以重複使用多次，因此稱之爲 space shuttle. 開發太空的下一個目標是建立太空站以便人類往返太空與地球之間。

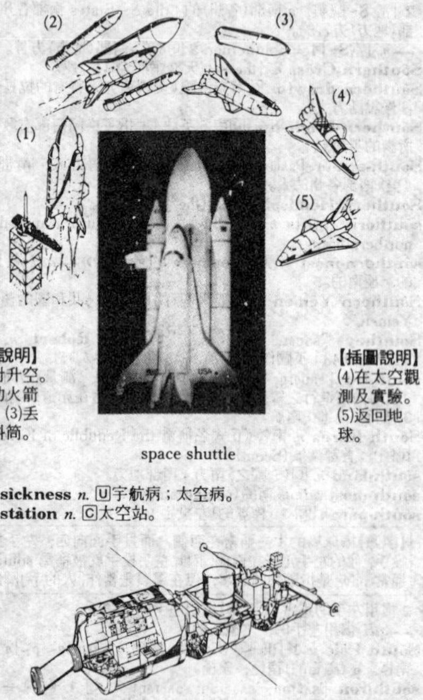

【插圖說明】
(1)發射升空。(2)輔助火箭脫離。(3)丟棄燃料筒。
【插圖說明】
(4)在太空觀測及實驗。(5)返回地球。
space shuttle

spáce sickness *n.* Ⓤ宇航病；太空病。

spáce stàtion *n.* Ⓒ太空站。

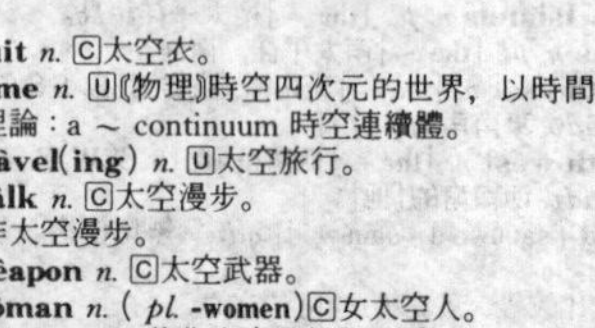
space station

spáce sùit *n.* Ⓒ太空衣。

spáce-tíme *n.* Ⓤ《物理》時空四次元的世界，以時間作爲第四度空間的理論：a ~ continuum 時空連續體。

spáce tràvel(ing) *n.* Ⓤ太空旅行。

spáce·wàlk *n.* Ⓒ太空漫步。
—*v.i.* 作太空漫步。

spáce wèapon *n.* Ⓒ太空武器。

spáce·wòman *n.* (*pl.* **-women**) Ⓒ女太空人。

spáce·wòrthy *adj.* 能作太空飛行的。

spáce wrìter *n.* Ⓒ《美》(報紙等)按篇幅計算稿酬的撰稿人《尤指新聞記者》。

spac·ey [ˋspesɪ; ˈspeisi] *adj.* (**spac·i·er**; **-i·est**)《美俚》(因麻藥、酒、疲勞等而)頭腦不清的，迷迷糊糊的。

spa·cial [ˋspeʃəl; ˈspeiʃəl] *adj.* =spatial.

spác·ing *n.* Ⓤ **1** 留間隔，留空間。**2**〔印刷〕字[行]間的間隔排列；字間，行間。

spa·cious [ˋspeʃəs; ˈspeiʃəs] «space 的形容詞»—*adj.* 寬敞的，廣大[闊]的。
～**·ly** *adv.* ～**·ness** *n.*

spac·y [ˋspesɪ; ˈspeisi] *adj.* =spacey.

space suit

***spade**[1] [sped; speid] *n.* **1** Ⓒ鏟，鍬《★比較spade 一般指寬大有刃，狀如 shovel 的農具，以腳下壓挖土用；shovel 則是用以鏟起煤、沙等移向他處的工具》。**2** =spadeful.

cáll a spáde a spáde 直截了當地說，直言不諱。

【字源】這個成語是由拉丁文的一句諺語而來的。那句諺語是：「無花果就說無花果，鏟子就說鏟子」，即毫無掩飾的一種說法。與此相反的成語是 beat about[《美》around] the bush(說話拐彎抹角)。

—*v.t.* 〔十受〕以鏟挖…：～ a garden 以鏟挖掘花園。—*v.i.* 以鏟挖。

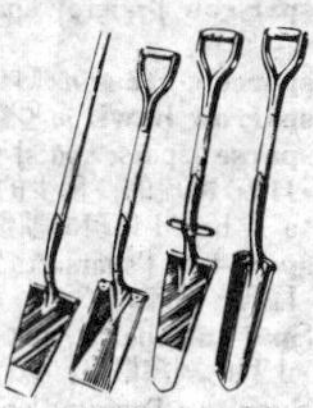

spades[1] 1

spade[2] [sped; speid] «源自義大利語「刀」之義»—*n.*《紙牌戲》**1** Ⓒ黑桃。**2** [～s] 一副黑桃：the seven [queen] of ～s 黑桃七[皇后]。

spade·ful [ˋsped,ful; ˈspeidful] *n.* Ⓒ鏟子的一鏟(份量)〔*of*〕.

spáde màshie *n.* Ⓒ《高爾夫》第六號鐵頭球桿。

spáde·wòrk *n.* Ⓤ(艱難的)籌備[預備]工作。

spa·ghet·ti [spəˋgɛtɪ; spəˈgeti] «源自義大利語「帶子」之義»—*n.* Ⓤ義大利麵條(cf. macaroni, vermicelli).

spaghétti wéstern *n.* [常 s～ W～] Ⓒ《美俚》義大利製作的西部片。

‡**Spain** [spen; spein] *n.* 西班牙《在歐洲的西南部，占據大部分伊比利半島的一個王國；首都馬德里(Madrid)》.

build a cástle in Spáin ⇨ castle.

spake *v.*《古・詩》**speak** 的過去式。

spam [spæm; spæm] «源自 *sp*iced h*am* 之略»—*n.* Ⓤ《商標》把豬肉製成 corned beef(蒸煮的醃牛肉)式的美國罐頭。

span[1] [spæn; spæn] *n.* Ⓒ **1** 一手掌的長度[距離]《手指張開時拇指尖至小指尖的長度，一般爲 9 吋或 23 公分》。

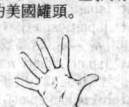

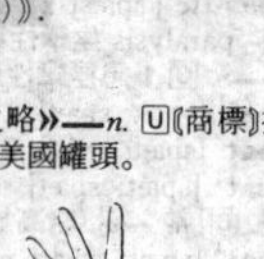

span[1] 1

2 (某件事從頭到尾的)期間，短時間，片刻：the ～ of life 人的一生/a memory [attention] ～ 記憶[注意力]持續的期間[時間]/within a ～ of twenty-four hours 在二十四小時內/His life had almost completed its ～. 他的生命幾乎已到盡頭。

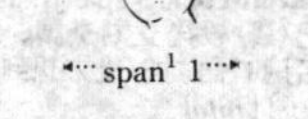

span[1] 4

3 (從一端至另一端的)全長，全部範圍：the ～ of one's arms 伸張雙臂的長度/the ～ of a bridge 橋的全長。

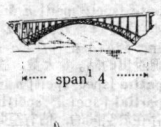

4《建築》兩支柱間[兩橋礅間]的距離。

5《航空》翼長，翼展。

span[1] 5

—*v.t.* (**spanned**; **span·ning**) **1** 〔十受〕用手掌測量…：He *spanned* his wrist. 他握住手腕部量量看有多粗。**2 a** 〔十受〕〈橋等〉跨過[架在]〈河〉上，連結…的兩岸：A bridge ～*s* the river there. 一座橋架在那邊河上。**b** 〔十受十介十(代)名〕在〈河等〉上架〈橋等〉〔*with*〕：～ a river *with* a bridge 在河上架橋。

3 〔十受〕**a** 跨越，長達〈多少歲月〉；〈記憶、想像等〉及於，擴及…：His active career *spanned* the two decades. 他活躍的生涯長達二十年。**b** 彌補〈空缺〉：Imagination will ～ the gaps in our knowledge. 想像力會彌補我們知識的不足。

span[2] [spæn; spæn] «spick-and-span 之略»—*adj.* 嶄新的，新做的。

span·drel [ˋspændrəl; ˈspændrəl] *n.* Ⓒ《建築》三角壁，拱肩；上下層窗空間。

span·gle [ˋspæŋgl; ˈspæŋgl] *n.* Ⓒ **1** 亮片《縫貼在服裝等上》。**2** 閃亮發光的東西《星、露珠、雲母等》。
—*v.t.* **1** 裝飾金屬亮片於…。**2** 〔十受十介十(代)名〕〔以…〕使…閃閃發光；〔用…〕散布於…〔*with*〕《★常用被動語態》：The sky *was* ～*d with* stars. 天空閃爍著星星/grass ～*d with* dewdrops 露珠閃閃的草地。

Span·glish [ˋspæŋglɪʃ; ˈspæŋgliʃ] «*Span*ish Eng*lish* 的混合語»—*n.* Ⓤ《俚》西班牙語和英語的混合語《尤指具拉丁美洲血統的美國人之間所講者》。

Span·iard [ˋspænjəd; ˈspænjəd] *n.* Ⓒ西班牙人。

span·iel [ˋspænjəl; ˈspænjəl] *n.* Ⓒ **1** 西班牙獵狗《一種長毛垂耳的小型狗》。

【字源】這個字原來是法語中的一個古字，義爲「原產於西班牙」。這種狗曾由西班牙傳到英國以及歐洲其他各國，而在十四世紀中葉時在英國已被當作獵犬使用。

2 阿諛者，卑躬屈膝的諂媚者，走狗。

Span·ish [ˋspænɪʃ; ˈspæniʃ] «Spain 的形容詞»—*adj.* **1** 西班牙(人)的。**2** 西班牙語的。
—*n.* **1** Ⓤ西班牙語。**2** [the ～；集合稱] 西班牙人 (cf. Spaniard).

Spánish América *n.* (除巴西、圭亞那以外使用西班牙語的)中南美洲(cf. Latin America).

Spánish-Américan «Spanish America 的形容詞»—*adj.* **1** (使用西班牙語的)中南美洲(人)的。**2** 西班牙與美國的。
—*n.* Ⓒ西班牙裔美國人。

Spánish-Américan Wár *n.* [the ～]《史》美西戰爭《發生於 1898 年》。

Spánish Armáda *n.* [the ～]=Invincible Armada.

Spánish báyonet *n.* Ⓒ《植物》金棒蘭《又稱王蘭；龍舌蘭科絲蘭屬熱帶植物》。

Spánish Cívil Wár *n.* [the ～]西班牙內戰(1936-39).

Spánish flý *n.* Ⓒ《昆蟲》斑蝥。

Spánish Inquisítion *n.* [the ～] 西班牙的宗教裁判(所)《1480-1834，由國家管理；在十六世紀中，以其處置之嚴厲和殘酷而聞名》。

Spánish Máin *n.* [the ～] **1** (從前的)南美洲北部沿岸《尤指巴拿馬海峽到委內瑞拉東部的加勒比海(Caribbean Sea)沿岸；從前爲西班牙屬地》。**2** 加勒比海；鄰接南美洲北岸的加勒比海地區《十六至十八世紀時爲西班牙商船必經的航線，經常有海盜出沒》。

spank[1] [spæŋk; spæŋk] «擬聲語»—*v.t.* (當作處罰而)以巴掌[拖鞋(等)]打〈某人〉的屁股。
—*n.* Ⓒ一巴掌，拍打。

spank[2] [spæŋk; spæŋk] «spanking 的逆成字»—*v.i.* 〔十副〕〈馬〉疾走，飛奔，〈船〉急駛〈*along*〉.

span·ker [ˋspæŋkə; ˈspæŋkə] *n.* Ⓒ **1**《口語》極好的東西，了不起的人。**2** 飛奔的馬，駿馬。**3**《航海》掛在橫帆船後檣的縱帆。

spank·ing [ˋspæŋkɪŋ; ˈspæŋkiŋ]《口語》*adj.* [用在名詞前] **1** 敏捷的，活潑的〈步伐等〉。**2** 強烈的，猛烈的〈風等〉。**3** 極好的，很棒的。
—*adv.* [置於 new，clean 等形容詞前面]非常，極：a ～ new [clean] dress 全新的[剛洗過的]衣服。

span·ner [ˋspænə; ˈspænə] *n.* Ⓒ《英》《機械》螺絲起子，螺旋鉗，扳手(《美》wrench).

thrów a spánner in[into] the wórks《英口語》阻撓，妨礙(事物的進行)。

span-new [ˋspænˋnu, -ˋnju; ˌspænˈnju:] *adj.* 簇新的，嶄新的(brand-new).

spán of atténtion *n.* ⓊⒸ《心理》注意廣度《一種集中力；以能複述瞬間所看過之物體的多寡來衡量》。

spán ròof *n.* Ⓒ(*pl.* ～s)斜坡[山形]屋頂《寬度及斜度相等而在同一屋脊相交的屋頂》。

spán·wòrm *n.* Ⓒ《昆蟲》尺蠖(measuring worm).

spar[1] [spar; spɑ:] *n.* Ⓒ **1**《航海》圓材《帆柱、帆桁等》。**2**《航空》(機翼的)縱骨，翼梁。

spar[2] [spar; spɑ:] *v.i.* (**sparred**; **spar·ring**) 〔動(十介十(代)名)〕**1**《拳擊》〔與對手〕拳擊對打，作實際拳鬥一樣的練習比賽〔*with*〕. **2** 〔與某人〕爭論，吵架，對罵〔*with*〕. **3** 〈鬥鷄〉互踢。
—*n.* Ⓒ **1**《拳擊》拳鬥，拳打。**2** 爭論，吵架。

spar[3] [spar; spɑ:] *n.* Ⓤ《礦》晶石《容易切割而有光澤之礦石的通稱》。

Spar, SPAR [spar; spɑ:] «源自第二次世界大戰時美國海岸防衛隊婦女預備隊的標語 *S*emper *Par*atus (拉丁文 = always ready)» —*n.* Ⓒ《美》美國海岸防衛隊婦女預備隊隊員。

S

***spare** [spɛr, spær; spɛə] *v.t.* **1**〔十受〕[常用於否定句] **a** 吝惜，節省使用〈金錢、勞力〉：～ *no* trouble [pains, expenses] 不惜費神[辛勞，花費]/Do*n't* ～ the butter. 不要吝惜用奶油/*S*～ the rod and spoil the child.《諺》省了棒子，壞了孩子；不打不成器。**b** [～ one*self*] 寬容自己，吝於盡全力：He did*n't* ～ *himself.* 他律己甚嚴；他竭盡全力地工作。

2 a〔十受〕撥出，讓與〈時間、金錢等〉：We can't ～ the time to finish it. 我們抽不出時間來完成它/Be sure to drop in on me when you can ～ a moment. 等你抽得出空時別忘了順便來看看我/⇨ to SPARE, enough and to SPARE. **b**〔十受十受/十受十介十(代)名〕爲〈某人〉省下〈時間、金錢等〉，給予〈某人〉〈時間、金錢等〉；〔爲某人〕省下〈時間、金錢等〉，把〈時間、金錢等〉給予〔某人〕〔*for*〕：Can't you ～ me one of those pencils? ＝Can't you ～ one of those pencils *for* me? 你那些鉛筆能不能給我一枝？/Can you ～ me a few minutes? 你能抽出幾分鐘和我談談嗎？《★比較 如果認爲本句係省略了 a few minutes 前的 for，則本句變成「我可以失陪幾分鐘嗎？」或「能不能等我幾分鐘？」之意》。**c**〔十受十介十(代)名〕〔爲事、物〕抽出，留下〈時間、金錢等〉〔*for*〕：～ land *for* a garden 爲造庭園而留地/I was too busy to ～ time *for* a vacation. 我太忙抽不出休假的時間。

3〔十受十受〕使〈人〉免去〈辛勞、痛苦〉；使〈人〉免受〈不愉快的遭遇等〉：He tried to ～ his friend trouble. 他設法不去麻煩他的朋友/Phone me and ～ yourself a letter. 你打電話給我就免得寫信了/"Shall I tell you the story of my life?"－"No! *S*～ me that!"「要不要我告訴你我的身世？」「不！免了吧!」

4 a〔十受〕不加害，不處罰〈某人〉；饒〈某人〉的命：They were killed but their children were ～*d.* 他們被殺害，但是他們的孩子被放過[倖免]了/The king ～*d* the life of the slave. 國王饒了那奴隸的命/I may meet you again if I am ～*d.* 如果(由於神的饒恕)我命長，也許我會再見到你。**b**〔十受十受〕饒〈某人的命〉《★用法 不能換寫成〔十受＋介＋(代)名〕》：Please ～ me my life. 請饒我一命。

5〔十受〕可以不用，省却〈某人、某物〉：I can't ～ him [the car] today. 我今天不能沒有他[車子]。

enóugh and to spáre ⇨ enough *pron.*

to spáre [當形容詞用] 多餘的，過多的：money [time] *to* ～ 多餘的錢[時間]。

—*adj.* (**spar·er**；**-est**) **1** (無比較級、最高級) [用在名詞前] **a** 預備的，備用的：a ～ player 候補選手/～ parts 備用零件/a ～ room 備用的客房。**b** 剩下的，多餘的〈時間等〉：～ cash 多餘的現款/～ time 餘暇。**2** 貧乏的，缺乏的；節儉的，減縮的：a ～ lunch 不豐盛的午餐/a ～ moustache 稀疏的髭子。**3** (無贅肉的)瘦的〈人、體格等〉：a ～ form 纖細的身材/a man of ～ frame 細瘦的人。

gò spáre《英》(1)〈座位等〉空著。(2)《俚》極擔心；驚慌失措；很生氣。

—*n.* Ⓒ **1 a** 備用品，預備的東西，替換品。**b** 備用輪胎。**c** [常～s] 備用零件。**2**《保齡球》以兩次投球擊倒全部木瓶；分次全倒之得分 (cf. strike *n.* 5, split *n.* 7). ～**·ly** *adv.* ～**·ness** *n.*

spàre-pàrt súrgery *n.* Ⓤ《謔》移植器官的外科手術。

spáre·ribs *n. pl.* 帶少許肉的豬排骨，排骨肉。

spáre tíre [《英》**týre**] *n.* Ⓒ **1** 備用輪胎。**2**《謔》肥胖的腰圍，中年發胖。

spar·ing [ˋspɛrɪŋ; ˈspeəriŋ] *adj.* **1 a**〈人〉樸素的，節省的：a ～ person 節儉的人。**b**〈用法等〉節省的：a ～ use of sugar 用糖節省。**2** [不用在名詞前]〔十介十(代)名〕節約〔…〕的，惜用〔…〕的〔*of, in*〕：be ～ *of* oneself 愛惜自己，不願勞苦/You should be more ～ *of* your money. 你應該更節省用錢。～**·ly** *adv.*

***spark** [spark; spɑːk] *n.* **1** Ⓒ **a** 火花，火星，閃光：throw ～*s* 散發火花/strike a ～ (from a flint) (用打火石)打出火花。**b**《電學》電流火花。**c** (寶石、金屬等的)閃耀。

2 Ⓒ (才華等的)閃現；才氣，活力：the vital ～ 生氣，活力/strike ～*s* out of a person 使人發揮才華[活力]等。

3 [**a** ～；常用於否定句] 一絲，絲毫，一點點〔*of*〕：She has*n't a* ～ *of* sincerity in her. 她毫無誠意/I have*n't a* ～ *of* interest in the plan. 我對該計畫一點興趣也沒有。

4 ⇨ sparks.

bríght spárk《英口語》聰明[快樂]的傢伙。

màke the spárks flý＝make the FEATHERS fly.

—*v.i.* **1** 散出火星。**2**《電學》發出火花。

—*v.t.* **1**〔十受(十副)〕成爲…的導火線，引起…《《英》*off*》：～ (*off*) a chain reaction 引起連鎖反應/A casual remark ～*ed off* the trouble. 不經心的一句話惹出麻煩來。**2**〔十受十介十(代)名〕刺激，鼓舞…〔而使之…〕〔*to, into*〕：He ～*ed* the team *to* victory [*into* win*ning*]. 他激勵球隊使之獲勝。

spárk còil *n.* Ⓒ《電學》電花線圈；感應線圈。

spárk·ing plùg *n.*《英》＝spark plug.

spar·kle [ˋsparkl̩; ˈspɑːkl] *n.* ⓊⒸ **1** 火花，火星，閃光。**2** (寶石等的)閃耀，光澤。**3** (才華等的)閃現；光彩，活力。**4** (葡萄酒等的)冒泡。—*v.i.* **1** 發出火花：Fireworks ～*d* in the distance. 煙火在遠處發出火花。**2 a**〈寶石〉閃耀；〈才氣〉煥發，閃現：The pearl ～*d* in the moonlight. 那顆珍珠在月光下閃閃發光。**b**〔十介十(代)名〕〔因…而〕發亮〔*with*〕：Her eyes ～*d with* joy. 她高興得兩眼發亮。**3**〈葡萄酒等〉起泡。

spár·kler *n.* **1** 閃耀的東西：**a** Ⓒ (散出火花的，手持的)煙火。**b** Ⓒ寶石，鑽石。**c** [～s]《口語》發亮的眼睛。**2** Ⓒ美人，才子。

spár·kling *adj.* **1 a** 發出火花的。**b** 閃耀的；發亮的。**2**〈才華等〉煥發的，放出光彩的，充滿生氣的：a ～ speech 才華橫溢的演說。**3**〈葡萄酒〉冒泡的，起泡性的 (↔ still). ～**·ly** *adv.*

spárk plùg *n.* Ⓒ《美》**1** (內燃機的)火星塞，火花塞 (《英》sparking plug). **2**《口語》〔一個(演出)團體等的〕指導人物，中心人物，領袖〔*of*〕.

sparks [sparks; spɑːks] *n.* Ⓒ [也用於稱呼] (船、飛機上的)無線電技師。

spár·ring pàrtner [ˋsparɪŋ-; ˈspɑːriŋ-] *n.* Ⓒ《拳擊》拳擊陪練《受雇爲拳擊手練習的對手》。

spar·row [ˋspæro; ˈspærou] *n.* Ⓒ《鳥》麻雀：the house [English] ～ 家雀。

spárrow·gràss *n.*《口語》＝asparagus.

spárrow hàwk *n.* Ⓒ《鳥》**1** 雀鷹。**2** 雀隼。

sparse [spars; spɑːs] «源自拉丁文「散布的」之義»—*adj.* **1**〈人口等〉稀疏的，稀少的 (↔ dense). **2**〈頭髮、樹叢等〉稀疏的：a ～ beard 稀疏的鬍鬚。～**·ly** *adv.* ～**·ness** *n.*

spar·si·ty [ˋsparsətɪ; ˈspɑːsəti] «sparse 的名詞»—*n.* Ⓤ稀少，稀薄，稀疏。

Spar·ta [ˋspartə; ˈspɑːtə] *n.* 斯巴達《古希臘一個强盛的城邦；對士兵的訓練嚴格，以「斯巴達式訓練」著稱》。

Spar·tan [ˋspartn̩; ˈspɑːtn] «Sparta 的形容詞»—*adj.* **1** (古代)斯巴達(人)的。**2** 斯巴達式的；尙武的，剛勇的。

—*n.* Ⓒ **1** 斯巴達人。**2** 剛勇的人。

Spár·tan·ism [-tənɪzəm; -tənizəm] *n.* Ⓤ斯巴達主義。

spasm [ˋspæzəm; ˈspæzəm] «源自希臘文「牽引」之義»—*n.* **1** ⓊⒸ《醫》痙攣。**2** Ⓒ發作，突發的一陣〔*of*〕：have a ～ *of* industry [nausea] 突發的一陣勤奮[突然想嘔]。

spas·mod·ic [spæzˋmadɪk; spæzˈmɔdik] «spasm 的形容詞»—*adj.* **1**《醫》痙攣(性)的。**2** 突發性的，發作的；一陣的。

spàs·mód·i·cal [-dɪkl̩; -dikl] *adj.* ＝spasmodic.

～**·ly** [-kl̩ɪ; -kəli] *adv.*

spas·tic [ˋspæstɪk; ˈspæstik] *adj.* **1** 痙攣(性)的；痙攣性癱瘓的：～ paralysis 痙攣性癱瘓。**2**《俚》笨的，拙劣的。

—*n.* Ⓒ **1** 患痙攣性癱瘓者。**2**《俚》笨，拙劣。

spat[1] [spæt; spæt] *v.* **spit**[1] 的過去式・過去分詞。

spat[2] [spæt; spæt] *n.* Ⓒ《美》小爭論，鬥嘴，口角。

spat[3] [spæt; spæt] «spatterdash 之略»—*n.* Ⓒ [常～s] (略高於足踝的)鞋套，短綁腿。

spat[4] [spæt; spæt] *n.* (*pl.* ～, ～s) **1** Ⓒ蠔卵，牡蠣卵。**2** Ⓤ [集合稱] 幼蠔[牡蠣]。

spats[3]

spatch·cock [ˋspætʃ,kak; ˈspætʃkɔk] *v.t.* **1** 把〈鷄〉殺後立刻烹調。**2**〔十受十介十(代)名〕《口語》把〈後來想到的事等〉寫入，插入〔…〕〔*into*〕.

spate [spet; speit] *n.* **1** Ⓒ洪水：in ～〈河水〉泛濫《★無冠詞》。**2** [**a** ～] **a** 〔話等的〕傾吐，滔滔不絕〔*of*〕：*a* ～ *of* words 突然侃侃說出的話。**b** 大量，許多〔*of*〕：*a* ～ *of* books 許多的書。

spathe [speð; speið] *n.* Ⓒ《植物》佛焰苞。

spa·tial [ˋspeʃəl; ˈspeiʃl] «space 的形容詞»—*adj.* **1** 空間的，存在於空間的，佔有空間的。**2** 場所的。

～**·ly** [-ʃəlɪ; -ʃəli] *adv.*

spa·ti·al·i·ty [,speʃɪˋælətɪ; ˌspeiʃiˈæləti] «spatial 的名詞»—*n.* Ⓤ空間性，廣闊 (↔ temporality).

spa·ti·o·tem·po·ral [,speʃɪoˋtɛmpərəl; ˌspeiʃiouˈtempərəl] *adj.*《哲》時間與空間(上)的，時空的。

spat·ter [ˋspætɚ; ˈspætə] *v.t.* **1 a**〔十受〕濺髒…：～ the floor 濺髒地板。**b**〔十受十介十(代)名〕〔以水、泥等〕濺污…〔*with*〕；濺，潑〈水、泥等〉〔於…上〕〔*on*〕：The car ～*ed* us *with* mud.＝The car ～*ed* mud *on* us. 那輛汽車濺了我們一身泥。**2**〔十受十介十(代)名〕〔以惡言、誹謗等〕中傷…〔*with*〕：～ a person *with* dirt 以惡言中傷[誹謗]某人。

—*v.i.*〔動(十介十(代)名)〕〈水等〉濺灑〔在…上〕；〈雨等〉灑落〔在…上〕〔*on*〕：Raindrops were ～*ing on* the doorsteps. 雨點灑落在門階上。

—*n.* Ⓒ **1** (水等的)濺灑，潑濺的東西。**2** [常用單數] 灑落〔*of*〕：a ～ *of* rain 一陣雨。

spátter·dàsh *n.* Ⓒ[常～es]（長及膝下的）護腿，綁腿套《從前主要用於騎馬；cf. spat³》。

spat·u·la [ˈspætʃələ; ˈspætjulə] *n.* Ⓒ **1**（用以混合或塗敷食品、顏料等的）抹刀。**2**《醫》壓舌板，壓舌器。

spát·u·lar [-lɚ; -lə] *adj.*

spav·in [ˈspævɪn; ˈspævin] *n.* Ⓒ[指病名時爲Ⓤ]《獸醫》（馬脚的）跗節肉腫。

spáv·ined *adj.* 〈馬〉患跗節肉腫的。

spawn [spɔn; spɔːn] *n.* Ⓤ **1** [集合稱] **a**（魚、蛙、介類、蝦等的）卵，子（⇨ roe¹【同義字】）。**b**《輕蔑》小子；小鬼。**2**《植物》菌絲；菌種體。

—*v.t.* **1 a** 〈魚、蛙等〉產〈卵〉。**b**《輕蔑》〈人〉生〈孩子〉。**2**（大量）生產；引起…。—*v.i.* 〈魚、蛙等〉產卵。

spay [spe; spei] *v.t.* 切除〈動物〉的卵巢。

S.P.C.A. 《略》Society for the Prevention of Cruelty to Animals 動物保護協會。

S.P.E. 《略》Society for Pure English《英》純正英語協會。

‡**speak** [spik; spiːk]（**spoke** [spok; spouk]，《古・詩》**spake** [spek; speik]；**spo·ken** [ˈspokən; ˈspoukən]）*v.i.* **1 a** 說(話)，講（⇨ talk【比較】）：Only man can ～. 只有人會說話/You should not ～ with your mouth full. 嘴裏塞滿食物時你不該說話/Would you ～ more slowly? 請你講慢點好嗎？/(This is) William ～*ing*. [電話中]我是威廉。**b** [(十介十(代)名)] [與人]談[關於…事] [*to*, *with*] [*about*, *on*, *of*]《★可用被動語態》《★【用法】[與人]的介系詞一般用 to，用 with 時有「商量」、「交換意見」的暗示》：I'll ～ *to* [*with*] her *about* [*on*] the matter. 關於那件事我會和她談/He always *spoke of* you lovingly. 他總是深情地談到你/Language is often *spoken of as* a living organism. 語言常被當作一種活的有機體來講。**c** [與 generally 等的狀態副詞連用，... ～ing] 以…說法來說；…地說：strictly [roughly, generally, honestly] ～*ing* 嚴格地[概略地，一般地，誠實地]說。

2 [動(十介十(代)名)] [對人]演說，演講[*to*]：The lecturer *spoke* (for) about an hour. 那位演說者講了大約一小時/It is an honor for me to be able to ～ *to* you today. 今天能與你們說話是我的榮幸。

3 a [(十介十(代)名)]〈書、報紙等〉[對…]發言，傳話[*to*]；說[…的事] [*of*]：The newspaper ～*s to* a lot of people. 報紙對大衆發言/This poem ～*s of* memories of his childhood. 這首詩說的是他童年的回憶。**b** [動(十介十(代)名)]〈行動、表情等〉表達[意思、感情等] [*of*]：Actions ～ louder than words.《諺》「行」比「言」說得更響亮；行動勝過言詞《百說不如一幹》/His eyes *spoke of* sleepless nights. 他的眼睛表明他連夜失眠。

4 〈樂器、槍砲等〉發出聲音，鳴響：The cannon *spoke*. 大砲轟鳴。

5 [動(十介十(代)名)]〈狗〉[爲求…而]吠叫[*for*]。

—*v.t.* **1** [十受]說，使用〈語言〉：Mr. Jones ～*s* three languages. 瓊斯先生會說三種語言/What language do they ～ in Canada? 在加拿大說什麼語言？

2 a [十受(十介十(代)名)] [對人]說〈話〉[*to*]：No one *spoke* a word. 沒有人說話/No one *spoke* a word *to* me. 沒有人對我說一句話。**b** [十受] 說出，傳達〈事實、思想等〉：～ the truth 說出眞相/*S*～ your mind. 說出你心裏的話。

nòt to spéak of... 更不用說[提]…(to say nothing of)：She knows French and Spanish, *not to* ～ *of* English. 他懂法語和西班牙語，英語更不用說了。

sò to spéak [表示略帶開玩笑之意；當插入語用]可以說，好比：He is, *so to* ～, a grown-up baby. 他可以說是個長大的嬰兒。

spéak agàinst... 說反對[不利於]…的話。

spéak for... (1)代表…(說話)：～ *for* the group 代表該團體。(2)替…辯護：～ *for* a motion 爲一項動議辯護[發言贊成某項動議]/～ *for* oneself 爲自己辯護，只說自己的事；說自己所想的事[意見]/*S*～ *for yourself*! 那是你的想法！別以爲你也代表我們！我們的想法可不同！《★【用法】對於對方的意見表示不同意的說法》。(3)[～ *for* itself [themselves]]〈事態、事實等〉不說自明《不需另加說明》：The facts ～ *for themselves*. 那些事實不說自明。(4)預購，申請，預約…《★常用被動語態》：These seats have already *been spoken for*. 這些座位已有人預訂。

spéaking of... 說到…，談到…：*Speaking of* music, do you play any instrument? 說到音樂，你會演奏什麼樂器嗎？

spéak óut 《*vi adv*》大膽地說出，不顧忌地說出[關於…] [*on*]：～ *out on* a subject 大膽陳述有關某問題的意見。

spéak to... (1)⇨ *v.i.* 1 b. (2)⇨ *v.i.* 2. (3)⇨ *v.i.* 3a. (4)(在會議上等)談[論]關於…：Next he rose to ～ *to* the matter. 接著他站起來談論該問題。(5)《委婉語》申斥，告誡〈某人〉。(6)〈事物〉動〈人〉心弦：The music ～*s to* me. 那音樂打動我的心。

spéak úp 《*vi adv*》[常用祈使語氣]更大聲地說。

spéak wéll for... 〈行爲等〉成爲對〈某人〉的有利證據；證明對…好：His work ～*s well for* him. 他的工作足以證明他的優秀。

spéak wéll [ill] of... 說…的好[壞]話；稱讚[誹謗]…《★可用被動語態，變成 be spoken well [ill] of》：He is *spoken well* [*ill*] *of* by everybody. 他受到大家的稱讚[指摘]。

to spéak of [用於否定句]值得說[一提]的，重要的：That's *nothing to* ～ *of*. 那不值得一提[那是芝麻小事]/She has *no* voice *to* ～ *of*. 她沒有值得一提的嗓子；她的聲音沒什麼特別。

spéak·èasy *n.* Ⓒ《美俚》（實施禁酒時期(1920–33)的）販賣私酒的酒店。

***speak·er** [ˈspikɚ; ˈspiːkə] *n.* Ⓒ **1** 說話者：He is a good [poor] English ～. 他的英語說得好[差]。**2** 演說者，講演者，雄辯家：a fine [poor] ～ 善於[拙於]演說的人。**3** [常 the S～]（下議院，其他議會的）議長：Mr. *S*～! 議長先生！《稱呼》/the *S*～ of the House《美》＝《英》the *S*～ of Parliament 下議院[衆議院]議長。**4** 擴音器，揚聲器，喇叭。

Spéakers' Córner *n.* （在倫敦的海德公園(Hyde Park)的）演講會場（⇨ Hyde Park【說明】）。

spéaker·shìp *n.* Ⓤ議長的職位[任期]。

speak·ing [ˈspikɪŋ; ˈspiːkiŋ] *adj.* **1 a** 發言的，說話的：a ～ part 有臺詞的角色。**b** 只到會說的程度的：have a ～ knowledge of English 有說英語的能力《會說英語》/a ～ acquaintance 泛泛之交，見面時寒暄幾句的交情[朋友]。**2 a** 像要說話似的，富於表情的：～ eyes 會說話的眼睛。**b** 逼眞的，生動的，栩栩如生的：a ～ likeness（肖像等）維妙維肖的作品。**3** [構成複合字]講…語言的：an English-*speaking* people 講英語的民族。

on spéaking térms (1)[常用於否定句] [與人]（碰面）（沒有）交談程度的交情；[與人]見了面也不交談 [*with*]《★表示不和之意》：I am *not on* ～ *terms with* him. 我和他碰面也不交談；我和他不和。(2)[與人]（碰面）有寒暄的交情[*with*]。

—*n.* **1** Ⓤ說，講話，演說。**2** [當形容詞用]談話用的，適於談話的：the ～ voice（對歌聲而言的）說話聲/within ～ range [distance] 在聽得見說話聲的範圍[距離]內。

in a mánner of spéaking ⇨ manner.

spéaking clóck *n.* [the ～]《英》電話的報時服務《報幾點幾分幾秒》。

spéaking trùmpet *n.* Ⓒ船與船間通話用的揚聲筒。

spéaking tùbe *n.* Ⓒ（船上房間與房間的）通話管。

spear¹ [spɪr; spiə] *n.* Ⓒ **1** 槍，矛（⇨ lance【同義字】）。**2**（刺魚用的）魚叉。

—*v.t.* **1 a** [十受]用槍[矛]刺〈物〉。**b** [十受(十介十(代)名)] [以尖物]刺…[*with*]。**2** [十受]用魚叉刺[捕]〈魚〉。

spear² [spɪr; spiə] *n.* Ⓒ（植物的）芽，嫩枝，嫩葉，幼苗。

spéar·hèad *n.* Ⓒ **1** 槍尖，矛頭。**2** [常用單數]（攻擊、事業等的）先[前]鋒，尖兵，帶頭的人[物] [*of*]。

—*v.t.* 作〈攻擊、事業等〉的先鋒，當…的尖兵：You will ～ the sales campaign. 你當促銷活動的先鋒。

spéar·man [-mən; -mən] *n.* Ⓒ（*pl.* **-men** [-mən; -mən]）持槍[矛]的人[兵]，用槍[矛]者。

spéar·mìnt 《因花形似槍而得名》—*n.* Ⓤ《植物》留蘭香《又稱綠薄荷，唇形科芳香草本植物》。

spearmint

spéar side *n.* [the ～] 父方；父系（↔ distaff side, spindle side）。

spec [spɛk; spek] 《speculation 之略》—*n.* ⓊⒸ《英口語》投機：on ～ 投機地，冒險地。

spec. 《略》special; specifical(ly); specification.

‡**spe·cial** [ˈspɛʃəl; ˈspeʃl] 《源自 especial 字首消失的變體字》—*adj.* (**more** ～; **most** ～) **1**（無比較級、最高級）（與普通一般東西不同的）特別的，特殊的（↔ general, ordinary）（⇨ particular【同義字】）：a ～ agency 特別代理商/a ～ case 特殊情形，特例。**2**（無比較級、最高級）**a** 獨特的，特有的：a ～ flavor 獨特的香味。**b** [不用在名詞前] [十介十(代)名] […]特有的[*to*]：characteristics ～ *to* the Japanese people 日本人具有的特徵。**c** 專用的，個人用的：my father's ～ chair 父親專用的椅子。

3（無比較級、最高級）專門的，專攻的（↔ general）：a ～ hospital 專科醫院/make a ～ study *of*... 專攻…，專修…。

4（無比較級、最高級）特別用的，臨時的：a ～ constable ⇨ constable 1/～ delivery《美》快遞/a ～ train 專車，臨時列車。

5（量、程度等）非尋常的，例外的，格外的：a ～ friend 特別親密的朋友/a matter of ～ importance 特別重要的問題。

—*n.* Ⓒ **1** 特別的人[東西]：**a** 特派員，特使。**b** 特別[臨時]列車[公共汽車(等)]。**c** 專送信函，特電。**d** 號外，特刊。**e**（電視的）特別節目，專輯。**2**《美》（商店的）特價(品)：on ～ 特價優待中《★無冠詞》。

spécial dívidend *n.* Ⓒ額外紅利。

spécial efféčts *n. pl.* (電影、電視的)特殊效果；特殊攝影，特技。

Spe·cial Fórces *n. pl.*《美軍》特種部隊(cf. Green Beter 2)。

spe·cial·ism [ˋspɛʃəlˏɪzəm; ˈspeʃəlizəm] *n.* **1** ⓊⒸ專門；專攻；專科。**2** Ⓤ專門化；專科化。

***spe·cial·ist** [ˋspɛʃəlɪst; ˈspeʃəlist] *n.* Ⓒ **1 專家**。**2 專科醫師**：an eye ~ 眼科專家/a ~ *in* plastic surgery 整型外科專門醫師/see a ~ 請專科醫師診療。

—*adj.* [用在名詞前]專門(家)的，專門性的：~ knowledge 專門知識。

spe·ci·al·i·ty [ˏspɛʃɪˋælətɪ; ˌspeʃiˈæləti] *n.*《英》=specialty.

spe·cial·i·za·tion [ˏspɛʃəlaɪˋzeʃən; ˌspeʃəlaiˈzeiʃn] «specialize 的名詞»**—*n.*** **1** Ⓤ特殊化。**2** Ⓤ專門化。**3** ⓊⒸ專門科目[領域]。

spe·cial·ize** [ˋspɛʃəlˏaɪz; ˈspeʃəlaiz] «special 的動詞»**—*v.t. 〔十受〕**1 使…特殊化**。**2 使〈研究工作等〉專門化**：~*d* knowledge 專門知識。

—*v.i.* 〔動(十介十(代)名)〕專門處理，專攻〔…〕〔*in*〕：~ *in* English literature 專攻英國文學/This restaurant ~*s in* French cuisine. 這家餐廳專門供應法國菜。

spécial lícense *n.* Ⓒ《英》《法律》結婚特別許可證《不經過教會的預告，不選時間、地點即可舉行婚禮的英國國教教會所發的許可證》：marriage by ~ 憑特別許可證的結婚《★by ~ 無冠詞》。

spe·cial·ly [ˋspɛʃəlɪ; ˈspeʃəli] *adv.* (**more** ~；**most** ~) **1 特別地，專門地，格外地**(⇨ especially【同義字】)。**2** (無比較級、最高級)臨時地。**3** (無比較級、最高級)尤其。**4** (無比較級、最高級)以特別的方法，以特製。

spécial pléading *n.* Ⓤ **1**《法律》間接答辯書《不直接否定對方的供詞而另外提出新事實以抵銷的間接答辯》。**2** 只講有利之點而迴避不利之點的主義[詭辯]。

spécial séssion *n.* Ⓒ立法機關召開之特別會議。

spécial stúdent *n.* Ⓒ《美》(大學的)旁聽生《不攻讀學位的特別學生》。

spe·cial·ty [ˋspɛʃəltɪ; ˈspeʃlti] «special 的名詞»**—*n.*** Ⓒ《★英國《英》拼作 speciality》**1** 專門(職業)，本行；專門研究，專長：His ~ is Japanese history. 他的專長是日本歷史。**2** [商店等的]特產(品)，名產，特製品〔*of*〕。

spécialty shòp[**stòre**] *n.* Ⓒ專門[特色]商店《只出售一種或少數有關精製品的小規模商店，如文具店》。

spe·cie [ˋspiʃɪ; ˈspiːʃi] *n.* Ⓤ《文語》(對紙幣而言的)硬幣：in ~ 用硬幣。

spe·cies** [ˋspiʃɪz, -ʃiz; ˈspiːʃiːz, -ʃiz] «源自拉丁文「看得見的東西、形狀」之義»**—*n. Ⓒ(*pl.* ~) **1**《生物》(動植物分類上的)**種**(cf. classification 1 b)：birds of many ~ 許多種的鳥/the human ~ = our ~ 人類/*The Origin of S~*「物種的起源」《達爾文(Darwin)的著作》。**2**《口語》種類〔*of*〕：a new ~ *of* watch 新型錶/I felt a ~ *of* shame. 我有一種羞恥的感覺。

specif. 《略》specific；specifically.

spec·i·fi·a·ble [ˋspɛsəˏfaɪəbl; ˈspesifaiəbl] *adj.* 可明載[詳述]的。

***spe·cif·ic** [spɪˋsɪfɪk; spiˈsifik] *adj.* (**more** ~；**most** ~) **1 a**〈目的、關係等〉明示的，明確的，具體的，特定的(↔ general, generic)(⇨ particular【同義字】)：for a ~ purpose 爲某特定的目的/a ~ sum of money 一定的金額/with no ~ aim 沒有明確目的[目標]地。**b** [不用在名詞前]〔十介十(代)名〕〔對…〕明確的，清楚的〔*about*〕：Be more ~ *about* what you want to do. 對於你所要做的事，你必須進一步搞清楚。

2 [用在名詞前](無比較級、最高級)有特效的，特殊的〈藥物〉：a ~ medicine 特效藥/a ~ remedy 特殊療法。

3 [不用在名詞前]〔十介十(代)名〕〔…〕特有的〔*to*〕：a style ~ *to* that school of painters 那一派畫家特有的風格。

—*n.* **1** Ⓒ特效藥〔*for*〕。**2** [~s]細目，細節，項目：get down to [into] ~*s* 開始認眞處理[考慮]各細節。

***spe·cif·i·cal·ly** [spɪˋsɪfɪklɪ; spiˈsifikəli] *adv.* (**more** ~；**most** ~) **1 明確地，清楚地**：The bottle was ~ labeled "poison." 那瓶子上清楚地貼著「毒品」的標籤/He asked ~ for you. 他表明要見你(非別人)。**2** [置於形容詞前]尤其。**3** 具體地說，換句話說。

spec·i·fi·ca·tion [ˏspɛsəfəˋkeʃən; ˌspesifiˈkeiʃn] «specify 的名詞»**—*n.*** **1 a** Ⓤ詳述；列舉；詳載，明細。**b** Ⓒ明細表，清單。**2** Ⓒ[常 ~s](建築物、車子等的)設計(說明)書，規格。

specific dúty *n.* ⓊⒸ《商》從量稅。

specific grávity *n.* Ⓤ《物理》比重《略作 sg., sp. gr.》。

specific héat *n.* Ⓤ《物理》比熱。

spec·i·fy [ˋspɛsəˏfaɪ; ˈspesifai] «specific 的動詞»**—*v.t.*** **1** 逐一明示，載明，詳述，詳載…：He *specified* the reasons for the failure. 他詳述失敗的原因。**2** 把…(逐一)記入明細表[設計書]：~ oak flooring(設計書上)指定橡木地板，把橡木地板列入設計書。

spec·i·men [ˋspɛsəmən; ˈspesimən] «源自拉丁文「有特徵記號」之義»**—*n.*** Ⓒ **1 a 樣品**[**本**]，**實例**：Could I see a ~ of the material? 我可以看該材料的樣品嗎？**b** (動物、植物、礦物等的)標本：stuffed ~*s* 剝製標本/preserve a ~ in spirits 浸於酒精中保存標本。

2 [常與修飾語連用]《口語》(古怪的)人，傢伙：a queer ~ 怪人/What a ~! 多麼古怪的人！眞是個怪傢伙！**—*adj.*** [用在名詞前]樣品的：a ~ page 樣張。

spe·cious [ˋspiʃəs; ˈspiːʃəs] *adj.*《文語》似是而非的，像是眞的，虛有其表的。**~·ly** *adv.* **~·ness** *n.*

speck [spɛk; spek] *n.* Ⓒ **1** 小(汚)點，斑點，(水果上的)疵斑，小片〔*of*〕：a ~ *of* dust 一點灰塵/The Earth is only a ~ in the universe. 地球在宇宙中只不過是一個小點罷了。**2** [常用於否定句]少量，微量〔*of*〕：There is *not* a ~ *of* doubt about it. (關於)那件事一點疑問也沒有。

specked *adj.* 有汚點[斑點，疵斑]的：~ apples 有疵斑的蘋果。

speck·le [ˋspɛkḷ; ˈspekl] *n.* Ⓒ(尤指散布於表面的有色)小點，斑點。

spéck·led *adj.* 有小點的，帶斑點的：a ~ hen 有斑點的母鷄。

speck·less [ˋspɛklɪs; ˈspeklis] *adj.* 無斑點的；無瑕疵的。

specs [spɛks; speks] «spectacles 之略»**—*n. pl.*** 《口語》**1** 眼鏡。**2** [綽號或用於稱呼]戴眼鏡的孩子。

spec·ta·cle** [ˋspɛktəkḷ; ˈspektəkl] «源自拉丁文「看的東西」之義»**—*n. **1** Ⓒ **a** (令人瞠目而視的)**景象**，美景，奇觀。**b** (大規模的)表演，場面，公開展示。

2 [~s]**眼鏡**《★正式比 glasses 拘泥的用語》：a pair of ~*s* 一副眼鏡/put on [take off] one's ~*s* 戴上[取下]眼鏡。

màke a spéctacle of onesèlf (舉止、衣著等的)出醜，丟人，成爲被取笑的對象。

spéc·ta·cled *adj.* **1** 戴眼鏡的。**2**《動物》有眼鏡狀斑紋的。

spec·tac·u·lar [spɛkˋtækjələr; spekˈtækjulə] «spectacle 的形容詞»**—*adj.*** **1** 供人觀賞的。**2** 壯觀的，(場面)盛大的，富麗的；戲劇性的。

—*n.* Ⓒ(長時間的)豪華(電視)節目。**~·ly** *adv.*

spec·ta·tor [ˋspɛktetər, spɛkˋtetər; spekˈteitə] *n.* Ⓒ(比賽、表演等的)**觀衆**，旁觀者。

spec·ter [ˋspɛktər; ˈspektə] «源自拉丁文「看得見的東西」之義»**—*n.*** Ⓒ **1** 鬼，幽靈，妖怪，鬼怪。**2** (心中想像的)可怕的東西，恐怖之物。

spec·tra [ˋspɛktrə; ˈspektrə] *n.* **spectrum** 的複數。

spec·tral [ˋspɛktrəl; ˈspektrəl] «義 1 是 specter，義2 是 spectrum 的形容詞»**—*adj.*** **1** 鬼(似)的；鬼怪的，妖怪的。**2**《光學》光譜的：(a) ~ analysis 光譜分析/ ~ colors 譜色《彩虹色》。**~·ly** [-trəlɪ; -trəli] *adv.*

spec·tre [ˋspɛktər; ˈspektə] *n.*《英》=specter.

spec·tro·gram [ˋspɛktrəˏgræm; ˈspektrəgræm] *n.* Ⓒ光譜圖。

spec·tro·graph [ˋspɛktrəˏgræf; ˈspektrəgrɑːf] *n.* Ⓒ攝譜儀，分光攝像儀。

spec·trom·e·ter [spɛkˋtrɑmətər; spekˈtrɔmitə] *n.* Ⓒ《光學》分光計。

spec·tro·scope [ˋspɛktrəˏskop; ˈspektrəskoup] *n.* Ⓒ《光學》分光器[鏡]。**spec·tro·scop·ic** [ˏspɛktrəˋskɑpɪk; ˌspektrəˈskɔpik] *adj.*

spec·tros·co·py [spɛkˋtrɑskəpɪ; spekˈtrɔskəpi] *n.* Ⓤ光譜學，(使用分光器的)光譜研究。

spec·trum [ˋspɛktrəm; ˈspektrəm] «源自拉丁文「看得見的東西」之義»**—*n.*** Ⓒ(*pl.* **-tra** [-trə; -trə], ~s) **1**《光學》**光譜**。**2** (眼睛的)遺像，餘像。**3** [變動者的]幅度；範圍〔*of*〕：a wide ~ *of* interests 廣泛的興趣/the whole ~ *of* one's thought 某人思想的全部領域。

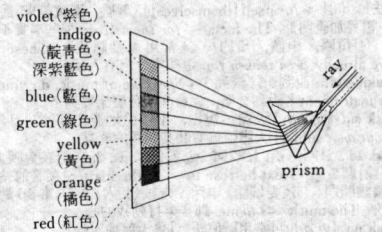

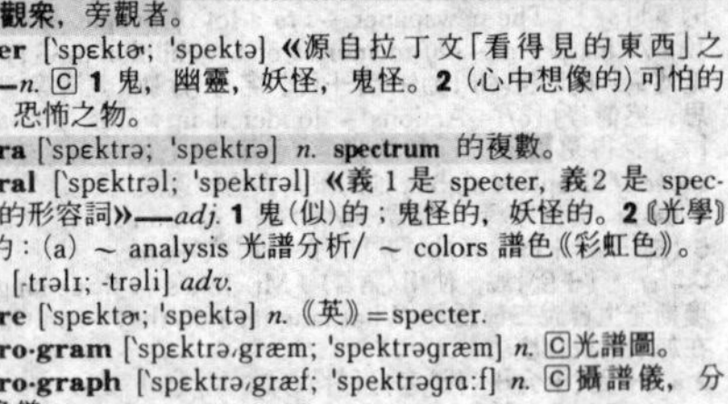

spectrum 1

spec·u·la *n.* **speculum** 的複數。

spec·u·lar [ˈspɛkjələ˞; ˈspekjulə] *adj.* **1** 鏡的；如鏡的。**2** 反射的。**3**《醫》用窺器的；用耳鬥鏡的；用子宮鏡的。

spec·u·late [ˈspɛkjə͵let; ˈspekjuleit]《源自拉丁文「看」之義》**—** *v.i.* 〔動(十介十(代)名)〕**1** (沒有可靠的事實爲根據地)思索，沈思，推測〔有關…的事〕〔*about, on, as to*〕：~ ***about*** time and space〔***on*** the origin of the universe〕思索有關時間與空間〔宇宙的起源〕的問題/She often ~*d* ***as to*** what sort of man she would marry. 她常常在想將來自己會跟什麼樣的人結婚。
2 **投機**〔股票、土地等〕〔*in*〕；〔預料…而〕作投機買賣〔*on*〕：~ ***in*** shares〔stocks〕作股票的投機買賣/~ ***on*** a rise〔fall〕料準上漲〔下跌〕而作多頭〔空頭〕投機；看漲〔跌〕而下賭注。
—*v.t.* 〔十 *that*__〕對〈…事〉作(種種)推測：He ~*d that* this might lead to a success. 他推測這可能會導致成功。

spec·u·la·tion [͵spɛkjəˈleʃən; ͵spekjuˈleiʃn]《speculate 的名詞》**—***n.* ⓊⒸ**1** (沒有確實事實的)思索，沈思；推測，臆測〔*on, about*〕. **2** **投機**，投機事業〔買賣〕〔*in*〕：~ *in* land 土地的投機買賣/buy land as a ~ 買土地做投機生意/make some good〔bad〕~*s* 投機賺錢〔賠錢〕。

spec·u·la·tive [ˈspɛkjə͵letɪv; ˈspekjulətiv]《speculate 的形容詞》**—***adj.* **1** [用在名詞前]思索的，推理的，純理論的。**2** 投機性的，冒風險的：~ buying 冒風險的購買。**3** 不確定的，危險的。~·**ly** *adv.*

spéc·u·là·tor [-tə˞; -tə] *n.* Ⓒ **1** 思索者；空談者。**2** 投機者，投機商人。

spec·u·lum [ˈspɛkjələm; ˈspekjuləm] *n.* Ⓒ(*pl.* **-la** [-lə; -lə], ~**s**) **1** (用於反射望遠鏡等的)金屬鏡，反射鏡。**2**《醫》(口腔、鼻子、子宮等的)開大鏡，窺器。

‡**sped** [spɛd; sped] *v.* **speed** 的過去式・過去分詞。

‡**speech** [spitʃ; spiːtʃ]《speak 的名詞》**—***n.* **1** Ⓒ**a** 演說，…辭：an after-dinner ~ (餐後的)宴席上致詞/a farewell ~ 告別辭〔演說〕/make〔deliver, give〕a ~ 發表演說。

> 【同義字】speech 是以聽衆爲對象的談話、演說；address 是對於重要問題作充分準備後的正式演講；talk 是在非正式場合的不具形式的談話。

b (演戲時一口氣講的長)臺詞。
2 Ⓤ **a** 說話，發言，說話的能力：freedom of ~ 言論的自由/lose the power of ~ 失去說話的能力/burst into ~ 突然說出/*S*~ is silver〔silvern〕, silence is golden.《諺》雄辯是銀，沈默是金。**b** 說話的方法〔口氣〕：He is slow of ~. 他是個笨嘴笨舌的人。
3 Ⓤ **a** 言語，說的話：daily〔everyday〕~ 日常用語。**b** 國語；方言：American ~ 美語。
4 Ⓤ談話，會話：They walked on without ~. 他們沒有交談地向前走。
5 Ⓤ演說的研究，演說學《口頭表達、語音等的理論與實踐》。
6 Ⓤ《文法》語法，敍述法：direct〔indirect〕~ 直接〔間接〕語法/⇨ represented speech.
figure of spéech ⇨ figure.
párt of spéech ⇨ part.

spéech clìnic *n.* Ⓒ語言矯正醫院。

spéech commùnity *n.* ⓊⒸ《語言》言語社區〔社團〕《使用同一種語言或方言之人民的全體》。

spéech corrèction *n.* Ⓤ語言矯正。

spéech dày *n.* Ⓒ《英》(學校的)畢業典禮頒獎日《學生家長出席聽學生演講等並發給獎品等》。

speech·i·fy [ˈspitʃə͵faɪ; ˈspiːtʃifai] *v.i.*《謔・口語》滔滔不絕地演說，高談闊論。

spéech·less *adj.* **1** 不會說話的。**2** 不開口的，沈默的，無言的。**3 a** (激動而)說不出話的：Wonder left him ~. 驚愕使得他說不出話來。**b** [不用在名詞前]〔十介十(代)名〕〔因激動等〕變得說不出話來的〔*with, from*〕：He was ~ ***with*** anger〔joy〕. 他生氣〔高興〕得說不出話來。**4** [用在名詞前]無法以言語形容的：~ grief 無法以言語形容的悲傷。~·**ly** *adv.* ~·**ness** *n.*

spéech rèading *n.* Ⓤ(尤指失聰者所使用的)讀話(術)《由口部動作、表情及姿勢來判斷說話者的意思；cf. lip reading》.

spéech sòund *n.* Ⓒ《語音》(與一般的聲響、咳嗽、打噴嚏等有別的)(言語)語音。

spéech thèrapy *n.* Ⓤ言語障礙治療(法)。

spéech·writer *n.* Ⓒ(爲政治家等)寫演講稿的人。

‡**speed** [spid; spiːd]《源自古英語「成功」之義》**—** *n.* **1** Ⓤ(動作、行動等的)**快速**，迅速：with great ~ 急速地，火速地/Safety is more important than ~. 安全比快速更重要/More haste, less ~.《諺》越急越慢；欲速反遲；欲速則不達。
2 ⓊⒸ**速度**，速率：the ~ of sound 音速/(*at*) full ~ 以全速〔最快速度〕/*at* half〔(an) ordinary〕~ 以一半〔普通〕的速度/get〔pick〕up ~ 增加速度/travel *at* a ~ of 30 miles an hour 以時速三十哩的速度行進。
3 Ⓒ(汽車等的)排檔，變速器：a 4-*speed* automatic transmission 四段自動變速器/a 10-*speed* bike 十段變速脚踏車。
4 Ⓤ《俚》迷幻藥《安非他命等》。
5 Ⓤ《古》成功，繁榮；幸運：God send〔give〕you good ~. 祝您成功。
at spéed 快速地，迅速地：run *at* ~ 快速地跑。
—*v.i.* (**sped** [spɛd; sped], ~·**ed**) **1** 〔十副詞(片語)〕(朝…)急行，快速前進，疾走：The car *sped along*〔*down*〕the streets. 那輛汽車在街道上急駛而去。
2 〔十副〕增加速度，加速〈*up*〉：The hydrofoil soon ~*ed* ***up***. 那艘水翼船不久就增加速度/Can you ~ *up* (a bit)? 你能加快(一點)速度嗎？
3 (汽車)超速行駛《★通常用 ~ing；⇨ speeding》：Slow down. You're ~*ing*. 放慢些，你超速了。
4《古》〈人〉成功；〈事情〉順利進行，情況良好：How have you *sped*? 事情怎樣？《進行順利嗎？》；你過得怎樣？
—*v.t.* **1 a** 〔十受(十副)〕使…急行，快速傳送…〈*up*〉：~ ***up*** one's horse 使馬快走/He *sped* his pen across the page. 他在該頁上振筆疾書。**b** 〔十受十受/十受十介十(代)名〕快速送〈某人〉…；快速送…〔至…〕〔*to*〕：~ a person news = ~ news ***to*** a person 快遞消息給某人。
2 〔十受十副〕增加〈引擎等〉的速度〈*up*〉：~ ***up*** an engine 加速引擎的旋轉/Everything is getting ~*ed up*. 每一樣東西〔事情〕的速度〔效率〕都在提高。
3 〔十受〕《古》使〈人〉成功，使…興隆：God ~ you! 祝您成功。

spéed·bàll *n.* Ⓤ **1** 快速球運動《一種類似足球，但可用手接球的運動》。**2** 麻醉藥注射。

spéed·bàller *n.* Ⓒ《棒球》快速球投手。

spéed·bòat *n.* Ⓒ快艇。

spéed còp *n.* Ⓒ《美俚》取締汽車超速之警察。

spéed·er *n.* Ⓒ開快車的人；超速駕車者。

speed·i·ly [ˈspidḷɪ; ˈspiːdili] *adv.* 快速地，迅速地。

spéed ìndicator *n.* Ⓒ速率指示器。

spéed·ing *n.* Ⓤ(汽車的)超速。

spéed lìmit *n.* Ⓒ速度限制；最高速度。

spee·do [ˈspido; ˈspiːdou]《略》*n.* Ⓒ(*pl.* ~**s**)《英口語》(汽車等的)速率計(speedometer).

speed·om·e·ter [spiˈdɑmətə˞; spiˈdɔmitə] *n.* Ⓒ(汽車等的)速率計。

speed limit
【照片說明】表示限速二十哩(約三十二公里)的路標。

spéed·rèading *n.* Ⓤ速讀(法)。

spéed recòrder *n.* Ⓒ速率記錄器。

spéed skàting *n.* Ⓤ快速溜冰。

speed·ster [ˈspidstə˞; ˈspiːdstə] *n.* Ⓒ **1** 開快車的人；超速駕駛者。**2** 高速行駛的汽車〔火車〕。

spéed tràp *n.* Ⓒ(汽車的)超速監視區《在該區中超速將受嚴重處罰》。

spéed·ùp *n.* ⓊⒸ **1** (機器、生產等)效率的提高。**2** (火車等)行駛時間的縮短，加速。

spéed·wày *n.* **1 a** Ⓒ(汽車、摩托車的)賽車跑道。**b** Ⓤ在高速跑道上的摩托車賽。**2** Ⓒ《美》高速公路。

spéed·wèll *n.* Ⓤ《植物》水苦蕒《玄參科水苦蕒屬草本植物的統稱》。

speed·y [ˈspidɪ; ˈspiːdi]《speed 的形容詞》**—***adj.* (**speed·i·er**; **-i·est**) **1** 快速的，迅速的，敏捷的(⇨ quick【同義字】)：a ~ worker 快速的工作者/a ~ recovery 迅速的復元。**2** 立刻的，即時的：a ~ answer 即刻的回答。**spéed·i·ness** *n.*

spe·le·ol·o·gist [͵spilɪˈɑlədʒɪst; ͵spiːliˈɔlədʒist] *n.* Ⓒ洞穴學家《研究洞穴學(speleology)的學者》。

spe·le·ol·o·gy [͵spilɪˈɑlədʒɪ; ͵spiːliˈɔlədʒi] *n.* Ⓤ **1** 洞穴學《研究洞穴與穴居人生活的學科》。**2** 洞窟探險。

spe·le·o·log·i·cal [͵spilɪəˈlɑdʒɪkḷ; ͵spiːliəˈlɔdʒikl] *adj.*

‡**spell**[1] [spɛl; spel]《源自古法語「談」之義》**—**(**spelt** [spɛlt; spelt], ~**ed** [~d, ~t; ~d, ~t])(★語形《英》一般用 spelt) *v.t.* **1 a** 〔十受〕拼，拼寫〈字〉：~ a word correctly 正確地拼字。**b** 〔十受十補〕把〈字〉拼〈作…〉：How do you ~ that〔the word〕? 你怎麼拼那個字？/My name is ~*ed* B-O-Y-D. 我的名字拼作 B-O-Y-D.
2 〔十受〕〈拼作…而〉讀作…；拼寫成…單字《★不可用被動語態》：O-n-e ~*s* 'one'. O-n-e 拼成 'one' 字。
3 〔十受〕《口語》招致〈後果〉，變成…結果；意味著…；意指…：Failure ~*s* death. 失敗意味著喪命/That can only ~ trouble. 那只會招致麻煩。

—*v.i.* (正確地)拼字：Learn to ～(correctly). 學習(正確地)拼字。

spéll óut《*vt adv*》(1)把〈單字〉的字母逐一[完全]地拼[讀，寫]出來。(2)清楚說明，詳細說明…。(3)〔＋*wh.*__〕詳細說明〈…〉。

spell² [spɛl; spel]《源自古英語「話」之義》—*n.* Ⓒ **1** 符咒，咒語；魔術，魔力：break a ～ 破除符咒；使從迷惘中覺醒/cast a ～ on[over]…=put a ～ on…=cast[lay, put]…under a ～ 用符咒鎮服…；迷住…/under a ～ 給符咒鎮住；被…迷住。

2 [常用單數]吸引力，誘惑力，魅力：under the ～ of a person's eloquence 爲某人的口才所吸引。

spell³ [spɛl; spel]《源自古英語「交替」之義》—*n.* Ⓒ **1 a** (輪流做的)一段工作時間，一陣子：a ～ of work 一段工作時間。**b** (工作等的)輪班，換班：by ～*s* 輪流地，交替著/have[take] a ～ *at*… 接替做…/give a person a ～ 接替某人工作(讓他休息)。

2 a 一段時間：work (for) a ～ 工作一段時間。**b** (天氣等)一段(持續的)時間：a ～ *of* fine[hot] weather 連日的晴天[熱天]。

3《口語》(疾病等一陣子的)發作：a ～ of coughing = a coughing ～ 一陣咳嗽。

—*v.t.* 〔十受〕代替，接替〈某人〉。

spéll·bìnd *v.t.* (**-bound**)以符咒鎮服；迷住〈人等〉。

spéll·bìnder *n.* Ⓒ雄辯家；(尤指)吸引聽衆的政治[演說]家。

spéll·bóund *adj.* **1** 被符咒鎮服的，受魔術控制的。**2** 被迷住的，意亂情迷的。

spéll·er《源自spell¹》—*n.* Ⓒ **1** 拼字[寫]的人：a good ～ 善於拼字的人。**2**《美》=spelling book.

***spell·ing** [ˋspɛlɪŋ; ˈspeliŋ]《源自spell¹》—*n.* **1** Ⓤ (單字的)拼法，綴字法：in full ～ (不省略而)全部拼出來。

2 Ⓒ (單字的)拼字，綴字：'Color' is an American ～. 'color' 是美國式的拼法。

spélling bèe *n.* Ⓒ拼字[綴字]比賽(cf. bee 3).

spélling bòok *n.* Ⓒ拼寫教本，綴字課本。

spélling pronunciàtion *n.* ⓊⒸ按照拼法的發音[綴字發音]《如 boatswain [ˋbosn̩; ˈbousn] 讀作 [ˋbotˏswen; ˈboutswein], often [ˋɔfən; ˈɔfn] 讀作 [ˋɔftn; ˈɔftn]》.

‡spelt [spɛlt; spelt] *v.* **spell¹** 的過去式・過去分詞。

spen·cer¹ [ˋspɛnsɚ; ˈspensə] *n.* Ⓒ一種短的羊毛外套。

spen·cer² [ˋspɛnsɚ; ˈspensə] *n.* Ⓒ《航海》前桅之縱帆。

Spen·cer [ˋspɛnsɚ; ˈspensə], **Herbert** *n.* 斯賓塞《1820–1903；英國哲學家》。

Spen·ce·ri·an¹ [spɛnˋsɪrɪən; spenˈsiəriən] *adj.* 斯賓塞的；斯賓塞哲學體系的。

—*n.* Ⓒ斯賓塞學派之信徒。

Spen·ce·ri·an² [spɛnˋsɪrɪən; spenˈsiəriən]《源自美國書法家(calligrapher) P. R. Spencer (1800–64)之名》—*adj.* 斯賓塞書法的《其特徵爲字圓、右傾且清晰》。

‡spend [spɛnd; spend] (**spent** [spɛnt; spent]) *v.t.* **1 a** 〔十受〕花用，耗費〈金錢〉：She ～*s* ten dollars a day. 她一天花十美元/Ill gotten[got], ill *spent*.《諺》有不正當的收入，必有不正當的損失；悖入則悖出。**b** 〔十受十介十(代)名〕花〈錢〉〔在…上面〕〔*on, for*〕：He ～*s* a lot of money **on** books. 他花很多錢用於買書。**c** 〔十受(十介)十do*ing*〕花錢，用錢〔做…〕〔*in*〕《★用法 常省略 in》：He ～*s* a lot of money (**in**) entertain*ing* his friends. 他花很多錢款待他的朋友。

2 a 〔十受〕度過〈時間、假期等〉：～ a pleasant day 度過愉快的一天/～ a sleepless night 度過失眠的一夜/How did you ～ the vacation? 你怎樣度過假期？**b** 〔十受十介十(代)名〕〔在…場所〕度過〈時間、假期〉〔*in, at*〕：He *spent* a day **at** the beach. 他在海濱度過一天/They *spent* their vacation **in** Florida. 他們在佛羅里達度過假期。**c** 〔十受十介十(代)名〕把〈時間〉用在〔…上〕〔*on*〕：He ～*s* very little time **on** his studies. 他在學習上花的時間甚少。**d** 〔十受(十介)十do*ing*〕用〈時間〉〔做…〕〔*in*〕《★用法 常省略 in》：She ～*s* too much time (**in**) dress*ing* herself. 她用太多時間裝扮自己/He *spent* much of his spare time roam*ing* about the streets. 他把大部分的閒暇時間用來逛街。

3 a 〔十受(十介十(代)名)〕〔在…上面〕耗(盡)〈精力、勞力〉〔*on*〕：～ all one's energies (**on** one's work) (在工作上)耗盡某人的精力/The storm soon *spent* its force.《文語》暴風雨不久就平靜了。**b** 〔十受〕[～ *oneself*] 用盡精力，消耗：The storm soon *spent itself.* 暴風雨很快就平靜了。

—*v.i.* 花[用]錢；浪費。

spénd·er *n.* Ⓒ[與修飾語連用]用錢(…的)人，浪費者，揮霍者：a lavish ～ 揮金如土的人/a big ～ 花錢大方的人。

spénd·ing mòney *n.* Ⓤ零用錢。

spénd·thrift *n.* Ⓒ揮金如土的人，浪費金錢的人。

—*adj.* 亂花錢的，揮霍無度的。

Spen·ser [ˋspɛnsɚ; ˈspensə], **Edmund** *n.* 斯賓塞《1552？–99；英國詩人》。

Spen·se·ri·an [spɛnˋsɪrɪən; spenˈsiəriənˊ]《(E.) Spenser 的形容詞》—*adj.* 斯賓塞(風格)的：the ～ stanza《詩學》斯賓塞詩體。

> 【說明】斯賓塞(Spenser)寫 *The Faerie Queene* (1590–96)用的一種詩體，每節有九行，一至八行爲抑揚五音步格，第九行爲抑揚六音步格。

—*n.* =SPENSERIAN stanza.

‡spent [spɛnt; spent] *v.* **spend** 的過去式・過去分詞。

—*adj.* (**more** ～；**most** ～) **1** 筋疲力盡的，疲憊的，衰弱的。**2** (無比較級、最高級)〈子彈等〉用盡的。**3** (無比較級、最高級)〈魚〉已產卵[放出魚精]的。

sperm¹ [spɝm; spəːm]《源自希臘文「種子」之義》—*n.* (*pl.* ～, ～s) **1** Ⓤ精液。**2** Ⓒ精蟲，精子。

sperm² [spɝm; spəːm] *n.* **1** = sperm whale. **2** = spermaceti. **3** = sperm oil.

sper·ma·ce·ti [ˏspɝməˋsɛtɪ, -ˋsitɪ; ˌspəːməˈseti, -ˈsiːti] *n.* Ⓤ鯨蠟《取自抹香鯨的白色結晶狀的蠟，用以製造軟膏、化妝品、蠟燭》。

sper·ma·to·zo·on [ˏspɝmətəˋzoən; ˌspəːmətəˈzouɔn] *n.* Ⓒ (*pl.* **-zo·a** [-ˋzoə; -ˈzouə])《生物》精子，精蟲。

spérm òil *n.* Ⓤ鯨油，抹香鯨油。

spérm whàle *n.* Ⓒ《動物》抹香鯨。

spew [spju; spjuː] *v.t.* **1** 〔十受(十副)〕把〈吃進去的東西〉吐出，嘔吐〈*up*〉. **2** 〔十受十副〕**a** 噴出〈煙等〉〈*out*〉. **b** 傾吐〈怒氣等〉〈*out*〉.

—*v.i.* **1** 〔動(十副)〕嘔吐，作嘔〈*up*〉. **2** 〔十副〕**a** 〈煙等〉噴出〈*out*〉. **b** 〈怒氣等〉洩出〈*out*〉.

Spe·zi·a [ˋspɛtsɪə; ˈspetsiə] *n.* =La Spezia.

S.P.G.《略》Society for the Propagation of the Gospel 福音傳道協會。

sp. gr.《略》specific gravity.

sphag·num [ˋsfægnəm; ˈsfægnəm] *n.* Ⓤ《植物》泥炭蘚《吸水性好，可代替土壤，裝入盆中種蘭花等》。

***sphere** [sfɪr; sfiə]《源自希臘文「球」之義》—*n.* Ⓒ **1 a** 球；球形，球體，球面。**b** 天體。

2 〔活動、知識、勢力等的〕範圍，領域，本分〔*of*〕：a ～ *of* activity 活動範圍/remain in one's (proper) ～ 守本分。

3 (古代天文學的)天球《想像爲一透明的空心球，包圍各天體，繞地球而運行》：⇨ the MUSIC of the spheres.

-sphere [-sfɪr; -sfiə] [名詞複合用詞]表示「球體」「球狀」之意：atmo*sphere.*

spher·i·cal [ˋsfɛrɪkl̩; ˈsferikl]《sphere 的形容詞》—*adj.* **1** 球形的，球狀的，圓形的；天體的。**2** 球(面)的：a ～ body[surface] 球體[球面]/a ～ triangle 球面三角形/～ trigonometry 球面三角(法，學)。

sphe·ric·i·ty [sfɪˋrɪsətɪ; sfiˈrisiti] *n.* ⓊⒸ球形；圓。

sphe·roid [ˋsfɪrɔɪd; ˈsfiərɔid] *n.* Ⓒ《幾何》球體。

sphe·roi·dal [sfɪˋrɔɪdl̩; sfiəˈrɔidlˊ] *adj.*

spher·ule [ˋsfɛrul; ˈsferjuːl] *n.* Ⓒ小球體。

sphinc·ter [ˋsfɪŋktɚ; ˈsfiŋktə] *n.* Ⓒ《解剖》括約肌。

sphinx [sfɪŋks; sfiŋks] *n.* (*pl.* ～·es, **sphinges** [ˋsfɪndʒiz; ˈsfindʒiːz]) **1 a** Ⓒ獅身人[公羊，鷹]頭的雕像。**b** [**the S～**] (在埃及基則(Giza)附近的)獅身人面大雕像。

2 Ⓒ謎一般的人物，神秘人物。

3 [**the S～**]《希臘神話》獅身人面怪物《女人頭，獅子身，有翅膀的怪物，向過路人提出謎題，無法解謎者全予以殺死》。

the Sphinx 1 b

sphyg·mo·ma·nom·e·ter [ˏsfɪgmoməˋnɑmətɚ; ˌsfigməməˈnɔmitə] *n.* Ⓒ血壓計《也單稱 manometer》.

spice [spaɪs; spais]《源自拉丁文「商品，(尤指)香料與藥」之義》—*n.* **1** ⒸⓊ[集合稱爲Ⓤ]佐料，香辣調味料。**2** Ⓤ[又作**a** ～]有幾分…的氣味，意味，趣味，情趣：The fact gave[lent] ～ to the story. 該事實給那一則故事添加了趣味[妙趣]/There was *a* ～ *of* malice in his words. 他的話中帶有幾分惡意。

—*v.t.* **1** 〔十受(十副)〕加調味料於…中〈*up*〉.

2 a 〔十受(十副)〕給…添加趣味〈*up*〉. **b** 〔十受十介十(代)名〕〔用…〕給…調味〔*with*〕.

the Sphinx 3

S

spíce·bùsh *n.* Ⓒ《植物》(北美)山胡椒《係一種灌木，有堅靭之葉，開小黃花，結紅果實》。

spic·er·y [ˋspaɪsərɪ; ˈspaisəri] *n.* Ⓤ**1** [集合稱]調味料類，佐料類。**2** 芳香；辣味。

spick-and-span [ˋspɪkənˋspæn; ˈspikənˈspæn ˉ] «spick-and-span-new 之略»**—*adj.*** 嶄新的，新做的；極整潔的，極乾淨的。

spic·ule [ˋspɪkjul; ˈspaikju:l, ˈspik-] *n.* Ⓒ **1** 針狀體。**2**《解剖》骨針；交合刺。**3**《植物》小穗狀花。**4**《天文》(太陽的)針狀體。

spic·y [ˋspaɪsɪ; ˈspaisi] «spice 的形容詞» **—*adj.*** (**spic·i·er**; **-i·est**) **1** 放入佐料[調味料]的。**2** 辛辣的，痛快的。**3** 下流的，猥褻的：～ conversation 下流的談話。

spíc·i·ly [-slɪ; -sili] *adv.* **-i·ness** *n.*

spi·der** [ˋspaɪdɚ; ˈspaidə] «源自古英語「紡(spin)」之義» **—*n. Ⓒ **1**《動物》**蜘蛛**：a ～('s) web 蜘蛛網。

【說明】(1)希臘神話中有一編織技藝高超的少女阿瑞克妮(Arachne)，因爲對自己的技藝非常自負，竟然向女神雅典娜(Athena)挑戰，跟她比賽編織技藝。因女神比不過她，一氣之下把她的作品毀掉，並侮辱她。阿瑞克妮自縊而死；女神把她變成一隻蜘蛛。

(2)關於蜘蛛還有許多傳說，其一是，蜘蛛會帶來繁榮，所以衣櫃中如發現有蜘蛛，則會有發財的可能。其二是，蜘蛛有治病功能。把蜘蛛放在胡桃殼中掛在脖子上會有退熱的功效。生吞蜘蛛則可治黃疸病。蜘蛛自古以來被認爲有劇毒，但實際上有毒的蜘蛛是很少的。

2 三脚架。**3**《美》(鐵製的)有柄平底鍋。

spíder mònkey *n.* Ⓒ《動物》蜘蛛猴《中、南美產的一種長尾猿》。

spider monkeys

spi·der·y [ˋspaɪdərɪ; ˈspaidəri] «spider 的形容詞»**—*adj.*** **1** 蜘蛛似的。**2** (如蜘蛛脚一般)細長的。**3** 多蜘蛛的。

spiel [spil; spi:l] *n.* ⓊⒸ《俚》(招徠顧客等流暢的)長串話，招攬生意的話。

spif·fy [ˋspɪfɪ; ˈspifi] *adj.* (**spif·fi·er**; **-fi·est**)《俚》整潔的；伶俐的；服裝漂亮的，衣冠楚楚的；很棒的。

spig·ot [ˋspɪgət; ˈspigət] *n.* Ⓒ **1** (桶等的)栓，塞子。

2《美》(自來水的)龍頭(faucet)。

spike[1] [spaɪk; spaik] *n.* Ⓒ **1 a** (用以釘粗木材的)大釘；(固定鐵軌的)鈎釘，道釘。**b** (釘在圍牆上，尖頭朝上或朝外，用以防止人侵入的)長釘，尖鐵。**2** 鞋釘《釘在比賽用的運動鞋底》。**3** (圖表或記錄圖的)波形尖頭；尖峯波形。**4**《排球》扣球《將高抛(toss)到網邊的球猛扣過去的一種攻擊法》。

—*v.t.* **1 a** 用大釘釘住…。**b** 裝長釘於…。**2** (打棒球時)用鞋釘傷〈球員〉。**3** 破壞，阻止〈計畫等〉：～ a rumor 制止謠言，闢謠。**4**《排球》扣〈球〉。**5**《美俚》加酒於〈飲料〉。

spike[2] [spaɪk; spaik] *n.* Ⓒ **1** (麥等的)穗。**2**《植物》穗狀花序。

spike héel *n.* Ⓒ尖細的高跟《女鞋很高而尖的後跟》。

spike·nard [ˋspaɪknɚd, -nɑrd; ˈspaiknɑ:d] *n.* Ⓤ **1**《植物》香穗草《又稱甘松》。**2** 甘松香《採自甘松的根，據稱爲古代人視爲珍品的香油》。

spik·y [ˋspaɪkɪ; ˈspaiki] «spike[1] 的形容詞» **—*adj.*** (**spik·i·er**; **-i·est**) **1** 似大釘的，有尖頭的。**2**《口語》容易動怒的，頑固而難應付的。

spile [spaɪl; spail] *n.* Ⓒ **1** (用以打房屋地基等的)樁。**2** (桶等的)栓，塞。**3**《美》(插入糖楓樹幹使樹汁流入桶中的)插管。

spill[1] [spɪl; spil] «源自古英語「破壞，浪費」之義»**—** (～**ed** [～d, ～t; ～d, ～t], **spilt** [spɪlt; spilt]) *v.t.* **1** 〔十受〕**使〈液體、粉等〉溢出[灑出，散落]**：He ～*ed* beer all over my dress. 他把啤酒潑灑在我整件衣服上/It is unlucky to ～ salt. 灑落鹽是不吉利的(⇨ salt【說明】)/It is no use crying over *spilt* milk.《諺》爲溢出的牛奶痛哭是沒用的；覆水難收。

2 〔十受〕《文語》使〈血等〉流出：～ blood 殺人。

3 a 〔十受〕〈馬〉把〈人〉摔落，〈車子等〉把〈人〉拋出：The horse ～*ed* his rider. 那匹馬把騎士摔下。**b** 〔十受十介十(代)名〕把〈人〉〔從馬背〕摔下；把〈人〉〔從車上〕顛落，拋下〔*from*〕：He was *spilt from* the bus. 他從公共汽車上摔下來。

4 〔十受〕《口語》洩漏〈祕密等〉；密告，到處宣揚…。

—*v.i.* **1** 〔動(十介十(代)名)〕〔從…〕溢出，潑出〔*from*〕：Water ～*ed from* the pail. 水從桶中溢出。**2** 〔十副〕〈液體〉溢出；〈人等〉爆滿，超出〈*over*〉。**3**《口語》洩密，密告。

—*n.* **1 a** Ⓒ溢出，流出。**b** Ⓤ潑出[灑落]的量。**2** Ⓒ拋出，摔落，顛落：take [have] a ～ 從(馬背、脚踏車等)摔下來。

spill[2] [spɪl; spil] *n.* Ⓒ(生火用的)木片，引柴，紙捻。

spíll·òver *n.* ⓊⒸ **1** 溢出，流出。**2** 溢出的量；過剩。

spíll·wày *n.* Ⓒ(貯水池、水庫等的)排水口。

spilt [spɪlt; spilt] *v.* **spill**[1] 的過去式・過去分詞。

***spin** [spɪn; spin] (**spun** [spʌn; spʌn]; **spinning**) *v.t.* **A 1 a** 〔十受〕**紡織〈棉、羊毛、紗等〉**。**b** 〔十受十介十(代)名〕把〈棉、羊毛等〉紡成〔紗〕〔*into*〕：～ cotton [flax, wool] *into* thread 把棉[亞痲，羊毛]紡成紗。**c** 〔十受十介十(代)名〕〔用棉、羊毛〕紡〈紗〉〔*out of*〕：～ thread *out of* cotton 將棉花紡成紗。

2 〔十受〕**a** 〈蜘蛛〉織〈網〉；〈蠶〉吐〈絲〉，作〈繭〉：Spiders ～ webs. 蜘蛛織網/Silkworms ～ cocoons. 蠶作繭。**b** 將〈纖維玻璃、黃金等〉加工成線狀《★常以過去分詞當形容詞用；⇨ spun》。

3 〔十受〕把〈話、故事等〉(拉長)講述：～ a tale 細說故事/～ yarns *about* adventures at sea 細說關於海上的冒險故事。

—B 1 〔十受〕**使〈陀螺等〉(急速)旋轉**：The boy was *spinning* his top. 那個男孩子在抽陀螺/～ a coin 拋轉錢幣《待落下後看哪一面朝上》/～ a swivel chair 使轉椅旋轉。

2 〔十受〕使〈車輪等〉(在水中、沙上等)空轉；使〈車子〉急轉。

3 a 〔十受〕(用脫水機)使〈衣服〉旋轉脫水。**b** 〔十受十補〕使〈衣服〉旋轉脫水〈成…〉：She *spun* the laundry dry. 她把洗濯的衣服脫乾。

—*v.i.* **A 1 紡紗，紡成線**。**2** 〈蜘蛛〉吐絲織網，〈蠶〉吐絲作繭。

—B 1 a 〈陀螺等〉(急速)旋轉(⇨ turn A【同義字】)。**b** 〔十副〕〈人〉快速轉身〈*around, round*〉。**2** 〔十副詞(片語)〕疾駛，疾行，奔馳：The car *spun along* at full speed. 那輛車子以全速疾駛。

3 a 團團轉：The blow sent him *spinning*. 那一擊使他團團轉[打得他暈頭轉向]。**b** 覺得暈眩：My head ～*s*. 我覺得頭暈。**4** 〈車輪〉空轉。**5**《航空》盤旋下降。

spín óut《*vt adv*》(1)拖長，拉長〈話、故事、討論等〉。(2)消磨，度〈日子〉：He *spun out* his days lost in books. 他沈迷書中消磨度日。(3)慢慢地用〈金錢等〉。

—*n.* **1** Ⓤ[又作**a** ～](急速的)旋轉；旋轉運動：give a ball (*a*) ～ ＝put ～ on a ball (打網球等時)使球旋轉，打旋轉球。

2 [**a** ～](脚踏車、船、馬車等的)跑一圈[趟]：have [go for] *a* ～ in a car 坐汽車兜風[去兜一圈]/take a person for *a* ～ 載某人去兜風。

3 Ⓒ《航空》盤旋下降：a flat ～ 水平盤旋。

4 [**a** ～](價格等的)暴跌。

in a (flát) spín《口語》〈心等〉在混亂狀態中。

spi·na bi·fi·da [ˋspaɪnəˋbɪfɪdə; ˌspainəˈbifidə] *n.* Ⓤ《醫》裂脊柱，脊柱裂。

spin·ach [ˋspɪnɪtʃ, -ɪdʒ; ˈspinidʒ, -itʃ] *n.* Ⓤ菠菜。

【說明】(1)英美兩國的小孩最討厭吃的菜可以說是菠菜，而美國有名的漫畫主角大力水手卜派(Popeye)却很喜歡吃菠菜，因此做父母的常拿來哄孩子吃菠菜：No dessert until you've eaten your spinach! (要吃菠菜才可以吃甜點。)菠菜一直被視爲營養豐富的蔬菜，但最近由於發現它含有的草酸可能對人體有害，所以吃的人漸漸少了。

(2)烹調菠菜時據說用橄欖油(olive oil)最適宜，因此漫畫中大力水手女朋友的名字就叫做 Olive Oyl.

spi·nal [ˋspaɪnl; ˈspainl] «spine 的形容詞» **—*adj.***《解剖》脊骨的，脊柱的：the ～ column 脊柱，脊椎骨/the ～ cord 脊髓。

spínal anesthésia *n.* Ⓤ《醫》脊髓麻醉。

spin·dle [ˋspɪndl; ˈspindl] «源自古英語「紡織(spin)用具」之義» **—*n.*** Ⓒ **1** 紗錠，紡錘《兩端尖細的長棒，成爲紡紗的軸；⇨ distaff 插圖》。**2** 軸，主軸：a live [dead] ～ 轉動[不轉動，死]軸。

spíndle-légged [-ˋlɛgɪd, -lɛgd; -ˈlegid, -legd ˉ] *adj.* (有)細長腿的。

spíndle·lègs *n. pl.* **1** 細長的腿。**2** [當單數用]《口語》腿細長的人。

spíndle sìde *n.* [**the** ～]母方；母系(distaff side)(↔ spear side)。

spíndle trèe *n.* Ⓒ《植物》桃葉衛矛《材質堅靭，從前用以製造紡錘(spindle)》。

spin·dling [ˋspɪndlɪŋ; ˈspindliŋ] *adj.* 細長的。**—*n.*** Ⓒ細長的人[物]。

spin·dly [ˋspɪndlɪ; ˈspindli] «spindle 的形容詞»**—*adj.*** (**spin·dli·er**; **-dli·est**)細長的，紡錘形的。

spín drìer *n.* ＝spin dryer.

spín·drift *n.* Ⓤ(强風吹起的)浪花。

spín-drý *v.t.* 將〈洗濯的衣服〉(在脫水槽中)脫水，以離心力作用旋乾…。

spín dryer *n.* Ⓒ(離心分離式)脫水機。

spine [spaɪn; spain] «源自拉丁文「刺」之義» **—*n.*** Ⓒ **1 脊柱，脊椎骨**。**2** (書籍的)背。**3** 刺，針，棘狀突起。**4** (土地、岩石等的)突起，山脊。

spíne·less *adj.* **1** 〈動物〉無脊椎的，沒有脊骨的。**2** 沒有骨氣[勇氣]的，優柔寡斷的。**3** 無刺的。

S

spin·et [ˈspɪnɪt; spiˈnet, ˈspinit] *n.* Ⓒ **1** 鍵琴《十六至十八世紀時候盛行的附鍵盤弦樂器，爲鋼琴的前身》。**2**《美》豎形小鋼琴。

spinet 1

spin·na·ker [ˈspɪnəkɚ; ˈspinəkə] *n.* Ⓒ競賽用遊艇的三角形大帆。

【照片說明】右邊的大三角帆就是 spinnaker

spín·ner *n.* Ⓒ **1** 紡織者[工人]，紡織業者。**2**〔板球〕旋轉球；投旋轉球的投手。**3**〔釣魚〕旋轉器，旋轉匙狀誘餌《附有在水中旋轉的金屬片假魚餌》。**4**〔衝浪〕在直進的衝浪板上轉一圈。

spin·ner·et [ˈspɪnəˌrɛt; ˌspinəˈret] *n.* Ⓒ(蜘蛛等的)絲囊，紡織突，吐絲管；吐絲口。

spin·ney [ˈspɪnɪ; ˈspini] *n.* Ⓒ《英》雜木林，樹叢。

spín·ning *n.* **1** Ⓤ紡紗，紡織(業)。**2** [當形容詞用]紡織(用)的：a ~ machine 紡織機/a ~ mill 紡織廠。

spínning jènny *n.* Ⓒ多軸紡織機《初期的紡織機》。

spínning whèel *n.* Ⓒ紡車。

spinning wheel

spín-òff *n.* **1** ⓊⒸ(有用的)副產品；附帶利益。**2** Ⓤ將子公司股票分配給母公司股東。

spi·nous [ˈspaɪnəs; ˈspainəs] *adj.* 有刺的；多刺的；棘狀的。

spin·ster [ˈspɪnstɚ; ˈspinstə] *n.* Ⓒ **1 a**〔法律〕未婚女子。**b**《輕蔑》(超過適婚期的)單身女人，老處女。**2**《美》紡織女工。

spínster·hòod *n.* Ⓤ(婦女的)獨身，未婚(身分)。

spin·y [ˈspaɪnɪ; ˈspaini] 《spine 的形容詞》 **—adj.** (**spin·i·er**; **-i·est**) **1** 有刺的；多刺的。**2**〈問題等〉棘手的，困難的，麻煩的。

spíny lóbster *n.* Ⓒ〔動物〕龍蝦(⇨ lobster 插圖)。

spi·ra·cle [ˈspaɪrəkl, ˈspɪrə-; ˈspairəkl; ˈspirə-] *n.* Ⓒ**1** 昆蟲的呼吸孔。**2** 鯨類的噴水孔。**3** 通風孔；通氣孔。

spi·ral [ˈspaɪrəl; ˈspaiərəl] *adj.* **1** 旋渦的，螺旋(形)的：a ~ balance 螺旋秤/a ~ staircase 螺旋梯/a ~ nebula 旋渦星雲。**2** 螺線的。

—n. Ⓒ **1** 螺線，螺狀線。**2** 螺旋形的東西；(裝訂活頁紙的背部)螺旋彈簧。**3**〔經濟〕(惡性循環所造成的)螺旋狀進行過程《上升或下降》：an inflationary ~ 通貨膨脹的惡性循環《成本、工資、物價等的不斷上升》。

spiral staircase

—v.i. (**spi·raled**,《英》**-ralled**; **spi·ral·ing**,《英》**-ral·ling**) **1**〔十副詞(片語)〕螺旋狀的行進；〈煙、蒸氣〉成旋渦形冒出：The smoke ~*ed upward* from his cigarette. 煙從他的香煙裊裊[繚繞]上升。**2** 成螺旋狀上升[下降]：~*ing* prices 不斷上升的物價。

~·ly [-rəlɪ; -rəli] *adv.*

spi·rant [ˈspaɪrənt; ˈspaiərənt]〔語音〕*n.* Ⓒ摩擦音。**—adj.** 摩擦音的。

spire[1] [spaɪr; spaiə] 《源自古英語「莖」之義》**—n.** Ⓒ **1** (教會等塔上的)尖塔，尖屋頂(⇨ steeple 插圖)。**2 a** 前端細尖的東西。**b** (山等高尖的)頂點，尖峯。**3** 細莖，細葉[芽]。

spire[2] [spaɪr; spaiə] *n.* Ⓒ **1** 旋渦，螺旋。**2** (貝殼的)螺塔。

spired *adj.* 有尖塔的。

‡spir·it [ˈspɪrɪt; ˈspirit] 《源自拉丁文「呼吸」之義》**—n.** **1** Ⓤ(對肉體、物質而言的人心靈上的)心，精神(↔ body, flesh, matter)：*in*(the)~ 在心中，內心/the poor *in* ~ 謙虛的人們《★出自聖經「馬太福音」》。

2 a Ⓒ(與人體分離的)**靈魂，亡靈，幽靈**。**b** Ⓤ[常S~](神的)靈：the world of ~ 靈的世界/the Holy S~ 聖靈。**c** [the S~] 神；聖靈。**d** Ⓒ(天使、惡魔等)超自然的存在：evil ~s 惡魔。

3 Ⓒ[與修飾語連用](具有…性格[氣質]的)人，人物：a noble [generous] ~ 高尚[寬宏大量]的人/leading ~s 領導[指揮]的人，領袖們。

4 Ⓤ **a** (指心理作用的)**精神，風氣**：fighting ~ 鬥志/public ~ 熱心公益的精神/the frontier ~ 拓荒[開拓]精神。**b** (對團體、學校等的)熱烈的忠誠心：school ~ 愛校心。

5 Ⓤ元氣，勇氣；氣魄，銳氣：people of ~ 有氣魄的人/with some ~ 有幾分銳氣地/That's the ~! 就是要那種幹勁[精神]!

6 a [~s]心情，心境，氣勢：(*in*) high [great] ~*s* 心情極好，興高采烈，興致勃勃/*in* low [poor] ~*s* = *out of* ~*s* = depressed *in* ~*s* 意氣消沉，垂頭喪氣/Keep up your ~*s*! 振作起來！打起精神！**b** Ⓤ性情，個性，脾氣：meek in ~ 性情溫順/He is a poet in ~. 他有詩人的氣質。

7 Ⓤ [**the** ~]〔時代等的〕**精神，潮流**〔*of*〕：the ~ *of* the age [times]當代的[時代的]精神。

8 [用單數；常與修飾語連用]心態，意圖：speak in a kind ~ 善意地說/take...in the wrong ~ 把…當作惡意，誤會…，對…生氣/in a ~ of chivalry 發揮騎士精神[俠義的精神]。

9 [用單數；常**the** ~](與形式相對之法律、文件的)精神，眞諦(↔ letter)：*the* ~ *of* the law 法律的精神/For the letter killeth, but *the* ~ giveth life. 文字能致人於死，但靈魂予人生命《★出自聖經「哥林多後書」》。

10 a Ⓤ酒精。**b** [~s]烈酒《whiskey, brandy, gin, rum, vodka 等蒸餾酒》：ardent ~*s* 烈酒。**c** Ⓤ[常~s]〔化學〕酒精〔*of*〕：~*s of* salt 鹽酸/~(*s*) *of* wine 純酒精。

—adj. [用在名詞前]**1** 幽靈的，降靈術的：~ rapping(藉由在桌[板]上輕敲以達人、靈溝通的)招魂術。**2** 酒精(燃燒)引起的：⇨ spirit lamp, spirit level.

—v.t. **1**〔十受十副〕(偷偷)拐走，誘拐，(偷偷)帶走…〈*off, away*〉：The child was ~*ed off* [*away*] from the house. 那個小孩從家裏被偷偷拐走了。**2**〔十受(十副)〕使〈人〉振作；鼓舞，鼓勵〈某人〉〈*up*〉：~ *up* a person 鼓勵某人。

spir·it·ed *adj.* **1** 有精神的，勇敢的；活潑的，猛烈的：a ~ horse 生氣勃勃的馬。**2** [構成複合字]有(…)精神的；精神[心情]…的：high-*spirited* 精神飽滿的/low-*spirited* 意氣消沉的，沮喪的。

spir·it·ism [ˈspɪrɪtɪzəm; ˈspiritizəm] *n.* Ⓤ招魂術；降靈術。

spírit làmp *n.* Ⓒ酒精燈。

spírit·less *adj.* **1** 無精打采的，垂頭喪氣的。**2** 不起勁的，沒有熱誠的，無朝氣的。

spírit lèvel *n.* Ⓒ酒精水準器。

spírit stòve *n.* Ⓒ酒精爐。

***spir·it·u·al** [ˈspɪrɪtʃuəl; ˈspiritjuəl] 《spirit 的形容詞》**—adj.** (**more** ~; **most** ~) **1** (與身體上、物質上有別的)**精神(上)的，屬於精神(方面)的**(↔ physical)：~ enlightenment 精神的啓蒙。**2 a** (無比較級、最高級)(與物質世界有別的)心靈的。**b** (無比較級、最高級)聖靈的。**c** 崇高的，高尚的。**3** (無比較級、最高級)[常置於名詞後面]宗教上的；教會的：the ~ peers = the lords ~ 有聖職的上議院議員。

—n. **1** [~s]與教會有關的事務。**2** Ⓒ(黑人)靈歌。

~·ly [-əlɪ; -əli] *adv.*

spír·it·u·al·ism [-lˌɪzəm; -lizəm] *n.* Ⓤ **1 a** 降靈術，招魂術。**b** 心靈論，降靈說。**2**〔哲〕唯心論，觀念論(↔ materialism).

spir·i·tual·is·tic [ˌspɪrɪtʃuəˈlɪstɪk; ˌspiritjuəˈlistik˝] *adj.*

spír·it·u·al·ist [-lɪst; -list] *n.* Ⓒ **1** 降靈術者，靈媒。**2** 唯心論者。

spir·it·u·al·i·ty [ˌspɪrɪtʃuˈælətɪ; ˌspiritjuˈæləti] 《spiritual 的名詞》**—n.** Ⓤ靈性，屬於心靈的事，精神(性)。

spir·it·u·al·ize [ˈspɪrɪtʃuəlˌaɪz; ˈspiritjuəlaiz] 《spiritual 的動詞》**—v.t.** **1** 使…精神化。**2** 對…賦予精神上的意義，從精神上來解釋…。**spir·it·u·al·i·za·tion** [ˌspɪrɪtʃuəlaɪˈzeʃən; ˌspiritjuəlaiˈzeiʃn] *n.*

spi·ri·tu·el(le) [ˌspɪrɪtʃuˈɛl; ˌspiritjuˈel] 《源自法語》**—adj.** 活潑的；愉快的；嫻雅的。

spir·it·u·ous [ˈspɪrɪtʃuəs; ˈspiritjuəs] *adj.* 酒精成分强的。

spi·ro·chete [ˈspaɪrəˌkit; ˈspaiərouki:t] *n.* Ⓒ〔細菌〕螺旋體屬細菌《梅毒等的螺旋狀細菌》。

spi·rom·e·ter [spaɪˈrɑmətɚ; ˌspaiəˈrɔmitə] *n.* Ⓒ肺活量計；呼吸計。

spirt [spɝt; spə:t] *v., n.* = spurt[1,2].

spir·y [ˈspaɪrɪ; ˈspairi] 《spire[1] 的形容詞》**—adj.** (**spir·i·er**; **-i·est**) **1** 多尖塔的。**2** 尖塔狀的。

spit[1] [spɪt; spit] (**spat** [spæt; spæt], **spit**; **spit·ting**) *v.t.* **1 a**〔十受(十副)〕吐〈口水等〉〈*out*〉：He ~ *out* the broken tooth. 他吐出斷了的牙齒。**b**〔十受十副〕吐出〈血、食物等〉〈*up*〉。**2**〔十受(十副)〕(十介十(代)名)〕〔對…〕口吐〈惡言〉，尖刻地說…〈*out*〉〔*at*〕：~ *out* an oath 口吐詛咒的話/He *spat* (*out*) curses *at* me. 他對我咒罵。

—*v.i.* **1 a** 吐口水[唾液]。**b** [十介十(代)名] [朝…] 吐口水〈*at*〉；蔑視 [侮辱] [某人] 〈*on*〉. **2** 〈發怒的貓等〉呼嚕呼嚕叫 (⇨cat 相關用語)。**3 a** 〈雨、雪〉霏霏而降。**b** 〈沸騰的水、油等〉發滋滋聲。

spit it óut《口語》把話吐出，坦白說出；[用祈使語氣] 快說！照實說！

—*n.* **1** Ⓤ **a** 口水，唾液。**b** 吐口水。**2** Ⓤ 某些昆蟲所分泌的唾液(狀)泡沫。**3** 《源自將酷似父親的孩子比喩爲從父親口中吐出者》 Ⓒ《口語》酷似的東西《★常用於下列片語》：the ~ and image *of*...＝the very [dead] ~ *of*...活像…，和…一模一樣。

spít and pólish (1)(軍隊等對營房、設備等的) 徹底清洗打掃。(2)(幾近過分的) 清潔整頓，(對禮節、外表等的) 極度注重。

spit² [spɪt; spit] *n.* Ⓒ **1** (烤肉用的) 鐵叉，炙叉。**2** 岬，沙嘴，狹長的暗礁。

—*v.t.* (**spit·ted**；**spit·ting**) 用鐵叉刺穿〈肉片等〉。

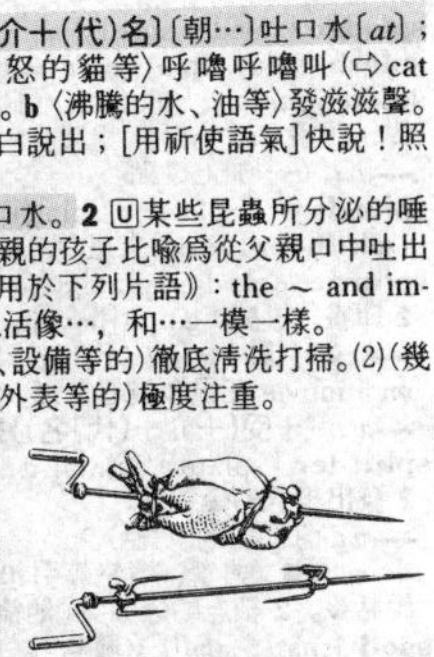

spits² 1

spit³ [spɪt; spit] *n.* Ⓒ《英》一鏟的深度 [分量]。

spít·bàll 《源自 spit¹ *v.* 的過去分詞》—*n.* Ⓒ《美》**1** (小孩投擲遊戲用，以唾液弄濕揉成的) 小紙團。**2**《棒球》將球一側唾濕而投的曲球《現已視爲犯規》。

spitch·cock [ˈspɪtʃ,kɑk; ˈspitʃkɔk] *n.* Ⓒ 烤炙之鰻魚片。—*v.t.* **1** 剖開而炙〈雞、鰻等〉。**2** 嚴厲對待 [處理] …。

‡spite [spaɪt; spait] 《despite 字首消失的變體字》—*n.* Ⓤ **惡意**，怨恨：do something from [out of] ~ 出於惡意地做某事，爲了洩恨而做某事。

in spíte of... **雖然，儘管**：*In* ~ *of* all our efforts, the enterprise ended in failure. 儘管我們竭盡全力，事業依然歸於失敗。

in spíte of onesèlf 不知不覺地，不禁，不由地：She smiled *in* ~ *of herself*. 她不禁微笑起來。

—*v.t.* [十受] 使…難堪；刁難，欺負〈人〉：He did it just to ~ me. 他做那件事明白是要使我難堪。

spite·ful [ˈspaɪtfəl; ˈspaitful] *adj.* **1** 有惡意的，懷恨的。**2** [不用在名詞前] [十 *of* 十(代)名 (十*to* do)/十*to* do] [某人] 〈做…是〉有惡意的；〈某人〉〈做…是〉有惡意的：It was ~ ***of*** you ***to*** tell him that.＝You were ~ ***to*** tell him that. 你告訴他那件事是懷有惡意的。**~·ly** [-fəlɪ; -fuli] *adv.* **~·ness** *n.*

spít·fire *n.* Ⓒ **1** 易怒的人，脾氣暴躁的人，嘮叨的女人。**2** [S~] (第二次世界大戰期間英國的) 噴火式單座戰鬥機。

Spits·ber·gen [ˈspɪts,bɝgən; ˈspitsbə:gən] *n.* 斯匹玆卑爾根羣島《在北極海內，屬挪威》。

spít·ting ímage *n.* [用單數；常 **the** ~] 酷似，酷肖 (的人 [物]) [*of*]。

spit·tle [ˈspɪtl; ˈspitl] *n.* Ⓤ (吐出的) 口水，唾液。

spit·toon [spɪˈtun; spiˈtu:n] *n.* Ⓒ 痰盂。

spitz [spɪts; spits] 《源自德語「尖嘴狗」之義》—*n.* Ⓒ 狐狸狗《體型小，嘴尖，耳直立，尾卷於背上，包括喬喬狗、博美尼亞狗、薩摩耶狗等品種》。

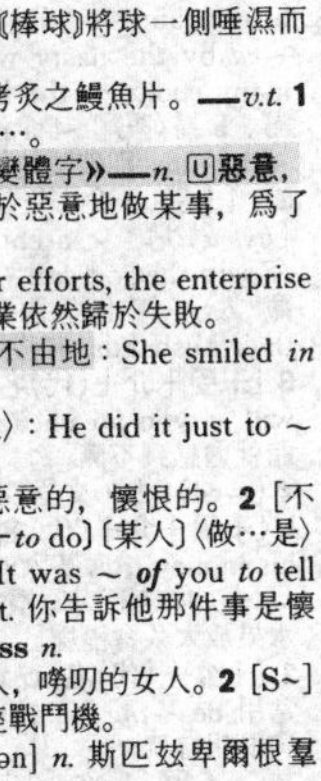

spitz

spiv [spɪv; spiv] *n.* Ⓒ《英俚》動歪腦筋投機取巧過日子的人；作奸犯科者。

splash** [splæʃ; splæʃ] *v.t.* **1 a** [十受(十副)] **使**〈水、泥等〉**濺，飛濺**〈*about*〉：~ water ***about 使水花四濺。**b** [十受十介十(代)名] [將水、泥等] 濺在… [*with*]；將〈水、泥等〉濺 [在…上] [*on*, *over*]：The car ~*ed* me ***with*** mud.＝The car ~*ed* mud ***on*** [***over***] me. 那部車子將污泥濺在我身上。

2 [十受] 〈水、泥等〉濺在…：The mud ~*ed* my dress. 泥濘濺污了我的衣服。

3 a [十受] 以…濺水 [泥]：~ an oar 以槳濺水/~ one's feet in a puddle 在泥水坑中以腳濺水 [踩踏水坑]。**b** [十受十副詞 (片語)] [~ **one's way**] (在水裏) 濺水而行，涉水前進：~ one's way *through* the stream 涉水過溪。

4 [十受]《口語》渲染〈消息等〉。

5 [十受(十副)]《英》亂花〈錢〉，揮霍〈錢〉〈*about*, *around*〉.

—*v.i.* **1 a** 〈水等〉**濺，飛濺**：This tap ~*es*. 這個水龍頭會濺水。**b** [動(十副)] 〈人〉潑水〈*about*, *around*〉：The boy ~*ed* (***about***) in the tub. 那個男孩在浴盆裏潑水。

2 a [十介十(代)名] 噗通一聲掉進 [(…中)] [*into*]：The stone ~*ed* ***into*** the water. 石頭噗通一聲掉進水裏。**b** [十副詞(片語)] 激起水花前進 (…)：The waves ~*ed onto* the shore. 波浪激濺拍打海岸/We ~*ed across* the brook. 我們涉水過小河。

3 [十副(十介十(代)名)]《英》[在…] 大方用錢〈*out*〉[*on*].

spláshdówn 《*vi adv*》〈太空船〉在水面上的降落，濺落，著水。

—*n.* Ⓒ **1 a** **濺，潑**。**b** 激濺聲，潑水聲：with a ~ 噗通一聲地，水花四濺地。**c** (水、泥等濺起的) 汚跡，汚斑，斑點 [*of*]：~*es of* mud 泥水的汚跡 [濺汚的斑點]。

2 (報紙、雜誌等的) 張揚，渲染，顯著的刊載：The news got a front-page ~. 該消息在頭版醒目地登出。

3《英口語》(稀釋威士忌等用的) 少量 (蘇打) 水：a Scotch and ~ 用 (蘇打) 水稀釋的蘇格蘭威士忌。

màke a splásh《口語》發出潑濺聲，造成轟動，引人注意。

—*adv.* (無比較級、最高級) 噗通一聲地，水花四濺地：He fell ~ into the river. 他噗通一聲地掉進河裏。

splásh·bòard *n.* Ⓒ (車子的) 擋泥板。

splásh·dòwn *n.* Ⓒ (太空船等在海面上的) 水面降落 [著水，濺落] (地點)。

splash·er [ˈsplæʃɚ; ˈsplæʃə] *n.* Ⓒ **1** 濺灑者；濺灑器。**2** 防水濺灑之物《如油布等》。

splásh guàrd *n.* Ⓒ 車後輪之擋泥橡皮板《使水或泥漿等不致濺及後隨之車》。

splash·y [ˈsplæʃɪ; ˈsplæʃi] 《splash 的形容詞》—*adj.* (**splash·i·er**；**-i·est**) **1** 濺灑的，激濺的；濺出泥水的。**2** 汚跡斑斑的。**3**《美口語》大家談論的，轟動的；鋪張的。

splat [splæt; splæt] *n.* [**a** ~] 噼啪聲《濕物朝某物表面投擲時所發出的聲音》。—*adv.* 噼啪一聲地。

splat·ter [ˈsplætɚ; ˈsplætə] *v.t.* 潑濺〈水等〉。

—*v.i.* 〈水等〉發出噼啪的潑濺聲。

—*n.* Ⓒ 潑濺，噼啪的潑濺聲。

splay [sple; splei] *v.t.* [十受(十副)] **1** 把…擴大，張開〈*out*〉. **2** 使〈門、窗的外側〉成斜面《使窗框的外側比內側略寬》：a ~*ed* window 向外張開 [外框較大] 的窗子。

—*v.i.* [動(十副)] 向外張開 [擴大] 〈*out*〉.

—*adj.* 擴大的，向外張開的。

—*n.* Ⓒ (門、窗側面等的) 斜面，斜角。

splays

spláy·fòot *n.* Ⓒ (*pl.* **-feet**) 平蹠外翻足，外八字腳。

spláy-fóoted *adj.* 平蹠外翻足 [外八字腳] 的。

spleen [splin; spli:n] *n.* **1** Ⓒ《解剖》脾，脾臟。**2** Ⓤ 不高興，發脾氣《★古人認爲這些情緒發自脾臟》：in a fit of (the) ~ 在一陣憤怒中/He vented his ~ on me. 他對我發脾氣。

spleen·ful [ˈsplinfəl; ˈspli:nful] *adj.* 不高興的，壞脾氣的，易怒的。

splen·dent [ˈsplɛndənt; ˈsplendənt] *adj.* **1** 光亮的；有光澤的；發光的。**2** 外觀漂亮的；華麗的；鮮明的。**3** 顯赫的；著名的。

***splen·did** [ˈsplɛndɪd; ˈsplendid] 《源自拉丁文「放出光輝」之義》—*adj.* (**more** ~；**most** ~) **1** **華麗的，壯麗的，壯觀的**：a ~ scene 壯麗的景象。

2 **輝煌的，了不起的，偉大的**：a ~ success 偉大的成功/~ talents 了不起的才能。

3《口語》**a** **極好的，頂好的**：a ~ idea 極好的主意。**b** [不用在名詞前] [十 *of* 十(代)名 (十*to* do)/十*to* do] [某人] 〈做…是〉了不起的；〈某人〉〈做…是〉了不起的：It is ~ ***of*** her ***to*** be so attentive.＝She is ~ ***to*** be so attentive. 她那樣專注是了不起的。

~·ly *adv.*

splen·dif·er·ous [splɛnˈdɪfərəs; splenˈdifərəs] *adj.*《口語·謔》華麗的，燦爛的，極好的。

splen·dor,《英》**splen·dour** [ˈsplɛndɚ; ˈsplendə] 《splendid 的名詞》—*n.* Ⓤ [常 ~s] **1** **燦爛**，光輝，光彩。**2** **華麗**，堂皇。

sple·net·ic [splɪˈnɛtɪk; spliˈnetik] 《spleen 的形容詞》—*adj.* **1** 脾臟的。**2** 不高興的，壞脾氣的，易怒的，性情乖戾的。

—*n.* Ⓒ 壞脾氣的人，易怒的人。**-i·cal·ly** [-klɪ; -kəli] *adv.*

sple·nic [ˈsplɛnɪk, ˈsplin-; ˈspli:nik, ˈsplen-] *adj.* **1** 脾臟的；與脾臟有關的。**2** 在脾中的；在脾臟附近的。

splice [splaɪs; splais] *v.t.* **1 a** [十受(十副)] 將〈兩繩索末端〉解開而編結接合，捻接〈繩索〉；接合〈兩條膠片，錄音帶〉；拼接，疊接〈兩根木材等〉〈*together*〉. **b** [十受(十介十(代)名)] 將〈兩件東西〉(疊) 接 [於…] [*to*, *onto*]. **2**《口語》使〈人〉結婚《★常用被動語態》：get ~*d* 結婚。

—*n.* Ⓒ 編結接合，捻接；拼接。

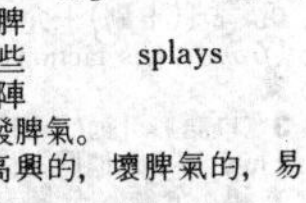

splice

splíc·er *n.* Ⓒ 編接器《用以黏接影片、錄音帶的器具》。

splint [splɪnt; splint] *n.* Ⓒ **1** (用以治療骨折等的) 夾板。**2** (用以編結箱子、椅面等的) 細軟木條。—*v.t.* 以夾板 [木條] 固定…。

splínt bòne *n.* Ⓒ《解剖》腓骨。

splin·ter [ˈsplɪntɚ; ˈsplintə] *n.* Ⓒ **1** (木、骨、砲彈等形成長鋸齒狀的) 裂片，破片，斷片。**2** (木、竹等的) 細片，刺：I have a ~ in my finger. 我的手指上扎著一根刺。

—adj. [用在名詞前]分離的，分裂的〈政黨等〉：a ～ group (從大政黨等分裂出來的)支派。
—v.t. 劈開…；使…裂開。
—v.i. **1** 裂開，分裂。**2**〔動(十副)〕〈組織等〉分裂〈*off*〉.

splin·ter·y [ˈsplɪntərɪ; ˈsplintəri] 《splinter 的形容詞》**—adj. 1** 容易碎裂的，易裂開的。**2** 裂片(似)的。**3**〈礦石等〉粗糙的。

***split** [splɪt; split](**split**；**split·ting**) *v.t.* **1**(縱向或順著木紋)**劈開**：**a**〔十受〕劈〈木材等〉；將〈布等〉撕開：～ logs 劈開圓木/The gale ～ the sails. 強風把帆扯破。**b**〔十受十介十(代)名〕將〈木材等〉劈開〔成…〕〔*in, into*〕：～ a board *in* two 把木板劈成兩半/～ a piece of lumber *into* three boards 把一塊木材劈成三塊木板。**c**〔十受(十副)十介十(代)名〕〔從…〕劈去…〈*off*〉〔*from*〕：～ a piece(*off*)*from* a block 從整塊中劈去一片。
2 使…分裂：**a**〔十受(十副)〕使…分裂；使…失和〈*up*〉：This issue ～ the party(*up*). 該問題使黨分裂。**b**〔十受(十副)十介十(代)名〕使〈黨等〉分裂〔成…〕〈*up*〉〔*in, into*〕：The proposal ～ our class *in*[*into*] two. 該提議使我們班上分裂為兩派。
3 分割：**a**〔十受(十副)〕分配…，分派…〈*up*〉：～ one's vote 分裂選票《在連記式投票中把票分投給反對黨的候選人》/～ (*up*) the profits 分配利益。**b**〔十受(十副)十介十(代)名〕分…〔給…〕〈*up*〉〔*into*〕；〔在…之間〕分攤，分享…〈*up*〉〔*between, among*〕《★用法 兩人之間時用 between，三人以上的情形用 among》：～ (*up*) a class *into* small groups 把一班分成(幾個)小組/The two [three] girls ～ (*up*) the cost of the lunch *between* [*among*] them. 那兩[三]個女孩均攤午餐費。
4〔十受〕《物理》使〈分子、原子〉分裂：～ atoms 使原子分裂。
5〔十受〕《文法》使〈不定詞〉分裂(⇨ split infinitive).
—v.i. 1 a(縱向)**裂開，分裂**：This wood ～*s* easily. 這種木材容易裂開/My dress ～ *at* the seam. 我的衣服在接縫處裂開。**b**〔十介十(代)名〕分裂，裂開〔為…〕〔*in, into*〕：The ship suddenly ～ *in* two. 那艘船突然裂成兩半。**c**〔十補〕裂〈成…狀態〉：The chestnut ～ open. 那顆栗子裂開了。
2 a〈黨等〉分裂：The party ～ *on* the issue. 該黨因那個問題而分裂。**b**〔(十副)十介十(代)名〕分(裂)〔為…〕〈*up*〉〔*in, into*〕：Our class has ～ (*up*) *into* five groups. 我們這一班已分為五組。**c**〔(十副)十介十(代)名〕〔從…〕分開，分離〈*away, off*〉〔*from*〕：His faction ～ *off from* the party. 他這個派系脫離了該黨。
3《口語》**a**〔動(十副)〕〈二個以上的人〉失和，離婚，分離〈*up*〉：They ～ *up*. 他們失和[決裂]了。**b**〔(十副)十介十(代)名〕〔與…〕失和，分離，分開〈*up*〉〔*with*〕：I ～ (*up*) *with* my business partners. 我和事業的夥伴拆夥了。
4 a〔動(十介十(代)名)〕〔與…〕(均)分，平分〔*with*〕：Let's ～ (*with* them). 我們(與他們)均分負擔吧！**b**《美》〈股票〉被分割。
5〔動(十介十(代)名)〕《英俚》密告〔共犯〕〔*on*〕：～ *on* a person 密告某人。
6《俚》匆匆走[離去]。
7《口語》忍不住大笑：I nearly ～ when I heard that. 我聽到那件事時幾乎忍不住大笑。
—n. 1 Ⓒ裂口，裂縫。
2 Ⓒ分裂，拆夥，失和：a ～ *in* the party 黨的分裂。
3 Ⓒ《美》股票的分割：a stock ～ 股票的分割。
4 Ⓒ《口語》(利潤等)分得的一份。
5 Ⓒ[當作點心名時為Ⓤ]香蕉船《縱切成半的香蕉上放冰淇淋，再澆以糖漿、碎核仁的甜食》。
6 Ⓒ[常 ～*s*，常 **the** ～](劈)一字腿《兩腿張開成一直線坐下的表演》。
7 Ⓒ《保齡球》技術球《指第一次擲球後剩下兩隻以上的球瓶，其位置分開形成比較難打的局面；cf. spare *n.* 2, strike *n.* 5》.

splít decísion *n.* ⓊⒸ意見不一致的決定《如拳賽勝負之決定》。

splít infínitive *n.* Ⓒ《文法》分裂不定詞《指在 'to'-infinitive 之間插入副詞(片語)者。一般認為容易造成意義含糊不清的情形，應盡量不用較妥；如 He wants to *never* work, but to *always* play.》.

splít-lével *adj.*〈住屋〉地板水平面有兩種以上高度的[錯層式的]《分成一、二樓以及與其鄰接的中間部分共三層》。

splít péa *n.* Ⓒ剖開的乾豌豆《去皮剖開的乾豌豆，做湯用》。

splít personálity *n.* Ⓒ(同時有正反性格的)雙重人格，人格分裂。

splít sécond *n.* Ⓒ一秒的幾分之一的時間，一瞬間，一霎那。

splít-sécond *adj.* 一瞬間的，一霎那的。

splít tícket *n.* Ⓒ《美》分裂票《投給他黨候選人的選票》：vote a ～ 投分裂票。

splít-tìme *n.* Ⓤ僅提早半小時的日光節約時間。

splít·ting *adj.* **1 a**〈頭〉(因頭痛而)要裂開(似)的：My head is ～. 我頭痛欲裂。**b**〈頭痛等〉劇烈的：a ～ headache 劇烈的頭痛。**2**《美口語》令人捧腹的，笑破肚皮的。

splodge [splɑdʒ; splɔdʒ] *n., v.*《英》=splotch.

splosh [splɑʃ; splɔʃ] *n., v.* =splash.

splotch [splɑtʃ; splɔtʃ] *n.* Ⓒ(染上顏色或沾污的)斑，斑點；污點，污漬：an ink ～ 墨漬。
—v.t. 在…加上斑點。

splotch·y [ˈsplɑtʃɪ; ˈsplɔtʃi] 《splotch 的形容詞》**—adj.** (**splotch·i·er**；**-i·est**)有斑(點)的，有污點的。

splurge [splɝdʒ; splə:dʒ]《口語》*n.* Ⓒ **1** 誇示，炫耀，賣弄。**2** 揮霍，擺闊：go on[have]a ～ 揮霍金錢，亂花錢。
—v.i. 1〔動(十介十(代)名)〕〔在…〕大方地用錢，擺闊〔*on*〕：～ *on* a movie 花很多錢看電影。**2** 炫耀，誇示。
—v.t.〔十受(十介十(代)名)〕揮霍〈錢〉〔於…上〕〔*on*〕.

splut·ter [ˈsplʌtɚ; ˈsplʌtə] *v.i.* **1**(因興奮、憤怒等)急促地亂說。**2** 發出細急的爆裂聲。
—v.t. 急促地亂說〈話〉。
—n. Ⓒ **1**(興奮、憤怒等引起的)語無倫次的說話方式；急促的說話聲。**2** 細急的爆裂聲《油鍋的滋滋聲，蠟燭的啪啪聲等》。

***spoil** [spɔɪl; spoil] 《源自拉丁文「剝動物皮；掠奪」之義》**—**(～**ed** [～d, ～t; ～d, ～t], **spoilt** [spɔɪlt; spoilt]) *v.t.* **1**〔十受〕**a** 使…**變成沒用**；損害，破壞，糟蹋…；使〈食物〉腐壞：The heavy rain ～*ed* the crops. 豪雨損壞了農作物/The picnic was ～*ed* by the nasty weather. 野餐被惡劣的天氣所破壞/Too many cooks ～ the broth.《諺》廚子太多反壞羹湯；人多沒好湯。**b** 掃〈興〉：～ a person's pleasure[sport]掃某人的興/Don't ～ his fun. 別破壞他的興致。
2 a〔十受(十介十(代)名)〕〔因…而〕使〈性質〉**變壞**，寵壞〈人等〉〔*by, with*〕：～ a child *by*[*with*] indulgence 因放縱而寵壞孩子/Spare the rod and ～ the child. ⇨ spare *v.t.* 1 a. **b**〔十受〕過分寵〈人〉；〈旅館等服務人員〉曲意奉承〈客人〉：Some wives ～ their husbands. 有些妻子曲意奉承丈夫。
3〔十受十介十(代)名〕使〈人〉〔對…〕不能滿足〔*for*〕：This hotel will ～ you *for* cheaper ones. 住過這家旅館後你對較廉價的旅館就會感到不滿。
4(～**ed**)《古·文語》**a**〔十受〕掠奪，搶劫…：～ a city 搶劫城市。**b**〔十受十介十(代)名〕搶奪〈某人〉〔東西〕〔*of*〕：～ a person *of* his money 搶奪某人的錢。
—v.i. 1 變壞，受損；〈食物〉腐敗：Fruit ～*s* if kept too long. 水果放太久會變壞。
2〔十介十(代)名〕很想〔做…〕，迫切地要〔做…〕〔*for*〕《★用法 通常用 be ～*ing* for a fight》：That dog *is* ～*ing for* a fight. 那隻狗很想打架。
—n. 1 Ⓤ[又作 ～*s*]獵獲物，掠奪品，戰利品：(the) ～*s* of war 戰利品。
2 [～*s*](選舉獲勝的政黨派給黨員的)官位，職位：the ～*s* of office 肥差事，肥缺。

spoil·age [ˈspɔɪlɪdʒ; ˈspoilidʒ] *n.* Ⓤ **1** 損壞，損害。**2** 損壞物[量]。

spóil·er *n.* Ⓒ **1** 損壞者，破壞者。
2 溺愛者。
3 a《航空》擾流器《附於飛機機翼表面的細長板，將其豎起以降低高度或減速》。**b**(汽車的)擾流器《尤指裝於競賽用汽車(racing car)等高速汽車以防止車身浮起的裝置》。
4《美》(威脅有力候選人的當選而)本身無希望當選的候選人。

spoils·man [ˈspɔɪlzmən; ˈspoilzmən] *n.* Ⓒ(*pl.* **-men** [-mən; -mən])《美》資助一政黨以期獵官分肥者，擁護政黨分贓制度者。

spóil·spòrt *n.* Ⓒ掃興的人，妨礙他人娛樂的人。

spóils sỳstem *n.* [**the** ～]《美》(政黨的)分贓制，獵官制《掌權的政黨以官職獎賞有功人員的制度；cf. merit system》.

***spoilt** [spɔɪlt; spoilt] *v.* **spoil** 的過去式·過去分詞。
—adj. 被寵壞的：a ～ child 被寵壞的孩子。

‡**spoke**[1] [spok; spouk] *v.* **speak** 的過去式。

spoke[2] [spok; spouk] *n.* Ⓒ **1**(車輪的)輻。**2**《航海》船舵輪柄。
pùt a spóke in a person's **whéel** 破壞[阻撓]某人的計畫。

‡**spo·ken** [ˈspokən; ˈspoukən] *v.* **speak** 的過去式。
—adj. 1 口頭的，口講的：a ～ message 口信。
2 用於說[談話]的，口語的：～ language 口講的語言，口語/～ English 口頭用英語，英語會話。
3 [構成複合字]口齒…的，說話…的：fair-*spoken* 嘴甜的，甜言蜜語的，說話客氣的。

spoke·shave [ˈspokˌʃev; ˈspoukʃeiv] *n.* Ⓒ(製車輻之)輻刀《現在只用於修光圓形物表面》。

spokes·man [ˈspoksmən; ˈspouksmən] *n.* Ⓒ(*pl.* **-men** [-mən; -mən])代言人，發言人。

spókes·pérson *n.* Ⓒ(不指明性別的)發言人。

spókes·wòman *n.* Ⓒ(*pl.* **-women**)女發言人。

spo·li·a·tion [ˌspolɪˈeʃən; ˌspouliˈeiʃn] *n.* Ⓤ(尤指交戰國對中立國船隻的)搶劫，掠奪。

spon·da·ic [spɑn'deɪk; spɔn'deiik] 《spondee 的形容詞》 **—***adj.* 〖韻律〗揚揚格的。

spon·dee ['spɑndi; 'spɔndi:] *n.* Ⓒ〖韻律〗重重音步《⏤⏤》.

***sponge** [spʌndʒ; spʌndʒ] *n.* **1** Ⓤ[指個體時爲Ⓒ] **a** 海綿《海綿動物的纖維組織，用於沐浴、醫療》。**b** 海綿狀的東西，能吸收的東西。**c** ＝sponge cake. **2** Ⓒ《動物》海綿動物。**3** Ⓒ《口語》食客，寄食者。

thrów ín [《(英)》**úp**] **the spónge** 承認失敗，認輸，投降《★源自拳擊手把擦身體的海綿扔於拳擊賽場表示認輸》。

—*v.t.* **1** 〔十受(十副)〕用海綿擦拭…〈*down, off, out*〉：～ ***out*** a stain 用海綿擦去污漬。**2** 〔十受(十副)〕用海綿吸〈液體〉〈*up*〉：～ ***up*** spilled ink用海綿吸取灑出的墨水。**3** 〔十受(十介十(代)名)〕《口語》〔向某人〕敲取…，揩油…〔*off, from*〕：～ a dinner (***off*** a person) (向某人)敲詐[揩油]一頓飯。

—*v.i.* **1** 採海綿。**2** 〔十介十(代)名〕《口語》依賴〔某人〕〔過日子等〕，〔在某人處〕寄食〔度日〕〔*on*〕〔*for*〕：～ ***on*** one's friends 依賴朋友過日子/He tried to ～ ***on*** his uncle ***for*** living expenses. 他想向伯[叔]父敲取生活費。

spónge bàg *n.* Ⓒ(攜帶用的)盥洗用具袋，化妝品袋[箱]。

spónge bàth *n.* Ⓒ海綿浴《用海綿或浴巾擦洗而不進入水中之沐浴》。

spónge càke *n.* Ⓒ[當作點心名稱時爲Ⓤ](不加奶油的)海綿蛋糕，鬆糕。

spónge clòth *n.* ⓊⒸ**1** (質地粗、織孔大、狀似海綿的)鬆軟棉布。**2** ＝ratiné.

spónge cúcumber[**góurd**] *n.* ＝dishcloth gourd.

spong·er ['spʌndʒɚ; 'spʌndʒə] *n.* Ⓒ **1** 用海綿擦拭的人[東西]。**2** 食客，依賴他人爲生的人，寄人籬下者〔*on*〕.

spónge rúbber *n.* Ⓤ海綿橡皮《加工橡皮，用作椅墊等；cf. foam rubber》.

spónging hòuse *n.* Ⓒ〖英國史〗債務人拘留所《債務人被拘留於此，如不還債，即送入監獄》。

spong·y ['spʌndʒɪ; 'spʌndʒi] 《sponge 的形容詞》**—***adj.* (**spong·i·er**；**-i·est**) **1** 海綿狀[質]的。**2 a** 多細孔的。**b** 鬆軟有彈性的，有吸收性的。

spon·sor** ['spɑnsɚ; 'spɔnsə] 《源自拉丁文「承諾」之義》**—n.* Ⓒ **1 a** 〔人、物的〕保證人〔*of, for*〕. **b** 發起人，資助者，贊助者。**2** 〔商業廣告的〕提供者，廣告客戶，節目提供者〔*for, to*〕：a ～ ***for*** a TV program 電視節目的贊助[提供]者。**3** 命名人；(船下水典禮的)下命者：stand ～ ***for*** a person 成爲某人的命名人《★stand ～ 無冠詞》。

—*v.t.* 〔十受〕**1 a** 做〈某人〉的保證人。**b** 贊助，資助…。**2** 成爲〈商業廣告〉的提供者[廣告客戶]：～ a television program 提供[贊助]電視節目。**spon·so·ri·al** [spɑn'sɔrɪəl; spɔn'sɔ:riəl] *adj.*

spon·ta·ne·i·ty [ˌspɑntə'niətɪ; ˌspɔntə'neiəti, -'ni:əti] 《spontaneous 的名詞》**—***n.* Ⓤ **1** 自發性。**2** (非做作的)自然情況。

spon·ta·ne·ous [spɑn'tenɪəs; spɔn'teinjəs] 《源自拉丁文「自由意志」之義》**—***adj.* (**more** ～；**most** ～) **1 a** (非來自外界强迫的)自發(性)的，自生的：a ～ action 自發的行爲。**b** 〈衝動等〉自然產生的，不知不覺間發生的，自動的：a ～ cry of joy 禁不住的歡叫。**2** 〈文體等〉自然的，流暢的。

～·ly *adv.* **～·ness** *n.*

spoof [spuf; spu:f] 《口語》 *n.* Ⓒ **1** (開玩笑的)欺騙，詐騙。**2** (模仿他人的詩文而改作的)遊戲詩文，諷刺詩文〔*on, of*〕.

—*v.t.* 欺騙，捉弄，嘲弄〈人〉。

spook [spuk; spu:k] *n.* Ⓒ **1** 《口語》幽靈。**2** 諜報員，間諜。

—*v.t.* 《美口語》嚇走〈動物〉。

spook·ish ['spukɪʃ; 'spu:kiʃ] *adj.* 《俚》＝spooky.

spook·y ['spukɪ; 'spu:ki] 《spook 的形容詞》**—***adj.* (**spook·i·er**；**-i·est**) 《口語》鬼[幽靈]似的，有鬼的，出現鬼魂的，陰森恐怖的：a ～ house 鬼屋。

spool [spul; spu:l] *n.* Ⓒ **1 a** 線軸(《(英)》reel). **b** 〖攝影〗(軟片的)軸。**c** (錄音帶、打字機色帶等的)卷軸。**2** 一捲(的份量)〔*of*〕：a ～ ***of*** tape 一捲錄音帶。

‡spoon [spun; spu:n] 《源自古英語「扁平木片」之義；「湯匙」之義起於十四世紀》**—***n.* Ⓒ **1 a** [常構成複合字] 湯匙：⇨ tablespoon, teaspoon. **b** 一湯匙的量〔*of*〕：two ～***s of*** sugar 兩湯匙糖。**2** 匙狀物：**a** (又作 **spóon òar**)〖航海〗匙槳《槳尾成湯匙狀的槳》。**b** 〖高爾夫〗匙狀的三號木頭球桿。

be bórn with a sílver spóon in one's **móuth** 生在富有的家庭。

【字源】西方人在爲孩子命名(christening)時，擔任命名工作的教父、教母(godparents)依照風俗要贈送孩子柄端刻有使徒(apostle)像的銀製湯匙，但出生於富貴家庭的孩子則在教父、教母送給他銀湯匙前，他的祖先早已爲他準備好了，故有此成語。此外，尙有與此義類似的成語，如 be born under a lucky star(幸運之星出現時出生的)；這是源自占星術的成語。

—*v.t.* **1** 〔十受十副〕 **a** 用湯匙舀起…〈*up*〉：～ ***up*** one's soup 用湯匙舀湯。**b** 用湯匙舀取…〈*out*〉：～ ***out*** peas 用湯匙舀取豌豆(分到別的盤子裏)端出。

2 〔十受〕把〈球〉(舀起似地)輕輕打上去。

—*v.i.* **1** (舀起似地)輕輕往上擊球。**2** 《俚・罕》〈男女〉互相撫愛，調情。

spóon·bill *n.* Ⓒ〖鳥〗篦鷺《篦鷺亞科長腿涉禽的統稱，喙端扁平呈匙狀》。

spoonbills

spóon brèad *n.* Ⓤ《美》一種用牛乳、雞蛋同玉蜀黍粉混合製成的麵包《焙後仍軟，故食時仍需湯匙》。

spóon·drift *n.* ＝spindrift.

spoon·er·ism ['spunəˌrɪzəm; 'spu:nərizəm] 《源自 Oxford 大學校長 W.A. Spooner 常犯這種錯誤》**—***n.* Ⓒ首音誤置，首音調換《把兩個或兩個以上的字首音對調的錯誤，例如把 received a *cr*ushing *bl*ow (受到毀滅性的打擊) 說成 received a *bl*ushing *cr*ow (收到臉紅的烏鴉) 等》。

spoon·ey ['spunɪ; 'spu:ni] *n.* (*pl.* **spoon·ies**), *adj.* (**spoon·i·er, spoon·i·est**) 《口語》＝spoony.

spóon-fèd *adj.* **1** 〈小孩、病人等〉用湯匙餵食的。**2** 《口語》 **a** 嬌生慣養的，過分寵愛的。**b** 〈工業等〉受保護的。

spóon-fèed *v.t.* (**-fed**) **1** 以湯匙餵食〈人〉。**2** 《口語》 **a** 溺愛，嬌寵，過分寵愛〈人〉。**b** 保護〈工業等〉。**3** 對〈學生〉施以填鴨式的教育。

spoon·ful ['spunˌfʊl; 'spu:nful] *n.* Ⓒ (*pl.* **～s, spoons·ful**) 一湯匙(的量)〔*of*〕：a ～ ***of*** salt 一湯匙鹽。

spóon mèat *n.* Ⓤ流質[嬰兒]食物；羹湯。

spoon·y ['spunɪ; 'spu:ni] 《口語》 *adj.* (**spoon·i·er**；**-i·est**) (對女子)痴戀的，迷戀的。**—***n.* Ⓒ痴情漢，愚人。

spoor [spʊr, spor, spɔr; spuə, spɔ:] *n.* Ⓒ(野獸的)足跡，臭跡。

spo·rad·ic [spo'rædɪk; spə'rædik] *adj.* **1 a** 不時發生的。**b** 〖醫〗散發性的。

2 a 孤立的。**b** 〈植物種類等〉分散於各處的，散在的，稀疏的。

-i·cal·ly [-klɪ; -kəli] *adv.*

spore [spor, spɔr; spɔ:] *n.* Ⓒ〖生物〗**1** 芽胞，孢子。**2** 胚種，種子，生殖細胞。

spor·ran ['spɔrən, 'spɑr-; 'spɔrən] *n.* Ⓒ毛布袋《蘇格蘭高地男子繫於短裙(kilt)前面的裝飾用品；⇨ kilt 插圖》。

‡sport [sport, spɔrt; spɔ:t] 《disport (嬉戲) 字首消失的變體字》**—***n.* **1** Ⓒ [集合稱爲Ⓤ又作～s] 運動，競賽《狩獵、垂釣、賽馬、賽船、游泳、高爾夫、田徑賽、拳擊、摔角、保齡球等》：the ～ of kings 帝王的運動《賽馬》/Do you play [do] any ～*s*? 你會什麼運動嗎？/He is fond of ～(s). 他喜歡運動/What ～ do you like best? 你最喜愛什麼運動？

2 [～s] 《英》(學校等的)運動會，競技大會。

3 Ⓤ **a** 娛樂，消遣，遊戲：spoil a person's ～ 掃某人的興/What ～! 眞好玩！/We had great ～. 我們玩得很痛快。**b** 玩笑，戲謔，戲弄：in [for] ～ 開玩笑地。

4 a [**the** ～] 被玩弄者：*the* ～ *of* fortune 被命運玩弄的人。**b** Ⓒ戲謔的對象。

5 a Ⓒ胸懷磊落的人，爽快的人；隨和的人：Be a ～! 做個堂堂正正的人/take one's bad luck like a good ～ 胸懷磊落地接受自己的惡運[面對自己的惡運而不氣餒]/That's a ～. 那樣就可以/Be a good ～ and give it to me. 爽快些，把它給我吧。**b** [用於稱呼]喂：old ～! 老兄！老哥！

6 Ⓒ〖生物〗(動植物的)突變，變種，畸型。

make spórt of… 取笑…，戲弄…。

—*adj.* ＝sports.

—*v.i.* **1 a** 〈小孩、動物〉嬉戲，遊戲，玩耍。**b** 〔十介十(代)名〕玩弄〔…〕，戲弄〔…〕〔*with*〕：The cat ～***ed with*** the mouse. 貓捉弄老鼠。**2** 《罕》運動。**3** 〖生物〗發生突變。

—*v.t.* 〔十受〕**1** 《口語》炫耀，誇示…：～ a new hat 炫耀一頂新帽子/～ a moustache 蓄[留]小鬍子出風頭[自鳴得意]。**2** 〖生物〗在…發生突變。

spórt fish *n.* Ⓒ(供娛樂的)垂釣用魚《供釣者垂釣用的大魚，其娛樂價值往往高於食用價值；cf. game fish》.

spórt·fishing *n.* Ⓤ娛樂性垂釣《尤指以 sport fish 爲對象的船釣》。

spórt·ing *adj.* **1 a** 愛好運動的。**b** 喜愛狩獵的。**2 a** 像運動家的，公正的。**b** [不用在名詞前]〔十 *of*十(代)名(十*to* do)/十*to* do〕〔某人〕〈做…是〉像運動家的，公正的；〈某人〉〈做…是〉像運動家的，有運動員的風度的：It was very ～ ***of*** you [You were very ～]

to keep it a secret. 你守住該秘密，很有運動員的風度。**3**《口語》有風險的，賭博性的：a ～ chance勝負[成敗]不定的機會/With a seven stroke handicap you should have a ～ chance of winning. 讓你七桿你該有獲勝的機會。

—*n.* 1 Ⓤ運動，狩獵。**2** [當形容詞用]有關運動[狩獵]的，運動[狩獵]用的：～ goods 運動用品/a ～ gun 獵槍/the ～ world 體育界，運動界。～**·ly** *adv.*

spor·tive [ˈsportɪv, ˈspɔrt-; ˈspɔːtiv] *adj.*《文語》(愛)嬉戲的，遊戲的，鬧著玩的，快活的。～**·ly** *adv.*

sports [sports, spɔrts; spɔːts] *adj.* [用在名詞前]**1** (有關)運動的：the ～ page(s) (報紙等的)運動[體育]版。**2 a** 運動用的：～ shoes運動鞋。**b** 適合運動的，平時穿的〈衣服等〉：a ～ shirt 運動衫/a ～ jacket 運動夾克《用蘇格蘭呢等製成，供日常穿著的上衣》。

spórts càr *n.* Ⓒ跑車《小型，車身低，具高速性能等的雙人座車》。

spórts·càst *n.* Ⓒ《美》(電視、廣播的)體育消息的播報。

spórts·càster *n.* Ⓒ《美》體育消息的播報員。

sports·man [ˈsportsmən, ˈspɔrt-; ˈspɔːtsmən] *n.* Ⓒ (*pl.* **-men** [-mən; -mən]) **1 運動者，做戶外運動的人**《指喜愛狩獵、垂釣等戶外運動的人》。**2** 具有運動精神[風度]的人，做事堂堂正正的人，不計較勝負的人。

spórtsman·lìke *adj.* 像運動家的；符合運動精神的，堂堂正正的。

spórtsman·shìp *n.* Ⓤ運動家精神[風度]，運動道德，公正。

spórts·wèar *n.* Ⓤ [集合稱]運動裝，體育服裝。

spórts·wòman *n.* Ⓒ(*pl.* **-women**)女運動家[員]。

spórts·wrìter *n.* Ⓒ體育記者；體育新聞稿作者。

sport·y [ˈsportɪ, ˈspɔrtɪ; ˈspɔːti] **《sport 的形容詞》—*adj.*** (**sport·i·er**；**-i·est**)《口語》〈服裝等〉華麗的；像運動家的。

spórt·i·ness *n.*

‡spot [spɑt; spɔt] *n.* **1 a** Ⓒ(特定的)**場所，地點**：a dangerous ～ 危險的地點/a tourist ～ 觀光勝地/one's favorite ～ 某人喜愛的場所/a good fishing ～ 良好的垂釣場所。**b** [**a** ～；與修飾語連用](感情、心情等的)點，處，部位：*a* weak ～ (易受人批判、反對的)缺點，瑕疵/*a* tender[soft]～ (傷害感情的)弱點，要害/⇨ blind spot.

2 Ⓒ **a** (與周圍不同顏色的)**小斑，斑點，斑紋**：a black dog with white ～*s* 帶白斑點的黑狗。**b** 痣；疹，腫瘡，青春痘。**c** (太陽的)黑子：a sun ～ 太陽黑子。

3 Ⓒ **a** (墨水等的)**污跡**。**b** (人格上的)瑕疵，缺陷，污點〔*on, upon*〕：a ～ *on* one's honor 榮譽上的污點。

4 [**a** ～]《英口語》少許，少量，一丁點兒〔*of*〕：*a* ～ *of* lunch 少量的中飯，簡單的午餐。

5 Ⓒ **a** (順序等的)順位，位置；(節目中)安排播放的時間：the third ～ on the program 節目中第三個(播放的)順位。**b** (廣播節目中的)特別時段：an interview ～ 訪問時間。**c** 職位，地位。

6 (又作 **spót annòuncement**)Ⓒ《口語》(廣播節目中間插入的)簡短新聞[廣告(等)]。

7 Ⓒ聚光燈(spotlight).

8 Ⓒ(紙牌的)點：the five ～*s* of hearts 紅心五點。

9 [～*s*]《商》現金交易的東西，現貨。

chánge one's **spóts**[常用於否定句、疑問句]改變天生的性質：⇨ Can the LEOPARD change his spots?.

hít the hígh spóts《美口語》僅處理[敘述]要點，走馬看花地瀏覽。

hít the spót《口語》〈東西〉正合要求，恰到好處。

in a (tíght, bád) spót《口語》在(極端)困難中，處於困境。

in spóts 處處；時時；在某些方面[點上]。

knóck (the) spóts òff a person 遠勝於〈某人〉；徹底擊敗〈某人〉《★源自紙牌的點數之意》。

on the spót (1)立刻，當場：decide a matter *on the* ～ 當場解決問題/He was killed *on the* ～. 他當場被殺死。(2)在現場：He was *on the* ～ then. 他那時在現場。(3)被迫作即刻的回答[應付]等而陷入窘境：You shouldn't put her *on the* ～ like that. 你不該使她陷於那樣的窘境。

tóuch the spót《俚》眞正需要，正合要求。

—*v.t.* (**spot·ted**；**spot·ting**) **1 a** [十受](加上斑點)弄髒…；使…沾到污點；使…有污跡。**b** [十受十介十(代)名]〔被…〕(加上斑點)弄髒…〔*with*〕：She *spotted* her dress ***with*** ketchup. 她被番茄醬弄髒了衣服。**c** [十受]玷污〈名聲等〉，使…蒙羞。

2 a [十受]**發現，看出，認出…**：～ an error 發現錯誤/I *spotted* my friend at once among the crowd. 我在人羣中一眼看出我的朋友。**b** [十受十 *as* [*for*] 補]看出[認出]…〈是…〉：I *spotted* him at once *as* an American. 我一眼便看出他是個美國人。**c** [十受]看準，說中〈可獲勝的馬等〉：～ the winner in a race 看準賽馬中可能獲勝的馬。

3 [十受十副詞(片語)]配置，散布…(於…)《★常用被動語態》：Lookouts *are spotted along* the coast. 守望者配置於海岸沿線。

4 [十受(十副)]《美》從…除去污點[污跡]〈*up, out*〉.

5 [十受十受]《口語》讓〈比賽對手〉〈幾分〉。

—*v.i.* 1 沾到污跡[污點]，弄髒：This silk ～*s* easily. 這種絲織品容易沾污。

2 [動(十介十(代)名)][以 it 作主詞]《口語》下點點小雨〔*with*〕：*It* is beginning to ～. = *It* is ***spotting with*** rain. 下起點點小雨了。

—*adj.* [用在名詞前]**1 a** 當場的；付現的：～ cash 當場交付的現款/a ～ answer 當機立斷的回答。**b** 現金支付的，現貨的：～ delivery 當場交貨，現貨交付/the ～ market現貨市場/a ～ price 現金價格/a ～ transaction 現貨[現金]交易/ ～ wheat [cotton]小麥[棉花]的現貨。

2 現場的：～ broadcasting 現場廣播。

3《廣播·電視》在節目中插播的〈廣告、新聞等〉：～ news 插播的新聞。

—*adv.*《英口語》正好，整，恰好。

spót chèck *n.* Ⓒ抽樣檢查，抽查，突擊檢查。

spót-chèck *v.t.* 隨意抽查，突擊檢查…。

spót·less *adj.* **1** 無污點的。**2** 無垢的，潔淨的，潔白的。

～**·ly** *adv.* ～**·ness** *n.*

spót·lìght *n.* **1 a** Ⓒ(照射舞台上一個人或一個點的)聚注光線《裝置》，聚光燈。**b** [**the** ～](大衆的)注視，注目：He wanted to be in[to hold] *the* ～.他想成爲衆所矚目的中心。**2** Ⓒ(汽車等的)探路燈《以強光照射狹小的範圍》。

—*v.t.* 以聚光燈照射…；把聚光燈朝向…。

spót-ón *adj.* & *adv.*《英口語》恰好的[地]，準確的[地]。

spót·ted *adj.* **1** 沾污的。**2** 有斑點的，花斑的。**3**〈名譽等〉受損的。

spótted díck [dóg] *n.* Ⓒ[當作點心名稱時爲Ⓤ]《英》加入葡萄乾的板油(suet)布丁。

spót·ter *n.* Ⓒ **1 a** [常與修飾語連用]監視人：a bird ～ 野鳥觀察者。**b** (戰時等)監視敵機動態的民防人員。**c**《美》(從業人員的)督導人。**d** 私家偵探。**2** (以乾洗)去污的人。

spótter plàne *n.* Ⓒ(偵察敵人行動的)偵察機。

spót tèst *n.* Ⓒ **1** 臨時測驗；抽考。**2**《化學》點滴試驗。

spot·ty [ˈspɑtɪ; ˈspɔti] **《spot 的形容詞》—*adj.*** (**spot·ti·er**；**-ti·est**) **1**《美》多斑點的，有斑點的，花斑的。**2**《口語》〈演技、演奏等〉時好時壞的，不穩定的。**3**《英》有青春痘的，有疙瘩的。

spous·al [ˈspaʊzl; ˈspauzl] *n.* [常 ～*s*]《罕》婚禮；結婚儀式。

—*adj.* 結婚的；婚禮的。

spouse [spauz, spaus; spauz, spaus] *n.* Ⓒ配偶。

spout [spaut; spaut] *v.t.* **1** [十受(十副)]冒出，噴出〈水、蒸氣等〉〈*out*〉：Whales ～ water after sounding. 鯨魚突然潛入海底後會噴水/The chimney ～*ed out* smoke. 煙囪冒出煙來。**2**《口語》滔滔[侃侃]地敍述，長吟…：～ Latin verses 朗誦拉丁文的詩。

—*v.i.* 1 [動(十副)十介十(代)名]〔從…〕噴出，迸出，湧出〈*out*〉〔*from*〕：Blood ～*ed* ***from*** the wound. 血從傷口湧出。**2**《口語》滔滔不絕地說，朗誦。

spóut óff [abóut]《口語》不經意[不負責]地喋喋而言。

—*n.* Ⓒ **1 a** (泉水、抽水機等的)噴水口。**b** (茶壺、水壺等的)嘴。**2** (鯨魚的)噴水孔。**3 a** 噴水，湧流，迸流。**b** 龍捲風。

úp the spóut《英口語》〈人〉潦倒的，落魄的，窮困的，絕望的。

spout·ed [ˈspautɪd; ˈspautid] *adj.*〈茶壺等〉裝有嘴的。

S.P.Q.R., SPQR《略》**1** *Senatus Populusque Romanus*(拉丁文=the Senate and the Roman people)羅馬元老院與羅馬人民。**2** small profits and quick returns 薄利多銷。

sprain [spren; sprein] *v.t.* 扭傷〈踝部等〉：～ one's ankle 扭傷腳踝。**—*n.*** Ⓒ扭傷。

‡sprang [spræŋ; spræŋ] *v.* **spring**[1] 的過去式。

sprat [spræt; spræt] *n.* Ⓒ《魚》大西洋鯡《鯡屬小魚》。

thrów [flíng awáy] a sprát to cátch a máckerel [whále] 以小魚釣大魚，用小本賺大錢，拋磚引玉。

sprawl [sprɔl; sprɔːl] *v.i.* **1** [十副詞(片語)]伸展手腳而坐[臥]，(成大字形地)躺臥(在…)：He was ～*ing on* the sofa. 他手腳張開地躺在沙發上。**2** [十副詞(片語)]〈陸地、建築物、筆跡等〉紊亂地散開[延伸](至…)；〈都市等〉(向…)擴張，蔓延：The handwriting ～*ed across* the page. 滿頁字跡潦草，紊亂不堪/The city ～*s out to* the west, north and south. 該市向西、北、南方不規則地擴張[延伸]。**3** 跌成四腳朝天：I slipped and went ～*ing.* 我滑倒跌得四腳朝天/send a person ～*ing* 把人打倒在地上。

—*v.t.* 1 [十受(十副)]使〈手腳等〉盡量伸開〈*out*〉. **2** [十受十副詞(片語)]使〈人〉成大字形地躺臥(在…)《★常用被動語態》：I found him ～*ed on* the bed. 我發現他懶散地伸開雙腿躺在牀上。

—*n.* 1 Ⓒ[常用單數]手腳伸開成大字形的臥躺；匍匐；掙扎。**2** Ⓤ[又作 **a** ～]不規則的擴張[延伸法]；(都市等的)蔓延現象。

spráwl·ing *adj.* **1**〈人等〉不雅觀地伸開手腳的。**2**〈都市、街道等〉不規則擴張[延伸]的。**3**〈字跡〉潦草的，亂爬的。～**·ly** *adv.*

***spray**¹ [spre; sprei] *n.* **1 a** Ⓤ水花，浪花，水霧。**b** Ⓒ水霧狀的東西：a ~ of sand 沙塵/a ~ of bullets 一陣掃射的子彈，彈雨。
2 ⓊⒸ噴霧(藥)，噴霧液：hair ~ 噴霧髮膠。
3 Ⓒ噴霧器，香水噴霧器，吸入器。
—*v.t.* 1 〔十受〕使…起水花[水霧]。
2 a 〔十受〕對著…噴灑：She ~*ed* deodorant under her arms. 她對著腋下噴灑除臭劑。**b** 〔十受十介十(代)名〕將…噴灑〔在…上〕〔*on*〕；〔以…〕噴灑…〔*with*〕：~ insecticide ***on*** plants = ~ plants ***with*** insecticide 將殺蟲劑噴灑在植物上。
3 〔十受十介十(代)名〕〔用子彈等〕掃射…〔*with*〕：~ a building ***with*** machinegun fire 以機關槍掃射一幢建築物。
—*v.i.* 噴霧；成水花[水霧]飛散。

spray² [spre; sprei] *n.* Ⓒ(前端分叉有花或葉子的)小枝(⇨ branch【同義字】)。

spráy càn *n.* Ⓒ**1** 噴霧罐《內裝液化氣體的容器》。**2** 一噴霧罐所容納之物[量]。

spráy·er *n.* Ⓒ**1** 噴霧的人，激起水花的人。**2** 噴霧器；噴漆器；噴水車。

spráy gùn *n.* Ⓒ(油漆、殺蟲劑等的)噴霧槍。

‡**spread** [spred; spred] (**spread**) *v.t.* **1** 展開：**a** 〔十受(十副)〕打開，攤開〈疊起的東西等〉〈*out*〉：~ (***out***) a map 攤開地圖/He ~ the newspaper 〈*out*〉on his bed. 他把報紙攤開在牀上。**b** 〔十受(十副)〕把〈手臂、翅膀等〉伸展，張開〈*out*〉：~ (***out***) one's arms 張開雙臂。**c** 〔十受〕[~ one*self*]伸開手脚[成大字形地]躺臥；(在寬敞處)舒展四肢休息。
2 〔十受十介十(代)名〕(攤開)鋪〈地毯、桌布等〉〔在…上〕〔*on, over*〕；〔用地毯、桌布等〕鋪…〔*with*〕：She ~ a cloth ***on***[***over***] the table. = She ~ the table ***with*** a cloth. 她將一塊布鋪在餐桌上。
3 a 〔十受〕(均勻地)塗〈奶油、油漆等〉：~ paint (均勻地)刷油漆。**b** 〔十受十介十(代)名〕(均勻地)塗，抹…〈奶油、油漆等〉〔在…上〕〔*on*〕；〔用奶油、油漆等〕(均勻地)塗，抹…〔*with*〕：~ butter ***on*** bread = ~ bread ***with*** butter 塗奶油在麵包上。**c** 〔十受十補〕把〈奶油、油漆等〉塗[抹]得…：Don't ~ the butter too thick. 不要把奶油塗得太厚。
4 a 〔十受(十介十(代)名)〕把…散布[撒]〔在…〕〔*on, over*〕：He ~ manure ***over*** the field. 他把肥料撒在田裏。**b** 〔十受〕使〈疾病等〉蔓延，傳播：Some diseases are ~ by flies. 有些疾病由蒼蠅傳播。**c** 〔十受〕使〈報導、謠言〉流傳[傳開]：Somebody has ~ the news. 有人傳播了該消息。
5 a 〔十受〕把食物等擺在〈餐桌〉，上菜於…：~ the table 把菜餚擺在餐桌上，準備用餐。**b** 〔十受十介十(代)名〕〔把飲料、食物〕擺在〈餐桌〉上，給…上〔菜、飲料〕〔*with*〕：~ the table ***with*** dishes 把菜餚擺在餐桌上。
6 a 〔十受十介十(代)名〕把〈研究、工作、付款等〉延長，拖長〔一段時間〕〔*over*〕：~ payment ***over*** a period of two years 把付款期間延長為兩年。**b** 〔十受〕[~ one*self*]高談闊論，長篇大論。
7 〔十受〕[~ one*self*]擺闊，表現慷慨。
—*v.i.* 1 a 〔十副詞(片語)〕(空間上)擴張，延伸，擴及，展開：The fields ~ *out before* us. 田野展現在我們的眼前/The ink ~ *over* the desk. 墨水在桌子上滲開/The town ~*s* (*for*) twenty miles *to* the south. 該鎮向南延伸二十哩。**b** 〔十介十(代)名〕〈關心等〉遍及〔…〕；〈笑、情感的表現等〉展現〔於臉上〕〔*over, across*〕：His interests ~ ***over*** various related subjects. 他的興趣涉及各種有關的主題/Apprehension ~ ***across***[*over*] his face. 憂懼的表情展現在他的臉上。
2 〈消息〉流傳；〈疾病、戰火等〉擴大，蔓延：The news ~ fast. 那個消息很快傳開/The sickness ~ rapidly. 疾病迅速蔓延。
3 〈油漆、奶油等〉塗敷：The butter won't ~ easily. 這種奶油(太硬)不好塗。
spréad onesèlf (tóo) thín 同時從事太多的活動《不勝負擔，難於應付》。
—*n.* 1 Ⓒ[常用單數]擴展[大]，幅度，廣闊，範圍：a ~ of thirty miles 三十哩的範圍/Their ages cover a ~ of ten years. 他們的年齡有十歲的差距。
2 [用單數；常 **the** ~]傳播，流傳，普及；蔓延〔*of*〕：*the* ~ *of* education 教育的普及/*the* ~ *of* disease 疾病的蔓延。
3 Ⓒ[常構成複合字]鋪蓋的東西：⇨ bedspread.
4 Ⓒ《口語》擺在餐桌上的佳餚[美食]：What a ~！多麼豐盛的酒席[菜]！
5 Ⓤ[指產品個體或種類時為Ⓒ]塗抹或放在麵包上的(薄片)食物：cheese ~ 乾酪片。
6 Ⓒ(報紙、雜誌等佔幾頁[欄]的)報導[廣告]：a two-page ~ 佔兩頁的大廣告[報導]。

spréad éagle *n.* Ⓒ展翼鷹《美國的國徽；⇨ seal¹ 插圖》。

spréad-èagle *adj.* [用在名詞前]**1** 似展翼鷹的。**2** 《口語》向本國一邊倒的，誇張的愛國主義的〈美國人〉。
—*v.t.* [~ one*self*]成大字形地躺臥《★也以過去分詞當形容詞用》：lie ~*d* on the ground 成大字形地倒臥在地上。
—*v.i.* 成大字形，展開四肢。

spréad·er *n.* Ⓒ **1 a** 展開者。**b** 散布者，傳播者。
2 a 塗奶油用的小刀(butter spreader)。**b** (種子、肥料等的)散播機。

spree [spri; spri:] *n.* Ⓒ歡鬧，作樂，狂歡[飲]，酒宴：be on a [the] ~ 在狂歡中，喝得興高采烈/have a ~ 飲酒作樂/go on a drinking[shopping] ~ 痛飲[瘋狂採購]。

sprig [sprɪg; sprig] *n.* Ⓒ **1 a** 小枝，嫩枝：a ~ *of* lilac 一小枝紫丁香。**b** (紡織品、陶器、壁紙等的)小枝狀圖案[花紋]。**2** 《口語》小子，小鬼。

sprigged *adj.* 小枝狀圖案的：~ muslin 有小枝狀花紋的細軟棉布。

spright·ly [ˈspraɪtlɪ; ˈspraitli] (**spright·li·er**；**-li·est**) *adj.* 活潑的，有活力的，快活的。
—*adv.* 活潑地，快活地。**spríght·li·ness** *n.*

‡**spring**¹ [sprɪŋ; spriŋ] 《源自古英語「突然活動」之義》**—(sprang** [spræŋ; spræŋ]**,sprung** [sprʌŋ; sprʌŋ]；**sprung**) *v.i.* **1 a** 〔十副詞(片語)〕(彈簧似地急速)跳，躍起：~ *up* 跳起/~ *back* 向後跳，彈回/~ over a gate 跳過門。**b** 〔十介十(代)名〕〔朝…〕撲上去〔*at, upon*〕：The dog *sprang* ***at*** his throat[***upon*** him]. 那隻狗朝他的喉部[身體]撲上去。**c** 〔十副詞(片語)〕(從坐或臥的狀態)迅速躍起：~ *out of* bed 從牀上跳起來/~ *to* one's feet 很快站起[起身]/The soldier *sprang to* attention. 那個士兵迅速做立正姿勢。
2 a 〔動(十副詞(片語))〕〈彈簧、有彈性的東西〉彈(回)，反彈：The boy let the twig ~ *back*. 那個男孩讓小樹枝彈回去/The lid *sprang to*. 蓋子砰的一聲蓋住《★to [tu; tu:] 是副詞》。**b** 〔十補〕彈回〈成…狀態〉，砰的一聲〈成…狀態〉：The doors *sprang* open[shut]. 門砰的一聲開[關]了。
3 〔十介十(代)名〕一躍[突然]〔成為…〕〔*into, to*〕：~ ***into***[***to***] fame 竄紅，一舉成名/He *sprang into* a rage. 他勃然大怒。
4 a 〔動(十副)〕〈水、淚等〉湧出，迸流〈*up*〉：Tears *sprang* ***up*** in her eyes[*sprang to* her eyes]. 她眼裏湧出淚水/The sweat *sprang up* on his forehead. 他的額頭上冒出汗來。**b** 〔十副〕〈植物〉長出，萌芽〈*up*〉：Weeds ~ ***up*** after a rain. 雜草在一場雨後長出。**c** 〔十副〕〈事、物〉(突然)發生；〈風〉突然颳起〈*up*〉：A hot, dry wind *sprang* ***up*** in the afternoon. 乾燥的熱風在午後突然颳起/A doubt *sprang up* in his mind. 他的心裏忽然起了疑惑。
5 〔十介十(代)名〕**a** 〈河等〉發源〔於…〕；〈淚等〉〔從…〕冒出〔*from*〕：The river ~*s* ***from*** the side of the mountain. 那條河流發源於山腰處/Tears *sprang from* her eyes. 淚水從她的眼裏湧出。**b** 〈事、物〉〔從…〕引起，發生〔*from*〕：Errors often ~ ***from*** carelessness. 錯誤常由疏忽引起。**c** 〈人〉出身〔於…〕〔*from,of*〕：The young man ~*s* ***of***[***from***] royal stock. 那個年輕人出身王室。**d** 〈人〉〔從…〕突然現身〔*from*〕《★常用於下列說法》：Where have you *sprung* ***from***？ 你從那裏冒出來的？
6 〈木材、木板等〉翹曲，歪斜，裂開。
7 〈塔等〉聳立。
—*v.t.* 1 a 〔十受〕使〈彈簧、捕捉機的彈簧〉彈回：~ a trap 使捕捉機的彈簧彈回去[觸發捕捉機]。**b** 〔十受十補〕啪一聲(用彈簧)使…彈回〈成…狀態〉：~ a watchcase open[shut]啪一聲打開[蓋住]錶盒。
2 〔十受(十介十(代)名)〕突然〔向人〕提出[說出]…〔*on, upon*〕：~ a joke ***on*** a person 突然向某人開玩笑/~ a surprise *on* a person 突然使某人吃驚。
3 〔十受〕使〈木材等〉反翹，彎曲；使…裂開：~ a tennis racket 使網球拍起裂痕。
4 〔十受〕《俚》使〈人〉出獄；保釋…出獄。
—*n.* 1 Ⓒ發條，彈簧。
2 a Ⓒ[常~**s**]泉：a hot ~ 溫泉/mineral ~*s* 礦泉。**b** Ⓒ起源，根源〔*of*〕：the ~ *of* Western civilization 西方文明的起源。
3 Ⓒ跳，跳躍，飛躍：a tiger's ~ 老虎的跳躍力/He ascended the stairs three steps at a ~. 他以三級一跳上了樓梯。
4 a Ⓤ彈性，彈力：There is too much ~ in this bed. 這張牀太有彈性[太軟]。**b** Ⓤ[又作 **a** ~](脚步的)輕快《★常用於下列片語》：He has *a* ~ to his step. 他走路的脚步輕快。
—*adj.* [用在名詞前]有彈簧的：a ~ mattress[bed] 有彈簧的牀墊[牀]/a ~ balance 彈簧秤。

‡**spring**² [sprɪŋ; spriŋ] 《源自「植物發芽期」之義》**—*n.* 1** ⓊⒸ[常在美國語法或特定時為 **the** ~]春季，春天《天文學上指春分到夏至》：in (*the*) ~ 在春天/in *the* ~ of 1990 在 1990 年春天/They got married last ~. 他們去年春天結婚《★用法 當副詞用而不與介系詞連用》。**2** Ⓤ(人生的)青春期：in the ~ of life 在人生的春天，在青春期。

—*adj.* [用在名詞前]春天的；適合春天[季]的：～ flowers 春花/a ～ coat 春天穿的外衣。

spríng·bòard *n.* Ⓒ **1** 《運動》(游泳的)跳板；(體操的)彈性板。**2** 〔…的〕發端，開端；出發點，立足點〔*to*〕.

spring·bok [ˈsprɪŋ͵bɑk; ˈspriŋbɔk], **spring·buck** [-͵bʌk; -bʌk] *n.* Ⓒ《動物》跳羚《南非產瞪羚(gazelle)的一種》。

spríng chícken *n.* Ⓒ**1** (春天孵出的)小雞，嫩雞。**2** [常 **no** ～] 年輕小伙子，無經驗而天眞的年輕人：I'm *no* ～. 我不年輕啦。

spríng-cléan *v.t.* 做…的(春季)大掃除。
—*n.* [**a** ～]《英》(春季)大掃除。

spríng-cléaning *n.* [**a** ～] (春季)大掃除。

springe [sprɪndʒ; sprindʒ] *n.* Ⓒ (用以捕捉鳥獸之)羅網；陷阱。
—*v.t.* 以羅網捕捉〈鳥獸〉。—*v.i.* 設置羅網[陷阱]。

spring·er [ˈsprɪŋɚ; ˈspriŋə] *n.* Ⓒ**1** 跳躍的人[物]；彈動的人[物]。**2** (又作 **springer spániel**)(用以趕出[驚起]獵物的)spaniel 種的獵狗。

spríng féver *n.* Ⓤ春睏《某些人在初春時所感到的睏倦狀態》。

spríng gùn *n.* Ⓒ彈簧槍《作爲陷阱，使誤觸機關時即能自動發射的槍》。

spríng·hàlt *n.* =stringhalt.

spríng·hèad *n.* Ⓒ水源；泉源〔*of*〕.

spríng ónion *n.* Ⓒ[當作食物時爲Ⓤ] 葉狀洋葱《結成球狀，常用作生菜》。

spríng róll *n.* Ⓒ[當作菜名時爲Ⓤ]《英》春捲《中國點心》(《美》egg roll).

spríng·tìde *n.* Ⓤ春；春季(springtime).

spríng tíde *n.* Ⓒ **1** (新月與滿月時所發生的)大潮，子午潮。**2** 奔流，高潮〔*of*〕.

spríng·tìme *n.* Ⓤ[常 **the** ～] **1** 春天，春季。**2** 青春。**3** 初期〔*of*〕.

spring·y [ˈsprɪŋɪ; ˈspriŋi] 《spring[1] 的形容詞》—*adj.* (**spring·i·er**；**-i·est**) **1** 彈簧似的，有彈力[彈性]的。**2** 輕快的，脚步快的：a ～ step 輕快的脚步。

sprin·kle [ˈsprɪŋkl; ˈspriŋkl] *v.t.* **1** 〔十受十介十(代)名〕灑[撒]〈液體、粉末等〉〔於…上〕〔*on, over*〕；〔把液體、粉末等〕撒[灑]在…上〔*with*〕：～ water **on** a street＝ ～ a street **with** water 灑水於街道上。**2** 〔十受〕**a** 給〈花等〉澆水；使…微濕：～ a lawn 給草地澆水。**b** (熨燙前)噴水於…。**3** 〔十受十介十(代)名〕把…散布〔於…〕〔*about, over*〕；〔以…〕散布於…〔*with*〕《★常用被動語態》：churches ～*d* **over** the city 散布於市內的教堂/Her face *is* ～*d* **with** tiny freckles. 她的臉上有點點的雀斑。
—*v.i.* [以 it 作主詞]下(稀疏的)小雨：*It* began to ～. 下起小雨了。
—*n.* Ⓒ**1** [常用單數]少量，少許，疏疏落落〔*of*〕：a ～ *of* rain 疏疏落落的小雨/a ～ *of* attendants 寥寥無幾的出席者。**2** 毛毛小雨：a brief ～ 短暫的小雨。

sprín·kler *n.* Ⓒ**1** 灑(水等)的人。**2 a** (有很多細孔的)噴水壺。**b** 灑水車。**c** 灑水裝置。

sprínkler sỳstem *n.* Ⓒ (田野或草地等的)自動灑水裝置；自動噴水的消防系統[裝置]。

sprín·kling *n.* Ⓒ[常用單數] **1** (稀疏的)小雨，小雪〔*of*〕：a ～ *of* rain 稀疏小雨。**2** 〔客人等的〕疏疏落落，三三兩兩(的到來)；零星，少量，微量〔*of*〕：a ～ *of* visitors 疏疏落落的來客/They haven't a ～ *of* sympathy. 他們沒有一點同情心。

sprint [sprɪnt; sprint] 《源自古北歐語「跑」之義》—*n.* Ⓒ **1** (尤指短距離的)全力奔跑：make a ～ for shelter 以全速奔向躲避[避難]處。**2** 短距離賽跑。
—*v.i.* (尤指短距離間)以全速衝刺。

sprínt·er *n.* Ⓒ短距離賽跑者[短跑者]，短跑選手。

sprit [sprɪt; sprit] *n.* Ⓒ《航海》斜杠《撐帆用的圓木材；cf. bowsprit》.

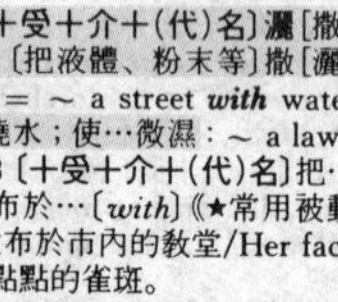

sprit

sprite [spraɪt; sprait] *n.* Ⓒ妖精，小精靈。

sprít·sàil *n.* Ⓒ《航海》斜杠帆(⇨ sprit 插圖)。

sprock·et [ˈsprɑkɪt; ˈsprɔkit] *n.* Ⓒ**1 a** 扣鏈齒輪。**b** (又作 **sprócket whèel**)(脚踏車等的)鏈輪。**2** 《攝影》照相機的扣輪《用以扣住軟片齒孔(perforation)》.

sprout [spraut; spraut] *n.* **1** Ⓒ芽，新芽，苗。**2** [～s] 球芽甘藍(Brussels sprouts). **3** Ⓒ《口語》年輕人，青年。
—*v.i.* **1 a** 〔動(十副)〕發芽，萌芽，長出〈*up*〉：The asparagus hasn't ～*ed* yet. 蘆筍還沒發芽。**b** 〔(十副)十介十(代)名〕〔從…〕長出，發芽〈*up*〉〔*from*〕. **2** 〔動(十副)〕快速生長〈*up*〉：He ～*ed* **up** six inches a year. 他一年長高了六吋。
—*v.t.* **1** 使發〈芽〉；使…成長。**2** 長出〈角〉，蓄〈鬍子〉：～ a moustache 蓄髭/The deer are ～*ing* horns now. 鹿在長角。

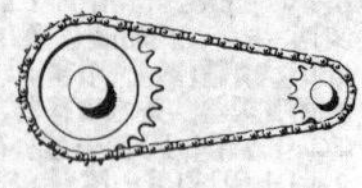
sprockets 1 b

spruce[1] [sprus; spru:s] *adj.* 整潔的，打扮漂亮的，瀟洒的。
—*v.t.* 〔十受(十副)〕**1** 把〈人、物〉裝飾漂亮；使〈人、物〉整潔〈*up*〉.
2 [～ *oneself*]《口語》打扮得整潔漂亮〈*up*〉：～ *oneself* **up** for dinner 爲赴晚宴而裝扮自己。
—*v.i.* 〔十副〕《口語》修飾，裝扮漂亮〈*up*〉.
～·**ly** *adv.* ～·**ness** *n.*

spruce[2] [sprus; spru:s] *n.* **1** Ⓒ[集合稱爲Ⓤ]《植物》雲杉《松科常綠喬木》。**2** Ⓤ雲杉木。

sprúce bèer *n.* Ⓤ針雲杉啤酒《用雲杉之葉及細枝的液汁釀造成的啤酒》。

‡**sprung** [sprʌŋ; sprʌŋ] *v.* **spring**[1] 的過去式・過去分詞。
—*adj.* 附彈簧的。

spry [spraɪ; sprai] *adj.* (**spri·er**, **spri·est**；～·**er**, ～·**est**)活潑的，有活力的，敏捷的。
～·**ly** *adv.* ～·**ness** *n.*

spt. 《略》seaport.

spud [spʌd; spʌd] *n.* Ⓒ **1** 短柄鋤《除草用的小型鏟(spade)》. **2** 《口語》馬鈴薯。

spue [spju; spju:] *v.* =spew.

spume [spjum; spju:m] *n.* Ⓤ《文語》(液體的表面，尤指海上的)泡沫(foam).

***spun** [spʌn; spʌn] *v.* **spin** 的過去式・過去分詞。
—*adj.* 撚成絲的：～ gold [silver] 金[銀]絲/～ yarn [silk] 精紡紗，廰紗[紡絲]/～ rayon 嫘縈絲《人造纖維的一種》。

spún gláss *n.* **1** Ⓤ玻璃絲。**2** =fiberglass.

spunk [spʌŋk; spʌŋk] *n.* Ⓤ**1** (引火用的)木材。**2** 《口語》勇氣，毅力。**3** 《英鄙》精液。

spunk·y [ˈspʌŋkɪ; ˈspʌŋki] 《spunk 的形容詞》—*adj.* (**spunk·i·er**；**-i·est**)有勇氣的，精神十足的；易怒的。

spún súgar *n.* Ⓤ《美》棉花糖(cotton candy).

spur [spɝ; spə:] *n.* Ⓒ **1** 刺馬釘，靴刺《騎士裝在馬靴後跟的 U 型金屬零件，用以踢馬側使其奔跑》：put [set] ～*s* to a horse 以刺馬釘踢馬。

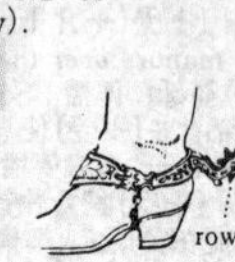

spur 1

2 刺激，激勵，驅策〔*to, for*〕：need the ～ 需加鞭策，需加激勵/put [set] ～*s* **to** a person 給予某人刺激，激勵某人。
3 類似刺馬釘的東西：**a** (突出於山側的)山脊，支脈。**b** (雞等的)肉距。**c** 裝於鬥雞後爪上的鐵刺。**d** (登山鞋的)鞋釘，刺鐵。
4 (鐵路的)支線。
on [**upòn**] **the spúr of the móment** 憑一時的衝動，一時興起；當場，即席。
wín one's spúrs 立大功，揚名《★源自從前受封爲爵士(knight)者由國王贈送金製刺馬釘之故》。
—*v.t.* (**spurred**; **spur·ring** [ˈspɝɪŋ; ˈspə:riŋ]) **1** 〔十受(十副)〕以刺馬釘刺〈馬〉〈*on*〉：～ a horse (**on**) 以刺馬釘策馬(前進)。**2 a** 〔十受(十副)〕刺激，激勵〈人〉〈*on*〉：Ambition ～*s* a person **on**. 野心驅策人(上進)。**b** 〔十受(十副)十介十(代)名〕激勵〈人〉〔朝向…〕〈*on*〉〔*to, into*〕：～ a person **on to** an effort 激勵某人努力。**c** 〔十受十 *to* do〕激勵，刺激〈某人〉〈做…〉：What *spurred* you *to* fight? 是什麼激勵你去奮鬥？
—*v.i.* 〔十副詞(片語)〕《文語》以刺馬釘策馬前進[疾馳]：The knight *spurred on* [*forward*] *to* the castle. 那騎士策馬奔向城堡。

spurge [spɝdʒ; spə:dʒ] *n.* Ⓒ《植物》大戟《大戟屬植物的統稱，其乳狀樹液，可供藥用》。

spúr gèar *n.* Ⓒ《機械》正齒輪。

spúr gèaring *n.* Ⓤ正齒輪裝置。

spu·ri·ous [ˈspjurɪəs; ˈspjuəriəs] *adj.* **1 a** 假的，僞造的。**b** 〈邏輯、結論等〉似是而非的，繆誤的。**2** 《生物》假性的，擬似的。～·**ly** *adv.* ～·**ness** *n.*

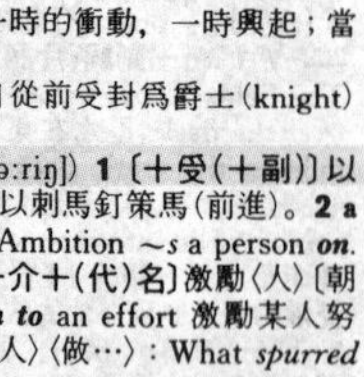
spur gears

spurn [spɝn; spə:n] *v.t.* **1** 驅逐，趕走〈人〉。**2** (認爲有損顏面而不屑地)拒絕，斥退〈提議等〉：～ a bribe 拒絕受賄/I ～ your offer. 我拒絕你的提議。
—*v.i.* 〔動(十介十(代)名)〕不屑地拒絕〔…〕〔*at*〕. —*n.* Ⓒ**1** 踢開(人等)。**2** 藐視(提議等)。

spúr-of-the-móment *adj.* [用在名詞前]《口語》即席的，當場的，一時興起的：a ～ decision [idea] 當場的決定[一時的念頭]。

S

spurred [spɝd; spə:d] *adj.* **1** 有靴刺的。**2**〈雞等〉有肉距的。

spurt[1] [spɝt; spə:t] *v.i.* 〔(＋副)＋介＋(代)名〕〔從…〕噴出，迸出〈*out*〉〔*from*〕：Blood ~*ed* (*out*) *from* the wound. 血從傷口噴出。

—*n.* Ⓒ **1** 迸出，噴出〔*of*〕. **2**〔感情等的〕迸發，爆發〔*of*〕.

spurt[1] 1

spurt[2] [spɝt; spə:t] *v.i.* (在賽跑、游泳、划船等中使出全力作最後)衝刺：The runners ~*ed* on the last lap. 賽跑者在最後一圈時作衝刺。

—*n.* Ⓒ (突然短暫的)奮發(工作)；(比賽的)最後衝刺：put on a ~ 趕快，趕緊/He studies in ~*s.* 他奮發用功。

spúr tràck *n.* Ⓒ《鐵路》支線。

sput·nik [ˈspʌtnɪk, ˈsput-; ˈsputnik, ˈspʌt-] 《源自俄語「旅伴」之義》**—*n.*** Ⓒ**1** [S~] (蘇聯的)人造衛星「史普尼克」《第一號於 1957 年發射》。**2** 人造衛星。

sput·ter [ˈspʌtɚ; ˈspʌtə] *v.i.* **1** (因興奮、激動等而)唾沫飛濺地說，急速雜亂地說。**2 a** 發出劈啪[嗞嗞]聲。**b** 〔＋副〕作劈啪[嗞嗞]聲而熄滅〈*out*〉：The match ~*ed out.* 火柴作嗞嗞聲而熄滅。

—*v.t.* **1** 嘴裏噴出〈唾液、食物〉。**2 a** 〔＋受〕(興奮、激動而)急促地說〈事等〉。**b** 〔＋引句〕(興奮、激動而)急促地說…："Who ... who are you?" he ~*ed* in surprise. 他驚愕地說：「你，你是誰？」

—*n.* Ⓤ [又作 **a** ~] **1** 劈啪聲，嗞嗞聲。**2** (因興奮、激動等引起的)語無倫次。

spu·tum [ˈspjutəm; ˈspju:təm] *n.* (*pl.* **spu·ta** [-tə; -tə]) ⓊⒸ **1** 唾液，口水。**2** 痰。

spy [spaɪ; spai] *n.* Ⓒ間諜，密探，偵探，特務《★比較 間諜的行爲稱espionage》：an industrial ~ 工業間諜/be a ~ for... 爲…作間諜。

—*v.t.* **1** 〔＋受＋副〕**a** 偵查，暗中調查…〈*out*〉：~ *out* a secret 查出秘密。**b** 暗中窺察〈地形、情勢等〉〈*out*〉：~ *out* the land 暗中窺察該地。**2 a** 〔＋受〕(由秘密或注意偵查而)發現，看出…：He is quick at ~*ing* the faults of others. 他敏於發現別人的錯誤。**b** 〔＋受＋ do*ing*〕發現[見到]…〈在做…〉：He *spied* a stranger enter*ing* the yard. 他發現有個陌生人進入院子裏。

—*v.i.* 〔動(＋介＋(代)名)〕**1** 偷偷地監視〔…〕〔*on, upon*〕：Stop ~*ing on* me. 不要監視我。**2** 暗中調查，偵查〔…〕〔*into, on, upon*〕：~ *into* a secret 暗中偵查秘密。

spý·glàss *n.* Ⓒ小型望遠鏡。

sq. 《略》square. **Sq.** 《略》Squadron; Square.

sq. ft. 《略》square foot [feet].

sq. in. 《略》square inch(es).

sq. mi. 《略》square mile(s).

squab [skwɑb; skwɔb] *adj.* **1** 〈鳥〉剛孵出的，羽毛未豐的。**2** 矮胖的。**—*n.*** Ⓒ**1** (羽毛未豐的)幼鴿《當作食物》。**2** 矮胖的人。**3** 《英》**a** 柔軟的厚墊子。**b** 沙發。

squab·ble [ˈskwɑbl; ˈskwɔbl] *n.* Ⓒ (爲小事的)爭吵，爭論〔*about, over*〕：have a ~ *about*[*over*]... 爲…事而爭吵。

—*v.i.* 〔動(＋介＋(代)名)〕〔與人〕〔爲小事〕爭吵，爭論〔*with*〕〔*about, over*〕：I hate to ~ *with* my wife *about* [*over*] money. 我厭惡爲錢的事與太太爭吵。

squad [skwɑd; skwɔd] *n.* Ⓒ [集合稱] **1** (軍隊的)班《★用法 視爲一整體時當單數用，指個別成員時當複數用》：~ drill 班操練。**2** (從事同一工作的)一羣人，小隊，小組《★用法 與義 1 相同》：a ~ *of* policemen 一小隊警官/⇨ vice squad, flying squad.

—*v.t.* 把…編成班[小組]。

squád càr *n.* Ⓒ《美》警察巡邏車。

squad·ron [ˈskwɑdrən; ˈskwɔdrən] *n.* Ⓒ [集合稱] **1** 《陸軍》騎兵中隊(cf. battalion[1])《★用法 視爲一整體時當單數用，指個別成員時當複數用》。**2** 《海軍》(擔任特殊任務的)分遣艦隊《艦隊(fleet)的一部分；★用法 與義 1 相同》。**3** 《空軍》飛行中隊《由兩個以上的空軍分隊(flight)組成；cf. wing 6 a；★用法 與義 1 相同》。

—*v.t.* 把…編成中隊。

squádron lèader *n.* Ⓒ《英空軍》少校，中隊長。

squal·id [ˈskwɑlɪd; ˈskwɔlid] *adj.* **1** 髒亂的，污穢的，骯髒的。**2** 卑劣的，下流的；悲慘的。**~·ly** *adv.*

squall[1] [skwɔl; skwɔ:l] *n.* Ⓒ **1** 颮，暴風《短時間的局部性強風，常夾有雨、雪、雹等》。**2** 《口語》騷擾，爭吵，鬧事。

squall[2] [skwɔl; skwɔ:l] *v.i.* 悲鳴，大聲喊叫，尖叫。

—*v.t.* 〔＋受(＋副)〕大聲叫說…〈*out*〉.

—*n.* Ⓒ悲鳴，尖叫聲，喊叫聲。**~·er** *n.*

squall·y [ˈskwɔlɪ; ˈskwɔ:li] 《squall[1] 的形容詞》**—*adj.*** (**squall·i·er**; **-i·est**)暴風的，好像要起暴風的。

squal·or [ˈskwɑlɚ; ˈskwɔlə] 《squalid 的名詞》**—*n.*** Ⓤ **1** 污穢，骯髒。**2** 卑劣；悲慘。

squa·ma [ˈskwemə; ˈskweimə] *n.* (*pl.* **-mae** [-mi; -mi:]) Ⓒ《生物》鱗(片)；腋鱗；刺緣突。

squan·der [ˈskwɑndɚ; ˈskwɔndə] *v.t.* 〔＋受(＋介＋(代)名)〕浪費〈金錢、時間、精力等〉〔於…〕〔*in,on*〕：It's so much money ~*ed.* 浪費了那麼多錢/~ money *in* gambling 浪費金錢於賭博/He ~*ed* his pocket money *on* movies. 他浪費零用錢於(看)電影。**~·er** *n.*

‡square [skwɛr; skwɛə] *n.* Ⓒ **1 a** 正方形，四方。**b** 方形的東西：a ~ of cloth 方形的布。**c** (象棋、圍棋盤等的)小方格。

2 (方形)廣場(cf. circus 3 a)：Madison *S*~ 麥迪生廣場《在紐約(New York)市》/Trafalgar *S*~ 特拉法加廣場《在倫敦(London)的中心地區》。

3 a 《美》街區《都市建築物四周爲街道圍起的方形區域；cf. block 7 b》。**b** 《美》街區一邊的距離(cf. block 7 c)：The house is two ~*s* down. 再下去兩個街區就到那幢房子了。**c** 方區《都市的小公園四周(高級)住宅排成的方形區域；S~ 也用於地名》：live *in* a ~ 住於方區的(高級)住宅/She lived at 56 Russell *S*~. 她住在(倫敦)羅素方區五十六號。

4 直角規，角尺：a T[an L] ~ T字[L 字]尺。

5 《軍》方陣。

6 《數學》平方，二次冪〔*of*〕.

7 《俚》古板守舊的人，拘謹保守的人。

báck to squáre óne 回到出發點；回復原狀《★源自使用小方格的盤上遊戲》。

on the squáre (1)《口語》誠實地，公正地，規規矩矩地。(2)成直角地。

òut of squáre (1)不成直角。(2)不公正地。

—*adj.* (**squar·er** [ˈskwɛrɚ; ˈskweərə]; **-est** [-rɪst; -rist]) **1** (無比較級、最高級)正方形的，四方形的：a ~ house 方形的房子。

2 a (略成)直角的：a ~ corner 成直角的角落。**b** [不用在名詞前]〔＋介＋(代)名〕〔與…〕成直角的〔*with, to*〕：Is that pillar ~ *with* the ground? 那根圓柱與地面成直角嗎？

3 〈肩膀、下巴等〉略成方形的，寬闊的，結實的：a ~ jaw略成方形的下巴/~ shoulders 平肩，結實(寬闊)的肩膀。

4 a 光明正大的，堂堂正正的，公正的：⇨ square deal. **b** [不用在名詞前]〔＋介＋(代)名〕〔對…〕公平的〔*with*〕：You're not being ~ *with* me. 你對我不公平。

5 [不用在名詞前] (無比較級、最高級)〔＋介＋(代)名〕〔與…〕同等的，平分秋色的；〈比賽分數〉同分的〔*with*〕：⇨ get SQUARE with(1).

6 [不用在名詞前] (無比較級、最高級)〔＋介＋(代)名〕〔對…〕無借貸的，收支相抵的，結清的〔*with*〕：⇨get SQUARE with(2)/get one's accounts ~ *with* a person 與某人結清帳/make accounts ~ 結清，付清。

7 a 整頓[理]過的，整齊的：get things ~ 整理事物。**b** 〈矛盾等〉明顯的，顯然的：a ~ contradiction 明顯的矛盾。

8 [用在名詞前] (無比較級、最高級)《口語》充實的，充足的〈飯菜〉《★常用於下列片語》：a ~ meal 豐盛的一餐。

9 (無比較級、最高級) **a** [用在名詞前]《數學》平方的《略作 sq.》：a ~ foot [inch, yard, mile] 一平方呎[吋，碼，哩]/⇨ square root. **b** [置於與表示正方形一邊之數字連用的名詞後]…見方的：A table 4 feet ~ has an area of 16 ~ feet. 四呎見方的桌子有十六平方呎的面積《★後面的 square 作義 9a 解釋》。

10 《口語》舊式的，落伍的，古板的，土氣的。

áll squáre (1)(高爾夫球賽等)不相上下的，不分勝負的。(2)一切準備妥當的。(3)兩清，彼此不欠。

fáir and squáre ⇨ fair[1] *adj.*

gèt squáre with... (1)與…同等[平分秋色]。(2)與…算清帳目。(3)向…報復。

—*adv.* (**squar·er**, **-est**; **more** ~; **most** ~)《口語》**1** 四四方方地，成直角地。

2 公正地，光明正大地。

3 (無比較級、最高級) [置於副詞片語前]正面地，認眞地，堅定地：look a person ~ in the face 凝視某人的臉/hit a person ~ in the mouth 正打中某人的嘴。

—*v.t.* **1** 〔＋受(＋副)〕使…成正方形〈*up*〉：~ glass to fit a window frame 使玻璃成正方形以嵌入窗框。

2 〔＋受(＋副)〕使…成直角，將…隔成方形〈*off*〉.

3 〔＋受〕挺直〈肩膀〉，張開〈肘部〉使平直：~ one's shoulders 挺直肩膀，挺胸《指擺出打架姿勢》/with elbows ~*d* 張開雙肘使平直。

4 a 〔＋受(＋副)〕結清〈帳目等〉〈*up*〉：~ a bill [(*up*) one's debts] 結清帳款[債務]/Let's ~ accounts with each other. 讓我

S

們彼此算清帳目吧。**b**〔+受+介+(代)名〕[～ one*self*]〔對…〕認錯，道歉，賠償損失〔*for*〕.
5〔+受〕使〈比賽的得分〉同分，使…打成平手。
6〔+受+介+(代)名〕使…適合[適應，符合]〔…〕〔*with,to*〕：I tried to ～ my opinions ***with*** [***to***] the facts. 我試著使自己的意見符合實情。
7〔+受〕《口語》收買，賄賂…：～ the police 收買警方。
8〔+受〕《數學》使…自乘，使…成平方：Four ～*d* is sixteen. 四自乘為十六；四的平方是十六。
—*v.i.* **1**〔動(+介+(代)名)〕〔與…〕一致，調和，符合〔*with*〕：His deeds did not ～ ***with*** his words. 他的言行不符。
2〔+副〕《口語》結帳，清帳〈*up*〉：Have we ～*d* ***up*** yet？我們已經清帳了嗎？
3 a〔+副〕(拳擊時)擺好進攻的架式〈*up*〉. **b**〔+副+介+(代)名〕〔向對手〕擺出架式；毅然對付〔困難、問題等〕〈*up*〉〔*to*〕《★可用被動語態》：He ～*d* ***up to*** the difficulty. 他毅然對付困難。
squáre awáy《vi adv》(1)《美》整理；準備。(2)《美》〈兩人〉擺出打架的姿勢。(3)《航海》乘風行駛。—《vt adv》(4)《美》把…整理[準備]好《★常用被動語態》。
squáre óff《vt adv》(1)⇨*v.t.* 2. —《vi adv》(2)《口語》擺好(攻擊或防守的)架勢。
～**·ly** *adv.* ～**·ness** *n.*

squáre-bàshing *n.* Ⓤ《英口語》軍事操練，(尤指)行軍。
squáre brácket *n.* Ⓒ[常～**s**]《印刷》方括弧《[ ]》.
squáre-búilt *adj.* 〈肩膀〉寬闊的；〈體格〉結實的。
squáre dànce *n.* Ⓒ方塊舞《兩人一組，以四組圍成方形而跳》。
squáre déal *n.* Ⓒ **1** 公平的決定[交易]。**2**《口語》公平的處理法：give a person [get] a ～ 公平對待某人[獲得公平待遇]。
squáre knòt *n.* Ⓒ《美》死結(《英》reef knot)：tie a ～ 打死結。
squáre méasure *n.* Ⓒ《數學》平方積，面積《144 平方吋(sq. in.) =1 平方呎(sq. ft.)/9 平方呎(sq. ft.)=1平方碼(sq. yd.)/640 噉(acres)=1平方哩(sq. mi.)》.
squáre númber *n.* Ⓒ《數學》平方數。
squáre-rígged *adj.* 《航海》〈船〉有橫帆裝置的，橫帆式的。
squáre-rígger *n.* Ⓒ有橫帆裝置的船。
squáre róot *n.* Ⓒ《數學》平方根〔*of*〕《符號r, √》《★√為 r 字的變形》。
squáre sàil *n.* Ⓒ《航海》橫帆。
squáre shóoter *n.* Ⓒ《美口語》公平而正直的人。
squáre-shóuldered *adj.* 平肩的，方肩的。
squáre-tóed *adj.* **1**〈鞋〉方頭的。**2** 古板的；拘謹的；保守的。

square-rigger

squar·ish [ˋskɛrɪʃ; ˈskɛəriʃ] *adj.* 近似方形的，略呈方形的。
squar·son [ˋskwarsn̩; ˈskwɑːsn] *n.* Ⓒ《英·諧》(英國國教)身兼牧師的地主。
squash[1] [skwaʃ; skwɔʃ] *v.t.* **1 a**〔+受〕壓碎，壓扁，壓爛…：～ a cockroach 打死蟑螂。**b**〔+受+補〕把〈東西〉壓成〈…狀態〉：Somebody has ～*ed* my hat flat. 有人把我的帽子壓扁了。**2**〔+受+介+(代)名〕把〈物〉塞入〔狹窄處〕；使〈人〉擠入〔…〕〔*into*〕：～ many people ***into*** a bus 使很多人擠入一輛公共汽車。**3**〔+受〕**a** 壓制，鎮壓〈暴動〉。**b** 使〈人〉緘默，把〈人〉駁倒：He was ～*ed* by his wife. 他被妻子駁得啞口無言。
—*v.i.* **1** 壓壞，壓爛：Strawberries ～ easily. 草莓容易壓壞/The cream puffs ～*ed* on the ground. 那些奶油泡芙在地上壓得稀爛。**2**〔+副詞(片語)〕擠入，互相推擠，擠過：～ *in* [*into* the theater] 擠入[擠進戲院]/The people ～*ed through* the gate [*onto* the bus].人們互相推擠過大門[上公共汽車]。
—*n.* **1** Ⓒ趴躂《重而軟的東西掉落壓碎的聲音》：with a ～ 趴躂地一聲。**2** [**a**～] 人潮，擁擠的人羣：There was *a* dreadful ～ at the door. 門口人湧如潮。**3** Ⓤ《英》果汁水《通常為果汁中加入(汽)水的飲料》：lemon ～ 檸檬水。**4** Ⓤ **a** (又作 **squásh ràcquets** [**ràckets**])網拍式牆球，回力球《一種兩人或四人對打的室內球戲，以長柄圓框球拍互擊由圍牆上彈回的橡皮球》。**b** (又作 **squásh tènnis**)網球式牆球《一種兩人對打類似網拍式牆球的球戲，球較大，球拍似網球拍》。
squash[2] [skwaʃ; skwɔʃ] *n.* (*pl.* ～**·es**, ～)Ⓒ[當作食物時為Ⓤ]《美》《植物》南瓜《瓜科南瓜屬草本植物及其瓠果的統稱》。
squash·y [ˋskwaʃɪ; ˈskwɔʃi] 《squash[1] 的形容詞》—*adj.* (**squash·i·er**；**-i·est**) **1** 容易壓碎[扁，爛]的。**2**〈土地等〉泥濘的。
squásh·i·ly [-ʃɪlɪ; -ʃili] *adv.* **-i·ness** *n.*
squat** [skwat; skwɔt] (**squat·ted**；**squat·ting**) *v.i.* **1**〔動(+副)〕**a** 蹲(下)〈*down*〉：She *squatted* ***down by the fire. 她在火爐旁蹲下來。**b**《英口語》坐〈*down*〉. **2**〈動物〉踡伏，蹲伏。**3** 擅自在別人的土地上住下來。
—*v.t.*〔+受(+副)〕[～ one*self*] 蹲下〈*down*〉：She *squatted herself* ***down***. 她蹲下來。
—*adj.* (**squat·ter**；**squat·test**) **1** [不用在名詞前](無比較級、最高級)蹲下的，蹲著的：sit ～ 蹲坐。**2** 矮胖的。
—*n.* **1** [**a** ～]蹲踞的姿勢。**2** Ⓒ《英》非法僭據之處。
squát tàg *n.* Ⓤ《美》「蹲鬼」《蹲下來便不會被鬼捉的一種兒戲》。
squat·ter [ˋskwatɚ; ˈskwɔtə] *n.* Ⓒ**1** 蹲著的人[動物]。**2 a** (公地的)擅佔人，僭據人。**b** (為取得所有權而)定居於無主的新開拓地者。**3**《澳》牧羊業者。
squat·ty [ˋskwatɪ; ˈskwɔti] *adj.* (**squat·ti·er**；**-ti·est**)矮胖的。
squaw [skwɔ; skwɔː] 《源自北美印地安語「女人」之義》—*n.* Ⓒ **1** 北美印地安人的婦女[妻子]。**2**《美諧》女人，妻子。
squawk [skwɔk; skwɔːk] 《擬聲語》—*v.i.* **1**〈海鷗、鴨子等〉嘎嘎叫。**2**《口語》大聲抱怨。
—*n.* Ⓒ **1** 嘎嘎聲。**2**《口語》高聲抱怨[發牢騷]。
squáwk bòx *n.* Ⓒ《口語》(對講機、播音器等的)擴音器。
squáw màn *n.* (*pl.* **squaw men**)Ⓒ《輕蔑》娶北美印地安人為妻的白人[非印地安人]。
squeak [skwik; skwiːk] 《擬聲語》—*v.i.* **1 a**〈老鼠等〉咭咭叫。**b** 以尖聲說話，發出尖叫聲。**c**〈東西〉作輾軋聲，咭咭作響。**d**〈皮鞋〉咭咭作響《磨擦聲》。**2**《俚》(為免於受罰而)告密。**3**〔+副〕《口語》(差一點就失敗的)僥倖成功，勉强通過，險勝〈*by, through*〉.
—*v.t.*〔+受(+副)〕以尖聲說…〈*out*〉：～ ***out*** a few words 以尖聲說兩三句話。
—*n.* **1** Ⓒ **a** (老鼠等的)咭咭(叫聲)。**b** (人的)尖聲。**c** (東西的)咭咭[輾軋]聲。**d** (皮鞋磨擦的)咭咭聲。**2** [常**a narrow** [**close, near**] ～]《口語》死裏逃生，千鈞一髮。
squéak·er *n.* Ⓒ **1** 發咭咭[輾軋]聲者。**2**《口語》(比賽、選舉等的)險勝。
squeak·y [ˋskwikɪ; ˈskwiːki] 《squeak 的形容詞》—*adj.* (**squeak·i·er**；**-i·est**)咭咭叫的，發輾軋聲的；刺耳的。
squéaky-cléan *adj.* 《美口語》非常乾淨的。
squeal [skwil; skwiːl] 《擬聲語》—*v.i.* **1**〈幼兒、豬等〉(因痛苦、喜悅、驚嚇等)發出長而尖銳叫[哭]聲；悲鳴：～ with delight 發出欣喜的尖叫/The taxi ～*ed* to a halt. 計程車嘎地煞車停下。**2**〔動(+介+(代)名)〕《俚》〔向警察等〕密告〔某人〕〔*on*〕〔*to*〕.
—*v.t.* 以尖聲說。
—*n.* Ⓒ(幼兒、豬等的)悲鳴，尖叫。
squéal·er *n.* Ⓒ **1** 尖叫者。**2**《俚》密告者。
squea·mish [ˋskwimɪʃ; ˈskwiːmiʃ] *adj.* **1 a** 神經質的，(即使小事也)易受驚的；(道德上)過分拘謹的。**b** 愛挑剔的。**2** 容易嘔吐[作嘔]的。～**·ly** *adv.* ～**·ness** *n.*
squee·gee [ˋskwidʒi, skwiˋdʒi; ˌskwiːˈdʒiː] *n.* Ⓒ橡皮拖把《裝有橡皮 T 型短把，用以拭去窗上的水等》；橡皮滾子。
—*v.t.* 以橡皮拖把[橡皮滾子]擦拭。
squeez·a·ble [ˋskwizəbl̩; ˈskwiːzəbl] *adj.* **1** 可壓擠的。**2** 可詐取的；可逼迫的。**3** 可擠塞的。
squeeze** [skwiz; skwiːz] *v.t.* **1** 壓榨，壓擠《★尤指從兩邊用力壓擠》：**a**〔+受〕擠，壓擠〈東西〉：～ a tube of toothpaste 擠牙膏/～ an orange 榨柳橙汁/A boa constrictor ～*s* its victims to death. 蟒蛇纏死牠的獵物。**b**〔+受+副〕擠出〈東西〉〈*out*〉：～ toothpaste ***out (從牙膏管子中)擠出牙膏。**c**〔+受+介+(代)名〕〔從…〕擠出〈東西〉〔*from, out of*〕：～ the juice ***from*** [***out of***] an orange 從柳橙中擠出汁。**d**〔+受+補〕把〈東西〉擠成〈…狀態〉：～ a lemon dry 把檸檬擠乾。
2〔+受〕**a** 緊握〈手等〉；緊抱〈人等〉：～ a person's hand 緊握某人的手/She ～*d* her child. 她緊抱自己的孩子。**b** (用力)扣〈槍的板機〉：～ the trigger 用力扣板機。
3 a〔+受〕(經濟上)壓榨，壓迫〈人〉：～ the peasants 壓榨佃農/The people were ～*d* by heavy taxes. 人民受重稅的壓榨。**b**〔+受+介+(代)名〕〔向…〕榨取，勒索〈金錢等〉；逼取〈口供〉〔*from,out of*〕：The dictator ～*d* money ***from*** [***out of***] the people. 那個獨裁者向人民榨取錢財/They ～*d* a confession *from* him. 他們逼他招供。**c**〔+受+補〕把〈人〉壓榨〈成…狀態〉：～ a person dry 把某人的錢榨乾。
4〔+受+副詞(片語)〕**a** 把〈東西〉塞入：～ things *into* a suitcase 把東西塞入手提箱/～ many people *in* 使很多人擠入/a small shop ～*d* (*in*) *between* two big buildings 擠在兩棟大樓間的一家小商店。**b** [～ one*self*] 擠進：～ *oneself in* 擠進去/I managed to ～ *myself into* the crowded theater. 我好不容易[終於]擠進那家擁擠的戲院。**c** [～ **one's way**] (從…中)擠過去：He ～*d* his way *through* the crowd. 他從人羣中擠過去。
5〔+受(+副)〕《棒球》**a** 以觸擊使〈三壘跑壘員〉進本壘得分〈*in*〉. **b** 以觸擊戰術獲得〈分數〉〈*in*〉.
—*v.i.* **1** 壓擠，榨取：Sponges ～ easily. 海綿容易壓擠。
2〔+副詞(片語)〕**a** 擠開前進，擠過：I ～*d through* the narrow

opening. 我擠過狹口。**b** 擠進：～ *between* two cars 擠進兩車中間/He tried to ～ *in.* 他企圖擠進去/Can you ～ *into* that parking space？你能擠進那個停車位嗎？

—*n.* **1** Ⓒ **a** 壓榨，壓擠。**b**（少量的）榨汁：a ～ of lemon 檸檬榨汁。
2 Ⓒ緊握；緊抱：give a girl a ～ 抱緊女孩子。
3 [**a** ～]推擠，擁擠，擠滿。
4 Ⓤ《口語》勒索，敲詐《★常用於下列片語》：put the ～ *on* a person 向人勒索[敲詐(等)]。
5 Ⓒ[常用單數]《口語》進退兩難的境地，困境：be in a (tight) ～ 陷入困境。
6（又作**squéeze plày**）Ⓒ《棒球》觸擊得分戰術。

squéeze bòttle *n.* Ⓒ（塑膠製瓶狀）用手壓擠的容器。

squéez·er *n.* Ⓒ **1** 壓榨器。**2** 壓榨者，榨取者，剝削者。

squelch [skweltʃ; skweltʃ] 《擬聲語》**—*v.t.*** **1** 壓碎。**2**《口語》鎮壓；駁倒，使…緘默。
—*v.i.* **1**（重踏水、泥或濕鞋踏地時）發格吱格吱聲。**2**〔十副詞(片語)〕發格吱聲地行走：She ～*ed along* the muddy path. 她沿著泥濘小徑格吱格吱地走。
—*n.* **1** Ⓤ[又作 **a** ～] **a** 格吱格吱(的濺水、泥聲)。**b** 格吱格吱的走路聲。**2** Ⓤ《口語》壓碎；鎮壓；駁倒。

squib [skwɪb; skwib] *n.* Ⓒ **1** **a** 爆竹。**b** 導火管，爆筒，起花《一種小煙火》。**2**（攻擊政治家等的）諷刺短文。
a dámp squíb《英口語》估計錯誤的事[計畫]，未能達到預期效果之事物。

squid [skwɪd; skwid] *n.*（*pl.* ～, ～**s**）**1** Ⓒ《動物》烏賊《尤指槍鯽及柔魚屬的軟體動物》。**2** Ⓤ烏賊肉。

squidg·y [ˈskwɪdʒɪ; ˈskwidʒi] *adj.*（**squidg·i·er**；**-i·est**）《英口語》濕軟的。

squif·fy [ˈskwɪfɪ; ˈskwifi] *adj.*（**squif·fi·er**；**-fi·est**）《英口語》微醉的。

squig·gle [ˈskwɪgl; ˈskwigl] *n.* Ⓒ **1** 短而不規則的曲線，彎彎曲曲的線。**2** 潦草的書寫。

squig·gly [ˈskwɪglɪ; ˈskwigli] *adj.*（**squig·gli·er**；**-gli·est**）彎彎曲曲的；潦草的。

squint [skwɪnt; skwint] *n.* Ⓒ **1** **a**（光線刺眼或瞄準槍時的）眯眼而視。**b**《英口語》瞥視，看《★常用於下列片語》：have [take] a ～ at... 看…，瞥…，瞄…。**2** 斜視：have a bad [fearful] ～ 有嚴重的斜視。
—*adj.* **1** 眯著眼看的。**2** 斜視的；斜視眼的。
—*v.i.* **1** 眯著眼看：～ into the sun 眯著眼看太陽。**2** 斜視。
～·er *n.*

squínt-èyed *adj.* **1** 斜視的，斜眼的；用斜眼的。**2** 惡意的；有偏見的。

squire [skwaɪr; skwaiə] 《esquire 字首消失的變體字》**—*n.*** **1** Ⓒ（從前英國鄉下的）鄉紳，大地主。**2** Ⓒ騎士的隨從。**3**［市場推銷員等用於稱呼男顧客］《英口語》老爺，先生。**4** Ⓒ《美》治安官；地方法官。
—*v.t.* 〈男士〉護衛〈女士〉(赴宴等)。

squir(e)·arch·y [ˈskwaɪrˌɑrkɪ; ˈskwaiərɑ:ki] *n.* Ⓒ [**the** ～；集合稱]（從前英國鄉下的）鄉紳，地主階級《★用法 視為一整體時當單數用，指全部個體時當複數用》。

squirm [skwɝm; skwə:m] *v.i.* 〈人〉(因痛苦、不愉快、焦躁等而) 扭動身體，侷促不安。
—*n.* Ⓒ扭動身體，侷促不安。

squirm·y [ˈskwɝmɪ; ˈskə:mi] *adj.*（**squirm·i·er**；**-i·est**）蠕動的；扭曲的；侷促不安的。

***squir·rel** [ˈskwɝəl, skwɝl; ˈskwirəl] *n.*（*pl.* ～**s**，[集合稱] ～）**1** Ⓒ《動物》松鼠。**2** Ⓤ松鼠的毛皮。
—*v.t.* 〔十受(十副)〕積存〈金錢、東西〉〈*away*〉.

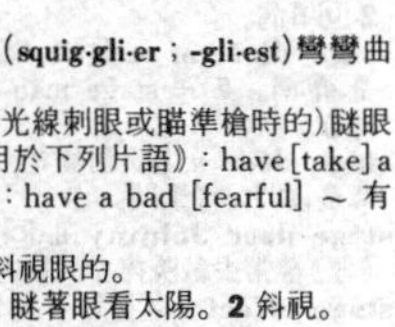
squirrel 1

squírrel càge *n.* Ⓒ **1**（裏面裝有滾筒的）松鼠籠。**2** 單調而空洞[空虛]的工作[生活]。

squirt [skwɝt; skwə:t] *v.t.* 〔十受(十介十(代)名)〕**1** 使〈液體〉噴出〔至…中〕；使…迸出〔至…中〕〔*into*〕：～ soda water ***into*** a glass 將蘇打水[汽水]注入玻璃杯。
2〔把噴出的液體〕噴在…；〔用…〕弄濕…〔*with*〕.
—*v.i.* 〔動(十介十(代)名)〕〔從…〕噴出，迸出〔*from*〕：Water ～*ed* ***from*** the hose. 水從橡皮管中噴出。
—*n.* Ⓒ **1** 噴出，迸出。**2** 注射器；水槍。**3**《口語》目中無人的人，自大的人。

squírt·er *n.* Ⓒ（液體的）噴射裝置。

squírt gùn *n.* Ⓒ **1**（槍狀的）噴射器。**2** 水槍（water pistol）.

sq. yd.《略》square yard(s).

Sr《符號》《化學》strontium. **sr., Sr, Sr.**《略》Senior. **Sr.**《略》Señor；Sister.

Sra.《略》Señora.

Sri Lan·ka [ˌsriˈlɑŋkə, -ˈlæŋ-; ˌsri:ˈlæŋkə] *n.* 斯里蘭卡《在印度東南方由錫蘭(Ceylon)島構成的一個共和國，舊稱錫蘭；首都可倫坡(Colombo [kəˈlʌmbo, -ˈlɑm-; kəˈlʌmbou, -ˈlɔm-])》.

S.R.N.《略》《英》State Registered Nurse.

S.R.O.《略》standing room only 僅有站位[票]《坐位售完》。

Srta.《略》Señorita.

SS.《略》Saints. **s.s., ss., ss**《略》《棒球》shortstop. **S.S.**《略》Secretary of State；《美軍》Silver Star 銀星勳章；steamship；Sunday School.

SSE, S.S.E.《略》south-southeast.

ssh [ʃ; ʃ] *interj.* ＝sh.

SST《略》supersonic transport.

SSW, S.S.W.《略》south-southwest.

st.《略》《詩學》stanza；statute(s)；《印刷》stet；stone《重量單位》；strait；street；《板球》stumped.

St. [sent, sənt, sṇt, sṇ; sənt, sint, snt]《略》(⇨ saint 用法)（*pl.* **SS., Sts.**）聖…：**a**［加在聖徒、大天使、使徒等名字前］：*St.* Paul. **b**［加在教會、學校等名稱前］：*St.* Peter's. **c**［加在街名、人名前］：*St.* Andrews. **d**［冠於聖徒以外者成爲教堂名稱］：*St.* Saviour's.

St.《略》Saturday；Strait；Street. **S.T.**《略》《英》summer time.

-st [-st; -st] 字尾 **1** ⇨ -(e)st. **2**［表示 1 以及尾數爲 1 的序數字］《★11 除外》：1*st.*

stab [stæb; stæb]（**stabbed**；**stab·bing**）*v.t.* **1**（以尖銳物）刺，戳。

【同義字】pierce 是以尖銳物刺穿或開孔。

a〔十受〕刺，戳…：～ a person *to* death 把人刺死。**b**〔十受十介十名〕刺，刺傷〈人〉〔身體的某部位〕〔*in, through,* etc.〕《★用法 表示身體部分的名詞前加 the》：～ a person ***in the*** arm 刺傷某人的手臂。**c**〔十受十介十(代)名〕〔以尖銳物〕刺…〔*with*〕；將〈尖銳物〉刺〔入…〕〔*into*〕：～ a person ***with*** a knife＝～ a knife ***into*** a person 用小刀刺人。**2**〔十受〕嚴重傷害〈某人、名聲等〉；刺痛〈良心等〉：Remorse *stabbed* her. 她深受良心的譴責/He was *stabbed to* the heart by his son's misconduct. 兒子的行爲不檢使他極爲傷心。
—*v.i.* 〔動(十介十(代)名)〕刺〔…〕；〔向…〕刺戳〔*at*〕：The thief ***stabbed at*** him. 那個竊賊向他刺去。
stáb a person in the báck (1)刺某人的背（cf. *v.t.* 1b）。(2)暗箭傷人，背後中傷[出賣]某人。
—*n.* Ⓒ **1** 刺，戳。**2** 刺傷，戳傷。**3** 針刺般的痛，刺痛：a ～ of anguish 苦惱的刺痛[一陣痛苦]。**4**《口語》企圖，嘗試：have [take] a ～ *at...* 企圖[嘗試]…。
stáb in the báck（尤指來自信賴者、朋友等的）中傷，背信。

stáb·ber *n.* Ⓒ刺戳的人[東西]，刺客。

stáb·bing *adj.* **1**〈疼痛等〉如針刺般的：a ～ pain 針刺般的痛，劇痛。**2**〈話等〉刻薄的，傷人的。**～·ly** *adv.*

sta·bil·i·ty [stəˈbɪlətɪ; stəˈbiləti] 《stable[1] 的名詞》**—*n.*** Ⓤ[又作**a** ～] **1** 穩定，穩固：emotional ～《心理》情緒穩定。**2** 踏實，堅忍不拔。**3**（船舶、飛機的）安定性，穩定度[性]。

sta·bi·li·za·tion [ˌstebləˈzeʃən; ˌsteibəlaiˈzeiʃn] 《stabilize 的名詞》**—*n.*** Ⓤ **1** 穩定，安定。**2**（物價、通貨、政治等的）穩定。

sta·bi·lize [ˈstebḷˌaɪz; ˈsteibəlaiz] 《stable[1] 的動詞》**—*v.t.*** **1** 安定…，穩定…：～ prices [one's life] 使價格[某人的生活]穩定。**2** 給〈船舶、飛機等〉安裝穩定裝置。
—*v.i.* 穩定，安定。

stá·bì·liz·er *n.* Ⓒ **1** 使穩定的人[物]。**2**（船舶、飛機的）穩定器，平衡器。**3** 安定劑。

sta·ble**[1] [ˈstebḷ; ˈsteibl] 《源自拉丁文「站立(stand)」之義》**—*adj.（**sta·bler, -blest**；**more** ～, **most** ～）**1** **a** 穩定的；堅固的，穩固的（↔ unstable）：emotionally ～ 情緒上穩定的/a ～ foundation 穩固的基礎。**b** 無變動的，持久性的：a ～ peace 持久性的和平。**2**〈性格、目標等〉踏實的，堅定的。**3**《機械》穩定的，有復原力的，復原率大的：～ equilibrium 穩定平衡。**4**《化學》(不分解或變化之)安定的。**stá·bly** [-blɪ; -bli] *adv.*

sta·ble[2] [ˈstebḷ; ˈsteibl] *n.* Ⓒ **1** **a**［常～**s**］馬廄，畜舍：(It is too late to) shut the ～ door when the steed is stolen.《諺》馬被偷後才關廄門《爲時已晚》；賊去關門。**b**［常 ～**s**］(訓練賽馬的)馬棚。**c**［集合稱］(屬於某馬棚的)賽馬用的馬，…所有的(一羣)馬。**2**［常用單數］《口語》在同一組織下工作的人，屬同一經理人所管轄[經營]的人《新聞記者、拳擊手、相撲選手、騎士》。
—*v.t.* 〔十受〕將〈馬〉納入馬廄。

stáble·bòy *n.* Ⓒ小馬夫，馬僮。

S

stáble·làd *n.* =stableboy.

stáble·man [-mən; -mən] *n.* Ⓒ(*pl.* **-men** [-mən; -mən])馬夫。

stá·bling *n.* Ⓤ **1** 馬廄的設備。**2** [集合稱]馬廄(stables)。

stac·ca·to [stə'kɑto; stə'kɑ:tou] 《源自義大利語》 —〖音樂〗*adj.* 斷奏的，斷唱[音]的《略作 stacc》：a ~ mark 斷音記號。
—*adv.* 斷奏地。
—*n.* Ⓒ(*pl.* ~*s*)斷奏，斷唱[音]。

stack [stæk; stæk] *n.* **1** Ⓒ(麥、乾草等的)堆〔*of*〕：a ~ *of* wood 一堆木柴。**2** Ⓒ(堆積戶外的)**乾草[麥稈]堆**。**3** Ⓒ[常~s]《口語》大宗，大量〔*of*〕：~*s of* work 堆積如山的工作。**4** Ⓒ **a** (在屋頂上攏集的)一羣煙囪(《英》chimney stack)。**b** (汽車、輪船等的)高煙囪(smokestack)。**5** [~s](圖書館的)書架。**6** Ⓒ〖軍〗架起之槍《三枝步槍的槍托(butt)朝下，架成圓錐狀》：a ~ of arms 架起的槍枝。**7** Ⓒ〖電算〗堆疊，疊式儲存器。
—*v.t.* **1 a** [+受(+副)]堆積(乾草等)〈*up*〉：~ hay [firewood] 堆積乾草[薪柴] / The dishes were ~*ed* ***up*** to dry. 盤子堆起來準備烘乾。**b** [+受+介+(代)名]把〈東西〉〔靠…〕堆放〔*against*〕：There were numerous painting ~*ed* ***against*** the walls. 有很多畫靠牆堆放著。**c** [+受(+副)+介+(代)名]〔把…〕堆積於…〈*up*〉〔*with*〕：~ a desk ***with*** papers 把文件堆在桌子上。**2** [+受]架〈槍〉：*S*~ arms！架槍！**3** [+受]〖紙牌戲〗做牌《洗牌時作弊》。**4** [+受(+副)]使〈若干飛機〉(在降落前)分層待命(降落)〈*up*〉。
—*v.i.* [動(+副)]**1** 成堆，堆起來〈*up*〉。**2** 〈飛機〉(在降落前)分層待命(降落)〈*up*〉。
hàve the cárds stácked agàinst one 對某人極為不利。
stáck úp (*vi adv*)(1)⇨ *v.i.* 1. (2)⇨ *v.i.* 2. (3)囤積〔…〕〔*with*〕. (4)〈車子等〉阻塞。(5)《美口語》總計〔達…〕〔*to*〕. (6)《美口語》〔與對手等〕相較，比較〔*against, with*〕：How do we ~ *up against* them？我們和他們比起來如何《哪裏強，哪裏弱》？(7)《美口語》〈形勢〉進展：That's how things ~ *up* now. 那就是目前形勢的進展。—(*vt adv*)(8)⇨ *v.t.* 1 a. (9)⇨ *v.t.* 4. (10)使〈交通〉阻塞。

stacked *adj.* 《俚》〈女子〉身材婀娜的，豐滿勻稱的。

***sta·di·um** ['stedɪəm; 'steidjəm] *n.* Ⓒ(*pl.* ~*s*, **-di·a** [-dɪə; -diə])(戶外)運動場，(四周有多層看台的露天)體育場。

***staff**[1] [stæf; stɑ:f] *n.* (*pl.* ~*s*) **1** Ⓒ[集合稱]**a** (做組織工作的)**職員**，幹部，工作人員《★[用法]視為一整體時當單數用，指個別成員時當複數用》：a ~ of thirty people 三十名職員。**b** (學校的)教職員《★[用法]與義 1a 同》：the teaching ~ 全體教員，教授陣容/be on the ~ 在職，是職員[工作人員]。**c**〖軍〗參謀，幕僚《★[用法]與義 1a 同》：the general ~ 參謀總部《略作 G.S.》/a ~ officer 參謀軍官。**2** Ⓒ[集合稱；當複數用]《英》(團體的)成員，職員《★作此字義時無複數形》：30 ~ 三十名職員。
—*v.t.* **1** [+受]給…提供職員[工作人員(等)]《★常用被動語態》：The office *is* not sufficiently ~*ed*. 辦公室的人員不夠。**2** [+受+介+(代)名]給…提供〔職員、工作人員(等)〕〔*with*〕《★常用被動語態》：a department ~*ed* ***with*** 20 clerks 有二十位辦事員的部門。

staff[2] [stæf; stɑ:f] *n.* Ⓒ(*pl.* ~*s*, **staves** [stevz, stævz; steivz]) **1 a** (步行、武器等用的)杖，棒，棍。**b** (旗)竿。**c** (象徵職權、權威等的)權杖(cf. pastoral *n.* 3)。**2** 可依賴的東西，支柱，支持物〔*of*〕：the ~ *of* a person's old age 某人老年的依靠/the ~ *of* life 生命的支柱；(尤指)麵包。**3**〖音樂〗五線譜(stave)。

staff·er ['stæfɚ; 'stɑ:fə] *n.* Ⓒ《美》**1** 職員。**2** (報社之)編輯。

staff·man ['stæfmən; 'stɑ:fmən] *n.* (*pl.* **-men**)=staffer.

Staf·ford·shire ['stæfɚd,ʃɪr; -ʃɚ; 'stæfədʃə, -ʃiə] *n.* 斯塔福郡《英格蘭中部的一郡，首府斯塔福(Stafford)；略作 Staffs》。

Staffs. [stæfs; stæfs] 《略》Staffordshire.

stáff sérgeant *n.* Ⓒ[也用於稱呼]〖美陸軍・海軍陸戰隊〗參謀軍士；〖美空軍〗中士。

stag [stæg; stæg] *n.* Ⓒ **1** (*pl.* ~*s*, [集合稱] ~)雄鹿；(尤指)五歲以上的雄赤鹿。**2** 《口語》**a** (宴會時)不帶女伴的男子。**b** (又作 **stág pàrty**)只有男人的宴會(↔ hen party)。**3** 《英》為賺取差額而申購新上市股票的人。
—*adj.* [用在名詞前]**1** 只有男人(參加)的；無女伴的(⇨ *n.* 2 b)。**2** 以男人為對象之色情的：a ~ magazine(只供男人看的)色情雜誌。
—*adv.* 《口語》只有男人(參加)地；無女伴地：go ~ 不帶女伴去。

stág bèetle 《源自雄甲蟲的角近似雄鹿的枝狀角》—*n.* Ⓒ〖昆蟲〗鹿角甲蟲，鍬螂。

‡**stage** [stedʒ; steidʒ] 《源自拉丁文「站的地方」之義》—*n.* **A 1** Ⓒ **a** (劇場的)**舞臺**(⇨ theater 插圖)：a revolving ~ 旋轉[活動]舞臺/on ~ 在舞臺上《★無冠詞》/off ~ 在舞臺後面《★無冠詞》。**b** (演講的)講臺，(演奏等的)表演臺。**2** [the ~]戲劇，演藝事業，戲劇界，戲劇文學：go on [take to] *the* ~ 做演員/tread *the* ~ 踏上舞臺，做[當]演員。**3** Ⓒ[常 the ~]《文語》〔活動的〕舞臺，活動範圍，〔戰爭、殺人等的〕舞臺，場所〔*of*〕。
—**B** Ⓒ **1 a** (發展等的)**時期**，程度，階段：*at* this ~ 在這個[現在的]階段，目前/*in* the first [last] ~ *of*... 在…的第一個[最後]階段/take one's plan a ~ farther 把某人的計畫往前推進一步。**b** (疾病、症狀等的)…期：the early ~*s of* cancer 癌症初期。**2 a** (從前馬車的)驛站，客棧；(驛站間的)旅程，行程：travel *by* long [short, easy] ~*s* 匆匆地[停停走走地，從容地]旅行；趕著[拖拖拉拉地]做。**b** 驛馬車(stagecoach)：by ~ 乘坐驛馬車《★無冠詞》。**3** (多級[節]火箭的)級，節《每級中各有槽(tank)與燃料》：⇨ multistage rocket.

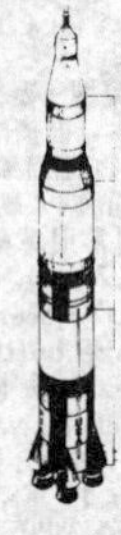
3
2
1

stages B 3
1 first stage
2 second stage
3 third stage

sèt the stáge for... (1)為…布置舞臺。(2)籌備…(工作)，促成…。
—*v.t.* [+受]**1 a** (在舞臺上)演〈戲〉：We are going to ~ *Macbeth*. 我們準備演「馬克白」。**b** 公開(舉行)〈比賽等〉。**2** 計畫，策畫〈引人注目的事〉；(光彩地)實現，舉行…：~ a comeback 捲土重來，再度走紅/They ~*d* a protest march. 他們舉行抗議遊行。
—*v.i.* [與 well 等的狀態副詞連用]可上演，適於演出：That scene will not ~ well. 那一景不適於演出。

stáge·còach *n.* Ⓒ(從前的)驛馬車：by ~ 坐驛馬車《★無冠詞》。

stagecoach

stáge·cràft *n.* Ⓤ編劇術；上演術。

stáge dirèction *n.* **1** Ⓒ(劇本的)舞臺指導，演出說明。**2** Ⓤ導演。

stáge dirèctor *n.* Ⓒ **1** 舞臺導演。**2** = stage manager.

stáge dóor *n.* Ⓒ(劇場的)舞臺後門，後臺門。

stáge-door Jóhnny *n.* Ⓒ《俚》經常去戲院捧女演員的男人。

stáge effèct *n.* Ⓒ[常 ~s]舞臺效果。

stáge frìght *n.* Ⓤ(初次上舞臺時的)怯場，恐懼不安：get [have] ~ 怯場。

stáge·hànd *n.* Ⓒ(劇場)管理舞臺布景[道具，照明(等)]的人。

stáge léft *n.* Ⓤ 舞臺左側《面對觀眾時舞臺中央之左方》。

stáge-mànage *v.t.* **1** 擔任…的舞臺監督。**2 a** 漂亮地[有效地]指揮。**b** 在暗中操縱。

stáge mànager *n.* Ⓒ舞臺經理，舞臺監督《排練期間充當舞臺導演的助手，上演期間負起有關舞臺方面的責任》。

stag·er ['stedʒɚ; 'steidʒə] *n.* Ⓒ[常 **an old** ~]《英口語》經驗豐富的人，老手。

stáge rìght *n.* Ⓤ舞臺右側《面對觀眾時舞臺中央之右方》。

stáge sètting *n.* Ⓒ舞臺布置。

stáge-strùck *adj.* 嚮往舞臺生活的，熱望當演員的。

stáge whìsper *n.* Ⓒ **1**〖戲劇〗(演員想讓觀眾聽見的)大聲自語。**2** 有意讓別人聽見的私語。

stag·fla·tion [stæg'fleʃən; stæg'fleiʃn] 《*stag*nant 和 in*flation* 的混合語》—*n.* Ⓤ〖經濟〗停滯膨脹；滯脹。

stag·ger ['stægɚ; 'stægə] *v.i.* **1 a** (因挨揍、疲憊或飲酒過度等而走路)**搖搖晃晃**，**蹣跚**：~ to one's feet 搖搖晃晃地站起來。**b** [+副詞(片語)]搖晃[蹣跚]而行：The drunkard ~*ed along* [*across* the road]. 那個醉漢搖搖晃晃地走過去[穿過馬路]。**2** [動(+介+(代)名)]〔對…事〕心意動搖，猶豫〔*at*〕：He ~*ed at* the news. 他聽到那消息就心意動搖。
—*v.t.* [+受]**1** 使〈人〉搖晃，使…蹣跚：The kick ~*ed* him. 那一踢使他站立不穩。**2** 使〈決心等〉動搖，使…搖擺不定；使〈人〉失去自信：The news ~*ed* his resolution. 那消息使他的決心動搖。**3** 使〈人〉驚愕，使〈人〉茫然：She was ~*ed* by the news of her husband's death. 丈夫死亡的消息使她驚愕。**4** (為避開尖峯時刻或提高工作效率而)錯開〈休假、上下班時間〉：~ office hours 錯開辦公時間。
—*n.* **1** Ⓒ **a** 搖晃，動搖。**b** 搖晃的腳步，蹣跚。**2** [the ~s]家畜暈倒病，蹣跚病。~·**er** *n.*

stág·ger·ing [-gərɪŋ; -gəriŋ] *adj.* **1 a** 搖晃的，蹣跚的：a ~ gait 搖晃的步態。**b** 使搖晃的：a ~ blow 使人搖晃的重擊。**2** 使茫然的，使驚愕的：a ~ piece of news 一項令人驚愕的消息。~·**ly** *adv.*

stág·hòund *n.* Ⓒ獵鹿等大型動物用的獵犬。

stag·ing [ˈstedʒɪŋ; ˈsteidʒiŋ] *n.* **1** ⓊⒸ(戲的)上演，演出。**2** Ⓤ[集合稱]鷹架，臺架。**3** Ⓤ(多級火箭的)各級配置；(太空船等在飛行中與燃料耗盡的火箭的)脫離。

stáging pòst *n.* Ⓒ《英》**1** (飛機等長距離飛行的)中途站。**2** (某事的)發展過程[階段]。

stag·nan·cy [ˈstægnənsɪ; ˈstægnənsi] 《stagnant 的名詞》—*n.* Ⓤ**1** 沉滯，停滯。**2** 不景氣，蕭條。

stag·nant [ˈstægnənt; ˈstægnənt] *adj.* **1** 〈水等〉不流動的，停滯的；汚濁的。**2** 不活潑的；不景氣的，蕭條的。~**·ly** *adv.*

stag·nate [ˈstægnet; ˈstægneit] *v.i.* **1** 〈液體〉不流動，停滯。**2** 〈生活、心情、工作、人等〉沉滯不振。

—*v.t.* **1** 使〈水等〉不流動[停滯]。**2** 使…沉滯不振。

stag·na·tion [stægˈneʃən; stægˈneiʃn] 《stagnate 的名詞》—*n.* Ⓤ**1** 不流動，停滯。**2** 沉滯；不振，不景氣，蕭條(⇨ depression【同義字】)。

stag·y [ˈstedʒɪ; ˈsteidʒi] 《stage 的形容詞》—*adj.* (**stag·i·er**; **-i·est**) **1** 舞臺的。**2** 演戲似的，誇張的，矯揉造作的。

stág·i·ly [-dʒɪlɪ; -dʒili] *adv.* **-i·ness** *n.*

staid [sted; steid] *v.* 《古》**stay**[1] 的過去式・過去分詞。

—*adj.* 沉著的，認眞的，穩健的。~**·ly** *adv.* ~**·ness** *n.*

***stain** [sten; stein] *n.* **1** ⒸⓊ(咖啡、果汁、血等引起的)**染汚之處，汚跡**(⇨blot【同義字】)：a coffee ~ *on* the tablecloth 沾在桌布上的咖啡汚跡。**2** Ⓒ《文語》汚點，瑕疵：a ~ *on* one's reputation 某人名聲上的汚點。**3** ⓊⒸ(木材等的)著色劑；(顯微鏡檢查用的)染料。

—*v.t.* **1** 〔十受(十介十(代)名)〕〔用…〕**弄髒…**〔*with*〕：You have ~*ed* your tie ***with*** coffee, haven't you? 你的領帶沾到咖啡了，對不對？/His fingers were ~*ed with* red ink. 他的手指沾上紅墨水。**2** 〔十受〕玷汚，損及〈名聲、人格〉：His character is ~*ed* by vice. 惡行玷汚了他的品格。**3 a** 〔十受〕染[著]色於〈玻璃、木材、壁紙等〉；用著色劑染〈標本等〉：⇨stained glass. **b** 〔十受十補〕把…著色〈成…色〉：The wood was ~*ed* yellow. 木材被染成黃色/His teeth are ~*ed* yellow. 他的牙齒被(煙垢)燻成黃色。

—*v.i.* **1** 變髒，受到染汚：White cloth ~*s* easily. 白布容易弄髒。**2** 染汚(他物)，造成汚跡：Coffee ~*s*. 咖啡會造成汚跡。

stáined gláss *n.* Ⓤ燒上彩花的玻璃，彩色玻璃。

stained glass

stáin·less *adj.* **1** 無汚點的，不沾汚的。**2** 不生銹的；不銹鋼製的。**3** 純潔的，潔白的。

—*n.* Ⓤ[集合稱]不銹鋼製餐具類。

stáinless stéel *n.* Ⓤ(含鉻的)不銹鋼。

‡**stair** [stɛr; steə] *n.* **1** [~*s*；《美》有時 a stairs]**階梯，樓梯**《★指建築物的樓[層](floor)到另一樓[層]或(自樓梯中途的)平台(landing)到另一平台的一段臺階(flight of steps)》：a flight of ~*s* 一段樓梯/descend *a* narrow ~*s*《美》下窄梯/go up [down] (the) ~*s* 上[下]樓梯。**2** Ⓒ(階梯的)一級：the top ~ (階梯的)最上面一級。

abòve stáirs (1)《罕》在樓上。(2)《古》(對傭人房而言的)主人房。

belòw stáirs (1)《罕》地下室。(2)《古》傭人房。

—*adj.* [用在名詞前]樓梯(用)的：a ~ carpet 樓梯用地毯。

stair·case [ˈstɛrˌkes; ˈsteəkeis] *n.* Ⓒ(包括扶手欄杆的)**樓梯**：a corkscrew [spiral] ~ 螺旋梯/a grand ~ 正面大樓梯/⇨moving staircase.

stáir ròd *n.* Ⓒ樓梯踏板上壓住地毯之條狀物。

stáir·wày *n.* =staircase.

stáir·wèll *n.* Ⓒ《建築》樓梯井《樓梯所佔的井狀垂直空間》。

***stake**[1] [stek; steik] *n.* **1** Ⓒ(地界標識、植物的支撐棒等用以刺入地面、前端尖的)**樁，**杙。**2 a** Ⓒ(古代的)火刑柱。**b** [**the** ~]火刑，炮烙：suffer [be burned] at *the* ~ 被處以火刑。

pùll ùp (one's) **stákes**《口語》離去；遷居，搬家；調職。

—*v.t.* **1** 〔十受(十副)〕把…繫於樁上；以樁支撐…〈*up*〉：~ a tree 以樁支撐樹。**2** 〔十受十副〕用樁圍住，打樁標出…〈*off, out*〉：~ ***off*** [***out***] the boundary 打樁標出地界。

stáke óut 《*vt adv*》(1)⇨ *v.t.* 2. (2)《俚》(警察)盯梢〈某處、嫌犯等〉；埋伏於〈某處〉(cf. stakeout).

stake[2] [stek; steik] *n.* **1** Ⓒ[常 ~*s*]**賭，**賭注：play for high ~*s* 豪賭。**2** [~*s*] **a** (賽馬等的)賭金，獎金。**b** [當單數用]有特別獎金的賽馬《將各參賽馬主支付的出場登記費總額提供爲獎金的賽馬》。**3** Ⓒ利害關係〔*in*〕：have a ~ *in* a company 與某公司有利害關係。

at stáke 被當作賭注；瀕於危險，成爲問題，利害[安危]攸關：My honor is *at* ~. 我的名譽出了問題《事關我的名譽，不能不管》。

—*v.t.* **1** 〔十受十(介十(代)名)〕把〈金錢、生命等〉賭〔在…上〕〔*on*〕：He ~*d* his life ***on*** the job. 他把命押在工作上。**2** 〔十受十介十(代)名〕《美》給與，提供〈人〉〔金錢、物品等〕〔*to*〕：~ a person ***to*** food 提供某人食物。

stáke·hòlder *n.* Ⓒ賭金保管者。

stáke·òut *n.* Ⓒ《俚》(警察的)埋伏，監視〔*on*〕.

Sta·kha·no·vism [stəˈkɑnəˌvɪzəm; stəˈkɑːnəvizəm] 《源自首倡此制度的蘇聯煤礦工人 Stakhanov之名》—*n.* Ⓤ斯達漢諾夫(倡導的)勞動競賽制《以獎金等獎勵勞工以提高工作效率、增加生產的一種制度》。

sta·lac·tite [stəˈlæktaɪt; ˈstæləktait] *n.* Ⓒ《礦》(在鐘乳洞中從上面形成冰柱狀的)鐘乳石。

sta·lag·mite [stəˈlægmaɪt; ˈstæləgmait] *n.* Ⓒ《礦》(在鐘乳洞中從洞底向上形成的)石筍。

stale [stel; steil] 《源自古法語「變成不動」之義》—*adj.* (**stal·er**; **-est**) **1 a** 〈麵包、餅乾等〉**不新鮮的，陳舊的**(↔ fresh). **b** 〈酒等〉走味的。**c** 〈肉、蛋等〉腐壞的。**d** 〈空氣〉不流通而汚濁的，悶的。**2** 陳腐的，乏味的，無聊的：a ~ joke 老笑話。**3** 〈人〉沒有生氣的，疲勞的。~**·ness** *n.*

stale·mate [ˈstelˌmet; ˈsteilmeit] *n.* ⓊⒸ **1** 《西洋棋》無棋可走而成僵局，棋子走錯會變成將死，王棋受困(cf. mate[2]). **2** (爭論等的)停頓，陷入僵局。

—*v.t.* **1** 《西洋棋》使〈對手〉無棋可走。**2** 使…無路可走[停頓]《★常用被動語態》。

Sta·lin [ˈstalɪn; ˈstɑːlin], **Joseph** *n.* 史達林《1879–1953；蘇聯的獨裁者，共產黨總書記(1922–53)及總理(1941–53)》.

Stá·lin·ìsm [-ˌlɪnɪzəm; -linizəm] *n.* Ⓤ史達林主義《史達林(Stalin)實行的獨裁性官僚主義等》。

Stá·lin·ist [-nɪst; -nist] *n.* Ⓒ史達林主義者。

—*adj.* 史達林主義(者)的。

stalk[1] [stɔk; stɔːk] *n.* Ⓒ**1** 《植物》**a** [常構成複合字]**莖，幹，軸**：⇨beanstalk. **b** 葉柄，花梗。**2** 細長的支撐物，莖狀物。

stalk[2] [stɔk; stɔːk] 《源自古英語「偷偷走」之義》—*v.i.* **1** 〔十副詞(片語)〕**大步走，高視闊步**：He ~*ed out* (*of* the room). 他大步走出(房間)。**2 a** (如幽靈般)緩緩地移步。**b** 〔十副詞(片語)〕〈疾病、災害等〉蔓延(於…)：The plague ~*ed through* [*up* and *down*] the land. 瘟疫蔓延全境。—*v.t.* 〔十受〕**1** 偷偷走近〈敵人、獵物等〉；悄悄跟蹤：The hunter ~*ed* the bear through the woods. 那個獵人穿過樹林，悄悄走近熊。**2** 《文語》〈疾病等〉蔓延〈某地區〉：Panic ~*ed* the streets. 恐慌籠罩著街道。

—*n.* Ⓒ **1** 偷偷走近獵物，悄悄追蹤。**2** 高視闊步。~**·er** *n.*

stálk·ing-hòrse *n.* Ⓒ**1** 掩蔽馬《獵人掩於其後以潛近獵物時的馬狀物》。**2** 僞裝，藉口(pretext).

stalk·y [ˈstɔkɪ; ˈstɔːki] 《stalk[1] 的形容詞》—*adj.* (**stalk·i·er**; **-i·est**) **1** 多莖的。**2** 似莖的；細長的，修長的。

stall[1] [stɔl; stɔːl] 《源自古英語「所站之處」之義》—*n.* **1** Ⓒ(可容納一匹馬、一頭牛的)**馬廄[牛舍](stable)的一欄。**

stall[1] 2 a

2 Ⓒ爲某一用途而設的小隔間：**a** [常構成複合字]《英》攤位，露天攤子：⇨bookstall. **b** 隔開的小房間：a shower ~ 淋浴室。**c** (大教堂聖壇所(chancel)固定的)神職人員席位。**3** Ⓒ指套，護指(finger-stall). **4** [~*s*]《英》(劇院)正廳前排席(《美》orchestra).

—*adj.* [用在名詞前]《英》(劇院)正廳前排席的：a ~ seat 正廳前排席座位。

—*v.t.* 〔十受〕**1** 把〈馬、牛〉關入馬廄[牛舍]。**2** 把〈馬廄、牛舍〉隔間。

stall[2] [stɔl; stɔːl] *n.* Ⓒ**1** 《航空》失速《失去駕駛所需的速度》。**2** (因離合器操作失誤或燃料系統情況不好所引起的引擎的)停轉。

—*v.t.* **1** 使〈引擎、汽車〉不動；使…停止轉動；使〈飛機〉失速。**2** 使〈馬、馬車〉陷入泥[雪]中進退不得；(因交通阻塞等)使〈車子〉進退不得：His car was ~*ed* in a traffic jam. 他的車子在交通阻塞中動彈不得/The horses were ~*ed* in a slough. 馬陷入泥沼中進退不得。

—*v.i.* **1** 〈飛機〉失速；〈引擎、車子〉停止轉動，不動：The car keeps ~*ing* in this cold weather. 在這種冷天裏，這部車子的引擎老是發不動。**2** 〈馬、馬車〉陷入泥[雪]中進退不得。

stall[3] [stɔl; stɔːl] 《口語》*n.* Ⓒ(拖延的)藉口，託辭。

—*v.t.* 〔十受(十副)〕(以藉口、矇騙等)拖延；逃避；敷衍…

〈*off*〉: He could no longer ~ ***off*** his creditors. 他再也不能敷衍打發債權人。
—*v.i.* 〔動(＋介＋(代)名)〕(以藉口、矇騙等)拖延，支吾，敷衍〔時間等〕〔*for*〕: ~ ***for*** time 拖延時間。

stáll·hòlder *n.* Ⓒ《英》攤子〔位〕的所有人，租營攤位者。

stal·lion [ˋstæljən; ˈstæljən] *n.* Ⓒ種馬(⇨horse 相關用語)。

stal·wart [ˋstɔlwɚt; ˈstɔːlwət] *adj.* **1** 高大強健的，健壯的，身體結實的。**2** (尤指政治上)信念堅定的，對黨非常忠實的。
—*n.* Ⓒ **1** 身體強健的人。**2** (尤指政治上)信念堅定的人，忠於某一政黨的人。

sta·men [ˋstemən; ˈsteimen, -mən] *n.* Ⓒ《植物》雄蕊(cf. pistil, anther)。

stam·i·na [ˋstæmənə; ˈstæminə] *n.* Ⓤ(耐苦、耐勞的)持久力，耐力，毅力。

【字源】此字是從拉丁文的「經紗」而來的，在紡織品中經紗要比緯紗重要得多。另外，在希臘、羅馬神話中，三位命運女神(the Fates)紡織生命之紗，以紗的長短來決定每個人的壽命，並以剪刀裁剪。因此「經紗」使人聯想到生命，逐漸轉變成「持久力，體力」等的意思。

stam·mer [ˋstæmɚ; ˈstæmə] *v.i.* **口吃，結結巴巴地說。**

【同義字】stammer 指因興奮、困惑、恐怖等而口吃；stutter 是習慣上的口吃。

—*v.t.* **1** 〔＋受(＋副)〕口吃地說，吞吞吐吐地說…〈*out*〉: He ~***ed out*** a few words. 他吞吞吐吐地說出兩三句話。**2** 〔＋引句〕結結巴巴地說…: "G-g-good-bye," he ~*ed.* 他結結巴巴地說:「再一再一再見。」
—*n.* Ⓒ〔常用單數〕口吃，吞吞吐吐。

stám·mer·er [-mərɚ; -mərə] *n.* Ⓒ口吃的人。

stám·mer·ing·ly [-mərɪŋlɪ; -məriŋli] *adv.* 口吃地，結結巴巴地。

‡**stamp** [stæmp; stæmp] 《源自古英語「壓碎」之義》—*v.t.* **1 跺，踏**: **a** 〔＋受〕頓〈足〉，跺〈腳〉: ~ one's foot〔feet〕in anger 憤怒地跺腳。**b** 〔＋受〕用力踏〔踩〕〈地、地板等〉: ~ the ground 頓足，用力踩地/~ the floor 踩響地板。**c** 〔＋受＋副〕踩熄…〈*out*〉: He ~***ed out*** the cigarette. 他踩熄香煙。**d** 〔＋受＋補〕把…踩〈成…〉: He ~*ed* the grass flat. 他把草踩平。
2 蓋章於，打印於: **a** 〔＋受〕蓋印於…: ~ a person's passport 在某人的護照上蓋印。**b** 〔＋受＋介＋(代)名〕將〈記號、圖案、名字等〉蓋印〔於…〕〔*on*〕;〔以記號、圖案、名字等〕蓋印於…〔*with*〕: ~ one's name ***on*** an envelope = ~ an envelope ***with*** one's name 在信封上蓋印自己名字。
3 〔＋受〕**貼郵票〔印花〕於〈信封、文件〉上**: ~ a letter 貼郵票於信件上。
4 〔＋受＋(*as*)補〕顯示，表示〈人、物〉〈爲…〉: His manners ~ him (*as*) a gentleman. 他的風度顯示他是一位紳士。
5 〔＋受＋介＋(代)名〕**a** 銘記，銘刻〈印象、回憶等〉〔於心裏〕〔*on, upon*〕: The scene is ~***ed on*** 〔***upon***〕my mind. 那情景深深銘刻在我心裏。**b** 將〈事件等〉銘刻〔在記憶裏〕〔*in*〕: The incident was ~***ed in*** my memory. 那事件銘刻在我的記憶裏。**c** 〔將悲傷、痛苦等〕刻劃於〈心裏、臉上等〉〔*with*〕: His face was ~***ed with*** grief. 他面露悲傷。
6 〔＋受(＋副)〕把〈東西〉按模型切割〔沖壓〕〈*out*〉: ~ ***out*** rings from metal sheets 從金屬板沖壓出環形。
7 〔＋受〕壓碎〈礦石等〉。
—*v.i.* **1 a** 跺腳。**b** 〔＋副詞(片語)〕頓足走路: He ~*ed downstairs.* 他頓足走下樓梯/He ~*ed about*〔*out of*〕the room. 他頓足在房間裏走來走去〔走出房間〕。
2 〔＋介＋(代)名〕〔把…〕踏碎，用力踩〔…〕〔*on*〕: ~ ***on*** a cockroach 用力踩蟑螂/~ *on* the accelerator 用力踩油門。
stámp óut 《*vt adv*》(1)⇨*v.t.* 1 c. (2)⇨*v.t.* 6. (3)鎮壓〈叛亂等〉；壓抑〈感情等〉。
—*n.* Ⓒ **1 郵票，印花。**
2 戳子〔記〕，印章，圖章: a rubber ~ 橡皮章/a ~ of payment 收款戳子。
3 壓型機，壓斷機。
4 〔常用單數〕特質，特徵，記號〔*of*〕: It bears the ~ *of* genius. 它顯示天才的特徵。
5 〔常用單數〕種類，型: *of* the same ~ 同種類的。
6 踩〔跺〕腳。

Stámp Àct *n.* 〔the ~〕《美國史》印花稅法案《英國議會 1765 年通過之法案，規定美洲殖民地於公私文件等上必須貼印花，1766 年 3 月廢止》。

stámp àlbum *n.* Ⓒ集郵簿。

stámp collècting *n.* Ⓤ集郵。

stámp collèctor *n.* Ⓒ集郵者〔家〕。

stámp dùty *n.* ＝stamp tax.

stam·pede [stæmˋpid; stæmˈpiːd] *n.* Ⓒ**1** (動物等)受驚而突然逃竄，驚逃。**2 a** (人羣)爭先恐後的逃出，奔竄，潰散。**b** 蜂擁上前，大量湧到。**3** 衝動性的羣衆行動。
—*v.i.* **1** 〈動物羣等〉逃竄。
2 a 爭先恐後地逃出。**b** 大量湧到。
3 衝動性地行動。
—*v.t.* **1** 使〈動物羣等〉逃竄，使…驚逃: Thunderstorms often ~ cattle. 雷雨常使牛羣驚逃。**2 a** 〔＋受〕使〈人〉採取衝動性的行動。**b** 〔＋受＋介＋ do*ing*〕驅使〈人〉〔採取衝動性的行動〕〔*into*〕: A rumor of a shortage ~*d* people ***into*** lay*ing* in supplies. 缺貨的謠言驅使人們囤積生活用品。

stámp·er *n.* Ⓒ **1 a** 蓋印章的人。**b** (郵局)蓋郵戳的職員。**2** 自動打印器。**3** (搗礦機的)杵。

stámp·ing gròund *n.* Ⓒ**1** (動物)常聚集的場所。**2** 《口語》(人)常去的地方，落脚處，休息處。

stámp machìne *n.* Ⓒ郵票販賣機。

stámp tàx *n.* ⓊⒸ印花稅。

stance [stæns; stæns] *n.* Ⓒ〔常用單數〕**1** (高爾夫、棒球等打擊者的)站姿，步法，擲球姿勢: the batting ~ 擊球的姿勢。**2** (對事物的)態度，立場: take an anti-war ~ 採取反戰態度。

stanch[1] [stæntʃ, stantʃ; staːntʃ] *v.t.* 《美》止〈血〉；使〈傷口〉止血(《英》staunch): ~ a cut 給割傷傷口止血。

stanch[2] [stantʃ; staːntʃ] *adj.* ＝staunch[2].
~·**ly** *adv.*

stan·chion [ˋstænʃən; ˈstaːnʃn] *n.* Ⓒ**1** 柱子，支柱。**2** (牛舍中)夾限牛頸的隔框《安裝於牛頸周圍的金屬框使其不太能向前後移動》。—*v.t.* **1** 裝設支柱於…。**2** 把〈牛〉繫於隔框。

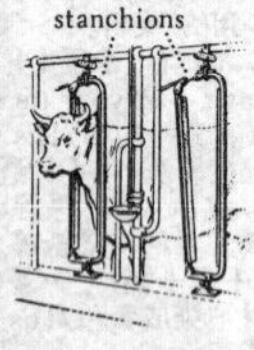

stanchions 2

‡**stand** [stænd; stænd] (**stood** [stud; stud]) *v.i.* **1 站立，站著**: **a** 〈人、動物〉站立，站著: You need not ~ if you are tired. 如果你疲倦，不用站著/The train was so crowded that I had to ~ all the way to London. 火車上非常擁擠以致我不得不一路站到倫敦/*S*~ straight. 站直。**b** 〔動(＋副)〕站起，起立〈*up*〉: Everyone *stood* when the band started to play the national anthem. 樂隊奏起國歌時，大家都起立/Please ~ ***up***. 請站起來。**c** 〔＋介＋(代)名〕〔用…〕站立〔*on*〕: ~ ***on*** one's head〔hands〕倒立/~ *on* tiptoe 用脚尖站立，踮著脚尖/He tried to ~ *on* his own feet〔legs〕. 他試著用自己的脚站立；他想自立。**d** 〔＋副詞(片語)〕(以某姿勢、在某位置)站立: ~ *aside* 站開，避開，不參加/~ *apart from...* 離開…站立/~ *away* 不接近，離開/~ *back* 退後，退縮/⇨STAND clear. **e** 〔＋補〕〈以…狀態〉站著: ~ alone 孤立(著)/*S*~ still while I am taking your photograph. 我幫你拍照時站著不要動。**f** 〔＋過分〕〈…地〉站著: I *stood* astonish*ed* at the sight. 那情景使我瞠目呆立。**g** 〔＋ do*ing*〕站著〈做…〉: There she *stood* wait*ing* for her husband. 她站在那裏等她的丈夫。
2 a 〔動(＋副詞(片語))〕〈東西〉**直立，豎著(放)；〈樹等〉矗立**: A table *stood in* the center of the room. 一個餐桌擺在房間的中央/A tall tree once *stood* here. 這裏曾經有一棵大樹。**b** 〔＋介＋(代)名〕〈東西〉〔以…〕站立〔*on*〕: The chair will not ~ ***on*** three legs. 這張椅子三隻脚支撐不住/My hair *stood on* end. 我的頭髮(因恐懼而)倒豎。**c** 〔＋介＋(代)名〕〈東西〉〔靠…〕放著〔*against*〕: A walking stick was ~*ing* ***against*** the wall. 一根拐杖靠在牆上。**d** 〔＋副詞(片語)〕〈東西〉位於，坐落《★無進行式》: The church ~*s on* a hill. 那座教堂坐落於小山上/The building ~*s at* 34th Street and 5th Avenue. 那棟建築物位於第三十四街和第五大道的交叉口上。
3 a 〔＋補〕**處於〈…的狀態〉**: The door *stood* open. 那扇門開著/This machine is ~*ing* idle. 這部機器閒置著/His reputation ~*s* higher than ever. 他的聲望比以前更高/He ~*s* ready for anything. 他已準備好應付任何事/I ~ your friend. 我是你的朋友/They ~ in need of help. 他們正需要幫助/I *stood* to him in a special relation. 我和他有特殊的關係。**b** 〔＋過分〕處於〈接受…的狀態〉: I ~ correct*ed.* 我接受指正《是我的錯誤》/He *stood* convict*ed* of treason. 他接受叛國罪的宣判。**c** 〔＋介＋(代)名〕〔與表示席次或評價程度的副詞連用〕〔在…中〕居於(某席次)；受(某程度的)評價〔*in, among, with*〕: He ~*s* first ***in*** our class. 他在我們班上名列第一/He ~*s* well ***with*** his boss. 他得到老闆的喜愛〔好評〕/He knows how〔where〕he ~*s with* his fellows. 他知道自己在同伴中的評價如何/That film ~*s* high ***among*** the young. 年輕人對那部影片有很高的評價。
4 a 〔＋介＋(代)名〕〈物價、得分、寒暑表等〉達到〔…〕〔*at*〕: The thermometer ~*s* ***at*** 38℃. 寒暑表讀數是攝氏三十八度。**b** 〔＋補〕(高度)達〈…〉；(價值)爲〈…〉: He ~*s* six feet two. 他身

高六呎二吋/Food *stood* higher than ever. 食品價格比從前更貴。**c**〔十 *to* do〕處於〈做…的立場〉：We ～ *to* win[lose]. 我們勢將會贏[輸]/Who ～*s to* gain by his death? 誰會因他的死亡而得到好處呢？

5 a 保持現狀，有效《★無進行式》：The rule ～*s*. 該規則仍然有效/Let that word ～. 讓那個字保持現狀《那個字不改》。**b**〔十補〕繼續，持續〈…的狀態〉；維持，保持〈…期間〉：This house will ～ at least a hundred years. 這棟房子至少可保持一百年/This contract will ～ good for another year. 這張契約的有效期間還有一年。

6 a 站住，止步：“*S*～！”cried the guard. 衛兵喝道：「站住！」/The train was ～*ing at* the station. 火車正停在那一站/*S*～ and deliver!《古》站住，交出錢來！《★攔路强盜的恐嚇話》。**b**《美口語》〈汽車〉(在途中)暫時停車：No ～*ing*《告示》禁止途中停車，禁止停靠。**c**〈液體〉不流動，停滯；〈汗水〉堆積；〈淚〉含，噙著：Tears *stood in* her eyes. 她眼裏噙著淚水。

No standing

7〔十介十(代)名〕〔對…〕採取贊成的態度；贊成〔…〕〔*for*〕；採取〔反對…的〕態度；反對〔…〕〔*against*〕：～ ***for*** [***against***] rearmament 贊成[反對]重整軍備。

8〔十介十(代)名〕《英》登記為〔…的〕候選人〔*for*〕(《美》run)：Mr. Smith is ～*ing* ***for*** Parliament. 史密斯先生正登記為國會議員的候選人。

9〔十副詞(片語)〕《航海》〈船〉採取(某)航向；(朝某方向)前進：～ *out to* sea [*on* the course]〈船〉駛向外海[不變更航向地前進]。

—*v.t.* 1 a〔十受十副詞(片語)〕使…立著，使…站立，把…放在上面：～ a thing *on* its head[*upside down*]使一件東西倒立，倒置一件東西/～ a bottle *on* the bar 把瓶子放在櫃臺上/The teacher *stood* the naughty boy *in* the corner. 教師罰那個頑皮男生站在牆角。**b**〔十受十介十(代)名〕把…〔靠…〕豎放，直立〔*against*〕：～ a ladder ***against*** a fence 把梯子靠在圍牆上。

2〔常用於否定句、疑問句〕**a**〔十受〕〈人〉忍耐，忍受…《★無進行式》(⇨endure【同義字】)：I ca*n't* ～ this noise any longer. 我再也受不了這種噪音/She ca*n't* ～ cold[fatigue]. 她受不了寒冷[疲勞]。**b**〔十 do*ing*/十 *to* do〕忍受，忍耐〈做…〉(《★變換〔十 do*ing*〕與〔十 *to* do〕可換寫》)：He could *not* ～ be*ing* kept waiting so long. = He could *not* ～ *to* be kept waiting so long. 等候那樣久他受不了。**c**〔十受〕〈東西〉經得起…：This coat will *not* ～ much rain. 這件外套經不起雨淋。

3〔十受〕**a** 迎接，抵抗〈攻擊等〉：The soldiers still *stood* the assault[fire]. 那些士兵還在迎戰[抵抗砲火]。**b** 堅持…《★常用於下列的片語》：～ one's ground 堅持自己的立場。

4〔十受〕接受〈檢查、裁判等〉：It failed to ～ the test. 它檢查不合格《它未通過檢查》/～ trial 接受審判。

5〔十受〕(以站崗或走動)擔任〈警戒等〉職責：～ guard 站崗/～ watch 擔任警戒工作。

6 a〔十受〕付…的帳，請〈某人〉：～ a dinner 請人吃晚餐。**b**〔十受十受〕替〈某人〉付…的帳，請〈某人〉吃喝…《★用法〔十受十介十(代)名〕請〔某人〕吃喝…〔*for*〕的構句很少用》：I will ～ you a drink. 我請你喝一杯/They were often *stood* drinks in the canteen. 在軍中福利社經常有人請他們喝酒。

7〔十受〕[**～ a chance**] 有〈(成功等的)希望〉：～ *a* good[fair] *chance* of succeeding 頗有成功的希望/～ *a* poor *chance* of succeeding 成功的希望頗少。

as máttérs[affáirs, thíngs] stánd = as it stánds 按照現狀，照這情形。

as the cáse stánds 由於情形如此，就因為如此。

stand by[《*vi adv*》～ bý](1)站在旁邊。(2)袖手旁觀：I can't ～ *by* and see them ill-treated. 我不能袖手旁觀眼看他們受虐待。(3)(為隨時行動而)待命，待機。(4)《廣播・電視》(為準備開始播放而)待機，等待。**—**[《*vi prep*》～ by...](5)幫助，援助，支持：He always *stood by* his friends in difficult times. 朋友有困難時他總是援助他們。(6)遵守〈約定等〉：He *stood by* his promise. 他遵守他的諾言。

stànd cléar 站開，站遠一點：*S*～ *clear of* the gates. 離開大門一點《關門時說的話》。

stànd dówn《*vi adv*》(1)退出《把機會讓給其他的候選人》。(2)從(法庭的)證人席上退下。(3)《英》〈士兵〉解散。**—**《*vt adv*》(4)使〈士兵〉解散。

Stànd éasy! ⇨easy *adv.*

stánd for... (1)⇨*v.i.* 7. (2)⇨*v.i.* 8. (3)代表，表示，象徵；代替：“What does MS. ～ *for*?”—“It ～*s for* Manuscript.”「MS. 代表什麼？」「代表 Manuscript(原稿)。」(4)為〈主義、階級等〉挺身奮鬥，擁護，支持。(5)[用於否定句]《口語》忍耐，容忍，允許：I wo*n't* ～ *for* such rude behavior. 我不能容忍如此無禮的舉止/I would*n't* ～ *for* be*ing* scolded by him. 我不能忍受挨他的罵。

stànd ín《*vi adv*》代理，代替〔某人〕〔*for*〕.

stànd a person **in góod stéad** ⇨stead.

stànd ín with... (1)與…分擔一份，與…分攤(費用)。(2)《美口語》與…相好，與…很熟。

stànd óff《*vi adv*》(1)《航海》離開(岸、危險之處等)。(2)不接近，離開，站開：*S*～ *off*!(有危險)站開！離遠一點！(3)疏遠；不同意。

—《*vt adv*》(4)避開〈討債者等〉；打退〈進攻等〉。(5)《英》暫時解雇〈員工〉。

stánd on... (1)⇨*v.i.* 1 c. (2)根據…，基於…。(3)嚴守〈儀式〉，對…一絲不苟；拘泥於…；主張，堅持…：～ *on* ceremony 拘禮。

stànd óut《*vi adv*》(1)顯目，突出：The skyscraper *stood out against* the sky. 摩天樓襯著天空十分顯目/A vein *stood out on* his forehead. 一根血管浮現在他的前額。(2)〈人、東西〉〔比其他者〕傑出，卓越〔*from, among*〕：～ *out from* the others 比其他的人傑出。(3)(即使在他人屈服後仍然)奮鬥到底〔*for, against*〕.

stand over[《*vi prep*》～ òver...](1)監督，注視《★可用被動語態》。**—**[《*vi adv*》～ óver](2)延期：The debate will ～ *over* until next Monday. 討論將延期到下星期一舉行。

stand to[《*vi prep*》～ to...](1)遵守〈約定、主義等〉；固守，堅持〈申述等〉的眞實性，主張：⇨stand to one's COLORS, stand to one's GUNS **—**[《*vi adv*》～ tó](2)堅守崗位；(尤指深夜、天亮前)對敵人的進攻嚴陣以待。

stánd to réason ⇨reason *n.*

stànd úp《*vi adv*》(1)⇨*v.i.* 1 b. (2)〈東西〉耐久，經用。(3)〈理論等〉站得住脚，經得起考驗，被接受[認為]正確。**—**《*vt adv*》(4)《口語》對〈某人(尤指異性)〉爽約，讓〈某人〉空等：Her boyfriend *stood* her *up*. 她的男友讓她白等。

stànd úp for... 擁護…，為…辯護。

stànd úp to... (1)抵禦，對抗…。(2)〈東西〉耐用，經得起…：This car will ～ *up to* all kinds of strain. 這部車子經久耐用[經得起種種考驗]。

stànd úp with...《口語》(婚禮時)做…的儐相[伴娘]。

stánd wéll with... 得到…的好感[喜愛，青睞]。

—*n.* Ⓒ**1** 止步，停止，停頓《★比較 一般用 standstill》：bring [put]...*to* a ～ 使…停止，使…停頓/Business has come *to* a ～. 事業已陷於停頓。

2 a(堅決的)抵抗，反抗：make a ～ *for* independence 為獨立而抵抗/make a ～ *against* aggression 抵抗侵略。**b**(留守的)防禦(線)：a goal-line ～ 端線[球門線]防禦。

3 a(人對問題的明確)立場，見解，態度：take a strong ～ *against* racial discrimination[*for* freedom of worship]强烈反對種族歧視[堅決擁護信仰自由]。**b**(人所站的)位置，場所：He took his ～ near the front. 他站在靠近前面的地方。

4[常構成複合字]…臺，…架：⇨inkstand, washstand/a music ～ 譜架/an umbrella ～ 雨傘架。

5 a 攤位，(露天)攤子，貨攤。**b**(車站、路旁等的書報)攤：a newspaper ～ 報攤/⇨newsstand.

6 a(計程車的)招呼站。**b**(公共汽車的)停車場。

7[常 ～s](棒球場、賽馬場的)看臺，觀衆席。

8《美》(法庭的)證人席(《英》witness box)：take the ～ 站在證人臺上。

9 田裏生長的作物，(長在地上的)樹木。

‡stan·dard [ˈstændəd; ˈstændərd] **《源自古法語「站立的地點，集結地點」之義》—*n.*** Ⓒ**1**[常 ～s] **a**(作比較、評價基礎的)標準，基準：the ～ *of* living[life] = the living ～ 生活水準/safety ～*s* 安全標準/below ～ 在標準以下《★無冠詞》/up to (the) ～ 達到標準的，合格的。**b** 道德的規範，常規：He has no ～*s*. 他沒有操守。

2(度量衡的)原基，原器。

3 本位《通貨制度的價值基準》：the gold[silver] ～ 金[銀]本位(制)。

4 燭臺；燈臺。

5 直立的支持物，支柱，電線桿(等)。

6 a(從前軍隊所用前端有醒目標記的)旗桿。**b** 旗；軍旗，(尤指)騎兵團旗(⇨flag[1]【同義字】)：the Royal *S*～ 王旗/join the ～ of... 加入…的旗下/march under the ～ of... 加入…的軍隊/They raised the ～ of revolt[free trade]. 他們擧起反叛[自由貿易]的旗幟。

7《美》標準樂曲《成為標準演奏曲目的曲子》。

8《園藝》**a**(用以接灌木的)台木，接枝於樹幹上的樹[灌木]。**b**(直立的)天然樹，(長在地上的)樹。

—*adj.* (**more ～; most ～**) **1 a** 標準的，普通的：(a) ～ size 標準尺寸。**b**〈語言、發音等〉標準的；標準語的：～ English 標準

英語。

2 [用在名詞前]〈無比較級、最高級〉〈公認爲〉優秀的，有權威的：a ～ textbook 有權威性的教科書/a ～ reference book 優良的參考書。

3 〈無比較級、最高級〉〈食用肉等〉品質中等以下的，劣等的(⇨ beef [相關用語])。

stándard-bèarer *n.* Ⓒ **1** 《軍》掌旗手。**2** 〔政黨、運動等的〕首倡者，倡導者，領袖〔*of*〕：the ～ *of* progress in the world 世界進步的首倡者。

stándard gàuge [gàge] *n.* Ⓒ《鐵路》標準軌距《鐵軌間隔約爲 1.435 公尺者》。

stan·dard·i·za·tion [ˌstændədəˈzeʃən; ˌstændədaiˈzeiʃn] «standardize 的名詞» **—***n.* ⓊⒸ標準化，規格化；統一，劃一。

stan·dard·ize [ˈstændəˌdaɪz; ˈstændədaiz] «standard 的動詞»**—***v.t.* 使…符合標準，使…標準[規格]化：～*d* goods [articles, products]標準規格[化]產品/～*d* production 規格[標準]化生產。

stándard làmp *n.* Ⓒ《英》落地枱燈。

stándard tìme *n.* Ⓤ標準時間《一國、一地區共同採用的時間》。

> 【說明】英國採用格林威治(標準)時間(G(M)T)；美國幅員廣袤，自東起有大西洋(標準)時間(Atlantic (standard) Time)，東部(標準)時間(Eastern (standard) Time)，中部(標準)時間(Central (standard) Time)，山地(標準)時間(Mountain (standard) Time)，太平洋(標準)時間(Pacific (standard) Time)，育空(標準)時間(Yukon (standard) Time)，阿拉斯加(標準)時間(Alaska (standard) Time)，白令(標準)時間(Bering (standard) Time)等八個不同的標準時間，其間的時差各爲一小時。台灣的標準時間比 G(M)T 早八小時；cf. local time.

stánd·bỳ *n.* Ⓒ(*pl.* ～s) **1** (緊要關頭時)可依賴的人[物]，靠山。**2 a** (緊急時的)替身，代替物；緊急用物資。**b** 替身，代替的演員。**c** 待命者；(等待別人退票的)後補乘客。**3** 《廣播・電視》儲備節目《預定節目不能播放時的代替者》。

on stándby (1)待命中。(2)等待著(別人的退票以便補上)。

stand·ee [stænˈdi; stænˈdi:] *n.* Ⓒ《美》**1** (劇院裏)站著看的人，買站票的人。**2** (火車等的)站票乘客。

stánder-by *n.* (*pl.* **standers-by**)Ⓒ旁觀者；在場者(bystander).

stánd-ìn *n.* Ⓒ **1** (電影、電視演員的)替身，臨時替角〔*for*〕. **2** 代替者〔*for*〕.

stand·ing [ˈstændɪŋ; ˈstændiŋ] *adj.* [用在名詞前]〈無比較級、最高級〉**1 a** 站立的，站著的：a ～ position 站的姿勢/the ～ audience 站著看的觀衆。**b** 從站的姿勢[位置]做的：the ～ broad jump (不用助跑的)立定跳遠/a ～ vote 起立的投票[表決]。**c** 生長著的，未收割的〈作物等〉；未砍伐的〈樹木〉：～ timber 未砍伐的樹，立木/～ corn 未收割的穀類[玉米]。**2 a** 停止的，不動的〈機器等〉。**b** 不流動的，停滯的〈水等〉：a ～ pool 死水池。**3** 常備的；常設置的〈委員會等〉：a ～ army 常備軍/a ～ committee 常務委員會。**4 a** 持續性的，永存的；不褪的〈顏色、光澤〉：a ～ color 不會褪的顏色。**b** 固定的，不變的：a ～ complaint 老套的埋怨/a ～ joke 老套的笑話。**5** 《印刷》排好備用的〈鉛字等〉。

—*n.* Ⓤ **1** 站立，起立。**2** 身分，地位；名聲：people of high [good] ～ 身分[地位，聲望]高的人/men of ～ 有名氣[聲望]的人。**3** 繼續，存續，持續：a custom of long ～ 存續已久的習俗/a friend of long ～ 長年交往的朋友。

stánding órder *n.* **1** Ⓒ(一直繼續到取消或變更的)長期訂單。**2** Ⓒ《英》(銀行等)自動轉帳的委託：by ～ 以自動轉帳《★無冠詞》。**3** [the ～s]《議會》議事規則。

stánding ròom *n.* Ⓤ **1** 只容許站立的空間[餘地]。**2** (戲院等)站著看的地方：～ only⇨ S. R. O.

stánd-òff *adj.* **1** 《美》離著的，孤立的。**2** ＝standoffish.

—*n.* **1** Ⓤ《美》分離，孤立。**2** Ⓤ《美》冷漠，疏遠。**3** Ⓒ抵銷，彌補。**4** Ⓒ《美》(比賽等的)和局，打成平手，不分勝負。

stándoff hálf *n.* Ⓒ《橄欖球》外側前衛。

stand·off·ish, stand-off·ish [stændˈɔfɪʃ; ˌstændˈɔfiʃ ˊ] *adj.* 冷漠的，冷淡的，高傲的。**～·ly** *adv.* **～·ness** *n.*

stánd·òut 《美口語》 *n.* Ⓒ出類拔萃的人[物]，傑出的人[物]。

—*adj.* 卓越的，出衆的，出色的。

stánd·pàt *adj.* 《美口語》主張維持現狀的；固執保守的。

stánd·pàt·ter *n.*

stánd·pìpe *n.* Ⓒ配水[儲水]塔。

stánd·pòint *n.* Ⓒ見地，觀點，看法：judge a matter *from* a moral ～ 從道德觀點判斷一件事。

stánd·stìll *n.* [a ～]停止，休止；停頓：be *at a* ～ 停頓的/Business was brought *to a* ～. 事業[生意]停頓下來/The train came *to a* ～. 火車停了。

stánd-ùp *adj.* [用在名詞前]**1** 直立的，筆挺的〈領子等〉(↔ turndown). **2** 站著使用[做]的〈餐食等〉：a ～ meal 站著用餐。**3** 激烈互打的，光明正大的〈拳擊等〉。**4** 以饒舌[說笑話](非以演技)爲主的〈喜劇、喜劇演員等〉：a ～ comedian 單口相聲的喜劇演員，在臺上獨自做詼諧獨白的喜劇演員。

stan·hope [ˈstænhop, ˈstænəp; ˈstænəp] *n.* Ⓒ(二輪或四輪的)單座無篷輕便馬車。

stank *v.* **stink** 的過去式。

stan·na·ry [ˈstænərɪ; ˈstænəri] *n.* Ⓒ《英》錫礦坑；錫礦區；鎔錫場。

stan·nate [ˈstænet; ˈstæneit] *n.* Ⓤ《化學》錫酸鹽。

stan·nic [ˈstænɪk; ˈstænik] *adj.* 《化學》**1** 錫的；含錫的。**2** 四價錫的。

stan·nous [ˈstænəs; ˈstænəs] *adj.* 《化學》錫的；含二價錫的。

stan·num [ˈstænəm; ˈstænəm] *n.* Ⓤ《化學》錫(tin).

stan·za [ˈstænzə; ˈstænzə] «源自義大利語「停止之處」之義»**—***n.* Ⓒ《詩學》節，段《具有一定韻律，由四行以上構成詩的單位；略作 st.》. **stan·za·ic** [stænˈze·ɪk; stænˈzeiik ˊ] *adj.*

staph·y·lo·coc·cus [ˌstæfələˈkakəs; ˌstæfilouˈkɔkəs] *n.* (*pl.* **-coc·ci** [-ˈkaksaɪ; -ˈkɔksai])Ⓒ《細菌》葡萄球菌。

sta·ple[1] [ˈstepl; ˈsteipl] «源自古法語「市場」之義»**—***n.* Ⓒ**1** [常～s]**a** 主要產品，重要商品：the ～*s of* Japanese production 日本的主要產品。**b** (與季節、流行等無關的)基本食品《砂糖、鹽等》。**2** [常 ～s]要素，主要成分〔*of*〕. **3** [常用單數]纖維，(指棉、麻、羊毛等品質的)絲。

—*adj.* [用在名詞前]主要的，重要的：a ～ diet 主食/the ～ industries of Japan 日本的重要工業。

sta·ple[2] [ˈstepl; ˈsteipl] «源自古北歐語「固定」之義»**—***n.* Ⓒ**1 a** U 形釘，騎馬釘，肘釘。**b** 釘書針。**2** (被鎖搭(hasp)或鈎(hook)鈎住的)鈎環，鎖扣(⇨hasp 插圖)。

—*v.t.* **1** 在…釘上 U 形釘，以 U 形釘釘於…。**2** 以釘書機裝訂[釘住]。

stáple fíber *n.* ⓊⒸ(紡紗用的)人造短纖維。

stá·pler[1] «源自 staple[1]»**—***n.* Ⓒ**1** 主要產品商。**2** (羊毛)分選者[機]。

stá·pler[2] «源自 staple[2]»**—***n.* Ⓒ釘書機《指手動式釘書機》。

‡**star** [star; sta:] *n.* **1** Ⓒ星：a fixed ～ 恆星/the morning [evening] ～ 晨[晚]星/a shooting ～ 流星/⇨North Star.

2 Ⓒ **a** 星狀物《通常成爲五或六個方向的放射形》。**b** 星章；星形勳章。**c** 星標，星號《＊》(asterisk). **d** (用以給旅館、餐廳等定等級的)星標《★五顆星爲最高》：a five-*star* hotel 五星級[第一流]旅館。

3 Ⓒ明星，名角；紅人：a film ～ 電影明星/a football ～ 足球明星[偶像選手]。

4 Ⓒ[常 ～s]星宿，命運，運氣：be born under a lucky [an unlucky] ～ 生來幸運[生不逢辰]/thank one's (lucky) ～*s* 感謝自己的好運[幸運]。

5 [用單數]成功，幸運：trust one's ～ 相信自己的幸運[成功]。

6 [the ～s]遙不可及的目標。

sée stárs 《口語》(因撞到頭部等而)眼冒金星，目眩：The blow made me *see* ～*s*. 那一擊使我眼冒金星。

stárs in one's **éyes** 幸福感；夢想。

the stár of Béthlehem 伯利恆之星《耶穌誕生時出現》。

the Stár of Dávid 大衞之星《以色列共和國的象徵，由兩個正三角形上下組合而成六芒星形標誌，意爲「大衞王之盾」》。

the Stárs and Strípes [當單數用]星條旗《美國國旗》。

the Stars and Stripes

> 【說明】美利堅合衆國的國旗制定於發表獨立宣言的第二年，即 1777 年 6 月 14 日，當時因只有十三州，所以國旗上有十三顆星及十三條紅白相間的條紋(stripe). 其後每增一州就增加一顆星，現在共有五十顆星代表五十個州，而 6 月 14 日便成爲國旗制定紀念日(Flag Day)；cf. Star-Spangled Banner.

—*adj.* [用在名詞前]**1** 星的，關於星的：a ～ map 星座圖。

2 卓越的，傑出的；明星的，名角的：a ～ player 明星選手。

—*v.t.* (**starred**；**star·ring**) **1** 〔十受十介十(代)名〕〔以…〕星狀裝飾…，如星星般布滿…〔*with*〕《★常用被動語態》：The garden *was starred with* daisies. 花園裏星星點點地長著[布滿了]雛菊。

2 〔十受〕加星號《＊》於…。

3 〔十受〕以〈某人〉爲主角：a movie *starring* Robert Redford 勞勃・瑞福主演的影片。

—*v.i.* 〔動(十介十(代)名)〕〔在…中〕主演，演主角〔*in*〕：Audrey Hepburn *starred in My Fair Lady.* 奧黛麗赫本主演「窈窕淑女」。

star·board [ˈstar,bərd; ˈstɑːbəd] *n.* Ⓤ(船舶的)右舷；(飛機的)右側《面向船[機]首的右側，夜間點綠色燈；↔ port；cf. larboard；⇨ship 插圖》：on the ～ bow 在船首右舷，在右前方。
—*adj.* [用在名詞前]右舷[側]的。
—*v.t.* 將〈舵〉轉向右舷：～ the helm 將舵轉右。
—*v.i.* 〈船〉向右：*S*～！《口令》舵右轉！

starch [startʃ; stɑːtʃ] **《源自古英語「使硬」之義》 —*n.* 1 a** Ⓤ[指種類時爲Ⓒ]**澱粉**。**b** [～es]澱粉質的食物。**2** Ⓤ(漿衣服的)漿。**3** Ⓤ古板，規規矩矩，拘泥形式。**4** Ⓤ《美俚》勇氣。
—*v.t.* 〔十受〕給…上漿：～ sheets 給牀單上漿。

Stár Chàmber *n.* [(the) ～]星法院《從前設於英國西敏寺(Westminster)宮殿內的法庭，於 1641 年廢止。審判時沒有陪審團，以專斷暴虐聞名》。

starch·y [ˈstartʃɪ; ˈstɑːtʃi] **《starch 的形容詞》—***adj.* (**starch·i·er**；**-i·est**) **1** 澱粉(質)的：～ foods 澱粉質多的食物。**2** 上漿的，漿硬的。**3**《口語》古板的，拘謹的，規規矩矩的。
stárch·i·ly [-tʃɪlɪ; -tʃili] *adv.*

stár-cròssed *adj.* 〈情侶等〉命運多舛的，不幸的：～ lovers 命運多舛的情侶《★出自莎士比亞的悲劇「羅蜜歐與朱麗葉」(*Romeo and Juliet*)」》。

stár·dom [-dəm; -dəm] *n.* Ⓤ **1** 明星的地位[身分]：jump to ～ 一躍而成爲明星。**2** [集合稱]羣星。

stár·dùst *n.* Ⓤ **1**《天文》小星團；宇宙塵。**2** 如夢般的[羅曼蒂克的]感覺，恍惚：Get the ～ out of your eyes and face reality. 拋棄天眞的想法去面對現實。

‡**stare** [stɛr; stɛə] *v.i.* **1** 〈人〉(睜大眼睛)**注視，凝視，瞪眼看**(⇨look A【同義字】)：The sight made me ～. 那光景使我瞪目[驚呆了]/It is rude to ～. 睜眼瞪人是無禮的。**2** 〔十介十(代)名〕凝視，瞪眼看〔…〕〔*at, on, into*〕：Don't ～ ***at*** me like that. 別那樣瞪眼看我/She ～*d* ***on*** the people around in wonder. 她以訝異的眼光看周圍的人《★用法《美》不太用 on》/He was *staring* ***into*** the distance. 他在凝視遠處。
—*v.t.* **1 a** 〔十受十副〕凝視，瞪視，盯視〈人〉〈*up and down*〉：He ～*d* me ***up and down.*** 他上下打量我。**b** 〔十受十副詞(片語)〕瞪眼注視〈人〉〈使成…狀態〉：～ a person *into* silence 瞪視某人使其緘默/～ a person *out of* countenance 盯視某人使其侷促不安/The teacher ～*d* him *down* [《英》*out*]. 老師兩眼盯得他不敢再對視下去。
2 〔十受十介十名〕注視〈人〉〈面孔等〉〔*in*〕《★用法 名詞前面用 the》：He ～*d* me ***in the*** face. 他注視我的面孔。
stáre a person in the fáce (1)⇨*v.t.* 2. (2)〈事情〉出現[迫在]眼前；〈事實〉變得明白[顯然]：Ruin [Death] ～*d* them *in the face.* 毀滅[死亡]迫在他們眼前。
—*n.* Ⓒ**瞪視，凝視**：give a person a cold ～ 以冷眼瞪視某人。

stár·fish *n.* Ⓒ (*pl.* ～, ～·es)《動物》海星《又稱海盤車，海星綱棘皮動物的統稱》。

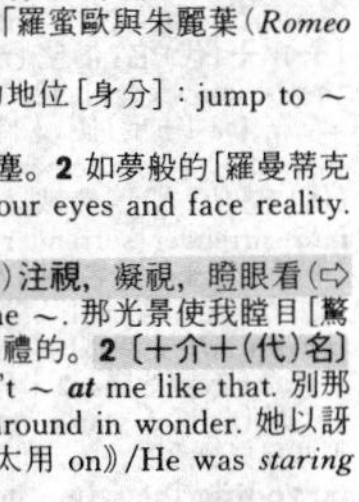
starfish

stár·gàze *v.i.* **1** 凝視星辰。**2** 耽於幻想，做白日夢。

stár·gàzer *n.* Ⓒ **1**《謔》占星家；天文學家。**2** 幻想家，做白日夢的人。

stár·gàzing *n.* Ⓤ **1** 凝視[觀測]星辰。**2** 空想，做白日夢，心不在焉。

star·ing [ˈstɛrɪŋ; ˈstɛəriŋ] *adj.* **1** 凝視的，瞪視的：with ～ eyes 瞪著眼地。**2 a**《英》〈色澤〉刺眼的，耀眼的：a ～ red tie 刺眼的紅領帶。**b** 顯著的，明顯的：a ～ error 明顯的過失。
—*adv.* 完全，全然：stark, ～ mad《謔》完全瘋狂的。**～·ly** *adv.*

stark [stark; stɑːk] **《源自古英語「強壯的」之義》—***adj.* **1** 〈屍體〉僵硬的，僵直的：～ and stiff 僵硬的[地]。**2** [用在名詞前]道道地地的，眞正的，純粹的，完全的：～ madness 完全瘋狂。**3 a** 〈景色等〉荒涼的。**b** 〈房間等〉無裝飾的，空洞的。**4 a** 〈描寫等〉寫實的，赤裸裸的。**b** 〈輪廓等〉分明的，顯著的：a ～ contrast 顯著的對照。**5** 〈訓練等〉嚴格的。
—*adv.* 完全，全然：～ naked 全裸地，一絲不掛地/～, staring mad《謔》完全瘋狂的。**～·ly** *adv.*

stark·ers [ˈstarkəz; ˈstɑːkəz] *adj.* [不用在名詞前]《英俚・謔》全裸的，一絲不掛的。

stárk-náked *adj.* 全裸的，赤裸裸的。

stár·less *adj.* 無星(光)的。

star·let [ˈstarlɪt; ˈstɑːlit] *n.* Ⓒ **1** 小星。**2** 可成爲明日之星的電影女演員，剛出道的年輕女演員。

stár·lìght *n.* Ⓤ星光。
—*adj.* 有星光的，星光閃耀的：a ～ night 星光閃耀的夜晚。

stár·lìke *adj.* **1** 如星的，星形的。**2** 閃耀的。

star·ling [ˈstarlɪŋ; ˈstɑːliŋ] *n.* Ⓒ《鳥》星椋鳥《又稱紫翅椋鳥，常築巢於住宅附近，容易飼養，善於模仿，饒舌有盜癖》。

starling

stár·lìt *adj.* ＝starlight.

starred [stard; stɑːd] *adj.* **1** 用星裝飾的；有星標的。**2** [構成複合字]命運…的：ill-*starred.*

star·ry [ˈstarɪ; ˈstɑːri] **《star 的形容詞》—***adj.* (**star·ri·er**；**-ri·est**) **1** 〈天空等〉多星的，散布著星辰的，有星光的。**2** 星的，發自星的。**3** 輝耀如星的，閃閃發光的。**4** 星形的。

stárry-éyed *adj.*《口語》眼神充滿理想[夢想]的；夢想的，不實際的，非現實的。

stár sápphire *n.* Ⓤ《礦》星彩藍寶石。

stár-spàngled *adj.* 星點散布的，布滿繁星的。

Stár-Spangled Bánner *n.* [the ～] **1** 星條旗《美國國旗；⇨the STARS and Stripes》。**2** 美國國歌。

> 【說明】(1)美國國歌「星條旗」"The Star-Spangled Banner"的歌詞是於 1814 年 9 月 14 日由當時一位年三十五歲的美國律師 Francis Scott Key (1779–1843)所寫的。在前一天他爲了要求英國釋放被英軍逮捕的一位名醫師，和一位朋友拿著美國總統的信及休戰旗上了英國軍艦。那時英軍開始對在巴爾的摩(Baltimore)的碉堡 Fort McHenry 展開二十五小時的猛攻，但終歸失敗。這位律師和他的朋友在第二天早上從軍艦上看見美國國旗仍然屹立在碉堡上，隨風飄揚，感動之餘寫了一首詩，隨後便譜上曲，於 1931 年 3 月正式成爲美國國歌。曲子是由英國人 John Stafford Smith 於 1711 年所作，美國並未徵得其同意就採用了。
> (2)英國國歌(national anthem)是"God Save the Queen(女王萬歲)"，法國國歌爲"La Marseillaise(馬賽進行曲)"。

stár-stùdded *adj.* 大明星雲集的，星光燦爛的：a ～ cast 著名演員聯合演出。

stár system *n.* [the ～]明星制度《以大明星爲號召來提高票房記錄》。

‡**start** [start; stɑːt] *v.i.* **1 出發，動身，起程**《★比較 火車、飛機等用 leave》：**a** 〔動(十副)〕出發〈*off, out*〉：Let's ～ early [at five]. 我們趁早[在五點]出發吧/He ～*ed on* a journey. 他動身去旅行。**b** 〔十介十(代)名〕動身，起程〔往…〕〔*for*〕：He ～*ed* ***for*** London yesterday. 他昨天動身前往倫敦。**c** 〔十介十(代)名〕〔從…〕出發，動身〔*from*〕：He is going to ～ ***from*** Seattle. 他將從西雅圖出發。**d** 〔十補〕〈以…狀態〉開始：He ～*ed* rich but ended up in prison. 他以富有開始，但以入獄收場。
2 〔十副詞(片語)〕**開始走，起步**；〈汽車等〉起動，發動：～ *down* the steps [*up* the stairs] 開始走下臺階[走上樓梯]/She ～*ed for* the door. 她起步走向門口。
3 a 〈工作、戰爭等〉**開始，發生**《★比較 作此義解時一般用 begin》：How did the war [fire] ～? 那場戰爭[火]是怎麼發生的？
b 〔十介十(代)名〕起〔於…〕〔*at*〕；〔從…〕開始，著手〔*from*〕：The performance ～*ed* ***at*** eight. 表演在八點鐘開始/The railway line ～*s* ***from*** Paddington. 那一條鐵路起自柏丁頓/The fight ～*ed from* a misunderstanding. 那一場打架起於誤會。
c 〔十介十(代)名〕〈事物〉〔以…〕開始〔*with*〕：The meal ～*ed* ***with*** soup. 那一餐以湯開始《爲第一道菜》。
4 〔十介十(代)名〕**a 開始**〔工作等〕；著手〔…〕〔*in, on*〕：She has ～*ed* ***on*** a new book. 她已著手寫一本新書/He ～*ed* ***in*** business. 他開始做生意/He ～*ed on* clean*ing* the room. 他開始打掃房間。
b 〈某人〉〔以…〕開始，〔從…〕開始〔*with*〕：We ～*ed* ***with*** soup. 我們先從喝湯開始/⇨to START with. **c** 〔(十副)十介十(代)名〕從起薪〔…價碼〕開始(工作)〈*off*〉〔*at*〕：I ～*ed* (***off***) ***at*** 30 dollars a week. 我從起薪每週三十美元開始(工作)。
5 a 〔十副詞(片語)〕(受驚而)**跳起，跳開，(嚇)一跳**：He ～*ed aside* [*back*]. 他受驚而跳開[退縮]/I ～*ed up from* my chair. 我(嚇得)從椅子上跳起。**b** 〔十介十(代)名〕〔被…〕嚇一跳〔*at*〕：She ～*ed* ***at*** the strange sound. 她被那奇怪的聲音嚇了一跳。
6 a 〔(十副)十介十(代)名〕〈眼睛〉〔從…〕跳出〈*out*〉〔*from*〕：His eyes seemed to ～ ***out from*** their sockets. 他的眼睛似乎要從眼窩裏跳出來。**b** 〔十介十(代)名〕《文語》〈淚水、血等〉突然湧到〔…〕〔*to*〕；〔從…〕突然湧出〔*from*〕：I saw tears ～*ing* ***to*** [***from***] her eyes. 我看到她熱淚盈眶[熱淚奪眶而出]。
7 〈機器〉起動，開始運轉：The engine ～*ed* at last. 引擎終於發動了。

—*v.t.* **1** 開始：**a** 〔十受〕開始；創辦〈事業等〉：～ a conversation with a person 與某人開始交談/～ school＝《美》～ the first grade 開始入學，上一年級/～ a [one's] journey 起程旅行/～ work 開始工作/～ a company [magazine] 創辦公司[雜誌]/～ a rumor 造謠/Who ～*ed* the war [this quarrel]? 誰引起這場戰爭[爭論]？**b** 〔十受十介十(代)名〕使〈人〉開始〔經商等〕，使〈人〉著手〔…〕〔*in, on*〕：～ a person ***in*** life 使某人開始到社會上做事[謀生]/He ～*ed* his son *in* business. 他使兒子開始經商/She ～*ed* her baby ***on*** solid food. 她開始餵她的寶寶固體食物。**c** 〔十受(十副)十介十(代)名〕以起薪〔…價碼〕使〈人〉就職〈*off*〉〔*at*〕：I'll ～ you **(*off*)** ***at*** 30 dollars a week. 我給你起薪每週三十美元。**d** 〔十 do*ing*〕開始〈做…〉《★用法(1)「東西」做主詞時，用〔十 *to* do〕比用〔十 do*ing*〕普遍；(2)無進行式》：She ～*ed* cry*ing*. 她開始哭泣/He ～*ed* walk*ing* slowly. 他開始(放慢步子)慢慢地走/It ～*ed* snow*ing*. 開始下雪了(cf. 1 e)。**e** 〔十 *to* do〕開始〈去做…〉《★用法(1)「東西」做主詞時，用〔十 *to* do〕比用〔十 do*ing*〕普遍；(2)有進行式》：They are ～*ing to* move. 他們開始在移動/The butter ～*ed to* melt. 奶油開始融化/It ～*ed to* snow. 開始下雪了(cf. 1 d)。**f** 〔十受十do*ing*〕使〈人〉開始〈做…〉：That ～*ed* him think*ing* [laugh*ing*]. 那使他開始思考[發笑]/The heavy smoke ～*ed* me cough*ing*. 濃煙嗆得我咳嗽。
2 〔十受(十副)〕使〈機器等〉起動，使…開始運轉〈*up*〉：I could not ～ **(*up*)** the engine. 我無法發動引擎。
3 〔十受〕(賽跑時)向〈跑者〉發出起跑信號，使…(先)出發。
4 〔十受〕使〈獵物〉驚起，趕出〈獵物等〉：～ a hare 把兔子(從藏匿處)驅出。

stárt (áll) óver agàin＝《美》**stárt (áll) óver**＝《英》**stárt (áll) agàin** 再從頭做起，重來過。
stárt from scrátch ⇨from SCRATCH.
stárt in 《*vi adv*》(1)開始〔工作、用餐等〕，著手〔…〕〔*on*〕：～ *in on* work 開始工作。(2)〔十 *to* do〕開始〈做…〉：He ～*ed in to* write a novel. 他著手寫一本小說。(3)《口語》非難〔…〕〔*on*〕.
stárt óff 《*vi adv*》(1)起程，動身。(2)(精神飽滿地)出發，開始動：The runner ～*ed off* at full speed. 那名跑者以全速起跑。(3)＝START out (5).
stárt óut 《*vi adv*》(1)⇨*v.i.* 1 a. (2)⇨*v.i.* 6 a. (3)起程，動身。(4)著手，計畫〔…〕〔*on*〕：～ *out on* a program 著手一項計畫。(5)〔十 *to* do〕開始〈做…〉：He ～*ed out to* write a short story, but it turned into a novel. 他開始只想寫一個短篇故事，結果却寫成一部小說。
stárt sòmething 《口語》引起爭論[爭吵，問題]：You wanna [are trying to] ～ *something*? 你想吵架嗎？
to stárt with (1)〔常置於句首〕首先，第一：*To* ～ *with,* I think I must explain the aim of this meeting. 首先，我想我必須說明一下這次開會的目的。(2)起初，開始時：They had only five members *to* ～ *with.* 起初他們只有五名會員。

—*n.* **1** Ⓒ〔常用單數〕(受驚而)一怔，吃驚；跳起，跳開：get a ～ 嚇一跳/give a person a ～ 使人嚇一跳/What a ～ you gave me! 你嚇了我一跳！別嚇我！
2 Ⓒ **a** (旅行等的)出發，動身：You had better make an early ～. 你最好早點動身。**b** (賽跑的)起跑(點，線)；出發點。**c** (事業等的)著手，開始：make a ～ 開始，著手/give a person a ～ in life 讓某人到社會上謀生[工作]，使某人開始經商(等)/He got a good [poor] ～ in life. 他踏入社會起步得好[不好]。
3 Ⓤ〔又作 **a** ～〕**a** (賽跑時的)起步，先跑(權)：We gave him five minutes' ～ [*a* five-minute ～]. 我們讓他先跑五分鐘。**b** 有利，便利，機先：get the ～ *of*... 比…佔優先，比…搶先一步。
4 Ⓒ〔常 **the** ～〕最初的部分，開頭，創始：*the* ～ of a film 一部影片的開頭/at [from] *the* ～ 起初[從一開始]。
5 〔～s〕發作，衝動：by fits (and ～*s*) ⇨fit².
for a stárt 作爲開始；首先。
from stárt to fínish 從頭到尾，自始至終。

START [start; stɑːt] «*S*trategic *A*rms *R*eduction *T*alks 的頭字語»—*n.* Ⓤ裁減戰略武器談判。

stárt·er *n.* Ⓒ **1** (賽跑、賽馬等的)起跑者。**2** 參加賽跑的人[車，馬]。**3** 起動器[機，裝置]。**4** 〔常與修飾語連用〕起步(…的)人：a slow ～ 起步慢的人，發動引擎慢的人。**5** (過程的)第一步，初步，開端：His speech was the party ～. 他的演說是宴會的開端。**6** 〔用於否定句〕《英》有成功的希望：His program is*n't* a ～, I'm afraid. 我擔心他的計畫沒有成功的希望。**7** 〔～s〕《英口語》(一餐中的)第一道菜《通常是湯等》。
as [for] a stárter＝**for stárters** 作爲開始；首先。

stárt·ing blòck *n.* Ⓒ(賽跑的)起跑器；出發台。
stárting gàte *n.* Ⓒ(賽馬等的)起跑柵門。
stárting lìne *n.* Ⓒ起跑線。
stárting pìtcher *n.* Ⓒ《棒球》首任投手。
stárting pòint *n.* Ⓒ出發點，起點。

star·tle** ['startl; 'stɑːtl] *v.t.* **1** 〔十受〕使〈人〉吃驚；使…嚇一跳，驚嚇《★常以過去分詞當形容詞用；⇨startled 2；surprise【同義字】》：The noise ～*d* me. 吵鬧聲使我嚇一跳。**2** 〔十受十介十(代)名〕使〈人〉驚嚇〔成…狀態〕〔*into, out of*〕：The noise ～*d* me ***out of my sleep. 嘈雜聲使我從睡夢中驚醒。
—*n.* Ⓒ驚跳，驚愕，驚恐。

stár·tled *adj.* **1** 吃驚的，驚嚇的。**2** 〔不用在名詞前〕**a** 〔十介十(代)名〕〔對…〕吃驚的，驚嚇的〔*at, by*〕(cf. startle *v.t.* 1)：I was ～ ***at*** the sound. 那聲音使我嚇一跳。**b** 〔十 *to* do〕〈做…而〉大吃一驚的：I was ～ *to* see him. 我看到他大吃一驚。

stár·tling *adj.* 使人吃驚的，驚人的：～ news 驚人的消息。
～**·ly** *adv.*

start-up ['startˌʌp; 'stɑːtʌp] *n.* ⓊⒸ開始；起動。

star·va·tion [starˈveʃən; stɑːˈveiʃn] «starve 的名詞»—*n.* Ⓤ饑餓，餓死；飢荒：die of ～ 因饑餓而死。—*adj.* 〔用在名詞前〕微薄的〈薪水〉：～ wages 低於基本生活費的工資。

‡starve [starv; stɑːv] «源自古英語「死亡」之義»—*v.i.* **1 a** 餓死。**b** 饑餓：The poor dog ～*d to* death. 那隻可憐的狗餓死了。**2** 因饑餓而苦，覺得饑餓：I'm simply *starving.* 我簡直要餓死了。**3** 〔十介十(代)名〕渴望〔*for*〕：They are *starving* ***for*** affection [news, knowledge]. 他們渴望情愛[消息，知識]。
—*v.t.* **1 a** 〔十受〕使〈人〉餓死《★也以過去分詞當形容詞用；⇨starved 1》：～ a person (*to* death) 使某人餓死。**b** 〔十受十介十(代)名〕使〈人〉因饑餓〔而做…〕〔*into*〕：The garrison was ～*d* ***into*** surrender [surrender*ing*]. 衛戍部隊因遭到斷糧而投降。**2** 〔十受十介十(代)名〕使〈人〉感到〔…的〕不足[缺乏]〔*of*〕《★常以過去分詞當形容詞用；⇨starved 2》。

starved *adj.* **1** 饑餓的，餓肚子的；餓死的(cf. starve *v.t.* 1 a)：a ～ cat 飢餓的貓。**2** 〔不用在名詞前〕〔十介十(代)名〕〈人〉缺乏〔…〕的〔*of*〕(cf. starve *v.t.* 2)：The orphans are ～ *of* affection. 那些孤兒缺乏愛。

starve·ling ['starvlɪŋ; 'stɑːvliŋ] 《文語》*n.* Ⓒ(因饑餓而)消瘦的人[動物]。
—*adj.* 饑餓的，消瘦的。

Stár Wàrs *n., pl.* 星戰計畫(SDI)。

stash [stæʃ; stæʃ] *v.t.* 〔十受(十副)〕把〈東西〉偷偷藏起來；儲藏…〈*away*〉.

sta·sis ['stesɪs; 'steisis] *n.* (*pl.* **-ses** [-siz; -siːz]) ⓊⒸ **1** 《病理》體液停滯，血液停滯，瘀血；鬱積。**2** 停滯，沉滯。

stat. 《略》static；statuary；statue；statute(s).

‡state [stet; steit] «源自拉丁文「站的(位置)」之義»—*n.* **A 1** Ⓒ **a** 〔常用單數〕狀態，情形，情況，樣子：a ～ of affairs 情勢，事態/a ～ of war 戰爭狀態/We found the hut *in* a dirty ～. 我們發現那間茅舍很髒/the married [single] ～ 結婚[單身]狀態。

【同義字】state 是表示「狀態」最普通的字，指人、事物以及圍繞人、事物的原有狀態；condition 強調製造出某狀態或事情的原因、環境以及與其人、事物的關聯；situation 重視人、事物與圍繞人、事物的情況之間的相互關係。

b 〔常 **in** [**into**] **a** ～〕《口語》興奮狀態：She is *in* quite *a* ～. 她十分興奮/Don't get *into* such *a* ～. 別那樣興奮。**2** Ⓒ身分，地位，階級：persons of every ～ of life 各種身分的人。**3** Ⓤ威嚴，氣派，正式；莊嚴：*in* ～ 正式地，堂皇地，盛裝著/live [travel] *in* ～ 過豪華的生活[作豪華的旅行]/lie *in* ～ 〈國王等的遺體〉殯殮後任人瞻仰，停靈/a visit *of* ～ 正式訪問。
—**B 1 a** 〔常 S～〕Ⓒ國家，國《有一定的領土與政治上的組織，並擁有主權者；⇨country【同義字】》：a welfare ～ 福利國家/the Arab oil ～*s* 阿拉伯產油國家。**b** Ⓤ(常指與 church 相對的)政府：separation of church and ～ 教會與政府的分離，政教分離。**2 a** 〔常 S～〕Ⓒ(美國等的)州：⇨slave state/a *State*'s attorney《美》州檢察官/⇨turn *State*'s EVIDENCE/the *States'* rights《美》(不委託聯邦政府的)州的權利/There are fifty *States* in the U. S. A. 美國有五十州。**b** 〔**the States**〕美國《★用法通常爲美國人在國外時所用》。**3** Ⓤ **a** (一國的)國事，國政：a head of ～ (國家)元首/matters [affairs] of ～ 國事，國務/the Department of *S*～ 美國的國務院《等於他國的外交部》。**b** 〔S～〕(美國的)國務院(the Department of State)：the Secretary of *S*～ (美國的)國務卿《等於他國的外交部長》；(英國的)國務大臣。
the Státe of the Union Méssage (美國總統在年初向國會提出的)國情咨文。
—*adj.* 〔用在名詞前〕**1** 〔常 S～〕國家的，有關國家的：～ control 國家管理/～ policy 國策/～ papers 國家[政府關係]的文件，公文/a ～ prisoner 政治犯。**2** 〔常 S～〕《美》州的；州立的：a *S*～ attorney 州檢察官/a *S*～ flower 州花/a ～ university 州立大學。**3** 正式的，儀式用的：a ～ call 正式[國事]訪問/a ～ chamber [apartment] (宮殿等)儀式用大廳，大禮堂/a ～ dinner 正式餐會；國宴。

—v.t. 1 (正式地)**陳述：a** 〔十受〕陳述，明言…：～ one's views 陳述自己的看法[見解]/as ～*d* above 如上述。**b** 〔十 *that*__〕陳述，言明〈…事〉：He ～*d that* he had done his best in the matter. 他言明對那件事已盡了全力。**c** 〔十 *wh.*__〕敍述，說明〈是否…〉：The contract doesn't ～ clearly *whether* a travel allowance will be paid. 合約上沒有載明是否支付旅費。

2 〔十受〕事先決定〈日期、價格等〉《★常以過去分詞當形容詞用；⇨stated》。

státe·cràft *n.* Ⓤ治國方策，政略，政治手腕。

stát·ed *adj.* 規定的，指定的，定期的(cf. state *v.t.* 2)：Meetings are held at ～ times[intervals]. 會議定期舉行。～**·ly** *adv.*

Státe Depàrtment *n.* [the ～](美國的)國務院《相當於我國的外交部》。

Státe Enròlled Núrse *n.* Ⓒ(英國之)登記有案的(准)護士《地位在正式護士(State Registered Nurse)之下》。

státe fáir *n.* Ⓒ《美》(農產品、畜產品等的)州展覽會(⇨fair² 1).

státe·hòod *n.* Ⓤ **1** 國家的狀態[地位]。**2** [常 S~]《美》州的狀態[地位]。

státe·hôuse *n.* [常 S~]Ⓒ《美》州議會大廈。

státe·less *adj.* **1** 無國籍的。**2** 無公民權的。～**·ness** *n.*

state·ly [ˋstetlɪ; ˈsteitli] *adj.* (**state·li·er**；**-li·est**)**威嚴的，堂皇的，莊嚴的，華貴的**(⇨ˌgrand【同義字】)。**státe·li·ness** *n.*

stately hóme *n.* Ⓒ《英》(有歷史價值的鄉間)大宅邸《多半收費供人參觀》。

***state·ment** [ˋstetmənt; ˈsteitmənt] **《state 的名詞》—n. 1** Ⓤ**敍述**，供述：require clearer ～ 需要更清楚的敍述。

2 Ⓒ **a** (書面、口頭上的)**陳述**，**聲明**：make a ～ 陳述，聲明。**b** 〔十 *that*__〕〈…事的〉陳述，聲明：Qualify your ～ *that* dogs are loyal by adding "usually."你陳述的「狗是忠實的」這句話，應予修正加上「通常」這個字。**c** 聲明書。

3 Ⓒ《商》(財務)報告書，借貸表：a bank ～ (銀行定期送交客戶以通知支付狀況的)銀行結單。

4 Ⓒ《文法》敍述句。

5 Ⓒ《音樂》(主題的)提示。

Stát·en Ísland [ˋstætn̩-; ˈstætn-] *n.* 斯塔頓島《美國紐約(New York)灣內的島，構成紐約市的行政區(borough)》.

státe of the àrt *n.* Ⓤ(科技等的)最新發展[水準]。

stát·er *n.* Ⓒ敍述者，陳述者，聲明者。

Státe Régistered Núrse *n.* Ⓒ(英國的)正式[合格]護士《國家註册護士，略作 SRN》.

státe·ròom *n.* Ⓒ(船、美國火車上的)艙房，包房，特等房。

státe-rùn *adj.* 國營的。

státe schòol *n.* Ⓤ[指設施時爲Ⓒ]《英》公立學校。

státe's évidence *n.* Ⓤ **1** 共犯證言《刑事同案中犯罪者自動提供證據，以證實其他犯者有罪而減輕自己罪行之供詞》。**2** (刑事案件中之)檢方證據。

Státes-Géneral *n.* [the ～] **1** 荷蘭議會《由上下兩院構成》。**2** 《法國史》(法國大革命前的)法國議會。

státe·sìde《美口語》*adj.* (自海外而言的)美國的。

—adv. (自海外而言)在美國，向美國。

states·man [ˋstetsmən; ˈsteitsmən] *n.* Ⓒ(*pl.* **-men** [-mən; -mən])(公正而有風度的)**政治家**。～**·like**，～**·ly** *adj.*

> 【同義字】statesman 與 politician 都是政治家之意，但前者有時指賢明、有見識、有風度的政治家，而後者有時用以指爲本身利益或以黨派爲中心而玩弄政治手腕，含有輕蔑之意；用作此義時多半說成 merely[rather]a ～.

státesman·shìp *n.* ⓊⒸ政治手腕，治理國家的本領[才能]。

státes·wòman *n.* Ⓒ(*pl.* **-women**)女政治家。

státe·wíde *adj.* & *adv.*《美》遍及全州的[地]。

stat·ic [ˋstætɪk; ˈstætik] *adj.* **1 a** 靜態的，靜止的(↔ dynamic). **b** 無活力的，乏味的。**2** 《電學》天電的。**3** 《電學》靜電的：～ electricity 靜電。

—n. Ⓤ **1** 《電學》天電，電波干擾。**2** 《電學》靜電。**3** 《美口語》猛烈的反對[非難]。

stát·i·cal [-tɪkl̩; -tikl] *adj.* ＝static. ～**·ly** [-kl̩ɪ; -kli] *adv.*

stat·ics [ˋstætɪks; ˈstætiks] *n.* Ⓤ靜力學《力學的一部門，研究物體的靜力平衡；cf. kinetics》.

‡**sta·tion** [ˋsteʃən; ˈsteiʃn] **《源自拉丁文「站立」之義》—n. 1** Ⓒ(鐵路的)**車站**；公車站(★通常僅 station 一字時與其他字義無法區別，故鐵路的「火車站」稱 railroad[《英》railway]station)：a terminal ～ 終站/a goods ～ 貨運站。

2 Ⓒ[常與修飾語連用](官廳、設施等的)**署**，局，所，電台，站，廠：a broadcasting ～ 廣播電台/a fire ～ 消防隊/a police ～ 警察局/a power ～ 發電廠。

3 Ⓒ**觀測站，研究站**：a meteorological ～ 氣象站/a research ～ (尤指自主要設施孤立或遙遠地區的)研究站。

4 Ⓒ **a** 營業站[所]：a filling[gas] ～ 加油站。**b** 《美》(郵政總局轄下的)郵政支局。

5 Ⓒ(軍隊等的)基地，駐紮地，根據地：a naval ～ 海軍基地，軍港/⇨ space station.

6 Ⓒ位置，場所；崗位：take up one's ～ 各就崗位/be at action ～*s* 各就戰鬥位置。

7 Ⓒ《文語》身分，地位：a lowly ～ in life 低微的身分/people of (high) ～ 身分高的人(★of ～ 無冠詞)。

8 Ⓒ《澳》(包括建築物、土地的)牧場，農場。

the stations of the Cróss《天主教》苦路；十四幅苦路像；拜苦路《在表示耶穌受難的十四幅像前依序祈禱》。

—v.t. 〔十受十副詞(片語)〕**1** 使…就崗位；部署，配置，派駐…《★常用被動語態》：～ a guard *at* the gate 在大門處配置一名警衛/The soldiers *are* now ～*ed in* Berlin. 那些士兵現駐紮於柏林。**2** [～ one*self*]就(…的)位置，站立：He ～*ed himself behind* the tree. 他站在樹後。

státion àgent *n.* Ⓒ《美》(火車小站的)站長。

sta·tion·ar·y [ˋsteʃənˌɛrɪ; ˈsteiʃnəri] **《station 的形容詞》—adj. 1 a** 不動的，靜止的，停止的：remain ～ 保持靜止的。**b** (不移動而)定居的。**c** 無變化的，停滯的；無增減[變動]的：a ～ population 無增減的人口。**2** 固定的，裝定的：a ～ gun 固定的大砲。

státion brèak *n.* Ⓒ《美》(廣播電台、電視台的)暫停播出《在節目中途或節目與節目之間插播電台名稱或商業廣告的短時間》。

sta·tion·er [ˋsteʃənɚ; ˈsteiʃnə] *n.* Ⓒ文具商人：a ～'s (shop) 文具店。

***sta·tion·er·y** [ˋsteʃənˌɛrɪ; ˈsteiʃnəri] *n.* Ⓤ **1** [集合稱]**文具**。**2** (附信封的)信紙：write on hotel ～ 在旅館的信紙上寫(信)。

státion hòuse *n.* Ⓒ **1** 警察派出所；消防隊。**2** (火)車站。

státion·màster *n.* Ⓒ火車站站長。

státion-to-státion *adj.* 〈長途電話〉叫號的《對方拿起聽筒即開始計費；cf. person-to-person》.

> 【說明】指打電話者以對方電話號碼申請通話的長途電話。這種叫號的電話比叫人的電話(person-to-person call)便宜，所以沒有必要指定人的時候還是打叫號的較划得來。打長途電話時，如果不是直撥的，最好先告訴接線生(operator)"Could you tell me how much the call cost after I've finished？"(請你在我通完話後，告訴我通話費多少好嗎？)

—adv. 以叫號方式(打電話)。

státion wàgon *n.* Ⓒ《美》旅行車(《英》estate car)《駕駛座後面有折疊[拆除]式座位，其後爲一大空間可自後門放入行李，爲一種大型汽車》。

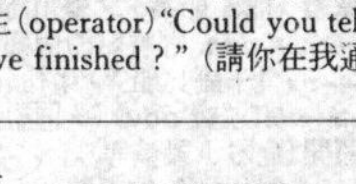

station wagon

stat·ism [ˋstetɪzəm; ˈsteitizəm] *n.* Ⓤ **1** 國家主權說[主義]。**2** 國家統治主義《謀經濟、政治的中央集權化》。

stat·ist¹ [ˋstetɪst; ˈsteitist] *n.* Ⓒ國家統治[主權]主義者。

—adj. 國家統治[主權]主義(者)的。

stat·ist² [ˋstetɪst; ˈsteitist] *n.* ＝statistician.

sta·tis·tic [stəˋtɪstɪk; stəˈtistik] *n.* Ⓒ統計值[量]。

sta·tis·ti·cal [stəˋtɪstɪkl̩; stəˈtistikl] *adj.* 統計(上)的，統計學的。～**·ly** [-klɪ; -kəli] *adv.*

stat·is·ti·cian [ˌstætəˋstɪʃən; ˌstætiˈstiʃn] *n.* Ⓒ統計學家，統計人員。

***sta·tis·tics** [stəˋtɪstɪks; stəˈtistiks] *n.* **1** [當複數用]**統計**：*S*～ show that the population of this city has doubled in ten years. 統計指出本市人口十年內已增爲兩倍。**2** Ⓤ**統計學**。

stat·u·ar·y [ˋstætʃuˌɛrɪ; ˈstætjuəri] *n.* Ⓤ **1** [集合稱]雕像，塑像(statues). **2** 雕塑(藝)術。

—adj. 雕像[雕塑]的；雕像用的：the ～ art 雕塑(藝)術。

***stat·ue** [ˋstætʃu; ˈstætʃuː] **《源自拉丁文「站立」之義》—n.** Ⓒ**雕像，塑像**。

the Státue of Líberty 自由女神像。

> 【說明】此自由女神像矗立於紐約(New York)港入口的自由島(Liberty Island)上；正式名稱爲 Liberty Enlightening the World，高四十五公尺；如果連底部石台一起算，則高達九十一公尺。這是法國於 1886 年贈送給美國作爲美國獨立一百周年的紀念。自由女神像左手持美國獨立宣言(Declaration of Independence《⇨ declaration【說明】》)，右手舉著火炬。雕像內部有升降電梯及階梯，女神的頭部還有可容納四十人的瞭望台，置身其間，整個紐約港的風光盡收眼底。

stat·u·esque [ˌstætʃuˋɛsk; ˌstætʃuˈesk] *adj.* **1** 如雕像的。**2 a** 有威嚴的。**b** 輪廓優美的。

stat·u·ette [ˌstætʃuˋɛt; ˌstætʃuˈet] *n.* Ⓒ小雕像。

stat·ure [ˋstætʃɚ; ˈstætʃə] **《源自拉丁文「站立的姿勢」之義》**

—n. Ⓤ **1** (人的)身高，身長：a man of short ～ ＝a man short of ～ 矮個子的男人。**2** (心智上的)成長(程度)，發展；才能，才幹：a writer of ～ 有才華的作家。

the Statue of Liberty

***sta·tus** [ˋstetəs, ˋstætəs; ˈsteitəs] «源自拉丁文「站立的狀態」之義» **—n. 1 a** Ⓤ Ⓒ(社會的)地位，身分：the ～ *of* a wife 妻子的地位[身分]/seek ～ 追求社會地位(的提升)，努力獲得社會的認可。**b** Ⓤ 高地位，威信，信譽。**2** Ⓒ情形，事態：the present ～ of affairs 事情的現狀。

státus quó [-ˋkwo; -ˈkwou] «源自拉丁文 'the state in which (something is)' 之義» **—n.** [**the** ～]原來的樣子，現狀。

státus sỳmbol *n.* Ⓒ地位的象徵《表示社會地位的所有物或習慣》。

stat·ut·a·ble [ˋstætʃutəbḷ; ˈsteitjutəbl] *adj.* ＝statutory.

stat·ute [ˋstætʃut; ˈstætjuːt, -tʃuːt] «源自拉丁文「被制定的」之義»**—n.** Ⓒ《法律》制定法；法令，成文法，法規：～*s* at large 一般法規，法令彙編/by ～ 依據法令《★無冠詞》。

the státute of limitátions《法律》追訴權時效法。

státute bòok *n.* Ⓒ法令全書。

státute làw *n.* Ⓤ成文法(cf. common law)。

státute mile *n.* Ⓒ法定哩(⇨ mile 1 a)。

stat·u·to·ry [ˋstætʃuˌtorɪ, -ˌtɔrɪ; ˈstætjutəri] «statute 的形容詞»**—***adj.* 法定的，(根據)法令的：a ～ tariff 法定稅則。

staunch¹ [stɔntʃ, stantʃ; stɔːntʃ] *v.*《英》＝stanch¹.

staunch² [stɔntʃ, stantʃ; stɔːntʃ] *adj.* **1** 忠實的，靠得住的，可信賴的。**2 a** 堅固的，牢固的。**b** 防水的。

～**·ly** *adv.* ～**·ness** *n.*

stave [stev; steiv] *n.* Ⓒ **1** 桶板。**2** 詩節，詩句。**3**《音樂》譜表。

—v.t. (～**d, stove** [stov; stouv]) **1** 裝桶板於…。**2** [十受十副]擊穿〈桶、船等〉，鑿孔於…〈*in*〉：The side of the boat had been ～*d in.* 那艘船的側面已被鑿穿了。

—v.i. [十副]〈船等〉穿孔〈*in*〉。

stáve óff《*vt adv*》《★語形過去式及過去分詞爲 staved》防止，避開〈危險、毀滅等〉。

staves *n.* staff² 的複數。

‡**stay**¹ [ste; stei] (～**ed**,《古》**staid** [sted; steid]) *v.i.* **1** 留：**a** 停留(某處)：Shall I go or ～? 我走或者留下來好呢？/I have no time to ～. 我沒有時間停留。**b** [十副詞(片語·子句)]停留(在某處)：*S～ here* till I return. 留在這裏直到我回來/I ～*ed at* home [*in* bed] all day. 我整天都留在家裏[躺在牀上]/How long can you ～ *underwater*? 你能潛在水中多久？/My socks won't ～ *up.* 我的短襪總是滑落下來《不能留於原處》/I keep replacing the plug but it won't ～ *in.* 我一再把插頭插進去，但它很快就鬆落了《無法留在裏面》/*S～ where* you are. 留在原位不要動。**c** [十 *to* do]留下來〈做…〉：He ～*ed to* see which team would win. 他留下來看哪一隊會贏。**d** [十介十(代)名]〔爲…〕留下來〔*for, to*〕：Please ～ **for** [**to**] dinner. 請留下來吃晚飯。

2 a [常與時間的副詞(片語)連用]停留，作客：～ overnight 過夜/～ (for) a month 停留一個月/～ the night 留宿一晚《★用法 the night 是副詞片語》/I don't live here; I'm just ～*ing* (for) a while. 我不住這裏，我只停留一會兒。**b** [十介十(代)名]逗留，投宿〔於…〕〔*at, in*〕：He ～*ed* **at** the hotel [**in** New York]. 他投宿旅館[在紐約逗留]。**c** [十介十(代)名]客居〔於別人家裏〕，〔在別人家〕作客〔*with*〕：I am ～*ing* **with** my uncle. 我在叔父家裏作客。

3 [十補]停留〈在…的狀態〉，保持〈…的狀態〉：He usually ～*s* calm. 他通常都保持鎮定/The weather ～*ed* hot for a week. 天氣連續熱了一週/Please ～ seated. 請坐著/He ～*ed* a student all his life. 他終生都是一名學者。

4 [常用新使語氣]《古》止步，等一下：*S～*! You've forgotten one thing. 等一下！你忘了一件事。

—v.t. [十受]**1 a** 延期，延緩〈手續、判決等〉：～ a punishment 暫緩執行(宣判的)刑罰/I'll ～ judgment till I hear the other side. 我要延緩判斷直到我聽完另一方的說詞。**b**《文語》止住，阻止…：～ one's hand 阻止某人(要動手打人)的手/～ the spread of a disease 防止疾病的蔓延。

2《文語》(暫時性地)滿足〈慾望〉，充〈饑〉：～ one's hunger [thirst]充饑[止渴]。

3《口語》持續，維持〈…的期間〉：～ the course (賽跑時)跑完；支持到最後。

be hére to stáy《口語》〈流行、習慣等〉被普遍接受，固定下來，存在下去：The compact car *is here to* ～. 這種小型汽車在此地市場上已佔有一席之地。

còme to stáy (1)來過夜。(2)[常用於完成式]《口語》＝be here to STAY.

stày áfter《*vi adv*》《美》＝STAY¹ in (3).

stày awáy《*vi adv*》〔自…〕離開，缺席〔*from*〕：Tom has ～*ed away from* school for a week. 湯姆已經一星期未上學。

stày ín《*vi adv*》(1)⇨*v.i.* 1 b. (2)在家，不出門：The fever made me ～ *in* for two days. 發燒使我兩天沒出門。(3)留(校作爲處罰)：He was made to ～ *in.* (放學後)他被留在學校。

stày ón《*vi adv*》繼續擔任(任務)，(畢業後)留任。

stày óut《*vi adv*》(1)留在外面，不回家。(2)繼續罷工。

stày óver《*vi adv*》(在離家後的地方)過夜。

stày pút《口語》留在原處，保持原狀不動《★put 是過去分詞》：*S～ put* until I come and pick you up. 留在原地不要走開，直到我開車來接你。

stày úp《*vi adv*》(1)⇨*v.i.* 1 b. (2)熬夜，不睡：～ *up* reading till late [all night] 讀書讀到深夜才睡[通宵達旦]。

—n. 1 Ⓒ[常用單數]停留，逗留：make a long ～ 長期逗留/have an overnight ～ at Banff 在 Banff 過夜/He checked into the Grand Hotel for a three-day ～. 他在圓山大飯店(Grand Hotel)住了三天。**2** ⓊⒸ《法律》延期，延緩：a ～ of execution 延期執行。

stay² [ste; stei] *n.* **1** Ⓒ支柱。**2** Ⓒ《文語》依靠，可依賴的人[物]：He is the ～ *of* my old age. 他是我年老時的依靠。**3** [～**s**；常 **a pair of** ～**s**] (從前)婦女穿的緊身褡[胸衣]。

—v.t. 1 以支柱支持。**2**《文語》支撐；使…固定，給予〈人〉(精神上的)鼓勵。

stay³ [ste; stei] *n.* Ⓒ《航海》支索《由上斜下地固定船桅，使其不倒下的繩索》。

in stáys《航海》〈船〉在掉頭，在掉換方向。

—v.t.《航海》**1** 以支索支持〈帆〉。**2** 把〈船〉轉向(上風方向)。

stáy-at-hòme《口語》*adj.* 愛待在家裏的，懶得出門的。

—n. Ⓒ深居簡出的人，懶得出門的人。

stáy·er¹ «源自 stay¹»**—n.** Ⓒ **1** 停留者，逗留者。**2** 有毅力的人，能耐久的人[動物]。**3** 跑長距離的馬。

stáy·er² «源自 stay²» **—n.** Ⓒ支持者，擁護者。

stáy·ing pòwer *n.* Ⓤ耐久力，持久力。

stáy-ìn (strìke) *n.*《英》＝sit-down 1.

stáy·sàil [-ˌsel; -seil,《航海》-sl; -sl] *n.* Ⓒ《航海》支索帆。

St. Ber·nard [ˌsentbɚˋnard; seintˈbəːnəd] «源自從前在聖伯納山隘(Great St. Bernard Pass)的修道院所飼養的救難狗»**—n.** Ⓒ聖伯納狗《又稱靈獒，常在瑞士阿爾卑斯山中，用以援救遭難的行人》。

St. Bernard

STD《略》subscriber trunk dialling《英》電話用戶長途電話直接撥號：an *STD* code 長途電話直撥的地區號。

std.《略》standard.

stead [stɛd; sted] «源自古英語「場所」之義»**—n.** Ⓤ《文語》**1** 代替，替身：in a person's ～ 代替某人/in the ～ of... 代替…。**2** 助益，利益，用處：stand a person in good [little] ～ 對某人很有[沒什麼]幫助。

in stéad of ＝INSTEAD of.

stead·fast [ˋstɛdˌfæst, -fəst; ˈstedfəst] *adj.* **1** 固定的，不動搖的。**2 a** 〈人、信念等〉堅定的，不變的，不移的：～ friendship 不變的友情。**b** [不用在名詞前][十介十(代)名]堅守〔…〕的〔*in*〕：He is ～ **in** his faith. 他堅守自己的信念。～**·ly** *adv.* ～**·ness** *n.*

stead·i·ly [ˋstɛdəlɪ; ˈstedili] *adv.* (**more** ～; **most** ～)踏實地，穩固地，穩健地；不斷地：He went on working ～. 他穩健地繼續工作/Her health is getting ～ worse. 她的健康不斷地在惡化。

***stead·y** [ˋstɛdɪ; ˈstedi] *adj.* (**stead·i·er; -i·est**)**1 a** (立足地、基礎等)穩固的，不動搖的，穩定的：Hold this ladder ～. 把這個梯子扶穩/Though over eighty, he is still very ～ on his legs. 雖然年過八十，他的脚步還是很穩。**b** 不搖晃的，不東張西望的，不顫抖的：give a ～ look (不畏縮，冷靜地)凝視，目不轉睛地看/a ～ hand穩定(不顫抖)的手；堅定的指導。

2 a 不變的，同樣的，有規律的，不間斷的：a ～ wind持續而方向不變的風/a ～ pace同樣的步速/make ～ progress 獲得穩定的進步。**b** 固定的：a ～ job 固定的工作/a ～ boyfriend 固定的男友。

3 a 殷實的，可靠的，踏實的，認眞的：a ～ worker 可靠的工作者，認眞用功的人/Slow but ～ wins the race. ⇨ slow *adj.*

1. b 沉著的，有節制的，有規則的。
4《航海》航路不變的：Keep her ～！《航海》航向不變！/*S*～！《航海》穩住！(「船頭方向照舊」之意)。
gò stéady 《口語》與固定的異性交往，成爲(關係相當確定的)情侶。
—*interj.* [常 ～ **on**]《口語》鎮定！別慌！當心！
—*n.* Ⓒ《口語》固定的情人。
—*v.t.* 〔十受〕**1** 使…穩固，使…堅固，使…穩定：～ a table leg 使桌脚穩固。**2** 使〈人〉的心鎮定；使〈心、神經〉穩定下來：A little responsibility should ～ him. 讓他負一點責任會使他變得穩重些。
—*v.i.* **1** 變堅定，變鎮定。**2** 穩定下來：Prices are likely to ～. 價格可能會穩定下來。**stéad·i·ness** *n.*
stéady-státe *adj.* 不變的；變動性很少的；靜恆狀態的。
stéady státe thèory *n.* [the ～]《天文》宇宙穩恆狀態論《宇宙論的一種，認爲宇宙雖在無限地膨脹，但由於不斷在生成物質，穩恆地保持著物理的狀態；cf. big bang theory》。
***steak** [stek; steik] *n.* **1** Ⓒ [當作菜名時爲Ⓤ] (烤、炸用的牛肉、魚肉的)厚片；(尤指)牛排。

【說明】(1)如果說英國人最好的菜餚是烤牛肉(roast beef)的話，那麼美國的該是牛排(beefsteak)了。尤其在牛排餐會(steak party)所供應的牛排既厚又裹著醃薰猪肉(bacon)，非常美味，而且通常餐會氣氛非常熱鬧愉快。參加餐會時服裝雖然不一定要正式(formal)，但最好穿著整齊，不能太隨便。請客人到牛排館(steak house)對美國人來說，是最高級的一種招待。
(2)肉的烤法大致分爲三種：烤到半熟而中間還是紅紅帶血的，稱作 rare；烤得很熟的稱作 well-done；介於兩者之間者稱作 medium。 在餐廳(restaurant)裏，侍者通常會問顧客"How would you like your steak？"(您的牛排要烤到什麼程度？)顧客可按下例回答"Medium, please."(請烤到普通熟。)；cf. restaurant【說明】

2 Ⓤ《英》細絲牛肉：⇨ Hamburg [hamburg] steak.
stéak·hòuse *n.* Ⓒ牛排館《專賣牛排的餐廳》。
stéak knife *n.* Ⓒ《美》牛排用小刀《餐桌上用以切割肉片的小刀，通常有鋸齒》。
‡steal [stil; sti:l] (**stole** [stol; stoul]；**sto·len** [ˈstolən; ˈstoulən]) *v.t.* **1** 〔十受(十介十(代)名)〕〔從…〕偷，竊取〈錢包，錢等〉〔*from*〕：A pickpocket *stole* my purse. 扒手扒走了我的錢包/He had his wallet *stolen.* 他的皮夾子被偸了/A thief *stole* the money *from* the safe. 竊賊從保險櫃把錢偷走。

【同義字】steal 是偷偷地竊取他人的東西；rob 是以恐嚇、暴力奪取；pilfer 是扒竊無價值的東西。

2 〔十受(十副詞(片語))〕偷偷取走，巧取…：～ (*away*) a person's heart 不知不覺中贏得某人歡心[獲得某人的愛情]/～ a nap 偷偷地小睡/～ a kiss *from* a girl 偷吻女孩子/～ a glance *at* a person 偷瞧某人一眼。**3** 〔十受〕《棒球》盜壘到〈…壘〉：～ a base 盜壘/～ second[third] 盜壘到二[三]壘。
—*v.i.* **1** 偷，行竊：Thou shalt not ～. 你不可偷竊《★出自聖經「出埃及記」，爲十誡(the Ten Commandments)之一》。**2** 〔十副詞(片語)〕潛行，潛入，偷偷溜出：The years *stole by.* 歲月悄悄溜走/I tried to ～ *in.* 我試圖溜進去/He *stole up on* the gentleman. 他偷偷地走近那位紳士/～ *into* a room 溜進房間裏/～ *out of* a house 從屋子裏偷偷溜出。**3** 〔十介十(代)名〕不知不覺間侵襲[籠罩]〔於…〕〔*on, upon, over*〕：A mist *stole over* the valley. 不知不覺間霧籠罩了山谷/A sense of happiness *stole over* [*upon*] him. 一種幸福感在他心頭悄悄地油然而生。**4**《棒球》盜壘。
—*n.* 《口語》**1** Ⓒ盜竊。**2** Ⓒ《美》贓物。**3** [*a*～]《美》廉價品，(如同撿到的)很便宜的東西：It's *a* ～ at that price. 能以那樣的價錢買到，眞是撿來的。**4** Ⓒ《棒球》盜壘。～**·er** *n.*
steal·ing [ˈstilɪŋ; ˈsti:liŋ] *n.* **1** Ⓤ偷竊。**2** Ⓒ [常～s] 被竊之物。**—*adj.*** 偷竊的。
stealth [stɛlθ; stelθ] 《steal 的名詞》**—*n.*** Ⓤ秘密行動，暗中的活動《★常用於下列片語》。
by stéalth 偷偷地，秘密地，暗中。
stealth·y [ˈstɛlθɪ; ˈstelθi] 《stealth 的形容詞》**—*adj.*** (**stealth·i·er**；**-i·est**)隱秘的，秘密的，暗中的。
stéalth·i·ly [-θɪlɪ; -θili] *adv.* **-i·ness** *n.*
‡steam [stim; sti:m] *n.* Ⓤ **1 a** 蒸汽，水蒸汽。**b** 蒸汽的壓力。**2** 熱氣：windows clouded with ～ 因熱氣而變模糊的窗子。**3** 《口語》力氣，精力；精神：get up ～ 使出幹勁，振作精神/run out of ～ 失去力氣，洩氣。**4**《口語》積憤：blow[let, work] off ～ 發洩積憤，大發牢騷。
fúll stéam ahéad 以全速前進。
ùnder one's **ówn stéam** 憑一己之力。
—*adj.* [用在名詞前] **1** (有關)蒸汽的。**2** 靠蒸汽推進[移動]的：a ～ engine[locomotive] 蒸汽引擎[火車頭]。
—*v.t.* **1** 〔十受〕蒸，蒸軟…(⇨ cook【同義字】)：～ potatoes 蒸馬鈴薯。**2 a** 〔十受十補〕用蒸汽使…〈成…狀態〉：He ～*ed* open the envelope. 他用蒸汽使信封(封口)開啓。**b** 〔十受十介十(代)名〕利用蒸汽〔從…〕取下[撕下]…〔*off*〕：～ a stamp *off* a postcard 他利用蒸汽從明信片上撕下郵票。**3** 〔十受十副〕使〈玻璃等〉(因蒸汽等而)變模糊[生霧]〈*up*〉《★常以過去分詞當形容詞用》：My glasses have become ～*ed* ***up***. 我的眼鏡已經變模糊了。**4** 〔十受十副〕《口語》使〈人〉興奮[憤怒，發火]〈*up*〉《★常用被動語態》：He got ～*ed* ***up*** about the remark. 那句話使他發火。
—*v.i.* **1 a** 冒蒸汽：The kettle is ～*ing.* 那隻茶壺在冒著蒸汽。**b** 〈馬等〉出汗。**2** 〔十副〕〈玻璃等〉(因蒸汽而)變模糊，生霧〈*up*〉：My glasses ～*ed* ***up***. 我的眼鏡(因蒸汽而)變模糊了。**3** 〔十副詞(片語)〕藉蒸汽力推進[行駛]：The vessel ～*ed off.* 汽船出港了/The train ～*ed up to* the platform. 火車噴著汽駛向月台。**4** 《口語》生氣，發火。
stéam bàth *n.* Ⓒ蒸汽浴。
stéam·bòat *n.* Ⓒ(主要用於行駛河川、沿岸等的)汽船，輪船。
stéam bòiler *n.* Ⓒ蒸汽鍋爐。
stéam bòx[chèst] *n.* Ⓒ汽箱，汽櫃。
steam·er [ˈstimɚ; ˈsti:mə] *n.* Ⓒ **1** 汽船，輪船：by ～ 坐汽船《★無冠詞》。**2** 蒸器，蒸籠。
stéam hàmmer *n.* Ⓒ汽鎚。
stéam héat *n.* Ⓤ汽熱。
stéam-héated *adj.* 用蒸汽加熱的。
stéam·ing *adj.* **1** 冒著熱氣的，熱騰騰的：a ～ cup of coffee 一杯熱騰騰的咖啡。**2** [當副詞用]熱氣騰騰地：～ hot 熱氣騰騰地，很燙[熱]。
stéam ìron *n.* Ⓒ蒸汽熨斗，噴霧式電熨斗。
stéam·ròll *v.t.* ＝steamroller.
stéam·ròller *n.* Ⓒ **1** (整平道路的)蒸汽壓路機。**2** 强硬的手段，强壓。
—*v.t.* **1** 用蒸汽壓路機輾壓〈道路〉。**2 a** 〔十受〕壓制，壓倒〈對方〉；克服〈障礙〉以通過。**b** 〔十受十介十(代)名〕强硬壓制…〔使做…〕〔*into*〕：We were ～*ed* ***into*** adopt*ing* the plan. 我們在高壓手段的威脅下被迫採納該計畫。
stéam ròom *n.* Ⓒ土耳其浴室中的蒸汽室。
stéam·shìp *n.* Ⓒ(航行海洋的大型)汽船，商船《略作 S.S.》。
stéam shòvel *n.* Ⓒ蒸氣鏟(power shovel)。
stéam tùrbine *n.* Ⓒ蒸汽渦輪機。
stéam whìstle *n.* Ⓒ(鍋爐上之)汽笛。
steam·y [ˈstimɪ; ˈsti:mi] 《steam 的形容詞》**—*adj.*** (**steam·i·er**；**-i·est**) **1** 蒸汽(似)的。**2** 熱氣瀰漫的。**3**《口語》性慾的，色情的。
ste·ap·sin [stɪˈæpsən; stiˈæpsin] *n.* Ⓤ《生化》胰脂酶《胰液中分解脂肪的酵素》。
ste·a·rate [ˈstiə͵ret; ˈstiəreit] *n.* Ⓤ《化學》十八酸鹽，硬酯酸鹽。
ste·ar·ic [stɪˈærɪk; stiˈærik] 《stearin 的形容詞》**—*adj.*** 《化學》(取自)硬酯[十八酸甘油脂]的。
steáric ácid *n.* Ⓤ《化學》十八酸，硬脂酸。
ste·a·rin [ˈstɪrɪn, -tiə-; ˈstiərin] *n.* Ⓤ《化學》硬酯，十八酸甘油脂《製蠟燭用》。
ste·a·tite [ˈstiə͵taɪt; ˈstiətait] *n.* Ⓤ塊滑石，凍石(soapstone)。
ste·a·tit·ic [͵stiəˈtɪtɪk; ͵stiəˈtitik] *adj.*
sted·fast [ˈstɛd͵fæst, -fəst; ˈstedfəst] *adj.* ＝steadfast.
steed [stid; sti:d] *n.* Ⓒ《文語》(供騎的)駿馬。
***steel** [stil; sti:l] *n.* Ⓤ **1** 鋼，鋼鐵(cf. iron 1)：hard[soft] ～ 硬[軟]鋼。**2** 鋼鐵一般的性質，堅硬，冷酷：with a grip of ～ 緊握著/a heart of ～ 冷酷的心，鐵石心腸。**3** [集合稱]《文語》劍，刀：⇨ cold steel/an enemy worthy of one's ～ 好敵手，勁敵。
—*adj.* [用在名詞前] **1** 鋼(製)的：a ～ helmet 鋼盔/a ～ pen 鋼筆。**2** 似鋼的；堅硬的。
—*v.t.* **1** 〔十受〕將…包以鋼；給…加以鋼刃：～ a razor 給剃刀加鋼刃。**2** 〔～ **one's heart** 或～ one*self*〕**a** 〔十受十介十(代)名〕〔對…〕硬起〈心腸〉，無動於〈心〉〔*against, to*〕：I ～*ed* my heart [*myself*] ***against*** their sufferings. 我對他們的苦難無動於衷。**b** 〔十受十 *to* do〕使…硬起心腸〈做…〉：He ～*ed himself to* endure the pain. 他咬緊牙關去忍受那痛苦。
stéel bánd *n.* Ⓒ [集合稱]《音樂》以鋼鐵油桶爲樂器的樂隊《加勒比海諸島上利用鋼鐵汽油桶爲打擊樂器的樂隊；★用法視爲一整體時當單數用，指全部個體時當複數用》。
stéel-blúe *adj.* 鋼青色的，暗藍灰色的。
stéel-clád *adj.* 裝甲的，穿甲冑的。
Steele [stil; sti:l], Sir **Richard** *n.* 斯蒂爾《1672–1729；出生於愛爾蘭的英國散文家、新聞記者、劇作家及政治領袖》。
stéel guitár *n.* Ⓒ鋼絃吉他，夏威夷吉他。
stéel·màker *n.* Ⓒ鋼鐵製造商。

S

stéel·màking *n.* Ⓤ鋼鐵製造，煉鋼。
stéel·màn *n.* Ⓒ(*pl.* **-men**)鋼鐵業者。
stéel mill *n.* Ⓒ製鋼廠，煉鋼廠。
stéel wóol *n.* Ⓤ鋼絲絨《用以磨光，去銹等的鋼鐵屑；cf. wire wool》.
stéel·wòrk *n.* Ⓤ[集合稱]鋼鐵製品；鋼鐵部分，鋼鐵工程[結構]。
stéel·wòrker *n.* Ⓒ鋼鐵[煉鋼]工人。
stéel·wòrks *n.* Ⓒ(*pl.* ～)煉鋼廠(steel mill).
steel·y [ˈstilɪ; ˈsti:li] «steel 的形容詞» **—***adj.* (**steel·i·er**; **-i·est**) **1** 鋼鐵(似)的，堅硬的；鋼鐵色的，暗藍灰色的。**2** 頑強的；無情的；極嚴格的。**stéel·i·ness** *n.*
steel·yard [ˈstɪljəd, ˈstilˌjard; ˈsti:ljɑ:d] *n.* Ⓒ秤。
steen·bok [ˈstinbɑk; ˈsti:nbɔk] *n.* Ⓒ(*pl.* ～**s**, [集合稱]～)《動物》石羚《非洲產的小岩羚》。

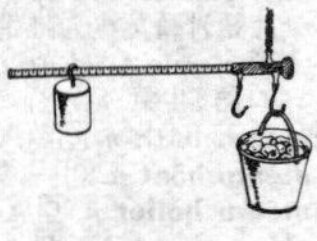
steelyard

steep**[1] [stip; sti:p] *adj.* (～**·er**; ～**·est**) **1** 〈斜面等〉陡峭的，險峻的：a ～ cliff 絕壁，峭壁/a ～ staircase 陡峭的樓梯。**2**《口語》**a**〈價錢、要求等〉過分的，不合理的，過高的。**b**〈話等〉誇張的，誇大其詞的，荒唐的。**—n.* Ⓒ陡坡，峭壁。
～**·ly** *adv.* ～**·ness** *n.*
steep[2] [stip; sti:p] *v.t.* **1** [十受(十介十(代)名)]將…浸，泡[於液體中][*in*]：～ tea ***in*** boiling water 把茶葉泡於沸水中，泡茶/～ vegetables *in* vinegar 把蔬菜浸漬於醋中。**2** [十受十介十(代)名] **a** 使…沉緬；使…埋首，使…專心[於…][*in*]《★常以過去分詞當形容詞用；⇨ steeped 2 a》. **b** [以…]包住…[*in*]《★常以過去分詞當形容詞用；⇨ steeped 2 b》.
—*v.i.* [動(十介十(代)名)]浸[於液體中][*in*].
—*n.* **1** ⓊⒸ浸，漬：in ～ (在水中等)浸著。**2** Ⓤ浸液，漬液；浸泡(種子的)液體。
steeped *adj.* **1** 浸液的，浸漬的。**2** [不用在名詞前][十介十(代)名] **a** 沉湎[於…]的[*in*](cf. steep[2] *v.t.* 2 a)：～ ***in*** crime 罪惡深重的/a university ～ *in* tradition 傳統根深柢固的一所大學。**b** 籠罩[於…中]的[*in*](cf. steep[2] *v.t.* 2 b)：ruins ～ ***in*** gloom 籠罩於暮色中的廢墟/a castle ～ *in* mystery 籠罩在神秘中的城堡。
steep·en [ˈstipən; ˈsti:pən] *v.t.* 使…陡峭[險峻]。
—*v.i.* 變陡峭，變險峻。
stee·ple [ˈstipl; ˈsti:pl] *n.* Ⓒ(教會等的)尖塔。
stéeple·chàse «源自從前的障礙馬賽以教會的尖塔(steeple)爲目標而舉行» **—***n.* Ⓒ **1** 障礙馬賽《在賽馬場平地跑道的內側跑道上，跳越人工壕溝、圍牆、柵欄等障礙物的賽馬》。**2**《運動》障礙賽跑《跨越柵欄或水坑等障礙物的賽跑》。
stéeple·jàck *n.* Ⓒ尖塔[煙囪]的修理工人。

steeple

steer**[1] [stɪr; stiə] *v.t.* **1 a** [十受](以舵、方向盤)操縱，駕駛〈船、汽車等〉：～ a boat [an automobile, an airplane] 駕駛船[汽車，飛機]。**b** [十受十副詞(片語)]把〈船、汽車等〉駛向(…)：*S*～ the ship *north.* 把船駛向北方/*S*～ the boat *for* [*toward*] that island. 把船駛向那個島。**2 a** [十受]循〈航線、方向〉行進：～ a steady course 穩定地行進。**b** [十受十介十(代)名]把〈航線、方向〉朝[向…][*to, for*]：～ a course ***for a harbor 朝港口行進。**c** [十受十介十(代)名][～ **one's way**][朝…]前進[*to, for*]：～ one's way ***for*** home 朝著家的方向前進。**—***v.i.* **1** [十副詞(片語)]掌舵，駕駛(駛向…)：The pilot ～*ed for* the harbor. 領航員掌舵駛向港口。**2** [十副詞(片語)](朝某方向)前進；處身：～ *between* two extremities 走在兩極端之間/Where are you ～*ing for*? 你要到哪裏去？**3** [與 well 等的狀態副詞連用]舵管用，操縱：The car ～*s* well [easily, badly]. 那部車好[容易，不易]駕駛。
stéer cléar of...《口語》避開…，與…不牽連：*S*～ *clear of* that woman. 避開那個女人。
—*n.* Ⓒ《美口語》(有關行動方針的)建議；內部消息：a bum ～ 荒唐的建議，無價值的情報。
steer[2] [stɪr; stiə] *n.* Ⓒ犍牛《食用的閹牛》。
steer·age [ˈstɪrɪdʒ; ˈstiəridʒ] *n.* Ⓤ《航海》**1** 舵效；操舵。**2** (從前船上的)三等艙，統艙。
stéerage·wày *n.* Ⓤ《航海》舵效航速《使舵發生效用所需的最低速度》。
steer·ing [ˈstɪrɪŋ; ˈstiəriŋ] *n.* Ⓤ **1** 操舵。**2** 指導。
stéer·ing committee [ˈstɪrɪŋ-; ˈstiəriŋ-] *n.* Ⓒ營運委員會，(團體、機構等的)指導委員會。
stéering gèar *n.* Ⓤ[集合稱]操舵裝置。
stéering whèel *n.* Ⓒ **1** (汽車的)方向盤。**2** (船的)舵輪。
steers·man [ˈstɪrzmən; ˈstiəzmən] *n.* Ⓒ(*pl.* **-men** [-mən; -mən])《航海》舵手。
steg·o·saur [ˈstɛgəˌsɔr; ˈstegəˌsɔ:] *n.* Ⓒ《古生物》劍龍《已絕跡的巨大披甲爬蟲，爲恐龍的一種》。
stein [staɪn; stain] «源自德語「石頭」(stone)之義» **—***n.* Ⓒ陶製有柄啤酒杯《約可裝一品脫(pint)》。

stegosaur

Stein·beck [ˈstaɪnˌbɛk; ˈstainbek], **John** (**Ernst** [ɜnst; ə:nst]) *n.* 史坦貝克《1902–68；美國小說家，1962 年獲諾貝爾文學獎》。
stein·bok [ˈstaɪnbɑk; ˈstainbɔk] *n.* = steenbok.
ste·le [ˈstili; ˈsti:li:] *n.* Ⓒ(*pl.* **-lae** [ˈstili; ˈsti:li:], ～**s**)《考古》紀念石柱，石碑。
Stel·la [ˈstɛlə; ˈstelə] *n.* 史黛拉《女子名》。
stel·lar [ˈstɛlɚ; ˈstelə] «源自拉丁文「星」之義» **—***adj.* **1** 星的；由星而成的。**2** (形狀)如星的，星形的。**3** 主要的〈角色等〉；傑出的，一流的。
stel·late [ˈstɛlɪt, -let; ˈsteleit], **stel·lat·ed** [-letɪd; -leitid] *adj.* **1** 星狀的。**2** 星狀排列的。**3**《植物》放射狀的。
St. Él·mo's fíre [**líght**] [-ˈɛlmoz-; ˈelmouz-] *n.* Ⓒ《氣象》聖愛摩火；放電光球《暴風雨的夜晚出現於船桅頂或飛機機翼的放電現象》。
***stem**[1] [stɛm; stem] *n.* Ⓒ **1 a** (草木的)莖。**b** 葉柄，花梗。**c** (水果的)果柄；(香蕉的)徑軸。**2** 莖狀物：**a** (杯子、玻璃酒杯的)脚。**b** (工具的)柄，把手。**c** (煙斗的)柄。**d** (溫度計的)管子。**3**《聖經》種族，血統，家系。**4**《文法》詞幹，語幹《對於字的字形變化而言的基本形；cf. base[1] 9, root form》。**5**《音樂》符幹。**6**《航海》船首(↔ stern).
from stém to stérn (1)《航海》從船首到船尾，全船。(2)到處，處處。

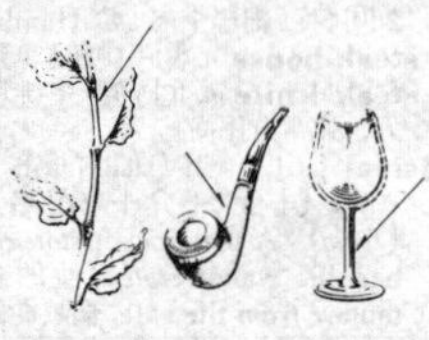

各種 stems

—*v.t.* (**stemmed**; **stem·ming**) [十受]除去〈水果〉的果柄[蒂]。
—*v.i.* [十介十(代)名][由…]發生，產生；起源[於…][*from*]：His failure ～*s* ***from*** his carelessness. 他的失敗是由於疏忽。
stem[2] [stɛm; stem] *v.t.* (**stemmed**; **stem·ming**) **1** 堵住，阻擋，遏止…(的流動)：～ a torrent 堵住急流/～ an angry crowd 阻擋憤怒的羣衆。**2** 抵抗〈時代潮流等〉：～ the tide of public opinion 反抗輿論。**3**《滑雪》將〈滑雪屐〉轉動以控制滑行。
—*v.i.*《滑雪》控制[轉動]滑雪屐止滑。
stemmed *adj.* [構成複合字]…莖的：short-*stemmed* 短莖的。
stém-wínder *n.* Ⓒ **1** 用轉柄上發條之錶《即今通常形式之錶》。**2**《美俚》**a** 上等之人[物]。**b** 動人的演說(家)。
stém-wínding *adj.* 以轉柄上發條的；最好的，一流的。
stench [stɛntʃ; stentʃ] *n.* Ⓒ[常用單數]臭氣，惡臭(⇨ smell【同義字】)。
sten·cil [ˈstɛnsl; ˈstensl] *n.* Ⓒ **1** 印刷模板，鏤花[空]型板。**2** 鋼板蠟紙：cut a ～ (用鐵筆)寫蠟紙。
—*v.t.* (**sten·ciled**;《英》**-cilled**; **sten·cil·ing**,《英》**-cil·ling**) **1** (用鏤空型板)印刷。**2** (用蠟紙)油印。

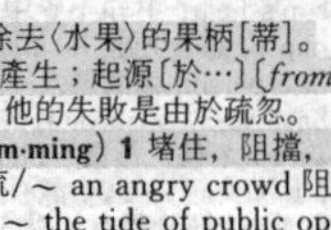

stencil 1

sténcil pàper *n.* Ⓤ蠟紙。
Sten·dhal [stɛnˈdɑl; stenˈdɑ:l] *n.* 斯當達爾《1783–1842；法國小說家及評論家，本名 Marie Henri Beyle》.
Stén gùn [ˈstɛn-; ˈsten-] *n.* Ⓒ《英》輕機關槍。
sten·o·graph [ˈstɛnəˌgræf; ˈstenəgrɑ:f] «stenography 的逆成字» **—***v.t.* 速記。
ste·nog·ra·pher [stəˈnɑgrəfɚ; stəˈnɔgrəfə] *n.* Ⓒ《美》速記員(《英》shorthand typist).
ste·nog·ra·phy [stəˈnɑgrəfɪ; stəˈnɔgrəfi] *n.* Ⓤ速記(術)(shorthand). **sten·o·graph·ic** [ˌstɛnəˈgræfɪk; ˌstenəˈgræfik] *adj.*

Sten·o·type [ˈstɛnə͵taɪp; ˈstenətaip] *n.* Ⓒ《商標》**1** 速記打字機。**2** 此種打字機所使用的文字。

stén·o·tỳp·ist [-pɪst; -pist] *n.* Ⓒ(使用 Stenotype 的)速記打字員。

sten·o·typ·y [ˈstɛnə͵taɪpɪ; ˈstenə͵taipi] *n.* Ⓤ使用普通字母的速記(術)。

Sten·tor [ˈstɛntɔr; ˈstentɔ:] *n.* **1** 司丹托《荷馬(Homer)所著史詩「伊里亞德」(*Iliad*)中聲音宏亮的傳令官(herald), 據說其音量相當於五十人同時喊叫》。**2** [s~] Ⓒ嗓門大的人。

sten·to·ri·an [stɛnˈtorɪən, -ˈtɔr-; stenˈtɔ:riən] «Stentor 的形容詞»**—***adj.* 聲音宏亮的, 大嗓門的。

‡**step** [stɛp; step] *n.* **1 a** Ⓒ步, 脚步: take [make] a ~ forward [back, backward] 向前走[後退]一步/miss one's ~ 踩空, 失足/⇨ make a false STEP. **b** [~s] (走的)方向: retrace one's ~*s* 回頭走, 折回去/turn one's ~*s* toward [to]... 向…走去。

2 Ⓒ一步的間隔; 步程, 短距離: It is only a ~ to the store. 那一家店就在附近。

3 Ⓒ **a** 脚步聲: *Steps* were heard approaching. 聽到脚步聲走近。**b** 足跡: follow [walk, tread] in a person's ~*s* 跟著某人的脚步走, 效法某人, 以某人爲榜樣。

4 ⓊⒸ **a** 步態, 步伐, 步調: keep ~ (*with...*) (與…)齊步走, (與…)配合, (與…)步調一致/break ~ 亂了步伐, 步伐不一致/Change ~! 《口令》換步走! /I walked with long [rapid] ~*s.* 我大步[快步]走。**b** (跳舞的)舞步。

5 a Ⓒ踏級(⇨ flight[1] 插圖), (梯子的)級; (門口的)臺階; (交通工具上下的)階梯, 踏板: sit on the top [bottom] ~ 坐在臺階的最上[下]級/Each flight of stairs has 20 ~*s.* 每段階梯有二十級/⇨ Mind the STEP. **b** [~s] (一段的)梯階: He ran down the ~*s.* 他跑下樓梯。

6 Ⓒ **a** 手段, 步驟, 措施, 方法: What's the next ~? 下一個步驟是什麼? **b** [+ *to* do] 〈做…的〉手段, 方法: We must take ~*s to* prevent such crimes. 我們必須採取步驟去防止這樣的罪行。

7 Ⓒ **a** (某種過程的)階段, 進步, 進展: They made a great ~ forward in their negotiations. 他們的交涉[談判]大有進展。**b** 等級; 晋升, 晋級: He has taken [moved] a ~ up in the hierarchy. 他的等級已升了一級。**c** (溫度計等的)刻度: a ~ on the Centigrade scale 攝氏刻度的一度。

8 Ⓒ《美》《音樂》音級, 度(tone): a half [whole] ~ 半[全]音階。

in stép (與…)齊步, 步調一致地[*with*]: keep *in* ~ (*with...*) (與…)齊步[步調一致]/march *in* ~ 齊步前進; (進展、變化等)不落後。

màke a fàlse stép (1)失足。(2)做[犯]錯。

Mínd [Wátch] the stép. 小心(走)臺階。

Mínd your stép. 小心走路[脚步]。

òut of stép (與…)步調不一致, 不和諧[*with*]: fall *out of* ~ 弄亂步調, 變得不和諧。

stép by stép 一步一步地, 逐步地。

wátch one's **stép** (1)留意脚底下, 小心脚步: *Watch* your ~. 留意你的脚步。(2)《口語》小心, 留意。

—*v.i.* (**stepped**; **step·ping**) **1** [+副詞(片語)] 踏出一步: ~ *aside* 走到一旁, 避到一邊/~ *forward* [*back*] 前進[後退]; 前進[後退]一步。**2 a** [+副詞(片語)] (近距離)步行, 前進: ~ *into* a room 走進房間/~ *across* a stream 涉過溪流/~ *down* (從車上等)下來/~ *up* 走上去, 登上/~ *up to* a person 走近某人/Please ~ this way. 請向這邊走/He *stepped on to* the sidewalk from the bus. 他從公共汽車走下到人行道上。**b** [與狀態副詞連用] (以特殊的步伐)走[跑]: ~ high 〈馬〉高舉脚飛跑, 快步跑/~ lively 輕快地走; [用祈使語氣] 趕快! **3** [+介+(代)名] 踩[在…上][*on*]: A man standing next to me *stepped on* my foot. 一個站在我身邊的人踩到我的脚/He *stepped on* the accelerator. 他踩油門。**4** [+副]《口語》快走〈*along*〉.

—*v.t.* **1** [+受+副詞(片語)] 把〈脚〉踏入: ~ foot *into* a room 走進[步入]房間。**2** [+受(+副)] 以脚步測量…, 步測…〈*off, out*〉: He *stepped* (*off* [*out*]) the length of the house. 他步測房屋的長度。**3** [+受] 踏〈舞步〉: ~ a minuet 跳小步舞曲/~ a measure 跳舞。

stép asíde 《*vi adv*》(1)⇨ *v.i.* 1. (2)(選舉等時爲讓給別人而)退出, 引退。

stép dówn 《*vi adv*》(1)⇨ *v.i.* 2 a. (2)(選舉等時爲讓給別人而)退出, 下臺。

stép ín 《*vi adv*》(1)過訪, 走進; [用祈使語氣] 請進! (2)插入(別人的談話中), 干涉(別人的行爲), 介入: She *stepped in* with some good advice. 她插話提出一些有益的忠告。

stép it (óut) 愉快[快活]地跳舞。

stép on it 《口語》(1)踩(汽車的)油門。(2)增加速度, 加快馬力。(3)趕快。

stép óut 《*vi adv*》(1)(暫時)離開屋子[房間], 外出。(2)放大脚步; 加快脚步: Let's ~ *out.* 我們加快脚步吧。(3)[常用於進行式] 《口語》出去尋樂[玩耍, 跳舞, 遊蕩]。**—** 《*vt adv*》(4)⇨ *v.t.* 2.

stép óut of líne (1)採取與別人不同的行動。(2)做出意料之外的事。

stép óut on... 《口語》〈對妻子、丈夫〉不忠實; 背叛…。

stép úp 《*vi adv*》(1)⇨ *v.i.* 2 a. **—** 《*vt adv*》(2)增加〈速度, 電壓等〉。(3)促進〈工作〉, 提高〈生產等〉: Production must be *stepped up.* 必須增產; 非促進生產不可。

step- [stɛp-; step-] [複合用詞] 表示「後、繼」之意《指因父母再婚而產生的家庭關係》。

stép·bròther *n.* Ⓒ異父[異母]兄弟《繼父或繼母以前婚姻所生之兄弟; cf. half brother》。

stép-by-stép *adj.* & *adv.* 一步一步的[地], 逐步的[地]。

stép·chìld *n.* Ⓒ(*pl.* **-children**)夫或妻以前婚姻所生的子女。

stép·dànce *n.* Ⓒ以舞步爲主的舞《舞者常將雙手放在口袋中者》。

stép·dàughter *n.* Ⓒ夫或妻以前婚姻所生的女兒。

stép-dówn *adj.* **1** 遞減的。**2** 降低電壓的: a ~ transformer 降壓變壓器。

stép·fàther *n.* Ⓒ繼父, 後父。

Ste·phen [ˈstivən; ˈsti:vn] *n.* 史蒂芬《男子名; 暱稱 Steve》。

Ste·phen·son [ˈstivənsn; ˈsti:vnsn], **George** *n.* 史蒂芬生《1781–1848; 英國工程師, 發明蒸汽火車頭》。

stép-ìn *adj.* 〈衣服、鞋子〉把脚伸入即可穿的。

—*n.* Ⓒ伸進脚即可穿的衣服。

stép·làdder *n.* Ⓒ四脚梯, 高凳。

stepladder

stép·mòther *n.* Ⓒ繼母, 後母。

stép·pàrent *n.* Ⓒ繼父或繼母。

steppe [stɛp; step] *n.* **1** Ⓒ無樹的大草原。**2** [the Steppes] (尤指西伯利亞、亞洲的)大草原(地帶)。

stépped-úp *adj.* 增加的, 增大[增强]的。

stép·ping stòne *n.* Ⓒ **1** 踏石, 踏脚石。**2** [晋身等的]梯階, 手段, 方法[*to*]。

stép·sìster *n.* Ⓒ異父[異母]姊妹《繼父或繼母以前婚姻所生之姊妹; cf. half sister》。

stép·sòn *n.* Ⓒ夫或妻以前婚姻中所生之子。

stept [stɛpt; stept] *v.* 《古》**step** 的過去式・過去分詞。

stép-úp *adj.* **1** 遞增的, 增强[大]的。**2** 電壓增高的: a ~ transformer 升壓變壓器。

stép·wise *adv.* 逐步地, 逐漸地, 按階段[級]地。

-ster [-stɚ; -stə] 字尾 [名詞字尾] **1** 表示「做…的人, 有某種習慣、職業、樣子的人」: rhyme*ster*; young*ster*. **2** [表示其他特別意義]: gang*ster*, road*ster*, team*ster*.

stere [stɪr; stiə] *n.* Ⓒ一立方公尺。

ster·e·o [ˈstɛrɪo, ˈstɪrɪo; ˈsteriou] «stereophonic 之略»**—***n.* (*pl.* ~s) **1** (又作 **stéreo sèt**) Ⓒ立體聲系統(裝置)。**2** Ⓤ立體音響: record music *in* ~ 以立體音響錄音樂。

—*adj.* 立體聲[音響]的。

ster·e·o- [ˈstɛrɪo-, ˈstɪr-; ˈsteriou-] [複合用詞] 表示「堅固的」,「實體的; 實[立]體鏡的」之意。

ster·e·o·graph [ˈstɛrɪə͵græf, ˈstɪr-; ˈsteriəgrɑ:f] *n.* Ⓒ(尤指用於立體鏡(stereoscope)的)立體照片, 立體畫。

ster·e·og·ra·phy [͵stɛrɪˈɑgrəfɪ, ͵stɪrɪ-; ͵steriˈɔgrəfi] *n.* Ⓤ**1** 立體畫法; 實體畫法。**2** 形畫幾何學《研究規則多面體之構成的學科》。

ster·e·o·phon·ic [͵stɛrɪəˈfɑnɪk, ͵stɪr-; ͵steriəˈfɔnik] *adj.* 立體音響(效果)的 (cf. monaural, monophonic, binaural 2): a ~ broadcast 立體聲廣播。

ster·e·oph·o·ny [͵stɛrɪˈɑfənɪ, ͵stɪr-; ͵steriˈɔfəni] *n.* Ⓤ立體音響(效果)。

ster·e·o·scope [ˈstɛrɪə͵skop, ˈstɪr-; ˈsteriəskoup] *n.* Ⓒ立體鏡。**ster·e·o·scop·ic** [͵stɛrɪəˈskɑpɪk, ͵stɪr-; ͵steriəˈskɔpik] *adj.*

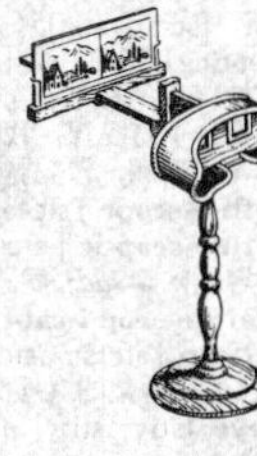

stereoscope

ster·e·o·type [ˈstɛrɪə͵taɪp, ˈstɪr-; ˈstiəriətaip] *n.* Ⓒ **1** 用紙型澆製的鉛版, 鉛版製版(法)。**2** (缺乏新鮮、獨創性的)老套, 陳腔濫調; 脫不出窠臼的[僵化的]想法(等)。

—*v.t.* **1** 把…澆成鉛版, 以鉛版印刷。**2** 使…成爲定型[格式]。

stér·e·o·tỳped *adj.* **1** 鉛版的。**2** 〈說話、想法等〉(缺乏新鮮、獨創性而)一成不變的, 陳腐的, 千篇一律的, 老套的。

ster·ile [ˈstɛrəl; ˈsterail] «源自拉丁文「不

毛的」之義》——*adj.* (more ~; most ~) **1** (無比較級、最高級)〈人、動物〉不能生育的；不孕的。**2**〈土地〉不毛的，貧瘠的(⟷ fertile)。**3** 殺過菌的，無菌的。**4**〈文體、思想等〉缺乏獨創性的，沒有想像力的；枯燥無味的，乏味的。~·ly *adv.*

ste·ril·i·ty [stəˋrɪlətɪ, stɛ-; steˈriləti] 《sterile 的名詞》——*n.* **1** Ⓤ不孕(症)。**2** Ⓤ(土地的)不毛，貧瘠。**3** Ⓤ無菌(狀態)。**4** Ⓤ Ⓒ[常sterilities](思想的)貧乏，(文體的)枯燥無味。

ster·i·li·za·tion [ˏstɛrələˋzeʃən, -aɪˋz-; ˌsterəlaiˈzeiʃn] 《sterilize 的名詞》——*n.* **1** ⓊⒸ使不孕，絕育(手術)。**2** Ⓤ使(土地)不毛。**3** Ⓤ殺菌，消毒。

ster·i·lize [ˋstɛrəˏlaɪz; ˈsterəlaiz] 《sterile 的動詞》——*v.t.* **1** 使…不孕，使…絕育。**2** 使〈土地〉不毛。**3** 將…殺菌，把…消毒。

stér·i·lized *adj.* **1** 殺菌的，消毒的：~ milk 消毒牛奶。**2** 絕育的。

stér·i·liz·er *n.* Ⓒ **1** 消毒者。**2** 殺菌[滅菌]機，消毒器。

ster·ling [ˋstɝlɪŋ; ˈstə:liŋ] 《源自古英語「小星」之義；起因於曾刻有小星的銀幣》——*n.* Ⓤ **1** 英國貨幣：payable in ~ 應以英國貨幣[英鎊]支付的。**2** (又作**stérling sílver**)(法定)純銀《銀的純度爲 92.5% 以上》。

——*adj.* **1**〈金、銀〉法定純度的；英國貨幣的，按英國貨幣的《略作 stg.，形式上通常附記於金額之後，如 £500 stg.》：five pounds ~ 英幣五鎊[五英鎊]/the ~ area[bloc] 英鎊(通用)地區。**2** [用在名詞前]眞正的，純粹的：~ worth 眞正的價值。**3** [用在名詞前]優秀的，純正的：a ~ fellow 優秀的人。

***stern**[1] [stɝn; stə:n] *adj.* (~·er; ~·est) **1** **a** 嚴格的，堅決的(⇨ strict【同義字】)：a ~ master 嚴苛的主人/~ treatment 嚴格的對待。**b** [不用在名詞前]〔十介十(代)名〕〈人〉〔對…〕嚴格的〔*in*〕：He is ~ *in* his discipline. 他對紀律是嚴格的。**c** [不用在名詞前]〔十介十(代)名〕〈人〉〔對待某人〕嚴格的〔*to*〕：He is ~ *to* his pupils. 他對學生很嚴格。

2〈外貌、表情等〉嚴肅的，令人害怕的；險峻的：a ~ face 令人害怕的臉，鐵板的面孔/a ~ precipice 險峻的懸崖。

3〈事情、境遇等〉艱難的，冷酷的，苛刻的：(a) ~ necessity 無法逃避的[絕對的]需要/(a) ~ reality 冷酷的現實。~·ly *adv.* ~·ness *n.*

stern[2] [stɝn; stə:n] *n.* Ⓒ **1** 《航海》船尾(⟷ bow, stem)(⇨ ship 插圖)：down by the ~ 船尾吃水比船首深的，船尾下降的。**2** 《口語·謔》臀部。

Stérn áll! =**Stérn hárd!** 《航海》向後！

stérn fóremost 《航海》船尾朝前，後退。

stérn ón 《航海》船尾向前地。

ster·na *n.* sternum 的複數。

stérn·mòst *adj.* **1** 《航海》最接近船尾的。**2** 最後的，殿後的。

stérn·pòst *n.* Ⓒ《造船》艉尾座柱。

stérn shèets *n. pl.* 《航海》艉尾座。

ster·num [ˋstɝnəm; ˈstə:nəm] 《源自希臘文「胸」之義》——*n.* Ⓒ (*pl.* ~s, -na [-nə; -nə]) 《解剖》胸骨。

ster·nu·ta·tion [ˏstɝnjəˋteʃən; ˌstə:njuˈteiʃn] *n.* Ⓤ《醫》噴嚏。

ster·nu·ta·tive [stəˋnjutətɪv; stəˈnju:tətiv] *adj.* 促打噴嚏的；催嚏的。

stérn·wàrd *adj.* 船尾的，後方的。

——*adv.* 向船尾，在後方。

stérn·wàrds *adv.* =sternward.

stérn·wày *n.* Ⓤ《航海》(船的)後退，倒退。

stérn-whéeler *n.* Ⓒ《航海》船尾外輪船。

ster·oid [ˋstɪrɔɪd; ˈstiərɔid] *n.* Ⓒ 甾族化合物[類固醇]《男(女)性荷爾蒙、甾醇[固醇]等脂肪溶解性化合物的總稱》。

——*adj.* 甾族化合物的，類固醇的。

stern-wheeler

ster·to·rous [ˋstɝtərəs; ˈstə:tərəs] *adj.* 《文語》鼾聲如雷的；打呼的。~·ly *adv.*

stet [stɛt; stet] (**stet·ted**; **stet·ting**)《印刷》*v.i.* [用祈使語氣]不刪，保留《校對用語。原稿或校樣等的刪改部分要恢復原狀的指示；在欄外寫 stet，通常在該部分下打點線，我國用△表示；略作 st.；cf. dele》。

——*v.t.* 不刪，做記號以保留〈刪改處〉。

steth·o·scope [ˋstɛθəˏskop; ˈsteθəskoup] *n.* Ⓒ聽診器。

steth·o·scop·ic [ˏstɛθəˋskɑpɪk; ˌsteθəˈskɔpik] 《stethoscope 的形容詞》——*adj.* 聽診(器)的，根據聽診器的。

stèth·o·scóp·i·cal·ly [-klɪ; -kəli] *adv.*

stet·son [ˋstɛtsn̩; ˈstetsn] 《源自設計者的名字》——*n.* Ⓒ史特森帽《牛仔所戴的寬邊高筒帽》。

Steve [stiv; sti:v] *n.* 史帝夫《男子名；Stephen, Steven 的暱稱》。

ste·ve·dore [ˋstivəˏdor, -ˏdɔr; ˈsti:vədɔ:] *n.* Ⓒ碼頭工人，(船貨等的)裝卸工人。

Ste·ven [ˋstivən; ˈsti:vn] *n.* 史帝文《男子名；暱稱 Steve》。

Ste·ven·son [ˋstivənsn̩; ˈsti:vnsn], **Robert Louis** [ˋluɪs; ˈlu:is] 史蒂文生《1850–94；生於蘇格蘭的英國小說家及詩人；略作 R.L.S.》。

stethoscope

***stew** [stu, stju; stju:] *v.t.* 〔十受〕用文火燉〈肉〉，用文火煮〈水果等〉(⇨ cook【同義字】)。

——*v.i.* **1** 用文火慢慢燉。**2** (悶熱而)出汗，發昏。**3** 〔動(十介十(代)名)〕《美口語》〔爲…〕焦慮，著急〔*about, over*〕。

——*n.* **1** Ⓒ[當作菜名時爲Ⓤ]燉煮的菜餚：(a) beef ~ 燉牛肉/(an) Irish ~ 愛爾蘭燉肉《以羊肉、馬鈴薯、洋葱燉成》。**2** [a ~]《口語》煩惱，憂慮，著急：He was in [got into] *a* ~. 他[變得]焦躁不安。**3** [a ~] [人、物的]混雜〔*of*〕。

stew·ard [ˋstuwɚd, ˋstju-; ˈstjuəd] *n.* Ⓒ **1** 執事，管家。**2** (俱樂部、大學等的)總務人員。**3** (飛機、輪船等的)服務人員。**4** (展覽會、舞會、賽馬等的)籌備人員，幹事。

——*v.i.* 擔任服務人員的工作。

stew·ard·ess [ˋstuwɚdɪs, ˋstju-; ˈstju:ədis] *n.* Ⓒ(客機的)空中小姐，(輪船、火車等的)女服務員。

stéward·shìp *n.* Ⓤsteward 的職務[地位]。

Stew·art [ˋstuɚt, ˋstju-; ˈstjuət] *n.* 史都華《男子名》。

stewed *adj.* **1** 用文火燉的。**2** 《英》〈茶〉泡得太濃的：The tea is ~. 茶泡得太濃了。**3** [不用在名詞前]《口語》酒醉的：get ~ 酒醉。

stéw·pàn *n.* Ⓒ燉鍋。

St. Ex. 《略》Stock Exchange.

stg. 《略》sterling.

St. Geórge's Chánnel [-ˋdʒɔrdʒɪz-; -ˈdʒɔ:dʒiz-] *n.* 聖喬治海峽《威爾斯與愛爾蘭之間的海峽》。

St. He·le·na [ˏsɛnthəˋlinə, ˏsɛntl̩ˋinə; ˌsentiˈli:nə] *n.* 聖赫勒拿島《大西洋南部，非洲西岸外的英屬小島，爲流放拿破崙(Napoleon I)之地》。

stib·i·um [ˋstɪbɪəm; ˈstibiəm] *n.* Ⓤ《化學》銻(antimony)。

‡stick[1] [stɪk; stik] *n.* **1** Ⓒ **a** (細長的)棍，棒，枝條(⇨ bar[1]【同義字】)：Gathering ~*s*, we made a fire. 我們收集枯枝生火。**b** 杖，手杖：The old gentleman was walking with a ~. 那位老紳士持手杖走路。**c** 細長的木條，竿子，軸；(掃帚的)柄：⇨ broomstick, matchstick.

2 Ⓒ棒狀物：**a** 〔巧克力、口香糖、口紅、芹菜莖等的〕條，一支〔*of*〕：⇨ lipstick/a ~ *of* candy 一支棒糖/seven ~*s of* chewing gum 七條口香糖。**b** (小提琴的)弓(bow)。**c** (鼓)槌。**d** 指揮棒(baton)。**e** 《印刷》排字架[盤]。**f** (曲棍球的)球桿，球棒。**g** (撞球的)球桿(cue)。**h** (高爾夫的)球桿(club)。**i** (滑雪的)滑行杖。**j** (飛機的)操縱桿，駕駛桿：⇨ joy stick.

3 Ⓤ[常 the ~]鞭打，責打，處罰：give a person (*the*) ~ 責打某人，處罰某人/get[take] ~ 受責打。

4 Ⓒ[常 ~s]〔家具的〕一件〔*of*〕：a few ~*s of* furniture (表示不多)僅幾件家具。

5 [the ~s]《口語》**a** 森林地區；未開發的偏僻地區。**b** (離都市遠的)鄉間，山區。

6 Ⓒ[常與 dull, dry 等修飾語連用]無聊的人：a *dull*[*dry*] ~ 乏味的人，遲鈍的人，笨蛋。

(as) cróss as twó stícks ⇨ cross *adj.*

gèt (hóld of) the wróng énd of the stíck ⇨ end *n.*

gèt the dírty énd of the stíck ⇨ end *n.*

in a cléft stíck ⇨ cleft *adj.*

(wíeld[cárry]) a[the] bíg stíck (採取)威嚇政策，行使實力。

***stick**[2] [stɪk; stik] (**stuck** [stʌk; stʌk]) *v.t.* **1** 刺，戳：**a** 〔十受十介十(代)名〕把〈尖物〉刺[插]〔入…中〕〔*in, into*〕；〔用尖物〕刺…，插…〔*with*〕：~ a fork *into* a potato = ~ a potato *with* a fork 把叉子插入馬鈴薯中/~ a knife *in* a person's back 把刀子刺入某人的背，以刀刺某人的背。**b** 〔十受十介十(代)名〕用〈尖物〉刺〔穿…〕〔*through*〕：~ a pin *through* a piece of cloth 用針穿過布。**c** 〔十受十副〕以〈尖物〉刺穿過；貫穿…〈*through*〉：This cloth is too thick to ~ a pin *through*. 那塊布太厚而無法用針穿過。**d** 〔十受(十介十(代)名)〕〔用尖物〕固定…〔*on*〕：~ insect specimens 用針固定昆蟲標本/~ pieces of meat *on* a spit 用鐵叉串肉片。**e** 〔十受〕刺殺…：~ a pig 刺殺豬。**f** 〔十受十介十名〕刺入〈人〉〔身體的某部位〕〔*in*〕(★用法表示身體部位的名詞前加 the)：A pin *stuck* me *in the* hand. 一根針刺入我的手。

2 **a** 〔十受十副詞(片語)〕把…插(在…)：~ a flower *in* a buttonhole 把一朵花插在鈕孔中/~ one's pipe *between* one's teeth 把煙斗插在牙間《叼着煙斗》/~ a few commas *in* 加入兩三個

逗點/I *stuck* my hands *into* my trouser pockets. 我把手插入褲袋裏。**b** 〔十受十副〕伸出…〈*out, up*〉: He *stuck* his tongue **out** at his teacher. 他向老師吐舌頭/She *stuck* her head **up** and laughed. 她仰首大笑。**c** 〔十受十介十(代)名〕把…伸出〔…〕〔*out of*〕: It is dangerous to ~ your head **out of** the car window. 把頭伸出車窗外是危險的~。

3 a 〔十受(十副)〕(用黏着劑等)黏貼…〈*on*〉: *S*~ no bills. 《英》《告示》禁止張貼/~ labels **on** 貼上標籤。**b** 〔十受十介十(代)名〕把…貼在〔…上〕〔*on, in*〕: ~ a stamp **on** a letter 把郵票貼在信件上/~ clippings **in** a scrapbook 把剪報貼在剪貼簿上。**c** 〔十受十副〕把…黏接在一起〈*together*〉: He *stuck* the broken pieces **together**. 他把破片黏接在一起。

4 〔十受十副詞(片語)〕《口語》把〈東西〉固定[放置](在某處): ~ papers *in* a drawer 把文件放入抽屜/*S*~ it *down* somewhere [*under* the bed]. 把它放在某處[牀下]。

5 〔十受(十副詞(片語))〕使…陷入(…), 使…不能動彈[進退兩難]《★常以過去分詞當形容詞用; ⇨ stuck *adj.* 1 a, c》。

6 〔十受〕《口語》使〈人〉困惑, 把〈人〉難住《★常用被動語態, 變成「困惑, 爲難」之意》: When I asked him that question he *was stuck*. 我問他那個問題時, 他一時語塞《他被難倒》。

7 [用於否定句]《英口語》**a** 〔十受〕忍受〈討厭的事等〉: I *can't* ~ that fellow. 我不能忍受那個傢伙。**b** 〔十 do*ing*〕忍耐〈做…事〉: I can*not* ~ do*ing* this work. 做這件事我受不了。

8 〔十受〕《俚》欺騙, 詐騙〈某人〉。

9 〔十受十介十(代)名〕〔把麻煩的人、事〕推給〈人〉〔*with*〕《★常以過去分詞當形容詞用; ⇨ stuck *adj.* 2》。

10 〔十受十介十(代)名〕使〈人〉〔對…〕着迷[入迷]〔*on*〕《★常以過去分詞當形容詞用; ⇨ stuck *adj.* 3》。

—*v.i.* **1** 〔十介十(代)名〕刺, 插〔在…〕〔*in*〕: The arrow *stuck* **in** the tree. 那支箭射在樹上。

2 a 〔動(十介十(代)名)〕黏在〔…上〕〔*to*〕: Mud has *stuck* **to** my shoes. 泥巴黏在我的鞋子上。**b** 〔十介十(代)名〕〈思想、話等〉縈繞〔於腦際〕〔*in*〕: a fact that ~*s* **in** the memory 牢記不忘的事實。**c** 〔十副〕〈兩個以上的東西[人]〉黏住, 在一起, 不分離〈*together*〉: Several pages have *stuck* **together**. 有幾頁黏在一起/Whatever may happen, we must ~ *together*. 不論發生什麼事, 我們一定要在一起, 不可分開。

3 〔十介十(代)名〕**a** 堅持〔…〕; 〔對…〕忠實〔*to, by, with*〕: ⇨ stick to one's GUNS/ ~ **to** [**by**] one's agreement [friends, country] 忠於自己的諾言[朋友, 國家]/Our discussion *stuck to* one topic. 我們的討論緊守在一個論題上。**b** 持之以恆地做〔工作等〕〔*at, to*〕: He *stuck* **to** his job until it was completed. 他堅持工作到完成爲止/You will certainly succeed if you ~ **at** your work. 如果你努力不懈於你的工作, 你一定會成功。

4 〔動(十介十(代)名)〕卡在〔…中〕不能動彈; 陷進〔…中〕〔*in*〕: The gears have *stuck*. 那些齒輪已經卡住了/The car has *stuck* **in** the mud. 那部汽車已陷在泥裏/I let the key ~ *in* the lock. 我讓鑰匙卡在鎖中拔不出來。

5 a 〔十副〕突出, 豎起〈*up, out*〉: His hair ~*s* **up**. 他的頭髮豎起來/How his stomach ~*s* **out**! 他的肚子挺得多大呀! **b** 〔十介十(代)名〕〔從…〕伸出〔*out of*〕: His arms *stuck* **out of** his coat sleeves. 他的手臂從外套袖子中伸出來。

6 〔十介十(代)名〕[常用於否定句]〔對…〕猶豫, 遲疑〔*at*〕: He would ~ **at** *nothing* to gain power. 爲了獲得權力, 他什麼事都做得出來《不顧一切》。

stíck aróund 《*vi adv*》《口語》(在同一個地方或與同樣的人)等待, 逗留。

stíck dówn 《*vt adv*》(1)⇨ *v.t.* 4. (2)寫下。(3)黏合: He *stuck* *down* (the flap of) the envelope. 他黏合信封(的口蓋)。

stíck in one's **thróat** ⇨ throat.

stíck it óut 《口語》堅持到底, 拚到最後。

stíck it to... 《口語》苛刻[不當]地對待…。

stíck óut 《*vi adv*》(1)⇨ *v.i.* 5 a. (2)《口語》突出, 顯眼, 明顯。**—**《*vt adv*》(3)⇨ *v.t.* 2b. (4)《口語》對〈長途旅程等〉忍受到底, 堅持到底。

stíck óut a míle 《口語》(不妥地, 礙事地)顯眼, 一目了然。

stíck óut for... 堅持要求〈提高工資等〉。

stíck tó it 堅持, 做到底。

stíck úp 《*vi adv*》(1)⇨ *v.i.* 5 a. **—**《*vt adv*》(2)⇨ *v.t.* 2 b. (3)〈強盜〉使…舉〈手〉《★常用於下列片語》: *S*~ 'em *up* [*S*~ your hands *up*]! 把手舉起來《用槍指著人說》! (4)《俚》持槍搶劫〈某人、火車、銀行等〉。

stíck úp for... 《口語》支持〈人、物〉; 爲…辯護。

—*n.* **1** Ⓒ一刺。**2** Ⓤ《口語》黏着力, 黏性; 漿糊。**3** Ⓒ停止, 膠着。

stíck·bàll *n.* Ⓤ《美》兒童用橡皮球與掃帚柄等在路上等處玩的棒球。

stíck·er 《源自 stick[2]》**—***n.* Ⓒ **1 a** 刺戳的人。**b** 刺[戳]的工具。**2** 背面有膠的標籤, 貼紙。**3** 固執的人; 不屈不撓的人, 堅持不懈的人。

stícker prìce *n.* Ⓒ標價。

stíck fìgure [**dràwing**] *n.* Ⓒ棒線畫《人或動物等的略圖》。

stícking plàce *n.* Ⓒ **1** 固定的地方; 搭脚處; 永不退轉的地步, 進到不能再進之處, 頂點。**2** 獸頸下部《屠宰時刀刺入的地方》。

stíck·ing plàster *n.* Ⓤ[指產品個體或種類時爲Ⓒ]膠布, 橡皮膏。

stícking pòint *n.* Ⓒ **1** 阻礙; 談判中之絆脚石。**2** ＝sticking place 1.

stíck ìnsect *n.* Ⓒ《昆蟲》竹節蟲。

stíck-in-the-mùd *n.* Ⓒ《口語》守舊[保守]的人, 頑固者。

stíck·le [ˋstɪkl; ˈstikl] *v.i.* **1** (爲小事)斤斤計較, 爭論(瑣事)。**2** 〔動(十介十(代)名)〕〔對…〕提出異議, 唱反調; 猶豫, 躊躇〔*at, about*〕.

stíckle·bàck *n.* Ⓒ《魚》棘魚, 刺魚《刺魚科硬鰭魚的統稱》。

stíck·ler *n.* Ⓒ **1** 爭執瑣事的人, 一絲不苟的人〔*for*〕: a ~ *for* neatness 對整潔吹毛求疵的人。**2** 《美口語》難題, 費解的事物。

stíck-òn *adj.* [用在名詞前](背面塗膠)可黏住的。

stíck·òut *n.* Ⓒ《口語》傑出的人; 能幹的人。

—*adj.* 傑出的; 能幹的。

stíck·pìn *n.* Ⓒ《美》領帶別針(tiepin).

stíck shìft *n.* Ⓒ《美》(汽車的)手操作變速器, 手排檔。

stíck·tìght *n.* Ⓒ《植物》鬼針草。

stick-to-it·ive [ˌstɪkˋtuɪtɪv; ˌstikˈtu:itiv] *adj.* 《美口語》堅毅的, 執拗的, 頑强的, 不屈不撓的。

stick-to-it·ive·ness [ˌstɪkˋtuɪtɪvnɪs; ˌstikˈtu:itivnis] *n.* Ⓤ《美口語》堅毅, 執拗, 頑强, 不屈不撓。

stíck·ùp *n.* Ⓒ(持槍的)强盜(行爲), 搶劫。

stíck·wòrk *n.* Ⓤ(棒球、曲棍球等)運動員的用棒[棍]技術。

stick·y** [ˋstɪkɪ; ˈstiki] 《stick[2] 的形容詞》**—adj.* (**stick·i·er**; **-i·est**) **1 a** 黏黏的, 有黏性的: a ~ candy 黏黏的糖果。**b** 沾上黏物的: ~ fingers (沾上黏物而)發黏的手指; 《美俚》盜癖, 手脚不乾淨的人, 小偷。**c** 〈道路等〉泥濘的。

2 《口語》〈天氣等〉悶熱的: a ~ day 悶熱的日子。

3 [不用在名詞前]〔十介十(代)名〕《口語》〔對…〕不寬大的, 不情願的, 難於取悅的〔*about*〕: The boss was rather ~ **about** giv*ing* me leave. 老闆有些不情願[不同意]讓我請假。

4 《口語》困難的, 麻煩的, 棘手的: a ~ problem 棘手的問題/come to [meet] a ~ end 未得善終, 落得個不好的下場, 結果不得好死。

5 《美口語》過分多愁善感的; 嬌滴滴的。

6 (貼緊而)不易動的。

stíck·i·ly [-kəlɪ; -kili] *adv.* **-i·ness** *n.*

***stiff** [stɪf; stif] *adj.* (~·**er**; ~·**est**) **1** (不能彎曲的)硬的, 堅硬的。

> **【同義字】**stiff 是不能彎曲或伸展的堅硬; rigid 指僵硬, 勉強彎曲時會折斷。

a 〈東西〉堅硬的, 硬直的: a ~ collar 硬領/a ~ chair (座位)硬的椅子/~ sheets (上漿的)硬挺的襯衫/stand straight and ~ 直挺挺地站着不動。**b** 死後僵直的: lie ~ in death 死後僵直地躺着。**c** 〈肌肉、關節〉僵硬的, (彎曲時)會痛的: I have a ~ shoulder [~ shoulders]. 我的肩膀僵硬。**d** 〈機器等〉轉動不靈活的, 不易轉動的: a ~ hinge不易轉動的鉸鏈。**e** 〈繩索等〉繃緊的。

2 a 〈動作、態度等〉僵硬的, 不自然的: make a ~ bow 僵硬地鞠躬。**b** 〈文體等〉不自然的, 生硬的, 呆板的: a ~ style of writing 呆板的文體。

3 頑强的, 不屈的, 猛烈的: offer ~ resistance 作頑强的抵抗。

4 黏稠的, 有黏性的: ~ dough 黏稠的麵糰/~ clay 硬黏土。

5 a 〈風、水流等〉强烈的: a ~ wind 强風, 勁風。**b** [用在名詞前]多酒精的, 烈性的〈酒等〉: a ~ drink 烈酒。

6 困難的, 辛苦的, 難應付的: a ~ exam 艱難的考試/That book is ~ reading. 那本書不好念[不容易讀(懂)]。

7 《口語》**a** 〈物價等〉極高的: a ~ price [fine] 極高的價錢[罰款]。**b** [不用在名詞前]不合情理的, 過分的: It's a bit ~. 那的確有一點過分。

kèep [**cárry, hàve**] **a stíff úpper líp** ⇨ lip.

—*adv.* (~·**er**; ~·**est**)《口語》過分地, 極, 徹底地《★用法 也可解釋爲形容詞》: I was bored [scared] ~. 我無聊極了[嚇壞了]。

—*n.* Ⓒ《俚》**1** 屍體。

2 《美》醉漢。

3 呆板的男人, 不知變通的人。

4 笨拙的人; 傢伙。

5 吝於給小費的人, 吝嗇鬼。

~·**ly** *adv.* ~·**ness** *n.*

stiff·en [ˈstɪfən; ˈstifn] «stiff 的動詞»—*v.t.* **1** 〔十受(十介十(代)名)〕〔用…〕使…堅挺〔*with*〕：～ sheets ***with*** starch 上漿使床單堅挺。**2** 〔十受(十副)〕使〈人〉的身體僵硬〈*up*〉. **3** 〔十受〕使〈漿糊等〉凝固，使…變濃稠：～ paste 使漿糊凝固。**4** 〔十受〕使〈態度等〉變僵硬，使…變呆板；對…堅定不移，加强…：He ～*ed* his resolve. 他增强了他的決心。

—*v.i.* **1** 〔動(十副)〕變堅挺，變硬，僵化〈*up*〉. **2** 〈漿糊等〉凝固，變濃稠：Canvas ～*s* as it dries. 帆布乾時變硬。**3** 變生硬，變不自然：I noticed him ～ when I mentioned money. 當我提到錢時，我注意到他變得不自然。

stíff·en·er *n.* Ⓒ **1** 使變堅硬[挺]的東西[人]；硬化劑；使凝固的東西[人]。**2** (衣領、帶子、封面等的)夾層。

stíff-nécked *adj.* 頑固的。

sti·fle [ˈstaɪfl; ˈstaifl] *v.t.* 〔十受〕**1** 使〈人〉窒息，使〈人〉呼吸困難：They were ～*d* by the heat. 他們熱得呼吸困難。

【同義字】stifle 指因沒有新鮮空氣而使人不能呼吸；suffocate 指因缺氧而使人不能呼吸。

2 抑止，遏制，消除…：～ a revolt 鎮壓叛亂/～ a scandal 竭力掩蓋醜聞/～ laughter[a yawn]忍住笑[呵欠]。

—*v.i.* 窒悶，呼吸困難。

stí·fling *adj.* 〈空氣等〉令人窒息般的，窒悶的，不透氣的，沉悶的。

stig·ma [ˈstɪgmə; ˈstigmə] «源自希臘文「記號」之義»—*n.* (*pl.* ～s, 義3 ～**·ta** [ˈstɪgmətə; ˈstigmətə]) **1** Ⓒ汚名，恥辱。

2 Ⓒ《植物》柱頭。

3 Ⓒ[**the stigmata**]《基督教》聖痕《據說出現於聖徒身上，酷似耶穌在十字架上受難的傷痕》。

stig·mat·ic [stɪgˈmætɪk; stigˈmætik⁻] «stigma 的形容詞»—*adj.* 不名譽的，恥辱的。

stig·ma·tize [ˈstɪgməˌtaɪz; ˈstigmətaiz] «stigma 的動詞»—*v.t.* 〔十受十 *as* 補〕給〈人〉加上〈…〉的汚名，非難…〈爲…〉：They ～*d* him *as* a traitor. 他們給他加上賣國賊的汚名[誣蔑他爲賣國賊]。

stig·ma·ti·za·tion [ˌstɪgmətəˈzeʃən, -aɪˈz-; ˌstigmətaiˈzeiʃn] *n.*

stile [staɪl; stail] *n.* Ⓒ **1** (設於牧場的籬笆、柵欄等處，只能讓人跨越而家畜不能通過的)梯磴，階梯。**2** 旋轉木門，十字轉門(turnstile).

stile 1

sti·let·to [stɪˈlɛto; stiˈletou] *n.* Ⓒ (*pl.* ～s, ～es) **1** (前端尖細的)小劍，短劍。**2** (刺繡、裁縫用的)穿孔錐，打眼錐。**3** 《英》**a** (又作 **stilétto hèel**)女鞋的細高跟(spike heel). **b** [常 ～(e)s]《口語》細高跟鞋。

‡still[1] [stɪl; stil] *adj.* (～**·er**；～**·est**) **1** 安靜的，寂靜的，無聲的，沈默的(⇨silent 2【同義字】)：The night [audience] was very ～. 夜[聽衆]非常安靜。

2 a 靜止的，不動的：keep ～ 保持不動的/sit ～ 坐着不動/stand ～ 站着不動，不活動的，停滯的。**b** 〈水等〉不流動的；無風的，平靜的：The air was ～. 風平靜，無風/*S*～ waters run deep. 《諺》靜水深流《★一般的解釋爲「思想有深度的人沈默寡言」，但也有「深沉中隱藏有狡猾」之意》。

3 〈聲音〉低沉的，輕柔的(soft)；穩靜的，平靜的：a[the] ～ small voice 靜靜的微小聲音《上帝、良心之聲；★出自聖經「列王紀上」》。

4 〈葡萄酒等〉不起泡的(↔ sparkling). **5** (與電影相對的)普通[靜止]照片(用)的：a ～picture 普通[靜止]照片。

(as) still as déath [the gráve, a stóne] 極靜的。

—*n.* **1** Ⓤ[**the** ～]寧靜，寂靜〔*of*〕：in *the* ～ *of* the night 在寂靜的夜晚。**2** Ⓒ(與電影相對的)靜止的人或物的照片《作爲廣告用的電影，一個場面的單張照片》。

—*v.t.* 〔十受〕**1 a** 使…安靜，使…靜下來。**b** 使〈啼哭的孩子〉安靜。**c** 使〈食慾〉滿足，使〈情緒〉緩和。**2** 使〈聲音、動作等〉停止[靜止]。

—*adv.* (無比較級、最高級) **1** (現在)還，仍(然)，尚：He is ～ angry. 他還在生氣/They ～ do not know the truth. 他們依然不知道眞相《★比較 They haven't learned the truth yet. 他們尚未獲知眞相》/Is he ～ here? 他還在這裏嗎？《★比較 Is he here yet? 他到了嗎？》/I'm ～ waking up. 我還沒有完全醒過來。

【同義字】still 用於以前的動作或狀態在當時還在繼續的情形；yet 用於動作或狀態已結束或尚未結束的情形。

2 但是還：Though he did his very best, he ～ failed. 雖然他盡了全力，但還是失敗了。

3 [當連接詞用]儘管如此還：He has his faults. *S*～, I love him. 他有他的缺點，儘管如此我還是愛他。

4 [强調比較級]還要，更加，益發：That's ～ *better.* 那就更好/That exercise was difficult, but this is ～ *more* difficult. 那個練習題難，但這一題更難/～ lat*er* 更晚以後。

5 [與 another, other 連用]而且，加上：I've found ～ *another* mistake. 我又發現了另一個錯誤。

still léss [用於否定句後]更何況，更不(much less)：If you don't know, ～ *less* do I. 如果你不知道，我更不知道了。

still móre [用於肯定句後]更何況，更不用說(much more)：Her appearance disturbed him. *S*～ *more* did her words. 她的容貌使他心亂，更何況她的話。～**·ness** *n.*

still[2] [stɪl; stil] «distill 字首消失的變體字»—*n.* Ⓒ蒸餾器[室]。

stíll alàrm *n.* Ⓒ(藉電話或口頭傳報而非警鐘所作的)火警報告。

stíll·bìrth *n.* **1** ⓊⒸ死產。**2** Ⓒ死胎《死於胎中的嬰兒》。

stíll·bòrn *adj.* 死產的，死胎的。

stíll hùnt *n.* Ⓒ《美》**1** (向獵物、敵人等的)潛近，悄悄走近。**2** (政治性的)暗中工作。

stíll-hùnt *v.t.* 悄悄追捕〈獵物〉；暗暗追求〈目標〉。

—*v.i.* 悄悄追捕；暗中追求。

stíll lífe *n.* (*pl.* ～s) **1** Ⓤ(繪畫用的)靜物《如水果、花瓶等無生命之物》。**2** Ⓒ靜物畫。

still-lífe *adj.* 靜物(畫)的。

stíll·ròom *n.* Ⓒ《英》**1** 蒸餾室。**2** (大宅邸中的)酒類、食品貯藏室。

still·y [ˈstɪlɪ; ˈstili] *adj.* (**still·i·er**；**-i·est**)《詩》恬靜的，寂靜的。

stilt [stɪlt; stilt] *n.* Ⓒ[常～s]高蹺：walk on ～*s* 踩高蹺。

stílt·ed *adj.* **1** 踩高蹺的。**2** 誇張的，誇大的：a ～ style 浮誇的文體。～**·ly** *adv.*

Stil·ton [ˈstɪltn; ˈstiltən] «源自英格蘭中部的村名»—*n.* (又作 **Stílton chèese**)Ⓤ[指個體時爲Ⓒ]史蒂爾頓乾酪《味濃的上等乾酪》。

stim·u·lant [ˈstɪmjələnt; ˈstimjulənt] *n.* Ⓒ **1** 興奮劑；含酒精的飲料，酒。**2** 刺激(物)；激勵。

stim·u·late [ˈstɪmjəˌlet; ˈstimjuleit] «stimulus 的動詞»—*v.t.* **1 a** 〔十受〕刺激…，使…振作，激勵…，鼓舞…：～ a person's interest [curiosity]激發某人的興趣[好奇心]。**b** 〔十受十介十(代)名〕刺激，激勵，鼓舞…〔…〕〔*to, into*〕：～ a person ***into*** activity 刺激某人使其活動/Success often ～*s* people ***to*** further efforts. 成功常激勵人們做進一步的努力。**c** 〔十受十 *to* do〕刺激，激勵，鼓舞…〈去做…〉：I'm trying to ～ him *to* study harder. 我試圖激勵他更加用功讀書。

2 〔十受〕使〈感官等〉興奮，刺激。

stim·u·la·tion [ˌstɪmjəˈleʃən; ˌstimjuˈleiʃn] «stimulate 的名詞»—*n.* Ⓤ刺激，興奮；鼓舞，激勵。

stim·u·la·tive [ˈstɪmjəˌletɪv; ˈstimjulətiv] «stimulate 的形容詞»—*adj.* 刺激性的，令人興奮的，鼓舞的。

stim·u·lus [ˈstɪmjələs; ˈstimjuləs] «源自拉丁文「刺棒」之義»—*n.* Ⓒ(*pl.* **-li** [-ˌlaɪ; -lai])刺激(物)；激勵，鼓舞：under the ～ of... 在…的刺激下。

sti·my [ˈstaɪmɪ; ˈstaimi] *n., v.* ＝stymie.

sting [stɪŋ; stiŋ](**stung** [stʌŋ; stʌŋ]) *v.t.* **1 a** 〔十受〕〈昆蟲、植物〉(以針、刺毛等)螫，刺〈人、身體的某部位〉：She was *stung* by a bee. 她被蜜蜂螫了。**b** 〔十受十介十名〕刺，螫〈人〉〔身體某部位〕〔*on, in*〕《★用法 表示身體部位的名詞前加 the》：A bee *stung* her ***on*** *the* cheek. 一隻蜜蜂螫了她的面頰。**2** 〔十受〕**a** 刺痛，刺傷…：The smoke began to ～ his eyes. 煙開始刺痛他的眼睛。**b** 使〈某人〉傷心，使〈某人〉痛苦：I was *stung* by the insult. 我受到侮辱而感到痛苦/His conscience *stung* him. 他受到良心的責備。**c** 使〈舌、鼻等〉有刺激的感覺：The fragrance of coffee *stung* my nostrils. 我聞到咖啡撲鼻的香味。**3** 〔十受十介十(代)名〕刺激，驅策…〔去做…〕〔*to, into*〕：Their words *stung* me ***to*** [***into***] action. 他們的話激勵我採取行動/Her ridicule *stung* him *into* mak*ing* an angry reply. 她的訕笑驅使他生氣地回答。**4** 《俚》**a** 〔十受〕詐騙，敲詐〈某人〉《★常用被動語態》。**b** 〔十受十介十(代)名〕向〈某人〉騙取〔…〕〔*for*〕《★常用被動語態》：He got *stung* ***for*** $100. 他被騙了一百美元。

—*v.i.* **1** 刺，螫；有刺[針]：Not all bees ～. 不是所有的蜜蜂都會螫人。

2 a 予人痛苦：Insults ～. 侮辱傷人心。**b** 有刺激的味道[氣味]：Ginger ～*s.* 薑有辣味。**c** 刺痛，感覺劇痛：The slap made his hand ～. 那一掌擊使他的手劇痛。

—*n.* Ⓒ **1 a** (昆蟲、植物以針、刺毛等的)刺，螫。**b** 刺傷。**2** (昆蟲的)針；(植物的)刺毛，刺。**3 a** 刺痛；針刺般的疼痛，劇痛。**b** 辛辣，諷刺，挖苦：the ～ of a person's tongue 刻薄話，利舌。**4** 《口語》使用引誘物的搜查：work a ～ 用誘餌查訪。

have a stíng in the táil 〈話、信等中〉帶刺。

sting·a·ree [ˈstɪŋəˌri, ˌstɪŋəˈri; ˈstiŋəri:, ˌstiŋəˈri:] *n.* = stingray.

sting·er [ˈstɪŋɚ; ˈstiŋə] *n.* Ⓒ **1** 會刺人的東西：**a** 有刺的動物[植物]。**b** (有刺動物的) 針，螫，刺；(植物的) 刺毛。**2**《口語》**a** 刺耳的話，挖苦，諷刺。**b** 痛打，痛擊。

sting·ing [ˈstɪŋɪŋ; ˈstiŋiŋ] *adj.* **1** 有針[刺]的，會刺人的。**2 a** 刺痛的，劇痛的。**b** 令人苦惱[痛苦]的。**c** 辛辣的；尖酸刻薄的。～**·ly** *adv.*

stin·go [ˈstɪŋgo; ˈstiŋgou] *n.* Ⓤ [指個體時爲Ⓒ]《英》烈性啤酒。

stíng·rày *n.* Ⓒ《魚》刺魟《魟科扁體軟骨魚中尾部有剛勁的長刺者，如黃魟、鐵魟等》。

stin·gy [ˈstɪndʒɪ; ˈstindʒi] *adj.* (**stin·gi·er**；**-gi·est**) **1 a** 吝嗇的，小氣的，捨不得的：a ～ person 吝嗇鬼，小氣的人/a ～ tip 極少的小費。**b** [不用在名詞前]〔十介十(代)名〕吝於〔…〕的，捨不得〔…〕的〔*with, of*〕：Don't be so ～ ***with*** the butter. 別那樣捨不得用奶油。**2** 少(量)的，少許的。

stín·gi·ly [-dʒəlɪ; -dʒili] *adv.* **-gi·ness** *n.*

stink [stɪŋk; stiŋk] (**stank** [stæŋk; stæŋk], **stunk** [stʌŋk; stʌŋk]; **stunk**) *v.i.* **1 a** 發臭：This fish ～*s.* 這條魚發臭。**b**〔十介十(代)名〕有〔…的〕臭味〔*of*〕：He ～*s* ***of*** wine. 他身上有酒臭味；他一身酒臭。

2〔十介十(代)名〕《俚》有大量〔的…〕〔*of, with*〕：He ～*s* ***of*** [***with***] money.他有的是錢；他渾身銅臭。

3《俚》**a**〔十介十(代)名〕〔在…方面〕很差勁〔*at*〕：He ～*s* ***at*** tennis. 他網球打得很差勁。**b** 聲名狼藉。**c** 不愉快，厭惡。

—*v.t.*〔十受十副〕**1** 以惡臭驅[燻]出…〈*out*〉：～ ***out*** a fox (從洞穴中)燻出狐狸。**2** 使〈場所〉充滿惡臭〈*out*〉。

—*n.* Ⓒ (難聞的)臭味，臭氣。

ráise [**creáte**] **a stínk**《口語》(發牢騷[埋怨])引起不滿，騷動〔*about*〕。

stínk bòmb *n.* Ⓒ臭氣彈。

stínk·bùg *n.* Ⓒ《美》放惡臭的蟲《如臭蟲、臭蝽等》。

stínk·er *n.* Ⓒ **1** (任何)發出惡臭的人[東西]。**2**《俚》**a** 討厭的傢伙[東西]。**b** 討厭的[困難的]問題(等)。**c** 令人不愉快的信[批評(等)]。

stínk·ing *adj.* [用在名詞前] **1** 發惡臭的，有臭味的。**2**《俚》**a** 令人討厭的，可惡的；不愉快的。**b** [當副詞用]令人厭惡地，極，非常：～ rich 非常富有的。

stint [stɪnt; stint] *v.t.* **1** 節省〈金錢、食品等〉：Don't ～ the sugar. 不要捨不得用糖。**2**〔十受十介十(代)名〕**a** 對〈某人〉吝惜〔東西〕〔*in, of*〕：～ a person ***in*** [***of***] food 對某人吝惜食物。**b** [～ *oneself*] 節制，吝惜〔…〕〔*in, of*〕：He ～*s himself* ***in*** [***of***] sleep. 他節制睡眠。

—*n.* **1** Ⓤ吝惜，限制：without [with no] ～ 無限制地，不吝惜地。**2** Ⓒ分配的工作；定量的工作：do a ～ in the service服(定期的)兵役。

stipe [staɪp; staip] *n.* Ⓒ **1**《植物》柄《如葉柄，蕈柄，子房柄等》；莖幹。**2**《動物》莖節《節肢動物下顎的一部分》；莖狀部分。

sti·pend [ˈstaɪpɛnd; ˈstaipend] *n.* Ⓒ **1** (牧師、教員等的)俸給。**2** 薪水；津貼；年俸；退休金。

sti·pen·di·ar·y [staɪˈpɛndɪˌɛrɪ; staiˈpendjəri] *adj.* 領薪俸的，有薪水的。

—*n.* Ⓒ **1** 支領薪水的人。**2**《英》支領薪水的推事；有薪俸的牧師。

stip·ple [ˈstɪpl; ˈstipl] *n.* **1** Ⓤ點刻法，點畫法。**2** Ⓒ點畫。

—*v.t.* 點刻，點畫…。

stip·u·late [ˈstɪpjəˌlet; ˈstipjuleit] *v.t.* **1** 〈合約、訂約者、條款等〉規定，訂明…：The material is not of the ～*d* quality. 該材料不符合合約上規定的質量標準。**2**〔十 *that*__〕規定，載明〈…事〉：I ～ *that* the tenant is responsible for all repairs. 我訂明承租人負責一切的修繕(工程)/It was ～*d* (in writing) *that* the delivery (should) be effected this month. (書面)載明本月完成交貨《★用法《口語》多半不用 should》。

—*v.i.*〔十介十(代)名〕以約定條件要求〔…〕〔*for*〕：The contract ～*s* ***for*** the use of the best materials. 合約規定要用最好的材料。

stíp·u·là·tor [-tɚ; -tə] *n.*

stip·u·la·tion [ˌstɪpjəˈleʃən; ˌstipjuˈleiʃn] «stipulate 的名詞» —*n.* **1** Ⓤ契約，合約，約定。**2** Ⓒ **a** 條款，條件。**b**〔十 *that* __〕〈…的〉條件：on [under] the ～ *that* ... 以…的條件，在…的條件下。

stip·ule [ˈstɪpjul; ˈstipju:l] *n.* Ⓒ《植物》托葉。

stir**[1] [stɝ; stə:] (**stirred**；**stir·ring**) *v.t.* **1 a**〔十受(十副)(十介十(代)名)〕〔用…〕攪拌，攪和〈液體、火等〉〈*up, around, round*〉〔*with*〕：～ one's coffee (with*** a spoon) (用湯匙)攪拌咖啡/～ the fire (用火棒)撥動火/The child was *stirring* ***up*** the mud at the bottom of the pond. 那個小孩在攪動池底的泥巴。**b**〔十受十介十(代)名〕把…放入〔…中〕攪拌，攪動〔*into*〕：She *stirred* sugar ***into*** her tea. 她把糖放入茶中攪拌。

2 a〔十受(十副)〕使…奮起；煽動…〈*up*〉：～ a person's blood 使某人熱血沸騰/He wants *stirring* ***up.*** 要激勵他一下(★stir up 的受詞變成主詞的句型)。**b**〔十受十介十(代)名〕煽動…〔使做…〕〔*to, into*〕：He *stirred* the other boys ***to*** mischief. 他煽動其他的男孩子調皮搗蛋。**c**〔十受十 *to* do〕使…奮起〈而做…〉；惹起，激起〈人〉〈做…〉：The experience *stirred* him *to* write a novel. 那個經驗激發他寫了一本小說。

3〔十受(十副)〕產生〈感情等〉，動〈情〉：～ a person's imagination [curiosity] 引起某人的想像[好奇心]/There is nothing like a sleeping child to ～ affection in the beholder. 再也沒有比睡著的小孩(的模樣)更能使看者動情的了。

4〔十受〕**a** 移動…，使…動：The breeze *stirred* the leaves. 微風吹動樹葉。**b** [～ *oneself*]《口語》移動身體，走動；開始工作：*S*～ *yourself* and put on a kettle. 起身把水壺放上去。**c**《口語》使〈人〉醒過來，使〈人〉起身。

5〔十受十副〕煽動，引起〈鬥爭、不滿〉〈*up*〉：～ ***up*** trouble 引起糾紛。

—*v.i.* **1** 動，微動：Something *stirred* in the water. 水中有東西在動。

2 移動身體：She *stirred* in her sleep. 她在睡眠中翻身。

3《口語》起牀；活動：He never ～*s* before seven. 他從不在七點前起牀。

4 〈感情等〉產生，發生：Love *stirred* in her heart. 她心中產生了愛情。

5《俚》引起騷亂，攪局。

—*n.* **1** Ⓒ (用湯匙等的)攪動，攪拌：give the stew a few ～*s* 把燉肉攪幾下(以免燒焦)。**2** Ⓒ移動；動靜：There wasn't a ～ (to be heard). 沒有一點動靜。**3** Ⓒ [常用單數]活動，活躍：a ～ of curiosity 好奇心的作用。**4** [a ～] 騷動，混亂；轟動：cause [make] *a* ～ 引起騷動，造成轟動。

stir[2] [stɝ; stə:] *n.* Ⓒ《俚》監獄：He is *in* ～. 他在服刑中，他在坐牢《★ in ～ 無冠詞》。

stír·abòut *n.* Ⓤ《英》燕麥粥。

stír-frỳ *v.t.* 邊炒邊攪拌，炒〈菜〉。

—*n.* Ⓒ用炒的做出來的菜，油煎食品。

stirps [stɝps; stə:ps] «源自拉丁文» —*n.* (*pl.* **stir·pes** [ˈstɝpiz; ˈstə:pi:z]) Ⓒ **1** 種族；家系。**2**《法律》祖先。**3**《生物》《罕》受精卵內之遺傳因子。

stir·rer [ˈstɝɚ; ˈstə:rə] *n.* Ⓒ **1 a** 活動分子。**b** 煽動者。**c** 引起騷動的人。**2 a** 攪拌器。**b** (用以攪拌飲料的)攪拌棒。

stir·ring [ˈstɝɪŋ; ˈstə:riŋ] *adj.* **1** 使人感動的，令人鼓舞的：a ～ speech 動人的演說。**2** 〈生活〉活躍的；〈市況〉活潑的；忙碌的；嘈雜的；繁華的：We live in ～ times. 我們生活在一個動盪的時代裏。～**·ly** *adv.*

stir·rup [ˈstɝəp, ˈstɪrəp; ˈstirəp] *n.* Ⓒ **1** 馬鐙，馬鐙鐵《騎馬時腳所踩的鐵具》。**2**《解剖》鐙骨。

stírrup cùp *n.* Ⓒ **1** (從前對騎馬要遠行的人所敬的)餞別酒。**2** 餞行酒。

stírrup pùmp *n.* Ⓒ (消防用)手壓泵。

stitch [stɪtʃ; stitʃ] «源自古英語「刺」之義» —*n.* **1** Ⓒ **a** (縫衣、刺繡等的)一針，一縫：put a ～ in a garment 把衣服縫一縫/A ～ in time saves nine.《諺》及[適]時縫一針，省掉縫九針《小洞不補，大了吃苦；及時行事，事半功倍》。**b** 縫線，針腳：drop a ～ (編織時)漏一針。**c**《外科》(縫合傷口的)一針：put three ～*es* in a person's forehead 在某人的前額縫三針/take out ～*es* 拆線。

2 Ⓤ [又作 **a** ～] [常構成複合字]針法，縫法，編織法：⇨ cross-stitch, lockstitch.

3 Ⓒ [常用單數]《口語》衣服：He didn't have a ～ on. 他一絲不掛[全裸]/wearing not a ～ 一絲不掛地，赤裸裸地。

4 [**a** ～] (跑後等脇部的)劇痛，刺痛：have *a* ～ in one's side 脇部劇痛[刺痛]。

in stítches 捧腹大笑。

—*v.t.*〔十受(十副)〕縫(合)…〈*up*〉：～ (***up***) a rip 縫合脫線處。

—*v.i.* 縫。

St. Láw·rence [-ˈlɔrəns, -ˈlɑr-; -ˈlɔrəns] *n.* [**the** ～] 聖羅倫斯河《加拿大東部的大河，美國五大湖的水注入此河》。

St. Láwrence Séaway *n.* [**the** ～] 聖羅倫斯河道《鑿寬聖羅倫斯河而成的運河》。

St. Lég·er [-ˈlɛdʒɚ; -ˈledʒə] *n.* [**the** ～] 聖來杰賽馬《每年九月在英國南約克郡 (South Yorkshire) 的頓卡斯特 (Doncaster [ˈdɑŋkæstɚ, ˈdɑn-; ˈdɔŋkəstə]) 舉行；cf. classic races》。

St. Lóuis *n.* 聖路易《美國密蘇里州 (Missouri) 密西西比 (Mississippi) 河畔的一城市》。

St. Lúke's súmmer *n.* Ⓒ《英》(十月的)小陽春 (⇨ Indian summer【說明】)。

St. Mártin's súmmer 《源自 Martinmas(聖馬丁節，十一月十一日)》**—***n.* Ⓒ《英》初冬的暖和日子(⇨Indian summer【說明】)。

St. Mo·ritz [-ˋmorɪts, -ˋmɔr-; -ˈmɔrits] *n.* 聖莫里茲《瑞士東南部的療養地；冬季運動的勝地》。

stoat [stot; stout] *n.* Ⓒ《動物》白鼬《又稱短尾鼬，夏季毛色變成棕色；⇨ermine 1》。

***stock** [stɑk; stɔk] *n.* **A 1** Ⓤ(貨品的)**庫存，存貨**：have [keep] ...*in* ~ 有…的存貨[保持…不缺貨]/The article is *in*[*out of*] ~. 該項貨品有貨[缺貨]。

2 Ⓒ **a 貯藏，儲存，積蓄**：an oil ~ 石油儲存/keep things in ~ 貯藏[儲存]東西(★in ~ 無冠詞)。**b** (知識等的)積累，蓄積，蘊蓄〔*of*〕：He has a good ~ *of* information. 他有豐富的情報[消息很靈通]。

3 Ⓤ[集合稱]**家畜**：fat ~ 肥碩的家畜/⇨livestock.

4 Ⓒ[集合稱爲Ⓤ]**a 股份，股票**：railway ~*s* 鐵路股/20 percent of the company's ~ 該公司股票的百分之二十。**b**《英》公債，國債：have money in the ~*s* 投資於公債。

5 Ⓒ《植物》紫羅蘭《十字花科紫羅蘭屬花卉的統稱》。

—B 1 Ⓒ **a** (樹)幹。**b** (插入接木的)臺木，本幹。

2 a Ⓒ(器具、機器等的)底座，臺架：the ~ of an anvil 鐵砧的木臺。**b** Ⓒ(步槍、機關槍等的)槍托。**c** [~s]船臺，造船臺：on the ~*s* 〈船〉在建造中。**d** [~s](從前將罪犯的雙腳夾於板間示衆的)示衆臺。**e** Ⓒ(只放一頭[一隻]動物的)欄，籠子。

stocks B 2 d

3 Ⓒ **a** (鞭子、釣竿等的)柄。**b** (錨的)橫木。

4 Ⓤ **a** [常與修飾語連用]血統，家系，家世，世系：*of* Irish[farming] ~ 愛爾蘭血統[出身農家]的/He comes of good ~. 他出身世家。**b**《生物》羣體，羣落，羣生。**c**《語言》語系。

5 Ⓤ **a** 原料：paper ~ 造紙原料。**b** (肉、蔬菜等的)原湯，湯料。

6 Ⓒ(從前皮革等製的男用)襟飾。

pùt stóck in...=take STOCK in....

tàke stóck (1)清點存貨，盤存。(2)評定，鑑定〔…〕〔*of*〕.

tàke stóck in... 《美》(1)買〈公司〉的股票。(2)對…關心[感興趣]：He doesn't *take* much ~ *in* literature. 他對文學不太感興趣。(3)重視…，相信…：I don't *take* much ~ *in* religion. 我不太相信宗教。

—*adj.* [用在名詞前]**1 a** 庫存的，現有的：~ articles 庫存品，存貨。**b** 管庫存[倉庫]的：a ~ clerk 倉庫管理員。

2 a (由於經常有存貨而成爲)標準的：a ~ size in shoes 標準尺寸鞋。**b** 平凡的，陳腐的，古老的：a ~ phrase 老套的話，陳腔濫調/one's ~ jokes 老套的笑話。

3 飼養家畜的：⇨stock farmer.

4 股票的：⇨stock exchange.

—*v.t.* **1 a** 〔十受〕進〈貨〉。**b** 〔十受十介十(代)名〕給〈商店〉辦[進]〔貨〕；在〈商店〉庫存〔貨〕〔*with*〕：They ~*ed* their shop ***with*** winter goods. 他們爲店裏辦[進]冬季貨品。**c** 〔十受十介十(代)名〕〔把知識等〕記存在〈心、記憶〉〔*with*〕：He has a memory well ~*ed* ***with*** information. 他的記憶裏有充分的資料。

2 〔十受(十副)〕備置〈貨品〉於店裏；儲備，貯藏…〈*up*〉：That bookstore ~*s* a great variety of new books. 那家書店備有各種各樣的新書。

3 a 〔十受〕給〈農場〉購進家畜：~ a farm 給農場購進家畜。**b** 〔十受十介十(代)名〕〔以…〕供應給〈土地〉，〔把種籽〕播於〈土地〉；在〈河裏〉放養〔魚〕〔*with*〕：~ land ***with*** clover 在土地上播種苜蓿/The garden was ~*ed with* flowers. 那座花園裏種有很多花/This river is well ~*ed with* fish. 那條河放養著許多魚。

4 〔十受〕給…裝柄[木臺，槍托(等)]：~ a rifle 給來復槍裝槍托。

—*v.i.* 〔十副(十介十(代)名)〕〔爲…而〕辦，進〔貨〕〈*up*〉〔*with*〕〔*for*〕：We must ~ ***up*** (***with*** food) ***for*** the winter. 我們必須爲過冬採辦(食品)。

stock·ade [stɑkˋed; stɔˈkeid] *n.* Ⓒ **1** (以尖頭木樁緊密圍成的)防禦障礙物，要塞柵欄。
2 (容納家畜或俘虜的)圍欄，柵欄。
3《美》軍營中的禁閉室。

stóck bòok *n.* Ⓒ **1** 股東名册。**2** 存貨簿。

stóck·brèeder *n.* Ⓒ畜牧業者；家畜育種者。

stóck·brèeding *n.* Ⓤ畜牧(業)。

stóck·bròker *n.* Ⓒ股票[證券]經紀人。

stóck·bròkerage *n.* Ⓤ證券交易；證券買賣；證券經紀商的業務。

stock·bro·king [ˋstɑkˏbrokɪŋ; ˈstɔkˌbroukiŋ] *n.* = stockbrokerage.

stóck càr *n.* Ⓒ **1**《美》(鐵路的)家畜載運車。**2** (由大量生產的普通汽車改造成的)賽車用跑車。

stóck certificate *n.* Ⓒ《美》股票，證券。

stóck còmpany *n.* Ⓒ《美》**1** 股份公司(《英》joint-stock company). **2** [集合稱](通常在自己擁有的劇院演出的)專屬[固定]劇團(★用法視爲一整體時當單數用，指全部個體時當複數用)。

stóck dìvidend *n.* Ⓒ《股票》股息，紅股《以股息紅利轉投資，而不須繳股款的新股票》。

stóck dòve *n.* Ⓒ歐洲野鴿《常棲息於空樹幹中》。

stóck exchànge *n.* **1** [the ~]證券交易：on *the* ~ 以證券交易。**2** [常S~ E~]證券交易所：the New York *S~ E~* 紐約證券交易所/He's on *the S~ E~*. 他是(倫敦)證券交易所的人員。

> 【說明】有名的證券交易中心，美國的是在紐約(New York)的華爾街(Wall Street)，英國的則是在倫敦(London)市中心的斯羅格摩頓街(Throgmorton Street)，日本的是在東京的兜町。

stóck fàrm *n.* Ⓒ畜牧農場《以養家畜爲主的農場》。

stóck fàrmer *n.* Ⓒ畜牧農場主。

stóck fàrming *n.* Ⓤ畜牧農業。

stóck·fìsh *n.* (*pl.* ~, ~·es)Ⓤ[指個體或種類時爲Ⓒ](未加鹽的)風乾鱈魚，乾魚。

stóck·hòlder *n.* Ⓒ股東(share holder).

Stock·holm [ˋstɑkˏhom; ˈstɔkhoum] *n.* 斯德哥爾摩《瑞典的首都》。

stock·i·nette, stock·i·net [ˏstɑkɪnˋɛt; ˌstɔkiˈnet] *n.* Ⓤ隔行正反針織法；(用以做襪子、內衣等的)一種鬆緊織物。

***stock·ing** [ˋstɑkɪŋ; ˈstɔkiŋ] *n.* Ⓒ[常~s]**長襪**：a pair of ~*s* 一雙長襪。

> 【同義字】stockings 一般指長及膝蓋以上緊貼的長襪子；socks 是短襪。

in one's stóckings[**stócking féet**] (不穿鞋)只穿襪子：She stands six feet *in* her ~*s* [~ *feet*]. 她不穿鞋時身高六呎/He paced the room *in* his ~ *feet.* 他穿著襪子在房間裏走動。

stóck·inged *adj.* **1** 穿長襪的：in one's ~ feet (不穿鞋)只穿襪子的。**2** [構成複合字]穿著…襪子的。

stóck-in-tráde, stóck in tráde *n.* Ⓤ[集合稱]**1** 存貨，現貨；做生意的工具。**2** 老手段，慣用伎倆。

stóck·ist [-kɪst; -kist] *n.* Ⓒ《英》(特定貨品的)採購商[商店]。

stóck·jòbber *n.* Ⓒ **1**《英》投機者，股票投機商。**2**《美》股票經紀人(★用法常帶輕蔑之意)。

stóck·man [-mən; -mən] *n.* Ⓒ(*pl.* **-men** [-mən; -mən]) **1** 畜牧業者。**2**《美》倉庫管理員。

stóck màrket *n.* [the ~] **1** 股票[證券]市場，證券交易所。**2** 股票買賣。**3** 牲畜市場。

stóck·pile *n.* Ⓒ(預料有不時之需或短缺的)儲備品。
—*v.t.* (大量)儲備…。

stóck·pòt *n.* Ⓒ燉原汁湯的鍋。

stóck ràising *n.* Ⓤ畜牧(業)。

stóck·ròom *n.* Ⓒ(物資、商品等的)儲藏室，倉庫。

stóck-stíll *adv.* 不動地，靜止地(★用法也可視爲 *adj.*)：stand ~ 不動地站著。

stóck·tàking *n.* Ⓤ[又作 **a** ~] **1** 清點存貨，盤存。**2** 業績[現狀]調查。

stóck tìcker *n.* =ticker 2b.

stock·y [ˋstɑkɪ; ˈstɔki] 《stock *n.* B的形容詞》**—***adj.* (**stock·i·er**; **-i·est**)矮而壯的；結實的。
stóck·i·ly [-kɪlɪ; -kili] *adv.* **-i·ness** *n.*

stóck·yàrd *n.* Ⓒ(用以放置即將送往市場或屠宰場的)家畜圍欄。

stodge [stɑdʒ; stɔdʒ] *n.* Ⓤ《口語》**1** (不易消化的)油膩食物。**2** 難讀的東西，難理解的事，乏味的東西。

stodg·y [ˋstɑdʒɪ; ˈstɔdʒi] 《stodge 的形容詞》**—***adj.* (**stodg·i·er**; **-i·est**)《口語》**1** 〈食物〉不易消化的。**2 a** 〈書籍、文體等〉難讀的；乏味的。**b** 〈人〉無聊的。**c** 〈服裝等〉庸俗的；沒有個性的。
stódg·i·ly [-dʒɪlɪ; -dʒili] *adv.*

sto·gy, sto·gie [ˋstogɪ; ˈstougi] *n.* Ⓒ《美》**1** 粗製長雪茄。**2** 耐穿的廉價鞋，笨重的皮靴。

Sto·ic [ˋsto·ɪk; ˈstouik] 《源自希臘文 'stoa' (=porch)之義；由於希臘哲學家季諾(Zeno)在雅典的 stoa poikilē (=painted porch)教授其哲學》**—***adj.* **1** 斯多噶哲學[學派]的《古代希臘哲學家季諾(Zeno)所創的一個哲學派別，倡導超越苦樂的禁慾、冷靜》。**2** [s~]禁慾的，冷靜的。
—*n.* Ⓒ **1** 斯多噶派哲學家。**2** [s~](斯多噶派的)禁慾主義者。

stó·i·cal [-ɪkl; -ikl] *adj.* =Stoic. **~·ly** [-ɪklɪ; -kəli] *adv.*

Sto·i·cism [ˋsto·ɪˏsɪzəm; ˈstouisizəm] *n.* Ⓤ **1** 斯多噶哲學[主義]。**2** [s~]禁慾；冷靜，泰然。

stoke [stok; stouk] *v.t.* 〔十受(十副)〕給〈火車頭、爐等〉添加燃料[升火]〈*up*〉：~ (*up*) a furnace 給鍋爐添加燃料。

—*v.i.* 〔十副〕**1** 升火〈*up*〉. **2**《口語》大口吞食，狼吞虎嚥。

stóke·hòld *n.* Ⓒ(汽船的)鍋爐艙，生火間。

stóke·hòle *n.* =stokehold.

stók·er *n.* Ⓒ **1** (火車頭、汽船的)司爐，火伕，燒火工人；自動添加燃料的機器。**2** 添煤機。

STOL [stol; stoul] «*s*hort *t*ake *o*ff and *l*anding 的頭字語»**—***n.* Ⓒ(飛機之)短距離起降。

‡stole[1] [stol; stoul] *v.* **steal** 的過去式。

stole[2] [stol; stoul] *n.* Ⓒ **1** (婦女用的)毛皮長圍巾，長披肩。**2**〖天主教〗聖帶《神職人員披在肩上垂至膝下的帶狀布；⇨surplice 插圖》。

stole[2] 1

‡sto·len [ˋstolən; ˈstoulən] *v.* **steal** 的過去分詞。

—*adj.* [用在名詞前]偷來的：~ goods 贓物/a ~ car 贓車/a ~ base〖棒球〗盜壘。

stol·id [ˋstalɪd; ˈstɔlid] *adj.* (~·er；~·est)(理應產生強烈感情卻)神經麻木的，遲鈍的，呆頭呆腦的。~·ly *adv.* ~·ness *n.*

sto·lid·i·ty [stəˋlɪdətɪ; stɔˈlidəti] «stolid 的名詞»**—***n.* Ⓤ遲鈍，麻木，呆頭呆腦。

sto·ma [ˋstomə; ˈstoumə] *n.* (*pl.* ~**s**, ~·**ta** [-tə; -tə])Ⓒ **1**〖解剖〗小孔；口。**2**〖植物〗葉孔；氣孔。

‡stom·ach [ˋstʌmək; ˈstʌmək] «源自希臘文「口」之義»**—***n.* **1** Ⓒ胃：lie (heavy) on one's ~〈食物〉滯積胃中，不消化/be sick to [at] one's ~ 反胃，噁心/on a full [an empty] ~ 肚子飽[餓]時/turn a person's ~ 使人作嘔，使人倒胃口。**2** Ⓒ腹部，肚子，下腹：have a pain in the ~ 胃痛，肚子痛/He lay at full length on [upon] his ~. 他全身伸展地[成大字形]俯臥著。**3** Ⓤ[又作 **a** ~；常用於否定句] **a** 食慾，胃口〔*for*〕：I have *no* ~ *for* sweets. 我對甜食沒有胃口；我不喜歡吃甜食。**b** 愛好，嗜好，慾望，意願〔*for*〕：I have *no* ~ *for* a fight. 我不想[無意]打架。

—*v.t.* 〔十受〕[常用於否定句、疑問句] **1** 吃…，把…吃進肚子：I can*not* ~ sweets. 我不能吃甜的東西。**2** 忍受〈侮辱等〉：Who could ~ such insults? 誰能忍受這樣的侮辱？

stómach·àche *n.* Ⓤ[《美》為Ⓒ] 胃痛，腹痛：have a ~ 胃痛/suffer from ~ 患胃痛。

stom·ach·er [ˋstʌməkɚ; ˈstʌməkə] *n.* Ⓒ(婦女的)胸衣《流行於十五至十七世紀間，上面常有寶石刺繡裝飾》。

stomacher

stom·ach·ful [ˋstʌməkˏful; ˈstʌməkful] *n.* [用單數] **1** 滿腹，足夠的量〔*of*〕. **2** 能忍受的量〔*of*〕：I've had my ~ *of* insult. 我已經受夠了侮辱《再也不能忍受了》。

sto·mach·ic [stoˋmækɪk; stouˈmækik] «stomach 的形容詞» **—***adj.* **1** 胃的。**2** 健胃的，有益於胃的。

—*n.* Ⓒ健胃劑。

stómach pùmp *n.* Ⓒ〖醫〗洗胃器，胃唧筒。

stomp [stamp, stomp; stɔmp] *v.i.* 〔十副〕《口語》重重踩腳而跳舞〈*about*〉.

—*n.* Ⓒ一種節奏活潑的舞蹈《隨著拍子強烈的爵士樂，重重踩腳而跳的舞》。

‡stone [ston; stoun] *n.* **1** Ⓒ石，石頭：a precious ~ 寶石/⇨rolling stone/throw ~*s* 投石/⇨kill two BIRDS with one stone.

> 【同義字】stone 是 rock 的破片，為不太大的石頭；rock 是形成地球表面的大岩石；gravel 是較 stone 小的石頭，用以鋪設道路等；pebble 是由於水的作用而變圓的小石；《美》也把 rock 用作「石頭」之意。

2 Ⓤ石材，石：a wall of ~ 石壁[牆]/a heart of ~ 鐵石心腸，無情，冷酷/The house is made of ~. 那棟房屋是石造的。
3 Ⓒ石造的東西：**a** 石臼。**b** 磨刀石。**c** 墓石，紀念碑，石碑。**d** 寶石。**e** 鋪石。
4 Ⓒ小石狀的東西：**a** (梅、桃等果實的)核(仁)，種籽。**b** 雹，霰(hailstone). **c** [常 ~s]《古・鄙》睪丸(testicles). **d** (圍棋的)棋子。
5 Ⓒ冰上滾石遊戲(curling)所用的圓石。
6 Ⓒ〖醫〗結石。
7 Ⓒ(*pl.* ~，~s)《英》呫《尤指表示體重的單位；略作 st.；=14 pounds, 6.350 kg》：a man of 12 *st.* (體重)12 呫 [76.2 公斤]的人。

(as) cóld [hárd] as (a) stóne 冷酷[硬，無情]如石的。

cást the fírst stóne 率先非難[攻擊]《★出自聖經新約的「約翰福音」》。

léave nó stóne untúrned ⇨leave[1].

thrów stónes (1)⇨ *n.* 1. (2)[對…]非難[*at*].

—*adj.* [用在名詞前]石頭的，石製的，石砌的：a ~ wall 石牆/a ~ building 石砌的建築物。

—*v.t.* 〔十受〕**1** 向…投石；將〈某人〉處以擊石之刑：~ a person to death 投石打死某人。
2 除去〈果實〉的核。

Stóne Àge *n.* [the ~]〖考古〗石器時代。

stóne-blínd *adj.* 全盲的；《美俚》酩酊大醉的。

stóne·brèaker *n.* Ⓒ **1** (為築路)打碎石塊的工人。**2** 碎石機。

stóne-bróke *adj.* [不用在名詞前]《俚》一文不名的，身無分文的，破產的。

stóne brùise *n.* Ⓒ(因在石上行走而引起的)腳掌傷痛。

stóne-cóld *adj.* 冰冷如石的，非常冷的。

stóne·cùtter *n.* Ⓒ **1** 石匠，鑿石工。**2** 截石機。

stoned *adj.* **1** 〈水果等〉去核的。**2** [不用在名詞前]《俚》(喝酒而)醉的，(服麻藥而)興奮的：get ~ 喝醉。

stóne-déad *adj.* 僵死如石的，完全斷了氣的。

stóne-déaf *adj.* 完全聾的。

stóne frùit *n.* Ⓤ〖植物〗核果《梅、桃、李、杏等有硬核的肉質果》。

Stone·henge [ˋstonhɛndʒ, -ˋhɛndʒ; ˌstounˈhendʒ] *n.* 巨石柱羣《在英格蘭威爾特郡(Wiltshire)的索爾斯堡(Salisbury)平原上的巨石柱羣，一般認為係石器時代後期之物》。

Stonehenge

stóne·less *adj.* **1** 無石[寶石]的。**2** 〈果實〉無子[核]的。

stóne·màson *n.* Ⓒ石工，石匠。

stóne pìt *n.* Ⓒ石坑；採石場。

stóne's thrów *n.* [a ~]投石能到達的距離，近距離：within *a* ~ (*of*...) (在…的)近處，近在咫尺。

stóne·wáll *v.i.* 《英》**1**〖板球〗小心打球《以免球出界》。**2** 阻礙議程的進行。~·**er** *n.*

stóne·wàre *n.* Ⓤ[集合稱]粗陶器《一種陶瓷；cf. earthenware》.

stóne·wòrk *n.* Ⓤ石造物；石雕工藝：a piece of ~ 一件石雕工藝品[石製品]。

ston·y [ˋstonɪ; ˈstouni] «stone 的形容詞» **—***adj.* (**ston·i·er**；**-i·est**) **1 a** 石(頭)的；多石的，盡是石頭的。**b** 堅硬如石的。**2 a** (如石頭般)冷(酷)的，無情的，鐵石心腸的。**b** 〈眼睛、眼神〉不動的，固定的。**3** =stony broke. **stón·i·ly** [-nəlɪ; -nili] *adv.*

stóny bróke *adj.* [不用在名詞前]《英俚》一文不名的，破產的。

stóny·héarted *adj.* 冷酷的，無情的。

‡stood [stud; stud] *v.* **stand** 的過去式・過去分詞。

stooge [studʒ; stuːdʒ] *n.* Ⓒ **1** 襯托[搭檔](諧角)的角色。**2** 任對方擺布的人，陪襯的角色。**3** (為他人做事的)手下，傀儡，爪牙。

—*v.i.* **1** 〔動(十介十(代)名)〕擔任襯托[…的]角色，演[…的]搭檔角色〔*for*〕. **2** 〔十副〕《英俚》**a** 坐飛機盤旋〈*around, about*〉. **b** 漫無目的地遊蕩〈*around, about*〉.

***stool** [stul; stuːl] *n.* **1** Ⓒ**a** (無扶手、靠背的)椅子，凳。**b** (酒吧間的)單腳高椅。**c** 腳凳(footstool). **2 a** Ⓒ《古》便器，廁所。**b** ⓊⒸ大便。

fáll betwèen twó stóols 兩頭落空。

stool·ie [ˋstulɪ; ˈstuːli] *n.* 《美俚》=stool pigeon 3.

stóol pìgeon *n.* Ⓒ **1** (誘使他鴿入羅網的)媒鴿，囮鴿。**2**《口語》偽裝顧客引誘別人購買商品的人。**3**《美俚》(警察的)線民，密告者，狗腿子(《英俚》nark).

stoop[1] [stup; stuːp] *v.i.* **1** 〔動(十副)〕彎身[腰]，屈身，向前傾〈*down*〉：He ~*ed* ***down*** and picked up a pencil. 他彎下身，撿起一枝鉛筆/He ~*ed to* caress the dog. 他彎腰去撫摸那隻狗。
2 傴僂，駝背：The man ~*s* with age. 那個男人因年老而身體傴僂。**3 a** 〔十介十(代)名〕卑屈，降格，屈尊[以至於(做)…]

〔*to*〕：～ ***to*** meanness〔cheating〕卑屈至於做卑鄙的事〔欺騙〕/He would ～ *to* anything. 他做得出任何卑屈的事。**b**〔十 *to* do〕屈尊，忍辱〈做…〉：～ *to* conquer 忍辱求勝〔雪恥〕/He'd never ～ *to* steal. 他決不會墮落到偷竊的地步。**4**〔**動(十介十(代)名)**〕〈鷹等〉急降襲擊〔獵物〕，撲向〔獵物〕〔*at, on, upon*〕：A big eagle ～*ed* ***at*** 〔***on***〕 a prey. 一隻大鷹撲向一隻獵物。

—*v.t.*〔十受〕**1** 彎下〈頭、頸、肩、背〉，彎曲…：～ one's head 彎身，俯首。**2**〔～ one*self*〕彎身。

—*n.*〔**a** ～〕前傾，駝背：His age has brought *a* ～. 他的年紀已使他駝背/Try not to walk with such *a* ～. 儘量不要駝著背走路。

stoop² [stup; stu:p] *n.* Ⓒ《美・加》門口的台階。

stoop³ [stup; stu:p] *n.* ＝stoup.

‡**stop** [stap; stɔp] (**stopped**; **stop·ping**) *v.t.*

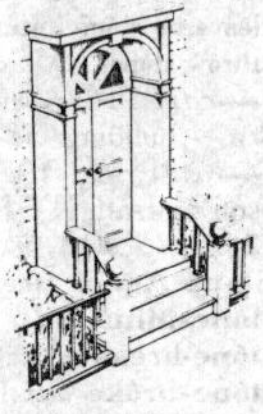

stoop²

1〔十受〕**a** 使〈動的東西〉停止，止住…：～ a car [a horse, an engine] 使汽車[馬，引擎]停下來/The earthquake *stopped* the train. 地震使火車停了下來。

b 中斷，停止〈供給、付款等〉：～ supplies 停止供給，截斷補給品/ ～ a person's wages 停止付給某人工資。**c**〔～ one*self*〕《罕》止步。

2 a〔十受〕(自動)停止，中止〈行動〉：He *stopped* work. 他停止工作/*S*～ that nonsense! 停止那樣胡說！/*S*～ it! 別說[做]了！**b**〔十 do*ing*〕(自動)停止〈做…〉《★ 比較〔十 to do〕是「〈爲了做…而〉停下來，停下來〈做…〉」之意 ; cf. *v.i.* 1 c》：～ talk*ing* 停止談話/I *stopped* drink*ing*. 我不喝酒了；我戒酒了/It has *stopped* rain*ing*. 雨已經停了。

3 a〔十受〕使…停止；阻止，妨礙…：～ a quarrel 阻止吵架/ ～ a speaker 使演講者停止說話/He is determined to go；no one can ～ him. 他決心去，沒有人能阻止他/Thick walls ～ sound. 厚牆隔絕聲音。**b**〔十受〕〔～ one*self*〕自制：The word slipped out before I could ～ *myself*. 在我能[來得及]自制之前，那句話就已溜出口了。**c**〔十受[所有格]十 do*ing*〕阻止…〈做…〉，使…不〈做…〉《★ 用法「所有格十 do*ing*」用於文章》：Nothing will ～ him go*ing*.＝《文語》Nothing will ～ his go*ing*. 任何事都無法阻止他去(cf. 3 d)。**d**〔十受十介十 do*ing*〕阻止…〔做…〕，使…不〔做…〕〔*from*〕：Nothing will ～ him ***from*** go*ing*. 任何事都無法阻止他去(cf. 3 c)。**e**〔十受(十介)十 do*ing*〕〔～ one*self*〕抑止，自制〔做…事〕〔*from*〕《★ 用法《口語》有時省略 from》：She could not ～ *herself* (***from***) cry*ing* aloud. 她不由得[忍不住]大叫起來。

4〔十受(十副)〕**a** 塡塞，堵塞〈洞孔、出口等〉；蓋住〈瓶子等〉的口〈*up*〉：～ (***up***) a hole 堵塞洞孔/～ a bottle 蓋瓶子/The drain is *stopped up*. 排水管阻塞了/He *stopped* his ears. 他塞住耳朵。**b** 止住〈流血〉，止住〈傷口〉出血〈*up*〉：～ the bleeding 止血。

5〔十受十介十(代)名〕《口語》〔從俸給、積存的錢等中〕扣除…〔*from, out of*〕：The cost was *stopped* ***from*** 〔***out of***〕 his wages. 該費用從他的薪水中扣除。

6〔十受〕《音樂》爲改變音調而以手指按〈小提琴弦、長笛孔等〉。

—*v.i.* 1 a〈動的東西〉停止，停下：Let's ～ and have a rest. 讓我們停下來休息一下/The sound made him ～ short〔dead〕. 那聲音使他突然止步。

> **【同義字】**stop 是意指動作、行動等「停止」的最普通字；cease 指一直在繼續的狀態或運動完全終止；pause 指運動、行動暫時中止或休止，然後再開始。

b〔十介十(代)名〕停，停車〔在車站等〕〔*at*〕：This train does not ～ ***at*** every station. 這班火車並不每站都停。**c**〔十 *to* do〕〈爲做…而〉停下來，停下來〈做…〉(⇨*v.t.* 2 b 比較；cf. *v.i.* 3 b)：We *stopped to* talk. 我們停下來談話。

2〈雨、雪等〉停止；〈工作、話等〉中斷：The snow has *stopped*.＝It has *stopped* snowing. 雪停了/The music *stopped* suddenly. 音樂突然中斷。

3〔常用於否定句〕**a**〔十介十(代)名〕〔與 will, would 連用〕〔對…〕猶豫，打消念頭〔*at*〕《★常用於下列片語》：He *would* ～ ***at*** *nothing* to gain his end. 爲了達到目的，他什麼事都做得出來《可以不擇手段》。**b**〔十 *to* do〕好好地〈去做…〉《★用法 通常用 don't [rarely, never, *etc.*] ～ to think [consider, ask, *etc.*]的結構；cf. *v.i.* 1 c》：We do*n't* ～ *to* think how different these two worlds are. 我們沒有好好去想一想這兩個世界是多麼地不同。

4《口語》**a**〔十介十(代)名〕住宿〔旅館等〕〔*at*〕；暫住〔某人的〕家裏〔*with*〕：～ ***at*** a hotel 住在旅館裏/I am *stopping* ***with*** my uncle. 我暫住於姑丈家。**b**〔十副詞(片語)〕逗留(於…)；留下來：～ *in* [*indoors*]留在屋內/～ *out* 外出，不在家/～ *behind* (聚會等後)留下來/～ *at* home 留在家中。**c**〔十介十(代)名〕順便〔到…〕，〔在…〕停留一下〔*to, for*〕：Will you ～ ***for*** a cup of coffee? 你要不要順便來[留一會兒]喝杯咖啡？

stóp aróund《*vi adv*》《美口語》順便過來(一下)。

stop by《美》[《*vi adv*》 ∸ bý](1)中途順便到(某人的家)拜訪。**—**[《*vi prep*》 ∸ by...](2)中途順便到〈某人的家〉。

stóp dówn《*vt adv*》《攝影》把〈光圈〉收小。

stóp ín《*vi adv*》(1)⇨*v.i.* 4 b. (2)順便到某處。

stóp óff《*vi adv*》(旅行中)中途〔在…〕下車，中途順便到〔某處〕〔*at, in*〕.

stóp óut《*vi adv*》《美》(在大學等)中途休學。

stóp óver《美》(1)《口語》〔在…〕中途下車，停留片刻〔*at*〕：～ *over at* Baltimore 在巴爾的摩中途下車。(2)(在旅行的目的地)暫時停留。

stóp shórt at... 未到…地步，在…之前停住：He will ～ *short at* nothing to get his way. 爲了爲所欲爲，他什麼事都做得出來。

stóp shórt of dóing... 未到做…的地步，在做…之前停住。

stóp úp《*vi adv*》(1)《英口語》(夜晚)醒著，沒有睡，熬夜。**—**《*vt adv*》(2)⇨*v.t.* 4.

—*n.* Ⓒ **1 a** 中止，停止，終止；休止：be at a ～ 停止的，不前進的/come to a (full) ～ (完全)停下來/bring a car to a ～ 使車子停下來/make a ～ 停止，(火車等)停靠，(中途)休息，停留/put a ～ to... 使…停止[中止，終止]/without (a) ～ 不停(留)地，不斷地《★without ～ 有時無冠詞》。**b** 停車，著陸，停泊：The train goes through without a ～. 那班火車直達，中途不停。

2 停車站，候車站，停留之處：a bus ～ 公共汽車站/I am going to get off at the next ～. 我要在下一站下車。**3**〔常構成複合字〕阻塞物，栓，塞子：⇨doorstop. **4**《音樂》(風琴的)音栓，(六弦琴的)琴柱。**5**《英》標點符號；(尤指)句點：come to a full ～〈文章〉終結。**6**《光學・攝影》光圈(的標識)。**7**《語音》閉鎖音《[p, b, t, d, k, g]等；cf. plosive, continuant》.

pùll óut áll the stóps 盡最大的努力，全力以赴《★源自「拉開風琴的全部音栓演奏」之義》。

stóp-and-gó *adj.* **1** 走一點就要停下來的，定期不斷被迫停止的。**2**〈交通〉信號管制的。

stóp·còck *n.* Ⓒ《英》(水管、煤氣管上的)開關，龍頭，旋塞。

stóp·gàp *n.* Ⓒ **1** 塞孔的東西。**2** 臨時[應急]的代用品；(雜誌等的)補白；治標(不治本)的東西；權宜之計；塡補，充數。

—*adj.* [用在名詞前]應急的，充數的，權宜的。

stóp-gó《英口語》 *n.* Ⓤ《經濟》**1** 通貨膨脹與通貨緊縮交互出現的時期。**2** 經濟收縮與擴張交互實施的政策。

—*adj.* 經濟的收縮與擴張交替的。

stóp·lìght *n.* Ⓒ **1** (交通的)停止號誌。**2** (汽車的)停車燈，煞車燈《踩煞車時同時亮起的車尾紅燈》。

stóp·òut *n.* Ⓒ《美》暫時休學的大學生。

stóp·òver *n.* Ⓒ(旅行途中的)中途下車[停留]。

stop·page ['stapɪdʒ; 'stɔpidʒ] «**stop** 的名詞» **—*n.*** **1** Ⓒ**a** 中止(活動)；停止。**b** (功能)障礙，阻塞，阻礙。**2** Ⓒ(爭議期間的)停工，罷工。**3** ⓊⒸ止付，扣除。

stóp páyment *n.* Ⓒ(支票之)止付。

stóp·per *n.* Ⓒ **1 a** 阻止者，阻塞物；阻礙者[物]。**b** (機器等的)制動器。**2** (瓶、桶等的)栓，塞子。**3**《棒球》王牌投手，救援投手。

pùt a stópper [(**the**) **stóppers**] **on...**《口語》阻止…，壓住…。

—*v.t.* 給…加蓋[裝上栓子]；塞住…。

stop·ping ['stapɪŋ; 'stɔpiŋ] *n.* **1** Ⓤ停止；阻止。**2** Ⓤ阻塞。**3** Ⓒ《礦》阻止空氣或瓦斯流通的阻塞物。

stop·ple ['stapl; 'stɔpl] *n.* Ⓒ栓，塞子。

—*v.t.* 用塞子塞住…，將…閉塞。

stóp préss *n.* Ⓤ[常 **the** ～]《英》《新聞》停止印報機的轉動而加入的最新報導，截稿後的重大消息。

stopt [stapt; stɔpt] *v.*《古》**stop** 的過去式・過去分詞。

stóp vàlve *n.* Ⓒ停止閥；關斷閥。

stóp·wàtch *n.* Ⓒ(賽跑用的)記秒錶，馬錶。

stor·age** ['stɔrɪdʒ, 'stɔr-; 'stɔ:ridʒ] «**store** *v.* 的名詞» **—*n. **1** Ⓤ 貯藏，保管：in cold ～ 冷藏著/information ～ 資訊儲存。**2** Ⓤ 倉庫(保管)：put one's furs in ～ 把毛皮貨放入倉庫保管。**3** Ⓤ **a** 倉庫的容納量。**b** 保管費。**4** Ⓒ《電算》儲存器[裝置] (memory).

stórage bàttery *n.* Ⓒ蓄電池。

‡**store** [stor, stɔr; stɔ:] *n.* **1 a** Ⓒ《美》(零售)店，商店(《英》shop)(⇨shop 1【說明】)：a candy ～ 糖果店/buy things *at* a ～ 在商店購物。**b** Ⓒ大商店：a department ～ 百貨商店，百貨公司/⇨chain store. **c** [**a** [**the**] ～(**s**)]《英》雜貨店：*a* general ～*s* 雜貨店/Selfridge's *Stores* 塞富齊百貨公司《位於倫敦的一家大雜貨店》/I get most things at *the* ～*s*. 我大部分東西都在百貨公司購買。**2 a** Ⓒ[常 ～**s**](食品等的)儲存，儲備，貯藏〔*of*〕：have ～*s* [a great ～] *of* wine 儲存大量葡萄酒/lay in a ～ *of* fuel 囤積燃料。**b** [～**s**](陸軍、海軍等的)衣食儲備，必需物質，備用品。

3 Ⓒ[常 ~s]許多，大量〔*of*〕：a ~ [~*s*] *of* apples 大量的蘋果/a ~ [~*s*] *of* information 豐富的知識。**4** Ⓒ倉庫，貯藏所，棧房。

in stóre (1)貯藏著，準備著：have [keep, hold] ...*in* ~ 貯藏…/lay food *in* ~ for winter 爲冬季儲備食物。(2)〈命運等〉即將降臨於[某人身上]，等待著[某人]〔*for*〕：Who knows what is *in* ~ *for* us? 誰知道等待著我們的(命運的)是什麼？《誰知道我們將來會發生什麼事？》/I have a surprise *in* ~ *for* you. 我有一件讓你吃驚的事。

sèt [lày] stóre by [on]... 重視…，器重…：*set* great [much] ~ *by* ... 非常器重…/*set* no [little] ~ *by*... 不[不太]重視…，輕視…。

—adj. [用在名詞前]《美》現成的：a ~ bed 現成的牀/ ~ clothes 現成的衣服。

—v.t. 1 〔十受(十副)〕貯藏，儲備…〈*up*〉：~ (**up**) fuel *for* the winter 爲冬天儲備燃料。

2 〔十受十介十(代)名〕(爲未來需要)供給〈貯藏室、船等〉〈物品〉〔*with*〕：~ a ship **with** provisions 供給船隻食物/ ~ the mind *with* knowledge 在腦子裏儲存知識，以知識充實自己。

3 〔十受〕將〈家具等〉儲存於倉庫。

4 〔十受〕《電算》將〈資料〉儲存於記憶裝置。

—v.i. [與狀態副詞連用]〈食品等〉可儲存：This food ~*s* well. 這種食品可儲存。

stóre-bóught *adj.* 《美方言》在店鋪裏買的《非自家製的》。

stóre·frònt *n.* Ⓒ《美》**1** (面對街道的)商店正面。**2** (展示物品等的)店頭，店面。

stóre·hòuse *n.* Ⓒ **1** 倉庫。**2** (知識等的)寶庫〔*of*〕。

stóre·kèeper *n.* Ⓒ **1** 《美》店主，店東，零售商人(《英》shopkeeper). **2** (尤指軍需品的)倉庫管理人。

stóre·ròom *n.* Ⓒ儲藏室，收藏東西的小倉庫。

stóre·wìde *adj.* 《美》全店的：a ~ sale 全面[全部商品]大減價。

sto·rey ['stɔrɪ, 'storɪ; 'stɔ:ri] *n.* (*pl.* ~s)《英》=story².

stó·reyed *adj.* 《英》=storied¹.

stó·ried¹ ['storɪd, 'stɔrɪd; 'stɔ:rid] *adj.* [構成複合字]…層樓的：a two-*storied* house 兩層樓的房子。

stó·ried² ['storɪd, 'stɔrɪd; 'stɔ:rid] *adj.* [用在名詞前]《文語》故事[歷史，傳說(等)]上有名的。

sto·ri·ette [,storɪ'et, ,stɔrɪ-; ,stɔ:ri'et] *n.* Ⓒ短篇小說。

stork [stɔrk; stɔ:k] *n.* Ⓒ《鳥》鸛。

a vísit from the stórk 嬰兒出生。

stork

【字源】在荷蘭、德國等歐洲國家，做母親的常對小孩子說，嬰兒都是鸛鳥帶來的，因而有此成語。這種鳥常在高塔上或廢棄不用的煙囪上築巢，據傳說，有鸛鳥築巢的家庭不久會有嬰兒誕生。尤其在歐洲，這種鳥被當作會帶來幸運的鳥，因此很受人們的愛護。

‡**storm** [stɔrm; stɔ:m] *n.* Ⓒ **1 a** [常構成複合字](常夾帶著雨、雷鳴等的)風暴，暴風(雨)：⇨ rainstorm, snowstorm, thunderstorm/A terrible ~ caught the party on their way back. 一行人在歸途中遇到可怕的暴風雨/After a [the] ~ (comes) a calm. 《諺》暴風雨過後呈現一片平靜；否極泰來；雨過天青。

【同義字】typhoon 指發生於太平洋西部者；hurricane 指發生於墨西哥灣者；cyclone 指發生於印度洋一帶者。

b 《氣象》暴風(⇨wind scale). **2 a** 〔槍彈、喝采聲等的〕一大陣〔*of*〕：a ~ *of* applause 熱烈的掌聲[一陣喝采聲]。**b** 〔感情等的〕激發，風暴〔*of*〕：a ~ *of* tears 一陣(如雨的)眼淚。**3** 《軍》猛攻，突襲：attack *by* ~ 突襲《★by ~ 無冠詞》/take a fort *by* ~ 以突襲攻下要塞。

a stórm in a téacup 內部的糾紛，內鬨，爲一點小事而鬧得滿城風雨；小題大做，大驚小怪。

táke...by stórm (1)⇨3. (2)使〈聽衆等〉立刻著迷[陶醉，神魂顛倒]，使…大吃一驚。

—v.i. 1 a [以 it 作主詞]〈天氣〉下大雨，起風暴：*It* ~*ed* last night. 昨夜颳暴風雨。**b** 〔十副詞(片語)〕〈風〉狂吹。**2** 〔動(十介十(代)名)〕〔對某人〕咆哮〔*at*〕：~ **at** a person 對某人咆哮。**3** 〔十副詞(片語)〕猛衝(進[出]…)：~ *out* [*out of* a room] (氣沖沖地)衝出[衝出房間]/ ~ *upward* 〈飛機等〉(突然)沖天/The mob ~*ed through* the streets. 暴徒在街上到處亂闖。

—v.t. 1 〔十受〕襲擊，猛攻…：The enemy ~*ed* the castle. 敵人襲擊那座城堡。**2** 〔十引句〕咆哮…："Get out!,"he ~*ed*. 他咆哮著說：「滾開！」

stórm-bèaten *adj.* 受暴風雨打擊的；飽經風霜的，多經患難的。

stórm-bóund *adj.* **1** 爲暴風雨所阻的。**2** 〈船〉因暴風(雨)而被困(於港口)的。

stórm cènter *n.* Ⓒ **1** 暴風中心，暴風眼。**2** 騷亂的中心(人物或問題)。

stórm clòud *n.* Ⓒ **1** 暴風雲。**2** [常~s]動亂的前兆。

stórm dòor *n.* Ⓒ裝於門外遮擋風雪的板門。

stórm làntern *n.* Ⓒ《英》(有玻璃罩的)防風燈，汽燈。

stórm pétrel *n.* =stormy petrel 1.

stórm sìgnal *n.* Ⓒ **1** 風暴信號。**2** =storm warning.

stórm-tòssed *adj.* **1** 被暴風雨吹襲的。**2** 心緒煩亂的。

stórm tròoper *n.* Ⓒ(第二次世界大戰期間德國納粹黨的)突擊隊員。

stórm tròops *n. pl.* (從前德國納粹黨的)突擊隊。

stórm wàrning *n.* Ⓒ **1** 暴風雨警報。**2** 即將來臨之困擾的跡象。

stórm wìndow *n.* Ⓒ(爲防備暴風而裝設於普通玻璃窗外側的)防風窗《★多半在九月左右裝上，在四至五月間取下》。

storm·y ['stɔrmɪ; 'stɔ:mi] «storm 的形容詞»**—adj.** (**storm·i·er**; **-i·est**) **1** 暴風(雨)的，夾帶著暴風雨的，多風暴的。**2** 〈感情、言行、人生等〉如暴風雨的，多風波的，激烈的，爭論性的：~ passions 奔放的熱情/a ~ life 變動劇烈[顛沛流離]的一生[生活]。

stórmy pétrel *n.* Ⓒ **1** 《鳥》海燕《★據說此鳥爲暴風雨的預兆；⇨petrel【字源】》。**2** 經常惹禍[引起糾紛]的人。

stormy petrel

‡**sto·ry¹** ['storɪ, 'stɔrɪ; 'stɔ:ri] «與 history 同字源» **—n. 1** Ⓒ故事，話：a ghost ~ 鬼故事/a true ~ 眞實故事/a nursery ~ 童話/⇨shaggy-dog story/I'll tell you a ~. 我講個故事給你聽。

2 Ⓒ **a** (對於某件事的)說法，陳述，主張：according to his ~ 根據他的說法《★ 用法 用以暗示疑念》/She tells a very different ~. 她說的是完全不同的一回事/It's the (same) old ~. 那是老話[陳腔濫調，陳規舊習]/It's another ~ now. 現在變成另一回事；現在情形不同了。**b** 〔十 *that*_〕〈…的〉傳聞，據說：The ~ goes *that* his wife ran away with another man. 據說他的太太和另一個男人跑掉了。

3 a Ⓒ小說；(尤指)短篇小說：a detective ~ 推理小說，偵探小說。**b** Ⓤ(小說、詩、戲劇等的)情節，構想：a novel with little ~ 沒有什麼情節的小說。

4 a Ⓒ出身，身世，來歷：a woman with a ~ 有來歷的女人。**b** Ⓤ口傳，傳說：famous in ~ 傳說中有名的。

5 Ⓒ謊言，假話：tell *stories*《兒語》說謊/tell a tall ~ 吹牛。

6 Ⓒ《新聞》記事；報導(的材料)。

7 Ⓒ《古》歷史，沿革。

to màke [cùt] a lóng stóry shórt 長話短說，簡言之。

sto·ry² ['storɪ, 'stɔrɪ; 'stɔ:ri] *n.* Ⓒ(*pl.* **sto·ries**)(房屋、建築物的)層，樓(cf. floor 2)：a house of one ~ 平房/on the second ~ 在二樓/⇨upper story.

【字源】從前歐洲的建築物，爲了方便指認層[樓]別，有在各層的門窗或外牆畫史蹟或著名故事(story)中的場面的習慣，因此[故事]一字逐漸轉義而產生「層，樓」的字義。

stóry·bòok *n.* Ⓒ故事書，童話書。**—adj.** [用在名詞前] **1** 童話的。**2** (如童話故事結局的)大團圓的，圓滿的：a ~ ending 圓滿的收場[結局]。

stóry lìne *n.* ⒸⓊ(影片、戲劇、小說等的)情節。

stóry·tèller *n.* Ⓒ **1 a** 善於講話的人，講故事的人。**b** 故事[童話]作者，(短篇)小說家。**2** 《兒語・口語》說謊話的人。

stóry·writer *n.* Ⓒ故事作者，(短篇)小說家。

stoup [stup; stu:p] *n.* Ⓒ **1** 《天主教》(教堂門口的小)聖水盆。**2 a** (從前的)大杯子，酒杯。**b** 一大杯的量。

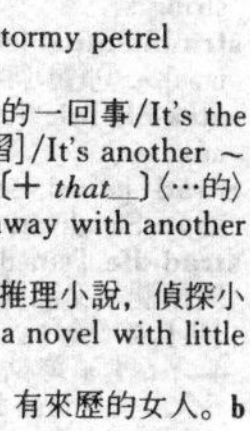

stoup 1

stout [staut; staut] *adj.* (~·**er**; ~·**est**) **1** 結實的，堅固的，堅强的：a ~ ship 堅固的船/~ cloth 結實的布。**2** 《委婉語》肥胖的，肥碩的，魁梧的(⇨ fat【同義字】)：a ~, middle-aged gentleman 肥胖的中年紳士。**3** 勇敢的，堅決

S

的，頑强的：a ～ heart 勇氣。

—*n.* Ⓤ〔指個體時爲Ⓒ〕濃烈的黑啤酒。～**·ly** *adv.* ～**·ness** *n.*

stóut·héarted *adj.*《文語》勇敢的，大膽的。

～**·ly** *adv.* ～**·ness** *n.*

stove**[1] [stov; stouv] **《源自中古荷蘭語「有暖氣的房間」之義》—n.* Ⓒ **1** (取暖用的)**暖爐**，火爐。**2** (烹飪用的)爐子，爐灶。

stove[2] [stov; stouv] *v.* **stave** 的過去式・過去分詞。

stóve·pìpe *n.* Ⓒ **1** 火爐的煙囪。**2** (又作**stóvepipe hát**)《口語》(高頂)大禮帽。

stow [sto; stou] *v.t.* **1 a** 〔十受(十副)十介十(代)名〕將〈東西〉收進，裝入，裝載於〔某處、容器中〕〈*away*〉〔*in, into*〕：He ～*ed* clothes ***into*** a suitcase. 他把衣服裝入手提箱/He ～*ed* those papers ***away in*** the drawer. 他把那些文件收進抽屜裏。**b** 〔十受十介十(代)名〕〔將東西〕收進[裝入]〈某處、容器〉中〔*with*〕：～ a ship's hold ***with*** cargo 將貨物堆裝船艙裏。**2** 〔十受十副〕把〈食物〉裝入(肚子)，吃光〈*away*〉. **3** [常用祈使語氣]《俚》停止〈吵鬧、胡說等〉：*S*～ it！停止！別說了！

—*v.i.* 〔十副〕(坐船、飛機等)偷渡；隱藏著免費搭航〈*away*〉.

stow·age [ˋstoɪdʒ; ˈstouidʒ] *n.* Ⓤ **1** 裝載，裝入。**2** 裝載量[空間]。**3** 裝載費。

stów·awày *n.* Ⓒ **1** (藏匿於船、飛機等中的)偷渡者。**2** 免費搭車[船]者，揩油乘客。**3** 隱藏處。

St. Pául *n.* 聖保羅《美國明尼蘇達州(Minnesota)的首府》。

St. Pául's (Cathédral) [-ˋpɔlz; -ˈpɔːlz] *n.* 聖保羅大教堂《★管轄區爲倫敦(London)，其主教爲 Bishop of London》。

St. Paul's

St. Pé·ter's *n.* (羅馬的)聖彼得大教堂《★位於梵諦岡的天主教總部，爲文藝復興時代建築的精粹》。

St. Pe·ters·burg [-ˋpitəzˏbɝg; -ˈpiːtəzbəːg] *n.* 聖彼得堡《俄國沙皇時代的首都；1914 年改稱彼得格勒(Petrograd)，1924 年改稱列寧格勒(Leningrad)》.

str. 《略》strait；streamer；《音樂》string(s).

stra·bis·mus [strəˋbɪzmɪs; strəˈbizməs] *n.* Ⓤ《醫》斜視。

stra·bis·mic [strəˋbɪzmɪk; strəˈbizmik] *adj.*

Strad [stræd; stræd] 《略》 *n.* 《口語》=Stradivarius.

strad·dle [ˋstrædl; ˈstrædl] *v.i.* **1** 叉開兩腿；叉開腿站[走，坐]，跨立[坐]。**2** 《美口語》觀望，持騎牆態度。

—*v.t.* **1 a** 跨站[坐]於…上，跨騎…：～ a horse 跨騎馬上/The boy sat *straddling* the fence. 那個男孩跨坐於圍牆上。**b** 叉開〈兩腿〉站立。**2** 《美口語》對〈爭論等〉觀望。

—*n.* Ⓒ **1** 跨立，跨坐，張開雙腿而行。**2** 《美口語》觀望的態度。

St. Peter's

Strad·i·var·i·us [ˏstrædəˋvɛrɪəs; ˌstrædiˈvɛəriəs] *n.* Ⓒ史特拉第瓦里《義大利人史特拉第瓦里(Stradivari [-ˋvarɪ; -ˈvaːri] (1644? – 1737))製造的小提琴等弦樂器》。

strafe [stref, straf; straːf] *v.t.* (飛機從低空)以機槍掃射…。

strag·gle [ˋstrægl; ˈstrægl] *v.i.* **1** 〔十副詞(片語)〕**a** 零亂[散漫]地(向…)蔓延，延伸，散開：The town ～*s out into* the country. 該鎮零亂地向郊外延伸。**b** 零零散散地(在…)走[前進]：The school children ～*d along* the country lane. 學童零零落落地走在鄉間小路上。**2 a** 落後，與隊伍[同伴]分散，流離。**b** 〈頭髮等〉散開，鬆開：Her hair ～*d over* her collar. 她的頭髮散落在衣領上。

strág·gler *n.* Ⓒ **1** 落後者，(與大夥)走散的人；脫陣的散兵；失羣的鳥。**2** 蔓延的樹枝。

strág·gling *adj.* **1** 落後的，離羣的，與大夥分散的。**2** 〈隊伍等〉零亂前進的。**3** 〈村莊、房屋等〉散亂延伸的；形狀不整齊的。**4** 〈頭髮〉散開的，鬆開的。**5** 〈樹枝等〉蔓延的。～**·ly** *adv.*

strag·gly [ˋstræglɪ; ˈstrægli] *adj.* **1** 散亂延伸的；形狀不整齊的。**2** 〈頭髮〉散開的。**3** 〈樹枝等〉蔓延的。

‡straight [stret; streit] **《源自中古英語「拉長了的」之義》—***adj.* (～**·er**；～**·est**) **1 a 直直的**，直線的：a ～ line 直線/a ～ road 直直的道路/make a wire ～ 使鐵絲變直。**b** 〈頭髮等〉不捲曲的。**2 直立的**，垂直的：a ～ back直挺(不駝)的背/Keep your back [legs] ～. 挺直你的背[伸直你的腿]。

3 [不用在名詞前] **a 整齊的**，井然的，端正的：keep [set, put] a room ～ 把房間收拾整齊[加以整理]/put [set] one's affairs ～ 料理某人身邊的事。**b** 使成爲正確[可靠，無誤]的：set [put] the record ～ 使記錄正確/set [put] a person ～ 糾正某人的錯誤/Let's get this ～. 我們把這件事弄清楚吧。

4 a 一心(朝著目標)的；有條不紊的，有條理的：～ thinking 有條理的思考。**b** 不隱瞞的，率直的：～ speech 直言。**c** [不用在名詞前]〔十介十(代)名〕〔對人〕不隱瞞的，率直的，坦白的〔*with*〕：I'll be ～ ***with*** you. 我會坦白地對你說。**d** [用在名詞前]不中斷的，連續的：for seven ～ days 連續七天/in ～ succession 連續不斷地/～ A's《美》(學校成績)全部甲等。

5 a 正直的，光明正大的，公正的：～ dealings 公正的交易/I'm trying to keep ～. 我努力做到爲人正直老實。**b** [不用在名詞前]〔十介十(代)名〕〔對人〕正直的，光明正大的〔*with*〕：Be ～ ***with*** me. 坦白對我說吧。

6 《口語》確實的，可信賴的，可靠的：a ～ report 可靠的報告/a ～ tip(賽馬、投機等)來源可靠的情報[預測]。

7 《美》**a** 徹底的，道地的，純粹的：a ～ Republican 道地的共和黨員。**b** 〈投票〉全部投給同一政黨候選人的，徹底支持某候選人的：vote a ～ ticket 投票徹底支持同一政黨候選人。

8 (無比較級、最高級)〈酒〉純的，不摻雜水的(neat)：～ whiskey 純威士忌酒/drink whiskey ～ 喝純威士忌酒。

9 〈臉〉一本正經的：keep one's face ～ =keep a ～ face 不作笑臉，板著面孔。

10 [用在名詞前](無比較級、最高級)正統的(與歌舞劇相對的)〈戲劇〉。

11 《俚》正常的；非同性戀的；不用麻藥的。

—*adv.* (～**·er**；～**·est**) **1 直直地**，一直線地：walk ～ 直走/shoot ～ 瞄準射擊/Go [Keep] ～ on! 直直[繼續]向前走！

2 直立地，垂直地：sit up ～ 坐直。

3 直接地，直行：go ～ to London 直接到倫敦。

4 《口語》率直地，坦白地：Tell me ～ what you think. 坦白告訴我你心裏所想的。

5 連續地，不間斷地：keep ～ on 一直繼續下去。

6 《口語》規規矩矩地，正直地：go ～ 走正路，正正當當做人，規規矩矩做事/live ～ 過正直的生活。

stráight awáy 立刻，馬上。

stráight óff ⇨ off *adv.*

stráight óut 率直地，坦白地。

stráight úp [用於發問或回答時]《英俚》眞正地。

—*n.* **1** [**the** ～] **a** 直，直線：on *the* ～ 筆直地；正經地/out of *the* ～ 歪曲地，彎著地。**b** (終點附近的)直線跑道[路線]。**2** Ⓒ [常用單數]直的部分。**3** Ⓒ (撲克牌的)順字《不同花色的五張連號的牌；⇨ poker[2]【說明】》。**4** Ⓒ異性戀者。

the stráight and nárrow (道德上)安分守己[循規蹈矩]的生活，正路《★出自聖經「馬太福音」》：keep to *the* ～ *and narrow* 循規蹈矩地生活。

～**·ly** *adv.* ～**·ness** *n.*

stráight Á *adj.* 《美》(學業成績)全部甲等的(cf. straight *adj.* 4 d)：a ～ student (成績)全部甲等的學生。

stráight árrow *n.* Ⓒ《美口語》循規蹈矩的人；正直坦率的人。

stráight·awáy *adj.* 直線的。**—***n.* Ⓒ直線，直路。**—***adv.* 《英》立刻，馬上(right away).

stráight·èdge *n.* Ⓒ直尺。

straight·en [ˋstretn; ˈstreitn] **《straight 的動詞》—***v.t.* **1** 〔十受(十副)〕**a** 使…直〈*out*〉：～ one's tie 把領帶弄直/Exercise helped to ～ the injured arm. 體操有助於弄直受傷的手臂。**b** [～ *oneself*] 把身體伸直〈*out*〉：He ～*ed himself* ***out*** on the couch. 他在臥榻上伸直身子。**2** 〔十受(十副)〕**a** 整頓，整理…〈*up, out*〉：～ one's thinking 使思考有條理，理清思路/～ (***up***) one's room 整理房間。**b** 清算〈帳目等〉〈*up, out*〉：～ ***out*** one's accounts 清算帳目。**3** 〔十受十副〕**a** 排除…的困難〈*out*〉. **b** 使〈人〉改過自新[回到正路]；糾正[矯正]〈某人〉〈*out*〉.

—*v.i.* **1** 〔十副〕使身體變直〈*up*〉. **2** 〔動(十副)〕變端正〈*out, up*〉.

stráight fíght *n.* Ⓒ《英》(選舉等)兩位候選人之間勢均力敵的競選[競爭]。

stráight flúsh *n.* Ⓒ (撲克牌的)同花順《同花色的五張連號牌；⇨ poker[2]【說明】》。

stráight·fórward *adj.* **1** 直進的。**2** 正直的，率直的。**3** 不拐彎抹角的，易懂的，簡單的。

—*adv.* **1** 直進地。**2** 正直地，率直地。～**·ly** *adv.* ～**·ness** *n.*

stráight·fórwards *adv.* =straightforward.

stráight màtter *n.* Ⓤ《印刷》**1** 本文《非標題之部分》。**2** (報刊之)文字部分《別於廣告》。

stráight-óut *adj.* **1** 率直的，坦白的。**2** 完全的，徹底的。

stráight·wáy *adv.* 《古》立刻，即刻。

*strain[1] [stren; strein] «源自拉丁文「用力拉」之義»—*v.t.* **1** 〔十受〕把〈繩索等〉拉緊，綳緊…：～ the strings of a violin 綳緊小提琴的弦/～ a rope to the breaking point 把繩子拉緊到快要斷的地步/～ a bandage *over* a wound 把膠布拉緊包紮在傷口上。
2 〔十受〕**a** 儘量使用〈身體的某部位〉；瞠〈目〉，傾〈耳〉，嘶喊…：～ one's eyes 竭力注視，瞠目/～ one's voice 嘶喊/～ one's ears 傾耳，豎起耳朵。**b** 〔～ one*self*〕竭盡全力：He ～*ed himself* to finish the work. 他竭盡全力去完成該工作。
3 〔十受〕**a** (因過度使用而)傷害〈身體的某部位〉：He has ～*ed* his eyes by reading too much. 他因閱讀過度而損傷了眼睛。**b** 〔～ one*self*〕過度使用而損害健康：～ *oneself* by overwork 因操勞過度而損害身體。**c** (因不當的使用法而)使〈腳、背部〉發痛，扭傷〈筋〉《★【比較】扭傷腳踝、關節時用 sprain》.
4 〔十受〕曲解，歪曲，牽强附會地解釋〈法律、意義、事實〉：～ the law 曲解法律/He ～*ed* the truth in giving his account. 他作說明時歪曲了事實。
5 a 〔十受〕過濾〈液體〉：～ soup 濾湯。**b** 〔十受十副〕濾去〈渣滓等〉〈*out*〉：～ *out* coffee grounds 濾去咖啡渣。
6 〔十受十介十(代)名〕把…緊抱〔在懷裏〕〔*to*〕：～ a child *to* one's bosom[heart]把孩子緊抱在懷裏。
—*v.i.* **1** 〔十介十(代)名〕用力拉〔…〕〔*at*〕：～ *at* a rope 用力拉繩子/The crew ～*ed at* the oars. 船員用力划槳。
2 a 〔十 *to* do〕拼命，奮力〈做…〉：The swimmer ～*ed to* reach the shore. 那名游泳者奮力向海岸游去。**b** 〔十介十(代)名〕〔追求…而〕拼命努力，竭力〔求取…〕〔*after, for*〕：In his work there is no ～*ing after* effects. 他的作品中沒有刻意求取效果之處。**c** 〔十介十(代)名〕〔在…之下〕拼命掙扎〔*under*〕：The porter was ～*ing under* his load. 那名搬運工人在重荷之下拼命地硬撐著《那名搬運工人硬撐地扛著重擔》。
3 〔十介十(代)名〕竭力〔對抗…〕〔*against*〕.
—*n.* **1** ⓊⒸ拉緊，拉緊的狀態；拉力：Keep a ～ on the rope. 把繩子緊拉。
2 a Ⓤ(身心的)緊張，壓力，勞神，辛苦：the ～ of worry 憂傷的壓力，憂勞/under the ～ of... 由於…的緊張[過度勞累]/without ～ 不勉强地，輕鬆地/"Can you do it?"—"No ～." 《口語》「你能做那件事嗎？」「簡單得很。」**b** Ⓒ沉重的負擔，重荷〔*on*〕：The expense was a ～ *on* his resources. 那筆費用對他的財力是一大負擔。
3 ⓊⒸ(由於不當的使用法而使腳、背部等)發痛，扭傷。

strain[2] [stren; strein] *n.* **1** Ⓒ **a** 種族，血統，家世，門第：of a good ～ 血統優良的。**b** 《生物》品系。**2** 〔*a* ～〕〔性格的〕特徵，傾向；氣質；素質〔*of*〕：There was *a* ～ *of* melancholy in his character. 他的個性有點憂鬱。**3** 〔用單數；與修飾語連用〕語調，語氣，口氣，筆調：speak in a solemn ～ 以嚴肅的語氣說話/in the same ～ 以相同的語調。**4** Ⓒ〔常～s〕《文語》曲調，旋律；詩歌，歌：～*s* of mirth 快樂[明快]的旋律。

strained *adj.* **1** 拉緊的，緊張的，緊迫的：～ relations 緊張的關係。**2 a** 不自然的，勉强的，做作的：a ～ laugh 假笑，不自然的笑。**b** 牽强附會的：a ～ interpretation 牽强附會的解釋。

stráin·er *n.* Ⓒ 濾器《濾網、濾篩等》：a tea ～ 茶葉濾網。

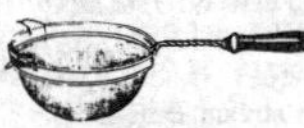
tea strainer

strait [stret; streit] «源自古法語「狹窄的地方」之義»—*n.* **1** Ⓒ〔常～s；當單數用；S～ 用於地名〕海峽《略作 st.》：the Bering *S*～ 白令海峽。**2** 〔～s〕窮困，困境，困難(的局面)《★通常用 in ～s》：be *in* great[tight] ～*s* 處於困境，遭遇很大的困難。
—*adj.* (～·er；～·est)《古》狹窄的，狹小的：the ～ gate 窄門《★出自聖經「馬太福音」》。

strait·en [ˈstretn̩; ˈstreitn] *v.t.* **1** 使…(在財政上)缺乏，使…困難。**2** 限制〈範圍、金錢等〉。**3** 《古》使〈道路等〉狹窄；使…受限制。

strait·ened [ˈstretn̩d; ˈstreitnd] *adj.* **1** 缺錢的，苦於沒錢的《★常用於下列片語》：in ～ circumstances 在窮困中。**2** 〔不用在名詞前〕〔十介十(代)名〕缺乏〔…〕的〔*for*〕：They were ～ *for* money[time]. 他們苦於沒有錢[時間]。

stráit·jàcket *n.* Ⓒ **1** (給狂暴的精神病患、囚犯等穿之帆布等製的)緊身衣。**2** 拘束，束縛。

stráit-láced *adj.* 嚴謹的，拘謹的。

Stráits dóllar *n.* Ⓒ叻幣《從前海峽殖民地(Straits Settlements)的銀幣及貨幣單位》。

Stráits Séttlements *n.* 〔the ～〕海峽殖民地《英屬南洋舊稱，包括新加坡(Singapore)、馬來亞(Malaya)、檳榔嶼(Penang)等》。

stráit-wáistcoat *n.* 《主英》＝straitjacket 1.

strake [strek; streik] *n.* Ⓒ **1** 束緊車輪之輪鐵；鐵箍。**2** 《造船》列板《縱向相接而成的連續長板條》。

strand[1] [strænd; strænd] *v.t.* **1** 使〈船〉擱淺[觸礁]《★也以過去分詞當形容詞用，變成「擱淺的」之意》。**2 a** 〔十受〕使〈人〉進退兩難[束手無策]《★常用被動語態，變成「〈人〉進退兩難的，束手無策的，一籌莫展的」之意》：They *were* ～*ed* in a strange city. 他們被困在一個陌生的城市裏一籌莫展。**b** 〔十受十補〕使〈人〉成爲〈一文不名的狀態〉《★常用被動語態》：He *was* ～*ed* penniless. 他變得一文不名。
—*n.* Ⓒ《詩》(海、湖、河等的)岸，濱。

strand[2] [strænd; strænd] *n.* Ⓒ **1** (繩子、鐵絲的)股，絞。**2** (集合而構成整體的)因素，成分〔*of*〕.

Strand [strænd; strænd] *n.* 〔the ～〕斯特蘭德街《倫敦市內與泰晤士河(the Thames)平行的街道，以旅館和戲院聞名》。

‡**strange** [strendʒ; streindʒ] «源自拉丁文「外面的」之義»—*adj.* (**strang·er**；**-est**) **1** 奇怪的，不可思議的，古怪的，與衆不同的，奇妙的：a ～ accident 不可思議的意外事故/～ clothes 奇裝異服/～ to say 說也奇怪/Something is ～. 事情有點奇怪；情況有異/～ as it may sound (事情)也許聽[說]起來奇怪/It is ～ (that) we should meet here. 我們會在這裏相遇，眞是不可思議。

> 【同義字】strange 是表示「怪異而奇妙的」的最普通用語；odd 是指與一般不同而感到「奇怪的」；queer 是偏離標準、規範的「古怪的」；curious 指奇怪得會引起人們好奇心的。

2 (無比較級、最高級) **a** 未見[聽]過的，陌生的，生疏的：a ～ man[face]陌生的人[面孔]。**b** 〔不用在名詞前〕〔十介十(代)名〕〔對…〕陌生的，生疏的〔*to*〕：The language was quite ～ *to* him. 那種語言對他是十分陌生的。
3 (無比較級、最高級)〔不用在名詞前〕〔十介十(代)名〕〔對…〕不習慣的，不熟悉的〔*to*〕：I am quite ～ *to* this place. 我對這個地方不熟/She is still ～ *to* the job. 她對這項工作還不習慣。
4 (無比較級、最高級)《古》外國的，異國的。
féel stránge 〈人〉覺得身體情況不對勁。
～**·ness** *n.*

strange·ly [ˈstrendʒlɪ; ˈstreindʒli] *adv.* (**more** ～；**most** ～) **1** 奇怪地，奇異地；不融洽地：He was acting ～. 他的態度怪異。
2 〔修飾整句〕怪的是：*S*～ (enough), he didn't speak any more. 怪的是他再也不說話了。

‡**strang·er** [ˈstrendʒɚ; ˈstreindʒə] *n.* Ⓒ **1** 不認識的人，陌生人；外國[地]人；客人：He is a[no] ～ *to* me. 對我來說，他是[不是]個陌生人《我不認識[認識]他》/an utter ～ 完全陌生的人/the little ～ 《謔》(剛出生的)嬰兒/You are quite a ～. 《口語》好久不見了/make a ～ of... 冷淡地對待…/make no ～ of... 親熱地對待…。**2** 〔對場所等〕不習慣的人；初次來到者；沒有經驗的人[初學者、生手]〔*in, to*〕：I am a ～ *in* this city[*to* that city]. 我不熟悉這個[那個]城市/He is a[no] ～ *to* poverty. 他未曾嘗過[飽嘗]貧困的滋味。

stran·gle [ˈstræŋgl; ˈstræŋgl] *v.t.* **1** (用手掐住或用繩套套住脖子)勒死〈某人〉；使〈人〉窒息死亡。**2** 〈衣領等〉對〈脖子〉太緊。**3 a** 把〈議案等〉壓下：～ free speech 壓制言論自由。**b** 忍住〈呵欠等〉：～ a yawn[a sigh]忍住呵欠[嘆息]。

strángle·hòld *n.* Ⓒ **1** 《角力等》勒頸《犯規》。**2** 阻礙活動之物。

stran·gu·late [ˈstræŋgjəˌlet; ˈstræŋgjuleit] 《醫》*v.t.* 絞扼，絞縮〈血液循環〉。—*v.i.* 〈血液循環〉絞扼，絞縮。

stran·gu·la·tion [ˌstræŋgjəˈleʃən; ˌstræŋgjuˈleiʃn] «strangulate 的名詞»—*n.* Ⓤ **1** 絞死，勒死。**2** 《醫》絞扼，絞縮。

strap [stræp; stræp] *n.* **1** Ⓒ **a** 皮帶，皮條，帶子。**b** (公共汽車等的)吊帶，吊環：hold on to a ～ 抓住吊帶。**c** (剃刀用的)磨刀皮帶(strop)。**2** 〔the ～〕(用皮條的)抽打。
—*v.t.* (**strapped**；**strap·ping**) **1 a** 〔十受十副詞(片語)〕用皮條綑紮…：～ *up* a trunk 用帶子[皮條]綑皮箱/～ a gun *on* one's hip (用皮帶)把槍繫於腰部。**b** 〔十受十副詞(片語)十介十(代)名〕〔用皮條等〕綑紮…〔*with*〕：～ oneself *in with* a seat belt 用安全帶固定身體。**2** 〔十受〕用皮條抽打〈某人〉。**3** 〔十受(十副)〕《外科》《英》貼膠布於…〈*up*〉(《美》tape).

stráp·hànger *n.* Ⓒ(在公共汽車等上)抓住吊環站立的乘客。

stráp·hànging *n.* Ⓤ(在公共汽車等上)抓住吊環的站立。

stráp·less *adj.* 〈女裝、泳裝等〉無肩帶的。

strap·pa·do [strəˈpedo, -ˈpɑdo; stræˈpɑːdou, -ˈpeidou] *n.* (*pl.* ～es) **1** ⓊⒸ吊刑《用長索綁住受刑者的雙手，吊之於空中，然後使其猛烈落下的一種刑罰》。**2** Ⓒ吊刑的刑具。

strapped *adj.* **1** 用皮條綑紮的。**2** 《口語》身無分文的，窮光蛋的。

stráp·per *n.* Ⓒ **1** 用皮條[帶]綑綁的人[器具]。**2** 《口語》身材魁梧的人，彪形大漢。

stráp·ping *adj.* 〔用在名詞前〕《口語》健壯的：a big, ～ boy 塊頭大的健壯少年。

Stras·bourg [ˈstræsbɝg; ˈstræzbəːg] *n.* 斯特拉斯堡《法國東北部之一城市》。

stra·ta *n.* stratum 的複數。

S

strat·a·gem [ˋstrætədʒəm; ˈstrætədʒəm] «源自希臘文「領軍」之義»—*n.* Ⓒ **1** 戰略，計謀。**2** 計策，策略；詭計。

stra·te·gic [strəˋtidʒɪk; strəˈtiːdʒik] «strategy 的形容詞»—*adj.* 戰略(上)的；戰略上重要[必需]的：～ bombing 戰略轟炸/～ materials 戰略物資。

stra·té·gi·cal [-dʒɪkl; -dʒikl] *adj.* ＝strategic.
～**ly** [-klɪ; -kəli] *adv.*

stra·te·gics [strəˋtidʒɪks; strəˈtiːdʒiks] *n. pl.* [當單數用]＝strategy 1.

strat·e·gist [ˋstrætədʒɪst; ˈstrætidʒist] *n.* Ⓒ戰略家；兵法家。

strat·e·gy [ˋstrætədʒɪ; ˈstrætidʒi] «源自希臘文「(領軍的)將軍」之義»—*n.* **1** Ⓤ戰略。

【同義字】strategy 指整個的作戰計畫；tactics 是個別戰鬥的用兵。

2 ⓊⒸ(達成目的的)計謀，策略，計畫，手段，方法，步驟〔*for, of*〕。

Strat·ford-upon-A·von [ˋstrætfədə,pɑnˋevən; ˈstrætfədəˌpɔnˈeivən] *n.* 斯特拉福《英格蘭中部瓦立克郡(Warwickshire)的一小城，瀕阿文(Avon)河，爲莎士比亞(Shakespeare)的出生地，也稱 Stratford-on-Avon》。

Stratford-upon-Avon

Strath·clyde [stræθˋklaɪd; stræθˈklaid] *n.* 史特拉斯克來德《蘇格蘭西部的一郡，首府格拉斯哥(Glasgow)》。

stra·ti *n.* stratus 的複數。

strat·i·fi·ca·tion [,strætəfəˋkeʃən; ˌstrætifiˈkeiʃn] «stratify 的名詞»—*n.* Ⓤ **1** 《地質》成層，分層，層理。**2** 階層化，階級化〔*of*〕.～**al** [-ʃənl; -ʃənl] *adj.*

strat·i·fy [ˋstrætə,faɪ; ˈstrætifai] *v.t.* **1** 使…成層，使…分層：*stratified* rock 成層岩。**2** 使〈社會等〉階層化[分爲階級]。
—*v.i.* **1** 成層。**2** 〈社會等〉階層化，分階級。

strat·o- [ˋstreto-; ˈstreitou-] [複合用詞]表示「層雲」「同溫層」等之意。

strat·o·cruis·er [ˋstrætə,kruzɚ; ˈstrætəˌkruːzə] *n.* **1** Ⓒ同溫層飛機。**2** [S～]《商標》一種巨型空運輸機。

stràto·cúmulus [-ˋkjumjələs; -ˈkjuːmjuləs] *n.* Ⓒ(*pl.* **-li**)《氣象》層積雲《略作 Sc》。

strat·o·sphere [ˋstrætə,sfɪr; ˈstrætəˌsfiə] *n.* [the ～]《氣象》同溫層，平流層《對流層上面的大氣層》。

strat·o·spher·ic [,strætəˋsfɛrɪk; ˌstrætəˈsferik˝] «stratosphere 的形容詞»—*adj.* 同溫層的：～ flying 同溫層飛行。

stra·tum [ˋstretəm, ˋstrætəm; ˈstrɑːtəm, ˈstreitəm] «源自拉丁文「擴大之物」之義»—*n.* Ⓒ(*pl.* **-ta** [-tə; -tə], ～**s**) **1** 《地質》地層；層。**2** 階層，階級：the *strata* of society 社會階層。

stra·tus [ˋstretəs; ˈstreitəs] *n.* Ⓒ(*pl.* **-ti** [-taɪ; -tai])《氣象》層雲。

Strauss [straus; straus], **Johann** *n.* 史特勞斯《奧地利指揮家及作曲家，有「圓舞曲之王」之稱》。

‡**straw** [strɔ; strɔː] *n.* **1** Ⓤ[集合稱]**稻草，麥稭**：made of ～ 用稻草[麥稭]做的/spread ～ 鋪稻草。
2 Ⓒ **a** 一根稻草：A drowning man will catch at a ～. ⇨ drown *v.i.*/A ～ shows which way the wind blows.《諺》草偃示風向《從輕微的徵兆可窺知整個大局的動向》；「一葉知秋」/(It is) the last ～ (that) breaks the camel's back.《諺》最後一根稻草壓斷駱駝的背(⇨ last straw). **b** [用於否定句]無價值的東西；少許；少量：do *not* care a ～ [two ～*s*, three ～*s*]一點也不在乎，毫不介意/*not* worth a ～ 一文不值。
3 Ⓒ(喝汽水等用的)吸管，麥管。
a stráw in the wind 表示風向[輿論傾向]的事物。
màke brícks withòut stráw ⇨brick.
mán of stráw (1)稻草人。(2)微不足道的人。(3)無資產的人。(4)假想敵。
—*adj.* [用在名詞前] **1** 稻草[麥稭]製的：a ～ hat 草帽。**2** 稻草色的，淡黃色的。

***straw·ber·ry** [ˋstrɔ,bɛrɪ; ˈstrɔːbəri] *n.* **1 a** Ⓒ[當作食物時爲Ⓤ]**草莓**《果實》。**b** Ⓒ《植物》荷蘭莓，草莓。**2** Ⓤ草莓色，深紅色。

stráwberry léaves «源自公爵的冠冕上飾有草莓葉»—*n.* Ⓤ[the ～]公爵的身分[地位]。

stráwberry màrk *n.* Ⓒ《醫》莓狀紅痣；先天性血管瘤。

stráw·bòard *n.* Ⓤ(以稻草爲原料的)紙板，馬糞紙。

stráw-còlored *adj.* 稻草色的，淡黃色的。

stráw màn *n.* Ⓒ **1** 稻草人。**2** 替別人作僞證者。**3** 不重要的小人物或事項。

stráw pláit *n.* Ⓤ麥稈辮；草帽辮。

stráw pòll[**vòte**] *n.* Ⓒ(探查輿論的非正式)調查[投票]。

straw·y [ˋstrɔ·ɪ; ˈstrɔːi] *adj.* (**straw·i·er**；**-i·est**)稻草的；稻草做的；像稻草的。**2** 覆以稻草的。

stray [stre; strei] «源自拉丁文「徘徊到外面」之義»—*v.i.* **1** 〔十介十(代)名〕**a** **離開**〔某處〕；〔自…〕走失〔*from*〕：Our sheep have ～*ed* ***from*** the fold. 我們的羊離開羊羣走失了。**b** 迷路〔走入…〕〔*into*〕：a child that has ～*ed* ***into*** the woods 走入樹林中迷路的孩子。
2 〔十副詞(片語)〕(在…)流浪；漂泊；徘徊。
3 a 脫離正道，誤入歧途。**b** 〈議論、思想等〉偏離[脫離]主題；迷失方向。
—*adj.* [用在名詞前](無比較級、最高級) **1 a** 迷失的，迷途的，走失的〈動物等〉：a ～ cat 迷失的貓；野貓/a ～ sheep 迷途的羊(⇨ sheep【說明】)。**b** 偏離(路線)的〈子彈等〉：a ～ bullet 流彈。**c** 散開的〈頭髮〉：(a) ～ hair (一根)散開的頭髮。
2 偶爾的，偶然的；稀疏的：a ～ customer 偶然光顧的顧客。
—*n.* Ⓒ **1** 迷失的家畜；野狗[貓]。
2 漂泊者，流浪兒；迷路的孩子：⇨ WAIFS and strays.

streak [strik; striːk] «源自古英語「線」之義»—*n.* Ⓒ **1 a** (與底色不同的細長)**線條**；條紋；斑紋；條痕〔*of*〕：He has ～*s of* gray in his hair. 他的頭髮中夾著一些白髮。**b** 閃電；光線〔*of*〕：～*s of* lightning 閃電/like a ～ (*of* lightning) (閃電般)極迅速地，風馳電掣地。**c** 〔肉的脂肪等的〕層〔*of*〕：～*s of* fat and lean ＝～*s of* lean and fat(五花醃肉等)成條紋的肥肉與瘦肉。
2 傾向，癖性，特色，氣質〔*of*〕：He has a violent ～[a ～ *of* violence] in him. 他的性格有些凶暴。
3 a 《美》(短)時間，一陣子〔*of*〕：We had a ～ *of* good [bad] luck. 我們有過一段走運[不走運]的時期。**b** (贏、輸等的)連續：be on a winning [losing] ～ 連贏[輸]。
—*v.t.* 〔十受〕在…加上條紋[條痕]《★常用被動語態，介系詞用 *with*》：His hair *was* ～*ed* ***with*** gray. 他的頭髮中夾有白髮。
—*v.i.* **1** 〔十副詞(片語)〕疾馳，飛跑(而…)：When I opened the door, the cat ～*ed out.* 我打開門時那隻貓飛奔而出。**2** 《口語》裸奔。

streak·ed [ˋstrikɪd, strikt; striːkt] *adj.* **1** 有條紋的。**2** 《美方言》不安的；驚恐的；迷亂的；困惑的。

stréak·er *n.* Ⓒ裸奔的人。

stréak·ing *n.* Ⓤ裸奔。

streak·y [ˋstrikɪ; ˈstriːki] «streak 的形容詞»—*adj.* (**streak·i·er**；**-i·est**) **1 a** 有條紋[紋理]的。**b** 〈肉〉一層層的：～ bacon 五花醃肉《肥肉與瘦肉成層層條紋的醃肉》。**2** 不均匀的；不一樣的。**stréak·i·ly** [-klɪ; -kili] *adv.* **-i·ness** *n.*

‡**stream** [strim; striːm] *n.* Ⓒ **1** **水流，河流，溪流**；(尤指)小河(⇨ river【同義字】)。
2 [常用單數](液體、氣體等的)一定的流動；流出；奔流。
3 [常用單數；常 the ～](時光的)流逝，(思想等的)潮流，傾向：*the* ～ of time 時光的流逝/go with [against] *the* ～ 順[逆]著水流[時勢]。
4 〔車輪等的〕流動〔*of*〕：an endless ～ *of* cars [people] 川流不息的汽車[人潮]。
5 《英》(按能力分的)班級。
on stréam 在生產中。
(the) stréam of cónsciousness 意識流。
—*v.i.* 〔十副詞(片語)〕**1** 流，流出(…)：I saw sweat ～*ing down* his face. 我看見汗水從他臉上流下來/Her eyes were ～*ing with* tears. 她的眼睛一直在流淚。
2 魚貫[川流不息]地走(進[出]…)：People ～*ed out of* the courtroom. 人們魚貫地走出法庭。
3 〈旗子、頭髮等〉(在…)飄揚，飄動；〈光、火焰等〉射入(…)：A flag [Her hair] ～*ed in* the wind. 旗子[她的頭髮]在風中飄揚[飄動]/The moonlight ～*ed into* the room. 月光照入室內。
—*v.t.* 〔十受〕**1** 使〈水、淚等〉流出：The wound ～*ed* blood. 傷口流出血來。**2** 《英》把〈學童、班級等〉按能力劃分。

stréam·er *n.* **1** Ⓒ **a** 旗旛，燕尾旗。**b** 飄揚的飾帶，裝飾絲帶。**c** (輪船啓航時送別用的)彩帶。**2 a** Ⓒ(北極光等的)射光，流光。**b** [～s](日蝕時所見的)日暈的光輝。**3** Ⓒ《美》(通常爲報紙第一版的)橫跨全頁上端的大標題。

stream·let [ˋstrimlɪt; ˈstriːmlit] *n.* Ⓒ小河，小溪。

stréam·line *n.* Ⓒ流線(型)。—*adj.* [用在名詞前]流線型的。
—*v.t.* **1** 使…成流線型。**2** 使〈工作、生產等〉合理化[更具效率]。

stréam·lìned *adj.* **1** 流線型的。**2** 最新式的。**3** 有效率的。

stréam·lìner *n.* Ⓒ流線型火車[飛機(等)]。

stream-of-consciousness *adj.* 意識流的。

‡**street** [strit; striːt] «源自拉丁文「鋪設的(道路)」之義»—*n.* **1** Ⓒ街，街道：a high [《美》main] ～ 主要街道，大街/I met her *in* [*on*] the ～. 我在街上遇見她《★囲用 on 主要爲美國語法》。

【同義字】street 指街上兩側有建築物並列的道路；road 指連接都市與都市間的(車行)道路。

streamliner

2 [常寫作 St. 用作街道名]…街《★[發音]唸得比專有名詞輕，如 Oxford *St.* [ˈɑksfəd,strit; ˈɔksfədstri:t]；⇨ avenue【說明】》：West 39th *Street* (紐約)西39街。

【說明】在倫敦，街道的命名通常像 Oxford Street 那樣以專有名詞加上 Street，但也有不加 Street 的情況，例如 Piccadilly. 紐約的街道除了華爾街(Wall Street)一帶的棋盤狀街道外，東西方向的街道各以 1st Street，2nd Street 等命名；南北方向的街道則以 ... Avenue 稱呼。華府(Washington, D.C.)的街道是以英文字母(alphabet)命名，與以號碼命名的互相交錯，成棋盤狀或放射狀；cf. road【說明】

3 Ⓒ(與人行道有所區別的)車道：Don't play *in* the ～. 不要在車道上玩耍。
4 [the ～；集合稱]街上的人們《★[用法]視爲一整體時當單數用，指全部個體時當複數用》：*The* whole ～ was excited at the parade. 整條街的人都對遊行感到興奮。
be on [walk] the stréets (1)無家可歸，流落街頭。(2)爲娼，以賣淫爲生。
gó on the stréets (1)變成無家可歸。(2)變成妓女。
nót in the sáme stréet with [as] 《口語》不能與…相比。
stréets ahéad of... 《英口語》比…好得多，遠勝過…《★[用法]這裏的 streets 是副詞，意思是「…得多」，「遠(超過)」》。
the mán in [《美》on] the stréet ⇨man.
úp a person's **stréet** 《英》＝up a person's ALLEY.
wóman of the stréets ⇨ woman.
—*adj.* [用在名詞前] **1** 街道的，街上的：a ～ map [plan] 市街地圖。
2 適合上街穿的〈衣服〉：～ clothes 外出服。
stréet Àrab *n.* Ⓒ無家可歸的孩子，流浪兒。
street·car [ˈstrit,kɑr; ˈstri:t-kɑ:] *n.* Ⓒ《美》市區電車(《英》tram).

streetcar

stréet clèaner *n.* Ⓒ清道夫。
stréet críes *n. pl.* 《英》沿街叫賣的聲音。
stréet dòor *n.* Ⓒ大門《指臨街之大門，如大門與街之間隔一花園，則用 front door》.
stréet gìrl *n.* ＝streetwalker.
stréet·làmp *n.* ＝streetlight.
stréet·light *n.* Ⓒ路燈。
stréet musícian *n.* Ⓒ街頭音樂家。
stréet piàno *n.* Ⓒ小型自動鋼琴《在街道旁演奏的手搖式鋼琴》。
stréet ràilway *n.* Ⓒ **1** 公共汽車或市區電車運輸公司。**2** 市街鐵路，電車道。
street·scape [ˈstrit,skep; ˈstri:tskeip] *n.* Ⓒ **1** 街景。**2** 街景圖。
stréet ùrchin *n.* Ⓒ流浪街頭[無家可歸]的兒童。
stréet·wàlker *n.* Ⓒ娼妓，妓女。
street·wise [ˈstrit,waɪz; ˈstri:twaiz] *adj.* 《美》熟悉民間疾苦的，體察民情的。

street piano

‡strength [strɛŋkθ, strɛŋθ; streŋθ, streŋkθ] «strong 的名詞»**—*n.* 1** Ⓤ **a** 力，力量，體力(⇨ power【同義字】)：a man *of* great ～ 大力士/with all one's ～ 盡全力。**b** 〔＋*to* do〕〈做…的〉力量，體力：I don't have the ～ [haven't ～ enough] *to* lift this box. 我沒有[沒有足夠]力氣提起這個手提箱。
2 Ⓤ(精神上的)**力量**；智力；能力；道義感：～ of mind [will] 精神[意志]力。
3 ⓊⒸ **a** 長處；優點：His ～ lies in his honesty. 他的長處是誠實。**b** 憑恃，依靠，支持：God is our ～. 上帝是我們的力量[支持者]。
4 Ⓤ抗力，持久力：the ～ of a bridge 橋的抗力[強度]。
5 Ⓤ **a** 勢力，威力；資力：national ～ 國力/military ～ 軍事力量。**b** 兵力；人數，人手：battle ～ 戰鬥力/at full ～ 全體動員地，以全力/below [up to] ～ 未達[達到]定額的，不夠[夠]編制的/in full [great] ～ 以全體[巨大]力量/What is your ～? 你們(一共)有多少人？
6 ⓊⒸ(議論等的)說服力。
7 Ⓤ **a** 強度，強固：the ～ of a light [sound] 光[聲音]的強度。**b** 濃度，濃淡：the ～ *of* a solution 溶液的濃度。
from stréngth to stréngth 更加有名[強大]：He goes *from* ～ *to* ～ with each new novel. 隨著每部新小說的問世，他變得更加有名。
Give me stréngth! [對於對方的愚蠢表示厭煩的說法]《口語》眞受不了你！拜託！
on the stréngth (1)編入兵籍的。(2)屬於團體[協會，公司(等)]的。
on the stréngth of... 憑恃[依靠]…，託…的福；看在…的份上：I did it *on the* ～ *of* your promise. 由於你的承諾，我做了這件事。
strength·en [ˈstrɛŋkθən, ˈstrɛŋθən; ˈstreŋθən, ˈstreŋkθən] «strength, strong 的動詞»**—*v.t.*** 〔十受〕使…強大；使…堅固；加強，增強…：～ one's body 使身體強壯/～ the Pacific Fleet 增強太平洋艦隊。
—*v.i.* 變強(大)；變堅固；增強。
stren·u·ous [ˈstrɛnjuəs; ˈstrenjuəs] *adj.* **1** 〈人〉發奮的，奮鬥的，熱心的。**2** 〈工作、行爲等〉需要奮鬥的，努力的，費力的：make ～ efforts 鼓足幹勁，盡全力。**～·ly** *adv.* **～·ness** *n.*
strep·to·coc·cus [,strɛptəˈkɑkəs; ,streptəˈkɔkəs] *n.* Ⓒ(*pl.* **-coc·ci** [-ˈkɑksaɪ; -ˈkɔkai])鏈球菌。
strep·to·my·cin [,strɛptəˈmaɪsɪn; ,streptəˈmaisin] *n.* Ⓤ《藥》鏈黴素《一種抗生素，爲治療肺結核等的特效藥》。
***stress** [strɛs; stres] «distress 字首消失的變體字»**—*n.* 1** ⓊⒸ(物理性的)**壓力**，應力，重壓〔*on*〕：the ～ of a roof *on* a beam 屋頂加在樑上的壓力/How much ～ can the walls bear [take]? 該牆能支撐多大的壓力？
2 ⓊⒸ(精神上的)**壓迫感**，**壓力**，**過度緊張**：suffer from the ～ of city life 遭受都市生活的壓力/The examination put a lot of ～ on him [put him under a lot of ～]. 那次考試給了他很大的壓力。
3 ⓊⒸ **a** 壓迫，強制：under (the) ～ of weather [poverty] 爲天候[貧窮]所逼。**b** 緊迫，緊急；緊張：in times of ～ 在非常[緊急]時期，在緊張[繁忙]的時候。
4 Ⓤ**強調**，重要(性)，重點：lay [put, place] ～ on... 強調…，著重…。
5 ⓊⒸ《語音》重音，重讀：～ accent (英語等的)重音/Where do you place the ～*es* in this sentence? 在這個句子裏，你重讀哪些地方？
—*v.t.* 〔十受〕**1** 強調…：He ～*ed* the importance of health. 他強調健康的重要性。**2** 重讀…：a ～*ed* syllable 重音節。**3** 使…緊張。
stréss disèase *n.* Ⓤ[指種類時爲Ⓒ]《醫》緊張症《因過度緊張引起的障礙》。
stréss màrk *n.* Ⓒ《語音》重音符號。
‡stretch [strɛtʃ; stretʃ] *v.t.* **1 a** 〔十受〕拉長，拉伸…：～ a rubber band 拉長橡皮筋/I ～*ed* the pair of gloves to make them fit. 我撐開那雙手套以使之方便戴上。**b** 〔十受十補〕把…拉伸〈成…狀態〉：He ～*ed* the rope tight. 他把繩索拉緊。**c** 〔十受十介十(代)名〕把…拉[過…]，把…張掛[在…之間]〔*across, between*〕：～ a rope ***between*** two trees 把繩子拉掛在兩棵樹之間/He ～*ed* the FM antenna ***across*** the wall. 他把FM天線拉過牆。
2 〔十受(十副)〕**a** 伸展，伸出〈手腳等〉〈*out*〉：He ～*ed* his arms and yawned. 他伸展雙臂打呵欠/I ～*ed* ***out*** my hand *for* the book. 我伸手去拿那本書。**b** [～ one*self*]伸展身體，伸開四肢(成大字形)〈*out*〉：The boy ～*ed himself* ***out*** on the lawn. 那男孩(伸開四肢)直躺在草地上。**c** 把〈某人〉擊倒，使〈某人〉(成大字形地)趴倒〈*out*〉：A blow behind the ear ～*ed* him (***out***) on the floor. 耳後的一擊使他趴倒在地板上。
3 〔十受〕**a** 曲解；濫用；誇張…：～ a point 作牽強附會的說明；破例作讓步/～ the law 歪曲法律，不當地引伸法律/～ the truth 誇大[曲解]事實。**b** 使…極爲緊張；過度使用…：～ every nerve 繃緊每一根神經/～ one's patience 一聲不響地忍耐。**c** [～ one*self*]使出渾身解數，使出全力《★也可用被動語態》：He *is* not fully ～*ed.* 他沒有使出全力。
4 〔十受十副〕拉長，拖長〈節目、議論等〉〈*out*〉：He ～*ed* the story ***out*** by creating new episodes. 他編寫了一些新插曲，把故事拉長。
5 〔十受十副〕使〈食物、金錢等〉用得久，使…維持更長久〈*out*〉：We'll have to ～ ***out*** the rations (to last a week). 我們必須把配糧的食用時間延長(一週)。
—*v.i.* 1 伸展，有伸縮性：Rubber ～*es.* 橡皮會伸展。

2〔十副詞(片語)〕**a** 擴展，延伸，廣延：The forest ~*ed for* miles. 那座森林綿亙數哩/Desert land ~*es* eastward *across* Arabia *into* Central Asia. 沙漠地帶向東延伸經阿拉伯而至中亞。**b**〈時間、記憶等〉延續，連續：His memory ~*es back to* the 1890s. 他的記憶回溯至十九世紀九十年代。

3〔動(十副)〕伸懶腰，伸展手脚〈*out*〉：~ **out** for a book 伸手取書。

strétch it a bít《口語》(爲方便起見而)歪曲規則等，作牽强附會的說明：That's ~*ing it a bit.* 那有一點牽强。

—*n.* 1 a Ⓒ〔常用單數〕(尤指身體的)**伸展**，伸長，伸出；伸張：with a ~ of the arm 伸出手臂/with a ~ and a yawn 伸懶腰打呵欠。**b** Ⓤ伸展性，彈性，伸縮性：There's not much ~ in this girdle. 這束腰帶不太有彈性。

2 Ⓤ緊張，渾身解數：at full ~ 盡全力地，使出渾身解數地。

3 Ⓒ **a** (距離、時間的)長度，一段；(陸地、海等的)綿亙，延伸〔*of*〕：a wide ~ *of* grass land 一大片草原/for a long ~ *of* time 一長段時間。**b**《俚》徒刑期間，刑期：do a ~ in prison 在監獄服刑。

4 Ⓒ〔常用單數〕一口氣，一次，連續的一段工作[努力，時間]：at a ~ 一口氣地。

5 Ⓒ〔常用單數〕**a** (賽馬場、賽跑路線等的)直線跑道；(尤指終點的)直線跑道。**b** (棒球、選舉等的)最後衝刺。

by ány strétch of the imaginátion [用於否定句]無論如何伸展想像力；異想天開地。

strétch·er *n.* Ⓒ **1 a** 伸展(身體某部位)的人[物]。**b** 伸張用的器具，撐張用的架子，手套的撐架，撐開鞋、帽的型架。**2** (搬運病人的)擔架：on a ~ 在擔架上。

strétcher-bèarer *n.* Ⓒ擡擔架的人，擔架兵。

strétcher pàrty *n.* Ⓒ[集合稱]救助傷患的擔架隊《★用法視爲一整體時當單數用，指全部個體時當複數用》。

stretch·y [ˈstrɛtʃɪ; ˈstretʃi] 《stretch 的形容詞》**—*adj.*** (**stretch·i·er**；**-i·est**)可伸展的，有伸縮性[彈性]的。

strew [stru; struː] *v.t.* (~**ed**；**strewn** [strun; struːn], ~**ed**) **1**〔十受十介十(代)名〕撒，散播〈沙、花等〉〔於…上〕〔*on, over*〕；〔把沙、花等〕撒在…上〔*with*〕：Garbage was *strewn* ***over*** the alley.＝The alley was *strewn* ***with*** garbage. 垃圾撒布於巷道上。**2**《文語・詩》撒在…的上面：Autumn leaves ~*ed* the lawn. 秋葉散落在草地上。

strewn *v.* **strew** 的過去分詞。

strewth [struθ] 《源自 God's truth》 **—*interj.*** [表示困惑、驚愕]《英俚》喲！可惡！

stri·a [ˈstraɪə; ˈstraiə] *n.* (*pl.* **stri·ae** [ˈstraɪ·i; ˈstraiiː]) Ⓒ **1** 細槽，窄溝；線條，條紋《尤指很多相平行者》。**2**《地質》殼紋；殼線間隙。**3**《建築》柱身凹槽或突筋。

stri·ate [ˈstraɪɪt; ˈstraiit] *adj.* ＝striated.

— [ˈstraɪet; ˈstraieit] *v.t.* 加條紋[線條]於…，作條痕於…。

stri·at·ed [ˈstraɪetɪd; straiˈeitid] *adj.* 有條紋[線條，條痕，細槽]的；線狀的。

stri·a·tion [straɪˈeʃən; straiˈeiʃn] 《striate 的名詞》**—*n.* 1** Ⓤ有刻線[條紋]的狀態；線紋[條紋]形狀。**2** Ⓒ細槽，條痕。

strick·en [ˈstrɪkən; ˈstrikən] *v.*《古・文語》**strike** 的過去分詞。

—*adj.*《文語》**1** [用在名詞前]**a** (被子彈等)打中的；打傷的；受傷的：a ~ deer 受傷的鹿。**b** 悲嘆的；受重大打擊的：a ~ expression[look]悲嘆的表情[面容]。**2 a** [不用在名詞前]〔十介十(代)名〕患〔…〕病的；深受[不幸、災難等]痛苦的〔*with*〕：be ~ ***with*** measles 患麻疹的。**b** [常構成複合字]患(病)的；遭到(不幸)的：a ~ area 災區/drought-*stricken* regions 遭旱災地帶/⇨ awestricken, panic-stricken.

strick·le [ˈstrɪkl; ˈstrikl] *n.* Ⓒ斗刮《量穀物等時用以將盛滿斗的穀物刮平的棒》。

strict [strɪkt; strikt] 《源自拉丁文「用力拉」之義》**—*adj.*** (~**·er**；~**·est**) **1 a** 〈人、規則等〉**嚴格的**，嚴厲的：a ~ master 嚴厲的主人/~ rules 嚴格的規則。

> **【同義字】**strick 指嚴正遵守規定、規則等；severe 指嚴格遵守已決定的事，不容許妥協或寬容；stern 指態度等嚴厲，毫不顧情面。

b [不用在名詞前]〔十介十(代)名〕〔對人〕嚴厲的，嚴格的〔*with*〕：She is ~ ***with*** her pupils. 她對學生很嚴格。**c** [不用在名詞前]〔十介十(代)名〕〔對…事〕嚴格的〔*in, on*〕：He is ~ ***in*** *observing* the Sabbath. 他嚴守安息日。**2** **嚴密的**；精密的；精確的：in the ~ sense 以精確的意義而言，嚴格說來。**3** 完全的，絕對的：in ~ secrecy 極秘密地/in ~ seclusion 完全與世隔絕地。

~·ness *n.*

strict·ly [ˈstrɪktlɪ; ˈstriktli] *adv.* (**more** ~；**most** ~) **1** **嚴格地**，嚴密地。**2** [修飾整句]**嚴格地說**。**3** 完全，全然，斷然：~ in confidence 完全秘密地/He acted ~ on his own. 他完全按自己的意志行動。

strictly spéaking＝**spéaking strictly** 嚴格地講。

stric·ture [ˈstrɪktʃɚ; ˈstriktʃə] *n.* Ⓒ **1**〔常 ~**s**〕非難，苛評，抨擊；彈劾：pass ~*s on*... 非難…，彈劾…。**2**《醫》(身體中管道的)狹窄。

***strid·den** [ˈstrɪdn̩; ˈstridn] *v.* **stride** 的過去分詞。

stride** [straɪd; straid] (**strode** [strod; stroud]；**strid·den** [ˈstrɪdn̩; ˈstridn]) *v.i.* **1**〔十副詞(片語)〕(有精神地或威風地)**跨大步走**：He *strode away*[*strode along* the street]. 他大步離去[走在街上]。**2**〔十介十(代)名〕跨〔過…〕〔*across, over*〕：The boy *strode* ***over[***across***] the brook. 那個男孩跨過小河。

—*v.t.* 〔十受〕《罕》**1** 跨過，越過〈水溝等〉。**2** 跨在〈東西〉上。

—*n.* Ⓒ **1 a** **大步的行走**，闊步：walk with rapid ~*s* 急速邁大步行走。**b** [常用單數]步幅，走一步的距離。**2** 一跨(的寬度)：at[in] a ~ 跨一步地。**3** [常~**s**]進步，發展：make great [rapid] ~*s* 有長足的進步，突飛猛進。

gèt into one's **stríde** 工作[運動]進入情況，開始上軌道。

tàke...in one's **stríde** (1)毫不費力地越過〈障礙物〉。(2)從容度過〈難關等〉，輕鬆地勝任〈工作〉；冷靜地應付〈狀況〉：You must learn to *take* things *in* your ~. 你必須學習冷靜地應付事情。

stri·den·cy [ˈstraɪdn̩sɪ; ˈstraidnsi] 《strident 的名詞》**—*n.*** ⓊⒸ (聲音的)尖銳，刺耳。

stri·dent [ˈstraɪdn̩t; ˈstraidnt] *adj.* 尖銳的，刺耳的：a ~ voice 刺耳的聲音。**~·ly** *adv.*

strid·u·late [ˈstrɪdʒəˌlet; ˈstridjuleit] *v.i.* (蟋蟀等)(擦翅)唧唧而鳴。**strid·u·la·tion** [ˌstrɪdʒəˈleʃən; ˌstridjuˈleiʃn] *n.*

strife [straɪf; straif] *n.* Ⓤ**爭吵**，爭鬥，糾紛：cause ~ 引起糾紛/be at ~ (*with*...) (與…)爭吵，不和。

‡strike [straɪk; straik] 《源自古英語「去，前進」之義》**—** (**struck** [strʌk; strʌk]；**struck**，《古・文語》**strick·en** [ˈstrɪkən; ˈstrikən]) *v.t.* **A 1** **打**，敲打，毆打。

> **【同義字】**strike 是表示「毆打」之意的最普通用語；hit 與 strike 同義，但較爲口語化；knock 是用拳頭或硬物敲打；beat 是反覆連續的毆打；punch 是用拳頭的猛打。

a〔十受〕打，敲打，毆打…：He *struck* the ball. 他打球。**b**〔十受十介十(代)名〕[用拳頭、工具等]敲打…〔*with*〕；以〈拳頭、工具等〉擊〔向…〕〔*into, on, upon*〕：He *struck* the table ***with*** his fist.＝He *struck* his fist ***on*** the table. 他用拳頭敲打桌子。**c**〔十受十介十名〕毆打〈人〉〔身體的某部位〕〔*on, in*〕《★用法表示身體部位的名詞前加 the》：He *struck* his attacker ***on*** *the* ear[***in*** *the* face]. 他打了攻擊者一記耳光[的臉]。**d**〔十受十介十(代)名〕把…[從…處]打落[打下]；打下〔…處的〕〈某物〉〔*from*〕：The policeman *struck* the weapon ***from*** his hand. 那名警察打落他手中的武器。**e**〔十受十副〕打倒，擊倒〈人等〉〈*down*〉：~ a person ***down*** 把某人打倒。**f**〔十受十補〕把〈人〉打〈成…狀態〉：He *struck* the man senseless. 他把那個人打昏過去/I was *struck* blind. 我被打得頭暈目眩[打成失明]。

2 a〔十受〕給予〈一擊〉：~ a blow 給予一擊/⇨ strike a BLOW[2] for[against]. **b**〔十受十受(十介十名)〕給予〈人〉〔身體的某部位〕〈一擊〉〔*on, in*〕《★用法表示身體部位的名詞前加 the；不用〔十受十介十(代)名〕的句型》：I *struck* him a blow (***on*** *the* nose). 我(在他的鼻子上)打了他一拳。

3〔十受十介十(代)名〕**a** [用刀]刺…，[用斧頭]砍…〔*with*〕：~ a tree ***with*** an axe 用斧頭砍樹 (cf. *v.t.* A 3 b)/He *struck* the man to the heart ***with*** a dagger. 他用匕首刺進那個人的心臟。**b** 把〈刀〉刺入〔…中〕，把〈斧頭〉砍入〔…中〕〔*in, into*〕：~ an axe ***into*** a tree 把斧頭砍入樹中 (cf. *v.t.* A 3 a)/He *struck* a dagger ***into*** the man's heart. 他把匕首刺入那個人的心臟。**c** 〔使人、人心〕充滿〈恐懼、不安等〉〔*in, into, to*〕：The scene *struck* terror ***into*** his heart. 那景象使他心驚膽戰。

4 a〔十受〕**撞[碰]到**…；擊中…：The ship *struck* the rocks. 那艘船觸礁/Lightning *struck* the pine tree. 雷電擊中那顆松樹。**b**〔十受〕〈雷電、暴風雨等〉**襲擊**…：An earthquake *struck* the country. 地震襲擊該國。**c**〔十受十介十(代)名〕把…撞在〔…上〕，使…撞[碰]到〔…〕〔*against, on*〕：Be careful not to ~ your head ***against*** [***on***] the mantel. 小心不要使你的頭撞到壁爐架。**d**〔十受〕〈光〉照在…；〈聲音〉傳入〈耳〉中：The rug is faded where the sun ~*s* it. 地毯被陽光照到的地方褪了色/A shrill voice *struck* my ear. 尖銳叫聲傳入我的耳中。**e**〔十受十介十名〕〈光〉照在〈某人〉〔臉上等〕〔*in, on*〕《★用法表示身體部位的名詞前加 the》：The sun *struck* me (full) ***in*** *the* face. 太陽(從正面)照在我的臉上。

5 a〔十受(十副)〕〈疾病、痛苦等〉**襲擊**…，使…苦惱〈*down*〉《★常用被動語態，介系詞用 *with, by*；也以過去分詞的 stricken 當形容詞用；⇨ stricken 2》：Measles used to ~ four million children a year. 過去每年有四百萬名兒童罹患麻疹/She *was* *struck* (*down*) *by* breast cancer. 她罹患乳癌《★用法有 down 一字時也表示「患乳癌而死」之意》/I *was* immediately *struck with* sadness. 我立刻悲從中來。**b**〔十受十補〕因衝擊而(突然)使〈人〉〈成…的狀態〉《★常用被動語態》: I *was struck dumb* with astonishment. 我驚嚇得說不出話來/The audience *was struck* silent. 聽衆(感動得)鴉雀無聲。

6〔十受〕**a** 挖到，發現〈地下資源〉: ⇨ strike OIL. **b** 無意間找到〈道路〉: ~ a trail 無意間來到山路。

7〔十受〕**a** (用打火機)打出〈火〉; 劃〈火柴〉: *S*~ a light, please. 請點火/The man *struck* a match and lit his cigar. 那個人劃了一根火柴點燃雪茄。**b** 鑄造，打造〈獎章、徽章、錢幣等〉: ~ a medal 鑄造獎章。

8〔十受〕**a** 〈時鐘〉敲〈幾下〉，鳴響而報〈時〉: The clock [It] has *struck* three. 鐘剛敲三點鐘。**b** 敲響〈聲音〉: He *struck* a chord on the piano. 他在鋼琴上敲出和音/His words *struck* a familiar [the right] chord. 他的話聽來耳熟[很恰當]。

9〔十受〕**a** 拆下〈帳篷〉; 拔〈營〉(↔ pitch): ~ a tent 拆下帳篷，收[取下]帳篷/~ camp 拔營，撤營離去。**b** 降下〈旗、帆等〉: ~ sail 降帆/~ one's colors 降旗《作爲投降的表示》。

10 «源自對船主抗議而「降帆」之義»〔十受〕罷工而暫停〈作業〉; 對〈工廠〉罷工。

11 a〔十受〕以斗刮(strickle)刮平〈穀物量具〉。**b**〔十受〕算出; 結算〈平均數〉: ~ an average 算出平均數/⇨ strike a BALANCE. **c**〔十受(十介十(代)名)〕〔與…〕訂定，締結〈交易、協議等〉〔*with*〕: ~ an agreement [a bargain, a truce] (*with*...) (與…)達成[訂定]協議[交易，停戰]。

12〔十受〕**a** 擺出〈姿態〉: ~ a pose (爲拍照、畫像而)擺出姿態; (有意識地)採取某種態度，裝模作樣。**b** (突然)開始〈做…〉: The horse suddenly *struck* a gallop. 那匹馬突然飛跑起來。

13〔十受〕**a** 〈植物〉紮〈根〉，生〈根〉: The plant has not *struck* root yet. 那棵植物還沒生根。**b** 使〈插枝〉生根。

14〔十受〕《軍》攻擊〈敵人等〉。

—**B 1 a**〔十受〕打動〈某人〉的心，使〈某人〉銘刻於心[印象深刻]《★常用被動語態》: What ~*s* me most about America is its crime. 美國給我最深刻印象的是該國的犯罪(率)/I *was struck* by her charm. 我被她的嫵媚迷住了。**b**〔十受十 *as* 補〕使〈人〉覺得〈…〉，予〈人〉以〈…〉印象《★不可用被動語態》: She struck me *as* be*ing* very practical. 她使我覺得她很實際/The idea *struck* him *as* a silly one [*as* silly]. 他覺得那個主意愚蠢。

2〔十受〕**a** 〈主意、念頭〉浮現〈某人〉心裏: A great idea has just *struck* me. 一個妙主意剛閃過我的腦海。**b** [用It ~*s*十受十 *that*__ 的句型]〈…的念頭〉使〈某人〉忽然想起〈…事〉《★常省略 that》: *It* ~*s* me (*that*) she is not telling the truth. 我覺得她沒有說出眞相/*It struck* me later (*that*) I hadn't gotten his name. 後來我想起[發覺]我沒有問他的名字。

—*v.i.* **A 1 a** 打，毆打，敲打: *S*~ while the iron is hot. 《諺》打鐵趁熱[趁機行事]。**b**〔十介十(代)名〕〔對準…〕毆打，打〔*at*〕: He *struck at* me, but did not hit me. 他朝我打來，但沒打中。

2〔動(十介十(代)名)〕**a** 〈蛇、虎等〉〔朝…〕襲擊，攻擊〔*at*〕. **b** 〈疾病、不幸等〉襲擊〔某人〕〔*at*〕. **c** 襲擊，攻擊〔…〕〔*at*〕: ~ *at* the enemy 攻擊敵人/The enemy *struck* at dawn. 敵人在黎明時攻來。**d** 攻打〔…的〕根基; 從根本推翻〔…〕〔*at*〕: You should ~ *at* the root of the evil. 你應該根除弊病[惡事]。

3 a 〈兩件物體〉相撞; 相碰: The two cars *struck* at the corner. 兩部車子在轉角處相撞。**b**〔十介十(代)名〕撞到，碰到〔…〕〔*against, on, upon*〕: The ball *struck against* the wall. 那個球碰到牆。**c**〔動(十介十(代)名)〕〈船〉撞上，觸到〔暗礁〕〔*on*〕: The ship *struck on* a rock. 那艘船觸礁了。

4〔十介十(代)名〕〈寒冷、光等〉穿過，貫穿，滲透〔…〕〔*through, into, to*〕: The sunlight *struck through* the clouds. 陽光穿過雲層/The cold *struck to* the marrow. 寒氣滲透到骨髓; 寒冷刺骨。

5 〈火柴等〉劃燃，著火: Damp matches won't ~. 濕的火柴劃不著。

6 a〔十副詞(片語)〕(向…)走，去，出發: ~ east向東行/~ *to* the right 向右邊走/~ *into* the woods 走進樹林。**b**〔十副(十介十(代)名)〕〔朝…〕前進，出發〈*out, off*〉〔*into, through, for*〕: We struck *out into* [*through*] the woods [*for* the peak]. 我們轉入林中[向山頂出發]。

7 a 〈鐘〉鳴響; 敲打: The clock [Nine] *struck*. 時鐘響[報九點]。**b** 〈時機〉到來: The hour for reform has *struck*. 改革的時機已到來。

8〔動(十介十(代)名)〕〔要求…而〕罷工〔*for*〕; 〔抗議…而〕罷工〔*against*〕: They *struck for* higher pay. 他們爲要求提高工資而罷工/They *struck against* the bad working conditions. 他們爲抗議惡劣的工作條件而罷工。

9 a 〈植物、插枝〉生根。**b** 〈種子〉發芽。

10 《釣魚》〈魚〉上鈎。

— **B 1**〔十介十(代)名〕忽然想到〔…〕〔*on, upon*〕: I've *struck on* a new plan [idea]. 我忽然想到一個新計畫[主意]。**2**〔十補〕使人覺得〈…〉: The wind *struck* cold. 風使人覺得冷。

stríke hóme 《*vi adv*》(1)擊中要害，予(人)致命傷: His bitter words *struck home*. 他的尖酸話說中了要處[擊中了要害]。(2)〔使人〕銘感〔*to*〕: His speech *struck home to* me. 他的演說使我銘感於心[深受感動]。

stríke it rích (1)挖到大礦脈[油田]，發現礦產。(2)獲得意外的大成功; 突然發大財[變成暴發戶]。

stríke off [《*vt adv*》~ óff] (1)砍下〈頭、樹枝等〉: ~ *off* a person's head 砍下某人的頭。(2)(從會員名單上)刪除〈某人、某人的名字〉《★常用被動語態》: His name *was struck off*. 他的名字(從名單上)被刪除了。(3)印刷…: They have *struck off* 300,000 copies of the dictionary. 那本辭典他們已經印了三十萬册。—[《*vt prep*》~ ...òff...] (4)〔從名單上〕刪除〈名字〉《★常用被動語態》: You had better ~ his name *off* the list. 你最好從名單上刪除他的名字。—[《*vi adv*》~ óff] (5)⇨ *v.i.* A 6 b.

stríke óut 《*vt adv*》(1)刪除〈名字、文字等〉: He *struck out* the last three names on the list. 他從名單上刪除最後三個人的名字。(2)《棒球》使〈打擊者〉三振出局。—《*vi adv*》(3)(猛然)〔向…〕打過去〔*at*〕: He *struck out at* his assailant. 他猛然向攻擊者打過去。(4)自立奮發《★常用於下列片語》: ~ *out on* one's own 開創自立的事業，獨闢蹊徑。(5)⇨ *v.i.* A 6 b. (6)《游泳》用手脚划水游去: ~ *out for* the shore 用手脚划水向岸游去。(7)《棒球》〈打擊者〉三振出局。(8)《美》《口語》失敗。

stríke thróugh 《*vt adv*》刪除…: ~ a word *through* 刪除一字。

stríke úp 《*vt adv*》(1)開始唱[演奏]〈歌曲〉: The band suddenly *struck up* a tune. 樂隊突然開始演奏。(2)〔與人〕結交〔*with*〕: ~ *up* a friendship [an acquaintance] (*with* a person) (與某人)結交。—《*vi adv*》(3)開始唱歌，開始演奏曲子。

—*n.* Ⓒ **1** 打，打擊，毆打。

2 罷工《★用法on ~ 無冠詞》: a general ~ 總罷工/go *on* ~ 進行罷工/come [go] out *on* ~ 決定實行罷工/be (out) *on* ~ 罷工中。

3 (油田、金礦等的)發現; 中大獎[頭彩]; (意外的)大成功: a lucky ~ 大賺錢; 中頭彩; 走運。

4 《棒球》好球(↔ ball; ⇨ count[1] *n.* 5【說明】): three ~*s* 三振。

5 《保齡球》全倒(的分數) (cf. spare *n.* 2, split *n.* 7)。

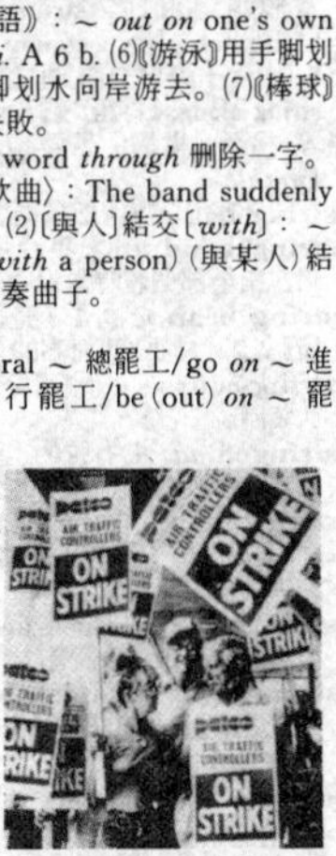

【照片說明】strike 2 (罷工)的宣傳標語。

stríke bènefit *n.* =strike pay.

stríke·bòund *adj.* 因罷工而停頓[癱瘓]的。

stríke·brèaker *n.* Ⓒ破壞罷工者。

stríke·brèaking *n.* Ⓤ破壞罷工(的行爲)。

stríke·òut *n.* Ⓒ《棒球》三振。

stríke pày *n.* Ⓤ(由工會支付的)罷工津貼。

strík·er *n.* Ⓒ **1** 打擊者。**2** 罷工者，罷工中的工人。**3** 打擊物: **a** 槌，鎚。**b** (槍的)撞針。**c** 會鳴響的時鐘。**4 a** (捕鯨的)魚叉。**b** 使用魚叉者。**5** 《足球》在攻擊圈的選手。

stríke zòne *n.* Ⓒ《棒球》好球帶《在打擊區構成好球的範圍》。

***strik·ing** [ˈstraɪkɪŋ; ˈstraikiŋ] *adj.* (**more** ~; **most** ~) **1** 醒目的，顯著的; 給人深刻印象的: a ~ resemblance 顯著的類似處/a ~ beauty 引人注目的美人[驚人之美]。

2 會敲打[報時]的: a ~ clock 自鳴鐘，會敲響的時鐘。

3 罷工中的。

within stríking dístance ⇨ distance.

~·**ly** *adv.*

‡**string** [strɪŋ; striŋ] *n.* **1** Ⓤ[指個體時爲Ⓒ] **a** (比 rope 細，比 thread 粗的)細繩; 帶子; 線(⇨ rope 相關用語): a piece of ~ 一條細繩。**b** (操縱木偶的)線。**c** (帽子、圍裙等的)帶子; 絲帶。

2 Ⓒ用線穿成的東西，成串的東西，一串〔*of*〕: a ~ *of* pearls 一串[成串的]珍珠/a ~ *of* onions 一串洋葱。

3 Ⓒ **a** 〔人、車等的〕一排，一列〔*of*〕: a ~ *of* cars 一排汽車。**b** 〔質問、謊言等的〕連續，連發，一連串〔*of*〕: a ~ *of* questions [lies] 一連串的質問[謊言]/make a ~ *of* phone calls 接連不斷地打電話。

4 a Ⓒ(樂器的)弦，線。**b** [**the** ~**s**]弦樂器; (管弦樂團)弦樂器部門(的演奏者)。

5 Ⓒ[常 ~**s**]《口語》附帶條件: with no ~*s* (attached) = without ~*s* (補助金等)無附帶條件地。

6 Ⓒ(按能力分的)比賽者排名，級: the first [second] ~ 第一隊[第二隊]/a second-*string* player 候補選手。

anóther [a sécond] stríng to one's bów 《口語》第二個辦法，另一

S

個手段。

hárp on óne [the sáme] stríng 反覆說[寫]同一件事，老調重彈。

hàve a person **on a stríng** 操縱〈某人〉《★源自傀儡戲操作者在幕後操縱而有此說法》。

hàve twó stríngs to one's **bów** 有第二個手段，有兩種辦法，有替換的對策。

pláy sécond stríng (1)《美》當候補(cf. *n.* 6). (2)＝play second FIDDLE.

púll stríngs 幕後操縱，暗中運用影響力《★源自傀儡戲操作者在幕後操縱而有此說法》。

—*v.t.* (**strung** [strʌŋ; strʌŋ]) **1 a** 〔十受〕把…用線串起，使…成串：～ beads 把念珠用線串起。**b** 〔十受十介十(代)名〕〔把…〕穿入〈線等〉〔*with*〕：～ a cord **with** beads 把念珠穿入線中。

2 〔十受十副(十介十(代)名)〕**a** 把…用線連結(高)掛於〔…處〕〈*up*〉〔*across, along, round*〕：Chinese lanterns were *strung* ***up across*** the street for the festival. 爲了慶祝節日，成串的燈籠高高地橫掛於街道上空。**b** 把…排列〔在…〕，〔沿…〕配置…〈*out*〉〔*along*〕：～ ***out*** policemen ***along*** the street 沿街配置警察。

3 〔十受〕**a** 爲〈弓、網球拍〉裝弦：I'll have my tennis racket *strung.* 我要給我的網球拍裝弦。**b** 給〈樂器〉上弦。

4 〔十受(十副)〕〔～ one*self*〕緊張，興奮〈*up*〉《★也以過去分詞當形容詞用；⇨ strung *adj.* 2》：He *strung himself* ***up*** *to* a high pitch of expectancy. 他因殷切期待而極爲緊張。

5 〔十受十副〕《口語》把〈某人〉處絞刑〈*up*〉.

stríng alóng 《口語》《*vt adv*》〔～十受十along〕(1)(以虛僞的諾言等)拐誘；欺騙，愚弄〈人〉。**—**《*vi adv*》(2)贊同；跟隨〔某人〕〔*with*〕.

stríng bàg *n.* Ⓒ(細繩編製的)網袋。

stríng bánd *n.* Ⓒ[集合稱]弦樂團《★用法 視爲一整體時當單數用，指全部個體時當複數用》。

stríng bèan *n.* Ⓒ **1** 《美》菜豆《又稱四季豆；豆莢邊緣有線狀的筋》。**2** 《口語》瘦而高的人。

stríng·coùrse *n.* Ⓒ《建築》束帶層；建築物表面所凸出之水平帶狀裝飾。

stringed *adj.* **1** 有弦的；弦樂器的：a ～ instrument 弦樂器。**2** [構成複合字]有(…)弦的：four-*stringed* 四弦的。

strin·gen·cy [ˋstrɪndʒənsɪ; ˈstrindʒənsi] 《stringent 的名詞》**—***n.* Ⓤ **1** 嚴重；嚴格；嚴厲。**2** (財政上的)緊迫，銀根緊。**3** (學說等的)說服力。

strin·gen·do [strɪnˋdʒɛndo; strinˈdʒendou] 《源自義大利語》**—***adj.* & *adv.* 《音樂》漸速的[地]。

strin·gent [ˋstrɪndʒənt; ˈstrindʒənt] *adj.* **1** 〈規定等〉嚴格的，苛刻的。**2** 〈金融等〉緊迫的，銀根緊的。**3** 〈學說等〉具說服力的。
～·ly *adv.*

string·er [ˋstrɪŋɚ; ˈstriŋə] *n.* Ⓒ **1** 張弦者；上弦者。**2** 《建築》縱梁；樓梯斜梁。**3** 《造船》縱材，舷緣板。**4** 《鐵路》縱枕木。**5** 《新聞》特約記者。**6** (用來穿已捕得之魚的)結實的繩子《以便將魚再放入水中使其活著或保持新鮮》。**7** 按能力或技術而編排的隊員。

stríng·hàlt *n.* Ⓤ《獸醫》(馬的)跛行症；痙攣跛。

stríng órchestra *n.* Ⓒ弦樂團。

stríng plàyer *n.* Ⓒ演奏弦樂器的音樂家。

stríng quartét *n.* Ⓒ弦樂四重奏(團，曲)。

stríng tìe *n.* Ⓒ(打蝴蝶結的)細窄領帶。

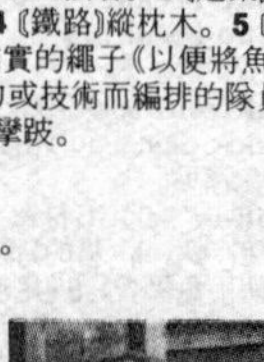

string tie

string·y [ˋstrɪŋɪ; ˈstriŋi] 《string 的形容詞》**—***adj.* (**string·i·er**；**-i·est**) **1** 線的，細帶的。**2** 纖維質的；〈肉等〉多筋的。**3** 肌肉發達的。**4** 〈液體等〉拉成絲的，黏連的。

strip**[1] [strɪp; strip] (**stripped**；**strip·ping**) *v.t.* **1 剝去：a** 〔十受十副〕剝去〈外皮〉；脫去〈外衣等〉；剝去…的外皮；除去…的葉子〈*off*〉：～ the bark ***off 剝去樹皮／～ *off* one's clothes [socks] 脫去衣服[短襪]／～ a tree 除去樹葉[樹皮]。**b** 〔十受十介十(代)名〕〔從…〕剝去〈外皮等〉，剝去〔…的〕〈外皮等〉〔*off, from*〕：～ the bark ***off*** [***from***] a log 剝去圓木的外皮／～ a mold *from* a casting 拆去鑄造物的模型。**c** 〔十受十介十(代)名〕剝去[除去]…的〔樹皮、葉子等〕〔*of*〕：The hurricane *stripped* the trees ***of*** all their leaves. 颶風刮走樹上所有的葉子。**d** 〔十受十補〕剝去…的外皮[葉子]〈成…狀態〉：Winter *stripped* all the trees bare. 冬天使所有的樹木都變光禿《樹葉全部落光》。

2 全部剝光：a 〔十受〕把〈人〉剝光：The robbers *stripped* him *to* the skin. 那些强盜把他的衣服剝光。**b** 〔十受〕〔～ one*self*〕脫衣服，裸露《★也以過去分詞當形容詞用；⇨ stripped 1》：He *stripped himself* to his briefs. 他脫去衣服只穿著內褲。**c** 〔十受十補〕把〈人〉脫成〈…的狀態〉：She *stripped* the child naked. 她把那個小孩的衣服脫光。**3** 〔十受十介十(代)名〕**a** 奪去，搶去〈某人〉〔的…〕〔*of*〕：～ a person ***of*** his possessions [citizenship] 奪去某人的財產[公民權]。**b** 從〈某處〉取走〔備用品〕〔*of*〕：～ a room ***of*** its furniture 從房間裏搬出家具。

4 〔十受(十副)〕拆下〈機器〉的零件〈*down*〉：～ ***down*** an engine 取下引擎的零件。**5** 〔十受〕磨損…的螺絲釘螺紋。

—*v.i.* **1** 脫衣；裸露：～ *to* the waist 裸露上半身。**2** 跳脫衣舞，表演脫衣。

—*n.* Ⓒ(演出脫衣舞等的)脫衣。

strip[2] [strɪp; strip] *n.* Ⓒ **1 a** (布、板等)細長的一條[片]：a ～ *of* paper 一張紙條／in ～*s* 一片片，一條條。**b** 細長的土地：a ～ *of* grass 一塊狹長的草地。**2** (飛機的)跑道(airstrip). **3** (又作 **stríp cartóon**)《英》(報紙等的)連環漫畫(comic strip). **4** 《口語》(足球選手穿的)制服。

téar a person **ôff a stríp＝téar a stríp ôff** a person 《口語》嚴厲地罵某人。

stríp ártist *n.* Ⓒ表演脫衣舞者。

***stripe** [straɪp; straip] *n.* Ⓒ **1** (與其他底色不同的細長)**條紋**，斑紋，鑲條。**2** 《軍》袖章，臂章。**3** 鞭打。

striped *adj.* 有條紋的。

stríp·lìghting *n.* Ⓤ用管狀日光燈的照明。

strip·ling [ˋstrɪplɪŋ; ˈstripliŋ] *n.* Ⓒ小伙子，年輕人。

stríp mìning *n.* Ⓤ《美》《礦》露天採礦。

stripped *adj.* **1** 脫了衣服的，裸露的(cf. strip[1] *v.t.* 2b)：He was ～ to the waist. 他裸露上半身／She lay ～ on the bed. 她光著身躺在牀上。**2** 被剝去外皮的；被除去葉子的：a ～ log 被剝去外皮的圓木。

stríp·per *n.* Ⓒ **1 a** 剝(奪)者。**b** 剝皮的器具(等)。**2** 跳脫衣舞者。

stríp shòw *n.* Ⓒ脫衣舞表演。

stríp·tèase *n.* Ⓒ脫衣舞(表演)。

stríp·tèaser *n.* Ⓒ脫衣舞孃。

strip·y [ˋstraɪpɪ; ˈstraipi] 《stripe 的形容詞》**—***adj.* (**strip·i·er**；**-i·est**)有條紋的，條紋狀的。

strive [straɪv; straiv] (**strove** [strov; strouv]；**striv·en** [ˋstrɪvən; ˈstrivən]) *v.i.* **1 a** 〔十介十(代)名〕〔追求…而〕努力，奮勉〔*after, for*〕：We have to ～ ***for*** what we want. 我們必須爲求得我們所要的東西而努力／He *strove* ***after*** honor. 他爲追求榮耀而努力。**b** 〔十 *to* do〕努力〈去做…〉：I *strove to* overcome my bad habits. 我努力去革除自己的壞習慣。**2** 〔動(十介十(代)名)〕《古》〔與人〕鬥爭，抗爭〔*with*〕；〔反抗…而〕作戰〔*against*〕：I *strove* ***with*** none. 我沒有和任何人爭過／The citizens *strove* ***against*** their oppressors. 公民奮力反抗壓迫者。**strív·er** *n.*

striv·en [ˋstrɪvən; ˈstrivən] *v.* **strive** 的過去分詞。

strobe [strob; stroub] *n.* (又作 **stróbe lìght**)Ⓒ《攝影》(放電的)閃光燈。

strob·ile [ˋstrɑbɪl; ˈstroubail, -bil] *n.* Ⓒ《植物》**1** 毬果。**2** 球穗花序《由許多永續性膜狀苞片所組成的花穗》。

stro·bo·scope [ˋstrobəˏskop; ˈstroubəskoup] *n.* Ⓒ **1** 閃光測速儀[測頻儀]《觀察物體高速回轉[振動]狀態的儀器》。**2** 《攝影》＝strobe.

***strode** [strod; stroud] *v.* **stride** 的過去式。

stro·ga·noff [ˋstrɔgəˏnɔf; ˈstrɔgənɔf] *adj.* [置於名詞後]沙拉醬肉的《肉、洋葱、香菇炒後加沙拉醬(sour cream)煮成者》：beef ～ 沙拉醬牛肉。

***stroke**[1] [strok; strouk] *n.* **1** Ⓒ **a** 打，打擊；一刺，一擊：a ～ *of* the lash 鞭子的一抽／a ～ *of* lightning 一道閃電的閃擊／Little ～*s* fell great oaks. 《諺》一刀一斧砍倒大橡樹；滴水穿石。**b** (鳥翼的)一次鼓翼[振翼]。

2 Ⓒ **a** (板球、高爾夫球、網球等的)擊球；打法。**b** (游泳的)一划；游法：⇨ backstroke, breaststroke.

3 Ⓒ《划船》**a** 一划；划法：row a fast ～ 速划／row a boat with a powerful ～ 用力划船。**b** (賽艇的)尾槳(手)。

4 Ⓒ **a** 一筆，筆法，寫法；一刀，一雕：with a ～ *of* the pen 用筆一揮，簽一下名／the finishing ～ 最後的(完工的)一筆；最後致命的一擊。**b** (文學作品的)筆法，風格。**c** (字的)一劃，筆劃。

5 Ⓒ **a** (時鐘、鐘等的)敲打聲，鳴響：on [at] the ～ of five 在鐘打[響]五點時；在五點正。**b** (心臟的)鼓動，脈搏。

6 Ⓒ(中風等的)發作：an apoplectic ～ 中風／have a ～ 患中風。

7 [**a** ～] **a** 一陣工作，一番努力：He didn't do *a* ～ of work. 他一點工作也沒做／⇨ at a STROKE[1] (2). **b** 手腕；功勞，成功，偉業〔*of*〕：*a* ～ *of* genius 天才的手法[本領]／*a* fine ～ *of* humor 隨機應變的幽默。

8 [**a** ～]〔幸運等的〕降臨〔*of*〕：*a* ～ *of* luck 意外的好運。

9 Ⓒ《機械》衝程；行程。

a stróke abóve... 比…棋高一著，比…更勝一籌。

at a [óne] stróke (1)一擊，一下子。(2)一舉。

—v.t. 1 〔十受〕划〈船〉的尾槳，充當…的尾槳手：He ~*d* the Cambridge crew. 他充當劍橋大學賽艇隊的尾槳手。

2 〔十受十副詞(片語)〕《球戲》把〈球〉打〔在…〕。

stroke[2] [strok; strouk] *v.t.* (用手溫和地)撫摸…：~ a cat [one's hair] 撫摸貓[頭髮]。**—n.** Ⓒ撫摸。

stróke òar *n.* Ⓒ **1** (賽艇的)尾槳。**2** 尾槳手。

stróke plày *n.* Ⓤ《高爾夫》比桿數賽《一種高爾夫球賽法，按一回合擊球進洞的總桿數之多寡排列名次；cf. match play》。

stroll [strol; stroul] *v.i.* 〔動(十副詞(片語))〕**1** (在某處)溜達，散步，漫步，閒逛：I ~*ed about* (*through*) the town. 我在鎮上四處溜達。**2** 流浪；巡迴演出。

—n. Ⓒ溜達，漫步，散步：go for [have, take] a ~ 去散步。

stróll·er *n.* Ⓒ **1** 漫步者，閒逛者，散步者。**2** 流浪者。**3** 《美》(坐式)嬰兒車(《英》pushchair)《一般為可折疊、有嬰兒坐椅的手推車》。

stroller 3

stróll·ing *adj.* [用在名詞前]巡迴演出的，流浪的〈演員等〉。

stro·ma ['stromə; 'stroumə] *n.* (*pl.* **~·ta** [~tə; ~tə]) Ⓒ **1** 《解剖》基質，間質。**2** 《植物》(菌類的)絨毛狀菌絲。

‡strong [strɔŋ; strɔŋ] *adj.* (**~·er**; **~·est**) **1 a** **有力氣的**；強健的，強壯的；堅固的(↔ weak)：a ~ man 強壯的人/the *stronger* sex 男性。

【同義字】strong 是意指「強有力的」的最普通用語；robust 指精神上或肉體上強壯而力量充沛的；tough 指堅固而能抗拒外來力量的；powerful 意指充滿力量的，用以表示社會地位、權力等。

b [不用在名詞前]〔十介十(代)名〕〔在…方面〕強健的〔*in*〕：He is ~ ***in*** body. 他身體強健。**c** [不用在名詞前]康復的，恢復體力的：Are you feeling quite ~ again? 你覺得已恢復體力了嗎？/She is not yet ~ *enough to* go to school. 她尚未完全康復[身體還不夠強壯]，不能上學。

2 a 〈東西〉**堅牢的**，牢固的：~ cloth 牢固的布料。**b** 〈基礎、碉堡等〉穩固的，鞏固的，堅固的：a ~ fort 堅固的碉堡。

3 a 〈意志力、記憶力等〉**強的**：have a ~ memory 記憶力強[好]。**b** 〈感情〉強烈的；〈信念等〉堅定的：~ affection 強烈的愛情/a ~ sense of dislike 強烈的厭惡[反感]。**c** [不用在名詞前]〔十介十(代)名〕〔對…〕堅固的〔*in*〕：He is ~ ***in*** faith [judgment]. 他的信仰堅定[判斷力強]。

4 a 〈風、打擊等〉**強烈的，猛烈的**。**b** 〈臭氣、光等〉強烈的。**c** 〈藥等〉效力強的；〈藥性〉強的。**d** 〈茶等〉濃的：~ black coffee (不加糖、牛奶的)濃咖啡。**e** 〈酒類〉烈性的，含酒精的。**f** 〈透鏡等〉強度的。

5 a 〈議論、證據等〉**有說服力的**，強有力的：~ evidence 有力的證據。**b** 〈手段、意見等〉強硬的，強有力的，嚴厲的：take ~ measures 採取強硬措施。**c** 〈作品、文體等〉有力的，動人的：He gave a ~ performance in the role of Hamlet. 他扮哈姆雷特一角演得十分動人。**d** 〈言語等〉激烈的，粗暴的：~ language 激烈[粗暴]的話，罵人的粗話/Those are ~ words. 那些話太激烈。

6 a 有自信的；拿手的，擅長的：one's ~ point 個人擅長(之處)，優點。**b** [不用在名詞前]〔十介十(代)名〕擅長〔…〕的，善於〔…〕的〔*in, on*〕：He is ~ ***in*** arithmetic. 他擅長算術/He is ~ ***on*** American literature. 他在美國文學方面造詣很深。

7 〈食物、呼吸等〉有強烈氣味的，有惡臭的：~ bacon 有強烈氣味的醃薰豬肉/~ breath 有惡臭的氣息[口臭]。

8 a 多數的，佔優勢的：a ~ army 佔優勢的軍隊/a ~ candidate (多數人支持的)有力候選人。**b** [置於數詞後]人數[兵力]…的，有…兵力的：an army 200,000 ~ 兵力二十萬的軍隊。

9 《商》價格堅挺的，行情看漲的。

10 (無比較級、最高級)《文法》動詞變化不規則的，強變化的(cf. weak 7)：⇨ the strong CONJUGATION/~ verbs 不規則[強變化]動詞《如 *sing-sang-sung* 等》。

11 (無比較級、最高級)《語音》強音的，重讀的(cf. weak 8)。

(as) stróng as a hórse 極頑健[強健]的。

cóme [gó] it stróng 《英口語》走極端，做得過火；過甚其詞；拼命幹：That is *coming* [*going*] *it* rather [a bit] ~. 那是有些過分《不合理的要求等》。

(stíll) gòing stróng 《口語》(還)健康，硬朗，旺盛，未見衰退：He's eighty and *still going* ~. 他八十歲了，還很硬朗。

stróng-àrm *adj.* [用在名詞前]《口語》用暴力的，憑力氣的，強迫的：a ~ man 暴力份子/a ~ method 強迫的方法[手段]。

—v.t. 對…使用暴力。

stróng·bòx *n.* Ⓒ金庫，保險櫃。

stróng bréeze *n.* Ⓒ《氣象》強風(⇨ wind scale)。

stróng gále *n.* Ⓒ《氣象》烈風(⇨ wind scale)。

stróng·héaded *adj.* **1** 頑固的；剛愎的。**2** 智能高超的。

stróng·héarted *adj.* 勇敢的，有膽量的。

stróng·hòld *n.* Ⓒ **1** 堡壘，要塞，根據地。**2** 〔思想、信仰等的〕據點，中心點，大本營〔*of*〕。

stróng·ly *adv.* **1** 堅固地，牢固地。**2** 強烈地，強硬地，猛烈地，熱心地：I ~ dislike gossip. 我深惡說人閒話/I ~ urge you to give up smoking. 我力勸你戒煙。

stróng(·)màn *n.* (*pl.* **-men**) Ⓒ **1** (馬戲等的)大力士。**2** 強人；獨裁者。**3** 一機構中最有影響力的人；紅人。

stróng-mínded *adj.* (尤指對誘惑的)堅定不動搖的，意志堅強的。**~·ly** *adv.* **~·ness** *n.*

strong·point ['strɔŋ,pɔɪnt; 'strɔŋpɔint] *n.* Ⓒ《軍》(堅強)據點，加強點。

stróng·ròom *n.* Ⓒ(銀行等的)保險室，貴重物品保管室。

stróng-wílled *adj.* **1** 意志堅強的。**2** 頑固的。

stron·ti·um ['strɑnʃɪəm; 'strɔnʃiəm] *n.* Ⓤ《化學》鍶《金屬元素，符號 Sr》：~ 90 鍶九十《鍶的放射性同位素之一，含於輻射塵中，對人體有害》。

strop [strɑp; strɔp] *n.* Ⓒ磨刀皮帶，(理髮師等用的)革砥。

—v.t. (**stropped**; **strop·ping**)用革砥磨…。

stro·phe ['strofɪ; 'stroufi] *n.* Ⓒ **1** (古希臘戲劇中歌詠隊的)自右向左旋轉；(左轉時歌唱的)一節歌(cf. antistrophe)。**2** (詩的)節。

strop·py ['strɑpɪ; 'strɔpi] *adj.* (**strop·pi·er**; **-i·est**)《英口語》反抗性的，難駕馭[管理]的；蠻橫的。

strove [strov; strouv] *v.* **strive** 的過去式。

‡struck [strʌk; strʌk] *v.* **strike** 的過去式・過去分詞。

—adj. [用在名詞前](無比較級、最高級)《美》罷工而關閉的：a ~ factory 罷工中的工廠。

strúck júry *n.* Ⓒ《美》《法律》(雙方同意的)特別選定的陪審團《由雙方律師輪流剔除陪審團候選人人數至十二名》。

struc·tur·al ['strʌktʃərəl; 'strʌktʃərəl] 《structure 的形容詞》

—adj. 構造(上)的，結構(上)的：a ~ defect 構造上的缺陷。

~·ly [-rəlɪ; -rəli] *adv.*

strúc·tur·al·ìsm [-,lɪzəm; -lizəm] *n.* Ⓤ構造主義，結構主義。

strúc·tur·al·ist [-lɪst; -list] *n.* Ⓒ構造主義者，結構主義者。

strúctural linguístics *n.* Ⓤ結構語言學。

***struc·ture** ['strʌktʃɚ; 'strʌktʃə] 《源自拉丁文「組合」之義》**—n. 1** Ⓤ**構造**，結構，組織，組合〔*of*〕：the ~ *of* a machine 機器的構造。**2** Ⓒ建造物，建築物：a red brick ~ 一棟紅磚造的建築物。

—v.t. 〔十受〕把〈思想、計畫等〉組織起來，使…有系統。

stru·del ['strudl; 'stru:dl] 《源自德語「漩渦」之義》**—n.** Ⓒ[當作菜名時為Ⓤ]水果捲心餅《用薄麵片捲蘋果等水果、乾酪烘烤而成》。

‡strug·gle ['strʌgl; 'strʌgl] *v.i.* **1 a** **掙扎，奮鬥**；搏鬥：He ~*d to* his feet. 他掙扎著站起來/*Struggling* will do you no good. 掙扎對你無益。**b** 〔十 *to* do〕掙扎著〈要…〉：~ *to* escape 掙扎著要脫身。**2** 〔十介十(代)名〕〔與…〕作戰，搏鬥，抗爭〔*against, with*〕：He is still *struggling* ***with*** T.B. [English]. 他仍然在與結核病搏鬥[為學好英語而拼搏]/They had to ~ ***against*** weather and wild animals. 他們不得不與惡劣天氣和野獸搏鬥。**3** 〔十副詞(片語)〕掙扎著前進(…)：He ~*d to* shore. 他掙扎著游上岸/The truck was *struggling up* the hill. 卡車費力地爬上山坡/He succeeded in *struggling out of* the snow. 他成功地從雪地中掙扎出來。

—n. Ⓒ **1 a** **掙扎，奮鬥**。**b** 〔十 *to* do〕〈想…的〉掙扎：a violent ~ *to* escape 想逃走的激烈掙扎。**2** [常用單數] **a** **努力**，苦鬥(⇨ quarrel【同義字】)：the ~ *for* existence 生存的競爭/with a ~ 努力地。**b** 〔十 *to* do〕〈要…的〉努力：the ~ *to* meet the deadline 要趕上截止日期的努力。**3** **鬥爭**，戰鬥；格鬥：a power ~ 權力鬥爭/a ~ *with* disease 與疾病搏鬥。

strug·gling ['strʌglɪŋ; 'strʌgliŋ] *adj.* **1** 掙扎的；鬥爭的。**2** 必須努力奮鬥才能謀生的。

strum [strʌm; strʌm] (**strummed**; **strum·ming**) *v.t.* **1** (無技巧而笨拙地)亂彈〈樂器〉：~ a guitar [the piano] 拙劣[胡亂]地彈吉他[鋼琴]。**2** 〔十受十介十(代)名〕〔用樂器〕亂彈〈曲子〉〔*on*〕：~ a tune ***on*** a banjo 用五弦琴亂彈一曲。

—v.i. 〔動(十介十(代)名)〕用手指甲彈〔樂器〕〔*on*〕。

—n. Ⓒ亂彈(樂器)的聲音。

stru·ma ['strumə; 'stru:mə] *n.* (*pl.* **-mae** [-mi; -mi:]) Ⓒ **1** 《醫》甲狀腺腫；腺病，瘰癧。**2** 《植物》植器腫瘤《植物器官上的瘤狀突起物》。

S

strum·pet [ˋstrʌmpɪt; ˈstrʌmpit] *n.* Ⓒ《古》娼妓。

‡**strung** [strʌŋ; strʌŋ] *v.* **string** 的過去式・過去分詞。

—*adj.* **1** [常**highly**~]〈人〉容易興奮的, 神經質的(high-strung)：a highly ~ person 非常神經質的人。**2** [不用在名詞前][~ **up**]《英》緊張的(cf. string *v.t.* 4)：The singer is rather ~ *up.* 那位歌唱者相當緊張。

strúng óut《口語》(1)常服用迷幻藥的。(2)身體衰弱的，疲勞的。

strut [strʌt; strʌt] (**strut·ted**; **strut·ting**) *v.i.* 〔**動**(＋**副詞**(片**語**))〕(在…)大搖大擺[昂首闊步]地走：The turkey ~*s about* (the barnyard). 火雞翹起尾羽(在穀倉附近)走來走去/The actor *strutted about*[*on to*] the stage. 那名演員神氣活現地在舞台上走來走去[登上舞台]。—*v.t.* 炫耀。

—*n.* Ⓒ **1** [常用單數]昂首闊步，神氣活現的行走。**2**《建築・機械》支柱(⇨ beam 插圖)。~·**ter** *n.*

strych·nine [ˋstrɪknɪn; ˈstriknin] *n.* Ⓤ《化學》番木鱉鹼《農藥》。

Stu·art [ˋstjuət; ˈstju:ət] *n.* **1** 斯圖亞特《男子名》。**2** Ⓒ斯圖亞特王室的人《英國舊王室的人》。

the Stúarts＝the Hóuse of Stúart 斯圖亞特王室《1603–1714；從詹姆士一世(James I), 歷經查理一世，查理二世(Charles I & II)，詹姆士二世(James II)，瑪利女王(Mary)，至安女王(Anne)爲止》。

stub [stʌb; stʌb] *n.* Ⓒ **1** (樹木的)殘株，殘根。**2** 〔鉛筆的〕殘段，〔香煙〕蒂，〔東西的〕殘片〔*of*〕。**3** (支票簿等的)存根；(入場券等的)票根。

—*v.t.* (**stubbed**; **stub·bing**) **1** 〔十受(十副)〕拔除〈殘株等〉〈*up*〉。**2** 〔十受十副〕按[捻]熄〈燃著的香煙〉〈*out*〉：~ ***out*** one's cigar 按[捻]熄燃著的雪茄。**3** 使〈腳趾〉撞到(殘株、石頭等硬物)。

stub·ble [ˋstʌbl; ˈstʌbl] *n.* Ⓤ **1** (麥等割下後遺留的)殘株。**2** 短鬚：three days' ~ on one's chin 三天未刮的下巴上的短鬚。

stub·bly [ˋstʌblɪ; ˈstʌbli] 《stubble 的形容詞》—*adj.* (**stub·bli·er**, **-bli·est**; **more** ~, **most** ~) **1** 盡是殘株的；似殘株的。**2** 〈鬍鬚等〉短而硬的；長著短鬚的。

stub·born [ˋstʌbən; ˈstʌbən] *adj.* (**more** ~; **most** ~) **1 頑固的，固執的**：(as) ~ as a mule 非常頑固的。

【同義字】 stubborn 指固執不改變自己的想法；obstinate 是不聽別人的忠告，即使錯誤也頑固地不改變自己的想法。

2 頑強的，倔強的：put up (a) ~ resistance 頑強地抵抗。

3 〈問題等〉難處理的，難應付的。

4 a 〈石頭、木材等〉硬的。**b** 〈金屬等〉不易熔解的。

~·**ly** *adv.* ~·**ness** *n.*

stub·by [ˋstʌbɪ; ˈstʌbi] 《stub 的形容詞》—*adj.* (**stub·bi·er**; **-bi·est**) **1** 〈外形等〉粗短的：a ~ finger 粗短的手指。**2** 〈頭髮、鬍鬚〉短而硬的。**3** 盡是殘株[殘根]的。

stuc·co [ˋstʌko; ˈstʌkou] 《源自義大利語》—*n.* Ⓤ (粉刷牆壁用的)灰泥；拉毛粉刷。

—*v.t.* (**stuc·coed**; **-co·ing**) 塗灰泥於…，粉刷…。

stúcco·wòrk *n.* Ⓤ灰泥細工。

***stuck** [stʌk; stʌk] *v.* **stick**[2] 的過去式・過去分詞。

—*adj.* [不用在名詞前] (無比較級、最高級) **1 a** 卡住不能動彈的(cf. stick[2] *v.t.* 5)：The door is ~. 那扇門打不開。**b** 〔十介十(代)名〕附著〔於…〕的〔*on, to*〕(cf. stick[2] *v.t.* 3)：A piece of candy is ~ ***on*** his pants. 一塊糖黏在他的褲子上。**c** 走不過去的(cf. stick[2] *v.t.* 5)：We are ~. 我們走不過去了；我們動彈不得。**2** 〔十介十(代)名〕被推給〔麻煩的人、東西〕的〔*with*〕(cf. stick[2] *v.t.* 9)：I am[got] ~ ***with*** the work. 那件(麻煩的)工作推給我了。**3** 〔十介十(代)名〕《口語》〔對…〕著迷的，熱中的〔*on*〕(cf. stick[2] *v.t.* 10)：He is[has got] ~ ***on*** her. 他被她迷住了。

gèt stúck ín《英口語》鼓起幹勁做，拼命做。

gèt stúck ínto...《英口語》對…鼓起幹勁去做，努力去著手。

stúck-úp *adj.*《口語》擺架子的，神氣的，傲慢的。

stud[1] [stʌd; stʌd] 《源自古英語「支柱」之義》—*n.* Ⓒ **1 a** 圖釘，飾釘。**b** (爲區劃車道等而釘於路面的)分道釘。**c** 釘在防滑輪胎(snow tire)的大釘。**2** (可取下的)領子；袖扣，飾扣：⇨ collar stud.

—*v.t.* (**stud·ded**; **stud·ding**) **1 a** 〔十受〕裝飾扣[飾釘]於…。**b** 〔十受十介十(代)名〕〔把…〕鑲嵌於…〔*with*〕《★常用被動語態》：The sword hilt *was studded* ***with*** jewels. 那把劍柄鑲[綴]有寶石。**2 a** 使(如碎花般)散布於…《★常以過去分詞當形容詞用；⇨ studded》。**b** 〈東西〉散布於…：Little islands ~ the bay. 小小的島嶼散布在海灣內。

stud[2] [stʌd; stʌd] *n.* Ⓒ **1** [集合稱](專爲打獵、賽馬、繁殖、拉車等而飼養的)馬羣。**2** 種馬(studhorse)。**3** 《俚》精力旺盛無比的男子。

stúd·bòok *n.* Ⓒ(馬等的)血統簿，馬種系譜。

stúd·ded *adj.* **1** [常構成複合字](…)散布的，(…)鑲嵌的：a star-*studded* sky 星星滿布的天空。**2** [不用在名詞前]〔十介十(代)名〕散布著〔…〕的；鑲嵌有〔…〕的〔*with*〕：The sky was ~ ***with*** twinkling stars. 天空滿布著閃爍的星星/The lawn is ~ *with* daisies. 草坪上點綴著雛菊。

stud·ding [ˋstʌdɪŋ; ˈstʌdiŋ] *n.*《建築》**1** [集合稱]板牆筋。**2** Ⓤ板牆筋[壁骨]材料；(取決於板牆筋的)房間高度。

stud·ding·sail [ˋstʌdɪŋsel; ˈstʌdiŋseil, 《航海》ˋstʌnsl; ˈstʌnsl] *n.* Ⓒ《航海》補助帆，副帆，翼帆。

‡**stu·dent** [ˋstjudn̩t; ˈstju:dnt] 《源自 study》—*n.* Ⓒ **1 學生**：a medical ~ 學醫的學生/girl[women] ~*s* 女學生/He is a ~ *at* Harvard. 他是哈佛大學的學生《★ 用法 a student of... 作義 2 解》。

【說明】 student 在美國指高中以上的學生，在英國通常指大專學生；pupil 在美國指小學生，英國指大學以下的學生，也指接受個別指導的人。

2 學者，研究者〔*of*〕：a ~ *of* linguistics [bird life] 語言[鳥類生活]研究者。

3 a (大學、研究所等的)研究生。**b** [常S~]《英》(Oxford 大學學院之一的 Christ Church 等的)公費生。

stúdent cóuncil *n.* Ⓒ《美》學生自治會。

stúdent·shìp *n.* **1** Ⓤ 學生的身分。**2** Ⓒ《英》(大學的)獎學金。

stúdents' únion *n.*《英》＝student union.

stúdent téacher *n.* Ⓒ實習教師。

stúdent únion *n.* Ⓒ《美》**1** 學生會館，學生活動中心《用於課外活動，有休息室、娛樂室、俱樂部等》。**2** (大學的)校友會，學生自治會。

stúd fàrm *n.* Ⓒ種馬飼養場。

stúd·hòrse *n.* Ⓒ種馬。

stúd·ied *adj.* **1** 故意的，不自然的：a ~ smile 不自然[做作]的微笑。**2** (尤指發言前)經過深思熟慮的，徹底考慮過的：a ~ reply 經過深思熟慮的答覆。

***stu·di·o** [ˋstjudɪ,o; ˈstju:diou] 《源自義大利語 'study' 之義》—*n.* Ⓒ (*pl.* ~**s**) **1** (畫家的)**畫室**，(雕刻家的)雕刻室，(照相師的)照相館，攝影室。**2** [常~s]電影攝影棚。**3 a** (唱片)錄音室：~ recording (與現場錄音相對的)錄音室錄音。**b** 廣播室，播音室。

stúdio apàrtment *n.* Ⓒ《美》單房公寓《只有一個主要房間、廚房及浴室的公寓》(《英》bedsitter)。

stúdio àudience *n.* Ⓒ[集合稱]廣播[電視]節目現場的觀衆《★ 用法 視爲一整體時當單數用，指個別成員時當複數用》。

stúdio còuch *n.* Ⓒ可當牀用的沙發。

stu·di·ous [ˋstjudɪəs; ˈstju:djəs] 《study 的形容詞》—*adj.* **1** 好學的，用功的：a ~ boy 好學的男孩。**2 a** 熱心的，費心的，孜孜不倦的：a ~ effort 孜孜不倦的努力。**b** [不用在名詞前]〔十介十(代)名〕熱心於〔…〕的，勤於〔…〕的〔*of*〕：He is always ~ ***of*** his business. 他總是勤於工作。**c** [不用在名詞前]〔十 *to* do〕很想〈做…〉的，熱心於〈做…〉的：That shopgirl is ~ *to* please the customers. 那位女店員很想討好顧客。**3 a** 慎重的，仔細的：with ~ attention 很細心地注意。**b** 故意的，有意的。

~·**ly** *adv.* ~·**ness** *n.*

‡**stud·y** [ˋstʌdɪ; ˈstʌdi] 《源自拉丁文「熱心的」之義》—*n.* **1** Ⓤ**讀書，用功，求學，學問**：He likes ~ better than sport(s). 他喜歡讀書甚於運動。

2 Ⓒ[常 **studies** 或 **one's studies**](從事的)**研究，學業**：He is devoted to his *studies.* 他獻身於他的研究/He is engaged in *studies* in linguistics. 他從事於語言學的研究/Attend to your *studies.* 專心你的學業。

3 ⓊⒸ(詳細而批評性的)**研究**；研討，調查：the ~ *of* birds [history] 鳥類[歷史]的研究/on ~ 經過調查，經過研究/under ~ 〈計畫等〉研討中，研究中/make a ~ of... 研究…。

4 Ⓒ**書房，研究室**：I found him in his ~. 我在他的書房找到了他。

5 Ⓒ研究結果的論著，專論：He is going to publish a ~ *of* Oriental art. 他將出版一部有關東方藝術的論著/The book is titled *Studies in English Grammar.* 該書的書名叫「英文文法研究」。

6 Ⓒ研究科目[對象]，研究領域，學科：graduate *studies* 研究所的研究科目[研究生的學習或研究]/humane *studies* 人文學科/The proper ~ of mankind is man. 人類眞正的研究對象是人《★出自英國詩人亞歷山大・波普(Alexander Pope)的作品 *Essay on Man*》。

7 [用單數] **a** 值得研究[注意]的事物，值得一看的東西：His face was a ~. 他的臉值得仔細端詳[眞有意思]。**b** 樣品，樣本，典型，典範〔*of, in*〕：He is a ~ *of* [*in*] sincerity. 他是誠實的典範。

8 Ⓒ《文語》(不斷的)努力，辛苦：My whole ~ shall be to please him. 我將竭力使他高興。

9 Ⓒ(畫家等的)素描，習作，試作。

10 Ⓒ《音樂》練習曲(étude)。
11 Ⓒ[與修飾語連用]《戲劇》背台詞…的人[演員]：a slow [quick]～ 背台詞慢[快]的演員。
in a brówn stúdy ⇨ brown study.
—*v.t.* 〔十受〕**1 學習，研讀**…(⇨ learn【同義字】)：～ English 學習英文。
2 研究…：～ medicine 研究醫學/～ Thomas Hardy 研究湯姆斯·哈代(其人，其作品等)。
3 a (詳細地)調查，研討…：～ archaeological ruins 調查考古學的遺跡/We are ～*ing* Los Angeles *as* a site for the convention. 我們正在研討把洛杉磯作爲代表大會的開會地點。**b** 端詳，查看…：～ a map [timetable] 查看地圖[時間表]/He *studied* himself in the mirror. 他對著鏡子端詳自己。
4 考慮〈他人的希望、感情、利益等〉，爲…設想[操心]：She always *studies* the wishes of her parents. 她總是考慮到父母的期望。
5 背誦〈台詞等〉。
—*v.i.* **1 a 讀書，學習**：～ *at* the university 在大學讀書；就讀大學/～ *under* Dr. Brown 在布朗博士指導下學習；拜布朗博士爲師/～ *about* England 學習有關英國的事/～ abroad 留學。**b** 〔十介十(代)名〕〔爲…而〕讀書〔*for*〕：～ ***for*** the bar [church, ministry] 爲成爲律師[牧師]而讀書/He is ～*ing* hard *for* the entrance examination. 他正在爲入學考試而用功。**c** 〔十 *to* do〕〈準備要做…而〉讀書：He was ～*ing to* be a biochemist. 他正在讀書以準備當一名生化學家。
2 〔十 *to* do〕《文語》努力〈做…〉：He always *studied to* avoid disagreeable topics. 他總是努力迴避不愉快的話題。
stúdy úp on… 《美口語》充分調查[檢討]…。

stúdy gròup *n.* Ⓒ(非正式的)學習研討會。

stúdy hàll *n.* 《美》**1** Ⓒ(學生看書、做習題的)自修室。**2** Ⓤ(上課日在自修室的)自修時間。

***stuff** [stʌf; stʌf] *n.* Ⓤ **1 a** (製造東西的)**材料，原料，資料**：collect the ～ for a book 蒐集寫書的資料/We are such ～ as dreams are made on. 我們好像是製造夢的那種材料(★ 出自莎士比亞 (Shakespeare) 的「暴風雨(*The Tempest*)」)。**b** 要素，素質：He has plenty of good ～ in him. 他素質很好。
2 a (不指特定種類或數量的)**東西，物質**：soft ～ 軟的東西/sticky ～ 有黏性的東西/the real ～ 眞品。**b** 食物，飲料：garden [green] ～ 蔬菜類/sweet ～ 甜的東西，糕點。**c** 藥；毒品：on [off] the ～ 染上[戒掉]毒癮。**d** 紡織品，布匹。**e** [常**a bit of** ～]《鄙》(作爲性對象的)年輕女子。
3 a 《口語》攜帶的物品，所有物。**b** 家具。
4 a 劣品，廢物，破爛東西，垃圾：Do you call this ～ wine? 你叫這種劣品爲酒嗎？**b** 不値錢的東西；夢話，蠢話，愚蠢的事[想法，作品(等)]：poor ～ 粗品[劣貨]/*S*～ (and nonsense)! 荒唐！胡說！
5 自己擅長之處，專長：do one's ～ 拿出看家本領，顯示拿手好戲/know one's ～ 知道自己的本分[該做的事]，無疏忽[差錯]。
hót stúff ⇨ hot stuff.
Thát's the stúff! 《口語》(對那種人)那樣做最好！理應如此做！就是那樣！
—*v.t.* **1 a** 〔十受〕**把棉[毛，稻草等]塞入**〈棉被等〉：～ a cushion 把填料塞入坐墊。**b** 〔十受十介十(代)名〕〔用…〕裝滿…〔*with*〕：She ～*ed* the bag ***with*** old clothes. 她在袋子裏塞滿了舊衣服。**c** 〔十受十介十(代)名〕把…(隨隨便便地)裝進〔…中〕〔*into*〕：She ～*ed* old clothes ***into*** the bag. 她把舊衣服隨便裝進袋子。
2 〔十受(十介十(代)名)〕**a** 〔用食物〕塡飽〈某人(肚子)〉〔*with*〕：～ one's stomach [a child] ***with*** food 用食物塡飽肚子[讓孩子吃得很飽]。**b** [～ one*self*]《口語》吃〔食物〕吃得很飽，吃得過飽〔*with*〕：He ～*ed himself* (***with*** doughnuts). 他(吃油炸圈餅)吃得很飽[吃得過飽]。
3 〔十受(十介十(代)名)〕〔以…〕塡入〈烹調用的雞鴨等內〉〔*with*〕：a ～*ed* turkey 塡塞了配料的火雞/The duck is ～*ed* ***with*** sage and onions. 那隻鴨子裏塡塞了鼠尾草與洋葱。
4 〔十受十介十(代)名〕〔用知識等〕裝滿〈腦子〉；把〔錯誤的想法等〕灌輸給〈某人〉〔*with*〕：a head ～*ed* ***with*** fancies 充滿幻想的腦子。
5 〔十受〕把棉花塞入〈剝製好的鳥獸皮革〉中；把〈鳥獸〉製成標本：a ～*ed* bird 剝成標本的鳥。
6 a 〔十受十副〕使〈鼻子〉塞住〈*up*〉(★常用被動語態)：Your nose seems to *be* ～*ed* ***up***. 你的鼻子好像塞住了。**b** 〔十受(十副)(十介十(代)名)〕〔用…〕塞住〈洞孔、耳朵等〉〈*up*〉〔*with*〕：He ～*ed* (***up***) his ears ***with*** cotton wool. 他用脫脂棉花塞住耳朵。
7 〔十受〕《美》將不正當的選票投入〈票箱〉。
8 〔十受〕《鄙》與〈女子〉性交。
—*v.i.* 狼吞虎嚥，飽食。
Gèt stúffed! 《俚》[對別人說的話表示厭煩之用語]夠了！走開！

stúffed shírt *n.* Ⓒ裝模作樣[擺架子]的男人。

stúff·ing *n.* Ⓤ **1** 塡塞。**2 a** (塞入棉被等的)羽毛，木棉，稻草。**b** (塡塞烹調用雞鴨等的)作料，配料。**c** (報紙等的)補白。
knóck the stúffing òut of a person 挫〈某人〉銳氣，在打鬥中擊敗〈某人〉，(疾病等)使〈某人〉衰弱。

stuff·y [ˈstʌfɪ; ˈstʌfi] «stuff 的形容詞» **—*adj.*** (**stuff·i·er**; **-i·est**) **1** 〈房間〉通風不良的，窒悶的；〈空氣〉不流通的，缺乏新鮮空氣的。**2** 〈鼻子〉塞住的，不通的。**3** 《口語》**a** 〈想法等〉古板的，保守的，守舊的。**b** 無聊的，乏味的。**c** 〈人〉生氣的，慍怒的。**stúf·fi·ly** [-fɪlɪ; -fili] *adv.* **-fi·ness** *n.*

stul·ti·fy [ˈstʌltəˌfaɪ; ˈstʌltifai] *v.t.* **1** 使…失效，使…無效，使…無意義。**2 a** 使…顯得愚蠢。**b** [～ one*self*]暴露自己的愚蠢，丟臉，失面子。
stul·ti·fi·ca·tion [ˌstʌltəfəˈkeʃən; ˌstʌltifiˈkeiʃn] *n.*

stum [stʌm; stʌm] *n.* Ⓤ **1** 半發酵或未發酵之葡萄汁。**2** 加葡萄汁後增進發酵之酒。
—*v.t.* (**stummed**; **stum·ming**) (加葡萄汁)增進〈酒〉發酵。

stum·ble** [ˈstʌmbl; ˈstʌmbl] *v.i.* **1 a 顚躓**；絆跌：The boy ～*d* and fell. 那個男孩絆倒了。**b** 〔十介十(代)名〕〔被…〕絆倒〔*on, over*〕：～ ***on [***over***] a stone 被石頭絆倒。**c** 〔十副詞(片語)〕搖搖晃晃地走，跟蹌地走(…)：The old woman ～*d along* [*over to* the door]. 那個老婦人搖搖晃晃地向前走去[走到門處]。
2 〔動(十介十(代)名)〕結結巴巴地說〔…〕；口吃；〔在…〕受阻，遇到障礙〔*at, over*〕：～ ***at*** a proper noun 唸到專有名詞讀不出來/～ ***over*** one's words 結結巴巴地說話。
3 《文語》**a** (道德上)犯錯，做錯，失足。**b** 〔十介十(代)名〕失足犯〔…〕〔*into*〕：～ ***into*** crime 失足犯罪。
4 〔十介十(代)名〕偶然遇見[發覺]〔…〕〔*on, upon, across*〕：I ～*d* ***on*** a misprint in my dictionary. 我偶然在字典中發現一處印刷錯誤/He ～*d* ***across*** a clue. 他偶然發現一個線索。
—*n.* Ⓒ **1** 顚躓，跟蹌，絆跌。**2** 失策，過失。
stúm·bler *n.*

stúm·bling blòck *n.* Ⓒ **1** 障礙(物)，絆腳石〔*to*〕. **2** 煩惱的原因。

stúm·bling·ly *adv.* **1** 顚躓地，跟蹌地。**2** 結結巴巴地。

stump [stʌmp; stʌmp] *n.* **1** Ⓒ(樹被砍倒後遺下的)**殘株**。**2** Ⓒ殘株狀的東西：**a** (植物、蔬菜等去掉葉子的)幹，莖。**b** (斷齒的)牙根。**c** (手腳被切斷後的)殘肢。**d** (雪茄煙的)抽剩部分。**e** (鉛筆)用剩的筆頭。**3** [～s]《口語·謔》腿(legs)：stir one's ～*s* 移動腳；快走。**4** Ⓒ(板球三柱門的)柱子(wicket)：pitch [draw] ～*s* 開始[結束]打板球。
táke [gò on] the stúmp 巡迴作競選演說。
úp a stúmp 《美口語》不知如何回答，不知如何是好。
—*v.t.* 〔十受〕**1 a** 把〈樹〉砍成殘株。**b** 把殘株從〈地下〉連根拔除。
2 《口語》〈問題等〉使〈人〉困惑，難倒〈人〉：This riddle ～*ed* everybody. 這個謎題難倒了每一個人。**3** 在〈某地〉發表競選演說：～ the country [a constituency, a state] 在國內[選區，州內]作競選演說。**4** 《板球》撞倒柱子使〈打擊者〉出局。
—*v.i.* 〔十副詞(片語)〕以艱難[笨重]的腳步走，邁著沉重的步子走：The wearied traveler ～*ed along*. 那個疲憊的旅行者拖著沉重的腳步向前走。
stúmp úp 《英口語》《*vt adv*》(1)不情願地支付〈錢〉：He ～*ed up* £80 *for* his son's debts. 他不情願地付出八十鎊爲兒子償還債務。—《*vi adv*》(2)(不情願地)付錢。

stúmp·er *n.* Ⓒ **1** 使人爲難[困惑]的事物，難題。**2** 《美口語》競選[街頭]演說家。**3** ＝wicketkeeper.

stúmp òrator [spèaker] *n.* Ⓒ作政治演說者。

stúmp spèech *n.* Ⓒ政治演說。

stump·y [ˈstʌmpɪ; ˈstʌmpi] «stump 的形容詞» **—*adj.*** (**stump·i·er**; **-i·est**) **1** 多殘株的。**2** 矮胖的，粗短的。

stun [stʌn; stʌn] *v.t.* (**stunned**; **stun·ning**) 〔十受〕**1** 把〈人〉擊昏，使〈人〉不省人事，使…失去平衡：The fall *stunned* him. 那一跌跤使他不省人事/They *stunned* him with a blow on the head. 他們當頭一擊把他打昏過去。**2** 〈驚愕、高興等〉使〈人〉發愣[吃驚]，使…目瞪口呆(★常用被動語態，變成「發愣，目瞪口呆」之意)：They *were stunned* by her beauty. 他們看到她的美貌不禁目瞪口呆/We *were* completely *stunned* by the disaster. 大災難使我們嚇呆了。**3** 〈音響〉使〈人〉震耳欲聾。

stung [stʌŋ; stʌŋ] *v.* sting 的過去式·過去分詞。

stunk *v.* stink 的過去式·過去分詞。

stún·ner *n.* Ⓒ **1** 令人昏暈[驚愕]的人[物，一擊]。**2** 《口語》很了不起的人，驚人[極好]的東西；絕世美女。

stún·ning *adj.* **1** 令人暈倒的，使人嚇呆的；震耳欲聾的。**2** 《口語》極好的，很吸引人的，了不起的：She is absolutely ～. 她實在很迷人。～**·ly** *adv.*

S

stun·sail, stun·s'l [ˈstʌnsl; ˈstʌnsl] *n.* ＝studdingsail.

stunt[1] [stʌnt; stʌnt] *v.t.* 阻礙〈植物〉生長，妨礙〈智能等〉發展：~*ed* trees 矮小[發育不良]的樹木。**—***n.* Ⓒ生長[發展]的阻礙。

stunt[2] [stʌnt; stʌnt] *n.* Ⓒ **1 a** 絕技，特技，驚人的技藝：do [perform] a ~ 表演特技。**b** 特技飛行。**2** 引人注意的行動，自我宣傳。

púll a stúnt 耍把戲《有時爲愚蠢者》：Don't ever *pull a* ~ like that again. 別再耍那樣笨拙的把戲了。

—*v.i.* 表演特技；表演特技飛行。

stúnt màn *n.* Ⓒ《電影》替身演員《代替演員演出驚險特技的人》。

stúnt wòman *n.* Ⓒ女特技演員。 └特技演員。

stu·pa [ˈstupə; ˈstu:pə] «源自梵語»**—***n.* Ⓒ《佛教》卒塔婆，浮屠，舍利塔《收藏神聖遺物的圓形供養塔》。

stupe [stup, stjup; stju:p]《醫》*n.* Ⓒ熱敷劑，濕布。

—*v.t.* 敷熱濕布於…。

stu·pe·fa·cient [ˌstupəˈfeʃənt, ˌstju-; ˌstju:piˈfeiʃnt←] «stupefy 的形容詞»**—***adj.* 使成昏迷狀態的，使麻醉的。**—***n.* Ⓒ麻醉劑。

stu·pe·fac·tion [ˌstupəˈfækʃən, ˌstju-; ˌstju:piˈfækʃn] «stupefy 的名詞»**—***n.* Ⓤ **1** 麻醉(狀態)。**2** 茫然，大吃一驚，驚倒。

stu·pe·fy [ˈstupəˌfaɪ, ˈstju-; ˈstju:pifai] «stupor 的動詞»**—***v.t.* **1** 使〈人〉失去知覺，使…麻木。**2** 使〈人〉感覺遲鈍《★常用被動語態，變成「遲鈍」之意；介系詞用 *with, by*》：He *was stupefied* ***with*** drink. 他因酒醉而頭腦不清。**3** 使〈人〉驚愕，使…驚駭《★常用被動語態，變成「驚愕，驚駭」之意；介系詞用*at, by*》：He *was stupefied* ***at*** the news. 他聽到那消息而驚駭。

stú·pe·fỳ·ing *adj.* 令人驚駭[驚愕]的：the ~ cost of medical care 令人驚駭的昂貴醫療費。

stu·pen·dous [stuˈpɛndəs, stju-; stju:ˈpendəs] *adj.* 驚人的，了不起的，巨大的：a ~ success 驚人的成功。~**·ly** *adv.*

‡**stu·pid** [ˈstupɪd, ˈstjupɪd; ˈstju:pid]«源自拉丁文「不省人事的」之義»**—***adj.* (~**·er**, ~**·est**; **more** ~, **most** ~) **1 a** 〈人、言行〉**愚蠢的**，呆的，笨的(⇨ foolish【同義字】)：a ~ fellow 笨蛋，傻瓜/a ~ act 愚蠢的行爲/Don't be ~！別傻了！《別做傻事，別說傻話》/How ~ you are！你多麼蠢啊！**b** [不用在名詞前]〔十 *of*十(代)名(十*to* do)/十*to* do〕〔某人〕〈做…是〉愚蠢的；〈某人〉〈做…是〉愚蠢的：It was ~ ***of*** her *to* believe that.＝She was ~ *to* believe that. 她竟相信那種事，眞愚蠢。**2** 無價值的，無聊的，乏味的：a ~ joke 無聊的笑話/a ~ party 乏味的聚會。**3 a** 無知覺的，麻木的。**b** [不用在名詞前]〔十介十(代)名〕〔因…而〕無知覺的，麻木的〔*from, with*〕：I was ~ ***from***[***with***] drink. 我因酒醉而變麻木。

—*n.* Ⓒ《口語》笨蛋，傻瓜。

stu·pid·i·ty [stuˈpɪdətɪ, stju-; stju:ˈpidəti] «stupid 的名詞»**—***n.* **1** Ⓤ**愚蠢**，愚鈍。**2** ⓊⒸ[常**stupidities**]愚蠢的言行。

stú·pid·ly *adv.* 愚蠢地，愚鈍地。

stu·por [ˈstupɚ, ˈstju-; ˈstju:pə] *n.* Ⓤ[又作 **a** ~]麻痺；昏迷，不省人事；發呆，茫然：in *a* ~ 不省人事地，茫然若呆地。

stur·dy [ˈstɝdɪ; ˈstə:di] *adj.* (**stur·di·er**; **-di·est**) **1 a** (身體)**健壯的**，結實的。**b** 〈東西〉堅固的，結實的，耐用的：a ~ house 堅固的房屋。**2 a** 〈抵抗、勇氣等〉頑強的，不屈的。**b** 〈性格等〉堅強的，剛毅的，健全的：~ common sense 健全的常識。

stúr·di·ly [-dlɪ; -dili] *adv.* **-di·ness** *n.*

stur·geon [ˈstɝdʒən; ˈstə:dʒən] *n.* Ⓒ [集合稱爲Ⓤ]《魚》鱘魚；鱣魚《其卵供醃製魚子醬(caviar)》。

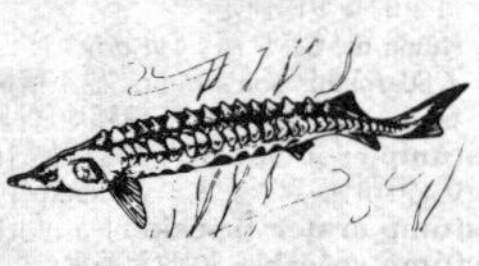

sturgeon

Sturm und Drang [ˌʃturmuntˈdraŋ; ˌʃtuəmuntˈdra:ŋ] «源自德語»**—***n.* [the ~] (十八世紀德國文學上的)狂飆運動。

stut·ter [ˈstʌtɚ; ˈstʌtə] *v.i.* 口吃，結巴(⇨ stammer【同義字】)。**—***v.t.* **1** 〔十受(十副)〕結結巴巴地說〈話〉〈*out*〉。**2** 〔十引句〕結結巴巴地說…："Th-th-thank you," he ~*ed.* 他結結巴巴地說：「謝—謝—謝謝你。」

—*n.* Ⓒ口吃。

stút·ter·er [-tərɚ; -tərə] *n.* Ⓒ口吃者。

stút·ter·ing·ly [-tərɪŋlɪ; -təriŋli] *adv.* 口吃地，結結巴巴地。

St. Válentine's Dày *n.* 聖・華倫泰節，情人節。

【說明】二月十四日是 St. Valentine's Day. 這個節日的由來要追溯到紀元第三世紀間羅馬有一聖徒 Saint Valentine，其人慈善，經常救助貧困不幸者，並且非常喜愛小孩。到年老體衰而不能與小孩們共玩時，則常寫信給他們表示關愛，並且送禮物給他們。這個傳說後來形成年輕男女在 Saint Valentine 的紀念日(二月十四日)寫情書或互送卡片，互贈禮物的習俗。另外，此習俗據說也與鳥類在這時期開始交尾有關。

St. Vítus's dánce [ˌsentˈvaɪtəsɪzdæns; sntˈvaitəsizdæns] *n.* ＝chorea.

sty[1] [staɪ; stai] *n.* Ⓒ **1** 豬舍(pigsty)。**2 a** 骯髒的房子[房間]。**b** 藏污納垢的地方，妓院。

sty[2] [staɪ; stai] *n.* Ⓒ《醫》瞼腺炎《俗稱麥粒腫》：have a ~ in one's eye 眼睛裏長了一顆麥粒腫。

stye [staɪ; stai] *n.* ＝sty[2].

Styg·i·an [ˈstɪdʒɪən; ˈstidʒiən] «Styx 的形容詞»**—***adj.* **1** 冥河(Styx)的。**2** [常 s~]《文語》**a** 地獄的，冥府的，陰間的。**b** 陰森森的，黑暗的：~ gloom 漆黑。

‡**style** [staɪl; stail] *n.* **1** ⓊⒸ **a** (有關文藝、建築等時代、流派的)**樣式**，風格，格調，體裁，時尚：*in* the ~ of Wagner 按照華格納的風格/the Norman ~ 諾曼式《英國的一種建築樣式》。**b** (行動等的獨特的)作風，方式：the modern ~ of living 現代生活方式/food prepared in the Italian ~ 按義大利式烹調的食物。

【字源】style 一字源自拉丁文的 *stilus*，意思爲「尖的用具」。此種用具形狀像鉛筆，用鐵或骨製成，用在塗有蠟的木板上寫字。後來由「用具」的意思逐漸轉義爲「筆跡，文體」，再轉義而成「樣式，流行」等意思。

2 ⓊⒸ **a 文體**：the ~ and the matter of a book 書的文體與內容。**b** 說話的態度，思想的表達法：*in* a plain[heavy] ~ 以簡明[冗贅]的表達法。

3 Ⓒ[in ~, out of ~ 爲Ⓤ] (服裝等的)樣式，流行(款式)：the latest ~*s in* shoes 鞋類的最新流行款式/*out of* ~ 不時髦的，不流行的。

4 Ⓤ優雅；奢華：Let's eat *in* ~. 我們吃得考究一點吧/live *in* (great[grand]) ~ 過奢華的生活。

5 Ⓤ風度，品格，品位：He has no ~. 他沒有風度/dress *in* good ~ 穿著高雅。

6 Ⓒ(物品等的)種類，型式：a hair ~ 髮型/They have been made in all sizes and ~*s.* 它們有各種尺寸與型式，一應俱全/What ~ *of* house do you require？你要什麼式樣的房子？

7 Ⓒ《文語》(正式的)稱呼，頭銜，商[字]號：*under* the ~ of... 以…的正式名稱。

8 Ⓒ尖筆，鐵筆。

9 Ⓒ曆法：⇨ Old Style, New Style.

10 Ⓒ《植物》花柱。

crámp a person's stýle《口語》妨礙某人的行動，使某人受阻而無法施展。

—*v.t.* **1** 〔十受十補〕稱呼…〈爲…〉：He ~*s* himself Baron. 他自稱爲男爵/Jesus Christ is ~*d* the Savior. 耶穌基督被稱爲救世主。

2 a 〔十受〕使〈原稿等〉合於一定的格式；把〈衣服等〉製成符合流行的樣式；整梳〈頭髮〉：She had her hair ~*d* at the beauty parlor. 她的頭髮是在美容院做的。**b** 〔十受十介十(代)名〕〔按照…版式〕製作…〔*in*〕：The book has been ~*d* ***in*** a modern format.該書已按照現代版式製作。

-style [-staɪl; -stail] [複合用詞]表示「…式的，以…式」：American-*style* 美國式的。

stýle·bòok *n.* Ⓒ時裝圖樣書《以圖展示新款式服裝的書》。

stýle shèet *n.* Ⓒ(印刷廠或印刷計畫中)文體，印刷體裁之凡例表。

sty·li *n.* stylus 的複數。

stýl·ish [-lɪʃ; -liʃ] «style *n.* 3 的形容詞» **—***adj.* 合乎時尚的，時髦的，漂亮的。~**·ly** *adv.* ~**·ness** *n.*

stýl·ist [-lɪst; -list] *n.* Ⓒ **1** 文體家，文體批評家。**2** [構成複合字] (室內裝潢、服飾、髮型等的)設計家。

sty·lis·tic [staɪˈlɪstɪk; staiˈlistik←] *adj.* 文體(論)的，有關文體的。**-ti·cal·ly** [-klɪ; -kəli] *adv.*

sty·lis·tics [staɪˈlɪstɪks; staiˈlistiks] *n.* Ⓤ文體論。

styl·ize [ˈstaɪlaɪz; ˈstailaiz] *v.t.* 使〈表達、手法〉合於某種風格，使…成爲某樣式，使…套入某型式。

sty·lo [ˈstaɪlo; ˈstailou] *n.* (*pl.* ~**s**)《口語》＝stylograph.

sty·lo·graph [ˈstaɪləˌgræf; ˈstailəgra:f] *n.* Ⓒ尖頭自來水筆，鐵筆，尖筆。**sty·lo·graph·ic** [ˌstaɪləˈgræfɪk; ˌstailəˈgræfik←] *adj.*

sty·lus [ˈstaɪləs; ˈstailəs] *n.* Ⓒ(*pl.* **-li** [-laɪ; -lai], ~**·es**) **1** (從前用以寫蠟板[紙]的)尖筆，鐵筆。**2** (電唱機的)唱針。

sty·mie, sty·my [ˈstaɪmɪ; ˈstaimi] *n.* Ⓒ **1** 《高爾夫》妨礙球，阻礙球《對方的球在打擊者的球與球洞之間的狀態[位置]；在此位置的對方球》。**2** 困境。

—*v.t.* **1** 《高爾夫》對…擊出妨礙球。**2** 使…陷入困境。

styp·tic [ˈstɪptɪk; ˈstiptik] *adj.* 止血的。**—***n.* Ⓒ止血藥。

sty·rene [ˈstaɪrin; ˈstaiəri:n] *n.* Ⓤ《化學》苯乙烯《合成樹脂橡膠原料》。

Sty·ro·foam [ˈstaɪrəˌfom; ˈstairəfoum] *n.* Ⓤ《商標名》保麗龍；泡沫聚苯乙烯《一種合成樹脂》。

Styx [stɪks; stiks] *n.* [**the** ～]《希臘神話》冥河《死者靈魂經此河被載往冥府；cf. Charon》.
cróss the Stýx 渡過冥河，死亡。
sua·sion [ˈsweʒən; ˈsweiʒn] *n.* Ⓤ《罕》勸告，說服。
sua·sive [ˈswesɪv; ˈsweisiv] *adj.* 有勸導力的；有說服力的。
suave [swɑv; swɑːv] *adj.* 〈人、態度、說話的態度等〉慇懃討好的，和藹的，柔和的。～**·ly** *adv.*
sua·vi·ty [ˈswævətɪ; ˈswɑːvəti] «suave 的名詞»—*n.* **1** Ⓤ慇懃，和藹，柔和。**2** Ⓒ[常**suavities**]慇懃的舉止[話]。
sub [sʌb; sʌb] 《略》—《口語》 *n.* Ⓒ **1** 代理人；(尤指)候補選手(substitute). **2** 潛水艇(submarine). **3** (俱樂部等的)會費(subscription). **4** 《英》(薪水的)預支(cf. subsidy). **5** 副主席，副編輯(subeditor).
—*v.i.* (**subbed**; **sub·bing**) **1** 〔動(＋介＋(代)名)〕代理〔…〕〔*for*〕. **2** 《英》交給[接受]預支(的薪水)。
—*v.t.* **1** 《英》交給[接受]〈預支(的薪水)〉。**2** 當〈報紙、雜誌〉的副主筆(subedit).
sub. 《略》subaltern；subject；submarine；subscription；substitute；suburb(an)；subway.
sub- [sʌb-; sʌb-] 字首 表示「下，次(位)，較低，附屬，助理，副，亞，稍，半」之意(↔ super-)《★用法 在 c 前作 suc-；f 前作suf-；g 前作 sug-；m 前有時作 sum-；p前作 sup-；r 前作 sur-；c, p, t 前有時作 sus-》.
sùb·ácid *adj.* **1** 微酸的，稍酸的。**2** 略微尖酸[嚴苛]的。
sùb·ágent *n.* Ⓒ副代理人，代理人的代理者。
sub·al·tern [səbˈɔltən; ˈsʌbltən] *n.* Ⓒ《軍》中[少]尉。
sub·al·ter·nate [səbˈɔltənɪt, -ˈæl-; sʌbˈɔːltənit] *adj.* **1** 次要的，附屬的；較差的。**2** 《植物》〈葉〉近互生的。
sùb·antárctic *adj.* 亞南極(地區)的，近南極的。
sub·a·que·ous [sʌbˈekwɪəs, -ˈæk-; ˌsʌbˈækwiəs, -ˈeik-] *adj.* **1** 適於水下應用的；適於水下生存的；水下的。**2** 水下形成的；水下生長的；水下生存的。
sùb·árctic *adj.* 亞北極(地區)的，近北極的。
sub·ar·id [sʌbˈærɪd; sʌbˈærid] *adj.* 稍乾燥的。
sùb·átom *n.* Ⓒ《物理》次原子《質子(proton)，電子(electron)等》。**sùb·atómic** *adj.*
sub·base·ment [ˈsʌbˌbesmənt; ˈsʌbˌbeismənt] *n.* Ⓒ地下第二層。
súb·clàss *n.* Ⓒ《生物》亞綱《class 下面的分類》。
súb·committee *n.* Ⓒ小組委員會，附屬委員會《★用法 視為一整體時當單數用，指個別成員時當複數用》。
súb·cómpact *n.* Ⓒ超小型汽車。
—*adj.* 〈汽車〉超小型的。
sùb·cónscious *adj.* 潛意識的，下意識的，有模糊意識的。
—*n.* [**the** ～]潛意識，下意識。～**·ly** *adv.* ～**·ness** *n.*
súb·cóntinent *n.* Ⓒ次大陸《印度、格陵蘭等》。
súb·cóntract *n.* Ⓒ轉包[分包]契約。
—*v.t.* 為…訂立轉契[分契]。
—*v.i.* 轉包承攬，轉包出去。
sùb·cóntractor *n.* Ⓒ轉包承攬者，分包的包商，轉包商。
sub·cul·ture [sʌbˈkʌltʃə; sʌbˈkʌltʃə] *v.t.* 《細菌》次培養。
— [ˈsʌbˌkʌltʃə; ˈsʌbˌkʌltʃə] *n.* ⓊⒸ **1** 《細菌》次培養基；次培養菌。**2** 《社會》亞文化羣《在一社會或一種文化內具有其獨特性的一羣人》，次文化。
sùb·cutáneous *adj.* **1** 皮下的，施打於皮下的：～ fat 皮下脂肪/a ～ injection 皮下注射。**2** 〈寄生蟲等〉寄生於皮下的。
～**·ly** *adv.*
sùb·déacon *n.* Ⓒ《基督教》(教堂的)副助祭，副執事。
sub·deb·u·tante [sʌbˌdɛbjuˈtɑnt, sʌbˈdɛbjəˌtænt; ˈsʌbˈdebjuːtɑːnt] *n.* Ⓒ《美》**1** 尚未進入社交界的十五、六歲少女。**2** (一般的)十三至十九歲間的少女。
sùb·divíde *v.t.* 〔＋受(＋介＋(代)名)〕把…再分，細分〔為…〕〔*into*〕：He ～*d* the farm ***into*** building lots. 他把農地再分為若干塊的建築用地。
—*v.i.* 〈東西〉被細分，再分。
sub·di·vis·i·ble [ˌsʌbdəˈvɪzəbl; ˌsʌbdiˈvizəbl] *adj.* 可再分的。
sùb·divísion «subdivide 的名詞»—*n.* **1** Ⓤ再分(化)，細分。**2** Ⓒ **a** 再分成的部分，一區分。**b** 《美》供出售的小塊土地。
sub·dom·i·nant [sʌbˈdɑmənənt; ˌsʌbˈdɔminənt] *n.* Ⓒ《音樂》下屬音《大音階或小音階的第四度音》。
—*adj.* 下屬音的。
sub·du·a·ble [səbˈduəbl̩, -ˈdjuəbl̩; səbˈdjuːəbl] *adj.* **1** 可征服的；可鎮壓的。**2** 可抑制的。**3** 可減輕的；可緩和的。
sub·du·al [səbˈduəl, -ˈdjuəl; səbˈdjuːəl] «subdue 的名詞»—*n.* Ⓤ **1** 征服。**2** 抑制。**3** 緩和。
sub·due [səbˈdu, -ˈdju; səbˈdjuː] *v.t.* 〔＋受〕**1** 征服〈敵人、國家等〉，鎮壓…：Julius Caesar ～*d* Gaul in 50B.C. 凱撒在西元前五十年時征服高盧。
2 抑制，壓抑〈感情〉：～ a desire to laugh 抑制想笑的慾望。
3 使〈顏色、聲音、態度等〉柔和，緩和[減輕]…《★常以過去分詞當形容詞用；⇨ subdued》.
sub·dúed *adj.* **1 a** 受抑制的，被壓制的。**b** 〈人、性格、態度等〉含蓄的，文靜的：～ manners 溫和的舉止/She looked ～. 她看來無精打采[消沉]。
2 〈聲音、顏色等〉柔和的：a ～ color 柔和的顏色，樸素[雅素]的顏色/a ～ light 柔和的光/～ voices壓低的說話聲。
sùb·édit *v.t.* 當〈報紙、雜誌等〉的副主筆，協助…的編輯。
sùb·éditor *n.* Ⓒ副主筆，副編輯。
sub·fam·i·ly [sʌbˈfæmlɪ, -ˈfæməlɪ; sʌbˈfæməli] *n.* Ⓒ **1** 《生物》亞科。**2** 《語言》亞系。
súb·gènus *n.* Ⓒ(*pl.* **-gen·e·ra**, ～**·es**)《生物》亞屬。
sub·group [ˈsʌbˌgrup; ˈsʌbgruːp] *n.* Ⓒ **1** 小羣，次要集團。**2** 《化學》亞屬，亞類。**3** 《數學》子羣。
súb·hèad *n.* Ⓒ小標題，副標題，細目；(學校、機關等)首長的助理。
súb·hèading *n.* Ⓒ小標題。
sùb·húman *adj.* **1** 近於人類的，近似人的：the ～ primates 類人猿。**2** 次[低]於人類的。
subj. 《略》subject；subjective(ly)；subjunctive.
sub·ja·cent [sʌbˈdʒesn̩t; sʌbˈdʒesnt] *adj.* (在)下面的，下層的。
‡**sub·ject** [ˈsʌbdʒɪkt; ˈsʌbdʒikt]«源自拉丁文「投下之物」之義»—*n.* Ⓒ **A 1 a** (議論、研究等的)**主題**，問題，題目：a contentious ～ 有異議[引起爭論]的問題/a ～ for discussion [conversation] 討論的題目[話題]《★比較 the ～ under discussion 是(討論中的)論題，the ～ of a conversation 是(某次交談的)話題》/ change the ～ 改變話題。

【同義字】subject 指討論、著作、美術等所處理的題目或主題；topic 特別指某作品或議論的一部分所處理的題目或話題，一般指較 subject 規模小者；theme 指成為著作、演說等基礎的概念與想法。

b 題材；畫題；(照片)被拍攝的物體。
2 (學校的)**學科**，科目：a required [an elective] ～ 必修[選修]科目。
3 《文法》**主詞**，主語(cf. predicate)：a compound ～ 複合主詞《由兩個以上的名詞(相當字或片語)構成》/a formal [grammatical] ～ 形式上[文法上]的主詞/a real [logical] ～ 真[邏輯上的]主詞。
4 《音樂》主題，樂旨，主旋律。
5 《邏輯》主位，主辭。
6 《哲》主體，主觀，自我；實體，物自體。
—**B 1** (國王、君主之下的)**國民**，臣民：a British ～ 英國國民/rulers and ～*s* 統治者與被統治者。
2 被實驗者，受驗者，實驗材料；接受催眠術的人。
3 《醫》病人，患者；具有某種素質的人：a hysterical ～ 易發歇斯底里的人。
—*adj.* (**more** ～；**most** ～) **1** [用在名詞前](無比較級、最高級)從屬的，附屬的：a ～ province 屬地。
2 [不用在名詞前](無比較級、最高級)〔＋介＋(代)名〕(該)服從〔…〕的，受制〔於…〕的〔*to*〕：You are ～ ***to*** the laws of your country. 你必須服從你國家的法律。
3 [不用在名詞前]〔＋介＋(代)名〕易受〔…〕的，常遇〔…〕的；易患〔…〕的，易陷入〔…〕的〔*to*〕：The prices are ～ ***to*** change. 價格可能會有變動/He is ～ *to* colds [attacks of fever]. 他容易患感冒[發燒]。
4 [不用在名詞前](無比較級、最高級)〔＋介＋(代)名〕須獲得〔承認等〕的，以〔…〕為條件的〔*to*〕：The plan is ～ ***to*** your approval. 該計畫須獲得你的認可 [須經你的批准方可實施]。
súbject to... 以(獲得)…為條件，假使…：*S*～ *to* your consent, I will try again. 假使你同意，我願意再試。
— [səbˈdʒɛkt; səbˈdʒekt] *v.t.* **1** 〔＋受(＋介＋(代)名)〕使…服從，隸屬〔…〕〔*to*〕：King Alfred ～*ed* all England ***to*** his rule. 阿佛列國王使全英國隸屬於他的統治之下。
2 〔＋受＋介＋(代)名〕**a** 使〈人〉遭遇〔倒霉的事〕，使…遭受〔…〕〔*to*〕《★常用被動語態》：be ～*ed* ***to*** ridicule 遭受譏笑，被嘲笑。
b [～ *oneself*] 暴露〔於…〕，蒙受〔…〕〔*to*〕：It would be ～*ing yourself* ***to*** insult. 那會使你自己受辱/He willingly ～*ed himself* *to* the committee's questioning. 他自願受委員會的訊問。**c** 使〈東西〉遭受〔…〕，〔把…〕加於〈東西〉〔*to*〕：～ the metal ***to*** intense heat 加高溫於金屬，使金屬受高溫。
súbject càtalog *n.* Ⓒ《圖書館學》書籍目錄《按書籍性質分類者》。
sub·jec·tion [səbˈdʒɛkʃən; səbˈdʒekʃn] «subject *v.* 的名詞»—*n.* Ⓤ **1** 征服；服從〔*to*〕. **2** 受控制，隸屬〔*to*〕.

sub·jec·tive [səb'dʒɛktɪv; səb'dʒektiv] «subject *n.* A 3,6 的形容詞»—*adj.* **1** 主觀(上)的；想像的(⟷ objective)：a ~ test 主觀測驗[試]。**2**《罕》《文法》當作主詞的；主格的(cf. mood² 1)：the ~ case 主格/the ~ complement 主詞補語《如 He lies dead. 的 *dead*》/the ~ genitive 主詞所有格《如 the doctor's arrival 的 *doctor's*》.

sub·jéc·tiv·ìsm [-vɪzəm; -vizəm] *n.* Ⓤ主觀主義；主觀論(⟷ objectivism).**-ist** [-ɪst; -ist] *n.*

sub·jec·tiv·i·ty [ˌsəbdʒɛk'tɪvətɪ; ˌsʌbdʒek'tivəti] «subjective 的名詞»—*n.* Ⓤ主觀，主觀性(⟷ objectivity)；主觀(主義)。

súbject màtter *n.* Ⓤ(對著作等的形式、文體等而言的)內容；主題，題目。

sub·join [səb'dʒɔɪn; ˌsʌb'dʒɔin] *v.t.* 〔十受(十介十(代)名)〕(結尾時)〔在…〕添加，補述〈字句等〉〔*to*〕：~ a postscript *to* a letter 在信尾加寫一段後記，在信尾附上一筆。

sub·join·der [səb'dʒɔɪndɚ; ˌsʌb'dʒɔində] *n.* Ⓒ增補；添加的東西。

sub ju·di·ce [sʌb'dʒudɪˌsɪ; ˌsʌb'dʒu:disi] «源自拉丁文 'under judgment' 之義»—*adj.* [不用在名詞前]《法律》在審理中的，尚未判決的。

sub·ju·gate ['sʌbdʒəˌget; 'sʌbdʒugeit] *v.t.* 征服…，使…服從，使…隸屬。

sub·ju·ga·tion [ˌsʌbdʒə'geʃən; ˌsʌbdʒu'geiʃn] «subjugate 的名詞»—*n.* Ⓤ征服，被征服的狀態；服從，隸屬。

súb·ju·gà·tor [-tɚ; -tə] *n.* Ⓒ征服者。

sub·junc·tive [səb'dʒʌŋktɪv; səb'dʒʌŋktiv] «源自拉丁文「連接」之義»—《文法》*adj.* 假設語氣的，假設法的：the ~ mood 假設語氣，假設法；假設語氣的動詞《如 God save the Queen！的 *save*》.—*n.* **1** [the ~]假設語氣，假設法。**2** Ⓒ假設語氣的動詞。~·**ly** *adv.*

súb·lèase *n.* Ⓒ轉租，分租。—*v.t.* 把〈(租來的)土地、房間等〉轉租，分租。—*v.i.* 轉租。

sùb·lét *v.t.* (**sub·let**；**-let·ting**) **1** 把…轉租。**2** 把〈工作等〉轉包給他人。

sub·lieu·ten·ant [ˌsʌblu'tɛnənt; ˌsʌblef'tenənt] *n.* Ⓒ《英海軍》中尉。

sub·li·mate ['sʌbləˌmet; 'sʌblimeit] *v.t.* **1**《化學》使…昇華。**2** 使…純化。**3**《心理》使〈性衝動等〉轉化(爲理想的行爲)，使…昇華：Sport is ~*d* war. 運動是昇華了的戰爭。
— ['sʌbləmɪt; 'sʌblimət] *n.* Ⓒ《化學》昇華物；昇汞。

sub·li·ma·tion [ˌsʌblə'meʃən; ˌsʌbli'meiʃn] «sublimate 的名詞»—*n.* Ⓤ **1**《化學》昇華。**2** 純化，理想化。**3**《心理》昇華(作用)。

sub·lime [sə'blaɪm; sə'blaim] «源自拉丁文「可達楣《門窗上橫木》下的」之義»—*adj.* (**sub·lim·er**；**-lim·est**) **1 a** 莊嚴的，崇高的，雄偉的：~ scenery [music] 雄偉的景色[莊嚴的音樂]。**b** [the ~；當單數名詞用]莊嚴美，崇高之物：from *the* ~ to the ridiculous 從崇高(之物)至滑稽(之物)。**2**〈思想、文體、人等〉高尚的，卓越的，出類拔萃的。**3** (無比較級、最高級)[常用於表示輕蔑]驚人的，極度的：~ ignorance 極度的無知/You ~ idiot！你這個大白癡[傻瓜]！
—*v.t.* 〔十受〕**1**《化學》使…昇華。**2** 使…高尚，使…淨化。
—*v.i.* **1**《化學》昇華。**2** 變高尚，被淨化。
~·**ly** *adv.* ~·**ness** *n.*

sub·lim·i·nal [sʌb'lɪmənl; ˌsʌb'liminl] *adj.* 《心理》下意識的，潛意識的：the ~ self 閾下自我，潛在自我。

sub·lim·i·ty [sə'blɪmətɪ; sə'bliməti] «sublime 的名詞»—*n.* **1** Ⓤ莊嚴，雄偉，高尚；絕頂，極致。**2** Ⓒ莊嚴之物，崇高的人[東西]。

sùb·lúnar *adj.* 月下的；地上的；塵[俗]世的。

sub·lu·na·ry [sʌb'lunərɪ; ˌsʌb'lu:nəri] *adj.* =sublunar.

sùb·machíne gùn *n.* Ⓒ手提式輕機槍《(半)自動式》。

sub·mar·gin·al [sʌb'mɑrdʒɪnl; sʌb'mɑ:dʒinl] *adj.* **1**《生物》亞緣的。**2** 界限以下的。**3**〈土地〉不值得開墾的，不毛的；無效益的；未盡滿意的。

***sub·ma·rine** [ˌsʌbmə'rin; ˌsʌbmə'ri:n] *adj.* (無比較級、最高級)海底的，生[棲息]於海底的；在海中使用的：a ~ cable [volcano] 海底電纜[火山]/a ~ tunnel 海底隧道。
— ['sʌbməˌrin; ˌsʌbmə'ri:n] *n.* Ⓒ **1** 潛水艇。**2** 海底植[動]物。

súbmarine chàser *n.* Ⓒ驅潛艇(艦)。

súbmarine pén *n.* Ⓒ(在地下的)潛水艇庇護所[補給站]。

sub·mar·i·ner [ˌsʌbmə'rinɚ; ˌsʌbmə'ri:nə] *n.* Ⓒ潛艇兵，潛艇人員。

súbmarine sándwich *n.* Ⓒ《美口語》(夾有冷肉、乳酪、蔬菜的)大型三明治(⇨ hero sandwich).

sub·merge [səb'mɝdʒ; səb'mə:dʒ] *v.t.* **1** 〔十受〕把…放入水中，使…沉入水中：The land was ~*d* by the flood. 那塊地被洪水淹沒。**2** 〔十受(十介十(代)名)〕**a** 把…隱藏〔於…〕，〔用…〕遮掩…〔*in*〕《★常用被動語態》：The man, ~*d* **in** his overcoat, listened to the conversation. 那個人用大衣密密實實地裹住全身，聆聽談話。**b** 使〈人〉埋頭〔工作、思索等〕〔*by, in, with, under*〕《★常用被動語態，變成「〈人〉埋頭〔於…〕」之意》：I'*m* completely ~*d* **by** work [**with** [**under**] dictionary proofs]. 我完全埋頭於工作[審閱字典的校樣]。
—*v.i.* **1** 沉[沒]入水中。**2**〈潛水艇等〉潛水，潛航。

sub·mérged *adj.* **1** 浸在水中的，淹沒的。**2** 過最低層生活的，極貧窮的：the ~ tenth 最下層階級，最貧窮的人。

sub·mer·gence [səb'mɝdʒəns; səb'mə:dʒəns] «submerge 的名詞»—*n.* Ⓤ沒入水中，潛水；淹沒，沉沒。

sub·merse [səb'mɝs; səb'mə:s] *v.* =submerge.

sub·mers·i·ble [səb'mɝsəbl; səb'mə:səbl] *adj.* **1** 可沉入水中的。**2** 可潛航的。
—*n.* Ⓒ潛水艇；(科學測量用的)潛艇。

sub·mer·sion [səb'mɝʃən; səb'mə:ʃn] *n.* =submergence.

sub·mi·cro·scop·ic [sʌbˌmaɪkrə'skɑpɪk; ˌsʌbmaikrə'skɔpik] *adj.* 顯微鏡下也看不見的；超微的。

sub·min·i·a·ture [sʌb'mɪnɪtʃɚ, -'mɪnɪə-; ˌsʌb'minətʃə, -njətʃə] *n.* (又作**submíniature cámera**)Ⓒ袖珍照相機。
—*adj.* **1** 袖珍照相機或其零件的。**2** 超小型的。

sub·mis·sion [səb'mɪʃən; səb'miʃn] «submit 的名詞»—*n.* **1** ⓊⒸ服從，降服：*in* ~ *to* the will of God 服從上帝的意旨。**2** Ⓤ任人擺布，順從〔*to*〕：They bowed to the king with all due ~. 他們必恭必敬地向國王鞠躬。**3** Ⓒ《文語》**a** (意見的)陳述，申述，提案：My ~ is that.... 我的意見是…，我認爲…/In my ~ .... 據我個人的意見…，照我看來…。**b** 〔十*that*__〕(…的)提案：We rejected his ~ *that* this (should) be done at once. 我們拒絕了他立即做這件事的提案《★用法《口語》多半不用 should》.

sub·mis·sive [səb'mɪsɪv; səb'misiv] *adj.* 服從的，柔順的，聽人擺布的。~·**ly** *adv.* ~·**ness** *n.*

***sub·mit** [səb'mɪt; səb'mit] «源自拉丁文「置於下面」之義»—(**sub·mit·ted**；**-mit·ting**) *v.t.* **1** 〔十受十介十(代)名〕[~ *oneself*]服從〔…〕，甘受〔…〕〔*to*〕：We must ~ *ourselves* **to** God's will. 我們必須服從上帝的旨意。
2 〔十受(十介十(代)名)〕(爲徵求意見、批評而)〔向…〕提出…，把…委託〔給…〕，把…託付〔給…〕〔*to*〕：The motion was *submitted* **to** the city council.該動議已向市議會提出。
3 〔十 *that*__〕《法律》〈律師等〉主張，認爲，提議〈…事〉：I ~ *that* a material fact has been passed over. 我認爲有一項重大事實被忽略了。
—*v.i.* 〔動(十介十(代)名)〕服從〔…〕，甘受〔…〕〔*to*〕：He was too proud to ~ **to** such treatment. 他的自尊心太強，不甘於受那種對待/I did not ~ **to** hav*ing* my freedom limited. 我不甘於我的自由受到限制。

sùb·nórmal *adj.* 普通[正常]以下的；(尤指)智力低於一般的。—*n.* Ⓒ(智力)低於常人的人；(尤指)低能者。

sub·nu·cle·ar [sʌb'nuklɪɚ, -'nju-; ˌsʌb'nju:kliə] *adj.* 亞核子的，原子核內現象的。

súb·órbital *adj.* 〈人造衛星等〉小軌道飛行的，未進入地球軌道的。

súb·òrder *n.* Ⓒ《生物》亞目。

sub·or·di·nate [sə'bɔrdnɪt; sə'bɔ:dnət] «源自拉丁文「命令下面」之義»—*adj.* (無比較級、最高級) **1 a** 下(級)的，次位的，次要的：a ~ officer 下級軍官/a ~ position 下位。**b** [不用在名詞前]〔十介十(代)名〕〔較…〕下位的，下級的〔*to*〕：In the army colonels are ~ **to** major generals. 在陸軍，上校(軍銜)在少將之下。**2 a** 從屬的，附屬的：a ~ task 附屬的工作。**b** [不用在名詞前]〔十介十(代)名〕從屬〔於…〕的，附屬〔於…〕的〔*to*〕：Pleasure should be ~ **to** duty. 應以職務[工作]爲主，娛樂爲次。**3**《文法》附屬的，從屬的：a ~ clause 附屬[從屬]子句《在複合句中附屬於主要子句的子句；如 I'll go *if it is* sunny；cf. PRINCIPAL clause》/a ~ conjunction 從屬連接詞《as, if, that 等；⟷ coordinate conjunction》.
—*n.* Ⓒ **1** 隸屬者，部下，部屬。**2** 附屬物。
— [sə'bɔrdṇˌet; sə'bɔ:dineit] *v.t.* 〔十受(十介十(代)名)〕**1** 使…居於〔…的〕下(位)；使…附屬[服從]〔於…〕〔*to*〕：~ passion **to** reason 使感情受理智控制。**2** 〔比…〕較輕視…，把…看得〔比…〕輕〔*to*〕：He ~*s* work **to** pleasure. 他把娛樂置於工作之上《重視娛樂而輕視工作》。
~·**ly** *adv.*

sub·or·di·na·tion [səˌbɔrdṇ'eʃən; səˌbɔ:di'neiʃn] «subordinate 的名詞»—*n.* Ⓤ **1** 置於下位；從屬，附屬，下級：in ~ to... 從屬[附屬]於…。**2** 輕視。**3**《文法》從屬[附屬]關係。

sub·or·di·na·tion·ism [səˌbɔrdṇ'eʃənɪzəm; səˌbɔ:di'neiʃṇizəm] *n.* Ⓤ《神學》(三位一體之)附屬說，次位論《認爲聖子本質上附屬聖父，而聖靈則附屬聖子》。

sub·or·di·na·tive [sə'bɔrdn̩ətɪv; sə'bɔ:dinətiv] *adj.* **1** 從屬的，表示從屬關係的；下[次]級的。**2**《文法》從屬[附屬]的。

sub·orn [sə'bɔrn, sʌ-; sʌ'bɔ:n, sə-] *v.t.*《法律》(以賄賂等)使〈人〉作僞證，使…發僞誓；買通〈人〉使作惡事。

sub·or·na·tion [ˌsʌbɔr'neʃən; ˌsʌbɔ:'neiʃn] «suborn 的名詞»——*n.* Ⓤ《法律》使發僞誓，使作僞證：～ of perjury 賄賂[教唆]〈他人〉作僞證罪。

sub·par [ˌsʌb'pɑr; ˌsʌb'pɑ:] *adj.* **1** 低於標準的，標準以下的。**2**《高爾夫》低於標準桿數的。

súb·plòt *n.* Ⓒ(劇本的)次要情節。

sub·poe·na, sub·pe·na [səb'pinə; səb'pi:nə]《法律》*n.* Ⓒ(對證人等的)傳票。

——*v.t.* (～**ed**, ～'**d**)傳喚〈某人〉，對〈某人〉發出傳票。

sub·pro·gram [sʌb'progræm; 'sʌbprougræm] *n.* Ⓒ《電算》次程式，副程式。

sub·ro·gate ['sʌbrəˌget; 'sʌbrəgeit] *v.t.* 使〈某人〉代替[取代]他人。**sub·ro·ga·tion** [ˌsʌbrə'geʃən; ˌsʌbrə'geiʃn] *n.*

sub ro·sa [sʌb'rozə; ˌsʌb'rouzə] «源自拉丁文 'under the rose' 之義；源自在餐廳天花板雕刻玫瑰花，要求將宴席上談話守密的古代習慣»——*adv.*《文語》秘密地，機密地。

sub·rou·tine [ˌsʌbru'tin; 'sʌbru:ti:n] *n.* Ⓒ《電算》次常式。

sub·scribe [səb'skraɪb; səb'skraib] «源自拉丁文「寫在下面」之義»——*v.t.* **1** 〔十受(十介十(代)名)〕捐〈款〉〔給…〕〔*to*〕：He ～*d* 10,000 dollars *to* the earthquake relief fund. 他捐了一萬美元給地震救助基金/The sum needed was ～*d* several times over. 捐款已達所需金額的數倍。**2**《文語》**a** 〔十受〕在〈證書等〉上署名：～ a petition 在請願書上署名。**b** 〔十受(十介十(代)名)〕簽〈名〉〔於…〕〔*to*〕：～ one's name *to* a petition 簽名於請願書上。**c** 〔十受十(*as*)補〕把〈名字〉寫〈作…〉：～ one's name (*as*) D.D. 把名字寫作 D.D. **d** 〔十受十 (*as*) 補〕〔～ one*self*〕署名〈爲…〉：～ *oneself* (*as*) S.B. 署名S.B.

——*v.i.* **1** **a** 〔動(十介十(代)名)〕(認)捐〔給…〕〔*to*〕：Mr. Smith ～*s* liberally *to* charities. 史密斯先生對慈善事業慷慨認捐。**b** 〔十介十(代)名〕捐〔款〕〔*for*〕：～ *for* 10,000 dollars 捐款一萬美元。

2 〔動(十介十(代)名)〕訂閱〔報紙、雜誌等〕，預約〔票〕〔*to, for*〕：～ *to* a newspaper [magazine] 訂閱報紙[雜誌]/I have ～*d for* the encyclopedia. 我已訂購那套百科全書。

3 〔十介十(代)名〕申購〔股票等〕〔*for*〕：I ～*d for* 1000 shares in the new company. 我申購那家新公司的股票一千股。

4 〔十介十(代)名〕〔常用於否定句〕同意〔…〕，贊成〔…〕〔*to*〕：I can*not* ～ *to* that opinion. 我不能贊同那個意見。

5 〔十介十(代)名〕《文語》〔在…〕簽名，簽署〔*to*〕：King John ～*d to* Magna C(h)arta in 1215. 一二一五年約翰國王在大憲章上簽了名。

sub·scrib·er *n.* Ⓒ **1** 捐款者〔*to*〕. **2** 〔報紙、雜誌的〕訂閱者〔*to*〕. **3** **a** 〔股票、書籍等的〕申購者，預約者，訂購者〔*for*〕. **b** (電話)用戶：a telephone ～ 電話用戶。**4** 簽名者，署名者。

sub·script ['sʌbskrɪpt; 'sʌbskript] *adj.* 寫在下面的；下面所附的。

——*n.* Ⓒ寫在下面的文字、數字、符號《如 H_2SO_4 的$_2$，$_4$ 等；↔ superscript》.

sub·scrip·tion [səb'skrɪpʃən; səb'skripʃn] «subscribe 的名詞»——*n.* **1** **a** Ⓤ認捐。**b** Ⓒ捐款：raise a ～ 募捐。**2** **a** Ⓤ預約，訂購[閱]：by ～ 以預約(方式)。**b** Ⓒ預約金，訂閱費。**3** Ⓒ《英》(俱樂部等的)會費。**4** Ⓒ《文語》署名，簽諾。**5** Ⓤ同意，贊成。

subscríption bòok *n.* Ⓒ認捐簿；訂閱簿。

subscríption edìtion *n.* Ⓒ **1** 預約書。**2** 預約版。

subscríption télevision [**TV**] *n.* Ⓤ (私設會員制) 收費電視《繳費者才能收看的有線電視》。

súb·sèction *n.* Ⓒsection 以下的區分，(節以下的)項，(科以下的)股，小區分，細目。

sub·se·quence ['sʌbsɪˌkwɛns; 'sʌbsikwəns] «subsequent 的名詞»——*n.* Ⓤ隨後，後來，繼起(的事物)。

sub·se·quent ['sʌbsɪˌkwɛnt; 'sʌbsikwənt] «源自拉丁文「接下去」之義»——*adj.* (無比較級、最高級) **1** [用在名詞前]隨後的，其次的，繼起的；後來的，以後的：～ events 以後的事件/the ～ page 次頁。**2** [不用在名詞前]〔十介十(代)名〕繼〔…〕而起的，隨〔…〕而來的，在〔…〕之後的〔*to*〕：on the day ～ *to* his arrival 在他到達的翌日。

súb·se·quent·ly *adv.* **1** 其後，後來：*S*～, he became famous. 後來他成名了。**2** 〔十介十(代)名〕繼〔…〕之後〔*to*〕：～ *to* his death 繼他死亡之後。

sub·serve [səb'sɝv; səb'sə:v] *v.t.* 輔助，促進；有助於〈某目的等〉。

sub·ser·vi·ence [səb'sɝvɪəns; səb'sə:vjəns] «subservient 的名詞»——*n.* Ⓤ **1** 裨益，有用，貢獻。**2** 阿諛，屈從。

sub·ser·vi·ent [səb'sɝvɪənt; səb'sə:vjənt] *adj.* **1** **a** 有裨益的，有貢獻的。**b** [不用在名詞前]〔十介十(代)名〕有助於〔…〕的，〔對…〕有貢獻的〔*to*〕：Experience is ～ *to* knowledge. 經驗有助於知識(的增進)。**2** **a** 卑屈的，阿諛的。**b** [不用在名詞前]〔十介十(代)名〕奉承〔…〕的，屈從〔…〕的〔*to*〕：He is ～ *to* his boss. 他奉承老闆。～·**ly** *adv.*

sub·side [səb'saɪd; səb'said] «源自拉丁文「坐在下面」之義»——*v.i.* **1** **a** 〈土地〉下沈。**b** 〈建築物〉下陷。**c** 〈船〉下沉。**2** **a** 〈暴風雨、激情等〉平息，消退，緩和：The typhoon began to ～. 颱風開始平息下來。**b** 〈洪水等〉退去：The floods have not yet ～*d*. 洪水還沒退。**3** 〔十介十(代)名〕〈人〉(像沉下去似地)一屁股坐下〔椅子等〕〔*into*〕：He ～*d into* his armchair. 他一屁股坐在有扶手的椅子上。

sub·si·dence [səb'saɪdn̩s; səb'saidns] «subside 的名詞»——*n.* ⓊⒸ **1** 陷下，沉下：soil ～ 土壤下陷。**2** 平靜，平息，減退，消退。

sub·sid·i·ar·y [səb'sɪdɪˌɛrɪ; səb'sidjəri] «subsidy 的形容詞»——*adj.* **1** **a** 輔助的，補助的，補充的；從屬的，次要的：～ business 副業/～ coins 輔幣。**b** [不用在名詞前]〔十介十(代)名〕輔助〔…〕的，補充〔…〕的〔*to*〕：a book ～ *to* the main textbook 主要教科書的補充書。**2** (靠)補貼的。**3** **a** 當(他國)傭兵的：～ troops 傭兵。**b** (由擁有過半數股票的)母公司支持的：a ～ company 子公司。

——*n.* Ⓒ **1** 補助者，補充的東西；附屬[附加]物。**2** 子公司。**3**《音樂》副主題，次要主題。

sub·si·dize ['sʌbsəˌdaɪz; 'sʌbsidaiz] «subsidy 的動詞»——*v.t.* **1** 支給〈某人〉津貼[補助金，獎金]：～*d* industries 接受補助的工業。**2** 付酬金獲得…的協助，收買〈人等〉。

sub·si·di·za·tion [ˌsʌbsədə'zeʃən, -aɪ'z-; ˌsʌbsidi'zeiʃn] *n.*

súb·si·dìz·er *n.*

sub·si·dy ['sʌbsədɪ; 'sʌbsidi] *n.* Ⓒ (國家的)津貼，補助金：food *subsidies* 食物津貼/housing *subsidies* 房屋津貼。

sub·sist [səb'sɪst; səb'sist] «源自拉丁文「站在下面」之義»——*v.i.* **1** **a** (在收入、食物不足時)生存，活下去，過日子：They ～*ed by* begging. 他們靠乞討過活。**b** 〔十介十(代)名〕〔靠…〕生活，過日子〔*on*〕：The impoverished family ～*ed on* charity. 那個貧窮的家庭靠慈善賙濟過日子。**2** (繼續)存在：A club cannot ～ without members. 俱樂部沒有會員就無法存在。

——*v.t.* 給與…糧食，供養…。

sub·sis·tence [səb'sɪstəns; səb'sistəns] «subsist 的名詞»——*n.* Ⓤ **1** (收入、糧食不足時的)生存。**2** (最低限度的)生活；生計：～ wages 僅夠維持生活的最低工資。

subsístence allòwance *n.* Ⓒ **1** (第一次薪餉或薪水未發之前的)預墊給新兵或新進員工的津貼。**2** (薪水外的)工作津貼。**3** (軍人的)膳食津貼。

subsístence cròp *n.* Ⓒ自種自食(而不出售)的農作物(cf. cash crop).

subsístence fàrming *n.* Ⓤ自給農業。

sub·sis·tent [səb'sɪstənt; səb'sistənt] *adj.* 存在的；現存的；固有的。

súb·sòil *n.* Ⓤ[常 the ～]下層土，底土《介於表土與基岩之間的地層》。

sùb·sónic *adj.*《航空》亞音速的：～ speed 亞音速《低於音速的速度》。

súb·spècies *n.* Ⓒ(*pl.* ～)《生物》亞種，變種。

***sub·stance** ['sʌbstəns; 'sʌbstəns] *n.* **1** Ⓒ物質，物：Soil consists of various chemical ～*s*. 土壤由種種不同的化學物質所構成。

> 【同義字】substance 是構成「物」的實質內容的「質」；matter 是佔有空間的物體。

2 [the ～]〔話、講課等的〕要旨，大意〔*of*〕：*the* ～ *of* his lecture 他演講的主旨。**3** Ⓤ **a** (東西的)實質，實體，內容：an argument without ～ 無實質內容[空洞]的議論/sacrifice (the) ～ for (the) shadow 圖虛名而不求實效，捨本逐末。**b** (紡織品等的)質地：This cloth lacks ～. 這種布的質地薄。**4** Ⓤ《古》資產，財產：a man of ～ 有產者，財主。

in súbstance (1)實質上，本質上，大體上：I agree with you *in* ～. 大體上我和你的意見相同。(2)實際上，事實上。

sùb·stándard *adj.* **1** 低於標準的，標準以下的。**2** 非標準的，不合標準的。

***sub·stan·tial** [səb'stænʃəl; səb'stænʃl] «substance 的形容詞»——*adj.* (**more** ～；**most** ～) **1** [用在名詞前](無比較級、最高級)(非虛構而)有實體的，實際存在的，眞實的：a ～ being 有實體的東西。

2 〈餐食等〉有實質[內容]的，豐盛的：a ～ meal 豐盛的一餐。

3 **a** 堅固的，牢固的，結實的：a ～ building 堅固的建築物/a

man of ~ build 體格結實的男人。b〈學者〉有實力的。
4 a 相當的，很多的，可觀的；重大的：a man of ~ means 有相當資產的人/make a ~ contribution 作重大的貢獻。b 重要的，有價值的。
5 [用在名詞前]〈無比較級、最高級〉本質上的，實際上的。
6 有資產的，富裕的。

sub·stán·tial·ìsm [-lˌɪzəm; -lizəm] *n.* Ⓤ《哲》實體論。
-ist [-lɪst; -list] *n.*

sub·stan·ti·al·i·ty [səbˌstænʃɪ'ælətɪ; səbˌstænʃi'æləti] 《substantial 的名詞》—*n.* Ⓤ **1** 實在性，有實質。**2** 實質；堅固。

sub·stán·tial·ly [-ʃəlɪ; -ʃəli] *adv.* **1** 實質上；大體上：His criticism is ~ correct. 他的批評大體上是正確的。**2** 充分地，大大地；堅固地。

sub·stan·ti·ate [səb'stænʃɪˌet; səb'stænʃieit] 《substance 的動詞》—*v.t.* **1** 使…實體化，使…具體化。**2** 證實…：~ a claim 證實一項申訴[陳述，主張]。
sub·stan·ti·a·tion [səbˌstænʃɪ'eʃən; səbˌstænʃi'eiʃn] *n.*

sub·stan·ti·val [ˌsʌbstən'taɪvl; ˌsʌbstən'taivl] 《substantive 的形容詞》—*adj.*《文法》實名詞的，名詞的。
~·ly [-vlɪ; -vli] *adv.*

sub·stan·tive ['sʌbstəntɪv; 'sʌbstəntiv] *adj.* **1** 獨立的，自立的：a ~ motion 實質性動議。**2** 實在的；本質上的，實際的。**3** 相當多量[多數]的。**4**《文法》**a** 實名詞的，用作名詞的：a ~ clause 名詞子句。**b**〈動詞〉表示存在的：a ~ verb 存在動詞《指 be 動詞》。
—*n.* Ⓒ《文法》實名詞，名詞(noun)。
~·ly *adv.*

súb·stàtion *n.* Ⓒ **1** 分署，分局，分所，派出所；(郵局的)支局。**2** 變電所。

***sub·sti·tute** ['sʌbstəˌtut, -ˌtjut; 'sʌbstitju:t] 《源自拉丁文「置於下面」之義》—*v.t.* 〔十受(十介十(代)名)〕用…代替，取代，替換〔…〕〔*for*〕：~ margarine *for* butter 用人造奶油代替奶油《★變換可換寫成 replace butter with margarine》/Word processors are being ~*d for* typewriters. 文字處理機正被用來取代打字機。
—*v.i.* 〔十介十(代)名〕代替，代理〔…〕〔*for*〕：Mr. Brown is *substituting for* me as principal. 布朗先生正在代理我當校長。
—*n.* Ⓒ **1 a** 代理人，代替者，候補者，候補選手〔*for*〕。**b**(戲劇的)替角，代替的演員〔*for*〕。**c** 代用(食)品〔*for*〕：~*s for* rubber 橡膠的代用品。**2**《文法》代用字《代名詞或 He sang better than I did. 的 *did* (=sang)》。

sub·sti·tu·tion [ˌsʌbstə'tuʃən, -'tju-; ˌsʌbsti'tju:ʃn] 《substitute 的名詞》—*n.* ⓊⒸ **1** 代理，代用。**2**《文法》(字的)代用。
~·al [-ʃənl; -ʃənl] *adj.*

sub·sti·tu·tive ['sʌbstəˌtutɪv, -ˌtju-; 'sʌbstitju:tiv] *adj.* 代替的，代用的，代理的。**~·ly** *adj.*

sub·stra·ta *n.* **substratum** 的複數。

sub·strate ['sʌbstret; 'sʌbstreit] *n.* Ⓒ **1** =substratum. **2**《生化》酵化物，酵解物《接受酵素作用的物質》。

sùb·strátosphere *n.* [the ~] 亞[次]平流層，亞[次]同溫層《平流層之下，對流層的頂層》。

sub·stra·tum [sʌb'stretəm; ˌsʌb'strɑ:təm] *n.* Ⓒ (*pl.* **-ta** [-tə; -tə]) **1** 下層。**2** 地基，根基，基礎〔*of*〕。

súb·strùcture *n.* Ⓒ **1** 基礎工程。**2** 下層結構，地下建築。

sub·sume [səb'sum; səb'sju:m] *v.t.* 〔十受(十介十(代)名)〕把…包括〔在範圍內〕，把…納入〔規則下〕：~ an instance *under* a rule 把一個例子納入某規則之下。

sub·sys·tem ['sʌbˌsɪstəm, səb'sɪstəm; sʌb'sistəm] *n.* Ⓒ 次要系統[組織]。

sub·teen ['sʌb'tin; ˌsʌb'ti:n] *n.* Ⓒ《口語》將滿十三歲的男孩或女孩。
—*adj.* 將滿十三歲之男[女]孩的。

sùb·ténancy *n.* ⓊⒸ (房屋、土地的)轉租，分租。

sùb·ténant *n.* Ⓒ (房屋、土地的)轉租者，分租人。

sub·tend [səb'tɛnd; səb'tend] *v.t.*《幾何》〈弦、三角形的邊〉正對〈弧、角〉：The chord AC ~*s* the arc ABC. 弦 AC 正對弧 ABC.

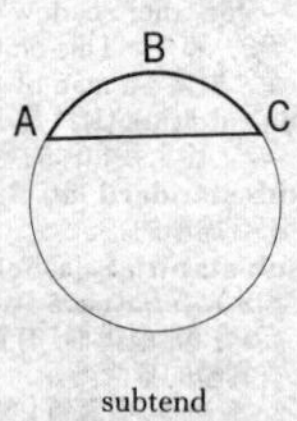

subtend

sub·ter- [sʌbtə-; sʌbtə-] 字首 表示「在…之下；少於；祕密地」之意。

sub·ter·fuge ['sʌbtəˌfjudʒ; 'sʌbtəfju:dʒ] *n.* **1** Ⓒ 遁辭，藉口。**2** Ⓤ 欺騙，詭計。

sub·ter·ra·ne·an [ˌsʌbtə'renɪən; ˌsʌbtə'reinjən] *adj.* 地下的：a ~ stream 地下的水流。**2** 隱藏的。
—*n.* Ⓒ 住在[挖掘]地下的人，在地下工作的人。

sub·ter·ra·ne·ous [ˌsʌbtə'renɪəs; ˌsʌbtə'reinjəs] *adj.* = subterranean.

sub·til·ize ['sʌtlˌaɪz; 'sʌtilaiz] 《subtle 的動詞》—*v.t.* **1** 使…變薄，使…稀薄。**2** 使…微妙。**3** 使〈感覺等〉敏銳。**4** 細微地區分…；精細地討論…。
—*v.i.* 細微地區別。

súb·title *n.* **1** Ⓒ 小標題，副標題。**2** [~s] (電影的)說明字幕，(電視畫面上的)字幕。

sub·tle ['sʌtl; 'sʌtl] 《源自拉丁文「織得漂亮的」之義》—*adj.* (**sub·tler**; **-tlest**) **1 a** (無法覺察的)微妙的，神秘的，無可名狀的，不可思議的，難解的：a ~ delight 無可名狀的喜悅/a ~ charm 不可思議的魅力。**b**〈區別等〉難分的，細微的：a ~ distinction 細微的區別/The difference is very ~. 該差異非常微妙《說不出所以然》。
2〈知覺、感覺等〉敏感的，敏銳的，細膩的：a ~ intellect 明敏的才智[智力]，睿智/make a ~ observation 作精細入微的觀察。
3 a 狡猾的，陰險的；要提防的：a ~ plan 狡計。**b** 巧妙的，靈巧的：a ~ craftsman 手巧的工匠。
4〈溶液等〉稀薄的；〈氣體等〉稀散的，淡的。
sub·tly ['sʌtlɪ; 'sʌtli] *adv.*

sub·tle·ty ['sʌtltɪ; 'sʌtlti] 《subtle 的名詞》—*n.* **1 a** Ⓤ 微妙，神秘，無可名狀。**b** Ⓒ [常**subtleties**] 細微的區別；微妙之處。**2** Ⓤ 敏銳，敏感。**3** Ⓤ **a** 狡猾，陰險。**b** 巧妙，精巧。

sub·to·pi·a [sʌb'topɪə; sʌb'toupiə] 《*sub*urbs 和 u*topia* 的混合語》—*n.* ⓊⒸ (景觀上雖不好，但可供大眾居住的)新興住宅區。

súb·tòtal *n.* Ⓒ 小計。

***sub·tract** [səb'trækt; səb'trækt] 《源自拉丁文「向下拉」之義》—*v.t.* 〔十受(十介十(代)名)〕〔從…〕減去，扣除…〔*from*〕(↔ add)：If you ~ two *from* five you get[have] three. =Two ~*d from* five leaves three. (從)五減去二剩下三。
—*v.i.* 作減法計算。

sub·trac·tion [səb'trækʃən; səb'trækʃn] 《subtract 的名詞》—*n.* ⓊⒸ **1** 減去，削減，扣除。**2**《數學》減法(↔ addition)。

sub·trac·tive [səb'træktɪv; səb'træktiv] *adj.* 減的，扣除的。

sub·tra·hend ['sʌbtrəˌhɛnd; 'sʌbtrəhend] *n.* Ⓒ《數學》減數。

sùb·trópical *adj.* 亞熱帶的：a ~ plant 亞熱帶植物。

sùb·trópics *n. pl.* [the ~] 亞熱帶地方。

***sub·urb** ['sʌbɝb; 'sʌbə:b] 《源自拉丁文「在都市附近」之義》—*n.* **1** Ⓒ (作為住宅區的)郊外，市郊：They live together in their home *in* a ~ of Chicago. 他們同住於芝加哥郊外的自己家裏。**2** [the ~s] (與商店街、商業地區有別的)近郊，郊外《尤指住宅區》：*in the* ~*s* of Tokyo 在東京郊區。

sub·ur·ban [sə'bɝbən; sə'bə:bən] 《suburb 的形容詞》—*adj.*《輕蔑》**1** [用在名詞前] (住於)郊外的，(在)市郊的。**2** 市郊特有的；褊狹的。

sub·ur·ban·ite [sə'bɝbənˌaɪt; sə'bə:bənait] *n.* Ⓒ《口語・輕蔑》郊外居住者，郊區居民。

sub·ur·bi·a [sə'bɝbɪə; sə'bə:biə] *n.* Ⓤ《輕蔑》**1** [集合稱] **a** 郊外。**b** 居住郊區者，郊區居民。**2** 郊區的生活方式[習俗]。

sub·ven·tion [səb'vɛnʃən; səb'venʃn] *n.* Ⓒ《文語》(特別用途的)津貼，補助金。

sub verbo [sʌb'vɝbo; sʌb'və:bou] 《源自拉丁文 'under the word or heading' 之義》在該字或該標題下《略作 s.v.; cf. *sub voce*》。

sub·ver·sion [səb'vɝʃən; səb'və:ʃn] 《subvert 的名詞》—*n.* Ⓤ 破壞，顛覆，推翻。

sub·ver·sive [səb'vɝsɪv; səb'və:siv] 《subvert 的形容詞》—*adj.* 破壞的，顛覆的：engage in ~ activities 從事顛覆活動。
—*n.* Ⓒ 破壞者，顛覆分子。**~·ly** *adv.* **~·ness** *n.*

sub·vert [səb'vɝt; sʌb'və:t] 《源自拉丁文「翻倒」之義》—*v.t.* **1** 破壞，推翻〈國家、政府等〉：Democracy can easily be ~*ed* from within. 民主政體容易自內部加以破壞。**2** 使〈信心、忠誠等〉逐漸失去，使…敗壞。

sub voce [sʌb'vosɪ; sʌb'vousi] 《源自拉丁文 'under the specified word' 之義》在該字下《略作 s.v.; cf. *sub verbo*》。

‡sub·way ['sʌbˌwe; 'sʌbwei] *n.* Ⓒ **1** [常 the ~]《美》地下鐵，地下鐵路[火車]（《英》underground）：take *the* ~ 搭地下火車(去)/*on the* ~ 乘坐地下火車/go *by* ~ 搭地下火車去《★by ~ 無冠詞》。

【說明】在美國有地下鐵的都市有紐約(New York)、波士頓(Boston)、華盛頓(Washington)等。紐約的地下鐵於 1904 年完成，現在有三個系統，票價都相同。乘車前要先買好硬幣狀的代用幣(token)，在入口的旋轉門(turnstile)上投票口(slot)投入代用幣即可進站搭車。巴黎的地下鐵稱作 metro. 關於倫敦的地下鐵請參看 underground【說明】

2《英》(尤指橫貫街道的)地下道（《美》underground）。

suc- [sʌk-, sək-; sʌk-, sək-] 字首 sub- 在 c 之前的變體。

‡**suc·ceed** [sək'sid; sək'si:d] «源自拉丁文「接著而來」之義»— *v.i.* A (cf. success) **1 a** 〈事、物〉成功；〈計畫等〉順利完成(↔ fail)：The experiment ~*ed* beyond all expectations. 該實驗獲得了出乎意料之外的成功/Nothing ~*s* like success. ⇨ success 1. **b** 〔十介十(代)名〕〈事、物〉〔對某人〕順利〔*with*〕：Things are beginning to ~ ***with*** him. 事態的發展開始對他有利。**c** 〔十介十(代)名〕〈某人〉成功〔於…〕〔*in*〕：He ~*ed* ***in*** its discovery. 他成功地[終於]發現了該物。**d** 〔十介十do*ing*〕〈某人〉成功〔於做…〕；能順利地〔做…〕〔*in*〕：They ~*ed* ***in*** reach*ing* the top of the mountain. 他們成功地[攀]登上山頂。

2 a 發跡，飛黃騰達：~ ***in*** life 發跡，出人頭地。**b** 〔十*as* 補〕〈當…而〉發跡：~ *as* a doctor 當醫生而發跡。

—B (cf. succession) **1 a** 〔十介十(代)名〕**繼承**〔…〕〔*to*〕：He ~*ed* ***to*** his uncle's estate. 他繼承伯父[叔父]的財產。**b** 〔動(十*as* 補)〕繼任〈爲…〉，成爲繼任：On Kennedy's death, Johnson ~*ed* (*as* President). 甘廼迪一去世，詹森即繼任爲總統。

2 繼續，繼起，接著而來：The war ended and a long peace ~*ed*. 戰爭結束之後緊接著是長期的和平。

—*v.t.* (cf. succession) **1** 〔十受〕**接在**〈…之後〉，隨〈…之後〉而來：Day ~*ed* day. 一天接著一天(過去)。

2 a 〔十受〕**繼承**〈王位等〉：Queen Mary was ~*ed* by Elizabeth Ⅰ. 瑪利女王之後由伊利莎白一世繼位。**b** 〔十受十*as* 補〕繼承…〈成爲…〉：Elizabeth Ⅱ ~*ed* George VI *as* the English sovereign. 伊利莎白二世繼承喬治六世成爲英國的最高統治者。

suc·céed·ing *adj.* 後繼的，繼起的，隨後的。~·**ly** *adv.*

‡**suc·cess** [sək'sɛs; sək'ses] «succeed *v.i.* A 的名詞»—*n.* **1** Ⓤ **a** 成功；好結果，好成績〔*in*〕(↔ failure)：one's ~ *in* business 某人在事業方面的成功/meet with ~ 成功，順利進行/with great ~ 大成功地/drink ~ to... 祝…的成功而乾杯/I made inquiries without (much) ~. 我幾次打聽都沒有(多大)結果/Nothing succeeds like ~. 《諺》一事順心萬事順利。**b** 發跡，出人頭地：He has had great ~ *in* life. 他一生中飛黃騰達。

2 Ⓒ 〔常作 be 動詞補語〕**a** 成功的人，成功者：He was a ~ as an actor. 作爲演員，他是個成功者[他是很出色的]。**b** (宴會等的)成功；(戲劇等的)賣座，大受歡迎：The evening was a ~. 那次晚會開得很成功。

3 Ⓤ 〔常與 good，ill 等的修飾語連用〕《古》結果，成果：good ~ 好結果，成功/ill ~ 壞結果，失敗。

màke a succéss of... 順利完成…；把…做得很成功：He *made a* ~ *of* his business. 他把事業做得很成功。

‡**suc·cess·ful** [sək'sɛsfəl; sək'sesful] «success 的形容詞»— *adj.* (**more** ~；**most** ~) **1 a** 成功的，有好結果的，有好成績的；〈演出等〉很賣座的，大受歡迎的；〈宴會等〉盛大的：a ~ experiment 成功[順利完成]的實驗/~ candidates 合格者；當選者/a ~ play 很賣座的戲劇。**b** 〔不用在名詞前〕〔十介十(代)名〕成功〔於…〕的〔*in*〕：He is ~ ***in*** everything. 他做什麼都很成功/She was ~ *in* find*ing* a new job. 她成功地找到一份新工作。

2 發跡的，出人頭地的；飛黃騰達的：a ~ banker 成功的銀行家/a ~ business 飛黃騰達的事業。

suc·cess·ful·ly [sək'sɛsfəlɪ; sək'sesfuli] *adv.* (**more** ~；**most** ~) 成功地，順利地，幸運地。

suc·ces·sion [sək'sɛʃən; sək'seʃn] «succeed *v.i.* B, *v.t.* 的名詞»—*n.* **1 a** Ⓤ **連續**：in ~ 連續的[地]，接連的[地]/win three victories in rapid ~ 迅速地連勝三次。**b** Ⓒ 〔常用單數〕連續的事物〔*of*〕：a ~ *of* fine days 連續的晴天/a ~ *of* victories 連勝。

2 Ⓤ **a 繼承**：the ~ *to* the throne 王位的繼承/the law of ~ 繼承法/by ~ 按照世襲/in ~ to... 繼承…。**b** 繼承權；王位繼承權。**c** 〔集合稱〕一系列之繼承人。

suc·cés·sion·al [-ʃən]; -ʃənl] *adj.* **1** 繼承的。**2** 連續的，接連的。

suc·ces·sive [sək'sɛsɪv; sək'sesiv] «succeed *v.i.* B, *v.t.* 的形容詞»—*adj.* (無比較級、最高級) **連續的**，繼續的：It rained (for) three ~ days. 連續下了三天的雨。

suc·cés·sive·ly *adv.* 接連地，連續地：It rained three days ~. 接連下了三天雨。

suc·ces·sor [sək'sɛsɚ; sək'sesə] «源自 succeed *v.i.* B, *v.t.* »—*n.* Ⓒ **1 後繼者**，繼任者，繼承人 (cf. predecessor)：the ~ *to* the throne 王位繼承者。**2** 隨後而來的事物[人]。

succéss stòry *n.* Ⓒ 發跡史，一個人成名或成功的故事。

suc·cinct [sək'sɪŋkt; sək'siŋkt] *adj.* 簡潔的，簡明的。
~·**ly** *adv.* ~·**ness** *n.*

suc·cor, 《英》**suc·cour** ['sʌkɚ; 'sʌkə] 《文語》 *n.* Ⓤ (危急時的)救助，援助。
—*v.t.* 援助，幫助，救助〈遭遇困難的人等〉。

suc·cu·bus ['sʌkjəbəs; 'sʌkjubəs] *n.* Ⓒ (*pl.* **-bi** [-baɪ; -bai]) (據說與睡眠中的男人性交的) 女妖 (cf. incubus 1).

suc·cu·lence ['sʌkjələns; 'sʌkjuləns] «succulent 的名詞»—*n.* Ⓤ 多漿，多水分。

suc·cu·lent ['sʌkjələnt; 'sʌkjulənt] *adj.* **1** 多漿的，多水分的。
2 《植物》(如仙人掌) 多漿多肉的(莖)。
—*n.* Ⓒ 《植物》肉質[多漿]植物《仙人掌、馬齒莧等》。
~·**ly** *adv.*

suc·cumb [sə'kʌm; sə'kʌm] «源自拉丁文「躺在下面」之義»—*v.i.* 〔動(十介十(代)名)〕**1** 屈服，屈從〔於誘惑等〕〔*to*〕：~ ***to*** temptation 屈服於誘惑，受到誘惑。

2 〔因病等而〕死亡；死〔於…〕〔*to, from*〕：~ ***to*** cancer 死於癌症/Some of the passengers ~*ed* ***to*** [***from***] their injuries. 有幾位乘客因受傷而死亡。

‡**such** [(重讀) sʌtʃ; sʌtʃ; (輕讀) sətʃ; sətʃ] *adj.* (無比較級、最高級) **1** [用在名詞前] [表示種類、範圍] **a 這[那]樣的**，這[那]種的，如此的 (★ 用法 (1)用於限制單數的可數名詞時，置於不定冠詞之前，與其他形容詞連用時置於 such a(n) 與名詞之間；(2)與 all, another, any, many, no, some 等一起使用時，such 置於這些字的後面 (如 another ~ experience)，隨後的名詞爲可數名詞的單數時也不用不定冠詞；但代名詞的 another, others 時，such 置於這些字之前 (如 such another [others])) : ~ *a* man 那樣[這樣]的人/ ~ men 那樣[這樣]的人們/all ~ men 所有那樣[這樣]的人/many ~ houses 許多那樣的房子/any [some] ~ man [thing] 任何那樣的人[東西]/No ~ place exists. 那種地方不存在的/*S*~ master, ~ servant. 《諺》有其主必有其僕。**b** [**such (...) as**] 像…這[那]樣的 (cf. as *pron.* 1)：*S*~ poets *as* Milton (is) are rare. = Poets ~ *as* Milton are rare. 像密爾頓那樣的詩人很少見/No machine can work without a fuel ~ *as* coal or oil. 沒有像煤或石油這種燃料，任何機器都不能運轉/We are only concerned with ~ distinctions *as* are necessary to explain the usage. 我們只注意說明慣用法所需的那些區別[不同之處]。

2 [表示程度] **a** [在形容詞＋名詞之前；當副詞用] **那樣[這樣]地**，如此地，非常，極：You can't master English in ~ a short time. 你無法在那樣短時間內學會英文/We had ~ a pleasant time. 我們玩得非常愉快/It was ~ a lovely day. 那是個很好的天氣。**b** [直接用於名詞前] 非常的：He was in ~ a hurry. 他非常匆忙。**c** [直接用於名詞前；加強語氣]《口語》了不得的，漂亮的，偉大的，厲害的，如此好[壞]的：We had ~ fun ! 我們玩得有趣極了 !/He is ~ a coward. 他眞是個膽小鬼/Did you ever see ~ weather ? 你見過這麼好[壞]的天氣嗎 ? **d** [**such (...) that**] 如此…以致於 [所以] 《★ 用法 《口語》常省略 that》：She had ~ a fright *that* she fainted. 她嚇得昏倒了《★ 變換 可換寫成 She was *so* frightened *that* she fainted. 這樣的說法較口語》/It was ~ a lovely day *that* I preferred to walk. 天氣這麼好所以我寧願走路/The audience made ~ a noise I could hardly hear what the speaker said. 聽衆如此喧嘩 (所以) 我幾乎聽不見演說者所說的話。**e** [以 such 作補語，用 such (...) that] 《文語》如此(嚴重)竟使…：His anger was ~ *that* he lost control of himself. 他氣得無法控制自己《★ 變換 可換寫成 He got so angry that..., 這樣的說法較口語》/*S*~ was her fright *that* she closed her eyes. 她嚇得閉上眼睛。**f** [**such (...) as to do**] 《文語》到〈…的〉程度 [地步]：His stupidity was ~ *as to* fill us with despair. 他笨得使我們大感絕望《★ 變換 可換寫成 He was so stupid *as to* fill us with despair. 或較爲口語的 He was so stupid that he filled us with despair.》. **g** [**such...as**] 像…程度的嚴重[厲害]…：I never got ~ bad headaches *as* I do now. 我從沒有患過像現在這樣厲害的頭痛。

súch and sùch 《口語》某某的，如此這般的：~ *and* ~ a street 某某街/the payment of ~ *and* ~ sums to ~ *and* ~ persons 付給某些人某些金額的報酬。

sùch as it is [they are] 雖然東西不怎麼樣，談不上…的東西，只不過是那樣的東西：You can use my car, ~ *as it is.* 你可以使用我的車子，雖然它並不怎麼好/He told his father his grades, ~ *as they were.* 他把自己的成績告訴父親，雖然成績談不上好。

— [sʌtʃ; sʌtʃ] *pron.* [當單數或複數用] **1 a 這樣的事 [東西，人]**，那樣的事[東西，人]：another ~ 另一個那樣的東西[人]/⇨ as SUCH (1). **b** [取代前面提過的名詞，或指前述的內容而用作補語] 那樣的人[東西]：*S*~ is life [the world] ! 人生[世界]就是這樣 !/*S*~ was not my intention. 我的意思不是那樣/*S*~ were the results. 結果是那樣/ ~ being the case 由於情形如此[那樣]，情形既然如此。

2 a [**such as**] …的東西[人] (cf. as *pron.* 1)：Take from the linen closet ~ *as* you need. 從亞麻布類的櫃子中拿去你所要的(亞麻布)/*S*~ of us *as* know her will deeply regret her death. 我們當中認識她的人都會爲她的死而深感遺憾 (★ 比較 Those of us who know her.... 的說法較口語)。**b** [**such that**] (…種類、性質的) 事物[人]：His behavior was ~ *that* everyone disliked him. 他做出這樣的行爲，人人都討厭他/The facts are ~ *that*

S

the project has had to be postponed. 事實是該計畫不得不延期了。

as sùch (1)被當作那樣的事物[人]，依其身分[資格，名義]地：He was a foreigner and was treated *as* ～. 他是個外國人所以被當作外國人看待《★用法用 as 時一般雖不與 one 連用，但與 like one 同樣，有時也有說 as one 的情形》。(2)本身(in itself)：History *as* ～ is too often neglected. 歷史本身往往被忽略。

súch and sùch 《口語》某某事物[人]，如此這般的事物[人]：Suppose you go to the shop and ask for ～ *and* ～. 假定你到那家商店去買某類某樣的東西。

súch·lìke 《口語》*adj.* [用在名詞前]像這樣[這種]的，諸如此類的：We played baseball *and* ～ games. 我們從事[參加]棒球之類的運動。—*pron.* [當複數用]這樣[這種]人[東西]：artists *and* ～ 藝術家以及這類的人。

suck** [sʌk; sʌk] *v.t.* **1 a** 〔十受〕(用嘴或管子)吸，吸入〈液體〉：She ～*ed* the lemonade *through* a straw. 她用麥管吸檸檬水。**b** 〔十受十介十(代)名〕〔從…〕吸〈液體〉，吸〔…的〕〈液體〉〔*from, out of*〕：～ the poison ***out of a wound 從傷口吸出毒液/～ the juice ***from*** an orange 吸橘子汁。**c** 〔十受〕從…吸液體[奶]：She tried to get the baby to ～ her breast. 她試著使嬰兒吸她的奶。**d** 〔十受十補〕把…吸成〈…狀態〉：She ～*ed* the orange dry. 她把橘子的汁吸乾。

2 a 〔十受〕把〈糖果、手指等〉(含在嘴裏)吮吸《★比較「以舌頭舐」用 lick》：That child still ～*s* his thumb. 那個小孩還會吮吸拇指。**b** 〔十受(十副)〕《鄙》對〈人〉做口腔性愛〈*off*〉。

3 〔十受十副詞(片語)〕 **a** 吸入，吸取〈液體、空氣等〉：～ *in* the cool mountain air 吸入涼爽的山間空氣/A sponge ～*s in*[*up*] water. 海棉吸水/Plants ～ *up* moisture *from* the earth. 植物從土裏吸取水分。**b** 〈漩渦等〉把〈船等〉捲入，把…吞沒：The boat was ～*ed into* the whirlpool. 那隻小船被捲入漩渦中/The mud ～*ed off* one of my shoes. 泥漿使我的一隻鞋脫落。

4 〔十受(十副詞(片語))〕吸收〈知識等〉；獲取〈利益〉，榨取…；從〈某人處〉吸收[獲取]知識[財產(等)]：～ *in* knowledge 吸收知識/～ advantage *out of* one's experiences 從某人的經驗中獲益。

5 〔十受十介十(代)名〕《口語》欺騙(或強迫)〈某人〉〔使做…〕〔*into*〕：They were [got] ～*ed* ***into*** wash*ing* his car [the confidence trick]. 他們被迫去洗他的車子[上了騙子的當]。

—*v.i.* **1 a** 〔動(十介十(代)名)〕吸，啜飲〔…〕〔*at*〕：The old gentleman began ～*ing* ***at*** a cigar. 那位老紳士開始吸雪茄煙。**b** 吸[喝]奶。

2 〔動(十副)(十介十(代)名)〕吮吸〔糖果、手指等〕〈*away*〉〔*at*〕：The baby ～*ed* ***away at*** its finger. 那個嬰兒不停地吮吸自己的指頭。

3 〔十副〕《美口語》(為得到好處而)老在(某人、某處)打轉，諂媚〈*around*〉：politicians ～*ing* ***around*** for votes 為獲得選票而諂媚的政治家。

4 《美俚》〈對事情〉感到厭煩，作嘔。

súck úp to... 《口語》以甜言蜜語討好…，諂媚…。

—*n.* **1 a** Ⓤ吸奶；吸入，吸收：a child *at* ～ 吃奶的小孩/give ～ to...《古》給…吃奶。**b** Ⓒ一吸，一吮，一舐，一口，一杯：have a ～ *of* liquor 喝一口酒/have [take] a ～ at...吸[啜飲]一口…，吮吸〈糖果等〉。

2 Ⓒ[常 ～s]《英俚》失望，失敗：*Sucks*! 這下子好看了！活該！《★用法對於似乎很有自信的人失敗時幸災樂禍的說法》。

súck·er *n.* Ⓒ **1** 吮吸的人[物]，吸管，吸盤；吃奶的嬰兒。

2 《口語》**a** [也用於稱呼](容易上當受騙的)傻瓜，笨蛋。**b** 〔對…〕入迷的人〔*for*〕：a ～ *for* movies 對電影入迷的人/He is a ～ *for* blondes. 他容易被金髮碧眼的女子吸引。

3 a (用橡膠等製成的)吸盤。**b** 《動物》吸盤。

4 《植物》吸枝《★由地下莖長出的枝》。

5 《機械》吸入管，吸嘴，進油管。

6 《美口語》棒棒糖(lollipop)。

súcker bàit *n.* Ⓒ《俚》可使人上當的圈套。

súcker lìst *n.* Ⓒ《口語》商業機構或慈善團體認為可能購買或捐款的人的名單。

suck·ing [ˈsʌkɪŋ; ˈsʌkiŋ] *adj.* **1** 尚未斷奶的。**2** 未成熟的，乳臭未乾的，羽毛未豐的。

suck·le [ˈsʌkl; ˈsʌkl] *v.t.* 給…吃奶，哺乳。—*v.i.* 吃奶，吮乳。

suck·ling [ˈsʌklɪŋ; ˈsʌkliŋ] *n.* Ⓒ吃奶的嬰兒，乳獸。

su·cre [ˈsukre; ˈsuːkrei] *n.* Ⓒ蘇克雷《厄瓜多爾的貨幣單位；相當於 100 centavos；符號 S, S/》。

su·crose [ˈsukros; ˈsuːkrous] *n.* Ⓤ《化學》蔗糖。

suc·tion [ˈsʌkʃən; ˈsʌkʃn] «suck 的名詞»—*n.* **1** Ⓤ **a** 吸，吸入，吸上。**b** 吸力。**2** Ⓒ吸管，吸水管。

súction pùmp *n.* Ⓒ抽水機，汲水唧筒。

suc·to·ri·al [sʌkˈtorɪəl; sʌkˈtɔːriəl] *adj.* **1 a** 吸入的。**b** 適於吮吸的。**2** 《動物》靠吸血[汁]而生的。**3** 有吸盤的。

Su·dan [suˈdæn; suːˈdɑːn] *n.* [**the** ～]蘇丹《非洲東北部的一個共和國；首都卡土穆(Khartoum)》。

Su·da·nese [ˌsudəˈniz; ˌsuːdəˈniːz] «Sudan 的形容詞»—*adj.* 蘇丹的。

—*n.* Ⓒ(*pl.* ～)蘇丹人。

su·da·to·ri·um [ˌsudəˈtorɪəm; ˌsjuːdəˈtɔːriəm] *n.* Ⓒ(*pl.* **-ri·a** [-rɪə; -riə])蒸氣浴。

***sud·den** [ˈsʌdn; ˈsʌdn] «源自拉丁文「偷偷去[來]」之義»—*adj.* (**more** ～; **most** ～) **1** 突然的，出乎意料的：⇨ sudden death/We felt a ～ shock. 我們感覺到突然的震撼[震動]。

2 快速的，急速的：a ～ change 驟變/a ～ stop 急速停止/a ～ drop in temperature 溫度的驟降/He was ～ *in* his movements. 他的動作出於突然。

—*n.* ★用於下列片語。**(áll) of a súdden** 突然地，忽然地(suddenly)。～**·ness** *n.*

súdden déath *n.* **1** ⓊⒸ猝死，突然的死亡：die a ～ 突然死去，暴斃。**2** Ⓒ《運動》得分決勝《得分相同的延長賽時決定勝負的一次比賽》。

‡**sud·den·ly** [ˈsʌdn̩lɪ; ˈsʌdnli] *adv.* (**more** ～; **most** ～)突然地，出其不意地：*S*～ he felt something tugging at the end of his fish line. 突然，他感覺到有東西在拉動釣魚線的末端。

su·dor·if·ic [ˌsudəˈrɪfɪk; ˌsjuːdəˈrifik] *adj.* 使發汗的；催汗的。

—*n.* Ⓒ發汗藥，催汗劑。

Su·dra [ˈsudrə; ˈsuːdrə] *n.* Ⓒ首陀羅《印度四大階級中最低下階級的人，即奴僕；cf. Brahman》。

suds [sʌdz; sʌdz] *n. pl.* **1** 肥皂泡。**2** 《美俚》啤酒。

suds·y [ˈsʌdzɪ; ˈsʌdzi] «suds 的形容詞»—*adj.* (**suds·i·er**; **-i·est**)起泡沫的，全是泡沫的。

sue [su, sju; sjuː, suː] *v.t.* 〔十受(十介十(代)名)〕〔以…理由〕控告，控訴〈某人〉；〔為求…而〕控告〈某人〉〔*for*〕：She ～*d* the paper ***for*** libel. 她以誹謗的理由控告該報；她告那家報社誹謗[中傷]/She ～*d* her husband *for* a divorce. 她為求離婚而控告丈夫；她控告丈夫要求離婚。

—*v.i.* 〔動(十介十(代)名)〕**1** 〔以…理由〕起訴，控告；起訴〔要求…〕〔*for*〕：～ ***for*** damages 起訴要求賠償損失/～ *for* a divorce 提出訴訟要求離婚。**2** 請求，懇求〔…〕〔*for*〕：～ ***for*** peace 求和。

Sue [su, sju; sjuː, suː] *n.* 蘇《女子名；Susan, Susanna(h) 的暱稱》。

suede, suède [swed; sweid] «源自法語 'Swedish (glove)' 之義»—*n.* Ⓤ麂皮《經過鞣製加工，使內側起細毛的小山羊皮、小牛皮》。

—*adj.* [用在名詞前]麂皮的。

su·et [ˈsuɪt, ˈsjuɪt; ˈsjuit, ˈsuit] *n.* Ⓤ 板油《牛[羊]腎臟周圍的硬脂肪，用以烹調》。**su·et·y** [ˈsuɪtɪ; ˈsjuiti] *adj.*

Su·ez [ˈsuɛz; ˈsuiz] *n.* 蘇彝士《埃及東北部的一個港市，在蘇彝士運河南端》。

the Gúlf of Súez 蘇彝士灣《在紅海西北端》。

the Ísthmus of Súez 蘇彝士地峽《連接非洲與亞洲》。

Súez Canál *n.* [**the** ～]蘇彝士運河《連結地中海與紅海，工程由 F. Lesseps [lɛˈsɛps; leˈseps] 設計，1869 年完工》。

suf- [sʌf-, səf-; sʌf-, səf-] 字首sub- 在 f 之前的變體。

Suff. 《略》Suffolk.

‡**suf·fer** [ˈsʌfɚ; ˈsʌfə] «源自拉丁文「在下面忍耐」之義»—*v.t.* **1** 〔十受〕經歷，蒙受，遭受〈痛苦、不愉快的事情〉：～ serious wounds 受重傷/～ great losses 蒙受重大損失/Are you ～*ing* any pain? 你感到什麼痛苦沒有？/Jesus Christ ～*ed* death upon the cross. 耶穌基督殉難於十字架上。

2 〔十受〕[用於否定句、疑問句]忍受，忍耐…(⇨ endure【同義字】)：I can*not* ～ such insults. 我不能忍受這樣的侮辱/How can you ～ his insolence? 你怎麼能容忍他蠻橫無禮？

3 a 〔十受十 *to* do〕《文語》容許，默許〈某人〉〈做…〉：She ～*ed* her hand *to* be held. 她容許自己的手被握住/*S*～ yourself *to* be bound. 乖乖就擒吧。**b** 〔十受〕[常用於否定句]容忍，默忍…《★常用於下列片語》：*not* ～ fools gladly 無法忍受與笨蛋相處[看不慣糊塗事]。

—*v.i.* **1** 〔動(十介十(代)名)〕〔因…而〕受苦，苦惱〔*in, for, from, with*〕：～ terribly 非常痛苦/～ ***in*** agony [***with*** (《美》a) toothache] 受痛苦的煎熬[因牙痛而苦惱]/He ～*ed* ***for*** what he had done. 他為自己所做的事而受罪/He was then ～*ing* ***from*** extreme poverty. 那時候他正因極端貧窮而受苦。

2 〔動(十介十(代)名)〕〔因…而〕蒙受損害，受到傷害，變壞〔*from*〕：His trade ～*ed* greatly during the war. 戰爭中他的生意蒙受很大損失/His reputation will ～ ***from*** such conduct. 他的名聲會因如此的行為而受損。

3 〔十介十(代)名〕患〔疾病等〕，生〔病〕〔*from*〕：～ ***from*** gout 患痛風/She is ～*ing from* rheumatism. 她患風溼症。

4 〔十介十(代)名〕〔因…而〕受罰〔*for*〕：You'll ～ ***for*** this！你會因這件事而受罰！

suf·fer·a·ble [ˋsʌfrəbl, ˋsʌfərəbl; ˈsʌfərəbl] *adj.* 可忍受的，忍得下去的，可以容許的。**súf·fer·a·bly** [-rəblɪ; -rəbli] *adv.*

suf·fer·ance [ˋsʌfrəns, ˋsʌfərəns; ˈsʌfərəns] «suffer 的名詞» **—***n.* Ⓤ 默許，寬容，容許《★常用於下列片語》：on ～ 經默許，出於寬容，在容忍的情況下。

súf·fer·er [-fərɚ; -fərə] *n.* Ⓒ **1** 受苦[難]者，災民：～*s* from famine 饑餓的受苦者。**2** (因某疾病而)受苦的人。

suf·fer·ing [ˋsʌfrɪŋ, ˋsʌfərɪŋ; ˈsʌfəriŋ] *n.* ⓊⒸ〔常～s〕**1 痛苦，**苦難，受難，受害。**2** 災害，災難。

suf·fice [səˋfaɪs; səˈfais]《文語》*v.t.* 〔十受〕〈食物等〉**使〈人〉滿足，**足夠〈某人〉之用：Two meals a day ～ an old man. 老人一天二餐就足夠了。**—***v.i.* 〔動(十介十(代)名)〕〔對…〕**足夠，**充足〔*for*〕：Will $100 ～ ***for*** you [your needs]？一百美元能滿足你的需要嗎？

Suffice it to sáy that.... 說…就夠了，(目前)只要說…《★[用法]suffice 是假設語氣現在式》。

suf·fi·cien·cy [səˋfɪʃənsɪ; səˈfiʃnsi] «sufficient 的名詞»**—***n.* **1** Ⓤ充分，足夠，充足。**2** [a ～] 充分的量[財力]，許多〔*of*〕：a ～ *of* food [fuel] 充足的食物[燃料]。

suf·fi·cient** [səˋfɪʃənt; səˈfiʃnt] «suffice 的形容詞»**—adj.* (無比較級、最高級) **1 a 充分的，**足夠的(⇨ enough【同義字】)：～ food [evidence] 充足的食物[充分的證據]。**b** [不用在名詞前]〔十介十(代)名〕〔對…〕充足的〔*for*〕：The pension is not ～ ***for*** living expenses. 該退休金不夠應付生活費。**c** 〔十 *to* do〕足夠〈做…〉的：This is ～ *to* show that his argument is false. 這足以証明他的論點是錯的/There's ～ food *to* support the people. 有足夠的食物供養人民。**2**《古》有充分能力的，有資格的，有財力的。

suf·fí·cient·ly *adv.* **1** 充分地。**2** 〔十 *to* do〕足夠〈做…〉地：My income is not ～ great *to* support us. 我的收入不足以供養我們。

suf·fix [ˋsʌfɪks; ˈsʌfiks] *n.* Ⓒ《文法》後綴，字尾，接尾語《-er, -less, -able 等；★本辭典中使用[字尾]的符號；↔ prefix》。

suf·fo·cate [ˋsʌfəˏket; ˈsʌfəkeit] «源自拉丁文「在喉嚨下」之義»**—***v.t.* **1** 停止…的呼吸，使…窒息而死，使…悶死(⇨ stifle【同義字】)。**2** 使〈人〉不能呼吸，使〈人〉不能出聲《★常用被動語態》：She *was* ～*d* by the smoke. 她被煙嗆得透不過氣來。

—*v.i.* **1** 窒息而死，悶死。**2** 嗆著，呼吸困難。

suf·fo·ca·tion [ˏsʌfəˋkeʃən; ˌsʌfəˈkeiʃn] «suffocate 的名詞» **—***n.* Ⓤ窒息；窒悶。

suf·fo·ca·tive [ˋsʌfəˏketɪv; ˈsʌfəkeitiv] *adj.* 使窒息的，令人不能呼吸的。

Suf·folk [ˋsʌfək; ˈsʌfək] *n.* 沙福克郡《英格蘭東部的一郡；原分爲 East ～ 與 West ～，1974 年合併爲一，首府易普威治 (Ipswich [ˋɪpswɪtʃ; ˈipswitʃ])；略作 Suff.》。

suf·fra·gan [ˋsʌfrəgən; ˈsʌfrəgən] *adj.* 下屬的，副的，輔助的《指主教對其所隸屬之總主教而言》。

—*n.* Ⓒ副監督，副主教，隸屬總主教管轄之主教。

suf·frage [ˋsʌfrɪdʒ; ˈsʌfridʒ] *n.* **1** Ⓒ投票贊成。**2** Ⓤ選舉權，投票權，參政權：manhood ～ 成年男子選舉[投票]權/universal [popular] ～ 普選(權)。

suf·fra·gette [ˏsʌfrəˋdʒɛt; ˌsʌfrəˈdʒet] *n.* Ⓒ(尤指二十世紀初的英國)參政權擴大論者；(尤指)主張婦女有參政權的婦女。

suf·fra·gist [ˋsʌfrədʒɪst; ˈsʌfrədʒist] *n.* Ⓒ主張擴大參政權者；婦女參政主義者：a universal [woman] ～ 普選[婦女選舉]論者。

suf·fuse [səˋfjuz; səˈfjuːz] *v.t.* 〈光、顏色、淚等〉充滿…，瀰漫…《★常用被動語態，介系詞用 *with, by*》：The sky *was* ～*d* ***with*** the pale light of dawn. 天空泛著黎明的曙光/Her eyes *were* ～*d with* tears. 她(兩眼)熱淚盈眶。

suf·fu·sion [səˋfjuʒən; səˈfjuːʒn] «suffuse 的名詞» **—***n.* ⓊⒸ **1** 充滿，布滿，瀰漫。**2** (臉等的)漲紅，發紅。

sug- [sʌg-, səg-; sʌg-, səg-] [字首]sub- 在 g 之前的變體。

‡sug·ar [ˋʃʊgɚ; ˈʃugə] *n.* **1 a** Ⓤ**糖**：a lump of ～ 一塊(方)糖/block [cube, cut, lump] ～ 方糖。**b** Ⓒ一塊[一匙]糖：How many ～*s* in your tea？你的茶裏要放幾塊糖？

2 Ⓤ《化學》糖：～ of milk 乳糖。

3 [用於稱呼]親愛的(darling)。

—*v.t.* 〔十受〕加糖於…，加糖使…甜；覆[灑]糖於…。

—*v.i.* **1** 變成糖。**2** 〔十副〕《美》(把楓糖)煮成粒狀〈*off*〉。

súgar the píll ⇨ pill.

súgar bèet *n.* Ⓤ《植物》糖菜菔《俗稱甜菜》。

Súgar Bòwl *n.* [the ～]《美式足球》糖盃橄欖球賽《每年元旦在新奧爾良(New Orleans)舉行的四大選拔比賽之一》。

súgar bòwl *n.* Ⓒ(餐桌上用的)砂糖容器，糖罐。

súgar cándy *n.* **1** ⓊⒸ冰糖。**2** Ⓒ討人喜歡的人或事。

súgar·càne *n.* Ⓤ《植物》甘蔗。

súgar·còat *v.t.* **1** 加糖衣於〈藥丸等〉《★常以過去分詞當形容詞用；⇨ sugarcoated 1》。**2** 使〈不愉快的事情〉看起來差强人意[不那麼討厭]，裝飾…的門面《★常以過去分詞當形容詞用；⇨ sugarcoated 2》。

súgar·còated *adj.* **1** (藥丸等)加糖衣的(cf. sugarcoat 1)。**2** 裝飾門面的，將不愉快的事加以掩飾的(cf. sugarcoat 2)。

sugar beet

súgar còrn *n.*《美》＝sweet corn.

súgar dàddy *n.* Ⓒ《口語》(致送禮物以博取年輕女子歡心的)中年男子。

sug·ared [ˋʃʊgɚd; ˈʃugəd] *adj.* **1** 覆有糖的；混有糖的；加糖使甜的；有糖衣的。**2** 〈言詞等〉甜蜜的，甘美的。

súgar·less *adj.* **1** 沒有加糖的，無糖的。**2** 〈食品〉添加人工甘味料(代替糖)的。

súgar·lòaf *n.* Ⓒ **1** 圓錐形的白糖，塔糖。**2** 圓錐形的山。

súgar màple *n.* Ⓒ《植物》糖槭。

súgar·plùm *n.* Ⓒ(圓形)糖果，小糖球。

súgar tòngs *n. pl.* 用以夾方糖的鑷子。

sug·ar·y [ˋʃʊgrɪ, ˋʃʊgərɪ; ˈʃugəri] «sugar 的形容詞»**—***adj.* **1** (似)糖的，糖製的；甜的。**2** 〈說話等〉甜言蜜語的；(甜蜜而)傷感的：in a ～ voice 以甜蜜的聲音。

‡sug·gest [səgˋdʒɛst; səˈdʒest] «源自拉丁文「拿到下面」之義»**—***v.t.* **1 提議，建議。**

【同義字】suggest 是客氣的建議，希望獲得對方的考慮；propose 是積極的提議。

a 〔十受(十介十(代)名)〕〔向…〕提出[提議]〈計畫、構想等〉〔*to*〕：He ～*ed* a drink. 他提議去喝一杯/He ～*ed* a new procedure ***to*** the committee. 他向委員會提出新的議事程序。**b** 〔十受十介十(代)名〕提議讓〈某人〉〔當…〕〔*for*〕：I ～*ed* George ***for*** president, and they all agreed. 我提議讓喬治當會長，他們都同意了。**c** 〔(十介十(代)名)十 *that*__〕〔向某人〕建議〈…事〉〔*to*〕：I ～*ed* (***to*** him) *that* the sum (should) be paid immediately. 我(向他)建議立刻支付該款《★[用法]《口語》多半不用 should》。**d** 〔十 do*ing*〕提議〈做…事〉：She ～*ed* go*ing* to the theater. 她提議去戲院看戲《★[變換]可換寫成 She ～*ed* (*to* me) *that* we (should) go to the theater.》/He ～*ed* my sell*ing* the car. 他建議我賣掉那部車子。**e** 〔十 *wh.*__/十 *wh.*十 *to* do〕建議〈如何(做)…〉：Can you ～ *how* we can get [*how to* get] there in time？你能建議我們如何才能及時到達那裏嗎？**f** 〔十引句〕提議說…：“Let's start,” he ～*ed.* 他提議說：「我們動身吧。」

2 暗示。

【同義字】suggest是有意或無意地讓對方覺察；hint 是給與對方相當清楚的示意，好讓對方明白自己的意向；insinuate 指以巧妙的方法暗示(hint)不愉快的事或不能明說的事。

a 〔十受〕〈事情〉暗示…；〈從某事〉可知…：His lecture ～*s* the depth of his knowledge. 從他的講課可知他學識的淵博。**b** 〔十 *that*__〕〈某人〉暗示〈…事〉：Are you ～*ing that* he is guilty？你是在暗示他有罪嗎？**c** 〔十 *that*__〕〈東西〉暗示〈…事〉；〈從某物〉可知〈…事〉：Those seagulls ～ *that* land is not distant. 看到那些海鷗便可知陸地在不遠處。

3 a 〔十受〕使人想起…，使人聯想到…：This music ～*s* a still, moonlit night. 這種音樂使人聯想到寧靜的月夜。**b** 〔十受(十介十(代)名)〕[～ one*self*]浮現在〔…的〕心頭[腦海]〔*to*〕：A solution ～*ed itself* ***to*** me. 一個解決方法浮現在我的腦海[我想到一個解決辦法]。

sug·gest·i·bil·i·ty [səgˏdʒɛstəˋbɪlətɪ, səˏdʒɛst-; səˌdʒestəˈbiliti] «suggestible 的名詞»**—***n.* Ⓤ可暗示性，受暗示性。

sug·gest·i·ble [səgˋdʒɛstəbl, səˋdʒɛst-; səˈdʒestəbl] *adj.* **1** 可暗示[提議]的。**2** 容易受到(催眠術、廣告等的)暗示的。

sug·ges·tion** [səgˋdʒɛstʃən, səˋdʒɛs-; səˈdʒestʃən] «suggest 的名詞»**—n.* **1 a** ⓊⒸ**提案**；建議，提議：The party was given *at* my ～. 那次聚會是在我的建議下舉行的/make [offer] a ～ 提議/～*s for* improv*ing* English teaching 改進英語教學的提案。**b** Ⓒ〔十 *that*__〕〈…的〉提議，建議：He made a ～ *that* we (should) all go for a picnic. 他提議我們都去野餐《★[用法]《口語》多半不用 should》。

2 ⓊⒸ暗示，啓發，示意。

3 ⓊⒸ想到之事，聯想：by ～ 以聯想(的方法)/call up ～*s* of the sea 使人聯想到海。

4 Ⓒ樣式，樣子，傾向，味道〔*of*〕：blue with a ～ *of* green 略帶綠色的藍色，藍中帶綠/There is no ～ *of* a foreign accent in his speech. 他說話一點都不帶外國口音。

5 a Ⓤ(催眠術的)暗示。**b** Ⓒ被暗示的事物。

sug·ges·tive [səgˈdʒɛstɪv, səˈdʒɛs-; səˈdʒestiv] «suggest 的形容詞»—*adj.* **1 a** 暗示性的，富於暗示的：a ~ comment 富於暗示的評論。**b** [不用在名詞前]〔十介十(代)名〕使聯想到〔…〕的，暗示〔…〕的〔*of*〕：weather ~ ***of*** autumn 使人聯想到秋天的天氣/The melody is ~ *of* rolling waves. 這旋律使人聯想到滾滾波濤。**2** 誘發色情的，挑逗的。**3** (催眠術的)暗示的。~**·ly** *adv.* ~**·ness** *n.*

su·i·ci·dal [ˌsuəˈsaɪdl, ˌsju-; sjuiˈsaidl, sui-ˉ] «suicide 的形容詞»—*adj.* **1 a** 自殺(性)的。**b**〈人〉心情極爲消沉[沮喪的]。**2**〈行動、政策等〉自毀的，自滅的。~**·ly** [-dlɪ; -dli] *adv.*

***su·i·cide** [ˈsuəˌsaɪd, ˈsju-; ˈsjuisaid, ˈsui-] «源自拉丁文「殺死自己」之義»—*n.* **1** ⓊⒸ**自殺**：commit ~ 自殺/two ~*s* 兩起自殺案。**2** Ⓒ《法律》自殺者。**3** Ⓤ自殺(的行爲)，自滅：economic [political] ~ 經濟[政治]上的自毀[自取滅亡]。

súicide pàct *n.* Ⓒ二人或二人以上集體自殺的約定[協議]。

su·i ge·ne·ris [ˈsjuɪˈdʒɛnərɪs, ˈsu-; ˌsjuaiˈdʒenəris] «源自拉丁文»—*adj.* [用在名詞前](某某)特有的，獨特的。

‡**suit** [sut, sjut; suːt, sjuːt] *n.* **A** (cf. suit *v.t.*) Ⓒ **1 a 成套的衣服**，套裝：a tweed ~ 斜紋軟呢的套裝/a two-piece ~ 上下兩件式的套裝。

【說明】紳士用的套裝指上衣(coat)，長褲(trousers)的兩件式或加上背心(vest)的三件式；婦女用套裝指外衣或夾克(jacket)，裙子(skirt)的兩件式。

b [與修飾語連用]…服[裝]：a gym ~ 運動裝/⇨ bathing suit, space suit, birthday suit. **2** 〔甲冑、馬具等的〕一套，一副〔*of*〕：a ~ *of* armor [mail] 一副甲冑[一套盔甲]。**3**《紙牌戲》**a** 一組《hearts, diamonds, clubs, spades 各十三張》。**b** 手中持有的同組牌：a long ~ 一手長牌《同花式四張以上的一組牌》/a strong [long] ~ 一組强牌。

suit A 1 a

—**B** (cf. sue *v.*) **1** Ⓒ 訴訟(lawsuit)：a civil [criminal] ~ 民事[刑事]訴訟/bring [institute, file] a ~ against... 控告…。**2** ⓊⒸ《文語》請求，懇求：have a ~ to a person 向某人有所請求/make ~ 懇求，央求。**3** Ⓒ《古》求婚。

fóllow súit 仿效別人，依照前例《★源自玩紙牌時打出與最先出的同花色牌，即跟牌》：The chairman rose and we *followed* ~. 主席[議長]起立，我們也跟著做。

—*v.t.* **1** 〔十受〕**對〈人〉方便，適合**；對〈預定計畫〉沒有妨礙《★用法通常以「時間、地點」爲主詞而不以「人」爲主詞》：Would ten o'clock ~ you? 十點鐘對你方便嗎？/Come whenever it ~*s* you. 只要你方便隨時來吧/"Shall we meet at my house?"—"Your office would ~ me better."「要不要在我家見面？」「在你辦公室對我比較方便。」

2 〔十受〕**a** 使〈人〉中意，使〈人〉滿意；〈氣候、食物等〉合乎〈目的、口味、條件等〉：That does not ~ all tastes. 它不能使大家都中意[滿意]/The climate here ~*s* me [my health] very well. 這裏的氣候很適合我[我的健康]。**b** [~ *oneself*；常用祈使語氣]《口語》隨某人的方便：*S~ yourself.* 隨你的便。

3 〔十受〕〈服裝等〉適合…：Blue hat ~*s* her fair skin. 藍帽子和她的白皙皮膚相配[相稱]/It doesn't ~ her to wear a miniskirt. 她不適合穿迷你裙。

4 a 〔十受十介十(代)名〕使…〔與…〕相稱，一致，配合〔*to*〕：~ the punishment ***to*** the crime 使懲罰與罪相稱；論罪量刑/~ the action *to* the word 使言行一致；(尤指脅迫時)照所說的話立刻去做/He tried to ~ his speech *to* his audience. 他努力使自己的演講適合聽衆。**b** 〔十受十介十(代)名〕使…適合〔…〕〔*to, for*〕《★常以過去分詞當形容詞用；⇨ suited 2 a》。**c** 〔十受十 *to* do〕使…適於〈做…〉《★常以過去分詞當形容詞用；⇨ suited 2 b》。

5 〔十受〕[與 ill, little 等副詞連用](不)適於…：It ill ~*s* you to criticize me. 你(的立場)不適於批評我。

—*v.i.* 方便，合適：Which date ~*s* best? 哪一天最合適？

suit·a·bil·i·ty [ˌsutəˈbɪlətɪ, ˌsju-; ˌsuːtəˈbiləti, ˌsjuː-] «suitable 的名詞»—*n.* Ⓤ適當，適宜，合適，相稱，相配。

***suit·a·ble** [ˈsutəbl, ˈsju-; ˈsuːtəbl, ˈsjuː-] *adj.* (**more** ~; **most** ~) **1 適當的**，適宜的，合適的(⇨ fit[1]【同義字】)：a ~ marriage partner 合適的結婚對象。

2 〔十介十(代)名〕適合〔…〕的，〔對…〕合適的：an actress ~ ***for*** the play 適合演那齣戲的女演員/a ~ apartment *for* a family of four 適合一家四口住的公寓/This present is ~ *for* a girl of ten. 這件禮物適合十歲的女孩子。

-a·bly [-təblɪ; -təbli] *adv.* ~**·ness** *n.*

***suit·case** [ˈsutˌkes, ˈsjut-; ˈsuːtkeis, ˈsjuːt-] *n.* Ⓒ**手提箱**《大約可裝入一套衣服的旅行箱；⇨ bag 2【同義字】》。

líve òut of a súitcase 過居無定所的生活，在旅行中過日子。

suite [swit; swiːt] «與 suit 同字源»—*n.* Ⓒ **1 a** 組，套〔*of*〕. **b** 套房《旅館中臥室、客廳、浴室成套的房間》。**c** 一組[套]的家具：a dining-room ~ 一套餐廳家具《餐桌、椅子、橱櫃》。**2** [集合稱]一行，隨行人員，扈從人員：in the ~ of... 隨行…。**3** 《音樂》組曲，一組舞曲。

súit·ed *adj.* **1** [常構成複合字]穿著…套裝的：gray-*suited* 穿著灰色套裝的。

2 [不用在名詞前] **a** 〔十介十(代)名〕適合〔…〕的；〔對…〕相稱的，相配的〔*to, for*〕(cf. suit *v.t.* 4 b)：His speech was ~ ***to*** the occasion. 他的演說適合那場合/Dick and his wife seem well ~ *to* each other. 迪克和他太太似乎很相配/That man is particularly ~ ***for*** teach*ing*. 那個人特別適於教書。**b** 〔十 *to* do〕適合〈做…〉的(cf. suit *v.t.* 4 c)：He is ~ *to* be a salesman. 他適合當推銷員。

súit·ing *n.* Ⓤ[指個體或種類時爲Ⓒ]男用(西裝)衣料。

suit·or [ˈsutɚ, ˈsju-; ˈsuːtə, ˈsjuː-] *n.* Ⓒ **1** 《文語》起訴者，原告。**2** 《古》(男的)求婚者。

sulf- [sʌlf-; sʌlf-]《美》=sulfo-.

sul·fa [ˈsʌlfə; ˈsʌlfə] *adj.* 《美》磺胺基的：a ~ drug 磺胺類藥劑。

sul·fate [ˈsʌlfet; ˈsʌlfeit] *n.* Ⓤ[指個體或種類時爲Ⓒ]《美》《化學》硫酸鹽：calcium ~ 硫酸鈣，石膏/magnesium ~ 硫酸鎂/~ of potash 硫酸鉀/~ of soda=sodium ~ 硫酸鈉。

sul·fide [ˈsʌlfaɪd; ˈsʌlfaid] *n.* Ⓤ[指個體或種類時爲Ⓒ]《美》《化學》硫化物：~ of copper 硫化銅/~ of iron 黃鐵礦/~ of mercury 硫化水銀，辰砂。

sul·fite [ˈsʌlfaɪt; ˈsʌlfait] *n.* Ⓤ[指個體或種類時爲Ⓒ]《美》《化學》亞硫酸鹽。

sul·fo- [sʌlfo-; sʌlfou-] [複合用詞]《美》「硫磺」之意。

sul·fur [ˈsʌlfɚ; ˈsʌlfə] *n.* Ⓤ《美》《化學》**1** 硫磺《非金屬元素；符號 S》：flowers of ~ 硫華，硫粉/milk of ~ 硫磺乳。**2** 硫磺色，黃綠色。

sul·fu·rate [ˈsʌlfəˌret; ˈsʌlfjureit] *v.t.* 《美》使…同硫磺化合，使…硫化。

súlfur dióxide *n.* Ⓤ《化學》二氧化硫，亞硫酸酐。

sul·fu·re·ous [sʌlˈfjurɪəs; sʌlˈfjuəriəsˉ] *adj.* =sulfurous.

sul·fu·ret [ˈsʌlfjəˌrɛt; ˈsʌlfjuret] *v.t.* 《美》使…硫化，使…與硫磺化合。

sul·fu·ric [sʌlˈfjurɪk; sʌlˈfjuərikˉ] *adj.* 《美》硫磺的，含多量硫磺的：~ acid 硫酸。

sul·fu·rous [ˈsʌlfərəs; ˈsʌlfərəs] *adj.* 《美》硫磺的，硫磺狀的，硫磺味的。

sulk [sʌlk; sʌlk] *n.* [**the** ~**s**] 慍怒，不高興《★常用於下列片語》：She is in (a fit of) *the* ~*s.* =She has (a fit of) *the* ~*s.* 她在發脾氣；她在生氣。

—*v.i.* 慍怒，生氣。

sulk·y[1] [ˈsʌlkɪ; ˈsʌlki] «sulk 的形容詞» —*adj.* (**sulk·i·er**; **-i·est**) **1 a** 慍怒的，生氣的，不高興的。**b** 容易生氣[發脾氣]的。**2** 〈天氣等〉陰沉的。**súlk·i·ly** [-klɪ; -kili] *adv.* **-i·ness** *n.*

sulk·y[2] [ˈsʌlkɪ; ˈsʌlki] *n.* Ⓒ (從前的)單座(一匹馬拉的)兩輪馬車。

sulky[2]

sul·len [ˈsʌlɪn, -ən; ˈsʌlən] *adj.* (**more** ~; **most** ~) **1** 慍怒的，不高興的。**2** 〈天氣等〉陰沉的。

~**·ly** *adv.* ~**·ness** *n.*

sul·ly [ˈsʌlɪ; ˈsʌli] *v.t.* 《文語》玷汚〈名聲〉，毀損〈品德、功績等〉。

sulph- [sʌlf-; sʌlf-] = sulpho-.

sul·pha [ˈsʌlfə; ˈsʌlfə] *adj.* =sulfa.

sul·phate [ˈsʌlfet; ˈsʌlfeit] *n.* =sulfate.

sul·phide [ˈsʌlfaɪd; ˈsʌlfaid] *n.* =sulfide.

sul·phite [ˈsʌlfaɪt; ˈsʌlfait] *n.* =sulfite.

sul·pho- [sʌlfo-; sʌlfou-] =sulfo-.

sul·phur [ˈsʌlfɚ; ˈsʌlfə] *n.* =sulfur.

sul·phu·rate [ˈsʌlfəˌret; ˈsʌlfjureit] *v.* =sulfurate.

súlphur dióxide *n.* =sulfur dioxide.

sul·phu·re·ous [sʌlˈfjurɪəs; sʌlˈfjuəriəsˉ] *adj.* =sulfureous.

sul·phu·ret [ˈsʌlfjəˌrɛt; ˈsʌlfjuret] *v.* =sulfuret.

sul·phu·ric [sʌlˈfjurɪk; sʌlˈfjuərikˉ] *adj.* =sulfuric.

sul·phu·rous [ˈsʌlfərəs; ˈsʌlfərəs] *adj.* =sulfurous.

sul·tan [ˋsʌltn̩; ˈsʌltn] «源自阿拉伯語「統治者」之義»—*n.* **1** Ⓒ蘇丹，回教國的君主。**2** [the S~] 從前的土耳其皇帝。

sul·tan·a [sʌlˋtænə; səlˈtɑːnə, sʌl-] *n.* Ⓒ **1** 回教國的王妃[公主，國王的姊妹，皇太后]。**2** (產於地中海沿岸地區的)小粒無子葡萄乾。

sul·tan·ate [ˋsʌltn̩ɪt; ˈsʌltənət] *n.* Ⓒ **1** 蘇丹(sultan)的地位[統治]。**2** [常用單數] [the ~] 蘇丹國《蘇丹統治的國家或領土》。

sul·try [ˋsʌltrɪ; ˈsʌltri] *adj.* (**sul·tri·er**; **-tri·est**) **1** 〈天氣〉**悶熱的，溽暑的**。**2** 〈性情、言語等〉粗暴的；興奮的。**3** 〈話等〉猥褻的；刺激情慾的，淫蕩的。

súl·tri·ly [-trəlɪ; -trəli] *adv.* **-tri·ness** *n.*

‡**sum** [sʌm; sʌm] «源自拉丁文「最高的」之義»—*n.* **1** [the ~] **a** 合計，和；總額，總數〔*of*〕：*the* whole ~ 總額，總數/*The* ~ *of* 2 and 3 is 5. 二加三的和是五/⇨ sum total.

【同義字】sum 與 total 多半都直接地表示一列數字的總計；amount 强調作爲結果的集合體；quantity 指物質、液體等的量。

b 整體，全體〔*of*〕：*the* ~ *of* one's knowledge 某人的全部知識。**2** Ⓒ [常~s] 金額：a good [large, round] ~ 一大筆錢，一整筆錢/a large [small] ~ *of* money 巨[小]額的錢/spend large ~*s* 花大筆錢。**3** Ⓒ [常~s] 算術題；計算：He's good [bad] at ~*s*. 他長於[拙於]計算；他的算術好[不好]/do a ~ 計算一次。**4** [the ~] 概要，大意，概略：*the* ~ and substance 要點，主旨。

in súm 簡單地說，總而言之。

—*v.t.* (**summed**; **sum·ming**) **1** 〔十受十副〕合計，總計〈數目〉〈*up*〉：She *summed up* the bills from the grocery. 她合計食品雜貨店來的帳單。**2** 〔十受十副〕概略地敍述，概括…〈*up*〉：The judge *summed up* the case for the jury. 法官向陪審團概述案情。**3** **a** 〔十受十副〕迅速地打量，估量…〈*up*〉：I *summed* her *up* in a minute. 我迅速地打量了她。**b** 〔十受十副十*as* 補〕很快看出…〈是…〉〈*up*〉：He *summed* her *up* *as* a fraud. 他很快看出她是個騙子。

—*v.i.* **1** 〔(十副)十介十(代)名〕合計〔爲…〕〈*up*〉〔*to, into*〕：It ~*s* **up** *to* $10,000. 合計爲一萬美元/The expense *summed into* [*in*] the thousands. 費用合計達數千元。**2** 〔十副〕約略地說；〈推事〉(聽取原告、被告雙方的陳述後)概括要點〈*up*〉：The judge *summed up*. 法官概述要點。

to súm úp 總括地說，簡言之。

sum- [sʌm-, səm-; sʌm-, səm-] 字首sub- 在 m 之前的變體。

su·mac(h) [ˋʃumæk; ˈʃuːmæk] *n.* Ⓒ《植物》蘇模《漆樹屬喬木或灌木的統稱》；蘇模鞣料《由蘇模乾葉煉製，用於鞣皮或染色》。

Su·ma·tra [suˋmɑtrə; suˈmɑːtrə] *n.* 蘇門答臘《印尼西部的一個大島》。

sum·ma cum lau·de [ˋsʌmə͵kʌmˋlɔdɪ, ˋsumə͵kumˋlaudɪ; ˈsʌməˈkʌmˈlɔːdi] «源自拉丁文»—*adv.* & *adj.* 以特優等(的) (cf. magna cum laude).

sum·ma·rize [ˋsʌmə͵raɪz; ˈsʌməraiz] «summary 的動詞»—*v.t.* 概括地說，扼要講，總結。

summa·ri·za·tion [͵sʌmərəˋzeʃən; ͵sʌmərai'zeiʃn] *n.*

***sum·ma·ry** [ˋsʌmərɪ; ˈsʌməri] *n.* Ⓒ**概要，摘要，概略**〔*of*〕.

—*adj.* (無比較級、最高級) **1** 《文語》概括的，摘要的；簡略的：a ~ account 簡要的說明，概略的記述。

2 **a** 《文語》簡略的：~ methods 簡略的方式。**b** 《法律》即決的，簡易的：(a) ~ judgment 即決裁判/~ jurisdiction 即決裁判權/a ~ court 即決法庭。

sum·ma·ri·ly [ˋsʌmərəlɪ; ˈsʌmərəli] *adv.*

sum·ma·tion [sʌmˋeʃən; sʌˈmeiʃn] «sum 的名詞»—*n.* **1** **a** Ⓤ 合計。**b** Ⓒ合計的數量，和，總和。**2** Ⓒ摘要。**3** Ⓒ《美法律》(雙方辯護人的)最後辯論。

‡**sum·mer** [ˋsʌmɚ; ˈsʌmə] *n.* **1** ⓊⒸ [常在美國語法或特定時爲 the ~] **夏**，夏季《天文學上指夏至到秋分》：in (*the*) ~ 在夏天/in *the* ~ of 1987 在 1987 年夏天/regions of everlasting ~ 常夏的地帶/go away for *the* ~ 夏天到遊覽地去(避暑)/They got married last ~. 他們去年夏天結婚《★用法當副詞用，沒有介系詞》。**2** [the ~] 青春，全盛期：*the* ~ of (one's) life 壯年期。**3** Ⓒ [常~s] 《文語・古》年齡，年歲：a girl of twenty ~*s* 二十歲的女子。

—*adj.* [用在名詞前] 夏(天)的，夏季的；適合夏天的：a ~ course 暑期講習/⇨ summer holidays [vacation]/a ~ resort 避暑(勝)地。

—*v.i.* 《罕》〔十介十(代)名〕〔在…〕度過夏天，避暑〔*at, in*〕：They ~ *at* the seashore [*in* Switzerland]. 他們在海濱[瑞士]避暑。

—*v.t.* 〔十受十介十(代)名〕夏季〔在…〕放牧〈家畜〉〔*at, in*〕.

súmmer càmp *n.* Ⓒ (兒童)夏令營。

súmmer hólidays *n. pl.* 《英》暑假(《美》summer vacation).

súmmer hóuse *n.* Ⓒ夏季別墅。

súmmer·hòuse *n.* Ⓒ涼亭《建於庭園、公園等樹蔭處的納涼用亭子》。

summerhouse

súmmer líghtning *n.* = heat lightning.

súmmer·lìke *adj.* 如夏季的。

sum·mer·ly [ˋsʌmɚlɪ; ˈsʌməli] *adj.* 夏季的；如夏的。

sum·mer·sault [ˋsʌmɚ͵sɔlt; ˈsʌməsɔːlt], **sum·mer·set** [ˋsʌmɚ͵sɛt; ˈsʌməset] *n.*, *v.* = somersault.

súmmer schòol *n.* Ⓤ [指設施時爲Ⓒ] 暑期講習會，暑期學校。

súmmer sólstice *n.* [the ~] 夏至《六月二十一日或二十二日；↔ winter solstice》.

súmmer squásh *n.* Ⓒ《美》《植物》夏南瓜《西葫蘆的速生、小果品種》。

súmmer tìme *n.* Ⓤ《英》**1** 夏令時間，日光節約時間(《美》daylight saving (time))《夏季時將時鐘撥快一小時，略作 S.T.》。**2** 夏令時間的期間。

súmmer·tìme *n.* Ⓤ [常 the ~] 暑期，夏季。

súmmer vacátion *n.* Ⓒ (*pl.* ~s) 《美》暑假(《英》summer holidays).

【說明】(1)英美兩國的暑假從五月中旬到八月中旬，或六月中旬到九月中旬，因校而異，但大致上都有三個月左右。其間學生多半和朋友或家人出去旅遊或參加露營活動。
(2)美國的高中生在暑期裏參加露營(camping)或出去旅遊的雖然很多，但待在家裏度假(stay-at-home vacation)的也不少。因此各地都有一些娛樂設施方便那些不外出度假的人。另外，一般大學生都利用暑假到國外旅行，但一般家庭則可利用二至四週的長期休假，全家開野營車(camper)(⇨照片)或活動房屋(trailer)到加拿大、墨西哥等鄰近國家去旅遊。

sum·mer·y [ˋsʌmərɪ; ˈsʌməri] «summer 的形容詞»—*adj.* 如夏的，夏天[季]的，適合夏天的。

súm·ming-úp *n.* Ⓒ (*pl.* **summings-up**) **1** 摘要，簡述，簡要說明，總結。**2** 《法律》證據概述，法官總述證據提請陪審員注意。

sum·mit [ˋsʌmɪt; ˈsʌmit] «源自拉丁文「最高」之義»—*n.* **1** Ⓒ (山)頂，峯頂(⇨ top¹【同義字】)。**2** [the ~] 絕頂，顚峯，極點，極致：reach *the* ~ of fame 達到聲譽的顚峯。**3** [the ~] (國家的)最高階層，元首級。**4** Ⓒ高階層會議。

—*adj.* [用在名詞前] 元首級的，最高階層的：a ~ conference (meeting) 高階層會議。

sum·mon [ˋsʌmən; ˈsʌmən] «源自拉丁文「使(偷偷)想起」之義»—*v.t.* **1** **a** 〔十受(十介十(代)名)〕召喚，傳喚〈某人〉〔到…〕；命〈某人〉出〔庭〕〔*to, into*〕《★常用被動語態》：The shareholders *were* ~*ed to* a general meeting. 那些股東被召集去參加股東大會/They *were* ~*ed into* his presence. 他們被叫到他的面前。**b** 〔十 *to* do〕命令〈某人〉〈做…〉《★常用被動語態》：He *was* ~*ed to* appear in court. 他被命令[被傳喚]出庭。**2** 〔十受〕召開〈議會等〉：The State legislature has been ~*ed*. 州議會已召開。**3** 〔十受十 *to* do〕要求，勸告〈某人〉〈做…〉：~ a fort *to* surrender 勸堡壘(的守軍)投降。**4** 〔十受(十副)〕鼓起〈勇氣等〉〈*up*〉：He could not ~ (*up*) the courage to tell them about it. 他無法鼓起勇氣告訴他們那件事。

súm·mon·er *n.* Ⓒ **1** 召喚者，傳喚者，召集人。**2** 《古》(法庭的)傳喚吏，送法院傳票的人。

sum·mons [ˋsʌmənz; ˈsʌmənz] *n.* Ⓒ (*pl.* ~·es) **1** 召喚，傳喚。**2** (議會等的)召集，召集令。**3** 《法律》(法院的)傳票：serve a ~ on a person 向某人發出傳票，發出傳票給某人。

—*v.t.* 傳喚[召喚]〈某人〉到法庭《★常用被動語態》。

sum·mum bo·num [ˋsʌməmˋbonəm; ˈsʌməmˈbounəm] «源自拉丁文'highest good' 之義»—*n.* [the ~] 至善。

sump [sʌmp; sʌmp] *n.* Ⓒ **1** (汽油引擎底部的)貯油槽，油盤。**2** (礦山坑底的)水坑，積水。

sump·ter [ˋsʌmptɚ; ˈsʌmptə] *n.* Ⓒ《古》馱馬；馱獸。

sump·tu·ar·y [ˋsʌmptʃu͵ɛrɪ; ˈsʌmptjuəri] *adj.* 《文語》限制[規定]費用的，抑制奢侈的：~ laws 節約[禁止奢侈]法令。

sump·tu·ous [ˋsʌmptʃuəs; ˈsʌmptjuəs] *adj.* **1** 高價的。**2** 豪華的，壯麗的，奢侈的。~·**ly** *adv.* ~·**ness** *n.*

súm tótal *n.* **1** Ⓒ總計，總額，總數〔*of*〕. **2** [the ~] 要旨，精華〔*of*〕.

‡**sun** [sʌn; sʌn] *n.* **1** Ⓤ [常the ~；特定狀態時也用不定冠詞] **太陽，日**：*the* rising ~ 朝陽/*the* setting ~ 落日，夕陽/a tropical ~ 熱帶的太陽/*The* ~ rises [comes up]. 日出升起/*The* ~ sets [goes down]. 日落/Let not *the* ~ go down upon your

wrath. 不可生一整天的氣《不要老生氣；★出自聖經「以弗所書」》/Make hay while *the* ~ shines.《諺》⇨hay.

【說明】(1)根據希臘神話，太陽神(Helios)乘四匹馬拖的馬車，每天早晨從東方的海上升空，到黃昏時往西方的海沈落，再坐有翼的黃金船回到東方的宮殿。
(2)我國學童在畫太陽時通常會用紅色，但英美兩國的小孩則用黃色或橘色；cf. sunbath【說明】

2 Ⓤ[又作**the** ~]**a** 日光：bathe in[take] *the* ~ 做日光浴，曬太陽/let in[shut out] *the* ~ 讓陽光進入[擋住陽光]/There wasn't much[any] ~ today. 今天的陽光不多[沒有陽光]。**b** 向陽處：sit in *the* ~ 坐在向陽處/get out of *the* sun 離開有陽光的地方，到背陰處/⇨PLACE in the sun. **3** Ⓒ(有衛星的)恒星。

from sún to sún《古》從日出到日落，一整天。

ùnder the sún (1)這個世上的，在這世上，在天底下：We talked about everything *under the* ~. 我們海闊天空無所不談/There is nothing new[no new thing] *under the* ~. 太陽底下無新鮮事《★出自聖經「傳道書」》。(2)[强調疑問詞]《罕》究竟，到底。

with the sún 日出時；日落時：get up [rise] *with the* ~ 早起/go to bed *with the* ~ 早睡。

—*v.t.* (**sunned**; **sun·ning**)〔十受〕**1** 曝曬…，把…曬乾。**2** [~ one*self*]曬太陽，做日光浴。

—*v.i.* 曬太陽，做日光浴：We were *sunning* in the yard. 我們在院子裏曬太陽。

Sun.《略》Sunday.

sún·bàked *adj.* **1** 太陽曬乾的：~ bricks 太陽曬乾的磚[瓦]。**2** 艷陽高照的，陽光强烈的。

sún·bàth *n.* Ⓒ日光浴。

【說明】在美國由於夏天的陽光很强，喜歡把皮膚曬成健康膚色的人，每次只能曬一會兒，因此在院子裏或學生宿舍前的草坪上常可看到在做日光浴的人。在英國由於晴天少，陽光弱，因此在晴天，倫敦市內的各公園裏整天都可以看到在享受日光浴的人羣。即使盛夏裏氣溫也不怎麼高，所以在海水浴場大人大部分在享受日光浴，小孩則在沙灘上玩沙，而下水游泳的人反而比較少。

sún·bàthe *v.i.* 做日光浴。**sún·bàther** *n.*

sún·bèam *n.* Ⓒ陽光，日光。

Sún·bèlt, Sún Bèlt *n.* [**the** ~](美國的)陽光帶《美國南部向東西延長的溫暖地帶》。

【說明】尤指由維吉尼亞州(Virginia)，到佛羅里達州(Florida)，經過德克薩斯州(Texas)而一直到加州(California)，爲美國南部陽光特別充足的地帶。

sún·blìnd *n.* Ⓒ《英》(張掛於窗前的帆布製)遮陽篷蓋。

sún·bònnet *n.* Ⓒ(婦女、嬰兒用)遮陽帽。

sunbonnet

sún·bùrn *n.* Ⓤ **1** (皮膚發紅而有刺痛感的)日炙，曬傷，曬黑(cf. suntan). **2** (皮膚)曬黑的地方。

—*v.t.* (**-burnt**,《美》~**ed**)使…受日曬，使…曬黑《★常以過去分詞當形容詞用；⇨ sunburned, sunburnt》。**—***v.i.* 受日曬，曬黑。

sún·bùrned, sún·bùrnt *adj.* **1 a**《美》(皮膚)曬傷的《發紅而感到刺痛》，曬黑的。**b**《英》曬成(小麥色)的。**2** 曬枯的：a ~ lawn 曬枯了的草坪。

sún·bùrst *n.* Ⓒ **1** (突然穿雲而出的)强烈陽光。**2** (鑲嵌寶石光芒四射的)旭日形胸針；光芒四射的烟火。

sun·dae [ˈsʌndɪ; ˈsʌndei] *n.* Ⓒ[當作點心名稱時爲Ⓤ]聖代《上面放有水果、糖漿、核桃等的冰淇淋》。

‡**Sun·day** [ˈsʌndɪ, -de; ˈsʌndi, -dei]《原自希臘文「太陽之日」之義》**—***n.* [原則上是無冠詞且爲不可數名詞，但視其意義也可以有冠詞而變成可數名詞]**星期日**《一週的第一天，爲基督教的安息日；略作 S., Sun.》：Today is ~. 今天是星期天/next[last] ~ = *on* ~ next[last] 下[上]星期日《★後者主要爲英國語法》/*on* ~ 在星期日/*on* ~*s* 每逢星期日，總是在星期日/*on* a ~ 在(過去、未來的)某星期日/*on*(《英》the) ~ of next week 在下星期日。

【說明】(1)星期天對基督徒來說是安息(rest)與做禮拜(worship)的日子。信徒通常全家穿著整齊的外出服(Sunday clothes, Sunday best)一齊在上午到教堂做禮拜。
(2)做完禮拜回家吃中餐(dinner, lunch). 晚餐爲 supper. 通常在星期天吃些簡便食物，如三明治(sandwiches)與牛奶(milk)等。商店大部分都休息，各種交通工具的班次都比平日少；cf. Sabbath【說明】

—*adj.* [用在名詞前]**1 a** 星期日的：*on* ~ afternoon 在星期日下午。**b** 在星期日舉行的，只有在星期日發生[做]的，業餘的：a ~ driver 只有在星期日才開車的人/a ~ carpenter 業餘木匠。**2** (衣服)外出穿的，最好的：one's ~ best [clothes]某人最好的衣服，外出服。

—*adv.*《美》在星期日(⇨ Sundays)：See you ~. 星期日見。

Súnday-gò-to-méeting *adj.*《口語》盛裝的；最佳的；最漂亮的。

Súnday páper *n.* Ⓒ週日報紙。

【說明】英國有一種只在星期天發行的報紙，例如「觀察家報」(*The Observer*)及「週日時報」(*The Sunday Times*). 這種報紙除了新聞之外，還有關於音樂、戲劇、電影、圖書、園藝等報導。在美國，週日的報紙通常有附錄，而總頁數多達兩百至三百頁之間。不過其中廣告約佔百分之七十；cf. newspaper【說明】

英國所出售的 Sunday paper

Súnday púnch *n.* Ⓒ **1**《拳擊》最厲害的一擊。**2** 殺手鐧《最厲害的一招》。

Sun·days [ˈsʌndɪz, -dez; ˈsʌndiz, -deiz] *adv.*《美》在星期日，每逢星期日。

Súnday schòol *n.* Ⓤ[指設施時爲Ⓒ](研讀有關聖經與信仰的)主日學校。

sún dèck *n.* Ⓒ **1** (做日光浴用的)屋頂陽台。**2** (客輪的)上甲板《陽光最能照射到的地方》。

sun·der [ˈsʌndɚ; ˈsʌndə] *v.t.*《文語》把…分爲二，分開，切開。

—*n.* ★用於下列成語。

in súnder《文語》分散地，支離地：break[cut, tear] *in* ~ 打[切，撕]碎。

sún·dèw *n.* Ⓒ《植物》茅膏菜《食蟲植物》。

sún·dìal *n.* Ⓒ日時計，日規，日晷儀。

sundial

sún·dòg *n.* Ⓒ假日，幻日(parhelion).

sún·dòwn *n.* Ⓤ日沒，日落(sunset).

sún·dòwn·er *n.* Ⓒ《英口語》黃昏時候的一杯酒[小飲]。

sún·drènched *adj.*《口語》艷陽高照的，陽光强烈的《★用法主要用於宣傳句的誇張說法》。

sún·drìed *adj.* 〈磚瓦、水果等〉曬乾的。

sun·dries [ˈsʌndrɪz; ˈsʌndriz] *n. pl.* **1** 各種各樣的小東西，雜貨，雜物。**2** (不值得特別提起的)雜事，瑣碎事。

sun·dry [ˈsʌndrɪ; ˈsʌndri] *adj.* [用在名詞前]各種各樣的，種種的，雜多的。

—*n.* ★用於下列成語。**áll and súndry** 所有的人，大家。

sún·fàst *adj.* 經曬而不褪色的。

sún·fìsh *n.* Ⓒ(*pl.* ~, ~·**es**)《魚》藍鰓魚《又稱太陽魚；棘臀魚科北美淡水魚的統稱》。

sunfish

sún·flòwer *n.* Ⓒ《植物》向日葵《菊科向日葵屬植物的統稱》。

Súnflòwer Stàte *n.* [**the** ~]美國堪薩斯州(Kansas)之別稱。

‡**sung** [sʌŋ; sʌŋ] *v.* sing 的過去分詞。

sún·glàss *n.* **1** Ⓒ取火(凸)鏡《可將日光聚於一點的凸透鏡》。**2** [~**es**]太陽眼鏡。

sún·glòw *n.* [用單數] **1** 朝霞；晚霞。**2** 日冕《太陽周圍的朦朧光輝》。

sún-gòd *n.* Ⓒ太陽神。

sún hèlmet *n.* Ⓒ(熱帶地方使用的)遮陽帽，防日頭盔。

‡**sunk** [sʌŋk; sʌŋk] *v.* **sink** 的過去分詞·《美》過去式。

—*adj.* **1** = sunken. **2** [不用在名詞前]《口語》輸的，完蛋的：Now we are ~. 現在我們完蛋了。**3** [不用在名詞前]〔十介十(代)名〕〈人〉耽於〔思考等〕的；陷入〔絕望〕的〔*in*〕(cf. sink *v.t.* 10)：He was ~ ***in*** thought [gloom]. 他在沈思中[陷入憂鬱中，悶悶不樂]。

sunflower

sunk·en [ˈsʌŋkən; ˈsʌŋkən] *adj.* **1** [用在名詞前]**a** 沈沒的；水底

的：a ～ ship 沈船/a ～ rock [reef] 暗礁。**b** (在)低於地面(之處)的：a ～ garden 低於周圍地面的花園，四周築有壇的花園/a ～ bath 凹陷式浴缸。**2** 〈眼睛等〉凹陷的；〈面頰等〉消瘦的。

súnk fénce *n.* Ⓒ(設置於地界的)隱垣，隱籬《爲避免妨礙眺望而往下深挖》。

sún·làmp *n.* Ⓒ (發出紫外線的醫療用)太陽燈。

sún·less *adj.* **1** 無日光的，陽光照不到的。**2** 無希望的，黑暗的，陰森的。

***sun·light** [ˋsʌnˏlaɪt; ˈsʌnlait] *n.* Ⓤ日光，太陽光。

sún·lìt *adj.* 被太陽照著的，太陽照射的。

sún lòunge *n.* 《英》=sun parlor.

Sun·nite [ˋsʊnaɪt; ˈsunait] *n.* Ⓒ(回教)遜尼派教徒。

***sun·ny** [ˋsʌnɪ; ˈsʌni] «sun 的形容詞» ―*adj.* (**sun·ni·er**; **-ni·est**) **1 a** 陽光充足的；太陽照耀的：a ～ day (太陽照耀的)晴朗日子。**b** 向陽的：a ～ room 向陽的房間。**2 a** 太陽(似)的。**b** 〈天空〉無雲的，萬里晴空的。**3** 開朗的，樂觀的，愉快的：a ～ smile 愉快的微笑/a ～ nature 開朗[樂觀]的天性。

lóok on the súnny síde of thíngs 對事情抱樂觀的態度。

sún·ni·ly [-nlɪ; -nili] *adv.* **-ni·ness** *n.*

súnny-sìde úp *adj.* 《美》(蛋)只煎一面的：fry an egg [two eggs] ～ 煎一個[兩個]只煎一面的荷包蛋/eat ～ eggs 吃(只煎一面的)荷包蛋。

sún pàrlor *n.* Ⓒ《美》(陽光充足的)日光浴室(《英》sun lounge).

sún pòrch *n.* =sun parlor.

sún·próof *adj.* [用在名詞前]不透陽光的，耐光性的。

sún·ray *n.* Ⓒ(人工)太陽光線。―*adj.* [用在名詞前] (醫療用)紫外線的，利用紫外線的：～ treatment 紫外線療法。

***sun·rise** [ˋsʌnˏraɪz; ˈsʌnraiz] *n.* ⓊⒸ日出；日出時(cf. sunset)：*at* ～ 在日出時。

sún·ròof *n.* Ⓒ **1** (汽車的)天窗車頂《爲採光而可開閉的車頂》。**2** 日光浴用的平面屋頂。

sún·ròom *n.*=sun parlor.

‡**sun·set** [ˋsʌnˏsɛt; ˈsʌnset] *n.* ⓊⒸ日沒，日落(cf. sunrise)：*at* ～ 在日落時/*after* ～ 日落後。

sún·shàde *n.* Ⓒ **1** 遮陽之物，陽傘。**2** (店鋪等的)遮陽篷，天棚。

‡**sun·shine** [ˋsʌnˏʃaɪn; ˈsʌnʃain] *n.* **1** Ⓤ日光，陽光：let in the ～ 讓陽光射入。

2 [the～]向陽處：*in the* warm ～ 在溫暖的向陽處。

3 Ⓤ愉快，快活，令人愉快的事物。

a ráy of súnshine (1)(出現在不幸或無聊時的)喜悅，快樂。(2)《口語》快活的人。

súnshine ròof *n.*=sunroof 1.

Súnshine Státe *n.* [the ～]美國佛羅里達州之別稱。

sún·shìny «sunshine 的形容詞»―*adj.* **1** 陽光照射的，向陽的；晴天的。**2** 明朗的，開朗的，快活的。

sún·spòt *n.* Ⓒ **1** 《天文》太陽黑子。**2** 《英口語》氣候溫暖的休養地。

sún·stòne *n.* Ⓤ《礦》日長石。

sún·stròke *n.* Ⓤ日射病，中暑：get [have] ～ 中暑。

sún·strùck *adj.* 患日射病的，中暑的。

sún·tàn *n.* Ⓒ(皮膚的)曬黑《曬成健康的小麥色；cf. sunburn》.

sún·tànned *adj.*

súntan lòtion *n.* Ⓤ防曬液。

súntan òil *n.* Ⓤ日曬油《爲使皮膚曬成小麥色用》。

sún·tràp *n.* Ⓒ(庭園或陽台等的)向陽處。

sún·ùp *n.* Ⓤ《口語》日出。

sún vìsor *n.* Ⓒ **1** (汽車等的)遮陽板(⇨ car 插圖)。**2** 頭部露出僅防臉部日曬的遮陽物。

sún·wàrd *adj.* 太陽方向的，朝太陽的。

―*adv.*朝太陽方向地，向陽地。

sún·wàrds *adv.*=sunward.

sún wòrship *n.* Ⓤ太陽崇拜。

Sun Yat-sen [ˋsʌnˋjætˋsɛn, ˋsunˋjɑtˋsɛn; ˈsʌnˈjætˈsen, ˈsunˈjɑːtˈsen] *n.* 孫逸仙《1866-1925，中華民國國父，即孫中山先生》。

sup[1] [sʌp; sʌp] *v.i.* (**supped**; **sup·ping**)《古》**1** 吃晚餐。**2** 〔十介十(代)名〕晚餐吃〔…〕〔*on, off*〕.

sup[2] [sʌp; sʌp](**supped**; **sup·ping**) *v.i.* **1** 一點一點地吃[喝]，啜飲。**2** 《英北・蘇格蘭方言》喝。―*v.t.* **1** 一點一點地吃〈食物〉；啜飲〈飲料〉。**2** 一口喝下〈啤酒等〉。

―*n.* Ⓒ〔飲料的〕一口，一啜〔*of*〕.

sup. 《略》superior；superlative；supplement；supra；supreme.

sup- [sʌp-, səp-; sʌp-, səp-] 字首 sub- 在 p 之前的變體。

su·per [ˋsupɚ; ˈsuːpə] 《略》《口語》 *n.* Ⓒ **1** (無臺詞的)小角色，跑龍套角色(supernumerary). **2** [也用於稱呼] **a** 《美》(公寓等的)管理人(superintendent). **b** 監督，指揮者。**c** 《英》督察長；《美》警察局長(superintendent). **3** 《美》超級市場(supermarket). **4** 《商》特製品；特等物品；特大號物品(superfine).

―*adj.* **1** 極好的，超級的：We had a ～ time. 我們有過非常美好的時光；我們玩得非常愉快。**2** 特大(號)的。

su·per- [supɚ-; suːpə-] 字首 表示「(以)上；過度，極度；超越」之意(↔ sub-).

su·per·a·ble [ˋsupərəbl̩, ˋsuprə-; ˈsuːpərəbl] *adj.* 能勝過的，可征服的(↔ insuperable).

su·per·a·bound [ˏsupərəˋbaund; ˌsuːpərəˈbaund] *v.i.* **1** 極豐，極充足。**2** 過多，有餘。

sùper·abúndance *n.* Ⓤ [又作 **a** ～]過剩，過多〔*of*〕：*a* ～ *of* food 過多的食物/in ～ 過剩地[的]，過多地[的]。

sùper·abúndant *adj.* 《文語》過多的，過剩的，多餘的。

su·per·add [ˏsupɚˋæd; ˌsuːpərˈæd] *v.t.* 〔十受(十介十(代)名)〕再加…〔於…〕〔*to*〕.

su·per·an·nu·ate [ˏsupɚˋænjuˏet; ˌsuːpəˈrænjueit] *v.t.* **1** 以年老而辭退〈某人〉；(因超過一定的年齡而成績又差)令〈學生〉退學。**2** 使…成爲陳舊過時，淘汰：an industrial robot which ～*s* its predecessors 使以往的東西成爲陳舊過時的工業機器人。

sù·per·án·nu·àt·ed *adj.* **1** 因年老而退休的。**2** 舊式的，過時的，落伍的。

su·per·an·nu·a·tion [ˏsupɚˏænjuˋeʃən; ˈsuːpəˌrænjuˈeiʃn] «superannuate 的名詞» ―*n.* Ⓤ **1** 年老退休[退役]。**2** 退休金，退職津貼。

su·perb [suˋpɝb, sə-; sjuːˈpəːb, suː-] *adj.* **1** (壓倒其他地)極好的，超等的，超羣的：a ～ view 極好的景緻/The dinner was ～.那頓晚餐極好[很豐盛]。**2** 〈建築物等〉堂皇的，壯麗的，宏偉的：a ～ palace 壯麗的宮殿。**～·ly** *adv.*

súper·bòmb *n.* Ⓒ氫彈。

Súper Bówl *n.* [the ～]超級盃橄欖球賽《美國 1967 年開始舉辦的職業橄欖球冠軍賽》。

súper·càrgo *n.* Ⓒ(*pl.* ～**s**, ～**es**)商船上貨物管理人；(船上的)押貨人。

su·per·cede [ˏsupɚˋsid; ˌsuːpəˈsiːd] *v.t.* =supersede.

súper·chàrge *v.t.* 以增壓器給〈引擎等〉增加馬力。

súper·chàrged *adj.* **1** 〈引擎等〉馬力特强的，增壓的《裝增壓裝置的》。**2** 〈人〉活躍的。

súper·chàrger *n.* Ⓒ《機械》(引擎等的)增壓器。

su·per·cil·i·ar·y [ˏsupɚˋsɪlɪˏɛrɪ; ˌsuːpəˈsiliəri] *adj.* 《解剖・動物》**1** 眉(部)的；眼上的。**2** 〈鳥等〉眼上帶一撮毛或一條痕的。

su·per·cil·i·ous [ˏsupɚˋsɪlɪəs; ˌsuːpəˈsiliəs] *adj.* 蔑視別人的，傲慢的，自大的，目空一切的。**～·ly** *adv.* **～·ness** *n.*

súper·cìty *n.* Ⓒ特大城市。

súper·compùter *n.* Ⓒ超電腦《超高速電腦》。

sùper·conductívity *n.* Ⓤ《物理》超導電性。

su·per·con·duc·tor [ˏsupɚkənˋdʌktɚ; ˌsuːpəkənˈdʌktə] *n.* Ⓒ《物理》超導體。

su·per·cool [ˏsupɚˋkul; ˌsuːpəˈkuːl] *v.i.* & *v.t.* (使…)過度冷却《使達於冰點以下而不凝結》。

su·per·dom·i·nant [ˏsupɚˋdɑmənənt; ˌsuːpəˈdɔminənt] *n.* Ⓒ《音樂》下中音，上屬音《大音階或小音階的第六度音》。

su·per·du·per [ˏsupɚˋdupɚ; ˌsuːpəˈduːpə←] *adj.* 《俚》**1** 非常好的。**2** 超大型的，巨大的。

sùper·égo *n.* Ⓒ[常the ～]《精神分析》超我。

sùper·éminent *adj.* 卓越的，超羣的。**sùper·éminence** *n.*

su·per·er·o·ga·tion [ˏsupɚˏɛroˋgeʃən; ˈsuːpərˌerəˈgeiʃn] *n.* Ⓤ **1** 超出職務的工作；額外的工作。**2** 份外立功。

su·per·e·rog·a·to·ry [ˏsupərəˋrɑgəˏtorɪ; ˌsuːpereˈrɔgətəri ←] *adj.* **1** 超過職責的，職務以外的。**2** 分外的，多餘的。

su·per·ette [ˏsupəˋrɛt; ˌsuːpəˈret] *n.* Ⓒ《美》小型超級市場。

su·per·ex·cel·lent [ˏsupɚˋɛksələnt; ˌsuːpərˈeksələnt] *adj.* 卓越的；無上的；極佳的；絕妙的。

súper·exprèss *adj.* 超特快的。

―*n.* Ⓒ超特快列車。

su·per·fi·cial [ˏsupɚˋfɪʃəl; ˌsuːpəˈfiʃl←] *adj.* (**more** ～；**most** ～) **1** (無比較級、最高級)表面的，外表的：bear a ～ resemblance 僅有表面的相似/a ～ wound 輕傷，表皮上的傷。**2** 膚淺的，皮毛的：～ knowledge 膚淺的知識/a ～ observer 膚淺的觀察者。**～·ly** [-ʃəlɪ; -ʃəli] *adv.*

su·per·fi·ci·al·i·ty [ˏsupɚˏfɪʃɪˋælətɪ; ˈsuːpəˌfiʃiˈæləti] «superficial 的名詞»―*n.* **1** Ⓤ膚淺，皮相。**2** Ⓒ膚淺的事物。

su·per·fi·cies [ˏsupɚˋfɪʃɪˏiz, -ˋfɪʃiz; ˌsuːpəˈfiʃiːz, -ʃiːz] *n.* Ⓒ (*pl.* ～) **1** 表面，外表。**2** (對本質而言的)外觀，外貌。

sùper·fíne *adj.* **1** 〈物品等〉特級的，最好的。**2** 過分精細[精緻]的，一絲不苟的。

su·per·flu·i·ty [ˏsupɚˋfluətɪ; ˌsuːpəˈfluəti] «superfluous 的名詞»―*n.* **1** ⓊⒸ多餘，過剩，過量〔*of*〕：a ～ *of* food 過多的食

物。**2** Ⓒ多餘的東西。

su·per·flu·ous [sʊˋpɝfluəs; su:ˈpə:fluəs] «源自拉丁文「溢出」之義»— *adj.* **1** 多餘的，過多的，過剩的。**2** 不必要的，可以不要的。～**·ly** *adv.* ～**·ness** *n.*

su·per·giant [ˋsupəˏdʒaɪənt; ˌsu:pəˈdʒaiənt] *n.* Ⓒ **1** (又作**sú-pergiant stár**)《天文》超巨星《光度超過太陽一百至一萬倍之星》。**2** 超巨的人[物]。**—***adj.* 超巨大的。

su·per·gov·ern·ment [ˋsupəˏgʌvənmənt; ˈsu:pəˌgʌvnmənt] *n.* **1** Ⓒ國際政府。**2** Ⓤ超政府政治《由政府外之團體控制政權的政治》。

sùper·héat *v.t.* 使…過度加熱；使…過熱。

—[ˊ- - ˊ] *n.* Ⓤ過熱(狀態)。

su·per·het [ˏsupəˋhɛt; ˈsu:pəhet] *n.*, *adj.* 《口語》= super-heterodyne.

su·per·het·er·o·dyne [ˏsupəˋhɛtərəˏdaɪn; ˌsu:pəˈhetərədain] *n.* ⓊⒸ《無線》超外差式收音機。**—***adj.* 超外差的；超成拍的。

súper·hìgh fréquency *n.* Ⓒ《通信》超高頻率《三至三十千兆赫(gigahertz)；略作s.h.f.，S.H.F.》。

sùper·híghway *n.* Ⓒ《美》超級高速公路《通常有四條或更多的車道，並以中央分界帶隔開來往車道》。

sùper·húman *adj.* **1** 超人的：～ effort 超人的努力。**2** 常人做不到的，神靈的。

sùper·impóse *v.t.* 〔十受(十介十(代)名)〕**1** 置…〔於…之上〕，把…重疊〔*on*〕. **2** 《電影》使…重疊〔於…〕〔*on*〕.

su·per·in·cum·bent [ˏsupərɪnˋkʌmbənt; ˌsu:pərinˈkʌmbənt] *adj.* **1** 橫置於他物上的；在上的。**2** 〈壓力〉自上面作用的。**3** 懸於上面的。

super·in·duce [ˏsupərɪnˋdus, -ˋdjus; ˌsu:pərinˈdju:s] *v.t.* **1** 再加上…，更引起[帶來]…。**2** 使〈疾病等〉併發。**su·per·in·duc-tion** [ˏsupərɪnˋdʌkʃən; ˌsu:pərinˈdʌkʃn] *n.*

su·per·in·tend [ˏsuprɪnˋtɛnd; ˌsu:prinˈtend] *v.t.* 監督，管理〈工作、從業人員〉。

su·per·in·ten·dence [ˏsuprɪnˋtɛndəns; ˌsu:prinˈtendəns] «superintend 的名詞» **—***n.* Ⓤ監督，管理：under the ～ of... 在…的監督之下。

su·per·in·tend·en·cy [ˏsuprɪnˋtɛndənsɪ; ˌsu:prinˈtendənsi] *n.* **1** Ⓤ主管、監督或指揮者之職責、地位；Ⓒ其管區。**2** =superintendence.

su·per·in·ten·dent [ˏsuprɪnˋtɛndənt; ˌsu:prinˈtendənt] *n.* Ⓒ **1** 監督者，管理者，指揮者：a ～ of schools[education] 督學。**2** 長官，部長，(管理)局長，院長。**3** 《美》(公寓等的)管理員。**4** 《美》警察局長；《英》督察長(⇨ police【說明】)。

***su·pe·ri·or** [səˋpɪrɪə, sʊ-; su:ˈpiəriə, sə-] «源自拉丁文「上面的」之義»—(↔ inferior) *adj.* (**more** ～；**most** ～) **1** (無比較級、最高級) **a** (位置、階級)在上的，高的，上級的：a ～ officer 上級官吏，高官。**b** [不用在名詞前]〔十介十(代)名〕〔比…〕高位的，(階級等)高〔於…〕的〔*to*〕(《★用法》用 than 是錯誤)：A general is ～ *to* a colonel. 將軍的階級高於上校。

2 (無比較級、最高級) **a** (品質、程度等)優秀的，卓越的，上等的：～ leather 高品質[質量]的皮革/a ～ person 優秀者；《諷刺》大人物/goods of ～ quality 品質上乘的貨物。**b** [不用在名詞前]〔十介十(代)名〕〔較…〕優良的，勝過〔…〕的〔*to*〕(《★用法》用 than 是錯誤的)：Their computer is ～ *to* ours.他們的電腦比我們的優良。

3 (無比較級、最高級) (數、量上)居上的，佔優勢的：escape by ～ speed 以超過對方的速度逃逸/～ numbers 多數，優勢。

4 傲慢的：with a ～ air 驕傲地，以驕傲的態度。

5 [不用在名詞前] (無比較級、最高級)〔十介十(代)名〕不屈服〔於誘惑、障礙等〕的，不爲〔…〕所動的〔*to*〕：He is ～ *to* flattery [temptation]. 他不爲諂媚[誘惑]所動。

6 (無比較級、最高級)《植物》等[子房]在上面的，上生的。

7 (無比較級、最高級)《印刷》上附標文字的：a ～ figure[letter] 上附標的數字[文字]($shock^2$，x^n 的 ^{2,n} 等)。

—*n.* Ⓒ **1 a** 優秀的人[東西]，優越者，高手。**b** 長官，上司，長輩，前輩。**2** [S～；常 **the Father** [**Mother**] S～]修道院長。**3** 《印刷》上附標文字[數字]。

Su·pe·ri·or [səˋpɪrɪə, sʊ-; su:ˈpiəriə, sə-], **Lake** *n.* 蘇必略湖《在美國密西根州(Michigan)與加拿大安大略省(Ontario)之間，爲五大湖(the Great Lakes)中最大者，也是世界最大的淡水湖》。

supérior cóurt *n.* Ⓒ高等[上級]法院。

supérior góods *n. pl.* 《經濟》高級財貨《消費者收入增加時需求隨之增加的貨品》。

su·pe·ri·or·i·ty [səˏpɪrɪˋɔrətɪ; su:ˌpiəriˈɔrəti, sə-] «superior 的名詞»**—***n.* Ⓤ優越，卓越，優勢，優秀〔*over, to*〕(↔ inferiority).

superióríty còmplex *n.* Ⓒ **1** 《精神分析》優越感，優越情結《認爲自己優於他人的潛在觀念；↔ inferiority complex》. **2** 《口語》優越感。

súper·jèt *n.* Ⓒ超音速噴射機。

superl. 《略》superlative.

su·per·la·tive [səˋpɝlətɪv, sʊ-; su:ˈpə:lətiv, su-] *adj.* **1** 最高的，至上的，無比的：～ goodness 至善。**2** 《文法》最高級的：the ～ degree 最高級。

—*n.* **1** 《文法》**a** [**the** ～]最高級：*the* absolute ～ 絕對最高級《非與他物作比較而是籠統地表示程度(最)高的最高級》。**b** Ⓒ最高級的字。**2** Ⓒ **a** 至高[無上]的人[東西]。**b** [常 ～**s**]最高級的措詞；誇張的表現：full of ～*s* 〈話等〉十分誇張的/speak [talk]in ～*s* 誇大地講，大事渲染。～**·ly** *adv.* ～**·ness** *n.*

sùper·lúnar, sùper·lúnary *adj.* **1** 在月之上的；在月外的。**2** 天國的；世外的。

súper·màn *n.* Ⓒ(*pl.* **-men**) **1** 超人。**2** 有超人表現的人。

【字源】super 是個字首，意思爲「超越的」「超過〔…〕的」。因此 supermarket 就是「超級市場」，supernatural 就是「超自然的」。superman 一字最先譯自德文的超人，據說由於英國劇作家蕭伯納(Bernard Shaw)的作品「人與超人」(*Man and Superman*)使得此字廣被使用。

***su·per·mar·ket** [ˋsupəˏmɑrkɪt; ˈsu:pəˌmɑ:kit] *n.* Ⓒ超級市場。

美國的 supermarket

【說明】美國最具代表性的超級市場爲 A & P《即 the Atlantic and Pacific Tea Company 之略》，英國的是 Marks and Spencer. 住在郊外的主婦通常每週上超級市場一次買一週所需的食物及日用品，用車子載回。通常夫婦相偕去購物的情形較多。買好東西離開店時，店員會說 "Thank you very much. And come back!" (謝謝惠顧，請再光臨！)通常顧客只要答說 "Thanks" 就行了；cf. shopping【說明】

su·per·nal [sʊˋpɝnl; su:ˈpə:nl] *adj.* 《詩・文語》**1** 天(上)的，神的(↔ infernal)：～ beings (在天上的)天使們。**2** 非俗世的，崇高的。～**·ly** [-nlɪ; -nli] *adv.*

sùper·nátural *adj.* **1** 超自然的；不可思議的，神秘的：～ beings 超自然的存在物[生物]《天使及魔鬼》。**2** [**the** ～；當名詞用]超自然的存在[現象，東西]。～**·ly** *adv.*

sùper·náturalism *n.* Ⓤ **1** 超自然性，超自然的力量。**2** 超自然信仰[主義]。

sùper·nóva *n.* Ⓒ(*pl.* **-novae** [-vi; -vi:])《天文》超新星《較普通新星明亮幾萬倍的新星；cf. nova》.

su·per·nu·mer·ar·y [ˏsupəˋnjuməˏrɛrɪ; ˌsu:pəˈnju:mərəri] *adj.* **1** 〈人、物〉在規定數以上的，編制以外的，額外的。**2** 〈演員〉(沒有臺詞的)小角色的。**—***n.* Ⓒ **1 a** 編制以外的人，臨時雇員。**b** 多餘的東西，過剩的東西。**2** (沒有臺詞的)小角色，小配角。

sùper·órdinate *adj.* 上級的；上位的。**—***n.* Ⓒ上級者，上級。

—*v.t.* 使…居上級；使…佔上位。

sùper·phósphate *n.* Ⓤ[指種類時爲Ⓒ]《化學》**1** 酸式磷酸鹽。**2** 過磷酸鈣《用作肥料》。

su·per·pose [ˏsupəˋpoz; ˌsu:pəˈpouz] *v.t.* 〔十受(十介十(代)名)〕把…疊放〔在…之上〕〔*on*〕.

su·per·po·si·tion [ˏsupəpəˋzɪʃən; ˌsu:pəpəˈziʃn] *n.*

súper·pòwer *n.* **1** Ⓤ **a** 超強的力量。**b** 《電學》(一地區的)總合電力，聯合發電總量，超級電力。**2** Ⓒ超級强國。

su·per·sales·man [ˏsupəˋselzmən; ˌsu:pəˈseilzmən] *n.* Ⓒ(*pl.* **-men**) **1** 非常能幹的售貨員[推銷員]。**2** 說服力超强的人。

su·per·scribe [ˏsupəˋskraɪb; ˌsu:pəˈskraib] *v.t.* 把〈名字等〉寫在上面[外面]，(擦去某字後)把〈名字〉寫上去。

su·per·script [ˋsupəˏskrɪpt; ˈsu:pəskript] *adj.* 肩上的，附在上面的。

—*n.* Ⓒ(寫在右上角的)肩上文字[符號，數字]《如 $a^3 \times b^n$ 的 ^{3,n} 等；↔ subscript》.

su·per·scrip·tion [ˏsupəˋskrɪpʃən; ˌsu:pəˈskripʃn] «superscribe 的名詞»**—***n.* Ⓒ寫[刻]在上面，題字，銘文；(信封上的)姓名地址。

su·per·sede [ˏsupəˋsid; ˌsu:pəˈsi:d]«源自拉丁文「坐在上面」之義»**—***v.t.* **1 a** 〔十受〕(作爲有用之物或新的東西而)取代，代替…；接替〈某人〉就任(《★常用被動語態》)：The use of robots will someday ～ manual labor. 機器人的使用有一天會取代人力/The old system has been ～*d*. 舊制度已被淘汰了。**b** 〔十受十 *as* 補〕接替〈某人〉〈爲…〉：Mr. Bennett has ～*d* Mr. Smith *as* chairman. 貝奈特先生已接替史密斯先生爲議長。**2** 〔十受十介

十(代)名〕把…淘汰；換上〔…〕；〔以…〕取代…〔*by, with*〕：We must ~ old machines **by**[**with**] new ones. 我們必須把舊機器淘汰換新。

sùper·sénsitive *adj.* **1** 過於敏感的，過敏的。**2**《攝影》高感度的。

su·per·ses·sion [ˌsupɚˈsɛʃən; ˌsu:pəˈseʃn] «supersede 的名詞»**—*n.*** Ⓤ取代，代替，接替。

su·per·son·ic [ˌsupɚˈsɑnɪk; ˌsu:pəˈsɔnik⁻] *adj.* **1** 超音速的：~ speed 超音速/a ~ airplane 超音速飛機。**2**《物理》超音頻的《頻率在20,000Hz 以上》：~ waves 超音波。

súpersonic tránsport *n.* Ⓒ超音速運輸機[客機]《略作 SST》.

su·per·speed [ˈsupɚˌspid; ˈsu:pəspi:d] *adj.* 非常快速的，超高速的。

súper·stàr *n.* Ⓒ(影、歌界等的)超級巨星。

su·per·sti·tion [ˌsupɚˈstɪʃən; ˌsu:pəˈstiʃn] «源自拉丁文「位於物上者」之義»**—*n.*** ⓊⒸ迷信：believe in ~ 相信迷信/That's just a ~. 那只是個迷信而已。

【說明】在英美兩國民間的迷信相當多《⇨本頁下方的插圖》。
1 有關不吉利的迷信如下：
(1)由於耶穌被釘死在十字架前一天的最後晚餐時，一共有十三人坐在餐桌旁，因此十三(thirteen)就成爲不吉利的數字(unlucky number)了；(⇨ thirteen【說明】)。此外二(two)也被視爲 unlucky number(⇨ two 1【說明】)。
(2)耶穌被釘死在十字架那一天是星期五，所以星期五也被視爲不吉利的日子。如果星期五適逢十三日，那就更不吉利了。
(3)在梯子(ladder)下面通過也被認爲是不吉利的。
(4)翻倒鹽巴(spill salt)是不祥之兆；鹽倒向誰，誰就會倒楣；⇨ salt【說明】(1).
(5)向左轉過頭看新月是不吉利的。
(6)見到黑貓從面前橫越而過是不祥的。
(7)在鋪石頭的人行道上，如果踩到其交界處會招致不幸。
(8)在家裏面撐傘是不吉利的。
(9)打破鏡子被視作不吉利。
(10)在餐桌上把兩刀交叉會帶來不幸。
(11)把紅色與白色山楂花帶進屋裏會招來災難。
(12)在五月裏結婚被認爲是不吉利的；cf. May¹【說明】
2 有關幸運的迷信如下：
(1)抱著新娘跨過新居門檻的新郎會有好運。
(2)對著流星許願的話，願望會實現。
(3)把馬蹄鐵(horseshoe)掛在門口或發現舊馬蹄鐵，都會帶來幸運。
(4)擁有兔子的後腳(rabbit's foot)，或是四葉苜蓿(four-leaf clover)會帶來好運。
(5)如果輕率地說了大話，怕招來不幸，可敲敲木頭 (knock (on) wood) 或摸摸木頭 (touch wood) 祈求免於災難；cf. touch WOOD【說明】
(6)在餐桌上翻倒鹽巴會帶來不幸，但如果把倒出的鹽從左肩往後丟則可避邪。

su·per·sti·tious [ˌsupɚˈstɪʃəs; ˌsu:pəˈstiʃəs⁻] «superstition 的形容詞»**—*adj.*** **1** 迷信(上)的。**2** 深信迷信的。**~·ly** *adv.*

súper·stràtum *n.* Ⓒ(*pl.* **-ta, ~s**)上層。

súper·strùcture *n.* Ⓒ **1 a** (船的甲板上的)上部結構。**b** (地基上的)建築，建築物。**2 a** (社會、思想等的)上層，上部構造。**b** (馬克思主義的)上層建築，上部構造《在下部構造的經濟構造上所形成的政治、法律、文化等》。

súper·tànker *n.* Ⓒ(超過 75,000 噸的)超級油輪。

súper·tàx *n.* ⓊⒸ **1**《美》附加稅(surtax). **2**《英》(所得稅的)累進附加稅《實施於 1909–29 年間，以後改爲 surtax》.

su·per·vene [ˌsupɚˈvin; ˌsu:pəˈvi:n] *v.i.* 〈事件〉(以意想外的形態)發生，接著來，繼起。**su·per·ven·tion** [ˌsupɚˈvɛnʃən; ˌsu:pəˈvenʃn] *n.*

su·per·vise [ˈsupɚˌvaɪz; ˈsu:pəvaiz] «源自拉丁文「俯視」之義»**—*v.t.*** 〔十受〕監督，管理〈人、工作等〉：~ work[workers, a project]監督工作[工人，計畫]。
—*v.i.* 監督，管理。

su·per·vi·sion [ˌsupɚˈvɪʒən; ˌsu:pəˈviʒn] «supervise 的名詞»**—*n.*** **1** Ⓤ監督，管理：under the ~ of... 在…的監督之下。**2** Ⓒ《英》(大學)指導教授的個別指導；論文指導教授。

sú·per·vi·sor [-zɚ; -zə] *n.* Ⓒ **1** 監督者，管理人。**2**《美》(公立學校教師的)督學員。**3**《英》(大學的)個別指導教授。

su·per·vi·so·ry [ˌsupɚˈvaɪzərɪ; ˈsu:pəvaizəri⁻] «supervise, supervision 的形容詞»**—*adj.*** 監督的，管理的。

su·pine [suˈpaɪn; sju:ˈpain] *adj.* **1** 仰臥的，仰向的(cf. prone 2). **2** 怠惰的；懶散的，無精打采的。**~·ly** *adv.*

supp.《略》supplement(ary).

‡**sup·per** [ˈsʌpɚ; ˈsʌpə] *n.* **1** Ⓤ[與修飾語連用而指種類時爲Ⓒ]晚餐，晚飯：It's time for ~. 該吃晚飯了/What is there for ~? 晚餐吃什麼？/at [before, after] ~ 在晚餐時[前，後]/have [take] ~ 吃晚餐/She didn't eat much ~. 她晚餐吃得不多/It was a good ~. 那是一頓豐盛的晚餐/⇨ Last Supper.

【說明】supper 是指一天中吃過主餐(dinner)後的最後一餐，通常吃的是較簡便的食物，如三明治(sandwiches)、火腿(ham)、香腸(sausage)等肉類製品。通常晚餐相當於 dinner，但在星期天做禮拜回來後，午餐吃了 dinner 的話，晚餐就稱 supper 了。此外，如果晚餐吃了 dinner 後，又去看電影等，回來吃的消夜稱作 supper；cf. dinner【說明】

【插圖說明】左邊的是會招來不幸的圖例；右邊的是會帶來幸運或祈求避邪的圖例。
superstition
《圖上號碼和 superstition 的【說明】對照》

2 Ⓒ晚餐(聚)會：a church ～ 在教會舉行的晚餐會。

súpper clùb *n.* Ⓒ(提供餐飲的)高級夜總會。

súpper·less *adj.* & *adv.* 不吃晚餐的[地]。

súpper·tìme *n.* Ⓤ晚餐時間。

sup·plant [səˋplænt; səˈplɑːnt] *v.t.* (以策略或强迫的手段)取代…，排擠…取而代之：The duke plotted to ～ the king. 公爵陰謀取代國王的地位/She was ～*ed* in her lover's affections by her friend. 她被她的朋友橫刀奪愛。～·**er** *n.*

sup·ple [ˋsʌpl; ˈsʌpl] *adj.* (**sup·pler**；**-plest**) **1** 容易彎曲的，柔軟的。**2 a** 〈頭腦、精神等〉靈活的，易適應的。**b** 〈人〉順從的，柔順的。～·**ly** [-plɪ; -pli] *adv.* ～·**ness** *n.*

sup·ple·ment [ˋsʌpləmənt; ˈsʌplimənt] «與 supply 同字源» —*n.* Ⓒ **1 a** 補足，追加。**b** 補遺，增補；附刊，增刊〔*to*〕：an annual ～ *to* an encyclopedia 百科全書的每年補遺。

> 【同義字】supplement 指爲更新內容，補充不充實處或訂正錯誤而附加於後的部分；appendix 是作爲附刊的附加部分。

2 《數學》補角，補弧。

— [ˋsʌplə,mɛnt; ˈsʌpliment] *v.t.* **1** 補充，追加；對…附加增補。**2** 〔十受十介十(代)名〕〔用…〕補充…，補足…〔*with, by*〕：He ～*ed* his diet ***with***[***by***] milk. 他用牛奶補充飲食。

sup·ple·men·ta·tion [,sʌpləmənˋteʃən; ,sʌplimenˈteiʃn] *n.*

sup·ple·men·tal [,sʌpləˋmɛntl; ,sʌpliˈmentl] *adj.* **1** = supplementary 1. **2** (訴狀、誓書等之)追補的。

sup·ple·men·ta·ry [,sʌpləˋmɛntrɪ, -tərɪ; ,sʌpliˈmentəri] «supplement 的形容詞» —*adj.* **1 a** 補充的，補足的，補遺的，附刊的：～ instruction 補充[輔助]授課。**b** [不用在名詞前]〔十介十(代)名〕補充〔…〕的；〔…的〕補遺的〔*to*〕：a reader ～ ***to*** a textbook 教科書的補充讀本。

2 《數學》**a** 補角[補弧]的：a ～ angle[arc] 補角[補弧]。**b** [不用在名詞前]〔十介十(代)名〕〔與…〕成補角的〔*to*〕.

suppleméntary bénefit *n.* ⓊⒸ《英》補充津貼《低收入戶在社會福利制度下不足以維持生活時由國家補助的津貼》。

sup·pli·ance[1] [ˋsʌplɪəns; ˈsʌpliəns] *n.* ⓊⒸ補充；補充方法[過程]。

sup·pli·ance[2] [ˋsʌplɪəns; ˈsʌpliəns] *n.* Ⓤ Ⓒ 懇求，哀求(supplication).

sup·pli·ant [ˋsʌplɪənt; ˈsʌpliənt] *adj.* **1** 懇求的，哀求的。**2** 哀求似的，纏住不放的。

—*n.* Ⓒ懇求[哀求]者。～·**ly** *adv.*

sup·pli·cant [ˋsʌplɪkənt; ˈsʌplikənt] *n.* Ⓒ懇求者，哀求者。

sup·pli·cate [ˋsʌplɪ,ket; ˈsʌplikeit] *v.t.* **1 a** 〔十受〕懇求…：～ pardon 懇求寬恕。**b** 〔十受十介十(代)名〕向〈某人〉懇求[哀求]〔…〕〔*for*〕：She ～*d* the judge ***for*** protection. 她懇求法官保護。**c** 〔十受十 *to* do〕懇求〈某人〉〈做…〉：～ a person *to* help 懇求某人幫助。**2** 向〈神〉祈求。

—*v.i.* 〔動(十介十(代)名)〕懇求，哀求〔…〕〔*for*〕：～ ***for*** pardon 懇求寬恕。

sup·pli·ca·tion [,sʌplɪˋkeʃən; ,sʌpliˈkeiʃn] «supplicate 的名詞» —*n.* ⓊⒸ懇求，哀求。

sup·pli·ca·to·ry [ˋsʌplɪkə,torɪ, -,tɔrɪ; ˈsʌplikətəri] *adj.* 懇求的，哀求的。

sup·plí·er *n.* Ⓒ供應者，供給者[公司，國家]。

‡**sup·ply** [səˋplaɪ; səˈplai] «源自拉丁文「給與充分滿足」之義» —*v.t.* **1** 供應，供給(⇨ provide【同義字】)：**a** 〔十受〕供給，給與〈必需品等〉：We can ～ any quantity of these goods. 這些貨品不論任何數量我們都可以供應。**b** 〔十受十介十(代)名〕〔以必需品〕供給…，給與…〔*with*〕；提供，供給〈必需品〉〔給…〕〔*to, for*〕：Cows ～ us ***with*** milk. = Cows ～ milk ***to*** us. 母牛供給我們牛奶(cf. 1 c)/The libraries in large cities are well *supplied with* books on most subjects. 大城市裏的圖書館藏書豐富，備有大部份類目的書籍/Adequate water is *supplied to* every household. 充足的水供給每一戶家庭。**c** 〔十受十受〕《美》供給[給與]…〈必需品等〉：Cows ～ us milk. 母牛供給我們牛奶(cf. 1 b)/*S*～ me the exact dates, please. 請通知確實的日期。

2 〔十受〕配送貨品給〈某人〉：Which store are you *supplied* by? 哪一家商店配送貨品給府上？

3 〔十受〕補充，彌補〈不足〉；滿足〈需求〉，供應〈需要〉：～ a want 彌補不足[短缺]/～ the need for cheap houses 滿足對廉價房屋的需求/We've got just enough to ～ the demand. 我們的所得適足以滿足需要。

4 〔十受〕填補，代理，充任，補(缺)〈某職位〉《★常用於下列片語》：～ the place of... 代替…。

—*n.* **1** Ⓤ供給，供應：～ and demand 供給與需求，供需/in short ～ 〈貨品〉短缺，供應不足。

2 Ⓒ **a** [常 **supplies**]供應品，供給物，儲備物資；供應量，貯藏(量)：a food ～ 糧食的儲備/relief *supplies* 救濟物資/Japan gets its *supplies* of row materials from abroad. 日本自海外獲得原料的供應。**b** [常用單數]〔儲備物品等的〕量〔*of*〕：a small ～ *of* provisions 糧食的少量貯存/have a large ～ *of* food 有大量的食物儲備。

3 [**supplies**] (軍隊、探險隊等在一定期間的)糧食，生活用品。

—*adj.* [用在名詞前] **1** 供應用的：a ～ pipe 輸送管，供水[油，氣]管。**2** (軍隊的)補給(人員)的：a ～ depot 補給部隊[站，庫]。**3** 代理的：a ～ teacher 《英》代課教師。

‡**sup·port** [səˋport, -ˋpɔrt; səˈpɔːt] «源自拉丁文「搬運到下面，忍耐」之義» —*v.t.* **1 a** 〔十受〕〈某物〉支持[支撐]〈某物〉：The walls ～ the roof. 牆壁支撐屋頂/That bridge is not strong enough to ～ heavy trucks. 那座橋不夠堅固，不能支撐重型卡車。**b** 〔十受(十介十(代)名)〕〈人〉〔使用工具〕支持〈人、東西〉〔*with*〕；〈人〉〔以身體的某一部位〕支持〈人、東西〉〔*on*〕：She came in, ～*ed* by her son. 她由兒子扶持著進來/He ～*ed* himself ***with*** crutches. 他用拐杖支撐身體/He ～*ed* his burden ***on*** his shoulders. 他用雙肩荷著重物。

2 〔十受〕**a** 扶養〈家人等〉：I have a wife and two children to ～. 我有妻子和兩個小孩要扶養。**b** 〔～ one*self*〕謀生，養活自己：He is old enough to ～ *himself*. 他已到了可以自立的年紀。**c** (財政上)資助〈設施等〉：～ the local orchestra 資助當地的管弦樂隊。

3 〔十受〕**a** 支持，擁護〈人、主義、政策等〉：～ a motion 支持動議/～ Women's Lib 支持婦女解放運動。**b** 《軍》支援〈其他部隊〉。

4 〔十受〕**a** 維持〈生命、氣力等〉，使…持續：We need oxygen to ～ life. 我們需要氧氣維持生命。**b** (精神上)支持，鼓勵〈某人〉，使…振作：Hope ～*ed* him when he was in trouble. 當他遭遇困難時，希望支持著他《他仍然抱著希望，繼續幹下去》。

5 〔十受〕證明，證實，確認〈陳述等〉：The doctors ～*ed* his testimony. 醫師們確認他的證詞/His theory is ～*ed* by facts. 事實證實了他的理論。

6 〔十受〕[常與can, cannot 連用]忍耐，忍受…：I *cannot* ～ his insolence. 我無法忍受他的無禮/She *could* ～ her fatigue. 她能忍受疲勞。

7 〔十受〕幫助〈主演者〉演出，與〈主角〉配戲，充當〈明星〉的配角。

—*n.* **1 a** Ⓤ支撐，支持；維持：stand without ～ 沒有支撐地站立/She leaned against the door for ～. 她靠在門上支撐身體。**b** Ⓒ可成爲支持之物，支持，地基：the ～*s* of the building 建築物的支柱[地基]。

2 a Ⓤ(家人等的)扶養，贍養；生活費：a means of ～ 謀生之道《職業等》。**b** Ⓒ支持生活的人，生活的依靠：John is the sole ～ *of* his aged mother. 約翰是他年邁母親唯一的依靠。

3 a Ⓤ援助，支援，贊成，鼓舞：give ～ to... 支持[支援]…/get [receive] ～ from... 從…獲得支持[支援]/in ～ of... 爲了支持[支援]…/His behavior lends ～ to the rumors. 他的行爲印證了謠言《看他的所作所爲，難怪會有那種謠言》。**b** Ⓒ支持者，支援者。

sup·port·a·ble [səˋportəbl, -ˋpɔr-; səˈpɔːtəbl] *adj.* **1** 可支持[贊成]的。**2** 可扶養的。**3** [常用於否定句] 能忍受 [忍耐]的。

sup·pórt·a·bly [-təblɪ; -təbli] *adv.*

sup·pórt·er *n.* Ⓒ **1 a** 支持者，支援者，後盾，擁護者，贊成者。**b** 扶養人，贍養者。**2 a** 支持物，支柱。**b** (競賽者使用的)護身帶。**c** 《外科》縛帶，綳帶。**3** 《紋章》立於紋章左右兩側或扶持紋章楯的一對獸圖之一。

sup·pórt·ing *adj.* [用在名詞前] **1** 支撐的，支持的。

2 輔助的，搭配的〈演員、角色〉；配角的〈人、角色〉：a ～ actor[actress] 男配角[女配角]/play a ～ part[role] 演配角，客串演出。

3 《英》輔助(用)的〈電影、節目等〉：a ～ film[picture] 副片《搭配主要長片上映的短片等》/a ～ programme 輔助節目，次要節目。

sup·port·ive [səˋportɪv, -ˋpɔr-; səˈpɔːtiv] *adj.* **1** [用在名詞前] 有支持作用的，有支持力的：～ evidence 可印證的證據。**2** 和藹地對待(病人、窮困者等)的，合作的。

sup·port·less [səˋportlɪs, -ˋpɔr-; səˈpɔːtlis] *adj.* 無支持者的；缺乏支援的。

sup·pos·a·ble [səˋpozəbl; səˈpouzəbl] *adj.* 可想像的；可假定的。

‡**sup·pose** [səˋpoz; səˈpouz] «源自拉丁文「放在下面」之義» —*v.t.* **1** (判斷的根據較爲薄弱地)猜想，推測，以爲(⇨ imagine【同義字】)：**a** 〔十 (*that*)＿〕猜想，以爲〈…事〉：I ～ you are right. 我想你是對的/What do you ～ she will do? 你想她會怎麼做？/"He will be there this time."—"I ～ *so*." 「這一次他會到那裏。」「我想是的。」《★圖困這裏的 so承受前句的內容，以代替 *that* 子句》/"I don't think he'll be there this time either."—"I ～ *nòt*[I do*n't* ～ *sò*]." 「我想他這一次也不會到那裏。」「我想也不

會。」(★用法這裏的 not 承受前句的內容，以代替 *that* 子句)。**b** [用 I ～ 與主句並列或當插入語用]大概是…吧；我猜想是…：You are Mr. Smith, *I* ～. 我猜想你就是史密斯先生吧。**c** 〔+受+ (*to be*)補〕認爲…〈是…〉：Most people ～*d* him (*to be*) innocent. 大部分的人都認爲他是無辜的《★變換可換寫成 Most people ～*d that* he was innocent. 而這種說法也較爲口語》/He is generally ～*d* (*to be*) guilty. 一般認爲他有罪。**d** 〔+受+ *to* do〕認爲…〈做…〉《★用法通常 *to* do 後接表示狀態的動詞或不定詞完成式》：They ～*d* me *to* know all about it. 他們認爲我知道有關那件事的一切《★變換可換寫成 They ～*d that* I knew all about it.》/Cats are ～*d to* have nine lives. 人們認爲貓有九條命 (cf. cat 1【說明】)/This tree is ～*d to* have been here for eight hundred years. 據說這樹在這裏已有八百年了。**e** 〔+ (*that*)__〕[用 I don't ～ 表示委婉的拜託]能不能…？《★用法爲表示拜託語調的抑揚，用文字寫時有時用疑問符號》：*I don't* ～ you can lend me some money. [？]能不能借給我一些錢？

2 〔+ *that*__〕**a** **假定，假設〈爲…〉**：Let us ～ (*that*) you are right. 假定你是對的。**b** [用祈使語氣，當連接詞用]如果(if)；假定…(如何)《★用法that 子句的內容如果是說話者認爲有可能性的假定，則用直陳法；如果假定是現實中不可能有的事則用假設語氣》：*S*～ (*that*) he refuses, what shall we do？如果他拒絕，我們怎麼辦？/*S*～ I were left alone on a desert island, what would I do？如果我被孤單地遺留在荒島上，我怎麼辦？/*S*～ you have an accident！假如碰到意外事件(怎麼辦)！**c** [表示提議]〈做…〉如何，〈做…〉吧：*S*～ we change the subject. 我們換個話題吧/*S*～ we play baseball. 我們打棒球如何？

3 〔+受〕**需要…(作爲條件)，以…爲前提；須先有…**：Buying a house ～*s* money. 買房子須先有錢。

4 〔+受+ *to* do〕(習慣上、義務上)期待〈某人〉〈會做…〉《★常以過去分詞當形容詞用；⇨ supposed 2》.

5 〔+受+ *to* do〕[用於否定句]《口語》認爲對〈某人〉〈可做…〉《★常以過去分詞當形容詞用；⇨ supposed 2》.

sup·posed [sə'pozd; sə'pouzd] *adj.* **1** **a** [用在名詞前] **(不論眞僞的)想像的，假定的，傳聞的**：The ～ prince turned out to be a beggar in disguise. 那個被信爲王子的人，原來是乞丐喬裝的/His ～ illness was mere laziness. 聽說[人們以爲]他病了，其實只是偸懶。**b** ⇨ suppose 1 c, 1 d. **2** [不用在名詞前]〔+ *to* do〕**《口語》被認爲應當〈做…〉的**：You are ～ *to* be here at eight every day. 你應當每天(早上)八點到這裏[上班]/Every pupil is ～ *to* know the school regulations. 每個學生都應該知道校規《不能推說不知道》/We are not ～ *to* smoke in the classroom. 我們不可在教室裏吸煙《吸煙是被禁止的》。

sup·pós·ed·ly [-zɪdlɪ; -zidli] *adv.* [修飾整句]臆測上係(…)，想像上係(…)，一般相信，傳聞：He is ～ 85 years old. 據推測他有八十五歲。

sup·pos·ing [sə'pozɪŋ; sə'pouziŋ] *conj.* [表示假定]如果…，假如…(if)：*S*～ you can't come, who will do the work？假如你不能來，誰來做這件工作？/*S*～ (*that*) it were true, what would happen？如果那是眞的，會發生什麼事？

sup·po·si·tion [ˌsʌpə'zɪʃən; ˌsʌpə'ziʃn] «suppose 的名詞»—*n.* **1** Ⓤ **a** 假定，推定，推測：His theory is merely based on ～. 他的理論只是根據推測而提出的。**b** 〔+ *that*__〕〈…的〉假設，推定，推測：I was acting *on* the ～ *that* what he told me was true. 我假定他所告訴我的是眞的才採取行動。**2** Ⓒ假設，假定：That is a very likely ～. 那是一種很有可能成立的假設。

sùp·po·sí·tion·al [-ʃənl; -ʃənl˝] *adj.* 想像(上)的；假定的，推定的。～**·ly** [-ʃənlɪ; -ʃn̩əli] *adv.*

sup·po·si·tious [ˌsʌpə'zɪʃəs; ˌsʌpə'ziʃəs˝] *adj.* = supposititious.

sup·pos·i·ti·tious [səˌpazə'tɪʃəs; səˌpɔzi'tiʃəs˝] *adj.* **1** 〈信等〉僞造的，假的。**2** 假定的，假想的。～**·ly** *adv.*

sup·pos·i·tive [sə'pazətɪv; sə'pɔzitiv] *adj.* **1** 假定的，推測的。**2** 《文法》表示假設的。

—*n.* Ⓒ《文法》表示假設的字《if, providing, supposing 等》。

sup·pos·i·to·ry [sə'pazəˌtorɪ, -ˌtɔrɪ; sə'pɔzitəri] *n.* Ⓒ《醫》塞藥，坐藥，栓劑。

sup·press [sə'prɛs; sə'pres] «源自拉丁文「壓在下面」之義»—*v.t.* 〔+受〕**1** **(以警力、權力)壓制，鎮壓〈叛亂、暴動等〉**：～ a revolt 鎮壓叛亂。**2** **抑制，忍住〈呻吟、呵欠、感情〉**：～ a yawn 忍住呵欠/～ one's anger 忍住生氣/He ～*ed* an inclination to laugh. 忍住想笑。**3** **a** 隱瞞〈姓名、證據、事實等〉：All the newspapers ～*ed* the news. 所有的報紙都沒有刊登那一則消息。**b** 禁止出版〈書籍等〉。

sup·pres·sant [sə'prɛsn̩t; sə'presnt] *n.* Ⓒ抑制劑；抑制物：a cough ～ 鎮咳劑。

sup·press·i·ble [sə'prɛsəbl̩; sə'presəbl] *adj.* **1** 可抑制[壓抑]的。**2** 可鎮壓的。**3** **a** 可隱瞞的。**b** 可禁止出版的。

sup·pres·sion [sə'prɛʃən; sə'preʃn] «suppress 的名詞»—*n.* Ⓤ **1** (叛亂等的)鎮壓，平定。**2** (感情等的)壓抑，抑制。**3** **a** (事實等的)隱瞞。**b** (書等的)禁售。

sup·pres·sive [sə'prɛsɪv; sə'presiv] *adj.* 《文語》**1** **a** 壓抑[抑制]的。**b** 〈藥〉有鎮靜作用的。**2** **a** 隱瞞的。**b** 禁止公布[發行]的。

～**·ly** *adv.* ～**·ness** *n.*

sup·prés·sor [-sɚ; -sə] *n.* Ⓒ **1** 壓抑[鎮壓]的人[東西]。**2** 《廣播・電視》防止雜波干擾的裝置。

sup·pu·rate ['sʌpjəˌret; 'sʌpjuəreit] *v.i.* 〈傷口〉化膿，生膿。

sup·pu·ra·tion [ˌsʌpjə'reʃən; ˌsʌpjuə'reiʃn] «suppurate 的名詞»—*n.* Ⓤ **1** 化膿。**2** 膿。

sup·pu·ra·tive ['sʌpjəˌretɪv; 'sʌpjuəreitiv] *adj.* (使)化膿的，化膿性的。

su·pra ['suprə; 'su:prə] «源自拉丁文» —*adv.* 在上；(書籍、論文)在前《主要指參照前文》(↔ infra)：⇨ VIDE supra.

su·pra- [suprə-; su:prə-] 字首表示「上面的，在上」之意 (↔ infra-).

sùpra·nátional *adj.* 超國家的。

su·pra·or·bit·al [ˌsuprə'ɔrbɪtl̩; ˌsu:prə'ɔ:bitl] *adj.* 《解剖》眼窩上的；眶上的。

sùpra·rénal *n.* Ⓒ《解剖》副腎，腎上腺。

—*adj.* 副腎的，腎上腺的。

su·prem·a·cist [sə'prɛməsɪst, sʊ-; su'preməsist] *n.* Ⓒ [與修飾語連用]〈…〉至上主義者：a white ～ 白人至上主義者。

su·prem·a·cy [sə'prɛməsɪ, sʊ-; su'preməsi] «supreme 的名詞» —*n.* Ⓤ **1** 至尊，至上，無上；最高位。**2** 主權；至高[無上]權力；霸權，控制權〔*over*〕：gain military ～ *over* other nations 獲得對他國的軍事控制權。

***su·preme** [sə'prim, sʊ-; su'pri:m] «源自拉丁文「高位的」之義的最高級»—*adj.* (無比較級、最高級) **1** [常S～] **(地位、權力等)最高的，最高權威的**：the *S*～ Court《美》(國家或州的)最高法院/the *S*～ Being 神/the ～ commander 最高統帥。**2** **(程度、品質等)最高的，最優的**：～ wisdom 無上的智慧/the ～ good 至善。**3** **極端的，極度的，至上的，非常的**：～ folly 愚蠢之極/⇨ make the supreme SACRIFICE. **4** 最後的，終極的：at the ～ moment[hour] 在最緊要的關頭，在最後的一刹那，在臨終時。

～**·ly** *adv.*

Supréme Sóviet *n.* [**the** ～] 最高蘇維埃《蘇聯的最高權力機構及立法機構，由聯邦會議(the Soviet of the Union)與民族會議(the Soviet of the Nationalities)所組成》。

supt., Supt. 《略》Superintendent.

sur-[1] [sɚ-, sər-; sʌr-, sər-] 字首sub- 在 r 之前的變體。

sur-[2] [sɚ-, sər-; sʌr-, sə:r-] 字首＝super-.

sur·cease [sɚ'sis; sə:'si:s] *n.* Ⓤ《古》完結；停止。

—*v.t.* & *v.i.* 《古》終止。

sur·charge ['sɚˌtʃardʒ; 'sə:tʃɑ:dʒ] *n.* Ⓒ **1** 超載，超重。**2** 附加費，追加的費用。**3** (郵件的)欠資罰款。**4** (對課稅財產申報不實的)加重罰金。

—*v.t.* [sɚ'tʃardʒ; sə:'tʃɑ:dʒ] **1** 在…裝載過多。

2 〔+受(+介+(代)名)〕向〈某人〉徵收〔…的〕特別[附加]費；對〈某人〉課徵〔申報不實的〕加重罰金〔*on*〕.

3 在〈郵票〉上加蓋變更面額的印戳。

sur·cin·gle ['sɚsɪŋgl̩; 'sə:siŋgl] *n.* Ⓒ(馬的)上腹帶《通常從鞍上繫緊在腹帶(girth)上的皮革或布帶》。

sur·coat ['sɚˌkot; 'sə:kout] *n.* Ⓒ(中世紀騎士穿在鎖片鎧甲上的)長衣。

surd [sɚd; sə:d]《數學》*adj.* 不盡根的，無理式的。

—*n.* Ⓒ不盡根，無理式。

‡**sure** [ʃʊr; ʃuə, ʃɔ:] *adj.* (**sur·er**；**-est**) **1** [不用在名詞前] **(無比較級、最高級)確信的，深信的，有把握的。**

【字源】sure 一字源自拉丁文，原義爲「無憂慮的」。secure(安全的)也是同字源的字。由「無憂慮的」逐漸轉變爲「確信的」，「確實的」，「安全的」等意思。
【同義字】sure 與 certain 大致上同義，但前者用於依據主觀上、直覺上判斷的情形；後者則多用於根據客觀事實、證據的情形。

a 〈人〉確定的，確信的，有把握的：I think he will agree, but I am not ～. 我想他會同意，但我沒有把握/"Are you ～？"—"I'm quite ～." 「你確定嗎？」「我十分確定。」**b** 〔+介+(代)名〕〈人〉確信〔…〕的，〔對…〕有自信的〔*of, about*〕：He is ～ ***of*** his success. 他確信自己會成功 (cf. 1 c, 2 b)/Are you quite ～ ***about*** the number? 關於那數字你十分確定嗎？**c** 〔+ (*that*)__〕〈人〉確信〈…事〉的《★用法《口語》省略 that》：He is ～ *that* he will succeed. 他確信自己會成功 (cf. 1 b)/The general was ～ (*that*) he could defeat the enemy. 那位將軍確信他能打敗敵人/I'm ～ I don't know. 我確實不知道。**d** [**I'm** ～；與主要子句並列或當插入語用]《口語》我確信…的：That man there is her brother

S

I'm ~. 我確信在那裏的那個人是她的哥哥[弟弟]。**e**〔＋ *wh.*___ /＋ *wh.*＋ *to* do〕[常用於否定句、疑問句]確定…的：*None* of the doctors were ~ *what* the trouble was. 沒有醫生能斷定那是什麼病/I'm *not* ~ *where to* put the key. 我不確定鑰匙要放在哪裏/Are you quite ~ *what* it is? 你能十分確定那是什麼嗎？

2 [不用在名詞前]（無比較級、最高級）**a**〔＋*to* do〕**一定〈做…〉的，必定的**：He is ~ *to* succeed. 他一定會成功《★比較與義 1 b 的說法不同，義 2 a 是主詞以外的人確信的說法，因此可換寫成 It is certain that he will succeed.；但 It is sure that.... 是罕用語》/The weather is ~ *to* be wet. 天氣一定轉爲多雨/Be ~ *to* close the windows. 一定要把窗子關好。**b**〔十介十(代)名〕必可獲得〔…〕的〔*of*〕：At that hotel you're ~ ***of*** a good dinner. 在那家飯店你一定可享受到美食/He is ~ *of* success. 他必可獲得成功(cf. 1 b)。

3 [用在名詞前] **確實的，安全的，穩妥的，可信賴的，靠得住的**：a ~ messenger 確實可靠的使者/ ~ proof 確實的證據/⇨ sure thing/There is only one ~ way to success. 可靠的成功之路只有一條。

be sùre and dó [用祈使語氣]《口語》務必要…：*Be* ~ *and* remember what I told you. 務必記住我告訴你的話。

be [féel] súre of onesèlf (1)有自信心：*I'm* never ~ *of myself* among so many people. 在許多人當中，我對自己毫無信心。

for súre (1)確定地，確實地，一定：I saw it *for* ~. 我確實看到它/We don't know *for* ~ that he has resigned. 我們並不確實知道他已辭職。(2)確實的，必然的，當然的：That's *for* ~. 那是確定的；那當然。

màke súre (1)確定，查明，弄清楚〔…〕〔*of*〕：*make* ~ *of* a fact 查明一件事實。(2)〔＋(*that*)___〕確定〈…事〉：I telephoned to *make* ~ *that* he was coming. 我打電話弄清楚他要來的事。(3)〔＋ *wh.*___〕弄清楚〈是否…〉：You'd better *make* ~ *whether* there's a performance that day [*whether* [*if*] he's coming or not]. 你最好弄清楚那天是否有表演[他是否要來]。(4)預先保留〔…〕〔*of*〕：*Make* ~ *of* two seats. 預先保留兩人的座位。(5)〔＋(*that*)___〕安排一定〈要做…事〉：*Make* ~ (*that*) you get there ten minutes early. 你一定要早十分鐘到達那裏。(6)〔＋*to* do〕一定〈要做到…〉：*Make* ~ *to* turn off the light before you go to bed. 睡覺前一定要把燈關掉。

to be sùre (1)的確，確實："French is difficult."—"*To be* ~ (it is)."「法語很難。」「的確。」(2)[後接 but，表示讓步]的確…(但…)；當然…(但…)：It's not new, *to be* ~, *but* it works all right. 它的確不是新的，但是性能很好。(3)[與 well 等連用，當感嘆詞用，表示驚愕]《罕》哎呀！不得了！

Wéll I'm súre！[當感嘆詞用]哎呀！不得了！

—*adv.* (無比較級、最高級)《口語》**1**《美》**的確，確實地，無疑地，當然**：It ~ is hot. 天氣的確很熱/I ~ was right. [預測實現時等]我果然說對了/"Japanese is difficult."—"It ~ is."「日語很難。」「的確是。」

2 [用於拜託、詢問的回答]好，當然："Are you coming?"—"*S*~!"「你會來嗎？」「當然！」

3 [用於 Thank you. 的隨聲附和]《美》不必客氣。

(as) súre as náils [fáte, déath, a gún] 的的確確，確確實實。

sùre enóugh《口語》果然，一定，眞正地：I thought he'd do that；and ~ *enough*, he did. 我想他會做那件事；果然，他做了。

súre·ness *n.*

súre·fìre *adj.* [用在名詞前]《口語》確實的，必會成功的。

súre-fóoted *adj.* 足步穩的，踏實的，不會跌跤[出差錯]的。

‡**sure·ly** [ˈʃurlɪ; ˈʃuəli] *adv.* (**more** ~；**most** ~) **1 確實地，無疑地**：work slowly but ~ 緩慢但踏實地工作。

2 (無比較級、最高級)**一定，必定**：He will ~ succeed. 他一定會成功《★變換可換寫成 He is sure to succeed.》

3 (無比較級、最高級)[多置於句首或句尾，强調不相信或確信之意]決不(…)吧，不致於(…)吧；確實，的確：*S*~ you will not desert me? 你決不會拋棄我吧？《★用法書寫時常加問號》/*S*~ I've heard you say so. 的確，我聽你這樣說過。

4 (無比較級、最高級)[用於强調的肯定回答]《美口語》沒問題，當然："Would you come with me?"—"*S*~?"「你願意陪我去嗎？」「當然。」

súre thíng *n.*《口語》**1** [**a** ~](成功、勝利等)確實的事。**2** [當副詞或感嘆詞用]《美》的確，當然；好，可以。

sur·e·ty [ˈʃurtɪ, ˈʃurətɪ; ˈʃuərəti, ˈʃuəti] *n.* Ⓤ Ⓒ **1** 保證，擔保。**2** 擔保人，(保釋的)保證人：stand [go] ~ for... 做…的保證人。

of a súrety《古》確實地，必然。

súrety·shìp *n.* Ⓤ《法律》保證；保證之義務。

surf [sɝf; sə:f] *n.* Ⓤ **1** (拍擊海岸、岩石等而碎的)海浪，碎浪(⇨ wave【同義字】)。**2** (滾滾而來的)水沫，浪花。

—*v.i.* 作衝浪運動，玩衝浪遊戲：go ~*ing* 去衝浪。

‡**sur·face** [ˈsɝfɪs, -fəs; ˈsə:fis, -fəs] *n.* **1** Ⓒ **a 表面，外面**：the earth's ~ 地球的表面/This desk has a smooth ~. 這張桌子有光滑的表面。**b** 水面：come to the ~ 浮上(水面)/The ship sank below the ~. 那條船沉在水面下。**c**《幾何》面：a plane ~ 平面/a curved ~ 曲面。

2 [**the** ~] 外表，外貌，外觀：*on the* ~ 在外觀[外表，表面]上/scratch *the* ~ of... 只觸及…的皮毛[表面]《未深入探討問題的核心》/look beneath [below] *the* ~ of things 洞察事情的內幕，看事物的內部。

—*adj.* [用在名詞前] **1** 僅表面的，外觀的，皮毛的：~ politeness 表面上的禮貌/~ knowledge 膚淺的知識。

2 a 地上的，路面的：~ troops 陸上部隊。**b** 水上的：a ~ boat 水上艇。**c** (與航空郵件相對的)陸路[水路]郵件的，普通郵件的：~ mail 陸路[水路]郵件，普通郵件/by ~ mail 以普通郵件[平信]寄送。

3 表面的：~ tension 表面張力/~ noise (唱片的)表面的雜音。

—*adv.* 以陸路[水路]郵遞：send a letter ~ 以普通郵遞寄信。

—*v.t.* **1**〔十受(十介十(代)名)〕〔以…〕鋪〈路面〉〔*with*〕：~ a road (***with*** asphalt)(以瀝青)鋪路。

2〔十受〕使〈潛艇〉浮出水面。

—*v.i.* **1**〈潛艇、鯨、潛水夫等〉浮出水面。**2**〈問題、話題等〉表面化，出現。**3**《口語・謔》〈人〉起身；〈久未見的人等〉出現，露面；〈遺失的東西等〉出現，找到。

súrface-prìnting *n.* Ⓤ **1** 凸版印刷(letterpress)。**2** 平版印刷(planography)。

súrface sòil *n.* Ⓤ表面土壤，表土。

súrface-to-áir *adj.* [用在名詞前]地對空的：a ~ missile 地對空飛彈。

súrface-to-súrface *adj.* [用在名詞前]地對地的：a ~ missile 地對地飛彈。

súrf·bòard *n.* Ⓒ衝浪板。

súrf·bòat *n.* Ⓒ破浪艇《浮力大、堅固的衝浪小艇，用於救生作業等》。

surf·cast·er [ˈsɝf,kæstɚ; ˈsə:fkɑ:stə] *n.* Ⓒ海濱垂釣者。

súrf dùck *n.* Ⓒ《鳥》海番鴨《北美洲海番鴨屬潛鴨的統稱》。

sur·feit [ˈsɝfɪt; ˈsə:fit]《源自拉丁文「做過頭」之義》**—*n.*** Ⓒ [常用單數] **1** 暴食，暴飲〔*of*〕。**2** 過度；氾濫〔*of*〕：a ~ *of* advice 過多而討人厭的忠告/a ~ *of* commercials 商業廣告的氾濫。

to (a) súrfeit 令人生膩地，使人厭煩地。

—*v.t.* 〔十受(十介十(代)名)〕**1** 使〈人〉吃[喝]〔…〕過多；使〈人〉〔對…〕生膩〔*with*〕。**2** 〔~ one*self*〕吃[喝]〔…〕過多；〔對…〕生厭〔*with*〕《★常用被動語態》：~ *oneself* ***with*** sweets 吃甜食過多/They *were* ~*ed with* entertainment. 他們對玩樂生厭了；他們玩膩了。

surfing

súrf·er *n.* Ⓒ作衝浪運動的人，衝浪者。

súrf·ing *n.* Ⓤ衝浪運動。

【說明】衝浪運動據說是一千五百年前左右從大溪地(Tahiti)移居夏威夷(Hawaii)的玻里尼西亞人(Polynesians)所發明的一種運動。第二次世界大戰後由於美國大量生產塑膠製的衝浪板(surfboard)，這種運動才開始在世界各地流行，並舉辦世界性的錦標賽。我國已於幾年前引進這種運動。

súrf·rìding *n.* ＝surfing.

sur·fy [ˈsɝfɪ; ˈsə:fi]《surf 的形容詞》**—*adj.*** (**sur·fi·er**；**-fi·est**) **1** 多碎浪的。**2** (如波浪)滾滾而來的。

surg.《略》surgeon；surgery；surgical.

surge [sɝdʒ; sə:dʒ]《源自拉丁文「起來」之義》**—*v.i.*** **1**〔十副詞(片語)〕〈海水、羣衆等〉如波濤洶湧而至；〈田裏的穀物等〉成波狀起伏：A great wave ~*d over* the bow. 巨浪衝打船首/A crowd ~*d out of* the theater. 觀衆從戲院裏湧出。

2〔十副〕〈感情等〉洶湧，澎湃〈*up*〉：Envy ~*d* ***up*** within her. 嫉妒在她心中湧起。

—*n.* Ⓒ **1** 波濤，巨浪。

2 [常用單數] **a** [羣衆等的](洶湧般的)人潮，湧到〔*of*〕：a ~ *of* shoppers 潮湧般的購買者。**b** [感情等的]動搖，高漲〔*of*〕：*a* ~ *of* affection [sympathy] 湧起的愛情[同情]。

3 急速上升，暴漲：a ~ in living costs 生活費的暴漲。

sur·geon [ˈsɝdʒən; ˈsə:dʒən] *n.* Ⓒ **1 外科醫生**(cf. physician 1)：⇨ DENTAL surgeon, house surgeon. **2** 軍醫。

súrgeon géneral *n.* Ⓒ (*pl.* **surgeons general, surgeon generals**)《美》**1** 軍醫總監；軍醫署署長。**2** 公共衛生局局長。

sur·ger·y [ˋsɝdʒərɪ; ˈsəːdʒəri] *n.* **1** Ⓤ **a** 外科(cf. medicine)：plastic ～ 整形外科/clinical ～ 臨牀外科。**b** (外科)手術；外科的治療。**2** Ⓒ《美》手術室。**3**《英》**a** Ⓒ醫院，(醫院的)診療室。**b** ⓊⒸ診療時間。

sur·gi·cal [ˋsɝdʒɪkḷ; ˈsəːdʒikl] «surgery, surgeon 的形容詞»**—***adj.* **1 a** 外科(上)的。**b** 外科醫生的。**2** [用在名詞前]整形用的〈衣服、鞋等〉：～ boots [shoes] (用於腳部整形治療的)整形外科鞋，矯正鞋。**～·ly** [-kḷɪ; -kli] *adv.*

súrgical spírit *n.* Ⓤ《英》(外科消毒用)甲醇。

súrg·ing *adj.* 洶湧的：～ crowds 洶湧的人潮。

surg·y [ˋsɝdʒɪ; ˈsəːdʒi] *adj.* (**surg·i·er**；**-i·est**)大浪的；有大浪的；如大浪的；澎湃的。

Su·ri·nam [ˌsʊrɪˋnɑm; ˌsuəriˈnæm] *n.* 蘇利南《南美洲東北部的一個共和國；首都巴拉馬利波(Paramaribo [ˋpærəˋmærəˌbo; ˌpærəˈmæribou])》.

Su·ri·na·me [ˌsʊrɪˋnɑmə; ˌsuəriˈnɑːmə] *n.* ＝Surinam.

sur·ly [ˋsɝlɪ; ˈsəːli] *adj.* (**sur·li·er**；**-li·est**) **1** 乖戾的；壞心眼的；不高興的；粗暴的。**2**〈天氣〉陰霾的，惡劣的。

súr·li·ly [-lɪlɪ; -lili] *adv.* **-li·ness** *n.*

sur·mise «源自拉丁文「上投」之義»**—** [səˋmaɪz; səːˈmaiz]《文語》*v.t.* **1** 〔十受〕(根據想像)**推測**，猜測…(《★[比較]一般用 guess》)：～ a person's motive 猜測某人的動機。**2** 〔十(*that*)__〕推測，猜測；猜想〈…事〉：From what he said I ～*d that* she was not very well. 從他所說的，我猜想她的身體不太好。

—*v.i.* 推測，揣測。

— [səˋmaɪz, ˋsɝmaɪz; ˈsəːmaiz, səːˈmaiz] *n.* Ⓒ推測，猜測。

sur·mount [səˋmaʊnt; səːˈmaunt] *v.t.* **1** 克服，戰勝，越過〈困難、障礙〉：～ many difficulties 克服許多困難。

2 a 越過〈山〉。**b** 翻越〈圍牆等〉。

3 把…置於上面，把…放上去《★常用被動語態，變成「戴著〔…〕，頂著〔…〕」之意；介系詞用 *with, by*》：The hill *was* ～*ed* **with** a large castle. 小山上有一座巨大的城堡。

sur·mount·a·ble [səˋmaʊntəbḷ; səːˈmauntəbl] *adj.* **1** 可克服的，能勝過的。**2** 可超越的。

sur·name [ˋsɝˌnem; ˈsəːneim] *n.* Ⓒ**姓**(⇨name【說明】)：Jones is a common ～. 瓊斯是個很普通的姓。

> 【說明】歐洲貴族及上流社會間，開始覺得有「姓」的必要是在十三世紀十字軍(Crusade)興起的時候。最初它被當作個人專有的「綽號」使用，後來其子孫也開始沿用。surname 的起源以下列居多：
> (1)來自所居住的地方，如 Hill(丘)，Lake(湖)等。
> (2)取自所從事的行業，如 Carpenter(木匠)，Taylor(裁縫師)，Smith(鐵匠)等。
> (3)依身體的特徵取的，如 Long, Red, Russell(＝red-haired)等。
> (4)根據自己父親的名字取的，如 Williamson《即 William 的兒子之意；多用於英格蘭(England)》，McGregor《Mc 也是兒子(son)的意思；多用於蘇格蘭(Scotland)及愛爾蘭(Ireland)》，O'Brien《O' 是descendant(後代)的意思；多用於愛爾蘭》等等。

sur·pass [səˋpæs; səˈpɑːs] *v.t.* **1** 〔十受〕超過〈期待、判斷力、力量等〉，凌駕…；非…所能勝任：～ (one's) comprehension (某人所)無法理解/～ description 非言語所能形容/The result ～*es* our hopes [expectations]. 結果超出我們的希望[預料]。**2** 〔十受(十介十(代)名)〕〔在…方面〕**勝過，凌駕**…〔*in,at*〕：This year's trade surplus ～*es* those of all previous years. 今年的貿易盈餘超過以往任何一年的盈餘/He ～*es* me **at** English. 他在英文方面比我強。

sur·páss·ing *adj.* 超羣的，卓越的，非常的：a ～ performance 卓越的演技/the ～ beauty of the bay 海灣的絕景。**～·ly** *adv.*

sur·plice [ˋsɝplɪs; ˈsəːplis] *n.* Ⓒ白色法衣《舉行儀式時神職者及唱詩班成員所穿者》。

súr·pliced *adj.* 穿白色法衣的。

sur·plus [ˋsɝplʌs, -pləs; ˈsəːpləs] *n.* Ⓒ **1** 剩餘，過剩，盈餘：a ～ *of* births *over* deaths 超過死亡人數的出生人數/in ～ 過剩地《★無冠詞》。**2**《英》殘額，餘額。**3**〖會計〗結餘，盈餘(↔ deficit).

—*adj.* 過剩的，剩餘的：～ food 剩餘糧食/a ～ population 過剩的人口/～ value〖經濟〗剩餘價值。

sur·plus·age [ˋsɝˌplʌsɪdʒ; ˈsəːpləsidʒ] *n.* ⓊⒸ **1** 剩餘，盈餘，盈餘額。**2** 多餘的字句，多餘的話語。**3**〖法律〗過剩，非必要之陳述。

surplice

sur·pris·al [səˋpraɪzḷ, sɚ-; səˈpraizl] *n.* Ⓤ驚駭，驚愕，驚奇，受驚。

‡sur·prise [səˋpraɪz, sɚ-; səˈpraiz] «源自拉丁文「偷襲」之義»**—***v.t.* **1 a** 〔十受〕使〈人〉**驚訝**，使…吃驚《★也以過去分詞當形容詞用；⇨surprised》：His conduct ～*d* me. 他的行為使我吃驚/You ～*d* me！你嚇了我一跳！

> 【同義字】surprise 是表示以沒有料到的事或出其不意使對方吃驚的最普通用語；astonish 的意義較 surprise 强，以不能令人相信的事使人驚駭；amaze 指予人驚愕的程度使人不知所措或束手無策；astound 指令人非常震驚；startle 指予人突然要跳起的驚駭。

b 〔十受十介十(代)名〕〔以…〕使〈人〉吃驚〔*by, with*〕：He ～*d* me **by** confess*ing* his sins. 他坦白認罪使我吃驚/He sometimes ～*s* us **with** a sudden visit. 他有時突然造訪使我們驚訝。

2 a 〔十受〕偷襲，突襲〈某地〉：The enemy fighters ～*d* the harbor at dawn. 敵人戰鬥機在黎明時偷襲港口。**b** 〔十受十介十(代)名〕〔在做…時〕逮捕〈某人〉〔*in*〕(《★[用法]通常用 *in* the act (of do*ing*)》)：The pickpocket was ～*d* **in** *the act*. 扒手當場(在行竊時)被捕/I ～*d* him **in** *the act of* steal*ing* money from the till. 他從(櫃台的)錢箱偷錢時，被我當場捉到。**c** 〔十受十 do*ing*〕逮到〈某人〉〈在做…〉：The police ～*d* a robber break*ing* into the bank. 警方逮到正闖入銀行的强盜。

3 〔十受十介十(代)名〕**a** 使〈某人〉驚慌〔而做出…〕，使…驚慌〔成…狀態〕〔*into*〕；出其不意地使〈某人〉〔做出…〕：He ～*d* me **into** consent [agree*ing*]. 他用出其不意的方法使我同意了。**b** 使人驚慌而〔向人〕探聽出〈秘密等〉〔*from, out of*〕.

—*n.* **1** Ⓤ**驚訝，吃驚，驚駭**：exclaim *in* ～ 驚駭而叫/jump *with* ～ 吃驚地跳起/*to* a person's ～ 使人驚奇的是…/Her visit did not cause me much ～. 她的來訪並沒有令我太驚訝。

2 Ⓒ**可驚的事[東西]，意外的事[東西]**《事件、報導、贈物等》：His failure was a great ～ *to* us. 他的失敗使我們感到意外/I have a ～ for you. 我有一件使你驚訝的消息[禮物]要告訴[送]你/This may come as a ～ to you, but.... 也許這件事會使你驚訝，但是…。

3 Ⓤ偷襲，奇襲《★常用於下列片語》：⇨ take by SURPRISE.

tàke by surpríse (1)出其不意地攻擊〈某人〉，使〈某人〉大吃一驚[大感意外]：Their sudden visit *took* me *by* ～. 他們的突然造訪使我大吃一驚。(2)偷襲而攻下〈要塞、城鎮等〉。

—*adj.* [用在名詞前]突然的，沒有預告的：a ～ attack 奇襲/a ～ visit 突然造訪/a ～ ending (戲劇、小說)大出意外的結局/a ～ party (瞞著貴賓偷偷準備的)令人吃驚的宴會；奇襲攻擊隊。

‡sur·prised [səˋpraɪzd, sɚ-; səˈpraizd] *adj.* (**more** ～；**most** ～) **1** **吃驚的，驚訝的**(cf. surprise *v.t.* 1 a)：a ～ look 吃驚的表情/She looked a little ～. 她看來有點吃驚的樣子/"His wife walked out on him."—"I'm not ～." 「他的妻子棄他而去。」「我不感到意外。」/I should not be ～ if it snowed tonight. 如果今晚下雪我不會感到意外《今晚要下雪的樣子》。

2 [不用在名詞前] **a** 〔十介十(代)名〕〔對…〕感到驚訝的，吃驚的〔*at, by*〕(《★[用法]用 by 時被動語氣强》)：You will be ～ **at** [**by**] his progress. 你會對他(意外)的進步感到驚訝/We were ～ *at* find*ing* the house empty. 我們發現該屋空無一人，感到驚訝(cf. 2 b). **b** 〔十 *to* do〕〈做…而〉驚訝的，吃驚的：I am very [much] ～ *to* hear of his failure. 我聽到他失敗的事感到吃驚(《★[用法]用 much 是文語》)/We were ～ *to* find the house empty. 我們驚訝地發現該屋空無一人(cf. 2 a). **c** 〔十 *that*__〕〈對…一事〉驚訝的，吃驚的：He was ～ *that* his father had sold the farm. 他對父親已賣掉農場一事感到驚訝。**d** 〔十 *wh.*__〕驚訝於〈如何…〉的：You'll be ～ *how* beautiful she is. 她的美貌會使你感到驚訝。

sur·prís·ed·ly [-zɪdlɪ; -zidli] *adv.* 吃驚地，驚訝地；遭到突襲地。

sur·pris·ing [səˋpraɪzɪŋ, sɚ-; səˈpraiziŋ] *adj.* (**more** ～；**most** ～)**驚人的，意外的，令人驚訝的**：make ～ progress 進步驚人/It is ～ that a man like that was [should be] elected. 像那種人竟然當選眞是令人驚訝。

sur·prís·ing·ly *adv.* **1** 令人驚訝地，非常地。**2** [修飾整句]令人驚訝的是：*S*～, we won. 令人驚訝的是，我們贏了。

sur·re·al [səˋriəl; səˈriəl] *adj.* ＝surrealistic.

sur·re·al·ism [səˋriəlˌɪzəm; səˈriəlizəm] *n.* Ⓤ超現實主義。

sur·ré·al·ist [-lɪst; -list] *n.* Ⓒ超現實主義者。

—*adj.* 超現實主義(者)的。

sur·re·al·is·tic [səˌriəlˋɪstɪk; səˌriəˈlistik←] *adj.* 超現實(主義)的。

sur·ren·der** [səˋrɛndɚ; səˈrendə] «源自拉丁文「交給上面」之義»**—v.t.* **1** 〔十受(十介十(代)名)〕**a** (因要求、强迫而)把…交出〔給…〕，把…讓與〔…〕〔*to*〕(⇨ yield 2【同義字】)：They ～*ed* the fortress **to** the enemy. 他們棄守要塞給敵人。**b** 〔～ one*self*〕〔向敵人等〕投降；〔向警方等〕自首；投案〔*to*〕：～ *oneself* **to** the police 向警方自首。**c** 把〈車票等〉交出〔給…〕；把〈座位等〉讓出〔給…〕〔*to*〕：～ a ticket at the entrance 在入口處交出車票/She ～*ed* her seat **to** the old man. 她把自己的座位讓給那位老人。

2 〔十受〕《文語》放棄〈自由、希望、主義、工作等〉：The shipwrecked sailors never ~*ed* hope. 遇難的船員從不放棄希望。
3 〔十受十介十(代)名〕〔~ one*self*〕屈服〔於…〕，耽溺〔沉迷〕〔於習慣、感情等〕〔*to*〕：~ *oneself to* despair [bitter grief, sleep] 陷於絕望[悲痛，睡眠]。
—v.i. 1 〔動(十介十(代)名)〕〔向…〕**投降**；自首〔*to*〕：We shall never ~. 我們絕不投降/~ on terms 有條件投降/~ ***to*** the enemy 向敵人投降/~ *to* justice [the police] 自首；投案。**2** 〔十介十(代)名〕屈服〔於…〕；耽溺〔沉迷〕〔於習慣、感情等〕〔*to*〕.
—n. 1 Ⓤ **a** 交出，讓與，引渡：~ of a fugitive 逃犯的引渡。**b** (信心、主義等的)放棄。**2** ⓊⒸ **a** 投降，屈服：unconditional ~ 無條件投降。**b** 自首。
surrénder vàlue *n.* ⓊⒸ《保險》退保金額《被保險人中途解約而收回的金額》。
sur·rep·ti·tious [ˌsɜəpˈtɪʃəs; ˌsʌrəpˈtiʃəs] *adj.* (尤指因違法而)偷偷摸摸的，暗中的，秘密的：take a ~ glance at... 偷偷看…。~**·ly** *adv.* ~**·ness** *n.*
sur·rey [ˈsɜɪ; ˈsʌri] *n.* Ⓒ《美》(雙座的)四輪遊覽馬車。
Sur·rey [ˈsɜɪ; ˈsʌri] *n.* 薩里郡《英格蘭東南部的一郡；首府Kingston-upon-Thames [ˈkɪŋstənəˌpɑnˈtɛmz; ˈkiŋstənəˌpɔnˈtemz]》。

surrey

sur·ro·gate [ˈsɜəˌget; ˈsʌrəgit] *n.* Ⓒ **1 a** 代理人。**b** 代用物。**c** 《英國國教》代理主教《不需要經過教會的預告(banns)即可給與結婚許可的人》。**2** 《美》驗證遺囑及管理遺產的法官。**—adj.** [用在名詞前] **1** 代理的。**2** 代用的。
‡**sur·round** [səˈraund; səˈraund] 《源自拉丁文「水向上溢出」之義；受 round 的影響》**—v.t. 1** 〔十受〕**圍繞**，**環繞**…《★常用被動語態，介系詞用 *by, with*》：A stone wall ~*s* the palace. 一道石牆圍繞著那座宮殿/The town *is* ~*ed* **by** [**with**] walls. 該鎮四周圍著城牆。
2 a 〔十受〕**包圍**，**圍住**〈某人〉：Admirers ~*ed* the star. 影迷圍住那位明星。**b** 〔十受十介十(代)名〕〔用…〕圍住[包圍]…〔*with*〕：He ~*ed* the garden ***with*** a fence. 他用籬笆圍住那座花園。**c** 〔十受十介十(代)名〕〔~ one*self*〕〔被…〕圍繞；置身〔於…〕〔*with, by*〕《★也用被動語態》：He ~*s himself with* sycophants. =He *is* ~*ed with* sycophants. 他被一羣阿諛者圍住著[身邊盡是諂媚者]/We *are* ~*ed* ***by*** luxuries. 我們置身於奢侈品中。
—n. Ⓒ **1** 圍繞者。**2** 《英》**a** 邊飾，滾[鑲]邊。**b** 牆壁與地毯之間的空間(所鋪之墊子)。
sur·róund·ing *adj.* [用在名詞前] 圍繞的；周圍的：York and the ~ countryside 約克《英國約克郡(Yorkshire)的首府》以及其周圍的鄉間。
—n. [~s] (環繞人的)環境，周圍，四周(⇨ environment【同義字】)。
sur·tax [ˈsɜˌtæks; ˈsə:tæks] *n.* ⓊⒸ附加稅。
sur·tout [səˈtut, -ˈtu; ˈsə:tu:] 《源自法語》**—n.** Ⓒ男用緊身長外套。
sur·veil·lance [səˈveləns, -ˈveljəns; sə:ˈveiləns] *n.* Ⓤ監視，看守，監督《★常用於下列片語》：under ~ 在監視下。
sur·veil·lant [səˈvelənt, -ˈveljənt; sə:ˈveilənt] *adj.* 監視的，看守的，監督的。
—n. Ⓒ監視者，看守者，監督者。
***sur·vey** [səˈve; səˈvei, sə:-] 《源自拉丁文「看上面」之義》**—v.t.** 〔十受〕**1 a** (由高處等)**眺望**，縱覽〈景色等〉：~ a landscape 眺望風景。**b** 把〈人等〉(從上到下)仔細打量：He ~*ed* me with an inquisitive look. 他以好奇的眼光(從頭到腳)仔細地打量我。
2 **通盤考慮**；概括說明；綜合評述：The President first ~*ed* the current situation. 總統首先綜合評述[審視]目前的情勢。
3 **勘察**，調查〈房屋等〉：We had the house ~*ed* before buying it. 在買那棟房子以前我們請人勘察過。
4 **測量**〈土地等〉：~ land 測量土地。
—v.i. (土地)測量。
— [ˈsɜve, səˈve; ˈsə:vei, ˌsə:ˈvei] *n.* **1** Ⓒ**眺望**：take a ~ of the scene 眺望景色。
2 Ⓒ**概觀**，**概覽**：make a ~ of the situation 概觀情勢/*A S~ of American History* 「美國史概論」《書名》。
3 ⓊⒸ **a** (建築物等的)**勘察**：make a ~ of a house 勘察房屋。**b** 調查：do a ~ 做調查。
4 ⓊⒸ**測量**，**實地勘察**：make a ~ of the land 測量土地/⇨ ordnance survey.
sur·véy·ing *n.* Ⓤ測量(術)。
sur·véy·or [səˈveə; səˈveiə] *n.* Ⓒ **1** 測量者，測量技師。**2** (建築物的)鑑定人。**3 a** 《美》(海關的)檢查員。**b** 《英》檢查官：a ~ of weights and measures 度量衡檢查員。
survéyor·shìp *n.* Ⓤ測量員[檢驗人]的職務、地位或身分。
***sur·viv·al** [səˈvaɪvl; səˈvaivl] 《survive 的名詞》**—n. 1** Ⓤ**殘存**，生存，生還。
2 Ⓒ殘存者[物]，遺物，遺風：The custom is a ~ from the past. 這種風俗是從過去沿襲下來的遺風。
the survíval of the fíttest 《生物》適者生存(cf. natural selection).
survíval kìt *n.* Ⓒ **1** (軍隊用)求生包。**2** 急救箱。
***sur·vive** [səˈvaɪv; səˈvaiv] 《源自拉丁文「往上生」之義》**—v.t. 1** 〔十受〕比…活得久，比…長命：She ~*d* her husband (*by* four years). 她比她丈夫多活(四年)/Mr. Smith is ~*d* by his wife and two sons. 史密斯先生遺下妻子與兩個兒子/The institution [custom] has ~*d* its usefulness. 這種制度[習俗]因過時而失去其存在的意義。**2** **經歷**〈災難、事故等後〉**活下來**，**從…獲救**，**由…生還**：~ an operation〈患者〉手術後獲救/He ~*d* the war. 他在戰爭中倖免於死/No crops ~*d* the drought. 所有農作物盡毀於旱災。
—v.i. 1 **殘存**，**經歷…後還活著**[**存在**]：None of the casualties ~*d*. 意外災禍中的受傷者無人生還。**2** (風俗等)**遺留下來**：This custom still ~*s*. 這種習俗仍然存在。
sur·vív·ing *adj.* [用在名詞前] 繼續活著[存在]的，殘存的：one's only ~ brother 某人唯一還活著的哥哥[弟弟]/a ~ superstition 仍然存在的迷信。
sur·vi·vor [-və; -və] *n.* Ⓒ **1** 生還者，殘存者，生存者；獲救者；遺族。**2** 殘存物，遺物。
sus- [sʌs-, səs-; sʌs-, səs-] 字首 sub- 在字首爲 c, p, t 的拉丁文以及其衍生字之前的變體。
Su·san [ˈsuzn; ˈsu:zn] *n.* 蘇珊《女子名；暱稱 Sue, Susie, Susy》。
Su·san·na(h) [suˈzænə; su:ˈzænə] *n.* 蘇珊娜《女子名；暱稱 Sue, Susie, Susy》。
sus·cep·ti·bil·i·ty [səˌsɛptəˈbɪlətɪ; səˌseptəˈbiləti] 《susceptible 的名詞》**—n. 1** Ⓤ **a** 〔對…的〕易感性，感受性〔*to*〕：one's ~ *to* emotion 容易動情，感情脆弱。**b** 〔對疾病等的〕容易感染[罹患]〔*to*〕：one's ~ *to* colds 容易感冒。
2 [**susceptibilities**] (容易創傷的)感情：wound a person's *susceptibilities* 傷害某人的感情。
sus·cep·ti·ble [səˈsɛptəbl; səˈseptəbl] 《源自拉丁文「能接受的」之義》**—adj. 1 a** 感受性强的，多情的，敏感的，善感的：a ~ heart 善感的心/a girl of a ~ nature 天性善感的女子。**b** [不用在名詞前] 〔十介十(代)名〕〔對…〕容易感受的〔*to*〕：She is ~ ***to*** emotion. 她容易動情[感情脆弱]。
2 多情的，容易墜入情網的：a ~ young man 多情善感的年輕人。
3 [不用在名詞前] 〔十介十(代)名〕容易接受〔…〕的，易受〔…〕影響的，容易感染〔…〕的〔*to*〕：He is ~ ***to*** flattery. 他易爲諂媚所動/She is ~ *to* colds. 她容易(患)感冒。
4 [不用在名詞前] 〔十介十(代)名〕《文語》容許〔…〕的，接納〔…〕的，有〔…〕可能的〔*of*〕：facts not ~ ***of*** proof 無法證明的事實/This passage is ~ *of* another interpretation. 這一節可作另一種解釋。**-ti·bly** [-təblɪ; -təbli] *adv.*
sus·cep·tive [səˈsɛptɪv; səˈseptiv] *adj.* =susceptible.
su·shi [ˈsuʃɪ; ˈsu:ʃi] 《源自日語》**—n.** Ⓒ壽司《一種日式點心；用海苔包拌醋的飯、蛋皮、蘿蔔等捲成，切片食用》。

【說明】英美兩國很少人有生吃牡蠣(oysters)及魚貝類的習慣。由於美容及健康的理由，最近日本料理卻漸受注目。喜歡吃壽司的美國人愈來愈多，而各大城市的日本餐館也逐漸增多。其中有許多餐館都附設專賣壽司的櫃台(sushi bar).

Su·sie [ˈsuzɪ; ˈsu:zi] *n.* 蘇西《女子名；Susan, Susanna(h) 的暱稱》。
***sus·pect** [səˈspɛkt; səˈspekt] 《源自拉丁文「在下面看到」之義》**—v.t. 1 a** 〔十受〕(事先)**感覺到**〈…的存在〉；略微察覺，懷疑〈有…事〉(⇨ doubt【同義字】)：~ danger [a plot] 察覺到可能有危險[陰謀]/~ a hoax 懷疑可能受騙。**b** 〔十(*that*)_〕好像覺得〈有…事〉：I ~*ed that* an accident had happened. 我好像覺得有意外事故發生。
2 a 〔十受〕**懷疑**〈某人〉，認爲〈某人〉可疑《★常以過去分詞當形容詞用；⇨ suspected》：Who(m) do you ~? 你認爲誰可疑？**b** 〔十受十介十(代)名〕認爲〈某人〉〔有…的〕嫌疑〔*of*〕《★用法 of 後面接表示罪行的名詞或動名詞》：Several people have been ~*ed of* the murder. 有幾個人被疑涉嫌該謀殺案/I ~*ed* him *of* drink*ing* [ly*ing*, a crime]. 我認爲他有喝酒[說謊，犯罪]的嫌疑。**c** 〔十受十*as* 補〕懷疑〈某人〉〈爲…者〉《★用法 as 之後接表示犯罪行爲者的名詞》：The man was ~*ed as* an accomplice. 那個人被懷疑爲共犯。
3 a 〔十(*that*)_〕**懷疑**〈可能…〉《★用法 *that* 子句 的內容通常爲不好的事》：I ~ (*that*) he is sick. 我猜想他可能生病了/The

police ~*ed* he was the murderer. 警方懷疑他是殺人兇手(cf. 3b). **b** [十受十 *to* be 補]懷疑…〈是…〉: The police ~*ed* him *to be* the murderer. 警方懷疑他是殺人兇手(cf. 3 a). **c** [十受十 *to* do]懷疑…〈做…〉: I ~ him *to* have broken the window. 我懷疑他打破了那扇窗戶。

4 [十受]**懷疑**，疑心〈事情〉；覺得…可疑: I strongly ~ the authenticity of the document. 我很懷疑該文件的眞實性。

5 a [十(*that*)__]猜想〈…事〉: I ~ he's right. 我猜想他是對的。 **b** [I~；與主要子句並列或當插入語用]我猜想: He doesn't care, *I* ~. 我猜想他不在乎。

—*v.i.* 疑心，猜疑，懷疑。

— [ˋsʌspɛkt; ˈsʌspekt] *n.* Ⓒ**嫌疑犯**，被懷疑的人: a murder ~ 殺人兇嫌。

— [ˋsʌspɛkt; ˈsʌspekt] *adj.* (**more** ~; **most** ~)令人懷疑的，可疑的: rather ~ evidence 相當可疑的證據/His statements are ~. 他的供述令人懷疑。

sus·péct·ed *adj.* **1** 受到懷疑的，涉嫌的(cf. suspect *v.t.* 2 a): a ~ person 嫌疑犯/ ~ bribery 涉嫌賄賂[收賄]。 **2** [不用在名詞前][十介十(代)名]有〔…的〕嫌疑的〔*of*〕(cf. suspect *v.t.* 2b): a child ~ *of* hav*ing* diphtheria 疑患白喉的孩子。

*__sus·pend__ [səˋspɛnd; səˈspend] 《源自拉丁文「掛在下面」之義》**—***v.t.* **1** [十受(十介十(代)名)]把〈東西〉〔從…〕**懸吊下來**，吊掛〔*from*〕《★常用被動語態》: Some chandeliers *are* ~*ed* ***from*** the ceiling. 幾盞枝形吊燈從天花板懸吊下來。

2 [十受十介十(代)名]使〈灰塵、微粒子等〉懸浮〔於空[水]中〕，使…飄浮〔於…〕〔*in*〕《★也以過去分詞當形容詞用；⇨ suspended 2》。

3 [十受]**a** 暫時停止，中止〈活動、付款、營業等〉: ~ payment [hostilities] 止付[休戰]/All flights were ~*ed* because of a typhoon. 由於颱風所有班機暫時停飛。 **b** 使〈判斷、決定、刑罰等〉暫緩，保留，延期: ~ judgment until the facts are clear 事實未明以前暫緩判決[判斷]。

4 [十受] **a** 使〈選手〉被罰出場《★常用被動語態》: He *was* ~*ed* from competition for three months. 他受到停止出賽三個月的處分。 **b** 使〈某人〉停職，使〈學生〉休學《★常用被動語態》: He *was* ~*ed from* school for a month. 他被勒令休學一個月。

sus·pénd·ed *adj.* **1** 懸掛的，吊掛的。

2 a 〈灰塵、微粒子等〉懸浮(空中、水中)的，飄浮的: ~ particles of dust 飄浮於空中的塵粒。 **b** [不用在名詞前][十介十(代)名]懸浮〔於空[水]中〕的，飄[漂]浮〔於…〕的〔*in*〕(cf. suspend 2): After the explosion dust was ~ ***in*** the air. 爆炸後灰塵飄浮於空中。

3 a (暫時)停止的，中止的: ~ animation 假死狀態，生機停頓；不省人事，暈厥。 **b** 停職[休學]的。 **c** 停止出賽的。 **d** 〈判決等〉緩行的: get[give]a ~ sentence 受到[給與]緩刑的判決。

sus·pénd·er bèlt *n.* Ⓒ《英》吊襪(腰)帶(《美》 garter belt)《婦女用的軟質寬腰帶，以便懸扣絲襪》。

sus·pénd·ers *n. pl.* **1** 《美》吊褲帶(《英》 braces). **2** 《英》吊襪帶(《美》 garters).

suspenders 1

sus·pense [səˋspɛns; səˈspens] 《suspend 的名詞》**—***n.* Ⓤ **1** (精神上)**不確定的狀態**，含糊不定，不安，掛念，擔心: She waited *in* great ~ for her husband's return. 她非常擔心地等候丈夫歸來。

2 (電影、小說等的)**懸疑**，持續的緊張[興奮]，使人捏一把汗的狀態: a film full of ~ 充滿懸疑的影片/The detective story kept[held] me *in* ~ until the end. 那本偵探小說使我感到懸疑緊張直到結束。

3 懸而未決(的狀態)，未確定: hold one's judgment *in* ~ 遲遲不作判斷[判決]，使判決懸著。

suspénse accòunt *n.* Ⓒ《簿記》暫記帳(戶)。

sus·pense·ful [səˋspɛnsfəl; səˈspensful] *adj.* 充滿懸疑的，緊張的: a ~ film 懸疑緊張的影片。

sus·pen·si·ble [səˋspɛnsəbl̩; səˈspensəbl] *adj.* **1** 可懸掛的；可吊懸的；可懸浮的。 **2** 可停止的，可中止的。 **3** 可延緩的。

sus·pen·sion [səˋspɛnʃən; səˈspenʃn] 《suspend 的名詞》**—***n.* **1** Ⓤ(被)懸掛(的狀態)，吊掛。 **2** Ⓤ未決定。 **3** Ⓤ **a** (暫時)中止，停止；中斷。 **b** 停職，休學。 **4** Ⓤ[指個體時爲Ⓒ](汽車、火車等的)懸置，懸承。 **5** Ⓒ《化學》懸浮(液)。

suspénsion bridge *n.* Ⓒ吊橋(⇨ bridge[1] 插圖)。

suspénsion pòints[pèriods] *n. pl.* 刪節號，省略號《表示句中的省略通常用 ...，句尾用 ....》。

sus·pen·sive [səˋspɛnsɪv; səˈspensiv] *adj.* **1** 懸疑的，未決定的；不安的，不確定的。 **2** 〈影片、小說等〉充滿懸疑的。 **3** (暫時)中止的，休止的。 **~·ly** *adv.*

sus·pen·so·ry [səˋspɛnsərɪ; səˈspensəri] *adj.* 懸吊的，吊下的，懸垂的。

—*n.* Ⓒ **1** 懸(垂)肌。 **2** 懸吊繃帶，懸帶。

*__sus·pi·cion__ [səˋspɪʃən; səˈspiʃn] 《suspect 的名詞》**—***n.* **1** ⓊⒸ **a** **嫌疑**，疑心，懷疑，猜疑: with ~ 懷疑地，疑心地/arouse ~ 引起疑心，起疑/throw ~ on a person 懷疑某人/*S*~ kept me awake. 疑心使我無法入睡/I resent your ~*s about* my motives. 你懷疑我的動機，我對此十分惱火。 **b** [十 *that*__]〈…事的〉嫌疑: There wasn't the slightest ~ *that* he was a spy. 他毫無間諜的嫌疑。

2 Ⓒ **a** 感覺，覺察〔…〕〔*of*〕: She retires to bed at the least ~ *of* a chill. 她只要覺得有一點寒意就去睡覺。 **b** [十 *that*__]〈…的〉感覺: I had a ~ *that* he was there. 我有一種他在那裏的感覺。

3 [*a* ~]一點點，少許〔*of*〕: *A* ~ *of* a smile crossed her lips. 一絲微笑浮上她的嘴角/He spoke with *a* ~ *of* humor. 他說話帶著點幽默感。

abòve suspícion 毫無懷疑的餘地，無可懷疑。

on suspícion (of...) (因…的)嫌疑，因涉嫌(…): He was arrested *on* ~ *of* fraud[be*ing* a spy]. 他因涉嫌詐欺[從事間諜活動]而被逮捕。

ùnder suspícion 受到懷疑，有嫌疑。

sus·pi·cious [səˋspɪʃəs; səˈspiʃəs] 《suspicion 的形容詞》**—***adj.* (**more** ~; **most** ~) **1 a** **多疑的**，疑心重的，猜疑的: a ~ mind[nature] 多疑心[的性情]/He is very ~. 他很多疑。 **b** [不用在名詞前][十介十(代)名]懷疑〔…〕的，猜疑〔…〕的〔*of,about*〕: The police are ~ ***of*** him. 警方懷疑他[認爲他可疑]/She is ~ *of* strangers. 她對陌生人起疑心。

2 **使人起疑的，可疑的，蹊蹺的**: ~ behavior 令人覺得可疑的行徑/a ~ character 可疑的人物/The matter seemed ~ *to* him. 他覺得那件事似乎有蹊蹺。

> **【同義字】**suspicious 指受到別人的懷疑，通常用於不好之意；doubtful 指有疑問的，不確知的。

3 **存著疑心的**，表示疑惑的，懷疑的: a ~ glance[look] 懷疑的眼光。

sus·pí·cious·ly *adv.* 多疑地，疑心重重地，懷疑地。

sus·pire [səˋspaɪr; səˈspaiə] *v.i.* 《文語》 **1** 呼吸。 **2** 長嘆，嘆息。

Sus·sex [ˋsʌsɛks, -ɪks; ˈsʌsiks] *n.* 薩西克斯郡《英格蘭東南部的一郡；1974 年分爲東薩西克斯(East Sussex)與西薩西克斯(West Sussex)兩郡》。

sus·tain [səˋsten; səˈstein] 《源自拉丁文「在下面支撐」之義》**—***v.t.* **1** [十受]**支撐**，支持〈東西〉《★比較 一般用 support》: These columns ~ the arches. 這些圓柱支撐著拱門。

2 [十受]**承受**，忍受〈重量、壓力、苦難等〉；不屈服於…: The breakwater ~*s* the shock of the great waves. 防波堤承受巨浪的沖擊/We couldn't have ~*ed* such difficulties for long. (要是我們)我們無法長久忍受那樣的困難。

3 [十受]**維持**〈生命、設施〉；贍養，扶養〈家屬〉: ~ a family 維持家計/~ an institution 維持公共設施。

4 [十受] **a** 使〈活動、興趣、努力等〉**持續，繼續**: ~ one's efforts 繼續努力/~ a discussion 使討論持續不斷/This novel ~*s* the reader's interest to the end. 這部小說使讀者到最後都依然興趣濃厚。 **b** 使…振作，鼓勵〈某人〉: ~ a person's spirits 使某人振作；使某人有精神/Hope ~*ed* us *in* our misery. 在不幸中希望使我們振作起來。

5 [十受]蒙受，遭受〈損害等〉: ~ a defeat 遭到失敗/~ a great loss 蒙受重大損失/~ severe injuries 受重傷。

6 a [十受](在法律上)認可，准許，支持〈發言〉: The judge ~*ed* his objection. 法官認可[支持]他的異議(cf. 6 b). **b** [十受十介十(代)名]認可，支持〈某人〉〔的發言〕〔*in*〕: The judge ~*ed* him ***in*** his objection. 法官認可[支持]他的異議(cf. 6 a).

7 [十受]證實，確實證明〈陳述、學說、預言等〉: His theory has been ~*ed* by the facts. 他的理論已爲事實所證明。

sus·tain·a·ble [səˋstenəbl̩; səˈsteinəbl] *adj.* **1** 可支持的。 **2** 可持續的；能承受的。

sus·táined *adj.* 持續的，一樣的，一貫的: ~ logic 一貫的邏輯/ ~ efforts 不斷的努力。

sus·táin·ing *adj.* **1** 支持的，維持的；持續的: a ~ member 贊助[捐助經費]的成員。 **2** 〈食物等〉維持體力的: ~ food 保持體力的食物。 **3** 持久的，耐久的: ~ power 持久力，耐久力。

sustáining prògram *n.* Ⓒ《美》《廣播・電視》自播[非營業性]節目《非由廣告客戶提供的節目》。

sus·táin·ment [-mənt; -mənt] *n.* Ⓤ支持，維持；持續。

sus·te·nance [ˋsʌstənəns; ˈsʌstinəns] 《sustain 的名詞》**—***n.* Ⓤ **1** 生計，生活。 **2** 維持生命的東西，食物，食品；營養物，滋養(物)。 **3** 支持，維持；耐久，持續。

Su·sy [ˋsuzɪ; ˈsu:zi] *n.* 蘇西《女子名；Susan, Susanna(h) 的暱稱》。

su·tra [ˋsutrə; ˈsu:trə] *n.* Ⓒ《婆羅門教・佛教》經，經典。

sut·tee [sʌˋti, ˋsʌti; ˈsʌti:, sʌˈti:] «源自梵文「忠實的妻子」之義»—*n.* **1** Ⓤ(妻子的)殉夫《古時候的印度習俗將妻子隨丈夫屍體活活燒死》。**2** Ⓒ殉夫的妻子。

su·ture [ˋsutʃɚ; ˈsu:tʃə] *n.* Ⓒ **1** (尤指頭蓋的)骨縫。**2**《醫》傷口的縫合，縫線。
—*v.t.* 縫合〈傷口〉。

su·ze·rain [ˋsuzərɪn, -ˏren; ˈsu:zərein] *n.* Ⓒ **1** (對屬國而言的)宗主國。**2** (封建時代的)藩主，宗主。

su·ze·rain·ty [ˋsuzərɪntɪ, -ˏren-; ˈsu:zəreinti] *n.* Ⓤ **1** 宗主權[的地位]。**2** (封建時代)藩主[宗主]的地位[權力]。

s.v. 《略》*sub verbo*；*sub voce*.

svelte [svɛlt; svelt] «源自法語»—*adj.* 〈女子〉身材苗條的，修長的。

Sw. 《略》Sweden；Swedish. **s.w., SW, S.W.** 《略》southwest；southwestern.

swab [swɑb; swɔb] *n.* Ⓒ **1** (用於拖地板、甲板的)拖把(mop)。**2**《醫》**a** (給病人敷藥用的)棉花棒。**b** 拭樣《爲檢查細菌而用棉花棒收集的分泌物》。
—*v.t.* (**swabbed; swab·bing**) **1 a** 〔十受(十副)〕用拖把擦洗〈地板、甲板等〉〈*down*〉：~ (**down**) the decks 用拖把擦洗甲板。**b** 〔十受十副〕用拖把擦掉〈水〉〈*up*〉：~ **up** water 用拖把擦掉水。**2 a** 〔十受〕《醫》用棉花棒擦拭〈喉嚨等〉。**b** 〔十受十介十(代)名〕〔將藥〕以棉花棒塗敷於…〔*with*〕.

swab·ber [ˋswɑbɚ; ˈswɔbə] *n.* Ⓒ **1** 用拖把擦洗者。**2**《俚》愚蠢粗鄙之人。**3** 拖把。

swad·dle [ˋswɑdl; ˈswɔdl] *v.t.* (從前的習慣)用長條布包裹〈出生嬰兒〉。

swád·dling clòthes [bànds] *n. pl.* **1** (從前用以包裹出生嬰兒的)長條布，襁褓。**2** (對兒童等的)束縛，嚴密監視。

swaddling clothes 1

Swa·de·shi [swəˋdeʃɪ; swɑ:ˈdeiʃi] *n.* Ⓤ《印度》排斥英貨運動，抵制英貨運動，抵制外貨運動。
—*adj.* 印度製的。

swag [swæg; swæg] *n.* Ⓤ [集合稱] **1**《俚》贓物，掠奪物。**2**《澳》(旅行者、流浪者隨身攜帶的)背包，用品袋。

swage [swedʒ; sweidʒ] *n.* Ⓒ **1** 鐵錘。**2** 型砧。**3** (又作**swáge blòck**)型鐵砧，花砧。
—*v.t.* **1** 以型砧打造[彎曲]…。**2** 使〈東西〉(因打造或擠壓而)變形[減小]。

swag·ger [ˋswægɚ; ˈswægə] *v.i.* **1** 〔動(十副詞(片語))〕神氣活現[昂首闊步]地走，大搖大擺地走：The bully ~*ed about*[~*ed into* the classroom]. 那個恃強凌弱的學生昂首闊步地四處走[走進教室]。**2** 〔動(十介十(代)名)〕〔因…事而〕吹噓，大吹大擂〔*about*〕.
—*n.* Ⓒ神氣活現的走路姿態，昂首闊步：walk with a ~ 神氣活現地走。
—*adj.* 《英口語・罕》時髦的，帥氣的；上流(作風)的。**~·er** [-gərɚ; -gərə] *n.*

swágger càne *n.* 《英》＝swagger stick.

swág·ger·ing [-gərɪŋ; -gəriŋ] *adj.* 昂首闊步的，大搖大擺的；逞威風的。

swágger stìck *n.* Ⓒ(陸軍軍官等外出時帶的)短杖。

swág·man [-mən; -mən] *n.* Ⓒ (*pl.* **-men** [-mən; -mən])《澳》**1** 流浪漢，游民；流氓；流動工人。**2** 攜背包旅行的人。

Swa·hi·li [swɑˋhilɪ; swɑ:ˈhi:li] *n.* (*pl.* ~, ~**s**) **1** Ⓒ史瓦希里人《住在非洲坦尙尼亞(Tanzania)以及附近沿岸的班圖族(Bantu)人》。**2** Ⓤ史瓦希里語。

swain [swen; swein] *n.* Ⓒ《文語・詩》鄉下的年輕人[美男子]；(牧歌中的)鄉下情郎。

S.W.A.K., SWAK [swæk; swæk] 《略》《美》sealed with a kiss(以吻封緘)《寫在情書之末或其信封背面》。

swale [swel; sweil] *n.* Ⓒ《美》草茂盛的濕地[低地]，淺沼地。

‡**swal·low**[1] [ˋswɑlo; ˈswɔlou] «源自古英語「吃，喝」之義»—*v.t.* **1** 〔十受〕嚥下，吞下〈飲料、食物〉：~ a mouthful of food 嚥下一口食物/~ a glass of beer at one gulp 一口氣喝下一杯啤酒。**2 a** 〔十受(十副)〕〈海浪、羣衆等〉吞噬…，把…吞沒，使…沒入[看不見]〈*up*〉《★常用被動語態，介系詞用 *in, by*》：The waves ~*ed* (**up**) the boat. 海浪吞噬了小船/Their figures *were* ~*ed up* **in** the dark. 他們的身影消失在黑暗中。**b** 〔十受十副〕耗盡，用盡〈利益、收入等〉〈*up*〉：Most of my salary is ~*ed* **up** by school fees. 我的大部分薪水都用在學費上。**3** 〔十受〕《口語》輕信〈別人的話等〉：She ~*s* everything that is said to her. 她輕信別人對她說的每一件事。**4** 〔十受〕**a** 忍受〈無禮〉：~ an insult 忍受侮辱。**b** 抑制，忍住〈憤怒、笑等〉：~ a laugh [yawn]忍住笑[呵欠]。**c** 取消〈前言〉：~ one's words 收回自己的話。
—*v.i.* **1** 吞，嚥。**2** (緊張而)吞下口水。
swállow...whóle (1)把〈食物等〉整個嚥[吞]下。(2)輕易相信〈別人的話等〉。
—*n.* Ⓒ **1** 嚥，吞：at [in] one ~ 一口，一飲。**2** 一吞；一次吞食的東西，一吞的量：take a ~ *of* water 嚥下一口水。

swal·low[2] [ˋswɑlo; ˈswɔlou] *n.* Ⓒ《鳥》燕子《燕科候鳥的統稱》：One ~ does not make a summer. 《諺》一隻燕子成不了夏天《切忌以偏概全》。

swallow[2]

swállow dìve *n.* 《英》＝ swan dive.

swállow·tàil *n.* Ⓒ **1** 燕尾。**2** 《昆蟲》鳳蝶。

swállow-táiled *adj.* 燕尾的，燕尾形的：a ~ coat 燕尾服。

swallow-tailed coat

‡**swam** [swæm; swæm] *v.* **swim** 的過去式。

swa·mi [ˋswæmɪ; ˈswɑ:mi] *n.* Ⓒ印度人對印度教學者、宗教家等的尊稱。

swamp [swɑmp, swɔmp; swɔmp] *n.* Ⓤ [指個體時爲Ⓒ] (通常指浸於水中、若非經過工程改造不適於農耕的)低窪溼地，沼澤。
—*v.t.* **1 a** 〔十受〕〈水〉淹沒〈船、道路等〉，使…浸入水中，使…淹水[沉沒]：The boat was ~*ed* by the waves. 那條小船被海浪淹沒。**b** 〔十受十介十(代)名〕〈颱風等〉〔因…而〕使〈土地、房屋等〉淹水〔*with*〕：The river ~*ed* the village **with** its rising waters. 那個村莊因那條河的河水氾濫而被淹沒。**2** 〔十受〕〈信件、工作、困難等〉紛紛湧到…，(數量之多)壓倒…，使…陷入困境(不得脫身)，使…窮於應付[應接不暇]《★常用被動語態，介系詞用 *with, by*》：Hundreds of letters ~*ed* the newspaper office. 幾百封信紛紛寄來，使報社窮於應付/I am ~*ed* **with** work. 太多的工作使我忙不過來/He is ~*ed* **by** debts. 他負債纍纍。

swamp·er [ˋswɑmpɚ, ˋswɔmpɚ; ˈswɔmpə] *n.* Ⓒ **1**《口語》沼澤地帶的居民[工人]，熟悉沼澤地帶的人。**2** 清除工人，做粗活的工人。**3** 將砍伐倒下之樹木整修成木料的工人。**4**《美俚》(尤指使用市民波段無線電對講機的)汽車駕駛員，卡車司機。

swámp·lànd *n.* Ⓤ沼澤地。

swamp·y [ˋswɑmpɪ, ˋswɔmpɪ; ˈswɔmpi] «swamp 的形容詞»—*adj.* (**swamp·i·er; -i·est**) **1** 沼澤的；如沼澤的。**2** 多沼澤的。

swan [swɑn, swɔn; swɔn] *n.* **1** Ⓒ《鳥》天鵝《又稱鵠，雁鴨科長頸水鳥的統稱》：⇨ black swan.

> 【說明】希臘神話中太陽神阿波羅(Apollo)是詩及音樂之神，據傳說其靈魂已依附在天鵝(swan)身上。因此天鵝常被比喻爲詩人。如莎士比亞(Shakespeare)常被稱爲 the Swan of Avon(因其誕生地爲 Stratford-upon-Avon)等。

2 Ⓒ歌手，詩人：the (sweet) *S*~ of Avon 阿文河(流經莎士比亞出生地 Stratford)的天鵝(即莎士比亞)。**3** [the S~]《天文》天鵝座(Cygnus).
—*v.i.* (**swanned; swan·ning**) 〔十副〕《英口語》漫無目的地走[徘徊]〈*off, around*〉.

swán dìve *n.* Ⓒ《美》《游泳》燕子式跳水(《英》swallow dive)《兩臂張開一頭栽入水中》。

swan dive

swang [swæŋ; swæŋ] *v.* 《古・方言》**swing** 的過去式。

swank [swæŋk; swæŋk] 《口語》*n.* **1** Ⓤ蠻橫，高傲；炫耀。**2** Ⓒ擺架子的人；炫耀者。
—*v.i.* **1** 炫耀，虛張聲勢，逞威風。**2** 大搖大擺地走。
—*adj.* 《美》華麗的，奢華的：a ~ restaurant 豪華餐廳。

swank·y [ˋswæŋkɪ; ˈswæŋki] *adj.* (**swank·i·er; -i·est**)《口語》**1** 炫耀的，虛誇的，擺架子的，逞威風的。**2** 華麗的，奢華的。
swánk·i·ness *n.*

swan·ner·y [ˋswɑnərɪ; ˈswɔnəri] *n.* Ⓒ天鵝飼養處。

swáns·dòwn *n.* Ⓤ **1** 天鵝絨毛《用於製造粉撲、作衣服邊飾》。**2** 一種厚的棉法蘭絨，天鵝絨。

swán sòng *n.* Ⓒ **1** 天鵝之歌《傳說中天鵝臨死時的美妙歌聲》。

【字源】希臘從很早的時候就開始把天鵝(swan)視爲接近諸神或諸女神的一種鳥。相傳天鵝在臨死前會唱出美妙的歌，因此有「瀕死的天鵝」之稱。在「伊索寓言」(*Aesop's Fables*)中也有關於天鵝的故事。

2 (詩人、作曲家等的)最後作品；絕筆。

swap [swap, swɔp; swɔp]《口語》(**swapped**；**swap·ping**) *v.t.* **1** 交換〈兩個(以上)的東西〉：～ seats 交換座位/Never ～ horses while crossing the stream.《諺》過河勿換馬；臨陣勿換將《危機消失前要保持現狀》。

2 a 〔＋受＋介＋(代)名〕把…〔與…〕交換〔*for*〕：He offered to ～ his camera ***for*** hers. 他表示要與她交換相機。**b** 〔＋受＋介＋(代)名〕把〈兩個(以上)的東西〉〔與人〕交換〔*with*〕：Will you ～ places ***with*** me？你願意和我換位置嗎？**c** 〔＋受＋受＋介＋(代)名〕用〈東西〉與〈人〉交換〔…〕〔*for*〕《★非標準用法》：I'll ～ you this ***for*** that. 我用這個和你交換那個吧。

—*v.i.* **1** 交換。**2**《鄙》交換夫妻。

—*n.* Ⓒ《口語》**1** 〔常用單數〕交換：do [make] a ～ 交換。**2** 交換物。**3**《鄙》交換夫妻。

swa·raj [swəˋradʒ; swəˈrɑːdʒ] *n.* Ⓤ《印度》**1** 自治；獨立。**2** [**the S～**] (印度之)獨立黨。

sward [swɔrd; swɔːd] *n.* Ⓤ草皮，草地。

sware [swɛr; swɛə] *v.*《古》**swear** 的過去式。

swarf [swɔrf; swɔːf] *n.* Ⓤ [集合稱] (金屬、木材等的)碎屑；削屑，鋸屑。

swarm[1] [swɔrm; swɔːm] *n.* Ⓒ [集合稱] **1** 〔蜂、螞蟻等的〕羣，大羣〔*of*〕《★用法視爲一整體時當單數用，指全部個體時當複數用；⇨ group【同義字】》：a ～ *of* bees 一羣蜜蜂。**2** 〔人、動物的〕羣，羣衆，衆多，大批〔*of*〕《★用法與義 1 相同》：a ～ [～*s*] *of* schoolchildren [tourists] 大羣的學童[觀光客]。

—*v.i.* **1** 〔＋副詞(片語)〕羣集，蜂擁，成羣結隊地移動[飛行]：Bees ～*ed about in* the orchard. 蜜蜂成羣地在果園裏飛來飛去/The crowd ～*ed out of* the stands *onto* the field. 羣衆從觀衆席上蜂擁而出，湧入賽球場。

2 〈蜜蜂等〉結隊離巢。

3 〔＋介＋(代)名〕〈地方〉充滿〔…〕〔*with*〕：The marshes were ～*ing* ***with*** mosquitoes. 沼澤地到處是蚊子/The beach ～*s with* children during the holidays. 假期中海灘上滿是小孩。

swarm[2] [swɔrm; swɔːm] *v.t.* 〔＋受＋副〕《罕》攀登〈樹、繩索等〉〈*up*〉.

swart [swɔrt; swɔːt] *adj.*《文語》＝swarthy.

swarth·y [ˋswɔrðɪ, -θɪ; ˈswɔːði, -θi] *adj.* (**swarth·i·er**；**-i·est**) **1** 〈臉〉黝黑的，稍帶黑色的，曬黑的。**2** 〈人〉皮膚黝黑的，膚色黑的。**swárth·i·ly** [-ðɪlɪ, -θɪlɪ; -ðili, -θili] *adv.* **-i·ness** *n.*

swash [swaʃ; swɔʃ] «擬聲語»**—***v.i.* 發出濺水聲。

—*v.t.* 濺〈水〉，潑濺。

—*n.* Ⓒ濺水聲。

swash·buck·ler [ˋswaʃ,bʌklɚ; ˈswɔʃ,bʌklə] *n.* Ⓒ虛張聲勢的人，暴徒。

swash·buck·ling [ˋswaʃ,bʌklɪŋ; ˈswɔʃ,bʌkliŋ] *adj.* 虛張聲勢的，暴徒的。

swash·ing [ˋswaʃɪŋ; ˈswɔʃiŋ] *adj.* **1** 〈水等〉飛濺的；沖擊的。**2** ＝swashbuckling. **～·ly** *adv.*

swas·ti·ka [ˋswastɪkə; ˈswɔstikə] «源自梵文「幸運」之義»**—***n.* Ⓒ **1** 萬字(卍)《十字架的變形；從前被認爲能帶給人們好運的符號》。**2** 反萬字十字章(卐)《納粹德國的國徽》。

swat [swat; swɔt] *v.t.* (**swat·ted**；**swat·ting**) (用手掌或扁平的東西)拍〈蒼蠅等〉。

—*n.* Ⓒ **1** 拍打，猛打。**2** 蒼蠅拍((fly) swatter).

swatch [swatʃ; swɔtʃ] *n.* Ⓒ〔布料、皮革等〕(剪成小塊的)樣品，小片〔*of*〕。

swath [swaθ, swɔθ; swɔːθ] *n.* Ⓒ (*pl.* ～*s* [swaθs, swaðz; swɔːðz]) **1 a** (用大鐮刀(scythe)刈下的)一刈分的牧草[麥(等)]。**b** 一刈的面積，刈幅。**2** (牧草、麥等刈後的)一行刈跡。

cùt a swáth through... 把…刈倒，嚴重破壞…《★源自「刈草認路」之意》：The tornado *cut a* ～ *through* the town. 龍捲風襲擊該鎮，留下破壞的痕跡。

cùt a wíde swáth《美》炫耀，出風頭，耍派頭。

swathe [sweð; sweið] *v.t.* 〔＋受＋介＋(代)名〕**1** 〔用繃帶、布等〕包紮，包裹〔*in*〕《★常用被動語態》：with his arm ～*d* ***in*** bandages 他的手臂用繃帶包紮著/Mother ～*d* me *in* blankets. 母親把我裹在毛毯中。**2** 把…包〔在…中〕〔*in*〕《★常用被動語態》：The skyscrapers *were* ～*d* ***in*** fog. 那些摩天大樓籠罩在霧中。

swát·ter *n.* Ⓒ **1** 拍打的人[東西]。**2 a** 蒼蠅拍。**b** 蒼蠅拍狀的東西。

sway [swe; swei] *v.t.* **1** 〔＋受〕**a** (前後、左右地)**搖動，擺動…**：～ one's hips 擺動臀部/The wind ～*ed* the branches of the trees. 風吹動樹枝。**b** [～ *oneself*] 擺動身體。

2 〔＋受＋副詞(片語)〕使…傾向(…)：The weight of the roof ～*s* the pillars *to* one side. 屋頂的重量使柱子傾向一邊。

3 〔＋受〕使…的意見[決心]動搖；左右…：His speech ～*ed* the audience. 他的演說打動了聽衆/She is easily ～*ed* by her emotions. 她容易受感情的左右[影響]。

4 〔＋受〕《文語》支配，控制，統治…：～ the realm 統治國土。

—*v.i.* **1 a 搖動，擺動**(⇨ swing【同義字】)：The grass is ～*ing in* the breeze. 草在微風中搖曳/He ～*ed* for a moment and then collapsed. 他的身體搖晃了一下，然後倒了下去。**b** 〔＋介＋(代)名〕〔配合…〕擺動身體[頭(等)]〔*to*〕：They ～*ed* ***to*** the music. 他們隨著音樂擺動身體。**2** 〔＋副詞(片語)〕傾向(…)：The car ～*ed to* the left when it turned. 車子轉彎時傾向左邊。**3** 〈意見、心情〉動搖。

—*n.* Ⓤ **1** 搖動，搖晃，搖擺。**2** 影響(力)：Tom has great ～ with him. 湯姆對他有很大的影響力。**3**《文語》支配，統治，勢力：under the ～ of... 在…的統治[勢力]下/hold ～ (over...) 支配(…)。

swáy·bàck *n.* ⓊⒸ《獸醫》(馬等之)凹背；家畜搖擺病。

—*adj.* (有)凹背的。

Swa·zi·land [ˋswazɪ,lænd; ˈswɑːzilænd] *n.* 史瓦濟蘭《非洲東南部的一個王國；首都墨巴本(Mbabane [,ɛmbəˋban; ,embəˈbɑːn])》。

SWbS, S.W.bS.《略》southwest by south.

SWbW, S.W.bW.《略》southwest by west.

***swear** [swɛr, swær; swɛə] «源自古英語「饒舌，回答」之義» **—**(**swore** [swor, swɔr; swɔː]；**sworn** [sworn, swɔrn; swɔːn] *v.i.* **1 a 發誓**，宣誓，立誓《★比較swear 是對著神、聖經或其他神聖的東西發誓，也用於作堅定的約定；vow 是發誓實行某事》：Do you～? 你發誓(那是眞的)嗎？

【說明】在法院作證，或美國總統、副總統就職典禮等場合，都必須宣誓。宣誓時，左手放在聖經(Bible)上，右手彎曲舉起，手掌向前在頭部右側，跟著法官唸誓詞；cf. god【說明】(1).

b 〔＋介＋(代)名〕〔對…〕發誓〔*by*〕；〔把手放在…上〕宣誓〔*on, upon*〕：～ ***by*** God 對神發誓/～ ***on*** the Bible 把手放在聖經上宣誓。**c** 〔＋介＋(代)名〕[常用於否定句、疑問句] 發誓；斷言〔說…〕〔*to*〕：I can*not* ～ ***to*** it. 這件事我不能斷言/I can*not* ～ *to* his hav*ing* done it. 我不能斷言他做了那件事/Will you ～ *to* the truth of your statement？你願意發誓你說的話是眞實嗎？

2 a 濫用神的名字，冒瀆神名，說不敬神的話《★指表示驚愕、輕蔑、咒罵時，濫用 by God！Jesus Christ！等神名，或用 Damn it！Fuck you！等難聽的話》：He *swore* when he slipped and fell. 當他滑倒時他咒罵了一聲。**b** 〔＋介＋(代)名〕〔因…事而〕咒罵〔人〕，〔對人〕惡言惡語〔*for*〕〔*at*〕《★～ at 可用被動語態》：The captain *swore* ***at*** the crew (***for*** be*ing* slow). 船長咒罵船員(動作太慢)/He resented being *sworn at*. 他聽到被人咒罵感到憤恨。

—*v.t.* **1 發〈誓〉；發誓表示[保證]**：**a** 〔＋受〕發〈誓〉，宣〈誓〉，立〈誓〉：～ an oath 立誓，宣誓/They *swore* eternal friendship. 他們立誓友誼永不渝。**b** 〔＋ *to* do〕發誓，約定〈做…〉《★用法不可用〔＋do*ing*〕》：He *swore to* pay the money back immediately. 他發誓立刻還錢/I ～ *by* Almighty God *to* tell the truth, the whole truth and nothing but the truth. 我對全能的上帝發誓我要說實話，全部的實話，而且只說實話《★用法在法庭上宣誓的話》。**c** 〔＋(*that*)__〕發誓，宣誓〈…事〉《★用法 *that* 子句內通常用 will, would》：He *swore* he *would* love her forever. 他發誓他會永遠愛她/I ～ *by* Almighty God *that* I *will* tell the truth. 我對全能的上帝發誓我要說眞話。**d** 〔＋受＋副〕發誓〈戒酒、煙等〉〈*off*〉：～ ***off*** drink [drinking] 發誓戒酒。

2 a 〔＋受＋副〕《法律》使〈證人〉宣誓〈*in*〉：～ a witness ***in*** 使證人宣誓。**b** 〔＋受＋介＋(代)名〕使〈人〉誓守〔…〕〔*to*〕；使〈人〉宣誓〔加入…〕〔*into*〕：～ a person ***to*** total silence 使某人發誓完全保持緘默/～ a person ***into*** a club 使某人宣誓加入俱樂部/Members of the club were *sworn to* secrecy. 俱樂部的會員被要求誓守秘密。**c** 〔＋受＋ *to* do〕使〈人〉發誓〈要做…〉：～ a soldier *to* defend his country 使士兵立誓保衛國家。**d** 〔＋受＋副〕使〈某人〉宣誓就職〈*in*〉：The new President will be *sworn in* tomorrow. 新總統明天宣誓就職。

3 〔＋(*that*)__〕[常 **I could ～ ...**]《口語》**斷言，確定地說〈…事〉**：

I *could* ~ I've seen him before [*that* was a gun shot]. 我可以確定我以前見過他[那是槍聲]。
4 〔十受十介十(代)名〕宣誓〈控告〉〔某人〕〔*against*〕：~ a charge [an accusation] ***against*** a person 發誓控告某人。
5 〔十受十補〕〔~ one*self*〕咒罵〈而成…狀態〉：They both *swore themselves* hoarse. 他們兩人罵得聲音都啞掉了。
swéar by... (1) ⇨ *v.i.* 1b. (2)《口語》非常信賴…，相信…，大力推薦…：He ~*s by* this medicine for preventing colds. 他深信這種藥可預防感冒。
swéar óut a wárrant 《*vt adv*》《美》由宣誓而獲得簽發授權令[拘票]。
swear·er [ˋswɛrɚ; ˈsweərə] *n.* Ⓒ **1** 宣誓者，立誓者。**2** 咒罵者。
swear·ing [ˋswɛrɪŋ; ˈsweəriŋ] *n.* Ⓤ **1** 發誓，宣誓。**2** 詛咒，咒罵，詬罵。
swéar·wòrd *n.* Ⓒ詛咒，罵人的話。
***sweat** [swɛt; swet] *n.* **1 a** Ⓤ汗：wipe the ~ off one's brow 擦去額頭上的汗。**b** 〔**a** ~〕發汗，一陣汗：in *a* ~ 流著汗/in *a* cold ~ 冒著冷汗/*A* ~ will do you good. 發一發汗對你身體有益。
2 Ⓤ(產生於玻璃等表面的)水蒸氣，水氣。
3 〔**a** ~〕《口語》冷汗，不安，焦急：He's in *a* (terrible) ~ about the exam. 他爲考試的事(非常)焦急。
4 〔**a** ~〕苦工，辛苦的工作，苦差事：*an* awful ~ 非常辛苦的工作。
5 Ⓒ〔常 **old** ~〕《英口語》老兵；老手：an *old* ~ 老兵；老手。
by [**in**] **the swéat of** one's **brów** 用自己的血汗，靠自己辛勤工作《★出自聖經「創世記」》。
nò swéat 《俚》(1)簡單的事，小事，沒問題。(2)〔當感嘆詞用〕放心，不用擔心。
—*v.i.* (**sweat, sweat·ed**) **1 發汗**，冒汗，出汗：~ with fear 嚇得冒出冷汗/~ at night 出盜[虛]汗/The long exercise made me ~. 長時間的運動使我出汗。
2 〈牆壁等表面〉滲出水氣：The glass is ~*ing.* 玻璃滲出水氣。
3 〔動(十副)(十介十(代)名)〕流著汗〔工作〕，辛苦〔工作〕〈*away*〉〔*at*〕：He's still ~*ing **away at*** his thesis. 他還在辛苦地寫論文。
4 〔十介十(代)名〕〔因…而〕遭到使人冒冷汗的情形，焦慮，不安〔*for*〕：You'll be made to ~ ***for*** it! 你會爲了那件事而遭殃！《如果你那樣做，你一定會後悔的！》
—*v.t.* **1 a** 〔十受〕使…出汗，使…發汗：~ a horse 使馬出汗/Doctors sometimes ~ their patients. 醫生有時會使病人發汗。**b** 〔十受十副〕以發汗治〈感冒等〉〈*out*〉；以發汗減輕〈體重〉〈*off*〉：~ ***out*** a cold 以發汗治感冒/~ ***off*** some weight 以流汗減少一些體重。
2 〔十受〕殘酷剝削〈人〉，榨取〈勞力、金錢〉：~ one's workers 剝削[壓榨]工人。
3 〔十受十介十(代)名〕《口語》(以盤問)逼〔人〕〈招供〉〔*out of*〕.
swéat it óut 《口語》(1)做激烈運動。(2)對不愉快的事忍受到底。
swéat óut 《*vt adv*》(1)⇨ *v.t.* 1b. (2)《俚》對…忍到底。(3)《美俚》擔心[焦急]地等待…。
swéat·bànd *n.* Ⓒ **1** (帽子內側的)吸汗帶，防汗皮。**2** 吸汗額巾；吸汗腕巾。
swéat·ed *adj.* [用在名詞前] **1** 在低工資及惡劣條件下工作的，被壓榨的：~ labor 血汗勞動。**2** 以壓榨勞力方式生產的〈商品〉。
***sweat·er** [ˋswɛtɚ; ˈswetə] *n.* Ⓒ **1 a 毛線衣**。**b** (運動競賽用的)厚毛衣《原用於發汗減輕體重》。

> 【字源】sweater 是「使人出汗的東西」之意。由於有些人穿著毛線衣做激烈運動，使身體流出大量的汗以控制體重，所以後來 sweater 便轉義爲「毛線衣」。

2 a 發汗者。**b** 發汗劑。**3** 壓榨勞力者。
swéater gìrl *n.* Ⓒ《口語》(穿緊身毛衣的)胸部豐滿的女子。
swéat glànd *n.* Ⓒ《解剖》汗腺。
swéating sỳstem *n.* Ⓒ壓榨勞工制度《以低廉工資僱用非熟練工人長時間工作的制度，其工廠內衛生設備極惡劣》。
swéat shirt *n.* Ⓒ運動衫《比賽選手爲防著涼而在比賽前後穿的寬鬆厚棉衫》。
swéat·shòp *n.* Ⓒ壓榨勞力的工廠《以低工資僱用工人長時間工作的工廠》。
swéat sùit *n.* Ⓒ(上下一套的)運動服。
sweat·y [ˋswɛtɪ; ˈsweti] «sweat 的形容詞» **—*adj.*** (**sweat·i·er**; **-i·est**) **1 a** 〈人、身體〉發汗的，汗流浹背的：a ~ face 汗濕的臉/feel [grow] ~ 覺得在冒汗[冒汗]。**b** 〈衣服等〉汗濕的，汗臭的。**2** 〈氣候等〉使人流汗的，酷熱的。**3** 〈工作等〉辛苦的。
Swed. 《略》Sweden；Swedish.
Swede [swid; swi:d] *n.* **1** Ⓒ瑞典人：the ~*s* (全體)瑞典人。**2** [**s**~]Ⓤ[指個體時爲Ⓒ]《植物》瑞典蕪菁(Swedish turnip).
Swe·den [ˋswidn̩; ˈswi:dn] *n.* 瑞典《斯堪的那維亞半島(Scandinavian Peninsula)東部的一個王國；首都斯德哥爾摩(Stockholm)》。
Swe·dish [ˋswidɪʃ; ˈswi:diʃ] «Sweden 的形容詞» **—*adj.*** **1** 瑞典(人)的；瑞典式的：~ gymnastics 瑞典式體操。**2** 瑞典語的。
—*n.* **1** Ⓤ瑞典語。**2** [**the** ~；當複數用]瑞典人。
Swédish túrnip *n.* ＝Swede 2.
sweep** [swip; swi:p] (**swept** [swɛpt; swept]) *v.t.* **1 掃，掃除，清掃**：**a** 〔十受(十副)〕打掃〈某處〉〈*out*〉：~ the floor with a broom 用掃帚掃地板/~ a chimney 清掃煙囪/I must have this room *swept* (out***). 我一定要請人打掃這個房間。**b** 〔十受十補〕把〈某處〉打掃〈成…狀態〉：~ a room clean把房間打掃乾淨/~ a chimney clear [free] of soot 把煙囪的煤灰清除乾淨。**c** 〔十受(十副詞(片語))〕撢去，掃去〈灰塵等〉：~ *up* dead leaves 掃去枯葉/She *swept* the dust *out* (the door). 她把灰塵掃出(門)去。**d** 〔十受十介十(代)名〕《罕》從〈…地方〉掃去〔不要的東西〕〔*of*〕：~ one's mind ***of*** foolish ideas 一掃[清除]心中的愚念。
2 a 〔十受十副詞(片語)〕〈急流、雪崩等〉(掃過似地)**沖走**…；〈風等〉吹走…：The flood *swept away* the bridge. 洪水沖走那座橋/The current was ~*ing* the boat *along.* 潮水把小船沖走/A puff of wind *swept* his hat *off* (his head). 一陣風把他的帽子(從頭上)吹掉。**b** 〔十受十副〕(沖走似地)帶走，風靡，席捲〈*along, away*〉：He *swept* his audience ***along*** with him. 他完全控制住了聽衆的思想感情《他緊緊抓住了聽衆的心理》/They were *swept **away*** [*along*] in the crowd. 他們被羣衆推動著往前走/He was *swept away* by her beauty. 他被她的美所吸引。**c** 〔十受〕〈暴風雨等〉掠過，橫掃，吹襲〈某地〉；〈火災〉燒毀〈某處〉：The storm *swept* the plain. 暴風雨橫掃平原/Fire *swept* the town from one end to the other. 火從該鎮一端燒[蔓延]到另一端。**d** 〔十受〕〈疫病、騷亂〉襲擊〈某地〉，〈興奮〉掠過…；〈流行款式〉風靡…：The new fashion is ~*ing* the country. 新的流行款式正風靡全國。
3 a 〔十受〕〈光、視線等〉**掃過**〈某處〉，〈目光、眼睛〉掃視…：The searchlight *swept* the sea. 探照燈掃過海面/Their eyes *swept* the sky (for the plane). 他們的眼睛掃視天空(尋找那架飛機)。**b** 〔十受十介十(代)名〕〈某人〉〔用…〕掃視〈某處〉〔*with*〕：He *swept* the horizon ***with*** a telescope. 他用望遠鏡掃視地平線。
4 a 〔十受〕〈衣服(的下襬)〉拖過…上面，掃過…：Her dress *swept* the floor. 她的衣服下襬拖地。**b** 〔十受〕掠過〈水面等〉：Willow branches *swept* the surface of the water. 柳枝拂過水面。**c** 〔十受十副詞(片語)〕使…快速移向(…)：~ one's hair *back* 把頭髮向後梳整/~ one's brush *across* a canvas 揮筆在畫布上作畫/He *swept* his hand *across* (my face). 他用手急速拂過(我的臉)。
5 〔十受〕〈手、手指〉快速撥弄〈弦樂器等〉：Her hands *swept* the keyboard. 她的手快速地彈(鋼琴的)鍵盤。
6 〔十受〕**a** 連勝，全勝〈一連串的比賽等〉：Our team *swept* the series. 我隊在一連串的比賽中大獲全勝。**b** 在〈選舉〉中獲壓倒性勝利；大勝〈地區〉的選舉：Labour *swept* the country. 勞工黨獲得全國壓倒性的勝利。
7 〔十受十受〕優雅地向〈某人〉行〈禮〉：She *swept* me a curtsy. 她優雅地向我行個禮。
—*v.i.* **1** 〔動(十副)〕(打)掃，掃除〈*up*〉.
2 〔十副詞(片語)〕**a** 〈暴風雨、傳染病等〉**襲擊**，〈巨浪〉沖擊：Clouds *swept down* and hung over the countryside. 雲急速下降籠罩著鄉間/The enemy *swept down on* the town. 敵人襲擊該鎮/A strong wind *swept along* the road. 一陣強風掃過街道/A wave [The sea] *swept over* the deck. 海浪沖擊甲板。**b** 〈人、車等〉快速經過[通過]，疾馳而去：A car *swept past* (us). 一部車子(從我們前面)疾馳而過/The car *swept round* the corner. 那部車子急速轉過街角。**c** 〈感情〉掠過；湧上：A deadly fear *swept over* me. 毛骨悚然的恐懼感掠過我的心頭。**d** 〈消息等〉迅速傳開：The news *swept through* the town. 那消息迅速在鎮上傳開。
3 〔十副詞(片語)〕〈盛裝的婦女等〉拖著衣裙走路；大搖大擺地進入：The lady *swept in* [*into* the room, *out of* the room]. 那位女士大搖大擺地進入[走進房間，走出房間]。
4 〔十副詞(片語)〕〈平原、道路、海岸等〉(成弧狀)綿亙，展開，伸展；〈山〉迤邐：The road ~*s eastward.* 那條路向東伸展/The plain ~*s away to* the sea. 平原延伸到海邊。
swéep áll [**éverything, the wórld**] **befóre** one 勢如破竹地前進。
swéep asíde 《*vt adv*》(1)把…迅速拂去。(2)不顧，無視〈批評、反對等〉。
swéep a person **òff** his **féet** (1)使〈人〉站不住腳，打倒〈人〉，推翻〈人〉。(2)使〈人〉立刻著迷[熱中]：She was *swept off* her *feet* by the handsome young man. 她被那位英俊的年輕人弄得神魂顛倒。
swéep...ùnder [**benéath**] **the cárpet** [**rúg**] ⇨ carpet.

—*n.* [C] **1 a 掃除，打掃**：give a room a good ～ 好好打掃房間。**b** 掃蕩：make a clean ～ of... 掃蕩…，掃光…，大力整頓…。
2 a (手、刀、槳等的)**快速移動，一揮，一砍，一划**：at one ～ 一揮，一舉/with the ～ of one's [a] hand [scythe] 用手[大鐮刀]一揮。**b** 掃視：His eyes made a ～ of the room. 他很快地掃視那房間。
3 (可及的)範圍：within [beyond] the ～ *of* the eye 在視力可及的範圍內[外]，在視野內[外]。
4 [常用單數] **a** 〔土地等的〕綿亙，延伸，區域，範圍〔*of*〕：the wide ～ *of* the meadows 寬闊的一大片牧草地。**b** 〔道路等的〕曲線，彎曲，蜿蜒〔*of*〕：We followed the ～ *of* the highway round the hill. 我們循著環繞那小山的彎曲公路前進。
5 〔風的〕吹颳，〔水的〕流動〔*of*〕：the ～ *of* the wind 風的吹颳。
6 〔文明等的〕進步，發展〔*of*〕：the onward ～ *of* civilization 文明的進步。
7 [常 **clean** ～] **a** (比賽等的)全勝：a *clean* ～ *for* Japan 日本隊大獲全勝。**b** (選舉的)大勝，壓倒性勝利。
8 打掃煙囪者(chimney sweep)。
9 風車的葉片。
10 長柄大槳《舢板或帆船在風平浪靜時划動用》。
11 汲井水用的長竿。
12 ＝sweepstake.

swéep·er *n.* [C] **1 a** 打掃者，掃除者：a chimney ～ 打掃煙囪的人。**b** (手操作的)掃除機[器]：a carpet ～ 地毯掃除機。**2** 《足球》自由中衛《在守門員(goalkeeper)前面守備的選手》。

swéep·ing *adj.* **1** 掃清的，沖走的，掃蕩的：a ～ gust of wind 突然吹颳的一陣風/He made a ～ gesture with his arm. 他迅速地向左右揮動手臂《★表示拒絕等的動作》。**2** 可看到廣大範圍的，向廣大範圍延伸的：a room with a ～ view of the landscape 可眺望廣闊景色的房間。**3 a** 包括很廣的，徹底的，全面性的：～ reforms 徹底的改革。**b** 總括性的，概略的：～ generalizations 全面性的概括[總的歸納]。
—*n.* **1** [U][C]掃除。**2** [～s]掃集的東西，垃圾。～**·ly** *adv.*

swéep·stàke *n.* ＝sweepstakes.

swéep·stàkes *n.* [C] (*pl.* ～) **1** 賭金由一人或數人贏得的賽馬[賭博]。**2** 彩票，獎券。

‡**sweet** [swit; swi:t] *adj.* (～·er；～·est) **1 a 甜的，加糖的**(↔ bitter, sour)：～ stuff 甜東西，甜點/This cake tastes too ～. 這個蛋糕太甜/He likes his tea ～. 他喜歡喝甜茶。**b** 〈酒、葡萄酒〉帶甜味的(↔ dry)：～ wine 甜酒。
2 芳香的：It smells ～. 它聞起來很香/The park was ～ with roses. 公園裏飄著玫瑰花香。
3 a 〈聲音〉**悅耳的，甜美的，音調美妙的**：～ music 悅耳的音樂。**b** 〈人〉聲音悅耳的，甜美的：a ～ singer 一位有好嗓子的歌星。
4 暢快的，愉快的，快樂的：～ love 甜蜜的愛/a ～ sleep 酣睡/It is ～ to hear oneself praised. 聽到自己受稱讚令人覺得愉快。
5 a 和藹的，溫柔的，親切的：a ～ woman 溫柔的女人/a ～ temper 溫和的性情。**b** [不用在名詞前] [＋ *of*＋(代)名(＋*to* do) /＋*to* do] 〔某人〕〈做…是〉親切的；〈某人〉〈做…是〉親切的《★[用法]女性尤其常用》：It's very ～ ***of*** you ***to*** invite me.＝You are very ～ ***to*** invite me. 你邀請我使我感到非常高興/That's ～ *of* you. 你眞好/How ～ *of* you！你多麼親切！**c** [不用在名詞前] [＋介＋(代)名]〔對人〕和藹的，親切的〔*to*〕《★[用法]女性尤其常用》：He was very ～ ***to*** me. 他對我很親切。**d** [不用在名詞前] [＋介＋(代)名] 《口語》愛上〔某人〕的，迷戀〔某人〕的〔*on*〕：He is ～ ***on*** her. 他愛上她了。
6 《口語》**漂亮的，可愛的，美妙的**《★[用法]女性尤其常用》：a ～ baby 可愛的嬰兒/a ～ little dog 可愛的小狗/What a ～ blouse! 多漂亮的短衫！
7 《反語》狠狠的，厲害的，費勁的，辛苦的：You'll have a ～ time persuading him. 要說服他很費勁/I gave him a ～ one on the head. 《俚》我狠狠地打了一下他的頭。
8 〈水、奶油等〉沒有鹹味的；新鮮的：～ water 淡水。
9 a 平穩地前進的：～ going 坐起來舒服的車子；舒適順利的旅行。**b** 可輕易操作的：a ～ ship 容易操作的船。
cléan and swéet ⇨ clean.
—*n.* **1** [U]甜，甜味。**2** [C] **a** [常 ～s] **甜的食品**。**b** 《英》糖果《水果糖、酒餡[威士忌]巧克力球等》。**3** [C] [當作點心名稱時爲[U]] 《英》餐後甜點《布丁、果子凍、冰淇淋等》：What are we having for ～？我們餐後甜點吃什麼？**4** [**the** ～s] 愉快，快樂：taste *the* ～*s* of success 嘗到成功的樂趣/taste *the* ～*s* and bitters of life 備嘗[經歷]人生的苦樂《★[用法]也可說成 taste the ～ and (the) bitter of life》。**5** [**my** ～；用於稱呼；常 ～**est**] 愛人，情人，親愛的：Yes, my ～(*est*). 是的，親愛的。
～**·ly** *adv.* ～**·ness** *n.*

swéet alýssum *n.* [C]《植物》香雪球《十字花科園藝植物，開小白花》。

swéet-and-sóur *adj.* 烹調成甜酸味的：～ pork ribs 糖醋排骨《一道中國菜》。

swéet báy *n.* [C] **1** ＝bay[3] 1. **2** 《植物》維吉尼亞玉蘭《美國的一種木蘭，開圓形的芳香白花》。

swéet·brèad *n.* [C] (小牛等的)胰臟《供食用者》。

swéet·brìer, swéet·brìar *n.* [C]《植物》多花薔薇《薔薇屬灌木，產於歐洲及中亞，花有白至紅等多種顏色》。

swéet córn *n.* [U]甜玉蜀黍[玉米]《玉蜀黍之變種，黍粒含糖分甚高》。

sweet·en [ˈswitn̩; ˈswi:tn] 《**sweet** 的動詞》—*v.t.* **1** (加糖)使〈食品〉變甜：～ one's coffee (加糖)使咖啡變甜。
2 使〈聲音、氣味、空氣等〉變好，使…清爽。
3 使〈憤怒、悲哀等〉緩和，減輕。
4 [＋受(＋介＋(代)名)]〔以…〕哄〈人〉，討好〈人〉〔*with*〕：～ one's child ***with*** the promise of a toy 以答應買玩具哄小孩。
5 使…愉快，使…心情舒暢：～ life 使人生快樂。
—*v.i.* 變甜。

swéet·en·er [-tn̩ɚ; -tnə] *n.* [C] **1** (人工)甘味料。**2** 《口語》**a** 賄賂，甜頭。**b** 緩和心情的東西。

swéet·en·ing [ˈswitnɪŋ; ˈswi:tniŋ] *n.* **1** [U]加甜味。**2** [U][C]甘味料。

swéet flág *n.* [C]《植物》白菖《天南星科芳香植物，其根莖可製香料》。

swéet·hèart *n.* **1** [C]情人。
2 [用於稱呼]愛人《通常指女人》。

swéetheart cóntract [déal] *n.* [C]《美俚》(勞資雙方代表共同訂定，有利於雇主的)秘密勞資協定。

sweet·ie [ˈswitɪ; ˈswi:ti] *n.* **1** [C]《口語》可愛的人[東西]。**2** [C]《英口語・兒語》甜東西；糖果。**3** [用於稱呼女子、小孩]愛人，小可愛。

sweet·ing [ˈswitɪŋ; ˈswi:tiŋ] *n.* [C] **1** 一種甜蘋果。**2** 《古》＝sweetheart.

swéet·ish [-tɪʃ; -tiʃ] *adj.* **1** 有些甜的，略甜的。**2** 稍嫌甜的。

swéet márjoram *n.* ＝marjoram.

swéet·mèat *n.* [C] **1** 甜點，糖果。**2** 蜜餞。

swéet órange *n.* **1** [C]《植物》甜橙。**2** [C] [當作食物時爲[U]] 甜橙(的果實)《最普通的食用橙》。

swéet pèa *n.* [C]《植物》香豌豆(花)。

swéet pépper *n.* **1** [C]《植物》甜椒《番椒之變種》。**2** [C] [當作食物時爲[U]] 甜椒的果實《形似燈籠》。

sweet pea

swéet potàto *n.* **1** [C]《植物》甘薯《旋花科匍匐植物》。**2** [C] [當作食物時爲[U]] 甘薯《塊根》。**3** [C]《美口語》瓦塤，洋塤(ocarina)。

swéet-scénted *adj.* 芳香的，有香氣的。

swéet·shòp *n.* [C]《英》糖果店(《美》candy store)。

swéet tálk *n.* [U]《美口語》甜言蜜語的欺騙，諂媚。

swéet-tálk 《美口語》*v.t.* **1** 煽動〈人〉，以甜言蜜語欺騙〈人〉。**2** [＋受＋介＋(代)名]煽動〈人〉〔去做…〕〔*into*〕；煽動〈人〉〔停止…〕〔*out of*〕：He ～*ed* them ***into*** work*ing*. 他以甜言蜜語勸誘他們工作。
—*v.i.* 煽動，以甜言蜜語勸說，諂媚。

swéet-témpered *adj.* 性情溫和的。

swéet tóoth *n.* [**a** ～] 《口語》嗜吃甜食：have *a* ～ 喜歡甜食。

swéet víolet *n.* [C]《植物》香堇菜《堇菜屬庭園花卉；花芬芳，可製香水》。

swèet wílliam *n.* [常 **s**～ **W**～] [C]《植物》美洲石竹《石竹科觀賞植物》。

sweet·y [ˈswitɪ; ˈswi:ti] *n.* 《英》＝sweetmeat.

swell** [swɛl; swel] (～**ed**; ～**ed**, **swol·len** [ˈswolən; ˈswoulən]) *v.i.* **1** (「體積、量等大增」之意的) **膨脹**(⇨ expand【同義字】)：[動(＋副)] **a** 〈輪胎等〉膨脹，鼓起，變大〈*up*〉：A tire ～*s* as it is filled with air. 輪胎充氣時就膨脹。**b** 〈手腳等〉發腫，腫起來〈*up*〉：His injured wrist began to ～ (up***). 他受傷的手腕開始腫起來。**c** 〈帆等〉鼓起〈*out*〉：The sails ～*ed* (***out***) in the strong wind. 那些帆在强風中鼓起。

sweet william

2 [動(＋介＋(代)名)] **a** 〈數量、强度等〉**增加，增大**〔爲…〕；〈聲音等〉提高，變大〔爲…〕〔*to, into*〕：The murmur ～*ed* ***into*** a roar. 低語聲提高爲吼叫聲

/The membership ~*ed* **to** 200. 會員增加到兩百名。**b**〈河水等〉增加，漲高；〈潮水〉高漲。
3 a〔動(十介十(代)名)〕〈感情〉〔在…〕湧起，高昂〔*in*〕：Anger ~*ed* **in** him[his heart]. 憤怒在他的心中湧起[他心中燃起怒火]。**b**〔十介十(代)名〕〈人、心裏〉充滿〔感情〕〔*with*〕：His heart ~*ed* **with** indignation. 他心裏充滿了憤慨；他義憤塡膺。
4〔動(十副)〕**a**〈桶、腹部等〉突出，鼓起〈*out*〉：A barrel ~*s* in the middle. 桶的中間鼓起。**b**〈土地〉隆起〈*up, out*〉：The hills ~ gradually(**up**) *from* the plain. 山丘由平原逐漸隆起。
5《口語》得意，神氣：~ like a turkey cock (像火雞一樣地)神氣活現。
—v.t. 1〔十受(十副)〕**a** 使…膨脹，使…鼓起〈*out*〉《★常以過去分詞當形容詞用；⇨swollen 1》：He ~*ed* his chest **out** importantly. 他神氣地挺起胸膛。**b** 使〈帆等〉鼓起〈*out*〉：The wind has *swollen* the sails. 風使帆鼓起來。
2〔十受〕**a** 使〈…的數量、強度等〉增加，使…增大：~ one's costs 使費用增加/The baby boom ~*ed* the population. 嬰兒潮[生育高峯]使人口膨脹。**b** 使〈聲音等〉提高，使…變强：All of us joined in to ~ the chorus. 我們大家一起唱，提高了合唱聲。**c** 使〈河水等〉增加，使…漲高：The rain[melted snow] ~*ed* the rivers. 雨[融雪]使河水漲高。
3〔十受〕〈心裏〉充滿〈感情〉：Pride ~*ed* his heart. 他心裏充滿了驕傲；他驕傲自大。
4〔十受〕使〈人〉得意，使…自負《★常以過去分詞當形容詞用；⇨swollen 3》。
—n. 1 Ⓤ[又作 **a** ~]膨脹，鼓起，腫大；增加，增大：*a* ~ *in* population 人口的增加。
2 [用單數；常 **the** ~] **a** (波浪的)起伏，洶湧；大浪(⇨wave【同義字】)。**b**〔土地的〕起伏；隆起的部分〔*of*〕。**c**〔胸部等的〕隆起〔*of*〕：I could see *the* ~ *of* her breasts through her blouse. 透過她的短衫，我看得出她隆起的胸部。**d**〔聲音的〕提高〔*of*〕.
3《音樂》**a** Ⓤ[又作 **a** ~](音之)抑揚，增減。**b** Ⓒ增減符號《<, >》。
4 Ⓒ **a**《口語》時髦的人，漂亮人物。**b**《古》名人，要人：a ~ *in* politics 政界要人[名人]。
—adj. (無比較級、最高級) **1**《美口語》**a** (穿著)時髦的，瀟灑的，漂亮的：He looks ~. 他看起來瀟灑。**b** 一流的，很棒的，很漂亮的：a ~ car 一部很漂亮的車子/have a ~ time 過得很快樂。
2《古》上流的，身分高的。
***swelled** [swɛld; sweld] *v.* **swell** 的過去式・過去分詞。
—adj. =swollen.
swélled héad *n.* [用單數]自負，自大：have[suffer from]a ~ 驕矜，自負，夜郎自大。
swélled-héaded *adj.* 自負的，自大的。
swéll·fish *n.* (*pl.* ~, ~·es) =puffer 2.
swéll·ing *n.* **1** Ⓤ膨脹；腫大。**2** Ⓒ(身體的)疙瘩，腫瘡，瘤；腫起部分。
swel·ter [ˈswɛltɚ; ˈsweltə] *v.i.* 〈人〉中暑，熱得發昏，汗流浹背。**—n.** Ⓒ[常用單數]酷暑，炎熱。
swél·ter·ing [-tərɪŋ, -trɪŋ; -təriŋ] *adj.* **1** 悶熱的，熱得發昏的。
2 [當副詞用]令人熱昏地：a ~ hot day 令人發昏的熱天。
~·ly *adv.*
***swept** [swɛpt; swept] *v.* **sweep** 的過去式・過去分詞。
swépt-báck *adj.* **1**《航空》**a**〈機翼〉有後掠形[箭形]的，向後傾斜的。**b**〈飛機〉有後掠翼的。**2**〈頭髮〉向後梳的。
swerve [swɝv; swəːv] *v.i.* **1** (從直進路線突然)偏離，逸出，轉向：He [His car] ~*d* to miss the dog. 他[他的車]突然轉向以避開那隻狗。**2**〔動(~介十(代)名)〕做〔從…〕脫離的事，〔從…〕逸出常軌〔*from*〕：One ought not to ~ *from* the path of duty. 一個人不應做出有失本分的事[背離職守]。
—v.t. 1〔十受(十副詞(片語))〕使…偏向(…)，改變…的方向：He ~*d* his car *over to* the side of the road. 他急速使車子轉向路邊。**2**〔十受十介十(代)名〕使〈人〉做脫離〔…〕的事〔*from*〕：Nothing will ~ him **from** his determination. 沒有任何事能改變他的決心《★比較 一般用 *v.i.* 變成 Nothing will make him ~ from....》。
—n. Ⓒ逸出，脫離，轉向；歪曲。
***swift** [swɪft; swift] *adj.* (~·er；~·est) **1 a** 快的，迅速的(↔slow)《★比較 比 fast, rapid 更拘泥的用語；⇨quick【同義字】》：a ~ automobile 快速的汽車/a ~ runner 脚步快的跑者，飛毛腿。**b**〈歲月等〉轉眼間的，利那的。**2 a** 即刻的，立即的：a ~ response 立即答覆。**b**〔十*to* do〕動不動就〈做…〉的，易於〈做…〉的：He is ~ *to* take offense. 他動不動就生氣；他容易動怒/They were ~ *to* act. 他們立即行動。
—adv. (~·er；~·est)敏捷地，迅速地。
—n. Ⓒ《鳥》雨燕。
~·ly *adv.* **~·ness** *n.*
Swift [swɪft; swift], **Jonathan** *n.* 斯威夫特《1667–1745；英國諷刺作家，著有格列佛遊記(*Gulliver's Travels*)》.
swíft-fóoted *adj.* 脚步快的。
swig [swɪg; swig]《俚》(**swigged**；**swig·ging**) *v.t.*〔十受(十副)〕大口喝，牛飲，一口氣喝下〈飲料〉〈*off, down*〉.
—v.i. 大口喝，痛飲。
—n. Ⓒ牛飲，痛飲〔*of*〕：take a ~ *of* whiskey *from* a bottle 拿起瓶子就猛喝威士忌。
swill [swɪl; swil] *v.t.*〔十受(十副)〕**1** 灌洗，沖洗…〈*out, down*〉：~ **out** a dirty bucket 沖洗髒水桶。**2**《俚》牛飲，大口喝〈飲料〉〈*down*〉：~ beer 大口喝啤酒。
—v.i.《俚》牛飲，大口喝。
—n. 1 [**a** ~；又作 **a** ~ **down** [**out**]] 沖洗：Give the pail *a* good ~ (*out*). 好好沖洗水桶。**2** Ⓒ《俚》牛飲。**3** Ⓤ(餵豬用的)殘羹剩飯，餿水。
‡**swim** [swɪm; swim] (**swam** [swæm; swæm]；**swum** [swʌm; swʌm]；**swim·ming**) *v.i.* **A 1**〔動(十副詞(片語・子句))〕游泳：~ *in* a river 在河裏游泳《★用法 不可說 *on* a river》/go *swimming*[go to ~] *in* the sea 到海裏游泳《★用法 不可說 go swimming *to* the sea》/~ *on* one's back[chest, side]用仰式[蛙式，側式]游泳/~ underwater 潛水游泳/He *swam back to* the shore. 他游回岸邊/I *swam across* the river. 我游過了河/You can ~ *wherever* you like. 你可以在任何你喜歡的地方游泳。
2〔十副詞(片語)〕(如游泳似地)輕快地前進，輕盈地移動：She *swam into* the room. 她輕盈地走進房間/A cloud *swam across* my vision. 一片雲從我的眼前飄過去。
3 a〔動(十副詞(片語))〕〈東西〉漂浮，漂流：The meat was *swimming in* gravy. 肉浮在肉湯裏/Fat *swam on* the surface of the soup. 油浮在湯的表面上。**b**〔十介十(代)名〕充滿著〔…〕〔*with*〕：Her eyes were *swimming* **with** tears. 她的眼睛裏充滿著淚水。
—B 1〈頭〉暈眩：My head *swam*. 我頭暈。**2** (因頭暈而)〈東西〉看似在旋轉[搖晃]：The room *swam* around me. 房間(好像)繞著我旋轉。
—v.t. 1〔十受〕**a** 游過〈某處〉：He *swam* the Strait(s) of Dover. 他游過多佛海峽。**b** 游〈某距離〉：She can ~ two lengths of the pool. 她在游泳池裏能來回游一趟。**c** 游〈…式〉：~ (the) backstroke 游仰式/I cannot ~ a stroke. 我完全不會游泳。
2 a〔十受〕參加〈泳賽〉：Let's ~ a race. 我們參加泳賽吧。**b**〔十受十受〕與〈人〉比賽…游泳：I *swam* him 800 meters. 我與他比賽八百公尺游泳。
3〔十受十副詞(片語)〕使〈馬、狗等〉游過(…)：~ a dog *across* a river 使狗游過河。
sínk or swím ⇨sink.
—n. A Ⓒ **1** [常用單數]游泳：have[take]a ~ 游一下水/go for a ~ 去游泳。**2** (又作 **swím blàdder**)《美》鰾《魚的氣囊》。
—B Ⓒ暈眩，不省人事。
in the swím 熟悉內情；順應時代潮流。
òut of the swím 不明內情；不合時代潮流。
swím·mer *n.* Ⓒ游泳者：a good[poor] ~ 善[不善]游泳的人。
swim·mer·et [ˈswɪməˌrɛt; ˈswimərət] *n.* Ⓒ《動物》(甲殼類的)泳肢，橈肢。
swím·ming *n.* Ⓤ游泳。
swímming bàth *n.* Ⓒ《英》(通常指室內的)游泳池(cf. swimming pool)。
swímming còstume *n.* Ⓒ《英》泳裝。
swím·ming·ly *adv.* 順利地，順暢地：go[get] on[along] ~ 進行順利[過著順利的生活]。
swímming pòol *n.* Ⓒ游泳池。
swímming sùit *n.* Ⓒ游泳衣，泳裝。
swímming trùnks *n. pl.* 游泳褲。
swím pòol *n.*=swimming pool.
swím·sùit *n.* Ⓒ游泳衣《尤指女用無肩帶的單件式游泳衣》。
swím·wèar *n.* Ⓤ游泳衣，泳裝。
swin·dle [ˈswɪndl; ˈswindl] *v.t.* **1** 向…詐財，欺騙：He is not so easily ~*d*. 他不那麼容易上當[受騙]。**2**〔十受十介十(代)名〕向〈人〉詐取〈金錢等〉：〔向某人〕騙取〈金錢等〉〔*out of*〕：~ a person **out of** his money 騙某人錢財/~ a person's money *out of* him 騙某人錢財。
—v.i. 欺騙。
—n. Ⓒ **1** 詐取，詐欺，欺騙，騙術。**2**《口語》騙人的東西，假貨，冒牌貨。
swín·dler *n.* Ⓒ騙子，詐欺者。
swine [swaɪn; swain] *n.* Ⓒ **1** (*pl.* ~)《文語》豬。**2** (*pl.* ~s, ~) 卑鄙的傢伙，下流的傢伙：You ~! 你這個畜生！
swíne·hèrd *n.* Ⓒ(出現於古時候故事裏的)養豬人，牧豬人《出身卑微但後來出人頭地》。

swing [swɪŋ; swiŋ]〔**swung** [swʌŋ; swʌŋ]〕 *v.i.* **1 a**〔**動(十副詞(片語))**〕〈懸吊的東西〉(以一定點爲軸，前後或繞圓弧有規律地)**擺動，搖擺**：~ like a pendulum 像鐘擺一樣地擺動/ ~ *back* and *forth* 前後搖擺/The pendulum ~*s* with great regularity. 鐘擺很有規律地擺動著。

【**同義字**】sway 指不論其是否附著於他物，均因來自外來力量而作不穩定的搖動；rock 指緩慢有規律地作前後或左右搖動或激烈震動。

b 盪鞦韆，坐鞦韆。**c**〔**十介十(代)名**〕〔在…與…之間〕往還，來回〔*between*〕；〔從…〕〔到…〕來來回回〔*from*〕〔*to*〕：~ ***from*** joy ***to*** sadness 一喜一憂，轉喜爲悲/The country had *swung* ***between*** prosperity *and* depression for centuries. 該國幾世紀以來均在繁榮與蕭條之間遞嬗。

2 a〈門〉(在輪軸上)**轉動**：The door *swung* in the wind. 門在風中搖擺。**b**〔**十補**〕〈門〉(前後)搖擺〈成…狀態〉：The door *swung* open[shut, back, to]. 門開[關上]了。

3 a〔**動(十介十(代)名)**〕**懸吊**〔於…〕〔*from*〕：A lamp *swung* ***from*** the ceiling. 一盞燈懸吊於天花板。**b**〔**十副詞(片語)**〕懸吊著移動，搖盪：Monkeys are ~*ing from* branch *to* branch. 猴子在樹枝間盪來盪去。**c**〔**動(十介十(代)名)**〕《口語》〔因…罪而〕被吊死〔*for*〕：~ ***for*** murder 因殺人罪而被吊死/You'll ~ ***for*** this. 我會跟你算清這筆帳《★威脅的話》。

4〔**十副詞(片語)**〕**a** 廻轉，轉彎：He *swung round* and faced the detective. 他轉過身來面對那位偵探/The cab *swung around* the corner. 那部計程車轉過街角/The taxicab *swung out into* traffic. 那部計程車轉向駛入車流之中。**b**〈道路等〉成弧形地延伸：The highway ~*s* (*to* the) south here. 公路在這裏漸次地彎向南方。

5〔**十副詞(片語)**〕**a** 大搖大擺地走[移動，前進]：The soldiers came ~*ing along*[*down* the road]. 那些士兵大搖大擺地[沿著道路]走過來。**b**〔**十副詞(片語)**〕(抓住某物)敏捷地移動身體：~ *aboard* a train(抓住扶手)躍身跳上火車。**c**〔**十介十(代)名**〕迅速採取〔…動作〕；開始〔…〕〔*into*〕：They *swang into* action. 他們迅速採取行動。

6〔**動(十介十(代)名)**〕(振臂)打〔…〕〔*at*〕：~ ***at*** a ball 振臂打球。

7《口語》〈樂隊等〉演奏搖擺樂(swing music)。

—*v.t.* 1〔**十受**〕**a 搖動，擺動，揮動…**：~ one's legs[arms] 擺動脚[手臂]/ ~ a tennis racket 揮動網球拍。**b** 把…放在鞦韆上盪。**c** (旋轉地)揮〈棒〉：~ Indian clubs 揮動(體操用的)火棍/There wasn't room to ~ a cat (in). 連一隻貓旋轉的餘地也沒有《地方實在太狹小》。

2〔**十受十副詞(片語)**〕**擺動…而(迅速)吊起**：~ cargo *into* the hold of a ship〈起重機〉迅速吊起貨物放入船艙/He *swung* his jacket *over* his shoulder. 他迅速把夾克搭在肩膀上。

3〔**十受十介十(代)名**〕**把〈東西〉懸吊**〔在…〕〔*from*〕；把〈東西〉吊在〔…之間〕〔*between*〕：~ a chandelier ***from*** the ceiling 在天花板懸吊一盞枝形吊燈/He *swung* the hammock ***between*** the trees. 他把吊床掛在兩棵樹之間。

4〔**十受十補**〕使〈門等〉(在輪軸上)旋轉〈成…狀態〉：He *swung* the door open[shut]. 他把門打開[關上]。

5〔**十受十副詞(片語)**〕把…的方向變爲(…)，使…轉彎：He *swung* the car *around* [*around* the corner]. 他使車子調頭[轉過街角]/He *swung* the car *into* the parking lot. 他使車子轉彎進入停車場/You won't ~ him *around to* your point of view. 你無法說服他接受你的看法。

6〔**十受**〕《口語》隨意操縱，善加處理〈輿論、選舉、交易等〉；設法辦成功…：~ an election 隨意左右選舉/ ~ a business deal 談妥一筆生意/I can't ~ a house of my own yet. 我還沒法弄到一幢屬於自己的房子。

7〔**十受**〕以搖擺樂的方式演奏[編寫]〈曲子〉。

—*n.* 1 a Ⓤ [指個體時爲Ⓒ] **搖擺，擺動，搖動**：the ~ of a pendulum 鐘擺的擺動。**b** Ⓒ擺動的距離，振幅：a ~ of 3 inches 三吋的振幅。**2** ⓊⒸ**a** (棒子、手臂等的)**揮動，旋轉**。**b** (高爾夫、棒球等的)揮桿[棒](法)：a long[short] ~ 長揮[短揮]擊球。**3** Ⓒ**鞦韆；盪鞦韆**：sit on[in] a ~ 盪鞦韆/have (a ride *on*) a ~ 玩盪鞦韆。**4** Ⓒ搖搖擺擺的步伐：walk with a ~ 搖搖擺擺地走。**5** Ⓒ**a** (情況、輿論等的)(大)轉變，改變：a ~ in prices 物價的變動/~*s* between prosperity and depression 在繁榮與蕭條之間來回變動。**b** 變更，轉業，改行〔*to*〕。**6** Ⓤ自由活動：let it have its ~ =give full[free] ~ to it 使其自由活動，聽其自然。**7** Ⓤ [又作 **a~**] (音樂、詩等的)律動，節奏，韻律。**8** Ⓒ《美》(周遊)旅行。**9** (又作**swíng mùsic**) Ⓤ搖擺音樂《流行於 1930–40 年代，由大樂隊演奏的爵士樂》。

gò with a swing (1)〈歌曲、詩等〉節奏輕快的。(2)〈工作等〉順利[順暢]進行；〈聚會等〉圓滿，成功。

in fúll swíng (1)正起勁，正濃，正在全速[全力]進行中。(2)很順利[順暢]。

swíng·bàck *n.* ⓊⒸ(尤指政治上的)回復，返回《如回復至原來的意見、習慣、觀念等》。

swíng brìdge *n.* Ⓒ廻旋橋《船隻通過時可開啓的橋；⇨bridge[1] 插圖》。

swíng-bỳ *n.* Ⓒ《太空》(太空船利用中間行星或目的行星之引力場調整航向或航軌的)借力旋轆軌道。

swíng dòor *n.* Ⓒ(可向內外打開而能自動關閉的)自動門，廻旋門。

swinge [swɪndʒ; swindʒ] *v.t.* (~**d**；~·**ing**)《古》猛打。

swinge·ing [ˈswɪndʒɪŋ; ˈswindʒiŋ] *adj.* [用在名詞前]《英口語》**1** 重的，兇猛的〈打擊〉。**2 a** 非常的，了不得的。**b** 巨大的，極大的，極好的。

swing·er [ˈswɪŋəː; ˈswiŋə] *n.* Ⓒ **1** 活躍而現代化的人，走在時代尖端的人。**2** 浪蕩者，性放任者。

swing·ing [ˈswɪŋɪŋ; ˈswiŋiŋ] *adj.* **1** 前後擺動的。**2** (擺動身體)有節奏的；輕快的，(用顫音)節奏美妙的：at a ~ trot 以輕快的小跑/a ~ chorus 節奏輕快的合唱。**3** 活潑的，充滿活力的。**4 a** 走在時代潮流尖端的。**b** 性放任的，浪蕩的。~·**ly** *adv.*

swínging dòor *n.* =swing door.

swin·gle [ˈswɪŋgl; ˈswiŋgl] *n.* Ⓒ打麻器。

—*v.t.* 以打麻器打〈亞麻、大麻〉。

swíngle·trèe *n.*《美方言》=whiffletree.

swíng·òver *n.* Ⓒ(態度、意見等的)變化，轉變。

swíng shìft *n.* Ⓒ《美口語》小夜班《通常爲下午四時至十二時》。

swíng-wìng《航空》*adj.* 擺[變]翼的。

—*n.* Ⓒ擺[變]翼飛機。

swín·ish [ˈswaɪnɪʃ; ˈswainiʃ] 《**swine 的形容詞**》**—*adj.* 1** 像豬一樣的。**2** 粗魯的；下流的。~·**ly** *adv.* ~·**ness** *n.*

swipe [swaɪp; swaip] *n.* Ⓒ **1** (板球、高爾夫球等的揮臂)猛擊，重打：have[take, make] a ~ *at* a ball 猛力擊球。**2** 非難，批評。

—*v.t.* 1 猛打。**2**《口語》偷拿。

—*v.i.*〔**動(十介十(代)名)**〕使勁重擊〔…〕〔*at*〕：~ ***at*** a ball 使勁擊球。

swipes [swaɪps; swaips] *n. pl.*《英口語》淡啤酒《味淡的廉價啤酒》。

swirl [swɜ˞l; swəːl] *v.i.* **1**〔**動(十副詞(片語))**〕旋轉，渦捲，渦旋：The snowflakes were ~*ing about* (the streets). 雪花在(街道上)渦旋/A fog ~*ed up from* the valley. 霧從山谷中渦旋而升。**2**〈頭〉暈眩。

—*v.t.*〔**十受十副**〕捲走…〈*off, away*〉：The flood ~*ed* them ***away***. 洪水把他們捲走。

—*n.* Ⓒ漩渦，漩渦狀(的東西)〔*of*〕：a ~ *of* dust 一陣塵埃滾滾。

swirl·y [ˈswɜ˞lɪ; ˈswəːli] *adj.* (**swirl·i·er**；**-i·est**)**渦捲的**；旋轉的。

swish [swɪʃ; swiʃ] 《**擬聲語**》**—*v.t.*** 颼地揮動〈手杖、鞭子〉，颼地甩動〈尾巴等〉：~ a whip 颼地揮動鞭子/The cow ~*ed* her tail. 母牛颼地甩動牠的尾巴。

—*v.i.*〔**動(十副詞(片語))**〕**1** 發出颼颼聲：The whip ~*ed past* his ear. 鞭子颼颼作響擦過他的耳邊/The windshield wipers ~*ed back* and *forth* monotonously. (汽車)擋風玻璃上的雨刷單調地來回擺動，發出颼颼聲。**2**〈走動時衣服摩擦而〉作沙沙聲：The ladies ~*ed in* and *out*. 女士們衣裙沙沙地走進走出。

—*n.* Ⓒ(手杖、鞭子等揮動的)颼颼聲。

—*adj.* 1《英口語》時髦的，漂亮的。**2**《美俚》〈男人〉女性化同性戀者的。

Swiss [swɪs; swis] 《**Switzerland 的形容詞**》**—*adj.* 1** 瑞士的，瑞士人的：the ~ Confederation 瑞士聯邦《瑞士的正式名稱》。**2** 瑞士風格的，瑞士[產，製]的：a ~ watch 瑞士製的錶。

—*n.* (*pl.* ~) **1** Ⓒ**瑞士人**。**2** [**the** ~；集合稱](全體)瑞士人。

Swíss chárd *n.* =chard.

Swíss chéese *n.* Ⓤ [指個體時爲Ⓒ] 瑞士乾酪《硬而多孔的淡黃[白]色乾酪》。

Swíss róll *n.* Ⓒ [當作點心名時爲Ⓤ] 瑞士捲《夾果醬的花捲麵包或蛋糕》。

***switch** [swɪtʃ; switʃ] *n.* **A 1** Ⓒ(電的)**開關**：turn off[on] a ~ 關掉[打開]開關。

2 Ⓒ(意想不到的)轉變，變更《★【比較】比 change 更口語》：a ~ of plans 計畫的變更。

3 [~**es**]《美》《鐵路》轉轍器(《英》points, shunt)。

—B Ⓒ **1** (從樹上折下的)**柔軟細枝**。

2 (柔軟的)鞭子。

3 (女用長的)假髮。

—*v.t.* A 1〔**十受十副**〕開〈電燈、收音機等〉〈*on*〉；關〈電燈、收音機等〉〈*off*〉：*S*~ ***on*** [***off***] the light [radio]. 打開[關掉]電燈

[收音機]/He *~ed off* the engine. 他關掉引擎。
2 [+受(+介+(代)名)]把…[由…]轉變[爲…][*from*][*to*]《★比較比 change 更口語》: ~ the subject 轉變話題/~ the lights ***from*** red ***to*** green 把紅燈轉爲綠燈/~ the conversation ***to*** a lighter subject 把談話轉向更輕鬆的話題[換一個更輕鬆的話題談談]。
3 a [+受]交換〈意見〉, 變更〈場所等〉《★用法用複數的(代)名詞爲受詞》: ~ ideas[seats]交換意見[座位]。 **b** [+受+介+(代)名][與人]交換〈東西〉[*with*]; 把〈物〉[與他物]交換[*for*]: He *~ed* seats ***with*** her. 他與她換座位。
4 [+受(+介+(代)名)]使〈列車〉轉轍[到…][*into, to*]: The train was *~ed* ***into*** the siding. 列車轉轍進入側線。
—B **1** [+受(+介+(代)名)][用…]鞭打…[*with*]: He *~ed* the slave ***with*** a stick. 他用棍子打那個奴隸。
2 [+受]擺動…; 〈牛、馬〉甩動〈尾巴〉: ~ a fishing line 揮動釣魚線/The cow *~ed* its tail. 母牛甩動牠的尾巴。
3 [+受(+介+(代)名)][從…]突然搶奪…[*out of*]: The young man *~ed* the handbag ***out of*** her hand. 那個年輕人突然從她手裏搶走手提包。
—*v.i.* [動(+介+(代)名)] **1** [從…]轉變, 變更[爲…][*from*][*to*]《★比較比 change 更口語》: ~ ***from*** coal ***to*** oil 由用煤改用油/Let's ~ *to* some other topic. 我們換個話題吧。
2 [與…]替換, 換班[*with*]: Will you ~ ***with*** me? 你願意與我換班嗎?
3 [+副]打開開關〈*on*〉; 關掉開關〈*off*〉.
swítch óff《*vt adv*》(1)⇨*v.t.* A 1. (2)使〈人〉停止說話。(3)《美口語》使〈人〉失去興趣。—《*vi adv*》(4)⇨*v.i.* 3. (5)《美口語》〈人〉失去興趣。
swítch ón《*vt adv*》(1)⇨*v.t.* A 1. (2)《美口語》使〈人〉發生興趣[興奮]。—《*vi adv*》(3)⇨*v.i.* 3. (4)《美口語》〈人〉發生興趣; 興奮。
swítch óver《*vt adv*》(1)使…[由…]改變[爲…][*from*][*to*]: They *~ed* us *over to* the bus. 他們使我們改坐公共汽車。—《*vi adv*》(2)[由…]改變[爲…][*from*][*to*]: He *~ed over to* the business world. 他轉入商業界。(3)(無線電廣播)轉換頻道, (電視)轉臺。

swítch·bàck *n.* Ⓒ **1 a** 《鐵路》上陡坡用的 Z 字形鐵路。 **b** (山間的)Z 字形道路, 曲折道。 **2** 《英》雲霄飛車(roller coaster)。
swítch·blàde *n.* Ⓒ《美》彈簧刀(《英》flick knife)。
swítch·bòard *n.* Ⓒ **1** (電氣)配電盤。 **2** (電信、電話的)交換臺[機], 電話總機。
swítch bòx *n.* Ⓒ配電箱, 開關盒。
swítched-ón *adj.* **1** 《口語》機敏的, 敏感的。 **2** 《口語》非常現代化的, 走在流行尖端的。 **3** 《俚》(服用痲醉藥而)在幻覺狀態中的。
swítch-gèar *n.* Ⓤ[集合稱]《電學》開閉裝置。
swítch-hítter *n.* Ⓒ《棒球》能左右隨意變位打擊的打擊手。
swítch·man [ˈswɪtʃmən; ˈswitʃmən] *n.* Ⓒ (*pl.* **-men** [-mən; -mən])《美》(鐵路的)轉轍員, 扳閘夫(《英》pointsman)。
swítch·òver *n.* =changeover.
swítch·yàrd *n.* Ⓒ《美》《鐵路》調車場(《英》marshalling yard)。
Swit·zer·land [ˈswɪtsələnd; ˈswitsələnd] *n.* 瑞士《歐洲中部的一個聯邦共合國; 正式名稱爲 the Swiss Confederation; 首都伯恩(Bern)》。
swiv·el [ˈswɪvl; ˈswivl] *n.* Ⓒ **1** 《機械》轉鐶, 旋轉軸承。 **2** (旋轉椅等的)轉臺。
—*v.t.* (**swiv·eled,** 《英》**-elled; swiv·el·ing,** 《英》**-el·ling**) [+受+副詞(片語)]使…旋轉, 使…廻轉: He *~ed* his chair *(a)round* and looked at me. 他把椅子旋轉過來看著我。
—*v.i.* [+副詞(片語)]旋轉, 廻轉。

swivel 1

swível chàir *n.* Ⓒ旋轉椅。
swível gùn *n.* Ⓒ廻旋式槍砲。
swiz [swɪz; swiz] *n.* [**a** ~]《英口語》期待落空(的事), 失望。
swiz·zle [ˈswɪzl; ˈswizl] *n.* Ⓒ碎冰雞尾酒《甜酒、苦味藥、碎冰等混合而成》。
swízzle stìck *n.* Ⓒ攪拌棒《用以攪拌雞尾酒等的細棒》。
swob [swɑb; swɔb] *n., v.*=swab.
swol·len** [ˈswolən; ˈswoulən] *v.* **swell** 的過去分詞。—*adj.* **1 a** 膨脹的; 腫大的: a ~ river 漲水的河/a ~ ankle 腫大的脚踝。 **b** [不用在名詞前][+介+(代)名][因…而]腫起的, 腫大的[*with*](cf. swell *v.t.* 1 a): Her eyes were ~ ***with weeping. 她的眼睛都哭腫了。

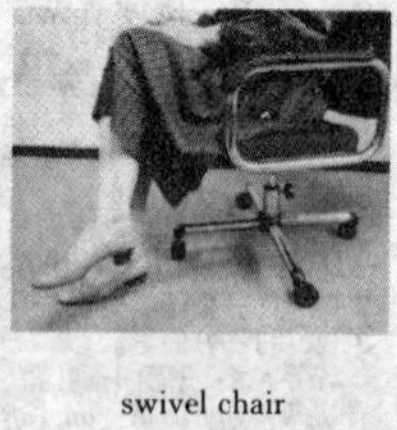
swivel chair

2 充滿感情的: one's ~ heart 無限感慨的心。
3 a 自大的, 得意的(cf. swell *v.t.* 4): He has a ~ opinion of himself. 他高估了自己[狂妄自大]。 **b** [不用在名詞前][+介+(代)名][因…而]自負的, 得意忘形的[*with*]: He is ~ ***with*** his own importance. 他自以爲了不起而得意忘形。
swóllen héad *n.* [用單數]《英》=swelled head.
swóllen-héaded *adj.* 《英》=swelled-headed.
swoon [swun; swuːn] *v.i.* **1** 《罕》昏厥, 昏倒《★比較現在一般用 faint》。
2 《文語·謔》陶醉, 著迷。
—*n.* Ⓒ《罕》昏厥, 暈倒《★比較現在一般用 faint》。
swoop [swup; swuːp] *v.i.* [(+副)+介+(代)名] **1** 〈鳥〉(自天空猝然飛下)撲上, 攻擊, 襲擊[獵物]〈*down*〉[*on, upon*]: The hawk *~ed* (***down***) ***on*** its prey. 那隻老鷹俯衝撲向獵物。 **2** 〈軍隊、轟炸機等〉突襲[…]〈*down*〉[*on, upon*]: The bombers *~ed* (***down***) ***on*** the air base. 轟炸機突襲空軍基地。
—*n.* Ⓒ **1** (猛禽等的)猝然飛下。 **2** [對…的]突襲[*on*]: make a ~ *on...* 突襲…。
at óne féll swóop 一舉, 一下子。
swop [swɑp; swɔp] *v., n.* =swap.
***sword** [sord, sɔrd; sɔːd] *n.* **1** Ⓒ劍, 刀: a court[dress] ~ 穿大禮服時佩帶的劍。 **2** [**the** ~]武力, 戰爭: The pen is mightier than *the* ~. ⇨pen[1] 2.
at swórd pòint 在刀尖之下; 以刀劍威脅(殺害), 以武力威脅。
cróss swórds with... (1)與…交鋒。(2)與…爭論。
dráw the[**one's**]**swórd** (1)拔劍。(2)開戰。
fíre and swórd ⇨fire.
pùt...to the swórd 把…殺死。
shéathe the swórd 納劍於鞘, 停戰。

swords 1

swórd-bèarer *n.* Ⓒ《英》在正式場合中佩帶刀劍的官員。
swórd bèlt *n.* Ⓒ佩掛刀劍的腰帶。
swórd càne *n.* =sword stick.
swórd dànce *n.* Ⓒ劍舞《在交叉的劍下或穿行於地上劍尖間的一種舞》。
swórd·fìsh *n.* (*pl.* ~, ~**·es**) **1** Ⓒ《魚》箭魚《又稱劍魚; 箭魚科硬鰭魚的統稱》。 **2** [**the** S~]《天文》劍魚座(Dorado)。
swórd knòt *n.* Ⓒ劍飾《以緞帶等做成而繫於劍柄上者》。
swórd·plày *n.* Ⓤ舞劍, 劍術。
swórd·plàyer *n.* Ⓒ《古》劍士, 劍客。
swords·man [ˈsordzmən, ˈsɔr-; ˈsɔːdz-mən] *n.* Ⓒ (*pl.* **-men** [-mən; -mən]) 劍客, 劍士, 擊劍家: be a good[bad] ~ 善於[不善]劍術。

swordfish 1

swórdsman·shìp *n.* Ⓤ劍術。
swórd·stìck *n.* Ⓒ內藏刀劍的手杖。
***swore** [swor, swɔr; swɔː] *v.* **swear** 的過去式。
***sworn** [sworn, swɔrn; swɔːn] *v.* **swear** 的過去分詞。
—*adj.* (無比較級、最高級) **1** [用在名詞前]宣過誓的, 盟誓的; 完完全全的, 徹頭徹尾的: ~ brothers 結拜弟兄, 盟兄弟/~ enemies[foes]死敵, 不共戴天之仇人/~ friends 盟友, 莫逆之交, 刎頸之交。 **2** 宣誓後的〈證詞等〉: a ~ statement 宣誓後的供述。
swot [swɑt; swɔt]《英口語》(**swot·ted; swot·ting**) *v.i.* 苦讀; 拚命用功(《美》grind)。
—*v.t.* [+受+副](考試前)苦讀…; 對…臨時抱佛脚〈*up*〉。
—*n.* Ⓒ死啃書的學生(《美》grind)。
swótter *n.*
ʼ**swounds** [zwaundz, zaundz; zwaundz] *interj.* 《古》=zounds.
‡**swum** [swʌm; swʌm] *v.* **swim** 的過去分詞。
‡**swung** [swʌŋ; swʌŋ] *v.* **swing** 的過去式·過去分詞。
swúng dàsh *n.* Ⓒ波形記號, 代字號《~; ★本辭典在例句中遇到與詞條(entry)相同的字時使用此符號》。
syb·a·rite [ˈsɪbəˌraɪt; ˈsibərait] «義大利南部的古希臘城市 *Sybaris* 的居民, 以富有與奢侈聞名»—*n.* Ⓒ《文語》耽於奢侈逸樂者, 愛奢侈享樂的人。
syb·a·rit·ic [ˌsɪbəˈrɪtɪk; ˌsibəˈritik⁻] «sybarite 的形容詞» —*adj.* 《文語》耽於奢侈逸樂的。
Syb·il [ˈsɪbl, -bɪl; ˈsibil, -bl] *n.* 西柏《女子名》。
syc·a·more [ˈsɪkəˌmor, -ˌmɔr; ˈsikəmɔː] *n.* **1** 《美》**a** Ⓒ《植物》美國梧桐《懸鈴木屬喬木》。 **b** Ⓤ美國梧桐的堅硬木材。

2 《英》**a** Ⓒ《植物》(產於歐洲的)西克莫槭樹。**b** Ⓤ西克莫槭樹的堅硬木材。**3 a** Ⓒ《植物》西克莫榕樹《敍利亞、埃及產》。**b** Ⓒ[當作食物時爲Ⓤ]西克莫榕樹的果實。

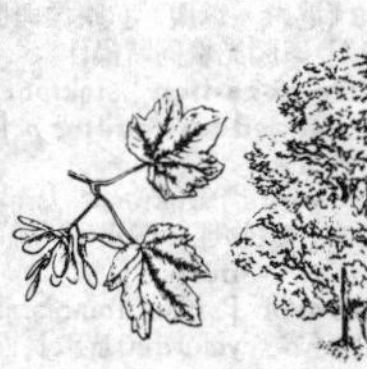

sycamore 2 a

syc·o·phan·cy [ˈsɪkəfənsɪ; ˈsikəfənsi] *n.* Ⓤ阿諛，奉承，巴結。

syc·o·phant [ˈsɪkəfənt; ˈsikəfænt, -fənt] *n.* Ⓒ阿諛者，奉承者，巴結者。

syc·o·phan·tic [ˌsɪkəˈfæntɪk; ˌsikəˈfæntik] 《sycophant 的形容詞》**—***adj.* 阿諛的，奉承的，巴結的。

Syd·ney [ˈsɪdnɪ; ˈsidni] *n.* 雪梨《澳洲東海岸的一個港市，爲新南威爾士州(New South Wales)的首府》。

sy·e·nite [ˈsaɪəˌnaɪt; ˈsaiinait, ˈsaiən-] *n.* Ⓤ《礦》正長岩。

sy·e·nit·ic [ˌsaɪəˈnɪtɪk; ˌsaiiˈnitik, ˌsaiəˈn-] *adj.*

syl- [sɪl-; sil-] 字首 syn- 在 l 之前的變體。

syl·la·bar·y [ˈsɪləˌbɛrɪ; ˈsiləbəri] *n.* Ⓒ音節文字表，字音表：the Japanese ~ 日語的五十音圖，假名表。

syl·la·bi *n.* syllabus 的複數。

syl·lab·ic [sɪˈlæbɪk; siˈlæbik] 《syllable 的形容詞》**—***adj.* **1 a** 音節的，綴音的。**b** 表示音節的。**2** 各音節要發音的，發音極清楚的。**3** 《語音》構成音節的，音節主音的：a ~ consonant 音節性[成音節]子音。

—*n.* Ⓒ **1** 表示音節的文字。**2** 《語音》音節主音。

syl·láb·i·cal·ly [-kļɪ; -kəli] *adv.*

syl·lab·i·cate [sɪˈlæbɪˌket; siˈlæbikeit] *v.t.* 把〈字〉分成音節。

syl·lab·i·ca·tion [sɪˌlæbɪˈkeʃən; siˌlæbiˈkeiʃn] 《syllabicate 的名詞》**—***n.* Ⓤ音節的區分，分音節法。

syl·lab·i·fi·ca·tion [sɪˌlæbəfəˈkeʃən; siˌlæbifiˈkeiʃn] 《syllabify 的名詞》**—***n.* =syllabication.

syl·lab·i·fy [sɪˈlæbəˌfaɪ; siˈlæbifai] *v.* =syllabicate.

syl·la·bize [ˈsɪləˌbaɪz; ˈsiləbaiz] *v.* =syllabicate.

***syl·la·ble** [ˈsɪləbḷ; ˈsiləbl] *n.* Ⓒ **1** 音節：'Simply' is a word of two ~*s*. simply 是有兩個音節的字。

2 [常用於否定句]一點點，一個字：*Not* a ~！一個字也別說！/He did*n't* utter a ~. 他一個字也沒說。

sýl·la·bled *adj.* [構成複合字]…音節的，由…拼成的：a three-*syllabled* word 三音節的字。

syl·la·bub [ˈsɪləˌbʌb; ˈsiləbʌb] *n.* Ⓤ[指個體時爲Ⓒ]奶酒飲料《牛奶混以葡萄酒，加入糖與香料使之起泡的一種飲料》。

syl·la·bus [ˈsɪləbəs; ˈsiləbəs] *n.* Ⓒ (*pl.* **-bi** [-ˌbaɪ; -bai], ~**·es**) (授課、演講等的)摘要，教學大綱，概要，大要。

syl·lep·sis [sɪˈlɛpsɪs; siˈlepsis] *n.* Ⓤ **1** 《文法》兼用法《使同一字兼具兩種(以上)不同功能的語法，如 Neither he nor I *am* wrong. 這句中的 *am* 同時與 He 和 I 相呼應》。**2** 《修辭》一語雙敍法《把同一字同時用作兩種意思，如 He *lost* his hat and his temper.(他遺失帽子而發脾氣。)這句中的 *lost*》.

syl·lo·gism [ˈsɪləˌdʒɪzəm; ˈsilədʒizəm] *n.* Ⓒ **1** 《邏輯》三段論法《由大前題(major premise)，小前提(minor premise)及結論(conclusion)所構成的推論》。**2** 詭辯。

syl·lo·gis·tic [ˌsɪləˈdʒɪstɪk; ˌsiləˈdʒistik] 《syllogism 的形容詞》**—***adj.* 三段論法的。

syl·lo·gize [ˈsɪləˌdʒaɪz; ˈsilədʒaiz] *v.i.* 以三段論法推論，用三段論法。

—*v.t.* 以三段論法推論〈事實、論據〉。

sylph [sɪlf; silf] *n.* Ⓒ **1** 空氣的精靈(⇨nymph 相關用語)。**2** 苗條而優雅的女子[少女]。

sýlph·like *adj.* 〈女子〉苗條而優雅的。

syl·van [ˈsɪlvən; ˈsilvən] *adj.* **1** (有)森林的。**2** 住於森林的。**3** 有[多]樹木的。

Syl·ves·ter [sɪlˈvɛstɚ; silˈvestə] *n.* 西爾維斯特《男子名》。

Syl·vi·a [ˈsɪlvɪə; ˈsilviə] *n.* 西薇亞《女子名》。

sym. 《略》symbol; symphony.

sym- [sɪm-; sim-] 字首 syn- 在 b, m, p 之前的變體。

sym·bi·o·sis [ˌsɪmbaɪˈosɪs, -bɪ-; ˌsimbiˈousis] *n.* (*pl.* **-o·ses** [-siz; -si:z]) ⓊⒸ **1** 《生物》(互利的)共生，共棲(↔ parasitism). **2** 共存，共同生活。

sym·bi·ot·ic [ˌsɪmbaɪˈɑtɪk, -bɪ-; ˌsimbiˈɔtik] *adj.*

‡**sym·bol** [ˈsɪmbḷ; ˈsimbl] *n.* Ⓒ **1** 象徵，表徵：The cross is the ~ of Christianity. 十字架是基督教的象徵。**2** 符號，記號：a phonetic ~ 發音符號，音標/the chemical ~ *for* water 表示「水」的化學符號《H_2O》。

sym·bol·ic [sɪmˈbɑlɪk; simˈbɔlik] 《symbol 的形容詞》**—***adj.* **1 a** 象徵性的：a ~ meaning 象徵性的意義。**b** [不用在名詞前][十介十(代)名]象徵[…]的[*of*]：The dove is ~ *of* peace. 鴿子象徵和平。**2** 符號的，用符號[象徵]表示的：~ language 符號語言。**3** =symbolist.

sym̀·ból·i·cal [-lɪkl; -likl] *adj.* =symbolic.

~·ly [-klɪ; -kəli] *adv.*

sýmbolic lógic *n.* Ⓤ 數理邏輯，符號邏輯《將邏輯法則以符號作數學方式的表示》。

sym·bol·ics [sɪmˈbɑlɪks; simˈbɔliks] *n.* Ⓤ **1** 《基督教》宗教象徵論；信條學。**2** 《人類》象徵研究；儀式研究。

sym·bol·ism [ˈsɪmbḷˌɪzəm; ˈsimbəlizəm] *n.* Ⓤ **1** [常 S~]《文學・美術》象徵主義。**2** 象徵的意義，象徵性。**3** 符號的使用；符號體系。

sým·bol·ist [-lɪst; -list] *n.* Ⓒ **1** [常 S~]《文學・美術》象徵主義者，象徵派詩人[畫家]。**2** 符號學家；符號使用者。

—*adj.* 《文學・美術》象徵主義的。

sym·bol·i·za·tion [ˌsɪmbḷəˈzeʃən; ˌsimbəlaiˈzeiʃn] 《symbolize 的名詞》**—***n.* Ⓤ **1** 象徵化。**2** 符號化。

sym·bol·ize [ˈsɪmbḷˌaɪz; ˈsimbəlaiz] 《symbol 的動詞》**—***v.t.* **1** 象徵；是…的符號：A lily ~*s* purity. 百合花象徵純潔。

2 用符號表示…；使…象徵化。

—*v.i.* 用符號；象徵化。

sym·bol·o·gy [sɪmˈbɑlədʒɪ; simˈbɔlədʒi] *n.* Ⓤ **1** 象徵學《研究與解釋象徵的學科》。**2** 象徵表示；符號代表；符號表示。

sym·met·ric [sɪˈmɛtrɪk; siˈmetrik] *adj.* =symmetrical.

sym·met·ri·cal [sɪˈmɛtrɪkḷ; siˈmetrikl] 《symmetry 的形容詞》**—***adj.* **1** 左右對稱的；相稱的。**2** 勻稱的。

~·ly [-klɪ; -kəli] *adv.*

sym·me·trize [ˈsɪməˌtraɪz; ˈsimitraiz] *v.t.* 使…對稱，使…勻稱，使…相稱，使…調和。

sym·me·try [ˈsɪmɪtrɪ; ˈsimitri] 《源自希臘文「同尺度」之義》**—***n.* Ⓤ **1** (左右的)對稱，相稱。**2** 勻稱(美)，調和(美)。

symmetry

sym·pa·thet·ic [ˌsɪmpəˈθɛtɪk; ˌsimpəˈθetik] 《sympathy 的形容詞》**—***adj.* (**more** ~；**most** ~) **1 a** 同情的，體諒的，關懷的：one's ~ looks [words]同情的表情[言語]/a ~ listener 同情的傾聽者。**b** [不用在名詞前][十介十(代)名][對…]同情的[*to, toward*]：He was very ~ **to** [**toward**] me when I was ill. 我生病時他很同情我。

2 [不用在名詞前][十介十(代)名][對…]同感的，共鳴的，贊成的，同意的[*to, toward*]：He was ~ **to** [**toward**] their demands. 他同意他們的要求。

3 [用在名詞前](無比較級、最高級)交感的，感應的：the ~ nerve 交感神經/a ~ pain 感同身受的痛苦/~ magic 魔攝法。

4 相投合的，有相同感受的。

5 [用在名詞前](無比較級、最高級)《物理》共鳴的，共振的：~ vibrations 共振/~ resonance 共鳴。

sỳm·pa·thét·i·cal·ly [-klɪ; -kəli] *adv.*

sỳmpathétic ínk *n.* Ⓤ隱顯墨水。

sym·pa·thize [ˈsɪmpəˌθaɪz; ˈsimpəθaiz] 《sympathy 的動詞》**—***v.i.* [動(十介十(代)名)] **1** [對…]同情[*with*]：He ~*d* **with** me in my troubles. 他在我困難時同情我。

2 [對…事]有同感，起共鳴，贊成[*with*]：His parents did not ~ **with** his desire to become a journalist. 他父母不贊同他想當新聞記者的願望。

sým·pa·thìz·er *n.* Ⓒ **1** 同情者。**2** 同感者，支持者，共鳴者，贊助者。

sým·pa·thìz·ing·ly *adv.* 同情地；共鳴地，贊成地。

sym·pa·thy** [ˈsɪmpəθɪ; ˈsimpəθi] 《源自希臘文「抱著共同的心情」之義》**—n.* **1 a** Ⓤ同情，體諒，憐憫[*for, with*](⇨pity【同義字】)：in [with] ~ 同情地/excite (a person's) ~ 引起(某人的)同情/They don't feel much ~ *for* [*with*] us. 他們對我們不大同情/He has no ~ *for* [*with*] them in their misfortune. 他對他們不幸的遭遇不表同情。**b** [**sympathies**]同情心：You have my *sympathies*. 我很同情你/He is a man of ready *sympathies*. 他是個富於同情心的人。

2 a Ⓤ弔唁，慰問：a letter of ~ 慰問[弔唁]信/express ~ for a person 慰問某人，表達對某人的同情。**b** [**sympathies**]弔唁[慰問]函：I sent my *sympathies* on the death of Mr. Smith. 我寄弔唁函哀悼史密斯先生的去世。

3 a Ⓤ同感，共鳴，贊成[*with, for*]：be in [out of] ~ *with* a plan 贊成[不贊成]一項計畫/The faculty expressed their ~

with the students' action. 全體教員對學生的行動都表示贊成。
b [**sympathies**] 共同[共鳴]的心情，共鳴之處：My *sympathies* lie *with* the Republican Party. 我同情[支持]共和黨的觀點[立場]。
4 Ⓤ《生理》交感，共感。
5 Ⓤ《物理》共振，共鳴。
còme óut in sýmpathy 舉行同情[支援]罷工。

sýmpathy strìke *n.* Ⓒ同情[支援]罷工《爲對另一羣罷工者表示道義上的支持或同情而舉行的罷工》。

sym·pet·al·ous [sɪmˋpɛtələs; sim'petələs] *adj.* 《植物》合瓣的。

sym·phon·ic [sɪmˋfɑnɪk; sim'fɔnik ˊ] «symphony 的形容詞»—*adj.* 交響樂[曲]的：a ~ poem 交響詩/a ~ suite 交響組曲。

sym·pho·ni·ous [sɪmˋfonɪəs; sim'founiəs] *adj.* 《文語》〈聲音〉和諧的，和音的。

***sym·pho·ny** [ˋsɪmfənɪ; 'simfəni] *n.* Ⓒ **1** 交響樂[曲]。**2** (又作 **sýmphony órchestra**)交響樂團。

【字源】symphony 源自希臘文。sym 是 together(在一起)之意，而 phon(e) 是 sound(聲音)之意。-y 是形成名詞的字尾。因此本意是「一起發出聲音」。

sym·phy·sis [ˋsɪmfəsɪs; 'simfisis] *n.* (*pl.* **-ses** [-ˏsiz; -si:z]) **1 a** Ⓤ《解剖・動物》聯合《如恥骨聯合，軟骨聯合等》；膜連。**b** Ⓒ結合線。**2** Ⓤ《植物》合生《同類器官相合爲一體者，如雌雄蕊合生》。

sym·po·si·um [sɪmˋpozɪəm; sim'pouzjəm] *n.* Ⓒ (*pl.* **-si·a** [-zɪə; -ziə], ~s) **1** 座談會，討論會。

【字源】此字原來是「在一起喝酒」之意。古代希臘人有一面喝酒，一面談論文學、哲學、政治等的習慣。後其逐漸轉義，主要强調知性談話的內容，而現在則被解作「座談會」「討論會」等。

2 (若干人對某一問題投稿的)論文集，論叢。**3** (古希臘的)酒宴，宴會。

symp·tom [ˋsɪmptəm; 'simptəm] «源自希臘文「一同落下」之義»—*n.* Ⓒ **1** 徵候，徵兆，前兆〔*of*〕：premonitory ~*s* of an earthquake 地震的前兆。**2**《醫》徵候，症候，症狀〔*of*〕.

symp·to·mat·ic [ˏsɪmptəˋmætɪk; ˌsimptə'mætik ˊ] «symptom 的形容詞»—*adj.* **1** 徵候[症候]性的，成爲前兆的：a ~ high fever 症候性高燒。**2** [不用在名詞前]〔十介十(代)名〕表示〔…〕的〔*of*〕：Fever is ~ *of* illness. 發燒是疾病的徵候。
sỳmp·to·mát·i·cal·ly [-klɪ; -kli] *adv.*

syn.《略》synonym；synonymous.

syn- [sɪn-; sin-] 字首表示「共；同時；類似」等之意，附加於希臘文或同語系的字《★用法在 l 前面爲 syl-；在 b, m, p 前爲 sym-；在 r 前爲 syr-；在 s 前爲 sys-, sy-》.

syn·a·gogue [ˋsɪnəˏgɔg, -ˏgɑg; 'sinəgɔg] *n.* **1** Ⓒ猶太教的會堂[教會]。**2** [the ~] 猶太教教徒的聚會。

syn·apse [sɪˋnæps; 'sainæps, si'næps] *n.* Ⓒ《生理》聯會，神經突觸《二神經原之神經絲接合的部分》。

sync, synch [sɪŋk; siŋk] «synchronization 之略»—*n.* Ⓤ《口語》同步調《★常用於下列片語》：in ~ 同步調[一致]地/out of ~ 不同步調[不一致]地。

syn·chro [ˋsɪŋkro; 'siŋkrou] *adj.* 同步的。
—*n.* Ⓒ (*pl.* ~s)同步器。

syn·chro·flash [ˋsɪŋkrəˏflæʃ; 'siŋkrəflæʃ] *adj.* 同步閃光的《照像機裝有同步器能使快門與閃光燈同步調的》。

syn·chro·mesh [ˋsɪŋkrəˏmɛʃ; 'siŋkrəmeʃ] *n.* Ⓤ (汽車換檔變速時的)同步裝置《齒輪同步咬合裝置》。

syn·chro·nal [ˋsɪŋkrənl; 'siŋkrənl] *adj.* =synchronous.

syn·chron·ic [sɪnˋkrɑnɪk, sɪŋ-; siŋ'krɔnik, sin-ˊ] *adj.* **1**《語言》共時性的，只涉及某一特定時期(而不考慮歷史演變)的《把語言視爲在某一時期具有靜態的體系，而研究記述其構造與意義的方法；↔ diachronic》：~ linguistics 共時語言學。**2** = synchronous.

syn·chro·nism [ˋsɪŋkrəˏnɪzəm; 'siŋkrənizəm] *n.* **1** Ⓤ **a** 同時發生，同時性。**b**《電影》映像[畫面]與聲音的一致。**2 a** Ⓤ (歷史性事件等的)年代序排列。**b** Ⓒ歷史事件對照年表。**3** Ⓤ《物理・電學》同步(性)。

syn·chro·nize [ˋsɪŋkrəˏnaɪz; 'siŋkrənaiz] *v.i.* **1 a** 〈兩件(以上)的事物〉具有同時性，同時發生，併發。**b**〔十介十(代)名〕〔與…〕同時發生〔*with*〕. **2** 〈幾個時鐘〉指示標準時間[一定時間]，指著同一時間。**3**《電影・電視》〈映像與聲音〉一致，同步調。
—*v.t.* **1 a** 〔十受〕使…在時間上一致，使…同時發生：We ~*d* our steps. 我們步調一致。**b** 〔十受十介十(代)名〕使…〔與…〕同時進行，同步調，一致〔*with*〕：The sound track of a film should be ~*d with* the action. 影片的音帶必須與動作一致[吻合]。**2** 對準〈鐘錶等〉的時間：~ all the clocks in an office 對準辦公室內所有的時鐘《把辦公室裏所有的時鐘校正爲同一時間》。**3**《電影・電視》使〈映像與聲音〉同步(調)。**4**《攝影》使〈相機的快門〉與閃光燈同時操作。
syn·chro·ni·za·tion [ˏsɪŋkrənɪˋzeʃən; ˌsiŋkrənai'zeiʃn] *n.*

sýn·chro·nized swímming *n.* Ⓤ同步花式游泳《配合音樂游泳的水中芭蕾》。

syn·chro·nous [ˋsɪŋkrənəs; 'siŋkrənəs] *adj.* **1** 同時(性)的；同時發生的。**2**《物理・電學》同(周)期的，同步的。
~·**ly** *adv.* ~·**ness** *n.*

syn·chro·tron [ˋsɪŋkrəˏtrɑn; 'siŋkrətrɔn] *n.* Ⓒ《物理》同步加速器《廻旋加速器(cyclotron)經改良而成的粒子加速裝置》。

syn·cli·nal [sɪnˋklaɪnl, sɪŋ-; sin'klainl, siŋ-] *adj.* **1**《地質》向斜的。**2** (在共同點[線]交會之)反向相傾斜的。

syn·cline [ˋsɪŋklaɪn; 'siŋklain] *n.* Ⓒ《地質》向斜層。

syn·co·pate [ˋsɪŋkəˏpet; 'siŋkəpeit] *v.t.* **1**《音樂》切分，調節〈音〉。**2**《語言》中略…的一音[數音]《如把 every 略成 ev'ry 等》。

syn·co·pa·tion [ˏsɪŋkəˋpeʃən; ˌsiŋkə'peiʃn] «syncopate 的名詞»—*n.* Ⓤ **1**《音樂》切分(音)，切分法。**2**《語言》中略，字中間音的省略。

syn·co·pe [ˋsɪŋkəpɪ; 'siŋkəpi] *n.* **1** Ⓤ《醫》暈厥。**2** = syncopation 2.

syn·cre·tism [ˋsɪŋkrɪˏtɪzəm; 'siŋkritizəm] *n.* Ⓤ **1** (哲學、宗教等之)各種不同學說或信仰的融合。**2**《語言》融合。

syn·cre·tize [ˋsɪŋkrɪˏtaɪz; 'siŋkritaiz] *v.t.* & *v.i.* (使〈不同的學說、黨派等〉)統合，融合。

syn·dic [ˋsɪndɪk; 'sindik] *n.* Ⓒ **1** 地方行政長官。**2**《英》(大學等的)董事，委員會之委員。

syn·di·cal·ism [ˋsɪndɪklˏɪzəm; 'sindikəlizəm] *n.* Ⓤ工團[工聯]主義《藉總罷工、怠工等直接行動，使工會控制生產與分配的工聯運動》。

sýn·di·cal·ist [-lɪst; -list] *n.* Ⓒ工團主義者，工聯主義者。

syn·di·cate [ˋsɪndɪkɪt, -ˏket; 'sindikət, -kit] *n.* Ⓒ [集合稱] **1 a** 企業組織[聯合]，工團企業家財團《★用法視爲一整體時當單數用，指全部個體時當複數用》。**b** 負責發行債券[股票]的組織[銀行團]。**2** 報紙雜誌聯盟《★用法與義 1 a 相同》。**3** (大學等的)理事會，委員會《★用法與義 1 a 相同》。**4** 暴力組織，犯罪集團，黑社會組織《★用法與義 1 a 相同》。
— [-dɪˏket; -dikeit] *v.t.* **1** 使…成爲企業組織，使…加入聯合組織。**2** 經由報紙雜誌聯盟提供〈新聞稿、漫畫等〉。
—*v.i.* 組織企業組合，聯合成工團。

syn·di·ca·tion [ˏsɪndəˋkeʃən; ˌsindi'keiʃn] *n.*

syn·drome [ˋsɪnˏdrom; 'sindroum] *n.* Ⓒ **1 a**《醫》徵候羣，綜合症狀。**b** 病的現象。**2** 同時發生的一連串事件[行動]。**3** (一定的)行動模式。

syn·ec·do·che [sɪˋnɛkdəkɪ; si'nekdəki] *n.* ⓊⒸ《修辭》提喻法，舉隅法《以部分代表全體，或以全體喻指部分的說法；如以 blade 代表 sword，以 sail 表示 ship；以 the army 表示某一個 soldier 等；cf. metonymy》。

syn·ec·tics [sɪˋnɛktɪks; si'nektiks] *n.* Ⓤ羣辯法；集思廣益研討法《經挑選的一羣性格、專長各異的思想家自由而無拘束地交換想法以發展新的思想，解決各種問題和尋求新發現的方法》。

syn·er·gism [ˋsɪnəˏdʒɪzəm; 'sinədʒizəm] *n.* Ⓤ **1**《神學》神人協力合作說《即人類靈魂之重生有賴神與人之合作的主張》。**2** (藥物等之)協助作用，配合作用。

syn·er·gis·tic [ˏsɪnəˋdʒɪstɪk; ˌsinə'dʒistik] *adj.* (藥物等)配合作用的，協助作用的。

syn·od [ˋsɪnəd; 'sinəd] *n.* Ⓒ教會會議，宗教會議。

syn·od·ic [sɪˋnɑdɪk; si'nɔdik] *adj.* **1** 宗教會議的，(教會)會議的。**2**《天文》會合的。

syn·od·i·cal [sɪˋnɑdɪkl; si'nɔdikl] *adj.* =synodic.

syn·o·nym [ˋsɪnəˏnɪm; 'sinənim] *n.* Ⓒ 同義字〔*of, for*〕(↔ antonym)：'Quick' is a ~ *of* 'fast.' quick 是 fast 的同義字。

syn·o·nym·i·ty [ˏsɪnəˋnɪmətɪ; ˌsinə'nimiti] *n.* Ⓤ同義(性)。

syn·on·y·mous [sɪˋnɑnəməs; si'nɔniməs] «synonym 的形容詞»—*adj.* **1** 同義(字)的，意義相同的：~ words 同義字。**2** [不用在名詞前]〔十介十(代)名〕表示〔與…〕相同之事[同義]的〔*with*〕：'Upon' is ~ *with* 'on.' upon 與 on 同義。
~·**ly** *adv.*

syn·on·y·my [sɪˋnɑnəmɪ; si'nɔnimi] *n.* Ⓤ **1** 同義(性)。**2** (爲加强語氣的)同義字連用《如 in any *shape* or *form*》. **3** 同義字研究。

syn·op·sis [sɪˋnɑpsɪs; si'nɔpsis] *n.* Ⓒ (*pl.* **syn·op·ses** [-siz; -si:z]) **1** (電影、戲劇、書籍、論文等的)梗概，概要，大意〔*of*〕. **2** 一覽(表)〔*of*〕.

syn·op·tic [sɪˋnɑptɪk; si'nɔptik] «synopsis 的形容詞»—*adj.* 梗概的，概要的，大意的。**syn·óp·ti·cal·ly** [-klɪ; kli] *adv.*

synóptic Góspels *n. pl.* [the ~] 對觀福音書《馬太、馬可、路加等三部福音書》。

syn·tac·tic [sɪnˋtæktɪk; sinˈtæktik ˉ] «syntax 的形容詞» —*adj.* 造句法的，句子構造的。
syǹ·tác·ti·cal [-tɪkl; -tikl] *adj.* =syntactic. ~·**ly** *adv.*
syn·tax [ˋsɪntæks; ˈsintæks] «源自希臘文「一起排列」之義» —*n.* Ⓤ《語言・文法》(造)句法，句子構造法，字句排列法。
syn·the·sis [ˋsɪnθəsɪs; ˈsinθəsis] «源自希臘文「繫上」之義» — *n.* (*pl.* **syn·the·ses** [-ˏsiz; -si:z]) **1 a** Ⓤ綜合。**b** Ⓒ綜合體[物]。**2** Ⓤ《化學》合成。
syn·the·size [ˋsɪnθəˏsaɪz; ˈsinθəsaiz] «synthesis 的動詞» —*v.t.* **1** 綜合。**2**《化學》把…合成，合成製造。
sýn·the·siz·er *n.* Ⓒ **1** 綜合者[人，物]。**2** 電子合成音響裝置《用電子電路合成聲音的裝置》。
syn·thet·ic [sɪnˋθɛtɪk; sinˈθetik ˉ] «synthesis 的形容詞» —*adj.* **1** 綜合(性)的(↔ analytic)：Latin is a ~ language, while English is analytic. 拉丁文是一種綜合性語言，而英語是一種分析性語言。
2 合成的：~ chemistry 合成化學/~ detergents[fibers]合成清潔劑[纖維]/~ resin 合成樹脂[橡膠]。
3《口語》非眞品的，假的；人造的：~ sympathy 假同情。
—*n.* Ⓒ合成品[物質]。
syǹ·thèt·i·cal [-tɪkl; -tikl] *adj.* =synthetic.
~·**ly** [-klɪ; -kəli] *adv.*
syn·the·tize [ˋsɪnθəˏtaɪz; ˈsinθitaiz] *v.* =synthesize.
syph·i·lis [ˋsɪflɪs; ˈsifilis] «源自因冒瀆神遭報應而患此症的牧羊人名字» —*n.* Ⓤ《醫》梅毒。
syph·i·lit·ic [ˏsɪflˋɪtɪk; ˏsifiˈlitik] «syphilis 的形容詞» —*adj.* 梅毒(性)的。—*n.* Ⓒ梅毒患者。
sy·phon [ˋsaɪfən; ˈsaifn] *n.*, *v.*=siphon.
syr- [sɪr-; sir-] 字首 syn- 在 r 之前的變體。
Syr·a·cuse [ˋsɪrəˏkjus; ˈsaiərəkju:z] *n.* **1** 西那庫斯《義大利西西里島東南部之一海港，西元前 734 年迦太基人建立的一座古城》。**2** [ˋsɪrəˏkjus; ˈsirəkju:s] 西那庫斯《美國紐約州中部之一城市》。
Syr·i·a [ˋsɪrɪə; ˈsiriə] *n.* 敍利亞《地中海東岸小亞細亞的一個共和國；首都大馬士革(Damascus)》。
Syr·i·ac [ˋsɪrɪˏæk; ˈsiriæk] *n.* Ⓤ古代敍利亞語。
—*adj.* 古代敍利亞語的。
Syr·i·an [ˋsɪrɪən; ˈsiriən] «Syria 的形容詞» —*adj.* 敍利亞的。
—*n.* Ⓒ敍利亞人。
sy·rin·ga [səˋrɪŋgə; siˈriŋgə] *n.* Ⓒ《植物》**1** 紫丁香《木犀科丁香屬植物的統稱》。**2** 山梅花《虎耳草科山梅花屬植物的統稱》。
sy·ringe [ˋsɪrɪndʒ; ˈsirindʒ] *n.* Ⓒ **1** 注射器，注射筒：a hypodermic ~ 皮下注射器。**2** 洗滌器，注水器，灌腸器。
—*v.t.* **1** 注射。**2** 洗淨。
syr·inx [ˋsɪrɪŋks; ˈsiriŋks] *n.* Ⓒ (*pl.* **-in·ges.** ~·**es**) **1** 潘神蕭，排蕭(panpipe)《一種原始的吹樂器》。**2**《鳥》鳴管《鳥的發聲器官》。
syr·up [ˋsɪrəp, ˋsɝəp; ˈsirəp] «源自阿拉伯語「飲料」之義» —*n.* Ⓤ **1** 糖漿。**2** 糖蜜，蜜。**3** 糖漿藥劑：cough ~ (藥用)止咳糖漿。
syr·up·y [ˋsɪrəpɪ, ˋsɝəpɪ; ˈsirəpi] «syrup 的形容詞» —*adj.* **1** (似)糖漿的。**2 a** 甜的：~ compliments 甜蜜的恭維話。**b** 黏黏的，濃稠的。
sy(s)- [sɪ(s)-; si(s)-] 字首 syn- 在 s 之前的變體。
‡**sys·tem** [ˋsɪstəm, -tɪm; ˈsistəm, -tim] «源自希臘文「結合者」之義» —*n.* **1** (由複雜成分構成一個綜合體的)組織：**a** Ⓒ(政治、經濟、社會等的)體系，制度：a ~ of government 政府[治]體制，政體/the feudal ~ 封建制度/an educational ~ 教育制度。**b** [**the** ~] (控制的)體制：upset *the* ~ 推翻(現存)體制。**c** Ⓒ(學問、思想等的)體制；學說：the Copernican ~ 哥白尼的地動說。**d** Ⓒ(通訊、運輸等的)組織網：a communication ~ 通訊網/a railroad ~ 鐵路網。**e** Ⓒ(山、河川等的)系統：a mountain ~ 山系/a river ~ 河川系。**f** Ⓒ《生物》系統，器官：the nervous ~ 神經系統。**g** Ⓒ《天文》系，系統：the solar ~ 太陽系。
2 Ⓒ **a** (有系統的)方式，方法：a sales ~ 推銷法，銷售法/the decimal ~ 十進法/a ~ of classification 分類方式。**b** 分類(法)。
3 Ⓤ (井然的)次序，規律，統一性：do a thing without ~ 做事沒有條理，辦事雜亂無章/This book has no ~ to it. 這本書寫得沒有條理。
4 Ⓒ (有組織性的)機械裝置，(音響、電子計算機等的)機械裝置：a brake ~ (汽車的)煞車裝置/a ventilation ~ 通風設備。
5 [**the** ~, **one's**~]身體，全身。
Áll sýstems gó!《口語》一切都準備好了！萬事 OK.《★源自太空船發射準備完成的信號》。
gèt…óut of one's sýstem《口語》擺脫〈煩惱、憂慮等〉。
sys·tem·at·ic [ˏsɪstəˋmætɪk; ˏsistiˈmætik ˉ] «system 的形容詞» —*adj.* (**more** ~；**most** ~) **1** 有組織的，有系統的。**2** 一絲不苟的，有計畫的，有規律的。**3** (無比較級、最高級)《生物》分類法的：~ botany[zoology]植物[動物]分類學。
sỳs·tem·át·i·cal [-tɪkl; -tikl] *adj.* =systematic. ~·**ly** [-klɪ; -kli] *adv.*
sys·tem·a·ti·za·tion [ˏsɪstəmətəˋzeʃən; ˏsistimətaiˈzeiʃn] «systematize 的名詞» —*n.* Ⓤ **1** 組織化，系統化，體系化。**2** 分類。
sys·tem·a·tize [ˋsɪstəməˏtaɪz; ˈsistimətaiz] «system 的動詞» —*v.t.* **1** 使…組織化，使…有系統。**2** 把…加以分類。
sys·tem·a·tiz·er [ˋsɪstəməˏtaɪzɚ; ˈsistimətaizə] *n.* Ⓒ創造系統者；組織者；分類者。
sys·tem·ic [sɪsˋtɛmɪk; sisˈtemik] *adj.*《生理》全身的，侵入全身的：the ~ arteries 全身動脈。
sys·tem·ize [ˋsɪstəˏmaɪz; ˈsistimaiz] *v.* =systematize.
sýstems anàlysis *n.* Ⓤ系統分析。
sýstems ànalyst *n.* Ⓒ系統分析師。
sýstems enginèer *n.* Ⓒ系統工程師；全盤工程效率設計專家。
sýstems enginéering *n.* Ⓤ系統工程(學)，全盤工程效率設計。
sys·to·le [ˋsɪstəˏli, -lɪ; ˈsistəli] *n.* ⓊⒸ **1**《生理》心臟收縮(cf. diastole 1)。**2**《古韻律》音節縮短。
sys·tol·ic [sɪsˋtɑlɪk; siˈstɔlik] *adj.*

S

T t **T t** *T t*

t, T[1] [ti; ti:] *n.* (*pl.* **t's, ts, T's, Ts** [～z; ～z]) **1** ⓊⒸ英文字母的第二十個字母(cf. tau). **2** Ⓤ(一序列事物的)第二十個；(不包括J時的)第十九個。

cróss the [one's] **t's** ['tiz; 'ti:z] (寫 t 時不忘記畫一橫般地)做事極度細心周密[一絲不苟]。

to a T 正確地，恰好地《★源自 to a TITTLE(=small point)》：suit [fit] *to a T* 恰恰合適。

T[2] [ti; ti:] *n.* Ⓒ(*pl.* **T's, Ts** [～z; ～z]) T 字形(之物)：⇨ T square, T-bone, T-shirt.

T 《符號》《化學》tritium. **t.** 《略》teaspoon(s)；telephone；temperature；tenor；tense；territory；time；ton(s)；tonne(s)；town(ship)；transit；《文法》transitive；troy. **T.** 《略》tenor；Territory；Testament；Tuesday；Turkish.

't [t; t] *pron.* 《古·詩》it 之略：*'tis* [tɪz; tiz] =it is/*'twas*=it was/on'*t*=on it.

ta [tɑ; tɑ:] *interj.* 《英兒語·俚》謝謝：*Ta* ever so. 多謝。

Ta 《符號》《化學》tantalum.

tab [tæb; tæb] *n.* Ⓒ **1 a** (附於衣服上用以懸掛衣服的)垂片。**b** (衣服、緞帶等的)垂飾。**c** (附於帳簿邊緣等作索引的)耳片。
2 標籤，貼紙(tag).
3 《口語》帳單(bill).
4 《俚》=tabulator 2.

kèep a táb [**tábs**] **on...** 《口語》(1)將…記入帳簿；查核…。(2)監視[看守]…：*keep ～s on* the kids！注意看顧孩子們！

pìck úp the táb 《美口語》付帳。

tab·ard ['tæbəd; 'tæbəd] *n.* Ⓒ **1** 傳令使者所穿的飾有紋章的寬短大衣型官服。
2 中世紀武士穿著於鎧甲上的一種無袖的短外套。

Ta·bas·co [tə'bæsko; tə'bæskou] 《源自墨西哥東南部一個州的州名》—*n.* Ⓤ [指個體時爲Ⓒ]《商標》塔巴斯哥《一種由辣椒製成的紅色辣醬油》。

tab·by ['tæbɪ; 'tæbi] *n.* Ⓒ **1** (虎)斑貓(⇨ cat 相關用語)。
2 家貓《尤指雌貓》。
3 老處女。
4 好說閒話的女人。
5 波紋絹，平紋[織物]。
—*adj.* **1** 有波紋的。
2 虎斑的。

tab·er·na·cle ['tæbə,nækl; 'tæbənækl] 《源自拉丁文「帳篷」之義》—*n.* **1** [the T～]《聖經》聖幕《猶太人定居巴勒斯坦之前在荒野流浪時，安置約櫃的移動式神殿》。
2 Ⓒ **a** 猶太神殿。**b** 教堂；(非國教派的)禮拜堂，教堂。**c** 《教會》(安置聖體的)聖櫃。

‡**ta·ble** ['tebl; 'teibl] *n.* **A 1** Ⓒ桌，檯《★說明 指沒有抽屜而由一塊板子做成的桌子；用作餐桌、工作檯、遊戲檯、手術檯等；cf. desk 1 a》：a green ～ 賭桌《使用綠色桌布故稱》。

> 【字源】table 一字現在是指有腳的餐桌，但原來的意思是「平板，厚板」，在古代羅馬用來做告示牌，或在上面塗臘，做爲寫字用的板子。

2 [用單數；常Ⓤ]食物，餐食，伙食，餚饌，菜餚：the pleasures of the ～ 飲食之樂/lay [set, spread] the ～ 將餐具擺在桌上準備開飯/rise from ～ = leave the ～ (吃完飯)離開餐桌/wait at ～ =《美》wait (on) ～ 侍候用餐/She keeps [sets] a good ～. 她經常吃[供應]好菜。

3 Ⓒ[集合稱](用餐、開會等時的)同席之人《★用法 視爲一整體時當單數用，指個體成員時當複數用》：a ～ of cardplayers 一桌玩紙牌的人/keep the ～ amused 使舉座歡悅/set the ～ in a roar 使滿座的人哄堂大笑。

4 Ⓒ臺地，高原。

—**B** Ⓒ **1** 表，一覽表，目錄：a ～ of contents (in a book) (書的)目錄/a ～ of descent 族譜/a ～ of interest [rates] 利率[稅率]表/⇨ timetable /a ～ of weights and measures 度量衡表。
2 九九乘法表：learn one's ～*s* 背[學]九九乘法表。

at (《美》**the**) **táble** (1)在吃飯時。(2)坐在餐桌座位上；正在吃飯：be *at* ～ 正在用餐/sit (down) *at* ～ 入席，就座。

drínk a person ùnder the táble ⇨drink.

lày...on [**upòn**] **the táble** (1)將〈議案等〉擱置，不定期地延期。(2)《英》將〈議案等〉付諸討論[審議，調查]，把…列入議程。

the tábles of the láw = Ten Commandments.

túrn the tábles 使[對方]形勢[局面]由有利轉爲不利，扭轉形勢[局面]，轉敗爲勝，使[人的]立場由優勢倒轉爲劣勢，主客易位《因西洋雙陸棋(backgammon)的比賽者互換座位故稱》[*on*].

—*adj.* [用在名詞前] **1** 檯子的，桌子的：a ～ lamp (放在餐桌等上面的小型)檯燈。
2 餐桌(用)的；餐食的，飲食的，餐飲的：⇨ table manners, table salt.

—*v.t.* 〔十受〕**1** 《美》將〈議案等〉擱置。
2 《英》將〈議案等〉列入議程。
3 將…作成表，將…列成表。

tab·leau ['tæblo; 'tæblou] 《源自法語 'picture' 之義》—*n.* Ⓒ (*pl.* ～**x** [～z; ～z], ～**s**) **1 a** 繪畫，繪畫般的描寫。**b** 活人畫。
2 繪畫般的場面，戲劇性場面。

tábleau vi·vant [tablovi'vɑ̃; tablouvi:'vɑ̃:] 《源自法語 'living picture' 之義》—*n.* Ⓒ(*pl.* ***tableaux vivant(s)*** [～]) 活人畫《指以活人扮演的靜態畫面》。

ta·ble·cloth ['tebl,klɔθ; 'teiblklɔθ] *n.* Ⓒ(*pl.* ～**s** [-s; -s]) 桌布，檯布。

táble còver *n.* Ⓒ桌罩《作裝飾用者》。

ta·ble d'hôte ['tæbl'dot; tɑ:bl'dout] *n.* Ⓒ(*pl.* **tables d'hôte** [～]) (飯店、旅館、餐廳等的)客飯，定餐《★指包括固定的幾道菜餚、點心和飲料等，而以固定價格供應的一餐》。

違反 table manners 的各種舉動
《圖上號碼與 table manners【說明】對照》

【字源】上面的法文如果譯成英文，就是 the host's table，即「主人的餐桌」之義。從前出外旅行的人，如果在旅館裡和老闆家人一起用餐，就不特別叫菜，住宿費也可以便宜許多。
【說明】客人從菜單(menu)點菜方式主要有兩種：一種是一樣一樣點的，稱 à la carte；另一種是由餐廳預先配好的客飯(table d'hôte)或和菜，後者要比前者便宜許多。客飯或和菜往往也有不同的價錢，可讓顧客有所選擇。比較簡單的包括：湯(soup)、肉(meat)或魚(fish)、以及甜點(dessert). 較豐盛的包括：開胃菜(hors d'oeuvre)、湯、魚、主菜(entrée)、肉、生菜沙拉(salad)、甜點、乳酪(cheese)、咖啡(coffee)或紅茶(tea).

táble knìfe *n.* Ⓒ餐刀。
táble·lànd *n.* Ⓒ[常~s]臺地，高原。
táble lìnen *n.* Ⓤ餐巾；桌布《餐桌用布，尤指亞麻布所製者》。
táble mànners *n. pl.* 餐桌上的禮節。

【說明】(1)最基本的是不要引起他人的不愉快。通常要等主人(host)請你坐才坐下來。如有女性在座，則要替她把椅子拉出來，請她先就座。
(2)坐下以後，把餐巾(napkin)放在膝部，如果人數不多，必須等全體的菜餚都分配好了之後才開始吃。但如果在很多人參加的餐席上，只要周圍的人的食物分配好了之後，就可以開始吃了。
(3)用湯匙喝湯《英語要說 eat soup》時，要靜靜地喝，不要發出聲音。
(4)刀子(knife)和叉子(fork)的使用法，在歐洲的習慣是右手拿刀子，左手拿叉子，在美國則先用刀子把肉等切好，然後用右手拿叉子取來吃。
(5)(a)不可把雙肘擺在桌上吃東西；嘴裡有食物時不要講話；(b)用牙籤(toothpick)時要遮住嘴巴；喝咖啡時杯子裡不要放湯匙；(c)不要用湯匙喝咖啡；不得用刀子取食物送到嘴裡。
(6)吃麪包時要用手一片一片撕著吃。
(7)要注意吃的速度和周圍的人配合，不宜太快或太慢，而且要儘量把自己盤中的食物吃完。
(8)吃完時把刀子與叉子平行放在盤子上面(如果尚未吃完，則放成八字形)，餐巾要摺疊好放在盤子左邊。

táble·màt *n.* Ⓒ 碗盤墊《置於燙熱碗盤底下的餐桌用小墊》。
táble sàlt *n.* Ⓤ餐桌上的調味用精製食鹽。
ta·ble·spoon [ˈtebḷˌspun; ˈteiblspu:n] *n.* Ⓒ **1** (餐桌用)湯匙，大調羹《喝湯用，通常爲茶匙(tea spoon)三匙之量(15cc)》.
2 =tablespoonful.
ta·ble·spoon·ful [ˈtebḷspunˌful; ˈteiblspu:nful] *n.* Ⓒ(*pl.* ~s, **tablespoonsful**)一湯匙之量〔*of*〕.
tab·let [ˈtæblɪt; ˈtæblit] 《源自 table》 —*n.* Ⓒ **1 a** (金屬、石、木的)平板《用以在其上面刻銘文等》，碑；牌，匾額：a memorial ~ 紀念碑；靈牌。**b** 寫字板，書板《古代人曾用 stylus(尖筆)在它上面寫字》。
2 錠劑，藥片(⇨ medicine 〔相關用語〕)：three aspirin ~*s* 三片阿司匹靈藥片。
3 開車牌，開車證《在火車開動時交給司機的圓形牌子》。
táble tàlk *n.* Ⓤ席間閒談，餐桌漫談。

【說明】(1)歐美國家的家庭裡，通常用餐前要作簡短的感恩祈禱(grace). 禱文因家庭而異，以下是一個例子：Bless us, O Lord, and these your gifts, which we receive through your bounty, through Christ our Lord. Amen.(主啊，請保佑我們一家人，保佑我們享用您慷慨賜給我們的這些禮物(指食物)，阿門)。
(2)在吃飯時，禮貌上要說一些輕鬆愉快的話。在吃到特別好吃的菜餚時必須表示非常欣賞或稱讚一番。例如"This roast beef tastes very good."(這烤牛肉味道眞好！)同時要與鄰座的人說說風趣的話，尤其不能疏忽女性的客人。餐後必須找機會向主人或女主人稱讚當天的食物，或詢問有關食譜(recipe)之事等。在正式餐會的餐後演說通常在吃甜點(dessert)的時候開始舉行，稱作"an after-dinner speech"；cf. meal[1]【說明】(2).

táble tènnis *n.* Ⓤ乒乓球，桌球(ping-pong).
táble trìpod *n.* Ⓒ 電影或電視攝影機之矮三角架。
táble·wàre *n.* Ⓤ[集合稱]餐具《碟盤、匙、刀、叉等》。
táble wìne *n.* Ⓤ[指個體或種類時爲Ⓒ]餐用葡萄酒，開胃酒《主要在進餐時飲用，酒精含量在百分之十四以下》。
tab·loid [ˈtæblɔɪd; ˈtæblɔid] *n.* Ⓒ **1** 小型報，小報《圖片多而新聞報導簡短的半頁大的小型報》：~ journalism 大衆化[通俗]報紙。**2** [T~]《商標》錠劑，藥片。
ta·boo [təˈbu; təˈbu:] 《源自玻里尼西亞語「禁忌」之義》—*n.* **1** Ⓤ Ⓒ 禁忌《玻里尼西亞及南洋土著之間將某人或某物視爲神聖或汚穢而禁止接觸或言及的習俗》：be *under* (a) ~ 禁止接觸[接近，說]的。

【說明】taboo 在英語主要是指語言上的禁忌。有關宗教上的禁忌語通常稱作 swearword，如 Oh, God ! Jesus ! (我的天啊)等；而猥褻語及髒話稱作 dirty word；以上是有代表性的 taboo word. 有關性方面的猥褻語多半由四個字母構成，因此稱作 four-letter word，通常是絕對不許說的。在小學裡甚至有把說 taboo word 的學生處以罰款的規定。

2 ⓊⒸ禁止，戒律：put a ~ *on*...=put...*under* ~ 嚴禁…。
3 Ⓒ **a** (又作**tabóo wòrd**)禁用的字眼，禁忌的語句[話]。**b** 禁忌之物。
—*adj.* 禁忌的：The topic is ~. 這個話題是被禁止談論的。
—*v.t.* 禁用，禁止…；使…成爲禁忌。
ta·bor [ˈtebɚ; ˈteibə] *n.* Ⓒ小鼓《中世紀時使用的一種小鼓；用以伴奏拿在左手上吹的小笛，用右手敲擊》。

tabor

tab·o·ret [ˌtæbəˈrɛt, ˈtæbərɪt; ˈtæbərit] *n.* Ⓒ **1** (圓)矮凳。**2** 刺繡架。**3** 小鼓。
ta·bu [təˈbu; təˈbu:] *n.*, *adj.*, *v.* = taboo.
tab·u·lar [ˈtæbjəlɚ; ˈtæbjulə] 《table 的形容詞》— *adj.* **1** 平板的，平板狀的，桌狀的；平闊的。**2** 表的，列成表的；分欄書寫的：in ~ form 成爲[列成]表格式的。
tab·u·la ra·sa [ˈtæbjələˈrɑsə; ˈtæbjuləˈrɑ:sə] 《源自拉丁文》— *n.* Ⓒ (*pl.* **tab·u·lae ra·sae** [ˈtæbjəˌliˈrasi; ˈtæbjuli:ˈrɑ:si:] 擦去了文字的書板，白板；白紙一樣純淨的心《對任何事物均尚未得印象》。
tab·u·late [ˈtæbjəˌlet; ˈtæbjuleit] *v.t.* 將…作成表(格)。
tab·u·la·tion [ˌtæbjəˈleʃən; ˌtæbjuˈleiʃn] 《tabulate 的名詞》—*n.* **1** Ⓤ製表，造冊。**2** Ⓒ表，表格，目錄。
táb·u·là·tor [-tɚ; -tə] *n.* Ⓒ **1** 繪製圖表者，製表人。**2** (打字機、文字處理機等的)印表機。
ta·cet [ˈtesɛt; ˈteiset] *v.i.* 《音樂》靜下來。
tach·o·graph [ˈtækəˌgræf; ˈtækəgrɑ:f] *n.* Ⓒ **1** (引擎等的)轉速紀錄儀。**2** 轉速紀錄儀所作的紀錄。
ta·chom·e·ter [təˈkɑmətɚ, tæ-; tæˈkɔmitə] *n.* Ⓒ轉速計，流速計。
tach·y·on [ˈtækɪˌɑn; ˈtækiɔn] *n.* Ⓒ(假想的)超光速粒子。
tac·it [ˈtæsɪt; ˈtæsit]《源自拉丁文「沈默」之義》—*adj.* [用在名詞前] **1** 沈默的，心照不宣的：a ~ agreement[understanding]默契/~ approval[consent]默許[默認]。**2** 不用語言表達的，無言的：a ~ prayer 默禱。**~·ly** *adv.*
tac·i·turn [ˈtæsəˌtɝn; ˈtæsitə:n] *adj.* 《文語》無言的，不愛說話的，沈默寡言的。
tac·i·tur·ni·ty [ˌtæsəˈtɝnətɪ; ˌtæsiˈtə:nəti] 《taciturn 的名詞》—*n.* Ⓤ 不愛說話，沈默寡言。
tack [tæk; tæk] *n.* **1** Ⓒ大頭釘，平頭釘，圖釘：a carpet ~ 地毯釘/⇨ thumbtack. **2** Ⓒ《服飾》假縫，暫縫，粗縫。**3** 《航海》**a** Ⓒ 將帆縛於前方下角的繩索。**b** Ⓒ (船的)搶風調向《船斜兜著風作鋸齒形的蜿蜒航行》。**c** ⓊⒸ(依船帆風位而定的)航行方向。**4** ⓊⒸ方針，政策：be on the right[wrong]~ 方針正確[錯誤]。
gèt[còme] dówn to bráss tácks ⇨ brass tacks.
—*v.t.* **1** 〔十受(十副)〕將…用大頭釘釘住，用大頭釘釘上〈*down*〉：She ~*ed* ***down*** the folds in the carpet. 她把地毯的褶層用大頭釘釘牢/He ~*ed* the picture on the wall. 他把那幅畫用大頭釘釘在牆上。
2 〔十受十介十(代)名〕暫縫…〔於…上〕〔*to*〕：She ~*ed* a large ribbon ***to*** her dress. 她把大緞帶暫縫在衣服上。
3 〔十受(十副)(十介十(代)名)〕《口語》附加，添加…〔於…〕〈*on*〉〔*to, onto*〕：They ~*ed* an amendment ***to*** the bill. 他們把修正案附加在議案上/He ended his speech by ~*ing* ***on*** an appeal for help. 他最後附加了求助的呼籲而結束演講。
4 《航海》使〈船〉搶風作鋸齒形的航行(↔ wear).
—*v.i.* **1** 《航海》〈船〉搶風作鋸齒形的航行(cf. *n.* 3 b). **2** 改變方針[政策]。
tack·le [ˈtækḷ; ˈtækl] *n.* **1** Ⓒ **a** 《美式足球·橄欖球》搭克霸，擒抱《抱住並扭倒拿球奔跑的對方球員，以妨礙其進攻的舉動》。**b** 《美式足球》攻擊線上的兩名前鋒中的一名。**2** [在航海用語發音爲 [ˈtekḷ; ˈteikl]]Ⓒ[集合稱爲Ⓤ]船的索具；(尤指穿有活動繩索(running rigging)的)滑車轆轤：a single[compound] ~ 單[複]滑車/⇨ BLOCK and tackle. **3** Ⓤ工具，用具，裝置：fishing ~ 釣具。
—*v.t.* **1** 〔十受〕《美式足球·橄欖球》對…做搭克霸動作，擒抱〈拿球奔跑的對方〉。**2 a** 〔十受〕應付，解決，處理，認眞著手〈工作、問題等〉。**b** 〔十受十介十(代)名〕〔就…之事而〕和〈人〉爭論〔*on, about*〕：I ~*d* him ***on*** the question of world peace. 我就世界和

T

平的問題和他辯論。**3**〔十受〕《俚》抓住〈人〉，擒住…，揪住…：He ～*d* the thief fearlessly. 他勇敢地抓住了小偷。

tackle 2

—*v.i.*《美式足球・橄欖球》做搭克露動作。

tack·y[1] [ˋtækɪ; ˈtæki] *adj.* (**tack·i·er**; **-i·est**)〈膠、油漆等〉黏的，發黏的。

tack·y[2] [ˋtækɪ; ˈtæki] *adj.* (**tack·i·er**; **-i·est**)《美口語》〈衣著、樣子等〉寒酸的，邋遢的，襤褸的，不雅觀的。

Ta·co·ma [təˋkomə; təˈkoumə] *n.* 他科馬《美國華盛頓州(Washington)之一海港，在西雅圖之南》。

tact [tækt; tækt] **«**源自拉丁文「觸感」之義**»** **—***n.* **1** Ⓤ(不得罪人的)**機智**，圓滑，得體，老練：He lacks ～.他缺乏機智。**2**〔十 *to* do〕〔**the** ～〕〈做…的〉機智[圓滑，老練，得體]：have *the* ～ *to* say 機智[圓滑]地說。

tact·ful [ˋtæktfəl; ˈtæktful] *adj.* **1** 不會得罪人的，圓滑的，有機智的，機敏的，老練的，得體的。
2〔不用在名詞前〕〔十*of*十(代)名(十 *to* do)〕〔人〕〈做…〉實在有機智[老練，圓滑]的，〔人〕實在有機智〈竟…〉的：It wasn't very ～ ***of*** you *to* tell him in front of others. 你竟當著別人面前告訴他，實在很不機智。
～·ly [-fəlɪ; -fuli] *adv.* **～·ness** *n.*

tac·ti·cal [ˋtæktɪkl; ˈtæktikl] **«**tactics 的形容詞**»—***adj.* **1** 戰術的，戰術上的，用兵上的：a ～ point 戰術上的要點/～ nuclear weapons 戰術核子武器。**2** 善於策略的，足智多謀的。
～·ly [-klɪ; -kəli] *adv.*

tac·ti·cian [tækˋtɪʃən; tækˈtiʃn] *n.* Ⓒ 戰術家，兵法家；策士。

tac·tics [ˋtæktɪks; ˈtæktiks] **«**源自希臘文「排整齊」之義**»—***n.* **1** Ⓤ 戰術，兵法，用兵學(⇨ strategy【同義字】)：*T*～ differs from strategy. 戰術與戰略不同。**2**〔當複數用〕方策，策略：The opposition's delaying ～ in the Diet were deplorable. 反對黨在國會中使用拖延戰術是令人遺憾的。

T

tac·tile [ˋtæktl, ˋtæktɪl; ˈtæktail] **«**源自拉丁文「接觸」之義**»** **—***adj.* **1** 觸覺的：～ organs 觸覺器官。**2** 能觸知的，有觸覺的：a ～ impression[sensation]觸感。

tac·til·i·ty [tækˋtɪlətɪ; tækˈtiləti] *n.* Ⓤ可觸知性。

táct·less *adj.* **1** 無機智的，不機敏的，拙笨的，不老練的；不圓滑的；不得體的。**2**〔不用在名詞前〕〔十 *of*十(代)名(十 *to* do)〕〔人〕〈做…〉實在不機智[笨拙，不得體]的，〔人〕實在不機智[笨拙，不得體]〈竟…〉的：It was ～ ***of*** you *to* tell him in front of others. 你實在不機智，竟當著別人面前告訴他。
～·ly *adv.* **～·ness** *n.*

tac·tu·al [ˋtæktʃuəl; ˈtæktjuəl] *adj.* 觸覺的，觸覺上的；觸覺器官的；憑觸覺的。**～·ly** [-əlɪ; -əli] *adv.*

tad [tæd; tæd] *n.* Ⓒ《美口語》男孩，少年。

Tad [tæd; tæd] *n.* 塔德《男子名；狄奧多(Theodore)的暱稱》。

tad·pole [ˋtædˏpol; ˈtædpoul] **«**toad(蟾蜍)和 poll(頭)的混合語**»—***n.* Ⓒ 蝌蚪。

tae kwon do, Tae Kwon Do [ˋtaɪˋkwanˋdo; ˈtaiˈkwa:nˈdou] **«**源自韓語**»—***n.* Ⓤ跆拳道。

tael [tel; teil] *n.* Ⓒ **1** 兩《東亞之重量單位，尤指用於中國者，等於十六分之一斤》。**2** 兩《中國昔時貨幣單位，其值等於銀之一兩》。

ta'en [ten; tein] *v.*《詩》＝taken.

taf·fe·ta [ˋtæfɪtə; ˈtæfitə] *n.* Ⓤ塔夫綢，波紋綢《一種光面而質略硬的絲綢或人造絲綢》。

taff·rail [ˋtæfˏrel; ˈtæfreil] *n.* Ⓒ《航海》船尾的欄杆，船尾上部。

taf·fy [ˋtæfɪ; ˈtæfi] *n.* Ⓤ〔指個體時為Ⓒ〕**1**《美》太妃糖(《英》toffee)《用砂糖或糖蜜加奶油等熬成的一種糖果》。**2**《口語》帶高帽，奉承。

Taf·fy [ˋtæfɪ; ˈtæfi] *n.* **1** 塔費《男子名；由威爾斯人常取的教名 Daffyd(David 的威爾斯方言)變來》。**2** Ⓒ〔也用於稱呼〕《英俚》威爾斯人(⇨ Uncle Sam【說明】)。

Taft [tæft; tæft], **William Howard** *n.* 塔虎脫《1857–1930；美國第二十七位總統，任期 1909–13》。

tag[1] [tæg; tæg] *n.* Ⓒ **1** (上面寫著姓名或定價等的)**標籤**，籤條，附籤，附箋，貼紙：a name ～ 名牌/a price ～ 定價標籤，價目牌。
2 (衣服、緞帶等的)垂飾。
3 a (繩子、鞋帶等末端之金屬或塑膠的)包頭。**b** (拉鍊等的)垂片。
4 纏結的毛團。
5 (尤指拉丁文等的)陳腐的引用語句。
—*v.t.* (**tagged**; **tag·ging**) **1 a**〔十受〕附上附籤[籤條，附箋]於…；附上垂飾於…：～ every item in the store 在店裏的每一件物品上附貼(價格)標籤。**b**〔十受十介十(代)名〕附上〔…的標籤[籤條]〕於…〔*with*〕：He *tagged* his trunk ***with*** his name and address. 他把寫著姓名和地址的籤條附在皮箱上。
2〔十受十(*as*)補〕給…取綽號〈作…〉，將…叫〈作…〉：We *tagged* him "Sissy"[(*as*) a sissy].我們給他取個綽號叫膽小鬼。
3〔十受(十副)十介十(代)名〕〔對…〕添加…；將…附加〔於…〕〈*on*〉〔*to, onto*〕：～ a moral ***onto*** a story 把教訓加到故事上/They *tagged* ***to*** our name various abusive epithets. 他們把各種辱罵性的稱號[名稱]加在我們名字上。
4〔十受十介十(代)名〕〔將引用語句〕添加於〈文章、演說等〉〔*with*〕：He *tagged* his speech ***with*** a quotation from the Bible. 他在演說時，附加了一句引自聖經的文句。
5〔十受〕《口語》尾隨…，緊跟著…不放。
6〔十受〕《美口語》**a** 將交通違規通知張貼於〈車輛等〉。**b** 開交通違規罰單給〈駕駛人〉。
—*v.i.*〔十副詞(片語)〕**1** 追隨，尾隨，緊跟在後頭，盯在後頭：A beggar *tagged along*[*behind*]. 乞丐緊緊地跟在後面/John is always *tagging after* his big sister. 約翰總是跟著他姊姊。
2《口語》(未受邀請却)跟著人去。

tag[2] [tæg; tæg] *n.* **1** Ⓤ捉人遊戲：play ～ 玩捉人遊戲。

【說明】(1)由一個人當「鬼」，去捉其他的人，而被鬼摸到的人就要輪到他當鬼的遊戲稱為 tag. 如果跑的人蹲下來，鬼就不能捉的遊戲稱為「蹲鬼」(squat tag)；如果鬼與被追的人之間有另一個人穿過，鬼就必須去捉那個人的遊戲則稱為「救鬼」(cross tag).
(2)遊戲時決定由誰當鬼的方式，在英美兩國因地區和年代而不同。通常是以唸 eeny meeny miney mo 的歌謠，或擲硬幣(heads or tails)(⇨ HEADS or tails)的方式來決定。在美國西海岸也有用猜拳的方式，說 scissors-paper-rock(剪刀、石頭、布)。還有一種是以奇數或偶數來決定的。譬如雙方先決定要奇數或偶數，喊一、二、三("Once, twice, thrice, shoo(t)!")後伸出一隻或兩隻手指，然後把伸出的手指全部加起來，如果總數為奇數則決定要奇數的人贏。
(3)「鬼」的代名詞要用 it(⇨it[2] 1).「誰要當『鬼』?」在英語為"Who will be it"?；cf. hide-and-seek【說明】

2 Ⓒ《棒球》觸殺；刺殺。
3 Ⓒ(職業摔角的)觸手接替《在雙方各兩人的接替賽中，場內的人與場外的人接替時互相觸手的交接動作》。
—*v.t.* (**tagged**; **tag·ging**) **1** (捉人遊戲時)〈鬼〉捉〈人〉。**2**《棒球》觸殺〈對方的跑壘員〉。
tág úp (*vi adv*)《棒球》〈跑壘員〉返壘《指跑壘員在同隊打擊手擊出的高飛球被接殺時，跑回原已離開的壘上踩壘》。

Ta·ga·log [ˋtægəˏlag; təˈga:lɔg] *n.* (*pl.* ～, ～s) **1 a**〔**the** ～(s)〕塔加拉族《菲律賓呂宋島(Luzon [luˋzan; lu:ˈzɔn])中部的土著》。**b** Ⓒ塔加拉人。**2** Ⓤ塔加拉語《菲律賓共和國的國語》。

tág dày **«**因在捐款人衣領上佩戴一枚 tag[1](標籤)而得名**»—***n.* Ⓒ《美》街頭募捐日。

tág ènd *n.* **1** Ⓒ〔常～s〕切斷的一端，斷片。**2**〔**the**～〕最後的部分，末尾，末期。

tág màtch *n.* Ⓒ(職業摔角的)雙人接替比賽。

tag·meme [ˋtægmim; ˈtægmi:m] *n.* Ⓒ《語言》法位，語法單位，序位。

tag·me·mics [tægˋmimɪks; tægˈmi:miks] *n.* Ⓤ法位學，序位學。

Ta·gore [təˋgor, təˋgɔr; təˈgɔ:], Sir **Ra·bin·dra·nath** [rəˋbɪndrəˏnat; rəˈbindrənɑ:t] *n.* 泰戈爾《1861–1941；印度詩人，1913 年獲諾貝爾文學獎》。

tág quèstion *n.* Ⓒ《文法》附加問句《附加在敍述句後面的簡短問句；如 You like it, *don't you*?/It isn't true, *is it*?》。

ta·hi·ni [təˋhinɪ, tɑ-; təˈhi:ni:, tɑ:-] **«**源自阿拉伯語**»—***n.* Ⓤ《烹飪》中東芝蔴醬。

Ta·hi·ti [təˋhitɪ; tɑ:ˈhi:ti] *n.* 大溪地(島)《南太平洋法屬社會羣島(the Society Islands)中的一個主要島嶼》。

Ta·hi·tian [təˋhitɪən; tɑ:ˈhi:ʃn] **«**Tahiti 的形容詞**»—***adj.* 大溪地島(人，語)的。**—***n.* **1** Ⓒ大溪地人。**2** Ⓤ大溪地語。

tai chi* (*chuan*), *t'ai chi* (*ch'uan*)** [ˋtaɪˋdʒi(ˋtʃwan); ˈtaiˈdʒi:(ˈtʃwɑ:n)] **«**源自中文**»—n.* Ⓤ太極拳。

‡**tail** [tel; teil] *n.* **1** Ⓒ(動物的)尾，尾巴。
2 Ⓒ似尾之物：**a** (衣服等的)下襬。**b** 風箏(kite)的尾部。**c**《天文》彗星的尾部。**d**《印刷》字母尾部《像 g, y 等字母的凸出整齊線以下的部分》。**e**《音樂》(音符的)符尾。**f** 頭髮的長束，辮子。
3〔～s〕燕尾服：a gentleman in ～*s* 穿著燕尾服的紳士。
4 Ⓒ〔常用單數〕**a**〔常 **the** ～〕末尾，後部；結尾：look (at...) with [out of] *the* ～ of the eye 用眼角側目(偷)看(…)/at *the* ～ of... 在…的最後面/close on a person's ～ 迫近某人後面。**b**《航海》(飛機、飛彈等的)機尾，尾部。
5 Ⓒ **a** 隨員，跟班。**b**《俚》尾隨者[車]：have a ～ *on* a person 尾隨[跟蹤]某人。
6 Ⓒ〔常～s；當單數用〕(硬幣的)反面(cf. head *n.* 5 a)：⇨HEADS or tails.

7 Ⓒ《俚》屁股，臀部。
8 Ⓤ **a**《俚》(做愛對象的)女人：a bit [piece] of ～ 女人。**b**《鄙》性交。
cannót màke héad or táil of... ⇨ head.
hàve one's **táil dówn**[**úp**]垂頭喪氣，畏縮[恢復精神，振奮]。
túrn táil (**and rún**)(轉身背向對方)逃走，溜走。
twist a person's **táil** 激惱某人，欺負某人。
with the [one's] **táil betwèen the** [one's] **légs**(被擊敗而)驚恐，垂頭喪氣，畏縮《★源自鬥敗而把尾巴夾在腿間的狗之畏縮狀》。
—*v.t.*〔十受〕**1**《口語》跟蹤，尾隨〈人〉：The detective ～*ed* the man. 探員跟蹤那名男子。**2** 切去〈水果、植物等〉的末端，除去…的末端。
—*v.i.* **1**〔動(十介十(代)名)〕跟隨〔在…之後〕〔*after*〕：Many boys and girls ～*ed* ***after*** the circus parade. 許多男孩子和女孩子跟在馬戲團遊行隊伍的後面。**2**〔十副〕逐漸變小[少，微弱，稀疏]〈*away, off*〉：The noise ～*ed* ***away***. 噪音逐漸消失/The wind ～*ed* ***off*** in the evening. 風在傍晚時逐漸停息。
táil·bàck *n.* Ⓒ《英》(交通事故等阻礙所造成的)車輛的大排長龍。
táil·bòard *n.* Ⓒ(卡車、裝貨馬車等的)尾板《使用鉸鏈，可打開或取下》。
táil·cóat *n.* Ⓒ燕尾服。
tailed *adj.* [常構成複合字]有…尾的：long*tailed* 長尾的。
táil énd *n.* [用單數；常 **the** ～]末端，尾端，後部；結尾〔*of*〕.
táil fìn *n.* Ⓒ **1** (飛機)尾翅，垂直安定面。**2** 尾鰭(caudal fin).
táil·gàte《美》*n.* ＝tailboard.
—*v.i.* (駕駛時)與前車不保持安全的距離而緊跟在後。
táil·ing *n.* **1** Ⓤ尾隨；跟蹤。**2** [～s]磨粉，採礦，蒸餾等過程中所棄之渣滓《如糠，礦渣等》。**3** Ⓤ《建築》嵌入牆中之磚石等突出部分。
táil·less *adj.* 無尾的。
táil·lìght *n.* Ⓒ(汽車、火車等的紅色)尾燈。
tai·lor [ˈtelɚ; ˈteilə]《源自拉丁文「剪，裁」之義》**—***n.* Ⓒ裁縫師，成衣匠；西服店，西裝《★主要是指接受訂製男裝者，指縫製女裝者通常使用 dressmaker》：The ～ makes the man.《諺》人靠衣裝佛靠金裝。
—*v.t.* **1 a**〔十受〕縫製〈衣服〉。**b**〔十受十受〕爲〈人〉縫製〈衣服〉：He ～*ed* me a tweed suit. 他爲我縫製了一套蘇格蘭粗呢的衣服。**c**〔十受〕縫製〈人〉的衣服：He is well ～*ed*. 他的衣服做得好。**2 a**〔十受十介十(代)名〕使…適合，配合，適應〔…〕；〔爲…〕調整…〔*to, for*〕：He ～*ed* his lecture ***to***[***for***] his audience. 他使自己的演講適合聽衆。**b**〔十受十 *to* do〕使…適合[配合，適應]〈做…〉，調整…〈以…〉：We can ～ our design *to* meet your request. 我們能調整我們的設計以滿足你的要求。
—*v.i.* 縫製衣服；做裁縫，開服裝店。
táilor·bìrd *n.* Ⓒ (產於亞洲及非洲的) 縫葉鶯。
tái·lored *adj.* ＝tailor-made.
tái·lor·ing [-lərɪŋ; -ləriŋ] *n.* Ⓤ **1** 裁縫業。**2** 裁縫法，裁縫技術，縫工。
táilor-máde *adj.* **1** (向男裝店)訂做的，訂製的；(尤指)〈女裝〉像訂做的男裝般地縫製得講究的，訂製男裝式的。**2** 服裝講究的。**3** 配合的，適合的。**4 a** 很合身的。**b** [不用在名詞前]〔十介十(代)名〕正合〔於…〕的，恰好〔…〕的〔*for, to*〕：furniture ～ ***for*** a small room 恰好合於小房間的家具。
táilor-máke *v.t.* 使[調整]…適合情況、個人、目標等。
táil·piece *n.* Ⓒ **1** 尾片；尾部(的附屬物)。**2** 弦樂器下端的繫弦板。**3**《印刷》(書籍等)一章末尾或一頁下方空白處的裝飾圖案(cf. headpiece 3).
táil·pipe [ˈtel͵paɪp; ˈteilpaip] *n.* (又作 **táil pìpe**) Ⓒ **1** 位於尾端之排氣管。**2** 唧筒之吸入管。
táil·ràce *n.* Ⓒ **1** 引水至水車之水溝(millrace)的較低部分。**2** (水車等的)尾水溝，泄水道。
táil·spìn *n.* Ⓒ **1**《航空》(飛機的)尾旋。**2** (經濟的)混亂，不景氣；意氣消沉。
táil wìnd *n.* Ⓒ順風。
taint [tent; teint]《源自古法語「著色」之義》**—***n.* Ⓤ[又作 **a**～] **1** 腐敗；(道德的)墮落：meat free from ～ 沒有腐壞的肉/Moral ～ has spread among young people. 道德的敗壞在年輕人之間蔓延。
2 汚染，沾染；汚點；汚名〔*of, on*〕：the ～ *of* scandal 醜聞的汚名/*a* ～ *on* one's honor 名譽上的一個汚點。
3〔不名譽之事物的〕跡象，痕跡〔*of*〕：There seems to be *a* ～ *of* drunkenness in his family. 他的家族中似乎有酗酒的遺風。
—*v.t.* **1** 沾汚，汚染，感染《★常用被動語態，介系詞用 *by, with*》：Smog has ～*ed* the air. ＝The air has *been* ～*ed* ***by*** [***with***] smog. 煙霧汚染了天空。
2 使…腐壞；(在道德方面)使…腐敗，使…墮落；毒化〈思想等〉，毒害…《★常用被動語態，介系詞用 *by, with*》：Pornography ～*s* the young mind. 黃色書刊毒害年輕人的心靈/His character *is* ～*ed* ***by*** selfishness. 他的性格帶有自私的缺點。
—*v.i.* 腐敗；墮落；感染，沾染。
taint·ed [ˈtentɪd; ˈteintid] *adj.* 染汚的；有汚點的；感染的；腐敗的。
táint·less *adj.* 無汚染的；未腐敗的；純潔的；無病毒的，無害的。
Tai·pei, Tai·peh [ˈtaɪˈpe; ˈtaiˈpei] *n.* 臺北。
Tai·wan [ˈtaɪˈwɑn; ͵taiˈwɑːn] *n.* 臺灣《舊稱 Formosa》.
Tai·wa·nese [͵taɪwɑˈniz; ͵taiwɑːˈniːz] 《Taiwan 的形容詞》
—*adj.* 臺灣(人，話)的。**—***n.* Ⓒ(*pl.* ～)臺灣人；Ⓤ臺灣話。
Taj Ma·hal [ˈtɑdʒməˈhɑl; ͵tɑːdʒməˈhɑːl] *n.* [**the** ～]泰姬瑪哈陵《印度著名的白色大理石宮殿式陵墓》。
‡take [tek; teik] (**took** [tʊk; tuk]; **tak·en** [ˈtekən; ˈteikən]) *v.t.* **A 1** (用手)取，拿。

> 【同義字】take 是表示拿東西的最普通的字；seize 表突然用力強行奪取；grasp 表緊握。

a〔十受(十介十(代)名)〕〔以手、手指、工具等〕拿，取，抓…〔*in, between, with*〕：The child *took* my hand. 那小孩握[抓]住我的手(cf. 1 b)/The boy *took* the ball ***between*** his knees. 這個男孩把球挾在膝蓋之間/⇨ take one's LIFE in one's hands. **b**〔十受十介十名〕抓〈人〉〔的身體[衣服]之某部位〕〔*by*〕《★用法在表身體或衣服部位的名詞前附加 the》：The child *took* me ***by*** *the* hand. 那小孩握[抓]住我的手(cf. 1 a). **c**〔十受十介十(代)名〕將…抱〔在懷中〕〔*to*〕：She *took* her child ***to*** her breast. 她把孩子抱在懷中。
2 捕捉：**a**〔十受〕(用陷阱、誘餌等)捕〈鳥獸〉；逮捕〈罪犯等〉；俘虜…：～ three trout 捕捉三條鱒魚/The thief was *taken* in the act. 小偸在做案時當場被捕。**b**〔十受十補〕捕捉…〈作…〉：～ a person captive 俘虜某人/He was *taken* prisoner. 他被俘虜。**c**〔十受〕佔領，攻取，奪取〈要塞、城市等〉：～ a fort 攻取要塞。
3〔十受〕**a 獲得**，得到〈獎賞等〉；把…拿到手：～ a degree 取得學位/～ a bribe 收賄/His team *took* (the) first prize at the contest. 他的隊伍在競賽中獲得第一名。**b**〔十受(十介十(代)名)〕〔從…〕接受，賺取…〔*from*〕：He ～*s* 600 dollars a week (***from*** his job). 他拿六百美元的週薪/*T*～ that! (一邊揍著對方)收下這個(拳頭)！/I'm not going to ～ any more of your insults [any more insults *from* you]. 我已受夠了你的侮辱[我不想再忍受你的侮辱]！**c**〔十受〕[～ **it**]《口語》接納，採納，承諾，收下，承受，接受：TAKE it or leave it. 要嘛接受要嘛放棄，不容討價還價。
4〔十受〕**a** 買〈物〉：I'll ～ this hat. 我要買這頂帽子。**b** 訂購〈報紙等〉，預訂〈票、座位等〉；(訂合約)租用〈房屋等〉：What paper do you ～？你訂什麼報紙？/We have *taken* a cottage by the sea for the holidays. 我們在海邊租了一間小別墅供度假之用。
5 a〔十受〕**攝取**，吃，喝，服用〈藥、飲料、食物等〉《★用法表示吃藥或服藥時，不論是藥片，藥丸或藥水均用 take，但表示吃食物或喝飲料等時，口語中通常多用 have, eat 或 drink》：～ medicine 服[吃]藥/Not to be *taken* internally. 不可服用《只可注射或塗敷》《★外用藥包裝或容器上的警告文句》/I don't ～ coffee. 我不喝咖啡。**b**〔十受十介十(代)名〕將〈牛奶、糖等〉放入〔…中〕〔*in*〕：～ sugar ***in*** one's coffee 把糖放入咖啡中。**c**〔十受〕吸入〈空氣〉：～ a deep breath 做深呼吸/⇨ take the AIR.
6 a〔十受〕採用，錄取〈人〉；收〈學生〉；收容〈房客〉；娶〈妻〉：～ pupils 收學生/～ lodgers 收容房客/～ a wife 娶妻。**b**〔十受十介十(代)名〕將〈人〉納入〔…中〕，接納…爲〔…的〕新會員〔*to, into*〕：We *took* him ***into*** our plans. 我們吸收他參與我們的計畫。
7〔十受〕**a** 採取〈手段等〉：～ measures [steps] 採取措施[手段]。**b** 使用〈機會等〉，利用…：I'll ～ (advantage of) the next opportunity. 我要利用下次機會/*T*～ your time before answering. 慢慢想再回答《不用急》。**c** 舉…(作例子)：*T*～ Susan for [as an] example. 舉蘇珊作例子吧。
8〔十受〕**a** (選)用…，採用…：I usually ～ size nine shoes. 我平常穿九號鞋子。**b**〈機器〉使用…：This vending machine ～*s* any coin. 這種自動販賣機可以使用任何硬幣。
9〔十受〕**a** 修〈學科、課程等〉；上[受]〈課〉：～ dancing lessons 學跳舞[上舞蹈課]/～ biology 修生物學。**b** 徵求，請教〈專家的意見〉：～ medical [legal] advice 接受醫師的診斷[請教律師]。
10〔十受十介十(代)名〕**a**〔從…〕得…〔*from*〕：This medicine ～*s* its name ***from*** the inventor. 這種藥的名稱取自發明者的名字。**b**〔從…〕引用，借用…〔*from*〕：This line is *taken* ***from*** Shakespeare. 此行引自莎士比亞。

11 a 〔十受〕〈恐怖、疾病、情緒等〉(突然)侵襲〈人〉《★常用被動語態，介系詞用 *with*》：Fear *took* him.＝He *was taken* ***with*** fear. 他忽然感到恐懼/She *was taken with* sickness[illness]. 她生病了(cf. 11 b). **b** 〔十受十補〕使〈人〉〈生病〉《★常用被動語態，不用介系詞》：She *was taken* sick [ill]. 她生病了(cf. 11 a). **c** 〔十受十介十(代)名〕〔在某種狀況下〕襲擊，突襲〈人〉〔*by, at*〕：～ a person ***by*** surprise 突然襲擊某人/～ a person ***at*** a disadvantage 趁其不備襲擊某人。

12 〔十受〕〈人〉患[罹]，引起，感染〈疾病等〉：～ (a) cold 患感冒《★比較 一般多用 catch》.

13 〔十受〕吸引〈耳目、關心〉；使〈人〉喜悅，使〈人〉銷魂；迷住〈人〉《★常用被動語態，介系詞用 *with, by*》：～ a person's eye 吸引某人的注意力/The song *took* my fancy. 這首歌深受我喜愛/I *was* much *taken* ***with***[***by***] her beauty. 我深深地被她的美貌所吸引。

14 〔十受〕**a** 著〈火〉：～ fire 著火。**b** 吸收〈染料、氣味等〉：The milk has *taken* the smell of fish. 這牛奶沾有魚腥味。**c** 收〈磨、擦拭等〉的效果：Marble ～*s* a high polish. 大理石可以磨得極爲光滑。

15 〔十受〕〈魚〉咬上〈餌〉。

16 〔十受〕〈男人〉與〈女人〉性交。

17 〔十受〕《俚》欺騙〈人〉。

18 〔十受〕《文法》字尾加…，(後面)要有…：Ordinary nouns ～ -*s* in the plural. 一般名詞的複數字尾加 -s.

—B 1 (從某處)**拿去，帶去**(⇨ bring【同義字】)：**a** 〔十受十副詞(片語)〕將〈物〉拿去(…)；將〈人、動物〉帶去(…)；〈交通工具、道路〉將〈人〉運往(…)：He *took* sweets *home to* his children. 他帶糖果回家給他孩子們/Please ～ these dishes *away* and wash them. 請你把這些盤子拿去洗一洗/My father often ～s me *to* the zoo. 我父親時常帶我去動物園/Will this road ～ me *to* the station？走這條路能到車站嗎[這條路通到車站嗎]？/He *took* me *over to* the museum in his car. 他用車子載我到博物館/*T～* Mary *out for* lunch. 帶瑪麗出去吃午餐/The bus *took* us *home* again. 那部公共汽車又把我們載回來。**b** 〔十受十介十(代)名〕將〈物〉攜帶[在人的身邊]；帶著〈人〉[與…]同行〔*with*〕：*T～* your umbrella ***with*** you. 帶著雨傘去/Most people ～ guides ***with*** them. 大多數的人都有嚮導與他們同行。**c** 〔十受十受/十受十介十(代)名〕將〈物〉拿去給〈人〉；將〈物〉拿去[給人]〔*to*〕：Bring me a cup of tea and ～ the driver a cup, too.＝Bring a cup of tea to me and ～ a cup ***to*** the driver, too. 請拿一杯茶給我，也拿一杯給司機。**d** 〔十受十介十(代)名〕《美》〔爲…〕將〈人〉帶去〔*for*〕：He *took* her (out) ***for*** a drive. 他帶她(出)去兜風。**e** 〔十受十do*ing*〕將〈人〉帶去〈做…〉，帶〈人〉去〈做…〉：I *took* him swim*ming*. 我帶他去游泳。**f** 〔十受十介十(代)名〕〈努力、工作等〉使〈人〉去〔…〕，使…達到〔…〕〔*to*〕：Business *took* him ***to*** New York. 他因工作而去紐約/Diligence *took* him *to* the top of the class. 他由於勤奮而在班上名列前茅。

2 a 〔十受〕(誤或擅自)**帶走，取去**〈物〉：Someone has *taken* my umbrella. 有人帶走了我的雨傘。**b** 〔十受(十副)十介十(代)名〕〔從…〕除去…；(減算時)〔從…〕減去…〈*away*〉〔*from*〕：He was *taken* ***from*** school and taught at home. 他退學在家接受教育/If you ～ 3 (***away***) *from* 8, you have[it leaves] 5. 八減去三剩下五[八減三等於五]。**c** 〔十受〕《委婉語》奪走〈人〉的性命《★常用被動語態》：He *was taken* very young. 他死時很年輕。**d** 〔十受十介十(代)名〕〔從…〕移開，取下，放開…；〔從…〕帶走，救出，撤離〈人〉〔*off*〕：*T～* your hand *off* the handle. 把你的手從把手上移開[別握住那把手]/He never *took* his eyes *off* his book. 他眼睛一直沒有離開書/The survivors were *taken off* the wrecked ship. 幸存者從失事的船中被救出/⇨ take the EDGE off, take the GILT off the gingerbread. **e** 〔十受十介十(代)名〕〔從價格等〕扣除…，減去…〔*off*〕：～ ten percent ***off*** the price 從定價中減去一成。

3 需要《★不可用被動語態》：**a** 〔(十受)十受〕耗費〈人〉〈時間、勞力、金錢等〉，使〈人〉耗費[花費]〈時間、勞力、金錢等〉：The work *took* him a week. 他花了一個星期完成這項工作/The book *took* me two years *to* write. 這本書我花了兩年才寫好/All it ～*s* is a phone call. 只要打通電話就行了/⇨ have WHAT it takes *pron.* /She *took* a long time *to* prepare breakfast. 她花了很長的時間準備早餐。**b** 〔十受(十 *for*十(代)名)十 *to* do〕[以 it 作主詞]〈做…〉耗費[需要]…《★用法 把這種句型中的 It 解釋作 *to* do 的形式上的主詞並無不可，但也可視之爲非人稱的 it》：*It* only ～*s* ten minutes (*for* me) *to* walk there. (我)步行到那兒只要十分鐘/*It* ～*s* two *to* make a quarrel. ⇨quarrel 1. **c** 〔十受十受十 *to* do〕[以 it 作主詞]〈做…〉耗費〈某人〉…：*It took* me three hours *to* do the job. 這工作花了我三個小時/How long will *it* ～ this letter *to* reach London？這封信寄達倫敦需要多久？**d** 〔十 do*ing*〕[與 some, much, a lot of 等連用]〈人、物、事〉(對於某人而言)頗費…[很難予以…]《★用法 句中的主詞成爲 do*ing* 的意義上的受詞》：That ～*s some* believ*ing*. 那件事很難相信/He *took a lot of* convinc*ing*. 費了一番口舌才說服了他/The work ～*s a lot of* do*ing*. 這工作很費事。

4 〔十受〕越過，跳過，躍過〈障礙等〉：～ a hedge 跨越籬笆。

—C 1 想：**a** 〔十受十介十(代)名〕將…認作[視爲，當作，以爲]〔…〕〔*for*〕：To hear him speak English, one would ～ him ***for*** an Englishman. 聽他講英語，誰都會當他是英國人/What do you ～ me *for*？你把我當作什麼？/He *took* it *for* grant*ed* that he would be welcomed. 他以爲他當然會受到歡迎。**b** 〔十受十 *to be* 補〕將…認爲[視爲，以爲]〈是…〉：I *took* her *to be* intelligent[his wife]. 我以爲她聰明[她是他太太]。**c** 〔十受十 *as* 補〕將…認爲[視爲，以爲]〈成…〉：He *took* my remark *as* an insult. 他把我說的話當作侮辱/He *took* the matter *as* settled. 他認爲那件事已解決/Let us ～ it *as* read. 讓我們把它視爲已(在上次會議的會議記錄等)宣讀通過。**d** 〔十受(十介十(代)名)十 *that*＿〕[～ it]〔由…〕相信[認爲]〈…〉〔*from*〕《★用法 不把 *that* 子句直接連在 take 的後面作受詞，而在that 之前加形式受詞 it》：I ～ *it* (*that*) he has not been invited. 我認爲他未被邀請/I *took it* ***from*** his silence *that* he was guilty. 我由他的沉默推測他有罪。

2 a 〔十受〕[常與 well, ill, seriously 等副詞連用]**將〈言語、行動等〉當作(…)；解釋，了解，領會…**：He didn't ～ the hint (that I wanted to leave). 他沒有領會到(我想離去的)暗示/You must not ～ it ill. 你不可以把這件事當作惡意/Don't ～ it seriously. 不要把它看得(太)認眞。**b** 〔十受十 *as*＿〕〈照實〉了解…：*T～* things *as* they are. 照實了解[不要曲解]事情；接受事物的現狀，安於現狀/You had better ～ the world *as* it is [*as* you find it]. 你還是面對現實爲好，世間就是[如你所發現]這樣《不要期望過高》。**c** 〔十受〕[與 easy 等副詞連用]對…採取(…的)態度：～ it [things] easy 從容不迫，放輕鬆，悠然自得/～ it [things] calmly 沉著處事，保持冷靜。

3 〔十受十介十(代)名(十 *that*＿)〕**a** [**～ it from me**]相信〔…〕《★這是表示說話者確信的成語式說法，又表「確實」「放心」之意》：Just ～ ***it from me*** it is important. 相信我的話，這件事重要/He doesn't tell lies；～ *it from me*. 他不會說謊的，我保證。**b** [**～ my word for it**]相信…《★與義 3 a 同》：*T～ my word* ***for*** *it*, I have nothing to do with the affair. 相信我的話，我與這個事件無關。

4 〔十受〕**a** 聽從，順從〈忠告等〉：*T～* my advice. 聽我的忠告吧。**b** 甘受，忍受〈譴責等〉：I will ～ no nonsense. 我不允許胡鬧/～ hard punishment 忍受嚴厲處罰；《口語》〈機器等〉耐用，非常堅固/I can't ～ any more of it from you. 我無法再忍受你。**c** [～ it]經得起(考驗、磨鍊、譴責、苛刻的使役等)，忍耐，堅持到底。

—D 1 做，行，爲《★用法 與 have 同義，通常當成語用》：〔十受〕**a** [以行爲名詞作受詞]採取〈某種行動〉：～ aim at... 瞄準…/～ counsel 商量/～ one's departure 出發/～ a drive 駕車出遊/～ exercise 做運動/～ an excursion 去遠足/～ one's exit 離去，退場/～ a glance at... 看…一眼/～ a guess 推測/～ a journey 去旅行/～ one's leave 告別，辭去/～ a look at... 看一看…/～ objection to... 反對…/～ a peep at... 瞥一眼…/～ refuge 逃難/～ one's revenge 報仇/～ a ride 搭乘(交通工具)/～ shelter 避難/～ a step 踏出一步；採取措施/～ a survey of... 眺望一下…/～ a tour 去旅行/～ a turn 改變方向/～ a voyage 航海/～ a walk 散步。**b** 享用，享有，得到〈休息、休假〉：～ a holiday [vacation]休假/～ a rest 休息/～ one's ease 休息，寬舒，放輕鬆/～ a pause 歇一下，中止/～ a nap 小睡，睡午覺。**c** 沐〈浴〉；接受〈戶外空氣、陽光〉：～ a bath 洗澡，沐浴/～ a shower 淋浴/～ the sun on the lawn 在草坪上作日光浴。**d** 加以〈注意、照顧等〉；表示〈決心、看法等〉：～ no notice[note] of... 對…不注意[不留意]/～ care 注意，當心/～ care of...照顧，照料…/～ a different[gloomy] view of... 對…持不同的[悲觀的]看法。**e** 感受，產生〈感情等〉：～ courage[heart] 鼓起勇氣，振作精神/～ delight[pleasure] in... 樂於…/～ a fancy to... 愛好…，喜歡上…/～ an interest in... 對…有興趣/～ pride in... 以…自豪/～ pity [compassion] on... 對…表示憐憫[同情]。**f** 立〈誓〉：～ a vow 立誓，發誓/～(an) oath 宣誓，立誓。

2 〔十受〕**a 搭乘〈交通工具〉**：～ a taxi[bus] to the station 坐計程車[公共汽車]到車站/～ a train to York 搭火車到約克/～ a plane to Paris 搭飛機到巴黎。**b** 取〈道〉，走[經由]〈路線等〉：We *took* the shortest way to school. 我們走最近的路去上學/You can only let the matter ～ its own course. 你只好讓事情自然發展。

3 〔十受〕**a 佔〈位子〉，就〈座〉**：～ a seat 就座，入座/～ a chair 就座，入座/⇨ take a BACKSEAT/Is this seat *taken*？這個座位有人坐嗎？/～ the place of a person ＝～ a person's place 代替某人，接替某人。**b** 就〈官職、職位〉：～ the throne[crown] 登基，

即位。

4〔十受〕〈容器、交通工具等〉(能)**收容**…：The car ～*s* five people. 這部汽車可乘坐五個人/This cask ～*s* three liters. 這只桶可裝三公升。

5〔十受〕**a 承擔**〈責任等〉，承辦〈工作等〉；擔任，負責〈班級、學科等〉：～ a job 接下工作/～ charge of...承辦；保管；看管；監督…/Which of the teachers has *taken* your class (for English)？哪一位老師負責你們班(的英語科)？**b** 執行，主持〈任務、職務等〉：The Rev. Thomas Smith will ～ the morning service. 湯瑪斯・史密斯牧師將主持早上的禮拜。

6〔十受〕呈現〈形狀、性質等〉：Water ～*s* the shape of a vessel containing it. 水呈現盛它的容器的形狀。

7 a〔十受〕拍〈照片〉，拍攝〈相片〉：Please ～ a snapshot of me. 請為我拍一張快照/I had my picture *taken.* 我請人給我照相。**b**〔十受(十副)〕記下…〈*down*〉：～ a copy 抄[謄]寫/～ notes 做筆記；做記錄/The police *took* a statement from the witness. 警方從目擊者記下供述/I *took* his broadcast ***down*** in shorthand. 我用速記把他的廣播記下來。**c**〔十受(十介十(代)名)〕將…錄(音、影)〔在…上〕〔*on*〕：I am going to ～ his speech ***on*** tape. 我準備把他的演說錄在帶子上。

8〔十受〕**a** (以診脈等)**檢查，測量**…：The nurse *took* the patient's temperature. 護士量了病人的體溫/He went to the tailor's to have his measurements *taken.* 他去裁縫店讓人量尺寸。**b** 進行，做〈調查〉：～ a census 進行人口[戶口]調查/～ a poll 做民意測驗。

—*v.i.* 1〈火等〉著：The fire *took* quickly. 火迅速地燒著。**2**〔動(十介十(代)名)〕博得〔…〕好評，受〔…〕歡迎〔*with*〕：The play *took* from its first performance [***with*** the public]. 這齣戲從演第一場起就受歡迎[受大衆的歡迎]。**3**〔與 well 等狀態副詞連用〕相照得(…)：She ～*s* well. 她很上鏡頭[她的相照得很好看]。**4** 生根。**5**〈藥、忠告等〉有效，奏效。**6**〔十補〕《口語・方言》患，感染〈病〉：～ ill [sick] 患病。**7**〔十介十(代)名〕減弱〔效果、價值〕，損〔名聲等〕〔*from*〕：Such weaknesses do not ～ ***from*** the value of the book. 這樣的缺點並不減損這本書的價值。

be tàken abáck ⇨aback.

be tàken úp with... 熱中於…，埋頭於…，專心…：He *is* too much *taken up with* building model airplanes. 他做模型飛機做得太入迷了。

nòt táking ány＝not having ANY *pron.*

táke àfter... (1)模仿…；像…：Bob ～*s after* his father. 鮑伯像他父親。(2)追趕…。

tàke apárt《*vt adv*》[～＋受＋apart](1)分解，拆散〈小機器等〉：～ a watch *apart* 拆開錶。(2)《口語》剖析〈他人的作品等〉，將…貶得一文不值；嚴厲地批評…。(3)分析…：Specialists in sports ～ the various games *apart.* 運動專家分析各種競賽。

tàke awáy《*vt adv*》(1)⇨ *v.t.* B 1 a. (2)⇨ *v.t.* B 2 b. —《*vi adv*》(3)減弱〔…的〕效果[價值]〔*from*〕.

tàke báck《*vt adv*》(1)(在使用之前)將…取回；將〈退還之物〉收下：～ *back* one's money 把錢取回。(2)《口語》撤回，撤銷〈以前說過的話等〉：I('ll) ～ *back* all I said about her conduct. 我要撤回一切針對她行為所說過的話。(3)[～＋受＋back]將…帶回〔到過去〕〔*to*〕：This picture ～*s* me *back to* my childhood. 這張照片使我想起童年。

tàke dówn《*vt adv*》(1)⇨ *v.t.* D 7 b. (2)(自高處)取下〈物〉：～ *down* a box *from* a shelf 從物架上取下一個箱子/～ *down* a crane 降下起重機。(3)拆毀〈房屋等〉；拆開[拆卸，拆除]〈槍等〉：～ *down* a wall 拆毀一道牆。(4)[～＋受＋down]使〈人〉丟臉，挫〈人〉的銳氣[傲氣]：～ a person *down* a peg (or two) 挫某人的銳氣。

tàke ín《*vt adv*》(1)**收進**，容納〈物〉：～ the washing *in* 把洗的衣物收進。(2)留宿〈人〉：Can you ～ me *in* for a few days？你能讓我住幾天嗎？/～ *in* lodgers 收留房客。(3)[～＋in＋名]承接〈裁縫等工作〉帶回家做：～ *in* sewing 在家承接裁縫工作。(4)《英》訂〈報刊、雜誌等〉。(5)[～＋in＋名]《美口語》訪，出席，遊覽，參觀…：～ *in* the World's Fair [the sights] 參觀世界博覽會[遊覽名勝]。(6)了解，領悟…：～ *in* a lecture 了解演講的內容。(7)〔＋*wh.*＿/＋*wh.*＋*to* do〕了解〈如何(做)…〉：I *took in how to* solve the problem. 我領會該如何解決那問題。(8)聚精會神地傾聽；目不轉睛地注視…。(9)一眼看出…，注意[覺察]到…：I *took in* the situation at a glance. 我一眼就看出了那情況。(10)縮小〈衣服等〉：I must ～ *in* this dress at the waist. 我必須把這件衣服的腰身改小。(11)[～＋in＋名]包括…：This tour ～*s in* the birthplaces of the poets. 此行觀光旅程包括參觀詩人們的誕生地。(12)欺騙〈人〉《★常用被動語態》：She told the lie so well that I *was* easily *taken in.* 她如此善於說謊，以致我輕易地受騙。(13)將〈謠言等〉信以為眞，把…當眞。

táke it ìnto one's **héad that** [**to** dó]... ⇨head.

táke it or léave it (1)[常用於祈使語氣或 you can 之後](對於對方所開的價格等)無條件地接受[買]或拒絕《無條件接受或拒絕，而不討價還價》：The price is $30. You can ～ *it or leave it.* 價格是三十美元，要嘛就買，不買就拉倒。(2)[常用於 I can 之後](對方所提出的)任何一方均可：Do you like sugar in your coffee？Well, I can ～ *it or leave it.* 你咖啡要放糖嗎？嗯，(放不放)都可以。

tàke it óut of a person《口語》使〈人〉疲憊不堪：That work has really *taken it out of* him. 那工作著實使他疲憊不堪。

táke it upón onesèlf **to** dó...承擔做…，負責…；毅然[大膽]去做…。

tàke óff《*vt adv*》(1)**脫**〈衣服、帽子、鞋子等〉；取下〈眼鏡、指環等〉(↔ put on)：～ *off* one's clothes 脫衣服。(2)拿開，除去〈蓋子等〉。(3)切斷〈手、腳等〉。(4)帶走〈人〉：The girl was *taken off* by the kidnappers. 那女孩被綁匪擄走。(5)勻出，騰出〈時間〉：～ an hour *off* (from work)(從工作中)勻出一小時。(6)使〈火車、公共汽車等〉停駛：Two express trains will be *taken off* next month. 兩班鐵路快車將於下個月停駛。(7)《口語》模仿〈人的癖好等〉：Bill often ～*s off* our teacher. 比爾常常模仿我們老師。(8)減〈體重〉。—《*vi adv*》(9)〈飛機、太空船〉**起飛**；(乘飛機)出發，動身：The plane *took off* on time. 飛機準時起飛/We *took off* at eight o'clock for Paris. 我們於八點出發前往巴黎。(10)《口語》〔向…〕離去，走掉〔*for*〕. (11)〈事情〉順利進行；形勢好轉。(12)〔對…〕熱中，興奮〔*on*〕.

tàke ón《*vt adv*》(1)**承擔**〈工作、責任等〉：～ *on* extra work [heavy responsibilities] 承擔額外的工作[重責]。(2)雇用〈人〉；給…入夥：We are going to ～ *on* some workers. 我們準備雇用一些工人。(3)與〈人〉較量：I'll ～ you *on* at tennis. 我要和你較量較量網球。(4)[～＋on＋名]逐漸有，開始有，含帶〈性質、外觀、意義等〉；呈現〈形勢〉：He *took on* an Irish accent. 他帶[裝]著愛爾蘭口音/The clouds are *taking on* the glow of the evening sun. 雲逐漸地染上了夕陽的紅色光輝。(5)〈交通工具〉搭載〈人〉：The bus *took on* some tourists at the next stop. 公共汽車在下一站搭載了數名觀光客。—《*vi adv*》(6)受大家歡迎，被大家接受，開始風行：His theory has *taken on* among younger scholars. 他的學說風行於年輕學者之間。(7)《罕》興奮，激動，喧嚷：Don't ～ *on* so！別這樣激動！

tàke óut《*vt adv*》(1)**取出，拿出，帶出；拔除**〈蛀牙等〉：I had a bad tooth *taken out.* 我一顆蛀牙被拔掉了。(2)[～＋受＋out]將〈人〉帶出去〔散步、吃飯等〕〔*for, to*〕：He *took* me *out to* dinner [*for* a walk]. 他帶我出去吃晚飯[散步]。(3)將〈飲料、食物〉(在店買而)帶走：I want a hamburger to ～ *out.* 我要買一個漢堡帶走。(4)〔從…〕除去…〔*from*〕：She *took out* the ink stains *from* her blouse. 她清除了短衫上的墨漬。(5)取得，獲得，拿到〈執照等〉：～ *out* a doctorate 取得博士頭銜[學位]/～ *out* a patent on an invention 獲得新發明的專利。(6)破壞…，《澳口語》擊垮〈比賽的對手〉。(7)將〈感情等〉發洩〔到…上〕〔*on*〕：He *took out* his anger *on* his wife. 他把怒氣出到他妻子頭上。

tàke a person **óut of** himsèlf〈事、物〉使某人消愁[忘記煩憂]。

tàke óver《*vt adv*》(1)**接替**〈職務等〉；接管，接辦〈事業等〉：The new Minister *took over* the job on Monday. 新部長於星期一接任。(2)接收…：The building was *taken over* by the army. 這棟房屋被軍隊接收了。(3) ⇨ *v.t.* B 1 a. —《*vi adv*》(4)〔從…〕接管，接辦，接收〔*from*〕.

tàke one's **tíme** ⇨ time.

táke sòme [**a lót of**] **dóing** ⇨ doing.

táke to... (1)熱中於，耽於〈習慣、嗜好等〉；開始(習慣性地)做…：～ *to* drink [drink*ing*] 耽於杯中物，喝酒上癮《★drink 是名詞》/～ *to* literature 迷上文學/He *took to* writ*ing* after he retired from the college. 他從大學退休之後開始從事著述[寫作]/⇨ take to the ROAD. (2)開始喜歡〈人、地方、想法等〉，與…親近：～ kindly *to*... 喜歡…，喜愛…/The children *took to* each other immediately. 孩子們馬上就彼此親近了/I didn't ～ *to* baseball. 我過去並不喜歡棒球。(3)(尋求藏匿處、避難所而)逃到…：The cat *took to* the bushes. 貓逃入了叢林/The passengers *took to* the lifeboat. 乘客們改乘救生艇/⇨ take to FLIGHT[2]/～ *to* one's heels ⇨HEEL[1] 成語。(4)利用…，依靠…：～ *to* violence 訴之於暴力。

tàke úp《*vt adv*》(1)**拿起**，拾起…：He *took up* the receiver and dialed the number. 他拿起聽筒撥號碼。(2)將…帶上去：This elevator will ～ you *up to* the ninth floor. 你乘這電梯可以上到九樓。(3)接納〈人〉搭乘(交通工具)：The train stopped to ～ *up* a number of passengers. 火車停下來載一些乘客。(4)吸收〈水等〉：Sponges ～ *up* water. 海綿吸水。(5)溶解〈固體〉：Water ～*s up* salt. 水溶解鹽。(6)佔用〈時間、地方等〉：You are *taking up* too much room. 你佔太多地方/Most of his time is *taken up with* his job. 他的大部分時間被工作佔去。(7)〈問題等〉耗費〈勞

力等〉。⑻[～＋up＋名]開始，著手，從事〈工作、興趣等〉：～ *up* photography [French] 開始從事攝影[學法語]。⑼[～＋up＋名]採取〈態度、語調等〉：～ *up* a friendly attitude 採取友好的態度。⑽提起，處理〈問題〉。⑾[與…]討論…〔*with*〕. ⑿[～＋up＋名]繼續開始講，接下去講〈中斷的話〉。⒀償清，還清〈債〉；贖回〈典當物〉。⒁[～＋受＋up]願意接受〈人〉〔提議、約會等〕〔*on*〕.

tàke úp with... 與…相好。

—*n.* Ⓒ **1** [常用單數] **a** 捕獲量，獲取量；獲取物〔*of*〕：a great ～ *of* fish 一次大漁獲《捕到的很多魚》。**b** 售得金額，門票收入。**2** [常用單數] (收益、賭資等的) 分紅〔*of*〕.
3 《電影・電視》一次的拍攝(場面)。

on the táke 《美俚》伺收賄之機。

táke·awày *adj.*, *n.* 《英》＝takeout.

táke-hòme pày *n.* Ⓤ(扣除所得稅、保險費等之後的)實得薪津。

táke-ìn *n.* Ⓒ《口語》騙局，詐欺；騙子。

‡tak·en [ˈtekən; ˈteikən] *v.* take 的過去分詞。

táke·ôff *n.* **1** ⓊⒸ《航空》(飛機、太空船等的)起飛 (cf. touchdown 1). **2** Ⓒ《口語》(爲取笑而做的行爲或言談的)模仿；漫畫〔*on, of*〕.

táke·òut 《美》 *adj.* [用在名詞前] (店裡)供客人帶走的〈飲料、食物〉。

—*n.* Ⓒ外賣[外帶]的食物[飲料]。

> 【說明】販賣這種簡便食物的店通常是在車站附近自助式的(self-service)餐廳，有時稱作 delicatessen 或 cafeteria. 如果要買火腿三明治帶出去吃，可對店員說 "ham sandwich to go". 要買什麼帶出去吃，先說要買的東西，後面再加 to go 就可以了。

táke·òver *n.* Ⓒ(管理、控制、經營、所有等權利的)佔據，接收，接管，接辦。

ták·er *n.* Ⓒ **1** 取的人，接受的人。**2** 捕獲者。**3** 訂閱者。**4** 接受打賭[邀請]的人；(車票等的)收票員。

ták·ing *adj.* **1** 《口語》有魅力的：a ～ smile 迷人的微笑/a ～ girl 有魅力的女孩。**2** 《英》傳染性的。

—*n.* **1 a** Ⓤ捕獲。**b** Ⓒ漁獲量。**2** [～s]所得，售得金額。

talc [tælk; tælk] *n.* **1** Ⓤ《礦》滑石《talcum powder 之原料》。**2** (又作 **tálc pòwder**)＝talcum powder.

tál·cum pòwder [ˈtælkəm-; ˈtælkəm-] *n.* Ⓤ撲粉，爽身粉《滑石粉加硼酸粉、香料等而成；在刮臉後或出汗時等使用》。

‡tale [tel; teil] *n.* Ⓒ **1** (眞實、傳說、虛構的)故事《★[比較] tale 感覺上比 story 陳舊》：fairy ～*s* 神仙故事，童話/～*s* of adventure 冒險故事/tell one's ～ 講自己的身世；說自己要說的話/a ～ told by an idiot 痴人說的故事《★出自莎士比亞(Shakespeare)「馬克白」(*Macbeth*)》/His ～ is [has been] told. 他已經完了《運數已盡》/That tells a ～. 此事有內情[原委]/Thereby hangs a ～. 這裡頭有一點來由《★出自莎士比亞(Shakespeare)「如願」(*As You Like It*)》.

2 a (無聊的)廢話；捏造的話，謊話：a ～ of nought 不足取[無聊]的瑣事/⇨ old wives' tale. **b** [常 ～s] (有關他人秘密等的)謠言；中傷：tell [carry] ～*s* 搬弄是非，講壞話，打小報告；散播有關他人的謠言；洩漏秘密/If all ～*s* be true, ... 如果傳言都眞確[不知傳聞是否屬實，不過據說]…《★說傳聞時的開場白》/Dead men tell no ～*s*. 《諺》死人不會洩密。

tále·bèarer *n.* Ⓒ到處說人壞話的人，散播他人隱私的人，搬弄是非的人。

***tal·ent** [ˈtælənt; ˈtælənt] *n.* **1** ⓊⒸ(特殊的)才能，技倆〔*for*〕(⇨ ability 2【同義字】)：a man of ～ 有才幹的人/He early showed a (real) ～ *for* music. 他早年即展露出[嶄露]音樂的(眞正)才能/I have no [not much] ～ *for* acquir*ing* foreign languages. 我沒有[不太有]學習外國語言的才能。

> 【字源】talent 一字在古代地中海一帶的國家是重量或貨幣的單位，而作「才能」解是源自聖經新約中馬太福音第二十五章十四到三十節所記載有關天國的寓言。據此寓言，按才幹之不同分配不等的財貨，領到五個 talent 及兩個 talent 的僕人，把自己所領到的錢增加雙倍，而只領到一個 talent 的僕人却把它埋藏在地下，並未能倍增他所有的錢。

2 a Ⓒ《美》有才藝的人，演藝界人才：Hollywood ～*s* 好萊塢的演藝人才/He is a minor ～ in contemporary writing. 他在當代文壇是個二流作家。**b** Ⓤ[集合稱]有才能的人(們)，人才，演藝人員《★[用法]視爲一整體時當單數用，指個別成員時當複數用》：discover new ～ 發掘[發現]新人才。**3** Ⓒ古希臘、羅馬、希伯來的重量和貨幣的單位《因時、地而異》。

tál·ent·ed *adj.* 有才能的，多才的。

tal·ent·less [ˈtæləntlɪs; ˈtæləntlis] *adj.* 無才幹的；無能的。

tálent scòut *n.* Ⓒ發掘新人才的人，星探。

tálent shòw *n.* Ⓒ才藝表演。

ta·ler [ˈtɑlɚ; ˈtɑːlə] *n.* (*pl.* ～, ～s)＝thaler.

tále·tèller *n.* Ⓒ **1** 講故事者。**2** 搬弄是非者。

tal·is·man [ˈtælɪsmən, ˈtælɪz-; ˈtælizmən, ˈtælis-] *n.* Ⓒ (*pl.* ～s) **1** 護身符，符咒。**2** 具有不可思議之力量的東西。

‡talk [tɔk; tɔːk] *v.i.* **1** 說話《★[比較]與 speak 字義大致相同，talk 用以指與(感情融洽的)幾個人的交談》：**a** 說話，講話，搭話；〈鸚鵡等〉說人的語言，模仿說話：Our child is learning to ～. 我們的孩子正開始學說話/Some birds can ～. 有些鳥會說話/She is always ～*ing*. 她老是在說話/She often ～*s* in her sleep. 她常常說夢話。**b** 〔十介十(代)名〕〔與人〕談話，交談〔*to, with*〕《★[用法]一般用 to；★可用被動語態》：She was ～*ing* **to** [**with**] her neighbor. 她正在跟鄰居談話/I'll ～ *to* you later. [用於電話] 待會兒再跟你講/She sometimes ～*s to* herself. 她有時自言自語。**c** 〔十介十(代)名〕談，聊〔…之事〕〔*about, of, on*〕《★[用法]一般用 about；on 用以指「關於…」之意；★可用被動語態》：What are you ～*ing* **about** [**of**]? 你在說什麼？/⇨ TALK about...!, TALKing of /We ～*ed of* one thing and another. 我們無所不談/His death was ～*ed about* for years afterwards. 他的逝世在其後幾年仍是話題。**d** 〔十介十(代)名〕〔與人〕討論，商談，商量，磋商，商議〔*with*〕：Let me ～ **with** you *about* a problem I have. 我想跟你商量我碰到的一個問題。**e** 〔十副〕商量，商議〈*together*〉：Have you ～*ed* **together** yet? 你們已經商量過了嗎？

2 〔動(十介十(代)名)〕談論〔有關…的〕傳聞，說〔有關…的〕閒話〔*about, of*〕《★[用法]一般用 about；★可用被動語態》：People will ～. 人言可畏，他人會講閒話的/He never ～*s* **about** others behind their backs. 他從不在背後議論他人/You'll be ～*ed about* if you go there too often. 你如果太常去那兒，這會引起別人的閒話/*T～ of* the Devil (, and he is sure to appear). 《諺》「說到曹操，曹操就到。」

3 (受到脅迫等而)供認，招認：The policeman made the suspect ～. 那位警察使嫌犯招認了。

4 〔十介十(代)名〕〔用手勢、信號等〕表示，傳達；〔用無線電〕通訊〔*by, in, with*〕：～ **in** sign language [**by** gesture, **with** one's hands] 用手語[比手畫腳，用手勢]交談。

—*v.t.* 《★罕用被動語態》**1** 〔十受〕談論〈…之事〉：We ～*ed* politics for a long time. 我們談論政治談了很久/～ shop ⇨ shop *n.* 4/⇨ talk BUSINESS.

2 〔十受〕**a** 說，講〈外國語言等〉：He ～*s* French like a Frenchman. 他法語說得像法國人。**b** 以言語表達，說…：～ sense 講有道理的話/～ nonsense 談無聊[無意義]的話，胡說八道。

3 a 〔十受十介十(代)名〕說服〈人〉〔致使…〕〔*into*〕；勸服〈人〉〔放棄某事〕〔*out of*〕：He ～*ed* his father **into** buy*ing* a new car. 他說服父親買新車/They ～*ed* him **out of** go*ing*. 他們勸服他放棄前往。**b** 〔十受十補〕[～ one*self*] 說話而成〈…狀態〉：He ～*ed himself* hoarse. 他講得聲音沙啞/That night they ～*ed themselves* tired. 那個晚上他們談得疲憊不堪。

Tálk abòut...! 《口語》⑴說到…(無可與之比擬)：*T～ about* wit! 說到機智，那眞是天下第一！/*T～ about* snow! 這[那]雪好大！⑵[當誇大的反語用]哪裏…(才不呢)：*T～ about* honesty! 那裏老實(才不老實呢)！

tálk báck 《*vi adv*》〔跟…〕頂嘴，反唇相譏，回嘴〔*to*〕：Don't ～ *back to* your teacher. 不要跟老師頂嘴。

tálk bíg 《口語》誇耀，吹牛：He's always ～*ing big* about his business successes. 他總是在誇耀他生意上的成功。

tálk dówn 《*vt adv*》[～＋受＋down] ⑴《美》駁倒〈對方〉。⑵《航空》無線電導航著陸《給飛行員無線電指示，以引導其駕駛飛機穿過雲霧安全下降著陸》。

tálk dówn to a person 以宛如自己高高在上似的態度對某人說話；適應對方的程度說話《★可用被動語態》：He ～*ed down to* his audience. 他針對聽衆水準把話說得淺顯易懂。

tálking of... 談到…，講到…：*Talking of* weather, how is it in England this time of year? 談到天氣，這個時候英格蘭(的天氣)怎樣？

Tálk of...! ＝TALK about...!

tálk óut 《*vt adv*》⑴徹底地討論〈問題〉。⑵以討論[磋商]解決…。⑶《英》將議案的討論拖延到閉會而使〈議案〉懸而不決。

tálk óver 《*vt adv*》[～＋受＋over] ⑴〔與人〕商議，討論，商量…〔*with*〕：I've got something to ～ *over with* you. 我有事要跟你商量。⑵說服〈人〉改變想法。

tálk òver a person's **héad** 以對方聽不懂的話或方式說，說得使對方聽不懂。

talk round [《*vt adv*》～ róund] [～＋受＋round] ⑴說服〈人〉，說得使〈人〉回心轉意。**—** [《*vi prep*》～ róund...] ⑵拐彎抹角地講…。

tálk úp 《*vi adv*》⑴明確地講，大聲而明白地講；直言不諱。**—** 《*vt adv*》[～＋受＋up] ⑵《美》誇獎，稱讚；宣傳，鼓吹…。

T

—*n.* **1 a** Ⓒ話，談話，會話(⇨ speech【同義字】)：I want to have a long ~ with you. 我想跟你好好談一談/⇨ small talk, table talk/What kind of ~ is that？[！] [對於對方所說的話表示反對]你不能說這種話！**b** Ⓒ[常~s]商談，會談，協商：summit ~*s* 高峯會議/peace ~*s* 和談。**c** Ⓤ(只談而不實行的)無用的討論，空談：There is too much ~ among them. 他們談論得太多/He is all ~. 他只會說空話/That's just ~. 那只是說說而已。
2 Ⓒ(不拘形式的)講演，講話：give a ~ 作非正式的演講。
3 Ⓤ **a** 傳聞，風聲，謠傳：There is ~ *of* his go*ing* abroad. 據說[有風聲說]他即將出國。**b** [**the** ~]〔街頭巷尾[社會]〕所談論的話題，話柄〔*of*〕：He is *the* ~ *of* the town. 他成了街談巷論的話題。
4 ⓊⓊ口氣，語調；說話的樣子：baby ~ 兒語；嬰兒(般)的說法。
5 Ⓤ **a** 像人類說話似的聲音[鳴叫聲]。**b** 隱語，黑話；方言。

talk·a·thon [ˈtɔkəθɑn; ˈtɔ:kəθɔn] *n.* Ⓒ **1** 馬拉松式的演講《議會上議員爲阻止某議案之通過所作之冗長演講》。**2** (在電視，無線電廣播中)對質詢作不限時間的答覆。

talk·a·tive [ˈtɔkətɪv; ˈtɔ:kətiv] *adj.* 喜歡說話的，多嘴的。
~·ly *adv.* **~·ness** *n.*

tálk·er *n.* Ⓒ **1** [常與修飾語連用]談話的人；說話(…)的人；說空話的人：a good ~ 健談的人/a poor ~ 不善於講話的人。**2** 多嘴[饒舌]的人。

talk·fest [ˈtɔk͵fɛst; ˈtɔ:kfest] *n.* Ⓒ **1** 聊天會《作愉快閒聊或討論之非正式集會》。**2** 長期辯論。

talk·ie [ˈtɔkɪ; ˈtɔ:ki] *n.* Ⓒ《古口語》有聲電影。

tálking machìne *n.* Ⓒ留聲機。

tálking pícture *n.* Ⓒ有聲電影。

tálking pòint *n.* Ⓒ支持議論的論點[事實]，論據。

tálking stàge *n.* Ⓒ(計畫等之)討論階段。

tálking-tò *n.* Ⓒ(*pl.* ~s)《口語》責罵：give a person a good ~ 猛刮某人的鬍子，把某人大罵一頓。

tálk shòw *n.* Ⓒ(電視、廣播節目的)訪談節目，脫口秀《節目主持人與上節目者之談話等節目》。

talk·y [ˈtɔkɪ; ˈtɔ:ki] *adj.* (**talk·i·er**；**-i·est**)《美》**1** 多嘴的。**2** 〈戲劇、小說等〉對白很[太]多的。

‡**tall** [tɔl; tɔ:l] *adj.* (~·**er**；~·**est**) **1 a** 〈人〉(比一般)**身材高的，高大的**(↔ short)：a ~ man 身材高的人，高個子的人。**b** 〈樹、房屋等〉(細長而)高的：a ~ tree[building]高樹[樓]。
2 [常與數詞連用]**身高…的**：He is six feet ~[six inches ~*er* than me]. 他身高六呎[比我高六吋]。
3 (無比較級、最高級)《口語》**a** 誇大的，過分的：~ talk 吹牛，大話，誇張之言/tell a ~ story 吹牛，說荒誕不經的故事。**b** (數量)大得離譜的，誇大的，過大的。
—*adv.* (~·**er**；~·**est**)《口語》誇張地，小題大作地，得意洋洋地：talk ~ 說大話/walk ~ 大搖大擺地走。**~·ness** *n.*

táll·bòy *n.* 《英》=highboy.

táll hát *n.* Ⓒ高頂帽，大禮帽。

tall·ish [ˈtɔlɪʃ; ˈtɔ:liʃ] *adj.* 稍高的。

táll órder *n.* Ⓒ很難做到的要求：It's a ~ to fill. 這是很難辦到的事。

tal·low [ˈtælo; ˈtælou] *n.* Ⓤ獸脂《用以製蠟燭》：a ~ candle 獸脂蠟燭/vegetable ~ 木蠟。**—***v.t.* 塗獸脂於…。

tállow chàndler *n.* Ⓒ用牛、羊等之脂製蠟燭者；賣牛油燭者。

tállow-fàced *adj.* 《輕蔑》臉色蒼白的。

tal·low·y [ˈtæləwɪ; ˈtæloui] **《tallow 的形容詞》—***adj.* **1** 獸脂(狀)[(質)]的；油膩的；塗有獸脂的。**2** 蒼白的。

tal·ly [ˈtælɪ; ˈtæli] *n.* Ⓒ **1 a** 帳，計算：pay the ~ 付帳。**b** (競賽的)得分：make[earn]a ~ in a game 在競賽中得分。

> 【說明】在中國和日本，有人在數數目時，每數五個即寫成一個「正」，在英美則寫「卌」記號，稱爲 tally.

2 符木，符節，符契。

> 【說明】古時金錢的借方和貸方關係人在一塊木棒上畫刻痕表示負債或償付款項的金額，之後把它豎起，從中間劈成兩片由雙方各拿一片，作爲日後結帳的憑據。

3 記錄帳[計算]之物，帳簿，記帳單位《指作成正副兩份以供貸方與借方各持一份者》。
4 a 符合之物，成對之物中之一方〔*of*〕。**b** 符合，一致。
5 (木質、金屬、紙等的)標籤，行李牌：the ~ on a box 附在箱子上的標籤。
6 (計算貨品等的)單位數《例如一打、一捆等》：buy goods *by* the ~ 按打[捆]購貨。
7 (計算單位的)一整數《例如，交點貨物時說 18，19，*tally*，或 16，18，*tally*，或 10，15，*tally*，則 tally 即指 20；如說 48，49，*tally*，或 46，48，*tally*，或 40，45，*tally*，則 tally 即指 50；如說 98，99，*tally*，則 tally 即指 100》。
—*v.t.* **1 a** 總結〈計算等〉；記錄。**b** 得〈分〉：Our team *tallied* three runs in that inning. 我隊在那一局中得三分。**2** 使…符合。
—*v.i.* **1 a** 〈兩件物〉一致，符合：The two accounts *tallied.* 雙方的帳目符合了。**b** 〔十介十(代)名〕〔與…〕相符，符合，一致〔*with*〕：His story doesn't ~ ***with*** yours. 他說的話跟你說的不相符。**2** 得分。

tal·ly·ho [͵tælɪˈho; ͵tæliˈhou] *interj.* 打狐狸吼！《獵人看到狐狸時嗾狗追逐的吆喝聲》。
—*n.* Ⓒ(*pl.* ~s) **1** 獵人嗾狗追狐狸的吆喝聲。**2** 用四匹馬曳引的大型馬車。
— [ˈtælɪ͵ho; ͵tæliˈhou] *v.i.* 高叫「打狐狸嗬！」的吆喝聲，發出「嗬」聲。
—*v.t.* 用「嗬」聲驅策〈獵狗〉。

tálly·man [-mən; -mən] *n.* Ⓒ(*pl.* **-men** [-mən; -mən]) **1** 《英》以分期付款方式售貨之商人。**2** 點貨員，計數員；記帳員。

tálly shèet *n.* Ⓒ **1** 記數紙。**2** 《美》投票數記錄紙。

Tal·mud [ˈtælmʌd, -məd; ˈtælmud, -məd, -mʌd] *n.* [**the** ~]猶太法典《猶太民法與宗教法及其註釋》。

tal·on [ˈtælən; ˈtælən] *n.* Ⓒ(尤指肉食鳥類的)爪(⇨ nail【同義字】)。

tam [tæm; tæm] *n.* =tam-o'-shanter.

tam·a·ble [ˈteməbl̩; ˈteiməbl] *adj.* 可馴服的。

ta·ma·le [təˈmɑlɪ; təˈmɑ:li] *n.* Ⓤ墨西哥人食用的一種粽子；角黍《以玉蜀黍粉同肉末攪拌後，加以胡椒，用玉蜀黍外殼包好蒸之》。

talons

tam·a·rack [ˈtæmə͵ræk; ˈtæməræk] *n.* 〖植物〗**1** Ⓒ美洲落葉松《落葉松屬喬木，其木材質堅，不畏水濕，供作鐵道枕木或各種建築及器具等材料》。**2** Ⓤ落葉松木材。

tam·a·rind [ˈtæmə͵rɪnd; ˈtæmərind] *n.* **1** Ⓒ〖植物〗羅晃子《又稱酸果樹，熱帶豆科常綠喬木》。**2** Ⓤ羅晃子的果實《可供作清涼飲料、藥用、調味用》。

tam·a·risk [ˈtæmə͵rɪsk; ˈtæmərisk] *n.* Ⓒ〖植物〗檉柳《檉柳屬灌木或小喬木的統稱》。

tam·bour [ˈtæmbur; ˈtæm͵buə] *n.* Ⓒ **1** (低音)鼓。**2** (圓形)刺繡框，刺繡品。**3** (家具等的)捲門。

tam·bou·rine [͵tæmbəˈrin; ͵tæmbəˈri:n] *n.* Ⓒ〖音樂〗小手鼓；鈴鼓。

***tame** [tem; teim] *adj.* (**tam·er**；**-est**) **1** 〈動物〉**馴服的，養乖了的**(↔ wild)：a ~ animal 馴服了的動物。
2 〈人、性格等〉**溫順的，柔順的，順從的**：(as) ~ as a cat 溫順似貓。
3 a 沒有魄力的，沒志氣的，窩囊的，沒骨氣的：a ~ husband 沒志氣的丈夫。**b** 無精打采的，不生動的；乏味的；單調的：a ~ story 乏味的故事。
4 a 〈植物〉(非野生而是)經由栽培的。**b** 〈土地等〉(不是天然的而是)已被開墾的。
—*v.t.* 〔十受〕**1 馴養〈動物〉，使…馴服**：~ a lion 馴服獅子。

> 【同義字】tame 指訓練凶悍的野生動物，使其能與人居住；domesticate 指馴養動物使其與人居住並對人有用。

2 a 使〈人〉服從，使…馴從；制服，教乖〈動物等〉。**b** 壓制，抑制〈勇氣、熱情等〉；使…沒有精神。**c** 將〈色彩等〉弄柔和。
3 使〈自然、資源等〉可資利用。**~·ly** *adv.* **~·ness** *n.*

tame·a·ble [ˈteməbl̩; ˈteiməbl] *adj.* =tamable.

tame·less [ˈtemlɪs; ˈteimlis] *adj.* **1** 未馴服的。**2** 不可馴服的；性野的；粗暴的。

tám·er *n.* Ⓒ[常構成複合字](野獸等的)馴服師：a lion-*tamer* 馴獅者。

Tam·er·lane [ˈtæmɚ͵len; ˈtæməlein] *n.* 帖木兒《1336？-1405，蒙古戰士，其征服地區自窩瓦河(the Volga)到波斯灣(the Persian Gulf)；曾建立由中亞到西亞的帖木兒汗國》。

Tam·il [ˈtæml̩; ˈtæmil] *n.* (*pl.* ~，~s) **1 a** [**the** ~(s)]坦米爾族《住在南印度和斯里蘭卡的德拉威(Dravidian)族人》。**b** Ⓒ坦米爾人。**2** Ⓤ坦米爾語。**—***adj.* 坦米爾人[語]的。

Tam·ma·ny [ˈtæmənɪ; ˈtæməni] *n.* [**the** ~]坦慕尼協會《以紐約(New York)市坦慕尼會館(Tammany Hall)爲根據地的民主黨政治團體；常用以比喻政治腐敗和濫權》。

tam·my [ˈtæmɪ; ˈtæmi] *n.* =tam-o'-shanter.

tam-o'-shan·ter [ˈtæməˈʃæntɚ; ͵tæməˈʃæntə] *n.* Ⓒ(蘇格蘭人所戴的)寬頂無沿圓型扁帽子《毛線製，其平頂上有一結子》。

> 【字源】此字源自蘇格蘭(Scotland)名詩人柏恩斯(R. Burns)的一首詩"*Tam O' Shanter*". 這首詩的名字也是詩中的主角——一位農夫——的名字。因爲這位農夫常戴這種帽子，後來就用他的名字來稱呼這種帽子了。

tamp [tæmp; tæmp] «tampion 的逆成字»**—***v.t.* **1**〔十受(十副)〕搗固〈土等〉，砸緊〈煙斗中的煙葉等〉；砸牢，塡塞…〈*down*〉. **2**〔十受(十介十(代)名)〕《礦》(裝火藥之後)〔以黏土〕塡塞〈洞口〉〔*with*〕.

tam-o'-shanter

tam·per [ˈtæmpɚ; ˈtæmpə] *v.i.*〔十介十(代)名〕**1**(未經許可擅自)變更，竄改〔原文等〕〔*with*〕《★可用被動語態》：～ ***with*** a document 擅自竄改文件。**2**(擅自)亂弄〔東西〕，擅自拆開〔信件〕〔*with*〕《★可用被動語態》：Don't ～ ***with*** that car. 不要亂碰那部車子/Someone is ～*ing with* my mail. 有人擅自拆了我的郵件。～·**er** *n.*

támper·próof *adj.*〈容器等〉可防止(小孩等)亂弄[開]的。

tam·pi·on [ˈtæmpɪən; ˈtæmpiən] *n.* Ⓒ(槍口、砲口等的)木栓《不射擊時用以防潮防塵》；風琴管上端的塞子。

tam·pon [ˈtæmpɑn; ˈtæmpən] «與 tampion 同字源»**—***n.* Ⓒ **1** 止血塞，止血棉花球。**2** 一種兩端有頭的鼓槌。

tam-tam [ˈtæmtæm; ˈtæmtæm] *n.* Ⓒ銅鑼(gong).

tan [tæn; tæn](**tanned**; **tan·ning**) *v.t.*〔十受〕**1** 硝，鞣〈皮〉。**2 a** 使〈皮膚等〉**曬成褐色**《★常用被動語態，介系詞用 *by, with*》：He *is* deeply *tanned.* 他曬成深褐色。**b**〔～ one*self*〕把皮膚曬成褐色。**3**《口語》鞭笞〈人〉。
—*v.i.* 曬成褐色：She ～*s* easily. 她容易曬黑。
—*n.* **1** Ⓒ皮膚經日曬而成的褐色：get a ～ 把皮膚曬成褐色[曬黑]。**2** Ⓤ黃褐色，茶色。
—*adj.* 黃褐色的，茶色的。

tan, tan. 《略》《數學》tangent.

tan·a·ger [ˈtænədʒɚ; ˈtænədʒə] *n.* Ⓒ《鳥》風琴鳥《中美、南美洲風琴鳥科鳴禽的統稱；雄鳥羽色艷麗》。

tán·bàrk *n.* Ⓤ鞣料樹皮《富含丹寧的樹皮，如鞣皮櫟者，可用於鞣皮》。

tan·dem [ˈtændəm; ˈtændəm] *adv.*〈兩匹馬〉縱排地，〈自行車〉兩個(以上的)座位前後縱排地：drive ～ 將馬一前一後串連地駕駛/ride ～ 兩人(以上)前後縱排地乘坐(自行車)[(協力車)]。
—*adj.* **1**〈兩匹馬〉縱排的；〈自行車〉可前後縱排乘坐的：a ～ bicycle 前後雙座[連座]自行車，協力車。**2** 兩人以上協力的。
—*n.* **1** Ⓒ前後縱駕的兩匹馬；兩匹馬前後縱駕的馬車。**2** Ⓒ(兩人(以上)縱排地乘坐的)前後連座式自行車，協力車。**3** Ⓤ聯絡，協力〔*with*〕：work *in* ～ (*with*...)(與…)協調[合作]。

tandem 2

tang[1] [tæŋ; tæŋ] *n.* Ⓒ **1**〔常用單數〕强烈的味道或氣味〔*of*〕. **2**〔常用單數〕特殊的風味[氣味]；特質，特性；些微(痕跡、跡象)〔*of*〕.
3 柄腳《菜刀、螺絲起子等插入柄中的部分》。

tang[2] [tæŋ; tæŋ] *n.* Ⓒ鏜鏜聲。
—*v.t.* & *v.i.* (使…)發鏜鏜聲。

tang[3] [tæŋ; tæŋ] *n.* Ⓤ《植物》褐藻的總稱《尤指石衣藻》。

Tang [tæŋ; tæŋ]*n.* 唐，唐朝(618-907).

Tan·gan·yi·ka [ˌtæŋgənˈjikə; ˌtæŋgəˈnji:kə] *n.* 坦干伊加《在非洲東部，臨接印度洋的一個共和國；1964 年與尚西巴(Zanzibar)合併，成爲坦尚尼亞(Tanzania)》.

tan·gen·cy [ˈtændʒənsɪ; ˈtændʒənsi] «tangent 的名詞»**—***n.* Ⓤ接觸。

tan·gent [ˈtændʒənt; ˈtændʒənt] «源自拉丁文「接觸」之義»**—***adj.* **1** 接觸的，切線的。
2〔不用在名詞前〕〔十介十(代)名〕〔與…〕接觸的〔*to*〕：a straight line ～ ***to*** a curve 與曲線相切的直線。
—*n.* Ⓒ《數學》**1** 切線；切面。**2** 正切；正切線《略作 tan》.
flý [gò] óff at a tángent 《口語》突然改變方針；突然改換話題。

tan·gen·tial [tænˈdʒɛnʃəl; tænˈdʒenʃl] *adj.* **1 a** 切線的，正切的。**b**〔不用在名詞前〕〔十介十(代)名〕〔與…〕接觸的，成切線的〔*to*〕. **2 a** 越出常態的，越出常軌的。**b**〔不用在名詞前〕〔十介十(代)名〕離開〔本題等〕的；僅涉及而未深入〔…〕的；〔…〕膚淺的〔*to*〕.
～·**ly** [-ʃəlɪ; -ʃəli] *adv.*

tan·ge·rine [ˈtændʒəˌrin, ˌtændʒəˈrin; ˌtændʒəˈri:n] «源自原產地非洲西北端丹吉爾(Tangier [tænˈdʒɪr; tænˈdʒiə]) 名稱»**—***n.* **1** Ⓒ〔當作食物時爲Ⓤ〕橘柑《mandarin orange 的一種，其果實易剝皮且易分開瓣》。**2** Ⓤ深橙色，紅橙色。

tan·gi·bil·i·ty [ˌtændʒəˈbɪlətɪ; ˌtændʒəˈbiləti] «tangible 的名詞»**—***n.* Ⓤ **1** 可觸到，可觸知。**2** 明白，確實。

tan·gi·ble [ˈtændʒəbl; ˈtændʒəbl] «源自拉丁文「接觸」之義»**—***adj.* **1** 可觸到的，可觸知的；實體的；有形的；實質的：～ assets《會計》有形資產。**2** 明白的；確實的，眞實的。
tán·gi·bly [-dʒəblɪ; -dʒəbli] *adv.*

Tan·gier [tænˈdʒɪr; tænˈdʒiə] *n.* 丹吉爾《非洲摩洛哥(morocco)西北部，接近直布羅陀海峽(the Strait of Gibraltar)之一港埠》。

tan·gle [ˈtæŋgl; ˈtæŋgl] *v.t.* **1**〔十受〕使…纏結，使…糾纏《★常用被動語態，成「纏結，糾纏」之意；介系詞用 *with, by*》：His foot became ～*d* in the rope. 他的一隻腳被繩子纏住/The hedges *are* ～*d* ***with*** wild roses. 籬笆上糾纏著野玫瑰。
2〔十受〕使〈事〉生糾紛，使…混亂；使…糾纏，使…纏結。
3〔十受十介十(代)名〕使〈人〉捲入〔爭論、混亂等〕〔*in*〕《★常用被動語態》：He got ～*d* ***in*** the affair.他被捲入那事件。
—*v.i.* **1** 纏結，糾纏。**2** 糾紛，混亂。**3**〔十介十(代)名〕《口語》〔與人〕吵架，爭吵〔*with*〕.
—*n.* Ⓒ **1** (頭髮等的)纏結：a ～ *of* wool 纏結成一團的羊毛。**2** 糾紛：*in* a ～ 纏結著的；混亂的。**3**《口語》吵架，爭吵。

tan·gled [ˈtæŋgld; ˈtæŋgld] *adj.* **1** 纏結的；紊亂的。**2** 複雜的。**3** 迷惘的。

tan·gly [ˈtæŋglɪ; ˈtæŋgli] «tangle 的形容詞»**—***adj.* (**tan·gli·er**; **-gli·est**) **1** 纏結的，糾纏的。**2** 混亂的。

tan·go [ˈtæŋgo; ˈtæŋgou] *n.* (*pl.* ～**s**) **1** Ⓒ探戈舞《南美洲的一種舞蹈》。**2** Ⓤ〔指個體時爲Ⓒ〕探戈舞曲。**—***v.i.* 跳探戈舞。

tan·gram [ˈtæŋgrəm; ˈtæŋgrəm] *n.* Ⓒ七巧板。

tang·y [ˈtæŋɪ; ˈtæŋi] «tang 的形容詞» **—***adj.* (**tang·i·er**; **-i·est**) 味道[氣味]强烈的。

***tank** [tæŋk; tæŋk] *n.* Ⓒ **1** (水、油、氣體等的)槽，水槽，油槽。**2**《軍》戰車，坦克車。

> 【字源】此字的原義爲「水池」「貯水池」。在第一次世界大戰時英國開始使用當時最新武器—戰車—但爲了不讓敵人知道，僞稱是運水的車輛而帶到戰場。因此 tank 就多了一個字義—「戰車」。

tank 2

tank·age [ˈtæŋkɪdʒ; ˈtæŋkidʒ] *n.* Ⓤ **1** (液體、氣體等之)貯於槽中。
2 槽等之租用費。
3 槽之容量。
4 屠宰場煉油槽中之渣滓《做肥料或飼料用》。

tankard 1

tan·kard [ˈtæŋkɚd; ˈtæŋkəd] *n.* Ⓒ **1** 有柄大啤酒杯《有把手和帶鉸鏈的蓋子的金屬或陶器大啤酒杯》。**2** 一大杯之量。

tánk càr *n.* Ⓒ槽車《裝運液體或氣體用的鐵路貨車》。

tanked *adj.*〔不用在名詞前〕〔常 ～ **up**〕《口語》(喝啤酒而)酒醉的。

tank·er [ˈtæŋkɚ; ˈtæŋkə] *n.* Ⓒ油輪，運油船；加油飛機；油罐汽車：by ～ 用油輪[運油船，加油飛機，油罐汽車(等)]《★無冠詞》。

tánk·shìp *n.* Ⓒ油船。

tánk tòp *n.* Ⓒ《服飾》背心裝《一種泳裝式無袖上裝》。

tánk tràiler *n.* Ⓒ裝運石油、瓦斯等用的拖車。

tánk trùck *n.* Ⓒ運水卡車；水車；運油卡車。

tan·na·ble [ˈtænəbl; ˈtænəbl] *adj.* 可硝製的；可鞣的。

tan·nate [ˈtænet; ˈtæneit] *n.* Ⓤ《化學》單寧酸鹽。

tanned [tænd; tænd] *adj.* **1** (革)已製成熟皮的；鞣過的。**2** 被太陽曬成褐色的。**3** 深褐色的。

tank top

tán·ner[1] *n.* Ⓒ製革者，鞣皮者。

tan·ner[2] *n.* Ⓒ《英俚》六便士的錢幣。

tank truck

tan·ner·y [ˋtænərɪ; ˈtænəri] *n.* Ⓒ製革廠，鞣皮廠。

tan·nic [ˋtænɪk; ˈtænik] «tannin 的形容詞»—*adj.*《化學》富丹寧[鞣酸]的：～ acid 鞣酸。

tan·nin [ˋtænɪn; ˈtænin] *n.* Ⓤ《化學》丹寧。

tán·ning *n.* **1** Ⓤ製革(法)，鞣皮(法)。**2** Ⓤ(皮膚)曬成褐色。**3** Ⓒ《俚》鞭笞：give [get] a ～ 鞭笞[被鞭笞]。

tan·sy [ˋtænzɪ; ˈtænzi] *n.* **1** Ⓒ《植物》艾菊。**2** Ⓤ艾菊葉《藥用、烹飪用》。

tan·ta·lize [ˋtæntḷˏaɪz; ˈtæntəlaiz] «源自 Tantalus»—*v.t.* (故意逗惹使迫不及待而)折磨，要給不給地逗惹〈人、動物〉。

tan·ta·li·za·tion [ˏtæntḷaɪˋzeʃən; ˌtæntəlaiˈzeiʃn] *n.*

tán·ta·lìz·ing *adj.* 惹人乾著急的，難熬的，令人迫不及待的：a ～ smell of savory food 芳香可口的食物的誘人味道。

～·ly *adv.*

tan·ta·lum [ˋtæntḷəm; ˈtæntələm] *n.* Ⓤ《化學》鉭《一種稀有金屬元素；可用作白金的代替品；符號 Ta》。

Tan·ta·lus [ˋtæntḷəs; ˈtæntələs] *n.* **1**《希臘神話》坦塔勒斯《宙斯(Zeus)之子；相傳因洩露眾神的秘密被罰浸在深及下顎的地獄水中，當口渴想喝水時，水就退去，伸手去摘低垂在頭上的水果，水果就升高，因而痛苦不堪》。

2 [t～] Ⓒ《英》一種酒瓶架《通常放置三組酒瓶；由外可見酒瓶，但無鑰匙就無法取出》。

tan·ta·mount [ˋtæntəˏmaunt; ˈtæntəmaunt] *adj.* [不用在名詞前]〔十介十(代)名〕〔與…〕相等的，同等的〔*to*〕：The excuse was ～ ***to*** a refusal. 那種託辭形同拒絕。

tan·ta·ra [ˋtæntərə; ˈtæntərə] *n.* Ⓒ喇叭[號角]的聲音。

tan·trum [ˋtæntrəm; ˈtæntrəm] *n.* Ⓒ發脾氣：go [fly, get] into a ～ = throw a ～ 發脾氣，發怒/He is *in* his ～*s.* 他在發脾氣[發怒]。

tán·yàrd *n.* Ⓒ鞣皮廠，製革廠。

Tan·za·nia [ˏtænzəˋnɪə; ˌtænzəˈniə] *n.* 坦尚尼亞《位於非洲中東部的大英國協中的一個共和國；首都三蘭港(Dar es Salaam [ˏdɑrɛssəˋlɑm; ˌdɑ:ressəˈlɑ:m])》。

Tao·ism [ˋtaoˏɪzəm, ˋtau-; ˈtɑ:ouizəm, ˈtau-] «源自中文「道」之義»—*n.* Ⓤ道教《淵源老莊思想》。

Táo·ist [-ɪst; -ist] *n.* Ⓒ道教信徒。—*adj.* 道教的；道教信徒的。

tap**[1] [tæp; tæp] (**tapped**; **tap·ping**) *v.t.* **1** **a**〔十受〕輕敲，輕扣…；輕踏…(⇨pat[1]【同義字】)：He *tapped* his foot *to* the piano. 他和著鋼琴輕輕地踏脚。**b**〔十受十介十名〕拍〈人〉〔身體的某部位〕〔*on*〕《★用法 在表身體某部位的名詞前加 the》：She *tapped* me ***on the shoulder. 她拍拍我的肩膀。**c**〔十受十介十(代)名〕以…輕敲〔…〕〔*on, against*〕；〔以…〕輕敲…〔*with*〕：The gentleman *tapped* his stick ***on*** the pavement. = The gentleman *tapped* the pavement ***with*** his stick. 那位男士用手杖輕敲人行道。

2〔十受(十副)〕敲出〈聲音〉；敲響〈信號〉〈*out*〉：～ (***out***) a rhythm [the beat] 輕敲節拍[打拍子]。

3 **a**〔十受十副〕敲掉[彈落]〈煙斗〉裏的煙灰〈*out*〉. **b**〔十受十介十(代)名〕將〈煙灰等〉敲掉[彈落]〔於…〕：He *tapped* his ash *into* an ashtray. 他把煙灰彈落到煙灰缸裏。

4〔十受〕將〈人〉選爲會員；選，指名〈人〉。

—*v.i.*〔動(十介十(代)名)〕輕打，輕敲，輕叩〔…〕〔*at, on*〕：I heard someone ～ ***at*** [***on***] the door. 我聽到有人敲門的聲音。

—*n.* **1** Ⓒ輕敲，輕叩，輕敲[叩]聲〔*at, on*〕.

2 [～s；常當單數用]《美軍》熄燈號音或鼓音。

3 微量，些微：a ～ of work 一點工作。

tap[2] [tæp; tæp] *n.* Ⓒ **1**《英》(自來水、瓦斯管等的)龍頭(《美》faucet)：turn on [off] a ～ 開[關]水龍頭。

2 (桶等的)栓，塞，活嘴。

3 (分取電流用的)電線接搭處，接頭。

4 搭線偷聽[竊聽]；竊聽器，隱藏式麥克風：put ～*s on* a telephone 裝竊聽器於電話機上，用竊聽器竊聽電話。

on táp (1)〈啤酒桶等〉裝有活嘴而可隨時被取用的。(2)準備妥的，可隨時使用的，在手邊的。

—*v.t.* (**tapped**; **tap·ping**) **1**〔十受〕裝活嘴於〈桶〉；拔去〈桶〉的栓[塞]；從…的活嘴取酒：～ a cask of wine 打開葡萄酒桶的口。

2〔十受〕(在樹幹上畫刻痕)從…樹採取樹液：～ rubber trees 從橡膠樹採取樹液。

3〔十受〕**a** 將〈電線〉接上搭接處。**b** 搭線偷聽〈電話等〉，搭線截取〈電報等〉。

4〔十受〕開發；利用〈土地、資源等〉。

5〔十受十介十(代)名〕向〈人〉求討[索求]〔某物〕〔*for*〕：He tried to ～ me *for* a tip. 他試圖向我索小費。

táp dànce *n.* Ⓒ踢躂舞。

táp-dànce *v.i.* 跳踢躂舞。

táp dàncer *n.* Ⓒ踢躂舞舞蹈家；跳踢躂舞者。

‡**tape** [tep; teip] *n.* **1** Ⓤ(包裝用的)帶，扁平帶，線帶：⇨ red tape.

2 Ⓤ[指個體時爲Ⓒ](用以絕緣電的)膠帶；(黏貼用的)膠帶，賽璐玢紙帶；錄音[影]用磁帶；已錄音[影]過的磁帶；電傳打字機或電子計算機的打孔帶。

3 ⓊⒸ磁帶錄音[影]：record [put] a speech *on* ～ 把演說錄下音來。

4 Ⓒ《運動》繫在跑道終點的線[細繩]：breast the ～ 賽跑得第一名，衝線《以胸部衝斷繫在終點的線》。

5 (又作 **tápe mèasure**) Ⓒ(布、塑膠、金屬製的)捲尺。

—*v.t.* **1**〔十受(十副)〕**a** 用扁平帶[線帶]縛起…〈*up*〉. **b**《美》貼膠布於…〈*up*〉(《英》strap). **2**〔十受〕將…錄音[影]。

hàve a person táped《俚》看透，摸清楚〈人〉。

tápe dèck *n.* Ⓒ錄音座《沒有裝增幅器和喇叭的錄放音機》。

tápe·lìne *n.* Ⓒ = tape measure.

tápe machìne *n.* Ⓒ錄音機(tape recorder).

tápe mèasure *n.* Ⓒ捲尺，皮尺。

ta·per [ˋtepɚ; ˈteipə] *n.* Ⓒ **1** 小蠟燭，細蠟燭。**2** (用以點火的)燭心。**3** 逐漸尖細，變尖；減少，減弱。

—*v.i.*〔動(十副)〕逐漸尖細；逐漸減少[弱]〈*off*〉：The flagpole ～*ed* ***off*** ***to*** a point. 那支旗竿逐漸變細成尖頭。

—*v.t.*〔十受(十副)〕使…逐漸變細[小]〈*off*〉.

tápe-recòrd *v.t.* 將…錄在磁帶上。

tápe recòrder *n.* Ⓒ錄音機。

tápe recòrding *n.* ⓊⒸ磁帶錄音[影]；錄在磁帶上的音樂、演說等的錄音[影]。

táp·es·tried *adj.* **1** 掛著[飾以]掛氈[繡帷，綴錦畫]的。**2** 繡[織]在掛氈[繡帷，綴錦畫]的。

tap·es·try [ˋtæpɪstrɪ; ˈtæpistri] *n.* Ⓤ[指個體時爲Ⓒ]綴錦畫，掛氈，繡帷。

tápe·wòrm *n.* Ⓒ《動物》絛蟲。

tap·i·o·ca [ˏtæpɪˋokə; ˌtæpiˈoukə] *n.* Ⓤ木薯粉《由木薯(cassava)根製成的澱粉；主要用於作布丁和湯中的勾芡》。

ta·pir [ˋtepɚ; ˈteipə] *n.* Ⓒ《動物》貘。

tap·is [tæˋpi, ˋtæpi; ˈtæpi:] *n.* (*pl.* **tap·is**) Ⓒ毯；綴錦《用做桌布或窗帷等》。

tapirs

tap·pet [ˋtæpɪt; ˈtæpit] *n.* Ⓒ《機械》挺桿，凸子。

táp·ròom *n.* Ⓒ《英》酒吧。

táp·ròot *n.* Ⓒ《植物》直根，主根。

tap·ster [ˋtæpstɚ; ˈtæpstə] *n.* 《古》(酒吧間之)酒保。

táp-tàp *n.* Ⓒ咚咚《敲門等的聲音》。

táp·wàter *n.* Ⓤ自來水(cf. rainwater).

tar[1] [tɑr; tɑ:] *n.* Ⓤ焦油，黑油《將煤炭、木材乾餾而得的一種黑色油狀液體》。

—*v.t.* (**tarred**; **tar·ring**) 將…塗以焦油。

be tárred with the sáme brúsh 有同樣的缺點，患著同樣的毛病，同屬一丘之貉。

【字源】從前還沒有藥品的時候，要治療綿羊傷口都用刷子塗以焦油。因此同樣被刷以焦油，即「有同樣的傷」的意思，而再轉義就成爲「有同樣的缺點」等之意。

tár and féather 將〈某人〉滿身塗以焦油後裹上羽毛《一種私刑》。

tar[2] [tɑr; tɑ:] «tarpaulin 之略»—*n.* Ⓒ水手，船員。

tar·a·did·dle [ˋtærəˏdɪdḷ; ˈtærədidl] *n.* ⓊⒸ《口語》謊話。

tar·an·tel·la [ˏtærənˋtɛlə; ˌtærənˈtelə], **tar·an·telle** [-ˋtɛl; -ˈtel] *n.* Ⓒ **1** 塔朗特舞《一種源於義大利南部拿波里的極快八分之六拍雙人舞》。**2** 塔朗特舞曲。

ta·ran·tu·la [təˋræntʃələ; təˈræntjulə] *n.* Ⓒ (*pl.* ～s, **-lae** [-li; -li:]) 大蘭多毒蛛《義大利東南部大蘭多(Taranto [təˋrænto; təˈræntou])所產的一種毒蜘蛛》。

tar·boosh [tɑrˋbuʃ; tɑ:ˈbu:ʃ] *n.* Ⓒ土耳其帽《回教男子所戴的無沿有縫紅色碗形帽子》。

tár·brùsh *n.* Ⓒ焦油刷。

a tóuch [líck, dásh] of the tárbrush《輕蔑》(血液中)混有黑人血統。

tar·dy [ˈtɑrdɪ; ˈtɑːdi] «源自拉丁文「慢」之義»—*adj.* (**tar·di·er**; **-di·est**) **1 a** (行動)慢吞吞的，遲遲的，遲延的：～ reform [amendment] 爲時已晚的改革[改正]/a ～ reader 識字能力(較一般)遲緩的人《智力發育遲緩的人》。**b** [不用在名詞前] [十介十(代)名] [在…方面]遲緩的 [*in*]：He was ～ ***in*** his response [*in* pay*ing* the money]. 他遲遲不作答[付那錢]。

2 《美》**a** 遲到的(late)：a ～ student 遲到的學生。**b** [不用在名詞前] [十介十(代)名] [對上學、開會等]遲到的 [*for, at, in, to*]：He was ～ ***at*** school [***for*** supper]. 他上學[晚餐]遲到。

—*n.* Ⓒ(上學等的)遲到。

tár·di·ly [ˈtɑrdlɪ; ˈtɑːdili] *adv.* **-di·ness** *n.*

tare[1] [tɛr, tær; tɛə] *n.* **1** Ⓒ《植物》野豌豆。**2** [～s] **a** 《聖經》稗子。**b** 不良成分；不受歡迎之物。

tare[2] [tɛr, tær; tɛə] *n.* [用單數] **1 a** (量東西時裝物品的)袋[箱, 皮等]的重量，皮重。**b** (不載貨物或乘客時的)空車重量。**2** 《化學》(計重時的)容器的重量。

targe [tɑrdʒ; tɑːdʒ] *n.* Ⓒ《古》盾；小圓盾。

*__tar·get__ [ˈtɑrgɪt; ˈtɑːgit] *n.* Ⓒ **1** (射擊等的)靶，目標，標的。**2** [批評等的]目標，對象；[嘲笑的]笑柄 [*of, for*]：a ～ *for* [*of*] criticism 受批評的目標。**3** (募捐、生產等的)目標額，指標。**4** 《美》《鐵路》圓板信號機。**5** 小圓盾。**6** 《測量》標桿，標板。

—*v.t.* 將…定作目標。

tárget dàte *n.* Ⓒ(計畫等的)預定完成日期[期限]：set a ～ for... 定下…的預定完成日期。

tárget lànguage *n.* Ⓒ目標語言《從他種語言翻譯而成或作爲學習對象之語言》。

tárget pràctice *n.* Ⓤ打靶練習。

tárget shìp *n.* Ⓒ靶船《作靶用的廢船》。

tar·iff [ˈtærɪf; ˈtærif] «源自阿拉伯語「通知」之義»—*n.* Ⓒ **1 a** 關稅。**b** 關稅表，稅率表；關稅率。**2** (鐵路、電信等的)運費[收費]表；(旅館、餐廳等的)價目表。

táriff wàll *n.* Ⓒ關稅壁壘《阻止外貨輸入之高關稅政策》。

tar·la·tan [ˈtɑrlətn; ˈtɑːlətn] *n.* Ⓤ塔勒丹薄紗《一種不易縐的薄紗》。

tar·mac [ˈtɑrmæk; ˈtɑːmæk] «tarmacadam 之略»—*n.* **1** Ⓤ《英》柏油碎石鋪料《混合柏油和碎石而成的鋪路材料》。**2** Ⓒ[常用單數]柏油碎石地面《以柏油碎石鋪成的道路、停車場、停機坪或跑道》。

—*adj.* 以柏油碎石鋪成的。

—*v.t.* 以柏油碎石鋪…。

tar·mac·ad·am [ˌtɑrməˈkædəm; ˌtɑːməˈkædəm] *n.*, *adj.*, *v.* = tarmac.

tarn [tɑrn; tɑːn] *n.* Ⓒ[常 T～；用作地名的一部分] (山中的)小湖，小潭，池塘。

tar·nish [ˈtɑrnɪʃ; ˈtɑːniʃ] *v.t.* **1** 使…失光澤，使…變色：Salt ～*es* silver. 鹽可使銀失去光澤。**2** 玷污，敗壞〈名譽等〉：His reputation has been ～*ed* by their slanders. 他的名譽因他們的中傷而受玷污。

—*v.i.* 失光澤，變色：This metal ～*es* easily. 這種金屬易變色。

—*n.* Ⓤ[又作 **a** ～] **1** 失去光澤；玷污，變色。**2** 污點，瑕疵。

ta·ro [ˈtɑro; ˈtɑːrou] *n.* (*pl.* ～**s**) Ⓒ[當作食物時爲Ⓤ]《植物》芋《芋屬草本植物，其地下塊莖供食用，盛產於東南亞及太平洋各島》。

tar·ot [ˈtæro; ˈtærou] «源自法語»—*n.* Ⓒ(*pl.* ～**s** [～z; ～z])一種二十二張一組的占卜用有圖案紙牌。

tarp [tɑrp; tɑːp] *n.* 《美口語》=tarpaulin.

tar·pau·lin [tɑrˈpɔlɪn; tɑːˈpɔːlin] *n.* **1** Ⓤ[指個體時爲Ⓒ] (塗有焦油的)防水(帆)布，防雨布。**2** Ⓒ(水手等用的)防水帽[上衣]；《罕》水手，船員。

tar·pon [ˈtɑrpɑn; ˈtɑːpɔn] *n.* Ⓒ (*pl.* ～**s**, ～)大海鰱《盛產於墨西哥灣及西印度羣島的海鰱科大魚》。

tarpon

tar·ra·did·dle [ˈtærəˌdɪdl; ˈtærədidl] *n.* = taradiddle.

tar·ra·gon [ˈtærəˌgɑn; ˈtærəgən] *n.* Ⓤ **1** 《植物》龍蒿《原產於西伯利亞，現在歐美栽培的菊科芳香草本植物》。**2** [集合稱]龍蒿葉《鮮綠色，味似茴香；用於調味》。

tar·ry[1] [ˈtɑrɪ; ˈtɑːri] «tar[1] 的形容詞»—*adj.* (**tar·ri·er**; **-ri·est**) **1** 焦油的，焦油質的。**2** 塗有焦油的；被焦油沾污的。

tar·ry[2] [ˈtærɪ; ˈtæri] «源自中古英語「遲延」之義»—*v.i.* 《文語》**1** 遷延，遲延，耽擱(delay)：Why did he ～ so long on his way to school? 他爲什麼在上學途中耽擱了那麼久？

2 [動(十介十(代)名)] 滯留，停留[於…] [*at, in*]：They *tarried* ***at*** the hotel for a week. 他們在那家旅館逗留一個星期/I saw no reason to ～ ***in*** that town. 我看不出要滯留在那城鎮的理由。

tar·sal [ˈtɑrsl; ˈtɑːsl] *adj.* 踝的；跗骨的；跗蹠骨的。

—*n.* Ⓒ跗骨，跗蹠骨；瞼板。

tar·sus [ˈtɑrsəs; ˈtɑːsəs] *n.* Ⓒ(*pl.* **tar·si** [-saɪ; -sai])《解剖・動物》踝，跗骨，跗蹠骨；瞼板，眼瞼軟骨；昆蟲的蹠節。

tart[1] [tɑrt; tɑːt] *adj.* **1** 〈食物等〉酸的。**2** 〈言詞、態度等〉尖刻的；鋒利的，嚴厲的。～**·ly** *adv.* ～**·ness** *n.*

tart[2] [tɑrt; tɑːt] «源自法語、拉丁文「圓麪包」之義»—*n.* **1** Ⓒ[當作點心名稱時爲Ⓤ]加有果實的糕點《《美》加果實在上面的小型水果派；而在英國指有果餡的餡餅》：an apple ～ 蘋果小派[餡餅]。

2 Ⓒ《俚》行爲不檢的女人；娼妓。

—*v.t.* [十受十副]《英俚》**1** 庸俗地裝飾〈人、物〉〈*up*〉.

2 [～ one*self*]俗麗地打扮〈*up*〉.

tar·tan[1] [ˈtɑrtn; ˈtɑːtn] *n.* **1** Ⓤ蘇格蘭人所穿用的格子呢《格子顏色花樣依氏族而異》。**2** Ⓒ格子花樣(的衣服)。

—*adj.* 格子花呢的。

tar·tan[2] [ˈtɑrtn; ˈtɑːtn] *n.* Ⓒ地中海的一種單桅船。

tar·tar [ˈtɑrtə; ˈtɑːtə] *n.* Ⓤ **1** 酒石《釀造葡萄酒時酒桶底的沈澱物質；爲酒石酸的原料》：cream of ～ 酒石英。**2** 牙垢(scale).

Tar·tar [ˈtɑrtɚ; ˈtɑːtə] *n.* **1 a** [the ～s]韃靼人《從前在亞洲東北部遊牧的通古斯族(Tungus)；爲蒙古人的一個種族》。**b** Ⓒ韃靼族人，韃靼人。

2 Ⓤ韃靼語。

3 [常 t～] Ⓒ難對付的[慓悍的]人《通常指女人》：a young ～ 無法管教的孩子。

cátch a Tártar 遭遇頑敵，遇到棘手之事。

—*adj.* 韃靼人(風格)的。

tár·tare sàuce [ˈtɑrtɚ-; ˈtɑːtə-] *n.* =tartar sauce.

tar·tar·ic [tɑrˈtærɪk; tɑːˈtærik] «tartar 的形容詞» —*adj.* 《化學》酒石的：～ acid 酒石酸。

tártar sàuce *n.* Ⓤ荅荅醬《美乃滋加上酸泡菜、洋蔥、荷蘭芹等之碎片調製而成的一種醬；常用以沾海鮮》。

Tar·ta·rus [ˈtɑrtərəs; ˈtɑːtərəs] *n.* **1** 《希臘神話》地獄下暗無天日的無底深淵。**2** Ⓒ地獄。

Tar·ta·ry [ˈtɑrtərɪ; ˈtɑːtəri] *n.* 韃靼地方《包括東歐及亞洲之一廣大地區，中古時期韃靼人曾入侵並定居於此》。

tart·let [ˈtɑrtlɪt; ˈtɑːtlit] *n.* Ⓒ《英》水果小餡餅(cf. tart[2] *n.* 1).

tar·trate [ˈtɑrtret; ˈtɑːtreit] *n.* Ⓤ《化學》酒石酸鹽。

Tar·zan [ˈtɑrzən, -zæn; ˈtɑːzæn, -zn] *n.* **1** (人猿)泰山《美國作家柏洛茲(E.R. Burroughs [ˈbɝoz; ˈbʌrouz])所作一系列冒險故事中的主角；該故事描述一個在非洲叢林間與野獸爲伍的白人之種種冒險故事》。**2** [常 t～] Ⓒ體格健壯，身手敏捷的男人。

Tash·kent [tɑʃˈkɛnt, tæʃ-; tæʃˈkent] *n.* 塔什干《蘇聯烏茲別克(Uzbek)共和國的首都》。

*__task__ [tæsk; tɑːsk] *n.* Ⓒ(艱苦的)工作；(派定的)任務，課題，苦差事，課業，作業：at one's ～ 在做著工作/set a person a ～ [to a ～] 指派某人一項工作/take a ～ upon one*self* 承受工作/He performed the tedious ～ *of* collat*ing* texts. 他做了冗長而乏味的校勘原文工作。

tàke a person **to tásk** [爲…之事]責備，責難〈某人〉 [*for, about*]：He *took* me *to* ～ *for* be*ing* late. 他責備我遲到。

—*v.t.* [十受] **1** 指派[分派]給〈人〉工作。**2** 使…辛勞，使…煩累；虐待…：～ a person's brain. 使某人傷腦筋/He ～*ed* his energies all the time. 他始終全力以赴。

tásk fòrce *n.* Ⓒ[集合稱] **1** 《美軍》臨時(編組)派遣以執行一項特殊任務的機動部隊或艦隊；特遣(艦)隊(★用法 視爲一整體時當單數用，指個別成員時當複數用)。

2 《英》特遣搜索隊(★用法 與義 1 同)。

3 (由專家組成的)特別小組，專案小組(★用法 與義 1 同)。

tásk·màster *n.* Ⓒ **1** 分派工作的人，監工，工頭。**2** 嚴厲的主人[師父，教師]：a hard ～ 嚴厲的教師。

tásk·mìstress *n.* Ⓒ女性的 taskmaster.

tásk·wòrk *n.* Ⓤ **1** 被指定爲一種任務的工作；派定之工作。**2** 無趣味之工作。**3** 計件工作。

Tas·ma·ni·a [tæzˈmenɪə, -njə; tæzˈmeinjə] *n.* 塔斯梅尼亞《位於澳洲東南的一個島；爲澳大利亞聯邦最小的一州，首府荷巴特(Hobart [ˈhobɚt, -bɑrt; ˈhoubɑːt])；略作Tasm.》.

Tas·ma·ni·an [tæzˈmenɪən, -njən; tæzˈmeinjən] «Tasmania 的形容詞»—*adj.* 塔斯梅尼亞的。

—*n.* Ⓒ塔斯梅尼亞人。

Tasmánian dévil *n.* Ⓒ《動物》袋獾《產於塔斯梅尼亞的袋獾屬肉食動物，夜襲羊羣或其他動物》。

Tasmánian wólf *n.* Ⓒ《動物》袋狼《產於塔斯梅尼亞的袋狼屬肉食動物；捕食羊及鴨嘴獸等》。

Tass [tæs; tæs] *n.* 塔斯社《蘇聯的官方通訊社》。

tas·sel [ˈtæsl; ˈtæsl] *n.* Ⓒ縫，纓，流蘇。

tás·seled, 《英》 **tás·selled**
adj. 帶穗的，附上飾穗的。

tast·a·ble [ˈtestəbl; ˈteistəbl] *adj.* 可嘗的；滋味好的，可口的。

Tasmanian devil

‡**taste** [test; teist] 《源自拉丁文「觸」之義》 —*n.* **1** [the ~, one's ~]味覺：It is bitter [sweet, sour] to *the* ~. 那嘗起來是苦[甜，酸]的/A cold dulls one's ~. 感冒使人吃東西沒有味道[感冒時食不知味]。
2 ⓊⒸ味，味道(⇨ flavor【同義字】)：There was a ~ *of* almond in the cake. 那蛋糕有一點杏仁味道/This food has very little [has an unpleasant] ~. 這食物沒什麼[有一股令人不愉快的]味道。
3 [a ~] **a** (被試吃之食物等的)少量，一口，一點點〔*of*〕：I'll have just *a* (small) ~ *of* cheese. 我只要吃一點點乾酪。**b** 氣息，跡象，樣子〔*of*〕：The chilly wind had *a* ~ *of* rain in it. 那寒風裏帶著雨的氣息。**c** (失敗等的)滋味，體驗〔*of*〕：He gave me *a* ~ *of* his acid wit. 他讓我嘗到了他敏銳尖刻之機智的滋味。
4 ⓊⒸ(個人的)愛好，興趣，嗜好，口味〔*for, in*〕：a matter of ~ 興趣[嗜好]的問題，各人的口味/This book is not *to* my ~. 這本書不合我的口味[我不喜歡這本書]/Add milk and sugar *to* ~. 隨你的口味加牛奶和糖/He has a ~ *for* the theater. 他愛好戲劇/*Tastes* differ. 《諺》人各有所好[口味人各不同]。
5 Ⓤ(裝飾、服裝等的)風格；韻味；品味：in good [bad, poor] ~ 風雅[鄙俗]的。
6 Ⓤ(文藝、美術等的)欣賞力，審美力，鑑賞力；雅興，風流：a man of ~ (對文藝等)有欣賞能力的人，風雅[風流]之士/He has good ~ in music. 他具有高度的音樂鑑賞能力[在音樂方面有良好的素養]。
léave a bád [násty] táste in the [a person's] **móuth** 留下令人討厭的味道；留下壞的印象，引起嫌惡的感覺。
—*v.t.* 〔十受〕**1 a** 嘗〈飲料、食物〉；試吃，品嘗〈食品〉。**b** 吃出…的味道，嘗出…(《★無進行式》)：I ~*d* garlic in the meat dish. 我吃出那盤肉裏有大蒜味道。
2 吃[喝](一口)〈飲料、食物〉《★無進行式》：Mother ~*d* the lamb stew and made a face. 母親嘗了一口燉羊肉，皺了皺眉頭。
3 嘗到，體會，體驗，領略…：~ the joy of freedom [the bitterness of defeat] 領略自由之樂[敗北之苦]。
—*v.i.* **1** 嘗味，辨味：I have a cold；I cannot ~. 我患了感冒，食不知味。
2 a 〔十補〕〈食物〉有〈…的〉味道：This cake ~*s* nice. 這餅味道很好。**b** 〔十介十(代)名〕〈食物〉有〔(像)…的〕味道〔*of, like*〕：This dish ~*s* too much ***of*** onion. 這道菜洋蔥味太濃/This ~*s* ***like*** caviar. 這個東西味道像魚子醬。
3 〔十介十(代)名〕《文語》體驗〔…〕〔*of*〕：He shall not ~ ***of*** death [danger]. 他不會嘗到死亡的滋味[遭到危難]。

táste bùd *n.* Ⓒ《解剖》味蕾《舌上皮的乳頭狀味覺器官》。

taste·ful [ˈtestfəl; ˈteistful] *adj.* **1** 有審美眼光的，有鑑賞力的。
2 雅致大方的，風雅的，講究的，精緻的。
3 美觀的，美味的。
~·ly [-fəlɪ; -fuli] *adv.* **~·ness** *n.*

táste·less *adj.* **1** 沒有味道的，不好吃的。
2 沒有趣味的，乏味的。
3 a 不懂風雅的；無鑑賞力的。**b** [不用在名詞前]〔十 *of*十(代)名(十 *to* do)〕〔人〕〈做…〉眞是不懂風雅的：It was ~ ***of*** you ***to*** say that. 你說那種話眞是庸俗。
~·ly *adv.* **~·ness** *n.*

tást·er *n.* Ⓒ **1 a** 品嘗味道的人；受僱以品嘗鑑定飲料、食物品質的人。**b** (昔時)爲主人嘗試食物是否有毒的人。
2 a 用以盛品嘗、作樣品或試驗之物的容器。**b** 用以品嘗的少量飲料、食物。

tast·y [ˈtestɪ; ˈteisti] 《taste 的形容詞》 —*adj.* (**tast·i·er**；**-i·est**) 《口語》**1** 美味的，風味佳的，好吃的：a ~ beef stew 美味的燉牛肉。**2** 高雅的。**3** 〈花邊新聞〉有趣的。
tást·i·ly [-tlɪ; -tili] *adv.*

tat[1] [tæt; tæt] (**tat·ted**；**tat·ting**) *v.t.* 梭織，用梭織法編織。
—*v.i.* 做梭織(tatting)。

tat[2] [tæt; tæt] *n.* Ⓒ輕打《★用於下列成語》：⇨ TIT[2] for tat.

ta-ta [ˈtɑˌtɑ; ˌtæˈtɑ:, ˈtɑ:tɑ:] *interj.* 《兒語・英》再見(good-bye)。

Ta·tar [ˈtɑtɚ; ˈtɑ:tə] *n.* **1** Ⓒ韃靼人。**2** Ⓤ韃靼語。
—*adj.* 韃靼人[語]的。

Ta·ta·ry [ˈtɑtərɪ; ˈtɑ:təri] *n.* ＝Tartary.

ta·tas [ˈtætɑz; ˈtætɑ:z] *n.* 《英》《用於下列片語》**go tatas** 《兒語》散步(cf. baby talk【說明】)。

Táte Gállery [ˈtet-; ˈteit-] *n.* [the ~] (倫敦的)泰特美術館《正式名稱爲 the National Gallery of British Art；1897 年設立》。

ta·ter [ˈtetɚ; ˈteitə] *n.* Ⓒ《方言》洋芋，馬鈴薯。

tat·ter·de·ma·lion [ˌtætɚdɪˈmeljən, ˌtætədəˈmeiljən] *n.* Ⓒ《罕》衣衫襤褸的人。

tat·tered [ˈtætɚd; ˈtætəd] *adj.* **1** 〈衣服等〉破爛的。**2** 〈人〉衣衫襤褸的。

tat·ters [ˈtætɚz; ˈtætəz] *n. pl.* (布、紙等的)碎片，破布，襤褸；破爛的衣服：in (rags and) ~ 破爛；衣衫襤褸/tear...to ~ 把…扯碎，撕成稀爛；徹底地駁倒，痛駁〈議論等〉。

tat·ting [ˈtætɪŋ; ˈtætiŋ] *n.* Ⓤ **1** 梭織，梭織法《花邊式的編織工藝》。**2** 以梭織法編織的花邊。

tat·tle [ˈtætl; ˈtætl] *v.i.* 〔動(十介十(代)名)〕**1** 空談，閒談，閒聊〔…〕〔*about, over*〕：The women ~*d* ***about*** the latest fashions [***over*** the day's news]. 那些女人閒談著最新的流行款式[當天的新聞]。**2** 講〔人的〕壞話，洩漏〔人的〕秘密[隱私]〔*on*〕.
—*v.t.* 饒舌洩漏〈秘密等〉。
—*n.* Ⓤ空談，聊天，閒談，雜談，饒舌。

tát·tler *n.* Ⓒ **1** 閒聊天的人，喋喋不休者。**2** 洩漏秘密或說他人閒話的人；饒舌者。**3** 《鳥》嘈鷸；黃足鷸。

táttle·tàle *n.* Ⓒ(小孩之間的)說人壞話的人；告密者；多嘴的人，搬弄是非的人。

tat·too[1] [tæˈtu; təˈtu:, tæˈtu:] *n.* Ⓒ **1** 《軍》(夜間的)歸營號(音)[鼓(聲)]。
2 咚咚[砰砰]連敲聲：⇨ devil's tattoo/He beat a ~ with his fingers on the table. 他用指頭咚咚地連敲著桌子《★反映興奮、焦急等的動作》。
3 《英》(配合軍樂的)軍隊的行進。
—*v.i.* 砰砰[咚咚]地連敲。
—*v.t.* 砰砰[咚咚]地連敲…。

tat·too[2] [tæˈtu; təˈtu:, tæˈtu:] *n.* Ⓒ(*pl.* ~**s**)紋身，刺花，刺青，黥墨。
—*v.t.* **1** 在…上刺青[花]：~ a person's arm 在某人的手臂上刺青。**2** 〔十受(十介十(代)名)〕刺…〔於…上〕〔*on*〕：The man had a naked lady ~*ed* ***on*** his back. 那名男子背上刺有一個裸體女人。

tat·tóo·ist *n.* Ⓒ紋身師，黥墨師。

tat·ty [ˈtætɪ; ˈtæti] *adj.* (**tat·ti·er**；**-ti·est**) 《英口語》**1** 鄙俗的；粗雜的。
2 裝飾得花稍[刺眼]的。
3 不整潔的，邋遢的，寒酸的。

tau [tɔ, taʊ; tau] *n.* ⓊⒸ **1** 希臘字母的第十九個字母 *T, τ* 《相當於英文字母的 T, t；⇨ Greek alphabet 表》。**2** T 字形，T 記號[符號]：a ~ cross T 形十字(架)。

‡**taught** [tɔt; tɔ:t] *v.* **teach** 的過去式・過去分詞。

taunt [tɔnt, tɑnt; tɔ:nt] *v.t.* **1** 〔十受(十介十(代)名)〕〔爲…〕嘲笑；嘲罵；辱罵；奚落；嘲弄〈人〉〔*with*〕：Don't ~ him ***with*** cowardice [***with*** be*ing* a coward]. 別嘲笑他膽小[是儒夫]。
2 〔十受十介十(代)名〕嘲弄〈人〉〔致使…〕〔*into*〕：They ~*ed* him ***into*** los*ing* his temper. 他們把他嘲弄得發脾氣了。
—*n.* Ⓒ[常~**s**]嘲弄，嘲笑；嘲諷。

táunt·ing·ly *adv.* 嘲罵地，辱罵地；嘲弄地。

taupe [top; toup] 《源自法語》— *n.* Ⓤ暗灰色《即鼹鼠皮之色》。

Tau·rus [ˈtɔrəs; ˈtɔ:rəs] *n.* **1** 《天文》金牛座(the Bull)。**2** 《占星》**a** 金牛座，金牛宮(cf. the signs of the ZODIAC)。**b** Ⓒ屬金牛座的人。

taut [tɔt; tɔ:t] 《源自古英語「拉」之義》 —*adj.* (~·**er**；~·**est**) **1** 〈繩、帆〉拉緊的：a ~ rope 拉緊的繩子/pull a rope ~ 把繩子拉緊。
2 a 〈肌肉等〉繃緊的：a ~ smile 繃緊面孔的[生硬的]微笑。**b** 〈精神等〉(因不安、煩惱等而)緊張的。
3 〈船等〉整潔的，秩序井然的。
~·ly *adv.* **~·ness** *n.*

taut·en [ˈtɔtn̩; ˈtɔ:tn] *v.t.* 使…緊；使…整潔。
—*v.i.* 拉緊；變整潔。

tau·to·log·i·cal [ˌtɔtlˈɑdʒɪk]; ˌtɔ:təˈlɔdʒikl] 《tautology 的形容詞》—*adj.* 同字[同義字]重複的，贅述的，贅言的。
~·ly [-klɪ; -kəli] *adv.*

tau·tol·o·gy [tɔˈtɑlədʒɪ; tɔ:ˈtɔlədʒi] *n.* ⓊⒸ《修辭》同義字的不必要的反複使用，同字[同義字]之重複《例如 the *modern* college life *of today* 中的 *modern* 及 *of today*》。

tav·ern [ˈtævɚn; ˈtævən] 《源自拉丁文「小屋」之義》—*n.* Ⓒ **1** 《美》酒店，酒館(《英》public house)。**2** 《古》旅店，客棧(inn)。

taw·dry [ˈtɔdrɪ; ˈtɔ:dri] *adj.* (**taw·dri·er**；**-dri·est**)俗麗的，過於濃艷的，刺眼的；價廉而花稍的；鄙俗的：~ jewelry [garments] 價廉而花稍俗氣的珠寶[衣服]。
táw·dri·ly [-drəlɪ; -drəli] *adv.* **-dri·ness** *n.*

T

taw·ny [ˈtɔnɪ; ˈtɔ:ni] *adj.* (**taw·ni·er**; **-ni·est**)黃褐色的，茶色的。

‡**tax** [tæks; tæks] «源自拉丁文「觸摸(評估)」之義»—*n.* **1** Ⓤ Ⓒ 稅，租稅，稅金：⇨ income tax/direct[indirect] ~*es* 直接[間接]稅/free of ~ 免稅/land ~ 地租/local ~*es*《美》地方稅/lay[levy]a ~ *on*... 課稅於…。
2 [a ~]繁重的工作，沈重的負擔，苛求〔*on*〕：The work was *a* ~ *on* his heart. 那工作對他的心臟是沈重的負擔。
—*v.t.* **1** 〔十受〕對〈人、收入、財產、物品等〉徵稅，對…課[抽]稅：~ a person's property 對某人的財產課稅/It is unfair to ~ rich and poor equally. 對富人和窮人同等地課稅是不公平的。
2 〔十受〕使…挑重擔，使…負重荷；虐待…：Reading for many hours will certainly ~ your eyes. 連續看書好幾個小時一定會累(壞)眼睛。
3 〔十受十介十(代)名〕《文語》〔以…的理由〕斥責…，譴責…〔*with*〕：He ~*ed* his son **with** laziness[*with* hav*ing* been lazy all day]. 他罵兒子懶惰[整天懶散無所事事]。

tax·a·ble [ˈtæksəbḷ; ˈtæksəbl] *adj.* 可課稅的，應課稅的，有稅的；《法律》當然可要求的：~ articles 課稅品。

tax·a·tion [tæksˈeʃən; tækˈseiʃn] «tax *v.* 的名詞»—*n.* Ⓤ **1** 課稅，徵稅，抽稅：~ at (the) source 源泉課稅，(對)稅源徵稅《從薪資所得、利息、退職金等之中直接扣除的徵稅方法》/progressive ~ 累進課稅/a ~ bureau[office] 國稅局[稅捐處]/be subject to ~ 應納稅/impose high ~ on... 對…課徵重稅/reduce ~ 減稅。**2** 租稅額；租稅收入，稅收。

táx collèctor *n.* Ⓒ收稅吏，收稅員，稅務員。

táx evásion *n.* Ⓤ逃稅。

táx-exémpt *adj.* **1** 免稅的，不課稅的。**2** 〈股息等〉可免稅的。

táx-frée *adj.* 免稅的，不課稅的，無稅的；已付稅的。
—*adv.* 免稅地。

táx·gàtherer *n.* Ⓒ《古》收稅員；稅務員(tax collector)。

táx hàven *n.* Ⓒ稅率低或免稅而吸引外國投資者前往投資的地區《例如巴哈馬(Bahama)等》。

T

‡**tax·i** [ˈtæksɪ; ˈtæksi] *n.* Ⓒ(*pl.* ~**s**, ~**es**)計程車，出租汽車：take a ~ 搭乘計程車/go by ~ 乘計程車去《★by ~ 無冠詞》。

【字源】taxi 一字乃 taximeter cabriolet 之略。taximeter 是「車資指示器」，而 cabriolet 是「單馬拉的輕快雙輪馬車」。因此原義爲「附有車資指示器的馬車」。後來略作 taxicab，再略作 taxi，而且字義也變了。
【說明】(1)倫敦的計程車大部分是黑色的，偶而也有深紅色的。通常計程車的車頂上有 TAXI 字樣的指示燈，燈亮時表示空車。乘客上車前要先講明目的地，司機說了 O.K. 才上車。通常只能載客四人，而司機和客人的座位通常用玻璃隔開。在美國車子顏色因車行而異，但因美國最大的計程車公司叫做黃記計程車公司(Yellow Cab)，車子漆成黃色，所以黃色是代表性的顏色。且英美的計程車都不用自動門。在沒有流動計程車的小城市，可以利用在公共汽車站(bus stop)(⇨【說明】)或火車站等地設置的直通計程車行免費電話叫車。
(2)車資的算法有好幾種。在倫敦，除了要看車資錶外，還要依人數及行李的多寡來計算車資。在華盛頓則按地區範圍來收費。此外，在英美兩國，通常除了車資外，還要給百分之十五左右的小費，但在鄉下或搭乘長距離的情形有時不必付小費。

—*v.i.* (**tax·ied**; **tax·i·ing**, **tax·y·ing**) **1** 乘計程車去《★比較 一般用 take a ~ 或 go by ~》。**2** 〈飛機〉在地上[水上]藉自己的動力滑行。
—*v.t.* 〔十受〕**1** 以計程車載運[載送]…。**2** 使〈飛機〉滑行。

táxi·càb *n.* =taxi.

táxi dàncer *n.* Ⓒ(舞廳等處之)職業舞女。

tax·i·der·mist [ˈtæksəˌdɝmɪst; ˈtæksidə:mist] *n.* Ⓒ(動物標本)剝製師。

tax·i·der·my [ˈtæksəˌdɝmɪ; ˈtæksidə:mi] *n.* Ⓤ(動物標本)剝製術。
tax·i·der·mic [ˌtæksəˈdɝmɪk; ˌtæksiˈdə:mik←] *adj.*

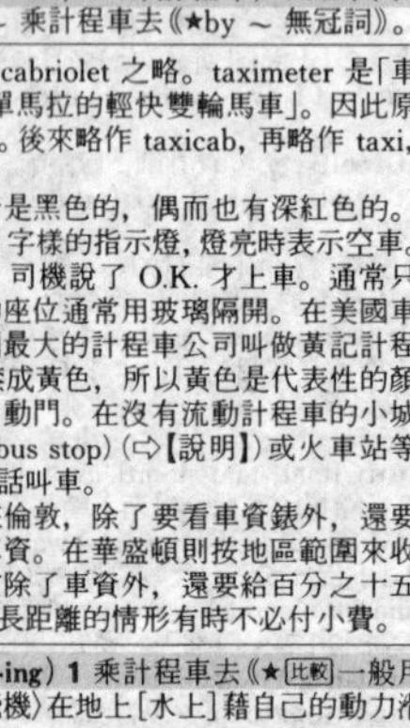
taxidermist

tax·i·man [ˈtæksɪˌmæn; ˈtæksimæn] *n.* Ⓒ(*pl.* **-men** [-ˌmɛn; -men])出租汽車之司機。

táxi·mèter *n.* Ⓒ(計程車的)自動計費器，車資指示器，計程表。

táx·ing *adj.* 費力的，繁重的。~**·ly** *adv.*

táxi·plàne *n.* Ⓒ出租飛機。

táxi rànk *n.* Ⓒ《英》計程車停車場(《美》taxi stand)。

-tax·is [-tæksɪs; -tæksis] [名詞複合用詞]表示「配列」，「順序」：hypo*taxis*, para*taxis*.

táxi stànd *n.* Ⓒ《美》計程車停車場(《英》taxi rank)。

táxi·wày *n.* Ⓒ(機場的)滑行道。

tax·o·nom·ic [ˌtæksəˈnɑmɪk; ˌtæksəˈnɔmik←] «taxonomy 的形容詞»—*adj.* 分類學[法]的；分類(上)的。
tàx·o·nóm·i·cal·ly [-kḷɪ; -kəli] *adv.*

tax·ón·o·mist [-mɪst; -mist] *n.* Ⓒ分類學家。

tax·on·o·my [tæksˈɑnəmɪ; tækˈsɔnəmi] *n.* Ⓤ分類學。

táx·pàyer *n.* Ⓒ納稅人。

táx sàle *n.* Ⓤ Ⓒ稅產拍賣《爲償還欠稅而由公家主持的私有房地產拍賣》。

táx shèlter *n.* Ⓒ《美》避稅手段《以迴避或減輕所得稅、法人稅等爲目的之各種會計手段》。

táx stàmp *n.* Ⓒ印花。

táx súrchàrge *n.* Ⓒ附加稅。

Tb 《符號》《化學》terbium.

TB, T.B., t.b. [ˈtiˈbi; ˌti:ˈbi:] 《略》tuberculosis.

T bàndage *n.* Ⓒ《醫》丁字帶。

T-bill *n.* 《口語》=treasury bill.

T-bòne *n.* (又作**T-bòne stéak**)Ⓒ[當作菜名時爲Ⓤ]丁骨牛排《帶著 T 字形骨頭的腰部上肉牛排》。

tbs., tbsp. 《略》tablespoon(ful).

Tc 《符號》《化學》technetium.

Tchai·kov·sky [tʃaɪˈkɔfskɪ; tʃaiˈkɔfski], **Peter Il·ich** [ˈɪljɪtʃ; ˈiljitʃ] *n.* 柴可夫斯基《1840–93；俄國作曲家》。

Te 《符號》《化學》tellurium.

‡**tea** [ti; ti:] «源自中文「茶」»—*n.* **1 a** Ⓤ(作爲飲料的)茶，紅茶：~ with milk 奶茶/early morning ~《英》(起牀前喝的)早茶/a cup of ~ 一杯茶/a pot of ~ 一壺茶/make ~ 沏[泡]茶/She offered[served] ~ to her guest. 她以茶招待客人。

【說明】(1)紅茶有幾種不同的喝法。紅茶加牛奶稱作 tea with milk；紅茶加檸檬片稱作 tea with lemon. 在英美，尤其在英國，紅茶加牛奶是最普遍的喝法。喝茶時通常先在杯子裡放入適量的牛奶，然後倒入熱紅茶。泡茶的方法，要先用茶匙(teaspoon)量好茶葉或直接用茶包(tea bag)放入茶壺，然後把滾開水倒入茶壺中，等兩三分鐘，使茶的味道出來(稱作 draw)後飲用。
(2)英國稱紅茶通常只說 tea 一字，但在歐洲或美國則常稱作 black tea. 茶的濃淡要以 strong 和 weak 來表示“Would you like it stronger？”—“Make it weaker, please.”「你喜歡茶濃一點嗎？」「請泡淡一點。」

b Ⓒ[常~s]一杯茶：Two ~*s*, please. 請來[給我們]兩杯紅茶。
2 Ⓤ[集合稱]**a** 《植物》茶樹。**b** 茶(葉)：black[green] ~ 紅[綠]茶/coarse[dust] ~ 粗[粉]茶/a pound of ~ 一磅茶葉。
3 a Ⓤ Ⓒ《英》下午茶：ask a person to ~ 邀某人喝下午茶。**b** Ⓤ(下午的)茶會。

【說明】英國人款待朋友，通常以喝下午茶的方式居多。他們說“Please come to tea.”(請到我家來喝喝茶)，而這裡的 tea 是指在午後稍晚，即介於午餐與晚餐的 afternoon tea(又稱 five o'clock tea)，除了紅茶，還備有三明治等點心；附肉類食物者稱作 high tea；cf. afternoon tea 或 high tea【說明】

4 Ⓤ[常與修飾語連用](似茶的)熬湯，濃湯：⇨ beef tea.
5 Ⓤ《俚》大麻煙，麻醉藥。
one's **cùp of téa** ⇨ cup.

téa bàg *n.* Ⓒ茶包，茶袋《裝有一人份的茶葉，於泡茶時連袋泡在水裏的小布[紙]袋》。

téa bàll *n.* Ⓒ濾茶器《有小孔的金屬小球；用以裝茶葉，放在茶杯等中加滾水泡成茶之後從杯中取出，而只留下茶水在杯中》。

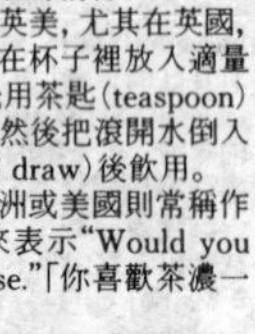
tea ball

téa brèak *n.* Ⓒ《英》喝茶小憩時間，早茶[下午茶]時間《上午或下午稍停下工作喝茶的時間》。

téa càddy *n.* Ⓒ茶筒，茶葉罐。

téa·càke *n.* Ⓒ[當作點心名稱時爲Ⓤ]下午茶時吃的甜餅《在美國爲餅乾、派等；在英國爲加葡萄乾等烤製的圓形小甜餅，趁熱或冷後切成兩半塗奶油食用》。

téa càrt *n.* =tea wagon.

téa cèremony *n.* Ⓒ(日本的)茶道；品茗會。

【說明】tea ceremony 這個日本「茶道」的英譯，源自日本作家岡倉天心(1862–1913)爲了將茶道介紹給歐美人士而寫的書 *The Book of Tea*(1906 年出版)。茶道和禪(Zen)的思想有密切的關連；其基本精神可以用「和、敬、清、寂」(harmony, respect, purity and tranquility)四字概括，而其宗旨是拋開個人身分、地位、財富等的拘束，培養平靜的心去跟人與自然接觸。

‡teach [titʃ; ti:tʃ] (**taught** [tɔt; tɔ:t]) *v.t.* **1 教。**

【同義字】teach 是表示「教」之意的最常用的字；educate 指在學校等正式的教育機構教育；instruct 指對於某特殊領域以精確的方法有系統地教授；「教」迷失的人如何走路，則用 tell, show.

a 〔十受〕教〈學科等〉：～ English 教英語/Russian is not *taught* at that school. 那所學校沒有教俄語[沒有開俄語課]。**b** 〔十受〕教〈人、課程等〉：She ～*es* five classes daily. 她每天教五節課/Who is ～*ing* you？誰在教你(們)？**c** 〔十受〕[～ *oneself*] 自學。**d** 〔十受十受/十受十介十(代)名〕教〈人、班級〉〈學科〉；〔對人、班級〕教〈學科〉〔*to*〕：She *taught* me mathematics. 她教我數學/We will be *taught* English. 我們全都要學英語/Professor Jones *taught* history ***to*** our class last term. 瓊斯教授上學期教我們班上歷史。**e** 〔十do*ing*〕教，訓練…〈做…〉《★ 用法 只用 drawing, singing 等相當於學科的 do*ing*；〔十 *to* do〕是錯誤的用法》：He *taught* swim*ming*. 他教游泳。**f** 〔十受十 *to* do〕教〈人〉〈做…〉：She has *taught* her dog *to* sit up and beg. 她訓練她的狗坐著舉起前腳拜拜/He *taught* the children not *to* fight. 他教導孩子們不要打架。**g** 〔十受十do*ing*〕教〈人〉〈(做)…〉：He *taught* me swim*ming*. 他教我游泳。**h** 〔(十受)十 *that*__〕教〈人〉〈…事〉：He *taught* (us) *that* love is important. 他教導[啓示](我們)說愛情是重要的。**i** 〔十受十 *wh.*__/十受十 *wh.*十 *to* do〕教〈人〉〈如何(做)…〉：He *taught* Tom *how to* make a model airplane. 他教湯姆作模型飛機的方法[如何作模型飛機]。

2 a 〔十受十受〕〈事實、經驗等〉使〈人〉領悟，懂得…；教訓，啓發〈人〉…：Experience will ～ you common sense. 經驗會使你明白人情事理。**b** 〔十受十 *to* do〕〈事實、經驗等〉使〈人〉領悟，懂得〈做…〉；教訓，啓發〈人〉〈做…〉：The accident has *taught* him *to* be careful. 那次事故使他懂得不可粗心大意。**c** 〔(十受)十 *that*__〕〈事實、經驗等〉使〈人〉領悟[懂得]〈…事〉；教訓，啓發〈人〉〈…事〉：The accident has *taught* (me) *that* driving at eighty miles an hour is dangerous. 那次事故使我知道以每小時八十哩駕車是危險的。

3 〔十受十 *to* do〕[I'll ～ 當反語用]《口語》告誡，訓〈人〉不可〈做…〉：I'll ～ you *to* meddle in my affairs. 我要告誡你別管我閒事！《你若管我閒事，別怪我對你不客氣；★to meddle 實指 not to meddle 之意》。

—*v.i.* 1 當教師，教書：I ～ for a living. 我以教書爲生。**2** 〔十介十(代)名〕〔在…〕教書，教學，任教〔*at*〕：He ～*es* ***at*** high school. 他在中學任教。

teach·a·ble [ˈtitʃəbl; ˈti:tʃəbl] *adj.* **1** 受教的，可教的，學得來的；肯學的；肯聽教導的；馴順的：a ～ pupil 肯向學的學生。**2** 〈學科、技藝等〉易教的。～**·ness** *n.*

‡teach·er [ˈtitʃɚ; ˈti:tʃə] *n.* Ⓒ**老師，教員，教師**《★ 用法 稱「史密斯老師」時，不說 Teacher Smith 而說 Mr. [Miss, Mrs.] Smith》：a ～ of English 英語教師/an English ～ 英語教師，英國籍教師《★前者爲 ⸗ ⸗，後者爲 ⸗ ⸗》/*T*～ said so. 老師那樣說《★ 用法 指自己的任課老師時，當專有名詞用常不加冠詞》。

【說明】在英美，公立中小學的教師必須在大學、獨立學院(university, college)的師範學院(teachers college)，或在專科學校(junior college)修習教育學分取得教師資格後才可受聘任教。愈低年級的學校女教師愈多，在小學裡百分之八十五以上是女教師；cf. school¹【說明】(5)。

téachers cóllege *n.* Ⓤ[指設備時爲Ⓒ]《美》(通常爲四年制的)師範[教育]學院《包括獨立學院和綜合大學中的學院；cf. normal college》。

téa chèst *n.* Ⓒ茶箱。

téach-ìn *n.* Ⓒ《口語》校園師生討論會《由大學學生與教師所舉行的有關政治問題等的討論集會》。

teach·ing [ˈtitʃɪŋ; ˈti:tʃiŋ] *n.* **1** Ⓤ**教，教授，教書，教學。2** Ⓒ[常～**s**] 教旨，教訓；學說：the ～*s* of Christ 基督的垂訓。

téaching fèllow *n.* Ⓒ大學裏兼任助教或講師之研究生。

téaching hòspital *n.* Ⓒ《英》(供醫科學生實習用的)教學醫院，大學附設醫院。

téaching machìne *n.* Ⓒ(助學習者在無教師指導之情形下按計畫分階段自學的)自動學習機。

téa·clòth *n.* Ⓒ(*pl.* ～**s**) **1** 茶几的桌布。**2** 擦茶具用的抹布。

téa còzy [《英》**còsy**] *n.* Ⓒ茶壺保溫罩《泡好熱茶之後，罩在茶壺外面作保溫用的內裝棉花的布罩子[套子]；cf. cozy *n.* 》。

téa·cùp *n.* Ⓒ **1** 茶杯：⇨ a STORM in a teacup. **2** ＝teacupful.

tea·cup·ful [ˈtikʌpˌful; ˈti:kʌpˌful] *n.* Ⓒ一茶杯(之量)〔*of*〕.

téa dànce *n.* Ⓒ《美》(供下午茶點的)舞會，茶舞；下午的舞會。

téa gàrden *n.* Ⓒ **1** 茶園，茶圃。**2** 有茶館的花園，露天小吃或點心館。

téa·gòwn *n.* Ⓒ 婦女赴茶會等所著之服裝。

téa·hòuse *n.* Ⓒ(中國、日本的)茶館，茶藝館；茶室。

teak [tik; ti:k] *n.* **1** Ⓒ《植物》柚木《馬鞭草科落葉喬木，原產於印度、緬甸及泰國》。**2** Ⓤ柚木材《質堅耐久，多用以製高級家具》。

téa·kèttle *n.* Ⓒ燒水壺，茶壺。

teal [til; ti:l] *n.* Ⓒ(*pl.* ～，～**s**)《鳥》小鳧，水鴨。

teal

téa lèaf *n.* Ⓒ **1** 茶葉；(泡過的)茶葉，茶渣。**2** 《英押韻俚》小偷(thief)。

‡team [tim; ti:m] *n.* Ⓒ[集合稱] **1** (競賽、工作等的)隊，組《★ 用法 視爲一整體時當單數用，指個別成員時當複數用》：He was *on* [*in*] the baseball ～. 他是那支棒球隊的隊員。**2** (拖車、犁等的兩頭以上的)一組馬[牛]《★ 用法 與義 1 同》。

—*v.i.* 〔十副(十介十(代)名)〕〔與…〕協力從事[聯合]〈*up*〉〔*with*〕.

téam·màte *n.* Ⓒ 隊友。

téam plày *n.* Ⓤ 團體行動，集體努力。

téam spírit *n.* Ⓤ團隊[集體合作]精神《較個人利益優先考慮團隊利益的精神》。

team·ster [ˈtimstɚ; ˈti:mstə] *n.* Ⓒ **1** 駕馭一組馬[牛]的人。**2** 《美》卡車駕駛員。

téam·wòrk *n.* Ⓤ 聯合作業，聯合行動，協調合作。

téa pàrty *n.* Ⓒ(下午的)茶會。

téa·pòt *n.* Ⓒ茶壺，小茶壺。

‡tear¹ [tɪr; tiə] *n.* Ⓒ **1** [常～**s**] **淚，眼淚，淚水**：with ～*s* in one's eyes [voice] 眼中含著眼淚[哽咽著，帶著哭泣聲]/bring ～*s* to one's eyes 眼淚盈眶/ burst into ～*s* 突然哭起來/draw ～*s* (from a person) 引(某人)流淚/shed (bitter) ～*s* 掉下(悲痛的)眼淚/Her eyes were wet with ～*s.* 她的眼睛淚水汪汪/A ～ trickled down her cheek. 一滴眼淚流下她的臉頰。**2** 水珠，水滴，露珠。

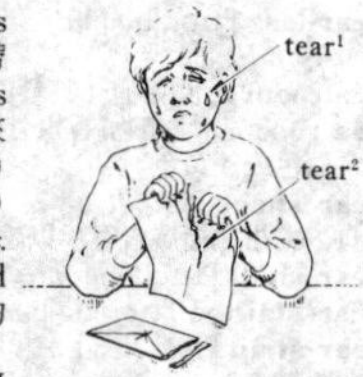

tear¹, tear²

in téars 流著淚，哭泣著，含淚：I found her *in* ～*s.* 我看見她在哭。

tear²** [tɛr, tær; tɛə] (**tore** [tor, tɔr; tɔ:]; **torn** [torn, tɔrn; tɔ:n]) *v.t.* **1 a** 〔十受〕**撕裂**，扯破，扯開〈布、紙、衣服等〉〈*up*〉：I've *torn* his letter. 我(不小心)撕破了他的信。**b** 〔十受十副〕(故意地)撕裂，扯破，扯開…〈*up*〉：～ ***up a letter (故意地)撕破信。**c** 〔十受十介十(代)名〕將…撕裂，扯破，撕破〔成…〕〔*to, in, into*〕：The explosion *tore* the town ***to*** [***in***] pieces. 那次爆炸事件把這城鎮炸得七零八碎/Why have you *torn* it *in* two？你爲什麼把它撕成兩半？**d** 〔十受十補〕將…撕裂〈成…的狀態〉：He *tore* the envelope open.＝He *tore* open the envelope. 他把那信封撕開。

2 a 〔十受〕使…裂開而受傷，劃破[傷]，刺破[傷]，戳破[傷]，抓破[傷]〈皮膚〉：A piece of broken glass *tore* her skin. 一塊玻璃碎片劃破了她的皮膚/I *tore* my knee *on* a nail. 我被釘子刺傷了膝蓋。**b** 〔十受十介十(代)名〕〔在…上〕撕開〈裂縫〉，劃破〈洞〉，鈎破〈衣服〉〔*in*〕：She [The nail] *tore* a hole ***in*** her dress. 她[釘子]把衣服鈎破了一個洞。

3 〔十受十副詞(片語)〕**a** 扯開，扯掉，撕開，撕掉，剝掉…：He *tore off* his clothes and jumped into the river to save the boy from drowning. 他扯掉衣服，躍入河中去拯救那溺水的男孩/He *tore down* the enemy's flag. 他扯下了敵人的旗子/She *tore* the plant *out of* the ground. 她把那植物從地上拔起。**b** [～ *oneself*] 忍痛離開，掙開，忍痛分手：I *tore myself* (*away*) *from* my wife. 我忍痛和妻子分手。

4 〔十受(十副)〕**a** 使〈國家等〉分裂〈*apart*〉《★常用被動語態》：The country had *been torn* (***apart***) by civil war. 該國因內戰而動亂不安[四分五裂]。**b** 擾亂〈人、心〉，使…不安寧，使…痛苦，使…煩惱〈*apart*〉《★常用被動語態，表示「煩惱，亂」之意；介系詞用 *by, with*》：Her heart [She] *was torn* (***apart***) ***by*** grief [***with*** conflicting emotions]. 她因悲傷[心情矛盾]而心煩意亂[不安寧]/I *was torn between* the two alternatives. 我面對兩種選擇感覺進退維谷不知何去何從。

—*v.i.* 1 裂(開)，破裂：Lace ～*s* easily. 花邊容易破裂/The sheet *tore* as she pulled it out of the typewriter. 當她把紙從打字機上抽出時，它破了。

2 〔十介十(代)名〕撕扯，撕破〔…〕〔*at*〕：He *tore* ***at*** the wrappings of the package. 他撕破包裹的包裝紙。

3 〔十副詞(片語)〕猛衝，狂奔，飛跑：The brothers were ～*ing*

about in the house. 那兄弟在屋子裏到處橫衝直撞著/A car came ～*ing along.* 一輛汽車飛馳而來。

4 〔十介十(代)名〕猛烈地攻擊；譴責，嚴厲批評〔…〕〔*into*〕《★可用被動語態》。

téar apárt 《*vt adv*》(1)⇨*v.t.* 4. (2)《口語》嚴厲批評。(3)《口語》責罵〈人〉。

téar dówn 《*vt adv*》拆除〈房屋等〉；扯下，扯毀…。

téar óff 《*vt adv*》(1)⇨*v.t.* 3 a. (2)迅速處理掉，辦完〈工作等〉；把…解決掉。

Thàt's tórn it! ＝That's done it!（⇨ do[1]成語）。

—*n.* 1 Ⓤ撕裂，扯裂《★常用於下列片語》：⇨ WEAR[1] and tear.
2 Ⓒ裂縫；破處，破綻。
3 Ⓒ狂暴，狂奔；震怒。
4 Ⓒ《俚》鬧飲。

téar·awày [ˈtɛr-; ˈtɛə-] *n.* Ⓒ《英俚》鹵莽的年輕人，亡命之徒。
—*adj.* 奔騰的。

téar bòmb [ˈtɪr-; ˈtiə-] *n.*（又作 **téar shèll**）Ⓒ催淚彈。

téar·dròp [ˈtɪr-; ˈtiə-] *n.* Ⓒ淚珠，淚滴；淚珠形之物。

tear·ful [ˈtɪrfəl; ˈtiəful] *adj.* **1** 含著眼淚的，淚汪汪的；易流淚的，淚窩淺的：in a ～ voice 以含淚欲哭的聲音。**2**〈信息等〉悲痛的，使人流淚的：～ news 悲痛的消息，噩耗。
～·ly [-fəlɪ; -fuli] *adv.*

téar gàs [ˈtɪr-; ˈtiə-] *n.* Ⓤ催淚瓦斯。

téar·gàs *v.t.* 向…投催淚彈。

tear·ing [ˈtɛrɪŋ; ˈtɛəriŋ] *adj.* **1** 撕裂的，撕破的，扯裂的。**2**《口語》狂暴的；强烈的，猛烈的。**3**《英俚》很好的；頭等的。

téar·jèrker [ˈtɪr-; ˈtiə-] *n.* Ⓒ《口語》令觀衆流淚的電影[戲，節目(等)]。

téar·less [ˈtɪr-; ˈtiə-] *adj.* 無眼淚的：～ grief 欲哭無淚的悲傷。
～·ly *adv.*

téa·ròom *n.* Ⓒ茶館，茶藝館，茶室。

téa ròse *n.* Ⓒ《植物》香水月季《薔薇屬灌木，花大而美麗，有茶香，常白色或淡黃色》。

téar shèet [ˈtɛr-; ˈtɛə-] *n.* Ⓒ樣張《從報紙或雜誌上撕下來的一頁，尤指送給廣告客戶以證明廣告已刊出之用》。

téar shèll [ˈtɪr-; ˈtiə-] *n.* ＝tear bomb.

téar-stàined [ˈtɪr-; ˈtiə-] *adj.* 淚流滿面的。

téar strìp [ˈtɛr-; ˈtɛə-] *n.* Ⓒ(附於罐頭、香煙盒、包裝紙等封口的)開封帶。

tear·y [ˈtɪrɪ; ˈtiəri] 《tear[1] 的形容詞》**—*adj.* 1** (似)淚的。**2** 淚汪汪[被眼淚弄濕]的。**3** 引人流淚的，悲哀的，令人心酸的：a ～ letter 一封令人心酸的信。

tease [tiz; tiːz] 《源自古英語「到處拉」(pull about)之義》**—*v.t.* 1** 〔十受(十介十(代)名)〕逗弄〈人、動物〉〔的…〕；〔拿…〕取笑，揶揄，戲弄…；〔以…〕使…困惱〔*about*〕：The naughty boy ～*d* the dog. 那個頑皮的男孩逗弄那隻狗/The other boys ～*d* John ***about*** his curly hair. 其他的男孩取笑約翰捲曲的頭髮。**2 a** 〔十受十介十(代)名〕向〈人〉强求，百般地索求〔…〕〔*for*〕：He ～*d* his mother ***for*** money. 他纏著母親要錢。**b** 〔十受十介十(代)名〕向〈人〉百般要求〔而使之…〕〔*into*〕：She ～*d* him ***into*** get*ting* a haircut. 她喋喋不休地哄他去理髮。**c** 〔十受十 *to* do〕百般地要求〈人〉〈做…〉：He was always *teasing* her *to* marry him. 他老是百般地要她嫁給他。**3** 〔十受〕**a** 梳理〈羊毛、麻等〉。**b** 使〈呢絨等〉起毛。**4** 〔十受〕《美》逆梳〈頭髮〉(使其蓬鬆)(《英》backcomb). **5** 〔十受〕(故意誇示卻不給而)使…難熬；逗惹…。
—*v.i.* 1 惹，取笑，揶揄，戲弄，困惱。**2 a** 梳理羊毛、麻等。**b** 使呢絨(等)起毛；逆梳頭髮使其蓬鬆。
—*n.* Ⓒ 1 惹，取笑，揶揄，戲弄，困惱；被惹[取笑，揶揄，戲弄，困惱]。**2** 戲弄者，取笑者，麻煩的傢伙。**3** 挑逗男人性趣的女人。

tea·sel [ˈtizl; ˈtiːzl] *n.* Ⓒ《植物》續斷屬草本植物《尤指起絨草，其乾果球多鉤刺，常用以使織物起絨毛》。

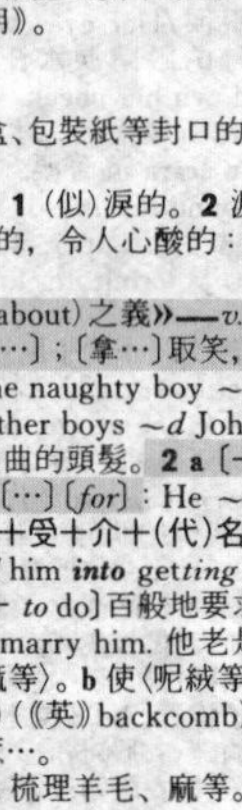
teasel

téas·er *n.* Ⓒ **1** 戲弄者，揶揄者；困惱之人或物；逗男人性趣的女人。**2**《口語》難題。**3** 懸疑廣告《故意隱藏商品的眞面目，保持其神秘性，引起大衆之注意及猜測之後再公開謎底，以加深對商品之印象的一種廣告》。

téa sèrvice[sèt] *n.* Ⓒ(成套的)茶具。

téa shòp *n.* Ⓒ **1**《英》茶館，茶藝館，茶室。**2** 茶行，茶莊。

teas·ing [ˈtizɪŋ; ˈtiːziŋ] *adj.* 揶揄的；惱人的。

téas·ing·ly *adv.* 揶揄地，戲弄地；故意使人困窘地。

tea·spoon [ˈtiˌspun, -spʊn; ˈtiːspuːn] *n.* Ⓒ **1** 茶匙，小調羹 (cf. tablespoon 1). **2** ＝teaspoonful.

tea·spoon·ful [ˈtispunˌfʊl, -spʊn-; ˈtiːspuːnˌful, -spun-] *n.* Ⓒ (*pl.* ～s, **teaspoonsful**) 一茶匙的量《約餐桌用大湯匙的三分之一》〔*of*〕.

téa stràiner *n.* Ⓒ濾茶器。

teat [tit; tiːt] *n.* Ⓒ **1** (動物的)奶頭《★比較 人的乳頭稱爲 nipple》. **2**《英》奶瓶的奶嘴(《美》nipple). **3** 似乳頭之物。

téa tàble *n.* Ⓒ茶几。

téa·tìme *n.* Ⓤ下午用茶時間：at ～ 在下午用茶時間。

téa tòwel *n.* Ⓒ《英》(擦乾洗過之碗、碟用的)布(《美》dish towel).

téa tràỳ *n.* Ⓒ茶盤。

téa trèe *n.* Ⓒ茶樹。

téa tròlley *n.*《英》＝tea wagon.

téa ùrn *n.* Ⓒ水壺。

téa wàgon *n.* Ⓒ(裝有輪子的)茶具臺。

tea·zel, tea·zle [ˈtizl; ˈtiːzl] *n.* ＝teasel.

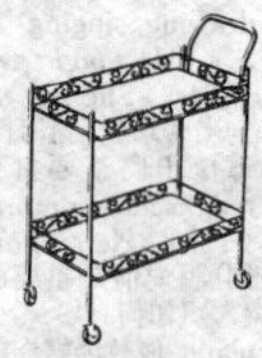
tea wagon

tech [tɛk; tek] 《technical college 之略》**—*n.*** Ⓤ[指設備時爲Ⓒ]《英》工業專科學校。

tech. 《略》technical(ly); technology.

tech·ne·ti·um [tɛkˈniʃɪəm; tekˈniːʃjəm] *n.* Ⓤ《化學》鎝《金屬元素；符號 Tc》.

tech·ne·tron·ic [ˌtɛknɪˈtrɑnɪk; ˌtekniˈtrɔnik] 《*techn*ology 和 el*ectronic* 的混合字》**—*adj.*** (運用)科技電子(以解決社會、政治和經濟問題)的。

tech·nic [ˈtɛknɪk; ˈteknik] *adj.* ＝technical.
—*n.* 1 ＝technique. **2** Ⓒ [常 ～s] 工藝(學)，技術。

tech·ni·cal** [ˈtɛknɪkl; ˈteknikl] 《technique 的形容詞》**—*adj. (**more** ～; **most** ～) **1** (無比較級、最高級)工業的，工藝的。**2** 專門(性)的，學術(上)的：～ terms 術語，專門名詞，專門用語/a ～ book 專門的書。**3** 技術(上)的：a ～ adviser 技術顧問/a ～ sergeant《美空軍》技術士官/～ skill 專門技術。**4** (無比較級、最高級)在法律[規則]上成立的；根據某些科學、藝術或比賽之規則的；根據嚴格之法律解釋的：⇨ technical knockout.
～·ly [-klɪ; -kəli] *adv.*

téchnical cóllege *n.* Ⓤ[指設施時爲Ⓒ]《英》工業專科學校，理工學院《教授工業技術、藝術、農業秘書實務等；現在常稱爲 polytechnic 或《口語》poly》.

tech·ni·cal·i·ty [ˌtɛknɪˈkælətɪ; ˌtekniˈkæləti] 《technical 的名詞》**—*n.* 1** Ⓤ專門(性)，專門的性質。**2** Ⓒ專門的事項[手續]；專門名詞，學術用語：This is merely a ～, but could you show me your license? 這只是事務上的手續，您能給我看您的執照嗎？

téchnical knóckout *n.* Ⓒ《拳擊》技術擊倒《略作 TKO》.

téchnical schòol *n.*《英》＝secondary technical school.

tech·ni·cian [tɛkˈnɪʃən; tekˈniʃn] *n.* Ⓒ **1** 專家，技術人員。**2** (繪畫、音樂等)技巧熟練的人，技巧派的人。

Tech·ni·col·or [ˈtɛknɪˌkʌlɚ; ˈtekniˌkʌlə] *n.* Ⓤ《商標》特藝彩色《製作彩色電影的一種方法》。

***tech·nique** [tɛkˈnik; tekˈniːk] *n.* **1** Ⓤ(專門)技術；技巧。**2** Ⓒ(藝術、運動等的)手法，技藝；方法，演出法，技術。

tech·noc·ra·cy [tɛkˈnɑkrəsɪ; tekˈnɔkrəsi] *n.* **1** ⓊⒸ技術專家政治，技術主義[統治]《1932 年美國所提倡的一種學說；主張在工藝時代，一切經濟資源、社會制度，均應由科學家及工程師管理》。**2** Ⓒ技術主義國家。

tech·no·crat [ˈtɛknəˌkræt; ˈteknəkræt] *n.* Ⓒ主張技術專家政治[技術主義]者。

tech·nog·ra·phy [tɛkˈnɑgrəfɪ; tekˈnɔgrəfi] *n.* Ⓤ藝技地理分布學《研究藝術與科學在其地理上和種族上的分布及歷史發展》。

tech·no·log·ic [ˌtɛknəˈlɑdʒɪk; ˌteknəˈlɔdʒik] *adj.* ＝technological.

tech·no·log·i·cal [ˌtɛknəˈlɑdʒɪkl; ˌteknəˈlɔdʒikl] 《technology 的形容詞》**—*adj.* 1** 科學技術的，科技的，工藝(學)的：～ development 科學技術的發展/a ～ revolution 技術革命/～ society 技術社會。**2** 由科學技術(之進步)所致的：～ unemployment 因科學技術而產生的失業問題。**～·ly** [-klɪ; -kəli] *adv.*

tech·nól·o·gist [-dʒɪst; -dʒist] *n.* Ⓒ科學技術專家[人員]，工藝學者[人員]。

***tech·nol·o·gy** [tɛkˈnɑlədʒɪ; tekˈnɔlədʒi] *n.* **1** ⓊⒸ科學技術，科技《藉以供給人類生活所需之物的科學方法》：industrial ～ 生產技術。**2** Ⓤ工藝(學)；工業技術：an institute of ～《美》(理)工科大學，工業技術學院。**3** Ⓤ[集合稱]專門用語，學術用語。

technólogy-inténsive *adj.* 技術密集的《主要依靠技術以增加生產及收益的》。

tech·y [ˈtɛtʃɪ; ˈtetʃi] *adj.* (**tech·i·er**; **-i·est**)＝tetchy.

ted [tɛd; ted] *v.t.* (**ted·ded**; **ted·ding**) **1** 攤開曬〈乾草等〉；攤乾。**2** 攤開；散開。

Ted [tɛd; ted] *n.* **1** 泰德《男子名；Theodore, Edward 的暱稱》。**2** [**t~**]《英口語》＝teddy boy.

ted·der [ˈtɛdɚ; ˈtedə] *n.* Ⓒ攤草使曬乾的人；攤草機。

Ted·dy [ˈtɛdɪ; ˈtedi] *n.* **1** 泰迪《男子名；Theodore, Edward 的暱稱》。**2** [**t~**](又作 **téddy bèar**)Ⓒ有絨毛的玩具熊。

【字源】teddy bear 是由美國第二十六位總統羅斯福《Theodore Roosevelt (1858–1919)》的名字而來的《Teddy 是 Theodore 的暱稱》。除了政治外，他也喜歡探險、狩獵，尤其喜歡獵熊。據說有人在報上繪漫畫描寫他在狩獵時，故意讓小熊逃走，而此漫畫很快就引起大衆的興趣，成爲熱門話題。聰明的玩具業者從此得到靈感，趕緊製作各種玩具熊，取名爲 teddy bear 出售。此一名詞就這樣成爲英語字彙了。

téddy bòy [gìrl] *n.* Ⓒ《英俚》泰迪阿飛《摹倣愛德華(Edward)七世時代(1901–10)衣著的 1950 年代及 1960 年代初期的英國不良少年》。

Te De·um [tɪˈdiəm, ti-; ˌtiːˈdiːəm] «源自拉丁文'thee, God, (we praise)'之義»—*n.* Ⓒ **1**《基督教》(天主教及英國國教會於早禱及其他特殊場合所唱的感謝上帝的)讚美歌。**2** Te Deum 的樂曲。**3** 唱 Te Deum 的感謝禮拜儀式。

te·di·ous [ˈtidɪəs, ˈtidʒəs; ˈtiːdjəs] «tedium 的形容詞»—*adj.* (**more ~**; **most ~**)冗長而乏味的，令人生厭的，單調沈悶的：a ~ lecture 沈悶的講演/~ work 令人生厭的工作。

~·**ly** *adv.* ~·**ness** *n.*

te·di·um [ˈtidɪəm; ˈtiːdjəm] *n.* Ⓤ(時間)冗長而乏味，煩悶，厭煩。

tee[1] [ti; tiː] *n.* Ⓒ **1** T [t; t] 字母。**2** T 字形(之物)；(尤指)T 字管。**to a tée** 精確地，恰好地。

tee[2] [ti; tiː] *n.* Ⓒ《高爾夫》**1** 開球區域《向各球洞打出第一球的平坦地區》。**2** 球墊《發球時置球的墊座，有用木頭、塑膠、橡皮等材料製成者》。

—*v.t.* (**teed**; **tee·ing**)《高爾夫》將〈球〉置於球墊上。

tée óff《*vi adv*》(1)《高爾夫》把球自球墊上擊出。(2)開始。

tée úp《*vi adv*》(1)《高爾夫》將球置於球墊上。—《*vt adv*》(2)《高爾夫》將〈球〉置於球墊上。(3)準備…。

tees[2] 2

teed [tid; tiːd] *adj.* [不用在名詞前] [~ **off**]《美口語》生氣的，煩躁的。

tee-hee [ˈtiˈhi; ˌtiːˈhiː] *interj.*, *n.* Ⓒ嘻嘻！；嘻笑，嗤笑(聲)。—*v.i.* 嘻笑，嗤嗤而笑。

teem[1] [tim; tiːm] «源自古英語「生子」之義»—*v.i.* 〔十介十(代)名〕《文語》**1** 〈人、動物等〉充滿〔地方〕，〔在某處〕有很多〔*in*〕：Fish ~ ***in*** this stream. 這條小河裏魚很多(cf. 2). **2** 〈地方〉充滿著〔人、動物等〕，富於〔…〕〔*with*〕：This stream ~*s* ***with*** fish. 這條小河裏魚很多(cf. 1).

teem[2] [tim; tiːm] *v.t.* 〔十受十介十(代)名〕將〈金屬熔液〉注入〔模具〕〔*into*〕. —*v.i.* 〔動(十副)〕**1** 〈雨水〉傾注〈*down*〉. **2** [以 it 作主詞；常用於進行式] 傾盆而下〈*down*〉：*It's* ~*ing* (***down***) (*with* rain). 正在下著傾盆大雨。

téem·ing *adj.* **1** 豐富的；蝟集的；充滿的；多產的，結實多的，子女多的：a ~ station 擁擠的車站。**2** [不用在名詞前] 〔十介十(代)名〕充滿〔…〕的〔*with*〕：a river ~ ***with*** fish 充滿魚的河流。~·**ly** *adv.*

teen [tin; tiːn] *adj.* [用在名詞前] 十幾歲的(teen-age)《常指十三至十九歲的少年及少女》。

-teen [-tin; -tiːn] 字尾 表示「自十三到十九之數的」之意。

téen·àge(d) *adj.* [用在名詞前] 十幾歲的《★通常指十三至十九歲的少年、少女》。

téen·àg·er [-ˌedʒɚ; -ˌeidʒə] *n.* Ⓒ十幾歲的孩子《★ 指有 -teen 字尾的十三 (thirteen) 至十九 (nineteen) 歲少年、少女；在美國，通常十六歲或十七歲即可取得駕駛執照，十八歲就有選舉權》。

teen·er [ˈtinɚ; ˈtiːnə] *n.*《美》＝teen-ager.

teens [tinz; tiːnz] *n. pl.* **1** [**one's ~**] 十幾歲的年齡《★通常指十三歲至十九歲》：in [out of] one's ~ 在[已過]十幾歲的年齡/in one's early ~ 在十幾歲前期[的]/in one's late ~ 在十幾歲後期[的]。**2** 十幾歲的少年，少女(teen-agers).

teen·sy [ˈtinsɪ; ˈtiːnsi] *adj.*《兒語》＝teeny.

téensy-wéen·sy [-ˈwinsɪ; -ˈwiːnsi] *adj.* ＝teeny-weeny.

tee·ny [ˈtinɪ; ˈtiːni] *adj.* (**tee·ni·er**; **-ni·est**)《口語》很小的，極小的(tiny)：a ~ bit 一點點。

teen·y·bop·per [ˈtinɪˌbɑpɚ; ˈtiːnibɔpə] *n.* Ⓒ《口語》醉心於趕時髦，熱中於熱門音樂的九至十四歲的女孩子。

tée·ny-wée·ny [-ˈwinɪ; -ˈwiːni] *adj.*《兒語・口語》很小的，極小的。

tee·pee [ˈtipi; ˈtiːpiː] *n.* ＝tepee.

tée shìrt *n.* ＝T-shirt.

tee·ter [ˈtitɚ; ˈtiːtə] *v.i.* **1**《美》玩蹺蹺板。**2 a** 搖擺，搖搖欲墜。**b** 〔動(十介十(代)名)〕〔對…〕躊躇，猶豫不決〔*between*, *on*〕：~ ***between*** two choices 在兩種選擇之間猶豫不決。

—*n.* ＝teeter-totter.

téeter·bòard *n.* Ⓒ蹺蹺板。

tee·ter-tot·ter [ˈtitɚˌtɑtɚ; ˈtiːtətɔtə] *n.* Ⓒ蹺蹺板(seesaw).

‡**teeth** [tiθ; tiːθ] *n.* **tooth** 的複數。

teethe [tið; tiːð] *v.i.* 〈嬰兒〉生牙，長牙，出牙。

téeth·ing rìng [ˈtiðɪŋ-; ˈtiːðiŋ-] *n.* Ⓒ給長牙齒的嬰兒咬的環。

téething tróubles *n. pl.* **1** 出牙困擾《嬰兒長牙時之不適等》。**2** 任何事業初期所遭遇到的困難[辛苦]。

tee·to·tal [tiˈtotl̩; tiːˈtoutl ˊ] «源自 total (abstinence)；爲加強語氣，重複字首之 t»—*adj.* **1** 絕對戒酒(主義)的：a ~ pledge 絕對戒酒誓言/a ~ society 戒酒協會。**2**《口語》完全的，全然的。~·**ly** *adv.*

tee·tó·tal·ism [-tl̩ˌɪzəm; -tlizəm] *n.* Ⓤ絕對戒酒主義。

tee·tó·tal·(l)er [-tl̩ɚ; -tlə] *n.* Ⓒ絕對戒酒(主義)者。

tee·to·tum [tiˈtotəm; ˌtiːtouˈtʌm, tiːˈtoutəm] *n.* Ⓒ手轉陀螺，捻轉兒：like a ~ 旋轉著。

tee·vee [ˈtiˈvi; ˈtiːˈviː] *n.* Ⓒ《俚》電視(television, TV).

TEFL [ˈtɛfl̩; ˈtefl]《略》Teaching English as a Foreign Language 英語作爲外語的教學。

Tef·lon [ˈtɛflɑn; ˈteflɔn] *n.* Ⓤ《商標》鐵氟龍《具高度耐熱性，加有一層這種物質的鍋子，炒煎菜時食物不沾鍋》。

teg·u·lar [ˈtɛgjələr; ˈtegjulə] *adj.* **1** 瓦的；似瓦的。**2** 由瓦組成的。**3** 排列如瓦的。

teg·u·ment [ˈtɛgjəmənt; ˈtegjumənt] *n.* Ⓒ(動物身體等的)皮，覆皮；外殼。

te-hee [tiˈhi; tiːˈhiː] *interj.*, *n.*, *v.* ＝tee-hee.

Teh·ran, Te·he·ran [ˌtɪəˈrɑn, ˌtɛhəˈrɑn, tɛˈrɑn; ˌtiəˈrɑːn, ˌtehəˈrɑːn ˊ] *n.* 德黑蘭《伊朗的首都》。

tek·tite [ˈtɛktaɪt; ˈtektait] *n.* Ⓤ《地質》似曜岩類，熔融石，玻隕石。

tel.《略》telegram；telegraph；telephone.

tel·a·mon [ˈtɛləmən; ˈteləmən] *n.* (*pl.* **tel·a·mon·es** [ˌtɛləˈmoniz; ˌteləˈmouniːz])《建築》人[男]像柱。

Tel A·viv [ˈtɛləˈviv; ˈteləˈviːv] *n.* 特拉維夫《以色列一港市》。

tel·e- [tɛlə-; teli-], **tel-** [tɛl-; tel-] [複合用詞] **1** 表示「遠的」：*tele*phone. **2** 表示「電視的」：*tele*camera.

téle·càmera *n.* Ⓒ電視攝影機。

tel·e·cast [ˈtɛləˌkæst; ˈtelikɑːst] *n.* Ⓒ電視廣播。

—*v.t.* (~, ~·**ed**)以電視廣播…。

téle·communicátion *n.* Ⓤ [又作 ~**s**] (遠距離的)電訊(術)，電訊學：a ~(*s*) satellite 通訊衛星。

Tèle·cópier *n.* Ⓒ《商標》電話傳眞複印機《以電話線路傳送並複印文字等的機器；cf. Wirephoto》.

téle·còurse *n.* Ⓒ《美》電視教學課程《大學等藉電視廣播的「課程」》。

téle·elé·cònference *n.* Ⓒ(經由電訊傳達而舉行的)電報會議；電話會議；遠距離通訊會議。

téle·film *n.* Ⓒ電視影片。

tel·e·gen·ic [ˌtɛləˈdʒɛnɪk; ˌteliˈdʒenik ˊ] *adj.* 適合電視廣播[拍攝電視]的，適合上電視(鏡頭)的。

***tel·e·gram** [ˈtɛləˌgræm; ˈteligræm] *n.* Ⓒ電報：by ~ 用電報《★無冠詞》/ send a ~ 發電報。

télegram blànk [fòrm] *n.* Ⓒ電報紙。

***tel·e·graph** [ˈtɛləˌgræf; ˈteligrɑːf] *n.* **1 a** Ⓤ電訊，電報：by ~ 用電訊[電報]。**b** Ⓒ電報機。**2** [**T~**；用於報紙的名稱]…電訊：the *Daily T~* 每日電訊報《倫敦(London)的報紙名稱》。**3** (又作 **télegraph bòard**)Ⓒ《罕》(賽馬場等的)快報記分牌。

—*v.t.* **1** 打電報：**a** 〔十受〕用電報通知〈消息等〉：~ one's arrival 打電報通知(自己)抵達。**b** 〔十受〕打電報給〈人〉：Have you ~*ed* your father? 你已打電報給你父親了嗎？**c** 〔十受十受/十受十介十(代)名〕打電報通知〈人〉…；打電報通知〔人〕…〔*to*〕：Please ~ me the result.＝Please ~ the result ***to*** me. 請把結果用電報通知我。**d** 〔十受十介十(代)名〕打電報向〈人〉〔求…〕〔*for*〕：I ~*ed* him ***for*** help. 我打電報向他求助。**e** 〔十受十*to* do〕打電報通知〈人〉〈做…〉：*T~* her *to* come at once. 打電報通知她馬上來。**f** 〔(十受)十 *that*__〕打電報通知〈人〉〈…事〉：I ~*ed* (my father) *that* everything was all right. 我打電報告知(父親)一切安好。**2** 〔十受〕用電報(匯)寄…：She ~*ed* thirty dollars. 她用電報匯[電匯]了三十美元。**3** 〔十受(十介十(代)名)〕〔以表情[姿態]等〕委婉地傳達[暗示]〈心意等〉〔*with*〕：He ~*ed* his distress(***with*** his eyebrows). 他(皺眉)表達了他的苦惱。

—*v.i.* 〔動(十介十(代)名)〕打電報〔給…〕〔*to*〕：I ~*ed* ***to*** my father. 我打電報給家父。

te·leg·ra·pher [tə'lɛgrəfɚ; ti'legrəfə] *n.* Ⓒ報務員。

tel·e·gra·phese ['tɛlɪgræˌfiz; ˌteligrɑ:'fi:z] *n.* Ⓤ電報文體；極端簡潔的文體[說法]。

tel·e·graph·ic [ˌtɛlə'græfɪk; ˌteli'græfik⁻] «telegraph 的形容詞»**—***adj.* **1** 電訊的，電報的；電匯的：a ~ address 電報掛號/a ~ code 電信符號，電碼/ ~ instructions 電令，電示/a ~ message 電報，電文/a ~ picture 電報傳眞照片/a ~ transfer《英》電匯。**2** 電報機的。**3** 電報文體的，簡潔的。

tèl·e·gráph·i·cal·ly [-klɪ; -kəli] *adv.*

te·leg·ra·phist [tə'lɛgrəfɪst; ti'legrəfist] *n.* =telegrapher.

télegraph kèy *n.* Ⓒ發報電鍵。

télegraph lìne[wìre] *n.* Ⓒ電線；電信線路。

télegraph òperator *n.* Ⓒ報務員。

télegraph plànt *n.* Ⓒ《植物》舞草《豆科草本植物，原產熱帶亞洲》。

télegraph pòle[pòst] *n.* Ⓒ電線桿。

te·leg·ra·phy [tə'lɛgrəfɪ; ti'legrəfi] *n.* Ⓤ電報(術)。

téle·guìde *v.t.* 用無線電遙控指引〈飛彈等〉。

tel·e·mark ['tɛləˌmɑrk; 'telimɑ:k] *n.* Ⓒ(滑雪時的)弓步式轉彎，屈膝轉彎；擺動回轉急停。

tèle·mechánics *n.* Ⓤ(機器的)遙控[無線電]操作法。

tel·e·me·ter [tə'lɛmətɚ, 'tɛləˌmitɚ; 'telimi:tə] *n.* Ⓒ測距儀，測遠計《藉無線電將測得之資料傳到遠處的裝置》。

te·lem·e·try [tə'lɛmətrɪ; ti'lemitri] *n.* Ⓤ[集合稱]測距儀所傳遞資料之收集；測距[遙測]術。

tel·e·o·log·i·cal [ˌtɛlɪə'lɑdʒɪkl; ˌteliə'lɔdʒikl⁻] «teleology 的形容詞»**—***adj.* 目的論(式)的。**~·ly** [-klɪ; -kəli] *adv.*

tèl·e·ól·o·gist [-dʒɪst; -dʒist] *n.* Ⓒ目的論者。

tel·e·ol·o·gy [ˌtɛlɪ'ɑlədʒɪ; ˌteli'ɔlədʒi] *n.* Ⓤ《哲》目的論。

tel·e·path ['tɛləpæθ; 'telipæθ] *n.* Ⓒ有精神感應能力[心靈感應力]的人。

tel·e·path·ic [ˌtɛlə'pæθɪk; ˌteli'pæθik⁻] «telepathy 的形容詞»**—***adj.* **1** 精神[心靈]感應(上)的：~ clairvoyance 精神感應的千里眼。**2** 有精神[心靈]感應力的。

-i·cal·ly [-klɪ; -kəli] *adv.*

te·lep·a·thist [tə'lɛpəθɪst; ti'lepəθist] *n.* Ⓒ有精神感應力的人。

te·lep·a·thy [tə'lɛpəθɪ; ti'lepəθi] *n.* Ⓤ《心靈》精神[心靈]感應，傳心術。

‡**tel·e·phone** ['tɛləˌfon; 'telifoun] *n.* **1** Ⓤ[常 the ~]電話《★自動電話機的號碼盤上除了有從 1 到 0 的數字之外，還附有英文字母；0的數字寫著 operator(接線生)；★ 相關用語《口語》稱作 phone，略作 tel.；分機是 extension(略作 ext.)》：speak to a person *over*[*on*] *the* ~ =speak to a person *by* ~ 用電話跟人談話《★by ~ 無冠詞》/call a person *on the* ~ 打電話給某人/call a person *to the* ~ 叫某人聽電話/You are wanted *on* the ~. 有你的電話《★《口語》又說 *T*~ for you.》/We are not *on the* ~.《英》我們沒裝[沒有]電話(機)。

【說明】(1)在美國打公共電話時，要先投幣(coin)然後撥號(dial)，但在英國則除了上面這種電話外，還有一種是聽到對方聲音後才投幣的。由於接電話時往往不容易聽出對方是誰，所以最好是先讓對方說話，而不要馬上就問"Who is calling[speaking], please?"(請問你是哪一位?)比較有禮。對方通常會先問問號碼，如"Is this 26211(讀作 two six two one one)?"(請問是 26211 號嗎?)然後會接著介紹自己並說要找誰聽電話，如"This is Tom speaking. May I speak to Mr. Jones?"(我是湯姆，請鍾斯先生聽電話好嗎?)如果是鍾斯本人接電話，則可說"Speaking."(我就是。)或"This is he."(女性則說"This is she.")如果是親近的朋友，則可說"It's me."接到不是打給自己的電話，而對人說「是你的電話」時可以說"It's for you."對打錯號碼的人可以說"I'm sorry, you have the wrong number."; cf. operator【說明】

(2)在美國打公用電話的方法如下：電話機上面有三個投幣口(slot)，分別可投五分、一角、二角五分的硬幣。打市內電話通常要投二角五分的硬幣《cf. telephone number【說明】》，打市外電話時先投一角硬幣(有的地方要兩角)撥接線生(operator)呼出號碼，待接通對方後，接線生會告知通話費多少，然後在三個投幣口投入應投的硬幣就可開始通話。如果超過時間，接線生會預先通知，所以不必擔心。通完話掛斷電話(hang up)時，最先撥上送台的一角會掉回退幣口(coin return); cf. collect call【說明】

(3)在美國電話與電報都是私營的。電話由 Bell System 公司辦理，而電報主要是由 Western Union 公司辦理。

2 Ⓒ**電話機**：a public ~ 公共電話/a pushbutton ~ 按鈕[按鍵](式)電話機/have a ~ installed 裝電話(機)/May I use your ~? 我可以(借)用你的電話嗎?

—*adj.* [用在名詞前]電話的，有關電話的：a ~ girl《英》電話接線小姐/a ~ operator 電話接線生/a ~ message 電話談話[口信]/a ~ set 電話機/a ~ subscriber 電話用戶。

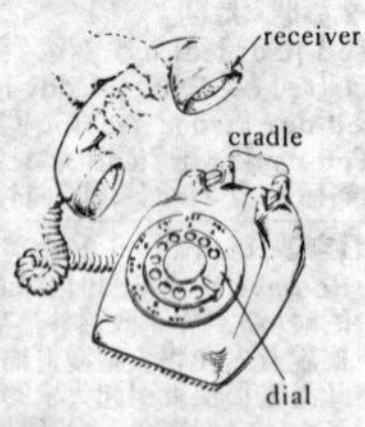

telephone 2

—*v.t.* **1** 打電話：**a** 〔十受〕打電話給〈人、地方等〉，打〈電話號碼〉：~ a person[London]打電話給某人[到倫敦]。**b** 〔十受十受/十受十介十(代)名〕以電話通知〈人〉〈消息等〉；以電話傳〈消息等〉〔給人〕〔*to*〕：I ~*d* him congratulations. =I ~*d* congratulations *to* him. 我打電話向他道賀。**c** 〔十受十介十(代)名〕打電話給〈人〉〔求…〕〔*for*〕：I ~*d* my teacher *for* advice. 我打電話向老師請教。**d** 〔十受十*to* do〕打電話通知〈人〉〈做…〉：He ~*d* the police *to* come at once. 他打電話請警察立刻來。**e** 〔十受十 *that*__〕打電話告知〈人〉〈…事〉：I ~*d* him *that* I would visit him this evening. 我打電話告訴他我晚上要去拜訪他。

2 〔十受十受/十受十介十(代)名〕以電話打給〈人〉〈賀電等〉；以電話打〈賀電等〉〔給人〕〔*to*〕：~ a person a congratulatory telegram= ~ a congratulatory telegram *to* a person 以電話委託電信局發賀電給某人。

—*v.i.* **1** 〔動(十介十(代)名)〕打電話〔給人〕〔*to*〕：~ *to* a person 打電話給某人。**2** 〔十 *to* do〕打電話〈做…〉：He ~*d to* say that he wanted to see me. 他打電話(來)說他想見我。**3** 〔十介十(代)名〕打電話叫[求]〔…〕〔*for*〕：~ *for* a taxi [a doctor] 打電話叫計程車[請醫生]。

télephone ín 《*vt adv*》以電話發出〈新聞等〉。

télephone bòok *n.* Ⓒ **1** 電話用戶號碼簿。**2** (個人抄錄的)電話號碼簿。

télephone bòoth [《英》**bòx**] *n.* Ⓒ公共電話亭。

télephone dirèctory *n.* =telephone book 1.

télephone exchànge *n.* Ⓒ電話交換臺，電話局。

télephone kìosk *n.*《英》=telephone booth.

télephone nùmber *n.* Ⓒ電話號碼。

【說明】(1)英美兩國的電話號碼，一般都是全部用數字表示。各都市的區域號碼，如臺北市的(02)，在美國稱爲 area code，而在英國則稱作 STD code，通常寫在市內電話號碼之前。如美國白宮的電話號碼是(202) 456-1414，其中的(202)就是區域號碼。倫敦市的區域號碼是(01)，莎士比亞的出生地的區域號碼是 0789. 有些地方的號碼是像 LU4-3471 這樣，頭兩字是代表局名略字的字母，再加上一位數的局碼，後面再加四位數字。

(2)電話號碼的讀法與普通號碼的讀法不同，要每個數字分開唸，但「零」字要唸成與英文字母的"O"同音。例如 269-4022 讀作 two six nine four O [o; ou] two two. 同樣兩數字相連，如 22 時，可讀作"double two"，但如果是在十位數及百位數的位置時，則要分開唸，如 3114 讀作 three one one four.

télephone pòle *n.* Ⓒ電話線桿。

tel·e·phon·ic [ˌtɛlə'fɑnɪk; ˌteli'fɔnik⁻] «telephone 的形容詞»**—***adj.* 電話(機)的，藉電話的，用電話傳送的。

tel·e·phon·ist [tə'lɛfənɪst; ti'lefənist] *n.* Ⓒ《英》電話技術員；電話接線生。

te·leph·o·ny [tə'lɛfənɪ; ti'lefəni] *n.* Ⓤ電話學[技術]：wireless ~ 無線電話。

tel·e·pho·to ['tɛləˌfoto; ˌteli'foutou, 'teliˌfoutou⁻] *adj.* [用在名詞前]用望遠鏡攝影的；電傳照相的：a ~ lens 遠距離照相用的透鏡。**—***n.* =telephotograph.

tèle·phótograph *n.* Ⓒ **1** 電傳照片。**2** 遠距離照片。

—*v.i.* **1** 用遠距離照相機拍攝。**2** 以傳眞法傳送。

—*v.t.* **1** 用遠距離照相機拍攝…。**2** 以傳眞法傳送〈照片〉。

tèle·photógraphy *n.* Ⓤ遠距離照相術；電報傳眞術。

tèle·photográphic *adj.*

tel·e·pho·tom·e·ter [ˌtɛləfo'tɑmɪtɚ; ˌtelifou'tɔmitə] *n.* Ⓒ遙測光度計。

tel·e·play ['tɛlɪˌple; 'teliplei] *n.* Ⓒ電視劇本。

téle·prìnter *n.* =teletypewriter 2.

tel·e·proc·ess·ing ['tɛləˌprɑsɛsɪŋ; ˌteli'prousesiŋ] *n.* Ⓤ電傳處理。

Tel·e·Promp·Ter ['tɛləˌprɑmptɚ; 'teliˌprɔmptə] *n.* Ⓒ《商標》電視提詞器《使臺詞逐行出現以協助演出者的裝置》。

tel·e·ran ['tɛləˌræn; 'teləræn] «*Tele*vision *R*adar *N*avigation 的頭字語»**—***n.* Ⓤ《航空》電視雷達導航儀《使飛機駕駛員在機場周圍一帶能藉著地面雷達明瞭附近所有飛機位置的系統》。

***tel·e·scope** ['tɛləˌskop; 'teliskoup] *n.* Ⓒ**望遠鏡**：a binocular ~ 雙眼望遠鏡/look at stars *through* [*with*] a ~ 用望遠鏡看星。

—*v.t.* 〔十受〕**1** 使…(像望遠鏡筒般)嵌入，使…套疊；使…(相撞而)嵌在一起：The two coaches were ~*d* by the collision. 那兩部客運汽車因互撞而嵌疊在一起。**2** 縮短…；使…套入，疊進，嵌進。

—*v.i.* **1** 嵌進，套疊；(因互撞等而)嵌疊。**2** 變短，縮短。

tel·e·scop·ic [ˌtɛləˈskɑpɪk; ˌteliˈskɔpik ˉ] 《telescope 的形容詞》—*adj.* **1** 望遠鏡的。**2** 〈風景等〉用望遠鏡看的。**3** (遠得)肉眼所看不到的：a ~ object 用望遠鏡才看得到的物體。**4** 套筒式的，伸縮自如的：a ~ tube 套筒管。**-i·cal·ly** [-klɪ; -kəli] *adv.*

tel·e·thon [ˈtɛləˌθɑn; ˈteliθɔn] 《*tele*vision 和 mara*thon* 的混合語》—*n.* Ⓒ《美》(尤指以募款爲目的之)(連續數小時的)馬拉松式電視節目。

Tel·e·type [ˈtɛləˌtaɪp; ˈtelitaip] *n.* Ⓒ《商標》電傳打字電報機(teletypewriter)之商標名。

—*v.t.* & *v.i.* [有時 t~] 用打字電報機拍發(電報)。

tèle·týpewriter *n.* Ⓒ **1** 電傳打字電報機。**2** 印刷電信機。

tel·e·van·ge·list [ˌtɛlɪˈvændʒəlɪst; ˌteliˈvændʒəlist] 《*tele*vision 和 e*vangelist* 的混合語》—*n.* Ⓒ電視佈道家。

tel·e·view [ˈtɛləvju; ˈtelivju:] *v.t.* 在電視機中收看…。

—*v.i.* 看電視。

tél·e·view·er *n.* Ⓒ電視收視者。

tel·e·vise [ˈtɛləˌvaɪz; ˈtelivaiz] 《源自 television 的逆成字》

—*v.t.* **1** 用電視播送，播映〈節目〉。**2** 由電視看…。

—*v.i.* 廣播電視節目。

‡**tel·e·vi·sion** [ˈtɛləˌvɪʒən; ˈteliˌviʒn, ˌteliˈviʒn] *n.* **1** Ⓤ電視《略作 TV；cf. telly 1》：He was watching ~. 他在看電視/I saw the Olympics *on* (the) ~. 我在電視上觀看奧運/He often appears *on* (the) ~. 他常常出現在電視上《★用法《美》通常無冠詞》。

【說明】美國的三大電視網爲 ABC (American Broadcasting Company)，CBS (Columbia Broadcasting System)，以及 NBC (National Broadcasting Company)，競爭非常激烈。由於電視的普及率已達百分之九十八，而遍布全國各地的電視台多達九百八十家，要爭取這些電視台的方法只有製作收視率高的節目，而這樣的節目又與龐大的廣告(commercial)收入有著密切的關連。英國主要的電視台有公民營的 BBC 以及民營的 ITV (*I*ndependent *T*ele*v*ision)。

2 (又作 **télevision sèt**) Ⓒ電視機。**3** Ⓤ電視(廣播)事業或媒體；有關電視方面的工作：He is in ~. 他從事有關電視方面的工作。

—*adj.* [用在名詞前] 電視的，藉電視的：a ~ camera 電視攝影機/~ commercials 電視廣告/a ~ station 電視臺。

te·le·vi·sion·al [ˈtɛləˌvɪʒənl; ˈteliˌviʒənl ˉ], **tè·le·ví·sion·àry** [-ˈvɪʒəˌnɛrɪ; -ˈviʒənəri ˉ] *adj.*

tel·e·vi·sor [ˈtɛləˌvaɪzɚ; ˈtelivaizə] *n.* Ⓒ **1** 電視播送[接收]機。**2** 電視播放者；收看電視者。

tèle·vísual *adj.* **1** 電視(播送)的。**2** 適於上電視(鏡頭)的。

tel·ex [ˈtɛlɛks; ˈteleks] 《*tele*printer 和 *ex*change 的混合語》

—*n.* **1** Ⓤ商務交換電報《打字電報機的用戶撥電話叫出對方之後，使用打字電報機直接發電報，使對方打字電報機收接電文的通訊方式》：by ~ 用[藉]商務交換電報。**2** Ⓒ(藉)商務交換電報發出或接收的訊息[通訊]。

—*v.t.* 用商務交換電報發出：**a** 〔十受〕用商務交換電報發出〈通訊〉。**b** 〔十受十受/十受十介十(代)名〕用商務交換電報發給〈人〉〈訊息〉；用商務交換電報發〈通訊〉〔給人〕〔*to*〕。**c** 〔十受十*to* do〕用商務交換電報通知〈人〉〈做…〉。**d** 〔(十受)十 *that*__〕用商務交換電報告知〈人〉〈…事〉。

—*v.i.* 用商務交換電報發出訊息。

tel·fer [ˈtɛlfɚ; ˈtelfə] *n.*, *adj.*, *v.t.* ＝telpher.

‡**tell** [tɛl; tel] (**told** [told; tould]) *v.t.* **1** 說。

【同義字】tell 是表示「告訴」之意的最常用的字；inform 較 tell 鄭重而正式；relate 指將自己所看到或經驗過的事順序地敍述；report 指將自己所調查的事報知他人。

a 〔十受〕講，述說〈故事、事實等〉：~ the truth 說實話/ ~ a lie 說謊。**b** 〔十受〕對〈人〉講，告訴〈人〉《★用法在內容上省略直接受詞，或是作爲成語的用法》：He asked where she lived and I *told* him. 他問她的住處，我告訴了他/I will ~ you. 我來告訴你《你且聽我說》/⇨ I (can) TELL you, You're TELLing me！**c** 〔十受十受/十受十介十(代)名〕告訴〈人〉…，對〈人〉講…；告訴〔人〕…，〔對人〕講…〔*to*〕：He *told* us his adventures.＝He *told* his adventures **to** us. 他告訴我們他的冒險故事/⇨(I'll) tell you WHAT. *pron.* **d** 〔十受十介十(代)名〕對〈人〉說〔…之事〕；傳達，告訴〈人〉〔有關…的事〕〔*of, about*〕：He *told* me **about** his name. 他把他名字的事講給我聽《★比較He told me his name. 指「說名字」，而 about his name 則指「說有關名字的由來等」》/I *told* him **of** her death. 我把她的死訊告訴他。**e** 〔十受十 *that*__〕告訴〈人〉〈…事〉《★用法用作間接引句的說法；此句子結構的被動語態爲 be *told* that...》：He *told* me *that* he liked baseball. 他告訴我他喜歡棒球《★變換可換寫成 He said to me, "I like baseball."》/He *told* me *that* he had finished reading the book. 他告訴我他已讀完那本書《★變換可換寫成 He said to me, "I have finished reading the book."》/So she *told* me. 她如此告訴我《★用法此 so 承接前句的內容，代替 *that* 子句》/I *told* you so！你看，我早就說過的《你就是不聽我的話》！**f** 〔十受十 *wh.*__/十受十*wh.*十*to* do〕告訴，告知〈人〉〈如何(做)…〉：*T*~ me *when* you will leave London. 告訴我你何時要離開倫敦/She will ~ you *what to* do. 她會教你怎麼做。

2 〔十受十*to* do〕吩咐，叫，命令，叮嚀〈人〉〈做…〉《★用法用作表示間接引句的說法》：He *told* me not *to* drive too fast. 他叫我(開車)不要開得太快《★變換可改寫成 He said to me, "Don't drive too fast."》/I was *told to* wear a suit. 他們叫我要穿成套的衣服/Do as you are *told*. 照被吩咐地去做[叫你怎麼做，你就怎麼做]《★省略 told 後面的 to do》。

3 [與 can, could 等連用] 知道：**a** 〔十受〕知道，懂…：He *cannot* ~ (the) time yet. 他還看不懂(鐘錶上的)時間《★用法《英》通常不省略 the》/I *can* ~ the time *from* the position of the sun. 我可以從太陽的位置知道時刻/You *can* ~ him *by* his voice. 你可以從他的聲音聽得出是他。**b** 〔十 (*that*)__〕看得出〈…事〉：One *can* ~ (*that*) she is intelligent. 任何人都看得出她聰明。**c** 〔十 *wh.*__/十*wh.*十*to* do〕[常用於否定句] 知道〈如何(做)…〉：He *couldn't* ~ *what to* do. 他不知道怎麼辦才好/There is *no* ~*ing when* he may come. 他何時會來，不得而知/*Nobody can* ~ *what* it is. 誰也說不清它是什麼。

4 [與 can, could 等連用] 分辨：**a** 〔十受十介十(代)名〕〔在兩者之間〕辨別，識別，辨識〈差異等〉〔*between*〕：You'll not *be able to* ~ the difference **between** them. 你(永遠)無法辨別他們之間的差異。**b** 〔十受十介十(代)名〕辨別…〔與…〕〔*from*〕：I *can't* ~ one twin **from** the other. 我無法辨別這對雙胞胎哪個是哪個。**c** 〔十受十副〕識別…〈*apart*〉：~ the twins **apart** 識別雙胞胎。**d** 〔十 *whether* [*if*]__〕辨別〈與否…〉：I *can*not ~ *whether* it is true (or not). 我無法辨別那是否眞實。

5 a 〔十受〕〈物等〉表露，顯示，表示…：Her face *told* her grief. 她臉上流露著憂傷/This signpost ~*s* the way to New York. 這個路標指示前往紐約的路/The clock ~*s* the time. 時鐘報時間。**b** 〔十受十 *that*__〕〈物〉對〈人〉顯示〈…事〉：A line of pink on the eastern horizon *told* me *that* daybreak was near. 東邊地平線上的一道粉紅光線使我知道天快要亮了。

6 〔十受〕《古》點〈數〉，計算…：⇨ tell one's BEADS/all *told* ⇨ tell 成語。

—*v.i.* **1 a** 〔動(十介十(代)名)〕〈人〉講，敍述，說〔…之事〕〔*of, about*〕：I'll ~ **about** [**of**] it. 我來講這件事。**b** 〔十介十(代)名〕〈物〉顯示，表露〔…〕〔*of*〕：His hands ~ **of** heavy labor. 他的雙手顯示他幹的是粗活。

2 〔動(十介十(代)名)〕密告，告發，洩漏〔他人之事〕；搬弄〔…的〕是非，打〔…的〕小報告〔*on*〕：Did he promise not to ~？他答應過不洩密嗎？/Helen *told* **on** her sister Mary. 海倫打妹妹瑪麗的小報告。

3 a 奏效；發生作用，影響；〈砲彈等〉命中：His experience will ~ in the end. 他的經驗終究會發揮作用/Money is bound to ~. 錢一定不會白花的[花了錢就一定有效果]/Every shot *told*. 百發百中。**b** 〔十介十(代)名〕〔對…〕奏效；〔對人、健康等〕發生作用；給予〔…〕影響〔*on, upon*〕：His age is beginning to ~ **on** [**upon**] him. 他開始顯得衰老了。**c** 〔十介十(代)名〕發生〔對…不利地〕作用[影響]〔*against*〕：Everything *told* **against** him. 事事對他不利。

4 [與 can, could 等連用] 知道，辨別：Nobody *can* ~.＝Who *can* ~？誰曉得/You never *can* ~. (將來之事)誰也不知道[不能斷定]/You *can* never ~. 這可就不知道了，誰都拿不準/You *can't* always ~ from appearances. 你不能老是從外表來分辨。

áll tóld 合計，總共 (cf. *v.t.* 6)：There were fifty of them, *all told*. 他們合計有五十人。

I (can) téll you 的確，眞地，誠然：The movie is worth seeing, *I can* ~ *you*. 那部電影的確值得一看。

Téll me anóther. 《口語》我不相信，我想你是在開玩笑吧。

téll óff 《*vt adv*》(1)申斥，責罵〈人〉：Betty was *told off* for being late. 貝蒂因遲到而挨罵。(2)《軍》分派〈人等〉〔工作〕〔*for*〕；〔十 *to* do〕分派〈人等〉〈去做…〉：Some of the soldiers were *told off for* guard duty [*to* guard the entrance]. 有些士兵被分派衛兵勤務[被分派去守衛入口]。

You're télling me！ 《口語》(不用你說)我清楚得很！

Tell [tɛl; tel], **William** *n.* 《瑞士傳說》威廉・泰爾《瑞士爭取獨立時與奧國作戰之英雄，相傳曾在奧國總督命令下，以箭射落置於其子頭上之蘋果》。

tell·a·ble [ˈtɛləbḷ; ˈteləbl] *adj.* **1** 可述說的，能說的。**2** 值得說的，說了有用的。

téll·er *n.* Ⓒ **1** 講話者，敍述者。**2 a** (銀行的)出納員：a deposit ～ 存款員/a paying [receiving] ～ 付款[收款]員。**b** (英國下院等投票時的)計票員。

téll·ing *adj.* **1** 會起作用的，有效的，有力的，顯著的，有反應的：a ～ speech [argument] 有力[有效]的演說[論點]/a ～ blow 有力的一擊/with ～ effect (由反應看來)效果顯著地。**2** (無意中)將感情[內心(等)]表露於外的：Her eyes are very ～. 她的眼睛非常傳情動人。～**·ly** *adv.*

téll·tàle *n.* Ⓒ **1** 喜歡揭人隱私的人；告密者；搬弄是非的人。**2** 暴露秘密[內情(等)]之事物，證據。**3** 自動指示器；計時器。**4** (風琴)風壓指示器。**5** (船的)舵角指示器。**6**《鐵路》觸簾《爲提醒貨車隨車人員火車駛近低矮陸橋或隧道而懸垂在軌道上空的繩簾》。

—*adj.* [用在名詞前]暴露秘密[內情(等)]的，掩飾不了的：a ～ blush 顯露內心的臉紅，暴露底蘊的赧色/The ～ scratches on the lock showed that it had been picked. 留在鎖上的刮痕顯示那鎖曾經被撬開過。

tel·lu·ri·on [tɛˈlurɪ͵an; teˈljuəriɔn] *n.* Ⓒ地球(轉動)儀《表示地球之位置與運轉如何形成晝與夜及四季循環之儀器》。

tel·lu·ri·um [tɛˈlurɪəm; teˈljuəriəm] *n.* Ⓤ《化學》碲《非金屬元素；符號 Te》.

tel·ly [ˈtɛlɪ; ˈteli] «television 之略的變形» **—***n.*《英口語》**1** Ⓤ [常 the ～]電視：I saw it on *the* ～. 我在電視上看到這件事。**2** Ⓒ電視機。

tel·pher [ˈtɛlfɚ; ˈtelfə] *n.* Ⓒ(電動)索道車。

—*adj.* (電動)索道車的。

—*v.t.* 以(電動)索道車運輸…。

tel·pher·age [ˈtɛlfərɪdʒ; ˈtelfəridʒ] *n.* Ⓤ索道運輸(系統)。

Tel·star [ˈtɛl͵star; ˈtelstɑː] *n.* Ⓒ《商標》通訊衛星《美國的電視轉播衛星》。

tem·blor [tɛmˈblɔr; temˈblɔː] «源自西班牙語» **—***n.* Ⓒ《美》地震(earthquake).

tem·er·ar·i·ous [͵tɛməˈrɛrɪəs; ͵teməˈrɛəriəs] *adj.* 鹵莽的；不顧一切的。

te·mer·i·ty [təˈmɛrətɪ; tiˈmerəti] *n.* **1** Ⓤ鹵莽，蠻勇，孟浪。**2** [the ～] [＋*to* do]〈做…的〉蠻勇，膽量：He had *the* ～ *to* suggest I resign. 他膽敢提議我辭職。

temp [tɛmp; temp] «temporary 之略» **—***n.* Ⓒ《口語》臨時僱員；(尤指)臨時雇請的秘書。

temp. 《略》temperature；temporal；temporary.

tem·per** [ˈtɛmpɚ; ˈtempə] «源自拉丁文「混合，調配」之義» **—n.* **1** Ⓒ [常與修飾語連用]**氣質**，性情；心情，情緒(⇨ mood¹【同義字】)：an even [equal] ～ (情緒穩定的)溫和的性情/a hot [quick, short] ～ 性急，暴躁/*in* a bad [good] ～ 心情不好[好]。**2** ⓊⒸ**性急**，**急躁**，**暴躁**；火氣，肝火，怒氣：*in* a ～ 發著脾氣，發怒著/*in* a fit of ～ 氣憤之餘，一時氣憤，一氣之下/have a ～ 《口語》脾氣暴躁/get *into* [*in*] a ～ 發起脾氣，動起肝火，發怒/show (signs of) ～ 面露怒色，動怒。**3** Ⓤ(受到挑釁時的)沉著；平靜；容忍，忍耐《★常用於下列片語》：keep one's ～ 忍住性子，抑住怒氣/lose one's ～ ＝《古》get *out of* ～ 發脾氣，動怒/put a person *out of* ～ 使某人發脾氣《★比較 一般用 make a person lose his temper》/recover one's ～ 恢復平靜，息怒。**4** Ⓤ(鋼鐵等的)淬硬，鍛鍊；硬度；回火；彈性。

—*v.t.* **1** [＋受(＋介＋(代)名)] [以…]**調節**，**調整**，**緩和**，**節制**…[*with*]：～ one's excessive grief 節制[緩解]過度的哀傷/～ criticism ***with*** reason 以理智緩和批評/ ～ strong drink *with* water 攙水沖淡烈酒。**2** [＋受]**淬硬**，**鍛鍊**〈鋼鐵等〉；捏，揉和〈黏土等〉：Steel is ～*ed* by heating and sudden cooling. 鋼是加熱後突然淬冷而鍊成的。**3** [＋受]《音樂》調準，整調〈樂器〉。

tem·pe·ra [ˈtɛmpərə; ˈtempərə] *n.* Ⓤ《繪畫》**1** 蛋彩用醋水和蛋黃調和製成的顏料。**2** 蛋彩畫法《用醋水和蛋黃調和成的顏料作畫的一種畫法》。

tem·per·a·ment [ˈtɛmpərəmənt; ˈtempərəmənt] «源自拉丁文「混合」之義；cf. 1 b【說明】» **—***n.* **1** ⓊⒸ**a** **氣質**，性情(⇨ character A 2【同義字】)：He is of a nervous ～. 他有點神經質/He is excitable *by* ～. ＝He has an excitable ～. 他性情易興奮。**b** 體質《★昔時的生理學認爲個人的體質依四種體液(humors)的調合而決定》：a choleric [melancholic, phlegmatic, sanguine] ～ 膽汁[憂鬱，黏液，多血]質。**2** Ⓤ暴躁的性情，容易衝動的氣質。

tem·per·a·men·tal [͵tɛmpərəˈmɛntḷ; ͵tempərəˈmentl˝] «temperament 的形容詞» **—***adj.* **1** 氣質上的，隨情緒而異的。**2** 神經質的；心情多變化的，易怒的：a ～ person 喜怒無常的人。

tèm·per·a·mén·tal·ly [-tḷɪ; -təli] *adv.* 在氣質上，生性地，生來地：He's ～ unsuited to this work. 他生性並不適合這個工作。

tem·per·ance [ˈtɛmpərəns; ˈtempərəns] «temperate 的名詞» **—***n.* Ⓤ **1** 節制，適度[*in*]：～ *in* speech and conduct 言行的節制。**2** 節酒，戒酒(主義)。

témperance hotél *n.* Ⓒ不賣酒的旅館。

tem·per·ate [ˈtɛmpərɪt; ˈtempərət] «源自拉丁文「被調整的」之義» **—***adj.* (**more** ～；**most** ～) **1 a**〈人、行動等〉**有節制的**，不過分的，適度的，撙節的，中庸的，穩健的；溫和的：a man of ～ habits 有節制的人/a ～ speaker 說話有節制的人。**b** [不用在名詞前] [＋介＋(代)名] [在…方面]有節制的[*in*]：He is ～ ***in*** eat*ing* and drink*ing*. 他飲食有節制。**c** 節酒的，戒酒的。**2**〈氣候〉**溫和的**，溫暖的；〈地區〉氣候溫暖的：a ～ region [climate] 溫暖地區[氣候]。～**·ly** *adv.*

Témperate Zòne *n.* [**the** ～] 溫帶(cf. Frigid Zone, Torrid Zone)：*the* North [South] ～ 北[南]溫帶。

‡**tem·per·a·ture** [ˈtɛmpərətʃɚ; ˈtempərətʃə] *n.* ⓊⒸ **1** (溫度計上所指示的)**溫度**，氣溫：atmospheric ～ 氣溫/a change of [in] ～ 氣溫的變化/The ～ went up [climbed up] to 30°. 氣溫升到三十度/What's the ～? 現在的氣溫是幾度？

【說明】在英美兩國，日常生活中提到溫度時，除非特別言明是攝氏(C)，通常是指華氏(F)；cf. centigrade, Fahrenheit.

2 a **體溫**：Now, I will take your ～(*s*). 我來量量你(們)的體溫。**b**《口語》高燒，發燒狀態：have [run] a ～〈病人〉發高燒。

【說明】量體溫時，習慣上通常是把體溫計(clinical thermometer)夾在腋下或放在舌頭下。英美兩國體溫計上的標示通常用華氏而不用攝氏。關於體溫的慣用語如下：I have a fever of 104°F. (我發燒到華氏一百零四度)(相當於攝氏四十度)《★104°F 讀作 one hundred and four degrees Fahrenheit》；The fever passed. (燒已退了)；The fever went up. (熱度升高了)；cf. unit 插圖。

témperature grádient *n.* Ⓒ《氣象》氣溫梯度。

témperature-humídity índex *n.* Ⓒ [常 **the** ～] 溫濕指數《★從前稱作 discomfort index (不舒適指數)；略作 THI》.

tém·pered *adj.* **1** [常構成複合字]有(某種)氣質的；有(某種)脾氣的：hot- [short-] *tempered* 有火爆[容易發]脾氣的/good-*tempered* 脾氣好的。**2**〈鋼〉淬鍊過的。

tem·pest [ˈtɛmpɪst; ˈtempist] *n.* Ⓒ《文語》**1** 風暴，暴風雨[雪]。**2** 大騷亂，騷動：a ～ *of* weeping 大聲哭喊。

tem·pes·tu·ous [tɛmˈpɛstʃuəs; temˈpestjuəs˝] «tempest 的形容詞» **—***adj.* 《文語》**1** (有)風暴的，(有)暴風雨[雪]的：a ～ sea 波濤洶湧的海。**2** 激烈的，猛烈的；狂暴的，動亂的，動盪的：～ rage 暴怒/the most ～ period in history 歷史上最爲動亂的時期。～**·ly** *adv.* ～**·ness** *n.*

tem·pi *n.* tempo 的複數。

Tem·plar [ˈtɛmplɚ; ˈtemplə] *n.* **1** [有時 t～] Ⓒ(在 London 法學院 the Inner Temple 或 the Middle Temple 設有事務所的)律師(barrister)，法學學生(cf. the INNS of Court). **2** Ⓒ聖堂武士《1118 年左右在耶路撒冷組織，負責保衛聖墓及參詣聖地朝聖者的武士團之一員》。**3** Ⓒ《美》互濟會(Freemasons)之一會員。

tem·plate [ˈtɛmplɪt; ˈtemplit] *n.* Ⓒ **1** (切割金屬、石材、木材等時使用的)樣板，模板。**2**《建築》承梁短木或短石；門口支桁之梁。**3**《造船》(支持龍骨的)楔木。**4**《生化》(核酸的)模子。

‡**tem·ple**¹ [ˈtɛmpḷ; ˈtempl] «源自拉丁文「被劃分出來的場所」之義» **—***n.* Ⓒ **1** (基督教以外的佛教、印度教、猶太教等的)**神殿**，**廟**，寺，祠堂。**2** (摩門教的)教堂，禮拜堂。**3** [又作 T～] 猶太人在古都耶路撒冷所建三廟宇之一。**4** [又作 T～] 所羅門王在耶路撒冷所建三廟中之第一所。**5** [T～] 聖堂武士(Knights Templars)在倫敦之住所。**6** (在人們心目中的)殿堂：a ～ of art [music] 藝術[音樂]的殿堂。

tem·ple² [ˈtɛmpḷ; ˈtempl] *n.* Ⓒ **1** 太陽穴。**2**《美》眼鏡兩側的支架之一。

tem·plet [ˈtɛmplɪt; ˈtemplit] *n.* ＝template.

tem·po [ˈtɛmpo; ˈtempou] «源自義大利語「時間」之義» **—***n.* Ⓒ (*pl.* ～**s**, **-pi** [-pi; -piː]) **1** 速度，拍子：the fast ～ of modern life 現代生活的快節奏。**2**《音樂》拍子，速度。

tem·po·ral¹ [ˈtɛmpərəl; ˈtempərəl] «源自拉丁文「時間的」之義» **—***adj.* **1** 現世的，塵世的，此世的；世俗的，俗界的：～ prosperity 現世的成功。**2** [常置於名詞之後] (對神職者、教會而言的)非神職的，教外的：the ～ peers＝the lords ～《英》神職人員以外的上院議員/ ～ power (神職者，尤指教宗的)俗權《在世俗事方面的權力》。**3**《文法》表示時間的；時式[時態]的：a ～ clause [conjunction] 表示時間關係的(副詞)子句[連接詞]。**4** (對空間而言的)時間的：a ～ restriction 時間的限制。**5** 暫時的，一時的。～**·ly** *adv.*

tem·po·ral² [ˈtɛmpərəl; ˈtempərəl] «temple² 的形容詞» **—***adj.* 《解剖》太陽穴的，顳顬的：the ～ bone 顳骨。

tem·po·ral·i·ty [ˌtɛmpəˈrælətɪ; ˌtempəˈræləti] «temporal[1] 的名詞»—*n.* **1** Ⓤ(對永恆而言的)暫時性，無常。
2 Ⓤ一時的事物。
3 Ⓒ[常temporalities]教會的收入[財產]。
tem·po·rar·i·ly [ˈtɛmpəˌrɛrəlɪ; ˈtempərərəli] *adv.* 暫時地，一時地；臨時地。
tem·po·rar·y [ˈtɛmpəˌrɛrɪ; ˈtempərəri] «源自拉丁文「只持續一時的」之義»—*adj.* (無比較級、最高級)一時的，無常的，短暫的；暫時的，臨時的(↔ permanent) (⇨ momentary【同義字】)：the ~ headquarters 臨時總部。**tém·po·rar·i·ness** *n.*
tem·po·rize [ˈtɛmpəˌraɪz; ˈtempəraiz] *v.i.* **1** 敷衍一時，採姑息手段，因循。**2** (不立即解決而)遷延，拖延時間，延宕。**3** 順應時勢，妥協，見風轉舵：a *temporizing* politician 一個順應時勢的政客。
tem·po·ri·za·tion [ˌtɛmpəraɪˈzeʃən; ˌtempəraiˈzeiʃn] *n.*
tempt [tɛmpt; tempt] «源自拉丁文「試(力)」之義»—*v.t.* **1 誘惑**，迷惑，引誘，勾引；教唆：**a** 〔十受〕誘惑〈人〉(陷入惡行、享樂之中)：The serpent ~*ed* Eve. 蛇誘惑了夏娃。**b** 〔十受十介十(代)名〕誘惑〈人〉〔陷入惡行、享樂之中〕〔*to, into*〕：Nothing could ~ her **to** evil. 什麼也不能引誘她做壞事/His friends ~*ed* him **into** gambling. 他的朋友引誘他賭博。**c** 〔十受十*to* do〕誘惑〈人〉〈做…〉：The sight ~*ed* him *to* steal. 看到那樣子使他起了盜心。
2 a 〔十受十介十(代)名〕使〈人〉想〔做…〕〔*into*〕：The stand outside displayed various articles to ~ people **into** buy*ing*. 外面的攤子擺出各色各樣的商品誘使人買。**b** 〔十受十副〕將〈人〉誘(出，進等)，誘使〈人〉(…)〈*out, away, off*〉：The fine weather ~*ed* me **out**. 好天氣吸引我出去。**c** 〔十受十 *to* do〕誘使〈人〉〈做…〉：The fine weather ~*ed* me *to* go out for a walk. 好天氣吸引我出去散步/I am [feel] ~*ed to* try it again. 我想再試它一次。
3 〔十受〕引起…之心；引起〈食慾等〉；使…動心：This dish ~*s* me. 這道菜使我看了食指大動/She was strongly ~*ed* by his offer. 她深深地被他的求婚打動了心。
témpt fáte [**Próvidence**] 違背神意，無視神明(而冒險)，冒大險：Don't ~ *fate*! 不要鹵莽行事！/It is ~*ing Providence* to go out in this heavy snow. 在這大雪之中出去實在是太冒險了。
tempt·a·ble [ˈtɛmptəbl; ˈtemptəbl] *adj.* 可[易被]誘惑的。
temp·ta·tion [tɛmpˈteʃən; tempˈteiʃn] «tempt 的名詞»—*n.* **1** Ⓤ **a 誘惑**：fall into ~ 陷入誘惑，受誘惑/lead a person into ~ 使人受到誘惑/put [throw] ~ in the way of a person 企圖[設計]誘惑某人。**b** 〔十 *to* do〕〈心想做…的〉誘惑：He could not resist the ~ *to* steal. 他經不起[無法抗拒]想要偷竊的誘惑。**2** Ⓒ **a** 誘惑物，誘惑的魔手，引誘人心之物：That candy is a ~. 那糖果是一種誘惑。**b** 〔十 *to* do〕〈使做…的〉誘惑物，魔力：~*s* *to* commit a crime 使人犯罪的誘惑。
témpt·er *n.* **1** Ⓒ誘惑者[物]。**2** [**the T~**]惡魔，魔鬼，撒旦。
témpt·ing *adj.* 迷人的，吸引人的，誘人的；引人心動[食慾]的：a ~ offer 一個引人動心的建議。**~·ly** *adv.*
tempt·ress [ˈtɛmptrɪs; ˈtemptris] «女性的 tempter»—*n.* Ⓒ引誘[迷惑]人的婦女，妖婦。
‡**ten** [tɛn; ten] *adj.* **1** [用在名詞前]十的，十個的，十人的：He is ~ years old [of age]. 他十歲/~ times as big 大十倍。**2** [不用在名詞前]十歲的：He is ~. 他十歲。**3** (含糊地指)很多的：I'd ~ times rather do.... 我一百個願意去做…。
—*n.* **1 a** ⓊⒸ[通常無冠詞](基數的)十：~*s* of thousands 好幾萬/Two times five is ~. 二的五倍[二乘五]是十。**b** Ⓒ十的記號[數字]《10, x, X》。**2** Ⓤ十時；十歲；十美元[英鎊，分，便士(等)]：at ~ 於十時/a child of ~ 一個十歲的孩子。**3** Ⓒ十個[人]一組。**4** Ⓒ(紙牌等的)十點。
tén (**for**) **a pénny** ⇨ penny.
tén to óne 十之八九，十拿九穩：It is ~ *to one* (that) he will forget about it. 他十之八九會忘記這件事/*T~ to one* you will be chosen. 你十拿九穩準會被選上。
—*pron.* [當複數用]十個，十人：There are ~. 有十個[人]。
ten·a·ble [ˈtɛnəbl; ˈtenəbl] *adj.* **1 a** 〈要塞等〉經得起攻擊的，可守的，守得住的。**b** 〈論點等〉可主張的，可辯護的，站得住腳的，有條理的。**2** [不用在名詞前]〔十介十(代)名〕〈地位、官職等〉〔在…的期間〕可維持的，可保住的〔*for*〕：a scholarship ~ **for** three years 可保持三年的獎學金。
ten·a·bil·i·ty [ˌtɛnəˈbɪlətɪ; ˌtenəˈbiləti] *n.*
te·na·cious [trˈneʃəs; tiˈneiʃəs] «源自拉丁文「確實保持的」之義»—*adj.* **1 a** 緊握不放的，抓住不放的，握緊的：a ~ grip 緊握。**b** [不用在名詞前]〔十介十(代)名〕緊握著〔…〕的；堅持〔意見、主義等〕的〔*of*〕：The snake is ~ **of** life. 蛇不易死/He is ~ **of** his opinions. 他固執己見。**2** 黏性大的；不屈不撓的，頑強的。**3** 〈記憶力〉強的：have a ~ memory 記憶力非常強的。
~·ly *adv.* **~·ness** *n.*

te·nac·i·ty [tɪˈnæsətɪ; tiˈnæsəti] «tenacious 的名詞»—*n.* Ⓤ **1** 固執。**2** 黏性大；頑強，不屈不撓。**3** 強記憶力。
ten·an·cy [ˈtɛnənsɪ; ˈtenənsi] *n.* **1** Ⓤ租借，租賃。**2** Ⓒ租賃期間，佃耕的期間。
ten·ant [ˈtɛnənt; ˈtenənt] *n.* Ⓒ **1** (土地、房屋等的)**租用者**，房客，租地人，佃農。**2** 居住者：~*s of* the woods [trees] 鳥類。
—*v.t.* 租用，(租)住〈土地、房屋〉《★常用被動語態》：The house *is* ~*ed* by a politician. 這所房屋由一位政客租住。
ténant fármer *n.* Ⓒ佃農。
ténant fárming *n.* Ⓤ佃耕。
ten·ant·ry [ˈtɛnəntrɪ; ˈtenəntri] *n.* **1** Ⓤ租地人[佃農，房客]的地位[身分]。**2** Ⓤ租賃；佔有。**3** Ⓒ[集合稱]租地人，佃農，房客，租戶《★用法視為一整體時當單數用，指個別成員時當複數用》。
tén-cént stòre *n.* Ⓒ《美》一角商店，賣廉價雜貨的商店。
tench [tɛntʃ; tentʃ] *n.* Ⓒ(*pl.* ~·**es**, ~)《魚》丁鱥《歐洲產鯉科淡水魚》。
Tén Commándments *n. pl.* [**the** ~]《聖經》十誡 (the Decalogue).

【說明】指聖經「出埃及記」中所記載摩西(Moses)在西奈(Sinai)山頂由耶和華所授的十條誡律；這十條誡律是基督教社會的根本誡律，其大意如下：(1)耶和華以外，不可有別的神；(2)不可雕刻或跪拜偶像；(3)不可妄稱神的名；(4)當守安息日；(5)當孝敬父母；(6)不可殺人；(7)不可姦淫；(8)不可偷盜；(9)不可作假見證；(10)不得有貪慾。

‡**tend**[1] [tɛnd; tend] «源自拉丁文「伸展，取航向」之義»—*v.i.* **1 a** 〔十 *to* do〕有〈做…的〉**傾向**[**趨勢**]，易於〈做…〉：Woolens ~ *to* shrink. 毛織品易於縮水/We ~ *to* use more and more electric appliances in the home. 在家庭使用電化製品有越來越多之趨勢。**b** 〔十介十(代)名〕有〔…的〕傾向[趨勢]〔*to, toward*〕：He ~*s* **to** [**toward**] selfishness. 他有自我本位[自私]的傾向。
2 a 〔十 *to* do〕〈對於做…〉有所幫助，有裨益：Good health ~*s* *to* make people cheerful. 健康有益於使人愉快。**b** 〔十介十(代)名〕〔對…〕有所幫助，有裨益；有貢獻〔*to, toward*〕：Our organization will ~ **to** the improvement of society. 我們的組織將爲社會風氣[體制]的改善作出貢獻。
3 〔十副詞(片語)〕〈路等〉通向，通往，伸向；朝向(…)：This road ~*s south* [*to* the south, *toward* the coast] here. 這條馬路在這裏通向南[伸向南方，伸往海岸方向]/Prices were ~*ing downward* [*upward*]. 物價趨向下跌[上漲]。
tend[2] [tɛnd; tend] «attend 字首消失的變體字»—*v.t.* **1 a** 照顧，看護，照料〈病人、小孩等〉：She ~*ed* the sick and wounded. 她看護病人和傷者。**b** 保養〈機器等〉，照料〈動、植物等〉：~ the crops 照料農作物。**2 a** 看守〈家畜等〉。**b** 看管〈店〉。
—*v.i.* 〔十介十(代)名〕**1**《文語》伺候，服侍〔人〕〔*on, upon*〕：~ **on** a patient 服侍病人。**2**《美》注意，留意，留心〔…〕〔*to*〕：*T~* **to** your own affairs, please. 請您留意自己的事《請少管閒事》。
***ten·den·cy** [ˈtɛndənsɪ; ˈtendənsi] «tend[1] 的名詞»—*n.* Ⓒ **1 a** 〔十 *to* do〕〈…的〉**趨勢**，傾向：Juvenile crimes are showing a ~ *to* increase. 少年犯罪有增加的趨勢。**b** 〔十 *for*十(代)名十 *to* do〕〔某事物〕〈有…的〉**趨勢**：There is a ~ *for* unstressed vowels *to* disappear. 弱母音漸趨消失。**c** 〔向…的〕趨勢，傾向〔*to, toward*〕：The ~ is *toward* higher prices. 物價趨向於上漲。
2 a 〔十 *to* do〕〈…的〉**性向**，**癖性**：Girls have a stronger ~ *to* chatter than boys. 女孩子較男孩子性好饒舌。**b** 〔對…的〕性向，癖性〔*to, toward*〕：He has a ~ *toward* music. 他的性向傾向音樂。
3 (表現於作品、言詞等的社會的或政治的)某種傾向，意向，旨趣，意圖：a ~ novel 傾向性小說。
ten·den·tious [tɛnˈdɛnʃəs; tenˈdenʃəs] «tendency 3 的形容詞»—*adj.* 〈文件、言論等〉傾向某種立場的，宣傳性的，偏向某方的，有目的的。
***ten·der**[1] [ˈtɛndɚ; ˈtendə] «源自拉丁文「柔軟的」之義»—*adj.* (~·**er**; ~·**est**) **1 a** 〈肉等〉**柔軟的**，嫩的(↔ tough)：⇨ tenderloin. **b** 〈色、光、音調等〉柔和的，柔弱的：the ~ green of new leaves 新葉的嫩綠。
2 a 脆弱的，**纖弱的**，**虛弱的**，**嬌嫩的**：a ~ constitution 虛弱的體質。**b** (對於寒暑)易受傷的：~ plants 嫩而易折的幼苗。
3 一觸就痛的；易感的，敏感的，善感的：~ skin 敏感的皮膚/a ~ spot 疼痛處，要害，弱點/He has a ~ conscience. 他心腸溫厚[很軟]《他有容易感到不安的敏感的良心》。
4 體貼溫柔的；仁慈的；親切的；有慈悲心的，愛憐的：a ~ heart 軟心腸/the ~ emotions 愛情，慈悲心，憐憫心/the ~ passion(s) [sentiment(s)] 愛情；戀情。
5 年幼的，幼稚的，未成熟的：a child of ~ years 年幼的[涉世未深的]孩子。
6〈問題等〉微妙的，需要技巧或仔細應付的，難處理的：a ～ topic[subject]敏感的問題/a ～ situation 難處理的狀況。
7 [不用在名詞前]〔十介十(代)名〕擔心著〔…〕的，考慮到〔…〕的；顧慮著〔…〕的，生怕〔…〕的〔*of*〕：He is ～ *of* his honor. 他愛惜名譽/She was ～ *of* hurt*ing* his feelings. 她唯恐傷害他的感情。

ten·der² [ˋtɛndɚ; ˈtendə] 《與 tend¹ 同字源》**—*v.t.*** **1**〔十受(十介十(代)名)〕〔向…〕**提供，提出…**〔*to*〕：～ one's thanks [apologies] 表示謝意[歉意]/The engineer ～*ed* his resignation *to* the chief. 那個工程師向他的主管提出辭呈。**2**〔十受〕支付，償還〈錢、金額〉。
—*v.i.*〔動(十介十(代)名)〕〔爲承包工程等而〕投標〔*for*〕：～ *for* the construction of a new bridge 爲承建一座新橋而投標。
—*n.* **1** Ⓒ **a** 提出，提供〔*of*〕. **b** 提供物。**2** Ⓒ承包估價單，投標〔*for*〕. **3** Ⓒ《法律》法定貨幣(legal tender)；Ⓤ償還債務的手段。

ténd·er³ [ˋtɛndɚ; ˈtendə] 《源自 tend²》**—*n.*** Ⓒ **1** 看護者，照料者，看守者，監督：⇨ bartender. **2 a**〈往返於碼頭和大船之間載運人或補給品等的〉駁船，補給船。**b**〈火車頭後的〉煤水車廂。

ténder·fòot *n.* Ⓒ(*pl.* ～**s, -feet**) **1**《美》〈拓墾荒地等的〉新加入者。**2** 生手，新手。

ténder·héarted *adj.* 軟心腸的；有同情心的；易感動的；情深的；慈善的。～**·ly** *adv.* ～**·ness** *n.*

ten·der·ize [ˋtɛndəˏraɪz; ˈtendəraiz] *v.t.* 使…細嫩；使…柔和；使…柔軟。

ténder·lòin *n.* Ⓤ[指肉片個體時爲Ⓒ] 腰部嫩肉《牛、豬腰肉的下部；爲最柔嫩的部分；cf. sirloin》.

ten·der·ly [ˋtɛndɚlɪ; ˈtendəli] *adv.* 溫柔地；親切地。

ten·der·ness [ˋtɛndɚnɪs; ˈtendənis] *n.* Ⓤ **1** 溫柔；親切；慈悲心。**2** 柔軟；柔嫩；嬌弱。

ten·don [ˋtɛndən; ˈtendən] *n.* Ⓒ《解剖》腱：⇨ Achilles (') tendon.

ten·dril [ˋtɛndrɪl; ˈtendril] *n.* Ⓒ **1**《植物》卷鬚。**2** 卷鬚狀之物。

ten·e·brous [ˋtɛnəbrəs; ˈtenibrəs] *adj.* **1** 暗黑的；陰沉的；陰暗的。**2** 難以了解的；難懂的。

ten·e·ment [ˋtɛnəmənt; ˈtenimənt] *n.* Ⓒ **1** (租戶(tenant)所保有的)租地，租屋。**2** (又作 **ténement hòuse**)(貧民街等的)廉價公寓。

ten·et [ˋtɛnɪt, ˋtinɪt; ˈti:net, ˈten-, -nit] *n.* Ⓒ (個人或集團所信奉的)主義，教義。

tén·fòld *adj.* **1** 十倍[重]的。**2** 有十個部分[要素]的。
—*adv.* 十倍[重]地。

tén-gàllon hát *n.* Ⓒ《美》(美國牛仔戴的)寬邊高呢帽。

ten-gallon hat

【字源】這是指美國西部牛仔喜歡戴的寬邊高呢帽，這種帽子可以用來裝水及搧風生火等。此字並非指容積大得幾乎可以裝十加侖《★《美》約等於 3.81 公升》之意，而是源自墨西哥 sombrero gallon(有帶子的帽)；cf. sombrero.

Tenn. 《略》Tennessee.

ten·ner [ˋtɛnɚ; ˈtenə] *n.* Ⓒ **1**《美口語》十美元紙幣。**2**《英口語》十英鎊紙幣(cf. fiver 2).

Ten·nes·see [ˏtɛnəˋsi; ˌtenəˈsi:] 《源自北美印地安語「(有)大彎曲(的河流)」之義》**—*n.*** **1** 田納西州《美國東南部的一個州，首府諾希維爾(Nashville)；略作 Tenn.,《郵政》TN；俗稱 the Volunteer State》. **2** [**the** ～] 田納西河《發源於田納西州(Tennessee)東北部，流入俄亥俄(Ohio)河》。

Ténnessee Válley Authòrity *n.* [**the**～] 田納西河流域管理局《在田納西河建築水壩，從事發電、治水、用水等事業；略作 TVA》.

‡**ten·nis** [ˋtɛnɪs; ˈtenis] 《源自法語「接」之義；由於發球時向對方說「接(球)！」》**—*n.*** Ⓤ**網球**(cf. lawn tennis)：play ～ 打網球。

【說明】網球比賽由 game (盤) 形成 set (局)，由 set 形成 match (一場比賽)；比賽的方式是在一個 game 中先得四分(love 代表零分，fifteen 爲一分，thirty 爲兩分，forty 爲三分，game 表示一盤結束)者獲勝；在一個 set 中先贏六個 game 者獲勝；一次 match 中所含的 set 數依比賽項目的種類而異，以先贏五個 set 中之三個 set 或三個 set 中之兩個 set 者爲比賽的獲勝者。

ténnis bàll *n.* Ⓒ網球用球。

ténnis còurt *n.* Ⓒ網球場。

ténnis èlbow *n.* Ⓤ《醫》網球肘發炎《因打網球而引起的肘部關節炎》。

ténnis shòe *n.* Ⓒ[常～s] 網球用運動鞋。

Ten·ny·son [ˋtɛnəsn̩; ˈtenisn], **Alfred** *n.* 但尼生《1809-92；英國桂冠詩人》。

ten·on [ˋtɛnən; ˈtenən] *n.* Ⓒ《木工》榫(⇨ mortise 插圖)。

ten·or¹ [ˋtɛnɚ; ˈtenə] 《源自拉丁文「保持，前進的道路」之義》**—*n.*** Ⓒ [常用單數]《文語》**1**〔人生的〕方針，道路，路程，進程〔*of*〕：the even ～ *of* (one's) life 沒有變化[平穩]的日常生活。**2** 要旨，大意〔*of*〕：the ～ *of* this story 這個故事的大意。

ten·or² [ˋtɛnɚ; ˈtenə] 《源自拉丁文「保持，擔任」之義；因擔任固定旋律故稱》**—*n.*** 《音樂》**1 a** Ⓤ男高音《成人男子歌唱聲域中，介於最高的 countertenor 和 baritone 之間的聲域；⇨ bass¹ [相關用語]》。**b** Ⓒ男高音部。**2** Ⓒ男高音歌手；次中音樂器《viola 等》。
—*adj.* 男高音[次中音]的：a ～ voice 男高音的聲音。

ténor cléf *n.* Ⓒ《音樂》次中音譜號。

ten·pen·ny [ˋtɛnˏpɛnɪ, -pənɪ; ˈtenpəni] *adj.* 《英》十便士的。

ten·per·cent·er [ˋtɛnpɚˋsɛntɚ; ˈtenpəˈsentə] *n.* (又作 **tén percénter**) Ⓒ演員之經紀人《其報酬爲演員收入之十分之一，故名》。

tén·pìn *n.* 《美》**1** [～s；當單數用] 十柱保齡球《以滾球擊倒十支瓶形木柱的類似 bowling(保齡球，又稱 ninepin)的遊戲》。**2** Ⓒ十柱保齡球用的木柱。

tense¹ [tɛns; tens] 《源自拉丁文「被拉長的」之義》**—*adj.*** (**tens·er; tens·est**) **1 a**〈繩索等〉**拉緊的**，拉緊的。**b**〈神經、感情、人等〉緊張的。**2** (過度緊張而)不自然的，生硬的(stiff). **3**《語音》緊張的，肌肉拉緊的(cf. lax 5)：a ～ vowel 緊母音《如 [i; i:] [u; u:]等》。
—*v.t.*〔十受(十副)〕使〈人、肌肉、神經等〉緊張；拉緊，抽緊…〈*up*〉《★常以過去分詞當形容詞用；⇨ tensed》：He ～*d* his arm muscles for the work. 他拉緊手臂肌肉[手臂用勁]做那件工作。
—*v.i.*〔動(十副)〕變緊；緊張(起來)〈*up*〉.
～**·ly** *adv.* ～**·ness** *n.*

tense²** [tɛns; tens] 《源自拉丁文「時間」之義》**—*n. ⓊⒸ《文法》(動詞的)時態，時式：the present [past] ～ 現在[過去]式/the perfect ～ 完成式/the imperfect ～ 未完成時式。

tensed *adj.* [不用在名詞前] [常～ **up**] 精神上緊張的，神經過敏[兮兮]的，變得不安的(cf. tense¹ *v.t.*).

ten·si·ble [ˋtɛnsəbl; ˈtensibl] *adj.* 可拉長的。

ten·sile [ˋtɛnsl; ˈtensail] *adj.* **1** 可拉長的。**2** [用在名詞前] 緊張的，伸張的；張力的：～ strength《物理》張力，抗張強度。

ten·sil·i·ty [tɛnˋsɪlətɪ; tenˈsiliti] 《tensile 的名詞》**—*n.*** Ⓤ張力，伸張性。

ten·sion** [ˋtɛnʃən; ˈtenʃn] 《tense¹ 的名詞》**—*n. **1** Ⓤ**緊張，伸張**：the ～ of the muscles 肌肉的緊張。**2 a** ⓊⒸ(精神上的)緊張，奮發，激動：under extreme ～ 在極度地緊張狀態下。**b** Ⓤ[又作 ～s] (情勢、關係等的)緊迫，緊張(狀態)：the ～*s* between labor and management 勞資間關係的緊張。**3** Ⓤ《物理》張力：surface ～ 表面張力。**4** Ⓤ《物理》電壓：⇨ high-tension.

ten·si·ty [ˋtɛnsətɪ; ˈtensəti] *n.* Ⓤ緊張(狀態)。

ten·sor [ˋtɛnsɚ, -sɔr; ˈtensə] *n.* Ⓒ《解剖》張肌；《數學》張量。

tén-strike *n.* Ⓒ《美》**1** (十柱保齡球(tenpin)中)將十柱完全擊倒的一擊。
2《口語》大成功，全面[一舉]成功。

tent** [tɛnt; tent] 《源自拉丁文「被伸張的」之義》**—*n. Ⓒ **1 帳篷，天幕**：pitch [strike] a ～ 搭[拆]帳篷。**2** 帳篷狀之物：an oxygen ～ (醫療用的)氧氣帳，氧幕。
—*v.t.*〔十受〕以帳篷覆蓋…。
—*v.i.* 住於帳篷中，露營。

ten·ta·cle [ˋtɛntəkl; ˈtentəkl] *n.* Ⓒ **1**《動物》觸手，觸器。**2**《植物》觸毛。**3** 如觸手般伸及各處之物。

tén·ta·cled *adj.* 有觸手[觸毛]的。

ten·tac·u·lar [tɛnˋtækjəlɚ; tenˈtækjulə] *adj.* 觸手[器]的；觸毛的。

ten·ta·tive [ˋtɛntətɪv; ˈtentətiv] 《源自拉丁文「試」之義》**—*adj.*** **1** 試驗性質的，暫時的：a ～ method 試驗性的方法/a ～ plan 試驗性的[暫時的]計畫/a ～ theory 假說，假定的理論。**2** 猶豫的；無把握的：a ～ smile 猶豫(似)的微笑。
～**·ly** *adv.* ～**·ness** *n.*

ten·ter [ˋtɛntɚ; ˈtentə] *n.* Ⓒ張布機；張布架。
—*v.t.* & *v.i.* 張(布)於張布架上。

tén·ter·hòok [ˋtɛntɚ-; ˈtentə-] *n.* ★用於下列成語。
on ténterhooks 煩躁不安；如坐針氈。

‡**tenth** [tɛnθ; tenθ] 《源自 ten ＋ -th¹(構成序數的字尾)》**—*adj.*** **1** [常 **the** ～] 第十的。**2** 十分之一的：a ～ part 十分之一。
—*adv.* 位於第十地，在第十。
—*n.* **1** Ⓤ[常 **the** ～] **a** (序數的)**第十**《略作 10th》. **b** (每月的)十日，十號。**2** Ⓒ十分之一。**3** Ⓒ《音樂》十度音程，第十音。
—*pron.* [**the** ～] 第十之人[物]。～**·ly** *adv.*

ténth Múse *n.* Ⓒ才女；富有文學天才之女子。

tént pèg *n.* Ⓒ搭帳篷用的樁。

te·nu·i·ty [tɛnˈjuətɪ; teˈnju:əti] «tenuous 的名詞»—*n.* Ⓤ《文語》**1** (形狀的)細，薄；(氣體等的)稀薄。**2** (文體、內容、智慧等的)貧乏，空洞。**3** (光、聲音等的)微弱。**4** (言詞等的)含糊。**5** 單純〔*of*〕.

ten·u·ous [ˈtɛnjuəs; ˈtenjuəs] *adj.* **1 a** 薄的，細的。**b**〈空氣等〉稀薄的。**2**〈內容、智慧等〉貧乏的，空洞的。**3**〈聲、光等〉微弱的。**4** 含糊的。**5** 單純的。～**·ly** *adv.*

ten·ure [ˈtɛnjɚ; ˈteˌnjuə] «源自拉丁文「保持」之義»—*n.* Ⓤ **1 a** (不動產之)保有權：～ for life 土地終身保有權。**b** 保有，保持；保有期間：during one's ～ *of* office 於某人在職期間/one's ～ *of* life 壽命。**2** 保有條件：On what ～？以什麼條件？**3**《美》(在同一公司或機關團體服務某段時間之後被給與的)職位保有(權)；(大學教授等的)永久任職權《一般爲五年》。

te·nu·to [teˈnjuto; teiˈnju:tou] «源自義大利語»—《音樂》*adj.* 延長的，持續的《略作 ten.》. —*adv.* 持續地，以持續音。
—*n.* Ⓒ(*pl.* ～s)持續音。

te·pee [ˈtipi; ˈti:pi:] *n.* Ⓒ(北美印地安人的圓錐形)帳篷小屋。

tepee

tep·e·fy [ˈtɛpəˌfaɪ; ˈtepifai] *v.t.* 使…微溫；使…微熱。
—*v.i.* 變微溫；變微熱。

tep·id [ˈtɛpɪd; ˈtepid] *adj.* ([强調用法]～·est) **1** 微溫的(⇨ hot【說明】)：～ water 溫水/a ～ bath 溫水浴。**2**〈接待等〉缺乏熱誠的；〈關係等〉陷於低潮的。
～**·ly** *adv.* ～**·ness** *n.*

te·pid·i·ty [tɪˈpɪdətɪ, te-; teˈpidəti] «tepid 的名詞»—*n.* Ⓤ **1** 微溫。**2** 不熱心；缺乏熱誠。

te·qui·la [təˈkilə; təˈki:lə] «源自墨西哥的一個地名 Tequila»—*n.* Ⓤ[指個體時爲Ⓒ] 德基拉酒《使龍舌蘭的莖汁發酵後蒸餾兩次而成的墨西哥烈酒》。

ter. 《略》terrace；territory.

ter·a·tism [ˈtɛrətɪzəm; ˈterətizəm] *n.* **1**《生物》Ⓤ畸形；Ⓒ畸形胎；怪胎。**2** Ⓤ惡魔崇拜。

te·rat·o·gen [təˈrætədʒən, -ˌdʒɛn, ˈtɛrətə-; təˈrætədʒən] *n.* Ⓒ《生物》畸形因素，畸形形成原《如藥物或某種物質》。

ter·a·tol·o·gy [ˌtɛrəˈtɑlədʒɪ; ˌterəˈtɔlədʒi] *n.* Ⓤ《醫》畸形學；畸胎學。

ter·bi·um [ˈtɝbɪəm; ˈtə:biəm] *n.* Ⓤ《化學》鋱《一種稀土族金屬元素；符號 Tb》.

ter·cel [ˈtɝsl; ˈtə:sl] *n.* Ⓒ《鳥》雄鷹。

ter·cen·te·nar·y [tɝˈsɛntəˌnɛrɪ; ˌtə:senˈti:nəri⁻] *n.* Ⓒ **1** 三百年。**2** 三百周年紀念(cf. centenary).
—*adj.* 三百年[周年]的。

ter·cen·ten·ni·al [ˌtɝsɛnˈtɛnɪəl; ˌtə:senˈtenjəl⁻] *n.*, *adj.* ＝tercentenary.

ter·cet [ˈtɝsɪt, tɝˈsɛt; ˈtə:sit] *n.* Ⓒ **1**《詩學》三行押韻之一節詩。**2** ＝triplet 4.

ter·e·bene [ˈtɛrəˌbin; ˈterəbi:n] *n.* Ⓤ《化學》特惹萜，忒惹奔《松節油與松油精之混合物，用作防腐劑、塗料等》。

Ter·ence [ˈtɛrəns; ˈterəns] *n.* 德倫斯《男子名；暱稱 Terry》.

Te·re·sa [təˈrisə, -ˈrizə; təˈri:zə] *n.* **1** 德麗莎《女子名；暱稱 Tess, Terry》. **2** [St. ～] (聖)德麗莎《1515–82；西班牙 Our Lady of Mt. Carmel 教派的修女、作家》。

ter·gi·ver·sate [ˈtɝdʒɪvɚˌset; ˈtə:dʒivə:seit] *v.i.*《文語》**1** 變節，背叛；背棄；脫黨。**2** 搪塞，支吾其詞；規避。
ter·gi·ver·sa·tion [ˌtɝdʒɪvɚˈseʃən; ˌtə:dʒivə:ˈseiʃn] *n.*

ter·i·ya·ki [ˌtɛrɪˈjɑkɪ; ˌteriˈjɑ:ki] «源自日語» —*n.* Ⓤ沾糖色烤《日本式烤肉或海鮮，在調味料中醃泡過後烤》。

‡term [tɝm; tə:m] «源自古法語「極限」之義»—*n.* **A** Ⓒ **1** (學校三學期制度的)一學期《★用法《英》在 in, during, of 之後有時無冠詞》：the spring [fall, autumn] ～ 春[秋]季學期/ ～ examinations 學期考試/keep a ～《英》一學期全勤/during (the) ～ 在學期中/at the end of (the) ～ 在學期末。

> 【說明】採用 term 制的學校在英國較多；通常把從十月到耶誕節叫做秋季學期(Michaelmas term)，爲劍橋、牛津等大學的第一學期，之後到復活節叫做春季學期(Lent term)，約四月中旬到六月底叫做夏季學期(Trinity term)；cf. semester【說明】

2 a (一定的)期間，期限；任期：in the long [short] ～ 長[短]期地/a president's ～ of office 總統的任期/win two ～*s*〈總統等〉當選兩任/The ～ of the loan is five years. 貸款期限爲五年。**b** (房租、工資等的)支付日期，結帳期；分娩期：the ～ of a contract 合約的期限(cf. C 2)/She is near (her) ～. 她分娩期近[快要生產]了《★有時無冠詞》。
3 (法院、議會等的)開庭[開會](等)期間。

—**B 1** Ⓒ**a** (專門領域的)術語，用語，專門名詞：technical ～*s* 專門用語/business ～*s* 商業用語。**b**《邏輯》名辭：an absolute ～ 絕對名辭/a general ～ 全稱[一般]名辭/the major [minor] ～ 大[小]名辭。**2** [～s]說法，措辭：*in* plain ～*s* 爽直地說，簡單地說/*in* no uncertain ～*s* 直捷了當地，直言不諱地/speak *in* high ～*s* 極力稱讚。

—**C 1** [～ s]〔與人的〕關係，交誼〔*with*〕：*on* bad [equal, good, speaking, visiting] ～*s* (*with*...) (與…)交惡[處於平等的地位，友好，有足以與之交談的關係，有交往的關係]。
2 [～s] (付款、買賣等的)條件；要求的金額，價格，費用，工資：*on* deferred [easy] ～*s* 以延緩[分期]給付的[不苛的]條件/*on* even ～*s* (*with*...) (與…)不相上下[均等]/set ～*s* 提[定]條件/～*s of* trade 貿易條件《輸入和輸出的交換比率》/the ～*s* of a contract 合約條件(cf. A 2b)/ *Terms* cash.《商》現金支付/ *Terms*, two pounds a week. 費用每週兩英鎊。
3 [～s]協定，約定，同意：bring a person to ～*s* 使某人同意[妥協]/come to [make] ～*s* (with...) (與…)達成協議，與…談妥。
4 Ⓒ**a**《數學》項。**b**《幾何》界限點[線，面]。

còme to térms (1)⇨C 3. (2)〔對不願意接受之物〕屈服，〔與…〕妥協；接受[容忍]〔某物〕〔*with*〕.

in tèrms of... (1)用…的措辭(cf. B 2). (2)與…關聯地，從…的觀點，據…，以…的角度：see life *in* ～*s of* money 從金錢的角度看人生/You should think *in* ～*s of* the future. 你應該從未來的角度考慮。

térms of réference《英》受權調查範圍[事項]。

—*v.t.* 〔十受十補〕將〈…〉命名〈爲…〉，稱呼…〈爲…〉(name)：He ～*ed* the gas argon. 他把那氣體取名爲氬/The drama may be ～*ed* a comedy. 這部戲劇可稱爲喜劇。

ter·ma·gan·cy [ˈtɝməgənsɪ; ˈtə:məgənsi] «termagant 的名詞»—*n.* Ⓤ(女人的)潑悍，暴躁；嘴碎。

ter·ma·gant [ˈtɝməgənt; ˈtə:məgənt]《文語》*n.* Ⓒ潑辣婦，悍婦，嘴碎的女人。—*adj.*〈女人〉嘴碎的，嘮嘮叨叨的。～**·ly** *adv.*

térm dày *n.* Ⓒ付款日期。

term·er [ˈtɝmɚ; ˈtə:mə] *n.* Ⓒ服刑中之囚犯：life ～ 終身徒刑的囚犯。

ter·mi·na·ble [ˈtɝmɪnəbl; ˈtə:minəbl] *adj.* **1** 可終止的。**2**〈合約等〉有期限的，有限的：a ～ annuity 有限年金。

ter·mi·nal [ˈtɝmənl; ˈtə:minl] «term 的形容詞»—*adj.* (無比較級、最高級) **1 a** 最後的，末端的，末尾的：the ～ stage 末期/a ～ syllable 末尾音節。**b** 終點的，終點站的：a ～ station 終點站/a ～ building (機場)航空站大廈。**2** 一定期間(內)的；(每)學期的。**3**〈疾病、病人〉末期的：～ cancer 末期癌症。**4**《邏輯》名辭的。

—*n.* Ⓒ **1 a** (鐵路、飛機、公共汽車等的)終點，起點；終點站，起站。**b** (機場的)航空站：⇨ air terminal. **2** 末端，終端；字尾(的音節、字母)。**3**《電學》電極，電流接頭的裝置。**4**《電算》終端機。
～**·ly** [-nlɪ; -nəli] *adv.*

***ter·mi·nate** [ˈtɝməˌnet; ˈtə:mineit] «源自拉丁文「將界限定於…」之義»—*v.t.* 〔十受〕**1 a** 終止，終結，結束〈行動、狀態等〉：The two countries ～*d* diplomatic relations. 該兩國終止外交關係。**b** 形成…的末尾，以…結束：The poem ～*d* his speech. 他的演說以那首詩結束。**2** 限制〈眼界、視力等〉；定…的界線：The mountain ～*s* the view. 這座山遮住了視線。

—*v.i.* **1** [動(十介十(代)名)]〈行動、狀態等〉〔於…時期〕終止〔*at, in*〕：The contract ～*s* **in** April. 這契約在四月終止[期滿]。**2** 〔十介十(代)名〕〈字尾〉〔以…〕結尾〔*in*〕：Many adjectives ～ **in** -ful. 許多形容詞的字尾是 -ful.

ter·mi·na·tion [ˌtɝməˈneʃən; ˌtə:miˈneiʃn] «terminate 的名詞»—*n.* **1** ⓊⒸ終了，終結；(契約等的)期滿：bring...to a ～ ＝put a ～ to... 使…結束。**2** Ⓒ《文法》字尾；接尾辭。

ter·mi·na·tive [ˈtɝməˌnetɪv; ˈtə:minətiv] *adj.* **1** 終結的，限期的，結尾的；決定性的。**2**《文法》〈字尾等〉表方向[結束]的。

ter·mi·ni *n.* **terminus** 的複數。

ter·mi·no·log·i·cal [ˌtɝmənəˈlɑdʒɪkl; ˌtə:minəˈlɔdʒikl⁻] «terminology 的形容詞» —*adj.* 術語的，專門用語的，與專門用語或術語有關的。～**·ly** [-klɪ; -kəli] *adv.*

ter·mi·nol·o·gy [ˌtɝməˈnɑlədʒɪ; ˌtə:miˈnɔlədʒi] *n.* **1 a** ⓊⒸ(特殊的)用語法。**b** Ⓤ[集合稱]術語，(專門)用語：technical ～ 專門用語/chemical ～ 化學術語。**2** Ⓤ術語學。

térm insúrance *n.* Ⓤ定期保險《即有特殊定期之保險，規定除在保險期內之損失外，不付與被保險人任何款項，到期後保險契約即失效》。

ter·mi·nus [ˈtɝmənəs; ˈtə:minəs] *n.* Ⓒ(*pl.* **-ni** [-ˌnaɪ; -nai], ～**·es**) **1 a** (鐵路、公共汽車等的)終點。**b** 終點站。**2** 終端，末端，

盡頭。**3** 目的地，目的。**4** 界限；邊界。**5** 界石，界標，界柱。**6**《羅馬神話》[T~] 守界神。

ter·mite [ˈtɝmaɪt; ˈtə:mait] *n.* Ⓒ《昆蟲》白蟻。

térm·less *adj.* **1** 無期限的。**2** 無條件的。

térm páper *n.* Ⓒ《美》學期末的研究論文[報告]。

térm pólicy *n.* Ⓒ(火災保險等)保期一年以上之定期保單。

tern [tɝn; tə:n] *n.* Ⓒ《鳥》燕鷗《燕鷗亞科水禽的統稱》。

tern

ter·na·ry [ˈtɝnərɪ; ˈtə:nəri] *adj.* **1** 由三部分組成的，三組的，三重的，三倍的。**2** 第三的。**3**《數學》三進的，三元的；以三爲底的。**4**《化學》由三種不同元素或基組成的；三元的。**5**《冶金》由三種元素合成之合金的，三元合金的。

ter·nate [ˈtɝnɪt, -net; ˈtə:neit] *adj.* **1** 由三個組成的；含有三個的。**2** 三個一組排列的。**3**《植物》由三個小葉組成的。**4**《植物》〈葉〉輪生的。

Terp·sich·o·re [tɝpˈsɪkərɪ; tə:pˈsikəri] *n.*《希臘神話》特普西克莉《司歌舞之女神；the Muses 中之一》。

Terp·si·cho·re·an [ˌtɝpsɪkəˈriən; ˌtə:psikəˈri:ən⁻] *adj.* **1** Terpsichore 的：the ~ art 舞蹈。**2** [t~]《文語・謔》舞蹈的。
—n. [t~] Ⓒ《謔》舞蹈者。

terr.《略》terrace; territory.

ter·ra [ˈtɛrə; ˈterə]《源自拉丁文》**—n.** (*pl.* **ter·rae** [-ri; -ri:]) Ⓒ 地；土地。

ter·race [ˈtɛrɪs; ˈterəs]《源自古法語「堆起的土地」之義》**—n.** Ⓒ **1 a** 臺地，梯台。**b**《地質》階地坪《梯形地的一層》。**2 a** (鄰接房屋築在庭院草坪等上面的)地壇《★鋪有地磚等，常作爲日光浴、戶外烤肉、餐會等的場所》。**b** ＝veranda(h)。**3** (建在高出路面的地上或沿著坡道的)排屋；沿坡或在坡頂的街巷，或這種街巷內的房屋《★常 T~，用作地名的一部分》。

terrace 1 a

—v.t. [十受] 使〈土地等〉成梯形；使…成壇《★常以過去分詞當形容詞用；⇨terraced》。

tér·raced *adj.* 〈土地等〉成梯形的，成層段的：a ~ garden 梯壇式的花園/~ fields 梯田。

térraced hóuse, térrace hóuse *n.* Ⓒ《英》連棟住宅《多幢連接的同型住宅(《美》row house)中的一幢；通常較道路高；cf. semidetached》。

terraced houses

ter·ra cot·ta [ˈtɛrəˈkɑtə; ˌterəˈkɔtə]《源自義大利語 'baked earth' 之義》**—n.** Ⓤ **1** 一種赤土陶器。**2** 赤土色，赤褐色。

terra fir·ma [ˈtɛrəˈfɝmə; ˌterəˈfə:mə]《源自拉丁文 'solid earth' 之義》**—n.** Ⓤ《謔》(對水中或空中而言的，安全堅實的)大地，陸地。

ter·rain [teˈren; teˈrein] *n.* ⓊⒸ(從自然的特徵看的)地域；地勢，地形。

terra in·cog·ni·ta [ˈtɛrəɪnˈkɑgnɪtə; ˌterəinˈkɔgnitə]《源自拉丁文》**—n.** (*pl.* **ter·rae in·cog·ni·tae** [ˈtɛrəɪnˈkɑgnɪtaɪ; ˌteri:inkɔgˈni:tai, -ˈkɔgniˌtai, ˌterai-]) Ⓒ **1** 未知之地區；人跡未到之地區。**2** 未發掘之知識領域；茫無所知之知識領域。

Ter·ra·my·cin [ˌtɛrəˈmaɪsn; ˌterəˈmaisin] *n.* Ⓤ《藥》《商標》土黴素[地黴黴素]《一種抗生素》。

ter·rane [teˈren; təˈrein] *n.* Ⓒ《地質》岩層《某種岩石分布多的地區》。

ter·ra·pin [ˈtɛrəpɪn; ˈterəpin] *n.* (*pl.* ~, ~s) Ⓒ [當食物時爲Ⓤ]《動物》澤龜《北美產食用龜》。

ter·raz·zo [təˈræzo, -ˈrazo, -ˈratso; təˈrɑ:tsou] *n.* Ⓤ 磨石子地板；大理石地板。

ter·rene [teˈrin; teˈri:n] *adj.* **1** 地球的；陸地的；土質的。**2** 現世的，塵世的，世俗的。
—n. Ⓒ 陸地；地區；地域。

ter·res·tri·al [təˈrɛstrɪəl; tiˈrestriəl] *adj.* **1 a** 地球(上)的 (↔ celestial)：~ heat 地熱/this [the] ~ globe [ball, sphere] 地球/a ~ globe 地球儀。**b** 現世的，塵世的。**2** (對空氣、水而言的)陸地(上)的，由陸地所形成的。**3**《動物・植物》陸棲[生長於陸地上]的。**~·ly** [-əlɪ; -əli] *adv.*

‡ter·ri·ble [ˈtɛrəbḷ; ˈterəbl] *adj.* (**more** ~; **most** ~) **1** 可怕的，可怖的，令人恐懼的，駭人的：a ~ crash of thunder 一陣駭人的轟隆雷聲。**2** 非常的，劇烈的，厲害的；難受的；嚴酷的：~ sufferings 嚴酷的苦難/~ cold 嚴寒/in a ~ hurry 很匆忙(地)。**3**《口語》很壞[糟]的；很令人不舒服的，令人噁心的；很拙劣的：~ coffee 很難喝的咖啡/his ~ manners 他令人不悅的禮貌[規矩]。
—adv. (**more** ~; **most** ~)《口語》很…，…透了：I was in a ~ bad way. 我的情形很糟。

ter·ri·bly [ˈtɛrəblɪ; ˈterəbli] *adv.* (**more** ~; **most** ~) **1** 可怕地，可怖地；駭人地：They were ~ shocked. 他們受到了可怕的打擊[大爲震驚]。**2** (無比較級、最高級)《口語》極度地，非常地：He is ~ tired. 他很累。

ter·ri·er [ˈtɛrɪɚ; ˈteriə] *n.* Ⓒ 㹴《一種小獵犬，尤指進入洞穴追趕獵物者》。

> 【字源】terrier 源自拉丁文，義爲「土」，在英語則轉指「會挖洞的狗」。這種狗常鑽進土裡獵物，因此就以此字命名。

ter·rif·ic [təˈrɪfɪk; təˈrifik] *adj.* (**more** ~; **most** ~) **1**《口語》**a** 非常的，厲害的，不得了的，驚人的，非同小可的：at (a) ~ speed 以極快的速度。**b** 令人讚嘆的，極好的，絕妙的；華麗的：a ~ party 極佳的社交聚會。**2** 可怕的，可怖的；猛烈的。

ter·ríf·i·cal·ly [-kḷɪ; -kəli] *adv.*《口語》厲害地，不得了地，非同小可地，驚人地；駭人地，可怕地：a ~ beautiful girl 一個漂亮得不得了的女孩。

tér·ri·fied *adj.* **1** 恐懼的，受驚嚇的，害怕的：give a ~ cry 驚叫一聲。**2** [不用在名詞前] **a** [十介十(代)名] 受[…]驚嚇的，[被…]嚇一跳的，害怕[…]的 [*at, by, of*] (cf. terrify 1)：She was ~ *at* the occurrence. 她被那件事嚇了一跳/He was ~ *of* be*ing* scolded about it. 他害怕爲了那件事而被責罵。**b** [十 *that_*] 害怕〈…事〉的：I was ~ *that* they would attack us again. 我害怕他們會再攻擊我們。

ter·ri·fy [ˈtɛrəˌfaɪ; ˈterifai]《terror 的動詞》**—v.t. 1** [十受] 使〈人〉恐懼；驚嚇，嚇唬〈人〉《★常以過去分詞當形容詞用；⇨ terrified 2 a；⇨frighten【同義字】》：The prospect of nuclear war *terrifies* everyone. 想到未來(可能發生)的核子戰爭，人人心驚肉跳。**2** [十受十介十(代)名] **a** 威脅〈人〉[使…] [*into*]：His threats *terrified* her **into** hand*ing* over the money. 他的恐嚇使她怕得把錢交出。**b** 威脅〈人〉[使不…] [*out of*]：I was *terrified* ***out of*** my wits. 我被嚇得不知所措[被嚇呆了]。

tér·ri·fỳ·ing *adj.* 可怕的，駭人的：a ~ earthquake 一次駭人的地震。

ter·ri·to·ri·al [ˌtɛrəˈtorɪəl, -ˈtɔr-; ˌteriˈtɔ:riəl⁻]《territory 的形容詞》**—adj. 1** 領土的，土地的：~ air [waters, seas] 領空[海]/~ possession 領土。**2** [常 T~] [用在名詞前]《美・加・澳》屬地的。**3** [常 T~] [用在名詞前] 地方防衛的；《英》國防義勇軍的：the *T~* Army [Force]《英》國防義勇軍《全名爲 Territorial and Volunteer Reserve》。
—n. [常T~] Ⓒ 地方防衛隊隊員；《英》國防義勇兵。
~·ly [-rɪəlɪ; -riəli] *adv.*

ter·ri·to·ri·al·ism [ˌtɛrəˈtorɪəlɪzəm, -ˈtɔrɪ-; ˌteriˈtɔ:riəlizəm] *n.* Ⓤ **1** 承認地主優越之制度，地主階級統治制。**2**《宗教》地權說《指國家有權規定百姓信仰之制度》；地方政府權力高於教會的制度。

***ter·ri·to·ry** [ˈtɛrəˌtorɪ, -ˌtɔrɪ; ˈteritəri]《源自拉丁文「土地，地方」之義》**—n. 1** Ⓤ [個別地稱呼時爲Ⓒ] **a** 領土《包括領海》，版圖。**b** 地方，地域。**2** Ⓤ [個別地稱呼時爲Ⓒ] (學問、行動等的)領域，分野：the ~ *of* social history 社會史的領域。**3** Ⓤ [個別地稱呼時爲Ⓒ] **a** (代理商、業務代表、推銷員等的)經銷[代理，擔任]區域，負責區域；勢力範圍，地盤。**b** (警察等的)管轄區域，管區。**c** 野生動物等視爲己有而不容許其同類等侵入的區域。**4** [T~] Ⓒ《美・加・澳》準州[省]《未被承認爲州[省]而擁有其立法機構的領地；其所享的自治權和地位遜於一般正式的州[省]》。

térritory wòol *n.* Ⓤ 美國密西西比河以西所產之羊毛。

***ter·ror** [ˈtɛrɚ; ˈterə]《源自拉丁文「大恐怖」之義》**—n. 1 a** Ⓤ (很大的)恐怖 (⇨ fear【同義字】)：in ~ 恐懼地，喪膽地/a novel [romance] of ~ 恐怖小說[傳奇]/strike ~ into a person's heart 使人心生恐怖感，使人驚駭。**b** Ⓒ 恐怖的原因，可怕之人[物]：He is a ~ to his students. 他使學生畏懼。**2** Ⓒ《口語》很難纏的人，麻煩的傢伙：a little ~ 難對付的孩子/a holy ~ 難對付的人，難纏的人。**3** Ⓒ 恐怖主義[活動]，恐怖計畫。**4** [the T~] (法國的)恐怖時代 (the Reign of Terror)：*the* Red *T~* (法國革命等之革命派的)赤色恐怖，恐怖政治/*the* White *T~* (反革命派施加於革命派的)白色恐怖。

T

têr·ror·ìsm [-ˏrɪzəm; -rizəm] *n.* Ⓤ恐怖主義，恐怖[暴力]行爲[手段]，恐怖政治。

ter·ror·ist [ˈtɛrərɪst; ˈterərist] *n.* Ⓒ恐怖主義者；恐怖分子，暴力分子，暴力[恐怖]統治者。

—*adj.* 恐怖[暴力]主義者[分子]的，暴力[恐怖]統治者的。

ter·ror·i·za·tion [ˏtɛrərɪˈzeʃən; ˌterəraiˈzeiʃn] «terrorize 的名詞»**—*n.*** Ⓤ(使用恐怖手段的)威嚇，恐嚇，暴力壓制。

ter·ror·ize [ˈtɛrəˏraɪz; ˈteraraiz] *v.t.* **1** (使用脅迫或暴力而)使〈人〉恐怖；恐嚇，威嚇〈人〉。**2** 以恐怖政策統治〈人〉；對〈人〉使用恐怖[暴力]手段。

térror-strìcken, térror-strùck *adj.* 恐懼的，受驚嚇的，提心吊膽的。

ter·ry [ˈtɛrɪ; ˈteri] *n.* ＝terrycloth.

Ter·ry [ˈtɛrɪ; ˈteri] *n.* **1** 泰利《男子名；Terence 的暱稱》。**2** 泰莉《女子名；Teresa, Theresa 的暱稱》。

térry·clòth *n.* Ⓤ毛圈織物，兩端絨縫未剪的厚棉織品《用以製造毛巾，拖鞋墊等》。

terse [tɝs; təːs] *adj.* 〈文體、措辭、說話者〉簡潔的，簡明的。 ~**·ly** *adv.* ~**·ness** *n.*

ter·tian [ˈtɝʃən; ˈtəːʃn] 《醫》*adj.* 〈瘧疾等(熱病)〉每三日[隔日]發作的。

—*n.* Ⓒ隔日熱，間日瘧。

ter·ti·ar·y [ˈtɝʃɪˏɛrɪ, -ʃərɪ; ˈtəːʃəri] «源自拉丁文「第三的」之義»**—*adj.*** **1** 第三的。**2** 《醫》**a** 〈燙傷、灼傷〉第三級的，嚴重的。**b** 〈梅毒〉第三期的。**3** [T~]《地質》第三紀的：the *T~* period 第三紀。

—*n.* [the T~]《地質》第三紀[系]。

Te·ry·lene [ˈtɛrəlin; ˈterəliːn] *n.* Ⓤ《英》達克綸(dacron)之商標名。

ter·za ri·ma [ˈtɛrtsəˈrimə; ˈtəːtsəˈriːmə] «源自義大利語 'third [triple] rhyme' 之義»**—*n.*** Ⓤ《韻律》三行體《但丁用於「神曲」的詩體》。

TESL [ˈtɛsl; ˈtesəl] 《略》Teaching English as a Second Language. 英語作爲第二語言的教學。

TESOL [ˈtɛsɔl; ˈtesɔːl] 《略》Teaching English to Speakers of Other Languages. 對非說英語者的英語教學。

Tess [tɛs; tes] *n.* 黛絲《女子名；Theresa 的暱稱》。

tes·sel·late [ˈtɛslˏet; ˈtesileit] *v.t.* 把〈地板、人行道等〉鑲嵌成花紋或鋪成棋盤形圖案《★常以過去分詞當形容詞用；⇨ tessellated》。

— [ˈtɛslɪt, -ˏet; ˈtesileit] *adj.* ＝tessellated.

tés·sel·làt·ed *adj.* 嵌石裝飾的；嵌成花紋[棋盤形]的：a ~ floor 嵌成花紋的地板。

tes·sel·la·tion [ˏtɛsəˈleʃən; ˌtesiˈleiʃn] «tessellate 的名詞»**—*n.*** Ⓤ嵌石裝飾；棋盤形鋪嵌。

tes·se·ra [ˈtɛsərə; ˈtesərə] *n.* (*pl.* **-rae** [-ˏri; -riː])Ⓒ **1** (古羅馬時用做紀念物、標幟、票據等的)方塊骨、象牙、木塊等。**2** 鑲嵌物《鑲嵌細工中用之小塊大理石、玻璃、象牙等》。

‡test [tɛst; test] «源自拉丁文「土製的壺」之義；因曾使用此種壺檢驗金屬»**—*n.*** Ⓒ **1 a** (試驗能力等的)**測驗**：a written ~ 筆試/give [take] a ~ *in* English 舉行[接受]英語測驗/put...to the ~ 使…接受考驗/stand [bear] the ~ 經得起考驗；測驗合格/stand [withstand] the ~ of time 經得起時間的考驗，長留記憶中。**b** (對於物之)檢查，檢驗，實驗：a blood ~ 血液檢查，驗血/a nuclear ~ 核(子)試驗。**2 試驗之物，試金石；試驗之手段**〔*of*〕：Wealth, no less than poverty, is a ~ *of* character. 富有與貧窮一樣是品德的試金石。**3** 《化學》**試驗，分析，鑑定**。**4** 《英口語》＝test match.

—*v.t.* **1 a** 〔十受〕**檢驗**；檢查…：I got my eyes ~*ed*. 我驗了光/The teacher ~*ed* us *in* English. 老師考我們英文。**b** 〔十受〕**試，試驗，實驗**…：~ nuclear weapons 試驗核子武器。**c** 〔十受十介十(代)名〕檢查，化驗…〔是否有[以找出]…〕〔*for*〕：He ~*ed* the product ***for*** defects. 他檢查那產品是否有缺陷/He ~*ed* the metal *for* radioactivity. 他測試那金屬是否有放射能。**2** 〔十受〕《化學》分析，鑑定…。**3** 〔十受〕使〈人、物〉難以承受：Her constant rudeness ~*s* my patience. 她經常的無禮行爲使我難以忍受。

—*v.i.* **1** 〔動(十介十(代)名)〕接受〔關於…的〕測驗；做〔…的〕測驗〔*for*〕：~ *for* Hamlet 試演哈姆雷特的角色/~ *for* diabetes 做糖尿病的檢查。**2** 測驗[考試，檢查]得(…的)結果：~ better in comfortable conditions 在舒適的環境之下有較佳的表現[考得較好的成績]。

Test. 《略》Testament(ary).

tes·ta [ˈtɛstə; ˈtestə] *n.* Ⓒ (*pl.* **-tae** [-tI; -tiː]) **1** 《動物》甲殼；介殼。**2** 《植物》外種皮。

tes·ta·cy [ˈtɛstəsɪ; ˈtestəsi] *n.* Ⓤ《法律》立有遺囑。

tes·ta·ment [ˈtɛstəmənt; ˈtestəmənt] «源自拉丁文「證明」之義»**—*n.*** **1** Ⓒ遺言，遺書《★常稱爲 one's last will and ~》：make one's ~ 立遺囑。**2** [the T~] (尤指新約)聖經：*the* Old [New] *T~* 聖經舊[新]約。**3** Ⓒ**a** 證據，證明。**b** 信條；(人與上帝之間的)誓約(covenant)。

tes·ta·men·ta·ry [ˏtɛstəˈmɛntərɪ; ˌtestəˈmentəri] «testament 的形容詞»**—*adj.*** 遺囑的；依照遺囑(作)的，遺囑所指定的。

tes·tate [ˈtɛstet; ˈtesteit] *adj.* 留有遺囑的(cf. intestate)：die ~ 死時留有遺囑。**—*n.*** Ⓒ留有遺囑之死者。

tes·ta·tor [ˈtɛstetɚ, tɛsˈtetɚ; teˈsteitə] *n.* Ⓒ立遺囑之人，留有遺囑之死者。

tes·ta·trix [tɛsˈtetrɪks; teˈsteitriks] *n.* Ⓒ (*pl.* **tes·ta·tri·ces** [-trɪˏsiz; -trisiːz])女性的 testator.

tést bàn *n.* Ⓒ禁止核子試爆協定《尤指禁止核子武器在大氣層試爆者》。

tést-bèd *n.* Ⓒ試驗臺；試驗支架《可將機器等置於其上以作試驗》。

tést càse *n.* Ⓒ **1** 首次的嘗試。**2** 《法律》判例《其審判結果將被援作先例的法律案件》。

tést drìve *n.* Ⓒ試車《試驗汽車性能之駕駛》。

tést-drìve *v.t.* 爲試車而駕駛〈車輛〉。

test·ee [tɛsˈti; tesˈtiː] *n.* Ⓒ受試者；應考者。

tést·er[1] *n.* Ⓒ **1** 試驗者，檢查者，分析者。**2** 試驗器[裝置]。

tes·ter[2] [ˈtɛstɚ; ˈtestə] *n.* Ⓒ(牀、講臺、墳墓等上面的)天蓋。

tes·tes *n.* testis 的複數。

tes·ti·cle [ˈtɛstɪkl; ˈtestikl] *n.* Ⓒ睪丸。

tés·ti·fì·er *n.* Ⓒ作證[證明]者；證人。

tes·ti·fy [ˈtɛstəˏfaɪ; ˈtestifai] «源自拉丁文「作證」之義»**—*v.i.*** **1 a** 〈人〉作證。**b** 〔十介十(代)名〕證明〔…〕，〔爲…〕作證〔*to*〕《★可用被動語態》：I can ~ ***to*** the marvelous effect of this medicine. 我能證明這種藥的神奇效果。**c** 〔十介十(代)名〕作〔不利於…的〕證言〔*against*〕：I won't ~ ***against*** my friend. 我不會作對我朋友不利的證言。**2** 〔十介十(代)名〕〈言行、事實等〉成爲〔…的〕證據〔*to*〕《★可用被動語態》：His brilliant work *testifies* ***to*** his ability. 他卓越的工作表現證明了他的能力。

—*v.t.* **1** 〔十 *that*_〕證明，證實；作證說〈…事〉：The young man *testified that* he had not seen her there. 那年輕人作證說他沒有看到她在那兒。**2 a** 〔十受〕〈事物〉成爲…的證據；說明，表示…：Her tears ~ her sorrow. 她的眼淚說明了她內心的悲痛。**b** 〔十 *that*_〕〈事物〉顯示〈…事〉：The color of his face *testified that* he was drunk. 他的(紅)臉色證明他是醉了。

tes·ti·mo·ni·al [ˏtɛstəˈmonɪəl; ˌtestiˈmounjəl] *n.* Ⓒ **1** (人品、資格等的)證明書，推薦書。**2** 感謝狀，褒揚狀，獎狀；褒揚功勞的贈物。

tes·ti·mo·ny [ˈtɛstəˏmonɪ; ˈtestiməni] «源自拉丁文「證據」之義»**—*n.*** **1** ⓊⒸ **a** (在法庭作的)**證言**，口供〔*of, to*〕(⇨ proof【同義字】)：give ~ in court 在法庭作證/bear ~ (*to*...) (爲…)作證/produce ~ *of* [*to*]...提出…的證據。**b** 〔十 *that*_〕〈…事的〉證詞：Three witnesses gave ~ *that* he was talking with his friends at the time. 三名證人作證說在那個時刻他正在跟他朋友們講話。**2** Ⓤ **a** 證明，聲明：be ~ *to* [*against*] a person's character 作某人的人品[劣行]的證明/His hearty laughter is ~ *of* his happiness. 他盡情的歡笑可以證明他很幸福。**b** 〔十 *that*_〕〈…事的〉證明：His face was ~ *that* he was innocent. 他的臉色證明他是無辜的。

cáll...in téstimony (1)傳〈人〉作證。(2)祈〈神〉作證。

tést·ing *adj.* 非常困難[嚴苛]的，需要最大努力的。

tes·tis [ˈtɛstɪs; ˈtestis] *n.* Ⓒ(*pl.* **-tes** [-tiz; -tiːz]) ＝testicle.

tést-màrket *v.t.* 試售，試銷〈新產品〉。

tést màtch *n.* Ⓒ國際板球或橄欖球比賽。

tést pàper *n.* **1** Ⓒ試卷，考試問題紙。**2** Ⓤ《化學》(石蕊試紙等)檢驗紙，試紙。

tést pàttern *n.* Ⓒ《電視》檢驗圖《電視臺(在節目開始之前)播送以供收視者調整受像用的圖形》。

tést pilot *n.* Ⓒ試飛員，試飛駕駛員。

tést tùbe *n.* Ⓒ試管。

tést-tùbe *adj.* 用試管作成的；母體外人工授精的：a ~ baby 試管嬰兒。

tést tỳpe *n.* Ⓒ視力檢查表。

tes·tu·do [tɛsˈtudo, -ˈtju-; teˈstjuːdou] *n.* (*pl.* **tes·tu·di·nes** [-dņˏiz; -diniːz])Ⓒ **1** (古羅馬攻城時用的)一種龜甲形屏遮。**2** 龜甲形大盾。

tes·ty [ˈtɛstɪ; ˈtesti] *adj.* (**tes·ti·er**；**-ti·est**) **1** 〈人〉急躁的，暴躁的，易怒的。**2** 〈言行〉粗暴的。

tés·ti·ly [-tɪlɪ; -tili] *adv.* **-ti·ness** *n.*

Tet [tɛt; tet] *n.* Ⓤ(越南的)春節。

tet·a·nus [ˈtɛtņəs; ˈtetənəs] *n.* Ⓤ《醫》破傷風(lockjaw).

te·tan·ic [teˈtænɪk; teˈtænik] *adj.*

tetch·y [ˈtɛtʃɪ; ˈtetʃi] *adj.* (**tetch·i·er**; **-i·est**)易怒的，暴躁的。
tétch·i·ly [-tʃəlɪ; -tʃili] *adv.* **-i·ness** *n.*

tête-à-tête [ˈtetəˈtet; ˌteitɑːˈteit] «源自法語 'head to head'之義»—*adj.* & *adv.* 只兩個人的[地]，相對的[地]，秘密的[地]。
—*n.* Ⓒ **1** (兩人私下的)面談；密談；融洽的交談：have a ~ (*with* a person)(與某人)面談，面對面談話。**2** S 字形的雙人椅。

teth·er [ˈtɛðɚ; ˈteðə] *n.* Ⓒ **1** (拴牲畜的)繫繩[鏈]。**2** (能力、財力、忍耐等的)極限，範圍：at the end of one's ~ 智盡技窮；(力量、智慧、忍耐等)已至最大限度。
—*v.t.* 〔十受(十介十(代)名)〕以繫繩或繫鏈拴〈牲畜〉〔於…〕〔*to*〕：He ~*ed* his horse ***to*** the tree. 他把馬拴在樹邊。

tet·ra- [tɛtrə-; tetrə-] [複合用詞]表示「4」《在母音之前作 tetr-》.

tet·ra·chlo·ride [ˌtɛtrəˈkloraɪd, -ˈklɔr-, -rɪd; ˌtetrəˈklɔːraid] *n.* Ⓤ《化學》四氯化物。

tet·ra·chord [ˈtɛtrəˌkɔrd; ˈtetrəkɔːd] *n.* Ⓒ **1**《音樂》四音[度]音階。**2** 一種古代之四弦琴。

tet·ra·gon [ˈtɛtrəˌgɑn; ˈtetrəgən] *n.* Ⓒ《幾何》四角形，四邊形：a regular ~ 正四角形，正方形。

tet·ra·he·dron [ˌtɛtrəˈhidrən; ˌtetrəˈhedrən, -ˈhiːd-] *n.* Ⓒ (*pl.* ~**s**, **-dra** [-drə; -drə])《幾何》四面體。

te·tral·o·gy [tɛˈtrælədʒɪ; təˈtrælədʒi] *n.* Ⓒ (*pl.* **-gies**) **1** (古雅典於酒與戲劇之神戴奧奈索斯(Dionysus)祭日時上演之)四聯劇《由三齣悲劇與一齣諷刺劇組成》。**2** 任何四齣聯組之戲劇或歌劇；四部曲。

te·tram·e·ter [tɛˈtræmətɚ; teˈtræmitə]《詩學》*n.* Ⓒ四音步句(的詩)。—*adj.* 四音步句的。

tétra·pòd *n.* Ⓒ **1**《動物》四足動物。**2** 四腳蟲類。**3** 四腳的結構物《如四腳臺，四腳架等》。**4** (四腳的)防波水泥塊《四支腳互以一百二十度角度呈放射線狀，放在任何地面均可用三腳站穩，用以護岸》。

tet·ter [ˈtɛtɚ; ˈtetə] *n.* Ⓤ《醫》濕疹，疱疹，癬：moist [humid] ~ 濕疹。

Teut. 《略》Teuton(ic)。

Teu·ton [ˈtutn̩, ˈtju-; ˈtjuːtən] *n.* **1 a** [**the** ~**s**] 條頓族《日耳曼民族之一支；即今德國、荷蘭、斯堪的那維亞等北歐民族》。**b** Ⓒ 條頓人。**2** Ⓒ德國人。

Teu·ton·ic [tuˈtɑnɪk, tju-; tjuːˈtɔnik] «Teuton 的形容詞» —*adj.* **1** 條頓[日耳曼]人[民族，語]的。**2** 德意志(民族)的。
—*n.* Ⓤ條頓語，日耳曼語。

Tex. 《略》Texan；Texas.

Tex·an [ˈtɛksn̩; ˈteksən] «Texas 的形容詞»—*adj.* 德克薩斯州(人)的。—*n.* Ⓒ德克薩斯州的人，德州人。

Tex·as [ˈtɛksəs; ˈteksəs] «源自北美印地安語「伙伴」之義»—*n.* 德克薩斯州《美國西南部的一個州；首府奧斯丁(Austin)；略作 Tex.,《郵政》TX；俗稱 the Lone Star State》。

Téxas léaguer *n.* Ⓒ《棒球》德州安打《打擊者擊出球之後落在內野手和外野手間的安打；因德克薩斯州之球員曾常擊出這種球而得名》。

***text** [tɛkst; tekst] «源自拉丁文「被織之物」之義»—*n.* **1** ⓊⒸ **a** (對於序文、註解、附錄、插圖而言的)**正文，本文**。**b** (演說、論文等的)本文。
2 ⓊⒸ原文：the original ~ 原文。
3 Ⓒ原書，藍本〔*of*〕。
4 Ⓒ(引用作講道題目等的)聖經文句：a golden ~ (主日學校的)訓話用的聖經文句/The minister preached on the ~ "Judge not, that ye be not judged". 那位牧師就「你們不要論斷人，免得你們被論斷」的聖經文句講道。
5 =textbook.

***text·book** [ˈtɛkstˌbuk; ˈtekstbuk] *n.* Ⓒ**教科書，課本**：an English ~ 英語教科書[課本]。

> 【說明】英美兩國中小學使用的教科書和我國有許多不同。我國是由教育部所編纂，英美兩國則有幾家專門的出版社負責編纂初中一年級到高中三年級的教科書及相關的各種教材。各地的學校可以自由選擇教科書。最大的不同是，他們的教科書由學校保管，學生只要借用而不必購買。因此學校嚴禁學生損壞或弄髒教科書。

téxt edition *n.* Ⓒ作教科書用的版本。

tex·tile [ˈtɛkstl̩, -taɪl; ˈtekstail] «源自拉丁文「織的」之義» —*adj.* [用在名詞前] **1** 織物的：the ~ industry 紡織工業。**2** 紡織的：A carpet is a ~ fabric. 地毯是一種紡織品。
—*n.* Ⓒ **1** 織物，布疋。**2** 織物原料。

tex·tu·al [ˈtɛkstʃuəl; ˈtekstjuəl] «text 的形容詞»—*adj.* **1** 本文的，原文(上)的；聖經原文的：~ criticism (聖經等)版本的校勘/ ~ errors 原文的錯誤。**2** 依照原文的，照文字的：a ~ quotation 原文的引錄。**~·ly** [-tʃuəlɪ; -tjuəli] *adv.*

téx·tu·al·ism [-ˌlɪzəm; -lizəm] *n.* Ⓤ (尤指聖經的)墨守原文，拘泥於原文；版本校勘術；原文研究[批判]。

tex·tur·al [ˈtɛkstʃərəl; ˈtekstʃərəl] *adj.* 織地的；組織上的；構造上的；結構上的。

tex·ture [ˈtɛkstʃɚ; ˈtekstʃə] «源自拉丁文「織物」之義» —*n.* Ⓤ Ⓒ **1** (織物的)**織法，質地；織物，織品**。**2 a** (皮膚、木材、岩石等的)肌[紋]理，粗細。**b** 氣質，性格。**c** (食物的)咬頭，咬起來的感覺：I don't like the ~ of octopus. 我不喜歡咬嚼章魚時的感覺。**3** 組織，結構，構造。

téx·tured *adj.* [常構成複合字]觸感…的，質地…的：rough-[soft-]*textured* 質地粗糙的[柔軟的]。

TGIF, T.G.I.F. 《美》Thank God it's Friday 感謝上帝，又是禮拜五了《★表達一個星期的工作結束而迎接週末的歡欣》。

Th 《符號》《化學》thorium. **Th.** 《略》Thomas；Thursday.

-th[1] [-θ; -θ] 字尾 加在 1，2，3 以外的數字後面表序數《★但加在 -ty 字尾的數詞時，須將 -ty 改成 -ti 再加 -eth》：the fif*th* 第五(的)/three-fif*ths* 五分之三/the thirti*eth* 第三十(的)。

-th[2] [-θ; -θ] 字尾 由形容詞或動詞構成抽象名詞的字尾：tru*th*, grow*th*.

-th[3] [-θ; -θ] 字尾《古》構成動詞的第三人稱、單數、直說法現在式(=-s, -es)：do*th*(=does), ha*th*(=has), hope*th*(=hopes).

Thack·er·ay [ˈθækərɪ; ˈθækəri], **William Make·peace** [ˈmekpis; ˈmeikpiːs] *n.* 薩克萊《1811–63；英國小說家；「浮華世界」(*Vanity Fair*)之作者》。

Tha·de·us [θæˈdiəs, ˈθædɪəs; θæˈdiːəs], Saint *n.* 《聖經》(聖)薩狄《耶穌十二使徒之一》。

Thai [ˈtɑ·i; tai] *n.* (*pl.* ~, ~**s**) **1 a** [**the** ~(**s**)] 泰國國民。**b** Ⓒ 泰國人。**2** Ⓤ泰國語，暹羅語(Siamese). —*adj.* 泰國語[人]的。

Thai·land [ˈtaɪlənd; ˈtailænd] *n.* 泰國《東南亞的一個王國；舊稱暹羅(Siam)；首都曼谷(Bangkok)》.

Thai·land·er [ˈtaɪləndɚ; ˈtailəndə] *n.* Ⓒ泰國人。

thal·a·mus [ˈθæləməs; ˈθæləməs] *n.* (*pl.* **thal·a·mi** [-ləˌmaɪ; -ləmai]) Ⓒ **1** 《解剖》視神經牀；視丘，丘腦。**2** 《植物》花托。

tha·las·sic [θəˈlæsɪk; θəˈlæsik] *adj.* **1** 海的；海洋的；近海的；內海的。**2** 海產的；生活於海中的。

tha·ler [ˈtɑlɚ; ˈtɑːlə] *n.* (*pl.* ~, ~**s**)塔勒《十五至十九世紀間德國發行的一種銀幣》。

Tha·les [ˈθeliz; ˈθeiliːz] *n.* 臺利斯《640？–? 546 B.C.；希臘哲學家；七賢之一》。

Tha·li·a [θəˈlaɪə; θəˈlaiə] *n.* 《希臘神話》色萊爾《司牧歌、喜劇之女神；文藝女神(the Muses)之一》。

tha·lid·o·mide [θəˈlɪdəˌmaɪd; θəˈlidəmaid] *n.* Ⓤ《化學》撤利多邁德《一種鎮靜及安眠劑；經懷孕初期之婦女服用而被發覺爲胎兒嚴重先天性畸型之原因》：a ~ child [baby]因服用撤利多邁德而產下的畸型兒。

thal·li·um [ˈθælɪəm; ˈθæliəm] *n.* Ⓤ《化學》鉈《一種稀有金屬元素；符號 Tl》。

thal·lus [ˈθæləs; ˈθæləs] *n.* (*pl.* ~**·es**, **-li** [-laɪ; -lai, -li]) Ⓒ《植物》葉狀體《不分根、莖、葉的植物體》。

Thames [tɛmz; temz] *n.* [**the** ~] **泰晤士河**《在英格蘭南部由西向東流經倫敦(London)而注入北海，全長 336 公里；在英國有時簡稱 the River》。**sèt the Thámes on fire** ⇨fire.

Thámes Embánkment *n.* [**the** ~] 泰晤士河北岸道《散步道》。

‡**than** [(輕讀)ðən, ðɛn, ðn̩; ðən, ðn (重讀)ðæn; ðæn] *conj.* **1** [與形容詞、副詞的比較級連用] **a** [引導比較對象的副詞子句]**比…，較…**《★用法 than 後面的子句大都省略與主要子句共有的部分》：He is taller ~ I (am). 他(身材)比我高《★用法《口語》說 He is taller ~ me. 此時 than 爲介系詞(⇨ *prep.* 1 a))/I like you better ~ hé (does). 我比他更喜歡你[我喜歡你甚於他喜歡你]《★用法 does 是助動詞，表示 likes you 的意思》/I like yóu better ~ hím. 我喜歡你甚於喜歡他[你比他更討我喜歡]《★用法 ~ him 是從 ~ I like him 省略 I like 的形式；與 *prep.* 1 不同》/He is more wise ~ clever. 與其說他伶俐，不如說他聰明[他不很伶俐，倒是頗聰明]/He is no happier ~ (he was) before. 他和以前一樣不幸福/Nothing would please me more ~ that my son should pass the entrance examination. 沒有一件事比我兒子倖能通過入學考試更使我高興/She works better alone ~ when she is with her sister. 她單獨工作比跟她姊姊一起工作來得更好/I am wiser ~ to believe that. 我沒有傻到會相信那件事的地步/Easier said ~ done. ⇨ easy *adv.* 1. **b** [當關係代名詞用]比…《★用法 兼作受詞、主詞、補語》：He offered more ~ could be expected. 他提供的比所預期的更多[沒想到他提供的會這麼多]/Her services are more valuable ~ was supposed. 她的貢獻比人們所想像的更寶貴。
2 [與 rather, sooner 等連用]與其…毋寧…，寧…不…：I would *rather* [*sooner*] die ~ disgrace myself. 我寧死不受辱/I prefer to be called a fool *rather* ~ (to) fight. 我寧可被叫作傻瓜也不要打架《★比較 作 I prefer be*ing* called a fool *to* fight*ing*.

較宜》。

3 a [與 other, otherwise, else 等連用；常用於否定句]**除…以外的，除…以外**：I have *no other* friend ~ you. 我除了你以外沒有其他朋友/It was *no* [*none*] *other* ~ the king. 那不是別人，正是國王本人/I could *not* do *otherwise* ~ run away. 我只好逃跑/He did *nothing else* ~ laugh. 他只是一味地笑。**b** [與 different, differently 連用]《美口語》與…(不同的[地])：He took a *different* approach to it ~ I did. 他採取跟我不同的方法處理那件事/He solved the problem *differently* ~ I did. 他解決那問題的方法與我的不同。

4 [用於"Scarcely [Hardly, Barely] ＋had＋主語＋過分"的句型]《口語》＝when《★ 用法 這是由於將 scarcely, hardly, barely 與 no sooner...than 混淆而產生的誤用》：*Scarcely* had I left ~ it began to rain. 我一離開就開始下雨了。

nò sòoner...than... ⇨ soon.

—*prep.* 1 a [與受格人稱代名詞連用]《口語》比…(⇨*conj.* 1 a 用法)：He is taller ~ me. 他(身材)比我高/She is more beautiful ~ us all. 她比我們大家都漂亮。**b** [用在 ever, before, usual 等之前]比…：He came earlier ~ usual. 他比平常早來/The park has become cleaner ~ before. 這公園變得比以前乾淨。

2 [用在 different, differently 之後]《美口語》與…(不同的[地])(from)：His way of living is *different* ~ ours. 他的生活方式跟我們的不同。

3 [用在關係代名詞 whom, which 之前]《文語》比…：Professor Jones is a scholar ~ *whom* there is no better authority on the subject. 瓊斯教授在這個問題上是最具權威的學者。

than·age [ˈθenɪdʒ; ˈθeinidʒ] *n.* U C 大鄉紳(thane)之身分[地位、領地等]。

thane [θen; θein] *n.* C **1** (盎格魯撒克遜時代英國的)擔任國王侍衛的武士。**2**《英國史》介於自由人與貴族之間的大鄉紳。**3**《蘇格蘭史》(昔日蘇格蘭的)貴族。

‡thank [θæŋk; θæŋk] **《源自古英語「體諒」之義》—*v.t.* 1 a** 〔十受〕**感謝**〈人〉，向〈人〉表示謝意[道謝，致謝]：She ~*ed* me heartily. 她由衷地向我道謝/*T*~ you. 謝謝你《★除了極爲正式的情形以外，常省略主詞 I》/*T*~ you very [(ever) so] much. 非常感謝你；感謝萬分《★ 用法 (ever) so 主要是女性所使用》/No, ~ you. 不(要)了，謝謝你《★ 用法 婉拒時，句首必須加 No》。**b** 〔十受十介十(代)名〕〔爲…之事而〕感謝〈人〉，向〈人〉道謝〔*for*〕：I ~*ed* him **for** his help. 我感謝他幫忙/*T*~ you *for* nothing. 謝了，請你少管閒事。

2 [常與 I will, I'll 連用，以表要求、諷刺等] **a** 〔十受十介十(代)名〕向〈人〉請求〔…〕〔*for*〕：*I will* ~ you **for** the salt. 麻煩你把鹽遞給我/*T*~ you *for* that ball. 勞你駕撿一下那個球《★ 用法 此句中省略 I will》。**b** 〔十受十 *to* do〕請求〈人〉〈做…〉：I will ~ you *to* leave me alone for a moment. 請你暫時別管我/I will ~ you *to* mind your own business. 請你少管閒事。

3 a 〔十受十介十(代)名〕[~ *oneself*]〔…〕(是某人)咎由自取，自作自受，錯在自己〔*for*〕：You may ~ *yourself* **for** that. 那完全是你咎由自取[自作自受](cf. 3 c)。**b** 〔十受十*to* do十介十(代)名〕[have a person *to* ~]〔…〕是因爲〈某人〉的緣故〔*for*〕：I *have* him *to* ~ **for** the flu. 我患了流行感冒都是因爲他。**c** 〔十受十*to* do十介十(代)名〕[have oneself to ~]〔…〕是咎由自取，自作自受，錯在自己〔*for*〕：You *have* (only) *yourself to* ~ *for* that. 那是你自作自受(cf. 3 a)。

Thánk Gód! ⇨ God 3. **Thánk Góodness!** ⇨ goodness 3. **Thánk Héaven!** ⇨heaven 4 a.

—*n.* [~s] **1 感謝，謝辭**〔*for*〕：express [extend] one's ~*s* 致謝，道謝/give [return] ~*s* to... 向…致謝；對〈乾杯〉答謝；(飯前、飯後)向〈神〉禱告感謝/I owe you ~*s*. 我得向你道謝/He smiled his ~*s*. 他以微笑表示了謝忱。**2** [當感歎詞用]《口語》多謝：*Thanks* (very much [a lot]). 多謝/No, ~*s*. 不(要)了，多謝。

A thóusand thánks.＝Mány thánks. 千謝萬謝，感激不盡，多謝：*Many* ~*s for* your advice. 多謝你的忠告。

smáll [nó] thánks to... [當介系詞用]一點也不感謝；謝謝你《反語》：We pushed through somehow, (but) *small* ~*s to* you. 我們總算完成了，謝謝你[但並非由於你的幫助]！

Thánks, but nó thánks! 謝了，請少管閒事！

thánks to... [當介系詞用]幸虧…，多虧…，由於…(owing to)《★ 用法 對於壞事亦使用》：*Thanks to* his decision, things have come out right. 幸虧他的果斷，形勢得以好轉/*Thanks to* bad weather, we had to put off the trip. 由於天氣不好，我們不得不把旅行延期。

thank·ful [ˈθæŋkfəl; ˈθæŋkful] *adj.* (**more** ~ ; **most** ~) **1** [不用在名詞前] **a** 〔十介十(代)名〕〈某人〉〔因…〕〔對某人〕**感謝的，感激的，感恩的**〔*to*〕〔*for*〕(⇨grateful【同義字】)：I am ~ *to* you *for* your present. 謝謝你送我的禮物。**b** 〔十 *to* do〕〔對做…〕感謝的，感激的，高興的：I'm ~ *to* have missed the party. 我很高興我沒參加那聚會。**c** 〔十 *that*__〕〈對…一事〉感謝的，感激的：I'm ~ *that* you helped me in finishing the work. 我感謝你幫助我完成這項工作/I'm ~ *that* I didn't miss the train. 我很高興我沒有錯過那班火車。

【照片說明】在紐約(New York)街頭慶祝感恩節的遊行隊伍及大氣球。

2 〈心、言行〉滿懷感謝的，表示謝忱的：with a ~ heart 懷著感恩之心。

~·ly [-fəlɪ; -fuli] *adv.* **~·ness** *n.*

thánk·less *adj.* **1** 不感謝的，不知感恩的，忘恩的：a ~ fellow 忘恩的傢伙。**2** 〈工作等〉不令人感謝的，徒勞的，有功無賞的：a ~ task [job] 吃力不討好的工作，徒勞而無賞的工作。

~·ly *adv.* **~·ness** *n.*

thanks·giv·er [ˈθæŋks,gɪvɚ; ˈθæŋks,givə] *n.* C 感謝者，感恩者。

***thanks·giv·ing** [,θæŋksˈgɪvɪŋ; ˈθæŋks,giviŋ] *n.* **1 a** U (尤指)**對神的感恩[感謝]**。**b** C **感謝的祈禱**。**2** [T~] (又作**Thanksgiving Dày**)**感恩節**。

【說明】感恩節在美國是十一月的第四個星期四，在加拿大是十月的第二個星期一。英國的清教徒(Puritan)爲了追求信仰的自由，於 1620 年搭乘五月花號船(the Mayflower)抵達美國的普里茅斯(Plymouth)。經過了艱辛的開墾之後，終於有了豐富的收穫。次年，爲了對上帝表示感恩，清教徒們將首次收穫奉獻給上帝並舉行了盛大的宴會。感恩節的慶祝據說就是這樣開始的。感恩節餐會(Thanksgiving dinner)吃的食物通常是火雞(turkey)和南瓜(pumpkin)等。

thánk-yòu *adj.* [用在名詞前]感謝的，表示感謝的：a ~ letter 謝函。

—*n.* C「謝謝」這句話，感謝的話：say one's ~*s* 說謝謝。

thank-you-ma'am [ˈθæŋkju,mæm, -,mam; ˈθæŋkjuma:m] *n.* C《美口語》道路上的小凹溝或凸脊《車行至此處時，乘客因震動而俯身向前，宛若鞠躬，故名》。

T

‡that [ðæt; ðæt] A (↔ this) **—*adj.*** 《指示形容詞》(*pl.* **those**) **1 a** [指較遠之物[人]]**那，那個，彼**：You see ~ tree. (一邊指著說)你看見那棵樹了吧/~ man over there 那邊那個人/What is ~ loud noise? 那是什麼響聲？

b [指遠離的時間、地點]**那，那個，彼**：at ~ time 那時候，當時/in ~ country 在那個國家/~ day [night, morning] 那天[晚上，早晨]《★ 用法 也常當副詞用》。

c [與 this 相關地使用]那，那個：He went to *this* doctor *and* ~. 他四處去看醫生/*This* camera is better than ~ one. 這架照相機比那一架好。

2 a [指交談者彼此已了解之物[人，數量]]**那，那個，彼**：~ horse of yours 你那匹馬《★ 用法 習慣上不說 your that horse 或 that your horse；cf. mine[1] 2》/When are you going to pay me back ~ (sum of) twenty pounds? 你準備什麼時候還給我那(筆)二十英鎊(的錢)？《★ 用法 作 *those* twenty pounds 亦可；作 *that* twenty pounds 是將 twenty pounds 視爲一整體》。**b** [帶著輕蔑等的意味]那，那個，那種：Here comes ~ smile! 那種微笑又來啦！/*T*~ monster! 那個窮凶極惡的傢伙[妖怪]！**c** [用以預先指示關係子句之限制]那，那個《★ 比較 在中文中不一定要譯出》：Have you read ~ book (which) I lent you last month? 上個月借給你的(那本)書讀了嗎？

—*pron.* 《指示代名詞》(*pl.* **those**) **1 a** [與this 相對地指較遠之物]**那，那個**《★ 用法 在用手指著人說時，通常用 this，而不用 that；cf. *that* man》：Can you see ~? 你看得見那個嗎？/*That*'s my overcoat; this is yours. 那是我的大衣，這(才)是你的/"Is ~ Mary?"—"Yes, speaking." [在電話中]《英》「(你)是瑪麗嗎？」「是的。」(cf. this *pron.* 1 a)。**b** [指前面已提到或彼此均了解之事物]那，那件事：All ~ is nonsense. 那全是胡扯/After ~ things changed. 在那之後形勢變了/*T*~ will do. 那就可以了；好啦！夠啦！要適可而止/(Is) ~ so? 是(那樣)嗎？/*That*'s all. 那就是全部；就是那麼多；如此而已/*That*'s it. 就是啦；對啦；那就是全部(That's all)/*That*'s right [so]. 好的；是；對；是那樣/*That*'s what I want to say. 我要說的就是那個意思；那就是我所要說的《★ 用法 語氣較 I want to say ~. 强，且更口語化》/*That*'ll be [*T*~ comes to] ten dollars. 總共十美元《★商人收取貨款等時所說的話》。**c** [指在較遠處或正在被談論之人]那個人：*That*'s Nancy. 那個人是南施/Who's ~? 在那邊的是誰？/*That*'s a good boy. [對聽話的孩子說]這才乖呢！這樣才是乖孩子。

2 a [用以避免名詞之重複](…的)**那個**《★ 用法 one (複數爲ones)代替"a＋名詞"；that (複數爲 those) 則代替"the＋名詞"(在下面例句中 that＝the climate)，通常後面接介系詞片語》：The climate is like ~ *of* France. 這氣候像法國(的氣候)。**b** [强調地重複前面的陳述(的一部分)] (正)是那樣:"Is John capable?" —"He's ~."「約翰能幹嗎?」「他是很能幹。」《★比較 Yes, he is. 或 So he is. 更加重語氣》/⇨ and THAT.

3 [用作關係代名詞 which 的先行詞] (所…之)物, 事《★變換 that which 改成 what;但在 there is 的句子結構中, 有時 that 與which 分離》: I did ~ *which* I ought to do. 我做了我所應該做的事/There was ~ in her bearing *which* suggested an ancient race of man. 她的舉止使人聯想到古代人。

4 [與 this 相關地使用] 前者(the former): Of the two methods, *this* seems to be better than ~. 在這兩個方法之中, 後者似乎較前者爲佳/Nutrition and sleep are both necessary to health; *this* gives us rest, and ~ gives us energy. 營養和睡眠對健康而言均屬必要;後者給予我們休憩, 前者給予我們精力。

and áll thát ⇨ all *adj.*

and thát (1)[代替前面的整個子句]而且: He makes mistakes, *and* ~ very often. 他犯錯, 而且常常犯。(2)《英俚》=and all THAT.

at thát (1)就照那樣, 到那樣爲止: ⇨ LEAVE¹ ... at that. (2)《美口語》即使是那樣, 儘管那樣。(3)尚且, 加上: He bought a car, and a Cadillac *at* ~. 他買了汽車, 而且買的是凱迪拉克(高級車)。(4)=with THAT.

for áll thát ⇨FOR all... (2).

like thát 那樣地, 那般地: Do you always study *like* ~? 你經常都那樣地用功嗎?

Táke thát! ⇨ take *v.t.* A 3 b.

thàt is=thàt is to sày 那就是說, 亦即, 也就是說。

thát's thát 《口語》就這樣決定, 不必再多講了, 就這麼辦: I won't go and *that's* ~. 我說不去就是不去, 不必再多說了/He said we couldn't do it, so *that's* ~. 他說我們不能做, 那事就這樣無疾而終了。

thís and (...) thát ⇨ this *pron.*

thís, thát, and the óther ⇨ this *pron.*

with thát 這樣說著;於是, 然後: "Goodbye," he said, and *with* ~ he left. 他說「再見」, 就離開了《★比較 此爲較 ...and then he left 拘泥的說法》。

— [ðæt; ðæt] *adv.* 《指示副詞》**1** 《口語》[限定表數量、程度的字]那樣地, 那麼(so): She can't go ~ far. 她不能走那麼遠[做到那個程度]/He only knows ~ much. 他只知道那麼多/It's not really quite ~ interesting. 並不眞的那麼有趣。

2 [常 **all** ~;常用於否定句]《口語》(不)大…, (不)太…: The film was*n't all* ~ good. 那部片子不怎麼好。

—B [(輕讀) ðət; ðət] *conj.* **1** [引導名詞子句] **a** [引導主要子句]: *T*~ he is alive is certain. 他還活著是確實的[他確實還活著]/Is *it* true ~ he has returned home? 他已回國是眞的嗎[他眞的已回國了嗎]?《★用法 *that* 子句中常以 it 爲虛主詞, 在這種情形有時省略 that》/*It's* certain (~) she's a widow. 她確實是個寡婦。**b** [引導補語子句]《★用法 常省略 that》: The trouble is ~ my father is ill in bed. 麻煩的是家父正臥病在牀/The fact is, he is quite unaware of it. 事實是, 他完全沒注意到這件事。**c** [引導受詞子句]《★用法 較平易的短句省略 that》: I knew (~) he was alive. 我知道他還活著/You will soon realize ~ London is a very old place. 你不久會了解倫敦是個很古老的地方。**d** [引導同位格子句]《★用法 經常不省略 that》: You must be aware of the fact ~ he is destitute. 你一定知道他非常貧窮這一情況/There's no proof ~ he stole it. 沒有[未發現]證據證明他偷這個東西。**e** [引導接在形容詞、不及物動詞後面的子句]《★用法 在文法上可視爲副詞子句, 而在語意上可當作相當於及物動詞之動詞片語之受詞, 而視爲名詞子句》: I am afraid (~) he will not come. 恐怕他不會來/He complained ~ I was lazy. 他抱怨我懶惰/He was convinced ~ his father was innocent. 他深信他父親是淸白的。

2 [引導副詞子句] **a** [so [such]...that 的句型表程度、結果] (非常)…以致, …得《★用法《口語》省略 that》: I am *so* tired (~) I cannot go on. 我累得無法繼續下去/There was *such* a great storm ~ all the ships were wrecked. 發生了如此大的暴風雨, 以致於所有的船都遇難《發生了大得使所有的船都遇難的暴風雨》/He is not *so* poor ~ he cannot buy it. 他並非窮到買不起它的地步。**b** [(so) that, in order that 表目的] 以便…, 爲…《★用法 在 *that* 子句中用 may [might] 是拘泥的說法, 一般使用 can, will [could, would];《口語》常省略 that》: Turn it *so* ~ I *can* see it. 把它轉一轉, 好讓我看得見/I tried to walk quietly, *so* ~ they would not hear me. 我儘量放低腳步聲, 俾使他們聽不見/We eat (*so*) ~ [*in order* ~] we *may* live. 我們爲了活命而吃《★that...may 是舊式的說法》。**c** [表原因、理由] 因爲…;因…而: I'm glad (~) you've completed the work. 我爲你完成這項工作而感到高興[我欣見你完成了工作]/If I find fault, it is not ~ I am angry; it is ~ I want you to improve. 如果我挑剔你, 那不是因爲(你惹)我生氣而是因爲我要你進步/*Not* ~ I object. (這)並非我有異議。**d** [表判斷之標準] …得(竟然…): Are you mad ~ you *should* do such a thing? 你瘋了不成, 竟做出這樣的事?/Who is he, ~ he *should* come at such an hour? 他是什麼人, 竟在這樣的時刻來?《豈有此理》**e** [通常在否定詞之後引導限制之子句] 據所…, 就所…《★用法 此種用法的 that 本身是關係代名詞, 是後面動詞或介系詞的受詞》: He *never* read it, ~ I saw. 據我所見, 他從來沒有讀過它/No one knows anything about it, ~ I can find. 據我所知, 沒有人知道這件事/Not ~ I know (of). 據我所知, (事情)並不是那樣。

3 [It is [was]...that.... 的句型强調副詞(片語)]《★用法 此爲强調副詞(片語)之句型;在强調名詞(片語)之句型中爲關係代名詞(⇨ C 3)》: *It was* on Monday ~ I bought the book. 我是在星期一買了這本書/*It was* not until he arrived there ~ he learned what had happened. 他是到了那兒才知道所發生的事。

4 [構成感歎句] **a** [在 *that* 子句中使用should, 以表驚訝、憤怒]: *T*~ he *should* behave like this! 他舉止居然像這樣! **b** [在 *that* 子句中使用假設語氣過去式, 以表願望]《文語》但願…!若…多好!: Oh, ~ I *were* in England now. 我現在要是在英國多好!/Would (~) it *were* possible! 假如這件事可能的話, 那該多好!

bùt that... ⇨ but *conj.* B 2 b, 3; *prep.* 2.

in that... ⇨ in *prep.* 片語。

nòw that... ⇨ now *conj.*

—C [(輕讀) ðət; ðət] *pron.* (關係詞) **1** [通常以限定用法指表人、物之先行詞]所…的《★用法 多用於先行詞爲人、物, 且由最高級形容詞或 all the, the only, the same, the very 等限定性修飾語所修飾時, 或先行詞爲疑問代名詞或 all, much, little, everything, nothing 等時;但這種用法沒有絕對性;先行詞爲人時, 又用 who》: **a** [用作主詞]: He is the great*est* actor ~ has ever lived. 他是古今最偉大的演員/This is *the only* paper ~ contains the news. 這是唯一刊登那則消息的報紙/This is *all* ~ matters. 這就是唯一有關係[關係重大]的/*Much* ~ had been said about her proved true. 有關她的許多說法[議論]經證明都是事實/The men and equipment ~ had been loaded on the truck were driven to the construction site. 裝在卡車上的人和器材設備被載往建築工地《★用法 先行詞同時指人和物時用 that》.

b [用作補語]: Like the artist ~ he is, he does everything so neatly. 他不愧[到底]是個藝術家, 凡事都做得乾淨俐落/Fool ~ I am! 我好笨!

c [作爲及物動詞、介系詞之受詞]《★用法 常省略 that;介系詞置於關係子句中動詞之後》: This is the book (~) I bought yesterday. 這是我昨天買的書/Is this the house (~) they live in? 這是他們居住的房子嗎?

2 [以表時間、方法、理由等的名詞爲先行詞, 當關係副詞用] 所…的《★用法 常省略 that》: You were in a hurry the last time (~) I met you. 上次遇見你時, 你匆匆忙忙的/It was raining (on) the day (~) he started. 他起程那一天正下著雨/Do you know the way (~) he does it? 你知道他如何做這件事嗎?

3 [It is [was]...that.... 的句型强調名詞(相當語)]《★用法 此爲强調名詞(片語)之句型;在强調副詞(片語)之句型中爲連接詞(⇨ B 3);《口語》常省略 that》: *It was* a book ~ I bought yesterday. 我昨天買的是一本書/*It is* you ~ are to blame. 該受譴責的是你/*It's* you (~) I rely upon. 我所依靠的就是你/Who *was it* (~) called just now? 剛才來訪的是誰?

that ís [that wás, that is to bé] 現在的[從前的, 未來的]…: Mrs. Harrison, Miss Smith ~ *was* 哈里遜夫人, 也就是從前的史密斯小姐/Miss Smith, Mrs. Harrison ~ *is to be* 史密斯小姐, 也就是未來的哈里遜夫人。

thatch [θætʃ; θætʃ] 《源自古英語「覆蓋(屋頂)」之義》 **—n.** **1 a** U (屋頂的)茸草, 蓋屋頂的材料。**b** C 蓋草[茅、稻草]的屋頂。**2** C 《諧》密厚的頭髮。

—v.t. 以草蓋〈屋頂〉, 以草蓋〈房屋〉的屋頂: a ~*ed* roof [cottage] 茸草屋頂[茅屋]。

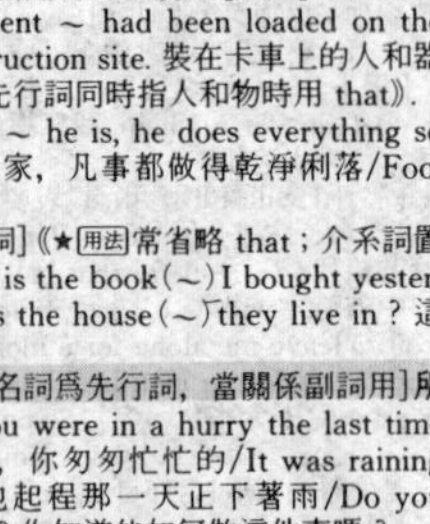
thatch 1 b

Thatch·er [ˈθætʃɚ; ˈθætʃə], **Margaret** *n.* 柴契爾《1925– ;英國政治家;首相(1979–1990);被稱爲 the Iron Lady (鐵娘子)》。

‡that's [ðæts; ðæts] **that is** 之略。

thau·ma·tur·gy [ˈθɔməˌtɚdʒɪ; ˈθɔːmətəːdʒi] *n.* U 奇術;魔術;妖法。

T

thaw [θɔ; θɔ:] *v.i.* **1** [以 it 爲主詞]雪[冰(等)]溶化，融解；(天氣)變溫暖得足夠溶雪；到化雪的時令：If the sun stays out, *it* will probably ~ today. 如果繼續出太陽，今天大概會解凍/*It* ~*s* in March here. 在此地融雪的季節是三月。**2** 〔動(十副)〕**a** 〈凍結之物〉融解〈*out*〉：Leave this frozen food to ~ before you cook it. 把這冷凍食品解凍後再烹煮/The water pipe has ~*ed* ***out***. 水管的結冰融解了。**b** 〈冰冷的身體、手腳等〉變得暖和〈*out*〉：Come up to the fire, and you will ~ *out*. 到火爐邊來，你就會覺得暖和。**3** 〈人、態度、感情等〉變得和藹；變得融洽；變得溫和；變得不拘泥：She began to ~ as we talked. 隨著我們的交談她(的態度)開始變得不拘泥。

—*v.t.* 〔十受(十副)〕**1 a** 使〈雪、冰、凍結之物等〉融解；使〈凍結之物〉解凍〈*out*〉：~ ***out*** the radiator 使冷却器解凍。**b** 使〈冰冷的身體等〉變得暖和〈*out*〉：I was ~*ed* (***out***) by the fire. 火使我變得暖和。**2** 使〈態度、感情等〉融洽〈*out*〉：Similar tastes soon ~*ed* them (***out***). 他們因趣味相投很快就變得十分融洽。

—*n.* Ⓒ **1** 融雪，化雪；解冰；融霜。**2** 融雪[融霜，解冰]之時令：This year the ~ will set in early. 今年融雪期將提早。**3** (態度等的)變融洽[溫和]；(獨裁等的)緩和。

‡**the** [(輕讀) ðə; ðə《在子音之前》, ðɪ; ði《在母音之前》；(重讀) ði; ði:] **《與指示詞 that 同字源》—**《定冠詞》(cf. a³, an) A [限定用法] **這，那，**該，話題中的《★用法常不必刻意譯出》：**1 a** [冠於由前面已說過的名詞或語句前後關係而可確定所指之物的可數名詞之前]：He keeps *a dog* and *a cat*. *The cat* is bigger than *the dog*. 他養一隻狗和一隻貓，那隻貓比那隻狗大/I'm going to *the* post office. 我正要去郵局。**b** [冠於由前面已說過的名詞或語句前後關係而可確定所指之物的不可數名詞之前]：Turn *the* light off, please. 請關燈/He's talking on *the* telephone. 他正在講電話。**c** [冠於限定性修飾語所修飾的可數或不可數名詞之前]：*the* water *in* the pond 池塘的水/*the* book (which) you lost 你所遺失的書。**d** [冠於最高級形容詞或序數所修飾的名詞之前]：*the* great*est* possible victory 空前的大勝利/*the* tenth chapter of the book 該書之第十章/Which way is *the* short*est*？哪一條路最近？《★用法於可知省略了名詞的敍述用法最高級形容詞之前亦冠以 the》。**e** [又常冠於其最高級之意義被明確地限定的最高級副詞之前]：I like John (*the*) best *of* all. 我(在所有的人當中)最喜歡約翰。**f** [冠於無形容詞修飾而被用作主詞的表示天空、海、風、天候等之意的名詞之前]：*The* wind was cold. 寒風《★比較 A cold wind was blowing.》/*The* sky was cloudless. 天空中無雲《★比較 It was a cloudless sky.》。**g** [尤其在否定、疑問句中，通常冠於帶有限定語之不可數名詞之前]：I have*n't* got *the* time *to* answer these letters. 我沒有回這些信的時間[我沒有時間回這些信]/We did*n't* have *the* money for a house. 我們沒有買房子的錢[我們沒錢買房子]。**h** [用以指人的身體[衣服]之某部位]：I took him by *the* sleeve. 我抓住他的衣袖/The dog bit him on *the* leg. 那隻狗咬了他的腿。**i** [冠於表時期之名詞之前]：newspapers of *the* time 那時期的報紙/about this time of *the* year 每年這個時候。**j** [冠於表一日之時間劃分的名詞之前]：in *the* morning 在早上[上午]。**k** [冠於 -ties 字尾的複數名詞之前]：in *the* seventies 在七十年代/Your grade was in *the* nineties. 你的分數是九十幾分。

2 [冠於僅指出名稱，對方即可明瞭其爲何物之名詞] **a** [冠於獨一無二的名詞之前]《★用法有形容詞修飾時，有時冠以不定冠詞；如 a new moon；以大寫字母開始的天體古典名稱不冠 the；如 Mars, Venus》：*the* Almighty 萬能的上帝/*the* sun 太陽/*the* moon 月亮/*the* earth 地球《★比較作爲行星名稱時爲 Earth》/*the* world 世界。**b** [冠於表特定之人、地方、時期等之名詞之前]：*the* East 東洋；《美》東部地方/*the* West 西洋；《美》西部地方/*the* River《英》泰晤士河/*the* Channel 英吉利海峽/*the* Middle Ages 中古時代/Reagan was elected President. 雷根當選總統《★用法表示職位、頭銜的名詞當作補語或同位格時，身分、資格的意義超越人而常成無冠詞》。**c** [冠於表某一家族中之一員的名詞之前]《★用法表示家族中一員的名詞在家族之間使用時，當專有名詞用而成無冠詞；如 Come here, father. 爸爸，請您來這兒》：*The* wife is not well today.《口語》太太今天不舒服/*The* children have gone to play with their friends. 孩子跟他們的朋友去玩了。**d** [冠於表季節、方位等之名詞之前]《★用法春、夏、秋、冬通常爲無冠詞，但有時冠以 the；如 Spring has come. 春天已經來臨了/in (*the*) spring 在春季》：The sun rises in *the* east. 太陽由東方升起/*The* rainy season has set in. 雨季開始了。

3 [冠於特定的專有名詞之前] **a** [尤冠於複數之山、島、國等之名稱之前]：*the* Alps 阿爾卑斯山脈/*the* Philippine*s* 菲律賓(羣島)/*the* Netherlands 荷蘭/*the* United States (of America) (美利堅)合衆國《★用法在簡寫之前亦冠以 the；如 *the* U.S.》。**b** [尤冠於具有描述性的單數都市、山等之名稱前]：*The* Hague 海牙《★源自荷蘭語 'the garden' 之義》/*the* Sudan 蘇丹《★源自阿拉伯語「黑(人之國)」之義》/*the* Jungfrau 少女峯《★源自德語「處女」之義》。**c** [冠於河川、海峽、運河、沙漠等的名稱之前]：*the* Mediterranean (Sea) 地中海/*the* Sahara 撒哈拉沙漠/*the* Suez Canal 蘇彝士運河/*the* Atlantic (Ocean) 大西洋/*the* Hudson 哈德遜河。**d** [冠於某一些特定的街道、橋樑名稱之前]《★通常無冠詞》：*the* Oxford Road (由 London 通往 Oxford 的)牛津路《★比較倫敦市內的 Oxford Street 則無冠詞》/*the* Brooklyn Bridge (紐約市的)布魯克林橋。**e** [冠於船艦名之前]《★用法船名通常用斜體字；船名前有 S.S. (=steamship) 等時，常省略 the：S.S. *Queen Mary* 瑪麗皇后輪》：the *Queen Mary* 瑪麗皇后輪。**f** [冠於政府機構或公共設施之建築物名稱之前]《★用法例外多，故須注意；如 Buckingham Palace, Harvard University；車站、機場、港口等的名稱無冠詞；如 Heathrow Airport, Waterloo Station》：*the* White House (美國的)白宮/*the* Alhambra 阿爾漢布拉宮殿/*the* British Museum 大英博物館/*The* University of London 倫敦大學。**g** [冠於書籍、報刊、雜誌名稱之前]《★用法(1)書籍等之標題通常用斜體字；(2)以人名作書名者則無冠詞；如 *Hamlet*》：The *Times* (英國的)泰晤士報 / *The Oxford English Dictionary* 牛津英語辭典《略作 the OED》/The *Economist* 經濟學家《雜誌》。**h** [冠於 ...language 形式之語言名稱]：*the* English *language*《★用法通常僅作不可數名詞 English 一字》。**i** [冠於稱號、爵位等之前]《★用法但有姓氏或名字緊接在其後時則無冠詞》現在的…，當時的…：*the* King 國王《★King Edward 愛德華國王》/*the* Queen 女王《★Queen Elizabeth 伊利莎白女王》/*the* President 總統《★President Reagan 雷根總統》。**j** [在蘇格蘭、愛爾蘭等冠於族長姓氏之前]：*the* Mackintosh 麥肯托西一族。**k** [冠於同位格名詞，或形容詞＋人名之前，或與人名連用之同位格名詞或形容詞之前]《★用法在人名之前修飾之形容詞爲 good, great, old, young, poor 等帶有感情之字時無冠詞；如 Little Emily, Old Jolyon》：*the* poet Byron 詩人拜倫/*the* ambitious Napoleon 野心勃勃的拿破崙/William *the* Conqueror 征服者威廉/Alfred *the* Great 阿佛烈大帝。

4 [ði; ði:] [用以强調]出衆的，無比的，最高的，超級的，一流的《★用法通常用斜體字》：That's *the* hotel in Tokyo. 那是東京一流的飯店/The physicist was named Einstein, but he wasn't *the* Einstein. 那位物理學家名叫愛因斯坦，但他不是那位鼎鼎大名的愛因斯坦。

—B [代表用法] **1 a** [冠於可數名詞的單數形前，指其所屬種類之全體]：*The* gramophone was invented by Thomas Edison. 留聲機爲愛迪生所發明/*The* dog is a faithful animal. 狗是忠實的動物《★用法同樣的意思也可用 A dog is a faithful animal., Dogs are faithful animals. 表達，其中以最後一句之措辭最口語化；man 和 woman 除了在與 child, boy, girl 等對比地使用時以外，以單數代表其同類之全體時亦不冠以 the；如 *Man* is mortal. 人皆有一死》。**b** [冠於可數名詞的單數形前，以表示該物所象徵之特色、性質、職業、能力等]：*the* brute in man 人的獸性/*the* poet in him 他的詩思/*the* stage 舞臺，戲劇(界)/*the* pulpit 宗教界/*The* pen is mightier than *the* sword.《諺》⇨ pen¹ 2. **c** [冠於表國民、階級、家族姓氏等的複數名詞或集合名詞之前]：*the* Liberals＝*the* Liberal Party 自由黨/*the* Morgans 摩根一家人/*the* aristocracy 貴族(階級)。

2 [冠於形容詞、分詞之前] **a** [代用作抽象名詞；當單數用]：*the* sublime 崇高/*the* beautiful 美。**b** [代用作普通名詞；常當複數用]：*the* poor 窮人，貧民/*the* deceased 故人，已故者，死者/*the* dead and wounded 死傷者。

3 [冠於作爲彈奏、趣味等之對象的樂器名稱之前]《★用法通常用作 play, like 之受詞；運動名稱則無冠詞》：play *the* piano 彈鋼琴/I like *the* guitar better than *the* violin. 我喜歡吉他甚於小提琴。

4 a [尤冠於本身爲複數形之疾病名稱之前]：She's got (*the*) mumps [measles]. 她患了耳下腺炎[痲疹]。**b** [冠於表神經異常等之複數名詞前]《口語》：He's got *the* creeps [fidgets, jitters, blues]. 他在哆嗦[煩躁，心神不寧，憂鬱]。

5 [冠於表比率的計量單位之前；通常以 by the, to the 之形式；cf. a³ 5]：*by the* dozen [hundred, thousand, *etc.*] 以打[百，千(等)]計/a dollar *by the* day 每天一美元《★比較一般用 a dollar a [per] day》/17 oz. *to the* dollar 每一美元十七盎司/This car does 30 miles *to the* gallon. 這部汽車每一加侖(汽油)跑三十哩/⇨ to the HOUR.

— [(輕讀) ðə; ðə《子音之前》, ðɪ; ði《母音之前》] *adv.* **1** [冠於形容詞、副詞的比較級之前]愈，更，越發，反而更：I like him all *the better for* his faults. 因爲他有缺點我越發喜歡他/The dark made the house look all *the* eerier. 黑暗使那房子顯得更陰森可怕/She looks (all) *the worse for* her dieting. 她因節食(臉色)反而更不好看。

2 [相關地冠於比較級形容詞、副詞之後，以表比例的關係]愈…

愈…，更…(到什麼程度)就更…(到那個程度)《★用法 前面的 the 是關係副詞，後面的 the 是指示副詞》：*The more, the* merrier. 越多越快活/*The* sooner, *the better.* 越快越好/*The more* we know about life, *the better* we can understand the books we read. 人生之事懂得越多，我們越能理解所讀的書。

‡the·a·ter [ˋθiətɚ; ˈθiːətə] *n.* **1** Ⓒ**劇場，戲院，電影院**《★比較 演戲劇、電影的劇場所是 theater，但演歌劇的劇場則稱作 opera house；拼法 美語多用 theater，但用作戲院名稱時，在美國亦常用 theatre》：a movie ～ 電影院/go to the ～ 去看戲。

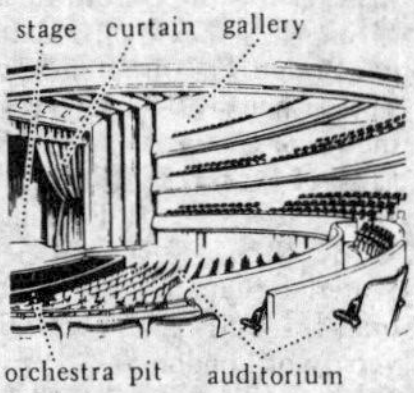

theater 1

【字源】theater 一字是從希臘文的「看」字衍生而來的。起初是指「戲院裏的觀衆席」，但現在則指「戲院的全部」；cf. orchestra【字源】

2 Ⓤ[常 **the** ～]戲劇，演劇；戲劇界，演劇界；戲劇作品：*the* modern ～ 現代戲劇/Goethe's ～ 哥德的戲劇。
3 Ⓒ **a** 階梯式講堂[教室]。**b**《英》(醫院的)開刀房，手術室：in ～ 在手術室《★無冠詞》。
4 Ⓒ(戰爭等的)場面，現場，戰場；戰區〔*of*〕：the Pacific [European] ～ *of* World War Ⅱ 第二次世界大戰的太平洋[歐洲]戰區[場]。

théater·gòer *n.* Ⓒ經常看戲的人；看戲的行家；喜歡看戲的人，戲迷。

théater·gòing *n.* Ⓤ看戲，觀劇。

the·a·tre [ˋθiətɚ; ˈθiːətə] *n.*《英》＝theater.

the·at·ric [θɪˋætrɪk; θiˈætrik] *adj.* ＝theatrical.

the·at·ri·cal [θɪˋætrɪkl; θiˈætrikl] 《theater 的形容詞》—*adj.* **1** 劇場的，戲院的。**2** 戲的，戲劇的，演戲的：a ～ company 劇團/～ effects 戲劇效果。**3**〈言行〉戲劇性的，演戲似的；誇張的，不自然的，做作的。
—*n.* [～s](尤指由票友等所演出的業餘性的)戲，演藝：private [amateur] ～*s* 業餘演出；票友戲。～**·ly** [-klɪ; -kəli] *adv.*

the·at·ri·cal·i·ty [θɪ͵ætrɪˋkælətɪ; θi͵ætriˈkæləti] *n.* Ⓤ戲劇性；戲劇化；矯飾；炫耀；誇張。

the·at·ri·cal·ize [θɪˋætrɪkə͵laɪz; θiˈætrikəlaiz] *v.t.* **1** 誇張…，使…華麗。**2**《罕》使…戲劇化《★比較 一般用 dramatize》。

The·ban [ˋθibən; ˈθiːbən] 《Thebes 的形容詞》—*adj.* 底比斯的。—*n.* Ⓒ底比斯人。

Thebes [θibz; θiːbz] *n.* **a** 底比斯《古埃及之一城市》。**b** 底比斯《古希臘之一城邦》。

thee [(輕讀)ðɪ; ði；(重讀)ði; ðiː] *pron.* [thou¹ 的受格]《古・詩》汝《★教友派(Quaker)教徒用作主詞，如 Thee has (＝You have)….》。

***theft** [θɛft; θeft] *n.* ⓊⒸ**竊盜行為，竊盜(罪)**。

thegn [θen; θein] *n.* ＝thane.

theign [θen; θein] *n.* ＝thane.

the·ine [ˋθi·in, -ɪn; ˈθiːiːn] *n.* Ⓤ **1** 茶鹼《茶葉中含的咖啡因》。**2** ＝caffeine.

‡their [(輕讀)ðɚ; ðə；(重讀)ðɛr; ðɛə] *pron.* **1** [they 的所有格]**他們的**。**2** [代替不定單數(代)名詞]＝his, her：*No one* in ～ senses would do it. 神智正常[清醒]的人都不會做這件事。

‡theirs [ðɛrz; ðɛəz] *pron.* (*pl.* ～)[與 they 相對應的所有代名詞] **1 他們的**《★用法 隨所指的內容當單數或當複數用；cf. mine¹》：*T～ is* [*are*] good. 他們的是好的。**2** [**of** ～]他們的《★their 不能與 a, an, this, that, no 等並置於名詞之前，因此將 their 改作 of theirs 置於名詞之後》：*this* plan *of* ～ 他們的這項計畫。

the·ism [ˋθiɪzəm; ˈθiːizəm] *n.* Ⓤ有神論；一神論。

thé·ist [-ɪst; -ist] *n.* Ⓒ有神論者；一神論者。

the·is·tic [θiˋɪstɪk; θiːˈistik] 《theism 的形容詞》—*adj.* 有神論(者)的；一神論的。**-ti·cal·ly** [-klɪ; -kəli] *adv.*

‡them [(輕讀)ðəm; ðəm；(重讀)ðɛm; ðem] *pron.* **1** [they 的受格]：**a** [當直接受詞用]**他[她、它]們**：He teaches ～. 他教他們。**b** [當間接受詞用]**他[她、它]們**：He gave ～ books. 他給他們書。**c** [當介系詞的受詞用]：He gave books *to* ～. 他把書給他們。**2** [代替不定單數(代)名詞]＝him, her：*Nobody* has so much to worry ～ as he has. 沒有人像他那麼煩惱。

the·mat·ic [θɪˋmætɪk; θiˈmætik] 《theme 的形容詞》—*adj.* **1** 主題的，論題的。**2**《音樂》主題的；主旋律的。

theme [θim; θiːm] 《源自希臘文「置」之義》—*n.* Ⓒ **1 主題，題目**，題(⇨ subject A【同義字】)。**2**《美》(學生的)作文。**3**《音樂》**a** 主題，主旋律。**b** (又作 **théme sòng**[**tùne**])主題歌，主題曲，主題音樂。

The·mis [ˋθimɪs; ˈθiːmis] *n.*《希臘神話》席米絲《司掌法律、秩序及正義之女神》。

‡them·selves [ðəmˋsɛlvz; ðəmˈselvz] *pron.*《★they 的反身代名詞；⇨ oneself》**1** [用以强調]**他[她、它]們本身[自己]**：**a** [與第三人稱複數(代)名詞連用作同位格]：They ～ did it.＝They did it ～. 他們自己做了這件事《★比較 以後者較為口語化》。**b** [用以代替 they, them；作and ～]：Their parents *and* ～ went there. 他們的父母親和他們(本身)去那兒(⇨ myself 1 b 語法)。**c** [用以代替 they, them；置於 as, like, than 之後]：We can do it better *than* ～. 我們能比他們(自己)做得更好。**d** [用以指示獨立構句之主詞關係]：*T～* happy, they made the others happy, too. 因為他們快樂，他們也使別人快樂。
2 [反身用法]將他[她，它]們自己，對[向]他[她，它]們自己：**a** [當反身動詞之受詞用](⇨ myself 2 a★)：They presented ～ before the king. 他們出現在國王的面前。**b** [當一般動詞之受詞用]：They made ～ a new club. 他們給自己創設了新的俱樂部。**c** [當介系詞之受詞用]《★另參考成語》：They must take care *of* ～. 他們必須自己照顧自己。
3 往常的他[她，它]們，平常的他[她，它]們《★用法 通常用作 be 動詞之補語》：They are not ～ today. 他們今天失常《不像平常的他們》。

besíde themsèlves ⇨ oneself. **by themsélves** ⇨ oneself. **for themsélves** ⇨ oneself. **to themsélves** ⇨ oneself.

‡then [ðɛn; ðen] *adv.* (無比較級、最高級) **1 a** (在)(過去或未來的)**那時**，(在)當時，屆時，到那時：I was living in the West End ～. 我當時住在(倫敦)西區/Things will be different ～. 到那時候形勢將不一樣。**b** [代替 when 所引導的表時間之副詞片語]《文語》在那時候：*When* they were in desperate need, ～ he went to their aid. 當他們陷於極度窮困時，他援助了他們。**c** [當介系詞之受詞用；當名詞用]那時：He'll be back by [before] ～. 到那時[在那時以前]他將會回來/till [until] ～ 直到那時/since ～ 自從那時以來/from ～ onward 從那時起。
2 a [常與 and 連用，表示接續前面]**然後**，之後，而後，接著：First came Tom, (and) ～ Jim. 首先湯姆來了，然後是吉姆/They had a week in Rome and ～ went to Naples. 他們在羅馬待了一個星期，然後去了那不勒斯。**b** [與 now, sometimes 等相關地使用]一會兒又…，時而…，(有時…)有時…：*Now* she weeps, ～ she laughs. 她一下子哭，一下子又笑/*Sometimes* it's warm, ～ freezing. 時而暖和，時而寒凍。
3 [常與 and 連用]**並且**，而且，還有，再說，此外；然後，接著：I haven't the time, *and* ～ it isn't my business. 我沒有時間，再說那不關我(分內)的事。
4 a [常用於主要子句之句首、句尾或條件子句之後]**若是那樣，**那麼，在那情形之下："It isn't on the desk."—"*T～* it must be in one of the drawers."「它不在桌上。」「那麼一定是在某一個抽屜裡。」/So you're not going to visit the doctor(, are you)? What are you going to do, ～? 你說你不準備去看醫生了，那麼你打算怎樣呢？/If you don't feel well now, ～ you must tell him so. 如果你現在感覺不舒服，那麼你得如實地告訴他。**b** [當感歎詞用]於是，因此；儘管如此，不過；然則：Well, ～, what do you think of that? 不過，你認為那個怎麼樣？/That was a bit of a shock, ～, wasn't it? 不過那頗有幾分令人吃驚，是不是？

but thén (**agáin**) 但是另一方面，但是；但是同時：I failed, *but* ～ I never expected to succeed. 我失敗了，但是我從來就沒有預期會成功。

(**èvery**) **nów and thén** ⇨ now *adv.*

thén and thére＝thére and thén《口語》當場，立即：He answered the letter ～ *and there.* 他當場[立即]回了信/He made up his mind *there and* ～. 他當場下了決心。

—*adj.* [用在名詞前](無比較級、最高級)[**the** ～]**那時的，當時的**《★用法 有些人不喜歡此種用法》：*the* ～ King George Ⅵ 當時的國王喬治六世。

thence [ðɛns; ðens] *adv.*《文語》**1 a** 由彼處，從那裡。**b** 自彼時，從那時。**2** 因而，因為那個緣故。

thence·forth [͵ðɛnsˋforθ, ͵θɛns-, -ˋfɔrθ; ͵ðensˈfɔːθ] *adv.*《文語》從那時以後；從那裡。

thènce·fórward *adv.*《文語》＝thenceforth.

the·o- [θiə-, θiɑ-; θiːə-, θiːɔ-] [複合用詞]表示「神」之意：*theo*logy.

the·oc·ra·cy [θiˋɑkrəsɪ; θiˈɔkrəsi] *n.* **1** Ⓤ神權政治。**2** Ⓒ神權政體；神權國家。

the·o·crat [ˋθiə͵kræt; ˈθiːəkræt] *n.* Ⓒ神權政治家；神權主義者。

the·o·crat·ic [͵θiəˋkrætɪk; θiəˈkrætik˝] 《theocracy 的形容詞》—*adj.* 神權(主義)的。

thè·o·crát·i·cal [-tɪkl; -tikl˝] *adj.* ＝theocratic.

the·od·o·lite [θiˈɑdlˌaɪt; θiˈɔdəlait] *n.* Ⓒ《天文・測量》經緯儀(cf. transit 3).

The·o·do·ra [ˌθiəˈdorə, -ˈdɔrə; ˌθiəˈdɔːrə] *n.* 狄奧多拉《女子名；暱稱 Dora》.

The·o·dore [ˈθiəˌdor, -ˌdɔr; ˈθiədɔː] *n.* 狄奧多《男子名；暱稱 Tad, Ted, Teddy》.

the·og·o·ny [θiˈɑgənɪ; θiˈɔgəni] *n.* ⓊⒸ **1** 神的起源[系譜]。**2** 神譜學；敍述神統之史詩。

theol. 《略》theologian；theological；theology.

the·o·lo·gi·an [ˌθiəˈlodʒən, -dʒɪən; θiəˈloudʒjən] *n.* Ⓒ神學家。

the·o·log·i·cal [ˌθiəˈlɑdʒɪkl; θiəˈlɔdʒikl˴] «theology 的形容詞»—*adj.* **1** 神學(上)的。**2** 根據聖經的。

～·ly [-klɪ; -kəli] *adv.*

théological vírtues *n. pl.* [the ～]神學上之美德《faith, hope, charity 三大德；⇨ the seven cardinal VIRTUES》.

the·ól·o·gist [-dʒɪst; -dʒist] *n.* Ⓒ神學家。

the·ol·o·gy [θiˈɑlədʒɪ; θiˈɔlədʒi] *n.* **1** Ⓤ神學《研究神的本質和屬性及神與人和世界之關係的學問》。**2** ⓊⒸ(某一種)神學體系[理論]。

the·o·rem [ˈθiərəm; ˈθiərəm] *n.* Ⓒ **1** 《數學・邏輯》定理(cf. axiom 1). **2** (一般)原理，原則。**the·o·re·mat·ic** [ˌθiərəˈmætɪk; ˌθiərəˈmætik˴], **-i·cal** [-tɪkl; -tikl˴] *adj.*

the·o·ret·ic [ˌθiəˈrɛtɪk; θiəˈretik˴] *adj.* ＝theoretical.

the·o·ret·i·cal [ˌθiəˈrɛtɪkl; θiəˈretikl˴] «theory 的形容詞» —*adj.* **1 a** 理論(上)的，學理的，純理論性的：～ physics 理論物理學。**b** 理論上的，只有理論的，推想的，推理的。**2** 〈人〉喜歡思索的；空談的，喜歡談理論的。～**·ly** [-klɪ; -kəli] *adv.*

the·o·re·ti·cian [ˌθiərəˈtɪʃən; ˌθiərəˈtiʃn] *n.* Ⓒ理論家。

the·o·ret·ics [ˌθiəˈrɛtɪks; θiəˈretiks] *n.* Ⓤ(某種學問的)理論。

the·o·rist [ˈθiərɪst; ˈθiərist] *n.* Ⓒ理論家；空談家。

the·o·rize [ˈθiəˌraɪz; ˈθiəraiz] *v.i.* **1 a** 創立理論[學說]。**b** [＋介＋(代)名]創立[闡述][有關…的]理論[*about, on*]《★可用被動語態》。**2** 耽於空談。

—*v.t.* **1** [＋*that*__]推論〈…事〉。**2** 使…理論化。

***the·o·ry** [ˈθiərɪ, ˈθɪrɪ; ˈθiəri] «源自希臘文「觀看、熟思」之義»—*n.* **1 a** Ⓤ(對實際而言的)理論，學理(↔ practice)：～ and practice 理論與實際/economic ～ 經濟理論/the ～ of physical education(對實際技能而言的)體育理論。**b** Ⓤ[又作 **a** ～]理論，空談；假說：It is (*a*) mere ～. 那只是理論/Your proposal is all right *in* ～. 你的建議在理論上是正確的。

2 a Ⓒ學說，…說，…論：the atomic ～ 原子說/Einstein's ～ *of* relativity 愛因斯坦的相對論。**b** [用單數][＋*that*__]〈…的〉說法，學說，…說，…論：Columbus helped to explode the ～ *that* the earth was flat. 哥倫布促使地球是平的之說法破產。

3 a Ⓒ意見，一貫的主張，個人的看法：my ～ *of* life 我的人生觀。**b** [用單數][＋*that*__]〈…的〉意見，一貫的主張：Many people hold to the ～ *that* smoking is a cause of cancer. 許多人堅持吸煙致癌的看法。

4 Ⓤ《數學》…論：the ～ of probability 機率論。

the·ós·o·phist [-fɪst; -fist] *n.* Ⓒ通神學者，通神論者。

the·os·o·phy [θiˈɑsəfɪ; θiˈɔsəfi] *n.* Ⓤ通神學，通神論。

the·o·soph·i·cal [ˌθiəˈsɑfɪkl; θiəˈsɔfikl˴] *adj.*

ther·a·peu·tic [ˌθɛrəˈpjutɪk; ˌθerəˈpjuːtik˴] «therapeutics 的形容詞»—*adj.* **1** 治療上[法]的。**2** 有助於維持健康的，有療效的。

thèr·a·péu·ti·cal [-tɪkl; -tikl˴] *adj.* ＝therapeutic. ～**·ly** [-klɪ; -kəli] *adv.*

ther·a·peu·tics [ˌθɛrəˈpjutɪks; ˌθerəˈpjuːtiks] *n.* Ⓤ治療學[術]，療法論。

ther·a·peu·tist [ˌθɛrəˈpjutɪst; ˌθerəˈpjuːtist] *n.* ＝therapist.

ther·a·pist [ˈθɛrəpɪst; ˈθerəpist] *n.* Ⓒ治療學家；物理治療家；精神治療家；臨床醫學家。

ther·a·py [ˈθɛrəpɪ; ˈθerəpi] *n.* ⓊⒸ療法：occupational ～ 職業療法/⇨ chemotherapy.

‡there [ðɛr; ðɛə] *adv.* (無比較級、最高級) **A 1** (↔ here) **a** [表地點、方向]**那裡，那兒，那邊**，在[往]那裡[那兒，那邊]：I saw nobody ～. 我沒看到有人在那裡/She lived ～ all her life. 她畢生住在那裡/I'll be ～ in a minute. 我會馬上去那裡。**b** [與表示方向的副詞連用]在那邊：Go and stand *over* ～, please. 請你去那邊站著/It seems to be cold *out* ～. 外邊好像很冷。**c** [當介系詞、及物動詞之受詞用；當名詞用]那裡，那邊，那兒：He's waiting not far *from* ～. 他在距那兒不遠的地方等著/She left ～ a week ago. 她一星期前離開那兒。**d** [置於名詞、代名詞之後；常用以強調]《口語》(在)那邊的：Stop! You ～！喂，那邊的(你)，停下來！/That man ～ is my brother. 在那邊的那個人是我哥哥[弟弟]《★用法 that ～ man 是方言》。

2 [以 There＋動詞＋主詞(名詞(片語))/There＋主詞(人稱代名詞)＋動詞之句型] **a** [強調眼前動作之表達]你瞧[聽](那邊)：*T*～ goes the bus! 公共汽車開走了！/*T*～ it goes! (嗳呀，它)去了[走了，掉下去了，倒下去了，壞了，不見了(等)]！/*T*～ goes Mary now! (你看)瑪麗正在那邊走。**b** [用以引起對眼前之事物、人之注意]你瞧[聽]：*T*～ goes the bell! ＝*There's* the bell ringing! 鐘響了！/*There's* a fine apple for you! (你看，)有個漂亮的蘋果給你！/*T*～ you go, saying such things again. 《口語》你看，你又講這種話！/*T*～ it is! (它)就在那裡，找到了！/*There's* a (good) boy [girl]! ＝*There's* a dear! 《口語》好乖！眞是乖孩子！《做得很好》；乖哦！《要聽話》。

3 (談話、事件、動作等)在那一點，在那裡：You've done enough, you may stop ～. 你已經做得很夠了，可以就此打住/*T*～ you are mistaken. 在那一點上你錯了/You have me ～！這要輸給你了；你這下子難倒我了。

—**B** [(輕讀)ðɚ; ðə; (重讀)ðɛr; ðɛə][以表存在的 there is 的形式]《★用法 there 在形式上似主詞，但主詞在動詞之後，通常爲不特定之物或人；there is... 不表「那裡，彼處」的意思而表示「有…」》**1** [以 be 爲述詞動詞]：*There's* a book on the table. 桌上有一本書《★比較 The book *is* on the table. 那本書在桌上》/How many people *are* ～ in the room? 房間裡有幾個人？/*T*～ *was* nothing wrong, *was* ～? 一切都沒有問題吧？/*T*～ *is* no room for you in the taxi. 計程車上沒有空位可給你坐/God said, Let ～ *be* light: and ～ *was* light. 上帝說，要有光，就有了光《★出自聖經「創世記」》/We don't want ～ *to be* another war. 我們不要再有戰爭/*T*～ *is* a page missing. 缺了一頁/What *is* ～ *to* say? 有什麼可說？/*There's* the [that] party. (對了，)有那個聚會《★用法 有時後面是指特定之物或人的名詞(片語)，於作爲新話題開始等時使用》/*There's* a bed, a table, and two chairs in this room. 這房間裡有一張牀，一張桌子和兩張椅子《★用法 在文法上 there＋be 的 be 與後面的主詞的數須一致，但在《口語》there is 被視爲固定的形式而常被使用》。

2 [述詞動詞用 seem (to be), appear (to be), come, live 等]：*T*～ *seems* [*appears*] *to be* no need to worry about that. 那件事似乎無須擔憂/*T*～ *remains* only for me to apologize. 剩下的只是我道歉/*T*～ *came* into the room a beautiful lady. 房間裡進來了一位美麗的女士《★比較 這是較 A beautiful lady came into the room. 更能將對方之注意力引向主詞的說法》/*T*～ once *lived* a very rich king in this country. 從前在這個國家裡住著一個很富有的國王。

3 [there is no＋do*ing*]要…實在不可能：*T*～ *is no* account*ing* for tastes. 要解釋人的好惡是不可能的；好惡之事，無法解釋；「各人所好不同」《★變換 可換寫成 It is impossible to account for tastes.》/*T*～ *is no going* back. 無法再回去[後退]。

áll thére [常用於否定、疑問句]《口語》(精神、判斷力)很正常的，健全的：I do*n't* think he's *all* ～. 他好像有點不對勁。

Are you thére? 在電話中斷時或查證對方是否聽得見時]喂喂(你有沒有在聽[有沒有聽見]？)。

gét thère ⇨ get. **thén and thére** ⇨ then *adv.*

thére and báck 往返：It took us three days to get ～ *and back*. 我們往返那裡花了三天。

Thère it ís. (1)⇨ A 2 b. (2)《口語》(很遺憾，)就是那麼一回事。

Thére we àre. 《口語》＝THERE you are (3).

Thére you àre. (1)(請)拿去[吃]吧；這就是你要的。(2)《口語》你看，我說的沒錯吧！(3)《口語》(事情的眞相)就是這樣嘛(有什麼辦法)！

—*interj.* **1 a** [表示勝利、滿足、反抗等]你瞧！你看！：*T*～！It's just as I told you. 你看，正如我跟你講的吧(你卻不相信)！/*T*～, it's done! 好啦，(終於)做完啦！**b** [**so** ～]來，看我的！《★用法 小孩尤其常用》。**2** [表示安慰、激勵、同情、死心等]好啦，好啦！不要緊！：*T*～！～！Don't worry! 好啦，不要煩惱啦！**3** [表示困惑、悲痛]唷！哎呀！：*T*～！You've waked the baby! 哎呀，你把寶寶弄醒啦！

thère·abóuts [-ts; -ts], **thère·abóut** *adv.* **1** 在那地方附近：He comes from Ohio *or* ～. 他出身於俄亥俄州或那附近。**2** (時間、數量、程度等)左右，前後，上下，大約：$10 [5 o'clock] *or* ～ 十美元[五點]左右。

thère·áfter *adv.* 其後，從那時以後。

thère·át *adv.* 《古》**1** 在那個地方；在那個時候。**2** 因此；於是。

thère·bý *adv.* 《文語》藉以；與那個相關連：*T*～ hangs a tale. 講到這一點還有個故事哩。

thère·fór *adv.* 《文語》爲彼；爲此；因此。

‡there·fore [ˈðɛrˌfor, -ˌfɔr; ˈðɛəfɔː] *adv.* (無比較級、最高級)**因此，所以，因而，爲此**《★比較 較 so¹ 形式化；又用以加强語氣》：I think, ～ I am. 我思故我在《★笛卡兒(Descartes)之名言》。

thère·fróm *adv.* 《文語》從那裡。

thère·ín *adv.* 《文語》在那一點上；在其中：*T*～ lies our problem. 我們的問題就在那一點上。

thèrein·áfter *adv.* (在公文中等)在下(文)。

there·in·to [ðɛrˋɪntu, -tʊ, ˏðɛrɪnˋtu; ðɛərˈintu:] *adv.*《古》在其中；向其中。

‡**there'll** [ðɛrl; ðɛəl] **there will** 之略。

thère·óf *adv.*《文語》**1** 屬於它地；關於它地。**2** 由是，由此。

thère·ón *adv.*《文語》**1** 在其上，在那上面。**2** 隨即，立刻地。

‡**there's** [ðɛrz, ðɚz; ðɛəz, ðəz] **there is**[**has**] 的縮寫。

The·re·sa [təˋrisə, -zə; tiˈri:zə, tə-] *n.* 黛麗莎《女子名；暱稱 Terry, Tess》。

thère·tó *adv.*《文語》**1** 到那裡。**2** 此外，又。

there·to·fore [ˏðɛrtəˋfor, -ˋfɔr; ˌðɛətəˈfɔ:] *adv.*《文語》在那時之前；直到那時。

thère·únder *adv.*《文語》**1** 在其(權威、項目)之下。**2** (年齡、數量等)在那以下。

thère·upón *adv.*《文語》**1** 於是，隨即，立即。**2** 在其上。**3** 因此，所以。

thère·wíth *adv.*《文語》**1** 同時，隨之。**2** 於是，隨即。

thère·withál *adv.*《古》其外；此外；又。

therm [θɝm; θə:m] *n.* Ⓒ〖物理〗撒姆，克卡(路里)《熱量單位》。

therm- [θɝm-; θə:m-] [複合用詞] thermo- 的變體。

ther·mal [ˋθɝml̩; ˈθə:ml] *adj.* **1** 熱的，溫度的：a ~ unit 熱(量)單位/a ~ power station 火力發電廠[站]。**2** 暖的，熱的。**3** 溫泉的：a ~ region 溫泉地帶。**4**《美》〈內衣〉保暖效果好的，厚織的。

—*n.* Ⓒ〖航空〗上升暖氣流。

thérmal bárrier *n.* =heatbarrier.

thérmal pollútion *n.* Ⓤ熱污染，熱公害《核電廠、工廠或提煉廠等把熱及其他廢水、廢氣排到水或空氣中而引起的污染》。

thérmal spríng *n.* Ⓒ溫泉。

ther·mic [ˋθɝmɪk; ˈθə:mik] *adj.* 熱的，由熱導致的：~ rays 熱線。

ther·mi·on [ˋθɝmɪən; ˈθə:miən] *n.* Ⓒ〖物理〗熱離子。

ther·mi·on·ic [ˏθɝmɪˋɑnɪk; ˌθə:miˈɔnik] «thermion 的形容詞»**—*adj.*** 熱離子的：a ~ valve [tube] 熱離子管。

ther·mi·on·ics [ˏθɝmɪˋɑnɪks; ˌθə:miˈɔniks] *n.* Ⓤ熱離子學。

Ther·mit [ˋθɝmɪt; ˈθə:mit] *n.* 〖商標〗=thermite.

ther·mite [ˋθɝmaɪt; ˈθə:mait] *n.* Ⓤ發熱熔接劑；鋁熱劑《鋁粉與氧化鐵等量配合之混合物，能發出攝氏三千度的高熱，用以鍛接鋼鐵》。

ther·mo- [θɝmo-; θə:mou-] [複合用詞] 表示「熱」。

thèrmo·dynámic *adj.* 熱力學的；利用熱動力的。

thèrmo·dynámics *n.* Ⓤ熱力學。

ther·mo·e·lec·tric [ˏθɝmoɪˋlɛktrɪk; ˌθə:mouiˈlektrik] *adj.* 熱電的。

ther·mo·e·lec·tric·i·ty [ˏθɝmoˏɪlɛkˋtrɪsətɪ; ˌθə:mouiˌlekˈtrisiti] *n.* Ⓤ熱電；熱電學。

***ther·mom·e·ter** [θəˋmɑmətɚ, θɚ-; θəˈmɔmitə] *n.* Ⓒ**溫度計**(⇨ Fahrenheit【說明】)：a clinical ~ 體溫計/a maximum [minimum] ~ 最高[最低]溫度計。

ther·mo·met·ric [ˏθɝməˋmɛtrɪk; ˌθə:məˈmetrik] *adj.*

ther·mom·e·try [θɚˋmɑmətrɪ; θəˈmɔmətri] *n.* Ⓤ溫度測定；測溫術。

thèrmo·núclear *adj.* 〖物理〗熱核反應的，熱核的：a ~ bomb 氫彈/a ~ explosion(氫彈等的)熱核爆炸/a ~ warhead 熱核(子)彈頭。

thèrmo·plástic *adj.* 熱塑性的。

—*n.* Ⓒ熱塑性物質；熱塑塑膠《聚乙烯(polyethylene)等》。

Ther·mop·y·lae [θɚˋmɑpl̩ˏi; θə:ˈmɔpili:, θə-] *n.* 色摩比利山口《希臘東部一山隘，紀元前四百八十年李奧尼大(Leonidas)指揮之斯巴達軍隊在此處爲波斯軍所殲滅》。

ther·mos [ˋθɝməs; ˈθə:mɔs, -məs] «源自商標名» **—*n.*** (又作 **thérmos bòttle**[**flàsk**])Ⓒ熱水瓶。

ther·mo·scope [ˋθɝməˏskop; ˈθə:məskoup] *n.* Ⓒ驗溫器《指示體溫之變化而不顯示準確度數之裝置》。

thérmo·sètting *adj.* 〈樹脂等〉熱固性的，熱凝的；熱硬化的。

ther·mo·stat [ˋθɝməˏstæt; ˈθə:məstæt] *n.* Ⓒ自動調溫機；恆溫器。

ther·mo·stat·ic [ˏθɝməˋstætɪk; ˌθə:məˈstætik] «thermostat 的形容詞»**—*adj.*** 自動調溫的：~ control 自動調溫控制。

-i·cal·ly [-kl̩ɪ; -kəli] *adv.*

the·sau·rus [θɪˋsɔrəs; θiˈsɔ:rəs] «源自希臘文「寶物，寶庫」之義»**—*n.*** Ⓒ(*pl.* **~·es, -ri** [-raɪ; -rai]) **1** (尤指類集同義字、反義字等的)辭典，百科全書；(分類)詞彙集。**2** 知識的寶庫。

‡**these** [ðiz; ði:z] (this 的複數；指示形容詞；⟷ those) *adj* **1 這些**：*T~* books are all mine. 這些書都是我的/*T~* new shoes of mine fit quite well. 我這些新鞋都很合脚/She's very fond of ~ flowers. 她很喜歡這些花/He has been studying archeology ~ thirty years. 這三十年來他一直在硏究考古學《★比較 *these* thirty years 是舊式的說法，現在一般用 for the last [past] thirty years》。

2 [用於故事敍述中]《口語》這些(…個)：There were ~ brothers called Tom and Jack. 從前有名叫湯姆和傑克的兩個兄弟。

—*pron.* (指示代名詞；⟷ those)**這些**(東西，人)：*T~* are the wrong size. [有關鞋、褲等]這些尺寸不對。

the·ses *n.* **thesis** 的複數。

The·seus [ˋθisjus; ˈθi:sju:s] *n.* 〖希臘神話〗西修斯《消滅怪物邁諾托(Minotaur)的英雄》。

the·sis [ˋθisɪs; ˈθi:sis] «源自希臘文「安置」之義»**—*n.*** Ⓒ(*pl.* **the·ses** [-siz; -si:z]) **1** 學位論文，畢業論文：He wrote his doctoral ~ *on* electromagnetism. 他寫有關電磁的博士論文。**2** 論題，題目；(學校的)作文。**3**〖邏輯・哲〗(有待論證之)命題；(黑格爾(Hegel)辯證法中「正」，「反」，「合」中之)正，正命題(cf. antithesis)。

Thes·pi·an [ˋθɛspɪən; ˈθespiən] «源自悲劇詩人 Thespis [ˋθɛspɪs; ˈθespis]之名»**—*adj.*** [常 **t~**] 悲劇的；戲劇的：the ~ art 戲劇《尤指悲劇》。

—*n.* Ⓒ演員；悲劇演員。

Thess. 《略》〖聖經〗Thessalonians.

Thes·sa·lo·nians [ˏθɛsəˋlonɪənz; ˌθesəˈlouniənz] *n. pl.* [當單數用]〖聖經〗帖撒羅尼迦(前，後)書(The First [Second] Epistle of Paul the Apostle to the Thessalonians)《聖經新約中之一書；前書或後書；略作 Thess.》。

the·ta [ˋθetə, ˋθitə; ˈθi:tə] *n.* ⓊⒸ希臘字母的第八個字母 Θ, θ《相當於英文字母的th；⇨ Greek alphabet 表》。

thews [θuz, θjuz; θju:z] *n. pl.*《文語》**1** 肌肉。**2** 體力。

‡**they** [(輕讀) ðɛ; ðe; (重讀) ðe; ðei] *pron.*《★語形 所有格 **their,** 受格 **them,** 所有代名詞 **theirs,** 反身代名詞 **themselves**；⇨ he[1], she, it[1]》**1** [第三人稱複數主格]**他們**，她們，彼等，它們，牠們。

2 [泛指一般人]人們，世人《★用法 they 有時當主詞，指籠統不明確的人們，往往不譯作「他們」；cf. you 3, we 4, one *pron.* 4 a》：*T~* say that Mr. Smith has taken a doctor's degree. 據說史密斯先生獲得了博士學位《★用法 此句之被動語態爲 It is said that....》。

3 [代替不定之單數(代)名詞] =he, she：*Nobody* ever admits that ~ are to blame. 無人會承認錯在自己[自己錯]。

4 當局；(軍方、民間的)有權力[勢]者，大人物：*T~* have raised (the) taxes again. 政府已再度提高了稅金。

5 [當關係詞之先行詞用]《古》(凡是)…的人們《★比較 現在多不用 They who.... 而用 Those who....》：~ *who* [*that*] ... …的人們/*T~* do least *who* talk most. 話最多的人所做最少。

‡**they'd** [ðed; ðeid] **they had** [**would**] 之略。

‡**they'll** [ðel; ðeil] **they will** [**shall**] 之略。

‡**they're** [ðer, ðɛr; ðɛə] **they are** 之略。

‡**they've** [ðev; ðeiv] **they have** 之略。

THI 《略》temperature-humidity index.

Thi·bet [tɪˋbɛt; tiˈbet] *n.* =Tibet.

Thi·bet·an [tɪˋbɛtn̩; tiˈbetən] *adj., n.* =Tibetan.

‡**thick** [θɪk; θik] *adj.* (**~·er**；**~·est**) **1 厚的**(⟷ thin)：**a** 有厚度的：a ~ book 一本厚的書/a ~ coat of paint 一層厚厚的油漆。**b** [用於表單位的名詞後]…厚的，厚度爲…的：a wall two inches ~ 兩吋厚的牆壁/The board is one inch ~. 這塊板子有一吋厚。**c** 粗大的；〈字體、鉛字等〉筆劃粗的：a ~ neck 粗脖子/(a) ~ type 粗體字。

2 密集的(⇨dense【同義字】)：**a** 〈毛髮等〉濃密的，稠密的；〈樹木等〉茂密的：~ hair [eyebrows] 濃密的頭髮[眉毛]/a ~ forest 茂密的森林/The trees have grown ~. 樹木長得茂密。**b** 〈羣衆等〉擁擠的，熙熙攘攘的：The crowd grew ~*er.* 人羣變得更擁擠/a ~ shower of bullets 一陣密集的彈雨《密如驟雨般落下的子彈》。**c** [不用在名詞前]〔十介十(代)名〕充滿〔…〕的〔*with*〕：a garden ~ *with* weeds 雜草叢生[長滿雜草]的花園/The desk was ~ *with* dust. 書桌上滿是灰塵。

3 a 〈液體等〉**濃厚的**，黏稠的；〈河川等〉混濁的：~ soup [stew] 濃湯[燉菜]。**b** 〈霧、煙等〉濃的；〈雨、雪等〉大的：a ~ fog 濃霧/~ darkness 一片漆黑。**c** 〈天氣〉不晴朗的，陰霾的，有濃霧的：~ weather 陰霾的[不晴朗的，有濃霧的]天氣。

4 a 〈聲音〉不清晰的，重濁的，嘶啞的：His voice was ~ with fear [suppressed anger]. 他因恐懼[强忍的憤怒]而聲音嘶啞。**b** 〈口音、方言〉顯著的，很重的：He had a ~ foreign accent. 他(說話)有很重的外國口音。

5《口語》頭腦不好的，笨的，遲鈍的：He is ~. 他頭腦不好/⇨ thick-headed.

6《口語》**a** 親密的，知己的：(as) ~ as thieves 很親密/They're very ~ together. 他們很親密。**b** [不用在名詞前]〔十介十(代)名〕〔與…〕親密的，要好的〔*with*〕：I've been ~ *with* his family

for years. 我跟他家人有好些年的深厚交情[好幾年來我一直與他家人保持親密的關係]。
7 [不用在名詞前]《英口語》太過分的，不能忍受的，受不了的：We thought it a bit ～ when she said she would play Chopin. 她說她要彈蕭邦的曲子時，我們覺得有點厭煩[受不了]。
(as)thíck as twó shórt plánks《俚》很笨的。
gèt a thíck éar(被摑得)耳朵[面頰]腫起。
gìve a person **a thíck éar** 摑腫〈某人〉耳朵[面頰]。
—*adv.* (～·er；～·est) **1 厚，濃**：Slice the ham ～*er.* 把火腿片切厚些/Don't spread the butter too ～. 別把奶油塗得太厚。**2** 深深地；頻頻地，不停地，密集地：Doubt came ～ upon him. 他心中產生大疑惑/The snow was falling ～ and fast. 大雪紛飛/Misfortunes came ～ and fast. 災難紛至沓來[連續不斷地降臨]。
láy it ón (thíck)⇨lay[1] *v.*
—*n.* [用單數；常**the** ～] **1** [前臂、腿肚、球棒等的]最粗[厚]之部分[*of*]：*the* ～ *of* the thigh 大腿最粗的部分。**2** 最密集的部分，最濃密的部分；人聚集最多之處；[戰爭等的]正進行當中，最激烈[最盛]時[*of*]：*the* ～ *of* the town 城裡最熱鬧的地方/He was in *the* ～ *of* the argument. 他正辯論得起勁。
through thíck and thín 同甘共苦，在任何情形下，不辭任何艱險，赴湯蹈火：He stuck with her *through* ～ *and thin.* 他與她同甘共苦。
～**·ly** *adv.*
thick·en [ˈθɪkən; ˈθikən] 《thick 的動詞》 **—***v.t.* **1** 使…厚[粗大，濃，稠密]；使…混濁：You can ～ the soup with flour. 你可以用麵粉使湯變濃/Smog has ～*ed* the air. 煙霧使天空陰霾。**2** 使…不清晰，使…模糊；使…複雜。
—*v.i.* **1** 變厚[粗大，濃，稠密]；變混濁；變頻繁：The clouds are ～*ing.* 雲層正在密集。**2** 變複雜，變激烈，白熱化：The plot ～*s.* 情節漸趨錯綜複雜。
thíck·en·er *n.* Ⓤ Ⓒ 濃化劑《用以使液體變濃》。
thíck·en·ing *n.* **1** Ⓤ 加[變]厚[粗，濃，密](的過程)；變厚[粗，濃，密]的部分。**2** Ⓤ [指產品個體或種類時爲Ⓒ]濃化劑。
thick·et [ˈθɪkɪt; ˈθikit]《源自古英語 'thick' 之義》 **—***n.* Ⓒ 叢林，灌木林，雜木林。
thíck·hèad *n.* Ⓒ 頭腦遲鈍的人，笨伯。
thíck-héaded *adj.* 愚笨的(stupid)。
thíck-nécked *adj.* 粗頸的，脖子粗的。
thick·ness [ˈθɪknɪs; ˈθiknis] *n.* **1 a** Ⓤ Ⓒ **厚(度)**，粗：a ～ *of* five inches 五吋厚/It is five inches *in* ～. 它厚(度)五吋。**b** [the ～]厚的部分。**2** Ⓒ (一定厚度之物的)一層。**3** Ⓤ **a** 濃厚；濃度。**b** 細緻；密集，稠密，茂密。**4** Ⓤ 愚笨。**5** Ⓤ 混濁。**6** Ⓤ 頻繁。
thíck·sét *adj.* **1** 濃密的，繁茂的，茂密的。**2** 粗短的，矮胖的。**3** 質地密實的。
—*n.*《古》Ⓒ 草叢，灌木叢。
thíck-skínned *adj.* **1** 皮(膚)厚的。**2** (對於非難、侮辱等)無動於衷的，感覺遲鈍的，臉皮厚的。
thíck-wítted *adj.* 頭腦遲鈍的。
*__thief__ [θif; θi:f] *n.* (*pl.* **thieves** [θivz; θi:vz])(常指不用暴力搶奪而隱密地做案的)小偷：Set a ～ to catch a ～. ⇨ set *v.t.* B 2 a.

> **【同義字】**robber是搶奪他人財物的強盜，通常指使用暴力者；burglar 常指夜間侵入屋內行竊的夜賊，也泛指竊賊；house-breaker 常指侵入屋內搶劫財物的強盜。

thieve [θiv; θi:v] *v.i.* 行竊，偷東西。
—*v.t.* 偷竊〈物〉《★非標準的用法》。
thiev·er·y [ˈθivərɪ; ˈθi:vəri] *n.* Ⓤ Ⓒ 偷竊行爲。
*__thieves__ [θivz; θi:vz] *n.* **thief** 的複數。
thiév·ish [ˈθivɪʃ; ˈθi:viʃ] 《thief 的形容詞》 **—***adj.* **1** 有偷竊癖的，好偷竊的，偷竊的。**2** 似小偷的，偷偷摸摸的。
～**·ly** *adv.* ～**·ness** *n.*
thigh [θaɪ; θai] *n.* Ⓒ **1 大腿**(⇨ body 插圖)。**2** 股《動物後腿之上半節，自胯至膝之部分》；(鳥的)腿。
thígh·bòne *n.* Ⓒ 大腿骨(femur)。
thill [θɪl; θil] *n.* Ⓒ (馬車的)杠，轅。
thim·ble [ˈθɪmbl; ˈθimbl] *n.* Ⓒ (裁縫用的)頂針，針箍，嵌環。
thim·ble·ful [ˈθɪmbl,ful; ˈθimblful] *n.* Ⓒ《口語》[酒等的]極少量，些微[*of*]。
thímble·rìg *n.* Ⓤ 隱豆戲法《玩遊戲者以迅速手法將一豆置於三隻小杯中任一隻之下，讓人猜在哪隻杯下》。
—*v.t.* (以隱豆戲法)欺騙〈人〉。
thím·ble·rig·ger *n.*

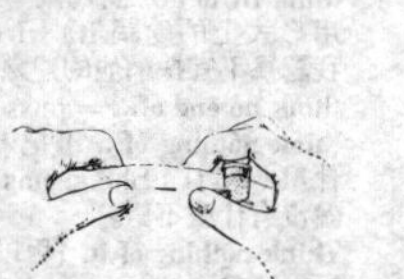

thimble

‡**thin** [θɪn; θin] *adj.* (**thin·ner**；**thin·nest**) **1 薄的**(↔ thick)：**a** 沒有厚度的，薄的：a ～ book 一本薄書/a ～ dress 薄的衣服/I want some *thinner* paper. 我要些更薄的紙。**b** 細的，細長的：a ～ wire 細的金屬線/～white hands 纖細白皙的手。
2〈人〉**瘦的**，細瘦的，不豐滿的，苗條的：a ～ person 瘦子/He looks ～ in the face. 他的臉看起來瘦瘦的。

> **【同義字】**thin 是表示「瘦」的最普通的字，有時表示瘦得不健康的意思；slim 和 slender 表修長，苗條等好的意思；lean 表示肌肉結實而沒有脂肪的；slight 表示瘦弱的樣子。

3 a〈液體、氣體等〉**稀薄的**：a ～ mist 薄霧/～ milk [soup] 稀的牛奶[湯]/The air is ～ on the top of a high mountain. 高山頂上的空氣稀薄。**b**〈酒等〉味淡的：～ wine 淡味酒。
4 a〈毛髮〉稀疏的；〈人等〉稀少的：～ hair 稀疏的頭髮/～ on top 頭頂上的頭髮稀疏/a ～ forest 稀疏的林木/a ～ crowd 稀疏的羣衆/a ～ meeting 冷冷清清的集會。**b**〈雨、雪等〉稀稀落落的：a ～ rain 毛毛雨，稀稀落落的雨。
5 a〈色彩等〉淡的，淺的；〈光線、聲音等〉微弱的：～ winter sunshine 冬天的微弱陽光/give a ～ smile 淺淺地微笑；勉強地一笑。**b**〈供應等〉貧乏的，少許的，微少的，微薄的：a ～ supply 微少的供應/a ～ diet 簡單的飲食。
6 沒有什麼內容的，不充實的，淺薄的，空洞的；顯而易見的，易看穿的：a ～ joke 膚淺的戲謔/a ～ argument (缺乏說服力的)空洞的論據/a ～ excuse 易於識破的託辭/That's too ～. 那太明顯了《簡直是睜著眼睛說瞎話》。
7《口語》難過的，不舒服的，不愉快的，悽慘的《★常用於下列片語》：have a ～ time (*of* it) 碰到不愉快的事，感到不愉快。
ínto thín áir ⇨ air.
thín on the gróund《口語》稀少。
wéar thín ⇨ wear[1].
—*adv.* (**thin·ner**；**thin·nest**)薄地；稀疏地；微弱地：cut bread ～ 把麵包切薄。
—*v.t.* (**thinned**；**thin·ning**) **1 a** [十受(十副)]使…薄[細]；稀釋…，使…稀疏[稀薄]〈*down*〉：～ **down** sauce [paint] 使調味汁[油漆]稀薄。**b** [十受十介十(代)名] [以…]稀釋…，使…稀薄[*with*]：This wine has been *thinned* **with** water. 這酒加水稀釋過。**2** [十受十副]使…稀疏〈*out*〉：～ **out** seedlings 間苗，疏開樹苗。**3** 使…細；使…瘦；使…微弱。
—*v.i.* [動(十副)]變薄[細]；變稀疏[稀薄]；變瘦〈*down, out, off*〉：His hair is *thinning.* 他的頭髮漸漸稀少/The fog is beginning to ～. 霧開始消散了/The crowd gradually *thinned* **off**. 人羣逐漸散開了。
～**·ly** *adv.* ～**·ness** *n.*
thine [ðaɪn; ðain] *pron.*《古·詩》**1** [thy 的獨立形；cf. thou[1]] 汝之物，你的東西。**2** [用於字首音爲母音或 h 音的名詞前] = thy.
‡**thing** [θɪŋ; θiŋ] *n.* **1** Ⓒ **a** (有形之)**物，事物**：all ～*s* 萬物/the ～ in itself 物之本身/A ～ of beauty is a joy for ever. 美的東西是永恆的喜悅《美麗的東西即使在消滅之後，其喜悅會永遠活在人們回憶之中》《★出自濟慈(Keats)之詩 *Endymion*》。**b** (對生物而言的)無生物，物體。**c** [常～*s*]物，東西；(尤指)飲食物：eat some warm ～*s* 吃些溫的東西/sweet ～*s* 甜食。**d** (藝術)作品：a little ～ of mine 拙作。
2 Ⓒ **a** [常與修飾語連用]**生物，動物**：a living ～ 生物/dumb ～*s* (不能說話的)動物，牲畜。**b** [含輕蔑、譴責、憐憫、稱讚之意]《口語》人《主要指女人、小孩》：a pretty little ～ 可愛的小孩子[女孩]/a young ～ 小孩，小姑娘/The poor little ～. = Oh, poor ～. 可憐的小孩/(my dear) old ～ [不拘對方之年齡而用作親密的稱呼]《英口語》親愛的，老伴兒/He's a funny old ～. 他是個滑稽的老頭子。
3 [～**s**] **a** [**one's** ～]**隨身物品**，所有物，攜帶品：Please collect your ～*s.* 請把隨身物品集中[收拾好]。**b** 衣物，衣服《尤指短大衣等》：one's swimming [bathing] ～*s* 泳裝/Do take off your ～*s.* 請脫下你的外套[衣帽(等)]。**c** 家財，用具，器具；家當：tea ～*s* 茶具。**d** [～**s**]《法律》物件：～*s* personal [real] 動[不動]產/～*s* mortgaged 抵押物。
4 Ⓒ **a** (無形之)事，事項，事件；工作，行爲：in the nature of ～*s* 在事情的本質上，本來，在根本上；理所當然地，必然地/A strange ～ happened (to me). 一件怪事(在我身上)發生了/That's a fine [nice] ～ to say! 說得很好！；[反語]胡說！/I have lots of ～*s to* do. 我有許多事要做/What is the best ～ *to* do? (現在)做什麼最好？/I have another ～ *to* say to you. 我還有一件事要告訴你。**b** 想法，意見，觀念：say the right ～ 說得對/put ～*s* in a person's head 把某些觀念灌輸給某人，給某人出種種主意。**c**《俚》自己很滿意[拿手]的活動：Baseball is his ～. 他很喜歡棒球[他打棒球很拿手]。
5 [～**s**] **a 事物**：the good ～*s* in life 世上的美好事物，爲人生帶來幸福的東西/take ～*s* easy [as they are] 對事情持樂觀的態度

〔從容接受事物的現狀《面對現實》〕。**b** 事態，情況，形勢：as ～*s* are〔stand〕據目前形勢〔情形〕，依目前的情況/as ～*s* go 依現在的狀態，依目前社會的一般情形/How are ～*s* going?（你）好嗎?（情況）怎麼樣?/*Things* have changed greatly. 情形〔形勢〕已大不相同/*Things* will come out right. 情勢將好轉。**c**〔將形容詞置於其後〕文物：～*s* Japanese〔foreign〕日本〔外國〕的文物。

6〔the ～〕**a**〔作爲 be 動詞的補語〕正確〔得當〕之事，正適合〔需要〕之物：That's *the*〈very〉～. 那正合適〔正合理想〕。**b** 重要之事，必要之事；目標：*The* ～ is *to* wait patiently. 重要的就是要耐心地等待/*The* ～ is, can we finish the work? 重要的是，我們能完成這工作嗎?《★用法《口語》the thing is 常被單獨以逗點分開而作副詞用》。**c** 流行；風行之物〔事，式樣，型式〕：Surfing is quite *the* ～ there. 衝浪在那兒大爲風行。**d**《英罕》健康的狀態：He hasn't been quite *the* ～ lately. 他近來健康情形不大好。

amóunt to the sáme thíng（結果）還是一樣的情形。

...and thìngs《口語》…等：I held on to ropes *and* ～*s* and went down to the saloon. 我抓住繩子等東西下去（船上的）餐廳。

a thíng or twó 一點《★用法以掩飾的口氣自誇「不少事」時使用》：know〔be up to〕*a* ～ *or two*《口語》精明；通達世故，有經驗/learn *a* ～ *or two* 知道〔學到〕一點/show〔tell〕a person *a* ～ *or two* 多少教人一點事物。

be áll thíngs to áll mén 在什麼樣的人當中，就像什麼樣的人〔投人所好，八面玲瓏〕《★出自聖經「哥林多前書」9:22》。

be séeing thìngs 看見幻想中的東西，產生幻覺。

còme to the sáme thíng ＝amount to the same THING.

for óne thìng 首先，一則：*For one* ～ he drinks. 一則他會飲酒。

hàve a thíng abòut...《口語》非常討厭〔喜歡〕…：He *has a* ～ *about* snakes〔women with big breasts〕. 他非常討厭〔喜歡〕蛇〔大胸脯的女人〕。

It's a góod〔lúcky〕thíng(that...).（…這件事）是妥當〔幸運〕的。

màke a góod thíng(òut)of...《口語》因…賺到錢，從…獲利。

màke a thíng of... 大事渲染…。

of áll thíngs ⇨ of.

óne of thóse thíngs《口語》無可奈何〔不得已〕的事。

òut of thíngs 被聯合排除〔抵制〕的，被孤立的。

tàking óne thìng with anóther 經過多方面的考慮。

(the)fírst thíng〔當副詞用〕《口語》首先，別的先不管：I'll do it (*the*) *first* ～ in the morning. 我會在早上先做這件事。

(the)lást thìng〔當副詞用〕《口語》（在就寢前）最後：I check the doors *last* ～ at night. 我在就寢前作的最後一件事就是檢查門戶。

thing·um·a·jig [ˈθɪŋəmə͵dʒɪg; ˈθiŋəmidʒig], **thing·um·bob** [ˈθɪŋəm͵bɑb, ˈθɪŋə͵bɑb; ˈθiŋəmbɔb], **thing·um·my** [ˈθɪŋəmɪ; ˈθiŋəmi] *n.* Ⓒ《口語》某某東西〔人〕：Mr. *T*～ 某某先生《★用法與 what's his name, what's it(⇨ WHAT 成語) 等用法相同》。

‡think [θɪŋk; θiŋk] (**thought** [θɔt; θɔ:t]) *v.t.* **1** 想，認爲，以爲《★無進行式》：**a**〔＋(*that*)＿〕認爲，想，以爲〈…事〉：Do you ～ (*that*) she'll come? 你想她會來嗎?/I don't ～ (*that*) it will rain. 我想不會下雨《★比較這種說法比 I ～ (*that*) it will not rain. 更普遍》/I should〔would〕have *thought* he was much younger.《英》我原以爲他年輕得多呢/"Is that true?"－"I ～ so."「那是眞的嗎?」「我想是的〔眞的〕。」《★用法so 指前句的內容，代替 *that* 子句》/I don't ～ so.＝I ～ not. 我想不是（這樣）《★用法not 指前句的內容，代替 *that* 子句；但一般多用 I don't ～ so.》. **b**〔以 I ～, don't you ～ 等形式在主句中並列地或當插入語使用〕想…，以爲…：It's going to be a fine day, *I* ～. 我想今天會是個晴天/It would be better, *don't you* ～, to go back. 你不以爲回去比較好嗎?/⇨ I don't THINK. **c**〔疑問詞＋do you ～?〕想…?《★用法此爲將 do you think 插入疑問句的形式，所得的回答將不是 Yes, No，而是 I think....》：*Who do you* ～ is going with us? 你想誰會跟我們去?《★比較Do you *know* who is going with us? 你可知道誰將跟我們去?》/*What do you* ～ has happened? 你以爲發生了什麼事? **d**〔＋受＋介＋(代)名〕〔以疑問代名詞 what 作受詞〕認爲〔…〕如何?〔*of, about*〕：*What* did you ～ ***of*** his speech? 你認爲他的演講怎麼樣?/I wonder *what* they will ～ ***about*** this proposal. 我不知道他們會怎樣看待這項建議〔對這項建議有何想法〕/*What* do you ～ *about* a trip to Hawaii〔*about going* fishing〕? 你認爲去夏威夷旅行〔釣魚〕如何? **e**〔＋受＋(*to be*)補〕《文語》將…認爲，視爲，以爲〈…〉《★用法通常沒有 to be》：I ～ him (*to be*) a charming person. 我認爲他是個富有魅力的人《★比較I ～ (that) he is a charming person. 較爲普遍》/I ～ it better not to try. 我認爲不要嘗試比較好《★it 代替 to try，是形式上的受詞》/They were *thought to be* dead. 他們被認爲死了(cf. 1 f). **f**〔＋受＋*to* do〕認爲，以爲…〈是…〉《★用法*to* do 是表示狀態的動詞》：He *thought* the car *to* belong to John. 他認爲那部汽車是約翰的/They were *thought to* have died. 他們被認爲已經死掉了(cf. 1 e).

2 a〔＋(*that*)＿〕〔常將 I ～ 置於句首〕想〈…事〉：*I* ～ I'll go to bed early tonight. 我想今晚我要早點睡/"You'll go skiing tomorrow, will you?"－"Yes, *I thought* so."「你明天要去滑雪，是嗎?」「是啊，我原先就這麼想了。」《★用法so 指前句的內容，代替 *that* 子句》。**b**〔＋*to* do〕打算〈做…〉《★用法這是較生硬的說法》：What time do you ～ *to* come back? 你打算幾點回來?《★比較What time do you ～ you'll come back? 較爲普遍》。

3 a〔＋*wh.*＿/＋*wh.*＋*to* do〕〔常用進行式〕想，考慮〈如何(做)…〉：*I'm* ～*ing what to* do next. 我在考慮下一步要做什麼/*T*～ *how* nice it would be to marry him. 想一想假如嫁給他該有多好。**b**〔＋*wh.*＿/＋*wh.*＋*to* do〕〔與 cannot, could not 連用〕想像，知道〈如何(做)…〉《★無進行式》：I *can't* ～ *what* he might say. 我不知道他會怎麼說/I *can't* ～ *where* the rumor came from. 我不知道那謠言是從哪兒來的/He *could not* ～ *how to* do it. 他想不出要怎樣做那件事。**c**〔＋*wh.*＿/＋*wh.*＋*to* do〕〔cannot〔could not〕或 try〔want〕to ～〕想到，想出〈如何(做)…〉《★無進行式》：I *can't* ～ what her name is. 我想不出她叫什麼名字/I'm *trying to* ～ *what to* call it. 我正在設法給它取個名字〔考慮要稱它什麼〕。**d**〔＋*to* do〕〔常用於否定句、疑問句〕《口語》想到〈去做…〉《★無進行式》：I did*n't* ～ *to* consult the timetable. 我沒有想到去查時刻表。**e**〔＋引句〕心想…：I *thought*,"Is he dead?"「他死了嗎?」我想著《★變換可換寫成 I wondered if he was dead.》.

4〔常用於否定句、疑問句〕**a**〔＋*that*＿〕預期，料想〈…一事〉《★無進行式》：*Little* did she ～〔She *little thought*〕*that* she would become the Princess of Wales. 她完全沒有料想到她會成爲（英國的）皇太子妃。**b**〔＋*to* do〕預期，料想〈去做…〉《★無進行式》：Who would have *thought to* find you here! 誰會料想到你居然在這兒!

5〔＋受〕**a**《口語》（專心）想〈…之事〉：He ～*s* nothing but business. 他滿腦子只想著事業。**b**〔以被形容詞修飾之 thought（同源受詞）作爲受詞〕《文語》心懷〈(…的)想法〉：～ dark *thoughts* 心懷邪念/They waited, ～*ing* the same *thought*(*s*). 他們等著，而心懷同樣的想法。

6 a〔＋受＋副〕想〈忘掉…〉〈*away*〉：You can't ～ ***away*** your troubles. 你想忘掉你的煩惱也忘不了。**b**〔＋受＋補〕〔～ *oneself*〕想得變成〈…〉：I fear she will ～ *herself* mad〔sick〕, worrying about her husband. 我怕她會因擔心她丈夫而想得發瘋〔生病〕。

—*v.i.* 1 a 思索，想：～ hard〔deeply〕用心想〔深思〕/～ and ～ 想了又想，反覆地想/He usually ～*s* big.《口語》他常常異想天開/I ～, therefore I am. ⇨ therefore/Let me ～ a minute. 讓我想一下/Just〔Only〕～! 想想看! 你也不想想。**b**〔＋介＋(代)名〕想〔…之事〕，想〔做…〕〔*of, about*〕：We are ～*ing* ***of***〔***about***〕*going* to Hawaii during the summer vacation. 我們想在暑假中去夏威夷。**2** 預期，料想：when I least ～ 在我完全沒有預料的時候/I *thought* as much. 我也是那樣想。

I dòn't thínk.《英俚》〔加在反語、譏誚話等之後〕我可不這麼想：You're a kind man, *I don't* ～. 你是個好心的人，我可不這麼想。

thínk ahéad《*vi adv*》預先想〔未來之事〕〔*to*〕.

thínk(áll)the léss of...（更）低估〔輕視〕…。

thínk(áll)the móre of...（更）高估〔重視〕…。

thínk alóud＝THINK (out) loud.

thínk báck《*vi adv*》回顧，回想〔…〕〔*to*〕.

thìnk bétter of... (1)重新評估〈某人〉，對…有較高的評價；認爲〈某人〉不致於〈…〉：Now I ～ *better of* you. 現在我對你的評價更高/She had *thought better of* her husband than to suppose that he could be so cruel. 她認爲她丈夫不致於如此冷酷無情。(2)重新考慮後改變…的念頭《★可用被動語態》：She considered divorcing her husband, but *thought better of* it. 她想與丈夫離婚，但重新考慮後改變了這個念頭。

thìnk fít to dó... 認爲做…是適當的《★用法通常在 fit 的前面不使用形式上的受詞 it》：I didn't ～ *fit to* do what he suggested. 我認爲不宜採納他的建議。

thìnk nó énd of... ＝THINK the world of.

thìnk nóthing of... 不把…當一回事，毫不在乎…，認爲…沒有什麼(不對)：She seems to ～ *nothing of* ly*ing*. 她好像認爲撒謊沒有什麼不對。

Thínk nóthing òf it.〔用以回答道歉、致謝〕沒關係，不要介意《★比較較 Don't mention it. 爲拘泥的說法》。

thìnk of... (1)⇨ *v.i.* 1 b. (2)想像…之事：Just ～ *of* the fun! 試想一下那種樂趣吧!/To ～ *of* her becom*ing* a lawyer. 想想看，她竟要成爲律師《眞是無法想像》! (3)〔用於否定句〕想到…之事，夢想…《★可用被動語態》：She could *never* ～ *of* that. 她絕不可能想到那種事/I would*n't* ～ *of* betray*ing* my master. 我怎麼

也不會出賣主人《想都不會想》/His guilt is *not* to be *thought of.* 怎麼也想不到他是有罪的。(4)[常與 cannot[could not]連用]想起…：I *couldn't* ~ *of* her name. 我無法想起她的名字。(5)想出；說起，提起〈主意等〉；提議，示意…：Can you ~ *of* any good hotel in New York？你能不能想出紐約有什麼好旅館？/He was the first to ~ *of* doing it. 最先提議做這件事的是他。(6)〔+*as* 補〕把…認為[視為]〈…〉《★可用被動語態》：I ~ *of* him *as* a friend(rather than a teacher). 我把他當作朋友(而不是老師)/It was hard to ~ *of* her *as* only twenty. 要以為她只有二十歲很難《很難想像她祇有二十歲》。(7)[在 think 與 of 之間加副詞]把…想[看，評價]得…，對…有…的想法[看法，評價]《★可用被動語態；無進行式》：I don't ~ much *of* their new plan. 我對他們的新計畫評價不高[我認為他們的新計畫並不怎麼樣]/~ little *of*... 輕視[蔑視]…/~ highly *of*... 尊敬…/~ poorly *of*... 瞧不起…/~ well[ill] of... 認為…好[不好]《★被動語態為 be thought well[ill] of》.

thínk óut 《*vt adv*》想出〈計畫等〉；想通，想透，徹底地考慮，藉思考以解決或瞭解〈問題等〉：*T~* things *out* before acting. 把事情徹底考慮之後再採取行動。

thínk(òut)lóud 《*vi adv*》說出所想的事；無意中自言自語。

thínk óver 《*vt adv*》[~+受+over]仔細考慮…：I must ~ the matter *over* before giving my answer. 我必須在回答之前先仔細考慮這件事。

thìnk the wórld of... 非常尊敬[賞識，重視，欽佩]…。

thínk thróugh 《*vt adv*》[~+受+through]想通，想透…。

thínk twíce 《*vi adv*》(1)再三考慮：I would ~ *twice* before accept*ing* his offer. 我會在接受他的提議之前再考慮一下。(2)〔對…〕躊躇，猶豫不決〔*about*〕：He *thought twice about* it. 他對那件事猶豫不決。

thínk úp 《*vt adv*》想出，發現〈新主意、藉口等〉。

To thínk that...！ 居然[竟會]…，想不到…(真令人驚訝，傷心，洩氣)：*To* ~ *that* he's single！想不到他居然是未婚哩！

—*n.* [用單數]《口語》思考，考慮；想法，見解：Have a ~ about it. 考慮考慮吧/If you *think* I'm going to help you again, you've got another ~ coming. 如果你以為我會再幫助你，那你就想錯啦！《★斷然拒絕對方之要求等時所說的話》。

think·able [ˈθɪŋkəbl; ˈθiŋkəbl] *adj.* 可想的，可想像的；在意想中為可能的；可相信的(↔ unthinkable).

think·er *n.* Ⓒ思想家，思索者，思考者：a great[superficial] ~ 一位偉大[膚淺]的思想家。

think·ing [ˈθɪŋkɪŋ; ˈθiŋkiŋ] *adj.* [用在名詞前](無比較級、最高級)(會)思考的，有思考力的；有思想的：a ~ reed 思考的蘆葦，「人」《★巴斯噶(Pascal)之言》/Man is a ~ animal. 人是思考的動物/All ~ men will protest against it. 凡是有思想的人都會抗議[反對]這件事。

pùt one's **thínking cáp òn**＝**pùt ón** one's **thínking cáp** 《口語》深思熟慮，仔細考慮。

—*n.* Ⓤ[又作**a** ~]**1** 思想，考慮，盤算，思考：philosophical ~ 哲學思想/You had better do a little hard ~. 你最好仔細想一下/That is my way of ~. 那是我的想法[思考方式]。**2** 想法，意見，判斷：It is, to my ~, the most important part of the problem. 依我看來，那是該問題至關重要的部份。

thínk tànk *n.* Ⓒ智囊團。

thín·ner *n.* **1** Ⓤ[指製品個體或種類時為Ⓒ](油漆等的)溶劑，稀釋劑。**2** Ⓒ使薄[細，稀疏]的人，間苗[疏開樹苗]的人，除草人。

thín·nish [-nɪʃ; -niʃ] *adj.* 稍薄的，稍細的，稍稀疏的；稍微弱的，稍瘦的。

thín-skínned *adj.* **1** 皮膚薄的。**2** (對批評、譴責等)敏感的；易怒的。

thi·o·sul·fate [ˌθaɪoˈsʌlfet; ˌθaiouˈsʌlfeit] *n.* Ⓤ《化學》硫代硫酸鹽。

‡third [θɝd; θəːd] «three 之 r 與母音之位置調換而成；⇨ thirteen, thirty»**—*adj.*** **1** [常**the** ~]第三(個)的：⇨ third base, third floor/*T~* time lucky[does the trick, pays for all].《諺》第三次會現吉兆[第三次就會順遂，第三次贏回本錢]，「(卜卦等)占三次才靠得住」/in *the* ~ place(首先…，再則…，)第三(則)…。**2** (順位、重要程度、等級等)第三位的：win(the) ~ prize 得第三獎。**3** 三分之一的。

—*adv.* **1** 以第三名[位(等)]，第三：finish ~ 得第三名。**2** 以第三等：travel ~ 乘三等(艙，車廂(等))旅行。

—*n.* **1** Ⓤ[**the** ~]**a** (序數的)第三；第三位，第三名，(第)三號，第三部；三世，第三代《略作 3rd》：Henry *the T~* 亨利三世《★又寫作 Henry Ⅲ》. **b** (每月的)初三：*the* ~ of May＝May (*the*) ~ 五月三日《★常用 3rd》. **2 a** Ⓒ三分之一：One ~ of the senators are elected every two years. 三分之一的參議員每兩年改選一次。**b** [~s]《法律》(應歸於遺孀的)丈夫動產的三分之一。**3** Ⓒ《英》(大學的學分考試的)第三級：get a ~ 考得第三級。**4** Ⓤ[無冠詞]《棒球》三壘。**5** Ⓒ《音樂》三度，三度音程，第三(音)。**6** Ⓤ《汽車》第三檔：in ~ 在[以]三檔。**7** [~s]《商》三等貨。

—*pron.* [**the** ~]第三個人[物]。

thírd báse *n.* Ⓤ[無冠詞]《棒球》三壘；三壘的位置[守備]。

thírd báseman *n.* Ⓒ《棒球》三壘手。

thírd cláss *n.* Ⓤ **1** 第三級，第三等，第三流。**2** (交通工具的)三等。**3** 《美・加》(郵政的)第三類郵件《除定期刊物以外之印刷品等》。

thírd-cláss *adj.* **1** 三等的，三級的；三流的，低級的。**2** 《美》第三類的：~ matter 第三類郵件。

—*adv.* 乘三等車[艙等]：travel ~ 乘三等車[艙]旅行。

thírd degrée *n.* [**the** ~]《口語》(警察等的)拷問，逼供，刑求；疲勞訊問。

thírd-degrée *adj.* **1** 〈灼傷、燙傷〉第三級的，最嚴重的。**2** 〈罪狀〉第三級的。

thírd diménsion *n.* [**a** ~]**1** 第三度[維]空間；厚度；深度《尤指使某事物顯示立體感的性質》。**2** 增加某「陳述」、「連續事件」等之真實感，或使之更為生動或更有意義之事物。

thírd estáte *n.* [**the** ~；常**T~ E~**](法國大革命前，貴族及僧侶外的)中產階級；平民(cf. estate 5).

thírd fínger *n.* Ⓒ無名指。

thírd flóor *n.* [**the** ~]《美》三樓；《英》四樓。

thírd fórce *n.* **1** [**the** ~]第三勢力《兩對立之政治勢力中的中間勢力；居於對立之兩陣營間調停的中立國[集團]等》。**2** [**the T~ F~**](法國的)第三勢力《人民共和黨與社會黨的聯合團體》。

Thírd Internátional *n.* [**the** ~]第三國際(⇨ international 2).

thírd·ly *adv.* 第三，(首先…，再則…，)三則…(⇨ first *adv.* 3).

thírd mán *n.* Ⓤ《板球》第三手《站在三柱門斜後方的野手(守備位置)》。

thírd párty *n.* **1** Ⓒ《法律》(當事人以外的)第三者。**2** [**the** ~]《政》第三黨；少數黨。

thírd pérson *n.* [**the** ~]《文法》第三人稱《以 he, she, it, they 表示；cf. person 3》.

thírd ráil *n.* Ⓒ《鐵路》(代替電車高架電線的)第三軌《供電用》。

thírd-ráte *adj.* 三等的；三流的；劣等的，下等的。

thírd séx *n.* [**the** ~]同性戀者。

Thírd Wórld *n.* [**the** ~]第三世界《尤指亞洲、非洲的不結盟中立國家；開發中國家》。

thirst** [θɝst; θəːst] «源自古英語「乾透」之義»**—*n. **1** Ⓤ[又作**a** ~]渴，口渴：quench[relieve, satisfy] one's ~ 解渴/have *a* ~ 《口語》想喝一杯。**2** [用單數]〔對…的〕渴望，熱望〔*for, after*〕：a ~ *for* pleasure[knowledge] 對快樂的渴望[對知識的渴望，求知的熱望]。

—*v.i.* **1** 《古》口渴。**2** 〔+介+(代)名〕渴望，熱望〔…〕〔*for, after*〕：~ **for** revenge 渴望報仇。

‡thirst·y [ˈθɝstɪ; ˈθəːsti] «thirst 的形容詞» **—*adj.*** (**thirst·i·er**；**-i·est**) **1** 渴的，口渴的：I am[feel] ~. 我感覺口渴。**2** 《口語》〈工作、食物等〉使人口渴的：Weeding the garden is a ~ job. 清除庭院的雜草是件使人口渴的工作。**3** [不用在名詞前]〔+介+(代)名〕渴望〔…〕的，熱望〔…〕的〔*for*〕：He was ~ **for** news. 他渴望消息。**4** 乾燥的，乾旱的。**5** 愛喝酒的，嗜酒的。**6** 〈毛巾等〉很會吸水的。**thírst·i·ly** [-təlɪ; -tili] *adv.*

‡thir·teen [θɝˈtin; ˌθəːˈtiːn] *adj.* **1** [用在名詞前]十三的，十三個的，十三人的：He is ~ years old[of age]. 他十三歲。**2** [不用在名詞前]十三歲的：He is ~. 他十三歲。

—*n.* **1 a** ⓊⒸ[常無冠詞](基數的)十三。**b** Ⓒ十三的記號(13, xiii, ⅩⅢ).

> 【說明】歐美人士討厭「十三」這個數字，把它稱作 unlucky thirteen(不吉利的十三)或 the thirteen superstition(十三的迷信)，因此在旅館(hotel)等處沒有十三樓或十三號房。耶穌的最後晚餐是與十二個門徒一起吃的，因此就產生了一種迷信，認為十三個人在一起吃飯的話，其中有一人會遭遇不測。尤其是十三日又是星期五的那一天被認為是最不吉利的日子，因為耶穌被釘死在十字架的日子正好是十三日又是星期五。另有一說是在星期五有十二個女魔和一個男惡魔會合，所以特別不吉利；cf. superstition【說明】(1).

2 Ⓤ十三歲；十三美元[英鎊，分，便士(等)]：a boy of ~ 一個十三歲的男孩。

—*pron.* [當複數用]十三個，十三人：There are ~. 有十三個[人]。

‡thir·teenth [θɝˈtinθ; ˌθəːˈtiːnθ] «源自 thirteen＋ -th[1](構成序數的字尾)»**—*adj.*** **1** [常**the** ~]第十三的。**2** 十三分之一的。

—*n.* **1** Ⓤ[常 **the** ~] **a** (序數的)第十三《略作 13th》. **b** (每月的)十三日。**2** Ⓒ十三分之一。**—*pron.*** 第十三個人[物]。

‡thir·ti·eth [ˈθɝtɪɪθ; ˈθəːtiiθ] «thirty (30) + th¹ (構成序數的字尾)»—*adj.* **1** [常the ~]第三十的。**2** 三十分之一的。
—*n.* **1** Ⓤ[常the ~] **a** (序數的)第三十《略作 30th》. **b** (每月的)三十日。**2** Ⓒ三十分之一。
—*pron.* [the ~]第三十個人[物]。

‡thir·ty [ˈθɝtɪ; ˈθəːti] *adj.* **1** [用在名詞前]三十的，三十個的，三十人的：He is ~ years old[of age]. 他三十歲。**2** [不用在名詞前]三十歲的：He is ~. 他三十歲。
—*n.* **1 a** ⓊⒸ[常無冠詞](基數的)三十。**b** Ⓒ三十的記號《30, xxx, XXX》. **2 a** Ⓤ三十歲；三十美元[英鎊，分，便士(等)]：a man of ~ 一個三十歲的男人。**b** [the thirties](世紀的)三十年代。**c** [one's thirties](年齡的)三十幾歲：die in one's *thirties* 在三十幾歲死去。**3** Ⓤ《網球》兩分《裁判對比賽者得分的叫法；⇨ tennis【說明】》。
—*pron.* [當複數用]三十個，三十人：There are ~. 有三十個[人]。

thírty-sécond nòte *n.* Ⓒ《美》《音樂》三十二分音符(《英》demisemiquaver)。

Thírty Yéars'[Yéars] Wár *n.* [the ~]三十年戰爭(1618-48)《發生於歐洲的羅馬天主教會，路德教派和喀爾文派之間的宗教戰爭》。

‡this [ðɪs; ðis] *adj.* 《指示形容詞》(*pl.* **these** [ðiz; ðiːz])(↔ that)
1 a [指身旁之物[人]]這，這個，此：~ table 這張桌子/~ boy here 在這兒的(這個)男孩。**b** [指近的時間、地點]這裏的，此處的，這邊的：~ life 今世，今生/by ~ time 到了這個時候。**c** [與 that 相關地使用]這：He went to ~ doctor *and that.* 他到處[這個那個地]看醫生。
2 a [指交談者彼此已了解之物[人]]這，這個，此：~ broad land of ours 我們這個幅員廣闊[大]的國家《★用法通常不說 our this broad land 或 this our broad land；cf. mine¹ *pron.* 2》/Who's ~ Mrs. Green you've been talking about? 你正在談論的這位葛林太太是誰？**b** [指即將說或提起之事物]這，這樣的：Have you heard ~ story? 你聽說過(我現在正要講的)這件事嗎？
3 (剛剛)現在的，今…，本…《★用法常與表時間之名詞連用而構成副詞片語》：~ morning[afternoon, evening]今天上午[下午，晚上]/~ week[month, year]本週[本月，今年]/~ day week《英》下星期的今天/~ time tomorrow[yesterday]明[昨]天的這個時候。
4 [用於故事體]《口語》某(一位[一個])：There's ~ boy I ride home with on the bus every day, and.... 有一個我每天同他一起搭公共汽車回來的男孩子…。
—*pron.* 《指示代名詞》(*pl.* **these**) **1 a** [指身旁之物[人]；常用於介紹人之時]這，這件[位]：for all ~ 儘管如此/What's all ~? 這[這喧鬧]到底是怎麼一回事？/*T~* is my wife. 這是內人/Hello! *T~* is John Smith speaking. [在電話中]喂，我是約翰史密斯/"Is ~ Mary[John]?"—"Yes, ~ is she[he]." [在電話中]《美》「是瑪麗[約翰]嗎？」「是的。」(cf. that A *pron.* 1a). **b** 這個(東西)，這件事情：Take ~ with you. 帶這個(東西)去吧。**c** [與 that 相關地使用]這，後者(the latter)：Of the two methods, ~ seems to be better than *that.* 在這兩個方法中，後者似乎較前者爲佳。
2 a [指時間]現在，此時，這一天，今天：*before* ~ 在此之前，以前/long *before* ~ 距今很久以前/*after* ~ 今後/*T~* is an era of mass communication. 現在是大衆傳播的時代。**b** [指地點]這裏，這個地方：Get out of ~. 從這裏《車子等》(滾)出去！；撒手別管此事！/*T~* is a place where we used to play as children. 這兒是我們在孩提時代常來玩耍的地方。
3 a [指剛才說到的事]這樣，這樣的事，這件事：Who told you ~? 誰告訴你這件事？/*At* ~ the man turned pale and looked away. 一看[聽]到這樣，那個人便臉色蒼白而將目光移開/*With* ~ she took up her sewing again. 這麼說著，她又拿起了她的針線活兒。**b** [指即將說或提起之事]這樣的事，下面要說的事；如此這般：Do it like ~. 要像這樣做/*T~* is what you get for lying. 你說謊就得挨這頓打[這樣看你還敢不敢說謊]！《★舉手欲打撒謊的小孩時所說的話》。
thís and(...)thát 這個那個，種種：put ~ *and that* together 把種種事情綜合起來考慮/"What have you been doing since I last saw you?"—"Oh, ~ *and that.*"「自從上次我跟你見面以來你一直在做些什麼？」「哦，做這做那的。」
thís, thát, and the óther 《口語》一切東西，種種，各色各樣的事[話題]：We spent about an hour talking about ~, *that, and the other.* 我們花了一個小時左右談論種種事情。
—[ðɪs; ðis] *adv.* 這麼，這樣，如此(cf. that *adv.* 1)：It was about ~ deep. 那差不多有這麼深/Now that we have read ~ far, let's have tea. 既然我們已經讀了這樣多，我們來喝茶吧/I didn't think it would be ~ hard. 沒想到它會這麼難/*T~* much is certain. 這麼些是確實的；就這麼多了《★用法this much 當代名詞用作主詞》。

This·be [ˈθɪzbɪ; ˈθizbi] *n.* 《希臘傳說》西絲比《與皮瑞莫斯(Pyramus)相愛的女人；皮瑞莫斯因誤以爲她被獅子吃掉而自殺之後，她追隨皮瑞莫斯而自殺殉情》。

thistle 1

this·tle [ˈθɪsl; ˈθisl] *n.* Ⓒ **1** 《植物》薊《★蘇格蘭的國花》。**2** [the T~](蘇格蘭的)薊勳章[勳位](the Order of *the T~*)：a knight of *the T~* 薊勳爵士/grasp the ~ firmly 勇敢地面對困難。

【說明】(1)從前丹麥人(Dane)在夜襲蘇格蘭(Scotland)時，由於打赤腳的偵察兵踩到薊刺，痛而發出叫聲，被人發現。蘇格蘭人因此倖免國難。蘇格蘭人感念及此，決定把它定爲國花。
(2)在英國僅次於最高的嘉德勳位(The Garter)的就是薊勳位，於 1687 年制定，受勳者除了王室以外，只限於十六位蘇格蘭的貴族。

thístle·dòwn *n.* Ⓤ薊花的冠毛。

this·tly [ˈθɪslɪ; ˈθisli] «thistle 的形容詞»—*adj.* **1** 多薊的。**2** 薊的，像薊的；有刺的。

thith·er [ˈθɪðɚ, ˈðɪðɚ; ˈðiðə] *adv.* 《古》到彼處，向彼方：hither and ~ ⇨ hither.

tho, tho' [ðo; ðou] *conj., adv.* =though.

thole [θol; θoul] *n.* Ⓒ(船的)槳座，槳栓；槳口《船邊上緣的木製或金屬製栓，用作槳槳的支柱》。

thóle·pìn *n.* =thole.

Thom·as [ˈtɑməs; ˈtɔməs] *n.* **1** 湯瑪斯《男子名；暱稱 Tom, Tommy》. **2** [St. ~]《聖經》(聖)多馬《耶穌十二使徒之一》：⇨ doubting Thomas.

Thomp·son [ˈtɑmpsn̩, ˈtɑmsn̩; ˈtɔmpsn], **Francis** *n.* 湯普生《1859–1907；英國詩人》。

Thómpson submachíne gùn *n.* Ⓒ湯普生式手提機關槍。

Thom·son [ˈtɑmsn̩, ˈtɑmpsn̩; ˈtɔmsn], **James** *n.* 湯姆生《1700–48；出生於蘇格蘭的英國詩人》。

thong [θɔŋ; θɔŋ] *n.* Ⓒ(用以捆物或作鞭子的)皮條，皮帶。

Thor [θɔr; θɔː] *n.* **1** 《北歐神話》索爾《雷神，司掌雷、戰爭、農業》。**2** 雷神飛彈《美國製的一種中程彈道飛彈》。

tho·rac·ic [θoˈræsɪk; θɔːˈræsik] «thorax 的形容詞»—*adj.* 胸(部)的。

tho·rax [ˈθoræks; ˈθɔːræks] *n.* Ⓒ (*pl.* ~·es, **-ra·ces** [-rə͵siz; -rəsiːz]) **1** 《解剖・動物》胸部，胸腔。**2** 昆蟲三節身體中的中間一節。**3** (古希臘的)胸甲，胸鎧。

Tho·reau [ˈθoro, θəˈro, ˈθɝo; ˈθɔːrou], **Henry David** *n.* 梭羅《1817–62；美國思想家及散文家》。

tho·ri·um [ˈθorɪəm; ˈθɔːriəm] *n.* Ⓤ《化學》釷《放射性金屬元素；符號 Th》。

‡thorn [θɔrn; θɔːn] *n.* **1** Ⓒ刺，針：Roses have ~*s.* =No rose without a ~. 《諺》沒有玫瑰不帶刺《美好的事物中有使人痛苦的成分；快樂之中有痛苦》。
2 Ⓤ[指個體時爲Ⓒ][常用於複合字]荊棘；有刺灌木《如山楂(hawthorn)等》。
3 Ⓒ痛苦[煩惱]的根源：be[sit, stand, walk]on[upon] ~*s* 如坐針氈；焦慮不安。
4 Ⓒ古英文的字母 þ《相當於現代的 th》。
thórn in a person's **síde[flésh]** 苦惱之因，經常的煩惱之根源，肉中刺。

【字源】此成語源自聖保羅在聖經新約的「哥林多後書」中所說的話。他說：「我的肉體中有一根刺，目的是要使我不會變得傲慢。」法國的著名哲學家兼物理、數學家巴斯噶(Pascal)據說也故意把荊棘放進自己的衣服中折磨自己，目的也是要告誡自己不要變得驕傲。

thórn àpple *n.* Ⓒ **1** 山楂《山楂屬灌木的果實》。**2** 《植物》曼陀蘿《茄科草本植物》。

thorn·y [ˈθɔrnɪ; ˈθɔːni] «thorn 的形容詞»—*adj.* (**thorn·i·er**; **-i·est**) **1** 多刺的，多荊棘的；像刺的。**2** 困難的，棘手的；痛苦的：a ~ question[subject]棘手的問題/tread a ~ path 走艱苦的道路。**thórn·i·ness** *n.*

tho·ro [ˈθɝo, -ə; ˈθʌrə] *adj.* 《美》=thorough.

tho·ron [ˈθorɑn; ˈθɔːrɔn] *n.* Ⓤ《化學》釷射氣，氡《氡(radon)的放射性同位素；符號 Tn》。

***thor·ough** [ˈθɝo; ˈθʌrə] *adj.* (**more** ~; **most** ~) **1** 完全的，徹底的：a ~ investigation[reform]徹底的調查[改革]/The chemist was ~ *in* his analysis of the substance. 這位化學家對此物質作了徹底的分析。**2** [用在名詞前](無比較級、最高級)完全的，

徹底的，徹頭徹尾的；周到的；準確的；一絲不苟的：a ~ fool 一個徹頭徹尾的傻瓜。~·ness *n.*

thórough·brèd *adj.* **1** 〈動物，尤指馬〉血統純正的，純種的。**2** 〈人〉出身[家世]良好的；有教養的，高尚的，舉止優雅的。**3** 優秀的，一流的。

—*n.* Ⓒ **1 a** 純血種馬[狗]。**b** [T~]一種由阿拉伯純種雄馬和英國純種雌馬交配而生的比賽用馬。**2** 出身[家世]好的人，有教養的人。

thor·ough·fare [ˈθɝo,fɛr; ˈθʌrəfɛə] *n.* **1** Ⓒ(可通行的)**道路**，通路，通衢；(尤指)大街，主要街道，大道。**2** Ⓤ通行，通過《★常用於下列片語》：No ~.《告示》禁止通行。

thórough·gòing *adj.* **1** 徹底的，徹頭徹尾的，全然的，完全的：~ cooperation 完全的合作。**2** [用在名詞前]十足的：a ~ fool 十足的傻瓜。

***thor·ough·ly** [ˈθɝolɪ; ˈθʌrəli] *adv.* (**more** ~; **most** ~) **1** **完全地，徹底地。2** 嚴密地；準確地。

thórough-páced *adj.* **1** 〈馬〉被施以各種步伐訓練的。**2** [用在名詞前]徹底的，全然的，十足的：a ~ rascal 十足的流氓。

Thos. 《略》Thomas.

‡those [ðoz; ðouz] *adj.* (that 的複數；指示形容詞；⟷ these) **1** **那些**：in ~ days 當時，彼時/Who are ~ people? 那些人是誰？/I don't like ~ broad jokes of his. 我不喜歡他那些粗野的笑話(cf. that A 2 a)。**2** [用以預先指示關係子句之限制]那些《★比較在中文裏不一定要譯出》：*T*~ books (which) you lent me were very useful. 你借給我的(那些)書很有益。

—*pron.* (指示代名詞；⟷ these) **1 那些**(東西[人])：*T*~ are my shoes. 那些是我的鞋子。

2 [用以避免名詞之重複]那些，該等，彼等(cf. that A *pron.* 2 a)：The oranges in the box are better than ~ on the shelf. 箱子裏的柳橙比架上的(那些)好。

3 a [與修飾語連用](…的)東西；人們：I put aside all ~ useless. 我把沒有用的東西全部放在一旁/*T*~ present [standing] were all men. 出席者[站著的(人)]全是男人《★句中 those 後面的 who were 被省略；cf. 3 b》。**b** [與 who 等關係代名詞連用](…的)人們：There are ~ *who* think that the time has come. 有些人以爲時候到了。

thou[1] [ðau; ðau] *pron.* [第二人稱單數主格](所有格 **thy**，受格 **thee**，《獨立形》**thine**；*pl.* **ye**, 受格 **you**)汝，你《★用法現在除向神祈禱時與教友派(Quaker)教徒間談話時、在方言及古雅的文句、及在詩等之中以外均用 you；與 thou 連用的動詞除 are 成 art, have 成 hast 之外，其餘均加 -st, -est 字尾》。

thou[2] [θau; θau] 《*thou*sand 之略》**—***n.* Ⓒ (*pl.* ~, ~s)《俚》一千美元[英鎊，圓(等)]。

‡though [ðo; ðou] *conj.* **1 a** [常 even ~] **雖然**…(⇨ although 語法)：*T*~ it was very cold, he went out without an overcoat. 雖然很寒冷，他卻沒穿大衣就外出/She had to take care of her younger brothers, *even* ~ she was only ten. 她雖然才十歲，卻必須照顧弟弟們/He answered firmly ~ pleasantly. 他的回答雖無不悅，但語氣堅定；他儘管是和顏悅色地回答，但語氣仍然堅定/Young ~ he was he understood the meaning. 他雖然年輕，卻懂那意思。**b** [補充地引導從屬子句]不過，可是：He will recover, ~ not as soon as we might hope. 他會恢復健康，雖然不如我們所希望的那麼快。**2** [常 even ~] **即使**，即令，縱然，縱使(even if)：It is worth attempting *even* ~ we fail. 即使我們會失敗，這件事仍值得一試。

as thòugh ⇨ as *conj.* **Whát thòugh...?** ⇨ what *pron.*

—*adv.* (無比較級、最高級)[置放句尾]《口語》可是，然而，不過：The work was hard. I enjoyed it, ~. 那工作辛苦，不過，我感到愉快。

‡thought[1] [θɔt; θɔ:t] *v.* **think** 的過去式・過去分詞。

‡thought[2] [θɔt; θɔ:t] 《think 的名詞》**—***n.* **1** Ⓤ **a** **思想，思考，思索；考慮，思維**：after much [serious] ~ 經仔細考慮後/be lost [absorbed, buried] in ~ 在默默地默想；沈思著/give a matter some [considerable] ~ = give some [considerable] ~ to a matter 考慮一下[仔細考慮]問題/take ~ (*of*...)仔細考慮(…)(cf. 4)/act without ~ 不經考慮而行動/Action as well as ~ is necessary. 行動與思考同屬必要/She felt uneasy at the ~ *of* hav*ing* to go without her husband. 想到沒有丈夫作陪同行，她就感覺不安。**b** (+ *that*__)想到：The ~ *that* she might not come annoyed him. 想到她或許不會來，他就氣惱。**c** 思考力；推理力；想像力：I applied ~ to the problem. 我思考了那問題/a beauty beyond ~ 超乎想像的美人[意想不到之美]。**d** [**a** ~] 想一想：give *a* ~ to...想一想…，考慮一下…/I hardly gave the matter *a* ~. 我幾乎沒有考慮過那件事。

2 a ⓊⒸ(用理性想到的)**構想，主意**(⇨ idea【同義字】)：a happy ~ 巧妙的想法，好主意/an essay full of original ~(*s*) 充滿獨到見解的論文。**b** [常 ~s]意見，見解：What are your ~*s* on the subject? 你對這問題有何意見？/She always keeps her ~*s* to herself. 她總是不把她的想法告訴別人/You are always in my ~*s*. 我總是繫[思]念著你。

3 Ⓤ(做…的)**意向**，打算(*of*)：Our ~ is to avoid war. 我們的意向是避免戰爭/He had no ~ *of* offend*ing* you. 他無意冒犯你。

4 ⓊⒸ**關懷**，體諒，擔心，懸念，思慮(*for*)：take ~ *for*... 擔心…，掛念…(cf. 1 a)/Show more ~ *for* others than yourself. 多爲別人著想一下/The mother was full of ~ *for* her injured child. 那位母親非常掛念她受傷的孩子。

5 Ⓤ[常與修飾語連用](時代、民族等的)**思想**，思潮：modern [Western, Greek] ~ 現代[西洋，希臘]思潮。

6 [**a** ~；當副詞用]稍微，些微，稍許，一點(a little)：It's *a* ~ too long. 太長了些/Be *a* ~ more polite. 要文雅一點。

A pénny for your thóughts. ⇨ penny.

thóught contròl *n.* Ⓤ思想控制。

thought·ful [ˈθɔtfəl; ˈθɔ:tful] *adj.* (**more** ~; **most** ~) **1 a** **深思的**，思索的，沈思的：a ~ look [face] 沈思的表情[臉]/He remained ~ for a while. 他深思了一會兒。**b** 有思想的，富於思想的；富於關懷的：a ~ mind 富於關懷的心。

2 a **體貼的**，爲他人細心設想的，關切的，親切的：a ~ person 會爲他人著想的人/a ~ gift 眞誠的[考慮周到的]禮物。**b** [不用在名詞前](+ *of*+(代)名(+*to* do)/+*to* do)〈人〉〈做…眞是〉體貼的，親切的；〈人〉〈做…眞是〉體貼的，親切的：It was ~ *of* you *to* invite me to the party. = You were ~ *to* invite me to the party. 你邀請我參加聚會，考慮得眞周到。**c** [不用在名詞前](+介+(代)名)[對…]關懷的，關切[…]的(*of, about*)：He is always ~ *of* others. 他總是關心他人。

3 [不用在名詞前](+介+(代)名)注意[…]的，小心提防[…]的(*of*)：He is very ~ *of* safety. 他非常注意安全。

~·ly [ˈθɔtfəlɪ; ˈθɔ:tfuli] *adv.* ~·ness *n.*

thóught·less *adj.* **1 a** 無思想的，欠考慮的，輕率的，不注意的，疏忽的：~ behavior 輕率的行爲。**b** [不用在名詞前](+介+(代)名)[對…]欠考慮的，不注意的，疏忽的(*of, for*)：You are ~ *of* [*for*] your health. 你沒有注意自己身體的健康。**2 a** 不爲人設想的，不體貼的，不親切的；自私的：~ words 不體諒人的話。**b** [不用在名詞前](+ *of*+(代)名+(*to* do)/+*to* do)〈人〉〈做…眞是〉不體諒的，不親切的；〈人〉〈做…眞是〉不體諒的，不親切的：It's ~ *of* him *to* say such things. = He is ~ *to* say such things. 他說這種話，眞是不體諒人。**c** [不用在名詞前](+介+(代)名)[對…]不體諒的，不親切的(*of, about*)：Don't be so ~ *of* other people. 不要對別人這樣不親切。

~·ly *adv.* ~·ness *n.*

thóught-óut *adj.* [常與 well 等副詞連用]經過仔細考慮的，思慮周到的：a *well* ~ drama 一齣精心設計的戲；一本字斟句酌的劇本。

thóught-provòking *adj.* 發人深思的；富於激發性的，使人思考的。

thóught rèader *n.* Ⓒ洞察人心者；讀[測]心術者。

thóught rèading *n.* Ⓤ洞察人心術；測心術，讀心術(mind reading)。

thóught transfèrence *n.* Ⓤ精神[心靈]感應(telepathy)。

‡thou·sand [ˈθauzṇd; ˈθauznd] *n.* **1** Ⓒ**a** [與數詞或與表示數的形容詞連用時複數仍爲 thousand](基數的)千；(一)千美元[英鎊(等)]：a [《強調》one] ~ (一)千/three ~ 三千/one in a ~ 千中之一，一千人中有一人《對於特別優秀或是稀奇之物的誇張說法》。**b** 千的記號《1000, M》。**2** [~s]多數，無數；好幾千，數千：(many) ~*s of* people 好幾千人/tens of ~*s* (*of*...)好幾萬(的…)/~*s* and ~*s* (*of*...)無數(的…)/*Thousands* upon ~*s of* soldiers were being sent to the front. 好幾千名士兵陸續被送往前線。

a thóusand to óne (1)千對一，幾乎絕對的(cf. TEN to one)。(2)[a ~ to one (chance)]大概沒有什麼希望的[希望很小的](事)。

by the thóusand(s) 成千地，數以千計地，無數地。

—*pron.* [當複數用]一千個，一千人：There are a [one] ~. 有一千個[人]。

—*adj.* [用在名詞前]**1** 一千的，一千個的，一千人的。**2** [常**a** ~]數千的；許多[無數]的：*a* ~ times easier 容易千倍[得簡直無法相比]/A ~ thanks [pardons, apologies]. 感激不盡[非常抱歉]。

(a) thóusand and óne 無數的：She made *a* ~ *and one* apologies. 她再三地道歉。

The Thóusand and Óne Nights 「一千零一夜」《「天方夜譚」(*The Arabian Nights' Entertainments*)》。

thóusand·fòld *adj.* & *adv.* 千倍的[地]。

Thóusand Ísland dréssing *n.* Ⓤ《美》千島(調味)醬[汁]《美乃滋(mayonnaise)加番茄醬、剁細泡菜絲、香料等的沙拉調味醬[汁]》。

thou·sandth [ˈθauzn̩dθ; ˈθauznṭθ] 《源自 thousand＋-th¹(構成序數的字尾)》 **—*adj.* 1** [常 the ～]第一千的。**2** 一千分之一的。
—*n.* (*pl.* ～s) **1** Ⓤ[常 the ～](序數的)第一千《略作 1000th》. **2** Ⓒ一千分之一。
—*pron.* 第一千個人[物]。

Thrace [θres; θreis] *n.* 色雷斯《愛琴海北岸之一地區，現分屬於希臘及土耳其兩國》。

thrall [θrɔl; θrɔ:l] *n.* **1** Ⓒ **a** 奴隸。**b** 〔惡行、惡習等的〕奴隸〔*to*〕: He is a ～ *to* vice. 他是惡行的奴隸《他陷於惡行而無法自拔》。**2** Ⓤ奴隸的狀態：in ～ *to*... 被…束縛，受制於…，拘泥於…。

thráll·dom, thrál·dom [-dəm; -dəm] *n.* Ⓤ奴隸的身分[地位]；奴役；束縛。

thrash [θræʃ; θræʃ] *v.t.* **1** 〔十受(十介十(代)名)〕(作爲處罰而)〔用棒子等〕**責打，笞打…**〔*with*〕: ～ a person soundly 重[痛]打某人/She ～*ed* the children *with* a cane. 她用籐條痛打孩子們。**2** 〔十受〕《口語》(於競賽)擊敗〈對方〉: The home team ～*ed* the visiting team. 地主隊打敗了客隊。**3** 打〈穀物〉。**4** 使〈船〉逆風而上[逆流前進]。
—*v.i.* 1 〔十副〕(滿地)打滾，猛烈移動[動盪]〈*about, around*〉: He ～*ed about* in bed with a high fever. 他因爲高燒，在牀上輾轉反側。**2** 逆風前進，鼓浪前進。**3** 打穀。
—*n.* ⓊⒸ打穀；笞打，痛打；擊敗；打，擊。
thrásh óut 《*vt adv*》⑴研討解決〈問題等〉。⑵經研討獲得〈眞理、解決等〉。

thrásh·er *n.* Ⓒ **1** 《鳥》美洲嘲鶇《嘲鶇科鳴禽》。**2** 打穀者；打穀機。**3** 《魚》長尾鯊。

thrásh·ing *n.* Ⓒ **1** 笞打，鞭打：Give him a good ～. 好好地揍他一頓。**2** 打穀。**3** (競賽等的)大敗。

***thread** [θrɛd; θred] *n.* **1 a** Ⓤ[指個體時爲Ⓒ] **線，細絲**；縫紉線；纖維(⇨ rope 相關用語): black ～ 黑線/gold ～ 金絲/a needle and ～ 穿了線的針《★當單數用》/sew with ～ 用線縫。**b** [～s]《美俚》衣服(clothes). **2** Ⓒ似絲一般細之物《毛髮、蜘蛛絲、細流、光線等》〔*of*〕: a ～ *of* light 一線光亮。**3** Ⓒ(談話、議論的)條理，脈絡；線索：resume [take up] the ～ of a story 接下去講(前面的話)/He lost [missed] the ～ of his argument. 他失去了議論的條理[辯論時亂了頭緒]。**4** [the ～, one's ～]生命線，人的壽命：*the* ～ of life 生命線/cut one's mortal ～ 割斷命脈，自殺。**5** Ⓒ螺紋。
gáther [píck, táke] úp the thréads 《口語》綜合〔分別處理的問題、部分等〕；重新整合〔中斷的工作、生活方式等〕〔*of*〕.
háng by a thréad ＝hang by a (single) HAIR.
—*v.t.* 1 a 〔十受〕**穿線於〈針孔〉**。**b** 〔十受(十副)〕將〈串珠等〉以線穿連〈*together*〉. **2** 〔十受〕將〈影片〉裝入放映機。**3 a** 〔十受〕(穿針引線般地)穿過〈複雜的街道、人叢等〉: ～ a maze 穿過迷宮。**b** 〔十受十介十(代)名〕[～ one's way]穿過〔複雜的街道、人叢等〕〔*through*〕: The pickpocket ～*ed* his *way through* the crowd. 扒手從人叢中穿過去。**4** 〔十受十介十(代)名〕**a** 〔將…〕織入，織進…〔*with*〕: a tapestry ～*ed with* gold 織進金絲的掛氈。**b** 〔以白髮〕使〈頭髮〉有斑紋〔*with*〕: His black hair was ～*ed with* silver. 他的黑髮中夾雜著銀髮。
—*v.i.* 〈煮過的糖漿等〉成線狀；如線般穿過。

thréad·bàre *adj.* **1** 〈布、衣物〉磨得露線的，毛絨已磨掉的，穿舊了的：a ～ overcoat 一件毛絨已磨光的外套。**2** 〈人〉穿著破衣的，衣著襤褸的。**3** 〈議論、笑話等〉過時的，陳腐的：a ～ argument 陳腐的論調。

thréad làce *n.* Ⓤ麻製飾帶。

thréad·lìke *adj.* 像線的，細長的。

thréad màrk *n.* Ⓒ細紋《在製造紙幣用的紙漿中摻入有色纖維而成之紙幣上的細紋，以防僞造貨幣》。

thréad·wòrm *n.* Ⓒ《動物》蟯蟲，線蟲《寄生蟲》。

thread·y [ˈθrɛdɪ; ˈθredi] 《thread 的形容詞》 **—*adj.*** (thread·i·er; -i·est) **1 a** 像線的，細長的。**b** 線的，纖維質的。**2** 〈液體等〉黏質的，能抽成絲的。**3** 〈脈搏、聲音等〉微弱的。

***threat** [θrɛt; θret] *n.* Ⓒ **1 恐嚇，威脅，脅迫**：make ～*s* 恐嚇/utter a ～ *of* violence 威脅說要訴諸暴力/under ～ of punishment 在處罰的威脅之下《★ under ～ 無冠詞》/Wild life is under ～ everywhere. 野生動物到處受到(滅絕的)威脅。**2** [常用單數]〔對…的〕威脅；構成威脅之物[人]〔*to*〕: a serious ～ *to* peace [freedom of speech] 對和平[言論自由]的嚴重威脅。**3** [常用單數]〔…的〕威脅；惡兆；兆頭〔*of*〕: the ～ *of* war 戰爭之威脅/There was a ～ *of* snow. 有下雪的預兆。

***threat·en** [ˈθrɛtn̩; ˈθretn] 《threat 的動詞》 **—*v.t.* 1 恐嚇，威脅，脅迫。**

> 【同義字】threaten 是表示「威脅」的意思最廣泛的字；intimidate 指以威脅束縛對方的言行；menace 强調威脅者加害於對方的可能性。

a 〔十受〕恐嚇，威脅，脅迫〈人〉: The mugger ～*ed* me, so I gave him my money. 那個强盜脅迫我，所以我給他錢。**b** 〔十受十介十(代)名〕〔以…〕威脅〈人〉〔*with*〕: The employees ～*ed* the management *with* a strike. 員工以罷工威脅資方。**c** 〔十受〕威脅要加以〈處罰、報復等〉: ～ punishment 威脅要加以處罰。**d** 〔十 *to* do〕威脅說〈要做…〉: They ～*ed to* kill him. 他們威脅要殺他。**2 a** 〔十受〕**顯示有…之虞，**預示…的惡兆：The lowering clouds ～ rain [thunder, a storm]. 這陰霾的雲層預示即將下雨[打雷，有暴風雨]。**b** 〔十 *to* do〕勢將〈做…〉，有〈做…〉之勢：It ～*s to* rain [thunder]. 天有下雨[打雷]之勢。**3** 〔十受〕〈危險、災禍等〉**逼近，威脅…**《★常用被動語態，介系詞用 *with*》: A flood ～*ed* the city. 洪水威脅著那城市/a tribe ～*ed with* extinction 瀕臨滅絕的種族。
—*v.i.* 1 恐嚇，威脅，脅迫：I don't mean to ～. 我無意脅迫。**2** 〈危險等〉逼近，即將來臨：A storm ～*s.* 暴風雨即將來臨。

thréat·en·ing *adj.* **1** 恐嚇的，威脅的，脅迫的。**2** 〈天氣變化情況等〉險惡的，要變壞的。**～·ly** *adv.*

thréatening lètter *n.* Ⓒ恐嚇信。

‡**three** [θri; θri:] *adj.* **1** [用在名詞前]**三的，三個的，三人的**：He is ～ years old [of age]. 他三歲/ ～ parts 四分之三(⇨ part *n.* A 3)/the *T*～ Wise Men 《聖經》東方三賢人《即 the Magi》. **2** [不用在名詞前]三歲的：He is ～. 他三歲。
—*n.* 1 a ⓊⒸ[常無冠詞](基數的)三：*T*～ times [by] ～ make(s) nine. 三乘三得九。**b** Ⓒ三的記號《3, iii, III》. **2** Ⓤ三時；三歲；三美元[英鎊，分(等)]：at ～ 於三時/a child of ～ 一個三歲的孩子/～ ten《英口語》三英鎊十便士(£3 10p). **3** Ⓒ三個[人]一組之物。**4** Ⓒ(紙牌、骰子等的)三(點)。
the rúle of thrée ⇨ rule.
the Thrée in Óne 《基督教》三位一體(the Trinity).
—*pron.* [當複數用]三個，三人：There are ～. 有三個[人]。

thrée-bágger *n.* Ⓒ《棒球》三壘打。

thrée-bàse hít *n.* Ⓒ《棒球》三壘打。

thrée-córnered *adj.* **1** 三角的：a ～ hat 三角帽。**2** 〈競賽等〉由三名選手組成的；三方角逐的；三角關係的：a ～ fight 三方面[三邊]的爭鬥[競爭，論戰]/a ～ relation 三角關係。

three-D, 3-D [ˈθriˈdi; ˈθri:ˈdi:] 《three-dimensional 之略》**—*n.*** Ⓤ立體。
—*adj.* 〈照片、電影等〉立體的：*3-D* movies [television] 立體電影[電視]。

thrée-décker *n.* Ⓒ **1** 由三部分組成之物：**a** 由三部組成的小說。**b** 三層三明治。**2** (舊式的)三層甲板船《各層甲板均裝有大砲》。**3** 《俚》有三層的東西。

thrée-diménsional *adj.* **1** 三次元的，三度空間的：～ space 三度空間。**2** ＝three-D.

thrée·fòld *adj.* **1** 三倍[重]的。**2** 有三部分[要素]的。
—*adv.* 三倍[重]地。

thrée-hálf·pence, thrée-há'pence [-ˈhepəns; -ˈheipəns] *n.* Ⓤ一便士半。

thrée-hánded *adj.* 〈競賽等〉三人玩的。

thrée-légged *adj.* 三腳的：a ～ race《競賽》兩人三腳賽跑。

thrèe-line whíp *n.* Ⓒ《英》政黨命黨員務必出席國會辯論的指令《因劃三道底線以示緊急，故名》。

thrée-másted *adj.* 《航海》《帆船》有三桅的。

thrée-mìle límit *n.* [the ～]《國際法》三哩領海界限，距海岸三哩的範圍《常被定爲領海的界限》。

thrée-pàrt *adj.* 三部分的，由三部分組成的。

three·pence [ˈθrɪpəns, ˈθrɛp-; ˈθrepəns] *n.* 《英》**1** Ⓤ三便士(的金額)《現在的 1¼ 便士》。**2** Ⓒ三便士硬幣《從前英國使用的十二角形硬幣》。

three·pen·ny [ˈθriˌpɛnɪ, -pənɪ, ˈθrɪ-; ˈθrepəni] *adj.* **1** 《英》三便士的：a ～ stamp 面值三便士的郵票。**2** 沒有價值的，不值錢的，粗俗的。
—*n.* Ⓒ(又作 **thréepenny bít [píece]**)《英》三便士硬幣。

thrée-pháse *adj.* 《電學》三相的。

thrée-píece *adj.* 〈衣服等〉三件式的，三件一套的；〈家具〉三件一組的：a ～ suit 一套三件式的服裝/a ～ furniture set 三件一組的家具。

thrée-plý *adj.* 三層的；三重的；三股的。

thrée-pòint lánding *n.* ⓊⒸ《航空》三點著陸《飛機以兩個主輪與鼻輪或尾輪同時觸地之著陸方法》。

thrée-quárter *adj.* **1 a** 四分之三的。**b** 〈衣服等〉(通常的)四分之三的長度的，七分的：a ～ sleeve 七分袖。**2** 〈相片等〉七分身的《膝蓋以上》；顯示面部的四分之三的《由斜前方角度拍攝》。
—*n.* Ⓒ **1** (照片等)七分身[膝蓋以上](的肖像)，四分之三側面的臉。**2** 《橄欖球》中後衛《位於半衛(halfback)和全衛(fullback)之間的球員》。

thrée-quárters *adj.* ＝three-quarter.

thrée-ring(ed) círcus *n.* Ⓒ **1** 有三個表演場可供三個不同的節目同時進行的大馬戲團。
2 許多不同的事同時發生的活動；熱鬧而混亂的場面。

thrée-R's «引自失學的前倫敦市長 Sir William Curtis 在宴會席上所說的 "I will give you *the three R's*—writing, reading, and arithmetic."»**—*n. pl.*** [**the** ～] (兒童基本學科的) 讀、寫、算。

thrée·scóre «源自「三個 score (二十)」之義»**—*n.*** Ⓤ六十(歲)：～ and ten 七十(歲)。**—*adj.*** 六十(歲)的。

> 【說明】聖經舊約的「詩篇」中有如下的句子：The days of our years are *threescore* years and ten；and if by reason of strength they be fourscore years.... (我們人類的壽命只不過是七十年，即使是較健康的也不過是八十年…)；cf. age 2a, fourscore【說明】

three·some [ˋθrisəm; ˈθri:səm] *n.* Ⓒ **1** 三人一組。**2** 《高爾夫》**a** 三人賽，一對二賽 (cf. single 7, foursome 2 a)。**b** 一對二賽的與賽者。**—*adj.*** 三人一組的，由三人進行的。

thren·o·dy [ˋθrɛnədɪ; ˈθrenədi] *n.* Ⓒ《文語》輓歌，悲歌；哀歌。

thresh [θrɛʃ; θreʃ] *v.t.* 打〈穀〉。**—*v.i.*** 打穀脫粒。

thrésh·er *n.* Ⓒ **1 a** 打穀機。**b** 打穀者。**2** 《魚》狐型長尾鯊。

thréshing flòor *n.* Ⓒ打穀場。

thrésh·ing machìne *n.* Ⓒ打穀機。

thresh·old [ˋθrɛʃold, -hold; ˈθreʃhould] «源自古英語「踩踏物」之義»**—*n.*** Ⓒ **1 門檻**；入口：on the ～ 在門口/cross the ～ 跨門檻，入屋內。**2** [常用單數] [事物的] 開始，開端 〔*of*〕：He is *on* the ～ *of* adulthood. 他即將[就要]成爲大人。**3** 《心理》閾；因刺激而足以產生反應的界限點：the ～ of consciousness 識閾《意識作用發生與消失之界限》。

‡**threw** [θru; θru:] *v.* **throw** 的過去式。

thrice [θraɪs; θrais] *adv.* **1** 《文語》三度，三次；三倍 (three times)。**2** 好幾次，屢次；很，非常：*thrice*-blessed = *thrice*-favored 非常幸福的，很幸運的，有福氣的。

thrift [θrɪft; θrift] «源自古北歐語「繁榮 (thrive)」之義»**—*n.*** Ⓤ **1 節儉**，節約。**2** 《植物》海石竹《磯松科草本植物》。

thrift·less [ˋθrɪftlɪs; ˈθriftlis] *adj.* **1** 浪費的；奢侈的；不節儉的。**2** 《古》無用的；無意義的；不必要的。

thríft shòp *n.* Ⓒ《美》售貨廉售店《收受家庭所不用的衣物、家具等捐贈物品，加以修補翻新之後廉價出售，將售貨所得充作福利事業之用》。

thrift·y [ˋθrɪftɪ; ˈθrifti] «thrift 的形容詞» **—*adj.*** (**thrift·i·er**；**-i·est**) **1 a** 節儉的，節約的，節省的 (⇨ economical【同義字】)：a ～ wife 節儉的妻子。**b** [不用在名詞前] [十介十(代)名] 〈人〉〔在…方面〕節儉的，節省的〔*in*〕：He was ～ ***in*** the use of time. 他用時節省。**2** 《美》興旺的，繁盛的。**3** 生長茂盛的，繁茂的。

thríft·i·ly [-tlɪ; -tili] *adv.* **-i·ness** *n.*

***thrill** [θrɪl; θril] *n.* Ⓒ **1** (因快感、恐怖等而) **心情動盪[心驚膽戰]的感覺**，刺激，興奮，激動：a ～ *of* joy [terror] 使人心情動盪[心驚膽戰]的快樂[恐怖]，一陣歡樂[恐怖]/a story full of ～*s* 充滿刺激的故事/the ～ *of* speed 高速的快感[刺激]/A ～ went through her. 她感到一陣寒慄[興奮]。

> 【字源】thrill 一字源自古英語，原義爲「穿透」「貫穿」。現在是指强烈的恐怖、快樂、興奮等情緒，就如電一般的東西穿過體內似的感覺。

2 震顫；悸動，心跳，脈搏。

—*v.t.* [十受] 使〈人〉感到心情動盪[心驚膽戰、刺激、興奮、寒慄]，使…感動《★常用被動語態，介系詞用 *with, by*》：The sight ～*ed* the onlookers. 那情景使旁觀者激動不已/The audience *was* [*were*] ～*ed* ***with*** his performance. 觀衆爲他的表演而激動。

—*v.i.* **1** [十介十(代)名] **a** 〈人〉〔爲…而〕感到心驚膽戰，感到刺激，激動，興奮，感動，感激〔*at, to*〕：They ～***ed at*** [***to***] the news of victory. 他們聽到捷報感到非常興奮/The audience ～*ed to* his speech. 聽衆爲他的演說所感動。**b** 〈强烈的感情〉使全身顫慄，使熱血沸騰；深入心竅〔*through*〕：Fear ～*ed* ***through*** my veins. 恐懼使我全身顫慄。**c** [十 *to* do] 〈做…而〉興奮，感動，激動：I ～*ed to* see him win (the) first prize. 我看到他獲得首獎感到很興奮。**2** [動(十介十(代)名)] 〔因…而〕震顫，顫抖〔*with*〕：Her voice ～*ed* ***with*** terror [joy]. 她害怕[高興]得聲音發抖。

thríll·er *n.* Ⓒ **1** 給予人刺激之人[事物]，富有刺激性之人[事物]。**2** 恐怖[驚險，煽情]小說[戲劇，電影]。

thrill·ing *adj.* **1** 使人心情動盪的，使人激動的，充滿刺激的。**2** 使人毛骨悚然[寒慄]的。**3** (令人)震顫的，(令人)顫抖的。
～·ly *adv.*

thrive [θraɪv; θraiv] *v.i.* (**throve** [θrov; θrouv], 《美》 **thrived**；**thriv·en** [ˋθrɪvən; ˈθrivn], 《美》 **thrived**) **1** 繁榮，繁盛，興盛，旺盛；成功，發迹：Education ～*s* there. 那兒教育很發達/Industry rarely ～*s* under government control. 在政府控制之下工業很少會發達。**2 a** 〈人、動植物〉健旺，茂盛，成長：Cotton does not ～ in Japan. 棉花在日本不會長得很好。**b** [十介十(代)名] 〔吃…而〕成長[發胖，强壯]；〔因…而〕活〔*on*〕.

thriv·en *v.* **thrive** 的過去分詞。

thrív·ing *adj.* 繁盛[繁榮]的，繁華的，興盛的，盛大的：a ～ business 興盛的生意/a ～ town 繁華的城鎮。**～·ly** *adv.*

thro, thro' [θru; θru:] *prep.* 《古》＝through.

***throat** [θrot; θrout] *n.* Ⓒ **1 喉嚨**，咽喉 (⇨ body 插圖)：have a sore ～ (因感冒等而) 喉嚨痛/clear one's ～ 清喉嚨，清嗓子/pour [send]...down one's ～ 嚥下…/spring at the ～ of... 撲上去意圖掐…的喉嚨/take [seize] a person by the ～ 扼住某人的喉嚨。**2 a** 咽喉狀之物。**b** (器具等的) 頸，嘴。**c** 狹窄之通路。

cút òne anóther's thróats 相互殘殺；採取兩敗俱傷[同歸於盡]的手段。

cút one's (**ówn**) **thróat** (1)自割喉嚨，自殺。(2)自取滅亡。

júmp dówn a person's **thróat** 突然猛烈地攻擊別人；痛罵某人；令某人語塞。

líe in one's **thróat** ⇨ lie[2] *v.*

lúmp in the [one's] **thróat** ⇨ lump[1].

stíck in one's **thróat** (1)〈骨頭等〉鯁在喉嚨。(2)〈話等〉哽住，說不出來。(3)〈提案等〉無法接受；使某人不滿意。

thrúst [**crám, fórce, púsh, rám,** *etc.*] ...**dówn** a person's **thróat** 强迫某人接受[同意]〈意見等〉；迫使某人承認…。

thróat·ed *adj.* [構成複合字] 有(…的)喉嚨的，喉嚨(呈…狀)的：a white-*throated* bird 白頸的鳥。

throat·y [ˋθrotɪ; ˈθrouti] «throat 的形容詞»**—*adj.*** (**throat·i·er**；**-i·est**) 聲音嘶啞的；喉音的，類似喉音的。

throb [θrɑb; θrɔb] *v.i.* (**throbbed**；**throb·bing**) **1 a** 〈心臟〉鼓動；〈脈搏〉跳動；(激烈地) 悸動，怦怦地跳；〈機器等〉有規 [illegible]
動：My heart *throbbed* heavily. 我的心跳動得很厲害。**b** [illegible]
十(代)名] 〔因…而〕陣陣跳動〔*with*〕：My finger ～*s* ***wit*** [illegible]
cut. 我的手指因切傷而陣陣抽痛/His mind was *throbbing* [illegible]
expectation. 他的心因期待而怦怦地跳著。**2** [動(十介十(代) [illegible]
〔看[聽]到…而〕顫抖，打顫；感動〔*at*〕：She *throbbed* ***at*** [illegible]
dreadful sight. 她看到那可怕的情景直打哆嗦[發抖]。

—*n.* Ⓒ **1** 悸動，鼓動；興奮，感動：～*s* of joy 一陣又一陣的 [illegible]
奮/My heart gave a ～. 我的心悸動了一下/A ～ of pain [illegible]
through my back. 一陣疼痛貫穿了我的背部。**2** (機器等的) [illegible]
動：the ～ of an engine 引擎的振動。

throes [θroz; θrouz] *n. pl.* **1** 《文語》劇痛，極端之痛苦：one [illegible]
[the] death ～ 死的苦痛，臨終之苦。**2** 陣痛。**3** 苦鬥，艱苦的 [illegible]
努力，掙扎〔*of*〕：They were in the ～ *of* revolution [*of* elect- [illegible]
ing a chairman]. 他們正致力於革命[議長選舉]。

throm·bo·sis [θrɑmˋbosɪs; θrɔmˈbousis] *n.* (*pl.* **-ses** [-siz; -si:z]) ⓊⒸ《醫》栓塞，血栓形成：cerebral ～ 腦栓塞。

throne [θron; θroun] «源自希臘文「高座」之義»**—*n.*** **1** Ⓒ**王座**，寶座，御座：the speech from *the* ～ 《英》議會開[閉]幕式的詔勅。**2** [**the** ～] **王位**，帝位；王權，君權，帝權：ascend [mount, come to, sit on, take] *the* ～ 即位，登基。**3** [～s] 《神學》上座天使《天使的九個階級中第三階級的天使；cf. hierarchy 4》。

throng [θrɔŋ; θrɔŋ] *n.* Ⓒ [集合稱] **羣衆**；人羣〔*of*〕《★用法視爲一整體時當單數用，指全部個體時當複數用》：a ～ *of* people [sea gulls] 人[鷗]羣。

—*v.i.* 羣集，擠滿，擁塞，湧至：They ～*ed* around him. 他們羣集在他的周圍/Crowds of people ～*ed to* see the game. 成羣的人們蜂擁著去看那比賽。

—*v.t.* [十受] 羣集於〈場所〉；蜂擁而至，湧至…《★常用被動語態，介系詞用 *with*》：People ～*ed* the church to hear the sermon. 人們湧至教堂聽講道/The streets *were* ～***ed with*** shoppers. 街上擠滿了買東西的人。

thros·tle [ˋθrɑsl; ˈθrɔsl] *n.* Ⓒ《詩》《鳥》歐洲畫眉《鶇科鳴禽；cf. thrush》。

throt·tle [ˋθrɑtl; ˈθrɔtl] *n.* **1** Ⓒ《機械》節流閥。**2** Ⓒ《俚》喉嚨，氣管。**3** Ⓤ阻塞，節流。

—*v.t.* **1** 勒[扼]〈人〉的喉嚨，使〈人〉窒息。**2** 扼止，壓抑，壓制…：He ～*d* the freedom of the press in the country. 他壓制了這個國家的出版自由。**3** [十受(十副)] 《機械》使〈機器〉減速〈*down, back*〉.

—*v.i.* [十副] (引擎的) 減速〈*down, back*〉.

‡**through** [θru; θru:] *prep.* **1** [表貫穿、通過] **a 通過…，經過，穿過**：fly ～ the air 飛過天際/see ～ glass 透過玻璃看/pass a comb [one's fingers] ～ one's hair 梳[搔]頭髮/drive a nail ～ a board 把釘子釘入木板/walk right ～ the village 走過那村莊/He pushed his way ～ the crowd. 他從人羣中擠過去。**b** 經過，通過，穿過，從〈門口、路線等〉：go ～ a door 通過門/～

a pipe 通過管子/He came in ~ the window. 他從窗口進來。**c** 闖過〈紅燈等〉：The car drove ~ the red light. 那輛汽車闖了紅燈。**d** 在〈噪音等〉之中仍…，儘管是在〈噪音等〉之中：I could hear her scream ~ the howling of the storm. 我在暴風雨呼嘯之中仍聽得見她的尖叫聲。**e** 穿過〈心等〉；看穿〈虛假等〉：An idea flashed ~ his mind. 一個主意閃過他的腦海/He saw ~ the trick. 他識破了那詭計。**f** 通過〈議會等〉；脫離〈人的管理等〉：They got the bill ~ Parliament. 他們使那議案在國會通過/The matter has already passed ~ my hands. 這件事已不歸我管《已離我的手》。

2 [表示到處] **a 遍及**〈地方〉：travel ~ the country 遊遍全國。**b** 在…之間(到處)：The monkeys swung ~ the branches of the trees. 羣猴在樹枝之間到處晃動/He searched ~ his papers. 他搜遍文件尋找。

3 [表自始至終；常加重語氣作 all ~] **a 整個**〈時間、期間〉**當中**：We walked ~ the night. 我們走了一整晚/He lived in the house *all* ~ his life. 他畢生都是住那棟房子。**b** …的自始至終，從頭到尾：I had a hard time sitting ~ the concert. 那場音樂會我(從頭到尾)聽得實在[眞是]受罪。**c** 《美》(從…)到(包括)…：(from) Tuesday ~ Saturday 從星期二到星期六止《★用法 from Tuesday to [till] Saturday 較易使人混淆 Saturday 是否包括在內，而使用上述的說法則明確地表示包括 Saturday 在內；《英》則用 (from) Tuesday to Saturday inclusive》。

4 [表示經驗等之完了] **a 經過…，用完…**：go ~ an experience [operation] 經歷，體驗[接受手術]/I got ~ the examination. 我考試及格/He went [got] ~ a fortune in a year. 他在一年內就花光了一大筆錢財。**b** [**be** ~...]把…終了；〈考試〉及格：I *am* half ~ the poem. 我把那首詩讀[寫]完了一半/*Is* he ~ his exam? 他考試及格嗎？

「表手段、媒介物]**經由…，透過**：He got the job ~ my help.
…個工作/John and George are related ~
…和喬治透過他們祖母而有親戚關係。
…因爲…：He got injured ~ his own
…自己不小心而受傷。
…無比較級、最高級)《★用法與 be 動詞連用
…**通過，穿過，貫穿，貫通，透過**：The bul-
…d went ~. 子彈打中牆壁並穿了過去/⇨ BREAK

…始至終：read a book ~ 讀完一本書。
…，全程地〔*to*〕：This train goes ~ *to* Berlin. 這
…林/Get tickets ~ *to* Boston. 買直達波士頓的票

…間)**當中，連續不斷地**：We drank the whole night
…了一整夜的酒《★變換可換寫成 We drank all through
…

…wet [soaked] ~]**完全地，徹底地**：I was *wet* ~. 我渾
…He was *soaked* ~. 他全身溼透。
…利地)**完成，通過**：He got ~ this year. 他今年(考試)通
…ll be ~ in a few minutes. 我再過一會兒就會做完。**b**〔十
…代)名〕〔把…〕結束；斷絕〔與…的〕關係；停止〔…〕〔*with*〕：
…n will you be ~ ***with*** your work? 你何時可以做完工作？
… ~ *with* Jane. 我和珍已斷絕關係[已經吹了]/He is ~
…*h* alcohol. 他戒了酒。**c**〈做…〉完〈do*ing*〉：I'm nearly ~
…k*ing* to Mr. Smith. 我差不多跟史密斯先生談完了。**d**〈人〉變
…沒有用：As a boxer he is ~. 作爲拳師而言，他已經完了。**e**
《美》(電話通話)完畢(cf. 7)：Are you ~? [接線生]講完了嗎？

7 (接)通：Are you ~? 《英》電話接通了嗎？《★比較此句在美國則當作義 6 e》/You are ~. 你的電話已接通了/I will put you ~ (*to* Mr. Green). 我會接通你的電話(到葛林先生那兒)。

gò thróugh with... ⇨ go *v.* **see through** ⇨ see[1].

thróugh and thróugh 完全地，徹頭徹尾地：I got wet ~ *and* ~. 我全身溼透/He is a trustworthy person ~ *and* ~. 他是個完全可以信賴的人。

— [θru; θru:] *adj.* [用在名詞前] (無比較級、最高級) **1 a** 直通的，直達的：a ~ passenger 全程的旅客/a ~ fare [ticket] 全程[聯營]運費[車票]/a ~ train 直達火車。**b** 〈道路〉可通行的，直通的：a ~ road 直通的道路/No ~ road. 《告示》此路不通。

2 從一端貫穿到另一端的，貫通的：a ~ beam 貫穿的梁木。

‡through·out [θru'aut; θru:'aut] *adv.* (無比較級、最高級) [常用於句尾] **1** (表示場所) **到處**，全，遍及，在各處：The building is well built ~. 這棟樓房處處建造得良好。**2** (表時間) **其間一直，始終**：He remained loyal ~. 他始終忠貞不渝。

—*prep.* **1** [表場所] **遍及**…，在…各處：His name is famous ~ the world. 他聞名全世界。**2** [表時間] **整**…，在…期間一直：~ one's life 畢生。

thróugh·pùt *n.* ⓊⒸ 一定時間內的原料處理量，生產量[率]；容許能力。

thróugh strèet *n.* Ⓒ 幹道《享有優先通行權的主要道路》。

thróugh·wày *n.* Ⓒ《美》高速公路 (expressway).

throve *v.* **thrive** 的過去式。

‡throw [θro; θrou] **《源自古英語「扭(臂而投)」之義》— (threw** [θru; θru:]; **thrown** [θron; θroun]) *v.t.* **1 投。**

> **【同義字】** throw 是表示「(用手臂)投」的最普通的字；fling 是用力猛摔；toss 是輕輕地扔，抛上；hurl 是用力粗暴地投遠；pitch 是對準某目標投；cast 是稍拘泥的字，指投輕物。

a 〔十受(十副詞(片語))〕投，抛〈物〉：~ darts 擲鏢/He *threw* the ball (*up*). 他(向上)抛球/He *threw down* his magazine. 他扔下他的雜誌/He was *thrown out of* the hall. 他被攆出大廳/The boat was *thrown up onto* the rocks. 小艇被(海浪)抛到岩石上。**b** 〔十受十介十(代)名〕〔對準…〕投擲〈物〉〔*at*〕：The demonstrators *threw* stones ***at*** the police. 示威者向警察扔石頭。**c** 〔十受十受/十受十介十(代)名〕扔給〈人、動物〉〈物〉；扔〈物〉〔給人、動物〕〔*to*〕：He *threw* me the parcel. = He *threw* the parcel ***to*** me. 他將包裹扔給我。

2 a 〔十受〕投(下)〈光、影等〉：The trees *threw* long shadows in the moonlight. 樹木在月光中投下長影。**b** 〔十受十介十(代)名〕〔向…〕發出〈質問〉，投以〈視線等〉〔*at*〕：The teacher kept ~*ing* questions ***at*** him. 老師一直向他發問/She *threw* a seductive look *at* him. 她向他投以誘惑的眼光[抛媚眼] (cf. 2c)。**c** 〔十受十受〕向…投以〈視線等〉：She *threw* him a seductive look. 她向他投以誘惑的眼光[抛媚眼] (cf. 2b)。**d** 〔十受十介十(代)名〕〔對…〕加以〈懷疑〉〔*on*〕：Many people *threw* doubt ***on*** the value of his invention. 許多人對於他的發明的價值加以懷疑。**e** 〔十受十受/十受十介十(代)名〕對…給以〈打擊〉；〔對…〕給以〈打擊〉〔*at*〕：He *threw* his opponent a strong blow. = He *threw* a strong blow ***at*** his opponent. 他給予對手强勁的一擊。

3 〔十受(十介十(代)名)〕發射〈子彈等〉；噴〈水、霧等〉〔於…上〕〔*on*〕：~ a shell 發射砲彈/The pump trucks were ~*ing* water ***on*** the fire. 消防車正把水噴在火場上。

4 a 〔十受十副詞(片語)〕(猛烈地)動〈身體的某部位〉；~ *up* one's hands 揚起雙手/~ one's head *back* 猛把頭向後仰/He *threw* his arms *around* his mother's neck. 他抱住母親的脖子。**b** 〔十受十副詞(片語)〕[~ one*self*] 猛然偎靠，猛然投入：He *threw himself onto* the sofa. 他猛然[一屁股地]坐到沙發上/She *threw herself into* my arms. 她猛然投入我懷中/~ *oneself* at... 猛然衝向…；極力試圖贏得〈某人〉的愛情[友情]。**c** 〔十受十介十(代)名〕[~ one*self*] 投靠，依附〔…〕〔*on, upon*〕：She *threw herself* ***on*** the judge's mercy. 她求法官發慈悲。

5 a 〔十受十副〕匆匆穿上〈衣服等〉〈*on*〉；匆匆脫掉〈衣服等〉〈*off*〉：He *threw* ***on*** [***off***] his bathrobe. 他匆匆穿上[脫掉]浴袍。**b** 〔十受十介十(代)名〕隨便地將〈衣服等〉披上〔…〕〔*over*〕：She *threw* a shawl ***over*** her shoulders. 她匆匆地[隨便地]把披肩披在肩上。**c** 〔十受〕〈蛇〉脫[蛻]〈皮〉。

6 a 〔十受十介十(代)名〕將〈人〉投置〔於某位置、狀態等〕，使〈人〉陷〔於某位置、狀態等〕〔*into*〕：~ a person ***into*** prison 將某人關進監獄/The meeting was *thrown into* confusion. 會議陷於紊亂。**b** 〔十受十介十(代)名〕使…脫離〔…的狀態〕〔*out of*〕：The recession *threw* many people ***out of*** work. 不景氣使得許多人失業。**c** 〔十受十介十(代)名〕[~ one*self*] 投身；全力以赴〔於工作等〕〔*into*〕：He *threw himself* wholeheartedly ***into*** his work. 他全心全意投入工作。**d** 〔十受十補〕[~ **open**] 忽地開〈門、窗〉：He *threw open* the door. = He *threw* the door *open*. 他突然打開大門。

7 〔十受〕《俚》使〈人〉困惑，使…不知所措，使…慌亂：Don't let her (wild talk) ~ you. 不要被她(的狂言)所蠱惑。

8 〔十受〕《口語》舉行〈交際性集會等〉：~ a dance 開舞會/~ a dinner 舉行晚宴。

9 〔十受〕**a** 〈馬〉摔下〈騎者〉。**b**《角力・柔道》摔倒〈對方〉。

10 〔十受〕〈家畜〉生產〈幼子〉。

11 〔十受〕**a** 把〈陶土〉放在旋轉盤上拉坯。**b** 搓〈絲等〉成線。

12 〔十受〕轉動〈開關〉(等的槓桿)〉，移動〈槓桿等〉，轉動槓桿使…連起或斷開。

13 〔十受〕《美》(經事先的交易等而)故意輸掉〈拳賽等〉。

14 〔十受〕(以腹語術)像發自他處似地發出〈聲音〉，以腹語術說…。

15 〔十受〕**a** 擲〈骰子〉。**b** 擲骰子擲出…：~ a six 擲骰子擲出六點。

—*v.i.* **1** 投，擲，抛，投球：Can you ~ well? 你能擲得好嗎？/He ~*s* fifty yards. 他能擲五十碼。

2 〈家畜〉生子。

thrów abóut 《*vt adv*》(1)亂丟，亂扔〈東西〉。(2)亂花，揮霍〈錢〉。

thrów aróund = THROW about.

thrów awáy 《*vt adv*》(1)丟棄，丟掉〈東西〉；放棄…：It's no

good；～ it *away.* 這東西不能用，把它丟掉。(2)〈因疏忽而〉失去，斷送，白白糟蹋掉〈機會等〉：～ *away* a good opportunity 白白糟蹋［錯失］好機會。(3)〈演員、播音員等〉故意若無其事地說〈臺詞，講稿等〉。

thrów báck 《*vt adv*》(1)⇨ *v.t.* 4a. (2)迫使〈某人〉依賴〔某事〕〔*on, upon*〕《★常用被動語態》：In the end I *was thrown back on* my own resources. 最後我被迫依賴自己的力量。

thrów ín 《*vt adv*》(1)將〈物〉投入，丟進。(2)額外贈送〈物品〉：The room is £25 a night, with meals *thrown in.* 房租是一晚二十五鎊，另外贈送餐食。(3)將〈話〉插入：The speaker *threw in* a joke to reduce the tension. 演講者插入笑話以緩和緊張的氣氛。

thrów óff 《*vt adv*》(1)⇨ *v.t.* 5a. (2)［～＋off＋*n.*］拋掉〈累贅、包袱〉；斷絕與…的關係；甩掉〈追趕者〉：～ *off* one's pursuers 甩掉追趕者。(3)［～＋off＋*n.*］擺脫掉〈感冒、壞習氣等〉；失掉〈廉恥等〉：～ *off* a bad habit 改掉壞習慣。(4)［～＋off＋*n.*］《口語》即席作出；即席說出〈詩等〉：～ *off* a sketch 即席作素描。

thrów ópen (1)⇨ *v.t.* 6 d. (2)將〈花園等〉〔對一般大衆〕開放〔*to*〕。

thrów óut 《*vt adv*》(1)投出，丟出〈物〉。(2)［～＋out＋*n.*］委婉地說，暗示…：～ *out* a suggestion(委婉地)提出建議。(3)否決〈議案、提案〉。(4)增建，加蓋〈房屋等〉：～ *out* a new wing 增建廂房。(5)《板球》把球投中三柱門而使〈打擊者〉出局；《棒球》丟球刺殺〈跑壘者〉出局。(6)挺〈胸〉。(7)［～＋受＋out］使〈人〉精神渙散，擾亂〈人〉：The change in the tax laws *threw* me *out* in my calculations. 稅法的變更搞亂了我的計算。

thrów óver 《*vt adv*》［～＋受＋over］遺棄〈朋友、愛人等〉。

thrów togéther 《*vt adv*》(1)拼湊〈物〉；匆匆準備〈餐食〉。(2)使〈人〉偶然碰頭：Fate *threw* them *together* again. 命運使他們再度聚在一起。

thrów úp 《*vt adv*》(1)⇨ *v.t.* 1 a. (2)［～＋up＋*n.*］〈國家等〉使〈名人〉輩出。(3)放棄，停止…：～ *up* one's job 辭職。(4)趕忙搭建，急造…。(5)《俚》嘔吐〈已吃之物〉。**—**《*vi adv*》(6)《俚》嘔吐。

—*n.* Ⓒ **1 a** 投，擲，拋，扔；投球。**b**《角力・柔道》摔。
2 擲出的距離：a ～ *of* 100 meters 一百公尺的投擲(距離)/a record ～ with the hammer 破記錄的投擲鐵鎚(距離)。
3 擲出的骰子點。

within a stóne's thrów (of...) ⇨ stone's throw.

thrów·awày *n.* Ⓒ **1** (廣告的)傳單，廣告單。**2** 被丟掉的東西，被丟棄之物。
—*adj.* [用在名詞前]**1** 隨意說出的；隨便的〈臺詞等〉。
2 用過即可丟棄的：a ～ paper plate 免洗紙盤。

thrów·bàck *n.* Ⓒ **1** 扔回，反擲，擲回，反投。**2** 返回，逆轉。**3** (生物的)返祖現象，祖型重現；返祖現象的實例〔*to*〕。

thrów·er *n.* Ⓒ投擲者[物]。

thrów-ìn *n.* Ⓒ《運動》擲界外球，擲邊線球《指將球投入場內》。

‡**thrown** [θron; θroun] *v.* throw 的過去分詞。

thrów-òff *n.* Ⓒ(打獵、賽跑等之)開始；出發。

thru [θru; θru:] *prep., adv., adj.* 《美》＝through.

thrum[1] [θrʌm; θrʌm] (**thrummed**; **thrum·ming**) *v.t.* **1** 撫彈〈弦樂器〉，拉〈琴〉，撥弄〈琴弦〉：～ a guitar 彈弄吉他。**2** (用手指)輕敲，輕扣〈桌面等〉。
—*v.i.* 〔動(＋介＋(代)名)〕**1** 撫彈〔弦樂器〕，拉〔琴〕，撥弄〔琴弦〕〔*on*〕：～ ***on*** a harp 彈弄豎琴。**2** (用手指)輕敲〔…〕〔*on*〕：Stop *thrumming* ***on*** your desk. 停止敲桌子。**3** 〈大機器〉一直隆隆作響。
—*n.* Ⓒ **1** 撥弄，輕敲，輕扣。**2** 彈弄弦樂器之聲，拉琴聲。

thrum[2] [θrʌm; θrʌm] *n.* Ⓒ(紡織品的)織餘，線頭，緒餘；絲屑，索屑。

thrush[1] [θrʌʃ; θrʌʃ] *n.* Ⓒ《鳥》鶇《鶇科中、小型鳴禽的統稱，尤指善鳴的歌鶇》。

thrush[2] [θrʌʃ; θrʌʃ] *n.* Ⓤ《醫》**1** 鵝口瘡；(馬的)蹄叉腐疽。**2** 《口語》陰道炎。

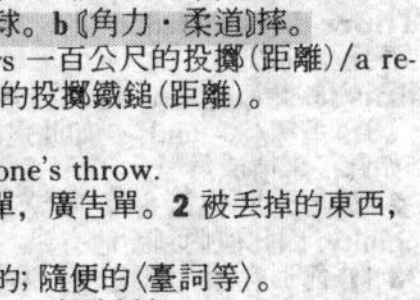
thrush[1]

***thrust** [θrʌst; θrʌst] 《源自古北歐語「壓，擠」之義》**—**(**thrust**) *v.t.* **1** (用力)推(⇨ push【同義字】)：**a** 〔十受十副詞(片語)〕將…(往…)用力推，推入，擠進，插入；衝(向…)：～ a person *aside* 把某人推開/～ *out* one's tongue 伸出舌頭/～ a chair *forward* 把椅子推向前/～ a plate *away* 把盤子推開/He ～ his hands *into* his pockets. 他把手插進口袋。**b** [～ one*self*]擠進：I had to ～ *myself into* the bus. 我不得不硬擠進公車/We ～ *ourselves forward.* 我們往前猛衝(cf. 3 b)。**c** 〔～**one's way**〕擠過去：They ～ their *way through* the crowd. 他們從人羣中擠過去。
2 〔十受十副詞(片語)〕將…插，刺穿，刺，戳(入…)：He ～ a dagger *into* her back. 他把匕首刺入她的背/The sword ～ him *through.* 劍刺穿了他。
3 a 〔十受十介十(代)名〕將…強加〔於…〕，把…硬給〔…〕〔*into, on, upon*〕：He ～ a coin ***into*** the waitress's hand. 他把一枚硬幣(硬)塞進那女服務生手中/He ～ all the responsibility ***on*** me. 他把全部責任硬推給我。**b** 〔十受十副詞(片語)〕[～ one*self*]出風頭，擠進：She is always ～*ing herself forward.* 她總是愛出風頭(cf. 1b)/He has ～ *himself into* the position of president. 他硬擠上了董事長的職位。
—*v.i.* 〔動(十介十(代)名)〕**1** 用力推〔向…〕；刺〔向…〕〔*at*〕：He ～ ***at*** me *with* a knife. 他用小刀朝我刺來。
2 〔十副詞(片語)〕衝進，擠進(…)：～ *through* a crowd 擠過人羣/He ～ *past* me in a rude way. 他粗暴地從我身旁擠過去。
—*n.* **1** Ⓒ(猛)推；刺；衝；戳：a ～ *with* the elbow[a sword] 用肘[劍]一推[刺]。**2** Ⓒ攻擊；尖苛的批評。**3** Ⓤ前進；推進；衝力。**4** Ⓤ《機械》推力。**5** Ⓤ(礦坑的)頂棚塌落。**6** Ⓒ《地質》沖斷層，逆斷層。

thrúst·er *n.* Ⓒ **1** 推[衝，刺，戳]的人。**2** 有魄力的人，硬幹的人，行動積極的人。**3** (修正軌道用的)小型火箭引擎。

thrú·wày *n.* Ⓒ《美》高速公路(throughway)。

Thu·cyd·i·des [θu'sɪdə,diz, θju-; θju:'sidi̇di:z] *n.* 修西的底斯《460–400 B.C.；希臘歷史家》。

thud [θʌd; θʌd] *n.* Ⓒ砰！啪嚓！噗咚！轟《重物掉落聲》：the ～ of an explosion「轟」的爆炸聲/with a ～ 發出「砰」的一聲，砰然一聲。
—*v.i.* (**thud·ded**; **thud·ding**)「砰」地掉落，「砰砰」地響[打中]。

thug [θʌg; θʌg] *n.* Ⓒ **1** 惡棍，兇漢；刺客，殺手；强盜。**2** [T～] (十三至十九世紀間)印度宗教性暗殺團中的一份子。

thug·ger·y ['θʌgərɪ; 'θʌgəri] *n.* Ⓤ暴力，暴行；暗殺，殺人。

Thu·le ['θulɪ, 'θju-; 'θju:li:] *n.* 極北之地《古代希臘、羅馬人相信存在於世界之極北的地區；⇨ ultima Thule》.

thu·li·um ['θulɪəm, 'θju-; 'θju:liəm] *n.* Ⓤ《化學》銩《稀土類金屬元素；符號 Tm》.

thumb** [θʌm; θʌm] 《源自古英語「膨大的(手指)」之義》**—*n. Ⓒ **1** (手的)拇指《★通常不包括在 fingers(手指)之內；⇨ hand 插圖；腳的大趾頭稱爲 big toe》：raise one's ～ 豎起拇指《表示勝利、成功的動作》。

raise *one's* thumb

【說明】由於拇指的形狀和機能與其他指頭不同，所以不稱作 finger 而稱作 thumb. 通常拇指象徵「男性」、「支配」、「笨拙」、「粗略」等。另外，有許多成語來自用拇指所作的手勢。hitchhike 是搭便車的意思；想搭便車時，要用拇指往你想去的方向指。如果把五指伸開，然後把拇指放在鼻子上，這種手勢就是向對方表示輕蔑。握拳將拇指向上豎直，則表示「成功」、「滿意」、「贊成」等；拇指向下，則表示「失敗」、「不滿」、「反對」等。

2 (手套等的)拇指。
(a) rúle of thúmb ⇨ rule.
be áll thúmbs＝be [féel] áll fíngers and thúmbs 笨手笨腳《★因拇指動作遲鈍》：His fingers *are* [He *is*] *all* ～*s.* 他笨手笨腳的。
bíte one's [**the**] **thúmb at...** 挑釁地侮辱〈某人〉，侮蔑〈某人〉。
stíck óut like a sóre thúmb 非常不相稱，不合場面[時宜]。
Thúmbs dówn! 不行！不可以！不贊成！很失望！
Thúmbs úp! 好的！好！《喝采聲》。
twíddle one's **thúmbs** (1)(把雙手八隻手指交叉扣在一起)使左右拇指交互繞動《無所事事而感覺無聊時的動作》。(2)《口語》無所事事，虛度時間。
ùnder a person's **thúmb＝ùnder the thúmb of** a person 受某人的壓制[支配]。

with thumb down

—*v.t.* **1** 〔十受(十副)〕用拇指翻弄〈書頁等〉；迅速地翻閱〈書本〉〈*through*〉：This dictionary is badly ～*ed.* 這本字典因常被用拇指翻查而弄得很髒/He ～*ed* ***through*** the book. 他匆匆地翻閱那本書。
2 〔十受〕向經過的汽車豎起拇指要求搭乘〈一程〉：～ a ride[lift] 豎起拇指以求搭便車。
—*v.i.* 豎起拇指要求搭便車，搭便車。

thúmb índex *n.* Ⓒ(字典等頁邊上切入呈半月形的)頁邊標目；字母指標。

thúmbmàrk *n.* Ⓒ留在書頁上的拇指痕。

thúmb·nàil *n.* Ⓒ **1** 拇指的指甲。**2** 極小之物。**3** 半欄的新聞照片。**—*adj.*** [用在名詞前]極小的，極短的：a ～ sketch(人的經

歷等的)簡要描寫；扼要的記述。

thúmb·prìnt *n.* Ⓒ拇指印；拇指紋。

thúmb·scrèw *n.* Ⓒ《機械》指捻螺釘。

thumbs-down [ˈθʌmzˈdaʊn; ˌθʌmzˈdaun] *n.* Ⓒ《俚》反對；不允許。

thúmb·stàll *n.* Ⓒ **1** (套在拇指上的)拇指套。**2** (鞋匠用的)頂針。

thumb indexes

thúmb·tàck *n.* Ⓒ《美》圖釘(《英》drawing pin)。

thump [θʌmp; θʌmp] «擬聲語»**—*v.t.* 1 a** 〔十受〕(用拳頭、棒等)砰地重擊…：He ~*ed* the lectern as he spoke. 他邊講道邊用手捶打讀經臺。**b** 〔十受十介十(代)名〕〔用拳頭、棒等〕砰地重擊…〔*with*〕：He spoke angrily, ~*ing* the table ***with*** his fist. 他憤怒地邊講邊用拳頭重擊桌子。**c** 〔十受十補〕將…重擊[打]〈成…狀態〉：She ~*ed* the pillow flat. 她把枕頭搥平。**2** 〈物〉砰地撞擊[碰]…：The branches ~*ed* the shutters in the wind. 樹枝在風中砰砰地打著百葉窗。**3** 〔十受〕拳打，毆打〈人〉。**4 a** 〔十受〕鏗鏘[咚咚]地弄響〈樂器〉：~ a drum 咚咚地擊鼓。**b** 〔十受十副(十介十(代)名)〕〔以樂器〕鏗鏘地彈奏〈曲子〉〈*out*〉〔*on*〕：~ ***out*** a tune ***on*** the piano 用力在鋼琴上彈奏一曲。

—*v.i.* 1 〔十副詞(片語)〕砰[咕咚，咚]地撞擊；打，揍：He ~*ed on* the table. 他砰砰地拍桌子/The boat ~*ed against* the wharf. 小船砰地撞到碼頭。**2** 〈心臟、脈搏〉噗通噗通地跳。**3** 砰砰地(放大腳步聲)走。

—*n.* Ⓒ重擊，砰的一聲：with a ~ 發出砰的聲音。

—*adv.* 砰地，咕咚地。

thump·er [ˈθʌmpɚ; ˈθʌmpə] *n.* Ⓒ **1** 重擊者；重擊物。**2** 《口語》巨大之人或物；天大的謊話。

thúmp·ing *adj.* **1** 重擊的。**2** 《口語》極大的，巨大的，非同小可的：a ~ lie 天大的謊言。

—*adv.* 《口語》非同小可地，極度地，非常地。**~·ly** *adv.*

‡**thun·der** [ˈθʌndɚ; ˈθʌndə] *n.* **1** Ⓤ**雷，雷鳴**：a crash [peal] of ~ 一聲雷鳴/We have had a lot of ~ this summer. 今年夏天頻頻打雷。

【同義字】thunder 是雷鳴；lightning 是閃電；thunderbolt 是雷電。

2 Ⓤ[又作 ~s]似雷之聲，轟響聲：the ~ of a cataract 瀑布的轟響聲/the ~*s* of applause 雷鳴般的掌聲。**3** Ⓤ恐嚇，威脅；譴責；怒吼。

(as) bláck as thúnder 《口語》很不高興的，(眼神等)凶惡的。

(by) thúnder! [表示驚訝、滿足]《口語》哎呀！眞的！眞是！太好了！

in thúnder [加强疑問句的語氣]《口語》究竟，到底：What *in* ~ is that? 那到底是什麼(事情)？

like thúnder 《口語》非常生氣。

stéal a person's **thúnder** 剽竊某人的想法[方法]，掠人之美；搶某人的鋒頭，先聲奪人。

thúnder and líghtning (1)雷鳴和閃電，雷電。(2)猛烈的威嚇[譴責]，謾罵。

—*v.i.* 1 [以 it 作主詞]**打雷**：*It* was raining and ~*ing*. 正在下雨打雷[雷雨交加]。

2 a 〔動(十副)〕發出巨響，轟響〈*out*〉。**b** 〔十介十(代)名〕〔對…〕砰砰地猛敲；攻擊〔*at*〕：He ~*ed* ***at*** the door. 他猛敲門。

3 〔十介十(代)名〕**a** 〔對…〕大聲呵斥〔*at*〕：He ~*ed* ***at*** his servant. 他大聲呵斥僕人。**b** 〔針對…〕激烈譴責〔*against*〕(★可用被動語態)：The church ~*ed* ***against*** birth control. 教會方面激烈地譴責節育。

—*v.t.* 〔十受(十副)〕大聲嚷，大聲說…〈*out*〉：~ a reply 大聲回答/~ ***out*** threats 大聲恐嚇。

thúnder·bìrd *n.* Ⓒ雷鳥《美國印地安人的傳說中謂能興起閃電雷雨之巨鳥》。

thúnder·bòlt *n.* Ⓒ **1** 雷電，霹靂，雷擊(⇨ thunder【同義字】)。**2** 意外事情《完全沒料想到的事情》，晴天霹靂：The news came upon me like a ~.＝The news was a regular ~ *to* me. 那個消息對我來說簡直是晴天霹靂。

thúnder·clàp *n.* Ⓒ **1** 一聲雷響，霹靂。**2** 突然而來可怕的消息[事件]。**3** 似雷鳴之物：a ~ *of* rage 如雷般的暴怒[暴跳如雷]。

thúnder·clòud *n.* Ⓒ **1** 雷雲，夾有雷電的(烏)雲。**2** 使人聯想雷雲之物，險惡的情勢。

thun·der·er [ˈθʌndərɚ; ˈθʌndərə] *n.* **1** Ⓒ怒喝者。**2** [the T~]《英古・謔》倫敦泰晤士報。**3** [the T~]＝Jupiter 2.

thúnder·hèad *n.* Ⓒ《美》雷雨雲，雷暴雲砧。

thún·der·ing [-drɪŋ, -dərɪŋ; -dəriŋ] *adj.* [用在名詞前] **1** 似雷聲般轟響的，雷鳴的。**2** 《口語》非常的，非同小可的，了不得的：a ~ fool [mistake] 大傻瓜[大錯特錯]。

—*adv.* 《口語》非常。**~·ly** *adv.*

thun·der·ous [ˈθʌndərəs, -drəs; ˈθʌndərəs] *adj.* **1 a** 〈雲等〉(會)引起雷的。**b** 〈天候等〉似將打雷的。**2** 似雷的，發雷聲的，隆隆響的：~ applause 雷鳴般的掌聲[喝采]。**~·ly** *adv.*

thúnder·shòwer *n.* Ⓒ雷(陣)雨。

thúnder·squàll *n.* Ⓒ雷颮《夾有雷電之暴風》。

thúnder·stòrm *n.* Ⓒ(夾著强風的)雷雨。

thúnder·strìcken *adj.* ＝thunderstruck.

thúnder·strùck *adj.* **1** 爲雷電所擊的。**2** 驚呆的，驚愕的。

thun·der·y [ˈθʌndərɪ, -drɪ; ˈθʌndəri] «thunder 的形容詞» **—*adj.* 1** 〈天候〉似要打雷的，雷鳴的，多雷的。**2** 險惡的；不吉祥的；即將發怒的，不高興的。

Thur. 《略》Thursday.

thu·ri·ble [ˈθjʊrəbl; ˈθjuəribl] *n.* Ⓒ《天主教》提爐(censer)。

Thurs. 《略》Thursday.

‡**Thurs·day** [ˈθɝzdɪ, -de; ˈθə:zdi, -dei] *n.* [原則上無冠詞且爲Ⓤ；但視其意義也可加冠詞成爲Ⓒ]**星期四**《略作 Th., Thur(s).》：Today is ~. 今天是星期四/next [last] ~ ＝*on* ~ next [last] 於下[上]星期四《★後面的形式主要爲英國語法》/on ~ 於星期四/*on* ~*s* 於每星期四，每逢星期四/*on* a ~ 於(過去或未來的)某一個星期四/*on* (《英》the) ~ of next week 於下星期的星期四。

【字源】Thursday 一字的原義是「雷神之日」(the day of Thor)的意思。雷神索爾(Thor)是北歐神話中主神歐丁(Odin)之子，專司雷及天候，爲北歐神話中最强的神。

—*adj.* [用在名詞前]**星期四的**：*on* ~ afternoon 於星期四(的)下午。

—*adv.* 《美》於星期四(⇨ Thursdays)：See you ~. 星期四(再)見。

Thurs·days [ˈθɝzdɪz, -dez; ˈθə:zdiz, -deiz] *adv.* 《美》於星期四，每逢星期四。

‡**thus** [ðʌs; ðʌs] *adv.* 《文語》**1 如此，像這樣，這般**：~ and so 《美》這樣/~ and ~ 如此這般/*T*~ it was (＝It was ~) that.... 如此，事情成爲…。

2 因此，所以，從而，於是：*T*~ they judged that he was guilty. 因此他們判斷他有罪。

3 [修飾形容詞、副詞]至此程度，至此，到這種地步：~ far 到此[至今]/*T*~ much is certain. (至少)這些是確實的/Why ~ sad? 爲什麼這樣悲傷？

thwack [θwæk; θwæk] *n.* Ⓒ(用棍或板等的)重打(聲)，重擊(聲)(whack)。

—*v.t.* (用棍或板等)重打，重擊。

thwart [θwɔrt; θwɔ:t] «源自古北歐語「橫過」之義»**—*v.t.* 1** 妨礙，阻撓，反對〈人、計畫、目的等〉，使…挫折：~ a person's plans 妨礙某人的計畫。**2** 〔十受十介十(代)名〕妨礙，阻撓，挫折〈人〉〔的計畫、目的等〕〔*in*〕：They were ~*ed* ***in*** their ambition. 他們的野心受到阻撓[未能得逞]。

—*n.* Ⓒ《航海》(小舟的)艇梁，橫座板，槳手座，艇座(⇨ gunwale 插圖)。

thy [ðaɪ; ðai] *adj.* 《古・詩》[thou 的所有格《在母音之前爲 **thine** [ðaɪn; ðain]》]汝之，你的。

thyme [taɪm; taim] *n.* Ⓤ《植物》百里香，麝香草《唇形科觀賞植物，其葉可作香料》。

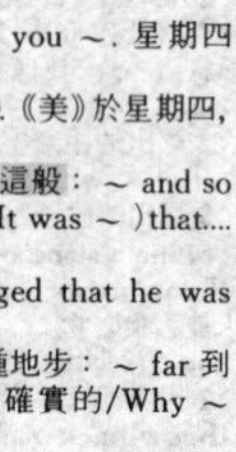

thyme

thy·mol [ˈθaɪmol, -mɑl; ˈθaimɔl, ˈtai-] *n.* Ⓤ《化學・醫》瑞香草酚，百里香酚，麝香草酚[腦]《用作防腐劑》。

thy·mus [ˈθaɪməs; ˈθaiməs] *n.* (*pl.* **~·es, thy·mi** [-maɪ; -mai]) Ⓒ《解剖》胸腺。

thy·roid [ˈθaɪrɔɪd; ˈθairɔid] 《解剖》*adj.* 甲狀(腺)的，楯狀的。

—*n.* (又作 **thýroid glànd**) Ⓒ甲狀腺。

thy·rox·ine [θaɪˈrɑksin, -sɪn; θaiˈrɔksi:n, -sin], **thy·rox·in** [-sɪn; -sin] *n.* Ⓤ《生化》甲狀腺素《一種無色結晶化合物；爲甲狀腺中分泌的激素》。

thyr·sus [ˈθɝsəs; ˈθə:səs] *n.* (*pl.* **thyr·si** [-saɪ; -sai]) Ⓒ **1** 《植物》聚繖[聚傘]圓錐花序《如葡萄和桃花心木所開的花》。**2** 《希臘神話》《酒神戴奧奈索斯(Dionysus)、森林之神(the satyrs)等所攜之》神杖。

thy·self [ðaɪˈsɛlf; ðaiˈself] *pron.* 《古・詩》[thou 的反身代名詞]汝等本身，將汝等本身，你們自己，把你們自己。

ti [ti; ti:] *n.* (*pl.* ~s) Ⓤ[指個體時爲Ⓒ]《音樂》(固定唱法)C 大調音階中的第七音《又作 si；cf. sol-fa》。

Ti《略》《化學》titanium.

ti·a·ra [taɪˋerə, tɪˋɑrə; tiˋɑ:rə] *n.* Ⓒ **1** (婦女的)以黃金、寶石或花製成的頭飾[冠冕]。
2 羅馬教皇的三重冠。

tiara 1

Ti·bet [tɪˋbɛt; tiˋbet] *n.* 西藏《中國西南部高山地區的自治區；首府拉薩(Lhasa [ˋlɑsə; ˋlɑ:sə])》.

Ti·bet·an [tɪˋbɛtn; tiˋbetn] 《Tibet 的形容詞》**—adj.** 西藏的；西藏人[語]的。
—n. 1 Ⓒ西藏人。**2** Ⓤ西藏語。

tib·i·a [ˋtɪbɪə; ˋtibiə] *n.* Ⓒ (*pl.* **-ae** [-bɪ,i; -bii:], ～**s**)《解剖》脛骨，脛。

tic [tɪk; tik] *n.* Ⓒ《醫》抽搐，表情肌抽搐[痙攣]。

tick[1] [tɪk; tik] 《擬聲語》**—n.** Ⓒ **1** (鐘錶等的)滴答(聲)。**2**《英口語》剎那間，片刻：I'm coming in a ～ [two ～*s*]. 我馬上就來/Half a ～！稍等一下。**3** (檢查、核對等時寫的)小記號《✓》.
on [to] the tíck《英口語》時間準確地，正確地。
—v.i. 1 〈鐘錶等〉滴答響；〈計程表等〉咯嚓地響。**2** (像時鐘似地)行動，工作，發生作用：What makes him ～？是什麼(動機)使他這麼做[說]？什麼使他成為這個樣子呢？
—v.t. 1 〔十受十副〕〈鐘錶〉滴答滴答計算〈時間〉〈*away*〉：The clock was ～*ing* **away** the seconds. 時鐘在滴答滴答地計秒《表示時間一秒一秒地過去》。**2** 〔十受(十副)〕標小記號於…，核對…，檢查…〈*off*〉：She ～*ed* **off** the items one by one. 她逐一地核對項目。
tíck óff《*vi adv*》⑴⇨*v.t.* 2. ⑵《英口語》責備〈人〉：get ～*ed off* 受到責備。⑶《美口語》激怒〈人〉，使…生氣。
tíck óver《*vi adv*》⑴〈引擎〉(以齒輪脫離[空檔]狀態)緩慢地轉[動]。⑵《英》〈工作等〉死氣沉沉，失去勁頭，拖泥帶水。

tick[2] [tɪk; tik] *n.* Ⓒ **1**《動物》蜱《又稱壁蝨，軟蜱和硬蜱科寄生蟲的通稱》：a dog ～ 狗蜱。**2**《英口語》討厭的傢伙，煩人的傢伙。

tick[3] [tɪk; tik] *n.* Ⓒ(褥、枕頭的)套子。

tick[4] [tɪk; tik] 《ticket 之略》**—n.** Ⓤ《英口語》賒賬，賒賣：*on* ～ 賒賬，憑信用/buy [get] …*on* ～ 賒賬買…/give a person ～ 賒賣給某人。

tick[5] [tɪk; tik] *n.* Ⓤ(小孩玩的)捉人遊戲(tag).

tick·er *n.* Ⓒ **1** 滴答滴答響之物。**2 a**《口語》懷錶。**b** (股市)行情指示器。**c** (電信的)受報機。**3**《俚》心臟。

tícker tàpe *n.* Ⓤ **1** 電報機或股市行情指示機等用以印錄通訊、行情等的紙條。**2** (為表示歡迎而從樓房窗口等向街道上拋下的)紙帶，彩色紙片。

‡**tick·et** [ˋtɪkɪt; ˋtikit] *n.* **1** Ⓒ票，入場券，車票：a theater ～ 戲票/⇨ season ticket/a one way ～ ＝《英》a single ～ 單程票/a round-trip ～ ＝《英》a return ～ 來回票/Admission by ～ only. 憑票入場《★by ～ 無冠詞》。

> 【字源】ticket 一字源自法語的 *étiquette*, 義為「牌子、標籤」。英國人採用此字時，去掉了開頭的 *é* 而改成 ticket.
> *étiquette* 在法語中也有「禮節」的意思。後來英語也採用此字來表示「禮節」的意思，但還保留法語原來的拼法。
> 【同義字】上飛機[船]時所出示的登機[船]卡稱為 boarding card [pass].

2 Ⓒ **a** (附於商品的)價目牌，價目標籤。
b 籤票，彩票：a winning ～ 中獎彩票。**c**《俚》當票。
3 Ⓒ《口語》(尤指開給交通違規者的)傳票，交通違規的罰單，告發單：a parking ～ 違規停車的罰單[傳票]/The policeman gave me a ～ *for* speeding. 警察給我一張超速駕駛的罰單。
4 Ⓒ《美》政黨公認[提名]的候選人(名冊)：a straight [scratch, split] ～ 全部的[刪除一部分的，附加非提名的]政黨候選人(名冊)/*on* the Democratic ～ 為民主黨公認候選人。
5 Ⓒ高級船員或飛機駕駛員的執照。
6 Ⓒ短箋，備忘錄。
7 Ⓒ(銀行的)臨時帳。
8 Ⓒ《英》假釋許可證。
9 Ⓒ《俚》名片。
10 Ⓒ《俚》紙牌。
11 [the ～]《口語》正當[應當，該做]的事，正合理想的事：That's *the* ～. 那正好，正是如此，那很對/Hot coffee is just *the* ～ for you. 你正需要熱咖啡/What's *the* ～？要怎麼辦才好呢？
—v.t. 1 〔十受〕加標籤於…，加價目牌於〈商品〉。**2** 〔十受十介十(代)名〕將…充作〔…〕；指定，安排…〔為…〕〔*for*〕：These articles are ～*ed for* export. 這些物品被指定外銷。**3** 〔十受〕給〈交通違規者等〉傳票；供應[售]…車票(等)。

tícket àgency *n.* Ⓒ(尤指戲票的)代售票處[所]。

tícket àgent *n.* Ⓒ車票[戲票，入場券(等)]代售處[業者]。

tícket collèctor *n.* Ⓒ(鐵路等的)收票員。

tícket inspèctor *n.* Ⓒ《英》查票員，車票[戲票，入場券(等)]稽查員。

tícket òffice *n.* Ⓒ 售票處(《英》booking office).

tícket of léave *n.* Ⓒ(*pl.* **tickets of leave**)《英》假釋許可證。

tick·et·y-boo [ˋtɪkɪtɪˋbu; tikitibu:] *adj.*《主英·口語》好的，好棒的。

tick·ing [ˋtɪkɪŋ; ˋtikiŋ] *n.* Ⓤ(褥枕等)有條紋的套布。

tick·le [ˋtɪkl; ˋtikl] *v.t.* **1 a** 〔十受〕(用手、羽毛等)搔〈身體的某部位〉，輕觸使…生酥癢之感，對…呵癢：～ a person's ribs 搔觸某人的肋骨(cf. 1 b). **b** 〔十受十介十名〕搔觸〈人〉〔肋骨等〕〔*in*〕；胳肢〈人〉〔胳肢窩〕〔*under*〕《★囲固在表身體某部位的名詞之前加 the》：～ a person *in the* ribs 搔觸某人的肋骨(cf. 1 a)/～ a person *under the* arm(*s*) 搔觸某人的胳肢窩。
2 〔十受〕使〈人、人的心情〉高興，使…快樂，將…逗笑，使…滿足《★常用被動語態，表示「歡喜，感到高興，感到快樂，笑」；介系詞用 *at, with, by*》：The fairy tale ～*d* the child. 那個神仙故事使孩子感到高興/I *was* ～*d to* death *at* the news. 聽到那消息我笑[樂]死了/The little girl *was* ～*d* **with** the toys. 那小女孩非常喜歡那些玩具。
3 〔十受〕使〈人〉發癢：This underwear ～*s* me. 這件內衣我穿了會發癢。
4 〔十受〕用手捉住〈鱒魚等〉。
5 〔十受十介十(代)名〕撩〈人〉〔使…〕，搔〈人〉的癢〔使…〕〔*into*〕：She ～*d* him **into** saying yes. 她對他呵癢使他癢得討饒說是。
—v.i. 1 發癢，有酥癢之感：My throat [foot] ～*s*. 我的喉嚨[腳]發癢。
2 搔[呵]癢。
be tickled pínk《口語》〈人〉感到很高興。
—n. ⓊⒸ搔[呵]癢，胳肢，酥癢之感。
sláp and tíckle ⇨ slap.

tíck·ler *n.* Ⓒ **1** 呵癢之物[人]；使人高興之物；(於嘉年華會等用以搔癢人的臉的羽毛製)搔癢小刷子。**2**《美》備忘錄，記事錄，手摺。**3**《口語》難題；令人難解的問題；需要慎重對待的問題[情勢]。**4**《電子》反饋線圈。**5** (銀行等的)單式帳簿。

tick·lish [ˋtɪklɪʃ; ˋtikliʃ] *adj.* **1** 〈人、身體某部位〉怕呵癢的，易癢的。**2** 〈問題、形勢等〉難處理的，棘手的，需要慎重對待的；敏感的：a ～ question [situation] 棘手的問題[形勢]。**3 a** 〈船等〉易翻覆的，不穩的。**b** 〈人〉難以取悅的，難對付的，易怒的。**c** 〈天候等〉不穩定的，易變的。
～·ly *adv.* **～·ness** *n.*

tick·tack [ˋtɪk,tæk; ˋtiktæk] 《擬聲語》**—n.** Ⓒ **1**《美》(鐘錶等的)滴答滴答(聲)；似滴答滴答的聲音。**2**《美兒語》「滴答滴答」《鐘錶》。**3** 心臟的跳動[悸動](聲)，心音。**4** (賽馬中給賭賽者的)秘密信號。**5** 裝於門窗上能發出滴答聲供小孩玩的一種裝置。

tick·tack·toe [,tɪktækˋto; ,tiktækˋtou] *n.* Ⓤ 井字遊戲(《英》noughts and crosses)《一種二人對局之兒童遊戲，二人輪流在九方格盤上畫○或×，以所畫之記號三個成直、橫、或斜線相連者為勝》。

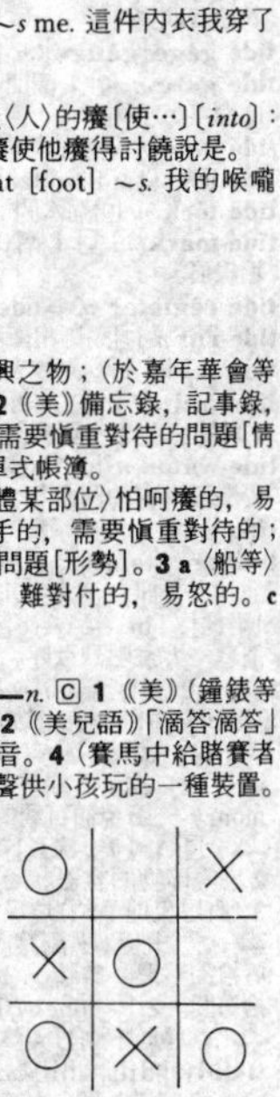
ticktacktoe

tick·tock, tic·toc [ˋtɪkˋtɑk, ˋtɪk,tɑk; ˋtiktɔk] 《擬聲語》**—n.** Ⓒ(尤指大時鐘的)滴答滴答(聲)。
—v.i. 滴答滴答響。

tid·al [ˋtaɪdl; ˋtaidl] 《tide 的形容詞》**—adj. 1** 潮的，有漲落的；有潮的；受潮水影響的，只在漲潮時才可以航行的：a ～ current 潮流/a ～ harbor 高潮港，只在漲潮時才可以航行的港口/a ～ river (漲潮時潮水從河口流入河中的)潮河/a ～ flat 落潮後露出的沙灘。
2 滿潮時出航的：a ～ boat [steamer] 滿潮時出[進]港的船/a ～ train (與 tidal steamer 接駁的)臨港列車。

tídal wàve *n.* Ⓒ **1** (由於太陽和月亮的引力而產生的)潮浪。**2** (由地震等所引起的)海嘯。**3** [民心的]大動搖，〔人事的〕大變動〔*of*〕.

tid·bit [ˋtɪd,bɪt; ˋtidbit] *n.* Ⓒ《美》**1** (味美之食物等的)一口，少許，一片〔*of*〕(《英》titbit). **2** 一則有趣的新聞，珍聞；小欄新聞。

tid·dle·dy·winks [ˋtɪdldɪ,wɪŋks; ˋtidldiwiŋks] *n. pl.* ＝tiddlywinks.

tid·dler [ˋtɪdlɚ; ˋtidlə] *n.* Ⓒ **1** [也用於稱呼]《口語》小孩子，小傢伙。**2**《口語》小魚。**3**《俚》半便士。

tid·dly, tid·dley [ˋtɪdlɪ; ˋtidli] *adj.*《英口語》**1** 小的，微小的，微不足道的。**2** 有幾分醉的，微醉的。

tid·dly·winks, tid·dley·winks [ˋtɪdlɪ,wɪŋks; ˋtidliwiŋks] *n.* Ⓤ使小圓鐵片跳進杯子等的一種兒童遊戲。

***tide** [taɪd; taid] 《源自古英語「時」之義》**—n. 1** Ⓒ潮，潮的漲落；潮流：⇨ ebb tide 1, flood tide 1/a [the] spring [neap] ～ 大

[小]潮/The ~ is in[out, down]. 現在在漲潮[退潮]/The ~ is making[ebbing]. = The ~ is on the flow[on the ebb]. 正在漲潮[退潮]。

2 Ⓒ(輿論等的)**潮流，傾向，形勢**：go[swim] with the ~ 順應潮流，順從時勢/go[swim] against the ~ 違逆潮流，倒行逆施/turn the ~ 改變形勢/The ~ turns. 形勢轉變/The ~ turned against him[in his favor]. 形勢變得對他不利[有利]。

3 Ⓒ**盛衰，消長；最盛時期，最惡時期；機運，良機**：the full ~ of pleasure 歡樂的頂點。

4 Ⓤ[除構成複合字外爲古語]時，節，季節；(尤指宗教上的)節：⇨ Christmastide/Time and ~ wait for no man.⇨ time *n.* A 1.

5 Ⓤ《詩》海水。

6 Ⓒ溪流，激流。

—*v.i.* 像潮水般奔流；順潮水漂行。

—*v.t.* 1 〔十受十副〕 **a** 度過，克服〈難關等〉〈*over*〉：~ ***over*** a difficulty 克服困難。**b** 使〈人〉度過〈*over*〉：The food is enough to ~ us ***over*** till spring. 食物足夠(使)我們維持到春天。

2 〔十受十介十(代)名〕使〈人〉度過〔困難的時期〕〔*over*〕：These supplies will be enough to ~ us ***over*** the winter. 這些糧食將足夠使我們過冬。

tíde gàge[**gàuge**] *n.* Ⓒ檢潮儀。

tíde gàte *n.* Ⓒ **1** 潮門《潮水倒灌時即自動關閉者》。**2** 潮水湍急的潮路。

tíde·lànd *n.* Ⓤ(漲潮時會被淹沒的)海岸低窪地帶，受潮地。

tide·less [ˈtaɪdlɪs; ˈtaidlis] *adj.* 無潮汐的。

tíde lòck *n.* Ⓒ潮水閘；潮閘。

tíde·màrk *n.* Ⓒ **1** 潮(水)標。**2** 《謔》(留在身上的)未洗清的污垢線痕。

tíde règister *n.* ＝tide gage.

tíde·rìp *n.* Ⓒ潮流相衝激起之浪。

tíde tàble *n.* Ⓒ潮汐表。

tíde·wàiter *n.* Ⓒ **1** 舊時海關負責上船監視卸貨之人員。
2 騎牆主義者；隨風倒的政客。

tíde·wàter *n.* Ⓤ **1 a** (漲潮時湧到低窪地的)潮水。**b** (在河口等)受漲潮影響的河水[水面]。**2** (受漲潮影響的)海岸低窪地帶。

tíde·wày *n.* Ⓒ **1** 潮路。**2** 潮流。

ti·dings [ˈtaɪdɪŋz; ˈtaidiŋz] *n. pl.* [有時當單數用]《文語》信息，通知，音訊，消息：glad[sad] ~ 喜[悲]訊/good[evil] ~ 佳音[噩耗]/The ~ were[was] received with shouts of joy. 聽到那消息，大家熱烈歡呼。

***ti·dy** [ˈtaɪdɪ; ˈtaidi] *adj.* (**ti·di·er**; **-di·est**) **1 a** 〈房間等〉**井然的，整齊的，整潔的**。**b** 〈人〉愛整潔的。**c** 〈想法等〉有條理的。**2** (無比較級、最高級)《口語》可觀的；相當好的：a ~ sum of money 一筆金額可觀的錢。

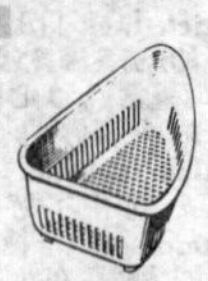

tidy 3

—*n.* Ⓒ **1** 《美》椅套[罩]。
2 盛零碎物的容器。
3 (廚房流理臺的)垃圾容器。

—*v.t.* 〔十受(十副)〕 **1** 使…整齊；使…整潔；收拾，整理，整頓…〈*up*〉：~ ***up*** one's room 收拾房間。**2** [~ one*self*]整肅儀容〈*up*〉。

—*v.i.* 〔動(十副)〕弄整齊，弄整潔〈*up*〉.

ti·di·ly [-dɪlɪ; -dili] *adv.* **-di·ness** *n.*

‡tie [taɪ; tai] **《源自古英語「綁」之義》—**(**tied**; **ty·ing**) ***v.t.* 1 a** 〔十受(十副)〕(用帶、繩索等)**繫[綁，捆]住…，紮…，縛…**〈*up, together*〉：~ a package 捆包裹/~ a person's hands [feet] (***together***) 把某人的手[腳]捆綁在一起/~ a person ***up*** 把某人綁起來。**b** 〔十受(十副)十介十(代)名〕〔用…〕將…繫[捆，綁]住[起]〈*up, together*〉〔*with*〕：Shall I ~ all these things ***together with*** string? 要我把這些東西全部用細繩捆在一起嗎？**c** 〔十受(十副)十介十(代)名〕將…繫[綁，拴]〔在…〕〈*up, together*〉〔*to*〕：*T*~ the horse ***to*** the tree. 把馬拴在樹上。

2 a 〔十受〕**繫〈繩子〉；繫〈鞋等〉的帶[繩]子**：~ one's shoes [shoelaces] 繫鞋帶。**b** 〔十受(十副)〕用繩子等綁…〈*on*〉：~ a bonnet (***on***) 把小軟帽的帶子繫上(下顎)。**c** 〔十受〕結〈緞帶、領帶等〉：~ one's necktie 結領帶。**d** 〔十受(十介十(代)名)〕打〈結〉〔於…〕〔*in*〕：She ~*d* a knot ***in*** her handkerchief to remind herself of the appointment. 她在手帕上打一個結以提醒自己那個約會。

3 a 〔十受(十副)〕**束縛，約束，限制**〈人等〉〈*down*〉：My duties ~ me ***down*** all day. 我整天窮於應付工作/My hands are ~*d*. 我有一種手腳被捆之感，無法施展所長《因權責所限而不能做某事》。**b** 〔十受(十副)十介十(代)名〕使〈人〉受〔某立場、工作等〕約束〈*down*〉〔*on, to*〕：He was ~*d* ***to*** the job by his contract. 他因受制於契約而不得不做那個工作。

4 〔十受(十介十(代)名)〕〔於競賽等〕與…得同分，不分勝負〔*in*〕《★常用被動語態》：Oxford ~*d* Cambridge ***in*** football. 牛津與劍橋的足球賽勢均力敵[得分持平]。

5 〔十受〕《音樂》(以連結線)連結〈音符〉。

—*v.i.* 1 繫得住，綁得住；打結：This ribbon doesn't ~ well. 這緞帶結不好。

2 〔動(十介十(代)名)〕 **a** (於競賽等)〔與…〕得同分，成和局，平手〔*with*〕：We ~*d* ***with*** Harvard. 我們與哈佛賽成平手。**b** 〔於…〕得同分，不分勝負〔*for*〕：The two teams ~*d* ***for*** first place in the league. 這兩隊在聯賽中並列第一。

gèt tíed úp 《英口語》結婚。

tíe ín 《*vt adv*》(1)使…〔與…〕連結，調和〔*with, to*〕. **—**《*vi adv*》(2)〔與…〕連結，調和〔*with, to*〕.

tíe ìnto... 猛烈地攻擊〈人〉。

tíe togéther 《*vt adv*》(1)⇨ *v.t.* 1. (2)使〈話等〉符合。**—**《*vi adv*》(3)〈話等〉符合，內容一致。

tíe úp 《*vt adv*》(1)⇨ *v.t.* 1. (2)包紮〈傷口〉。(3)使…〔與…〕聯合，合作；結合〔*with*〕. (4)妨礙，使…動彈不得；停止〈營業〉；使〈交通等〉中斷《★常用被動語態》。(5)使〈人〉忙碌《★常用被動語態，表示「〈人〉忙碌」》：He *was* ~*d up* in conference. 他忙於開會。(6)附加條件限制〈財產〉的遺贈(以防買賣等)；限制挪用〈資金〉；凍結〈遺產、資本等〉。**—**《*vi adv*》(7)聯合，合作。

—*n.* Ⓒ **1 a** **領帶，領結**(necktie). **b** 結法，綁法。

2 a (捆綁繫結用的)**帶，繩，索**；鞋帶。**b** [常 ~s]《美》有鞋帶的淺鞋。

3 [常~s]**緣分，情分，情義，關係，羈絆**：business ~*s* 生意上的關係/family ~*s* 家族關係/~*s of* blood 血緣關係。

4 a [常用單數]《英》累贅，礙手礙腳之物[人]，牽累〔*on*〕：Children were a ~ *on* her. 小孩對於她是一種牽累。**b** [常~s](在道義上或法律上)約束之物〔*on*〕：moral ~*s on* abortion 對於墮胎的道德上約束。

5 a (競賽等的)**得分相同，和局，平手**：The football game ended in a ~. 那場足球賽以平手結束。**b** (平手後的)重賽，加賽：We played off the ~. 我們賽成平手後再加賽。**c** 《英》淘汰賽：a cup ~ 優勝杯爭奪賽。

6 《建築》繫材，拉桿。

7 《美》《鐵路》枕木(《英》sleeper).

8 《音樂》連結線《連結同高音的弧線；‿, ⁀》.

tíe·bàck *n.* Ⓒ **1** 用以拉窗帘的繩或帶。**2** 有此繩或帶的窗帘。

tíe bèam *n.* Ⓒ《建築》繫梁；水平拉桿(⇨ beam 插圖)。

tíe brèak *n.* ＝tie breaker.

tíe brèaker *n.* Ⓒ(網球等的)打破僵局。

tíe·clàsp *n.* Ⓒ領帶夾。

tíe·clìp *n.* ＝tieclasp.

tíed cóttage *n.* Ⓒ《英》(農場主人租給其工人的)員工用出租房屋。

tíed hóuse *n.* Ⓒ《英》特約酒店《專售某啤酒廠所製品牌的啤酒；cf. free house》.

tíe-dỳe *v.t.* 以結染法染。

tíe-ìn *adj.* 兩件物品搭於一起的，搭配的：a ~ sale 兩件物品搭於一起的售賣。

—*n.* Ⓒ **1** 兩件物品搭於一起的售賣。**2** 兩件搭於一起賣的商品。

Tien·tsin [ˈtjɛnˈtsɪn; ˌtjenˈtsin] *n.* 天津《中國河北省的一個都市》。

tíe-òn *adj.* [用在名詞前]《英》繫在物品上的〈牌子、標籤等〉。

tíe·pìn *n.* Ⓒ領帶別針(《美》stickpin).

tier[1] [tɪr; tiə] *n.* Ⓒ(排成上下的)段；(階梯式座席等的)段，層，列：a cake with five ~*s* 五層的蛋糕/in ~*s* 呈階梯式。

—*v.t.* 〔十受(十副)〕將…排成層列，將…堆積成一層一層〈*up*〉.

ti·er[2] [ˈtaɪɚ; ˈtaiə] **《源自 tie》—*n.*** Ⓒ繫結[紮，捆，綁]之人[物]。

tierce [tɪrs; tiəs] *n.* **1** Ⓒ《古》三分之一。
2 Ⓒ古時一液體容積單位《約等於四十二加侖》。
3 Ⓒ可容納四十二加侖之量的桶。
4 Ⓤ《紙牌戲》順序相連的三張牌。
5 Ⓤ《劍術》第三姿勢《八種防禦姿勢中的第三種，劍尖齊眉》。
6 Ⓤ《宗教》第三時禱告《上午九點舉行之禮拜》。

tíe tàck *n.* Ⓒ領帶針《插入領帶和襯衫而固定的裝飾用別針》。

tíe-ùp *n.* Ⓒ **1** 《美》(意外事故、罷工等所引起的交通、工作等的)中斷，停工，停止。**2** 聯合，協力，合作：a technical ~ 技術合作。

tiff [tɪf; tif] *n.* Ⓒ **1** (情侶、朋友等之間的)無謂的口角，小口角，吵嘴：have a ~ *with*... 與…發生小口角。**2** 不高興，慍怒：be *in* a ~ 在生氣[不高興]。

—*v.i.* 1 口角，吵嘴。**2** 慍怒，感到不高興。

tif·fa·ny [ˈtɪfənɪ; ˈtifəni] *n.* ⓊⒸ一種薄綢；薄紗。

tif·fin [ˈtɪfɪn; ˈtifin] *n.* Ⓤ《英口語》午餐。

—*v.i.* 吃午餐。**—*v.t.*** 供…以午餐。

tig [tɪg; tig] *n.* Ⓤ《英》(小孩玩的)捉人遊戲(tag).

***ti·ger** [ˈtaɪgɚ; ˈtaigə] *n.* Ⓒ **1**〖動物〗虎。**2** 殘忍的人，暴戾的人，兇暴的人。**3**《美口語》(three cheers 之後的)加喊的歡呼聲或喝采聲《常呼'tiger'》：three cheers and a ～ 三聲歡呼一聲吼《啦啦隊之帶頭者說 Hip, hip！其餘的人緊接著高呼 Hurrah！如此反覆三次之後再呼一聲 Tiger！》.

hàve a tíger by the táil 處於未預料到的窘境。

ríde the tíger 處於險境，騎虎難下。

tíger bèetle *n.* Ⓒ〖昆蟲〗斑蝥《又稱虎蚺；斑蝥科甲蟲，居於沙地穴中捕小蟲爲食》。

tíger càt *n.* Ⓒ **1**〖動物〗美洲虎貓《分布於中、南美洲》。**2** 美洲豹貓。

tíger·èye *n.* Ⓤ [指個體時爲Ⓒ]〖礦〗虎眼石《呈黃褐色；作裝飾用》。

tí·ger·ish [ˈtaɪgərɪʃ, -grɪʃ; ˈtaigəriʃ] *adj.* 似虎的；兇猛的，殘忍的。

tíger lìly *n.* Ⓒ〖植物〗卷丹《又稱麻點百合；百合屬草本植物》。

tíger mòth *n.* Ⓒ〖昆蟲〗燈蛾《翅上有斑點或斑紋》。

tíger's-èye *n.* ＝tigereye.

tiger lily

‡**tight** [taɪt; tait] *adj.* (～·er；～·est) **1 a** 緊緊的，緊的；堅固的，堅牢的：a ～ knot 緊緊的結/a ～ squeeze 緊緊的握手，緊緊的擁抱；塞緊；《口語》困難的局面，困境；隘路。**b**〈栓、螺絲等〉緊緊固定的；〈抽屜等〉緊(得難開)的，很緊的：The cork is ～ in the bottle. 軟木瓶塞緊緊地塞在瓶中/a ～ drawer 很緊的抽屜。

2 a 不漏空氣[水(等)]的，密封的：a ～ ship 不漏水的船。**b** [常構成複合字]不透…的，防…的，耐…的：⇨ airtight, watertight.

3 a〈繩索等〉張[繃]緊的(↔ slack, loose)：⇨ tightrope/keep a ～ rein [hand] on... 不放鬆對…的控制；嚴厲對待…。**b**〈微笑等〉繃緊的，僵硬的：a ～ smile 僵硬的微笑。

4 a〈衣服等〉緊身的；(尤指)太緊的，太窄小的：～ shoes [jeans] 太緊的[緊貼的]鞋子[牛仔褲]/It is a ～ fit. 這太緊/This coat is ～ under the arms. 這外套手臂下面太緊。**b**〈胃、胸部的感覺等〉繃緊似的，氣悶的：a ～ feeling 胃[胸部]繃緊的感覺。

5 a〈布料等〉質地密實的，織得緊密的。**b**〈袋子等〉塞滿的，塞得緊緊的：a ～ bale 塞得緊緊的一大(棉花)包。**c**〈安排等〉緊湊的，排滿的：a ～ schedule 緊湊的日程表。

6 a 銀根緊的，〈金融〉緊迫的：a ～ budget 緊縮的[精打細算的]預算/～ incomes 貧乏的收入/Money was ～ then. 當時銀根吃緊。**b**〈交易〉少的；〈生意〉沒什麼賺頭的，很艱苦的。

7〈立場等〉麻煩的，困難的，難對付的；處於困境的：He is in a ～ corner now. 他現在處境困難。

8〈管理、取締等〉嚴厲的，嚴格的：～ control 嚴格的管制/keep a ～ hand on a person 嚴格地監督某人。

9《口語》吝嗇的，節儉的，小氣的。

10《口語》不相上下的，勢均力敵的，難分勝負的：a ～ race 一場難分勝負的比賽。

11《俚》醉的：get ～ 喝醉。

in a tíght spót ⇨ spot.

—*adv.* (～·er；～·est) **1** 緊緊地；緊密地；緊湊地；牢固地：close one's eyes ～ 緊閉眼睛。

2 充分地，酣熟地；深深地；完全地，徹底地；有氣勢地：Sleep ～. 睡個好覺。

sít tíght (1)坐穩，靜止不動。(2)堅持(奮鬥)。(3)固執[堅持]己見。

—*n.* [～s] ⇨ tights. **～·ly** *adv.* **～·ness** *n.*

tight·en [ˈtaɪtn; ˈtaitn] «tight 的動詞» **—*v.t.* 1** [十受(十副)] 將…扭[勒，抽，拉，收]緊，使…牢固，使…張[繃]緊〈*up*〉：～ (*up*) a bolt 鎖緊螺栓/～ (*up*) a rope 拉緊繩子。

2 [十受十副] 使〈管制、政策等〉變得更嚴格；加强，强化…〈*up*〉.

—*v.i.* 1 [動(十副)] 變緊，變牢固，繃緊，張緊〈*up*〉.

2 [十副(十介十(代)名)]〈管制、政策等〉[對…]變得嚴格；加强，强化[…]〈*up*〉[*on*].

tíght-físted *adj.*《口語》吝嗇的，慳吝的，小氣的。

tíght-knít *adj.* 組織堅固的，緊密結合的。

tíght-lípped *adj.* **1** 緊閉嘴唇的。**2** 嘴緊的，少[不]講話的；沈默的。

tíght·ròpe *n.* Ⓒ拉緊的繩索[鋼索]：a ～ walker 走繩索(表演)者/perform on the ～ 表演走繩索，在繩索上表演特技。

tights [taɪts; taits] *n. pl.* **1** (緊貼身體的)緊身衣《走索者、跳舞者、運動者常用》。**2** 女用褲襪(《美》panty hose).

tíght·wàd [-ˌwɑd; -wɔd] *n.* Ⓒ《俚》吝嗇鬼，守財奴。

ti·gress [ˈtaɪgrɪs; ˈtaigris] *n.* Ⓒ **1** 雌虎，牝虎(cf. tiger 1). **2** 兇悍的女人，潑婦，女流氓。

Ti·gris [ˈtaɪgrɪs; ˈtaigris] *n.* [**the** ～] 底格里斯河《自土耳其東南部流經伊拉克與幼發拉底河(the Euphrates)匯合而注入波斯灣；其流域爲古代美索不達米亞(Mesopotamia)文化的發源地》。

ti·grish [ˈtaɪgrɪʃ; ˈtaigriʃ] *adj.* ＝tigerish.

T.I.H.《略》Their Imperial Highnesses.

tike [taɪk; taik] *n.* ＝tyke.

til·bur·y [ˈtɪlˌbɛrɪ, -bərɪ; ˈtilbəri] «源自十九世紀英國發明者之名» **—*n.*** Ⓒ無篷兩輪輕便馬車。

Til·da [ˈtɪldə; ˈtildə] *n.* 蒂達《女子名；Matilda 的暱稱》。

til·de [ˈtɪldə, -dɪ; ˈtildə, -di] *n.* Ⓒ **1** 顎化符號(~)《如在西班牙文中加於 n 上方的一種音標符號；ñ＝[nj; nj]：señor》。**2** 鼻音化符號(~)《如在葡萄牙文中加於母音上的鼻音化符號：*pão*(麪包)》。

tile [taɪl; tail] «源自拉丁文「鋪蓋」之義» **—*n.*** Ⓒ **1** 瓦；地磚，瓷磚：a plain ～ 素面[無花紋]瓦[瓷磚]/a roofing ～ 屋瓦。**2** (黏土燒成的)缸管，排水管。**3** (麻將的)牌。**4** 絲質高頂硬帽。

be (óut) on the tíles《英口語》尋歡作樂，放蕩。

hàve a tíle lóose《英口語》有點瘋[神經錯亂]。

—*v.t.* [十受]以瓦鋪蓋…；貼瓷磚於…。

tíl·er *n.* Ⓒ燒瓦者；鋪瓦者，瓦匠，瓦工。

tíl·ing *n.* Ⓤ **1** 鋪瓦，鋪[貼]瓷磚《工作》。**2** [集合稱]瓦類，瓷磚(tiles).

‡**till**[1] [tɪl, tl; til] «★用法因與 until 交換使用，有關其用法、例句參照 until» *prep.* **1** [表示動作、狀態繼續的期限；cf. from 2]迄…，直到…，至…。**2** [用於否定語後]迄…之前(不…)，直到…才(做…)。**3**《美口語》差(…分)(to)：at ten minutes ～ five 在五時差十分時。

—*conj.* 1 [表示動作、狀態繼續的期限]一直到…。**2** [用於否定語後]迄…之前(不…)，直到…才(做…)。**3** [表示結果、程度]…以致於，直到做…的程度《★用法在 till 之後往往加 at last, finally 等》。

till[2] [tɪl; til] «源自古英語「努力」之義» **—*v.t.* & *v.i.*** 耕(〈地〉)；耕耘(…)，耕種(…)(cultivate).

till[3] [tɪl; til] «源自中古英語「抽出」之義» **—*n.*** Ⓒ(銀行、商店等的)放現款用的抽屜；放貴重物品用的抽屜。

hàve one's fíngers in the tíll ⇨ finger.

till·a·ble [ˈtɪləbl; ˈtiləbl] *adj.* 可耕種的，可耕耘的，適於耕種的。

till·age [ˈtɪlɪdʒ; ˈtilidʒ] *n.* Ⓤ **1** 耕種，耕耘。**2** 耕地。

tíll·er[1] [ˈtɪlɚ; ˈtilə] «源自till[2]» **—*n.*** Ⓒ耕種者，農夫。

til·ler[2] [ˈtɪlɚ; ˈtilə] *n.* Ⓒ〖航海〗直舵柄(⇨sailboat 插圖)。

Til·lie, Til·ly [ˈtɪlɪ; ˈtili] *n.* 蒂莉《女子名；Matilda 的暱稱》。

tíll mòney *n.* Ⓤ〖銀行〗零錢，出納員手邊之款《別於存在庫裏者》。

tilt [tɪlt; tilt] «源自古英語「不穩定的」之義» **—*n.*** Ⓒ **1** 傾側，傾斜：Give it a ～. 使它傾斜/have a ～ to the left [east] 向左[東]傾斜著/*on* the ～ 傾斜著。**2 a** (矛的)一刺[*at*]. **b** (中古騎士的)馬上長矛比武。**3** 攻擊；爭論[*at*]：have a ～ *at* a person (以議論、諷刺等)攻擊[抨擊]某人。

(at) fúll tílt《口語》以全速，使出全力：come [run] *full* ～ *against*...以全速[用全力]撞擊…/run *full* ～ *into* [*at*]... 猛烈地撞[撲]向…。

tilt 2 b

—*v.t.* 1 a [十受(十副詞(片語))]使〈物〉傾斜，使…傾側：～ a chair [table] 使椅子[桌子]傾斜/～ a cask *up* [*over*] 使桶傾斜[把桶放倒]。**b** [十受十介十(代)名]使〈物〉傾[向…][*to*]：He is in the habit of ～*ing* his head *to* one side. 他有向一邊歪頭的習慣。**2** 將〈矛〉向前刺。**—*v.i.* 1** [動(十副詞(片語))]傾側，傾斜：This table is apt to ～ *over.* 這張桌子容易倒/The land ～*s to* the south. 那塊地向南傾斜。**2 a**〈中古騎士〉做馬上長矛比武。**b** [十介十(代)名](用矛)刺[向…]；[向…]突擊[*at*]. **3** [十介十(代)名](以演說、文章等)攻擊，抨擊，抗議，諷刺[…][*at*]：～ *at* social injustices 抨擊社會的不公正。

tílt at wíndmills ⇨ windmill.

tilth [tɪlθ; tilθ] *n.* Ⓤ **1**《文語》耕種，耕耘(狀態)；耕土(的狀態)；耕地。**2** 啓發，陶冶，養成。

tílt hàmmer *n.* Ⓒ輪鎚《打鐵時用的動力鎚》。

tílt·yàrd *n.* Ⓒ(中世紀的)馬上長矛比武場。

Tim [tɪm; tim] *n.* 提姆《男子名；Timothy 的暱稱》。

Tim.《略》〖聖經〗Timothy.

T.I.M.《略》Their Imperial Majesties.

tim·bal [ˈtɪmbl; ˈtimbl] *n.* Ⓒ **1**〖音樂〗一種定音鼓。**2**〖昆蟲〗(蟬等的)鼓狀膜《發聲器官》。

T

***tim·ber** [ˈtɪmbɚ; ˈtimbə] **《源自古英語「建築物」之義》—n. 1** Ⓤ《英》(經過製材加工的)**木材，木料，方木料，板料**(《美・加》lumber).

【同義字】timber 是加工鋸成方木料、板料等的木材；wood 是把砍伐的樹木去樹皮作成供建築或其他用途的木材。

2 Ⓤ[集合稱](作爲建築材料的)樹木，長在地上的樹木，森林；《美》林地，林場。**3 a** Ⓒ梁，橫木，棟木。**b** [～s]《航海》船材，肋材。**4** Ⓤ人才，人品，素質，才幹。
—*interj.* [伐木時用作警告的叫喊聲]樹要倒啦！

tím·bered *adj.* **1** [常構成複合字]用木材做的，木質的：⇨ half-timbered. **2** 有樹木的，樹木茂盛的。

tímber hìtch *n.* Ⓒ《航海》(將繩子繫於圓材或柱等上時用之)扭結，索環。

tím·ber·ing [-bərɪŋ, -brɪŋ; -bəriŋ] *n.* Ⓤ **1** [集合稱]建築用材，木材。**2** 木製品。

tímber·jàck *n.* Ⓒ樵夫。

tímber·lànd *n.* Ⓤ《美》林地，林場。

tímber·lìne *n.* [the ～](高山、兩極地區的)樹木界線《超過此線時，樹木即不能成長》。

tim·ber·man [ˈtɪmbɚmən; ˈtimbəmən] *n.* Ⓒ (*pl.* **-men** [-mən; -mən])準備並看管礦坑木頭支柱的人。

tímber wòlf *n.* Ⓒ《動物》北美灰狼《北美產的一種灰色或有棕色斑紋的大狼》。

tímber·wòrk *n.* Ⓤ木製品。

tímber·yàrd *n.* Ⓒ《英》木料場，木場(《美・加》lumberyard).

tim·bre [ˈtɪmbɚ, ˈtæm-; ˈtæmbə, ˈtim-] **《源自法語》—*n.*** ⓊⒸ《音樂》音色，音質。

tim·brel [ˈtɪmbrəl; ˈtimbrəl] *n.* Ⓒ《音樂》鈴鼓《tambourine 的「舊稱」》。

‡time [taɪm; taim] *n.* **A 1** Ⓤ[無冠詞](從過去、現在到未來連綿延續的)**時，時間；時間的經過，光陰，歲月，時光**：～ and space 時間和空間/*T*～ heals most troubles. 時間會治癒大多數的苦惱《大多數的苦惱在經過一段時間之後會消滅》/*T*～ will tell. 時間會證明一切[說明眞象]/*T*～ is money.《諺》時間即金錢[一寸光陰一寸金]/*T*～ flies.《諺》光陰似箭/*T*～ and tide wait for no man.《諺》歲月不待人。

2 Ⓤ[又作 **a** ～](某一)**期間，某一段時間**：for *a* ～ 暫時，一時/after *a* ～ 過一會兒/in *a* short ～ 不久/It's *a* long ～ since I met you last. 好久不見[久違]了/He has lived there (for) *a* long ～. 他已在那兒住了很久/He takes ～ *to* speak. 他講話慢吞吞的[費時間]/It was no ～ before he was back. (才去一下)他馬上就回來/What *a* ～ you have been! 你費時不貲[花了相當長的時間]/There isn't any (more) ～. (已經)沒時間了。

3 a Ⓤ[常 **the** ～]**時刻，時候，…時，…點**：What ～ is it? ＝ What is *the* ～? ＝《美》What ～ do you have? 現在幾點[什麼時刻]?/The child doesn't know how to tell (*the*) ～. 這小孩不會看鐘錶[時間]《★用法《英》常不省略 the》/What [At what] ～ do you get up? 你幾點起牀? **b** Ⓤ[常與修飾語連用]標準時間，…時間：⇨ Greenwich (Mean) Time, summer time.

4 a ⓊⒸ(某一)**時刻，時候，時**：*at* any ～ 隨時，任何時候/*at* no ～ 從來沒有，決無；永不/*at* some ～ 在(未來的)某一個時候/by this ～ 在這個時候以前，到了這個時候；現在已經/at a convenient ～ of day 在方便時/at this ～ of day (偏偏)在(一天當中的)這個時刻；到了這個時候[這麼遲](才)；這麼早(就)。**b** Ⓤ時節，季節：at Christmas ～ 在耶誕節前後這個時節/at this ～ of year 在這個季節。

5 Ⓤ **a** (某一個預定的)**日期，預定的時刻；時機，機會，機運**：arrive ahead of ～ 較原定[預定]時間早抵達/behind ～ 較原定時間晚，遲到/This is the first ～ I've been here. 這是我第一次來這兒/The ～ will come when.... 將來…的時機會到來《★when... 爲修飾 time 的關係子句》。**b** [構成複合字]…的時間，期間：⇨ bedtime, lunchtime, teatime. **c** […的]時間，期間 [*for*]：It's ～ *for* tea. 喝茶時間到了/It's high ～ *for* lunch. 正是午餐的時刻了(cf. A 5 d). **d** [＋*to* do]〈該做…的〉時刻，時間：It's ～ *to* have lunch. 是該吃午餐的時刻了(cf. A 5 c). **e** [＋*for*＋(代)名＋*to* do] [人]〈該做…的〉時刻：It is ～ *for* me *to* go to bed. 是我該就寢的時刻了[我該就寢了]。**f** [**It is (high) ～ (that) ....**]正是該…的時候《★用法 *that* 子句的 that 常被省略；子句中通常爲假設語氣，用過去式動詞，但 be 動詞則常用 was》：*It's* ～ you went to bed. 是你該就寢的時刻了[你(早)該就寢了]。

6 Ⓤ **a** (必要的)**時間；閒暇，餘暇，空(閒)**：give a person ～ 給[寬限]某人時間/be pressed for ～ 時間緊迫，時間不夠。**b** [對於做…必要的]時間；閒暇，餘暇，空 [*for*]：I have no ～ *for* reading. 我沒有時間[閒暇]閱讀(cf. A 6 c)/He managed to find ～ *for* a trip. 他抽出時間去旅行。**c** [＋*to* do]〈該做…的〉多餘時間，閒暇，餘暇，空：I have no ～ *to* read books. 我沒有空看書(cf. A 6 b)/have no ～ *to* spare 沒有餘暇，忙碌/There is [I have] no ～ *to* lose. 刻不容緩[我不能再遲緩]。

7 [與 any, each, every, next 等修飾語連用，當連接詞用]…**時**：She smiles *every* ～ she sees me. 她每次看到我時都微笑/I'll bring you my book *next* ～ I come. 我下次來時會把我的書帶來給你/⇨ (the) first TIME.

8 a Ⓒ[常 ～s](歷史上的)**時代，年代，…代**：*in* ancient [modern] ～*s* 在古代[現代]/*in* the ～(*s*) *of* the Stuarts ＝ *in* Stuart ～*s* 在斯圖亞特王朝時代/He is the greatest writer of all ～(*s*). 他是古今最偉大的作家。**b** [**the** ～；常～**s**]當代，現代，當今：the scientists of *the* ～(*s*) 當代的科學家們。

9 a Ⓒ[常 ～**s**]**時勢，情勢，境況**：behind [ahead of] the ～*s* 跟不上[超前]時代/good ～*s* 好時光，好光景[安和樂利的時代]/hard ～*s* 不景氣[艱難時世]/as ～*s* go《口語》在這個時節，由於是這樣的時勢/move [march, change] with the ～*s* 與時代並駕齊驅，不落於時代之後/*Times* have changed. 時代變了。**b** [**have a** ～]經驗；(經驗的)時間《★用法常與不具意義的 of it 連用》：*have a* good [fine] ～ (*of it*) 過[玩]得愉快/*have a* hard ～ (*of it*)吃苦頭，遭遇困難。

10 Ⓤ[常 **one's** ～](人的)**一生**；(與某人有關的)**時期**：The trouble happened before his ～. 紛爭在他來之前發生/He was no longer teaching there in my ～. 當我在那兒的時候，他已經不教了。

11 Ⓤ **a** [**one's** ～](服務的)**年數**；(兵役的)**期間**：serve [serve out] one's ～ 服完兵役年數，服務期滿。**b** 《俚》刑期：do [serve] ～ 服刑。

12 Ⓤ **a** [與修飾語連用]工作[上班]時間：full ～ (勞動、工作等的)全職，專任/⇨ part time. **b** 按時間計酬：pay double ～ for overtime work 對加班工作支付雙倍工資。

13 Ⓤ[**one's** ～] **a** 死期，臨終：He died *before* his ～. 他英年早逝/His ～ has come. 他的死期[末日]到了。**b** 懷孕期；分娩期。

14 Ⓤ《運動》**a** 所需時間。**b** (比賽的)暫停：call ～〈裁判〉宣告比賽暫停。

15 Ⓤ **a** 《音樂》拍子；速度：in slow [true] ～ 以緩慢的[正確的]拍子/beat ～ 打拍子。**b** 《軍》行軍步伐：double [quick, slow] ～ 跑步[齊步，慢步]走。

16 [the ... *Times*；用於報紙名稱]…時報：the *New York Times* 紐約時報。

—B 1 Ⓒ[表示次數，通常構成副詞片語]**次，回**：three ～*s* a day 一天三次/at a ～ 一次，同時/many [a lot of] ～*s* ＝《文語》many a ～ 屢次，常常，好幾次/～*s* out of [without] number 無數次。**2** [～**s**] **a** 倍：ten ～*s* as large as... 有…的十倍大。**b** [當介系詞用]乘：Four ～*s* two is [are] eight. 二乘四是八《2×4＝8》/One ～*s* one is one. 一乘一是一《1×1＝1》.

agàinst tíme (爲在所定時限之前完成而)與時間賽跑，搶時間，趕時間。

ahéad of one's **tíme** 超越時代的，進步的。

áll in góod tíme [用於求對方耐心時等場合，常單獨使用]時機一到，遲早，不久。

áll the tíme 在那期間一直，始終，經常。

at óne tíme 曾經，曾有一個時期，從前。

at the sáme tíme (1)同時，在同時間內：Can you watch television and do your homework *at the same* ～? 你能同時又看電視又做功課嗎? (2)[與 *that* 子句連用](與…)同時地：*At the same* ～ *that* she was preparing her lessons, she had to look after the store. 她在預習功課的同時又必須照管店面。(3)[當連接詞用]可是，然而：She didn't wish to spend any more money. *At the same* ～, she wanted to go on the trip. 她不想再花錢，可是她又想去旅行。

at tímes 有時，間或，偶爾。

bíde one's **tíme** 等待時機。

búy tíme (1)拖延時間。(2)《廣播・電視》(付費用而)取[求]得廣告的時間。

fáll on hárd tímes 遭遇厄運[不幸]，落魄。

for óld tímes' sàke ＝ **for óld tímes** 爲懷念往日之故，看在舊知的情份上。

for the fírst tíme 首次：He disobeyed his parents *for the first* ～ in his life. 他生平第一次違抗了父母親。

for the lást tíme 最後一次(以其作爲結尾)：I saw her then *for the last* ～. 那回是我最後一次見到她。

for the tíme béing ⇨ being.

(from) tíme òut of mínd 從老遠以前，不知從什麼時候開始。

from tíme to tíme 時常，間或。

gáin tíme (1)(故意慢慢做事或藉故而)拖延時間。(2)(趕快提前完成而)節省時間。(3)〈鐘錶〉走快。

hálf the tíme ⇨ half *adv.*

hàve a dévil of a tíme ⇨ devil.

have an easy time(of it)《口語》不費力而得到錢財、職業等。
have nó time for… (1)⇨ A 6 b. (2)《口語》不為〈人、物〉浪費時間；沒有閒暇[沒空]去理會…；討厭…：I *have no ~ for* women. 我沒有閒暇去理會女人。
have the time of one's **life** ⇨ life.
have time on one's **hánds** 閒得無聊。
in góod time (1)適時，在合宜的時刻；按時。(2)保留充裕時間地，及早地，趁早地。
in nó time=in léss than nó time 立即，立刻，馬上，即刻。
in one's **ówn(góod)time**《口語》在準備妥當時，在方便時。
in time (1)早晚，遲早，終究，總會：That boy will learn that *in ~*. 那個孩子終究會知道那件事。(2)在[對…]適宜的時候；來得及[…]〔*for*〕：I got home just *in ~ for* dinner. 我到家裡正好來得及晚餐。(3)〔與…〕合節拍〔*with*〕.
in time to cóme 在將來。
kèep góod[bád] time〈鐘錶〉走得準確[不準確]。
kèep time (1)記錄時間。(2)〈鐘錶〉計時。(3)(腳)〔與…〕合拍子〔*with*〕.
lóse time (1)損失[浪費]時間。(2)〈鐘錶〉走慢。
màke time (1)前進；快走：We *made* (good) *~* between Chicago and here. 我們在芝加哥和這兒之間走得順利[快]。(2)〈火車等〉趕時間以挽回延誤[誤點]。(3)《俚》〔對異性〕追求或視為性伴侶〔*with*〕.
márk time (1)《軍》原地踏步。(2)停滯不前(以等待良機)；〈事物〉無進展，停頓。
on time (1)準時，按預定時間，按時：arrive *on ~* 準時到達。(2)《美》以延期付款，以分期付款：buy a piano *on ~* 以分期付款買鋼琴。
óut of time (1)過遲。(2)不合時宜。(3)不合節拍。
pláy for time 拖延以換取時間，慎重伺機。
tàke a person **áll** his **time**《口語》使〈人〉十分費力：This work has *taken* me *all* my ~. 這工作使我十分費力。
tàke one's **time** 從容地[慢慢]做。
tàke time by the fórelock ⇨ forelock.
tàke time óff[óut](to dó[for]…) 抽空(做…)，撥[騰]出時間(做…)。
(the) first time [當連接詞用]第一次…時《★用法有時在 time 之後用 that》：*The first ~* I met him, he was a young man about your age. 我第一次遇見他時，他是個年齡和你差不多的年輕人。
(the)time of dáy (1)時刻，時間：He asked me what was *the ~ of day.* 他問我幾點了/give [pass] *the ~ of day*《口語》互相問候《道早安或晚安等》。(2)當時的情勢：know *the ~ of day* 知悉情勢；能見機行事。(3)[not give a person the ~ of day]《口語》最低限度的注意：She would*n't give* me *the ~ of day.* 她連理都不理我[對我不屑一顧]。
the time of one's **life**《口語》一生中最快活[不愉快]的時光[經驗]：have *the ~ of* one's *life* 體驗一生中最快活[不愉快]的時光/give a person *the ~ of* his *life* 使某人體驗一生中最快活[不愉快]的時光。
time àfter time =time and(time)agáin 屢次，多次。
Time was when….《口語》以前曾有一時…。
to time《英》按(時刻表的)時間，按規定時間，準時：The buses run *to ~*. 那些公共汽車按時行駛。
—*adj.* [用在名詞前] **1 a** 時間的：⇨ time lag. **b** 記錄時間[時刻]的：a ~ register 時間記錄器。**2** 有定時裝置的：⇨ time bomb. **3** 定期的：⇨ time deposit. **4** 分期付款的。
—*v.t.* 1 〔十受〕使〈行動、事件〉配合好時機；斟酌時機行〈事〉：⇨ ill-timed, well-timed/~ one's arrival opportunely 看準適當的時刻到達/I will ~ my visit *to* suit your convenience. 我會選擇你方便的時候來訪問你。
2 〔十受十 *to* do〕定[排]時間以使〈火車等〉〈做…〉(★常用被動語態)：a train *~d to* leave at 6：30 預定六時三十分開的火車。
3 〔十受〕測定〈賽跑、選手等〉的時間：~ a race[runner] 測定賽跑[賽跑者]的時間。
4 〔十受(十介十(代)名)〕將…的拍子調整〔為…〕〔*at*〕；使…的拍子〔與…〕配合〔*to*〕：~ the revolution of a disc ***at*** 33⅓ per minute 把唱片的旋轉調整為每分鐘33⅓轉/They *~d* their steps ***to*** the music. 他們按音樂節拍踏步[跳舞]。
5 〔十受〕看準最好的瞬間擊〈球等〉。
time bòmb *n.* Ⓒ **1** 定時炸彈。**2** 潛在的爆炸性政治情勢。
time bòok *n.* Ⓒ工作時間記錄簿。
time càpsule *n.* Ⓒ當代史料儲存器《盛放代表該時代文物的密閉容器，埋入地下以供後代發掘研究之用》。
time càrd *n.* Ⓒ(工作人員的)工作時間記錄卡。
time clòck *n.* Ⓒ記時鐘，打卡鐘《供上下班打卡用的時鐘》。
time-consùming *adj.* 費時的，消耗大量時間的。
time còpy *n.* Ⓤ《新聞》預先排好以備將來使用的文稿。
time depòsit *n.* Ⓒ《商》定期存款。
time dìscount *n.* ⓊⒸ定期貼現《在期限內付款時可享受之折扣優待》。
time dràft *n.* Ⓒ《商》期票，定期匯票。
time expòsure *n.* **1** ⓊⒸ《攝影》定時[T 門]曝光《底片的曝光時間通常超過半秒鐘》。**2** Ⓒ用定時曝光法攝得的相片。
time fùse *n.* Ⓒ定時引信。
time-hònored *adj.* 因年久而被尊敬「遵守」的，由來已久的，有來歷的。
time immemórial *n.* Ⓤ **1** 太古，遠古；無可稽考[記憶]的過去時間《★又當副詞用》：from ~ 自古。**2**《英法律》不能追溯的年代《1276 年頒布之法律規定法律可追溯之年代至 1189 年止》。
time·kèeper *n.* Ⓒ **1 a** 工作時間記錄[管理]員。**b** (競賽等的)計時員。**2** 鐘錶：a good[bad] ~ 準確的[不準確的]鐘錶。
time killer *n.* Ⓒ **1** 消遣。**2** 找消遣打發時間的人；供消遣之物。
time làg *n.* Ⓒ(兩事之間的)時間間隔，時差；減低速度。
time-lapse photógraphy *n.* Ⓤ微速定時攝影術《以低速每隔一定時間攝影一次，嗣後將其連接的攝影術》。
time·less *adj.* **1** 永遠的，無窮的。**2** 超越時代的。
~·ly *adv.* **~·ness** *n.*
time lìmit *n.* Ⓒ時限。
time lòan *n.* Ⓤ定期貸款(cf. call loan).
time lòck *n.* Ⓒ定時鎖《由機械控制在特定時間內不能開啓的鎖》。
time·ly ['taɪmlɪ; 'taimli] *adj.* 適時的，合時的，正好趕上的：(a) ~ help 適時的援助/a ~ hit《棒球》適時安打。
—*adv.* 1 適時地。**2**《古》及早。**time·li·ness** *n.*
time mòney *n.* Ⓤ定期貸款(cf. call money).
time nòte *n.* Ⓒ《商》期票。
time-óut *n.* Ⓒ **1** (工作中等的)休息時間。**2**《美》《運動》暫停《由一隊請求，以商議戰術等的短暫休息》。
time·pìece *n.* Ⓒ **1** 計時器。**2**《古》鐘錶(clock, watch).
tim·er *n.* Ⓒ **1** 計時員。**2** 計秒錶，跑錶，馬錶。**3** 按時間計資的工人：⇨ part-timer. **4** (內燃機的)點火時間調節裝置。**5** 定時開關。
time recòrder *n.* Ⓒ記時鐘，打卡鐘。
Times [taɪmz; taimz] *n.* [The ~] (英國)泰晤士報《於 1785 年創立》。
time·sàving *adj.* 節省時間的。
time·sèrver *n.* Ⓒ為自己的利益而見風轉舵的人，趨炎附勢的人，騎牆主義者，無節操者。
time·sèrving *adj.* 隨波逐流的，見風轉舵的，趨炎附勢的，無節操的，騎牆主義的：~ politicians 趨炎附勢的政客。
—*n.* Ⓤ見風轉舵，無節操，趨炎附勢，騎牆主義。
time-shàring *n.* Ⓤ《電算》分時《在被分配的規定時間內，由互無關連的二人以上使用者共同使用一部電子計算機的方式》。
time shèet *n.* Ⓒ工作時間記錄卡(time card).
time sìgnal *n.* Ⓒ(廣播、電視等的)報時。
time sìgnature *n.* Ⓒ《音樂》拍子記號。
time spìrit *n.* Ⓤ時代精神。
Times Squáre *n.* 時代廣場《紐約市曼哈坦中區百老匯與四十二街拐角處的廣場；以其附近多戲院、遊樂場所、餐館等而馳名》。
time stùdy *n.* Ⓤ工作方法與所費時間之研究《目的在發現效率最高之生產方法》。
time swìtch *n.* Ⓒ定時開關《依照所定時間自動操作》。
***time·ta·ble** ['taɪm,tebl; 'taim,teibl] *n.* Ⓒ **1** (公共交通工具的)時刻表。
2 (活動等的)預定表。
3 (授課的)時間表，功課表，課程表。
time·wòrk *n.* Ⓤ按時計資[酬]的工作。
time·wòrn *adj.* **1** 陳舊的，老朽的，被風吹雨打的。**2** 陳腐的。
time zòne *n.* Ⓒ時區《地球表面自格林威治天文臺起，按一天二十四小時所劃分的二十四個區域之一；在同一時區內使用同一標準時間》。
tim·id ['tɪmɪd; 'timid]《源自拉丁文「怕」之義》**—*adj.*** (~·er; ~·est) **1** 膽小的，膽怯的，怯懦的；戰戰兢兢的；羞怯的，靦覥的，害臊的(⇨ shy[1]【同義字】)。**2 a** [不用在名詞前]〔十介十(代)名〕〔對人〕靦覥的，羞怯的〔*with*〕：He's very ~ ***with*** girls. 他面對女孩子很靦覥。**b** 〔對…〕膽怯的，畏怯的，戰戰兢兢的〔*of, about*〕：He is ~ *of* action. 他戰戰兢兢地行動。
(as) tímid as a rábbit 非常膽小的。
~·ly *adv.* **~·ness** *n.*
ti·mid·i·ty [tɪ'mɪdətɪ; ti'midəti]《timid 的名詞》**—*n.*** Ⓤ膽怯，膽小，怯懦；害臊，羞怯。
tim·ing *n.* Ⓤ **1** 定時。**2** 時間[速度]的控制[調節]。**3** 時間的安排。

T

ti·moc·ra·cy [taɪˋmɑkrəsɪ; taiˈmɔkrəsi] *n.* Ⓤ **1** (柏拉圖政治學中的)榮譽政治《統治者的統治原則爲愛榮譽》。**2** (亞里斯多德政治學中的)財力政治《國家政治權力之大小與財產之多寡成正比》。

tim·o·rous [ˋtɪmərəs; ˈtimərəs] *adj.* 〈人〉膽怯的，膽小的，懦弱的；畏怯的，戰戰兢兢的；羞怯的，害臊的。

～**·ly** *adv.* ～**·ness** *n.*

tim·o·thy [ˋtɪməθɪ; ˈtiməθi] *n.* (又作 **tímothy gràss**)Ⓤ《植物》絲草《又稱梯牧草，禾科多年生牧草》。

Tim·o·thy [ˋtɪməθɪ; ˈtiməθi] *n.* **1** 提摩西《男子名；暱稱 Tim》。**2** 〖聖經〗**a** 提摩太《聖保羅的弟子之一》。**b** 提摩太(前，後)書(The First[Second]Epistle of Paul the Apostle to Timothy)《聖經新約中一書；致提摩太之第一[第二]封書信；略作 Tim.》。

Ti·mour, Ti·mur [tɪˋmʊr; tiˈmuə] *n.* ＝Tamerlane.

tim·pa·ni [ˋtɪmpənɪ; ˈtimpəni] *n.* Ⓤ[集合稱]一套定音鼓《在管弦樂中由一人演奏的一套二個或三個不同音調的定音鼓(kettledrum)；★用因視爲一整體時當單數用，指全部個體時當複數用》。

tím·pa·nist [-nɪst; -nist] *n.* Ⓒ定音鼓手。

timpani

***tin** [tɪn; tin] *n.* **1** Ⓤ〖化學〗**錫**《符號 Sn》。**2 a** Ⓤ洋鐵皮，馬口鐵(tinplate). **b** Ⓒ《英》(馬口鐵)罐，(罐頭的)罐(《美》can). **3** Ⓤ《英俚》錢(money).

—*adj.* [用在名詞前]錫[洋鐵皮，馬口鐵]製的。

—*v.t.* (**tinned**；**tin·ning**)〔十受〕**1** 鍍…以錫；以馬口鐵包…。**2** 《英》將〈食品〉製成罐頭(《美》can).

tin·a·mou [ˋtɪnə͵mu; ˈtinəmu:] *n.* Ⓒ〖鳥〗鴂《鴂科地棲鳥的統稱，分布於中、南美洲》。

tín cán *n.* Ⓒ **1** (罐頭的)罐；洋鐵罐；錫杯，錫罐；(尤指)空罐。**2** 《美俚》〖軍〗驅逐艦。

tinct [tɪŋkt; tiŋkt] *n.* Ⓒ《文語》色彩；微色。

—*adj.* 染色的；有色的。

tinc·ture [ˋtɪŋktʃɚ; ˈtiŋktʃə] *n.* **1** [a ～]《文語》**a** 色澤，色調，顏色〔*of*〕：*a* ～ *of* blue 藍色色澤。**b** 〔…的〕氣味，臭味；有一點〔…之〕處；些許，微量；痕跡〔*of*〕：*a* ～ *of* tobacco 輕微的煙草味/have *a* ～ *of* learning 有一點學問/He has not *a* ～ *of* evil in his nature. 他生性沒有一點邪惡。**2** Ⓤ[指產品個體或種類時爲Ⓒ]〖藥〗酊(劑)《溶解在酒精裏的藥》：～ of iodine 碘酒。

—*v.t.* **1** 將…染色。**2** 〔十受十介十(代)名〕使…帶有〔…的〕氣味[臭味，意味]〔*with*〕：views ～*d* ***with*** prejudice 帶有偏見的見解。

tin·der [ˋtɪndɚ; ˈtində] *n.* Ⓤ易燃物；火絨，火種：burn like ～ 猛烈地燃燒。

tínder·bòx *n.* Ⓒ **1** 火絨匣。**2 a** 火災危險度高的建築物。**b** (一觸即發的)危險場所[狀態]。**3** 脾氣暴躁的人。**4** 可能引起暴亂[紛爭]的根源。

tine [taɪn; tain] *n.* Ⓒ **1** (叉子、梳子等的)齒。**2** (鹿角等的)叉(prong).

tín éar *n.* 《美》**1** Ⓒ聽覺不靈的耳朵。**2** [a ～]音盲：have *a* ～ 患有音盲。

tín·fòil *n.* Ⓤ錫箔；錫紙。

ting [tɪŋ; tiŋ] «擬聲語»**—***n.* Ⓒ[常用單數]叮鈴(聲)，叮噹(聲)。

—*v.i.* 〈鈴等〉發叮鈴[叮噹]聲。

—*v.t.* 使〈鈴等〉發叮鈴[叮噹]聲。

ting-a-ling [ˋtɪŋə͵lɪŋ; ˈtiŋəliŋ] «擬聲語» **—***n.* Ⓒ鈴聲，叮鈴，叮噹。

tinge [tɪndʒ; tindʒ]«源自拉丁文「染」之義» **—***n.* [a ～] **1** (淡的或淡染的)**色調**，色澤，色度〔*of*〕：*a* ～ *of* red微紅的色澤。**2** 有一點〔…的〕氣味[臭味，意味]〔*of*〕：a ～ *of* irony 略帶諷刺的意味。

—*v.t.* 〔十受(十介十(代)名)〕**1** 使…**略帶**〔…的〕**顏色**[**氣味**]，〔以輕淡的顏色〕染…〔*with*〕：The roses ～*d* the air ***with*** their fragrance. 那些玫瑰使空氣裏飄著淡淡的芳香。**2** 給〈心情等〉加〔…的〕意味〔*with*〕《★常以過去分詞當形容詞用》：respect ～*d* ***with*** love 含有愛意的尊敬。

tin·gle [ˋtɪŋgl; ˈtiŋgl] *v.i.* 〔動(十介十(代)名)〕**1** 〈身體等〉〔因…而〕有刺痛之感，刺痛，疼〔*with*〕：fingers *tingling* ***with*** cold 因寒冷而刺痛的手指/My conscience began to ～. 我的良心開始感到刺痛[不安]。

2 [因興奮等而]震顫，哆嗦，動盪，激動〔*with*〕：The music made my blood ～. 那音樂使我熱血沸騰/Mother was *tingling* ***with*** anxiety. 母親因憂慮而坐立不安。

—*n.* [a ～]刺痛(感)，疼，激動。

tín gód *n.* Ⓒ《口語》外强中乾的人，虛有其表的人，華而不實的人，徒負虛名的人。

tín hát *n.* Ⓒ《口語》鋼盔《尤指第一次世界大戰中士兵所戴用者》。

tín·hòrn 《美俚》 *adj.* 愛裝門面的，虛張聲勢的，外强中乾的。

—*n.* Ⓒ愛裝門面[打腫臉充胖子]的人，(尤指)賭金少而虛張聲勢的賭徒。

tin·ker [ˋtɪŋkɚ; ˈtiŋkə] «源自中古英語「叮鈴叮鈴」之義；因從前補鍋匠敲打鍋盤等到處招攬生意而得名»**—***n.* Ⓒ **1** (流動的)補鍋匠，銲補匠。**2** 笨拙的工匠；笨拙的修補。**3** 《美》能作各種輕微修補工作的人；萬能工匠，雜活工人。**4** 《口語》不聽話的孩子。

nòt cáre a tínker's dámn[cúss] 絲毫不在乎。

—*v.i.* **1** 做補鍋匠。**2** 〔(十副)十介十(代)名〕笨拙地修補〔…〕，(想要修理而)笨拙地摸弄〔…〕〈*away*〉〔*at, with*〕《★可用被動語態》：He likes to ～ (***away***) ***at*** broken gadgets. 他喜歡摸弄壞掉的小器具/Don't ～ ***with*** my camera. 別亂動我的照相機。**3** 〔十副〕到處閒逛〈*about, around*〉.

—*v.t.* 〔十受(十副)〕修補〈鍋、盤等〉；馬馬虎虎[胡亂，笨拙]地修補…。

tin·kle [ˋtɪŋkl; ˈtiŋkl] «擬聲語»**—***n.* Ⓒ[常用單數]**1** 叮鈴叮鈴。**2** 《英口語》尿，小便。

give a person a tínkle 《英口語》打電話給〈人〉。

—*v.i.* **1** 〈鈴等〉叮鈴[叮噹]作響。**2** 《英口語》撒尿。

—*v.t.* 使〈鈴〉叮鈴[叮噹]作響：～ a bell 使鈴叮鈴作響。

tin·kler [ˋtɪŋklɚ; ˈtiŋklə] *n.* Ⓒ **1** 使叮鈴作響之人或物。**2** 《俚》小鈴。**3** 《英方言》＝tinker.

tín·kling *n.* Ⓒ[常用單數]叮鈴[叮噹]聲。

—*adj.* 叮鈴作響的。

tin·man [ˋtɪnmən; ˈtinmən] *n.* (*pl.* **-men** [-mən; -mən]) ＝tinsmith.

tinned *adj.* **1** 包錫[洋鐵皮]的，鍍錫的。**2** 《英》製成罐頭的(《美》canned)：～ fruit[sardines]罐頭水果[沙丁魚]。

tin·ner [ˋtɪnɚ; ˈtinə] *n.* ＝tinsmith.

tin·ny [ˋtɪnɪ; ˈtini] «tin 的形容詞»**—***adj.* **1** (**tin·ni·er**；**-ni·est**) (似)錫的；含[多]錫的；產錫的。**2** 像洋鐵皮聲音的，聲音不響亮的。**3** 《英》有罐味[臭]的。**4** 《俚》沒有價值的；低廉的；〈作品〉空洞無內容的。

tín·òpener *n.* Ⓒ《英》開罐器(《美》can opener).

Tín Pàn Álley «紐約市流行歌曲作曲家、出版社、樂器商等密集的地區»**—***n.* Ⓤ[集合稱]流行歌曲從業者《作曲家、樂譜出版商、樂器商、演奏者等；★用因視爲一整體時當單數用，指個別成員時當複數用》。

tín·plàte *v.t.* 以錫鍍〈鐵板等〉；以洋鐵皮覆[包]…。

tín·plàte *n.* Ⓤ馬口鐵，洋鐵皮。

tin·sel [ˋtɪnsl; ˈtinsl] *n.* Ⓤ **1** 閃亮的金屬片[絲]《裝飾衣服、耶誕樹等用》。**2** 俗麗[廉價]之物。

—*adj.* **1** 金光閃閃的，燦麗發亮的。**2** 華而不實的。

tin·sel·ly [ˋtɪnslɪ; ˈtinsli] «tinsel 的形容詞»**—***adj.* 俗麗[不值錢]的。

tín·smith *n.* Ⓒ洋鐵匠；錫(器)匠。

tín·stòne *n.* Ⓤ〖礦〗錫石。

tint [tɪnt; tint] *n.* Ⓒ **1 色**，**色彩**；淡淡的顏色(⇨ color A【同義字】)：autumnal ～*s* 秋色/(a) green of[with]a blue ～ 帶著淡藍的綠色。**2** 色彩的配合，色調，色度，濃淡：in all ～*s of* red 用各種不同濃淡[色度]的紅色。**3 a** 染髮劑。**b** [常用單數]染髮。

—*v.t.* **1 a** 〔十受〕(淡淡地)著色於…：The sunset ～*ed* the hills. 落日把山丘染上了淡淡的顏色。**b** 〔十受十補〕將…(淡淡地)染〈成…色〉。**2 a** 〔十受〕染〈髮〉。**b** 〔十受十補〕將〈頭髮〉染〈成…色〉。

～**·er** *n.*

tín·tàck *n.* Ⓒ《英》包洋鐵皮的短鐵釘。

tin·tin·nab·u·la·tion [͵tɪntɪ͵næbjəˋleʃən; ˈtintiˌnæbjuˈleiʃn] *n.* ⓊⒸ(鈴的)叮鈴叮鈴(聲).

tín·týpe *n.* ＝ferrotype 2.

tín·wàre *n.* Ⓤ[集合稱]洋鐵(皮)製品；錫製品。

‡**ti·ny** [ˋtaɪnɪ; ˈtaini] *adj.* (**ti·ni·er**；**-ni·est**)**微小的**，**很小的**，**極小的**：a ～ little[little ～]boy 很小的小男孩。

-tion [-ʃən; -ʃn；在 [s]之後爲 -tʃən; -tʃən] 字尾表示「狀態、動作、行爲之結果」的名詞字尾：condi*tion*, tempta*tion*；sugges*tion*.

-tious [-ʃəs; -ʃəs] 字尾[與有 -tion 之名詞同義的形容詞字尾]…的，有…的：ambi*tious*.

***tip**[1] [tɪp; tip] *n.* Ⓒ **1 a** (物之)**尖端**，**尖**：the ～ of one's nose 鼻尖/walk on the ～*s* of one's toes 以腳尖走路。**b** (山等的)頂，尖頂。**2** 裝[覆蓋]在尖端之物[金屬零件]：**a** (傘桿、手杖等末端包鑲的)金屬帽。**b** 釣竿的尖端。**3** (香煙的)濾嘴，煙嘴：a cigarette with a (filter) ～ 有濾嘴的香煙。

on the típ of one's tóngue (1)(話)到舌尖，差一點兒說出。(2)(話)就在嘴邊上(却想不起來了)。

the típ of the íceberg《口語》冰山之一角《重大的問題、事態等(所顯露出來)整體中的一小部分》。

—*v.t.* (**tipped**; **tip·ping**) **1**〔十受〕裝上尖頭於…：filter-*tipped* cigarettes (裝)有濾嘴的香煙。**2**〔十受十介十(代)名〕裝上〔…的〕尖頭於…，〔以…〕裝於…的尖端〔*with*〕：They *tipped* their arrows *with* flint. 他們將箭的尖端裝上燧石。

tip² [tɪp; tip] *n.* Ⓒ**小費，賞錢**：I gave her a five-dollar ~. 我給她五美元小費。

> **【說明】**在英美兩國，通常住旅館、上餐館、搭計程車等時，除了規定的費用外，習慣上還得付小費給某些特定的服務人員。大致說來，小費的金額通常是費用的百分之十左右，但有時可依服務態度的好壞酌量增減。不需要付給小費的有：空勤服務人員、美術館內的嚮導、送牛奶的人、以及護士等。在英國，有些人在十二月廿六日耶誕禮物日(Boxing Day)發一年一度的小費給郵差、清道夫、以及僕人等。

—*v.t.* (**tipped**; **tip·ping**) **1**〔十受〕給〈人〉小費：~ a waiter 給服務生小費。**2**〔十受十受〕賞給〈人〉〈…金額〉的小費：He *tipped* the waitress a dollar. 他賞給那女侍一美元小費。

—*v.i.* 賞小費。

tip³ [tɪp; tip] *n.* Ⓒ **1** (尤指)〔賭博、投機等的〕內部消息，暗通消息，密報，暗示，提醒，建議〔*on*〕：a straight ~ *on* the race 有關賽馬的可靠建議[內部消息]/Take a ~ from me. 聽我的建議罷。**2**〔十 *that*_〕〈…事的〉內部消息，情報：The police had a ~ *that* they were plotting a riot. 警方得到了他們在策劃著暴動的情報。

—*v.t.* (**tipped**; **tip·ping**) **1** (尤指於賭博、投機等時)向〈人〉暗通消息，密報：~ the winner 在賽馬前先把可能獲勝的馬透露出來。**2**〔十受十 *to* do〕預測…〈做…〉：He *tipped* the horse *to* win the race. 他預測那匹馬會贏得那一場賽馬。

típ óff《*vt adv*》(1)向〈警察等〉密告。(2)〔十受十 *that*_〕向〈警察等〉密告〈…事〉。(3)向〈人〉透露〔…之事〕〔*about*〕。

tip⁴ [tɪp; tip] *n.* Ⓒ **1** 輕拍：He gave me a ~ on the shoulder. 他輕輕地拍了一下我的肩膀。**2**《棒球》擦棒球。

—*v.t.* (**tipped**; **tip·ping**) **1**〈打擊手〉輕擊，觸擊〈球〉。**2**〈球〉擦過〈手套、球棒〉。

tip⁵ [tɪp; tip] (**tipped**; **tip·ping**) *v.t.* **1 a**〔十受(十副)〕使〈物〉傾斜〈*up*〉：~ the scale(s) ⇨ scale² *n.* 成語/~ (*up*) a barrel [desk] 把木桶[桌子]弄傾斜。**b**〔十受十副〕翻倒〈物〉〈*over*〉：~ *over* a vase 打翻花瓶。**2**〔十受(十副詞(片語))〕倒出，傾出〈內裝之物〉；將〈人〉推出(門外)，拋出：~ rubbish *out* (*of* a bucket) 將垃圾(從提桶中)倒出/He was *tipped out of* the car *into* the pond. 他從車中被拋到池裏。**3**〔十受〕輕觸(或微舉)〈帽子〉以致敬。

—*v.i.* **1** 傾，傾斜。**2**〔動(十副)〕**a** (以鉸鏈等)向上傾斜〈*up*〉. **b** 翻覆，翻倒〈*over*〉：The boat *tipped over*. 小船翻覆了。

—*n.* Ⓒ **1** 傾斜。**2** 垃圾場。

tip-and-run [ˈtɪpənˈrʌn; ˌtipənˈrʌn] *adj.*《英俚》〈攻擊、戰術等〉突擊後即逸去的。

típ·càrt *n.* Ⓒ傾卸車(dumpcart)《車身後部可傾斜或底部之板可開啓以卸掉車中垃圾或沙、土、石等的卡車》。

típ·càt *n.* **1** Ⓤ擊木橛遊戲《以杖擊兩端削尖的小木橛之一端使其彈起在空中時再擊，以比賽遠近的一種兒童遊戲》。**2** Ⓒ擊木橛遊戲所用的木橛。

típ·òff *n.* Ⓒ《口語》秘密消息，密報，暗示，情報；警告。

tip·pet [ˈtɪpɪt; ˈtipit] *n.* Ⓒ **1** (法官、教士等所著的)黑色長披肩。**2** (婦女披帶的)肩巾或袖上狹長的下垂部分。

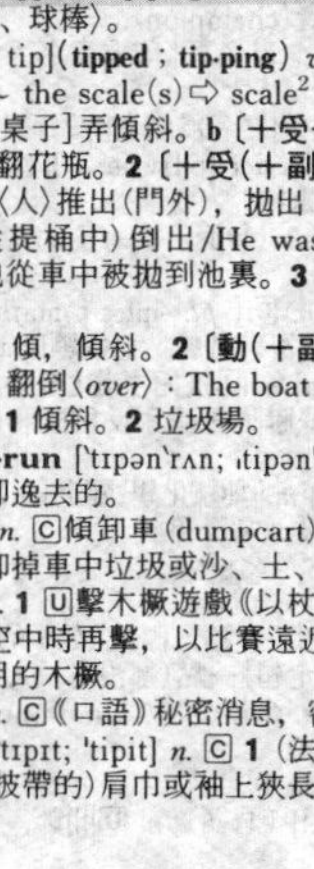

tippet 1

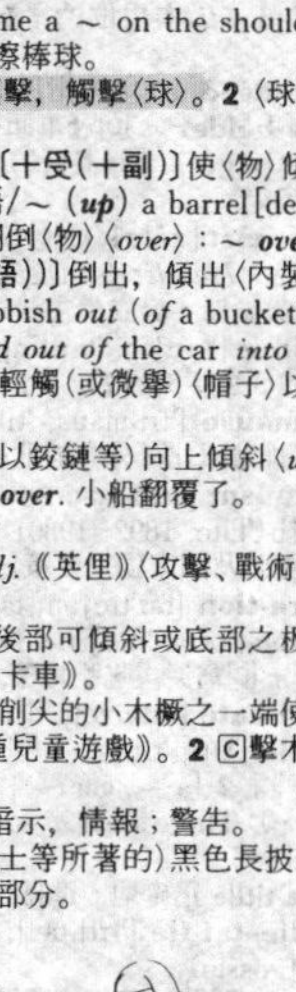

tippet 2

tip·ple [ˈtɪpl; ˈtipl]《口語》*v.i.* 習慣性地常喝酒，酗酒。

—*n.* Ⓒ[常用單數]含酒精的飲料，烈酒：have a ~ 喝一杯酒。

típ·pler *n.* Ⓒ酒鬼，酒量大的人。

típ shèet *n.* Ⓒ發表股市、賽馬等內情消息的出版物，內部情報。

típ·stàff [-ˌstæf; -stɑːf] *n.* Ⓒ(*pl.* **~s, tip·staves** [-ˌstevz; -steivz]) **1** (從前法警等所用的)尖端包有金屬的手杖。**2** 法警，法院的傳達員。

tip·ster [ˈtɪpstɚ; ˈtipstə] *n.* Ⓒ(賽馬、行情等的)通報秘密消息者，洩漏內情者；預測者。

tip·sy [ˈtɪpsɪ; ˈtipsi] *adj.* (**tip·si·er**; **-si·est**)微醉的；(酒後)步伐蹣跚的：walk with a ~ step (酒醉而)步伐蹣跚地走/get ~ 喝醉(酒)。**tip·si·ly** [-sɪlɪ; -sili] *adv.* **-si·ness** *n.*

tip·toe [ˈtɪpˌto; ˈtiptou] *n.* Ⓒ脚尖，趾尖。

on típtoe (1)用脚尖(走或站)，躡手躡脚地：stand *on* ~ 踮起脚尖[蹺脚跟]站立/walk *on* ~ 用脚尖走路。(2)翹首以待地，興奮熱切地，熱望地：She was *on* ~ with expectation. 她殷切期待[翹首以待]。(3)悄悄地，秘密地。

—*v.i.*〔動(十副詞(片語))〕用脚尖走[站]。

típ·tòp *n.* [**the** ~] **1** 絕頂，最高處，頂點。**2**《口語》最佳，黃金[顚峯]時代。

—*adj.*《口語》頂好的，最高級的，第一流的：a ~ yacht 最高級的遊艇/be in ~ shape〈人的健康狀態等〉極好的，處於顚峯狀態的。

—*adv.*《口語》最佳地，…得很好：We're getting along ~. 我們(的工作)進行得很好[順利]。

típ-ùp séat *n.* Ⓒ(劇院等中的)翻椅《椅面可向上後方翻起者》。

ti·rade [ˈtaɪred; taiˈreid] *n.* Ⓒ長篇的攻擊[彈劾]性演說。

‡tire¹ [taɪr; ˈtaiə] *v.t.* **1**〔十受(十副)〕使〈人〉疲倦，使…疲憊〈*out*〉《★常以過去分詞當形容詞用；⇨ tired¹ 1；★[比較]一般用 make...tired》：Walking soon ~*s* me. 我一走路就會疲倦/I walked so fast that I ~*d* him *out*. 我走得太快，致使他筋疲力竭。

2〔十受(十介十(代)名)〕〔以…〕使〈人〉厭倦，使…發膩，使…厭煩〔*with*〕《★常以過去分詞當形容詞用；⇨ tired¹ 2 b》：The subject ~*s* me. 這話題使我厭倦/He ~*d* us *with* his talk of money. 他談錢使我們感到厭煩。

—*v.i.* **1** 疲倦，累《★[比較]作爲動詞表此義時，一般用 get [be] tired》：He ~*s* easily. 他容易疲倦。

2〔十介十(代)名〕〔對…〕厭倦，厭膩〔*of*〕：The children soon ~*d of* play*ing*. 孩子們很快就玩膩了。

***tire²** [taɪr; ˈtaiə] *n.* Ⓒ《美》輪胎(《英》tyre) (⇨ car 插圖)：snow ~*s* 雪上防滑輪胎。

tire³ [taɪr; ˈtaiə] *v.t.*《古》**1** 使…穿衣。**2** 梳理〈頭髮〉；(以頭飾)打扮。**—***n.* Ⓒ《古》**1** 衣服。**2** (女人用的)頭飾。

tíre chàin *n.* Ⓒ輪胎鏈《套在輪胎上以防止在冰雪上行駛時滑溜的鐵鏈》。

‡tired¹ [taɪrd; ˈtaiəd] *adj.* (**more** ~, **most** ~; ~**·er**, ~**·est**) **1 a 疲倦的**，疲乏的 (cf. tire¹ *v.t.* 1)：a ~ child [voice] 疲倦的孩子[聲音]/The long drive made us all ~. 漫長的汽車旅行使我們大家都感到疲倦。**b** [不用在名詞前]〔十介十(代)名〕〔因…而〕疲倦的，累的〔*from*,《罕》*with*〕：I'm very ~ *from* work [teach*ing*]. 我因工作[授課]而很疲倦/She got ~ *from* iron*ing* the clothes. 她由於熨燙衣服而感到疲倦。

2 [不用在名詞前] **a 厭倦的**，厭煩的，厭膩的：You make me ~! 你使我厭煩！你煩死我了！**b**〔十介十(代)名〕〔對…〕厭倦的，厭煩的，厭膩的〔*of*〕(cf. tire¹ *v.t.* 2)：get [be] ~ *of* life 變得厭世[厭倦人生]/People will soon get ~ *of* you if you behave in that way. 如果你表現得那樣，大家很快就會對你厭煩/I am ~ *of* wait*ing*. 我已經等得厭煩了。

3 a〈俏皮話等〉陳腐的，陳舊的，聽膩的。**b**〈物〉破舊的，老舊的。

tíred óut＝tired to déath 累[疲倦]得要死，感到筋疲力竭：You look ~ *out*. 你顯得疲憊不堪。

~·ly *adv.* **~·ness** *n.*

tired² [taɪrd; taiəd] *adj.* 裝有輪胎的。

tíre·less¹ *adj.* **1**〈人〉不會疲倦的，不疲倦的；勤奮的，孜孜不倦的：a ~ worker 孜孜不倦的工作者。

2〈行動等〉不疲倦的，不停的：~ energy [zeal] 持久[堅韌不拔]的精力[熱忱]。**~·ly** *adv.* **~·ness** *n.*

tíre·less² *adj.*〈車輛〉無輪胎的。

tire·some [ˈtaɪrsəm; ˈtaiəsəm]《tire¹ 的形容詞》**—***adj.* (**more** ~; **most** ~) **1 a** 令人厭煩的，麻煩的；令人討厭的；易使人疲倦的，吃力的：a ~ boy 令人厭煩的男孩/~ work 吃力的工作。**b** [不用在名詞前]〔十 *of* 十(代)名(十 *to* do)/十 *to* do〕〈人〉令人討厭的〈居然做…〉；〈人〉令人討厭的〈居然做…〉：It was very ~ *of* John [John was ~] not *to* come till so late. 約翰實在令人討厭，那麼晚才來。

2 冗長的，令人厭倦的，令人厭膩的，令人索然的：a ~ speech 令人厭倦的演說。**~·ly** *adv.* **~·ness** *n.*

T

tíre·wòman *n.* (*pl.* **-women**)Ⓒ《古》侍女。

tir·ing [ˈtaɪrɪŋ; ˈtaiəriŋ] *adj.* **1**〈工作等〉令人疲倦的，費力的，麻煩的。**2**〈人、談話等〉無聊的，令人厭倦的，令人厭膩的，令人索然的。

tíring ròom *n.* Ⓒ《古》化妝室《尤指戲院中者》。

ti·ro [ˈtaɪro; ˈtaiərou] *n.* (*pl.* **~s**) =tyro.

Tir·ol [ˈtɪrəl; ˈtirəl] *n.* [**the** ~]提洛爾《奧地利西部的阿爾卑斯山脈地區；其中之一部分爲義大利國土》。

Ti·ro·le·an [tɪˈrolɪən; tiˈrouliən] *adj.*, *n.* =Tirolese.

Tir·o·lese [ˌtɪrəˈliz; ˌtirəˈli:z⁻] «Tirol 的形容詞»—*adj.* 提洛爾(人)的。

—*n.* Ⓒ(*pl.* ~)提洛爾人。

Ti·ros [ˈtaɪros; ˈtaiərous] «*t*elevision *i*nfra*r*ed *o*bservational *s*atellite 的頭字語»—*n.* Ⓒ《太空》《美》泰洛斯《用電視轉播地球雲層的一系列人造氣象衛星之一》。

'tis [tɪz; tiz]《詩・古・方言》it is 之略。

***tis·sue** [ˈtɪʃʊ; ˈtiʃu:] «源自古法語「被織(之物)」之義»—*n.* **1** Ⓤ《生理》組織：nervous [muscular] ~ 神經[肌肉]組織。

2 Ⓤ[指個體時爲Ⓒ](薄的)紡織品；(尤指)薄絹。

3 Ⓒ(謊話、胡說等的)交織，結構，一套，連篇〔*of*〕：a ~ *of* falsehoods [lies]一套謊話。

4 a (又作 **tissue pàper**)Ⓤ薄紙，棉紙《包裝等用》。**b** Ⓒ化妝紙《卸妝、擦手、臉等用》。

tit[1] [tɪt; tit] *n.* Ⓒ《鳥》山雀《特指分布於歐洲的山雀屬鳴禽；cf. titmouse》.

tit[2] [tɪt; tit] *n.* ★用於下列成語。**tít for tát** (1)還擊，一報還一報，以牙還牙：give [pay] ~ *for tat* 以一報還一報，予以還擊。(2)議論。

tit[3] [tɪt; tit] *n.* Ⓒ《俚》**1 a** (女人的)奶頭，乳頭。**b** [常~s]乳房。**2**《英》蠢貨，呆子。

gèt on a person's tít《英》使〈某人〉焦躁。

Tit. 《略》《聖經》Titus.

Ti·tan [ˈtaɪtn̩; ˈtaitn] *n.* **1**《希臘神話》**a** [**the** ~**s**]泰坦族《天神尤拉那斯(Uranus)和地神吉亞(Gaea)所生之子女所組成的巨人族》。**b** Ⓒ泰坦族之一人：the weary ~ 疲乏的泰坦《指受罰以雙肩掮天的阿特拉斯(Atlas)神》。**2** [常 **t**~]Ⓒ巨人，有巨大的力量、體型、權利等的人；鉅子，泰斗，巨匠，大師。**3**《天文》大力神，土衛六《土星(Saturn)的第六顆衛星》。

—*adj.* =Titanic.

Ti·ta·ni·a [taɪˈtenɪə, tɪ-; tiˈtɑ:njə] *n.* 泰坦妮亞《莎士比亞作品「仲夏夜之夢(*A Midsummer-Night's Dream*)」中奧伯龍(Oberon)之妻及仙境中之女王》。

Ti·tan·ic [taɪˈtænɪk; taiˈtænik⁻] «Titan 的形容詞»—*adj.* **1** (似)泰坦族[人]的。**2** [常 **t**~]巨大的，力大無比的。

—*n.* [**the** ~]鐵達尼號郵輪《英國豪華巨輪，1912 年的處女航中，在紐芬蘭(Newfoundland)南方撞上冰山而沈沒，造成一千五百餘名乘客罹難》。

ti·ta·ni·um [taɪˈtenɪəm; taiˈteinjəm] *n.* Ⓤ《化學》鈦《金屬元素；符號 Ti》.

tit·bit [ˈtɪtˌbɪt; ˈtitbit] *n.* 《英》=tidbit.

ti·ter [ˈtaɪtɚ, ˈtitɚ; ˈtaitə, ˈti:tə] *n.* Ⓤ《化學・醫》脂酸凝固度；價，標度。

tit·fer [ˈtɪtfɚ; ˈtitfə] *n.* Ⓒ《英俚》帽子(hat).

tithe [taɪð; taið] «源自古英語「十分之一」之義»—*n.* Ⓒ **1 a**《英》什一稅《從前爲了維持教會，教區人民把以農作物爲主的年收入的十分之一繳納教會；現已廢止》。

> 【字源】聖經舊約中，雅各(Jacob)有一次夢見從地上架到天上的梯子。欣喜之餘想向上帝表示感恩之意。他將自己當枕頭用的石頭視作上帝之居處，並許願把因爲上帝的福祉得來之東西的十分之一獻給上帝以表示感恩之意。後來的基督徒便繼承此傳統，把自己的農作物等收入的十分之一奉獻出來，作爲維持教會及牧師生活的費用(聖經舊約「創世記」28：22).

b (一般的)什一稅，十分之一的稅。

2《文語》十分之一；小部分，一點點，少許〔*of*〕.

tith·ing [ˈtaɪðɪŋ; ˈtaiðiŋ] *n.* **1** Ⓤ徵[繳]什一稅。**2** Ⓒ什一稅。**3** Ⓒ《英國史》十戶組《從前英國民政管轄的單位，包括十家》。

Ti·tho·nus [tɪˈθonəs; tiˈθounəs] *n.*《希臘神話》提佗諾斯《黎明女神伊奧斯(Eos)的愛人；伊奧斯應其要求許其永遠不死，但提佗諾斯衰老而致僅剩聲音，因此求伊奧斯取消賜其不死而最後被變成蝗蟲》。

ti·tian [ˈtɪʃən, -ʃɪən; ˈtiʃn, -ʃjən] *n.* Ⓤ金黃色；赤黃色。

tit·il·late [ˈtɪtl̩ˌet; ˈtitileit] *v.t.* **1** 搔癢，呵癢(tickle). **2** 刺激〈味覺、想像等〉使有愉快的感覺。

tit·il·la·tion [ˌtɪtl̩ˈeʃən; ˌtitiˈleiʃn] «titillate 的名詞»—*n.* Ⓤ **1** 搔癢，呵癢。**2** (使人有快感的)刺激，快感，爽快。

tit·i·vate [ˈtɪtəˌvet; ˈtitiveit]《口語》*v.t.* [~ one*self*]打扮，梳整，妝飾。

—*v.i.* 打扮，梳整，妝飾。

tit·lark [ˈtɪtˌlɑrk; ˈtitlɑ:k] *n.* Ⓒ《鳥》鷚《鶺鴒科鷚屬鳴禽的統稱，體型似雲雀》。

***ti·tle** [ˈtaɪtl̩; ˈtaitl] «源自拉丁文「碑銘」之義»—*n.* **1** Ⓒ(書、電影、畫等的)標題，名稱。

> 【說明】引用書名等時的正式寫法如下：(1)單行本、報刊雜誌的名稱，戲劇、電影等的標題，在下面畫線(如爲印刷，則用斜體字代替畫線)，標題的第一字和最後一字及名詞、代名詞、動詞、形容詞、副詞以及有四個字母以上的介系詞的起首字母用大寫，例如：*Paradise Lost* / *Of Mice and Men* / *You Can't Take It With You*；(2)單行本中的章節、短文、短詩類，報刊雜誌的報導等的標題通常都加“ ”：a passage from “The Raven” of E. A. Poe；(3)冠於報刊雜誌名稱的 the，通常用普通字體：the *Daily Mail*/the *New York Times*/the *Milwaukee Sun*.

2 ⓊⒸ稱號，頭銜，官銜，尊稱，爵位：a man of ~ 有頭銜的人，貴族。

3 Ⓤ[又作單數]**a**〔對…的〕(正當的)權利，(可要求取得的)資格〔*to*〕：the ~ *to* the crown [throne]繼承王位的正當權利。**b**〔十 *to* do〕〈做…的〉權利，資格：You have no ~ *to* ask for our support. 你沒有資格要求我們援助。

4 Ⓤ[又作單數]《法律》(尤指對不動產的)所有權〔*to*〕：He has no ~ *to* the estate. 他沒有這地產的所有權/one's ~ *to* a house 房屋的所有權。

5 Ⓒ《運動》冠軍，錦標，優勝：win a tennis ~ 奪得網球賽的錦標[冠軍]/defend [lose] one's ~ 衛冕[喪失冠軍頭銜]。

—*v.t.* **1**〔十受〕加標題於…；以頭銜稱呼…。

2〔十受十補〕稱…〈爲…〉。

títle càtalog *n.* Ⓒ《圖書館學》書名目錄《按書名分類的圖書目錄》。

tí·tied *adj.* 有爵位的，有貴族頭銜的：~ members 有爵位的議員。

títle dèed *n.* Ⓒ(尤指房地產的)所有權狀。

títle·hòlder *n.* Ⓒ冠軍頭銜保持者(champion).

títle pàge *n.* Ⓒ(書籍的)內封面，書名頁《印有書名、作者、出版者等》。

títle pàrt [ròle] *n.* Ⓒ(以劇中主角之名爲劇名時的)劇名[片名]角色：*Hamlet* with Laurence Olivier [oˈlɪvɪˌe; əˈliviˌei] in the ~ 勞倫斯・奧立佛主演的「哈姆雷特」。

ti·tling [ˈtaɪtlɪŋ; ˈtaitliŋ] *n.* ⓊⒸ **1** (封面、書脊上的)書名燙金。**2** 燙成金字的書名。

tit·mouse [ˈtɪtˌmaʊs; ˈtitmaus] *n.* Ⓒ(*pl.* **-mice** [-ˌmaɪs; -mais]) 《鳥》北美山雀《分布於北美洲的山雀科鳴禽，尤指黑頂山雀》。

Ti·to·ism [ˈtitoˌɪzəm; ˈti:touizəm] *n.* Ⓤ狄托主義《南斯拉夫總統狄托(Tito, 1892–1980)所倡的蘇聯附庸國家反抗蘇聯統治之民族主義及國家獨立政策》。

ti·tra·tion [taɪˈtreʃən; taiˈtreiʃn] *n.* ⓊⒸ《化學》滴定(法)。

tit·ter [ˈtɪtɚ; ˈtitə] *v.i.* 竊笑，吃吃地笑，偷笑。

—*n.* Ⓒ竊笑，吃吃地笑，偷笑。

tit·ti·vate [ˈtɪtəˌvet; ˈtitiveit] *v.* =titivate.

tit·tle [ˈtɪtl̩; ˈtitl] *n.* **1** Ⓒ(字母上的)小點，標號《如 i 的 ˙，é á的 ˊ 等》。**2** [**a** ~, **one** ~；用於否定句]一點(都沒有…)，絲毫(沒有…)：There's *not a* ~ of doubt. 毫無疑問/⇨ not one [a] JOT or tittle.

to a tittle 正確地，準確地(cf. to a T[1]).

tit·tle-tat·tle [ˈtɪtl̩ˌtætl̩; ˈtitlˌtætl]《口語》*n.* Ⓤ閒談，閒聊，閒話(gossip).

—*v.i.* 閒談，聊天，說閒話，雜談。

tit·ty [ˈtɪtɪ; ˈtiti] *n.* Ⓒ《俚》**1** (女人的)乳頭，奶頭。**2** [常**titties**]乳房。

tit·u·lar [ˈtɪtʃələ, ˈtɪtjə-; ˈtitjulə] «title 的形容詞»—*adj.* **1** 只有名義的，掛名的，只有頭銜的，有名無實的，名義上的：the ~ head of a company 名義上的公司負責人。**2** 有正當權利[根據]的：~ possessions 有權的財產。**3** 頭銜[官銜，稱號，尊稱]的，有爵位的：a ~ distinction 有爵位的榮譽。**4** 標題的，名稱的：a ~ character 標題人物《如哈姆雷特(*Hamlet*)劇中的哈姆雷特(Hamlet)》/a ~ saint 教堂的守護聖者《如聖保羅大教堂(St. Paul's Cathedral)的聖保羅(St. Paul)》。**~·ly** *adv.*

tit·u·lar·y [ˈtɪtʃəˌlɛrɪ, ˈtɪtjə-; ˈtitjuləri] *adj.* =titular.

Ti·tus [ˈtaɪtəs; ˈtaitəs] *n.* **1** 臺塔斯《40?–81；羅馬皇帝；在位期間 79–81》.

2《聖經》提多書(The Epistle of Paul to Titus)《聖經新約中一書；略作 Tit.》.

tiz·zy [ˈtɪzɪ; ˈtizi] *n.* Ⓒ[常用單數]興奮而慌亂的狀態，(尤指爲了瑣碎事而引起的)顫抖，發狂：in a ~ 在慌亂的狀態中。

T-jùnction *n.* Ⓒ **1** 丁字路口。**2** (管子等的)丁字形接合點。
TKO, T.K.O. 《略》technical knockout.
Tl 《符號》《化學》thallium.
Tm 《符號》《化學》thulium. **TM** 《略》trademark.
T.M. 《略》Their Majesties；transcendental meditation.
tme·sis [ˈtmisɪs, təˈmisɪs; ˈtmi:sis] *n.* (*pl.* **tme·ses** [-siz; -si:z])Ⓤ Ⓒ《文法》分詞法，插詞法《即將一字插入一複合字之間；如 what person soever 即 whatsoever person》.
Tn 《符號》《化學》thoron. **TN** 《略》《美郵政》Tennessee. **tn.** 《略》ton；train.
TNT, T.N.T. [ˈtiˌɛnˈti; ˌti:enˈti:] 《略》trinitrotoluene.
‡**to** [(輕讀)(子音之前) tə; tə；(母音之前) tʊ, tə; tu; (在句子或子句的末尾) tu; tu:；(重讀) tu; tu:] *prep* **A 1** [表示方向；cf. from 2] **a** [不含到達之意表方向]向…方：turn *to* the right 轉向右方，向右轉/point *to* the tower 指著塔/with one's back *to* the fire 背向火。**b** [含到達之意表示方向；cf. from 1]迄…，到…，至…，達…：go *to* the office 去公司上班/I have often been *to* India. 我常到印度去/Something dropped *to* the floor. 有東西掉到地板上/⇨ from PLACE to place. **c** [表示方位]在…方：Their house is *to* the north of the park. 他們的房子在公園的北面《☆比較The pond is *in* the north of the park. 那池塘在公園(內)的北邊》。
2 [表示變化之方向](變)成…，(變)得…：rise *to* wealth 變成富有/grow *to* manhood 長大成人/The light has changed *to* red. 信號燈轉爲紅色。
3 a [表示終點]到…，至…：from beginning *to* end 自始至終/count from one *to* thirty 從一數到三十/all wet *to* the skin 濕透。**b** [表示極限、程度、結果等]至…，到…的程度，成…，得…：tear a letter *to* pieces 把信撕成碎片/*to* the best of my belief[knowledge] 在我所相信[知道]的範圍之內，據我所信[知]/*to* that[this] extent 到那[這]個程度/They were killed *to* the last man. 他們被殺到最後一個人[被趕盡殺絕]。
4 [表示結果、效果]**a** [常與所有格及表感情之名詞連用]令(某人)…的是，令(某人)…地：*to* my surprise[joy, disappointment, sorrow] 令我驚訝[歡喜，失望，傷心]的是。**b** [引導表示結果、效果之片語]：*to* one's cost 對某人有損失[不利]；歸某人負擔/*to* no purpose 白白地，徒然/*to* the point[purpose] 適切[中肯]地。
5 [表示時間]**a** [表示時間、期限的終了；cf. from 2]到…：stay *to* the end of June 停留到六月底/put the meeting off *to* next Saturday 把集會延期到下星期六/from one *to* four o'clock 從一點鐘到四點鐘/It's still about an hour *to* supper. 離晚餐時間大約還有一個鐘頭。**b** (時刻爲)…差(幾分鐘)(《美》of, before)：at (a) quarter *to* eight 在八點差一刻[七點四十五分]時/It's ten (minutes) *to* four. 現在是四點差十分鐘。
6 [表示目的]爲…，以便…：He came *to* my rescue. 他來救我/We sat down *to* dinner. 我們坐下來吃晚餐。
7 [表示相對、相向]對著…，與…相對著：sit face *to* face[back *to* back] 面對面[背靠背]而坐/fight hand *to* hand 短兵相接；肉搏。
8 [表示行爲、作用的對象]**a** 對…：Listen *to* me. 聽我說/I'd like to talk *to* you. 我想跟你談談/There can be no answer *to* this problem. 對這個問題無法回答[無計可施]。**b** 爲…：drink to (the health of) Mr. Johnson 爲約翰生先生乾杯/Here's *to* you. [乾杯時之用語]祝你健康/create a monument *to* (the memory of) a national hero 爲紀念一位民族英雄而建立一座紀念碑。**c** [引導相當於間接受詞之片語]對…：I gave all of them *to* him. 我把它們全都給了他《☆變換可換寫成 I gave him all of them.》。**d** 對…而言，對…：That's very important *to* me. 那對我很重要/*To* her it looked like a rabbit. 在她看來，它像隻兔子。
9 [表示接觸、結合、附著、附加]在…，於…，在…之上，加在…：apply soap *to* a cloth 把肥皂抹在布上/He put his ear *to* the door. 他把耳朵貼在門上/He fastened a shelf *to* the wall. 他把擱架裝在牆上/They live next door *to* us. 他們住在我們隔壁/Add 25 *to* 36. 三十六加上二十五。
10 a [表示適合、一致]符合…，配合…，依照…的：correspond *to* ... 符合…/⇨ ACCORDING to /made *to* order 定製的/*to* one's taste 合某人的嗜好[口味]/work *to* a plan 依照計畫工作。**b** [表示呼應]應…：⇨ rise to the OCCASION /The dog came *to* my whistle. 我一吹口哨，狗就來了[我吹口哨，狗就應聲而來]。**c** [表示伴隨]合著…，隨著…：dance *to* the music 隨音樂跳舞。
11 a [表示比較]與…(比較)，較…，比…：Compared *to* his brother, he isn't particularly brilliant. 跟他哥哥[弟弟]比較起來，他並不特別聰穎/Her skill is superior[inferior] *to* yours. 她的技術比你的高明[低劣]/I prefer walking *to* driving. 我喜歡步行甚於駕車/My work is nothing *to* what you've done. 跟你所做過的比較起來，我的工作不算什麼。**b** [表示對比]對…，…比…：one penny *to* the pound 每磅一便士/⇨ TEN to one/Reading is *to* the mind what food is *to* the body. 閱讀之於智力如同食物之於身體。
12 [表示附屬、關連、關係]…的，對…而言的：a key *to* the door 門的鑰匙/brother *to* the King 國王之弟/I have no right *to* the use of the land. 我沒有那塊地的使用權。
—**B** [加在動詞原形之前引導不定詞]《★用法(1)此種用法的 to 原來是介系詞，但現在被視爲表示不定詞的 to 而不視爲介系詞；(2)此種不定詞如其前後的關係明顯時，原形動詞常被省略，而僅以 to 代替："Do you want to go？"—"I should like *to*(＝to go)."(3)否定的不定詞是在 to 之前加否定詞(not, never, *etc.*)作 not to do，never to do 等而不作 don't to do：I'll ask him *not*[*never*] *to* say such a thing again. 我將要求他不要再說這種事；(4)通常 to 和原形動詞緊接在一起，但有時爲使語意明確而將副詞置於 to 和原形動詞之間：My duty is *to quickly* retrieve tennis balls that are out of play. 我的任務是在網球賽中迅速地撿回死球》。**1** [名詞用法]做…：**a** [當主詞用]：*To err* is human, *to forgive* divine. 犯錯乃人之常情，寬恕則是超凡的[犯錯在人，寬恕在神]《★波普(Pope)之詩句》/*It* is foolish *to read* such a book. 讀這樣的書是愚蠢的。**b** [當受詞用]：I began *to think* so. 我開始那樣想。**c** [當補語用]：The best way is *to visit* the country. 最好之方法是訪問該國。
2 [形容詞用法]做…的，做…之用的：He was the first *to come* and the last *to leave*. 他是最早來最後走的人/I have [There is] nothing *to do*. 我沒事幹/water *to drink* 飲用水/a house[room] *to let* 出租的房屋[房間]。
3 [副詞用法]**a** [表示目的]爲做…，以便…：We eat *to live*. 我們爲生存而吃東西。**b** [表示程度之基準]：She is wise enough *to know* it. 她很聰明，懂得這一點/The stone was too heavy for me *to lift*. 那石頭(太)重，我舉不起來《★變換可換寫成 The stone was so heavy that I could not lift it.》。**c** [表示原因、理由]：I am sorry *to hear* that. 我很遺憾聽到那件事/He must be mad *to say* such things. 他說那樣的話，一定是瘋了。**d** [限定適應之範圍]對於做…：Freshly caught fish are the best *to eat*. 剛剛捕到的魚吃起來味道最好/I'm ready *to help* them. 我隨時願意幫助他。**e** [表示結果]到做…爲止，做…的結果：She lived *to be* ninety. 她活到九十歲/He awoke *to find* himself in a strange room. 他醒來(結果)發現自己在一個陌生的房間裡。**f** [構成修飾整句之獨立副詞片語]若做…，做起…：*To tell* the truth, I don't like it. 說老實話[老實說(起來)]，我不喜歡它。
4 [其他用法]**a** [be＋*to* do]⇨ BE to do(cf. be *aux.* 3)：The ship is *to arrive* tomorrow. 船預定明天抵達。**b** [當連繫詞用]：He seems *to be*[*have been*] innocent. 他似乎是[似乎一直是]清白的。**c** [＋受＋ *to* do]：I'll ask him *to come*. 我會請他來《★用法在感官動詞(see, hear, feel, *etc.*)，使役動詞(let, make, bid, have)之後，並且常常在 help, know, find 之後使用沒有 to 的不定詞，但在被動語態之後要用 to：I saw him *run*.→He was seen *to run*.》 **d** [疑問詞＋ *to* do]：I don't know *how to do* it. 我不知道該如何做這件事。
— [tu; tu:] *adv.* (無比較級、最高級)《★用法與 be 動詞連用時，可視爲 *adj.*》 **1** 閉：He pushed the door *to*. 他推門使它關上[他關上門]/I can't get the lid of my trunk quite *to*. 我無法將皮箱的蓋子蓋得很緊/Is the door *to*？門關著嗎？**2** 蘇醒(過來)：He didn't come *to* for some time. 他一時之間沒有蘇醒過來/He brought her *to* with smelling salts. 他以嗅鹽使她恢復神智。**3** 《美》在前方，向前地：He wore his cap wrong side *to*. 他把帽子前後戴反了。**4** 在身邊，在近處：I saw him close *to*. 我看見他就在我眼前。**5** [與某些動詞連用構成成語]著手…：⇨ FALL to (1), SET to (3), TURN to.
tó and fró 來回地，往復地。
T.O. 《略》turn over(cf. P.T.O.).
toad [tod; toud] *n.* Ⓒ **1** 《動物》蟾蜍《皮膚長著疙瘩，後腳較蛙(frog)之後腳無力，主要棲息於陸上》。**2** 討厭之人[物]。
tóad·èater *n.* Ⓒ諂媚者，馬屁精(toady).
tóad·fish *n.* (*pl.* ～, ～·es)Ⓒ **1** 蟾魚《蟾魚科海魚的統稱》。**2** ＝puffer 2.
tóad-in-the-hóle *n.* Ⓒ [當作菜名時爲Ⓤ] 《英》肉腸《裹麵粉、牛乳、雞蛋而油煎的牛肉、豬肉或香腸等》。
tóad·stòol *n.* Ⓒ蕈，(尤指)毒蕈。
toad·y [ˈtodɪ; ˈtoudi] 《輕蔑》 *n.* Ⓒ諂媚者。
—*v.i.* [動(＋介＋(代)名)] [對…]奉承，諂媚 [*to*]：～ *to* the boss 對老闆諂媚。
tó-and-fró *adj.* [用在名詞前]往復活動的，來回的。
—*n.* Ⓤ [**the** ～] 《口語》往復運動，動搖，擺動。
*__toast__[1] [tost; toust] 《源自拉丁文「使焦乾，烤乾」之義》—*n.* Ⓤ土司，烤麪包片：a slice of buttered [dry] ～ 一片塗了[沒有塗]奶油的土司。

—*v.t.* 〔十受〕**1** 烤，焙〈麪包、乾酪等〉。**2 a** 烘，烘暖…：～ one's toes 烘暖腳趾。**b** 〔～ one*self*〕烤火取暖。
—*v.i.* **1** 焙烤：This bread ～*s* well. 這麪包很好烤〔容易烤得好〕。**2** 烤火取暖。

toast[2] [tost; toust] *n.* Ⓒ **1** 乾杯，擧杯祝賀，敬酒時的祝詞：drink a ～ 乾杯/give [propose] a ～ to a person 爲某人〔提議爲某人〕乾杯/ respond to the ～ 應他人之敬酒而乾杯。

【說明】⑴toast 一字的「乾杯」及「烤麪包」兩義具有歷史性的關係。爲祝賀某人健康或事業成功而乾杯的習慣從古代就有。古代的人有把烤麪包(toast)泡在酒杯(cup)中的習慣，在乾杯時自然會連那烤麪包也一起喝下去，所以在酒席間，如果說 Toast！就成爲「乾杯！」的意思了。
⑵在酒宴等場合，常有人發表祝賀的演講，或致簡短賀辭；說完話通常大家都要乾杯，因此致賀辭的人愈多，乾杯的次數也愈多。乾杯時喝的酒有葡萄酒(wine)、啤酒(beer)、威士忌(whiskey)等。「乾杯」的說法除了 "Toast!" 之外，還有 To your health！(祝你健康！)，To our happiness！(祝我們大家快樂幸福！)等。沒有特別的賀詞時也可以說 Cheers！

2 [the ～] 被擧杯祝賀的人。
—*v.t.* 爲…擧杯祝賀，爲…乾杯：～ the newly married couple 爲新婚夫婦乾杯。
—*v.i.* 〔動(十介十(代)名)〕〔爲…〕乾杯〔*to*〕。

tóast·er 《源自 toast[1]》**—*n.*** Ⓒ **1** 烤麪包機。**2** 烤麪包的人。
tóast·ing fòrk *n.* Ⓒ(用以烤麪包的)長柄叉子。
tóast·màster *n.* Ⓒ (在宴會中帶領敬酒並介紹餐後演說者的)宴會主持人。
tóast ràck *n.* Ⓒ土司架《放在餐桌上用以放土司的小架子；在英國的早餐中使用》。

‡to·bac·co [tə'bæko; tə'bækou] 《源自西印度羣島語「煙斗」之義》**—*n.*** (*pl.* ～s, ～es) **1** Ⓤ〔指種類時爲Ⓒ〕(有別於香煙(cigarette)、雪茄(cigar)的)**煙草**，煙葉，煙絲：pipe ～ (煙斗用的)煙絲。**2** Ⓤ抽煙。**3** Ⓤ《植物》煙草《茄科煙草屬植物的統稱》。

tobacco 3

tobácco hèart *n.* Ⓤ《醫》菸毒心，菸毒性心臟《因吸煙過度所致之心臟病》。
to·bac·co·nist [tə'bækənɪst; tə'bækənist] *n.* Ⓒ煙草商，煙草製造者。
to-bé *adj.* [常構成複合字；置於名詞後] 未來的，將成爲…的人，準…：a bride-*to-be* 準新娘，(不久)將做新娘的人/a mother-*to-be* 孕婦，準媽媽。
To·bi·as [to'baɪəs, tə-; tə'baiəs, tou-] *n.* **1** 多俾亞《托彼特(Tobit)之子》。**2** 拉丁聖經的英譯本中之 Tobit.
To·bit ['tobɪt; 'toubit] *n.* **1** 多俾亞書《僞經(Apocrypha)中之一書》。**2** 托彼特《多俾亞書中之主角名》。
to·bog·gan [tə'bagən; tə'bɔgən] *n.* Ⓒ一種扁平底的橇：*on* a ～ 乘著平底橇。
—*v.i.* **1 a** 《美》乘平底橇滑下。**b** 《英》乘橇滑下。**2** 《物價》急遽下降，暴跌；《運氣等》急遽衰落。

toboggan

to·bóg·gan·ing *n.* Ⓤ《運動》平底雪橇運動，長橇運動。
to·by ['tobɪ; 'toubi] *n.* **1** (又作**tóby jùg**) Ⓒ麥酒〔啤酒〕杯《狀如戴三角帽的胖老人》。**2** Ⓒ《俚》一種劣等雪茄。
toc·ca·ta [tə'katə; tə'ka:tə] 《源自義大利語》**—*n.*** Ⓒ《音樂》托卡塔曲，觸技曲《鍵盤樂器用的一種華麗而快速的前奏曲，或有幻想曲、即興曲風格的樂曲》。
toc·sin ['taksɪn; 'tɔksin] *n.* Ⓒ《文語》警鐘，警報。
tod[1] [tad; tɔd] *n.* Ⓒ **1** 樹叢。**2** 托德《英國稱量羊毛之單位；通常約等於二十八磅》。**3** 載貨(量)。
tod[2] [tad; tɔd] *n.* Ⓒ《蘇格蘭・英方言》**1** 狐(fox)。**2** 狡猾的人。
‡to·day [tə'de; tə'dei, tu'dei] *adv.* (無比較級、最高級) **1** (在)今天，(在)今日，(於)本日(內)：*T*～ I am very busy. 今天我很忙/I must do it ～. 我必須在今天(以內)做這件事/～ week ⇨ week 1. **2** 現今，現在，現代，當今：People ～ think differently. 現代的人想法不同。
—*n.* Ⓤ [無冠詞] **1** 今天，今日，本日：*T*～ is Saturday [my birthday]. 今天是星期六〔我的生日〕/I saw it in ～'s newspaper. 我在今天的報紙上看到這件事。**2** 現代，現在：the world of ～ 現代的世界。

toby 1

tod·dle ['tadl; 'tɔdl] *v.i.* **1** (像剛學走路的幼兒或像老人似地)以小而不穩定的腳步行走，蹣跚行走。**2** 〔十副詞(片語)〕《口語》走路，閒步，蹓躂，散步：I must be *toddling* now. 我現在得走了/I ～*d round to* my friend's house. 我散步到朋友家。**—*n.*** Ⓒ步伐蹣跚。
tód·dler *n.* Ⓒ走路蹣跚的人；(尤指)初學走路的小孩。
tod·dy ['tadɪ; 'tɔdi] *n.* Ⓤ〔指個體時爲Ⓒ〕**1** 熱甜酒《威士忌或其他烈酒中加入熱水、糖、香料而成的飲料》。**2** 椰子汁；棕櫚酒。
to-dó *n.* Ⓒ〔常用單數〕《口語》騷亂，紛擾，嚷鬧：What a ～！好吵！
***toe** [to; tou] *n.* Ⓒ **1** 腳趾 (cf. finger【說明】；⇨ body 插圖)：a big [great] ～ (腳的)大趾/a little ～ (腳的)小趾。**2** (鞋、襪等的)腳尖：the ～ *of* Italy (義大利半島的)尖端。**3 a** (工具的)尖端。**b** (高爾夫球桿的)末端(⇨golf club 插圖)。
from tóp to tóe ⇨ top[1].
on one's tóes ⑴靈活機警的，有活力的。⑵做好了準備的，保持警覺的。
tréad [stép] on a person's tóes ⑴踩某人的腳尖。⑵觸怒某人。
—*v.t.* 〔十受〕**1** 用腳趾觸；用腳尖踢…。**2** 裝上尖端於〈鞋等〉。**3** 《高爾夫》用球桿的末端擊〈球〉。
—*v.i.* 〔十副〕將腳趾朝向〈內〉〈*in*〉；將腳趾朝向〈外〉〈*out*〉：～ *in* [*out*] 腳尖向內〔外〕而走〔站〕。
tóe the líne ⇨ line[1].
tóe càp *n.* Ⓒ鞋尖，鞋頭《vamp 的前面的部分；⇨ shoe 插圖》。
tóe dànce *n.* Ⓒ(芭蕾舞等用趾尖跳的)腳尖舞。
TOEFL [tofl; 'toufl] 《略》Test(ing) of English as a Foreign Language. 托福(考試)。
tóe·hòld *n.* Ⓒ **1 a** 《登山》登山時放足趾的地方。**b** 立足點；任何排除障礙或克服困難的方法；些微的影響力。**2** 《角力》反踝關節扭腳趾《犯規動作》。
toe·less ['tolɪs; 'toulis] *adj.* **1** 無腳趾的。**2** 露腳趾的。
tóe·nàil *n.* Ⓒ **1** 趾甲(⇨ nail【同義字】)。**2** 斜釘。
tóe·shòe *n.* Ⓒ[常～s]跳腳尖舞所穿的舞鞋，芭蕾舞鞋。
toff [taf, taf; tɔf] *n.* Ⓒ《英俚》紳士，上流階級的人；紈袴子，愛打扮的人。
tof·fee ['tɔfɪ, 'tafɪ; 'tɔfi] *n.* 《英》＝taffy.
tóffee àpple *n.* Ⓒ太妃糖蘋果《插在棒子上澆太妃糖漿的蘋果》。
tóffee-nósed *adj.* 《俚》勢利眼的，好擺架子的。
tof·fy ['tɔfɪ, 'tafɪ; 'tɔfi] *n.* ＝toffee.
toft [tɔft, taft; tɔft] *n.* Ⓒ《英方言》**1** 屋基；宅地。**2** 小山，小丘。
tog [tag; tɔg] 《口語》*n.* [～s] 衣服：running ～*s* 跑步〔運動〕服裝。**— *v.t.*** (**togged**; **tog·ging**) 〔十受十副 (十介十(代)名)〕〔～ one*self*〕〔以…〕打扮，盛裝〈*up, out*〉〔*in*〕《★常用被動語態，變成「穿著，打扮著」之意》。
to·ga ['togə; 'tougə] 《源自拉丁文「覆蓋」之義》**—*n.*** Ⓒ **1** 寬外袍《古代羅馬市民所穿的寬鬆外袍；男子年滿十四歲即穿著以示成年》。**2** (法官、教授等的)官服，制服。
tó·gaed *adj.* 穿著寬外袍的。
‡to·geth·er [tə'gɛðɚ; tə'geðə, tu'g-] *adv.* (無比較級、最高級) **1 a** 一起，一同，一道：go about ～ 一道四處走走/We were at school ～. 我們在一起求學過。**b** 共同，聯合，連同：Faculty and students ～ opposed the reform. 教職員和學生共同反對該項改革。
2 a 併合，結合：sew pieces of cloth ～ 把布塊縫合在一起/get ～ 聚集/mix the ingredients ～ 把各種成分〔原料〕混合在一起。**b** [常與表示聯合、結合之意的動詞連用以加强語氣]：join ～ 結合/Add ～ these figures. 把這些數字合計起來。**c** 合爲一體，合成整體：He did more than all the rest of us (put) ～. 他做得比我們其餘全體的人做得還多。**d** 協同；調和：These colors go well ～. 這些顏色很調和。**e** 相接觸，碰在一起：The two cars skidded ～. 那兩部車都滑向一邊而碰在一起。**f** 相互地：Your feet are too close ～. 你的雙腳靠得太近〔攏〕《把雙腳打開些》。

toga 1

3 a 同時地：Don't speak all ～. 不要大家同時講《★在教室提出問題而無人回答的時候亦可以開玩笑地說這句話》。**b** [**for** (...) **hours** [**days, weeks, months**] ～] 不斷地，連續地，一連：study *for hours* ~ 連續學習數小時。

togéther with... 與…一起；連同…，再加上…：The professor, ~ *with* his students, is dining here tonight. 教授和他的學生們今晚將在這兒一起用餐/Your learning, ~ *with* his ability, should be very effective. 你的學問再加上他的能力，應該很有成效才對。

—*adj.* (**more** ~；**most** ~) 《美俚》頭腦清楚的，穩重可靠的；(人品)有修養的：He's a ~ guy. 他是個穩重可靠的人。

to·géth·er·ness *n.* Ⓤ團結；與他人同爲一體之感覺；親睦。

tog·ger·y [ˈtɑgərɪ; ˈtɔgəri] *n.* Ⓤ[集合稱]《口語》衣服，服裝。

tog·gle [ˈtɑgl; ˈtɔgl] *n.* Ⓒ **1** 掛索樁，插栓《穿索眼而連繫兩物用的短木栓，如用以代替外衣的鈕釦或裝在錶鏈一端的細棒等》。**2** 《機械》肘節。

toggles 1

tóggle jòint *n.* Ⓒ《機械》肘節頭《由兩根棍子通過樞軸相接，可將壓力傳送到外向之兩端的裝置》。

tóggle swìtch *n.* Ⓒ《電學》捺跳開關《通常在扳動部位上下書有 off, on 之字樣》。

To·go [ˈtogo; ˈtougou] *n.* 多哥《非洲西部之一共和國；1960 年獨立，正式名稱爲 the Republic of Togo；首都洛梅 (Lomé [loˈme; louˈmei])》。

to·hu·bo·hu [ˈtohuˈbohu; ˈtouhu:ˈbouhu:] *n.* Ⓤ混亂；無秩序。

toil¹ [tɔɪl; tɔil] *v.i.* **1** [動(＋副詞(片語))]**辛勞，辛苦工作**：~ *at* a task 辛勤地做一件工作/~ *for* one's living 爲生計而辛勞/He ~*ed on* till he was past eighty. 他一直辛苦工作直到年過八十。**2** [＋副詞(片語)]跋涉，很艱苦地行進：~ *up* a steep slope 很吃力地走上一個陡峭的斜坡/He ~*ed on down* the road [~*ed through* the mud]. 他沿路跋涉[艱苦地穿過泥潭]。

tóil and móil ⇨ moil.

—*n.* Ⓤ (持續性的)**辛苦**(工作)，辛勞，勞苦；苦役，苦工；難事(⇨ work A【同義字】)。

toil² [tɔɪl; tɔil] [~s] (法律等的)羅網：be caught in the ~*s* of the law 蹈入法網。

tóil·er *n.* Ⓒ辛苦工作的人；勞動者。

***toi·let** [ˈtɔɪlɪt; ˈtɔilit] *n.* **1** Ⓒ**廁所，盥洗室，洗手間，化妝室，浴室；便器，馬桶。**

> **【字源】** toilet 一字源自法語。原來的字義是「小塊的布或紡織品」，但逐漸轉義而有許多不同的意思：布→化妝用具的墊布→梳妝台套子→梳妝台→化妝品→化妝→化妝室→廁所。textile (紡織品)與 text(原文，本文《由著者編的東西》)是和 toilet 同系統的字。
>
> **【說明】** 在英美兩國的家庭，通常浴室(bathroom)裡兼有馬桶(toilet)及洗臉台(washstand)．他們覺得 toilet 一字不雅，所以不喜歡用它，而用 bathroom 來指所有的廁所，包括不兼作浴室的廁所。公共廁所的標示牌上通常不用 W.C.《water closet 起首字母之縮寫》。美國的學校等公共建築物的公廁用的字是：Lavatory, Rest Room, Men's Room, Women's Room, Ladies' Room, Comfort Station 等。在英國則用：the Gentlemen, Gentlemen's, the Ladies, Ladies', Toilet 等。通常公共浴場附近也設有公廁。有些公廁有打掃工人看守，上廁所時必須給小費。

2 Ⓤ《文語》化妝，梳妝，裝飾，打扮：make [do] one's ~ 化妝，打扮。**3** Ⓤ (服飾等的)穿戴，裝束；髮型。**4** Ⓤ服裝，衣服。**5** Ⓒ一套梳妝用具。**6** Ⓒ《古》梳妝臺。

—*adj.* [用在名詞前]化妝(用)的，梳妝(用)的：~ articles 化妝用品/a ~ roll 捲筒式衛生紙。

tóilet pàper *n.* Ⓤ衛生紙。

tóilet pòwder *n.* Ⓤ撲粉。

tóilet ròom *n.* Ⓒ化妝室。

toi·let·ry [ˈtɔɪlɪtrɪ; ˈtɔilitri] *n.* [**toiletries**]化妝用品(類)《包括香皂、牙膏等洗面用品》。

—*adj.* [用在名詞前]化妝用品類的。

tóilet sèat *n.* Ⓒ抽水馬桶上之坐墊圈。

tóilet sèt *n.* Ⓒ化妝用具。

tóilet sòap *n.* Ⓤ香皂，洗面皂。

tóilet tàble *n.* Ⓒ梳妝臺，化妝臺。

toi·lette [tɔɪˈlɛt, twɑˈlɛt; twɑ:ˈlet] **«源自法語»—***n.* Ⓤ **1** (女人的)化妝；裝扮《包括沐浴、梳頭、塗脂粉口紅、穿衣等過程》。**2** 裝束；服裝。

tóilet-tràin *v.t.* 訓練〈小孩〉上廁所。

tóilet-tràined *adj.* 〈小孩〉受過上廁所訓練的。

tóilet tràining *n.* Ⓤ (對小孩的)養成上廁所之習慣的訓練。

tóilet wàter *n.* Ⓤ化妝水《洗澡、刮臉等之後使用的古龍水等》。

toil·ful [ˈtɔɪlfəl; ˈtɔilful] *adj.* 辛苦的，勞頓的，費力的。

toil·some [ˈtɔɪlsəm; ˈtɔilsəm] *adj.* 辛苦的，勞頓的，費力的。

~**·ly** *adv.* ~**·ness** *n.*

tóil·wòrn *adj.* 疲憊的，疲勞的。

to·ing and fro·ing [ˈtuɪŋənˈfroɪŋ; ˌtu:iŋənˈfrouiŋ] *n.* (*pl.* **toings and froings**) Ⓤ [又作 **toings and froings**] 《俚》來回，往復；無事瞎忙。

To·kay [toˈke; touˈkei] **«源自匈牙利北部的產地名»—***n.* Ⓤ [指個體時爲Ⓒ] 托凱葡萄酒《匈牙利出產的一種金黃色、品質優良的葡萄酒》。

to·ken [ˈtokən; ˈtoukən] *n.* Ⓒ **1 表徵，象徵，記號；證據** [*of*]：Black is a ~ *of* mourning. 黑色是居喪的表徵。**2 紀念品；證物**：a birthday ~ 生日紀念品。**3** (又作 **tóken còin**) (被用作地下鐵、公共汽車等車票的)代用幣。**4** [常與修飾語連用]《英》(商品)兌換券：a book ~ 圖書兌換券/a gift ~ 禮品券。

by the sáme tóken＝by thís [thát] tóken (1)其證據是；而且，此外 (furthermore). (2)《美》以同樣的理由，同樣地。

in [as a] tóken of... 以表示[證明]…，作爲…的象徵[證據]；以紀念…，作爲…的紀念：*as a* ~ *of* one's gratitude 以表示某人的謝意。

—*adj.* [用在名詞前] **1** 當作[成爲]表徵的：⇨ token payment. **2** 只是表面的，徒具形式的，象徵性的：a ~ protest 象徵性的抗議。

tó·ken·ism [-nˌɪzəm; -nizəm] *n.* Ⓤ敷衍塞責，表面文章《★《美》尤指徒具形式的廢除種族歧視》。

tóken mòney *n.* Ⓤ代用貨幣，輔幣。

tóken páyment *n.* Ⓒ象徵性償付，部分償付《保證將來償還債款餘額而先付債款之一小部分以表示對該債款之承認》。

To·ky·o·ite [ˈtokɪoˌaɪt, -kjo-; ˈtoukiouait] *n.* Ⓒ東京居民，東京人。

‡told [told; tould] *v.* **tell** 的過去式・過去分詞。

To·le·do [təˈledo, təˈlido; təˈleidou] *n.* **1** 托利多《西班牙中部的一個都市》。**2** Ⓒ托利多劍《托利多製的名劍》。

tol·er·a·ble [ˈtɑlərəbl; ˈtɔlərəbl] *adj.* **1** 可容忍的，可忍受的。**2** 尚可的，還可以的；相當好的：a ~ income 相當不錯的收入/be in ~ health 身體還算健康。

tól·er·a·bly [-rəblɪ; -rəbli] *adv.* **1** 可容忍地，尚可地。**2** 相當地。

tol·er·ance [ˈtɑlərəns; ˈtɔlərəns] **«tolerant 的名詞»—***n.* **1** ⓊⒸ (對於疼痛、困苦、嚴寒等的)忍受能力，耐久力 [*of, to*]。**2** Ⓤ 容忍，默認，默許；寬容，寬大；雅量，包容力。**3** ⓊⒸ **a** 《醫》耐(受)性，耐力；耐度：I have low alcohol ~. 我的耐酒精性低。**b** 《機械》公差《機械設計、製造時，在基準尺寸之外訂定的容許差異之限度》。

tòlerance límits *n. pl.* 《統計》允差(界)限。

tol·er·ant [ˈtɑlərənt; ˈtɔlərənt] **«tolerate 的形容詞»—***adj.* **1 a** 寬容的，容忍的，寬大的，有雅量的：a ~ teacher 寬容的教師。**b** [不用在名詞前] [＋介＋(代)名]能耐[…]的，寬容[…]的，[對…]寬大的 [*of*]：He is ~ *of* small errors. 他寬容小錯。**2** 《醫》能耐受的。~**·ly** *adv.*

tol·er·ate [ˈtɑləˌret; ˈtɔləreit] **«源自拉丁文「忍耐」之義»—***v.t.* **1 a** [＋受]**容許，寬容，默許，寬大地處理**…：I cannot ~ your carelessness. 我不能寬容你的粗心大意。**b** [＋受[所有格]＋do*ing*]寬容，默許，容許〈某人〉〈做…〉《★用法使用受格較爲口語化》：I cannot ~ you [your] bully*ing* your younger brother. 我不能容許你欺負你弟弟。**2** [＋受]容忍；忍受〈人、事〉：Why will you ~ that impudent fellow？你爲什麼要忍受那個冒失的傢伙呢？/The people could not ~ the military regime. 人民不能忍受那軍事政權。**3** [＋受]《醫》對〈藥等〉有耐受性，對…有耐力，對…不會引起不良反應。

tol·er·a·tion [ˌtɑləˈreʃən; ˌtɔləˈreiʃn] **«tolerate 的名詞»—***n.* Ⓤ **1** 寬容，默許，容忍。**2** (國家所容許的)信仰自由：the Act of *T*~ (英國的)容讓法令，信仰自由法令《1689 年頒布》。

toll¹ [tol; toul] *v.t.* **1** 緩慢而有規律地敲響，鳴〈晚鐘、喪鐘等〉：~ a bell at a person's death 爲某人之死而鳴鐘。**2 a** [＋受]〈鐘、時鐘〉報〈時〉；鳴鐘通報〈人之死〉。**b** [＋受＋副]鳴鐘召喚〈人〉〈*in*〉；鳴鐘送走〈人〉〈*out*〉.

—*v.i.* 〈鐘〉緩慢而有規律地響。

—*n.* [用單數] (緩慢而有規律的)鐘聲。

toll²** [tol; toul] **«源自希臘文「稅」之義»—n.* Ⓒ **1 使用稅，通行費**《通行稅、過橋費、渡船費；高速公路過路費；集市或廟會的地租、場租；港灣裝[卸]貨費；鐵路[運河]運費等》。**2** [常用單數]犧牲，代價；損害，傷亡人數：take a heavy ~ *of* lives 〈事故等〉使許許多多的人喪生/The ~ *of* the accident was 5 persons dead and 100 persons injured or missing. 這意外事故的傷亡人數是五人死亡，一百人受傷或失蹤。**3** 長途電話費。

tàke its tóll 〈事物〉使…遭受[…的]損害；使…喪失[性命等] [*of*].

T

tóll bàr *n.* Ⓒ(爲徵收過路費或過橋費而設的)遮路橫木，關卡，關閘。
tóll brìdge *n.* Ⓒ徵收過橋費的橋梁。
tóll càll *n.* Ⓒ《美》長途電話。
tóll-frée *adj.* 不必付(通行)費的：a ～ highway 不必付通行費的公路/a ～ phone number 不必付費的電話號碼。
—*adv.* 免費地。
tóll·gàte *n.* Ⓒ通行稅徵收站[卡]；(高速公路的)收費站。
tóll·hòuse *n.* Ⓒ通行稅徵收處《設在 toll bar 旁側的小屋》。
tóll·kèeper *n.* Ⓒ通行稅徵收員。
tóll lìne *n.* Ⓒ長途電話線。
tóll ròad *n.* Ⓒ徵收通行稅的道路。
tóll thòrough *n.* Ⓤ《英》道路或橋梁之通行稅。
tóll·wày *n.* Ⓒ徵收通行稅的道路。

tollgate

Tol·stoi, Tol·stoy [ˋtɑlstɔɪ; ˈtɔlstɔi], **Count Le·o** [ˋlio; ˈli:ou] *n.* 托爾斯泰《1828–1910；俄國文豪》。
Tom [tɑm; tɔm] *n.* **1** 湯姆《男子名；Thomas 的暱稱》：⇨ Peeping Tom. **2** [t～]Ⓒ雄性(動物)，(尤指)雄貓(tomcat).
évery Tóm, Díck, and Hárry 《口語》隨便任何人，張三李四或王五《常含輕蔑意味》；一般人；每一個人。
tom·a·hawk [ˋtɑmə͵hɔk; ˈtɔməhɔ:k] *n.* Ⓒ(北美印地安人所使用的)戰斧，鉞。
búry the tómahawk＝bury the HATCHET.

tomahawk

***to·ma·to** [təˋmeto; təˈmɑ:tou] *n.* (*pl.* ～es) **1** Ⓒ[當作食物時爲Ⓤ]《植物》**番茄**：～ juice 番茄汁。**2** Ⓤ番茄紅。**3** Ⓒ《美俚》少女，女人。
tomb [tum; tu:m] *n.* **1** Ⓒ **a** (尤指具墓碑並有裝飾的)**墳墓**，墓穴(⇨ grave[1]【同義字】)。**b** 陵寢，(地下)藏骨所，地下墳墓。**2** [the ～]死。
—*v.t.* 將…埋葬於墓中。
tom·bo·la [tɑmˋbolə, ˋtɑmbələ; tɔmˈboulə, ˈtɔmbələ] *n.* Ⓒ《英》一種彩票。
tom·boy [ˋtɑm͵bɔɪ; ˈtɔmbɔi] *n.* Ⓒ行爲似男孩的女孩，頑皮姑娘，野丫頭。
tóm·bòy·ish [-͵bɔɪɪʃ; -bɔiiʃ] *adj.* 〈女孩〉頑皮的，行爲似男孩的。
tómb·stòne *n.* Ⓒ墓石，墓碑。
tóm·càt *n.* Ⓒ雄貓(⇨ cat 〔相關用語〕)。
tóm·còd *n.* (*pl.* ～, ～s)Ⓒ《魚》大西洋小鱈。
Tóm Cóllins *n.* Ⓤ《美》檸檬汁、糖、碳酸水、冰和杜松子酒混合成的一種飲料。
tome [tom; toum] *n.* Ⓒ《文語・謔》**1** 大本書，大冊書。**2** (大部著作的)一(大)卷[冊]。
to·men·tum [toˋmɛntəm; touˈmentəm] *n.* (*pl.* **-ta** [-tə; -tə])Ⓒ《植物》綿毛，絨毛《莖葉上密集之細毛，或菌柄上之絲狀體》。
tóm·fóol *n.* Ⓒ愚人，笨伯。
—*adj.* [用在名詞前]愚笨的，愚蠢的：a ～ speech 愚蠢的話。
tóm·fóolery *n.* **1** Ⓤ愚蠢的舉動，小丑姿態。**2** Ⓒ[常 **tomfooleries**]無聊的笑話；無聊之物。
Tom·my [ˋtɑmɪ; ˈtɔmi] *n.* **1** 湯米《男子名；Thomas 的暱稱》。**2** [有時 t～]Ⓒ《口語》英國陸軍士兵。
Tómmy Àtkins *n.* (*pl.* ～)Ⓒ《口語》英國陸軍士兵。
tómmy gùn *n.* Ⓒ《俚》湯米衝鋒槍，輕機槍。
tómmy·ròt *n.* Ⓤ《俚》胡說，胡扯；愚蠢。
to·mo·gram [ˋtomə͵græm; ˈtouməgræm] *n.* Ⓒ《醫》局部 X 射線相片。
to·mo·graph [ˋtomə͵græf; ˈtouməgræf] *n.* Ⓒ局部 X 射線機。
to·mog·ra·phy [təˋmɑgrəfɪ; təˈmɔgrəfi] *n.* Ⓤ《醫》局部 X 射線檢法。
‡to·mor·row [təˋmɔro, -ˋmɑr-; təˈmɔrou, tuˈm-] *adv.* **1** (在)**明天**，明日：*T*～ I'll be free. 明天我有空/I'm starting ～. 我準備明天出發。
2 來日，在(不久的)將來：People ～ will think differently. 將來的人會有不同的想法。
—*n.* **1** Ⓤ[無冠詞]**明天**，明日：～ morning [afternoon, night] 明天早上[下午，晚上]《★也當副詞用》/the day after ～ 後天《★也當副詞用》/*T*～ is [will be] Sunday. 明天是星期日/Don't put it off till ～. 不要拖延到明天/*T*～ never comes. 《諺》明天絕不會到來《意指明天到時就不再是明天，而成爲今天，亦即明天絕不會到，因此要今日事今日畢，不可等到明天再做》/You will read the news in ～'s newspaper. 你會在明天的報紙上看到這條新聞。**2** Ⓤ[又作a ～](不久的)將來，未來：Japan's ～ 日本的未來/*a* bright ～ 光明的未來/the world of ～ 未來的世界。
Tóm Thúmb *n.* **1** (童話中的)大拇指湯姆，拇指仙童。

【說明】大拇指湯姆是很早以前流傳於北歐童話中的主人翁。他的個子大約只有拇指般大小。在英國的亞瑟(Arthur)王時代，他被一農家夫婦收養，後來被一頭牛吞進肚子，又被一隻烏鴉攫去，再被一條魚吞進肚子，最後被亞瑟王收留於宮廷中。

2 Ⓒ矮小的人[動物，植物]。
tom·tit [ˋtɑm͵tɪt; ˈtɔmtit] *n.* Ⓒ《英口語》小鳥；(尤指)山雀。
tom-tom [ˋtɑm͵tɑm; ˈtɔmtɔm] *n.* Ⓒ **1** 鼓《印地安人或非洲土著等使用的長形大鼓；常用手拍擊》。**2** (鼓等的)咚咚聲，單調的節奏。
***ton** [tʌn; tʌn] *n.* **1** Ⓒ**噸**《重量單位；相當於 20 hundredweight》：**a** 英噸(long ton)《相當於 2240 pounds, 1016.1 kg；主要在英國使用》。**b** 美噸(short ton)《相當於 2000 pounds, 907.2 kg；主要在美國、加拿大、南非使用》。**c** 法[公]噸(metric ton)《相當於 2204.6 pounds, 1000 kg》.
2 Ⓒ[容積單位]容積噸(measurement ton)《相當於四十立方呎》。
3 Ⓒ[船的大小，裝載能力單位]噸：**a** 總噸數(gross ton)《一百立方呎》。**b** 淨噸數(net ton)《總噸數扣除不能用以裝載貨物、旅客部分的容積》。**c** 容積噸(cf. 2：算出淨噸數時使用)。**d** 重量噸(deadweight ton)《等於 2240 pounds；貨輪用》。**e** 排水噸數(displacement ton)《等於 2240 pounds；軍艦用》。**f** 註册噸位(register ton)《等於一百立方呎》。
4 Ⓒ[常～s]《口語》多量，多數〔*of*〕：～*s of* money 鉅款/The couple got ～*s of* wedding presents. 那對夫妻收到了很多結婚禮物。
5 [a ～]《俚》相當的重量：This box weighs (half) *a* ～. 這個箱子相當重。
6 a [用單數；常**the** ～]《英俚》時速一百哩：do a ～ 以時速一百哩行駛。**b** [～s；當副詞用]《口語》…得多：That is ～*s better*. 那樣好得多了。
like a tón of bricks ⇨ brick.
ton·al [ˋtonḷ; ˈtounl] 《tone 的形容詞》 **—***adj.* **1** 《音樂》音調的，音色的。**2** 《繪畫》色調的，色澤的。
to·nal·i·ty [toˋnælətɪ; touˈnæləti] 《tonal 的名詞》**—***n.* **1** ⓊⒸ **a** 《音樂》調性《一小組音編組起來的音樂所給予聽者的音樂感覺》；音調。**b** 《繪畫》色調(的性質)。**2** Ⓒ《音樂》主調。
to-name [ˋtu͵nem; ˈtu:neim] *n.* Ⓒ《蘇格蘭》**1** 綽號《尤指用以分別同姓名之人者》。**2** 姓。
‡tone [ton; toun] 《源自希臘文「拉緊，發音」之義》**—***n.* **1** Ⓒ**音調**，音色(⇨ sound[1]【同義字】)：a high [low] ～ 高[低]調/heart ～s 《醫》心音。
2 Ⓒ[常～s]**語調**，語氣，腔調，論調：speak in a sad ～ 以憂愁的語調說話/in a frightened ～ 以受驚的語調/take a high ～ 語氣傲慢。
3 Ⓒ〔思想、感情等的〕傾向，風潮，風氣，風尚；〔演說等的〕格調；市況〔*of*〕：the ～ *of* the school [army] 校風[軍紀]/the ～ *of* the market 市場情況。
4 Ⓒ **a** 色彩的層次，色調，濃淡，明暗。**b** 《攝影》(正片的)色調。
5 Ⓤ(身體、器官的)健康的狀態，常態，強健：recover mental ～ 恢復心理健康/His mind has lost its ～. 他的心智已失常態。
6 Ⓒ《語音》音的高低；抑揚：the four ～*s* (中國話的)四聲/the upper [lower, even, oblique] ～ 上[下，平，仄]聲。
7 Ⓒ《音樂》**a** 樂音。**b** 全音(程)。
—*v.t.* 〔十受〕**1** 加某種調子[色調，色澤]於…。
2 《攝影》(以藥品)將〈照片〉調色。
3 以某種特殊腔調說出…。
tóne dówn 《*vt adv*》(1)減輕〈色彩、語氣等〉的調子；緩和〈感情等〉：～ *down* a person's anger 緩和某人的憤怒/He never ～*d down* his criticism of the government. 他絕不緩和對政府的批評。—《*vi adv*》(2)調子降低，緩和，減低，變柔和：*T*～ *down*. 把聲音放低/His anger has ～*d down*. 他的怒氣已經緩和下來。
tóne ín with... 〈色彩〉與…調和：This carpet ～*s in* well *with* the furniture. 這地毯(顏色)和家具很調和。
tóne úp 《*vt adv*》(1)提高〈色彩、語氣等〉的調子；增強〈體力等〉：This exercise ～*s up* the abdominal muscles. 這種運動會加強腹肌。—《*vi adv*》(2)調子升高，變高，變強。
tóne àrm *n.* Ⓒ(電唱機之)唱柄支臂。
tóne còlor *n.* ⓊⒸ《音樂》音色。
tóne contròl *n.* Ⓤ音調控制，音色調節。
toned *adj.* [常構成複合字]帶有(…)調子的，調子(…)的：shrill-*toned* 聲調尖銳的。
tóne-déaf *adj.* 音盲的，不善於分辨音調的。**～·ness** *n.*
tóne lànguage *n.* Ⓒ《語言》音調[聲調]語言《藉音調的變化而區別語意的語言；如中國話等》。

tóne·less *adj.* 無音調[抑揚]的；無色調的；單調的；無風格的，平凡的。～**·ly** *adv.* ～**·ness** *n.*

ton·eme [ˈtonim; ˈtouniːm] *n.* Ⓒ音[聲]調素《在一音調語言中包含某一音調之對比特色的音素》。

tóne pàinting *n.* ⓊⒸ音樂描寫術；音樂傳神法；音樂暗示法。

tóne pòem *n.* Ⓒ《音樂》交響詩；音詩《形容某一故事、場面等的管弦樂曲》。

to·net·ics [toˈnɛtɪks; touˈnetiks] *n. pl.* [當單數用]音調學。

tong[1] [taŋ, tɔŋ; tɔŋ] 《源自中文「堂」之義》 —*n.* Ⓒ **1** (中國的)黨，公會，幫會，堂。**2** 《美》(尤指)華裔美人的黑社會組織。

tong[2] [taŋ, tɔŋ; tɔŋ] *v.t.* 用鉗子(tongs)鉗住[採集，搬弄]…。
—*v.i.* 使用鉗子。
—*n.* [～s] ⇨ tongs.

Ton·ga [ˈtaŋgə; ˈtɔŋgə] *n.* 東加王國《由南太平洋紐西蘭東北方斐濟(Fiji)東方的三個羣島構成的波里尼西亞人王國；首都努瓜婁發(Nukualofa [ˌnukuəˈlofə; ˌnuːkuəˈlɔːfə])》。

tongs [tɔŋz; tɔŋz] *n. pl.* [又作 **a pair of** ～] 夾具，鉗子；火鉗，…夾：coal [ice, sugar] ～ 煤[冰，方糖]夾。

hámmer and tóngs ⇨ hammer.

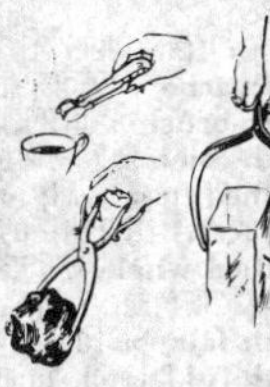
tongs

‡**tongue** [tʌŋ; tʌŋ] *n.* **1** Ⓒ舌：a coated [dirty, furred] ～ 變白的舌頭，上面有一層舌苔的舌頭/put [stick] out one's ～ (表示輕蔑時或受診療時)伸出舌頭/stick [put] one's ～ in one's cheek 用舌頭使臉頰鼓起《諷刺、輕蔑等的表情》。
2 Ⓒ[當作菜名時爲Ⓤ](牛、羊等的)舌(肉)：stewed ～ 燉舌肉。
3 Ⓒ **a** 言語能力；話，談話；發言：lose one's ～ (因羞怯等而)說不出話來/His ～ failed him. 他說不出話來。**b** 口才，辯才；措詞，說法：a long ～ 長舌，饒舌/have a ready [fluent] ～ 口才好，口齒伶俐/have a spiteful [bitter] ～ 嘴毒，說話刻薄/Watch your ～. 措詞要謹慎；說話要小心。**c** 語言，國語；外國語：⇨ mother tongue/ancient ～*s* 古典語/the confusion of ～*s* 言語的混亂《★出自聖經「創世記」》。
4 Ⓒ舌狀物：**a** 細長的海岬；狹窄的峽灣。**b** 鞋舌(⇨ shoe 插圖)。**c** (鈴、鐘的)活動錘。**d** 火舌。**e** 《音樂》管樂器的簧舌。**f** 胸針等的別針。**g** 車的轅桿。**h** 《鐵路》轉轍器上可移動的短軌條。**i** 《機械》榫，舌。**j** 日晷、磅秤等的指針。

bíte one's **tóngue óff** 對剛剛說的話後悔(得幾乎要咬掉舌頭)，後悔失言。

fínd one's **tóngue** (在因受驚等而啞口一段時間之後)恢復說話能力。

gèt one's **tóngue aróund** [**róund**] 《口語》把發音困難的字[姓名等]正確地發音，字正腔圓地發音。

give a person **the róugh édge of** one's **tóngue** ⇨ edge.

gìve tóngue 清晰地說，大聲嚷，高聲狂喊《★獵狗發現獵物時會狂吠以報知其主人》。

hóld one's **tóngue** 保持緘默：*Hold* your～！住口！

kèep a cívil tóngue (**in** one's **héad**) 措詞謹慎，說話有禮貌。

on the típ of one's **tóngue** ⇨tip[1].

sèt tóngues wágging 引起議論，成爲談論的話題。

wág one's **tóngue** 連續不斷[一口氣]地講下去。

(**with** one's)**tóngue in** (one's) **chéek** 《口語》口是心非地，不老實地；譏諷地，挖苦地。

—*v.t.* (**tongu·ing**)〔十受〕用舌尖或舌根吹奏〈長笛等〉(成斷音)。
—*v.i.* (吹長笛等時)用舌頭切成斷音。

tongued *adj.* [構成複合字] **1** 有…舌頭的；舌頭…的，…舌的：double-*tongued* 一口兩舌的，撒謊的。**2** 說話…的：foul-*tongued* 說話下流的，口出穢言的，出言粗鄙的。

tóngue deprèssor *n.* Ⓒ壓舌板；壓舌器《醫生檢查病人口腔時所用的工具》。

tóngue-in-chèek *adj.* 不能認眞的；不能當眞的；諷刺的。

tóngue-làsh *v.t.* 《口語》嚴厲叱責，訓斥，痛罵〈人〉。

tóngue-làshing *n.* ⓊⒸ《口語》嚴厲的責備。

tongue·less [ˈtʌŋlɪs; ˈtʌŋlis] *adj.* **1** 無舌的。**2** 緘口不言的；緘默的。

tóngue-tìed *adj.* (因受驚、羞怯等而)說不出話的；張口結舌的。

tóngue twìster *n.* Ⓒ難發音而令人說不順口的字句，繞口令《如 Peter Piper picked a peck of pickled pepper. 等》。

ton·ic [ˈtanɪk; ˈtɔnik] *n.* **1** Ⓒ **a** 强壯劑，滋補品，補藥；養髮劑。**b** (在精神上)使人振作之物，鼓舞之物：Your cheering was a real ～ *for* our team. 你們的喝采加油眞的使我隊精神振奮。
2 (又作 **tónic wàter**) Ⓤ奎寧水《加了奎寧的蘇打水》。
3 Ⓒ《音樂》主(調)音(keynote)。
—*adj.* **1 a** 〈醫藥等〉滋補的，使人强壯的：a ～ medicine 補藥，强壯劑。**b** 〈空氣等〉清爽的；使人振作的。
2 《音樂》主(調)音的：the ～ sol-fa 首調唱法，梭法譜法《用 do, re, mi, fa, sol, la, ti 之起首字母的記譜、教唱法》。
3 《語言》聲調的《指某些語言，例如中文，是藉音調的變化而區別語意的》。

to·nic·i·ty [toˈnɪsətɪ; touˈnisəti] 《tonic 的名詞》—*n.* Ⓤ **1** (身心的)强壯，强健。**2** 《生理》(肌肉組織或動脈等的)緊張力，彈性。

‡**to·night** [təˈnaɪt; təˈnait, tuˈn-] *adv.* 今夜，(在)今晚：*T*～ I shall be free. 今晚我有空/I hope you will sleep better ～ than you did last night. 我希望你今晚睡得比昨晚好。
—*n.* Ⓤ[無冠詞]今夜，今晚：This must be done before ～. 這件事必須在今晚以前做好/ ～'s television programs 今晚的電視節目。

tón-míle *n.* Ⓒ噸哩《鐵路、飛機等用以表示某期間內運輸量的單位》。

tonn. 《略》tonnage.

ton·nage [ˈtʌnɪdʒ; ˈtʌnidʒ] *n.* Ⓤ **1 a** 噸位《船舶的容積噸數，以一百立方呎爲一噸位計算》：gross ～ 總噸位/displacement ～ 排水噸位《所排的水的重量；以海水三十五立方呎的重量爲一噸計算》。**b** (船的載重)噸位。
2 (屬於某一個國家的商船的)總噸位。
3 (船隻、船貨的)噸稅。

tonne [tʌn; tʌn] *n.* Ⓒ公噸(metric ton)《略作 t.》。

ton·neau [təˈno, tʌ-; ˈtɔnou] *n.* (*pl.* ～**s**, ～**x** [～z; ～z])Ⓒ **1** 早期汽車具有座席的後部車身。**2** 法國的一種輕便兩輪馬車。

to·nom·e·ter [toˈnamətɚ; touˈnɔmitə] *n.* Ⓒ **1** 音調計。**2** 音叉。**3** 《醫》眼球內壓計，血壓計，張力[壓力]計。

ton·sil [ˈtansḷ, -sɪl; ˈtɔnsl, -sil] *n.* Ⓒ《解剖》扁桃腺[體]。

ton·sil·(l)ar [ˈtanslɚ; ˈtɔnslə] *adj.*

ton·sil·li·tis, ton·si·li·tis [ˌtanslˈaɪtɪs; ˌtɔnsiˈlaitis] *n.* Ⓤ《醫》扁桃腺炎。

ton·sil·lot·o·my [ˌtanslˈatəmɪ; ˌtɔnsiˈlɔtəmi] *n.* ⓊⒸ《外科》扁桃體切除術。

ton·so·ri·al [tanˈsorɪəl; tɔnˈsɔːriəl] 《tonsure 的形容詞》—*adj.* 理髮師的，理髮(術)的《★常當戲謔語用》：a ～ artist [parlor] 理髮師[店]。

ton·sure [ˈtanʃɚ; ˈtɔnʃə] *n.* **1** Ⓤ **a** (僧侶的)剃髮，削髮。**b** 《基督教》剃髮式；受戒；僧職。
2 Ⓒ (在剃髮式中)剃光頭髮的頭頂部分。
—*v.t.* (於剃髮式)剃度〈人〉。

tonsure 2

ton·tine [ˈtantin, tanˈtin; tɔnˈtiːn, ˈtɔntiːn] 《源自首創者義大利銀行家 Lorenzo *Tonti* 之名》 —*n.* **1** [T～] Ⓤ唐提聯合養老保險制《參加者的一組人共享一筆或多筆的養老金，其中若有一人死亡，其所享分額由生存者分享，直到最後剩下一人，二人，或三人》。**2** [集合稱] 唐提聯合養老制之參加者。**3** Ⓒ每位參加者所擔負之一分額；此等金額總數。**4** Ⓒ任何類似之保險制。

tón-ùp *adj.* 《英俚》 **1** 乘摩托車風馳電掣而過的。**2** 乘摩托車飛馳而過的少年的。

To·ny[1] [ˈtonɪ; ˈtouni] *n.* 東尼《男子名；安東尼(Anthony)，Antony 的暱稱》。

Tony[2] [ˈtonɪ; ˈtouni] 《源自美國女演員 Antoinette Perry 之暱稱》—*n.* (*pl.* ～**s**)Ⓒ東尼獎《每年由 American Theater Wing 頒給傑出戲劇製作人或演員的獎》。

‡**too** [tu; tuː] 《源自介系詞 to 之强調形》 —*adv.* (無比較級、最高級) **1** [通常用在句尾或句中] **a** 也，亦，又：She is beautiful, and good ～. 她美麗又善良/I can play the piano(,) ～.＝I, ～, can play the piano. [重讀 I 時]我也會彈鋼琴；[重讀 piano 時]鋼琴我也會彈。
[語法](1) also 適於陳述客觀的事實，而 too 則較爲口語化並帶有感情的色彩，同時語意較强。(2) too 用於肯定句；在否定句中表示「也，亦，並且」等時，用 either(如 I cannot play the piano, *either.* 我也不會彈鋼琴；鋼琴我也不會彈)。但在含有肯定之意的否定疑問句中，或放在否定語之前時，仍用 too(如 Won't you come with me, ～？你不跟我一起來嗎？/I, ～, haven't seen it before. 以前我也沒見過它)。
b 加上，加之，並且：It snowed last night, and in April ～！昨晚下了雪，並且是在四月！**c** 《美口語》[反駁對方否定的言詞]還是，事實上(indeed)："I don't go there often."—"You do ～." 「我不常去那兒。」「(哪裏，)事實上你常去呢。」
2 [置於形容詞、副詞前] **a** 〔十介十(代)名〕〔對於…〕過於…，太…〔*for*〕：～ beautiful *for* words 美麗得無法用言詞形容/He is ～ young *for* the task. 他太年輕，不能勝任這項工作/This is ～ large a room *for* us. 對於我們而言，這房間太大了《★[用法]有時說 a ～ large room》。**b** 〔十*to* do〕太…了〈不能…〉，…得〈不

能…〉《★囲法 only too...to, too apt [likely, ready] to... 等表示肯定之意；⇨only TOO (2)》：The thing is ～ good *to* be true. 這事太好了，恐怕不會是眞的。**c** 〔十 *for* 十(代)名十 *to* do〕〔對…而言〕太…了〈不能…〉，…得〈不能…〉：This problem is ～ difficult *for* you *to* solve. 這問題太難了，你解決不了《★變換 可換寫成 This problem is so difficult that you cannot solve it.》. **d** 太…，過於…：The tea is (a bit) ～ hot. 這茶太燙了(一點兒) /He arrives late ～ often. 他太常遲到了/I hope you're not ～ (much) bothered by his criticism. 我希望你不會過於爲他的批評所困擾《★囲法 在當作動詞用的分詞和它前面的 too 之間加 much 是較爲拘泥的措詞》。

3 [置於形容詞、副詞前]《口語》非常，極爲，很，太：That's ～ bad. 那很可惜；那太糟糕了/I'm not feeling ～ well today. 我今天感覺不太舒服。

áll tòo 殊，極，甚：It ended *all* ～ soon. 它結束得太早[快]了。

but tóo ＝only TOO (1).

cannòt...tòo... 無論怎樣…也不爲過，再…也不會過分[不嫌多]。You *cannot* be ～ diligent [*cannot* work ～ hard]. 你無論怎樣勤奮也不爲過《你再怎麼勤奮也無法達到太勤奮的地步，因此不妨儘管勤奮》。

nóne tòo ⇨ none *adv.* 2.

ònly tóo (1)遺憾(的是)，不幸：It is *only* ～ true. 很遺憾，這是眞的。(2)極，非常：I shall be *only* ～ pleased to come. 我會極其樂意來。

tòo múch (**for** one) (對…而言)處理不了，無法應付，受不了，不能勝任，…不來：The book is ～ *much* (*for* me). 這本書(對我而言)太難。

tòo múch of a góod thíng 雖好却過度而令人受不了之物，過猶不及(之物)：One [You] can have ～ *much of a good thing.* 再好的東西，如果太多會使人厭膩。

too·dle-oo [ˌtudlˈu; ˌtu:dlˈu:] *interj.* 《口語》再見。

‡took [tuk; tuk] *v.* **take** 的過去式。

***tool** [tul; tu:l] *n.* Ⓒ **1 a** (工匠等手工用的)器具，工具，用具(⇨ instrument【同義字】)：an edged ～ 刀具/the ～*s* of one's trade 職業用具。**b** 工作機械。**2** 手段：Words are the ～*s* of thought. 言辭是表達思想的手段。**3** 走狗，爪牙，傀儡，嘍囉：He is a mere ～ *of* the labor union. 他只不過是工會的一個嘍囉罷了。**4** 《俚》陰莖(penis). **5** (油漆用的)小刷子。

dówn tóols ⇨ down¹ *v.*

—*v.t.* **1** 〔十受〕用工具加工〈皮革等〉。**2** 〔十受十副〕裝備(新)機械於…〈*up*〉：～ *up* a factory 裝備新機械於工廠。**3** 壓印圖案於…。**4** 駕駛[驅]〈車〉。**5** 〈馬〉拖運〈馬車上的人〉。

—*v.i.* **1** 用工具加工。**2** 〔十副〕裝備新機械於工廠〈*up*〉. **3** 〔十副詞(片語)〕《口語》搭車，開車。

tóol·bòx *n.* Ⓒ工具箱。

tóol engineèring *n.* Ⓤ工具工程。

tool·ing [ˈtulɪŋ; ˈtu:liŋ] *n.* Ⓤ **1** 工具製造。**2** 以型具壓印圖案或花紋於書籍封面上。**3** [集合稱]一套工具[機械](的準備[設備])。

tóol·ròom *n.* Ⓒ(工廠內)修理、存放工具的房間。

tóol·shèd, tóol·hòuse *n.* Ⓒ工具房，工具間。

tóol sùbject *n.* Ⓒ《教育》工具學科《如文法、拼寫、計算等幫助學生從事其他學科或工作者》。

toon [tun; tu:n] *n.* **1** Ⓒ澳洲紅椿《澳洲及東印度羣島所產之椿屬喬木》。

2 Ⓤ此種樹之木材《類似桃花心木，用以做家具及雕刻》。

toot [tut; tu:t] *v.i.* **1** 〈人〉吹(響)喇叭[笛(等)]。**2** 〈喇叭、笛等〉嘟嘟響。**3** 〈象、驢、松雞等〉鳴叫。

—*v.t.* 吹(響)〈喇叭、笛等〉，鳴〈警笛等〉。

—*n.* Ⓒ **1** 口哨[喇叭(等)]的吹響[吹奏]。**2** 口哨[喇叭(等)]的鳴聲。

‡tooth [tuθ; tu:θ] *n.* Ⓒ (*pl.* **teeth** [tiθ; ti:θ]) **1 牙齒**：a canine ～ 犬齒/a milk ～ 乳齒/a molar ～ 臼齒/an incisor ～ 前齒，門牙/a wisdom ～ 智齒/a false [an artificial] ～ 假牙，義齒/have a ～ pulled (out) (接受)拔牙/cut a ～ 長出牙。

> 【說明】在英美傳說，如果小孩將掉落的乳齒放在枕頭下或地毯下，掉牙仙子(tooth fairy)《實際上是小孩的父[母]親》會將它換成錢幣。

2 齒狀之物：**a** (齒輪、梳子、耙等的)齒。**b** (鋸、銼刀等的)齒。

3 (食物的)嗜好，愛好：have a sweet [dainty] ～ 嗜吃甜食[美味珍食《對吃講究》]。

be féd to the téeth (**with...**) ⇨ fed *adj.* 2.

cást [**thrów**] **... in** a person's **téeth** 爲〈過失等〉而叱責某人，責備。

cút one's **téeth on...** 從襁褓時就開始學…；由…開始學《★因係從還沒有出牙的幼兒時開始》。

gèt one's **téeth into...** 認眞地致力於，認眞地搞〈工作等〉。

in the [a person's] **téeth** 面對(某人)，明目張膽地，公然。

in the téeth of... 不顧，蔑視；冒著，正面受著，逆著…；當著…的面前：walk *in the teeth of* the wind 正面受著[逆著]風走路。

kíck a person **in the téeth** 將〈某人〉整慘，苛刻地對待…。

lie in one's **téeth** ⇨ lie² *v.*

lóng in the tóoth 《口語》年老《★馬年老時，牙床縮小而牙齒顯長》。

sèt one's **téeth** 〔對困難、不愉快之事等〕咬緊牙關〔*against*〕.

sèt a person's **téeth on édge** 給人一種(會使牙根鬆動般)不愉快的感覺，使人覺得緊張或不安《★出自聖經「耶利米書」》。

shów one's **téeth** 張牙露齒，表示憤怒；恐嚇，威脅。

tóoth and náil [當副詞用]用盡手段，想盡辦法，傾全力，拚命：They fought ～ *and nail.* 他們拚死戰鬥。

to the téeth 完全地，徹底地：be armed *to the teeth* 全副武裝著。

— [tuθ, tuð; tu:θ] *v.t.* 〔十受〕 **1** 給…裝齒[齒狀物]；將〈鋸條等〉切成齒狀。

2 使…的表面粗糙。

3 咬…。

—*v.i.* 〈齒輪〉相咬合。

tóoth·àche *n.* ⓊⒸ牙痛：have (a) ～ 牙齒疼，患牙痛。

tóoth·brùsh *n.* Ⓒ牙刷。

tóoth·còmb *n.* Ⓒ密齒梳。

toothed [tuθt, tuðd; tu:θt, tu:ðd] *adj.* **1** 有齒的，鋸齒狀的。**2** [構成複合字]牙齒…的。

tóothed whàle *n.* Ⓒ《動物》齒鯨《齒鯨亞目動物的統稱，包括抹香鯨、獨角鯨、白鯨、逆戟鯨、海豚等》。

tóoth fàiry *n.* [**the** ～]掉牙仙子(⇨ tooth【說明】)。

tooth·ful [ˈtuθful; ˈtu:θful] *n.* Ⓒ一口食物，一口酒；少量的酒。

tóoth·less *adj.* 無齒的。

tóoth·pàste *n.* Ⓤ [指產品個體或種類時爲Ⓒ] 牙膏。

tóoth·pìck *n.* Ⓒ牙籤。

> 【說明】在他人面前使用 toothpick 被視爲不禮貌的行爲，即使以手掩蔽也是一樣；在餐廳等處，牙籤不在餐桌上而放在 cashier (會計)處，客人於結帳之後拿到外面使用。

tóoth pòwder *n.* Ⓤ牙粉。

tooth·some [ˈtuθsəm; ˈtu:θsəm] *adj.* 〈食物〉美味的，可口的；看起來美味可口的。**～·ly** *adv.* **～·ness** *n.*

tooth·y [ˈtuθɪ; ˈtu:θi] *adj.* 《口語》露出牙齒的：a ～ smile 露出牙齒的微笑。

too·tle [ˈtutl; ˈtu:tl] *v.i.* **1** 輕柔地吹(笛等)，反覆地吹。**2** 〔十副詞(片語)〕《口語》緩慢地走[開車]：I must ～ *off.* 我得走了。

—*v.t.* 輕柔或反覆地吹〈笛等〉。

—*n.* Ⓒ吹笛等的聲音。

toots [tuts; tu:ts] *n.* ＝tootsy.

toot·sie [ˈtutsɪ; ˈtutsi] *n.* 《兒語》＝tootsy 2.

toot·sy [ˈtutsɪ; ˈtutsi] *n.* **1** [用以稱呼女子]《美口語》小姐，姑娘。**2** Ⓒ(小孩、女人的)腳。

‡top¹ [tap; tɔp] *n.* **1** Ⓒ **a** [常 **the** ～] (物之)**上端**，頂端，頂〔*of*〕：*the* ～ *of* a mountain 山頂/*the* ～ *of* a tree 樹梢/at *the* ～ of a staircase 在階梯的最上面。

> 【同義字】top 指物的最高點或最高部分，是最廣泛的用字；peak 是山脈或一系列數字、座標圖中最高的一點[值]；summit 是山頂或必須努力始能到達的，類似山頂之物。

b 頭頂(head)《★常用於下列片語》：⇨from TOP¹ to bottom, from TOP¹ to toe.

2 Ⓒ [常 **the** ～] **a** (書頁、地圖等的)上端，上部，上段，上欄：at *the* ～ of a page 在書頁的上端/the third line from *the* ～ 從上面算起第三行。**b** (餐桌、房間等的)上席，上座，首席：sit *at the* ～ *of* the table 坐在餐桌的首席。

3 Ⓒ **a** [常 **the** ～] (物之)**上面**，表面：*the* ～ of a table 餐桌的桌面。**b** (馬車、汽車等的)車頂，車篷。**c** 蓋，塞，帽，鞘套。

4 Ⓒ [常 **the** ～] **第一名**，首席，最上位，榜首：come (out) at *the* ～ of the class 得班上的第一名[在班上名列前茅]。

5 a [**the** ～] 絕頂，極點，頂點，最高度：*at the* ～ *of* one's voice 以高聲。**b** Ⓤ《英》《汽車》最高速檔：in ～ 以全速。

6 a [**the** ～] 最佳[高]部分[地位]，精華，精髓：⇨the TOP¹ of the ladder [tree]. **b** [～**s**；常 **the** ～**s**；當形容詞用作補語]《俚》頂尖的，最好的：He is (*the*) ～*s* in this field. 他在這方面是頂尖的[最爲傑出]。

7 Ⓒ **a** (鞋的)腰皮《在鞋面皮(vamp)上面的部分》。**b** (馬靴等的)最上面部分。

8 Ⓒ [常 ～**s**] (植物)在地面上的部分，嫩芽。

9 a Ⓒ (上下二件式套裝的)上身部分。**b** [～**s**] (睡衣的)上衣(cf. bottom 4, trousers).

10 Ⓒ (舟艇划手的)第一號。

11 Ⓒ《棒球》(一局比賽的)前半部，上半局(⟷ bottom).
12 Ⓒ《航海》桅樓。
blów one's **tóp**《口語》(抑制不住而)發脾氣。
from tóp to bóttom 完全地，全部地。
from tóp to tóe (人)從頭到腳，完完全全地。
gèt on tóp of... (1)征服…。(2)開始使…負荷不了。
gèt to [réach] the tóp 出類拔萃，出衆，成名。
gò óver the tóp 採取斷然措施，採取强硬手段。

【字源】跳出壕溝反守爲攻之義。

òff the tóp of one's **héad**《口語》不加思索地，立即。
on (the) tóp of (1)在…的上面：*on ～ of* the ice cream 在冰淇淋上面。(2)除了…之外：*on ～ of* that 除了那樣之外。
on tóp (1)在上邊。(2)成功地；勝利地。
on tóp of the wórld 歡天喜地的，興高采烈的，得意洋洋的：He felt *on ～ of the world.* 他高興得心情飄飄然。
the tóp and bóttom of it《口語》(1)整個，全部。(2)理由，原委。
the tóp of the ládder [trée] 最高地位：be at [reach, rise to] *the ～ of the ladder [tree]* 居於[達到，升到]最高地位，執牛耳。
tóp of the póps《口語》(1)熱門音樂歌曲排行榜首，暢銷冠軍熱門音樂唱片(的)。(2)很受歡迎的；很成功的。
—*adj.* [用在名詞前] **1** 最上面的：one's ～ lip 上唇/the ～ floor 頂樓，最上層樓/the ～ rung 梯子的最上一級；成功的顚峯，登峯造極；最高[重要]的地位，首位。
2 最高的；最重要的：～ price(s) 最高價格，高價/at ～ speed 以全速[最高速度]/the ～ news 頭條新聞/～ secret 最高機密。
3 第一名的：I came out ～ in the test. 我考試得第一名。
—*v.t.* (**topped**; **top·ping**) 〔十受〕 **1** 加頂於…，加蓋於…《★常以過去分詞當形容詞用，介系詞用 *by*, *with*》：～ a carriage 加車頂於馬車/snow-*topped* mountains 頂上積雪的羣山/The church is *topped* **by** [**with**] a steeple. 這所教堂的頂端有尖塔/The ice cream was *topped* **with** chocolate. 冰淇淋上面敷了一層巧克力。
2 爲…的頂點，位於…的頂端：A church ～*s* the hill. 山丘頂上矗立著一所教堂/The book ～*s* the best-seller list. 那部書居於暢銷書排行榜的首位。
3 登上[到達]…頂；升到…之上：We *topped* the hill at noon. 我們在中午到達了小山的山頂/The sun has *topped* the horizon. 太陽升在地平線之上。
4 a (於高度、重量等)超越，高過…：The fish *topped* 80 pounds. 那條魚重量超過八十磅/She ～*s* her mother *by* a head. 她比她母親高出一個頭。**b** (於質、本領等)優於，勝過，凌駕…：His ability *topped* all the others. 他的才能凌駕[超出]其他所有的人/John ～*s* them all at baseball. 約翰的棒球打得比他們都好。
5 切去〈植物〉的葉子部分，截去…的頂端：～ beets 切去甜菜的葉子。
6 《高爾夫》擊〈球〉的上半部。
tóp óff 《*vt adv*》(1)完成，做完，結束…：～ *off* one's dinner *with* coffee 以喝咖啡結束用餐。(2)《美》祝賀〈房屋〉的落成(《英》top out).
tóp óut 《*vt adv*》《英》祝賀〈房屋〉的落成(《美》top off).
tóp úp 《*vt adv*》(1)將…裝滿(到頂端)：*T～* her *up*! 把車加滿(油)！(2)把〈人〉的杯子倒滿；給〈杯子〉加滿。
to tóp it áll 加之，更有甚者。

top² [tap; tɔp] *n.* Ⓒ陀螺：spin a ～ 轉陀螺/whip a ～ 打陀螺/The ～ sleeps [is sleeping]. 陀螺定轉。
(as) sóund as a tóp ⇨ sound².
sléep like a tóp 熟睡，睡得很熟。

to·paz [ˋtopæz; ˈtoupæz] *n.* Ⓤ[指珠寶個體時爲Ⓒ]《礦》黃玉，黃晶(⇨ birthstone 表)。

tóp banána «源自昔時對合演喜劇之三名演員中警句最佳者賞以香蕉之慣例»**—*n.*** Ⓒ《俚》**1** (喜劇的)主角諧星。**2** 臺柱，重要人物。

tóp bòot *n.* Ⓒ[常～s]長統靴，馬靴《長及膝部，上端圍有淡色寬皮帶》。

tóp bràss *n.* Ⓤ[常 **the** ～；集合稱]高級將領《★用法視爲一整體時當單數用，指個別成員時當複數用》。

tóp·còat *n.* **1** Ⓒ薄大衣，外套。**2** ⓊⒸ油漆的表層。

tóp dóg *n.* Ⓒ《俚》勝者；主要人物，發號施令者。

tóp·dráwer *n.* [the ～]最高社會階層，上流階級。

tóp-dráwer *adj.* [用在名詞前]最高的，最高級別的，頭等重要的。

tóp-drèss *v.t.* **1** 施肥於〈地面〉上。**2** 〔十受十介十(代)名〕〔以…〕鋪〈地面〉〔*with*〕；鋪…於〔地面〕上〔*on*〕.

tóp·drèssing *n.* Ⓤ施肥，施頂肥；鋪裝地面。

tope¹ [top; toup] *v.i.* & *v.t.*《文語》豪飲；濫飲(〈酒〉)。

tope² [top; toup] *n.* Ⓒ《魚》翅鯊《歐洲產的一種小鯊》。

tope³ [top; toup] *n.* Ⓒ(佛教國)頂呈半圓形之佛塔；浮屠；陵廟。

to·pee [toˋpi, ˋtopi; ˈtoupi] *n.* Ⓒ(印度的)遮陽帽《以印度合萌(sola)的木髓製成的遮陽盔帽》。

To·pe·ka [təˋpikə; təˈpiːkə] *n.* 托皮卡《美國堪薩斯州(Kansas)之首府》。

top·er [ˋtopɚ; ˈtoupə] *n.* Ⓒ豪飲者；酒徒。

top·flíght *adj.*《口語》一流的，最高級的：a ～ pianist 一流鋼琴家。

top·gal·lant [ˏtapˋgælənt; ˌtɔpˈgælənt;《航海》təˋgælənt; təˈgælənt] *n.* Ⓒ《航海》**1** 上桅《由底下算起第三桅》。**2** 上桅帆。
—*adj.* 上桅的。

tóp géar *n.* Ⓤ《汽車》《英》最高速的排檔(《美》high gear).

tóp hàt *n.* Ⓒ高頂絲質禮帽。

top hat

tóp-héavy *adj.* **1** 頭重腳輕的，上部過重的；不穩定[不均衡]的：That wheelbarrow is ～; it'll tip over. 那輛單輪手推車重心不穩，會翻倒。**2** [不用在名詞前]〔十介十(代)名〕〔因…而〕頭重腳輕的〔*with*〕：The poem is ～ **with** ideas. 這首詩因思想內容布局不當，顯得虎頭蛇尾。

To·phet(h) [ˋtofɪt, -ɛt; ˈtoufet] *n.* **1** 《聖經》陀斐特《據聖經舊約中記載昔日猶太人以火焚燒孩童作牲禮祭拜偶像火神(Moloch)之處；位於耶路撒冷(Jerusalem)附近(可能即爲 Hinnom 谷)；後成爲垃圾焚燒場，相傳其火未曾熄滅》。
2 [常 t～]Ⓤ地獄。

tóp-hóle *adj.*《英口語》最優的，第一流的。

to·pi [toˋpi, ˋtopi; ˈtoupi] *n.* ＝topee.

to·pi·ar·y [ˋtopɪˏɛrɪ; ˈtoupjəri] *adj.* 〈籬笆、庭木等〉剪修成裝飾形式的。
—*n.* ⓊⒸ用裝飾剪修法剪修過的花園；剪修花草使成裝飾形式的方法。

top·ic** [ˋtapɪk; ˈtɔpik] «源自 Aristotle 所著書名 *Topik'a*「平凡事」之義»**—*n. Ⓒ話題，論題，題目(⇨ subject A【同義字】)：current ～*s* 當今的話題/discuss the ～*s* of the day 討論時事問題。

top·i·cal [ˋtapɪkl; ˈtɔpikl] «topic 的形容詞»**—*adj.*** **1** 話題的，題目的，論題的。**2** 時事問題的：a ～ allusion 時事問題之提及/a ～ news film 時事影片。**3** 局部性的；局部的。
～·ly [-klɪ; -kli] *adv.*

top·i·cal·i·ty [ˏtapɪˋkælətɪ; ˌtɔpiˈkæləti] «topical 的名詞»**—*n.*** **1** Ⓤ主題性；時事性；局部性；地區性。**2** Ⓒ[常 **topicalities**]時事性話題；僅止於時事性話題之事物。

tópic [tópical] séntence *n.* Ⓒ主題句《代表某篇文章主旨的一個句子》。

tóp·knòt *n.* Ⓒ **1** (婦女頭上戴的)髮飾。**2 a** (頭頂的)一撮毛髮。**b** (人的)頂髻。**3** (鳥的)冠毛。

tóp·less *adj.* **1 a** 〈女人〉露出胸部的，穿著上空裝的。**b** 有穿著上空裝的女郎的：a ～ bar 有上空女郎陪侍的酒吧。**2** 〈衣服〉上空的。

tóp-lével *adj.* 首腦的；高階層的：a ～ conference 高階層[首腦]會議。

tóp·lófty *adj.*《口語》〈態度等〉高傲的，矜持的，傲慢的。

top·man [ˋtapmən; ˈtɔpmən] *n.* (*pl.* **-men** [-mən; -mən])Ⓒ《航海》桅樓守望者。

tóp·màst *n.* Ⓒ《航海》頂桅《加接在下桅之上的帆柱》。

tóp·mòst *adj.* 最上面的，最高的，最高級的(highest).

tóp-nótch *adj.*《口語》第一流的，最高的，最優秀的。

top·o- [tapə-; tɔpə-] [複合用詞]表示「場所」之意《★在母音前爲 top-》.

to·pog·ra·pher [toˋpagrəfɚ, tə-; təˈpɔgrəfə, tou-] *n.* Ⓒ地形學家，地誌學家。

top·o·graph·ic [ˏtapəˋgræfɪk; ˌtɔpəˈgræfik←] *adj.* ＝topographical.

top·o·graph·i·cal [ˏtapəˋgræfɪkl; ˌtɔpəˈgræfikl←] «topography 的形容詞»**—*adj.*** **1** 地形學的。**2** 地形上的。
～·ly [-klɪ; -kli] *adv.*

to·pog·ra·phy [toˋpagrəfɪ, tə-; təˈpɔgrəfi, tou-] *n.* Ⓤ **1** 地勢，地形。**2** 地形學。**3** 地誌。

to·pol·o·gy [təˋpalədʒɪ; təˈpɔlədʒi] *n.* Ⓤ **1** 《數學》位相(學)；拓撲(學)。**2** 地誌學。**3** (物體等的)形態。

top·o·nym [ˋtapəˏnɪm; ˈtɔpənim] *n.* Ⓒ **1** 地名。**2** 以地名而命之名。

to·pon·y·my [təˋpanəmɪ; təˈpɔnəmi, tə-] *n.* Ⓤ地名學。

top·per [ˋtapɚ; ˈtɔpə] *n.* Ⓒ《口語》**1** (婦女用的)輕便短大衣。**2** 高頂絲質禮帽(top hat)。**3** (笑話等的)傑作。**4** 《英》第一流的[頂尖]人物。**5** (賣水果等時爲了吸引顧客而放在最上面的)蓋面貨。

tóp·ping *adj.* 《英俚・罕》最高級的；最棒的。

—*n.* **1** Ⓤ［指個體時爲Ⓒ］（蛋糕等的）上面的裝飾［配品］。**2** Ⓤ上部，上層。**3**［～s］（樹枝等）剪落之物。

topper 1

top·ple [ˋtɑpl; ˈtɔpl] *v.i.* **1**〔動（十副）〕（因頭重腳輕而）倒下〈*over*〉：The whole stack of goods ～*d* **over**. 整堆貨品倒了下來。**2**（搖搖欲墜地）向前傾：*toppling* crags 搖搖欲墜的危岩。

—*v.t.* 使…搖搖欲墜；推倒，弄翻…：He ～*d* his opponent. 他摔倒對方。

tóp-ránking *adj.* 職位高的；最高級的；第一流的。

top·sail [ˋtɑp,sel; ˈtɔpseil;《航海》-sl; -sl] *n.* Ⓒ《航海》中桅帆。

tóp sáwyer *n.* Ⓒ **1** 在上端鋸木之人。**2**《英口語》地位高的人；顯要之士。

tóp-sécret *adj.* 最高機密的，極機密的：a ～ document 最高［極］機密文件。

tóp sérgeant *n.* Ⓒ《美口語》士官長，情報士官。

tóp·sìde *n.* **1** Ⓤ《英》腰部上等（牛）肉。**2** Ⓒ［常 ～s］《航海》乾舷《在吃水線以上的舷側》。

tóp·sòil *n.* Ⓤ土壤的表層。

tóp·spìn *n.* Ⓤ前轉球，上旋球《打擊球的上半部，以使球向前進方向滾轉的旋轉法》。

top·sy-tur·vy [ˋtɑpsɪˋtɝvɪ; ˌtɔpsiˈtə:vi⁻] *adv.* **1** 顛倒地，相反地：fall ～ 倒栽而下。**2** 亂七八糟地，混亂地：Everything has turned ～. 事事都變得亂七八糟的。

—*adj.* **1** 顛倒的，相反的。**2** 亂七八糟的，混亂的。

—*n.* Ⓤ **1** 顛倒，相反。**2** 亂七八糟，混亂。

toque [tok; touk] *n.* Ⓒ無邊女帽，狹邊小圓帽。

toque

tor [tɔr; tɔ:] *n.* Ⓒ突岩，高岡。

-tor [-tɚ; -tə] 字尾 表示「…之人［物］」之意的名詞字尾（⇨ -or¹）。

To·ra, To·rah [ˋtɔrə; ˈtɔ:rə] *n.* ［**the** ～］**1**（猶太教的）律法，教律。**2** ＝Pentateuch.

torch [tɔrtʃ; tɔ:tʃ] *n.* Ⓒ **1** **a** 火炬，火把。**b**（知識、文化之）光［火炬］：the ～ *of* learning 學問［知識］之光［火炬］/hand on the ～ 將傳統［文化，知識］之火炬傳給後代。**2**《英》手電筒（《美》flashlight）. **3**《美》（用於焊接等的）氣炬，噴燈。

cárry a ［the］ tórch for… 對…燃起愛之火，單戀〈某人〉。

tórch·bèarer *n.* Ⓒ **1** 持火炬的人。**2** 帶來新知識（等）的人，文明的先驅；啓蒙者；啓人靈感的人；領導者。

tórch·lìght *n.* Ⓤ火炬之光。

—*adj.* 火炬的；持火炬的：a ～ procession 火炬遊行。

tor·chon [ˋtɔrʃɑn; ˈtɔ:ʃən, -ʃɔn] 《源自法語》 **—***n.*（又作 **tórchon láce**）Ⓤ亞麻線或棉線編成的粗花邊。

tórch sìnger *n.* Ⓒ《美》唱 torch song 的（女）歌手。

tórch sòng 《源自 carry a［the］TORCH for》 **—***n.* Ⓒ《美》（單相思等的）失戀歌。

***tore** [tor; tɔr; tɔ:] *v.* **tear²** 的過去式。

tor·e·a·dor [ˋtɔrɪə,dɔr; ˈtɔriədɔ:] 《源自西班牙語》**—***n.* Ⓒ騎馬鬥牛士（cf. matador）.

toreador

***tor·ment** [ˋtɔrmɛnt; ˈtɔ:ment] *n.* **1** Ⓤ［又作 ～s］苦痛，劇痛，苦惱，煩惱；受苦：be in ～ 苦惱/suffer ～(*s*) 受苦。**2** Ⓒ痛苦之因，煩惱之因：My wife is a real ～ *to* me. 我的老婆真令我苦惱。

— [tɔrˋmɛnt; tɔ:ˈment] *v.t.* **1**〔十受〕使〈人〉（在肉體、精神上）痛苦；使…受苦；折磨，拷打…（★常用被動語態，變成「感到苦惱［痛苦］」之意；介系詞用 *by, with*）：He *was* ～*ed* ***with*** remorse［(a) toothache］. 他因良心的責備［牙痛］而痛苦。**2**〔十受十介十（代）名〕〔以…〕使〈人〉感到困擾，使…苦惱，使…痛苦；〔以…〕欺負，虐待〈人〉〔*with, by*〕：Bob often ～*s* his teachers ***with*** silly questions. 鮑伯常以無聊的問題來困擾老師/Stop ～*ing* your mother ***by*** ask*ing* for money. 不要再向你媽媽要錢而使她傷腦筋。

tor·mén·tor [-tɚ; -tə] *n.* Ⓒ **1** 使人痛苦［煩惱］之人［物］。**2**《電影》（拍攝電影時用以防止回聲的）回聲防止幕。**3**《戲劇》舞臺兩側突出的幕帷。

***torn** [torn, tɔrn; tɔ:n] *v.* **tear²** 的過去分詞。

tor·na·do [tɔrˋnedo; tɔ:ˈneidou] 《源自西班牙語「旋轉」之義》**—***n.* Ⓒ（*pl.* ～es, ～s）**1** 龍捲風《尤常發生於西非或美國密西西比河（Mississippi）流域者，破壞力極大》。**2**（强烈的）颶風，旋風。

To·ron·to [təˋranto; təˈrɔntou] *n.* 多倫多《加拿大安大略湖（Ontario）畔的安大略省首府》。

tor·pe·do [tɔrˋpido; tɔ:ˈpi:dou] *n.* Ⓒ（*pl.* ～es）**1** 水雷，魚雷。

> 【字源】torpedo 一字源自拉丁文，原來是「無感覺」的意思。最初此字也用來指電鰩（electric ray），這種魚會使被觸者有觸電般的麻痺感覺。後來就借用此字來指擊沈船隻的「魚雷」。

2《美》《鐵路》響墩號誌［信號雷管］《置於鐵軌上，車輪輾壓即發出音響警告火車》。

3《魚》電鰩（electric ray）.

—*v.t.* **1** 用水雷［魚雷］破壞［攻擊］〈船艦〉。**2** 破壞〈政策、制度等〉，抨擊…以使其無效力：Their ridiculous demands ～*ed* the negotiations. 他們荒謬的要求破壞了談判。

torpédo bòat *n.* Ⓒ魚雷快艇。

torpédo-bòat destròyer *n.* Ⓒ（魚雷）驅逐艦《正式簡稱爲 destroyer》.

torpédo nèt［nètting］ *n.* Ⓒ魚雷防禦網《用以阻擋魚雷之襲擊者》。

torpédo tùbe *n.* Ⓒ魚雷發射管。

tor·pid [ˋtɔrpɪd; ˈtɔ:pid] 《源自拉丁文「麻痺，失去感覺」之義》**—***adj.*（～·er；～·est）**1** **a** 不活潑的，慢吞吞的。**b** 遲鈍的；麻木的。**2** 冬眠中的；蟄伏的。～·**ly** *adv.* ～·**ness** *n.*

tor·pid·i·ty [tɔrˋpɪdətɪ; tɔ:ˈpidəti] *n.* ＝torpor.

tor·por [ˋtɔrpɚ; ˈtɔ:pə] 《torpid 的名詞》 **—***n.* Ⓤ［又作 **a** ～］不活潑；蟄伏；遲鈍；（部分或完全的）麻痺。

torque [tɔrk; tɔ:k] *n.* **1** Ⓒ（古時條頓、高盧、不列顛人等用金屬絲製成的）首飾、項圈、手鐲等。**2** Ⓤ《物理》轉矩，扭矩。

tor·rent [ˋtɔrənt, ˋtɑr-; ˈtɔrənt] *n.* Ⓒ **1** 急流，激流，奔流，湍流。**2**［常 ～s］傾盆大雨：～*s of* lava 流瀉的熔岩/The rain is falling *in* ～*s*. 大雨傾盆。**3**〔言詞等的〕滔滔不絕，〔發問等的〕連續不斷；〔感情等的〕迸發，奔放〔*of*〕：a ～ *of* abuse［eloquence］罵不絕口［滔滔雄辯］。

tor·ren·tial [tɔˋrɛnʃəl, tɑ-; təˈrenʃl] 《torrent 的形容詞》**—***adj.* **1** **a** 急流（般）的；傾盆［如注］的：～ rain 豪雨。**b** 因急流的作用而產生的：～ gravel 急流沖來的碎石［砂礫］。**2**〈感情、言詞等〉猛烈的，激烈的，暴烈的：～ anger 激怒/a ～ flow of words（連珠砲般）滔滔不絕的言詞。～·**ly** [-ʃəlɪ; -ʃəli] *adv.*

tor·rid [ˋtɔrɪd, ˋtɑr-; ˈtɔrid] 《源自拉丁文「烤，弄乾」之義》**—***adj.*（～·er；～·est）**1**〈土地、地方等〉（被太陽熱力）燒焦的，曬焦的：a ～ desert 灼熱的沙漠。**2**〈氣候等〉酷熱的，炎熱的：It was a ～ summer day. 那是一個炎熱的夏日。**3** 熱烈的，熱情的：a ～ love letter 熱情洋溢的情書。～·**ly** *adv.*

tor·rid·i·ty [tɔˋrɪdətɪ; tɔˈridəti] 《torrid 的名詞》**—***n.* Ⓤ炎熱，酷熱。

Tórrid Zòne *n.* ［**the** ～］熱帶（cf. Temperate Zone, Frigid Zone）.

tor·sion [ˋtɔrʃən; ˈtɔ:ʃn] *n.* Ⓤ **1** 扭；捻；扭轉。**2**《機械》扭力；扭轉。**tór·sion·al** [-ʃənl; -ʃənl] *adj.*

tórsion bàlance *n.* Ⓒ扭力秤《藉細線之扭力而測定微力的一種儀器》。

tor·so [ˋtɔrso; ˈtɔ:sou] 《源自義大利語「樹幹」之義》**—***n.* Ⓒ（*pl.* ～s, -si [-si; -si:]）**1**（無頭部及四肢的）軀幹裸體雕像。**2**（人體的）軀幹。**3** 未完成［殘缺不全］的作品。

torso 1

tort [tɔrt; tɔ:t] *n.* Ⓒ《法律》過失罪，民事過失，侵權行爲《違約以外》。

tor·til·la [tɔrˋtija; tɔ:ˈtilə] 《源自西班牙語「蛋糕，餅」之義》**—***n.* Ⓒ［當作菜名時爲Ⓤ］一種圓形的玉米薄餅《在墨西哥等地用玉米粉（cornmeal）做成，常用以代替麪包》。

tor·toise [ˋtɔrtəs; ˈtɔ:təs] *n.* Ⓒ《動物》龜。

> 【同義字】tortoise 主指陸龜，turtle 則指海龜。

tórtoise·shèll [-təs,ʃɛl; -təʃel] *n.* **1** Ⓤ龜甲《某些種陸龜或海龜的堅硬之甲，有斑點，爲黃褐色，多用於製造梳子、眼鏡框等；尤指玳瑁（hawksbill turtle）的背甲》。

2 Ⓒ（白、黑、茶三色混雜的）花貓。

3（又作 **tórtoiseshell búttérfly**）Ⓒ《昆蟲》蛺蝶《翅上的斑紋類似玳瑁甲的黃褐色斑紋》。

—*adj.* ［用在名詞前］玳瑁的，玳瑁製的。**2** 玳瑁色［花紋］的：a ～ cat 花貓（⇨cat 相關用語）。

tor·tu·os·i·ty [ˌtɔrtʃuˋɑsətɪ; ˌtɔ:tjuˈɔsəti] 《tortuous 的名詞》**—**

n. Ⓤ Ⓒ 扭曲[彎扭]性，扭曲[彎扭]的情況；扭曲；不正，歪曲；彎曲。

tor·tu·ous [ˈtɔrtʃʊəs; ˈtɔ:tjuəs] *adj.* **1** 〈道路、水流等〉彎曲的，曲折的。**2** 〈心、方法等〉不正直的；歪曲的；拐彎抹角的。

～·ly *adv.* **～·ness** *n.*

tortoise(上)和 turtle(下)

tor·ture [ˈtɔrtʃɚ; ˈtɔ:tʃə] **《**源自拉丁文「扭」之義**》—***n.* **1 a** Ⓤ**拷問**，刑訊，刑求：put a person to (the) ～ 拷問某人/an instrument of ～ (刑求用的)刑具。**b** Ⓒ刑求的方法。**2** Ⓤ Ⓒ (身體或心靈的)**痛苦**，苦惱：be in ～ 處境痛苦/suffer ～ from a violent stomachache 因劇烈的胃痛而受折磨。

—*v.t.* 〔十受〕**1** 拷問〈人〉。**2** (在肉體或精神上)給予〈人〉很大的痛苦、折磨；使…苦惱《★常用被動語態，介系詞用 *by, with*》：He was *～d* ***with*** anxiety [***by*** his tight boots]. 他因憂慮[鞋子太緊]而苦惱。**3 a** 強行弄彎，扭曲〈盆栽、庭院樹木等〉：Winds have *～d* the branches of the trees into strange shapes. 風把樹木的樹枝扭曲成奇形怪狀。**b** 牽强附會，曲解〈言詞、文章等〉。

tór·tur·er [-tʃərɚ; -tʃərə] *n.* Ⓒ **1** 拷問者。**2** 折磨人之人[物]。

to·rus [ˈtorəs, ˈtɔr-; ˈtɔ:rəs] *n.* (*pl.* **to·ri** [-raɪ; -rai]) Ⓒ **1** 《建築》環狀半圓線腳裝飾；柱腳圓盤線腳。**2** 《幾何》環面[體]，環形圓紋曲面。**3** 《植物》花托；孔阜。**4** 《解剖》隆凸，圓凸，圓枕。

To·ry [ˈtorɪ, ˈtɔrɪ; ˈtɔ:ri] *n.* **1 a** [**the Tories**] (英國的)保皇黨，王黨《1679 年由支持 James, Duke of York 繼承王位的保皇派組成，並主張擁護國教及排斥非國教徒而與民黨[維新黨，輝格黨] (Whig) (現工黨的前身)對峙；至十九世紀成爲現在之 Conservative Party (保守黨)；cf. Whig 1a》。**b** Ⓒ保皇黨員。**2** [常 t～] Ⓒ保守黨員，保守主義者(Conservative)。**3** Ⓒ (美國獨立戰爭時的)親英派者。

—*adj.* **1** 英國保皇黨(員)的。**2** [常 t～] 英國保守黨(員)的，保守主義(者)的。

Tó·ry·ism [-rɪ,ɪzəm; -riizəm] *n.* [常t～] Ⓤ保皇[保守]主義。

tosh [tɑʃ; tɔʃ] *n.* Ⓤ《英俚》胡說，瞎扯。

toss** [tɔs; tɔs] (～**ed**, 《詩》**tost** [tɔst; tɔst]) *v.t.* **1** (輕輕地、隨便地往上)**投** (⇨ throw【同義字】)：**a** 〔十受(十副詞(片語))〕擲，扔，拋〈物〉；(由下向上)輕投；托〈球〉：～ a ball 扔球/～ ...*aside* [*away*] 把…擱在一邊[扔掉]/～ ...*into* the wastebasket 把…扔進字紙簍中/The catcher *～ed* the ball *back to* the pitcher. 捕手把球扔還投手。**b** 〔十受十受/十受十介十(代)名〕扔給〈人〉〈某物〉；將〈某物〉扔給〈人〉〔*to*〕：She *～ed* the beggar a dime. ＝She *～ed* a dime ***to the beggar. 她把一枚一角銀幣扔給那乞丐。

2 〔十受(十副詞(片語))〕將〈物〉(急速地)拋上(…)；將〈頭等〉忽然擡起：～ a pancake 把(鍋子中的)薄煎餅拋上去翻轉過來/～ (the) oars (在船中)把槳豎起《划船人員的敬禮方式》/The horse *～ed* the jockey (*off*). 馬把騎師摔落/～ one's head (*back*) 把頭往後仰《★表示冷漠、輕蔑、抗議等的姿態》/～ hay *about* 把乾草(用乾草叉等)向上撥[挑]起(以弄乾)/～ a person *in* a blanket 把某人放在毛毯上(由數人抓住毛毯邊緣合力把他)拋到空中。

3 a 〔十受(十副)〕向上擲〈硬幣〉(俟其落下後看正面或反面向上以決定順序、勝負等)〈*up*〉《★類似猜拳；cf. heads or tails (⇨ head 成語)》：～ (***up***) a coin 擲硬幣(以看是正面(heads)或是反面(tails))。**b** 〔十受(十副)十介十(代)名〕〔爲…而〕擲硬幣與〈人〉決勝負〈*up*〉〔*for*〕：I will ～ you ***for*** the armchair. 我要跟你擲硬幣以決定由誰坐這張扶手椅。**c** 〔(十副)十 *wh.*__/十 *wh.*十*to* do〕擲硬幣決定〈是否(做)…〉〈*up*〉：Let's ～ ***up*** *who* plays first. 我們來擲硬幣決定誰先玩吧/We *～ed* ***up*** *whether to* go or stay. 我們擲硬幣決定去或不去。

4 a 〔十受(十副)〕〈大浪〉使〈船〉激烈地搖蕩，使…顛簸；擾亂，打擾〈人、心〉〈*about*〉《★常用被動語態》：Our small boat *was ～ed* ***about*** in the heavy sea. 我們的小船在波濤洶湧的海中顛簸。**b** 〔十受(十副)〕[～ one*self*] 活動身體的各部位，輾轉反側〈*about*〉：He *～ed himself* ***about*** in bed. 他在床上翻來覆去。**c** 〔十受〕輕輕地攪拌〈沙拉等〉：～ a salad (爲使調味醬均勻而在碗中)攪拌沙拉。

—*v.i.* **1** 〔動(十副)〕**a** 〈海浪、船等〉(上下)**搖動**，**搖蕩**〈*about*〉：A boat was *～ing* on the waves. 一條小船在波浪中搖蕩著。**b** 輾轉，翻來覆去，打滾〈*about*〉：The patient *～ed* ***about*** in his sleep all day. 病人整天在睡眠當中輾轉反側。

2 a 〔動(十副)〕擲硬幣，擲硬幣決定〈*up*〉：“Who's to try first ?” —“Let's ～ (***up***).”「誰先試？」「我們來擲錢幣決定吧。」**b** 〔(十副)十介十(代)名〕〔爲…而〕擲硬幣決定〈*up*〉〔*for*〕：～ (***up***) ***for*** the seat 爲了那座位而擲硬幣決定。**c** 〔(十副)十 *to* do〕〈爲了要做…而〉擲硬幣決定〈*up*〉：～ (***up***) *to* decide who goes first 擲硬幣決定誰先去。

tóss it ín 《俚》認輸，投降。

tóss óff 《*vt adv*》(1)〈馬〉將〈騎師等〉摔落。(2)將〈酒等〉一飲而盡：He *～ed off* his whiskey. 他把威士忌一飲而盡。(3)將〈工作等〉輕易地做完：～ *off* a task 輕易地把工作處理掉。(4)[～＋one*self*＋off]《英鄙》手淫。

—*n.* **1** Ⓒ **a** 投上，拋上，扔上，擲上；(頭的)猛然揚起，擡起，舉起：*with* a disdainful ～ of his head 傲慢地把他的頭一揚。**b** 《罕》墜馬《★常用於下列片語》：take a ～ 摔下馬。**2** [用單數；常**the** ～] (海浪等的上下的)搖動，(船等上下的)顛簸(pitch)。**3** [**the** ～] (以決定順序等爲目的之)擲硬幣(toss-up)：win [lose] *the* ～ 擲錢幣猜贏[猜輸]；(比賽開始時)擲贏[輸]。

árgue the tóss 《口語》對已經決定的事唱反調[挑剔]。

tóssed sálad *n.* Ⓒ [當作菜名時爲Ⓤ] 青菜加上切薄的洋葱、番茄片，再加調味汁攪拌而成的沙拉。

tóss-up *n.* **1** Ⓒ [常用單數] (以決定勝負等爲目的之)擲硬幣。

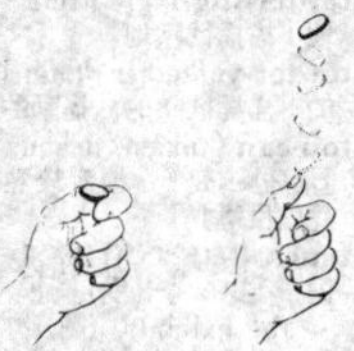

toss-up 1

> **【說明】**擲錢幣時，正面稱作 head，反面稱作 tail. 運動比賽時常用擲錢幣來決定哪一隊先攻；cf. heads or tails (⇨ head)。

2 [**a** ～] 《口語》成敗各半的機會：It's quite *a* ～ whether he'll come or not. 他來不來很難說《可能性各半》。

tost *v.* 《詩》**toss** 的過去式・過去分詞。

tot[1] [tɑt; tɔt] *n.* Ⓒ **1** 小兒，小孩：a tiny ～ 稚子。**2** 《口語》(尤指烈酒的)一杯，一口，少量：a ～ of whiskey 一杯威士忌。

tot[2] [tɑt; tɔt] **《**total 之略**》—**《英口語》*n.* Ⓒ加算，加數。

—*v.t.* (**tot·ted**；**tot·ting**) 〔十受十副〕將…加起來，合計〈*up*〉：The waiter *totted* ***up*** the bill. 服務生合計帳單。

—*v.i.* 〔十副十介十(代)名〕〈數、費用〉合計〔成爲…〕〈*up*〉〔*to*〕：The account *totted* ***up to*** an enormous amount. 那帳目加起來成爲一筆鉅額。

to·tal** [ˈtotl; ˈtoutl] **《**源自拉丁文「全體」之義**》—adj.* (無比較級、最高級) **1 全體的**，總計的 (↔ partial) (⇨ whole【同義字】)：the ～ cost 全部費用/the ～ output 總生產額/the sum ～ 總計，合計。**2 完全的**，**絕對的**：a ～ abstainer 完全戒酒者/～ darkness 一片漆黑[黑暗]/a ～ eclipse (日、月蝕的)全蝕/I'm in ～ ignorance of the affair. 這件事我一無所知/The project was a ～ failure. 那計畫完全失敗。**3** 拿出國家整體力量的，總體的：～ war [warfare] 總體戰。

—*n.* Ⓒ**總計**，合計，總額 (⇨ sum【同義字】)：a ～ of $10,000 總額一萬美元/The ～ *of* our gains amounts to three million dollars. 我們盈餘的總額共達三百萬美元。

in tótal 總共，一共，合計。

—*v.t.* (**to·taled**, 《英》**-talled**；**to·tal·ing**, 《英》**-tal·ling**) **1** 〔十受(十副)〕將…總計[合計]起來，將…加起來〈*up*〉：He *～ed* that column of figures. 他合計了那一欄的數字。**2** 〔十受〕總計，共計…：The casualties *～ed* 150. 死傷者共計一百五十人。

—*v.i.* 〔(十副)十介十(代)名〕總計[合計]〔爲…〕〈*up*〉〔*to*〕：The figures ～ ***up to*** 388. 這些數字總計爲三百八十八。

to·tal·i·tar·i·an [,totæləˈtɛrɪən; ˌtoutæliˈtɛəriən] *adj.* 極權主義的，一國一黨主義的，一黨專政主義的：a ～ state 極權主義國家。

—*n.* Ⓒ極權主義者。

tò·tal·i·tár·i·an·ìsm [-n,ɪzəm; -nizəm] *n.* Ⓤ極權主義。

to·tal·i·ty [toˈtælətɪ; touˈtæləti] **《**total 的名詞**》—***n.* **1** Ⓤ全體性，完全(性)。**2** Ⓒ全體；全額，總計〔*of*〕。**3** Ⓒ《天文》全蝕階段[狀態]。

in totálity 總共，一共，總計。

to·tal·i·za·tor [ˈtotl,ɪzetɚ; ˈtoutəlaizeitə] *n.* Ⓒ **1** 總額計算器[機]。**2** (賽馬)賭金計算器[機]。

to·tal·ize [ˈtotl,aɪz; ˈtoutəlaiz] *v.t.* 合計，總計…。

—*v.i.* 使用賭金計算器[機]。

tó·tal·ìz·er *n.* ＝totalizator.

tó·tal·ly [ˈtotlɪ; ˈtoutli] *adv.* 全部地，完全地，全然。

tote[1] [tot; tout] *v.t.* 《口語》搬運，背負，荷，提…。

tote[2] [tot; tout] *n.* ＝totalizator.

tóte bàg *n.* Ⓒ《美》(婦女用的)大型手提袋。

to·tem [ˈtotəm; ˈtoutəm] *n.* Ⓒ **1** 圖騰《原始民族用作種族、部落、家族等之象徵而加以膜拜的自然物，尤指動物》。**2** 圖騰像。

to·tem·ic [toˈtɛmɪk; touˈtemik] 《totem, totemism 的形容詞》—*adj.* 圖騰(信仰)的；圖騰制度的。

tó·tem·ism [-mˌɪzəm; -mizəm] *n.* Ⓤ圖騰崇拜[信仰]；圖騰制度[組織]。

tótem pòle *n.* Ⓒ圖騰柱《北美印地安人等置於家屋等前面的刻繪有圖騰像的柱子》。

totem pole

toth·er, t'other [ˈtʌðɚ; ˈtʌðə] 《源自中古英語 'the other' 之義》—*adj., pron.* 《方言》另一(的)；另一個(的)。

to·to cae·lo [ˈtoto ˈsilo; ˈtoutouˈsiːlou] 《源自拉丁文 'by the entire extent of the heavens' 之義》—*adv.* 全然；極度。

tot·ter [ˈtɑtɚ; ˈtɔtə] *v.i.* **1** 〔動(＋副詞(片語))〕蹣跚，跟蹌，以不穩的步伐行走；搖晃，搖擺：～ *to* one's feet 跟跟蹌蹌地站起/He ～*ed out of* the room. 他蹣跚地走出了房間。**2 a** 〈房屋等〉動搖，搖搖欲墜。**b** 〈國家、制度等〉呈不穩之象，瀕於傾覆。
—*n.* **1** Ⓒ跟蹌，蹣跚。**2** Ⓤ不穩，不安。

tót·ter·ing·ly [-tərɪŋlɪ; -təriŋli] *adv.* 跟跟蹌蹌地；搖搖欲墜地。

tot·ter·y [ˈtɑtərɪ; ˈtɔtəri] 《totter 的形容詞》—*adj.* 跟跟蹌蹌的；搖搖欲墜的，搖動的；不穩的。

tou·can [ˈtukæn, tʊˈkɑn; ˈtuːkən, -kæn] *n.* Ⓒ《鳥》鵎鵼《一種產於熱帶美洲，羽毛豔麗的巨嘴鳥》。

toucan

‡**touch** [tʌtʃ; tʌtʃ] *v.t.* **1** (人用手等)**觸，摸，碰**：**a** 〔＋受〕觸摸，碰〈物〉：Don't ～ the exhibits. (請)勿觸摸陳列品。**b** 〔＋受＋介＋(代)名〕〔以…〕碰，觸…〔*with*〕：He ～*ed* it *with* his umbrella. 他用雨傘去碰觸它。**c** 〔＋受＋介＋名〕碰〈人〉〔手臂、肩膀等〕〔*on*〕《★用法在表示身體部位之名詞前加 the》：She ～*ed* him *on the* arm [shoulder]. 她用手碰他的胳膊[肩膀]《爲引起注意等》。**d** 〔＋受＋介＋(代)名〕將…靠〔於…〕；使…接觸〔到…〕〔*to*〕：He ～*ed* his hand *to* his forehead. 他用手摸摸前額。

2 (物)**接觸**：**a** 〔＋受〕與〈物〉接觸[相接觸]；與…鄰接，與…毗鄰：Your skirt is ～*ing* the wet paint. 你的裙子碰到了未乾的油漆/The line ～*es* the circle. 這條線和這個圓相切[形成切線]。**b** 〔＋受＋副〕使…相接觸，將…互碰〈*together*〉：They ～*ed* their glasses *together*. 他們互碰杯子。

3 〔＋受〕**輕按[敲]**〈鈴、鋼琴琴鍵等〉；**輕彈**〈琴弦〉：～ a bell 按[撳]鈴/～ the keys of a piano 輕彈鋼琴琴鍵/She ～*ed* the strings of the harp. 她輕輕地彈撥豎琴的弦。

4 〔＋受〕**a 達到，觸到…**：He can almost ～ the ceiling. 他幾乎能碰得到天花板/The speedometer needle ～*ed* 100 (miles per hour). 速度計的指針轉到(時速)一百哩(刻度)。**b** 〔常用於否定句〕〈能力等〉與〈他人〉匹敵，與…相當：*No* one can ～ him *in* comedy [*as* a comedian]. 在喜劇方面[以喜劇演員而言]沒人比得上他/*Nothing* can ～ this cloth *for* durability. 就耐久性而言，沒有任何東西能和這種布料匹敵。

5 〔＋受〕〔常用於否定句〕**a 碰，吃，喝**〈飲料、食物等〉：He *never* ～*es* alcoholic drinks. 他滴酒不沾/She *hardly* ～*ed* her dinner. 她幾乎沒有碰她的晚餐。**b** 搞〈事業〉；染指〈女人〉；涉及，插手〈某事〉：It isn't my business; I *won't* ～ it. 那不關我的事，我不干預。**c** 粗暴地對待〈人〉：I *never* ～*ed* my younger brothers. 我從未粗暴地對待過弟弟們。**d** 著手做，處理〈考題等〉：I did*n't* ～ the history paper. 這張歷史考卷上的考題我無法著手做答。

6 〔＋受〕**a** 傷害，損壞…；影響…《★常用被動語態》：The frost had ～*ed* all the fruit. 霜損壞了所有的水果/Fortunately, the exhibits *were* not ～*ed* by the fire. 幸好陳列品未被火災損毀。**b** 〔常用於否定句〕對…(在物質上)起作用，使…變化：*Nothing* can ～ this stain. 沒有一樣東西能除掉這個污痕/The experience does*n't* seem to have ～*ed* him. 那經驗似乎對他沒有產生影響。**c** 使〈人〉精神錯亂，使〈人〉發狂，使〈人〉在精神上受傷害[損傷]《★常以過去分詞當形容詞用，變成「精神有點失常，腦筋有問題」之意》：He is a little ～*ed* (*in* the head). 他的腦子有一點錯亂。

7 〔＋受〕**a** 感動〈人、人心〉《★常以過去分詞當形容詞用，變成「受感動」之意；介系詞用 *by, with*》：The scene ～*ed* her (heart). 那場面感動了她(的心)/It ～*ed* me *to* the quick. 這件事使我深受感動/The story ～*ed* him deeply. 那故事深深地感動了他/I was ～*ed* **by** [**with**] their friendship. 我爲他們的友誼所感動/I was (very) ～*ed by* her proposal. 她的提議使我(大)受感動。**b** 傷害〈人、人的感情等〉：His abuse does not ～ me. 他的辱罵傷不到我[無損於我]/Nobody should ～ his self-esteem. 任何人都不該傷害他的自尊心。

8 〔＋受〕**a** 〈談話、書、演講等〉談及，言及，論及；涉及〈主題等〉：a pamphlet ～*ing* social reforms 涉及社會改革的小冊子。**b** 關係到，影響到〈人、利害等〉：The problem ～*es* our national interests. 這問題影響到我們的國家利益[與我們國家的利益休戚相關]。

9 〔＋受＋介＋(代)名〕《口語》向〈人〉借〔錢〕，向〈人〉要〔討〕〔錢〕〔*for*〕：My nephew ～*ed* me *for* ten dollars. 我的外甥向我要了十塊美元。

10 〔＋受〕《航海》〈船〉停泊於…，停靠在…：The ship will shortly ～ port. 這艘船不久將停泊港口。

—*v.i.* **1 a 觸，摸，碰；接觸，相碰**：Don't ～. 不要觸摸/Their hands ～*ed*. 他們的手接觸了/The two ships ～*ed*. 那兩艘船相碰了。**b** 毗鄰：The two countries ～. 這兩個國家相毗鄰。

2 〔＋介＋(代)名〕簡單[稍微]提到，涉及，觸及〔問題〕〔*on, upon*〕《★可用被動語態》：He just ～*ed* **on** [**upon**] that question. 他只是簡單地提到那個問題。

3 〔＋介＋(代)名〕《航海》停靠〔於…〕，停泊〔在…〕〔*at*〕：Cargo boats do not ～ **at** this port. 貨輪不停靠在這港口。

tóuch dówn 《*vi adv*》(1)〈飛機〉著陸，觸地。(2)《美式足球・橄欖球》使球觸地而得分，挽球。

tóuch ín 《*vt adv*》加筆於，潤色〈畫的細微部分〉。

tóuch óff 《*vt adv*》(1)發射，引爆，引發〈槍砲、火藥等〉。(2)誘發，觸發，引起〈暴動等〉。

tóuch úp 《*vt adv*》潤色，修飾，改進〈畫、作品等〉；修整〈照片等〉。

—*n.* **1** Ⓤ**手[皮膚]摸[接觸]時的感覺，觸[手]感**：the sense of ～ 觸覺/be soft [smooth] to the ～ 摸起來柔軟[光滑]/be hard [rough] to the ～ 摸起來硬[粗糙]。

2 Ⓒ**觸，接觸，觸摸**：feel a ～ on one's shoulder 感覺有東西在肩膀上碰了一下/give a person a ～ 觸摸某人/A bubble bursts at a ～. 泡泡一觸即破。

3 a Ⓒ(繪畫的)加筆；一筆，(筆的)一揮：I must add a few finishing ～*es* to the painting. 我得給這幅畫作幾筆最後的潤飾。**b** Ⓤ〔又作 a ～〕《音樂》(弦樂器的)彈奏法；觸鍵法。

4 Ⓒ筆致，筆法，手腕，手法；藝術的技巧，特徵，作風，風格，…式：a happy ～ 巧妙的筆法[表現]/the ～ of a master 大師的手法/The sculpture showed a bold ～. 那雕刻顯示大膽的手法。

5 Ⓤ(精神的)接觸，連繫，一致，調和《★用於下列成語》：⇨ in TOUCH (with...), lose TOUCH (with...), out of TOUCH (with...).

6 〔a ～〕**a** 少許，微量，(心理上的)味道，意味〔*of*〕：*a* ～ *of* irony [bitterness] 些許諷刺[悲傷]的味道/It wants *a* ～ *of* salt [sugar]. 它稍不夠鹹[甜]，它須加一點點鹽[糖]/He has *a* ～ *of* fever. 他有點發燒。**b** 〔疾病的〕輕微的侵襲，微恙〔*of*〕：I had *a* ～ *of* flu. 我患了輕微的流行性感冒。**c** 〔當副詞用〕稍微，少許：He is *a* ～ more sensible. 他比較明理些。

7 Ⓤ **a** 《橄欖球》邊線以外地區《邊線上和邊線外側的區域》。**b** 《足球》邊線區域《邊線外側的區域》。

in tóuch (with...) (與…)接觸[一致]，同情(…)；(與…)取得[保持]連繫；通曉(…的)情形，獲有(…的)消息：I was [got] *in* ～ *with* him. 我與他保持連繫[與他連繫]/Can you put me *in* ～ *with* him? 你能使我與他取得連繫嗎？/We have kept *in* constant ～ for ten years. 我們經常保持連繫已有十年了。

lóse tóuch (with...) (與…)失去連繫[聯絡]；(與時代等)脫節，(對…)變得生疏；失去(…的)消息，不明白(…的)情形：Scholars in their ivory towers often *lose* ～ *with* reality. 象牙塔裏的學者們常會與現實脫節。

òut of tóuch (with...) (與…)失去接觸[不一致]，不同情(…)；(與…)失去連繫，(對…)變得生疏，失去(…的)消息；(與時代等)脫節：For a long time I was *out of* ～ *with* her. 曾有一段長時間我與她失去連繫/He is *out of* ～. 他與社會脫節。～**·er** *n.*

touch·a·ble [ˈtʌtʃəbl; ˈtʌtʃəbl] *adj.* **1** 可觸的，可觸知的。**2** 可使感動的。

tóuch-and-gó *adj.* 稍微一碰就爆發的，一觸即發的；危險的，驚險的，千鈞一髮的：a ～ business 危險的事/It was ～ whether we should catch the train. 我們能否趕上火車還很難說。

tóuch·bàck *n.* Ⓒ《美式足球》回陣《對方進攻時，防守球員在得分區內截接到球，或搶到失球》。

tóuch·dòwn *n.* ⓊⒸ **1** 《航空》著陸，降落，(飛機輪胎之)觸地(cf. takeoff 1)。**2 a** 《美式足球》持球觸地《得六分》。**b** 《橄欖球》挽球《球員首先將球壓觸在自己的極陣(in-goal)內之地上者》。

tou·ché [tuˋʃe; tuːˈʃei]《源自法語 'touched'》**—***interj.* **1**〖劍術〗點到！刺得好！服啦！《比劍時被對方之劍刺到時所喊之語》。**2**〈於辯論等〉一針見血！說得好！高！《聽到厲害的話或有力的辯論時所作之驚歎聲》。

touched [tʌtʃt; tʌtʃt] *adj.* **1** 感動的，心動的。**2**《口語》略帶瘋癲的；身心不平衡的。

tóuch·hòle *n.* Ⓒ〈舊式砲之〉火門，點火孔。

tóuch·ing *adj.* 動人的，引人傷感的，感人的，令人同情的：a ～ scene 感人的景象。**—***prep.*《文語》關於…。～**·ly** *adv.*

tóuch·lìne *n.* Ⓒ〖足球·橄欖球〗邊線。

tóuch-me-nòt《因其果莢一觸即崩開而散落種子》**—***n.* Ⓒ (*pl.* ～s)〖植物〗水金鳳。

tóuch·stòne《因昔時用質細之石英在此種岩石上刻條痕以試金、銀之純度》**—***n.* Ⓒ〈鑑定事物真假與價值等之〉標準，準則；試金石。

tóuch sỳstem *n.* [the ～] 英文觸覺打字法《每一指頭有固定指法，而不需要看鍵盤》。

tóuch-tòne *adj.*〈電話等〉按鍵式的。

tóuch-tỳpe *v.i.* 以英文觸覺打字法打字，觸打。

tóuch-ùp *n.* Ⓒ《美俚》表面整修；輕拍。

tóuch·wòod *n.* Ⓤ 腐木，朽木，引火木《《美》punk》《當作火種(tinder)使用》。

touch·y [ˋtʌtʃɪ; ˈtʌtʃi] *adj.* (**touch·i·er**; **-i·est**) **1** 暴躁的，易怒的；神經過敏的。**2**〈問題、工作等〉難處理的，棘手的，需要技巧的。**3** 易起火燃燒的。

tóuch·i·ly [-tʃɪlɪ; -tʃili] *adv.* **-i·ness** *n.*

***tough** [tʌf; tʌf] *adj.* (～**er**; ～**est**) **1**〈肉、木頭、鋼鐵等〉**堅韌的，強韌的，堅硬的**(↔ tender, soft)：～ meat 堅韌的肉/～ wood 堅硬的木頭。

2〈黏土等〉**有黏性的**：～ clay 有黏性的黏土。

3 a〈人、動物等〉**強壯的，壯健的**(⇨ strong【同義字】)：a ～ worker 強壯的工人/a ～ constitution 強健的體格。**b** 不屈不撓的；頑固的，頑強的：a ～ customer《口語》難纏的傢伙。

4 費力的，困難的：a ～ job [problem] 困難的工作[問題]/⇨ tough NUT to crack.

5《口語》不愉快的，難以忍受的，壞的，不湊巧的：～ luck 乖運，不幸/Things are ～ (all over). (世上)事事不容易[日子不好過]/have a ～ time (of it) 倒楣，吃苦頭/That's ～. 那太苦了；那可了不得。

6 無法無天的，無賴的；地痞流氓多的，暴亂的，治安不好的：a ～ guy 流氓，無賴漢/a ～ neighborhood 惡棍橫行[治安不好]的地區。

7《美俚》很棒的，很漂亮的《稱讚之辭》。

gèt tóugh with... 苛待…，對…嚴厲。

—*n.* Ⓒ《口語》惡棍，流氓，無賴漢。

～**·ly** *adv.* ～**·ness** *n.*

tough·en [ˋtʌfn̩; ˈtʌfn]《tough 的動詞》**—***v.t.* **1** 使…堅牢，使…堅韌，使…堅硬。**2** 使…強健，使…強壯。**3** 使…困難。

—*v.i.* **1** 變堅牢，變堅韌，變堅硬。**2** 變強健，變強壯。**3** 變困難。

tough·ie [ˋtʌfɪ; ˈtʌfi] *n.* ＝tough.

tough-mínded *adj.* **1** 實際的；不扭捏的。**2** 意志堅強的。

tou·pee [tuˋpe, tuˋpi; ˈtuːpei] *n.* Ⓒ〈男子用以遮蓋掉頭髮部分的〉髮綫，小假髮辮，假髮。

tour** [tur; tuə]《源自希臘文「旋轉的工具」之義》**—n.* Ⓒ **1**〈考察、巡視等的〉(短期)**旅行，周遊，觀光旅行，遊覽，漫遊**(⇨ travel【同義字】)：a foreign ～ 國外旅行/a wedding ～ 新婚旅行/a walking [motoring] ～ 徒步[汽車]旅行/a guided ～ 有導遊嚮導的旅行/a ～ of inspection 考察旅行；參觀旅行/go on a ～ 漫遊，周遊，旅行/make a ～ of the world [the country] 環遊世界[全國]。

> 【說明】tour 通常是指到某地所作的參觀性旅行。因為這種旅行需要一星期到一個月的時間，歐美人士通常利用暑假或休假時去旅行。習慣上美國人和澳洲人大部分到歐洲去，英國人則到地中海沿岸或美國。英國人如果到歐洲共同組織(EC)諸國或澳洲等大英國協[英聯邦]的國家旅行時，可以免簽證(visa).

2〈劇團的〉巡迴演出；〈球隊、田徑隊等的〉遠征(旅行)：a ～ of the country ＝a provincial ～ 地方性的巡迴演出。**3**〔在海外等的〕駐勤期間〔*in*〕。**4**〈工廠的〉輪班(期間)：two ～*s* a day 每日兩班。

on tóur 在旅遊中(的)；在巡迴演出[遠征]中(的)：go *on* ～ 去巡迴演出/actors *on* ～ 在巡迴演出中的演員們/take a company *on* ～ 率領劇團巡迴演出。

—*v.t.* [十受] **1** 到…周遊，漫遊，遊歷，旅行：～ Europe 漫遊歐洲。**2** 巡迴參觀，觀摩，遊覽〈美術館等〉：They ～*ed* the museum. 他們參觀了那博物館。

3〈劇團、戲劇〉在…巡迴演出：The play is ～*ing* the provinces. 那齣戲正在各地方巡迴演出。

—*v.i.* [十副詞(片語)] 漫遊，周遊，旅行：～ round (the world) 環遊(世界)。

tour de force [ˌturdəˋfɔrs; ˌtuədəˈfɔːs]《源自法語 'feat of strength' 之義》**—***n.* (*pl.* ***tours de force*** [～]) **1** [用單數] 特技，絕技，大功夫。**2** Ⓒ 力作，精心的作品。

tóuring càr *n.* Ⓒ〈可供五人或以上乘坐的〉敞篷汽車。

tour·ism [ˋturɪzəm; ˈtuərizəm] *n.* Ⓤ **1** 觀光，遊覽。**2** [集合稱] 遊客，觀光客。**3** 觀光事業，旅遊業。

****tour·ist** [ˋturɪst; ˈtuərist] *n.* Ⓒ **1 觀光(旅行)者，觀光客，遊歷者。** **2** 遠征比賽中的運動選手。

—*adj.* [用在名詞前] **1** 為了[適合]觀光客的：a ～ party 觀光旅行團/⇨ tourist agency. **2** 經濟艙的，二等艙的。

—*adv.* 乘坐二等艙地：travel ～ 乘坐二等艙旅行。

tóurist àgency *n.* Ⓒ〈觀光〉旅行社，觀光協會。

tóurist clàss *n.* Ⓤ〈客輪、客機的〉經濟艙，二等艙《次於 first class 的等級》。

tour·is·try [ˋturɪstrɪ; ˈtuəristri] *n.* Ⓤ **1** [集合稱] 觀光旅客。**2** 觀光。

tour·ma·line [ˋturməlɪn, -ˌlin; ˈtuəməliːn] *n.* Ⓤ [指寶石個體時為Ⓒ]〖礦〗電氣石，璧璽(⇨ birthstone 表)。

***tour·na·ment** [ˋtɝnəmənt, ˋtur-; ˈtuənəmənt, ˈtɔː-] *n.* Ⓒ **1**〈通常指爭錦標的〉**競賽，錦標賽。** **2**〈中古騎士的〉馬上比武(大會)。

tour·ney [ˋtɝnɪ, ˋturnɪ; ˈtuəni] *n.* ＝tournament.

—*v.i.*〈中古騎士〉參加馬上比武(joust).

tour·ni·quet [ˋturnɪˌkɛt; ˈtuənikei] *n.* Ⓒ〖外科〗止血帶，壓脈器。

tourniquet

tou·sle [ˋtauzl; ˈtauzl] *v.t.* 弄亂，攪亂〈頭髮〉：～*d* hair 蓬亂的頭髮。

—*n.* [用單數] 蓬亂的頭髮。

tout [taut; taut] *v.i.* **1** [動(十介十(代)名)] 糾纏兜售〔…〕，死乞百賴地勸誘〔…〕；[為…] 招徠顧客〔*for*〕：～ *for* orders 死乞百賴地央求訂購/～ *for* a hotel 為旅館招徠顧客。**2** 當〈賽馬等之秘密消息的〉情報販子，供給[刺探]賽馬等的秘密消息。**3** 加價售票，以黑市價格售票，賣黃牛票，當黃牛。

—*v.t.* **1** 糾纏勸誘，兜售；死乞百賴地央求…。**2** 極力稱讚[推薦]…。**3** 提供[刺探]〈賽馬等的消息〉，預測〈(賽贏的)馬〉。**4** 以黑市價賣〈票〉，賣〈黃牛票〉。

—*n.* Ⓒ **1**〈兜售車票、入場券等的〉黃牛。**2**〈賽馬的〉情報販子。

tout à fait [tutaˋfe; ˌtuːtəˈfei]《源自法語 'entirely' 之義》**—***adv.* 完全；全然。

tout en·sem·ble [tutɑ̃ˋsɑ̃bl; ˌtuːtɑ̃ːˈsɑ̃ːbl]《源自法語 'all together' 之義》**—***n.* Ⓒ [常用單數] **1** 整體，全體，全部。**2** 整體的效果。

tow[1] [to; tou] *v.t.* **1** [十受(十副詞(片語))] (用繩索[鍊子])拖引，曳，牽引〈船、汽車〉：～ a ship *into* port 拖船入港/The truck that had a breakdown was ～*ed to* the garage. 那輛故障的貨車被拖到修車廠。**2** (用繩子)牽著〈牛、狗等〉走，拉著〈孩子〉走，拖著〈人等〉走。

—*n.* Ⓒ **1** 用繩索拖引，牽引；被拖曳[牽引]。**2** 被拖曳[牽引]的車[船(等)]。

in tów (1)被拖曳著：the damaged ship *in* ～ *of* [*by*] a tug 被拖船拖曳著的受損船隻。(2)率領著；後面緊跟著：have a number of admirers *in* ～ 後面緊跟著一些愛慕者。(3)照顧，管教，保護：He was taken *in* ～ by his aunt. 他由他的姨母收養。

tow[2] [to; tou] *n.* Ⓤ〈製繩用的〉麻屑，粗麻；亞麻[淡黃]色的頭髮。

—*adj.* 由麻屑製成的。

tow·age [ˋtoɪdʒ; ˈtouidʒ] *n.* Ⓤ **1** 拖曳；被拖曳。**2** 曳船費，拖車費。

****to·ward** [tord, tɔrd, təˋwɔrd; təˈwɔːd, twɔːd, tɔːd] *prep.* **1** [表示運動之方向] **向…的方向，朝向…**《★比較 to 含有到達目標點之意，但 toward 不含到達目標點之意》：go ～ the river 朝河的方向而行/row ～ (the) shore 划向岸。

2 [表位置之方向] **向(著)…的方向**：She sat with her back ～ me. 她背向我而坐。

3 [表示趨勢、進步之目標] **往…，朝向…**：There is a tendency ～ increased armament. 有軍備增強的趨勢。

4 [表示感情、態度之對象] **對於…，關於…**：cruelty ～ animals 虐待動物/What are your feelings ～ her? 你對她懷著什麼樣的感情？

5 [表示時間之接近] 將近…，快到…的時候：～ noon 將近正午/～ the end of the afternoon 將近傍晚時。

6 [表示貯蓄、捐款之目的] 以資…，為了…：save money ～ the children's education 為了子女的教育而存錢。

‡**to·wards** [tordz, tɔrdz, tə'wɔrdz; tə'wɔ:dz, twɔ:dz, tɔ:dz] *prep.* ＝toward.

tów-awày zóne *n.* Ⓒ《美》拖吊區，禁止停放車輛區《違規停放車輛會被拖吊車拖走》。

tów·bòat *n.* Ⓒ拖船(tugboat).

tów càr *n.*《美》＝wrecker 3.

***tow·el** [taul, 'tauəl; 'tauəl, taul] *n.* Ⓒ(布製或紙製的)手巾，毛巾《★[比較]絨毛呈小圈狀的毛巾稱為 terry towel》：a bath ～ 浴巾/⇨roller towel.

thrów [tóss] ín the tówel (1)(於拳賽中)扔進毛巾《表示承認失敗》。(2)《口語》認輸，投降。

—*v.t.* (**tow·eled,**《英》**-elled；tow·el·ing,**《英》**-el·ling**) **1** 〔十受(十副)〕用毛巾擦拭[揩拭，擦搓]…〈*down*〉：～ one's face 用毛巾擦臉。**2** 〔十受十補〕用毛巾將…擦〈成…狀態〉：He ～*ed* himself dry. 他用毛巾擦乾身體。**3**《英俚》揍，打〈人等〉。

—*v.i.* 用毛巾擦拭。

tówel hòrse *n.* ＝towel rack.

tow·el·ing,《英》**tow·el·ling** ['tauəlɪŋ; 'tauəliŋ] *n.* Ⓤ **1** 做毛巾的原料《尤指棉花》。**2** 做毛巾的布料。

tówel ràck *n.* Ⓒ(置於浴室等的)毛巾架。

tówel ràil *n.* Ⓒ(將不銹鋼等之橫桿釘於牆上的)毛巾架。

‡**tow·er** ['tauɚ; 'tauə] *n.* Ⓒ **1** 塔，高樓《★[比較]steeple 為尖塔》：a bell ～ 鐘樓/a clock ～ 時鐘臺/an observation ～ 瞭望臺[塔]/⇨ivory tower, watchtower. **2** 塔狀的建築物：a TV ～ 電視塔。

the Tówer of Lóndon ＝《英》**the Tówer** 倫敦塔。

Tower of London

【說明】(1)倫敦塔是泰晤士河(the Thames)北岸的古城堡，後來改作監獄，現在已變成博物館，開放給觀光客參觀。
(2)在英國，烏鴉也被視爲不吉利的象徵，但棲息在倫敦塔(the Tower of London)的渡烏(raven)則不同。它們不怕人，遊客走近也不飛走。而且英國人認爲，只要有渡烏棲息在倫敦塔的 Tower Hill，英國就一定可國泰民安。

tówer of stréngth (危急、困難時)可依賴的人，中流砥柱。

—*v.i.* 〔十副詞(片語)〕高聳；〈才能等〉(遠遠)超越：a skyscraper ～*ing up to* the heavens 高聳入雲霄的摩天樓/The castle ～*s over* the city. 那城堡高聳於城市之上/He ～*s above* his classmates in mathematics. 他在數學方面超過他的同學們。

在 Tower Hill 的渡烏(raven)

tówer blòck *n.* Ⓒ《英》高層建築物，塔狀建築物。

Tówer Brídge *n.* [常 the ～]倫敦泰晤士河橋《在倫敦(London)的泰晤士(Thames)河上懸於兩座塔之間的雙扇仰開式活動橋；與倫敦塔相接》。

Tower Bridge

tow·er·ing ['taurɪŋ, 'tauərɪŋ; 'tauəriŋ] *adj.* [用在名詞前] **1** 高聳的：a ～ mountain 高聳的山。**2 a** 極大的，高遠的：a ～ ambition 萬丈雄心，遠大抱負。**b** 劇烈的：in a ～ passion[rage]暴怒的，震怒的。

tow·er·y ['tauərɪ; 'tauəri] 《tower 的形容詞》**—*adj.*** **1** 有塔的。**2** 塔狀的，高的，高聳的。

tów·hèad *n.* Ⓒ《美》亞麻色[淡黃色]頭髮(的人)。**～·ed** *adj.*

tówing nèt *n.* ＝townet.

tówing pàth *n.* ＝towpath.

tów·lìne *n.* Ⓒ(用以拖曳船隻、汽車等的)拖曳纜，曳船索，船纜。

‡**town** [taun; taun] 《源自古英語「柵欄，村莊」之義》**—*n.*** **1** Ⓒ鎮；市；城：a small ～ 小城鎮/It is all over the ～. 這件事傳遍了全鎮。

【說明】一般說來 town 要比 village 大，比 city 小。在美國大部分的州裡是僅次於 city 的行政單位，而在新英格蘭(New England)則早在十八世紀已是一個自治單位。在英國是指有定期趕集或以教會為生活中心的鄉村小鎮。town 一字比 city 更有親切感。在英國通常即使具備 city 資格的城市也常稱為 town.

2 [the ～](對鄉下、郊外而言的)**都市**，城鎮；鎮[市]民們；都市生活：I prefer *the* ～ to the country. 我喜歡都市甚於鄉下。
3 [無冠詞] **a** 首都《★在英國尤指倫敦》；(正在被人們談論的附近的)主要城市：in ～ 在城裡/out of ～ 下鄉，到鄉下/come [go] (up) to ～ 進城，到城裡來[去]。**b** (對郊區而言的)市中心[商業]區，鬧市，鬧區：Mother has gone to ～ to do some shopping. 母親到鬧區[市中心區]去買東西/He has his office in ～. 他在城裡有辦公處。
4 [the ～；集合稱]鎮民，市民《★[用法]視為一整體時當單數用，指個別成員時當複數用》：the talk of *the* ～ 街談巷議。

gò to tówn (1) ⇨ 3 a. (2)《口語》(揮霍)玩鬧，花天酒地。

(óut) on the tówn (尤指在晚上)玩樂歡鬧，耽於歡樂。

páint the tówn réd 《口語》狂歡，到處[飲酒]作樂。

tówn and cóuntry 都市和鄉下。

—*adj.* [用在名詞前]城鎮的，都市的：～ life 都市生活。

tówn clérk *n.* Ⓒ鎮執事，鎮書記。

tówn cóuncil *n.* Ⓒ[集合稱]《英》鎮民代表會《★[用法]視為一整體時當單數用，指個別成員時當複數用》。

tówn cóuncilor *n.* Ⓒ鎮民代表，鎮議會議員。

tówn críer *n.* Ⓒ(昔時的)街頭宣告員《在市鎮中沿街呼叫傳報公告的人》。

【說明】從前在英國的各市鎮，凡有新規則或有要事通告民眾時，就由身穿長服，手持搖鈴的 town crier 沿街大聲傳報。報告前先喊 "Oyez ['ojɛs, 'ojɛz; ou'jes, 'oujez]! Oyez!"(請靜聽!)

town crier 的裝扮

town·ee [tau'ni; tau'ni:] *n.* Ⓒ《口語》鎮民，市民，(尤指非學生身分的)大學城居民。

tów·nèt *n.* Ⓒ(用以採集水中動植物的)撈網。

tówn gás *n.* Ⓤ《英》(將煤加熱而製成的工業用和家庭用)煤氣。

tówn háll *n.* Ⓒ市政廳，鎮公所，市鎮集會所。

tówn hòuse *n.* Ⓒ **1** (在鄉間擁有本宅的人的)城市中的宅邸。**2** 兩至三層樓的都市住宅。

tówn mánager *n.* Ⓒ《美》市政行政官[管理者]。

tówn méeting *n.* Ⓒ **1** 市民大會，鎮民大會。
2《美》(新英格蘭區)由具有一定資格之鎮民組成以處理公務的集會。

tówn plánning *n.* ＝city planning.

tówn·scàpe [-ˌskep; -skeip] *n.* Ⓒ城鎮風景(畫)。

tówns·fòlk *n.* [集合稱；當複數用]都市人；(某一市、鎮的)市民，鎮民《★此字又有 townfolks 之形式》。

tówn·shìp *n.* Ⓒ **1**《英國史》鎮區《parish 下的小區域》。**2**《美·加》鎮區《為 county 下之一行政區域；享有若干行政權》。**3** (美國公地測量之)六英里見方的地區。**4**《澳》**a** 鄉間的商業中心城鎮。**b** 城鎮的商業中心。

towns·man ['taunzmən; 'taunzmən] *n.* Ⓒ (*pl.* **-men** [-mən; -mən]) **1** 市民。**2** 同城的居民，鎮民。

tówns·pèople *n.* [集合稱；當複數用]都市居民；(某一市鎮的)市民，鎮民《★此字無複數》。

tówns·wòman *n.* Ⓒ(*pl.* **-women**) **1** 都市女市民。**2** 同城的女性居民，女性鎮民。

tówn tàlk *n.* Ⓤ **1** 街談巷議；謠傳。**2** 談話資料。

tówn·wèar *n.* Ⓤ深色正式服裝《適合於上班或晚上應酬穿的顏色深的、較正式的衣服》。

town·y [ˋtaunɪ; ˈtauni] *n.* =townee.
tów·pàth *n.* Ⓒ(河或運河沿岸的)曳船路，縴路。
tów·ròpe *n.* Ⓒ(用以拖曳船、汽車、滑雪者等的)拖曳纜，曳船索，船纜。
tów trùck *n.* =wrecker 3.
tow·y [ˋtoɪ; ˈtoui] «源自 tow[2]»—*adj.* **1** 似麻屑的；麻屑做成的。**2** 頭髮色淡的。
tox·e·mi·a, 《英》**tox·ae·mi·a** [taksˋimɪə; tɔkˈsiːmiə] *n.* Ⓤ《醫》毒血症。
tox·ic [ˋtaksɪk; ˈtɔksik] *adj.* **1** 有毒的：～ smoke 毒煙。**2** 中毒(性)的：～ epilepsy 中毒性癲癇症。
tox·ic·i·ty [taksˋɪsətɪ; tɔkˈsisəti] «toxic 的名詞»—*n.* Ⓤ(有)毒性。
tòx·i·cól·o·gist [-dʒɪst; -dʒist] *n.* Ⓒ毒物學家。
tox·i·col·o·gy [ˌtaksɪˋkalədʒɪ; ˌtɔksiˈkɔlədʒi] *n.* Ⓤ毒物學。
tox·in [ˋtaksɪn; ˈtɔksin] *n.* Ⓒ毒素。
‡**toy** [tɔɪ; tɔi] «源自中古英語「玩弄」之義» —*n.* Ⓒ **1** 玩具(plaything)：play with a ～ 玩玩具。**2** 無關重要的東西，無價值的東西。**3** 小玩意兒。**4** (比類似事物小的)小型的事物。**5** 體型極小的動物。**6** 從前蘇格蘭女人戴的一種帽子。
màke a tóy of... 玩弄…，把…當玩具。
—*adj.* [用在名詞前]玩具的，模型的；小型的：a ～ car 玩具汽車/a ～ poodle 供玩賞的獅子狗。
—*v.i.* 〔十介十(代)名〕**1** (漫不經心地)玩弄，戲弄〔…〕；〔以…〕自娛；〔與…〕狎戲〔*with*〕《★可用被動語態》：Don't ～ ***with*** the cat's tail! 不要玩弄貓的尾巴！**2** 〔對…〕不慎重，不認眞考慮，隨便想想；〔將…〕視爲兒戲[不重要的事]〔*with*〕《★可用被動語態》：I'm ～*ing* ***with*** the idea of buying a car. 我並不很認眞地考慮要不要買一部汽車。
Toyn·bee [ˋtɔɪnbɪ; ˈtɔinbi], **Arnold Joseph** *n.* 湯恩比《1889–1975；英國歷史學家》。
to·yon [ˋtɔɪən; ˈtoujən] *n.* Ⓒ《植物》加州石楠《薔薇科常綠灌木，原生於美國加州，結紅黃色果實，樹葉暗綠有光，常作耶誕節裝飾用》。
tóy·shòp *n.* Ⓒ玩具店。
tp. 《略》township；troop.
tr. 《略》train；transitive；translate(d)；translator；transport(ation)；transpose；treasurer；trustee. **Tr.** 《略》Treasurer；Trust；Trustee.
***trace**[1] [tres; treis] *n.* **1** ⓊⒸ[常 ～s]**a** (動物、人等通過的)**痕跡**，足跡，車痕；蹤跡，行跡：lose all ～ of... 完全失去…的蹤跡/find the ～*s* of big game 發現大獵物的足跡/(hot) on the ～ of...(緊)追…，追趕…。

【同義字】trace 是顯示曾經有某動物通過的痕跡或是顯示曾經發生[有]過某事物的遺[痕]跡；track 是在某物通過之後所留下來的連續一段的痕跡；vestige 是曾經存在而現在已不存在之物所留下的痕跡。

b (事件等的)痕跡，形跡；(經驗、境遇等的)影響，結果：～*s* of an old civilization 古文明的遺跡/The war has left its ～(*s*). 戰爭留下了痕跡/The bed bore ～*s of* hav*ing* been slept in. 床上有著人睡過的痕跡。
2 Ⓒ[常用單數]微量，少許，一點點，跡象〔*of*〕：with a ～ *of* rising temper 稍有怒色/He showed not a ～ *of* fear. 他毫無懼色。
3 Ⓒ線，圖形；略圖。
4 Ⓒ(自動記錄器的)記錄。
—*v.t.* **1** 〔十受(十介十(代)名)〕**a 追尋**，追蹤〈…(的蹤跡)〉〔到…〕；探索…的蹤跡，搜尋出…，探出…〔*to*〕：～ a person by his footprints 循其脚印搜尋某人/The dog ～*d* a fox ***to*** its den. 狗追狐狸到其巢穴。**b** 回溯〈河、路等〉〔到…〕〔*to*〕：～ a river ***to*** its source 探索河流的源頭。
2 〔十受(十副)(十介十(代)名)〕追溯，探查，查出〈由來、原因、出處〉〔到…〕〈*back*〉〔*to*〕：～ the etymology of a word [the history of a nation] 探查某字的字源[某一民族的歷史]/The accident can be ～*d* (***back***) ***to*** various causes. 經追查可發現這起意外事件係由種種原因造成的/He ～*s* his family *back to* about the fifteenth century. 他把他的家世追溯到十五世紀前後。
3 〔十受〕**a** (根據遺跡等)查明…(的舊貌)；(循證據等)找出…：～ the ownership of a gun by the serial number 根據槍枝號碼找出槍的所有者/One can ～ ancient practices through the study of artifacts. 經由研究人工製品可以探查出古代的慣例。**b** (由輪廓等)看清，看出…：I could ～ the outlines of a house in the darkness. 在黑暗中我能看出一間房屋的輪廓。
4 〔十受(十副)〕畫，素描〈線、輪廓、地圖等〉；(完整地)畫出…(的略圖)〈*out*〉：He ～*d* (***out***) a copy from the original. 他從原圖(完整地)素描了一份複本。
5 〔十受〕**a** (把透明紙鋪在原本上照樣)描繪，模繪，映寫…：～ the signature of a person 在某人的簽名上照樣描繪。**b** 細心地[精心地]寫〈詞句〉。
trace[2] [tres; treis] *n.* Ⓒ(馬車的)挽繩，挽韁(⇨ harness 插圖)：in the ～*s* 繫著挽韁。
kíck òver the tráces 〈人〉變得不順從，擺脫控制，開始反抗；表示獨立自由《★源自馬之掙脫挽韁》。
trace·a·ble [ˋtresəbl; ˈtreisəbl] *adj.* **1 a** 可追蹤的；可追溯的；可查明的，可探索由來的。**b** [不用在名詞前]〔十介十(代)名〕回溯〔到…〕的，可歸因〔於…〕的，由於〔…〕的〔*to*〕。**2** 可描繪的，可模畫[繪]的。**trace·a·bil·i·ty** [ˌtresəˋbɪlətɪ; ˌtreisəˈbiləti] *n.*
tráce èlement *n.* Ⓒ《生物》(動植物所不可欠缺的)微量元素。
trác·er *n.* Ⓒ **1** 追蹤者。**2 a** 描繪者，模寫者，謄寫員；模寫器，描記器。**b** 鐵筆，畫線筆。**3** 《美》**a** 對於遺失物、走失之人等的查詢者。**b** 查詢遺失貨物、郵件等的單據。**4** 《軍》曳光彈，曳光彈中的彈藥：a ～ bullet [shell] 曳光彈[砲彈]。**5** 《生理・醫》(放射性)追蹤劑《引入體內藉其放射性能而檢驗某一組織之病理反應的放射性元素或同位素》。
trac·er·ied [ˋtresərɪd; ˈtreisərid] *adj.* 有線紋構成之裝飾細工或圖樣的；有網目的。
trac·er·y [ˋtresərɪ; ˈtreisəri] *n.* Ⓤ[指個體時爲Ⓒ]《建築》窗花格《哥德式窗門上方的裝飾窗框》。

tracery

tra·che·a [ˋtrekɪə, trəˋkiə; trəˈkiːə] *n.* Ⓒ (*pl.* ～**s, tra·che·ae** [trəˋkiˌi; trəˈkiːiː])《解剖》氣管(windpipe).
trá·che·al [-əl; -əl] *adj.*
tra·che·i·tis [ˌtrekɪˋaɪtɪs; ˌtrækiˈaitəs] *n.* Ⓤ《醫》氣管炎。
tra·che·ot·o·my [ˌtrekɪˋatəmɪ; ˌtrækiˈɔtəmi] *n.* ⓊⒸ《外科》氣管切開術。
tra·chle [ˋtraxəl; ˈtraːxəl] 《蘇格蘭》*n.* Ⓒ **1** 費大力氣之事。**2** 筋疲力竭的人。
—*v.t.* **1** 使…疲倦。**2** 使…拖髒[濕，皺]。
tra·cho·ma [trəˋkomə; trəˈkoumə] *n.* Ⓤ《醫》顆粒性結膜炎，沙眼。
trác·ing *n.* **1** Ⓤ追蹤，追溯[尋]，溯源，探源，尋根。**2 a** Ⓤ複寫，模寫，描繪，摹寫。**b** Ⓒ複寫物，摹寫物，描繪物。
trácing pàper *n.* Ⓤ描圖紙，摹寫紙。
‡**track** [træk; træk] *n.* **1** Ⓒ[常 ～s]**a** (車、船等通過後留下的)**痕跡**；車印，航跡(⇨ trace[1]【同義字】)：The dirt road showed many automobile ～*s.* 在(未鋪路面的)沙土路上顯出許多汽車通過的痕跡。**b** (人、動物的)足跡；(獵犬所追蹤之獵物的)嗅跡：⇨ off the TRACK/We saw some quadruped ～*s* near our camp. 我們在營地附近看見一些四足獸的足跡。
2 Ⓒ **a** (由足跡形成的)**小路**，踩踏成的路：⇨ beaten track/A ～ runs across the field to his house. 一條小路穿過原野通到他的家。**b** (人生的)旅程，行爲方式，處世[做人]之道，(世間的)常道，常軌：go on in the same ～ year after year 年復一年地循著常規(辦事)。
3 Ⓒ **a** 鐵路線路，軌道《★用法 車站的「第三路軌」使用 Track 3》：a single [double] ～ 單[雙]軌/The train left the ～(*s*). 火車出軌了。**b** 通道，通路，進路，航路：the ～ of a ship 船的航路/the ～ of a typhoon 颱風的前進路線。
4 a Ⓒ賽跑的跑道(cf. field 10 a)；(賽馬的)跑道，賽馬場：a ～ meet(ing) 田徑運動會/a cycling ～ 自行車賽車場跑道。**b** Ⓤ[集合稱]《美》徑賽；徑賽場：～ events 徑賽項目。
5 Ⓒ(汽車的)兩輪間的間隔，輪距。
6 Ⓒ **a** (磁帶上的)音軌；用磁帶錄音的曲子。**b** (電影膠片上的)聲帶。
7 Ⓒ《機械》履帶；(輪胎的)踏面，胎面。
8 Ⓒ按能力[性向]編成的課程。
9 Ⓒ《航空》目標高地。
10 Ⓒ一連串事或觀念。
cléar the tráck 開道；讓路，讓開。
cóver (úp) one's trácks (1)隱匿行跡[行蹤]。(2)隱藏意圖[計畫]。
hàve the ínside tráck ⇨ inside track.
in one's trácks 《口語》就地，當場；立刻，突然：He suddenly stopped in his ～*s.* 他突然(就地)停了下來。
in the tráck of... (1)在…的途中。(2)仿…之例，學…的樣。
kèep tráck of... 循[追尋]…之蹤跡，掌握…的行蹤；與…保持聯繫；不斷地注意…：You must *keep* ～ *of* where you put things. 你必須隨時注意你放東西的地方。
lóse tráck of... 失去…的蹤跡；忘記…；與…失去聯繫[接觸]：He *lost* ～ *of* time. 他忘了時間/After a year or two we *lost* ～ *of* each other. 一兩年之後我們彼此失去了聯繫。
màke trácks 《俚》(匆促地)離去；趕往〔…〕〔*for*〕：make ～*s for* school 趕著上學。

òff the béaten tráck (1)〈地點、地方等〉鮮爲人知的，人跡罕至的。(2)逸出常軌的，不尋常的。
òff the tráck (1)〈獵犬〉失去獵物的嗅跡。(2)離題，誤入歧途；出軌，出岔子。
on the ríght tráck 朝著正確的方向；想[做]得對。
on(the)tráck 不離本題，正確。
on the tráck of... 追蹤…；有…的線索；能找到…：The dogs are *on the* ~ *of* the fox. 那羣狗在追蹤那隻狐狸。
on the wróng side of the trácks ⇨ side.
on the wróng tráck 朝著錯誤的方向；想[做]得不對。
—*v.t.* 1 a 〔十受(十介十(代)名)〕追蹤〈人、動物〉〔到…〕；追捕，緝捕〈人等〉〔*to*〕：The hunter ~*ed* the lion ***to*** its lair. 獵人追蹤獅子到牠的巢穴。**b** 〔十受十副〕(循痕跡、證據等)查出，查獲，探知，追蹤至捕獲…〈*down*〉：The police ~*ed* ***down*** the criminal. 警方追捕到罪犯。
2 〔十受〕《美》**a** (以沾泥的鞋等)留下足跡於…：Don't ~ the floor！不要在地板上留下足跡。**b** 〔十受十副詞(片語)〕將〈雪、泥等〉沾在腳上帶進(…)：He ~*ed* dirt *into* [*through*] the house. 他把鞋上沾著的泥帶進屋裡。
3 〔十受〕(用雷達等儀器)觀察[記錄]〈太空船、飛彈等〉的飛行路線[軌道，彈道]。
—*v.i.* 1 〈拖車等〉後輪與前輪成一直線而行進。
2 〈唱針〉順著唱片的槽溝轉。
3 〔十副詞(片語)〕《電影・電視》〈攝影師〉邊移動邊攝影。
track·age [ˈtrækɪdʒ; ˈtrækidʒ] *n.* Ⓤ[集合稱]《美》鐵路軌道，路軌；路軌延長里數。
tráck and fíeld *n.* Ⓤ[集合稱]田徑；田徑賽。
track-and-field [ˈtrækənˈfild; ˈtrækənˈfi:ld] *adj.* 田徑賽的。
track·ing [ˈtrækɪŋ; ˈtrækiŋ] *n.* Ⓒ《美》《教育》(按智力、性向)分班[編組]教學制度《依照學生在一種標準測驗中所顯示的才能和性向而分組進行教學的方法》。
tráck·ing stàtion *n.* Ⓒ(太空船等的)追蹤站；觀察站。
tráck·làyer *n.* Ⓒ《美》鋪設鐵軌的工人(《英》platelayer).
tráck·less *adj.* **1** 無足跡的，無路的；人跡未到的：a ~ jungle 人跡未到的叢林。**2** 〈電車等〉無軌道的：a ~ trolley《美》無軌電車。
tráck rècord *n.* Ⓒ **1** 徑賽的成績[記錄]。**2** (過去的)實績，業績。
tráck shòe *n.* Ⓒ 釘鞋，跑鞋。
tráck·sùit *n.* Ⓒ田徑服，長袖運動衣。
tráck sỳstem *n.* ＝tracking.
tract[1] [trækt; trækt] *n.* Ⓒ **1** (土地、天空、海等的)廣袤的一片；廣闊的面積，地域，區域：a wooded ~ 森林地帶/a vast ~ *of* ocean[land]一片汪洋大海[一大片土地]。**2** 《解剖》**a** 管，徑，道：the digestive ~ 消化道。**b** (神經纖維的)束：the motor ~ 運動神經束。
tract[2] [trækt; trækt] *n.* Ⓒ(尤指宗教上、政治上的)小册子；論文。
trac·ta·bil·i·ty [ˌtræktəˈbɪlətɪ; ˌtræktəˈbiləti] 《tractable 的名詞》**—*n.*** Ⓤ **1** 馴良，溫順。**2** 易處理[駕馭]。
trac·ta·ble [ˈtræktəbḷ; ˈtræktəbl] *adj.* **1** 馴良的，溫順的。**2** 〈材料等〉易處理的，易加工的。
trác·ta·bly [-blɪ; -bli] *adv.* **~·ness** *n.*
trac·tate [ˈtræktet; ˈtrækteit] *n.* Ⓒ(專題)論文(treatise).
tráct hòuse *n.* Ⓒ(某一地區外形設計類似的)地區性住宅。
trac·tile [ˈtræktḷ, -tɪl; ˈtræktail] *adj.* 可拉長的，可引長的。
trac·til·i·ty [trækˈtɪlətɪ; trækˈtiliti] 《tractile 的名詞》**—*n.*** Ⓤ伸張性，延展性。
trac·tion [ˈtrækʃən; ˈtrækʃn] 《源自拉丁文「拖曳」之義》**—*n.*** Ⓤ **1** 拖曳，牽引；牽引力：electric [steam] ~ 電力[蒸汽]牽引(力)。**2** (輪胎與道路、纜索與滑輪等的)靜止摩擦，阻力。**3** 《生理》收縮。**4** 《醫》(骨折治療等的)牽引。
tráction èngine *n.* Ⓒ牽引發動機；鐵路機車。
tráction whèel *n.* Ⓒ(鐵路機車的)牽引輪。
trac·tive [ˈtræktɪv; ˈtræktiv] *adj.* 牽引的，曳引的；牽引用的。
***trac·tor** [ˈtræktɚ; ˈtræktə] *n.* Ⓒ**牽引車**；曳引[拖拉]機：a farm ~ 農場[耕作]用曳引機，鐵牛。
trad [træd; træd] 《traditional 之略》**—**《英》*n.* Ⓤ傳統爵士樂《1920–30年代曾在英國演奏，於五十年代再度風行的爵士樂》。
—*adj.* 1 〈爵士樂〉傳統的。**2** 傳統性的。
‡**trade** [tred; treid] 《源自中古英語「路」之義》**—*n.* 1** Ⓤ**商業**，交易，買賣；貿易，通商：domestic [foreign] ~ 國內[國外]貿易/fair ~ 公平交易；互惠貿易/free ~ 自由貿易。

tractor

2 Ⓒ**職業**，**生意**：follow a ~ 從事某種職業/He is a butcher *by* ~. 他的職業是肉商(★by ~ 爲無冠詞)/a jack of all ~*s* 萬事通的人，多面手/Every one to his ~.＝Every man for his own ~. 《諺》各有所長，各專其業/Two of a ~ never agree. 《諺》同行是冤家，同業者相嫉。
3 [the ~；常與修飾語連用]…業，…業界：*the* tourist ~ 觀光[旅遊]業。
4 [a ~；常與修飾語連用]營業額：do[make] *a* roaring ~ 生意興隆。
5 Ⓤ[集合稱；常 the ~] **a** 同業[同行]者，零售商(★用法視爲一整體時當單數用，指個別成員時當複數用)：discount to *the* ~ 同業折扣，批發折扣/*The* automobile ~ will welcome the measure. 汽車業者將會歡迎這項措施。**b** 《美》顧客，客戶(★用法與義 5 a 同)：That salesman is popular with the ~. 那名推銷員受客戶的歡迎。
6 [the ~s]貿易風(trade winds).
7 Ⓒ **a** 交換。**b** 《棒球》(職業棒球隊間買賣球員的)交易。**c** (政治上的)(不正當)交易，(政黨間的)妥協，協議。
—*adj.* [用在名詞前] **1** 商業的，貿易的：a ~ secret 商業機密。
2 同業者的；工會的，公會的：a ~ magazine 專業性雜誌/(a) ~ discount 同業折扣，批發折扣/⇨ trade union.
—*v.i.* 1 a 做生意，做買賣，從事交易，從事貿易。**b** 〔十介十(代)名〕買賣，交易〔貨品〕；經營〔…生意〕；〔以舊品〕折價購物〔*in*〕；〔與某人、某國〕做生意，貿易，交易〔*with*〕：He ~*s* ***in*** cotton. 他經營棉花生意/England ~*s* ***with*** China. 英國與中國貿易。
2 〔十介十(代)名〕〔與人〕交換〔*with*〕：If she doesn't like her doll, I'll ~ ***with*** her. 如果她不喜歡她的洋娃娃的話，我願跟她交換。
3 〔動(十介十(代)名)〕《美》〔在商店〕買東西，購買〔*at, with*〕：I usually ~ ***at*** our local stores. 我平常在本地的商店買東西。
4 〔十介十(代)名〕(不正當地)利用〔…〕，濫用〔…〕，仗〔…〕，乘〔…之危[虛]〕〔*on, upon*〕：It is not good to ~ ***on*** [***upon***] another's ignorance. 利用他人的無知(佔便宜)是不應該的。
—*v.t.* 1 〔十受〕交換〈物等〉：~ seats [gifts] 互換[交換]座位[禮物]。
2 〔十受十介十(代)名〕〔與人〕交換〈物等〉〔*with*〕；以〈物〉〔易物〕〔*for*〕：~ seats ***with*** a person 與人換座位/The Cheyenne warriors ~*d* their captive ***for*** two rifles. (印地安)夏安族戰士以他們的俘虜換了兩枝來復槍。
tráde ín 《*vt adv*》〔爲購買新車等〕將〈舊車等〉折舊抵給賣方〔*for*〕：He ~*d in* his used car *for* a new one. 他以舊車折價抵買新車子。
tráde accèptance *n.* Ⓤ商業承兌票據《由售貨者向購貨者開出應付款額，經購貨者簽名承兌之期票》。
tráde agrèement *n.* Ⓒ **1** 勞資雙方有關工資、工作時間等之協定。**2** (國際)貿易協定。
tráde associàtion *n.* Ⓒ同業公會。
tráde bàlance *n.* ⇨ BALANCE of trade.
tráde bàrrier *n.* Ⓒ(關稅，禁運等)國際貿易之障礙。
tráde bòok *n.* Ⓒ普及本《爲一般大衆而設計並可在普通書商買到的書籍》。
tráde cỳcle *n.* 《英》＝business cycle.
tráde edition *n.* Ⓒ(對豪華版、教科書版、平裝版本等而言的)普及版本。
tráde gàp *n.* Ⓒ(一個國家的)貿易逆差，貿易差額。
tráde imbàlance *n.* ⓊⒸ貿易不平衡。
tráde-ìn *n.* Ⓒ **1** 得用以償價之物品。**2** 以物易物的交易；以舊貨抵購的交易。
—*adj.* [用在名詞前]可用以物物相易的，以舊貨抵購的。
tráde jòurnal *n.* Ⓒ專業性刊物。
tráde·màrk *n.* Ⓒ **1** (註册)商標《略作 TM》。**2** (顯示人、活動等之特徵的)商標：Clint Eastwood's ~ is his squint. (西部片影星)克林伊斯威特的特徵是他的瞇瞇眼。
—*v.t.* 附商標於…；註册…的商標。
tráde nàme *n.* Ⓒ **1** 商品名；商標名。**2** 商號名稱，行號名稱。
tráde-òff *n.* Ⓒ(尤指爲獲得更有利之物而提供某物之)交易；截長補短的交易；交換。
tráde pàper *n.* Ⓒ專業性報紙。
tráde price *n.* Ⓒ同業價格，批發價。
trád·er *n.* Ⓒ **1** 經商者，商人，貿易業者。**2** 貿易船，商船。
tráde rèference *n.* Ⓒ **1** 對外可供查詢資料之個人或公司。**2** (商業上的)照會。
tráde ròute *n.* Ⓒ商船或商隊所經常通過的路線。
tráde schòol *n.* Ⓒ職業學校。
trádes·fòlk *n. pl.* ＝tradespeople.
tráde shòw *n.* Ⓒ《電影》試映；試演。

trades·man [ˈtredzmən; ˈtreidzmən] *n.* Ⓒ (*pl.* -men [-mən; -mən])《英》**1** 商人，開商店的人；(尤指)零售商人。**2** 送貨員。
trádes·pèople *n.* [集合稱；當複數用]商人；(尤指)零售商人《★此字無複數》。
trádes únion *n.*《英》=trade union.
tráde(s) únionism *n.* Ⓤ工會主義，工會制度。
tráde(s) únionist *n.* Ⓒ工會會員，工會主義者。
tráde ùnion *n.* Ⓒ《英》工會，職工協會(《美》labor union).
the Wórld Federátion of Tráde Únions ⇨ world.
tráde wind *n.* Ⓒ[常 the ~s]貿易風《不斷地吹向赤道的信風；昔時帆船常利用此風航行》。
tráding còmpany *n.* Ⓒ貿易公司。
tráding estàte *n.* =industrial estate.
tráding pòst *n.* Ⓒ(在未開化地區與當地土著做買賣的)交易所，商棧。
tráding stàmp *n.* Ⓒ贈券，贈品兌換票《集到若干張之後，即可換取贈品》。
‡**tra·di·tion** [trəˈdɪʃən; trəˈdiʃn] «源自拉丁文「手交」之義»——*n.* ⓊⒸ **1 傳說**，口傳，口碑：true to ~ 名不虛傳，有口皆碑/be handed down by ~ 口碑相傳/This story is founded on ~(*s*). 這故事是根據傳說/*T*~ says[runs] that.... 相傳…。**2 傳統**，慣例，因襲；(藝術上的；自古傳襲的)流派，傳統形式：the ~*s* of painting 繪畫的傳統[常規]/break with ~ 摒棄傳統/It is a ~ in his family. 那是他家的家風[老規矩]。
***tra·di·tion·al** [trəˈdɪʃənl; trəˈdiʃənl] «tradition 的形容詞»——*adj.* (more ~; most ~) **1 傳說的**。**2 傳統的**，因襲的，古式的，慣例的，流傳下來的。**3**〈爵士樂〉傳統的《指 1920 年前後在紐奧爾良(New Orleans)演奏的方式而言》。
~**·ly** [-ʃənlɪ; -ʃn̩əli] *adv.*
tra·dí·tion·al·ìsm [-ʃənlɪzəm; -ʃn̩əlizəm] *n.* Ⓤ墨守傳統[舊習]；傳統主義。
tra·dí·tion·al·ist [-ʃənlɪst; -ʃn̩əlist] *n.* Ⓒ傳統主義者。
tradítional lógic *n.* Ⓤ傳統理則學；亞里斯多德理則學。
tra·di·tion·ar·y [trəˈdɪʃəˌnɛrɪ; trəˈdiʃn̩əri] *adj.* =traditional.
tra·duce [trəˈdus, -ˈdjus; trəˈdju:s] *v.t.*《文語》詆毀，誹謗，中傷〈人〉。
tra·dú·cer *n.* Ⓒ中傷[詆毀，誹謗]者。
tra·du·cian·ism [trəˈduʃəˌnɪzəm, -ˈdju-; trəˈdju:ʃnizəm] *n.* Ⓤ《神學》靈魂遺傳論《即子女之靈魂，同其身體一樣，係繼承雙親靈魂之一部分而來之神學理論》。
Tra·fal·gar [trəˈfælgɚ; trəˈfælgə] *n.* 特拉法加角《西班牙西南部的海角；1805 年 10 月 21 日英國海軍上將納爾遜(Nelson)在此海上擊敗西、法聯合艦隊；正式名稱爲 Cape Trafalgar》.
Trafálgar Squáre *n.* (倫敦的)特拉法加廣場《中央立有納爾遜(Nelson)像之紀念柱》。

Trafalgar Square

‡**traf·fic** [ˈtræfɪk; ˈtræfik] «源自義大利語「橫穿插入」之義»——*n.* Ⓤ **1 a** (人、車、船、飛機等的)交通，往來，通行：control[regulate] ~ 管制[整頓]交通/There is little[heavy] ~ on this road. 這條馬路上行人車輛很少[很多]。**b** (人的)交通量；(貨物的)運輸量。**c** [集合稱](往來的)行人，車輛。**2** (鐵路、水運、航空等的)交通運輸業；運輸。**3 a** 貿易，買賣，商業：(the) slave ~ 奴隸買賣/~ *in* pearls 珍珠的買賣[生意]。**b** 某一商品的(尤指不合法的)交易：(the) drug ~ 毒品的交易/~ *in* votes 選票的交易，賄選。
——*adj.* [用在名詞前]交通(管制)的：a ~ accident 交通事故，車禍/a ~ jam[congestion] 交通阻塞/~ control 交通管制/a ~ network 交通網/a ~ policeman 交通警察/~ regulations 交通規則/a ~ sign 交通標誌/a ~ ticket《美》(交通警察開給違反交通規則駕駛人的)交通違規罰單。
——*v.i.* (**traf·ficked** [-fɪkt; -fikt]; **traf·fick·ing**) (十介十(代)名) **1** (與人)買賣[交易，貿易] (*with*)：He *trafficked with* the natives. 他與當地人交易。**2** (尤指)買賣，交易(違法的商品) (*in*)：~ *in* jewelry[*in* one's charms] 買賣珠寶[出賣美色]/~ *in* drugs 買賣[販賣]毒品。
traf·fic·a·tor [ˈtræfɪˌketɚ; ˈtræfikeitə] *n.* Ⓒ《英》(汽車的)方向指示器。
tráffic cìrcle *n.* Ⓒ《美》道路的圓形交叉路口，圓環(《英》roundabout).

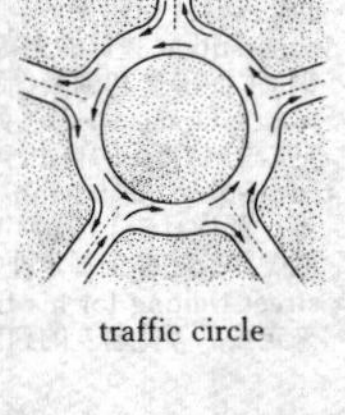

traffic circle

tráffic còp *n.* Ⓒ《美口語》交通警察。
tráffic còurt *n.* Ⓒ交通法庭。
tráffic indicator *n.* =trafficator.
tráffic island *n.* Ⓒ(街道上的)安全島《用以使交通流暢並保護行人》。
tráf·fick·er [-kɚ; -kə] *n.* Ⓒ **1** (缺乏商業道德的)商人，奸商：a drug ~ 毒品販子/a ~ *in* slaves 奴隸販子。**2** 掮客，仲介人。
tráffic lìght *n.* **1** Ⓒ交通標誌，紅綠燈：The ~ turned[went] green. 交通標誌變爲綠色。

> 【說明】通常有表示停止的紅燈(red light)，表示危險的黃燈(amber light, yellow)，及表示通行安全的綠燈(green light)三種；在美國行人的交通標誌爲指示行人通行的綠色 Walk, 和指示行人停止的紅色 Don't Walk 兩種。

2 Ⓒ[常 ~s]交通指揮燈，紅綠燈：Turn right at the ~*s*. 在紅綠燈處向右轉。
tráffic mànager *n.* Ⓒ **1** (工商機構之)主管貨物運輸者；車務總管；運輸部經理。
2 (鐵路局等交通機關之)業務處主任。
tráffic pàttern *n.* Ⓒ《航空》起落[固定]航線《飛機於著陸前或起飛後，在機場上空由控制塔所指定的航線》。
tráffic sìgnal *n.* =traffic light.
tráffic wàrden *n.* Ⓒ《英》交通管理員《負責指揮交通、取締違規停放車輛等》。
tra·ge·di·an [trəˈdʒidɪən; trəˈdʒi:djən] *n.* Ⓒ悲劇演員；悲劇作家。
tra·ge·di·enne [trəˌdʒidɪˈɛn; trəˌdʒi:diˈen] «源自法語»——*n.* Ⓒ悲劇女演員。
***trag·e·dy** [ˈtrædʒədɪ; ˈtrædʒidi] *n.* **1** Ⓤ[指作品個體時爲Ⓒ]**悲劇**：*Macbeth* is a famous ~ by Shakespeare. 「馬克白」是莎士比亞所作的一齣著名悲劇。

> 【字源】tragedy 一字源自希臘文義爲「羊之歌」，至於爲什麼轉義成「悲劇」，理由不大清楚。據說可能是因爲最初在宗教儀式中，要用羊作爲「犧牲」，而在宰殺羊時所唱的歌很悲慘，由此而轉義爲「悲劇」。另有一說是因爲在歌唱比賽中，優勝者所獲得的獎品是羊，因此「羊之歌」後來轉變成「悲劇」，但此一說法較難令人信服。

2 ⓊⒸ悲劇性景象[事件]，慘事，慘劇；不幸(事件)。
trag·ic [ˈtrædʒɪk; ˈtrædʒik] «tragedy 的形容詞»——*adj.* (more ~; most ~) **1 a** [用在名詞前](無比較級、最高級)**悲劇的**，悲劇性的：a ~ actor[poet] 悲劇演員[詩人]。**b** [**the** ~；當單數名詞用](文學、藝術、戲劇中的)悲劇因素，悲劇性。
2 悲壯的；悲慘的，悽慘的：a ~ death 悲慘的死。
trág·i·cal [-dʒɪkl; -dʒikl] *adj.* =tragic. ~**·ly** [-klɪ; -kəli] *adv.*
trágic fláw *n.* Ⓒ《文學》(悲劇主角性格中的)悲劇性缺點。
trag·i·com·e·dy [ˌtrædʒɪˈkɑmədɪ; ˌtrædʒiˈkɔmidi] *n.* **1** Ⓤ[指作品個體時爲Ⓒ]悲喜劇。
2 ⓊⒸ有悲有喜[悲喜交織](的事件)。
trag·i·com·ic [ˌtrædʒɪˈkɑmɪk; ˌtrædʒiˈkɔmik⁻] «tragicomedy 的形容詞»——*adj.* **1** [用在名詞前]悲喜劇的。**2** 悲喜劇性的。
tràg·i·cóm·i·cal [-mɪkl; -mikəl⁻] *adj.* = tragicomic.
~**·ly** [-klɪ; -kəli] *adv.*
tra·gus [ˈtregəs; ˈtreigəs] *n.* (*pl.* **tra·gi** [-dʒaɪ; -dʒai]) Ⓒ《解剖》耳珠；耳屏。
‡**trail** [trel; treil] «源自拉丁文「拖曳(船)」之義» ——*n.* Ⓒ **1 a 拖痕**，足跡，行跡，痕跡；船跡，航跡：the ~ *of* a slug 蛞蝓爬過的痕跡。**b** (獸的)嗅跡；(搜索等的)線索：*on* [*off*] the ~ 獲得[失去]嗅跡；獲得[失去]線索/(hot[hard]) *on* the ~ (*of*...) 緊跟著(…的)蹤跡或嗅跡的。
2 《美·加》(荒野等的)踩踏而成的路，(山中等的)小路，小徑：⇨ Oregon Trail.
3 a (彗星、流星之)尾。**b** (雲、煙等之)曳尾，餘縷(*of*)：a ~ *of* smoke 一縷煙。**c** 衣裾等拖得長長的下襬。**d** 長垂的纓子[頭髮(等)]。**e** (人、車等的)行列，川流不息。**f** 拖網。
4 《軍》持槍(的姿勢)《★常用於下列片語》：at the ~ 取[以]持槍的姿勢。
5 砲架的尾部。
bláze a [**the**] **tráil** ⇨ blaze[3].
——*v.t.* **1** (十受(十副))拖曳…，把…拖著走〈*along*〉：The boy was ~*ing* his toy train (*along*) *by*[*on*] a piece of string. (那時)那個男孩正用一條繩子拖著玩具火車/The tiger ~*ed* its wounded leg. 那隻老虎拖著受傷的腿而去/She ~*ed* her dress *through* the mud. 她拖著衣服走過泥濘地。
2 (十受)追獵〈野獸等〉；追蹤〈罪犯等〉：The hunter went on ~*ing* the deer. 獵人繼續追獵鹿。
——*v.i.* **1 a** (動(十副))〈衣服的下襬等〉拖曳，拖地；〈雲、煙等〉

繚繞，飄蕩〈*along, behind*〉：Her dress was ～*ing* **along.** 她的衣服拖在地上。**b**〔＋介＋(代)名〕拖〔在…的背後〕〔*behind*〕.
2〔＋副詞(片語)〕(因疲乏而)拖著腳走；慢吞吞地走(在…)：The tired soldiers ～*ed along behind* their platoon leader. 疲憊的士兵們跟在他們排長後面拖沓行走。
3〔動(＋介＋(代)名)〕〈蔓藤〉蔓延〔…〕〔*over*〕：Ivy ～*s* **over** the house. 常春藤在那屋上蔓延。
4〔＋副〕〈話等〉喋喋不休地延續下去〈*on*〉：The discussion ～*ed* **on.** 討論沒完沒了地延續下去。
5〔＋副(＋介＋(代)名)〕〈聲音等〉漸漸消失〔而趨於…〕〈*off, away*〉〔*into*〕：His voice ～*ed* **off**[**away**] **into** silence. 他的聲音逐漸變小而趨沉寂。

tráil bìke *n.* Ⓒ爬山車《適於行駛崎嶇不平道路的輕型機車》。

tráil·blàzer *n.* Ⓒ **1** (在蠻荒之地等爲使後到的人有路標可循而)在經過的路上做記號的人。**2** 先驅，開路先鋒，開拓者，倡導者〔*in*〕.

tráil·er *n.* Ⓒ **1** 拖曳者[物]，尾隨在後之人[物]；追蹤者。**2** 蔓延的葛藤之類。**3 a** (由汽車等拖曳的)拖車。**b**《美》(用車拖曳的)活動房屋(《英》caravan).

trailer 3 b

【說明】活動房屋(trailer)是指用汽車拖曳有輪子的房屋，主要用於旅行。裡面有廚房、餐桌、牀鋪等設備，一家人要一道去旅行或野營時非常方便。美國已有專門的活動房屋停車場(trailer camp[court, park])，裡面有完善的水電設施。另外也有不少美國人以這種活動房屋當作住家。

4《電影》預告片。

tráiler càmp[**còurt, pàrk**] *n.* Ⓒ《美》活動房屋[拖車]用的營地[停車場](《英》caravan park)《有電、自來水等的設備》。

‡**train** [tren; trein]《源自拉丁文「拖」之義》—*n.* Ⓒ **1 火車，列車**：a passenger [goods, freight] ～ 客[貨]車/an express [a local] ～ 快車[普通列車]/a down [an up] ～ 下行[上行]列車/a through ～ 直達列車/a night ～ 夜車/the 5:30 ～ 五點半的列車[火車]/go [come] by ～ 搭乘火車去[來]《★by ～ 爲無冠詞》/drive a ～ 駕駛火車/get on [off] a ～ 上[下]火車/take the 5:15 (p.m.) ～ *to* Chicago搭(下午)五點十五分開的火車到芝加哥/I missed [just caught] my ～. 我沒有趕上[剛好趕上]火車/I met him *on* [*in*] the ～. 我在火車上遇到他《★比較《美》通常用on》.

【說明】指有數節車廂連結的電車、火車；一節一節的車廂在美國稱作 car，在英國稱作 carriage.

2 a (人、車等的)長排，行列，連續，一行：⇨wagon train / a long ～ *of* camels [sightseers] 一長列駱駝[觀光客]。**b**〈觀念等的〉連續，連串〔*of*〕：a ～ *of* thought 一連串的想法/An unlucky ～ *of* events discouraged him. 一連串不幸事件使他氣餒。**c** (事件等的)結果，延續，後果：The Reformation brought *in* its ～ the Thirty Years' War. 宗教改革結果導致三十年戰爭。
3 [集合稱]扈從，隨從人員；(崇拜者等的)一羣《★用法視爲一整體時當單數用，指個別成員時當複數用》：the queen and her ～ 女王和她的隨從人員。
4 a 長衣服拖地的下襬，拖曳的裙裾：a wedding dress with a long ～ 衣裾長曳的新娘禮服。**b** (彗星等的)尾(部)。**c** (孔雀等的)長尾巴。
5 導火線。

train 4 a

in tráin 準備妥當；在進行中：All is now *in* ～. 現在一切準備妥當。
—*v.t.* **1 訓練**：**a**〔＋受(＋副)〕訓練，造就，調教，教養，教育〈人、動物〉〈*up*〉：～ (**up**) children in a military way 以軍隊的方式訓練兒童 /The sergeant ～*ed* the recruits. 那名士官訓練新兵。**b**〔＋受＋介＋(代)名〕訓練，教〈人、動物〉〔以備做…〕〔*for*〕：～ chimpanzees **for** a show 訓練黑猩猩表演/He was ～*ed for* the army. 他接受過軍人的訓練。**c**〔＋受＋介＋(代)名〕[～ one*self*]練習，操練，鍛鍊身體〔以備…〕〔*for*〕：～ *oneself for* a boat race 爲準備參加划船比賽而鍛鍊身體。**d**〔＋受＋介＋(代)名〕教〈人、動物〉〔…〕〔*to*〕：～ children **to** good manners 教孩子們禮貌規矩/The dog was ～*ed to* the hunt. 這隻狗受過狩獵訓練。**e**〔＋受＋ *to* do〕訓練〈人、動物〉〈做…〉；鍛鍊，教育〈人〉〈做…〉：～ children *to* obey 教育孩子聽話。**f**〔＋受＋*how*＋*to* do〕教，訓練〈人、動物〉〈做…的方法[如何做…]〉：～ a person *how to* operate a machine 教人操作機器的方法。**g**〔＋受＋*as* 補〕訓練，教育，培養〈人、動物〉〈作爲…〉：These girls are being ～*ed as* nurses. 這些女孩正在被訓練爲護士[接受當護士的訓練]。
2〔＋受(＋介＋(代)名)〕修剪〈樹枝等〉〔使成…〕，爲…整枝〔使…〕〔*around, over, against*〕：～ vines **over** a wall [**around** a post] 使葡萄藤攀緣牆壁[攀繞柱子]。
3〔＋受(＋介＋(代)名)〕將〈槍砲、照相機等〉對準，瞄準〔…〕〔*on, upon*〕：～ a camera **on** [**upon**] a model 把照相機對準一名模特兒。
—*v.i.* **1**〔動(＋介＋(代)名)〕〔爲…而〕練習，鍛鍊，操練〔*for*〕：They are ～*ing for* the marathon. 他們正接受馬拉松的訓練。
2 a〔＋ *to* do〕受訓練，被教育〈做…〉：～ *to* be a doctor 爲當醫師而受訓練[教育]。**b**〔＋*as* 補〕被教育〈作爲…〉，接受〈…的〉訓練：She is ～*ing as* a nurse. 她正在接受當護士的訓練。
3 搭乘火車去[旅行]。

train·a·ble [ˋtrenəbl; ˈtreinəbl] *adj.* 可訓練的，可教育的，可鍛鍊的，可造就的。

tráin·bèarer *n.* Ⓒ(婚禮或儀式中的)牽紗者，拉衣裾的人。

tráin dispàtcher *n.* Ⓒ《美》火車調度人員。

tráined núrse *n.* ＝graduate nurse.

train·ee [trenˋi; treiˈniː] *n.* Ⓒ **1** 接受訓練的人[動物]。**2** 受軍事[職業]訓練的人；新兵；練習生，學員。

tráin·er *n.* Ⓒ **1** 訓練者，(尤指體育)教練，調教師，馴馬師：a dog ～ 馴狗師。**2** 練習用具，訓練用的器械。**3** (美國海軍之)瞄準手。

tráin fèrry *n.* Ⓒ火車渡輪《用以載運火車到對岸鐵路上繼續行駛》。

***train·ing** [ˋtrenɪŋ; ˈtreiniŋ] *n.* **1 a** Ⓤ[又作a ～]訓練，教練；教育，培植，練習；鍛鍊；調教(⇨ education【同義字】)：go into ～ 開始鍛鍊。**b** Ⓤ訓練[教育]課程。**2** Ⓤ(運動員參加競賽時的)體能[競技]狀況：be in [out of] ～ 體能[競技]狀況良好[差]。

tráining còllege *n.* Ⓤ[指設備時爲Ⓒ]《英》(從前的)師範學校《戰後改稱爲 college of EDUCATION》.

tráining pànts *n. pl.* (給脫離尿布不久的幼兒穿的)訓練艮好便溺習慣用的褲子。

tráining schòol *n.* Ⓤ[指設備時爲Ⓒ](各種技藝的)訓練所。

tráining shìp *n.* Ⓒ(海軍中供實習用之)訓練艦。

tráin·lòad *n.* Ⓒ一列車能裝載之量，列車負載。

tráin·man [-mən; -mən] *n.* Ⓒ(*pl.* **-men** [-mən; -mən])《美》列車車務員《尤指車長助手，煞車控制手》。

tráin òil *n.* Ⓤ《罕》鯨油；採自海產動物的油。

tráin sèrvice *n.* Ⓤ火車上的服務。

traipse [treps; treips] *v.i.*〔＋副詞(片語)〕《口語》(在…)閒蕩，閒逛，懶散地徘徊。
—*n.* Ⓒ《口語》**1** 閒蕩，閒逛；使人疲倦的漫長步行。**2** 懶散的女人。

trait [tret; trei, treit] *n.* Ⓒ(人、物之)**特性**，特色，特徵：English ～*s* 英國國民性/culture ～*s*《社會學》文化特質。

trai·tor [ˋtretɚ; ˈtreitə]《源自拉丁文「引渡」之義》—*n.* Ⓒ叛逆者，奸逆，賣國賊；背信者；出賣朋友的人：He turned ～ *to* the cause [*to* his country]. 他背叛了該事業[祖國]《成了叛徒》《★ turn ～ 爲無冠詞用法》。

trai·tor·ous [ˋtretərəs; ˈtreitərəs]《traitor 的形容詞》—*adj.*《文語》叛逆(罪)的，背叛的，不忠的；背信的。～**·ly** *adv.*

trai·tress [ˋtretrɪs; ˈtreitris] *n.* Ⓒ女性的 traitor.

tra·jec·to·ry [trəˋdʒɛktərɪ; ˈtrædʒiktəri, trəˈdʒek-] *n.* Ⓒ **1** (子彈、火箭等的)彈道，曲線。**2**《天文》(彗星、行星的)軌道。

tram [træm; træm] *n.* Ⓒ **1**《英》街道電車(《美》streetcar)：by ～ 乘電車《★無冠詞》。**2** (運煤等的)礦車，臺車。**3** 電車道。

trám·càr *n.*《英》＝tram 1.

trám·lìne *n.* Ⓒ[常 ～s]《英》**1** 電車軌道。**2**《口語》(網球場的)邊線《左右兩側的兩條線，內線爲單打，外線爲雙打用》。

tram·mel [ˋtræml; ˈtræml]《源自古法語「三層之網」之義》—*n.* Ⓒ **1 a** (訓練馬走溜蹄(側對)(amble)步伐時所使用的)馬梏。**b** [常 ～s]任何阻礙物，束縛物，拘束，妨害，障礙：the ～*s of* superstition 迷信的束縛。**2** (又作 **trámmel nèt**)(用以捕魚、鳥的)網；(尤指)豎起攔截(飛鳥等)的網。
—*v.t.* (**tram·meled,**《英》**-melled**；**tram·mel·ing,**《英》**-mel·ling**)《文語》妨害…的自由，束縛…。

tramp [træmp; træmp] *v.i.* **1**〔＋副詞(片語)〕**邁著沈重的腳步行走**，重步行走；踐踏：We heard him ～*ing about* overhead. 我們聽到他在樓上腳步沈重地四處走動/He ～*ed up* and *down* the street waiting for his friend to come. 他在街道上步伐沈重地走來走去，等待朋友的到來。

2 a 行走(某一段距離)，步行；徒步旅行；流浪：I can't bear to ~ ten miles in this heat. 在這大熱天要行走十哩路我受不了。**b** 〔十副詞(片語)〕步行；徒步漫遊：We *~ed through* the Lake District. 我們徒步漫遊英格蘭西北部湖泊區。
3 〔十介十(代)名〕踐踏〔…〕〔*on, upon*〕：He *~ed* ***on*** the flowers. 他踐踏了花。
—*v.t.* 〔十受〕**1 a** (腳步沈重地)走，步行於…；在…徒步旅行：We *~ed* the hills. 我們漫遊了山丘。**b** 〔~ **it**〕《口語》走路去：I missed my bus and had to ~ *it.* 我沒有趕上公共汽車，只好走路。
2 踐踏…：~ grapes for wine 爲釀造葡萄酒而踩踏葡萄。
—*n.* **1** 〔用單數；常 **the** ~〕**沈重的腳步聲，**(軍隊行進等的)踏步聲〔*of*〕：*the* heavy ~ *of* the night watchman 巡夜者的沈重腳步聲。
2 Ⓒ(長程的)徒步旅行：go for a ~ *through* the country 去鄉間徒步旅行。
3 Ⓒ **a** 徒步旅行者；漂泊者；流浪乞丐，游民；流動工匠。**b** 《俚》水性楊花的女人。
4 Ⓒ(保護鞋底用的)金屬板。
5 (又作 **trámp stèamer**)Ⓒ不定期貨輪。
on (the) trámp 漂泊著，到處流浪著。
~·er *n.*

tram·ple [ˋtræmpl; ˈtræmpl] *v.t.* **1** 〔十受(十副)〕**踐踏，蹂躪，踩壞，摧殘，虐待…**〈*down*〉：The naughty boy *~d* (***down***) the grass [*~d* the grass *down*]. 那個頑皮男孩踩壞了草地/He *~d* the earthworm *to* death [the papers *into* the ground]. 他踩死了蚯蚓[在地上猛力踐踏文件]。
2 〔十受〕蔑視，藐視〈人的感情等〉；糟蹋…《★比較 作此義時一般用 *v.i.* 2》.
—*v.i.* 〔十介十(代)名〕**1** 踐踏，踩踏〔…〕〔*on, upon, over*〕《★可用被動語態》：~ ***on*** a person's toes 踩某人的腳趾。
2 摧殘，蹂躪，糟蹋〔人的感情等〕；虐待〔人〕〔*on, upon, over*〕《★可用被動語態》：~ ***on*** a person's feelings 蔑視某人的感情。
trámple óut 《vt adv》踩滅〈火等〉。
trámple...ùnder fóot (1)踩碎…，踩扁…：~ a worm *under foot* 踩扁蠕蟲。(2)蹂躪…，藐視…，蔑視…：~ law *under foot* 蔑視法律。
—*n.* Ⓒ踩踏；踐踏[踩碎]聲。

tram·po·line [ˌtræmpəˋlin, ˋtræmpəˌlin; ˈtræmpəlin] *n.* Ⓒ健身用彈簧墊《利用帆布網的彈性做跳躍運動的一種運動器材》。

trampoline

trám·ròad *n.* Ⓒ《主美》礦車軌道；礦山鐵道。
trám·wày *n.* Ⓒ **1** 木製鐵道。**2** 《英》＝tramline 1. **3** ＝tramroad. **4** 索道(aerial railway, ropeway).
tran- [træn-; træn-] 字首 trans- 在以 s 起首之字前時的變體。
trance [træns; trɑ:ns] **《**源自拉丁文「(由生往死的)過渡」之義**》—*n.*** Ⓒ **1** 恍惚；出神；夢幻，忘我之境：in a ~ 陷於忘我的境界。**2** 失神，昏睡狀態，神智昏迷：fall into [come out of] a ~ 陷入昏睡狀態[自昏睡中醒來]。
tran·ny [ˋtrænɪ; ˈtræni] *n.* Ⓒ《英口語》電晶體收音機。
tran·quil [ˋtrænkwɪl, ˋtræŋ-; ˈtræŋkwil] *adj.* (~·(l)er；~·(l)est) **1** 〈海、風景等〉靜的，安靜的，寧靜的，平靜的：the ~ waters of a pond 池塘裏平靜的水面。**2** 〈心等〉平靜的，寧靜的，鎮定的：a ~ life [heart] 平靜的生活[心]。
~·ly [-kwɪlɪ; -kwili] *adv.*
tran·quil·i·ty, 《英》**tran·quil·li·ty** [trænˋkwɪlətɪ, træŋ-; træŋˈkwiləti] **《**tranquil 的名詞**》—*n.*** Ⓤ [又作 **a** ~] **1** 安靜，寧靜，平靜。**2** 鎮定，鎮靜，沉靜。
tran·quil·ize, 《英》**tran·quil·lize** [ˋtrænkwɪˌlaɪz, ˋtræŋ-; ˈtræŋkwilaiz] **《**tranquil 的動詞**》—*v.t.*** 使…寧靜，使…安靜，使〈心〉鎮定。**—*v.i.*** 變寧靜，變安靜；鎮定下來，平靜下來。
trán·quil·ìz·er, 《英》**trán·quil·lìz·er** *n.* Ⓒ《藥》鎮靜劑。
trans. 《略》transaction(s)；transitive；translated；translation；transport(ation).
trans- [trænz-; trænz-] 字首 **1** 表示「越過」「橫過」：*trans*mit. **2** 表示「貫穿」「通過」「完全地」：*trans*fix. **3** 表示「朝向他方」「朝向別的狀態[地方]」：*trans*late. **4** 表示「超越」：*trans*cend. **5** 表示「在…的那一邊的」：*trans*-Caucasian 在高加索的那一邊的。
trans·act [trænsˋækt, trænz-; trænˈzækt, -ˈsækt] *v.t.* **1** 〔十受〕**辦理，處理〈事務等〉。2** 〔十受(十介十(代)名)〕〔與…〕進行〈交易等〉〔*with*〕：He *~s* business ***with*** a large number of stores. 他與很多商店做生意。

trans·ac·tion [trænsˋækʃən, trænz-; trænˈzækʃn, -ˈsæk-] **《**transact 的名詞**》—*n.*** **1** Ⓤ [常 **the** ~] (業務的)**處理，**辦理，執行，處置：*the* ~ *of* business 事務處理。**2** Ⓒ [常 *~s*] **業務，事務，事項；交易，買賣：**commercial *~s* 商業交易/*~s in* real estate 不動產買賣。**3** [*~s*] 會報，議事[講演]記錄：Philosophical *Transactions* 英國皇家學院(The Royal Society)的會報。
trans·ac·tor [trænsˋæktɚ, trænz-; trænˈzæktə, -ˈsæk-] *n.* Ⓒ處理者；經營者；做交易的人。
trans·al·pine [trænsˋælpɪn, trænz-, -paɪn; ˌtrænzˈælpain⁻] *adj.* (自義大利立場而言的)阿爾卑斯山的那一邊的(↔ cisalpine).
trans·at·lan·tic [ˌtrænsətˋlæntɪk, ˌtrænz-; ˌtrænzətˈlæntik⁻] *adj.* **1 a** 大西洋彼岸的；(自美國立場而言的)歐洲的，(自歐洲立場而言的)美國的。**b** 大西洋兩岸各國的。**2** 橫越大西洋的：a ~ liner 橫渡大西洋的班輪/a ~ cable 橫越大西洋的電報[電纜]。
trans·ceiv·er [trænsˋsivɚ; trænsˈsi:və] *n.* Ⓒ收發兩用無線電話機。
tran·scend [trænˋsɛnd; trænˈsend] *v.t.* **1** 超越〈經驗、理解力的範圍〉：The grandeur of the Grand Canyon *~s* description. 大峽谷的宏偉不是筆墨所能形容的。**2** 凌駕，優於，勝過…：The genius of Shakespeare *~s* that of all other English poets. 莎士比亞的才華勝過所有的其他英國詩人。
tran·scen·dence [trænˋsɛndəns; trænˈsendəns] **《**transcendent 的名詞**》—*n.*** Ⓤ **1** 超越，卓越，優越。**2** (神的)超然存在，先在。
tran·scén·den·cy [-dənsɪ; -dənsi] *n.* ＝transcendence.
tran·scen·dent [trænˋsɛndənt; trænˈsendənt] **《**transcend 的形容詞**》—*adj.*** **1** 卓越的，超羣的，超凡的；不尋常的：an author of ~ genius 才華超凡的作家。**2** 《哲》(經院哲學之)超越的；(康德哲學之)超越經驗的，先驗的。**3** 《神學》(指神超越宇宙、人類而存在之意的)超絕的。
tran·scen·den·tal [ˌtrænsɛnˋdɛntl; ˌtrænsenˈdentl⁻] *adj.* **1 a** 超凡的，卓越的。**b** 超自然的。**2** 形而上的，抽象的。**3** 《哲》(康德哲學的)先驗的，超越的。**~·ly** [-tlɪ; -təli] *adv.*
tràn·scen·dén·tal·ism [-lˌɪzəm; -lizəm] *n.* Ⓤ **1** 《哲》**a** (康德哲學的)先驗哲學。**b** (愛默生的)超絕論[主義]。**2** 不可解；高遠的思想。
tràn·scen·dén·tal·ist [-lɪst; -list] *n.* Ⓒ《哲》先驗論者；超越[超絕]主義者。
transcendéntal meditátion *n.* Ⓤ超越冥想法，形而上的玄思《藉默誦眞言及靜坐冥思以期身心之清淨的方式；略作 T.M.》.
trans·con·ti·nen·tal [ˌtrænskɑntəˋnɛntl; ˈtrænsˌkɔntiˈnentl⁻] *adj.* 橫貫大陸的：a ~ road race (汽車等的)橫貫大陸公路賽。
tran·scribe [trænˋskraɪb; trænˈskraib] *v.t.* **1 a** 〔十受〕**抄寫，複寫，謄寫…；記錄〈演說等〉：**The minutes of their meeting were fully *~d* in the bulletin. 他們的會議記錄詳盡地登載在會刊中。**b** 〔十受十介十(代)名〕將…〔從速記、錄音等〕轉譯(成普通文字)〔*from*〕：His farewell speech was *~d* ***from*** shorthand notes. 他的告別演說是由速記轉譯而成的。
2 用發音符號[用音標]寫，表示…。
3 〔十受(十介十(代)名)〕將…改寫，翻譯〔成其他語言、文字〕〔*into*〕：~ a book ***into*** Braille 把書翻譯成盲人點字。
4 〔十受(十介十(代)名)〕《音樂》〔爲其他樂器〕改編〈樂曲〉〔*for*〕.
5 《廣播・電視》錄〈音、影、節目等〉以作廣播；播放〈錄音、錄影〉。
tran·scrib·er *n.* Ⓒ **1** 抄寫員，謄寫員。**2** 轉錄機。
tran·script [ˋtrænˌskrɪpt; ˈtrænskript] *n.* Ⓒ **1** 抄本，副本，謄本；複寫，抄寫。**2** (學校的)成績證明書。
tran·scrip·tion [trænˋskrɪpʃən; trænˈskripʃn] **《**transcribe 的名詞**》—*n.*** **1 a** Ⓤ抄寫，謄寫，轉錄，轉譯，改寫。**b** Ⓒ轉譯[改寫]之物《速記符號之譯文等》：a phonetic ~ 用音標[發音符號]所拼寫的文字。**2** Ⓤ Ⓒ《音樂》編曲，樂曲改編。**3** Ⓤ Ⓒ《廣播・電視》錄音[錄影](播放)。
transcríption machìne *n.* Ⓒ《廣播・電視》錄音[錄影](播放)機。
trans·cur·rent [trænsˋkɝənt; trænsˈkʌrənt] *adj.* 橫亙的；橫貫的；橫延的。
trans·duce [trænsˋdus, -ˋdjus, trænz-; trænzˈdju:s] *v.t.* 《物理》轉換〈能量等〉。
trans·em·pir·i·cal [ˌtrænsɛmˋpɪrɪkl, ˌtrænz-; ˌtrænsemˈpirikl] *adj.* 超經驗的；實際知識之外的。
tran·sept [ˋtrænsɛpt; ˈtrænsept] *n.* Ⓒ(十字形教堂的)袖廊《與中殿(nave)成直角的左右翼部》。
trans·fer** [trænsˋfɝ; trænsˈfə:] **《**源自拉丁文「橫越而搬運」之義**》—** (**trans·ferred**；**-fer·ring**) *v.t.* **1** 〔十受(十介十(代)名)〕**a** 將…〔自…〕**移，遷移，移動，運送，移交〔至…〕；使〈人〉〔自…〕調任，調動〔至…〕；使…轉學〔至…〕**〔*from*〕〔*to*〕：The control of the new business was *transferred* ***from the head office ***to*** a branch. 新業務的監督權從總公司移轉到分公司/He has been *transferred to*

T

another branch in Boston. 他被調到波士頓的另一分公司。**b** 將〈愛情等〉轉移〔到別人〕；將〈責任等〉轉嫁〔到…〕〔*to*〕：The baby *transferred* its affection ***to*** its new mother. 那嬰兒把感情轉移到新母親身上。

2 〔十受(十介十(代)名)〕將〈財產等〉讓渡〔予人〕〔*to*〕：～ a piece of land ***to*** a person 將一塊地讓渡給人。

3 〔十受〕轉印〈圖樣等〉；描繪，摹寫〈壁畫等〉。

—*v.i.* 〔動(十介十(代)名)〕 **1** 〔將交通工具〕〔從…〕**換乘**〔…〕〔*from*〕〔*to*〕：I took the streetcar and *transferred* ***to*** the bus. 我搭乘電車再改乘公共汽車。

2 〔從…〕**轉移，轉學，調任，調職**〔到…〕〔*from*〕〔*to*〕：He has *transferred* ***to*** Harvard. 他轉學到哈佛大學。

— [ˋtrænsfɝ; ˈtrænsfəː] *n.* **1** Ⓤ Ⓒ **a 轉移，**移動，**調職。b** 〈權利等的〉移轉；〈股票等的〉過戶；讓渡。**2** Ⓒ轉印畫；摹寫的畫〈等〉。**3** Ⓒ **a** 換乘地點。**b** 換乘票。**4** Ⓒ調職人，調勤人；轉學生；轉隊選手。**5** Ⓒ匯兌，劃撥：a postal ～ account 郵政劃撥帳戶/⇨ cable transfer.

trans·fer·a·bil·i·ty [ˏtrænsfɝəˋbɪlətɪ; trænsˌfəːrəˈbiləti] «transferable 的名詞»**—*n.*** Ⓤ **1** 可轉移〈性〉；可轉印，可謄寫。**2** 可讓渡〈性〉。

trans·fer·a·ble [trænsˋfɝəbl; trænsˈfəːrəbl] *adj.* **1** 可轉移的；可轉印的，可抄寫的。**2** 可讓渡的。

tránsfer àgent *n.* Ⓒ〈股票的〉過戶代理人〔銀行，信託公司〕。

tránsfer còmpany *n.* Ⓒ運輸〔轉運〕公司《尤指做短程運輸，如兩條鐵路車站間者》。

trans·fer·ee [ˏtrænsfəˋri; ˌtrænsfəːˈriː] *n.* Ⓒ **1** 被調任者。**2** 《法律》〈財產等之〉受讓人；承買人。

trans·fer·ence [trænsˋfɝəns; ˈtrænsfərəns, trænsˈfəːr-] «transfer 的名詞»**—*n.*** Ⓤ **1 a** 遷移；轉移，移動。**b** 調職，調勤，調動，調任。**2** 讓渡，交付，出售。**3** 《精神分析》感情轉移，移情。

trans·fer·or [trænsˋfɝɚ; trænsˈfəːrə] *n.* Ⓒ《法律》讓股人；讓與人。

trans·fer·(r)al [trænsˋfɝəl; trænsˈfəːrəl] *n.* Ⓤ移動，調勤。

trans·fig·u·ra·tion [ˏtrænsfɪgjəˋreʃən; ˌtrænsfigjuˈreiʃn] «transfigure 的名詞»**—*n.*** **1** Ⓤ Ⓒ變形，變身，改變容貌。**2** 〔the T～〕《聖經》〈基督在山上的〉變貌；基督變容節《八月六日》。

trans·fig·ure [trænsˋfɪgjɚ; trænsˈfigə] *v.t.* **1** 改變…的形狀〔形體〕，使…變形，使…變貌。**2** 使…美化〔理想化〕。

trans·fix [trænsˋfɪks; trænsˈfiks] *v.t.* 〔十受(十介十(代)名)〕 **1** 〔用長矛等〕刺入，刺穿，戳穿，刺住…〔*with*〕：The fisherman ～*ed* the shark ***with*** a harpoon. 漁夫用魚叉刺住鯊魚。**2** 〈恐懼等〉使〈人〉呆立不動，使…木立不動《★常以過去分詞當形容詞用，變成「呆立不動」之意；介系詞用 *by, with*》：She stood ～*ed* ***with*** fear〔wonder〕. 她因恐懼〔驚奇〕而呆立不動。

trans·fix·ion [trænsˋfɪkʃən; trænsˈfikʃn] *n.*

trans·form** [trænsˋfɔrm; trænsˈfɔːm] *v.t.* **1** 〔十受(十介十(代)名)〕 **a** 使〈〈…的〉外貌、樣子〉**變成**〔…〕，使…變形〔變容，變貌〕〔成…〕〔*into, to*〕(⇨ change【同義字】)：Joy ～*ed* her face. 她高興得臉色都變了/A tadpole is ～*ed* ***into 〔***to***〕 a frog. 蝌蚪蛻變成青蛙。**b** 將〈〈…的〉性質、功能、用途等〉〈完全〉改變〔成…〕〔*into, to*〕：The failure ～*ed* the young man's character. 那次失敗改變了這年輕人的性格/Technology has ～*ed* our way of life. 科技改變了我們的生活方式。

2 a 〔十受(十介十(代)名)〕《物理·化學》將〈能量〉轉換〔成他種能量〕〔*into*〕：～ heat ***into*** power 把熱能轉換成動力。**b** 〔十受〕《電學》改變〈電流〉之電壓。

3 〔十受〕《數學·邏輯·語言》使…變換，使…變形。

trans·form·a·ble [trænsˋfɔrməbl; trænsˈfɔːməbl] *adj.* 可變形〔變換，變化〕的，可能變形〔變換〕的。

trans·for·ma·tion [ˏtrænsfɚˋmeʃən; ˌtrænsfəˈmeiʃn] «transform 的名詞»**—*n.*** Ⓤ Ⓒ **1** 變形，變容，變質：Soon public opinion underwent a complete ～. 輿論一下子完全變了。**2** 《生物》變形，轉化。**3** 《數學·邏輯·語言》變換，變形。**4 a** 《物理·化學》轉變；蛻變。**b** 《電學》變換，變化。**～·al** [-ʃənḷ; -ʃənl] *adj.*

trànsformátional (génerative) grámmar *n.* Ⓤ《語言》轉換〈生成〉語法，變形〈衍生〉語法。

trans·form·a·tive [trænsˋfɔrmətɪv; trænsˈfɔːmətiv] *adj.* 使變化的，有變形力的。

trànsfórm·er *n.* Ⓒ **1** 使變化之人〔物〕。**2** 《電學》變壓器。

trans·fuse [trænsˋfjuz; trænsˈfjuːz] *v.t.* 〔十受(十介十(代)名)〕 **1** 將〈血液〉輸與〔他人〕，輸〈血〉〔給某人〕〔*into*〕. **2** 把…灌輸〔於人〕〔*into*〕：The professor ～*d* his enthusiasm for research ***into*** his students. 教授把自己的研究熱忱移注給學生。

trans·fu·sion [trænsˋfjuʒən; trænsˈfjuːʒn] «transfuse 的名詞» **—*n.*** Ⓤ Ⓒ注入，輸血；移注：(a) blood ～ 輸血。

trans·gress [trænsˋgrɛs; trænsˈgres] 《文語》*v.t.* **1** 踰越，脫離，逸出〈限制、範圍〉：Her behavior ～*ed* all boundaries of good taste. 她的行為踰越了嫺雅的界限〔因附庸風雅失之於粗俗〕。**2** 打破，違犯，違反，違背〈法律、規則等〉。

—*v.i.* 違犯法律，違反規則；〈在宗教、道德上〉犯罪。

trans·gres·sion [trænsˋgrɛʃən; trænsˈgreʃn] «transgress 的名詞»**—*n.*** Ⓤ Ⓒ違犯，犯罪；〈宗教、道德上的〉罪。

trans·grés·sor [-sɚ; -sə] *n.* Ⓒ違犯者；〈宗教、道德上的〉罪人。

tran·ship [trænˋʃɪp; trænˈʃip] *v.* (**-shipped**; **-ship·ping**) ＝ transship.

tran·sience [ˋtrænʃəns; ˈtrænziəns] «transient 的名詞»**—*n.*** Ⓤ 瞬間，短暫〈虛幻〉，頃刻，無常：the ～ of human life 人生的無常。

trán·sien·cy [-ʃənsɪ; -ziənsi] *n.* ＝transience.

tran·sient [ˋtrænʃənt; ˈtrænziənt] *adj.* **1 a** 一時的，瞬間的，轉瞬間的(⇨ momentary【同義字】)：a ～ smile 一瞬間的微笑/a ～ emotion 一時的感情。**b** 短暫的，無常的：～ love 短暫的愛情。

2 〈旅館住客、旅行者等〉逗留短暫的：a ～ visitor 短期住客〔觀光客，參觀者〕。

—*n.* Ⓒ《美》短期住客。**～·ly** *adv.*

tran·sis·tor [trænˋzɪstɚ; trænˈsistə, -ˈzis-] «*tran*sfer 和 re*sistor* 的混合語»**—*n.*** Ⓒ **1** 《電子》電晶體《利用高純度半導體代替真空管的小型擴幅器》。**2** 〈又作 **transístor rádio**〉電晶體收音機。

tran·sis·tor·ize [trænˋzɪstəˏraɪz; trænˈsistəraiz, -ˈzis-] *v.t.* 使用電晶體於〈收音機等〉，使…電晶體化。

tran·sit [ˋtrænsɪt; ˈtrænsit] «源自拉丁文「通過」之義»**—*n.*** **1** Ⓤ **a** 通過，通行；〈在機場等的〉過境。**b** 轉移，變遷，變化；死去。

2 Ⓤ運輸，搬運；運輸路線；運輸系統：⇨ rapid transit/in ～ 在運輸途中。**3** Ⓤ Ⓒ《天文》 **a** 〈天體的〉經過子午線；〈小天體的〉經過其他天體。**b** 〈天體的〉經過望遠鏡的視界。

—*adj.* 〔用在名詞前〕 **1** 過境〔通行〕的：a ～ duty〈貨物等的〉過境稅。**2** 〈機場等的〉過境〈用〉的：a ～ lounge in an airport 機場過境用的候機室。

tran·si·tion [trænˋzɪʃən, trænsˋɪʃən; trænˈsiʒn, -ˈziʃn] «源自拉丁文「轉移」之義»**—*n.*** Ⓤ Ⓒ **1** 轉變，轉移，變遷，變化：a period of ～ ＝a ～ period 過渡時期/a sudden ～ ***from*** autocracy ***to*** democracy 由獨裁到民主的突然轉變。**2** 過渡時期，變遷期，轉捩點：in ～ 在過渡時期。

tran·sí·tion·al [-ˋzɪʃənḷ; -ˈsiʒənl, -ˈziʃənl] «transition 的形容詞»**—*adj.*** 轉變的；過渡的；過渡時期的。

～·ly [-ˋzɪʃənḷɪ; -ˈsiʒnəli, -ˈziʃṇəli] *adv.*

tran·si·tive [ˋtrænsətɪv; ˈtrænsitiv] *adj.* 《文法》及物的(↔ intransitive)：a ～ verb＝a verb ～ 及物動詞《略作 vt., v.t.；★在本辭典中使用 *v.t.* 的符號》。**—*n.*** Ⓒ及物動詞。

trán·si·tive·ly *adv.* 作為及物動詞地。

tran·si·to·ry [ˋtrænsəˏtorɪ, -ˏtɔrɪ; ˈtrænsitəri] *adj.* 一時的，短暫的；無常的，虛幻的。**tran·si·to·ri·ly** [ˋtrænsəˏtorəlɪ, -ˏtɔrəlɪ; ˈtrænsitərəli] *adv.* **-ri·ness** *n.*

trans·lat·a·ble [trænsˋletəbl, trænz-; trænsˈleitəbl, trænz-] *adj.* 可翻譯的。

trans·late** [trænsˋlet, trænz-; trænsˈleit, trænz-] «源自拉丁文「被搬運」之義»**—*v.t. **1** 〔十受(十介十(代)名)〕將〈文學、語言〉〔由…〕**譯成**〔…〕；翻譯…〔*from*〕〔*into*〕：～ an English sentence ***into*** Japanese 把英文句子翻譯成日文/～ Homer ***from*** Greek 由希臘文翻譯荷馬史詩。

2 〔十受(十 *as* 補)〕《罕》將〈言行等〉解釋，說明〈為…〉：How would you ～ his conduct？你如何解釋他的舉動呢？/I ～*d* his silence ***as*** a refusal. 我把他的緘默視為拒絕。

3 〔十受(十介十(代)名)〕將…轉變，更改〔為別的形式〕〔*into*〕：～ a poem ***into*** prose 把詩改為散文/I could hardly ～ my thoughts ***into*** words. 我幾乎不能把我的想法用言詞表達出來。

4 〔十受十介十(代)名〕 **a** 將…移動〔到其他地方〕〔*to*〕. **b** 《基督教》將〈主教〉調職〔到…〕〔*to*〕.

—*v.i.* **1** 翻譯。

2 〔與狀態副詞連用〕〈詩等〉能夠譯得〈…〉：Her novels ～ well〔easily〕. 她的小說容易譯得好〔容易翻譯〕。

3 〔十介十(代)名〕〈結果〉可換算〔成…〕，成為〔…〕〔*into*〕.

trans·la·tion** [trænsˋleʃən, trænz-; trænsˈleiʃn, trænz-] «translate 的名詞»**—*n. **1 a** Ⓤ Ⓒ**翻譯**：free〔literal〕～ 自由〔逐字〕翻譯，意〔直〕譯/a mistake in ～ 誤譯/read a novel in ～ 讀翻譯的小說。**b** Ⓒ譯文，翻譯本〔*of*〕：Chapman's ～ ***of*** Homer 查普曼的荷馬史詩譯本/do〔make〕a ～ into Japanese 譯成日文。

2 Ⓤ Ⓒ **a** 解釋。**b** 改述，換句；變換，轉換。

tráns·la·tor [-tɚ; -tə] *n.* Ⓒ翻譯者，翻譯家。

trans·lit·er·ate [trænsˋlɪtəˏret, trænz-; trænzˈlitəreit, træns-] *v.t.* **1** 〔十受十介十(代)名〕將…字譯，改寫；音譯〔成他國的文字等〕〔*into*〕《如把「上海」譯成 Shanghai 等》：～ Hebrew ***into*** English letters 將希伯來語音譯成為英文字母。**2** 〔十受十 *as* 補〕將…改寫〈為…〉：～ the Greek χ ***as*** ch 把希臘文的 χ 改寫為 ch.

trans·lit·er·a·tion [ˌtrænslɪtəˈreʃən, ˌtrænz-; ˌtrænzlitəˈreiʃn, ˌtræns-] «transliterate 的名詞» —*n.* Ⓤⓒ字譯，改寫；音譯。

trans·lu·cence [trænsˈlusn̩s, trænz-; trænzˈlu:sns, træns-] «translucent 的名詞» —*n.* Ⓤ半透明。

trans·lú·cen·cy [-sn̩sɪ; -snsi] *n.* ＝translucence.

trans·lu·cent [trænsˈlusn̩t, trænz-; trænzˈlu:snt, træns-] *adj.* 半透明的(⇨ transparent【同義字】)。～·**ly** *adv.*

trans·lu·nar·y [trænsˈlunərɪ, ˈtrænsluˌnɛrɪ, trænz-; trænzˈlju:nəri, træns-] *adj.* **1** 月球軌道外的；超過月球的。**2** 天上的。**3** 理想的；幻想的。

trans·ma·rine [ˌtrænsməˈrin, ˌtrænz-; ˌtrænzməˈri:n, ˌtræns-ˊ] *adj.* **1** 海外的，來自海外的。**2** 橫越海洋的。

trans·mi·grate [trænsˈmaɪgret, trænz-; ˌtrænzmaiˈgreit, ˌtræns-] *v.i.* **1** 〈靈魂〉(在肉體死亡後)轉世成他物，轉生，輪廻。**2** 移轉，移動；移居。

trans·mi·gra·tion [ˌtrænsmaɪˈgreʃən, ˌtrænz-; ˌtrænzmaiˈgreiʃn, ˌtræns-] «transmigrate 的名詞» —*n.* Ⓤ **1** (靈魂的)轉世，輪廻：the ～ *of* souls 輪廻。**2** 移居，移動。

trans·mis·si·ble [trænsˈmɪsəbl̩, trænz-; trænzˈmisəbl, træns-] *adj.* 可傳送[傳達]的；可傳導的；傳染的。

trans·mis·sion [trænsˈmɪʃən, trænz-; trænzˈmiʃn, ˌtræns-] «transmit 的名詞» —*n.* **1 a** Ⓤ傳達；被傳達；傳送；傳染〔*of*〕：the ～ *of* electric power[disease]電力的傳送[疾病的傳染]。**b** ⓒ被傳送之物，傳言，書信，訊息。**2** Ⓤ《物理》(熱、光等的)傳導。**3** ⓒ《汽車》變速器，傳動裝置：an automatic [a manual] ～ 自動[手動]變速裝置。**4** ⓒ《通信》發報，發信。

trans·mit [trænsˈmɪt, trænz-; trænzˈmit, træns-] «源自拉丁文「橫越傳送」之義»—(**trans·mit·ted**；**-mit·ting**) *v.t.* **1** 〔十受〕寄，送交，送達〈物品等〉：～ a letter *by* hand [a parcel *by* rail, a message *by* radio] 差專人遞交的信件[用火車運送包裹，用無線電傳送訊息]。**2** 〔十受(十介十(代)名)〕**a** 將〈知識、報導等〉傳，告知[給…]〔*to*〕：～ a tradition ***to*** posterity 把傳統傳給後代。**b** 將〈性質等〉傳[給…]，遺傳…[給子孫]〔*to*〕。**c** 將〈疾病等〉傳染[給人]〔*to*〕。**3** 〔十受〕**a** 傳導〈熱、電、光等〉：Copper ～*s* electricity. 銅會傳電/Glass ～*s* light. 玻璃能透光。**b** 傳動〈力、運動等〉。**c** 發送〈電波〉；(用電波)發送〈訊號〉；廣播…。

—*v.i.* 發訊，廣播。

trans·mit·tal [trænsˈmɪtl̩, trænz-; trænzˈmitl, træns-] *n.* ＝transmission.

trans·mít·ter *n.* ⓒ **1** 送達者，傳達者。**2** 《電學》發送機，發射機，發話機。

trans·mog·ri·fy [trænsˈmɑgrəˌfaɪ, trænz-; trænzˈmɔgrifai, træns-] *v.t.* 《謔》(以魔法或像魔法般地)使〈形狀、性格〉改變。

trans·mog·ri·fi·ca·tion [-ˌmɑgrəfɪˈkeʃən; -mɔgrifiˈkeiʃn] *n.*

trans·mut·a·ble [trænsˈmjutəbl̩, trænz-; trænzˈmju:təbl, træns-] *adj.* 能變化[變質，變形]的。**-bly** [-blɪ; -bli] *adv.*

trans·mu·ta·tion [ˌtrænsmjuˈteʃən, ˌtrænz-; ˌtrænzmju:ˈteiʃn, ˌtræns-] «transmute 的名詞» —*n.* Ⓤⓒ **1** 變化，變形，變質，變性〔*of*〕：the ～*s of* fortune 榮枯盛衰。**2** (鍊金術的)變成《劣金屬變成貴重金屬》。**3** 《化學》嬗變，蛻變。

trans·mute [trænsˈmjut, trænz-; trænzˈmju:t, træns-] *v.t.* 〔十受(十介十(代)名)〕將〈性質、外觀等〉改變[成…]〔*into*〕：It is possible to ～ one form of energy ***into*** another. 把某種形態的能量改變成另一形態的能量是可能的。

trans·na·tion·al [trænsˈnæʃənl̩, trænz-; trænsˈnæʃənl, træns-] *adj.* 超出國界的；在一國利益之上的；多國籍[跨國]企業的。

trans·o·ce·an·ic [ˌtrænsoʃɪˈænɪk, ˌtrænz-; ˈtrænzˌouʃiˈænik ˊ] *adj.* **1** 在海洋彼岸的，海外的。**2** 橫渡海洋的，渡洋的。

tran·som [ˈtrænsəm; ˈtrænsəm] *n.* ⓒ **1** (又作 **tránsom wìndow**)《建築》(在門上方可以合葉開閉的)門頂窗，氣窗(cf. fanlight)。**2** 《建築》**a** 橫檔《門和門頂窗之間的橫木》。**b** 過梁[楣](lintel)《門、窗上方的橫木》。

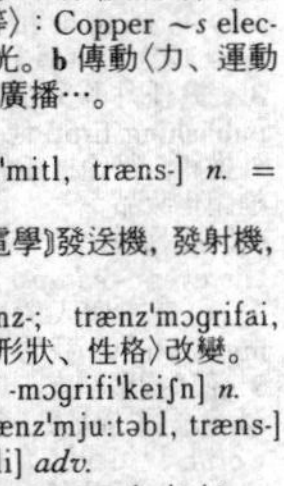

transoms 1, 2 a

tran·son·ic [trænˈsɑnɪk; trænˈsɔnik ˊ] *adj.* 《航空》穿[跨]音速的《時速約970−1450公里》。

trans·pa·cif·ic [ˌtrænspəˈsɪfɪk; ˌtrænspəˈsifik ˊ] *adj.* **1** 太平洋彼岸的。**2** 橫渡太平洋的。

trans·pár·ence [-rəns; -rəns] *n.* ＝transparency 1.

trans·par·en·cy [trænsˈpɛrənsɪ, -ˈpær-; trænsˈpærənsi, trænz-] «transparent 的名詞» —*n.* **1** Ⓤ(紙等的)透明，透明性[度]。**2** ⓒ透明畫[圖案]；透明相片，幻燈片。

trans·par·ent [trænsˈpɛrənt, -ˈpær-; trænsˈpærənt, trænz-] *adj.* (**more** ～；**most** ～) **1** 透明的：～ windowpanes 透明的窗玻璃/～ colors 《繪畫》透明顏料。

【同義字】transparent 指透明到可清楚地看見他方物體的程度；translucent 指雖然光線可透過，並不透明到看得見他方物體的程度。

2 〈紡織品等〉織眼透空的，極薄的。**3 a** 〈文體等〉簡明的，易懂的。**b** 〈意圖等〉明白的；〈辯解等〉易看穿的：a ～ lie 顯而易見的謊言。～·**ly** *adv.*

tran·spi·ra·tion [ˌtrænspəˈreʃən; ˌtrænspəˈreiʃn] «transpire 的名詞» —*n.* Ⓤ蒸發，發散(作用)。

tran·spire [trænˈspaɪr; trænˈspaiə] *v.i.* **1** 〈皮膚、植物等〉散發水分[氣味(等)]，蒸發。**2** [以 it ～s that... 的形式](秘密等)洩漏：*It* ～*d that* the King was dead. 國王駕崩的消息已外洩。**3** 《口語》〈事件等〉發生(happen)：I gave an honest account of what ～*d.* 我如實地描述了所發生的事。

—*v.t.* 〈皮膚、植物等〉發散〈水分、氣味等〉，使…蒸發。

trans·plant [trænsˈplænt; trænsˈplɑ:nt] *v.t.* 〔十受(十介十(代)名)〕**1** 將〈植物〉[從…]移植[到…]〔*from*〕〔*to*〕：I ～*ed* the seedlings ***to*** the garden. 我把樹苗移植到庭院。**2** 將〈制度等〉[從…]移植[到…]；將…[從…]移居[到…]〔*from*〕〔*to*〕：～ one's family ***to*** America 把眷屬移居到美國/Many institutions were ～*ed **from*** Europe. 很多制度從歐洲移植過來。**3** 《外科》把〈器官、組織等〉[從…]移植[到…]〔*from*〕〔*to*〕.

—*v.i.* 經得起[能夠]移植。

— [ˈtrænsplænt; ˈtrænsplɑ:nt] *n.* ⓒ **1 a** 移植。**b** 《外科》移植(手術)：a heart ～ 心臟移植。**2** 移植物[器官，組織]。～·**er** *n.*

trans·plan·ta·tion [ˌtrænsplænˈteʃən; ˌtrænsplɑ:nˈteiʃn] «transplant 的名詞» —*n.* Ⓤ **1 a** 移植。**b** 《外科》移植法。**2** 移居，移民。

tràns·pólar *adj.* 越過南[北]極的，橫越南[北]極地區的。

trans·pon·der, trans·pon·dor [trænsˈpɑndɚ; trænˈspɔndə] *n.* ⓒ(自動)應答機《能自動傳送所接收之信號的裝置》。

trans·port [trænsˈport, -ˈpɔrt; trænˈspɔ:t] *v.t.* **1** 〔十受(十介十(代)名)〕把〈東西〉[從…]運輸，運送[到…]〔*from*〕〔*to*〕：～ goods by truck [《英》lorry] 用卡車運送貨物/The products were ～*ed **from*** the factory ***to*** the station. 產品從工廠被運到車站。**2** 〔十受(十介十(代)名)〕把〈犯人〉流放，放逐[到…]〔*to*〕。**3** 〔十受十介十(代)名〕《文語》[以…]使〈人〉熱衷，使…著迷；[因…]使…心情極度激動〔*with*〕《★常用被動語態》：He *was* ～*ed **with*** joy [grief] to hear those words. 他聽了那些話喜不自勝[悲傷不已]。

— [ˈtrænsport, -pɔrt; ˈtrænspɔ:t] *n.* **1** Ⓤ **a** 《英》運輸；運輸工具[系統]（《美》transportation）：the ～ *of* mail by air 郵件的航空運送/We were deprived of any (means of) ～ during the storm. 在暴風雨期間我們一切交通都斷絕了[一切交通工具陷於癱瘓]。**b** 《口語》交通工具的班次。**2** ⓒ運輸船，(軍用)運輸艦；運輸(飛)機。**3** [**a** ～；又作 ～**s**]《文語》恍惚，忘我：He was *in a* ～ [*in* ～*s*] *of* joy. 他高興得不得了[欣喜若狂]。

trans·port·a·ble [trænsˈportəbl̩; trænˈspɔ:təbl] *adj.* 可運輸[運送]的。**trans·port·abíl·i·ty** [-təˈbɪlətɪ; -təˈbiləti] *n.*

***trans·por·ta·tion** [ˌtrænspɚˈteʃən; ˌtrænspɔ:ˈteiʃn] «transport 的名詞» —*n.* **1** Ⓤ《美》輸送，運送；運輸工具[系統]（《英》transport）：*T*～ will be supplied by the company. 該公司將負責運送。**2** Ⓤ《美》運費。**3** Ⓤ(犯人的)放逐，流放：～ for life 終生放逐。

tránsport càfe *n.* ⓒ《英》(幹道上的)供長途駕駛人利用的簡速[快餐]飲食店。

trans·pórt·er *n.* ⓒ **1** 輸送[運送]者。**2 a** 搬運裝置。**b** (又作 **transpórter brìdge**)運輸橋《類似懸吊的電車的裝置；爲運輸貨物或人之橋》。**c** (又作 **transpórter cràne**)運輸式起重機。

trans·pos·al [trænsˈpozl̩; trænsˈpouzl] *n.*＝ transposition.

trans·pose [trænsˈpoz; trænsˈpouz] *v.t.* **1** 把〈位置、順序等〉調換；調換〈文字、語句〉的位置；以不同的措詞重述，改述…：He ～*d* the numbers and mistakenly wrote 19 for 91. 他調換了數字，誤將 91 寫成 19. **2** 《音樂》將〈樂曲〉變調[轉調]。**3** 《數學》把〈數字〉移項，轉置。

trans·po·si·tion [ˌtrænspəˈzɪʃən; ˌtrænspəˈziʃn] «transpose 的名詞» —*n.* Ⓤⓒ **1** 調換，換位。**2** 《音樂》轉調(法)。**3** 《數學》移項。

trans·ra·cial [trænsˈreʃəl, trænz-; trænsˈreiʃl, trænz-] *adj.* 兩個[多]種族間的。

tràns·séxual *adj.* 轉換性別的。—*n.* ⓒ變性者。

trans·ship [trænsˈʃɪp; trænsˈʃip] *v.t.* (**-shipped**；**-ship·ping**)使〈乘客、貨物〉換乘別的船[車(等)]，轉運…。～·**ment** *n.*

tràns·sónic *adj.* ＝transonic.

tran·sub·stan·ti·a·tion [ˌtrænsəbˌstænʃɪˈeʃən; ˈtrænsəbˌstænʃiˈeiʃn] *n.* Ⓤ《神學》化體《指聖餐的麵包和葡萄酒體質變爲耶穌的

肉和血》。

tran·sude [træn'sud, -'sjud; træn'sjud] *v.i.* (如汗般自毛孔中)滲出；滲漏。

—*v.t.* 使…滲出；排出。

trans·u·ran·ic [ˌtrænsju'rænɪk, ˌtrænz-; ˌtrænzju'rænik, ˌtræns-] *adj.*《化學·物理》原子序數高於鈾的；超鈾的。

Trans·vaal [træns'vɑl, trænz-; 'trænzvɑːl, 'træns-] *n.* [**the** ～]特蘭斯瓦省《南非共和國的一省；世界第一的產金地》。

trans·val·ue [træns'vælju; træns'væljuː] *v.t.* 以不同基礎估計…；以新的原則、價值或標準評估…的價值。

trans·ver·sal [træns'vɝsl, trænz-; trænz'vəːsl⁻] *adj.* 橫貫的，橫斷的；橫貫線的。**—***n.* Ⓒ橫貫線。

trans·verse [træns'vɝs, trænz-; 'trænzvəːs⁻] *adj.* 橫的，橫斷的，橫貫的：a ～ artery《解剖》橫動脈/a ～ section 橫斷面。

～·ly *adv.*

trans·vest·ism [træns'vɛstɪzəm, trænz-; trænz'vestizəm] *n.* Ⓤ穿著異性服裝癖《指以穿著異性服裝獲得性滿足之怪癖》，異性模仿癖[欲]。

trans·ves·tite [træns'vɛstaɪt, trænz-; trænz'vestait] *n.* Ⓒ有穿著異性服裝怪癖者，異性模仿癖者。**—***adj.* 有穿著異性服裝怪癖(者)的，模仿異性成癖(者)的。

***trap**[1] [træp; træp] *n.* Ⓒ **1** (捕捉鳥獸等的)圈套，陷阱：⇨ mousetrap/catch an animal in a ～ 用陷阱捕捉動物。

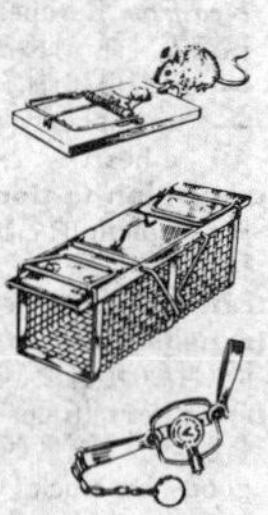

traps[1] 1

2 (使人陷入的)圈套，計謀，策略：fall [walk] into a ～ 陷入圈套[對方的計謀]/be caught in a ～ 中了圈套/lay [set] a ～ for... 設陷阱捕捉…；設計使…陷入。

3 (射擊用的)飛靶發射機《把作飛靶用的陶鴿(clay pigeon)等發射於空中的裝置；cf. trapshooting》。

4 防臭瓣，凝氣瓣(裝置)《排水管等的 U 字型部分》。

5 (屋頂、天花板、地板、舞臺等的)活板門，上啓板門(trapdoor)。

6 輕型馬車《兩輪的輕便馬車》。

7 (在獵犬[靈猩]賽時)出發前圍住狗的圍欄。

8《俚》嘴(mouth)：Shut your ～！閉嘴！

9 [常 ～s]《爵士樂》打擊樂器。

—*v.t.* (**trapped**；**trap·ping**) **1 a** [十受]用陷阱捕捉〈鳥獸〉(⇨ catch【同義字】)：～ a fox 用陷阱捕捉狐狸。**b** [十受]在〈森林等〉設陷阱：～ a wood 在森林的各處設陷阱。**c** [十受十介十(代)名]把〈人〉關進[狹窄的地方]；把〈人〉逼進[困難的處境][*in*]：He was *trapped* ***in*** a burning house. 他被困在正在燃燒的房屋裡。**2 a** [十受]把〈人〉誘入[騙入]圈套。**b** [十受十介十(代)名]欺騙〈人〉[使做…][*into*]：She *trapped* him ***into*** marriage by pretending she was pregnant. 她假裝已懷孕而騙他結婚。**3** [十受] **a** 在…設置防臭裝置。**b** 堵住〈水流等〉。

—*v.i.* 設陷阱。

trap[2] [træp; træp] *n.* [～s]《口語》隨身物品，攜帶品，行李：pack up one's ～*s* 收拾隨身物品。

—*v.t.* (**trapped**；**trap·ping**) [十受(十副)]裝馬飾於〈馬〉〈*out*〉.

tráp·dóor *n.* Ⓒ(屋頂、天花板、地板、舞臺等)活板門，上啓板門，下啓板門。

trapes [treps; treips] *v., n.*《英》＝traipse.

tra·peze [træ'piz, trə-; trə'piːz] *n.* Ⓒ(馬戲、體操用的)高空鞦韆：a ～ artist 空中飛人。

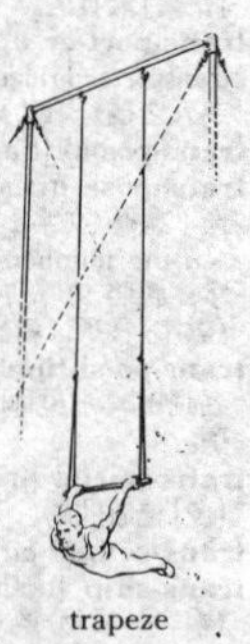

trapeze

tra·pe·zi·um [trə'pizɪəm; trə'piːzjəm] *n.* Ⓒ (*pl.* **-zi·a** [-zɪə; -zjə], ～**s**) **1**《美》不等邊四邊形(《英》trapezoid). **2**《英》梯形(《美》trapezoid).

trap·e·zoid ['træpəˌzɔɪd; 'træpizɔid] *n.* Ⓒ **1**《美》梯形(《英》trapezium). **2**《英》不等邊四邊形(《美》trapezium).

tráp·per *n.* Ⓒ(尤指為了取得皮毛)設陷阱捕捉鳥獸的捕獸人。

trap·pings ['træpɪŋz; 'træpiŋz] *n. pl.* **1** (裝飾用的)馬具，馬飾。**2 a** 裝飾。**b** (表示官位等的)裝飾，附件：the ～ of success 隨成功[發迹]而來的虛飾[排場]。

Trap·pist ['træpɪst; 'træpist] *n.*《天主教》**1** [**the** ～**s**]特拉比思特修會《1664 年創立於法國諾曼第(Normandy)的 La Trappe，為熙篤會(Cistercians)的一支，以嚴守戒律，保持沈默著稱》。**2** Ⓒ特拉比思特(修道)會的修道士。

—*adj.* 特拉比思特修會的。

trapse [treps; treips] *v., n.* ＝traipse.

tráp·shòoter *n.* Ⓒ飛靶射擊者。

tráp·shòoting *n.* Ⓤ飛靶射擊。

trash [træʃ; træʃ] *n.* Ⓤ **1**《美》碎塊，渣；破爛物，廢物。**2** (文學、藝術上的)拙作；廢話。**3** [集合稱；當複數用]《美》無用[沒價值]的人，敗類。

trásh càn *n.* Ⓒ《美》(屋外用)垃圾桶(《英》dustbin)。

trash·y ['træʃɪ; 'træʃi] 《trash 的形容詞》**—***adj.* (**trash·i·er**；**-i·est**)碎塊[渣]的；無價值的：a ～ novel 不值得看的小說。

trau·ma ['trɔmə; 'trɔːmə] *n.* (*pl.* ～**s**, ～**·ta** [-tə; -tə])ⓊⒸ **1**《醫》外傷。**2**《精神病》精神創傷；心理或情感上的壓力[打擊]。

trau·mat·ic [trɔ'mætɪk; trɔː'mætik⁻] 《trauma 的形容詞》**—***adj.* 外傷(性)的；施加精神上創傷的，創傷的，(在精神上)有衝擊的：(a) ～ neurosis 外傷性神經症。

trâu·mát·i·cal·ly [-kḷɪ; -kəli] *adv.*

trau·ma·tism ['trɔməˌtɪzəm; 'trɔːmətizəm] *n.* Ⓤ《醫》**1** 外傷；創傷。**2** 創傷病，外傷病《由創傷或外傷而致的精神異狀或全身障礙》。

tra·vail ['trævel; 'træveil] *n.* Ⓤ《古》陣痛：in ～ 即將分娩。

‡**trav·el** ['trævḷ; 'trævl] 《源自中古法語「辛苦」之義》**—** (**trav·eled**，《英》**-elled**；**travel·ing**，《英》**-el·ling**) *v.i.* **1** [動(十副詞(片語))] (到遠處或外國)旅行；(乘車)去(旅遊)：～ first-class 乘頭等車旅行/～ *abroad* [*to* a foreign country] 到海外旅行[到外國旅行]/～ light 穿著輕便服裝去旅行/He is ～*ing in* Africa. 他正在非洲旅行/She has ～*ed* all *over* Europe. 她遊遍了歐洲。

2 a 移動，前進(某距離)：We ～*ed* many miles on foot. 我們步行了好幾哩路。**b** [十副詞(片語)]〈火車等〉行進：Trains ～ *along* rails. 火車沿著鐵軌行進/The earth ～*s round* the sun. 地球圍繞太陽運轉/The guard ～*ed from* one place *to* another at regular intervals. 哨兵隔一定的時間從一個地方巡視到另一地方。**c** [動(十副詞(片語))]〈光、聲等〉傳導，行進：Light ～*s* much faster than sound. 光的傳導比聲音快得多/TV waves ～ only *in* straight lines. 電視的電波只能直線行進/Bad news ～*s* fast.《諺》惡事傳千里。

3 a 擔任外務到處跑，出外推銷《★無進行式》：He ～*s* for a publishing firm. 他是某出版社的外務員。**b** [十介十(代)名]出外推銷，沿途推銷[…的商品][*in*]：She ～*s* ***in*** toiletries. 她出外推銷化妝品。

4 [十副詞(片語)]〈眼睛〉依次移動；〈心理〉一個接一個的想起：His eyes ～*ed over* the plain [*from* face *to* face]. 他的眼睛掃視平原[每一個人的臉]/My mind ～*ed over* the happy days of my boyhood. 我的心裡歷歷浮現出少年時代那些快樂的事。

5《俚》趕緊前進，趕快走：Keep ～*ing*！快走[去吧]！

—*v.t.* [十受]去…旅行，遊歷：My father has ～*ed* the whole world. 我父親已遊遍世界。

—*n.* **1 a** Ⓤ旅行(指旅行這件事)：I like ～ in spring. 我喜歡在春天旅行/～ to the moon 到月球旅行。

【同義字】travel 為旅行之意義中含意最廣的，特別用於到遠方或長時間的旅行；trip 通常指因事或旅遊外地或回來的旅行；journey 通常指相當長的距離，有時指勞累的旅行，並不含一定回來之意；voyage 為海上較長的旅行；tour 指根據觀光、視察等的計畫到各地去訪問旅遊；excursion 指為了娛樂、消遣等許多人一起舉行的短促旅行。

b Ⓒ[常～s]遠方的旅行，國外旅行，遊歷：Did you enjoy your ～*s* in Europe？你的歐洲旅行愉快嗎？**2** [～s]遊記，紀行。

trável âgency [**bûreau**] *n.* Ⓒ旅行社。

trável àgent *n.* Ⓒ旅行業者[代理人]。

tráv·eled，《英》**tráv·elled** *adj.* **1** 〈人〉旅行過許多地方的；(旅行而)有豐富見聞的：a ～ man 到過很多地方的人。

2 〈道路等〉旅客多的：a much ～ road 衆多旅客來往的道路。

trav·el·er，《英》**trav·el·ler** ['trævḷɚ; 'trævlə] *n.* Ⓒ **1** 旅行者，旅客；旅行家。**2**《英》(地方的銷售)外務員，推銷員(commercial traveller).

tráveler's chèck，《英》**tráveller's chèque** *n.* Ⓒ旅行支票。

【說明】旅行支票通常是由大銀行或旅行社所發行的支票，買進時先簽名，使用時在對方面前再在副簽名欄上簽名(countersign)，可以兌換外幣，免除攜帶大額現金的麻煩及危險。兌換外幣主要有美元、英鎊、法國及瑞士法郎、德國馬克及日圓等，在當地兌換使用。這種支票在失竊或遺失時，馬上可掛失申請新支票，手續簡便迅速。

tráveler's-jòy *n.* Ⓒ《植物》野生鐵線蓮。

tráveler's trèe *n.* Ⓒ《植物》旅人蕉《原產於馬達加斯加島(Madagascar)的芭蕉科植物，葉柄基部之汁液清涼，可供旅人止渴，故名》。

tráv·el·ing, 《英》**tráv·el·ling** [ˈtrævlɪŋ; ˈtrævliŋ] *adj.* 旅行的，巡迴的，：⇨ traveling salesman/a ~ entertainer 巡迴表演的藝人。
—*n.* **1** Ⓤ旅行；巡迴。**2** [當形容詞用]旅行用的，爲旅行的：a ~ bag 旅行袋。
tráveling clòck *n.* Ⓒ旅行用鬧鐘。
tráveling fèllowship *n.* Ⓒ學術旅行[出國]獎學金。
tráveling líbrary *n.* Ⓒ《美》巡迴[流動]圖書館。
tráveling sálesman *n.* Ⓒ(地方銷售)外務員，推銷員(commercial traveller)。
tráveling-wáve tùbe *n.* Ⓒ《電子》行波管。
trav·e·log(ue), 《英》 **trav·e·logue** [ˈtrævḷ,ɔg; ˈtrævəlɔg] «travel 與 -logue 構成的字»**—***n.* Ⓒ **1** (用幻燈片、影片的)旅行見聞講座。**2** 遊記電影。
trável shòt *n.* Ⓒ《電影・電視》在移動架或臺車上攝取的活動物體之連續鏡頭。
trável-sick *adj.* 暈車[船，機]的。
trável sìckness *n.* Ⓤ暈車[船，機]。
trável tìme *n.* Ⓤ上班或接洽業務而花在路上的時間《常算作辦公時間而計算工資者》。
trav·ers·a·ble [ˈtrævəsəbḷ; ˈtrævəsəbl] *adj.* 能横越[越過]的。
tra·verse [ˈtrævɚs; ˈtrævəs] *v.t.* **1 a** 〈道路、鐵路等〉横越，横跨〈土地等〉：A covered bridge ~*s* the stream. 有蓋頂的橋横跨小溪/The railroad ~*s* the Continent from East to West. 鐵路東西横貫北美大陸。**b** 〈人、動物、船等〉横越…，横貫…旅行；縱走〈山等〉：He ~*d* alone the whole continent of Africa. 他隻身横越整個非洲大陸旅行。**c** 〈光線等〉通過…：The beams of the searchlights ~*d* the sky. 探照燈(的燈光)横掃天空。**2** 把〈問題等〉詳細考察，詳細記敍[討論]。**3** 反對，反駁，妨害〈意見、計畫等〉。
—*v.i.* 《登山》Z 字形攀登；斜行攀登。
—《美》*n.* Ⓒ **1 a** 横貫(旅行)，横越。**b** 横木，横梁。**c** 横截線。**2** 《登山》(山腹、岩壁等)Z 字形攀登，斜行攀登；Z 字形攀登場所。
tra·vérs·er *n.*
trav·er·tine [ˈtrævɚtɪn, -,tin; ˈtrævətin] *n.* Ⓤ石灰華《溫泉等的石灰質沈澱物》。
trav·es·ty [ˈtrævɪstɪ; ˈtrævisti] «源自法語「化裝」之義»**—***v.t.* 把…滑稽化，把…諧謔化。**—***n.* Ⓒ滑稽化，諧謔化。
trawl [trɔl; trɔ:l] «源自中古荷蘭語「拉」之義»**—***n.* Ⓒ **1** 拖網，曳網《圓錐形的大袋網》。**2** (又作**trawl line**)《美》排鉤網《一條長繩上拴許多鈎絲》。
—*v.i.* 拖曳拖網，從事拖網漁業。
—*v.t.* **1** 拖曳〈網〉。**2** 用拖網捕〈魚〉。
tráwl·er *n.* Ⓒ **1** 拖網捕魚者。**2** 拖網船。
tráwl·nèt *n.* =trawl 1.
tray** [tre; trei] «源自古英語「樹(tree)」之義» **—n.* Ⓒ **1 a** 盤子；盛物的碟子：a pen ~ 鋼筆盤/a tea ~ 茶盤/⇨ ashtray. **b** 一盤(的量)〔*of*〕：a ~ *of* food 一盤食物。**2** (桌上放文件、博物標本等的)淺底整理箱。
tráy àgriculture *n.* =hydroponics.
tray·ful [ˈtrefəl; ˈtreiful] *n.* Ⓒ一盤(的量)〔*of*〕.
tráy tàble *n.* Ⓒ放盤碟的可折疊之小几。
treach·er·ous [ˈtrɛtʃərəs; ˈtretʃərəs] «treachery 的形容詞»**—***adj.* **1 a** 叛逆的，反叛的，不忠的，不實的：a ~ action 叛逆行爲。**b** [不用在名詞前]〔十介十(代)名〕〔對…〕叛逆的，〔對…〕不忠的〔*to*〕：He is ~ *to* his friends. 他對他的朋友不忠。**2** 靠不住的，危險的：~ ice[branches]看似堅固，實爲易破的冰[易折的樹枝]/~ weather 靠不住的天氣/a ~ memory 不可靠的記憶。
~·ly *adv.* **~·ness** *n.*
treach·er·y [ˈtrɛtʃərɪ; ˈtretʃəri] «源自古法語「欺騙」之義»**—***n.* **1** Ⓤ背叛，通敵，不忠。**2** Ⓒ[常**treacheries**]背信行爲；叛逆。
trea·cle [ˈtrikḷ; ˈtri:kl] *n.* Ⓤ《英》糖蜜(《美》molasses).
trea·cly [ˈtriklɪ; ˈtri:kli] «treacle 的形容詞» **—***adj.* (**trea·cli·er**; **-cli·est**) **1** (如)糖蜜的；甜的，黏黏的。**2** 〈言語、笑等〉甜蜜的，討好的；〈歌等〉傷感的。
tread [trɛd; tred] «源自古英語「走，跑，踏」之義»**—** (**trod** [trɑd; trɔd]；**trod·den** [ˈtrɑdn; ˈtrɔdn], **trod**) *v.i.* **1 a** 行走，前往《★比較 一般用walk》：*T~* lightly, or you will wake the baby. 輕輕地走，否則你會吵醒嬰兒。**b** 〔十副詞(片語)〕〈脚〉踏(在…)：~ *across* a field 横越原野。
2 〔十介十(代)名〕**a** (誤)踩到[踩碎]〔…〕〔*on, upon*〕：~ *on* a person's foot (誤)踩到人的脚。**b** 重重踩〔…〕〔*on, upon*〕：~ *on* the accelerator 用力踩油門。
—*v.t.* **1** 〔十受〕在…上行走；前往，通過…：He *trod* the room from end to end. 他從房間的這一頭走到那一頭/~ the path to self-destruction 踏上自毀之途。
2 a 〔十受〕踩到，踩碎…：~ grapes (爲了絞葡萄汁)踩碎葡萄。**b** 〔十受十副〕把…踩熄〈*out*〉：He *trod out* his cigarette. 他把煙蒂踩熄。**c** 〔十受(十副)〕把〈土等〉踩硬〈*down*〉：He was told not to ~ (*down*) the earth round the roots of the seedling. 他被吩咐不可把樹苗根部周圍的土踩硬。**d** 〔十受十介十(代)名〕〔把…〕踩成〈道路等〉〔*in, through*〕：~ a path **through** the grass 在草地上踩出一條小徑/~ a hole **in** a carpet 在地毯上踩出一個洞。**e** 〔十受十介十(代)名〕把〈泥巴等〉踩入〔…〕〔*into*〕：~ mud ***into*** a carpet 把泥巴踩進地毯裏。
3 〔十受十副〕征服〈敵人等〉〈*down*〉《★常用被動語態》：The enemy *were* completely *trodden down*. 敵人完全被征服了。
tréad in a person's fóotsteps=follow in a person's FOOTSTEPS.
tréad on áir ⇨ air. **tréad on** a person's **tóes** ⇨ toe. **tréad on the héels of...** ⇨ heel¹.
—*n.* **1** [用單數；常與修飾語連用]踏，走；步態；足音：walk with a heavy[cautious] ~ 用沈重[謹慎]的脚步行走/We heard the ~ *of* marching soldiers. 我們聽到軍隊行進的脚步聲。
2 Ⓒ **a** (梯階、踏車的)踏板(⇨ flight¹ 插圖)。**b** (梯子的)階。**c** (縫紉機、脚踏車等的)踏板。
3 Ⓤ [指個體時爲Ⓒ] **a** 〈輪胎、車輪等的〉踏面《車輪、輪胎接觸地面、鐵軌的部分》。**b** 路面溝紋《被刻在輪胎踏面的刻紋》。**c** (鞋的)底；鞋底的溝紋。
4 Ⓒ《汽車》輪距《左右兩輪間的距離》。
trea·dle [ˈtrɛdḷ; ˈtredl] *n.* Ⓒ(車床、縫紉機等的)踏板。
—*v.i.* 踩踏板。
tréad·mill *n.* **1 a** Ⓒ踏車《爲一平置的圓盤，周圍用人或牛馬踩踏使其轉動，並把動力應用於各種機械的裝置；古時在監獄中用作刑具》。**b** [**the** ~]踏車的懲罰。**2** Ⓒ[常**the** ~](如踏車的)單調工作：get off *the* ~ 停止[擺脫]單調的工作。

treadmill 1 a

tréad·whèel *n.* Ⓒ踏輪；踏車。
treas. 《略》treasurer；treasury.
trea·son [ˈtrizṇ; ˈtri:zn] *n.* Ⓤ(對國家、君主)叛逆(罪)：⇨ high treason(⇨ high *adj.* 9 b).
trea·son·a·ble [ˈtriznəbḷ; ˈtri:zṇəbl] *adj.* 叛逆的，叛國的，政治犯的。
tréa·son·a·bly [-znəblɪ; -zṇəbli] *adv.*
trea·son·ous [ˈtrizṇəs; ˈtri:zṇəs] *adj.* =treasonable.
‡trea·sure [ˈtrɛʒɚ; ˈtreʒə] *n.* **1** Ⓤ[集合稱]寶物，財寶《尤指儲存下來的古錢幣、金銀、寶石類》；寶藏：in search[quest] of ~ 尋寶/amass great ~ 積存大量財寶。
2 Ⓒ貴重品，珍貴品：art ~*s* 珍貴藝術品。
3 《口語》**a** Ⓒ寶貴的人，難得的人：Our new maid is a (perfect) ~. 我們的新女僕(眞)是個不可多得的幫手。**b** [特別用於稱呼小孩、年輕的女性]最親愛的人：My ~！我的小寶貝！
—*v.t.* **1** 〔十受〕珍惜，祕藏…；(爲了將來而)收藏，儲藏〈某物〉：She ~*s* everything her mother has given her. 她把她母親給她的每件東西都珍藏起來。
2 〔十受(十副)〕把〈教訓等〉銘記於心〈*up*〉：I'll ~ (*up*) your words forever. 我會永遠記住你的話。
tréa·sured *adj.* 珍惜的，祕藏的；受珍視的：one's ~ books 某人珍藏的書籍。
tréasure hòuse *n.* Ⓒ **1** 寶庫，寶藏室。**2** 〔知識等的〕寶庫〔*of*〕.
tréasure hùnt *n.* Ⓤ尋寶《小孩子的遊戲》。
tréa·sur·er [ˈtrɛʒrɚ, -ʒərɚ; ˈtreʒərə] *n.* Ⓒ會計部門，出納官，會計員：the *T~* of the Household (英國的)王室會計局局長/the *T~* of the United States 美國財政部出納局長。
tréasure tròve [ˈtrɛʒɚˈtrov; ˈtreʒətrouv] «源自法語 'treasure found' 之義»**—***n.* (*pl.* ~**s**) **1** Ⓤ埋藏物《無主的發掘物》。**2** Ⓒ貴重的發現(物)。
trea·sur·y [ˈtrɛʒərɪ, -ʒrɪ; ˈtreʒəri] *n.* **1** Ⓒ **a** 〔知識的〕寶庫[典]；名詩[文]集〔*of*〕：a ~ *of* English words and phrases 英語辭彙寶典[集萃]/*The Golden T~ of Songs and Lyrics*「英國抒情詩集萃」《英國巴爾革雷夫(F.T. Palgrave)所編的詩選集》。**b** 寶庫，寶藏室。
2 Ⓒ **a** (古時保管、運用政府錢財的)國庫。**b** (公共團體的)公庫；基金，資金：The ~ of the baseball club is as empty as ever. 棒球俱樂部的資金仍然空如往昔。
3 [**the T~**] **a** (英國的)財政部。**b** (美國的)財政部《正式名稱爲 the Department of the Treasury》.
Tréasury Bénch *n.* [**the** ~] (英國下院的)大臣席位《議長右側的第一列席位；cf. front bench》.
tréasury bill *n.* Ⓒ[常**T~**] **1** (美國的)財政部國庫券《該部發行的短期債券》。**2** (英國的)財政部國庫券《該部發行的短期債券》。

T

Tréasury Bòard *n.* [the ~]〈英國的〉國家財政委員會。
tréasury bònd *n.* Ⓒ〈美國的〉財政部發行的長期債券，公債。
tréasury nòte *n.* Ⓒ〈美國的〉財政部發行的中期債券。
‡treat [trit; tri:t]《源自拉丁文「遊逛」之義》**—*v.t.*** **1**〔十受〕[與狀態副詞(片語，子句)連用]**對待**〈人、動物等〉〈…〉：He was well [badly] ~*ed* by his uncle. 他受到他叔父的親切關懷[虐待]/Is that how you ~ me？那就是你對待我的態度嗎？/You should ~ your employees with more kindness. 你應該對你的雇員更仁慈些/He behaved like a beggar and(so)was ~*ed as* such. 他表現得像個乞丐，因此被如此看待/Don't ~ me *as* [*like*] a stranger [*as if* I were a stranger]. 別把我當做陌生人。
2 a〔十受〕[與狀態副詞連用]**把…看成**[當作]〈…〉：Let's ~ the matter lightly. 我們將此事輕輕帶過吧[別把此事看得太嚴重]。**b**〔十受十*as*補〕把…看成〈…〉：I ~*ed* his words *as* a warning. 我把他的話看成一種警告。**c**〔十受〕[與狀態副詞連用]把〈問題等〉(…地)討論[對待，闡述]：In this book the author ~*s* the difficult subject of space science intelligibly. 作者在本書中對太空科學的困難問題作了深入淺出的闡述/At the symposium the problem was ~*ed* in detail by numerous speakers. 在討論會中，許多位演說者都詳細地討論了這個問題。
3 a〔十受(十介十(代)名)〕〔用…〕**治療**，處置〈病人、疾病、傷〉〔*with*〕：Do you know how to ~ a person ***with*** influenza？你知道如何去治療患流行性感冒的人嗎？/They ~*ed* me ***with*** a new drug. 他們用一種新藥對我進行治療。**b**〔十受十介十(代)名〕治療，處置〈人〉〔疾病、傷〕〔*for*〕：Dr. White is ~*ing* my mother ***for*** (her) rheumatism. 懷特醫生正在治療我母親的風濕病。**c**〔十受十介十(代)名〕把…〔用化學藥品等〕處理〔*with*〕：In engraving a metal plate is ~*ed* ***with*** acid. 在銅版(雕刻)術中，金屬板是用酸來處理的。
4〔十受十介十(代)名〕**a** 款待，宴請〈人〉〔…〕〔*to*〕：He ~*ed* me ***to*** an ice cream [a movie]. 他請我吃一客冰淇淋[看一場電影]。

【說明】用 treat 來表示「請客」「宴請」時，通常意味著請客的人一定要支付金錢來招待客人。但是朋友之間的小請客，如說「我請你吃冰淇淋」時，通常不用 treat 而較常說：Let me *buy* you an ice cream.

b [~ one*self*] 豁出去買[吃]〔…〕〔*to*〕：I'll ~ *myself* ***to*** a large steak this evening. 今晚我要好好地吃一大塊牛排享受享受。
—*v.i.* **1**〔十介十(代)名〕《文語》〈書籍等〉討論，論述，言及〔問題〕〔*of*〕(《★比較 拘泥的說法；尤指有關表示問題的處理方式時，treat 當及物動詞用》)：This book ~*s* ***of*** politics in modern Japan. 這本書論述現代日本的政治。**2**〔動(十介十(代)名)〕《文語》〔與人〕談判，交易，交涉〔…〕〔*with*〕〔*for*〕：They decided not to ~ ***for*** peace ***with*** the enemy. 他們決定不和敵人議和。**3** 請客：I'll ~ today. 今天由我請客。
—*n.* **1** Ⓒ(少有的)**快樂**，(料想不到的)喜悅(事)；非常好的事物：look a ~《英口語》〈外觀〉看起來非常好，很生動/It was a great ~ for my sister to go to the theater. 去看戲對我妹妹而言是一大樂事[樂趣]/I've got a ~ for you after supper. 晚飯後我將給你一樣很好的東西。**2** [one's ~] 請客，作東：This is my ~. 這次我請客/Whose ~ is it today？今天是誰作東呢？
stànd tréat《口語》請客。**~·a·ble** [-təbl; -təbl] *adj.* **~·er** *n.*
trea·tise [ˈtritɪs; ˈtri:tiz, -tis] *n.* Ⓒ(學術)論文〔*on*〕：a ~ *on* chemistry 有關化學的論文。
‡treat·ment [ˈtritmənt; ˈtri:tmənt]《treat 的名詞》**—*n.*** **1** Ⓤ **a** (對人等的)**待遇**，作爲：receive cruel [kind] ~ 受到殘酷[親切]的對待/I cannot put up with such ~ any longer. 我無法再忍受這樣的待遇[作風]。**b** (東西的)處理(法)；(問題的)論述，處理方式。**2** ⓊⒸ(醫師的)**治療(法)**，處置〔*for*〕：medical ~ 醫療/Dr. Hall is studying a new ~ ***for*** polio. 賀爾醫師正在研究小兒痲痺症的新治療法/She is now under medical ~ in (《美》the) hospital. 她現在正入院接受治療。
***trea·ty** [ˈtritɪ; ˈtri:ti] *n.* **1** Ⓒ **a** **條約**，盟約：a peace [friendship] ~ 和平[友好]條約/enter into a ~ (with...) (與…)締結條約。**b** 條約文。**2** Ⓤ《文語》(個人間的)約束，約定。
tréaty pòrt *n.* Ⓒ《史》(在中國、日本或韓國的)根據條約開放之商港，通商口岸。
tre·ble [ˈtrɛbl; ˈtrebl] *adj.* **1 a** 三倍的，三重的，三樣的：a ~ meaning 三重意義/There was a ~ knock at the door. 有人在門上敲了三下。**b** [置於有定冠詞或 one's 的名詞前]…的三倍的(《★用法 來自原名詞後省略 of 的用法》)：He earns ~ my earnings. 他的收入三倍於我的。**2**《音樂》(最)高的，高音部的：⇨ treble clef.
—*n.*《音樂》**1 a** Ⓤ高音(部)(⇨ bass[1] 相關用語)。**b** Ⓒ高音部的聲音。**2** Ⓒ高音部的歌手；高音部的樂器。
—*v.t.* 把…變爲三倍。
—*v.i.* 成爲三倍。**tré·bly** [-lɪ; -li] *adv.*
tréble cléf *n.* Ⓒ《音樂》高音譜號(⇨ clef 插圖)。
tre·cen·to [treˈtʃɛnto; treiˈtʃentou]《源自義大利語 'mille trecento (1300)' 之略，意指(1300–99 年間)》**—*n.*** [常 T ~] Ⓤ十四世紀；(尤指)義大利文學、藝術史上之第十四世紀(《當時文學方面有但丁(Dante)，佩脫拉克(Petrarch)及薄伽邱(Boccaccio)，繪畫方面有喬托(Giotto)等名家》)。
tre·de·cil·lion [ˌtridɪˈsɪljən; ˌtri:diˈsiljən] *n.* (*pl.* ~**s**, ~) Ⓒ **1**《美》10^{42}. **2**《英》10^{78}.
—*adj.* **1**《美》10^{42} 的。**2**《英》10^{78} 的。
‡tree [tri; tri:] *n.* Ⓒ **1 a** **樹木**，**喬木**：an apple ~ 蘋果樹/a cherry ~ 櫻花樹/cut down a ~ for lumber 砍伐樹木作爲木材。

【同義字】tree 通常指十呎以上高度的樹木；shrub，bush 指灌木；wood 指木材。

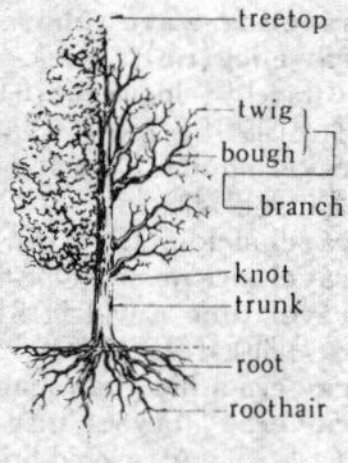

tree 1 a

b (灌木或草本植物)長得[培植成]有如喬木者：a rose ~ (直立木性的)玫瑰樹/a banana ~ 香蕉樹。**2** [常構成複合字] 木製物品，木具：an axle ~ 木車軸/a boot ~ 靴楦。**3** (表現成樹木狀的)圖表：one's family ~ 家譜，家族世系圖。
the tóp of the trée ⇨ top[1].
the trée of héaven《植物》臭椿(《樗屬喬木，在美國常種植以作爲遮日之用》)。
the trée of knówledge (of góod and évil) 智慧之樹(《在伊甸園，亞當和夏娃因吃了它的果實而被逐出樂園；cf. 聖經「創世記」》)。
the trée of life (1)生命之樹(《在伊甸園中央，它的果實能賦與永生；cf. 聖經「創世記」》)。(2)《植物》側柏(《尤指北美側柏》)。
—*v.t.*〔十受〕**1** 把〈野獸〉趕到樹上。**2**《口語》把〈人〉迫入困境，使…陷入窮途：The native boy was ~*d* by crocodiles. 土著少年被鱷魚迫入困境。
trée fàrm *n.* Ⓒ林場；林班。
trée fèrn *n.* Ⓒ《植物》桫欏(《又稱樹蕨，桫欏科樹狀蕨類植物的統稱》)。
trée fròg *n.* Ⓒ《動物》樹蛙(《棲於樹上的雨蛙科小蛙》)。
trée hòuse *n.* Ⓒ(供小孩遊玩的)樹上小屋[巢屋]。
trée làwn *n.* Ⓒ(城市中大馬路與人行道間的)綠化地帶。
trée·less *adj.* 無樹木的。
trée lìne *n.* Ⓒ(高山、南北極的)樹木界線。
trée·lìned *adj.* 沿途有樹的。
tree·nail [ˈtriˌnel, ˈtrɛnl; ˈtri:neil, ˈtrenl] *n.* Ⓒ木釘。
trée pèony *n.* Ⓒ《植物》牡丹(《牡丹屬灌木的統稱，原產於中國大陸》)。
trée rìng *n.* =annual ring.
trée sùrgery *n.* Ⓤ樹木外科術(《修剪樹木或爲了防止樹木枯萎而做的措施》)。
trée tòad *n.* =tree frog.
trée·tòp *n.* Ⓒ樹梢。
tre·foil [ˈtrifɔɪl; ˈtrefɔil, ˈtri:-] *n.* Ⓒ **1**《植物》三葉草(《又稱車軸草》)。**2**《建築》三葉形裝飾[花樣](⇨ tracery 插圖)。
trek [trɛk; trek] *n.* Ⓒ(長而艱辛的)旅行，移居。
—*v.i.* (**trekked**; **trek·king**)〔十副詞(片語)〕**1** 緩慢艱辛地旅行。**2** (在南非)乘牛車旅行。
trel·lis [ˈtrɛlɪs; ˈtrelis] *n.* Ⓒ **1** (爲了使攀緣植物在上面攀繞而作的四角形或鑽石形的)格子棚。**2** 格子棚的方形門[亭]。
—*v.t.* 爲〈攀緣植物〉架格子棚，使〈攀緣植物〉在格子棚攀繞。

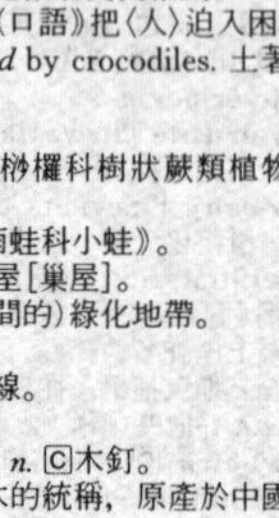
trellis 1

tréllis·wòrk *n.* Ⓤ格子細工，格子組。
‡trem·ble [ˈtrɛmbl; ˈtrembl] *v.i.* **1 a**〔動(十介十(代)名)〕〈人、手足等〉〔因恐懼、憤怒、生病等〕**發抖**，戰慄〔*with*〕；〔看[聽]見…〕發抖〔*at*〕(⇨ shake 2【同義字】)：His hands ~ from drinking too much. 他的手因喝酒過量而發抖/She ~*d* ***with*** fear [***at*** the sight]. 她因恐懼[看見那情景]而發抖。**b**〈地面、樹葉、聲音等〉搖動，搖擺，顫動：The wooden bridge ~*d* as we crossed it. 當我們走過木橋時，這木橋直搖晃/The leaves are *trembling* in the breeze. 樹葉在微風中搖動。**2 a**〔十介十(代)名〕〔爲…〕擔心，憂慮〔*for*〕：She ~*d* ***for*** the safety of her children. 她爲了孩子們的安全而(很)擔心。**b**〔十 *to* do〕〈一做…就〉擔心：I ~ *to* think.... 我一想到…就擔心得不得了。

—n. [a ~]發抖，打顫：She is all of [in] *a* ~.《口語》她(驚嚇得)渾身發抖/There was *a* ~ in her voice. 她的聲音顫抖著。

trém·bling *n.* Ⓤ發抖，戰慄：in fear and ~ 在恐懼顫抖中。
—adj. 發抖的，戰慄的：in a ~ voice 以顫抖的聲音。
~·ly *adv.*

trem·bly [ˋtrɛmblɪ; ˈtrembli] «tremble 的形容詞» **—adj.** 發抖的；戰慄的。

***tre·men·dous** [trɪˋmɛndəs; triˈmendəs]«源自拉丁文「發抖」之義» **—adj.** (more ~; most ~) **1 a** (大小、量、程度等)**驚人的，巨大的，很了不起的**(⇨ huge【同義字】)：a ~ house 巨大的房子/a ~ success 非常成功/at a ~ speed 極快的速度/He is a ~ eater. 他是個食量極大的人。**b**《口語》絕妙的，極好的：We had a ~ time yesterday. 我們昨天玩得很痛快[愉快]。**2** 恐怖的，可怕的：a ~ truth 駭人聽聞的事實/a ~ explosion 可怕的爆炸[爆發]。

tre·mén·dous·ly *adv.* **1**《口語》猛烈地，毫無道理地，非常，極。**2** 恐怖地，驚人地。

trem·o·lo [ˋtrɛmḷ,o; ˈtreməlou] «源自義大利語「發抖」之義» **—n.** Ⓒ (*pl.* ~s)《音樂》顫音。

trem·or [ˋtrɛmɚ; ˈtremə] *n.* Ⓒ **1 a** (因恐懼、疾病、神經質等)發抖，戰慄，顫抖；顫音：There was a ~ in his voice. 他的聲音顫抖著。**b** 情緒的激動；興奮：in a ~ of delight 在一陣喜悅的興奮中。**c** 害怕，畏縮：face death without a ~ 毫無畏懼地面對死亡。**2 a** (光、樹葉、水等的)微微的搖動。**b** 微震。

trem·u·lous [ˋtrɛmjələs; ˈtremjuləs] «tremor 的形容詞» **—adj.** **1 a** 發抖的，戰慄的：(in) a ~ voice (以)顫抖的聲音。**b**〈筆跡等〉顫抖的：~ handwriting 顫抖的筆跡。**2** 膽小的，懦弱的；畏首畏尾的。**~·ly** *adv.* **~·ness** *n.*

tre·nail [ˋtri,nel, ˋtrɛnḷ; ˈtri:neil, ˈtrenl] *n.* =treenail.

trench [trɛntʃ; trentʃ]«源自拉丁文「切斷，分開」之義» **—n.** Ⓒ **1** (深的)**溝渠，壕**：dig ~*es* for drainage 挖掘排水用的溝渠。**2** (軍隊的)**戰壕**：a cover ~ 掩蔽的戰壕/mount the ~*es* 進戰壕佈防[守衛]/open ~*es* 挖掘戰壕。
—v.t. (十受) **1** 在…挖掘溝渠[壕]。**2** 以戰壕防守…《★常用被動語態》。
—v.i. **1** 挖掘溝渠[戰壕]。**2** (十介十(代)名)侵害(權利等)(*on, upon*). **3** (十介十(代)名)接近，靠近(…)(*on, upon*).

tren·chan·cy [ˋtrɛntʃənsɪ; ˈtrentʃənsi] «trenchant 的名詞» **—n.** Ⓤ激烈，尖刻。

tren·chant [ˋtrɛntʃənt; ˈtrentʃənt] *adj.* **1**〈言語等〉激烈的，尖刻的：a ~ wit [style] 鋒銳的機智[格調]。**2**〈政策等〉嚴格的，苛刻的。**3**〈輪廓等〉清晰的，明確的。**~·ly** *adv.*

trénch còat *n.* Ⓒ士兵穿的防水短外衣《有腰帶的雨衣》。

tren·cher[1] [ˋtrɛntʃɚ; ˈtrentʃə] *n.* Ⓒ《古》(古時用以放置食物的方形或圓形)木盤。

trénch·er[2] *n.* Ⓒ **1** 挖掘壕溝[溝渠]的人。**2** 戰壕兵。

trénchér·man [-mən; -mən] *n.* Ⓒ (*pl.* **-men** [-mən; -mən])食者；(尤指)食量大的人：a good [poor] ~ 食量大[小]的人。

trénch fèver *n.* Ⓤ《醫》戰壕熱《由蝨所傳染的一種熱病，第一次世界大戰時在戰壕中的士兵常感染》。

trénch fòot *n.* Ⓤ《醫》戰壕足病《足部因長時間之濕與寒而致的一種病，患者足部呈藍色或紅色，重者生壞疽，患者多爲在戰壕中的士兵，故名》。

trénch mòrtar[gùn] *n.* Ⓒ迫擊砲。

trench coat

***trend** [trɛnd; trend] «源自古英語「朝向，轉動」之義» **—n.** Ⓒ **1 傾向，動向，趨勢**：global economic ~*s* 世界性的經濟動向/Prices are *on* the upward [downward] ~. 物價有上漲[下跌]的趨勢/The event changed the ~ *of* public opinion. 這件事改變了輿論的趨向。**2** 方向，走向：The valley has a northeast ~. 這山谷呈東北走向。**3 流行(的式樣)**：the new ~ in women's hairdo 最新流行的女性髮型/set [follow] a [the] ~ 創造出流行[趕時髦]。
—v.i. (十副詞(片語)) **1** 傾向，朝向(…)：The coastline ~*s south* [*to* [*toward*] the south]. 海岸線向南延展。**2**〈事態等〉傾向(…)，有(…)的傾向：Things are ~*ing toward* socialism. 情勢正逐漸傾向於社會主義。

trénd·sètter *n.* Ⓒ創造新流行的人，新風尚[潮流]開創者。

trend·y [ˋtrɛndɪ; ˈtrendi] «trend *n.* 3 的形容詞» **—adj.**《口語》(**trend·i·er**; **-i·est**)走在流行尖端的，最時髦的；醉心於流行的：a ~ boutique 走在流行尖端的婦女精品店。
—n. Ⓒ《英口語》跟隨時髦的人，醉心時髦的人。
trénd·i·ness *n.*

tren·tal [ˋtrɛntḷ; ˈtrentl] *n.* Ⓒ《天主教》對死者在三十日間每日所作之亡者彌撒。

tre·pan [trɪˋpæn; triˈpæn]《外科》*n.* Ⓒ(在頭蓋穿圓洞用的)環錐[鋸] (cf. trephine). **—v.t.** (**tre·panned**; **tre·pan·ning**)用環錐在〈頭蓋〉穿洞。

tre·pang [trɪˋpæŋ; triˈpæŋ] *n.* Ⓒ(乾)海參《用於中國菜者》。

tre·phine [trɪˋfaɪn, -ˋfin; triˈfi:n, -ˈfain]《外科》*n.* Ⓒ(冠狀)環鋸《由 trepan 改良而成者》。**—v.t.** 用(冠狀)環鋸對…施手術。

trep·i·da·tion [,trɛpəˋdeʃən; ,trepiˈdeiʃn] «源自拉丁文「發抖」之義» **—n.** Ⓤ戰慄，恐懼；驚慌失措：be in ~ 陷入恐懼中。

tres·pass [ˋtrɛspəs; ˈtrespəs]«源自拉丁文「越入」之義» **—v.i.** **1** (動(十介十(代)名))**侵入**(他人的土地、住宅)；侵害(他人的權利)(*on, upon*)《★可用被動語態》：No *Trespassing.*《告示》禁止入內/~ *on* [*upon*] a person's privacy [private grounds] 打擾他人的清靜[非法侵入私有土地]。**2** (十介十(代)名)干瀆，干擾(他人的好意等)(*on, upon*)：I shall ~ *on* [*upon*] your hospitality, then. 那麼，我只好恭敬不如從命了《★受接待時的一種客套話》/I don't want to ~ *on* [*upon*] your time any longer. 我不想再佔用你的時間了。**3** (動(十介十(代)名))《古》(對神、法規等)違反，犯罪(*against*).
—n. **1** ⓊⒸ(對他人土地的)不法侵入；(對他人權利的)權利侵害(*on, upon*). **2** ⓊⒸ(對他人的時間、好意、忍耐等的)干擾，妨害(*on, upon*)：I must make one ~ more *on* your patience. 我必須再懇求你忍耐一次。**3** Ⓒ《古》(宗教、道德上的)罪(sin)：Forgive us our ~*es.*《聖經》赦免我們的罪吧《「主禱文」(the Lord's Prayer)中的話》。

trés·pass·er *n.* Ⓒ侵入者，侵害者：*Trespassers* will be prosecuted.《告示》非法入侵者，一律嚴究。

tress [trɛs; tres] *n.*《文語》**1** Ⓒ(女性的)髮束，鬈髮，髮辮。**2** [~es](女性的)濃密的頭髮：her golden ~*es* 她濃密的金髮。

tres·tle [ˋtrɛsḷ; ˈtresl] *n.* Ⓒ **1 a** 臺架，支架《四腳支架，在兩支架間放置木板則可成簡便桌子或工作臺》。**b** 叉架，橋架《作架柱橋的架子》。**2** (又作 **tréstle bridge**) 架柱橋 (⇨ bridge[1] 插圖)。

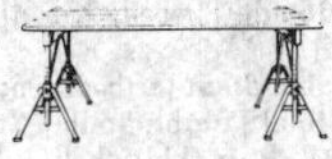
trestle 1 a

tréstle tàble *n.* Ⓒ臺架式桌子。

tréstle·wòrk *n.* Ⓤ《土木》棧臺[橋]，搭排架工程《橋等的腳架工程》。

tret [trɛt; tret] *n.* Ⓒ《商》(從前)添頭，補償損耗的添量《爲補償某些貨物運輸中之耗損，於扣除容器、包裝等重量外，每一百磅加添四磅》。

trews [truz; tru:z] *n. pl.* 蘇格蘭格子呢緊身褲《蘇格蘭高地人[士兵]常穿的緊身褲》。

trey [tre; trei] *n.* Ⓒ(骰子、紙牌等之)三點；有三點之骰子或紙牌等。

T.R.H.《略》Their Royal Highnesses.

tri- [traɪ-; trai-] [複合用語]「三…」「三倍的」「三重…」之意。

tri·a·ble [ˋtraɪəbl; ˈtraiəbl] *adj.*《法律》可交付裁判的。

tri·ad [ˋtraɪæd, -əd; ˈtraiəd, -æd] *n.* Ⓒ **1** 三個一組。**2**《音樂》三和音[弦]。**3**《化學》三價；(性質相似之)三個一組之元素。**4** [T~]《美軍》三合一戰略部隊《三種戰略部隊的結合體》。

***tri·al** [ˋtraɪəl; ˈtraiəl] «try 的名詞» **—n.** **1** ⓊⒸ(好壞、性能等的)**嘗試，試驗，試用**：by way of ~ 以試用的方式，作爲試用[嘗試]/give a person [thing] a ~ 試用人[物]/make ~ *of* one's strength (against a person) (與人)測試力量，較量力氣/put...to ~ 對…加以嘗試[試驗]/run a ~ 作試車，作運轉測試。
2 Ⓒ **a 考驗，災難，辛苦**：Life is full of troubles and ~*s.* 人生充滿著艱辛和考驗。**b** 討厭的人[物]，難對付的人，麻煩的人(*to*)：That child was a ~ *to* his parents. 那個小孩對他父母來說是個麻煩。
3 ⓊⒸ**裁判，審判，審理**：a criminal ~ 刑事審判/a preliminary ~ 初審/a public ~ 公審/~ by jury 陪審審判/stand ~ 受審/bring a person to ~=bring a person up for ~ 將某人交付審判。
on trial (1)在審理中，審訊中：put a person *on* ~ 將某人交付審判/He was *on* ~ *for* theft. 他因竊盜罪而受審。(2)試驗的結果：He was found *on* ~ to be unqualified. 他經試用的結果，被認爲不適任。(3)試用：I took it *on* ~ before buying it. 買它之前我先試用過。
on one's trial 在試驗中。
trial and error Ⓤ反覆試驗，不斷摸索《試了錯，錯了再試，反覆實踐》：learn by ~ *and error* 在不斷摸索中學習。
trial by báttle [còmbat]《英國史》決鬥審判《讓當事人決鬥而進行的審判》。
—adj. [用在名詞前] **1** 嘗試的，試驗的；預選的：a ~ flight 試飛/a ~ run 試車，試乘/a ~ match(板球、足球等的)選拔賽，預賽。

2 審判的，初審的：a ～ judge《美》初審法官/a ～ lawyer《美》(與事務律師相對的)法庭律師。

tríal ballóon *n.* Ⓒ **1** 探測氣球。**2** (爲探求輿論之反應的)測試，試探。

tríal hòrse *n.* Ⓒ《口語》練習或表演時與較强之對手比賽的人。

tríal márriage *n.* ⓊⒸ試婚，契約婚姻。

tri·a·logue [ˋtraɪə͵lɔg; ˈtraiəlɔg] *n.* Ⓒ三人對話；三方面會談。

tri·an·gle** [ˋtraɪ͵æŋgl; ˈtraiæŋgl] **《源自拉丁文「有三個角(angle)」之義》——*n. Ⓒ **1** 三角形：a right-[an acute-, an obtuse-] angled ～ 直[銳，鈍]角三角形/a plane[spherical] ～ 平面[球面]三角形。**2 a** 三角形的東西：a ～ of land 三角形的土地/the red ～ 紅色三角形《Y.M.C.A. 的標誌》。**b**《美》三角板(《英》setsquare)。**3**《音樂》三角鐵《打擊樂器》。**4** 三人一組；(男女的)三角關係：the(eternal) ～ 男女間的三角關係。

tríangle inequàlity *n.* ⓊⒸ《數學》三角不等式。

tri·an·gu·lar [traɪˋæŋgjələ˞; traiˈæŋgjulə˞] **《triangle 的形容詞》——*adj.*** **1** 三角(形)的：～ compasses 三腳規/a ～ bandage 三角巾(繃帶)。**2** 三者(間)的：a ～ situation 三角關係/a ～ treaty 三邊條約，三國條約/a ～ election 三人競爭的選舉。

tri·an·gu·late [traɪˋæŋgjə͵let; traiˈæŋgjuleit] **《triangle 的動詞》——*v.t.*** **1** 使…成三角；將…分成三角形。
2 三角測量〈土地〉；以三角法測定〈土地〉。
—— [-lɪt; -lit] *adj.* **1** 三角(形)的。**2** 有三角花樣的；由三角形組成的。 **tri·an·gu·la·tion** [͵traɪæŋgjəˋleʃən, traɪ͵æŋ-; trai͵æŋgjuˈleiʃn] *n.*

tri·ar·chy [ˋtraɪɑrkɪ; ˈtraiɑ:ki] *n.* **1** Ⓤ三頭政治(cf. triumvirate)。**2** Ⓒ三頭政治國。

Tri·as·sic [traɪˋæsɪk; traiˈæsik] 《地質》*adj.* 三疊紀的。
——*n.* [the ～]三疊紀[系]《中生代(Mesozoic era)三個系中最古老的一系》。

trib·ade [ˋtrɪbəd; ˈtribəd] *n.* Ⓒ女同性戀者《尤指充任男性角色者》。

trib·a·dism [ˋtrɪbədɪzəm; ˈtribədizəm] *n.* Ⓤ女性之同性戀。

trib·al [ˋtraɪbl; ˈtraibl] **《tribe 的形容詞》——*adj.*** 宗族的，部落的。**～·ly** [-blɪ; -bəli] *adv.*

tríb·al·ìsm [-͵lɪzəm; -lizəm] *n.* Ⓤ部落制，部落文化[生活，根性]，部落的特徵。

tribe** [traɪb; traib] **《源自拉丁文「(羅馬人的)三部分之一」之義》——*n. Ⓒ **1** [集合稱] **a** (有同一血統的人，推舉出族長而羣居的)部落，種族《★用法視爲一整體時當單數用，指全部個體時當複數用》：the Indian[Mongol] ～s 印度[蒙古](的)諸部落。**b** (古代以色列人的)支族《★用法與義 1 a 相同》：the ～s of Israel 以色列的十二支族《雅各的十二個兒子的子孫》。**2** [集合稱]《動物·生物》族，類《★用法與義 1 a 相同》。**3** [集合稱]《輕蔑》同夥，儕輩〔*of*〕《★用法與義 1 a 相同》：the scribbling ～ 文人們/the ～ *of* artists 藝術家們。

tríbes·man [-mən; -mən] *n.* Ⓒ(*pl.* **-men** [-mən; -mən])宗族的一員，部落之一員。

trib·u·la·tion [͵trɪbjəˋleʃən; ͵tribjuˈleiʃn] *n.* ⓊⒸ艱苦，苦難；招致苦難的事物：in great ～ 在極艱苦中/His life was full of ～*s.* 他的一生充滿苦難。

tri·bu·nal [trɪˋbjunl, traɪ-; traiˈbju:nl] *n.* Ⓒ **1** 法院，法庭《★除正式的司法體系外，用於行使司法功能的機關者較多》：the Hague *T*～ 海牙國際法庭。**2** [the ～]裁判席，法官席。**3** 〔社會一般的〕裁斷，批評〔*of*〕：before the ～ *of* public opinion 受輿論的制裁。

trib·une[1] [ˋtrɪbjun; ˈtribju:n] **《源自拉丁文「族長」之義》——*n.*** Ⓒ **1** (古代羅馬的)護民官《爲保護平民的權利，而由平民選出來的十名官吏》。**2** 百姓的保護者[指導者]。

trib·une[2] [ˋtrɪbjun; ˈtribju:n] *n.* Ⓒ演講臺。

trib·u·tar·y [ˋtrɪbjə͵tɛrɪ; ˈtribjutəri] **《tribute 的形容詞》——*adj.*** **1 a** 進貢的，屬國的；貢獻的：a ～ king 屬國的國王。**b** [不用在名詞前]〔十介十(代)名〕〔對…〕進貢的；貢獻的。**2 a** 成爲支流的：a ～ river 支流。**b** [不用在名詞前]〔十介十(代)名〕成爲〔…的〕支流的〔*to*〕：a stream ～ *to* the Ohio 俄亥俄河的支流。**——*n.*** Ⓒ **1** 進貢者[國]；屬國〔*to*〕。**2** (河川的)支流。

trib·ute [ˋtrɪbjut; ˈtribju:t] **《源自拉丁文「被支付的東西」之義》——*n.*** **1** ⓊⒸ貢(物)；年貢：pay [offer up] ～ *to* the ruler 向統治者進貢/lay a country *under* ～ ＝lay a ～ *on* a country 向某國家納貢《納貢的義務》。**2 a** Ⓒ(表示讚賞、敬意的)讚辭；供物，贈品〔*of, to*〕：floral ～*s* (給女演員等的)獻花；(葬禮的)供花/a ～ *of* admiration[praise] 讚辭/a ～ *to* the memory of the late Mr. A 向已故的 A 先生表示敬意[致弔詞]/pay a ～ *to*... 向…致讚辭，向…表示敬意。**b** [a ～]〔表示讚許、尊敬所給予的〕禮物，證明書〔*to*〕：His Nobel Prize is *a* ～ *to* the originality of his research. 他的諾貝爾獎證明了他獨創性的研究。

tri·car [ˋtraɪ͵kɑr; ˈtraikɑ:] *n.* Ⓒ《英》三輪車。

trice[1] [traɪs; trais] *v.t.* **1** 用繩索拉。**2** 將〈帆等〉用繩索固定而拉起〈*up*〉。

trice[2] [traɪs; trais] *n.* Ⓒ《口語》瞬間(moment)《★用於下列成語》。
in a tríce 瞬間，立刻。

tri·ceps [ˋtraɪsɛps; ˈtraiseps] *n.* Ⓒ(*pl.* ～，～·es)《解剖》三頭肌。

tri·cer·a·tops [traɪˋsɛrə͵tɑps; traiˈserətɔps] *n.* Ⓒ《古生物》三觭龍。

triceratops

tri·chi·a·sis [trɪˋkaɪəsɪs; triˈkaiəsis] *n.* Ⓤ《醫》倒睫；倒生毛。

trich·i·no·sis [͵trɪkəˋnosɪs; ͵trikiˈnousis] *n.* Ⓤ《醫》旋毛蟲病。

tri·chlo·ride [traɪˋklɔraɪd, -rɪd; ͵traiˈklɔ:raid] *n.* Ⓤ《化學》三氯化物《含有三個氯原子之鹽化物》。

trich·o·mo·ni·a·sis [͵trɪkəməˋnaɪəsɪs; ͵trikəməˈnaiəsis] *n.* Ⓤ《醫》滴蟲病，梨形蟲病。

tri·chord [ˋtraɪ͵kɔrd; ˈtraikɔ:d] *n.* Ⓒ《音樂》三弦琴；有三弦的樂器。
——*adj.* 有三弦的。

tri·chot·o·my [trɪˋkɑtəmɪ; triˈkɔtəmi] *n.* ⓊⒸ三分；分爲三部分；(尤指神學上)將人分爲肉體、精神與靈魂三部分。

tri·chro·mat·ic [͵traɪkroˋmætɪk; ͵traikrouˈmætik] *adj.* (使用)三色的：～ photography 三色照相(術)。

tri·cit·y [ˋtraɪ͵sɪtɪ; ˈtraisiti] *adj.* 由三個個別但相互依靠的都市組成之大城市的。
——*n.* Ⓒ上述三都市之任一。

‡trick [trɪk; trik] **《源自古法語「詐欺」之義》——*n.*** Ⓒ **1 a** 詭計，策略；欺瞞，詐欺：obtain money from a person by a ～ 以計謀自某人處獲得金錢/I suspect some ～. 我懷疑有詐/None of your ～*s* with me！我不會再上你的當了[別跟我耍花招了！]。**b** 〔十 *to* do〕〈爲了做…的〉計謀，策略：His bruise was a ～ *to* play truant from school. 他的瘀傷是爲了逃學所使用的障眼法[他以瘀傷作爲逃學的藉口]。**c** 迷惑，幻覺，錯覺〔*of*〕：a ～ *of* the senses[imagination] 錯覺/a ～ *of* the eye 眼睛的錯覺/～*s of* the memory 記憶上的錯誤，模糊的記憶。
2 a (沒有惡意的)捉弄，頑皮，開玩笑：a ～ *of* fortune 命運的捉弄/play[serve] a person a ～ ＝play [serve] a ～ *on* [*upon*] a person 捉弄某人；欺騙某人/He is *at* [*up to*] his ～*s* again. 他又在戲弄[捉弄]人了。**b** [常與修飾語連用]卑劣的玩笑[花招]，卑劣的手段：play[pull] a dirty[mean, shabby, dog's] ～ 用卑劣的手段，用不正當的手段/None of your cheap ～*s*！別耍你的花招了。
3 (巧妙地做某事的)手法，訣竅；要領，祕訣〔*of*〕：the ～ *of* mak*ing* pies 做餡餅的訣竅/get [learn] the ～ *of* it 學會(做某事的)訣竅/learn [teach] the ～*s of* the trade 學習[教授]生意上的訣竅《討價還價》。
4 a (以騙術使觀看的人高興之)把戲，特技：a conjuring [magic] ～ 戲法，魔術。**b** (狗和馬等表演的)把戲：I have taught my dog some ～*s.* 我教了我的狗一些把戲/An old dog will learn no (new) ～*s.* ＝You cannot teach an old dog new ～*s.*《諺》老狗學不會新把戲；老木不能曲。**c**《電影》特技。
5 (態度、語言等異樣的)癖性，特徵〔*of*〕：He has a ～ *of* repeat*ing* himself. 他有講話重覆的習慣。
6《紙牌戲》**a** (橋牌等的)一磴，一圈(round)：take[win] a ～ 贏一磴/lose a ～ 輸一磴。**b** (在一圈決定勝負)所打出的牌《通常爲四張》：take up the ～ (那一圈贏了)就將打出的牌全部收取。
7《航海》舵工一更時間《通常爲兩小時》：take [stand] one's ～ at the wheel 值班掌舵/the night ～ 夜勤，夜班。
dò the tríck 《口語》(使能夠)順遂；〈藥等〉奏效；達到目的。
Hòw's trícks？《口語》你好嗎？近況如何？
knów a tríck wòrth twó of thát 知道比那個更好的方法《★出自莎士比亞「亨利四世(上)」(*The First Part of King Henry the Fourth*)」》。
nót[néver] míss a tríck《口語》非常機警的，對一切都瞭解的。
the (whóle) bág of trícks ⇨bag.
tríck or tréat《美》不給糖果就惡作劇[搗蛋或招待]《萬聖節晚上，孩子們在附近住戶的門口，討取糖果時所說的話；⇨Halloween【說明】》。
tùrn the tríck《美》＝do the TRICK.

—*adj.* [用在名詞前] **1** 變把戲(用)的，雜耍(用)的；〈電影等的〉特技的：～ cycling 腳踏車的特技/a ～ cyclist 腳踏車的特技師/ ～ cards 變魔術用的紙牌/a ～ shot 特技攝影。**2** 意外困難的，使人迷惑的〈問題等〉：a ～ question 有陷阱的問題。**3** 活動不靈活的，不能伸屈的，支撐不住的〈關節等〉。

—*v.t.* **1 a** 〔十受〕(用計謀)欺騙〈人〉(⇨ cheat【同義字】)：I've been ～*ed.* 我上當了。**b** 〔十受十介十(代)名〕瞞騙〈人〉〔使…〕〔*into*〕；矇騙〈人〉〔奪取…〕〔*out of*〕：I was ～*ed* ***into*** sign*ing.* 我被騙簽了字/The poor boy was ～*ed* ***out of*** all the money he had. 這可憐的男孩被騙光了他所有的錢。

2 〔十受十副(十介十(代)名)〕〔用…〕打扮，裝飾〈人、物〉〈*out, up*〉〔*in*〕：The girl is ～*ed* ***out***[***up***] ***in*** jewels. 這女孩打扮得珠光寶氣。

trick·er·y [ˋtrɪkərɪ; ˈtrikəri] *n.* Ⓤ欺騙，詐欺；策略。

tríck·i·ly [-kɪlɪ; -kili] *adv.* 欺騙地，狡猾地。

trick·le [ˋtrɪkl; ˈtrikl] *v.i.* 〔十副詞(片語)〕 **1** 〈液體〉滴下，一滴一滴地掉下；細細地流：The water ～*d from* the faucet. 水從水龍頭一滴滴流下/Tears ～*d down* her cheeks. 眼淚從她的臉頰滴落下來/A stream ～*d through* the rocks. 小溪自岩間涓涓[潺潺地]流過。**2** 〈人〉三三兩兩地來[去]：Summer visitors are now *trickling home.* 避暑客現在開始陸陸續續地回家/They are *trickling into*[*out of*] the classroom. 他們三三兩兩地進入教室[走出教室]。

—*v.t.* 〔十受(十副詞(片語))〕把…滴出[滴入]〈…〉：He ～*d* a few drops of oil *into* the mayonnaise. 他在美乃滋[蛋黃製的調味汁]上滴了數滴油。

—*n.* Ⓒ滴，水滴，細流：A ～ *of* blood ran down his neck. 血自他的頸部一滴滴流下。

trick·ster [ˋtrɪkstɚ; ˈtrikstə] *n.* Ⓒ **1** 詐欺者，騙子。**2** 惡作劇的精靈《出現於原始民族的神話等，以詐術或捉弄的方式，搗亂神話的形象》。

trick·sy [ˋtrɪksɪ; ˈtriksi] *adj.* (**trick·si·er**；**-si·est**)好惡作劇的。

trick·y [ˋtrɪkɪ; ˈtriki] *adj.* (**trick·i·er**；**-i·est**) **1** 〈人、動物等〉狡猾的，令人不安的：a ～ politician 狡猾的政客。**2** 〈工作、立場等〉棘手的，難以處理的，需要技巧的：a ～ job 棘手的工作/a ～ lock 需要技巧打開的[難以打開的]鎖/a ～ problem[situation] 微妙的問題[立場]。**3** 巧妙的：～ gadgets 精巧的工具。

tríck·i·ness *n.*

tri·col·or [ˋtraɪˏkʌlɚ; ˈtrikələ, ˈtraiˌkʌlə] *adj.* 三色的。

—*n.* **1** Ⓒ三色旗。 **2** [**the T～**]法國國旗。

tri·corn [ˋtraɪkɔrn; ˈtraikɔːn] *adj.* **1** 有三角的。**2** 有三個角隅的。

—*n.* Ⓒ **1** 三角帽；船形帽。**2** 一種想像中的三角獸。

tri·cot [ˋtriko; ˈtriːkou] 《源自法語「編織物」之義》**—***n.* Ⓤ手編織品《毛線、絹、人造絲等手編織品；類似的織品》。

tri·cus·pid [traɪˋkʌspɪd; traiˈkʌspid⁻] *adj.* **1** 〈牙齒〉有三個尖端的。**2** 《解剖》三尖(瓣)的：the ～ valve(心臟的)三尖瓣。

—*n.* Ⓒ有三個尖端的牙齒。

tri·cy·cle [ˋtraɪsɪkl; ˈtraisikl] *n.* Ⓒ 三輪(腳踏)車；機動三輪車：ride (on) a ～ 乘坐三輪車。

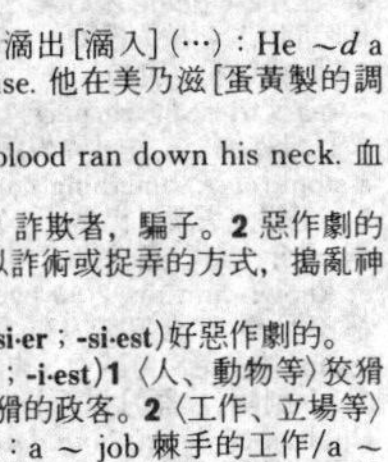

tricycle

tri·dent [ˋtraɪdnt; ˈtraidnt] *n.* Ⓒ **1** (刺魚的)三叉魚叉。**2** 《希臘·羅馬神話》三叉戟《海神波賽頓(Poseidon)，納普敦(Neptune)的標誌；常用於制海權的象徵；⇨ Poseidon 插圖》。**3** [**T～**]三叉戟飛彈。**—***adj.* 三叉的。

tri·den·tate [traɪˋdɛntet; traiˈdenteit] *adj.* 有三齒(尖)的，有三叉的。

tri·di·men·sion·al [ˏtraɪdɪˋmɛnʃənḷ; ˌtraidiˈmenʃənl] *adj.* 有長寬厚三度的；立體的；三度空間的。

‡**tried** [traɪd; traid] *v.* **try** 的過去式・過去分詞。

—*adj.* (無比較級、最高級) **1** 試驗過的：～ and true 經考驗證明是好的[確實的]，實驗證明可取的。**2** 〈朋友等〉可信賴的：old and ～ 完全可信賴。

tri·en·ni·al [traɪˋɛnɪəl; traiˈenjəl⁻] *adj.* **1** 繼續三年的。**2** 三年一次的。

—*n.* Ⓒ三年一次的節日[行事]；三周年紀念。～**·ly** *adv.*

tri·er [ˋtraɪɚ; ˈtraiə] *n.* Ⓒ **1** 試驗者，考試官，實驗者。**2** 努力者。

tri·fle [ˋtraɪfl; ˈtraifl] *n.* **1** Ⓒ無價值的東西，無用的東西，細微的事：stick at ～*s* 拘泥於小節/The merest ～ puts her out. 一點小事就會使她心急[生氣]/I sent a few ～*s* for your birthday. 我送了些菲薄的東西，做爲你的生日禮物。

2 a Ⓒ少量，只剩一點點的金額：The shopping has left me only a ～. 上街購物後，我只剩下一點點錢。**b** [**a** ～；當副詞用] 稍微地：*a* ～ too long 稍微過長/I was *a* ～ vexed. 我有些惱怒。

3 Ⓒ[當作菜名時爲Ⓤ]《英》乳脂鬆糕《浸過葡萄酒的蛋糕》：make a ～ 作乳脂鬆糕。

—*v.i.* 〔十介十(代)名〕 **1** 輕視，玩忽〔…〕〔*with*〕《★可用被動語態》：Don't ～ ***with*** serious matters. 不要忽視重要的問題/She is not a woman to be ～*d with.* 她是一位不容忽視的女人。

2 玩弄，戲弄〔…〕〔*with*〕：～ ***with*** a person's affections 玩弄某人的感情。

—*v.t.* 〔十受十副〕浪費〈時間、精力、金錢等〉〈*away*〉：I have ～***d away*** the best part of my life. 我浪費了我一生中最好的時刻。

trí·fler *n.* Ⓒ輕薄者；戲謔者。

trí·fling *adj.* **1** 無用的，不足取的；微小的：a ～ error [matter] 小錯誤[事情]/of ～ value 無多大價值的。**2** 輕浮的，不正經的：～ talk 玩笑話。～**·ly** *adv.*

tri·fo·li·ate [traɪˋfolɪɪt, -lɪˏet; traiˈfouliət, -eit⁻] *adj.* 三片葉的。

tri·fo·ri·um [traɪˋforɪəm, -ˋfɔr-; traiˈfɔːriəm] *n.* Ⓒ(*pl.* **-ri·a** [-rɪə; -riə])《建築》教堂拱門上面的拱廊《信徒座位外側走廊上的拱門和高窗間的部分》。

trig[1] [trɪg; trig] *adj.* 《主英》 **1** 漂亮的；整潔的。**2** 健康的；強壯的。

—*v.t.* (**trigged**；**trig·ging**)《英方言》使…整潔；修飾…〈*up, out*〉.

trig[2] [trɪg; trig] *v.t.* (**trigged**；**trig·ging**)以楔形木支撐或制止〈輪等〉。

—*n.* Ⓒ制止(車輪)轉動用的木楔等。

trig. 《略》trigonometric；trigonometry.

trig·ger [ˋtrɪgɚ; ˈtrigə] 《源自荷蘭語「拉」之義》**—***n.* Ⓒ **1** (槍的)扳機：pull the ～ 扣扳機。**2** (紛爭等的)誘因。

quick on the trigger 《口語》(1)射擊快速的；動不動就開槍的。(2)敏捷的；機警的。

—*v.t.* 〔十受(十副)〕 **1** 扣〈槍〉的扳機，扣扳機發射…〈*off*〉。**2** 成爲〈事件等〉的起因，引發〈某事〉〈*off*〉：That ～*ed* ***off*** a revolution. 那件事觸發了一場革命。

trígger fìnger *n.* Ⓒ(扣扳機的)食指。

trígger-hàppy *adj.* **1** (隨便)開槍[扣扳機]的；嗜殺的。**2** 好戰的，攻擊性的。

tri·glyph [ˋtraɪglɪf; ˈtraiglif] *n.* Ⓒ《建築》三槽板間距《陶立克式(Doric)柱子裝飾的縱溝部分》。

tri·gon [ˋtraɪgɑn; ˈtraigən] *n.* Ⓒ **1** 《占星》三分一對座(trine)；(十二宮中的)互隔一百二十度的三宮。**2** (古希臘的)三角琴。**3** 《古》三角形。

trigon. 《略》trigonometric；trigonometry.

trig·o·no·met·ric [ˏtrɪgənəˋmɛtrɪk; ˌtrigənəˈmetrik⁻] 《trigonometry 的形容詞》**—***adj.* 三角法的，根據三角法的。

trìg·o·no·mét·ri·cal [-trɪkḷ; -trikl⁻] *adj.* ＝trigonometric.

～**·ly** [-klɪ; -kəli] *adv.*

trig·o·nom·e·try [ˏtrɪgəˋnɑmətrɪ; ˌtrigəˈnɔmitri] *n.* Ⓤ三角法，三角學。

tri·graph [ˋtraɪgræf; ˈtraigrɑːf] *n.* Ⓒ《語音》三合字母《代表一個音的三個字母，如 schism [ˋsɪzəm; ˈsizəm] 的 *sch*；cf. digraph》.

tri·he·dron [traɪˋhidrən; traiˈhiːdrən] *n.* Ⓒ(*pl.* ～**s**, **-dra** [-drə; -drə])《幾何》三面體。**tri·he·dral** [traɪˋhidrəl; traiˈhiːdrəl⁻] *adj.*

tri·jet [ˋtraɪˏdʒɛt; ˈtraidʒet] *n.* Ⓒ三引擎噴射機。

trike [traɪk; traik] *n.* Ⓒ《口語》三輪車。

tri·lat·er·al [traɪˋlætərəl; ˌtraiˈlætərəl⁻] *adj.* **1** 三邊的，有三邊的。**2** 由三者而成的。**—***n.* Ⓒ三邊形。

tril·by [ˋtrɪlbɪ; ˈtrilbi] *n.* (又作 **trílby hàt**)Ⓒ《英》軟呢帽，中間凹折的帽子。

tri·lem·ma [traɪˋlɛmə; traiˈlemə] *n.* Ⓒ **1** 《邏輯》三重體推斷式《類似 dilemma，但在前提中列有三個可能命題》。**2** 面臨三種同是不利情況之形勢。

tri·lin·gual [traɪˋlɪŋgwəl; ˌtraiˈliŋgwəl⁻] *adj.* 三國語言的，能說三國語言的。

tri·lith·on [traɪˋlɪθɑn; traiˈliθɔn] *n.* Ⓒ《考古》三石塔《直立的二石上再載有一石者》。

trill [trɪl; tril] *v.t.* 用顫音唱…；以顫音吹奏…。

—*v.i.* 用顫聲歌唱；以顫音吹奏：The birds were ～*ing* in the trees. 小鳥在樹間鳴囀。

—*n.* Ⓒ **1 a** 顫聲。**b** 《音樂》震音。**2** (鳥的)鳴囀。**3** 《語音》顫音《捲舌後如法語之用小舌顫動所發的子音；符號[R]》.

tril·lion [ˋtrɪljən; ˈtriljən] *n.* Ⓒ **1** 《美》一兆《百萬的平方，10^{12}》. **2** 《英》百萬兆《百萬的立方，10^{18}》.

tril·li·um [ˋtrɪlɪəm; ˈtriliəm] *n.* Ⓒ《植物》延齡草《百合科延齡草屬植物的統稱》。

tri·lo·bate [traɪˋlobet; traiˈloubeit⁻] *adj.* 《植物》有三裂片的。

tri·lo·bite [ˋtraɪləˏbaɪt; ˈtrailəbait] *n.* Ⓒ《古生物》三葉蟲。

tril·o·gy [ˈtrɪlədʒɪ; ˈtrilədʒi] *n.* Ⓒ(戲劇、小說、歌劇等的)三部曲：a biographical ～ 分爲三部的傳記。

trim [trɪm; trim] ⟪源自英語「使直，整修」之義⟫ **—**(**trimmed**；**trim·ming**) *v.t.* **1 a** 〔十受〕修剪，整修〈韓國草、籬笆等〉：～ a nail 修剪指甲/～ (the wick of) a lamp 修剪燈蕊/～ one's beard 修剪鬍鬚/I had my hair *trimmed*. 我頭髮修剪過了。**b** 〔十受十副〕裁切，修剪〈照片〉〈*away, off*〉：～ ***away*** the edges of a picture 修剪照片邊緣。**c** 〔十受十介十(代)名〕〔自…〕剪掉…〔*off*〕：～ dead branches ***off*** a tree 剪掉樹上的枯枝。
2 〔十受(十介十(代)名)〕〔用緞帶等〕裝飾〈帽子、衣服等〉〔*with*〕：The boys and girls *trimmed* the Christmas tree. 男孩們和女孩們裝飾了這棵耶誕樹/She *trimmed* her coat ***with*** fur. 她給外衣鑲上毛皮。
3 〔十受〕**a** 《航海・航空》(調整貨物和人的位子)維持〈飛機、船〉平衡。**b** 《航海》把〈帆、帆船〉調整(成容易受風的狀態)。**c** 把〈意見等〉照自己的意思修改。
4 〔十受〕《口語》**a** 毆打，譴責〈人〉。**b** (在運動、比賽)擊敗〈對方〉。**c** 欺騙〈人〉。
5 〔十受(十副)〕削減〈費用、人數等〉〈*down*〉.
—*v.i.* **1** 〈政治家等〉採取中間路線的政策；(依自己的方便)改變意見[方針]。
2 〈船、飛機等〉維持平衡，能維持平衡。
3 《航海》〈帆〉調整成容易受風的狀態。
—*adj.* (**trim·mer**；**trim·mest**) 〈服裝、姿態等〉**整齊的**；端正的；漂亮的；精巧設計過的：a ～ m(o)ustache 整齊的鬍子/She cuts a ～ figure. 她看起來很端莊[身材苗條]。
—*n.* **1** [a ～]剪修，修整；整髮。**2** Ⓤ整齊的事[狀態]；準備狀態；(健康等的)狀態：in (good, proper) ～ 整齊，身體狀況良好，競技狀態良好，準備就緒/in fighting[sailing] ～ 戰鬥[起航]準備就緒/Everything in his tool chest was in (good, proper) ～. 他工具箱裏的東西都排得很整齊/put...into (good) ～ 把〈人等〉調整成適宜的狀態/You must get into (good) ～ for the race. 爲了參加競賽，你必須使自己身心保持最佳狀態/out of ～ 不整齊；情況不好/I found everything out of ～. 我發覺一切都不妥當[未準備好]。
～·**ly** *adv.* ～·**ness** *n.*

tri·ma·ran [ˈtraɪməræn; ˈtraimeræn] *n.* Ⓒ三船體小艇《聯結三個船體(hull)之小艇》。

tri·mes·ter [traɪˈmɛstɚ; triˈmestə, trai-] *n.* Ⓒ《美》(三學期制的)一學期。

trim·e·ter [ˈtrɪmətɚ; ˈtrimitə] 《詩學》*n.* Ⓒ三音步(的詩)。
—*adj.* 三音步的。

trím·mer *n.* Ⓒ **1 a** 整頓[整理，裝飾(等)]者。**b** 修剪用工具《厚刃刀、剪刀、菜刀、小刀、裁紙刀、剪修燈芯(具)等》。**2** (在政治上)騎牆主義者。

trím·ming *n.* **1** Ⓤ **a** 整頓，整理，整潔。**b** 《攝影》修剪，裁切。**2** Ⓒ[常 ～s]修剪下來的東西，裁剪[切]的屑，碎片。**3** [～s]《口語》(烹飪的)配料，佐料。

tri·month·ly [traɪˈmʌnθlɪ; traiˈmʌnθli˝] *adj.* 三個月一次的。

trím size *n.* Ⓤ被修剪過後之製品的尺寸。

tri·nal [ˈtraɪnl; ˈtrainl] *adj.* 由三部分組成的；三重[倍]的。

tri·na·ry [ˈtraɪnərɪ; ˈtrainəri] *adj.* ＝trinal.

trine [traɪn; train] *adj.* **1** 三倍的；三重的；三層的。**2** 《占星》三分一對座的。
—*n.* **1** Ⓒ三個一組；三個一羣。**2** Ⓒ《占星》三分一對座《兩行星相距一百二十度之關係位置》。**3** [T～]＝Trinity 1.

Trin·i·dad and To·ba·go [ˈtrɪnəˌdædəndtəˈbego; ˈtrinidædəndtəˈbeigou] *n.* 千里達共和國《西印度羣島一獨立國，爲大英國協一員；首都爲西班牙港(Port-of-Spain)》.

Trin·i·tar·i·an [ˌtrɪnəˈtɛrɪən; ˌtriniˈtɛəriən˝] 《基督教》*adj.* 信仰三位一體(說)的。
—*n.* Ⓒ三位一體說的信奉者。

Trin·i·tár·i·an·ism [-nˌɪzəm; -nizəm] *n.* Ⓤ三位一體論。

tri·ni·tro·tol·u·ene [traɪˌnaɪtroˈtɑljuˌin; traiˌnaitrouˈtɔljui:n] *n.* Ⓤ黃色炸藥《强力炸藥；略作 TNT, T.N.T.》.

Trin·i·ty [ˈtrɪnətɪ; ˈtriniti] ⟪源自拉丁文「三個一組」之義⟫ **—***n.* **1** [the ～]《基督教》三位一體《指神、基督、聖靈三者的合一；cf. person 5》；三位一體的神；三位一體說。**2** (又作 **Trínity Súnday**) Ⓤ三位一體的節日《聖靈降臨節(Whitsunday)的下一個星期日》。**3** [t～] Ⓒ[集合稱]《文語》三個成一組，三個成一套《★ 用法 視爲一整體時當單數用，指全部個體時當複數用》。

Trínity tèrm *n.* ⓊⒸ《英》夏季學期《自四月中至六月底；⇨ term【說明】》。

trin·ket [ˈtrɪŋkɪt; ˈtriŋkit] *n.* Ⓒ **1** (戴在身上的)小[不值錢的]飾物。**2** 價值很小的寶石。**3** 不值錢的東西。

tri·no·mi·al [traɪˈnomɪəl; traiˈnoumjəl˝] *adj.* **1** 《數學》三項(式)的。**2** 《動物・植物》三名法的，用三名法的。
—*n.* Ⓒ **1** 《數學》三項式。**2** 《動物・植物》三名法。

tri·nó·mi·al·ìsm [-lˌɪzəm; -lizəm] *n.* Ⓤ《動物・植物》(以屬名、種名、亞種名三者而定學名的)三名法。

tri·o [ˈtrio; ˈtri:ou] *n.* Ⓒ(*pl.* ～**s** [-z; -z]) **1** 《音樂》三重唱[奏]；三重唱[奏]曲，三重唱[奏]團(⇨ solo 相關用語)。**2** [ˈtrɪo, ˈtraɪo; ˈtriou] [集合稱]三件的一組，三人的一組，三件一套《★ 用法 視爲一整體時當單數用，指全部個體時當複數用》。

tri·ode [ˈtraɪod; ˈtraioud] *n.* Ⓒ《電子》三極眞空管。

tri·o·let [ˈtraɪəlɪt; ˈtri:əlet, -lit] *n.* Ⓒ《韻律》兩韻腳的八行詩[詩節]《押韻成 a b a a a b a b 的韻腳，第一行在第四、七行重複；第二行在第八行重複》。

‡**trip** [trɪp; trip] ⟪源自英語「踏步」之義⟫ **—***n.* Ⓒ **1 旅行，遠足**(⇨ travel【同義字】)：a bus ～ 巴士旅行/⇨round trip/a ～ abroad 海外旅行/a ～ (a)round the world 環球旅行/a four-day three-night ～ 四天三夜的旅行/go *on* a sightseeing ～ *to* [*around*]... 去…觀光旅行[去環遊…]《★ 用法 不用 in》/make a business ～ *to* London 出差到倫敦。
2 (因事的)外出，走一趟；上班，趨訪：make a ～ *to* the corner store 到轉角的店鋪走一趟/It's a short ～ *to* my office. 我的辦事處就在附近。
3 a 失足，顚躓；絆倒，摔倒：make a ～ 顚躓。**b** 過失；失言：make a ～ 犯錯誤/a ～ of the tongue 失言。
4 《俚》**a** (主要由迷幻藥，尤其是 LSD 所引起的)幻覺；一段夢幻時間。**b** 刺激的經驗。
5 《機械》跳脫，脫扣。
—*v.i.* (**tripped**；**trip·ping**) **1** 〔動(十介十(代)名)〕顚躓〔在…上〕，被〔…〕絆倒；被〔…〕弄得跟蹌，跌倒〔*on, over*〕：He *tripped* ***on*** a stone[***over*** something hard]. 他被石頭[硬物]絆倒。
2 a 犯錯，失誤，出岔子：My tongue *tripped*. 我失言了。**b** 〔十副(十介十(代)名)〕〔在…上〕犯錯，失誤〈*up*〉〔*on*〕：I have never known him to ～ ***up*** even in details. 即使在瑣事[細節]上我都不曾看到他犯錯/He *tripped* ***up on*** the essay part of the exam. 他在這次考試中，申論題部分答錯了。
3 〔十副詞(片語)〕以輕快的步伐走[跑，舞蹈]：A number of children came *tripping down* the street. 幾個孩童以輕快的步伐沿街道走過來。
4 〔十副〕《俚》(主要由 LSD 所引起地)陷入幻覺症狀〈*out*〉.
—*v.t.* **1** 〔十受(十副)〕**a** 使〈人〉顚躓，絆倒；使…跌倒；(於摔角等)勾〈人〉的腳使跌倒；使…失足〈*up*〉：The root *tripped* him. 那樹根使他顚躓/I was *tripped* (***up***) by him. 我被他絆倒。**b** 使〈人〉失敗，使…失誤〈*up*〉：He was *tripped* (***up***) by the difficult question. 那道難題他答錯了。**c** 使〈人〉說話前後矛盾〈*up*〉：He *tripped* (***up***) the witness by artful questions. 他以巧妙的質問誘使證人說話前後矛盾。
2 〔十受〕鬆開掣子以發動〈機械、裝置〉。
3 〔十受〕使…傾斜。
4 從海底拖起〈錨〉。
5 《航海》(放低中桅時，爲拔除底部之固定木栓而)稍吊起〈帆桁〉。

tri·par·tite [traɪˈpɑrtaɪt; ˌtraiˈpɑ:tait˝] *adj.* **1 a** 分爲三件[三部分]的。**b** 一式三分的。**2** 三者之間的，三方締結的：a ～ treaty 三國條約。**3** 《植物》〈葉〉深裂爲三的，三分的。

tripe [traɪp; traip] *n.* Ⓤ **1** 牛胃《供烹調用者》。**2** 《口語》無意義[無價值，討厭]的東西，廢話；拙劣的作品。

tríp·hàmmer, tríp hàmmer *n.* Ⓒ《機械》大槌。
—*adj.* 大槌的；如以大槌連續擊打的。

triph·thong [ˈtrɪfθɔŋ, ˈtrɪp-; ˈtrifθɔŋ, ˈtrip-] *n.* Ⓒ《語音》三合母音《即三個母音聯合起來讀成一個音節，如 fire 根據 IPA 英音讀作 [faiə]；cf. monophthong, diphthong 1》.

tri·plane [ˈtraɪˌplen; ˈtraiplein] *n.* Ⓒ《航空》(早期之)三翼機。

tri·ple [ˈtrɪpl; ˈtripl] *adj.* 三重的，由三部分構成的；三倍的；三者間的；《音樂》三拍子的：a ～ mirror 三面鏡。
—*n.* Ⓒ **1** 三倍的數[量]。**2** 《棒球》三壘打。
—*v.t.* **1** 使…成三重[三倍]：We must ～ our efforts. 我們必須作出三倍的努力。**2** 《棒球》擊出三壘打使〈在一壘上的跑壘手〉跑回本壘得分。
—*v.i.* **1** 成爲三倍。**2** 《棒球》擊出三壘打。

Tríple Allíance *n.* [the ～] **1** (德國、奧匈帝國和義大利組成的)三國同盟(1882–1915). **2** (由法國、英國和荷蘭組成以對抗西班牙的)三國同盟(1717).

tríple crówn *n.* **1** Ⓒ(羅馬教宗之)三重冠。**2** [the T～ C～](棒球、賽馬等的)三冠王。

Tríple En·ténte [-ɑnˈtɑnt; -ɑ:nˈtɑ:nt, -ɔnˈtɔnt] *n.* [the ～]三國協約《指 1907 年英、法、俄三國所簽定的協約》。

tríple jùmp *n.* [the ～]《運動》三級跳遠(hop, step, and jump).

tríple pláy *n.* Ⓤ《棒球》三殺《同時使對方三人出局之戰術》。

tríple-spáce *v.t.* & *v.i.* 以隔雙行打字《每三行空間打一行字》。

trip·let [ˈtrɪplɪt; ˈtriplit] *n.* **1** Ⓒ由三個組成的一組，由三個組成

的一套。**2 a** Ⓒ三胞胎之一(⇨ twin 相關用語)。**b** [~s]三胞胎。**3** Ⓒ《韻律》三行節。**4** Ⓒ《音樂》三連音。**5** [~s]《紙牌戲》同點的三張牌。**6** Ⓒ《光學》由三枚鏡片構成的三合透鏡。**7** Ⓒ《物理》光譜的三重線。

tríple tìme *n.* Ⓤ《音樂》三拍子。

trip·lex [ˈtrɪplɛks, ˈtraɪ-; ˈtripleks] *adj.* **1** 三重[層, 倍, 種]的：~ glass 三層玻璃。**2** 產生三種效果的。**3** 由三部分構成的；三戶一棟的；三層樓的。

—*n.* **1** Ⓒ三件[人]一組。**2** [T~] Ⓤ《英》《商標》用於汽車窗口等的一種由三層構成的安全玻璃。**3** Ⓒ《美》三層樓的公寓。

trip·li·cate [ˈtrɪpləˌket; ˈtriplikeit] *v.t.* **1** 使…成三倍。**2** 將〈文件〉作成三分。

— [-ləkɪt, -ˌket; -likət, -kit] *adj.* **1** 三重[層]的。**2** 〈同一文件〉作成三分的。

—*n.* Ⓒ三件一組中之一，一式三分的文件中之一。

in tríplicate 成一式三分(的)。

tri·ply [ˈtrɪplɪ; ˈtripli] *adv.* 三重[倍]地。

tri·pod [ˈtraɪpɑd; ˈtraipɔd] *n.* Ⓒ **1** 三腳臺，三腳桌，三腳凳子，三腳鼎(等)。**2** (照相機等的)三腳架。

Trip·o·li [ˈtrɪpəlɪ; ˈtripəli] *n.* 的黎波里《利比亞的首都》。

tri·pos [ˈtraɪpɑs; ˈtraipɔs] *n.* Ⓒ《英》(劍橋(Cambridge)大學文學士(B.A.)學位的)優等考試；優等考試合格者名單：take the mathematical ~ 參加數學的優等考試。

tríp·per *n.* Ⓒ **1** 以輕快的步伐行走[舞蹈]的人。**2** 顛躓者；使人顛躓之人[物]。**3** 《英》遠足者，短途旅行者：a day-*tripper* 當天往返的旅[遊]客。

tríp·ping *adj.* 步伐輕快的，敏捷的，矯捷的。~**·ly** *adv.*

trip·tych [ˈtrɪptɪk; ˈtriptik] *n.* Ⓒ(像三面鏡用絞鏈連在一起的)三幅相連的畫《通常爲宗教畫》。

tríp·wire *n.* ⓊⒸ **1** 觸動捕獸圈套的鐵絲。**2** (引發地雷或警鈴等的)絆線[網]。

tri·reme [ˈtraɪrim; ˈtrairi:m] *n.* Ⓒ(古希臘、羅馬的)有三層槳座的戰船。

tri·sect [traɪˈsɛkt; traiˈsekt] *v.t.* 把…分成三分，將…三(等)分。

tri·sec·tion [traɪˈsɛkʃən; traiˈsekʃn] *n.* Ⓤ三(等)分。

Tris·tram [ˈtrɪstrəm; ˈtristrəm] *n.* 崔斯特瑞姆《亞瑟王圓桌武士之一，以與伊舒爾特(Iseult [ɪˈsult; iˈzu:lt, -ˈsu:lt])之悲戀而著名》。

tri·syl·la·ble [trɪˈsɪləbḷ, traɪ-, ˈtrɪsɪl-, ˈtraɪ-; ˌtraiˈsiləbl, tri-] *n.* Ⓒ三音節的字。**tri·syl·lab·ic** [ˌtrɪsɪˈlæbɪk, ˌtraɪ-; ˌtraisiˈlæbik, ˌtrisi-ˈ] *adj.*

trite [traɪt; trait] *adj.* 〈字句、想法等〉平凡的，平庸的，陳腐的："Cheeks like roses" is a ~ expression.「像玫瑰花般的面頰」是一陳腐之辭。

tri·the·ism [ˈtraɪθɪˌɪzəm; ˈtraiθiizəm] *n.* Ⓤ《神學》三位異體說；三神論。

trit·i·um [ˈtrɪtɪəm; ˈtritiəm] *n.* Ⓤ《化學》氚，氫 3《氫的同位素；符號 T 或 H^3》。

Tri·ton [ˈtraɪtṇ; ˈtraitn] *n.* 《希臘神話》崔坦《人頭人身魚尾海神，爲波賽頓(Poseidon)之子，他可藉吹海螺在海上興風作浪或使風平浪靜》。

Tríton amòng the mínnows 鶴立鷄羣《在平庸的人羣中特別傑出的人》。

Triton

trit·u·rate [ˈtrɪtʃəˌret; ˈtritjureit] *v.t.* 將…研磨成粉末。**—***n.* Ⓒ粉末；藥粉。

trit·u·ra·tion [ˌtrɪtʃəˈreʃən; ˌtritjuˈreiʃn] *n.* **1** Ⓤ研末；磨碎。**2** ⓊⒸ《藥》藥粉研製劑。

***tri·umph** [ˈtraɪəmf; ˈtraiəmf] *n.* **1** Ⓒ **a** 勝利，征服〔*over*〕(⇨ victory【同義字】)：the ~ of right *over* might 正義對强權的勝利。**b** 大成功，大功績；極致：the ~*s* of modern science 現代科學的大功績[成就]/achieve a ~ 成就偉業。**2** Ⓤ勝利感，成就感，成功[勝利]所帶來的喜悅，得意洋洋的樣子：in ~ 得意洋洋的[地]/There was ~ in his eyes [on his face]. 他的眼神[臉上]帶著得意洋洋的神采。**3** Ⓒ(古羅馬的)凱旋式。

—*v.i.* **1** [動(十介十(代)名)]〔在…〕得勝，成功；擊敗，克服〔…〕〔*over*〕：Our team ~*ed over* the visiting team. 我隊擊敗了客隊/He ~*ed over* the difficulty. 他克服了那個困難。**2** 因得勝[成功]而耀武揚威[洋洋得意]；奏凱歌，歡欣鼓舞。**3** (古羅馬)舉行凱旋式。

tri·um·phal [traɪˈʌmfḷ; traiˈʌmfl-ˈ] «triumph (1, 3) 的形容詞» **—***adj.* **1** 勝利的。**2** 凱旋的：a ~ arch [entry] 凱旋門[入城式]/a ~ return 凱旋。

tri·um·phant [traɪˈʌmfənt; traiˈʌmfənt-ˈ] «triumph 的形容詞» **—***adj.* **1** 獲得勝利的，成功的。**2** 因得勝[成功]而耀武揚威的，得意洋洋的：a ~ smile 得意的微笑。

~**·ly** *adv.*

巴黎(Paris)的 triumphal arch

tri·um·vir [traɪˈʌmvɚ; triˈʌmvə, traiˈʌm-] *n.* Ⓒ (*pl.* **-vi·ri** [traɪˈʌmvəˌraɪ; triˈumviri:, traiˈʌmvirai], ~**s**) **1** (古羅馬)三執政之一。**2** 共任一項公職的三人之一。

tri·um·vi·rate [traɪˈʌmvərɪt; traiˈʌmvirit] *n.* Ⓒ **1** 三人的聯合政治，三人執政。**2** [集合稱]三件[個]的一組，三人的一組《★用法 視爲一整體時當單數用，指全部個體時當複數用》。**3** (古羅馬的)三人執政之職位[任期]；三頭[三黨]政治：the first ~ (紀元前 60 年，龐培(Pompey [ˈpɑmpɪ; ˈpɔmpi])，凱撒(Caesar)，克拉蘇(Crassus [ˈkræsəs; ˈkræsəs])的)前三頭政治/the second ~ (紀元前 43 年，安東尼(Antony)，屋大維(Octavian)，雷比達(Lepidus [ˈlɛpɪdəs; ˈlepidəs])的)後三頭政治。

tri·une [ˈtraɪjun, traɪˈjun; ˈtraiju:n] *adj.* 三位一體的，三者一體的：the ~ God(head)三位一體之神。

—*n.* [the T~]三位一體。

tri·u·ni·ty [traɪˈjunətɪ; traiˈju:niti] *n.* ＝Trinity 3.

tri·va·lence [traɪˈveləns, ˈtrɪvə-; traiˈveiləns, ˈtrivə-], **-len·cy** [-lənsɪ, -lənsi] *n.* Ⓤ Ⓒ《化學・遺傳》三價。

tri·va·lent [traɪˈvelənt, ˈtrɪvə-; traiˈveilənt-ˈ] *adj.* 《化學・遺傳》三價的。

triv·et [ˈtrɪvɪt; ˈtrivit] *n.* Ⓒ **1** (用以承托鍋等於火上的)三腳架。**2** (放在餐桌上承托燙熱鍋盤用的金屬或陶製短腳)三腳盤。

(as) ríght as a trívet 非常强健，情況極佳，完全順遂。

triv·i·a [ˈtrɪvɪə; ˈtriviə] *n. pl.* 瑣碎的事，微不足道的事物。

triv·i·al [ˈtrɪvjəl, -vɪəl; ˈtriviəl] «源自拉丁文「三條道路會合之處，即司空見慣之事」之義»**—***adj.* (**more** ~；**most** ~) **1** 瑣碎的，微不足道的，不重要的：~ matters [mistakes] 瑣事[小錯誤]/a ~ problem 無關重要的問題/a ~ man 不重要的(小)人物。**2** 《罕》陳腐的，平凡的。~**·ly** *adv.*

triv·i·al·i·ty [ˌtrɪvɪˈælətɪ; ˌtriviˈæləti] «trivial 的名詞»**—***n.* **1** Ⓤ瑣碎，平庸，平凡。**2** Ⓒ平庸之物[想法，作品]。

triv·i·al·ize [ˈtrɪvɪəlˌaɪz; ˈtriviəlaiz] «trivial 的動詞»**—***v.t.* 使…平庸，使…平凡；使…變得瑣碎。

triv·i·um [ˈtrɪvɪəm; ˈtriviəm] *n.* (*pl.* **triv·i·a** [-ɪə; -iə]) Ⓒ(中世紀的)三學科《即文法、修辭、邏輯，屬七種學藝中之初級部分；cf. quadrivium》。

-trix [-trɪks; -triks] 字尾 (*pl.* **-trices** [-trəsɪz, -traɪsɪz; -trisi:z], **-trixes**) 表示「女性」之意的名詞字尾，主要爲法律用語：executrix.

tro·cha·ic [troˈke·ɪk; trouˈkeiik]《詩學》*adj.* (英詩的)揚抑格的；(古典詩的)長短格的。

—*n.* Ⓒ[常~s](英詩的)揚抑格的詩；(古典詩的)長短格的詩。

tro·che [ˈtrokɪ; trouʃ] *n.* Ⓒ《藥》錠劑，片劑，糖錠《含在口中緩和喉嚨痛的藥錠》。

tro·chee [ˈtroki; ˈtrouki:] *n.* Ⓒ《詩學》**1** (英詩的)揚抑格《ˊ×；如 Life is | bút an | émpty | dréam. (Longfellow)；cf. foot *n.* 6》。**2** (古典詩的)長短格《—◡》。

trod [trɑd; trɔd] *v.* **tread** 的過去式・過去分詞。

trod·den [ˈtrɑdṇ; ˈtrɔdn] *v.* **tread** 的過去分詞。

trog·lo·dyte [ˈtrɑgləˌdaɪt; ˈtrɔglədait] *n.* Ⓒ **1** (主要爲史前的)穴居人。**2** 隱士；不懂人情世故的人。

troi·ka [ˈtrɔɪkə; ˈtrɔikə] «源自俄語「三」之義»**—***n.* Ⓒ **1** 由三匹馬拉的馬車[雪橇]。

troika 1

2 [集合稱]三頭制，三頭政治；三人一組《★用法 視爲一整體時當單數用，指全部個體時當複數用》。

Troi·lus [ˋtrɔɪləs, ˋtro·ɪləs; ˈtrouiləs, ˈtrɔil-] *n.* 《希臘傳說》特洛伊勒斯《特洛伊(Troy)王普來姆(Priam)之子；克芮絲德(Cressida)之情人》。

Tro·jan [ˋtrodʒən; ˈtroudʒən] «Troy 的形容詞»—*adj.* 特洛伊的。—*n.* Ⓒ **1** 特洛伊人。**2** 勇士，勤奮努力的人。
wórk like a Trójan 勤奮地工作。

Trójan hórse *n.* **1** [the ~]特洛伊木馬。**2** Ⓒ(潛入敵國的)敵後破壞者[集團]。

【字源】在特洛伊戰爭(Trojan War)時，希臘軍因爲始終無法攻下特洛伊(Troy)，最後使用奸計：他們做了一匹大木馬，內藏士兵，而其他大軍則佯裝撤退歸航。特洛伊不明究裏，把木馬拖進城裏，然後設宴大事慶功。過了不久，希臘大軍折返，木馬中的士兵在半夜中跑出來，裏應外合，很輕易就攻下該城。由此典故，此字也指潛伏在敵後從事破壞工作的人員；cf. Greek gift【字源】

3 Ⓒ《電算》隱藏性程式《表面上裝成有用但實際上藏有病毒或其它有害程式的程式》。

Trójan Wár *n.* [the ~]《希臘傳說》特洛伊戰爭《因希臘王梅納雷阿斯(Menelaus)爲報復其妻海倫(Helen)被特洛伊王普來姆(Priam)之子派利斯(Paris)所誘拐而引起的延續十年的大戰爭》。

troll[1] [trol; troul] *v.t.* **1** 輪唱〈歌〉；以宏亮聲音唱〈歌〉；唱歌慶祝…：~ a tune[an air]輪唱一首歌。**2** 用輪轉線釣〈魚〉[拖過〈水面〉釣魚]。**3** 滾動〈球、骰子等〉，旋轉…。
—*v.i.* **1** 輪唱。**2** 〔動(十介十(代)名)〕用輪轉線釣〔魚〕〔*for*〕.
—*n.* Ⓒ **1** 輪唱曲。**2** 輪轉線釣魚法。~·**er** *n.*

troll[2] [trol; troul] *n.* Ⓒ《北歐傳說》居住於地下或洞穴中的巨人[侏儒]。

trol·ley [ˋtralɪ; ˈtrɔli] *n.* Ⓒ **1** 觸輪《托住電線的滑輪；用以導電至電車》。**2** (又作 **trólley càr**)《美》電車(streetcar)：by ~ 搭乘電車《★無冠詞》。**3** 《英》**a** 手推車；臺車。**b** (在餐廳等運送食物的)小手推車(wagon).

trólley·bùs *n.* Ⓒ無軌電車：by ~ 搭無軌電車《★無冠詞》。

trólley lìne *n.* Ⓒ電車行駛系統或行駛路線。

trol·ley·man [ˋtralɪmən; ˈtrɔlimən] *n.* (*pl.* **-men** [-mən; -mən])Ⓒ電車司機；電車車掌。

trólley pòle *n.* Ⓒ(電車頂上的)觸輪桿。

trolleybus

trol·lop [ˋtraləp; ˈtrɔləp] *n.* Ⓒ **1** 邋遢散漫的女人。**2** 娼妓。**3** 人盡可夫的[行爲不檢的]女人，淫婦。

trol·ly [ˋtralɪ; ˈtrɔli] *n.* =trolley.

trom·bone [ˋtrambon, tramˋbon; trɔmˈboun] *n.* Ⓒ《音樂》伸縮喇叭，長號《銅管樂器》。

trom·bón·ist [-nɪst; -nist] *n.* Ⓒ伸縮喇叭手。

trombone

***troop** [trup; tru:p] «源自法語「羣衆」之義»—*n.* Ⓒ **1 a** (尤指)〔移動中的人、鳥獸的〕羣，隊，組，團〔*of*〕：a ~ *of* demonstrators 一羣示威者/a ~ *of* deer 一羣鹿。**b** 多數，大羣〔*of*〕：There were ~*s of* friends to see him off. 一大羣朋友在爲他送行。**2 a** [常~s]軍隊，部隊：regular ~*s* 常備[正規]軍/⇨ shock troops. **b** 《軍》騎兵連；騎兵連之指揮權：get one's ~ 晉升爲騎兵連長。**3** (童子軍的)小隊《約爲三十二人，最少爲五人》。
—*v.i.* 〔十副詞(片語)〕結隊而行；羣集，聚攏，成羣結隊地來[去]：We all ~*ed into* the room. 我們大家成羣地進入室內/The audience began to ~ *away*[*off*]. 聽衆開始成羣結隊地離去。—*v.t.* 〔十受〕《英》(在國王誕辰紀念日)將〈軍旗〉掌於前頭分列行進。
tróoping the cólour(s) 《英》(衛兵交替等時舉行的)軍旗敬禮分列式《★現在主要指在國王[女王]生日時於倫敦(London)禁衛騎兵教練場舉行的華麗慶祝活動》。

tróop càrrier *n.* Ⓒ**1** 軍隊運輸機[船]。**2** 運送步兵用的水陸兩用裝甲車。

tróop·er *n.* Ⓒ **1** 騎兵。**2** 《美・澳》騎警，騎馬的警察。**3** 騎兵所用的馬。**4** 《英》軍隊運輸艦。**5** 《美》州警。
swéar like a tróoper 說不堪入耳的粗野話，破口罵人，咒罵。

tróop·shìp *n.* Ⓒ運兵船，兵員運輸艦。

trope [trop; troup] *n.* Ⓒ《修辭》比喻，轉義，借喻。

troph·ic [ˋtrafɪk; ˈtrɔfik] *adj.* 《生理》營養的，滋養的。

tro·phied [ˋtrofɪd; ˈtroufid] *adj.* 用戰利品[紀念物]裝飾的：~ walls 用紀念物裝飾的牆壁。

tro·phy [ˋtrofɪ; ˈtroufi] «源自希臘文「敵人敗北紀念碑」之義»—*n.* Ⓒ **1** 戰利品；戰勝[成功]紀念物《敵人的旗幟、鹿角、獸頭等》。**2** (競賽的)獎品，紀念獎。**3** (古希臘、羅馬的)勝利紀念碑。

trop·ic [ˋtrapɪk; ˈtrɔpik] «源自希臘文「太陽在至時旋轉一次」之義»—*n.* **1** Ⓒ《天文・地理》回歸線。**2** [the ~s]熱帶地方。
the Trópic of Cáncer 北回歸線，夏至線《北緯 23°27′》.
the Trópic of Cápricorn 南回歸線，冬至線《南緯 23°27′》.
—*adj.* 熱帶(地方)的。

***trop·i·cal** [ˋtrapɪkl; ˈtrɔpikl] «tropic 的形容詞»—*adj.* (無比較級、最高級)**1** 熱帶(地方)的：a ~ climate 熱帶性氣候/ ~ fruit 熱帶水果/a ~ fish[plant]熱帶魚[植物]。**2** 熱帶性的，酷暑的。
~·**ly** [-klɪ; -kəli] *adv.*

trópical yéar *n.* Ⓒ回歸年，太陽年。

trópic bìrd *n.* Ⓒ《鳥》鷄《熱帶鳥科海鳥，分布於印度洋或太平洋的熱帶海域；體大如鳩，翼長大，飛力强；嘴腳呈紅色，全體概白色，尾翼中央二翼甚長而紅，腳有蹼》。

tro·pism [ˋtropɪzəm; ˈtroupizəm] *n.* Ⓤ《生物》向性《向刺激之方向運動的性質》。**tro·pis·tic** [troˋpɪstɪk; trouˈpistik] *adj.*

tro·po·sphere [ˋtropəˌsfɪr; ˈtroupəˌsfiə] *n.* [the ~]《氣象》對流層《距離地球表面約十至二十公里之間》。

trop·po [ˋtrapo; ˈtrɔpou] «源自義大利語 'too much' 之義»—*adv.* 《音樂》太多，太過度：allegro ma non [maˋnan; ma:ˈnɔn] ~ 快速但不太過度地。

trot [trat; trɔt] *n.* **1** [a ~] **a** 《馬術》(馬的)快步走，疾走，疾馳(cf. gait 2). **b** (人的)快步走，急行：at a ~ 以快步。

trot 1 a

2 [a ~]快步的散步：go for *a* short ~ 做個短程快步散步。
3 [the ~s]《俚》下痢(diarrhea)：have *the* ~*s* 在拉肚子。
4 《美俚》(語言書的)逐字對照譯本，註釋本，翻譯解答本(crib, pony).
on the trót (1)《口語》不停地東奔西跑，不停地奔走：I was *on the* ~ from morning to night. 我從早到晚不停地奔走。(2)《口語》連續不斷地：It rained for two weeks *on the* ~. 連續不斷地下了兩個星期的雨。
—*v.i.* (**trot·ted**; **trot·ting**)**1 a** 〈馬〉快步走。**b** 騎馬急馳。**2** 〔十副詞(片語)〕《口語・謔》〈人〉小步跑；急急忙忙地走：The boy *trotted along* after his mother. 這男孩小跑步一路跟著他母親/*T~ away*, now. 現在你快去吧/Now, you must be *trotting off* home. 現在你得趕快回家。
—*v.t.* 〔十受〕**1** 使〈馬〉疾走，使〈馬〉快步走，使…急行，使…小跑步。**2** 快步走〈某一段距離〉。
trót óut 《*vt adv*》(1)將〈馬〉牽出來誇示其步伐。(2)《口語》展示，披露〈物品等〉；使〈人〉亮相；提出〈意見等〉。(3)《口語》誇耀〈知識等〉。(4)《口語》提起〈已熟知之事等〉；講〈陳舊的笑話等〉：~ *out* a song 一展歌喉/ ~ *out* one's parlor trick 表演(自己拿手的)小把戲。(5)愚弄〈人等〉。(6)《俚》(當作情人)帶著〈女人〉走路。—《*vi adv*》出去一下：I will just ~ *out* for a breath of air. 我到外面去呼吸一下空氣。

troth [trɔθ, troθ; trɔθ, trouθ] *n.* Ⓤ《古》**1** 眞實，誠實：in ~ 眞地，的確，實在。**2** 忠實，忠誠，信實：by[upon]my ~ 一定，發誓。**3** 約定，誓言；允諾；(尤指)婚約：plight one's ~ 盟誓；訂婚約。

Trot·sky [ˋtratskɪ; ˈtrɔtski], **Le·on** [ˋliɑn; ˈli:ɔn] *n.* 托洛斯基《1879–1940；俄國革命家及國際共產主義作家》。

Trót·sky·ism [-kɪˌɪzəm; -kiizəm] *n.* Ⓤ托洛斯基主義《托洛斯基(Trotsky)所提倡的國際共產主義，無產階級革命主義》。

Trót·sky·ist [-kɪɪst; -kiist] *n.* =Trotskyite.

Trot·sky·ite [ˋtratskɪˌaɪt; ˈtrɔtskiait] *n.* Ⓒ托洛斯基派分子，國際共產主義者。—*adj.* 托洛斯基派的。

trót·ter *n.* **1** Ⓒ快步的馬，疾走的馬；(尤指)被訓練供快步疾走賽馬用的馬。**2** Ⓒ **a** 快步行走的人。**b** 《口語》活躍的人。**3** Ⓒ[當作菜名時爲Ⓤ](羊、豬等供人食用的)腳。

trou·ba·dour [ˈtrubəˌdur, -ˌdor, -ˌdɔr; ˈtru:bəduə] 《源自法語》—*n.* Ⓒ **1** (十一至十三世紀活躍於法國南部，西班牙東部及義大利北部的)抒情詩人。**2** 泛指任何吟遊詩人(minstrel)或歌謠吟唱者(ballad singer).

‡**trou·ble** [ˈtrʌbl; ˈtrʌbl] 《源自拉丁文「使變混濁」之義》—*n.* **1** ⓊⒸ**煩惱，苦惱；困苦；災難，不幸**：family [domestic] ～(*s*) 家務上的煩惱[家庭煩惱之事]/a heart filled with ～ 充滿著苦惱的心/You must not make any more ～ for your teacher. 不可以再給你的老師添麻煩/My mother has been through a lot of ～(*s*). 我母親已吃了不少苦/His ～*s* are over. 他的苦惱已結束了《常指死去不久的人而言》/I am having ～ *with* my teeth. 我受著牙痛的折磨/*Troubles* never come singly. 《諺》禍不單行。

2 Ⓒ [常用單數] **a 苦惱的原因，令人煩惱的人；麻煩的事**：He is a (great) ～ *to* his parents. 他使他父母(很)頭痛/I found it a great ～ to cook by myself. 我發現自己烹煮是一件很苦惱的事/It will be no ～ to persuade him. 要勸服他並不費力。**b** 苦惱之所在，不妥之處，問題的癥結，缺點〔*with*〕：The ～ is (that) the boy is sickly. 麻煩的是，這個孩子體弱多病(★用法《口語》有時省略 that 而使用逗點；有時又作 Trouble is....)/What is the ～ *with* you? 你的麻煩是什麼？你哪裏不舒服？/That's your ～. 那就是你的毛病[缺點]。

3 a Ⓤ [指個體時爲Ⓒ] [常與修飾語連用] **疾病，病痛，…病，…疾**：liver [mental] ～ 肝[精神]病/(a) respiratory ～ 呼吸器官的疾病/children's ～*s* 兒童的疾病/suffer from heart ～ 患心臟病。**b** Ⓤ (機械等的)故障：have engine ～ 發生引擎故障。

4 Ⓤ [又作 **a** ～] **煩勞，不方便，費力，麻煩**：I'm sorry I have given you [put you to] so much ～ [*a* great deal of ～]. 抱歉，給你帶來那麼多的麻煩/This will save me some ～. 這樣將可以使我省掉一些煩勞/It will be no ～ (at all). 這件事一點都不會費事/No ～ (at all). 沒什麼；沒關係；哪兒的話/He took all the ～ possible *to* help me. 他竭盡一切可能幫助我。

5 Ⓤ **a 辛苦，辛勞，苦心，費心，困難**：take ～ 吃苦，不辭勞苦/without any ～ 輕而易舉地，毫無困難[毫不費功夫]地/give oneself the ～ to do... 費力[盡力]做…/I've taken a lot of ～ *with* [*over*] this book. 我爲這書煞費苦心/It was sweet of you to go to all that ～ for me. 你這樣地爲我費神，我眞是感激不盡[實在令人感激不已]。**b** 〔＋*to* do〕[**the** ～]〈做…的〉辛勞，費心：You must always take *the* ～ *to* consult a dictionary. 你必須經常不厭其煩地去查閱字典/He took *the* ～ *to* show me the way to the station. 他費心地指點我去車站的路。**c** 〔(＋介)＋do*ing*〕〔在做…上的〕辛勞，勞苦〔*in*〕(★用法《口語》常省略介系詞 *in*，而 do*ing* 被視爲現在分詞)：Did you have much ～ ***in*** find*ing* my house? 你找到我家花了很大的功夫嗎？/She had no ～ select*ing* her career. 她選擇將來職業不成問題。

6 ⓊⒸ **紛爭，爭執，紛擾，騷亂，糾紛**：labor ～(*s*) 勞工糾紛/a political ～ 政治紛爭/have ～ *with* one's employees 與員工發生糾紛/He is having girl ～ [money ～*s*]. 他目前有著女人方面的糾紛[金錢上的糾紛]。

ásk for tróuble 《口語》自找麻煩，自討苦吃：It is *asking for* ～ to interfere in a country's domestic affairs. 干涉他國的內政是自找麻煩。

be in tróuble (1)處於困難之中，有了麻煩：He *was in* ～ over money. 他在錢的問題上陷入困境。(2)〔與…〕有紛爭[爭執]〔*with*〕：He *was in* ～ *with* the unions. 他與工會有爭執。(3)〔被…〕責罵，處罰〔*with*〕：He *was in* ～ *with* the police for thieving. 他因偷竊而被警方追查。

bórrow tróuble 自尋煩惱，杞人憂天。

gèt...ìnto tróuble (1)使〈某人〉陷入困境。(2)《口語》使〈未婚女子〉懷孕。

gèt ìnto tróuble (with...) (1)(與…)鬧糾紛；被捲入(與…的)糾紛。(2)受責罵[處罰]，被警方傳訊[調查]，被處罰。

lóok for tróuble ＝ask for TROUBLE.

méet tróuble hálfway ⇨ halfway *adv.*

—*v.t.* **1 a** 〔＋受〕使〈人〉煩惱，使…苦惱，使…憂慮(★常以過去分詞當形容詞用；⇨ troubled 1 b)：What is *troubling* you? 什麼事情使你煩惱？/What ～*s* me is that she is a little delicate. 我所憂慮的是她身體稍嫌虛弱。**b** 〔＋受＋介＋(代)名〕[～ one*self*]〔爲…而〕煩惱，憂慮〔*about, over*〕：She no longer ～*d* ***herself over*** her daughter's marriage. 她已不再爲女兒的婚事而煩惱。**c** 〔＋受〕〈疾病等〉折磨〈人〉，使…苦惱(★常以過去分詞當形容詞用；⇨ troubled 2)：His eyes ～*d* him. 他爲眼疾所苦。

2 a 〔＋受〕麻煩〈人〉，給〈人〉帶來麻煩[困擾，不方便(等)]：I'm sorry to ～ you, but .... 抱歉麻煩你，可是…。**b** 〔＋受＋介＋(代)名〕〔以…〕麻煩〈人〉，給〈人〉帶來麻煩[困擾，不方便]〔*about*〕：He's always *troubling* me ***about*** minor matters. 他總是以不重要的事情麻煩我。**c** 〔＋受＋介＋(代)名〕麻煩〈人〉(借[遞]給自己)〔…〕〔*for*〕：May [Can, Could] I ～ you ***for*** a glass of water? 我可以[能]麻煩你給我一杯水嗎？**d** 〔＋受＋ *to* do〕[～ one*self*] 費勁〈做…〉，費神〈做…〉：He seldom ～*s* ***himself to*** answer his letters. 他很少費神去回信。**e** 〔＋受＋ *to* do〕[用 Can [May] I ～ you...? 等句型表有禮貌的請求]我可以[能]麻煩你做…嗎：*May I* ～ you *to* pass the salt? 我可以麻煩你遞鹽嗎？《餐桌上用語》**f** 〔＋受＋ *to* do〕[用 I must [I'll] ～ you.... 的句型，表粗暴而有時帶有諷刺的請求]麻煩[煩勞]你…：*I must* ～ you *to* mind your own business. 麻煩你[拜託]少管閒事。

—*v.i.* [尤用於否定句、疑問句] **1** 〔＋介＋(代)名〕〔爲…而〕憂慮，煩惱〔*about*〕：Do*n't* ～ ***about*** that. 別爲那件事憂慮。**2 a** 煩勞，費力，麻煩：Do*n't* ～, thank you. 別麻煩啦，謝謝。**b** 〔＋ *to* do〕費神〈做…〉，費事〈做…〉：Do*n't* ～ *to* come and meet me at the airport. 不必勞駕到機場接我/Why should I ～ *to* apologize? 我爲什麼要費神去道歉？

tróu·bled *adj.* **1 a** 〈表情、神色等〉爲難(似)的，困惑(似)的，不安的，憂慮的：a ～ look 不安的[憂慮的，困惑的]樣子/You look ～. 你好像很不安的樣子。**b** [不用在名詞前]〔＋介＋(代)名〕〔爲…而〕發愁的，苦惱的，煩惱的，憂慮的〔*about*〕(cf. trouble *v.t.* 1 a)：He was ～ ***about*** his son. 他爲兒子而煩惱。

2 [不用在名詞前]〔＋介＋(代)名〕〈人〉〔因疾病而〕苦惱的〔*with*〕(cf. trouble *v.t.* 1 c)：I'm ～ ***with*** headaches. 我因頭痛而苦惱。

3 〈海〉波濤洶湧的；〈世態等〉混亂的，騷然的：～ times 騷然不安的時代/⇨FISH in troubled waters.

tróuble·màker *n.* Ⓒ惹麻煩[惹事生非]的人。

tróuble·pròof *adj.* 〈人〉不容易受擾亂的；〈機器等〉不發生故障的；無故障之虞的；免故障的。

tróuble·shòoter *n.* Ⓒ **1** 發現並修理機器故障的人。**2** 解決紛爭的人；解決困難的人。

trou·ble·some [ˈtrʌblsəm; ˈtrʌblsəm] *adj.* (**more** ～；**most** ～) **1 麻煩的，費事的，困難的，煩雜的。2** 使人苦惱的，使人厭煩的；處理[解決，管]不了的。～**·ly** *adv.* ～**·ness** *n.*

trou·blous [ˈtrʌbləs; ˈtrʌbləs] *adj.* 《文語》**1** 動亂不安的。**2** 使人苦惱的。**3** 波濤洶湧的。**4** 引起騷動的；坐立不安的。

trough [trɔf; trɔf] *n.* Ⓒ **1** (盛餵家畜用飼料、水等狹長的)食槽，水槽，槽。**2** (麵包店用的)揉麵鉢(★麵包店的人常發音成 [tro, trau; trau])。**3** (屋頂的)排水槽。**4** (兩浪間或兩山間的)凹處：the ～ of a wave 波谷。**5** 《氣象》(氣壓的)槽。

trough 1

trounce [trauns; trauns] *v.t.* **1** 痛打，痛懲，嚴懲〈人〉；貶低〈人(的地位)〉，將…說得一文不值。**2** 《口語》(於比賽等)擊敗〈對手〉。

troupe [trup; tru:p] *n.* Ⓒ (演員、歌手等的)一班，一團，一隊。

—*v.i.* 爲劇團等的一員而旅行各地。

tróup·er *n.* Ⓒ (劇團、馬戲團等的)一員，團員。

a (góod) tróuper 忠心勤勉的工作伙伴[同事]。

trou·ser [ˈtrauzɚ; ˈtrauzə] *adj.* [用在名詞前]褲子(用)的：～ pockets 褲袋/a ～ leg 褲管[腿]。

tróu·sered *adj.* 穿褲子的。

trou·ser·ing [ˈtrauzərɪŋ; ˈtrauzəriŋ] *n.* ⓊⒸ (做褲子用的)布料，褲料。

‡**trou·sers** [ˈtrauzɚz; ˈtrauzəz] *n. pl.* **褲，褲子**：a pair of ～ 一條褲子。

> **【同義字】** trousers 指的是男人穿的褲子；pants 在美國語法中用作 trousers 之意；slacks 指不和上衣成套的寬鬆褲子，可指男人的褲子或女人的褲子。

wéar the tróusers 《口語》〈女人〉當家(★比較《美》一般用 wear the pants)。

trous·seau [truˈso, ˈtruso; ˈtru:sou] *n.* Ⓒ (*pl.* ～**s**, ～**x** [-z; -z]) 嫁妝；妝奩。

trout [traut; traut] *n.* (*pl.* ～, ～**s**) **1** Ⓒ《魚》鱒魚(鮭科虹鱒屬魚類之總稱)：catch (three) ～ 捕[釣](三條)鱒魚/You must lose a fly to catch a ～. 《諺》釣鱒魚也得蝕隻蒼蠅[偷雞也要兩粒米；以小鯖釣大鯖]《意指要做小犧牲方能有大收穫》。**2** Ⓤ 鱒魚肉。**3** Ⓒ [**old** ～]《英俚》愚笨而難看的老太婆。

trout 1

trove [trov; trouv] *n.* =treasure trove.
trow [tro; trou] *v.i.* & *v.t.*《古》以爲；想像；相信(…)。
trow·el [ˈtrauəl; ˈtrauəl] *n.* Ⓒ **1** (泥水匠所用的)鏝子，泥刀。**2** (園藝用的)小鏟子，移植鏟。
láy it ón with a trówel (1)用鏝子塗抹。(2)亂恭維，拍馬屁，戴高帽《★出自莎士比亞(Shakespeare)「如願(*As You Like It*)」》。

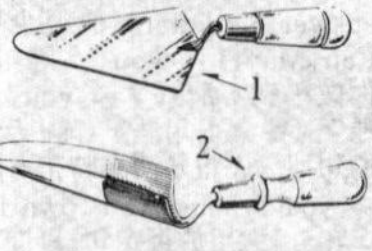

trowels

troy [trɔɪ; trɔi] *adj.* [置於金衡數值後]金衡的，依據金衡的《略作 t.》: One pound ~ contains 12 oz. 一金衡磅有十二盎司。
Troy [trɔɪ; trɔi] *n.* 特洛伊《小亞細亞西北部的一個古城》。
tróy wèight *n.* Ⓤ金衡《用以衡量金銀、珠寶等；cf. avoirdupois 1》。
tru·an·cy [ˈtruənsɪ; ˈtru:ənsi] «truant 的名詞»—*n.* ⓊⒸ無故缺席，曠課，蹺課，逃學；曠職，蹺班。
tru·ant [ˈtruənt; ˈtru:ənt] *n.* Ⓒ **1** 懶惰者。**2** 曠課[職]者，逃學者。
pláy trúant 曠課，逃學；曠職，蹺班(cf. play HOOKY)。
—*adj.* 偷懶的，怠惰的；遊蕩的。
—*v.i.* 偷懶不上學[不上課，不上班]。
truce [trus; tru:s] *n.* ⓊⒸ **1** 停戰[休戰](協定): call a ~ 休戰/a flag of ~ 休戰的白旗。**2** (困難、苦痛等的)休止，中止。
‡**truck**[1] [trʌk; trʌk] «源自希臘文「輪子」之義»—*n.* Ⓒ **1**《美》卡車，貨車(《英》lorry): by ~ 以卡車《★無冠詞》。
2《英》(鐵路的)敞篷貨車。
3 a (行李)搬運車。**b** 手推車；臺車。
—*adj.* [用在名詞前]卡車(用)的: a ~ driver 卡車駕駛員。
—*v.t.* [十受]用卡車裝載[運輸]〈物〉。
—*v.i.* 駕駛卡車。
truck[2] [trʌk; trʌk] «源自中古法語「交換」之義»—*n.* Ⓤ **1** [集合稱](以物易物的)交易品。**2**《口語》交易，交際，往來，交往《★用於下列片語》: have no ~ *with* a person 與某人無交往[關係]。**3** (工資之)實物支付: the ~ system 實物支薪制。**4**《美》種植以供出售[供應市場]的蔬菜。
—*v.t.* [十受(十介十(代)名)]以…交換[交易][…][*for*]。
—*v.i.* [動(十介十(代)名)][與人]交易[物][*with*][*for*]。
truck·age [ˈtrʌkɪdʒ; ˈtrʌkidʒ] *n.* Ⓤ **1** 卡[貨]車搬運。**2** 卡[貨]車搬運費[使用費]。
trúck·er[1] «源自 truck[1]»—*n.* Ⓒ **1** truck[1] 的駕駛員。**2** 卡[貨]車運輸業者。
trúck·er[2] «源自 truck[2]»—*n.* Ⓒ **1** (物物)交換者。**2**《美》=truck farmer.
trúck fàrm *n.* Ⓒ《美》(爲出售而種植的)蔬菜農場(market garden)。
trúck fàrmer *n.* Ⓒ《美》菜農《爲出售而種植蔬菜者》。
trúck fàrming *n.* Ⓤ《美》(供出售的)蔬菜種植(業)。
trúck·ing[1] «源自 truck[1]»—*n.* Ⓤ卡[貨]車運輸(業)。
trúck·ing[2] «源自 truck[2]»—*n.* Ⓤ **1** 交易；以物易物。**2**《美》供出售的蔬菜種植。
truck·le [ˈtrʌkl; ˈtrʌkl] *n.* (又作 **trúckle bèd**)Ⓒ一種裝有腳輪的矮牀《不使用時可推入另一牀下》。
—*v.i.* [十介十(代)名][向…]屈從，諂媚，低三下四，點頭哈腰[*to*]。
trúck·lòad *n.* Ⓒ一卡[貨]車載滿之量[*of*]。
trúck·man [-mən; -mən] *n.* Ⓒ(*pl.* **-men** [-mən; -mən])**1** 卡[貨]車駕駛員。**2** 卡[貨]車運輸業者。
truc·u·lence [ˈtrʌkjələns; ˈtrʌkjuləns] «truculent 的名詞»—*n.* Ⓤ兇猛，兇惡；野蠻；殘酷，殘暴。
trúc·u·len·cy [-lənsɪ; -lənsi] *n.* =truculence.
truc·u·lent [ˈtrʌkjələnt; ˈtrʌkjulənt] *adj.* **1** 兇惡的，兇猛的；野蠻的；殘酷的，殘暴的。**2**〈語氣、評論等〉猛烈的，尖刻的。
~**·ly** *adv.*
trudge [trʌdʒ; trʌdʒ] *v.i.* [十副詞(片語)]沉重地[疲累地]走，跋涉: He ~*d* 20 miles *through* the deep snow. 他在深雪之中跋涉了二十哩。
—*n.* Ⓒ沉悶的步行，疲累的跋涉。
trudg·en [ˈtrʌdʒən; ˈtrʌdʒən] «源自英國游泳選手 John *Trudgen* 之名»—*n.* (又作 **trúdgen stròke**)Ⓤ《游泳》爬泳；特拉金式泳法《一種面向下兩臂輪換出水，兩腿做剪式運動單側呼吸之游泳式》。
‡**true** [tru; tru:] *adj.* (**tru·er**; **-est**)**1 a** (指與事實、現實符合之意的)**眞實的**，眞的(↔ false): a ~ story 眞實的故事/Is the news [rumor] ~? 這消息[風聲，傳聞]眞實嗎？/His words ring ~. 他的話聽起來似是眞的/The report proved ~. 那報告經證明是確鑿的/Is it ~ that your wife is in (《美》the) hospital? 你太太正在住院是眞的嗎？/It is ~ [*T*~]...but....⇨ 成語. **b** 本來的，正當的；嚴密的: in the ~*est* sense of the word 就這字最恰當的意義來講。
2 眞貨的，道道地地的；純種的，純粹的，正宗的(⇨ real[1] 2 【同義字】): ~ gold 純金/~ friendship 純正的友誼/the ~ heir 眞正的繼承人/a ~ beagle(dog) 純種的獵兔犬。
3 a 忠實的，忠誠的: a ~ friend 忠實的朋友。**b** [不用在名詞前][十介十(代)名][對…]忠實的，忠[於…]的，信守[…]的[*to*]: be ~ *to* one's friends [principles] 忠於朋友[原則]/He was ~ *to* his word. 他信守諾言。
4 a 正確的，確切的，沒有錯的，絲毫不差的: a ~ copy [balance] 正確的複本[精確的天平]/a ~ judgment 正確的判斷。**b** [不用在名詞前][十介十(代)名][與…]一模一樣的，絲毫不差的，逼眞的[*to*]: ~ *to* life [nature] 與原物一模一樣[逼眞]/~ *to* one's name 名副其實/The translation is ~ *to* the original. 這翻譯忠於原文。**c** [不用在名詞前][十介十(代)名]適用[於…]的[*of*]: The same is ~ *of* everybody else. 對於其他每個人而言，也是如此[其他每個人的情況也是如此]。
5 a〈聲音等〉音調正確的: His voice is ~. 他的聲音音調正確。**b**〈工具、車輪等〉沒有發生偏差的，在正確位置的: The gear is not quite ~. 這齒輪位置不太正確。
6 a (不依地球磁極而)依地軸而定的: ~ north 眞北。**b**〈方向、力等〉修正過誤差的，正確的，眞的: The plane made a ~ course toward Iceland. 飛機依據以子午線爲基準而定的方位取正確航向，朝向冰島飛去。
còme trúe〈願望等〉實現；〈夢〉成眞；〈預言〉猜中: His dream *came* ~. 他的夢想實現了。
hòld trúe〈規則、言詞等〉適用，有效。
It is trúe [Trúe] ...but.... [在前後敍述相反意見之句中，用於前面之具有讓步性質部分]確實是…，但是…: *It is* ~ *that* [*T*~] he did his best, *but* on this occasion he was careless. 沒錯，他是盡了全力，可是在這個場合他卻不小心《★用法 有時省略 that》。
Tóo trúe!《口語》[表示堅決的同意]誠然如此！說得眞對！《★用法 通常也用於表示遺憾的情況》。
trúe to týpe 典型的；〈動、植物〉純種的。
—*adv.* (**tru·er**; **-est**)**1** 眞實地；正確地: speak ~ 實實在在地講/aim ~ 正確地瞄準/Tell me ~. 老老實實地告訴我。**2**《生物》與原種相同地: breed ~ 繁殖純種。
—*n.* **1** [**the** ~]眞實之事物，眞理。**2** Ⓤ正確性[狀態]《★常用於下列片語》: out of ~〈位置〉不對，〈音調〉荒腔走板，〈情況〉失常。
—*v.t.* [十受十副]調整，校準，配準〈工具、車輪等〉；校正〈位置等〉〈*up*〉。
trúe bíll *n.* Ⓒ《法律》大陪審團簽署之起訴狀。
trúe blúe *n.* Ⓒ **1** 忠貞不移的人，忠誠不變的人。**2**《英》忠實的保守黨員。**trúe-blúe** *adj.*
trúe·bórn *adj.* 純正的，道地的，嫡出的；出身[門第]好的: a ~ Londoner 道地的倫敦人。
trúe·bréd *adj.* **1**〈動物〉純種的。**2**〈人〉有教養的。
trúe-fálse tèst *n.* Ⓒ是非題測驗《使受驗者以「是」或「不是」回答的測驗》。
trúe·héarted *adj.* 誠實的，忠實的，忠誠的，誠懇的。
trúe·lífe *adj.* [用在名詞前]根據事實的，寫實的: a ~ story 眞實的故事。
trúe·lòve *n.* Ⓒ **1** 意中人，情人，愛人(sweetheart)。**2**《植物》輪葉王孫《歐洲產的一種百合科植物；又稱 herb Paris》。
trúelove knòt *n.* Ⓒ同心結《象徵眞實而持久之愛情的一種牢固不易鬆開的蝴蝶結》。
trúe lóver's knòt *n.* =truelove knot.

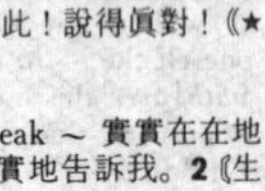
truelove knots

truf·fle [ˈtrʌfl, ˈtrufl; ˈtrʌfl] *n.* Ⓒ[當作菜名時爲Ⓤ]**1**《植物》塊菌《生在地下的馬鈴薯狀蘑菇，味美可供食用，尤其在法國菜中被視爲珍味，常利用豬尋找》。**2** 撒滿可可的棒狀巧克力糖。
trug [trʌg, trug; trʌg] *n.* Ⓒ《英》**1** 木條編成的淺底籃。**2** 裝牛奶的淺盤。**3** 裝灰泥的盤[碟]子。
tru·ism [ˈtruɪzəm; ˈtru:izəm] *n.* Ⓒ自明之理，公理；人人相信[知道]的道理，天經地義的事。
trull [trʌl; trʌl] *n.* Ⓒ《古》娼妓。
***tru·ly** [ˈtrulɪ; ˈtru:li] *adv.* (**more** ~; **most** ~)**1 眞實地**，不虛假地，依照事實地；正確地，正當地: report ~ 眞實地報導/It is ~ said that.... 說…是沒有錯的。
2 忠實地，誠實地，忠誠地: serve one's master ~ 忠實地侍奉[服侍]主人。
3 正確地，精密地，準確地，精確地，絲毫不差地: be ~ depicted 被正確地描繪。

4 [尤指修飾形容詞以加强語氣]眞正地，實在地，誠然：a ~ noble knight 眞正高貴的騎士/I feel ~ grateful[sorry]. 我由衷地感謝[感到難過]。
5 [常當插入語用]《文語》說實在話，事實上，老實說；實在，誠然：Why, ~, I cannot say. 老實說，我不能講/*T*~, I was astonished. 我確實很驚訝。
yóurs trúly ⇨ yours.

Tru·man [ˈtrumən; ˈtru:mən], **Harry S.** *n.* 杜魯門《1884–1972；美國第三十三位總統(1945–53)》。

trump[1] [trʌmp; trʌmp] «triumph 的變形» **—*n.* 1 a** Ⓒ(紙牌戲的)王牌。**b** [~s]王牌的一組：lead ~s首先出王牌，以王牌開始/a call for ~s 要對方出王牌的信號/*Trumps* are spades. 王牌是黑桃。**2** Ⓒ法寶，最後招數，最後手段。**3** Ⓒ《口語·罕》好人；可靠的人。
còme úp trúmps ＝turn up TRUMPS.
hóld some trúmps (1)手上還有王牌。(2)還保留著最後的手段[招數，法寶]；運氣好。
nó trúmp 無王牌的牌賽。
pláy a trúmp (1)出王牌。(2)使出法寶。
pùt a person **to** his **trúmps** (1)使某人出王牌。(2)使某人陷於窮境，使某人技窮，使某人訴諸最後之手段。
tùrn úp trúmps 較預期進行得[爲]順利；較預期爲親切[靠得住]《★源自紙牌戲》。
—*v.t.* 1 以王牌贏〈一圈，另一張牌等〉。**2** 擊敗〈人〉，勝過[優於]…。
—*v.i.* 出王牌，以王牌取勝。
trúmp úp 《*vt adv*》捏造〈口實、話等〉《★常以過去分詞當形容詞用》：a ~*ed-up* story 捏造的故事[傳聞]。

trump[2] [trʌmp; trʌmp] *n.* Ⓒ《文語》喇叭(聲)(trumpet). **the lást trúmp** (於世界末日響徹的)最後審判之喇叭，世界末日之喇叭。

trúmp càrd *n.* Ⓒ王牌，勝牌(trump).
pláy one's **trúmp càrd** (1)出王牌。(2)使出法寶。

trump·er·y [ˈtrʌmpərɪ; ˈtrʌmpəri] *n.* Ⓤ[集合稱] **1** 虛有其表而無價值的東西，外表華麗的廉價品，中看不中用的東西。**2** 蠢話，胡說。
—*adj.* 1 〈裝飾品等〉(外表華麗而)價值低的，廉價的，華而不實的。**2** 〈意見等〉無聊的，淺薄的，無用的。

trum·pet [ˈtrʌmpɪt; ˈtrʌmpit] *n.* Ⓒ **1 a** 《音樂》小喇叭，小號(⇨ bugle[1]【同義字】)。**b** 小喇叭手[吹奏者]。**2** 喇叭形之物：**a** (留聲機等的)喇叭形的擴音器。**b** 傳聲器。**c** 喇叭形助聽器。**3 a** 喇叭(似)的聲音。**b** (象等的)喇叭似的鳴聲。

trumpet 1

blów one's **ówn trúmpet** 《口語》自吹自擂，自誇，自我吹噓。
—*v.i.* 1 吹小喇叭。**2** 〈象等〉發出類似喇叭的聲音。
—*v.t.* 〔十受〕**1** 吹喇叭通知[宣布，傳布]…。**2** 極力吹噓，宣揚，鼓吹…：~ a person's successes 吹噓某人的成功。

trúmpet càll *n.* Ⓒ **1** 集合號聲。**2** 緊急呼喚。

trúmpet crèeper *n.* Ⓒ《植物》凌霄花《百合科凌霄花屬，草本植物的統稱》。

trúm·pet·er *n.* Ⓒ **1** 小喇叭手[吹奏者]；喇叭手，號手，號兵。**2** 鼓吹者，吹噓者；自吹自擂的人。**3**《鳥》(南美所產的)喇叭鳥。

trúmpet flòwer *n.* Ⓒ《植物》**1** 喇叭花《任何開喇叭形花之攀植物，如凌霄花、紫葳等》。**2** 貫葉忍冬。**3** ＝trumpet creeper.

trúmpet lìly *n.* Ⓒ《植物》麝香百合《日本產的一種百合》。

trúmpet vìne *n.* ＝trumpet creeper.

trun·cate [ˈtrʌŋket; trʌŋˈkeit, ˈtrʌŋ-] «源自拉丁文「被切去的」之義» **—*v.t.* 1** 截去，切去，切掉〈樹木、圓錐等〉的頂端[頭]。**2** 刪減，縮短，修短，截短〈冗長的引用句等〉。
—*adj.* ＝truncated.

trún·cat·ed *adj.* **1** 截去頂端的，削去尖角的；截形的。**2** 〈文章等〉刪減了的，截短的。**3**《數學》〈幾何圖形〉截的，截頭的。

trun·ca·tion [trʌŋˈkeʃən; trʌŋˈkeiʃn] «truncate 的名詞» **—*n.*** Ⓤ截去頂端，截頭；切斷，截斷；修短；刪減。

trun·cheon [ˈtrʌntʃən; ˈtrʌntʃən] *n.* Ⓒ **1** 短棍，短棒。
2 《英》警棍(《美》nightstick).

trun·dle [ˈtrʌndl; ˈtrʌndl] *n.* Ⓒ **1** (牀、鋼琴等的)腳輪。**2** (又作 **trúndle bèd**)裝有腳輪的矮牀(truckle(bed))《不使用時可推入其他牀下》。
—*v.t.* 1 〔十受十副詞(片語)〕滾動[以車推運]〈重物等〉，推〈手推車〉：The porter ~*d* their luggage *over to* the car. 腳夫把他們的行李(用手推車)推運到汽車。**2** 《口語》《板球》投〈球〉。
—*v.i.* 〔十副詞(片語)〕〈輪子、重物等〉滾動，轉動，旋轉；走開；乘車去。

‡trunk [trʌŋk; trʌŋk] *n.* **1** Ⓒ**樹幹**(cf. branch 1；⇨ tree 插圖)。
2 Ⓒ **a** (人或動物的)**軀幹**，軀體《與頭、四肢、尾等區別而稱》。**b** (物之)本體，主要部分。
3 Ⓒ(大得幾乎無法一個人搬運的旅行用)**大型衣箱**，大型皮箱《★比較 大小約可裝一套衣服的手提箱稱爲 suitcase；⇨ bag 2【同義字】》。

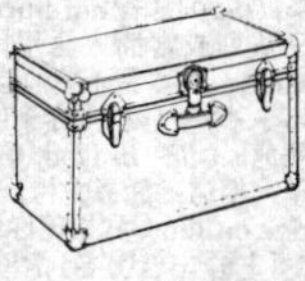
trunk 3

4 Ⓒ《美》(汽車的)行李箱(《英》boot)(⇨ car 插圖)。
5 Ⓒ 象鼻《因其與樹幹相似；⇨ nose 【相關用語】》。
6 [~s](拳擊、游泳等用的男用)短運動褲。
7 Ⓒ《建築》柱身，柱幹。
8 Ⓒ通風[導，水]管。

trúnk càll *n.* Ⓒ《英》長途電話(《美》long-distance call).

trúnk hòse *n.* [集合稱；當複數用](十六至十七世紀流行的男用)袋狀大褲管短褲《★此字無複數》。

trunk hose

trúnk lìne *n.* Ⓒ(鐵路、道路、運河、電信、電話的)幹線。

trúnk ròad *n.* Ⓒ《英》道路的幹線，幹道。

trun·nion [ˈtrʌnjən; ˈtrʌnjən] *n.* Ⓒ(用以支砲於砲架上的砲身兩側圓筒狀)砲耳。

truss [trʌs; trʌs] *n.* Ⓒ **1** 《建築》(屋頂、橋等的)桁，構架；橫梁；懸臂，懸桁。**2** 《英》(乾草、稻稈等的)一捆，一束(bundle). **3**《醫》疝氣帶。**4**《植物》(生於莖頂端的)穗狀花。**5**《航海》將帆桁結於桅的鐵具或索具。
—*v.t.* 1 《建築》以桁或構架支撐〈屋頂、橋等〉。
2 〔十受(十副)〕**a** 將〈物〉束成捆，捆牢，紮緊〈*up*〉. **b** (在烹調之前)把〈鷄〉的翅[腳]紮在軀體上〈*up*〉：~ (*up*) a chicken 把鷄翅膀紮緊在雞身上。**c** 把〈人〉的雙手綁在身上〈*up*〉：The robber ~*ed* ***up*** the middle-aged woman. 强盜把這位中年婦人的雙手綁在身上。

trúss brìdge *n.* Ⓒ《土木》桁架橋，構橋(⇨ bridge[1] 插圖)。

‡trust [trʌst; trʌst] *n.* **1 a** Ⓤ**信賴，信任，信用**〔*in*〕：have[put, place, repose] ~ *in* a person 信用[信任]某人/He showed himself worthy of our ~. 他沒有辜負我們的信賴。**b** Ⓒ可信賴之物[人]：He is our sole ~. 他是我們唯一可信賴的人。
2 a Ⓤ(受)**委託；保管**：leave a thing in ~ with a person 把東西留給某人保管/have[hold] a thing in ~ for a person 爲某人保管東西。**b** Ⓒ委託物[品]，寄存物：These valuables are ~*s*. 這些貴重物品是寄存物。
3 Ⓤ(對於所受之信賴、委託應負的)責任；義務：hold a position of ~ 身居負責任的職位[肩負受託的重任]。
4 Ⓤ期待，確信：Our ~ is that he will recover. ＝We have ~ *in* his recovery. 我們堅信他會痊癒。
5《法律》**a** Ⓤ信託，託管；受託人的義務：a breach of ~ 違犯信託，辜負信任。**b** Ⓒ信託物件，受委託保管的財產，信託財產。
6 Ⓒ保管委員會。
7 Ⓤ《商》信用貸款，賒帳：buy things on ~ 賒帳購物。
8 Ⓒ《經濟》托辣斯，操縱某種營業的組合，聯合企業(cf. cartel 1).
tàke...on trúst (不看證據或徵信調查等而)憑信用即信任…[不經證實或調查即行接受]。
—*v.t.* 1 〔十受〕**信任，信賴〈人、事物〉，對…置信**：I cannot ~ what he says. 對於他所說的話我不能置信/He is not to be ~*ed*. 他不可靠。
2 〔十受十介十(代)名〕**a** 將〈重要的事物〉委託，寄存，託付〔給人〕〔*to*〕；委託，託付〈人〉〔以重要的事物〕〔*with*〕《★比較 作此義解時，一般用 entrust》：I'll ~ the details ***to*** the branch manager. ＝I'll ~ the branch manager ***with*** the details. 我準備把細節委託給分公司經理去處理。**b** 〔將秘密等〕坦率地告訴〈人〉〔*with*〕：He is a man who cannot be ~*ed* ***with*** a secret. 有什麼秘密都不能告訴他《他是個不能守密的人》。
3 a 〔十受〕託靠，指望，依靠…：You cannot ~ the weather report. 天氣預報不可靠。**b** 〔十受十 *to do*〕放心讓〈人〉〈做…〉，認爲〈人〉〈做…〉沒問題：We cannot ~ her *to* go out alone at night. 我們不放心讓她在夜晚獨自出去/John may be ~*ed to* undertake the task. 約翰定能承擔[勝任]這工作。**c** 〔十受十副詞(片語)〕放心置〈人〉(於某地方、狀態)：Can you ~ your small children *out of* doors[your sight]？你能放心讓你的小孩子待在外頭[你看不見的地方]嗎？
4 〔十受(十介十(代)名)〕憑信用〔將…〕借給〈人〉；賒貸，賒賣

〈人〉〔…〕〔*for*〕：The tailor will ～ me *for* the new suit. 那位裁縫師會賒帳爲我做套新衣服。

5 a〔＋(*that*)＿〕(確信著)期待，相信〈…事〉；希望…就好了：I ～ (*that*) he is not hurt. 我相信他沒有受傷。**b**〔I ～，與主要句子並列或當插入語用〕(確信地)期待…：He will have arrived safely, *I* ～. 我希望他已安然抵達。

—*v.i.* 1 a〔動(＋介＋(代)名)〕信任，信賴〔…〕〔*in*〕《★可用被動語態》：*T*～ *in* God. 信靠上帝吧。**b**〔＋介＋(代)名＋*to* do〕指望，相信，託靠，恃，期待〔人〕〈做…〉〔*in*〕：I ～ *in* you *to* arrive on time. 我指望你會準時到達。

2〔＋介＋(代)名〕指望；依靠，依賴〔…〕〔*to*〕：*T*～ *to* chance. 靠運氣/You shouldn't ～ *to* your experience so much. 你不應該如此地依賴你的經驗。

trúst còmpany *n.* Ⓒ信託公司，信託銀行。

trúst dèed *n.* Ⓒ信託契據。

trúst·ed *adj.* 被信賴的，被信任的：a ～ friend 被信賴的朋友。

trust·ee [trʌsˈtiː; ˌtrʌsˈtiː] *n.* Ⓒ **1** 被信託之人，受託人，保管人：the Public *T*～《英》公設受託人。**2 a** 保管委員，受託之財產[業務]管理人。**b** (大學等的)評議員，董事；理事。

trustée·shìp *n.* **1** ⓊⒸ受託人[財產管理人，董事]之職務[地位，任期]。**2 a** Ⓤ(由聯合國委任某國領土的)託管(狀態[制度])(cf. mandate)。**b** Ⓒ受聯合國託管的地區。

trust·ful [ˈtrʌstfəl; ˈtrʌstful] *adj.* 充滿信賴感的，信任[信賴]的。～**·ly** [-fəlɪ; -fuli] *adv.* ～**·ness** *n.*

trúst fùnd *n.* Ⓒ信託資金。

trúst·ing *adj.* 信賴的，信任的；(信任而)不懷疑人的：You are too ～. 你太輕易信任別人了。～**·ly** *adv.*

trust·less [ˈtrʌstlɪs; ˈtrʌstlis] *adj.* **1** 不可恃信的；不可信任的；不可靠的。**2** 不信任的；懷疑的。

trúst tèrritory *n.* Ⓒ託管地區。

trust·worthy [ˈtrʌstˌwɝðɪ; ˈtrʌstˌwəːði] *adj.* (**-thi·er**；**-thi·est**)可信賴的，可信任的，可靠的。

-wòr·thi·ly [-ðɪlɪ; -ðili] *adv.* **-thi·ness** *n.*

trust·y [ˈtrʌstɪ; ˈtrʌsti] *adj.* (**trust·i·er**；**-i·est**)可信任的，可靠的。**—*n.*** Ⓒ **1** 可靠的人，可信任的人。**2** 模範囚犯《指行爲表現良好，被給予特別權益的囚犯》。

trúst·i·ly [-təlɪ; -tili] *adv.* **-i·ness** *n.*

‡**truth** [truθ; truːθ] «true 的名詞» **—*n.*** (*pl.* ～s [truðz, -θs; truːðz, -θs]) **1** Ⓤ**眞理**：God's ～ 絕對的眞理；我發誓，是眞的。**2** Ⓒ**眞實**，眞相，事實(↔ lie, falsehood)(⇨ fact【同義字】)：tell[speak] the ～ 說實話/find out the ～ 探出眞相/scientific ～*s* 科學的眞理/tell a person home ～*s* 對某人說逆耳之言/What is the ～ *about* the matter？ 這件事的眞相如何呢？/The ～ is (that) he was not fit for the job. 事實是，他不適於那工作《★囲因《口語》常省略 that，而說成 The truth is, ...》/*T*～[The ～] will out. 《諺》眞相一定會大白[將來總會水落石出]。

3 Ⓤ**眞實性**，(事情的)眞僞(↔ falsity)：I doubt the ～ of it. 我懷疑這件事的眞實性/There seemed to be some ～ in what he said. 他所說的似乎有一點眞實性[道理]。

4 Ⓤ誠實，老實。

in trúth 實際上，事實上，說實在話，老實說。

téll the trúth and sháme the dévil《口語》(鼓起勇氣)毅然說實話。

the móment of trúth ⇨ moment.

to téll the trúth 老實說，說實在話：*To tell the* ～, I don't know much about it. 說實在話，我對這件事知道得不多。

trúth drùg *n.* ＝truth serum.

truth·ful [ˈtruθfəl; ˈtruːθful] *adj.* **1**〈人〉不說謊的，說實話的，誠實的，老實的。**2**〈話等〉眞實的，實在的，眞的。

～**·ly** [-fəlɪ; -fuli] *adv.* ～**·ness** *n.*

trúth sèrum *n.* Ⓤ[指產品個體時爲Ⓒ]能使人吐露眞言的任何藥物。

‡**try** [traɪ; trai] «源自古法語「拾起」之義» **—*v.t.* 1 a**〔＋受〕努力，嘗試，試做，試行…：～ one's best[hardest] 盡全力，盡最大的能力/*T*～ it again. 再試試看。

【同義字】try 是表示「嘗試」之意的最廣泛用字，指爲了達到成功的目標而多方努力；attempt 與 try 大致相同但較 try 稍拘泥，重點放在著手而不放在努力，對於其結果成功或失敗，在語意中沒有包含。

b〔＋*to* do〕想要，試著，設法〈做…〉《★囲因指爲了完成 *to* do 的行爲而努力，但不知其結果如何；後面常接內容爲否定的句子；★比較必須與義 2 e 之〔＋do*ing*〕加以比較區別》：I *tried to* climb the mountain but could not. 我想要去爬那座山，但沒能去/You must ～ *to* get it finished tonight. 你必須設法在今天晚上把它完成。

2 試：**a**〔＋受〕試，試驗〈能力等〉：～ one's skill[strength] 試試自己的技術[力氣]/～ one's luck 試運氣，碰碰運氣/⇨ try one's HAND at. **b**〔＋受〕試開〈門、窗等〉：I knocked on the door and *tried* the knob. 我敲了門並試著轉了轉把手/*T*～ the door to see whether it's locked or not. 試試看門鎖了沒有。**c**〔＋受〕試探〈人〉看看，問問看〈某人〉：*T*～ your aunt. She might lend you the money. 問問看你姨媽，她或許會借給你錢。**d**〔＋*wh.* ＿〕試試看(以便知道)〈…〉：*T*～ *how* much time it takes you to swim across this river. 試試看你游過這條河要費多少時間/*T*～ *whether* you can learn all these words by heart. 試試看你能不能把所有這些單字記住。**e**〔＋do*ing*〕嘗試〈做…〉《★比較必須與義 1b 的〔＋*to* do〕加以比較區別》：I *tried* climb*ing* the mountain and found it harder than I had expected. 我試爬過那座山，發覺比我預期的更吃力/He *tried* writ*ing* under an assumed name. 他試以化名創作。

3〔＋受〕**a 試嘗**，試吃[喝]〈飲料、食物〉：Do ～ more. [邀人吃東西等時所說]再吃[喝]一點/*T*～ this pudding and tell me what you think of it. 嘗嘗看這布丁然後告訴我你覺得它怎麼樣。**b** 用用看〈東西〉，試用[乘]〈車子等〉：We ～ each car before we sell it. 我們出售每輛車子之前均作過試車。

4〔＋受〕**a** 折磨〈人、人的神經等〉，使…受痛苦；考驗〈耐心等〉；使…煩惱；使…難堪：That boy *tries* my patience. 那個男孩子眞使我忍受不了/Want of sleep *tries* your nerves more than overwork. 睡眠不足比操勞過度更會勞累神經/They were greatly *tried in* the war. 他們在戰爭中受到很大的磨難。**b** 苛酷地驅使…，使…辛苦，使…勞累：Don't ～ your eyes with that small print. 不要看那麼小的鉛字字體而累壞你的眼睛。

5 a〔＋受〕審問，審理，審判〈人、事件〉：～ a case 審判一件訟案/She was *tried* but was found not guilty. 她受審但被判無罪。**b**〔＋受＋介＋(代)名〕〔因…〕審問，審判〈人〉〔*for*〕：He was *tried for* theft. 他因偷竊而受審。

—*v.i.* 1 試：**a** 試做，試試看；努力：Well, I'll ～ again. 嗯，我會再試一次/He *tried* hard but failed. 他盡力而爲，但失敗了。**b**〔＋*to* do〕努力〈去做…〉，設法〈做…〉：He *tried* hard not *to* sneeze. 他拚命地憋住不打噴嚏。**c**〔＋介＋(代)名〕〔爲獲得…而〕努力，爭取〔*for*〕：～ *for* a scholarship 爭取獎學金。

2〔～ and＋原形〕《口語》努力，設法《★囲因 *v.t.* 成爲與義 1 b 的〔＋*to* do〕同樣意思但較爲口語化；通常用於祈使語氣或在助動詞之後，而不用於過去式、進行式》：*T*～ *and* be punctual. 力求守時吧/Let's ～ *and* get permission for a bazaar. 我們設法取得舉辦義賣的許可吧/*T*～ *and* catch me. 設法捉我看看。

trý it ón《英》(爲看能被容許到什麼程度而)大膽地行動。

trý ón《*vt adv*》試穿，試戴…：～ a new hat *on* 試戴新帽子。

trý óut《*vt adv*》(1)徹底試驗〈人、物〉：You cannot tell what it's like until you ～ it *out* yourself. 你自己(徹底)試用後才能知道它怎麼樣/They *tried* him *out* for a part in the movie. 他們讓他在這部影片中試演某一個角色。**—**《*vi adv*》(2)《美》角逐〔…的〕選拔，參加(選手等的)甄試〔*for*〕：He *tried out for* the swimming team. 他參加了選拔游泳隊的競賽。

—*n.* Ⓒ **1 a** 試，嘗試，努力：It's worth a ～. (不知能否成功但)值得一試/Let me have another ～ (*at* the exam). 讓我再參加一次(考試)。**b**〔＋*to* do〕《罕》〈想做…的〉嘗試，努力。

2《橄欖球》達陣得分《攻方球員在對方球門線後以球觸地得四分，藉此獲得向對方球門踢球的權利》：score a ～ 在對方球門線後以球觸地一次而得四分。

trý·ing *adj.* **1** 很費力的，艱[辛]苦的，難熬的；難堪的：a hot, ～ day 熱而難熬的一天/a ～ experience 慘痛的經驗。**2** 令人生氣的，惱人的：have a ～ day 度過煩躁[難熬]的一天。

～**·ly** *adv.*

trý-òn *n.* Ⓒ《口語》**1** 嘗試；試穿。**2**《英》企圖欺騙。

trý·òut *n.* Ⓒ《口語》**1** 選拔賽。**2** 試驗，考驗。**3** (戲劇的)預演。

tryp·a·no·some [ˈtrɪpənəˌsom; ˈtripənəsoum] *n.* Ⓒ《生物》錐蟲，睡眠蟲《一種寄生在人或家畜血液中引起嚴重睡眠症之病原蟲》。

tryp·sin [ˈtrɪpsɪn; ˈtripsin] *n.* Ⓤ《生化》胰蛋白酶《胰液中促進消化之酵素》。

try·sail [ˈtraɪsl; ˈtraisl] *n.* Ⓒ《航海》斜桁帆《橫帆船桅桿後側的小縱帆；風浪大時使用》。

trý squàre *n.* Ⓒ(木匠等用的)矩，曲尺。

tryst [trɪst, traɪst; trist, traist] *n.* Ⓒ《古・謔》**1** (尤指情侶等的)相晤的約定，約會，幽會：keep[break] a ～ (with...) 守[不守](與…)晤面之約/make a ～ 約定晤面。**2** 約晤[約會，幽會]的地點。

trýsting plàce *n.* ＝tryst 2.

tsar [tsɑr; zɑː, tsɑː] *n.* Ⓒ舊時俄國的皇帝，沙皇。

tsa·ri·na [tsɑˈrinə; zɑːˈriːnə, tsɑː-] *n.* Ⓒ **1** 舊時俄國的皇后，沙皇之妻。**2** 舊時俄國女皇。

Tschai·kov·sky [tʃaɪˈkɔfskɪ; tʃaiˈkɔfski] *n.* ＝Tchaikovsky.

tset·se [ˈtsɛtsɪ; ˈtsetsi] *n.* (又作 **tsétse flỳ**)Ⓒ《昆蟲》采采蠅《又稱舌蠅；非洲產的蠅科吸血昆蟲，傳播人的酣睡症和家畜的非洲錐蟲病》。

T/Sgt, T.Sgt. 《略》Technical Sergeant.

T̀-shàped *adj.* T 字形的。

T̀-shirt *n.* ⒸT 恤《短袖汗衫、運動衫》。

Tsing·tao [ˈtsɪŋˈtau; ˈtsiŋˈtau] *n.* 青島《中國山東半島東部之一城市》。

T-shirt

tsp. 《略》teaspoon(ful).

T̀ squàre *n.* Ⓒ丁字尺，丁字規。

tsu·na·mi [tsuˈnɑmɪ; tsju:ˈnɑ:mi] «源自日語» **—***n.* Ⓒ(*pl.* ~s, ~)海嘯。**tsu·na·mic** [tsuˈnɑmɪk; tsju:ˈnɑ:mik] *adj.*

TT 《略》teetotal.

T̀-tìme *n.* Ⓤ(火箭或導彈等的)發射時間。

Tu. 《略》Tuesday.

***tub** [tʌb; tʌb] *n.* Ⓒ **1 a** 桶，木盆：a wash ~ 洗濯盆。**b** 一桶[盆]之量〔*of*〕：a ~ *of* water 一盆[桶]水。**2** 《口語》**a** 浴桶，浴缸，澡盆：run a ~ 盛熱水於浴缸。**b** 《英》沐浴(bath)。**3** 《口語》行駛笨拙緩慢的船或艇。**4** 《俚》胖子。**5** 似盆之物。

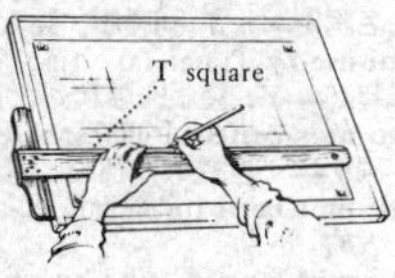

T square

tu·ba [ˈtubə, ˈtjubə; ˈtju:bə] «源自拉丁文「喇叭」之義» **—***n.* Ⓒ《音樂》**1** 低音[土巴]號。**2** 風琴音栓之一。**3** 古羅馬的一種喇叭。

tub·by [ˈtʌbɪ; ˈtʌbi] «tub 的形容詞» **—***adj.* (**tub·bi·er**；**-bi·est**) **1** 似桶的，桶狀的。**2** 〈人等〉矮胖的。**3** 鈍音的；如敲空桶發出之聲音的。

túb·bi·ness *n.*

***tube** [tub, tjub; tju:b] *n.* **1** Ⓒ(金屬、玻璃、橡皮等製的，尤指通液體的細長)管，筒：a glass[metal] ~ 玻璃[金屬]管/a test ~ 試管。**2** Ⓒ(裝顏料、牙膏等的)小筒，擠壓式小筒[軟管]：~ colors (擠壓式)軟管裝顏料/a ~ of toothpaste 一條牙膏。**3 a** Ⓒ(管狀的)隧道。**b** Ⓒ《英口語》地下鐵路：by ~ 乘地下鐵《★無冠詞》。**c** [the ~]《英口語》倫敦的地下鐵路。**4 a** Ⓒ《美》眞空管(《英》valve)；電子管。**b** Ⓒ(電視的)映[顯]像管。**c** [the ~]《美口語》電視機。**5** Ⓒ(輪胎的)內胎。**6** Ⓒ《解剖・植物》管，圓柱形構造，管狀器官：the bronchial ~s 支氣管。

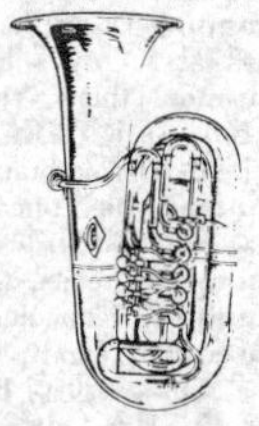

tuba 1

—*v.t.* **1** 以細管輸送…。**2** 裝細管於…。**3** 將…裝入細管。**4** 將…弄成管狀。

tube 3 c

túbe·less *adj.* **1** 〈輪胎〉無內胎的。**2** 無管[筒]的。

tu·ber [ˈtubɚ, ˈtju-; ˈtju:bə] *n.* Ⓒ **1** 《植物》塊莖，球根《馬鈴薯等》。**2** 《病理》結節。

tu·ber·cle [ˈtubɚkl, ˈtju-; ˈtju:bəkl] *n.* Ⓒ **1** 《解剖》小結節。**2** 《病理》結核節，結核。**3** 《植物》小塊莖，塊根。

túbercle bacillus *n.* Ⓒ結核桿菌。

tu·ber·cu·lar [tuˈbɝkjəlɚ, tju-; tju:ˈbə:kjulə] «tubercle 的形容詞» **—***adj.* **1** 結節(狀)的，有結節的。**2** 結核(性)的，患結核病的。**—***n.* Ⓒ結核病患者。

tu·ber·cu·lin [tuˈbɝkjəlɪn, tju-; tju:ˈbə:kjulin] *n.* Ⓤ結核菌素注射液。

tubérculin reàction *n.* ⓊⒸ結核菌素反應。

tubérculin tèst *n.* Ⓒ結核菌素檢驗。

tu·ber·cu·lo·sis [tuˌbɝkjəˈlosɪs, tju-; tju:ˌbə:kjuˈlousis] *n.* Ⓤ《病理》**1** 結核《略作 TB, T.B., t.b.》。**2** 肺結核，癆病。

tu·ber·cu·lous [tuˈbɝkjələs, tju-; tju:ˈbə:kjuləs] *adj.* = tubercular 2.

tube·rose [ˈtubˌroz, ˈtjub-; ˈtju:bərouz] *n.* Ⓒ《植物》晚香玉《又稱月下香；石蒜科草本植物》。

tu·ber·os·i·ty [ˌtubəˈrɑsətɪ, ˌtju-; ˌtju:bəˈrɔsiti] *n.* **1** Ⓤ《植物》塊莖狀。**2** Ⓤ Ⓒ(骨骼之)結節；粗隆。

tu·ber·ous [ˈtubərəs, ˈtju-; ˈtju:bərəs] «tuber 的形容詞» **—***adj.* **1** 有結節的，結節狀的。**2** 《植物》塊莖狀的。

tub·ful [ˈtʌbˌful; ˈtʌbful] *n.* Ⓒ一桶[盆]之量，滿桶[盆]〔*of*〕.

túb·ing *n.* Ⓤ **1** 管之材料；配管(組織)。**2** [集合稱]管類。**3** 管的一段[一節]。

túb-thùmp·er [-ˌθʌmpɚ; -ˌθʌmpə] *n.* Ⓒ《口語・謔》感情激動[慷慨激昂]的演說者《說話時敲擊講桌者》。

tu·bu·lar [ˈtubjələ-, ˈtju-; ˈtju:bjulə] «tube 的形容詞» **—***adj.* 管的；管狀的；由管組成的；管式的：a ~ boiler 多管式鍋爐/~ furniture (鋼)管式家具。

tu·bu·late [ˈtubjəlɪt, -let, ˈtju-; ˈtju:bjulit] *adj.* = tubular.

tu·bule [ˈtubjul, ˈtju-; ˈtju:bju:l] *n.* Ⓒ小管；(動、植物的)細管。

tu·bu·lous [ˈtubjələs, ˈtju-; ˈtju:bjuləs] *adj.* **1** 管狀的。**2** 有管的；由管組成的。**3** 《植物》有管狀花的。

T.U.C. 《略》the Trades Union Congress《英》工會會議。

tuck [tʌk; tʌk] *v.t.* **1** 〔十受十副詞(片語)〕**a** 將〈衣服、襯衫等的下襬〉塞進，擠進，挾進(…)：~ one's blouse *in* 把短上衣的下襟塞進(裙中)/with a napkin ~*ed under* one's chin 顎下挾著餐巾。**b** 將…擠進[塞進](狹窄處等)：She ~*ed* her money *into* her wallet. 她把錢塞進皮夾裡面/He crouched, ~*ing* his knees *under* his chin. 他蜷曲著，把兩個膝蓋縮攏在顎下。**c** 將〈小孩等〉舒適地裹[包](在褥被中等)，將…藏入(…中)：~ a baby *in* 把嬰兒包起來/She ~*ed* the children *into* bed. 她把孩子們蓋上被子使他們就寢。

2 〔十受〕將〈衣服〉打褶襉，給…縫衣褶。

3 〔十受(十副)十介十(代)名〕把〈房子等〉蓋〔在隱秘的地方〕〈*away*〉〔*in, among*〕：His house was ~*ed* **away in** the deep woods. 他的房子蓋在隱蔽的森林深處。

túck awáy 《*vt adv*》⑴將〈物〉收藏，隱藏(在安全的地方等)。⑵《口語》飽食〈食物〉，將〈食物〉塞進肚子。

túck ín 《*vt adv*》⑴⇨ *v.t.* 1 c. **—**《*vi adv*》⑵《口語》(開始)大嚼[暢飲]，大吃大喝(起來)。

túck ínto… 《口語》將〈食物〉塞滿肚子。

túck úp 《*vt adv*》⑴捲起〈下襬、衣袖等〉：~ *up* one's sleeves [trousers, skirt] 捲起袖子[褲子，裙子]。⑵將〈腳〉縮攏在身體底下《★常用被動語態》：She sat with her legs ~*ed up.* 她縮攏雙腿而坐《撇腿偏身而坐》。⑶將〈小孩等〉舒適地包〔在褥被中〕，將…裹〔在…〕〔*in*〕：~ a child *up in* bed 把小孩安頓在牀上睡覺。⑷[~ *oneself*]裹〔在…〕〔*in*〕：~ *oneself up in* bed 上牀安睡。

—*n.* **1** Ⓒ縫褶，褶襉，衣褶：make a ~ in the sleeves 在衣袖上打個褶/put in[take out]a ~ 縫[放]褶襉。

2 Ⓤ《英》食物；(尤指小孩喜愛的)糕餅[糖果]類。

túck·er[1] [ˈtʌkɚ; ˈtʌkə] *n.* Ⓒ **1 a** 作褶襉的人，打橫褶的人。**b** 縫紉機打褶襉之裝置，縫褶機。

2 (十七至十八世紀婦女圍在頸部的花邊等)領布，飾紗。

3 婦女的小胸衣。

in one's bèst bíb and túcker ⇨ bib.

tuck·er[2] [ˈtʌkɚ; ˈtʌkə] *v.t.* 〔十受(十副)〕使…疲憊，使…筋疲力竭〈*out*〉《★常用被動語態》：*be* (all) ~*ed* **out** 筋疲力竭。

túcker-bàg *n.* Ⓒ《澳》旅行者所攜之食物袋。

túck-ìn *n.* Ⓒ[常用單數]《英口語》盛饌，豐宴，大餐。

túck·shòp *n.* Ⓒ《英》(學校內的)糖果店，小商店。

-tude [-tud, -tjud; -tju:d] 字尾附於拉丁語系的形容詞字尾用以構成表示性質、狀態之抽象名詞：apti*tude*, soli*tude*.

Tu·dor [ˈtudɚ, ˈtju-; ˈtju:də] «源自在亨利(Henry)五世死後與其王妃結婚的威爾斯騎士(Owen) Tudor 之名» **—***adj.* **1** (英國的)都鐸王室[王朝]的《1485–1603》。**2** 《建築》都鐸王朝式樣的：~ architecture 都鐸王朝之建築式《英國哥德式末期的建築式樣，尤指垂直式樣之末期》。

—*n.* **1 a** 都鐸王室之名：the House of ~ 都鐸王室《自亨利(Henry)七世至伊利莎白(Elizabeth)一世止的英國王朝(1485–1603)》。**b** [**the ~s**]都鐸王室。**2** Ⓒ都鐸王室的人《尤指君主》；都鐸王朝時代的人《政治家、文人等》。

Tues. 《略》Tuesday.

‡Tues·day [ˈtuzdɪ, ˈtjuz-, -de; ˈtju:zdi, -dei] *n.* [原則上無冠詞且爲Ⓤ；但視其意義也可加冠詞並成爲Ⓒ]星期二《略作 Tu., Tues.》：Today is ~. 今天是星期二/next [last] ~ = *on* ~ next [last]於下[上]星期二《★後者主要爲英國語法》/*on* ~ 於星期二/*on* ~*s* 於每星期二，每逢星期二/*on* a ~ 於(過去或未來的)某一個星期二/*on*(《英》the) ~ of next week 於下星期二。

> 【字源】Tuesday 源自古英語，義爲「獻給戰神的日子」(the day of Tiw)．Tiw 是北歐神話中的戰神，相當於羅馬神話中的馬爾斯(Mars)．

—*adj.* [用在名詞前]星期二的：*on* ~ afternoon 於星期二下午。

—*adv.* 《美》於星期二(⇨ Tuesdays)：See you ~. 星期二見。

Tues·days [ˈtuzdɪz, ˈtjuz-, -dez; ˈtju:zdiz, -deiz] *adv.* 《美》於星期二，於每星期二。

tu·fa [ˈtufə, ˈtjufə; ˈtju:fə] *n.* Ⓤ《地質》泉華《多孔質炭酸石灰的沈澱物》。

tuft [tʌft; tʌft] *n.* Ⓒ **1** 〔髮、絲、羽毛等的〕一束，一卷，一叢，一簇〔*of*〕：a ～ *of* feathers 一簇羽毛。**2** 灌木叢，樹林，草叢，繁茂處。
—*v.t.* 裝卷束於…；用卷束裝飾…。

túft·ed *adj.* **1** 裝有卷束的；用卷束裝飾的。**2** 成束〔簇〕的，成束〔簇〕狀的；叢生的。

tuft·y [ˈtʌftɪ; ˈtʌfti] 《tuft 的形容詞》**—*adj.*** (**tuft·i·er**; **-i·est**) **1** (似)卷束的，多簇的；飾以簇飾的。**2** 成簇的，成束的，叢生的。

Tu Fu [ˈduˈfu; ˈdu:ˈfu:] *n.* 杜甫《712–770；中國唐代詩人》。

tug [tʌg; tʌg] (**tugged**; **tug·ging**) *v.t.* **1 a** 〔十受〕(用力突然)拉，强拉…(⇨ pull【同義字】)：～ a rope 用力猛拉繩子/She *tugged* my ear. 她拉我的耳朵。**b** 〔十受十副詞(片語)〕將…拉〔拖〕(往…)：I managed to ～ my dog *home*. 我勉强〔好不容易〕把我的狗拉回家/The little girl was *tugging* a puppy *round* the lawn. 那小女孩正拉著小狗繞草坪走。
2 用拖船拖曳〈船〉。
—*v.i.* 〔動(十介十(代)名)〕用力拉，猛拉〔…〕〔*at, on*〕：～ ***at*** 〔***on***〕 a rope 用力拉繩子。
—*n.* Ⓒ **1** 强拉；拖曳，曳引；拖扯：give a person's hair〔arm〕a ～ 拉某人的頭髮〔臂〕一把/She felt a ～ *at* her sleeve. 她感覺到袖子被拉了一把。
2 〔十 *to* do〕〈做…的〉奮鬥，努力：We had a great ～ *to* persuade him. 我們費了很大的精力去勸服他。
3 ＝tugboat.
4 (馬具的)拖革(之一)，以馬拖車用的皮帶(⇨ harness 插圖)。
(**a**) **túg of wár** (1)拔河比賽。(2)爭霸戰，決戰。

【說明】在歐美國家的運動會中，不像我國要分成藍隊、白隊等，而分成「狗隊」「貓隊」(dog and cat)，或其他 rats and rabbits, oranges and lemons, soldiers and sailors, French and English 等。要為雙方「加油」時則要喊："Pull dog, pull cat!"在其他運動項目，為選手們加油時，相當於「加油！」的英語是"Go! Go!""Do it!""Knock'em dead.""You are my men."等。

túg·bòat *n.* Ⓒ 拖船(⇨ boat 【相關用語】)。

tugboat

tu·i·tion [tuˈɪʃən, tju-; tju:ˈiʃn] 《源自拉丁文「照顧」之義》**—*n.*** Ⓤ **1** 教學，講授：have private ～ *in* French 接受法語的個人講授。**2** 學費，束脩。

tu·í·tion·al [-ʃənḷ; -ʃṇəl] 《tuition 的形容詞》**—*adj.*** 教學〔講授〕上的。

tuítion fèe *n.* Ⓒ學費。

***tu·lip** [ˈtulɪp, ˈtju-; ˈtju:lip] *n.* Ⓒ **1** 《植物》鬱金香。**2** 鬱金香的花〔球根〕。

【字源】tulip 一字源自 turban(回教徒用的包頭巾)。這種花因為形狀像 turban，因此土耳其人把它稱作 turban，後來就成為 tulip. 鬱金香原產於土耳其，據說在十六世紀中葉傳到歐洲。

túlip trèe *n.* Ⓒ《植物》美國鵝掌楸《又稱黃白楊；木蘭科百合木屬喬木；cf. whitewood 1》。

túlip·wòod *n.* Ⓤ美國鵝掌楸的木材。

tulle [tul, tjul; tju:l] 《源自法國的產地名》**—*n.*** Ⓤ薄紗《作為婦女面紗等用的網狀薄綢》。

tum·ble [ˈtʌmbḷ; ˈtʌmbl] *v.i.* **1 a** 〔十副詞(片語)〕跌倒，摔倒；跌落：In her hurry she ～*d over*. 她在匆忙中跌倒/ ～ *over* the roots of a tree 被樹根絆倒/～ *down* the stairs 從樓梯上跌下/～ *off* a horse〔bicycle〕自馬〔自行車〕上摔下。**b** 〔動(十副)〕〈建築物等〉塌下，倒塌，崩塌〈*down*〉：The old building seemed about to ～ ***down***. 那棟老樓房似乎即將倒塌。
2 〔十副詞(片語)〕**a** 滾動，輾轉反側：toss and ～ *in* bed 在牀上輾轉反側/kittens *tumbling about on* the floor 在地板上到處打滾的小貓。**b** 倉皇地來〔去〕；急急忙忙地行動；滾入，鑽入；飛滾似地衝出：She came *tumbling along*. 她倉皇而來/He ～*d into*〔*out of*〕bed. 他急忙地上〔下〕了牀。
3 翻觔斗。
4 〔動(十介十(代)名)〕《口語》忽然注意到，突然想起；領悟〔…〕〔*to*〕：He finally ～*d* ***to*** what she was doing. 他終於察覺到她在做什麼。
5 〈價格〉突然下跌。
—*v.t.* **1** 〔十受(十副詞(片語))〕弄倒，翻倒；摔倒；扔，拋…：～ a person *on* the floor 把某人摔倒在地板上/All the passengers were ～*d* out(*of* the car). 所有的乘客都被拋出(車外)。
2 a 〔十受〕亂扔，弄亂…；使…紊亂：Don't ～ your underclothes. 不要亂扔內衣。**b** 〔十受十介十(代)名〕將…亂塞〔進…〕〔*into*〕：He ～*d* his clothes helterskelter ***into*** his suitcase. 他手忙腳亂地把衣服塞入手提箱裡。
—*n.* **1** Ⓒ**a** 跌落，翻倒：have〔take〕a ～ 跌倒。**b** 翻觔斗，打滾(等特技)。
2 〔a ～〕混亂：be all in *a* ～ 一切都很混亂。
gìve 〔**gèt**〕 **a túmble** 《口語》表示〔受到〕好意〔關心〕。

túmble·bùg *n.* Ⓒ《昆蟲》金龜子；蜣螂《金龜子科甲蟲的統稱》。

túmble-dòwn *adj.* 〈房屋〉破毀的，就要倒塌的，搖搖欲墜的。

tum·bler [ˈtʌmblɚ; ˈtʌmblə] *n.* Ⓒ **1 a** (沒有把手或腳的)大玻璃杯《★ 因為從前玻璃杯的底部呈圓形或尖形，豎直即倒下，故有此稱；★【比較】高腳杯稱為 goblet》. **b** 大玻璃杯一杯之量〔*of*〕. **2 a** 跌倒的人。**b** 打滾的人；(尤指做翻觔斗的)特技演員。**3** 鎖中的制栓部分，轉動後始能開鎖之部分。**4** 不倒翁。**5** (用以攪拌、磨光等之)滾桶，滾箱。

tum·bler·ful [ˈtʌmblɚˌful; ˈtʌmbləful] *n.* Ⓒ大玻璃杯一杯之量〔*of*〕。

túmble·wèed *n.* Ⓤ《植物》風滾草《北美大草原上的灌木狀草本植物，通常在秋季被風吹斷，隨風滾動，如白莧、飛蓬、藜等》。

tum·brel, tum·bril [ˈtʌmbrəl; ˈtʌmbrəl] *n.* Ⓒ **1** 拖肥車，糞車。**2** (法國革命時把死囚押赴斷頭臺刑場的)死囚車。

tu·me·fac·tion [ˌtuməˈfækʃən, ˌtju-; ˌtju:miˈfækʃn] 《tumefy 的名詞》**—*n.*** **1** Ⓤ腫脹，腫大。**2** Ⓒ腫脹的部分。

tu·me·fy [ˈtuməˌfaɪ, ˈtju-; ˈtju:mifai] *v.t.* 使…腫脹，使…腫起。**—*v.i.*** 腫脹，腫起。

tu·mes·cence [tuˈmɛsṇs, tju-; tju:ˈmesns] 《tumescent 的名詞》**—*n.*** Ⓤ腫大，腫脹。

tu·mes·cent [tuˈmɛsṇt, tju-; tju:ˈmesnt] *adj.* 腫脹性的，(會)腫大的。

tu·mid [ˈtumɪd, ˈtju-; ˈtju:mid] *adj.* **1** 腫脹的，隆起的。**2** 〈文體等〉誇張的，浮誇的，華而不實的。

tu·mid·i·ty [tuˈmɪdətɪ, tju-; tju:ˈmidəti] 《tumid 的名詞》**—*n.*** Ⓤ**1** 腫起，腫脹。**2** 誇張，浮誇，華而不實。

tum·my [ˈtʌmɪ; ˈtʌmi] 《stomach 的走音語》**—*n.*** Ⓒ《口語・兒語》肚子：My ～ hurts. 我肚子痛。

tu·mor [ˈtumɚ, ˈtju-; ˈtju:mə] 《源自拉丁文「腫脹的狀態」之義》**—*n.*** Ⓒ《醫》腫瘤，瘤，贅瘤：a benign〔malignant〕～ 良性〔惡性〕腫瘤/a brain ～ 腦瘤。

tu·mor·ous [ˈtumərəs, ˈtju-; ˈtju:mərəs] 《tumor 的形容詞》**—*adj.*** (似)腫瘤的。

tu·mour [ˈtumɚ, ˈtju-; ˈtju:mə] *n.* 《英》＝tumor.

tu·mu·li *n.* **tumulus** 的複數。

tu·mult [ˈtumʌlt, ˈtju-; ˈtju:mʌlt] 《源自拉丁文「腫脹而成之物」之義》**—*n.*** ⓊⒸ **1** 喧囂；騷動，暴動。**2** (心情的)激動，激昂；心煩，意亂：in (a) ～ 激動地。

tu·mul·tu·ar·y [tuˈmʌltʃuˌɛrɪ, tju-; tju:ˈmʌltjuəri] *adj.* **1** 喧囂的；騷動的。**2** 混亂的；無秩序的。

tu·mul·tu·ous [tuˈmʌltʃuəs, tju-; tju:ˈmʌltjuəs] 《tumult 的形容詞》**—*adj.*** **1** 喧囂的，嘈雜的：a ～ meeting 喧囂的集會。**2** 動搖的；心情亂的；激動的，激昂的：～ passions 激昂的情緒。
～·ly *adv.*

tu·mu·lus [ˈtumjələs, ˈtju-; ˈtju:mjuləs] 《源自拉丁文「腫脹之物」之義》**—*n.*** Ⓒ(*pl.* **-li** [-ˌlaɪ; -lai], **～·es**)塚；古墳。

tun [tʌn; tʌn] *n.* Ⓒ **1** (裝葡萄酒、啤酒等的)大酒桶，大樽；釀酒桶。**2** 桶《酒等的容量單位，等於 252 gallons》。

tu·na [ˈtunə; ˈtu:nə] *n.* (*pl.* ～, ～s) **1** Ⓒ《魚》鮪魚；金槍魚(tunny). **2** (又作 **túna fish**)Ⓤ鮪〔金槍〕魚肉。

tun·a·ble [ˈtunəbḷ, ˈtju-; ˈtju:nəbl] *adj.* **1** 可調整音調的，可使合調的。**2** 《古》音調優美的，有音樂性的。
tún·a·bly [-blɪ; -bli] *adv.* **～·ness** *n.*

tun·dra [ˈtʌndrə, ˈtundrə; ˈtʌndrə] 《源自俄語》**—*n.*** Ⓤ〔**the** ～〕苔原，凍原《兩極寒冷地帶；無樹木，冬季覆滿冰雪，夏季只生長苔蘚植物》。

tune** [tun, tjun; tju:n] 《tone 的變形》**—*n. **1 a** Ⓒ曲調；歌曲，旋律：sing a popular ～ 唱流行歌曲/play a ～ on the piano 用鋼琴彈一首曲子/dance *to* a ～ 合著曲子跳舞。**b** Ⓤ清楚的曲調，旋律。
2 Ⓤ **a** (歌曲、音律的)正確音調；(與其他樂器的)調和：sing〔play〕*in*〔*out of*〕～ 唱〔奏〕得合調〔不合調〕/Get your violin *in* ～ *with* the piano, please. 請調整你小提琴的調子使之與鋼琴和諧。**b** 協調，調和：She is *in*〔*out of*〕～ *with* her classmates. 她與同學相處得好〔不好〕。
cáll the túne 按自己的意思發號施令〔指示〕。
chánge one's **túne** 突然改變論調〔態度，行為(等)〕《如從傲慢變為謙虛等》。
dánce to anóther〔**a dífferent**〕**túne** 改變論調〔態度，意見〕，改弦易轍。
dánce to a person's **túne** 迎合某人，對某人之言唯唯是諾，對某人唯命是從。

sing anóther [a different] túne =change one's TUNE.
to the túne of... 總數多達…：We had to pay back taxes *to the ~ of* $20,000. 我們必須補繳多達兩萬美元的稅款。
—*v.t.* **1** [十受(十副)]調整〈樂器〉的音調，使…合調〈*up*〉.
2 [十受十介十(代)名]**a** 使…[與…]一致[和諧，調和]，使…適應[適合][…][*to*]：~ one's views *to* the prevailing opinion 使自己的見解適合一般的意見。**b** [~ one*self*] 適應[周圍的環境等][*to*].
3 [十受(十副)]調整〈引擎等〉(以使其發揮高性能)〈*up*〉.
4 [十受(十介十(代)名)]調整〈收音機等〉[至某一波長或頻率][*to*]：He ~*d* his radio *to* the police frequency. 他把無線電調到警方的頻率。
—*v.i.* [十副]調整樂器的音調〈*up*〉.
túne ín 《*vt adv*》(1)調整〈收音機〉的頻率[到…][*to*]. —《*vi adv*》(2)將頻率調整[到…]，使頻率[與…]一致[*to*]：~ *in to* a TV show [radio station] (調整頻道[頻率])收看某一電視節目[收聽某一廣播電臺的廣播]。
túne óut 《*vt adv*》(1)不再關心…，無視於…。—《*vi adv*》(2)變得不關心，扭向一旁而不加理睬；調整頻道[頻率]以轉掉不願看[聽]的節目。
tune·ful [ˈtunfəl, ˋtjun-; ˈtju:nful] *adj.* **1** 音調和諧的，音調諧美的。**2** 發出諧美之音的。~**·ly** [-fəlɪ; -fuli] *adv.* ~**·ness** *n.*
túne·less *adj.* **1** 音調不合的，不成調子的。**2** 發不出聲音的，無聲的。
tún·er *n.* Ⓒ **1** [與修飾語連用](…的)調音師：a piano ~ 鋼琴調音師。**2** 《無線》槽路，調諧器。**3** (任何機器之)調整師。
túne·ùp *n.* Ⓒ **1** (機器之)調整。**2** 《口語》準備。
túng òil [ˈtʌŋ-; ˈtʌŋ-] *n.* Ⓤ桐油。
tung·sten [ˈtʌŋstən; ˈtʌŋstən] *n.* Ⓤ《化學》鎢(wolfram)《金屬元素；符號 W》。
Tun·gus, -guz [tunˋguz; tunˈgu:z] *n.* (*pl.* ~**·es**, [集合稱] ~) **1** Ⓒ通古斯人《散布於西伯利亞東部之一民族，爲蒙古利亞種之後裔，包括滿人》。**2** Ⓤ通古斯語《包括滿文》。
tu·nic [ˈtunɪk, ˋtju-; ˈtju:nik] *n.* Ⓒ **1** **a** 古希臘、羅馬人所穿的長及膝蓋的類似襯衫的外衣。**b** 《英》(警察、軍人所著的)緊身上衣《制服》。**c** 婦女所著長及腰下的束胸上衣。**2** 《解剖·動物》包膜；膜層；被囊。

a c
tunics 1

tu·ni·cate [ˈtunɪ͵ket, -kɪt, ˋtju-; ˈtju:nikeit] *adj.* **1** 《植物》被覆鱗莖的《如洋葱》。**2** 《動物》具備被囊[包膜]的。—*n.* Ⓒ《動物》被囊亞門動物的統稱《尤指海鞘綱之動物》。
tún·ing *n.* Ⓤ **1** 調音。**2** (無線電的)頻率調整，調成和諧。
túning fòrk *n.* Ⓒ《音樂》音叉。
Tu·ni·si·a [tuˋnɪʃɪə, tju-; tju:ˈniziə] *n.* 突尼西亞《北非的一個共和國；首都突尼斯 (Tunis [ˈtunɪs, ˋtju-; ˈtju:nis])》。
Tu·ni·sian [tuˋnɪʃɪən, tju-; tju:ˈniziən] 《Tunisia 的形容詞》 —*adj.* 突尼西亞(人)的。—*n.* Ⓒ突尼西亞人。
***tun·nel** [ˈtʌnl; ˈtʌnl] *n.* Ⓒ **1** **a** **隧道**，地道。**b** 《礦》坑道。**2** (動物住的)洞穴(burrow).
—*v.t.* (**tun·neled**, 《英》**-nelled**；**tun·nel·ing**, 《英》**-nel·ling**) **1** [十受]於…掘隧道：~ a hill [river] 鑿山[在河流之下]掘隧道。
2 [十受十副詞(片語)] [~ **one's way** 或 ~ one*self*] 掘坑道[隧道]前進：He ~*ed himself out of* prison [his *way under* the Berlin wall]. 他掘坑道逃獄[在柏林圍牆下掘坑道]。
—*v.i.* [動(十介十(代)名)] [在…]掘隧道[*through, into*]：~ *through* [*into*] a hill 貫穿丘陵[向山中]掘隧道。
túnnel vìsion *n.* **1** Ⓤ極端狹隘的視野《爲色素性視網膜炎的徵狀》。**2** Ⓒ短淺的眼光，褊狹，井蛙之見。
tun·ny [ˈtʌnɪ; ˈtʌni] *n.* (*pl.* ~, **tun·nies**) **1** Ⓒ《魚》鮪魚；金槍魚(tuna). **2** Ⓤ鮪[金槍]魚肉。
tun·y [ˈtunɪ, ˋtju-; ˈtju:ni] *adj.* (**tun·i·er**；**-i·est**) 《英》有音調的；音調和諧的。
tup [tʌp; tʌp] *n.* Ⓒ《英》公羊(ram).
tu·pe·lo [ˈtupə͵lo, ˋtju-; ˈtu:pəlou] *n.* (*pl.* ~**s**) **1** Ⓒ《植物》紫樹《北美洲所產珙桐科喬木》。**2** Ⓤ紫樹之木材。
tup·pence [ˈtʌpəns; ˈtʌpəns] *n.* 《英口語》=twopence.
tup·pen·ny [ˈtʌpənɪ; ˈtʌpṇi] *adj.* 《英口語》=twopenny.
nót gìve [cáre] a túppeny dámn 一點也[完全]無所謂[不在意]。
tuque [tuk, tjuk; tju:k] *n.* Ⓒ加拿大人冬天所戴的一種暖帽。
tu quo·que [tjuˋkwokwɪ; ͵tju:ˈkwoukwi] 《源自拉丁文 'thou too' 之義》你也是；你也不例外《對譴責者反唇相譏之用語》。

tur·ban [ˈtɝbən; ˈtə:bən] *n.* Ⓒ **1** (回教徒等包在頭上的)頭巾。**2** (婦女用的)無邊帽。

turban 1

túr·baned *adj.* 戴[包]著頭巾的。
tur·bid [ˈtɝbɪd; ˈtə:bid] *adj.* **1** **a** 〈液體〉混濁的，溷濁的。**b** 〈煙、雲等〉瀰漫的，濃密的(heavy). **2** 〈思想、文體等〉混亂的，紊亂的。~**·ly** *adv.* ~**·ness** *n.*
tur·bid·i·ty [tɝˋbɪdətɪ; tə:ˈbidəti] 《turbid 的名詞》—*n.* Ⓤ **1** 汚濁。**2** 混亂(狀態)。
tur·bi·nate [ˈtɝbənɪt, -͵net; ˈtə:binit] *adj.* **1** 陀螺形的；倒圓錐形的。**2** 螺旋形的；渦卷狀的。**3** 《解剖》鼻甲的。
—*n.* Ⓒ **1** 螺旋形介殼。**2** 《解剖》鼻甲。
tur·bine [ˈtɝbaɪn, -bɪn; ˈtə:bain, -bin] 《源自拉丁文「使旋轉之物」之義》—*n.* Ⓒ《機械》渦輪機，輪機《用水流、蒸汽、瓦斯的力量而旋轉的動力機》：an air [a gas] ~ 空氣[瓦斯]渦輪機/a steam [water] ~ 蒸汽[水力]渦輪機。
tur·bo- [tɝbo-; tə:bou-] [複合用詞]表示「渦輪的」：*turbo*jet.
túrbo·chàrged *adj.* 有渦輪推動機的：a ~ engine 渦輪推動引擎。
túrbo·chàrger *n.* Ⓒ《機械》輪機充電機《以內燃機的排氣驅動，使渦輪旋轉的强化動力裝置》。
tur·bo·cop·ter [ˈtɝbo͵kɑptɚ; ˈtə:boukɔptə] *n.* Ⓒ渦輪直升機《旋翼由一個或兩個渦輪發動機驅動的直升機》。
tur·bo-e·lec·tric [͵tɝbo·ɪˋlɛktrɪk; ͵tə:bouiˈlektrik] *adj.* 用渦輪發電機驅動的。
túrbo·jèt *n.* Ⓒ **1** (又作 **túrbojet èngine**)渦輪式噴射推進器，渦輪式噴射引擎。**2** 渦輪式噴射機。
túrbo·pròp [ˈtɝbo͵prɑp; ͵tə:bouˈprɔp] *n.* Ⓒ **1** (又作 **túrboprop èngine**)渦輪式螺旋槳引擎[發動機]。**2** 渦輪式螺旋槳飛機。

turboprop 2

túrbopropèller èngine *n.* Ⓒ渦輪式螺旋槳引擎。
tur·bot [ˈtɝbət; ˈtə:bət] *n.* (*pl.* ~, ~**s**) **1** Ⓒ《魚》大菱鮃《歐洲產的一種比目魚》。**2** Ⓤ大菱鮃肉。

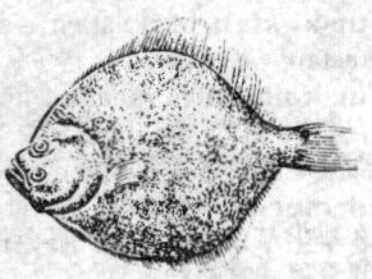

turbot 1

tur·bu·lence [ˈtɝbjələns; ˈtə:bjuləns] 《turbulent 的名詞》—*n.* Ⓤ **1** **a** 騷亂。**b** (社會的)不穩，動亂。**2** 《氣象》(大氣的)不穩定，亂流。
tur·bu·lent [ˈtɝbjələnt; ˈtə:bjulənt] *adj.* **1** **a** 〈風、波浪等〉狂烈的。**b** 〈情感等〉被擾亂的，激烈的。**2** 〈暴徒等〉騷亂的，粗暴的。~**·ly** *adv.*
Tur·co·man [ˈtɝkəmən; ˈtə:kəmən] *n.* (*pl.* ~**s**) =Turkoman.
turd [tɝd; tə:d] *n.* Ⓒ《鄙》**1** 糞(塊)。**2** 臭小子。
tu·reen [tuˋrin, tjuˋrin; təˈri:n, tuˈr-, tjuˈr-] *n.* Ⓒ(盛湯等的)有蓋深盌；(燒菜和上菜用的)焙盤，蒸鍋。

tureen

turf [tɝf; tə:f] *n.* (*pl.* ~**s**, **turves** [tɝvz; tə:vz]) **1** **a** Ⓤ**草皮**，草地，草根土《★ 比較 turf 是指草緊緊地紮根的土壤表層，lawn 是經過修整的草地》：artificial ~ 人工草皮。**b** Ⓒ(爲移植而被切成四角形的)草皮。**2** Ⓒ(切開的)泥炭塊。**3** [**the** ~] **a** 賽馬場。**b** 賽馬：He ruined himself *on the* ~. 他因賽馬而毀其一生。
—*v.t.* **1** [十受]將〈地面〉覆以草皮。**2** 《英口語》**a** [十受十副]將〈人〉趕走〈*out*〉. **b** [十受十介十(代)名]將〈人〉[從…]趕走[*out of, off*].
túrf accòuntant *n.* Ⓒ《英》經營馬券生意者，以賭賽馬爲業的人(bookmaker).
turf·y [ˈtɝfɪ; ˈtə:fi] 《turf 的形容詞》—*adj.* (**turf·i·er**；**-i·est**) **1** 被草皮所覆的，多草皮的；草地狀的。
2 多泥炭的；泥炭質的。
3 賽馬(場)的。

Tur·ge·n(i)ev [tur'gɛnjɪf, tur'genjɪf; tə:'geinjev, ˌtuə'g-, -njif], **I·van Ser·ge·e·vich** [ɪ'vansjɪr'gjɛjɪvjɪtʃ; i'va:nsjiə'gjeivjitʃ] *n.* 屠格涅夫《1818–83；俄國小說家》。

tur·gid ['tɝdʒɪd; 'tə:dʒid] *adj.* **1** 浮腫的。**2**〈文體等〉誇張的，虛飾的。~·**ly** *adv.*

tur·gid·i·ty [tɝ'dʒɪdətɪ; tə:'dʒidəti] «turgid 的名詞»—*n.* Ⓤ **1** 腫脹，浮腫。**2** 誇張，虛飾。

Tu·rin ['turɪn, 'tju-; tju'rin] *n.* 杜林《義大利西北部之一城市》。

Turk [tɝk; tə:k] *n.* Ⓒ土耳其人；(尤指)奧斯曼土耳其族的人：the Grand[Great] ~ 土耳其皇帝。

Tur·ke·stan [ˌtɝkɪ'stæn, -'stan; ˌtə:ki'sta:n, -'stæn] *n.* 土耳其斯坦《亞洲中央部分的廣大地方，包括中國新疆省之南部及中部，俄屬中亞各共和國及阿富汗東北部》。

***tur·key** ['tɝkɪ; 'tə:ki] *n.* **1 a** Ⓒ《鳥》**火鷄**，吐綬鷄。**b** Ⓤ火鷄肉。

【字源】turkey 原指自土耳其(Turkey)出口的珠鷄(guinea fowl)。據說最初火雞是由墨西哥輸出到歐洲的，途中必須經由土耳其轉運，因此常與土耳其出口的珠鷄混淆而被稱作 turkey.
【說明】乘坐五月花號船(the Mayflower)遠渡重洋移居美洲的清教徒，在慶賀首次豐收的感恩節(Thanksgiving Day)時是殺火鷄來食用的，因此美國現在每年在感恩節時便有吃火鷄肉的習俗。在英國則於耶誕節(Christmas)時吃火鷄肉。

2 Ⓒ **a** (戲劇等的)失敗(flop)。**b** 動作遲鈍的人，癡呆的人。
cóld túrkey ⇨ cold turkey.
tálk túrkey《美口語》(談生意等)率直地說；認眞地講。

Tur·key ['tɝkɪ; 'tə:ki] *n.* 土耳其《歐洲東南部，面臨黑海及地中海之共和國；首都安卡拉(Ankara)》.

túrkey còck *n.* Ⓒ **1** 雄火鷄。**2** 矯飾者，裝模作樣[裝腔作勢]的人。

Túrkey réd *n.* Ⓤ **1** (茜草色素染於棉布上之)鮮紅色。**2** 鮮紅色棉布。

Turk·ish ['tɝkɪʃ; 'tə:kiʃ] «Turkey 的形容詞»—*adj.* **1** 土耳其(風格)的；土耳其人的，土耳其族的。**2** 土耳其語的。
—*n.* Ⓤ土耳其語。

Túrkish báth *n.* Ⓒ土耳其浴，蒸氣浴(室)。

Túrkish cóffee *n.* Ⓤ土耳其咖啡《用研磨過的咖啡豆所煮成，通常是含甜味的濃咖啡》。

Túrkish delíght *n.* Ⓤ[指個體時爲Ⓒ](切成塊狀(cube)並撒滿砂糖的)果凍糖。

Túrkish Émpire *n.* [the ~] 土耳其帝國《1300？–1924；又稱作鄂圖曼帝國(Ottoman Empire)》.

Túrkish tówel *n.* Ⓒ土耳其毛巾《一種長毳厚毛巾，絨縫(terry)成圈狀》。

Tur·ki·stan [ˌtɝkɪ'stæn, -'stan; ˌtə:ki'sta:n, -'stæn] *n.* = Turkestan.

Tur·ko·man ['tɝkəmən; 'tə:kəmən] *n.* (*pl.* ~**s**) **1** Ⓒ土庫曼人《居住於土庫曼、烏玆別克、哈薩克三共和國及伊朗與阿富汗之部分地區的半遊牧民族之人》。**2** Ⓤ土庫曼語。

tur·mer·ic ['tɝmərɪk; 'tə:mərik] *n.* Ⓤ **1**《植物》鬱金；薑黃《薑科多年生草本植物》。**2** 鬱金根；薑黃根(的粉末)《供作黃色染料、健胃藥、咖哩粉等》。

tur·moil ['tɝmɔɪl; 'tə:mɔil] *n.* Ⓤ[又作 **a** ~]騷擾，騷動，混亂：The town was in *a* ~ during the election. 該城鎭在選舉期間陷入混亂。

‡**turn** [tɝn; tə:n] *v.t.* **A 1** 使…轉動。

【同義字】turn 是指使在軸或中心的周圍旋轉或環繞轉動半圈、一圈、數圈；rotate 是指使以軸爲中心旋轉；revolve 與 rotate 同意義，特別指在中心點周圍的軌道旋轉；spin 是指使以軸爲中心快速旋轉。

a〔十受〕旋轉〈輪子〉；轉動〈鑰匙、螺絲等〉；扭轉〈栓、水龍頭等〉：~ the wheel of a car 旋轉車子的方向盤/*T*~ the key in the lock. 轉動鎖眼中的鑰匙/ ~ the knob of a door 轉動門把。**b**〔十受十介十(代)名〕〔向…〕轉…〔*to*〕；將…轉〔到…〕〔*to*〕：*T*~ the steering wheel **to** the right. 向右打方向盤/He ~*ed* the hands of his watch *to* 3 o'clock. 他將他手錶的指針轉到三點鐘。**c**〔十受十副〕轉動〈水龍頭、栓〉讓水[瓦斯(等)]出來；開〈燈〉；開〈收音機、電視機〉〈*on*〉：*T*~ the gas cock **on**. 打開瓦斯栓/*T*~ the lights *on.* 打開電燈。**d**〔十受十副〕轉動〈水龍頭、栓〉關閉水[瓦斯(等)]；關〈燈〉；關〈收音機、電視機〉〈*off*〉：*T*~ the gas cock **off**. 關瓦斯栓/*T*~ *off* the radio. 關掉收音機。

2〔十受〕旋轉身體做〈翻觔斗等〉：~ a somersault 翻觔斗。

3〔十受〕**a** 將〈物〉固定於轆轤[車床]以便製作。**b** 巧妙地說〔表達〕〈言詞等〉：He ~*s* a pretty compliment. 他很會說奉承話。

4〔十受〕(做生意)獲得〈利益〉：~ a profit 獲得利益。

—**B 1**〔十受〕**a** 轉過〈角〉：~ a corner 轉過街角/⇨ turn the CORNER. **b** 迂迴〈敵人的側面〉：We've ~*ed* (the flank of) the enemy. 我們(由側面)迂迴包抄敵人。**c** 將計就計使〈人〉入彀；迂迴〈人的側面〉：~ a person = ~ a person's flank 以機智勝某人，由側面乘虛攻擊某人。

2 弄倒，翻過來：**a**〔十受(十副)〕將…反過來[翻過來，顚倒]〈*over, upside down*〉：~ a record (**over**) 將唱片翻面/A great wave ~*ed* the boat ***upside down***. 一個大浪把船打翻。**b**〔十受(十副)〕翻〈書頁〉〈*over*〉：~ (**over**) the pages 翻書頁。**c**〔十受〕將〈衣服〉翻面：I had my old overcoat ~*ed*. 我將我的舊大衣翻面(改做)。**d**〔十受(十副)〕翻動〈土〉〈*over*〉. **e**〔十受(十副)〕左思右想，深思熟慮〈事情〉〈*over*〉：I have ~*ed* the matter ***over*** and *over* in my mind. 我已在心中反覆考慮了這件事。**f**〔十受十副〕將…折(回原狀)〈*back*〉；將…捲(起)〈*up*〉：~ ***up*** one's shirt sleeves 捲起襯衫的袖子；迅速地進行工作。

3 轉向：**a**〔十受十副詞(片語)〕(使轉動而)轉變…的方向[位置]：He ~*ed* his chair *around*[*to* me]. 他把椅子轉過來[把椅子轉向我]。**b**〔十受十副詞(片語)〕將〈視線、臉、背等〉轉向(…的方向)：Please ~ your eyes *this way.* 請向這邊看/She ~*ed* her head *round* but saw nobody. 她轉過頭來但沒看見任何人/He ~*ed* his gun *on* me. 他把他的槍轉向我/He ~*ed* his back *to* me. 他把背轉向我/⇨ turn a deaf EAR[1] to/She wouldn't ~ her attention *to*[*toward*] what I said. 她不願意把注意力轉到我所說的話/⇨ turn one's BACK on. **c**〔十受十介十(代)名〕將〈話題、注意力等〉〔從…〕引開，岔開〔*from*〕：He ~*ed* the conversation *away* ***from*** himself. 他把話題引開不談論自己的事。**d**〔十受十介十(代)名〕將…充作，轉爲〔某目的、用途〕〔*to*〕：~ misfortune ***to*** good account 善用不幸，轉禍爲福/He ~*ed* the room *to* a great many uses. 他充分利用這個房間使之具有多種用途/He ~*ed* his hand *to* writ*ing* novels. 他轉而著手寫小說。**e**〔十受十副詞(片語)〕將〈人〉逐出(…)：~ a person *out* (*of* doors) 將某人逐出門外/She ~*ed* (*away*) the beggar *from* her door. 她把那乞丐趕離門口。

4〔十受〕閃避，避開〈子彈、攻擊等〉：~ a bullet[punch] 避開子彈[一拳]。

5 a〔十受〕改變〈人〉的心意：You cannot ~ him. 你不能改變他的心意。**b**〔十受十介十(代)名〕使〈人〉的心〔從…〕轉向他方〔*from*〕：You cannot ~ him ***from*** his goal[path]. 你不能改變他的目標[路線]。**c**〔十受十介十(代)名〕使〈人〉〔對…〕轉變成敵對態度〔*against*〕.

6〔十受〕**a** 使〈精神、頭腦〉昏狂，使…混亂：Success has ~*ed* his head. 成功沖昏了他的頭/Overwork has ~*ed* his brain. 過度的工作使他頭腦混亂。**b** 倒〈胃口〉：The sight ~*ed* his stomach. 這情景使他作嘔。

7〔十受〕超過，到了〈某年齡、時間、額度〉：She has ~*ed* forty. 她已經滿四十歲了/It has just ~*ed* five. 剛好到[剛過]五點鐘。

—**C 1**〔十受十介十(代)名〕使〈…的性質、形狀等〉改變〔成…〕〔*into, to*〕：~ love ***to*** hate 轉愛爲恨/ ~ Japanese yen ***into*** American dollars 將日幣兌換成美金/Heat ~*s* water *into* vapor. 熱使水變成蒸氣。

2〔十受(十介十(代)名)〕將…翻譯〔成…〕；將…改變〔成其他敍述方式〕〔*into*〕：How would you ~ this passage？你如何翻譯這一小節？/*T*~ this sentence ***into*** English. 把這句子翻譯成英文。

3〔十受十補〕使…成爲〈…〉：The very thought ~*s* me pale. 我一想到這事臉色就變白/His behavior ~*ed* me sick. 他的行爲使我作嘔/The heat ~*ed* the milk sour. 熱使牛奶變酸。

4〔十受〕使〈食物等〉變質，使…腐敗：Hot weather ~*s* meat. 熱天氣使肉腐壞。

—*v.i.* **A 1 旋轉**(⇨ *v.t.* **A**【同義字】)：**a** 轉動，旋轉：This tap will not ~. 這旋塞轉不動/The Ferris wheel is ~*ing* slowly. 摩天輪緩緩地轉動著/He ~*ed on* his heel(s). 他用腳跟轉身[急向後轉]/The earth ~*s round* its axis. 地球以地軸爲中心旋轉。**b**〔動(十副)〕翻滾，翻身〈*over*〉：He often ~*s* (**over**) in bed [his sleep]. 他常常在睡眠中翻身/⇨ make a person turn (over) in his GRAVE[1]. **c**〔十副〕扭轉栓使水[瓦斯(等)]出來；亮燈；打開收音機[電視機]〈*on*〉: The lights won't ~ ***on***. 這燈不亮。**d**〔十副〕扭轉栓使水[瓦斯(等)]關閉；熄燈；關掉收音機[電視機]〈*off*〉.

2 a 頭暈：The sight of blood makes my head ~. 我看到血就會頭昏。**b** 反胃，作嘔：His stomach ~*ed* at the thought of eating octopus. 想到吃章魚，他就會反胃。

3 a 轉動轆轤[車床]。**b**〈金屬、木材等〉上轆轤[車床]。

—**B 1 轉向**：**a** 回頭：She ~*ed* when I called her. 當我喊她時，她回過頭來。**b**〔十介十(代)名〕將臉[眼睛]〔從…〕轉開〔*from*〕；將臉[眼睛]轉〔到…〕，眺望〔…〕〔*to, toward*〕：She ~*ed* ***from*** him.她轉過臉來背對著他/He ~*ed* **to**[**toward**] the door. 他臉轉向門。**c**〔~ **inside out**〕〈東西〉成顚倒，成反面：His umbrella ~*ed inside out.* 他的傘開花[(被風吹得)翻過來

了]。**d**〈書頁〉打捲。**e**〔十介十(代)名〕〈翻書〉翻開〔…頁〕〔*to*〕：Please ~ ***to*** page 30. 請翻到三十頁。

2 a〔十副詞(片語)〕**朝向，轉向**(…)：~ *to* the right[left]向右[左]轉/The jeep ~*ed round* the corner. 吉普車在街角處轉彎/The road ~*s south*[*to* the south] here. 道路在這裡轉向南方/Things ~*ed for* the worse[better]. 事情已惡化[好轉]。**b**〔**動**(十介十(代)名)〕〈風、潮流、形勢等〉〔從…〕轉變〔爲…〕〔*from*〕〔*to*〕：The wind ~*ed* ***from*** the south ***to*** the west. 風向從南轉向西/The tide ~*ed.* 潮汐改變了；形勢已變。

3〔十介十(代)名〕**a**〈想法、注意力、慾望等〉轉〔到…〕〔*to*〕：My thoughts often ~ ***to*** you. 我經常想到你/My hopes ~*ed to* my son. 我把希望轉託在兒子身上。**b**〈人〉將想法[注意力(等)]轉〔到…〕〔*to*〕；〈人〉將想法[注意力(等)]〔從…〕轉移，移開〔*from*〕：He ~*ed* ***to*** politics. 他轉向政治/He ~*ed* ***from*** Shakespeare ***to*** the study of Hardy. 他從研究莎士比亞轉向研究哈代。

4 a〔**動**(十介十(代)名)〕**攻擊；背叛**〔…〕〔*against*〕《★可用被動語態》：He ~*ed* ***against*** his friends. 他背叛了他的朋友/Even a worm will ~. ⇨ worm 1 a. **b**〔十介十(代)名〕〔向著…〕轉過來；突然襲擊〔…〕〔*on, upon*〕《★可用被動語態》：The dog ~*ed* ***on*** its owner. 那隻狗突然攻擊自己的主人。

5 折返，返回。

6 a〔十介十(代)名〕〔與…〕有關，依〔…〕而定，取決〔於…〕〔*on, upon*〕：Everything ~*s* ***on*** her answer. 凡事都要視她的回答而定/The future of our nation ~*s* ***upon*** this treaty. 我們國家的未來繫於[取決於]此條約。**b**〔**動**(十介十(代)名)〕依賴〔…〕，〔向…〕請求[幫助等]〔*to*〕〔*for*〕《★可用被動語態》：I have no one but you to ~ ***to***. 除了你，我沒有其他人可以依賴/He ~*ed to* his friend ***for*** help[advice]. 他向他的朋友請求幫助[忠告]。

—C 1〔十介十(代)名〕〔從…〕**轉變，轉化**〔爲…〕〔*from*〕〔*to, into*〕：Tadpoles ~ ***into*** frogs. 蝌蚪轉變成青蛙/The rain soon ~*ed* ***to*** sleet. 雨很快地轉變成霰/Love can ~ *to* hate. 愛有時會轉變成恨/Afternoon ~*ed into* evening. 下午變爲傍晚。

2〔十補〕**變成**〈…〉：~ professional[pro] 轉爲職業〈選手〉/She ~*ed* pale. 她的臉色變白/The weather has ~*ed* fine. 天氣轉晴/He has ~*ed* Communist. 他變成一個共產主義者《★用法 名詞被用作 turn 的補語時不加冠詞》/The milk has ~*ed* sour. 牛奶已經變酸了/The maple leaves have ~*ed* red. 楓葉已經變紅了。

3 味道[顏色]變質：The milk has ~*ed.* 牛奶已經變味了/The poplars began to ~. 白楊木的葉子開始變色了。

tùrn abóut《*vi adv*》(1)回頭，向後轉；(使)迴轉。(2)《軍》向右轉。

tùrn aróund ＝TURN round.

tùrn asíde《*vt adv*》(1)使…轉變方向。(2)閃開〈質問、攻擊等〉。**—**《*vi adv*》(3)把臉背過去轉向側面。

tùrn awáy《*vt adv*》(1)⇨*v.t.* B 3 e. (2)不支持[援助]〈人〉。**—**《*vi adv*》(3)〔從…〕把臉背過去〔*from*〕：She ~*ed away from* him in embarrassment. 她窘得轉過臉去避開他。

tùrn báck《*vt adv*》(1)⇨*v.t.* B 2 f. (2)**使…返回**；撥慢〈鐘錶〉：You can't ~ (the hands of) the clock *back.* 誰都無法使時鐘的針[已逝的時光]返回《誰也無法阻止時代的前進》。**—**《*vi adv*》(3)〔從…〕**返回**，回溯〔到…〕；返回原位〔*from*〕〔*to*〕.

tùrn dówn《*vt adv*》(1)(向下)**折疊**，折回…：~ *down* a collar 翻下領子/He ~*ed down* the corner of the page he was reading. 他將正在讀的那頁頁角折起。(2)**關細**[小]〈瓦斯、油燈等的火〉；將〈收音機等〉的聲音關小[低]：*T~ down* the radio. 把收音機的聲音調低。(3)拒絕，駁回〈提案、候選人、申請人等〉：She ~*ed down* every suitor. 她拒絕了每一個求婚者/He got ~*ed down* for the job. 他申請該職被拒絕了。

tùrn ín《*vt adv*》(1)將…向內曲[折]，摺入：To make a cube you first ~ the corners of the paper *in.* 你要做一個立方體，先要將紙的角向內折。(2)將…放進[趕入]。(3)將〈肥料等〉翻入土中。(4)《美》提交[出]，遞交〈文件、辭呈等〉：~ *in* one's resignation 提出辭呈。(5)歸還…：You must ~ *in* your badge when you leave the police force. 當你辭去警察職務時，必須歸還你的徽章。(6)將…提出交換：~ an old car *in* 將舊車提出交換。(7)將〈人、物〉交與警方，將〈人、物〉報[到警方]〔*to*〕.(8)〔~ one*self*〕〔向警察〕自首〔*to*〕. **—**《*vi adv*》(9)〈腳趾等〉向內曲。(10)《口語》就寢：I ~*ed in* at 12 last night. 我昨晚十二點就寢。(11)〔從大馬路〕折入[進入]：The driver ~*ed in at* the gas station. 那名駕駛員[司機]把車子一轉(從大路)折入加油站。

tùrn óff《*vt adv*》(1)⇨*v.t.* A 1 d. (2)《英》解雇〈佣人〉：She ~*ed* the maid *off* for misconduct. 她因女僕行爲不檢而把她解雇。(3)〔~＋受＋off〕《口語》使〈人〉失去興趣，使〈人〉不喜歡：Jazz [He] ~*s* me *off.* 我討厭爵士樂[他]。(4)作出…，生產…：~ *off* an epigram 道出警句。(5)離開〈某路〉(轉向另一條路)。**—**《*vi adv*》(6)⇨*v.i.* A 1 d. (7)〈人〉轉入岔路；〈道路〉分歧：*T~ off* at 15th Street. 在第十五街轉入岔路。(8)《口語》失去興趣，厭膩。

tùrn ón《*vt adv*》(1)⇨*v.t.* A 1 c. (2)〔~＋受＋on〕《俚》使〈人〉興奮[產生興趣]；給予〈人〉性的刺激：She[Baseball] ~*s* me *on.* 她[棒球]使我著迷。(3)〔~＋受＋on〕《俚》用毒品使〈人〉產生快感。**—**《*vi adv*》(4)⇨*v.i.* A 1 c. (5)《俚》吸食毒品(過癮)。

tùrn óut《*vt adv*》(1)**將…逐[趕]出**(到外面)；解雇〈人〉；將〈家畜〉趕出去外面：If you don't pay your rent, you'll be ~*ed out into* the street. 假如你不付房租，你會被趕到街上去。(2)使〈腳趾等〉向外。(3)〔~＋受＋out〕使〈人〉穿(好的)衣服，使…盛裝；〔~ one*self*〕盛裝《★常用被動語態》：The young man *was* nicely ~*ed out.* 那個年輕人衣著很講究。(4)翻出〈口袋〉：I ~*ed out* all my pockets but found no money. 我把口袋全翻過來，但分文沒找到。(5)將〈房間〉騰空清洗；把〈容器〉倒空清洗。(6)〔~＋out＋*n.*〕製成，生產，製造…：The factory ~*s out* thirty thousand cars every year. 那工廠每年生產三萬輛汽車/This college has ~*ed out* a great many excellent engineers. 這所大學已培育出許多卓越的工程師。(7)關閉〈瓦斯、火等〉：*T~ out* the lights before you go to bed. 在你就寢前，先關掉電燈。**—**《*vi adv*》(8)〔十(*to be*)補〕**結果判明**〈爲…〉，(結果)成爲〈…〉：The night ~*ed out* stormy. 結果，那天晚上下了一場暴雨/He ~*ed out* (*to be*) a humbug. 他原來是一個騙子。(9)〔十 *to* do〕結果判明〈爲…〉：The plan ~*ed out to* have had no effect. 這個計畫結果沒有什麼效果。(10)〔與狀態副詞連用〕〈情況等〉發展(爲…)，(…地)結束，結局(…)：We shall see how things ~ *out.* 我們將知道情況會有怎樣的結局/The story ~*s out* happily. 這故事結局圓滿。(11)〔It ~*s out* that... .〕結果判明爲…；結果成爲…：*It* ~*s out that* she was never there. 結果是她未去過那裡/*As it* ~*ed out*,... . 結果(終於…)。(12)〈腳趾等〉向外彎曲。(13)外出，出來；集合；派出，出動：The whole village ~*ed out* to welcome us. 全村的人都出來歡迎我們/Many boys have ~*ed out for* football practice. 許多男孩出動來練習足球。(14)《口語》起牀。

tùrn óver《*vt adv*》(1)⇨*v.t.* B 2 a. (2)⇨*v.t.* B 2b. (3)⇨ *v.t.* B 2d. (4)⇨*v.t.* B 2 e. (5)翻來覆去尋找〈文件等〉。(6)將〈工作、責任等〉交接，移交，讓渡〔於…〕；將〈人、物〉提交，引渡〔給警方〕〔*to*〕：He ~*ed over* his firm *to* his nephew. 他把他的公司轉讓給他的姪子。(7)發動〈引擎〉，使…發動。(8)〔~＋over＋*n.*〕《商》買賣〈商品〉；周轉〈資金〉，營業額達…，做〈…金額〉的生意：He ~*s over* $5000 a month. 他每月營業額達美金五千元。**—**《*vi adv*》(9)⇨*v.i.* A 1 b. (10)**翻轉，翻覆**：The boat ~*ed over.* 這船翻了。(11)〈引擎〉發動，起動；以低迴轉速轉動。

tùrn róund《*vi adv*》(1)**旋轉**：The earth ~*s round* from west to east. 地球由西向東旋轉。(2)**回頭**：She ~*ed round* and began to cry. 她把頭轉過去開始哭了起來。(3)改變意見[態度]；變節：He ~*ed round* and voted for the Democrats. 他改變想法而投民主黨的票。**—**《*vt adv*》(4)⇨ *v.t.* B 3 b. (5)改變〈意見、態度等〉。

tùrn tó《*vi adv*》開始工作：Now, let's ~ *to.* 現在我們來開始工作吧。

tùrn úp《*vt adv*》(1)⇨ *v.t.* B 2 f. (2)**使…向上**；使…向上仰：⇨ turn up one's NOSE. (3)將〈撲克牌〉翻面；把〈…正面〉朝上。(4)把〈燈〉開亮；把〈瓦斯〉開大；將〈收音機等〉的聲音開大：Don't ~ *up* the radio. 請別將收音機的聲音開大。(5)掘起，挖掘；發現，找到…：The remains of an ancient building were ~*ed up* nearby. 古代建築的遺跡在附近被挖掘出來。(6)〔~＋受＋up〕《英口語》使〈人〉厭煩；令〈人〉作嘔：The bad smell from the ditch ~*ed* me *up.* 排水溝發出的臭味令我作嘔。**—**《*vi adv*》(7)(突然)出現：He ~*ed up* an hour later. 一小時後他出現了。(8)〈事件〉(在無意中)發生：Never mind；something will ~ *up.* 別擔心，事情會有所轉機。(9)〈東西〉偶然出現[找到]：The ring I lost ~*ed up* in one of my gloves. 我遺失的戒指在我的一隻手套中找到。(10)向上翹，向上：Her nose ~*s up* a little. 她的鼻子有一點向上翹。

—*n.* A 1 Ⓒ**轉動**(一次)，**旋轉，扭轉**：a ~ *of* a handle[screw, dial]把手[螺絲，號碼盤]的轉動/a ~ *of* the dice 骰子的滾動(方式)/at a ~ *of* the switch 一扭轉開關(就馬上…)/A ~ *of* the knob opened the door. 一轉動把手，門就開了。

2 Ⓒ **a 輪流，輪班**：wait one's ~ 等待輪到自己/My ~ has come. 已經輪到我了。**b**〔十 *to* do〕〈做…的〉輪流順序：It's your ~ *to* row. 輪到你划了。

3 a〔a ~〕逛一圈，(輕鬆的)散步，開車：take *a* ~ in[around] the garden 在花園裡散步。**b**〔a ~〕一陣活動，一陣工作：a ~ *of* work 一陣工作/take *a* ~ *at* gardening[*at* the oars]在花園裡工作一陣子[划船划一陣子]。**c** Ⓒ(表演的)一個節目，一場：vaudeville ~*s* 雜耍的表演。

4 Ⓒ〔與 good, bad 等修飾語連用〕(好的、壞的)行爲，態度，對待：do a person a *good*[*bad*] ~ 幫某人一次忙；對某人很好[苛待某人]/A [One] *good* ~ deserves another.《諺》施惠者當得報償；善有善報。

—B 1 Ⓒ **a** (方向)**轉換**，迴轉；折回：⇨ U-turn/No Right

[Left] *T*~.《告示》禁止右[左]轉/The car made[took]a ~ *to* the right. 那汽車向右轉。**b** 轉彎處，轉角：a ~ *in* the river[street] 河流[街道]的轉[拐]彎處。**c**《軍》(操練的)圈環，轉彎，轉向：About ~!《口令》向後轉！/Right[Left] ~!《口令》向右[左]轉！
2 a [**a** ~]〈情勢的〉變化，轉換；演變：*an* odd[unexpected] ~ *of* events 事情的奇妙演變[事情的不能預期的轉變]/take *a* ~ *for* the better[the worse]〈情勢、病情等〉好轉[惡化]/The patient's condition has taken *a* good[bad] ~. 這病人的情況已經好轉[惡化]。**b** [**the** ~]轉捩點，轉機：*the* ~ *of* life 更年期/at *the* ~ *of* the century 在世紀交替時。
3《口語》**a** [**a** ~]吃驚，意外：The sight gave me quite *a* ~. 這情景令我十分吃驚。**b** Ⓒ(疾病等的)發作。
—C 1 [**a** ~] (天生的)**個性**，性向；(特別的)癖習；性能：*a* cheerful ~ (*of* mind)開朗的氣質/have *a* ~ *for* music 有音樂的天賦/have *a* fine ~ *of* speed〈車子等〉具有絕佳的速度性能。
2 Ⓒ外形，形狀(shape)：the ~ *of* one's neck 頸部的形狀。
3 Ⓒ(特別的)說法，措詞：a happy ~ *of* expression 巧妙的[適切的]措詞。
at èvery túrn 每個轉角處，到處；事事，不斷，經常：We were welcomed *at every* ~. 我們到處受到歡迎。
by túrns 輪替地，輪流地，依次地：We rowed *by* ~*s*. 我們輪流划船/It rained and blew *by* ~*s*. 風雨交替侵襲。
in túrn 依次地，依序地：The baby and I caught flu *in* ~. 嬰兒和我相繼得了流行性感冒/The doctor saw them all *in* ~. 醫生依次地診斷他們所有的人。
in óne's tùrn (1)輪到自己：I'll call you in, each *in* your ~. 我會依次逐一地叫你們進來。(2)這次輪到自己：He was scolded *in* his ~. 這次輪到他被罵了。
on the túrn (1)在轉變；正要轉變：The tide is *on the* ~. 潮流正在轉變/Public opinion is *on the* ~. 輿論正在轉變。(2)《口語》〈牛奶〉開始變酸。
òut of túrn (1)不依照順序，不依次：You mustn't get on the swing *out of* ~. 你不可以不按順序盪鞦韆。(2)不適時地，不合時宜[場面]地，輕率地。
sérve a person's **túrn** 合某人的需要，夠某人用：I hope this will *serve* your ~. 我希望這會對你有用。
tàke one's **túrn** 輪流做：We all *took* our ~*s* in the work. 我們都輪流做那件事。
tàke túrns 輪替〔做…〕〔*at*〕：Let's *take* ~*s at* cook*ing*[*at* the wheel]. 我們來輪流烹飪[開車]吧。
to a túrn〈食物〉正好合適的程度，恰到好處：The roast was done *to a* ~. 烤肉烤得恰到好處。
túrn (and túrn) abóut =by TURNS：Mother and I do the dishes ~ *and* ~ *about*. 我和母親輪流洗盤子/*T*~ (*and* ~) *about* is fair play.《諺》互相輪流是公平的。

túrn·abòut *n.* Ⓒ **1** 轉向，迴轉。**2** (思想、政策等的)轉變，背叛，變節。**3**《美》旋轉木馬。

túrn·aròund *n.* **1** Ⓒ(思想、態度等之)轉變。**2** Ⓤ(船、飛機等)往返所需的時間。**3** Ⓤ一件工作[工程]自接下到完成所需的時間。**4** Ⓒ可供車輛倒轉之小廣場。**5** Ⓒ轉向，迴轉。

túrn·bùckle *n.* Ⓒ鬆緊螺旋釦，套筒螺母。

túrn·còat *n.* Ⓒ變節者，叛徒。

【字源】從前在鄰接法國的小公國薩克森的公爵(Duke of Saxony)設計了一種兩面用的上衣(coat)，一面爲藍色，另一面爲白色。據說他到法國時就把白色那一面穿在外頭，離開法國時則把藍色那一面穿在外面。由此典故 turncoat 便有了「變節者，叛徒」的意思。

túrn·còck *n.* Ⓒ《英》自來水供水栓(stopcock)。

túrn·dòwn *adj.* [用在名詞前]**1** 向下翻折的，翻領的：a ~ collar 翻領。**2** 翻折式的：a ~ bed 折疊床。
—*n.* Ⓒ **1** 拒絕，排斥；駁回。**2** 下降，下跌。

turned *adj.* **1** 迴轉的。**2** 顚倒的：a ~ comma《印刷》倒印逗點(')/a ~ letter(鉛字的)倒字/a ~ period《印刷》倒印句點(·)。**3** [構成複合字]措詞[形狀]…的：⇨ well-turned/an exquisitely-*turned* wrist 形狀纖美的手腕。

túrn·er *n.* Ⓒ **1** 翻觔斗的人。**2** (烹調用的)鍋鏟。**3** 鏇匠，車床工人。

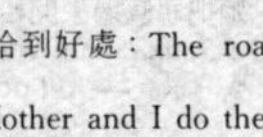
turner 2

Tur·ner [ˈtɝnɚ; ˈtə:nə], **Joseph Mal·lord William** [ˈmæləd; ˈmæləd] *n.* 泰納《1775–1851；英國風景畫家》。

turn·er·y [ˈtɝnərɪ; ˈtə:nəri] *n.* **1** Ⓤ 車床細工，鏇床細工。**2** Ⓒ車床工廠。

túrn·ing *n.* **1** Ⓤ旋轉，迴旋；轉變；轉向。**2** Ⓒ彎曲；彎曲處，轉角：a sharp ~ in[of] the road 道路的急轉彎處/Take the second ~ to[on] the left. 在第二個轉角向左彎/It is a long lane that has no ~. ⇨ lane 1 a. **3** Ⓤ車床[鏇轤]細工(法)，鏇床工。

túrning pòint *n.* Ⓒ **1** 轉捩點，轉變方向的地點。
2 轉換期，轉機，轉變處；(命運、疾病等的)最危險期，危機：A ~ *in* history has come. 歷史轉捩點已經到來/ This may be the ~ *of* his life. 這也許是他一生的轉捩點。

tur·nip [ˈtɝnɪp; ˈtə:nip] *n.* **1** Ⓒ《植物》蕪菁《又稱大頭菜》。**2** Ⓒ[當作食物時爲Ⓤ]菜頭《蕪菁的根》。

túrnip tòps *n. pl.* 蕪菁可食用的莖葉部分。

túrn·kèy *n.* Ⓒ《罕》(監獄的)看守，獄吏。

túrn·òff *n.* Ⓒ《美》(大馬路的)側路；(尤指出入高速公路的)斜道，岔路，支路；分叉點。

túrn·òn *n.* Ⓒ能引起興趣[興奮]的事[物]。

túrn·òut *n.* **1** Ⓒ[常用單數；常與修飾語連用](集會等的)出席人(數)：a large voter ~ 相當高的投票人數/There was quite a good[poor] ~ at the polls. 投票率相當好[不太好]。
2 [用單數；常與修飾語連用]產量，生產額：a large ~ 大量的生產額。
3 Ⓒ裝束，打扮；裝備：a smart ~ 時髦的打扮。
4 Ⓒ《美》**a** (鐵路等的)避讓線。**b** (道路上的)車子的避讓處。
5 Ⓒ(將抽屜等)倒清：have a good ~ *of* one's drawers 把抽屜裡的東西完全倒出來。

túrn·òver *n.* **1** Ⓒ(車子等的)翻覆，翻倒。**2** [用單數；常與修飾語連用](資金等的)周轉率〔*of*〕：reduce prices to make a quick ~ 減價以迅速周轉資金。**3** [用單數；常與修飾語連用](一定期間的)交易額，總銷售額〔*of*〕：make a profit of $350 *on* a ~ *of* $7000 七千美元總營業額中，獲得三百五十美元的利潤。**4** [用單數；常與修飾語連用]轉職率：reduce the labor ~ 減低勞工的流動率。**5** Ⓒ[當作菜名時爲Ⓤ][常與修飾語連用]捲酥《將果實或果醬夾在四方形或圓形的原料中，將它折半的一種烤餅》：an apple ~ 蘋果捲酥。
—*adj.* [用在名詞前]翻折的：a ~ collar 翻領。

túrn·pìke «因在殖民地時代，道路所有人以 pike(柵門)關閉道路，只對已繳錢者放行»**—***n.* (又作 **túrnpike róad**)Ⓒ《美》(收費)高速公路《★設有收費站有六至八線車道的收費高速公路》。

túrn·scrèw *n.* Ⓒ《主英》螺絲旋轉具；螺旋起子。

túrn·spìt *n.* Ⓒ旋轉烤肉叉的人[旋轉器]。

túrn·stìle *n.* Ⓒ(只讓人通過，而不讓牛馬通過或設在戲院或車站入口，一次只讓一個人通過的)旋轉式收票口；旋轉柵門。

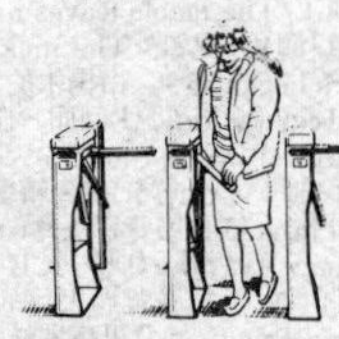
turnstile

túrn·tàble *n.* Ⓒ **1 a** 旋轉台。**b**《鐵路》轉車臺。**2** (唱機的)轉盤。

túrntable làdder *n.*《英》= aerial ladder.

turntable 1 a

túrn·ùp *n.* Ⓒ《英》**1** (褲腳的)翻折邊(《美》cuff)。**2** (又作 **túrnup for the bóok**)《口語》突發事件。
—*adj.* [ˊ-ˋ]**1** 〈鼻子等〉向上翹的。**2** 翻折的。

tur·pen·tine [ˈtɝpənˌtaɪn; ˈtə:pəntain] *n.* Ⓤ **1** 松脂，松香《松科植物的樹脂》：oil of ~ = spirit of ~ 松節油。**2** 松節油。

tur·pi·tude [ˈtɝpəˌtud, -ˌtjud; ˈtə:pitju:d] *n.* Ⓤ 卑鄙；邪惡；可恥之行爲；墮落。

turps [tɝps; tə:ps] *n.* Ⓤ《口語》松節油。

tur·quoise [ˈtɝkwɔɪz; ˈtə:kwɔiz] *n.* **1** Ⓤ [指寶石個體時爲Ⓒ]《礦》綠松石，土耳其玉(⇨ birthstone 表)。**2** (又作 **túrquoise blúe**) Ⓤ天藍色；青綠色。
—*adj.* 天藍色的，青綠色的。

turret 1

tur·ret [ˈtɝɪt, ˈtʊrɪt; ˈtʌrit] *n.* Ⓒ **1** (從建築物、城堡等的邊角所搭出的)小塔，角樓。**2**《軍》**a** (軍艦的)迴轉砲塔。**b** (戰車的)砲塔。**c** (戰鬥機的)槍座。

túr·ret·ed *adj.* **1** 有小塔的；塔狀的。**2** 裝備有砲塔的。

tur·tle [ˈtɝtl; ˈtə:tl] *n.* **1** Ⓒ《動物》龜(⇨ tortoise【同義字】)。**2** Ⓤ龜肉。
túrn túrtle 〈小艇等〉翻覆。

túrtle·bàck *n.* **1** Ⓒ(家具上)卵形或橢圓形的突起部分[物]。**2** Ⓒ《考古》龜甲形石器。

3 Ⓒ《航海》在船首和船尾甲板上樹起之拱形甲板《用以防巨浪者》。

túrtle·dòve *n.* Ⓒ《鳥》斑鳩《以雌雄恩愛著稱》。

túrtle·nèck *n.* Ⓒ《美》**1** 翻折的高領(《英》polo neck). **2** 翻折式高領的套頭毛線衫。

turtleneck

túrtle shèll *n.* Ⓤ龜甲。

turves [tɝvz; təːvz] *n.* **turf** 的複數。

Tus·can [ˋtʌskən; ˈtʌskən] 《Tuscany 的形容詞》**—*adj.*** 塔斯卡尼(人，語)的：the ～ order 《建築》塔斯卡尼式《屬古羅馬建築風格，以環狀柱頭而無任何裝飾的平滑石柱著稱》。

—*n.* 1 Ⓒ塔斯卡尼人。**2** Ⓤ塔斯卡尼語《標準的義大利語》。

Tus·ca·ny [ˋtʌskənɪ; ˈtʌskəni] *n.* 塔斯卡尼《義大利中部的地方》。

tush [tʌʃ; tʌʃ] *interj.* [表示不耐煩、斥責或輕蔑等]《罕》哖！呸！咄！

tusk [tʌsk; tʌsk] *n.* Ⓒ (象等的) 長牙 (⇨ fang【同義字】; cf. ivory).

tusk·er [ˋtʌskɚ; ˈtʌskə] *n.* Ⓒ有長牙的動物《象、野豬等》。

tus·sah [ˋtʌsə; ˈtʌsə] *n.* **1** Ⓒ《昆蟲》柞蠶。**2** Ⓤ柞蠶絲；柞蠶絲綢。

Tus·saud's [təˋsoz, tʊ-; təˈsɔːdz, -ˈsouz] *n.* ⇨ Madame Tussaud's.

tus·sle [ˋtʌsḷ; ˈtʌsl] 《口語》 *n.* Ⓒ劇烈地爭鬥，揪打，扭打，搏鬥〔*with*〕：have a ～ *with* a person [job] 與某人揪打 [艱苦地應付工作]。

—*v.i.* 〔**動(十介十(代)名)**〕〔與…〕互相扭打〔*with*〕：～ *with* a person 與某人扭打 [纏鬥]。

tus·sock [ˋtʌsək; ˈtʌsək] *n.* Ⓒ草叢，叢，簇。

tus·sore [ˋtʌsor, -sɔr; ˈtʌsə, -sɔː] *n.* 《英》＝tussah.

tut [ʇ; ʇ, tʌt] *interj.* 噓！嘖！《表示焦躁、輕蔑、責難、困惑等的咋舌聲》；★ [ʇ; ʇ] 是指將舌尖壓在牙齦，像要吸進去般所發出的咋舌聲音；通常重複兩次作 tut, tut！》.

— [tʌt; tʌt] *v.i.* (**tut·ted**; **tut·ting**) 發出嘖嘖聲。

Tut·ankh·a·men [ˌtutaŋkˋamɪn, -mən; ˌtuːtaŋˈkaːmen, -mən] *n.* 杜唐卡門《紀元前十四世紀後半葉的埃及國王；其墓於 1922 年被發掘》。

tu·te·lage [ˋtutḷɪdʒ, ˋtju-; ˈtjuːtəlidʒ] *n.* **1** Ⓤ監護，保護，監督；指導：under the ～ *of*... 在…的監護[指導]下。**2** Ⓤ[又作 **a** ～]接受保護[監督，指導](的期間)。

tu·te·lar [ˋtutəlɚ, ˋtju-; ˈtjuːtilə] *adj.* ＝tutelary.

tu·te·lar·y [ˋtutḷˌɛrɪ, ˋtju-; ˈtjuːtiləri] *adj.* **1** 守護的，保護的：a ～ deity [god] 守護神/a ～ saint [angel] 守護聖者 [天使]。**2** 監護上的，監護人的。

tu·tor [ˋtutɚ, ˋtju-; ˈtuːtə] 《源自拉丁文「保護者」之義》**—*n.*** Ⓒ **1** (常指住宿在學生家裡的) **家庭教師**《★ 比較 女性家庭教師爲 governess》. **2** 《英》(在大學裡個別指導一定數目學生之學習等的) 導師《通常由研究生 (fellow) 擔任》。**3** 《美》(大學的) 助教《職位次於 instructor》. **4** 《法律》(未成年人等的) 監護人。

—*v.t.* 1 〔**十受(十介十(代)名)**〕(當家庭教師) 教〈人〉〔…〕〔*in*〕：She ～*ed* a girl *in* French. 她當家教教一個女孩子法語。**2** 〔**十受**〕訓練；教授，教導…。

—*v.i.* 1 〔**動(十介十(代)名)**〕擔任〔…學科的〕家庭[指導]教師〔*in*〕. **2** 《口語》當家庭教師。

tu·tor·age [ˋtutərɪdʒ, ˋtju-; ˈtjuːtəridʒ] *n.* Ⓤ **1** 家庭[指導]教師[監護人(等)]的職責[地位，權威]；教導。**2** 家庭教師之薪酬；束脩。

tu·tor·ess [ˋtutərɪs, ˋtju-; ˈtjuːtəris] *n.* Ⓒ女性的 tutor.

tu·to·ri·al [tuˋtorɪəl, tju-, -ˋtɔr-; tjuːˈtɔːriəl] 《tutor 的形容詞》**—*adj.* 1** 家庭教師的。**2** (英國大學的) (個別) 指導的：a ～ class 個別指導班/the ～ system 導師制。**3** 《法律》監護人的。

—*n.* Ⓒ (英國大學導師的) 指導時間。**～·ly** *adv.*

tútor·ship *n.* ＝tutorage 1.

tut·ti-frut·ti [ˋtutɪˋfrutɪ, ˌtutiˈfruti, ˌtuː-, -ˈfruː-] 《源自義大利語 'all fruits' 之義》**—*n.*** Ⓒ [當作點心時爲Ⓤ] 蜜餞白菓《攙有蜜餞白菓碎片的冰淇淋》。

tut-tut [*interj.* ʇʇ; ʇʇ, ˋtʌtˋtʌt, *v.* ˋtʌtˋtʌt; ˈtʌtˈtʌt] *interj., v.* ＝tut.

tu·tu [ˋtutu; ˈtuːtuː] *n.* Ⓒ《芭蕾》短裙《芭蕾舞中女演員所著之短裙》。

Tu·va·lu [tuˋvalu; tuːˈvaːluː] *n.* 吐瓦魯《太平洋中南部的一個島國；首都富納富提 (Funafuti [ˌfunəˋfuti; ˌfuːnəˈfuːtiː])》.

tu-whit tu-whoo [tʊˋhwɪt tʊˋhwu; tuˈwit tuˈwuː, -hwit, -hwuː] *n.* Ⓒ (貓頭鷹) 嗬嗬 (的鳴叫聲)。

tux [tʌks; tʌks] 《tuxedo 之略》**—*n.*** Ⓒ (*pl.* **～·es**)《美口語》男用無尾的半正式晚禮服。

tux·e·do [tʌkˋsido; tʌkˈsiːdou] *n.* Ⓒ (*pl.* **～s**, **～es**)《美》男用無尾的半正式晚禮服 (《英》dinner jacket)《男用之簡單型晚禮服》。

‡TV [ˋtiˋvi; ˌtiːˈviː] 《television 之略》**—*n.*** (*pl.* **～s**, **～'s**) **1** Ⓤ**電視**(廣播)：watch *TV* 看電視/We watched the football game on *TV*. 我們收看在電視上播放的足球比賽。**2** Ⓒ電視機。

—*adj.* [用在名詞前] 電視的：a *TV* program 電視節目。

TVA 《略》Tennessee Valley Authority.

TV dínner 《因可以邊看電視邊吃而得名》**—*n.*** Ⓒ《美》電視餐，盒裝便餐《加熱後即可食用的混裝冷凍食品》。

twad·dle [ˋtwadḷ; ˈtwɔdl] *n.* Ⓤ **1** 廢話。**2** 愚蠢而無聊之著作，劣作。

—*v.i.* 1 愚蠢而無聊地說，講廢話。**2** 笨拙而無意義地寫。

twain [twen; twein] *n.* Ⓒ《古・詩》二；兩個；雙。

Twain [twen; twein] *n.* ⇨ Mark Twain.

twang [twæŋ; twæŋ] *n.* Ⓒ **1** (彈奏弦樂器、拉弓弦時的) 弦聲。**2** 鼻聲，尖銳的鼻音：speak with a ～ 說話帶著鼻音。

—*v.t.* 鏗鏘地撥響〈弦樂器〉；嗤的一響射〈箭〉：～ a guitar 彈奏吉他。

—*v.i.* 1 〈弦樂器、弓弦〉發出弦聲：The bow ～*ed* and the arrow shot away. 弓嗤的一響，箭就射出去了。**2** 以鼻音說話。

twan·gle [ˋtwæŋgḷ; ˈtwæŋgl] *n.* ＝twang.

twang·y [ˋtwæŋɪ; ˈtwæŋi] *adj.* (**twang·i·er**；**-i·est**) **1** 〈弦等〉發出聲響的。**2** 〈聲音、人〉帶鼻音的，鼻音的。

'twas [(輕讀) twəz; twəz; (重讀) twaz, twʌz; twɔz]《詩・古・方言》it was 之略。

twat [twat; twɔt] *n.* Ⓒ **1** 《鄙》女性陰部。**2** 《俚》討厭的[愚笨的]傢伙[女人]。

tweak [twik; twiːk] *v.t.* 擰，扭，用力扯〈人的耳、鼻等〉：～ a person's cheek 擰某人的臉頰/～ a girl's hair 用力拉扯女孩頭髮。**—*n.*** Ⓒ擰，扭，力扯。

twee [twi; twiː] *adj.* 《英口語》刻意地裝模作樣的，矯裝可愛的。

tweed [twid; twiːd] *n.* **1** Ⓤ粗呢《蘇格蘭產的一種毛織衣料》。

【字源】蘇格蘭產的這種毛料原來稱作 tweel，但因與其原產地的圖威河 (the Tweed) 的聯想，後來就被改稱爲 tweed.

2 [～s] 蘇格蘭粗呢所做的衣服：The gentleman was dressed in Scottish ～*s*. 這位紳士穿著以蘇格蘭粗呢製成的衣服。

—*adj.* [用在名詞前] 蘇格蘭粗呢的：a ～ skirt 以蘇格蘭粗呢裁製的裙子。

Twee·dle·dum and Twee·dle·dee [ˌtwidḷˋdʌmənˌtwidḷˋdi; ˌtwiːdlˈdʌmənˌtwiːdlˈdiː] *n. pl.* 難以區別的二事件 [人]；半斤八兩；名稱不同而實質相同的兩物 [兩人]。

tweed·y [ˋtwidɪ; ˈtwiːdi] 《tweed 的形容詞》**—*adj.*** (**tweed·i·er**；**-i·est**) **1** 蘇格蘭粗呢 (風格) 的。**2** 愛穿蘇格蘭粗呢服裝的。**3** 愛好戶外生活的；隨便慣了的，無拘束的。

'tween [twin; twiːn] *prep.* 《詩》＝between.

tween·y [ˋtwinɪ; ˈtwiːni] *n.* Ⓒ《英口語》(尤指幫忙洗碗盤的) 女傭。

tweet [twit; twiːt] *v.i.* 〈小鳥〉啾啾 [吱吱] 地叫。

—*n.* Ⓒ鳥叫 (聲)。

twéet·er *n.* Ⓒ高音擴音器《高音專用的擴音器；cf. woofer》.

tweez·ers [ˋtwizɚz; ˈtwiːzəz] *n. pl.* 鉗子，鑷子：a pair of ～ 一把鉗子。

‡twelfth [twɛlfθ; twelfθ] 《源自 twelve ⑫ ＋ th[1] (構成序數的字尾)》**—*adj.* 1** [常 **the** ～] **第十二的**。**2** 十二分之一的：a ～ part 十二分之一。

—*n.* 1 Ⓤ [常 **the** ～] **a** (序數的) 第十二《略作12th》. **b** (每月的) 十二日。**2** Ⓒ十二分之一。**3** Ⓒ《音樂》十二度，十二度音程。

—*pron.* [**the** ～] 第十二個人 [物]。

Twélfth Dày *n.* Ⓤ十二日 [主顯] 節 (Epiphany)《指一月六日，爲耶誕節後之第十二日》。

Twélfth Nìght *n.* Ⓤ十二日 [主顯] 節 (Twelfth Day) 之前夕《一月五日》。

‡twelve [twɛlv; twelv] *adj.* **1** [用在名詞前] **十二的，十二個的，十二人的**：He is ～ years old [of age]. 他十二歲/the *T*～ (Apostles) 耶穌的十二使徒。**2** [不用在名詞前] 十二歲的：He is ～. 他十二歲。

—*n.* 1 a ⓊⒸ [通常無冠詞] (基數的) **十二**。**b** Ⓒ十二的記號《12, xii, XII》. **2** Ⓤ十二點鐘；十二歲；十二美元 [英鎊，分，便士 (等)]：at ～ 在十二點鐘/a child of ～ 十二歲的小孩。**3** Ⓒ十二個 [人] 一組。**4** [～s] 十二開 (twelvemo). **—*pron.*** [當複數用] 十二個，十二人：There are ～. 有十二個 [人]。

twélve·fòld *adj.* **1** 十二倍 [層] 的。**2** 有十二個部分 [要素] 的。

—*adv.* 十二倍 [層] 地。

twélve·mò, 12mò [-mo; -mou] *n.* Ⓒ (*pl.* ～s) 十二開 (duodecimo).

twélve·mònth *n.* [**a** ～]《英》十二個月，一年：I have been looking forward to his visit for *a* ～. 我期待他的來訪已有一年了。

T

twélve-tóne *adj.* 《音樂》十二音的，十二音制的：the ~ system 十二音制，無調主義/ ~ music 十二音音樂。

‡**twen·ti·eth** [ˈtwɛntɪɪθ; ˈtwentiiθ] 《源自 twenty＋-th[1]（構成序數的字尾）》**—*adj.*** [常 **the** ~]**第二十的**。**2** 二十分之一的。

—*n.* 1 Ⓤ[常 **the** ~] **a**（序數的）**第二十**《略作 20th》. **b**（每月的）二十日。**2** Ⓒ二十分之一。

—*pron.* [**the** ~]第二十個人[物]。

‡**twen·ty** [ˈtwɛntɪ; ˈtwenti] *adj.* **1** [用在名詞前]**二十的**，二十個的，二十人的：He is ~ years old[of age]. 他二十歲/ ~ times 二十次[倍]。**2** [不用在名詞前]二十歲的：He is ~. 他二十歲。**3** 許多的：I have told you ~ times. 我已經跟你講過很多次了。**—*n.* 1 a** ⓊⒸ[通常無冠詞]（基數的）**二十**。**b** Ⓒ二十的記號《20, xx, XX》. **2 a** Ⓤ二十歲；二十美元[英鎊，分，便士（等）]：a man of ~ 二十歲的人。**b** [**the twenties**]（世紀的）二十年代。**c** [**one's twenties**]（年齡的）二十幾歲。**3** Ⓒ《印刷》二十開。**—*pron.*** [當複數用]二十個，二十人：There are ~. 有二十個[人]。

twénty·fòld *adj.* **1** 二十倍[層]的。**2** 有二十個部分[要素]的。

—*adv.* 二十倍[層]地。

twénty-óne *n.* Ⓤ《美》《紙牌戲》二十一點（《英》pontoon）《滿分爲二十一點，以點數超過莊家者爲贏的一種紙牌遊戲》。

twénty-twénty *adj.* 視力正常的《從二十呎距離可以看見三分之一吋大的字的視力；亦可寫成 20/20》：have ~ vision 擁有正常視力。

'twere [（輕讀）twɚ; twə;（重讀）twɝ; twəː] 《詩・古》it were（＝it would be）之略。

twerp [twɝp; twəːp] *n.* Ⓒ《俚》粗俗的人，魯莽的人；討厭的傢伙；笨蛋。

twi- [twaɪ-; twai-] 字首 表示「二…」「兩倍的」「雙重…」之意。

‡**twice** [twaɪs; twais] *adv.*（無比較級、最高級）**1 兩次**：once or ~ 一兩次/ ~ or thrice《文語》兩三次。**2 兩倍地**，倍增地：~ as good as... 有…的兩倍好/ ~ as many 兩倍（的數）/ ~ as much 兩倍（的量）/ *T*~ three is[are] six. 三乘二等於六/I'm ~ your age.＝I'm ~ as old as you are. 我的年齡比你大一倍。

think twice ⇨ think.

twíce-tóld *adj.* [用在名詞前]說過兩次[好幾次]的；陳腐的：a ~ tale 老生常談，陳腔濫調。

twid·dle [ˈtwɪdl; ˈtwidl] *v.t.* **1** 擺弄〈手指等〉。**2**（用手）玩弄〈東西〉：~ one's pencil（因無聊而隨手）玩弄鉛筆。

—*v.i.* 〔動（＋介＋（代）名）〕擺弄，玩弄〔…〕〔*with*〕：~ ***with*** one's watch chain 玩弄錶鍊。

—*n.* [**a** ~]捻弄；（尤指兩手之四個手指交叉在一起）拇指交互擺弄《無所事事時的動作》。

twig[1] [twɪg; twig] *n.* Ⓒ**小枝，嫩枝**《通常指無葉者；⇨ branch【同義字】, tree 插圖》。

hóp the twíg 《英謔》(1)死亡。(2)借錢不還而離去[逃走]。

twig[2] [twɪg; twig]（**twigged**；**twig·ging**）《英俚》*v.t.* **1** 看穿，察覺出〈眞意等〉。**2** 〔＋ *wh.*__〕瞭解〈…〉：I soon *twigged why* she hadn't come. 我沒多久就知道她爲什麼沒有來。**—*v.i.*** 懂。

twíg·gy [ˈtwɪgɪ; ˈtwigi] 《twig[1] 的形容詞》**—*adj.***（**twig·gi·er**；**-gi·est**）**1** 多小枝的，長出小枝的。**2** 小枝狀的；纖細的，瘦的。

twi·light [ˈtwaɪˌlaɪt; ˈtwailait] *n.* Ⓤ **1**（日出前的）**微明，曉光；曙光**；（較常指日落後的）**黃昏，薄暮**：in the ~ 在黃昏（時）。

2（似微明的）微弱的光芒。

3（全盛期、光榮、成功之後的）衰微（狀態）。

—*adj.* [用在名詞前]黃昏的，微明的：the ~ hour 黃昏時。

twílight slèep *n.* Ⓤ《醫》半麻醉，朦（朧）睡（態）《無痛分娩等時經注射麻醉劑後之半昏迷狀態》。

twílight zòne *n.* Ⓒ **1** 不分明[界線模糊]的地帶；邊緣地區。**2** 光線所能貫穿之海水最下層。**3** 靈界。

twill [twɪl; twil] *n.* Ⓤ斜紋織物（花樣）。

—*v.t.* 將…織成斜紋：~*ed* fabrics[weaves]斜紋織物。

'twill [（輕讀）twə, twl; twəl, twl;（重讀）twɪl; twil]《古・詩》it will 之略。

***twin** [twɪn; twin] *n.* **1 a** Ⓒ**雙生子之一**《★ 相關用語 三胞胎爲 triplet, 四胞胎爲 quadruplet, 五胞胎爲 quintuplet, 六胞胎爲 sextuplet》. **b** [~s]雙生子，雙胞胎：one of the ~*s* 雙胞胎之一/⇨ fraternal twin, identical twin, Siamese twins.

> 【說明】用英語形容兩個人長得一模一樣，通常用 two peas, 例如 The twin brothers are（as）like（as）two peas.（這對雙胞胎兄弟長得一模一樣。）

2 a Ⓒ極相似之人[物]；一對中之一方。**b** [~s]對。

3 [**the Twins**；當單數用]《天文》雙子（星）座（Gemini）.

—*adj.* [用在名詞前] **1** 雙胞胎的：~ children 孿生子/ ~ brothers[sisters]雙胞胎兄弟[姊妹]。

2 成對的，一對（之一）的；極相似的，相像的：a ~ bed（同型單人牀成對的）兩張單人牀之一/a ~ room 有兩張單人牀的房間。

—*v.t.*（**twinned**；**twin·ning**）〔＋受（＋介＋（代）名）〕**1** 使…〔與…〕成對〔*with*〕.

2 使〈某城市〉〔與…〕成姊妹關係〔*with*〕《★常用被動語態，變成「〔與…〕有姊妹關係」之意》：Our city *is twinned* ***with*** Seattle in the U.S. 本市與美國的西雅圖是姊妹市。

Twin Cíties *n. pl.* [**the** ~]雙城《美國明尼蘇達州（Minnesota）之明尼亞波利斯（Minneapolis）與聖保羅（St. Paul）》.

twine [twaɪn; twain] *n.* Ⓤ **1 合股線**；（尤指包裝用、製造網用等的）麻線，麻繩。**2** 編織，編結。

—*v.t.* 1 a 〔＋受〕捻，搓〈線〉；織，編〈織品、花環等〉。**b** 〔＋受＋介＋（代）名〕把…編結〔成…〕〔*into*〕：She ~*d* the flowers ***into*** a wreath. 她把花編結成花環。**2 a** 〔＋受（＋副）〕使…纏繞〈*together*〉：She sat *twining* her fingers ***together*** in silence. 她靜靜坐著纏繞著手指頭。**b** 〔＋受＋介＋（代）名〕使…纏繞，纏捲〔於…〕〔*round, around, in*〕：She ~*d* her arms ***round***[***around***] me. 她用手臂攬住我/She ~*d* her fingers ***in*** my hair. 她把我的頭髮纏繞在她的手指上。

—*v.i.* 〔＋副詞（片語）〕〈植物等〉盤繞，纏繞：The ivy ~*d* *round*[*around*] the oak tree. 長春藤盤繞著橡樹。

twín-éngine(d) *adj.* 〈飛機〉雙引擎的。

twinge [twɪndʒ; twindʒ] *n.* Ⓒ **1** 刺痛，疼痛，劇痛〔*of*〕：a ~ *of* rheumatism 風濕症的一陣一陣疼痛。**2**（內心的）苦痛，後悔〔*of*〕：a ~ *of* conscience 良心的痛責。

twi-night [ˈtwaɪˌnaɪt; ˈtwainait] *adj.* 《棒球》在同一場地連續舉行兩場比賽的《第一場在下午較晚時間開始，而第二場在黃昏燈光下開始的》。

twin·kle [ˈtwɪŋkl; ˈtwiŋkl] *v.i.* **1** 〈星光、遠方的燈火等〉**閃爍，閃耀**（⇨ shine【同義字】）：The stars are *twinkling* in the sky. 星星在天空中閃爍著。

2 〔動（＋介＋（代）名）〕〈眼睛〉〔因…〕閃亮，閃爍〔*with*〕：She said so with her eyes *twinkling* ***with*** amusement[mischief]. 她這樣說時眼睛裡閃耀著歡愉[淘氣]的神情。

3 a 〈跳舞時的腳步〉輕快地移動。**b** 〈眼皮〉眨動。

—*n.* [用單數] **1** [常 **the** ~]（星光等的）閃爍，閃亮：*the* ~ of the stars 星星的閃爍。**2**（眼睛的）光輝，（生動的）閃亮，閃爍：a mischievous ~ in a girl's eyes 少女眼中閃爍著淘氣的眼神。**3**（跳舞時的腳步等）輕快的移動。**4** 頃刻，瞬間《★常用於下列片語》：in a ~ ＝*in* the ~ of an eye 轉瞬間。

twín·kling *adj.* **1** 閃爍的，閃耀的。**2** 〈腳步等〉輕快的。

—*n.* [用單數] **1** 閃耀，閃爍。**2** 瞬間《★常用於下列片語》：*in* a ~ 頃刻間，轉瞬間。

in the twínkling of an éye 頃刻間，轉瞬間。

twín-scréw *adj.* 《航海》〈船〉有雙螺旋槳的，有兩個向相反方向旋轉之推動器的。

twín sèt *n.* Ⓒ《英》（婦女用毛夾克和同顏色套頭毛衫的）套裝。

twirl [twɝl; twəːl] *v.t.* **1** 使…旋轉，使…迴轉：~ one's thumbs 交互繞動拇指《無聊時的動作》/The drum majorette ~*ed* her baton. 鼓樂隊女隊長快速地轉動她的指揮棒。**2** 捻，撫弄〈鬍子、頭髮等〉：~ one's moustache 捻鬍子。**3** 《棒球》投〈球〉。

—*v.i.* 1 旋轉：He made the ice ~ in his glass. 他使他杯中的冰塊旋轉。**2** 彎曲，扭曲。**3** 《棒球》投球。

—*n.* Ⓒ旋轉，扭轉；迴轉：a ~ in a dance 舞蹈的旋轉動作。

twírl·er *n.* Ⓒ **1** 使旋轉之人[物]，扭轉之人[物]。**2** 鼓樂隊的女隊長。**3** 《棒球》投手。

twirp [twɝp; twəːp] *n.* ＝twerp.

twist** [twɪst; twist] *v.t.* **1 a** 〔＋受（＋副）〕搓，捻〈線等〉〈*together*〉：~ a strip of paper 捻起紙條/ ~ threads ***together to make a string 把線搓成細繩子。**b** 〔＋受〕搓，捻成…：~ a rope 搓成繩子。**c** 〔＋受＋介＋（代）名〕將…搓〔成…〕，編…〔作成…〕〔*into*〕：She ~*ed* flowers ***into*** a garland. 她把花編成花環。

2 〔＋受＋介＋（代）名〕將…捲，捲纏，纏繞〔在…的周圍〕〔*round, around*〕：She ~*ed* her hair in ringlets ***round***[***around***] her finger. 她把頭髮捲在手指上使之呈鬈髮狀。

3 a 〔＋受〕捻，扭彎；擰…（⇨ bend[1]【同義字】）：⇨ twist a person's TAIL/~ a wire 扭彎鐵絲。**b** 〔＋受＋副〕擰下[斷]，扭取〈物〉〈*off, out*〉：~ ***off*** a jar cap 扭下瓶蓋/~ ***out*** a light bulb（從燈座）扭下燈泡。**c** 〔＋受＋介＋（代）名〕〔從…〕擰下，扭取…〔*off, out of*〕：He ~*ed* the gun ***out of*** my hand. 他從我的手中擰取槍。

4 a 〔＋受〕扭曲〈臉〉《★常以過去分詞當形容詞用；⇨ twisted 2 b》：Pain ~*ed* his face. 他的臉因痛苦而扭曲。**b** 〔＋受＋介＋（代）名〕將〈臉〉扭曲〔成…〕〔*into*〕：He ~*ed* his face ***into*** a grin. 他扭歪著臉露齒而笑。

5 a 〔＋受〕扭傷〈手腳等〉：He ~*ed* his ankle. 他扭傷了腳踝。**b** 〔＋受（＋副）〕扭轉〈身體之某部位〉〈*round, around*〉：He ~*ed*

T

his body (*a*)**round** to look over his shoulder. 他扭轉身子回頭向後看。
6 a 〔十受〕牽強附會，曲解〈話(意)〉：～ a person's words [intentions] 曲解某人的話[意思]。**b** 〔十受十介十(代)名〕曲解〈話(意)〉〔成…〕〔*into*〕：He tried to ～ my words ***into*** an admission of error. 他試圖把我的話曲解成認錯。
7 〔十受十副詞(片語)〕〔～**one's way**〕曲折穿行：They ～*ed* their *way through* the crowd. 他們在人羣中曲折穿行。
—*v.i.* **1 a** 扭曲，扭歪：This wire ～*s* easily. 這條鐵絲容易扭彎。**b** 〔動(十副)〕盤旋上升〈*up, upward*〉：The smoke from his pipe ～*ed* ***upward***. 從他煙斗冒出來的煙盤旋上升。
2 a 〔動(十副)〕扭[擰]身〈*round, around*〉：She ～*ed* (***around***) to see the procession. 她轉過身去看遊行的行列。**b** 〔十介十(代)名〕扭身體〔從…〕脫離〔*out of, off*〕：The girl ～*ed* ***out of*** the man's arms and shouted "Help!" 這女孩從這男人的手中掙脫出來，並大聲呼叫「救命！」 **c** 〔十副〕扭動，(因痛苦而)翻滾〈*about*〉：The patient ～*ed* ***about*** in pain. 病人因痛苦而翻滾。
3 〔十副詞(片語)〕**a** 〈道路、河川等〉曲折，彎曲：The path ～*s in* and *out* among the rocks. 小徑在岩石間繞來繞去。**b** 曲折穿梭(而過…)：The car ～*ed through* back streets. 這部車子迂迴曲折地穿過後街。
4 《舞蹈》跳扭扭舞。
—*n.* **1** Ⓒ捻線，索。
2 Ⓒ **a** 擰，扭；糾結：give a ～ to a rope 捻繩子/a ～ in one's tongue 舌頭遲鈍，發音不清。**b** (臉等的)痙攣，扭曲。
3 a Ⓒ捲狀麪包。**b** Ⓤ[指個體時爲Ⓒ]捻捲煙。
4 Ⓒ彎曲，旋轉；(道路等的)轉彎，彎曲：a ～ *in* a road 道路的轉彎/The road makes a sharp ～ to the left. 這道路向左急轉彎/⇨TWISTS and turns.
5 ⓊⒸ(棒球、網球等的)曲球。
6 Ⓒ **a** (情勢等的)意外進展：by an odd ～ of fate 由於命運的奇妙因緣。**b** (故事等情節的)偏差。**c** 創新，新方法：give something a new ～ 對於某事嘗試新方法。
7 Ⓒ(意思的)牽强附會，曲解。
8 Ⓒ癖，彆扭：a ～ *in* one's nature 怪癖，彆扭的性質。
9 [**the** ～]《舞蹈》扭扭舞：dance[do] *the* ～ 跳扭扭舞。
twísts and túrns (1)彎曲。(2)曲折，原委。

twist·ed *adj.* **1 a** 擰的，糾結的：Your belt is ～ at the back. 你的(褲子)腰帶在背後糾結著。**b** 〈人(的個性)等〉彆扭的。**2 a** 〈表情等〉扭曲的。**b** [不用在名詞前]〔十介十(代)名〕〈表情等〉〔因…而〕扭曲的〔*with, by*〕(cf. twist *v.t.* 4 a)：His face was ～ ***with*** pain. 他的臉因痛苦而扭曲。

twíst·er *n.* Ⓒ **1 a** 撚搓的人，扭轉的人。**b** 撚搓機；捻搓的人。**2** 《口語》(心術)不正的人，(狡猾的)騙子，歪曲事實的人。**3** (棒球、網球等的)曲球。**4** 難事，難題：⇨ tongue twister. **5** 《美口語》旋風，龍捲風。**6** 跳扭扭舞的人。

twist·y ['twɪstɪ; 'twisti] «twist 的形容詞» —*adj.* (**twist·i·er**; **-i·est**)扭曲的，彎曲的，曲折的：a ～ mountain road 一條彎彎曲曲的山路。

twit [twɪt; twit] *v.t.* (**twit·ted**; **twit·ting**)〔十受(十介十(代)名)〕嘲笑，挖苦〈人〉〔過失、缺點等〕〔*with*〕;〔因…而〕嘲笑，揶揄〈人〉〔*about, on*〕：They *twitted* him ***with*** be*ing* late [***about***[***on***] his girlfriend]. 他們嘲笑他遲到[對於他女朋友的事加以嘲弄]。
—*n.* Ⓒ **1** 責備，責罵，嘲笑。**2** 《英俚》呆子，蠢貨。

twitch [twɪtʃ; twitʃ] *v.t.* **1 a** 〔十受〕急拉〈物〉，扯…：～ a curtain *aside* 用勁把窗簾拉到一邊。**b** 〔十受十介十名〕拉扯〈人〉〈身體、衣服的某部位〉〔*by*〕《★囲困在表示身體、衣服之部位的名詞前加 the》：～ a person ***by*** *the* sleeve 扯某人的衣袖。**c** 〔十受十介十(代)名〕〔從…〕搶奪，奪取…〔*out of, from, off*〕：She ～*ed* the letter ***out of*** my hand. 她從我的手中奪走了那封信。**2** (無意識地)抽動〈身體的某部位〉，使…痙攣：The cows were ～*ing* their tails to drive off the flies. 牛抽動尾巴以驅走蒼蠅。
—*v.i.* **1** 抽動，抽搐，痙攣：The smell made my dog's nose ～. 那股氣味使我的狗的鼻子抽動著/Her lips ～*ed* in exasperation. 她的嘴唇因激怒而抽搐著。**2** 〔十介十(代)名〕急拉，猛拉〔…〕〔*at*〕：She ～*ed* ***at*** my sleeve. 她驟然扯我的衣袖。
—*n.* Ⓒ **1** 急拉，猛拉：She felt a ～ *at* her sleeve. 她感覺到衣袖被猛拉一下。**2 a** (肌肉等的)痙攣，抽搐，抽筋。**b** (身心的)突然的劇痛，疼痛。

twit·ter ['twɪtə; 'twitə] «擬聲語» —*n.* **1** Ⓤ[常**the** ～](小鳥的)鳴叫聲，鳴囀：*the* ～ of sparrows 麻雀的鳴叫聲。**2** [**a** ～]《口語》興奮，顫抖：(all) in *a* ～ (極度)緊張[興奮]，激動。
—*v.i.* **1** 〈小鳥〉啾啾地叫。**2** 〔動(十副)(十介十(代)名)〕〈人〉(因興奮而)喋喋不休地說〔…之事〕〈*on*〉〔*about*〕：～ ***on about*** trifles 對於瑣事喋喋不休。**3** 緊張；興奮。

twit·ter·y ['twɪtərɪ; 'twitəri] *adj.* 緊張的；興奮的。

'twixt [twɪkst; twikst] *prep.* 《詩・古》＝betwixt.

‡two [tu; tu:] *adj.* **1** 二的，兩個的，兩人的：He is ～ years old[of age]. 他兩歲/⇨ in[of] two MINDS/in one or ～ days＝in a day or ～ 在一兩天內/*T*～ heads are better than one. 《諺》一人不抵二人智[三個臭皮匠，勝過諸葛亮]。**2** [不用在名詞前]兩歲的：He is ～. 他兩歲。
—*n.* **1 a** ⓊⒸ[通常無冠詞](基數的)二：in ～ 成兩半地/*T*～ and ～ make four. 二加二等於四；自然明白的道理/*T*～ can play at that(game). 你有一手，我也有一手；你能要，我也能耍；(你擺我一道，)咱們走著瞧！《誓言報復的話》/It takes ～ to make a quarrel. ⇨ quarrel 1/*Two*'s company, (but) three's none[a crowd]. 《諺》兩人好作伴，三人反成絆[兩人成伴，三人不歡]。**b** Ⓒ二的記號《2, ii, II》。

【說明】按西方迷信，數字的二(two)和十三(thirteen)都是不吉利的數字(unlucky number)．「二」是代表骰子上小的點數，代表倒楣，通常稱作 deuce；由此字而逐漸轉變成 the devil(惡魔)；因此被視作不祥；cf. superstition【說明】

2 Ⓤ兩點鐘；兩歲；兩美元[英鎊，分，便士(等)]：at ～ 在兩點鐘時/a child of ～ 兩歲的孩子。**3** Ⓒ兩個[人]一組，一對：by[in] ～*s* and threes 三三兩兩，零零落落。**4** Ⓒ(紙牌、骰子等的)二。
in twó twós 《英口語》馬上，立刻。
pùt twó and twó togéther 根據各種事實、情況來推論。
Thát màkes twó of us. 我的情形也是一樣，我也那樣想："I don't like him."—"*That makes* ～ *of us.*"「我討厭他。」「我也一樣。」
twó and[**by**] **twó** 每次兩人，兩個兩個。
twó (**for**) **a pénny** ⇨ penny.
—*pron.* [當複數用]兩個，兩人：There are ～. 有兩個[人]。

twó-bágger *n.* 《美口語》＝two-base hit.
twó-bàse hít *n.* Ⓒ《棒球》二壘打。
twó-bìt *adj.* [用在名詞前]《美》**1** 《口語》二角五分的。**2** 《俚》沒甚麼價值的，不重要的。
twó-by-fòur 《美》*adj.* **1** 〈木板等〉二吋厚四吋寬的《此種木材爲美國、加拿大木造建築的規格材料》。**2** 《口語》小的，窄的，感覺束縛的。
—*n.* Ⓒ二吋厚四吋寬的木材。
twó cénts *n.* Ⓤ《美口語》**1** 沒甚麼價值的東西：feel like ～ 感到羞恥。**2** (又作 **twó cénts wòrth**)[常 **one's** ～](自己的)意見：put in one's ～ *worth* 陳述自己的意見。
twó-décker *n.* Ⓒ **1** 有兩層甲板的船。**2** 雙層電車[公共汽車]。—*adj.* 有兩層的。
twó-diménsional *adj.* **1** 有長寬的，二度[維]空間的，平面的。**2** 〈作品等〉沒有深度的。
twó-édged *adj.* **1** 〈劍〉雙刃的，雙鋒的。**2** 有雙重不同意義的，兩面有效的。
twó-fàced *adj.* **1** 有兩面的，兩面的。**2** 有二心的，有表裏兩面的，虛僞的。
twó-físted *adj.* **1** 能用雙拳的。**2** 《美口語》强壯的，精力充沛的。**3** 《英》笨拙的。
twó·fòld *adj.* **1** 兩倍的，雙重的。**2** 有兩部分的，有兩要素的。
—*adv.* 兩倍地，雙重地。
twó-fóur *adj.* 《音樂》四分之二拍子的。
twó-hánded *adj.* **1** 有兩手的。**2 a** 〈刀等〉用兩手使用的。**b** 〈鋸子等〉兩人用的。**c** 〈遊戲等〉兩人玩的。**3** 兩手都會用的，使用兩手的。
twó-légged *adj.* 有兩條腿的。
twó-másted *adj.* 雙桅的。
twó-máster *n.* Ⓒ《航海》雙桅船。
twó-pàrty sýstem *n.* Ⓒ《政》兩黨制度。
two·pence ['tʌpəns; 'tʌpəns] *n.* 《英》**1** Ⓤ兩便士的金額。**2** Ⓒ兩便士的銅幣。
nót cáre twópence 絲毫不在意，不在乎。
two·pen·ny ['tu,pɛnɪ, 'tʌpənɪ; 'tʌpni] *adj.* [用在名詞前]**1** 兩便士的。**2** 便宜的，無價值的，不足道的。**3** 〈釘子〉有一吋長的。
twópenny-hálfpenny *adj.* 《英》**1** 兩便士半的。**2** 不足道的，瑣屑的。
twó-pìece *adj.* [用在名詞前]兩件式的，分爲上裝及下裝的〈衣服等〉：a ～ dress 兩件式的衣服。—*n.* Ⓒ兩件式衣服。
twó-plý *adj.* **1** 〈線等〉雙股的。**2** 雙重的；雙層的。
twó-séater *n.* Ⓒ雙人座的汽車[飛機(等)]。
twó-síded *adj.* **1** 兩邊[面]的；有兩面的。**2** 懷二心的，表裏不一致的。
twó·some [-səm; -səm] *n.* Ⓒ[常用單數]**1** 兩人一組。**2** 《高爾夫》雙人賽(single)。
—*adj.* 由兩人組成的，兩人從事的。
twó-spéed *adj.* 《機械》有兩種速度的；雙速的。
twó-stèp *n.* Ⓒ **1** 兩步舞《社交舞的一種》。**2** 兩步舞舞曲。

T

twó-stóry[**-stóried**] *adj.* 兩層樓的。

Twó Thóusand Guíneas *n. pl.* [the ～；當單數用]兩千基尼賽馬《英國五大賽馬之一；cf. classic races》.

twó-tìme *v.t.* 《口語》背著[欺騙]〈愛人、丈夫、妻子〉偷情。

twó-tìmer *n.* Ⓒ《口語》愛情不專一的人；背著愛人[配偶]偷情的人。

twó-tóne *adj.* [用在名詞前]雙色組合的；同色系而色度不同的：～ shoes 有兩種顏色的鞋子。

'twould [(輕讀) twəd; twəd, təd；(重讀) twud; twud]《詩》it would 之略。

twó-wáy *adj.* **1** 兩路的，有兩條通道的：a ～ switch 兩路開關。**2** 收發兩用的：a ～ radio 收發兩用無線電裝置/～ television 雙向電視《可以同時收發影像的方式》。**3** 雙向交通的(cf. one-way 1)：a ～ road 雙向交通道路。

twó-whéeler *n.* Ⓒ二輪車；腳踏車。

TX 《略》《美郵政》Texas.

-ty[1] [-tɪ; -ti] 字尾用以構成十之倍數的數字：twen*ty*.

-ty[2] [-tɪ; -ti] 字尾表示性質、狀態、程度等的名詞字尾：beau*ty*, safe*ty*.

Ty·burn [ˋtaɪbɚn; ˈtaibə:n] *n.* 泰伯恩《倫敦昔時之公開行刑場》。

ty·coon [taɪˋkun; taiˈku:n] 《源自日語》—*n.* Ⓒ **1** 大君，將軍《外國人對日本德川幕府將軍的尊稱》。**2** (實業界的)鉅子，大亨：an oil ～ 石油大王。

ty·ing [ˋtaɪɪŋ; ˈtaiiŋ] 《源自tie》—*n.* Ⓤ捆綁，繫結，打結。
—*adj.* 打結的；束縛的。

tyke [taɪk; taik] *n.* Ⓒ **1** 雜種狗，野狗。**2** 《北英》粗野的人，村夫。**3** 《美口語》小孩。

tym·pan [ˋtɪmpən; ˈtimpən] *n.* Ⓒ **1** 《印刷》襯墊《筒襯用紙》；墊版紙《介於壓筒與版間之紙》。**2** 《建築》**a** 拱楣空間《拱圈與拉梁間的弧形部分》。**b** 山牆飾內的三角面部分。**3** 鼓，似鼓的樂器。

tym·pa·na *n.* **tympanum** 的複數。

tym·pa·ni [ˋtɪmpənɪ; ˈtimpəni] *n.* ＝timpani.

tym·pan·ic [tɪmˋpænɪk; timˈpænik ˉ] 《tympanum 的形容詞》—*adj.* 鼓膜的：the ～ membrane 鼓膜。

tym·pa·nist [ˋtɪmpənɪst; ˈtimpənist] *n.* ＝timpanist.

tym·pa·ni·tis [ˏtɪmpəˋnaɪtɪs; ˌtimpəˈnaitis] *n.* Ⓤ《醫》中耳炎。

tym·pa·num [ˋtɪmpənəm; ˈtimpənəm] 《源自希臘文「鼓」之義》—*n.* Ⓒ (*pl.* ～**s**, **-na** [-nə; -nə]) **1** 《解剖》**a** 鼓膜。**b** 中耳。**2** (電話機的)振動板。

Tyn·dale [ˋtɪndl; ˈtindl], **William** *n.* 丁道爾《1492?–1536；英國的宗教改革家，1524－26 將聖經新約譯成英文》。

Tyne [taɪn; tain] *n.* [the ～]泰因河《從英格蘭東北部注入北海的河川》。

Týne and Wéar [-ˋwɪr; -ˈwiə] *n.* 泰因與威爾郡《英格蘭東北部的一郡；首府紐加塞耳(Newcastle)》.

‡type [taɪp; taip] 《源自希臘文「押，打」之義》—*n.* **1** Ⓒ**a** 型，型式，樣式，類型；種類；…的類型的人：a new ～ of car＝a car of a new ～ 新型的汽車《★用法(1)～ of 之後的名詞常省略不定冠詞；(2)《口語》則常省略 ～ 之後的 of》/whisky *of* the Scotch ～＝Scotch ～ whisky 蘇格蘭式的威士忌/people *of* that ～ 那類型的人/You're not the banker[playgirl] ～. 你不是銀行家[花花女郎]型的人/This ～ *of* book is popular. 這類型的書很受歡迎/She is not my ～. 她不是我的類型[不是我喜歡的類型]。**b** 《生物》型，類型，模式標本：variant ～*s of* pigeon 鴿子的變種。**c** 《生理》病型，菌型；血型。
2 Ⓒ **a** 典型，模範，榜樣，典範；典型人物：a perfect ～ *of* the American businessman 不折不扣的美國實業家典型/He is the very ～ *of* the sportsman. 他是運動家的典範。**b** 表徵，象徵〔*of*〕.
3 Ⓒ[集合稱爲Ⓤ]《印刷》活字，活版，字體：a piece of ～ 一個活字/in ～ 以鉛字排成的/set ～ 排字/wooden ～(*s*)木刻版/We are short of these ～*s* at present. 現在我們短缺這些鉛字。

English English *English*
Gothic Roman italics

English *English*
sans serif script

type 3

(**bréed**) **trúe to týpe** ⇨ breed *v.*, true *adj.*

revért to týpe 回歸原狀[原型]：Garden plants sometimes *revert to* ～. 園藝植物有時會產生返祖的現象《恢復野生狀態》。

—*v.t.* **1 a** 〔十受〕將…分類。**b** 〔十受〕《醫》驗出〈血液等〉的型。**c** 〔十受十*as* 補〕將…分類〈爲…〉。
2 〔十受〕用打字機打〈字、信件等〉(typewrite).
—*v.i.* 打字：Kate ～*s* well[poorly]. 凱蒂打字打得很好[不好]。

-type [-taɪp; -taip] [複合用詞]表示「…型，…式，…版」之意。

týpe-càst *v.i.* & *v.t.* (**type-cast**)鑄〈〈鉛字〉〉。
—*adj.* (付印稿件)鉛字已鑄妥的。

týpe·càst *v.t.* (**type·cast**)讓〈演員〉老是擔任同一型的角色《★常用被動語態》。

typed *adj.* 用打字機打的、用打字的：a ～ letter 用打字機打的信。

týpe·fàce *n.* Ⓒ《印刷》**1** 活字的版面。**2** (活字)字體。

týpe fòunder *n.* Ⓒ活字鑄造工。

týpe fòundry *n.* Ⓒ活字鑄造廠。

týpe·script *n.* Ⓤ[指個體時爲Ⓒ]用打字機打的原稿[文件]。

týpe·sèt 《源自typesetter 的逆成字》—*v.t.* 將〈原稿〉排字，把…排版。

týpe·sètter *n.* Ⓒ **1** 排字工人。**2** 排字機。

týpe·sètting *n.* Ⓤ排字。—*adj.* 排字的。

týpe·write 《源自 typewriter 的逆成字》—*v.t.* (**-wrote**；**-written**)用打字機打…。—*v.i.* 打字。

***type·writ·er** [ˋtaɪpˏraɪtɚ; ˈtaipˌraitə] *n.* Ⓒ **1 打字機**。**2** 《罕》打字員(typist).

týpe·writing *n.* Ⓤ **1** 打字；打字術。**2** 打字的印刷品。

týpe·wrìtten *adj.* 用打字機打出的：a ～ letter 用打字機打的信。

typh·li·tis [tɪfˋlaɪtɪs; tifˈlaitis] *n.* Ⓤ《醫》盲腸炎。

ty·phoid [ˋtaɪfɔɪd, taɪˋfɔɪd; ˈtaifɔid] 《醫》 *adj.* 傷寒的：the ～ bacillus 傷寒桿菌。
—*n.* (又作 **týphoid féver**)Ⓤ傷寒(病)。

ty·phoon [taɪˋfun; taiˈfu:n] *n.* Ⓒ**颱風**(⇨ storm【同義字】)。

> 【說明】typhoon(颱風)是指發生在太平洋西南部，尤其常襲擊中國沿海地區和日本的暴風雨。此字一說是源自中文的「大風」，而另一說是源自「臺風」(即從臺灣吹向中國大陸本土的風)。另外 cyclone 是指印度洋一帶的氣旋；hurricane 是指襲擊西印度羣島(West Indies)及墨西哥灣一帶的颶風；tornado 是常襲擊美國中西部的龍捲風；而 monsoon 是指夏季發生在印度洋及亞洲南方的季風。

ty·phus [ˋtaɪfəs; ˈtaifəs] *n.* (又作 **týphus féver**)Ⓤ《醫》斑疹傷寒。

***typ·i·cal** [ˋtɪpɪkl; ˈtipikl] 《type 的形容詞》—*adj.* (**more** ～；**most** ～) **1 a 典型的，有代表性的**。**b** [不用在名詞前]〔十介十(代)名〕代表〔…〕的，象徵〔…〕的〔*of*〕：He is ～ *of* our school. 他是本校的代表。
2 a 特有[獨特]的：his ～ way of speaking 他獨特的說話方式。**b** [不用在名詞前]〔十介十(代)名〕表示〔…之〕特徵的〔*of*〕：It is ～ *of* him to forget to bring a present. 忘記帶禮物來正是他的特點。

týp·i·cal·ly [-klɪ; -kəli] *adv.* **1** 典型地。**2** [修飾整句]照例，經常(一定)。**3** 一般地，一般性地，大概。

typ·i·fi·ca·tion [ˏtɪpəfɪˋkeʃən; ˌtipifiˈkeʃn] 《typify 的名詞》—*n.* ⓊⒸ(成爲)典型；象徵。

typ·i·fy [ˋtɪpəˏfaɪ; ˈtipifai] 《type 的動詞》—*v.t.* **1** 爲…的標本[典型]；代表…：John F. Kennedy *typified* the new frontier spirit. 約翰・甘迺迪爲新拓荒者精神的典型人物。**2** 象徵…：The dove *typifies* peace. 鴿子象徵和平。

typ·ing [ˋtaɪpɪŋ; ˈtaipiŋ] *n.* ＝typewriting.

týp·ing pòol *n.* Ⓒ(在大辦公室專爲公司人員打文件的)打字員集在一起的打字室。

typ·ist [ˋtaɪpɪst; ˈtaipist] *n.* Ⓒ**打字員**：She is a very fast ～. 她打字速度很快。

ty·po [ˋtaɪpo; ˈtaipou] 《typographic error 之略》—*n.* Ⓒ (*pl.* ～**s**)《口語》排印錯誤。

ty·pog·ra·pher [taɪˋpɑgrəfɚ; taiˈpɔgrəfə] *n.* Ⓒ印刷[排字]工人，活版[印刷]技術員。

ty·po·graph·ic [ˏtaɪpəˋgræfɪk; ˌtaipəˈgræfik ˉ] 《typography 的形容詞》—*adj.* 印刷上的：a ～ error 排印錯誤。～**·ly** *adv.*

tỳ·po·gráph·i·cal [-fɪkl; -fikl ˉ] *adj.* ＝typographic.

ty·pog·ra·phy [taɪˋpɑgrəfɪ; taiˈpɔgrəfi] *n.* **1** Ⓤ活版印刷術。**2** ⓊⒸ印刷的式樣，印的方法。

ty·pol·o·gy [taɪˋpɑlədʒɪ; taiˈpɔlədʒi] *n.* ⓊⒸ類型論[學]；(基督教教義中的)預示論，象徵論。

ty·ran·ni·cal [tɪˋrænɪkl; tiˈrænikl] 《tyrant, tyranny 的形容詞》—*adj.* 君主專制的；壓制的，暴虐的。
～**·ly** [-klɪ; -kəli] *adv.*

ty·ran·ni·cide [tɪˋrænəˏsaɪd, taɪ-; tiˈrænisaid, tai-] *n.* **1** Ⓤ誅殺暴君。**2** Ⓒ誅殺暴君者。

tyr·an·nize [ˈtɪrəˌnaɪz; ˈtirənaiz] «tyranny 的動詞» —*v.i.* 〔動(十介十(代)名)〕壓制，虐待，壓迫〔人、國民等〕〔*over*〕.
—*v.t.* 對…施虐，壓制…。

ty·ran·no·saur [tɪˋrænəˌsɔr, taɪ-; tiˈrænəsɔ:, tai-] *n.* Ⓒ《古生物》暴(君)龍《爲肉食恐龍中之最大者》。

tyrannosaur

tyr·an·nous [ˈtɪrənəs; ˈtirənəs] *adj.* =tyrannical. ~·**ly** *adv.*

tyr·an·ny [ˈtɪrənɪ; ˈtirəni] *n.* **1** Ⓤ專制政治，暴政。**2 a** Ⓤ暴虐，殘暴。**b** Ⓒ〔常**tyrannies**〕暴虐〔不人道〕的行爲。**3 a** Ⓤ(古希臘的)僭主政治。**b** Ⓒ(古希臘的)僭主政治國家。

ty·rant [ˈtaɪrənt; ˈtaiərənt] «源自希臘文「專制君主」之義» —*n.* Ⓒ **1 a** 暴君，壓制者，專制君主。**b** 似暴君的人：a domestic ~ 家庭的暴君。**2** (古希臘的)僭主：the Thirty *Tyrants* 三十僭主《於紀元前 405 年時，統治雅典(Athens)的執政官》。

***tyre** [taɪr; ˈtaiə] *n.* 《英》=tire².

Tyre [taɪr; ˈtaiə] *n.* 泰爾《古腓尼基南部之一海港，在今之黎巴嫩》。

Tyr·i·an [ˈtɪrɪən; ˈtiriən] *adj.* **1** 泰爾的；泰爾人的；泰爾文化的。**2** 泰爾紫[染料]的。
—*n.* Ⓒ泰爾人。

Týr·i·an púrple [dýe] [ˈtɪrɪən-; ˈtiriən-] *n.* Ⓤ泰爾紫[染料]《於古希臘、羅馬時代，採自貝殼的紫色或深紅色的高貴染料》。

ty·ro [ˈtaɪro; ˈtaiərou] *n.* Ⓒ(*pl.* ~**s** [~z; ~z])生手，新手，初學者。

Tyr·ol [ˈtɪrəl, tɪˈrol; ˈtirəl, tiˈroul] *n.* =Tirol.

Ty·rol·e·an [tɪˈrolɪən, ˌtɪrəˈliən; tiˈrouliən, ˌtirəˈli:ən] *n.*, *adj.* =Tirolean.

Tyr·o·lese [ˌtɪrəˈliz; ˌtirəˈli:z] *n.*, *adj.* =Tirolese.

Tzar [tsɑr; zɑ:, tsɑ:] *n.* Ⓒ俄國皇帝，沙皇。

Tza·ri·na [tsɑˈrinə; zɑ:ˈri:nə, tsɑ:-] *n.* Ⓒ俄國皇后[女皇]。

tzé·tze flỳ [ˈtsɛtsɪ-; ˈtsetsi-] *n.* Ⓒ《昆蟲》采采蠅《又稱舌蠅，非洲產毒蠅科昆蟲，爲傳播昏睡病源之媒介》。

Tzi·gane [tsɪˋgɑn; tsiˈgɑ:n] *n.* Ⓒ匈牙利之吉普賽人。

Uu Uu Uu

u, U[1] [ju; ju:] *n.* (*pl.* **u's, us, U's, Us** [~z; ~z]) **1** Ⓤ Ⓒ 英文字母的第二十一個字母。**2** Ⓤ (一序列事物的)第二十一個；(不加入 J 時的)第二十個。

U[2] [ju; ju:] *n.* Ⓒ(*pl.* **U's, Us** [~z; ~z])U 字形(之物)：a *U* bolt U 形螺栓/a *U* tube U 形管/⇨ U-turn.

U[3] [ju; ju:] 《*u*pper class 之略》—*adj.*《英口語》〈措詞等〉屬於上流階層的(cf. non-U).

U 《略》《英》〔電影〕大眾電影(⇨movie【說明】)。

U 《符號》〔化學〕uranium.

U. 《略》Union(ist)；University.

UAW, U.A.W. 《略》United Automobile Workers 全美汽車勞工工會。

u·biq·ui·tous [juˋbɪkwətəs; ju:ˈbikwitəs] 《ubiquity 的形容詞》—*adj.*《文語》**1** 無所不在的，到處都有的，遍在的。**2**《謔》〈人〉到處出現的。~**·ly** *adv.* ~**·ness** *n.*

u·biq·ui·ty [juˋbɪkwətɪ; ju:ˈbikwəti]《源自拉丁文「到處」之義》—*n.* Ⓤ《文語》無所不在，到處存在，遍在。

Ú-bòat 《源自德語 'undersea boat' 之義》—*n.* Ⓒ U 型船《第一次及第二次世界大戰期間的德國潛水艇》。

U-boat

uc, u.c. 《略》〔印刷〕uppercase.

U.C.C.A 《略》Universities' Central Council on Admissions 《英》有關入學事宜的大學中央評議會。

UCLA 《略》University of California at Los Angeles (美國) 加州大學洛杉磯分校。

ud·der [ˋʌdɚ; ˈʌdə] *n.* Ⓒ (牛、羊等身體下面如袋狀垂下的)乳房。

u·do [ˋudo; ˈu:dou] *n.* Ⓒ(*pl.* ~**s**)〔植物〕土當歸《種植於中國及日本，嫩苗可食用》。

u·dom·e·ter [juˋdɑmətɚ; ju:ˈdɔmitə] *n.* Ⓒ雨量計。

UFO [ˋjuˋɛfˋo, ˈjufo; ˈju:fou, ˌju:efˈou] 《*u*nidentified *f*lying *o*bject 的頭字語》—*n.* Ⓒ(*pl.* ~**s**, ~**'s**)幽浮；不明飛行物體；(尤指)飛碟(flying saucer).

> 【說明】在美國相信有 UFO 存在的人為數不少。美國空軍以及 CIA 也都參與調查的工作。UFO 一詞為美國空軍所創。據說有如下各種不同的形狀：雪茄型(cigar-shaped UFO)、圓盤型(disc-shaped UFO)、球型(sphere-shaped UFO)、以及圓頂型(dome-shaped UFO)等。

u·fól·o·gist [-dʒɪst; -dʒist] *n.* Ⓒ幽浮[飛碟]專家。

u·fol·o·gy [juˋfɑlədʒɪ; ju:ˈfɔlədʒi] *n.* Ⓤ幽浮[飛碟]學，不明飛行物體的研究。

UFO？

U·gan·da [juˋgændə; ju:ˈgændə] *n.* 烏干達《位於非洲東部，為大英國協的一個共和國；首都坎帕拉(Kampala [kɑmˋpɑlə; kɑ:mˈpɑ:lə])》。

U·gan·dan [juˋgændən; ju:ˈgændən] *adj.* 烏干達的。—*n.* Ⓒ烏干達人。

ugh [ux, ʌg, ʌx; ʌx, uh, ə:h] *interj.* [表示厭惡、輕蔑等]啊！嘖！哎呀！

‡**ug·ly** [ˋʌglɪ; ˈʌgli] 《源自古北歐語「可怕的」之義》—*adj.* (**ug·li·er**；**-li·est**) **1 醜的，** 醜陋的，醜惡的，難看的：an ~ face 醜臉/an ~ scar on one's face 臉上難看的傷疤。**2 令人不愉快的，** 令人厭惡的：~ rumors 不堪入耳的謠言/an~ sound 刺耳的聲音/an ~ tongue 刻薄的嘴。**3**〈天氣等〉轉壞的，險惡的：~ weather 惡劣的天氣，壞天氣/an ~ sea 波濤洶湧的海。**4** 令人不安的，危險的，生性不良的，麻煩的：an ~ wound 危險的傷/an ~ customer《口語》難以對付的人，麻煩的人，危險人物/The dog turned ~. 那隻狗變得很兇惡。**5**《口語》難以取悅的，脾氣壞的，不高興的：in an ~ mood 心情不好/He has an ~ temper. 他脾氣不好《尤指睡醒時的壞脾氣》。

úg·li·ly [-ləlɪ; -lili] *adv.* **-li·ness** *n.*

úgly dúckling 《源自安徒生(Andersen)童話》—*n.* Ⓒ醜小鴨《小時候被家人認為笨[醜]，長大後變成偉大[漂亮]的孩子》。

uh [ʌ; ʌ] *interj.* 唔《講話當中作為與下一句話的連接或整理思路時所發的聲音》。

UHF, uhf 《略》〔通信〕ultrahigh frequency.

uh-huh *interj.* **1** [ˋʌˋhʌ; ˈʌˈhʌ (以鼻音發音)] 嗯[表示同意、滿足等]。**2** [ˋʌ̃ˋʌ̃; ˈʌ̃ˈʌ̃ (以鼻音發音)]=uh-uh.

uh·lan [ˋulɑn, ˋulən; uˈlɑ:n] *n.* Ⓒ(昔日波蘭或德國之)持矛騎兵。

uh-uh [ˋʌ̃ˋʌ̃; ˈʌ̃ˈʌ̃ (以鼻音發音)] *interj.* 哦[表示不平、不同意時所發的聲音]。

Ui·gur [ˋwigur; ˈwi:guə] *n.* **1** Ⓒ維吾爾人《為土耳其民族之一支，居住於中國的新疆、蒙古等地》。**2** Ⓤ維吾爾語。

‡**U.K.** 《略》United Kingdom (of Great Britain and Northern Ireland).

u·kase [ˋjukes, juˋkez; ju:ˈkeiz] *n.* Ⓒ **1** 帝俄沙皇的敕令。**2** 諭旨；敕令。**3** 任何官方之法令。

U·kraine [juˋkren, ˋjukren; ju:ˈkrein] *n.* [the ~]烏克蘭《蘇聯西南部的一個共和國，正式名稱為烏克蘭蘇維埃社會主義共和國；首府基輔(Kiev [ˋkiɛv, -ɛf; ˈki:ev, -ef])》.

U·krain·i·an [juˋkrenɪən; ju:ˈkreiniən] 《Ukraine 的形容詞》—*adj.* 烏克蘭(人， 語)的。—*n.* **1** Ⓒ烏克蘭人。**2** Ⓤ烏克蘭語。

u·ku·le·le [ˌjukəˋlelɪ; ˌju:kəˈleili] 《源自夏威夷語「跳躍的跳蚤」之義；來自演奏此樂器的演奏家之綽號》—*n.* Ⓒ(夏威夷)四弦琴《類似吉他的小型四弦樂器》。

ukulele

ul·cer [ˋʌlsɚ; ˈʌlsə] *n.* Ⓒ **1**〔醫〕潰瘍：a gastric [stomach] ~ 胃潰瘍/a mouth ~ 《口語》口炎(stomatitis). **2** 弊病，弊害。

ul·cer·ate [ˋʌlsəˌret; ˈʌlsəreit] 《ulcer 的動詞》—*v.i.* 生潰瘍，潰瘍化。—*v.t.* 使…生潰瘍《★常用被動語態》。

ul·cer·a·tion [ˌʌlsəˋreʃən; ˌʌlsəˈreiʃn] 《ulcerate 的名詞》—*n.* Ⓤ潰爛，潰瘍的形成。

ul·cer·ous [ˋʌlsərəs; ˈʌlsərəs] 《ulcer 的形容詞》—*adj.* 潰瘍性[狀]的。

ul·lage [ˋʌlɪdʒ; ˈʌlidʒ] *n.* Ⓤ〔商〕(尤指容器內的酒因漏失或蒸發而造成的)損耗量。

ul·na [ˋʌlnə; ˈʌlnə] *n.* Ⓒ(*pl.* **-nae** [-ni; -ni:], ~**s**)〔解剖〕尺骨《與橈骨(radius)構成前臂(forearm)》. **ul·nar** [ˋʌlnɚ; ˈʌlnə] *adj.*

Ul·ster [ˋʌlstɚ; ˈʌlstə] *n.* **1** 阿爾斯特《從前為愛爾蘭的一省，現成為愛爾蘭共和國與北愛爾蘭的一部分》。**2** 北愛爾蘭。**3** [u~] Ⓒ阿爾斯特大衣《寬鬆的厚大衣，男女兼用》。

ulster 3

ult. 《略》ultimate(ly)；ultimo.

ul·te·ri·or [ʌlˋtɪrɪɚ; ʌlˈtiəriə] 《源自拉丁文「更遠的」之義》—*adj.* [用在名詞前] **1** (尤指因有不良企圖而)隱秘的，未揭開的，裏面的，內部的〈目的、意向等〉：an ~ motive 隱秘不明的動機，別有用心，不懷好意/for the sake of ~ ends 別有意圖[居心叵測]/He has an ~ object in view. 他心懷鬼胎，他別有用心。**2 a** 那邊的，在彼方的，遙遠的。**b** 以後的，後來的，未來的。

ul·ti·ma [ˋʌltəmə; ˈʌltimə] *n.* Ⓒ〔語音・詩學〕一字的最後一音節，尾音節(cf. penult, antepenult).

ul·ti·ma·ta *n.* **ultimatum** 的複數。

***ul·ti·mate** [ˋʌltəmɪt; ˈʌltimət]《源自拉丁文「在最後」之義》—*adj.* [用在名詞前](無比較級、最高級) **1 最後的，** 最終的，終極的，結局的(⇨ last[1]【同義字】)：man's ~ end 人生的終極目的/one's ~ destination 最後目的地。**2** 根本的，本源的(basic)：the ~ facts of nature 大自然的終極事實/the ~ cause〔哲〕第一原理，終極因。**3** 最高的，最大的：the ~ speed 最高速度/Stealing a car and then driving it drunk was the ~ idiocy. 偷了車然後醉酒開車真是愚蠢到極點。

—n. Ⓒ終極的事物，最後的階段[結果，目的]：the ～ *in* fashion 最流行的款式；最時髦的服裝等/Such behavior is the ～ *in* idiocy. 這樣的行爲愚蠢透頂。

últimate constítuent *n.* Ⓒ《語言》最終成分，終極詞組《如分析 He is going to get some toys. 這句時，其終極構成要素爲 He, is, go, -ing, to, get, some, toy, -s (不能再細分)；cf. immediate constituent》.

úl·ti·mate·ly *adv.* **1** 最後，終於，終結：They ～ decided not to go. 他們最後決定不去。**2** [修飾整句]終究：*U*～, there is not much difference between these words. 這些字之間終究沒有多大差別。

ul·ti·ma Thu·le [ˋʌltəməˋθjuli; ˈʌltiməˈθju:li:]《源自拉丁文 'remotest Thule' 之義；來自古代航海家想像在不列顛(Britain)島北方的島名》**—n.** [the ～]**1** 世界的盡頭。**2** 最北端。**3 a** 極限，極端。**b** 遙遠的目標[理想]。

ul·ti·ma·tum [ˏʌltəˋmetəm; ˌʌltiˈmeitəm]《源自拉丁文「最終者」之義》**—n.** Ⓒ(*pl.* ～**s, -ta** [-tə; -tə]) 最後的話[條件，提議]；(尤指)最後通牒，哀的美敦書：issue [deliver] an ～ 發[送]出最後通牒。

ul·ti·mo [ˋʌltəˏmo; ˈʌltəmou]《源自拉丁文 'in the last (month)' 之義》**—adj.** [用於日期之後] 前月的，上個月的《略作 ult.；cf. proximo, instant 4》：on the 10th *ult.* 在上月十日《★用法曾經用於商業書信，現在則用 on the 10th of last month 或用該月的名稱》。

ul·tra [ˋʌltrə; ˈʌltrə] *adj.* 〈主義、思想等〉極端的，偏激的，過度的：an ～ conservative 極端的保守主義者。

—n. Ⓒ[常**the** ～**s**]極端[偏激]論者。

ul·tra- [ʌltrə-; ʌltrə-] 字首 **1** 表示「超…」「過…」：*ultra*violet, *ultra*microscope. **2** 表示「極端」「極度」：*ultra*-ambitious 野心勃勃的/*ultra*-cautious 極端小心的，小心翼翼的。

ul·tra·con·serv·a·tive [ˏʌltrəkənˋsɝvətɪv; ˌʌltrəkənˈsə:vətiv] *adj.* 極端保守的。

ul·tra·fiche [ˋʌltrəˏfiʃ; ˈʌltrəfi:ʃ] *n.* Ⓒ《印刷・攝影》超微縮膠片。

últra·high fréquency *n.* ⓊⒸ《通信》超高頻率《300−3000 赫(Hz)；略作UHF, uhf》.

úl·tra·ism [-əˏɪzəm; -əizəm] *n.* Ⓤ極端論[主義]，偏激論。

úl·tra·ist [-əɪst; -əist] *n.* Ⓒ極端[偏激]論者《★比較一般用 ultra》. **—adj.** 偏激論(者)的。

ul·tra·ma·rine [ˏʌltrəməˋrin; ˌʌltrəməˈri:nˉ] *n.* Ⓤ佛青色，羣青《藍色的顏料》；深藍色。

—adj. **1** 佛青色的，羣青色的，深藍色的。**2** 隔著[越過]海的，海外的。

ùltra·mícroscope *n.* Ⓒ超顯微鏡。

ùltra·microscópic *adj.* 超顯微鏡的；極微小的。

ùl·tra·mín·i·a·ture *adj.* 超小型的(subminiature).

ùltra·módern *adj.* 超現代的：～ equipment 超現代的設備。

ul·tra·mon·tane [ˏʌltrəˋmɑnten; ˌʌltrəˈmonteinˉ]《源自拉丁文「越過山的」之義；原義爲「阿爾卑斯山之北的」》**—adj.** **1** 山那邊的，阿爾卑斯山南方的，義大利的。**2**《由於從法國看，羅馬教廷在阿爾卑斯山那邊》教宗至上論的，教宗全權論的。

—n. Ⓒ **1** 阿爾卑斯山南方的人。**2** 教宗至上論者。

ul·tra·mun·dane [ˏʌltrəˋmʌnden; ˌʌltrəˈmʌndein] *adj.* **1** 太陽系以外的；世界之外的。**2** 現世以外的。

ùltra·nátional *adj.* 超國家主義的。

ùltra·nátionalism *n.* Ⓤ超國家[極端民族]主義。

ùltra·nátionalist *n.* Ⓒ超國家[極端民族]主義者。

ul·tra·red [ˏʌltrəˋrɛd; ˌʌltrəˈred] *adj.* ＝infrared.

ùltra·shórt *adj.* **1** 極短的。**2**《物理》超短波的：an ～ wave《無線》(波長十米以下的)超短波。

ùltra·sónic *adj.*《物理》超音波的：～ waves 超音波/～ vibrations 超音波振動。

últra·sòund *n.* Ⓤ《物理》超音波《用於診療等》。

ùltra·trópical *adj.* **1** 熱帶圈以外的。**2** 較熱帶更熱的。

ùltra·víolet *adj.* **1**《物理》紫外(線)的。**2** [用在名詞前]使用紫外線的：an ～ lamp 紫外線燈。

últraviolet ráys *n. pl.*《物理》紫外線(cf. infrared rays).

ul·tra vi·res [ˏʌltrəˋvaɪriz; ˌʌltrəˈvaiəri:z]《源自拉丁文》**—adj.**《法律》超越權限的；越權的。

u·lu·lant [ˋjuljələnt; ˈju:ljulənt] *adj.* 〈狼〉嗥的；〈貓頭鷹〉嗬嗬地叫的；哀鳴的：dark wasteland ～ with bitter wind 黑漆漆而寒風呼呼的荒野。

u·lu·late [ˋjuljəˏlet; ˈju:ljuleit] *v.i.* **1** 〈犬、狼等〉嗥叫；〈貓頭鷹〉嗬嗬地叫。**2** 哀鳴。**u·lu·la·tion** [ˏjuljəˋleʃən; ˌju:ljuˈleiʃn] *n.*

U·lys·ses [juˋlɪsiz; ju:ˈlisi:z, juˈl-] *n.*《希臘神話》尤里西斯《奧地修斯(Odysseus)的拉丁文名稱》。

um·bel [ˋʌmbl; ˈʌmbəl] *n.* Ⓒ《植物》繖狀花序；繖狀花。

um·bel·late [ˋʌmblɪt, -ˏet; ˈʌmbəleit], **um·bel·lar** [ˋʌmbəlɚ; ˈʌmbələ] *adj.*《植物》繖狀花序的；繖狀花的。

um·ber [ˋʌmbɚ; ˈʌmbə]《源自拉丁文「陰，暗」之義》**—n.** Ⓤ **1** 赭土《由種種成分構成的褐色土；顏料》。**2** 暗褐色，赤褐色：raw ～ 生赭土《顏料》；暗褐色/burnt ～ 鍛赭土；赤褐色。

—adj. 赭色的，暗褐色的，赤褐色的。

um·bil·i·cal [ʌmˋbɪlɪkl; ʌmˈbilikl ˉ]《umbilicus 的形容詞》**—adj.** **1** (肚)臍的，臍狀的。**2** 肚臍附近的。**3** (如臍帶相連一般)(有)密切關係的。**—n.** ＝umbilical cord 2.

umbílical còrd *n.* Ⓒ **1**《解剖》臍帶。**2**《太空》**a** 燃料供應纜《從整備塔供應燃料給發射前火箭的電纜》。**b** 救生索，安全電纜《用以連繫在太空船外作業的太空人與太空船的空氣補給或通訊用電纜》。**3** (潛水夫的)安全索，救生索。

um·bil·i·cus [ʌmˋbɪlɪkəs; ʌmˈbilikəs]《源自拉丁文「盾的突起物」之義》**—n.** Ⓒ(*pl.* ～**·es, -ci** [-ˏsaɪ; -sai])《解剖》肚臍(navel).

um·bo [ˋʌmbo; ˈʌmbou] *n.* (*pl.* **um·bo·nes** [ʌmˋboniz; ʌmˈbouni:z], ～**s**) Ⓒ **1** 盾心《盾中心之突出物》。**2** 突出物。**3** (貝介的)殼嘴。**4**《解剖》鼓膜臍；鼓膜凸。

um·bra [ˋʌmbrə; ˈʌmbrə]《源自拉丁文「陰影」之義》**—n.** Ⓒ(*pl.* **um·brae** [-bri; -bri:])**1** 陰暗，陰影。**2**《天文》**a** 陰影部《太陽黑子的中央黑暗部分》。**b** 本影《月蝕時完全背光的地球、月球的陰影部分》。

um·brage [ˋʌmbrɪdʒ; ˈʌmbridʒ] *n.* Ⓤ彆扭，不快，生氣《★常用於下列片語》：take ～ (at...) (對…)生氣，感到不快。

um·bra·geous [ʌmˋbredʒəs; ʌmˈbreidʒəs] *adj.* **1** 多蔭的：～ willow trees 多蔭的柳樹/cool ～ woodlands 涼爽多蔭的森林地。**2** 好戰的，好鬥的，好爭的：They have not been as ～ in demanding their territory back. 他們從未以如此好戰的態度要求歸還領土。**3** 容易生氣的；容易得罪的。

‡um·brel·la [ʌmˋbrɛlə; ʌmˈbrelə]《源自義大利語「小陰影」之義》**—n.** Ⓒ **1 傘，雨傘**《★用法《美》也用以指陽傘；cf. parasol, sunshade》：a beach ～ 海濱用太陽傘/put up an ～ 撐傘/open [unfurl] an ～ 打開傘/close [furl] an ～ 合傘，收傘。

> 【說明】(1)典型的英國紳士是戴著圓頂高帽，穿著筆挺西裝，不管晴天、雨天手裏一定拿著當枴杖用的雨傘。不過這只限於文化及經濟中心的倫敦市(the City (of London))而言，並不是全國都有的現象。雨傘的傘布通常是絲綢製的，因此捲起來時細細的像一根竿子，就是下了雨也很少撐起來使用，所以傘多半是當作裝飾品携帶的。而且英國的雨通常是小雨，很少用得上雨傘。一般說來，西歐人在下雨時沒有撐傘的習慣，他們習慣淋雨。
>
> 以下的諺語有助於了解英國的天氣：Rain before seven, fine before eleven. (七點前下雨，十一點前天晴；比喻「先苦後甘」。)
>
> (2)「風把我的傘吹得翻過來了。」這句話用英語說是：The wind turned my umbrella inside out.

2 (海蜇的)傘膜。

3 a 保護物，庇護，「傘」：a nuclear ～ 核子傘/under the ～ of the United Nations 在聯合國的保護[管轄]下。**b** 總括[統一]的組織[團體]：a business ～ 企業的統一組織。

—adj. [用在名詞前]**1** 傘狀的。

2 總括的，包括同類的，一切的：an ～ organization 包羅衆多的[總括性的]組織/an ～ clause (適用於不特定情形的)總括條款/～ coverage《保險》總括性的塡補。

umbrélla stànd *n.* Ⓒ傘架。

umbrélla trèe *n.* Ⓒ **1**《植物》三瓣木蘭《又稱傘樹，北美產木蘭科喬木，葉大呈傘狀》。**2** 澳大利亞傘樹《五加科鵝掌木屬喬木》。

Um·bri·a [ˋʌmbrɪə; ˈʌmbriə] *n.* 安布利亞《古代義大利中部之一地區，現爲一省》。

Um·bri·an [ˋʌmbrɪən; ˈʌmbriən] *adj.* 安布利亞的；安布利亞人的；安布利亞文化的。

—n. **1** Ⓒ安布利亞人《現代安布利亞的本地人或居民》。**2** Ⓒ古代居住於安布利亞的人。**3** Ⓤ安布利亞語。

u·mi·ak, u·mi·ack [ˋumɪˏæk; ˈu:miæk] *n.* Ⓒ木架[框]皮舟《愛斯基摩人使用的鋪獸皮木造小船》。

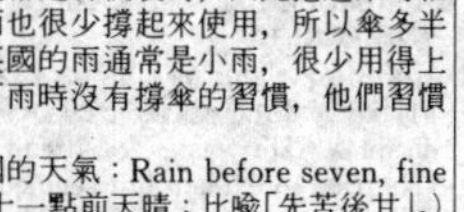

umiak

um·laut [ˋumlaut; ˈumlaut]《源自德語》**—n.** **1** Ⓤ《語言》母音變化(mutation)《受後音節中一母音(主要爲 i 或 u)的影響，而分別將a, o, u 變成 ä (＝ae), ö (＝oe), ü (＝ue) 的母音變化；如man, men；cf. ablaut》。**2** Ⓒ母音變化記號(¨).

ump [ʌmp; ʌmp]《略》*n., v.* ＝umpire.

umph [m̩m̩m̩, ʌmf; m̩m̩m̩, ʌmf] *interj.* ＝humph.

um·pir·age [ˋʌmpaɪrɪdʒ, ˋʌmpərɪdʒ; ˈʌmpaiəridʒ] *n.* Ⓤ **1** 仲裁人之職權或地位。**2** 裁決；裁定。

um·pire [ˋʌmpaɪr; ˈʌmpaiə] *n.* Ⓒ(競賽的)**裁判，仲裁者**《★用法 主要用於badminton, baseball, cricket, table tennis, tennis, volleyball 等；cf. referee[1]》：be (an) ~ *at* a match 在比賽中擔任裁判/act as ~ 當裁判《★通常無冠詞；cf. act *v.i.* 1 d》.

【字源】umpire 源自古法語 *nomper* (nom＝not；per＝equal)，即「不相等」的意思。在贊成者與反對者的數目相等時，可投決定性的一票(a casting vote)的人《即議會的議長等》之義。由此義而轉義爲「仲裁者，裁判」。原來此字拼作 numpire，加上不定冠詞是 a numpire，但後來却變成 an umpire.

—*v.t.* 〔十受〕爲〈比賽〉作裁判；仲裁〈爭論〉：~ a baseball match 爲棒球比賽作裁判。—*v.i.* 當裁判。

ump·teen [ˋʌmpˋtin; ˌʌmpˈtiːn⌐]《口語》*adj.* [用在名詞前] 很多的，多數的：I have ~ things to do today. 今天我有許多事要做。—*pron.* 很多，多數。

ump·teenth [ˋʌmpˋtinθ; ˌʌmpˈtiːnθ⌐] *adj.* [用在名詞前]《口語》好多次的：I'm telling you this (for) the ~ time. 這件事我告訴過你好多次了/For the ~ time close the door quietly. 我告訴過你好多次要輕輕地關門。

ump·ty [ˋʌmptɪ; ˈʌmpti] *adj.* 數目不定的，若干的：~ percent of all new houses 所有新房子的若干百分比。

‡**UN, U.N.** [ˋjuˋɛn; ˌjuːˈen]《*U*nited *N*ations 的頭字語》—*n.* [the ~] **聯合國**。

'un, un [ən; ən] *pron.*《口語》＝one《★非標準用法》：a little [young] *'un* 小傢伙，小孩子/He's a tough *'un.* 他是個難對付的傢伙/That's a good *'un.* 很好；(俏皮話、謊話等)妙極。

un- [ʌn-; ʌn-] 字首 **1 a** 加在形容詞、副詞之前，表示「不…」：happy 幸福的→*un*happy 不幸的/happily 幸福地→*un*happily 不幸地。**b** 加在名詞之前，表示「…的欠缺，…的相反」：rest 安靜，休息→unrest 不安/kindness 親切→*un*kindness 不親切。

2 a 加在動詞之前，表示「相反」的動作：cover 加蓋→*un*cover 掀蓋/tie 打結→*un*tie 解開。**b** 加在名詞之前，用以構成動詞，表示「除去」原名詞所表示的性質與狀態：*un*man 使…喪失男子氣概/*un*bishop 奪去…的主教的職位。

un·a·bashed [ˏʌnəˋbæʃt; ˌʌnəˈbæʃt⌐] *adj.* 無恥的；不難爲情的；不害臊的，不在乎的。

un·a·bat·ed [ˏʌnəˋbetɪd; ˌʌnəˈbeitid⌐] *adj.* 〈風〉不減弱的；〈體力〉不減退的。

U

‡**un·a·ble** [ʌnˋebḷ; ʌnˈeibl] *adj.* (無比較級、最高級) [不用在名詞前] [十 *to* do] **不能〈做…〉的**《★相關用語 名詞爲 inability，動詞爲 disable》：He was ~ *to* attend the meeting. 他不能出席會議/He tried to explain but seemed ~ (*to*). 他想說明，却似乎辦不到。

un·a·bridged [ˏʌnəˋbrɪdʒd; ˌʌnəˈbridʒd⌐] *adj.* 未省略的，未刪節的，完全的(complete)：an ~ version 未刪節版。

un·ac·a·dem·ic [ˏʌnækəˋdɛmɪk; ˌʌnækəˈdemik] *adj.* 非學術性的；不隨習俗的；不依慣例的。

un·ac·cent·ed [ˏʌnˋæksɛntɪd, ˏʌnækˋsɛntɪd; ˌʌnækˈsentid] *adj.* 無重音的。

un·ac·cept·a·ble [ˏʌnəkˋsɛptəbḷ; ˌʌnəkˈseptəbl⌐] *adj.* 不能接納的，不能承認的；不中意的：That pronunciation is ~ in the south of Britain. 那種發音在英國南部是不被接納的。

un·ac·com·mo·dat·ing [ˏʌnəˋkɑməˏdetɪŋ; ˌʌnəˈkɔmədeitiŋ] *adj.* **1** 不應允的；不順從的；不肯通融的。**2** 不仁慈的；不親切的。

un·ac·com·pa·nied [ˏʌnəˋkʌmpənɪd; ˌʌnəˈkʌmpənid⌐] *adj.* **1 a** 無人陪伴的：~ luggage [baggage] (無人伴隨而)另行寄運的行李/an ~ child無人陪伴的孩子。**b** [不用在名詞前] 〔十介十(代)名〕沒有〔…〕伴隨的〔*by, with*〕：He traveled ~ *by* his parents. 他沒有父母陪伴而去旅行。

2〖音樂〗無伴奏的：Bach's ~ cello sonatas 巴哈的無伴奏大提琴奏鳴曲/sing ~ 清唱。

un·ac·com·plished [ˏʌnəˋkɑmplɪʃt; ˌʌnəˈkɔmpliʃt⌐] *adj.* **1** 未完成的，無成就的：The task remained ~. 該工作依然未完成。**2** 無才的，無能的。

un·ac·count·a·ble [ˏʌnəˋkauntəbḷ; ˌʌnəˈkauntəbl⌐] *adj.* **1** 無法說明的；無可理解的，奇妙的，不可解的：for some ~ reason 由於某種不可解的理由。**2** [不用在名詞前] 〔十介十(代)名〕〈某人〉〔對…〕沒有責任的，不受責備的〔*for*〕《★比較 一般用 not accountable for...》：He is ~ *for* the error. 他對這個錯誤沒有責任。

ùn·ac·cóunt·a·bly [-təblɪ; -təbli] *adv.* **1** 無法說明地；奇妙地：She was ~ irritated. 她莫名地生氣。**2** [修飾整句] 令人難解的是，不知何故：*U*~, he kept silent. 令人難解的是，他竟一直保持沈默。

un·ac·count·ed-for [ˏʌnəˋkauntɪdˏfɔr; ˌʌnəˈkauntidfɔː] *adj.* 未予說明的，未加解釋的。

un·ac·cus·tomed [ˏʌnəˋkʌstəmd; ˌʌnəˈkʌstəmd⌐] *adj.* **1** [不用在名詞前] 〔十介十(代)名〕不慣於〔…〕的〔*to*〕：He is ~ *to* early rising. 他不慣於早起/I am ~ *to* cook*ing* for myself. 我不慣於自炊。**2** [用在名詞前] 不普通[尋常]的，異常的(unusual)：his ~ silence 他的不尋常的沈默。

un·ac·knowl·edged [ˏʌnəkˋnɑlɪdʒd; ˌʌnəkˈnɔlidʒd] *adj.* **1** 不認知的；不承認的。**2** 不回報的；不答覆的。**3** 不自白的；不懺悔的。

un·ac·quaint·ed [ˏʌnəˋkwentɪd; ˌʌnəˈkweintid] *adj.* 不知的；不認識的；不熟悉的；缺乏知識、經驗的。

un·a·dapt·a·ble [ˏʌnəˋdæptəbḷ; ˌʌnəˈdæptəbl] *adj.* **1** 不能適應的。**2** 無法改編的。

un·a·dopt·ed [ˏʌnəˋdɑptɪd; ˌʌnəˈdɔptid⌐] *adj.*《英》〈道路〉非由地方政府管理的，私有道路的《由地方居民負擔補修》；未採用的。

un·a·dorned [ˏʌnəˋdɔrnd; ˌʌnəˈdɔːnd⌐] *adj.* 未加修飾的；原來的，簡樸的。

un·a·dul·ter·at·ed [ˏʌnəˋdʌltəˏretɪd; ˌʌnəˈdʌltəreitid⌐] *adj.* **1** (尤指)〈飲食〉無雜質的，不攙[摻]雜的，純粹的。**2** [用在名詞前] 完全的，全然的：Our life was ~ bliss. 我們的生活幸福極了。

un·ad·vised [ˏʌnədˋvaɪzd; ˌʌnədˈvaizd⌐] *adj.* 欠考慮的，輕率的。**ùn·ad·vís·ed·ly** [-zɪdlɪ; -zidli] *adv.*

un·af·fect·ed[1] [ˏʌnəˋfɛktɪd; ˌʌnəˈfektid⌐]《un- 與 affected[1] (affect[1] *v.t.* 的過去分詞) 構成的字》—*adj.* [不用在名詞前] 〔十介十(代)名〕**1** [對…]不動的，不變化的〔*by*〕：The house was ~ *by* the strong wind. 那棟房子未被强風吹動。**2**〈人、感情等〉不受〔…〕感動的，不受〔…〕影響的〔*by*〕：He seemed ~ *by* his wife's death. 他對妻子之死似乎無動於衷。~·**ly** *adv.*

un·af·fect·ed[2] [ˏʌnəˋfɛktɪd; ˌʌnəˈfektid⌐]《un- 與affected[2] *adj.* 構成的字》—*adj.* **1** 不裝模作樣的，不矯飾的，原樣的，自然的，樸素的：an ~ attitude 坦率的態度。**2**〈感情等〉衷心的，眞實的：~ joy [delight] 衷心的喜悅。~·**ly** *adv.*

un·a·fraid [ˏʌnəˋfred; ˌʌnəˈfreid⌐] *adj.* [不用在名詞前] 〔十介十(代)名〕不怕〔…〕的，〔對…〕不在乎的〔*of*〕.

un·aid·ed [ʌnˋedɪd; ʌnˈeidid⌐] *adj.* 無幫助[援助，助力]的：with the ~ eye (不借助眼鏡)用肉眼/I did it ~. 我獨力完成這件事。

un·a·lien·able [ʌnˋeljənəbḷ; ʌnˈeiljənəbl⌐] *adj.* ＝inalienable.

un·al·loyed [ˏʌnəˋlɔɪd; ˌʌnəˈlɔid⌐] *adj.* **1**〈金屬等〉非合金的，純粹的。**2**《文語》〈感情等〉眞正的，眞實的：~ happiness 眞正的幸福。

un·al·ter·a·ble [ʌnˋɔltərəbḷ; ʌnˈɔːltərəbl] *adj.* 不能改變的，不變的：an ~ rule to be followed 必須遵從的金科玉律。

-**a·bly** [-blɪ; -bli] *adv.*

un·al·tered [ʌnˋɔltəd; ˌʌnˈɔːltəd] *adj.* 未改變的；依然如舊的：to persist ~ through time 始終如一地持續。

un·am·big·u·ous [ˏʌnæmˋbɪgjuəs; ˌʌnæmˈbigjuəs] *adj.* 清晰的；明白的；不模糊的：~ evidence 清晰明瞭的證據。

~·**ly** *adv.*

un·am·bi·tious [ˏʌnæmˋbɪʃəs; ˌʌnæmˈbiʃəs] *adj.* **1** 無野心的；無名利心的；無大志的。**2** 無矯飾的；質樸的。

un-A·mer·i·can [ˏʌnəˋmɛrəkən; ˌʌnəˈmerikən⌐] *adj.* 〈風俗、習慣、主義等〉不符美國式的，非美國風格的；反美的：~ activities 非美活動《違反美國利益之活動》。

un·an·a·lyz·a·ble [ʌnˋænəlaɪzəbḷ; ˌʌnˈænəlaizəbl] *adj.* 無法分析的：something mystical and ~ 神秘而無法分析的某種東西。

u·na·nim·i·ty [ˏjunəˋnɪmətɪ; ˌjuːnəˈniməti]《unanimous 的名詞》—*n.* Ⓤ全體無異議，(全體)一致，(全體的)同意：with ~ 全體一致，無異議。

u·nan·i·mous [juˋnænəməs, ju-; juːˈnæniməs]《源自拉丁文「一條心的」之義》—*adj.* (無比較級、最高級) **1** [不用在名詞前] **a** 〔十介十(代)名〕〔對…〕**同意的，意見一致的**〔*in, for, about*〕：They are ~ *for* reform. 他們對改革意見一致[全體贊成]/The meeting was ~ *in* protest*ing* against the policy. 與會者一致抗議那政策。**b** 〔十 *that*__〕〔對…事〕同意的：They were ~ *that* the report (should) be approved. 他們一致同意認可那報告《★用法《口語》多半不用 should》.

2 〈投票、同意等〉**全場一致的，異口同聲的**：with ~ applause 以全場一致的鼓掌喝采/We are in ~ agreement. 我們全體意見一致/He was elected chairman by a ~ vote. 他經全體一致的投票當選爲主席。

u·nán·i·mous·ly *adv.* 全場一致地：The resolution was accepted ~. 該項決議得到與會者一致的認可。

un·an·nounced [ˏʌnəˋnaunst; ˌʌnəˈnaunst⌐] *adj.* **1** 未被聲明[公布，發表]的。**2** 未經預告的，未經傳達的，突然出現的：He entered (the room) ~. 他未經通報便[出其不意地]進入(房間)。

un·an·swer·a·ble [ʌnˋænsərəbḷ; ˌʌnˈɑːnsərəbl⌐] *adj.* **1** 不能回答的，無法答辯的：For most of the students the question was

～. 對多數學生而言，這問題無法回答。**2** 無法反駁的，無可分辯的：～ logic 無法爭辯的邏輯。**3** 沒有責任的。

un·an·swered [ʌnˋænsəd; ˌʌnˈɑ:nsəd˝] *adj.* **1** 無回答的，無回覆的：My letter remains ～. 我的信尚未見回覆。**2** 未被反駁的，不能反駁的。**3** 無回報的：～ love 單相思。

un·a·pol·o·get·ic [ˏʌnəˏpɑləˋdʒɛtɪk; ˌʌnəpɔləˈdʒetik˝] *adj.* 不辯解的；不似辯解的；不膽怯的。

un·ap·peal·ing [ˏʌnəˋpilɪŋ; ˌʌnəˈpi:liŋ˝] *adj.* 不動人的，無魅力的。

un·ap·peas·able [ˏʌnəˋpizəbl̩; ˌʌnəˈpi:zəbl˝] *adj.* **1** 不能平息的，不能安撫的。**2** 不能滿足的，得不到滿足的。

un·ap·pe·tiz·ing [ʌnˋæpəˏtaɪzɪŋ; ʌnˈæpitaiziŋ˝] *adj.* 引不起食慾的，看似難吃的。

un·ap·pre·ci·at·ed [ˏʌnəˋpriʃɪˏetɪd; ˌʌnəˈpri:ʃieitid] *adj.* 未受珍視的；未獲賞識的；未獲感謝的。

un·ap·proach·a·ble [ˏʌnəˋprotʃəbl̩; ˌʌnəˈproutʃəbl˝] *adj.* **1 a** 〈人〉不易接近的。**b** 〈態度等〉冷淡的，冷漠的：He is an ～ sort of person. 他是個不易親近的人。**2** 無比的，無敵的。

un·apt [ʌnˋæpt; ˌʌnˈæpt˝] *adj.* **1 a** 不適當的，不相當的：an ～ quotation 不恰當的引語[引證]。**b** [不用在名詞前]〔十介十(代)名〕不適〔於…〕的〔*for*〕：The place is ～ ***for*** study. 這個場所不適於讀書。

2 a 笨拙的，不靈巧的《★比較 一般用 inapt》。**b** [不用在名詞前]〔十介十(代)名〕不善〔於…〕的，不靈巧〔於…〕的，不擅長〔於…〕的〔*at, with*〕《★比較 與義 1 a 同》：He is ～ ***at*** games. 他不善於競賽/He is ～ ***with*** a tool. 他不善於使用工具。**c** [不用在名詞前]〔十 *to* do〕不敏於〈做…〉的，拙於〈做…〉的《★比較 與義 2 a 同》：He is ～ *to* learn. 他不善於學習。

3 [不用在名詞前]〔十 *to* do〕沒有〈做…〉傾向的，不慣於〈做…〉的：I am a soldier and ～ *to* weep. 我是個軍人，所以不慣於哭泣《★出自莎士比亞的「亨利六世(*King Henry the Sixth*)」》.

～**·ly** *adv.*

un·arm [ʌnˋɑrm; ˌʌnˈɑ:m] *v.t.* **1** 解除…的武裝；繳…的械。**2** 《古》脫下…的盔甲。

un·armed [ʌnˋɑrmd; ˌʌnˈɑ:md˝] *adj.* **1** 不帶武器的，未武裝的；非武裝的：an ～ policeman 未武裝的警察/～ neutrality 非武裝的中立。**2** 不用武器的，徒手的。

un·a·shamed [ˏʌnəˋʃemd; ˌʌnəˈʃeimd˝] *adj.* 無恥的，不知恥的；不害臊的，不怕物議的；問心無愧的，泰然自若的：an ～ expression of deeply-felt emotion 內心深情的坦然表露。

un·a·sham·ed·ly [ˏʌnəˋʃemɪdlɪ; ˌʌnəˈʃeimidli] *adv.* 無羞恥地，不害臊地，不顧體面地。

un·asked [ʌnˋæskt; ˌʌnˈɑ:skt˝] *adj.* **1** [不用在名詞前]未被請求的；〈賓客等〉未受邀請的：She came ～. 她不請自來。**2** [常～ **for**]主動提出的，未受請託的：～ advice 主動提出的勸告/His advice was ～ *for.* 他的忠告是主動提出的。

un·asked-for [ʌnˋæsktˏfɔr; ˌʌnˈɑ:sktfɔ:˝] *adj.* [用在名詞前]《口語》未受請求的〈忠告等〉：too much ～ advice 太多未受請求的忠告。

un·as·pir·ing [ˏʌnəˋspaɪrɪŋ; ˌʌnəˈspaiəriŋ] *adj.* 無野心的；無志氣的。

un·as·sail·a·ble [ˏʌnəˋseləbl̩; ˌʌnəˈseiləbl˝] *adj.* **1** 無法攻擊的，難以攻陷的。**2** 〈議論〉無爭論餘地的；無懷疑餘地的；確鑿的：～ evidence 確鑿的證據。**ùn·as·sáil·a·bly** [-ləblɪ; -ləbli] *adv.*

un·as·sum·ing [ˏʌnəˋsumɪŋ, -ˋsjum-; ˌʌnəˈsju:miŋ˝] *adj.* 〈人、態度等〉不出風頭的，不裝模作樣的，不擺架子的，謙虛的(modest). ～**·ly** *adv.*

un·at·tached [ˏʌnəˋtætʃt; ˌʌnəˈtætʃt˝] *adj.* **1 a** 不結合的，不附著的。**b** 無所屬的。**2** 未訂婚[結婚]的。

un·at·tain·a·ble [ˏʌnəˋtenəbl; ˌʌnəˈteinəbl] *adj.* 難得到的，難到達的，難達成的：an ～ ideal 難以達成[實現]的理想。

un·at·tempt·ed [ˏʌnəˋtɛmptɪd; ˌʌnəˈtemptid] *adj.* 未嘗試的。

un·at·tend·ed [ˏʌnəˋtɛndɪd; ˌʌnəˈtendid˝] *adj.* **1** 無同伴的，無隨侍的。**2** 不受注意的，無人照顧的，被置之不理的；〈傷等〉未紮繃帶的，未加處理的：leave one's child[baggage]～ 對自己的孩子[行李]置之不理。**3** 少人[無人]出席的：The meetings were largely ～. 這些聚會的出席者寥寥無幾。

un·at·trac·tive [ˏʌnəˋtræktɪv; ˌʌnəˈtræktiv˝] *adj.* **1** 不引人注目的，不漂亮的：an ～ shopwindow display 不顯眼的櫥窗陳列。**2** 沒興趣的，無聊的。～**·ly** *adv.* ～**·ness** *n.*

un·au·then·tic [ˏʌnɔˋθɛntɪk; ˌʌnɔ:ˈθentik] *adj.* 出處不明的；無所根據的；不確實的；不可靠的；不眞的，不純正的。

un·au·thor·ized [ʌnˋɔθəˏraɪzd; ˌʌnˈɔ:θəraizd] *adj.* **1** 無權的；未經授權的；未經許可的：an ～ use of government airplanes 對政府飛機之擅自使用。**2** 未經公認的：an ～ pronunciation 一個未被公認的讀音。**3** 無根據的。

un·a·vail·a·ble [ˏʌnəˋveləbl̩; ˌʌnəˈveiləbl˝] *adj.* **1** 不能利用的。**2 a** 無法取得的，得不到的。**b** 〈人〉不在的：I'm afraid Mr. Smith is ～ now. 對不起，史密斯先生現在不在。～**·ness** *n.*

un·a·vail·ing [ˏʌnəˋvelɪŋ; ˌʌnəˈveiliŋ˝] *adj.* 〈努力等〉無效的，無用的，徒然的。～**·ly** *adv.*

un·a·void·a·ble [ˏʌnəˋvɔɪdəbl̩; ˌʌnəˈvɔidəbl˝] *adj.* 難以避免的，無法逃避的：an ～ delay 不得已的延遲。

ùn·a·vóid·a·bly [-dəblɪ; -dəbli] *adv.* 不可避免地，不得已地。

un·a·ware [ˏʌnəˋwɛr; ˌʌnəˈwɛə] *adj.* [不用在名詞前]**1**〔十介十(代)名〕不知道〔…〕的，未覺察〔…〕的〔*of*〕：He was ～ ***of*** her accomplishments. 他不知道她的(社交)才能[才藝]。**2**〔十 *that* __〕不知道〈…事〉的：He was ～ *that* she was such a good pianist. 他不知道她是如此好的鋼琴演奏者。

—*adv.* ＝unawares. ～**·ness** *n.*

un·a·wares [ˏʌnəˋwɛrz; ˌʌnəˈwɛəz] *adv.* **1** 不知覺地，不留神地：He must have left it somewhere ～. 他一定是不小心把它遺忘在什麼地方了。**2** 出乎意料地，冷不防地：be taken[caught]～ 冷不防地受攻擊/take[catch]a person ～ 出其不意地攻擊人。

un·backed [ʌnˋbækt; ˌʌnˈbækt˝] *adj.* **1** 〈馬〉不慣於被騎的，從未被人騎過的。**2** 無支持者[後援]的。**3** 〈馬等〉無人下賭注的。**4** 〈椅等〉無靠背的。

un·baked [ʌnˋbekt; ˌʌnˈbeikt] *adj.* **1** 未焙的；未熟的：～ tile 未焙的瓷磚。**2** 發育未完全的；未成熟的。

un·bal·ance [ʌnˋbæləns; ˌʌnˈbæləns] *v.t.* **1** 使〈心理〉失去平衡，使〈人〉錯亂。**2** 使…不均衡《★比較 一般用 put...out of balance》.

—*n.* Ⓤ不均衡，不平均(⇨ imbalance 比較)。

un·bal·anced [ʌnˋbælənst; ˌʌnˈbælənst˝] *adj.* **1** 失去平衡的。**2** 精神[情緒]陷於不穩定的，顛三倒四的，錯亂的。**3**《商》未決算[未清算]的：～ accounts 未決算的帳。

un·bap·tized [ˏʌnbæpˋtaɪzd; ˌʌnbæpˈtaizd] *adj.* 未受洗禮的；非基督教的；異教徒的。

un·bar [ʌnˋbɑr; ˌʌnˈbɑ:] *v.t.* (**un·barred**; **un·bar·ring**) **1** 拔去〈門〉的橫木[門閂]。**2** 取下…的門鈎。**3** 打開〈門戶、道路等〉：～ the way to free trade 打開自由貿易之路。

un·bear·a·ble [ʌnˋbɛrəbl; ʌnˈbɛərəbl˝] *adj.* **1** 忍不住的，不能忍受的：～ sorrow 難忍的悲哀。**2** [不用在名詞前]〔十介十(代)名〕難以忍受〔…〕的〔*to*〕：This heat is quite ～ ***to*** me. 這種熱度令我難以忍受。

un·béar·a·bly [-rəblɪ; -rəbli] *adv.* 不堪忍受地：He is ～ impudent. 他的無禮行爲實在難以忍受。

un·beat·en [ʌnˋbitn̩; ˌʌnˈbi:tn˝] *adj.* **1** 未受鞭打的。**2** 〈道路〉未受踐踏的。**3** 未曾被征服的。**4** (在競賽中)未曾敗北的；〈記錄〉未曾被打破的。

un·be·com·ing [ˏʌnbɪˋkʌmɪŋ; ˌʌnbiˈkʌmiŋ˝] *adj.* **1 a** 〈行爲、語言等〉不妥當的，難看的，不體面的，無禮的：～ language 下流的話。**b** [不用在名詞前]〔十介十(代)名〕〈行爲等〉〔對某人的地位、職業等〕不相稱的，不適宜的〔*to, for*〕：Although not illegal his conduct was ～ ***for*** a lawyer. 他的行爲雖不違法，却與其律師身分不相稱。**2** 〈衣服、顏色等〉(對穿者)不適宜的，不相稱的：She had on an ～ hat. 她戴了一頂不相配的帽子。

～**·ly** *adv.*

un·be·known [ˏʌnbɪˋnon; ˌʌnbiˈnoun], **unbe·knownst** [ˏʌnbɪˋnonst; ˌʌnbiˈnounst] *adj.* [不用在名詞前]〔十介十(代)名〕不爲〔人〕所知的〔*to*〕：He did it ～ ***to*** us. 他瞞著我們做了那事。

un·be·lief [ˏʌnbəˋlif, ˏʌnbɪˋlif; ˌʌnbiˈli:f] *n.* Ⓤ(尤指對宗教上的事因無充分的證據或知識而不相信的)不信仰上帝，懷疑《★比較 disbelief 是懷疑有虛假或不可靠而拒絕積極去相信》。

un·be·liev·a·ble [ˏʌnbəˋlivəbl; ˌʌnbiˈli:vəbl, -bə-˝] *adj.* 難以置信的，不可信的：her ～ beauty 她那令人難以置信的美/It is ～ that he did it for himself. 他獨力做了那件事，眞是令人難以置信/It is ～ how stupid he is. 他眞是笨得令人難以置信。

ùn·be·liév·a·bly [-vəblɪ; -vəbli] *adv.* 難以置信地：They are ～ ignorant. 他們無知到令人難以置信的地步。

un·be·liev·er [ˏʌnbəˋlivɚ; ˌʌnbiˈli:və, -bə-] *n.* Ⓒ(尤指宗教上的)不信仰者。

un·be·liev·ing [ˏʌnbəˋlivɪŋ; ˌʌnbiˈli:viŋ, -bə-˝] *adj.* (尤指宗教上)不信的，不信仰的。～**·ly** *adv.*

un·bend [ʌnˋbɛnd; ˌʌnˈbend] (**un·bent** [-ˋbɛnt; -ˈbent], ～**·ed**) *v.t.* **1** 弄直，伸直〈彎曲的東西〉。**2** 使〈身心〉舒暢，放鬆。

—*v.i.* **1** 變直，(伸長而)變平直。**2** 舒暢，輕鬆，變隨和。

un·bend·ing [ʌnˋbɛndɪŋ; ˌʌnˈbendiŋ˝] *adj.* 〈性格、態度、決心等〉堅定的，堅毅的，不屈不撓的：He maintained an ～ attitude. 他維持堅定的態度[他的態度非常堅定]。～**·ly** *adv.*

un·bi·as(s)ed [ʌnˋbaɪəst; ˌʌnˈbaiəst˝] *adj.* 無先入爲主的看法的，無偏見的，公平的：an ～ report 公平的報告(書)。

un·bid·den [ʌnˋbɪdn̩; ˌʌnˈbidn˝] *adj.* 《文語》**1** 未奉命的，未受吩咐的，自動自發的。**2** 未受邀請的：an ～ guest 一位不請自來的客人。

U

un·bind [ʌnˋbaɪnd; ˌʌnˈbaind] *v.t.* (**un·bound** [-ˋbaund; -ˈbaund]) **1** 解開…的繩子[繃帶] (untie)：～ a wound 解開傷口的繃帶。**2** 釋放〈人〉：～ a prisoner 釋放囚犯。

un·bleached [ʌnˋblitʃt; ˌʌnˈbli:tʃt] *adj.* 未經漂白的。

un·blem·ished [ʌnˋblɛmɪʃt; ˌʌnˈblemiʃtˋ] *adj.* **1** 無瑕疵的。**2** 無汚點的，潔白的：He has an ～ employment record. 他的(工作)履歷毫無汚點。

un·blessed, un·blest [ʌnˋblɛst; ʌnˈblest] *adj.* **1** 未蒙神祐的，未受祝福的。**2** 不神聖的。**3** 邪惡的。**4** 不快樂的；不幸的。**5** 缺少某種好處的：His hut was ～ with electricity. 他簡陋的小屋沒有電力供應。

un·blush·ing [ʌnˋblʌʃɪŋ; ˌʌnˈblʌʃiŋˋ] *adj.* 不知恥的，厚顏的。～**·ly** *adv.*

un·bod·ied [ʌnˋbadɪd; ˌʌnˈbɔdid] *adj.* **1** 離開軀體的。**2** 無實的；無形的；精神上的。

un·bolt [ʌnˋbolt; ˌʌnˈboult] *v.t.* 拔出(窗戶等的)插梢，取下門閂打開〈門〉。

un·bolt·ed[1] [ʌnˋboltɪd; ˌʌnˈboultidˋ] *adj.* 拔開門閂的。

un·bolt·ed[2] [ʌnˋboltɪd; ˌʌnˈboultidˋ] *adj.* 〈麵粉等〉未篩過的。

un·born [ʌnˋbɔrn; ˌʌnˈbɔ:nˋ] *adj.* **1** 未出生的；胎內的：one's ～ child [baby] 胎兒。**2** 將來的，未來的 (future)：～ generations 未來的世代。

un·bos·om [ʌnˋbuzəm, -ˋbuzəm; ˌʌnˈbuzəm] *v.t.* 〔十受(十介十(代)名)〕**1** 〔向人〕吐露，表明，表白〈心跡、秘密等〉〔*to*〕. **2** 〔～ one*self*〕〔對人〕表明心跡，吐露眞情〔*to*〕.

un·bound [ʌnˋbaund; ˌʌnˈbaundˋ] *v.* **unbind** 的過去式・過去分詞。**—*adj.*** **1** 解開枷鎖[繩索]的。**2** 〈書、紙等〉未裝釘的。

un·bound·ed [ʌnˋbaundɪd; ˌʌnˈbaundidˋ] *adj.* **1** 無邊際的，無止境的，無限的。**2** 壓抑不住的，無束縛的。

un·bowed [ʌnˋbaud; ˌʌnˈbaudˋ] *adj.* **1** 〈膝蓋、腰等〉不彎曲的。**2** 不屈服的，不屈的。

un·braid [ʌnˋbred; ˌʌnˈbreid] *v.t.* 解開，析開；縷析。

un·bred [ʌnˋbrɛd; ˌʌnˈbred] *adj.* **1** 無教養的，沒規矩的。**2** 未受訓練的，未經教導的：She is ～ to spinning. 她未受紡織之訓練。**3** 〈種畜〉未交配的。

un·bri·dled [ʌnˋbraɪdl̩d; ˌʌnˈbraidldˋ] *adj.* **1** 〈馬〉未羈勒的，解開韁轡的。**2** 不受抑制的，無束縛的；放縱的，蠻橫的。

un·bro·ken [ʌnˋbrokən; ˌʌnˈbroukənˋ] *adj.* **1** 未破的，完整的，完好的。**2** 不中斷的，連續的，接續的：～ fine weather 連續不斷的晴天。**3** 〈馬等〉未被馴服的。**4** 〈土地等〉未開闢的，未開墾的。**5** 〈記錄等〉未被打破的，未被刷新的。～**·ly** *adv.*

un·buck·le [ʌnˋbʌkl̩; ˌʌnˈbʌkl] *v.t.* 解開…的搭扣：～ one's belt 解開腰帶的搭扣。

un·bun·dle [ʌnˋbʌndl̩; ʌnˈbʌndl] *v.t.* 對〈相關產品或勞務〉分別計價；分別計〈價〉。

—*v.i.* 對相關產品或勞務等分別計價。

un·bur·den [ʌnˋbɝdn̩; ˌʌnˈbə:dn] *v.t.* 《文語》**1 a** 〔十受〕卸下…的負荷：～ a horse 卸下馬的負荷。**b** 〔十受十介十(代)名〕〔從…〕卸下〈負荷〉〔*of*〕：I ～*ed* the boy ***of*** his satchel. 我從那孩子的肩上解下書包。

2 a 〔十受〕(因吐露而)卸下〈心、精神等〉的重擔，使〈心、精神等〉輕鬆：～ one's heart [mind] 卸下心中的重擔。**b** 〔十受十介十(代)名〕〔～ one*self*〕吐露〔秘密等〕而覺得輕鬆〔*of*〕：He ～*ed himself* ***of*** his secret. 他吐露了自己的秘密(而如釋重負)。

3 a 〔十受〕傾訴，吐露〈煩惱、秘密〉：～ one's troubles 吐露煩惱。**b** 〔十受十介十(代)名〕〔向人〕吐露〈煩惱、秘密〉〔*to*〕：He ～*ed* his troubles ***to*** me. 他向我吐露煩惱。**c** 〔十受十介十(代)名〕〔～ one*self*〕〔向人〕吐露心事〔*to*〕：He ～*ed himself* ***to*** me. 他向我吐露心事。

un·busi·ness·like [ʌnˋbɪznɪsˌlaɪk; ˌʌnˈbizinislaik] *adj.* 不認眞的；無效能的；無次序的；無組織的。

un·but·ton [ʌnˋbʌtn̩; ˌʌnˈbʌtn] *v.t.* 解開…的扣子。

un·but·toned [ʌnˋbʌtn̩d; ˌʌnˈbʌtndˋ] *adj.* **1** 解開扣子的。**2** 《罕》融洽的，不拘禮的。

un·cage [ʌnˋkedʒ; ˌʌnˈkeidʒ] *v.t.* 從籠中放出；釋放。

un·called-for [ʌnˋkɔldˌfɔr; ˌʌnˈkɔ:ldfɔ:ˋ] *adj.* **1** 無緣無故的，無理由的：an ～ insult 無緣無故的羞辱。**2** 不必要的，無用的，多餘的；越分的：That remark was ～. 那個陳述是多餘的。

un·can·ny [ʌnˋkænɪ; ʌnˈkæniˋ] *adj.* (**uncan·ni·er** ; **-ni·est**) **1** 令人害怕的，怪異的，怪誕的，神秘的：an ～ noise 令人毛骨悚然的響聲。**2** 神奇的，異常的，超人的：She has an ～ sense of what others feel. 她具有察覺他人心思的異常敏銳的感覺。

un·cán·ni·ly [-nl̩ɪ; -nili] *adv.*

un·cap [ʌnˋkæp; ˌʌnˈkæp] *v.t.* **1** 取下〈瓶〉蓋；摘下〈鋼筆等〉的筆套。**2** 摘下〈他人〉的帽子；令〈人〉脫帽。

un·cared-for [ʌnˋkɛrdˌfɔr; ˌʌnˈkɛədfɔ:ˋ] *adj.* 沒人照顧的，被忽略的：an ～ garden 沒人照顧的庭園，棄園/That child looks completely ～. 那孩子好像完全沒人照顧似的。

un·cast [ʌnˋkæst; ˌʌnˈkɑ:st] *adj.* 演員未選定的，未定角的。

un·ceas·ing [ʌnˋsisɪŋ; ʌnˈsi:siŋˋ] *adj.* 不停的，不間斷的，連續的。～**·ly** *adv.*

un·cer·e·mo·ni·ous [ˌʌnsɛrəˋmonɪəs; ˈʌnˌseriˈmouniəsˋ] *adj.* **1** 不拘於儀式[形式]的，隨便的，融洽的，和藹的。**2** (無禮地)唐突的，莽撞的。～**·ly** *adv.*

un·cer·tain** [ʌnˋsɝtn̩; ʌnˈsə:tnˋ] *adj.* (**more** ～ ; **most** ～) **1** (無比較級、最高級)〔不用在名詞前〕**a** 〔十介十(代)名〕〈人〉〔對…〕不能確信的，不能確知的〔*of, about, as to*〕：He was ～ ***of her present address. 他不確知她現在的住址/I am ～ ***as to*** my future movements. 我不確知我今後的動向。**b** 〔(十介)十 *wh.*__/(十介)十 *wh.*十 *to* do〕〔關於…事[如何做…]〕不確知的〔*of, about, as to*〕《★ 用法 在此構句中常省略介系詞》：He was ～ *where* she lived. 他不確知她住在何處/I was [felt] ～ (***about***) *how to* act. 我不知道[拿不定主意]該如何去做。

2 a 〈行動〉不牢靠的；〈目的〉不定的：with ～ steps 以不穩定的腳步。**b** 〈天氣、脾氣、性格等〉易變的，反覆無常的，沒準的：～ weather 易變的天氣/a girl with an ～ temper 喜怒無常的少女。

3 (無比較級、最高級) **a** 〈時間、數量等〉不確實的，未定的；靠不住的：The date of his arrival is ～. 他的到達日期未定。**b** 〈女子的年齡〉不清楚的：a woman of ～ age 年齡不詳的女人《★ 用法 指裝扮得較實際年齡年輕的女人》。

～**·ly** *adv.* ～**·ness** *n.*

un·cer·tain·ty [ʌnˋsɝtn̩tɪ; ʌnˈsə:tnti] **《uncertain 的名詞》—*n.*** **1** Ⓤ不確實，半信半疑。**2 a** Ⓤ不安定；不確定；不安，不可靠，易變：the ～ of life 人生的變幻無常/～ of temper 反覆無常的脾氣，急躁的性情。**b** Ⓒ〔常 **uncertainties**〕不確實的事[物]，不可靠的事[物]：Life is full of ～ [*uncertainties*] 人生充滿了無法預測的事。

un·chain [ʌnˋtʃen; ˌʌnˈtʃein] *v.t.* **1** 解開…之鎖鏈。**2** 除去…之束縛。**3** 釋放；解放。

un·chal·lenged [ʌnˋtʃælɪndʒd; ˌʌnˈtʃæləndʒdˋ] *adj.* **1** 未受到挑戰的。**2** 不成問題的，未引起爭論的：an ～ assumption 不成問題[無爭議]的假設。

un·change·a·ble [ʌnˋtʃendʒəbl̩; ˌʌnˈtʃeindʒəblˋ] *adj.* 不會改變的，不變的：～ facts 不變的事實。

un·changed [ʌnˋtʃendʒd; ˌʌnˈtʃeindʒdˋ] *adj.* 無變化的，未改變的。

un·char·i·ta·ble [ʌnˋtʃærətəbl̩; ˌʌnˈtʃæritəblˋ] *adj.* 無慈悲心的，無同情心的，不寬貸的；嚴酷的。 **ùn·chár·i·ta·bly** [-təblɪ; -təbli] *adv.*

un·chart·ed [ʌnˋtʃartɪd; ˌʌnˈtʃɑ:tidˋ] *adj.* 《文語》海圖[地圖]中未載的；未有人跡的，未知的：～ waters 海圖中未載的水域。

un·chaste [ʌnˋtʃest; ˌʌnˈtʃeist] *adj.* **1** 無節操的；不貞的；淫蕩的：an ～ woman 不貞的女人/～ conduct 淫蕩的行爲。**2** 〈文體等〉不簡潔的；低級(趣味)的；鄙俗的。

un·chas·ti·ty [ʌnˋtʃæstətɪ; ˌʌnˈtʃæstəti] *n.* Ⓤ **1** 無節操；不貞。**2** 淫蕩。**3** 不簡潔；不雅；低級；鄙俗。

un·checked [ʌnˋtʃɛkt; ˌʌnˈtʃektˋ] *adj.* **1** 未被遏止的，未受抑制的，未受阻遏的。**2** 未經檢查[核對]的。

un·chris·tian [ʌnˋkrɪstʃən; ˌʌnˈkristjən, -tʃənˋ] *adj.* **1 a** 非基督教徒的；反基督精神的；不寬大的，不體諒的。**b** 〔不用在名詞前〕〔十 *of*十(代)名(十 *to* do)〕〔某人〕〈做…是〉有失厚道的：It was ～ ***of*** him ***to*** refuse to help. 他拒絕幫忙，眞是有失厚道。**2** 《口語》毫無道理的，離譜的：an ～ price 離譜的價錢。

un·church [ʌnˋtʃɝtʃ; ˌʌnˈtʃə:tʃ] *v.t.* 剝奪〈某教派〉的教會資格和權利；將〈人〉逐出教會。

un·cir·cum·cised [ʌnˋsɝkəmˌsaɪzd; ˌʌnˈsə:kəmsaizdˋ] *adj.* **1 a** 未受割禮的。**b** 《英》非猶太人的。**2** 異教(徒)的。

un·civ·il [ʌnˋsɪvl̩; ˌʌnˈsivlˋ] *adj.* **1 a** 〈行爲等〉無禮的，無規矩的。**b** 〔不用在名詞前〕〔十介十(代)名〕〔對…〕失禮的，無禮的〔*to*〕：He is ～ ***to*** his colleagues. 他對同事無禮。**c** 〔不用在名詞前〕〔十 *of* 十(代)名(十 *to* do)/十 *to* do〕〔某人〕〈做…是〉無禮的；〈某人〉〈做…是〉無禮的：It was ～ ***of*** him ***to*** say such things to you.＝He was ～ ***to*** say such things to you. 他對你說這些話，眞是無禮。**2** 未開化的，野蠻的。～**·ly** *adv.* ～**·ness** *n.*

un·civ·i·lized [ʌnˋsɪvl̩ˌaɪzd; ˌʌnˈsivlaizdˋ] *adj.* **1 a** 未開化的：～ tribes 未開化的種族。**b** 野蠻的：～ behavior 野蠻的行爲。**2** 遠離文明的，荒涼的。

un·clad [ʌnˋklæd; ʌnˈklædˋ] *adj.* 未穿衣的，赤裸的。

un·claimed [ʌnˋklemd; ˌʌnˈkleimd] *adj.* 無人要求[領取]的；物主不明的；無人認領的：～ baggage 無人認領的行李/～ balance 無人取的存款餘額/～ goods 貨主不明的貨物。

un·clasp [ʌnˋklæsp; ˌʌnˈklɑ:sp] *v.t.* **1** 解開…的扣子。**2** 放開〈互握的兩手等〉。

un·clas·si·fied [ʌn'klæsə,faɪd; ˌʌn'klæsifaid⁻] *adj.* **1** 未分類[區分]的。**2** 〈文件等〉不當機密處理的，非秘密的。

‡**un·cle** ['ʌŋkl; 'ʌŋkl] *n.* **1 a** Ⓒ叔[伯]父，姑[姨]丈，舅父(↔ aunt). **b** [U~；也用於稱呼]伯父《★用法家族間不用冠詞，當專有名詞用》：*U~*(John) is out.(約翰)伯伯不在。**2** [U~]《口語》[廣播電台的廣播員，在美國爲稱呼年長男人的親密語，如對黑人老僕等的稱呼]老伯：*U~* Jim 吉姆老伯/⇨ Uncle Sam, Uncle Tom.

sày [crỳ] úncle 《美口語》投降，認輸。

tálk to a person **like a Dútch úncle** ⇨ Dutch uncle.

un·clean [ʌn'klin; ˌʌn'kli:n⁻] *adj.* **1** 汚穢的，不潔的。**2** (道德上)不乾淨的，骯髒的：an[the] ~ spirit (尤指在人心中的)惡魔，惡靈。**3** 〈豬肉等〉(在宗教儀式上)被禁食的，不潔的，汚穢的：~ meat (猶太教等禁食的)不潔的肉。~**·ness** *n.*

un·clean·ly[1] [ʌn'klɛnlɪ; ˌʌn'klenli] *adj.* **1** 不潔的，骯髒的，不衞生的：his ~ habit of spitting 他隨地吐痰的不衞生習慣。**2** 不純潔的；不純正的。

un·clean·ly[2] [ʌn'klinlɪ; ˌʌn'kli:nli] *adv.* 不潔地；汚濁地。

un·clear [ʌn'klɪr; ˌʌn'kliə⁻] *adj.* 不清楚的，不明瞭的。

Úncle Sám *n.* **1** Ⓒ山姆叔叔，(典型的)美國人。

【說明】U.S. 是美利堅合衆國(the United States)的縮寫，但美國人却爲自己及自己的國家取了一個俏皮的綽號—Uncle Sam《戲稱 U.S. 是代表 Uncle Sam》. 在政治漫畫裡常出現的典型美國人是：下巴留著長鬍子的瘦高男子，頭戴美國國旗圖案的圓頂高帽，身穿燕尾服及紅白條紋長褲；另外，典型的英國[英格蘭]人的綽號爲 John Bull，蘇格蘭人的綽號爲 Sandy，愛爾蘭人爲 Paddy，威爾斯人爲 Taffy；cf. the Stars and Stripes (⇨ star).

2 美國政府。

Úncle Tóm 《源自美國女作家 H. B. Stowe [sto; stou] (1811–96) 所著的小說「湯姆叔叔的小屋(*Uncle Tom's Cabin*)」(「黑奴籲天錄」)中黑人奴隸的名字》—*n.* Ⓒ《輕蔑》屈服於白人的黑人。

Uncle Sam 1

un·cloak [ʌn'klok; ʌn'klouk] *v.t.* **1** 使…脫去斗篷[外套]。**2 a** 拆穿，暴露…的假面具。**b** 表明，公布〈計畫等〉(reveal).
—*v.i.* 脫去外套。

un·clog [ʌn'klag; ʌn'klɔg] *v.t.* (**-clogged**；**-clog·ging**)使…暢通；除去…之阻礙：~ a drain 使排水溝暢通。

un·close [ʌn'kloz; ˌʌn'klouz] *v.t.* 打開。
—*v.i.* 打開。

un·closed [ʌn'klozd; ˌʌn'klouzd⁻] *adj.* **1** 未關閉的，打開的。**2** 未完結的：The case remains ~. 這案件尚未結案。

un·clothe [ʌn'kloð; ˌʌn'klouð] *v.t.* 使〈某人〉脫去衣服，奪走[剝去]〈某人〉的衣服，使〈某人〉裸露。

un·cloud·ed [ʌn'klaudɪd; ˌʌn'klaudid⁻] *adj.* **1** 無雲的，晴朗的：an ~ blue sky 萬里無雲的藍天。**2** 明亮的，明朗的：~ happiness 無憂無慮的幸福生活。

un·co ['ʌŋko; 'ʌŋkou] *adj.* 《蘇格蘭》古怪的；奇異的；顯著的：an ~ sight 一個奇異的景象；奇觀。
—*adv.* 《蘇格蘭》非常；很顯著地。
—*n.* (*pl.* ~s) **1** Ⓒ《蘇格蘭》奇異的東西。**2** [~s]新聞。

un·coil [ʌn'kɔɪl; ˌʌn'kɔil] *v.t.* 展開，解開〈捲繞的東西〉。
—*v.i.* **1** 〈捲繞的東西〉解開。**2** 〈蛇〉解開盤繞。

un·col·ored [ʌn'kʌləd; ˌʌn'kʌləd⁻] *adj.* **1** 未著色的，維持底色的。**2** 《文語》〈話等〉據實的，未修飾的：an ~ account [description]據實的說明[記述]。

un·come-at-a·ble [ˌʌnkʌm'ætəbl; ˌʌnkʌm'ætəbl] *adj.* 《口語》難接近的，難得到的。

‡**un·com·fort·a·ble** [ʌn'kʌmfətəbl; ʌn'kʌmfətəbl⁻] *adj.* (**more** ~；**most** ~) **1** 不舒服的，心情惡劣的，住[坐，穿]起來不舒服的：an ~ wooden chair 坐起來不舒服的木椅/an ~ uniform 穿起來不舒服的制服/I am [feel] ~, nurse. [病床上的患者對護士說]護士小姐，我躺著難受。**2** 〈事態等〉傷腦筋的，困窘的，麻煩的：an ~ silence 令人困窘的沈默/be in an ~ position 處於困難的立場。

ùn·cóm·fort·a·bly [-təblɪ; -təbli] *adv.* ~**·ness** *n.*

un·com·mer·cial [ˌʌnkə'mɝʃəl; ˌʌnkə'mə:ʃl⁻] *adj.* **1** 非商業性的；不成買賣的。**2** 非從事商業的，與生意無關的。**3** 違反商業道德的。

un·com·mit·ted [ˌʌnkə'mɪtɪd; ˌʌnkə'mitid⁻] *adj.* **1** 〈犯罪等〉未遂的。**2** 中立的(neutral)：the ~ countries 中立國《不屬於東西兩陣容的任何一方》。**3** [不用在名詞前]**a** 不受拘束的，沒有約束[預定]的；未訂婚的：I'm ~ tonight. Shall we go for a drink? 今晚我有空，我們去喝一杯好嗎？**b** [十介十(代)名][與…]無約定的[*to, about*]：I am still ~ **to** [**about**] undertak*ing* the work. 我還沒有說定要接受這份工作。

un·com·mon [ʌn'kamən; ʌn'kɔmən⁻] *adj.* (**more** ~；**most** ~) **1 a** 珍貴的，稀罕的：an ~ case 罕有的情況/It's not ~ to see snakes here. 在此地看到蛇並不稀奇。**b** [不用在名詞前][十介十(代)名][對…而言]罕有的，少見的[*to, among*]：a surliness ~ **to** [**among**] the good-natured villagers 在和善的村民間少見的乖戾(態度)。**2** 異常的，非凡的：an ~ act 異常的行爲。

ùn·cóm·mon·ly *adv.* 罕有地；珍奇地，特別地；非常地，不尋常地：not ~ 常常。

un·com·mu·ni·ca·tive [ˌʌnkə'mjunə,ketɪv; ˌʌnkə'mju:nikətiv⁻] *adj.* 不融洽的；拘禮的；沈默寡言的。

un·com·plain·ing [ˌʌnkəm'plenɪŋ; ˌʌnkəm'pleiniŋ] *adj.* 不抱怨的；不作不平之鳴的；忍耐的；忍受痛苦的；堅忍的。

un·com·pro·mis·ing [ʌn'kamprə,maɪzɪŋ; ʌn'kɔmprəmaiziŋ⁻] *adj.* **1** 不妥協的，不讓步的：his ~ espousal of the bill 他對法案的堅定支持。**2** 頑固的，强硬的。~**·ly** *adv.*

un·con·cern [ˌʌnkən'sɝn; ˌʌnkən'sə:n] *n.* Ⓤ不關心，不感興趣，冷淡，不在乎：with apparent ~ 顯然漠不關心地。

un·con·cerned [ˌʌnkən'sɝnd; ˌʌnkən'sə:nd⁻] *adj.* **1 a** 不關心的，不在意的；安閒的：in an ~ manner 滿不在乎地，以漠不關心的態度。**b** [不用在名詞前][十介十(代)名][對…]不關心的，不在意的[*about*]：He is ~ **about** the future. 他對前途漠不關心。**2** [不用在名詞前][十介十(代)名]〈人〉[對…]沒興趣的，不關心的[*with, about*]：He seems ~ **with** politics. 他對政治似乎不感興趣。**3** [不用在名詞前][十介十(代)名]〈人、事〉[與…]無關的[*with, in*]：His report was ~ **with** the affair. 他的報告與該事件無關/He was ~ **in** the affair. 他與該事件無關。

ùn·con·cérn·ed·ly [-nɪdlɪ; -nidli] *adv.* **1** 不在意地。**2** 漠不關心地。

un·con·di·tion·al [ˌʌnkən'dɪʃənl; ˌʌnkən'diʃənl⁻] *adj.* 無條件的，絕對的，無限制的：~ surrender 無條件投降。~**·ly** *adv.*

un·con·di·tioned [ˌʌnkən'dɪʃənd; ˌʌnkən'diʃənd⁻] *adj.* 無條件的，絕對的：an ~ reflex 《生理・心理》無條件反射。

un·con·firmed [ˌʌnkən'fɝmd; ˌʌnkən'fə:md⁻] *adj.* 未證實的〈傳聞、報導等〉：an ~ report 未證實的報導。

un·con·form·i·ty [ˌʌnkən'fɔrmətɪ; ˌʌnkən'fɔ:miti] *n.* Ⓤ **1** 不一致；不相合；矛盾。**2** 《地質》(地層)不整合。

un·con·quer·a·ble [ʌn'kaŋkərəbl; ˌʌn'kɔŋkərəbl] *adj.* 不能征服的；不能克服的：~ difficulties 不能克服的種種困難。

un·con·quered [ʌn'kaŋkəd; ˌʌn'kɔŋkəd] *adj.* 未被征服的：this ~ land 這未被征服的土地。

un·con·scion·a·ble [ʌn'kanʃənəbl; ʌn'kɔnʃənəbl⁻] *adj.* 《文語》**1** 沒有良心的，不受良心約束的：an ~ bargain 不公平的契約[買賣]。**2** 過分的，不合理的：an ~ error 離譜的錯誤/He takes an ~ time eating. 他吃飯的時間過長。

ùn·cón·scion·a·bly [-nəblɪ; -nəbli] *adv.* ~**·ness** *n.*

***un·con·scious** [ʌn'kanʃəs; ʌn'kɔnʃəs⁻] *adj.* (無比較級、最高級) **1** 失去意識的，無意識的，昏迷的：fall [become] ~ 失去意識，昏迷/He knocked the man ~ with one blow of his fist. 他一拳把那個人打昏過去。

2 [不用在名詞前][十介十(代)名]不知道[…]的，未察覺[…]的[*of*]：He was ~ **of** his mistake. 他未察覺到自己的錯誤/He is ~ **of** hav*ing* made a serious error. 他未察覺到已犯了嚴重的錯誤。

3 不知不覺的，無意中(說出)的；不自覺的，不小心溜出來的：~ wit 自己未察覺的[無意識的]機智。

4 《心理》無意識的(↔ conscious).
—*n.* Ⓤ[常**the** ~]《心理》無意識。

un·cón·scious·ly *adv.* 無意識地，不知不覺地。

un·cón·scious·ness *n.* Ⓤ無意識(狀態)；不省人事。

un·con·sid·ered [ˌʌnkən'sɪdəd; ˌʌnkən'sidəd⁻] *adj.* **1** 未經考慮的，被忽視的。**2** 沒有準備的，未經思考的〈言行等〉。

un·con·sti·tu·tion·al [ˌʌnkanstə'tuʃənl, -'tju-; 'ʌnˌkɔnsti'tju:ʃənl⁻] *adj.* 違反憲法的，違憲的。~**·ly** [-nlɪ; -nəli] *adv.*

un·con·sti·tu·tion·al·i·ty [ˌʌnkanstə,tuʃə'nælətɪ; 'ʌnˌkɔnstiˌtju:ʃə'næliti] *n.* Ⓤ違反憲法，違憲。

un·con·strained [ˌʌnkən'strend; ˌʌnkən'streind] *adj.* 無拘束的；自由的；不勉强的；自然的。

un·con·test·ed [ˌʌnkən'tɛstɪd; ˌʌnkən'testid] *adj.* **1** 無競爭的；無爭的：an ~ election 無競爭的選舉。**2** 明白的；顯然的；無爭辯餘地的：~ superiority 無爭議餘地的優勢。

un·con·trol·la·ble [ˌʌnkən'troləbl; ˌʌnkən'trouləbl⁻] *adj.* 不能控制的，難以抑制的，無法管束的：~ inflation 難以控制的通貨膨脹/~ laughter 無法抑制的笑。

ùn·con·tról·la·bly [-ləblɪ; -ləbli] *adv.*

U

un·con·trolled [ˌʌnkənˋtrold; ˌʌnkənˈtrould] *adj.* 未受抑制的；自由自在的；未受管束的。

un·con·ven·tion·al [ˌʌnkənˋvɛnʃənḷ; ˌʌnkənˈvenʃənl˝] *adj.* **1** 不依慣例的，不因循的：an ～ approach to a problem打破慣例的處理問題的方法。**2**〈態度、服裝等〉不落俗套的；簡式的，自由的。～**·ly** [-nḷɪ; -nəli] *adv.*

un·con·ven·tion·al·i·ty [ˌʌnkənˌvɛnʃənˋælətɪ; ˈʌnkənˌvenʃəˈnæləti] 《unconventional 的名詞》**—***n.* **1** Ⓤ非因襲，不落陳套；自由。**2** Ⓒ非因襲的言行。

un·con·vert·i·ble [ˌʌnkənˋvɝtəbḷ; ˌʌnkənˈvəːtəbl] *adj.* 不能更換的；不能兌換的。**-i·bly** [-əblɪ; -əbli] *adv.*

un·con·vinced [ˌʌnkənˋvɪnst; ˌʌnkənˈvinst] *adj.* 不相信的；懷疑的。

un·cooked [ʌnˋkukt; ˌʌnˈkukt˝] *adj.* 未烹調的，未煮的，生的(raw)：eat vegetables ～ 生吃蔬菜。

un·cork [ʌnˋkɔrk; ˌʌnˈkɔːk] *v.t.* 拔去〈瓶等〉的塞子。

un·count·a·ble [ʌnˋkauntəbḷ; ˌʌnˈkauntəbl˝] *adj.* **1** 數不清的，無數的：～ difficulties 無數的難題[困難]。**2**《文法》〈名詞〉不可數的：an ～ noun 不可數名詞。

—*n.* Ⓒ《文法》不可數名詞(↔ countable)《★本辭典中以Ⓤ符號表示》。

un·count·ed [ʌnˋkauntɪd; ˌʌnˈkauntid˝] *adj.* **1** 未數過的。**2** 無數的；不可勝數的：～ millions (of people) 不可勝數的數百萬(人)。

un·cou·ple [ʌnˋkʌpḷ; ˌʌnˈkʌpl] *v.t.* **1 a** [十受]解開〈列車〉的連結：～ railway trucks 把鐵路貨車分開。**b** [十受十介十(代)名]〔從列車上〕把〈貨車廂等〉分開〔*from*〕：～ a freight car *from* a train 從列車上把貨車廂分開。**2** [十受]把〈狗〉從(繫著兩條狗的)皮帶中解開。

un·cour·te·ous [ʌnˋkɝtɪəs; ˌʌnˈkəːtiəs] *adj.* 不知禮儀的，粗魯無禮的。～**·ly** *adv.*

un·couth [ʌnˋkuθ; ʌnˈkuːθ˝] 《源自古英語「不爲人知的」之義》**—***adj.* 〈人、態度、說話等〉粗魯的，愚蠢的，笨拙的，蠢笨的：an ～ fellow 粗魯的傢伙/He behaves in a most ～ way. 他的舉止眞是笨拙。～**·ly** *adv.* ～**·ness** *n.*

un·cov·er [ʌnˋkʌvɚ; ʌnˈkʌvə] *v.t.* [十受] **1** 打開…的蓋子[覆蓋物]。**2 a** (表示敬意)從〈頭〉上脫下帽子：～ one's head 脫帽。**b** [～ one*self*]脫帽；脫去穿在身上的東西。**3** 暴露，揭發〈陰謀、秘密等〉：～ an international conspiracy 揭發一項國際陰謀活動。

—*v.i.* **1** 脫下帽子，脫帽：We all ～*d* in front of the grave. 我們在墓前都脫帽。**2** 打開蓋子[覆蓋物]。

un·cov·ered [ʌnˋkʌvɚd; ʌnˈkʌvəd˝] *adj.* **1** 無蓋子[覆蓋物]的。**2** 不戴帽的，無帽的：stand ～ 脫帽站立。**3** 無遮蔽物的，無防備的。**4** 未投保的。

un·crit·i·cal [ʌnˋkrɪtɪkḷ; ˌʌnˈkritikl˝] *adj.* **1** 缺乏批判性[批評]的；不批評的：an ～ audience 無批判力的聽衆。**2** [不用在名詞前] [十介十(代)名]不批判〔…〕的，〔對…〕不加批判的〔*of*〕：He was ～ *of* his son's conduct. 他對兒子的行爲不加批判。～**·ly** *adv.*

un·cross [ʌnˋkrɔs; ʌnˈkrɔs] *v.t.* 使〈原交叉的腿等〉還原，分開：He ～*ed* his legs. 他把交叉的腿分開《使不再交叉》。

un·crossed [ʌnˋkrɔst; ˌʌnˈkrɔst˝] *adj.* 《英》未畫線的〈支票〉：an ～ cheque 未畫線支票。

un·crowned [ʌnˋkraund; ˌʌnˈkraund˝] *adj.* **1** 未加冕的。**2** [the ～ king [queen] of…] 被視爲(…界的)最傑出者：*the* ～ *king of* jazz 爵士樂界的翹楚。

un·crush·a·ble [ʌnˋkrʌʃəbḷ; ˌʌnˈkrʌʃəbl˝] *adj.* **1** 〈布等〉不變形的，不變縐的。**2** 《文語》〈人、意志等〉不屈的，頑强的。

unc·tion [ˋʌŋkʃən; ˈʌŋkʃn] 《源自拉丁文「塗油」之義》**—***n.* Ⓤ **1** (天主教會作爲臨終儀式的)傅油，抹油，塗油：⇨extreme unction. **2 a** 使人感動[感激]的語調[態度(等)]；(尤指)宗教上的熱情。**b** 僅在表面的熱情，虛僞的感動[感激，同情，慇懃(等)]。

unc·tu·ous [ˋʌŋktʃuəs; ˈʌŋktjuəs, -tʃuəs] 《unction 的形容詞》**—***adj.* **1 a** 似油的，油質的。**b** 滑溜的，油滑的。**2** 受感動似的；滿口奉承的，油腔滑調的：an ～ manner 假慇懃的態度/in an ～ voice 用諂媚[柔媚]的聲音。～**·ly** *adv.* ～**·ness** *n.*

un·cul·ti·vat·ed [ʌnˋkʌltəˌvetɪd; ˌʌnˈkʌltiveitid˝] *adj.* **1** 未耕作的，未開墾的。**2** 無教養的，粗野的。

un·curl [ʌnˋkɝl; ˌʌnˈkəːl] *v.t.* 把〈捲毛、捲繞的東西〉弄直。

—*v.i.* 〈捲起的東西〉解開，變直。

un·cut [ʌnˋkʌt; ˌʌnˈkʌt˝] *adj.* **1** 未切(割)的。**2**〈電影、小說等〉未刪剪的，全版的：an ～ text 未刪剪的全版/Did you see it in an ～ version? 你看的是未刪剪版的影片嗎？**3**〈寶石等〉未加切割的，未加雕琢的。**4**《裝訂》邊未切齊的，未切齊的。

un·dat·ed [ʌnˋdetɪd; ˌʌnˈdeitid] *adj.* 無日期的；未記日期的：an ～ letter. 一封未註明日期的信。

un·daunt·ed [ʌnˋdɔntɪd; ˌʌnˈdɔːntid˝] *adj.* 《文語》不怕的，不膽怯的，勇敢的，不屈的。～**·ly** *adv.*

UNDC 《略》United Nations Disarmament Committee 聯合國裁軍委員會。

un·de·ceive [ˌʌndɪˋsiv; ˌʌndiˈsiːv] *v.t.* 把〈人〉自迷夢[錯誤]中喚醒，使〈人〉明白眞相[事實]。

un·de·cid·ed [ˌʌndɪˋsaɪdɪd; ˌʌndiˈsaidid˝] *adj.* **1 a** 〈人〉未下定決心的：He is still ～. 他仍未下定決心。**b** [不用在名詞前] [(十介)十 *wh.* 子句・片語]〔(對)何時…〕尚未決定的，猶豫的〔*about*〕《★用法 常省略介系詞》：She was ～ *when* she would go there. 她尚未決定什麼時候去那裏/I am ～ *whether to* believe him or not. 我還在猶豫著要不要相信他。**2 a** 〈問題等〉未決的，未決定的。**b** 〈勝負等〉未決的。～**·ly** *adv.* ～**·ness** *n.*

un·de·clared [ˌʌndɪˋklɛrd; ˌʌndiˈklɛəd˝] *adj.* **1** 〈關稅課稅品〉未向海關申報的。**2** 〈戰爭〉不宣而戰的。

un·de·feat·ed [ˌʌndɪˋfitɪd; ˌʌndiˈfiːtid] *adj.* 未曾被擊敗的。

un·de·fend·ed [ˌʌndɪˋfɛndɪd; ˌʌndiˈfendid˝] *adj.* **1** 無防備的。**2** 未受辯護的；無辯護人的。**3** 無論據[理由]證實的。

un·de·filed [ˌʌndɪˋfaɪld; ˌʌndiˈfaild] *adj.* 無汚的；潔白的；純正的：learn to speak pure English ～ 學習說純正的英語。

un·de·fined [ˌʌndɪˋfaɪnd; ˌʌndiˈfaind] *adj.* **1** 未闡明的；未解釋的；未下定義的：～ term 未經闡明的術語/～ concept 未經解釋的概念。

2 不確定的；不明確的：some ～ sense of excitement 某種不明確的興奮感。

un·de·liv·ered [ˌʌndɪˋlɪvɚd; ˌʌndiˈlivəd] *adj.* **1** 未被釋放的：an ～ prisoner 未被釋放之犯人。**2** 未送達的：～ parcels 未送達的包裹。**3** 未說出口的。

un·dem·o·crat·ic [ˌʌndɛməˋkrætɪk; ˌʌndeməˈkrætik] *adj.* 不民主的。**-i·cal·ly** [-kḷɪ; -kəli] *adv.*

un·de·mon·stra·tive [ˌʌndɪˋmɑnstrətɪv; ˌʌndiˈmɔnstrətiv˝] *adj.* 不表露感情的，審愼的，靦腆的，羞怯的：a man of ～ nature 性情含蓄的男子。～**·ly** *adv.* ～**·ness** *n.*

un·de·ni·a·ble [ˌʌndɪˋnaɪəbḷ; ˌʌndiˈnaiəbl˝] *adj.* **1** 無可否認的，不能爭辯的，明顯的：an ～ fact 無可否認的事實。**2** 無可挑剔的，毫無缺點的，確實好的：an ～ masterpiece 無懈可擊的傑作。

ùn·de·ní·a·bly [-ˋnaɪəblɪ; -ˈnaiəbli] *adv.* 無可否認地，分明地，明顯地。

un·de·nom·i·na·tion·al [ˌʌndɪˌnɑməˋneʃənḷ; ˈʌndiˌnɔmiˈneiʃənl] *adj.* 不受任何宗教教派拘束的；非宗派的：～ religious instruction 不受任何宗教教派拘束的宗教教育。～**·ly** *adv.*

un·der [ˋʌndɚ; ˈʌndə] *prep.* **1** [表示位置]**a** 在…之下，…的正下面《★與 over 相對，意思是在「…的正下面」；⇨ below【同義字】》：～ the bridge 在橋下《★比較 *below* the bridge 通常爲「在橋的下游」之意》/～ a tree 在樹下，在樹蔭下/from ～ the table 從桌下/⇨ under the SUN. **b** …的山麓：a village nestling ～ a hill 緊挨在山脚下的村莊。**c** 在…的內側[內部]；沒於…之中，被…所覆蓋：～ the ground 在地下/～ the skin 在皮膚下/⇨ get under a person's SKIN/a field ～ water 被水淹沒的田地[原野]/He was wearing a vest ～ his coat. 他在外套的裏面穿了一件背心/He hid (himself) ～ the bedclothes. 他(把自己)藏入棉被下面；他鑽進棉被中。

2 [表示狀態]**a** 正在接受〈工作、考慮、注目等〉，在…之中：～ consideration [discussion, investigation] 正在考慮[議論，調查]中[的]/a road ～ repair [construction] 在修理[修築]中的道路/land ～ the plow = land ～ cultivation [tillage] 耕地。**b** 在〈…的支配、監督、影響等〉之下；接受〈指導、規定等〉：the class ～ our control 在我們控制下的階級/England ～ (the rule of) Cromwell 在克倫威爾統治下的英國/～ Article 43 根據第四十三條款/～ the influence of wine 在酒醉的情況下/study ～ Dr. Brown 在布朗博士指導下學習。**c** 在〈簽名、蓋章等〉的保證之下：～ one's signature 在簽名之下。**d** 接受〈治療、考驗、刑罰等〉；受到〈攻擊等〉：～ (medical) treatment for ulcers 接受潰瘍的治療/～ fire 受砲火攻擊。**e** (違反…時)接受〈刑罰〉的情況下：⇨ under PAIN of. **f** 在〈…的條件、情況〉之下：～ such conditions 在這樣的條件之下/～ a delusion [misapprehension, mistaken impression] 產生錯覺[誤解，錯誤印象]。

3 a 屬於〈…種類、分類〉，在…的項目之下：treat a question ～ several heads 分成幾項處理一個問題。**b** 在〈…的名目等〉之下；在〈…的掩護〉之下：～ a false name 使用假名/～ (the) cover of night 在黑夜的掩護之下。

4 a (數量、時間、年齡等)未滿…，少於…(less than)：The thief was a man a little ～ forty. 小偷是個將近四十歲的男子/We've been here just ～ a week. 我們來此未滿一星期。**b** (地位)低於…，比…低：officers ～ the rank of major 少校以下的軍官。**c** 未達〈成年〉：～ age 未成年。

U

5 負起〈重擔〉；在…(重壓)之下：The cart will collapse ～ all that weight[those things]. 運貨馬車在所有[那些貨物的]重荷之下將會被壓垮/He sank ～ the burden of his misery[～ the strain]. 他受不了苦難[緊張]的重壓[陷入苦難[緊張]之中]。
6〈土地、田地等〉種有〈作物〉：a field ～ grass[wheat] 種有牧草[小麥]的田地。
—adv. (無比較級、最高級) **1 在[朝]下；在水中**《★常與動詞連用於成語》：⇨ GO under/He stayed ～ for two minutes. 他潛入水中兩分鐘。
2 未滿：Children five or ～ were admitted free. 五歲或未滿五歲的孩子免費入場。
3 受壓抑，受支配：bring[get] the fire ～ 滅火[控制了火勢]/⇨ KEEP under.
dòwn únder ⇨ down *adv.*
—adj. (無比較級、最高級) [用在名詞前] [常用於構成複合字] 下的，下部的；從屬的，次位的：the ～ jaw 下顎/～ layers 下層/an ～ servant 僕役的下手，打雜的傭人。
un·der- [ʌndɚ-; ʌndə-] 字首 **1 a** [置於名詞前，構成名詞] 下的，下方的：*under*clothes. **b** [置於名詞或動詞前，構成動詞] 在下，在下方，從下面：*under*line. **2 a** [置於動詞前，構成動詞] 不充分地：*under*state. **b** [置於 "名詞＋ -ed" 的形容詞等前，構成形容詞] (形狀) 不夠大的：*under*sized. **3** [置於名詞前，構成名詞] 較劣的，次位的，從屬的：*under*secretary. **4** 年齡未滿…的人：*under*fives 未滿五歲的幼兒。
ùnder·achíeve *v.i.* 學業成績未達到智商所顯示的程度。
ùnder·áct *v.t.* 未充分演出〈某角色〉，含蓄地演出〈某角色〉。
—v.i. 未充分發揮演技，含蓄地演出。
ùnder·áge *adj.* 未成年的。
únder·àrm *adj.* **1 a**〈衣服接縫等〉腋下的；〈皮包等〉夾在腋下的。**b** [用在名詞前] 腋下用的：an ～ deodorant 腋下用除臭劑。**2** 投下墜球的。
—[∸ − ∸] *adv.* 用下墜球(的投法)：Throw it ～. 投下墜球。
—n. Ⓒ腋下。
únder·ármed *adj.* 武裝不夠的；武器不足的。
únder·bèlly *n.* Ⓒ **1** (動物的) 下腹部《動物最柔軟的部位》。**2** [場所、計畫等的] 弱點，要害，致命處 [*of*]：the soft ～ *of* capitalism 資本主義的最大弱點[要害]。
ùnder·bíd *v.t.* (**-bid**；**-bid·den, -bid**) **1** 標價低於…價錢，以低於…的價錢得標 (cf. overbid)。**2**《紙牌戲》(玩橋牌時) 以低於〈手中牌的實力〉叫牌[下賭注]。
ùnder·bréd *adj.* **1** 教養不良的，下流的。**2**〈馬〉非純種的。
únder·brùsh *n.* Ⓤ (森林中大樹下面的) 草叢，灌木叢。
únder·càrriage *n.* Ⓒ (飛機的) 起落架，著陸裝置。
únder·càrt *n.* 《英口語》＝undercarriage.
ùnder·chárge *v.t.* **1 a** [十受] 對〈人〉索價低於常價。**b** [十受十受/十受十介十(代)名] 向〈人〉索取低於貸款〈…金額〉；向〈人〉索價比行情少〈…元〉[*by*]：He was ～*d* (*by*) 10 pence. 他被少索取十便士。**2 a** 給〈槍砲〉裝填不足的彈藥。**b** 在〈電池〉中充電不足。
—[∸−∸] *n.* Ⓒ索價過低。
únder·clàss *n.* Ⓤ下層階級；社會的最低層。
ùnder·clássman *n.* Ⓒ (*pl.* **-men**)《美》(大學、高中的) 低年級學生《一年級學生 (freshman) 或二年級學生 (sophomore)；cf. upperclassman》。
únder·clòthes *n. pl.* 襯衫，內衣。
únder·clòthing *n.* Ⓤ[集合稱] 內衣[襯衣]類 (underclothes)。
únder·còat *n.* **1** Ⓒ(鳥獸的) 短毛。**2** ⒸⓊ底漆。
únder·còver *adj.* [用在名詞前] 秘密從事的，秘密的；(尤指) 從事於情報活動[秘密調查]的：an ～ agent 秘密特工/the US ～ agencies 美國的情報機構《CIA, FBI 等》。
únder·cùrrent *n.* Ⓒ **1** 潛流，暗流。**2** [感情、意見等] (不呈現於表面的) 暗流 [*of*]：There was an ～ *of* antipathy between them. 他們兩人之間潛伏著一股反感的暗流。
ùnder·cút *v.t.* (**-cut**；**-cut·ting**) **1** 將…的下部切除[切掉]。**2 a** 比〈對方〉削減商品的價格。**b** 以低於〈競爭對手〉的工資工作。**3 a**《高爾夫》把〈球〉(以逆向迴轉) 向上打。**b**《網球》把〈球〉(以逆向迴轉) 下切。
—[∸−∸] *n.* Ⓒ **1** 切掉[挖掉]下部；由下切除[挖掉]的部分。**2**《英》(牛的) 裏脊肉 (tenderloin)。**3**《高爾夫・網球》下切球。
únder·devèlop *v.t.* **1** 使…發展或發育不完全；使…發展或發育不及所需程度。**2** 使〈底片〉顯影不足。
ùnder·devéloped *adj.* **1** 發展不全的，發育不足的：an ～ child 發育不足的孩子。**2**〈國家、地區等〉低度開發的，未充分開發的：～ countries 低度開發國家，後進國家《★ 比較 一般用 developing country (開發中國家)》。**3** 顯影不足的。
un·der·do [ˈʌndɚˈdu; ˌʌndəˈduː] *v.t.* & *v.i.* (**-did** [-ˈdɪd; -ˈdid]；**-done** [-ˈdʌn; -ˈdʌn]) **1** (…) 做得不夠；未盡全力地做(…)。**2**《英》嫩煮；嫩烤(肉等)。
únder·dòg *n.* Ⓒ **1** (在比賽中) 居劣勢的人；敗北者：She always roots for the ～. 她總是支持居劣勢的一方。**2** (社會不公平的) 犧牲者；失敗者，慘敗者：help the ～*s* in society 幫助社會上受壓迫的人。
ùnder·dóne *adj.*〈肉等〉半熟的，未熟的 (↔ overdone) (⇨ beefsteak【說明】)：Some people like beef ～. 有的人喜歡半熟的牛肉。
únder·dràinage *n.* Ⓤ地下排水。
ùnder·dréss *v.i.* 穿著過於隨便。
ùnder·dréssed *adj.* 穿著過於隨便的。
ùnder·éducated *adj.* 受教育不足的。
ùnder·emplóyed *adj.* **1** 未充分僱用[就業]的。**2** 從事於能力以下的工作的。**3**《口語》工作不太多的，有餘暇的：Now I have finished that work, I feel ～. 現在我已做完那工作，我覺得空閒。
ùnder·emplóyment *n.* Ⓤ **1** 未充分僱用[就業]。**2** 從事[雇用做]能力以下的工作。
ùnder·éstimate *v.t.* **1** 低估〈經費、時間〉。**2** 過於輕視，對…評價過低：～ the problem[the enemy's strength] 過於輕視問題[敵人的力量]/Don't ～ him. He looks stupid but he has great intelligence. 別低估他，他看起來愚笨，其實很聰明。
—v.i. 估價過於便宜。
— [-mɪt, -ˌmet; -mət, -meit] *n.* Ⓒ **1** 低估。**2** 過低的評價，輕視。
únder·èstimátion *n.* Ⓤ過低之估價；過低之評價；輕視；低估。
ùnder·éxercised *adj.* 運動過少的，缺少運動的。
ùnder·expóse *v.t.* 使〈底片等〉曝光不足《★常用被動語態》：The film *was* ～*d*. 底片曝光不足。
ùnder·expósure *n.* ⓊⒸ《攝影》曝光不足 (↔ overexposure)。
ùnder·féd *adj.* 營養不良的。
un·der·feed [ˈʌndɚˈfid; ˌʌndəˈfiːd] (**-fed** [-ˈfɛd; -ˈfed]) *v.t.* **1** 不給…足量食物。**2** 不給予…充分的燃料。
—v.i. 減食。
únder·fèlt *n.* Ⓤ (鋪在地板和地毯間的) 墊毯。
ùnder·flóor *adj.*〈暖氣〉安裝於地板下的：～ heating 地板下暖氣裝置。
ùnder·fóot *adv.* **1** 在腳下：It is damp ～. 腳下[地面]是潮濕的。**2** 踩著：trample an earthworm ～ 踩著一條蚯蚓。**3** 礙手礙腳地：Her three children are always getting ～. 她的三個孩子老是礙手礙腳。
únder·gàrment *n.* Ⓒ內衣，襯衣。
un·der·go [ˌʌndɚˈgo; ˌʌndəˈgou] *v.t.* (**-went** [-ˈwɛnt; -ˈwent]；**-gone** [-ˈgɔn; -ˈgɔn]) (十受) **1 a 接受**〈檢查、手術等〉：～ an operation [a medical examination] 接受手術[診察]。**b** 經歷〈變化等〉：～ changes 經歷(種種的)變化[變遷]/～ an experience 體驗，經歷。**2** 遭遇〈苦難等〉，忍耐…：～ many hardships 備嘗艱辛。
un·der·gone [ˌʌndɚˈgɔn; ˌʌndəˈgɔn] *v.* **undergo** 的過去分詞。
únder·grád *n.*《口語》＝undergraduate.
ùnder·gráduate *n.* Ⓒ (與畢業生、研究所學生、研究員有所區別的) 大學部在校生，大學生 (cf. postgraduate)。
—adj. [用在名詞前] 大學部(學生)的，大學生的：an ～ student 大學部的學生，大學生/in my ～ days 在我的大學時代。
***un·der·ground** [ˈʌndɚˈgraund; ˈʌndəgraund] *adj.* [用在名詞前] (無比較級、最高級) **1 地下的**：an ～ parking lot 地下停車場/an ～ nuclear test 地下核(子)試驗/an ～ launcher 地下(火箭)發射臺。**2**〈政治組織[活動]等〉暗中的，秘密的：an ～ government 地下政府/an ～ movement 地下[秘密]運動。**3** 前衛性的：the ～ cinema[theater] 前衛電影[劇場]。
—n. 1 Ⓒ **a**《英》地下鐵 (《美》subway)：by ～ 乘地下鐵《★無冠詞》。

> 【說明】倫敦 (London) 的地下鐵建於 1863 年，是世界上最早的地下鐵。因行駛於半圓錐體的隧道中，所以又有地下隧道 (tube) 之稱。全線以環道 (Circle Line) 爲中心，共有九個系統，在市區內縱橫行駛，非常方便。到月臺可利用電梯 (lift) 以及升降扶梯 (escalator)，後者有些還是木造的，相當古老。車廂內的座位通常用把手隔開，因此坐起來不會擁擠而不舒服。車廂上標示著 "No Smoking" 的是禁止吸煙的車廂。
> 倫敦的地下鐵和日本一樣，是按距離決定票價的。雖然有自動售票機，但因不能找零錢，所以沒有零錢的乘客必須到窗口買票；cf. escalator【說明】；關於紐約的地下鐵請參看 subway【說明】

b《美》地下道 (《英》subway)。**2** [**the** ～；集合稱] **a** 地下組織，地下運動團體《★ 用法 視爲一整體時當單數用，指個別成員時當複數用》。**b**「地下」《團體、運動；★ 用法 與義 2 a 同》。
— [ˈʌndɚˈgraund; ˌʌndəˈgraund] *adv.* (無比較級、最高級) **1 在地下。2** 潛入地下地，秘密地，暗中地，隱密地：go ～ 潛入地下。

úndergròund ráilròad *n.* Ⓒ **1** 地下鐵路(underground railway)。**2**〖美國史〗南北戰爭前反對奴隸制度者協助黑奴自南方逃往北方之秘密方法。

únder·grówn *adj.* **1** 發育不足的。**2** 有灌木的。

únder·gròwth *n.* Ⓤ Ⓒ [用單數] 矮樹叢，灌木叢：an ~ of shrubs and ferns 叢生的灌木與蕨類植物。

un·der·hand [ˋʌndɚˋhænd; ˌʌndəˈhænd] *adj.* **1**〖球戲〗低投的，下投的(↔ overhand)：an ~ throw 低手投的球。**2** = underhanded.

—*adv.* **1** 以下投的投球法，下投地。**2** 秘密地，虧心地，陰險地。

underhand 1

un·der·handed [ˋʌndɚˋhændɪd; ˌʌndəˈhændidˉ] *adj.* **1** 秘密的，不公正的。**2** 人手不足的。

~**·ly** *adv.* ~**·ness** *n.*

overhand

ùnder·húng *adj.* 〈下顎〉較上顎突出的，下顎突出的(↔ overhung)。

ùnder·láin *v.* **underlie** 的過去分詞。

un·der·lay[1] [ˌʌndɚˋle; ˌʌndəˈlei] *v.t.* (**-laid**)鋪在…之下。**—** [ˋʌndɚˌle; ˈʌndəlei] *n.* Ⓤ Ⓒ (地毯、床墊等的)襯墊《防水紙、布》。

under·lay[2] [ˌʌndɚˋle; ˌʌndəˈlei] *v.* **underlie** 的過去式。

únder·làyer *n.* Ⓒ下層，底層。

ùnder·líe *v.t.* (**-lay**；**-lain**；**-lying**) **1** 位於[橫躺於]…之下：Shale ~*s* coal. 頁岩層在煤層之下。**2** 成爲…的基礎；潛藏在…的底下：political ideas *underlying* a revolution 革命的政治思想基礎。

***un·der·line** [ˌʌndɚˋlaɪn; ˌʌndəˈlain] *v.t.* [十受] **1** 在〈字等〉下面畫線，在…處畫底線：an ~*d* part [section] 畫了底線的部分[部位]/In writing you should ~ (the) titles of books. 寫作時你該在書名下畫線。**2** 强調，清楚地表示…：~ the importance of welfare 强調福利的重要性/Her behavior ~*d* her contempt for him. 她的態度清楚地表示了對他的輕蔑。

— [ˋʌndɚˌlaɪn; ˈʌndəlain] *n.* Ⓒ底線，在字下面等畫的橫線。

un·der·ling [ˋʌndɚlɪŋ; ˈʌndəliŋ] *n.* Ⓒ《輕蔑》屬下，部下，手下。

ùnder·lýing *adj.* **1** 在下面的。**2** 成爲基礎的，根本的：an ~ principle 基本的原則。**3** 潛藏在內的，潛在性的：an ~ motive 潛在的動機。

ùnder·mánned *adj.* **1** 〈船等〉人員[船員]不足的。**2** 〈工廠等〉人員[人手]不足的。

ùnder·méntioned *adj.* **1** [用在名詞前]下列的。**2** [**the** ~；當複數名詞用]下列的物[人]。

ùnder·míne *v.t.* **1** 挖…的下面，在…下面挖掘坑道：~ a wall 挖牆角，在城牆下面挖掘坑道。**2** (因侵蝕作用而)削去…的根基[基礎]：The sea had ~*d* the cliff. 海水侵蝕了懸崖的基部。**3 a** 逐漸地[偷偷地]損害〈名聲等〉：They will do anything to ~ their adversary's reputation. 他們會不擇手段地去損害對手的名譽。**b** 不知不覺間損害〈健康等〉：My father's health was ~*d* by drink. 我爸爸的健康逐漸爲酒所損害。

únder·mòst 《under 的最高級》**—***adj.* & *adv.* 最下(級)的[地]，最低的[地]。

un·der·neath [ˌʌndɚˋniθ; ˌʌndəˈni:θ] *prep.* 在…之下：~ the table 在桌下/He is a good man ~ his pompous appearance. 他的外表雖傲慢，其實是個好人。

—*adv.* (無比較級、最高級) **1** 在下，在下方：put a stone ~ 在下方放置石頭。**2** 在下面，在底面：He appears pompous but he is a good man ~. 他表面看來傲慢，但骨子裏是個好人。

—*n.* [用單數；常**the** ~]《口語》下方，底面，底：*the* ~ *of* a cup 茶杯底。

ùnder·nóurished *adj.* 營養不良的。

ùnder·nóurishment *n.* Ⓤ營養不良。

un·der·paid [ˋʌndɚˋped; ˌʌndəˈpeid] *v.t.* **underpay** 的過去式・過去分詞。

únder·pànts *n. pl.* (男用的)襯褲；內褲。

únder·pàss *n.* Ⓒ《美》地下道《在交叉的道路或鐵路下挖成的通道》。

ùnder·páy *v.t.* (**-paid**)付給〈某人〉不足的薪水[工資]，未十足地付工資給…：Those workers are *underpaid.* 那些工人未領到足額的工資。

ùnder·pín *v.t.* (**-pinned**；**-pin·ning**) **1** 在〈牆壁等〉的下面做支撐，加固…的基礎。**2** 支持；證實。

únder·pìnning *n.* Ⓤ Ⓒ **1** (牆壁等的)支柱，支撐，基礎。**2** 支持，支援。

under-pinning 1

ùnder·pláy (↔ overact) *v.t.* **1** 未充分演出〈角色等〉。**2** 含蓄地表現…。

—*v.i.* 未稱職[未充分]地演出。

únder·plòt *n.* Ⓒ(戲劇、小說等的)枝節。

ùnder·pópulated *adj.* 人口不足[稀疏]的，人口過稀的。

ùnder·prívileged *adj.* 〈某人〉(在社會上、經濟上、教育上的條件較一般人)所享權益較少的，社會地位低下的，貧困的：~ children 窮苦[所享權益較少]的孩子們。

ùn·der·pro·dúce *v.t.* 以不敷正常所需之量生產…，使…生產不足。

—*v.i.* 生產不足，生產不敷所需。

ùnder·prodúction *n.* Ⓤ生產不足。

ùnder·próof *adj.* 〈酒類〉酒精濃度比標準酒低的(cf. proof spirit)：10 degrees ~ 酒精濃度比標準酒低十度。

ùnder·quóte *v.* = underbid.

ùnder·ráte *v.t.* 低估〈人、能力等〉，對…評價過低；蔑視：I ~*d* the difficulty of the task. 我低估了工作的困難程度/I ~*d* you! 我低估了你。

under·score [ˋʌndɚˌskor; ˌʌndɚˋskɔr; ˌʌndəˈskɔ:] *v.* = underline. **—** [ˋʌndɚˌskor, -ˌskɔr; ˈʌndəskɔ:] *n.* = underline.

ùnder·séa *adj.* 海中的，海底的：an ~ cable [tunnel] 海底電纜[隧道]。**—***adv.* 在海中，在海底。

ùnder·séas *adv.* = undersea.

ùnder·sécretary *n.* [常 U ~] Ⓒ 次長：a Parliamentary [Permanent] *U*~《英》政務[常務]次長。

ùnder·séll *v.t.* (**-sold**)以比〈競爭對手〉便宜的價錢出售，售價比…低。

ùnder·séxed *adj.* 性慾淡泊的；性能力弱的。

únder·shèriff *n.* Ⓒ《美》副郡法律執行官。

únder·shìrt *n.* Ⓒ《美》(尤指男用的)汗衫，內衣(《英》vest)。

ùnder·shóot *v.t.* (**-shot**) **1** 未達〈目標〉。**2** 〈飛機〉未抵〈跑道〉前降落。

under·shot [ˌʌndɚˋʃɑt; ˌʌndəˈʃɔt] *v.* **undershoot** 的過去式・過去分詞。

— [ˋʌndɚˌʃɑt; ˈʌndəʃɔt] *adj.* **1** 〈狗等〉下顎比上顎突出的；〈下顎〉較上顎突出的。**2** 〈水車〉下射式的(↔ overshot)：~ wheel 下射式水車。

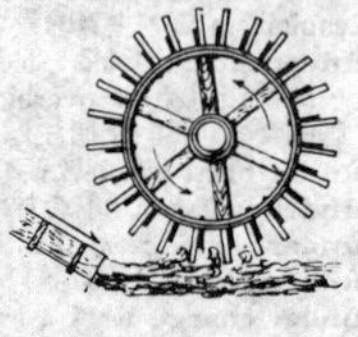

undershot wheel

únder·sìde *n.* Ⓒ下側，下面；裏面，內側。

ùnder·sígn *v.t.* 在〈信、文件等〉的末尾簽名。

únder·sìgned *adj.* **1** [用在名詞前]簽名於下的，下列的。**2** [**the** ~；當單數或複數名詞用]簽名者，簽名於下者：I, *the* ~ 本人，簽署者/*The* ~ are the petitioners. 下列簽署者爲陳情人。

ùnder·sízed *adj.* 比一般小的，小型的。

únder·skìrt *n.* Ⓒ(穿在裙子或衣服裏面的)襯裙。

únder·slèeve *n.* Ⓒ內袖(長出外衣袖口，作裝飾用)。

ùnder·slúng *adj.* **1** 〈汽車的車身等〉安裝在車軸彈簧上的；重心在底部的，下大上小的。**2** 〈下顎〉向外突出的。

ùnder·sóld *v.* **undersell** 的過去式・過去分詞。

únder·sòng *n.* Ⓒ **1** 伴唱的歌。**2** 言外之意。

ùnder·stáffed *adj.* 人員不足的。

‡un·der·stand [ˌʌndɚˋstænd; ˌʌndəˈstænd] 《源自古英語「站在下面[中間]之義」》**—**(**-stood** [-ˋstʊd; -ˈstud])《★無進行式》*v.t.* **1** 懂，了解。

【同義字】understand 是强調了解後所得的知識；comprehend 是强調在到達了解前的心路歷程；appreciate 是指正確地了解或評估某事物的眞正價值。

a [十受]明白〈事、物〉的意義；明白，懂〈某人(所說的事)〉：I cannot ~ the question [poem]. 我不明白這問題[詩](的意義)/Do you ~ me [what I say]? 你明白我所說的話嗎？/I'm beginning to ~ the lecture. 我開始了解(老師)所講的課/I'm gradually coming to ~ what he means. 我逐漸明白他的意思了《★用法 因爲不用 understand 的進行式，所以用 be coming [beginning] to ~》/(Now,) ~ me! (現在)仔細聽我說；希望你不要誤解《★用法 常用以表示警告》。**b** [十受]通曉，精通〈學問、技術等〉：~ English [finance] 精通英語[財政學]/~ machinery 精通機械。**c** [十 *how* 十 *to* do]通曉〈如何做…〉：You ~ best *how to* repair the machine. 你最懂得如何修理這部機器。**d** [十受]了解〈他人〉的心情；明白〈行爲等〉的本意：I cannot ~ him [his behavior]. 我無法了解他[他的行徑]。**e** [十 *wh*.__]了

解〈如何…〉：I ～ *how* you feel. 我了解你的心情/You don't ～ *what* a painful situation he is in. 你不知道現在他的處境有多痛苦。**f** 〔十受〔所有格〕十do*ing*〕明白〈某人做…〉《★用法用受詞較爲口語》：I cannot ～ him [his] desert*ing* his wife. 我不懂他爲什麼拋棄妻子《★變換可換寫成 I cannot ～ *why* he deserted his wife.》

2 a 〔(十介十(代)名)十 *that*＿〕〔從…〕聞知，得知〈某事〉〔*from*〕《★用法拘泥的鄭重說法》：I ～ *that* he is now in the States. 我聽說他現在人在美國/We ～ ***from*** an authoritative source *that* the Cabinet will resign. 我們從某權威人士那裏得知內閣即將總辭/The situation is better, *so* I ～. 我聽說現在局勢較好《★用法句中 so 承接前文，以代替 *that* 子句》。**b** 〔I ～；與主要句子並列或當插入語用〕我聽說：His wife, *I* ～, is going abroad next month. 我聽說他太太下個月要出國。

3 a 〔十受十介十(代)名〕〔將…〕解釋爲…的意思〔*by*〕：What do you ～ ***by*** these words of his？他的這些話你將如何解釋呢？**b** 〔十 *that*＿〕解釋，推斷，認爲〈…事〉：Are we to ～ *that* you will not cooperate？我們可否認爲你是不打算與我們合作嗎《你的意思是不與我們合作嗎》？**c** 〔十受十 *to be* 補〕解釋…〈是…〉，認爲…〈是…〉《★比較一般用義 3 b》：I *understood* him *to be* satisfied. 我以爲他會滿意。**d** 〔十受十 *to* do〕以爲，認爲…〈做…〉《★常用被動語態》：His silence *was understood to* mean that he was opposed to the policy. 他的沈默在大家看來意味著他反對該政策。**e** 〔十受十*as* 補〕將…解釋〈成…〉：They *understood* his words *as* a threat. 他們認爲他的話是一種威脅。

4 〔十受〕《文法》在心中補充〈觀念、字等〉；補充〈字〉來作解釋；省略〈字〉《★常用被動語態》：In the sentence 'She is younger than Tom', the verb 'is' is to *be understood* after 'Tom'. 在 'She is younger than Tom' 的這一句中，Tom 之後可以省略動詞 is.

—*v.i.* **明白，了解，懂**：You don't ～. 你不懂，你不明白(情形)《★用法源自省略後面的 the situation 等的 *v.t.* 用法》/Do you ～？你明白了嗎？/Now I ～！我現在明白了！

give [**léad**] a person **to understánd** (**that...**)《文語》使〈某人〉知道[認爲，相信]〈…〉《★常用被動語態；★用法常用在別人說的事或聽到的事與實際的情形不符合，而帶有「說[聽說]是…(但不知究竟如何)」之意》：I *was given to* ～ *that* the wedding would be a private affair. 我聽說婚禮將不對外公開。

màke onesèlf understóod 使人了解自己的話[想法]：Can you *make yourself understood* in English？你能用英語表達你的意思嗎？

understánd one anòther [**each òther**] 互相了解[理解]，彼此溝通。

un·der·stand·a·ble [ˌʌndɚˋstændəbḷ; ˌʌndəˈstændəbl] *adj.* 可以了解的，可理解的：It is ～ that he is angry. 他生氣是可理解的。

ùn·der·stánd·a·bly [-dəblɪ; -dəbli] *adv.* **1** 可理解地。**2** [修飾整句]理所當然地：He was ～ angry. 他理所當然地大發雷霆。

***un·der·stand·ing** [ˌʌndɚˋstændɪŋ; ˌʌndəˈstændiŋ] *n.* **1** Ⓤ [又作 **an** ～] **a** 理解，了解，領會〔*of*〕：He doesn't seem to have much ～ *of* the question. 他似乎不甚瞭解這問題/He has *a* good [deep] ～ *of* foreign affairs. 他非常熟悉外交事務。**b** 理解力，智力 (intellect)：beyond human ～ 超過人類的理解力/a person of [without] ～ 明[不明]理的人。

2 Ⓤ [又作 **an** ～] (對他人的)善解，同情心，共鳴，同感 (sympathy)：have *an* ～ *with* a person 與人相互溝通，與人氣息相通/There was (*a*) deep ～ between us. 我們之間有深刻的了解。

3 Ⓒ [常用單數] **a** (非形式上的)協定，商定，約定，了解：a tacit ～ 默契/*on* this ～ 在這種協定之下，基於對這點的了解，以此條件/We came to [We reached] an ～ *with* them *about* the matter. 關於那件事，我們已和他們達成協議。**b** 〔十 *that*＿〕〈…事的〉協定，了解：We have an ～ *that* it will be held in strictest confidence. 我們之間已達成默契，要對該事嚴守秘密/They were allowed to plow up the footpaths *on* the ～ *that* they restored [would restore] them afterward. 他們獲准在事後恢復原狀的條件下挖掘人行道《★比較《英》多用 would restore》.

—*adj.* 明理的；體諒的：an ～ father 明理的父親/with an ～ smile 露出體諒的微笑。～**·ly** *adv.*

ùnder·státe *v.t.* **1** 含蓄地陳述：～ one's loss 含蓄地陳述損害。**2** 說得比〈實際數量〉少：～ the number of deaths 將死亡人數說得比實際數目少。

ùnder·státement «understate 的名詞» **—*n.*** **1** Ⓤ含蓄的陳述。**2** Ⓒ含蓄的話[說話]。

> 【說明】與誇張說法相反的含蓄說法反而能予人强烈的印象，英國人尤好此說法，例如不說 good 而說 not bad，把 very thoughtful 說成 not unthoughtful 等。

the understátement of the yéar 非常含蓄的說法，輕描淡寫 (cf. of the YEAR (2))：To say that the food situation is unsatisfactory is *the* ～ *of the year.* Millions of people are dying of hunger. 說糧食情況未能令人滿意是輕描淡寫[一種掩飾實情的陳述]，(事實上)有幾百萬人因飢餓正瀕臨死亡。

un·der·steer [ˋʌndɚˏstɪr; ˈʌndəstiə] *n.* Ⓤ轉向不足(的情況)《汽車轉彎時，比駕駛者要轉的角度更朝外側直進的汽車性質；cf. oversteer》.

— [ˏʌndɚˋstɪr; ˌʌndəˈstiə] *v.i.* 〈車性〉偏向外側駕駛。

‡un·der·stood [ˌʌndɚˋstud; ˌʌndəˈstud] *v.* **understand** 的過去式・過去分詞。

únder·stràpper *n.* 《輕蔑》＝underling.

únder·stùdy *n.* Ⓒ臨時替角，墊角。**—*v.t.*** **1** 爲了當〈某角色〉的替角而研習：～ (the role of) Hamlet 研習當哈姆雷特一角的替角。**2** 當〈某演員〉的替角：～ the leading actress in a movie 在影片中當女主角的替角。

—*v.i.* 〔動(十介十(代)名)〕〔爲…〕研習當替角〔*for*〕：～ ***for*** a leading actor 爲代替主角演出而研習/He *understudied for* (the role of) Macbeth. 他爲了當馬克白這個角色的替角而研習。

únder·supplý *n.* ⒸⓊ供給不足；短絀。

un·der·take [ˌʌndɚˋtek; ˌʌndəˈteik] *v.t.* (**-took** [-ˋtuk; -ˈtuk]; **-tak·en** [-ˋtekən; -ˈteikən]) **1** 〔十受〕**負責**，承擔〈工作、義務、責任等〉：～ a task [responsibility for...] 承擔工作[…的責任]/The lawyer *undertook* the case without a fee. 那位律師免費承辦該案件。**2** 〔十受〕**著手**，從事〈工作、實驗等〉：～ an experiment 著手實驗/～ an enterprise 開創事業。**3 a** 〔十 *to* do〕保證，約定〈做…〉：He *undertook to* do it by Monday. 他保證星期一以前把它做好。**b** 〔十 *that*＿〕保證，擔保，斷言〈…事〉：I can't ～ *that* you will succeed. 我不能保證你會成功。

un·der·tak·en [ˌʌndɚˋtekən; ˌʌndəˈteikən] *v.* **undertake** 的過去分詞。

un·der·tak·er [ˋʌndɚˏtekɚ; ˈʌndəˌteikə] *n.* Ⓒ **1** 葬儀社(的人)。**2** [ˌʌndɚˋtekɚ; ˌʌndəˈteikə] 負責人，承擔人；企業家。

un·der·tak·ing [ˌʌndɚˋtekɪŋ; ˌʌndəˈteikiŋ] *n.* **1** Ⓒ [常用單數] (負責的)工作；企業，事業：a serious ～ 重大的工作。**2** Ⓒ **a** 〔十 *to* do〕〈做…的〉約定：He gave her an ～ *to* pay the money back within a year. 他和她約定一年內還錢 (cf. 2 b). **b** 〔十*that* ＿〕〈…事的〉約定，保證，承擔：He gave her an ～ *that* he would pay the money back within a year. 他向她保證在一年內還錢 (cf. 2 a). **3** [ˋʌndɚˏtekɪŋ; ˈʌndəˌteikiŋ] Ⓤ殯葬的業務。

ùnder-the-cóunter *adj.* [用在名詞前]《口語》偷偷做非法買賣的；黑市買賣的 (cf. over-the-counter).

únder-the-táble *adj.* 秘密的，暗中的：～ backing 暗中支持。

únder·thìngs *n. pl.* 女人之內衣褲。

únder·tòne *n.* Ⓒ **1** 低聲，小聲：talk in an ～ [in ～*s*] 小聲說話。**2** 潛在的性質[因素]；市場的潛在趨勢；〔言行中的〕含意〔*of*〕：There was an ～ *of* bitterness in his words. 他話中帶刺。**3** (從其他顏色中)透出的顏色，底色；淡色，淺色。

un·der·took [ˌʌndɚˋtuk; ˌʌndəˈtuk] *v.* **undertake** 的過去式。

únder·tòw *n.* [**an** ～] (水面下的)逆流；(由岸邊退回的)退波。

ùnder·valuátion «undervalue 的名詞» **—*n.*** Ⓤ **1** 低估。**2** 評價過低。

ùnder·válue *v.t.* **1** 低估…的價值：His house is ～*d.* 他的房子價值被低估了。**2** 對〈人、行爲等〉評價過低；輕視 (↔ overvalue).

únder·vèst *n.* 《英》＝undershirt.

únder·wàist *n.* Ⓒ襯裏圍腰；襯裏之胸衣。

ùnder·wáter *adj.* **1** 水面下的，水中(用)的：an ～ gun [camera] 水中槍[照相機]。**2** (船的)吃水線下的。

—*adv.* 在水面下，在水中。

únder·wèar *n.* Ⓤ [集合稱]內衣，襯衣。

ùnder·wéight *adj.* 重量不足的，未達標準重量的：He is two pounds ～. 他比標準體重輕兩磅。**—*n.*** ⓊⒸ重量不足。

un·der·went [ˌʌndɚˋwent; ˌʌndəˈwent] *v.* **undergo** 的過去式。

ùnder·whélm *v.t.* 使…漠不關心；使…漠然處之；激不起…的熱情。

ùnder·whélming *adj.* 尙未成爲壓倒性的。

únder·wòod *n.* Ⓤ生長在大樹下的草木；矮林；叢藪。

únder·wòrld *n.* [**the** ～] **1** [常 **U**～]《希臘神話》陰間，冥府 (Hades). **2** 罪惡世界，黑社會。

únder·wrìte *v.t.* (**-wrote**; **-written**) **1** (簽名)承辦…的(海上)保險；承保〈某險〉。**2** 《商》包辦〈公司的發行股票、債券等〉。

únder·writer *n.* Ⓒ **1** 保險業者；(尤指)海上保險業者。**2** (股票、債券等的)承受人。

únder·wrìtten *v.* **underwrite** 的過去分詞。

—*adj.* 簽署[簽名]在下面的：the ～ signatures [names] 署名者；簽名。

un·de·served [,ʌndɪ`zɝvd; ,ʌndi'zə:vd⁻] *adj.* 不應得的，不適當的：～ criticism 不該受到的非難[批評]。

ùn·de·sérv·ed·ly [-vɪdlɪ; -vidli] *adv.* 不相稱地，不當地：He was ～ blamed for the accident. 他因那件意外事故而受到不當的責備。

un·de·serv·ing [,ʌndɪ`zɝvɪŋ; ,ʌndi'zə:viŋ] *adj.* 不應受的，不值得的，不配的：be ～ of attention 不值得注意。

ún·de·signed [,ʌndɪ`zaɪnd; ,ʌndi'zaind] *adj.* 非故意的，偶然的，非預謀的。**-sign·ed·ly** [-nɪdlɪ; -nidli] *adv.*

un·de·sir·a·bil·i·ty [,ʌndɪ,zaɪrə`bɪlətɪ; 'ʌndi,zaiərə'biləti] «undesirable 的名詞» —*n.* Ⓤ不宜(的事)，惹人厭(的事)。

un·de·sir·a·ble [,ʌndɪ`zaɪrəbl; ,ʌndi'zaiərəbl⁻] *adj.* 不宜的，惹人厭的：an ～ person[book] 不受歡迎的人[書]。
—*n.* Ⓒ(在社會上)不受歡迎的人。

un·de·ter·mined [,ʌndɪ`tɝmɪnd; ,ʌndi'tə:mind] *adj.* **1** 未決定的；未確定的；未解決的。**2** 不堅決的；不果斷的；優柔寡斷的。

un·de·terred [,ʌndɪ`tɝd; ,ʌndi'tə:d] *adj.* 未受阻的；未受挫的。

un·de·vel·oped [,ʌndɪ`vɛləpt; ,ʌndi'veləpt⁻] *adj.* 〈國家、地區〉未開發的，不發達的：～ land 未開發的土地。

un·de·vi·at·ing [ʌn`divɪ,etɪŋ; ʌn'di:vieitiŋ] *adj.* 不偏倚的，不離正道的。

***un·did** [ʌn`dɪd; ,ʌn'did] *v.* **undo** 的過去式。

un·dies [`ʌndɪz; 'ʌndiz] «underwear 委婉語之略» —*n. pl.* 《口語》(尤指婦女的)內衣類。

un·dif·fer·en·ti·at·ed [,ʌndɪfə`rɛnʃɪ,etɪd; 'ʌn,difə'renʃieitid] *adj.* 無區別的，無顯著特點的。

un·di·gest·ed [,ʌndə`dʒɛstɪd, -daɪ-; ,ʌndi'dʒestid] *adj.* 未經消化的；未經整理的：～ food 未經消化的食物/～ mass of facts gathered at random 一堆隨意收集而未經整理的事實。

un·dig·ni·fied [ʌn`dɪgnə,faɪd; ʌn'dignifaid] *adj.* 無威嚴的，不莊重的：They felt it to be ～ to accept a tip. 他們覺得接受小費有損尊嚴。

un·di·lut·ed [,ʌndɪ`lutɪd, -daɪ-; ,ʌndai'lju:tid, -di'l-] *adj.* 未稀釋的；未沖淡的：～ pleasure 無憂無慮的快樂/～ nonsense 十足的廢話。

un·di·min·ished [,ʌndə`mɪnɪʃt; ,ʌndi'miniʃt⁻] *adj.* 〈力量〉未衰退的；〈品質等〉未降低的，不減的：zeal ～ through the years 多年來始終不減的熱忱。

un·dine [`ʌndin, `ʌndaɪn; 'ʌndi:n] *n.* Ⓒ水中女精靈《據說須與凡人結婚才能獲得靈魂和孩子》。

un·di·rect·ed [,ʌndə`rɛktɪd, -daɪ-; ,ʌndi'rektid] *adj.* **1** 未經指導的；未被引導的：earnest but ～ efforts 認眞但缺少指導的努力。**2** 未寫地址的〈信等〉：～ letter 未寫地址的信。

un·dis·cern·ing [,ʌndɪ`zɝnɪŋ, -`sɝ-; ,ʌndi'sə:niŋ, -'zə:-] *adj.* 無辨識力的；不明察的；感覺遲鈍的。**～·ly** *adv.*

un·dis·charged [,ʌndɪs`tʃɑrdʒd; ,ʌndis'tʃɑ:dʒd⁻] *adj.* **1** 〈船貨〉未卸下的。**2** 〈槍砲等〉未發射的。**3 a** 〈帳目、債務〉未償清的。**b** 〈負債者〉(在法律上)未免除責任的：an ～ bankrupt 未依法償債的破產者。

un·dis·ci·plined [ʌn`dɪsə,plɪnd; ʌn'disiplind] *adj.* 無紀律的；無訓練的；無修養的。

un·dis·closed [,ʌndɪs`klozd; ,ʌndis'klouzd] *adj.* 未經透露的，身分不明的：information from an ～ source 來源不明的消息。

un·dis·cov·ered [,ʌndɪ`skʌvəd; ,ʌndi'skʌvəd] *adj.* 未被發現的；未知的。

un·dis·guised [,ʌndɪs`gaɪzd; ,ʌndis'gaizd] *adj.* 無僞裝的；坦白的；公然的：He made an ～ attack. 他公然予以攻擊。

un·dis·mayed [,ʌndɪs`med; ,ʌndis'meid] *adj.* 無恐懼的；未喪膽的；大膽的。

un·dis·posed [,ʌndɪ`spozd; ,ʌndi'spouzd] *adj.* **1** [＋*to* do]不願意〈做…〉的；無〈做某事〉之傾向的：They are ～ *to* starve. 他們不願挨餓。**2** 未處分的；未處置的；未分配的。

un·dis·put·ed [,ʌndɪ`spjutɪd; ,ʌndi'spju:tid⁻] *adj.* 無異議的，明白的。

un·dis·tin·guished [,ʌndɪ`stɪŋgwɪʃt; ,ʌndi'stiŋgwiʃt⁻] *adj.* 無傑出之處的，平凡的。

un·dis·turbed [,ʌndɪ`stɝbd; ,ʌndi'stə:bd] *adj.* 未被擾亂的；未受干擾的；沒有阻擾的；平靜的：sleep ～ (不受騷擾地)靜睡。
ùn·dis·túrb·ed·ly [-bɪdlɪ; -bidli] *adv.*

un·di·vid·ed [,ʌndə`vaɪdɪd; ,ʌndi'vaidid⁻] *adj.* **1** 未經分割的，未被分開的；完全的。**2** 專心的，聚精會神的：～ attention 專心一意。

***un·do** [ʌn`du; ,ʌn'du:] *v.t.* (**un·did** [-`dɪd; -'did]；**un·done** [-`dʌn; -'dʌn])〔十受〕**1** 將〈已做的事〉**恢復原狀**，使…還原；使〈努力等〉的結果報銷：What is[What's] done cannot be *undone.* 覆水難收《★出自莎士比亞的「馬克白(*Macbeth*)」一劇》/This error *undid* all our efforts. 這個錯誤使我們前功盡棄。**2** 解開〈結、包裹、扣子等〉：～ a package 打開包裹/～ a button[a zipper]解開鈕扣[拉開拉鍊]。**3** 《古》使〈人〉淪落[墮落，毀滅]，敗壞〈人〉的名聲(ruin)《★常用被動語態》：I *am undone*！我完蛋了，我不行了！

un·dock [ʌn`dɑk; ,ʌn'dɔk] *v.t.* **1** 將〈船〉駛出船塢。**2** 使〈太空船〉(在太空)分離。—*v.i.* **1** 〈船〉從船塢駛出。**2** 〈太空船〉被分離。

ùn·dóing *n.* **1** Ⓤ墮落，淪落，毀滅。**2** [**one's** ～]毀滅[淪落]的原因，禍根：Women were his ～. 女人是使他身敗名裂的禍根。**3** Ⓤ解開，卸下：The ～ *of* the parcel took some time. 解開那件包裹花了一點時間。

un·do·mes·ti·cat·ed [,ʌndə`mɛstɪ,ketɪd; ,ʌndə'mestikeitid⁻] *adj.* **1** 〈動物〉未馴服的。**2** 〈婦女〉對家事無興趣的，不慣於家庭生活的。

***un·done**[1] [ʌn`dʌn; ,ʌn'dʌn] *v.* **undo** 的過去分詞。—*adj.* (無比較級、最高級)[不用在名詞前]解開的，鬆開的：Your fly is ～. 你褲子的拉鍊鬆開了/Your shoelace has come ～. 你的鞋帶鬆開了/He has got a button ～. 他有一顆鈕扣鬆開了。

un·done[2] [ʌn`dʌn; ,ʌn'dʌn⁻] *adj.* 未做的；做不完的，未完成的：leave one's work ～ 丟下工作不管《留下未完的工作》。

un·doubt·ed [ʌn`daʊtɪd; ʌn'dautid⁻] *adj.* 無庸置疑的；眞正的，確實的：an ～ fact 無庸置疑的事實。

un·dóubt·ed·ly *adv.* 無庸置疑地；確實地：That's ～ wrong. 那的確是錯了/*U*～ he did it. 無疑地是他做了那件事。

un·doubt·ing [ʌn`daʊtɪŋ; ʌn'dautiŋ] *adj.* **1** 不懷疑的；有信心的；有把握的。**2** 相信別人的；輕信的。

un·draw [ʌn`drɔ; ʌn'drɔ:] *v.t.* (**un·drew** [-`dru; -'dru:]；**un·drawn** [-`drɔn; -'drɔ:n])拉開〈窗帘等〉。

un·dreamed-of [ʌn`drimdəv; ʌn'dremtɔv⁻], **un·dreamt-of** [-`drɛmt-; -'dremt-⁻] *adj.* 做夢也沒想到的，(完全)意外的：～ happiness[wealth]做夢也沒想到的幸福[財富]。

un·dress[1] [ʌn`drɛs; ,ʌn'dres] *v.t.* 〔十受〕**1 a 脫掉[脫去]〈某人〉的衣服**：She ～*ed* the baby. 她脫去嬰兒的衣服。**b** [～ one*self*] 脫掉衣服。**2** 解開〈傷口〉的繃帶。—*v.i.* 脫衣。

un·dress[2] [`ʌn,drɛs; 'ʌndres] *n.* Ⓤ **1 a** 便服，便裝，居家衣服。**b** 軍便服。**2** 未穿衣服的狀態，赤裸的狀態：in a state of ～ 赤裸(般的)狀態。

un·dressed [ʌn`drɛst; ,ʌn'drest⁻] *adj.* **1** 脫去衣服的，赤裸的；穿著睡衣的：get ～ 脫衣。**2** 〈傷口〉未紮繃帶的。**3** 〈獸皮等〉沒有鞣的。**4 a** 〈雞肉等〉未加調味的。**b** 〈沙拉等〉未加調味料的。

un·drink·a·ble [ʌn`drɪŋkəbl; ,ʌn'driŋkəbl⁻] *adj.* 不能喝的，不適於飲用的；難喝的：This wine is completely ～. 這酒根本不能喝[難喝極了]。

un·due [ʌn`du, -`dju; ,ʌn'dju:⁻] *adj.* [用在名詞前]**1 a** 過分的，過度的：He left with ～ haste. 他過急地離去。**b** 不當的，不適當的：have an ～ effect [influence] on... 給…帶來不當的結果[影響]。**2** 〈債務等〉未到(償付)期限的。

un·du·lant [`ʌndjələnt; 'ʌndjulənt] *adj.* 波動的，波狀的，起伏的：～ fever 《醫》波型熱，布魯士菌病。

un·du·late [`ʌndjə,let; 'ʌndjuleit] «源自拉丁文「波浪」之義» —*v.i.* **1** 〈水面、麥田等〉緩慢起浪，呈波浪形，波動：The sail ～*d* gently in the breeze. 帆在微風中緩慢地波動。**2** 〈地面等〉緩緩起伏，起伏不平：*undulating* land 起伏的土地。
—*v.t.* **1** 使…波動，使…震動。**2** 使…起伏。

un·du·la·tion [,ʌndjə`leʃən; ,ʌndju'leiʃn] «undulate 的名詞» —*n.* **1 a** Ⓤ波動，起伏。**b** Ⓒ[常 ～s]波動[起伏]的東西：walk over the ～*s* of the downs 走在綿延起伏的草原上。**2** ⓊⒸ**a** 《物理》波動，振動；音波；光波。**b** 《醫》心跳。

un·du·la·to·ry [`ʌndjələ,torɪ, -,tɔrɪ; 'ʌndjulətri] *adj.* 波動[彎曲，起伏]的：the ～ theory (of light) (光的)波動說。

un·du·ly [ʌn`dulɪ, -`djulɪ; ,ʌn'dju:li] *adv.* 過分地，過度地；不當地：Don't be ～ worried about the exam. 不要過分擔心考試的事。

un·dy·ing [ʌn`daɪɪŋ; ʌn'daiiŋ⁻] *adj.* [用在名詞前]不死的，不滅的，不朽的，永恆的〈名聲等〉：～ fame 不朽的名聲/～ love 永恆的愛。

un·earned [ʌn`ɝnd; ,ʌn'ə:nd⁻] *adj.* **1** 〈所得等〉不勞而獲的：～ income 不勞而獲的收入《如利息、房租等》/⇨unearned INCREMENT. **2** [用在名詞前]不該得的，不當的〈賞罰等〉：～ praise [criticism]不當[不該受到]的讚賞[批評]。

un·earth [ʌn`ɝθ; ʌn'ə:θ] *v.t.* **1** 挖掘，挖出：～ buried treasure 挖掘深埋的寶藏。**2** 發現，揭發〈新事實等〉：The lawyer ～*ed* some new evidence concerning the case. 律師發現了有關此案件的新證據。

un·earth·ly [ʌn`ɝθlɪ; ʌn'ə:θli⁻] *adj.* **1** 非塵世的；超自然的；怪異的；神秘的；恐怖的，毛骨悚然的：an ～ silence 令人害怕的寂靜/an ～ shriek of terror 令人毛骨悚然的恐怖慘叫。**2** [用在名詞前]《口語》不尋常的，不合情理的〈時間等〉：Who is calling me at this ~ hour? 誰會在這種極不合適的時刻打電話給我呢?《誰在這個時候打電話給我，眞是見鬼[太不識相]!》

un·ease [ʌnˋiz; ʌn'i:z] *n.* 《文語》=uneasiness.

un·éas·i·ly [-zɪlɪ; -zili] *adv.* **1** 不安地，焦慮地。**2** 不舒適地，侷促地。

un·éas·i·ness *n.* Ⓤ **1** 不安，焦慮：cause[give] a person ~ 令人不快[不安]/be under some ~ *at*... 對…略感不快[不安]。**2** 侷促；不自在。

un·eas·y** [ʌnˋizɪ; ʌn'i:zi] *adj.* (**un·eas·i·er**; **-i·est**) **1 a** 不安的，焦慮的，擔心的(anxious)：an ~ dream 令人不安的夢/have an ~ conscience 感到愧疚[良心不安]/pass an ~ night 度過不安的[睡不穩的]一夜。**b** [不用在名詞前]〔十介十(代)名〕〔對…〕感到不安的，擔心的〔*at, about*〕：He felt ~ ***about the future [weather]. 他對未來感到不安[擔心天氣]/I felt ~ ***at*** my wife's absence. 妻子不在使我感到擔心。**2** 侷促的；心神不寧的；拘謹的：feel ~ in tight clothes 穿上緊身衣服覺得不舒服/She gave an ~ laugh. 她不自然地笑了笑/*U*~ lies the head that wears a crown. 爲王者無安寧《★出自莎士比亞的「亨利四世」(*King Henry the Fourth*)」一劇》。

un·eat·a·ble [ʌnˋitəbl; ʌn'i:təbl] *adj.* 不能吃的。

un·ec·o·nom·ic [ˏʌnikəˋnɑmɪk; 'ʌnˌi:kə'nɔmik] *adj.* **1** 非經濟性的。**2** 不經濟的，多浪費的。

ùn·èc·o·nóm·i·cal [-mɪkl; -mikl] *adj.* =uneconomic.
~**·ly** [-klɪ; -kəli] *adv.*

un·ed·u·cat·ed [ʌnˋɛdʒəˏketɪd; ˌʌn'edʒukeitid, -'edju-] *adj.* 未受教育的，無學問的(⇨ignorant【同義字】)。

un·e·mo·tion·al [ˏʌnɪˋmoʃənl; ˌʌni'mouʃənl] *adj.* 不訴諸感情的；不易動感情的；無感情的；冷靜的。

un·em·ploy·a·ble [ˏʌnɪmˋplɔɪəbl; ˌʌnim'plɔiəbl] *adj.* (因年齡、缺陷等)不能僱用的。

un·em·ployed [ˏʌnɪmˋplɔɪd; ˌʌnim'plɔid] *adj.* **1 a** 沒有工作的，無業的，失業(者)的。**b** [**the** ~；當複數名詞用]失業者。**2** 未[未被]利用的，閒置的，閒著的：~ capital 游資。

***un·em·ploy·ment** [ˏʌnɪmˋplɔɪmənt; ˌʌnim'plɔimənt] *n.* Ⓤ 失業；失業率；失業人數：push ~ down 降低失業率/Three thousand men face ~ if the factory closes (down). 如果工廠關閉，將會有三千人面臨失業。
—*adj.* [用在名詞前]失業的：~ benefits 失業津貼[救濟金]/~ compensation 失業補助/~ insurance 失業保險。

un·en·cum·bered [ˏʌnɪnˋkʌmbəd; ˌʌnin'kʌmbəd] *adj.* 沒有阻礙的；不受妨礙的；沒有(抵押等)負擔的：live an ~ life 過無拘無束的生活。

un·end·ing [ʌnˋɛndɪŋ; ʌn'endiŋ] *adj.* **1** 無終止的，無窮盡的，永遠的：an ~ stretch of cliffs 連綿不斷的絕壁。**2**《口語》連續不斷的，經常的：I'm sick of your ~ grumbles. 我對你的不斷埋怨感到厭煩。~**·ly** *adv.*

un·en·dur·a·ble [ˏʌnɪnˋdurəbl, -ˋdjur-; ˌʌnin'djuərəbl] *adj.* 不能忍耐的，無法忍受的：an ~ insult 難以忍受的侮辱/The heat is ~. 這種熱令人難受。

ùn·en·dúr·a·bly [-rəblɪ; -rəbli] *adv.*

un-Eng·lish [ʌnˋɪŋglɪʃ; ˌʌn'iŋgliʃ] *adj.* **1** 不合於英國(風俗、原則、思想、特性等)的，非英國式的；非英國人的。**2** 非英語的。

un·en·light·ened [ˏʌnɪnˋlaɪtnd; ˌʌnin'laitnd] *adj.* **1** 不明眞相的。**2** 未經啓蒙的，無知的。**3** 頑劣的，充滿偏見的。

un·en·vi·a·ble [ʌnˋɛnvɪəbl; ˌʌn'enviəbl] *adj.* 不値得羨慕的；傷腦筋的；麻煩的：an ~ reputation 不値得羨慕的名聲/~ work 麻煩的工作。

un·e·qual [ʌnˋikwəl; ˌʌn'i:kwəl] *adj.* **1** 不相等的，非同等的。**2** 〈作品等〉(整體上)品質不均的，不均勻的。**3** [不用在名詞前]〔十介十(代)名〕不能忍受〔…〕的，不能勝任〔…〕的〔*to*〕：She felt ~ ***to*** the task. 她覺得不能勝任這項工作/He is ~ *to* dealing with the problem. 他沒有能力處理該問題。
~**·ly** *adv.* ~**·ness** *n.*

un·é·qualed, 《英》**un·é·qualled** *adj.* 無可匹敵的，無敵的，無比的：~ courage 無比的勇氣/He is ~ as a jazz player. 他是位舉世無雙的爵士樂演奏者。

un·e·quiv·o·cal [ˏʌnɪˋkwɪvəkl; ˌʌni'kwivəkl] *adj.* 不含糊的，易分辨的，明白的，坦率的：an ~ answer 明確的回答/an ~ refusal 坦率[斷然]的拒絕。~**·ly** [-klɪ; -kəli] *adv.*

un·err·ing [ʌnˋɝɪŋ; ˌʌn'ə:riŋ] *adj.* 無誤的；不犯錯的；〈判斷等〉正確的：an ~ memory 準確無誤的記憶力/~ judgment 正確的判斷。~**·ly** *adv.*

UNESCO, U·nes·co [juˋnɛsko; ju'neskou] 《*U*nited *N*ations *E*ducational, *S*cientific, and *C*ultural *O*rganization 的頭字語》
—*n.* 聯合國教科文組織。

un·es·sen·tial [ˏʌnəˋsɛnʃəl; ˌʌni'senʃl] *adj.* 非主要的；非必要的：~ illustrations 非必要的插圖。
—*n.* Ⓒ 不重要的事物。

un·eth·i·cal [ʌnˋɛθɪkl; ʌn'eθikl] *adj.* **1** 不道德的。**2** 違反(特定職業等的)道義[規範]的，卑鄙的。

un·e·ven [ʌnˋivən; ˌʌn'i:vn] *adj.* **1** 不平坦的，凹凸不平的：an ~ dirt road 凹凸不平的泥路。**2 a** 不一樣的，不規則的，不整齊的，不勻稱的：~ breathing 不規則的呼吸/of ~ temper 情緒易變的，喜怒無常的。**b** 〈作品等〉品質參差不齊的。**3** 奇數的(odd)：~ numbers 奇數。~**·ly** *adv.* ~**·ness** *n.*

un·e·vent·ful [ˏʌnɪˋvɛntfəl; ˌʌni'ventful] *adj.* 太平無事的，平靜無事的，過程平淡的。~**·ly** [-fəlɪ; -fuli] *adv.* ~**·ness** *n.*

un·ex·am·pled [ˏʌnɪgˋzæmpl̩d; ˌʌnig'zɑ:mpld] *adj.* 無前例的，無比的：prosperity ~ in history 歷史上空前的繁榮。

un·ex·cep·tion·a·ble [ˏʌnɪkˋsɛpʃənəbl; ˌʌnik'sepʃnəbl] *adj.* 無缺點的，無可挑剔的，完美的，極好的：an ~ suggestion 極好的建議。**-a·bly** [-nəblɪ; -nəbli] *adv.*

un·ex·cep·tion·al [ˏʌnɪkˋsɛpʃənl; ˌʌnik'sepʃənl] *adj.* 非例外的，普通的，平凡的。~**·ly** *adv.*

***un·ex·pect·ed** [ˏʌnɪkˋspɛktɪd; ˌʌnik'spektid] *adj.* (**more** ~; **most** ~)出乎意料的，意外的，突然的：an ~ visitor 不速之客/an ~ piece of luck [turn of events] 意想不到的好運[事情的轉機]。~**·ness** *n.*

un·ex·pect·ed·ly [ˏʌnɪkˋspɛktɪdlɪ; ˌʌnik'spektidli] *adv.* (**more** ~; **most** ~)出人意料地，意想不到地，突然；意外地：I finished work ~ early. 我意外地提早做完工作。

un·ex·pe·ri·enced [ˏʌnɪkˋspɪrɪənst; ˌʌnik'spiəriənst] *adj.* **1** 無經驗的。**2** 未被體驗的。

un·ex·plod·ed [ˏʌnɪkˋsplodɪd; ˌʌnik'sploudid] *adj.* 未爆炸的。

un·ex·pressed [ˏʌnɪkˋsprɛst; ˌʌniks'prest] *adj.* 未表現的；未表達的。

un·ex·pur·gat·ed [ʌnˋɛkspɚˏgetɪd; ˌʌn'ekspəgeitid] *adj.* 〈書籍等〉未刪去(可疑部份)的：an ~ edition 未刪節版。

un·fad·ing [ʌnˋfedɪŋ; ʌn'feidiŋ] *adj.* **1** 不褪色的。**2** 不凋謝的：~ flowers 不凋謝的花。**3** 不衰的；不朽的：~ glory 不朽的榮耀。

un·fail·ing [ʌnˋfelɪŋ; ʌn'feiliŋ] *adj.* **1** 無盡的，不絕的：a novel of ~ interest 趣味無窮的小說。**2** 確實的；可信賴的，忠實的：~ kindness [support] 始終不變的善心[支持]。
~**·ly** *adv.*

un·fair [ʌnˋfɛr; ˌʌn'fɛə] *adj.* **1** 不公平的，不當的；不正的，非光明正大的，狡猾的：~ competition [punishment, treatment] 不公平的競爭[處罰，對待]/an ~ competition 一項不公正的競賽[比賽]。
2 [不用在名詞前]〔十*of*十(代)名(十 *to* do)/十*to* do〕〔某人〕〈做…是〉不公平的；〈某人〉〈做…是〉不公平的：It was ~ ***of*** her *to* praise only one of those children. =She was ~ *to* praise only one of those children. 她僅誇獎那些孩子中的一個是不公平的。
~**·ly** *adv.*

un·faith·ful [ʌnˋfeθfəl; ˌʌn'feiθful] *adj.* **1 a** 不忠實的，不誠實的：an ~ servant 不忠實的僕人。**b** [不用在名詞前]〔十介十(代)名〕〔對…〕不忠實的，不誠實的〔*to*〕：be ~ *to* one's word 不守諾言，食言/He was ~ *to* his master. 他對主人不忠。**2 a** 〈夫、妻〉不忠實的，不貞的，拈花惹草的：an ~ husband 拈花惹草的丈夫。**b** [不用在名詞前]〔十介十(代)名〕〔對配偶〕不忠實的，不貞的〔*to*〕：He has never been ~ ***to*** his wife. 他從未對妻子不忠過。~**·ly** [-fəlɪ; -fuli] *adv.* ~**·ness** *n.*

un·fal·ter·ing [ʌnˋfɔltərɪŋ; ʌn'fɔ:ltəriŋ] *adj.* **1** 〈脚步等〉不蹣跚的，穩定的；不搖晃的：with ~ steps 以穩定的脚步。**2** 不躊躇的，堅決的，毅然的：~ courage 堅毅的勇氣。~**·ly** *adv.*

un·fa·mil·iar [ˏʌnfəˋmɪljɚ; ˌʌnfə'miljə] *adj.* **1** 不熟悉的，不熟識的，不習見的：~ faces 不熟識的臉。**2** [不用在名詞前]〔十介十(代)名〕**a** 〈事情〉不爲〔人〕熟知[熟悉]的〔*to*〕：The subject is ~ ***to*** me. 我對這個問題不太清楚。**b** 〈人〉〔對…〕不通曉的，不熟悉的，不習慣的〔*with*〕：I am ~ ***with*** the subject. 我對這個問題不了解。

un·fast·en [ʌnˋfæsn̩; ˌʌn'fɑ:sn] *v.t.* 解開，鬆開：~ one's belt 解開皮帶。

un·fath·om·a·ble [ʌnˋfæðəməbl; ʌn'fæðəməbl] *adj.* **1** 難測的，深不可測的：~ darkness 深不見底的黑暗。**2** 不可解的，深遠的：an ~ mystery 不可思議的神秘。
-a·bly [-məblɪ; -məbli] *adv.* ~**·ness** *n.*

un·fath·omed [ʌnˋfæðəmd; ˌʌn'fæðəmd] *adj.* (深度)不可測的，無底的：the ~ depths of the sea 不可測的海底深度。

un·fa·vor·a·ble, 《英》**un·fa·vour·a·ble** [ʌnˋfevrəbl, -ˋfevərə-; ˌʌn'feivərəbl] *adj.* **1 a** 不合適的，不方便的，不利的，有害的；相反的：an ~ balance of trade 入超/an ~ wind 逆風。**b** 〔十介十(代)名〕〔對…〕不利的，不適合的〔*to, for*〕：~ weather ***for*** a trip 不適合旅行的天氣/The conditions were ~ ***to*** our plan.

那些條件對我們的計畫不利。**2**〈報告、批評等〉非善意的，批判性的：an ～ comment 批判性的評論/hold an ～ opinion of... 對…有批判性的意見。**ùn·fá·vor·a·bly** [-rəblɪ; -rəbli] *adv.*

un·fea·si·ble [ʌnˋfizəbḷ; ˌʌnˈfiːzəbl] *adj.* 不能實行的；難實施的；不切實際的：a reform ～ in the prevailing circumstance 在當前情形下難以實行的改革。

un·feel·ing [ʌnˋfilɪŋ; ʌnˈfiːliŋˉ] *adj.* **1** 無感覺的。**2** 無情[冷酷，殘酷]的。**～·ly** *adv.*

un·feigned [ʌnˋfend; ʌnˈfeindˉ] *adj.* 不虛僞的，眞實的，誠實的：～ praise 衷心的讚賞。

ùn·féign·ed·ly [-nɪdlɪ; -nidli] *adv.*

un·fet·ter [ʌnˋfɛtɚ; ˌʌnˈfetə] *v.t.* **1** 除去…的腳鐐。**2** 使…自由，釋放，赦免：～ a prisoner 釋放囚犯。

ùn·fét·tered *adj.* **1** 除去腳鐐的。**2**〈思想、行動等〉不受拘束的，自由的。

un·fin·ished [ʌnˋfɪnɪʃt; ˌʌnˈfiniʃtˉ] *adj.* **1** 未做完的，未結束的，未完成的：an ～ letter 未寫完的信/He left the picture ～. 他擱下未完成的圖畫。**2**〈紡織品等〉未做最後加工的。**3**〈油漆等〉未刷最後一道漆的。

un·fit [ʌnˋfɪt; ˌʌnˈfitˉ] *adj.* [不用在名詞前] **1**〔＋介＋(代)名〕〔對…〕不適當的，不適任的，不適合的〔*for*〕：You are ～ ***for*** business. 你不適合做生意/This land is ～ *for* farming. 這塊土地不適合耕作。

2〔＋ *to* do〕不適合〈做…〉的，不適任〈做…〉的：He is ～ *to* be a teacher. 他不適合當教師。

—*v.t.* (**un·fit·ted**; **un·fit·ting**)〔＋受＋介＋(代)名〕使〈某人〉不勝任〔於…〕，使…不適合〔於…〕，使…無資格〔於…〕〔*for*〕《★常用被動語態》：Illness *unfitted* him **for** the life of a farmer. 疾病使他不適於務農[幹農活]/He *is unfitted for* scholastic life. 他不適於學者生涯。

un·fit·ting [ʌnˋfɪtɪŋ; ˌʌnˈfitiŋ] *adj.* 不適當的；不適合的：an ～ atmosphere 不適當的氣氛。

un·fix [ʌnˋfɪks; ˌʌnˈfiks] *v.t.* **1** 取下，卸下，解開；鬆開。**2** 使〈人心等〉動搖。

un·fixed [ʌnˋfɪkst; ˌʌnˈfikst] *adj.* **1** 解脫的，鬆弛的。**2** 不固的，未定的。

un·flag·ging [ʌnˋflægɪŋ; ˌʌnˈflægiŋˉ] *adj.* 不衰退的，不疲憊的，不鬆懈的：～ enthusiasm 不減退的熱誠。**～·ly** *adv.*

un·flap·pa·ble [ʌnˋflæpəbḷ; ˌʌnˈflæpəblˉ] *adj.*《口語》(即使面臨危機也)不驚慌的，冷靜的，泰然處之的。

ùn·fláp·pa·bly [-pəblɪ; -pəbli] *adv.*

un·fledged [ʌnˋflɛdʒd; ˌʌnˈfledʒdˉ] *adj.* **1**〈鳥〉羽毛未豐的。**2** 未十分發達的；尚未成熟的，乳臭未乾的(cf. full-fledged).

un·flinch·ing [ʌnˋflɪntʃɪŋ; ʌnˈflintʃiŋˉ] *adj.* 不畏縮的，不屈服的；堅定的：～ courage 不屈的勇氣，剛毅。**～·ly** *adv.*

un·fold [ʌnˋfold; ˌʌnˈfould] *v.t.* **1**〔＋受〕展開，攤開〈折疊的東西等〉：～ a map[fan] 展開地圖[打開扇子]。**2 a**〔＋受〕說明，表明〈想法、意圖等〉：～ one's ideas 表明想法。**b**〔＋受＋介＋(代)名〕將…通知〔某人〕，透露…〔給某人〕〔*to*〕：He *～ed* his plans ***to*** her. 他把計畫透露給她。**c**〔＋受〕〔～ one*self*〕〈故事、事態等〉展開：The story gradually *～ed itself.* 故事(的情節)漸漸地展開。

—*v.i.* **1**〈蓓蕾〉綻放。**2**〈風景〉展現；〈故事、事態等〉展開：Soon the landscape *～ed* before them. 不久風景展現在他們眼前/The plot of the novel *～s* in a very natural way. 這部小說的情節很自然地展開來。

un·forced [ʌnˋforst, -ˋfɔrst; ˌʌnˈfɔːstˉ] *adj.* 非強制性的，不勉強的，自然的。

un·fore·seen [ˏʌnforˋsin, -fɔr-; ˌʌnfɔːˈsiːnˉ] *adj.* 事先不知道的，無法預測的，預料不到的，意外的：～ problems[snags] 預料不到的問題[障礙]。

un·for·get·ta·ble [ˏʌnfɚˋgɛtəbḷ; ˌʌnfəˈgetəblˉ] *adj.* 忘不了的，常留記憶的。**ùn·for·gét·ta·bly** [-təblɪ; -təbli] *adv.*

un·for·giv·a·ble [ˏʌnfɚˋgɪvəbḷ; ˌʌnfəˈgivəblˉ] *adj.* 不能寬恕的，不可原諒的：an ～ error 不可原諒的錯誤。

ùn·for·gív·a·bly [-vəblɪ; -vəbli] *adv.*

un·for·giv·ing [ˏʌnfɚˋgɪvɪŋ; ˌʌnfəˈgiviŋ] *adj.* 不寬恕的；不容忍的；不寬仁的；不原諒的。

un·formed [ʌnˋfɔrmd; ˌʌnˈfɔːmdˉ] *adj.* **1** 未成形的，無定形的。**2** 未成熟的；未充分發達的。**3** 未組成的。

un·for·tu·nate** [ʌnˋfɔrtʃənɪt; ʌnˈfɔːtʃənət ˉ] *adj.* (**more** ～; **most** ～) **1 a** 倒楣的，不幸的，運氣不佳的：an ～ accident 不幸的意外事故/an ～ orphan 不幸的孤兒/It was ～ that there should be such an accident. 不幸竟發生那樣的意外事故。**b** [不用在名詞前]〔＋介＋(代)名〕不幸〔於…〕的〔*in*〕：He was ～ ***in los*ing* his property. 他不幸喪失了財產。**c** [不用在名詞前]〔＋ *to* do〕〈做…而〉不幸的：She was ～ *to* lose her husband. 她不幸失去了丈夫。

2 不適當的，不合宜的：At the interview he made an ～ remark. 他在面談時說了不恰當的話[失言了]。

3 帶來不幸結果的，不成功的：an ～ business venture 不成功的投機事業。

4 遺憾的，可惜的：his ～ lack of good manners 他那令人遺憾的無禮。

—*n.* Ⓒ倒楣的人，不幸的人，薄命人。

‡**un·for·tu·nate·ly** [ʌnˋfɔrtʃənɪtlɪ; ʌnˈfɔːtʃənətli] *adv.* (**more** ～; **most** ～) **1** (無比較級、最高級)[修飾整句]不幸地，倒楣地，不巧地，遺憾地：*U*～, I haven't(got) enough time to read your book. 很遺憾我沒有空去讀你的書。

2 運氣不好地：He was ～ caught in the shower. 他運氣不好遇到這場陣雨。

un·found·ed [ʌnˋfaundɪd; ˌʌnˈfaundidˉ] *adj.* 無根據的，無理由的：an ～ inference 無根據的推測/His fears proved ～. 他的恐懼被證實爲無根據的。

un·fre·quent·ed [ˏʌnfrɪˋkwɛntɪd; ˌʌnfriˈkwentidˉ] *adj.*〈場所等〉少有人通行的，人跡罕見的。

un·friend·ly [ʌnˋfrɛndlɪ; ˌʌnˈfrendliˉ] *adj.* **1** 不友善的，不親切的，寡情的，冷淡的，不和藹的，有敵意的：an ～ waitress 不親切的女服務生/～ children 不友善的孩子們/Don't be so ～. 別那樣不友善[寡情]。**2** [不用在名詞前]〔＋*of*＋(代)名(＋*to* do)〕〔某人〕〈做…是〉寡情的：It was ～ ***of*** you not *to* help her. 你不幫助她未免太寡情了。

un·frock [ʌnˋfrɑk; ˌʌnˈfrɔk] *v.t.* 剝奪〈牧師〉的聖職；免去…的職權。

un·fruit·ful [ʌnˋfrutfəl; ˌʌnˈfruːtfulˉ] *adj.* **1** 徒勞無功的，無效的，無回報的。**2** 無結果的，不結實的；不生子的，無生產力的。**～·ly** *adv.*

un·ful·filled [ˏʌnfulˋfɪld; ˌʌnfulˈfildˉ] *adj.* 未完成的；未實現的：～ dreams 未能實現的夢。

un·furl [ʌnˋfɝl; ˌʌnˈfəːl] *v.t.* 張〈傘〉；揚〈帆〉；使〈旗〉飄揚。

—*v.i.* 展開；張揚；飄揚。

un·fur·nished [ʌnˋfɝnɪʃt; ˌʌnˈfəːniʃtˉ] *adj.*〈房間等〉不附家具的，無設備的：rooms to let ～ 不附設備的房間出租。

UNGA《略》United Nations General Assembly 聯合國大會。

un·gain·ly [ʌnˋgenlɪ; ʌnˈgeinliˉ] *adj.* 難看的，笨拙的，不雅的：the ～ walk of a goose[gorilla] 鵝[猩猩]的笨拙走步/in an ～ fashion 不雅地，難看地。**un·gáin·li·ness** *n.*

un·gen·er·ous [ʌnˋdʒɛnərəs; ˌʌnˈdʒenərəsˉ] *adj.* **1** 度量狹窄的；卑劣的；小氣的，吝嗇的。**2** [不用在名詞前]〔＋*of*＋(代)名(＋ *to* do)/＋*to* do〕〔某人〕〈做…是〉度量狹窄的；〈某人〉〈做…是〉度量狹窄的：It was ～ ***of*** him not *to* recognize all her hard work. ＝He was ～ not *to* recognize all her hard work. 他不承認她的辛勤工作，未免度量太狹窄了。**～·ly** *adv.*

un·gen·tle·man·ly [ʌnˋdʒɛntḷmənlɪ; ʌnˈdʒentlmənli] *adj.* 無紳士風度的；不文雅的；不斯文的；無禮儀的；無教養的。

un·gird [ʌnˋgɝd; ˌʌnˈgəːd] *v.t.* (**～·ed, un·girt** [-ˋgɝt; -ˈgəːt]) 解開…的帶子；解開帶子使…鬆開。

un·glazed [ʌnˋglezd; ˌʌnˈgleizd] *adj.*〈陶瓷器〉素燒的；未上釉的：～ pottery 素燒[未上釉]的陶器。

un·god·ly [ʌnˋgɑdlɪ; ˌʌnˈgɔdliˉ] *adj.* (**un·god·li·er**; **-li·est**) **1** 不信神的，不畏[敬]神的；罪孽深重的。**2** [用在名詞前]《口語》**a** 激烈的；可怕的：an ～ noise 可怕的聲響。**b** 極不合適的〈時間〉：He called on me at an ～ hour. 他在一個極不合適的時間來訪問我。**un·gód·li·ness** *n.*

un·gov·ern·a·ble [ʌnˋgʌvɚnəbḷ; ˌʌnˈgʌvənəblˉ] *adj.* 不能控制的，難以駕馭的；激烈的：～ rage(無法控制的)憤怒。

-a·bly [-nəblɪ; -nəbli] *adv.*

un·grace·ful [ʌnˋgresfəl; ˌʌnˈgreisfulˉ] *adj.* 不優美的，難看的，不像樣的。**～·ly** [-fəlɪ; -fuli] *adv.* **～·ness** *n.*

un·gra·cious [ʌnˋgreʃəs; ˌʌnˈgreiʃəsˉ] *adj.* 粗野的，不和氣的，無禮的：an ～ remark 冒失的發言。**～·ly** *adv.*

un·gram·mat·i·cal [ˏʌngrəˋmætɪkḷ; ˌʌngrəˈmætiklˉ] *adj.* 不合文法的，非文法的。**～·ly** [-klɪ; -kəli] *adv.*

un·grate·ful [ʌnˋgretfəl; ʌnˈgreitfulˉ] *adj.* **1 a** 不感恩的，忘恩負義的：an ～ person 忘恩負義的人。**b** [不用在名詞前]〔＋*of*＋(代)名(＋*to* do)/＋*to* do〕〔某人〕〈做…是〉忘恩負義的；〈某人〉〈做…是〉忘恩負義的：It is ～ ***of*** you *to* say that about him. ＝You are ～ *to* say that about him. 你那樣說他未免太忘恩負義。**2**〈工作等〉徒勞無益的，令人厭惡的。

～·ly [-fəlɪ; -fuli] *adv.* **～·ness** *n.*

un·ground·ed [ʌnˋgraundɪd; ˌʌnˈgraundidˉ] *adj.* 無(事實)根據的，無理由的：～ charges 無端的責難。

un·grudg·ing [ʌnˋgrʌdʒɪŋ; ˌʌnˈgrʌdʒiŋˉ] *adj.* 不吝惜的，慷慨的；由衷的。**～·ly** *adv.*

U

un·gual [ˋʌŋgwəl; ˈʌŋgwəl] *adj.* **1** 爪的；蹄的。**2** 有爪的；有蹄的。**3** 似爪的；似蹄的。

un·guard·ed [ʌnˋgɑrdɪd; ˌʌnˈgɑ:did˸] *adj.* **1** 不注意的，輕率的；疏忽的；漫不經心的：in an ~ moment 一不小心，一不留神。**2** 無防禦的，無防備的，無守備的；無警衛的。~·**ly** *adv.*

un·guent [ˋʌŋgwənt; ˈʌŋgwənt] *n.* Ⓤ[指產品個體或種類時爲Ⓒ]軟膏(ointment)。

un·gu·la [ˋʌŋgjələ; ˈʌŋgjulə] *n.* (*pl.* **-lae** [-ˌli; -li:]) Ⓒ **1**《動物》蹄；爪。**2**《植物》花瓣爪。**3**《幾何》蹄形體；截頭圓錐《圓柱體或圓錐體斜切頂部後，所餘之斜切面至底面部分》。

un·gu·late [ˋʌŋgjəlɪt, -ˌlet; ˈʌŋgjuleit]《動物》*adj.* 有蹄的，有蹄類的。

—*n.* Ⓒ有蹄動物。

un·hal·lowed [ʌnˋhælod, -ˋhæləd; ˌʌnˈhæloud] *adj.* 褻瀆神聖的；汚辱神明的；罪深的。

un·hand [ʌnˋhænd; ˌʌnˈhænd] *v.t.* [常用祈使語氣]《古・諧》把手從…移開；放掉。

un·hand·some [ʌnˋhænsəm; ˌʌnˈhænsəm] *adj.* **1** 不美的；醜的。**2** 不慷慨的；吝嗇的。**3** 無禮的；粗魯的。

un·hand·y [ʌnˋhændɪ; ˌʌnˈhændi] *adj.* **1** 笨拙的；不靈巧的：an ~ man 笨手笨腳的人。**2** 不易操縱的；不易管理的；不方便的；不便利的：an ~ tool 使用不方便的工具。

ùn·háp·pi·ly [-pɪlɪ; -pili] *adv.* **1** 不快樂地，不幸地，悲慘地：They lived ~ together. 他們不快樂地生活在一起。**2** [修飾整句]不幸地，不湊巧：*U*~, he was out. 不湊巧，他出去了。

un·háp·pi·ness *n.* Ⓤ不幸，惡運，悽慘，悲哀。

‡**un·hap·py** [ʌnˋhæpɪ; ʌnˈhæpi˸] *adj.* (**un·hap·pi·er**; **-pi·est**) **1 a** 不幸的，惡運的，悲慘的，悽慘的：He had an ~ childhood. 他有過悲慘的童年。**b** [不用在名詞前][十介十(代)名][想到…就]感到悲哀[悲慘，不滿]的[*at, about, with*]：She was ~ ***at*** the thought of the misery in the slums. 她想到貧民窟的悽慘景象就悲從中來/He was ~ ***with***[***about***] the idea. 他對這主意感到不滿/I am ~ *about* let*ting* her go alone. 我不放心讓她單獨去。**c** [不用在名詞前][十 *to* do]〈做…而〉感到悲傷[難過]的：She was ~ *to* learn of his death. 獲悉他的死訊，她感到難過。

2 不湊巧的，不方便的，時機不對的：an ~ meeting 不合時宜[不愉快]的聚會。

3〈措詞等〉不當的，不適宜的，笨拙的：an ~ remark 不當的評語。

un·harmed [ʌnˋhɑrmd; ˌʌnˈhɑ:md˸] *adj.* 無損的，未受傷害的，平安無事的。

un·har·ness [ʌnˋhɑrnɪs; ˌʌnˈhɑ:nis˸] *v.t.* **1** 卸下〈馬等〉的韁具，使…解下馬具。**2** 使脫去…的鎧甲。

un·health·ful [ʌnˋhɛlθfəl; ʌnˈhelθful] *adj.* 有害健康的；不衞生的。

un·health·y [ʌnˋhɛlθɪ; ʌnˈhelθi˸] *adj.* (**un·health·i·er**; **-i·est**) **1 a** 不健康的，有病的。**b** 看似不健康的：an ~ paleness 不健康的蒼白。

2 a〈場所、氣候等〉有礙健康的；不健全的：an ~ environment 有礙健康的環境。**b** 不自然的，病態的：an ~ interest in death 嗜好死亡的病態心理。

3《口語》〈事態等〉危險的(dangerous)．**ùn·héalth·i·ly** [-θɪlɪ; -θili] *adv.* **-i·ness** *n.*

un·heard [ʌnˋhɝd; ˌʌnˈhə:d˸] *adj.* **1 a**〈叫聲等〉聽不見的。**b**〈請求等〉不被接納的：go ~ 被忽視。**2** (尤指在法庭上)不許辯護的，未予審訊的。

un·heard-of [ʌnˋhɝdˌɑv, -ˌʌv; ˌʌnˈhə:dɔv˸] *adj.* 無前例的，前所未聞的，未曾有過的：an ~ holocaust 史無前例的大屠殺/The incidence of crime has reached ~ levels. 犯罪率已達到前所未有的程度。

un·heed·ed [ʌnˋhidɪd; ˌʌnˈhi:did˸] *adj.*《文語》不受注意的，被忽視的。

un·heed·ing [ʌnˋhidɪŋ; ˌʌnˈhi:diŋ] *adj.* 不注意的，疏忽的。

un·her·ald·ed [ʌnˋhɛrəldɪd; ʌnˈheərəldid] *adj.* 未事先宣布的，未預告的。

un·hes·i·tat·ing [ʌnˋhɛzəˌtetɪŋ; ʌnˈheziteitiŋ˸] *adj.* 不躊躇的；敏捷的；俐落的。

un·hinge [ʌnˋhɪndʒ; ˌʌnˈhindʒ] *v.t.* **1** 卸下[拉開]〈門等〉的鉸鏈。**2** 使〈精神〉錯亂；使〈人〉發狂《★常用被動語態》：The shock ~*d* his mind. 這個打擊使他發狂/She *was* mentally ~*d*. 她的精神失常了。

un·hip [ʌnˋhɪp; ˌʌhˈhip] *adj.*《俚》無時代感的；不流行的。

un·his·tor·i·cal [ˌʌnhɪsˋtɔrɪkl, -ˋtɔr-; ˌʌnhiˈstɔrikl] *adj.* **1** 不按歷史的。**2** 未眞正發生過的。**3** 對歷史事實不熟悉的。

un·hitch [ʌnˋhɪtʃ; ˌʌnˈhitʃ] *v.t.* 解開，釋放〈拴住的馬等〉。

un·ho·ly [ʌnˋholɪ; ˌʌnˈhouli˸] *adj.* (**un·ho·li·er**; **-li·est**) **1**《文語》不神聖的，不淨的；邪惡的，罪孽深重的。**2** [用在名詞前]《口語》恐怖的，可怕的(frightful)；極不合理的：make an ~ noise 發出可怕的聲響/at an ~ hour 在極不合適的時刻。**ùn·hó·li·ness** *n.*

un·hook [ʌnˋhuk; ˌʌnˈhuk] *v.t.* **1** 解開〈人、衣服等〉的鉤子：*U*~ me, would you？請你替我解開鉤子好嗎？**2** 將…從掛鉤上解下。

un·hoped-for [ʌnˋhoptˌfɔr; ʌnˈhouptfɔ:˸] *adj.* 出乎意料之外的，未預料到的：an ~ piece of good fortune 出乎意外的幸運。

un·horse [ʌnˋhɔrs; ˌʌnˈhɔ:s] *v.t.* 將〈騎者〉從馬上摔下來《★常用被動語態》。

un·hur·ried [ʌnˋhɝɪd; ʌnˈhʌrid] *adj.* 不慌不忙的；從容不迫的。

un·hurt [ʌnˋhɝt; ˌʌnˈhə:t˸] *adj.* 未受損的，未受害的，無傷的。

u·ni- [junɪ-; ju:ni-] [複合用詞]表示「單一(single)」之意。

u·ni·cam·er·al [ˌjunɪˋkæmərəl; ˌju:niˈkæmərəl˸] *adj.*〈議會〉一院(制)的(cf. bicameral)．

UNICEF [ˋjunɪsɛf; ˈju:nisef] «*U*nited *N*ations *I*nternational *C*hildren's *E*mergency *F*und (聯合國兒童緊急基金會)的頭字語» **—***n.* 聯合國兒童基金會《1953 年改稱爲 United Nations Children's Fund, 但簡稱相同》。

u·ni·cel·lu·lar [ˌjunɪˋsɛljələ; ˌju:niˈseljulə˸] *adj.*《生物》單細胞的：a ~ animal 原生動物。

u·ni·corn [ˋjunɪˌkɔrn; ˈju:nikɔ:n] «源自拉丁文「獨角」之義»**—***n.* Ⓒ **1** 獨角獸。

【說明】傳說中一種似馬的動物；額頭上有一根螺絲狀的扭曲角，有著雄鹿的腿和獅子的尾巴；據說非處女不能捕捉到牠；與獅子相對，成爲英國王室的徽章。

unicorn 1

2《動物》一角鯨(narwal)．

u·ni·cy·cle [ˋjunɪˌsaɪkl; ˈju:nisaikl] *n.* Ⓒ獨輪車。

un·i·den·ti·fied [ˌʌnaɪˋdɛntəˌfaɪd; ˌʌnaiˈdentifaid˸] *adj.* 未確認的，出身[國籍]不詳的，來路不明的：an ~ flying object 不明飛行物體，幽浮《或稱飛碟等；略作 UFO》。

un·id·i·o·mat·ic [ˌʌnɪdɪəˋmætɪk; ˈʌnidiəˈmætik˸] *adj.*〈語法〉非慣用的。

unicorn 2

u·ni·fi·ca·tion [ˌjunəfəˋkeʃən; ˌju:nifiˈkeiʃn] «unify 的名詞» **—***n.* Ⓤ統一，單一化：the ~ of the Arab nations 阿拉伯各國的統一。

u·ni·fi·er [ˋjunəˌfaɪə; ˈju:nifaiə] *n.* Ⓒ使統一[團結]之事或人。

‡**u·ni·form** [ˋjunəˌfɔrm; ˈju:nifɔ:m] «源自拉丁文「一種形狀的」之義»**—***adj.* (無比較級、最高級) **1 a** 形狀相同的，同型的，整齊劃一的；一樣的，無變化的：vases of ~ size and shape 大小與形狀相同的花瓶/ ~ *in* size and color 大小與顏色相同的/~ motion《物理》等速運動。**b** [不用在名詞前][十介十(代)名][與…]形狀相同[同型]的[*with*]：Everyone should wear clothes ~ ***with*** these. 大家都該穿著與這些相同的衣服。

2 一定(不變)的：at a ~ temperature [speed] 在恒溫的條件下[以等速]。

unicycle

—*n.* ⒸⓊ(軍人、警官、護士等的)制服：the khaki ~(*s*) of the army 卡其色的軍服/*in* school ~ 穿著學校的制服/*in* [*out of*] ~ 穿著制服[便服]《★無冠詞》/At our school we have to wear ~(*s*). 我們在校必須穿制服。

ú·ni·fòrmed *adj.* 穿著制服[軍服]的：a ~ policeman [waiter] 穿著制服的警察[侍者]。

u·ni·form·i·ty [ˌjunəˋfɔrmətɪ; ˌju:niˈfɔ:məti] «uniform 的名詞»**—***n.* Ⓤ一樣，統一，劃一，一律：~ of size and color 大小與顏色劃一。

ú·ni·fòrm·ly *adv.* 一樣地，劃一地，一律。

u·ni·fy [ˋjunəˌfaɪ; ˈju:nifai] *v.t.* **1** 使…一致，使…單一化，統一…：~ the opposition 統一在野黨。**2** 使…劃一，使…同一。

u·ni·lat·er·al [ˌjunɪˋlætərəl; ˌju:niˈlætərəl˸] *adj.* **1** 片面的，單方面的；一方的：~ disarmament 單方面的解除武裝，片面裁軍/a ~ declaration of independence 單方面的獨立宣言。**2**《法律》單方的，片面的，一造的(cf. bilateral 2)：a ~ contract 單方(承擔義務)契約，單務契約。~·**ly** [-rəlɪ; -rəli] *adv.*

un·i·mag·in·a·ble [ˌʌnɪ`mædʒɪnəbḷ; ˌʌni'mædʒinəbl ˉ] *adj.* 無法[難以]想像的，想像不到的。
un·i·mag·i·na·tive [ˌʌnɪ`mædʒɪnətɪv; ˌʌni'mædʒinətiv] *adj.* 缺乏想像力的。
un·im·paired [ˌʌnɪm`pɛrd; ˌʌnim'pɛəd] *adj.* 未受損的；〈價值、量等〉未減少的；未減弱的。
un·im·peach·a·ble [ˌʌnɪm`pitʃəbḷ; ˌʌnim'pi:tʃəbl ˉ] *adj.* 《文語》無可指責的，無過失的，無可挑剔的：～ evidence 確鑿的證據/I have it on ～ authority. 我從絕對可靠的權威處獲悉該消息。**ùn·im·péach·a·bly** [-tʃəblɪ; -tʃəbli] *adv.*
un·im·por·tance [ˌʌnɪm`pɔrtṇs; ˌʌnim'pɔ:təns] *n.* Ⓤ不重要，不足取。
un·im·por·tant [ˌʌnɪm`pɔrtṇt; ˌʌnim'pɔ:tənt ˉ] *adj.* (**more** ～; **most** ～)不重要的，不足取的。
un·im·proved [ˌʌnɪm`pruvd; ˌʌnim'pru:vd ˉ] *adj.* **1** 未經改良的。**2**〈土地〉未耕種的，未加以利用的，荒蕪的。**3**〈健康〉未增進的，沒有轉好的。
un·in·flu·enced [ʌn`ɪnfluənst; ˌʌn'influənst] *adj.* **1** 未受他人影響的；不爲外念所動的。**2** 無偏見的；不偏心的；公正的。
un·in·form·a·tive [ˌʌnɪn`fɔrmətɪv; ˌʌnin'fɔ:mətiv] *adj.* 不提供情報的，不提供消息的，信息[資料]貧乏的。
un·in·formed [ˌʌnɪn`fɔrmd; ˌʌnin'fɔ:md ˉ] *adj.* **1** 不具有充分知識的，未獲充分情報的：～ criticism 依據不充分的批評，瞎批評。**2** 無知的，不學無術的。
un·in·hab·i·ta·ble [ˌʌnɪn`hæbɪtəbḷ; ˌʌnin'hæbitəbl ˉ] *adj.* 〈場所等〉不適於居住的，不能住的：Most of the Sahara is ～. 撒哈拉沙漠的大部份地區都不適於居住。
un·in·hab·it·ed [ˌʌnɪn`hæbɪtɪd; ˌʌnin'hæbitid ˉ] *adj.* 無人居住的，無人的〈島等〉：an ～ island 無人島。
un·in·hib·it·ed [ˌʌnɪn`hɪbɪtɪd; ˌʌnin'hibitid ˉ] *adj.* 無拘束的，無顧慮的，盡情的：People become ～ when they drink. 人一喝酒就會變得肆無忌憚。**～·ly** *adv.*
un·i·ni·ti·at·ed [ˌʌnɪ`nɪʃɪˌetɪd; ˌʌni'niʃieitid ˉ] *adj.* **1** 未受啓蒙的，沒有經驗的，初學的。**2** [**the** ～；當複數名詞用]無經驗者，初學者：It is difficult for *the* ～. 那對無經驗者而言是很難的。
un·in·jured [ʌn`ɪndʒəd; ˌʌn'indʒəd ˉ] *adj.* 未受損的，未受傷[害]的。
un·in·spired [ˌʌnɪn`spaɪrd; ˌʌnin'spaiəd] *adj.* **1** 無靈感的；未受激發的。**2** 平凡的。
un·in·tel·li·gent [ˌʌnɪn`tɛlədʒənt; ˌʌnin'telidʒənt ˉ] *adj.* 沒有理解力的，不聰明的。
un·in·tel·li·gi·ble [ˌʌnɪn`tɛlədʒəbḷ; ˌʌnin'telidʒəbl ˉ] *adj.* 不能理解的，不明白的，難解的。**-bly** [-dʒəblɪ; -dʒəbli] *adv.*
un·in·ten·tion·al [ˌʌnɪn`tɛnʃənḷ; ˌʌnin'tenʃənl ˉ] *adj.* 不是故意的，無意的，無心的。**～·ly** [-nəlɪ; -nəli] *adv.*
un·in·ter·est·ed [ʌn`ɪntərɪstɪd; ˌʌn'intrəstid ˉ] *adj.* **1** 不關心的：an ～ attitude 不關心的態度。**2** [不用在名詞前]〔十介十(代)名〕〔對…〕不感興趣[不關心]的〔*in*〕：She is ～ *in* marriage. 她對結婚不感興趣。**～·ly** *adv.*
un·in·ter·est·ing [ʌn`ɪntərɪstɪŋ; ˌʌn'intrəstiŋ ˉ] *adj.* 索然無味的，無趣的，無聊的，乏味的。**～·ly** *adv.*
un·in·ter·rupt·ed [ˌʌnɪntə`rʌptɪd; 'ʌnˌintə'rʌptid ˉ] *adj.* **1** 不間斷的，不中斷的，連續的，未受干擾的：a TV movie ～ by commercials 沒有廣告干擾的電視影片。**2** [用在名詞前]一覽無遺的，連綿不斷的〈景色〉。**～·ly** *adv.*
un·in·vit·ed [ˌʌnɪn`vaɪtɪd; ˌʌnin'vaitid ˉ] *adj.* [用在名詞前]**1** 未受邀的，不請自來的〈客人等〉。**2** 多管閒事的，多餘的。
***u·nion** [`junjən; 'ju:njən] 《源自拉丁文「合爲一」之義》—*n.* **1** Ⓤ**a** (兩個以上的東西的)結合(爲一體)，聯合，合併，團結：*U*～ is strength. ＝In ～ there is strength.《諺》團結就是力量。

【同義字】union 是指由各種要素或各個獨立者所構成而有共同一致的基本利害及目的，因而具有統一性；unity 指爲了共同的目的而結合成一個組織，彼此間保持著協調及和諧的關係。

b (尤指國與國間的政治性)聯合，合併：the ～ *of* two states 兩國的合併/the ～ *between* the two countries 兩國之間的聯合/the ～ *of* Scotland *with* [*and*] England 蘇格蘭和英格蘭的聯合《1707 年》。
2 a Ⓤ融洽，和睦：live in perfect ～ 很融洽地生活。**b** ⓊⒸ結婚，婚姻：a happy ～ 幸福的婚姻/a fruitful ～ 子孫滿堂的婚姻。
3 a [常U～]Ⓒ聯邦：the *U*～ of Soviet Socialist Republics 蘇維埃社會主義共和國聯邦《Soviet Union 的正式名稱；略作 USSR，於1991 年解體》。**b** [**the U～**]美利堅合衆國(the United States of America)。**c** [**the U～**](美國南北戰爭時支持聯邦政府的)北部各州。**d** [**the U～**]大不列顛王國《1707 英吉利與蘇格蘭的合併》；聯合王國《1801 年大不列顛與愛爾蘭的合併》(the United Kingdom)。**4** Ⓒ **a** (因共同目的而結合的)同盟，聯盟：⇨ Universal Postal Union. **b** 商會；工會：⇨ labor union, trade union/a craft ～ 技藝工會。**c** [常 **Student U～**](大學的)學生活動中心，學生俱樂部。**5** Ⓒ《機械》管(套)節。
Únion flág [Flág] *n.* [**the** ～]＝Union Jack.
ú·nion·ism [-nˌɪzəm; -nizəm] *n.* Ⓤ **1** 工會主義。**2** [**U～**]《英》(十九世紀末的)聯合[統一]主義《支持大不列顛和愛爾蘭聯合的政治運動》。**3** [**U～**](美國南北戰爭時的)聯邦主義。
ú·nion·ist [-nɪst; -nist] *n.* Ⓒ **1** 工會主義者；工會會員。**2** [**U～**]《英》(十九世紀末的)聯合[統一]論者(cf. unionism 2)。**3** [**U～**](美國南北戰爭時的)聯邦主義者。
u·nion·i·za·tion [ˌjunjənɪ`zeʃən; ˌju:njənai'zeiʃn] 《unionize 的名詞》—*n.* Ⓤ工會化；工會的形成；加入工會。
u·nion·ize [`junjənˌaɪz; 'ju:njənaiz] *v.t.* 使…工會化；使…組成工會；使…加入工會：～ a factory 在工廠中組織工會。
—*v.i.* 加入[組成]工會。
Únion Jáck *n.* [**the** ～]英國國旗。

【說明】Jack 是指艏旗桿上的艏旗，用以表示國籍。英格蘭(England)的旗是代表其守護聖徒的白底紅十字旗(Saint George's cross)《⇨George 3【說明】(1)》，蘇格蘭(Scotland)的旗子是藍底白 X 形十字(Saint Andrew's cross)，而愛爾蘭(Ireland)的旗是白底紅 X 形十字(Saint Patrick's cross)。在十七世紀蘇格蘭被併入英國版圖，十九世紀愛爾蘭也被兼併後，三種國旗的圖案便重疊在一起而成爲現在的英國國旗 Union Jack.

únion shòp *n.* Ⓒ規定從業人員經採錄後，在一定期間內加入工會的企業組織(cf. closed shop, open shop, nonunion shop)。
únion sùit *n.* Ⓒ《美》連身內衣褲《內衣與褲子連成一體的男用襯衣褲；cf. combination 4》。

union suit

***u·nique** [ju`nik; ju:'ni:k] 《源自法語「單一的」之義》—*adj.* (**more** ～；**most** ～) **1** (無比較級、最高級) **a** 唯一的：This is a ～ example of this word before 1800. 這是此一單字在 1800 年前被用過的唯一例子。
b [不用在名詞前]〔十介十(代)名〕〔…〕特有的，獨具的〔*to*〕：These features are by no means ～ *to* Japan. 這些特徵絕不是日本所獨有的。
c 獨特的，獨自的，特有的：His cello technique is ～. 他的大提琴(演奏)技巧是獨一無二的/Every individual is ～. 每一個人都有他的特色/a ～ study of Elizabethan literature 對於伊利莎白女王時代文學的獨特研究。
2 《口語》稀奇的，奇異的，獨樹一幟的，與衆不同的《★也有人視此爲非標準用法》：His style of singing is rather ～. 他的唱法頗爲特殊。
～·ly *adv.* **～·ness** *n.*
uni·sex [`junəˌsɛks; 'ju:niseks] *adj.* **1** 〈衣服等〉無男女之別的，男女通用的。
2 男女兩用的：a ～ beauty parlor 男女不分的美容院/a ～ toilet 男女共用的廁所。
u·ni·sex·u·al [ˌjunɪ`sɛkʃuəl; ˌju:ni'seksjuəl ˉ] *adj.* 《生物》單性的(cf. bisexual 1)。
～·ly [-əlɪ; -əli] *adv.*
u·ni·son [`junəzn; 'ju:nizn] 《源自拉丁文「同一音的」之義》—*n.* Ⓤ **1** 調合，和諧，一致。**2** 《音樂》齊唱，齊奏；同音。
in únison (1)用同音，以齊唱。(2)完全一致，完全符合：Are we all *in* ～ on this point? 關於這一點，我們的意見都一致吧？/"Yes, Miss," the children replied *in* ～. 孩子們異口同聲[齊聲]地回答：「是的，老師。」/The meeting ended *in* (complete) ～ *between* all parties. 會議在各黨派取得完全一致的看法之下結束。

u·nit [ˋjunɪt; ˈju:nit] 《源自 unity 的逆成字》—*n.* Ⓒ **1** (本身就是完整的)**個體**，一個，一人；一團。

2 [集合稱] **a** 編制[構成]上的單位《★[用法]視爲一整體時當單數用，指個別成員時當複數用》：The family is the basic ~ of society. 家庭是社會的基本單位。**b** 〖軍〗部隊《★[用法]與義 2a 同》：a mechanized ~ 機械化部隊/a tactical ~ 戰術單位。

3 (度量衡、通貨等的)單位：The foot is a ~ of length. 呎是長度的單位/The dollar is the standard ~ of money in the United States of America. 美元是美利堅合衆國貨幣的標準單位。

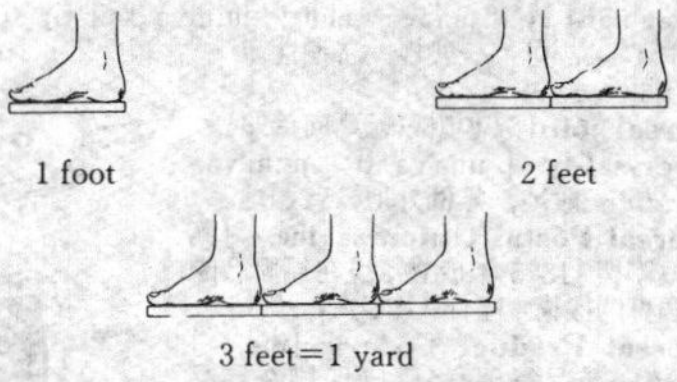

【插圖說明】長度及面積等的單位通常用 yard《1 yard 等於 3 feet, 36 inches, 約 91.4 cm》

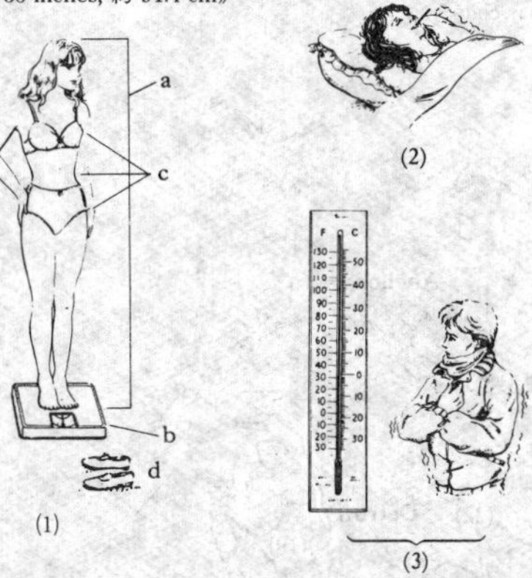

【插圖說明】⑴**a** 身高的單位通常爲 feet：She is five feet six inches tall. 她身高五呎六吋《約 165 cm》。**b** 體重的單位通常爲 pounds：She weighs 120 pounds. 她體重一百二十磅《約 54 kg》。**c** 女性的三圍(vital statistics)的單位是 inches：33 in.《約 84 cm》，22 in.《約 56 cm》，35 in.《約 89 cm》。**d** 鞋子的大小單位爲 inches, 寬度以 ABCD 等來表示《★各號碼間之差爲 ⅓吋》。

⑵體溫的單位通常用華氏 F.(＝Fahrenheit)：She has a fever of 104°F. 她發燒達華氏一百零四度《約等於攝氏四十度》《★104°F 讀作 one hundred and four degrees Fahrenheit》。

⑶氣溫的單位通常也是華氏 F.(＝Fahrenheit)：As the temperature in the room is 32 degrees F.《＝0 degrees C.》, he is shivering with cold. 因爲室內溫度是華氏三十二度《等於攝氏零度》，他冷得發抖《★32 degrees F. 讀作 thirty-two degrees Fahrenheit. 0 degrees C. 讀作 zero degrees centigrade, 注意此處要用複數形的 degrees》。

4 〖數學〗(當做數的基本單位的)一；個位數《由一到九的任一數》。

5 (具有特定功能的)裝置(apparatus)：an input[output] ~ (電算機等的)輸入[輸出]裝置。

6 《美》〖教育〗(學科的)學分，單位；單元《學習過程或學習內容的一個區分》。

—*adj.* [用在名詞前] **1** 單位的，構成單位的：a ~ price 單價。

2 成套的：~ furniture 成套家具《材料、設計成一套式的》。

U·ni·tar·i·an [ˌjunəˋtɛrɪən; ˌju:niˈtɛəriən] *n.* **1 a** [the ~s] 唯一神教派《基督教中的一派；排斥三位一體說，主張唯一的神格，不承認基督是神》。

b Ⓒ唯一神教派教徒。

2 [u~] Ⓒ單一制政府主義者，主張中央集權論者。

—*adj.* 唯一神教派的。

U·ni·tár·i·an·ism [-nˌɪzəm; -nizəm] *n.* Ⓤ唯一神教派的教義。

u·ni·tar·y [ˋjunəˌtɛrɪ; ˈju:nitəri] 《unit 的形容詞》—*adj.* **1** 單位的，一元的。

2 作爲單位的，整體的，不分的。

3 單一政制的，中央集權論的。

únit còst *n.* ⓊⒸ單位成本。

‡**u·nite** [juˋnaɪt; ju:ˈnait, juˈn-] 《源自拉丁文「使成爲一體」之義》—*v.t.* **1 a** 〔十受〕**結合…而成一體，使…成爲結合體**《★[比較]較 join together 拘泥的用語》：~ two countries 使兩國合併。

【同義字】unite 指結合兩個以上的東西成爲一個新的東西；join 是指使兩個以上的東西直接接觸而結合或連結起來；connect 指在各自保持獨立性的情況下，藉用某種手段或工具使之結合。

b 〔十受＋介＋(代)名〕使…〔和…〕合爲一體〔*to, with*〕：~ one country ***to*** another 使一個國家和另一國合併。

2 a 〔十受〕使〈某人〉結婚：~ a man and woman in marriage 使男女結婚。

b 〔十受＋介＋(代)名〕使〈某人〉〔與某人〕結婚〔*to*〕：They wanted to ~ their son ***to*** a nice educated girl. 他們要兒子娶個受過良好教育的女子。

3 〔十受〕同時具有[顯示]，兼備〈若干性質、才能等〉：He ~*s* the best qualities of the professional and the amateur. 他兼具職業與業餘的最佳特質。

—*v.i.* **1 a** **成爲一體**，合併，合爲一體：Oil and water will not ~. 油和水不相融合。

b 〔十介＋(代)名〕〔與…〕成爲一體〔*with*〕：Smoke ~*s* ***with*** fog to form smog. 煙與霧混合成煙霧。

2 a **團結**，結合：Workers of the world, ~! 全世界的勞工們，團結起來吧！《★馬克斯(Marx)的話》。

b 〔十介＋(代)名〕〔在…方面〕合作，結合〔*in*〕：It is time for us to ~ ***in*** fight*ing* these abuses. 現在正是我們團結一致與這些弊害作戰的時候了。

c 〔十 *to* do〕〈爲做…而〉團結，協力：We ~*d* *to* oppose his motion. 我們團結一致反對他的動議。

u·nit·ed [juˋnaɪtɪd; ju:ˈnaitid, juˈn-] *adj.* (**more** ~; **most** ~) **1** [用在名詞前](無比較級、最高級)**合併的，聯合的**〈國家等〉：⇨ United Nations, United States.

2 [用在名詞前](無比較級、最高級)(基於相同目的而)**聯合的**，協力的，團結的：with a ~ effort 同心協力地/in one ~ body 成爲一個結合體/present [show] a ~ front 結合成一聯合陣線。

3 一致的，和睦的：a ~ family 和睦的家庭。~·**ly** *adv.*

Uníted Árab Emírates *n.* [the ~；當單數或複數用] 阿拉伯聯合大公國《由阿拉伯半島東部七個酋長國所組成的聯邦國家；首都爲阿布達比 (Abu Dhabi [ˋabuˋdabɪ; ɑ:bu:ˈdɑ:bi])》。

‡**Uníted Kíngdom** *n.* [the ~] **聯合王國**，英國《由大不列顛島的英格蘭、威爾斯、蘇格蘭及愛爾蘭島的北愛爾蘭所組成，是英聯邦的核心；略作 U.K.；首都倫敦(London)；★正式名稱爲 the United Kingdom of Great Britain and Northern Ireland (大不列顛及北愛爾蘭聯合王國)》。

the United Kingdom

U

‡**Uníted Nátions** *n.* [the ~；當單數用] **聯合國**《1945 年成立；總部設在美國紐約 (New York) 市；略作 UN, U.N.；cf. the LEAGUE of Nations》.

Uníted Nátions Dày *n.* 聯合國 (成立紀念) 日《十月二十四日》。

Uníted Préss Internátional *n.* [the ~] (美國的) 合衆國際社《略作 UPI；cf. Associated Press》.

‡**Uníted Státes (of América)** *n.* [the ~；當單數用] (美利堅) 合衆國，美國《首都華盛頓 (Washington, D.C.；略作 U.S.A., USA；U.S., US》.

únit prícing *n.* Ⓤ (商品、產品的) 單位定價法《指由消費者協會規定，同樣貨物的包裝重量應一律，以便消費者比較鑑別》。

u·ni·ty [ˋjunətɪ; ˈjuːnəti]《源自拉丁文「1」之義》**—n. 1 a** Ⓤ單一，唯一：racial ~ 民族的統一。**b** Ⓒ單一體，統一體：They strived for a new ~ *among* [*between*] the different clubs. 他們爲實現各俱樂部之間的新統一而努力。
2 Ⓤ(團結) 一致，同心協力，和諧 (⇨ union【同義字】)：family ~ 一家和睦/national ~ 擧國一致。
3 Ⓤ《數學》(當作數量單位的) 一。
4 [the (three) unities]《戲劇》(情節、時間、地點的) 三者統一，三一律《以亞里斯多德 (Aristotle) 所著之「詩學」爲基礎，尤爲法國古典派戲劇所遵守的戲劇構成法則》。

univ. 《略》universal；university.

Univ. 《略》University.

u·ni·va·lent [ˌjunəˋvelənt; ˌjuːniˈveilənt˝] *adj.*《化學・遺傳》一價的，(尤指染色體) 單價的。

u·ni·valve [ˋjunəˌvælv; ˈjuːnivælv]《動物》*adj.* 單瓣的，單殼的。**—n.** Ⓒ單殼軟體動物。

***u·ni·ver·sal** [ˌjunəˋvɝsl; ˌjuːniˈvəːsl˝]《universe 的形容詞》**—adj.** (無比較級、最高級) **1** 一般性的，普遍性的，一般人都用 [所行] 的；廣泛推行的：a ~ rule 一般的法則/a ~ truth 普遍 (咸信的) 眞理。
2 大衆 (共同) 的；全體的，普遍的：a ~ human weakness 普遍共有的人性弱點/~ agreement 全體一致的同意/achieve ~ popularity 博得普遍的歡迎。
3 萬國的，全世界的：~ brotherhood 四海之內皆兄弟的信念/a ~ language 世界通用語言，世界語/~ time 萬國標準時間《指格林威治標準時間》/⇨Universal Postal Union.
4 〈人〉萬能的，博學的：a ~ genius 多才多藝的天才。
5 宇宙的，萬物的，萬有的：the ~ cause 萬物推動力，造物主 (the First Cause)/~ gravitation 萬有引力。
6 《機械》萬能的，自在的：⇨ universal joint.
7 《邏輯》全稱的 (↔ particular).

u·ni·ver·sal·i·ty [ˌjunəvɝˋsælətɪ; ˌjuːnivəːˈsæləti]《universal 的名詞》**—n.** Ⓤ **1** 一般性，普遍性。
2 多方面性。

úniversal jóint *n.* Ⓒ《機械》萬向接頭。

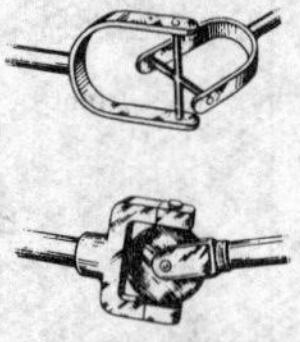

universal joints

ù·ni·vér·sal·ly [ˌjunəˋvɝslɪ; ˌjuːniˈvəːsəli] *adv.* 一般地，無例外地，普遍地。

Úniversal Póstal Union *n.* [the ~] 萬國郵政聯盟《1875 年成立；現在爲聯合國的一個專門機構；略作 UPU》.

Úniversal Próduct Còde *n.* [the ~]《美》統一商品電碼 [條碼]《印刷在商品 (的包裝) 上，係由電子讀解、粗細不同的黑白縱線組成的商品電碼；略作 UPC；cf. bar code》.

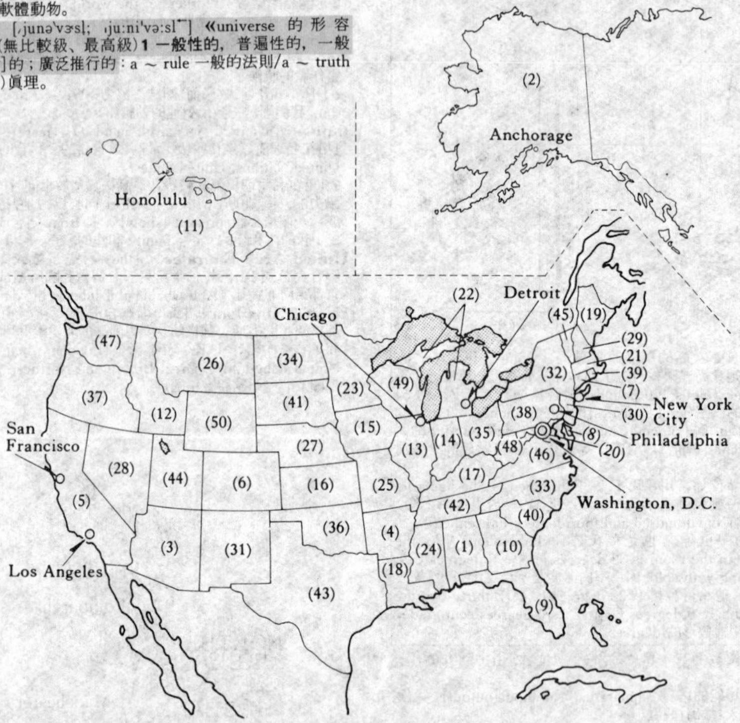

the United States of America

【州的名稱】(1) Alabama (2) Alaska (3) Arizona (4) Arkansas (5) California (6) Colorado (7) Connecticut (8) Delaware (9) Florida (10) Georgia (11) Hawaii (12) Idaho (13) Illinois (14) Indiana (15) Iowa (16) Kansas (17) Kentucky (18) Louisiana (19) Maine (20) Maryland (21) Massachusetts (22) Michigan (23) Minnesota (24) Mississippi (25) Missouri (26) Montana (27) Nebraska (28) Nevada (29) New Hampshire (30) New Jersey (31) New Mexico (32) New York (33) North Carolina (34) North Dakota (35) Ohio (36) Oklahoma (37) Oregon (38) Pennsylvania (39) Rhode Island (40) South Carolina (41) South Dakota (42) Tennessee (43) Texas (44) Utah (45) Vermont (46) Virginia (47) Washington (48) West Virginia (49) Wisconsin (50) Wyoming

úniversal súffrage *n.* Ⓤ普遍選舉權，全民參政權。

***u·ni·verse** [ˋjunə,vɝs; ˈju:nivə:s]《源自拉丁文「朝向單一」之義》—*n.* **1** [the ～]宇宙。**2** [the ～]〈作爲人類活動空間的〉世界。**3** Ⓒ領域，範圍。

Universal Product Code

‡u·ni·ver·si·ty [,junəˋvɝsətɪ; ,ju:niˈvə:səti←]《源自拉丁文「全體，(教師、學生的)羣體」之義》—*n.* **1** Ⓤ[指設備時爲Ⓒ；用作求學場所之意時，常**the** ～]大學：at Cambridge *U*～ 在劍橋大學/Did you go to *the* ～ yesterday？你昨天去了那所大學嗎？/My son is at(*the*)～. 我的兒子正在唸大學/When did you leave(*the*)～？你什麼時候從大學畢業的？/Where do you go to ～？＝Which ～ do you go to？你上[就讀]哪所大學？/Did you go to a state ～ or a private college？《美》你上的是州立大學還是私立大學？《★用法 go to ～ 主要爲英國語法，go to the ～ 主要爲美國語法，而且在美國多傾向於用 go to college》。

【說明】(1)一般說來 university 是指綜合大學，college 指單科大學，不過在美國兩者間沒有明顯的區別；唯 university 中多設有研究所(graduate school).

(2)英國最古老的大學是創立於十二世紀的牛津大學(Oxford)，其次爲創立於十三世紀的劍橋大學(Cambridge)．這兩所大學通常被稱作 Oxbridge 或 Ancient Universities (古老大學)，廣受社會人士的尊重。除了十五世紀創立於蘇格蘭的幾所大學外，其餘的大學都是創立於十九世紀到二十世紀前半之間。這些大學除了倫敦大學以其學位審查制度及其他原因，而獨樹一格外，其他的大學分爲地方大學(provincial universities)或市民大學(civil universities)．由於這些大學大部分爲紅磚建築物，它們常被稱作「紅磚大學」(redbrick universities)．在第二次世界大戰以後的 1960 年代，英格蘭又創立了七所大學，蘇格蘭創立了四所，北愛爾蘭創立了一所。這些大學被稱作「新大學」(new universities).

(3)美國最古老的大學爲創立於十七世紀的哈佛大學(Harvard)．耶魯大學(Yale)、普林斯頓大學(Princeton)、以及哥倫比亞大學(Columbia)則創立於十八世紀，也都是有名的私立大學。大部分的州立大學創立於十八世紀末到十九世紀之間。美國的私立大學的數目約爲公立大學的十倍。

(4)一般說來，美國的大學生多半住在學生宿舍或在學校附近租房子住。東部的大學大部分都位於都市裡，但中部或西部的大學多位於市郊，而且校園很大，因此學生往往必須自己開車上學。在校生不容易找到打工的機會，畢業時學校也不負責提供學生就業機會；cf. school[1]【說明】

2 Ⓤ[the ～；集合稱]大學《教職員、學生》；大學當局《★用法 視爲一整體時當單數用，指個別成員時當複數用》。

—*adj.* [用在名詞前]大學的，與大學有關的：a ～ man 大學生；大學畢業者/a ～ settlement 大學社區(⇨ settlement 3)/a ～ student[professor]大學學生[教授]。

univérsity exténsion *n.* Ⓒ大學教育普及[推廣]制度《爲不能進大學之學生而設立大學課程或公開講座》。

un·joint [ʌnˋdʒɔɪnt; ʌnˈdʒɔint] *v.t.* 拆開…之連結處；切斷…；分開…。

un·just [ʌnˋdʒʌst; ,ʌnˈdʒʌst←] *adj.* (**more** ～；**most** ～) **1** 不公平的；不公正的，不合情理的《★ 相關用語 同義的名詞爲 injustice》：an ～ society 不合情理[不公平]的社會/an ～ trial 不公平的審判。**2** [＋*of*＋(代)名(＋*to* do)/＋*to* do] [人]〈做…是〉不公平的，不公正的；〈人〉〈做…是〉不公平的，不公正的：It was ～ *of* them [They were ～] not *to* hear my side of the story. 他們不聽我這方面的說明是不公平的。

～·**ly** *adv.* ～·**ness** *n.*

un·jus·ti·fi·a·ble [ʌnˋdʒʌstə,faɪəbl; ʌnˈdʒʌstifaiəbl] *adj.* 不能認爲是正當的；不能辯明爲合理的；不能明辯的。

un·kempt [ʌnˋkɛmpt; ,ʌnˈkempt←] *adj.* **1** 〈頭髮〉未梳理的，蓬亂的：～ hair 亂髮。**2** 〈服裝、外表等〉邋遢的，蓬頭垢面的：one's ～ appearance 邋遢的外表。～·**ness** *n.*

‡un·kind [ʌnˋkaɪnd; ʌnˈkaind←] *adj.* (**more** ～；**most** ～) **1 a** 不親切的，薄情的，冷酷的：an ～ remark 冷言冷語/an ～ person 不親切的人。**b** [不用在名詞前] [＋介＋(代)名] [對…]不親切的，冷酷的，無情的[*to*]：She was very ～ *to* him. 她對他實在很無情。**c** [＋*of*＋(代)名(＋*to* do)/＋*to* do] [人]〈做…是〉不親切的，無情的；〈人〉〈做…是〉不親切的，無情的：It's very ～ *of* you *to* say that.＝You are very ～ *to* say that. 你那樣說未免太不近人情。

2 〈天氣、氣候〉惡劣的，不佳的：The weather proved ～. 天氣很壞。～·**ness** *n.*

un·kind·ly [ʌnˋkaɪndlɪ; ʌnˈkaindli] *adv.* 冷漠地，不近人情地：take it ～ 作壞的解釋。

un·knit [ʌnˋnɪt; ʌnˈnit] *v.t.* (**-knit**, ～·**ted**；～·**ting**)解開，拆開〈編織物等〉。

un·know·a·ble [ʌnˋnoəbl; ,ʌnˈnouəbl←] *adj.* **1** 無法知道的。**2** 《哲》不可知的。

un·know·ing [ʌnˋno·ɪŋ; ,ʌnˈnouiŋ←] *adj.* 不知的，未察覺的。

ùn·knów·ing·ly *adv.* 不知地，不知不覺地。

‡un·known [ʌnˋnon; ,ʌnˈnoun←] *adj.* (無比較級、最高級) **1 a** 未知的，不明的，不詳的：an ～ place 未知的場所/for some ～ reason 爲了某種未知的理由。**b** [不用在名詞前] [＋介＋(代)名]不爲[…]所知的[*to*]：His purpose was ～ *to* us. 我們不清楚他的目的[企圖]/I did it ～ *to* him. 我瞞著他做那件事。**2** 不爲人知的，無名的：an ～ actor 默默無聞的演員/the *U*～ Soldier [《英》Warrior]無名英雄《★在世界大戰中捐軀的無名英雄紀念碑，英國設在西敏寺大教堂(Westminster Abbey)中，美國設在阿靈頓(Arlington)國家公墓》。**3** 無法知道的，不可計數的，數不盡的：～ wealth 莫大的財富。

—*n.* **1** Ⓒ未知[無名]的人[物]。**2** [the ～]未知的世界：venture into *the* ～ 闖入未知的世界。**3** Ⓒ《數學》未知數。

únknown quántity *n.* Ⓒ **1** 《數學》未知數[量] (cf. known QUANTITY). **2** 《口語》未知數般的人[物]：John is a possibility for the job, but he is still an ～. 約翰可能獲得這工作但(能否獲得)現在還是個未知數。

un·lace [ʌnˋles; ,ʌnˈleis] *v.t.* 解開[鬆開]〈鞋等〉的帶子。

un·lade [ʌnˋled; ,ʌnˈleid] *v.* ＝unload.

un·la·ment·ed [,ʌnləˋmɛntɪd; ,ʌnləˈmentid] *adj.* 不被哀悼的；無人哀悼的；無人惋惜的。

un·latch [ʌnˋlætʃ; ,ʌnˈlætʃ] *v.t.* 拔去〈門等〉的閂；打開〈鞋、皮包等〉的扣環。

un·law·ful [ʌnˋlɔfəl; ,ʌnˈlɔ:ful←] *adj.* **1** 不法的，非法的：～ entry 非法闖入。**2** 不義的，違反道德的。

～·**ly** [-fəlɪ; -fuli] *adv.* ～·**ness** *n.*

un·lead·ed [ʌnˋlɛdɪd; ,ʌnˈledid←] *adj.* 〈汽油等〉無鉛的(↔ leaded)：～ gasoline 無鉛汽油。

un·learn [ʌnˋlɝn; ,ʌnˈlə:n] *v.t.* (～**ed** [～d, ～t; ～t, ～d], **un·learnt** [～t; ～t]) **1** 捨棄〈舊有的習癖、錯誤等〉。**2** 忘却〈所學的知識〉。

un·learn·ed[1] [ʌnˋlɝnɪd; ,ʌnˈlə:nid←] *adj.* 《古》 **1 a** 未受教育的，不學無術的。**b** [the ～；當複數名詞用]不學無術的人們。**2** [不用在名詞前] [＋介＋(代)名]不精通[…]的[*in*]：He is ～ *in* politics. 他不精通政治。

un·learned[2] [ʌnˋlɝnd; ,ʌnˈlə:nd←], **un·learnt** [ʌnˋlɝnt; ,ʌnˈlə:nt←] *adj.* **1** 未學而知的，未學而得的。**2** 未學習的：This lesson is still ～. 這一課尚未學過。

un·leash [ʌnˋliʃ; ,ʌnˈli:ʃ] *v.t.* **1** [十受]鬆開[解開]〈狗〉的皮帶；解開…的束縛，使…解放，使…自由：～ a hound 放開獵犬。**2** [十受(十介＋(代)名)] [對…]發洩〈感情〉，[對…]猛加〈攻擊〉[*on, upon*]：～ one's anger[resentment] *on* a person 對某人大發雷霆[發洩怨氣]。

un·leav·ened [ʌnˋlɛvənd; ,ʌnˈlevnd←] *adj.* **1** 〈麪包〉未加酵母的。**2** [不用在名詞前] [＋介＋(代)名]未受[…的]影響的，未[因…]而使之變化的[*by*]：a monotonous life ～ *by* any sort of amusement 無任何娛樂調劑的單調生活。

‡un·less [ənˋlɛs; ənˈles] *conj.* [表示否定的條件]除非，如果不…《★用法 雖然可變成 if not 之意，但通常不用於假設語氣的句子中；因此不能把 If he had not studied 說成 Unless he had studied》：You'll miss the bus ～ you walk more quickly. 除非你走快一點，否則將趕不上公共汽車/Nothing, ～ a miracle, could save him. 除非出現奇蹟，否則什麼也救不了他。

unléss and untíl＝until *conj.* 1《★用法 這種說法太累贅，只用 unless 或 until 即可》。

un·let·tered [ʌnˋlɛtəd; ,ʌnˈletəd←] *adj.* 《古・文語》 **1** 不學無術的，未受教育的。**2** 不識字的，文盲的；無字的。

un·li·censed [ʌnˋlaɪsənst; ,ʌnˈlaisənst←] *adj.* **1** 無執照的，未經許可的。**2** 《文語》無節制的，放縱的：～ lust[mirth]無法壓抑的慾望[歡笑]。

un·licked [ʌnˋlɪkt; ,ʌnˈlikt] *adj.* 不整飾的；無禮貌的：an ～ cub 莽撞的年輕人。

***un·like** [ʌnˋlaɪk; ,ʌnˈlaik←] *adj.* (**more** ～；**most** ～) 〈量、大小等〉不同的，不一樣的，不相似的：～ signs 相異的符號《如＋與－等》/The two sisters are ～ in disposition. 那兩姊妹性情不一樣。

—*prep.* **1** 與…不相似，與…不同：Her voice was quite ～ her usual one. 她的聲音和平常完全不同/The picture is quite ～ him. 那幀照片完全不像他(本人)/There is nothing wrong with acting ～ others. 行動與他人不同並沒有什麼不對。**2** 不像…，不符合…的特點：It's ～ you to get angry. 生氣不符合你的本性

U

[你生性是不會發脾氣的]/How ~ you to read a book like that! 你怎麼也會讀那種書！~·ness *n.*

un·líke·li·hòod, un·líke·li·ness *n.* U不可能。

un·like·ly [ʌnˋlaɪklɪ; ʌn'laikli] *adj.* (**un·like·li·er, un·like·li·est**; **more ~, most ~**) **1 a** 不可能有的，不像是眞的：an ~ story 不像是眞實的故事；很可疑的話/in the ~ event of [that] ... 萬一…的情形。**b** [不用在名詞前]〔+ *to* do〕不可能〈做…〉的：Tom is ~ *to* succeed. 湯姆不可能成功《★變換可換寫成 It is ~ that Tom will succeed.》. **c** [不用在名詞前] 不可能的：It was ~ that he would win the race. 他不可能贏得那場比賽《★變換可換寫成 He was ~ to win the race.》. **2** 似乎不會成功的，沒把握的，沒有希望的：an ~ enterprise 似乎不會成功的企業。

un·lim·ber [ʌnˋlɪmbɚ; ˌʌn'limbə] *v.t.* 卸下〈大砲〉的牽引車；使…作好行動的準備。**—*v.i.*** 準備開砲；作行動前的準備工作。

un·lim·it·ed [ʌnˋlɪmɪtɪd; ʌn'limitid] *adj.* **1** 無邊際的；廣闊的：an ~ expanse of the sky 廣闊無邊的天空。**2** 無限制的，無限的：~ liability《商》無限責任。**3** 極大的，過度的，非常的。~·ness *n.*

un·límit·ed·ly *adv.* 無限制地；非常地。

un·list·ed [ʌnˋlɪstɪd; ʌn'listid] *adj.* **1** 未列於表上的。**2**《美》未刊登於電話簿上的〈電話號碼〉(《英》ex-directory)：an ~ (tele)phone number 未刊登於電話簿上的電話號碼《★有時爲維護其私密性，故意不登載在電話簿上》。

un·load [ʌnˋlod; ˌʌn'loud] *v.t.* **1 a** 〔+受〕卸下〈車、船等〉的貨，從…卸貨；卸下〈載貨〉：~ a ship [truck] 卸下船[卡車]上的載貨。**b** 〔+受+介+(代)名〕把〈貨物〉〔從…〕卸下〔*from*〕：~ cargo *from* a ship 從船上卸下貨物。**2** 〔+受〕卸下〈心中等〉的重擔(relieve)：~ one's heart 卸下心中的重擔，鬆一口氣。**3** 〔+受+介+(代)名〕**a** 將…推卸〔給某人〕〔*on, onto*〕：He ~*ed* all that work *on* me. 他把那工作全推給我。**b** 把〈煩惱等〉〔向某人〕訴說，傾吐〔*on, to*〕：He ~*ed* his anger *on* [*onto*] his wife. 他向妻子傾吐他〈心中〉的怒氣。**4** 〔+受〕從〈槍〉中取出子彈；從〈照相機〉取出底片：~ a gun 取出槍中的子彈。

—*v.i.* **1** 〈車、船等〉卸下貨物。**2** 取出子彈[底片]。

un·lock [ʌnˋlɑk; ˌʌn'lɔk] *v.t.* 〔+受〕**1** 打開〈門、箱等〉的鎖。**2** 吐露，洩露〈秘密〉。

un·looked-for [ʌnˋlʊktˌfɔr; ʌn'luktfɔ:] *adj.*《文語》未預料的，意料不到的，意外的《★用法通常用於不受歡迎的事物》：an ~ guest 意外的來客，不速之客/Such cruel treatment was ~. (受到)那樣殘酷的待遇眞是意外。

un·loose [ʌnˋlus; ˌʌn'lu:s] *v.*《文語》＝unloosen.

un·loos·en [ʌnˋlusn̩; ʌn'lu:sn] *v.t.* **1** 解開，鬆開。**2** 將…釋放。

un·lov·a·ble [ʌnˋlʌvəbl̩; ˌʌn'lʌvəbl] *adj.* 不可愛的，不惹人愛的。

un·loved [ʌnˋlʌvd; ˌʌn'lʌvd] *adj.* 不被愛的，不被喜愛的。

un·love·ly [ʌnˋlʌvlɪ; ˌʌn'lʌvli] *adj.* **1** 不可愛的，難看的，醜的。**2** 討厭的，令人不快的：an ~ prospect 不好的遠景。

un·luck·i·ly [ʌnˋlʌkɪlɪ; ʌn'lʌkili] *adv.* **1** 不幸地，運氣不佳地：He was ~ beaten. 他不幸輸了。**2** [修飾整句] 不幸[不巧]的是(unfortunately)：*U~*, it rained, so the match was cancelled. 不巧的是，天下雨，比賽被取消了。

un·luck·y [ʌnˋlʌkɪ; ʌn'lʌki] *adj.* (**un·luck·i·er**; **-i·est**) **1 a** 運氣不好的，倒楣的，不幸的，不順利的：This has been an ~ year for us. 今年對我們來說是不順利的一年。**b** [不用在名詞前]〔+介+(代)名〕〔對…〕沒有好運的，不走運的〔*in, at*〕：I am ~ *at* cards. 我玩牌時不走運[常輸]/She was ~ *in* love. 她失戀了。**2** 不吉利的，不祥的：Friday the thirteenth is believed to be an ~ day. 一般人相信十三日星期五是不吉利的日子/It is ~ to break a mirror. 打破鏡子被認爲是不吉利的。**3** 不適當的，不巧的：in an ~ hour 在不適當[不湊巧]的時刻。

un·lúck·i·ness *n.*

ùn·máde *v.* **unmake** 的過去式・過去分詞。

—*adj.* 〈牀鋪〉未經整理的，未鋪好的。

un·make [ʌnˋmek; ˌʌn'meik] *v.t.* (**-made** [-ˋmed; -'meid]) **1** 破壞，毀滅。**2** 使…變形，使…變質。**3** 廢除〈王位等〉，革[免]〈某人〉之職。

un·man [ʌnˋmæn; ˌʌn'mæn] *v.t.* (**un·manned**; **un·man·ning**)《文語》**1** 使〈人〉喪失男子氣概；使〈人〉極頹喪，使…慌張失措《★常用被動語態》：I *was unmanned* by the death of my father. 父親的去世使我感到頹喪。**2** 把…去勢，閹割。

un·man·age·a·ble [ʌnˋmænɪdʒəbl̩; ʌn'mænidʒəbl] *adj.* **1** 難處理的，不好收拾的：an ~ quantity of goods 難處理的大宗貨物。**2** 難駕馭的，棘手的：an ~ horse 難駕馭的馬。

un·man·ly [ʌnˋmænlɪ; ˌʌn'mænli] *adj.* (**un·man·li·er**; **-li·est**) 無男子氣概的；膽小的，柔弱的；娘娘腔的。

un·manned [ʌnˋmænd; ˌʌn'mænd] *adj.* 無機員的，無人(駕駛、操縱)的：an ~ artificial satellite 無人駕駛的人造衛星。

un·man·ner·ly [ʌnˋmænɚlɪ; ʌn'mænəli] *adj.*《文語》無禮的，粗魯的。

un·marked [ʌnˋmɑrkt; ˌʌn'mɑ:kt] *adj.* **1** 無記號[污點]的：an ~ police car 無記號的警察巡邏車。**2** 未受傷的。**3** 未被注意的，未受矚目的。

un·mar·ried [ʌnˋmærɪd; ˌʌn'mærid] *adj.* 未結婚的，未婚的，獨身的：an ~ mother 未婚媽媽。

un·mask [ʌnˋmæsk; ˌʌn'mɑ:sk] *v.t.* **1** 揭下…的假面具：~ a masquerader 使化裝舞會上的人摘下假面具。**2** 暴露…的眞面目，使…暴露眞相：~ a spy 暴露間諜的眞面目。

un·match·a·ble [ʌnˋmætʃəbl̩; ˌʌn'mætʃəbl] *adj.* 不能匹敵的；無法對抗的。

un·matched [ʌnˋmætʃt; ˌʌn'mætʃt] *adj.* **1** 不成對的：He wore ~ socks. 他穿了左右不成對的襪子。**2** 無比的，無匹敵的，空前的：with ~ skill 以高超無比的技巧。

un·mean·ing [ʌnˋminɪŋ; ʌn'mi:niŋ] *adj.* **1** 無意義的，空洞的。**2** 〈面孔等〉無表情的，無生氣的；呆板的。

un·mea·sured [ʌnˋmɛʒɚd; ˌʌn'meʒəd] *adj.* **1** 不可測的；未經測定的。**2** 無限的。

un·meet [ʌnˋmit; ʌn'mi:t] *adj.* 不適當的；不合適的；不適宜的。

un·men·tion·a·ble [ʌnˋmɛnʃənəbl̩; ʌn'menʃn̩əbl] *adj.* (太過分或太下流而)不可提及的，不堪出口的：an ~ word 不堪出口的字眼。

—*n.* [~s]《古・謔》褲子；襯衣，內衣。

un·men·tion·a·bles [ʌnˋmɛnʃənəbl̩z; ʌn'menʃnəblz] *n. pl.* **1**《古》褲子。**2** 內衣。**3** [the ~] 不能提起[不宜說出口]的事。

un·mer·ci·ful [ʌnˋmɝsɪfəl; ʌn'mə:siful] *adj.* **1** 不慈悲的，無情的，殘酷的(cruel). **2** 過分的，不合理的：make ~ demands on a person's time [money] 對某人的時間[金錢]作不合理的要求。~·ly [-fəlɪ; -fuli] *adv.* ~·ness *n.*

un·mer·it·ed [ʌnˋmɛrɪtɪd; ˌʌn'meritid] *adj.* 無功受祿的；不應得的；過分的〈獎賞〉；不當的。

un·me·thod·i·cal [ˌʌnmɪˋθɑdɪkl̩; ˌʌnmi'θɔdikl] *adj.* **1** 無方法的；無順序的；無系統的；無組織的。**2** 不規則的；混亂的。

un·mind·ful [ʌnˋmaɪndfəl; ʌn'maindful] *adj.* [不用在名詞前]〔+介+(代)名〕**1** 不留心〔…〕的，易忘〔…〕的〔*of*〕：He is ~ *of* the time. 他容易忘記時間。**2** 〔對…〕不注意的，漫不經心的，不介意的〔*of*〕：He is ~ *of* his clothes. 他不注意自己的穿著。~·ly [-fəlɪ; -fuli] *adv.*

un·mis·tak·a·ble [ˌʌnməˋstekəbl̩; ˌʌnmi'steikəbl] *adj.* 不會弄錯的，不致於被誤解的，明顯的。

ùn·mis·ták·a·bly [-kəblɪ; -kəbli] *adv.* 無誤地，明顯地。

un·mit·i·gat·ed [ʌnˋmɪtəˌgetɪd; ʌn'mitigeitid] *adj.* [用在名詞前] **1** 無法緩和的，不能減輕的：~ harshness 極端的冷酷。**2** 十足的，純然的，全然的(absolute)：an ~ villain 一個十足的惡棍。

un·mixed [ʌnˋmɪkst; ˌʌn'mikst] *adj.* 無混雜物的，純粹的。

un·moor [ʌnˋmʊr; ˌʌn'muə] *v.t.* **1** 解開〈船〉的纜索。**2** 將〈船〉以單錨碇泊。

un·mor·al [ʌnˋmɔrəl; ˌʌn'mɔrəl] *adj.* 與道德無關的；超乎道德的；不道德的。

un·mo·ti·vat·ed [ʌnˋmotəˌvetɪd; ˌʌn'moutiveitid] *adj.* 無合理動機的。

un·moved [ʌnˋmuvd; ˌʌn'mu:vd] *adj.* **1** 〈位置〉不動的；〈決心〉堅定的。**2** [不用在名詞前] 不動心的，冷靜的，無動於衷的：He remained ~ even when she began to cry. 甚至當她開始哭泣時，他還是無動於衷。

un·mu·si·cal [ʌnˋmjuzɪkl̩; ˌʌn'mju:zikl] *adj.* **1** 非音樂的；不成曲調的；不和諧的；難聽的。**2** 不愛好音樂的；無音樂修養的。

un·muz·zle [ʌnˋmʌzl̩; ˌʌn'mʌzl] *v.t.* **1** 去掉〈狗等〉的口罩。**2** 給…言論的自由，解除…的言論限制：~ the press 給與新聞報導的自由。

un·named [ʌnˋnemd; ˌʌn'neimd] *adj.* 無名的，沒有名稱的；未明確指明的。

un·nat·u·ral [ʌnˋnætʃərəl, -tʃrəl; ʌn'nætʃrəl, -tʃərəl] *adj.* **1 a** 不自然的，不正常的：die an ~ death 慘遭橫死，死於非命。**b** 變態的。

2 不合人情的，違反人道的；殘忍的：an ~ crime 喪盡天良的犯罪。

3 做作的，矯飾的：an ~ smile 假笑。~·ness *n.*

un·nát·u·ral·ly [-rəlɪ; -rəli] *adv.* **1** 不自然地，不正常地。**2** 不近人情地。

nót unnáturally 當然地，自然地：He expected, *not* ~, that I would return the money. 他理所當然地以爲我會還錢。

un·nec·es·sar·i·ly [ʌnˋnɛsəˌsɛrəlɪ; ʌn'nesəsərəli] *adv.* 不必要地，多餘地。

un·nec·es·sar·y [ʌnˋnɛsəˌsɛrɪ; ʌn'nesəsəri] *adj.* (無比較級、最高級) 不必要的，無用的，無益的：It is ~ to tell her about it. 沒有必要告訴她這件事/I will not cause you any ~ trouble. 我不會給你添加任何不必要的麻煩。

un·nerve [ʌnˋnɝv; ˌʌnˈnəːv] *v.t.* **1** 奪去〈人〉的力氣。**2** 使〈人〉膽怯，使…沮喪，使…狼狽。

un·no·ticed [ʌnˋnotɪst; ˌʌnˈnoutist] *adj.* 未被發覺的，不被注意的，不被顧及的：The incident passed[went] ~. 該事件未受到注意[被忽略了]。

un·num·bered [ʌnˋnʌmbɚd; ˌʌnˈnʌmbəd] *adj.* **1** 數不盡的，無數的。**2** 未編號的。

un·ob·jec·tion·a·ble [ˌʌnəbˋdʒɛkʃnəbl, -ʃənə-; ˌʌnəbˈdʒəkʃnəbl] *adj.* 無可反對的；無異議的；無阻礙的。

un·ob·serv·ant [ˌʌnəbˋzɝvənt; ˌʌnəbˈzəːvənt] *adj.* 不注意的；不留心的；不遵守〔規則、慣例等〕的〔*of*〕。

un·ob·served [ˌʌnəbˋzɝvd; ˌʌnəbˈzəːvd] *adj.* **1** 未被遵守的：a largely ~ traffic law 多半未被遵守的交通法規。**2** 未被發覺的，未受注意的。

un·ob·tain·a·ble [ˌʌnəbˋtenəbl; ˌʌnəbˈteinəbl] *adj.* 得不到的，無法取得的。

un·ob·tru·sive [ˌʌnəbˋtrusɪv; ˌʌnəbˈtruːsiv] *adj.* **1** 不突出的，不引人注意的：his ~ presence 他那不引人注意的存在《沒有人注意到他在場》。**2** 客氣的，審慎的，謙虛的，樸素的。
~·**ly** *adv.* ~·**ness** *n.*

un·oc·cu·pied [ʌnˋɑkjəˌpaɪd; ˌʌnˈɔkjupaid] *adj.* **1** 無人居住的〈房屋〉；無人佔有的〈座位〉：an ~ seat [house]空位[屋]/This table is ~. 這張桌子沒有人坐。**2**〈人〉沒事做的，空閒的，無所事事的：in my ~ hours＝when I am ~ 在我空閒的時候。**3** 未被佔據[佔領]的。

un·of·fi·cial [ˌʌnəˋfɪʃəl; ˌʌnəˈfiʃl] *adj.* **1 a** 非正式的，私下的：an ~ meeting 非正式的聚會/an ~ strike 未經工會認可的罷工，非公認的罷工。**b**〈報導〉非官方的，未經證實的：an ~ report 未經證實的報導。**2**〈運動記錄等〉非公認的。
~·**ly** [-ʃəlɪ; -ʃəli] *adv.*

un·o·pened [ʌnˋopənd, -ˋopṇd; ˌʌnˈoupənd, -ˈopnd] *adj.* 未開的，關閉的，未拆封的：an ~ letter 未拆封的信。

un·op·posed [ˌʌnəˋpozd; ˌʌnəˈpouzd] *adj.* **1** 不反對的。**2** 無對手的。

un·or·ga·nized [ʌnˋɔrgənˌaɪzd; ˌʌnˈɔːgənaizd] *adj.* **1** 未（加以）組織的，未編成的，無組織的。**2**《美》未加入工會的。

un·or·tho·dox [ʌnˋɔrθəˌdɑks; ˌʌnˈɔːθədɔks] *adj.* 非正統的；異端的。

un·pack [ʌnˋpæk; ˌʌnˈpæk] *v.t.* **1** 解開〈包裹、行李〉，解開並取出〈裏面的東西〉：~ one's suitcase 打開手提箱（取出裏面的東西）。**2** 從包裹[行李]中取出〈東西〉：She ~*ed* the wedding presents. 她從包裹中取出結婚禮物。
—*v.i.* 解開包裹[行李]。

un·paid [ʌnˋped; ˌʌnˈpeid] *adj.* **1** 未付的，未繳納的：~ debts 未償付的借款。**2**〈人、職位等〉未支薪的，無酬勞的。

un·pal·at·a·ble [ʌnˋpælətəbl, -lɪtə-; ʌnˈpælətəbl] *adj.* **1** 不適口的，無味的。**2** 令人不快的。

un·par·al·leled [ʌnˋpærəˌlɛld; ʌnˈpærəleld] *adj.* 無可比擬的，無比的；未曾有過的，空前的：an ~ achievement 空前的偉業。

un·par·don·a·ble [ʌnˋpɑrdṇəbl; ʌnˈpɑːdnəbl] *adj.* 不可饒恕的，不能原諒[赦免]的：an ~ insult 難以寬恕的侮辱。
ùn·pár·don·a·bly [-dṇəblɪ; -dṇəbli] *adv.*

un·par·lia·men·ta·ry [ˌʌnpɑrləˋmɛntərɪ, -trɪ; ˈʌnˌpɑːləˈmentəri] *adj.* **1** 違反議會慣例的。**2**〈言論〉在議會中不容許的：~ language 惡言，謾罵。

un·pa·tri·ot·ic [ˌʌnpetrɪˋɑtɪk; ˈʌnˌpætriˈɔtik, -ˌpeit-] *adj.* 無愛國心的；不愛國的。-**i·cal·ly** [-klɪ; -kəli] *adv.*

un·peo·ple [ʌnˋpipl; ˌʌnˈpiːpl] *v.t.* 自…遷移居民；（因瘟疫、暴力等而）減少或滅絕…之居民；使…成無人地區。

un·peo·pled [ʌnˋpipld; ˌʌnˈpiːpld] *adj.* 沒有居民的，無人居住的。

un·per·son [ʌnˋpɝsṇ; ˌʌnˈpəːsn] *n.* Ⓒ（政治上、思想上）完全被忽視其存在的人，被冷落的人[政治家]。

un·per·turbed [ˌʌnpɚˋtɝbd; ˌʌnpəˈtəːbd] *adj.* 不受擾亂的，不驚慌的，平靜的，鎮定的。

un·pick [ʌnˋpɪk; ˌʌnˈpik] *v.t.* 拆開…的縫線；拆開〈縫線〉。

un·pin [ʌnˋpɪn; ˌʌnˈpin] *v.t.* (**un·pinned**; **un·pin·ning**) **1** 拔掉…的針[栓]，從…取下夾子：She *unpinned* her hair before going to bed. 她在上牀前取下髮夾。**2** 拔出針來鬆開[取下]。

un·placed [ʌnˋplest; ˌʌnˈpleist] *adj.*（賽馬、競賽等）落選的。

un·play·a·ble [ʌnˋpleəbl; ˌʌnˈpleiəbl] *adj.* **1**〈場地〉不適於遊玩[比賽]的。**2**〈唱片〉（因有瑕疵或音質不良而）不適於播放的。**3**〈音樂〉（因太難而）無法演奏的。**4**《球戲》〈球〉難打的，無法擊回的。

un·pleas·ant [ʌnˋplɛznt; ʌnˈpleznt] *adj.* (**more** ~; **most** ~) **1** 令人不(愉)快的，令人討厭的：an ~ smell[noise] 令人不舒服的氣味[聲響]。**2 a** 惡意的，不親切的。**b** [不用在名詞前]〔十介十(代)名〕惡意〔對…〕的〔*to, with*〕：She is ~ ***with***[***to***] me. 她惡意地對待我。~·**ly** *adv.*

ùn·pléas·ant·ness *n.* **1** Ⓤ不愉快，煞風景，掃興。**2** Ⓒ不愉快的事情；不和，吵架：I had a slight ~ *with* the manager. 我和經理之間有過一點磨擦[爭執]。

un·pleas·ant·ry [ʌnˋplɛzṇtrɪ; ʌnˈplezntri] *n.* Ⓒ使人不快的話；辱人之語。

un·plumbed [ʌnˋplʌmd; ʌnˈplʌmd] *adj.* **1** 未用鉛錘線測量過的。**2** 深不可測的。

un·po·et·ic [ˌʌnpoˋɛtɪk; ˌʌnpouˈetik] *adj.* 無詩意的；平凡的。

un·po·et·i·cal [ˌʌnpoˋɛtɪkl; ˌʌnpouˈetikəl] *adj.* ＝unpoetic.
~·**ly** [-ɪklɪ; -ikəli] *adv.*

un·po·lit·i·cal [ˌʌnpəˋlɪtɪkl; ˌʌnpəˈlitikl] *adj.* 無政治意義的，無關政治的，不關心政治的。

un·polled [ʌnˋpold; ˌʌnˈpould] *adj.* **1**〈選民〉尚未投票的。**2**〈票〉未投的，未登記的，未點數的。**3** 未經民意調查訪問的。

un·pop·u·lar [ʌnˋpɑpjəlɚ; ˌʌnˈpɔpjulə] *adj.* **1** 不受歡迎的，名聲不佳的，不流行的。**2** [不用在名詞前]〔十介十(代)名〕〔在…之間〕名聲不佳的〔*with, among*〕：He is ~ ***with*** his fellow workers. 他在同事之間的名聲不佳。~·**ly** *adv.*

un·pop·u·lar·i·ty [ˌʌnpɑpjəˋlærətɪ; ˈʌnˌpɔpjuˈlærəti] «unpopular 的名詞»—*n.* Ⓤ不受人愛戴[歡迎]，不流行。

un·prac·ti·cal [ʌnˋpræktɪkl; ˌʌnˈpræktikl] *adj.* 不實用的，不實際的(cf. impractical)。

un·prac·ticed,《英》**un·prac·tised** [ʌnˋpræktɪst; ʌnˈpræktist] *adj.* **1** 不熟練的，拙劣的，笨拙的：with an ~ hand 以笨拙的[不熟練的]手法。**2** 未經實行的。

un·prec·e·dent·ed [ʌnˋprɛsəˌdɛntɪd; ʌnˈpresidəntid] *adj.* 無先例[前例]的，空前的，前所未聞的：an ~ achievement 空前的偉業。~·**ly** *adv.* ~·**ness** *n.*

un·pre·dict·a·ble [ˌʌnprɪˋdɪktəbl; ˌʌnpriˈdiktəbl] *adj.* **1** 不可預測[預料，預知]的：Her whims are totally ~. 她何時會起怪念頭完全不可預知[她的想法怪得難以預測]。**2** 無法預測〈某人〉會做何事的，反覆無常的。
ùn·pre·díct·a·bly [-təblɪ; -təbli] *adv.*

un·prej·u·diced [ʌnˋprɛdʒədɪst; ˌʌnˈpredʒudist] *adj.* 無偏見[成見]的，公正的。

un·pre·med·i·tat·ed [ˌʌnprɪˋmɛdəˌtetɪd; ˌʌnpriˈmediteitid] *adj.* 非預先計畫的；非故意的；即興的，即席的。

un·pre·pared [ˌʌnprɪˋpɛrd; ˌʌnpriˈpeəd] *adj.* **1** 無準備的，即席的：an ~ lecture 即席的演講。**2 a** 沒有準備好的，未覺悟的：You caught me ~. 你出其不意地逮到我；你突然一問把我給難倒了。**b** [不用在名詞前]〔十介十(代)名〕未做好〔…的〕心理準備的〔*for*〕：I was ~ ***for*** his answer. 我對他的回答未做好心理準備。**c** [不用在名詞前]〔十 *to* do〕未做好〈做…的〉準備的：I was ~ ***to*** answer. 我未做好回答的準備。

un·pre·pos·sess·ing [ˌʌnpripəˋzɛsɪŋ; ˈʌnˌpriːpəˈzesiŋ] *adj.* 不吸引人的；不嫵媚的；惹人厭的。

un·pre·sent·a·ble [ˌʌnprɪˋzɛntəbl; ˌʌnpriˈzentəbl] *adj.* 不能拿到人前的；見不得人的。

un·pre·tend·ing [ˌʌnprɪˋtɛndɪŋ; ˌʌnpriˈtendiŋ] *adj.* 不矜持的；謙遜的；質樸的。

un·pre·ten·tious [ˌʌnprɪˋtɛnʃəs; ˌʌnpriˈtenʃəs] *adj.* 不炫耀的，含蓄的，謙虛的：a small, ~ house 一棟樸實無華的小房子。
~·**ly** *adv.* ~·**ness** *n.*

un·prin·ci·pled [ʌnˋprɪnsəpld; ʌnˈprinsəpld] *adj.* 無原則的，無節操的，無道義的。

un·print·a·ble [ʌnˋprɪntəbl; ˌʌnˈprintəbl] *adj.*（由於猥褻等的原因而）不宜印出的，有忌憚的；不該說出來的。

un·priv·i·leged [ʌnˋprɪvəlɪdʒd; ˌʌnˈprivilidʒd] *adj.* 無特權的；享受不到特權的。

un·pro·duc·tive [ˌʌnprəˋdʌktɪv; ˌʌnprəˈdʌktiv] *adj.* 無收穫的，無生產力的；非生產性的，無收益[效果]的。

un·pro·fes·sion·al [ˌʌnprəˋfɛʃənl; ˌʌnprəˈfeʃənl] *adj.* **1** 非本職的，非職業性的，非專業的外行人的。**2**〈行爲等〉違反職業上的規則[習慣，道義]的。~·**ly** [-ʃənlɪ; -ʃṇəli] *adv.*

un·prof·it·a·ble [ʌnˋprɑftəbl, -fɪtə-; ˌʌnˈprɔfitəbl] *adj.* **1** 無利益的，不賺錢的。**2** 無益的，徒勞的。

un·prom·is·ing [ʌnˋprɑmɪsɪŋ; ˌʌnˈprɔmisiŋ] *adj.* 看來沒有希望的，（前途）無望的。

un·prompt·ed [ʌnˋprɑmptɪd; ˌʌnˈprɔmptid] *adj.*〈行動、回答等〉非被他人催促的；自動自發的。

un·pro·tect·ed [ˌʌnprəˋtɛktɪd; ˌʌnprəˈtektid] *adj.* **1** 無保護(者)的。**2** 無防備的，無裝甲的。**3**〈工商業等〉不受(關稅等)保護的。

U

un·pro·vid·ed [ˏʌnprəˋvaɪdɪd; ˌʌnprəˈvaidid] *adj.* **1** 無供給的。**2** 無準備的。**3** 無資格的。

un·pro·voked [ˏʌnprəˋvokt; ˌʌnprəˈvoukt⁻] *adj.* 〈犯罪等〉未受挑撥[刺激](而爲)的：an ~ attack 無緣無故的攻擊。

un·pub·lished [ʌnˋpʌblɪʃt; ˌʌnˈpʌbliʃt⁻] *adj.* **1** 未公開的。**2** 未刊行的，未出版的。

un·punc·tu·al [ʌnˋpʌŋktʃuəl; ˌʌnˈpʌŋktjuəl, -tʃuəl⁻] *adj.* 不守時間[約定，日期]的。

un·punc·tu·al·i·ty [ˏʌnpʌŋktʃuˋælətɪ; ˈʌnˌpʌŋktjuˈæləti] 《unpunctual 的名詞》—*n.* Ⓤ不守時。

un·pun·ished [ʌnˋpʌnɪʃt; ˌʌnˈpʌniʃt⁻] *adj.* 未經處罰的，未受罰的，免於刑罰的：The wicked should not go ~. 壞人不該免於處罰。

un·qual·i·fied [ʌnˋkwɑləˏfaɪd; ˌʌnˈkwɔlifaid⁻] *adj.* **1 a** 無資格的；不適任的，不適當的：an ~ nurse 不夠資格的護士。**b** [不用在名詞前]〔十介十(代)名〕不適〔於…〕的；沒有〔…的〕資格的〔*for*〕：He is ~ *for* the position. 他不適於擔任該項職務。**c** [不用在名詞前]〔十 *to* do〕不適於[不適合]〈做…〉的；無〈做…的〉資格的：He is ~ *to* teach English. 他不適合教英語；他沒有教英語的資格。**2** [ʌnˋkwɑləˏfaɪd; ʌnˈkwɔlifaid]不受限制的，無條件的，絕對的；全然的，徹底的：~ praise 讚賞有加[讚不絕口]/an ~ liar[fool]大騙子[大笨蛋]。

un·quench·a·ble [ʌnˋkwɛntʃəbl̩; ˌʌnˈkwentʃəbl⁻] *adj.* 不能消除的，無法抑制的：an ~ thirst for knowledge 無法滿足的求知慾。

un·ques·tion·a·ble [ʌnˋkwɛstʃənəbl̩; ʌnˈkwestʃənəbl⁻] *adj.* **1** 無可懷疑的，無爭論餘地的，確實的。**2** 無缺點的，無可挑剔的。

ùn·qués·tion·a·bly [-nəblɪ; -nəbli] *adv.* 無疑地，確實地：*U*~, she deserves the prize. 無疑地，她應該得獎。

un·ques·tioned [ʌnˋkwɛstʃənd; ʌnˈkwestʃənd⁻] *adj.* **1 a** 不成問題的，毫無疑問的，未被懷疑的。**b** 無庸置疑的，確鑿的：an ~ masterpiece 眞正[公認]的傑作/Your honesty is ~. 你的誠實是無庸置疑的。**2** 未經調查的，未受審問的。

un·ques·tion·ing [ʌnˋkwɛstʃənɪŋ; ʌnˈkwestʃəniŋ⁻] *adj.* 無疑的，絕對的：~ obedience 絕對的[無條件的]服從。

un·qui·et [ʌnˋkwaɪət; ʌnˈkwaiət⁻] *adj.* 《文語》不鎭定的，心不在焉的，不安的；不穩的：an ~ mind 忐忑不安的心/~ times 動亂的時代。

un·quote [ʌnˋkwot; ʌnˈkwout] *v.i.* [用祈使語氣]結束引用(句)，引用終結《★用法用於聽寫時的指示或在電文中與 quote 作相關性的使用；⇨quote *v.i.* 2》：⇨QUOTE unquote.

un·rav·el [ʌnˋrævl̩; ʌnˈrævl] (**un·rav·eled,** 《英》**-elled**；**un·rav·el·ing,** 《英》**-el·ling**) *v.t.* **1** 解開〈編結物、糾纏的線〉：~ a tangled thread 解開糾纏的線。**2** 解答，闡明〈疑問等〉：~ a mystery 闡明一件奧秘的事。—*v.i.* 〈編結物等〉鬆開，解開。

un·read [ʌnˋrɛd; ˌʌnˈred⁻] *adj.* **1** 〈書籍等〉未經閱讀的。**2** 〈人〉讀書不多的，不讀書的；無學問的：an ~ person 書讀得不多的人。**3** [不用在名詞前]〔十介十(代)名〕〔對…〕不通曉的，不熟悉的〔*in*〕：He is ~ *in* history. 他不通曉歷史。

un·read·a·ble [ʌnˋridəbl̩; ˌʌnˈri:dəbl⁻] *adj.* **1** 讀起來乏味的[無聊的]；無閱讀價值的，不適於閱讀的。**2** 〈書〉難讀的，無法讀的，難辨認的。**ùn·réad·a·bly** [-dəblɪ; -dəbli] *adv.*

un·read·y [ʌnˋrɛdɪ; ˌʌnˈredi] *adj.* **1** [不用在名詞前] **a** 〔十介十(代)名〕無〔…〕準備的，未準備好〔…〕的〔*for*〕《★比較一般用not ready》：This machine is still ~ *for* use. 這部機器尙未準備就緒，暫不能啓用。**b** 〔十 *to* do〕未〈做…〉準備的，未準備好〈做…〉的《★比較與義 1 a 同》：You are always ~ *to* leave on time. 你總是不能準備好準時離開。**2** 不敏捷的，緩慢的(slow)。

un·re·al [ʌnˋriəl; ˌʌnˈriəl⁻] *adj.* **1** 非眞實存在的，想像的，虛構的，非現實的。**2** 《口語》不能理解的，不能相信的，無法親近的。

un·re·al·i·ty [ˏʌnrɪˋælətɪ; ˌʌnriˈæləti] *n.* **1** Ⓤ非現實(性)，不眞實。**2** Ⓒ非眞實存在的東西。

un·rea·son·a·ble [ʌnˋriznəbl̩; ʌnˈri:znəbl⁻] *adj.* **1** 〈人、行動等〉非理性的；不講道理的，輕率的，不合理的(⇨ illogical【同義字】)：an ~ attitude 無理的態度。**2** 〈價錢、要求等〉不當的，過分的，離譜的：an ~ demand 無理[不合理]的要求。
~**·ness** *n.*

ùn·réa·son·a·bly [-znəblɪ; -znəbli] *adv.* **1 a** 輕率地，不合理地。**b** [修飾整句]不合理的是，不可理喻的是：*U*~, she still expects him to behave like a child. 不可理喻的是，她仍然希望他像小孩子一樣循規蹈矩。**2** 過分地，沒道理地。

un·rea·soned [ʌnˋriznd; ˌʌnˈri:znd] *adj.* 非基於理性的；無理性的。

ùn·réa·son·ing *adj.* 無理性的，缺乏考慮的：the ~ multitude 無理性的羣衆。~**·ly** *adv.*

un·reel [ʌnˋril; ʌnˈri:l] *v.t.* 將〈線等〉從卷軸上取下[鬆開]。
—*v.i.* 從卷軸上鬆開。

un·re·flect·ing [ˏʌnrɪˋflɛktɪŋ; ˌʌnriˈflektiŋ] *adj.* **1** 不反省的；不熟思的；無思慮的；沒有思想的。**2** 不反射的。

un·re·gard·ed [ˏʌnrɪˋgardɪd; ˌʌnriˈgɑ:did⁻] *adj.* 不受注意的，未被顧及的，被忽視的。

un·re·gen·er·ate [ˏʌnrɪˋdʒɛnərɪt; ˌʌnriˈdʒenərət⁻] *adj.* (精神上、宗教上)不能重生的，罪孽深重的，邪惡的：an ~ sinner [thief]不能獲得重生的罪人[竊賊]。

un·re·lent·ing [ˏʌnrɪˋlɛntɪŋ; ˌʌnriˈlentiŋ⁻] *adj.* **1** 不寬容的，嚴峻的；堅定不移的。**2** 〈速度〉不減弱的；〈努力〉不鬆懈的：~ perseverance不屈不撓的毅力。~**·ly** *adv.*

un·re·li·a·ble [ˏʌnrɪˋlaɪəbl̩; ˌʌnriˈlaiəbl⁻] *adj.* 不可靠的，不可信賴的：an ~ source of information 不可靠的消息來源。

ùn·re·lí·a·bly [-əblɪ; -əbli] *adv.*

un·re·lieved [ˏʌnrɪˋlivd; ˌʌnriˈli:vd⁻] *adj.* **1** 不(因凹凸、明暗等而)顯著的，無變化的，單調的。**2** 未被減輕的，未得緩和的：a broad plain ~ by the smallest hill 連一座最小的山丘點綴都沒有的廣闊平原。~**·ly** *adv.*

un·re·li·gious [ˏʌnrɪˋlɪdʒəs; ˌʌnriˈlidʒəs⁻] *adj.* **1** 非關宗教的，非宗教性的。**2** 不信教的。

un·re·mit·ting [ˏʌnrɪˋmɪtɪŋ; ˌʌnriˈmitiŋ⁻] *adj.* 不間斷的，不停的，不斷的，努力不懈的。~**·ly** *adv.*

un·re·mu·ner·a·tive [ˏʌnrɪˋmjunəˏretɪv, -nərətɪv; ˌʌnriˈmju:nərətiv] *adj.* 無報酬的；無利益的；不賺錢的。

un·re·quit·ed [ˏʌnrɪˋkwaɪtɪd; ˌʌnriˈkwaitid⁻] *adj.* 〈愛〉得不到回報的《★常用於下列片語》：~ love 單戀。

un·re·served [ˏʌnrɪˋzɝvd; ˌʌnriˈzə:vd⁻] *adj.* **1** 〈人、態度等〉不客氣的，坦率的(frank)。**2** 無限制的，無條件的，十分的，十足的：~ praise 讚不絕口，極力稱讚。**3** 未預約的。

ùn·re·sérv·ed·ly [-ɪdlɪ; -idli] *adv.* **1** 不客氣地，坦率地。**2** 無限制地，十足地。

un·rest [ʌnˋrɛst; ˌʌnˈrest] *n.* Ⓤ **1** (尤指社會上的)不安，動盪(狀態)：social ~ 社會的不安/political ~ 政治上的動盪(狀態)。**2** (內心的)不安，擔心。

un·re·strained [ˏʌnrɪˋstrend; ˌʌnriˈstreind⁻] *adj.* 未受抑制的，不受控制的：He set to work with ~ zest. 他興沖沖地開始工作。

ùn·re·stráin·ed·ly [-ɪdlɪ; -idli] *adv.* 不受抑制地，不受控制地，無拘束地。

un·re·ward·ed [ˏʌnrɪˋwɔrdɪd; ˌʌnriˈwɔ:did⁻] *adj.* 未獲得回報的，無報酬的。

un·rid·dle [ʌnˋrɪdl̩; ʌnˈridl] *v.t.* 解〈謎等〉；說明。

un·right·eous [ʌnˋraɪtʃəs; ʌnˈraitʃəs⁻] *adj.* **1** 不公正的，不當的。**2** 不義的，罪惡深重的。~**·ly** *adv.* ~**·ness** *n.*

un·rip [ʌnˋrɪp; ʌnˈrip] *v.t.* (**un·ripped**；**un·rip·ping**) **1** 割開，分開。**2** 將〈縫處〉撕開[剪開]。

un·ripe [ʌnˋraɪp; ˌʌnˈraip⁻] *adj.* 未成熟的，生的；時機未熟的。

un·ri·valed, 《英》**un·ri·valled** [ʌnˋraɪvl̩d; ʌnˈraivld⁻] *adj.* 無競爭者[對手]的，無敵的，無比的。

un·roll [ʌnˋrol; ˌʌnˈroul] *v.t.* **1** 攤開，打開，展開〈成捲的東西〉：~ a map 展開(捲著的)地圖。**2** (像展開捲著的東西一般地)揭開，攤開：The novel ~*s* the history of a certain woman. 那本小說揭露了某個女子的過去。
—*v.i.* **1** 〈成捲的東西〉展開，打開。**2** 〈視野、景色等〉擴展開來，一大片地展現：The landscape ~*ed* under the speeding plane. 大自然的景色在快速飛行的飛機下豁然展開。

UNRRA [ˋʌnrə; ˈʌnrə], **U.N.R.R.A.** 《略》United Nations Relief and Rehabilitation Administration 聯合國善後救濟總署。

un·ruf·fled [ʌnˋrʌfl̩d; ˌʌnˈrʌfld⁻] *adj.* 未受擾亂的，不混亂的；平穩的，寧靜的：~ waters 平靜的海域/remain ~ 保持平靜[鎭定]。

un·ruled [ʌnˋruld; ˌʌnˈru:ld] *adj.* **1** 未置於控制之下的；未加統御的。**2** 〈紙〉沒有畫線的；沒有畫格子的。

un·rul·y [ʌnˋrulɪ; ʌnˈru:li⁻] *adj.* (**un·rul·i·er**；**-i·est**) **1** 難駕馭的，不聽話的，任性的，難以管束的：an ~ boy 不聽話的男孩。**2** 〈頭髮等〉易亂的。**ùn·rúl·i·ness** *n.*

un·sad·dle [ʌnˋsædl̩; ˌʌnˈsædl] *v.t.* **1** 卸下〈馬等〉的鞍。**2** 使〈人〉墜馬。
—*v.i.* 卸下馬鞍。

un·safe [ʌnˋsef; ˌʌnˈseif] *adj.* 不安全的。

un·said [ʌnˋsɛd; ˌʌnˈsed] *v.* **unsay** 的過去式．過去分詞。
—*adj.* [不用在名詞前](心裏想著但)不說出來的：Better leave it ~. 最好不要說出來，不說爲妙。

un·san·i·tar·y [ʌnˋsænəˏtɛrɪ; ˌʌnˈsænitəri] *adj.* 不衞生的。

un·sat·is·fac·to·ry [ˏʌnsætɪsˋfæktrɪ, -tərɪ; ˈʌnˌsætisˈfæktəri⁻] *adj.* (**more** ~；**most** ~)不能令人滿意的；不充分的。

ùn·sat·is·fác·to·ri·ly [-trəlɪ, -tərəlɪ; -tərəli] *adv.*

un·sat·is·fied [ʌnˋsætɪs͵faɪd; ˌʌnˈsætisfaid←] *adj.* 不滿足的，不滿意的。

un·sat·is·fy·ing [ʌnˋsætɪs͵faɪɪŋ; ˌʌnˈsætisfaiiŋ] *adj.* 不能使人滿足的。

un·sa·vor·y,《英》**un·sa·vour·y** [ʌnˋsevərɪ; ˌʌnˈseivəri←] *adj.* **1**（道德上）聲名狼藉的：an ~ reputation 不好的名聲。**2** 味道[氣味]不好的，不好吃的；令人不愉快的，令人厭惡的。

un·say [ʌnˋse; ˌʌnˈsei] *v.t.*《文語》(**-said** [-ˋsɛd; -ˈsed]) 取消，撤回〈前言等〉。

UNSC《略》United Nations Security Council 聯合國安全理事會。

un·scal·a·ble [ʌnˋskeləbḷ; ˌʌnˈskeiləbl] *adj.* 無法攀登的。

un·scathed [ʌnˋskeðd; ˌʌnˈskeiðd←] *adj.*（肉體上、道德上）未受傷的：He came through ~. 他平安地挨過來了。

un·schooled [ʌnˋskuld; ˌʌnˈsku:ld←] *adj.* **1 a** 未受（學校）教育的，未上過學的。**b** [不用在名詞前]〔十介十(代)名〕未受〔…〕教育的，無〔…〕經驗的〔*in*〕：She is ~ ***in*** the way of the world. 她不懂人情世故；她絲毫不懂世態炎涼/He is completely ~ *in* politics. 他對政治一竅不通。**2** 自然的，與生俱來的。

un·sci·en·tif·ic [͵ʌnsaɪənˋtɪfɪk; ˈʌnˌsaiənˈtifik←] *adj.* 不科學的：an ~ method 不科學的方法。

ùn·sci·en·tíf·i·cal·ly [-kḷɪ; -kəli] *adv.*

un·scram·ble [ʌnˋskræmbḷ; ˌʌnˈskræmbl] *v.t.* **1** 將〈密碼、電報文等〉改爲普通文字，解讀。**2** 使〈混亂等〉恢復原狀。

un·screw [ʌnˋskru; ˌʌnˈskru:] *v.t.* **1** 旋開…的螺絲，取下…：~ a lid 旋開蓋子。**2** 將〈瓶蓋等〉(如旋螺絲般)旋轉而拔出[取下]：~ an electric bulb 將燈泡旋轉下來。

un·script·ed [ʌnˋskrɪptɪd; ˌʌnˈskriptid←] *adj.*〈廣播〉無劇本的；〈演說〉無草稿的，即興的。

un·scru·pu·lous [ʌnˋskrupjələs; ʌnˈskru:pjuləs←] *adj.* 昧著良心的，不道德的，無操守的：an ~ quest for profit 昧著良心[肆無忌憚地]追求利潤/He is ~ *in* his exploitation of people. 他寡廉鮮恥地剝削人民。**~·ly** *adv.* **~·ness** *n.*

un·seal [ʌnˋsil; ˌʌnˈsi:l] *v.t.* **1** 打開…的封口；開封，拆開〈封印的物件〉；打開〈封閉的東西〉。**2** 打開，開啓〈緊閉的口等〉：~ one's lips 使人開口，洩露秘密。

un·sealed [ʌnˋsild; ˌʌnˈsi:ld] *adj.* **1** 沒有封口的；沒有加封的。**2** 未證實的；未確定的。

un·search·a·ble [ʌnˋsɝtʃəbḷ; ʌnˈsə:tʃəbl←] *adj.* **1** 不能深究的，神秘的，不可思議的。**2** 搜尋不出的。

ùn·séarch·a·bly [-tʃəblɪ; -tʃəbli] *adv.*

un·sea·son·a·ble [ʌnˋsiznəbḷ; ʌnˈsi:znəbl←] *adj.* **1** 不合時令[季節]的：~ weather 不合時令的天氣。**2** 不合時宜的，不是時候的，時機不對的：~ advice 不合時宜的勸告。

-a·bly [-znəblɪ; -znəbli] *adv.* **~·ness** *n.*

un·sea·soned [ʌnˋsiznd; ˌʌnˈsi:znd←] *adj.* **1**〈食物等〉未經調味的，未加佐料的。**2**〈木材等〉未經乾燥的：~ wood 未乾的木材。**3**〈人〉經驗不足的。

un·seat [ʌnˋsit; ˌʌnˈsi:t] *v.t.* **1 a**〈馬〉把〈人〉摔落。**b** 把〈人〉從馬背摔落。**2** 奪去〈議員〉的議席；剝奪，革除〈某人〉(地位、公職)：He was ~*ed* at the general election. 他在大選中落選而失去該職位。

un·se·cured [͵ʌnsɪˋkjurd; ˌʌnsiˈkjuəd] *adj.* **1** 沒有抵押的；沒有擔保的。**2** 沒有扣緊的；沒有繫牢的。

un·see·ing [ʌnˋsiɪŋ; ˌʌnˈsi:iŋ←] *adj.* 不注意看的，未看到的：She stared at me with ~ eyes. 她以失神的眼睛凝視我。

~·ly *adv.*

un·seem·ly [ʌnˋsimlɪ; ʌnˈsi:mli←]《文語》*adj.* 難看的，不妥當的，不適宜的，不體面的：~ behavior 不雅的舉止/behave in a most ~ way 表現得很不得體[很不雅觀]。

—*adv.* 不體面地，不成體統地，不適宜地。

ùn·séem·li·ness *n.*

un·seen [ʌnˋsin; ˌʌnˈsi:n←] *adj.* **1**（眼睛）看不見的：the ~ hand of God 肉眼看不見的神之手。**2**〈翻譯、樂譜等〉即席的，見譜即奏[照字面譯]的：an ~ translation 即席翻譯/an ~ passage（未經預習的）即席翻譯的章節。

—*n.* **1** [the ~] 看不見的事物，精神世界。**2** Ⓒ《英》即席翻譯（題）。

un·self·ish [ʌnˋsɛlfɪʃ; ˌʌnˈselfiʃ←] *adj.* 不自私的，無我的，利他的。**~·ly** *adv.* **~·ness** *n.*

un·sell [ʌnˋsɛl; ˌʌnˈsel] *v.t.* 勸〈人〉打消某念頭；勸〈人〉放棄。

un·ser·vice·a·ble [ʌnˋsɝvɪsəbḷ; ˌʌnˈsə:visəbl←] *adj.* 不堪使用的，不經濟的，不實惠的。

un·set·tle [ʌnˋsɛtḷ; ˌʌnˈsetl] *v.t.* **1 a** 攪亂；使…不安定：This strike may ~ the economy. 這次罷工可能會使經濟不安定。**b** 擾亂…的心，使…失去鎮定，使…不安：The cold war has ~*d* people's minds. 冷戰使人人提心吊膽。**2** 使〈胃〉發病[情況失常]：The heavy food ~*d* his stomach. 難消化的食物使他的胃不舒服。**—*v.i.*** 變得不安，失去鎮定。

un·set·tled [ʌnˋsɛtḷd; ˌʌnˈsetld←] *adj.* **1**〈氣候等〉不穩定的，變幻莫測的：~ weather 變幻莫測的天氣。**2**〈狀態等〉不安定的，動亂的：an ~ state of mind 不安定的[搖擺不定的]心情。**3** 未決定的，未解決的：The problem was still ~. 該問題尚未解決。**4** 未償付的：~ debts 未償付的債。

un·set·tling [ʌnˋsɛtḷɪŋ; ˌʌnˈsetliŋ←] *adj.* 擾亂(人心等)的；使喪失(鎮定、平靜)的：The news was very ~. 這則新聞實在攪得人心惶惶。

un·sex [ʌnˋsɛks; ˌʌnˈseks] *v.t.*《文語》**1** 使…失去性別特徵；(尤指)使…失去女人味，使〈女性〉男性化。**2** 使〈人〉變成性無能。

un·sexed [ʌnˋsɛkst; ˌʌnˈsekst←] *adj.*〈小雞〉無性別區分的。

un·shack·le [ʌnˋʃækḷ; ˌʌnˈʃækl] *v.t.* **1** 除去…的枷鎖[束縛]。**2** 使〈人〉恢復自由。

un·shak·a·ble [ʌnˋʃekəbḷ; ʌnˈʃeikəbl←] *adj.*〈信念等〉不動搖的，堅定不移的。**-a·bly** [-kəblɪ; -kəbli] *adv.*

un·shak·en [ʌnˋʃekən; ˌʌnˈʃeikən←] *adj.*〈決心等〉不動搖的，堅決的，堅定的。

un·shape·ly [ʌnˋʃeplɪ; ˌʌnˈʃeipli] *adj.* **1** 未成形的。**2** 不勻稱的；醜怪的。

un·shav·en [ʌnˋʃevən; ˌʌnˈʃeivn←] *adj.* 未刮鬍子的；未刮臉的。

un·sheathe [ʌnˋʃið; ˌʌnˈʃi:ð] *v.t.* 拔〈刀、劍等〉出鞘。

un·ship [ʌnˋʃɪp; ˌʌnˈʃip] *v.t.* (**un·shipped**；**un·ship·ping**) **1** 將〈船貨等〉卸下，起出；使〈船上乘客〉下船。**2**《航海》卸下〈舵柄、槳等〉。

un·shod [ʌnˋʃɑd; ˌʌnˈʃɔd←] *adj.* **1**〈人〉未穿鞋的，光腳的。**2**〈馬〉未釘上馬蹄鐵的。

un·shrink·a·ble [ʌnˋʃrɪŋkəbḷ; ˌʌnˈʃriŋkəbl] *adj.* 不會縮的：~ flannels 不會縮水的法蘭絨。

un·shrink·ing [ʌnˋʃrɪŋkɪŋ; ʌnˈʃriŋkiŋ] *adj.* **1** 不收縮的。**2** 堅定的；不退縮的。

un·sight·ly [ʌnˋsaɪtlɪ; ʌnˈsaitli←] *adj.* (**un·sight·li·er**；**-li·est**) 難看的，不體面的，不雅觀的，刺眼的：~ advertisements 不雅的廣告/~ freckles 難看的雀斑。**ùn·sight·li·ness** *n.*

un·skil·ful [ʌnˋskɪlfəl; ˌʌnˈskilful←] *adj.* ＝unskillful.

un·skilled [ʌnˋskɪld; ˌʌnˈskild←] *adj.* **1** 不熟練的，粗笨的：an ~ laborer 不熟練的工人。**2**〈工作〉不需專門技術[訓練]的：~ work 無需特殊技能的工作。

un·skill·ful [ʌnˋskɪlfəl; ˌʌnˈskilful←] *adj.* 笨拙的，拙劣的；粗笨的(clumsy)。**~·ly** [-fəlɪ; -fuli] *adv.* **~·ness** *n.*

un·sling [ʌnˋslɪŋ; ˌʌnˈsliŋ] *v.t.* 把掛在〈肩、背上的槍等〉卸下。

un·snarl [ʌnˋsnɑrl; ˌʌnˈsnɑ:l] *v.t.* 解開，打開…的糾結。

un·so·cia·bil·i·ty [͵ʌnsoʃəˋbɪlətɪ; ˈʌnˌsouʃəˈbiləti]《unsociable 的名詞》**—*n.*** Ⓤ不愛[善]交際；不和氣，不與人親近(的個性)。

un·so·cia·ble [ʌnˋsoʃəbḷ; ʌnˈsouʃəbl←] *adj.* 不愛[善]交際的，不和氣的，不與人親近的。**-cia·bly** [-ʃəblɪ; -ʃəbli] *adv.*

un·so·cial [ʌnˋsoʃəl; ʌnˈsouʃl←] *adj.* **1** 不善社交的。**2** 不合羣的；非社會性的。**3**《英》〈時間〉不能配合社交[家庭]生活的：work ~ hours（影響家庭生活地）在上班以外的時間工作。

un·sold [ʌnˋsold; ˌʌnˈsould←] *adj.* 賣不出去的；賣剩的。

un·sold·er [ʌnˋsɑdɚ; ˌʌnˈsɔldə, -ˈsɔ:də, -ˈsɔdə, -ˈsoul-] *v.t.* **1** 拆開〈銲合之物〉。**2** 拆散…；使…分離。

un·so·lic·it·ed [͵ʌnsəˋlɪsɪtɪd; ˌʌnsəˈlisitid←] *adj.* 未被請求[懇求]的，多事的，多餘的，自發的：~ advice（未被要求而）主動提出的忠告。

un·solv·a·ble [ʌnˋsɑlvəbḷ; ʌnˈsɔlvəbl] *adj.* **1** 無法解釋[解答]的；無法解決的。**2** 不能溶解的。

un·so·phis·ti·cat·ed [͵ʌnsəˋfɪstɪ͵ketɪd; ˌʌnsəˈfistikeitid←] *adj.* **1 a** 不諳世故的，天眞的；單純的，樸實的。**b**（社交上）未經洗鍊的；不高雅的。**2** 無混雜物的，純粹的，眞正的。**3** 不複雜的，簡單的。

un·sought [ʌnˋsɔt; ˌʌnˈsɔ:t←] *adj.* 未經(搜尋)追求的；意外獲得的：receive ~ praise 得到意外的讚賞。

un·sound [ʌnˋsaund; ˌʌnˈsaund←] *adj.* **1**〈身心〉不健全的，不健康的：of ~ mind《法律》精神有異狀的。**2**〈建築物等〉建造不堅固的，不穩的。**3**〈學說等〉根基薄弱的，不合理的，矇混的：~ arguments 缺乏依據的論點，謬論。**4**〈公司等〉(經濟上)不穩定的；〈計畫〉不可靠的：an ~ business scheme 不可靠的事業計畫。**5**《罕》〈睡眠〉淺的，不熟的。**~·ly** *adv.* **~·ness** *n.*

un·spar·ing [ʌnˋspɛrɪŋ; ʌnˈspɛəriŋ←] *adj.* **1 a** 不吝嗇的，大方的，慷慨的：with an ~ hand 毫不吝嗇地，慷慨地，大方地。**b** [不用在名詞前]〔十介十(代)名〕不吝嗇〔…〕的〔*of*〕；〔對…〕慷慨的，大方的〔*in*〕：He was ~ ***of*** praise[***in*** his offers of help]. 他大加讚賞[慷慨地提供援助]。**2** 不寬容的，嚴酷的：an ~ critic 嚴苛的批評家。**~·ly** *adv.*

un·speak·a·ble [ʌnˋspikəbḷ; ʌn'spi:kəbl⁻] *adj.* **1** 不能(以言語)表達的，無法形容的：～ joy 無法形容的喜悅。**2** 不堪[害怕]說出的，極惡劣的：～ misery 極端的痛苦/an ～ rascal 大壞蛋。

un·spéak·a·bly [-kəblɪ; -kəbli] *adv.* 無法表達[形容]地，極度地：He was ～ impolite. 他的態度惡劣極了。

un·spec·i·fied [ʌnˋspɛsə͵faɪd; ˌʌn'spesifaid⁻] *adj.* 未特別指明的，未明示的，不特定的。

un·spo·ken [ʌnˋspokən; ˌʌn'spoukən⁻] *adj.* 未說出口的，不言而喻的，無言的，暗示的：～ rules 不言而喻的規則。

un·sport·ing [ʌnˋsportɪŋ, -ˋspɔr-; ˌʌn'spɔ:tiŋ] *adj.* 無運動道德的；無運動員風度的。

un·sports·man·like [ʌnˋsportsmən͵laɪk, -ˋspɔr-; ˌʌn'spɔ:tsmənlaik⁻] *adj.* 不像運動員的，違反運動精神的；不光明正大的。

un·spot·ted [ʌnˋspɑtɪd; ˌʌn'spɔtid⁻] *adj.* **1** 無斑點的。**2** 《古》(道德上)無瑕疵的，清白的。

un·sta·ble [ʌnˋstebḷ; ˌʌn'steibl⁻] *adj.* **1** 不穩定的，不穩固的，不安定的，隨時會崩潰似的。**2** 容易改變主意的，不鎮定的，情緒不穩定的：mentally [emotionally] ～《委婉語》精神異常的。

ùn·stá·bly [-blɪ; -bli] *adv.* ～**·ness** *n.*

un·stead·y [ʌnˋstɛdɪ; ˌʌn'stedi⁻] *adj.* (**un·stead·i·er**；**-i·est**) **1** 不安定的，不穩的；搖晃的：an ～ table 不穩的桌子/He was ～ *on* his feet. 他的腳站不穩。**2** 易變的，不定的，動搖的。**3** 品行不端的，行爲不檢的，素行不良的。

ùn·stéad·i·ly [-dḷɪ; -dili] *adv.* **-i·ness** *n.*

un·step [ʌnˋstɛp; ʌn'step] *v.t.* (**-stepped**；**-step·ping**)《航海》從桅座移去〈桅等〉。

un·stick [ʌnˋstɪk; ˌʌn'stik] *v.t.* (**-stuck** [-ˋstʌk; -'stʌk]) 將〈黏住的東西〉扯開，剝開：⇨ come UNSTUCK.

un·stint·ing [ʌnˋstɪntɪŋ; 'ʌn'stintiŋ⁻] *adj.* **1** 不吝嗇的：We all appreciate your ～ help. 我們都感謝你不吝相助。**2** [不用在名詞前] [+介+(代)名] 不吝嗇地給與[…]的 [*in*]：He is ～ *in* his encouragement. 他不吝惜於給與人鼓勵。

un·stop [ʌnˋstɑp; ˌʌn'stɔp] *v.t.* (**un·stopped**；**un·stop·ping**) **1** 拔出…的塞子，打開…的口。**2** 自…除去妨礙物[障礙]：～ a drain 清除下水道中的堵塞物。

un·stop·pa·ble [ʌnˋstɑpəbḷ; ˌʌn'stɔpəbl⁻] *adj.* 擋不住的，無法防止的：The team seems ～ *in* their drive for the championship. 這支球隊爭取冠軍的氣勢似乎銳不可當。

un·strap [ʌnˋstræp; ˌʌn'stræp] *v.t.* (**un·strapped**；**un·strap·ping**) 除去[解開]…的皮帶：～ one's briefcase 打開公事包。

un·stressed [ʌnˋstrɛst; ˌʌn'strest⁻] *adj.* 《語音》不强調的，不重讀的。

un·string [ʌnˋstrɪŋ; ˌʌn'striŋ] *v.t.* (**un·strung** [-ˋstrʌŋ; -'strʌŋ]) **1** 解下[放鬆]〈弦樂器、弓等〉的弦。**2** 使〈神經〉衰弱；使〈人〉失去自制力，使〈人〉錯亂《★常以過去分詞當形容詞用；⇨ unstrung 2》。

un·struc·tured [ʌnˋstrʌktʃɚd; ˌʌn'strʌktʃəd] *adj.* 缺乏明確結構[組織]的；鬆散的。

un·strung [ʌnˋstrʌŋ; ˌʌn'strʌŋ⁻] *v.* **unstring** 的過去式・過去分詞。**—***adj.* **1** 〈弓、弦樂器等〉弦鬆的，未上弦的。**2** [不用在名詞前] [+介+(代)名] 〈神經〉[因…而]衰弱的；〈人〉[因…而]失去鎮定的，驚慌失措的 [*by, at*]：He was [His nerves were] ～ *by* the news. 那消息使他驚慌失措。

un·stuck [ʌnˋstʌk; ˌʌn'stʌk⁻] *v.* **unstick** 的過去式・過去分詞。**—***adj.* 鬆開的，分離的。

còme unstúck 《口語》(1)〈黏著物〉鬆開，脫落，剝離：The photo *came* ～ and fell to the floor. 那張照片脫落了掉在地板上。(2)〈計畫等〉受挫，失敗。

un·stud·ied [ʌnˋstʌdɪd; ˌʌn'stʌdid⁻] *adj.* 非學過的，自然的，天然的，不勉强的(natural)：her ～ charm 她的自然魅力。

un·sub·stan·tial [͵ʌnsəbˋstænʃəl; ˌʌnsəb'stænʃl⁻] *adj.* **1** 無實質的，非實體的；〈食物等〉不豐盛的，內容貧乏的。**2** 非現實的，空想的，似夢的。～**·ly** [-ʃəlɪ; -ʃəli] *adv.*

un·suc·cess·ful [͵ʌnsəkˋsɛsfəl; ˌʌnsək'sesful⁻] *adj.* 不成功的，無結果的，失敗的，做得不好的；不幸的：an ～ writer 作品賣不出去的作家/The attack was ～. 攻擊未成功/He was ～ *in* the exam. 他考試不及格。～**·ly** [-fəlɪ; -fuli] *adv.*

un·suit·a·ble [ʌnˋsutəbḷ; ˌʌn'su:təbl⁻] *adj.* **1** 不適當的，不合適的，不相配的：an ～ job 不合適的工作。**2** [不用在名詞前] [+介+(代)名] [對…]不適合的，不勝任的 [*for*]：The actress was ～ *for* the role. 那名女演員不適合演那個角色。

ùn·súit·a·bly [-təblɪ; -təbli] *adv.*

un·suit·ed [ʌnˋsutɪd; ˌʌn'su:tid⁻] *adj.* **1** [不用在名詞前] [+介+(代)名] [對…]不適合的，不適當的 [*for, to*]：This house is ～ *for* a family with a lot of children. 這棟房子對孩子多的家庭來說是不適合的。**2** 不相稱的，不相容的。

un·sul·lied [ʌnˋsʌlɪd; ʌn'sʌlid⁻] *adj.* 《文語》不骯髒的；純潔的。

un·sung [ʌnˋsʌŋ; ˌʌn'sʌŋ⁻] *adj.* 〈人、功績等〉未被詩歌讚頌的：an ～ hero 未被詩歌讚頌的英雄/The hero died ～. 那位英雄死時未受到禮讚。

un·sure [ʌnˋʃur; ˌʌn'ʃɔ:, -'ʃuə⁻] *adj.* **1** [不用在名詞前] **a** 無自信的，不肯定的，沒把握的。**b** [+介+(代)名] [對…]無自信的，沒把握的 [*of, about*]：He is an intelligent boy, but he is [feels] very ～ ***of*** himself. 他是個聰明的孩子，却對自己很沒有信心/I'm afraid I'm ～ *of* [***about***] the facts of the case. 很遺憾我不能肯定這件事的事實。**c** [+ *wh.*＿+*to* do] 〈對於如何做…〉無自信的，沒把握的：He was ～ *how to* reply [*what to* say]. 他沒有把握該如何回答[該說什麼]。**2** 靠不住的；不可靠的，不可信賴的：～ hopes 靠不住的希望/with ～ steps 以搖晃[不穩]的腳步。

un·sur·passed [͵ʌnsɚˋpæst; ˌʌnsə'pɑ:st⁻] *adj.* (同類中)最優的，無出其右的；最卓越的，無比的。

un·sus·pect·ed [͵ʌnsəˋspɛktɪd; ˌʌnsə'spektid⁻] *adj.* **1** 未被懷疑的，沒有被認爲奇怪的。**2** 想不到的，意外的，未注意到的。～**·ly** *adv.*

un·sus·pect·ing [͵ʌnsəˋspɛktɪŋ; ˌʌnsə'spektiŋ] *adj.* 不懷疑的；信任的。

un·swear [ʌnˋswɛr; ʌn'swɛə] (**-swore** [-ˋswor; -'swɔ:]；**-sworn** [-ˋsworn; -'swɔ:n]) *v.t.* 毀棄〈誓言〉；(發新誓以)取消〈前誓〉。**—***v.i.* 違背誓言，食言。

un·swerv·ing [ʌnˋswɝvɪŋ; ʌn'swə:viŋ⁻] *adj.* **1** 不偏離[差]的，不誤入歧途的，不迷途的。**2** 堅定不移的，不變的，不動搖的：～ loyalty 不變的忠誠。～**·ly** *adv.*

un·sym·met·ri·cal [͵ʌnsɪˋmɛtrɪkḷ; ˌʌnsi'metrikl] *adj.* 不勻稱的；不調和的；不對稱的。

un·sym·pa·thet·ic [͵ʌnsɪmpəˋθɛtɪk; 'ʌnˌsimpə'θetik⁻] *adj.* 不同情的，冷淡的；不起共鳴的。

ùn·sym·pa·thét·i·cal·ly [-kḷɪ; -kli] *adv.*

un·sys·tem·at·ic [͵ʌnsɪstəˋmætɪk; ˌʌnsisti'mætik⁻] *adj.* 不成體系的，無組織的，無系統的。

ùn·sys·tem·át·i·cal·ly [-kḷɪ; -kli] *adv.*

un·taint·ed [ʌnˋtentɪd; ˌʌn'teintid] *adj.* 無汚點的；無瑕疵的。

un·tamed [ʌnˋtemd; ˌʌn'teimd] *adj.* **1** 未馴服的；野性的。**2** 不能抑制的；難駕馭的。

un·tan·gle [ʌnˋtæŋgḷ; ˌʌn'tæŋgl] *v.t.* **1** 解開，鬆開〈糾結的東西〉。**2** 解決〈糾紛等〉。

un·tapped [ʌnˋtæpt; ˌʌn'tæpt⁻] *adj.* **1** 〈桶〉栓未(被)拔開的。**2** 〈資源等〉未被利用的，未開發的：～ ability 未加以利用的能力。

un·tar·nished [ʌnˋtɑrnɪʃt; ˌʌn'tɑ:niʃt⁻] *adj.* 未失去光澤的；未玷汚的。

un·taught [ʌnˋtɔt; ˌʌn'tɔ:t⁻] *adj.* **1** 未受過教育的，不學無術的，無知的。**2** 無師自通的，不學而自然會的，與生俱來的。

un·tem·pered [ʌnˋtɛmpɚd; ˌʌn'tempəd] *adj.* **1** 未調勻的。**2** 未精鍊的。**3** 未經緩和的。

un·ten·a·ble [ʌnˋtɛnəbḷ; ˌʌn'tenəbl⁻] *adj.* 〈陣地等〉守不住的，難防守的；〈理論〉難獲支持的，站不住腳的；〈立場〉不能支持的，薄弱的。

un·ten·ant·ed [ʌnˋtɛnəntɪd; ˌʌn'tenəntid⁻] *adj.* 〈土地、房屋〉未被租用的，無人居住的，空置的。

un·tend·ed [ʌnˋtɛndɪd; ˌʌn'tendid] *adj.* 被忽略了的；未受到照顧的。

un·thank·ful [ʌnˋθæŋkfəl; ˌʌn'θæŋkful⁻] *adj.* **1** 不感謝的，不感恩的。**2** 未得到感謝的，未受賞識的：an ～ task 吃力不討好的工作。～**·ly** [-fəlɪ; -fuli] *adv.* ～**·ness** *n.*

un·think·a·ble [ʌnˋθɪŋkəbḷ; ʌn'θiŋkəbl⁻] *adj.* 完全不能想像的，想像不出的，絕不可能的：an ～ coincidence 想像不到的巧合/For some people borrowing money is ～. 對有些人而言，借錢是完全不能想像的事《認爲是絕對不可能的事》。

ùn·thínk·a·bly [-kəblɪ; -kəbli] *adv.*

un·think·ing [ʌnˋθɪŋkɪŋ; ˌʌn'θiŋkiŋ⁻] *adj.* **1** 未加思考的；輕率的；不在思考似的，不經心的，發呆的：in an ～ moment 不經心的時候，不小心時。**2** 無思考力的，不用腦筋的。～**·ly** *adv.*

un·thought-of [ʌnˋθɔt͵ɑv; ʌn'θɔ:tɔv⁻] *adj.* 沒有想到的，出乎意料的，意外的。

un·thread [ʌnˋθrɛd; ˌʌn'θred] *v.t.* **1** 拔出[抽出]…的線：～ a needle 抽出針上的線。**2** 解答，解開〈不可思議的事等〉。**3** 從〈迷宮等〉鑽出[脫逃]：～ a maze 走出迷宮。

un·thrift·y [ʌnˋθrɪftɪ; ˌʌn'θrifti] *adj.* (**-thrift·i·er**；**-i·est**) **1** 不節省的；浪費的；奢侈的；不經濟的。**2** 不繁茂的；不興旺的。

un·ti·dy [ʌnˋtaɪdɪ; ʌn'taidi⁻] *adj.* (**unti·di·er**；**-di·est**) **1** 不整潔的，亂七八糟的，雜亂的：an ～ kitchen 雜亂的厨房。**2** 邋遢的，不修邊幅的：a long ～ beard 長而亂的鬍子。

un·tí·di·ly [-dḷɪ; -dili] *adv.* **-di·ness** *n.*

un·tie [ʌnˋtaɪ; ˌʌnˈtai] *v.t.* (~**d**; **un·ty·ing**) **1** 〔十受〕解開〈包裹等〉: ~ a package 解開包裹/~ one's apron [sneakers] 解開圍裙[運動鞋]的帶子。**2** 〔十受十介十(代)名〕將…〔從…〕解放，使…〔從…〕獲得自由〔*from*〕: ~ a horse ***from*** a tree 將馬從(拴馬的)樹上解開。**3** 〔十受〕解決〈困難等〉。

‡un·til [ənˋtɪl; ənˈtil] *prep.* **1** [表示動作、狀態持續的期限; cf. from 2] (直)到…時候(爲止)，在…以前《★用法 (1) until 雖可與 till 代換，但較 till 正式，尤其用於引導的句子或子句的開頭時，通常用 until；在美國語法較常用 until；(2) We stayed from Wednesday ~ [*till*] Saturday. 的情形，是否也包括 Saturday 在內，語意有時並不明確，如要清楚地表示包括 Saturday 在內，則應該說 from Wednesday through Saturday 或 from Wednesday ~ Saturday inclusive. 由於「到…爲止」表示在這一個指定時間之前一直在繼續的事「停止了」，所以嚴格來說，多半不包括 Saturday 在內》: Wait ~ two o'clock. 等到兩點鐘爲止/*U*~ when will he stay? 他要停留到什麼時候？/He had a shutout ~ the ninth inning. 他封鎖對方打擊直到第九局/*U*~ then I had known nothing about it. 直到那時，我對那件事都一無所知。**2** [用於否定語後] 不到…(不…)，到…才(做…): He did*n't* come home ~ eleven o'clock. 他到十一點才回家《★變換 可將 until eleven o'clock 換寫成 before eleven o'clock》/It was *not* ~ quite recently that I noticed it. 一直到最近我才注意到它。

—*conj.* **1** [表示動作、狀態持續的期限] 到…爲止(一直)《★用法 與 *prep.* 1 相同》: We must wait ~ he comes. 我們必須等到他來爲止《★用法 子句中不用未來式》/*U*~ you told me, I had never thought of it. 在你告訴我之前，我從未想過那件事。

2 [用於否定語後] 在…以前一直(不…)，…以後才: He did*n't* pay *any* attention [He paid *no* attention] to my warning ~ he had an accident. 他遭遇意外事件以前一直不聽我的警告/It was *not* ~ he was thirty that he started to paint. 他直到三十歲才開始繪畫《三十歲以前他沒有作畫》。

3 [表示結果、程度] …後終於，直到…的程度《★用法 常在 until 後面加上 at last, finally 等》: He worked and worked, ~ (*at last*) he felt utterly exhausted. 他不斷地工作，一直幹到筋疲力竭。

unléss and untíl =until 1 (⇨ unless).

un·tilled [ʌnˋtɪld; ʌnˈtild] *adj.* 未開墾的。

un·time·ly [ʌnˋtaɪmlɪ; ʌnˈtaimli] *adj.* **1** 不到時候的，過早的: die an ~ death 早死，夭折。**2** 不湊巧的，不合時宜的，錯過時機的: an ~ remark 不合時宜的話。**3** 不合季節的，不合時令的: an ~ snowfall in May 不合時令的五月雪。

un·tíme·li·ness *n.*

un·tinged [ʌnˋtɪndʒd; ˌʌnˈtindʒd] *adj.* **1** 未著色的。**2** [不用在名詞前] 〔十介十(代)名〕未染到〔…〕的，未受〔…〕影響的〔*with, by*〕: The story is ~ ***with*** [***by***] sentimentality. 這個故事未帶感傷的色彩/His glance was not ~ *with* compassion. 他的眼神中多少帶有憐憫之色。

un·tir·ing [ʌnˋtaɪrɪŋ; ʌnˈtaiəriŋ] *adj.* 不倦的，不厭倦的，不鬆懈的，不屈不撓的: one's ~ efforts 不懈的努力。**~·ly** *adv.*

un·ti·tled [ʌnˋtaɪtḷd; ʌnˈtaitld] *adj.* **1** 無稱號的；無頭銜的；無標題的。**2** 無權利的。

un·to [(子音之前) ˋʌntə; ˈʌntə, (母音之前) ˋʌntʊ; ˈʌntu, (句尾) ˋʌntu; ˈʌntu:] *prep.* 《古·詩》向…，往…，到…爲止《★與 to 同義的古字》: Come ~ me, all ye that labour. 凡勞苦的人，都到我這裏來《★出自聖經「馬太福音」》。

un·told [ʌnˋtold; ˌʌnˈtould] *adj.* **1** 未說出的，未敍述的，沒有說到的: The secret remains ~. 這個秘密一直未被說出[洩露出去]。**2** 數不清的，無數的: an ~ number of people 無數的人們/possess ~ wealth 擁有無數的財富。

un·touch·a·ble [ʌnˋtʌtʃəbḷ; ʌnˈtʌtʃəbl] *adj.* **1** 不可觸摸的，碰不得的，禁止的。**2** 手碰不到的；無敵的，無比的。**3** 污穢的；賤民的。

—*n.* [常U~] ©(原指印度最低階級的)賤民。

un·touched [ʌnˋtʌtʃt; ˌʌnˈtʌtʃt] *adj.* **1** 沒有碰過的，原封不動的；尚未著手的: He left his meal ~. 他擱下飯菜沒去碰它。**2** 沒有論及[談到]的。**3** 不受感動的，不動心的。

un·to·ward [ʌnˋtord, -ˋtɔrd; ˌʌntəˈwɔ:d] *adj.* 倔强的，剛愎的；不適當的，不合宜的；麻煩的，不幸的: ~ circumstances 逆境/an ~ incident 麻煩的(偶發)事件。**~·ly** *adv.* **~·ness** *n.*

un·trained [ʌnˋtrend; ˌʌnˈtreind] *adj.* 未受訓練的。

un·tram·meled, 《英》**-melled** [ʌnˋtræmḷd; ʌnˈtræmld] *adj.* 無阻礙的；未受束縛的；自由的；未受限制的。

un·trav·eled, 《英》**un·trav·elled** [ʌnˋtrævḷd; ʌnˈtrævld] *adj.* **1** 〈人〉沒有(外國)旅行經驗的，不慣於旅行的。**2** 〈道路、場所等〉旅客少去的。

un·tread [ʌnˋtrɛd; ˌʌnˈtred] *v.t.* (**-trod** [-ˋtrɑd; -ˈtrɔd]; **-trod·den** [-ˋtrɑdn̩; -ˈtrɔdn]) =retrace.

un·tried [ʌnˋtraɪd; ˌʌnˈtraid] *adj.* **1** 未試(驗)過的，未經考驗的: I left nothing ~. 我沒有一件事沒嘗試過[我嘗試過一切事]。**2** 《法律》未經審理的，未付諸公開審判的。

un·trod(·den) [ʌnˋtrɑ(dn̩); ˌʌnˈtrɔ(dn)] *adj.* 未受踐踏的，人跡未到的。

un·trou·bled [ʌnˋtrʌbḷd; ˌʌnˈtrʌbld] *adj.* 未受煩擾的，沒有困惑的，無憂的: a deep, ~ sleep 未受煩擾的熟睡。

un·true [ʌnˋtru; ˌʌnˈtru:] *adj.* **1** 不眞實的，虛僞的: an ~ statement 虛僞的陳述。**2 a** 不忠實[誠實]的；不實的，不貞的。**b** [不用在名詞前] 〔十介十(代)名〕〔對…〕不忠實的；虛僞的〔*to*〕: be ~ ***to*** one's principles 不恪守自己的原則/He is ~ *to* his wife. 他對妻子不忠實。**3 a** 不合標準[型式，尺寸]的: ~ doors and windows 不合尺寸的門窗。**b** [不用在名詞前] 〔十介十(代)名〕不符合〔…〕的〔*to*〕: He was ~ ***to*** type when he said that. 他那樣說不合乎他的本性。

un·trust·wor·thy [ʌnˋtrʌstˌwɝðɪ; ˌʌnˈtrʌstwə:ði] *adj.* 不可靠的，不能信賴的。

un·truth [ʌnˋtruθ; ˌʌnˈtru:θ] 《untrue 的名詞》**—*n.*** (*pl.* ~**s** [-ðz, -θs; -ðz, -θs]) 《文語》**1** Ⓤ虛僞，不眞實。**2** ©謊言，假話。

un·truth·ful [ʌnˋtruθfəl; ˌʌnˈtru:θful] *adj.* **1** 說謊話的。**2** 非眞實的，虛僞的。

~·ly [-fəlɪ; -fuli] *adv.* **~·ness** *n.*

un·turned [ʌnˋtɝnd; ˌʌnˈtə:nd] *adj.* 未轉動的；沒有翻轉[顚倒]的: ⇨ LEAVE[1] no stone unturned.

un·tu·tored [ʌnˋtutəd, -ˋtjutəd; ˌʌnˈtju:təd] *adj.* 《文語》**1** 未受教育的。**2** 純樸的，樸實的。

un·twine [ʌnˋtwaɪn; ˌʌnˈtwain] *v.* =untwist.

un·twist [ʌnˋtwɪst; ˌʌnˈtwist] *v.t.* 解開，拆開…的纏繞。

—*v.i.* 〈纏繞的東西〉解開，鬆開。

un·used[1] [ʌnˋjuzd; ˌʌnˈju:zd] *adj.* 不用的，沒有用過的；(用)剩的: What are you going to do with the ~ money? 你打算怎樣處理用剩的錢呢？

un·used[2] [ʌnˋjust; ˌʌnˈju:st] *adj.* [不用在名詞前] 〔十介十(代)名〕不慣〔於…〕的，〔對…〕無經驗的〔*to*〕: be ~ ***to*** manual labor [foreign travel] 不慣於體力勞動[國外旅行]的/be ~ *to* sleep*ing* outdoors 不慣於睡在戶外的。

***un·u·su·al** [ʌnˋjuʒʊəl; ʌnˈju:ʒuəl] *adj.* (**more** ~; **most** ~) **1** (無比較級、最高級) **a** 非普通的，異常的，稀罕的；珍奇的: an ~ occurrence [name] 稀奇的事件[罕見的名字]/with a negligent air which is ~ *with* [*for*] him 以他罕見的疏忽態度。**b** [不用在名詞前] 〔十 *for* 十(代)名十 *to* do〕〔某人〕〈做…是〉異常的，罕有的: It is ~ *for* him *to* come punctually. 他很少準時來[他準時來是罕有的事]。

2 超羣的，出類拔萃的，不尋常的: a scholar of ~ ability 才能出衆的學者。

un·u·su·al·ly [ʌnˋjuʒʊəlɪ; ʌnˈju:ʒuəli] *adv.* (無比較級、最高級) **1** 異常地，稀罕地；特別地。**2** 顯著地，非常地: It's ~ cold this morning. 今天早上非常冷。

un·ut·ter·a·ble [ʌnˋʌtərəbḷ; ʌnˈʌtərəbl] *adj.* [用在名詞前] **1** 說不出的，非言語所能表達的: ~ torment 非言語所能表達的苦惱/to my ~ astonishment 令我有說不出的驚愕。**2** 全然的，徹底的: an ~ fool 十足的大傻瓜。**-a·bly** [-rəblɪ; -rəbli] *adv.*

un·van·quished [ʌnˋvæŋkwɪʃt; ˌʌnˈvæŋkwiʃt] *adj.* 未被克服的；未經征服的。

un·var·ied [ʌnˋvɛrɪd; ʌnˈvɛərid] *adj.* 未改變的；無變化的。

un·var·nished [ʌnˋvɑrnɪʃt; ˌʌnˈvɑ:niʃt] *adj.* **1** 未塗洋漆的。**2** 未加修飾的，實實在在的: the ~ truth 未加粉飾的實情。

un·veil [ʌnˋvel; ˌʌnˈveil] *v.t.* **1 a** 取下…的面紗，除去…的遮蓋物: ~ one's face 取下臉上的面紗。**b** 舉行…的揭幕典禮。**c** [~ one*self*] (脫去假面具)露出眞面目。**2 a** 揭露〈秘密等〉。**b** 首次發表〈新產品等〉。

—*v.i.* 除去面紗，取下遮蓋。

un·ver·i·fi·a·ble [ʌnˋvɛrəˌfaɪəbḷ; ˌʌnˈverifaiəbl] *adj.* 不能證實的；無法證明的。

un·versed [ʌnˋvɝst; ˌʌnˈvə:st] *adj.* 不熟悉的；不精的；無技巧的。

un·vexed [ʌnˋvɛkst; ˌʌnˈvekst] *adj.* 不煩惱的；未受打擾的；平靜的。

un·voiced [ʌnˋvɔɪst; ˌʌnˈvɔist] *adj.* **1** 未出聲的，未說出的。**2** 《語音》無聲的(voiceless): an ~ consonant 無聲子音。

un·want·ed [ʌnˋwɑntɪd; ˌʌnˈwɔntid] *adj.* 不受歡迎的；多餘的；不要的。

un·war·i·ly [ʌnˋwɛrəlɪ; ʌnˈwɛərəli] *adv.* 不小心地，未提防地: He walked ~ into the trap. 他不小心落入陷阱中。

un·war·rant·a·ble [ʌnˋwɔrəntəbḷ; ʌnˈwɔrəntəbl] *adj.* 難保證的；難獲認可的；不能辯護的；不當的。

un·war·rant·ed [ʌnˋwɔrəntɪd; ˌʌnˈwɔrəntid] *adj.* 未獲保證

的，難獲認可的，無根據的，不當的：an ~ attack 不當的攻擊。

un·war·y [ʌnˋwɛrɪ; ʌnˈwɛəri] *adj.* 疏忽的，不小心的。

un·washed [ʌnˋwɑʃt; ˌʌnˈwɔʃt] *adj.* 未洗的；不潔的；污穢的。

un·wa·ver·ing [ʌnˋwevrɪŋ, -ˋwevərɪŋ; ʌnˈweivəriŋ] *adj.* 不動搖的，穩固的：~ confidence 堅定的信心。 **~·ly** *adv.*

un·wea·ried [ʌnˋwɪrɪd; ʌnˈwiərid] *adj.* 不疲乏的；孜孜不倦的，不屈不撓的。

un·wed [ʌnˋwɛd; ˌʌnˈwed] *adj.* 沒結婚的，未婚的：an ~ mother 未婚媽媽《★比較現在多用 unmarried》。

un·wel·come [ʌnˋwɛlkəm; ʌnˈwelkəm] *adj.* **1** 不受歡迎的，不被喜歡的：an ~ guest 不受歡迎的客人。
2 [不用在名詞前]〔十介十(代)名〕不受〔…〕歡迎的，不討〔…〕喜歡的〔*to*〕：Since my presence seems ~ *to* you, I shall leave! 我在這兒似乎不受歡迎，還是走吧！

un·well [ʌnˋwɛl; ˌʌnˈwel] *adj.* [不用在名詞前] **1** 健康情況不好的，不舒服的：I am ~. 我身體不舒服《★用法這個說法用於女子時容易被當作義 2 之意，爲避免混淆起見，最好避免使用；例如說 I don't feel well. 較好》。**2**《委婉語》在月經期的。

un·wept [ʌnˋwɛpt; ˌʌnˈwept] *adj.*《文語》**1**〈死者等〉無人哀悼的：die ~ 無人哀悼[孤寂地]死去。**2**〈淚〉未流的。

un·whole·some [ʌnˋholsəm; ˌʌnˈhoulsəm] *adj.* **1** 有礙身體[健康]的。**2** (精神上)不健全的，有害的：~ thoughts 不健康[有害]的想法。**~·ly** *adv.*

un·wield·y [ʌnˋwildɪ; ʌnˈwi:ldi] *adj.* (**un·wield·i·er**; **-i·est**) 不易處理的；龐大的；笨重的。**ùn·wíeld·i·ness** *n.*

un·will·ing [ʌnˋwɪlɪŋ; ˌʌnˈwiliŋ] *adj.* **1** [不用在名詞前] **a** 〔十*to* do〕不願意〈做…〉的，不想〈做…〉的(⇨ reluctant【同義字】)：He seemed ~ *to* answer. 他似乎不願意回答。**b** 〔十*for*十(代)名十*to* do〕不願意〔某人、物〕〈做…〉的：He was ~ *for* his poems *to* be published. 他不願意讓自己的詩出版。**2** 不情願的，勉强的：~ service 不情願的服務/willing or ~ 不管是否願意。 **~·ness** *n.*

ùn·wíll·ing·ly *adv.* 不願意地，勉强地，不情願地：He ~ agreed to help. 他勉强同意幫忙。

un·wind [ʌnˋwaɪnd; ˌʌnˈwaind] (**un·wound** [-ˋwaund; -ˈwaund]) *v.t.* **1** 解開，鬆開〈捲起的東西〉：~ a bandage 打開(捲好的)繃帶。**2**《口語》使〈人〉心理放鬆。
—*v.i.* **1** 〈捲好的東西〉解開，鬆開，打開。**2**《口語》使身心輕鬆一下(relax)：~ after a hard day at the office 在辦公室辛苦一天後輕鬆一下。

un·wise [ʌnˋwaɪz; ˌʌnˈwaiz] *adj.*《文語》**1** 不智的，愚蠢的，輕率的(foolish)：~ conduct 不明智的行爲/an ~ decision 愚蠢的決定。**2** 〔十*of*十(代)名(十*to* do)/十*to* do〕〔某人〕〈做…是〉不明智的，輕率的；〈某人〉〈做…是〉愚蠢的，輕率的：It was ~ *of* you [You were ~] *to* accept his offer. 你接受他的建議是不明智的。

un·wise·ly *adv.* 愚蠢地。

un·wished(-for) [ʌnˋwɪʃt(ˌfɔr); ʌnˈwiʃt(fɔ:)] *adj.* 不希望的；不歡迎的，不想要的。

un·wit·ting [ʌnˋwɪtɪŋ; ʌnˈwitiŋ] *adj.* [用在名詞前] 無心的，不經心的，非故意的：an ~ mistake 無心的錯誤。

ùn·wít·ting·ly *adv.* 不自覺地，非故意地，不經心地：He ~ entered the ladies' toilet. 他不經意地進入女廁所。

un·wom·an·ly [ʌnˋwumənlɪ, -ˋwumənlɪ; ʌnˈwumənli] *adj.* 不似女性的；不合婦女之行爲標準的。

un·wont·ed [ʌnˋwʌntɪd; ʌnˈwountid] *adj.* [用在名詞前]《文語》不尋常的，罕有的，稀罕的(unusual)。 **~·ly** *adv.*

un·world·ly [ʌnˋwɝldlɪ; ˌʌnˈwə:ldli] *adj.* **1** 非世上的，精神世界的；天上的。**2 a** 超世俗的，脫俗的。**b** 純眞的，純樸的。 **-li·ness** *n.*

un·worn [ʌnˋworn, -ˋwɔrn; ˌʌnˈwɔ:n] *adj.* **1** 從未穿過的；不常穿的。**2** 沒有穿舊的；沒有穿破的；沒有受損的。**3** 新鮮的；清新的。

un·wor·thi·ly [ʌnˋwɝðɪlɪ; ʌnˈwə:ðili] *adv.* 無價值地；可恥地；不相稱地。

un·wor·thy [ʌnˋwɝðɪ; ʌnˈwə:ði] *adj.* (**un·wor·thi·er**; **-thi·est**) **1** [用在名詞前] (道德上)**無價值的**，不值得敬重的；卑劣的，可恥的：an ~ motive 卑劣的動機。**2** [不用在名詞前] **a** 〔十介十(代)名〕不值得〔讚賞等〕的；〔與地位等〕不相配的〔*of*〕：Such conduct is ~ *of* praise. 這樣的行爲不值得稱讚/Such behavior is ~ *of* you. 這種行爲是你所不應有的[與你的身分不相稱]/He is ~ *of* act*ing* as your deputy. 他不配當你的代理人。**b** 〔十*to* do〕不配〈做…〉的：a man ~ *to* be called an artist 不配稱爲藝術家的人。**ùn·wór·thi·ness** *n.*

un·wound [ʌnˋwaund; ˌʌnˈwaund] *v.* **unwind** 的過去式・過去分詞。

un·wrap [ʌnˋræp; ˌʌnˈræp] *v.t.* (**un·wrapped**; **un·wrap·ping**) 打開〈包裝的東西〉，解開〈包裹等〉的包裝：~ a cigar [Christmas present] 打開雪茄[聖誕禮物]的包裝紙。

un·wrin·kle [ʌnˋrɪŋkl; ˌʌnˈriŋkl] *v.t.* 弄平…之縐紋。

un·writ·ten [ʌnˋrɪtn; ˌʌnˈritn] *adj.* **1 a** 沒有寫下來的，未記諸文字的，口傳的：~ songs 口傳的歌。**b** 〈法律、規定等〉不成文的，習慣的：~ laws《法律》不成文法，習慣法。**2** 〈紙頁等〉空白的，未寫字的。

únwritten láw *n.* **1** UC 不成文法。**2** [**the** ~] 因殺死誘姦其妻或其女者之罪犯應減刑之原則或公意。

un·wrought [ʌnˋrɔt; ˌʌnˈrɔ:t] *adj.* **1** 未加工的；未製造的。**2** 未發展的；未開發的；未開採的。

un·yield·ing [ʌnˋjildɪŋ; ʌnˈji:ldiŋ] *adj.* **1** 〈牀等〉缺乏彈性的，硬繃繃的。**2** 頑强的，不屈服的。 **~·ly** *adv.*

un·yoke [ʌnˋjok; ˌʌnˈjouk] *v.t.* **1** 卸下[取下]〈牛等〉的軛。**2** 分離；解除〈束縛等〉。

un·zip [ʌnˋzɪp; ˌʌnˈzip] *v.t.* (**un·zipped**; **un·zip·ping**) 將…的拉鍊拉開：~ a suitcase [one's skirt] 將旅行皮箱[裙子]的拉鍊拉開。

‡**up** [ʌp; ʌp] *adv.* (無比較級、最高級)《★用法與 be 動詞結合時，也可視爲形容詞；↔ down》**1 a** (從低的位置)**向上方，朝上**：look *up* at the sky 仰視天空/take *up* a book 拿起書/pull *up* a weed 拔掉雜草/lift one's head *up* 抬起頭/Hands *up*! 把手舉起來！[舉手！]/I climbed *up* to the top of the hill. 我登上山頂/Is the elevator going *up*? 電梯要上去嗎？/Come *up* here. 上這兒來/Show her *up*. 帶她上來。**b** [當 be 動詞的補語用] 升起來：The flag is *up*. 旗升起了/The blinds are all *up*. 百葉窗全都拉起來了/The curtain was *up*. (劇場的)幕拉起來了。**c** (由水中)到水面上，到地上：come *up* to the surface (of the water) 浮上水面/The whale came *up* out of the water. 鯨魚從水中浮出。**d** (把食物從口中)吐出：bring one's dinner [lunch] *up* 吐出晚餐[午餐]吃的東西。

2 向[在]更高處，朝[在]上方：A lark was singing high *up* in the sky. 一隻雲雀在高空中歌唱/The office is *up* on the top floor. 辦公室在頂樓/What's happened *up* there? 那邊發生了什麼事？

3 a 〈天體〉**升空**：The moon rose *up* over the horizon. 月亮高昇到地平線上。**b** [當 be 動詞的補語用] 升起：The sun is *up*. 太陽升起來了。

4 a 起身；(從牀上)起身：stand *up* 站起來，起立/get *up* 站起來，起來；起牀/sit *up* in bed 從牀上坐起。**b** [省略動詞用祈使語氣] 起來！站起來！《★用法Get [Stand] up！之略》：*Up with* you, you lazy boy！站起來，你這個懶孩子！/*Up* (*with*) the workers！勞動者加油！**c** [當 be 動詞的補語用] 起來：Kate, are you *up*? 凱特，你起來了嗎？/She is always *up* early (in the morning). 她(早上)總是早起。**d** [當 be 動詞的補語用] 建築完成：Part of the building is *up*. 那棟建築物有一部分已竣工。

5 a (由南)**北上**，朝[在]北方：as far *up* as Alaska 往北遠至阿拉斯加/The man lives *up* in Alaska. 那個人住在(北方的)阿拉斯加。**b** 向高地，向內陸；向(河的)上游：They went ten miles further *up* into the country. 他們向該國內陸再前進十哩《★按照義 5a，可解釋成「他們向該國北方再前進十哩」》。

6 a 向(特定的場所、說話者所在之處)**接近**：I went *up* to the teacher's table. 我向老師的講桌走去/A stranger came *up* to me. 有個陌生人向我走過來/I'll be *up* at your place by ten. 十點以前我會到你那裏。**b**《英》往；上(首都、牛津、劍橋大學等)途中：She went *up* to London on business. 她上倫敦辦事/Is he *up* in town now? 現在他在城裏嗎？/go *up* to Oxford [the university] 〈學生〉上牛津[大學]去/I am going to be [stay] *up* during the holidays. 假期中我打算留在學校(不回家)。

7 a (地位、成績)**昇高**，上升；(程度、年齡等)增加：come *up* in the world 發跡，嶄露頭角/She is *up* at the head of her class. 她的成績居全班之首。**b** [常當 be 動詞的補語用]〈物價等〉上漲；〈速度〉增加；〈聲音等〉變高：Prices [Rents] are (going) *up*. 物價[租金]在上漲/The fare (from London to Cambridge) has gone *up* (by) a pound. (倫敦到劍橋的)票價已上漲一英鎊/The temperature is *up* 3 degrees today. 今天溫度上升三度/Keep your voice *up*. 大聲一點/The piano is *up* a tone. 這架鋼琴高了一個音/The aircraft soon speeded *up*. 這架飛機不久便加快速度/⇨ HURRY up. **c** 變成熟的狀態：bring *up* a child 把孩子撫養長大/"What will you be, Johnny, when you grow *up*?"—"A Fireman!"「强尼，你長大後想當什麼？」「消防員！」**d** (從…)到…；從…以來：from childhood *up* 從孩提時代起/from sixpence *up* (價格)自六便士起/from his youth *up* to his old age 從他的青年時代到老年。**e** [**be** (**well**) ~]《口語》精通〔…〕〔*in*, *on*〕：My brother *is* (*well*) *up in* English literature. 我哥哥精通英國文學。

8 a 聲勢浩大地，旺盛地，活躍地：⇨ FLARE up, WORK up/Their spirits went *up*. 他們振奮起來《變得有精神》/The town is *up*. 全鎭(的人)都振奮起來/The fire burned *up* brightly. 火熊熊地

燒起來。b [當 be 動詞的補語用]《文語》(爲備戰而)奮起：The team is *up* for the game. 比賽漸近，全隊情緒高張/The whole country was *up*. 全國國民精神振奮起來了[全國民心沸騰]。
9 a (在話題、議論等中)**提起**，出現：The problem was brought *up* during the conversation. 在談話中那問題被提了出來/The question came *up for* discussion. 這個問題已提出來討論。b 列席法庭：He was had [brought] *up for* stealing. 他因竊盜罪被傳出庭。c《口語》〈事情〉發生：What's *up*? 怎麼啦？發生了什麼事？/Is anything *up*? 有什麼事發生嗎？
10 a [與動詞連用，表示强調結束、完成、充滿等之意]**完全地**，全然；…完[盡]：Eat *up* your cake. 把你的蛋糕吃完/This rubbish must be burned *up*. 這些廢物必須燒掉/The paper is all used *up*. 紙全用完了/He pumped *up* the tires. 他把輪胎灌滿了氣/Drink *up*! 喝光它！/⇨ CLEAN up, DRESS up, END up, WRITE up. **b** [當 be 動詞的補語用]終結；無望：Time's *up*. 時間到了/Parliament is *up*. 國會散會了/It's all *up* (*with* him). (他)全完了[沒希望了]/The game's *up*.⇨ game[1] *n.* 7 b. **c** [與表示接合、附著、閉鎖等動詞連用]牢牢地，緊緊地：nail *up* a door 把門釘牢/chain *up* a dog (用鏈子)把狗拴好/pack *up* one's things 把東西捆紮好；整理行裝/Tie it *up*. 綁緊它。**d** [與表示總體的動詞連用]全部，一起：add *up* the figures 合計其數/collect [gather] *up* fallen apples 把掉落的蘋果收集起來。**e** [與表示分割的動詞連用]細細地，碎片地：tear *up* a letter 把信撕碎/chop *up* wood 把木頭劈成片斷。
11 [與動詞連用] **a** 停止；無活動狀態：lie *up* (因病)躺臥著/He reined *up* his horse. 他勒住韁繩把馬拉住/⇨BRING up, DRAW up, FETCH up, PULL up. **b** 放在一旁，留起來，儲存：They had to lay *up* food for the winter. 他們必須爲過冬儲存糧食。
12 [當 be 動詞的補語用]《英》〈道路〉施工中："Road *Up*"《告示》道路施工中《★通常禁止通行》。
13《運動》**a** (以…分)勝過，領先(對方)：We were 2 runs *up* at the end of the seventh inning. 第七局結束，我們以兩分領先。**b**《美》(雙方)各得(…分)，平：The score is 10 *up*. 雙方比數爲十平。
14《棒球》輪到打擊(at bat).
be úp and cóming 〈人〉積極上進。
úp agàinst...《口語》遭遇，面臨〈困難、障礙等〉：I'm [I've come] *up against* a problem. 我遭遇[遇到]一個難題/⇨ up against a WALL.
úp agàinst it《口語》極困窘，窮困，到處碰壁。
úp and abóut [aróund] (病人康復)起牀走動。
úp and dóing 大肆活動，精神飽滿地幹活兒。
úp and dówn 起伏地；往復地；浮沈地。
ùp clóse《口語》近在咫尺，接近。
úp for... (1)交付〈出售〉：The house was *up for* sale [auction]. 這棟房子已交付出售[拍賣]。(2)⇨ 9 a. (3)⇨ 9 b.
úp frónt《美口語》(1)非常地坦誠，率直：Be more *up front with* me. 對我再坦誠一點吧。(2)公然，公開地。(3)率先，先行。
úp till [until]...《口語》直到…爲止《★[用法]尤用於强調到某時刻爲止的動作、狀態的持續》：She was here *up till* yesterday. 昨天以前她一直在這兒。
úp to... (1)直到…，達到…；及於…：*up to* this time [now] 直到此刻[到現在爲止]/I was *up to* my knees in water. 我泡在深及膝蓋的水中/He counted from one *up to* thirty. 他從一數到三十/*Up to* four passengers may ride in a taxi. 計程車最多可載四人/The family had lived in the house *up to* the 19th century. 這家族在這幢房屋中一直住到十九世紀/⇨ up to (one's) EARS, up to one's [the] EYES, be up to the [one's] NECK, up to DATE[1], up to the MINUTE[1]. (2)[常用於否定句、疑問句]《口語》經得起〈工作等〉，能〈做…〉，能勝任…：You're *not up to* the work. 你不能勝任[做]這項工作/This novel is*n't up to* his best. 這篇小說不及他的最佳作品/Do you feel *up to* join*ing* the party? 你有興致參加聚會嗎？/My English is*n't up to* read*ing* Shakespeare. 我的英語尚未達到可閱讀莎士比亞作品的程度。(3)《口語》著手幹〈壞事〉，圖謀〈不軌〉：⇨ up to MISCHIEF/He is *up to* something [no good]. 他正圖謀幹某事[不軌]/What are they *up to*? 他們在搞什麼鬼？(4)《口語》該由〈某人〉去做，輪到…，由…決定，…的義務：It's *up to* you to decide. 這該由你決定/It's *up to* him to support his mother. 奉養母親是他的義務/I'll leave it *up to* you. 我把這件事交給你/It's *up to* you *whether* to go or not. 去不去由你決定/The final choice is *up to* you. 由你做最後的選擇。
— [(輕讀) ʌp, əp; ʌp; (重讀) ʌp; ʌp] *prep.* **1** (從低處)**向…上面**，向[在]…高處，上去…，在往上去的地方：climb *up* a hill [a ladder] 爬上小山[梯子]/My room is *up* the stairs. 我的房間在樓上/He went steadily *up* the social scale. 他的社會地位穩步地上昇。
2 a 朝[在]〈河〉的上游，溯〈河〉：sail *up* a river 溯河航行。**b** 沿著…，依循…，順著…(along)：ride *up* the road 騎馬沿路而行。**c** 從…的海岸向內地，向…的內陸：travel *up* country 朝內陸旅行《★[用法]《美》用 up-country》。
3《英方言》朝〈市中心等〉(to)：I'm going *up* Soho this evening. 今晚我想去蘇荷區。
úp and dówn... 到處，來回地：He was walking *up and down* the street. 他在街上來回地走著。
Úp yóurs! [當感嘆詞用；表示嫌惡、反抗等]《俚》混蛋！笨蛋！狗屁！《★下流話；源自 up your ass [arse]》.
—*adj.* [用在名詞前](無比較級、最高級)**上行的**，向上的；上行的〈火車〉：the *up* escalator 上行的自動(扶)梯/the *up* grade 向上傾斜，上坡(cf. upgrade *n.* 1)/an *up* train 上行列車/the *up* line (鐵路的)上行線/an *up* platform 上行線月台。
—*n.* **1** Ⓒ **a** 上昇，向上。**b** 上坡。**2** [the ～]《球戲》(球反彈)跳起的狀態：hit a ball on *the up* 在球反彈跳起時擊球。
on the úp 〈事情〉順利。
úps and dówns (1)(道路等的)上下坡，起伏：farmland full of *ups and downs* 多起伏的農地。(2)變動，浮沈，(榮枯)盛衰：the *ups and downs of* life [fate] 人生[命運]的交替、浮沈/I had my *ups and downs*. 我有過得意和失意的時候。
—*v.i.* (**upped** [ʌpt; ʌpt], **up**；**up·ping**) [常 **up and do**]《口語》突然做，出人意外地做：He *ups and* says.... 他突然開口說…/The fool *upped* and died. 那個傻瓜突然死了。
—*v.t.* 〔十受〕《口語》漲〈價〉；增加〈生產等〉。
up- [ʌp-; ʌp-] [字首] **1 a** 置於動詞(尤其是過去分詞)或動名詞前面構成動詞、名詞、形容詞：*up*hold, *up*bringing. **b** 置於動詞、名詞前面構成動詞、形容詞，有「(向上)拔，推翻」之意：*up*root, *up*turned. **2** 構成副詞、形容詞、名詞：*up*hill, *up*ward, *up*land, *up*town.
úp-and-cóming *adj.* [用在名詞前]積極的，精力充沛的，能幹的；有爲的，有希望的〈人〉：an ～ young businessman 一位積極有爲的青年企業家。
úp-and-dówn *adj.* [用在名詞前] **1** 上上下下的，起伏的，有高低的。**2**《美》陡峭的，垂直的〈山崖等〉。
úp-and-ùp *n.* ★用於下列成語。
on the úp-and-úp (1)《英口語》(財政上)進步的，有希望的，逐漸好轉的。(2)《美口語》正直的，認眞的。
U·pan·i·shad [u'pænɪ͵ʃæd, u'pɑnɪ͵ʃɑd; u:'pæniʃæd, u:'pɑ:niʃɑ:d] *n.* 奧義書《印度教古代吠陀教義的思辨作品，談論人與宇宙之關係，爲後世各派印度哲學所依據》。
u·pas ['jupəs; 'ju:pəs] *n.* **1** Ⓒ南洋箭毒樹《爪哇產桑科喬木》。**2** Ⓤ尤巴斯毒脂《箭毒樹皮流出之乳狀毒液，用以做毒箭頭》。**3** Ⓤ有毒之物。
úp·bèat *n.* [the ～]《音樂》**1** 上拍，非重音拍子。**2** (指揮者指示上拍的)指揮棒向上的一揮。**—*adj.***《美口語》樂天的，爽朗的。
ùp·bórne *adj.* 高擧的；擧到高處的；被支持著的。
up·braid [ʌp'bred; ʌp'breid] *v.t.* 〔十受(十介十(代)名)〕〔因…〕譴責，責備〈某人〉〔*for, with*〕：～ a person *for* [*with*] a fault 責備某人的過失/My wife ～*ed* me *for* not earn*ing* more money. 我的太太爲了我沒有賺更多的錢而責備我。
up·braid·ing [ʌp'bredɪŋ; ʌp'breidiŋ] *n.* Ⓤ叱責，譴責。
—*adj.* 叱責的，譴責的。
úp·brìnging *n.* Ⓤ [又作 **an** ～] 養育，教養，教育方法：*a* strict ～ 嚴格的教育方法/One's ～ largely determines success in life. 一個人的教養對一生事業的成功具有決定性的影響[作用]。
UPC《略》Universal Product Code.
úp·còming *adj.* [用在名詞前]《美》即將來臨的，接近的，這次的：the ～ election 即將來臨的[這次的]選擧。
úp-cóuntry *adj.* **1** 離海岸遠的，內陸的，內地的。**2** 偏僻的，土氣的，鄉村氣息的，樸素的。
—*adv.* 向內陸(方向)，在內地：travel ～ 往內地去[旅行]。
— [ˊ－－] *n.* [(**the**)～]內陸，內地。
ùp·dáte *v.t.* 使…成爲最新的東西；爲…補充最新資料：The catalogue is ～*d* every year. (產品)目錄每年更新。
— [ˊ－] *n.* Ⓤ **1** 新式化。**2** (供電子計算機使用的)最新資訊。
ùp·énd *v.t.* **1** 豎立〈木桶等〉。**2** 弄翻，顚倒…。
úp·frónt *adj.*《口語》**1** 前面的，前列的。**2** 〈投資、訂金等〉頭款的。**3** 誠實的，坦率的，直爽的。**4** 顯眼的，突出的。
ùp·gráde *v.t.* **1** 擢升，升任〈職員等〉。**2** 改善〈產品等〉的品質；改良〈家畜〉的品種。
— [ˊ－] *n.* Ⓒ **1**《美》上坡。**2** [常 **the** ～]增加；向上。
on the úpgrade 在上升，在增加。
úp·gròwth *n.* **1** Ⓤ成長，發育，發展。**2** Ⓒ成長物，發展的東西。
up·heav·al [ʌp'hivl; ʌp'hi:vl]《upheave 的名詞》**—*n.*** ⓊⒸ **1 a** 擡起，擧起。**b**《地質》(地殼的)隆起。**2** (社會等的)激變，大變動，動亂。
ùp·héave *v.t.* 擧起，擡起…；使〈地面〉隆起。

up·held [ʌpˈhɛld; ʌpˈheld] *v.* **uphold** 的過去式・過去分詞。

úp·híll *adj.* **1** 上坡的，向上的：an ~ road 上坡路/The road is ~ all the way. 那條路全部是上坡路。**2** 辛苦的，困難的：an ~ task 艱辛的工作。

—*adv.* 往坡上，上坡地：walk ~ 走上坡。

up·hold [ʌpˈhold; ʌpˈhould] *v.t.* (**up·held** [-ˈhɛld; -ˈheld])〔十受〕**1 a** 支持〈人、行動等〉；維護〈權利等〉。**b**《罕》舉起…。**2** 確認，確定〈決定、判決等〉(confirm)：The higher court *upheld* the lower court's decision. 上級法院支持下級法院的判決。

up·hóld·er *n.* Ⓒ支持者，擁護者，支援者。

up·hol·ster [ʌpˈholstɚ; ʌpˈhoulstə] *v.t.* **1 a**〔十受〕裝潢〈房子、房間等〉。**b**〔十受十介十(代)名〕爲〈房間〉裝設〔地毯、窗簾等〕〔*with*〕：~ a room *with* curtains 在房間內裝窗簾。**2 a**〔十受〕爲〈椅子、沙發等〉裝椅套。**b**〔十受十介十(代)名〕爲〈椅子、沙發等〉裝上〔墊、彈簧等〕〔*in, with*〕：~ a chair *in*[*with*] leather 爲椅子裝上皮面。

up·hól·stered *adj.* **1**〈椅子等〉蒙了布[皮]面的：an ~ chair [sofa] 蒙了布[皮]面的椅子[沙發]。**2** [**well-upholstered**]《謔》〈人〉身上多肉的，肥胖的(fat).

up·hól·ster·er *n.* Ⓒ家具裝潢商，室內裝潢業者。

up·hol·ster·y [ʌpˈholstrɪ, -tərɪ; ʌpˈhoulstəri] *n.* **1** Ⓤ室內裝飾業；家具裝潢業。**2** Ⓤ[集合稱]室內裝潢材料《填充物、彈簧、覆蓋物等；尤指椅墊、椅套》。

UPI《略》United Press International.

úp·kèep *n.* Ⓤ **1** 維護，保養〔*of*〕. **2** (土地、汽車、房屋等的)保養費〔*of*〕.

up·land [ˈʌplənd, ˈʌpˌlænd; ˈʌplənd] *n.* Ⓒ[常~s]高地，臺地。

—*adj.* [用在名詞前]高地的，臺地的。

up·lift [ʌpˈlɪft; ʌpˈlift] *v.t.* **1** 舉起，揚起。**2** 振奮…的精神，使…意氣昂揚。**3** 使…(在社會上、道德上)提升。

— [ˈʌpˌlɪft; ˈʌplift] *n.* **1** Ⓤ(道德上、知識上、社會上的)提升，精神的昂揚，感情的高昂《★常作戲謔語或諷刺語》。**2** (又作 **úplift brássiere**)Ⓒ(使乳房高聳的)高聳型胸罩。

up·man·ship [ˈʌpmənˌʃɪp; ˈʌpmənʃip] *n.* =one-upmanship.

úp·mòst *adj.* & *adv.* =uppermost.

‡**up·on** [əˈpɑn, əˈpɔn; əˈpɔn] *prep.* =on.

語法 一般而言，字義上與 on 大致相同，但爲語氣較嚴肅的文章用語，常用於成語或文句中帶有强調語氣的句尾；尤其以口語的語調輕鬆地表示時間、手段、狀態等時都用 on, 而不用 upon.

depénd upòn it ⇨ depend.

ónce upòn a tíme ⇨ once.

upòn my wórd ⇨ word.

up·per** [ˈʌpɚ; ˈʌpə] «原爲 up 的比較級» **—adj.* [用在名詞前](無比較級、最高級)(↔ lower)**1** (場所、位置)上方的，高處的，上部的：the ~ arm 上臂《肩到肘部；cf. forearm[1]；⇨ body 插圖》/the ~ lip 上唇/the ~ rooms 樓上的房間/the ~ side 上部，上側。**2 a** 上流的；內陸的，內地的：the ~ reaches of the Thames 泰晤士河上游一帶。**b**《美》北部的：~ Manhattan 北曼哈坦/in ~ New York State 在紐約州北部。**3** (等級、地位、學校等)高等的，上級的：the ~ grades in school 學校的高年級。**4** [U~]《地質》後期的(later)(↔ Lower)：the *U*~ Cambrian 晚寒武紀。

—*n.* Ⓒ **1** (皮鞋的)鞋幫《從底皮以上的全部》。**2**《美口語》(臥車等的)上鋪。**3**《口語》興奮劑(cf. downer 1).

on [dówn on] one's úppers《口語》極爲窮困《★源自「鞋底都磨破」之義》。

Úpper Cánada *n.* 上加拿大省《1791–1840 年間，英屬加拿大之一省，爲今加拿大安大略省(Ontario)之南部》。

úpper cáse *n.* Ⓒ[常the ~]《印刷》大寫字母；放置大寫字母的活字盤《裝大寫字母、小型大寫字母(small capitals)、符號等的活字盤，通常放在鉛字架的上層；cf. lower case》.

úpper·cáse《印刷》*n.* Ⓤ大寫字母《略作 uc, u.c.；cf. lowercase》.

—*adj.* 以大寫字母書寫[印刷]的。

—*v.t.* 以大寫字母印刷…；將〈小寫字母〉改爲大寫字母。

Úpper Chámber *n.* =Upper House.

úpper círcle *n.* Ⓒ《戲劇》三樓座位《在包廂(dress circle)和最高樓座(gallery)之間票價便宜的座位》。

úpper cláss *n.* **1** Ⓤ[常the ~(es)；集合稱]上流社會(的人)《★用法視爲一整體時當單數用，指個別成員時當複數用》。**2** Ⓒ《學校的》高年級(班)。

úpper-cláss *adj.* [用在名詞前]**1** 上流社會的，上流社會特有的：an ~ neighborhood 上流社會的住宅區/an ~ accent 上流社會特有的腔調。**2**《美》(高中、大學的)高年級的，三[四]年級的。

úpper·clássman *n.* Ⓒ(*pl.* **-men** [-mən; -mən])《美》(大學、高中的)高年級學生《三年級學生(junior)或四年級學生(senior)；cf. underclassman》.

úpper crúst *n.* **1** Ⓤ[指個體時爲Ⓒ](麵包、餅的)外皮。**2** Ⓤ[the ~；集合稱]《口語》上流社會，貴族階級《★用法視爲一整體時當單數用，指個別成員時當複數用》。

úpper-crúst *adj.*《口語・輕蔑》上流社會的，上流社會特有的。

úpper·cùt *n.* Ⓒ《拳擊》上鉤拳《由下向上，擊向對方下巴的拳擊》：I caught him with an ~. 我給他一記上鉤拳。

úpper déck *n.* Ⓒ《航海》上甲板。

úpper hánd *n.* [the ~]優越，優勢，支配《★用於下列成語》。

gèt [gáin, wín, háve] the úpper hánd〔比…〕佔優勢，勝過〔…〕〔*of, over*〕：The Democrats have finally *got*(*ten*) *the* ~ *over* the Republicans in the House. 民主黨終於在衆院中較共和黨佔優勢。

Úpper Hóuse *n.* [the ~]上(議)院(cf. Lower House).

úpper·mòst «upper 的最高級» **—***adj.* **1** 最上的，最高的。**2**〈念頭〉最初浮現心中的，縈繞腦際的，最重要的：He says whatever is ~ in his mind. 他說出他心裏最牽掛的事。

—*adv.* **1** 最上面[高]。**2** 最先(浮上心頭)地。

úpper stóry *n.* **1** Ⓒ樓上。**2** [the ~]《口語・謔》頭腦：He's a bit weak in *the* ~. 他的頭腦有一點笨。

Upper Vol·ta [ˈʌpɚˈvɑltə; ˈʌpəˈvɔltə] *n.* 上伏塔《西非國家布吉那法索(Bourkina Fasso)的舊名》。

úpper·wòrks *n. pl.*《航海》水線以上的船體，乾舷《船滿載後露出水面的船舷》。

up·pish [ˈʌpɪʃ; ˈʌpiʃ] *adj.*《口語》自大的，傲慢的，盛氣凌人的：Don't be too ~ *about* it！對那件事，你別太自大。

~·ly *adv.* **~·ness** *n.*

up·pi·ty [ˈʌpətɪ; ˈʌpəti] *adj.*《口語》=uppish.

ùp·ráise *v.t.* 舉起…。

up·rear [ʌpˈrɪr; ʌpˈriə] *v.t.* **1** 舉起；使…升起。**2** 養育。**3** 建造。**4** 提高…的尊嚴。

—*v.i.* 升起。

uppercut

straight

hook

拳擊(boxing)的各種擊法(punch)

***up·right** [ˈʌpˌraɪt; ˈʌprait] *adj.* (無比較級、最高級)**1** 筆直的，直立的；姿勢好的：an ~ post [tree] 直立的柱子[樹]/an ~ chair 背部筆直的椅子/an ~ posture 挺直的姿勢。

2 端正的，正直的，高潔的(⇨ honest【同義字】)：an ~ man [judge] 守正[正直]的人[法官]/He is ~ *in* his dealings. 他在交易上很公正。

—*adv.* (無比較級、最高級)筆直地，直立地，姿勢端正地：He sat ~ in the chair. 他端坐在椅子上/Sit ~. 坐正/Thrust a stick ~ in the ground. 將木棒插立在地上。

bólt úpright ⇨ bolt *adv.*

—*n.* **1 a** Ⓤ直立的狀態：(be) out of ~ 傾斜。**b** Ⓒ直立的東西，(建築物的)直立材料《立柱等》。**2** (又作 **upright piáno**)Ⓒ豎型鋼琴。**~·ly** *adv.* **~·ness** *n.*

ùp·ríse *v.i.* (**-rose**；**-risen**)**1** 站起來；起牀；起來。**2**〈太陽〉上升。**3** 上坡，登高(ascend). **4**〈聲音〉提高；〈量〉增加。**5** 發生暴動[叛亂]。

—[⌐⌐] *n.* Ⓒ **1** 日出，拂曉；上升。**2** 上坡。

up·ris·ing [ˈʌpˌraɪzɪŋ; ˈʌpˌraiziŋ] *n.* Ⓒ **1** 叛亂，暴動。**2** 上坡。

up·roar [ˈʌpˌror, -ˌrɔr; ˈʌprɔː] *n.* Ⓤ[又作an ~]騷亂，騷動；喧囂：in (*an*) ~ 一片騷亂。

up·roar·i·ous [ʌpˈrorɪəs, -ˈrɔrɪəs; ʌpˈrɔːriəs] «uproar 的形容詞» **—***adj.* **1** 騷動的，騷擾的。**2** 吵鬧的，喧嘩的：~ laughter 喧嘩的笑聲。**3** 極有趣的。**~·ly** *adv.* **~·ness** *n.*

up·root [ʌpˈrut; ʌpˈruːt] *v.t.*〔十受〕**1 a** 把…連根拔起(root up)：~ a tree 把樹連根拔起。**b** 把…根除，徹底消滅…。**2** 把〈人〉趕出(住慣的土地、家園等)：Millions of people were ~*ed* by the war. 數百萬人因戰爭而流離失所。

ùp·róse *v.* **uprise** 的過去式。

U

***up·set** [ʌp'sɛt; ʌp'set] (**up·set**; **up·set·ting**) *v.t.* **1** 〔十受〕**a** 把…弄翻；弄翻後使〈容物〉潑灑出來[散亂]：～ a boat 把船弄翻/～ a cup of tea 弄翻一杯茶/～ the milk (打翻容器)使牛奶潑出來。**b** 推翻，破壞，搞亂〈計畫等〉；使〈計畫等〉失敗：The storm ～ their plans for a hike. 暴風雨破壞了他們的遠足計畫。
2 a 〔十受〕使〈人〉煩亂；使〈人〉煩惱《★常以過去分詞當形容詞用；⇨ *adj.* 1》：The fire quite ～ her. 這場火災使她十分煩亂。**b** 〔十受(十介十(代)名)〕[～ one*self*] 擔心，煩惱〔…的事〕〔*about*〕：Don't ～ *yourself* ***about*** it. 你別爲那事煩惱。
3 〔十受〕使〈人〉的身體[胃]不舒服：The fish last night ～ me. 昨晚的魚使我的胃不舒服。
—*v.i.* **1** 弄翻，傾覆：We feared that the boat might ～. 我們擔心船會傾覆。
2 (容器打翻後)〈容物〉潑灑出來，散亂開來：The milk ～. (打翻後)牛奶潑灑出來。
—*adj.* **1** [不用在名詞前] **a** 〔十介十(代)名〕〔因…而〕驚惶失措的，煩亂的〔*about, by*〕：He was terribly ～ ***about*** something. 他因某事而驚惶失措。**b** 〔十 *that*_〕〈因…而〉煩亂的：She was ～ *that* her husband had not come back. 她因丈夫沒有回家而心煩意亂。
2 〈胃等〉不舒服的：He was suffering from an ～ stomach. 他正患胃病。
— [ˈʌpˌsɛt; ʌp'set, 'ʌpset] *n.* **1** Ⓤ Ⓒ **a** 顚覆，翻倒。**b** 混亂(狀態)。
2 Ⓒ驚惶失措，煩亂：All of them had a terrible ～. 他們都亂成一團。
3 Ⓒ(胃等的)不舒服：He has a stomach ～. 他的胃不舒服。
4 Ⓒ(比賽等時出乎意外的)勝利[敗北]；逆轉。
5 Ⓒ《英口語》不和，吵架：have an ～ *with* a person 與某人失和。

úpset príce *n.* Ⓒ《美》拍賣時之底價。

up·sét·ting *adj.* 使人煩亂的。

úp·shòt 《源自箭術中「最後一箭」之義》 **—*n.*** [**the** ～] 結果，結局，結論〔*of*〕：in *the* ～ 終於，歸根究柢，結果/What was *the* ～ *of* it all? 結果究竟怎樣了?

up·side [ˈʌpˌsaɪd; 'ʌpsaid] *n.* Ⓒ上面，上方，上部。
upside dówn (1)顚倒地，傾覆地，翻轉地：turn the table ～ *down* 把桌子翻轉過來。(2)混亂地，雜亂地：He turns everything ～ *down*. 他把每一件事都弄得亂七八糟/We found the room turned ～ *down* after the burglary. 我們遭竊後發現房間被翻得亂七八糟。

úpside-dówn *adj.* [用在名詞前] **1** 顚倒的，倒置的。**2** 混亂的，亂七八糟的。

up·sides [ˈʌpˌsaɪdz, ʌp'saɪdz; 'ʌpsaidz] *adv.* 《蘇格蘭方言》對等，平分秋色地；以其人之道還治其人之身；報復。
gèt upsídes with... 向…報復。

up·si·lon [ˈjupsələn; juːp'sailən] *n.* Ⓤ Ⓒ希臘文字的第二十個字母 Υ, υ《相當於英文字母的 Y, y；⇨ Greek alphabet 表》。

úp·stáge *adv.* 向[在]舞台後方(↔ downstage)。**—*adj.*** **1** [用在名詞前]舞台後方的(↔ downstage)。**2** 《口語》眼高於頂的，目空一切的，高傲的：～ and county《英》擺出上流階層派頭的，高傲的。**—*n.*** Ⓤ舞台後方。
—[⌐ ⌐] *v.t.* **1** 藉走向舞臺後方而逼使〈其他演員〉背向觀衆以搶盡風頭。**2** 《口語》使人們的注意[關心]從…轉向自己，搶…的鏡頭。

úp·stáir *adj.* ＝upstairs.

‡up·stairs [ˈʌpˈstɛrz; ʌp'stɛəz] (↔ downstairs) *adv.* (無比較級、最高級) **1** 向[在]二樓，向[在]樓上：go ～ 上二樓[樓上]《★[用法]用 go *to* ～ 是錯誤的》/live ～ 住二樓[樓上]《★[用法]用 live *in* ～ 是錯誤的》/He was ～ in bed. 他在樓上睡覺。

> 【說明】小孩子不乖時，父母對孩子說"Go upstairs!"(到樓上去!)等於是一種處罰的方式。還有，如果接電話的人說"Mom is now upstairs."意思就是「媽媽現在忙得不能分身，無法接電話」。

2 向[在]更高的地位：⇨KICK a person upstairs.
—*adj.* [用在名詞前] (無比較級、最高級)二樓的，樓上的：an ～ room 二樓[樓上]的房間。
—*n.* Ⓤ[當單數或複數用]樓上，上面的一層樓《★[用法]表示一層樓時當單數用，表示比特定的一層樓高的若干層樓(全部)時，當複數用；cf. second floor [相關用語]》。

> 【說明】在兩層的房子(two-storied house)中，通常樓下的隔間是餐廳(dining room)，起居間(living room, sitting room)，及廚房(kitchen)等客人可以隨便走動的地方，但在二樓則有臥室(bedroom)，浴室(bathroom)等，訪客是不能隨便上去的。通常樓下也有浴室與洗手間兼用的 bathroom 是供訪客使用的。

ùp·stánding *adj.* **1** 〈姿勢〉直立的，筆挺的，端正的。**2** 〈個性，行爲〉正直的，公正的(upright)。

úp·stàrt *n.* Ⓒ暴發戶。**—*adj.*** [用在名詞前]暴發戶的。

úp·stàte (↔ downstate)《美》 *n.* Ⓤ州的北部；(尤指)紐約州的北部。
—[⌐ ⌐] *adj.* [用在名詞前]州北部的：from ～ New York 從紐約州的北部。
—[⌐ ⌐] *adv.* 在[向]州的北部。

úp·stréam *adv.* 在[向]上游，溯流地。
—*adj.* (往)上游的，溯流的。

úp·sùrge *n.* Ⓒ(浪濤般的)上湧，(急遽的)升高：an ～ *of* nationalism 民族主義[國家主義](情緒)的急遽升高[高漲]。

úp·swèep *v.t.* (**-swept**) 把…向上攏[掃]。
—*n.* Ⓒ **1** 上攏[掃]。**2** (髮型的)上攏，向上梳：in an ～〈頭髮〉上攏地，向上梳地。

úp·swèpt *v.* upsweep 的過去式・過去分詞。
—*adj.* **1** 上攏[掃]的。**2** 〈頭髮〉上攏的，向上梳的。

úp·swing *n.* Ⓒ上升，上揚，明顯的增加：an ～ *in* votes 投票數的顯著增加/be *on* the ～ 上升[上揚]著。

úp·tàke *n.* [**the** ～] 理解(力)《★常用於下列片語》：quick [slow] *on the* ～ 敏[拙]於理解，理解力强[差]。

úp·thrùst *n.* Ⓒ **1** 上衝。**2** 《地質》上衝斷層。

úp·tíght *adj.* 《口語》**1** [不用在名詞前]〔十介十(代)名〕(因壓抑)〔對…事〕緊張的；焦慮的；擔心的〔*about*〕：be ～ ***about*** sex 對「性」感到緊張/She was ～ *about* the interview. 她對面談感到緊張。**2** 極嚴格的，拘泥的；保守的。

up-to-date [ˈʌptəˈdet; ˌʌptə'deit] *adj.* (**more** ～；**most** ～)最新(式)的，現代的，尖端的(↔ out-of-date) (cf. up to DATE[1] (2))：an ～ dictionary (載有)最新(知識)的辭典/an ～ method of teaching 最新的教學法。～**·ness** *n.*

úp-to-the-mínute *adj.* **1** 最新的，最新式的。**2** 採取最新情報的。

up·town [ˈʌpˈtaun; ˌʌp'taun] (↔ downtown)《美》*adv.* 在住宅區《★[用法]與商業區(downtown)相對，主要是指遠離市中心的地方》：go [live] ～ 去[住]住宅區。
—*adj.* 住宅區的：～ New York 紐約的住宅區。
— [ʌp'taun, 'ʌpˌtaun; ˌʌp'taun] *n.* Ⓒ住宅區。

úp·trènd *n.* Ⓒ向上之趨勢，改善之趨勢；(經濟發展)成長趨勢；上揚。

ùp·túrn *v.t.* 使…朝上；翻倒；翻掘。
—[⌐ ⌐] *n.* Ⓒ[景氣、物價等的]上升，好轉，上揚〔*in*〕：an ～ *in* business 商業情勢好轉。

ùp·túrned *adj.* **1** 〈眼睛等〉向上的；〈鼻等〉尖端朝上的(⇨ nose 插圖)。**2** [用在名詞前]翻轉的，顚覆的。

UPU 《略》Universal Postal Union.

ùp·válue *v.t.* 提高…的價值；增加〈貨幣〉的匯兌價值。

‡up·ward [ˈʌpwəd; 'ʌpwəd] *adj.* [用在名詞前](無比較級、最高級)向上的，上揚的，上升的：an ～ tendency (物價等的)上揚趨勢/an ～ current 上升氣流/He took an ～ glance at the helicopter. 他舉目向直昇機一瞥。
—*adv.* (無比較級、最高級) **1** 向上地，朝上方，上揚地：look ～ 向上看/follow a stream ～ to its source 溯流而上至其發源地。**2 a** [**from...** ～] (從…)向上方；…以來，…以後：I've known him *from* a boy ～. 我從小(時候)就認識他。**b** [**...and** ～] …以上：boys of ten years *and* ～ 十歲及十歲以上的男孩子。
úpward of... 超過…(more than)：～ *of* a million unemployed 超過一百萬人失業/He lived to be ～ *of* ninety. 他活到九十多歲。

‡up·wards [ˈʌpwədz; 'ʌpwəːdz] *adv.* ＝upward.
úpwards of... ＝UPWARD of.

ùp·wéll *v.i.* 向上湧出；向上衝。

Ur- [ur-; uə-] 《源自德語》**—**[字首]表示「最初的，原形的」：the *Ur*-form 原形。

u·rae·mi·a [juˈrimɪə; ˌjuəˈriːmjə] *n.* ＝uremia.

u·rae·mic [juˈrimɪk; ˌjuəˈriːmik] *adj.* ＝uremic.

U·ral [ˈjurəl; 'juərəl] *adj.* 烏拉山脈[河]的：the ～ Mountains 烏拉山脈/the ～ River 烏拉河。
—*n.* **1** [**the** ～]烏拉河《發源於烏拉山脈南部，注入裏海》。**2** [**the** ～**s**]烏拉山脈《爲歐洲與亞洲的界山》。

Úral-Al·tá·ic [-ælˈteɪk; -æl'teiik] *adj.* **1** 烏拉阿爾泰地方(居民)的。**2** 烏拉阿爾泰語族的。
—*n.* Ⓤ烏拉阿爾泰語族《包含東歐及中亞細亞等地的芬蘭語、土耳其語、蒙古語等》。

U·ra·li·an [juˈrelɪən; ju'reiliən] *adj.* 烏拉山脈的；烏拉山脈地區之住民的。

u·ra·nal·y·sis [ˌjurəˈnæləsɪs; ˌjuərəˈnælisis] *n.* ＝urinalysis.

U

U·ra·ni·a [ju`renɪə; ˌjuə'reiniə, ju'r-] «源自希臘文「天的」之義»—*n.* 《希臘神話》尤蕾妮亞《司天文的女神，是繆斯九女神(the Muses)之一；Aphrodite(＝Venus)的俗稱》。

***u·ra·ni·um** [ju`renɪəm; ju'reinjəm, ˌjuə'r-] «源自元素 Uranus 與元素之義的字尾 -ium» —*n.* Ⓤ《化學》鈾《放射性金屬元素；符號 U》：enriched[natural] ～ 濃縮[天然]鈾。

U·ra·nus [`jurənəs; 'juərənəs] *n.* **1** 《希臘神話》天神《爲天的擬人化，被視爲支配世界的神，吉亞(Gaea)的兒子及丈夫；cf. Hyperion》. **2** 《天文》天王星(⇨ planet 插圖)。

***ur·ban** [`ɝbən; 'ə:bən] *adj.* [用在名詞前](無比較級、最高級)都市的，住在都市的，都市特有的(⟷ rural)：～ problems 都市問題/～ life 都市生活/～ sprawl 都市無秩序發展現象《大都市無計畫地向郊外發展的現象》。

úrban dístrict *n.* Ⓒ市區；《英》準自治市。

ur·bane [ɝ`ben; ə:'bein⁻] *adj.* 都市風格的，高雅的，脫俗的，文雅的：an ～ manner 文雅的舉止。～**·ly** *adv.* ～**·ness** *n.*

ur·ban·ist [`ɝbənɪst; 'ə:bənist] *n.* Ⓒ都市計畫者。

ur·ban·i·ty [ɝ`bænətɪ; ə:'bænəti] «urbane 的名詞»—*n.* **1** Ⓤ Ⓒ都市風格，高雅，文雅：a charming ～ 迷人的優雅。**2** [**urbanities**]都市的作風，文雅的舉止，洗鍊的言行。

ur·ban·i·za·tion [ˌɝbənɪ`zeʃən; ˌə:bənai'zeiʃn] «urbanize 的名詞»—*n.* Ⓤ都市化。

ur·ban·ize [`ɝbənˌaɪz; 'ə:bənaiz] «urban, urbane 的動詞»—*v.t.* 使…都市化，使…具有都市風格。

ur·ban·ol·o·gy [ˌɝbə`nɑlədʒɪ; ˌə:bə'nɔlədʒi] *n.* Ⓤ城市學；都市學。

úrban renéwal *n.* Ⓤ都市美化，都市重建(規劃)。

ur·chin [`ɝtʃɪn; 'ə:tʃin] «源自拉丁文「刺蝟」之義»—*n.* **1** Ⓒ淘氣的孩子，頑童；流浪兒。**2** ＝sea urchin.

Ur·du [`urdu; 'uədu:] *n.* Ⓤ烏都語《印度斯坦語(Hindustani)之一；主要被使用於印度、巴基斯坦的回教徒之間，含波斯語、阿拉伯語等的重要構成因素，爲巴基斯坦的官方語言》。

-ure [-ɚ; -ə, -juə] 字尾 **1** 構成表示動作、過程、存在之意的名詞：cens*ure*, cult*ure*. **2** 構成表示動作結果之意的名詞：pict*ure*, creat*ure*. **3** 構成表示官署有關人員集合體之意的名詞：legislat*ure*, judicat*ure*.

u·re·a [ju`riə, `jurɪə; 'juəriə] *n.* Ⓤ《化學》尿素。

u·re·mia [ju`rimɪə; juə'ri:miə] *n.* Ⓤ《醫》尿毒症。

u·re·mic [ju`rimɪk; juə'ri:mik] *adj.* 《醫》尿毒症的；患尿毒症的。

u·re·ter [ju`ritɚ; ˌjuə'ri:tə] *n.* Ⓒ《解剖》輸尿管。

u·re·thane [`jurəˌθen; 'juərəθein] *n.* Ⓤ《化學》胺基甲酸酯。

u·re·thra [ju`riθrə; ˌjuə'ri:θrə] *n.* Ⓒ(*pl.* **-thrae** [-θri; -θri:], ～s)《解剖》尿道。

***urge** [ɝdʒ; ə:dʒ] «源自拉丁文「驅策」之義»—*v.t.* **1** 〔十受十副詞(片語)〕驅策…(朝某方向)，使…(朝某方向)快速推進：The hunter ～*d* his horse *on* [*into* a canter]. 獵人策馬前進[使馬慢步小跑]/The idea ～*d* me *to* the task. 那個念頭驅策我去工作。

2 a 〔十受十 *to* do〕頻催，力勸〈某人〉〈做某事〉：We ～*d* them *to* stay overnight. 我們勸他們住一夜/I was ～*d to* sign the contract. 我經再三催促才在契約上簽字。**b** 〔十受十副詞(片語)〕頻催[力勸]〈某人〉(做…)：She opened the door wide and ～*d* me *in*. 她打開門催我進去。

3 a 〔十受〕主張，力倡，强調…：～ an argument 力陳某個論點/～ a claim 强烈提出要求/The doctor ～*d* a change of air. 醫生力勸換個環境(療養)。**b** 〔十受十介十(代)名〕[對某人]極力主張…，强調說明…〔*on*, *upon*〕：The teacher ～*d* ***on*** [***upon***] us the necessity of practice. 老師向我們强調練習的必要性。**c** 〔十 *that*__〕主張〈…事〉：It was ～*d that* slavery (should) be abolished. 人們力言應廢除奴隸制度(★ 用因《口語》多半不用 should). **d** 〔十引句〕主張…："Do it at once," she ～*d*. 她催促說：「立刻去做那件事。」

—*n.* Ⓒ **1** (强烈的)衝動力：a sexual ～ 性的衝動。**2** [常**an** ～]〔十 *to* do〕〈想做…的〉衝動：I had [felt] *an* ～ *to* visit Europe. 我有一股去歐洲旅行的衝動[我迫不及待地想去歐洲旅行]。

ur·gen·cy [`ɝdʒənsɪ; 'ə:dʒənsi] «urgent 的名詞»—*n.* **1** ⓊⒸ 迫切(的樣子)，急迫；緊急(性)，火急：a problem of great ～ 極爲緊急的問題/There was an ～ in his speech which made me listen more carefully than usual. 他演說中的緊迫語調使我比平常更注意去傾聽。**2** Ⓤ催促，强求，力倡。

***ur·gent** [`ɝdʒənt; 'ə:dʒənt] «urge 的形容詞»—*adj.* (**more** ～; **most** ～) **1** 迫切的，火急的，緊急的：～ necessity 迫切的需要/an ～ telegram 緊急電報/on ～ business 因急事/He was in ～ need of money. 他急需錢/It is ～ that food and clothing (should) be sent to the sufferers. 急需將食物和衣服送給災民(★ 用因《口語》多半不用 should).

2 a 催逼的，苦苦央求的，强求的：an ～ suitor 糾纏不休的求婚者[請願者(等)]。**b** [不用在名詞前]〔十介十(代)名〕堅決[迫切]要求〔…〕的〔*for*, *in*〕：They are ～ ***for*** payment of arrears of wages. 他們催討拖欠的工錢/He was ～ ***in*** his demands. 他堅決要求。**c** 〈聲音等〉央求似的：in an ～ voice 以央求似的聲音。～**·ly** *adv.*

U·ri·ah [ju`raɪə; ˌjuə'raiə] *n.* **1** 尤萊爾《男子名》。**2** 《聖經》烏利亞《舊約一人名，大衞王使之戰死以娶其美麗之妻》。

u·ric [`jurɪk; 'juərik] *adj.* [用在名詞前]尿的，從尿中取得的：～ acid 尿酸。

U·ri·el [`jurɪəl; 'juəriəl] *n.* 《聖經》烏列《七大天使之一》。

u·ri·nal [`jurənḷ; 'juərinl] *n.* Ⓒ **1** (男用)尿壺；小便處。**2** (病房用)尿瓶。

u·ri·nal·y·sis [ˌjurə`næləsɪs; ˌjuəri'næləsis] *n.* (*pl.* **-y·ses** [-ˌsiz; -si:z]) ⓊⒸ《醫》尿分析法；驗尿。

u·ri·nar·y [`jurəˌnɛrɪ; 'juərinəri] «urine 的形容詞»—*adj.* 尿的；泌尿(器)的：the ～ bladder 《解剖》膀胱/a ～ calculus 《病理》尿結石，膀胱結石/～ organs 泌尿器(官)。

u·ri·nate [`jurəˌnet; 'juərineit] *v.i.* 排尿，小便。

u·ri·na·tion [ˌjurə`neʃən; ˌjuəri'neiʃn] «urinate 的名詞»—*n.* Ⓤ排尿(作用)。

u·rine [`jurɪn; 'juərin] *n.* Ⓤ尿，小便：pass[discharge] (one's) ～ 小便。

urn [ɝn; ə:n] *n.* Ⓒ **1 a** 壺，甕。**b** 骨灰罈。**2** (附有龍頭的)咖啡壺，茶壺。

1 a　　2

urn

u·ro·gen·i·tal [ˌjuro`dʒɛnətḷ; ˌjuərou'dʒenitl⁻] *adj.* 泌尿生殖器的。

u·rol·o·gist [ju`rɑlədʒɪst; juə'rɔlədʒist] *n.* Ⓒ 泌尿科醫生。

u·rol·o·gy [jur`ɑlədʒɪ; juə'rɔlədʒi] *n.* Ⓤ泌尿學，泌尿科。

Úr·sa Májor [`ɝsə-; 'ə:sə-] «源自拉丁文 'Great Bear' 之義»—*n.* 《天文》大熊座(the Great Bear).

Úrsa Mínor «源自拉丁文 'Little Bear' 之義»—*n.* 《天文》小熊座(the Little Bear).

ur·sine [`ɝsaɪn; 'ə:sain] *adj.* **1** 熊的(⇨ bear² 相關用語)。**2** 似熊的。

Ur·su·la [`ɝsjulə; 'ə:sjulə] *n.* 歐秀拉《女子名》。

ur·ti·car·ia [ˌɝtə`kɛrɪə; ˌə:ti'kɛəriə] «源自拉丁文「蕁麻」之義»—*n.* Ⓤ《醫》蕁麻疹，風塊(hives, nettle rash)。

U·ru·guay [`jurəˌgwe, -ˌgwaɪ; 'juərugwai] *n.* 烏拉圭《位於南美洲東南部的一個共和國；首都蒙特維的亞(Montevideo [ˌmɑntəvɪ`deo; ˌmɔntivi'deiou])；略作 Uru.》.

U·ru·guay·an [ˌjurə`gweən, -`gwaɪən; ˌjuəru'gwaiən⁻] «Uruguay 的形容詞»—*adj.* 烏拉圭的。—*n.* Ⓒ烏拉圭人。

‡**us** [(輕讀)əs; əs; (重讀)ʌs; ʌs] *pron.* **1** [we 的受格] **a** [直接受詞]我們：She showed *us* into the room. 她把我們帶入房間。**b** [間接受詞]我們：They gave *us* presents. 他們送我們禮物。**c** [介系詞的受詞]我們：He spoke *to us*. 他對我們說話。**2 a** [國王的正式用語；cf. we 2 a]朕(me). **b** [報紙社論用語；cf. we 2 b]我們。**3** 《詩・古》我們本身(ourselves)：We laid *us* down. 我們躺下來。

‡**U.S., US** 《略》United States.

‡**U.S.A., USA** 《略》United States of America；United States Army 美國(常備)陸軍。

us·a·bil·i·ty [ˌjuzə`bɪlətɪ; ˌju:zə'biliti] «usable 的名詞»—*n.* Ⓤ 可用(性)；便於使用，適用。

us·a·ble [`juzəbḷ; 'ju:zəbl] *adj.* 可用的；適用的，(使用)方便的。

USAF 《略》United States Air Force 美國空軍(cf. RAF).

us·age [`jusɪdʒ; 'ju:zidʒ, 'ju:sidʒ] *n.* **1** Ⓤ用法，使用(法)，處理(法)：This instrument will not stand rough ～. 這具儀器不堪粗魯使用。

2 ⓊⒸ(言語的)慣用法，語法：～ and abusage 慣用和誤用/We must master both grammar and ～ to write good English. 我們必須精通文法與慣用法以便寫出好的英文/That is a rare ～ of this word. 那是這個單字的一種罕見的用法。

3 ⓊⒸ習慣，慣行，慣例(custom)：social ～(*s*) 社會習俗/come into[go out of] ～ 成爲[不成]慣例。

us·ance [`juzṇs; 'ju:zns] *n.* Ⓤ《商》匯票期限《對國外匯票習慣上所寬給的支付期限》。

USCG 《略》United States Coast Guard 美國海岸警衞隊。

‡**use** [juz; ju:z] *v.t.* **1 a** 〔十受〕用，使用，利用〈東西〉：～ a knife 用刀子/～ a train 利用火車/This noun is ～*d* only attributively. 這個名詞僅作修飾形容詞用(★本辭典中[用在名詞前]的

用法》。**b**〔十受十介十(代)名〕〔爲…〕使用〈某物〉〔*for*〕：Gravel is much ~*d* ***for*** mak*ing* roads. 碎石常用於築路。

2〔十受〕**行使，** 運用〈才能、暴力等〉：~ force 訴諸暴力，使用武力/~ care 注意/*U*~ your head[common sense]. 運用你的頭腦[常識]。

3〔十受(十副)〕**耗用，** 消耗〈東西〉〈*up*〉：~ 100 liters of gasoline in a month 一個月耗用一百公升的汽油/I have ~*d* ***up*** all my energy. 我耗盡了全部的精力。

4〔十受〕[與 well 等狀態副詞連用]《文語》對待〈某人〉(…)(treat)：~ a person well 待人很好/~ a person ill [badly] 待人不好。

5〔十受〕**a** (爲達一己目的)利用〈他人〉：I was merely being ~*d*. 我不過是被人利用罷了。**b** [**could** ~]《口語》能得到…就好了：I *could* ~ a drink. 我眞想喝一杯/Your suit *could* ~ a pressing. 你的衣服要燙一下了。

—*v.i.* ⇨ used².

úse úp《*vt adv*》(1)⇨*v.t.* 3. (2)《美口語》使〈人〉筋疲力竭：He was pretty well ~*d up* after the long walk. 他長途跋涉後十分疲憊。

— [jus; ju:s] *n.* **1** Ⓤ**使用，** 利用(法)：maps *for* ~ in schools 學校用的地圖/buy a thing *for* one's personal ~ 購買自用之物/a dictionary *for* the ~ *of* students 學生用的辭典/teach [learn] the ~ *of* a machine 教授[學習]機器的用法/come [be brought] *into* ~ 開始被使用/⇨ in USE, out of USE/This sofa has got worn *with* ~. 這沙發因久用而磨損了。

2 Ⓤ**a 使用的能力**：He has lost the ~ *of* his right hand. 他已失去使用右手的能力。**b** 使用的許可[自由]，使用權：He gave me the ~ *of* his books. 他讓我借用他的藏書/He has offered me the ~ *of* his car. 他主動提出讓我用他的車子。

3 Ⓤ **a 有用，** 功效，益處：What is the ~ *of* talk*ing*? 說有什麼用？**b** [**(of)** ~] (有、無)益《★[用法]習慣上常省略 any, no 等前面的 of》：be *of* (great) ~ (極)有用，(甚)有益/be *of* no ~ 無用，無益/A telephone is *of* little ~ in this town. 電話在本鎮不大有用處/Advice is no ~ *to* him. 忠告對他無效/It's *no* ~ talking[to talk]. =It is *of no* ~ to talk. 說也沒用《★[比較]It is of no ~ .... 是拘謹的說法》/It is *no* ~ your trying to deny it. 你想否認也沒用。**c** [(十介)十do*ing*] [當形容詞用] 〔對做…〕有用的〔*in*〕《★[用法]通常省略 in》：There is no ~ ***(in)*** talk*ing*. 說也沒用/What ~ is there *in* worry*ing*? 擔心有什麼用？

4 a Ⓒ使用目的，用途：a machine with many ~*s* 有許多用途的機器/This tool has[serves] plenty of ~*s*. 這件工具有許多用途/Can you find a ~ *for* this old radio? 你能爲這臺舊收音機找到一種用途嗎？**b** Ⓤ使用〔…的〕需要[機會]〔*for*〕：We have no further ~ *for* the house. 我們不再需要用那幢房子。

5 Ⓤ**慣例，** 習慣(custom, habit)：*U*~ makes perfect. 《諺》習慣成自然[熟能生巧]/Such things are learned *by* ~. 這些事情須經慣熟才能學會。

hàve nó úse for... (1)⇨4 b. (2)討厭…，不能容忍…：I *have no* ~ *for* gambling[such people]. 我討厭賭博[這種人]。

in úse 被使用，被實行：These implements are *in* general ~. 這些工具廣被使用/This word is not *in* common ~. 這個字不常用。

màke úse of... 使用[利用]…：Any member can *make* ~ *of* the reading room. 任何會員都可以使用這間閱覽室/You must *make* good [the best] ~ *of* your time. 你必須好好[儘量]利用你的時間。

òut of úse 不用的，被廢棄的：The custom has gone[fallen] *out of* ~. 這個習俗已被廢棄。

pùt...to úse 使用[利用]…：*Put* your energy *to* good ~. 善用你的精力。

use·a·ble [ˋjuzəbḷ; ˈju:zəbl] *adj.* =usable.

used**¹ [just; ju:st] *adj.* [不用在名詞前] (**more** ~; **most** ~)〔十介十(代)名〕**習慣**〔於…〕**的**〔*to*〕《★[用法]很少用〔+ *to* do〕》：be ~ ***to ...習慣於…/get [become] ~ *to*... 逐漸習慣於…/She was ~ *to* her husband's silences. 她已習慣於她丈夫的沈默/After a while my eyes got ~ *to* the dark. 不久，我的眼睛就習慣於黑暗/I'm not [I haven't got] ~ *to* driv*ing* on the left. 我還不習慣於靠左駕駛。

used**² [just; ju:st] **《**源自 use *v.i.* 的過去式**》—aux.* [常與 *to* do 連用] **1** [表示過去的習慣性行動] **常常，** 經常，向來：We ~ *to* play in this playground every day. 我們過去每天在這個運動場上玩耍/I ~ *to* think I'd like to be a sea captain. 我曾經常想當船長/It ~ *to* be believed that the sun moved round the earth. 從前人們常以爲太陽繞著地球轉。

2 [表示與現在成對照的過去的事實或狀態] 從前是…，有過…：The country inn was as pleasant as it ~ *to* be in the old times. 這家鄉下小客棧一如往日令人愉快/There ~ *to* be a storehouse here. 從前這兒有一座倉庫《現在已經沒有了》。

[語法](1)used to 的否定式美、英均爲 didn't use(d) to，《英》縮寫成 usedn't [usen't] to：He *didn't used* [*usen't*] *to* play golf, did he? 他以前不玩高爾夫球的吧？(2)used to 的疑問句《美》爲 Did you use(d) to...? 或 Didn't you use(d) to...?《英》爲 Used you to...? 或 Use(d)n't you to...?：Did he *use(d)* [*Used* he] *to* be so forgetful? 他一向如此健忘嗎？(3)used to 用以敍述與現在成對照的過去動作或狀態，而 would 爲表示特定人物的特性，則用以敍述過去的習慣性或反覆性行爲，不像 used to 那樣，用以表示客觀的過去事實或狀態。再者，故事的開頭有時用 used to，但不用 would.

used³ [juzd; ju:zd] *adj.* [用在名詞前] (**more** ~; **most** ~) **用過的，** **舊的，** **二手的**：~ cars 舊車/~ tickets 用過的車票。

used·n't [ˋjusn̩t; ˈju:snt] **used**² **not** 之略。

used-up [ˋjuzdˋʌp; ˌju:zdˈʌp] *adj.* **1**《俚》筋疲力竭的。**2** (因年齡、荒唐的生活等而變得)無用的。**3** 用罄的；耗盡的。

‡**use·ful** [ˋjusfəl; ˈju:sful] *adj.* (**more** ~; **most** ~) **1 a 有用處的**；有益的，有用的：~ information 有用的情報[消息；資訊]/A horse is a ~ animal. 馬是有用的動物/I tried to make myself ~. 我努力使自己能對別人有所幫助。**b**〔十介十(代)名〕〔對…〕有用的，有益的〔*to, for*〕：The advice was very ~ ***to*** me. 這勸告對我很有用/a ~ dictionary ***for*** students 對學生有幫助[有益]的辭典。**c** [不用在名詞前]〔十介十do*ing*〕〔在…方面〕有用的，有益的〔*in*〕：The computer is ~ ***in*** process*ing* data. 電腦在處理資料方面很有用。

2《口語》能幹的，有本事的(efficient)：a ~ member of the firm 公司中能幹的職員。

còme in úseful ⇨come.　**~·ness** *n.*

úse·ful·ly [-fəlɪ; -fuli] *adv.* 有用地，有效地。

‡**use·less** [ˋjuslɪs; ˈju:slis] *adj.* (**more** ~; **most** ~) **1** (無比較級、最高級) **a 無用(處)的**：a ~ textbook 無用的教科書/avoid further ~ bloodshed 避免更多無謂的流血。**b** 無益的，徒然的，無效的：It is ~ to ask [asking] him. 問[請求]他也是白費[無濟於事]。**2**《口語》〈人〉無用的；任何事都做不好的：He is a ~ fellow. 他是個無用[一事無成]的人。**~·ly** *adv.*　**~·ness** *n.*

usen't [ˋjusn̩t; ˈju:snt] =usedn't.

us·er [ˋjuzɚ; ˈju:zə] *n.* Ⓒ **1** 使用者，利用者，用戶：telephone ~*s* 電話使用者[用戶]。**2** 使用之物：Industry is a heavy ~ of electric power. 工業需耗費大量的電力。

Ú. S̀. gállon *n.* Ⓒ美國加侖《約 3.7853 公升；cf. gallon a》.

Ú-shàped *adj.* U 字型的。

ush·er [ˋʌʃɚ; ˈʌʃə] **《**源自拉丁文「門房」之義**》—***n.* Ⓒ **1 a** (戲院、教堂等的)**接待員。** **b**《美》(結婚典禮中的)招待《新郎、新娘的朋友們》。**2 a** (法院等的)守衛，門房。**b**《英》(任法庭雜務的)庭警(《美》bailiff). **3**《古》(走在前面引導貴賓的)引導員。

—*v.t.*〔十受十副詞(片語)〕引導，接待〈人〉(至…)：The butler ~*ed* the visitor *into* the drawing room. 僕役長把訪客領進會客室/I ~*ed* him *out* [*forth*]. 我送他出去。

úsher ín《*vt adv*》(1)把〈人〉引進來：~ *in* a guest 引進客人。(2)〈氣候〉預告〈季節〉；〈事件、時代〉宣告…的到來：The warm sunshine ~*ed in* the spring. 和煦的陽光預示春天的到來/The seventies ~*ed in* women's liberation. 1970 年代宣告婦女解放的到來。

ush·er·ette [ˌʌʃəˋrɛt; ˌʌʃəˈret] **《**女性的 usher**》—***n.* Ⓒ(戲院等的)女領座員。

USIA《略》United States Information Agency 美國新聞總署。

USIS《略》United States Information Service 美國新聞處。

U.S.M.《略》United States Mail [Marines, Mint] 美國郵政[海軍陸戰隊，造幣局]。

USMC《略》United States Marine Corps 美國海軍陸戰隊。

USN, U.S.N.《略》United States Navy 美國海軍。

U.S.N.A., USNA《略》United States Naval Academy 美國海軍軍官學校。

USNG, U.S.N.G.《略》United States National Guard 美國國民兵。

ÚS Ópen *n.* [**the** ~]《高爾夫》全美公開賽《世界四大比賽之一，每年六月在美國舉行》。

ÚS PGA **《**PGA 是 Professional Golf Association 之略**》—***n.* [**the** ~]《高爾夫》全美職業賽《世界四大高爾夫球賽之一》。

U.S.S.《略》United States Senate 美國參議院；United States Ship[Steamer, Steamship] 美國船[輪船]。

***USSR, U.S.S.R.**《略》Union of Soviet Socialist Republics.

usu.《略》usual；usually.

‡**u·su·al** [ˋjuʒuəl; ˈju:ʒuəl] **《**源自拉丁文「使用(use)的」之義**》—***adj.* (**more** ~; **most** ~) **1 a 經常的，** 平常的；通常的：All the ~ people were there. 所有的常客都在那裏/I returned by JAL 370, which is my ~ flight. 我搭乘常搭的 JAL370 班機回來/I

left home earlier than ~. 我比平時早出門/He ate less than ~ at dinner that night. 那夜晚餐時他吃得比平時少。**b** 〔+ *for* +(代)名+ *to* do〕〔某人〕〈做…是〉常事的(⇨ habitual【同義字】): It is ~ *for* him *to* sit up late at night. 他經常晚上熬夜。

2 常見的; 平凡的: the ~ April weather 常見的四月天氣。

as is úsual with... 對…是平常的[常有的]: *As is* ~ *with* such people, they left paper and empty bottles everywhere. 這些人像往常一樣[照常]到處亂扔紙屑和空瓶。

as úsual 如常, 照常: She was late, *as* ~. 她照常遲到。

‡u·su·al·ly [ˋjuʒuəlɪ; ˈjuːʒuəli] *adv.* (**more** ~; **most** ~) **平常, 通常, 一般**: I ~ go to bed at 10. 我通常十點上牀/She is not ~ so reserved. 她通常不如此緘默/"Is it hot in September?"—"(No,) not ~."「九月熱嗎?」「(不,)通常不熱。」

u·su·fruct [ˋjuzju͵frʌkt, ˋjus-; ˈjuːsjuːfrʌkt, ˈjuːzj-] *n.* Ⓤ《法律》受益權, 使用權; 使用收益權。

u·su·fruc·tu·ar·y [͵juzjuˋfrʌktʃu͵ɛrɪ, ˋjus-; ͵juːsjuːˈfrʌktjuəri, ˈjuːzj-] *adj.* 收益權的; 使用權的。
—*n.* Ⓒ享有使用權的人。

u·su·rer [ˋjuʒərɚ; ˈjuːʒərə] *n.* Ⓒ放高利貸的人。

u·su·ri·ous [juˋʒurɪəs; juːˈzjuəriəs, juːˈʒ-] 《usury 的形容詞》—*adj.* 高利貸的, 貪取高利的。~**·ly** *adv.* ~**·ness** *n.*

u·surp [juˋzɝp; juːˈzəːp] 《源自拉丁文「為使用而取」之義》—*v.t.* 〔+受〕**篡奪, 霸佔, 强奪**〈王位、權力等〉: The king's bastard plotted to ~ the throne. 國王的庶子陰謀篡奪王位。
~**·er** *n.*

u·sur·pa·tion [͵juzɚˋpeʃən; ͵juːzəːˈpeiʃn] 《usurp 的名詞》—*n.* ⓊⒸ篡位; 霸佔; 侵佔。

u·su·ry [ˋjuʒərɪ; ˈjuːʒuri] 《源自拉丁文「使用」之義》—*n.* Ⓤ **1** 高利貸。**2** 不法的暴利。

us·ward [ˋʌswɚd; ˈʌswəd] *adv.* 《古》=toward us.

UT 《略》《美郵政》Utah. **Ut.** 《略》Utah.

U·tah [ˋjutɔ, -tɑ; ˈjuːtɑː] 《源自北美土話「山地民族」之義》—*n.* 猶他州《美國西部的一州; 首府為鹽湖城(Salt Lake City); 略作 Ut. 《郵政》UT; 俗稱 the Beehive State》.

U·tah·an [ˋjutɔən, -tɑən; ˈjuːtɑːən] 《Utah 的形容詞》—*adj.* 猶他州的。—*n.* Ⓒ猶他州人。

u·ten·sil [juˋtɛnsl̩; juːˈtensl] 《源自拉丁文「適用的」之義》—*n.* Ⓒ**用具**; (尤指)家庭用品: household [kitchen] ~*s* 家庭[廚房]用具。

u·ter·ine [ˋjutərɪn; ˈjuːtərain] 《uterus 的形容詞》—*adj.* **1** 《解剖》子宮的: ~ cancer 子宮癌。**2** 同母異父的: ~ sisters 同母異父的姊妹。

u·te·rus [ˋjutərəs; ˈjuːtərəs] *n.* Ⓒ (*pl.* **-ri** [-tə͵raɪ; -tərai], ~**·es**) 《解剖》子宮(womb).

u·til·i·tar·i·an [͵jutɪləˋtɛrɪən; ͵juːtiliˈteəriən⁺] *adj.* **1 a** 功利的。**b** 實利的, 實用(主義)的。**2** 功利主義(者)的, 實利主義的。
—*n.* Ⓒ功利論[主義]者。

u·til·i·tár·i·an·ìsm [-n͵ɪzəm; -nizəm] *n.* Ⓤ **1** 《哲》功利學說[主義], 實用學說[主義]《★即所謂以「最多數人的最大幸福」作為人類行為規範的邊沁(J. Bentham)和彌勒(J. S. Mill)的倫理學說》。**2** 功利性, 注重實用的精神。

***u·til·i·ty** [juˋtɪlətɪ; juːˈtiləti] 《源自拉丁文「有益的」之義》—*n.* **1 a** Ⓤ**效用**, 有用, 有益, 實利, 功利(性): marginal ~ 《經濟》邊際效用/of no ~ 無用的, 無益的。**b** Ⓒ[常**utilities**]有用的東西。
2 Ⓒ[常**utilities**]公用事業[企業](團體)《鐵路、公共汽車、瓦斯、電力、自來水事業等》: ⇨ public utility.
—*adj.* [用在名詞前] **1** 實用的, 實用本位的〈商品〉: ~ clothes [furniture] 實用的服裝[家具]。
2 有各種用途的, 可用於多方面的: a ~ truck 萬能卡車。
3 任何位置都能勝任的, 萬能的〈棒球選手等〉: a ~ infielder 到處都能守備的內野手。

utílity màn *n.* Ⓒ **1** 能擔任各種職務的人。**2** 萬能候補隊員《可擔任任何位置的球隊候補隊員》。**3** 低級演員《演各種小配角的演員》。

utílity pòle *n.* Ⓒ《美》電線桿。

utílity ròom *n.* Ⓒ《美》用具存放室。

> 【說明】通常設在廚房旁邊方便主婦做洗濯或熨燙等家事的房間。除洗衣機、乾衣機及打掃用具外, 還放置縫紉機及小桌子等。也常用作男主人業餘工作的工作室。此外, 冷暖氣機也常一併設置在此房間內。

u·ti·liz·a·ble [ˋjutl̩͵aɪzəbl̩; ˈjuːtilaizəbl] *adj.* 可以利用的。

u·ti·li·za·tion [͵jutl̩əˋzeʃən; ͵juːtilaiˈzeiʃn] 《utilize 的名詞》—*n.* Ⓤ利用。

u·ti·lize [ˋjutl̩͵aɪz; ˈjuːtilaiz] *v.t.* 〔+受(+介+(代)名)〕利用…〔於…〕, 使…〔在…方面〕派上用場〔*for*〕《★表示實用或產生利益的目的而使用》: Water is ~*d* **for** produc*ing* electric power. 水可用以發電。

ut·most [ˋʌt͵most; ˈʌtmoust] 《源自古英語「在外」之義的最高級》—*adj.* [用在名詞前](無比較級、最高級) **1 最大(限度)的**, 最高(程度)的, 極度的: with the ~ care and attention 極其小心地/a matter of the ~ importance 最重要的事。**2** 最遠的, 最邊緣的: to the ~ ends of the earth 到地球的盡頭, 到天涯海角。
—*n.* [**the** ~, **one's** ~] (能力、力量、努力等的)最大限度, 最高程度, 極限, 極度: do [try, exert] one's ~ 做最大的努力, 盡全力/to *the* ~ of one's power 竭力/enjoy the moment to *the* ~ 盡情享受這時刻/That was *the* ~ he could do. 那就是他盡全力所能做到的。

U·to·pi·a [juˋtopɪə; juːˈtoupjə] *n.* **1** 烏托邦。**2** [常 **u~**] Ⓒ夢想的[不可能實現的]社會。**3** [**u~**] Ⓒ烏托邦的故事。

> 【字源】utopia 是英國十六世紀文學家兼政治家摩爾(Thomas More)用希臘文所創的字, 亦即其所著 *Utopia* 中所敘述的理想國, 意思是「不存在於任何地方的地方」。u 表示否定, 而 topia 是「地方」之意。英國十九世紀小說家巴特勒(Samuel Butler)寫的一本小說 *Erewhon*, 是把 nowhere 這個字倒過來寫的, 即「不存在的地方」之意。

U·to·pi·an [juˋtopɪən; juːˈtoupjən] 《Utopia 的形容詞》—*adj.* **1** 烏托邦的, 理想國的。**2** [常**u~**]烏托邦似的; 空想[夢想]的; 不可能實現的: ~ socialism 空想的社會主義/Don't be so ~. 不要那樣空想。
—*n.* Ⓒ **1** 烏托邦的居民。**2** [常**u~**]空想的理想主義者; 空想的社會改革家。

u·tó·pi·an·ìsm [-n͵ɪzəm; -nizəm] *n.* [常 **U~**] Ⓤ **1** 空想的理想主義。**2** [集合稱]烏托邦式的構想, 空想的(社會)改革。

U·trecht [ˋjutrɛkt; ˈjuːtrekt] *n.* 烏特勒克《荷蘭中部之一省; 首府 Utrecht》.

ut·ter[1] [ˋʌtɚ; ˈʌtə] 《源自古英語「在外」之義的比較級》—*adj.* [用在名詞前](無比較級、最高級)**全然的**, 完全的, 徹底的: ~ darkness 漆黑/an ~ folly 愚不可及。

ut·ter[2] [ˋʌtɚ; ˈʌtə] 《源自中古英語「出去外面」之義》—*v.t.* 〔+受〕**1 a 自口中發出**〈聲音、言語、呻吟、嘆息等〉: ~ a groan [a cry of pain] 發出呻吟[痛苦的喊叫]/She ~*ed* a deep sigh [an exclamation of surprise]. 她發出深深的嘆息[發出驚叫聲]。**b** 敘述, 說明, 吐露〈想法、心情等〉: He ~*ed* his thoughts. 他說出他的想法。**2** 使用〈偽鈔等〉, 使…流通。

ut·ter·ance [ˋʌtərəns; ˈʌtərəns] 《utter[2] 的名詞》—*n.* **1** Ⓤ**吐露**, 發言, 發聲, 發表: He gave ~ to his rage. 他宣洩他的憤怒。
2 [用單數]說話的語調: He has a distinct ~. 他說話的語調清晰。**3 a** Ⓒ (說的)話, (寫的)言辭: He was perplexed at her mysterious ~*s*. 他對她謎般的話感到困惑。**b** Ⓤ《語言》話語《指兩個停頓之間的一串言語, 通常在話語的末尾用上升或下降的終端連音表示》。

ut·ter·ly [ˋʌtɚlɪ; ˈʌtəli] *adv.* (無比較級、最高級)**完全地**, 全然, 徹底地(completely): He was ~ exhausted. 他極度地疲憊。

útter·mòst *adj., n.* =utmost.

Ú-túrn *n.* Ⓒ **1** (汽車等的)U 字型轉彎; 迴轉: make a ~ 作 U 字型轉彎/turn the car in a ~ 把汽車迴轉/No ~(*s*)《告示》禁止迴轉。**2** 《口語·輕蔑》(政策等的)倒轉, 一百八十度轉變。

u·vu·la [ˋjuvjələ; ˈjuːvjulə] *n.* Ⓒ (*pl.* **-lae** [-͵li; -liː], ~**s**) 《解剖》懸壅垂, 小舌。

u·vu·lar [ˋjuvjələ; ˈjuːvjulə] 《uvula 的形容詞》—*adj.* **1** 懸壅垂的。**2** 《語音》小舌的。—*n.* Ⓒ《語音》小舌音。

ux·or·i·cide [ʌkˋsorə͵saɪd, ʌgˋz-, -ɔr-; ʌkˈsɔːrisaid] *n.* **1** Ⓤ殺妻。**2** Ⓒ殺妻者。

ux·o·ri·ous [ʌkˋsorɪəs; ʌkˈsɔːriəs⁺] *adj.* 《文語》對妻子過分順從的, 寵愛妻子的。~**·ly** *adv.* ~**·ness** *n.*

Uz·beg [ˋuzbɛg, ˋʌz-; ˈuzbeg, ˈʌz-] *n.* =Uzbek.

Uz·bek [ˋuzbɛk, ˋʌz-; ˈuzbek, ˈʌz-] *n.* (*pl.* ~, ~**s**) **1 a** [**the** ~(*s*)]烏茲別克族《中亞細亞的土耳其族》。**b** Ⓒ烏茲別克族人。**2** Ⓤ烏茲別克語。

Úzbek Sóviet Sócialist Repúblic *n.* [**the** ~]烏茲別克共和國《位於中亞的一個蘇聯共和國; 首府塔什干(Tashkent)》.

V v **V v** *V v*

v, V[1] [vi; viː] *n.* (*pl.* **v's, vs, V's, Vs** [~z; ~z]) **1** ⓊⒸ英文字母的第二十二個字母《★起初與 U 不分；cf. W[1]；⇨ alphabet 表》。**2** Ⓤ(一序列事物的)第二十二個；(不包括 J 時的)第二十一個。**3** Ⓤ(羅馬數字的)五《★源自 X(＝ten)的上半部》：IV [iv] ＝4/VI [vi] ＝6/XV [xv] ＝15.

V[2] [vi; viː] *n.* Ⓒ(*pl.* **V's, Vs** [~z; ~z]) **1** V 字形(之物)：⇨ V sign. **2**《美口語》五美元紙幣(cf. X[2]4).

V《略》Victory；volt[1]；《符號》《化學》vanadium.

v.《略》valve；velocity；verb；verse；version；versus(拉丁文＝against)；very；vicar；vice[3]；vice-；*vide*(拉丁文＝see)；village；voice；volt(age)；volume. **V.**《略》Venerable；Vicar；Victoria；viscount；Volunteer.

VA《略》《美郵政》Virginia. **Va.**《略》Virginia.

V.A.《略》Veterans' Administration《美》退伍軍人管理局；Vice-Admiral 海軍中將；Order of Victoria & Albert《英》維多利亞・阿伯特勳章。

vac [væk; væk] «*vac*ation 之略»**—***n.* Ⓒ《英口語》休假：in [during] the ~ 在假期中。

va·can·cy [ˈvekənsɪ; ˈveikənsi] «vacant 的名詞»**—***n.* **1** Ⓤ空(的狀態)；空虛；空間：stare into ~ 凝視空際。**2** Ⓒ **a** (可建築的)空地。**b** (旅舘等的)空房間：There are a few *vacancies* on the second floor. 在二樓[《英》三樓]有幾個空房間。**3** Ⓒ(地位、職位等的)空缺：a ~ *on* the staff 職員的空缺/a ~ *in* the Cabinet 內閣中的空缺。**4** Ⓤ失神；茫然若失：an expression of ~ 茫然若失的表情。

va·cant [ˈvekənt; ˈveikənt] «源自拉丁文「空虛的」之義»**—***adj.* (**more** ~；**most** ~) **1** 空的，空虛的；空洞的(⇨ empty【同義字】)：look into ~ space 凝視空際。**2** (無比較級、最高級) **a** 〈土地等〉空的：a ~ lot 空地。**b** 〈房間、座位等〉沒使用的；空著的：a ~ seat 空位/a ~ house 空屋/Are there any ~ rooms [rooms ~] in this hotel? 這家旅館有空房間嗎？**3** (無比較級、最高級)〈地位、職位等〉空缺的，缺額的：fall ~ 有空缺，出缺/situations ~ columns (報紙的)求才廣告欄(★比較《美》稱作 help wanted columns). **4** (無比較級、最高級)有空閒的，閒暇的：~ hours [time] 閒暇的時間。**5** **a** (心中或腦中)空虛的，空空的：a ~ mind 空虛的心靈，茫然的心情。**b** 〈表情等〉茫然的：a ~ look [stare] 茫然的表情[凝視]/a ~ expression 茫然的表情。**c** 傻傻的，癡癡的：give a ~ laugh 發出傻笑。

vá·cant·ly *adv.* 空虛地；茫然：look ~ into a show window 茫然注視櫥窗。

va·cate [ˈveket; vəˈkeit] «vacant 的動詞» **—***v.t.* **1** 搬出，空出，騰出〈房子等〉；讓出〈座位等〉；撤出〈某地〉：~ a house 搬出房子/~ (rented) rooms 搬出(租賃的)房間/You must ~ the premises in three days. 你(們)必須在三天內搬走。**2** 辭退，辭去〈職位等〉。

‡**va·ca·tion** [veˈkeʃən, və-; vəˈkeiʃn] «vacate 的名詞»**—***n.* **1** Ⓒ 休假，假期《★《美》指學校或各行業的休假，期間不定；《英》僅指大學及法院的休假，其他的假日則用 holiday(s)》：the summer [Christmas] ~ 暑假[耶誕假期]/take a ~ 休假/*on* ~ 在休假中，在度假《★無冠詞》/during (the) ~ 在休假中。

2 ⓊⒸ《文語》**a** 空出，撤去，遷出。**b** 辭職，退職。

—*v.i.* 《美》〔動(＋介＋(代)名)〕〔在某地〕度假(《英》holiday) 〔*at, in*〕：go ~*ing* 去度假/~ **in** Florida [**at** a ski resort] 在佛羅里達州[在滑雪勝地]度假。

va·cá·tion·er [-ʃənɚ; -ʃənə] *n.* ＝vacationist.

va·cá·tion·ist [-ʃənɪst; -ʃənist] *n.* Ⓒ《美》度假者，休假旅行的人(《英》holidaymaker).

vacátion·lànd *n.* Ⓒ《美》度假勝地。

vac·ci·nal [ˈvæksənl; ˈvæksinl] «vaccine 的形容詞»**—***adj.* 種痘的；疫苗的。

vac·ci·nate [ˈvæksnˌet; ˈvæksineit] «vaccine 的動詞»**—***v.t.* **1** 〔十受〕**a** 給〈人、動物〉接種疫苗，給…打預防針。**b** 給〈人〉種痘。**2** 〔十受十介十(代)名〕替〈人、動物〉接種〔…的〕疫苗〔*against*〕：~ a person **against** typhus 為某人接種斑疹傷寒的疫苗。

vac·ci·na·tion [ˌvæksnˈeʃən; ˌvæksiˈneiʃn] «vaccinate 的名詞»**—***n.* ⓊⒸ疫苗的接種，預防注射；種痘。

vac·cine [ˈvæksin; ˈvæksiːn] *n.* **1** Ⓤ[指種類時爲Ⓒ]痘苗，疫苗(cf. serum)：combined ~ 混合疫苗。

【字源】vaccine 源自拉丁文「母牛的」之義。英國的醫生 Edward Jenner (1749–1823) 發現從得了天花的牛身上取出某種物質而注入人體時，會使人體產生免疫性，因此把它稱作 vaccine.

2 Ⓒ《電算》解毒程式(cf. computer virus).

—*adj.* [用在名詞前]牛痘的；疫苗的，預防接種的：a ~ farm 痘苗製造所/~ lymph＝a ~ virus 牛痘苗[牛痘漿]/~ therapy 疫苗療法。

vac·il·late [ˈvæslˌet; ˈvæsileit] *v.i.* **1** 〈東西〉搖擺，搖動。**2** **a** 〈心意等〉躊躇，猶豫不決。**b** 〔十介十(代)名〕〔在兩種意見、感情之間〕猶豫不決，舉棋不定〔*between*〕：~ **between** two opinions 在兩種意見之間游移不定/He ~*d* **between** refusal *and* consent [going out *and* staying at home]. 到底要拒絕或答應[要出去或待在家裏]他猶豫不決。

vac·il·la·tion [ˌvæslˈeʃən; ˌvæsiˈleiʃn] «vacillate 的名詞»**—***n.* ⓊⒸ **1** 搖動，搖擺。**2** 猶豫，躊躇；優柔寡斷。

***vac·u·a** [ˈvækjuə; ˈvækjuə] *n.* **vacuum** 的複數。

vac·u·i·ty [væˈkjuətɪ, və-; væˈkjuːəti] «vacuous 的名詞»**—***n.* 《文語》**1** Ⓤ[又作**vacuities**]空虛；眞空。**2** **a** Ⓤ心靈的空虛，茫然；愚笨。**b** Ⓒ[常 **vacuities**]空洞或無意義之物[言論，行爲]。

vac·u·ous [ˈvækjuəs; ˈvækjuəs] *adj.* **1** 空的，空虛的。**2** 心靈空虛的；沒思想的；傻傻的：a ~ expression 傻傻的表情。**3** 〈生活等〉無意義的；漫無目的的：a ~ life 空虛的生活。

~**·ly** *adv.* ~**·ness** *n.*

vac·u·um** [ˈvækjuəm; ˈvækjuəm] «源自拉丁文「空的」之義»**—n.* Ⓒ (*pl.* ~**s**, **vac·u·a** [ˈvækjuə; ˈvækjuə]) **1** 眞空：Nature abhors a ~.《諺》自然厭惡眞空《自然界的缺陷常會得到補償》。**2** [用單數]空處，空虛，空白：His departure created a ~ in our lives. 他的離去在我們的生活中造成了空虛。

3 (又作 **vácuum clèaner**)《美口語》(眞空)吸塵器。

—*v.t.* 《口語》〔十受(十副)〕以(眞空)吸塵器打掃…〈*out*〉：~ a room (*out*)用(眞空)吸塵器把房間打掃乾淨。

—*v.i.* 《口語》用(眞空)吸塵器打掃。

vácuum bòttle *n.* Ⓒ熱水瓶。

vácuum bràke *n.* Ⓒ眞空制動機。

vácuum cóffee màker *n.* Ⓒ玻璃濾壺式咖啡壺。

vácuum flàsk *n.* 《英》＝vacuum bottle.

vácuum-pácked *adj.* 〈食品〉用眞空罐[瓶]包裝的。

vácuum pùmp *n.* Ⓒ眞空泵。

vácuum swèeper *n.* ＝vacuum *n.* 3.

vácuum tùbe *n.* Ⓒ《美》眞空管。

vácuum vàlve *n.* 《英》＝vacuum tube.

va·de me·cum [ˈvedɪˈmikəm; ˌveidiˈmiːkəm] «源自拉丁文 'go with me' 之義»**—***n.* Ⓒ (*pl.* ~**s**)隨身攜帶備用之物；手册，便覽(handbook).

vag·a·bond [ˈvægəˌbɑnd; ˈvægəbɔnd] «源自拉丁文「流浪」之義»**—***n.* Ⓒ **1** (尤指游手好閒的)流浪漢，漂泊者。**2** 流氓，無賴。

—*adj.* [用在名詞前]**1** 流浪的，漂泊的：lead a ~ life 過流浪的生活。**2** 無賴的，流氓的；毫無可取的。

vag·a·bond·age [ˈvægəˌbɑndɪdʒ; ˈvægəbɔndidʒ] *n.* Ⓤ **1** 流浪[漂泊]的生活。**2** [集合稱]《古》流浪漢。

va·gar·i·ous [vəˈgɛrɪəs, vei-; veiˈgɛəriəs] «vagary 的形容詞»**—***adj.* 越出常規的；奇特的；捉摸不定的。

va·ga·ry [vəˈgɛrɪ, ve-; ˈveigəri, vəˈgɛəri] *n.* Ⓒ[常 **vagaries**]奇特的行爲[想法]；狂妄；反覆無常，不可捉摸：the *vagaries* of fashion 時尙之不可捉摸。

va·gi *n.* **vagus** 的複數。

va·gi·na [vəˈdʒaɪnə; vəˈdʒainə] *n.* Ⓒ (*pl.* **-nae** [-ni; -niː], ~**s**) 《解剖》陰道；《動物》鞘《器官之鞘狀部分》。

vag·i·nal [ˈvædʒənl; vəˈdʒainl] *adj.*

va·gran·cy [ˈvegrənsɪ; ˈveigrənsi] «vagrant 的名詞»**—***n.* Ⓤ流浪，漂泊；流浪生活；游移不定；變幻無常。

va·grant [ˈvegrənt; ˈveigrənt] «源自古法語「流浪」之義»**—***adj.* [用在名詞前]**1** 流浪的；遊蕩的；漂泊的：~ tribes 流浪民族/a ~ life 流浪生活。**2** 《文語》易變的，不定的，變化無常的：~ thoughts [fancies] 游移不定的思想[幻想]。

—*n.* Ⓒ **1** 流浪者。**2** 居無定所的人；游民。

~**·ly** *adv.*

***vague** [veg; veig] «源自拉丁文「流浪」之義»—*adj.* (**va·guer**; **va·guest**) **1 a** 〈語言、觀念、感情等〉**含糊的**，曖昧的；不明確的：make a ~ answer 做含糊的答覆/yield to ~ terrors 產生莫名的恐怖。

【同義字】ambiguous 是指因措辭不當而可能產生兩種以上含糊的解釋；obscure 是指措辭不明確而尚有隱瞞的不清楚。

b 〈形狀、顏色等〉不清楚的，模糊的：the ~ outline of a church at dusk 黃昏時模糊的教堂輪廓。

2 [用在名詞前] [常**the vaguest...**，用於否定句、疑問句] 絲毫的〈理解、想法等〉："Where is he now?"—"I have*n't the vaguest* idea [notions]." 「他現在在那兒？」「我完全不知道。」《★用法《口語》常省略 idea, notion 等而當名詞用》/I have*n't the vaguest* idea what to do [who she is]. 我完全不知道怎麼辦 [她是誰] /Do you have *the vaguest* notion (of) what you are asking me for? 你一點也不知道你在向我提出什麼要求嗎？

3 [不用在名詞前] 〔十介十(代)名〕〔對…〕不明說的；沒有明確意見的〔*about, as to, on*〕：He was ~ *on* [*about*] many of the details. 在許多細節上他未交代清楚。 **~·ness** *n.*

vágue·ly *adv.* 模糊地；曖昧地。

va·gus [ˈvegəs; ˈveigəs] *n.* Ⓒ (*pl.* **va·gi** [ˈvedʒaɪ; ˈveidʒai]) (又作 **vágus nérve**)《解剖》迷走神經。

vain [ven; vein] «源自拉丁文「空洞的」之義»—*adj.* (**~·er**; **~·est**) **1 無益的**，徒然的，無效的，徒勞的 (⇨ futile【同義字】)：~ efforts 徒勞/All their resistance was ~. 他們的一切抵抗歸于無效/He made a ~ attempt to reach the summit of the mountain. 他試圖攀登那座山的頂峯，但未能成功。 **2 a 自負的**，虛榮心强的：a very ~ man 非常自負的人。 **b** [不用在名詞前] 〔十介十(代)名〕〔對…〕自負的〔*about, of*〕：She was ~ *about* [*of*] her beauty. 她對自己的美貌頗爲自負。 **3** 《文語》空虛的，空洞的，無謂的：~ promises [threats] 空洞的承諾 [威脅] /waste one's life in ~ pleasures 在無謂的歡愉中浪費一生。

in váin ⑴徒然，白費地，無效地：All our efforts were *in* ~. 我們的一切努力終成泡影/He did it, but *in* ~. 他做了，但還是沒有用/He tried to solve the problem *in* ~. 他設法解決那問題，但是枉費心機。⑵輕率地，隨便地：take the name of God *in* ~ 妄用上帝的名字；妄用上帝之名罵人《★出自聖經「出埃及記」等處》/take a person's name *in* ~ 輕蔑地喊某人名字。

~·ness *n.*

vain·glo·ri·ous [venˈglorɪəs, -ˈglɔr-; ˌveinˈglɔːriəs ˉ] «vainglory 的形容詞»—*adj.* 《文語・古》自負的，虛榮心强的：a ~ display of erudition 自負的賣弄學問。 **~·ly** *adv.*

vain·glo·ry [venˈglorɪ, -ˈglɔrɪ; ˌveinˈglɔːri] *n.* Ⓤ《文語・古》自負，虛榮；虛妄之誇飾。

vain·ly [ˈvenlɪ; ˈveinli] *adv.* (**more** ~; **most** ~) **1 徒然，白費地** (in vain)：I hoped ~ for a suggestion from him. 我原希望他有所建議，但未能如願以償/*V*~ did I ask for a reconciliation.=I ~ asked for a reconciliation. 我請求和解，但無結果。 **2** 自負地，虛榮地，得意地。

Vais·ya [ˈvaɪsjə; ˈvaisjə] *n.* 吠舍《印度社會中的第三階級，即農民、商人所構成的平民階級；cf. caste》。

va·lance [ˈvæləns; ˈvæləns] «源自法國紡織品的產地名»—*n.* Ⓒ **1** (裝飾櫃子、牀舖等的) 短帷幔。 **2** 《美》(窗頂上遮蓋窗簾掛桿的) 裝飾短帷；門窗簾匣 (《英》pelmet)。

vale [vel; veil] *n.* Ⓒ谷，山谷 (valley)《★用法除用於地名外還用於詩語》：this ~ of tears《文語・譫》這眼淚之谷；充滿苦難的人生；塵世。

val·e·dic·tion [ˌvæləˈdɪkʃən; ˌvæliˈdikʃn] «源自拉丁文「告別」之義»—*n.* 《文語》 **1** Ⓤ告別，辭別。 **2** Ⓒ告別辭 [演說]，道別的話。

val·e·dic·to·ri·an [ˌvælədɪkˈtorɪən, -ˈtɔr-; ˌvælidikˈtɔːriən ˉ] *n.* Ⓒ《美》(在畢業典禮中致告別辭的) 畢業生代表《通常爲畢業班成績最優之學生；cf. salutatorian》。

val·e·dic·to·ry [ˌvæləˈdɪktərɪ; ˌvæliˈdiktəri ˉ] «valediction 的形容詞»—*adj.* 《文語》告別的，辭別的：a ~ speech 告別演說/a ~ poem 告別詩。

—*n.* Ⓒ《美》(畢業生代表的) 告別辭，告別演說 (cf. salutatory).

va·lence [ˈveləns; ˈveiləns] *n.* Ⓒ **1** 《化學》原子價。 **2** 《遺傳》(染色體血清等結合的) 數價。

Va·len·cia [vəˈlenʃɪə, -ʃə; vəˈlenʃiə] *n.* **1** 瓦倫西亞《西班牙東部之一省；首府 Valencia》。 **2** 瓦倫西亞《委內瑞拉北部之一城市》。 **3** 瓦倫西亞種的柑桔《原產於地中海沿岸，而今遍佈美國加州和佛羅里達州的一種夏季成熟的柑桔》。 **4** 瓦蘭西亞《女子名》。

Va·len·ci·ennes [vəˌlensɪˈenz; ˌvælənsiˈen] *n.* **1** 華倫西安茲《法國北部近比利時之一城市》。 **2** (又作 **Valénciennés láce**) Ⓤ華倫西安茲花邊《一種用線軸的手織花邊》。

va·len·cy [ˈvelənsɪ; ˈveilənsi] *n.* 《英》=valence.

-va·lent [-velənt, -vələnt; -veilənt, -vələnt] 字尾 [形容詞複合用詞]《化學》…(原子) 價的。

val·en·tine [ˈvælənˌtaɪn; ˈvæləntain] *n.* Ⓒ **1** 在聖・華倫泰節寄的信、卡片、畫片或禮物《在二月十四日的聖・華倫泰節 (St. Valentine's Day) 常以匿名方式寄給情人》。 **2** [常 **V~**] 在聖・華倫泰節寄給異性卡片或禮物的人 [情人]。

—*adj.* [用在名詞前] 聖・華倫泰節的，情人節的：a ~ card 情人節卡片。

Val·en·tine [ˈvælənˌtaɪn; ˈvæləntain], **St.** *n.* 聖・華倫泰《三世紀時的基督教殉教者；其紀念節日爲二月十四日；cf. St. Valentine's Day》。

Válentine('s) Dày *n.* =St. Valentine's Day.

va·le·ri·an [vəˈlɪrɪən; vəˈliəriən] *n.* **1** Ⓤ [指種類時爲Ⓒ]《植物》纈草《又稱吉草，纈草屬植物之通稱》。 **2** Ⓤ《藥》纈草；穿心排草，拔地麻《可製鎭靜劑》。

val·et [ˈvælɪt; ˈvælit] *n.* Ⓒ **1** (隨侍主人等的) 男僕，男隨從：No man is a hero to his ~. 《諺》任何主人在他的僕人眼裏都不是英雄《僕人眼中無英雄》。 **2** (旅館等的) 侍者，服務生。

—*v.t.* **1** 隨侍，伺候，侍從〈人〉。 **2** 照料〈某人穿著〉《如刷衣、洗衣、修補等》。—*v.i.* 照料某人的穿著。

va·let de cham·bre [valedəˈʃɑ̃brə; valedəˈʃɑ̃ːbrə] «源自法語»—*n.* (*pl.* **valets de chambre**) =valet 1.

val·e·tu·di·nar·i·an [ˌvæləˌtudn̩ˈerɪən, -ˌtju-; ˌvælitjuːdiˈneəriən ˉ] «源自拉丁文「不健康」之義»—《文語》*adj.* **1** 有病的，抱病的；虛弱的。 **2** 爲疾病發愁的；過分擔心健康的。

—*n.* Ⓒ **1** 病弱者。 **2** 過分擔心健康的人。

val·e·tu·di·nar·y [ˌvæləˈtudn̩ˌerɪ, -ˈtju-; ˌvæliˈtjuːdinəri] *adj.*, *n.* =valetudinarian.

Val·hal·la [vælˈhælə; vælˈhælə] *n.* 《北歐神話》華海拉殿《歐丁 (Odin) 神的殿堂；祀奉陣亡戰士的紀念堂》。

val·iance [ˈvæljəns; ˈvæljəns] «valiant 的名詞»—*n.* Ⓤ《文語》勇敢，英勇，勇氣。

vál·iancy [-ljənsɪ; -ljənsi] *n.* =valiance.

val·iant [ˈvæljənt; ˈvæljənt] «源自古法語「强壯」之義»—*adj.* 《文語》 **1** 勇敢的，驍勇的，英勇的。 **2** 傑出的，非凡的，有價值的：It was a ~ attempt. (雖然未能成功) 那是很有價值的嘗試。 **~·ly** *adv.*

val·id [ˈvælɪd; ˈvælid] «源自拉丁文「堅强」之義»—*adj.* (**more** ~, **most** ~; **~·er**, **~·est**) **1** 〈議論、理由等〉**有確實根據的**，正確的，正當 [妥當] 的：Oversleeping is not a ~ excuse for being late for school. 睡過頭並不是上學遲到的正當理由。

2 有效的，有效力的，效果好的 (↔ invalid)：a ticket ~ *for* two days 兩天內有效的票 / This license is no longer ~. 這張執照不再有效。

3 《法律》依法有效的，依照合法手續的 (↔ invalid)：a ~ contract 合法的契約/a ~ marriage 合法的婚姻。

~·ly *adv.* **~·ness** *n.*

val·i·date [ˈvæləˌdet; ˈvælideit] «valid 的動詞»—*v.t.* **1** 使… (在法律上) 有效，批准 (↔ invalidate)。 **2** 確認，確證：~ a meal voucher 確認餐劵有效。

val·i·da·tion [ˌvæləˈdeʃən; ˌvæliˈdeiʃn] «validate 的名詞»—*n.* Ⓤ **1** 批准。 **2** 確認。

va·lid·i·ty [vəˈlɪdətɪ; vəˈlidəti] «valid 的名詞»—*n.* Ⓤ **1** 正當，正確，確實性。 **2** 效力，有效：the term of ~ 有效期間。 **3** 合法性。

va·lise [vəˈlis; vəˈliːz, -iːs] *n.* Ⓒ旅行用手提包，手提旅行箱。

Val·kyr [ˈvælkɪr; ˈvælkiə], **Val·ky·rie** [vælˈkɪrɪ; vælˈkiəri] *n.* 《北歐神話》華爾吉《華海拉 (Valhalla) 殿中的侍女之一；傳說歐丁 (Odin) 神命令她騎飛馬到處去把陣亡戰士的英魂引導入華海拉殿》。

‡**val·ley** [ˈvælɪ; ˈvæli] *n.* Ⓒ **1** (指山與山之間寬廣的) 谷，山谷。

【同義字】valley 是指兩側有山的平地，其間常有溪流；gorge 與 ravine 要比 valley 深而狹窄，兩側常爲絕壁；canyon 則是比 valley 較大的峽谷。

2 [常用單數；常與修飾語連用] (河流的) 流域，(流域中的) 盆地：a river ~ 河的流域/the Mississippi *V*~ 密西西比河流域。

val·or [ˈvælɚ; ˈvælə] *n.* Ⓤ《文語》(尤指在戰場上的) 勇氣，英勇，勇猛。

val·o·ri·za·tion [ˌvæləraˈzeʃən, -aɪˈz-; ˌvæləraiˈzeiʃn] «valorize 的名詞»—*n.* Ⓤ《經濟》(通常指政府的) 物價安定政策，維持商品價格穩定 (的措施)。

val·or·ize [ˈvæləˌraɪz; ˈvæləraiz] «源自葡萄牙語「價值」之義»—*v.t.* 《經濟》(尤指政府) 規定…的價格，穩定…的價格，對…實行穩定價格措施。

val·or·ous [ˈvælərəs; ˈvælərəs] «valor 的形容詞»—*adj.* 《文語》英勇的，勇敢的。 **~·ly** *adv.* **~·ness** *n.*

va·lour [ˋvælɚ; ˈvælə] *n.* 《英》＝valor.

valse [vɑls; vɑːls] 《源自法語 'waltz' 之義》**—*n.*** Ⓒ(尤指音樂會的)華爾茲(舞曲)。

val·u·a·ble** [ˋvæljəbl; ˈvæljuəbl] 《value 的形容詞》**—*adj. (**more ～**; **most ～**) **1 a** **昂貴的**；貴重的；重要的；有價值的：～ jewelry 貴重的珠寶/ ～ pictures 珍貴的畫/ ～ information 重要的情報。

【同義字】valuable 用於物品時是指價錢昂貴的，而用於非物品時是指重要的；precious 是指具有極大價值，無法以金錢衡量的。

b [不用在名詞前]〔十介十(代)名〕〔對…〕寶貴的，有用的〔*for, to*〕：This dictionary will be very ～ ***to*** you [***for*** study*ing* English]. 這本字典對你[學習英語]將很有幫助。**2** 有金錢價值的，有價格的：～ stock certificates 有價證券。

—*n.* Ⓒ[常 ～s]貴重品《尤指珠寶、黃金等》：All ～*s* should be kept in the safe. 所有貴重物品應存放在保險箱裏。

vál·u·a·bly [-ljəblɪ; -ljuəbli] *adv.*

val·u·a·tion [ˌvæljʊˋeʃən; ˌvælju'eiʃn] *n.* **1 a** Ⓤ估價。**b** Ⓒ估定的價格。**2** ⓊⒸ(人物、才能等的)評價，評定，判斷：accept [take] a person *at* his own ～ 相信某人對他自己的評價。

val·u·a·tor [ˋvæljʊˌetɚ; ˈvæljueitə] *n.* Ⓒ評價者，估價者，價格核定者。

‡val·ue [ˋvælju; ˈvæljuː] 《源自古法語「有價值」之義》**—*n.*** **1** **價值**。

【同義字】worth 是指知識上、精神上、道德上的價值；value 是指從實用性、重要性來看的價值。

a Ⓤ(指東西的本質上的或是相對的)價值，眞價；有用性：the ～ of sunlight [education] 日光[教育]的價值/surplus ～《經濟》剩餘價值/news [propaganda] ～ 新聞[宣傳]價值/⇨of VALUE. **b** ⓊⒸ(交換、購買、貨幣的)價值，價格，代價：(an) exchange(able) ～ ＝(a) ～ in exchange 交換價值/Stamps can be redeemed *at* face ～. 印花可以按面值換回現金/The coin has a face ～ of $10. 此硬幣的面值爲十元/This picture has no market ～. 這幅畫沒有市價。

2 Ⓤ[常**good** [**poor**] ～ (**for money**)]值得[不值得](某價錢)的東西；與其價格等值的東西：This coat was *good* [*poor*] ～ (*for* the price). 這件上衣(以那個價錢來說)是很划算[不划算]的/You always get *good* ～ *for* your *money* at that supermarket. 在那家超級市場買東西總是很划算。

3 Ⓤ[又作 **a** ～]評價：set [place, put] much [*a* high] ～ on [upon]... 高估，重視，看重…。

4 Ⓒ(句中言辭的)眞義，意義。

5 Ⓒ[常～s]《繪畫》明暗關係，濃淡色度。

6 Ⓒ《音樂》(音之)時值，(拍之)長度。

7 Ⓒ《數學》(數)值。

8 [～s](大部分人對有價值的東西所抱持的)價值標準，價值觀：the erosion of traditional ～*s* 傳統價值觀的腐蝕[淡化]。

of válue 有價值的，貴重的，昂貴的：articles *of* ～ 貴重品/These old coins are now *of* no ～. 這些舊硬幣現在已沒有什麼價值了/This book will be *of* great [little] ～ (to you) *for* [*in*] your study. 這本書對你的研究工作將很有[沒什麼]價值。

—*v.t.* **1 a** 〔十受〕給〈東西〉**定價格**：～ old books for an auction 給舊書定價錢來拍賣。**b** 〔十受十介十(代)名〕估價…〔值…〕〔*at*〕：～ a house and lot ***at*** $20,000 估價一棟房子連地值兩萬美元。**2** 〔十受〕**重視，尊重**…：He ～*s* your friendship (highly). 他很重視你的友誼。

válue-àdded táx *n.* Ⓤ增加價值稅，增值稅《商品在生產及流通的各階段被徵收的一種間接稅；略作 VAT》。

vál·ued *adj.* **1** 受重視[尊重]的；貴重的；重要的：a ～ friend 受尊重的朋友。**2** [常構成複合字]有…價值的：many-*valued* 多元價值的。

válue jùdgment *n.* ⓊⒸ價值判斷〔*of*〕.

válue·less *adj.* 無價值的。～**·ness** *n.*

vál·u·er [-ljuɚ; -ljuə] *n.* Ⓒ **1** 評[估]價者。**2** 《英》職業估價者。

valve [vælv; vælv] 《源自拉丁文「疊門」之義》**—*n.*** Ⓒ **1** **活門，活瓣，汽門，閥**：a safety ～ 安全閥。**2** 《英》眞空管(tube)：a ～ detector 眞空管檢波器/a six-*valve* set 六眞空管電報接收機。**3** 《解剖・動物》瓣，瓣膜；(雙殼貝的)殼(cf. bivalve)。**4** 《植物》瓣。**5** 《音樂》(銅管樂器的)活塞，活門。

val·vu·lar [ˋvælvjələr; ˈvælvjulə] 《valve 的形容詞》**—*adj.*** **1** 瓣的，瓣狀的；有活瓣功能的。**2** (心臟)瓣膜的：～ disease 心臟瓣膜症。

va·moose [væˋmus; vəˈmuːs] *v.i.* [常用祈使語氣]《美俚》逃跑；急速離開。

vamp¹ [væmp; væmp] 《源自古法語「脚的前端」之義》**—*n.*** Ⓒ **1 a** (鞋子前端的)鞋面(⇨shoe 插圖)。**b** (做鞋前端鞋面用的)鞋面皮。**2** 《口語》《音樂》(爵士樂的單純的)即席伴奏(曲)。

—*v.t.* **1 a** 〔十受〕給〈鞋子〉換新鞋面。**b** 〔十受(十副)〕修補；翻新…〈*up*〉。**2** 〔十受(十副)〕《口語》《音樂》即席爲〈歌曲〉伴奏〈*out, up*〉. **—*v.i.*** 《口語》《音樂》作即席伴奏。

vámp úp 《*vt adv*》(1)捏造〈藉口〉；拼湊…：～ *up* a comedy 拼湊出一齣喜劇/ ～ *up* an excuse 捏造藉口。(2)⇨*v.t.* 1b. (3)⇨*v.t.* 2.

vamp² [væmp; væmp] 《vampire 之略》**—*n.*** Ⓒ(以色相騙男人之)蕩婦(★流行於 1920－30 年代的名詞)。

—*v.t.* 利用色相向〈男子〉勒索錢財，勾引〈男子〉。

vam·pire [ˋvæmpaɪr; ˈvæmpaiə] *n.* Ⓒ **1** 吸血鬼《據說屍體會於夜間復活，從墳墓出去吸食睡眠中人的血》。**2** (吸血鬼般的)榨取者，剝削者；(以美色誘男子的)妖婦。**3** (又作 **vámpire bàt**)《動物》吸血蝠《南美熱帶地區產》。

vampire 1

van**¹ [væn; væn] 《caravan 之略》**—*n. Ⓒ **1** **小型有蓋貨車**《客貨兩用》：by ～ 以有蓋貨車(★無冠詞)/a baker's ～ 裝載麵包的貨車/a police ～ (有蓋)警車《用來載運犯人》。**2** 《英》(鐵路的)行李車；有蓋貨車(《美》car) (cf. wagon 2).

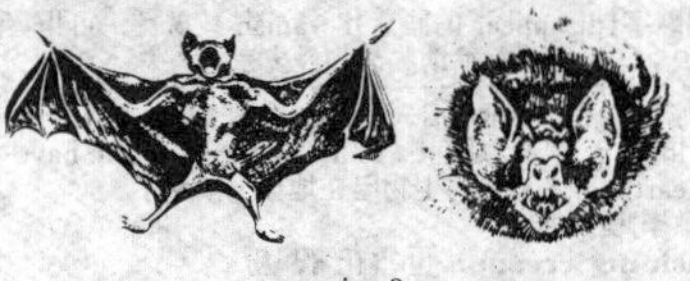
vampire 3

van¹ 1

van² [væn; væn] 《vanguard 之略》**—*n.*** [**the** ～；當單數用]《文語》**1** (軍隊、艦隊的)前鋒，先鋒(↔ rear). **2** [集合稱](社會、政治運動等的)先導[指導]者，先驅。

in the ván of... 爲…的先驅，在…的前列。

van³ [væn; væn] 《略》 *n.* 《英》《網球》＝advantage 3.

va·na·di·um [vəˋnedɪəm; vəˈneidjəm] *n.* Ⓤ《化學》釩《稀有金屬元素；符號 V》：～ steel 釩鋼。

Van Ál·len (radiátion) bèlts [vænˋælɪn-; vænˈælin-] 《源自美國物理學家之名》**—*n.*** *pl.* [**the** ～]《地球物理》范艾倫輻射帶《環繞地球而含有強烈輻射線的環狀輻射帶；分高度不同的內外兩個輻射帶》。

Van·cou·ver [vænˋkuvɚ; vænˈkuːvə] *n.* **1** 溫哥華《加拿大西南部，英屬哥倫比亞(British Columbia)的港市》。**2** 溫哥華島《位於溫哥華西方屬於英屬哥倫比亞(British Columbia)的一個島》。

Van·dal [ˋvændl; ˈvændl] *n.* **1 a** [**the** ～s]汪達爾族《於五世紀侵犯西歐掠奪羅馬的日耳曼民族之一；羅馬文化的破壞者；cf. Goth》。**b** Ⓒ汪達爾人。**2** [**v**～]Ⓒ(藝術品、自然美等的)破壞者，摧殘者。

—*adj.* **1** 汪達爾族[人]的。**2** [**v**～]破壞[摧殘]藝術、文化者的。

ván·dal·ism [-lˌɪzəm; -lizəm] *n.* Ⓤ對藝術[文化，建築物，公物(等)]的故意破壞(行爲)；暴力行爲：acts of ～ 野蠻行爲，蠻行。

van·dal·is·tic [ˌvændlˋɪstɪk; ˌvændəˈlistik] *adj.* 破壞文化[建築物，文物(等)]的，行爲野蠻的。

van·dal·ize [ˋvændlˌaɪz; ˈvændəlaiz] *v.t.* 故意破壞〈文化、建築物等〉(★常用被動語態)。

Van Dyck [vænˋdaɪk; ˌvænˈdaik], **Sir Anthony** *n.* 范戴克《1599－1641；荷蘭肖像畫家》。

Van·dyke [vænˋdaɪk; ˌvænˈdaik] *n.* **1** ＝Van Dyck. **2** ＝Vandyke beard. **3** Vandyke collar.

Ván·dyke béard [ˋvændaɪk-; ˈvændaik-] 《源自荷蘭肖像畫家 Sir Anthony Vandyke》**—*n.*** Ⓒ(末端修成 V 字形的)范戴克式尖鬚。

Vándyke brówn *n.* **1** Ⓤ[指種類時爲Ⓒ]深棕[褐]色《范戴克喜歡用的》。**2** Ⓤ深棕[褐]色顏料。

Vándyke cóllar *n.* Ⓒ范戴克式衣領《帶鋸齒邊的寬衣領》。

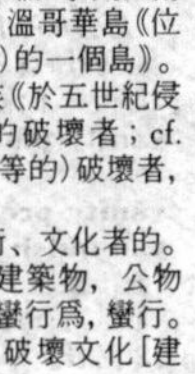
Vandyke beard

V

vane [ven; vein] 《源自古英語「旗」之義》—*n.* Ⓒ **1** 風信旗，風向標，風向計：⇨weather vane. **2** (風車、螺旋槳、渦輪等的)葉。

van Gogh [vænˋgo; ˌvænˈgɔf], **Vincent** *n.* 梵谷《1853-90；荷蘭畫家》。

van·guard [ˋvænˏgard; ˈvængɑːd] 《源自古法語「前鋒」之義》—*n.* **1** Ⓒ[集合稱]《軍》前鋒，先鋒(↔ rear guard)《★用法視為一整體時當單數用；指個別成員時當複數用》。**2** [the ～；當單數用](社會、政治運動等的)先驅[指導]者們，先導；領導的地位：*in the ～ of...* 爲…的先驅。

va·nil·la [vəˋnɪlə; vəˈnilə] 《源自西班牙語「小豆莢」之義》—*n.* **1** Ⓒ《植物》香莢蘭《俗稱香草；美洲熱帶所產的蘭科攀緣植物；可從其果實採取香精》：a ～ bean 香莢蘭豆。**2** Ⓤ(從香莢蘭豆取出的)香精。

—*adj.* [用在名詞前]以香精調味的：two ～ ice creams 兩份香草冰淇淋。

vanilla 1

***van·ish** [ˋvænɪʃ; ˈvæniʃ] 《源自拉丁文「變空虛」之義》—*v.i.* **1** 〈在眼前的東西〉(突然)消失：The man *～ed* in the crowd. 那個男人消失在人羣裏/The sun has *～ed* below the horizon. 太陽已沈落在地平線下了。

【同義字】disappear 的語意比 vanish 較廣泛，可指突然或逐漸消失；fade 是指徐徐消失，到最後完全消失。

2 〈原來存在的東西〉消失不見，消滅：Our last hope has *～ed.* 我們的最後希望已成泡影了/Many forms of life have *～ed* from the earth. 許多種類的生物已在地球上滅絕了。

3 《數學》變成零。

vánish·ing crèam *n.* Ⓤ雪花膏，粉底霜《一種滋潤皮膚的非油質面霜》。

vánishing pòint *n.* [用單數] **1** (透視畫法的)消失點，沒影點。**2** 東西消耗完的最後一點：Funds are approaching (the) ～. 財源即將枯竭了。

vanishing point 1

van·i·ty [ˋvænətɪ; ˈvænəti] 《vain 的名詞》—*n.* **1** Ⓤ虛榮心，自負：out of ～ 由於[出於]虛榮心/tickle a person's ～ 激起某人的虛榮心。

【同義字】vanity 是指對自己過分的自信或讚美；也指過分想獲得他人稱讚的慾望；pride 是指正當的自尊心或自信；也可指誇張的假自信或自負。

2 a Ⓤ空虛，空幻，虛幻：the ～ of human wishes 人類慾望的虛幻。**b** Ⓒ無益或無用的事物，無益或無聊的行爲：*V～ of vanities*; all is ～. 空幻的空幻；一切皆空《★出自聖經的「傳道書」；這裏的第一個及最後的 vanity 的語意爲義 2a》。

3 (又作**vánity bàg[càse]**) Ⓒ《美》(女用的)攜帶式化妝箱。

4 (又作**vánity tàble**) Ⓒ《美》梳妝臺(dressing table)。

Vánity Fáir *n.* **1 a** 浮華市集《班揚(Bunyan)的小說「天路歷程(*Pilgrim's Progress*)」中市集的名稱》。**b** 浮華世界《薩克萊(Thackeray)所著小說的書名》。**2** [常 v～ f～][用單數]浮華世界《指大都市、上流社會等》。

vánity plàte *n.* Ⓒ《美》(汽車等的)所有人自選字母及號碼的牌照。

vánity prèss[pùblisher] *n.* Ⓒ專辦作者自費出版的出版商。

van·quish [ˋvænkwɪʃ, ˋvæŋ-; ˈvæŋkwiʃ] *v.t.* 《文語》**1** (完全)擊敗，征服，打敗〈敵人等〉(⇨defeat【同義字】)：～ the enemy 擊敗敵人/the *～ed* 被擊敗的人(們)。

2 克服，抑制〈感受等〉。

van·tage [ˋvæntɪdʒ; ˈvɑːntidʒ] 《advantage 字首消失的變體字》—*n.* **1** Ⓤ有利的地位，優勢《★通常作 vantage point 或用於下列片語》：a point of ～ ＝vantage point 1. **2** 《英》＝advantage 3.

vántage gròund *n.* Ⓒ(防禦、攻擊、展望之)有利的立場，地利。

vántage pòint *n.* Ⓒ **1** 有利的地點，地利；利於眺望的地點。**2** 觀點：from your ～ 從你的觀點來看。

Va·nu·a·tu [ˌvanuˋatu; ˌvɑːnuːˈɑːtuː] *n.* 萬那杜《位於太平洋西南部的共和國；首都維拉(Vila [ˋvilə; ˈviːlə])》。

van·ward [ˋvænwəd; ˈvænwəd] *adj.* & *adv.* 在前的[地]；向前的[地]；在前鋒的[地]。

vap·id [ˋvæpɪd; ˈvæpid] 《源自拉丁文「失去活力」之義》—*adj.* (～·er；～·est) **1** 〈飲料等〉沒味道的，走了味的(flat)：～ beer 走了味的啤酒。**2** 〈人、言談等〉無生氣的，無趣味的(dull)：～ talk 無趣味的談話/a ～ novel 無趣味的小說。

～·ly *adv.* ～·ness *n.*

va·pid·i·ty [væˋpɪdətɪ; væˈpidəti] 《vapid 的名詞》—*n.* **1** Ⓤ無味，乏味，走味。**2 a** Ⓤ無生氣，無趣味。**b** Ⓒ[常 vapidities]索然乏味的言談[想法(等)]。

va·por [ˋvepɚ; ˈveipə] *n.* **1 a** Ⓤ[指種類時爲Ⓒ]蒸汽《指空氣中的蒸汽、霧、煙霧等》：escape in ～ 蒸發。**b** Ⓤ[常與修飾語連用]《物理》汽：water ～ 水汽/alcohol ～ 酒精的揮發。

2 Ⓒ《罕》空想，幻想；妄想。

3 [the ～s]《古·謔》(尤指女性的)氣鬱病；臆想病。

vápor bàth *n.* Ⓒ蒸汽浴。

va·por·ing [ˋvepərɪŋ; ˈveipəriŋ] *adj.* **1** 蒸發的，發出蒸汽的。**2** 誇大的，說大話的。

—*n.* [常～s] Ⓒ誇大，說大話。

vá·por·ish [-pərɪʃ; -pəriʃ] *adj.* **1** 蒸汽般的；多蒸汽的。**2** 患氣鬱[臆想]病的；憂鬱的。

va·por·i·za·tion [ˌvepərəˋzeʃən; ˌveipəraiˈzeiʃn] 《vaporize 的名詞》—*n.* Ⓤ蒸發(作用)，汽化。

va·por·ize [ˋvepəˏraɪz; ˈveipəraiz] 《vapor 的動詞》—*v.t.* 使…蒸發，使…汽化。—*v.i.* 蒸發，汽化。

vá·por·iz·er *n.* Ⓒ **1** 蒸發器。**2** 汽化器；噴霧器。

va·por·ous [ˋvepərəs, -prəs; ˈveipərəs] 《vapor 的形容詞》—*adj.* **1 a** 發出蒸汽的。**b** 充滿蒸汽的；多霧的。**c** 蒸汽般的，蒸汽的。**2** 〈事物或想法〉空幻的，無實質的，幻想的。

～·ly *adv.* ～·ness *n.*

vápor tràil *n.* Ⓒ凝結尾(contrail)。

va·por·y [ˋvepərɪ; ˈveipəri] *adj.* **1** ＝vaporous. **2** ＝vaporish.

va·pour [ˋvepɚ; ˈveipə] *n.* 《英》＝vapor.

va·que·ro [vaˋkero; vɑːˈkɛərou] 《源自西班牙語》—*n.* Ⓒ(*pl.* ～s)(墨西哥、美國西南部之)飼養家畜的人，牧童，牛仔。

var. 《略》variant；variation；variety；various.

Va·ra·na·si [vəˋranəsɪ; vəˈrɑːnəsi] *n.* 瓦拉納西《印度東北部之一城市，臨恒河(Ganges)，爲印度教之聖城；舊稱比納里斯(Benares)》。

var·i·a·bil·i·ty [ˌvɛrɪəˋbɪlətɪ; ˌvɛəriəˈbiləti] 《variable 的名詞》—*n.* Ⓤ **1** 易變，變化性。**2** 《生物》變異性。

***var·i·a·ble** [ˋvɛrɪəbl; ˈvɛəriəbl] *adj.* (**more ～；most ～**) **1 a** 易變的，變化不定的，不定的(↔ constant)：～ weather 易變的天氣。**b** 變幻無常的：Her mood is ～. 她的心情變幻無常。

2 可變的，會變動的：Prices are ～ according to the rate of exchange. 物價會隨匯率而變動。

3 《委婉語》〈演奏、演技等〉時好時壞的，有時會失常的。

4 《生物》變異的：a ～ species 變異種。

—*n.* Ⓒ **1** 會變化[易變]的東西。

2 《數學》變數，變量(↔ constant)。

vár·i·a·bly [-blɪ; -bli] *adv.*

váriable stár *n.* Ⓒ《天文》變星《光度會隨時間而變化的恒星》。

var·i·ance [ˋvɛrɪəns; ˈvɛəriəns] 《variant 的名詞》—*n.* Ⓤ Ⓒ(意見、想法等的)相異，不一致；不和，齟齬。

at váriance (1)〈意見、言行等〉〔與…〕不一致，相矛盾，相異〔*with*〕：My ideas are *at ～ with* his. 我的思想和他的不同。(2)〔與…〕不和，爭執〔*with*〕：The brothers have been *at ～* for many years. 那些兄弟多年來一直不和睦/He has been *at ～ with* his brother for many years. 他與他的哥哥[弟弟]多年來一直不睦。

var·i·ant [ˋvɛrɪənt; ˈvɛəriənt] *adj.* [用在名詞前]相異的，不同的："Moustache" is a ～ spelling of "mustache." moustache 是 mustache 不同的拼法。

—*n.* Ⓒ **1** 變形，變體。**2 a** (拼法、發音的)變體。**b** (典籍的)異文，異本。

***var·i·a·tion** [ˌvɛrɪˋeʃən; ˌvɛəriˈeiʃn] 《vary 的名詞》—*n.* **1** Ⓤ Ⓒ變動，變化(change)：considerable ～(*s*) *in* temperature 相當大的氣溫變化/a temperature ～ *of* 10° 溫差十度/～(*s*) *in* popular taste 大衆品味的變化。**2** Ⓒ變量，變度。**3** Ⓒ《音樂》變奏曲：～*s* on a theme by Haydn 海頓的主題變奏曲。**4** 《生物》**a** Ⓤ Ⓒ變異。**b** Ⓒ變種。

var·i·ces *n.* **varix** 的複數。

vár·i·còlored [ˋvɛrɪ-; ˈvɛəri-] *adj.* 雜色的，五顏六色的。

var·i·cose [ˋværɪˏkos; ˈværikous] 《varix 的形容詞》—*adj.* 《醫》(尤指脚部的)靜脈曲張的：～ veins 曲張靜脈。

var·i·cos·i·ty [ˏværɪˋkasətɪ; ˌværiˈkɔsəti] *n.* 《醫》**1** Ⓤ曲張狀態，靜脈曲張狀態。**2** ＝varix.

var·ied [ˋvɛrɪd; ˈvɛərid] *adj.* (**more ～；most ～**) **1** 各種各樣的，不同的：The book contains very ～ recipes. 這本書上有各種不同的食譜。

2 富於變化的：～ scenes 富於變化的風景/live a ～ life 過多彩多姿的生活。

3 雜色的，斑駁的(variegated)。

～·ly *adv.* ～·ness *n.*

var·ie·gate [ˈvɛrɪˌget; ˈvɛərigeit] *v.t.* **1** 使…呈雜色《如斑點、條紋等》。**2** 使…多樣化。

var·i·e·gat·ed [ˈvɛrɪˌgetɪd; ˈvɛərigeitid] *adj.* 〈花、葉等〉雜色的，斑駁的：a ~ tulip 雜色的鬱金香。

var·i·e·ga·tion [ˌvɛrɪˈgeʃən; ˌvɛəriˈgeiʃn] *n.* Ⓤ〈花、葉等的〉雜色，斑駁，彩斑。

‡va·ri·e·ty [vəˈraɪətɪ; vəˈraiəti] 《various 的名詞》**—n. 1** Ⓤ**變化，多樣(性)**：a life full of ~ 富於變化的人生/for ~'s sake＝for the sake of ~ 爲了有變化，爲了不單調/*V*~ is the spice of life.《諺》變化乃生活之情趣。

2 [**a** ~ **of**...] **各種的，各色各樣的**《★of 後面接複數名詞或集合名詞》：*a* ~ *of* opinions 各種不同的意見/for *a* ~ *of* reasons 由於種種理由/*A* ~ *of* food is sold at a supermarket. 超級市場裏各式各樣的食物均有出售/*A* ~ *of* hooks are used, each for a different kind of fish. 依魚的種類不同使用各種各樣的釣鈎《★用法用複數名詞時動詞有時也用複數》。

3 [**a** ~ **of**...或**varieties of**...]〈同種中的〉種類；《生物》〈動植物分類上的〉變種(cf. classification 1 b)《★用法of 後面的名詞通常是單數而不用冠詞》：*a* ~ *of* cat 貓的一種/*an* early flowering ~ *of* tulip 一種早開花的鬱金香/*a* new ~ *of* rose 新品種的玫瑰。

4 Ⓤ《英》〈電視、夜總會等的〉雜耍；綜藝節目(《美》vaudeville)。

—*adj.* [用在名詞前] 雜耍的；綜藝節目的：a ~ show 綜藝節目/a ~ artist 表演雜耍者/a ~ theater[《英》theatre] 雜耍戲院。

varíety mèat *n.* Ⓤ[指種類時爲Ⓒ]《美》可食用的動物內臟或其他器官。

varíety stòre *n.* Ⓒ《美》雜貨店。

var·i·form [ˈvɛrəˌfɔrm; ˈvɛərifɔ:m] *adj.* 多種形態的，形形色色的。

va·ri·o·la [vəˈraɪələ; vəˈraiələ] *n.* Ⓤ《醫》痘瘡，天花(smallpox)。

var·i·om·e·ter [ˌvɛrɪˈɑmətɚ; ˌvɛəriˈɔmitə] *n.* Ⓒ **1**《電學》可變電感器。**2** 磁差計。**3**《航空》變壓表；氣壓表。

var·i·o·rum [ˌvɛrɪˈorəm; ˌvɛəriˈɔ:rəm] *n.* Ⓒ〈有諸家註解的〉集註版(本)。

—*adj.* [用在名詞前] 載有諸家註解的；收錄各版異文的：a ~ Shakespeare 莎士比亞集註(本)。

‡var·i·ous [ˈvɛrɪəs; ˈvɛəriəs] 《vary 的形容詞》**—***adj.* (**more** ~ ; **most** ~) **1** [與複數名詞連用] **各種不同的，各式各樣的**：~ opinions 各種不同的意見/The modes of procedure are ~ and many. 手續繁瑣複雜，不一而足《★用法後面不接名詞的敍述用法是文語的用法》。

2 [用在名詞前] (無比較級、最高級) 好幾個的；種種的；多數的：for ~ reasons 爲種種理由/known under ~ names 以許多不同的名字爲人所知。

3 [與單數名詞連用] 多方面的，多才的：a man of ~ talent 多才多藝的人。

vár·i·ous·ly *adv.* 各式各樣地；以各種名稱：He worked ~ as a handyman, carpenter, and waiter. 他做過各種工作，如雜役、木工、侍者等。

var·ix [ˈvɛrɪks; ˈvɛəriks] *n.* Ⓒ (*pl.* **var·i·ces** [ˈvɛrəˌsiz; ˈvɛərisi:z])《醫》靜脈曲張。

var·let [ˈvɑrlɪt; ˈvɑ:lit] *n.* Ⓒ《古》侍從；無賴。

var·mint, var·ment [ˈvɑrmənt; ˈvɑ:mint] *n.* Ⓒ **1** 害獸；害鳥。

2《俚·方言》頑童，淘氣鬼：You little ~！你這小淘氣鬼！

var·nish [ˈvɑrnɪʃ; ˈvɑ:niʃ] *n.* **1** Ⓤ[指種類時爲Ⓒ] **清漆**；洋漆，光漆：⇨ nail varnish.

2 [用單數] 〈清漆等所形成的〉光澤面。

3 Ⓤ[又作**a** ~] 外表的裝飾；虛飾：*a* ~ of refinement 僅止於外表上的教養。

—*v.t.* **1** 〔十受〕塗清漆於…；給…上釉。

2 〔十受(十副)〕粉飾；文飾；掩飾…〈*over*〉.

var·si·ty [ˈvɑrsətɪ, ˈvɑrstɪ; ˈvɑ:səti] 《university 之略的變形》**—***n.* Ⓒ **1**《美》〈大學等的〉代表隊。

2《英口語》大學《★用法尤指牛津大學(Oxford)或劍橋大學(Cambridge)；矯飾的用法》：He is at *the* ~. 他在上大學。

—*adj.* [用在名詞前] **1**《美》大學(等)的代表隊的：a ~ player 代表隊的選手。

2《英口語》大學的：a ~ team 大學(代表)隊/the ~ boat race 大學划船比賽。

***var·y** [ˈvɛrɪ; ˈvɛəri] *v.t.* 〔十受〕**1 改變，變更，變換**…(⇨change【同義字】)：He *varies* his style of writing according to his readers. 針對不同的讀者，他變換創作的風格/He *varied* the transmission frequency. 他變換了無線電傳送的頻率。

2 使…有變化，使…多樣化：~ one's meals 使三餐有變化。

—*v.i.* **1 a 改變，變化**：The weather *varies* hourly. 天氣每小時都在變/Her habits have not *varied* at all for the last ten years. 她的習慣在過去十年裏都沒有變化。**b** 〔十介十(代)名〕〔與…〕相異〔*from*〕：The translation *varies* a little *from* the original. 那篇翻譯與原文有些出入。

2 a 不同，相左：Among us opinions *varied*. 我們之間意見各不相同。**b** 〔十介十(代)名〕〔在…方面〕不同，有差異〔*in*〕：The pupils ~ *in* age from 10 to 15. 學生年齡從十歲到十五歲不等。

vár·y·ing *adj.* (連續)改變的，變化的：a constantly ~ sky 時時刻刻變化的天空。

Vas·co da Ga·ma [ˈvæskodəˈgɑmə; ˌvæskoudəˈgɑ:mə] *n.* ⇨ Gama.

vas·cu·lar [ˈvæskjələ; ˈvæskjulə] *adj.*《解剖·生物》脈管的，血管的：the ~ system 脈管系統。

vas·cu·lum [ˈvæskjələm; ˈvæskjuləm] *n.* Ⓒ (*pl.* **-cu·la** [-lə; -lə], ~s) 植物標本採集箱。

vase** [ves, vez, vɑz; vɑ:z] 《源自拉丁文「容器」之義》**—n.* Ⓒ**花瓶**，(裝飾用的)水甕。

va·sec·to·my [væˈsɛktəmɪ; væˈsektəmi] *n.* ⓊⒸ輸精管切除術。

Vas·e·line [ˈvæslˌin; ˈvæsili:n] *n.* Ⓤ《商標》凡士林。

vas·sal [ˈvæsl; ˈvæsl] 《源自拉丁文「傭人」之義》**—***n.* Ⓒ **1** (歐洲封建時代的)家臣。

2 隸屬者，屬下；奴僕。

—*adj.* [用在名詞前] **1** 家臣(般)的：~ homage[fealty] 臣下的效忠。

2 隸屬的；奴僕的：a ~ state 屬國。

vas·sal·age [ˈvæslɪdʒ; ˈvæsəlidʒ] *n.* Ⓤ **1** (歐洲封建時代的)家臣的身分；效忠；服從。**2** 隸屬(的地位)。

vast** [væst; vɑ:st] 《與 waste 同字源》**—adj.* (~·**er**；~·**est**) **1 廣大的**；廣闊的(⇨ huge【同義字】)：a ~ expanse of desert[ocean] 一片浩瀚的沙漠[海洋]。

2 巨大的；巨額的：spend a ~ sum of money 花費巨額的金錢。

3 非常的，很大的：a matter of ~ importance 非常重要的事情/He has a ~ appetite. 他胃口很大。

vást·ly *adv.* **1** 廣大地，廣闊地。**2** 巨大地。**3** 非常地，大大地。

vást·ness *n.* **1** Ⓤ廣大，浩瀚。**2** Ⓒ[常~es] 廣大無邊的空間：the ~*es* of space 浩瀚無垠的太空。

vat [væt; væt] *n.* Ⓒ **1** (釀造、染色等使用的)大桶。**2** 含有已溶解顏料之液體。

VAT [væt; væt] 《*v*alue-*a*dded *t*ax 的頭字語》**—***n.* ＝value-added tax.

Vat·i·can [ˈvætɪkən; ˈvætikən] *n.* [**the** ~] **1** 梵蒂岡《羅馬教皇宮殿》。**2** 羅馬教廷。

Vátican Cíty *n.* [**the** ~] 梵蒂岡市《羅馬市內由教皇管轄的世界最小的獨立國；建於 1929 年；包括梵蒂岡(Vatican)宮殿，聖彼得(St. Peter's)大教堂》。

va·tic·i·nate [vəˈtɪsəˌnet; væˈtisineit] *v.i.* & *v.t.*《文語》預言，預斷(…)。

vau·de·ville [ˈvodəˌvɪl; ˈvoudəvil] *n.* Ⓤ《美》雜耍；綜藝表演(《英》variety)《包括歌唱、舞蹈、特技、短劇等》。

váudeville thèater *n.* Ⓒ《美》雜耍戲院；綜藝表演劇場(《英》music hall)。

vau·de·vil·lian [ˌvodəˈvɪljən; ˌvoudəˈviljən] *n.* Ⓒ表演雜耍者。

vault[1] [vɔlt; vɔ:lt] 《源自拉丁文「轉動，滾動」之義》**—***n.* **1 a** Ⓒ《建築》**拱形圓屋頂**；穹窿。**b** [用單數；常**the** ~] 拱形圓屋頂狀的覆蓋物：*the* ~ of heaven《文語》蒼穹，天空。**2** Ⓒ **a** (食品、酒類等的)地下貯藏室：a wine ~ (地下)葡萄酒貯藏室。**b** (地下)金庫；(銀行等的)貴重品保管室。**c** (教堂、墓地的)地下墓室：a family ~ 一家族的地下墓室。

vaults[1] 1 a

vault[2] [vɔlt; vɔ:lt] *v.i.* 〔十副詞(片語)〕(以手或竿子支撐而)跳過，跳躍：~ *into* the saddle 跳上馬鞍/~ *over* a ditch 跳過溝渠/~ *onto* the back of a horse 跳上馬背。

—*v.t.* (靠手或竿子支撐而)跳越…：~ a horse 跳越(體操用的)跳馬。

—*n.* Ⓒ跳越，跳躍：⇨ pole vault.

váult·ed *adj.* (有)拱形屋頂的：a ~ roof 拱形的屋頂/a ~ chamber 有拱形屋頂的房間。

váult·er *n.* Ⓒ跳越者；會撐竿跳的人。

váult·ing[1] 《源自 vault[1]》**—***n.* Ⓤ《建築》**1** 拱形屋頂建築物；穹窿工事。**2** [集合稱] 拱形屋頂。

váult·ing[2] 《源自 vault[2]》**—***adj.* 跳躍的；跳躍用的；過分自負的；誇大的：~ ambition 過大的野心《★出自莎士比亞(Shakespeare)的「馬克白(*Macbeth*)」》。

V

váulting hòrse *n.* Ⓒ(體操用的)跳馬。

vaunt [vɔnt, vɑnt; vɔ:nt] 《與 vanity 同字源》 **—**《文語》*v.t.* 自誇，炫耀…。

—*v.i.* 〔十介十(代)名〕誇耀，吹噓〔…〕〔*of, over, about*〕：~ *of* one's skill 誇耀自己的技巧。

—*n.* Ⓒ自誇，誇張，吹噓：make a ~ of... 誇耀…。

váunt·ed *adj.* 誇示的，自誇的：his ~ mastery of Japanese 他所自誇的日語造詣。

váunt·er *n.* Ⓒ自誇者，誇大者。

vaunt·ing [ˋvɔntɪŋ, ˋvɑn-; ˋvɔ:ntiŋ] *adj.* (性情)驕傲的，自誇的，誇耀的。

váunt·ing·ly *adv.* 誇耀地，自誇地。

vaulting horse

v. aux(il). 《略》verb auxiliary 助動詞。

vb. 《略》verb(al).

V.C. 《略》Veterinary Corps；Vice-Chairman；Vice-Chancellor；Vice-Consul；Victoria Cross；Voluntary Corps.

VD [ˋviˋdi; ˌvi:ˋdi:] 《*v*enereal *d*isease 之略》 **—***n.* Ⓤ性病，花柳病。

V-Dày 《*V*ictory *Day* 之略》**—***n.* (第二次世界大戰同盟國之最後)勝利日《1946 年 12 月 31 日》。

've [v; v] *v., aux.* 《口語》have 之略《★用於I, we, you, they, might, could, should 等字之後》：I'*ve*＝I have/you'*ve*＝you have /You should'*ve*＝You should have.

veal [vil; vi:l] 《源自拉丁文「小牛」之義》 **—***n.* Ⓤ小牛肉(⇨cow[1] 相關用語)。

vec·tor [ˋvɛktɚ; ˋvekta] 《源自拉丁文「搬運物」之義》**—***n.* Ⓒ **1** 《數學》向量：~ analysis 向量分析。**2** 《航空》航道；航向指示。**3** 《生物》帶菌生物，病毒媒介昆蟲《蚊蠅等》。

—*v.t.* 以電波引導〈飛機、飛彈等〉。

Ve·da [ˋvedə, ˋvidə; ˋveidə, ˋvi:də] *n.* 《印度教》[**the** ~**s**] 吠陀《印度最古之宗教文學，即婆羅門教之根本經典，共計四部》。

V-E Dày 《*V*ictory in *E*urpoe *Day* 之略》 **—***n.* (第二次世界大戰同盟國的)歐洲勝利日《1945 年 5 月 8 日，即德國投降日》。

ve·dette [vəˋdɛt; viˋdet, vəˋd-] 《源自法語》**—***n.* Ⓒ **1** (又作 **vedétte bòat**)哨艇。**2** 騎哨。

Ve·dic [ˋvedɪk, ˋvid-; ˋveidik, ˋvi:d-] *adj.* 吠陀的，吠陀文學[宗教]的。

—*n.* (又作**Védic Sánskrit**)Ⓤ吠陀梵語《一種早期的梵文》。

veep [vip; vi:p] 《源自 *v*(ice-) *p*(resident) 的頭字語》**—***n.* 《美口語》＝vice-president.

veer [vɪr; viə] *v.i.* 〔十副詞(片語)〕 **1** 〈人、車輛、道路等〉改變方向；(突然)轉彎前進：The car ~*ed to* the left [*toward* ours]. 那部車子轉向左邊[轉向而接近我們的車子]。

2 〈意見、話題等〉轉變；〈人〉突然改變心情[計畫(等)]：The topic ~*ed round* [《美》*around*] *to* the world situation. 話題突然轉變到世界局勢。

3 〈風向〉(依北、東、南、西的順序)轉變，順轉：The wind [vane] has ~*ed* (*round* [《美》*around*]) *to* the east. 風向[風向標]已轉東了。

4 《航海》〈船〉改變航向；(尤指)以船首向下風轉變航向：The ship ~*ed off* [*from* its] course. 那條船改變了航向。

—*v.t.* 《航海》使〈船〉改變航向；(尤指)使〈船首〉向下風轉變航向。

veg [vɛdʒ; vedʒ] 《vegetable 之略》 **—***n.* (*pl.* ~)Ⓤ [指種類時爲Ⓒ；常用複數]《英口語》(通常指已烹調的)蔬菜：meat and two ~ 肉類及兩樣蔬菜。

Ve·ga [ˋvigə; ˋvi:gə] 《源自阿拉伯語「降落的(禿鷹)」之義》**—***n.* 《天文》織女星《天琴座(Lyra)的 α 星》。

ve·gan [ˋvɛdʒən; ˋvi:gən] *n.* Ⓒ嚴守素食主義者。

‡veg·e·ta·ble [ˋvɛdʒtəbl, ˋvɛdʒə-; ˋvedʒtəbl, ˋvedʒə-] 《源自拉丁文「使有活力」之義》**—***n.* **1** Ⓒ [常 ~**s**] **蔬菜**：green ~*s* 新鮮的蔬菜/You had better eat more fruit and ~*s*. 你最好多吃些水果和蔬菜。

【說明】(1)在歐美，蔬菜是做沙拉(salad)及三明治(sandwich)等不可缺少的材料。某些餐館(restaurant)將生菜放在生菜檯(salad bar)上，供客人免費隨意取用。在市場賣菜的方式也與我國稍有不同。例如他們的黃瓜(cucumber)因爲長得很大，往往要切開來賣。
(2)歐美國家所食用的主要蔬菜類如下：asparagus(蘆筍)、bean(豆)、Brussels sprouts(球芽甘藍)、cabbage(甘藍)、carrot(胡蘿蔔)、cauliflower(花椰菜)、celery(芹菜)、cucumber(黃瓜)、hothouse cucumber(溫室栽培的黃瓜)、lettuce(萵苣)、okra(黃秋葵)、onion(洋蔥)、parsley(荷蘭芹)、pea(豌豆)、potato(馬鈴薯)、radish(大菜，萊菔子)、spinach(菠菜)、tomato(番茄)、turnip(蕪菁)等。rice(米)也被視作一種蔬菜；cf. rice【說明】

2 Ⓤ植物(plant)：animal, ~ or mineral 動物、植物或礦物。

3 Ⓒ(失去意識、思考力的)植物人：become a mere ~ 變成植物人；變成身心麻木的人。

—*adj.* [用在名詞前] **1** 蔬菜的：a ~ diet 素食/~ soup 蔬菜湯。**2** 植物的；植物性的：~ food(s) 植物性食物/~ oil 植物(性)油/~ life [集合稱]植物/the ~ kingdom 植物界。

3 單調的，無聊的。

végetable gàrden *n.* Ⓒ菜園。

végetable màrrow *n.* **1** Ⓒ《主英》夏南瓜《西葫蘆的速生品種》。**2** Ⓤ夏南瓜的瓜肉。

végetable spònge *n.* ＝loofah 2.

veg·e·tal [ˋvɛdʒətl; ˋvedʒitl] *adj.* **1** 植物的；蔬菜的；植物性的；蔬菜性的。**2** ＝vegetative 2.

veg·e·tar·i·an [ˌvɛdʒəˋtɛrɪən; ˌvedʒiˋteəriən] *n.* Ⓒ素食(主義)者：a strict ~ 嚴格的素食主義者《不僅不吃魚、肉類，連蛋、牛奶、奶油也不吃；cf. *adj.* 2》。

—*adj.* **1** 素食主義(者)的：a ~ restaurant 素食餐廳。**2** 全是蔬菜的；素食的《通常也吃蛋、牛奶及奶油》：a ~ diet 素食；蔬食。

vèg·e·tár·i·an·ìsm [-nˌɪzəm; -nizəm] *n.* Ⓤ素食(主義)。

veg·e·tate [ˋvɛdʒəˌtet; ˋvedʒiteit] *v.i.* **1** 像植物般地生長。**2** 過草木般(單調)的生活，過呆板麻木的生活。

veg·e·ta·tion [ˌvɛdʒəˋteʃən; ˌvedʒiˋteiʃn] 《vegetate 的名詞》**—***n.* Ⓤ **1** [集合稱]草木；一地方(特有)的植物：tropical ~ 熱帶植物/The mountaintops were bare of any ~. 那些山頂上光禿而無任何植物。**2** 草木般的單調生活。

veg·e·ta·tive [ˋvɛdʒəˌtetɪv; ˋvedʒitətiv] 《vegetate, vegetation 的形容詞》**—***adj.* **1 a** 有生長力的，生長的。**b** 有關發育[生長，營養]的。**2** 無性(生殖)的。**3** 〈沃土等〉能使植物生長的。**4** 植物(界)的：the ~ world 植物界。**5** 像植物般生活的；無所作爲的，閒混日子的。**~·ly** *adv.* **~·ness** *n.*

ve·he·mence [ˋviəməns; ˋvi:iməns] 《vehement 的名詞》**—***n.* Ⓤ激烈，猛烈，熱烈：with ~ 激烈地。

ve·he·ment [ˋviəmənt; ˋvi:imənt] 《源自拉丁文「把心移去」之義》**—***adj.* (**more** ~；**most** ~) **1** 激烈的，感情强烈的：a ~ speech 激烈的演說/a man of ~ character 性情激烈的人/have a ~ hatred of... 對…有强烈的憎恨。**2** 《文語》强烈的，猛烈的(violent)：a ~ wind 强風/~ pain 劇痛。**~·ly** *adv.*

ve·hi·cle** [ˋviɪkl, ˋviəkl; ˋvi:ikl, ˋviəkl] 《源自拉丁文「搬運」之義》**—n.* Ⓒ **1 a** (陸上的)車輛，交通工具《汽車、卡車、腳踏車等》。**b** (在太空的)交通工具：a space ~ 太空船。

2 媒介物，媒體，傳達工具或方法〔*of, for*〕：Language is a ~ *for* communicat*ing* thought. 語言是傳達思想的一種工具。

3 〔才能等的〕發揮的手段[方法，媒介]〔*for*〕：Poetry was a ~ *for* his genius. 做詩是他發揮天分的一種方法[途徑]。

ve·hic·u·lar [viˋhɪkjəlɚ; viˋhikjulə] 《vehicle 的形容詞》**—***adj.* 關於[使用]車輛的：closed to ~ traffic 禁止車輛通行。

veil [vel; veil] 《源自拉丁文「覆蓋」之義》 **—***n.* **1** Ⓒ面紗，罩紗《婦女裝飾用或宗教規定使用者》：drop [raise] one's ~ 放下[掀起]面紗。**2** [用單數] **a** 遮蓋物〔*of*〕：A ~ *of* mist obscured the view. 一層霧使景色模糊了。**b** 藉口，口實，假託〔*of*〕：under the ~ *of* charity 假託慈善之名/The whole truth is hidden under [behind] a ~ *of* mystery. 整個眞相被隱藏在一股神秘的氣氛中。**3** ＝velum.

dráw a véil òver... (1)在…上面覆蓋罩紗。(2)隱瞞，避不說明，避不提及…：It is time that we *drew a* ~ *over* these sordid events. 現在該是我們不談這些髒事的時候了。

各式各樣的 veils 1

tàke the véil 〈女子〉進修道院，當修女。

—*v.t.* 〔十受〕 **1** 以面紗罩住…，以面罩遮掩…。**2** 《文語》隱瞞；隱蔽〈感情等〉(conceal)：She ~*ed* her contempt for her husband. 她掩飾了對她丈夫的輕蔑。

véiled *adj.* **1** 戴著面紗的，以面罩遮住的：a ~ nun 戴著面紗的修女。**2** 隱蔽的，隱藏的；不清楚的；不明說的：make ~ threats (向人)暗中威脅，含蓄的恫嚇。

véil·ing *n.* Ⓤ **1** 罩以面紗；隱藏。**2** (做面紗用的)薄紗，面紗料。

***vein** [ven; vein] *n.* **1** Ⓒ **a**《解剖》**靜脈**(↔ artery)：the main ～ 大靜脈。**b**《俚》血管。**2** Ⓒ **a**(昆蟲的)翅脈。**b** 葉脈。**c**(木材、大理石等的)不規則紋理。**d** 岩脈，礦脈：a (rich) ～ of gold (豐富的)金脈。**3** [**a ～ of...**]些微的…；…的味道：There is *a* ～ *of* humor in his nature. 他天性略帶幽默/She has *a* ～ *of* cruelty. 她的性情有些冷酷。**4** [**in a**＋*adj.* ＋～或 **in the ～**](一時的)心情，情緒：*in a* serious [light-hearted] ～ 以嚴肅[輕鬆]的心情/say something *in a* humorous ～ 以幽默的口氣說話/She helps her mother when she is *in the* (right) ～. 她在心情好的時候會幫她媽媽的忙/I am not *in the* ～ *for* work [*for* study*ing*]. 我現在沒有心情工作[讀書]。

veined *adj.* 有翅脈[葉脈，礦脈]的；有紋理的 (cf. vein *n.* 2 c)：～ marble 有條紋的大理石。

véin·ing *n.* Ⓤ(翅脈、葉脈等的)條紋；紋理。

vé·la *n.* **velum** 的複數。

ve·lar [ˈvilɚ; ˈviːlə] «velum 的形容詞» **—***adj.* **1**《解剖》膜的，帆的；軟顎的。**2**《語音》軟顎(音)的：～ consonants 軟顎子音《如 [k, g, ŋ, x]等》。**—***n.* Ⓒ《語音》軟顎音。

ve·lar·ize [ˈviləˌraɪz; ˈviːləraiz] *v.t.*《語音》**a** 使〈音〉軟顎音化；使…成軟顎音。

ve·lar·i·za·tion [ˌvilərɪˈzeʃən; ˌviːlərai'zeiʃn] *n.*

Vel·cro [ˈvɛlkro; ˈvelkrou] *n.* Ⓒ[又作 **v～**]魔鬼粘，子母帶《常用於運動鞋上，衣領上》。

veld, veldt [vɛlt; velt] *n.* Ⓒ[常 **the ～**](南非洲的)無林大草原(地帶)。

vel·lum [ˈvɛləm; ˈveləm] «源自古法語「小牛(veal)」之義» **—***n.* Ⓤ **1** 上等皮紙《以小羊、小牛的皮製成，用作書的封面；古代用作書寫用的紙；cf. parchment》：a book bound in ～ 用上等皮紙裝釘的書。**2** 仿羊皮紙。

ve·loc·i·pede [vəˈlɑsəˌpid; viˈlɔsipiːd] *n.* Ⓒ **1**《美》(早期小孩用的)三輪車(cf. tricycle)。**2** 早期腳踏車《用雙腳踩地推進》。

ve·loc·i·ty [vəˈlɑsətɪ; viˈlɔsəti] «源自拉丁文「快速」之義» **—***n.* **1** Ⓤ[又作 **a ～**] **a 迅速**；速度(《★比較 比 speed 還更拘泥的用語》)：fly with the ～ of a bird 以鳥的速度飛行。**b**《文語》(事態等的)迅速。**2** Ⓤ《物理》**速度**：accelerated ～ 加速度/initial ～ 初速/⇨ muzzle velocity/at the ～ of sound 以音速。

ve·lour(s) [vəˈlur; vəˈluə] «源自法語» **—***n.* Ⓤ天鵝絨，絲絨《厚絨布(plush)的一種》。

ve·lum [ˈviləm; ˈviːləm] «源自拉丁文「面紗(veil)」之義» **—***n.* Ⓒ[常 **the ～**](*pl.* **ve·la** [-lə; -lə])《解剖》軟口蓋，軟顎(soft palate)。

vel·vet [ˈvɛlvɪt; ˈvelvit] «源自拉丁文「絨毛」之義» **—***n.* Ⓤ **1 天鵝絨**，絲絨：cotton ～ 棉天鵝絨/silk ～ 絲(天鵝)絨/(as) soft as ～ 柔軟如天鵝絨。**2** 任何像天鵝絨的東西《如桃皮、鹿茸等》。

be on vélvet《口語》(1)過富裕的生活。(2)(在賭博、投機時)處於有利的地位。

—*adj.* [用在名詞前] **1** 天鵝絨(製)的：a ～ jacket 天鵝絨製的夾克。**2**《文語》輕悄的；柔軟的：with a ～ tread 輕悄的步履/～ hands 柔軟的手。

the [an] íron hánd in the [a] vélvet glóve ⇨hand.

vel·vet·een [ˌvɛlvəˈtin; ˌvelviˈtiːn] *n.* **1** Ⓤ棉天鵝絨，平絨。**2** [**～s**]棉毛鵝絨做的衣類；(尤指)棉天鵝絨褲。

vel·vet·y [ˈvɛlvɪtɪ; ˈvelviti] «velvet 的形容詞» **—***adj.* **1** 天鵝絨般的；柔軟平滑的：～ golf links 如天鵝絨般平滑的高爾夫球場。**2**〈葡萄酒等〉性溫和的，醇和的。**3**〈聲音等〉輕柔的：a ～ voice 輕柔的聲音。

Ven.《略》Venerable；Venice.

ve·nal [ˈvinl; ˈviːnl] «源自拉丁文「販賣(用)的」之義» **—***adj.*《文語》**1**〈人〉可用金錢賄賂[收買]的，腐敗的，貪污的：a ～ politician 貪污的政客。**2**〈行爲等〉只看錢的，貪財的；〈地位等〉靠金錢得來的：a ～ motive 貪財的動機/a ～ vote [office] 被收買的選票[靠金錢得來的職位]。**～·ly** [-nlɪ; -nəli] *adv.*

ve·nal·i·ty [viˈnælətɪ; viːˈnæləti] «venal 的名詞» **—***n.* Ⓤ《文語》**1** 受賄，貪污。**2**(金錢上的)無操守，貪財。

ve·na·tion [viˈneʃən; viːˈneiʃn] *n.* Ⓤ **1** 葉脈或翅脈的排列。**2** [集合稱]葉脈；翅脈。

vend [vɛnd; vend] *v.t.* **1**《文語》兜售，叫賣，販賣〈小件商品〉。**2**《法律》出售〈土地、房屋等〉。

vend·ee [vɛnˈdi; venˈdiː] *n.* Ⓒ《法律》買主，買方(↔ vendor).

vénd·er *n.* ＝vendor.

ven·det·ta [vɛnˈdɛtə; venˈdetə] «源自義大利語 'vengeance' 之義» **—***n.* Ⓒ **1** (指科西嘉(Corsica)島及義大利各地方發生過延續幾代的家族間的)世仇，仇殺。**2** 長期的不睦或抗爭，宿怨。

vend·i·ble [ˈvɛndəbl; ˈvendəbl] *adj.* 可販賣的，可銷售的。**—***n.* Ⓒ[常 **～s**]可販賣的物品。**vend·i·bil·i·ty** [ˌvɛndəˈbɪlətɪ; ˌvendəˈbiləti] *n.*

vénd·ing machìne *n.* Ⓒ《美》自動販賣機(《英》slot machine).

ven·dor [ˈvɛndɚ; ˈvendɔː, -də] *n.* Ⓒ **1** [常與修飾語連用]販賣者；沿街兜售者；小販(peddler)：a flower [an ice-cream] ～ 賣花[冰淇淋]的小販。**2**《法律》賣主(↔ vendee)。**3** ＝vending machine.

ven·due [vɛnˈdu, -ˈdju; venˈdjuː] *n.* ⓊⒸ《主美》公開拍賣。

ve·neer [vəˈnɪr; vəˈniə] «源自德語「設備」之義» **—***n.* **1** Ⓤ[指產品個體時爲Ⓒ]上等薄木片《用來貼在合板上作爲裝飾；★比較「合板」稱作plywood》：The furniture is made of plywood covered in teak ～. 這家具是用貼柚木薄片的合板做成的。**2** Ⓒ[常用單數]虛飾，外飾：a thin ～ *of* education [respectability] 教育[尊嚴]的一層薄薄的虛飾/Beneath the polished ～, he is a country bumpkin. 儘管有著優雅的外表，他不過是個鄉巴佬。

—*v.t.* **1 a** [＋受]貼上等木片於…。**b** [＋受＋介＋(代)名][以上等木片]貼在…上面[*with*]：～ a wooden table *with* mahogany 在木製桌面貼上薄桃花心木片。**2** [＋受(＋介＋(代)名)][以…]裝飾…的外表；[用…]掩飾，粉飾〈缺點等〉[*with*]：a crude notion ～*ed with* facile logic 以靈巧的邏輯爲掩飾的粗糙觀念。

ven·er·a·bil·i·ty [ˌvɛnərəˈbɪlətɪ; ˌvenərəˈbiləti] «venerable 的名詞» **—***n.* Ⓤ(由於人格高尚、地位高、年紀大的)可敬，值得尊敬。

ven·er·a·ble [ˈvɛnərəbl̩, -nrə-; ˈvenərəbl] «venerate 的形容詞» **—***adj.* (**more ～**; **most ～**) **1 a** (由於人格高尚、地位高、年紀大等而)**可尊敬的**，值得尊敬的，年高德劭的：a ～ scholar [priest] 年高德劭的學者[牧師]。**b**〈土地、建築物等〉莊嚴的，古老神聖的；古色蒼然的：the ～ ruins of a temple 古色蒼然的寺院遺跡。

2 [用在名詞前](無比較級、最高級)[**the V～**] **a**《英國國教》…師《副主教(archdeacon)的尊稱；略作 Ven.》。**b**《天主教》可敬《被列入聖者之人的頭銜》。

vén·er·a·bly [-rəblɪ; -rəbli] *adv.* **～·ness** *n.*

ven·er·ate [ˈvɛnəˌret; ˈvenəreit] «源自拉丁文「愛」之義» **—***v.t.* 尊敬，崇拜，仰慕。

ven·e·ra·tion [ˌvɛnəˈreʃən; ˌvenəˈreiʃn] «venerate 的名詞» **—***n.* Ⓤ尊敬，崇拜：have [hold] a person in great ～ ＝respect a person with great ～ 極爲尊敬某人。

ve·ne·re·al [vəˈnɪrɪəl; vəˈniəriəl] «源自拉丁文「性愛」之義；⇨Venus» **—***adj.* [用在名詞前]《醫》由性交傳染的；性病的；感染性病的。

venéreal diséase *n.* Ⓤ[指種類時爲Ⓒ]性病《略作VD》.

ven·er·y[1] [ˈvɛnərɪ; ˈvenəri] *n.* Ⓤ《古》性交；縱慾。

ven·er·y[2] [ˈvɛnərɪ; ˈvenəri] *n.* Ⓤ《古》狩獵。

Ve·ne·tian [vəˈniʃən; vəˈniːʃn] «Venice 的形容詞» **—***adj.* 威尼斯(Venice)的，威尼斯式[風格]的。**—***n.* Ⓒ威尼斯人。

Venétian blínd *n.* Ⓒ活動百葉窗：pull up [let down] the ～ 拉上[放下]百葉窗。

Venetian blind

Ven·e·zue·la [ˌvɛnəˈzwilə; ˌveneˈzweilə] *n.* 委內瑞拉《南美洲北部的共和國；首都卡拉卡斯(Caracas)；略作 Venez.》.

Ven·e·zue·lan [ˌvɛnəˈzwilən; ˌveneˈzweilən˝] «Venezuela 的形容詞» **—***adj.* 委內瑞拉(人，文化)的。

—*n.* Ⓒ委內瑞拉人。

venge·ance [ˈvɛndʒəns; ˈvendʒəns] «avenge 的名詞» **—***n.* **1** Ⓤ**復仇**(《★比較 比 revenge 更文言》)：take ～ *on* [*upon*] a person (*for*...) (爲…而)向某人報仇/swear ～ *against*... 發誓向…報仇/Heaven's ～ is slow but sure.《諺》天網恢恢，疏而不漏。

2 [**a ～**]復仇的行爲。

with a véngeance《口語》激烈地，猛烈地；極端地；徹底地：The wind was blowing *with a* ～. 風正猛烈地吹著/We beat their team *with a* ～. 我們把對方球隊打得落花流水。

venge·ful [ˈvɛndʒfəl; ˈvendʒful] *adj.*《文語》〈行爲、感情等〉有復仇心的；復仇心重的。

～·ly [-fəlɪ; -fuli] *adv.* **～·ness** *n.*

ve·ni·al [ˈvinɪəl; ˈviːnjəl] «源自拉丁文「原諒，恩惠」之義» **—***adj.*〈過失等〉可原諒的，可寬恕的；輕微的(↔ mortal)：a ～ sin《天主教》小罪，可赦之罪。**～·ly** [-əlɪ; -əli] *adv.*

Ven·ice [ˈvɛnɪs; ˈvenis] *n.* 威尼斯《義大利東北部的港市》。

ven·i·son [ˈvɛnəzn̩; ˈvenizn] «源自拉丁文「狩獵」之義» **—***n.* Ⓤ鹿肉。

Venice

V

ve·ni, vi·di, vi·ci [ˋweniˋwidiˋwiki; ˈveini:ˌvi:di:ˈvi:ki:] «即拉丁文 'I came, I saw, I conquered' 之義» —我來了，我看到了，我征服了《★朱利亞斯・凱撒(Julius Caesar)於紀元前 47 年向友人報告戰勝消息時所說的名言》。

ven·om [ˋvɛnəm; ˈvenəm] «源自拉丁文「毒」之義；原義爲「迷藥」»—*n.* Ⓤ **1** (毒蛇、蠍、黃蜂等分泌的)毒，毒液：a ～ duct 毒管/a ～ fang 毒牙。**2** 惡意，惡毒，怨恨：the ～ of one's tongue 毒舌。

ven·om·ous [ˋvɛnəməs; ˈvenəməs] «venom 的形容詞»—*adj.* **1** 分泌毒液的；有毒的：a ～ snake 毒蛇。**2** 充滿惡意的，惡毒的，懷恨的：～ criticism 充滿惡意的批評/with ～ eyes 以懷恨的眼光/She has a ～ tongue. 她有一張刻毒的嘴。**3** 討厭的，令人不愉快的，令人難以忍受的《★用法有時也用作戲謔語》：She painted the house a ～ yellow. 她把房子漆成令人噁心的黃色。 ～·**ly** *adv.* ～·**ness** *n.*

ve·nous [ˋvinəs; ˈvi:nəs] «vein 的形容詞» —*adj.* **1**《解剖》靜脈的，靜脈中的(←→ arterial)：～ blood 靜脈血。**2**《植物》多葉脈的。

vent[1] [vɛnt; vent] «源自拉丁文「風」之義» —*n.* Ⓒ **1** (使空氣、液體等出入的)孔口；通風口；排氣口：The steam found a ～ *through* a crack in the pipe. 蒸氣從管子的裂縫漏出去/There is a ～ in the wall. 牆壁上有一個排氣[通風]孔。**2** (鳥類、爬蟲類、魚類等的)肛門(anus).

give vént to... 發洩〈感情、情緒等〉：He *gave* ～ *to* his anger *in* a poem [*by* beat*ing* his wife]. 他藉一首詩[毆打妻子]發洩他的怒氣。

—*v.t.* **1** 給…開一個出口；在〈桶〉上鑽孔。**2 a** 〔十受〕發洩〈情緒等〉：～ one's anger 發洩怒氣。**b** 〔十受十介十(代)名〕〔向…〕發洩〈情緒等〉〔*on, upon*〕：He ～*ed* his ill humor ***on*** his wife. 他心情不好拿妻子出氣。

vent[2] [vɛnt; vent] *n.* Ⓒ (西服上衣背後或兩旁、裙裾等處的)開叉。

vent·age [ˋvɛntɪdʒ; ˈventidʒ] *n.* Ⓒ **1** 出口；漏口；氣孔。**2** (管樂器之)指孔。

vént·hòle *n.* Ⓒ通風孔，排氣孔。

ven·ti·late [ˋvɛntḷˌet; ˈventileit] «源自拉丁文「使起風」之義»—*v.t.* 〔十受〕 **1** 使〈房間、建築物等〉通風；使…通風良好，使…換氣：～ a room by opening windows 打開窗戶使房間通風。**2 a** 公開討論，公開，發表〈問題等〉：The new policy was freely ～*d* in the press. 新政策在報紙上公開討論。**b** 陳述〈意見〉；表達〈感情等〉：～ grievances 訴苦。

ven·ti·la·tion [ˌvɛntḷˋeʃən; ˌventiˈleiʃn] «ventilate 的名詞»—*n.* Ⓤ **1 a** 換氣，通風：a room with good [poor] ～ 通風良好[不佳]的房間。**b** 通風設備，換氣裝置。**2 a** 自由討論，公開討論。**b** (意見、感情等的)陳述，表達。

vén·ti·là·tor [-tɚ; -tə] *n.* Ⓒ通風[換氣]裝置，通風機，送風機；通風孔[管]；換氣窗。

ven·tral [ˋvɛntrəl; ˈventrəl] *adj.* 腹的，腹部的，腹面的：a ～ fin ⇨ fin 1.

ven·tri·cle [ˋvɛntrɪkḷ; ˈventrikl] *n.* Ⓒ《解剖》**1** (心臟的)心室：the left [right] ～ 左[右]心室。**2** (腦髓、喉頭等的)腔，室。

ven·tric·u·lar [vɛnˋtrɪkjəlɚ; venˈtrikjulə] *adj.* **1** (心)室的。**2** 腹的，腹狀物的。

ven·tri·lo·qui·al [ˌvɛntrəˋlokwɪəl; ˌventriˈloukwiəl←] «ventriloquism 的形容詞» —*adj.* 腹語術的。

ven·tril·o·quism [vɛnˋtrɪləˌkwɪzəm; venˈtriləkwizəm] «源自拉丁文「用腹部說話者」之義»—*n.* Ⓤ腹語術。

ven·tríl·o·quist [-kwɪst; -kwist] *n.* Ⓒ腹語術者[師]。

ven·tril·o·quize [vɛnˋtrɪləˌkwaɪz; venˈtriləkwaiz] *v.i.* 用腹部說話，用腹語術說話。

ven·tril·o·quy [vɛnˋtrɪləkwɪ; venˈtriləkwi] *n.* ＝ventriloquism.

ven·ture [ˋvɛntʃɚ; ˈventʃə] «adventure 字首消失的變體字»—*n.* Ⓒ **1** 冒險的事業，有風險的企業，(商業)投機《★比較尤指在事業上冒金錢風險的行爲，一般的「冒險」或「探險」則用 adventure》：a joint ～ 聯合[合資]企業/a business ～ 商業投機[冒險]。**2** 投機：a bold ～ 大膽的投機。

at a vénture 碰碰運氣地，冒險地；胡亂地：⇨ draw a BOW[3] at a venture.

—*v.t.* **1 a** 〔十受〕冒險一試，敢…：～ a flight in a storm 冒險在暴風雨中飛行/I won't ～ a step farther. 我不敢再前進一步。**b** 〔十 *to* do〕冒險〈做…〉；膽敢〈做…〉：No one ～*d to* object to the plan. 沒有人膽敢反對那項計畫/I ～ *to* differ from you. 恕我斗膽與你意見相左；對不起，我不同意你的意見/I hardly ～ *to* say it, but.... 我實在難以啓口，但是…。**2 a** 〔十受〕鼓起勇氣說[做]…，冒昧地說[做]…：I would rather not ～ an opinion [a guess]. 我寧願不要冒昧地發表意見[猜測]/We ～*d* a protest. 我們鼓起勇氣提出了抗議。**b** 〔十 *that*__〕鼓起勇氣說〈…事〉《★用法等於 ～ to say that... 省略 to say》：I ～*d that* his speech was too long. 我鼓起勇氣說他的演講太長了。**3**《文語》**a** 〔十受〕拿〈生命、財產等〉冒險：They ～*d* their lives for the national cause. 他們爲了國家大義甘冒生命危險。**b** 〔十受十介十(代)名〕以〈生命、財產等〉爲〔…的〕賭注〔*on*〕：He ～*d* all his wealth ***on*** the enterprise. 他把所有的財產孤注一擲地投資到事業上去。**4** 〔十受〕冒險去試，鼓起勇氣去做…：Nothing ～*d*, nothing gained. ＝Nothing ～, nothing gain [win, have].《諺》不入虎穴，焉得虎子。

—*v.i.* **1** 〔十介十(代)名〕冒險去試，鼓起勇氣去做〔…〕〔*on, upon*〕：He ～*d* ***on*** an ambitious project. 他冒險從事一項富有雄心的計畫/He was too cautious to ～ ***upon*** such a dangerous expedition. 由於過分謹慎，他不敢從事那麼危險的探險。**2** 〔十副詞(片語)〕鼓起勇氣前進，冒險前往(…)：They ～*d out on* the stormy sea to rescue the shipwrecked people. 他們冒著驚濤駭浪去拯救遭遇海難的人/Don't ～ too *near* the edge of the precipice. 不要冒險太接近懸崖的邊緣。

vénture càpital *n.* Ⓤ《經濟》《美》(股票)冒險資本《用於新企業的投資，一般表現爲普通股》。

vén·tur·er [-tʃərɚ; -tʃərə] *n.* Ⓒ **1** 冒險者；投機者。**2** (從前投機的)貿易商人。

ven·ture·some [ˋvɛntʃɚsəm; ˈventʃəsəm] *adj.* **1** 〈人〉喜歡冒險的，大膽的，鹵莽的：a ～ nature 喜歡冒險的天性。**2** 〈行爲、舉動〉冒險的，危險的(risky). ～·**ness** *n.*

ven·tur·ous [ˋvɛntʃərəs; ˈventʃərəs] *adj.* ＝venturesome.

ven·ue [ˋvɛnju, ˋvɛnu; ˈvenju:] *n.* Ⓒ **1** 集會場所，會場；舉辦地點：the ～ for the disarmament conference 裁軍會議的舉行地點。**2**《法律》(陪審裁判的)審判地點：change the ～ (爲了更公平起見)變更審判地點。

(**a**) **chánge of vénue**《法律》審判地點的變更。

Ve·nus [ˋvinəs; ˈvi:nəs] «源自拉丁文「色慾」之義»—*n.* **1**《羅馬神話》維納斯《司掌愛和美的女神；相當於希臘神話愛芙羅黛蒂(Aphrodite)》.

2《天文》金星，太白星《以 Hesperus (黃昏星)以及 Lucifer (曉星)出現；⇨ planet 插圖》。

3 Ⓒ維納斯女神的雕像[畫]：the *V*～ of Milo [ˋmaɪlo; ˈmailou] 米羅的維納斯雕像。

the Venus of Milo

Ve·nu·si·an [vɪˋnusɪən, -ˋnju-; viˈnju:siən] «Venus 的形容詞»—*adj.* 金星的。

ve·ra·cious [vəˋreʃəs; vəˈreiʃəs] «veracity 的形容詞»—*adj.*《文語》**1** 〈人〉說實話的，誠實的。**2** 〈陳述、報告等〉眞實的，正確的。～·**ly** *adv.*

ve·rac·i·ty [vəˋræsətɪ; vəˈræsəti] «源自拉丁文「眞實」之義»—*n.* Ⓤ《文語》**1** 說實話，誠實；老實。**2** 正確；正確度；眞實(性)：the ～ *of* a statement 陳述的眞實性。

ve·ran·da(h) [vəˋrændə; vəˈrændə] «源自印度語»—*n.* Ⓒ走廊，陽台(《美》porch)《通常指附在房屋側面有屋頂的陽台》。

veranda

***verb** [vɝb; və:b] «源自拉丁文「單字」之義»—*n.* Ⓒ《文法》動詞《★在本字典裡使用 *v.* 的符號表示》/an auxiliary ～ 助動詞/⇨ finite verb/an intransitive [a transitive] ～ 不及物[及物]動詞/a regular [an irregular] ～ 規則[不規則]動詞/a reflexive ～ ⇨ reflexive/strong ～*s* ⇨ strong 10/weak ～*s* ⇨ weak 7/causative ～*s* ⇨ causative 2/factitive ～*s* ⇨ factitive.

ver·bal [ˋvɝbḷ; ˈvə:bl] «verb 的形容詞» —*adj.* **1** 關於言辭的；由言辭構成的：a ～ error 言辭上的錯誤/～ encouragement 言辭上的鼓勵/He has a good ～ memory. 他有良好的語言記憶力/The difference is merely ～. 那只不過是言辭上的差異(並不是實質上的)。**2** 用語言表達的，口頭的(cf. written 1)：～ evidence 證言/a ～ promise [pledge] 口頭的承諾[保證]/～ communication 語言的溝通/a ～ report 口頭報告/a ～ dispute 口頭的爭論/a ～ note 便條；《外交》口頭通牒，無署名備忘錄/A ～ message will suffice. 口信就行了。**3** 逐字的，照字面的：a ～ translation 直譯。**4**《文法》動詞的，由動詞而來的，動詞性的：a ～ noun 動詞狀名詞；動名詞/a ～ phrase 動詞片語。

—*n.* Ⓒ **1**《英口語》口供，供詞。**2**《謔》口角，吵架。**3**《文法》準動詞《動名詞(gerund)，不定詞(infinitive)，分詞(participle)的總稱》。

ver·bal·ise [ˈvɝbḷˌaɪz; ˈvə:bəlaiz] *v.* 《英》＝verbalize.

vér·bal·ism [-ḷˌɪzəm; -lizəm] *n.* **1 a** Ⓒ言語的表現，語句(term)。**b** Ⓤ語句的使用[選擇]。**2** Ⓤ拘泥字句；咬文嚼字。**3** Ⓤ冗長，冗贅。**4** Ⓒ空洞的言辭，形式上的套語。

vér·bal·ist [-lɪst; -list] *n.* Ⓒ **1** 擅長言辭的人。**2** 拘泥於字句的人，咬文嚼字的人。

ver·bal·ize [ˈvɝbḷˌaɪz; ˈvə:bəlaiz] «verbal 的動詞»—*v.t.* **1** 用語言表達〈思想、感情等〉；使…語言化。**2**《文法》把…當動詞使用，使…動詞化。

—*v.i.* **1** 使用冗長的言辭。**2** 用語言表達。

ver·bal·i·za·tion [ˌvɝbḷəˈzeʃən, -aɪˈz-; ˌvə:bəlaiˈzeiʃn] *n.*

vér·bal·ly [-bḷɪ; -bəli] *adv.* **1** 以言辭；口頭上：You may answer either ～ or in writing. 你以口頭或書面回答都可以。**2** 逐字地。**3**《文法》當作動詞；動詞般地。

ver·ba·tim [vɚˈbetɪm, vɝ-; vəːˈbeitim] *adv.* 逐字地，照字面地：report a speech ～ 逐字地報導一篇演說。

—*adj.* 逐字的，照字面的：a ～ translation 逐字的翻譯。

ver·be·na [vɚˈbinə; vəːˈbiːnə, və-] *n.* Ⓒ《植物》馬鞭草。

ver·bi·age [ˈvɝbɪɪdʒ; ˈvə:biidʒ] *n.* Ⓤ(文章、言辭上的)冗贅，冗長，累贅，多冗辭：lose one*self* in ～ 得意忘形地大發冗長議論。

ver·bose [vɚˈbos, vɝˈ-; vəːˈbous] *adj.* 用辭過多的，累贅的，冗長的：a ～ description 冗長的記述[描寫]。

～**·ly** *adv.* ～**·ness** *n.*

ver·bos·i·ty [vɚˈbɑsətɪ, vɝ-; vəːˈbɔsəti] «verbose 的名詞» —*n.* Ⓤ冗贅；多言；累贅，冗長。

ver·dan·cy [ˈvɝdṇsɪ; ˈvə:dnsi] «verdant 的名詞»—*n.* Ⓤ《文語・詩》**1** 翠綠，新綠，碧綠。**2** 未成熟，年輕。

ver·dant [ˈvɝdṇt; ˈvə:dnt] «源自法語「綠的」之義»—*adj.*《文語・詩》**1**〈土地〉新綠的；青葱的：～ hills 青葱的山丘。**2**〈草、樹葉、顏色等〉綠色的；翠綠的。**3** 年輕的，單純的，無經驗的，不成熟的。～**·ly** *adv.*

Ver·di [ˈvɛrdɪ; ˈvɛədiː, -di], **Giu·sep·pe** [dʒuˈzɛppɛ; dʒuːˈsepi] *n.* 威爾第《1813–1901；義大利的歌劇作曲家》。

ver·dict [ˈvɝdɪkt; ˈvə:dikt] «源自古法語「說得實在」之義»—*n.* Ⓒ **1**《法律》(陪審團向裁判長提出的)**裁定**，裁決：bring in [return] a ～ of guilty [not guilty]〈陪審團〉判決有罪[無罪]。

2《口語》認定，判斷，意見：the ～ of the people *on* the plutocracy 人民對財閥政治的評論[定論]/pass one's ～ upon... 對…下判斷/The doctor's ～ was that the patient would not live until spring. 根據醫師的判斷，病人活不到春天。

ver·di·gris [ˈvɝdɪˌgris; ˈvə:digris, -griːs] «源自古法語 'green of Greece' 之義» —*n.* Ⓤ銅綠《銅銹》。

Ver·dun [vɛrˈdʌn, ˈvɛrdən; ˈvɛədʌn, ˈvə:dʌn] *n.* 凡爾登《法國東北部之一城市，臨繆士河(Meuse)》。

ver·dure [ˈvɝdʒɚ; ˈvə:dʒə] «源自古法語「綠」之義»—*n.* Ⓤ《文語・詩》**1** (草木的)青綠，新綠，深綠。**2** 葱綠的草木，新綠的嫩葉；綠草，青草。**3** 新鮮，朝氣，活力。

ver·dur·ous [ˈvɝdʒərəs; ˈvə:dʒərəs] «verdure 的形容詞»—*adj.*《罕》**1** 長滿綠色草木的。**2** 新綠的，青葱的，綠油油的。

verge [vɝdʒ; vəːdʒ] «源自拉丁文「棍棒」之義；cf. 2»—*n.* Ⓒ **1 a 邊緣**，邊際。**b**《英》(長草的)路邊；花壇的邊緣：a grassy ～ 長滿草的路邊。**2** 權杖《在宗教儀式中執於高級神職人員前面以象徵其職權者》。

on the vérge of... 瀕臨，即將，將近…：The firm is *on the* ～ *of* bankruptcy. 那家公司正瀕臨破產/She was *on the* ～ *of* hysteria [tears]. 她幾近歇斯底里的狀態[快要哭出來了]/He was *on the* ～ *of* fall*ing* in love with her. 他差一點就愛上了她。

—*v.i.*〔十介十(代)名〕**1** 接近，臨接〔…〕〔*on, upon*〕：The path ～*s* **on** the edge of a precipice. 這條小徑瀕臨斷崖的邊緣。**2** 接近，瀕臨〔…的狀態〕〔*on, upon*〕：He is *verging* **on** ruin [a breakdown]. 他正瀕臨毀滅[精神崩潰]/She was now verg*ing* **upon** middle age. 她即將步入中年。

vérg·er [-dʒɚ; -dʒə] *n.* Ⓒ **1** 教堂司事《負責教堂的清掃工作以及引導禮拜者入座等》。**2**《英》(在教堂、大學等地的宗教儀式中替主教等)持權杖者。

Ver·gil [ˈvɝdʒəl; ˈvə:dʒil] *n.* ＝Virgil.

Ver·gil·i·an [vɚˈdʒɪlɪən, vɝ-; vəːˈdʒilian] *adj.* ＝Virgilian.

ver·i·est [ˈvɛrɪɪst; ˈveriist] «very (⇨ *adj.* 2) 的最高級»—*adj.* [用在名詞前]《文語》極度的，完全的(utmost)：*the* ～ nonsense 毫無意義，一派胡言/*The* ～ baby could do it. 這事連最小的嬰孩都會做。

ver·i·fi·a·ble [ˈvɛrəˌfaɪəbḷ; ˈverifaiəbl] *adj.* 可證明的；可證實的：～ evidence 可以證實的證據。

ver·i·fi·ca·tion [ˌvɛrəfɪˈkeʃən; ˌverifiˈkeiʃn] «verify 的名詞»—*n.* Ⓤ確認；確證，證實，證明。

ver·i·fy [ˈvɛrəˌfaɪ; ˈverifai] *v.t.* **1 a**〔十受〕**證實**…：Has the fact been *verified*? 事實已被證實了嗎？**b**〔十 *that*_〕確認〈…事〉：We have *verified that* he is entitled to the estate. 我們已確認他有權利繼承那筆遺產[房地產]。**c**〔十 *wh*._〕確實查證，確定〈…〉：You must ～ *whether* he is competent for the work. 你必須查證他是否能勝任那個工作。

2〔十受〕〈事實、事件等〉證實〈預言、承諾等〉《★常用被動語態》：My fears [suspicions] *were verified* by subsequent events. 後來的事件證明了我的憂慮[疑慮]並沒有錯。

3〔十受〕《法律》(以證據、宣誓等)證實〈在法庭提出的證物、證言等〉：The allegations of the plaintiff were *verified* by the testimony of the witnesses. 原告的指控由證人的證言獲得證實。

vér·i·ly [-rəlɪ; -rəli] *adv.*《古》確實地，誠然(truly).

ver·i·sim·i·lar [ˌvɛrəˈsɪmələ; ˌveriˈsimilə] *adj.*《罕》好像是眞實的，好像很可能的。

ver·i·si·mil·i·tude [ˌvɛrəsəˈmɪləˌtud, -ˌtjud; ˌverisiˈmilitjuːd] «verisimilar 的名詞» —*n.* **1** Ⓤ很可能，好像眞實，逼眞。**2** Ⓒ逼眞的事物[話]。

ver·i·ta·ble [ˈvɛrətəbḷ; ˈveritəbl] *adj.* [用在名詞前] **1** 實在的，眞實的，眞正的。**2** [常用於强調比喻的說法] 名副其實的，眞的：a ～ mountain of garbage 眞可稱得上堆積如山的垃圾。

-ta·bly [-təblɪ; -təbli] *adv.* ～**·ness** *n.*

ver·i·ty [ˈvɛrətɪ; ˈverəti] *n.*《文語》**1** Ⓒ [常 **verities**] 眞實的陳述；事實，眞理：the eternal *verities* 永恒的眞理。**2** Ⓤ眞實性，眞實(truth).

ver·juice [ˈvɝˌdʒus; ˈvə:dʒuːs] «源自古法語「綠色果汁」之義»—*n.* Ⓤ **1** (由未成熟的葡萄、野生蘋果等榨出的)酸果汁。**2** (性情或態度之)乖僻；彆扭。

ver·meil [ˈvɝmḷ, -mɪl; ˈvə:meil, -mil] *n.* Ⓤ **1** 朱紅色，鮮紅色。**2** 鍍金之銀、青銅或銅。

—*adj.* 朱紅色的，鮮紅色的。

ver·mi·cel·li [ˌvɝməˈsɛlɪ; ˌvəːmiˈseli] «源自義大利語「細長的蟲」之義»—*n.* Ⓤ一種硬而脆的細麪條《比義大利式細麪條(spaghetti)還要細》。

ver·mi·cide [ˈvɝməˌsaɪd; ˈvə:misaid] *n.* Ⓤ[指種類時爲Ⓒ] 殺蟲劑；(尤指)殺腸內寄生蟲劑，打蟲藥。

ver·mic·u·lar [vɝˈmɪkjələ; vəːˈmikjulə] *adj.* **1** 蠕蟲狀的。**2** 蠕動的；蟲蛀形的；蟲跡形的。

ver·mic·u·lite [vɝˈmɪkjəlˌaɪt; vəːˈmikjulait] *n.* Ⓤ《礦》蛭石《加熱時會像蛭般延伸；用作斷熱材等》。

ver·mi·form [ˈvɝməˌfɔrm; ˈvə:mifɔːm] *adj.* 蠕蟲形的：the ～ appendix《解剖》闌尾。

ver·mi·fuge [ˈvɝməˌfjudʒ; ˈvə:mifjuːdʒ] *n.* Ⓤ[指產品個體或種類時爲Ⓒ] 驅蟲劑。

ver·mil·ion [vɚˈmɪljən; vəˈmiljən] «源自拉丁文「胭脂蟲」之義»—*n.* Ⓤ **1** 朱紅色。**2** 銀朱，朱砂。

—*adj.* 朱紅色的，染[塗]成朱紅色的。

ver·min [ˈvɝmɪn; ˈvə:min] «源自拉丁文「蟲」之義»—*n.* Ⓤ[集合稱] **1 a** 害蟲《尤指住家、衣類等的害蟲，如蝨、蚤、臭蟲等》《★用法視爲一整體時當單數用，指全部個體時當複數用》。**b** 害獸，害鳥《指狐狸、鼬、野鼠等》《★用法與義 1 a 相同》。**2** 社會的害蟲，歹徒，人類的渣滓《★用法與義 1 a 相同》。

ver·min·ous [ˈvɝmɪnəs; ˈvə:minəs] «vermin 的形容詞»—*adj.* **1** 生蟲的，長蟲[蝨，蚤，臭蟲(等)]的。**2**〈疾病〉因害蟲而引起的，由寄生蟲引起的。**3** 蟲一般的，卑劣的，令人討厭的。

～**·ly** *adv.*

Ver·mont [vɚˈmɑnt; vəːˈmɔnt] «源自法語「綠色的山」之義»—*n.* 佛蒙特州《美國東北部的一州；位於新英格蘭(New England)；首府蒙皮勒(Montpelier [mɑntˈpiljɚ; mɔntˈpiːljə])；略作 Vt.,《郵政》VT；俗稱 the Green Mountain State》。

ver·m(o)uth [ˈvɝmuθ, vɚˈmuθ; ˈvə:məθ, vəːˈmuːθ] «源自德語「苦艾」之義»—*n.* Ⓤ[指個體時爲Ⓒ] 苦艾酒《在白葡萄酒中加上苦艾(wormwood)等的飲料；加在雞尾酒中，當開胃酒飲用；cf. martini》。

ver·nac·u·lar [vɚˈnækjələ; vəˈnækjulə] «源自拉丁文「在家出生的奴隸」之義»—*adj.* **1 a**〈語言、方言〉本國的；口語的，日常口語的：～ speech 日常用語/a ～ language 本國話；土話。**b** 用本國語的；用方言寫的：a ～ paper 本國文報紙/a ～ poem 方言詩/a ～ poet 方言詩人。**2**〈建築、工藝等〉該地方[時代]特有的，鄉土的，地方性的。

—*n.* Ⓒ [常 **the** ～] 本國語；土話；方言；白話；家鄉話：in *the* ～ 用方言[白話文]/He speaks an incomprehensible ～. 他說的是一種無法聽得懂的方言。

ver·nal [ˈvɝnḷ; ˈvə:nl] «源自拉丁文「春天的」之義»—*adj.*《文語》**1** 春天(般)的；在春季發生[來臨，開花]的：～ flowers [breezes] 春花[風]/the ～ equinox《天文》春分(cf. the AUTUMNAL equinox). **2** 年輕的，青春的(youthful)：the ～ freshness of a young girl 少女的青春氣息[活力]。～**·ly** [-nḷɪ; -nəli] *adv.*

V

Verne [vɝn; vɛən, vəːn], **Jules** [dʒulz; dʒuːlz] *n.* 威恩《1828–1905；法國作家》。

ver·ni·er [ˈvɝnɪɚ; ˈvəːnjə] «源自其發明者法國數學家之名» —*n.* Ⓒ遊標(尺)。

Ver·non [ˈvɝnən; ˈvəːnən] *n.* 弗農《男子名》。

Ve·ro·na [vəˈronə; viˈrounə] *n.* 威洛納《義大利北部，阿的治河(Adige)畔之一城市》。

Ver·o·nal [ˈvɛrənɔl, -nl; ˈverənl] *n.* Ⓤ〖藥〗〖商標〗佛羅拿《催眠、鎮靜劑巴比妥(barbital)的商標名》。

Ver·o·nese [ˌvɛrəˈniz; ˌverəˈniːz] *adj.* 威洛納的。—*n.* Ⓒ威洛納人[居民]。

ve·ron·i·ca [vəˈrɑnɪkə; viˈrɔnikə] *n.* **1** Ⓤ[指種類時爲Ⓒ]〖植物〗草本威靈仙屬植物。**2** [有時 V~] **a** [the ~]印有耶穌聖容的布；聖容(像)。**b** Ⓒ聖容布《畫有耶穌聖容的布》。

【說明】據傳說，耶穌在背負十字架赴髑髏地(Calvary)的刑場途中，一位後來成爲聖維羅尼卡(St. Veronica)的女子拿一塊布替耶穌擦汗，耶穌的聖容遂奇蹟似地印在那塊布上。

ver·ru·ca [vəˈrukə; vəˈruːkə] *n.* Ⓒ(*pl.* ~s；**-ru·cae** [-si; -siː]) 〖醫〗(通常長在腳底的)疣，肉贅。

Ver·sailles [vɚˈselz, vɛrˈsaɪ; vɛəˈsai] *n.* 凡爾賽宮《法國巴黎西部的宮殿所在地》：the Treaty of ~ 凡爾賽和約《1919 年 6 月 28 日在此簽訂，結束第一次世界大戰》。

ver·sa·tile [ˈvɝsətl, -tɪl; ˈvəːsətail] «源自拉丁文「改變方向」之義» —*adj.* **1** 多才多藝的，多方面的：a ~ genius 多才多藝的天才/a ~ writer 多才的作家。**2** 多用途的：a ~ tool 多用途的工具。~**·ly** [-tlɪ; -tailli] *adv.*

ver·sa·til·i·ty [ˌvɝsəˈtɪlətɪ; ˌvəːsəˈtiləti] «versatile 的名詞» —*n.* Ⓤ多才多藝，多用途。

vers de so·cié·té [ˈvɛrdəˌsosɪəˈte; ˈvɛədəˌsousiəˈtei] «源自法語» —*n.* Ⓤ社交詩，詼諧俏皮的應酬詩。

***verse** [vɝs; vəːs] «源自拉丁文「改變」之義» —*n.* **1** Ⓤ **a** (作爲文學形式的)**韻文**(↔ prose)：write in ~ 以韻文寫作/He is good at ~. 他擅長作詩。**b** [集合稱](某作家、時代、國家等的)詩歌，詩：contemporary American ~ 當代美國詩/Elizabethan ~ 伊利莎白時代的詩。

2 Ⓒ **a** (有特定形式的)詩行，詩句：a stanza of four ~*s* 由四行構成的一節詩/ quote some ~*s* from Keats 引用幾行濟慈的詩句。**b** (一篇的)詩，詩篇(poem)：an elegiac ~ 哀歌，輓歌/a long ~ 長詩。**c** (歌的)節：the first ~ of 'God Save the Queen' 英國國歌的第一節。

3 a Ⓤ詩的形式，詩格：iambic[trochaic] ~ 抑揚[揚抑]格的詩/⇨ blank verse, free verse. **b** Ⓒ詩節(stanza)：a poem of five ~*s* 由五節構成的一首詩。

4 Ⓒ(聖經、祈禱書的)一小節《略作 v.》：⇨CHAPTER and verse.

versed [vɝst; vəːst] *adj.* [不用在名詞前]〔十介十(代)名〕[常 **well** ~]《文語》熟練〔…〕的，精通〔…〕的，通曉〔…〕的〔*in*〕：He is *well* ~ *in* English literature. 他精通英國文學。

ver·si·cle [ˈvɝsɪkl; ˈvəːsikl] *n.* Ⓒ **1** 短詩，小詩。**2**〖基督教〗(作禮拜時牧師詠唱的)短詩，短句《常引自詩篇；cf. response 3》。

ver·si·fi·ca·tion [ˌvɝsəfəˈkeʃən; ˌvəːsifiˈkeiʃn] «versify 的名詞» —*n.* Ⓤ **1** 作詩，詩作；韻文化；作詩法。**2**〔…的〕詩體，詩的形式〔*of*〕.

vér·si·fi·er *n.* Ⓒ **1** 詩人；將散文改作韻文的人。**2** 拙劣的詩人。

ver·si·fy [ˈvɝsəˌfaɪ; ˈvəːsifai] «verse 的動詞» —*v.t.* 將〈散文〉改寫成韻文；把…寫成詩；以詩陳述…：~ an old legend 將古老傳說寫成詩。

—*v.i.*《輕蔑》作詩。

***ver·sion** [ˈvɝʒən, ˈvɝʃən; ˈvəːʒn, ˈvəːʃn] «源自拉丁文「轉換」之義» —*n.* Ⓒ **1 a 翻譯**，譯本，譯文：an English ~ of *Don Quixote*「唐・吉訶德」的英譯本。**b** [常V~](聖經的)譯本：the English *V*~ of the Bible 聖經英譯本/⇨ Authorized Version, Revised Version.

2 (指從個人或特殊立場所作的)**說明，意見，解釋**〔*of*〕：The driver's ~ of the accident was different from the eyewitness'. 那司機對該車禍的說法與目擊者不同/Give me your ~ *of* what happened. 對所發生的事我想聽聽你的說明。

3 a〔文藝作品等的〕改作，改寫，…版〔*of*〕：the film ~ *of Tom Jones* (小說)「湯姆・瓊斯」的電影版/a simplified ~ *of* Shakespeare 莎士比亞作品的簡明版/read *Hamlet* in the original ~ 讀「哈姆雷特」的原文本。**b**〔與原型、原著相對的〕改作〔*of*〕：different ~*s* of a legend 一種傳說不同形式的改編(本)。**c**〔(演奏者、演員)對特定的樂曲、角色所做的獨特的〕詮釋，演奏，演出〔*of*〕：Oliver's ~ *of* Hamlet 奧利佛演出的哈姆雷特。

vers li·bre [vɛrˈlibrə; ˌvɛəˈliːbrə] «源自法語 'free verse' 之義» —*n.* Ⓤ自由體詩。

ver·so [ˈvɝso; ˈvəːsou] «源自拉丁文'(the page) being turned' 之義» —*n.* Ⓒ(*pl.* ~s) **1** (書籍的)左[偶數]頁，反頁，(紙的)反面(↔ recto)。**2** (硬幣、徽章等的)反面。

—*adj.* [用在名詞前]左[反]頁的：the ~ side (書的)左頁。

verst(e) [vɝst; vəːst] *n.* Ⓒ俄里《俄國的距離單位，約等於 0.6629 哩，1.067 公里》。

ver·sus [ˈvɝsəs; ˈvəːsəs] «源自拉丁文 'against, toward' 之義» —*prep.*《文語》**1** (訴訟、競技等的)…對…，…對抗…《略作 v.,《美》vs.；cf. Regina 2 [用法]》：Smith *v.* Jones〖法律〗(原告)史密斯對(被告)瓊斯的案件/Today's televised baseball game is Detroit ~ Cleveland. 今天電視轉播的棒球賽是底特律對抗克利夫蘭。**2** …與…對比，相形，比較：form ~ function 形式或是功能，形式與功能的對比。

ver·te·bra [ˈvɝtəbrə; ˈvəːtibrə] «源自拉丁文» —*n.* (*pl.* **-brae** [-ˌbri; -briː])〖解剖〗**1** Ⓒ脊椎，椎骨。**2** [the vertebrae]脊柱，脊椎。

ver·te·bral [ˈvɝtəbrəl; ˈvəːtibrəl] «vertebra 的形容詞» —*adj.*〖解剖・動物〗脊椎的，椎骨的：the ~ column 脊柱。

ver·te·brate [ˈvɝtəˌbret; ˈvəːtibrət] *adj.* 有脊椎[椎骨]的(↔ invertebrate)：a ~ animal 脊椎動物。

—*n.* Ⓒ脊椎動物。

ver·te·bra·tion [ˌvɝtəˈbreʃən; ˌvəːtiˈbreiʃn] *n.* Ⓤ脊椎狀結構。

ver·tex [ˈvɝtɛks; ˈvəːteks] «源自拉丁文» —*n.* Ⓒ(*pl.* ~·es, **ver·ti·ces** [-təˌsiz; -tisiːz]) **1**《文語》最高點，頂上，山頂。**2**〖解剖〗頭頂。**3**〖幾何〗頂點。**4**〖天文〗天頂。

***ver·ti·cal** [ˈvɝtɪkl; ˈvəːtikl] «vertex 的形容詞» —*adj.* (無比較級、最高級) **1 垂直的**；直立的，縱的(cf. horizontal)：~ fins 垂直鰭《脊鰭、臀鰭、尾鰭的總稱》/a ~ line 垂(直)線/(a) ~ motion 垂直[上下]運動/a ~ plane 垂直面/a ~ section 縱斷面/a ~ cliff 陡直的斷崖。**2** 〈組織、社會機構等〉縱向聯合的；有縱向關連的：a ~ combination[trust]縱向聯合[托辣斯]/a ~ union 縱向工會《同一工業部門內跨行業的工會，如產業工會等》。**3**〖解剖〗頭頂的。**4**〖幾何〗頂點的。**5**〖天文〗天頂的。

—*n.* Ⓒ垂直線；垂直面；垂直圈：out of *the* ~ 非垂直的。

ver·ti·cal·i·ty [ˌvɝtɪˈkælətɪ; ˌvəːtiˈkæliti] *n.* Ⓤ垂直(性)，垂直狀態。

vér·ti·cal·ly [-klɪ; -kəli] *adv.* 垂直地，直立地。

ver·ti·ces *n.* **vertex** 的複數。

ver·tig·i·nous [vɚˈtɪdʒənəs; vəːˈtidʒinəs] «vertigo 的形容詞» —*adj.* **1** 令人眩暈的，感覺眩暈的：a ~ height[speed]令人眩暈的高度[速度]。**2** 旋轉的，迴旋的。**3** 眼花的；易變的，不安定的。~**·ly** *adv.*

ver·ti·go [ˈvɝtɪˌgo; ˈvəːtigou] «源自拉丁文「旋轉」之義» —*n.* Ⓤ〖醫〗眩暈，頭暈。

ver·tu [vɚˈtu; vəːˈtuː] *n.* ＝virtu.

verve [vɝv; vəːv] «源自古法語「(談話的)氣魄」之義» —*n.* Ⓤ (表現在藝術作品上的)活力，神韻；(行動上的)氣魄；熱情，活力：with great ~ 很有氣魄[熱情]地。

‡**ver·y** [ˈvɛrɪ; ˈveri] «源自拉丁文「眞實的」之義» —*adv.* (無比較級、最高級) **1** [用來强調原級的形容詞、副詞的程度]**非常，很，頗，極**《★ [用法] afraid, alike, aware 等字前面在英國語法要用 much 修飾，但在美國語法則使用 ~ (much)；different 一字可用 much, far 來修飾，但一般用 very》：It took ~ little time. (那件事)花了很少的時間/He walked ~ carefully. 他走路很小心/That's a ~ easy matter for me. 那對我來說是件很容易的事情。

[語法] (1)比較級的形容詞、副詞要用 much 或 far 來修飾；最高級的用法⇨ 3：He walked *much*[*far*] *more* carefully. 他走路比以前小心多了。(2)動詞要用(very) much 來修飾《★ [用法] 單獨使用 very 是錯誤的》：Thank you ~ *much*. 非常謝謝你。(3)現在分詞形式的形容詞用 very 來修飾：a ~ dazzling light 非常眩目的光。(4)過去分詞形式的形容詞作修飾用法時，尤其是與所修飾的名詞關係較間接時，要用 very 修飾：a ~ valued friend 一位非常寶貴的朋友/He wore a ~ worried look. 他臉上帶著很憂慮的表情。(5)過去分詞在有很明顯的被動之意時，要用(very) much 修飾；但在口語中，尤其在用表示情感或心理狀態的過去分詞時，被當作普通形容詞用，所以用 very 修飾：This picture has been (*very*) *much* admired[criticized, discussed]. 這幅畫一直很受大衆的讚賞[批評，議論]/I was ~ pleased[tired, surprised, amused, excited, puzzled, interested]. 我感到很高興[疲倦，驚奇，好玩，興奮，困惑，有趣]。

2 [用於否定句]**a 不怎麼**…，**不太**…：*not* of ~ much use 不怎麼有用/This is *not* a ~ good job. 這件工作做得不太好/"Are you busy?"－"No, *not* ~." 「你忙嗎？」「不，還好。」/This is*n't* [is *nót*] ~ góod. 這個不太好《★ [用法] 請注意第一重音是在 good 上面；如果第一重音在 very 上，如：This isn't véry gòod. 則意思是 This is véry gòod. 的否定。也就是說「這並不是"很"好」，而言外之意是 ...but it is quite good[better than last time]「…但

還算不錯[比上次要好]」》。**b** [委婉表示相反之意]完全，全然(不…)，一點也不…：I'm *not* feeling ~ well. 我感到很不舒服。

3 [用於形容詞的最高級，same, last, opposite 或 own 之前以加强語氣]十分地，眞正地，全然：Do your ~ *best.* 盡你全力/It is the ~ *last* thing I expected. 那是完全出乎我意料之外的事情/They used the ~ *same* words as I had. 他們使用了和我完全一樣的辭句/You can keep this book for your ~ *own.* 你可以保留這本書，當作是自己的《★[用法]one's ~ own 大部分是對小孩說話時使用，或在小孩之間使用》。

áll vèry wéll[**fíne**]《口語》[通常後面接 but...]當然不錯，但…；好是很好，可是…："I'll buy her a pearl necklace！" — "That's *all* ~ *well* [It's *all* ~ *well* to say that], *but* where will you get the money？"「我要爲她買一串珍珠項鍊！」「那當然很好[說來簡單]，但你的錢從哪裡來呢？」

Vèry fíne！ (1)很好！好極了！(2)[常當反語用]很不錯嘛！

Vèry góod. 是的，好的，遵命：*V*~ *good,* sir[ma'am]. 是的，先生[太太]。

Vèry wéll. 好吧，好的，遵命《★常用來表示不太情願的承諾》：Oh, ~ *well*！if you want it that way. 好吧，如果你要那樣的話(我也沒有辦法)。

—*adj.* [用在名詞前](**ver·i·er**；**ver·i·est**)《★[用法]在現代英語中幾乎都不用比較級；cf. 2》 **1** (無比較級、最高級)[與 the, this, that 以及所有格的人稱代名詞連用以加强語氣]**a** 正是那一個的，就是那一個的，恰好是：That's *the* ~ thing I was looking for. 那正是我在尋找的東西/You must do it *this* ~ day [minute]. 你必須今天[現在]就做/This happened under *her* ~ eyes. 這件事情就在她眼前發生了/He was caught in *the* ~ act. 他是被當場抓到的。**b** [**the** ~]强調最…的：at *the* ~ beginning of the party 就在聚會一開始時/I saw the bird at *the* ~ top of the tree. 就在那棵樹頂上我看到那隻鳥。**c** [**the** ~]甚至…都，就連…也(mere)：*The* ~ thought of it is disgusting. 那事就連想到也會令人感到惡心/*The* ~ stones cry out. 連石頭也要大叫了《眞是罪大惡極》/⇨ The VERY idea.

2《文語》眞正的，正是的；名副其實的《★[用法]作此字義解釋時常用來强調比較級、最高級；⇨ veriest》：a ~ knave 十足的流氓/for ~ pity's sake 請大發慈悲/The Nile is the ~ life of Egypt. 尼羅河實在堪稱爲埃及的生命所在。

The véry idéa！ [對他人說的話表示驚訝]《口語》那種事情連想到就(令人害怕、震驚)；竟然會有這種想法！

véry hìgh fréquency *n.* Ⓤ Ⓒ《通信》特高頻率《30-300 兆赫；略作 V.H.F., VHF, v.h.f., vhf》.

Vér·y light ['verɪ-; 'veri-] «源自美國發明者之名»**—*n.*** Ⓒ維利式信號《用來夜間指引飛機降落或用作求救信號等的彩色閃光彈》。

véry lòw fréquency *n.* Ⓤ《通信》特低頻率《3-30 千赫；略作 vlf, v.l.f., VLF, V.L.F.》.

Véry pìstol *n.* Ⓒ維利式信號手槍《用以發射 Very light 者》。

ves·i·cal ['vɛsɪkl; 'vesikl] *adj.*《解剖》囊的；(尤指)膀胱的。

ves·i·cle ['vɛsɪkl; 'vesikl] *n.* Ⓒ **1**《解剖》囊，胞。**2**《醫》小水疱。

ve·sic·u·lar [vɪ'sɪkjələ˞; vi'sikjulə] «vesicle 的形容詞»**—*adj.*** 《醫》胞(狀)的，囊狀的，小水疱的。

ves·per ['vɛspə˞; 'vespə] «源自拉丁文「黃昏(星)」之義»**—*n.*** **1** [**V~**]《詩》黃昏星；太白星；長庚星(cf. Phosphor)。**2** [**~s**；當單數或複數用] **a**《天主教》晚課(的時刻)《聖務日課(時間)(canonical hours)之一；日落前後》。**b**《英國國教》晚禱(evening prayer)。

—*adj.* [用在名詞前]晚課[晚禱]的。

ves·per·tine ['vɛspətɪn, -,taɪn; 'vespətain] *adj.* **1** 黃昏的，傍晚的。**2**《植物》〈花〉夜間開的。**3**《動物》夜晚活動的，夜晚飛翔的。

ves·pine ['vɛspɪn, -paɪn; 'vespain] *adj.* 黃蜂的；似黃蜂的。

Ves·puc·ci [vɛs'putʃɪ; ves'pu:tʃi], **A·me·ri·go** [ə'mɛrɪ,go; ɑ:me'ri:gou] *n.* 維斯浦奇《1454？-1512；義大利航海者、探險家；★America 的地名是由他的拉丁文名字 *Americus Vespucius* 而來》。

ves·sel** ['vɛsl; 'vesl] «源自拉丁文「小瓶」之義»**—*n. Ⓒ **1** 容器《通常指圓形裝液體容器，如壺、杯、瓶、鍋、桶等》。

2 (通常指比 boat 大的)船(⇨ ship【同義字】)：a merchant ~ 商船/a sailing ~ 帆船。

3《解剖・植物》導管，脈管，管：a blood ~ 血管。

4 [常用於聖經中]人：a chosen ~ 上帝所選的人/the weaker ~ 較弱的人《指女性》。

vest [vɛst; vest] «源自拉丁文「衣服」之義» **—*n.*** Ⓒ **1**《美》男用背心(《英》waistcoat)《★[用法]《英》用作商用語；⇨ suit 插圖》。**2**《英》(男用)內衣，汗衫(《美》undershirt)。**3** (女裝胸前的) V 字型飾布。

—*v.t.* **1** [十受十介十(代)名]把〈權利、財產等〉給與，賦與，授與〔某人〕〔*in*〕；給與，賦與，授與〈某人〉〔權利、財產等〕〔*with*〕《★常用被動語態》：In Japan authority *is* ~*ed in* the people. 在日本主權操在國民手裡/The board of directors *is* ~*ed with* the power to regulate production. 董事會被授與管制生產的權力。**2** [十受]《古・詩》**a** 使…穿上衣服；(尤指)使…穿祭袍。**b** [~one*self*]穿上衣服；(尤指)穿上祭袍《★也用被動語態，變成「穿著衣服；穿著祭袍」之意》。

—*v.i.* **1** [十介十(代)名]〈權利、財產等〉屬於〔某人〕，歸〔…〕所有〔*in*〕：Formerly the right of inheritance ~*ed in* the eldest son. 從前(財產)繼承權歸屬長子。**2**《古・詩》穿衣服；(尤指)穿祭袍。

Ves·ta ['vɛstə; 'vestə] *n.*《羅馬神話》維斯妲《司掌爐、灶的女神；相當於希臘神話赫斯蒂亞(Hestia)女竈神》。

ves·tal ['vɛstl; 'vestl] «Vesta 的形容詞» **—*adj.*** **1** 維斯妲女神的；服侍維斯妲女神的：⇨ vestal virgin. **2** 處女的，純潔的(chaste)。**—*n.*** Ⓒ(又作**véstal vírgin**)竈神守護祭司《在羅馬廟宇中守護維斯妲女神祭壇聖火的六名處女之一》。

vest·ed ['vɛstɪd; 'vestid] *adj.* **1** 〈聖職者〉穿著祭服的。**2** 〈權利等〉既定的，既得的；授與的。

vést·ed ínterest *n.* **1** Ⓒ **a**《法律》既得利益，賦與的特權。**b** 以私利爲目的的關心或興趣〔*in*〕：He has a ~ *in* the outcome of the vote. 他關心投票的結果。**2** [~**s**] (營利事業或製造業等依法保有既得利益的)受益集團[階層]。

vésted ríght *n.* Ⓒ《法律》既得權利。

ves·tib·u·lar [vɛs'tɪbjələ˞; ve'stibjulə] «vestibule 的形容詞» **—*adj.*** **1** 玄關的，門廳的，走廊的。**2**《解剖》前庭的。

ves·ti·bule ['vɛstə,bjul; 'vestibju:l] «源自拉丁文「入口」之義»**—*n.*** Ⓒ **1** 玄關，前門與室內之間的通道、走廊或前廳。

2《美》連廊《客車廂兩端有頂蓋的通路；cf. vestibule train》.

3《解剖》前庭：~ of ear 耳前庭。

véstibule tràin *n.* Ⓒ《美》連廊列車《各車廂間可穿越的列車；我國的列車大部分屬於此種；cf. compartment 2, corridor train》.

ves·tige ['vɛstɪdʒ; 'vestidʒ] «源自拉丁文「足跡」之義»**—*n.*** Ⓒ **1** (從前曾經存在過的東西的)痕跡，遺跡，形跡(⇨ trace[1]【同義字】)：These fragments of wall in London are ~*s of* the Roman occupation. 這些倫敦的斷垣殘壁是羅馬人佔領的遺跡。

2 [常與否定語連用]一些(也沒有)〔*of*〕：There is *not* a ~ *of* truth in what he says. 他所說的沒有一句是眞話。

3《生物》痕跡器官，退化器官。

ves·tig·i·al [vɛs'tɪdʒɪəl; ve'stidʒiəl] «vestige 的形容詞»**—*adj.*** **1** 痕跡的，遺跡的。**2**《生物》退化的，痕跡的：a ~ organ 痕跡[退化]器官。**~·ly** *adv.*

vest·ment ['vɛstmənt; 'vestmənt] «vest *v.* 2 的名詞»**—*n.*** Ⓒ [常 ~**s**] 衣服，外衣；(尤指)法衣，祭服《指聖職者、聖歌隊員等在做禮拜時所穿著的 cassock, stole, surplice 等》。

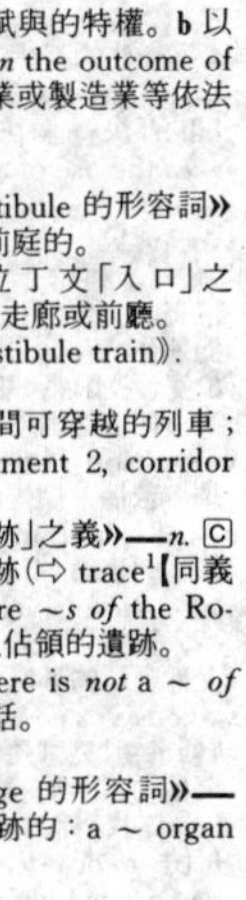

vestment

vést-pócket *adj.*《美》[用在名詞前] **1** 袖珍的，小型的：a ~ camera 袖珍型[小型]相機/a ~ edition 袖珍版。**2** 小規模的：a ~ park 小公園。

ves·try ['vɛstrɪ; 'vestri] *n.* Ⓒ **1** (教會的)祭服室，聖具室《保管祭服、宗教儀式用的器具及文書等的房間，也作祭服的更衣室》。

2 教堂的附屬室《用作辦公室、祈禱室或主日學的教室等》。**3** [集合稱] (美國聖公會、英國國教的)教區委員(會)《★[用法]視爲一整體時當單數用；指個別成員時當複數用》。

vés·try·man [-mən; -mən] *n.* Ⓒ(*pl.* **-men** [-mən; -mən])教區委員。

ves·ture ['vɛstʃə˞; 'vestʃə] *n.* Ⓤ《詩・文語》衣服，衣類；覆蓋物。

Ve·su·vi·an [və'suvɪən, -'sju-; vi'su:vjən] «Vesuvius 的形容詞»**—*adj.*** **1** (似)維蘇威火山的。**2** 火山(性)的。

ve·su·vi·an·ite [vɪ'suvɪə,naɪt; vi'su:vjənait] *n.* Ⓤ符山石。

Ve·su·vi·us [və'suvɪəs; vi'su:vjəs], **Mount** *n.* 維蘇威火山《位於義大利南部那不勒斯灣(Bay of Naples)附近的活火山》。

vet[1] [vɛt; vet] «《英》veterinary surgeon 或《美》veterinarian 之略»**—*n.*** 《口語》*n.* Ⓒ獸醫。

—*v.t.* (**vet·ted**；**vet·ting**) **1** 診療〈動物〉。**2** 診療，治療〈人〉。**3** 仔細調查〈人或東西〉。

vet[2] [vɛt; vet] «veteran 之略»**—*n., adj.*** 《美口語》= veteran.

vetch [vɛtʃ; vetʃ] *n.* Ⓤ [指種類時爲Ⓒ]《植物》野豌豆《野豌豆屬攀緣植物的統稱》。

vet·er·an** ['vɛtərən, -trən; 'vetərən] «源自拉丁文「年老的」之義»**—*n. Ⓒ **1** 老練者，老手；(尤指)老兵。**2**《美》退役軍人，後備軍人(《英》ex-serviceman)。**3**《英》**a** 已使用很久的舊東西。

b (1916 年以前製造的)老爺車。
—adj. [用在名詞前] **1** 老練的，熟練的：～ troops 歷經多次戰役的部隊/a ～ golfer [lawyer] 老練的打高爾夫球者[律師]。**2** 《美》退役(軍人)的。**3** 《英》長久使用而變舊的：a ～ car 老爺車。

Véterans [Véterans'] Dày *n.* 《美・加》退伍軍人節；停戰紀念日《在大部分的州爲十一月十一日；cf. Armistice Day, Remembrance Day》。

vet·er·i·nar·i·an [ˌvɛtrəˈnɛrɪən, -tərə-; ˌvetəriˈnɛəriən] *n.* Ⓒ 《美》獸醫(《英》veterinary surgeon)。

vet·er·i·nar·y [ˈvɛtrəˌnɛrɪ, -tərə-; ˈvetərinəri] «源自拉丁文「搬運貨物的動物」之義» **—adj.** [用在名詞前] 獸醫(學)的：a ～ hospital 家畜[動物]醫院/ ～ medicine 獸醫學/a ～ surgeon 《英》獸醫(《美》veterinarian)。
—n. Ⓒ獸醫。

ve·to [ˈvito; ˈvi:tou] «源自拉丁文「我不准」之義» **—n.** (*pl.* ～es) **1 a** Ⓤ(尤指國際政治上的)**否決權**：exercise the ～ *over*... 對…行使否決權。**b** Ⓒ《美》(總統的)否決權書：The president delivered his ～ to Congress. 總統把他的否決權書送交國會。
2 Ⓒ斷然的否決，嚴禁：put a ～ *on*... 否決，嚴禁…。
—v.t. (ve·toed；ve·to·ing) 〔十受〕 **1** 否決〈提案、議案等〉：～ a bill 否決一個法案。**2** 禁止，嚴禁〈某行爲等〉：The teacher ～*ed* the use of a crib. 那位老師嚴禁使用夾帶。
～·**er** *n.*

vex [vɛks; veks] *v.t.* 〔十受〕 **1** 使〈人〉厭煩；使〈人〉苦惱《★常以過去分詞當形容詞用；⇨ vexed 1》：His conduct ～*ed* his mother. 他的行爲使他母親感到苦惱。**2** 煩擾〈人〉《★常用於被動語態》：We *were* often ～*ed* by bedbugs. 我們常常受臭蟲騷擾。**3** 使〈人〉困惑：There was another grave problem to ～ him. 還有一個使他困惑的嚴重問題。

vex·a·tion [vɛksˈeʃən; vekˈseiʃn] «vex 的名詞» **—n. 1** Ⓤ厭煩，苦惱，煩擾，不快：to a person's ～ 使(某人)煩惱的是/in ～ of spirit [mind] 由於心煩[煩惱]。**2** Ⓒ[常 ～s] 煩惱的原因，煩惱的事物：the little ～*s* of life 人生的煩惱瑣事。

vex·a·tious [vɛksˈeʃəs; vekˈseiʃəs] «vex 的形容詞» **—adj.** 令人厭煩[苦惱，氣惱]的：Moving house is a ～ business. 搬家是件麻煩的事情。～·**ly** *adv.*

vexed [vɛkst; vekst] *adj.* **1** [不用在名詞前] **a** 〔十介十(代)名〕〔對事物〕感到煩惱的，苦惱的〔*at, about*〕；〔對人〕感到煩惱的，氣惱的〔*with*〕(cf. vex *v.t.* 1)：I am ～ *at* his laziness [his be*ing* lazy]. 我爲他的懶惰而惱火/I am ～ *with* him. 我在生他的氣。
b 〔十 *to* do〕〈因…而〉感到氣惱的：He was ～ *to* hear that she had wasted her money again. 他因聽到她又亂花錢而感到氣惱。
c 〔十 *that*＿〕〈因…事而〉感到苦惱的：I was ～ *that* I could not understand his logic. 我因爲無法理解他的邏輯而感到苦惱。
2 [用在名詞前] 令人困擾的；令人爭論不休的〈問題等〉：It is a much ～ problem. 那是一個很令人困擾[爭論不休]的問題。

véx·ed·ly [-sɪdlɪ; -sidli] *adv.* 氣惱地，生氣地。

vex·ing [ˈvɛksɪŋ; ˈveksiŋ] *adj.* ＝vexatious.

V.F.W., VFW 《略》Veterans of Foreign Wars 美國海外退伍軍人。

VHF [ˈviˌetʃˈef; ˌvi:eitʃˈef] «very high frequency 的頭字語» **—n.** ⓊⒸ《通信》特高頻率(cf. UHF)：broadcast *on* ～ 以特高頻率播送/I heard it *on* ～ last night. 我昨晚在特高頻率廣播中聽到那件事。
—adj. [用在名詞前] 特高頻的：a ～ radio 特高頻收音機。

VHS 《商標》錄放影機的一種型式。

Vi 《符號》《化學》virginium.

vi., v.i. 《略》verb intransitive (cf. vt., v.t.).

v.i. 《略》*vide infra.*

***vi·a** [ˈvaɪə; ˈvaiə] «源自拉丁文「道路」之義» **—prep. 1** **經由** (by way of)：He flew to Europe ～ the North Pole. 他經由北極飛往歐洲。**2** 以，藉，以…爲媒介 (by means of)：～ air mail 以航空郵寄/The Olympics were telecast live ～ satellite. 奧運比賽經由人造衛星做實況轉播。

vi·a·bil·i·ty [ˌvaɪəˈbɪlətɪ; ˌvaiəˈbiləti] «viable 的名詞» **—n.** Ⓤ **1** 生存能力，生活力；(尤指胎兒、新生兒的)生機，存活能力。**2** (計畫等的)可行性。

vi·a·ble [ˈvaɪəbl; ˈvaiəbl] «源自拉丁文「生命」之義» **—adj. 1** 〈計畫等〉可實行的，可實施的。**2** 〈胎兒、新生兒〉能存活的。

ví·a·bly [-blɪ; -bli] *adv.*

vi·a·duct [ˈvaɪəˌdʌkt; ˈvaiədʌkt] «源自拉丁文 VIA (道)和 aqueDUCT (水道)的混合語» **—n.** Ⓒ陸橋，高架橋[道路，鐵路]。

vi·al [ˈvaɪəl, vaɪl; ˈvaiəl, vail] *n.* Ⓒ玻璃瓶；藥水瓶《★[用法]《英》一般用 phial》。

vi·a me·di·a [vaɪəˈmidɪə; vaiəˈmi:diə] «源自拉丁文» **—n.** Ⓒ中庸之道。

vi·and [ˈvaɪənd; ˈvaiənd] «源自拉丁文「維持生命的東西」之義» **—n.** [～s；集合稱] (尤指高級或珍貴的)食物，食品，佳餚。

viaduct

vibes [vaɪbz; vaibz] *n.* Ⓒ (*pl.* ～) **1** [常當單數用] ＝vibraphone. **2** [當複數用] ＝vibration 2.

vi·bran·cy [ˈvaɪbrənsɪ; ˈvaibrənsi] «vibrant 的名詞» **—n.** Ⓤ [又作 a ～] 活力；活潑；(聲音的)回響；(光或顏色的)鮮明。

vi·brant [ˈvaɪbrənt; ˈvaibrənt] «vibrate 的形容詞» **—adj. 1 a** 《文語》震動的，顫動的。**b** 〈聲音〉回響的。**c** 〈光或顏色〉鮮明的，閃亮的。**2 a** 充滿活力的。**b** 立即反應的，敏感的。**c** 令人激動的，令人極興奮的。**d** [不用在名詞前] 〔十介十(代)名〕〔因活力充沛而〕顫動的，悸動的〔*with*〕：a city ～ *with* life 生氣蓬勃的城市。

vi·bra·phone [ˈvaɪbrəˌfon; ˈvaibrəfoun] *n.* Ⓒ顫音琴《類似馬林巴(marimba)的樂器》。

vi·brate [ˈvaɪbret; vaiˈbreit] «源自拉丁文「震動」之義» **—v.i. 1** **震動，搖動，顫動**：Strings ～ when plucked [strummed]. 弦在撥弄時會顫動/Their house ～*d* whenever a heavy vehicle passed outside. 每當重型車輛經過時，他們的房子就震動。
2 〈聲音〉震顫；**回響**：Her voice ～*d* with enthusiasm. 她的聲音因熱情而顫抖/Her shriek still ～*s* in my ears. 她的尖叫聲仍在我耳中回響。
3 〔動(十介十(代)名)〕《口語》〔因…而〕感動；悸動；顫動〔*to*〕：My heart ～*d to* the rousing music. 我因聽到那動人的音樂而心頭顫動。
—v.t. 〔十受〕 **1 a** 使…震動；搖動。**b** 使…顫動。**2** 以振動顯示…：The metronome ～*d* the beat. 那節拍器擺動著顯示節拍。

vi·bra·tile [ˈvaɪbrətɪl, -taɪl; ˈvaibrətail] *adj.* **1** 振動(性)的，顫動的。**2** 能(被)振動的。

vi·bra·tion [vaɪˈbreʃən; vaiˈbreiʃn] «vibrate 的名詞» **—n. 1** ⓊⒸ**振動，顫動，擺動**。**2** Ⓒ [常 ～s] 《口語》(人、地方等給人的)印象；情緒上的激動：The town gave me bad ～*s*. 那個小鎮給我不好的印象/I got good ～*s* from him. 他給我的感覺[印象]很好《★[用法]《口語》則常用 good [bad] vibes》。**3** Ⓤ [指個體時爲Ⓒ] 《物理》(鐘擺的)振動：amplitude of ～ 振幅。

vi·bra·to [viˈbrato; viˈbrɑ:tou] «源自義大利語» **—n.** Ⓒ (*pl.* ～s) 《音樂》振音；振動(音)。

ví·bra·tor *n.* Ⓒ **1** 使振動的東西。**2** 《電學》振動器。

vi·bra·to·ry [ˈvaɪbrəˌtorɪ, -ˌtɔrɪ; ˈvaibrətəri] «vibrate, vibration 的形容詞» **—adj.** 使振動的；振動(性)的。

vi·bro- [vaɪbrə-; vaibrə-] [字首] 表「振動，震動」之意：*vibro*meter.

vi·bro·graph [ˈvaɪbrəˌgræf, -ˌgrɑf; ˈvaibrəgrɑ:f] *n.* Ⓒ振動記錄儀。

vi·brom·e·ter [vaɪˈbrɑmɪtɚ; vaiˈbrɔmitə] *n.* Ⓒ振動計。

Vic [vɪk; vik] *n.* 維克《男子名；Victor 的暱稱》。

vic. 《略》vicinity. **Vic.** 《略》Victoria.

vic·ar [ˈvɪkɚ; ˈvikə] «源自拉丁文「代理」之義» **—n.** Ⓒ **1** [也用於稱呼] 《英國國教》教區(代理)牧師《爲教區主任牧師(rector)的代理人；直接向上級領受薪俸；cf. vicarage 2》。**2** 《天主教》教皇[司教]代理。
the Vícar of Christ 《天主教》基督的代理者《羅馬教皇》。

vic·ar·age [ˈvɪkərɪdʒ; ˈvikəridʒ] *n.* Ⓒ **1** 教區(代理)牧師的住宅 (cf. rectory 1)。**2** 教區牧師的薪俸。

vícar apostólic *n.* Ⓒ (*pl.* **vicars apostolic**) 《天主教》(在傳道地區代表教皇的)名譽主教。

vícar-géneral *n.* Ⓒ (*pl.* **vicars-general**) **1** 《英國國教》(在訴訟等方面協助大主教或主教的)代理監督。**2** 《天主教》(教區的)代理主教。

vi·car·i·ous [vaɪˈkɛrɪəs; viˈkɛəriəs] «源自拉丁文「代理」之義» **—adj. 1** (藉想像)體驗他人經驗的，產生同感[共鳴]的：His success gave her ～ pleasure. 他的成功給她如同身受的快樂。**2** 《文語》代理的，受託的：～ authority [power] 代理職權[權力]。**3** 《文語》代替別人的：～ punishment 代人受罰/the ～ sufferings [sacrifice] of Christ 《基督教》基督的代人類受難[犧牲]。～·**ly** *adv.* ～·**ness** *n.*

***vice**[1] [vaɪs; vais] «源自拉丁文「缺陷」之義» **—n. 1 a** ⓊⒸ**邪惡**，罪行(⇨ crime【同義字】)；墮落行爲，惡習，惡癖：Gambling is a ～. 賭博是一種惡習。**b** Ⓤ(人格上的)邪惡，不道德(↔ virtue)：virtue and ～ 善與惡。**c** Ⓤ不道德的性行爲；賣淫。
2 Ⓒ **a** (性格上的)重大的缺點，弱點。**b** (制度等嚴重的)缺陷，缺點：the ～*s of* our social system 我們社會制度的弊端。
3 ⓊⒸ(馬、狗等動物的)惡癖。

vice² [vaɪs; vais] *n.*, *v.* 《英》＝vise.

vi·ce³ [ˋvaɪsɪ, -si; ˈvaisi] **《源自拉丁文》——*prep.*** 代替，代理，接替《略作 v.》.

vice- [vaɪs-; vais-] 字首 [附加在表示官職、官位的名詞前]副…，代理…，次…：a *vice*-agent 副代理人/⇨ vice-president, *etc.*

více ádmiral *n.* Ⓒ《海軍》中將。

více-cháirman *n.* Ⓒ(*pl.* **-men**)副議長，副會長，副委員長。

více-cháncellor *n.* Ⓒ[常**Vice-Chancellor**，也用於稱呼]（英國的）大學副校長《爲實際上的行政首長；cf. chancellor 5 b》.

více-cónsul, více cónsul *n.* Ⓒ副領事。

vice·ger·ent [vaɪsˋdʒɪrənt; ˌvaisˈdʒerənt, -ˈdʒiər-] *n.* Ⓒ **1** 代理人。**2** 國家元首或最高領袖指定之代理人。

——*adj.* 代理的，代表的。

více-góvernor *n.* Ⓒ副州長；副省主席；副總督。

více·lìke *adj.* 《英》＝viselike.

vi·cen·ni·al [vaɪˋsɛnɪəl; viˈsenjəl, vai-] *adj.* 每二十年一次的；持續二十年的。

více-présidency *n.* Ⓒ[常 **the** ～] vice-president 的職位[地位，任期]。

více-président *n.* Ⓒ **1** [常**Vice-President**；也用於稱呼]《美》副總統。**2** 副總裁；副會長；副校長。**více-presidéntial** *adj.*

vice·re·gal [vaɪsˋrigl; ˌvaisˈri:gl⁺] **《viceroy 的形容詞》——*adj.*** 總督的。

více-régent *n.* Ⓒ副攝政。**——*adj.*** 副攝政的。

vice·reine [ˋvaɪsren; ˌvaisˈrein, ˈvaisrein] *n.* Ⓒ總督夫人。

vice·roy [ˋvaɪsrɔɪ; ˈvaisrɔi] *n.* Ⓒ（代替國王統治他國的）總督。

vice·roy·al·ty [vaɪsˋrɔɪəltɪ; vaisˈrɔiəlti] *n.* **1** Ⓤ總督的地位[職權，任期]。**2** Ⓒ總督管轄的國[省]。

více squàd *n.* Ⓒ[集合稱]（負責取締色情、賭博、販毒等的）警察隊《★用法視爲一整體時當單數用，指個別成員時當複數用》。

vi·ce ver·sa [ˋvaɪsɪˋvɝsə; ˌvaisiˈvə:sə] **《源自拉丁文》——*adv.*** [常**and** ～]反過來也一樣，反之亦然（the other way about）《略作 v.v.》：Cats dislike dogs, *and* ～. 貓討厭狗，而狗也討厭貓《★～即 dogs dislike cats 之意》。

Ví·chy (wàter) [ˋviʃɪ-, ˋvɪʃɪ-; ˈvi:ʃi:-] *n.* Ⓤ維琪礦泉水《出產於法國中部以溫泉著稱的維琪（Vichy）》.

vic·i·nage [ˋvɪsn̩ɪdʒ; ˈvisinidʒ] *n.* **1** Ⓤ近處，鄰近，接近，附近。**2** Ⓒ附近的居民，鄰居。

vic·i·nal [ˋvɪsn̩l; ˈvisinl] *adj.* 附近的，鄰近的。

vi·cin·i·ty [vəˋsɪnətɪ; viˈsinəti] **《源自拉丁文「鄰近」之義》——*n.*** **1** ⒸⓊ **a** 附近，鄰近《★比較比 neighborhood 更爲拘泥的用語》：There is no hospital in the ～ (of the factory). 在（工廠）附近沒有醫院/Is there any library in this ～? 在這附近有沒有圖書館？**b** [常 **vicinities**]鄰近地區，周圍：the western *vicinities* of the city 該市西邊的鄰近地區。**2** Ⓤ《文語》接近，附近：No one was aware of his ～. 沒有人發現他就在附近。

in the vicínity of... (1) ⇨ 1 a. (2)《文語》大約，左右：The population of this city is *in the* ～ *of* 200,000. 這個城市的人口約有二十萬。

vi·cious [ˋvɪʃəs; ˈviʃəs] **《vice¹ 的形容詞》——*adj.*** (**more** ～；**most** ～) **1 a** 有惡意的，惡毒的：a ～ look 惡毒的眼光/a ～ temperament 兇惡的性情。**b** 危險的，不安全的：a *vicious*-looking sword 看來危險的劍。

2 《口語》厲害的；惡性的：a ～ headache 劇烈的頭痛/a ～ tumor 惡性腫瘤。

3 〈馬等〉有惡癖的；難駕馭的：a ～ dog 惡犬。

4 a 〈言辭、推理等〉謬誤的，有缺點的：a ～ argument 謬誤的論據[點]/～ reasoning 謬誤的推理。**b** 〈經濟現象等〉惡性的：a ～ wage-price spiral 工資與物價上升的惡性循環。

5 《文語・罕》邪惡的；不道德的；墮落的：～ habits 惡習[癖]/～ books 不良書籍/a ～ life 不道德的生活。

～·ly *adv.* **～·ness** *n.*

vícious círcle *n.* Ⓒ **1** 惡性循環。**2**《邏輯》循環論法。

vi·cis·si·tude [vəˋsɪsəˌtud, -ˌtjud; viˈsisitju:d] **《源自拉丁文「變化」之義》——*n.*** **1** Ⓒ（事物等的）變化，變遷。**2** [～s]（人生、命運等的）變化；榮枯，盛衰，浮沈：a life full of ～*s* 飽經滄桑的一生。

Vick·y [ˋvɪkɪ; ˈviki] *n.* 維琪《女子名；Victoria 的暱稱》。

Vict. 《略》Victoria；Victorian.

*__vic·tim__ [ˋvɪktɪm; ˈviktim] **《源自拉丁文「作犧牲的動物」之義》——*n.*** Ⓒ **1 a** [迫害、不幸、事故等的]**犧牲者**，受害者〔*of*〕：a ～ *of* oppression 迫害下的犧牲者/～*s of* war 戰爭的犧牲者/a ～ *of* circumstance(s) ⇨ circumstance 2/become [be made] a [the] ～ *of*... 成爲[使成爲]…的犧牲者/We carried the ～*s of* the accident to the hospital. 我們把意外事故的遇難者送去醫院。**b** [騙子等的]受害人〔*of*〕：a ～ *of* a swindler 被騙子欺騙的受害人[上了騙子的當的人]。

2 （用於宗教儀式的）犧牲《爲祭神而殺的人或動物》。

fàll (a) víctim to... 成爲…的犧牲者：They *fell* ～ *to* their own greed. 他們被自己的貪心所害。

vic·ti·mi·za·tion [ˌvɪktɪməˋzeʃən, -maɪˋz-; ˌviktimaiˈzeiʃn] **《victimize 的名詞》——*n.*** Ⓤ犧牲。

vic·tim·ize [ˋvɪktɪmˌaɪz; ˈviktimaiz] **《victim 的動詞》——*v.t.*** **1 a** 使…受害，使…受苦。**b** 欺騙〈人〉。**2** 使〈人〉犧牲。

vic·tim·ol·o·gy [ˌvɪktəˋmɑlədʒɪ; ˌviktiˈmɔlədʒi] *n.* Ⓤ（犯罪行爲之）受害者研究。

*__vic·tor__ [ˋvɪktɚ; ˈviktə] *n.* Ⓒ《文語》**1 勝利[戰勝，征服]者。**

2 （競技等的）優勝者（winner）.

Vic·tor [ˋvɪktɚ; ˈviktə] *n.* 威克特《男子名；暱稱 Vic；cf. Victoria 1》.

vic·to·ri·a [vɪkˋtorɪə, -ˋtɔr-; vikˈtɔ:riə] *n.* Ⓒ **1** 一種雙座四輪敞篷馬車《由一或二匹馬曳引》。**2**《植物》王蓮《南美產王蓮屬草本植物的統稱》。

victoria 1

Vic·to·ri·a [vɪkˋtorɪə, -ˋtɔr-; vikˈtɔ:riə] *n.* **1** 維多莉亞《女子名》。

2 Queen ～ 維多利亞女王《英國女王，1819-1901；在位期間爲 1837-1901》。

3《羅馬神話》維多利亞《勝利女神》。

4 維多利亞州《澳洲東南部的一州；首府墨爾缽(Melbourne)》.

5 維多利亞《加拿大英屬哥倫比亞(British Columbia)的首府》。

Victoria 3

Victória Cróss *n.* [**the** ～]《英》維多利亞十字勳章《維多利亞女王於 1856 年所制定，授與有特殊功勳的陸海軍軍人的勳章；略作 V.C.》.

Victória Fálls *n. pl.* [**the** ～] 維多利亞瀑布《位於非洲南部的尚比亞和辛巴威二國之間》。

Vic·to·ri·an [vɪkˋtorɪən, -ˋtɔr-; vikˈtɔ:riən⁺] **《Victoria 的形容詞》——*adj.*** **1** 維多利亞女王（時代）的，維多利亞時代（風格）的：the ～ Age 維多利亞時代（1837-1901）/～ writers 維多利亞時代的作家。

2 有維多利亞時代特徵的《嚴格、注重外表的優雅、遵守傳統習慣等》：a strict ～ upbringing 嚴格的維多利亞時代式教養。

——*n.* Ⓒ維多利亞女王時代的人；（尤指）維多利亞時代的文學家；維多利亞女王時代的東西。

Vic·tó·ri·an·ìsm [-nˌɪzəm; -nizəm] *n.* Ⓤ維多利亞時代的風尚[風格]（cf. Victorian *adj.* 2）.

Victória Ny·án·za [-nɪˋænzə, -naɪ-; -niˈænzə, -nai-] *n.* 維多利亞湖《位於非洲東部，在烏干達、坦尙尼亞和肯亞的交界上，爲世界第二大淡水湖；又稱 Lake Victoria》.

vic·to·ri·ous [vɪkˋtorɪəs, -ˋtɔr-; vikˈtɔ:riəs⁺] **《victory 的形容詞》——*adj.*** (**more** ～；**most** ～) **1** （無比較級、最高級）**a** **勝利的**，戰勝的，優勝的：a ～ army 戰勝的軍隊/the ～ team 優勝隊。**b** [不用在名詞前]〔十介十(代)名〕[在競技中]贏的〔*in*〕；贏過[對方]的〔*over*〕：Our team was ～ ***over*** theirs [***in*** the contest]. 我隊戰勝了他隊[贏得比賽]。**2** [用在名詞前]表示勝利的：a ～ flag 勝利之旗/a ～ smile 勝利的微笑。**～·ly** *adv.* **～·ness** *n.*

*__vic·to·ry__ [ˋvɪktrɪ, -tərɪ; ˈviktəri] **《源自拉丁文「征服」之義》——*n.*** ⓊⒸ**勝利**，戰勝〔*in, over*〕《略作 V》（↔ defeat）：a ～ *in* sports 運動競技的勝利/lead the troops to ～ 指揮軍隊打了勝仗/have [gain, get, win] a ～ (*over*...) 戰勝（…），贏過（…）/V～ was ours. 勝利是屬於我們的。

> **【同義字】** victory 是指在戰爭、運動以及其他方面的勝利，爲最廣泛的用語；triumph 則往往意味著完全的勝利或成功，並表示欣喜之情；conquest 是指擊敗頑強敵人或對手而獲得的勝利。

víctory gàrden *n.* Ⓒ（第二次世界大戰中爲增加糧食而種植的）菜圃，家庭菜園。

vict·ual [ˋvɪtl; ˈvitl] **《源自拉丁文「糧食」之義》——*n.*** [～s]《古・方言》食物，食品。**——*v.t.*** (**vict·ualed,** 《英》**-ualled**；**vict·ual·ing,** 《英》**-ual·ling**) 爲〈軍隊等〉供給食物；裝載食物於〈船上〉。**——*v.i.*** 取得食物；裝貯食物。

víct·ual·(l)er [-tlɚ; -tlə] *n.* Ⓒ **1** （船舶、軍隊的）食物供給者。**2** 《英》＝LICENSED victualler.

vi·cu·ña, vi·cu·na [vɪˋkjunə; viˈkju:nə] *n.* **1** Ⓒ《動物》駱馬《南美洲產的野生動物，外形似駝馬(llama)》. **2** Ⓤ《織物》以駱馬毛或類似的毛所織的毛織品。

V

victory
【照片說明】表示勝利(victory)之喜悅的各種姿勢。

vid. 《略》*vide.*

vi·de [ˈvaɪdɪ; ˈvaidi:, -di] «拉丁文 'see' 的祈使語氣» **—***v.t.* [用祈使語氣] 參看…，參照…；見…《略作 v., vid.》：～ [*v.*] p. 30 [Webster] 參看第三十頁 [韋氏字典]/～ *infra* 見下文《略作 v.i.》/～ *supra* 見上文《略作 v.s.》.

vicuña 1

vi·de·li·cet [vɪˈdɛləsɪt; viˈdi:liset] «源自拉丁文 'It is permitted to see' 之義» **—***adv.* 《文語》就是，即是說《略作 viz.；cf. i.e.》.

vid·e·o [ˈvɪdɪ,o; ˈvidiou] *n.* (*pl.* ～**s**) **1** Ⓤ《美》電視(television). **2** Ⓤ《電視》映像(部分)。**3** Ⓒ錄放影機。
—*adj.* [用在名詞前] **1** 電視的。
2 《電視》映像(部分)的；錄影的。

vídeo·cassètte *n.* Ⓒ卡式錄影帶。
—*adj.* [用在名詞前] 卡式錄影帶(用)的：a ～ recorder 卡式錄放影機。

vídeo·càst *n.* ⓊⒸ電視廣播。

vídeo·dìsc *n.* Ⓒ影碟《可播出影像及聲音的圓形雷射錄影片》。

vídeo gàme *n.* Ⓒ電動玩具遊戲。

vid·e·o·gen·ic [,vɪdɪoˈdʒɛnɪk; ,vidiouˈdʒenik] *adj.* ＝telegenic.

vídeo·phòne *n.* Ⓒ電視電話(機)。

vídeo recòrder *n.* ＝video tape recorder.

vídeo recòrding *n.* ＝video tape recording.

vídeo·tàpe *n.* ⓊⒸ錄影帶。
—*v.t.* 將〈節目等〉錄影。

vídeo tàpe recòrder *n.* Ⓒ錄放影機《略作 VTR》.

vídeo tàpe recòrding *n.* **1** Ⓒ錄影的節目。**2** Ⓤ(節目等的)錄製《略作 VTR》.

vi·dette [vɪˈdɛt; viˈdet] *n.* ＝vedette.

vie [vaɪ; vai] «源自拉丁文「邀人比賽」之義» **—***v.i.* (～**d**; **vy·ing**) [十介十(代)名] **1** [與人] 競爭；爭勝 [*with*] [*for*] [*in*]：They ～*d* ***with*** each other ***for*** the prize. 他們爲得獎而相互競爭/They all ～*d* ***in*** pay*ing* her attentions. 他們爭著向她獻慇懃。
2 [在…方面] 競爭，對抗 [*in*]：They ～*d* ***in*** wit. 他們在鬥智。

Vi·en·na [vɪˈɛnə; viˈenə] *n.* 維也納《奧地利的首都》。

Viénna sáusage *n.* Ⓒ[當作菜名時爲Ⓤ] 維也納香腸。

Vi·en·nese [,viəˈniz; ,viəˈni:zˊ] «Vienna 的形容詞» **—***adj.* 維也納的；維也納風格的。
—*n.* Ⓒ(*pl.* ～) 維也納人。

Vi·et·cong, Vi·et Cong [vi,ɛtˈkɔŋ, ,viɛt-, -ˈkaŋ; ,vjetˈkɔŋ, ,vi:et-] *n.* [**the** ～] (越戰時期) 越共《接受北越支持在南越從事游擊戰的共黨部隊》。**—***adj.* 越共的。

Vi·et·nam, Viet Nam [,viɛtˈnam, -ˈnæm; ,vjetˈnæm, -ˈna:mˊ] *n.* 越南《中南半島東部的共和國；首都河內(Hanoi)》.

Vi·et·nam·ese [vi,ɛtnaˈmiz, -ˈmis; ,vjetnəˈmi:zˊ] «Vietnam 的形容詞» **—***adj.* **1** 越南(共和國)的。**2** 越南人[話]的。
—*n.* (*pl.* ～) **1** Ⓒ越南人。**2** Ⓤ越南話。

Viétnam Wár *n.* [**the** ～] 越戰(1954–75).

‡**view** [vju; vju:] «源自古法語「看見」之義» **—***n.* **1** Ⓤ**視力**；可看見的狀態[範圍]，視界，視野：a field of ～ 視野/be in (plain) ～ 〈東西〉看得見[看得清清楚楚]/We turned a corner and came in ～ of the house [and the house came into ～]. 我們轉過街角便看見那棟房子/Soon the plane disappeared *from* ～ [passed *out of* ～, was lost *to* (our) ～]. 不久那飛機便不見了[從視線中消失了，從(我們的)視野消失了]/Try to keep that car in ～. 設法使那輛車子保持在視線之內/He did it *in* full ～ *of* the public. 他在衆目睽睽之下做了那件事/There was no tree anywhere within ～. 放眼所極之處都沒有樹木。

2 [用單數] **a 觀看，眺望，參觀** [*of*]：a private ～ 預展/It was our first ～ *of* the ocean. 這是我們第一次看到海洋/If you go up there, you can get a better ～ *of* the parade. 如果你上去那邊，你可以更清楚地看到遊行隊伍。**b 概觀，通覽，概說** [*of*]：“*A V～ of English Grammar*”「英文文法概說」/a concise ～ *of* contemporary literature 當代文學簡要概論。

3 Ⓒ **a 光景，景色，景物，眺望**：a distant ～ 遠景/quiet rural ～*s* 寧靜的田園風光/The place has a fine ～ of the lake. 從那個地方可看到湖泊的美麗景色/From the road there was no ～ of the beach. 從那條路上看不到海濱。

> 【同義字】view 是指從某地點所看到的景色或光景；sight 是指靠視覺所見的光景原貌；scene 指某特定地點的景色；scenery 是指一個地方的自然風景的全貌。

b 風景畫[照片]；展望圖：a postcard with a ～ of the town 有那個小鎮風景的明信片/a back [front] ～ 背[正]面圖/a perspective ～ 透視圖。

4 Ⓒ[常用單數；與修飾語連用] (特定的) **看法，想法** [*of*]：take a general ～ *of...* 概觀…/take the long ～ *of...* 從長遠的眼光來看…/take a dark [favorable] ～ *of...* 對…抱悲觀[有利]的看法/⇨ take a DIM view (of...)/He presented quite a new ～ *of* the affair. 他對那件事提出了相當新的看法。

5 Ⓒ **a** [對於…的] (個人之) **意見，見解，想法** [*on, about*] (⇨ opinion【同義字】)：take a different ～ 持不同的意見/My father had strong ～*s about* lying. 我父親對撒謊有强烈的反感《認爲是嚴重的事情》/What are your ～*s on* his proposal？你對他的提議有什麼意見？/In my ～, she was imprudent. 依我看，她未免太輕率了。**b** [十 *that*__] 〈…的〉意見，想法：They persisted in the ～ *that* the earth was flat. 他們堅持認爲地球是平的。

6 ⓊⒸ目的，計畫；期待，希望；考慮：a project *in* ～ 考慮中的計畫/*with* this [that] ～ 爲了這[那]個目的/⇨ with a VIEW to/leave ... *out of* ～ 不把…列在考慮中/I have nothing *in* ～ for tomorrow. 我明天沒有任何預定的計畫/He has only money *in* ～. 他想的只是錢/I will meet [fall in with] your ～*s* on this matter. 《文語》關於這件事我會照你的意願去辦的。

in víew of... (1)⇨ 1. (2)由於，鑒於…：*In* ～ *of* the board's disapproval we have dropped the plan. 由於理事會的反對，我們已放棄了該計畫。

on víew 展示中，展覽中：Dresses of the latest fashion are now *on* ～. 最新流行的女裝現正展示中。

póint of víew ⇨ point.

with a víew to... [常與動名詞連用] 爲了…，爲…的目的《★比較 與 *to* do 連用是俚語；此成語是很拘泥的用語，一般用 (in order) to do 或 with the intention of do*ing*》：We have established the institute *with a* ～ *to* diffus*ing* scientific knowledge. 爲了傳播科學知識我們設立了這個機構。

—*v.t.* **1** [十受] **a 觀看…，眺望…**：～ a play [film] 看戲[電影]。**b** 調查；檢討；檢視…：～ a house 查看一棟房子(看值不值得買)。**c** 《口語》在〈電視〉上看到。

2 a〔十受十介十(代)名〕〔以某種看法來〕看〔*in, with*〕；〔從某觀點來〕看〔*from*〕：He doesn't ～ this matter ***in*** the same light. 他對這件事有不同的看法/We ～ the policy ***with*** skepticism. 我們對此政策表示懷疑/The problem must also be *～ed* ***from*** the employer's angle. 這問題也須從雇主的角度來看。**b**〔與狀態副詞(片語)連用〕(以某種態度)看，考慮：The project was *～ed* favorably by the committee. 那計畫受到該委員會的好評。**c**〔十受十*as* 補〕把…看作〈…〉：These cases are *～ed as* models. 這些案例被視爲典範。

—*v.i.* **1** 看電視。**2** 檢視。

view·er [ˋvjuɚ; ˈvju:ə] *n.* Ⓒ **1** 看者，觀察者，參觀者；(尤指)看電視的人：～ response (電視的)觀衆反應。**2** (放映幻燈片等的)幻燈機。

víew·finder *n.* Ⓒ《攝影》(照相機的)取景器《觀看被攝影物體或人物位置的裝置》。

víew hallóa *n.* Ⓒ獵人見狐出現時的叫聲。

víew·less *adj.* **1** 看不見的；無景色的。**2**《美》無意見的；無見解的。～**·ly** *adv.*

***view·point** [ˋvju͵pɔɪnt; ˈvju:pɔint] *n.* Ⓒ**觀點**，見地(cf. POINT of view)：a disinterested ～ 公正的觀點/I look at this problem *from* a different ～. 我從不同的觀點來看這個問題。

vig·il [ˋvɪdʒəl; ˈvidʒil] «源自拉丁文「熬夜」之義»**—***n.* ⓊⒸ守夜，熬夜，徹夜不眠看護病人；警戒，看守：keep (an) (all-night) ～ (通宵)守夜/keep ～ *over* [*beside*] a sick child 整夜看護一位病童/She was tired out by these long *～s.* 連日來的熬夜使她筋疲力竭/The detectives resumed their ～ at the house. 偵探們又開始在那棟房子警戒了。

vig·i·lance [ˋvɪdʒələns; ˈvidʒiləns] «vigilant 的名詞»**—***n.* Ⓤ警戒，注意，守夜。

vígilance committee *n.* Ⓒ[集合稱]《美》保安委員會；保安團《★用法視爲一整體時當單數用；指個別成員時當複數用》。

vig·i·lant [ˋvɪdʒələnt; ˈvidʒilənt] «vigil 的形容詞»**—***adj.* 謹愼看守的；小心警戒的(watchful)：One must be ever ～. 每個人必須隨時提高警覺。～**·ly** *adv.*

vig·i·lan·te [͵vɪdʒəˋlæntɪ; ͵vidʒiˈlænti] «源自西班牙語»**—***n.* Ⓒ《美》保安委員會委員；保安團員。

vi·gnette [vɪnˋjɛt; viˈnjet] «源自法語「藤蔓(vine)」之義；cf. -ette»**—***n.* Ⓒ **1** (書籍扉頁、章首、章尾等處的)小裝飾圖案；藤蔓花樣[圖案]。**2 a** (使背景逐漸暗淡的)半身照片或畫像。**b** 小巧可愛的插圖或照片。**3 a** 小品文；短文。**b** (戲劇或電影中的)插話。

vig·or [ˋvɪgɚ; ˈvigə] «源自拉丁文「充滿活力」之義»**—***n.* Ⓤ **1** **精力，活力，力**；精神，氣力，元氣：with ～ 有氣勢地；精神飽滿地。**2** (表現在運動等的)精力，活力；(文體、性格等的)氣勢，氣魄。**3** (植物等的)生長力。

vig·or·ous [ˋvɪgərəs; ˈvigərəs] «vigor 的形容詞»**—***adj.* (**more** ～; **most** ～) **1 精力充沛的**；强健的；强壯的：～ in body and in mind 身心健旺/He is a ～ 70. 他今年七十歲，元氣旺盛。**2** 〈行動、言辭等〉有力的；猛烈的：a ～ attack 猛烈的攻擊/～ exercise 激烈的運動/have a ～ argument 展開激烈爭論。**3** 〈植物〉有旺盛生命力的；易生長的。～**·ly** *adv.* ～**·ness** *n.*

vig·our [ˋvɪgɚ; ˈvigə] *n.*《英》＝vigor.

Vi·king [ˋvaɪkɪŋ; ˈvaikiŋ] «源自北歐語「海口的居民」之義»**—***n.* Ⓒ北歐海盜《於八至十世紀間掠奪歐洲西部及北部沿岸的斯堪的那維亞人(Scandinavian)》.

vile [vaɪl; vail] «源自拉丁文「無價值的」之義»**—***adj.* (**vil·er; vil·est**) **1 a 低劣的**，不道德的，可恥的，卑劣的：the *vilest* evil 最卑劣的罪惡。**b** 〈言談等〉下流的，汚穢的：use ～ language 使用下流的語言。**2**《口語》惡劣的，極壞的；令人討厭的：～ weather 惡劣的天氣。～**·ly** *adv.* ～**·ness** *n.*

vil·i·fi·ca·tion [͵vɪləfəˋkeʃən; ͵vilifiˈkeiʃn] «vilify 的名詞»**—***n.* ⓊⒸ誹謗，中傷。

vil·i·fy [ˋvɪlə͵faɪ; ˈvilifai] *v.t.*《文語》誹謗，詆毀；中傷。

vil·la [ˋvɪlə; ˈvilə] *n.* Ⓒ **1 a** 鄉下的大宅邸。**b** (避暑地、海濱等的)別墅：a ～ on the Riviera 里維耶拉海濱的別墅。

2《英》**a** (獨棟或兩棟相連而有院子的)郊外住宅《★常用於房屋廣告辭句》。**b** [常 **Villas**；用於住宅名稱]…住宅：Kensington *Villas* 肯津頓住宅。

3 (古代羅馬的)莊園。

> 【說明】就像在我國及日本等地，房屋業者把稍微豪華的公寓稱作大廈(mansion)，稍微接近市郊的房子則稱作「別墅」，在英國房屋業者也常用 villa 一字來稱呼他們在市郊蓋的房子，目的當然是使買主覺得自己所買的是「豪華住宅」；cf. mansion【說明】

‡**vil·lage** [ˋvɪlɪdʒ; ˈvilidʒ] «源自拉丁文「鄉下的宅邸(villa)」之義»**—***n.* Ⓒ **1 鄉村**，村落；村莊。

> 【說明】village 是指比 hamlet 大，比 town 小的村莊。在美國 village 是由三名以上的評議員及一名議長組成的委員會所治理的地方自治單位。但在紐約州(New York)以及新英格蘭(New England)以外的地方都稱爲 town. 在英國 village 不是自治體而是地理上的通稱，村民生活以教區教會(parish church)爲中心。

2 [集合稱]村民《★用法視爲一整體時當單數用；指個別成員時當複數用》：All the ～ was [were] there. 所有村民都在那裡。

—*adj.* [用在名詞前]鄉村的；村民的：a ～ school 鄉村學校。

víllage commúnity *n.* Ⓒ(從前的)鄉村社區。

vil·lag·er [ˋvɪlɪdʒɚ; ˈvilidʒə] *n.* Ⓒ村民。

vil·lain [ˋvɪlən; ˈvilən] «源自拉丁文「農場的僕人」之義»**—***n.* **1 a** Ⓒ《文語》**惡棍**，惡徒。**b** [**the** ～] (與戲劇、小說中的正派主角(hero)相對的)反派主角，壞人：play *the* ～ 演反派角色；做壞事。**c** Ⓒ《英口語》犯人，犯罪者。**2** Ⓒ《口語》(用來責備小孩、寵物等)傢伙，壞蛋(cf. rascal)：You little ～！你這個小壞蛋！

the víllain of the píece《口語・謔》(引起事端等的)禍首，元凶《★源自「反派角色」之義；⇨ 1 b》.

vil·lain·ous [ˋvɪlənəs; ˈvilənəs] «villain 的形容詞»**—***adj.* **1**《文語》惡徒般的。**2**《口語》惡劣的；討厭的：What ～ weather！多麼惡劣的天氣！～**·ly** *adv.*

vil·lain·y [ˋvɪlənɪ; ˈviləni] *n.*《文語》**1** Ⓤ極惡。**2** Ⓒ[常 **villainies**]惡事，惡行。

-ville [-vɪl; -vil] 字尾 **1** [用作地名的一部分]：Green*ville.* **2**《口語》用以構成名詞或形容詞，表示「…的地方[東西]，…般的地方[東西]」之意《★用法通常拼作 -sville 而含有輕蔑意味》：dull*sville* 無聊[乏味]的(地方[東西])/hick*sville* 鄉鄙的(地方)。

vil·lein [ˋvɪlɪn; ˈvilin] *n.* Ⓒ(封建時代英國的)農奴《以替地主工作爲條件而使用其土地者》。

vil·lein·age [ˋvɪlɪnɪdʒ; ˈvilinidʒ] *n.* Ⓤ(封建時代英國)農奴的身分[地位]。

vil·li [ˋvɪlaɪ; ˈvilai] *n.* **villus** 的複數。

vil·lus [ˋvɪləs; ˈviləs] *n.* (*pl.* **vil·li** [-laɪ; -lai]) Ⓒ **1**《解剖・動物》絨毛。**2**《植物》(覆蓋於葉表的)長軟毛。

vil·lous [-ləs; -ləs] *adj.*

vim [vɪm; vim] *n.* Ⓤ《口語》精力，力，氣力，活力《★常 ～ **and vigor**》：full of ～ *and vigor* 精力充沛的。

vin·ai·grette [͵vɪnəˋgrɛt; ͵vineiˈgret] *n.* **1** Ⓒ嗅瓶，醒藥盒。**2** (又作 **vinaigrétte sáuce**)Ⓤ酸醬油《以醋、沙拉油、醬油、香料等調製的拌生菜用的調味汁》。

Vin·cent [ˋvɪnsn̩t; ˈvinsnt] *n.* 文生《男子名》。

Vin·ci [ˋvɪntʃɪ; ˈvintʃi] *n.* ⇨ da Vinci.

vin·ci·ble [ˋvɪnsəbl̩; ˈvinsəbl] *adj.* 可克服的；可征服的；可擊敗的。

vin·di·ca·ble [ˋvɪndəkəbl̩; ˈvindikəbl] *adj.* 可辯護的；可辯明的；可證明爲正當的。

vin·di·cate [ˋvɪndə͵ket; ˈvindikeit] «源自拉丁文「要求」之義»**—***v.t.* **1 a** 證明〈某人〉無辜或清白：Later events completely *～d* him. 後來的事件完全證明了他的無辜。**b** [～ one*self*]證明自己無辜[清白]。**c** 把〈不實的事情等〉辯明；證明…爲正當。**2** 主張，支持，擁護〈權利、主義等〉：～ one's claim [right] to... 證明自己具有…的權利。**vín·di·cà·tor** *n.*

vin·di·ca·tion [͵vɪndəˋkeʃən; ͵vindiˈkeiʃn] «vindicate 的名詞»**—***n.* **1** Ⓤ擁護；辯護；辯明；證明：in ～ *of...* 辯護[擁護]…。**2** [a ～]用以辯明[證明]的事實。

vin·dic·a·tive [ˋvɪndə͵ketɪv, vɪnˋdɪkətɪv; ˈvindikətiv, vinˈdikətiv] «vindicate 的形容詞»**—***adj.* 擁護的；辯明[辯護]的。

～**·ly** *adv.*

vin·di·ca·to·ry [ˋvɪndəkə͵torɪ, -͵tɔrɪ; ˈvindikətəri] «vindicate 的形容詞»**—***adj.* 擁護的；辯護的；辯明的；證明的。

vin·dic·tive [vɪnˋdɪktɪv; vinˈdiktiv] *adj.* **1** 復仇心强的；懷恨的：in a ～ mood 懷著復仇之心。**2** 惡意的；報復性的。

～**·ly** *adv.* ～**·ness** *n.*

vine** [vaɪn; vain] «與 wine 同字源»**—n.* Ⓒ **1**《植物》**葡萄樹**(grapevine). **2 a** 攀緣[攀繞]植物《長春藤(ivy)，黃瓜(cucumber)，香瓜(melon)等》。**b** [常構成複合字]藤；蔓《攀緣植物的莖》：a hop ～ 蛇麻草蔓；啤酒花藤蔓。

víne·drèsser *n.* Ⓒ葡萄園丁。

vin·e·gar [ˋvɪnɪgɚ; ˈvinigə] «源自古法語「酸葡萄酒」之義»**—***n.* Ⓤ **1 醋**，食用醋。**2** (表情、態度等的)不悅，彆扭。**3**《美口語》活力，精力，元氣：He's got a lot of ～. 他充滿活力[精力充沛]。

vin·e·gar·y [ˋvɪnɪgərɪ; ˈvinigəri] «vinegar 的形容詞»**—***adj.* **1** 多醋的；似醋的；酸的(sour). **2** 彆扭的，不悅的，惡意的：a ～ face 不高興的臉/～ criticism 惡意的批評。

V

vin·er·y [ˈvaɪnərɪ; ˈvainəri] *n.* **1** Ⓒ葡萄溫室；葡萄園。**2** Ⓤ[集合稱]《美》葡萄林(vines)。

vine·yard [ˈvɪnjəd; ˈvinjəd] *n.* Ⓒ**葡萄園**《尤指種植釀酒用葡萄者》。

vingt-et-un [vætеˈœ; ˌvænteiˈəːŋ] *n.* 《紙牌戲》＝twenty-one.

vin·i·cul·ture [ˈvɪnɪˌkʌltʃə; ˈvinikʌltʃə] *n.* Ⓤ(釀酒用的)葡萄栽培(法)。

vi·no [ˈvino; ˈviːnou] «源自西班牙語及義大利語 'wine' 之義»—*n.* (*pl.* ～**es**)Ⓤ[指個體或種類時爲Ⓒ]《口語》葡萄酒《尤指義大利所產的紅葡萄酒》。

vi·nous [ˈvaɪnəs; ˈvainəs] «vine 的形容詞»—*adj.* 《文語・謔》**1** 葡萄酒的；像葡萄酒的；有葡萄酒顏色的。**2 a** 喝葡萄酒而醉的；微醉的。**b** 經常喝葡萄酒的。

vin·tage [ˈvɪntɪdʒ; ˈvintidʒ] «源自拉丁文「葡萄的收穫」之義»—*n.* **1** Ⓒ[常用單數]**a** 葡萄的收穫(期)。**b** (一期的)葡萄收穫量，葡萄酒生產量：a poor [an abundant] ～ 葡萄的歉[豐]收。**2 a** Ⓤ某特定年分的葡萄：This wine is of the ～ *of* 1950. 此葡萄酒是以 1950 年產的葡萄所釀製成的。**b** Ⓒ(以豐收年的葡萄釀製的)優良葡萄酒；名牌葡萄酒《★尤指標明品牌、年分銷售的》：a rare old ～ 稀有的陳年葡萄酒。**3** Ⓤ **a** 《口語》(…年的)製品；(尤指過時的)型(model)：a car *of* last year's ～ 去年流行的車型。**b** (…年度畢業的)班級：He is *of* the 1990 ～. 他是 1990 年度的畢業生。

—*adj.* [用在名詞前]**1** 優良的，上等的，名牌的；標明年分出產的〈葡萄酒〉：～ wines 優良[佳釀]葡萄酒。**2 a** 優良的；傑出的；某時代的〈製品、文藝作品等〉：a ～ silent film 無聲電影的傑作/*For Whom the Bell Tolls* is ～ Hemingway.「戰地鐘聲」是海明威的傑作。**b** 老舊的；趕不上時代的。**c** 《英》古典型的〈汽車〉《尤指於 1916 至 1930 年間所製造的》：a ～ car 古典型的車子。

vintage car

vín·tag·er *n.* Ⓒ採收(製葡萄酒用的)葡萄的人。

vintage yéar *n.* Ⓒ **1** 製成優良葡萄酒的年度；葡萄的豐收年。**2** (某工作的)成果豐碩的一年〔*for*〕。

vint·ner [ˈvɪntnə; ˈvintnə] *n.* Ⓒ葡萄酒商人。

vi·nyl [ˈvaɪnɪl; ˈvainil] *n.* Ⓤ[指種類時爲Ⓒ]《化學》乙烯基《樹脂製塑膠》。

—*adj.* [用在名詞前]樹脂塑膠製的：a ～ tablecloth 塑膠桌布。

vi·ol [ˈvaɪəl; ˈvaiəl] *n.* Ⓒ六弦古提琴《於十七至十八世紀間所使用的弦樂器》。

vi·o·la¹ [vɪˈolə; viˈoulə] «源自義大利語» —*n.* Ⓒ中音提琴《比小提琴(violin)大一些的樂器》。

vi·o·la² [ˈvaɪələ; ˈvaiələ] «源自拉丁文 'violet' 之義»—*n.* Ⓒ《植物》堇菜屬植物。

Vi·o·la [ˈvaɪələ; ˈvaiələ] *n.* 懷愛萊《女子名》。

vi·o·la·ble [ˈvaɪələbl; ˈvaiələbl] *adj.* 《罕》易犯的；易破壞的；易玷汚的(↔ inviolable)。

vi·o·la da brac·cio [vɪˈolədəˈbrɑtʃo; viˌouləd əˈbrætʃiou] «源自義大利語 'viola for the arm' 之義»—*n.* Ⓒ(*pl.* **vi·o·le** [-le; -lei] **da braccio**, ～**s**)古中提琴《放在臂上拉的中音提琴》；手古提琴。

viola da gam·ba [vɪˈolədəˈgɑmbə; viˌouləd əˈgæmbə] «源自義大利語 'viol for the leg' 之義» —*n.* Ⓒ(*pl.* **vi·o·le** [-le; -lei] **da gamba**, ～**s**)腿[低音]古提琴，古大提琴《十六至十八世紀放在腿上拉的低音提琴(viol)；類似大提琴(cello)》。

viola da gamba

vi·o·late [ˈvaɪəˌlet; ˈvaiəleit] «源自拉丁文「憑力量處理」之義»—*v.t.* 〔十受〕**1 違背，違反**〈諾言、條約、法律、良心等〉：～ the law 違犯法律/～ the speed limit 違反速度限制。

2 《文語》褻瀆，冒瀆…：～ a shrine 褻瀆聖地。

3 《文語》騷擾〈睡眠、安寧等〉；妨害；侵犯〈人〉：～ personal rights 侵犯個人權利/Our privacy should not be ～*d*. 我們的隱私不容侵犯。

4 《文語・委婉語》强暴，强姦(rape)〈人〉。

vi·o·la·tion [ˌvaɪəˈleʃən; ˌvaiəˈleiʃn] «violate 的名詞»—*n.* Ⓤ Ⓒ **1** (對法律、承諾等的)違反，違背，違犯〔*of*〕：in ～ *of* the law 違犯法律/commit a traffic ～ 違反交通規則。**2** 《文語》妨害，侵害，侵入，闖入〔*of*〕：(a) ～ *of* human rights 侵犯人權/a ～ *of* Japan's air space 侵犯日本領空。**3** 《文語》褻瀆，冒瀆〔*of*〕。**4** 《文語・委婉語》(對婦女的)暴行，强暴。

ví·o·là·tor [-tə; -tə] *n.* Ⓒ **1** 違反者：a traffic ～ 違反交通(規則)者。**2** 《文語》侵入者，妨害者。**3** 《文語》冒瀆者。**4** 《文語・委婉語》强暴者，强姦者。

***vi·o·lence** [ˈvaɪələns; ˈvaiələns] «violent 的名詞»—*n.* Ⓤ **1 猛烈**，(暴風雨等的)威猛；激烈：with ～ 猛烈地，激烈地。**2** 暴力，暴行：acts [crimes] of ～ 暴力行爲[暴行罪]/use [resort to] ～ 使用[訴諸]暴力。

dò víolence to... (1)對…施暴；傷害〈感情等〉。(2)違背〈主義等〉；違反…。(3)扭曲，歪曲，曲解〈事實、意義等〉：The scenario *did* ～ *to* the intent of the novel. 那個(按小說改編的)電影劇本歪曲了小說原著的意旨。

***vi·o·lent** [ˈvaɪələnt; ˈvaiələnt] «violate 的形容詞»—*adj.* (**more** ～；**most** ～) **1** 〈攻擊、自然現象等〉**劇烈的，猛烈的，激烈的**：a ～ earthquake [storm] 强烈的地震[暴風雨]/a ～ blow [attack] 猛打[攻]/make ～ efforts 發奮努力。

2 a 粗暴的，暴力的；兇暴的；狂暴的：～ deeds 暴行/lay ～ hands on a person 向某人施暴/resort to ～ means 訴諸暴力。**b** 非自然的，由暴力造成的〈死亡〉：die a ～ death 橫死。

3 激烈的；激情的：a ～ quarrel 激烈的爭論/～ passion 激情/in a ～ temper 激怒中。

4 非常的，極端的：～ heat 酷暑/(a) ～ pain 劇痛/a ～ stomachache 劇烈的胃痛[腹痛]/a ～ contrast of color 顏色的强烈對比。

ví·o·lent·ly *adv.* 激烈地；猛烈地；粗暴地；極端地。

***vi·o·let** [ˈvaɪəlɪt; ˈvaiəlit] *n.* **1** Ⓒ《植物》**堇菜**《堇菜屬植物的統稱；俗稱紫羅蘭》：the English [sweet] ～ 香堇菜，香紫羅蘭。

【說明】堇菜與薔薇(rose)及百合花(lily)同爲詩人最喜愛的花。堇菜屬植物中以香堇菜(sweet violet)最具有代表性。這種花可提煉香油，也可作爲藥材，藉配種可產生各種不同顏色的花。但通常提到顏色時，violet 指藍紫色。紫花堇菜象徵「眞愛」，而香堇菜則象徵「謙虛」(modesty)。

2 Ⓤ紫羅蘭色《藍紫色；cf. purple 1》。

—*adj.* 紫羅蘭色的；藍紫色的。

a shrínking [módest] víolet 《謔》不引人注意的人；謙虛的人；羞怯的人。

Vi·o·let [ˈvaɪəlɪt; ˈvaiəlit] *n.* 懷奧蕾《女子名》。

víolet ràys *n. pl.* **1** 《物理》紫(光)線《可視光譜中的最短光線》。**2** 《俚》紫外線(ultraviolet rays)。

‡**vi·o·lin** [ˌvaɪəˈlɪn; ˌvaiəˈlin] «源自義大利語 'little viola' 之義»—*n.* Ⓒ **1 小提琴**(cf. fiddle)：the first [second] ～(*s*) (交響樂團中的)第一[第二]小提琴(手)/play the ～ 拉小提琴/play a tune *on* the ～ 以小提琴演奏一首曲子/He plays second ～ in the X Quartet. 他在 X (弦樂)四重奏樂團中擔任第二小提琴手(★用法 第一，第二小提琴因爲在樂團中僅各有一名，所以 play... 後面不用冠詞)。

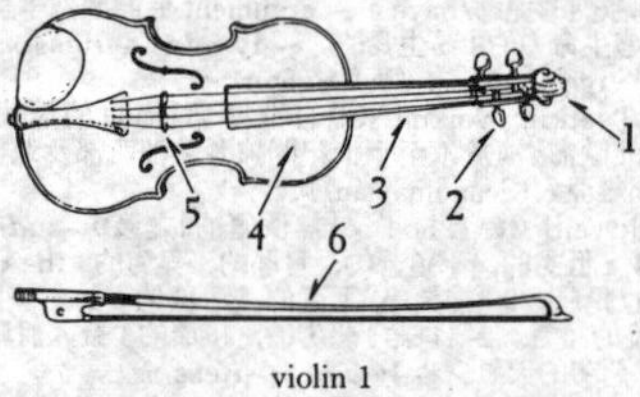

violin 1
1 scroll；2 peg；3 fingerboard；4 sounding board；5 bridge；6 bow

2 [常 ～s]《口語》(樂團的)小提琴手。

vi·o·lin·ist [ˌvaɪəˈlɪnɪst; ˌvaiəˈlinist] *n.* Ⓒ小提琴手，小提琴演奏者。

vi·o·list [vɪˈolɪst; viˈoulist] *n.* Ⓒ中提琴(viola)演奏者，中提琴手。

vi·o·lon·cél·list [-lɪst; -list] *n.* Ⓒ 大提琴手《★ 比較 一般用 cellist》。

vi·o·lon·cel·lo [ˌviəlɑnˈtʃɛlo, ˌvaɪəlɑnˈsɛlo; ˌvaiələnˈtʃelou] «源自義大利語»—*n.* Ⓒ(*pl.* ～**s**)大提琴《★比較 一般用 cello》。

vi·os·ter·ol [vaɪˈɑstəˌrol; vaiˈɔstərɔːl] *n.* Ⓤ《生化》照射麥角固[脂]醇《麥角固醇經紫外線照射後，溶於油而成一種治療缺乏維他命 D 症之藥劑》。

VIP, V.I.P. [ˌviˌaɪˈpi; ˌviːaiˈpiː] «*v*ery *i*mportant *p*erson 的頭字語»—*n.* Ⓒ(*pl.* ～**s**)重要人物，大人物，《口語》要人。

【字源】據說在第二次世界大戰中，英國的運輸部隊要以飛機載許多重要人物(其中包括蒙巴頓(Mountbatten)伯爵在內)前往中東時，基地的指揮官爲了保守他們身分的機密而創造 VIP 這個簡稱。

vi·per [ˈvaɪpɚ; ˈvaipə] *n.* Ⓒ **1 a** 《動物》蝰蛇《歐洲產的一種毒蛇》。**b** 毒蛇的總稱。**2** 邪惡[奸詐]的人。

viper 1 a

núrse a víper in one's **bósom** 厚待奸佞的人，姑息養奸。

ví·per·ish [-pərɪʃ; -pəriʃ] *adj.* ＝viperous.

vi·per·ous [ˈvaɪpərəs, -prəs; ˈvaipərəs] «viper 的形容詞»—*adj.* **1** 毒蛇般的。**2** 邪惡的；奸佞的。~·**ly** *adv.*

vi·ra·go [vəˈrego, vaɪˈrego; viˈrɑːgou] «源自拉丁文「男人般的女人」之義» —*n.* Ⓒ (~es, ~s)潑婦，悍婦。

vi·ral [ˈvaɪrəl; ˈvaiərəl] «virus 的形容詞» —*adj.* (濾過性)病毒的；病毒引起的：a ~ infection 病毒感染。

vi·res·cence [vaɪˈrɛsns; viˈresns] *n.* Ⓤ《植物》病綠，變綠《花瓣等因葉綠素不正常存在而變成綠色》。

vi·res·cent [vaɪˈrɛsnt; viˈresnt] *adj.* **1** 病綠的；變綠色的。**2** 帶綠色的；淡綠色的。

Vir·gil [ˈvɝdʒəl; ˈvəːdʒil] *n.* 魏吉爾《70–19 B.C.；羅馬詩人；伊尼伊德(*Aeneid*)的作者》。

Vir·gil·i·an [vɚˈdʒɪlɪən; vəːˈdʒiliən] «Virgil 的形容詞» —*adj.* 魏吉爾風格的。

***vir·gin** [ˈvɝdʒɪn; ˈvəːdʒin] «源自拉丁文「少女」之義»—*n.* **1** Ⓒ **a 處女**，未婚女子，少女。**b** 童貞男子。**2 a** [the (Blessed) V~]聖母瑪利亞。**b** [常 V~] Ⓒ聖母瑪利亞的畫[像]。**3** [the V~]《天文》處女(星)座(Virgo)。—*adj.* (無比較級、最高級) **1** [用在名詞前]處女的，童貞的。**2** 適合於處女的，處女般的，純潔的，易害羞的：~ blushes [modesty] 處女般的嬌羞[嫻靜]。**3** 未被碰觸過[踏過]的；未被污染的；未使用過的，未開墾的：a ~ blade 未用過的刀/ ~ clay (未燒過的)生黏土/a ~ forest 處女林，原始林/a ~ peak 處女峯/ ~ snow 初雪；處女雪《未被污染的雪》/ ~ soil 處女地，未開墾地。

vir·gin·al[1] [ˈvɝdʒɪnl; ˈvəːdʒinl] «virgin 的形容詞»—*adj.* 處女的，適合處女的，處女般的；純潔的，無瑕的，天眞無邪的：~ bloom 二八年華/~ generation 《生物》單性[處女]生殖。

vir·gin·al[2] [ˈvɝdʒɪnl; ˈvəːdʒinl] «因主要的彈奏者爲少女，所以得此名稱» —*n.* Ⓒ [常 ~s] (維吉諾)古鋼琴《十六至十七世紀間主要流行於英國的一種長方形的無脚小型古鋼琴》：a pair of ~s ＝a ~ 一架古鋼琴/play the ~s 彈古鋼琴。

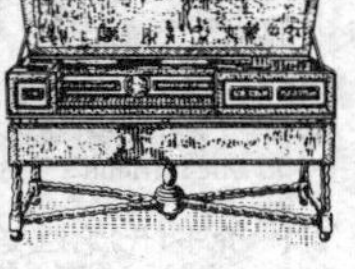
virginal[2]

vírgin bírth *n.* [常 V~ B~；the ~] (聖母瑪利亞生耶穌的)處女懷胎說(cf. Immaculate Conception)。

Vir·gin·ia [vɚˈdʒɪnjə; vəˈdʒinjə] «源自有 Virgin Queen之稱的伊利莎白一世» —*n.* **1** 維吉尼亞州《美國東部的一州，首府里奇蒙(Richmond)；略作 Va.,《郵政》VA；俗稱 the Old Dominion》。**2** (又作 **Virgínia tobácco**) Ⓤ [指種類時爲Ⓒ] 維吉尼亞菸草。

Virgínia créeper *n.* Ⓒ《植物》五葉地錦(《美》woodbine)《攀爬於牆壁可作裝飾之用；秋天時葉子會變紅》。

Vir·gin·ian [vɚˈdʒɪnjən; vəˈdʒinjən] «Virginia 的形容詞» —*adj.* 維吉尼亞州(產)的。—*n.* Ⓒ維吉尼亞州人。

Virgínia réel *n.* Ⓒ **1** 維吉尼亞土風舞《每對面對面排成兩列而跳》。**2** 此種舞的音樂。

vir·gin·i·bus pu·er·is·que [vɚˈdʒɪnəbəsˌpjuəˈrɪskwɪ; vəːˌginibəsˌpuəˈriskwi, vəːˌdʒin-] «源自拉丁文 'for girls and boys' 之義»適合於少男少女的。

Vírgin Íslands *n. pl.* [the ~] 維爾京羣島《西印度羣島中位於波多黎各(Puerto Rico)東方的羣島；分屬英美兩國》。

vir·gin·i·ty [vɚˈdʒɪnətɪ; vəˈdʒinəti] *n.* Ⓤ **1** 處女身分，處女性；童貞：lose [surrender] one's ~ 失去處女身分[童貞]。**2** 純潔；新鮮。

Vírgin Máry *n.* [the ~] 聖母瑪利亞《也稱作 the Blessed Virgin Mary(略作 BVM)》。

Vírgin Quéen *n.* [the ~] 英國女王伊利莎白(Elizabeth)一世。

Vir·go [ˈvɝgo; ˈvəːgou] «源自拉丁文 'virgin' 之義»—*n.* **1** 《天文》處女(星)座(the Virgin)。**2** 《占星》**a** 處女座，處女宮(cf. the signs of the ZODIAC)。**b** Ⓒ屬處女座的人。

vir·gule [ˈvɝgjul; ˈvəːgjuːl] «源自拉丁文「小棒子」之義»—*n.* Ⓒ (字與字之間的)斜線《如 and/or 中的/》。

vir·i·des·cent [ˌvɪrəˈdɛsnt; ˌviriˈdesnt] *adj.* 《文語》淡綠色的，略帶綠色的。

vir·ile [ˈvɪrəl, ˈvaɪrəl; ˈvirail] «源自拉丁文「男性」之義»—*adj.* **1** 壯年男子的：the ~ age 男子的壯年。**2** 有男子氣概的，男子漢的。**3** 剛健的，强壯的。**4** (男子)有生殖力的。

vi·ril·i·ty [vəˈrɪlətɪ; viˈriləti] «virile 的名詞»—*n.* Ⓤ **1** 男性的成年。**2** 男子氣；大丈夫氣。**3** 活力；雄勁。**4** (男性的)生殖能力。

vi·ról·o·gist [-dʒɪst; -dʒist] *n.* Ⓒ病毒學家。

vi·rol·o·gy [vaɪˈrɑlədʒɪ; ˌvaiəˈrɔlədʒi] *n.* Ⓤ病毒學《研究濾過性病毒的科學》。

vir·tu [vɚˈtu; vəːˈtuː] «源自義大利語「優秀」之義；與 virtue 同字源»—*n.* Ⓤ **1** 對美術品[古董]的愛好，古董癖。**2** [集合稱]美術品，古董。

árticles [óbjects] of vírtu 古董，美術品。

vir·tu·al [ˈvɝtʃuəl; ˈvəːtʃuəl] *adj.* [用在名詞前] (無比較級、最高級) **1 實質上的**，事實上的，實際上的：It was a ~ promise. 那是實質上的承諾/He was the ~ leader of the movement. 他是該運動實際上的領袖。**2** 《光學》虛像的(↔ real)：a ~ image 虛像。

***vir·tu·al·ly** [ˈvɝtʃuəlɪ; ˈvəːtʃuəli] *adv.* (無比較級、最高級) **事實上，實質上，實際上**，幾乎(practically)：The work is ~ finished. 這件工作幾乎已完成了/It is ~ impossible for an adult to learn to speak a foreign language perfectly. 要成年人學說完美的外語幾乎是不可能的。

***vir·tue** [ˈvɝtʃu; ˈvəːtjuː, ˈvəːtʃuː] *n.* **1 a** Ⓤ**德，美德，德行，善行**(↔ vice)：~ and vice 善與惡/a man of ~ 品格高尚之人/ *V~* is its own reward. 《諺》善即善報，爲善最樂。

【字源】virtue 一字源自拉丁文，原義爲「男子氣」《表示有勇氣、有力氣等》。因此原來「美德」即含有「男子氣」的意思，但後來轉義而指「人的美德」，並不分男女。

b Ⓒ**美德，長處，優點**：Courage is a ~. 勇氣是一種美德/One of his ~*s* is faithfulness. 他的長處之一是忠實。**c** Ⓤ《古・委婉語》(女性的)貞操：a woman of ~ 貞潔[淑]的婦女/a lady [woman] of easy ~ 水性楊花的女人。**2** ⓊⒸ (東西的)**優點，長處**：Nylons have the ~ *of* durability [*of* be*ing* durable]. 尼龍絲襪有耐穿的優點。**3** ⓊⒸ《文語》效力，功效：the ~ *of* a herb 草藥的功效。**4** [~s] 力天使《九天使中的第五位；cf. hierarchy 4》。

by [in] vírtue of... 靠…的力量；由於，憑藉…。

màke a vírtue of necéssity (1)爽快地做非做不可的事；以逆來順受的心情去做迫不得已的事。(2)遷就不理想的實際情況。

the séven cárdinal [príncipal] vírtues 基本七德《古代哲學的四德(cardinal virtues)以及神學上的三德(theological virtues)，即 justice, prudence, temperance, fortitude, faith, hope, charity 等七德》。

V

vir·tu·os·ic [ˌvɝtʃuˈɑsɪk; ˌvəːtjuˈɔsik, -tʃu-] *adj.* ＝virtuoso.

vir·tu·os·i·ty [ˌvɝtʃuˈɑsətɪ; ˌvəːtjuˈɔsəti] *n.* Ⓤ **1** (演奏等的)純熟的技巧；妙技。**2** 對藝術品[古董等]的鑑賞力，慧眼。

vir·tu·o·so [ˌvɝtʃuˈoso; ˌvəːtjuˈouzou, -tʃu-] «源自義大利語「熟練」之義»—*n.* Ⓒ (*pl.* **~s, -si** [-si, -zi; -siː, -ziː]) **1** (藝術的)名家，巨匠，大師；(尤指演奏技巧上的)名家。**2** 藝術品鑑賞家。—*adj.* [用在名詞前]名家的；有巨匠之風的。

vir·tu·ous [ˈvɝtʃuəs; ˈvəːtʃuəs] «virtue 的形容詞»—*adj.* (**more** ~；**most** ~) **1 有品德的**，高潔的；貞潔的(⇨ moral【同義字】)：a ~ gentleman [knight] 有品德的紳士[騎士]。**2** 純潔的；樸素的(chaste)。~·**ly** *adv.* ~·**ness** *n.*

vir·u·lence [ˈvɪrjələns; ˈvirulәns] «virulent 的名詞»—*n.* Ⓤ **1** 毒性，病毒性。**2** 惡毒，惡意，憎恨；刻毒。

vír·u·len·cy [-lənsɪ; -lənsi] *n.* ＝virulence.

vir·u·lent [ˈvɪrjələnt; ˈvirulənt] «源自拉丁文「毒(virus)的」之義»—*adj.* **1** 劇毒的，有强烈毒性的：~ poison 劇毒。**2** 含毒的；充滿敵意的，有惡意的；刻毒的：(a) ~ hostility 强烈的敵意。**3** 《醫》惡性的。~·**ly** *adv.*

vi·rus [ˈvaɪrəs; ˈvaiərəs] «源自拉丁文「毒」之義»—*n.* Ⓒ **1** 病毒；濾過性病原體：a ~ disease 病毒引起的疾病/~ X 病毒 X《尚待檢驗的病毒》/⇨ computer virus. **2** 《口語》病毒引起的疾病：She can't come tonight；she has got [caught] some kind of ~. 她今晚不能來，因爲感染了某種(病毒引起的)疾病。**3** (道德、精神上的)毒素；毒害：the ~ *of* war [revolution] 戰爭[革命]的毒害。

vis [vɪs; vis] «源自拉丁文»—*n.* Ⓒ (*pl.* **vi·res** [ˈvaɪriz; ˈvaiəriːz]) 力(量)；活力。

Vis. 《略》Viscount(ess).

vi·sa [ˈvizə; ˈviːzə] «源自拉丁文「讓人看的東西」之義»—*n.* Ⓒ 簽證：an entry [exit] ~ 入境[出境]簽證/a transit ~ 過境簽證/apply for a ~ *for* the United States 申請到美國的簽證。

【說明】出國時除了要有護照(passport)之外，還要有入境簽證(entry visa)才可到另一國去。visa 是一國對他國的申請入境者所發給的入境證明；通常是以印章形式蓋在護照上面，如果僅僅是過境，大部分國家都不要求過境簽證(transit visa)。visa 的種類有觀光、商務、探親、留學等；美國的 visa 種類分爲 A (外交、公務)，B (商務、觀光)，C (過境)，D (航勤人員)，E (駐外人員)，F (留學生)，G (國際組織人員)，H (臨時勞工)，I (大衆傳播人員)，J (交換訪問)，K (訂婚者)，L (公司調職人員)等；cf. passport.

—*v.t.* (~**ed**, ~**'d**；~**·ing**)給予簽證：get [have] one's passport ~*ed* (by a consular officer) (請領事館員)在某人護照上簽證。

vis·age [ˈvɪzɪdʒ; ˈvizidʒ] «源自拉丁文「讓人看的東西」之義» —*n.* Ⓒ《文語》面貌，容貌。

vís·aged *adj.* [構成複合字]《文語》帶著…臉孔的：gloomy-*visaged* 帶著憂鬱臉孔的。

vis·ard [ˈvɪzəd; ˈvizəd] *n.* = vizard.

vis-à-vis [ˌvizəˈvi; ˈvi:zɑ:vi:] «源自法語 'face to face' 之義» —*adv.* 面對面地；相對著：sit ~ at a dinner party 在晚宴時面對面地坐著。

—*prep.* **1** 與…面對面[相對]。**2** 對著…；關於…；與…相比：discuss the economic problems of China ~ America 討論中美經濟問題。

Visc. 《略》Viscount(ess).

vis·cer·a [ˈvɪsərə; ˈvisərə] «源自拉丁文» —*n. pl.* (*sing.* **vis·cus** [ˈvɪskəs; ˈviskəs]) [(**the**) ~] **1** 《解剖》內臟。**2** 《口語》腸(intestines).

vis·cer·al [ˈvɪsərəl; ˈvisərəl] «viscera 的形容詞» —*adj.* **1 a** 內臟的。**b** 〈疾病〉侵害內臟的。**2 a** 內心的：~ sensation 發自內心的感覺。**b** 直覺的，本能的，說不出理由的：a ~ reaction 本能的反應。

vis·cid [ˈvɪsɪd; ˈvisid] «源自拉丁文「捕鳥用的黏劑」之義» —*adj.* 黏黏的；有黏性的(sticky). ~**·ly** *adv.*

vis·cid·i·ty [vɪˈsɪdətɪ; viˈsidəti] «viscid 的名詞» —*n.* Ⓤ黏，黏性，黏著。

vis·cose [ˈvɪskos; ˈviskous] *n.* Ⓤ《化學》纖維黏液《紙漿或植物纖維以氫氧化鈉與二硫化碳處理而得之溶液，用以製嫘縈等》。

vis·cos·i·ty [vɪsˈkɑsətɪ; viˈskɔsəti] «viscous 的名詞» —*n.* **1** Ⓤ[又作 **a** ~]黏度。**2** Ⓤ黏性。

vis·count [ˈvaɪkaunt; ˈvaikaunt] *n.* [常 **V**~] Ⓒ子爵《★用法也可用作對伯爵(earl)的長子的尊稱；略作 V., Vis(c).；⇨ nobility 表》。

vís·count·cy [-kauntsɪ; -kauntsi] *n.* Ⓤ子爵的地位[身分]。

vis·count·ess [ˈvaɪkauntɪs; ˈvaikauntis] *n.* Ⓒ **1** 子爵夫人《★用法也可用作對伯爵(earl)嗣子的夫人的尊稱；略作 Vis(c).；⇨ nobility 表》。**2** 女子爵。

víscount·shìp *n.* = viscountcy.

vis·count·y [ˈvaɪkauntɪ; ˈvaikaunti] *n.* = viscountcy.

vis·cous [ˈvɪskəs; ˈviskəs] *adj.* **1** 黏的，有黏性的。**2** 《物理》黏性的。~**·ly** *adv.* ~**·ness** *n.*

vis·cus *n.* viscera 的單數。

vise [vaɪs; vais] *n.* Ⓒ虎鉗，虎頭鉗：grip a piece of wood in a ~ 用虎鉗夾住一塊木片/(as) firm as a ~ 像虎鉗般夾得牢固。

—*v.t.* 用虎鉗夾住[夾緊]。

vise

vi·sé [ˈvize; ˈvi:zei] «源自法語» —*n., v.* (**vi·séed**；**vi·sé·ing**) = visa.

víse·lìke *adj.* 虎頭鉗般的：a ~ grip 緊握。

Vish·nu [ˈvɪʃnu; ˈviʃnu:] *n.* 《印度教》護持神毘濕奴《三大神之一，司掌生命之保存；cf. Brahma, Siva》。

Vishnu

vis·i·bil·i·ty [ˌvɪzəˈbɪlətɪ; ˌviziˈbiləti] «visible 的名詞» —*n.* **1** Ⓤ可看見，可見性。**2** ⓊⒸ《氣象》(表示大氣的混濁程度之)視程，視界，能見度：high [low, poor] ~ 能見度高[低]/V~ is good [bad, zero, one kilometer]. 能見度良好[不好，零，一公里]/a ~ of one kilometer 一公里的能見度。

***vis·i·ble** [ˈvɪzəbl; ˈvizəbl] *adj.* (**more** ~；**most** ~) **1 a** (用肉眼)看得見的：~ and invisible stars 看得見和看不見的星/the ~ horizon《天文》可見地平線/~ rays《物理》可見光線。**b** [不用在名詞前] [+介+(代)名] [對…]看得見的 [*to*]：Those stars are hardly ~ *to* the naked eye. 那些星用肉眼幾乎看不見。**2** 看得出來的；明顯的：with ~ impatience 顯然不耐煩地。

vísible spéech *n.* Ⓤ《語音》**1** 語音特徵之圖形表示法。**2** 視語法《Melville Bell 於 1867 年發明的一種手寫語音符號系統》。

vís·i·bly *adv.* 可見地，明顯地：be ~ upset 明顯地感到煩亂。

Vis·i·goth [ˈvɪzɪˌgɑθ, -ˌgɔθ; ˈvizigɔθ] *n.* **1** [**the** ~s]西哥德族《在 418？-711 年曾於庇里牛斯山脈(Pyrenees)南北一帶建立過王國；cf. Ostrogoth》。**2** Ⓒ西哥德族人。

***vi·sion** [ˈvɪʒən; ˈviʒn] «源自拉丁文「看」之義» —*n.* **1** Ⓤ視力，視覺(sight)：a [one's] field of ~ 視界，視野/beyond one's ~ 非視力所及的；超出視界的/A mist blurred my ~. 霧使我的視線模糊/I have twenty-twenty ~. 我的視力正常(左右各 2.0).

2 Ⓤ **a** (詩人等的)想像力，直覺力；(學者等的)洞察力，先見之明：a man of ~ 有洞察力的人。**b** (政治家等的)對未來的眼光，遠見，先見，憧憬 [*of*]：He had his ~ *of* what a school should be. 學校應辦成什麼樣子，他有自己的想法。

3 Ⓒ **a** (心中的)幻影，幻想，夢：see [have] a ~ 見幻象；有著幻想/I had ~*s of* win*ning* first prize in the contest. 我夢想在比賽中爭得第一名/I had ~*s of* her walk*ing* in the snowstorm. 我想像著她在暴風雪中行走的樣子。**b** (教徒等的)幻影，幻像。

4 Ⓒ[常用單數]《文語》世上稀有或罕見的美人、美景或珍奇的東西：a ~ of beauty 罕見的美人。

vi·sion·ar·y [ˈvɪʒənˌɛrɪ; ˈviʒnəri] «vision 的形容詞» —*adj.* **1** 幻影(般)的，幻想的。

2 a 〈計畫等〉如夢的；無法實現的。**b** 有想像力的；有遠見的；有眼光的：a ~ thinker 有洞察力的[遠見的]思想家。

3 空想的；幻想的，妄想的。

—*n.* Ⓒ **1** 空想者，夢想者。**2** 預言者(seer).

*****vis·it** [ˈvɪzɪt; ˈvizit] «源自拉丁文「去看」之義» —*v.t.* **1** [十受] **a** 訪問，拜訪，造訪〈人〉：~ a new neighbor 拜訪新鄰居。**b** 去〈某人家〉作客[小住]：John is ~*ing* his aunt a few days. 約翰去他姑媽家作客住幾天。**c** 探望〈病人〉：~ a sick person 去探望病人。**d** 〈醫生〉出診看〈病人〉。

2 [十受] **a** 訪問，參觀，遊覽；常常出入〈某地方〉：~ a library [museum] 參觀[去]圖書館[博物館]/~ a shrine 參觀寺院[神社]。**b** (爲職務)視察，巡視〈某地〉。

3 [十受]《文語》〈疾病、災害〉侵襲，降臨；〈夢等〉在〈心中〉出現《★常用被動語態》：London *was* ~*ed* by the plague in 1665. 倫敦於 1665 年遭受瘟疫的侵襲/He *was* ~*ed* by a dreadful dream. 他做了一個可怕的夢。

4 [十受十介十(代)名]《文語・聖經》將〈痛苦、處罰等〉加諸[某人]，使[…]蒙受〈災難等〉[*on, upon*]：~ one's indignation [blunder] ***on*** a person 遷怒於某人[將過失加在某人身上]/The sins of the fathers are ~*ed* ***upon*** the children. 使子孫承受祖先之罪的懲罰《★出自祈禱書(Prayer Book)》。

—*v.i.* **1 a** 訪問，拜訪。**b** [十副詞(片語)]《美》作客，小住(stay)：~ *at* one's friend's 在朋友家作客/~ *in* New York 在紐約觀光。

2 [十介十(代)名]《美》[與人]閒聊，聊天 [*with*]：~ ***with*** one's neighbor 與鄰居閒聊/~ *with* a friend over the phone 以電話和朋友聊天。

—*n.* Ⓒ **1 a** 訪問，拜訪；作客，小住：go on a ~ *to* a friend 去拜訪朋友/receive a ~ *from* a person 接受某人訪問/pay a brief ~ *to*...= pay...a brief ~ 對〈人、地方〉作短期訪問/It was my first ~ *to* the United States. 那是我首次訪問美國。

【說明】(1)在歐美國家冬天拜訪人的時候，依照禮節(etiquette)進門以後不能馬上把外套脫下；脫下外套進去好像表示要待很久，所以是不禮貌的。必須等迎接的人說"May I take your coat？"(要不要把外套脫下？)時答說"Thank you."(謝謝。)才脫外套；cf. etiquette【說明】

(2)拜訪時送禮物通常只限於親戚好友之間。把禮物交給人的時候常用的話是"I hope you'll like it."(我希望你會喜歡它。)；cf. appointment【說明】

b 視察，巡視；出差(旅行)；出診：a ~ *to* one's patients 到病人家出診。**c** 參觀，遊覽，觀光(旅行)，朝聖：a ~ *to* London [the Eiffel Tower] 到倫敦[艾菲爾鐵塔]遊覽。

2 《美口語》聊天，閒聊 [*with*]：one's ~ *with* a friend 與朋友的聊天/I had a nice ~ *with* him. 我和他聊得很愉快。

vis·it·ant [ˈvɪzətənt; ˈvizitənt] *n.* Ⓒ **1** 《文語》訪問者；參觀者；(尤指從靈界來的)幽魂。**2** 《鳥》候鳥。

vis·it·a·tion [ˌvɪzəˈteʃən; ˌviziˈteiʃn] «visit 的名詞» —*n.* Ⓒ **1 a** (監督者的)正式訪問；視察；巡察；臨檢《★比較比 visit 拘泥的用語》。**b** (神職者的)探望〈病人等〉[*of, by*]：the ~ *of* the sick 牧師探望病人。

2 《口語・謔》長久的訪問，久坐不歸。

3 天譴，災禍 [*of*]：Plagues were formerly regarded as a ~ *of*

God. 瘟疫從前被認爲是上帝的懲罰。

vís·it·ing *n.* Ⓤ **1** [常構成複合字]訪問，探望，視察：do prison ～ 去監牢探望服刑人。**2** [當形容詞用] **a** 訪問用的：a ～ book 訪客登記簿/ ～ hours (醫院等的)會客[探訪]時間。**b** 到達互訪程度的：on ～ terms with...⇨ term *n.* C 1.

vísiting càrd *n.* Ⓒ名片(《美》calling card).

vísiting dày *n.* Ⓒ會客日；訪問日。

vísiting fíreman *n.* Ⓒ《美口語》**1** (必須慇懃招待的)重要訪客，來訪者，視察團員。

【字源】源自前人對消防人員的態度；自忖如自己家裏發生火警時，爲了希望消防人員盡力撲滅，所以平時特別慇懃接待。

2 揮金如土的觀光客。

vísiting núrse *n.* Ⓒ《美》家庭訪問護士《派到病人家中照顧病人的護士》。

vísiting proféssor *n.* Ⓒ客座教授。

vísiting téacher *n.* Ⓒ《美》家庭訪問教師《爲臥病的學生授課者》。

‡**vis·i·tor** [ˋvɪzɪtɚ; ˈvizitə] *n.* **1** Ⓒ **a** 訪問者，來客；探望者。

【同義字】visitor 是指爲社交、商務、觀光等的訪客；guest 是指接受招待的客人或住宿旅館的客人；caller 是短期的訪問者。

b 留宿旅客，住客：We have ～*s* (staying). 我們家裏有留宿的客人。**c** 來遊者，觀光客；參觀者；朝聖者。**2** [～s]《運動》客隊。

vísitors' bóok *n.* Ⓒ **1** (旅館等的)旅客登記簿。**2** (私宅的)來賓簽名簿《請來賓隨意留言作爲留念》。

vi·sor [ˋvaɪzɚ; ˈvaizə] «源自古法語「顏面」之義»**—***n.* Ⓒ **1** (中世紀頭盔上的)面甲；護面。**2** (帽子的)帽簷；帽舌。**3** (汽車的)遮陽板(sun visor).

visor 1

vis·ta [ˋvɪstə; ˈvistə] «源自義大利語「光景」之義»**—***n.* Ⓒ **1** (尤指狹長而兩側有樹木或山的)遠景；景色：a tree-lined ～ 兩旁有樹木的遠景。**2** (對過去的)追憶；(對未來的)展望，預想：search the dim ～*s* of one's childhood 追憶童年的朦朧往事/The book will open up to readers new ～*s on* economic thinking. 這本書將爲讀者展現經濟思想的新遠景。

vísta·dòme *n.* Ⓒ《鐵路》火車瞭望車廂的玻璃頂。

***vis·u·al** [ˋvɪʒuəl; ˈvizjuəl] *adj.* (無比較級、最高級) **1 a** [靠，訴諸]視覺的：～ angle 視角/a ～ image 視覺心象/～ instruction [education] (利用視覺教具(visual aids)的)視覺教育/the ～ arts 視覺藝術。**b** [用在名詞前]《解剖》有關視覺[視力]的：the ～ nerve 視神經/the ～ organs 視覺器官。**2** 《航空·航海》(不靠雷達、儀器而)只靠肉眼觀察的：～ flight 目視飛行/a ～ landing 目視著陸(cf. instrument landing).

visor 2

vísual áids *n. pl.* 《教育》視覺教具《用於教學或演講的影片、幻燈片、掛圖、模型等》。

vísual displáy ùnit *n.* Ⓒ《電算》視覺顯示器[單位]《(使用 CRT 的)顯示裝置》。

vis·u·al·i·za·tion [ˌvɪʒuəlaɪˋzeʃən; ˌvizjuəlaiˈzeiʃn] «visualize 的名詞» **—***n.* Ⓤ設想，想像；形象化；(身體內部器官的)顯現。

vis·u·al·ize [ˋvɪʒuəlˌaɪz; ˈvizjuəlaiz] «visual 的動詞» **—***v.t.* **1** 想像，設想：**a** [十受]想像…：He attempted to ～ his grandmother's uncle. 他試著想像他祖母的叔叔的樣子。**b** [十 do*ing*] 想像〈做某事〉：She couldn't ～ fly*ing* through space. 她無法想像在太空中飛行的景象。**c** [十受[所有格]十do*ing*]想像〈某人做某事〉：She ～*d* an angel com*ing* from heaven. 她想像一位天使從天而降。**d** [十 *wh.*__]想像…：Can you ～ *what* it will be like to live in the 21st century? 你能想像生活在二十一世紀的情形嗎？**e** [十受十*as* 補]把…想像〈成…〉：I had ～*d* scientists *as* bearded old men. 我曾經把科學家想像成長滿鬍子的老人。**2** 使…看得見，把…視覺化。**3** [十 do*ing*]預想，假想〈做…〉：I ～ hav*ing* to fire some of the workers. 我預想到必須解雇一些工人。

vís·u·al·ly [-əlɪ; -əli] *adv.* **1** 依據視覺地；可見地。**2** 藉視覺教具[教材]地。**3** [修飾整句]看起來，在外觀上：*V*～ this is more pleasing than that. 在外觀上這個比那個更爲悅目。

vi·tal** [ˋvaɪtl; ˈvaitl] «源自拉丁文「生命的」之義» **—adj.* (more ～; most ～) **1** [用在名詞前](無比較級、最高級) **a** 生命的，對維持生命所必需的：～ energies [power] 生命力，活力/the ～ force [principle] (與物理、化學無關的)生命力，活力，生命的根源/～ functions 生命機能/～ signs 《醫》生命[生存]特徵《脈搏、呼吸、體溫等》/～ organs 生命器官《對維持生命所必需的器官》(cf. *n.* 1). **b** 《文語》致命的；關係生命的：a ～ wound 致命傷。

2 a 極爲重要的：a ～ question 極爲重要的問題/a matter of ～ importance 極爲重要的事情/It is absolutely ～ that food supplies should be maintained. 維持食物的供給是絕對必要的。**b** [不用在名詞前][十介十(代)名][對…]極爲重要的[*to, for*]：Perseverance is ～ *to* success. 毅力對於成功是不可或缺的/His support is ～ *for* our project. 他的支援對我們的計畫是不可或缺的。

3 a 充滿活力的，有活力的，強有力的：a ～ style 生動的文體。**b** 使有精神的，給人活力的：the ～ spark 《口語》(給音樂、劇中人物等增加趣味的)活力，生命的火花。

—*n.* [～s；常 the ～s] **1** 生命器官《心臟、肺、腸、腦等》。**2** 樞紐，核心。

vítal capácity *n.* Ⓤ 肺活量。

vi·tal·ism [ˋvaɪtḷˌɪzəm; ˈvaitəlizəm] *n.* Ⓤ **1** 《生物》生機論，生機說《相信生命現象來自物質機能以上的生命力(vital force)的理論》。**2** 《哲》活力論《相信有機體之中所含有的生命原理超過無機物質的機械性結合的理論；↔ mechanism》.

vi·tal·i·ty [vaɪˋtælətɪ; vaiˈtæləti] «vital 的名詞»**—***n.* Ⓤ **1** 生命力，活力，體力，生活力。**2** 活潑，元氣，生氣：the ～ of big cities 大都市的生氣/a girl full of ～ 非常活潑的女孩。**3** 持續力，持久力，耐力。

vi·tal·ize [ˋvaɪtḷˌaɪz; ˈvaitəlaiz] «vital 的動詞»**—***v.t.* **1** 使…有生命；使…有活力。**2** 使…有生機，使…有精神。

vi·tal·i·za·tion [ˌvaɪtḷɪˋzeʃən; ˌvaitəlaiˈzeiʃn] *n.*

ví·tal·ly [-tḷɪ; -təli] *adv.* **1** 生命攸關地；致命地。**2** 極端地：～ important 極爲重要的。

vítal statístics *n. pl.* [有時當單數用] **1** 人口(動態)統計《生死、婚姻等的統計》。

2 《口語·謔》(女性的)三圍：Her ～ are 33-23-34. 她的三圍是 33-23-34(吋)。

vi·ta·min** [ˋvaɪtəmɪn; ˈvitəmin, ˈvait-] «源自拉丁文 vita (= vital)與 amine (碳氫基氨；胺)，因爲最初碳氫基氨被認爲是其成分»**—n.* **1** Ⓒ [常 ～s] 維生素，維他命：This diet is full of ～*s.* 此規定飲食有充足的維生素。**2** Ⓤ [用於 A, B, C, D, E, F, G, H, K, L, M, P, PP 前；常 V~] 維生素…：*V*~ A 維生素A。

vi·tel·lin [vɪˋtɛlən, vaɪ-; viˈtelin] *n.* Ⓤ《生化》卵黃磷朊；卵磷蛋白《卵黃中所含的一種蛋白質》。

vi·ti·ate [ˋvɪʃɪˌet; ˈviʃieit] «vice 的動詞» **—***v.t.* 《文語》**1** 貶低…的價值；污損；敗壞。**2** 使〈空氣、血液等〉變不純；污染；使…腐敗。**3** 使…無效。

vi·ti·a·tion [ˌvɪʃɪˋeʃən; ˌviʃiˈeiʃn] «vitiate 的名詞»**—***n.* Ⓤ **1** 損害；污染；腐壞。**2** 無效。

vit·i·cul·ture [ˋvɪtɪˌkʌltʃɚ; ˈvitikʌltʃə] *n.* Ⓤ葡萄的栽培(法)。

vít·i·cùl·tur·ist [-tʃərɪst; -tʃərist] *n.* Ⓒ葡萄栽培者。

vit·re·ous [ˋvɪtrɪəs; ˈvitriəs] «源自拉丁文「玻璃的」之義» **—***adj.* **1** 玻璃(般)的，玻璃質[狀]的；透明的：the ～ humor 《解剖》(眼球的)玻璃狀液。**2** 用玻璃做的，玻璃製的。

vit·ri·fi·ca·tion [ˌvɪtrəfɪˋkeʃən; ˌvitrifiˈkeiʃn] «vitrify 的名詞»**—***n.* **1** Ⓤ玻璃(狀)化。**2** Ⓒ玻璃化的東西。

vit·ri·form [ˋvɪtrəˌfɔrm; ˈvitrifɔːm] *adj.* 玻璃狀的。

vit·ri·fy [ˋvɪtrəˌfaɪ; ˈvitrifai] *v.t.* 使…變成玻璃，使…玻璃(狀)化。

—*v.i.* 變成玻璃，成爲玻璃狀。

vit·ri·ol [ˋvɪtrɪəl; ˈvitriəl] «源自拉丁文「玻璃狀的」之義» **—***n.* Ⓤ **1** 《化學》**a** 硫酸鹽，礬類：blue ～ 硫酸銅。**b** 硫酸(sulfuric acid). **2** 尖刻的言詞[批評]，激烈的諷刺。

óil of vítriol 《化學》硫酸(cf. 1 b).

vit·ri·ol·ic [ˌvɪtrɪˋɑlɪk; ˌvitriˈɔlik] «vitriol 的形容詞»**—***adj.* **1** 硫酸(鹽)的，像硫酸(鹽)的；由硫酸鹽而成的。**2** 尖刻的，挖苦的，激烈的：～ criticism 激烈的批評。

vi·tu·per·ate [vaɪˋtupəˌret, vɪ-, -ˋtju-; viˈtjuːpəreit, vai-] «源自拉丁文「責備」之義» **—***v.t.* 罵，責罵，辱罵。

—*v.i.* [十介十(代)名]責罵，謾罵[…][*against*]；[對…]口出惡言[*about*].

vi·tu·pe·ra·tion [vaɪˌtupəˋreʃən, vɪ-, -ˌtju-; viˌtjuːpəˈreiʃn, vai-] «vituperate 的名詞»**—***n.* **1** ⓊⒸ咒罵，叱責，謾罵。**2** Ⓤ謾罵的言詞。

vi·tu·per·a·tive [vaɪˋtupəˌretɪv, vɪ-, -ˋtju-; viˈtjuːpərətiv, vai-] «vituperate 的形容詞» **—***adj.* **1** 〈言詞〉謾罵的；激烈的：a ～ speech 謾罵性的發言[言詞]。**2 a** 〈人〉口出惡言的。**b** [不用在名詞前][十介十(代)名][對…]口出惡言的[*about*].

Vi·tus [ˋvaɪtəs; ˈvaitəs] *n.* ⇨ St. Vitus's dance.

vi·va¹ [ˋvivə; ˈviːvə] «源自義大利語及西班牙語»**—***interj.* 萬歲！(Long live...!).

—*n.* **1** Ⓒ叫喊萬歲之聲。**2** [～s]歡呼聲。

vi·va² [ˋvaɪvə; ˈvaivə] *n.* 《英口語》= viva voce.

vi·va·ce [vɪˋvɑtʃɪ; viˈvɑːtʃi] 《源自義大利語 'vivacious(ly)' 之義》—*adj.* & *adv.* 《音樂》生動的[地]，活潑的[地]。
vi·va·cious [vɪˋveʃəs; viˈveiʃəs] 《源自拉丁文「活的」之義》—*adj.* 活潑的，有精神的，快活的：a ～ girl 活潑的女孩。
～·**ly** *adv.* ～·**ness** *n.*
vi·vac·i·ty [vɪˋvæsətɪ; viˈvæsəti] 《vivacious 的名詞》—*n.* Ⓤ 朝氣，活潑，快活，愉快。
Vi·val·di [vɪˋvɑldɪ; viˈvɑːldi], **An·to·nio** [ænˋtonɪˌo; ænˈtouniou] *n.* 韋瓦第《1675？－1741；義大利小提琴家、作曲家》。
vi·var·i·um [vaɪˋvɛrɪəm; vaiˈvɛəriəm] *n.* Ⓒ (*pl.* ～**s**, -**var·i·a** [-rɪə; -riə])(模仿自然生態而做的)動物飼養場或植物培育所。
vi·va vo·ce [ˋvaɪvəˋvosɪ; ˌvaivəˈvousi] 《源自拉丁文 'with the living voice' 之義》—*adv.* 以口頭：Shall we vote ～ or by ballot？我們要口頭表決還是投票表決？
—*adj.* [用在名詞前]口頭[口述]的：a ～ examination 口試。
—*n.* Ⓒ口試。
vive [viv; viːv] 《源自法語》—*interj.* 萬歲！
Viv·i·an [ˋvɪvɪən; ˈviviən] *n.* 韋文《男子名或女子名》。
***viv·id** [ˋvɪvɪd; ˈvivid] 《源自拉丁文「活的」之義》—*adj.* (～·**er**；～·**est**) **1 生動的，活潑的，生氣蓬勃的**：a ～ personality 活潑的性格/a ～ performance 生動的表演。
2 〈色彩、映象等〉**明亮的，鮮明的，強烈的，醒目的**(↔ dull)：the ～ green of camellia leaves 山茶樹葉的鮮綠。
3 〈描述、印象、記憶等〉**生動的，逼真的；清晰的**：a ～ description 生動的描述/The scene is still ～ in my memory. 那情景仍清晰地留在我的記憶中。～·**ness** *n.*
viv·id·ly *adv.* 鮮明地，清晰地，生動地，活潑地。
Viv·i·en [ˋvɪvɪən; ˈviviən] *n.* 韋文《女子名》。
viv·i·fi·ca·tion [ˌvɪvəfəˋkeʃən; ˌvivifiˈkeiʃn] 《vivify 的名詞》—*n.* Ⓤ賦與生命[生氣]；甦醒。
viv·i·fy [ˋvɪvəˌfaɪ; ˈvivifai] 《vivid 的動詞》—*v.t.* 賦與…生命[生氣]；使…生動[活潑]。
vi·vip·a·rous [vaɪˋvɪpərəs; viˈvipərəs] *adj.* 《動物》胎生的 (cf. oviparous)。
viv·i·sect [ˌvɪvəˋsɛkt; ˌviviˈsekt] *v.t.* 活體解剖〈動物〉。
—*v.i.* 做活體解剖。**vív·i·sèc·tor** *n.*
viv·i·sec·tion [ˌvɪvəˋsɛkʃən; ˌviviˈsekʃn] 《vivisect 的名詞》—*n.* ⓊⒸ活體解剖。～·**al** [-ʃənl; -ʃənl] *adj.*
viv·i·séc·tion·ist [-ʃənɪst; -ʃənist] *n.* Ⓒ活體解剖者[論者]。
vix·en [ˋvɪksn; ˈviksn] 《fox 的陰性》—*n.* Ⓒ **1** 雌狐(⇨ fox【說明】)。**2** 潑婦，悍婦。
vix·en·ish [ˋvɪksənɪʃ; ˈviksəniʃ] 《vixen 的形容詞》—*adj.* 〈婦女〉脾氣大的；潑辣的；狠毒的。
viz. [vɪz; viz] 《源自拉丁文 videlicet 之略：-z 是中世紀拉丁文用來縮寫 -et 的字母》—*adv.* 也就是，即《★發音通常讀作 namely [ˋnemlɪ; ˈneimli] 而用於公文及論文中》。
viz·ard [ˋvɪzəd; ˈvizɑːd] *n.* Ⓒ **1** 《古》面具；護面。**2** 帽簷。
vi·zier [vɪˋzɪr; viˈziə] *n.* Ⓒ (從前回教國的)高官，大臣：the grand ～ 首相。
vi·zor [ˋvaɪzə; ˈvaizə] *n.* ＝visor.
V-J Dày 《V-J 為 Victory over Japan 之略》—*n.* (第二次世界大戰的)對日作戰勝利日《1945 年 8 月 15 日，日本在這一天接受了同盟國的投降條件》。
VL 《略》Vulgar Latin.
Vlad·i·vos·tok [ˌvlædɪˋvɑstɑk; ˌvlædiˈvɔstɔk] *n.* 海參威《蘇聯在東北亞的一海港》。
V.L.F., VLF, v.l.f., vlf. 《略》《通信》very low frequency.
V-màil *n.* 《V 為 Victory 之略》—*n.* Ⓤ《美》V 郵件《第二次世界大戰時，美軍之海外郵件用顯微軟片將原信攝影運輸，遞送時再放大印出，交給收信人》。
V-nèck *n.* Ⓒ(襯衫、毛衣等的)V 字領。
V-nécked *adj.* 〈襯衫、毛衣等的〉V 字領的：a ～ sweater V 字領的毛衣。
V.O. 《略》very old《通常用以表示六至八年的白蘭地或威士忌貯存年數》。
VOA 《略》Voice of America.
vo·cab [ˋvokæb; ˈvoukæb] 《vocabulary 之略》—*n.* 《口語》＝vocabulary 2.
vo·ca·ble [ˋvokəbl; ˈvoukəbl] *n.* Ⓒ **1** (不問字義，只作為語音單位的)字，辭。**2** 單音。
***vo·cab·u·lar·y** [vəˋkæbjəˌlɛrɪ, vo-; vouˈkæbjuləri] 《源自 vocable》—*n.* **1** ⓊⒸ **a** (某個人、某作家、某部門等使用的)**語彙，字彙，用字範圍**：the ever-increasing scientific ～ 不斷增加的科學語彙/one's active ～ 積極[主動]語彙《能在談話或書寫時使用者》/one's passive ～ 消極[被動]語彙《只聽得懂看得懂，但不會用於談話或書寫者》/expand one's ～ 增加字彙/He has a large [wide] ～ *in* English [*of* technical terms]. 他有淵博的英語[專門術語]字彙《★用法「他有淵博的字彙」如果說成 "He has many *vocabularies*." 是錯誤的》/His French and English *vocabularies* are not as large as his German. 他知道的法語及英語字彙不如他的德語字彙多/His English ～ is limited. 他的英語辭彙極有限。**b** (某一語言的)語彙總數：the (total) ～ of French 法文語彙總數。**2** Ⓒ(單)字表[集]，用字表。
vocábulary èntry *n.* Ⓒ字典中收錄的詞條(entry)。
vo·cal [ˋvokḷ; ˈvoukl] 《voice 的形容詞》—*adj.* (**more** ～；**most** ～) **1** [用在名詞前](無比較級、最高級) **a 聲音的**；有關聲音的；對發聲所必需的：the ～ cords [chords] 《解剖》聲帶/the ～ organs 發聲器官。**b** 《音樂》聲樂的(↔ instrumental)：～ music 聲樂/a ～ score (歌劇等的)聲樂用樂譜。
2 (無比較級、最高級) **a** 口頭的；以聲音表達的：a ～ communication 口頭傳達。**b** 發出聲音的；有發聲能力的：Animals are ～ beings. 動物是有發聲能力的生物。
3 《口語》**a** 自由表達自己意見的，不客氣地說話的，善辯的：a ～ minority 積極表達[敢於發表]自己意見的少數派。**b** [不用在名詞前][十介十(代)名][對…]說話不客氣的[*in, about*]：He was extremely ～ ***in*** his criticism. 他在批評時非常不客氣。
4 (無比較級、最高級)《語音》有聲音的；母音(性)的。
—*n.* Ⓒ[常 ～**s**](尤指爵士樂及熱門音樂的)聲樂曲。
vo·cal·ic [voˋkælɪk; vouˈkælik] 《vowel 的形容詞》—*adj.* **1** 母音(性)的。**2** 多母音的。
vó·cal·ist [-lɪst; -list] *n.* Ⓒ(尤指爵士樂團或熱門音樂團的)歌手。
vo·cal·ize [ˋvokḷˌaɪz; ˈvoukəlaiz] 《vocal 的動詞》—*v.t.* **1** 以〈聲音〉表示出，說出[唱出]…。**2** 《語音》使…濁音化；使〈子音〉母音化。—*v.i.* **1** 發聲，發音。**2** 《音樂》用母音唱法唱歌。
vó·cal·ly [-klɪ; -kəli] *adv.* 以聲音；以口頭；發出聲地。
vo·ca·tion [voˋkeʃən; vouˈkeiʃn] 《源自拉丁文「呼叫」之義》—*n.* **1** Ⓤ[又作 **a** ～] **a** (應上帝召喚而從事某職業的)**使命(感)**：He lacks any sense of ～. 他毫無使命感。**b** [十 *to* do]〈去做某事的〉使命感：He felt *a* ～ *to* go and help the poor. 他懷有去幫助窮人的使命感。
2 Ⓒ **a** [常用單數]**天職，使命；神召**：You will not make a good teacher, unless you feel teaching is your ～. 除非你覺得教書是你的天職，否則你不會成為一位好老師。**b** (一定的)職業，工作：choose [change] one's ～ 選擇[改變]職業。
3 Ⓤ[又作 **a** ～][對某特定職業的]**適應性，稟性，才能**[*for*]：He found his ～ in ornithology. 他發現自己適於專攻鳥類學/You should become a welfare worker；you have *a* ～ *for* help*ing* people. 你應該去從事社會福利工作，因為你有樂於助人的稟性。
***vo·ca·tion·al** [voˋkeʃənḷ; vouˈkeiʃənl] 《vocation 的形容詞》—*adj.* **1** 職業(上)的：～ education 職業教育/a ～ disease 職業病。**2** 職業指導[訓練]的：～ guidance 職業指導/a ～ school 職業(訓練)學校。～·**ly** *adv.*
voc·a·tive [ˋvɑkətɪv; ˈvɔkətiv] 《文法》*adj.* 呼喚的，呼格的：the ～ case 呼格《★用法如 *Boys*, be ambitious！中的 *boys* 即為呼格，通常用主格》。—*n.* Ⓒ呼格。
vo·ces *n.* vox 的複數。
vo·cif·er·ant [voˋsɪfərənt; vouˈsifərənt] *adj.* 高聲呼叫的；嘈雜的。—*n.* Ⓒ高聲大叫者。
vo·cif·er·ate [voˋsɪfəˌret; vouˈsifəreit] 《源自拉丁文「運聲」之義》—*v.t.* 大聲喊叫…；大聲吼叫…。
—*v.i.* [動十介十(代)名][對…]叫嚷，怒吼[*against*]：～ ***against*** imagined wrongs 對被認為不法作大聲的抗議。
vo·cif·er·a·tion [voˌsɪfəˋreʃən; vouˌsifəˈreiʃn] 《vociferate 的名詞》—*n.* ⓊⒸ叫嚷，怒吼。
vo·cif·er·ous [voˋsɪfərəs; vouˈsifərəs] 《vociferate 的形容詞》—*adj.* **1** 大聲喊叫的，吼叫的，大聲的，叫嚷的。**2** 〈抗議等〉大聲而嚴厲的：～ demands [requests] 厲聲的要求。～·**ly** *adv.*
vod·ka [ˋvɑdkə; ˈvɔdkə] 《源自俄語「水」之義》—*n.* Ⓤ[指個體時為Ⓒ]伏特加酒《以黑麥及小麥製成的無色無臭的俄國蒸餾酒》。
vogue [vog; voug] 《源自中古法語「划船」→「進路」之義》—*n.* **1** [the ～](暫時的)**流行，時尚**(fashion)[*for, of*]：Long hair is (all) *the* ～ *for* students. 現在學生流行留長髮。**2** [**a** ～]受歡迎(popularity)：She had *a* short ～ as a film star. 她曾有一段時期是一位受歡迎的電影明星。
còme into vógue 開始流行[風行]。
in vógue 在流行中：Miniskirts are again very much *in* ～. 迷你裙現在又很流行了。
òut of vógue 不再流行[風行]：go *out of* ～ 不再流行。
—*adj.* [用在名詞前](暫時)流行的：～ words 流行用語；時髦用語。
‡**voice** [vɔɪs; vɔis] *n.* **1 a** Ⓤ[指種類時為Ⓒ](尤指人的)**聲音**：*in* [*with*] a deep [low, loud, soft, shrill, thick] ～ 以深沈[低沈,

大，輕柔，尖銳，不清晰]的聲音《★[比較]in 較爲普遍》/the change of ～ (男孩子思春期的)變聲/He has a good[sweet] ～. 他的聲音[嗓子]很好[甜美]/I heard the children's ～*s* at the back of the house. 我聽到從屋後傳來孩子們的聲音。**b** Ⓒ自然界的各種聲音[*of*]：the ～ *of* a cricket 蟋蟀的聲音/the ～ *of* the wind 風聲。**c** Ⓒ《比喻》某抽象理念之聲；神明之聲；(主義等的)表明者，代言者[*of*]：He is the leading ～ *of* his party. 他是該黨的主要代言人/The ～ *of* the people is the ～ *of* God. 《諺》民之聲即神之聲《天聽自我民聽》《★vox populi vox Dei 的英譯》。

2 Ⓤ[又作 **a** ～]**發言[權]**；投票權；決定[選擇]權；意見：He has *a*[*no*] ～ *in* the matter. 對那件事他有[沒有]決定[選擇，發言，投票]權。

3 Ⓤ發聲能力；說話的慾望；說話的能力：shout at the top of one's ～ 用最大的聲音喊叫/lose one's ～ (因感冒等而)發不出聲音/I have no ～ this morning. 我今天早上發不出聲音。

4 Ⓒ《音樂》**a** (唱歌的)聲音；(合唱團的)歌手；聲部：a male[female] ～ 男[女]聲/a chorus of 100 ～*s* 一百人的合唱。**b** 歌唱能力；聲音的使用法。

5 Ⓤ《語音》有聲音；濁音《包括母音、[b, g, z, m]等；cf. breath 5》。

6 Ⓒ[常用單數]《文法》語態：the active ～ 主動語態/the passive ～ 被動語態/change the ～ 改變語態。

gìve vóice to... 把〈感情、意見等〉以口頭說出來，吐露，表明：She finally *gave* ～ *to* her discontent. 她終於表明了她的不滿。

in góod vóice 以好聽的聲音(說話或唱歌)。

lìft úp one's **vóice** 《古》提高聲音；唱歌。

ráise one's **vóice** (1)提高嗓門(說話)。(2)(向人)厲聲說話，吼叫[*to, at*]：Don't *raise* your ～ *to*[*at*] me. 別對我吼叫。(3)(向人)提出抗議[反對][*against*].

the Vóice of Amérca 美國之音《美國國務院的海外廣播電台；略作 VOA》.

with óne vóice 《文語》異口同聲地；全體一致地。

—*v.t.* [十受] **1** (強烈地)表明〈感情、意見等〉：～ one's opinion 表明自己的意見/ ～ one's discontent 表明自己的不滿。

2 《語音》把〈子音〉以濁音發音；使…有聲化(cf. voiced 2).

vóice bòx *n.* Ⓒ《口語》喉頭。

voiced *adj.* **1** [構成複合字]聲音…的；有…聲音的：rough-*voiced* 聲音沙啞[刺耳]的。**2** 《語音》有聲的，濁音的(cf. voiceless 3)：～ sounds[consonants]有聲音[子音]。

vóice·less *adj.* **1** 無聲音的，無言的，不會說話的。**2** 無表達意見的機會[意願]的；沈默的。**3** 《語音》無聲的(cf. voiced 2)：～ sounds[consonants]無聲音[子音]。

～·ly *adv.* **～·ness** *n.*

vóice-òver *n.* Ⓒ《電視・電影》(不出現在畫面的)幕後解說，旁白，畫外音。

vóice·prìnt *n.* Ⓒ聲波紋《以測音儀器所記錄下來的聲音的紋狀圖》。

vóice vòte *n.* Ⓒ發聲[呼聲]表決《根據贊成與反對聲音之大小而估計人數所決定的表決，而不一一清點贊成者或反對者的人數》。

void [vɔɪd; vɔid] **《**源自拉丁文「空洞的」之義**》—*adj.*** (～**·er**；～**·est**) **1** [不用在名詞前][十介十(代)名]**毫無**[(…)]**的**；缺少[(…)]的[*of*]：a landscape ～ *of* all beauty 一點都不美的風景/His face was ～ *of* expression. 他的臉毫無表情。

2 (無比較級、最高級)**空的，空虛的(empty)**：a ～ space 空間；《物理》真空。

3 (無比較級、最高級)《文語》〈房屋、土地等〉空著的；空的《★[比較]一般用 vacant》.

4 (無比較級、最高級)《法律》無法律上效力的；無效的：null and ～ 無效的。

—*n.* **1** [the ～](宇宙的)空間。**2** [a ～]空處，空隙。**3** [a ～]空虛感：His wife's death left a painful ～ in his life. 他妻子的死給他的人生留下了痛苦的空虛感。

—*v.t.* [十受] **1** 《法律》使〈契約等〉無效。**2** 《文語》使…空洞；排泄…。

void·a·ble [ˈvɔɪdəbl; ˈvɔidəbl] *adj.* **1** 可使無效的，可使作廢的。**2** 《法律》可成爲無效的，可予撤銷的，可作廢的。

voile [vɔɪl; vɔil] **《**源自法語「薄紗」之義**》** **—*n.*** Ⓤ一種以棉、羊毛、絲等織成的半透明、似薄紗的織物。

vol. 《略》volcano；volume；volunteer.

vo·lant [ˈvolənt; ˈvoulənt] *adj.* **1** 飛的，能飛的。**2** 快速的，敏捷的。**3** 《紋章》飛翔姿態的。

vol·a·tile [ˈvɑlətḷ, -tɪl; ˈvɔlətail] **《**源自拉丁文「在飛著」之義**》—*adj.*** **1** 《化學》揮發的，揮發性的(↔ fixed)：～ matter 揮發物/～ oil 揮發油。**2 a** 〈人、性格等〉善變的，反覆無常的；易激動的：a ～ temper 易激動的脾氣。**b** 〈事態〉易變的；不安定的：a highly ～ situation 非常不安定的情況。**c** 易爆炸的：Nitroglycerine is a highly ～ explosive. 硝化甘油是一種很容易爆炸的炸藥。

vol·a·til·i·ty [ˌvɑləˈtɪlətɪ; ˌvɔləˈtiləti] **《**volatile 的名詞**》—*n.*** Ⓤ **1** 《化學》揮發性。**2** 反覆無常，易變；輕浮。

vol·a·til·ize [ˈvɑlətḷˌaɪz; vɔˈlætilaiz] *v.i.* & *v.t.* (使…)揮發；(使…)蒸發。

vol-au-vent [ˌvɔloˈvɑ̃; ˈvɔlouvɑ̃ː] **《**源自法語「風中飛行」之義**》** **—*n.*** Ⓒ[當作菜名時爲Ⓤ]肉餡餅《一種包有菜、魚、肉等的餡餅》。

vol·can·ic [vɑlˈkænɪk; vɔlˈkænik] **《**volcano 的形容詞**》—*adj.*** (**more** ～；**most** ～) **1 a** **火山的，火山性的，由於火山作用的；火成的**：～ activity 火山活動/ ～ ash(es) [rock]火山灰[岩]/a ～ eruption 火山爆發。**b** 有火山的；多火山的：a ～ country 多火山的國家。**2** 爆炸性的，激烈的：a ～ temper 火爆的脾氣。

-i·cal·ly [-kḷɪ; -kəli] *adv.*

vol·can·ism [ˈvɑlkənˌɪzəm; ˈvɔlkənizəm] *n.* Ⓤ火山現象，火山活動。

***vol·ca·no** [vɑlˈkeno; vɔlˈkeinou] *n.* Ⓒ (*pl.* ～**es**, ～**s**)**火山**：an active[a dormant, an extinct] ～ 活[休，死]火山/a submarine ～ 海底火山。

> **【字源】**源自義大利語的「火山」，而義大利語的「火山」則源自拉丁文「火與鍛冶之神法爾坎(Vulcan)」. Vulcan 在義大利的埃特納(Etna)火山下設有他的鍛冶場，爲諸神製作武器及其他器具。據說主神朱彼特(Jupiter)的霹靂(thunderbolt)就是他做的。

vòl·can·ól·o·gist [-dʒɪst; -dʒist] *n.* Ⓒ火山學家。

vol·can·ol·o·gy [ˌvɑlkənˈɑlədʒɪ; ˌvɔlkəˈnɔlədʒi] *n.* Ⓤ火山學。

vole [vol; voul] *n.* Ⓒ[常構成複合字]《動物》田鼠：⇨ water vole.

Vol·ga [ˈvɑlgə; ˈvɔlgə] *n.* [**the** ～]窩瓦河《又稱伏爾加河，發源於蘇聯西部，流經東南部而注入裏海，爲歐洲最長的河流》。

Vol·go·grad [ˈvɑlgəˌgræd; ˈvɔlgəgræd] *n.* 伏爾戈格勒《蘇聯窩瓦河(the Volga)沿岸之城市，舊稱 Stalingrad, Tsaritsyn》.

vo·li·tion [voˈlɪʃən; vouˈliʃn] **《**源自拉丁文「意欲」之義**》—*n.*** Ⓤ《文語》**1** 意志作用，意欲。**2** 意志(力)，決心：of one's own ～ 出於自願地，自動自發地。

vo·li·tion·al [voˈlɪʃənḷ; vouˈliʃənl] **《**volition 的形容詞**》—*adj.*** 意志的，關於意志的，由於意志的：～ power 意志力。

～·ly [-nḷɪ; -nəli] *adv.*

Volks·wa·gen [ˈfolksˌvagən; ˈfɔlksˌvɑːgən] **《**源自德語 'people's wagon' 之義**》—*n.*** Ⓒ (*pl.* ～, ～**s**)《商標》國民車；福斯汽車《德國製的大衆化小型汽車》。

vol·ley [ˈvɑlɪ; ˈvɔli] **《**源自古法語「飛行」之義**》—*n.*** Ⓒ **1 a** (槍砲等之)齊發，齊射[*of*]：a ～ *of* small arms fire 輕武器的齊射。**b** (謾罵、質問等的)迸發，連發[*of*]：a ～ *of* insults 連聲辱罵/a ～ *of* questions 齊聲質問，一連串問題。**2** 《網球》截擊；《足球》飛踢《在球未著地前擊回或踢回》。

on the vólley 《球戲》在球未著地前：hit[kick] a ball *on the* ～ 在球未著地前打[踢]回去。

—*v.t.* **1** 齊發〈子彈、質問等〉。**2 a** [十受十副詞(片語)]《球戲》飛踢〈球〉，截擊〈球〉。**b** [十受]《網球》向〈對方〉飛擊，截擊。

—*v.i.* **1** 〈槍〉齊射。**2** [十副詞(片語)]〈子彈、石頭等〉(向…)飛來。**3** 《網球》截擊；《足球》飛踢。

vol·ley·ball [ˈvɑlɪˌbɔl; ˈvɔlibɔːl] *n.* **1** Ⓤ《運動》**排球**。**2** Ⓒ排球賽用的球。

vol·plane [ˈvɑlˌplen; ˈvɔlplein] 《航空》*v.i.* (關閉飛機引擎使其向地面)滑翔下降。

—*n.* Ⓒ滑翔下降。

vols. 《略》volumes.

volt[1] [volt; voult] *n.* Ⓒ《電學》伏特《電壓的單位；略作 v., V》.

volt[2] [volt; vɔlt] **《**源自義大利語「轉動」之義**》** **—*n.*** Ⓒ **1** 《劍術》轉身躲閃《爲避免被刺而跳開之動作》。**2** 《馬術》環騎《使馬繞一中心而畫圓前進的騎法》。

Vol·ta [ˈvɔltə; ˈvɔltə], **Count A·les·san·dro** [ˌɑlɛsˈsandro; ˌɑːlesˈsɑːndrou] *n.* 伏特《1745–1827；義大利物理學家》。

volt·age [ˈvoltɪdʒ; ˈvoultidʒ] *n.* ⓊⒸ《電學》電壓，電壓量，伏特數《略作 v.》：high ～ 高壓。

vol·ta·ic [vɑlˈte·ɪk; vɔlˈteiik] *adj.* 《電學》動電的，電流的，伏特的：a ～ battery 伏特電池。

Vol·taire [vɑlˈtɛr; ˈvɔlteə, vɔlˈteə] *n.* 伏爾泰《本名 François Marie Arouet, 1694–1778；法國諷刺家、哲學家、劇作家、及歷史學家》。

vol·tam·e·ter [vɑlˈtæmətə; vɔlˈtæmitə] *n.* Ⓒ《電學》電量計。

vólt-ámpere *n.* Ⓒ《電學》伏特安培《volt[1] 與 ampere 之積》。

volte-face [ˈvɑltˌfas, ˈvɑltə-; ˌvɔltˈfɑːs, -ˈfæs] **《**源自法語「轉過臉」之義**》** **—*n.*** Ⓒ[常用單數]《文語》(意見、態度、政策等的)轉向，改變。

vólt·mèter *n.* Ⓒ《電學》伏特計；電壓計。

vol·u·bil·i·ty [ˌvaljəˈbɪlətɪ; ˌvɔljuˈbiləti] «voluble 的名詞» —*n.* Ⓤ流暢；健談，多言：with ~ 流暢地，滔滔不絕地。

vol·u·ble [ˈvaljəbl; ˈvɔljubl] «源自拉丁文「轉動」之義»—*adj.* 口若懸河的；健談的，多言的；流暢的。

vól·u·bly [-blɪ; -bli] *adv.*

***vol·ume** [ˈvaljəm; ˈvɔlju:m] *n.* **1** Ⓒ(尤指厚的)**書籍**(⇨ book 2【同義字】)：a library of many thousand ~*s* 數千冊的藏書。

【字源】volume 一字源自拉丁文，是「捲起來」的意思。從前的書是寫在羊皮紙上，然後捲在一根棒子上的。這一點和我國從前用竹片寫字然後捲起來的情形很類似。後來由「大本的書」轉義而當作「大小」「音量」等義使用。

2 Ⓒ **a** (全集、成套的書的)**卷**：an encyclopedia in 30 ~*s* [*vols.*] 分裝成三十卷的百科全書。**b** (把一年份的雜誌、機關報、月刊等裝釘成冊的)卷，冊：the 1983 ~ of *English Studies*「英語研究」的 1983 年卷。

3 Ⓤ **a** 體積，量，容積，容量：the ~ of water in a (dammed) lake (由水壩所造成的)湖內水的容積。**b** (人、電視機、收音機等的)音量：a voice of great [little] ~ 音量大[小]的聲音/He turned up [down] the ~ *on* the television. 他把電視機的音量調大[小]了。

4 Ⓤ[又作 **a** ~](產業等的生產)量，統計：*an* increasing ~ of trade 不斷增加的貿易額/The ~ of trade is increasing. 貿易額在增加中。

5 Ⓒ[常 ~**s**]大量，多量〔*of*〕：~*s of* smoke 大量的煙。

spéak vólumes (for...) (對…)有重大的意義；能充分地證明；充分地表現：Her smile *spoke ~s*. 她的微笑深具意義/His consent to your proposal *speaks ~s for* his good will. 他贊成你的提議充分證明他的友善。

vol·u·met·ric [ˌvaljəˈmɛtrɪk; ˌvɔljuˈmetrik˝] *adj.* 容積[體積]測定的：~ analysis 《化學》容量分析。

vòl·u·mét·ri·cal [-trɪkl; -trikl˝] *adj.* =volumetric.

vo·lu·mi·nous [vəˈlumənəs; vəˈlju:minəs] «volume 的形容詞»—*adj.* **1** 冊數[卷數]多的；大部頭的。**2 a** 〈作家等〉多產的。**b** (份量)很多的；豐富的。**c** 〈容器等〉容積大的。**d** 音量大的。**3** 〈衣服等〉寬鬆的。~·**ly** *adv.* ~·**ness** *n.*

vol·un·tar·i·ly [ˈvalənˌtɛrəlɪ; ˈvɔləntərəli] *adv.* 自願地，自動自發地。

vol·un·tar·ism [ˈvaləntərɪzəm; ˈvɔləntərizəm] *n.* Ⓤ **1** 《哲》唯意志論《認爲意志是經驗中之基本因素，或眞實係屬意志性質的學說》。**2** (教會、學校等的)自由捐贈制度《由私人樂捐以維持教會、學校等的制度》。**3** 募兵制。

***vol·un·tar·y** [ˈvalənˌtɛrɪ; ˈvɔləntəri] «源自拉丁文「自由意志」之義»—*adj.* (無比較級、最高級) **1 a** 〈人、行動等〉**出於自由意志的**，自願的，自動的，自發的：a ~ helper 自願的援助者/a ~ army 義勇軍/~ service 《軍》志願役/a ~ statement [confession] 自動提出的口供[自白]。**b** 有自由意志的；依自由意志行動的：Man is a ~ agent. 人是自由意志的行動者。**c** 故意的，有意的：~ manslaughter 《美法律》蓄意謀殺。**2** [用在名詞前]靠自由捐助支持的〈學校、教會、醫院等〉。**3** 《解剖》隨意的(↔ involuntary)：~ muscles 隨意肌。

—*n.* Ⓒ風琴獨奏《尤指在教會做禮拜之前或之後的演奏》。

***vol·un·teer** [ˌvalənˈtɪr; ˌvɔlənˈtiə˝] *n.* Ⓒ **1 志願者，自願者**〔*for*〕：Are there any ~*s for* this work? 有人自願做這個工作嗎？

2 志願兵，義勇兵。

—*adj.* [用在名詞前] **1** 自願的，志願(兵)的：~ work 自願的工作/a ~ nurse 志願護士。

2 義勇(軍)的：a ~ corps 義勇軍。

—*v.t.* **1 a** 〔十受〕自動提供[供給]〈服務、援助等〉：~ one's services 自動提供服務/~ a subscription 自願捐獻。**b** 〔十 *to* do〕自願〈做…〉，自動自發〈做…〉：He ~*ed to* do the job. 他自願去做那工作。**2 a** 〔十受〕自動自發表示〈意見等〉：~ an opinion 自動表示意見/~ information 自動提供資訊。**b** 〔十引句〕自動地說…："I did it, not Tom," he ~*ed*. 他自動地說：「是我做的，不是湯姆。」

—*v.i.* **1** 自願從事。**2 a** 〔十介十(代)名〕志願〔從軍〕〔*for*〕：He ~*ed for* military service. 他志願去服兵役。**b** 〔十*as* 補〕自願擔任〈…〉：She ~*ed as* a nurse. 她志願去當護士。

vo·lup·tu·ar·y [vəˈlʌptʃuˌɛrɪ; vəˈlʌptjuəri] 《文語》*adj.* 耽於酒色的。

—*n.* Ⓒ耽於酒色的人。

vo·lup·tu·ous [vəˈlʌptʃuəs; vəˈlʌptʃuəs] «源自拉丁文「快樂」之義»—*adj.* **1** 耽於肉慾的，貪戀酒色的；奢侈逸樂的：a ~ life 驕奢淫逸生活。**2** 刺激肉慾的，色情的：~ pictures 色情圖畫。**3** 肉感的；性感的；妖艷的：a ~ woman 性感的女人。**4** 〈觸覺等〉舒適的；滿足的。~·**ly** *adv.* ~·**ness** *n.*

vo·lute [vəˈlut; vəˈlju:t] *n.* Ⓒ **1** 《建築》渦形飾《如愛奧尼亞式的(Ionic)或科林斯式的(Corinthian)柱頂裝飾等》。**2** 《貝》渦螺《腹足綱渦螺科海產動物》。

vo·lút·ed *adj.* **1** 渦形的。**2** 《建築》(有)渦形裝飾的。

vom·it [ˈvamɪt; ˈvɔmit] *v.t.* 〔十受(十副)〕 **1** 吐出〈食物、血〉〈*up*〉(⇨ retch 用法)：~ blood 吐血/~ *up* what one has eaten 把吃下的東西吐出來(★比較《口語》一般用 throw up)。**2** 吐出〈煙霧、惡言等〉〈*out*〉：~ abuse 口出惡言/The factory chimneys ~*ed* (*out*) smoke (all day). 工廠的煙囪(整天)冒著煙。

—*v.i.* **1 a** 嘔吐，吐出食物：Too much beer makes me ~. 喝太多啤酒會使我嘔吐。**b** 《口語》惡心：You make me ~. 你使我惡心。**2** 〔動(十副)〕噴出；〈火山〉爆發〈*out*〉.

—*n.* **1** Ⓒ嘔吐。**2** Ⓤ嘔吐物。

von [van; vɔn] «源自德語»—*prep.* 從…，…(出身)的《常加在姓前，表示貴族》。

voo·doo [ˈvudu; ˈvu:du:] «源自西非土語「邪神」之義»—*n.* (*pl.* ~**s**) **1** [常 V~] Ⓤ巫毒教《起源於非洲而流行於西印度羣島及美國南方黑人之間的一種邪教》。**2** Ⓒ巫毒教的術士。

vóo·doo·ìsm [-ˌɪzəm; -izəm] *n.* Ⓤ巫毒教(的邪術)。

vóo·doo·ist [-ɪst; -ist] *n.* Ⓒ巫毒教教徒；巫毒教的術士。

vo·ra·cious [voˈreʃəs; vəˈreiʃəs] *adj.* **1** 貪吃的；狼吞虎嚥的。**2** 難以滿足的，貪婪的：a ~ reader 求知慾强烈的讀者。

~·**ness** *n.*

vo·rá·cious·ly *adv.* 狼吞虎嚥地；貪婪地。

vo·rac·i·ty [voˈræsətɪ; vəˈræsəti] «voracious 的名詞»—*n.* Ⓤ 暴食；貪食；貪婪。

vor·tex [ˈvɔrtɛks; ˈvɔ:teks] «源自拉丁文»—*n.* (*pl.* ~·**es**, -**ti·ces** [-tɪˌsiz; -tisi:z]) **1** Ⓒ **a** 漩渦。**b** 旋風(whirlwind). **2** [**the** ~] (社會運動等的)漩渦〔*of*〕：He was drawn into *the* ~ *of* politics [revolution, war]. 他被捲入政治[革命，戰爭]的漩渦中。

vor·ti·cal [ˈvɔrtɪkl; ˈvɔ:tikl] «vortex 的形容詞»—*adj.* 漩渦狀的；漩渦的；旋轉的。~·**ly** [-klɪ; -kəli] *adv.*

vor·ti·cel·la [ˌvɔrtəˈsɛlə; ˌvɔ:tiˈselə] *n.* Ⓒ (*pl.* -**lae** [-li; -li:]) 《動物》鐘形蟲《纖毛原生動物的一屬，體形似吊鐘或圓筒形》。

vor·ti·ces *n.* **vortex** 的複數。

Vos·tok [ˈvastak; ˈvɔstɔk] «源自俄語»—*n.* Ⓒ東方號《蘇聯之一系列有人駕駛的人造衛星之一》。

vot·a·ble [ˈvotəbl; ˈvoutəbl] *adj.* **1** 可付表決的。**2** 有投票權的。

vo·ta·ress [ˈvotərɪs; ˈvoutəris] *n.* 女性的 votary.

vo·ta·rist [ˈvotərɪst; ˈvoutərist] *n.*=votary.

vo·ta·ry [ˈvotərɪ; ˈvoutəri] «源自拉丁文「發誓」之義»—*n.* Ⓒ **1** 信徒，篤信者〔*of*〕. **2** 〔理想、主義、運動等的〕支持者，信奉者〔*of*〕：a ~ *of* vegetarianism 素食主義者。

‡**vote** [vot; vout] «源自拉丁文「發誓」之義»—*n.* **1 a** Ⓒ**投票**：an open ~ 記名投票/a secret ~ 不記名投票/a ~ *of* confidence [censure] 信任[不信任]投票/propose a ~ *of* thanks 提出感謝決議案，建議表示感謝/Parliament ratified the agreement by a ~ of 70 to 43, with seven abstentions. 國會以七十票贊成，四十三票反對，七票棄權而批准了該協定。**b** [常 **the** ~]票決：come [go, proceed] to *the* ~ 付諸表決/put a question [bill] to *the* ~ 將問題[議案]付諸表決/*The* ~ went in my favor. 表決的結果對我有利/*The* ~ went against (accepting) the plan. 該計畫被投票否決了。**c** Ⓤ(行使)投票(權)：Let's decide the matter by ~. 讓我們用投票方式來決定這件事情吧。

2 Ⓒ投票(用)紙；選票：a spoiled ~ 無效票，廢票/⇨ casting vote/one man one ~ 一人一票(制)/canvass for ~*s* 拉票/cast [record] one's ~ (*for, against*...)《文語》投(贊成，反對…的)票/count the ~*s* 計票/give one's ~ *to* a candidate 把票投給某候選人/pass by a majority of ~*s* 以過半數的票通過/They fell six ~*s* short of the two-thirds necessary to reverse the veto. 他們因所需推翻否決案的三分之二的票數差了六票而受挫。

3 [**the** ~]投票權，選舉權，表決權：Women now have *the* ~ in most countries. 現在在大部分的國家裏婦女已有選舉權。

4 [**the** ~；與修飾語連用；集合稱]投票總數，得票數：*the* floating ~ 游離[流動]票/*The* Labour ~ increased at the election. 工黨在選舉中的得票數增加了。

5 Ⓒ[常用單數]《英》議決的支出額；議決額〔*for*〕：the ~ *for* defence expenditure 國防經費的議決額。

—*v.i.* **1 a 投票**：the right to ~ 投票[選舉]權。**b** 〔十介十(代)名〕〔就某問題而〕表決〔*on*〕；投票[贊成…]〔*for, in favor of*〕；投票[反對…]〔*against*〕：~ **on** a question 就一個問題投票表決/He ~*d* **against** [*for*] the measure. 他投票反對[贊成]該議案。

2 〔十補〕《口語》投票〈給…黨〉(★用法後接表示政黨名稱的形容詞作爲補語；也有專家認爲這是 *v.t.* 用法；cf. *v.t.* 2)：*V*~ Democratic [Labour]. 請投票給民主黨[工黨]。

—*v.t.* **1 表決**：**a** 〔十受〕投票決定…：The board ~*d* the money for education. 委員會投票表決將該款項用作教育經費。**b** 〔十受

十受/十受十介十(代)名〕投票將…給與〔授與〕…，以票決方式將…給與〔授與〕〔…〕〔*to*〕：Congress ~*d* the president emergency powers.＝Congress ~*d* emergency powers ***to*** the president. 國會通過授與總統緊急命令權。**c**〔十 *to* do〕投票決定〈做…〉：Some counties have ~*d to* withhold payments to their states. 有些郡決議拒付款給他們的州政府。**d**〔十 *that*__〕投票決定〈…事〉：They ~*d that* the publication of the journal (should) be continued. 他們投票決定繼續發行那本雜誌《★用法《口語》多半不用 should》.

2〔十受〕**a** 投票支持〈人等〉：~ the Republican ticket 投票支持共和黨候選人(cf. *v.i.* 2). **b**《口語》投票給〈某特定的候選人〉(cf. *v.i.* 2)：*V*~ Thatcher. 請投柴契爾一票。

3《口語》〔十受十補〕把…認爲〔看作，稱作〕〈…〉《★常用被動語態》：The new play *is* ~*d* a success. 這齣新戲被認爲是成功的/He *is* ~*d* a nuisance. 他被公認是個令人討厭的人。

4〔十 *that*__〕〔通常以 I 作主詞〕《口語》提案，提議(suggest)〈…事〉：I ~ (*that*) we (should) do the city by sightseeing bus. 我提議大家坐遊覽車去遊覽此都市《★用法《口語》多半不用 should》.

vóte dówn《*vt adv*》投票否決〈提案等〉。

vóte ín《*vt adv*》選舉〈人〉。

vóte óut《*vt adv*》投票解除〈某人〉職位。

vóte thróugh《*vt adv*》投票通過〈議案等〉。

vote·less [ˈvotlɪs; ˈvoutlis] *adj.* **1** 無投票〔選舉〕權的。**2** (尤指政治選舉之)被剝奪投票〔選舉〕權的。

vot·er [ˈvotɚ; ˈvoutə] *n.* Ⓒ **1 投票者** (cf. nonvoter)：a casting ~ 決定性的投票者《如議長等》。**2** (尤指國會議員選舉的)**有投票權者**，**選舉人**。

vót·ing *n.* **1** Ⓤ(行使)投票(權)，選舉。**2**〔當形容詞用〕投票(用)的：a ~ booth《美》(隔離的)投票所，圈票處/a ~ machine(自動)選票計算機/a ~ paper 選舉票。

vo·tive [ˈvotɪv; ˈvoutiv] *adj.* 誓願的，許願的；(爲還願而)奉獻的：a ~ offering 奉獻物/a ~ tablet 奉獻匾額。

vouch [vautʃ; vautʃ] *v.i.*〔十介十(代)名〕《★可用被動語態》**1 a** 保證，擔保〔人、正直等〕〔*for*〕：I will ~ ***for*** him [his honesty]. 我願擔保他的爲人〔誠實〕/I can't ~ *for* the accuracy of my memory. 我無法保證我的記憶正確無誤。**b**〈東西〉證明，保證〔…〕〔*for*〕：This paper will ~ ***for*** the payment of his debts. 此文件可以證明他已付清他的債務。**2**〔爲某人的將來〕負責；當〔某人的〕保證人〔*for*〕.

vóuch·er *n.* Ⓒ **1** 保證人，證明者。**2**《英》**a** (旅行社、企業公司等發給出差人員等的)證件，證據：travel ~*s* 旅行券/hotel ~*s* 旅館住宿券/luncheon ~*s* 午餐券。**b** 商品交換憑單；商品優待券：a sales ~ 商品交換憑單/a gift ~ 禮品券。**3**〖法律〗證物，證明文件，證書；(尤指金錢的)收據，發票。

vouch·safe [vautʃˈsef; vautʃˈseif] «源自中古英語「保證安全」之義»—*v.t.*《文語》**1 a**〔十受〕(由於好意或同情而)惠予，賜予…：He ~*d* no reply. 他未給我答覆。**b**〔十受十受/十受十介十(代)名〕把…給與〔賜與〕〈地位較低的人〉；把…給與〔賜與〕〔地位較低的人〕〔*to*〕：*V*~ me a visit. 請駕臨寒舍。**2**〔十 *to* do〕屈尊；俯就〈做…〉(condescend)：He thinks himself so important that he won't ~ *to* visit us any more. 他以爲自己很了不起，所以不會紆〔屈〕尊再來看我們了吧。

vow [vau; vau] «與 vote 同字源»—*n.* Ⓒ **1 a 誓言，誓約，誓願**：a devout ~ 虔誠的誓約/lovers' ~*s* 情人之間的盟誓/break [keep] a ~ *of* secrecy [silence] 違背〔遵守〕保祕〔沈默〕的誓約。**b**〔十 *to* do〕〈要做…的〉誓言：take [make] a ~ *to* do... 發誓要做…/I am under a ~ *to* drink no wine. 我已立誓戒酒。**2**〖基督教〗**誓願**：baptismal ~*s* 受洗時的誓約/marital ~*s* (在教會婚禮中)結婚之誓約/monastic ~*s* 修道誓願《即願意信守安貧、貞節、服從的誓約》。

tàke vóws 進修道院；立誓修行。

—*v.t.* **1 a**〔十受〕**立誓**，誓言…(⇨ swear【同義字】)：He ~*ed* obedience. 他發誓要服從。**b**〔十受十介十(代)名〕〔向神、人等〕發誓做…〔*to*〕：They ~*ed* a temple ***to*** Apollo. 他們發誓要爲阿波羅神興建一座神殿。**2 a**〔十 *to* do〕發誓〈要做…〉：He ~*ed to* work harder in the future. 他發誓將來要更努力工作。**b**〔十 *that*__〕立誓〈…事〉：He ~*ed that* he would not do it again. 他發誓他再也不做那件事了。

***vow·el** [ˈvauəl, vaul; ˈvauəl] «源自拉丁文「聲音的(vocal)」之義»—*n.* Ⓒ **1**〖語音〗**母音**，元音(cf. consonant). **2**《口語》母音字母，元音字母《a, e, i, o,u 等》。

vówel·like *adj.* 類似母音〔元音〕的《如 bottle [ˈbatl̩; ˈbɔtl] 中的 [l̩; l] 等》。

vówel mutátion *n.* ＝umlaut.

vox [vaks; vɔks] «源自拉丁文 'voice' 之義»—*n.* Ⓒ (*pl.* **vo·ces** [ˈvosiz; ˈvousi:z]) 聲，聲音。

vóx póp [-ˈpap; -ˈpɔp] «vox populi 之略»—*n.* Ⓒ《英口語》〖電視・廣播〗記者在街頭做的民意訪問。

vóx pó·pu·li [-ˈpapjəˌlaɪ; -ˈpɔpjulai] «源自拉丁文 'people's voice' 之義»—*n.* [the ~] 民意，人民之聲，輿論。

vóx pópuli vóx Déi [-ˈdiaɪ; -ˈdi:ai] «源自拉丁文 'people's voice, God's voice' 之義» 人民的聲音就是上帝的聲音《★民意即天意；其涵意爲「民意是難以壓制的」；cf. voice 1 c》.

‡**voy·age** [ˈvɔɪ·ɪdʒ, ˈvɔjɪdʒ; ˈvɔiidʒ] «源自拉丁文「旅費」之義»—*n.* **1** Ⓒ (指坐船或飛機等的長途的)**旅行**；航海，航行(⇨ travel【同義字】)：a ~ round the world 環遊世界的旅行/on the ~ out [home] 在出航〔回航〕途中/make [go on] a ~ 出去航海；出國旅行。**2** [the ~s] (指長期旅遊遠方國度的)旅行記，航海記；遊記〔*of*〕. —*v.i.* (坐船或飛機)旅行；航海。

vóy·ag·er *n.* Ⓒ航海者，(尤指從前的)海上探險家。

voy·eur [vwaˈjɝ; vwa:ˈjə:] «源自法語「觀看」之義»—*n.* Ⓒ有窺淫狂症的人。

voy·eur·is·tic [ˌvwajəˈrɪstɪk; ˌvwa:jəˈristik] *adj.* 有窺淫狂症的；愛偷看他人隱私的。

vòy·eur·ís·ti·cal·ly [-tɪkl̩ɪ; -tikəli] *adv.*

VP, V.P.《略》Vice-president.

vs. [ˈvɝsəs, əˈgɛnst; ˈvə:səs, əˈgenst]《美》versus. **v.s.**《略》*vide supra.*

V́-shàped *adj.* V 字形的。

V́ sign *n.* ⒸV 字手勢：**a** 表示勝利的手勢。

V sign

【說明】以食指與中指作成的 V 字形，表示已勝利或期望獲勝。第二次世界大戰時英國首相邱吉爾(Churchill)使用這手勢而逐漸普遍。在越戰期間美國年輕一代的反戰者曾用此手勢來表示「和平」，但現在則常被運動選手們用作表示優勝的手勢。

b《英》猥褻或輕蔑的手勢。

【說明】伸出手臂，手背向前，以中指及食指做出 V 字形手勢，表示强烈的輕蔑、厭惡、或憤怒；在美國則以手背向前而豎立中指來表示同樣的含意。

V.S.O.《略》very superior [special] old《通常用來表示 12−17 年的白蘭地貯存年數》。

V.S.O.P.《略》very superior [special] old pale《通常用來表示 18−25 年的白蘭地貯存年數》。

VT《略》〖美郵政〗Vermont. **vt., v.t.**《略》verb transitive (cf. vi., v.i.). **Vt.**《略》Vermont.

VTOL [ˈviˌtɔl; ˈvi:tɔl] «*v*ertical *t*ake *o*ff and *l*anding 的頭字語»—*n.* **1** Ⓤ〖航空〗垂直起飛及降落。**2** Ⓒ可以垂直起飛及降落的飛機。

—*adj.* [用在名詞前] 可垂直起飛及降落的：a ~ aircraft 可垂直起飛及降落的飛機。

VTR《略》video tape recorder [recording].

Vul·can [ˈvʌlkən; ˈvʌlkən] *n.*〖羅馬神話〗法爾坎《司火及鍛冶之神》。

Vulcan

vul·can·ite [ˈvʌlkənˌaɪt; ˈvʌlkənait] *n.* Ⓤ硬橡膠(ebonite).

vul·ca·ni·za·tion [ˌvʌlkənaɪˈzeʃən; ˌvʌlkənaiˈzeiʃn] «vulcanize 的名詞»—*n.* Ⓤ(橡膠的)硬化〔硫化〕處理《使生膠與硫黃化合的硬化處理》。

vul·can·ize [ˈvʌlkənˌaɪz; ˈvʌlkənaiz] *v.t.* 使〈橡膠〉硬化〔硫化〕。

vulg.《略》vulgar(ly).

Vulg.《略》Vulgate.

vul·gar [ˈvʌlgɚ; ˈvʌlgə] «源自拉丁文「一般大衆的」之義»—*adj.* (~·**er**; ~·**est**; **more** ~; **most** ~) **1**〈人、態度、言辭等〉**粗俗的**，低俗的，低級的；下流的；粗野的(↔ polite)：a ~ fellow 俗氣的傢伙/~ language 粗鄙的言語/~ manners 粗野的態度/a ~ notion 低俗的觀念。**2** [用在名詞前] (無比較級、最高級)《文語》**a** 一般大衆的，庶民的：the ~ herd [crowd]《輕蔑》一般民衆，庶民。**b** 一般民衆所相信〔遵行〕的，民間的：~ errors 一般民衆的誤信，一般的錯誤/~ superstitions 民間的迷信。**c** 一般民衆使用的〈語言〉：the ~ tongue [language] 本國語，國語《★用法從前是特別指拉丁文而言》/⇨ Vulgar Latin.

vúlgar fráction *n.* ＝common fraction.

vul·gar·i·an [vʌlˈgɛrɪən; vʌlˈgeəriən] *n.* Ⓒ無教養的人；粗俗的人；(尤指)俗氣的暴發戶。

vúl·gar·ìsm [-ˌrɪzəm; -rizəm] *n.* **1** Ⓤ低俗，俗氣。**2** Ⓒ粗俗語；語法的錯誤。

vul·gar·i·ty [vʌlˈgærətɪ; vʌlˈgærəti] *n.* (*pl.* **-ties**) **1** Ⓤ低俗，俗氣，通俗。**2** Ⓒ[常 **-ties**]粗野的言行。

vul·gar·i·za·tion [ˌvʌlgərəˈzeʃən, -raɪˈz-; ˌvʌlgəraiˈzeiʃn] «vulgarize 的名詞» —*n.* Ⓤ **1** 低俗化，粗俗化。**2** 通俗化。

vul·gar·ize [ˈvʌlgəˌraɪz; ˈvʌlgəraiz] «vulgar 的動詞» —*v.t.* **1** 把…低俗化，使…粗俗化，使…庸俗。**2** 把〈原著等〉通俗化。

Vúlgar Látin *n.* Ⓤ通俗拉丁文《別於古典的拉丁文；今日拉丁語系諸語言皆由通俗拉丁文演變而來；略作 VL》.

vúl·gar·ly *adv.* **1** 低俗地，通俗地。**2** 一般地，在民間：The whale is ~ supposed to be a fish. 鯨魚一般被認爲是魚類。

Vul·gate [ˈvʌlget; ˈvʌlgeit] «源自拉丁文「一般通用的(版本)」之義» —*n.* **1** [**the** ~]拉丁文聖經《於紀元 405 年譯完的拉丁文聖經，也是天主教公認的聖經》。**2** [**v~**]Ⓒ一般通用的經文或教本。

—*adj.* [用在名詞前] **1** 拉丁文聖經的。**2** [**v~**]通俗的，一般通用的：a ~ text 一般通用的教本。

vul·ner·a·bil·i·ty [ˌvʌlnərəˈbɪlətɪ; ˌvʌlnərəˈbiliti] «vulnerable 的名詞» —*n.* Ⓤ易受傷害；有弱點；脆弱。

vul·ner·a·ble [ˈvʌlnərəbl; ˈvʌlnərəbl] «源自拉丁文「使受傷」之義» —*adj.* **1 a** 〈要塞等〉易受攻擊的：a ~ point 易受攻擊之點，弱點。**b** [不用在名詞前]〔十介十(代)名〕〔對…〕難防守的，脆弱的〔*to*〕：The fortress was highly ~ *to* attacks from the sky. 那要塞易於成爲空襲的目標，很難防守。

2 a 易受傷的，敏感的，有弱點的：find a person's ~ point 發現某人的弱點。**b** [不用在名詞前]〔十介十(代)名〕易受〔批評等〕影響的〔*to*〕：He is ~ *to* temptation. 他是容易受到誘惑的。

vúl·ner·a·bly [-blɪ; -bli] *adv.*

vul·pine [ˈvʌlpaɪn; ˈvʌlpain] *adj.* **1** (像)狐狸的。**2**《文語》狡猾的，奸詐的。

vul·ture [ˈvʌltʃɚ; ˈvʌltʃə] *n.* Ⓒ **1**《鳥》**a** 兀鷹《產於歐洲、亞洲、非洲》。**b** 美洲禿鷹[禿鷲]《南美產》。**2** (欺負弱者的)貪婪而殘酷的人。

vulture 1 a

vul·tur·ine [ˈvʌltʃəraɪn, -ɪn; ˈvʌltʃərain] *adj.* **1** (似)兀鷹[禿鷲]的。**2** 貪婪的。

vul·va [ˈvʌlvə; ˈvʌlvə] «源自拉丁文» —*n.* Ⓒ (*pl.* **-vae** [-vi; -viː], ~**s**)《解剖》陰門，女陰。

vúl·val, vúl·var *adj.*

v.v. 《略》vice versa.

vy·ing [ˈvaɪɪŋ; ˈvaiiŋ] *v.* **vie** 的現在分詞。

—*adj.* 競爭的，比賽的。

V

Ww **W w** *Ww*

w, W[1] [ˈdʌblˌju; ˈdʌblˌjuː] «源自從前把兩個 V 重疊著寫，讀作 'double 'u' (＝v)'；⇨ alphabet 表»—*n.* (*pl.* **w's, ws, W's, Ws** [~z; ~z]) **1** ⓊⒸ英文字母的第二十三個字母。**2** Ⓤ(一序列事物的)第二十三個；(不包括 J 時的)第二十二個。

W[2] [ˈdʌblˌju; ˈdʌblˌjuː] *n.* Ⓒ(*pl.* **W's, Ws** [~z; ~z])W 字形(之物)。

W 《略》watt(s)；«源自德語 Wolfram»《符號》〖化學〗tungsten. **w.** 《略》week(s)；wide；width；wife；with. **w., W, W.** 《略》west；western. **W.** 《略》Wales；Washington《州名》；Wednesday；Welsh.

WA 《略》〖美郵政〗Washington.

WAAC [wæk; wæk] «*W*omen's *A*rmy *A*uxiliary *C*orps 的頭字語»—*n.* Ⓒ **1**〖美軍〗陸軍婦女輔助隊隊員。**2**《英》陸軍婦女輔助隊隊員(cf. WRAC).

WAAF [wæf; wæf] «*W*omen's *A*uxiliary *A*ir *F*orce 的頭字語»—*n.* Ⓒ《英》空軍婦女輔助隊隊員(cf. WRAF).

wab·ble [ˈwabl; ˈwɔbl] *v., n.* ＝wobble.

Wac [wæk; wæk] «*W*omen's *A*rmy *C*orps 的頭字語» —*n.* Ⓒ《美口語》陸軍婦女隊隊員。

WAC 《略》Women's Army Corps(美國的)陸軍婦女部隊(cf. WAF).

wack [wæk; wæk] *n.* Ⓒ《美俚》古怪的人；行爲乖張的人。

wack·y [ˈwækɪ; ˈwæki] *adj.* (**wack·i·er**；**-i·est**)《美口語》〈人、想法、行動等〉古怪的，荒謬的，反常的，不正常的：a ~ sense of humor 乖僻的幽默感。

wad [wad; wɔd] *n.* Ⓒ **1** (棉、毛等柔軟物揉成的)小團，小塊〔*of*〕：a ~ *of* cotton 小棉團，(填塞用的)小塊棉花/spit out a ~ of chewing gum 吐出一團(嚼過的)口香糖。**2** (以柔軟物揉成的)填料，墊物《用以包裝、填塞洞孔等》。**3** (紙幣、文件等的)束，疊：a ~ *of* bills [bank notes]一疊鈔票/a ~ *of* dollars 一疊美鈔。**4** [常 ~s]《俚》很多，多量〔*of*〕：He has ~*s of* money. 他有很多錢。

—*v.t.* (**wad·ded**；**wad·ding**) **1** 〔十受(十副)〕將〈棉花、紙等柔軟物〉揉成團〈*up*〉：He *wadded* ***up*** the letter and tossed it in the wastebasket. 他把信紙揉成一團投入字紙簍裏。**2** 〔十受十介十(代)名〕〔以填料等〕填塞〈洞孔等〉〔*with*〕：~ one's ears ***with*** cotton 用棉花塞耳朵。

wád·ding *n.* Ⓤ填料，填塞棉。

wad·dle [ˈwadl; ˈwɔdl] *v.i.* 〔動(十副詞(片語))〕**1** 〈鴨、鵝等〉搖搖擺擺地走，蹣跚地走。**2** 〈肥胖者等〉(如鴨子般)搖搖擺擺地走。

—*n.* Ⓒ[常用單數]搖擺地走路[步子]：walk with a ~ 搖搖擺擺地走路。

wade [wed; weid] *v.i.* **1** 〔動(十副詞(片語))〕(在河、泥濘、雪中等)步行，走過(cf. WADE in (1))：~ *across* a stream 涉溪而過/Children like to ~ *in* (muddy) puddles. 小孩子們喜歡在(泥濘的)水坑中走。**2** 〔十介十(代)名〕《口語》費力地走[跋涉]〔…〕；好不容易地完成〔…〕〔*through*〕：~ ***through*** a lot of work 費力地做完許多工作/~ *through* a dull book 勉强讀完一本乏味的書。

—*v.t.* 〔十受〕涉水渡過〈河等〉：~ a brook 涉水渡過小溪。

wáde in 《*vi adv*》(1)進入淺水中(cf. *v.i.* 1).(2)《口語》介入吵架[議論]。(3)《口語》開始奮力工作：He rolled up his sleeves and ~*d in.* 他捲起袖子，開始奮力工作。

wáde ínto… 《口語》(1)猛烈攻擊〈人等〉。(2)毅然著手〈工作等〉。

wád·er *n.* **1** Ⓒ徒步渡過河、水、泥濘等的人；涉水者。**2** ＝ wading bird. **3** Ⓒ[常 ~s](垂釣者涉水時所穿與長統靴相連的)防水褲。

wader 3

wadi [ˈwadɪ; ˈwɔdi] «源自阿拉伯語「山谷」之義»—*n.* Ⓒ乾[旱]谷《阿拉伯、北非地方除雨期外經常乾涸的河道》。

wád·ing bìrd *n.* Ⓒ涉禽類之鳥《涉水的長腿水鳥，如鶴、鷺等》。

wáding pòol *n.* Ⓒ《美》(兒童用的)淺水游泳池(《英》paddling pool)《有固定者與可移動者》。

wa·dy [ˈwadɪ; ˈwɔdi] *n.* ＝wadi.

Waf [wæf; wæf] «*W*omen in the *A*ir *F*orce 的頭字語»—*n.* Ⓒ《美口語》空軍婦女部隊(隊員)。

WAF 《略》Women in the Air Force(美國的)空軍婦女部隊(cf. WAC).

***wa·fer** [ˈwefɚ; ˈweifə] «源自中古英語「薄餅」之義»—*n.* **1** Ⓒ[當作點心名稱時爲Ⓤ]威化餅乾《輕烤的薄脆餅》。**2** Ⓒ〖天主教〗聖餅《舉行聖餐時食用的圓形薄餅》。**3** Ⓒ封緘紙。

wáfer-thín *adj.* 很薄的。

waf·fle[1] [ˈwafl, ˈwɔfl; ˈwɔfl] «源自荷蘭語「蜜蜂窩」之義»—*n.* Ⓒ[當作點心名稱時爲Ⓤ](鷄蛋)軟餅《★以麪粉、牛奶、雞蛋等混合烤成，有網狀花紋的軟餅，上面塗有奶油，常澆以糖漿，美國人常當作早餐食用》。

waf·fle[2] [ˈwafl, ˈwɔfl; ˈwɔfl] 《英俚》*n.* Ⓤ瞎扯，胡說；長篇大論。

—*v.i.* **1** 〔動(十副)〕閒聊，談天，談[寫]無聊事〈*on*〉。**2** 〔十介十(代)名〕〈政治家等〉〔對…事〕說曖昧的話[採取曖昧的態度]〔*on*〕：He ~*d* ***on*** the issue. 關於那個問題，他含糊其詞。

wáffle ìron *n.* Ⓒ烤(鷄蛋)軟餅用的鐵模。

waffle iron

waft [wæft, waft; wɑːft, wɔft] 《文語》*v.t.* 〔十受(十副詞(片語))〕使〈東西、氣味等〉(隨風)飄蕩；使…(隨波)漂浮：The breeze ~*ed* the sound of music *to* us. 樂聲隨著微風飄送到我們耳中。—*v.i.* 〔動(十副詞(片語))〕(隨風)飄動；(隨波)漂浮，浮動。

—*n.* Ⓒ **1** 一陣香氣。**2** 一陣風；(煙、熱氣等的)一陣。**3** 手的緩慢動作。

wag[1] [wæg; wæg] (**wagged**；**wag·ging**) *v.t.* 〔十受〕(上下、前後、左右地)搖擺，搖動〈身體某部位等〉：~ one's head 搖頭晃腦《★嘲笑、打趣的舉動》/The dog is *wagging* its tail. 那隻狗在搖尾巴/She *wagged* her finger at her naughty boy. 她對著她的頑皮小男孩搖動手指《★表示注意、責備等的舉動》。

—*v.i.* **1** 〈部分身體等〉搖動：The dog's tail *wagged.* 那隻狗的尾巴搖擺著。

2 〈舌頭〉不停地動，喋喋不休：The scandal set tongues *wagging.* 那次醜聞使人們議論紛紛。

a cáse of the táil wágging the dóg 部屬指揮長官的情形，喧賓奪主，本末倒置《★源自「尾巴搖狗」之意》。

—*n.* Ⓒ[常用單數]〔部分身體的〕搖動，搖擺〔*of*〕：with a ~ *of* the tail 搖著尾巴地。

wag[2] [wæg; wæg] *n.* Ⓒ愛說笑的人；詼諧者。

***wage** [wedʒ; weidʒ] «源自古法語「抵押」之義»—*n.* Ⓒ **1** [常 ~s](按鐘點、天數等支付勞力報酬的)工資，薪水(⇨ pay【同義字】)：⇨ living wage, minimum wage/low ~*s* 低工資/at (the) ~*s* [a ~] of $70 a week 以每週七十美元的工資/get [earn] good ~*s* 賺取優厚的工資/His ~*s* were $100 a week. 他的薪水是每週一百美元。**2** [常 ~s；《古》當單數用](罪惡的)報應，代價：The ~*s* of sin is death. 罪惡的代價[報應]是死亡《★出自聖經「羅馬書」》。

—*adj.* [用在名詞前]工資的：a ~ level 工資水準/a ~ raise [《英》rise,《美》hike]工資的提高，加薪。

—*v.t.* 〔十受〕從事，進行〈戰爭、鬥爭、選戰等〉：~ a campaign 進行宣傳活動/Doctors are *waging* (a) war against cancer. 醫師們正與癌症搏鬥。

—*v.i.* 〈戰爭等〉進行：The rebellion ~*d* for three months. 叛亂持續了三個月。

wáge èarner *n.* Ⓒ靠工資維生的人，賴薪水生活者。

wáge frèeze *n.* Ⓒ工資凍結。

wa·ger [ˈwedʒɚ; ˈweidʒə] 《文語》*n.* Ⓒ **1 a** 打賭，賭注《★比較 一般用 bet》：lay [make] a ~ 打賭，下注/take up a ~ 接受打賭。**b** 〔十 *that*＿〕打賭〈…事〉：I made a ~ *that* our team would win. 我打賭我們的隊會贏。**2** 下賭注的東西[金錢]：double one's ~ 賭金加倍。

—*v.t.* **1** 〔十受十介十(代)名〕〔對…事〕賭〈金錢等〉〔*on*〕：I ~ ten dollars ***on*** it. 我對那件事賭十美元。**2** 〔(十受)(十受)十(*that*)＿〕與〈人〉賭〈錢〉〈會…〉；打賭〈會…〉《★用法 可以省略兩個受詞中的一個或兩個》：I'm ready to ~ (you) (a pound) *that*

W

our team will win the game. 我準備(跟你)打賭(一英鎊)我們這一隊會贏這場比賽。
—*v.i.* 賭，賭博。
wáge scàle *n.* Ⓒ《經濟》工資等級表，工人薪給表。
wáges frèeze *n.*《英》＝wage freeze.
wáge slàve *n.* Ⓒ《謔》靠工資生活者。
wáge·wòrker *n.*《美》＝wage earner.
wag·ger·y [ˋwægərɪ; ˈwægəri] *n.* **1** Ⓤ滑稽，詼諧：a bit of ～ 少許詼諧。**2** Ⓒ玩笑，惡作劇。
wág·gish [-gɪʃ; -giʃ] *adj.* 滑稽的，惹人笑的；詼諧的。
～·ly *adv.* **～·ness** *n.*
wag·gle [ˋwægl; ˈwægl] *v., n.* ＝wag[1]《★比較 表示比 wag 更快速更細微的搖動》。
wag·gon [ˋwægən; ˈwægən] *n.*《英》＝wagon.
wág·gon·er *n.*《英》＝wagoner.
wag·gon·ette [ˌwægənˋɛt; ˌwægəˈnet] *n.*《英》＝wagonette.
wággon·lòad *n.*《英》＝wagonload.
Wag·ner [ˋvɑgnɚ; ˈvɑːgnə], **Ri·chard** [ˋrɪkɑrt; ˈrikɑːt] *n.* 華格納《1813–83；德國作曲家》。
Wag·ne·ri·an [vɑgˋnɪrɪən; vɑːgˈniəriən] «Wagner 的形容詞»**—***adj.* 華格納(風格)的。
—*n.* Ⓒ華格納的崇拜者；具有華格納風格的作曲家。
***wag·on** [ˋwægən; ˈwægən] *n.* Ⓒ **1** (通常由兩匹以上的馬或牛拖引的)四輪運貨馬車(cf. cart 1)：carry goods by ～ 以四輪運貨馬車搬運貨物《★by ～ 無冠詞》。**2**《英》《鐵路》貨車(《美》freight car) (cf. van[1] 2)。**3** (餐廳的)手推餐車《擺放菜餚、飲料等》(《英》trolley)。**4**《美》(街道上的)販賣車：a hotdog ～ 熱狗販賣車。**5**《美》**a** 護送犯人的囚車。**b** ＝station wagon.

wagon 1

hítch one's **wágon to a stár** 有遠大的抱負，野心勃勃；追求力所不及的東西，志大才疏。
óff the (wáter) wágon《俚》〈戒酒的人〉又開始飲酒《★比較 一般省略 water》。
on the (wáter) wágon《俚》〈人〉(一時的)不飲酒；戒酒《★比較 一般省略 water；★由 on the ～「乘坐給水車」之意引伸而成「不喝酒而飲水」之意》。
wág·on·er *n.* **1** Ⓒ(運貨馬車的)車夫。**2** [**the W～**]《天文》御夫座。
wag·on·ette [ˌwægənˋɛt; ˌwægəˈnet] *n.* Ⓒ四輪遊覽馬車《古時候一種可同時乘坐六人到八人的遊覽馬車》。
wag·on-lit [vagɔ̃ˋli; ˌvægɔ̃ːˈliː] «源自法語 'railway coach bed' 之義»**—***n.* Ⓒ(*pl.* **wa·gon(s)-lits** [～(z); ～(z)]) (歐洲大陸火車的)臥車。
wágon·lòad *n.* Ⓒ運貨馬車一車的貨[裝載量] [*of*]：a ～ *of* hay 運貨馬車一車的乾草。
wágon sòldier *n.* Ⓒ《軍》《美俚》野戰砲兵。
wágon tràin *n.* Ⓒ《美》(西部開拓時代的)篷車隊。
wág·tàil «源自該科鳴禽步行或站立時不停地搖擺其長尾»**—***n.* Ⓒ《鳥》鶺鴒。
waif [wef; weif] *n.* Ⓒ **1** 流浪者；無家可歸的兒童。**2** 無人飼養的動物，野狗[貓]。
wáifs and stráys 流浪的兒童們；無人飼養的動物。
Wai·ki·ki [ˋwaɪˌkiki; ˌwaikiˈkiː] *n.* 懷基基《美國夏威夷州(Hawaii)歐胡(Oahu)島檀香山(Honolulu)灣的海水浴場》。
wail [wel; weil] *v.i.* **1 a** [動(＋介＋(代)名)] [因疼痛、痛苦而]哭叫，大聲哭 [*with*]：～ *with* pain [sorrow] 因疼痛[悲傷]而哭喊。**b** [＋介＋(代)名] [為…]哭號，哀泣，悲哀 [*for, over*]：～ *over* one's misfortunes 為自己的不幸[惡運]悲歎/The poor woman ～*ed for* her lost child. 那可憐的婦人為她死去的孩子放聲大哭。**2** 〈風〉發出嗚咽聲；〈警報器等〉發出淒厲的尖嘯聲。**3** [動(＋介＋(代)名)] [對…事]埋怨，發牢騷 [*about, over*]：～ *about* [*over*] one's misfortunes 為自己的不幸發牢騷。
—*v.t.* **1** [＋受(＋副)]哀嘆…，為…而悲哀〈*out*〉《★比較 一般用 *v.i.*》：～ a person's death [one's fate] 悲嘆某人的死[自己的惡運]。**2 a** [＋ *that*_] 邊哭邊說〈…事〉：She ～*ed that* she was lonely. 她邊哭邊說她很寂寞。**b** [＋引句] 哭著說…："I am unhappy," she ～*ed*. 她哭著說：「我不快樂。」
—*n.* Ⓒ **1** 哭叫(聲)：the ～*s* of a baby 嬰兒的哭叫聲。**2** (風等的)嗚咽，哀號。
wail·ful [ˋwelfəl; ˈweilful] *adj.* 悲嘆的；哀悼的；慟哭的。
Wáiling Wáll *n.* [**the** ～] 哭牆《耶路撒冷城內的一道牆，為猶太人聚集祈禱和哀悼之處；相傳此牆為希律王(Herod)之聖殿西面牆的遺蹟》。
wain [wen; wein] *n.* **1**《古·詩》＝wagon. **2** [**the W～**]《天文》北斗七星(Charles's Wain)。
wain·scot [ˋwenskət; ˈweinskət] *n.*《建築》**1** Ⓤ Ⓒ壁板《尤指裝飾室內周圍下半截牆面的壁板》，護牆板，裙板。**2** ＝skirting board.

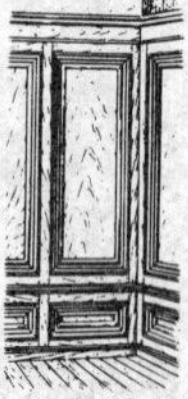
wainscot 1

wáin·scot·ed, wáin·scotted *adj.* 鋪裝壁板的，裝有裙板的。
wáin·scot·ing, wáin·scot·ting *n.* Ⓤ《建築》**1** 壁板[護牆板]材料。**2** [集合稱]壁板，護牆板，裙板(cf. wainscot 1)。
wain·wright [ˋwenˌraɪt; ˈweinrait] *n.* Ⓒ製造或修理運貨馬車的人。
***waist** [west; weist] *n.* Ⓒ **1 a** (人體的)**腰**，腰部《肋骨(ribs)與臀部(hips)中間較細的部分；⇨ body 插圖》：I measure 30 inches round the ～. 我的腰圍是三十吋/stripped to the ～ 上半身裸露著/paralyzed below the ～ 下半身癱瘓。**b** ＝waistline. **c** (衣服的)腰圍(尺寸)：take in [let out] the ～ of a dress 把衣服的腰圍尺寸縮緊[放大]。**2** (小提琴、吉他等)中間腰狀的部分。**3**《航海》船上中間部分的甲板。
wáist·bànd *n.* Ⓒ(縫於褲、裙等上端的)腰帶。
wáist bèlt *n.* Ⓒ(裙、褲用的)皮帶。
wáist·clòth *n.* Ⓒ(*pl.* **～s**)圍腰布。
waist·coat [ˋwestˌkot, ˋwesˌkot; ˈweiskout, ˈweistkout] *n.* Ⓒ《英》背心(《美》vest)。
wáist-déep *adj.* & *adv.* 深達腰部的[地]，齊腰深的[地]。
wáist-hígh *adj.* & *adv.* 高及腰際的[地]，齊腰高的[地]。
wáist·lìne *n.* Ⓒ **1** 腰部細窄處，腰圍，腰線。**2**《服飾》(女裝的)腰線，腰圍。
‡wait [wet; weit] «源自古德語「看守」之義» **—***v.i.* **1** 等：**a** 等待，等候：*W*～ a moment [minute]. 等一下/I'm sorry to have kept you ～*ing* so long. 抱歉，讓你久等了/I cannot ～. 我等不下去了/I'll ～ till he comes. 我要等到他來為止/I ～*ed* (*for*) an hour. 我等了一個鐘頭《★用法 表示時間的 for 多半省略》/I'll ～ and see what happens.《口語》我要等著看會發生什麼事/Everything comes to those who ～.《諺》靜候的人自有好機會來。**b** [＋副] 無所事事地等待，徘徊等待〈*about, around*〉：I can't ～ ***around*** here any longer. 我不能再在這裏徘徊等下去了。**c** [＋介＋(代)名] 等待[…] [*for*]《★可用被動語態；cf. *v.t.* 用法》：Are you ～*ing* ***for*** anybody? 你在等什麼人嗎？/What are you ～*ing for*? 你在等什麼？/She always has to *be* ～*ed for*. 她總是讓人等。**d** [＋ *for*＋(代)名＋ *to* do] 等[…做…]：He was ～*ing for* the bus *to* come. 當時他正在等公共汽車來/It's the perfect opportunity, yet you seem to be ～*ing for* it *to* pass. 那是極好的機會，然而你似乎坐著眼看它溜走。**e** [＋ *to* do] 等待(做…)：I just can't ～ *to* see him. 我已等不及要見他。
2 [常 **can** [**cannot**] ～] 〈事情、工作等〉可延緩[延後]：Dinner *can* ～. 晚飯不急[可延後]/That matter *can* ～ until tomorrow. 那事情可擱至明天再說。
3 [動(＋介＋(代)名)] [常用於進行式]〈餐飲等〉[為某人]準備好 [*for*]：Lunch *is* ～*ing* (***for*** you). (你的)午餐已準備好。
—*v.t.* **1** [＋受] 等待〈機會、輪次、方便等〉(await)《★用法 等人或具體事物時用 wait for (⇨ *v.i.* 1c)；因此 I wait him. 是錯誤的用法》：～ one's turn [chance] 等待輪到自己[機會]/He's ～*ing* the opportunity to act. 他在等待行動的機會。
2 [＋受(＋介＋(代)名)]《口語》[為某人]延遲〈用餐等〉[*for*]：Please don't ～ dinner ***for*** us. 請不要為了等我們而延緩吃晚飯。
wáit and sée 觀望情形，靜觀(事態)，等著瞧。
wáit at [《美》**on**] **táble** (在用餐時)為人服務，侍候用膳。
wáit ón 《*vi adv*》⑴繼續等下去。⑵[常用祈使語氣]《口語》等(人)一會兒，片刻。
wáit on [**upòn**] ... 《★可用被動語態》⑴侍候…；(尤指)侍候…的用餐；〈店員〉為〈客人〉服務：～ *on* oneself 自己的事自己做/Are you (*being*) ～*ed upon*? 有人招呼你嗎？《店員用語》。⑵《罕》拜訪〈長輩、客戶等〉，向…請安問候：We will ～ *upon* you at your office tomorrow. 我們明天會到辦公室拜訪你。⑶《文語》隨…而來；是…的結果：Success ～*s on* effort. 成功隨努力而來，成功是努力的結果。
wáit óut 《*vt adv*》一直等到…結束：Let's ～ *out* the storm here. 我們在這裏等到暴風雨過去吧。
wáit úp 《*vi adv*》《口語》不睡覺等候[人] [*for*]：May we ～ *up for* daddy to come home? 我們可以不睡覺等爸爸回來嗎？
—*n.* **1** Ⓒ等，等待；等待的時間：We had a long ～ *for* the train. 我們等火車已經等了很久。**2** [**the** ～**s**]《英罕》耶誕夜挨家挨戶報佳音的歌唱隊。
líe in wáit for... ＝**láy wáit for...** 埋伏等待…。
‡wait·er [ˋwetɚ; ˈweitə] *n.* Ⓒ[也用於稱呼] (旅館、飯店、餐廳等的)**服務生**，侍應生，(男的)侍者(cf. waitress)：*W*～! 服務生！

wáit·ing *n.* Ⓤ **1 a** 等待：*W*~ is hell. 等人(的滋味)不好受。 **b** 等待的時間。 **2** 服侍；侍候。

in wáiting 侍候，服侍：⇨ lady-in-waiting, lord-in-waiting.

—*adj.* [用在名詞前] **1** 等待中的。**2** 服侍的：a ~ maid 侍女，婢女/a ~ man 男僕。

wáiting gàme *n.* Ⓒ待機戰術《伺機而動的策略》：play a [the] ~ 採取伺機而動的戰術，靜待觀變；(關於結婚、訂婚)〈女方〉觀察男方的態度。

wáiting lìst *n.* Ⓒ補位名單；候補名單：be *on* the ~ 等候輪到自己；等候補位。

wáiting pèriod *n.* Ⓒ **1** 法定等待期間《如取得結婚許可至結婚之間的一段規定時間》。**2**〖保險〗要求賠償與實際給付間之一段等待期間。

wáiting ròom *n.* Ⓒ等待室；候車室；候診室。

wáit-lìst *v.t.* 把…登記於補位[候補]名單上。

—*n.* ＝waiting list.

*__wait·ress__ [ˋwetrɪs; ˈweitris] *n.* Ⓒ(旅館、飯店、餐廳等的)女服務生[侍應生] (cf. waiter).

waive [wev; weiv] *v.t.* **1** (自動)放棄，撤消〈權利、要求等〉。**2** 不再堅持〈主張、行動等〉。**3** 擱置，拖延〈問題等〉：~ a problem until the next meeting 把問題擱置到下次會議。

waiv·er [ˋwevɚ; ˈweivə] *n.*〖法律〗**1** Ⓤ(權利、主張等的)棄權，放棄。**2** Ⓒ棄權書。

‡**wake**[1] [wek; weik] (**~d, woke** [wok; wouk]; **~d, wo·ken** [ˋwokən; ˈwoukən], **woke**)《★ 語形 wake, woke, woken 爲最普遍》*v.i.* **1 a** [動(＋副)]醒，醒來〈*up*〉《★比較 wake 是從睡眠中醒來，get up 是從牀上起身之意》：I was the first to ~. 我是第一個醒來的人/I *woke to* find myself in (《美》the) hospital. 我醒過來時發現自己躺在醫院裏。 **b** [(＋副)＋介＋(代)名] [從睡眠中]醒來〈*up*〉[*from, out of*]：(suddenly) ~ ***out of*** sleep (突然)從睡眠中醒來。 **c** [(＋副)＋介＋(代)名] [因…而]醒過來〈*up*〉[*at*]：I *woke* (***up***) ***at*** the sound of the alarm clock. 我因鬧鐘響而醒過來。

2 a [動(＋副)] (精神上的)清醒，覺醒，醒悟〈*up*〉：It's time for you to ~ ***up*** and attend to your business. 該是你醒悟過來著手料理事務的時候了/*W*~ *up*!《口語》注意！注意聽！ **b** [(＋副)＋介＋(代)名] 發覺[…]；覺悟[…]〈*up*〉[*to*]《★比較 作此義解時一般用 awake to》：At last they *woke **up to*** the gravity of the situation. 最後他們才發覺事態嚴重。

3 [常 **waking**]《文語》醒著，沒睡 (cf. waking)：*waking* or sleeping 無論醒著或睡著的時候。

4《文語》〈自然界的花草、動物等〉開始有活力，甦醒：The flowers ~ in spring. 花在春天甦醒/The wind *woke* toward evening. 近黃昏時，開始起風了。

5《愛爾蘭·北英》守靈。

—*v.t.* **1 a** [＋受(＋副)]喚醒，叫醒〈某人〉〈*up*〉：Please ~ me (***up***) at six. 請在六點時喚醒我/The noise *woke* him (*up*). 喧嘩聲把他吵醒了。 **b** [＋受(＋副)＋介＋(代)名] 把〈人〉[從睡眠中等]喚醒，使〈人〉[自…]醒過來〈*up*〉[*from, out of*]：The cry *woke* me (***up***) ***from*** my sleep. 喊叫聲把我從睡眠中吵醒。

2 a [＋受(＋副)] 使〈人〉(在精神上)清醒，使…覺悟；使…奮起〈*up*〉：He needs [wants] something to ~ him ***up***. 他需要某事(刺激)來使他醒悟。 **b** [＋受(＋副)＋介＋(代)名] 使〈人〉[對…]醒悟，使〈人〉發覺[…]〈*up*〉[*to*]：He *woke* his audience ***to*** the need for concerted action. 他使聽衆意識到有必要採取一致的行動。

3 [＋受]《文語》喚起〈記憶〉；引起〈同情、憤怒等〉：The sight *woke* my pity. 那情景引起我的憐憫。

4 [＋受]《文語》**a** 激起〈水波、回響等〉：The wind began to ~ waves upon the sea. 風開始在海上激起波濤。 **b** 打破…的寂靜：A shot *woke* the wood. 槍聲打破了樹林的寂靜。

5 [＋受]《愛爾蘭·北英》爲〈死者〉守靈。

—*n.* Ⓒ守靈《★主要爲愛爾蘭、英國北部的習俗》：hold a ~ 守靈。

wake[2] [wek; weik] **《**源自古北歐語「(船造成的)冰洞」之義**》** **—***n.* Ⓒ **1** (船航行的)船跡，航跡。**2** (物體通過時留下的)痕跡，踪跡。

in the wáke of... 隨著…之後；追隨…：follow *in the* ~ *of*... 跟在…後面，效法…/Misery follows *in the* ~ *of* war. 苦難隨著戰爭而來。

wake·ful [ˋwekfəl; ˈweikful] *adj.* **1** 〈人〉醒著的，未入睡的：The children are ~ tonight. 今晚小孩們還沒入睡。**2 a** 〈人〉不能入睡的，睡不著的：Anxiety [The pain] kept me ~. 憂慮[疼痛]使我睡不著。 **b** 〈晚上等〉睡不著的，容易驚醒的：pass a ~ night 度過失眠的一夜。**3** 守夜的；謹愼的，警覺的，警醒的。

~·ly [-fəlɪ; -fuli] *adv.* **~·ness** *n.*

Wake Island [ˋwekˋaɪlənd; ˌweikˈailənd] *n.* 威克島《北太平洋上之一美屬小島》。

wak·en [ˋwekən; ˈweikən]《文語》*v.i.* [動(＋副)] **1** 醒來〈*up*〉. **2** 覺醒，自覺，醒悟〈*up*〉. **—***v.t.* [＋受(＋副)] **1** 使〈人〉醒來，叫醒〈人〉〈*up*〉：Weren't you ~*ed* by the earthquake last night? 昨晚你沒有被地震驚醒嗎？**2** 使…覺醒；鼓舞…〈*up*〉《★比較 作此義解時一般用 awaken》.

wak·ey wak·ey [ˋwekɪˋwekɪ; ˌweikiˈweiki] *interj.*《英俚》醒來吧！

wák·ing *adj.* [用在名詞前] 醒著的；醒著時的：in one's ~ hours 醒的時候/a ~ dream 白日夢，夢想。

Wal·den·ses [walˋdɛnsiz; wɔlˈdensiːz] **《**源自領導者里昂商人 Pierre Waldo 之名**》** **—***n. pl.* [當單數用] 華爾道派，瓦勒度派《十二世紀創立於法國南部的基督教派別；十六世紀時曾加入宗教改革運動》。

Wal·do [ˋwɔldo; ˈwɔːldou] *n.* 華爾多《男子名》。

wale [wel; weil] *n.* Ⓒ **1** (皮膚上腫起的)鞭痕。**2** (燈芯絨等織物表面的)條紋，凸紋(ridge).

—*v.t.* **1** 把…打出鞭痕，使…起紅腫鞭痕。**2** 織稜紋於…。

*__Wales__ [welz; weilz] **《**源自古英語「(對盎格魯撒克遜人而言的)外國人」之義**》** **—***n.* **威爾斯**《大不列顛(Great Britain)島西南部的地方；首府加地夫(Cardiff)》.

the Prínce of Wáles 威爾斯親王《英國皇太子的封號；cf. crown prince 1》.

the Príncess of Wáles 威爾斯公主《英國皇太子妃的封號》。

‡**walk** [wɔk; wɔːk] **《**源自古英語「滾動」之義**》** **—***v.i.* **1 a** 行走；步行，散步《★用法 go on foot 之意，但不能用 walk on foot》：~ on crutches 撐拐杖走路/ ~ barefoot(ed) 光著腳走/He ~*ed* (for) two miles. 他步行了兩哩/Are you going to ~ or ride? 你要走路還是坐車？ **b** [＋副詞(片語)] 走去；散步：I'm just ~*ing around* [*about*]. 我只是在這附近走走《★用法 當警察問「你在做什麼？」時的回答》/Don't knock; just ~ *in*.《告示》不用敲門，請進/~ *into* [*out of*] a room 走進[走出]房間/~ *away* [*off*] 走開，已走了/ ~ *up* 上樓；爬坡[山]/He was ~*ing up* and *down* the room. 他在房間裏走來走去/I generally ~ *to* school. 我通常步行上學/A tourist ~*ed up to* me to ask the way. 一位觀光客走過來向我問路。

2 〈鬼魂〉出現：Ghosts ~ at midnight. 鬼魂在半夜出現。

3 [＋副詞(片語)]《文語·古》舉止，處身，涉世：~ *through* life [the world] 生活，度日，涉世/~ *in* peace 和平過日子/~ *with* God 過有信仰的正當生活。

4〖棒球〗保送上壘《四壞球上一壘；⇨ *n.* 8》.

5〖籃球〗(不運球也不傳球而)帶球走三步以上《犯規》。

—*v.t.* **1** [＋受] **a** 在〈路上等〉走；漫步於…《★用法 通常用 [*vi.*＋介＋(代)名] 的句型表示，但 *v.t.* 時變成「走到」，「到處走」之意》：⇨ walk the FLOOR, walk the STREETS, walk the PLANK/~ the boards ⇨ board *n.* 7/He used to ~ the country for miles round. 他以前常在那鄉間方圓好幾哩處走動。 **b** 步行巡視〈場所〉：The captain ~*ed* the deck. 船長巡視甲板。 **c** [~ **it**]《口語》步行，走去："No, thanks, I'll ~ *it*."「不用了，謝謝，我走路去。」

2 [＋受＋副詞(片語)] **a** 讓〈馬等〉走路；讓〈狗等〉出去散步，溜〈狗等〉：I ~ my dog (*around*) *here* every morning. 每天早上我都在這一帶溜狗/We ~*ed* our horses *down to* the stream. 我們牽著馬走到那一條小河。 **b**《口語》(陪著走路)送走〈某人〉；爲…做嚮導；拖走…：She ~*ed* me *out*.《美》她送我走出門外/I'll ~ you *home* [*to* the gate]. 我送你回家[到大門處]/The policeman ~*ed* the man *off* (*to* the police station). 警察把那個人帶走(到警察局)。

3 [＋受＋副詞(片語)] **a**《美》把〈笨重東西〉拖著搬運：~ a heavy box *into* the room 把一隻重箱子拖進房間。 **b** 把〈自行車等〉推著[拉著]走：~ one's bicycle *up* a hill 推著自行車上山坡。

4 [＋受＋副] 藉走路消耗[減輕]…〈*off, down*〉：~ ***off*** (the effects of) too many drinks 藉著走路以減少飲酒過多的影響[醒酒]/ ~ the meal ***down*** 藉著散步幫助消化。

5 [＋受]〖棒球〗讓〈打擊者〉上壘。

wálk áll óver... ＝WALK over.

wálk awáy fròm...《美俚》(1)(在比賽中)輕易勝過…(cf. walkaway). (2)在〈意外事故〉中(幾乎)沒有受傷，從…平安地脫身。

wálk awáy with... (1)與…一起走開。(2)《口語》不小心帶走…；偷走…；私吞[侵佔]…：She ~*ed away with* my glass. 她錯把我的玻璃杯帶走了。(3)《口語》囊括〈獎品〉，輕易地贏了〈比賽〉：He ~*ed away with* the first prize. 他輕易地贏得了第一獎。

wálk ínto... (1)⇨*v.i.* 1 b. (2)《口語》輕易地就〈職〉。(3)《口語》不小心中〈圈套〉，落入〈陷阱〉。(4)《口語》勇敢地攻擊…。(5)《口語》大聲責罵[辱罵]〈某人〉。

wálk óff with... ＝WALK away with.
wálk óut《*vi adv*》⑴突然走開[退席]《★抗議或表示不滿等的動作》。⑵《口語》罷工。
wálk óut of... ⑴⇨ *v.i.* 1 b. ⑵從…突然離開[退席]：He *～ed out of* the committee meeting. 他突然從委員會會議退席。
wálk óut on...《★可用被動語態》《口語》⑴遺棄〈某人〉：He *～ed out on* his wife. 他遺棄了妻子。⑵放棄〈計畫等〉：You can't simply *～ out on* a contract. 你不能單方面地毀約。
wálk óver... [常 walk all over ～]《俚》⑴〈比賽者〉輕取〈對手〉，輕易勝過…(cf. walkover 1). ⑵苛待〈某人〉，任意擺布〈某人〉：She *～s (all) over* her husband. 她任意擺布她的丈夫。
wálk úp《*vi adv*》⑴⇨ *v.i.* 1 b. ⑵[常用祈使語氣]走近，前進：*W～ up*！*W～ up*！請進！請進！《★戲院看門人的呼叫聲；現在用於英國》。
—n. Ⓒ **1 a** 步行，行走。**b** 太空旅行：⇨ spacewalk.
2 a 步態，步伐：I can usually recognize him by his ～. 我通常能從他走路的樣子認出他。**b** 步調；(馬的)常步，普通步伐(cf. gait 2)：go at a ～〈馬〉以普通步伐前進/slow (*down*) to a ～〈人、馬〉放慢腳步成普通步伐。
3 步行距離，路程：a five-minute ～ 走五分鐘的距離/It's a long ～ to the station. 到車站要走一長段的路/My house is ten minutes' ～ from here. 我家離這裏有十分鐘的路程。
4 散步：go for a ～ 出去散步/take [have] a ～ 散步/take a person for a ～ 帶某人去散步；[黑手黨(Mafia)等的暗語]把人帶出去殺掉。
5 a 散步道路，漫步場地。**b** 小路；(從馬路到門口之間的)路；人行道。**c** [W～；用於地名]…路，…街：Lavender *W～* 拉文達路。
6《英》(叫賣商人等的)生意地區，銷售區。
7 (家畜、家禽的)飼養場，圍欄：a poultry ～ 養鷄場/⇨ (the) COCK[1] of the walk.
8《棒球》四壞球上壘：an intentional ～ (戰略性的)故意投四壞球使對方上壘。
wálk of life (社會上、經濟上的)地位；職業：persons from every ～ [all *～s*] *of life* 各種行業[地位, 階層]的人們, 各界人士。
wálk·abòut *n.* **1**《澳》**a** Ⓤ(澳洲土人停止平時的工作，定期過的)流浪生活：go ～〈土人〉出發去過流浪生活。**b** Ⓒ徒步旅行。**2** Ⓒ(高官深入民間的)巡視，考察。
wálk·awày *n.* Ⓒ《美俚》(比賽等的)輕易取勝。
wálk·er *n.* Ⓒ **1** 步行者，徒步者；散步的人：a good [poor] ～ 健行者[不善於步行者]/a rapid ～ 走路快的人/⇨ floorwalker. **2 a** (病人、殘障者的)助步車。**b** (幼兒的)學步車。
walk·ie-look·ie [ˈwɔkɪˈlukɪ; ˌwɔ:kiˈluki] *n.* Ⓒ手提式電視攝影機。
walk·ie-talk·ie [ˈwɔkɪˈtɔkɪ; ˌwɔ:kiˈtɔ:ki] *n.* Ⓒ手提式無線電話機。
wálk-in *adj.* [用在名詞前]《美口語》**1** 大得足夠一個人走進去的：a ～ closet 大得可供人進入的儲藏室。**2** 輕鬆的〈選舉、勝利等〉：a ～ victory 輕鬆的勝利。
—n. Ⓒ **1** 大得可供人進入的儲藏室[冷凍庫]。**2** 輕易獲得的勝利。
wálk·ing *n.* **1** Ⓤ **a** 行走，步行；步態。**b** [當形容詞用]步行用的：a ～ dress (婦女的)外出服，散步服/ ～ shoes (耐用的)散步鞋。**2** Ⓤ路況：The ～ is slippery. 這條路好滑。
—adj. [用在名詞前] **1 a** 走路(用)的；(可)移動的。**b** 徒步方式的：a ～ tour 徒步旅行。**2** 人的模樣的，活的：a ～ dictionary [encyclopedia] 活字典[活的百科全書]，博學者。
wálking gèntleman [làdy] *n.* Ⓒ《戲劇》跑龍套的男[女]演員《尤指無臺詞者》。
wálking pàpers *n. pl.*《美口語》解僱通知，免職令(《英口語》marching orders)：give a person ～ 解僱某人。
wálking shòrts *n. pl.* 散步時穿的短褲。
wálking stick *n.* Ⓒ手杖。
wálk-òn *n.* Ⓒ(只在舞臺上晃一下而無臺詞的)小角色，當行人的角色；小角色演員。
—adj. [用在名詞前]演小角色的：a ～ part 小角色。
wálk·òut *n.* Ⓒ **1** (勞工的)罷工。**2** (表示不滿的)突然退出，退席。
wálk·òver *n.* Ⓒ《口語》**1** 輕易獲勝：The game was a ～. 那場比賽贏得輕鬆。**2** 不戰而勝。
wálk-thròugh *n.* Ⓒ **1**《戲劇》**a** 包括唸臺詞的排演。**b** 草率的表演。**2**《電視》不拍攝的排練。
wálk-ùp《美》*n.* Ⓒ無電梯的公寓[建築，辦公室](的一房間)。
—adj. [用在名詞前]無電梯的：a ～ apartment (house) 無電梯的公寓(房子)。
wálk·wày *n.* Ⓒ(公園、街道等的)人行道；(工廠、火車內等的)通道：a moving ～ 活動的通道[人行道]。
walk·y-talk·y [ˈwɔkɪˈtɔkɪ; ˌwɔ:kiˈtɔ:ki] *n.* ＝walkie-talkie.

wall [wɔl; wɔ:l]《源自拉丁文「壁壘」之義》**—n.** Ⓒ **1** (室內的)**牆壁**，隔間牆：hang a picture on the ～ 把畫掛在牆上/*Walls* have ears.《諺》隔牆有耳。
2 a (石、磚等砌的)圍牆(⇨ fence【同義字】)：a brick ～ 磚牆/a stone ～ 石牆。**b** [常 *～s*]壁壘，城牆：an old castle with *～s* around it 圍牆環繞的古堡/the Great *W～* (of China) (中國的)萬里長城。
3 a 如牆壁聳立的[阻擋的]東西：a cliff ～ 阻擋去路的絕壁/a ～ *of* bayonets [water] 刺刀林立[水牆]。**b** (知識上、社會上的)阻隔，隔閡，障礙：break down the ～ *of* prejudice [tradition] 打破偏見[傳統]的壁壘，消除[克服]偏見[傳統]的障礙。
4 [常 *～s*] (容器、內臟器官等的)內側，內壁：the *～s of* a boiler 鍋爐的內側/the ～(*s*) *of* a blood vessel 血管內壁/the stomach ～(*s*) 胃壁。
báng [béat, knóck, rún] one's **héad agàinst a (bríck) wáll** ⇨ head.
dríve [púsh, thrúst] a person **to the wáll** 把〈人〉逼到絕境；使〈人〉束手無策[無招架之力]。
gò to the wáll 輸掉；經營事業(等)失敗：The weakest *go(es) to the ～*.《諺》弱者輸；優勝劣敗，弱肉強食。
úp agàinst a wáll 陷入困境，碰壁，遇到障礙：They've got me *up against a ～*. 他們逼得我無路可逃。
ùp the wáll《口語》憤怒地；瘋狂似地，不知所措地：go [climb] *up the ～* 勃然大怒，激怒/drive [send] a person *up the ～* 使人大發雷霆，使人不知所措。
with one's **báck to the wáll** ⇨ back *n.*
—adj. [用在名詞前] **1 a** 牆壁的；圍牆的。**b** 裝在牆壁上的：a ～ clock 壁鐘。
2 長在圍牆上的；爬在外牆上的〈植物等〉：a ～ plant 爬牆植物。
—v.t. 1 〔十受(十副)〕用牆壁[籬笆]圍起…〈*in*〉：～ (*in*) a garden 用牆圍起花園。
2 〔十受十副〕**a** 用牆壁(等)堵塞〈入口、窗子等〉〈*up*〉：The window had been *～ed up*. 窗子已被堵塞了。**b** 用牆壁等分隔…〈*off*〉：The study is *～ed off from* the living room by an accordion door. 書房以摺疊門與客廳隔開。
3 〔十受(十副)十介十(代)名〕把〈人〉囚禁[於…]〈*up, in*〉〔*in*〕：～ a person (*up*) *in* a dungeon 把人囚禁於地牢。
wal·la·by [ˈwɑləbɪ; ˈwɔləbi] *n.* Ⓒ(*pl.* **-bies**, [集合稱]～)《動物》鼲《又稱沙袋鼠；袋鼠科鼲屬動物的統稱》。

wallabies

Wal·lace [ˈwɔlɪs, ˈwalɪs; ˈwɔlis] *n.* 華理士《男子名》。
wal·la(h) [ˈwalə; ˈwɔlə] *n.* Ⓒ[常構成複合字]《英印》管理[受僱處理]某事的人，與某事有關的人。
wáll·bòard *n.* ⓊⒸ(遮蓋牆壁或天花板用的)人造壁板。
wáll crèeper *n.* Ⓒ《鳥》旋壁雀《鳾科鳴禽，分布於南歐到中亞的山區，常在峭壁上覓食昆蟲》。
walled *adj.* **1** 用圍牆圍起的；有圍牆[牆壁]的：a ～ garden 用圍牆圍起的庭園。**2** 城牆圍繞的：a ～ town 城牆圍繞的城鎮。
wal·let [ˈwalɪt, ˈwɔl-; ˈwɔlit] *n.* Ⓒ **1** (通常為摺疊式皮製的)**皮夾子**，紙夾。**2** (皮製的)公事包。**3**《古》(旅行者、朝拜者等的)旅行袋，行囊，萬寶袋。
wáll·èye *n.* Ⓒ **1** 散開性斜視，外斜視。**2** (外斜視引起的)白眼《角膜變大》。
wáll-éyed *adj.* **1** 散開性斜視的。**2** 眼角膜混濁的；眼白較多的。
wáll·flòwer *n.* Ⓒ **1**《植物》桂竹香《俗稱牆頭花；十字花科桂竹香屬草本植物的統稱》。**2**《口語》「壁花」《在舞會中無舞伴而僅作壁上觀的人；尤指女子》。
wáll néwspaper *n.* Ⓒ壁報。
Wal·loon [waˈlun; wɔˈlu:n] *n.* **1** Ⓒ(居於比利時東南部的)華隆人。**2** Ⓤ華隆語《帶有比利時腔調的法語》。
—adj. 華隆人[語]的。
wal·lop [ˈwaləp; ˈwɔləp] *v.t.*《口語》**1** 痛毆，痛宰。**2** 〔十受(十介十(代)名)〕[在比賽等]徹底打敗〈對手〉，大敗〈敵隊〉〔*at*〕：I *～ed* him *at* tennis. 我在網球賽時把他打得無招架之力。
—n. 1 Ⓒ《口語》重擊，狠揍。**2** Ⓤ《英俚》啤酒(beer)。
páck a wállop《口語》⑴給予重擊(的力量)。⑵〈烈酒等〉極具效果。
wál·lop·ing《口語》*adj.* [用在名詞前]龐大的，巨大的：a ～ lie 大謊言。
—n. Ⓒ **1** 痛打，狠揍：give a person a ～ 痛打某人。**2** 徹底的敗北：get [take] a ～ 慘遭敗北。
wal·low [ˈwalo; ˈwɔlou] *v.i.* **1** 〔動(十介十(代)名)〕〈動物、小孩

等〉〔在泥漿、水中等〕打滾，翻滾〔*in*〕：Two little boys were ～*ing* ***in*** the mud. 兩個小男孩在泥中翻滾(cf. WALLOW in the mud)。

2〔動(＋副詞(片語))〕〈船〉搖擺著前進：The boat ～*ed* helplessly *in* the troughs of the waves. 那條船在滔滔的巨浪間孤單無援地顛簸著。

3〔＋介＋(代)名〕**a**〈人〉沉迷，耽溺〔於奢侈、酒色等〕〔*in*〕：～ ***in*** luxury 耽溺於奢侈。**b** 擁有極多〔金錢、財富等〕〔*in*〕：He is ～*ing* ***in*** money[it]. 他非常有錢。

wállow in the múd 過著靡爛的[不道德的]生活(cf. 1).

—*n.* Ⓒ **1** 打滾，翻滾。**2**〈動物等〉翻滾的池塘[水坑]。

wáll pàinting *n.* **1** Ⓤ壁畫法。**2** Ⓒ壁畫(fresco).

wáll·pàper *n.* Ⓤ壁紙。

—*v.t.* 糊壁紙於…，在…貼壁紙。

—*v.i.* 糊[貼]壁紙。

Wáll Strèet *n.* **1** 華爾街《美國紐約市股票交易所所在地》。**2** Ⓤ美國金融界[市場]。

wáll-to-wáll *adj.* **1** 把整個地板都蓋住的；自此牆至彼牆的。**2**《美》徹頭徹尾的，全體的。

wal·nut [ˈwɔlnət, -ˌnʌt; ˈwɔ:lnʌt, -nət] *n.* **1** Ⓒ《植物》(又作**wálnut trèe**)胡桃《胡桃屬落葉喬木的統稱》。

2 Ⓒ胡桃《木質堅果》。

3 Ⓤ胡桃木。

4 Ⓤ胡桃色，茶色。

【字源】walnut 一字源自古英文，原義爲「外國的堅果」。此種樹的原產地是歐洲南部，爲英國所沒有，因而得此名稱。

Wal·púr·gis Níght [ˈvalˈpurgɪs-; vælˈpuəgis-] *n.* **1** 五月一日之前夕《據云巫婆於是夕在德國哈次(Harz)山脈之布羅肯山(Brocken)上聚會狂歡》。**2** 巫師、巫婆與魔鬼之假期或歡宴。

wal·rus [ˈwɔlrəs, ˈwal-; ˈwɔ:lrəs] *n.* Ⓒ (*pl.* ～**es**, [集合稱] ～)《動物》海象《海象科哺乳動物的統稱》。

walrus

wálrus móustache *n.* Ⓒ(兩端下垂的)八字鬍。

Walt [wɔlt; wɔ:lt] *n.* 華特《男子名；Walter 的暱稱》。

Wal·ter [ˈwɔltəː; ˈwɔ:ltə] *n.* 華特《男子名；暱稱 Walt》。

waltz [wɔlts; wɔ:ls, wɔ:lts] *n.* Ⓒ **1** [有時 the ～]華爾茲舞《雙人跳的三拍子優雅圓舞》：dance a [*the*] ～ 跳華爾茲舞。**2** 華爾茲舞[圓舞]曲。

—*v.i.* **1** 跳華爾茲舞。**2**〔動(＋副詞(片語))〕以跳舞似的步伐走路：～ *in* 跳舞般地舞進[舞出]/～ *out of* the room 以跳舞似的步伐離開房間。**3**〔＋副詞(片語)〕《口語》輕鬆地[順利地]進行：～ *through* an exam 輕鬆地考完試。

—*v.t.*〔＋受＋副詞(片語)〕帶領〈舞伴〉跳華爾茲舞；與〈人〉跳華爾茲舞：He ～*ed* me *around* (the hall) again. 他再度帶領我(在大廳中)跳華爾茲舞。

wáltz óff with...《口語》輕鬆地領到[獲得]〈獎賞、獎學金等〉。

wam·pum [ˈwampəm, ˈwɔm-; ˈwɔmpəm] *n.* Ⓤ貝殼串珠《從前北美洲印地安人用作貨幣及裝飾品》。

wan [wan; wɔn] **《**源自古英語「微暗」之義**》—*adj.*** 《文語》**1** (臉因病、煩惱而)蒼白的，無血色的(pale)：a ～ face 蒼白的臉。**2** 病弱的，無力氣的，慵懶的：a ～ smile 虛弱的微笑。

～**·ly** *adv.* ～**·ness** *n.*

wand [wand; wɔnd] *n.* Ⓒ **1** (魔術師、仙女等使用的柔細)棒，杖；魔杖：a magic ～ 魔杖。**2** (表示官職的)權杖，官杖。**3** (柳樹等的)柔軟細枝：a peeled willow ～ 去皮的柳樹細枝。

‡**wan·der** [ˈwandəː; ˈwɔndə] *v.i.* **1**〔動(＋副詞(片語))〕(漫無目的地)到處走，徘徊；漂泊，流浪，遊蕩：～ *about* 四處徘徊，閒逛/She ～*ed in* to see me. 她順便來看我/He ～*ed up* and *down* the room. 他在房間裏踱來踱去。

【同義字】wander 是漫無目的，無既定路線地晃蕩；ramble 是不決定路線、目的地地四處走動；roam 是自由自在地，通常在廣大地區中到處走。

2〔動(＋副詞(片語))〕〈目光、視線〉游移：His eyes ～*ed over* the landscape. 他的目光游移於[他悠閒地眺望]四周的景色/His glance ～*ed from* me *to* her. 他的視線從我這裏移到她身上。

3 a〔動(＋副詞(片語))〕迷路，迷失：The child has ～*ed away* [*off*]. 小孩走失了。**b**〔＋介＋(代)名〕離開〔正途〕；〔自…〕走入歧途〔*from, off*〕：He often ～*s from* the proper path. 他常常走入歧途。**c**〔＋介＋(代)名〕〈話等〉偏離〔本題等〕〔*from, off*〕：You've ～*ed* ***from*** the subject[point]. 你已經偏離本題。

4 a〈思考、注意力等〉不能集中，不著邊際，不得要領；變得散漫。**b**〔＋介＋(代)名〕〈人〉〔對思想等〕不著邊際〔*in*〕：The old man ～*ed* ***in*** his talk. 那個老人說話不著邊際。

5〔動(＋副詞(片語))〕〈河川〉蜿蜒而下[流]；〈道路等〉曲折前進：The river ～*s over* the plain [*through* the beautiful country]. 那條河流蜿蜒地流過平原[美麗的鄉間]。

—*v.t.*〔＋受〕在…到處走，徘徊於…；在…流浪，在…漂泊：～ a jungle 在叢林裏徘徊。

wán·der·er [-dərəː; -dərə] *n.* Ⓒ到處走動的人，徘徊者；流浪者。

wán·der·ing [-drɪŋ, -dərɪŋ; -dəriŋ] *adj.* [用在名詞前] **1** (無目的地)徘徊的，漂泊的，流浪的：a ～ nature 流浪癖。**2** 蜿蜒而流的〈河川〉；曲折前進的〈道路等〉。

—*n.* [～s]散步，流浪，遊歷，漫遊。～**·ly** *adv.*

Wándering Jéw *n.* [**the** ～]流浪的猶太人《中古傳說中的人物；由於侮辱被帶往刑場的耶穌而註定流浪世界直到最後審判之日》。

wan·der·lust [ˈwandəːˌlʌst; ˈwɔndəlʌst] **《**源自德語 'desire to wander' 之義**》—*n.*** Ⓤ流浪癖，旅行癖，旅行熱：have ～ 有流浪癖。

wane [wen; wein] **《**源自古英語「減少」之義**》—*v.i.*** **1**〈月亮〉虧缺(↔ wax)。

2 a〈光、力等〉減弱，衰微：His influence[popularity] has ～*d*. 他的勢力[聲望]已衰退。**b**〔＋介＋(代)名〕〔權力、勢力、財力等〕消失，衰退〔*in*〕：The country ～*d* ***in*** influence. 該國的國勢衰落了。

wáx and wáne ⇨ wax².

—*n.* [**the** ～](月亮的)虧，缺；減退，衰微《★常用於下列成語》。

on the wáne (1)〈月亮〉開始虧缺。(2)〈光、勢力等〉衰弱下去，走下坡。

wan·gle [ˈwæŋgl; ˈwæŋgl]《口語》*v.t.* **1 a**〔＋受〕(以計謀、策略或巧妙說服等)取得…，把…弄到手：～ an invitation 設法弄到一張請帖/～ an extra holiday 設法取得額外的假日。**b**〔＋受＋受〕設法爲〈人〉取得…：～ a person a job 設法給某人找個差事。**c**〔＋受＋介＋(代)名〕〔向人〕騙取…〔*out of*〕：～ ten pounds ***out of*** a person 向某人騙取十英鎊。**d**〔＋受＋介＋(代)名〕巧妙說服〈某人〉〔…〕〔*into*〕：They ～*d* him ***into*** confess*ing*. 他們巧妙地說服他道出實情。

2〔＋受＋介＋(代)名〕[～ **oneself** 或 ～ **one's way**]設法[巧妙地]克服〔難關等〕〔*out of*〕：He ～*d himself* [his way] ***out of*** the difficulty. 他(動腦筋)巧妙地克服了困難。

—*v.i.*〔＋介＋(代)名〕設法克服〔困難等〕〔*out of*〕.

—*n.* Ⓒ巧妙地弄到手；妙計，狡計。

wank [wæŋk; wæŋk]《英鄙》*v.i.* 手淫。

—*n.* [**a** ～]自慰行爲。

Wán·kel (éngine) [ˈwaŋkl-; ˈwæŋkl-] **《**源自發明者德國人 Felix Wankel (1902–) 之名**》—*n.*** Ⓒ 汪克引擎 [發動機]《是一種比傳統引擎小而輕便、部件又少的內燃式引擎》。

wánk·er *n.* Ⓒ《英鄙》**1** 手淫者。**2** 對事情不認眞者，玩票者，半瓶醋。

wan·na [ˈwanə; ˈwɔnə]《美口語》＝WANT to (do)《★用法 第三人稱單數不能作主詞》：I ～ go. 我想去。

‡**want** [want, wɔnt; wɔnt] **《**源自古北歐語「缺乏」之義；當作「想要」之意的一般用法始於十八世紀左右**》—*v.t.*** **A 1** (想)要，欲得。

【同義字】want 是「(想)要」，「欲得」之意的最普通用語；wish 是不管可能或不可能，懷有願望之意；desire 與 want 大致同義，但較爲拘泥；hope 是對於希望的事，相信能夠實現而有所期待；expect 是確信事情會發生而期待；anticipate 是以高興或不安的心情等待。

a〔＋受〕〈人〉欲得…，想要…：I badly ～ a holiday[new car]. 我很想有個假期[有部新車]《★用法 强調 want 時常用 badly》/She ～*s* everything she sees. 她看見什麼就想要什麼/She is always ～*ing* money. 她總是缺少錢《★用法 通常 want 不用於進行式，但加上表示反覆的副詞或如 What are you ～*ing*? 的句子時，語氣較爲柔和》。**b**〔＋受〕〈人〉有事找〈某人〉：Tell the maid I ～ her. 告訴那名女傭我有事找她/You are ～*ed* on the phone. 你有電話《有人找你聽電話》/The man *was* ～*ed* by the police *for* murder. 這個人因謀殺罪而被警方通緝《★作此義解時通常用被動語態；cf. wanted 2》。**c**〔＋*to* do〕〈人〉想要〈做…〉：I ～ *to* go to France. 我想要去法國/He was asked to go, but he didn't ～ *to*. 他被要求前往，但他不想去《★用法 爲避免重複 to go 而省略後面的 go》。**d**〔＋受＋ *to* do〕〈人〉想要〈某人〉〈做…〉：She ～*s* me *to* go with her. 她要我陪她去/What do you ～ me *to* do? 你要我做什麼？/I can stay here, if you ～ (me *to*). 我可以留在這裏，如果你要我這樣做的話《★用法 爲避免重複，只留下 to, 其餘省略；看情形有時省略 want 以下的字》/I ～ you (*to* get) out of here. 我要你離開這裏[出去]《★用法《口語》有時

省略表示動作的 *to* get》/I do*n't* ~ you *to* go；in fact, I positively ~ you *not to* go. 我不想要你去；事實上，我確實不要你去《★[比較]與前面的否定句 not want a person to *do* 比較，後面的否定句 want a person not to *do* 是强調性的》。**e**〔十受十do*ing*〕[用於否定句]〈人〉(不)要〈某人〉〈做…〉《★這裏的 do*ing* 是現在分詞》：I do*n't* ~ others interfer*ing*. 我不要別人干涉我的事。**f**〔十受十過分〕〈某人〉希望〈某事〉〈給…〉：I ~ the work *done* at once. 我希望這件工作立刻完成/I ~ my trousers iron*ed* out. 我希望我的褲子給熨好《★[比較]與 I ~ my trousers *to* be ironed out.(⇨ A 1 d) 比較，本句暗示希望有更迅速的動作》。**g**〔十受十(*to be*)補〕〈人〉希望〈某事物〉〈…〉：I ~ my coffee very hot, please. 我要喝很熱的咖啡《請給我很熱的咖啡》/I ~ everything (*to be*) ready by five o'clock. 我希望在五點以前一切準備就緒。

2《英》**a**〔十受〕〈人、物〉需要…：Children ~ plenty of sleep. 兒童需要充足的睡眠/That work ~*s* patience. 那工作需要耐性。**b**〔十 do*ing*〕〈人、物〉有必要〈做…〉《★[用法]這裏的 do*ing* 是動名詞，有被動之意》：My shoes ~ mend*ing*. 我的鞋子需要修理《★[比較]《美》一般用 need；用 want 時如以下例句，一般都用動名詞》/These clothes ~ wash*ing*. 這些衣服需要洗。

3〔十 *to* do〕《口語》應該〈做…〉；〈做…〉較好：You ~ *to* see a doctor at once. 你應該立刻去看醫生[你立刻去看醫生較好]/You don't ~ *to* be rude. 你不該無禮。

—B 1 a〔十受〕缺少…，…短少，…不夠(cf. wanting 1 a)：His manner ~*s* politeness. 他的態度不太禮貌。**b**〔十受十介十(代)名〕短少〈…數量等〉〔的…〕〔*of*〕：The fund ~*s* a hundred pounds ***of*** the sum needed. 資金的需要額數還短少一百英鎊。**c**〔十受十介十(代)名〕[以 it 作主詞]〈時間〉〔到…〕還有…〔*to, of, till, until*〕；〈長度〉〔比…〕短少…〔*of*〕：*It* still ~*s* five minutes ***to*** ten o'clock. 到十點還差五分《差五分十點》/*It* still ~*s* an hour ***until***[***till***] lunch. 距午餐的時間還有一小時/*It* ~*s* one inch ***of*** the regulation length. 長度比規定的還差一吋。**2**〔十受〕爲缺乏…而苦：These people ~ food and shelter. 這些人因缺乏食物和住處而受苦。

—*v.i.* A 1 希望，想要(cf. *v.t.* A 1 c, 1 d [用法])：You may stay if you ~. 如果你希望(留下)，你可以留下。**2**〔十副〕《美口語・蘇格蘭》想要進入〈裏面〉〈*in*〉；想要出去〈外面〉〈*out*〉：The dog ~*s* **in**[**out**]. 那隻狗想要進來[出去]《★[用法]此句型爲 The dog ~*s to* come in[go out]. 之略》。

—B 1 欠缺(衣、食、住)，窮困：We must not let those people ~. 我們不可讓那些人受貧困之苦。**2**〔十介十(代)名〕缺少，不足〔…〕〔*for, in*〕：You shall ~ ***for*** nothing. 你什麼也不會缺的。

wánt sòme[a lót of] dóing ⇨ doing.

—*n.* A 1 [U]需要《★[用法]通常用 in ~ of...(「需要…」之意)》：I am *in* ~ *of* money. 我需要錢/The house was *in* ~ *of* repair. 那棟房子需要修理。**2** [C][常 ~*s*]必要[想要]的東西，必需品，需要物：a man of few ~*s* 慾望很少的人/supply [satisfy] a (long-)felt ~ 滿足(長期的)迫切需要。

—B 1 [U][又作 **a** ~]缺乏，不足，短缺〔*of*〕(⇨ lack【同義字】)：The tree is dying from ~ *of* water. 那棵樹因缺水而逐漸枯萎/Her act shows a complete ~ *of* delicacy. 她的行爲顯得極不優雅。**2** [U]窮困，貧困：He's living *in* ~. 他過著窮困的生活[三餐不繼]/be reduced to ~ 陷入困境/*W*~ is the mother of industry. 《諺》貧困爲勤勉之母；「需要」爲勤勞之母[原動力]。

for wánt of... 由於缺乏…：*for* ~ *of* a better explanation 由於沒有更好的説明/The car race was lost *for* ~ *of* a spare part. 由於缺乏零件，賽車比賽輸了。

wánt àd *n.* [C]《口語》(報紙等的)徵求廣告，求才[求職，遺失]廣告。

wánt·ed *v.* **want** 的過去式・過去分詞。

—*adj.* 1 (廣告)徵求…的：*W*~ a cook. = *W*~：a cook. = Cook ~. 誠徵廚師《★[用法]《英》主要用後兩種説法》。**2** 被(警方)通緝的(cf. want *v.t.* A 1 b)：a ~ man 通緝犯/ ~ posters 通緝海報《★[用法]《英》寫作 "wanted" posters》.

want·ing [ˈwɑntɪŋ, ˈwɔn-; ˈwɔntiŋ] *adj.* [不用在名詞前] (無比較級、最高級) **1 a** 缺乏的，短少的：Two pages are [There are two pages] ~. 短缺兩頁。**b** 未達(目標、標準、需求等)的：The applicant was interviewed and found (to be) ~. 應徵者經過面談後被認爲不合格。**2**〔十介十(代)名〕缺乏〔…〕的〔*in*〕：He is ~ ***in*** courage[courtesy]. 他缺乏勇氣[禮貌]。

—*prep.* 1 沒有…，缺乏…：a box ~ a lid 沒有蓋子的箱子/*W*~ interest, all work becomes tedious. 沒有興趣，做什麼事都覺得乏味。**2** 還差…，短少…：a month ~ three days 差三天一個月。

wánt list *n.* [C](收藏家或博物館等向商人發出)徵求所需藝品的貨單。

wan·ton [ˈwɑntən; ˈwɔntən] 《源自古英語「沒有受教育的」之義》**—*adj.* 1** 沒有理由的，荒唐的，胡亂的：~ cruelty 胡作非爲的殘暴性/a ~ reproach 沒道理的責備。

2〈人、思想等〉淫蕩的，多情的，不貞的《★用於人時尤指女人》：a ~ woman 輕浮的女人/a ~ imagination 想入非非《★也可作義 4 b[自由奔放的想像(力)]之意解》。

3《文語》〈植物等〉任其生長的，茂盛的：a ~ growth of weeds 雜草的叢生[茂密]。

4《文語》**a** 浮華的；反覆無常的；蹦蹦跳跳的；頑皮的：~ winds 暴風/a ~ child 頑皮的小孩/in a ~ mood 心血來潮地想放肆些。**b** 任性大膽的，自由奔放的(cf. 2)。

—*n.* [C]《文語》淫蕩者；(尤指)蕩婦。**~·ly** *adv.* **~·ness** *n.*

wap·i·ti [ˈwɑpətɪ; ˈwɔpiti] *n.* [C] (*pl.* ~)〔動物〕麋《鹿科中的巨大者，多棲於北美洲洛磯山脈》。

wapiti

war [wɔr; wɔː] *n.* **1** [U][C]戰爭：~ and peace 戰爭與和平/make [wage] ~ *upon*... 對…發動戰爭，攻擊…/an aggressive [a defensive] ~ 侵略性[防衛性]戰爭/the Second World *W*~ = World *W*~ II 第二次世界大戰《★[用法]後者的説法不用冠詞；★[讀法] II 讀作 two》/a ~ to end ~ 終止戰爭的戰爭，爲消滅戰爭而戰《★盟軍於第一次世界大戰所用的口號》/⇨ civil war, cold war, Great War/ *W*~ is cruel. 戰爭是殘酷的/He served in the two World *Wars*. 他參加過兩次世界大戰/A ~ broke out between the two nations. 兩國之間爆發了戰爭。

【同義字】war 指國家與國家間的大規模戰爭；battle 指特定地區有組織的長期性戰鬥。

2 a [U][C](對立力量的)作戰，爭執，鬥爭：a ~ of nerves 神經戰/the ~ between science and religion 科學與宗教之戰/a ~ of words 舌戰，爭論/(a) class ~ 階級鬥爭。**b** [U]敵對(狀態)，敵意：There was ~ in his eyes. 他眼神裏有敵意。

3 [U] **a** 軍事：the art of ~ 戰術，兵法。**b** [常 **W**~](作爲政府一個部門的)陸軍：the *W*~ Office(英國從前的)陸軍部《★現在改稱爲 the Ministry of Defence(國防部)》/the *W*~ Department = the Department of *W*~(美國從前的)陸軍部(1789–1947)《★現在改稱爲 the Department of Defense(國防部)》。

at wár (1)〔與…〕交戰中〔*with*〕. (2)〔與…〕不和，交惡〔*with*〕.

cárry the wár into the énemy's cámp[cóuntry] 轉爲攻勢，轉守爲攻；反攻，反擊；反駁。

decláre wár on[upòn, agàinst]... (1)對〈某國〉宣戰。(2)發起運動消滅〈災害等〉：*declare* ~ *on*[*against*] poverty 向貧窮宣戰，爲消除貧困而奮戰。

gò to wár (1)〔與…〕進入戰爭狀態〔*against, with*〕. (2)從軍，出征。

have bèen in the wárs 《口語》〈小孩等〉(因吵架或意外事故)受傷，遍體鱗傷。

the Wár betwèen the Státes (美國的)南北戰爭(1861–65) (the Civil War)《★尤指在南部諸州所用的稱呼》。

the Wár in the Pacífic 太平洋戰爭(the Pacific War)(1941–45)《以太平洋爲中心的日本與英美等同盟國之間的戰爭；爲第二次世界大戰的一部分》。

the Wár of (Américan) Independénce 《英》(美國的)獨立戰爭(American Revolution).

the Wár of Secéssion (美國的)南北戰爭(1861–65) (the Civil War)《由於南部十一州脫離中央政府而引起》。

the Wárs of the Róses (英國的)薔薇戰爭(1455–85)《以紅薔薇爲徽章的蘭卡斯特(Lancaster)家族和以白薔薇爲徽章的約克(York)家族之間爭奪王位的戰爭》。

—*adj.* [用在名詞前](有關於)戰爭的：~ expenditure 軍費/ ~ damage 由戰爭造成的損失/a ~ orphan 戰時孤兒《因戰爭而失去父母的小孩》/a ~ novel 戰爭小説。

—*v.i.* (**warred**；**war·ring**)〔動(十介十(代)名)〕**1**〔與…〕作戰，鬥爭〔*against, with*〕：~ ***against*** poverty 爲消除貧困而奮戰。**2**〔追求…而〕作戰；爭取〔…〕〔*for*〕：~ ***for*** supremacy 爭奪霸權。

War. 《略》Warwickshire.

wár bàby *n.* [C]在戰爭中或在戰爭結束不久後出生的孩子；(尤指)戰時的私生子。

war·ble [ˈwɔrbl; ˈwɔːbl] *v.i.* **1** 鳥鳴：The canary ~*d* all day long. 那隻金絲雀整天在鳴叫。**2**〈女人〉(以顫音)唱歌。**3**《美》用岳德爾(yodel)調唱。

—*v.t.*〔十受(十副)〕**1**〈鳥〉鳴囀，啁啾…〈*out*〉. **2**〈女子〉以顫

音唱〈歌〉〈*out*〉.

—*n.* Ⓒ[常用單數]鳥囀；以顫音唱的歌。

wár·bler *n.* Ⓒ **1** 鳴囀的鳥，鳴鳥《尤指鶯科的小鳥》。**2** 唱歌如鳴囀的人，以顫音唱歌的人；歌手。

wár·bònnet *n.* Ⓒ(北美印地安人有羽毛頭飾的)戰帽。

warbonnet

wár brìde *n.* Ⓒ戰時新娘。

wár chèst *n.* Ⓒ《美》 **1** 活動資金《爲政治活動等目的而籌措的款項》。**2** 軍費。

wár clòud *n.* Ⓒ[常 ~s]戰雲，戰爭之威脅[氣氛]：*War clouds* are gathering in the Middle East. 中東戰雲密布。

wár clùb *n.* Ⓒ(北美印地安人使用的)戰鬥用棍棒。

wár correspòndent *n.* Ⓒ戰地記者。

wár crìme *n.* Ⓒ[常 ~s]戰爭犯罪(行爲)。

wár crìminal *n.* Ⓒ戰犯。

wár crỳ *n.* Ⓒ **1** 作戰時戰士的吶喊(battle cry). **2** (政黨等的)標語，口號。

ward [wɔrd; wɔ:d] **《源自古英語「監視」之義》—*n.*** Ⓒ **1 a** (收容接受相同治療病患的)**病房**，大衆病房：a children's ~ 兒童病房/a maternity ~ 婦產科病房/an isòlation ~ 隔離病房。**b** (監獄的)監房《單人小囚房(cell)連接一排的區域》：a condemned ~ 死刑犯的囚房。**2** (都市行政區劃的)區；選舉區。**3** 《文語》監視，監督，保護《★只用於下列片語》：⇨ WATCH and ward. **4** 受監護的未成年人，受監護人。

—*v.t.* 〔十受十副〕躲避，防備，避開〈危險、打擊等〉〈*off*〉：try to ~ ***off*** the inevitable 設法避開不能避免的事/He managed to ~ *off* the blow[danger]. 他設法避過了那一擊[危險]。

-ward [-wəd; -wəd] 字尾 可隨意(常戲謔性)地構成表示方向的形容詞、副詞《★用法 當形容詞用時英、美都用 -ward；但當副詞用時美國語法用 -ward，英國語法用 -wards》：the home*ward* journey 返鄉之旅；(往還時的)歸程/a home*ward*-bound ship 航回本國[回航中]的船/walk back*ward* 往回走/bed*ward* 《謔》往牀的方向。

wár dànce *n.* Ⓒ(野蠻民族等的)出戰舞；摹仿作戰的舞蹈；勝利之舞。

wár dèbt *n.* ⓊⒸ戰債。

war·den [ˈwɔrdn̩; ˈwɔ:dn] *n.* Ⓒ **1** (學生宿舍、老人院等的)管理人：the ~ of a youth hostel 青年招待所的管理員。

2 監察人，監督官員：⇨ traffic warden, fire warden.

3 a 《美》典獄長(governor). **b** (醫院、政府各機關的)首長，主管。

4 《英》(某些歷史悠久的學校的)校長，院長，督學。

5 〖英國國教〗教區委員。

wárd·er *n.* Ⓒ **1** 守衛，監視人，門衛，警衛。**2** 《英》(監獄的)看守，獄吏。

ward·ress [ˈwɔrdrɪs; ˈwɔ:dris] *n.* Ⓒ《英》(監獄的)女看守，女獄吏。

ward·robe [ˈwɔrd͵rob; ˈwɔ:droub] *n.* Ⓒ **1 a 衣櫃**，衣櫥：a built-in ~ 壁櫥。**b** 藏衣室。

2 [集合稱] (個人或劇團)所有的衣服或戲裝：She has a large[small] ~. 她衣服[行頭]很多[少]/She wanted to renew her ~. 她想要添置新衣。

wardrobe 1 a

wárdrobe trùnk *n.* Ⓒ直立式大衣箱《通常有可以掛衣服的空間和裝小件物品的抽屜等》。

wárd·ròom *n.* Ⓒ(軍艦內艦長以外的)上級軍官休息室[起居室]《尤指餐廳》。

-wards [-wədz; -wədz] 字尾 《英》＝-ward.

wárd·shìp *n.* Ⓤ監護(人)：be under the ~ of... 在…的監督之下，受…的監護/have the ~ of... 擔任…的監護。

ware [wɛr; wɛə] *n.* **1** Ⓤ[常構成複合字；集合稱] **a** [用於表示材料的名詞後]**製品**，器物，產品(goods)：⇨ earthenware, ironware. **b** [用於表示烹調場所的名詞後]用品，用具：⇨ kitchenware. **c** [用於產地名後]陶器(pottery)：⇨ delftware. **2** [**one's** ~**s**]《文語》(通常不擺在店裏的)商品，貨物：sell[cry] one's ~*s* 出售[叫賣]商品。

wáre·hòuse [-͵haus; -haus] *n.* Ⓒ(存放商品的)倉庫，貨棧，儲藏室。

— [-͵hauz, -͵haus; -hauz, -haus] *v.t.* 將〈貨物〉放入倉庫。

wáre·house·man [-mən; -mən] *n.* Ⓒ(*pl.* **-men** [-mən; -mən])倉庫管理員；經營貨棧業的人；批發商。

wárehouse recèipt *n.* Ⓒ倉庫棧單，倉單。

ware·hous·ing [-͵hauzɪŋ, -sɪŋ; -hauziŋ, -siŋ] *n.* Ⓤ **1** 儲倉，存棧。**2** (商業銀行對需要長期資金者未覓得長期資金前所提供的)周轉性短期貸款。

war·fare [ˈwɔr͵fɛr; ˈwɔ:fɛə] *n.* Ⓤ **1 戰爭**，交戰狀態；戰鬥(行爲)：nuclear[guerrilla, modern] ~ 核子[游擊，現代]戰爭。**2** 鬥爭，爭奪：class ~ 階級鬥爭/economic ~ 經濟戰爭。

wár fòoting *n.* Ⓤ戰備狀態；戰時狀態。

wár gàme *n.* **1** Ⓒ(在地圖上所作的)兵棋演練，沙盤推演。**2** [~s](實際的)機動演習。

wár·hèad *n.* Ⓒ(魚雷、飛彈等的)彈頭：a nuclear ~ 核子彈頭。

wár·hòrse *n.* Ⓒ **1** 《古・文語》戰馬(charger). **2** 《口語》老兵；(政界等的)元老。**3** 《口語》(一再演唱或上演的)令人厭膩的作品《歌曲或戲劇》。

wár·i·ly [-rəlɪ; -rəli] *adv.* 小心地，謹慎地。

wár·i·ness *n.* Ⓤ小心，謹愼；警戒心。

war·like [ˈwɔr͵laɪk; ˈwɔ:laik] *adj.* **1** 好戰的，尙武的，英勇的，挑戰性的(⟷ peaceful)：a ~ tribe 好戰的部族。**2** 戰爭的，軍事的：~ actions 軍事行動/ ~ preparations 軍備，戰備。

wár·lòck *n.* Ⓒ(在故事裏出現的男性)魔術師，巫師(cf. witch).

wár·lòrd *n.* Ⓒ《輕蔑》(尤指羣雄割據之國的)軍閥，將軍。

‡warm [wɔrm; wɔ:m] *adj.* (**~·er**；**~·est**) **1 a** 〈氣候、風等〉**暖的**，溫暖的(⇨ hot【說明】)：a ~ climate[country] 溫暖的氣候[國家]《★「暖和的冬天」通常用 a mild winter 的說法》/It[The weather] is ~. 天氣溫暖/It is getting ~*er* day by day. 天氣一天天變暖了。**b** 〈洗澡水、菜湯等〉(人爲的加熱而)熱的：My soup is not even ~. 我的湯甚至不熱[溫溫的]/Get ~ by the fire. 靠近火爐取暖。**c** 〈衣服等〉保暖的，暖和的：~ clothes 保暖的衣服/a ~ sweater 保暖的毛衣。

2 〈身體〉**發熱的**，變熱的；〈運動等〉使身體變暖的，輕微發汗的：~ *with* wine 喝酒後暖和[興奮]起來/I am ~ *from* running. 我因跑步而身體發熱。

3 熱心的，熱烈的，活潑的；狂熱的，興奮的；易怒的：a ~ dispute 激烈的辯論/a ~ supporter 狂熱的支持者/a ~ temper 急躁的性情，急性子/grow ~ *over* a debate 因辯論而變激昂。

4 有溫情的，親切的，體貼的；由衷的：a ~ friend 熱心的朋友/ ~ feelings 柔情/ ~ thanks 由衷的感謝/We should like to give you a ~ welcome. 我們會由衷地歡迎你/She has a ~ heart. 她很體貼[熱心]。

5 〈顏色〉令人感到暖和的《尤指偏向紅、黃的顏色》：~ colors 暖色《紅、黃、橘色等系統的顏色》。

6 〖獵〗(遺下的氣味)新鮮而强烈的(cf. cool 6, cold 5 a, hot 11)：a ~ trail 尙新鮮的足跡/The scent was still ~. 遺下的氣味還很强烈。

7 [不用在名詞前](捉迷藏或猜謎等)快要找到[猜中]的，十分接近的(cf. cold 5 b, hot 3, burn *v.i.* 5)：You're getting ~ ... ~*er*. (玩捉迷藏或猜謎等時)你快要捉到[猜中]了；你愈來愈接近了。

8 〈工作等〉很吃力的，辛苦的；〈地位、情況等〉難以繼續下去的，不愉快的：a ~ corner 激戰區；不愉快的[撑不下去的]立場/~ work 辛苦的工作；苦戰，激烈戰鬥/make it[things] ~ for a person 使人無法做[待]下去，使人爲難；懲罰某人/The place became too ~ for him. 他再也無法待在那個地方。

9 《英口語》富裕的。

—*v.t.* 〔十受〕 **1 a 使…暖和，使…變溫暖**：~ one's bed *with* an electric blanket 用電毯暖牀。**b** [~ one*self*]暖身：He ~*ed himself* at the fire[in the sun]. 他烤火[曬太陽]取暖。

2 使〈人〉熱心，使〈心〉興奮，使〈人〉有精神：drink wine to ~ the heart 喝酒提神。

3 使〈人、心〉感到溫暖：It ~*s* my heart to hear her story. 聽到她的故事，使我心中感到溫暖。

—*v.i.* **1 變爲溫暖，暖和起來**：The milk is ~*ing* on the stove. 爐上的牛奶熱起來了；牛奶在爐子上加熱。

2 變熱心，熱中；興奮起來：All the speakers ~*ed*. 所有的演說者逐漸興奮起來。

3 〔十介十(代)名〕《口語》**a** 〔對人、物〕寄以好感[同情]，變成喜歡〔*to, toward*〕：I ~*ed* ***to*** our new teacher. 我開始喜歡我們的新老師。**b** 〔對工作、研究等〕開始感興趣〔*to, toward*〕：We began to ~ ***to*** our studies. 我們對研究工作[學習]開始感到興趣。

wárm óver 《*vt adv*》《美》(1)把〈變冷的食物等〉溫熱。(2)將〈同樣的論點、作品等〉重提[做]一次，老調重彈：This is just his last book ~*ed over*. 這只是重複一次他的前作而已[他的前作的翻版而已]。

wárm úp 《*vt adv*》(1)把…熱一熱：Will you ~ *up* this milk？請你把這牛奶熱一熱好嗎？/I'll ~ *up* the bed for you. (夫妻之間)(先上牀)暖和牀鋪；《委婉語》我先去睡覺。(2)把〈變冷的食物等〉重熱一次。(3)使〈人〉〔對…〕熱中，使…〔對…〕興奮〔*to, toward*〕：I was able to ~ him *up to* the idea. 我能夠使他熱中

W

於該構想。(4)使〈宴會等〉氣氛變熱烈；(開演前)給〈觀衆〉製造氣氛。(5)使〈引擎、車輛等〉暖機(運轉)，使…預熱。(6)《運動》使〈人〉作暖身運動，使…先活動筋骨。—《*vi adv*》(7)〈東西〉變暖，變熱。(8)重新熱一熱。(9)〔對…〕變得熱中；寄以同情〔*to, toward*〕：She didn't ～ *up to* him at first. 她起先對他沒有意思。(10)〈宴會等〉氣氛變得熱鬧。(11)〈引擎等〉預熱。(12)《運動》(稍微)作暖身[預備]運動。

—*n.* 1 [**the** ～]暖和的地方《室內等》：Come into *the* ～. 進到暖和的地方來。

2 [**a** ～]暖和，取暖：Come and have *a* good ～ by the fire. 到火邊來好好取取暖吧。

wárm-blóoded *adj.* **1**〈動物〉溫血的(↔ cold-blooded). **2** 熱血的，熱烈的，易激動的(ardent). **～·ly** *adv.* **～·ness** *n.*

wármed-óver *adj.* 《美》 **1**〈變冷的食物等〉重新加熱的。**2**〈作品等〉重抄的，炒冷飯的。

wármed-úp *adj.* ＝warmed-over 1.

wárm·er *n.* Ⓒ使…溫暖的人[物]；溫熱裝置：a foot ～ 溫脚器。

wárm frònt *n.* Ⓒ《氣象》暖鋒(↔ cold front).

wárm-héarted *adj.* 體貼的，親切的，熱心的，有同情心的。**～·ly** *adv.* **～·ness** *n.*

wárm·ing pàn *n.* Ⓒ暖牀器《附蓋似長柄火鏟的容器；古時用於暖牀》。

wárm·ish [-mɪʃ; -miʃ] *adj.* 稍暖的。

warm·ly [ˋwɔrmlɪ; ˈwɔːmli] *adv.* (**more** ～; **most** ～) **1 溫暖地**：～ clothed 穿得暖暖的。**2 熱心地**，熱烈地；衷心地，親切地；激動地，興奮地：thank ～ 衷心感謝/receive a person ～ 熱烈地歡迎某人。

wár·mònger *n.* Ⓒ《美》鼓吹戰爭者，好戰者，戰爭販子。

warming pan

warmth** [wɔrmpθ, wɔrmθ; wɔːmθ, wɔːmpθ] 《warm 的名詞》**—*n. Ⓤ **1 溫暖**，暖氣，暖和度：vital ～ 體溫。**2** 熱心，熱烈。**3** 激烈，興奮：with ～ 興奮地；熱烈地。**4** 溫情，體貼：with ～ 體貼地；由衷地。**5**《繪畫》(色彩的)溫暖感。

wárm-ùp *n.* Ⓒ **1**《運動》(溫和的)準備運動，暖身運動(cf. WARM up(12))：have a quick ～ before the race 賽跑前快速做暖身運動。**2** 事情的開始，起頭，小試：This is just a ～. 這只是小試一番。**3** [常 ～s]運動服《由寬鬆厚棉衫和燈籠褲搭配的運動服裝》。

‡warn [wɔrn; wɔːn] 《源自古英語「當心」之義》**—*v.t.* 1 警告**：**a** 〔＋受〕警告〈某人〉，要〈某人〉注意：～ a reckless driver 警告粗心的司機/I shall not ～ you again! 我不再警告你了！ **b** 〔＋受＋介＋(代)名〕警告，提醒〈某人〉〔危險等〕〔*of, against*〕：He ～ed me ***of*** their wicked design.他提醒我注意他們的奸計/The policeman ～ed him ***against*** speeding. 警察警告他不要超速/I was ～ed *against* going there. 我被告誡不要去那裏。**c** 〔＋受＋*to* do〕警告〈某人〉〈做…〉，要〈某人〉注意〈…〉：The teacher ～ed Tom *to* be more punctual [not *to* bite his nails]. 老師要湯姆注意守時一點[不要咬指甲]。**d** 〔(＋受)＋ *that*__〕警告〈某人〉〈…事〉，提醒〈某人〉注意〈…事〉：I ～ (you) *that* it is dangerous. 我警告你這是危險的。

2 〔＋受〕報告，通知…：You must ～ the police before you go away on vacation. 你出去度假以前必須通知警方。

—*v.i.* 〔動(＋介＋(代)名)〕警告，警戒〔…事〕〔*of*〕：Birds sometimes chatter to each other to ～ ***of*** danger. 鳥兒有時互相啁啾，通報危險。

wárn awáy 《*vt adv*》＝WARN off (1).

warn off [《*vt adv*》～ôff] (1)警告〈某人〉不可靠近：I waved my arms to ～ them *off*. 我揮手警告他們不可靠近。—[《*vt prep*》～...ôff...] (2)警告〈某人〉不可接近[離開]…：He ～ed us *off* the gate. 他警告我們不可接近大門。

***warn·ing** [ˋwɔrnɪŋ; ˈwɔːniŋ] *n.* **1 a** ⓊⒸ**警告**，注意；警戒，訓戒〔*of, against*〕：a word of ～ 警戒語/take ～ 警戒/take ～ *by* [*from*]... 以…爲戒[前車之鑑]/without ～ ＝without giv*ing* a ～ 無警告地/sound a ～ *against* a flood＝sound a flood ～ 發出洪水警報/give a person ～ *of* his danger 警告某人有危險。**b** Ⓒ〔＋ *to* do〕〈做…的〉警告：I gave him a ～ not *to* go there. 我警告他不可去那裏。**c** [當形容詞用]警告的，警戒[訓戒]的：～ colors[coloration]《動物》警戒色/a ～ gun 警告砲，信號砲/a ～ light 狼煙，烽火。

2 Ⓒ**a** 警報；可引以爲戒的事[人]：I hope this will be a ～ to you. 我希望這事能給你們一次訓戒。**b** 徵候，前兆：Palpitation is a ～ *of* heart trouble. 心悸[心臟的急速跳動]是心臟病的預兆。

3 Ⓤ《英》**a** 通知，預告：Give me ～ *before* you come and visit us. 你來訪以前通知我一聲。**b** 〔＋ *that*__〕〈…的〉通知，預告：I had no ～ *that* you were coming. 我沒有得到你要來的通知。

4 Ⓒ《古》(解僱、解約、辭職等的)通知《★比較現在用 notice》：give a month's ～ (向受僱者或雇主)在一個月前通知解僱[辭職]。

wárn·ing·ly *adv.* (作爲)警告[警戒]地，警告性地。

warp [wɔrp; wɔːp] *v.t.* **1** 使〈直的[平的]東西〉彎翹不平，使…扭歪，使…彎曲：The heat has ～*ed* the boards. 熱使木板彎翹了。

2 a 使〈心、判斷等〉歪曲[偏倚，乖僻]：His judgment was ～*ed* by his prejudice. 他的判斷因偏見而變得不公正/Hardship ～*ed* his disposition. 困苦使他的性情變得乖僻。**b** 歪曲，扭歪〈消息、報導等〉：The newspaper ～*ed* his story. 該報(的報導)扭曲了他的話。

—*v.i.* 1 彎曲，扭曲。

2 〈心等〉乖僻，彆扭。

—*n.* 1 [**a** ～](木板等的)彎翹，扭歪，歪曲，扭曲。

2 [**a** ～](心地的)乖僻，彆扭，不正。

3 [**the** ～；集合稱]《織物》經線(↔ woof, weft).

wár pàint *n.* Ⓤ **1** (北美印地安人出征前擦在臉上和身體上的)出征化妝。**2**《俚》盛裝。**3**《謔》(濃)妝；化妝品。

wár·pàth *n.* Ⓒ(北美印地安人的)出征路線。

be [**gò**] **on the wárpath** (1)作戰中[開始作戰，準備戰爭]；準備[正在]爭吵。(2)生氣中的，(變成)氣沖沖的，發怒的。

wár·plàne *n.* Ⓒ軍用飛機。

war·rant [ˋwɔrənt, ˋwɑrənt; ˈwɔrənt] *n.* **1 a** Ⓤ**正當的理由，根據**〔*for*〕：without ～ 無正當理由地，沒來由地/with the ～ of a good conscience 無愧於良心地，堂堂正正地/You have no ～ *for* do*ing* that. 你做那件事毫無理由(cf. 1 b). **b** Ⓤ〔＋ *to* do〕〈做…的〉(正當)權利：You have no ～ *to* do that. 你沒有做那件事的(正當)權利(cf. 1 a). **c** Ⓒ可供保證的東西：Diligence is a sure ～ of success. 勤勉是成功的確實保證/I will be your ～. 我來當你的保證人。

2 Ⓒ **a** (保證行爲、權利等的)證明書；授權書。**b**《法律》(逮捕、拘提等的)令狀；(民事的)傳票：a search ～ (住宅)搜索狀/a ～ of arrest 逮捕令狀，拘票/a ～ of attachment 查封狀，扣押令。

—*v.t.* 1 〔＋受〕**視…爲正當，認可…**：Circumstances ～ such conduct. 情況證明這種行爲是正當的/His abilities ～*ed* his position in the company. 依他的能力在公司身居要職是理所當然的。

2 保證：**a** 〔＋受〕保證〈品質、商品等〉：I ～ the genuineness of the article. 我擔保這件物品是眞品(cf. 2 c). **b** 〔＋ do*ing*〕保證〈…事〉：The facts ～ my believ*ing* him. 事實證明我相信他是正確的/Oversleeping doesn't ～ your be*ing* late. 睡過頭不能成爲你遲到的正當理由。**c** 〔(＋受)＋(*that*)__〕對〈人〉保證〈…事〉，向〈人〉承擔〈…事〉：I ～ (*that*) the article is genuine. 我擔保該貨品是眞品(cf. 2 a) /I ('ll) ～ (you) *that* the work shall be finished before the end of this month. 我保證該工作將在本月底前完成。**d** 〔＋受〕[I ～, 與主句並列或當插入語用]我保證…：It's all true, *I* ～. 我保證那全是眞實的。**e** 〔＋受＋(*to be*)補〕保證…〈是…〉：I ('ll) ～ him an honest and reliable fellow. 我保證他是一位誠實可靠的人/This cloth is ～*ed* (*to be*) pure wool. 這布料保證是純毛/milk ～*ed* pure 保證質純的牛奶。

war·rant·a·ble [ˋwɔrəntəbl, ˋwɑrəntəbl; ˈwɔrəntəbl] *adj.* 正當的；有(可)保證的。**-a·bly** [-əblɪ; -əbli] *adv.*

war·ran·tee [ˌwɔrənˋti, ˌwɑr-; ˌwɔrənˈtiː] *n.* Ⓒ《法律》被保證人。

wár·rant·er *n.* ＝warrantor.

wárrant òfficer *n.* Ⓒ **1**《美陸軍》准尉。**2**《美海軍》士官長。

war·ran·tor [ˋwɔrənˌtɔr, ˋwɑr-; ˈwɔrəntɔː] *n.* Ⓒ《法律》保證人，擔保者。

war·ran·ty [ˋwɔrəntɪ, ˋwɑr-; ˈwɔrənti] *n.* Ⓒ **1** 依據，正當的理由〔*for*〕. **2** (商品、品質等的)保證(書)。

ùnder wárranty 在保修期內：This TV set is still *under* ～. 這部電視機仍在保修期中。

war·ren [ˋwɔrɪn, ˋwɑr-, -ən; ˈwɔrən, -rin] *n.* Ⓒ **1** 養兔場，兔子的飼養場。**2** 雜亂的場所[地區]，大雜院《人口稠密的居處或迷津般錯綜複雜的地方》。

War·ren [ˋwɔrɪn, ˋwɑr-, -ən; ˈwɔrən, -rin] *n.* 華倫《男子名》。

war·ring [ˋwɔrɪŋ; ˈwɔriŋ] *adj.* 交戰中的，敵對的，相鬥爭的：～ nations 交戰國/ ～ factions 彼此反目的派系/ ～ ideologies 對立的意識型態。

war·rior [ˋwɔrɪɚ, ˋwɑr-; ˈwɔriə] 《源自古法語「作戰」之義》**—*n.*** Ⓒ **1**《文語》**武士**，軍人，(古代)勇士。**2** (北美印地安人等爲種族而戰的)戰士。

War·saw [ˋwɔrsɔ; ˈwɔːsɔː] *n.* 華沙《波蘭的首都》。

Wársaw Tréaty Organizàtion *n.* [**the** ～]華沙公約組織《依據 1955 年簽定的華沙公約所組織的社會主義集團最大的軍事機構；會員國包括蘇聯、東德、波蘭等七國》。

wár·shìp *n.* Ⓒ軍艦。

wart [wɔrt; wɔːt] *n.* Ⓒ **1** 疣；瘊；腫瘤。**2** (樹木的)瘤。
wárts and áll [當副詞用]包括長短處[利弊]地，一切地：paint a person *~s and all* 據實描述某人；把某人的好壞都寫出來。

wárt hòg *n.* Ⓒ《動物》疣豬《非洲產的疣豬屬哺乳動物的統稱》。

wart hogs

wár·tìme *n.* Ⓤ戰時，戰爭時代：in ~ 在戰時，在戰爭期間。
—*adj.* [用在名詞前]戰時的：~ regulations 戰時管制。

wart·y [ˋwɔrtɪ; ˋwɔːti] 《wart 的形容詞》 **—*adj.*** (**wart·i·er**；**-i·est**)疣狀的；多疣的；有腫瘤的；有樹疣的。

wár-wèary *adj.* **1** 厭戰的；疲於戰爭的。**2** 〈飛機〉損壞得已無法修理只可做爲廢料的。

wár whòop *n.* Ⓒ(北美印地安人的)作戰呼號聲。

War·wick·shire [ˋwɔrɪk,ʃɪr, ˋwar-, -ʃɚ; ˋwɔrikʃiə, -ʃə] *n.* 瓦立克郡《英格蘭中南部一郡；西北部於 1974 年成爲西中部郡(West Midlands)的一部分；首府瓦立克(Warwick [ˋwɔrɪk, ˋwarɪk; ˋwɔrik])》。

wár-wòrn *adj.* 疲於戰爭的；飽經戰禍的。

war·y [ˋwɛrɪ; ˋwɛəri] *adj.* (**war·i·er**；**-i·est**) **1 a** 〈人〉機警的，小心的，愼重的：a ~ statesman 謹愼的政治家。**b** [不用在名詞前]〔十介十(代)名〕〔對…〕極小心的，謹愼的〔*of*〕：He was ~ ***of*** tell*ing* state secrets. 他小心翼翼以免[唯恐]洩漏國家機密。**2** 〈行爲、觀察等〉謹愼的，留神的，密切注意的：keep a ~ eye on a person 密切監視某人。

‡was [(輕讀)wəz; wəz; (重讀)waz; wɔz] *v.* **be** 的第一人稱及第三人稱單數過去式。

‡wash [waʃ, wɔʃ; wɔʃ] *v.t.* **1 洗，洗濯：a**〔十受〕洗〈身體〉；洗濯〈衣物〉：~ one's face and hands 洗臉和洗手/She *~ed* the clothes. 她洗衣服/Where can I ~ my hands? 洗手間在哪裏？《★用法 問廁所在哪裏的說法》。**b**〔十受〕〔~ one*self*〕洗身體(的某部位)《★比較 一般用 *v.i.* 1 a》。**c**〔十受十補〕把…洗成〈…〉：Please ~ these clothes clean. 請把這些衣服洗乾淨。**d**〔十受十介十(代)名〕〔用…〕洗…〔*with*〕：~ one's hands ***with*** soap 用肥皂洗手。**e**〔十受十副〕洗掉，洗去…〈*away, out, off*〉：I can't ~ this stain ***out***. 我洗不掉這塊污跡。**f**〔十受十介十(代)名〕〔從…〕洗去…，洗掉〔…的〕…〔*off, from*〕：He *~ed* the mud ***from*** his car. 他洗去車身上的泥/*W~* the dirt ***off*** your face. 把你臉上的灰塵洗掉。

2 a〔十受〕〈波浪、河水等〉**拍打，沖擊…；潤濕，沾濕…**《★常用被動語態，介系詞用 *by, with*》：The waves ~ the foot of the cliffs. 波浪拍打斷崖底部/The grass *was ~ed* ***with*** dew. 草沾滿了露水/The cliff *is ~ed* ***by*** the sea. 懸崖被海水沖擊。**b**〔十受(十副)〕〈流水、波浪等〉沖損，沖壞，沖蝕…〈*out*〉：The sea had *~ed* a channel through the narrow part of the island. 海水在島上的狹窄部分沖出一道水渠/The road was *~ed* ***out*** by the heavy rain. 那一條道路被豪雨沖損。**c**〔十受十副詞(片語)〕沖走，捲去…《★常用被動語態》：The flood *~ed* the bridge *away*. 洪水把那座橋沖走了/Our house *was ~ed away* in the flood. 我們的房屋被洪水沖走了/A huge wave *~ed* him *overboard*. 巨浪把他從船上捲落海中/An empty boat *was ~ed up*[*ashore, to* the shore] by the tide. 一條空船被潮水沖上岸來[沖到岸上]。

3〔十受十副〕(宗教上、道德上的意義)洗清〈人的罪〉，使…清白〈*away*〉：~ ***away*** a person's sin(s) 洗淨某人的罪惡。

4〔十受〕〈洗潔劑等〉可用以洗…，適合…：This powder won't ~ wool. 這種洗衣粉不能用來洗毛料。

5〔十受十介十(代)名〕**a**〔用…〕鍍於〈金屬〉〔*with*〕《★常用被動語態》：silver *~ed* ***with*** gold 鍍金的銀。**b**〔把顏料〕薄塗於…〔*with*〕：He *~ed* the background ***with*** a pale blue. 他以淡藍色畫背景《他把背景畫成淡藍色》。

6〔十受〕《礦》(用水)篩洗〈礦石〉。

—*v.i.* 1 a〔**動(十介十(代)名)**〕〔用…〕**洗身體**(的某部位)〔*in, with*〕(cf. WASH up(1))：~ ***in***[***with***] cold water 用冷水洗(臉等)/You must ~ before each meal. 飯前你必須洗手。**b**〔十補〕洗身體(的某部位)〈至…狀態〉(cf. *v.t.* 1 b)：He *~es* clean before a meal. 他飯前把手洗乾淨。

2 洗衣服：~ twice a week 一週洗兩次衣服/My aunt *~es* for a living. 我的姑媽以洗衣爲生。

3 a [與 well 等狀態副詞連用]〈紡織品、顏色等〉經洗而不褪色，耐洗：This cloth won't ~ (well). 這種布不(太)耐洗/This soap *~es* well. 這種肥皂好洗。**b**〔十副〕〈污跡、顏色等〉洗得掉〈*out, off*〉：This stain won't ~ ***out***. 這塊污跡洗不掉。

4〔**動(十介十(代)名)**〕[用於否定句]《口語》〔對…而言〕〈話等〉難以相信，靠不住〔*with*〕：His story wo*n't* ~ (***with*** me).(對我而言)他的話難以相信。

5〔**十副詞(片語)**〕〈波浪〉沖洗，沖擊(…)：Great waves *~ed over* (the deck) [*against* the cliff]. 大浪沖擊甲板[懸崖]。

6〔**動(十副)**〕被(雨水、流水等)沖走，被挖去〈*away*〉：The hillside has *~ed* ***away***. 山腰已被沖損。

wásh dówn 《*vt adv*》(1)(尤指以强力水流)沖洗，沖掉…：~ *down* a car(用橡皮管的水)沖洗車子。(2)〔用水等〕把〈食物〉吞入(喉中)〔*with*〕：He bolted a hot dog and *~ed* it *down with* Coke. 他匆匆吞下熱狗，並且用可樂把它嚥下去。

wásh óut 《*vt adv*》(1)⇨*v.t.* 1 e, 2b. (2)把…洗褪色。(3)把…沖走：The heavy rain *~ed out* the bridge. 豪雨把橋沖走了。(4)《口語》放棄〈希望、計畫等〉：The whole plan was *~ed out*. 整個計畫都落空了。(5)《英》(因雨)取消〈比賽〉(《美》rain out)(★常用被動語態)：The game *was ~ed out*. 比賽因雨而取消。**—**《*vi adv*》(6)⇨ *v.i.* 3 b. (7)被沖走：The bridge *~ed out* during the storm. 那座橋在暴風雨中被沖走了。(8)《美俚》〈學生〉不及格，失敗《★用法 主要用於軍官學校的學生或受飛行訓練的學生》。

wásh úp 《*vi adv*》(1)《美》洗臉或手。(2)《英》(飯後的)洗碗盤[餐具]；收拾餐具：Kate is *~ing up*. 凱蒂在洗碗盤。**—**《*vt adv*》(3)《英》洗〈餐具〉；收拾〈碗盤〉：You ~ the dishes *up* while I dry the glasses up. 我擦乾玻璃杯時你去洗碗盤。(4)〈波浪等〉把…沖上海邊：His body was *~ed up* two days later. 他的屍體在兩天後被沖上海邊。

—*n.* 1 a [**a** ~]**洗，洗淨**：have[get] *a* ~ 洗一洗/give a car *a* good ~ 把車子好好地洗一洗。**b** [**the** ~]洗衣服：at *the* ~〈衣服等〉在洗衣店裏/in *the* ~ 在洗衣中[時]/send clothes to *the* ~ 把衣服送去洗。

2 [用單數；集合稱]待洗衣物，洗濯物：I've got a large[heavy] ~ this morning. 我今天早上有很多衣服要洗。

3 Ⓤ[也用單數][**the** ~] **a** (水、波浪的)沖擊。**b** (水、波浪的)沖擊聲。

4 Ⓤ[也用單數][常 **the** ~] **a** (船隻經過時產生的)尾流，渦流：Our boat rocked in *the* ~ of a large ship. 我們的小船在大船經過的餘波[尾流]中搖擺。**b** (飛機飛行產生的)氣流。

5 a Ⓤ(廚房的)殘餚剩飯《豬等的飼料》。**b** Ⓤ[又作 **a** ~]多水而味淡的食物：This tea is(*a*)mere ~. 這茶簡直是水《淡而無味》。

6 Ⓒ[常構成複合字]洗滌劑；化妝水：⇨ eyewash, hairwash, mouthwash.

còme óut in the wásh (1)〈可恥的事等〉敗露，東窗事發。(2)最後變好，有好結果《★源自洗濯使污跡脫落》。

—*adj.* [用在名詞前]《美口語》耐洗的，經洗的(washable)：a ~ dress 耐洗的衣服。

Wash. 《略》Washington《州名》。

wash·a·ble [ˋwaʃəbl; ˋwɔʃəbl] *adj.* 〈布、衣服等〉耐洗的，經洗的。

wásh-and-wéar *adj.* 《美口語》免燙的，洗好即可穿的。

wásh·bàsin *n.* Ⓒ《英》洗臉盆；(尤指固定的)洗臉臺(《美》washbowl)。

wásh·bòard *n.* Ⓒ洗衣板。

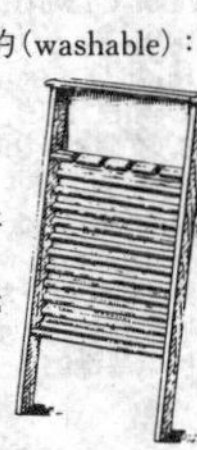
washboard

wásh·bòwl *n.* Ⓒ《美》洗臉盆(《英》washbasin)。

wásh·clòth *n.* Ⓒ《美》毛巾，面巾(facecloth)。

wásh·dày *n.* ⓊⒸ(家庭等的)洗衣日：on ~ 在洗衣日。

【說明】英美的家庭主婦向來把星期一定爲 washday，在這一天清洗一週累積下來的髒衣服。這種習慣早在洗衣機普及前就已存在。如果星期一來不及，則在第二個 washday(星期五)洗；cf. launderette【說明】

wásh dràwing *n.* **1** Ⓤ僅用一個顏色的水彩畫法。**2** Ⓒ一個顏色的水彩畫，墨畫。

wáshed-óut *adj.* **1** (洗)褪色的。**2** 《口語》沒有精神的，疲倦的，無生氣的：look (all) ~ 看來筋疲力竭。

wáshed-úp *adj.* **1** 洗乾淨的。**2** 《口語》〈人〉搞砸的，沒用的，完全失敗的。

wásh·er *n.* Ⓒ **1** 洗濯者；洗衣婦。
2 洗衣機；洗礦機：a dish ~ 洗碗機。
3 《機械》(螺栓的)墊圈(⇨ nut 2 插圖)。

wásher-drỳer *n.* Ⓒ附有烘乾機的洗衣機。

wash·er·man [ˋwaʃəmən, ˋwɔʃ-; ˋwɔʃəmən] *n.* Ⓒ(*pl.* **-men** [-mən; -mən]) **1** 男洗衣工。**2** 操作洗濯機器的人。

wásher·wòman *n.* Ⓒ(*pl.* **-women**)洗衣婦。

wásh·hòuse *n.* Ⓒ洗衣房；洗衣店。

wash·i·ness [ˋwaʃɪnɪs, ˋwɔʃ-; ˋwɔʃinis] *n.* Ⓤ多水分；稀薄；軟弱無力。

wash·ing [ˋwaʃɪŋ, ˋwɔʃ-; ˋwɔʃiŋ] *n.* Ⓤ **1** 洗，洗濯，洗淨。

W

【說明】在英美，洗好的衣服不晾曬於家門前等引人注目的地方；而晾於後院(backyard)、浴室或利用烘乾機烘乾或到附近的投幣式全自動洗衣機店(coin-op)處理。

2 [集合稱] 洗濯物：do the ~ 洗衣服/Go and hang out the ~ to dry. 去把洗好的衣服晾乾。

wáshing dày *n.* ＝washday《★主要爲英國語法》。

wáshing machìne *n.* Ⓒ洗衣機。

wáshing sòda *n.* Ⓤ洗滌鹼，晶鹼《洗濯用的結晶狀碳酸鈉》。

***Wash·ing·ton** [ˈwaʃɪŋtən, ˈwɔʃ-; ˈwɔʃiŋtən] 《源自 George Washington》**—*n.* 1 a** **華盛頓**《★美國的首都，爲了與華盛頓州有所區別，常稱 Washington, D.C.；⇨ District of Columbia》. **b** 美國政府。**2** 華盛頓州《美國西北端太平洋沿岸的一州，首府奧林匹亞(Olympia)；略作 Wash.,〖郵政〗WA；俗稱 the Evergreen State》。

Wáshington, George *n.* 華盛頓《1732-99；美國第一位總統(1789-97)；世稱 the Father of his Country(建國之父)》。

Washington

Wash·ing·to·ni·an [ˌwaʃɪŋˈtonɪən, ˌwɔʃ-; ˌwɔʃiŋˈtounian] 《Washington 的形容詞》**—*adj.*** 華盛頓州[市]的；喬治·華盛頓的。
—*n.* Ⓒ華盛頓州[市]民。

Wáshington's Bírthday *n.* (美國的)華盛頓誕生日《原爲二月二十二日；現爲二月的第三個星期一，是日爲國定假日》。

wásh·lèather *n.* **1** Ⓤ軟皮《鹿皮、羚羊皮、雪米皮等，用以製造手套等》。**2** Ⓒ《英》小塊軟皮《用以擦亮物品》。

wásh·òut *n.* Ⓒ《俚》**1** (道路、橋梁等的)流失，崩潰；崩潰[浸蝕]處。**2** 大失敗；失望。**3** 失敗者，落伍者，留級生。

wásh·ràg *n.* ＝washcloth.

wásh·ròom *n.* Ⓒ《美》盥洗室；洗手間，廁所。

wásh·stànd *n.* Ⓒ **1** 在無自來水設備的臥室等中(放水壺、洗臉盆等的舊式)臉盆架，洗臉臺。**2** (有自來水設備的)盥洗臺。

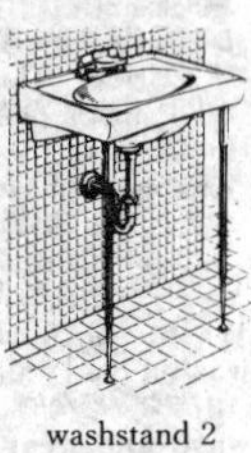

washstand 2

wásh·tùb *n.* Ⓒ洗衣盆。

wásh·wòman *n.* (*pl.* **-women**)＝washerwoman.

wash·y [ˈwaʃɪ, ˈwɔʃɪ; ˈwɔʃi] 《wash 的形容詞》**—*adj.*** (**wash·i·er**；**-i·est**) **1** 水分多的，稀薄的：~ soup 多水的湯。
2 (顏色)淺的，淡的。
3 〈文體〉無力的，無生氣的；〈性格、思想、人〉軟弱的，柔弱的。

‡**was·n't** [ˈwaznt; ˈwɔznt] **was not** 之略。

wasp [wasp, wɔsp; wɔsp] *n.* Ⓒ **1**〖昆蟲〗黃蜂《胡蜂超科及細腰蜂超科昆蟲的總稱；體細長，腰部更細，翅膀發達》：a waist like a ~'s 像黃蜂似的細腰。**2** 容易生氣的人，脾氣暴躁的人。

wasp bee hornet

WASP, Wasp [wasp, wɔsp; wɔsp] *n.* Ⓒ《美》盎格魯撒克遜系的白人新教徒。

【說明】WASP 是 *W*hite *A*nglo-*S*axon *P*rotestant 的頭字語。也就是盎格魯撒克遜系的白人新教徒的集團。他們在美國社會中形成主流，擁有强大勢力，而態度相當排外。少數民族爲了表示反感及輕蔑而以這個字稱呼他們；cf. Ku Klux Klan【說明】

wásp·ish [-pɪʃ; -piʃ] 《wasp 的形容詞》**—*adj.* 1** 似黃蜂的。**2** 容易生氣的，心腸不好的；脾氣暴躁的。**3** ＝wasp-waisted.

wásp-wáisted *adj.* 《罕》〈女子〉細腰的，蜂腰的《指臀部大而腰部細》。

was·sail [ˈwasl, -sel; ˈwɔseil] *n.* 《古》**1** Ⓤ(從前在耶誕節前夕舉行的)酒宴，歡宴。**2** Ⓒ舉杯敬酒時的祝詞《意爲「祝君健康」》。
—*v.i.* 列席酒宴，參加飲宴；舉行酒宴。
gò wássailing 挨家挨戶去唱耶誕頌歌《★從前耶誕節例行之事》。
—*interj.* 祝君健康！乾杯！

wast [(輕讀) wəst; wəst; (重讀) wɑst; wɔst] *v.i.* 《古・詩》be 的第二人稱單數 **art**² 的過去式(cf. wert).

wast·age [ˈwestɪdʒ; ˈweistidʒ] 《waste 的名詞》**—*n.*** Ⓤ[又作 a ~] **1** 消耗，損耗；浪費。**2** 損耗額[量]。

‡**waste** [west; weist] 《源自拉丁文「空的」之義》**—*v.t.* 1 a** 〔十受〕浪費，虛擲〈金錢、時間等〉；失去〈良機〉：~ money [time] 浪費錢[時間]/ ~ an opportunity 失去良機。**b** 〔十受十介十(代)名〕浪費，虛擲〈錢、時間等〉〔在…上〕〔*in, on, over*〕：~ one's money ***on*** gambling 虛擲金錢在賭博上/Advice is ~*d* ***on*** him. 給他忠告是白說的《對他忠告是無用的》/Don't ~ time *on* [*over*] trifles. 別爲瑣事浪費時間/He always ~*s* his time (***in*** [*on*]) do*ing* nothing. 他總是無所事事地虛擲光陰《★用因 do*ing* 前的介系詞多半省略》。**c** 〔十受十介十(代)名〕〔爲某人〕浪費，耗掉〈時間等〉〔*for*〕：I ~*d* a lot of time ***for*** him. 我爲他浪費了很多時間。**d** 〔十受十介十 do*ing*〕〔因做…而〕浪費〈錢、時間等〉〔*by*〕：I ~*d* my time ***by*** listen*ing* to his idle talk. 我因聽了他的廢話而浪費了時間。
2 〔十受〕使〈土地等〉荒廢《★常用被動語態；★比較 現在一般用 destroy》：The land *was* ~*d* by war. 那塊土地因戰爭而荒廢。
3 〔十受〕〈疾病、年老等〉使〈體力〉消耗，使〈人〉衰弱《★常用被動語態》：He had *been* ~*d* by long illness. 他因久病而身體衰弱[消瘦了]。
4 〔十受〕《美俚》〈職業殺手〉殺〈人〉。
—*v.i.* 1 浪費：*W*~ not, want not. 《諺》不浪費，不愁缺。**2** 〔動(十副)〕〈人、體力〉耗損，衰弱，消瘦〈*away*〉：He ~*d* ***away*** through illness. 他病得消瘦了/He ~*d* ***away to*** a mere ninety pounds from cancer. 他因癌症而消瘦到只剩九十磅。**3** 《罕》〈東西〉被浪費：The water is *wasting*. 水正白白流掉。
—*n.* 1 Ⓤ[又作 **a** ~] **浪費，徒耗**：It's (*a*) ~ *of* time. 那是浪費時間/What *a* ~！多浪費！好可惜！
2 a Ⓤ[又作 ~**s**] **廢物，廢棄物，殘物**：radioactive ~ 放射性廢棄物/find uses for industrial ~(*s*) 尋找工業廢料利用的途徑。**b** Ⓤ(動物排出的)排泄物(waste matter).
3 Ⓒ[常 ~s] 荒地，荒野，不毛之地；沙漠：the ~*s of* the Sahara 撒哈拉沙漠/The city was a ~ *of* tumbled walls. 該城已成爲斷垣殘壁的廢墟。
rùn [gò] to wáste 變成廢物，被浪費，被糟蹋掉。
—*adj.* (無比較級、最高級) **1** 〈土地〉荒蕪的，荒廢的，不毛的：~ land 荒地/lie ~ 〈土地〉荒蕪，未被開墾/lay ~ 蹂躪〈土地、國家〉，使…荒廢。
2 [用在名詞前] 無用的，剩下的；廢物的；廢棄的：~ matter (動物的)排泄物/⇨ waste product, wastewater.
3 [用在名詞前] 放廢物的，搬運廢物的：a ~ bin 垃圾箱，廢物箱。

wáste·bàsket *n.* Ⓒ《美》字紙簍，廢紙簍(《英》wastepaper basket).

waste·ful [ˈwestfəl; ˈweistful] *adj.* (**more** ~；**most** ~) **1 浪費的**；不經濟的，白費的：~ methods 不經濟的方法。**2** [不用在名詞前]〔十介十(代)名〕浪費〔…〕的，白費〔…〕的〔*of, with*〕：He is ~ ***of*** time. 他浪費時間。
~·ly [-fəlɪ; -fuli] *adv.* **~·ness** *n.*

wáste·lànd *n.* **1** ⓊⒸ荒地；不毛之地。**2** Ⓒ[常 **a** ~] (文化上、精神上)貧乏[荒廢]的生活[時代，地區]。

wáste·pàper *n.* Ⓤ廢紙，紙屑。

wástepaper bàsket *n.* ＝wastebasket.

wáste pìpe *n.* Ⓒ排水管。

wáste pròduct *n.* Ⓒ製造過程中產生的廢物，廢料。

wást·er *n.* Ⓒ **1** 浪費(金錢、時間等)的人[東西]：a ~ *of* time ＝a time ~ 浪費時間者。
2 揮霍者。
3 做壞了的東西，瑕疵品。
4 《文語》破壞者〔*of*〕.

wáste·wàter *n.* Ⓤ(工廠的)廢水；污水。

wást·ing *adj.* [用在名詞前] **1** 使荒廢的，破壞性的〈戰爭等〉：a ~ war 毀壞性的戰爭。**2** 消耗性的〈疾病〉：a ~ disease 消耗性疾病《結核病等》。

wast·rel [ˈwestrəl; ˈweistrəl] *n.* Ⓒ **1** 《文語》浪費者，揮霍者。**2** 無用的人，流氓，遊手好閒者。

wat [wɑt; wɑ:t] *n.* Ⓒ泰國或高棉的佛教寺或僧院。

‡**watch** [watʃ, wɔtʃ; wɔtʃ] 《源自古英語「不睡的」之義》**—*v.t.* 1** (通常指站著或坐著)注視(⇨ look A【同義字】)：**a** 〔十受〕注視，注意看守〈在動的東西〉：~ television [TV] 看電視/~ baseball on TV 看電視上轉播的棒球賽。**b** 〔十 *wh.*__/十*wh.*十*to* do〕注意看〈…〉：*W*~ *what* he is going to do. 注意看他要做什麼/*W*~ *how to* do this. 注意看怎麼做這個。**c** 〔十受十原形〕注視…〈做

…〉《★用法與 see 不同，此句型沒有被動語態》：I sat there, *~ing* the sun come up. 我坐在那裏觀看日出/I learned by *~ing* someone do it. 我看著別人做才學會這件事。**d** 〔十受十 do*ing*〕注視…〈在做…〉《★用法與義 1 c相同》：She stood *~ing* people pass*ing* by. 她站著注視過路的行人。

2 〔十受〕**a** 監視，看守…：I think I'm being *~ed.* 我想我正受到監視。**b** 看護，照顧〈某人〉：~ a patient carefully 小心地看護病人。**c** 看顧〈家畜羣等〉。

3 〔十受〕等待〈機會等〉，伺〈機〉：~ one's time [opportunity] 等待時機[機會]。

4 〔十受〕**a** 注意，當心，留意…：~ the time 留意時間(以免遲到) /If you don't ~ it, ... 《口語》你要是不當心，就…(cf. WATCH it!)/⇨ watch one's STEP, watch the CLOCK¹/ *W~* your drinking. 注意你的飲酒《不要飲酒過度》。**b** [~ one*self*] 自重[當心](以維護體面或以免患病)，注意。

—*v.i.* 1 注意看，注視，注目：He remained silent during the operation and merely *~ed.* 在手術當中他只是默默地注視著。

2 a 〔十介十(代)名〕**注意等待**〔…〕〔*for*〕：~ ***for*** a good chance 等待好機會/She was *~ing for* the postman. 她正留意著等郵差送信來。**b** 〔十 *for* 十(代)名十 *to* do〕等待〔…〕〈做…〉：I stood *~ing for* the signal *to* change to green. 我站著等待交通信號轉爲綠燈/I've been *~ing for* him *to* do that. 我一直等著他做那件事。**c** 〔十 *to* do〕等著〈想做…〉：She *~ed to* see who would come out of the house. 她等著看看誰會從那屋子裏出來。

3 a 守望，看守，監視：There was a policeman *~ing* outside the house. 屋外有一名警察在監視。**b** 〔十介十(代)名〕看守，監視〔…〕〔*over*〕：Please ~ ***over*** my suitcase while I go to get my ticket. 在我去買票的時候請幫我看一下手提箱《★比較比 Please ~ my suitcase.... 更拘泥的說法》。

4 〔十 (*that*)__〕注意〈…事〉：*W~* (*that*) you don't slip. 注意不要滑倒。

5 〔動(十介十(代)名)〕《文語》不眠地看護〔…〕，〔在…旁〕守通宵〔*at, by, beside*〕：She *~ed* ***beside*** the sickbed. 她在病榻旁邊不眠地看護。

Wátch it! 《口語》注意！當心！危險！《★用法也常用於 If you don't ~ *it,* I'll kill you.(你要是不當心，我就殺掉你。)的威脅句子》。

Wátch óut! 小心！當心！危險！

wátch óut for… 注意…，留意…，監視…：~ *out for* speeding cars 留意超速的車輛/ *W~ out for* a cheap Picasso. 留意畢卡索的廉價作品《想買下》。

—*n.* 1 Ⓒ[常構成複合字] (攜帶用的)錶(⇨ clock¹【同義字】)：⇨ wristwatch/What time is it by your ~ ? 你的錶現在幾點？/a ~ and chain 附有鎖鏈的錶。

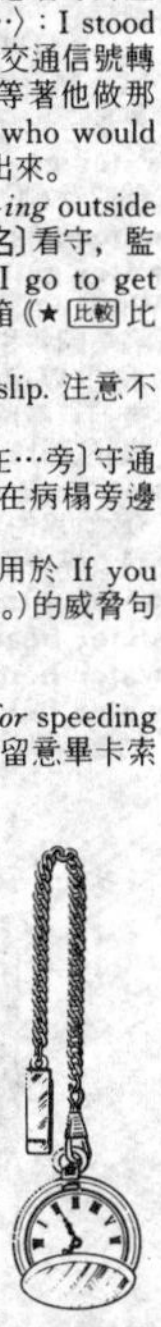

watch and chain

2 Ⓤ[又作 **a ~**]看守，監視，戒備：keep ~ *over* [*on*]... 看守…，監視…/keep (*a*) close [careful] ~ *on...* 嚴密監視…；密切注意(患病的小孩等)。

3 a Ⓤ[常 **the ~**；集合稱]警備人員，看守人，監視者《★用法視爲一整體時當單數用，指個別成員時當複數用》：⇨ night watch 2. **b** Ⓒ[常 **~s**] (從前的)值夜[守夜]時間：⇨night watch 3/⇨in the NIGHT WATCHES.

4 《航海》**a** Ⓒ值班時間：the first ~ 小夜班(8–12 p.m.)/the mid ~ 大夜班(12–4 a.m.)/the morning ~ 早班(4–8 a.m.)/the forenoon ~ 上午班(8–12 a.m.)/the afternoon ~ 下午班(12–4 p.m.)/the evening ~ 晚班(4–8 p.m.). **b** Ⓤ值班：on ~ 在值班/off ~ 不值班/keep ~ 值班。

in the wátches of the níght =in the NIGHT WATCHES.

kèep wátch for… 守候，等候…。

on the wátch (for…) 小心提防(…)，監視著(…)：Be *on the ~ for* cars when you cross the street. 你過馬路時要當心車子。

wátch and wárd 《文語》不放鬆的看守[監視]：keep ~ *and ward* 晝夜(不斷地)警戒，小心地監視。

watch·a·ble [ˈwatʃəbl, ˈwɔtʃ-; ˈwɔtʃəbl] *adj.* **1** 悅目的；好看的；值得一看的。**2** 可查覺的；明顯的。

wátch·bànd *n.* Ⓒ錶帶。

wátch·càse *n.* Ⓒ錶殼。

wátch chàin *n.* Ⓒ懷錶的鍊子。

wátch·dòg *n.* Ⓒ **1** 看門狗，警犬。**2** 嚴密的看守人，監視者：act as a ~ *over...* 擔任看守[監視]…的工作。

wátch·er *n.* Ⓒ **1 a** 看守人，監視者。**b** 《美》(投票所的)監票員。**2** 徹夜不眠的照顧者；看護病人者；守靈的人。**3** [常構成複合字] **a** 觀測家：a sky ~ 天體觀測家/⇨ birdwatcher. **b** (政治情勢等的)觀察家：a China [Kremlin] ~ 中國[蘇聯]情勢觀察家[政策專家]。

wátch fìre *n.* Ⓒ作信號用之篝火；守夜者所生之火。

watch·ful [ˈwatʃfəl, ˈwɔtʃ-; ˈwɔtʃful] *adj.* (**more ~**；**most ~**) **1** (經常注意、不放鬆警戒的) **十分小心的，警覺的，機警的**：~ eyes 機警的眼睛。

2 [不用在名詞前]〔十介十(代)名〕注意〔…〕的，留意〔…〕的，警戒〔…〕的〔*of, for, against*〕：You must be ~ ***of*** your health. 你必須注意你的健康/Be ~ ***for*** pickpockets. 當心扒手。

~·ly [-fəlɪ; -fuli] *adv.* **~·ness** *n.*

wátch guàrd *n.* Ⓒ錶鍊；錶帶。

wátch·màker *n.* Ⓒ錶匠；修錶者。

wátch·màking *n.* Ⓤ錶的製造[修理]。

wátch·man [ˈwatʃmən, ˈwɔtʃ-; ˈwɔtʃmən] *n.* Ⓒ(*pl.* **-men** [-mən; -mən]) **1** (建築物等的)夜警，守夜者；看守人，警備人員：⇨ night watchman. **2** (從前的)巡夜者，更夫。

wátch mèeting *n.* Ⓒ(宗教上)除夕禮拜(式)。

wátch nìght *n.* Ⓒ除夕，除夕禮拜。

wátch·òut *n.* Ⓤ監視；預料。

wátch pòcket *n.* Ⓒ(背心、長褲等)放錶的小口袋(⇨ suit 插圖)。

wátch·tòwer *n.* Ⓒ守望樓，瞭望台。

wátch·wòrd *n.* Ⓒ **1** 口令(password). **2** (黨派等的)口號，標語(motto).

‡**wa·ter** [ˈwɔtə, ˈwatə; ˈwɔ:tə] *n.* **1** Ⓤ**水；飲料水**：cold ~ 冷水/cool ~ 涼水/hot ~ 熱水/boiling (hot) ~ 滾(熱的)水/warm ~ 溫水/a glass [bottle] of ~ 一杯[瓶]水/fresh [sweet] ~ 淡水，清水/ *W~* is turned into steam by heat. 水加熱則變成蒸汽。

2 a Ⓤ(自來水等的)**水，用水**：tap ~ 自來水的(生)水/turn on [off] the ~ (扭轉活栓)放水[關水]。**b** [**~s**] (天然的)礦泉(水)：drink [take] the *~s* 〈病人〉飲用礦泉水；接受礦泉治療。**c** Ⓤ Ⓒ(含礦物質的)飲用水；碳酸水：⇨ mineral water.

3 Ⓤ[常 **the ~**] (與空中、陸地相對的)**水中**：Fish live in ~. 魚生活在水中/jump in(to) *the* ~ 跳入水中。

4 a Ⓤ[常 **the ~s**；常與修飾語連用] (海、河、瀑布、湖、池塘等的)流水；海水，河水：blue ~ 海/open ~ 沒有島[暗礁，結冰(等)]的海/*the ~s* of the Nile 尼羅河的水/⇨ cast [throw] one's BREAD upon the waters/Still *~s* run deep. ⇨ still¹ *adj.* 2 b. **b** [**~s**；常與修飾語連用]領海，海域，近海：in British *~s* 在英國水域[領海]。**c** [**~s**]《文語・詩》海(sea)：cross the *~s* 越過海，越洋。

5 Ⓤ水面，水位；潮位：above [below] (the) ~ 在水面上[下]/on the ~ 在水上[水面]/⇨ high water 1, low water 1.

6 Ⓤ[指種類時爲Ⓒ]溶液；…水，化妝水：soda ~ 蘇打[碳酸]水/rose ~ 玫瑰香水/an expensive toilet ~ 昂貴的化妝水。

7 Ⓤ分泌液；淚水；汗水；尿液；唾液(等)：~ on the brain [chest] (疾病引起的)腦[胸]部積水/make [pass] ~ 解小便/The sight of the beefsteak brought (the) ~ to my mouth. 看到牛排使我流口水。

8 Ⓤ **a** (寶石，尤指鑽石的)純度，品質：a diamond of the first ~ 最高級的鑽石。**b** (優秀等的)程度：a scientist of the first ~ 第一流的科學家/a fraud of the first ~ 大騙子。

9 Ⓒ(紡織品、金屬等的)波紋。

10 a Ⓒ水彩畫(watercolor)：oils and *~s* 油畫和水彩畫。**b** Ⓤ水彩畫具。

báck wáter (1)倒划槳；使船後退。(2)《美》撤回，取消前言。

be in [gèt into] déep wáter(s) 《口語》陷入極大的困境《★出自聖經「詩篇」》。

be in [gèt ìnto] hót wáter ⇨ hot water 2.

be in lów wáter 缺乏金錢，貧困。

by wáter 由水路[海路]。

dráw wáter to one's **míll** 牟取私利。

gó through fíre and wáter ⇨ fire.

hóld wáter (1)〈容器等〉不漏水，無漏洞。(2)[常用於否定句]〈理論等〉有條理，能獲得證明，能站得住腳：That alibi wo*n't hold* ~. 那個不在場證明將站不住腳。

in smóoth wáter(s) 《英》平穩地，順利地，圓滑地。

kèep one's **héad abòve wáter** ⇨ head.

like wáter 《口語》(用錢)如水，毫不愛惜地，大量地：spend money *like* ~ 用錢如水，揮霍錢。

màke wáter (1)⇨ *n.* 7. (2)〈船〉漏水。

on the wáter (1)在水上[海上]，水上[海上]的：(a) life *on the* ~ 水上生活。(2)乘[坐]船，被裝載於船上。

the wáter of lífe (給與不朽生命的)生命之泉《★出自聖經「啓示錄」》。

thrów [póur] cóld wáter on [òver] ... 《口語》對〈計畫、希望等〉澆冷水，打擊別人的熱情。

tréad wáter 踩水，立游《★語形這個成語的過去式及過去分詞通常用 treaded》.

ùnder wáter 在水中；浸水：houses *under* ~ 浸水的房屋。

W

wáter ùnder the brídge [òver the dám] 過去的事，無法挽回的過去。
wrít [wrítten] in wáter 〈名聲〉轉眼即逝的；〈功績〉很快被遺忘的《★出自莎士比亞(Shakespeare)的「享利八世(*The Life of King Henry the Eighth*)」》.
—*adj.* [用在名詞前] **1** 水的，關於水的，裝水的：⇨ water supply/a ～ bucket 裝水的水桶。
2 水力的，利用水力的：a ～ turbine 水力渦輪。
3 在水中[水上]舉行的：～ sports 水上運動/～ transportation 水路運輸。
4 在水中[水上，水邊]的：～ plants 水生植物。
—*v.t.* **1** 〔十受〕給…澆水，灑水於…上：～ the lawn [streets] 灑水於草地[街道]上/～ the plants 給花木澆水。
2 〔十受〕給〈馬等〉喝水：～ the cattle at a stream 讓牛在溪邊飲水。
3 〔十受〕〈河水等〉灌溉〈農作物、田地等〉；供水給…《★常用被動語態》：Our country *is* well *～ed* by rivers and brooks. 我國因河溪多而水源充足。
4 〔十受(十副)〕摻水於…，用水稀釋…〈*down*〉：This milk [wine] seems to have been *～ed* (***down***). 這牛奶[酒]似乎摻過水。
5 〔十受〕《經濟》(發行無實際資產配合的股票等)虛報〈資本、負債〉。
—*v.i.* **1** 〈動物〉飲水。
2 〈船、蒸汽機〉加水：Our ship *～ed* before sailing. 我們的船在出航前加了水。
3 流出分泌液；〈眼睛〉流淚；〈嘴〉流口水：Smoke makes one's eyes ～. 煙會薰得人流淚/His mouth *～ed* at the sight of the food. 他一看到那食物就流口水/The smell made my mouth ～. 那氣味使我垂涎。
wáter dówn 《*vt adv*》(1)⇨ *v.t.* 4. (2)斟酌敍述…；減弱…的效果《★常用被動語態；cf. watered-down》：～ *down* one's language 緩和說話的語氣/The report has *been ～ed down*. 那篇報導的生動性被沖淡[減弱]了。
wáter bàg *n.* Ⓒ **1** 水袋《橡皮水袋，暖水袋等》。**2** (家畜的)羊(水)膜。
wáter bàllet *n.* Ⓤ Ⓒ水上芭蕾舞。
Wáter Bèarer *n.* [the ～]《天文》寶瓶座(Aquarius).
wáter·bèd *n.* Ⓒ水牀。
wáter bèetle *n.* Ⓒ《昆蟲》水棲甲蟲《棲息於水中的甲蟲，如龍蝨等》。
wáter bìrd *n.* Ⓒ水鳥，水禽《尤指棲息於淡水中者》。
wáter bìscuit *n.* Ⓒ一種以小麥粉和水製成的淡味餅乾。
wáter blìster *n.* Ⓒ(皮膚的)水腫，水疱。
wáter-bòrne *adj.* **1** 水路運輸的：～ trade 水上貿易。
2 〈傳染病〉由飲用水媒介的。
wáter bòttle *n.* Ⓒ **1** 水瓶，水罐。**2** (隨身攜帶的)水壺。
W
wáter·bùck *n.* Ⓒ《動物》水羚《棲息於南非中部的潮濕地帶的羚羊》。
wáter bùffalo *n.* Ⓒ《動物》(亞洲)水牛《分布於東南亞的家畜；主要用於農耕》。

water buffalo

wáter bùg *n.* Ⓒ《昆蟲》水蟲《棲息於水邊的昆蟲，尤指美國蜚蠊》。
wáter-bùs *n.* Ⓒ(河等的)水上巴士，渡輪。
wáter bùtt *n.* Ⓒ承雨水桶。
wáter cànnon *n.* Ⓒ高壓噴水裝置《用以鎮壓示威羣衆或裝設在消防艇(fireboat)上者》。
wáter càrt *n.* 《英》=water wagon.
wáter chèstnut *n.* Ⓒ **1** 《植物》菱《柳葉菜科菱屬水生植物的統稱》。**2** 菱角《菱的果實，可食用》。
wáter chùte *n.* Ⓒ(乘小船從高斜處滑入水中的斜槽)滑行水路，滑水運動。
wáter clòck *n.* Ⓒ水時計；滴漏。
wáter clòset *n.* Ⓒ **1** 有抽水設備的廁所《★通常略作 WC》. **2** 抽水馬桶。
wáter·còlor *n.* **1** Ⓤ [又作～s] 水彩顏料：paint in ～*s* 用水彩顏料畫，畫水彩畫。
2 Ⓒ水彩畫：paint a ～ 畫水彩畫。
3 Ⓤ水彩畫法。
—*adj.* [用在名詞前] 用水彩顏料畫的，水彩的。
wáter·còlorist *n.* Ⓒ水彩畫家。
wáter-còol *v.t.* 以水循環流動而保持〈引擎等〉不太熱；以水冷却…。
wáter còoler *n.* Ⓒ(使飲用水冷却的)冷水器。
wáter·còurse *n.* Ⓒ **1** 水流。**2** 水路，運河。
wáter·cràft *n.* **1** Ⓒ舟，船。
2 [集合稱]船舶。**3** Ⓤ水中運動的技術《如操舟、游泳》。
wáter·crèss *n.* Ⓤ《植物》水甕菜《又稱荷蘭芥，葉子可做沙拉或煮湯》。
wáter cùre *n.* Ⓒ水療法(hydropathy).
wáter divìner *n.* Ⓒ以探礦杖(dowsing rod)尋找水源的人。
wá·tered *adj.* **1** 受灌溉的。**2 a** 〈絲綢、金屬板等〉有波紋的：～ silk 有波紋的絲綢《紋綢》。**b** 〈刀刃〉有雲狀或顆粒花紋的。**3** 用水稀釋的，摻水的。
wàtered-dówn *adj.* **1** 用水稀釋的，摻水的。**2** 斟酌過的；趣味性減少的：a ～ version of Shakespeare 趣味性減少的莎士比亞譯本。
wa·ter·fall [ˈwɔtə˞ˌfɔl; ˈwɔ:təfɔ:l] *n.* Ⓒ **1** 瀑布(cf. cascade 1). **2** (如瀑布般的)大量湧到〔*of*〕《★比較 一般用 flood》：a ～ *of* fan letters 大批湧到的影迷[球迷]信。
wáter·fòwl *n.* Ⓒ (*pl.* ～s, [集合稱]～) 水鳥，水禽：shoot ～ 用獵槍打水鳥。
wáter·frònt *n.* Ⓒ[常用單數]濱水地方；湖邊[海岸]地區[路]；河岸。
—*adj.* [用在名詞前]濱水地方[海岸一帶]的，有關濱水地方[海岸一帶]的：a ～ bar 碼頭酒吧/paint ～ scenes 畫濱水地方風景。
wáter gàge [gàuge] *n.* Ⓒ水位計，水錶《熱水器、貯水池等外部顯示水位的計量器》。
wáter gàs *n.* Ⓤ《化學》水煤氣。
wáter gàte *n.* Ⓒ水門，水閘(floodgate).
Wa·ter·gate [ˈwɔtə˞ˌget; ˈwɔ:təgeit] *n.* **1** Ⓤ水門事件《1972 年幾名美國共和黨員潛入華府(Washington, D.C.)民主黨總部所在的水門(Watergate)大廈從事間諜活動而導致尼克森(Nixon)總統被迫辭職的政治醜聞》。**2** [又作 w～] Ⓒ(如水門事件的)政治陰謀[醜聞]。
wáter glàss *n.* **1** Ⓒ(水中看東西用的)水鏡，水底觀察鏡。**2** Ⓒ(飲水用的)玻璃杯。**3** Ⓤ水玻璃《矽酸鈉的水溶液、接合劑、塗料、媒染劑用》。
wáter gùn *n.* =water pistol.
wáter hèater *n.* Ⓒ(使用瓦斯或電的)自動熱水器。
wáter hèn *n.* Ⓒ《鳥》鷭(moorhen).
wáter hòle *n.* Ⓒ(乾涸的河牀中留下的)積水處，小池塘《野生動物前來飲水的地方》。

water hole

wáter ìce *n.* Ⓤ [指個體時爲Ⓒ] (水中加入糖、果汁、著色劑等製成的)冰點心；冰棒；冰淇淋(cf. sherbet 1).
wa·ter·i·ness [ˈwɔtərɪnɪs; ˈwɔ:tərinis] *n.* Ⓤ **1** 多水之狀態或性質；含水；潮濕。**2** (文章，風格等之)乏味；軟弱無力。**3** 含淚；淚眼模糊。**4** 浸水之狀態。
wa·ter·ing [ˈwɔtərɪŋ, ˈwɑt-; ˈwɔ:təriŋ] *n.* Ⓤ Ⓒ **1** 灑水；澆水；灌水。**2** (綢等)有波狀光澤之表面。
—*adj.* **1** 灑水的；澆水的；灌水的。**2** 分泌淚或唾液的。**3** 有礦泉或海水浴場的。
wáter·ing càn *n.* =watering pot.
wátering càrt *n.* =water cart 2.
wátering hòle *n.* 《美俚》=watering place 2, 3.
wátering plàce *n.* Ⓒ **1** 《英》有溫泉的地方，有礦泉的療養地；海水浴場。**2** (動物的)飲水處。**3** 《美》喝酒的場所《酒吧、夜總會等》。
wátering pòt *n.* Ⓒ灑水壺。
wáter jàcket *n.* Ⓒ《機械》水套，冷水筒管《機器、引擎等的過熱冷却用裝置》。
wáter jùmp *n.* Ⓒ(障礙賽馬中馬須躍過的)水溝。
wáter·less *adj.* **1** 無水的，沒有水分的。**2** 〈烹調等〉不需要水的。**3** 空冷式的。
wáter lèvel *n.* Ⓒ **1** 水位，水平面。**2** 水平器。
wáter lìly *n.* Ⓒ《植物》(睡)蓮，荷花。

wáter·lìne *n.* Ⓒ《航海》(船的)吃水線《船側與水面相接的線》。

【照片說明】waterline 以下通常被漆成紅色(這張照片裏是黑色部分)。

wáter-lòcked *adj.* 被水包圍的。
wáter-lògged *adj.* **1**〈木材〉浸泡水的;〈土地〉淹水的,浸水的。**2**〈船〉進水的。
Wa·ter·loo [ˌwɔtɚˈlu; ˌwɔːtəˈluː] *n.* **1** 滑鐵盧《比利時中部的一個村落;1815 年威靈頓(Wellington)指揮的聯軍大敗拿破崙(Napoleon)的地方》。**2** Ⓒ[常用單數;有時 **w~**]大敗,慘敗:meet one's ~[w~]遭到慘敗,一敗塗地。
wáter màin *n.* Ⓒ主輸水管,自來水幹管。
wá·ter·man [-mən; -mən] *n.* Ⓒ(*pl.* **-men** [-mən; -mən])**1** 船夫,舟子。**2** 槳手,划槳者(oarsman).
wáter·màrk *n.* Ⓒ **1** 水位標,水量標:the high[low]~(漲[落]潮時的)最高[最低]水位標。**2**(壓印在紙裏的)透明花紋,浮水印。
—*v.t.* 印透明花紋於…。
wáter mèadow *n.* Ⓒ淹水的牧草地《定期堵住河水,使土地淹水而土壤變肥沃的牧草地》。
wáter·mèlon *n.* **1** Ⓒ《植物》西瓜。**2** Ⓒ[當作食物時爲Ⓤ]西瓜(的果實)《★在美國予人的印象爲南部產物,尤其使人聯想到黑人;當地所產的西瓜多半大而呈細長形》:a slice of ~ 一片西瓜/have some ~ 吃點西瓜。
wáter mèter *n.* Ⓒ水量計,水表。
wáter mìll *n.* Ⓒ水車;水(力)磨;(利用水車輾粉的)製粉廠。
wáter mòccasin *n.* Ⓒ《動物》水棲蝮蛇《棲息於美國南部沼澤等地的大毒蛇,口腔內側爲白色》。
wáter nỳmph *n.* Ⓒ《希臘·羅馬神話》水精,水中仙女[女神]。
wáter pàint *n.* Ⓤ Ⓒ用水調配的顏料。
wáter pìpe *n.* Ⓒ **1** 輸水管,給水管。**2** 水煙筒《用水過濾的吸煙工具》。
wáter pìstol *n.* Ⓒ玩具水槍《★比較《美》一般用 squirt gun》.
wáter plàne *n.* Ⓒ水上飛機。
wáter plùg *n.* Ⓒ消防栓。
wáter pollùtion *n.* Ⓤ水質汚染。
wáter pòlo *n.* Ⓤ《運動》水球。
wáter·pòwer *n.* Ⓤ **1** 水力。**2**(水車等的)用水權。
wa·ter·proof [ˈwɔtɚˈpruf; ˈwɔːtəpruːf] *adj.*(無比較級、最高級)防水的,不透水的:a ~ coat 防水外衣。
—*n.* **1** Ⓒ《英》雨衣;防水衣服。**2** Ⓤ防水材料,防水布。
—*v.t.* 使…不透水,使…防水,把…加以防水處理。
wáter·pròofing *n.* Ⓤ **1** 防水劑。**2** 防水;防水法。
wáter ràt *n.* Ⓒ《動物》水鼠《泛指澳洲水鼠或南美水鼠》。
wáter ràte *n.* Ⓒ[常**the ~s**]《英》自來水費。
wáter-repèllent *adj.*〈布料等〉(加工成)具有排水性的《但非完全防水》。
wáter-resistant *adj.*〈布料等〉(加工成)可抗拒水滲入[滲透]的《但非完全防水》。
wáter rìght *n.* Ⓒ[常~s]取水權,用水權。
wáter·scàpe *n.* Ⓒ水[海]景(畫)。
wáter·shèd *n.* Ⓒ **1** 分水嶺,分水界(《美》divide). **2**《美》(河川的)流域。**3** 轉捩點,轉機。
wáter·sìde *n.* [**the** ~](河、海、湖的)水邊。
—*adj.* [用在名詞前](有關)水邊的,在水邊的。
wáter skì *n.* Ⓒ[常~**s**]滑水板。
wáter-skì *v.i.* 滑水:go ~*ing* 去滑水。
wáter-skìer *n.* Ⓒ滑水者。
wáter skìing *n.* Ⓤ滑水運動《穿上滑水板,由快艇(speed boat)牽引滑行水上的運動》。
wáter snàke *n.* Ⓒ《動物》(棲息於水中或水邊的)水蛇《無毒》。
wáter sòftener *n.* =softener 2.
wáter-sòluble *adj.* 可溶於水的,水溶性的。
wáter spàniel *n.* Ⓒ水獵《鬈毛的大型獵,趾有蹼,善游水,常用於獵野鴨》。
wáter·spòut *n.* Ⓒ **1**(引導屋簷雨水流下的)排水管;水覓。**2**《氣象》龍捲風掀起的水柱,旋雲筒。
wáter sprìte *n.* Ⓒ住於水中的精靈,水妖,水中仙女。
wáter supplỳ *n.* Ⓒ供水量;供水系統[設備]。
wáter sỳstem *n.* Ⓒ **1**(一河流之)水系。**2**(都市等之)給水系統。
wáter tàble *n.* Ⓒ地下水位《地下水層的表面》。
wáter tànk *n.* Ⓒ水箱,水槽。
wáter-tìght *adj.* **1** 防水的,耐水的:a ~ compartment(船的)防水隔艙[間]。**2**〈論點等〉無懈可擊的,完美的。
wáter tòwer *n.* Ⓒ **1** 水塔。**2**《美》(消防用)救火噴水塔。
wáter vàpor *n.* Ⓤ水蒸汽。
wáter vòle *n.* Ⓒ《動物》水鼮(cf. water rat).
wáter wàgon *n.* Ⓒ《美》**1**(與行軍中的軍隊等同行的)供水車,運水車。**2** 灑水車。
òff the wáter wágon ⇨ wagon.

英國田園的 waterway

wáter·wày *n.* Ⓒ(船航行於河流的)水路;運河;排水道;甲板舷側排水溝。

【說明】英國在十九世紀產業革命時,爲了運輸原料及產品,開鑿了運河網,遍及全國各地。後來由於鐵路、公路的發達,運河變成觀光用途。今天運河所連接的美麗田園、名勝古蹟和都市成爲觀光路線。這種坐船的觀光旅遊(cruise)頗受歡迎。

wáter·wèed *n.* Ⓒ水草。
wáter·whèel *n.* Ⓒ水車;灌溉用的戽水車。
wáter wìngs *n.* *pl.*(練習游泳用,置於腋下的)翼形浮袋。
wáter wìtch *n.* Ⓒ **1** 善於發現地下水脈的人。**2** 相傳出沒於湖泊的女巫。
wáter wìtching *n.* Ⓤ以探礦杖發現地下水之能力。
wáter·wòrks *n.* *pl.* **1 a** [當單數或複數用]自來水設備,給水裝置。**b** [當單數用]水廠,淨水廠。**c**《英》(政府機構的)自來水課:a bill from the ~ 水費單。
2《英·委婉語》(身體的)泌尿器系統。
3《口語》(流)淚:turn on[off] the ~ 流淚[忍住淚],哭泣[停止哭]。
wáter·wòrn *adj.*〈岩石等〉因水的浸蝕作用而磨損的,水蝕的。
wa·ter·y [ˈwɔtərɪ, ˈwɔtrɪ; ˈwɔːtəri] **《water 的形容詞》—*adj.*** (**wa·ter·i·er; -i·est**)**1**〈液體等〉水的;似水的:a ~ fluid 水狀液/a ~ discharge 似水的分泌物。
2 a〈地面等〉潮濕的:~ ground 潮濕的地面。**b**〈雲、天空等〉含雨水的,好像要下雨的:~ clouds 雨雲/a ~ moon 濛濛欲雨的月色。
3 a〈湯、葡萄酒等〉多水的,味淡的:~ coffee[soup]味淡的咖啡[湯]。**b**〈蔬菜、燉煮的食物等〉水分多的:~ potatoes水分多的馬鈴薯/~ scrambled eggs(不十分熟的)多水的炒蛋。
4〈文章、思想等〉軟弱無力的,乏味的,缺乏內容的。
5〈眼睛〉含淚的(tearful):one's ~ eyes 淚汪汪的眼睛。
6〈顏色等〉淡的:a ~ blue 淡藍色。
7(無比較級、最高級)[用在名詞前]《文語》水中的《★常用於下列片語》:go to a ~ grave 淹死,溺死。
WATS [wɑts; wɔts] **《*W*ide *A*rea *T*elecommunications *S*ervice 的頭字語》—*n.*** Ⓤ《美》長途電話服務《每個月繳一定金額的費用,可在指定區域內不限次數的打長途電話》。
Wat·son [ˈwɑtsn̩; ˈwɔtsn] *n.* 華特生《男子名》。
watt [wɑt; wɔt] **《源自 J. Watt》—*n.*** Ⓒ《電學》瓦特《電力的實用單位;略作 W》:a 60-*watt* light bulb 一個六十瓦特的燈泡。
Watt [wɑt; wɔt], **James** *n.* 瓦特《1736–1819;發明蒸氣機的蘇格蘭人》。
wat·tage [ˈwɑtɪdʒ; ˈwɔtidʒ] *n.* Ⓤ[又作**a** ~]《電學》瓦(特)數:a bulb of low ~ 瓦數低的燈泡。
wátt-hòur *n.* Ⓒ《電學》瓦特小時《每小時一瓦特的電力》。
wat·tle [ˈwɑtl̩; ˈwɔtl] *n.* **1** Ⓤ **a** 編枝條工藝《用棒與(細)枝條製造,用作籬笆、圍牆等》。**b** 構成草屋頂支架的杆條。**2** Ⓒ(雞、火雞的)肉垂。**3** Ⓤ《植物》澳洲相思樹。
wáttle and dáub Ⓤ夾條牆,泥巴牆《編枝條外面塗上黏土或灰泥者;用作圍牆、牆壁》。
—*v.t.* **1** 用編枝條做〈圍牆、牆壁等〉。**2** 把〈細枝條等〉編起來。

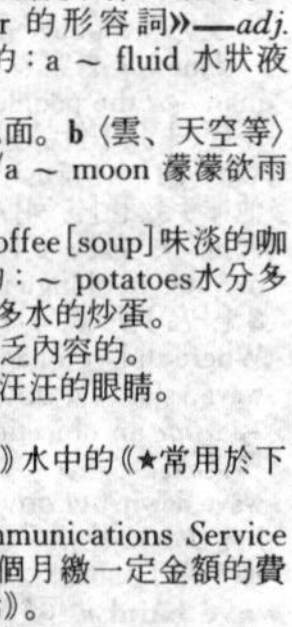

wattle 2

wát·tled *adj.* **1** 用編枝條做成的。**2**〈雞等〉有肉垂的。
wátt·mèter *n.* Ⓒ《電學》電力計,瓦特計,電表。

W

‡wave [wev; weiv] *n.* Ⓒ **1 波，** 波浪：a mountainous ~ 如山的巨浪/surging ~*s* 洶湧的波濤/The ~*s* broke against the rocks. 波浪拍打岩石而成細細浪花。

> 【同義字】wave 是指波浪的最廣泛用字；billow 指海洋上的巨浪；riffle 指微波，漣漪；swell 指洶湧的波浪；breaker 是沖擊海岸、暗礁等而碎成泡沫狀的浪；surf 是沙灘上拍岸的浪；roller 指因暴風而打上岸邊的大浪。

2 a 波動，起伏：golden ~*s* of grain 一波波金黃色的穀浪/attack the enemy in ~*s* 一波一波地攻擊敵人。**b** 〈頭髮等的〉波浪形，鬈曲：⇨ permanent wave.
3 〈感情、情勢等的〉起伏，高漲：a ~ *of* depression 一陣子的不景氣/a ~ *of* indignation [enthusiasm] 一陣憤怒[熱情]/There was a ~ *of* laughter. 起了一陣哄堂大笑。
4 〈手、旗子等的〉揮動，搖動，揮動的表示：with a ~ *of* one's hand 把手一揮/a ~ *of* dismissal 示意退去的揮手。
5 《物理》波；波動：a sound ~ 音波/⇨ long wave, medium wave, short wave.
6 《氣象》〈氣壓等的〉波，波浪：a cold [heat] ~ 寒潮[熱浪]。
màke wáves 興風作浪，起風波[糾紛]，把事情鬧大。
—*v.i.* 1 〈如波一樣地〉**波動**；搖動，起伏，飄動：The branches ~*d* in the breeze. 樹枝在微風中搖動。
2 〈頭髮〉作波浪形；〈土地〉起伏：Her hair ~*s in* beautiful curls. 她的頭髮漂亮地鬈曲成波浪形。
3 a 〔動（＋介＋（代）名）〕〔向…〕揮手[旗（等）]做手勢[示意]〔*at, to*〕：~ **to** a person in farewell 向某人揮手告別/They ~*d* **at** the parade. 他們向遊行的行列揮手。**b** 〔＋介＋（代）名＋*to* do〕揮手叫〔人〕〈做…〉，揮手示意〔人〕〈做…〉〔*to, at*〕：He ~*d* **to** me *to* do it. 他揮手示意我做那件事/He ~*d* **at** the driver *to* stop. 他招手叫司機停住。
—*v.t.* 1 a 〔＋受〕**揮動，** 搖動，揮舞〈手、手帕等〉：~ one's hand 揮手《★表示拒絕、告別等的動作》。**b** 〔＋受＋介＋（代）名〕〔向…〕揮，揮動，揮舞〈手、手帕等〉〔*at, to*〕：He ~*d* a pistol menacingly **at** us. 他威脅似地向我們揮動手槍/They ~*d* hats and handkerchiefs in welcome **to** the returning hero. 他們揮動帽子和手帕歡迎凱旋歸來的英雄。
2 a 〔＋受＋副詞（片語）〕向〈某人〉揮手[旗子（等）]做（…的）手勢；示意〈某人〉〈做…〉：I ~*d* him *to* a chair. 我做手勢示意他就坐/The policeman looked at my driver's license and then ~*d* me *on.* 警察看了我的駕照後揮手叫我繼續前駛/The policeman ~*d* the people *away.* 警察揮手叫人們走開。**b** 〔＋受＋受/＋受（＋介＋（代）名）〕揮手[手帕（等）]向〈人〉表示…；揮手[手帕（等）]向〔人〕表示…〔*to*〕：I ~*d* him a greeting [farewell]. 我向他揮手致意[告別]/He ~*d* goodbye (**to** his friends). 他（向朋友們）揮手告別。**c** 〔＋受＋*to* do〕揮手示意〈某人〉〈做…〉：I ~*d* my dog *to* plunge into the water. 我揮手示意我的狗跳入水中。
3 〔＋受〕使〈線等〉成波浪形，使…有波紋，使…鬈曲；燙〈髮〉：Where did you have your hair ~*d*? 你在哪裏燙的頭髮？
wáve asíde 《*vt adv*》揮手拒絕[排斥]〈提議〉；不理會〈反對等〉：~ *aside* an objection 不理會反對/~ *aside* a suggestion 拒絕某項提議。
wáve dówn 《*vt adv*》揮手[招手]使〈車子、司機〉停下來：He ~*d* her *down.* 他招手要她（的車子）停下來/He ~*d down* a taxi. 他揮手攔了一部計程車。

wáve bànd *n.* Ⓒ《通信》〈電視、廣播等的〉波帶，波段。
wáve·lèngth *n.* Ⓒ **1** 《物理》波長。**2** 個人對事情的想法：We're not *on* the same ~. 我們對事情的看法不一樣。
wáve·less *adj.* 無波的，沒有波動的，平靜的。
wave·let [ˈwevlɪt; ˈweivlit] *n.* Ⓒ微波，小浪，漣漪。
wa·ver [ˈwevɚ; ˈweivə] *v.i.* **1 a** 〈火焰等〉**擺動，** 搖曳：~*ing* shadows 搖曳的影子/The flame ~*ed* and then died. 火焰搖曳一下就熄滅了。**b** 〈聲音〉顫抖：His voice ~*ed* with emotion. 他激動得聲音發抖。**2** 〔＋介＋（代）名〕**a** 〔對決心、判斷等〕猶豫，拿不定主意〔*in*〕（⇨hesitate【同義字】）：He ~*ed* **in** his judgment. 他難以判斷。**b** 〔在…與…之間〕搖擺不定，猶豫不決〔*between*〕：I ~*ed* **between** the fountain pen *and* the ball-point. 我拿不定主意用鋼筆還是原子筆。**3** 〈軍隊等〉動搖。
~**·er** [-vərɚ; -vərə] *n.*
wá·ver·ing·ly [-vərɪŋ-; -vəriŋ-] *adv.* 搖擺地，顫抖地；猶豫地。
wav·y [ˈwevɪ; ˈweivi] «wave 的形容詞» **—*adj.*** (**wav·i·er**; **-i·est**) **1** 〈如波浪般〉搖動的，波動的：a ~ flame 搖曳的火焰。**2 a** 波浪似的，起伏的，波狀的：a ~ line 波線《〰》。**b** 〈頭髮等〉波浪形的，彎曲如波的。**3** 多波浪的，起波浪的：The sea is very ~ today. 今天海上的浪很大。

***wax[1]** [wæks; wæks] *n.* **1** Ⓤ〔指種類時爲Ⓒ〕**蠟；** 蜜蠟（beeswax）《由蜂窩及其他動植物精製；用以製造蠟燭、模型、磨光等》。**2** Ⓤ蠟狀物：**a** 〈修鞋匠抹在縫線上的〉蠟（cobbler's wax）。**b** 封蠟（sealing wax）。**c** 〈地板等的〉地板蠟，磨光劑。**d** 耳垢（earwax）。**3** Ⓤ〈柔軟、容易塑造等〉像蠟一樣的人[東西]，容易擺布的人[東西]：mold a person like ~ 隨意塑造某人，任意擺布某人/He was like ~ in their hands. 他在他們手裏就像一塊蠟《聽人擺布，任意地受人支配》。
—*adj.* 〔用在名詞前〕蠟製的：a ~ candle 蠟燭/a ~ doll 蠟製玩偶；蠟美人《漂亮但面無表情的女人》。
—*v.t.* 〔＋受〕在…上塗[抹]蠟；打蠟於…：~ furniture 在家具上打蠟/~ one's moustache 在髭上抹蠟《使固定》。

wax[2] [wæks; wæks] *v.i.* **1** 〈月亮〉漸滿（⟷ wane）。**2** 〔＋補〕〔常~ merry [angry] 等〕《古》〈人〉逐漸變〈成…〉：The party ~*ed* merry. 宴會席上氣氛變得熱鬧起來。
wáx and wáne (1)〈月〉盈虧。(2)盛衰，增減。

wax[3] [wæks; wæks] *n.* [**a** ~]《英俚・古》生氣，火氣：get into *a* ~ 勃然大怒/put a person in *a* ~ 使人勃然大怒。
wáx bèan *n.* Ⓒ **1** 《植物》菜豆《四季豆的變種》。**2** 菜豆莢《尤指作蔬菜用的嫩莢》。
waxed paper [ˈwækstˌpepɚ; ˈwækstˌpeipə] *n.* ＝wax paper.
wax·en [ˈwæksn̩; ˈwæksən] «wax[1] 的形容詞» **—*adj.* 1** 蠟製的。**2 a** 似蠟的，平滑的。**b** 〈臉色等〉蒼白的：a ~ complexion 蒼白的臉色。
wáx gòurd *n.* Ⓒ **1** 《植物》冬瓜藤。**2** 冬瓜（的果實）。
wáxing mòon *n.* Ⓤ漸盈的月亮《自朔至望的月亮》。
wáx musèum *n.* Ⓒ蠟像館（cf. Madame Tussaud's）。
wáx mỳrtle *n.* Ⓒ白蠟楊梅《楊梅科灌木，產於北美東部，其果實外皮被覆白蠟質，可用以製蠟》。
wáx pàper *n.* Ⓤ蠟紙。
wáx·wìng *n.* Ⓒ《鳥》連雀《又稱蠟翅鳥，連雀屬鳴禽的統稱》。
wáx·wòrk *n.* Ⓒ蠟製品；（尤指）蠟像。
wáx·wòrks *n.* Ⓒ（*pl.* ~）蠟像的展示[陳列]；蠟像館。
wax·y[1] [ˈwæksɪ; ˈwæksi] «wax[1] 的形容詞» **—*adj.*** (**wax·i·er**; **-i·est**)＝waxen. **wáx·i·ness** *n.*
wax·y[2] [ˈwæksɪ; ˈwæksi] «wax[3] 的形容詞» **—*adj.*** (**wax·i·er**; **-i·est**)《英俚・古》生氣的，發怒的。

‡way[1] [we; wei] *n.* **A 1 道路：a** Ⓒ〔常構成複合字〕路，道路《★比較 作此義解而單獨使用時分別用 road, street, path, lane 等，一般比較少用 way》：⇨ bikeway, expressway, highway, motorway, railway. **b** [**W~**；與專有名詞連用]（古代羅馬人建造的）街道；《英》（城市的）街道：the Appian [ˈæpɪən; ˈæpiən] *W~* 阿比恩街/He lives in Abbot's [ˈæbəts; ˈæbəts] *W~*. 他住在阿巴玆路。**c** Ⓒ[常**the** ~]〔通往…的〕路線，道路〔*to*〕《★用法 不一定非道路不可》：*the* shortest ~ *from* there *to* Seattle 從那裏到西雅圖的最短路線/ask [show] *the* ~ *to* the station 詢問[指出]到車站的路/*The* furthest ~ about is the nearest ~ home.＝*The* longest ~ round is the shortest ~.《諺》繞最遠的路（回家），才是（回家的）捷徑《欲速則不達》。
2 路：a Ⓒ[常用單數] [**the ~, one's ~**] 通路：lose [miss] *the* [one's] ~ 迷路/take [go] *the* wrong ~ 走錯路/proceed *on* one's ~ 繼續向前走/*on the* [one's] ~ home 在回家的路上，在歸途中/*on the ~ out* (*of* the house) 正要出（家）門時/He saw the accident *on the ~ to* school. 在上學的路上他看到那意外事件。**b** Ⓒ[常用單數] [**the ~, a person's ~**] 經過的路，去路：*in the* ~ (of...) 擋住（…的）去路，成爲（…的）障礙/clear *the* ~ for an ambulance 爲救護車開路/*out of the* [a person's] ~ 在不妨礙[某人]的地方/keep *out of the* ~ 避開（路），讓開/get a person [a thing] *out of the* [one's] ~ 使人[東西]讓開到不妨礙（某人）之處/Tell him not to stand *in the* [my] ~.＝Tell him to stand *out of the* [my] ~. 告訴他別擋路[別妨礙我]。**c** Ⓤ[**one's** ~；與動詞連用]前進，去《★用法 也常用自動詞，包括其動詞意義在內，成爲「前進」之意；參照各動詞項目》：make one's ~ 前進，去/feel one's ~ down a dark hallway 在黑暗的走廊摸索著前進/push one's ~ to the front of a crowd 擠到人羣的前面去。
3 a [用單數]**路程，** 行程，距離《★用法 也常當副詞用；在美國口語也用 ways》：It is a long ~ from here. （該處）離此尚遠/He is still a long ~ from pass*ing* his exam. 他想通過考試還差得遠/I will go a little ~ with you. 我將陪你走一段路/It's only a little ~ to the church. 到教堂很近/The station is a long ~ off [away]. 車站（離此）有很長一段路（⇨far *adv.* 1 b）。**b** [**a ~s**；當副詞用]《美口語》遠遠地：quite *a* ~*s* 頗遠地/run *a* long ~*s* 跑一長段路。
4 a [用單數]**方向，** 方面《★用法 通常無介系詞而成爲副詞片語》：go this [that, the other] ~ 向這邊[那邊，另一邊]走/He took his ~ *to* the north [*toward* the light]. 他朝北方[光的方向]前進/We wandered this ~ and that. 我們四處徘徊；我們到處流浪/Which ~ is the wind blowing? 風吹向何方？情形變成怎樣？**b** Ⓤ[常 **one's** ~ 或與地名連用]《口語》方向，一帶，附近：

W

Drop in if you come my ~. 如果你路過，請順便過來看我/He lives somewhere Highgate ~. 他住在(英國倫敦北郊)海格特區附近某處。

5 Ⓤ《航海》(船的)航行《船在水上的前進；cf. under WAY[1] (2)》：gather ~ 增加速度/lose ~ 失去速度/The ship still has ~ *on.* 船還在前進[沒有停駛]。

—B 1 方法(⇨method【同義字】)：**a** Ⓒ做法，手段〔*of*〕：the middle ~ 中庸/in a different ~ 以不同的方法/in a polite ~ 有禮貌地/*in* this ~ 這樣地/find a ~ out of a difficulty 找出擺脫困難的方法/There are three ~*s of* deal*ing* with the situation. 處理該情況有三種方法/No two ~*s* about it[that].《口語》一定如此；一點不錯/I don't like *the* ~ she speaks. 我不喜歡她說話的樣子《★ 用法 the way 後面省略連接詞 that 或 in which；不用 how》. **b** [省略介系詞 in 當副詞用]用(…的)方法，(…)樣地：Do it your own ~. 用你自己的方法去做/Do it this ~. 這樣做/He has[wants to do]everything his own ~. 他凡事都要[想要]照自己的想法去做/some ~ or other 設法/⇨ one WAY[1] or another, one WAY[1] or the other. **c** Ⓒ〔＋ *to* do〕〈做…的〉方法，做法：This is the best ~ *to* solve the problem. 這是解決該問題的最好方法/This is not the right ~ *to* do it. 這不是(做那件事的)正確方法/What's the best ~ *to* get to the station? 到車站怎麼走最好？**d** Ⓒ〔＋ *for*＋(代)名＋ *to* do〕〔某人〕〈做…的〉方法：What's the best ~ *for* me *to* learn Russian quickly? 有什麼捷徑可讓我很快學會俄語？**e** [**the** ~；當連接詞用]《口語》照…的方法(as)；根據…：Do it *the* ~ I told you (to). 照我告訴你的方法去做/*The* ~ I see it, the situation is serious. 據我看，情況變得很嚴重。

2 a Ⓒ(個人的)**做法，作風，習慣**：She has a ~ *of* exaggerat*ing* things. 她有誇大其辭的習慣/It's(only) his ~. 他就是這個樣子[這樣的人]/It is always the ~ *with* him. 他總是那個樣子/set in one's ~*s* ⇨way[1] 成語/She wanted (to have) her (own) ~ all the time. 她總是想爲所欲爲/He has a ~ *with* children. 他應付小孩有一套辦法。**b** Ⓒ[常 ~**s**](社會的)風氣，習慣，慣例：the American ~ *of* liv*ing* 美國式的生活/the ~ *of* the world 世俗/the good old ~*s* 良好的舊習。**c** [~**s**]行徑，行爲，舉止：mend one's ~*s* 改正行爲/He fell into evil ~*s.* 他步入歧途[墮落了]。

3 Ⓒ[**in…** ~]**方面，點**：*in* some ~*s* 在某些方面/*in* every ~ 在任何一點[方面]/⇨ in a WAY[1], in no WAY[1]/He is willing to help you *in* any~. 無論如何他都願意幫助你。

4 [**a** ~]**a**《口語》(健康等的)狀態，情形《★常用於下列語句》：He is *in a* bad ~. 他的健康情況欠佳。**b**《英口語》興奮狀態：She is *in a* (terrible) ~. 她極爲興奮。

áll the wáy (1)一路上，路上一直：I slept *all the* ~ back. 我歸途中一直在睡覺。(2)老遠地，專誠地：He went *all the* ~ to Egypt. 他遠赴埃及。(3)[從…起][到…]各種地〔*from*〕〔*to*〕：Prices go[are] *all the* ~ *from* $100 *to* $1000. 價錢從一百美元至一千美元都有[不等]。(4)⇨go all the WAY[1].

ány wày＝anyway.

be in a fáir wáy to dó⇨fair[1].

bóth wáys (1)往返，來回：I was on the same train with him *both* ~*s.* 我來回都與他坐同一班列車。(2)兩邊，雙方：cut *both* ~*s* 腳踏兩條船，騎牆/You can*not* have it *both* ~*s.* 你不能腳踏兩條船《★ 用法 通常用於否定句》。

by a lóng wày[常用於否定句](差)遠地：I'm *not* convinced *by a long* ~. 我才沒有被說服呢/That is *by a long* ~ the silliest story I have ever heard. 那是我聽過的最愚蠢的事《我沒聽過那樣愚蠢的事》。

by the wáy (1)[用於說話中轉入有關連的話題]順便一提，卻說：*By the* ~, have you read this book? 順便提一下，你讀過這本書嗎？(2)(非本題的)題外話，附帶提的話：But this is *by the* ~. 但這是附帶提的話。(3)在路邊：She sells apples *by the* ~. 她在路邊賣蘋果。(4)在(旅行等的)途中：I met him *by the* ~. 我在途中遇到他。

by wáy of… (1)經過…，經由…(via)：go to Paris *by* ~ *of* Anchorage 經由安克利治到巴黎。(2)作爲…，當作…，意在…：*by* ~ *of* introduction [warning] 作爲前言[警告]/*by* ~ *of* a joke 當作玩笑，開玩笑地。(3)爲了…，想要…：They made experiments *by* ~ *of* explain*ing* the phenomenon. 他們爲了說明該現象而做實驗。(4)[與 do*ing*, be*ing* 連用]《口語》做出…的樣子；被公認爲…：He is *by* ~ *of* know*ing* everybody. 他做出認識每一個人的樣子/She is *by* ~ *of* be*ing* a fine singer. 她被公認是一名好歌手；她也算是個好歌手。

còme a lóng wáy[常用於完成式]一路進步[發跡]，變成好得多。

cóme[**fáll**] a person's **wáy** (1)〈事情〉發生在某人身上，臨頭：It *fell* my ~ to serve as translator. 我成了翻譯工作者。(2)《口語》〈事情〉順利(進行)。

(**évery**) **ónce in a wáy**＝once *adv.*

give wáy (1)坍塌，折斷，斷裂；掉落：The bridge *gave* ~. 那座橋崩塌了/His conviction *gave* ~. 他的信念崩潰了。(2)屈服[於要求等]；[對人]讓步；忍不住[悲傷等]〔*to*〕：*give* ~ *to* tears [anger]忍不住哭[憤怒]。(3)讓路[給某人]〔*to*〕.

gò áll the wáy (1)一直走到[通到][…爲止]〔*to*〕. (2)《口語》完全同意[某人的話等]〔*with*〕. (3)《委婉語》[與…]性交；[與…]走到目的地爲止〔*with*〕.

gò a lóng wáy ⇨ go.

gò a lóng wáy towàrd(s)[**to**]**…** ⇨ go.

gò a lóng wáy with a person ⇨ go.

gò óut of the[one's]**wáy to dó** 特地[故意]做…：He often *goes out of* his ~ *to* insult me. 他常常故意侮辱我。

gò one's **ówn wáy**《口語》隨心所欲地做，爲所欲爲，我行我素，一意孤行。

gò the wáy of…〈人、事物〉走上與…相同之路，像…一樣地滅亡：The nation *went the* ~ *of* the Roman Empire. 該國走上與羅馬帝國相同之路。

gò the wáy of áll flésh[**áll the éarth, áll líving**(**thíngs**)]《委婉語》死亡《★出自聖經「約書亞記」等》。

háppen a person's **wáy**＝come [fall] a person's WAY[1].

in a bíg[**gréat, lárge**]**wáy** 大規模地，鋪張地：He likes to do things *in a big* ~. 他做事喜歡鋪張。

in a smáll wáy 小規模地，簡樸地。

in a wáy (1)在某一點上，就某種意義來說：His accusation is right *in a* ~. 就某種意義來說，他的非難是正確的。(2)有幾分，有一點，多少。(3) ⇨ way B 4b.

in nó wáy 絕不…，一點也不…(not...at all)：I am *in no* ~ to blame. 我一點也沒錯。

in óne wày＝in a WAY[1] (1), (2).

in one's [**its**] (**ówn**)**wáy** 相當地；就其特色而言：The picture is good *in* its ~. 就其特色而言，這幅畫很不錯。

in the fámily wày ⇨family.

in the wáy of… (1)⇨A 2 b. (2)在…方面，關於…：I met him *in the* ~ *of* business. 我因生意關係而遇到他/There is nothing special *in the* ~ *of* scholarship in the paper(but it reads well). 那篇論文在學術方面沒有什麼特別之處(但有趣味性)。

(**in**)**the wórst wáy**《口語》很，非常：The boy wanted a camera *the worst* ~. 那個男孩很想要一部相機。

knów one's **wáy aròund**[《英》**ròund**]《口語》熟悉(某處的)地理環境；熟知(…的)事情[情況]：He *knows* his ~ *around* (Washington). 他熟悉(華盛頓的)地理環境；他熟知(美國政治的)情況。

léad the wáy (1)帶頭而行，領路：He *led the* ~ and I walked slowly behind him. 他領路，我慢慢地跟著走。(2)率先，示範，著先鞭，搶先。

lóok the óther wáy (1)(避開別人的視線而)把臉轉過去。(2)假裝視而不見。

màke wáy (1)開路，讓路[給…]〔*for*〕：*make* ~ *for* a fire engine 讓路給消防車。(2)前進，進步，進展：*make* little ~ 極少進展。

màke one's **wáy** (1)⇨A 2 c. (2)繁榮，興隆：The miniskirt rapidly *made* its ~ *into* universal favor. 迷你裙迅速風行得到普遍的喜愛。(3)(因努力而)發跡，成功：He has *made* his (own) ~ in life [the world]. 他靠自力發跡。

nó wáy (1)《口語》絕不…(in no way)：This is *no* ~ inferior to that. 這個絕不比那個差。(2)《俚》絕對不行，不要："Will you lend me money?"—"*NO* ~."「你借錢給我好嗎？」「不行。」

óne wáy and anóther 以種種方法，設法。

óne wày or anóther (1)這樣那樣地，不知如何：*One* ~ *or another* everything turned out badly that day. 那一天不知如何一切都變得不順利。(2)設法：We must finish the work *one* ~ *or another.* 我們必須設法完成這件工作。

óne wày or the óther (1)兩者取其一地：make up one's mind *one* ~ *or the other* 在兩者中決定取其一。(2)反正，無論如何：He will accept it, *one* ~ *or the other.* 他反正會接受它。

on the [one's]**wáy** (1)⇨A 2 a. (2)邁向[…]之路，[向…]進展中〔*to, toward*〕：He is already well *on the* ~ *to* recovery. 他已在迅速康復中/Our country is *on the* ~ *to* industrialization. 我國正邁向工業化之途。(3)在進行中，接近：New Year's Day is *on the* ~. 新年快到了/I have two children, and one *on the* ~. 我有兩個孩子，還有一個即將出世。(4)[**on one's** ~]去，回去：Be *on* your ~ or you'll miss the train. 去吧，否則你會趕不上火車/I must be *on* my ~ now. 我現在該回去了。

òut of the wáy (1)⇨A 2 a, b. (2)離開道路的，在偏僻處：His house is rather *out of the* ~. 他的房子位於相當偏僻的地方。(3)逸出常軌的，異常的，不尋常的：That is a little *out of the* ~. 那是有點不尋常[奇怪]。

páve the [one's]**wáy for**[**to**]**…** 打開…之路，爲…鋪路[作準備]；

使…容易：The function of the UN is to *pave the* ~ *for* world peace. 聯合國的功能是爲世界和平鋪路。
pùt a person **in the wáy of…** 使某人有獲得…的機會：That[He] *put* me *in the* ~ *of* a good bargain[*of* get*ting* a good post]. 那件事[他]使我有機會做一筆好交易[謀得好職位]。
pùt a person **òut of the wáy** 暗中除去〈妨礙者〉《予以暗殺或監禁》。
pùt one**sèlf òut of the wáy to** dó 特意[不憚其煩地]去做…。
right of wáy =right-of-way.
sée one's **wáy (cléar) to** dó(ing) 認爲能做到…；有意去做…：He didn't *see* his ~ *to* apologiz*ing* [*to* apologize] her. 他無意向她道歉。
sét in one's **wáys** 〈老人等〉固守自己作風的：He seems very *set in* his ~*s*. 他似乎冥頑不化。
shów the wáy (1)帶路，引路：I *showed* him *the* ~. 我給他帶路(⇨A 1 c). (2)示範，做榜樣。
tàke one's **ówn wáy**=go one's own WAY¹.
the hárd wày ⇨hard *adj.*
the óther wày abóut[(a)**róund**]相反(地)，以相反方式[方向]。
the párting of the wáys ⇨ parting *n.*
to mý wày of thínking 依我的想法[看法]。
ùnder wáy (1)在進行中：The project is not yet *under* ~. 該項計畫尚未進行。(2)《航海》〈船〉在航行中，開始前進(cf. A 5).
wáys and méans (1)手段，方法：It is difficult, but there are ~*s and means* of get*ting* money. 事情雖困難，但有辦法可以弄到錢。(2)[常Ways and Means]財源：the Committee on *Ways and Means*《美》=《英》the Committee of *Ways and Means* 歲入委員會《★在美國國會由三十六名衆議員組成，在英國國會則由下院全體議員組成；通常均略作 the Ways and Means Committee》.

way² [we; wei] «源自 away 字首消失的變體字»—*adv.* [强調副詞、介系詞]《口語》老遠地，非常：~ above 在上面很高處，在極上面/~ ahead 在很遠的前方/~ down South 在很遠的南方/The water was ~ over my head. 水位高出我的頭很多；水極深。
from wáy báck (1)從很遠的鄉下(的)。(2)從很古的時候(的)。

wáy·bìll *n.* Ⓒ乘客名單；運貨單《略作 W.B.》。
way·far·er [ˈweˌfɛrə; ˈweiˌfɛərə] *n.* Ⓒ《文語》(尤指徒步的)旅行者。
wáy·fàr·ing [ˈweˌfɛrɪŋ; ˈweiˌfɛəriŋ]《文語》*adj.* (徒步)旅行(中)的：a ~ man 旅行者。—*n.* Ⓤ(徒步)旅行。
wáy ín *n.* Ⓒ《英》(地下鐵路、戲院等的)入口。
way·lay [ˌweˈle; ˌweiˈlei] *v.t.* (**-laid** [-ˈled; -ˈleid]) **1** 埋伏攻擊〈人、車等〉：He was *waylaid by* a band of guerrillas. 他遭到游擊隊的狙擊。**2** 攔截〈某人〉，在路上等候叫住〈某人〉。
wáy óut *n.* Ⓒ **1**《英》(地下鐵路、戲院等的)出口，太平門。**2** 解決事情的可能方法：There is always a ~. 天無絕人之路。
wáy-óut *adj.*《俚》**1** 極好的，傑出的，超羣的。**2** 很新潮的，前進的，標新立異的，奇特的。
-ways [-wez; -weiz] 字尾 用以構成表示位置、狀態、方向的副詞：side*ways*, any*ways*.
wáy·sìde *n.* [the ~]路旁，路邊。
fáll by the wáyside 半途而廢。
gó by the wáyside 被放置一旁，被拋棄，被擱置。
—*adj.* [用在名詞前]路旁的，路邊的：a ~ inn 路邊的一家旅館。
wáy stàtion *n.* Ⓒ《美》(介於大站間的)中間站；(快車等經過而不停的)小站《若無信號直達火車不停》。
wáy tràin *n.* Ⓒ《美》(每站都停的)普通列車。
way·ward [-wəd; -wəd] *adj.* **1** 〈人、性質、態度等〉不聽話的；倔强的；剛愎的，任性的：a ~ child 任性的小孩。**2** 反覆無常的，朝三暮四的。~**·ly** *adv.* ~**·ness** *n.*
wáy·wòrn *adj.* 旅途疲憊的。
W.B.《略》waybill.
WbN, W.bN.《略》west by north.
WbS, W.bS.《略》west by south.
wc [ˈdʌbljuˈsi; ˌdʌbljuːˈsiː] *n.* Ⓒ《英口語》=water closet 1.
W.C.《略》West Central(英國倫敦的)西中郵政區。
‡**we** [(輕讀) wɪ; wi；(重讀) wi; wiː] *pron.* 《★語形 所有格 **our**, 受格 **us**, 所有代名詞 **ours**, 反身代名詞 **ourselves**；⇨ I³》**1** [第一人稱複數主格]**我們**，我等，咱們《★用法 與不同人稱複數的人稱代名詞或名詞並列時，一般順序爲第一人稱，第二人稱，第三人稱；cf. I³ 語法(1)》.
2 a [國王用於正式的自稱；cf. ourself]朕，寡人(I)《★用法 稱爲 the royal "we"(君主的 we)》. **b** [常用於報紙社論；cf. our 2 b, ourself]我們《★用法 稱爲 the editorial "we"(主筆的 we)，社論等的主筆用以代替 I，以避免使自己突出，或用以泛指全體編輯者的用法》。
3 a [對於對方表示同情之意而用以代替 you]=you：How are *we* this morning, young man? 年輕人，你今天早上好嗎？《★用法 醫師或護士對病人及父母對孩子使用的情形居多；這種用法的 we 稱爲 the paternal "we"(親情的 we)》. **b** [用於對乘客等表示親密]我們的列車[飛機，船(等)]：*We* will make a brief stop at Los Angeles. 我們將在洛杉磯短暫停留。
4 [指總稱的一般人]我們(人)《★用法 泛指人們的主詞；cf. you 3, they 2, one 4 a》：*We* are not naturally bad. 人的本性[天性]非惡《人性本善》/*We* had much rain last year. 去年的雨量多。

‡**weak** [wik; wiːk] *adj.* (~**·er**；~**·est**) **1 弱的**(↔ strong)：**a** 〈人〉虛弱的；〈身體、器官等〉功能不正常的，功能不佳的：a ~ constitution 虛弱的體質/~ eyes[ears]視力弱的眼睛[聽力弱的耳朵]/a ~ voice 有氣無力的聲音/The ~*est* go(es) to the wall. ⇨ go to the WALL.

【同義字】weak 是表示「軟弱」之意最廣泛的用字；feeble 指因病、年老等引起肉體上、精神上的虛弱。

b [不用在名詞前]〔十介十(代)名〕〔…〕虛弱的，不佳的〔*in*〕：~ *in* the legs 雙腳虛弱[無力]/He is ~ *in* hearing. 他的聽力不好《重聽》。**c** 〈東西〉脆弱的，易壞的，易破的：a ~ wall 不堅固的圍牆/a ~ chair 易壞的椅子。**d** 〈人、性格等〉軟弱的；意志薄弱的：a person's[one's] ~ point 某人的[自己的]弱點/a man of ~ character 性格軟弱的人。**e** 〈國家、政府、法律等〉缺乏控制力的，無權威的：a ~ government[team]軟弱的政府[實力差的球隊]/a ~ law 缺乏約束力的法律/the ~*er* nations 弱小國家。
2 a 〈智力、能力等〉**不足的，差的，(腦筋)不好的**：a ~ mind [head]低能/She's a little ~ *in* the head. 她的腦筋稍差。**b** 〈想像力〉缺乏的《★比較 一般用 poor》：a ~ imagination 缺乏想像力。**c** 〈行動、抵抗等〉力量薄弱的，乏力的：a ~ surrender 沒有骨氣的投降。
3 〈議論、證據等〉**不充分的，薄弱的，無說服力的**：~ evidence 薄弱的證據/a ~ argument 缺乏說服力的論據/That's a ~ excuse. 那是站不住脚的藉口。
4 a 〈學科等〉**不精的，不擅長的**：Math(s) is my ~*est* subject. 數學是我最不擅長的科目。**b** [不用在名詞前]〔十介十(代)名〕〈人〉〔在學科等方面〕差的，不好的，不擅長的〔*in, at*〕：He is ~ *in*[*at*] English. 他不擅長英語。
5 〈飲料等〉太淡的，稀薄的：~ soup 清淡的湯/~ beer 淡啤酒。
6《商》〈市況、行情等〉欲振乏力的，有下跌趨勢的，後勁無力的。
7 (無比較級、最高級)《文法》弱變化的，變化規則的(cf. strong 10)：⇨the weak CONJUGATION/~ verbs 弱變化動詞《除現代英語的規則動詞外，還包含 burn, lean, send 等字幹母音不變化的動詞》。
8 (無比較級、最高級)《語音》〈音節、母音等〉輕的，不重讀的(cf. strong 11)：~ vowels 輕母音《butter [ˈbʌtə; ˈbʌtə]中的 [ə; ə]音等》/~ forms 輕讀音《and 讀成 [ən]等》。
the wéaker séx《委婉語》女性。

weak·en [ˈwikən; ˈwiːkən] «weak 的動詞» —*v.t.* (十受) **1** 使…變弱，削弱…；使…軟弱，使…虛弱：The illness has considerably ~*ed* him. 疾病使他變得相當虛弱/He is in a ~*ed* condition. 他的身體狀況欠佳。**2** 沖淡〈酒、茶等〉，使…稀薄。
—*v.i.* **1** 變弱，衰弱。**2** 變得不果斷[優柔寡斷]，變膽怯，變懦弱；屈服。
wéak énding *n.* Ⓒ《詩學》(詩句的)弱式行末《詩韻重音落在通常不該重讀的音節或單字上的行末，如行末爲介系詞而其受詞轉入次行者》。
wéak-hánded *adj.* **1** 雙手無力的。**2** 人手不夠的。
wéak-héaded *adj.* **1** 心智遲鈍的；愚笨的。**2** 容易醉酒的。**3** 容易頭暈的。
wéak·héarted *adj.* 怯懦的，無勇氣的。
wéak-knéed *adj.* **1** 膝蓋無力的。**2** 懦弱的，易屈服的，優柔寡斷的。
weak·ling [ˈwiklɪŋ; ˈwiːkliŋ] *n.* Ⓒ **1** 弱者《指人或動物》。**2** 怯弱者，膽小者；低能者。
weak·ly [ˈwiklɪ; ˈwiːkli] *adj.* (**weak·li·er**；**-li·est**)虛弱的，病弱的：a ~ child 虛弱的孩子。—*adv.* (**weak·li·er**；**-li·est**) **1** 虛弱地，軟弱地。**2** 優柔寡斷地，不爭氣地。
wéak-mínded *adj.* **1** 意志薄弱的。**2** 頭腦不好的，腦筋遲鈍的。**3** 低能的。
weak·ness [ˈwiknɪs; ˈwiːknis] *n.* **1** Ⓤ**a 弱**，軟弱；虛弱，薄弱。**b** 優柔寡斷，柔弱，怯懦。**c** (證據)不充分，薄弱。**2** Ⓒ**缺點**，弱點：Everyone has his own little ~*es*. 每一個人都有小缺點/It is a ~ of the system. 那是制度上的缺點。**3** Ⓒ **a** 偏愛，癖好〔*for*〕：She has a ~ *for* sweets. 她偏愛甜食。**b** 極喜愛的事物：Smoking is his ~. 抽煙是他的癖好/Detective stories are a ~ of mine. 我偏愛偵探小說。

W

wéak-wílled *adj.* 拿不定主意的；容易被左右的。

weal[1] [wil; wi:l] *n.* Ⓤ《古・文語》福利，幸福：for the general [public] ～ 爲社會[公共]福利/in ～ and [or] woe 無論是福是禍。

weal[2] [wil; wi:l] *n.* Ⓒ鞭痕；條痕。

Weald [wild; wi:ld] *n.* [**the** ～]《英》維耳德地帶《包含肯特(Kent)，薩里(Surrey)，東薩西克斯(East Sussex)，漢普郡(Hampshire)各郡的英格蘭東南部；原爲森林地帶》。

‡**wealth** [wɛlθ; welθ] *n.* **1** Ⓤ**財富**，財產；富裕：a man of ～ 富豪/*The W～ of Nations*「國民的財富」，「國富論」《亞當・史密斯(A. Smith)的著作》/gather ～ 積富，聚財。**2** [**a** [**the**] ～ **of…**,當形容詞用]豐富(的)：a man with *a* ～ *of* experience 經驗豐富的人/a book with *a* ～ *of* illustrations 插圖很多的書。

【字源】wealth 源自古英語，原義爲「幸福」。由於幸福與財富往往有密切的關連，此字逐漸轉義而成爲「財富」的意思。大英國協稱作 Commonwealth of Nations，而 Commonwealth 在此處的意思爲「共同的幸福、利益」，故 wealth 在此字中作其原義「幸福」解。

wealth·y [ˋwɛlθɪ; ˈwelθi] 《wealth 的形容詞》—*adj.* (**wealth·i·er**；**-i·est**) **1 a** 富有的，富裕的(⇨rich【同義字】)：He comes from a ～ family. 他是富家子弟；他出身富有的家庭。**b** [**the** ～；當複數名詞用；集合稱]富有的人們。**2 a** 豐富的，很多的：a ～ supply of food 豐富[充足]的糧食。**b** [不用在名詞前]〔十介十(代)名〕富〔於…〕的〔*in*〕：a country ～ *in* natural resources 富於天然資源的國家。**wéalth·i·ly** [-θəlɪ; -θili] *adv.*

wean [win; wi:n] *v.t.* **1 a** 〔十受〕使〈嬰兒〉斷奶。**b** 〔十受十介十(代)名〕把〈嬰兒〉〔從母親、母乳中〕分開，使…斷〔奶〕〔*from*〕：～ a baby *from* the mother[breast]使嬰兒斷奶。**2** 〔十受(十副)十介十(代)名〕把〈人〉〔從…〕引開，使…〔自…〕分開；使〈人〉放棄〔…〕〈*away*〉〔*from*〕：～ a person (*away*) *from* a bad habit [*from* bad companions] 使某人棄絕惡習[離開壞朋友]。

wean·ling [ˋwinlɪŋ; ˈwi:nliŋ] *n.* Ⓒ剛斷乳之嬰兒或小動物。—*adj.* 剛斷乳的。

‡**weap·on** [ˋwɛpən; ˈwepən] *n.* Ⓒ**武器**，兵器，凶器：nuclear ～*s* 核子武器/Are tears a woman's ～？眼淚是女人的武器嗎？

【同義字】weapon 指攻擊或防衛用的武器；arms 爲戰爭用的武器。

wéapon·less *adj.* 沒有[不帶]武器的。

weap·on·ry [ˋwɛpənrɪ; ˈwepənri] *n.* Ⓤ[集合稱]兵器；軍備：nuclear ～ 核子武器。

‡**wear**[1] [wɛr; wɛə] (**wore** [wor, wɔr; wɔ:]；**worn** [worn, wɔrn; wɔ:n]) *v.t.* **A 1** 〔十受〕**穿著**，戴著，佩帶著…《★ 用法 (1)英語中表示「穿(戴)著」之意時用 wear，但在中文裡須注意動詞的說法常因受詞不同而異；穿著〈衣服、鞋子〉，戴著〈帽子、戒指、手套、眼鏡〉，上〈妝〉等；(2)表示「穿上」「戴上」「佩戴」等的動作，用 put on》：She always ～*s* green. 她經常穿著綠色衣服/Jeans are being much *worn* at present. 現在很流行穿牛仔褲/The lady *wore* a diamond ring *on* her finger. 那位女士手指上戴著鑽戒/She *wore* no make-up. 她沒有化妝/He was ～*ing* a gun. 他帶著槍枝/He *wore* a red carnation *in* his buttonhole. 他的扣洞上插了一朵紅色康乃馨。

2 a 〔十受〕蓄[留]〈鬍子等〉：～ a moustache 蓄髭。**b** 〔十受十補〕把〈頭髮等〉留成〈…狀態〉：She *wore* her hair up[down]. 她把頭髮梳高[垂下來]/He *wore* his hair long[short]. 他蓄長[短]髮/She ～*s* her hair in a braid. 她的頭髮梳成辮子。

3 〔十受〕表露〈表情、態度等〉：He always ～*s* a smile[a frown]. 他總是面帶笑容[愁眉苦臉]/He[His face] *wore* a troubled look. 他面帶憂容/The house ～*s* an air of sadness. 那屋子呈現出一種陰鬱的氣氛。

—**B 1 a** 〔十受(十副)〕**磨損**，耗損，用舊…〈*away, off, out, down*〉《★常用被動語態》：That old overcoat of my father's *was* much *worn*. 我父親的那件舊大衣已經穿得很舊了/Constant dropping[dripping] ～*s* (*away*) the[a] stone. 《諺》不斷的滴水可穿石《滴水穿石》/The inscription seems to have *been worn away*. 那塊碑銘好像已被磨損。**b** 〔十受十補〕使…耗損，磨損〈成…狀態〉《★常用被動語態》：～ one's coat threadbare 把上衣磨損得露出布線/～ the steps smooth 把階梯磨踏成平滑/⇨ WEAR[1] thin (4)/～ one's socks *into* holes 把襪子穿出洞來《★ 比較 義 1 c 的構句較爲普遍》。**c** 〔十受十副詞(片語)〕(磨損而)形成〈洞、溝等〉：～ holes *in* one's socks 把襪子穿破了(cf. 1 b)/There were deep ruts *worn in* the road. 路面上有磨損而形成的深凹轍跡/A track was gradually *worn across* the moor. 一條橫越荒野的小徑漸漸被(人們)踩出來了。

2 〔十受(十副)〕〈工作等〉使〈人〉疲倦，使…吃不消〈*out, down*〉《★常用被動語態，用作「疲倦，吃不消」之意，介系詞用 *by, with, from*》：Babysitting *wore* me *out*. 看顧小孩使我覺得很疲累/I really feel *worn out*. 我確實感覺疲憊不堪/He *was worn with* care and anxiety[*from* overwork]. 他因操心與煩惱[過勞]而感到困乏。

3 〔十受〕[～ **it**；常用於否定句]《口語》接受，承認，同意…：Suggest the plan to him；I'm afraid he wo*n't* ～ *it*, though. 向他提提該計畫；不過，恐怕他不會接受。

—*v.i.* **1 a** 〔動(十副)〕耗損，磨損；逐漸消失〈*away, down, out, off*〉：The inscription had *worn away*. 碑文已磨損得看不清了/His heels always ～ *down* on the outside(s) first. 他的鞋跟總是先從外側磨損/Cheap shoes ～ *out* quickly. 便宜的鞋子很快就穿破了[不耐穿]/A tattoo will never ～ *off*. 刺青永不消失。**b** 〔十補〕(逐漸損耗)變成〈…〉：⇨ WEAR[1] thin (1). **c** 〔十介十(代)名〕(逐漸損耗)變成〔…〕〔*to*〕：My jacket has *worn to* shreds. 我的夾克已經磨損破爛。

2 [與時間、狀態副詞(片語)連用]**a** 耐用，耐久，耐穿：Leather will ～ well [for years]. 皮革耐用[好幾年]/This cloth has *worn* badly. 這布料不耐用。**b** 《口語》〈人〉常保青春：Among my old friends he has *worn*[is ～*ing*] best. 在我的老友當中，他看來最爲年輕/Poor woman！She ～*s* badly. 可憐的女人！她看來好蒼老。

3 〔十副〕〈時間等〉(逐漸)過去，移動，經過〈*on, away, through*〉：It grew warmer as the day *wore on*. 隨著日子一天天的過去，天氣逐漸變暖和/The time *wore on* toward midnight. 時間一分一秒地過去而接近午夜。

wéar dówn 《*vt adv*》(1)⇨ *v.t.* B 1 a. (2)⇨ *v.t.* B 2. (3)使…的力量減弱，挫敗…：～ *down* the enemy's resistance 挫敗敵人的抵抗；消耗敵人的抵抗力。—《*vi adv*》(4) ⇨ *v.i.* 1 a.

wéar óff 《*vt adv*》(1)⇨ *v.t.* B 1 a. —《*vi adv*》(2)⇨ *v.i.* 1 a.(3)〈藥效、痛苦、印象等〉減弱，逐漸消失：The pain is ～*ing off*. 疼痛逐漸消失。

wear on [《*vi adv*》～ ón]⇨ *v.i.* 3. —[《*vi prep*》～ on…]使…惱火；使…難以忍受：His jokes have begun to ～ *on* me[my nerves]. 他的玩笑開始使我[我的神經]難以忍受[受不了]。

wéar thín *v.i.* (1)磨損[用舊]變薄：This coin has *worn thin*. 這枚硬幣磨損變薄了/The soles of my shoes have *worn thin*. 我的鞋底磨薄了。(2)〈忍耐等〉已達極限：My patience is ～*ing thin*. 我快要無法忍耐了。(3)〈話等〉(因重複而)失去新鮮，惹人厭；〈興趣等〉漸失：My adolescent interest in sports has *worn thin*. 我年輕時對於運動的興趣現漸趨消失《我現在不像年輕時對運動那樣感興趣》。—*v.t.* (4)使〈東西〉(因使用而)變薄，變少《★常用被動語態》：My gloves *are worn thin* at the fingertips. 我手套的指尖部分已磨薄了。

—*n.* Ⓤ **A 1 a** (衣服等的)**穿**，戴，使用：a suit for everyday ～ 便服，便裝/clothing for working[spring, winter] ～ 工作服[春裝，冬裝]。**b** (穿戴的)流行：in ～〈衣服等〉在流行/Miniskirts have come back into ～. 迷你裙又開始流行了。

2 [集合稱；常與修飾語連用，或構成複合字]**衣服類**；穿戴物，服飾品：casual ～ 便服/men's[ladies', children's] ～ 男[女，童]裝/⇨ footwear, sportswear, underwear.

—**B 1 耗損**，磨損；穿舊：The coat showed signs of ～. 那件上衣顯得舊了/Synthetic fibers resist ～. 合成纖維不容易磨損/This stuff will stand hard ～. 這種材料經得起粗用。

2 耐用，耐久，經穿：There is no ～ in cheap shoes. 便宜鞋子不經穿。

be the wórse for wéar (1)〈衣服〉穿得很舊。(2)〈人〉(在工作等後)疲倦，消耗精力。(3)(發生事故等而)受傷，損傷：Other than a few scratches I was none *the worse for* ～. 除了一點點擦傷外，我沒受什麼傷。

wéar and téar [-tɛr; -tɛə] 磨損，損耗；消耗：take a lot of ～ *and tear* 〈東西〉非常耐用的，具有相當耐久性。

wear[2] [wɛr; wɛə](**wore** [wor, wɔr; wɔ:])《航海》*v.t.* 使〈船〉轉向下風(↔ tack)。—*v.i.* 〈船〉轉向下風。

wear·able [ˋwɛrəbl; ˈwɛərəbl] *adj.* 可穿的，可戴的，適於穿著的。—*n.* Ⓒ[常～s]衣服。

wear·er [ˋwɛrɚ; ˈwɛərə] *n.* Ⓒ **1** 穿用者，佩帶者。**2** 消耗物。

wea·ried [ˋwɪrɪd; ˈwiərid] *adj.* **1** 疲憊的；厭倦的：a ～ brain 疲乏的頭腦/She gave me a ～ look. 她以厭煩的眼神看我。**2** [不用在名詞前]〔十介十(代)名〕〔因…而〕疲倦的；厭膩〔於…〕的〔*with*〕(cf. weary *v.t.* 1)：He became ～ *with* his job. 他對他的工作感到厭倦了。

wea·ri·ly [ˋwɪrəlɪ; ˈwiərəli] *adv.* **1** 疲倦地，懶散地。**2** 厭煩地。

wear·ing [ˋwɛrɪŋ; ˈwɛəriŋ] *adj.* 使疲憊的；使厭膩的：a ～ occupation 累人的工作/a ～ companion 令人厭煩的同伴。

wea·ri·some [ˋwɪrɪsəm; ˈwiərisəm] *adj.* **1** 使人疲倦的：a ～ task 使人疲勞的工作。**2** 令人厭煩的，無聊的：a ～ book [lecture]乏味的書[演講]。

W

wea·ry [ˋwɪrɪ; ˋwiəri] *adj.* (**wea·ri·er, -ri·est**) **1 a** 疲倦的，疲勞的：a ～ brain 疲憊的頭腦/a ～ sigh 一聲疲倦的嘆息/He feels ～ in body and mind. 他感到身心疲勞。**b** [不用在名詞前]〔十介十(代)名〕〔因…而〕疲倦的〔*from, after, with*〕：He was ～ *from* [*after*] his long lecture. 他因長篇演說而疲倦。**2 a** 乏味的，使人厭倦的，令人厭煩的：a ～ journey 令人厭倦的旅程/walk five ～ miles 走了令人厭倦的五哩路/I had a ～ wait. 我等得不耐煩了。**b** [不用在名詞前]〔十介十(代)名〕〔對…〕厭倦的，厭煩的〔*of*〕：He was growing ～ *of* read*ing*. 他對讀書漸感厭煩/I am ～ *of* his preach*ing*. 我聽膩了他的說教。

—*v.t.* 1 〔十受〕使〈人〉疲倦《★常以過去分詞當形容詞用；⇨ wearied 2》：The long walk completely *wearied* us. 這麼長的路走得我們疲憊不堪。**2** 〔十受(十介十(代)名)〕〔以…〕使〈人〉感到乏味，使…厭煩，使…厭倦〔*with*〕：He *wearied* me *with* his requests [idle talk]. 他的一再要求[廢話]使我對他感到厭煩/Do I ～ you (*with* my talk)？我(的話)使你厭煩了嗎？

—*v.i.* 1 〔十介十(代)名〕〔對…〕厭倦，感到厭煩〔*of*〕：She seems to have *wearied* ***of*** our company. 她似乎已厭倦與我們爲伍。**2** 感到疲倦。**wéa·ri·ness** *n.*

wea·sel [ˋwizl; ˋwi:zl] *n.* Ⓒ **1** 《動物》鼬鼠《鼬屬食肉動物的統稱》。

【說明】鼬鼠爲一肉食小動物，喜歡吃兔子、鳥蛋等，予人「狡猾」「卑劣」的印象。weasel-face 的意思就是「有一張像鼬鼠那樣狡猾的臉的」。catch a *weasel* asleep 是一句成語，意思是「欺騙狡猾或精明的人」亦即「乘其不備，襲其不意」。

2 鬼鬼祟祟的人，狡猾的人。

3 履帶車《包括用於冰雪或泥砂地者以及水陸兩用者》。

—*v.i.* 《美口語》**1** 使用模稜兩可的語言 (cf. weasel word).

2 〔十介十(代)名〕迴避〔義務等〕〔*out of*〕：He tried to ～ ***out of*** his responsibilities [promise]. 他企圖迴避責任[爽約]。

wéasel wòrd 《源自據說鼬鼠吸盡蛋後將其僞裝成完好如初的樣子》**—*n.*** Ⓒ [常 ～s] 《美》故意含糊其詞的話。

wéasel-wòrded *adj.* 故意講得模稜兩可的；故意含糊其詞的。

‡weath·er [ˋwɛðɚ; ˋweðə] *n.* **1** Ⓤ 天氣，氣候，氣象 (⇨ climate【同義字】)：*in* fine [wet] ～ 在晴天[雨天]/dirty [rough] ～ 惡劣的氣候/favorable ～ 適宜的好天氣/settled ～ 穩定的天氣/King's [Queen's] ～ 《英》(典禮日等的) 大晴天 (⇨ queen 1 a 用法)/It is fine ～ today. = We are having fine ～ today. 今天是晴天/What is *the* ～ like? = How is *the* ～? 天氣怎樣？/⇨ April weather/What sort of ～ did you have during your journey? 你在旅途中的天氣怎樣？/"Will you go?"—"It depends on *the* ～." 「你去嗎？」「那要看天氣而定。」

【說明】美國由於土地廣大，氣候因地域之不同而有很大的差別。但與英國人相比，美國人比較不把天氣當作話題。英國的氣候，冬天裏常常是整天多雲，但在其他的季節裏，天氣是多變的。因此英國人在見面打招呼時，喜歡談有關天氣的話。例如，天氣好時就說"Lovely day, isn't it?"(天氣眞好，不是嗎？)"It's so nice and hot...."(天氣好暖和…。)等。天氣不好時就說"Nasty day, isn't it?"(好討厭的天氣，你說是不是？)"Isn't it dreadful?"(你說天氣是不是很糟糕？)等；cf. umbrella, greeting【說明】

2 Ⓤ [常 **the** ～] 惡劣天氣《如暴風雨等》：be exposed to *the* ～ 任由風吹雨打。**3** [～s]《英》各種天氣[氣候]《★常用於下列片語》：in all ～*s* 不論晴雨《★ 用法 《美》in all weather；但 in all kinds of weather 則英美通用》。

màke héavy wéather of... 把…當作難事；自造…難題。

ùnder the wéather 《口語》(1)身體不適的；心情不好的。(2)宿醉的：Many accidents are caused by drivers who are *under the* ～. 很多意外都是因駕駛人醉酒而引起的。

wéather permítting [獨立片語；置於句尾] 如果天氣[氣候]好的話《★ 用法 常用於通知[通告]的說法；一般用 if the weather permits》。

—*adj.* [用在名詞前]《航海》擋風的，頂風的 (↔ lee).

—*v.t.* 〔十受〕**1** 把…暴露於風雨中；曬乾，風乾…：～ wood 將木材風乾。

2 度過，克服〈暴風雨、困難等〉：～ a storm 度過暴風雨[難關]/～ a financial crisis 度過經濟危機。

3 《地質》使〈岩石等〉風化《★常用被動語態》：The rocks have been ～*ed* by wind and water. 那些岩石已被風與水所風化。

4 《航海》〈船〉通過…的上風側：The ship ～*ed* the cape. 那條船通過岬角的上風側。

—*v.i.* 1 曝露戶外而起變化[變色]；風化。**2** 〈木材〉在戶外風乾。

wéather thróugh 《*vi adv*》度過暴風雨打[難關]等。

wéather-bèaten *adj.* **1** 飽經風吹雨打[耗損]的：a ～ hut 飽經風吹雨打而損壞的小屋。**2** 〈人、臉等〉飽經風霜的：a ～ face 飽經風霜的臉。

wéather·bòard *n.* **1 a** Ⓤ 外牆皮，護牆板《護蓋房子外牆的橫板》(《美》clapboard). **b** Ⓒ 擋雨板，封簷板。**2** Ⓒ《航海》**a** 擋風舷。**b** (船的) 防浪板。

wéather·bòarding *n.* Ⓤ **1** 安裝護牆[封簷]板。**2** [集合稱] 護牆板。

wéather-bòund *adj.* **1** 〈船、飛機等〉因天氣惡劣而停開[飛]的。

2 因天氣惡劣而延誤的。

Wéather Bùreau *n.* [**the** ～]《美》氣象局《國家氣象署 (National Weather Service) 的舊稱》。

wéather·càst *n.* Ⓒ (電視或廣播電臺的) 氣象報告。

weath·er·cast·er [ˋwɛðɚˏkæstɚ; ˋweðəˏkɑ:stə] *n.* Ⓒ (電視或廣播電臺之) 氣象報告員。

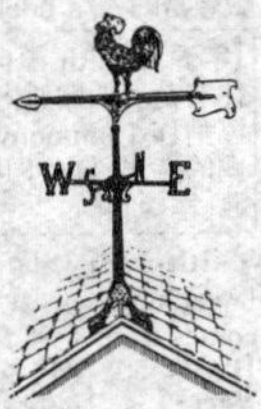

weathercock 1

wéather chàrt *n.* = weather map.

wéather·còck *n.* Ⓒ **1** 風信雞，(雄雞狀的) 風標。**2** 見風轉舵之人，見機行事之人，見異思遷的人；機會主義者。

【字源】據說這種公雞形狀的風標始於九世紀中葉羅馬教宗下令教堂建築物上面都必須有這種形狀的風標，因爲公雞象徵著耶穌的十二使徒之一聖彼得 (St. Peter). 他在耶穌被捕時，因爲害怕自己也被捕，所以曾三次否認他和耶穌有任何關係。後來聽到公雞叫時，忽然想起耶穌說過的話：「雞鳴之前，你會說三次你不認識我。」而羞愧不已，流下悔悟的眼淚 (「路加福音」22：54-62).

wéather èye *n.* [**a** ～, **one's** ～] **1** 能敏銳看出氣候變化跡象的眼睛；對環境[情況]變化的敏銳觀察。**2** 警惕，警覺，嚴密的警戒。

kèep a [one's] wéather èye ópen 《口語》對 (預期發生的危險等) 不斷警戒，提高[保持]警覺。

wéather fòrecast *n.* Ⓒ 氣象預報，天氣預報：The ～ said (it would be) fair in the morning, later cloudy. 氣象預報說早上晴後轉陰。

wéather fòrecaster *n.* Ⓒ 氣象預報員。

wéather gàuge *n.* Ⓤ **1** 《航海》(一船對他船) 居上風之地位。**2** 有利地位。

wéather·glàss *n.* Ⓒ《罕》晴雨計。

wéath·er·ing [-ðərɪŋ; -ðəriŋ] *n.* Ⓤ《地質》風化 (作用)。

wéather·màn *n.* Ⓒ (*pl.* **-men**)《口語》**1** 氣象播報員[官員]：The ～ reports (that) it'll be sunny tomorrow. 氣象播報員說明天將會是晴天。**2** 氣象台職員。

wéather màp *n.* Ⓒ 天氣[氣象]圖。

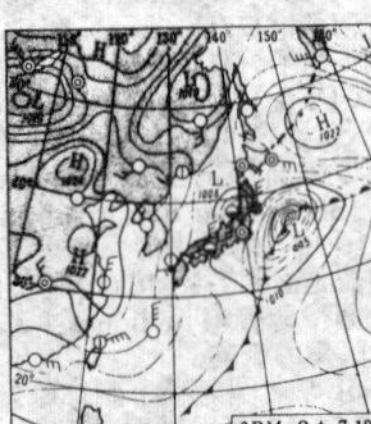

weather map

【插圖說明】H 代表 high pressure (高氣壓)，L 代表 low pressure (低氣壓)。

wéather-próof *adj.* 〈衣服等〉耐風雨的。

—*v.t.* 使…耐風雨。

wéather ràdar *n.* Ⓒ 氣象雷達。

wéather repòrt *n.* Ⓒ 天氣預報，氣象報告。

wéather sátellite *n.* Ⓒ 觀測氣象的人造衛星，氣象衛星。

wéather shìp *n.* Ⓒ 氣象觀測船。

wéather stàtion *n.* Ⓒ 測候所，氣象臺。

wéather strìp *n.* Ⓒ (防風雨滲進而裝的) 遮縫防雨片。

wéather strìpping *n.* **1** = weather strip. **2** Ⓤ [集合稱] 防雨片用充填材料。

wéather vàne *n.* Ⓒ (非雞形狀的) 風標，風向計。

wéather-wìse *adj.* **1** 善於預測氣候的。**2** 對於輿論等變化敏感的。

wéather-wòrn *adj.* 爲風雨所剝蝕的，飽經風霜的。

***weave** [wiv; wi:v] (**wove** [wov; wouv]; **wo·ven** [ˋwovən; ˋwouvən])《★ 語形 *v.t.* 4 與 *v.i.* 2 主要用 weaved》*v.t.* **1** 織，編：**a** 〔十受〕編織…；〈蜘蛛〉織〈網〉：～ a rug 編織地毯/～ a

W

garland 編花環/A spider ~*s* a web to catch prey. 蜘蛛爲捕獵昆蟲而結網。**b**〔十受十副〕把…編[織]在一起〈*together*〉：~ threads ***together*** 把線織在一起。**c**〔十受十介十(代)名〕把…編[織]〔成…〕〔*into*〕：~ thread ***into*** cloth 把棉紗織成布料/~ straw *into* hats 把草編成帽子。**d**〔十受十介十(代)名〕〔用…〕編織…〔*from, out of, of*〕：~ a basket ***out of*** osiers 用柳枝編製籃子/The fabric is *woven* ***of*** cotton. 那塊布料是用棉紗織成的。

2 a〔十受〕編，編排，編造〈故事等〉；策劃〈陰謀〉：~ a plot 編排(小說、戲劇等的)情節；策劃陰謀/The writer has *woven* a story about[around] the event. 那位作家以該事件爲中心編寫故事。**b**〔十受(十副)十介十(代)名〕將〈若干東西〉編織〔成整體的東西〕〈*together*〉〔*into*〕：He *wove* three plots(***together***)***into*** one novel. 他把三個情節編織成一部小說。

3〔十受十介十(代)名〕把〈構想等〉編進〔…〕，把…導入〔…〕〔*into*〕：~ one's own ideas ***into*** the report 將自己的想法編進報告書。

4〔十受十副詞(片語)〕[~ **one's way**] 搖搖晃晃地移動；彎彎曲曲而行：The drunken man ~*d* his way *home*[*through* the crowd]. 那個醉漢搖搖晃晃地走回家[穿過人羣]。

—*v.i.* **1** 織布，以織布機編織。

2〔十副詞(片語)〕**a**〈道路〉彎彎曲曲地延伸：A path ~*d through* the valleys. 一條小徑彎彎曲曲通過山谷。**b**〈人〉曲折前進，蜿蜒而行：He ~*d in* and *out through* the traffic. 他在車輛往來的道路中穿梭前進。

gèt wéaving《英口語》努力從事工作，賣力地幹起來。

—*n.* Ⓤ[又作**a** ~]織(法)，編(法)：*a* close[loose]~ 針孔緊密[稀鬆]的編織法/*a* herringbone ~ 人字形的交叉織法。

wéav·er *n.* Ⓒ織者，織工。

wéaver·bìrd *n.* Ⓒ織巢鳥《織巢鳥科鳴禽的統稱》。

web [wɛb; web]《與 weave 同字源》**—*n.*** Ⓒ **1 蜘蛛網**(cobweb). **2 a** 蜘蛛網狀之物〔*of*〕：a ~ *of* railroads 鐵路網。**b** 設計的圈套，陰謀，陷阱〔*of*〕：a ~ *of* lies 捏造的一大篇謊言/a ~ *of* intrigue 一個陰謀圈套/get caught in a ~ *of* (one's own) lies 中了(自己設計的)謊言的圈套。**3** 織物；(織布機上在織的一捲)布。**4** 一捲印刷用紙。**5**《鳥》**a** (水鳥的)蹼。**b** (蝙蝠等翅膀的)翈。

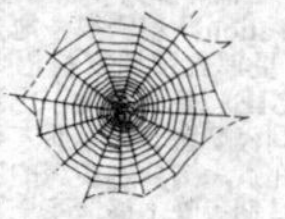

web 1

web 5 a

webbed *adj.* **1** 有蹼的：a duck's ~ feet 鴨子的蹼足。**2** 蜘蛛網狀的。

web·bing [ˈwɛbɪŋ; ˈwebiŋ] *n.* Ⓤ(馬的腹帶、吊帶、皮帶等用的)帶子。

We·ber [ˈvebɚ; ˈveibə], **Max** *n.* 韋伯《1864-1920；德國的社會學家、經濟學家》。

web·foot *n.* Ⓒ(*pl.* **-feet**)**1** [ˊ-ˋ]蹼足。**2** [ˊ-ˋ]具有蹼足的鳥[獸]。

wéb-fóoted *adj.* (有)蹼足的。

wéb prèss *n.* Ⓒ《印刷》輪轉印刷機。

Web·ster [ˈwɛbstɚ; ˈwebstə], **Noah** *n.* 韋伯斯特《1758-1843；美國辭典編輯家；出版很多冠有 Webster 之名的辭典》。

wéb-tóed *adj.* 有蹼足的(web-footed).

wed [wɛd; wed]《源自古英語「典當，約定」之義》**—(wed·ded; wed·ding)** *v.t.* **1 a**〔十受〕《文語》**與…結婚，嫁給…**《★比較現在除當新聞用語外一般用 marry》：~ a French girl 與法國女子結婚/They were *wedded* in the fall. 他們在秋天結婚了。**b**〔十受十介十(代)名〕〈父母〉把〈女兒〉嫁給〔…〕〔*to*〕《★比較現在除當新聞用語外一般用 marry》：~ one's daughter ***to*** a teacher 把女兒嫁給一名教師。**2 a**〔十受〕使…結合《★常用被動語態，變成「結合」之意》：In this book matter and manner *are* well *wedded*. 這本書的內容與形式配合得很好。**b**〔十受十介十(代)名〕使…〔與…〕結合〔*to*〕《★常以過去分詞當形容詞用；⇨ wedded 2》：A businessman must ~ efficiency ***to*** thrift. 企業家必須使效率與節約相結合。**3**〔十受十介十(代)名〕使…執著，傾心〔於…〕《★常以過去分詞當形容詞用；⇨ wedded 3》. **—*v.i.*** 結婚。

Wed.《略》Wednesday.

‡we'd [wid; wi:d] **we had**[**would, should**] 之略。

wéd·ded *adj.* **1** 已結婚的；婚姻的：a ~ pair 夫婦/~ life 婚姻生活。**2** [不用在名詞前]〔十介十(代)名〕〔與…〕完全結合的〔*to*〕(cf. wed *v.t.* 2b)：style ~ ***to*** content 完全符合內容的文體。**3** [不用在名詞前]〔十介十(代)名〕〔對…〕執著的，傾心的，專心的〔*to*〕(cf. wed *v.t.* 3)：He is ~ ***to*** the work[his own opinion]. 他專心於該工作[固執己見]。

***wed·ding** [ˈwɛdɪŋ; ˈwediŋ] *n.* Ⓒ **1 a 結婚典禮，婚禮**(⇨marriage【同義字】)：at a ~ (ceremony) 在結婚典禮上/When is your ~? 你的婚禮在哪一天？

【說明】⑴通常結婚典禮在教堂舉行。新娘(bride)左手攙著她父親的右手臂，由她父親領著走到祭壇前；主持婚禮的牧師或神父由新娘父親的手中接過新娘的手，再交給新郎(bridegroom). 接着新郎、新娘都要跟著主持婚禮的牧師唸結婚誓詞。新郎的誓詞如下：I take thee to my wedded wife, to have and to hold from this day forward, for better or worse, for richer or poorer, in sickness and in health, to love and to cherish, till death us do part, according to God's holy ordinance; and thereto I plight thee my troth.(我願遵照上帝聖儀，娶汝爲妻。從今起，無論境遇順遂或乖逆，富貴或貧困，身罹疾病或身體康泰，願長相廝守，相愛相惜，至死不渝。謹誓。)隨後新郎、新娘交換戒指。
⑵據說在結婚當天新娘要佩帶母親或祖母的一些舊物(something old)，一些新東西(something new)，以及借來的一些東西(something borrowed)，再加上一些藍色東西(and something blue)就會很幸福。
⑶賀禮一般都不送現金而送家庭用品，也有預先舉行禮物贈送會(bridal shower)，送禮給新娘。

b [當形容詞用]結婚典禮用的：⇨ wedding dress. **2** 結婚紀念日，…婚：⇨ silver wedding, golden wedding, diamond wedding.

結婚紀念日名	結婚周年
paper wedding (紙婚)	1 周年
wooden wedding (木婚)	5 周年
tin wedding (錫婚)	10 周年
crystal wedding (水晶婚)	15 周年
china wedding (瓷婚)	20 周年
silver wedding (銀婚)	25 周年
pearl wedding (眞珠婚)	30 周年
coral wedding (珊瑚婚)	35 周年
ruby wedding (紅寶石婚)	40 周年
sapphire wedding (藍寶石婚)	45 周年
golden wedding (金婚)	50 周年
emerald wedding (祖母綠婚)	55 周年
diamond wedding (鑽石婚)	60[75]周年

wédding bànd *n.* ＝wedding ring.

wédding brèakfast *n.* Ⓒ《英》結婚喜宴《★婚禮後，新人啓程度蜜月旅行前所舉行的簡單聚餐；現在已經少見》。

wédding càke *n.* Ⓒ 結婚宴會上分贈賀客的喜餅。

wédding càrd *n.* Ⓒ喜帖。

wédding chèst *n.* Ⓒ裝新娘妝奩的箱子。

wédding dây *n.* Ⓒ **1** 舉行婚禮之日。**2** 結婚紀念日。

wédding drèss *n.* Ⓒ(新娘的)結婚禮服。

wédding invitàtion *n.* ＝wedding card.

wédding màrch *n.* Ⓒ結婚進行曲。

wédding rìng *n.* Ⓒ結婚戒指。

【說明】從前通常在婚禮中由新郎替新娘戴在左手的無名指上。現在則往往新郎、新娘同時替對方戴上戒指。這種戒指通常是素面不鑲寶石的半圓面黃金或白金戒指。新婚女子經常戴著這戒指以表示自己已婚；cf. marriage【說明】

wedge [wɛdʒ; wedʒ] *n.* Ⓒ **1 楔** (cf. simple machine)：drive a ~ into a log 把楔子打進圓木中。**2 a** 楔形[V 形] (之物)：a ~ *of* cake[cheese]切成楔形的蛋糕[乳酪]。**b** (又作**wédge hèel**)(鞋子的)楔形鞋跟。**c**《高爾夫》挖起桿《頭部成楔形的球桿》。**3** 引

W

起分裂[分離]的行爲[事情]：His divisive politics drove a ～ *into* the organization. 他的隔離政策造成該組織的分裂。

(**drive in** [**gèt in, insért**]) **the thín énd of the wédge** (開始做出)乍看無關緊要但將來會產生重大結果的事情。

wedge 1

—*v.t.* 1 a 〔十受〕用楔子固定〈門等〉。**b** 〔十受十補〕用楔把〈門等〉固定〈成…狀態〉：He ～*d* the door open. 他用楔子固定使門開著。**2** 〔十受十副詞(片語)〕**a** 把…(像楔子似地)硬插進[塞入](…)：*W*～ packing *into* this crack. 把填料塞入這裂縫中/～ a thing *off* [*away*] 把某物强行推開[排擠出去]。**b** [～ one*self*] 硬插入[擠進](…)：He ～*d himself in*[*into*] the queue. 他硬插入隊伍中。

—*v.i.* 〔動(十副詞(片語))〕楔入，擠入(…)。

wedged [wɛdʒd; wedʒd] *adj.* **1** 楔形的。**2** [不用在名詞前] 夾住的，卡住的：He was ～ into a small chair. 他卡在小椅內無法動彈。

wédge-shàped *adj.* 楔形的，V 字形的。

wedg·ie [ˋwɛdʒɪ; ˈwedʒi] *n.* Ⓒ [常 ～s] 楔形鞋跟(wedge heel)的女鞋。

wedgie

Wedg·wood [ˋwɛdʒ͵wud; ˈwedʒwud] «源自英國陶器工藝家 Josiah Wedgwood (1730–1795) 之名» **—*n.*** Ⓤ《商標》威基伍陶瓷《在淡藍色底的無氣孔性陶器的表面貼上白色軟性磁器質料的古典圖案而燒成者》。

wed·lock [ˋwɛdlɑk; ˈwedlɔk] *n.* Ⓤ婚姻生活，婚姻(marriage).

bórn in láwful wédlock《文語》嫡生的，婚生的。

bórn òut of wédlock《文語》庶出的，私生的。

‡**Wednes·day** [ˋwɛnzdɪ, -de; ˈwenzdi, -dei] *n.* [原則上無冠詞爲不可數名詞；但視其意義也可加冠詞成爲可數名詞] 星期三，禮拜三《略作 W., Wed.》：Today is ～. 今天是星期三/next [last] ～ = *on* ～ next [last] 下[上] 星期三《★後者用法主要爲英國語法》/*on* ～ 在星期三，在禮拜三/*on* ～*s* 每星期三/on a ～ 在(過去、未來的)某一個星期三/*on* (《英》the) ～ of next week 在下週三。

【字源】原義爲「獻給 Woden 神的日子」(the day of Woden). Woden 又稱 Odin, 是北歐神話中的萬物之神，專司戰爭、死亡、詩歌、魔法、智能等。

—*adj.* [用在名詞前] 星期三的：*on* ～ afternoon 在星期三的下午。

—*adv.* 《美》在星期三 (⇨ Wednesdays)：See you ～. 星期三見。

Wednes·days [ˋwɛnzdɪz, -dez; ˈwenzdiz, -deiz] *adv.* 《美》在星期三，每星期三：The club meets ～. 該俱樂部每星期三聚會。

W

wee[1] [wi; wiː] *adj.* [用在名詞前] (**we·er**; **we·est**) **1** 《蘇格蘭・兒語》極小的，小小的。**2** 《美》很早的〈時間〉：in the ～ hours of the morning 在凌晨《★約在凌晨一點到三點之間；cf. small hours》。

a wée bít 《口語》一點點：It's *a* ～ *bit* tedious. 那有點無聊。

—*n.* [a ～] 《蘇格蘭》一點點，一會兒：bide *a* ～ 等一會兒。

wee[2] [wi; wiː] *n., v.* = wee-wee.

***weed** [wid; wiːd] *n.* **1** Ⓒ雜草：The garden is covered with ～*s*. 院子裏雜草叢生/Ill ～*s* grow apace. 《諺》雜草易生，莠草易生。**2** 《口語》**a** Ⓒ香煙，紙煙(cigarette). **b** [**the** ～] 煙絲(tobacco). **c** Ⓒ大麻煙《加入大麻的紙煙》。**3** Ⓒ瘦長的人。

—*v.t.* 1 a 〔十受〕除去…的雜草：We must ～ the garden. 我們必須除去院子裏的雜草。**b** 〔十受十介十(代)名〕〔從…〕拔去〈雜草〉，除去〔…的〕〈雜草〉〔*from, out of*〕：～ the nettles *from* [*out of*] the garden 除去院子裏的蕁蔴，從院子裡拔掉蕁蔴。**2** 〔十受十副(十介十(代)名)〕〔從…〕除掉〈無用、有害之物等〉：～ *out* useless books *from* one's library 從某人的藏書中抽[清除]掉無用的書籍/～ *out* the herd (淘汰低等動物以)精選動物羣。

—*v.i.* 除雜草，拔草。

wéed·er *n.* Ⓒ **1** 除草人。**2** 除草器[機]。

wéed kìller *n.* Ⓒ除草劑。

weeds [widz; wiːdz] *n. pl.* (尤指寡婦穿的)喪服。

weed·y [ˋwidɪ; ˈwiːdi] «weed 的形容詞» **—*adj.*** (**weed·i·er**; **-i·est**) **1** 多雜草的：a ～ garden 雜草叢生的庭園。**2** 像雜草的；雜草般快速生長的；迅速蔓延的。**3** 〈人、動物〉瘦長的，瘦弱的。

‡**week** [wik; wiːk] *n.* **1** Ⓒ週，星期《從星期天到星期六；★常當副詞用》；一星期，一禮拜，七天：by the ～ 按週/this ～ 本週，這星期/last ～ 上週，上星期/next ～ 下週，下星期/the ～ before last 上上星期/the ～ after next 下下星期/every other ～ 每隔一週/in the course of this ～ = during this ～ 本週中，這個星期中/(on) Friday (of) this ～ 在本星期五/today [this day] ～ 《英》下週[上週]的今天《★用法「下週」或「上週」依據上下文而定；《美》「下週的今天」爲 a ～ (from) today,「上週的今天」爲 a ～ ago today》/a ～ on Saturday = on Saturday ～ 《英》上星期的星期六《★用法爲了避免與 next Friday 混淆的說法；=《美》a ～ ago Saturday 或 (on) Saturday last ～》/a ～ from Firday = 《英》Friday ～ 下星期的星期五/a ～ last Monday 上上星期一/a ～ next Monday 下下星期一/～*s* ago 幾星期以前，幾週前/for ～*s* 幾星期(之久)/every day of the ～ 一星期每天(不中斷)/He will leave *in* the first ～ of April. 他將在四月的第一個星期出發(★用法「在第…週」的介系詞用 in)/He earns 500 dollars a ～. 他一星期賺五百美元/What day of the ～ is it (today)? = What is the day of the ～? 今天是星期幾？**2** Ⓒ **a** (星期日(或星期六)以外的)平日，工作日，週日：I have no time to spare during the ～. 我平日沒有閒暇的時間。**b** (每週的)工作時數：They work a 40-hour ～. 他們每週工作四十小時。**3** [W～] Ⓤ (有特別活動的)週：Bird *W*～ 愛鳥週/Fire Prevention *W*～ 防火週。

ány dày (**of the wéek**) ⇨ day.

a wéek of Súndays 七週；長期(cf. a MONTH of Sundays).

knóck a person **into the míddle of néxt wéek** 《口語》將〈某人〉揍扁。

wéek àfter wéek 每週；一週又一週。

wéek by wéek 每星期；每週(weekly).

wèek ín (,) **wèek óut** 一星期又一星期地；連續幾星期地。

week·day [ˋwik͵de; ˈwiːkdei] *n.* Ⓒ平日，週日《星期日(或星期六、日)以外的日子》：We go to school on ～*s*. 我們平時天天上學(cf. weekdays). **—*adj.*** [用在名詞前] 平日的，週日的：a ～ service 週日禮拜(式)。

week·days [ˋwik͵dez; ˈwiːkdeiz] *adv.* 平日，週日：work ～ 平日[時]工作。

‡**week·end** [ˋwikˋɛnd; ˌwiːkˈend] *n.* Ⓒ週末《通常從星期六下午或星期五晚上到星期一早晨》；週末假，週末晚會[聚會]：on [《英》at] the ～ 在週末/over the ～ 整個週末/He works on [《英》at] ～*s*. 他每週末工作(cf. weekends).

【說明】在週末期間，一般人都放下工作、課業等而去輕鬆一下，或全家一齊出遊，做些消遣(recreation). 美國很多地方實行週薪制，星期五發工資，因此到了星期五跟朋友打招呼時常說 "Thank God it's Friday"《略作TGIF》(謝天謝地，已到星期五了。)週末的活動通常是上酒吧、到夜總會、或到朋友家參加聚會等。星期天是安息日，很多人在這一天要過虔誠的生活，不過近來在週末從週五晚上一直到星期天晚上盡情享樂、度假的人逐漸增加，在週末和朋友道別時常說的話是 "Have a nice weekend!" (祝你週末愉快！)充分顯示週末對一般人來說是輕鬆消遣的時間；cf. blue Monday【說明】

—*adj.* [用在名詞前] 週末的：a ～ trip 週末旅行。

—*v.i.* 〔動(十副詞(片語))〕週末旅行；(在某地)度週末：My father is ～*ing at* Lake Huron. 我父親在休倫湖度週末。

wéek·ènd·er *n.* Ⓒ週末旅行者，週末度假的人。

week·ends [ˋwik͵ɛndz; ˌwiːkˈendz] *adv.* 《美》每(逢)週末；在週末：*W*～, I usually stay at home. 週末我通常留在家裏。

week·ly [ˋwiklɪ; ˈwiːkli] «week 的形容詞» **—*adj.*** (無比較級、最高級) **1** 〈薪水等〉每週的，一週一次的；週刊的：a ～ wage 週薪。**2** 〈工作等〉一週份的。**—*adv.*** 每週，一週一次。

—*n.* Ⓒ週刊，週報。

wéek·nìght *n.* Ⓒ週[平]日的夜晚：work on ～*s* 在週[平]日晚上工作(cf. weeknights).

week·nights [ˋwik͵naɪts; ˈwiːknaits] *adv.* 在週[平]日夜晚。

ween [win; wiːn] *v.i. & v.t.* 《古》**1** 想，認爲，以爲。**2** 期望，希望，意圖。

wee·ny [ˋwinɪ; ˈwiːni] (**wee·ni·er**; **-ni·est**) *adj.* 《口語》極小的。

‡**weep** [wip; wiːp] (**wept** [wɛpt; wept]) *v.i.* **1** 《文語》(流著眼淚)哭泣 (⇨ cry 2【同義字】)：**a** 流淚，哭泣：～ silently 不出聲地哭，飲泣/～ *for* joy 喜極而泣/～ *with* anger 氣憤而哭/I could have *wept*! 我幾乎要哭出來！**b** 〔十介十(代)名〕〔爲…〕悲傷〔*about, over*〕；〔看到…而〕哭〔*at*〕；〔同情別人而〕流淚〔*for*〕：～ ***about*** [***over***] one's loss 爲損失而悲傷/～ ***at*** a pitiful sight 看到可憐的情景而流淚/～ ***for*** a person 同情某人而哭/～ *over* one's misfortunes 爲不幸而悲歎。**c** 〔十 *to* do〕〈因…而〉哭泣：She *wept to* hear the sad tale. 她因聽到那悲傷的故事而哭泣。**2 a** 《文語・詩》〈木材、岩石等〉滴下[滲出]水滴；〈天空〉下雨。**b** 〈傷口〉滴血，滲出血。

—*v.t.* 1 〔十受〕流〈淚〉：～ bitter tears 痛哭流涕，流下悔恨的眼淚。**2** 〔十受〕《文語・罕》爲…流淚，悲傷…：～ one's sad fate 爲悲慘的命運而哀傷流淚。**3** [～ one*self*] **a** 〔十受十補〕哭

〈成…狀態〉: She *wept herself* out. 她盡情痛哭，她哭得死去活來。**b**〔十受十介十(代)名〕哭〔成…狀態〕〔*to*〕: The boy *wept himself* **to** sleep. 那男孩哭得睡著了。

wéep one's **héart**[**éyes**] **óut** (悲傷地)哭得死去活來，哭腫眼睛。

—*n.* Ⓒ[常 ~**s**]哭泣；一陣的哭泣。

wéep·er *n.* Ⓒ **1 a** 哭泣者，悲傷的人。**b**(從前在葬禮時受僱的)哭泣者。**2 a** (從前佩戴於男人帽子上的)喪章。**b**(寡婦所戴的)黑面紗。

weep·ie [ˈwipɪ; ˈwi:pi] *n.* Ⓒ《英口語》賺人熱淚[過分傷感]的電影[戲劇、書(等)]；哭泣的人。

wéep·ing *adj.* **1** 哭泣的，流淚的。**2** 滲出的，滴落的。**3** 垂枝的：⇨ weeping willow.

wéeping wíllow *n.* Ⓒ《植物》垂柳《楊柳科柳屬灌木或喬木，因其枝條下垂而得名》。

weep·y [ˈwipɪ; ˈwi:pi] 《weep 的形容詞》 **—*adj.*** (**weep·i·er**；**-i·est**)《口語》**1** 愛哭的，淚汪汪的：her ~ eyes 她淚汪汪的眼睛。**2**〈故事、電影等〉賺人熱淚的，過分傷感的。

—*n.* ＝weepie.

wee·vil [ˈwivḷ; ˈwi:vil, -vl] *n.* Ⓒ《昆蟲》蛄蟞《又稱象甲；象鼻蟲科昆蟲的統稱，包括穀象、米象等》。

wee-wee [ˈwiˏwi; ˈwi:wi:] 《兒語》 *n.* Ⓒ噓噓《小便、撒尿》。

—*v.i.* 噓噓。

weft [wɛft; weft] *n.* [**the** ~；集合稱]《織物》緯紗，橫線(woof)(↔ warp).

‡**weigh** [we; wei] 《源自古英語「以車搬運」之義》**—*v.t.*** **1**〔十受〕**a** 稱…的重量，把…置於秤上：~ a package 稱小包的重量/~ something in one's hand 用手估量某物的重量。**b** [~ one*self*] 量體重：~ *oneself* on the scale(s) 用磅秤量體重。

2 a〔十受〕斟酌，衡量…：*W*~ your words. 斟酌你說的話[你用的字句]/I ~*ed* the claims of the rival candidates. 我掂量[考慮]對方候選人的主張。**b**〔十受十介十(代)名〕把…〔與…〕加以斟酌比較〔*against*〕: They ~*ed* one plan ***against*** the other. 他們權衡一個計畫與另一個計畫的優劣。

3〔十受十副〕**a** 把…(用重量)加壓，將…壓下去〈*down*〉《★常用被動語態，介系詞用 *with, by*》: The fruit was so thick that it ~*ed* ***down*** the branches. 果實纍纍以致把樹枝壓垂了/He *was* ~*ed down* ***with*** [***by***] a pile of parcels. 他被一堆包裹壓得直不起腰。**b**〈責任、憂慮等〉壓迫〈人〉，使…支持不下去〈*down*〉《★常用被動語態，介系詞用 *with, by*》: The trouble ~*ed* him ***down***. 他被煩惱折騰得心情沈重/She *was* ~*ed down* ***with*** grief. 她悲不自勝。

4〔十受〕《航海》起〈錨〉，拔〈錨〉：⇨ weigh ANCHOR.

—*v.i.* **1**〔十補〕重量〈達…〉；稱〈得…〉: How much do you ~？你體重多少？/I ~ 100 pounds. 我體重一百磅/She ~*s* more than I do. 她比我重/This parcel ~*s* a lot [doesn't ~ much]. 這個包裹很重[不太重]。

2〔十介十(代)名〕**a** [常 **weigh heavily**]〔在…方面〕具有重要性〔*in*〕: His experience ~*ed heavily* ***in*** my decision to hire him. 我決定僱他是看重他的經驗。**b**〔對…〕具有重要性，受到〔…〕重視〔*with*〕: Money does not ~ ***with*** him. 錢對他並不重要/The evidence ~*ed with* me in judgment. 該證據對我下判斷具有重大影響。

3〔十介十(代)名〕成爲〔人、心上的〕重擔，壓迫〔*on, upon*〕《★用法 表示「沉重地」之意的修飾語用 heavily 或 heavy》: The problem ~*ed* ***on*** [***upon***] his mind. 該問題成爲他心上的重擔/The debt ~*s heavy* [heavily] *on* [*upon*] his conscience. 那筆債務成爲他良心上的重擔[使他心事重重]。

wéigh agàinst... 對…有不利的影響：The burden of evidence ~*ed against* him. 該證詞的要點對他不利。

wéigh ín 《*vi adv*》(1)〈拳擊手、摔角者、比賽的馬等〉(在賽前)接受體重測定[重達…]〔*at*〕. (2)〈提出意見、議論等來〉支援，助陣，參加議論[打架]〔*with*〕.

wéigh óut 《*vt adv*》(用磅秤)量出〈定量〉：~ *out* the required amount of sugar 量出需要的糖量。

wéigh úp 《*vt adv*》(1)權衡，斟酌〈損益〉。(2)評價，評估〈人、物〉；理解…。

wéigh·bridge *n.* Ⓒ地磅《與地面齊平，用以測量車輛、家畜等》。

wéigh-ìn *n.* Ⓒ《運動》(拳擊手等)比賽前之量體重[過磅]。

wéigh·ing machìne *n.* Ⓒ量重器，衡器，台秤。

‡**weight** [wet; weit] 《weigh 的名詞》**—*n.*** **1** Ⓤ**a** 重，重量；體重：sell by ~ 論重量出售/gain [put on] ~ 體重增加/lose ~ 體重減輕/What is your ~？你體重多少？**b**《物理》重力。

2 Ⓒ**a** 重物：lift (heavy) ~*s* 舉起重物/The bag was such a ~. 那手提包確實很重。**b** 砝碼，錘。**c** (壓東西的)重物，鎮石，鎮紙：⇨ paperweight. **d** (運動、競賽用)鉛球，鐵餅，鏈球；(舉重用的)啞鈴：He lifts ~*s*. 他舉起啞鈴(cf. weight lifter). **e**《運動》(拳擊、摔角等選手)依體重而分的等級。

3 a Ⓤ度量衡制度，衡量法。**b** Ⓒ衡量[重量]單位：~*s* and measures 度量衡。

4 Ⓤ相當(於…的)重量：one ounce ~ of gold dust 一盎司的砂金。

5 Ⓒ[常用單數](心裏的)負荷，重壓，壓迫；負擔：under the ~ of... 受到…的重壓/carry the ~ of care [responsibilities] 忍受憂慮[責任]的重壓/That's a great ~ off his mind. 那可說是卸下了他心上的重擔[如釋重負]。

6 Ⓤ重要性，份量；勢力，力量：a man of ~ 重要人物，有力者/an argument of no ~ 不重要[無足輕重]的議論/These points have great [no] ~ *with* him. 這幾點對他極爲重要[無關緊要]。

cárry wéight 〈意見等〉〔對…〕有影響力，有分量〔*with*〕: His opinion carries great [no] ~ *with* us. 他的意見對我們非常重要[不重要]。

gèt the wéight òff one's **féet** [常用祈使語氣](爲休息而)坐下來。

púll one's **wéight** 《口語》做自己能做的工作，盡自己的本分；盡力協助《★源自賽船時划手利用自身體重盡力划船》。

tàke the wéight òff one's **féet** ＝get the WEIGHT off one's feet.

thrów one's **wéight abóut**[**aróund**] 《口語》仗勢欺人，作威作福。

wórth one's [**its**] **wéight in góld** ⇨ gold.

—*v.t.* **1 a**〔十受〕使…加重，把重量放在…上。**b**〔十受十介十(代)名〕〔用…〕使…加重〔*with*〕: ~ the head of a golf club ***with*** lead 灌鉛使高爾夫球桿的頭部加重。

2 a〔十受(十副)〕使…負重荷；加砝碼於…〈*down*〉《★常用被動語態》: The donkey *was* ~*ed* too heavily. 驢子負載過重/The corners of the tent *were* ~*ed down*. 帳篷的各角用鎮石壓著。**b**〔十受十副十介十(代)名〕使…負〔重荷〕〈*down*〉〔*with*〕《★常用被動語態》: He *was* ~*ed* ***down with*** a heavy rucksack. 他背著很重的背包。

3〔十受十副〕〈憂慮、操心〉使〈人〉苦惱〈*down*〉《★常用被動語態，介系詞用 *with, by*》: He *was* ~*ed* ***down with*** many cares. 他憂心忡忡，萬分苦惱。

4〔十受〕使…增加重要性[價值]《★常以過去分詞當形容詞用；⇨ weighted 2》。

wéight·ed *adj.* **1** 加重的；負重的；載貨的。**2** [不用在名詞前]〔十介十(代)名〕偏重〔…〕的〔*toward*〕；偏向〔對…有利〕的〔*in favor of*〕；偏向〔對…不利〕的〔*against*〕(cf. weight *v.t.* 4): The selection was ~ ***against*** me [***in*** my ***favor***]. 那次選拔(安排得)對我不利[有利]。

wéight·ing *n.* Ⓤ[又作 **a** ~]《英》地區津貼。

wéight·less *adj.* (幾乎)無重量的；無重力的；失重的：Man is ~ in space 人在太空失重。~**·ly** *adv.*

wéight·less·ness *n.* Ⓤ無重量；失重；無重力(狀態)。

wéight lìfter *n.* Ⓒ舉重選手。

wéight lìfting *n.* Ⓤ《運動》舉重。

wéight wàtcher *n.* Ⓒ注意保持體重不增加的人。

weight·y [ˈwetɪ; ˈweiti] 《weight 的形容詞》**—*adj.*** (**weight·i·er**；**-i·est**) **1** 重的，有重量的。**2**〈人等〉有力的，有勢力的。**3**〈問題等〉重要的，重大的。**4**〈責任等〉重的。

wéight·i·ly [-tɪlɪ; -tili] *adv.* **wéight·i·ness** *n.*

Wéil's disèase [ˈvaɪlz-, ˈwaɪ-; ˈvailz-, ˈwai-] *n.* Ⓤ《醫》威耳氏病，螺旋體性黃疸。

Wei·mar [ˈvaɪmɑr, ˈwaɪ-; ˈvaimɑ:, ˈwai-] *n.* 威瑪《東德西南部之一城市》。

weir [wɪr; wiə] *n.* Ⓒ **1** (爲水車、灌溉用而攔住河流建築的)水壩，堰。**2** (爲捕魚而設的)魚梁。

weird** [wɪrd; wiəd] 《源自古英語「命運」之義》**—*adj. **1** (幽靈等令人想起超自然事物的)**奇異的**，怪異的，怪誕的，非人世所有的：a ~ shriek 怪異的叫聲。**2**《口語》奇怪的，奇妙的：a ~ dress [idea] 奇裝異服[奇想]。~**·ly** *adv.* ~**·ness** *n.*

weird·ie [ˈwɪrdɪ; ˈwiədi] *n.* Ⓒ《口語》習性古怪的人，怪人。

weird·o [ˈwɪrdo; ˈwiədou] *n.* Ⓒ(*pl.* ~**s**)＝weirdie.

welch [wɛltʃ, wɛlʃ; welʃ] *v.* ＝welsh.

‡**wel·come** [ˈwɛlkəm; ˈwelkəm] 《源自古英語「善意(will)的客人」之義；在中古英語，will 與 well 混淆而成》**—*interj.*** [常與副詞或 to 連用]歡迎！歡迎光臨：*W*~ *home* [*back*]！歡迎回家[回來]！/*W*~ *aboard*！歡迎搭乘本車次[機，船]！/*W*~ *to* Taipei！歡迎光臨臺北！

—*n.* Ⓒ**歡迎**，款待；歡迎辭：give a person a warm [hearty] ~ 熱烈[衷心]歡迎某人/receive a cold ~ 受到冷漠的接待。

bíd a person **wélcome** ＝**sày wélcome to** a person 歡迎某人。

in wélcome (以表)歡迎。

wéar óut a person's **wélcome** 常造訪[久居]而不受歡迎。

—*adj.* **1**〈客人等〉**受歡迎的**：a ~ guest [visitor] 受歡迎的客人[來訪者]/You are always ~ *at* [*to*] my house. 我家隨時歡迎你來/I didn't feel ~. (訪問人家時)我覺得不受歡迎。

W

2 [不用在名詞前] **a** 〔＋ *to* do〕可隨意〈做…〉的：You are ～ *to* try. 請隨意試用。**b** 〔十介十(代)名〕可隨意使用〔…〕的〔*to*〕：She is ～ *to* the use of my house. 她可以自由使用我的房子。

3 高興的，值得感謝的：～ news 喜訊，好消息/a ～ letter 令人高興的信/～ advice 值得感謝的勸告。

and wélcome 請隨意《★常當諷刺用》。

màke a person **wélcome** 歡迎某人。

(You are) wélcome. [對 Thank you 等的回答] 不客氣《★比較 比 Don't mention it. 或 Not at all. 更口語化》。

—*v.t.* (～d) **1 a** 〔十受〕**歡迎，**迎接〈某人〉，對〈某人〉致歡迎辭：～ a person 歡迎某人。**b** 〔十受十副詞(片語)〕歡迎〈某人〉(至…)：They ～*d* him *home* [*back*]. 他們歡迎他回家[回來]/I will ～ you *to* my house. 歡迎光臨寒舍。**c** 〔十受十介十(代)名〕〔以…〕歡迎〈某人〉〔*with*〕：She ～*d* me ***with*** open arms. 她張開雙臂[熱情地]歡迎我。

2 〔十受〕樂於接受…：～ new ideas 樂於接受新思想。

wélcome màt *n.* Ⓒ《美》(放在門口的)擦鞋底用墊子(door mat)《★常用於下列成語》。

pùt óut the wélcome màt 熱烈地歡迎[…]〔*for*〕.

wélcome wàgon *n.* **1** Ⓒ帶給新遷進的人有關該地區的消息、禮品、和土產的車輛。**2** [常 W～ W～] 做上述服務的人們。

weld [wɛld; weld] *v.t.* **1 a** 〔十受(十副)〕熔接，焊接〈兩種金屬〉〈*together*〉：～ two metal plates ***together*** 熔接兩張金屬板。**b** 〔十受十介十(代)名〕把〈金屬等〉熔接[於他物]〔*to*〕：～ a piece of metal ***to*** a pipe 把金屬片熔接於管子上。**2 a** 〔十受(十副)〕使…結合，使…密切接合〈*together*〉《★常用被動語態》：They *were* ～***ed together*** in friendship. 友情使他們結合在一起。**b** 〔十受十介十(代)名〕使…〔與…〕結合〔*to, into*〕：Several incidents have been ～***ed into*** an interesting narrative. 幾個情節插曲被融合成一個有趣的故事。

—*v.i.* 熔接：These alloys ～ at different heats. 這些合金可在不同的溫度[熱度]熔接。

—*n.* Ⓒ **1** 熔接點，接合部位。**2** 熔接(作業)：a difficult ～ 困難的熔接。

wéld·er *n.* Ⓒ **1** 熔接工人，焊工。**2** 焊接機。

wéld·ing *n.* Ⓤ熔接(技術)。

wel·fare** [ˈwɛl,fɛr; ˈwelfɛə] **《源自「順利進行」之義》—*n. Ⓤ **1 福祉，**福利；幸福：social ～ 社會福利/for the public ～ ＝for the ～ of the public 爲公共福利/It is for your own ～ that I tell you this. 我告訴你這件事是爲你本身的幸福。**2** 福利事業。**3**《美》生活救濟，社會福利(《英》social security)：go [be] on ～ 去接受[在接受]生活救濟。

wélfare fùnd *n.* Ⓒ(員工)福利基金。

wélfare mòther *n.* Ⓒ《美》領福利救濟金的母親。

wélfare stàte *n.* Ⓒ福利國家《尤指生活保障等各種社會福利制度完善的國家》。

wélfare wòrk *n.* Ⓤ福利[救濟]事業。

wélfare wòrker *n.* Ⓒ **1** (社會)福利機構。**2** 從事社會福利工作者。

wel·kin [ˈwɛlkɪn; ˈwelkin] *n.* [**the** ～]《詩》蒼穹，天空。

màke the wélkin ríng (聲音等)震天價響，響徹雲霄。

W

*****well**[1] [wɛl; wel] *adv.* (**bet·ter** [ˈbɛtɚ; ˈbetə]; **best** [bɛst; best]; ★參照 better, best) **1 令人滿意地，**良好地，圓滿地(←→ ill, badly)：dine [sleep, work] ～ 吃得[睡得，工作得]好/He dresses ～. 他穿得很好/She carries herself ～. 她舉止大方/Things are going ～. 事情進行順利。

2 (能力方面)**良好地，**高明地：speak French ～ 法語說得很好/*W*～ done！做得好！幹得好！/*W*～ played！(運動等)打得好，表演得好極了。

3 (無比較級、最高級)**充分地，**全然地，好好地；親密地：Shake ～ before using. 使用前充分搖勻/I don't know her very ～. 我不十分瞭解她《我認識她不深》。

4 a (無比較級、最高級) [置於副詞(片語)前] **相當地，**頗：He was ～ *over* fifty [～ *into* his fifties, ～ *on* in his fifties]. 他五十好幾了《將近六十歲》/His assets amounted to ～ *over* $1 billion. 他的財產遠遠超過十億美元/～ up in... ⇨ up *adv.* 7e. **b** [置於 able, aware, worth 等敍述形容詞前] 相當地，充分地，十分地(cf. better[1] *adv.* 2b)：He is ～ *able* to lead the people. 他相當有能力領導人民/I was ～ *aware* of the danger. 我充分意識到那種危險/This car is ～ *worth* the price. 這部車子的確値這個價錢/The plan is now ～ *advanced.* 那計畫現在有相當的進展。

5 適切地，適當地；正好，恰好：That is ～ said. 說得好；正是如此/*W*～ met！《古》恰好相遇！

6 富裕地，安逸地：live ～ 過得很富裕/He's doing rather ～ for himself. 他過著相當安逸的生活。

7 a 好意地，善意地；親切地，慇懃地：Everyone speaks [thinks] ～ of her. 每個人都稱讚她[認爲她好]/⇨ SPEAK well for/ They all treated me ～. 他們都待我很好。**b** 爽快地，高興地；平靜地：He took the news ～. 他平靜地接受那消息。

as wéll (1)也，又：He speaks Russian *as* ～. 他也能說俄語。(2)同樣地[一樣地]好：He can speak Russian *as* ～. 他俄語說得也(與…)一樣好(★用法 as well as (1) 後面的 as 以下被省略的型態；照(1)之意，此句有時也作「他也會說俄語」解)。

as wèll as... (1)與…一樣好。(2)(除…外)又…，不但…而且…：He has experience *as* ～ *as* knowledge. 他不但有知識而且有經驗。

語法 (1)A as well as B 的結構中，在意義上重點置於 A，因此以 A 爲主詞的述語動詞的「單複數」應與 A 符合：John, *as* ～ *as* his friends, *was* injured in the accident. 約翰以及他的朋友們都在那次事故中受了傷(cf. NOT only... but (also)...).(2)有時 A 與 B 在意義上以對等的重要性並列：In theory *as* ～ *as* in practice, the idea was unsound. 在理論上與應用[實踐]上，那種構想都有缺點。

cannót [could nót] wéll dó... (理所當然)實在難以…《★用法 在此的 could not 是假設語氣過去式，比 cannot 更爲委婉的說法，同時也可以當普通過去式使用》：I *can't* [*couldn't*] very ～ refuse. 我實在難以拒絕。

còme óff wéll 結果良好，進行順利。

could júst as wéll dó... 做…較好，不妨做…：You *could just as* ～ have apologized then and there. 你當時當場道歉一聲就好了《實際上未道歉》。

dó oneself **wéll** 生活富裕，過奢侈生活。

dò wéll (1)很順利，成功。(2)[用於進行式] 康復，漸漸好起來。(3)禮遇〔某人〕〔*by*〕：He's always *done* ～ *by* me. 他總是待我很好。

dò wéll òut of... 《口語》從…獲利：He *did* ～ *out of* the sale of his car. 他賣出自己的車子從中獲利。

dò wéll to dó... …較好：You would *do* ～ *to* say nothing about it. 關於那件事你什麼也不要說較好《★比較 You shouldn't say anything about it. 較爲口語》/You would *do* ～ *to* stay in school. 你還是留在學校的好。

jùst as wéll [用於回答] 也無妨，也可以："I'm sorry, I don't have a pen."—"A pencil will do *just as* ～." 「對不起，我沒有帶鋼筆。」「(用)鉛筆也可以。」

máy [might] (jùst) as wéll dó (**as** ...) (如果要做…)做…也一樣，(與其做…)還不如做…《★用法 (1)本來此構句的第二個 as 後面有 not，作「與其不做…還不如做…較好」之意；比 had better 的語氣弱而委婉；(2)要強調敍述內容的不可能性或以委婉的語氣陳述時用 might 代替助動詞的 may》：You *may* (*just*) *as* ～ go at once. 你還是立刻去的好/You *may just as* ～ confess. (因證據確鑿)你還是招認的好/One *may as* ～ be hanged for a sheep as a lamb. ⇨ sheep 1/You *might as* ～ throw money away *as* spend it in gambling. 與其花錢賭博還不如把錢丟掉/You *might just as* ～ talk to your son. 你還是與你兒子談一談的好《★比較 比 You *may just as* ～ talk... . 更有禮的說法》/We *might just as* ～ have stayed at home. 我們倒不如一直留在家裏的好《★用法 有「與其出去遇到那種(倒楣)事」的含意》/You *might just as* ～ have confessed. (那樣申辯)你等於招認了/You *might just as* ～ have hit him in the face. (看你對他的無禮)你等於打了他一耳光一樣。

mày wéll dó (1)有理由[當然]做…，難怪…，大可…：He *may* ～ think so. 難怪他這樣想/You *may* ～ wonder！難怪你會覺得奇怪《誰都會覺得奇怪》。(2)也許…，很可能…：It *may well be* true. 那也許是眞的/"Do you think he'll win？"—"He may ～." 「你想他會贏嗎？」「也許會。」《★最後的 win 被省略》。

prètty wéll (1)幾乎(almost)：The work is *pretty* ～ finished. 那工作幾乎完成了。(2)〈病人等〉變得相當好[康復]；(工作等)相當順利："How's she doing？"—"Oh, (she's doing) *pretty* ～." 「她情形如何？」「哦，相當順利[好]。」

spéak wéll of ...⇨ speak.

thìnk wéll of ...⇨ think.

wéll and trúly 《英口語》完全地，全然：I was ～ *and truly* exhausted. 我筋疲力竭了。

wèll awáy 《英》(1)在進行著，有進展：We're ～ *away.* 我們進行得很順利。(2)《俚》開始醉，變快活。

wèll óff ⇨ well-off.

wèll òut of ... (1)遠離…：Stand ～ *out of* the way. 站遠一點《以免礙事》。(2)《口語》幸免於〈不幸、事故等〉，幸好未…，安然從…中脫身：You're ～ *out of* the trouble. 你幸好未捲入那麻煩事/I wish I was ～ *out of* this job. 但願我能從這件工作中脫身出來。

—*adj.* (**bet·ter**；**best**) **1 a** [不用在名詞前] **健康的，**安好的《★用法 作此義解時很少用最高級；⇨healthy【同義字】》：feel [look] ～ 覺得[看起來]身體好/Are you ～？你(身體[健康]狀

況)好嗎？/"How are you？"—"Quite [Very] ～, thank you." 「你好嗎？」「很好，謝謝。」(cf. *adj.* 2b). **b** [用在名詞前](無比較級、最高級)《美》健康的：He is not a ～ man. 他不是一個健康的人。

2 [不用在名詞前](無比較級、最高級) **a** 令人滿意的，正好的(right)：Things are ～ enough. 情勢相當好/All's ～ (that ends ～). (結局好)一切都好。**b** [常 **Very** ～；表示同意、承諾]好，可以(cf. *adj.* 1a)：*Very* ～, you may go now. 好，你現在可以走了。

3 [不用在名詞前](無比較級、最高級) **a** 適當的，適宜的《★[比較]作此義解時，用 best 較 well 普遍》：It would be ～ to start at once. 立刻出發爲宜。**b**《罕》方便的；幸虧，幸好《★[比較]作此義解時用 good 較 well 普遍》：It was ～ that you met him there. 幸好你在那裡遇到他。

(áll) wéll and góod《口語》(既然…那麼)好吧；就這樣吧《表示接納決定、建議》：That's *all* ～ *and good, but* I don't have the money. 那也好，但是我沒有那筆錢。

It's áll vèry wéll.《口語》那樣的確很好，(但是…)《★[用法]常在後面用 but..., 以引出表示不滿、不贊成的敍述》：*It's all very* ～ (for you) to suggest a holiday in Hawaii, *but* how am I to find the money？你提議在夏威夷度假的確很好，可是我如何去籌那筆錢呢？

júst as wéll (1)運氣很好，正好：It's *just as* ～ I met you. 我碰到你正好。(2)反而好：It was *just as* ～ you didn't marry her. 你沒跟她結婚反而好/"I didn't see the TV program."—"*Just as* ～；it wasn't very good."「我沒看那個電視節目。」「那反而好；那節目不太好。」

(júst) as wèll ...做…較好；最好…：It would be *as* ～ to explain. 最好說明一下/It would be *just as* ～ for you to write [if you wrote] to him. 你最好寫信給他。

lèt [léave] wéll (enòugh) alóne ⇨ alone *adj.*

—*interj.* 1 a [表示驚訝、疑惑]哎呀！啊！怎麼：*W*～, I never！= *W*～, to be sure！= *W*～ now！哎呀！眞奇怪！怎麼會！/*W*～, ～！哇！《表示驚奇》/*W*～, I'm not sure. 唔，我不清楚；我沒把握。**b** [表示放心、死心、讓步等]好啦，算了，好吧；有道理：*W*～, here we are at last. 好啦，我們終於到達了/Oh ～, I can't complain！好吧，我不能埋怨了《★[用法]常用於 How (are) you doing？或 How are things？等的回答》/*W*～, you can't help it. 算了，這是沒辦法的事/*W*～, but what about the money？有道理，但是錢(的事)怎麼辦？

2 [用於繼續說下去或提出重要事情時]**那麼；對了**：*W*～, as I was saying.... 那麼，就像我剛才說的…。

＊well² [wɛl; wel]《源自古英語「泉」之義》**—*n.*** Ⓒ **1** (取水或油等之)井：an oil ～ 油井/sink [bore] a ～ 鑿井。**2** (感情、知識等的)泉源：a ～ *of* information 知識的泉源。**3** 井狀的洞：**a** (樓梯的)井孔：⇨ stairwell. **b** (電梯的)井道。**4**《英》(法庭的)律師席。

—*v.i.* 1 [(十副)十介十(代)名]〈液體〉[從…]湧出，噴出〈*out*〉[*from, out of*]：Blood was ～*ing* (**out**) ***from*** the cut. 血從傷口迸出。**2 a** [動(十副)]湧出，湧上來〈*up*〉：Tears ～*ed* ***up*** in her eyes. 淚水湧上她的眼眶。**b** [十副]〈液體〉溢出〈*over*〉.

‡we'll [wil; wi:l]《口語》**we will [shall]** 之略《★[用法]We shall 的縮寫，主要用於英國口語》。

well- [wɛl-; wel-] 表示「良好，充分」之意的複合用詞(←→ ill-)《★[用法]與過去分詞結合構成複合形容詞；比較級用 better-, best-；★[拼法]用作限定性時必須用連字號(-)，但用作敍述性時通常不用連字號而寫成兩個字》。

wéll-advísed *adj.* 深思熟慮的，審愼的：a ～ action 審愼的行動。

wéll-appóinted *adj.* 設備齊全[完善]的：a ～ flat [kitchen] 設備齊全的公寓[廚房]。

wéll-bálanced *adj.* **1** 均衡的，平衡的：a ～ diet 均衡的飲食。**2**〈人、性格等〉考慮周詳的，有常識的，勻稱的；神志健全的。

wéll-beháved *adj.* 行爲端正的，循規蹈矩的。

wéll-béing [ˈwɛlˈbiɪŋ; ˌwelˈbi:ɪŋ] *n.* Ⓤ**幸福**；(尤指)健康；福利(welfare).

wéll-be·lóv·ed [-bɪˈlʌvɪd, -ˈlʌvd; -biˈlʌvid, -ˈlʌvd] *adj.* 受人深愛的。**—*n.*** Ⓒ深愛的人。

wéll-bórn *adj.* 身家清白的，出身名門的：～ girls 良家女子。

wéll-bréd *adj.* **1** 有教養的；行爲端正的，高尙的。**2**〈狗、馬等〉品種優良的。

wéll-chósen *adj.* 精選的，恰當的，適當的：in ～ words 以適當的話。

wéll-connécted *adj.* 有好親戚的；有良好社會關係的；與望族血統有關的。

wéll-contént *adj.* 十分滿意的；十分樂意的。

wéll dèck *n.* Ⓒ《航海》井甲板《船首樓(forecastle)與船尾樓(poop)間低凹部分的甲板》。

wéll-defíned *adj.* **1** 定義明確的。**2** 清晰的，輪廓清楚的：～ features 五官明顯的[輪廓清晰的]面孔，眉清目秀。

wéll-dispósed *adj.* **1 a** 性情好的，親切的，好心的。**b** [不用在名詞前][十介十(代)名][對…]懷好意的[*to, toward*]. **2** 適當配置的，正確排列的。

wéll-dóing *n.* Ⓤ善行，德行(←→ evildoing).

wéll-dóne *adj.* **1**〈牛排〉烤得很熟的，全熟的(⇨ beefsteak【說明】)。**2** 做得好的，幹得出色的。

—*interj.* 好！做得好！《★要分開寫成 Well done！兩個字》。

wéll-dréssed *adj.* 穿得好的，穿著體面的。

wéll-éarned *adj.* 憑自己力量[工作]得來的；正當獲得的：a ～ punishment 自作自受的懲罰。

wéll-estáblished *adj.* **1**〈習慣等〉已被接受的，固定的；〈聲譽等〉不動搖的。**2**〈公司等〉有好評的，老字號的。

wéll-fávored *adj.*《古》〈男、女等〉美貌的，英俊的，漂亮的。

wéll-féd *adj.* 營養充足的，吃得好的；肥胖的。

wéll-fíxed *adj.*《美口語》富有的，有錢的，富裕的。

wéll-fórmed *adj.* **1** 適度地形成的；外形悅人的。**2**《語言》〈說話〉符合語法規則的，合文法的。

wéll-fóund *adj.*〈船等〉設備完善[齊全]的。

wéll-fóunded *adj.* 有充分證據的。

wéll-gróomed *adj.* **1**〈馬、庭園等〉被細心照料的。**2**〈人〉穿戴整齊的。

wéll-gróunded *adj.* **1** [不用在名詞前][十介十(代)名]受過[…的]基本教育[訓練]的[*in*]：He is ～ ***in*** English. 他的英語根基良好。**2** 有充分根據的。

wéll-hándled *adj.* **1** 有效率地處理[完成]的。**2** 謹愼地對待的。**3** 已處理的；常使用的。

wéll-hèad *n.* Ⓒ **1** 水源。**2** 泉源。**3** (護井的)石欄。

wéll-héeled *adj.*《俚》有錢的，富有的(rich).

wéll-infórmed *adj.* **1** 博學的，見聞廣博的；消息靈通的：～ quarters [sources] 消息靈通人士。**2** [不用在名詞前][十介十(代)名]精通[…]的，[對…]情報靈通的[*about, in, on*]：He is ～ ***about*** the topics of the day. 他熟知時事問題。

wel·ling·ton [ˈwɛlɪŋtən; ˈweliŋtən]《源自威靈頓(Wellington)將軍所穿》**—*n.*** (又作 **wéllington bóot**) Ⓒ [常 ～s] 威靈頓長靴《長及膝蓋⇨ boot¹[比較]》。

Wel·ling·ton [ˈwɛlɪŋtən; ˈweliŋtən] *n.* 威靈頓《紐西蘭(New Zealand)的首都》。

Wel·ling·ton, 1st Duke of *n.* 威靈頓(公爵)《1769–1852；在滑鐵盧(Waterloo)戰役打敗拿破崙一世(Napoleon I)的英國將軍、政治家；本名爲 Arthur Wellesley [ˈwɛlzlɪ; ˈwelzli]》.

wéll-inténtioned *adj.*〈人、行爲等〉(雖然結果往往不理想但)出自好意的，善意的：a ～ lie 善意的謊言。

wéll-képt *adj.* 照料周全的，保管妥當的。

wéll-knít *adj.* **1**〈人、體格等〉結實的，强壯的。**2**〈議論等〉縝密的，緊湊的。

well-known [ˈwɛlˈnon; ˌwelˈnoun←] *adj.* (**better-known；best-known**)**著名的**，衆所周知的：a ～ fact 衆所周知的事實/a ～ actress 著名的女演員。

wéll-líned *adj.* **1**〈錢包等〉裝滿錢的。**2**〈肚子〉飽飽的。

wéll-máde *adj.* **1** 結實的；精巧的。**2**〈戲劇、小說等〉結構巧妙的。

wéll-mánnered *adj.* 有禮貌的；舉止得體[高雅]的，態度良好的。

wéll-márked *adj.* 可清楚識別[分辨]的，明顯的；明確的。

wéll-méaning *adj.* **1**〈人〉善意的。**2**〈行爲等〉(不論結果如何)出自好意的。

wéll-méant *adj.*〈行爲等〉(不論結果如何)出自善意的。

well-nigh [ˈwɛlˈnaɪ; ˈwelnai] *adv.*《文語》幾乎(almost).

wéll-óff, wéll óff *adj.* (**better-off, better off；best-off, best off**) **1** 富有的，有錢的：a ～ widow 富孀。**2** [不用在名詞前]順利的，處於順境的，在舒適的狀態中的：You don't know when you're *well off.* 當你過得舒適時你不自覺《人在福中不知福》。**3** [不用在名詞前][十介十(代)名][…]豐富的[*for*]：He is *well-off* ***for*** money. 他富有[錢財多]。

wéll-óiled *adj.* **1** 善於恭維的，甜言蜜語的：have a ～ tongue 善於奉承。**2** [常 **well oiled**]《俚》酒醉的：He's ～. 他醉了。

wéll-órdered *adj.* 有秩序的，秩序井然的。

wéll-presérved *adj.* **1** 保存[保養]得很好的。**2**〈年長者〉(比實際年齡)顯得年輕的。

wéll-propórtioned *adj.* 勻稱[均勻]的。

wéll-réad [-ˈrɛd; -ˈred←] *adj.* **1** 書讀得多的；博覽羣書的。**2** [不用在名詞前][十介十(代)名]精通[…]的[*in*]：He is ～ ***in*** history. 他精通歷史。

wéll-róunded *adj.* **1** 肥胖的，豐滿的。**2 a**〈文體、構想等〉面面俱到的。**b**〈知識、經驗、節目等〉涵蓋多方面的，廣泛的：a

～ education 通才教育。**3**〈人格等〉圓滿的，圓滑的。

Wells [wɛlz; welz], **Herbert George** *n.* 威爾斯《1866－1946；英國小說家、歷史家及社會學家》。

wéll-sét *adj.* **1** 穩固的。**2** 結實的。

wéll-spóken *adj.* **1** 談吐高雅的，善於辭令的。**2**〈措詞〉得體的，圓滑周到的。**3**《英》說標準英語的。

wéll·spring *n.* Ⓒ **1** 泉源，水源。**2**《文語》(取之不盡用之不竭的)泉源〔*of*〕.

wéll swèep *n.* ＝sweep *n.* 11.

wéll-thóught-òf *adj.*〈人〉名聲好的，享有好評的。

wéll-tímed *adj.* 時機正好的，正合時宜的(timely).

wéll-to-dó *adj.* 富裕的。

wéll-tríed *adj.* 經過多次考驗的，經反覆試驗證明的；充分測試過的。

wéll-túrned *adj.* **1**〈容貌、姿態等〉勻稱的，優美的：～ legs 勻稱的腿。**2** 措詞巧妙的：a ～ phrase 措詞巧妙的字句《讚語》。

wéll-wìsher *n.* Ⓒ對人[事]的祝福者，祝賀者；具有善意的人；志願者。

wéll-wórn *adj.* **1** 用舊了的。**2** 陳腐的，平凡的，普通的。

welsh [wɛlʃ, wɛltʃ; welʃ] *v.i.* 〔動(十介十(代)名)〕《★用法 威爾斯人(Welsh)認爲此語具有輕蔑之意》**1**《賽馬》不付賭金[給賭贏者]而溜走〔*on*〕. **2**《俚》逃避〔對人的〕債務[義務]；〔對人〕違約〔*on*〕.

Welsh [wɛlʃ, wɛltʃ; welʃ] «Wales 的形容詞»—*adj.* **1** 威爾斯的。**2** 威爾斯人[語]的。

—*n.* **1** [the ～；集合稱；當複數用]威爾斯人。**2** Ⓤ威爾斯語。

Wélsh córgi *n.* Ⓒ威爾斯柯基犬《威爾斯產的一種狐頭矮腳狗》。

Wélsh·man [-mən; -mən] *n.* Ⓒ(*pl.* **-men** [-mən; -mən])威爾斯人。

Wélsh rábbit [**rárebit**] *n.* Ⓒ[當作點心名時爲Ⓤ]威爾斯乳酪土司《以加熱等溶化乾乳酪，加入香料塗在土司上，趁熱食用》。

welt [wɛlt; welt] *n.* Ⓒ **1** (鞋底和鞋面間的)接縫革條。**2** 鑲邊，貼邊。**3** 鞭痕，條狀傷痕：A bright red ～ rose on his arm. 他的手臂上起了明顯的條狀紅腫。

—*v.t.* **1** 上接縫革條於…。**2** 給…鑲邊[滾邊]。**3** 在…上形成條狀紅腫；狠狠毆打〈人等〉。

Welt·an·schau·ung [ˋvɛltˏanˏʃau·uŋ; ˈveltˌɑːnˌʃauuŋ] «源自德語»—*n.* Ⓤ[常 the ～]世界觀。

wel·ter [ˋwɛltɚ; ˈweltə] *v.i.* **1** 〔動(十介十(代)名)〕**a** 〔在…中〕翻滾，打滾〔*in*〕. **b** 沉浸，耽溺〔在快樂等中〕〔*in*〕. **2**〈海浪等〉翻騰，洶湧。

—*n.* [用單數] **1** 翻滾，打滾。**2** (海浪等的)澎湃，洶湧。**3** [集合稱；常 ～s，有時當單數用]混雜，拼湊〔*of*〕：a ～ *of* controversy 爭論的混雜，(思想、理論上的)一片[陣]混戰/a ～ *of* useless data 無價值資料的拼湊。

wélter·wèight *n.* Ⓒ《拳擊・角力》輕中量級的選手。

—*adj.* [用在名詞前]輕中量級的。

wen [wɛn; wen] *n.* Ⓒ(頭部、頸部的)皮脂腺囊腫。

wench [wɛntʃ; wentʃ] *n.* Ⓒ[也用於稱呼]《古・方言》(尤指鄉下的)姑娘，女子。

—*v.i.*《古》〈男人〉與很多蕩婦通姦，嫖妓。

wend [wɛnd; wend] «源自古英語「彎曲」之義；古語過去式的 went 現在用作 go 的過去式»—*v.t.* (**wend·ed**,《古》**went** [wɛnt; went]) [～ **one's way**]《文語》**1** 慢行；旅行。**2** 走開。

Wens·ley·dale [ˋwɛnzlɪˏdel; ˈwenzlideil] «源自英國約克郡的產地名»—*n.* (又作**Wénsleydale chéese**)ⓊⒸ文斯利代爾乾酪。

‡**went** [wɛnt; went] *v.* **go** 的過去式(cf. wend).

‡**wept** [wɛpt; wept] *v.* **weep** 的過去式・過去分詞。

‡**were** [(輕讀) wɚ; wə; (重讀) wɝ; wəː] *v.i.* **be** 的直述法第二人稱單數過去式，複數過去式，也是假設語氣單數與複數的過去式(⇨ be).

as it wére ⇨ as *conj.*

wère it nót for ...若非…，要不是…。

wére to dó ⇨ be *aux.* 4.

‡**we're** [wɪr, wir; wiə] **we are** 之略。

‡**were·n't** [wɝnt; wəːnt] **were not** 之略。

wer(e)·wolf [ˋwɪrˏwulf, ˋwɝ-; ˈwiəwulf, ˈwəː-] *n.* Ⓒ(*pl.* **-wolves** [-ˏwulvz; -wulvz])(傳說中的)狼人。

werewolf

wert [(輕讀) wɚt; wət; (重讀) wɝt; wəːt] *v.i.*《古》thou 的 be 動詞單數直述法以及假設語氣的過去式(⇨ be).

Wes·ley [ˋwɛslɪ, ˋwɛz-; ˈwezli, ˈwes-], **John** *n.* 衛斯理《1703－91；英國美以美派(Methodism)的創始人》。

Wes·ley·an [ˋwɛslɪən, ˋwɛz-; ˈwezliən, ˈwes-] «Wesley 的形容詞»—*adj.* 衛斯理教派的，美以美教派的。

—*n.* Ⓒ衛斯理教徒，美以美教徒。

Wés·ley·an·ìsm [-nˏɪzəm; -nizəm] *n.* Ⓤ衛斯理[美以美]教派的主義[教義]。

Wes·sex [ˋwɛsɪks; ˈwesiks] *n.* **a** 威塞克斯《在英格蘭西南部的舊時盎格魯撒克遜(Anglo-Saxon)王國》。**b** 威塞克斯《哈代(Thomas Hardy)的小說中所取的背景，以現今多塞特郡(Dorset)爲中心的地方》。

‡**west** [wɛst; west] *n.* **1** [**the** ～]**西，西方**；西部《略作 w., W, W.；↔ east；⇨ north 用法》：in *the* ～ of... 在…的西部/on *the* ～ of... 在…的西側[鄰接…的西邊]/to *the* ～ of... 在…的西方，在…以西。

2 a [**the** ～]西部地方。**b** [**the W～**]《美》西部(各州)《自密西西比河(Mississippi)到太平洋岸之間的各州》。**c** [**the W～**]西洋，西歐；歐美。**d** [**the W～**]西歐各國，民主國家，西方國家。**e** [**the W～**](古時)西羅馬帝國。

wést by nórth 西偏北《略作 WbN, W.bN.》.

wést by sóuth 西偏南《略作 WbS, W.bS.》.

—*adj.* [用在名詞前]《★用法 方位不太明確時用 western》**1** (**在**)**西方的**；西向的：a ～ window 西邊的窗子。

2 (教會)祭壇對面的。

3 [常 W～]西部的，西方國家的；西部居民的。

4〈風〉從西方來[吹]的：a ～ wind 西風《★在英國爲溫暖而令人爽快的風》。

—*adv.* **向西**，在[向]西方，在[向]西部：due ～ 正西地/The village is [lies] 15 miles ～ *of* town. 該村莊位於城西十五哩處。

gò wést (1)往西方去。(2)《俚・謔》歸西，死；〈錢財等〉損失。

wést by nórth [**sóuth**] 向西偏北[南]。

Wést Berlín *n.* 西柏林(⇨ Berlin 插圖)。

wést·bòund *adj.* 西行的，向西的，繞西邊的：a ～ train 西行的火車。

Wést Cóuntry *n.* [**the** ～]《英》(英格蘭)西南部各郡。

Wést Énd *n.* [**the** ～]倫敦西區《在倫敦(London)中央部分有大住宅、大商店、公園、主要戲院等的地區；相當於紐約(New York)的百老匯(Broadway)；cf. East End》：What's on *in the* ～？倫敦西區在上演什麼片子？

west·er [ˋwɛstɚ; ˈwestə] *n.* Ⓒ(強烈的)西風。

west·er·ly [ˋwɛstɚlɪ; ˈwestəli] *adj.* **1** 靠西的，偏西的。**2**〈風〉從西邊來[吹]的。—*adv.* **1** 向西。**2**〈風〉來自西方。

—*n.* Ⓒ西風。

‡**west·ern** [ˋwɛstɚn; ˈwestən] «west(西)＋-ern(「…方向的」之義的字尾)»—*adj.* (無比較級、最高級；cf. westernmost)《★用法 方向明確時，有用 west 的趨勢》**1** (**在**)**西部的**；西向的：the ～ front(第一次世界大戰時的)西邊戰線[西線]。**2** [常 **W～**]住在西部地方的，西部出產的，西部特有的。**3**〈風〉從西邊來[吹]的。**4** [常 **W～**] **a**《美》西部(各州)的。**b** 西洋的，西歐的，歐美的：*W～* civilization 西洋文明。**c** (對共產集團而言)西歐的，西方的。

—*n.* Ⓒ **1 a** 西部的人，西方人。**b**《美》西部各州的人。**c** 西歐人。**2** [常**W～**]西部戲劇，西部片，西部的東西《★包括小說》。

Wéstern Austrália *n.* 西澳大利亞《澳洲西部的一省；首府伯斯(Perth [pɝθ; pəːθ])》.

Wéstern Chúrch *n.* [**the** ～](對東方正教教會而言的)西方教會，天主教會。

West·ern·er [ˋwɛstɚnɚ; ˈwestənə] *n.* Ⓒ **1** 西方人，西部的人。**2 a** 歐美人。**b**《美》西部人。

Wéstern Hémisphere *n.* [**the** ～]西半球《指南北美洲大陸》。

west·ern·ism [ˋwɛstɚnˏɪzəm; ˈwestənizəm] *n.* [常**W～**] Ⓤ西歐或美國西部特有的用語、風俗或文化。

west·ern·i·za·tion [ˏwɛstɚnaɪˋzeʃən; ˌwestənaiˈzeiʃn] «westernize 的名詞»—*n.* Ⓤ(想法、生活方式等的)西洋化，歐化。

west·ern·ize [ˋwɛstɚˏnaɪz; ˈwestənaiz] *v.t.* 使…西洋化，使…歐化，使…成西式。

wéstern·mòst «源自 western 的最高級» —*adj.* 最西(端)的。

Wéstern Róman Émpire *n.* [**the** ～]西羅馬帝國《395－476》。

Wéstern Samóa *n.* 西薩摩亞《由南太平洋薩摩亞(Samoa)羣島西半部的島羣組成，爲大英國協的一個國家；首都亞庇(Apia [ɑˋpiɑ; ɑːˈpiːɑː])》.

Wést Gérmany *n.* 西德(⇨ Germany).

Wést Índian *adj.* 西印度羣島的。—*n.* Ⓒ西印度羣島人。

Wést Índies *n. pl.* [**the** ～]西印度羣島《中美洲的一羣島》。

Wést Mídlands *n.* 西中部郡《1974 年新成立的英格蘭中部的一郡；首府伯明罕(Birmingham)》.

West·min·ster [ˋwɛstˏmɪnstɚ; ˈwestminstə] *n.* 威斯敏斯特區《位於倫敦西區中央，爲英國國會、白金漢宮(Buckingham Palace)、西敏寺(Westminster Abbey)等政府機構所在地，也是高級住宅區》。

Wéstminster Ábbey *n.* 西敏寺。

> 【說明】倫敦(London)的西敏寺是哥德式(Gothic)的莊嚴教堂。由於最初屬於本篤會(Benedict)的修道院，教堂名稱仍沿用 the Abbey. 它的正式名稱是聖彼得大教堂(the Collegiate Church of Saint Peter in Westminster)．中世紀以來，英國國王的加冕典禮都在這裏舉行，而國王的墳墓及禮拜堂(chapel)也都在這裏。墓地的一個角落稱爲 Poets' Corner. 是詩人的墳墓所在地；能埋身於此是詩人最高的榮譽。在此附近還有一所天主教的威斯敏斯特大教堂(Westminster Cathedral)，容易引起混淆。
>
> 
>
> 【照片說明】Westminster Abbey 的外觀(左)及內部(右)。

West·mor·land [ˋwɛstmɚlənd; ˈwestmələnd] *n.* 威斯特摩蘭郡《英格蘭西北部的舊郡；1974 年成爲康布里亞郡(Cumbria)的一部分》。

wést-nòrth·wést *n.* [**the** ~]西北西《略作 WNW, W.N.W.》.
—*adj.* & *adv.* (在)西北西的[地]。

Wést Pòint *n.* 西點《美國紐約州(New York)東南部的軍事保留區；爲西點陸軍官校所在地，因此西點(West Point)也成爲該校的代名詞；cf. Annapolis》.

wést-sòuth·wést *n.* [**the** ~]西南西《略作 WSW, W.S.W.》.
—*adj.* & *adv.* (在)西南西的[地]。

Wést Sússex *n.* 西薩西克斯郡《英格蘭東南部的一郡(⇨ Sussex)；首府契其斯特(Chichester [ˋtʃɪtʃɪstɚ; ˈtʃitʃistə])》.

Wést Virgínia «⇨ Virginia»—*n.* 西維吉尼亞州《美國東部的一州；首府查理斯頓(Charleston)；略作 W.Va.,〖郵政〗WV；俗稱 the Mountain State》.

west·ward [ˋwɛstwɚd; ˈwestwəd] *adv.* (無比較級、最高級)向西方，在[往]西方。
—*adj.* (無比較級、最高級)朝西的，向西方的。
—*n.* [**the** ~]西方：to [from] *the* ~ 向[從]西方。

wést·ward·ly *adj.* **1** 西向的。**2**〈風〉從西方來[吹]的。
—*adv.* ＝westward.

wést·wards [-wɚdz; -wədz] *adv.* ＝westward.

Wést Yórkshire *n.* 西約克郡《英格蘭北部的一個郡(⇨ Yorkshire)；首府威克非(Wakefield [ˋwekˏfild; ˈweikfi:ld])》.

‡**wet** [wɛt; wet] *adj.* (**wet·ter**；**wet·test**) **1 a** 濕的，潮濕的，有濕氣的(↔ dry)：~ eyes 含淚的眼睛/get ~ 變濕，淋濕/ ~ through＝ ~ to the skin＝dripping ~ 全身濕透，成落湯雞。

> 【同義字】wet 指因水或其他液體而濕的；humid 指空氣中帶有使人不舒服的濕氣的；damp 指潮濕而使人感到不舒服的；moist 表示濕度沒有 damp 那樣嚴重，而是適度的理想狀態。

b [不用在名詞前]〔十介十(代)名〕〔因…而〕濕的〔*with, from*〕：cheeks ~ ***with*** tears 沾滿了淚水的面頰/The ground was still ~ ***from*** the recent rain. 由於最近才下了雨，地面還是濕濕的。
c〈油漆、墨水等〉剛漆[寫]過的，未乾的：~ paint 油漆未乾(cf. paint *n.* 1).
2 (下)雨的，常下雨的；要下雨的(rainy)：~ days[weather]雨天[下雨的天氣]/Slippery when ~.《美》天雨路滑〔請注意〕《道路告示》。
3《美口語》不禁酒的，准許出售酒類的(↔dry)：a ~ town 不禁酒的城市。
4《英口語》〈人〉儒弱的，不爭氣的：Don't be so ~！別那樣不爭氣。
áll wét《美俚》完全錯誤的，完全估計錯誤的。
wét behind the éars ⇨ ear[1].
—*n.* **1** [**the** ~] **a** 下雨，雨天；雨：walk in *the* ~ 在雨中走[散步]。**b** (因雨等而)潮濕的地面。**2** Ⓤ濕氣，水分；濕潤；水。**3** Ⓒ《美口語》反對禁酒者(↔ dry)．**4** [**a** ~]《英俚》(一杯的)酒，飲酒《★常用於下列片語》：have *a* ~ 喝一杯[酒]。**5** Ⓒ《英口語》儒弱的人：Don't be such a ~. 不要變成那樣的儒弱者。
—*v.t.* (~，**wet·ted**；**wet·ting**) **1**〔十受〕使…濕，打濕…：~ one's lips 潤唇。**2 a** [~ one*self*]〈嬰兒〉尿床。**b** (以尿)弄濕〈衣服等〉。~**·ly** *adv.* ~**·ness** *n.*

wét·bàck «源自很多人游過里約格蘭德河(Rio Grande)非法進入美國»—*n.* Ⓒ《美口語》非法偷渡美國的墨西哥農工。

wét blánket *n.* Ⓒ(令人)掃興的人[事]，煞風景者。

wét dòck *n.* Ⓒ有水船塢《爲了不受潮位影響，經常保持一定高度的水位以利貨物裝卸而關閉水門的船塢；cf. dry dock》.

wét drèam *n.* Ⓒ夢精，夢遺。

weth·er [ˋwɛðɚ; ˈweðə] *n.* Ⓒ閹過的羊，閹羊。

wét nùrse *n.* Ⓒ奶媽(cf. dry nurse).

wét-nùrse *v.t.* 當…的奶媽，當奶媽餵〈嬰兒〉奶。

wét sùit *n.* Ⓒ潛水衣《潛水用橡皮製衣服》。

wét·ting *n.* Ⓒ淋濕：get a ~ (被雨等)淋濕。

wétting àgent *n.* Ⓒ濕潤劑《用以潤濕布料、皮革的表面》。

wét·tish [-tɪʃ; -tiʃ] *adj.* 略濕的，有點潮濕的。

‡**we've** [wiv, wɪv; wi:v, wiv]《口語》**we have** 之略。

WFTU《略》the World Federation of Trade Union 世界工會聯盟。

W.G., w.g.《略》wire gauge.

whack [hwæk, wæk; wæk, hwæk] «擬聲語»—*v.t.* **1** (用棒等)用力打，重擊…。**2**〔十受(十副)〕《美口語》平分，分配…〈*up*〉.
—*n.* Ⓒ **1** 毆打，重擊；抽打。**2** [常用單數]《口語》嘗試：have [take] a ~ at... 嘗試…，試做…。**3** [常用單數；又作 **one's** ~]《口語》分配，分得的份(share).
at a [**óne**] **whác̀k**《口語》一次地，一口氣地。
òut of whác̀k《美口語》情況失常的，有毛病的。

whacked *adj.* [不用在名詞前]《英口語》筋疲力竭的：I'm completely ~. 我已筋疲力竭了。

whác̀k·er *n.* Ⓒ《口語》**1** (同類中)最大者。**2** 大謊言，大話。

whác̀k·ing *n.* Ⓒ《口語》毆打：give a person a ~ 毆打某人。
—*adj.*《英口語》非常大的，巨大的：a ~ lie 大謊言。
—*adv.*《英口語》很，非常地(very)：a ~ great fellow 一個巨大的傢伙，彪形大漢。

whack·y [ˋhwækɪ, ˋwækɪ; ˈwæki, ˈhwæki] *adj.* (**whack·i·er**；**-i·est**)＝wacky.

‡**whale**[1] [hwel, wel; weil, hweil] *n.* (*pl.* ~**s**，~) **1** Ⓒ〖動物〗鯨：a bull [cow] ~ 雄[雌]鯨/a right ~ 北極露脊鯨/a gray ~ 灰鯨/a humpback ~ 大翅鯨/a sperm ~ 抹香鯨。

> 【說明】(1)鯨魚對英美人士來說，是很熟悉的動物。在聖經舊約之中，就有約拿(Jonah)被鯨魚吞到肚子裏的故事，而美國十九世紀小說家梅爾維爾(Herman Melville)的作品「白鯨記」(Moby Dick)也是有關鯨魚的著名故事。
> (2)由於許多國家濫捕鯨魚的結果，鯨魚的數量急劇減少。現在國際捕鯨委員會(IWC)已制定很嚴格的規則限制捕鯨，而各國人民反對捕鯨的運動也在積極進行。

2 Ⓤ鯨魚肉《食用》。
a whále of a [**an**] ...《口語》極好的…，大得不得了的…：*a* ~ *of a* time 非常愉快的(一段)時光/*a* ~ *of a* difference 很大的差異。
—*v.i.* 從事捕鯨工作。

whale[2] [hwel, wel; weil, hweil] «可能源自 wale？»—*v.t.*《口語》毆打，重擊…。

whále·bàck *n.* Ⓒ〖航海〗**1 a** 鯨背船《一種運貨汽船，有凸出之甲板》。**b** 鯨背甲板。**2** 鯨背狀之物《如山丘等》。

whále·bòat *n.* Ⓒ〖航海〗兩端尖的船《從前用以捕鯨；現用作救生艇》。

whále·bòne *n.* Ⓤ鯨鬚[骨]，鯨鬚[骨]製品。

whálebone whále *n.* Ⓒ〖動物〗鬚鯨。

whále fìshery *n.* **1** Ⓤ捕鯨業。**2** Ⓒ捕鯨場。

whále lìne *n.* Ⓒ捕鯨用的叉索。

whale·man [-mən; -mən] *n.* (*pl.* **-men** [-mən; -mən]) Ⓒ捕鯨者。

whále òil *n.* Ⓤ鯨油。

whál·er *n.* Ⓒ **1** 捕鯨者。**2** 捕鯨船。

whál·ing[1] «源自 whale[1]»—*n.* Ⓤ捕鯨(業)。

whál·ing[2] «源自 whale[2]»—《口語》*n.* Ⓒ毆打，重擊。
—*adj.* 大得不得了的，巨大的。
—*adv.* 非常地，極：a ~ good time 一段非常愉快的時光。

wham [hwæm, wæm; wæm, hwæm] *n.* Ⓒ《口語》砰然的重擊(聲)，强烈的衝擊。

wham·my [ˋhwæmɪ, ˋwæmɪ; ˈwæmi, ˈhwæmi] *n.* Ⓒ《美》**1 a** 帶來惡運的超能力；帶來厄運的人[物](jinx). **b** 魔力，魔法；咒語：put the ~ on a person 對某人施以魔法。**2** 强烈的攻擊；致命的一擊。

W

whang [hwæŋ, wæŋ; wæŋ, hwæŋ]《口語》*n.* Ⓒ清脆的擊打(聲), 重擊。**—***v.t.* 清脆地擊打…, 重擊…。

wharf [hwɔrf, wɔrf; wɔ:f, hwɔ:f] *n.* Ⓒ (*pl.* **~s, wharves** [hwɔrvz, wɔrvz; wɔ:vz, hwɔ:vz])**碼頭, 埠頭**《★爲使船停靠裝卸貨物而以石材、木材建造的構造物》。

【同義字】wharf 是指埠頭, 碼頭之意的最普通用語; pier(⇨照片)指突堤碼頭, 也是上下船或散步的地方; quay 指以石塊或混凝土建造的碼頭。

wharf·age [ˋhwɔrfɪdʒ, ˋwɔr-; ˋwɔ:fidʒ, ˋhw-] *n.* Ⓤ碼頭的使用費。

wharf·in·ger [ˋhwɔrfɪndʒɚ, ˋwɔr-; ˋwɔ:findʒə, ˋhw-] *n.* Ⓒ碼頭所有者; 碼頭管理人。

wharves [hwɔrvz, wɔr-; wɔ:vz, hw-] *n.* **wharf** 的複數。

‡**what** [hwɑt, wɑt, hwʌt, wʌt, hwət, wət; wɔt, hwɔt] *pron.* A (疑問代名詞) **1** [用於有關不定數量的選擇] **甚麼, 甚麼東西[事], 何物[事]** (cf. which A): **a** [當主詞用]: *W~* is there [there on the table]? 在那裏[在那張桌上]有什麼? / *W~* has become of him? 他變成怎樣了? / *W~* is the matter with you? 你怎麼了?《你發生什麼事了嗎?》《★[比較]《口語》也可省略 the matter, 而說 What's with you?》/ *W~* made you think (that) he was honest? 什麼事使你認爲他是老實的? / *W~* ever [on earth, in the world, the [in] hell, the devil] has happened (to her)? (她)到底發生了什麼事? **b** [當補語用]: *W~* is this? 這是什麼? / *W~*'s your name [address, telephone number]? 你的名字[地址, 電話]是什麼? / *W~*'s the time? 現在幾點? **c** [當受詞用]: *W~* do you mean (by that)? 你(那樣說)是什麼意思? / *W~* are you talking about? 你在說什麼? / *W~* the hell [devil, deuce, heck, blazes] do you want? 你到底要什麼? / *W~* do you suppose this is? 你以爲這是什麼? / *W~* do you think of this poem? 你認爲這首詩怎樣?《★[用法]這種情形不可用 How...?》/ *W~* do you say *to going* for a walk? =《美》*W~* do you say we go for a walk? 去散個步如何?《★[用法]問對方意向時的說法》。**d** [用間接疑問子句或+ *to* do 的結構]: Do you know ~ this is? 你知道這是什麼嗎? / Tell me ~ has happened. 告訴我發生了什麼事 / *W~* follows is doubtful.《在報告等進行中》以下(要敍述的事)並不很清楚 / I don't know ~ *to* do. 我不知道怎麼辦。**e** [要求對方說明或重複前面所說的話時]《★[發音]用上升的語調說》: *W~* (did you say)? = *W~* (is it)? (你說)什麼? / You told him ~? (你說)你跟他說了什麼?《★[用法]通常表示「說了不該說的話」之意》。

2 a 什麼程度, 多少(錢) (how much): *W~* is the price of this bag? 這個皮包多少錢?《★[變換]可換寫成 How much is this bag?, How much does this bag cost?》/ *W~* is the population of Edinburgh? 愛丁堡的人口是多少? **b** [問某人的職業等] (從事)什麼行業的人: "*W~* is he?"—"He is a teacher."「他是做什麼的?」「他是教師。」《★[比較]當著對方的面問 *W~* are you? 是無禮的說法, 應該說 *W~* is your occupation?, *W~* (kind of work) do you do?》。**c** 有多少價值[意義]的東西: *W~* is life without books? 沒有書籍的人生有什麼意義? / *W~* is that to you? 問那事對你有什麼意義《問那事做什麼》?

3 [用於感嘆句] **何等的多量[高額], 多麼**: *W~* it must cost! 它多麼貴! / *W~* would I not give to be free! 爲了自由我不惜付出任何代價《爲了自由我有什麼不願付出的代價》!

—B (關係代名詞) **1 a** **(…的)東西[事情]**《★[用法]與 which, who, that 等不同, 在意義上爲包括先行詞的關係代名詞, 以引導名詞子句》: *W~* I say is true. 我所說的是眞的 / *W~* they intend as gestures of friendship are sometimes misunderstood to be sings of flattery. 他們想表示友誼所做的事有時被誤解爲阿諛的表現《★[用法]what 子句爲主詞時當單數用, 但視上下文也可當複數用》/ She pointed to ~ looked like a bird. 她指著看似一隻鳥的東西 / He always does ~ he believes is right. 他總是做他認爲對的事《★[用法]what 是 is 的主詞, he believes 當作插入句》。**b** [當關係子句中 be 的補語用] 正是那個人[東西], (有…的)那個人: He is not ~ he was. 他現在不是以前的他了《★[用法]與以前比較, 現在「已墮落」「衰退」等, 通常用於壞的意思》/ You have made me ~ I am today. 你造就了今天的我。**c** 任何〈…的〉事[物] (whatever): You may do ~ you will. 你可以做任何你想做的事 / ⇨ COME what may [will]. **d** [用 A is to B what C is to D 的句型] A 對 B 的關係猶如 C 對 D 的關係: Air *is to* us ~ water *is to* fish. 空氣對我們(人)的關係猶如水對魚的關係 / *W~* lungs *are to* the human, leaves *are to* the plant. 葉子對植物的關係正如肺對人的關係《葉之於植物猶如肺之於人》。

2 [引導獨立或插入的子句] 再者, 更有甚者, 此外, 而且…: *W~* is more, he was awarded the grand prix. 再者[此外], 他被授與大獎 / He said it, and ~ is more surprising, he did it. 他不但那樣說了, 而且更令人吃驚的是, 他還那樣做了。

and whàt nót =《口語》**and I dòn't knów**

whàt (élse [áll]) =《口語》**and whàt háve you** [置於列舉的各項事物之後] 及其他(種種), …等等 (cf. whatnot 1): He sells books, toys, *and ~ have you.* 他賣書、玩具及其他種種東西[等等]。

háve [have gót] whàt it tákes《口語》具有(達成某目的)所需的條件[天資]: He's really *got ~ it takes* to achieve stardom. 他確實具有成爲明星的條件。

I knòw whát. 我有好主意《★[用法]接著有提案等時的說法》。

(I'll) téll you whát. = I know WHAT.

knów whàt's whát (1)有常識, 精明。(2)知道實情[祕訣]。

nót but what ... ⇨ but *conj.*

or whát nòt =《口語》**or whàt háve you** [置於列舉的各項事物之後] 及其他(種種), …等等。

Sò whát?《口語》(1)那又怎樣?《表示不在乎、輕視、不悅》: "You failed the test."—"*So ~*?"「你沒考取。」「那又怎樣?」(2)那有什麼關係?

Whát abòut...? (1)…會怎樣? …(變成)怎樣了: *W~ about* me? 我(的情形)會怎樣? / *W~ about* the missing letter? 那封遺失的信變成怎樣了? (2)[徵求對方的意見](做…)如何? 怎樣: *W~ about* bed? 睡覺怎樣? / *W~ about* com*ing* with us? 跟我們一起來怎樣?

whát d'you càll it《口語》= WHAT's it.

whát fòr (1)爲(的是)什麼? 爲何種目的? (cf. WHAT ... for): *W~ for*? 爲什麼? (2)《口語》毆打; 處罰, 嚴厲的責罵 (what-for): If you don't shut up, I'll give you ~ *for*! 如果你不閉嘴我就揍你!

whát...fòr (1)爲什麼(目的), 爲何 (why): *W~* did you go there *for*? 你爲什麼去那裏? (2)〈東西〉什麼目的[用處]的: *W~*'s this gadget *for*? 這個精巧的器具是做什麼用的?

Whát if...? (1)如果…的話怎麼辦?《★[用法]What will [would] happen if...? 之略; 現在 if 子句一般都用直接法》: *W~ if* he comes back now? 如果他現在回來怎麼辦? / *W~ if* they should be [they are] in love? 如果他們兩個人相戀怎麼辦? / *W~* (would happen) *if* you fail(ed) [should fail]! 如果你失敗怎麼辦?《那就糟了》。(2)假使…也沒關係, …又怎樣?《★[用法]What does it matter if...? 之略》: *W~ if* I fail! 假使我失敗又怎樣! 假使我失敗也沒關係!

what is càlled = what we [you, they] càll 所謂的: This is ~ *is called* [~ *you call*] a 'present' in some countries and 'bribery' in others. 這在某些國家是所謂的「禮物」, 而在其他國家則是「賄賂」。

Whát...like? 像什麼樣的人[東西, 事], 什麼樣的情形: *W~*'s the new mayor *like*? 新市長是什麼樣的人? / *W~*'s it *like* go*ing* there alone? 單獨一個人去那裏是什麼樣的情形?

Whàt néxt?《口語》眞沒想到! 豈有此理! 不像話!《★原義爲「下一個是什麼?」, 其含意爲「還有比這更荒唐更不合理的嗎?」》。

Whàt óf it? = So WHAT?

whát's his [her, their] nàme《口語》叫做什麼的男人[女人, 人們], 某某: Mary's gone out with *~'s his name.* 瑪麗跟那個叫做什麼的男人[那位某某先生]一起出去了 / She's gone to visit the *~'s their name.* 她去拜訪叫做什麼的[某某]夫妻《★[用法]their name 指夫妻或家族的姓》。

whát's it = whát's its nàme《口語》叫做什麼的東西《★[用法]用以指不記得名稱的小器具等》: I bought a *~'s it.* 我買了那個叫做什麼的東西[器具] / I don't know how to handle the *~'s it.* 我不知道如何使用這個叫做什麼的東西。

Whát thòugh...?《文語》即使…又有什麼關係: *W~ though* you are nameless? 即使你默默無聞, 又有什麼關係[也不在乎]。

whát you may càll it = WHAT's it.

—*adj.* [用在名詞前] (無比較級、最高級) A (疑問形容詞) **1 a** **什麼的, 叫什麼的, 什麼樣的, 怎樣的**: *W~* time is it? 現在是什麼時候(現在幾點)? / *W~* (kind of) flower is that? 那是什麼(種類的)花? / *W~* books did you read during the vacation? 假期中你讀過什麼(樣的)書? / ⇨ What PRICE...? / *W~* day of the week is it today? 今天是星期幾? **b** [引導間接疑問子句] 什麼的, 什麼樣的, 怎樣的: I don't know ~ plans he has. 我不知道他有些什麼計畫 / I didn't know ~ clothes I should wear [~ clothes to wear]. 我不知道該穿什麼樣的衣服。**2** [用於感嘆句] **多麼的, 何等的**《★[用法]此構句常省略主詞與述語動詞; cf. how A 6 a》: *W~* a beautiful view this is! 這是多麼美麗的景色!《★[變換]可換寫成 How beautiful this view is!》/ *W~* impudence! 臉皮多厚! 多麼鹵莽! / *W~* a pity (it is)! 多麼可惜! / *W~* a genius he is! 他是位何等了不起的天才!

—B (關係形容詞) **任何(…的), 所…的**《★[用法]此用法含有「不多但全部」之意, 所以具體上有時也用 what little [few]...》: Lend me ~ books you can. 把你能借給我的書都借給我 / Bring ~ parcels you can carry. 你能帶多少包裹就帶多少來 / I gave

her ~ *little* money I had. 我把僅有的一點錢全給了她。
—*adv.* (無比較級、最高級) 何種程度，多少 (how much)：*W~* does it matter？那有何關係？/ *W~* does it profit him？那對他有多少好處？/ *W~* do you care about it？關於那件事你操心什麼？《那用不著你操心》。

whát with...and (whát with)... [常對於不好的事所列舉的理由] 由於這(個)那(個)，一則因…一則因…，因…和…：*W~ with* this *and* that we didn't have time. 由於這件事那件事(耽擱)，我們就沒時間了 / *W~ with* drink *and* (~ *with*) fright, he did not know much about the facts. 因醉酒和受驚嚇，他不太清楚事情的眞相。

—*interj.* **1** [常與疑問句連用，表示驚訝、憤怒] 什麼！怎麼！：*W~*, *no* breakfast？怎麼！不吃早餐？**2** [附加在句尾，徵求對方的同意]《英》是吧？(eh)《★用法較古老的說法》：An unusual thing, ~？眞稀奇，是吧？

what·e'er [hwɑt'ɛr, wɑt-; wɔt'ɛə, hw-] *pron., adj.*《文語》= whatever.

‡what·ev·er [hwɑt'ɛvɚ, wɑt-; wɔt'evə, hw-] *pron.* **A 1** [帶先行詞的不定關係代名詞] **不論(…)東西[事]，任何東西[事]都** (anything that)：You may do ~ you like. 你可以做任何你喜歡做的事。**2** [引導讓步子句] **無論什麼事[物]…，不論…** (no matter what)：*W~* happens, I will do it. 不論發生什麼事，我都要做那件事。

—B [疑問代名詞 what 的强調形用法]《口語》**究竟什麼事，到底什麼東西[事]**《★用法尤其在英國語法的正式寫法是分開成 what ever 兩個字，但現已無區別》：*W~* are you going to say？你究竟想說什麼？

(or) whatéver《口語》⑴ [置於列舉的各事項之後] 以及其他，…或…：Every weekend they go to the movies, or a restaurant, *or* ~. 每週末他們都去看電影，或去餐廳，或去其他地方。⑵ [當一個字使用] 無論什麼(都)…，任何(都)…："Why don't you come with me？"—"I would if I could."—"*W~*."「你爲什麼不跟我一起去？」「如果能夠的話，我會同你一起去。」「隨你的便吧。」

—*adj.* [用在名詞前] (無比較級、最高級) **1** [關係詞 what 的强調用法] **任何…的，不論…的**：You can have ~ magazine you like. 任何你喜歡的雜誌我都可以給你。**2** [引導讓步子句] **不論…(如何)**：*W~* results follow, I will go. 不論結果如何，我都要去 / I'll refuse, for ~ reason. 不論理由是什麼，我都拒絕《★後半部是 for ~ reason I may refuse 之略》/ You must be courteous to all (the) visitors, of ~ age [~ their age]. 不論訪客的年紀(大小)，你都必須對他們有禮《★用法逗點後面是 of ~ age they may be 之略》。**3** [用於否定句、疑問句的名詞、代名詞之後] **一點…也(沒有)，毫無…** (at all)：There is *no* doubt ~. 毫無疑問 / Is there any chance ~？還有機會吧？

whát-fòr *n.* Ⓤ = WHAT for ⑵.

‡what'll ['hwɑtl, 'wɑtl-; 'wɔtl, 'hw-]《口語》**what will** 之略：*W~* you have？(飲料等) 你要喝什麼？

whát·nòt *n.* **1** Ⓤ《口語》種種東西[人]，等等：books, magazines, and ~ 書籍，雜誌等等。**2** Ⓒ **a** (擺設古董等的) 裝飾架，格架。**b** [常~s] 古董：collect ~s 蒐集古董。

‡what's [hwɑts, wɑts, hwʌts, wʌts; wɔts, hwɔts]《口語》**what is** [**has**] 之略。

what·so·e'er [ˌhwɑtso'ɛr, ˌwɑt-; ˌwɔtsou'ɛə, ˌhw-] *pron., adj.*《文語》= whatsoever.

‡what·so·ev·er [ˌhwɑtso'ɛvɚ, ˌwɑt-; ˌwɔtsou'evə, ˌhw-] *pron., adj.* **whatever** 的强調形。

wheal [hwil, wil; wi:l, hwi:l] *n.* Ⓒ紅腫條痕，鞭痕 (weal)。

***wheat** [hwit, wit; wi:t, hwi:t] *n.* Ⓤ〖植物〗**小麥**《由 wheat 製造的麪粉 (flour)，是麪包的原料》。

> **【同義字】** barley 是大麥，可食用，爲啤酒、威士忌酒的原料；oat 是燕麥，用以製麥片，做牛馬的飼料；rye 是黑麥，用作麪包、威士忌的原料，以及家畜的飼料。

séparate (the) whéat from (the) cháff ⑴ (如分開小麥與殼皮般) 把好的東西與壞的東西分開。⑵ 把能幹的人與無能的人分開。

whéat·èar *n.* Ⓒ **1** 麥穗。**2**〖鳥〗白鵰《又名麥穗鵰，一種與野鶲相似的小鳥》。

wheat·en ['hwitn̩, 'witn̩; 'wi:tn, 'hwi:tn] **《wheat 的形容詞》** **—*adj.***《文語》小麥的；小麥[麪粉]製造的。

whéat gèrm *n.* Ⓤ (含有豐富維他命的) 小麥胚芽。

whee·dle ['hwidl, 'wi-; 'wi:dl, 'hw-] **《源自德語「搖尾巴，諂媚」之義》** **—*v.t.*** **1** 〔十受〕以甜言蜜語(等)勸誘〈人〉。**2** 〔十受十介十(代)名〕**a** 用甜言蜜語哄騙〈人〉〔使做…〕〔*into*〕：She ~*d* him *into* buy*ing* her a mink coat. 她用甜言蜜語誘他買貂皮大衣給她。**b** 用甜言蜜語〔向別人〕騙取〈東西〉〔*out of*〕：He ~*d* the money *out of* me. 他以甜言騙走了我的錢。

whée·dling·ly *adv.* 用甜言蜜語，以說好話，討好[取悅]似地。

‡wheel [hwil, wil; wi:l, hwi:l] *n.* **1** Ⓒ **車輪，輪子** (cf. simple machine；⇨ car 插圖)：the front [rear] ~*s* 前[後]輪 / four-*wheel* [front-*wheel*] drive 四輪[前輪]驅動。
2 [the ~] **a** (汽車的) **方向盤**：⇨ steering wheel / sit behind [at] *the* ~ 坐在方向盤後面[駕駛座] / take *the* ~ 抓住方向盤，開車。**b** (船的) 舵輪。
3 Ⓒ **a** 紡車 (spinning wheel)。**b** (陶工的) 陶輪 (potter's wheel)。**c** (輪盤賭的) 轉盤，輪盤。**d** 輪轉煙火。
4 a Ⓒ《口語》自行車。**b** [~s]《美俚》汽車：Have you got ~*s* today？你今天有沒有開車來？
5 Ⓒ **a** 輪轉，迴旋，旋轉；(馬戲團雜耍的) 橫向翻觔斗：the ~*s* of gulls 海鷗的飛旋 / turn ~*s* 作橫向翻觔斗。**b**〖軍〗轉向運動。
6 Ⓒ [常~s] 結構，組織，原動力：the ~*s* of government 政府機構組織 / the ~*s* of life 人體各部位的機能[作用]。
7 Ⓒ [常big ~]《美俚》大人物，紅人，有權勢的人：He's a *big* ~ (in the company). 他是(公司裏的)要人。

at the whéel ⑴ 握著方向盤，在駕駛；把舵 (cf. 2a)：Who's *at the* ~？誰在開車[駕駛]？⑵ 誰在把舵[掌握大權]？

Fórtune's whéel = the whéel of Fórtune 命運之神的車輪，命運，流年，榮辱盛衰。

óil the whéels 使事情順利進行《★源自「加油於車輪或齒輪」之義》。

on óiled whéels 順利地，流暢地。

pùt [sèt] one's shóulder to the whéel ⇨ shoulder.

pùt [sèt] (the) whéels móving [in mótion] 使事情順利進行，使計畫上軌道。

whéels withìn whéels 複雜的動機[事情]《★出自聖經舊約「以西結書」》。

—*v.t.* **1** 〔十受〕移動，推[拉]動〈有輪子的東西〉：~ a baby carriage 推動娃娃車。**2** 〔十受十副詞(片語)〕以車載運…(至某地)；使…旋轉，轉動：~ one's cycle *up* (the hill) 把腳踏車推上(小山坡) / The rubbish was ~*ed out to* the roadside. 垃圾被車子載運到路旁。

—*v.i.* **1** 〔動(十副)〕(突然) 轉身，轉向〈*around, round, about*〉。**2** 〔動(十副詞(片語))〕**a** 〈鳥、天體等〉(在…) 旋轉：The gulls are ~*ing around over* the sea. 海鷗在海上飛旋 / The planets ~ *round* the sun. 行星繞著太陽旋轉。**b** 〈軍隊〉轉向。**3** 圓滑[順利]地進行。**4** 《口語》**a** 騎腳踏車[三輪車]。**b** 〔動(十副)〕開車到處轉〈*around, round*〉。

whéel and déal《口語》(在生意上或政治上) 大顯身手[才幹]，玩弄手段。

whéel·bàrrow *n.* Ⓒ手推車，獨輪車。

wheelbarrow

whéel·bàse *n.* Ⓒ〖汽車〗軸距《前後車軸間的距離》。

whéel·chàir *n.* Ⓒ (病人用的) 輪椅，手推車。

wheeled *adj.* **1** 有車輪的：a ~ vehicle 有輪子的車輛[乘坐工具]。**2** [常構成複合字] 有…輪子的車子：a three-*wheeled* car 三輪車。

whéel·er *n.* Ⓒ **1** 貨車夫。**2** = wheel horse. **3** [構成複合字] 有…車輪的東西：a four-*wheeler* 四輪馬車。

whéeler-déaler *n.* Ⓒ《口語》幹練者，精明能幹的人，工於心計的人，智囊，策略家。

whéel hòrse *n.* Ⓒ **1** (四頭馬車的) 後馬，轅馬 (↔ leader)。**2** 《美口語》(政黨、企業等的) 忠實而勤奮的工作者。

whéel·hòuse *n.* Ⓒ〖航海〗(小型老式船的) 舵手室。

wheel·ie ['hwilɪ, 'wi-; 'wi:li, 'hw-] *n.* Ⓒ車身豎立技巧《摩托車、腳踏車等前輪離地，車身有如豎立》。

whéel·ing *n.* Ⓤ **1** 用手推車(等)搬運。**2** (行車鑒定的) 路的好壞：good ~ 好走的車道。

whéeling and déaling 爲目的而不擇手段，發揮才幹，玩弄手段。

wheel(s)·man ['hwil(z)mən, 'wi-; 'wi:l(z)mən, 'hw-] *n.* (*pl.* **-men** [-mən; -mən]) Ⓒ **1** 舵手；掌舵者。**2** 騎腳踏車[三輪車(等)]的人。**3** 《俚》**a** 司機；(尤指) 私人雇用的司機。**b** 開車以便利接應逃跑的强盜。

whéel·wright *n.* Ⓒ車匠《製造或修理車、車輪的人》。

wheeze [hwiz, wiz; wi:z, hwi:z] *v.i.* **1** 〈人〉(因氣喘等) 咻咻地喘息，哮喘。**2** 〈東西〉發出咻咻聲。

—*v.t.* **1** 〔十受(十副)〕嗚嗚地奏〈曲子〉〈*out*〉：The old organ ~*d out* a tune. 那架老風琴嗚嗚地奏出曲子。**2 a** 〔十受十副〕喘著氣說〈話〉〈*out*〉：He ~*d out* a curse. 他喘著氣詛咒。**b** 〔(十副)十引句〕喘著氣說…〈*out*〉："Reach me the medicine," he ~*d* (*out*). 他喘著氣說：「拿藥給我。」

—*n.* Ⓒ **1** 咻咻的喘氣聲。**2** (陳腐的) 俏皮話，老生常談的笑話。

W

wheez·y [ˈhwizɪ, ˋwi-; ˈwiːzi, ˈhw-]《wheeze 的形容詞》—*adj.* (**wheez·i·er**; **-i·est**)(發出)咻咻(聲)的，喘著氣說的。

whéez·i·ly [-zəlɪ; -zili] *adv.* **-i·ness** *n.*

whelk [hwɛlk, wɛlk; welk] *n.* **1** Ⓒ《貝》蛾螺，油螺。**2** Ⓤ蛾螺[油螺]肉。

whelm [hwɛlm, wɛ-; welm, hw-] *v.t.*《文語》**1** 壓倒，壓扁。**2** 使…沉入水中，使…淹沒。

whelp [hwɛlp, wɛ-; welp, hw-] *n.* Ⓒ **1 a** 小狗，幼犬。**b** (獅子、老虎、熊、狼等的)幼獸。**2**《輕蔑》小鬼，小子。
—*v.i.*〈野獸〉產子。

‡**when** [hwɛn, wɛn, hwən, wən; wen, hwen] *adv.* (無比較級、最高級) A (疑問副詞) **1 什麼時候**，何時：*W*~ did she get married？她何時結婚的？《★用法when 與現在完成式連用成 *When* has she got married？是錯誤的用法》/*W*~ have you been there？(到現在爲止)你什麼時候去過那裏[你到過那裏幾次]？《★用法詢問關於同一經驗的反覆次數時，when 可以與 be 動詞的現在完成式 have been 連用》/Ask her ~ she will come [be] back. 問她什麼時候會回來/I don't know ~ *to* go. 我不知道該何時去。

2 在什麼時候，在什麼場合[情形]：*W*~ do you use the plural form？你在什麼場合用複數形？

3 什麼程度，在那一點上：Tell me ~ I may stop pouring. 告訴我什麼時候我可以停止倒酒(告訴我該倒多少酒)/Say ~. ⇨ say 成語。

—B (關係副詞) **a** [限定用法]…**的時候**《★用法通常以表示「時候」或有時以表示「情形」的名詞爲先行詞，構成形容詞子句》：It was in the days ~ motorcars were rare. 那是在汽車還罕見的時代/It was the last day of December ~ he arrived home. 他到家的時候是在十二月的最後一天《★用法有時省略 when；cf. that C 2》/There are times ~ we are dispirited. 我們有無精打采的時候。**b** [非限定用法；通常前面加逗點]**那時候**《★用法多用於文章》：Wait till eight, ~ he will be back. 等到八點鐘，那時候他會回來。**c** [帶先行詞的關係副詞用法]…**的時候**：Monday is ~ I am busiest. 星期一是我最忙碌的時候。

—*conj.* **1 a** (在)…時候，當…時《★用法構成表示時間的副詞子句；通常 when 表示特定的時間，while 表示期間，但有時 when 子句中也有進行式》：*W*~ it rains, he stays at home. 下雨時他留在家裏/The event occurred ~ I was out on a trip. 那件事發生在我出去旅行的時候/I'll tell him ~ he comes home. 他回來時，我會告訴他《★用法連接詞引導的副詞子句中不用未來式而以現在式或現在完成式表示；cf. I'll ask him ~ he *will* come home. 我會問他什麼時候回來(cf. *adv.* A1)》/*W*~ (he was) a boy, he was very naughty. 當他是個小男孩時，他很頑皮《★用法《文語》when 引導的附屬子句與主要子句的主詞相同時，附屬子句的主詞和 be 動詞有時省略》。**b** [主要子句後面接 when 引導的附屬子句時](當…的)時候《★用法用在主要子句以進行式或過去完成式表示的情形》：I *was* stand*ing* there lost in thought ~ I was called from behind. 正當我站在那裏沉思的時候，有人從背後叫我/I *had* just fall*en* asleep ~ someone knocked at the door. 當我剛剛入睡時，有人敲門。**c** 每逢…時總是(whenever)：The kitchen's a mess ~ she bakes cakes. 每逢她烤蛋糕時廚房就一團糟。**d** …後馬上：Stop writing ~ the bell rings. 鈴響後馬上停止寫。

2 a 假如…，如果…(if)：I'll give it to you ~ you say 'please'. 假如你說「請」，我就把它給你。**b** 既然…：How (can you) convince him ~ he will not listen？既然他不聽，你怎麼(能夠)說服他？

3 雖然…，儘管…(though)：He works ~ he might rest. 可以休息時他還是工作；儘管可以休息，他還是工作。

hárdly...when ⇨ hardly.

scárcely...when ⇨ scarcely.

—*n.* [the ~]時間，時期(time)：*the* ~ and the where of his arrest 逮捕他的時間和場所。

—*pron.* **1** [置於介系詞後，當疑問代名詞用]何時，什麼時候(what time)：From [Since] ~...？從什麼時候起…？/Until ~ are you going to stay here？你要在此地待到什麼時候？

2 [置於介系詞後，當關係代名詞用]《文語》當時，那時(which time)：He came on Monday, since ~ things have been better. 他星期一來，從那時起事情已好轉。

whence [hwɛns, wɛ-; wens, hw-] *adv.*《文語・古》**1** (疑問副詞)從何處(from where)：No one knew ~ he had come. 沒有人知道他從何處來。

2 (關係副詞) **a** [限定用法]由…，從…(場所)(from which)：He went to the place ~ he had come. 他到他原先來的那個地方。**b** [非限定用法；通常前面加逗點](然後)從那裏，由此(from which)：There was once a castle of the Roman army here, ~ (came) the name of Lancaster. 這裏從前有羅馬軍的城堡，從此有了蘭卡斯特這個名稱《★用法常省略動詞 come》。**c** [帶先行詞的關係副詞用法]來處，根源，原因：They returned ~ they had come. 他們回到他們來的那地方。

whènce·soéver *adv., conj.*《古》無論從何處；無論源出何處；無論原因爲何。

when·e'er [hwɛnˋɛr, wɛn-, hwən-; wenˈɛə, hw-] *conj.*《文語》= whenever.

‡**when·ev·er** [hwɛnˋɛvɚ, wɛn-, hwən-; wenˈevə, hw-] *conj.* **1 不論什麼時候**(只要)…，隨時，每做…時一定[總是]；每次…(就)：I'll see him ~ he would like [wants] to come. 只要他願意[想]來，我隨時會見他/*W*~ he goes out, he takes his dog with him. 每次出門時他總是帶著他的狗。

2 [引導讓步子句]**不論什麼時候**(no matter when)：*W*~ you (may) call on him, you will find him reading. 不論什麼時候你去看他，你會看到他在讀書。

—*adv.* (無比較級、最高級) [當疑問詞 when 的強調用]《口語》到底何時《★用法尤其在英國語法以寫作 when ever 兩個字爲正式，但最近已無此區別》：*W*~ did I say so？我到底什麼時候這樣說過？

whèn·soéver *adv., conj.* **whenever** 的强調形。

‡**where** [hwɛr, wɛr; weə, hweə] *adv.* (無比較級、最高級) A (疑問副詞) **1 哪裏**，在[向]哪裏，何處，在[往]何處：*W*~ do you live？你住哪裏？/*W*~ are you going？你到哪裏去？《★除非對很熟的人，這種問法有時是失禮的》/He wondered ~ he was. 他不知道自己在哪裏/I don't know ~ she got the information. 我不知道她從哪裏得到那消息/He asked ~ there was [he could find] a good hotel. 他詢問在哪裏有[他可以找到]好旅館/He asked me ~ *to* go. 他問我去哪裏/*W*~ now？這次是[在，往]哪裏？/*W*~ were we？《口語》我們說到哪裏了？

2 哪一點：*W*~ is he to blame？他哪一點該受責備呢？

3 在[以]什麼立場[情形]：I wonder ~ this trouble will lead. 我不知道這件麻煩事會如何發展下去；我不知道這場風波的結局如何。

—B (關係副詞) **1** [限定用法]**做…的**(場所，場合等)《★用法製造以表示「時間」，「場合」的名詞爲先行詞的形容詞子句》：This is the village ~ I was born. 這就是我出生的村莊《★用法《口語》有時會省略 where》/This is a case [an instance] ~ practice makes perfect. 這就是熟能生巧的事例。

2 [非限定用法；通常前面加逗點]**就在那裏**(and there)：A little after one o'clock I got to the town, ~ I had lunch. 一點稍過，我到達該鎮，就在那裏吃了午餐。

3 [帶先行詞的關係副詞用法]**做…的地方**：This is ~ we used to play. 這就是我們過去常玩的地方/That's ~ you are mistaken. 那就是你犯錯的地方/He works three miles from ~ he lives. 他在離住處三哩的地方工作。

Whère awáy？〖航海〗(對於船上觀察員發現陸地等報告時的訊問)哪個方向？

whère it's át《俚》⑴最好玩的[重要的，流行的]場所；(重要活動、發展等的)中心點：That disco's ~ *it's at,* man. 呵，那家迪斯可舞廳眞棒！⑵極好的，很棒的：Baseball's ~ *it's at.* (對精通運動的人而言)棒球最好；沒有比棒球更好的(運動)。

—*conj.* **1 a** 在[去]…地方：Show us ~ we can have a drink of water. 請帶領我們去有水喝的地方/*W*~ there's a will, there's a way. ⇨ will[2] 2. **b** 所…的任何地方(wherever)：Go ~ you like. 去你想去的任何地方[你愛去哪裏就去哪裏]。

2 在…的場合[地方]：She was outstanding ~ endurance was called for. 她在需要忍耐力的地方表現優異。

3《古・文語》然而…卻…：Jews don't eat pork, ~ Christians relish it. 猶太教徒不吃豬肉，然而基督教徒卻喜歡(吃豬肉)。

—*n.* [the ~]場所(place)：*the* ~ and the why of it 其場所和理由。

—*pron.* **1** [與介系詞連用，當疑問代名詞用]何處：*W*~ do you come *from*？你是哪裏人？/"I'm going now."—"*W*~ *to*？"「我要走了。」「去哪裏？」**2** [與介系詞連用，當關係代名詞用]…(過)的地方《★非標準用法》：That is the place ~ he comes *from.* 那地方就是他的故鄉。

where·a·bout [*adv.* ˌhwɛrəˈbaut, ˌwɛr-; ˌwɛərəˈbaut, ˌhw-; *n.* ˈhwɛrəˌbaut, ˋwɛr-; ˈwɛərəbaut, ˈhw-] *adv., n.* = whereabouts.

where·a·bouts [ˌhwɛrəˈbauts, ˌwɛr-; ˌwɛərəˈbauts, ˌhw-] *adv.* (疑問副詞)在哪兒，在什麼附近：*W*~ did you leave it？你把它放在哪兒？

— [ˈhwɛrəˌbauts, ˋwɛr-; ˈwɛərəbauts, ˈhw-] *n.* Ⓤ [常與修飾語連用；當單數或複數用]所在(之處)，下落，去向：His ~ *is* [*are*] unknown. 他的下落不明《★用法一般逐漸傾向於當單數用》。

where·as [hwɛrˈæz, wɛr-; wɛərˈæz, wər-, hw-] *conj.* **1** [引導與主要子句成對照或相反的子句]**雖然**…，卻，然而(事實是)，與…相反(while)：Some people like coffee, ~ others like tea. 有

人喜歡咖啡，然而也有人喜歡茶。**2** [置於句首]《法律》鑒於…，由於…(since)。

whère·át《古》*adv.* (關係副詞)關於…事，就…事，對於…事(at which)：I know the things ~ you are displeased. 我知道你對甚麼不高興。**—***conj.* 因而，於是(立即)。

whère·bý *adv.* (關係副詞)《文語》用以…，藉以…(的手段等)(by which)：a device ~ to make money 賺錢的手段/a law ~ all schoolchildren are given textbooks free 使所有學童免費獲得教科書(所憑藉)的法律。

wher·e'er [hwɛr'ɛr, wɛr-; wɛər'ɛə, wər-, hw-] *adv., conj.*《文語》=wherever.

whére·fòre《古》*adv.* (疑問副詞)為什麼，因什麼理由。

—*conj.* 因此，所以：He was angry, ~ I left him alone. 他生氣了，所以我就不理會[打擾]他了。

—*n.* [**the** ~；~**s**]理由，原因《★用法 通常用 the whys and (the) ~*s*》。

whère·ín *adv.*《文語》**1** (疑問副詞)在哪一點(上)；在什麼地方；怎樣地：He asked ~ he was mistaken. 他問他錯在哪裏。

2 (關係副詞)(在那裏，在那一點上)所…的(地方)(in which)：the room ~ he sat 他坐過的那房間。

whère·ínto *conj.* 向其中。

whère·óf *adv.*《文語》**1** (疑問副詞)由什麼，關於什麼(of what)。**2** (關係副詞)關於它，關於[對於]那人(of which, of whom, of what)。

whère·ón *adv.*《古・謔》(關係副詞)在那上面(on which)：the bases ~ the theory rests 該學說所依據的基礎，該理論的基本依據。

—*conj.* =whereupon.

where·soe'er [ˌhwɛrso'ɛr, ˌwɛr-; ˌwɛəsou'ɛə, ˌhw-] *conj.*《文語》=wheresoever.

whére·soèver《文語》*adv., conj.* wherever 的强調詞。

whère·tó *adv.*《文語》**1** (疑問副詞) **a** 向何物(to what)，向何處，向哪方向。**b** 為什麼。**2** (關係副詞)向…的(地方)，對之(to which)。

where·un·to [hwɛr'ʌntu, wɛr-; ˌwɛərʌn'tu:, ˌhw-] *adv.*《古》=whereto.

where·up·on [ˌhwɛrə'pɑn, ˌwɛr-; ˌwɛərə'pɔn, ˌhw-] *conj.* 於是(馬上)，然後(and then)：I related the anecdote, ~ he laughed heartily. 我敍述那件軼事，他聽了(馬上)開懷大笑。

‡wher·ev·er [hwɛr'ɛvɚ, wɛr-; wɛər'evə, wə'r-, hw-] *conj.* **1** (到)…的任何地方；無論什麼地方；…情形[場合]總是：I will follow you ~ you go. 我要跟隨你到你要去的任何地方[你到哪裏，我就跟到哪裏]/He may go ~ he likes. 他可以去他喜歡的任何地方/*W*~ (it is) possible, he tries to help. 在可能的情形下，他總是設法幫忙。

2 [引導讓步子句]不管在[向]哪裏(no matter where)：*W*~ she is [may be] she thinks of you. 不管她在哪裏，她都在想你。

—*adv.* (無比較級、最高級)[當疑問詞 where 的强調詞]《口語》到底在[向]何處《★拼法 在英國語法中認為分開寫作 where ever 兩個字才正式，但最近已無此區別》：*W*~ did you find it？你到底在哪裏找到它？

or wheréver [用於表示場所的副詞(片語)之後]《口語》或是什麼地方，或某處：He may have gone to Japan, to China, *or* ~. 他或許已經到日本，中國或什麼地方了。

whère·wíth *adv., conj.* **1**《文語》以該方法[手段](with which)。**2**《古》**a** 以什麼方法(with what)？**b** 因此。**c** 於是(whereupon)。

—*pron.*《古》該方法，該手段。

—*n.*《罕》=wherewithal.

whére·withàl *n.* [**the** ~] [+ *to* do]〈做…的〉(必要)手段；(尤指)金錢，資力：He didn't have *the* ~ *to* repay the loan. 他沒有錢償還貸款。

wher·ry ['hwɛrɪ; 'wɛr-; 'weri, 'hw-] *n.* Ⓒ **1** 渡船，舢板(cf. ferry 2)。**2** (賽船用)單人小船。

whet [hwɛt, wɛt; wet, hwet] *v.t.* (**whet·ted；whet·ting**) **1** (用磨刀石)把〈刀劍〉磨光，磨利(cf. whetstone)：~ a knife 磨一把小刀。**2** 刺激〈食慾、好奇心〉，加强…：~ a person's appetite 刺激食慾，引起胃口；更加煽起人的慾望。

‡wheth·er ['hwɛðɚ, 'wɛ-; 'weðə, 'hw-] **《源自古英語「兩者中的任一個」之義》—***conj.* **1** [引導間接疑問的名詞子句]**是否…，是…抑或…**《★用法 通常以 ~ ...or... 作相關的使用，但有時省略 or not；★比較 除了不能換寫成 if 的情形外，一般都用 if》：He asked ~ he could help. 他問是否他能幫忙《★變換 可換寫成 He said [asked], "Can I help？"/I don't know ~ he is at home *or* (~ he is) at the office. 我不知道他是在家還是在辦公室/Tell me ~ he is at home (*or* not). 告訴我他是否在家/I am doubtful (as to) ~ it is true. 我懷疑那是否真實《★用法 介系詞後面的 whether 不可換寫成 if》/The question ~ he will join us is uncertain. 他是否參加的問題還沒有確定《★用法 名詞後的 whether 不可換寫成 if》/*W*~ it is a good plan *or* not is a matter for argument. 那是不是個好計畫，是個值得商榷的問題/It is doubtful ~ he will recover. 他能不能康復現在還難說《★用法 it 是引導 whether 子句的形式主詞》/*W*~ through love *or* duty I don't know, but he has served us well. 我不知道是出自愛還是責任感，不管怎麼說他待我們很好《★用法 介系詞片語前的 whether 不可換寫成 if》/I wondered ~ to go *or* to stay. 我不知道是走好還是留下來好《★用法 不定詞片語前的 whether 不可換寫成 if》/I wonder ~ he will go himself *or* he will send his son. 我不知道他要親自去還是派他兒子去《★用法 名詞子句不省略而並行時，後面接 or ~》。

2 [以 or... 引導相關性的讓步副詞子句]**不論…(還是…)**(不管是兩者中的任一情形)：~ for good *or* for evil 不論是好是壞，好歹/We should not support war, ~ just *or* unjust. 不論是正義還是不正義，我們都不該支持戰爭/*W*~ he comes *or* not, the result will be the same. 不論他來還是不來，結果都是一樣/*W*~ [No matter ~] by accident *or* design, we met there again. 不管是巧合的或是刻意安排的，我們又在那裏碰面了/*W*~ I walk *or* (~ I) drive, I'll be there on time. 無論是步行或開車，我都會準時到那裏。

whèther or nó (1)無論如何，不管怎樣，總之(in any case)：*W*~ *or no,* we had to keep the promise. 無論如何，我們必須遵守諾言。(2)《文語》=WHETHER or not.

whèther or nót [尤指用以引導長的子句]是否…《★用法 這種構句，不能將 whether 換寫成 if》：Tell me ~ *or not* I should invite him. 告訴我我是否該邀請他《★比較 Tell me ~ I should invite him *or not.* 的語序較為口語化》。

whét·stòne *n.* Ⓒ磨(刀)石。

whew [hwju; hwu:] **《源自擬聲語》—***conj.* [表示驚愕、沮喪、失望、不愉快、勞累、鬆一口氣、喜悅等]哎呀！唷！呼！《★發音 在實際會話中發出類似吹口哨的聲音》。

whey [hwe, we; wei, hwei] *n.* Ⓤ乳漿《製造乳酪時與凝固牛乳分離的液體；cf. curd 1》。

‡which [hwɪtʃ, wɪtʃ; witʃ, hwitʃ] *pron.* **A** (疑問代名詞) [用於有關從一定數目的人或物中的選擇]**哪一邊，哪一個，哪一個人，哪些**(cf. what A1)：**a** [當主詞用]《★用法 雖是疑問句，但主詞與動詞的語序與直述句同》：*W*~ of the two is the prettier？她們兩人中，哪個比較漂亮？/*W*~ of the two cars drives better？那兩部車子中，哪一部跑得較快？/*W*~ is taller, he or she？哪個比較高，他還是她？《★比較《口語》一般用 Who is taller, him or her？》。**b** [當補語用]：*W*~ is your father in this photo？在這張照片中哪一個是你父親？**c** [當受詞用]：*W*~ (of the flowers) do you like best？(在這些花中)你最喜歡那個？/*W*~ of the boys were you talking to？你在跟哪一個男孩子說話？**d** [用於間接疑問子句或 + *to* do 的結構]：Say ~ you would like best. 說說看你最想要哪一個？/Tell me ~ *to* do. 告訴我該做哪件事。

—B (關係代名詞) **1** [限定用法]**所…的(事，物)**《★用法 (1)通常以表示「物」的名詞為先行詞，構成形容詞子句；(2)限定用法的主格、受格的 which 可換寫成 that》：**a** [當主格用]：The river ~ flows through London is called the Thames. 流過倫敦的河流叫做泰晤士河。**b** [所有格時用 of which]：We found the car *of* ~ the suspect is the owner. = We found the car the owner *of* ~ is the suspect. 我們發現了嫌疑犯就是車主[車主是嫌疑犯]的那部車《★用法 of which 有時可用 whose 代替；cf. whose B 2用法；of which 的說法生硬而不流暢，所以有避免使用的傾向：We found the car *whose* owner is the suspect. → We found the car ~ the suspect owns. **c** [當受格用]：This is the book (~) I have chosen. 這就是我所挑選的書《★用法 受格的關係代名詞在口語中常被省略》/The picture for ~ you are looking is in this drawer. 你在找的照片放在這個抽屜裏《★用法 介系詞與 which 分開置於後面時，which 可以省略：The picture (~) you are looking for is in this drawer.》。**d** [+ *to* do]可〈做…〉(的事、物)：He has no support upon ~ *to* depend. 他沒有可依靠的支持[他無依無靠]《★比較 He has no support *to* depend upon. 的說法較為口語》。**e** [It is...which 的强調構句]…的是…《★比較 一般用 It is...that....；cf. it[1] 7》：*It is* the regulations ~ have to be modified. 非修改不可的是規則。

2 [非限定用法；通常前面加逗點]：**a** [當主格、受格用]**而那是；但那是**《★拘泥的用法》：I began to read the book, ~ was very difficult to me. 我開始讀那本書，但它對我來說太難了《★用法 限定用法的 which 可換寫成 that，但非限定用法的 which 不可換寫，也不可省略》/This dictionary, ~ I bought three years ago, is very useful. 我三年前買的這本字典非常有用《★用法 當插入語用的關係代名詞不是「而那是」之意，依照文脈變成「(它)…」

W

之意》/The new contract, about ~ you may have read in the papers, is very favorable to us. 新契約—想必你在報上看到了它—對我們非常有利。**b** [用於先行的片語、子句、句子或其內容之後]《★[用法]爲拘泥的用法；有時獨立使用，寫作 Which....》: He said he saw me there, ~ was a lie. 他說他在那裏看到我，那是謊話/He looked like a soldier, ~ indeed he was. 他看起來像軍人，事實上他就是(軍人)。**c** [關係詞子句在主要子句之前]《文語》…的事：Moreover, ~ the poor man never expected, they had decided in advance to dismiss him. 況且，那個可憐人從未想到的事是他們事前已決定解僱他了。

3 [引導名詞子句]任何其中之一(whichever)：You may take ~ (of the books) you like. 你可以拿你喜歡的(這些書中的)任何一本。

[語法](1)《文語》通常先行詞與指示形容詞[代名詞] that 連用時，關係代名詞不用 that, 而用 which, 變成 that...which 的結構：*that* part of the country ~ was struck by the violent storm 該國受强烈暴風雨襲擊的地區《★which 的先行詞是 that part》/There was *that* about the case ~ makes one suspicious. 關於那個案件有令人懷疑的地方《★which 的先行詞是 that》. (2)先行詞爲表示集團的名詞時，若視爲一整體，則關係代名詞用 which(或 that)當單數用，指全部個體時，通常用 who(whom)而當複數用：a family ~ *has* lived here for many years 多年來住在此地的家族/a family *who are* always quarreling among themselves 彼此間經常爭吵不休的一家人。

thát which... …的那一個(人，東西)："Which book do you mean?"—"*That* ~ I spoke to you on the phone about."「你說的是哪一本書？」「就是我在電話中向你提到的那一本書。」《★[比較]一般用 The one....》/"What are you talking about?"—"*That* ~ I told you about yesterday."「你在談論什麼事？」「關於昨天我告訴過你的那件事。」《★[比較]一般用 What I....》.

whích is whích 哪一個是哪一個；哪裏不同；要緊的是哪邊：The two sisters are so much alike that you cannot tell ~ *is* ~. 那兩個姊妹太相像，所以很難分清哪一個是哪一個/"Their names are Tom and Dick."—"*W*~ *is* ~?"「他們的名字是湯姆和狄克。」「哪個是湯姆，哪個是狄克？」

—*adj.* [用在名詞前](無比較級、最高級) **A** (疑問形容詞) **1** 哪(一)個，哪些：*W*~ book do you like better, *Robinson Crusoe* or *Gulliver's Travels*? 你比較喜歡哪本書，「魯濱遜漂流記」還是「格利佛遊記」?/*W*~ girl is older? 哪位小姐較年長呢？

2 [間接疑問子句或＋*to* do 的結構]：Say ~ book you prefer. 說說看你比較喜歡哪一本書/I could not decide ~ way *to* take. 我無法決定走哪條路好。

—B (關係形容詞) **1**《文語》該(事，物)《★這種 which 的發音較其後的名詞重些》：I said nothing, ~ fact made him angry. 我沒說話，這使他生氣/He called her by the wrong name, for ~ mistake he apologized immediately. 他叫錯了她的名字，爲此他立即道歉。

2 無論哪個[些](whichever)：Take ~ books you want from the bookshelves. 你要哪些書就從書架上拿吧。

***which·ev·er** [hwɪtʃˋɛvɚ, wɪ-; witʃˈevə, hw-] *pron.* **A** (關係代名詞) **1** [帶先行詞的不定關係代名詞](…的)任何一個，隨便哪一個《★[用法]變成名詞子句》：Take ~ you like best. 拿你最喜歡的任何一個。

2 [引導讓步子句]不論哪一個…(no matter which)《★[用法]變成副詞子句》：*W*~ you (may) choose, you won't be satisfied. 不論你選擇哪一個，你都不會滿意。

—B [用以强調疑問代名詞 which]《口語》究竟[到底]哪一個《★[用法]常表示「急躁」的心情；★[拼法]英國語法中認爲分開寫作 which ever 兩字爲正式，但最近已無此區別》：*W*~ do you prefer? 你到底比較喜歡哪一個？

—*adj.* [用在名詞前](無比較級、最高級) **A** (疑問形容詞) **1** 任何一個的，隨便哪一個的：I'll take ~ pictures you don't want. 我隨便拿一幅你不要的畫好了。

2 [引導讓步子句]隨便哪一邊…都…，不論哪一邊…都…：*W*~ side won, I was equally pleased. 不論哪一邊獲勝，我都同樣高興。

—B [當疑問形容詞 which 的强調形用]《口語》究竟[到底]哪一個…(⇨ *pron.* B[用法])：*W*~ John do you mean? 你究竟指哪一個約翰？

which·soév·er *pron., adj.*《文語》**whichever** 的强調形。

whiff [hwɪf, wɪf; wif, hwif] *n.* **1** [a ~] **a** (風、煙等的)一吹，一陣，一噴〔*of*〕：a ~ *of* fresh cool air 一陣清爽的涼風。**b** 一陣撲鼻的香味〔*of*〕：a ~ *of* curry 一陣撲鼻的咖哩味。**2** Ⓒ《口語》小雪茄，煙卷。**3** Ⓒ[常 ~s](香煙、瓦斯等的)吸入：take ~s *of* one's pipe 抽幾口煙。**4** Ⓒ《美口語》(高爾夫、棒球的)擊球未中，揮棒落空。

—*v.t.* 抽，吸〈香煙〉。

—*v.i.* **1** 抽煙。**2**《英口語》發出惹人厭的味道。**3**《美口語》(高爾夫、棒球)揮桿[棒]落空。

whif·fet [ˋhwɪfɪt, ˋwɪ-; ˈwifit, ˈhw-] *n.* Ⓒ《美口語》無足輕重的人，小人物。

whif·fle [ˋhwɪfl, ˋwɪ-; ˈwifl, ˈhw-] *v.i.* **1** **a** 〈風〉陣陣輕吹。**b** 〈樹葉、火焰〉搖曳。**2** 〈主意等〉搖擺不定，變來變去，多變。

—*v.t.* **1** (風等)吹散，吹拂，把…吹向各方，吹得〈船〉方向不定。**2** 使〈主意等〉動搖。

whíf·fler *n.* Ⓒ無定見者，善變的人，容易改變主意的人。

whíffle·trèe *n.* Ⓒ《北美》馬車前部兩端繫曳繩之橫木。

whif·fy [ˋhwɪfɪ, ˋwɪ-; ˈwifi, ˈhw-] 《whiff 的形容詞》**—*adj.*** (**whif·fi·er**; **-fi·est**)《英口語》發出陣陣臭味的(smelly)。

Whig [hwɪg, wɪg; wig, hwig] 《源自蘇格蘭語「驅馬者」之義；係因 1848 年蘇格蘭的叛亂被稱爲「驅馬者的叛亂」》**—*n.*** **1** [**the** ~**s**] **a** (十七至十八世紀的英國)民黨《與王黨(Tory)對立，主張民衆權利和議會的優越權限，庇護非國教教徒；在十九世紀成爲現今的自由黨(Liberal Party)；cf. Tory 1 a》。**b** (美國的)自由黨《成立於 1834 年左右，與民主黨對立的政黨》。**2** Ⓒ民黨黨員。

—*adj.* 民黨黨(員)的；民黨特有的；與民黨有關的：the ~ Party 民黨。

Whig·gery [ˋhwɪgərɪ, ˋwɪ-; ˈwigəri, ˈhw-] *n.* ＝Whiggism.

Whíg·gism [-gɪzəm; -gizəm] *n.* Ⓤ民黨的主義。

‡while [hwaɪl, waɪl; wail, hwail] *conj.* **1** **a** 當…的時候，在…當中，與…同時《★[用法]用以形成表示「動作或狀態繼續中[期間]的副詞子句；while 的副詞子句中，多用進行式；cf. when *conj.* 1 a[用法]》：We kept watch ~ they slept. 當他們睡覺時，我們在看守/Don't phone me ~ I'm at the office. 我在辦公室時，別打電話給我/*W*~ (he was) fighting in Germany, he was taken prisoner. 他在德國作戰時被俘《★[用法]while 所引導的附屬子句的主詞與主要子句的主詞相同時附屬子句的主詞與 be 動詞有時被省略》。**b** 只要…(as long as)：*W*~ there is life, there is hope. ⇨ life 1.

2 **a** [置於句首，引導讓步的附屬子句]**雖然**…(可是)，儘管…(但是)(although)：*W*~ I admit that the task is difficult, I don't think that it is impossible. 雖然我承認那工作很困難，但我不認爲那是不可能做的。**b** [置於主要子句後，表示對照]但另一方面，然而；同時：He likes sports, ~ I like books. 他喜歡運動，然而我喜歡看書/The book pleased the critics ~ it entertained the public. 那本書使評論家欣喜，同時(另一方面)也使大衆感到興趣/The wind grew more and more furious, ~ it began to rain. 風力變得越來越猛烈，同時也下起雨來。

—*n.* [a ~](短暫的)**時間，暫時**：for *a* (short) ~ 短暫[一會兒]的時間《★for 常被省略》/in *a* (little) ~ 不久，馬上/once in *a* ~ 有時，偶爾/after *a* ~ 過了一會兒/quite *a* ~ 相當長的一段時間。

áll the whíle (1)一直，始終。(2)[當連接詞用]做…的時候一直：The students chattered *all the* ~ I was lecturing. 那些學生在我講課的時候一直喋喋不休地講話。

áll this whíle 在這長時間內一直。

betwèen whíles 有時，間或。

màke it wòrth a person's **whíle** 《口語》報答某人的辛勞，給予某人適當的謝禮，行賄。

the whíle [當副詞片語用]在其間；同時地。

this lóng whíle ＝all this WHILE.

wórth (one's [a person's]) **whíle** ⇨ worth *adj.*

—*v.t.* 〔+受+副〕閒蕩著度過，消磨〈時間〉〈*away*〉：He ~*d* *away* his vacation on the beach. 他在海邊度過假期。

whiles [hwaɪlz, waɪlz; wailz, hwailz] *adv.* **1**《蘇格蘭》有時。**2**《古》其間；其時。**—*conj.***《古》＝while.

whi·lom [ˋhwaɪləm, ˋwaɪ-; ˈwailəm, ˈhwai-]《古》*adj.* 從前的；往昔的。**—*adv.*** 曾，曾經。

whilst [hwaɪlst, waɪ-; wailst, hwai-] *conj.*《英》＝while.

whim [hwɪm, wɪm; wim, hwim] *n.* Ⓒ **1** **一時興起的念頭**，奇想，怪想，一時的衝動〔*for*〕：full of ~*s* (and fancies) 滿腦子怪念頭的，異想天開的/take[have] a ~ *for* read*ing* 心血來潮想看書。**2** 〔+ *to* do〕突然想〈做…〉的念頭[衝動]：I had a sudden ~ *to* take a walk. 我突然想去散步。

whim·per [ˋhwɪmpɚ, ˋwɪm-; ˈwimpə, ˈhwim-] 《擬聲語》**—*v.i.*** **1** 〈狗等〉低吠，悲嗥。**2** **a** 〈小孩等〉啜泣，嗚咽，抽噎。**b** 〈人〉發出鼻音；嘀嘀咕咕抱怨。

—*v.t.* **1** 抽噎地訴說…。**2** 〔+引句〕哭著說…："Don't beat me," she ~*ed*. 她哭著說：「不要打我。」

—*n.* Ⓒ(狗等的)低吠聲，悲嗥；啜泣；發出鼻音。

whim·sey [ˋhwɪmzɪ, ˋwɪm-; ˈwimzi, ˈhwim-] *n.* ＝whimsy.

whim·si·cal [ˋhwɪmzɪkl, ˋwɪm-; ˈwimzikl, ˈhwim-] 《whim, whimsy 的形容詞》**—*adj.*** **1** 多遐想的，異想天開的。**2** 古怪的，怪異的，滑稽的。**~·ly** [-klɪ; -kəli] *adv.*

whim·si·cal·i·ty [ˌhwɪmzɪˈkælətɪ, ˌwɪm-; ˌwimziˈkæləti, ˌhwim-] «whimsical 的名詞» —*n.* **1** Ⓤ怪癖，奇想，異想天開，反覆無常(的性情)。**2** Ⓒ[常 **whimsicalities**]古怪的行爲，奇行。

whim·sy [ˈhwɪmzɪ, ˈwɪm-; ˈwimzi, ˈhwim-] *n.* **1** Ⓤ反覆無常，好奇。**2** Ⓒ奇特的言行。

whim-wham [ˈhwɪmˌhwæm, ˈwɪmˌwæm; ˈwimwæm, ˈhwimhwæm] *n.* **1** Ⓒ奇怪的事[物]；無價值的事[物]。**2** [～s]《口語》緊張；惶恐。

whin [hwɪn, wɪn; win, hwin] *n.* Ⓤ[常 ～s]《英》《植物》荊豆《豆科荊豆屬灌木的統稱》(furze)。

whine [hwaɪn, waɪn; wain, hwain] *n.* Ⓒ **1 a** (狗等)發出的低哀鼻聲；啜泣聲。**b**「咻」的呼嘯聲：the ～ of a vacuum cleaner 吸塵器的呼呼聲。**2** 牢騷話，抱怨。

—*v.i.* **1 a** 哀泣；〈狗〉低聲哀叫(⇨ bark[1]【同義字】)：The dog was *whining* to be taken out for a walk. 那隻狗低聲哀叫，希望人家帶牠出去散步。**b** 發出咻聲。**2** [動(+介+(代)名)][爲…事而]發牢騷[*about*]：They are always *whining* ***about*** trifles. 他們總是爲瑣事而抱怨。

—*v.t.* **1** [+受(+副)]哀聲訴說〈不平之事等〉〈*out*〉：～ (***out***) a complaint 哀聲抱怨。**2** [(+副)+引句]哀聲說…〈*out*〉。

whin·er *n.* Ⓒ(哭哭啼啼的)抱怨者，發牢騷的人。

whin·ny [ˈhwɪnɪ, ˈwɪ-; ˈwini, ˈhw-] *v.i.* 〈馬〉輕聲地[高興地]嘶鳴(⇨ horse [相關用語])。

—*n.* Ⓒ(馬低聲的)嘶鳴。

whip** [hwɪp, wɪp; wip, hwip](**whipped**；**whip·ping**) *v.t.* **1** [+受] **a** 鞭打〈馬等〉：～ a horse 鞭打馬。**b** 責打〈小孩等〉《★現在的學校教育不容許鞭打》：～ a naughty child 鞭打頑皮的小孩。**c** [+受+介+(代)名][對人](嚴詞)管教[灌輸]…[*into*]；(以嚴責)[使人]革除〈惡習等〉，[使人]改正〈缺點等〉[*out of*]：～ sense ***into a child 嚴詞管教小孩懂事/～ a fault ***out of*** a person 使人矯正缺點。

2 [+受+副詞(片語)] **a** 鞭策〈馬等〉使奔跑；使〈車子等〉疾馳：The cabman *whipped* the horses *on* [*up*]. 車夫策馬奔馳/He *whipped* his car *along* the expressway. 他駕車沿著高速公路奔馳。**b** 使…猛然脫落；突然移動，迅速搶去〈某物〉：He *whipped off* his jacket [*out* a gun]. 他迅速脫去夾克[抽出手槍]/The gangster *whipped* the pearls *off* the counter. 那匪徒迅速把櫃臺上的眞珠洗劫一空。**c** 刺激…；鼓起，激起…；使…興旺：～ *up* public opinion 煽動輿論/～ *up* excitement 激起興奮/She *whipped* the children *on* with shouts of encouragement. 她大喊加油鼓勵那些孩子們。

3 [+受]〈雨、暴風等〉如鞭子般猛打…：The rain *whipped* the windows. 雨水猛打在窗子上。

4 [+受]《口語》(在競賽等)勝過，打敗〈對方〉：He *whipped* his challenger. 他打敗了挑戰者。

5 [+受]用力攪打〈蛋白、生奶等〉使起泡沫：～ egg whites 攪打蛋白使起泡。

6 [+受]將〈繩索、釣竿等〉的前端用繩[線]捆繞(使不致脫落)，把繩[線]捆繞於…；交叉縫〈衣邊〉，鎖〈縫眼〉。

7 [+受]用滑車拉上〈煤等〉。

8 [+受]《釣魚》在〈河〉上用釣竿抽釣：～ a stream 在小河上抽釣(魚)。

—*v.i.* **1** [+副詞(片語)]忽然移動，突進，跳進[出]：～ *along* (the road)沿著(道路)疾走/～ *behind* the door 迅速躲到門後/～ *round* the corner 快速拐過轉角/He *whipped out into* the street. 他突然跳到街上去。

2 [+介+(代)名]〈雨、暴風雨等〉猛擊[…][*against*]：Rain *whipped* ***against*** the window. 雨猛擊窗子。

whíp ín 《*vt adv*》⑴用鞭子召攏〈獵狗等〉。⑵使〈議員〉保證出席議會，督促〈議員〉出席會議。

whíp...ìnto shápe (爲某種目的)(勉强地)整頓，改革，改善〈人、物〉。

whíp through... 乾淨俐落[迅速簡單]地處理〈工作等〉。

whíp úp 《*vt adv*》⑴⇨ *v.t.* 2 a. ⑵⇨ *v.t.* 2 c. ⑶《口語》快速做出〈菜餚〉，快速完成〈作品等〉。

—*n.* **1 a** Ⓒ鞭子。**b** [the ～]鞭撻：He was given 30 lashes of *the* ～. 他被鞭打三十下。

2 Ⓒ **a** (馬車的)車夫。**b** 《獵》獵犬指揮員。

3 Ⓒ **a** (議院的)院內幹事。**b** 《英》(下院的)召集令。

4 Ⓒ[當作點心名時爲Ⓤ]一種甜點《用生奶及蛋白等打成泡沫所做的餐後點心》。

a fáir cráck of the whíp ⇨ crack.

whíp·còrd *n.* Ⓤ **1** 鞭繩，(外科手術用的)腸線。**2** 一種斜紋布。

whíp crèam *n.* 《美》＝whipped cream.

whíp gràft *n.* Ⓒ《園藝》舌接枝法。

whíp hànd *n.* [the ～] **1** (執鞭的)右手。**2** 控制，支配；優勢：get [have] *the* ～ *over* [*of*]... 支配[控制]…。

whíp·làsh *n.* Ⓒ **1** 鞭打。**2** (又作 **whíplash ínjury**)(車子從後方被猛撞時人的頭部突然向前或向後扭動所造成的)頸傷。**3** (被鞭打似的)衝擊，打擊：the ～ of surprise 驚嚇。

whipped créam *n.* Ⓤ攪打成泡沫狀的生奶。

whip·per *n.* Ⓒ鞭打的人[東西]。

whípper-ín *n.* Ⓒ(*pl.* **whippers-in**) **1** 《獵》獵犬指揮員。**2** (議院中的)政黨紀律幹事(whip)。

whípper·snàpper *n.* Ⓒ傲慢[自大]的年輕人，妄自尊大的小伙子。

whip·pet [ˈhwɪpɪt, ˈwɪ-; ˈwipit, ˈhw-] *n.* Ⓒ惠比特犬《一種類似靈猩(grey hound)的英國產賽犬》。

whippet

whíp·ping *n.* ⓊⒸ鞭笞(的刑罰)：give a ～ 處以鞭笞(之刑)。

whípping bòy *n.* Ⓒ **1** (從前陪王子讀書並)代替王子受鞭打的小孩。**2** 代人受罰[過]者，代罪羔羊。

whípping crèam *n.* Ⓤ(乳脂肪含量高的)發泡用生奶。

whípping pòst *n.* Ⓒ鞭笞時綁縛犯人的柱子。

whip·ple·tree [ˈhwɪplˌtri, -trɪ, ˈwɪp-; ˈwipltri:, ˈhwip-] *n.* 《北美》＝whiffletree.

whip·poor·will [ˌhwɪpəˈwɪl, ˌwɪp-; ˈwiˌpuəˌwil, ˈhw-] «擬聲語» —*n.* Ⓒ《鳥》嘈雜夜鷹《北美洲所產的一種夜鷹，以其反覆不停的叫聲而得名》。

whip·py [ˈhwɪpɪ, ˈwɪ-; ˈwipi, ˈhw-] «whip 的形容詞» —*adj.* (**whip·pi·er**；**-pi·est**)(像鞭子般)柔軟的，有彈性的。

whíp-ròund *n.* Ⓒ《英口語》(爲同事或朋友的不幸或喜慶而作的)募捐，募款。

whíp·sàw *n.* Ⓒ狹邊鉤齒粗木鋸《框成弓弦狀的雙人鋸》。

whíp·stìtch *n.* Ⓒ鎖縫。—*v.i.* 合縫，鎖縫(縫眼)。

whíp·stòck *n.* Ⓒ鞭柄。

whir [hwɝ, wɝ; wə:, hwə:] «擬聲語» —*v.i.* (**whirred**；**whir·ring**)[動(+副詞(片語))]颼颼地飛；〈馬達等〉呼呼地轉：The swallow *whirred past*. 那隻燕子颼地飛掠而過。

—*n.* Ⓒ[常用單數](鳥)疾飛聲，(飛機等)呼呼的旋轉[轉動]聲。

whirl [hwɝl, wɝl; wə:l, hwə:l] *v.t.* **1 a** [+受]使〈東西〉旋轉，使…迴旋：～ a stick [baton] 旋轉手杖[木棍]。**b** [+受+副詞(片語)]使…捲成漩渦：The north wind ～*ed* the snowflakes *about*. 北風把雪片吹得四處飛旋。

2 [+受+副詞(片語)] **a** 〈風等〉使…旋轉而去：His hat was ～*ed away* by the wind. 他的帽子被風吹得旋轉飛走。**b** 迅速載運〈人等〉：He ～*ed* us *about* the city in his car. 他開車載我們在該城市迅速兜轉/His car ～*ed* us *off to* the hotel. 他的車子很快就把我們載到旅館。

—*v.i.* **1** [動(+副詞(片語))]迴轉，旋轉；起漩渦：The leaves of the trees came ～*ing down* in the wind. 樹葉在風中飛旋落下/They ～*ed round* the ballroom. 他們在舞廳中繞圈跳舞。

2 [+副詞(片語)](乘坐車輛、飛機等)急走；〈車子等〉疾馳：The trees by the roadside ～*ed past* us as the car rushed on. 當車子向前疾馳時，路旁的樹木從我們旁邊往後飛馳而去。

3 〈頭〉暈眩，目眩：My head ～*s*. 我頭暈目眩。

—*n.* **1** Ⓒ **a** 迴轉，旋轉。**b** 轉動[旋轉]的東西，漩渦；旋風：a ～ of dust 塵土飛揚。**2** [a ～](精神的)混亂，錯亂：My thoughts are in *a* ～. 我的思想一片混亂。**3** Ⓒ[常用單數] **a** 令人眼花撩亂的快速變遷；忙亂：the ～ of modren life 現代生活的忙亂。**b** (事件、聚會等的)一連串，接連不斷[*of*]：a ～ *of* parties 接連不斷的宴會。**4** [a ～]《口語》嘗試：Would you like to give it *a* ～? 你要試一試它嗎？

whirl·i·gig [ˈhwɝlɪˌgɪg, ˈwɝ-; ˈwə:ligig, ˈhw-] *n.* Ⓒ **1 a** 旋轉的玩具《陀螺、風車等》。**b** 旋轉木馬。**2** 旋轉運動；轉變，變遷：the ～ of time 時運[命運，世事]的變遷《★出自莎士比亞(Shakespeare)的「第十二夜(*Twelfth Night*)」》。**3** 《昆蟲》(又作 **whírligig bèetle**)鼓蟲。

whírl·pòol *n.* Ⓒ **1** 漩渦。**2** 紛亂，混亂。

whírl·wìnd [-ˌwɪnd; -wind] *n.* Ⓒ **1** 旋風。**2** (旋風似的)匆忙行動，忙亂[*of*]。

(sów the wínd and) réap the whírlwind 興風作浪的必遭狂風暴雨；作惡[蠢]事必遭加倍的重罰《★出自聖經「何西阿書」》。

—*adj.* [用在名詞前]匆忙的，迅速的，性急的：a ～ visit [tour] 旋風似的[突然的]訪問[旅行]。

whír·ly·bìrd [ˈhwɝlɪ-, ˈwɝ-; ˈwə:li-, ˈhw-] *n.* Ⓒ《俚》直昇機(helicopter)。

whirr [hwɝ, wɝ; wə:, hwə:] *v., n.* 《英》＝whir.

whish [hwɪʃ, wɪʃ; wiʃ, hwiʃ] «擬聲語» —*v.i.* 呼呼作聲，颼颼地迅速移動。—*n.* Ⓒ呼呼[颼颼]聲。

W

whisk [hwɪsk, wɪ-; wisk, hw-] *n.* Ⓒ **1 a** (又作 **whísk bròom**)(用毛、細枝等做的)小掃帚；(尤指)衣服刷子。**b** (乾草、稻草、鬃毛、羽毛等的)束。**2** (鷄蛋、生奶等的)攪拌器：an egg ～ 打蛋器。**3** [常用單數](用手、尾巴等的)一揮，一拂，一掃。

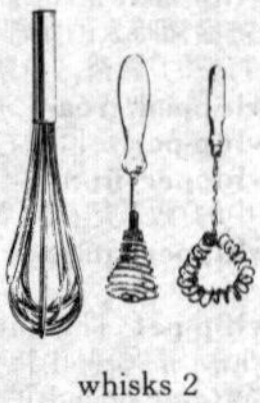

whisks 2

—*v.t.* 1 〔十受十副詞(片語)〕**a** 揮走〈蒼蠅〉，撢去〈灰塵等〉：She ～*ed* the fly *away*[*off*]. 她揮走蒼蠅/After eating the loaf he ～*ed* the crumbs *off* his coat. 他吃完麵包後，撢去外套上的麵包屑。**b** 把…迅速拿[帶]走；輕易地運走…：The waiter ～*ed* my plate *off.* 那位服務生把我的盤子迅速拿走/We were ～*ed up to* the top floor in an elevator. 電梯迅速地將我們載上頂樓。**2** 迅速揮動，輕輕轉動…：The horse ～*ed* its tail. 那匹馬急速揮動尾巴。**3** 攪拌〈蛋、生奶等〉。
—*v.i.* 〔十副詞(片語)〕急走，突然消失：The cat ～*ed around* the corner. 那隻貓急速地拐過轉角消失了。

whis·ker [ˋhwɪskɚ, ˋwɪ-; ˈwiskə, ˈhw-] *n.* Ⓒ **1** [常 ～**s**] 頰髭，鬢(⇨ beard【同義字】)：wear ～*s* 留頰髭。**2** [常 ～**s**] (貓、老鼠等的)鬚：The cat twitched its ～*s.* 那隻貓抽動牠的鬚毛。**3** [**a** ～] 微小的距離；毫釐之差：within *a* ～ of... 在離…極短的距離內；與…幾乎接觸[相碰]的/by *a* ～ 以極微之差。

whiskers 1

whís·kered *adj.* 留有頰髭的。

whis·key [ˋhwɪskɪ, ˋwɪ-; ˈwiski, ˈhw-] 《源自蓋爾語「生命之水」之義》**—*n.*** Ⓤ [指個體或種類時爲Ⓒ] 威士忌《★ 拼法《美・愛爾蘭》寫作 whiskey，《英》寫作 whisky；《美》有時國產品寫作 whiskey，輸入品則爲 whisky》：～ and water 摻水的威士忌/a glass of ～ 一杯威士忌/Two ～*s,* please. 請給我兩杯威士忌。

whis·ky [ˋhwɪskɪ, ˋwɪ-; ˈwiski, ˈhw-] *n.* (*pl.* **-kies**) = whiskey.

‡**whis·per** [ˋhwɪspɚ, ˋwɪ-; ˈwispə, ˈhw-] *v.i.* **1** [動(十介十(代)名)] **a** 〔對人〕耳語，說悄悄話〔*to*〕；〔在別人耳邊〕低語〔*in*〕：He ～*ed* slyly **to** his brother. 他對他弟弟悄悄地耳語/ ～ **in** a person's ear 對某人附耳低語/Stop ～*ing*! 不要說悄悄話！**b** 悄悄地說，謠傳〔關於…之事〕〔*about*〕：I heard people ～*ing* **about** her. 我聽到人們悄悄地在談論有關她的事。
2 〈風〉颯颯地響，〈流水〉潺潺作聲：The breeze ～*ed through* the pines. 微風颯颯地吹過松林。
—*v.t.* 1 a 〔十受(十介十(代)名)〕〔對人〕耳語…，悄悄說…〔*to*〕：～ a word or two **to** a person 對某人耳語一兩句話。**b** 〔(十介十(代)名)十 *that*__〕〔對人〕悄悄說〈…事〉〔*to*〕：He ～*ed* (**to** me) *that* he would meet her later. 他(對我)悄悄說他稍後會去見她。**c** 〔十引句〕低聲說…：“Tell nobody,” he ～*ed.* 他低聲說：「不要告訴任何人。」
2 a 〔十受十副〕悄悄傳說…〈*about, around, round*〉《★常用被動語態》：The scandal *was* being ～*ed* **about** throughout the city. 那件醜聞悄悄地傳遍全城。**b** 〔(十副)十 *that*__〕〈人們〉謠傳[偷偷散布]〈…事〉〈*about, around, round*〉《★ 用法 通常用 It is ～*ed* that... 的構句》：It *is* ～*ed* [It is being ～*ed* **about**] *that* he is suffering from stomach cancer. 據傳他得了胃癌。
—*n.* 1 Ⓒ耳語，私語，低語：answer *in* a ～ 低聲回答/talk *in* ～*s* 悄悄地說/give *the* ～ 偷偷耳語。
2 Ⓒ **a** 謠傳，流言：I've heard ～*s about* her divorce. 我聽到有關她離婚的謠言。**b** 〔十 *that*__〕〈…事的〉謠言，謠傳：*Whispers* are going around[round] *that* he is going to resign. 他將要辭職的謠言正在流傳。
3 Ⓒ[常用單數] 颯颯[沙沙]的聲響。
4 Ⓤ《語音》耳語(音)。

whís·per·er [-pərɚ; -pərə] *n.* Ⓒ耳語者；告密者，告狀者。

whís·per·ing *n.* Ⓤ耳語，交頭接耳的談話，竊竊私語。

whíspering campàign *n.* Ⓒ(公職選舉等時放出誹謗性謠言的)流言戰術，蠱惑宣傳，中傷活動。

whíspering gàllery *n.* Ⓒ低語高響廊，回音廊《一種由於牆的回音作用，使遠處也能聽到低語聲的回音圓廊》。

whist[1] [hwɪst, wɪ-; wist, hw-] *n.* Ⓤ《紙牌戲》惠斯特牌戲《通常由四人分兩組對打的牌戲，演變成後來的橋牌戲》。

whist[2] [hwɪst, wɪ-; wist, hw-] *interj.* 《英》《古・方言》靜些！別鬧！噓！**—*adj.*** 《英》《古》靜默的；無聲的。
—*n.* Ⓤ《愛爾蘭》靜；靜默。

‡**whis·tle** [ˋhwɪsl, ˋwɪ-; ˈwisl, ˈhw-] 《擬聲語》**—*v.i.* 1 a** 吹口哨。**b** 嗶嗶作響；〈鳥〉鳴叫：This kettle ～*s* when it boils. 這水壺在水開時會嗶嗶作響。**2 a** 以口哨[鳴笛]呼叫[發信號，召喚]。**b** 〔十介十(代)名〕以口哨呼叫〔…〕〔*for*〕；〔向…〕吹口哨(發信號)〔*to*〕：～ **for** one's dog[a taxi] 吹口哨叫狗[計程車]。**c** 〔十 *for* 十(代)名十 *to* do〕以口哨[鳴笛]發信號使〔…〕〈做…〉：The teacher ～*d* **for** the runners **to** start. 老師吹笛發信號叫跑者起跑。**3** 〔十副詞(片語)〕〈風〉颼颼作響，〈槍彈等〉咻地飛射：The wind ～*d around* (the house). 風吹在(房子)周圍發出颼颼聲響/An arrow ～*d past* my ear. 一支箭從我耳邊咻地飛過/A shell ～*d down* and exploded some distance away. 一顆砲彈咻地一聲掉落並在不遠處爆炸。
—*v.t.* 1 〔十受〕用口哨吹〈歌曲等〉：～ a merry tune 用口哨吹出輕快的曲子。**2** 〔十受十副詞(片語)〕吹口哨叫〈狗等〉；鳴笛向…發信號：～ a dog *back* 吹口哨叫狗回來。
One **can**[**will have to**] **whistle for...** 《口語》求[想要]…而得不到，徒然想望…；休想得到…：You *can*[*will have to*] ～ *for* your money；I'm penniless. 你別想要回你的錢，我是身無分文了。
whístle in the dárk 虛張聲勢《★源自在黑暗中吹口哨消除恐懼以壯膽之意》。
whístle úp 《*vt adv*》⑴吹口哨叫〈狗等〉。⑵(用貧乏的材料)湊成…：He ～*d up* a meal *from* scraps and ends. 他用殘羹剩飯湊成一餐。
—*n.* Ⓒ **1** 口哨。**2** 警笛；汽笛，哨子：blow a ～ 吹哨子/When the ～ goes, run! 哨子響了就跑！**3** 嗶嗶聲；(鳥等的)尖叫聲。**4** 喉嚨：wet one's ～ 《謔》潤喉，喝一杯。
(**as**) **cléan as a whístle** 非常整潔[清潔，乾淨]的；廉潔的。
blów the whístle on... 《口語》⑴《運動》〈裁判〉對〈選手〉吹哨子《表示犯規》。⑵中止〈不正當行爲等〉；聲稱…爲非法。⑶密告〈同伴等〉。⑷揭發〈事情〉。

whís·tler *n.* Ⓒ **1 a** 吹口哨的人。**b** (會發出)嗶嗶聲(的東西)。**2** 《動物》(北美產的)灰土撥鼠。

whístle-stòp 《美》 *n.* Ⓒ **1** 火車不停靠的小站《只有車站發信號時才鳴笛停靠》。**2** (候選人在競選旅行中)在小站的簡單演說。
—*adj.* [用在名詞前] 地區遊說的。

whit [hwɪt, wɪt; wit, hwit] *n.* [**a** ～；常用於否定句] 絲毫，一點點：I do*n't* care *a* ～. 我一點也不介意/He did *not* seem *a* ～ concerned. 他看來毫不在乎。

Whit [hwɪt, wɪt; wit, hwit] *adj.* = Whitsun.

‡**white** [hwaɪt, waɪt; wait, hwait] *adj.* (**whit·er**；**whit·est**) **1** 白的：**a** 白色的：a ～ horse 白馬/(as) ～ as snow 雪白的；潔白的/a ～ dress 純白的衣服/paint a wall ～ 把牆壁漆白。

> **【說明】** 白色表示純潔無垢及清淨。新娘禮服是純白的；天使有白色的翅膀；snow(雪)、a lily(百合花)、milk(牛奶)、a swan(天鵝)等令人連想到白色。白色和紅色的配合被認爲是不吉利的。據說帶白色和紅色混合的山楂花(hawthorn)回家，就會發生不幸的事。

b 〈頭髮、人〉白髮的：～ hair 白髮/He[His hair] has turned ～. 他臉色發白[他的頭髮變白]。**c** (無比較級、最高級)(沒有寫東西的)空白的，空的(blank)：a ～ space 空白處/～ paper 白紙。**d** (無比較級、最高級)白衣的，穿白色衣服的：a ～ sister 白衣修女/⇨ White Friar. **e** 降雪的，積雪的：a ～ winter 下雪的冬天。
2 a (因恐怖、疾病等而臉色)蒼白的，發白的：～ lips 蒼白的嘴唇/turn ～ 變蒼白。**b** [不用在名詞前]〔十介十(代)名〕〔因恐怖等而〕臉色變蒼白的；〔因盛怒而〕蒼白的〔*with*〕：She[Her face] went ～ **with** fear. 她嚇得面無血色/He[His face] was ～ *with* fury. 他氣得臉色發白。
3 (無比較級、最高級) **a** 白種人的：～ culture 白種人的文化/⇨ white man. **b** (對黑人而言的)白人控制[專用]的：a ～ club 白人專用的俱樂部。
4 《英》〈咖啡〉加牛奶[奶精]的(↔ black)：～ coffee 加入牛奶[奶精]的咖啡。
5 (無比較級、最高級) **a** 〈水、空氣、光線、玻璃等〉透明的，無色的：～ light 白光/～ water 清澈的水。**b** 〈葡萄酒〉白的：⇨ white wine.
6 潔白的，純潔的。
7 (無比較級、最高級)《俚》光明正大的，有信用的。
8 (無比較級、最高級)〈謊言、魔術等〉善意的，無害的：a ～ lie 善意的謊言/⇨ white magic.
bléed a person **whíte** 向某人剝削財產等。
—*n.* 1 a Ⓤ [指種類時爲Ⓒ] 白，白色。**b** Ⓤ [指產品個體時爲Ⓒ] 白色(水彩)顏料；白色染料。
2 a Ⓤ白布，白色衣服(料)：a lady *in* ～ 白衣婦人。**b** [～**s**] 白運動衣。
3 Ⓤ [指個體時爲Ⓒ] 蛋白 (cf. yolk；⇨ egg[1] 插圖)：the ～*s* of three eggs 三個蛋的蛋白/Use a little more ～ of egg. 多用一點蛋白。
4 Ⓒ(眼)白：Wait until you can see the ～*s* of their eyes. 直等到他們來到你的近旁。

5 Ⓒ[常 ～s]白人(cf. white man)：a club for ～*s* only 白人專用的俱樂部。～**·ness** *n.*
whíte ánt *n.* Ⓒ《昆蟲》白蟻(termite)。
whíte·bàit *n.* Ⓤ **1** 銀魚《鯡科幼魚的統稱，常用作魚餌》。**2** 任何不去腸、鱗而烹食的小魚。
white béar *n.* Ⓒ《動物》北極熊。
white bírch *n.* Ⓒ《植物》銀樺《又稱歐洲白樺，歐洲最常見的樺木屬喬木》。
white blóod cèll *n.* ＝white corpuscle.
white bóok *n.* Ⓒ白皮書《政府就國內政務所發表的報告書；cf. white paper, blue book 1》。
white bréad *n.* Ⓤ白麪包《由精製麪粉製造；⇨ bread【說明】(1)》。
whíte·càps *n. pl.* (水花四濺的白色)浪頭，白浪。
white cédar *n.* **1** Ⓒ《植物》美國扁柏《又稱白柏，產於美國東部的沼澤地》。**2** Ⓤ白柏木《美國扁柏的木材》。
white clóver *n.* Ⓤ Ⓒ《植物》白花三葉草《又稱菽草，三葉草屬草本植物》。
white cóal *n.* Ⓤ《口語》白煤《作爲動力來源的水；水力》。
white-cóllar 《源自上班穿的白襯衫》—*adj.* [用在名詞前](對勞力者而言)勞心者的，靠薪水生活的，(適合)薪水階級的，白領階級的(cf. blue-collar)：～ jobs 事務工作，辦公室的工作。
white-còllar wórker *n.* Ⓒ薪水[白領]階級的人，辦公人員(cf. blue-collar worker)。～**ed** *adj.*
white córpuscle *n.* Ⓒ《生理》白血球。
whít·ed sépulcher 《源自聖經「馬太福音」；耶穌比喻法利賽人(基督時代猶太教的一派法利賽派的信徒)爲「塗白的墳墓」》—*n.* Ⓒ僞善者，僞君子(hypocrite)。
white dwárf *n.* Ⓒ《天文》白矮星《極高溫而發白光的恒星；cf. red giant》。
white élephant *n.* Ⓒ累贅[麻煩]的貴重贈品；大而無用之物：a ～ sale 不用物品出售。

【字源】從前泰國(舊名暹邏(Siam))罕有的白象被視爲神聖之物，飼養起來花費很大。據說有一位國王有意使某臣失勢而贈送白象給他，故有此語。

white énsign *n.* [the ～]英國軍艦旗。
white féather *n.* [the ～]懦弱，膽怯：⇨ show the white FEATHER.

【字源】據說純種的鬥鷄羽毛純一色，很勇敢；雜種的鬥鷄尾巴有白色羽毛，缺乏鬥志，很軟弱，故有此語。

whíte·fìsh *n.* Ⓒ(*pl.* ～**·es**，[集合稱] ～)《魚》白鮭《鮭科白鮭屬海魚的統稱》。
white flág *n.* Ⓒ白旗《表示投降或休戰的旗子》：hang out [show] the ～ 舉起白旗；投降。
White Fríar *n.* Ⓒ白衣修士，加爾默羅聖母會修士(Carmelite)《身著白袍》。
white fróst *n.* Ⓤ白霜，霜。
white góld *n.* Ⓤ白合金《金和鎳有時混入鋅、錫或銅等以取代白金的合金》。
white gòods *n. pl.* 家庭用白色棉布《床單、桌巾、毛巾等》。
white-háired *adj.* **1** (有)白髮的；有白毛的。**2**《口語》得寵的。
White·hall [ˈhwaɪtˈhɔl, ˈwaɪt-; ˌwaitˈhɔːl, ˌhwait-] *n.* **1** 倫敦的一個主要街名《在倫敦市中心部分，爲中央政府機關集中的街道》。**2** Ⓤ[集合稱]《英》英國政府《★用法視爲一整體時當單數用，指個別成員時當複數用》。
white-hánded *adj.* **1** 兩手雪白的，不勞動的。**2** 一塵不染的；純潔的；正直的。
white-héaded *adj.* ＝white-haired.
white héat *n.* Ⓤ **1** 白熱。**2** 激怒，熱情。
white hópe *n.* Ⓒ[常用單數]被寄予厚望的人，被視爲極有前途者。
white hórses *n. pl.* ＝whitecaps.
white-hót *adj.* **1** 白熱的，熾熱的。**2** 熱烈的，興奮的。
White Hòuse *n.* [the ～] **1** 白宮。

【說明】美國總統官邸；1800 年落成，但在 1814 年被英國軍隊燒毀；修復時將變黑的外牆塗成白色而得此名，1902 年成爲正式名稱。

2 美國總統的職位[權威，意見(等)]；美國政府(cf. Kremlin, Downing Street)。
white húnter *n.* Ⓒ **1** 在非洲當狩獵嚮導的白人。**2** 在非洲打獵的白人。
white léad *n.* Ⓤ《化學》鉛白《一種鹼性碳酸鉛，用作白色顏料》。
white líne *n.* Ⓒ **1** 道路中間的白色分道線《用以管制交通者》。**2** 馬蹄上的白色層。**3** 空行，空白(的部分)。

the White House

whíte·lìne *n.* Ⓒ《航海》船上用的一種十八股棉繩或麻繩。
white lìst *n.* Ⓒ優良者之名單；合格者之名單；通過安全檢查者之名單(cf. black list)。
white-lìst *v.t.* 將…列入優良者[合格者(等)]的名單中。
white-líver·ed 《源自古時認爲肝臟是勇氣的泉源，而膽汁分泌情況不良時，其顏色會變白》—*adj.* 懦弱的；氣色不好的，蒼白的。
white mágic *n.* Ⓤ白魔術《借助天使等行善事或用以治病、救濟等的魔術》。
white màn *n.* **1** [the ～]白色人種。**2** Ⓒ白人。
white màn's búrden 《源自 R. Kipling 的詩句》—*n.* [the ～]白人負擔《白種人自許的對殖民地土著民族之責任，如改善其生活環境等》。
white màtter *n.* Ⓤ《解剖》(腦、脊髓的)白質(cf. gray matter 1)。
white mèat *n.* Ⓤ白肉：**a** 鷄的胸肉等(cf. dark meat)。**b** 小牛肉，豬肉。
white métal *n.* Ⓤ 白合金《白色合金的總稱》。
White Móuntains *n. pl.* [the ～]懷特山脈《位於美國新罕布夏州(New Hampshire)北部》。
whit·en [ˈhwaɪtn̩, ˈwaɪ-; ˈwaitn, ˈhw-] 《white 的動詞》—*v.t.* 使…變白，把…塗白，擦白。—*v.i.* 變白。
whit·en·er [ˈhwaɪtn̩ɚ, ˈwaɪ-; ˈwaitnə, ˈhw-] *n.* Ⓒ **1** 漂白劑。**2** 漂白者[物]。**3** 使用漂白劑的人，漂白工人。
white níght *n.* ⓊⒸ不眠之夜。
White Níle *n.* [the ～]白尼羅河(⇨ Nile)。
whit·en·ing [ˈhwaɪtn̩ɪŋ, ˈwaɪ-; ˈwaitniŋ, ˈhw-] *n.* Ⓤ **1** 變白，弄白，刷白，塗白。**2** 使物變白之製劑；白堊粉。
white nóise *n.* Ⓤ **1** 白噪音《持續不變而不突顯的噪音，如電子作用產生的嗡嗡聲、雨聲等》。**2**《物理》白色雜訊，白雜波。
white óak *n.* Ⓒ《植物》白櫟《美國東部的櫟屬喬木，樹皮呈淡灰色的鱗片狀》。
white páper *n.* Ⓒ白皮書《尤指英國政府發表的報告書；較 blue book 更簡單者；cf. white book, yellow book》。
white pépper *n.* Ⓤ 白胡椒《將完全成熟的胡椒果實去殼研磨成粉末者；cf. black pepper》。
white píne *n.* **1** Ⓒ《植物》白松《北美東部產》。**2** Ⓤ白松木材。
white plágue *n.* [the ～]結核病；(尤指)肺結核。
white potàto *n.* Ⓒ白馬鈴薯(Irish potato)。
white prímary *n.* Ⓒ《美》(以前南部諸州的民主黨)僅由白人參加的直接預選。
white ráce *n.* [the ～]白色人種。
white-róbed *adj.* 穿白袍的。
White Rússia *n.* 白俄羅斯《蘇聯西部的一共和國；首都明斯克(Minsk [mɪnsk; minsk])》。
White Rússian *n.* Ⓒ **1** 白俄羅斯人。**2** (十月革命後逃亡國外的)白俄人。
white sàle *n.* Ⓒ(牀單等)白色紡織品的出售(cf. white goods)。
white sàuce *n.* Ⓤ[指種類時爲Ⓒ]白色調味醬《用奶油、麵粉、牛奶及調味料製成》。
White Séa *n.* [the ～]白海《在蘇聯歐洲部分的西北部》。
white sláve *n.* Ⓒ(被賣到國外爲娼的)妓女；被迫爲奴隸的白種人。
white slávery *n.* Ⓤ拐賣婦女爲娼(業)。
whíte·smìth *n.* Ⓒ錫匠，鍍銀工人(cf. blacksmith 1)。
white spírit *n.* Ⓤ《英》汽油製的一種液體《用作油漆溶劑及去污劑》。
white suprémacy *n.* Ⓤ白人優越[至高]主義[論]。
whíte·thòrn *n.* ＝hawthorn.
whíte·thròat *n.* Ⓒ《鳥》白斑雀《北美產鵐亞科，喉部有白斑的「小鳥」》。
white tíe *n.* **1** Ⓒ白色蝴蝶領結。**2** Ⓤ(男用的)晚禮服《燕尾服配以白色蝴蝶領結；cf. black tie 1》。
white-tíe *adj.* [用在名詞前]需要穿晚禮服的：a ～ party 需穿晚禮服的聚會。

W

whíte trásh *n.*《俚・輕蔑》**1** Ⓒ(尤指美國南方)貧窮的白人(poor white). **2** [集合稱]貧窮白人。
whíte wár *n.* Ⓒ不流血戰爭；經濟戰爭。
whíte·wàsh *n.* **1** Ⓤ石灰水，水粉《粉刷牆壁、天花板用》。**2** ⓊⒸ(爲掩飾過錯、缺點等的)表面的欺騙，粉飾。**3** ⓊⒸ《美口語》(比賽結果遭吃鴨蛋的)零分慘敗。
—*v.t.* **1** 塗石灰水於…，粉刷…：～ the wall 粉刷牆壁。**2** 粉飾〈人、事等〉(的過失[缺點等])。**3**《美口語》使…得零分敗北。
whíte wáter *n.* Ⓤ(急流等)起白泡沫的水；浪花。
whíte wíne *n.* Ⓤ[指個體或種類時爲Ⓒ]白葡萄酒《用淡色的葡萄，除去皮、種子釀造；cf. red wine, rosé》。
whíte·wòod *n.* **1** Ⓒ成白色木材的樹木《linden, tulip tree 等》。**2** Ⓤ白色木材《家具、房屋內部裝修用》。
whith·er [ˈhwɪðɚ, ˈwɪ-; ˈwiðə, ˈhw-] *adv.*《詩》**A 1** [疑問副詞]到[向]哪裏(to what place)《★比較 一般的句子都用 where》：*W*～ are they drifting？他們正漂向何處？**2** [新聞文體、政治標語等省略動詞]…往何處(去)，…會變成怎樣，…的未來如何：*W*～ our democracy？我們的民主政治何去何從？
—**B** (關係副詞) **a** [限定用法]所…的(地方)(to which)：the port ～ they sailed 他們所航向的港口。**b** [非限定用法；通常前面加逗點]到[向]那裏：He was in heaven, ～ she hoped to follow. 他在天國，她希望追隨他到那裏。**c** [不帶先行詞的關係副詞用法](到)任何地方，(到)隨便什麼地方：Go ～ you please. 到你喜歡的任何地方去。
whìther·soéver *conj.*《古》向何處；無論到何處。
whit·ing[1] [ˈhwaɪtɪŋ, ˈwaɪ-; ˈwaitiŋ, ˈhw-] *n.* Ⓒ(*pl.* ～, ～s)《魚》**1** (歐洲產的)牙鱈。**2** (北美產的)無鰾石首魚。
whit·ing[2] [ˈhwaɪtɪŋ, ˈwaɪ-; ˈwaitiŋ, ˈhw-] *n.* Ⓤ白鉛粉，白堊粉《用於顏料、石灰水、油灰等》。
whít·ish [-tɪʃ; -tiʃ] *adj.* 略白的，發白的。
whit·low [ˈhwɪtlo, ˈwɪ-; ˈwitlou, ˈhw-] *n.* Ⓒ《醫》指[趾]頭疽，瘭疽。
Whit·man [ˈhwɪtmən, ˈwɪ-; ˈwitmən, ˈhw-], **Walt** *n.* 惠特曼《1819–92；美國詩人》。
Whit·mon·day, Whit Monday [ˈhwɪtˈmʌndɪ, ˈwɪ-, -de; ˌwitˈmʌndi, ˌhw-, -dei] *n.* 聖靈降臨節(Whitsunday)的翌日。
Whit·ney [ˈhwɪtnɪ, ˈwɪ-; ˈwitni, ˈhw-], **Mount** *n.* 惠特尼峯《在美國加州的東部，海拔 4,419 公尺》。
Whit·sun [ˈhwɪtsn, ˈwɪ-; ˈwitsn, ˈhw-] *adj.* 聖靈降臨節(Whitsunday)的。
Whit·sun·day, Whit Sunday [ˈhwɪtˈsʌndɪ, ˈwɪ-, -de; ˌwitˈsʌndi, ˌhw-, -dei] «源自「白衣的禮拜天(white-Sunday)」之義» —*n.* Ⓤ[有時 the ～]聖靈降臨節。

【說明】指復活節(Easter)後第四十九天(七週後)的星期日。是紀念基督死後，聖靈(the Holy Spirit)降臨的日子，與耶誕節(Christmas)、復活節(Easter)同爲基督教的三大節日。這天正是晚春的好時節，所以受洗的人特別多。受洗者穿白衣(white)，所以有此名稱。

W

Whit·sun·tide [ˈhwɪtsənˌtaɪd, ˈwɪ-; ˈwitsntaid, ˈhw-] *n.* Ⓤ[有時 the ～]聖靈降臨節節期《Whitsunday 後的一週期間，尤指開始的三天期間》。
Whítsun wèek *n.* ＝Whitsuntide.
whit·tle [ˈhwɪtl, ˈwɪ-; ˈwitl, ˈhw-] *v.t.* **1 a** 〔十受(十副)〕一點一點地削切，削修〈木頭等〉〈*away, down*〉：～ **down** a stick 一點一點地削細木棒。**b** 〔十受(十副)十介十(代)名〕一點一點地把〈木頭等〉削[成…]〈*away, down*〉〔*into*〕：He ～d the wood **into** a spoon. 他把木材削成一支湯匙。**2** 〔十受(十副)〕削減，減少〈費用等〉〈*away, down*〉.
Whít wèek *n.* 聖靈降臨節節期(Whitsuntide).
whit·y [ˈhwaɪtɪ, ˈwaɪ-; ˈwaiti, ˈhw-] *adj.* (**whit·i·er**；**-i·est**)略白的；稍白的(whitish).
—*n.* [有時 W～]《美俚・輕蔑》**a** Ⓒ白人。**b** [集合稱]白人。
whíz kìd *n.* Ⓒ《口語》(在實業界迅速成功的)青年才俊，有實力者；神童。
whiz(z) [hwɪz, wɪz; wiz, hwiz] *n.* **1** Ⓤ颼颼聲《箭、子彈等在風中掠過的呼嘯聲》。**2** Ⓒ《美俚》〔…的〕高手，專家〔*at*〕：He's a ～ *at* tennis. 他是網球高手。
—*v.i.* (**whizzed**；**whiz·zing**) **1** 颼颼作聲，發出呼嘯聲。**2** 〔十副詞(片語)〕《口語》掠風飛過：Cars *whizzed past* (him). 車子(從他身旁)呼嘯而過。
whíz(z)-bàng *n.* Ⓒ **1** 《軍》小口徑速射砲的榴彈《高速度》。**2** 爆竹的一種。**3** 《口語》＝whiz 2.
—*adj.*《口語》很優秀的，很棒的，第一流的。
‡**who** [hu; huː] *pron.* (★語形 受格 **whom**, **A** 爲口語 **who**；所有格 **whose**) **A** (疑問代名詞) **1** [用以詢問姓名、身分等]誰，什麼人，怎樣的人《★用法 當主詞用時，雖是疑問句，但主詞與動詞的語序與敍述句相同》：*W*～ is he？他是誰？/*W*～ knows him？誰認識他？/*W*～ would have thought it？誰會想過那件事？/Nobody knew ～ he was. 沒有人知道他是誰/"When will the war end？"—"*W*～ knows." 「戰爭何時會結束？」「誰知道。」
2 [用以代替 whom]《口語》**誰，甚麼人**：*W*～ do you mean？你指的是誰？/*W*～ is the letter *from*？誰寄來的信？/I told him ～ to look for. 我告訴他該去找誰。
—**B** [hu, hʊ; huː, hu] (關係代名詞) **1** [限定用法]…的(人)《★用法 通常以表示「人」的名詞爲先行詞，構成形容詞子句》：**a** [當主格用]：He is the boy ～ broke the window. 他就是打破窗子的那個男孩/We need a person ～ speaks English. 我們需要一位說英語的人/There's a Mr. Green (～) wants to see you. 有一位葛林先生要見你《★用法 主格的關係代名詞，原則上不省略，但在 There is.... 等後面可省略》。**b** [當受格用]《★用法《口語》有時用以代替 whom，但通常都省略》：The woman (～) you were talking *about* is my aunt. 你在談論的那個婦人就是我的姨媽[姑媽]。**c** [It is...who 的強調構句]…的(人)就是…(cf. it[1] 7)：It was he ～ broke the windowpane. 打破窗玻璃的人就是他。
2 [非限定用法；前面常有逗點]而那個人《★用法 拘泥的用法；who 不可省略》：I sent it to Jones, ～ passed it on to Smith. 我把它送給瓊斯，而瓊斯又把它送給史密斯/Her husband, ～ is living in London, often writes to her. 她的丈夫住在倫敦，常常寫信給她《★用法 拘泥的用法，當插入語用的關係代名詞，不作「而那個人」解，視上、下文可變成「(那人是)…」之意》。
3 [帶先行詞的關係代名詞用法]《古》(…的)那個人；任何(…的)人(都)(whoever)：*W*～ is not for us is against us. 不贊成我們的(人)就是反對我們的人。
as whó should sáy... 《古》好像要說…地。
knów whó's [whó is] whó (1)知道誰是誰[某人是何種人物]。(2)知道誰(在某地)爲有力人物(cf. who's who 1)：*know* ～*'s* ～ *in* the village 知道誰在那村莊裏是有勢力的人。
WHO 《略》World Health Organization(聯合國)世界衛生組織。
whoa [hwo, wo; wou] *interj.* 遏！《喝令馬停步的喊叫聲》。
‡**who'd** [hud; huːd] **who would[had]** 之略。
who·dun·it [huˈdʌnɪt; ˌhuːˈdʌnit] «源自 Who done it？(＝Who did it？)» —*n.* Ⓒ《口語》推理小說，偵探小說[電影，戲劇]。
who·e'er [huˈɛr; huːˈɛə] *pron.*《文語》＝whoever.
‡**who·ev·er** [huˈɛvɚ; huːˈɛvə] *pron.* (★語形 受格 **whomever**；所有格 **whosever**) **A** (關係代名詞) **1** [帶先行詞的不定關係代名詞](…的)任何人，不論是誰(any one who)《★變成名詞子句》：*W*～ comes is welcome. 什麼人來都歡迎。**2** [引導讓步的副詞子句]不管誰…(都)，無論什麼人…(都)(no matter who)《★用法《口語》用以代替 whomever》：*W*～ calls on me, tell him [them] I'm out. 不管誰來訪，都告訴他[他們]我不在/*W*～ I quote, you retain your opinion. 無論我引用誰的話，你都堅持你的意見。
—**B** [當疑問代名詞 who 的強調形用]《口語》**到底是誰**：*W*～ said so？到底是誰這麼說的？《★比較 如果把 Whoever 分開成兩個字，則 *Who ever* said so？之意是「誰什麼時候那樣說？沒有人那樣說吧？」》。
‡**whole** [hol, hʊl; houl] «源自古英語「健康的」之義» —*adj.* (無比較級、最高級) **1** [用在名詞前] **a** [the ～, one's ～]全部的，整個的，所有的，全…的《★用法 不用於複數名詞、表示地名的專有名詞；那種情形要用 all》：the ～ world 全世界《★變換 可換寫成 all the world》/the ～ sum ⇨ sum *n.* 1/with one's ～ heart 誠心地，一心一意地/tell the ～ truth 說出整個[全部]眞相。

【同義字】whole 表示無缺的整體；total 表示個體的總合；all 的用法雖然不同，意思與 whole, total 相同；gross 表示扣除前的總體。

b 完全的，完整的，無瑕疵的：⇨ with a whole SKIN. **2** [用在名詞前]**整整的**，剛好的〈時間、距離等〉《★用法 單數的普通名詞要加 a》：a ～ year[day] 一整年[一整天]/It rained (for) three ～ days. 下了整整三天的雨/We walked (for) the ～ five miles. 我們走完了全程五哩《★用法 加 the 時，whole 的位置緊接於其後》。**3** 不分(成部分)的，整體的，整個的：He drank almost a ～ bottle of whiskey. 他幾乎喝了一大瓶威士忌。**4** 《古》健康的，強健的。
a whóle lót [當副詞用]《口語》大大地，…得多：I feel *a* ～ *lot* better now. 現在我覺得好得多了。
a whóle lót of... 《口語》很多的…：He talks *a* ～ *lot of* nonsense. 他說了一大堆無聊的話。
máde òut of whóle clóth 《美》完全揑造的，毫無事實根據的。
—*n.* Ⓒ[常用單數] **1** [**the** ～]全部，全體，整體(cf. part A 1)：*the* ～ *of* China 全中國。**2** 完整的東西；統一體；整體：The

various parts blend into a harmonious ～. 不同的部分混合成為一個和諧的統一體。
as a whóle 總而言之，就全體而論，整個看來：The class *as a* ～ did well. 就全體而論，這一班表現得不錯。
on [upòn] the whóle 總的看來，整個來說：*On the* ～ I think you did a good job. 總的看來，我認為你做得很好。
～·ness *n.*
whóle bròther *n.* Ⓒ同胞兄[弟]《同父同母的哥哥或弟弟》。
whóle fòod *n.* 《英》Ⓤ[指產品個體或種類時為Ⓒ] 天然食品；(無添加物的)營養食品。
whóle gàle *n.* Ⓒ《氣象》狂風《十級風舊稱；⇨ wind scale》.
whóle·héarted *adj.* 一心一意的，有誠意的，全心全意的：give one's ～ support 給予全心全意的支持。～**·ness** *n.*
whóle·héarted·ly *adv.* 誠心誠意地，由衷地，衷心地。
whóle hóg 《俚》*n.* [**the** ～]全部。
gò the whóle hóg 《俚》做得徹底[完全]。
—*adv.* 完全地，徹底地。
whóle-hòg *adj.* [用在名詞前]《俚》完全的，徹底的。
whóle-léngth *adj.* **1** 〈照片等〉全身的，全長的。**2** 從頭到尾的；無省略的。**—***n.* Ⓒ全身像；全身照片。
whóle·mèal *adj.* 《英》＝whole wheat.
whóle mílk *n.* Ⓤ全脂牛[羊]奶《完全含有本來成分的乳品；⇨ milk 相關用語》。
whóle nòte *n.* Ⓒ《美》《音樂》全音符(《英》semibreve).
whóle númber *n.* Ⓒ《數學》整數(integer).
whóle rèst *n.* Ⓒ《音樂》全休止符。
whole·sale [ˋholˏsel; ˈhoulseil] *n.* Ⓤ**批發，躉售**(↔ retail)：*at* [《英》*by*] ～ 以批發方式交易《按批發價或大批地買進[賣出]》。
—*adj.* **1 批發的，躉售的**：a ～ merchant [dealer] 批發商人/buy [sell] at ～ prices 以批發價買進[賣出]/Their business is ～ only. 他們只做批發生意《不做零售》。**2** [用在名詞前]**a** 大規模的，大量的：a ～ liar 撒大謊的人/(a) ～ slaughter 大屠殺/make ～ arrests of... 把…一網打盡。**b** 不分青紅皂白的：～ criticism 大肆批評，不分青紅皂白的批評。
—*adv.* **1** 大批地，照批發，以批售方式：sell goods ～ 批售貨物。**2 a** 大量地，大規模地。**b** 不分青紅皂白地，無差別地。
—*v.t.* 〔十受〕將〈貨品〉批售。
—*v.i.* 〈貨品〉被批售。
whóle·sàl·er *n.* Ⓒ批發商。
whóle sìster *n.* Ⓒ同胞姊[妹]《同父同母的姊姊或妹妹》。
whole·some [ˋholsəm; ˈhoulsəm] *adj.* (**more** ～；**most** ～) **1 有益健康的**；合乎衛生的：～ exercise [food] 有益健康的運動[食品]/a ～ environment 合乎衛生的環境。**2** 顯得健康的：a ～ face 顯得健康的臉。**3** (在道德上)健全的，有益的：～ advice 有益的忠告/～ books 有益心智的書籍。～**·ly** *adv.* ～**·ness** *n.*
whóle-sóuled *adj.* ＝wholehearted.
whóle stèp [tòne] *n.* Ⓒ《音樂》全音程《octave 的 $^1/_6$；如 D–E, F–G》.
whóle whéat *adj.* [用在名詞前]《美》沒有去麩的；全麥的(《英》wholemeal)：～ flour [bread] 全麥麵粉[麵包]。
‡**who'll** [hul; hu:l] **who will [shall]** 之略。
***whol·ly** [ˋholɪ, ˋhollɪ; ˈhoulli, ˈhouli] *adv.* (無比較級、最高級) **1 完全地**，全然，十足地(completely)：a ～ bad example 一個十分不好的例子。
2 [與否定語連用，表示部分否定](不是)全部都是…：She was *not* ～ satisfied. 她不是十分滿意《還是有不滿》。
‡**whom** [hum, hʊm; hu:m, hum] *pron.* A (疑問代名詞 who 的受格)誰《★用法《口語》用 who 代替 whom；《文語》在介系詞後面用 whom；《口語》把介系詞置於後面用 who》：*W*～ did you meet yesterday？昨天你遇到誰？《★比較《口語》用 Who did you meet yesterday？》/*W*～ are you talking *about*？你在說誰的事？《★比較《口語》用 Who....；cf. who A 2》/*From* ～ is the letter？誰寄來的信？《★比較《口語》用 Who is the letter *from*？》.
—B (關係代名詞 who 的受格) **1** [限定用法]…的 (人)《★用法以表示「人」的名詞為先行詞構成形容詞子句；《口語》有時也用 who，通常省略 whom》：The gentleman (～) I met yesterday was a teacher. 我昨天遇到的那位紳士是一位教師/The woman with ～ I went is my aunt. 跟我同行的那位婦人是我的姑媽《★用法介系詞後面的 whom 不能省略，但如換寫成 The woman I went with is my aunt. 則可省略》。
2 [非限定用法；通常前面加逗點]**而那個[些]人**《★用法whom 不可省略》：I met Mr. Smith, with ～ I dined at a restaurant. 我遇見史密斯先生，並和他在餐廳一起用餐。
3 [帶先行詞的關係代名詞用法]《古》所…的人(們)：*W*～ the gods love die young.《諺》神所愛的人死得早；「紅顏薄命」。
To whóm it mày concérn. ⇨ concern *v.*

***whom·ever** [humˋɛvɚ; hu:mˈevə] *pron.* (關係代名詞 whoever 的受格) **1** [帶先行詞的不定關係代名詞]**每個(做)…的任何人**(any one whom)《★用法變成名詞子句；《口語》多半以 whoever 代替》：You can invite ～ you like. 你可以邀請你喜歡的任何人。**2** [引導讓步的副詞子句]**不論誰**(no matter whom)：*W*～ you (may) ask, you will not get the answer. 不論你問誰，你都得不到答案。
whòm·soéver *pron.* **whosoever** 的受格。
whoop [hup, hwup; hu:p] **《擬聲語》—***n.* Ⓒ **1** 呻嗬《高興等時的喊叫聲》。**2** 〈貓頭鷹的〉呼叫聲。**3** (百日咳等的)喘息聲。
nòt wórth a whóop 《美口語》毫無價值；大驚小怪。
—*v.i.* **1** 大聲歡叫：～ *with* joy 高興得大叫。**2** 〈貓頭鷹〉叫。**3** 發喘息聲。
whóop it [thìngs] úp 《美俚》(1)大聲喧鬧，狂歡。(2)鼓起〔對…的〕熱烈興趣；熱烈支持[聲援]〔…〕〔*for*〕：The fans ～*ed it up for* the home team. 球迷們熱烈地為地主隊加油助威。
—*interj.* 喝！呻嗬！
whoop-de-do(o) [ˈhupdɪˏdu, ˋhwup-, -ˋdu; ˈhu:pdiˈdu:, ˈhwu:p-] *n.* Ⓤ (*pl.* ～**s** [-z; -z])《口語》**1** 熱鬧；歡宴。**2** (尤指公開的)紛亂[激烈]的議論。**3** 過度的宣傳或鋪張。
whoop·ee [ˈhwupi, ˋhwʊˈpi, ˋhʊ-; ˈwupi:, wuˈpi:] *interj.* 哇！《歡呼聲》。
—*n.* Ⓤ《口語》狂歡，亂鬧：make ～ (喝酒唱歌的)亂鬧，狂歡。
whóop·ing còugh *n.* Ⓤ百日咳。
whoops [hups, hwups; hu:ps] *interj.* ＝oops.
whoosh [hwuʃ, wuʃ, hwʊʃ, wʊʃ; hwu:ʃ, wu:ʃ] **《擬聲語》—***n.* Ⓒ(空氣、水逸出時或物體急速移動所發出的)嘶嘶聲，噓噓聲。
whop [hwɑp, wɑp; wɔp, hwɔp] *v.t.* (**whopped**；**whop·ping**)《俚》**1** 毆擊，重打。**2** 大敗。
—*n.* Ⓒ《美俚》毆打，轟然一聲(的撞擊、墜落)。
whóp·per *n.* Ⓒ《口語》**1** 龐然大物；(某物的)特大號。**2** 大謊言：tell a ～ 撒大謊。
whop·ping [ˈhwɑpɪŋ, ˋwɑ-; ˈwɔpiŋ, ˈhw-]《口語》*adj.* [用在名詞前]極大的，特大號的：a ～ lie 大謊言/a ～ loss 極大的損失。
—*adv.* 非常地，極為：a ～ big mushroom 一朵非常大的蘑菇。
whore [hor, hɔr; hɔ:] *n.* Ⓒ **1** 賣淫的人《尤指妓女》。**2** 蕩婦。
‡**who're** [(疑問代名詞)ˋhuɚ; ˈhu:ə; (關係代名詞)ˋhuɚ, ˋhuɚ; ˈhu:ə, ˈhuə] **who are** 之略。
whóre·hòuse *n.* Ⓒ妓院，青樓。
whóre·mònger *n.* Ⓒ拉皮條者，淫媒。
whorl [hwɝl; wə:l, hw-] *n.* Ⓒ **1 a** 螺旋(spiral)的一圈：～*s of* smoke 煙渦。**b** (指紋的)螺紋：the ～*s of* a fingerprint 指紋的螺紋。**2** (貝殼上的)螺紋《一圈》。**3**《植物》輪生體，環生體《葉子成輪狀長在莖部環節》。
whor·tle·ber·ry [ˋhwɝtlˏbɛrɪ, -bərɪ; ˈwə:tlˏberi, ˈhw-] *n.* Ⓒ **1**《植物》歐越橘樹。**2** 歐越橘《歐越橘樹結的漿果》。
‡**who's** [(疑問代名詞)huz; hu:z; (關係代名詞)huz, hʊz; hu:z, huz] **who is [has, does]** 之略。
‡**whose** [huz; hu:z] *pron.* A (疑問代名詞 who 的所有格) **1** [當形容詞用]**誰的**：*W*～ umbrella is this？這是誰的傘？/I wonder in [at] ～ house the party will be held. 我不知道這次聚會會在誰家舉行。
2 [獨立用法]**誰的東西**：*W*～ are these shoes？這是誰的鞋子？/Tell me ～ *to* borrow. 告訴我該借誰的。
—B [huz, hʊz; hu:z, u:z] (關係代名詞) **1** [who 的所有格] **a** [限定用法] (做)…的(人)《★用法以表示「人」的名詞為先行詞構成形容詞子句》：I know a girl ～ mother is a pianist. 我認識一個女孩，她的母親是鋼琴師/The lady about ～ age you asked me is well over forty. 你問起其年齡的那位女士已四十多歲了。**b** [非限定用法；通常前面加逗點]而那個[些]人：Mrs. Brown, ～ house we have rented for our vacation, is a rich widow. 那位租房子給我們度假用的房東布朗太太是位富孀。
2 [which 的所有格] **a** [限定用法] (做)…的(東西)《★用法表示人以外的東西的名詞為先行詞構成形容詞子句；用以代替 of which, 但也有人認為不妥；cf. which B 1 b》：A book ～ pages are torn is worth less money. 書頁被撕破的書籍比較便宜。**b** [非限定用法；通常前面加逗點]它的，該物的：This microcircuit, ～ parts are too small to be seen, was made in America. 這個微型電路是美國製的，它的零件小得看不見。
whos·e·ver [huzˋɛvɚ; hu:zˈevə] *pron.* A (關係代名詞 whoever 的所有格) **1** [帶先行詞的不定關係代名詞]無論是誰的，任一的(any one whose)《★變成名詞子句》：You may vote ～ side you like. 你可以投票選你喜歡的任一方。**2** [引導讓步的副詞子句]無論是誰的東西，不管是誰的…：This car is comfortable to ride, ～ it is. 不管這部車子是誰的，坐起來很舒服。
—B [當疑問代名詞 whose 的強調形用]《口語》究竟[到底]是誰的(東西)《★用法尤其在英國語法認為分開寫作 whose ever 兩

個字爲正式，但最近已無此區別》：*W*~ is this car？這部車子到底是誰的？

who·so [ˈhuso; ˈhuːsou] *pron.*《文語》＝whoever.

whò·soéver *pron.*《文語》whoever 的强調形。

whó's whó *n.* **1** Ⓤ[集合稱]有影響人士(cf. know WHO's who (2))。**2 a** Ⓒ[常用單數]名人錄〔*of*〕。**b** [Who's Who] Ⓤ[當書名用]…名人錄：*Who's who* in America 美國當代名人錄。

‡who've [(疑問代名詞)huv; huːv; (關係代名詞)huv, hʊv; huːv, huv] **who have** 之略。

‡why [hwaɪ; wai, hwai] *adv.* (無比較級、最高級) **A** (疑問副詞) **爲什麼，何故**：*W*~ does paper burn？爲什麼紙會燃燒？/I don't see ~ this plan should not work well. 我不明白爲什麼這個計畫居然會不順利/I can't explain ~ it's so. 我無法解釋它爲什麼那樣/Tell me ~. 告訴我爲什麼。《★用法 Tell me ~ you did it [~ it was so]. 等之略》/*W*~ he divorced her doesn't matter. 爲什麼他跟她離婚這問題並不重要。

—B [waɪ, hwaɪ; wai, hwai] (關係副詞) **1** [限定用法]…的(理由)《★用法 以 reason(s) 爲先行詞，構成形容詞子句；沒有非限定用法，因此要用 for which reason 等》：The reason ~ he did it is unknown. 他做那件事的理由不得而知/There is no reason (~) I should disbelieve it. 我沒有理由不相信它《★用法 why 可省略》。**2** [引導無先行詞的名詞子句]做…的理由[原因]《★用法 尤其多半用於 This [That] is.... 的構句》：This is ~ I came here. 這就是我來這裏的原因。

Whỳ dòn't you(...)？《口語》[用於提議、勸誘等]做…怎樣？爲什麼不…？《★用法 用於較親密者之間，而不用於長輩；簡略的說法是 WHY not？(2)》：*W*~ *don't you* [*W*~ *not*] come and see me next Sunday？爲什麼不下星期天來看我呢？/*W*~ *don't you* sit down？爲什麼不坐下來？

Whỳ nót(...)？ (1)[反駁對方的否定說法]爲什麼不可以[不做](…)，不是可以(…)嗎？應該可以(…)的："I've not finished it yet."—"*W*~ *not*."「我還沒有做完。」「爲什麼不做完。」《應該做完的。》(2)[提議某件事；與原形動詞連用]做…怎樣：*W*~ *not* try (it) again？再試一次怎樣？(3)[同意對方的提案]好吧，就這麼做："Let's go swimming."—"*W*~ *not*？"「我們游泳去吧。」「好吧。」

—n. [~s] 理由，原因，(理由的)說明《★用法 通常用 the ~s and (the) wherefores》：I told them *the* ~*s and wherefores* of my action. 我告訴他們我行動的理由。

— [hwaɪ, waɪ; wai, hwai] *interj.* **1** [意外的發現、承認等時的叫聲]哎呀！啊！當然：*W*~, I'll be (damned). 哎呀，眞沒想到《★用法 碰到意想不到的人物時的說法；省略 damned 是美國語法；cf. I'll be damned if (⇨ damn *v.* 成語)》。**2** [表示反駁、抗議]什麼(話)！胡說：*W*~, what's the harm？胡說，那有什麼害處？**3** [表示猶豫，或用以連接話]唔，這個：*W*~, it's you！啊，是你呀！/*W*~, yes, I hope so. 唔，是呀，我希望如此。

Whym·per [ˈhwɪmpɚ, ˈhwɪmpɚ; ˈwimpə, ˈhwimpə], **Edward** *n.* 韋因巴(1840–1911，英國登山家及藝術畫家，1865 年首次登上馬特洪峯(Matterhorn)山頂)。

W

WI《略》《美郵政》Wisconsin.

W.I.《略》West Indian；West Indies.

wick [wɪk; wik] *n.* Ⓒ燈芯，蠟燭芯。

gèt on a person's **wíck**《英俚》使人苦惱，使人焦躁。

***wick·ed** [ˈwɪkɪd; ˈwikid] *adj.* (~·er；~·est) **1 a** 〈人、言行等〉(在道德上)**邪惡的，極惡的**，不道德的，不正的；有惡意的，壞心眼的(⇨ bad【同義字】)：a ~ man [deed] 惡人[事]。**b** [不用在名詞前]〔＋*of*＋(代)名(＋*to* do)/＋*to* do〕〔某人〕〈做…是〉邪惡的，極惡的，壞心眼的；〈某人〉〈做…是〉邪惡的，極惡的，壞心眼的：It's ~ *of* them *to* say such things.＝They are ~ *to* say such things. 他們說那樣的話眞是可惡。**2** 頑皮的，淘氣的《★比較 一般用 naughty》：a ~ look [smile] 頑皮的眼神[微笑]。**3** 不愉快的，很壞的：a ~ task 討厭的工作/a ~ storm 狂風暴雨。**4**《美俚》優秀的，高明的：a ~ tennis player 網球高手。

~·ly *adv.*

wícked·ness *n.* Ⓤ邪惡，不正；惡意，壞心眼。

wick·er [ˈwɪkɚ; ˈwikə] *n.* **1** ⒸⓊ[集合稱](柳條工藝用的)枝條，柳條。**2** Ⓤ **a** [集合稱]編製的枝條。**b** [又當集合稱用]枝條[柳條]工藝《產品》：I like ~. 我喜歡柳條編製工藝。

—adj. [用在名詞前]柳枝做的，柳枝[編製](工藝)的：a ~ basket [chair] 用枝條編的籃子[椅子]。

wícker·wòrk *n.* ＝wicker 2 b.

—adj. [用在名詞前]枝條編織工藝的。

***wick·et** [ˈwɪkɪt; ˈwikit] *n.* Ⓒ **1** (又作 **wícket gàte**)(設在大門內或旁邊的)小門，進出口。**2 a** (售票處等的)窗口。**b** (銀行的)窗口，格子窗。**3**《板球》**a** 三柱門《高約七十公分的三柱門上面擺著長約十一公分的橫木(bail)；⇨ cricket[2]》：keep ~ 在三柱門後面防守《★無冠詞》。**b** 投球場(pitch)(的情況)：a sticky ~ (地面濕黏的)投球場的不良情況。**c** 局，回合，輪到打擊(innings)：take three ~*s* 〈投手(bowler)〉使三個打擊者(batter)出局/lose a ~ 〈打擊者〉出局。**4**《槌球》(柱)門(hoop)。

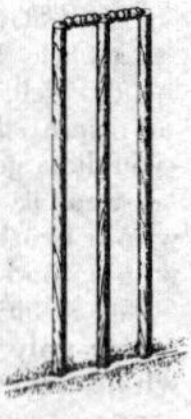

wicket 3 a

wícket-kèep(er) *n.* Ⓒ《板球》三柱門守門員。

wick·ing [ˈwɪkɪŋ; ˈwikiŋ] *n.* Ⓤ用作燈撚、燭芯等的線束。

Wick·liffe, Wic·lif [ˈwɪklɪf; ˈwiklif] *n.* ＝Wycliffe.

‡wide [waɪd; waid] *adj.* (**wid·er**；**wid·est**) **1 a 寬廣的**，廣闊的(↔ narrow)《★比較 與 broad 大致上同義，但 wide 著重於一端至另一端的距離，而 broad 則著重於廣闊》：a ~ river [street] 寬廣的河流[街道]。**b** [與表示數量的語句連用]寬…的(cf. long[1] 1 d)：a road twenty meters ~ 寬二十公尺的道路/"How ~ is that？"—"It is twenty inches ~."「它有多寬？」「它的寬度是二十吋。」

2 a (面積)**廣大的**《★比較 指房間等「寬敞」則用 large 或 big》：the ~ ocean 廣大的海洋。**b** (範圍)廣的，廣泛的，多方面的：a man of ~ fame 馳名的人/This species has a ~ distribution. 該種類[物種]分布甚廣。

3 〈眼睛〉睜大的；〈窗子〉開大的：stare with ~ eyes 睜大眼睛瞪視/Her eyes were ~ with fear. 她的眼睛因恐懼而睜得大大的。

4 a 自由的，不受拘束的，不褊狹的，無偏見的，大方的：take a ~ view 持開明的見解，眼光廣大，看問題視野寬廣。**b** 寬鬆的，綽綽有餘的：~ shoes 寬鬆的鞋子。

5 〈知識等〉(範圍)廣泛的，淵博的：~ reading 廣泛的閱讀/a gentleman with ~ interests 有多方面興趣的紳士/He has ~ knowledge on the subject. 他對於那個問題有淵博的知識。

6 a 差得遠的，懸殊的：a ~ difference 很大的差異。**b** [不用在名詞前]〔＋介＋(代)名〕〔離目標等〕很遠的，錯得厲害的〔*of*〕：His remark is ~ *of* the truth. 他的話與事實相差甚遠[大有出入]/⇨ wide of the MARK[1]. **c**《板球》離目標很遠的：a ~ ball (投手的)暴投《打擊者可得一分》。

7《英俚》狡猾的，奸詐的：a ~ boy 狡猾的男孩。

—adv. (**wid·er**；**wid·est**) **1 廣闊地，廣大地**：travel far and ~ 到處旅行，遍遊各地。

2 張大地，充分張開地：yawn ~ 打個大呵欠/~ awake 完全清醒/with eyes ~ open 眼睛睜大地。

3 a 偏離(標的)地，方向錯誤地：bowl ~《板球》暴投《打擊者得一分》/He is shooting ~. 他沒有擊中目標。**b** 〔＋介＋(代)名〕偏離〔…〕地，弄錯〔…〕地〔*of*〕：speak ~ *of* the mark 說得離題[不得要領]/The arrow fell ~ *of* the target. 那支箭未中靶(而落下)。

—n. Ⓒ《板球》(投手的)暴投《打擊者得一分》。

-wide [-waɪd; -waid] [複合用詞]構成「涵蓋…全體的[地]」之意的形容詞、副詞：nation*wide*, world*wide*.

wíde-ángle *adj.* [用在名詞前]廣角的〈照相機的透鏡〉；用廣角透鏡的〈攝影機、照片等〉：a ~ lens 廣角透鏡。

wíde-awáke *adj.* **1** 完全清醒的。**2** 機警的，精明的。

—n. (又作 **wíde-awàke hát**) Ⓒ闊邊呢帽。

wíde-éyed *adj.* **1 a** (因驚慌、恐怖等而)睜大眼睛的。**b** (睡不著而)醒著的。**2** 目瞪口呆的。**3** 純眞的，樸素的。

***wide·ly** [ˈwaɪdlɪ; ˈwaidli] *adv.* (**more** ~；**most** ~) **1 廣大地，廣範圍地**：~ scattered 散布很廣地/It is ~ known that he is one of the most popular novelists in China. 衆人皆知他是中國最受歡迎的小說家之一/This idea is ~ applicable. 這個構想可廣泛應用。

2 很大地，頗，甚：They are ~ different [differ ~] from each other. 他們彼此之間大不相同。

wid·en [ˈwaɪdn̩; ˈwaidn] 《wide 的動詞》**—v.t.** 〔＋受〕使…加寬，使…變寬，增廣…。**—v.i.** 變寬；〈眼睛〉(因驚嚇等而)睜大。

wíde-ópen *adj.* **1** 大開的，廣開的：He left the window ~. 他讓窗子大開著。**2**《美口語》〈某地等〉(對飲酒、賭博、娼妓等)取締不嚴的：a ~ town 法規管制不嚴的城市。

wíde-rànging *adj.* 範圍廣闊的。

wíde-scréen *adj.*《電影》寬銀幕的。

wíde-sét *adj.* (比一般)隔得遠的，〈兩眼〉間隔寬的。

wíde·spréad *adj.* **1** 〈翅膀等〉展開的。**2** 流傳很廣的，廣布的；普遍蔓延的，普及的：~ floods [thunderstorms] 到處氾濫的洪水[漫天雷雨]/a ~ superstition 流傳甚廣的迷信。

wid·geon [ˈwɪdʒən; ˈwidʒən] *n.* Ⓒ (*pl.* ~, ~s)《鳥》赤頸鳧；北美鳧。

***wid·ow** [ˈwɪdo; ˈwidou] 《源自古英語「離別的女人」之義》**—n.** Ⓒ **1 未亡人，寡婦，遺孀**《★比較「鰥夫」稱作 widower》：the ~'s mite ⇨ mite 4/a ~'s benefit《英》寡婦補助金/⇨ grass widow/Mary is John's ~. 瑪麗是約翰的遺孀《★比較 不說 John is Mary's widower.》. **2** [常構成複合字]…寡婦：a fishing [golf] ～ 釣魚[高爾夫球]寡婦《因丈夫沈迷於釣魚[高爾夫球]而被冷落的妻子》。

—*v.t.* 〔十受〕使〈人〉成寡婦[鰥夫]；使…喪偶：The war *～ed* many women. 那次戰爭使很多婦女變成寡婦。

wíd·owed *adj.* 變寡婦[鰥夫]的；鰥居[寡居]的：a ～ man [woman]鰥夫[寡婦]/My mother is ～. 我的母親是寡婦。

wid·ow·er [ˋwɪdəwɚ; ˈwidouə] *n.* Ⓒ鰥夫(↔ widow).

wídow·hòod *n.* ⓊⒸ寡居(期)：a long ～ 長期間寡居。

wídow's crúse *n.* 《聖經》[the ～]寡婦的罈子；無盡藏；大量之物；取之不竭之物。

width** [wɪdθ, wɪtθ; widθ, witθ] 《wide 的名詞》 **—n.* (*pl.* ～s) **1** ⓊⒸ**a** 寬，闊，寬度，幅度：a ～ *of* 4 feet 四呎寬/4 feet *in* ～ 寬度四呎。**b** (心胸、見解等的)寬闊，寬大《★比較一般用 breadth》：～ *of* mind [view] 胸襟寬大[見解寬廣]。**2** Ⓒ有一定寬度的東西[織物]，一幅：She joined the three *～s* of cloth. 她把三幅布縫接在一起。

wield [wild; wi:ld] 《源自古英語「支配」之義》**—***v.t.* 《文語》**1 a** 揮舞〈劍等〉。**b** 使用〈工具〉；揮〈毫〉：～ the pen 書寫，寫作。**2** 行使，掌握〈權力、武力等〉：～ the scepter 君臨，統治，掌握大權/Who *～s* the supreme power in that country? 誰掌握那個國家的主權[最高權力]？

wie·ner [ˋwinɚ; ˈwi:nə] *n.* Ⓒ[當作菜名時爲Ⓤ]《美》維也納香腸，燻製的牛肉[豬肉]香腸(frankfurter).

Wiener schnitzel [ˋvinɚˌʃnɪtsəl; ˈvi:nəˌʃnitsəl] 《源自德語》**—***n.* Ⓒ[當作菜名時爲Ⓤ]炸肉排《油炸的小牛排薄片》。

wie·ner·wurst [ˋwinɚˌwɝst; ˈwi:nəwə:st] *n.* ＝wiener.

wie·nie [ˋwinɪ; ˈwi:ni] *n.* 《美口語》＝wiener.

‡**wife** [waɪf; waif] *n.* Ⓒ(*pl.* **wives** [waɪvz; waivz]) **1** 妻，太太，內人；主婦(cf. husband)：one's wedded [lawful] ～ 正室，正妻，元配/have a ～ 有妻室/take...for a ～ 迎娶〈某人〉爲妻，娶…/She will make him a good ～. 她將會成爲他的好太太。

【字源】wife 在古英語中與 woman 一樣同是「女人」的意思。原用以指身分低的女性，但後來把用於此意的 wife 用以指妻子，而有「我的 wife(女人)」的說法，wife 遂產生「妻子」的意思。woman 的複數形 women 讀作 [ˋwɪmɪn; ˈwimin] 是因爲原來女人被稱作 wifmann 之故。

2 [常構成複合字]女人：an old ～ 老太婆，饒舌婆/⇨ old wives' tale, housewife, midwife.

áll the wórld and his wífe ⇨ world.

wífe·hòod *n.* Ⓤ爲人妻的身分[狀態]。

wífe·less *adj.* 無妻的，獨身的。

wífe·like *adj.* ＝wifely.

wífe·ly *adj.* (**wife·li·er**; **-li·est**)似妻子的，適於做妻子的。

wig [wɪg; wig] 《periwig 之略》**—***n.* Ⓒ假髮。

【說明】假髮有多種：有用以遮蓋禿頭的、演戲的以及女子裝扮等；英國在十七至十八世紀時流行男子戴假髮；現在的英國法官在法庭上仍戴假髮。

wigged [wɪgd; wigd] *adj.* 戴假髮的。

wig

wig·ging [ˋwɪgɪŋ; ˈwigiŋ] *n.* Ⓒ[常用單數]《英口語》嚴厲責罵，叱責：get [give a person] a good ～ 挨了痛罵[痛罵某人]。

wig·gle [ˋwɪgl; ˈwigl] *v.t.* 《口語》使〈身體(的某部位)等〉抽動，(微微地)搖動，擺動：～ one's hips 搖動臀部/The rabbit *～d* its nose. 那隻兔子抽動牠的鼻子。

—*v.i.* 《口語》微動，抽動，扭動：The puppies *～d* with delight. 那些小狗高興得扭動身體。

—*n.* Ⓒ快速擺動，搖動，扭動：She gave a sexy ～. 她性感地扭動身體。

wíg·gler *n.* Ⓒ **1** 扭動[擺動]的人[物]。**2** 《昆蟲》孑孓(wriggler).

wig·gly [ˋwɪglɪ; ˈwigli] *adj.* **1** 搖動的，搖擺的。**2** 波動的。

wight [waɪt; wait] *n.* Ⓒ《古・方言》人(person).

Wight [waɪt; wait], **the Ísle of** *n.* 威特島《在英吉利海峽的一個島；1974 年成爲一郡；首府紐波特(Newport [ˋnuˌport, ˋnju-, -ˌpɔrt; ˈnju:pɔ:t])；略作 I.O.W., I.W.》.

wig·wag [ˋwɪgˌwæg; ˈwigwæg] (**wig·wagged**; **wig·wag·ging**) *v.t.* **1** 來回搖擺，搖動，揮動〈信號旗〉。**2** 《信號》搖擺手旗傳〈信號〉。

—*v.i.* **1** 動來動去，搖來搖去。**2** 用手旗等打信號。

—*n.* **1** Ⓤ(用手旗、燈火的)信號法。**2** Ⓒ旗語[燈火]信號。

wig·wam [ˋwɪgwɑm, -wɔm; ˈwigwæm] 《源自北美印地安語「他們的住屋」之義》**—***n.* Ⓒ北美印地安人的小屋《通常鋪以獸皮、草蓆、樹皮等的圓形小屋；cf. tepee》.

wigwam

Wil·bur [ˋwɪlbɚ; ˈwilbə] *n.* 維爾伯《男子名》。

wil·co [ˋwɪlko; ˈwilkou] 《*will comply* 之略》**—***interj.* 行，可以，照辦《對於接收到的無線電通信表示承諾的用語》。

‡**wild** [waɪld; waild] *adj.* (～·er; ～·est) **1** (無比較級、最高級)〈鳥獸、草木等〉野生的(↔ domestic, tame, cultivated)：～ beasts 野獸/⇨ wild boar, wild duck, wild flower/a ～ vine 野生葡萄/grow ～ 自然生長，野生。

2 〈土地等〉荒蕪的；自然而未開墾的；無人居住的：a ～ landscape 荒涼的景色/a ～ mountainous region 無人居住[荒蕪]的山區。

3 a 〈人、部落等〉未開化的，野蠻的：a ～ man 野蠻人/～ tribes 野蠻的部落。**b** 〈鳥、獸等〉未被馴服的，凶猛的。

4 a 〈氣候〉狂風暴雨的；〈海〉波濤洶湧的：a ～ sea 波濤洶湧的海/a ～ night 狂風暴雨的夜晚。**b** 〈時代等〉混亂的，動盪不安的：～ times 亂世。

5 〈人、行爲等〉粗暴的，無法無天的，放肆的，任性的，放縱的：～ boys 野孩子，粗暴的孩子/～ work 粗暴的作法/settle down after a ～ youth 過了放蕩的青春時期後安定下來。

6 a 瘋狂的，狂亂的，狂熱的，狂妄的；興奮的；生氣的：～ looks 狂妄的表情/go into a ～ rage 激怒/Her anxiety drove her almost ～. (她的)焦慮使她幾乎要發瘋/It made me ～ to listen to such nonsense. 聽到這樣的胡扯，我感到極爲氣憤。**b** [不用在名詞前]〔十介十(代)名〕〔因…而〕瘋狂的，興奮的〔*with*〕：be ～ *with* rage 激怒，暴怒/His eyes were ～ *with* excitement. 他眼中流露出極度興奮的神情。**c** [不用在名詞前]〔十介十(代)名〕熱中〔於…〕的，〔對…〕著迷的〔*about*〕：～ *about* a film star 對一位電影明星著迷/He is ～ *about* fishing [her]. 他對釣魚[她]很著迷。**d** [不用在名詞前]〔十介十(代)名〕渴望〔…〕的〔*for*〕：～ *for* revenge 發狂似地想報仇。**e** [不用在名詞前]〔十 *to* do〕(瘋狂似地)渴望[極想]〈做…〉的：She is ～ *to* see him. 她極想見他。

7 邋遢的，紊亂的：～ hair 亂髮/The room was in ～ disorder. 那個房間雜亂無章/The meeting was in ～ confusion. 會議陷入一片混亂。

8 a 〈計畫等〉古怪的，不著邊際的，荒唐的：a ～ plan 荒唐的計畫/～ fancies 不著邊際的幻想，妄想。**b** 〈推理等〉荒謬的，毫無根據的：make [hazard] a ～ guess 瞎猜，亂猜/a ～ remark 信口開河，失言。**c** 〈投球等〉未投中的：a ～ throw [pitch] 暴投。

9 《口語》快樂的，愉快的，美好的：We had a ～ time. 我們過得很痛快；我們盡情歡鬧。

gò wíld (1)〔因…而〕瘋狂；〔對…〕狂熱，熱中〔*with, over*〕：The town *went* ～ *with* joy [*over* the news]. 全鎮的人欣喜若狂[因那消息而轟動]。(2)〈被馴養的動物等〉變野。

rùn wíld (1)〈動物〉處於野生狀態。(2)〈植物〉亂長，到處蔓延。(3)〈小孩等〉放縱，放肆。

wíld and wóolly 粗獷的，粗暴的，起伏不平的，變化多端的。

—*adv.* (～·er; ～·est)粗野地，胡亂地：shoot ～ 亂射/talk ～ 胡說，亂講。

—*n.* **1** [the ～；常～s](某地的)荒野，荒地：*the ～s of* Africa 非洲的未開化地[荒野]。**2** [the ～]野生(的狀態)：animals in *the* ～ 野生動物/the call of *the* ～ ⇨ call 5. **～·ness** *n.*

wíld bóar *n.* **1** Ⓒ《動物》野豬(boar). **2** Ⓤ野豬肉。

wíld bríer *n.* Ⓒ《植物》**1** 大薔薇，歐洲野薔薇(dog rose). **2** 多花薔薇(sweetbrier).

wíld cárd *n.* Ⓒ《紙牌戲》百搭，萬能牌《丑角牌(joker)等》。

wíld cárrot *n.* Ⓒ《植物》野胡蘿蔔《繖形科二年生草本植物，胡蘿蔔的原始品種》。

wíld cát *n.* Ⓒ野貓《貓屬野生品種的統稱，如歐洲野貓、非洲野貓等》。

wíld·càt *n.* Ⓒ **1** 《動物》山貓《北美所產大山貓屬動物的統稱；「野貓」要寫作 wild cat》.

2 脾氣暴躁的人，粗暴的人。

—*adj.* [用在名詞前]鹵莽的，輕率的，不顧前後的，冒險性的：～ schemes(尤指財務上、商業上)冒險性的計畫/a ～ company 冒險投機[不穩實可靠]的公司。

wildcat 1

wíldcat stríke *n.* Ⓒ未經總工會允許或違反合約的罷工。

wild·cat·ter [ˋwaɪldˌkætɚ; ˈwaildˌkætə] *n.* Ⓒ《美口語》**1** 在不

W

知有否藏油之區域鑿油井者。**3** 發起冒險或投機事業者。**3** 參加未經總工會允許或違反合同的罷工者。

wild dúck *n.* Ⓒ《鳥》野鴨；(尤指) 綠頭鴨 (mallard) (⇨ duck[1] [相關用語])。

Wilde [waɪld; waild], **Oscar** *n.* 王爾德《1854–1900；生於愛爾蘭的英國劇作家、小說家》。

wil·de·beest [ˈwɪldə͵bist; ˈwildibiːst] *n.* (*pl.* ~s, [集合稱] ~) =gnu.

wil·der [ˈwɪldɚ; ˈwildə] *v.t.* & *v.i.*《古》**1** (使…) 迷路。**2** (使…) 迷惑, (使…) 迷惘。

wil·der·ness [ˈwɪldɚnɪs; ˈwildənis] *n.* **1** [**the** ~]《古》荒地，荒野。**2** Ⓒ [常用單數] **a** (荒野般的) 空曠地方。**b** 〔人、物的〕雜亂的一堆 [一羣]〔*of*〕: a watery ~ =a ~ *of* waters 浩瀚的水面，汪洋大海/a ~ *of* houses 雜亂無序的一大片房屋。**c** (荒野般的) 荒涼《狀態、地方等》。**3** (庭園內等之) 故意不加整修的部分；荒蕪的一角。

a vóice crýing in the wílderness 曠野中的呼聲；不爲世間所容的 [無人理睬的] 改革家等的呼籲《★出自聖經「馬太福音」》。

in the wílderness 《英》《政黨》脫離政權，成爲在野黨《★出自聖經「民數記」》。

wíld-éyed *adj.* **1** 目光凶暴 [忿怒] 的。**2** 〈思想、人等〉異想天開的，極端的，偏激的。

wíld·fìre *n.* Ⓤ (從前在戰爭等使用的) 强力燃燒物《★主要用於下列成語》。

spréad [rún] like wíldfire 〈謠言等〉(如野火般) 迅速傳開。

wíld flòwer, wíld·flòwer *n.* Ⓒ野花；野草。

wíld·fòwl *n.* Ⓒ (*pl.* ~s, [集合稱] ~) 獵鳥《尤指野鴨、雁等的水鳥》。

wild góose *n.* Ⓒ (*pl.* **wild geese**) 雁：**a** 《美》加拿大 (黑) 雁 (Canada goose)。**b** 《英》灰雁。

wíld-góose chàse 《源自捕雁之極難》**—***n.* Ⓒ無目標的追求，無益的探索：lead a person (《美》*on*) a ~ 使人無益地追求/go on a ~ 徒然地追求 [努力]。

wild hýacinth *n.* Ⓒ《植物》**1** 北美喀瑪霞《北美所產喀瑪霞屬類似風信子的植物》。**2** 歐洲藍綿棗兒。

wíld·lìfe *n.* Ⓤ [集合稱] 野生生物《指野生的鳥獸，有時也包括植物》。

wíld·ly *adv.* **1** 粗野地，粗暴地，瘋狂地：cry ~ 狂亂地叫。**2** 荒唐地，胡亂地；激烈地：talk ~ 胡說，瞎講。

wíld óat *n.* Ⓒ [常 ~s]《植物》野燕麥《禾本科燕麥屬野生禾草的統稱》。

sów one's (**wíld**) **óats** ⇨ oat.

wild róse *n.* Ⓒ《植物》野薔薇《薔薇屬的野生品種，如多花薔薇》。

Wíld Wést *n.* [**the** ~] 未開拓前的美國西部。

wíld·wòod *n.* Ⓒ天然林，原始林。

wile[1] [waɪl; wail] *n.* Ⓒ [常 ~s] 詭計，策略，手段：The police were unable to penetrate the ~*s* of the cat burglar. 警方無法識破竊賊的詭計。

wile[2] [waɪl; wail] 《源自 while》**—***v.t.* 〔十受十副〕消磨〈時間〉(while)〈*away*〉: ~ ***away*** the time 悠閒地消磨時間。

Wil·fred [ˈwɪlfrɪd; ˈwilfrid] *n.* 維爾佛利德《男子名；暱稱 Fred》.

wil·ful [ˈwɪlfəl; ˈwilful] *adj.* 《英》=willful.

Wil·helm [ˈwɪlhɛlm; ˈwilhelm] *n.* 威廉《男子名；William 的德語拼法》。

will**[1] [(輕讀) wəl; wəl; (重讀) wɪl; wil] 《源自古英語「想要」之義》**—aux.* (★[圖形] 縮寫 **'ll**；否定 **will not**, 否定縮寫 **won't**；過去式 **would**) **1** [表示單純未來] 將…，會…《★[用法] 通常用於第二、第三人稱的未來式；第一人稱時，美國語法用 will, 'll, 英國語法用 shall, 但英國口語也逐漸傾向於用 will, 'll》: I hope the weather ~ be fine and you ~ have a good time. 我希望天氣將會很好而你也過得愉快/It ~ [It'*ll*] be fine tomorrow. 明天將會放晴/I ~ [I'*ll*] be seventeen next birthday. 再過一次生日，我就十七歲了/The party ~ be postponed if it rains tomorrow. 如果明天下雨，聚會將會延期《★[用法] 副詞子句中不用未來式；cf. 2c》/I'*ll* have finished this work by five o'clock. 在五點前我將完成這件工作《★[用法] 未來完成式》/*W*~ he be able to hear at such a distance? 在這樣 (遠) 的距離他聽得到嗎？/*W*~ we see you again next term? 下學期我們會再見到你嗎？《★[用法] 在第一人稱的疑問句中也可用 shall》.

2 [表示意志的未來] **a** [與第一人稱主詞連用，表示說話時說話者的意志、約定、承諾與否、主張、選擇等] **想做…，打算做…**《★[比較] 關於事先心裏已決定的事，一般用 be going to》: All right, I ~ do so. 好，我會這樣做/I *won't* go to such places again. 我不會再去那種地方/No, I ~ not. 不，我不要《★[發音] ~ not 的發音，强調爲ㄧ ㄧ 或ㄧ ㄧ》。**b** [用於第二人稱爲主詞的疑問句，表示詢問對方的意志或委託、勸誘] **打算 [想要] 做…嗎？做…好嗎？要不要…？**《★[用法] 用在祈使句後的 ...will you？若語調上揚，則表示柔和的委託或勸誘；若語調下降則變成命令的口氣》: *W*~ *you* go there tomorrow? 你明天要去那裏嗎？/*W*~ *you* pass me the sugar? =Pass me the sugar, ~ *you*? [用於餐桌上] 請你把糖遞給我，好嗎？/*W*~ [*Won't*] *you* have some tea? =Have some tea, *won't you*? 要不要喝點茶？《★[比較] *Won't* you...? 比 *W*~ you...? 的口氣親暱，而 Have..., *won't* you? 是更口語化的語氣》/You *won't* say that, ~ you? 你不會說那種話吧？/You'*ll* try it, *won't* you? 你會試試它吧？《勸誘》；你會試著去做吧？《委託》/Come and sit here, ~ you? (用下降語調) 過來這裏坐，好嗎？**c** [在條件句 *if*-clause 中，對主詞 [對方] 有善意的期待《★[比較] 注意不要與單純未來的副詞子句的語法混淆》；cf. if *conj.* A 1a [語法]] 肯…，能…: I shall be glad [pleased] to go, if you ~ accompany me. 如果你能陪伴我，我樂意去。

3 [wɪl; wil] [表示主詞的意志] **a** [表示願望、主張；固執、拒絕等] **想要** (做…)，(無論如何) 想做…: Let him do what he ~́. 讓他做他想做的事吧《★[用法] ~ do 之略》/Come whenever you ~́. 無論什麼時候，你想來就來《★[用法] ~ come 之略》/You ~́ have your own way. 你總是一意孤行 [自主行事]/He *wòn't* consent. 他無論如何都不同意/This door *wòn't* open. 這個門 (怎麼也) 打不開。**b** [表示不可避免、必然的事態] **總會…**: Boys ~́ be boys. ⇨ boy 1 a/Accidents ~́ háppen. ⇨ accident 1/Errors ~́ slip in. 錯誤總會悄悄地溜進去 [錯誤難免]。

4 [表示說話者的推測] **大概…，可能…** (cf. would A 4): That ~ be George at the door. (來到) 門邊的大概是喬治吧/I'm sure she'*ll* have finished by now. 我相信她現在大概已經做完了。

5 a [表示人反覆的行爲、習慣；cf. would A 3] **常** (做)…: He ~ often sit up all night. 他常常熬夜。**b** [表示東西的習性] (當作特徵) 會…: Oil ~ float on water. 油會浮在水上。

6 〈東西〉有做…的能力，能做… (cf. would A 5): The back seat of this car ~ hold three people. 此車後座可坐三個人。

[語法] (1) 在間接敍述法中原則上引用直接敍述法的 will (cf. shall [語法], would A 1 [用法]): She always says (that) she ~ do her best. 她總是說她會盡力而爲《★[變換] 可換寫成 She always says, "I ~ do my best."》. (2) 在直接敍述法中，單純未來的 I [we] shall 在間接敍述法句子的附屬子句中，以第二、第三人稱的主詞表示時，常變成 you [he, she, they] *will*: Say that you ~ be glad to see him. 說你高興見到他《★[變換] 可換寫成 Say, "I *shall* be glad to see you."》.

will dó 適當，管用，可以，可行 (cf. ⇨ do[1] *v.i.* A 3).

***will**[2] [wɪl; wil] *n.* **1 a** Ⓤ [常 **the** ~] **意志**: free ~ 自由意志/want of ~ 意志薄弱/the freedom of *the* ~ 意志的自由/*the* ~ *to* power 權力意志；支配別人的慾望《★出自尼采 (Nietzsche) 所著之書名》/*The* ~ is as good as the deed.《諺》做事先要有意志。**b** 〔十 *to* do〕[**the** ~] 〈想做…的〉決意，決心；意願: *the* ~ *to* win 想贏的決心/*the* ~ *to* succeed 成功的慾望。

2 Ⓤ [又作 **a** ~] **意志力**，自制: My eldest son has *a* strong [weak] ~. 我的長子意志堅强 [薄弱]/Where there's *a* ~, there's a way.《諺》有志者事竟成。

3 a Ⓤ [**God's** ~] (神的) 旨意，天意: *God's* ~ be done. 但願神的旨意能實現。**b** Ⓒ [常 **one's** ~] (人的) 願望，希望，意願: work one's ~ 做自己想做的事，達成願望/have one's (own) ~ 堅持己見，爲所欲爲/a clash of ~*s* 意志的衝突。

4 Ⓤ (對別人所懷的好意或惡意的) 心意；意向: It is your father's ~ that you follow in his footsteps. 你父親的心願是要你克紹箕裘 [繼承父業]。

5 Ⓒ《法律》遺書；遺囑《★[用法] 常稱作 last will and testament》: make [draw up] a [one's] ~ 立遺囑。

agàinst one's **wíll** 非出於自願地，違背本意地，無可奈何地: I undertook the job *against* my ~. 我無可奈何地接受那件工作。

at wíll 隨意地，隨心所欲地。

of one's **ówn frée wíll** 出於自由意志地，自願地: He did it *of* his *own free* ~. 那是他自願做的。

with a wíll 熱心地，認眞地，努力地: work *with a* ~ 熱心工作。

with the bést wíll in the wórld 有意盡全力地，誠心誠意地: He went to work *with the best* ~ *in the world*, but the task was too great for one man. 他有意盡全力地工作，但該工作非一人所能勝任。

—*v.t.* (~**ed**)《文語》**1 a** 〔十受〕企圖，決意…: If he ~*s* success, he can find it. 假如他決心要成功，他就能成功。**b** 〔十(*that*) __〕希望，想要〈…事〉: God ~*s* (*that*) we (should) be happy together. 上帝的意旨是要我們快樂地在一起《★[用法]《口語》多半不用 should》。**c** 〔十 *to* do〕希望，想要〈做…事〉: Many wish, but few ~, *to* be good. 很多人希望爲善，但決心爲善者很少。

2 a 〔十受十 *to* do〕憑意志力使〈人〉〈做…〉: She could ~ any young man *to* turn around. 她憑意志力能使任何年輕男人回頭

看她。**b**〔十受十 *to* do〕〔~ one*self*〕憑意志力〈做…〉：He can ~ *himself to* fall asleep. 他能憑意志力入睡。**c**〔十受十介十(代)名〕用意志力使〈人〉〔做…〕〔*into*〕：He ~*ed* the genie *into* his presence. 他能用意志力使神仙出現在他的面前。**d**〔十受十介十(代)名〕〔~ one*self*〕用意志力〔做…〕，勉强〔做…〕〔*into*〕：He ~*ed himself into* contentment. 他勉强使自己滿意。

3〔十受十受/十受十介十(代)名〕立遺囑將…贈與〈某人〉；立遺囑贈…〔給某人〕〔*to*〕：~ one's money **to** a hospital 立遺囑把錢捐贈給醫院/She ~*ed* me this diamond. 她立遺囑贈給我這顆鑽石。

—*v.i.*《文語》**1** 運用意志力，決意。

2 希望，想要：Come when you ~. 你想要來時，就來吧/You must stay, whether you ~ or not [no]. 不管你願不願意，你都必須留下來。

Gód wílling 如果幸能那樣；假如順利：*God* ~, we'll be there tomorrow. 假如順利，我們明天就會到達那裏。

Will [wɪl; wil] *n.* 威爾《男子名；William 的暱稱》。

will-call [ˈwɪlˌkɔl; ˈwilkɔːl] *n.* Ⓒ **1** 商店寄存部《替顧客保存已付款之貨待以後領取的部門》。**2** 商店寄存部裏的貨。**3** ＝lay-away plan.

—*adj.* [ˈwɪlˈkɔl; ˌwilˈkɔːl] 商店寄存部(之貨)的；商品預購的。

wíll còntest *n.* Ⓒ求證遺囑是否屬實或有效之法律訴訟。

willed [常構成複合字] 有(…的)意志的：strong-[weak-] *willed* 意志堅强的[薄弱的]。

wil·let [ˈwɪlɪt; ˈwilit] *n.* Ⓒ(*pl.* ~**s**, [集合稱] ~)《鳥》半蹼白翅鷸《鷸科大型長嘴涉禽，產於北美東部》。

***will·ful** [ˈwɪlfəl; ˈwilful] *adj.* (**more** ~；**most** ~) **1** 任性的，倔强的，頑固的：a ~ child 任性的孩子/ ~ waste 任意揮霍。

2 [用在名詞前]故意的：~ murder 故意殺人。

~**·ly** [-fəlɪ; -fuli] *adv.* ~**·ness** *n.*

Wil·liam [ˈwɪljəm; ˈwiljəm] *n.* 威廉《男子名；暱稱 Bill, Will, Willie》。

Wil·liams·burg [ˈwɪljəmzˌbɝg; ˈwiljəmzbəːg] *n.* 威廉斯堡《美國維吉尼亞州(Virginia)東南部的一城市；有很多被復原而保留下來的殖民地時代的建築物》。

Wil·liams·port [ˈwɪljəmzˌport, -ˌpɔrt; ˈwiljəmzpɔːt] *n.* 威廉波特《美國賓州(Pennsylvania)中北部之一城市；世界少棒賽在此舉行》。

Wílliam Téll [-ˈtɛl; -ˈtel] *n.* 威廉·泰爾《據稱為十四世紀左右瑞士的傳奇勇士；以箭射中放在自己兒子頭上的蘋果而聞名》。

Wílliam the Cónqueror *n.* 征服者威廉《1027？-87；威廉(William)一世的俗稱；在哈斯丁斯(Hastings)破英軍(1066)，成為英國國王(1066-87)》。

William III *n.* 威廉三世《1650-1702；英國國王(在位1689-1702)；與王后瑪利(Mary)共同統治英國；俗稱奧蘭治威廉(William of Orange)》。

Wil·lie, Wil·ly [ˈwɪlɪ; ˈwili] *n.* 威利《男子或女子名》。

will·ies [ˈwɪlɪz; ˈwiliz] *n. pl.* [**the** ~]《口語》神經緊張，害怕《★常用於下列片語》：get *the* ~ (*at*...) (對…)捏一把冷汗，不寒而慄/It gave me *the* ~. 它使我不寒而慄。

‡will·ing [ˈwɪlɪŋ; ˈwiliŋ] *adj.* (**more** ~；**most** ~) **1** [不用在名詞前] **a** 〔十 *to* do〕(即使不太想做的事也)自動〈做…〉的，樂意〈做…〉的《★比較 be ready to do 之意是「隨時[馬上]〈做…〉」；be willing to do 則含有「其實不想做但去做」，「做…也無妨」之意》：I am quite ~ *to* do anything for you. 我十分樂意為你做任何事情/He was ~ *to* comply with my proposal. 他願意順從我的建議。**b** 〔十 *that*__〕不反對〈…事〉的，〈對…事〉無異議的：Are you ~ *that* he (should) join the team？他加入該隊你有異議嗎？《★用法《口語》多半不用 should》。

2 [用在名詞前]自發的，自動的：~ hands 自動幫忙的人/ ~ obedience 自發性[心甘情願]的服從/ ~ aid 衷心的援助/turn a ~ ear to... 樂意聆聽…/with ~ haste 急急忙忙地。

willing or nót 不管願不願意，無論如何。

will·ing·ly [ˈwɪlɪŋlɪ; ˈwiliŋli] *adv.* (**more** ~；**most** ~)自動地，欣然地："Can you help me？"—"*W*~."「你肯幫我忙嗎？」「很樂意。」

will·ing·ness *n.* Ⓤ **1** 樂意；心甘情願：with ~ 自動地，樂意地。

2 〔十 *to* do〕〈做…的〉樂意[自動自發]：I expressed my ~ *to* support the cause. 我表示樂意支持該項運動。

will-o'-the-wisp [ˌwɪləðəˈwɪsp; ˌwiləðəˈwisp] *n.* Ⓒ **1** 磷火，鬼火(ignis fatuus). **2 a** 騙人的東西；不可靠的人。**b** 無法達到的目標。

wil·low [ˈwɪlo; ˈwilou] *n.* **1 a** (又作 **willow trèe**)Ⓒ《植物》柳樹《柳屬喬木或灌木的統稱》：⇨ weeping willow. **b** Ⓤ柳木。**2** Ⓒ(柳木做的板球)球棒。

wéar the wíllow 失戀；哀嘆情人之死《★源自從前身上佩戴柳葉編成的圓圈以示哀悼》。

wíllow hèrb *n.* Ⓒ《植物》柳葉菜《柳葉菜屬草本植物的統稱》。

wíllow pàttern *n.* Ⓤ(見於中國陶器的白底藍花的)柳樹圖案。

wil·low·y [ˈwɪləwɪ; ˈwiloui] 《willow 的形容詞》**—*adj.*** **1** 〈河岸等〉柳樹茂盛的。**2** 〈人〉纖細的，苗條的：a ~ girl 身材苗條的女孩。**3** 優美的，柔軟的。

wíll·pòwer *n.* Ⓤ意志力，自制力：a woman of great ~ 意志非常堅强的女人。

wil·ly-nil·ly [ˈwɪlɪˈnɪlɪ; ˌwiliˈnili] *adv.* 不管願意與否，無論如何：I had to do it, ~. 無論如何我都非做不可。

Wil·ma [ˈwɪlmə; ˈwilmə] *n.* 威爾瑪《女子名》。

Wil·son [ˈwɪlsn̩; ˈwilsn], (**Thomas**) **Wood·row** [ˈwudro; ˈwudrou] *n.* 威爾遜《1856-1924；美國第二十八位總統(1913-21)》。

wilt[1] [wɪlt; wilt] *v.i.* **1** 〈花草等〉凋謝，枯萎。**2** 〈人〉無精打采，沮喪，氣餒。**—*v.t.*** **1** 使〈花草等〉枯萎[凋謝]。**2** 使〈人〉沮喪。

—*n.* (又作 **wílt disèase**)Ⓤ《植物》枯萎病。

wilt[2] [wɪlt; wilt] *aux.*《古》will[1] 的第二人稱單數現在式。

Wil·ton [ˈwɪltn̩; ˈwiltən] 《源自產地名》**—*n.*** (又作 **Wílton cár·pet**[**rúg**])Ⓒ威爾頓絨氈《有似天鵝絨的絨毛》。

Wilts. [wɪlts; wilts]《略》Wiltshire.

Wilt·shire [ˈwɪlt·ʃɪr, -ʃɚ; ˈwilt-ʃə] *n.* 威爾特郡《英格蘭南部的一郡；首府 Trowbridge [ˈtrobrɪdʒ; ˈtroubridʒ]；略作 Wilts.》。

wil·y [ˈwaɪlɪ; ˈwaili] 《wile[1] 的形容詞》**—*adj.*** (**wil·i·er**；**wil·i·est**)狡猾的，陰險的，狡詐的(sly). **wí·li·ness** *n.*

wim·ble [ˈwɪmbl; ˈwimbl] *n.* Ⓒ鑽，錐《穿孔的工具》。

Wim·ble·don [ˈwɪmbl̩dən; ˈwimbldən] *n.* 溫布頓《倫敦(London)郊外的一個市鎮；以舉行國際網球公開賽而著名》。

wimp [wɪmp; wimp] *n.* Ⓒ軟弱無能的人。

wim·ple [ˈwɪmpl; ˈwimpl] *n.* Ⓒ(中古時期女子所戴，現為修女所戴的)頭巾。

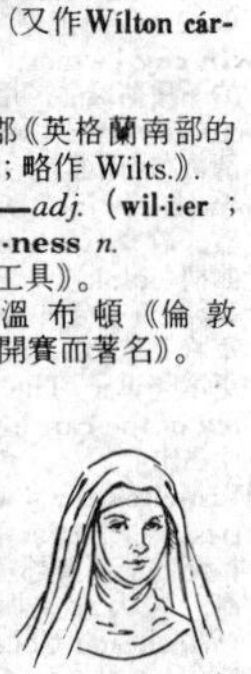

wimple

Wim·py [ˈwɪmpɪ; ˈwimpi] *n.* Ⓒ《商標》**1** 溫比《英國代表性的漢堡連鎖店；cf. McDonald's》。**2** (Wimpy 店的)漢堡。

‡win [wɪn; win] 《源自古英語「打仗」之義》**—** (**won** [wʌn; wʌn]；**win·ning**) *v.t.* **1** 〔十受〕打贏〈比賽、戰爭等〉(↔ lose)《★比較 beat, defeat 是勝過對方》：~ a battle [war, race, game] 在戰鬥[戰爭，賽跑，競賽]中獲勝/ ~ a beauty contest 在選美會中獲勝/ ~ an election 在選舉中獲勝/ ~ a bet 賭贏/ ~ the day 得勝/ ~ the toss 擲錢幣獲勝[猜贏]。

2 a 〔十受〕贏得，獲得〈勝利、獎品、冠軍等〉：~ first place [prize] 獲得第一名[頭獎]/~ a fortress 攻下要塞/~ a scholarship 獲得獎學金/~ an Oscar 獲得(電影的)奧斯卡金像獎/⇨ win one's SPURS. **b** 〔十受十介十(代)名〕〔在競賽等中〕奪得〈錦標等〉〔*in*〕；〔在賭博中〕贏〈錢〉〔*at, on*〕：~ a prize **in** a contest 在比賽中獲獎/He *won* money **on** the horse race. 他賭賽馬贏了錢。**c** 〔十受十介十(代)名〕贏取〔別人的〕〈金錢等〉〔*from, off*〕：Bob *won* £5 **from** [**off**] his opponent at cards. 鮑伯打牌贏了對方五英鎊。

3 a 〔十受〕獲得，博取〈名譽、財富、信賴等〉：~ fame and fortune [a person's confidence] 獲得名利[某人的信賴]/Nothing venture, nothing ~. ⇨ venture *v.t.* 4. **b** 〔十受十受/十受十介十(代)名〕使〈人〉獲得〈名聲、信賴等〉；〔使人〕獲得〈名聲、信賴等〉〔*for*〕：This action *won* him a good reputation. ＝This action *won* a good reputation **for** him. 這一舉動使他獲得好名聲。**c** 〔十受十受/十受十介十(代)名〕為〈自己〉博得〈名聲、信賴等〉；〔為自己〕博得〈名聲、信賴等〉〔*for*〕：By his discovery he *won himself* honors. ＝By his discovery he *won* honors **for** *himself*. 他的發現為他自己贏得了榮譽。

4 〔十受〕賺取〈生計、麵包等〉(當作勞力的報酬)：~ one's livelihood [daily bread] 賺取生計[每天的食物]。

5 《文語》**a** 〔十受〕(排除困難)到達，抵達〈某地〉：~ the summit [shore] 到達山頂[海岸]。**b** 〔十受(十副詞(片語))〕〔~ **one's way**〕排除障礙前進；刻苦成功：We finally *won* our way *to* the summit. 我們終於排除萬難抵達山頂。

—*v.i.* **1 a** 贏，獲勝；(在賭博、辯論等中)得勝：He is sure to ~. 他一定會贏/He has come after all, so you ~. 他終究來了，所以你贏了/~ *by* a boat's length 以一艇身領先[之優勢]獲勝。**b** 〔十介十(代)名〕〔在比賽等中〕獲勝〔*in*〕；〔在賭博、打牌等中〕贏〔*at, on*〕：~ **at** cards 玩紙牌贏(錢)。**c** 〔十介十(代)名〕〔與人競爭〕獲勝〔*against, over*〕：~ **against** a person 與某人競爭獲勝。

2 a 〔十副〕(努力的結果)獲得勝利，成功〈*out, through*〉：~ ***out*** *over* all the opponents 終於勝過所有對手《★比較 win out (over) ... 主要用於美國》/He will ~ ***through,*** I belive. 我相信他最後會成功。**b** 〔十副詞(片語)〕好不容易抵達(…)：~ *home* 好不

容易抵達家門。**c** 〔十補〕(經過努力)成爲〈…〉：～ free [clear] 經過努力而獲得自由[脫離困境]。

wín aróund ＝WIN over (1).

wín báck 《vt adv》重獲〈愛情〉，收回〈失地等〉。

wín hánds dówn ⇨ hand *n.*

wín or lóse 不論輸贏。

win over [《vt adv》 ～ óver] (1)說服〈某人〉加入〔自己這一邊〕〔*to*〕：He *won* his brother *over to* his side. 他說服弟弟加入他這一邊。—[《vi prep》 ～ òver...] (2) ⇨*v.i.* 1c.

wín róund ＝WIN around.

You cán't wín (them áll). 《口語》你不能贏過他們全部；你不能指望凡事都會順利《★用法安慰失敗者的話》。

—*n.* Ⓒ《口語》勝利，贏：The team has had five ～*s* and no defeats. 該隊連勝五場而無敗績。

wince [wɪns; wins] *v.i.* 〔動(十介十(代)名)〕〔對疼痛、恐怖〕畏縮，退避，退縮〔*at, under*〕：He ～*d* ***at*** the slight [***under*** the blow]. 那次侮辱[那一擊]使他退縮。

—*n.* [a ～]退縮，畏縮：without *a* ～ 毫不退縮地。

win·cey [ˈwɪnsɪ; ˈwinsi] *n.* Ⓤ棉毛法蘭絨，棉毛絨布《棉毛交織的一種紡織品，用作裙料等》。

win·cey·ette [ˌwɪnsɪˈɛt; ˌwinsiˈet] «源自 wincey» **—*n.*** Ⓤ棉織薄絨布《兩面起毛的棉織法蘭絨；用於內衣、睡衣等》。

winch [wɪntʃ; wintʃ] *n.* Ⓒ **1** 絞盤，絞車(cf. hoist 2a). **2** 曲軸，曲柄(crank).

—*v.t.* 〔十受十副詞(片語)〕用絞車拖吊〈東西〉：～ *up* a car 用絞車吊起車子/The engine was ～*ed out of* the car. 用絞車把引擎從車中吊出。

winch 1

Win·ches·ter [ˈwɪntʃɛstɚ, ˈwɪn-tʃɪstɚ; ˈwintʃistə] *n.* 溫徹斯特《英格蘭南部漢普郡(Hampshire)的首府，有大教堂與溫徹斯特中學(Winchester College)》。

Wínchester (rífle) «源自美國製造商之名» **—*n.*** Ⓒ溫徹斯特式[後裝式]連發(來復)槍。

‡**wind**¹ [wɪnd; wind] *n.* **1** Ⓤ〔常the ～；與 much, no 等表示程度的形容詞連用時爲Ⓤ；與形容詞連用而指種類時爲Ⓒ〕(强)風《★相關用語breeze 是微風；冷氣機或電風扇等的風是 air；⇨ wind scale》：a cold ～ 冷風/a north ～ 北風/a blast of ～ 一陣(强)風/a seasonal ～ 季風/a fair [contrary] ～ 順[逆]風/constant ～*s* 恒風/variable ～*s* 方向不定的風/～ and weather 風雨/run like *the* ～ (像風般)疾馳，急行/*The* ～ was rising [falling]. 風正吹起[平靜下去]/There wasn't *much* [was *no*] ～ this morning. 今晨風勢不大[全然無風]/It's an ill ～ that blows nobody (any) good. ⇨ill *adj.* 2b/*the* ～ of a speeding car 疾駛的車子引起的風[風壓]。

W

2 Ⓤ(腸、胃內的)氣體：The baby is troubled with ～. 那嬰兒因氣脹而不舒服/break [make] ～《委婉語》放屁。

3 Ⓤ〔常one's ～, the ～；又作a ～〕氣息，呼吸：⇨ second wind /get [recover] one's ～ 喘(一口)氣，喘息/lose one's ～ 喘不過氣/have *a* good [bad] ～ 呼吸順暢[困難]，呼吸長[短] /Running took all the ～ out of [from] me. 我跑得上氣不接下氣/The blow knocked the ～ out of me. 那一擊打得我透不過氣來。

4 Ⓤ《口語》空話，廢話：His promises are merely ～. 他的諾言僅是空話。

5 Ⓤ〔the ～；集合稱〕《音樂》(交響樂的)管樂器；管樂器演奏者《★用法視爲一整體時當單數用，指全部個體時當複數用》：*The* ～ was [were] playing too loud. 在[那時在]演奏的(交響樂)管樂器聲音太大。

befóre the wínd (1)《航海》順風向：run [sail] *before the* ～〈船〉順風行駛。(2)順利地。

betwèen wínd and wáter (1)《航海》在(船的)吃水線部位《★此處是船艦的要害》。(2)在要害處，在易受損害的部位。

dówn the wínd 在下風，順風方向(↔ up the wind).

fínd óut hów [whích wáy] the wínd blóws [líes] ＝ see how [which way] the WIND¹ blows [lies].

flíng...to the wínds (1)使…任風吹走。(2)把…拋到九霄雲外，置之不顧；不再考慮…：*fling* caution *to the* ～*s* 變得大膽；冒險。

gèt the wínd úp 《口語》吃驚，嚇一跳，害怕。

gèt wínd of... 聽到…(的風聲)，風聞…；察覺…：*get* ～ *of* a plot 察覺某項陰謀。

háng in the wínd (1)未作決定。(2)〈生死、結果等〉不確定，不明。

hàve...in the wínd (1)嗅出〈獵物〉。(2)聽到…的風聲，察覺到…。

in the éye of the wínd ＝**in the wínd's éye** ⇨eye.

in the téeth of the wínd 冒著風，逆風。

in the wínd (1)《航海》在上風。(2)即將發生，醞釀中；(祕密地)進行：There is something *in the* ～. 有事即將發生[在醞釀中]。

óff the wínd 《航海》順風航行。

on the [a] wínd 逆風，頂風。

pùt the wínd ùp a person 《口語》使〈人〉嚇一跳，使〈人〉害怕。

sáil néar [clóse to] the wínd (1)〈船〉逆風[搶風]航行。(2)幾乎犯規[犯法，出事]。

sée hów [whích wáy] the wínd blóws [líes] (1)知道風向。(2)知道輿論的動向[趨勢]。

sóund in wínd and límb 完全健康《★源自馬的健康狀態》。

tàke the wínd òut of a person's **sáils [the sáils of** a person**]** (在議論等中)先發制人[搶先下手]而佔上風，使對方出洋相《★源自「搶先把船開到他船上風之處」之意》。

the fóur wínds ⇨four.

thrów...to the wínds ＝fling...to the winds⇨ wind¹ 成語。

ùnder the wínd 《航海》在下風。

ùp the wínd 逆風，迎著風(↔ down the wind).

with the wínd (1)隨著風：gone *with the* ～ 隨風飄散，消失得無影無踪。(2) ＝before the WIND¹.

—*v.t.* 〔十受〕 **1** 給…吹風，使…透風[通風]。

2 使〈人〉喘氣，使…呼吸急促《★常用被動語態，表示「喘氣」之意》：I *was* quite ～*ed from* run*ning* all the way to school. 我因一路跑到學校而幾乎喘不過氣來。

3 使〈馬〉喘口氣。

***wind**² [waɪnd; waind] (**wound** [waund; waund]) *v.i.* **1** 〔十副詞(片語)〕**蜿蜒**，曲折，紆曲：A path *wound up* [*down*] the valley. 一條小徑沿著山谷蜿蜒而上[下]/The river ～*s to* the bay. 那條河彎彎曲曲地流入海灣/The steamer ～*s in* and *out among* the islands. 那汽船在島嶼間時顯時隱地迂迴前進。

2 〔十介十(代)名〕纏繞，纏住〔…〕〔*around, about, round*〕：Some climbing plant has *wound* ***about*** [***around***] the pole. 某種藤蔓植物纏繞在那根柱子上。

3 〈鐘錶〉上[轉]發條：This watch ～*s* easily. 這個錶容易上發條。

—*v.t.* **1 a** 〔十受(十副)〕上緊〈螺絲、鐘錶的發條〉〈*up*〉：～ *up* one's watch 上緊某人手錶的發條。**b** 〔十受十副詞(片語)〕(旋轉把手等)轉動〈某物〉：～ *down* [*up*] a window (旋轉把手)把(車子的)窗子搖下[搖上]/～ *up* a bucket *from* [*out of*] a well (旋轉絞盤)把水桶自井中吊上來。

2 a 〔十受〕繞，捲〈毛線等〉：～ yarn 捲紗，繞毛線。**b** 〔十受(十副)十介十(代)名〕捲繞〈線、繩子等〉〔於…上〕〈*on*〉〔*to*〕：～ a rope (***on***) ***to*** a stick 把繩索捲繞於木棒上。**c** 〔十受(十副)十介十(代)名〕捲繞〈毛線等〉〔成…〕〈*up*〉〔*into*〕：Wool is *wound* (***up***) ***into*** a ball. 毛線被捲成一個球狀。

3 〔十受十介十(代)名〕**a** 〔用…〕將〈嬰兒、身體等〉包緊，層層包起〔*in, with*〕：She *wound* her baby ***in*** her shawl. 她將嬰兒裹在披肩裡(cf. 3b)/His right leg was *wound* ***with*** a supporter. 他的右腿裹著繃帶。**b** 將…繞於〔嬰兒、身體等〕〔*round, around, about*〕：She *wound* her shawl ***round*** her baby. 她用披肩裹著嬰兒(cf. 3a)/The girl *wound* her arms ***about*** her mother. 那個女孩用雙臂抱住她的母親。

4 〔十受十副詞(片語)〕[～ **one's way**]迂迴前進，蜿蜒而流：They *wound* their way *through* the narrow valley. 他們在狹窄的山谷中迂迴前進/The river ～*s* its way *to* the sea. 那條河彎彎曲曲地流向大海。

5 〔十受十介十(代)名〕[～ one*self* 或 ～ **one's way**]討〔某人的喜歡等〕〔*into*〕：He *wound himself* [his way] ***into*** his boss's confidence. 他以巧妙的手段贏得了老闆的信任。

wínd dówn 《vt adv》(1)⇨*v.t.* 1b. (2)逐漸結束[終止]〈事業、活動等〉：The company is ～*ing down* operations in England. 那家公司逐漸結束在英國的營業。—《vi adv》(3)〈鐘錶等(的發條)〉鬆弛：My watch has *wound down*. 我手錶的發條已經鬆了。(4)〈人〉(在活動後到平靜下來這段時間的)休息，放鬆。

wínd óff 《vt adv》解開，攤開〈捲著的東西〉。

wínd a person **(a)róund** one's **líttle fínger** ⇨ finger.

wínd úp 《vt adv》(1)⇨ *v.t.* 1. (2)使〈人〉(在精神上)緊張，使…振作，使…抖擻，使…興奮《★常用被動語態，變成「緊張」之意》：The man *was wound up to* a fury [*to* a high pitch of excitement]. 那個人大發雷霆[極爲興奮]/Now, now! Don't get too *wound up*. 好了，好了！別那樣興奮[緊張]了。(3)〔以…〕結束〈說話、聚會等〉〔*by, with*〕：Now, let's ～ *up* this evening *with* the national anthem. 現在，就讓我們以國歌來結束這個晚會/He *wound up* his speech *by* announc*ing* that he would fight it out. 他以宣布他會奮戰到底來結束他的演講。(4)結束〈店、公司等的營業〉，解散，清算：～ *up* one1s affairs (停業前)清理業務。—《vi adv》(5)〈談話、開會等〉〔以…〕終止，結束〔*with*〕:

The story ~*s up with* a happy ending. 那個故事以快樂的結局收場。(6)〈公司等〉解散。(7)結果(以…)收場：He *wound up in* jail. 結果他鋃鐺入獄/You'll ~ *up* feel*ing* disappointed. 你最後會感到失望。(8)《棒球》〈投手〉在投球前揮轉手臂。
—*n.* Ⓒ **1** 彎曲，蜿蜒，曲折。**2** (鐘錶、線等的)繞(捲)一次，一圈。

wind³ [waɪnd, wɪnd; waind] *v.t.* (~·**ed**, **wound** [waʊnd; waund])《文語・詩》**1** 吹〈號角、喇叭等〉(blow). **2** (吹)〈信號等〉通知，(吹)出〈聲音〉。

wínd·bàg *n.* Ⓒ **1** 風[氣]囊；風箱(bellows). **2**《口語》滿口空話的人，好發空論者；饒舌者：an old ~ 喋喋不休的老人。

wínd-bèll *n.* Ⓒ風鈴。

wínd·blòwn *adj.* **1** 被風吹的；暴露於風中的：his ~ hair 他那被風吹動[隨風飄動]的頭髮。**2**〈樹木〉被風吹歪了的。**3**〈女子髮型〉瀏海型的《好像被風吹過似的梳貼於前額的稀疏垂髮》：the ~ look 瀏海髮型。

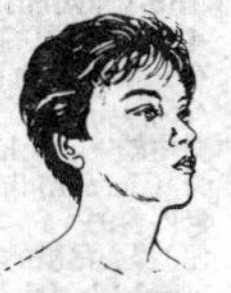
windblown 3

wínd·bòrne *adj.* 〈種子、花粉等〉被風吹送的。

wínd·brèak *n.* Ⓒ防風林；防風設備[牆]，防風物。

Wínd·brèaker *n.* Ⓒ《美》《商標》防風運動夾克《手腕與腰部有鬆緊帶》。

wínd-bròken *adj.* 《獸醫》〈馬等〉呼吸急迫的，患氣喘症的(broken-winded).

wínd·chèater *n.* Ⓒ《主英》一種戶外穿的短夾克。

wíndchìll *n.* ＝windchill factor.

wínd·chill fàctor *n.* Ⓤ《氣象》風寒因素《一種預估空氣與風的致冷效應的測量方法；尤應用於測量暴露之肌膚所喪失之體溫》。

wínd cône *n.* ＝wind sock.

wínd-dòwn [ˋwaɪnd-; ˈwaind-] *n.* Ⓒ逐漸結束[終止]。

wínd·ed [ˋwɪndɪd; ˈwindid] *adj.* **1** 喘氣的，喘不過氣來的。**2** [構成複合字]呼吸(…)的：short-*winded* 呼吸短促的，上氣不接下氣的。

wínd·er [ˋwaɪndɚ; ˈwaində] *n.* Ⓒ **1** 捲繞的人。**2** 捲繞的器具：**a** 纏繞器，捲線機。**b** (鐘錶上發條用的)鑰匙；轉柄。**3** 螺旋梯的梯階。

Win·der·mere [ˋwɪndɚ͵mɪr; ˈwindəmiə], **Lake** *n.* 溫得密湖《在英格蘭西北部的湖泊地區(Lake District)，爲英國最大的湖泊》。

wínd eròsion *n.* Ⓤ 風蝕《表土被風吹往他處》。

wínd·fàll *n.* Ⓒ **1** 被風吹落的果實。**2** 意外的收穫《如遺產等》。

wínd·flòwer *n.* Ⓒ《植物》銀蓮花屬植物(anemone).

wínd·gàuge *n.* Ⓒ風力[速]計。

wínd·hòver *n.* Ⓒ《鳥》茶隼。

wínd·ing [ˋwaɪndɪŋ; ˈwaindiŋ] *adj.* **1** 〈溪流、道路等〉蜿蜒的，彎彎曲曲的：a ~ path 蜿蜒的小徑。**2**〈樓梯〉螺旋狀的：a ~ staircase 螺旋梯。
—*n.* **1 a** Ⓤ彎曲。**b** Ⓒ曲折，迂迴，蜿蜒。**2 a** ⓊⒸ捲繞；捲起。**b** Ⓒ捲繞的東西[一捲]。**3** [~s]不正當的方法[行爲]。

wínding-shèet *n.* Ⓒ裹屍布，壽衣。

wínd ìnstrument [ˋwɪnd-; ˈwind-] *n.* **1** Ⓒ管樂器，吹奏樂器。**2** [the ~(s)；集合稱](交響樂的)管樂器部。

wínd·jàm·mer [ˋwɪnd͵dʒæmɚ; ˈwind͵dʒæmə] *n.* Ⓒ **1 a** (大型的)帆船。**b** (大型)帆船的水手。**2**《英》＝Windbreaker.

wínd·lass [ˋwɪndləs; ˈwindləs] *n.* Ⓒ **1** 捲揚機，絞車[絞盤]。**2**《航海》捲錨機(cf. winch 1).

windlass 1

wínd·less *adj.* **1** 無風的。**2** 上氣不接下氣的。

wínd·mill [ˋwɪnd͵mɪl; ˈwindmil] *n.* Ⓒ **1 a** 風車小屋[裝置]。**b** 風車。**2**《英》(玩具的)風車(《美》pinwheel).
fight [**tilt at**] **windmills** 與幻想中的惡魔或敵人作戰；做無謂的努力《★源自唐・吉訶德(Don Quixote)在遊歷習武途中，把風車誤認爲巨人，向它挑戰，故有此語；cf. Don Quixote》。

‡win·dow [ˋwɪndo; ˈwindou] *n.* Ⓒ **1 a** 窗(⇨下面插圖)：an arched ~ 拱形窗/a blank [blind, false] ~ 假窗/open [pull up] a ~ 打開窗子/shut [close] a ~ 關窗/let down a ~ 放下(上下開閉式的)窗子/look *out of* [《美》look *out*] a ~ 從窗子向外看/I saw a light *in* the ~. (從外面)我看到窗內的燈光。**b** 窗邊：sit *by* [*at*] a ~ 坐在窗邊/sit *in* a ~ 坐於(凸出的)窗子處。**2 a** (商店的)櫥窗，陳列窗：display goods *in* the ~ 在櫥窗內展示商品。**b** (銀行、售票處等的)窗口：a cashier's ~ 出納窗口/a ticket ~ 售票口。**3 a** 窗框(window frame). **b** 窗玻璃(windowpane)：Who broke the ~? 誰打破了窗玻璃？**4** 往外開的東西，「窗子」：A foreign language is a ~ *on* the world. 外語是開向世界之窗/The eyes are the ~*s of* the mind.《諺》眼睛是心靈之窗。**5** (開窗信封的)窗子《貼有透明紙的部分，可看到裏面信件的收件人姓名、地址；cf. window envelope》。

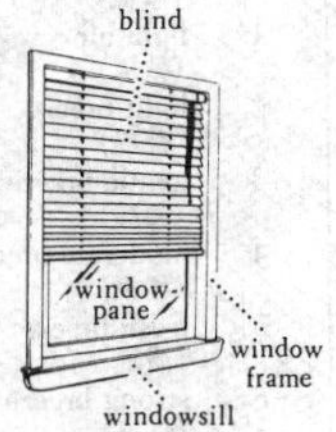

window 1 a

【字源】源自斯堪的那維亞語(Scandinavian)「風眼」(wind eye)之義。古代沒有玻璃，爲了通風或守望，在房屋的牆壁上開像眼睛那麼小的洞孔，風從這些洞孔吹進來，因而以此語稱窗。

wíndow bòx *n.* Ⓒ **1** (置於窗台上的)花盆箱。**2** (上下開關式窗子(sash window)窗框的)吊窗錘箱《內置砝碼等重物以平衡窗框的重量，使能上下開關自如》。

wíndow drèssing *n.* Ⓤ **1** 櫥窗的陳列與裝飾(法)。**2** 裝飾門面，粉飾；假裝。

wíndow ènvelope *n.* Ⓒ開窗信封《從貼有透明玻璃紙之處，可看到收件人的姓名、地址》。

wíndow fràme *n.* Ⓒ窗框，窗架(⇨window 插圖)。

wíndow·pàne *n.* Ⓒ窗玻璃(⇨ window 插圖)。

wíndow sàsh *n.* Ⓒ(嵌玻璃的)窗框。

wíndow sèat *n.* Ⓒ **1** (交通工具的)靠窗座位(cf. aisle seat). **2** 窗座椅《固定於室內窗檻下的橫長板凳》。

bay window

bow window

casement (window)

dormer (window)

French windows

oriel (window)

picture window

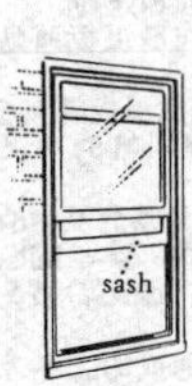

sash window

windows

wíndow shàde *n.* Ⓒ《美》遮陽的窗帘，窗口遮陽篷，百葉窗 (blind).

wíndow-shòp *v.i.* (**-shopped**；**-shop·ping**) 觀賞(商店)櫥窗內的陳列品：go *window-shopping* 逛街瀏覽櫥窗。

wíndow-shòpper *n.* Ⓒ(逛街)觀賞櫥窗內陳列品的人。

wíndow-shòpping *n.* Ⓤ逛街觀賞(商店的)櫥窗內陳列品。

wíndow·sìll *n.* Ⓒ窗臺，窗檻《窗下外側或內側的橫板，常用以放置花盆等；cf. doorsill；⇨window 插圖》。

wínd·pìpe *n.* Ⓒ氣管，喉管(trachea).

wínd·próof *adj.* 〈外套等〉防風的，不透風的。

wínd·ròw *n.* Ⓒ **1** (爲曬太陽而放在一起的)乾草[穀類]的行列。**2** (被風吹成堆的)落葉或垃圾等。

wind scàle *n.* Ⓒ《氣象》風級《★現在最普遍採用的蒲福風級(Beaufort scale)如下表》。

風力	名 稱	風速(m/sec)
0	calm (無風)	0–0.2 (煙囪的煙成直線)
1	light air (軟風)	0.3–1.5 (煙彎曲；風向儀靜止)
2	light breeze (輕風)	1.6–3.3 (樹葉搖晃)
3	gentle breeze (微風)	3.4–5.4 (細樹枝不斷地搖晃)
4	moderate breeze (和風)	5.5–7.9 (沙塵飛揚)
5	fresh breeze (清風)	8.0–10.7 (葉子茂密的細樹枝搖晃)
6	strong breeze (強風)	10.8–13.8 (粗樹枝搖晃，電線發出聲響)
7	moderate gale (疾風)	13.9–17.1 (難於迎風步行)
8	fresh gale (大風)	17.2–20.7 (細樹枝吹斷)
9	strong gale (烈風)	20.8–24.4 (屋瓦搖動)
10	whole gale (狂風)	24.5–28.4 (樹木、房屋倒下)
11	storm (暴風)	28.5–32.6 (受災範圍廣大)
12	hurricane (颶風)	32.7 以上 (災害極爲嚴重)

wínd·scrèen *n.* 《英》＝windshield.

windscreen wìper *n.* 《英》＝windshield wiper.

wínd·shìeld *n.* Ⓒ《美》(汽車前面的)擋風玻璃(《英》windscreen)(⇨ car 插圖)。

windshield wìper *n.* Ⓒ《美》(汽車等的)雨刷(《英》windscreen wiper)(⇨ car 插圖)。

wind sòck [**slèeve**] *n.* Ⓒ《氣象》風袋(windcone).

Wind·sor [ˋwɪnzɚ; ˈwinzə] *n.* 溫莎《英格蘭波克郡(Berkshire)的一城市；濱泰晤士河(the Thames)上游，在倫敦(London)的西方；爲溫莎堡(Windsor Castle)所在地》。

the Hóuse (and Fámily) of Wíndsor 英國溫莎王室《自 1917 年以來英國王室對外的通稱》。

Windsor chair

Wíndsor cháir *n.* Ⓒ溫莎椅《一種高背斜腳的木椅》。

Wíndsor tíe *n.* Ⓒ溫莎領帶《一種絲製的寬幅領帶，通常打成蝴蝶結的樣式》。

wínd·stòrm *n.* Ⓒ風暴《完全或幾乎不帶雨者》。

wínd·sùrf *v.i.* 作風浪板運動。

wínd·sùrfer *n.* Ⓒ作風浪板運動的人。

wínd·sùrfing *n.* Ⓤ風浪板運動《在衝浪板上裝設桅桿與帆的乘浪運動》。

windsurfing

wínd·swèpt *adj.* **1** 暴露於風中的，被風亂吹的，迎風的：a ～ hillside 迎風的山坡。**2** 〈人、衣服等〉被風吹亂的。

wínd·tìght *adj.* 不通風的，不透風的。

wind tùnnel *n.* Ⓒ《航空》風洞《用以測驗空氣對飛機、導向飛彈等所產生之動力作用的地面試驗設備》。

wínd-ùp [ˋwaɪnd-; ˈwaind-] *n.* Ⓒ **1** 結束，完結。**2 a** 完工前的最後一道修飾[加工]。**b**《棒球》投手投球前揮臂的預備動作。

wind vàne *n.* ＝weather vane.

wind·ward [ˋwɪndwɚd; ˈwindwəd] *n.* Ⓤ上風(的方向)(←→ lee, leeward).

gèt to (the) wíndward of... (1)駛到〈敵船等的〉上風《★作此義時須加 the》. (2)(爲避開臭氣等而)轉到…的上風《★用法作此義時省略 the》. (3)超過…，佔有比…更優勢的地位，佔…的上風《★用法作此義時省略 the》.

kèep to windward of... 避開…；對…敬而遠之。

—*adj.* 上風的，暴露在風中的，當風的，迎風的：on the ～ side of... 在…的上風側。**—*adv.*** 向風地；頂風地。

wind·y** [ˋwɪndɪ; ˈwindi] 《wind[1] 的形容詞》**—*adj. (**wind·i·er**；**-i·est**) **1** 颳風的，多風的，風力強的：on a ～ day [afternoon] 在一個颳風的日子[下午]/in ～ weather 在多風的天氣條件下/It's ～ today. 今天風大。**2** 當風的，受風的，迎風的，暴露在風中的：a ～ hilltop 當風的山頂/the *W*～ City 風城《美國芝加哥(Chicago)市的別稱》。**3** 嘴皮上的，多言的；空談的，空洞無內容的：a ～ speaker 空論家/～ eloquence 高談闊論。**4**《英俚》提心吊膽的，害怕的：feel ～ 感到提心吊膽，覺得害怕。

wínd·i·ly [-dəlɪ; -dili] *adv.* **wínd·i·ness** *n.*

‡**wine** [waɪn; wain] *n.* **1** Ⓤ [指個體或種類時爲Ⓒ] **a** 葡萄酒：French ～*s* (各種)法國葡萄酒/a barrel [bottle, glass] of ～ 一桶[一瓶，一杯]葡萄酒/⇨ Adam's wine.

【說明】指用葡萄釀造的酒。包括發泡性的香檳酒(champagne)和強化了酒精成分的雪利酒(sherry). 種類有紅葡萄酒(red wine)、白葡萄酒(white wine)、玫瑰紅酒(rosé)等，食用肉類時常佐以紅葡萄酒，食用魚肉、鷄肉時常佐以冰白葡萄酒。歐洲人常在用餐時用以代水而飲。

b 水果酒：apple [currant, palm] ～ 蘋果[醋栗，椰子]酒/rice ～ 米酒。**2** (又作**wíne còlor**)Ⓤ葡萄酒色，暗紅色。

bréad and wíne ⇨bread.

pùt néw wíne in óld bóttles 舊瓶裝新酒《無法以舊形式衡量的事；新東西不能受舊形式所限制；★出自聖經「馬太福音」》。

wíne, wómen, and sóng 醇酒、美女與歌舞(的享樂)。

—*v.t.* 用葡萄酒款待〈某人〉《★常用於下列片語》：～ and dine a person (在餐廳等)以酒飯款待某人。

—*v.i.* 喝葡萄酒《★常用於下列片語》：～ and dine *with* a person (在餐廳等)與人邊喝酒邊吃飯。

wíne·bìbber *n.* Ⓒ豪飲者，酒鬼。

wíne·bìbbing *adj.* 豪飲的，嗜酒的。**—*n.*** Ⓤ豪飲，嗜酒。

wíne·bòttle *n.* Ⓒ葡萄酒瓶。

wíne cèllar *n.* Ⓒ(地下的)葡萄酒儲藏室，酒窖。

wíne-còlored *adj.* 葡萄酒色的，暗紅色的。

wíne còoler *n.* Ⓒ葡萄酒冷卻器《裝有冰塊的容器，用以冷卻瓶裝的葡萄酒》。

wíne gállon *n.* Ⓒ《英》(從前的)加侖《爲一百六十液量盎司(fluid ounce)；相當於現在美國一標準加侖的一百二十八液量盎司》。

wíne·glàss *n.* Ⓒ **1** 葡萄酒杯《通常爲長腳的玻璃杯，因葡萄酒的種類而有不同的大小與形狀》。**2** 葡萄酒杯一杯的份量。

wine·glass·ful [ˋwaɪnˏglæsˏfʊl; ˈwainglɑːsful] *n.* Ⓒ(葡萄酒)一小酒杯之量。

wíne·gròwer *n.* Ⓒ 種植葡萄兼釀造葡萄酒者。

wíne gròwing *n.* Ⓤ 種植葡萄兼釀造葡萄酒(業)。

wíne lìst *n.* Ⓒ(餐廳等的)酒單，酒類明細表。

wíne-prèss *n.* Ⓒ(爲了製葡萄酒而用的)壓榨葡萄的機器或大桶。

win·er·y [ˋwaɪnərɪ; ˈwainəri] *n.* Ⓒ葡萄酒釀造廠，釀酒廠。

Wine·sap [ˋwaɪnˏsæp; ˈwainsæp] *n.* [有時 **w～**] Ⓒ《美》醇露蘋果《一種秋天成熟的紅皮蘋果》。

wíne·shòp *n.* Ⓒ酒店；酒館。

wíne·skìn *n.* Ⓒ酒囊《裝葡萄酒用的皮囊，用羊皮或其他獸皮製成》。

wíne·tàster *n.* Ⓒ **1** 試飲葡萄酒者；品酒者。**2** 品酒用的小碗《常爲銀製的淺平小碗》。

‡**wing** [wɪŋ; wiŋ] *n.* Ⓒ **1 a** (鳥)翼。**b** (昆蟲的)翅膀。**2 a** (飛機的)翼。**b** (風車等的)翼，葉片。**c**《英》(汽車等的)擋泥板(《美》fender)(⇨ car 插圖)。**3 a** (從建築物主要部分的側面伸出的)廂房，側廳。**b** [常 ～s]《戲劇》舞台側面[邊廂]：⇨ wait in the WINGS. **4** (政黨等的右翼、左翼的)翼，派：the right [left] ～ 右[左]翼/the Democrats' liberal ～ 民主黨的自由派。**5**《足球・曲棍球》翼，邊鋒：the right [left] ～ 右[左]翼。**6**《空軍》**a** 飛行聯隊，航空隊。**b** [～s]空軍徽章。

clíp a person's **wíngs** 剝奪某人的權力；使某人無技可施；扼殺某人的雄心《★源自剪去鳥的翅膀使其不能飛》。

féel one's **wíngs** ＝feel one's feet(⇨ foot 成語)。

lénd [gíve] wíngs 使〈人〉加快腳步；促進〈活動等〉：Fear *lent* me ～*s*.＝Fear *lent* ～*s to* me. 恐懼使我加快腳步。
on the wíng ⑴〈鳥〉在飛，在飛行中。⑵在活動中；在旅行中。
tàke...ùnder one's **wíng** 庇護[保護]〈某人〉。
tàke wíng(s) ⑴飛走[去]，起飛。⑵〈時間、錢財等〉(飛也似地)消失；迅速離去。
wáit in the wíngs 《口語》(可立即行動地)待命，待機《★源自演員在舞台側翼等待出場》：be kept waiting *in the* ～*s* 受制在一旁待命《不能馬上施展本領》。

—*v.t.* **1 a** 〔十受〕在…添翼，給…裝翅膀《★常以過去分詞當形容詞用；⇨ winged 1》。**b** 〔十受十介十(代)名〕為〈箭尾〉裝上〔…的〕翎〔*with*〕：～ an arrow ***with*** eagle's feathers 給箭尾裝上鷹的羽毛。**2** 《古・詩》〔十受(十介十(代)名)〕〔向…〕射〈箭〉〔*at*〕：～ an arrow ***at*** the mark 對靶射箭。**3** 〔十受〕使…前進；驅策…；使…迅速進行：Ambition ～*ed* his spirit. 雄心驅策他進取[上進]/The sudden fear ～*ed* my steps. 突然的恐懼使我加快腳步。**4** 〔十受〕 **a** (通常以槍箭等)射傷〈鳥〉的翅膀。**b** 傷〈人〉的手臂。

—*v.i.* 〔十副詞(片語)〕飛，飛走[去]：Our plane ～*ed over* the Rockies. 我們的飛機(像鳥一般地)飛過落磯山脈。
wíng it 《美口語》毫無計畫或準備地做[說]；即席說。

wíng·back formàtion *n.* Ⓤ Ⓒ 《足球》單[雙]邊衛防守陣式。
wíng càse [còver] *n.* ＝elytron.
wíng chàir *n.* Ⓒ(椅背成翼狀的)安樂椅。

wing chair

wíng commànder *n.* Ⓒ 《英空軍》中校。
wing(-)ding [ˋwɪŋ͵dɪŋ; ˈwiŋdiŋ] *n.* Ⓒ 《美俚》 **1** 喧鬧的慶祝[聚會]。 **2** 藥物引起的或假裝的發作；驚厥。 **3** 一陣暴怒。
winged [wɪŋd; wiŋd] *adj.* **1** 有翼的；使用翅膀的，能飛的：～ insects 能飛的昆蟲/the ～ god 有翼的神《指莫丘里(Mercury)》/the ～ horse 有翅膀的馬《指佩格索斯(Pegasus)》。**2** 迅速的；〈謠言等〉迅速傳開的。**3** 〈思想等〉高深的。
wing·er [ˋwɪŋɚ; ˈwiŋə] *n.* Ⓒ **1** (足球、橄欖球等)球隊中擔任左右兩翼的任一隊員，邊鋒。**2** 右派的人；右翼主義者；右翼分子。
wíng·less *adj.* 無翼的；不能飛的。
wíng·lìke *adj.* 如翼的；翼狀的。
wíng(·)nùt *n.* Ⓒ(可用食指和拇指旋轉的)翼形螺母。
wíng·spàn *n.* **1** Ⓒ《航空》(飛機的)翼展。**2** ＝wingspread 1.
wíng·sprèad *n.* **1** Ⓒ翼幅《鳥或昆蟲展翼時從一翼端到另一翼端的寬度》。**2** ＝wingspan 1.
Win·i·fred [ˋwɪnəfrɪd; ˈwinifrid] *n.* 溫尼芙蕾《女子名；暱稱 Winnie》。
wink [wɪŋk; wiŋk] *v.t.* **1** 〔十受〕眨〈眼〉(⇨ blink【同義字】)：～ one's eye(用一眼)眨眼[使眼色]。**2** 〔十受十副詞(片語)〕眨眼除去…：～ dust *out of* one's eye(s) 眨眼除去眼中灰塵/He ～*ed away*[*back*] his tears. 他眨眼除去[抑制]眼淚。**3** 〔十受〕《英》明滅〈燈光〉，用閃光信號表示…(《美》blink)。

—*v.i.* **1** 〔動(十介十(代)名)〕〔對…〕眨眼；使眼色〔*at*〕：The girl ～*ed* (***at*** him). 那個女孩(對他)使眼色[眨眼]。**2** 〔十介十(代)名〕〔對…〕假裝沒看到；忽視〔…〕〔*at*〕：He kindly ～*ed* ***at*** the oversight. 他寬容地故意裝著不知那個過失。**3 a** 〈星、光等〉閃爍。**b** 《英》〈燈光〉明滅(《美》blink)：The city lights were ～*ing* in the distance. 那個城市的燈光在遠處明滅地閃爍著。

—*n.* **1** Ⓒ眨眼。**2** Ⓒ使眼色，暗示：He gave me a knowing ～. 他對我使眼色，表示他懂/tip [give] a person the ～ 《英口語》對人使眼色/A nod is as good as a ～. ⇨nod 1. **3 a** [a ～；常用於否定句]一眨眼的時間，轉眼間：He did *not* sleep *a* ～.＝He did *not* get *a* ～ *of* sleep. 他一點也沒睡；他未曾闔眼。**b** [～s]短暫的睡眠，假寐：⇨ forty winks. **4** Ⓒ(光、星等的)閃爍。

wínk·er *n.* Ⓒ **1** 眨眼[使眼色]的人；閃爍的東西。**2** [常 ～s]《口語》睫毛，眼睛。**3** [常 ～s](馬的)眼罩(blinker). **4** [常 ～s]《英》(汽車的)明滅式方向指示燈(《美》blinkers)(⇨ car 插圖)。
win·kle [ˋwɪŋkl; ˈwiŋkl] *n.* **1** Ⓒ《貝》濱螺《濱螺屬軟體動物，尤指歐洲濱螺》。**2** Ⓤ濱螺肉。

—*v.t.* **1 a** 〔十受十副〕好不容易探[搜]出〈情報、人等〉〈*out*〉：I managed to ～ the news ***out***. 我好不容易才探聽到那消息。**b** 〔十受十介十(代)名〕〔從…〕把〈情報、人等〉引出，拉出〔*out of*〕：I managed to ～ the news ***out of*** him. 我設法從他那裏探到那消息。**2** 〔十受十介十(代)名〕(用針等)〔從…〕挖出…，剔出…〔*out of*〕：～ the shellfish ***out of*** its shell 從貝中挖出貝肉。

win·ner [ˋwɪnɚ; ˈwinə] *n.* Ⓒ **1 a** 勝利者，優勝者；(賽馬等的)勝馬。**b** 有希望獲勝[得勝]的人[物]；有希望贏的馬。**c** 有成功之希望者：My new secretary's a ～. 我的新秘書會是一位得力的助手。**2** 得獎者[作品]；入選者：a Pulitzer Prize ～ 普立茲獎得主[得獎作品]。
Win·nie [ˋwɪnɪ; ˈwini] *n.* 溫尼《Winifred 或 Winston 的暱稱》。
wín·ning *adj.* **1** 得勝者的，獲勝的(←→ losing)：the ～ horse 勝馬。**2** 〈態度等〉吸引人的，嫵媚的，動人的，迷人的：a ～ smile 迷人的微笑。

—*n.* **1 a** Ⓤ獲得，佔領。**b** Ⓒ獲得[贏得]的東西。**2 a** Ⓤ勝利，成功。**b** [當形容詞用]使獲勝的，決勝的：a ～ run 決勝的一分。**3** [～s](打賭等的)獎金，利潤。～**·ly** *adv.*

wínning pòst *n.* Ⓒ(賽馬場)決勝終點(的標柱)。
win·now [ˋwɪno; ˈwinou] *v.t.* **1 a** 〔十受(十副)〕搧[吹]去〈穀皮、糠皮等〉，簸〈穀〉(fan)〈*out, away*〉：～ grain (***out***) 簸穀。**b** 〔十受(十副)十介十(代)名〕〔從穀物中〕搧[吹]去〈穀皮〉〈*away, out*〉〔*from*〕：～ (***away***[***out***]) the chaff ***from*** the grain 揚穀去糠《從穀物中吹去穀皮》。**2 a** 〔十受(十副)〕挑出，篩除；辨別〈真假、善惡〉〈*out, away*〉：～ the refuse ***out*** [***away***] 篩除渣滓。**b** 〔十受(十副)十介十(代)名〕〔從…〕挑出；區別…〈*away, out*〉〔*from*〕：～ the true ***from*** the false 辨別眞僞。
wi·no [ˋwaɪno; ˈwainou] *n.* Ⓒ(*pl.* ～s)《美俚》醉漢，酒鬼《尤指嗜飲廉價酒者》；酒精中毒者。
win·some [ˋwɪnsəm; ˈwinsəm] *adj.* (**win·som·er**; **win·som·est**)〈人、性質、態度等〉(天眞爛漫而)吸引人的，迷人的，可愛的：a ～ smile [lass] 迷人的微笑[少女]。～**·ly** *adv.* ～**·ness** *n.*
Win·ston [ˋwɪnstən; ˈwinstən] *n.* 溫斯頓《男子名；暱稱 Winnie》。
‡**win·ter** [ˋwɪntɚ; ˈwintə] *n.* **1** Ⓤ Ⓒ [在美國語法或特定時為 the ～]冬，冬天，冬季：a hard [mild] ～ 嚴[暖]冬/in (*the*) ～ 在冬天/in *the* ～ of 1930 在 1930 年的冬天/They got married last ～. 他們去年冬天結婚《★用法不帶介系詞而當副詞用》。**2** [～s；與數詞連用]《詩・文語》…年，…歲：many ～*s* ago 很多年以前/a man of seventy ～*s* 七十歲的人。

—*adj.* [用在名詞前]冬(季)的：～ clothing 冬衣/a ～ resort 避寒地/～ apples 冬季蘋果/⇨ winter sports.

—*v.i.* 〔十介十(代)名〕〔在…〕過冬，避寒〔*at, in*〕.

wínter gárden *n.* Ⓒ冬園《冬天也可栽培植物的戶外溫室；可種植花木，供人憩息的玻璃房，尤指觀光飯店的大廳》。
wínter·grèen *n.* **1** Ⓒ《植物》冬綠樹《北美產的常綠平伏性灌木，又稱北美白珠樹，杜鵑花科》。**2** Ⓤ冬綠油《從冬綠樹的葉子提煉出的藥用油，也可用作香料》。
wínter-hàrdy, wínter-hardy *adj.* 〈植物等〉耐寒的。
win·ter·ize [ˋwɪntə͵raɪz; ˈwintəraiz] *v.t.* 給〈汽車、房屋等〉加防寒設備。
wínter·kill *v.t.* 《美》使〈植物等〉因寒冷而枯死，使…凍死。
win·ter·ly [ˋwɪntɚlɪ; ˈwintəli] *adj.* **1** 冬天的；寒冷的；蕭條的；不愉快的。**2** ＝wintry.
wínter mélon *n.* Ⓒ喀薩巴香瓜《麝香瓜的變種；無麝香味，耐儲藏》。
wínter slèep *n.* Ⓤ冬眠。
wínter sólstice *n.* [the ～]冬至《十二月二十一日或二十二日；←→ summer solstice；cf. equinox》。
wínter spórts *n. pl.* 冬季運動《滑雪、溜冰等》。
wínter·tìde *n.* 《文語》＝wintertime.
wínter·tìme *n.* Ⓤ冬，冬天，冬季。
wínter whéat *n.* Ⓤ冬麥《秋季下種而於來春或初夏收穫的小麥》。
win·ter·y [ˋwɪntərɪ; ˈwintəri] *adj.* ＝wintry.
win·try [ˋwɪntrɪ; ˈwintri] 《winter 的形容詞》**—*adj.*** (**win·tri·er**; **win·tri·est**) **1 a** 像冬天的，冬天一般的：a ～ sky 陰冷的天空。**b** 荒涼的，冷清的，蕭條的：a ～ scene 荒涼的景色。**2** 冷漠的，冷淡的：a ～ smile [manner] 冷淡的微笑[態度]。**3** 《古》冬(天)的《★比較現在用 winter》。
win·y [ˋwaɪnɪ; ˈwaini] 《wine 的形容詞》**—*adj.*** (**win·i·er**; **win·i·est**)如葡萄酒的，有葡萄酒風味的。
‡**wipe** [waɪp; waip] *v.t.* **1** 擦，拭：**a** 〔十受(十副)〕擦(去)，抹掉…〈*away, off, up, out*〉：～ the dishes [one's face, one's eyes] 擦盤子[某人的臉，某人的眼睛]/*W*～ ***off*** [***away***] the dust. 擦掉灰塵/ ～ *off* the table 《美》抹桌子/She ～*ed* ***up*** the spilt water. 她擦去濺出的水/He ～*d* his tears *away*. 他擦掉眼淚/The rain had ～*d away* the tracks left by the cart. 雨水抹去了貨車留下的轍跡。**b** 〔十受(十副)十介十(代)名〕〔從…〕擦去…〈*off, away, up, out*〉〔*from, off*〕：～ the dust ***off*** a shelf 擦去架子上的灰塵/ ～ ***up*** milk ***from*** the floor 把地板上的牛奶擦掉/He ～*d* the sweat *from* his forehead. 他擦掉額頭上的汗/*W*～ *off* these scribblings *from* the blackboard.＝*W*～ these scribblings *off* the blackboard. 把黑板上的塗鴉擦掉。**c** 〔十受(十副)十介十(代)名〕〔用布等〕擦[拭]掉…〈*up*〉〔*with, on*〕(cf. 1d)：He ～*d*

his face **on** [**with**] the towel. 他用毛巾擦臉/Please ～ your shoes *on* the mat.《告示》請在墊子上擦鞋底。**d**〔十受十介十(代)名〕用〈布等〉擦拭〔…〕〔*over, across*〕(cf. 1c)：He ～*d* the towel **over** his face. 他用毛巾擦臉/He ～*d* his hand **across** his forehead. 他用手擦拭額頭。**e**〔十受十補〕把…擦〈成…狀態〉：～ the glasses dry 把玻璃杯擦乾/*W*～ the floor clean. 把地板擦乾淨。**2**〔十受(十介十(代)名)〕《俚》〔用…〕毆打，擊敗…；〔以…〕使…完全消滅〔*with*〕：He ～*d* me **with** his fist. 他用拳頭打我。

wípe dówn《*vt adv*》(用濕布等)把…擦乾淨：He ～*d down* his car.＝He ～*d* his car *down*. 他把車子擦得乾乾淨淨。

wípe óff《*vt adv*》(1)⇨ *v.t.* 1a, b. (2)還清〈債款等〉。

wípe óut《*vt adv*》(1)擦拭[清掃]…的內部：～ *out* a bottle 擦拭瓶子裏面/ ～ *out* the bath [(bath)tub] 清洗浴缸的內部。(2)(從記憶中等)抹去；清償〈債務〉；洗雪〈恥辱〉：～ *out* a disgrace [an insult] 洗刷不名譽[恥辱]/His very name was ～*d out*. 他的名字被遺忘了/It is difficult to ～ *out* the memory of a former lover. 要抹去舊情人的回憶是困難的。(3)摧毀〈某物〉；殲滅〈敵人〉；使〈人〉致死；《俚》使…破產：The war ～*d out* the entire population. 戰爭使全部居民死亡/The collapse of the stock market ～*d* him *out*. 股票市場的崩盤使他徹底破產。(4)《俚》使〈人〉爛醉《★常用被動語態》：I *was* ～*ed out* last night. 我昨晚爛醉如泥。——《*vi adv*》(5)(作衝浪板運動時)被波浪翻覆。

wípe the flóor with… ⇨ floor.

wípe úp《*vt adv*》(1)⇨ *v.t.* 1a,b. (2)擦拭，擦乾〈洗好的盤子等〉。——《*vi adv*》(3)做(洗後的)擦盤子工作。(4)把濕[髒]的東西擦乾淨。

——*n.* Ⓒ擦，抹：Do you mind giving this table a ～? 請你把這張桌子抹一下好嗎？

wíp·er *n.* Ⓒ **1** 擦拭者。**2** 擦拭物；抹布，毛巾，海棉。**3** [常 ～**s**] (汽車等的)雨刷。

‡wire [waɪr; 'waiə] *n.* **1** Ⓤ [指個體時爲Ⓒ] **a** 鐵線，鐵絲：a length of ～ 一根鐵絲/a piece of ～ 一根鐵絲；一小段鐵絲/copper ～ 銅線/⇨ barbed wire. **b** 電線，電纜：telephone ～(*s*) 電話線/⇨ live wire. **2 a** Ⓤ電信 (telegraph)：send (a person) congratulations by ～ (給某人) 拍賀電。**b** Ⓒ《口語》電報 (telegram)：send (a person) a ～ ＝send a ～ (to a person) (給某人)打電報。**3 a** Ⓤ鐵線加工物，鐵絲網。**b** Ⓒ(鐵絲網做的)陷阱(snare)。**4** Ⓒ(樂器的)弦。

dówn to the wíre《美》直到最後的最後。

gèt (in) ùnder the wíre 勉强趕上時間，趕在最後期限前。

púll (the) wíres (1)(在木偶戲中)以線操縱，使用木偶。(2)(在幕後)暗中操縱。

——*v.t.* **1 a**〔十受(十副)〕用鐵絲固定[連結]〈某物〉〈*together*〉：～ a carnation 用鐵絲繞住康乃馨使能豎立/ ～ beads **together** 用鐵絲穿連珠子。**b**〔十受十補〕將…用鐵線固定〈成…〉：The gate was ～*d* shut. 大門用鐵絲攔住了。**2**〔十受〕**a** 在…裝電線：～ a house (*for* electricity) 在家裏安裝電線。**b** 給〈建築物等〉配線。**3 a**〔十受〕拍電報給〈某人〉：～ a person 拍電報給某人。**b**〔十受〕拍…的電報：～ a birthday greeting 拍生日賀電。**c**〔十受十 *to* do〕拍電報叫〈某人〉〈做…〉：I ～*d* him *to* come back at once. 我拍電報叫他立刻回來。**d**〔(十受)十 *that*_〕拍電報給〈某人〉說〈…事〉：She ～*d* (him) *that* she was coming soon. 她拍電報(給他)說她很快就來。**e**〔十受十受/十受十介十(代)名〕拍電報通知〈某人〉〈…事〉；拍電報通知[某人]〈…事〉〔*to*〕：He ～*d* me the result.＝He ～*d* the result **to** me. 他拍電報通知我結果。

——*v.i.*〔動(十副詞(片語))〕拍電報：Please ～ as soon as you hear. 你一聽到(消息)就請立即拍電報給我/～ *home for* money 拍電報回家要錢。

wíre brùsh *n.* Ⓒ (用於刷去鐵銹等的)鋼絲刷。

wíre cùtters *n. pl.* 剪絲鉗《用以剪斷金屬絲的工具》。

wired [waɪrd; 'waiəd] *adj.* **1** 有線的。**2** 以鐵絲圍起的。**3** 以線縛起的。**4** 以金屬絲[線]加固的。**5**《俚》(因興奮或期待而)緊張的；急躁的。**6** 供以電線的。

wíre·dràw *v.t.* (**-drew**; **-drawn**) **1** 把〈金屬〉拉成金屬絲[鐵絲]。**2** 拉長，抽長。**3** 將〈論點等〉講得過分瑣細：The point *was wiredrawn*. 論點講得太瑣細。

wíre gàuge *n.* Ⓒ線號規《測量金屬線[絲]的量規》《略作 W.G., w.g.》。

wíre gáuze *n.* Ⓤ(金屬的)細線網。

wíre-háired *adj.* 〈狗等〉硬毛的。

wíre·less ['waɪrlɪs; 'waiəlis] *adj.* [用在名詞前] **1** 無線的；無線電信的：a ～ operator 無線電信收發員/a ～ telegram 無線電報。**2**《英》無線電廣播的。

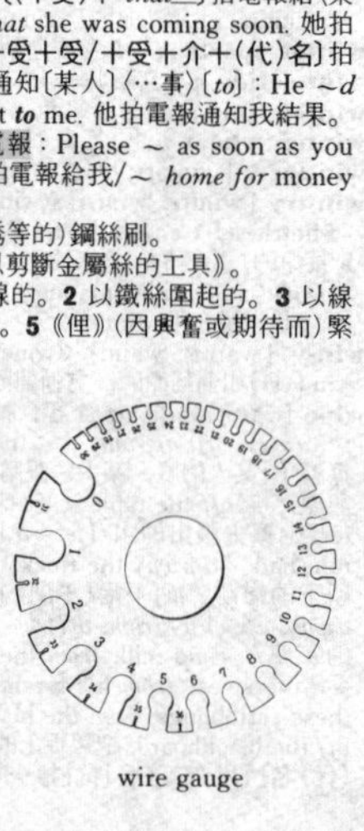

wire gauge

——*n.*《英罕》**1** Ⓤ無線電信[電話，電報]：send a message *by* ～ 用無線電傳送消息；拍無線電報。**2 a** Ⓤ[**the** ～] 無線電廣播《★比較現在一般用 radio》：I heard it *on the* ～. 我從無線電廣播聽到那件事。**b** (又作**wíreless sèt**) Ⓒ無線電收報機[收音機]《★比較現在一般用 radio(set)》。

wíreless telégraphy *n.*《罕》＝radiotelegraphy.

wíreless télephone *n.*《罕》＝radiotelephone.

wíre nétting *n.* Ⓤ鐵絲網。

Wíre·phòto *n.* **1** Ⓒ《商標》有線傳眞機《cf. Telecopier》. **2** 有線傳眞相片。

wíre·pùller *n.* Ⓒ **1** 木偶[傀儡]的牽線人，要木偶的人。**2** 幕後人物[操縱者]。

wíre·pùlling *n.* Ⓤ暗中策動，幕後操縱。

wir·er ['waɪrə; 'waiərə] *n.* Ⓒ **1** 安裝電線[鐵絲]的人；拍電報的人。**2** 用鐵絲網做陷阱的人。

wíre recòrder *n.* Ⓒ舊式的鋼絲錄音機。

wíre recòrding *n.* ⓊⒸ鋼絲錄音。

wíre rópe *n.* Ⓒ鋼(絲)索。

wíre sèrvice[**àgency**] *n.* Ⓒ《美》(新聞)通訊社。

wíre·tàp(**-tapped**; **-tap·ping**)《美》*v.t.* 竊聽〈電信、電話〉；偷聽〈某人、家裏等〉的電話：The house *is wiretapped*. 那一家的電話被竊聽。——*v.i.* 竊聽電信[電話]。

wíre·tàpping *n.* Ⓤ電信[電話]的竊聽。

wíre wóol *n.* Ⓤ《英》(刷洗鍋子等的)鋼絲刷(cf. steel wool)。

wíre·wòrm *n.* Ⓒ《昆蟲》扭轉線蟲《又稱羊胃鈎蟲，小口鈎蟲科昆蟲的幼蟲》。

wir·ing ['waɪrɪŋ; 'waiəriŋ] *n.* Ⓤ架線[配線](工程)。

wir·y ['waɪrɪ; 'waiəri] «wire 的形容詞» ——*adj.* (**wir·i·er**; **-i·est**) **1** 鐵絲狀的；〈毛等〉剛硬的。**2**〈聲音等〉金屬線振動而產生的，尖細的。**3**〈人、身體等〉肌肉强韌的，堅硬的，瘦長而結實的：a ～ build 瘦長而結實的體格。**wír·i·ness** *n.*

Wis., Wisc.《略》Wisconsin.

Wis·con·sin [wɪs'kɑnsn; wis'kɔnsin] «源自河流的名稱» ——*n.* 威斯康辛州《美國中北部的一州；首府麥迪遜(Madison)；略作 Wis., Wisc.,〔郵政〕WI；俗稱 the Badger State》。

‡wis·dom ['wɪzdəm; 'wizdəm] «wise 的名詞» ——*n.* **1** Ⓤ **a** 聰明，賢明，智慧；明智：a man of ～ 智者，賢人/I doubt the ～ of his conduct. 我懷疑他的行爲是否明智。**b**〔十 *to* do〕[**the** ～]〈做…的〉明智之舉：He had *the* ～ *to* refuse it. 他明智地拒絕它。**2** Ⓤ學問，知識，博學。

wísdom tòoth *n.* Ⓒ智齒。

cút one's **wísdom tèeth** (1)長智齒。(2)長到能辨別是非的年齡；成熟。

‡wise[1] [waɪz; waiz] «源自古英語「知道」之義» ——*adj.* (**wis·er**; **wis·est**) **1 a**〈人〉聰明的，賢明的，有智慧的；〈行動等〉明智的(↔ foolish)(⇨clever【同義字】)：a ～ judge [leader] 賢明的法官[領導者]/a ～ act [plan] 明智的行動[計畫]/～ advice 明智的忠告/It was ～ that she had chosen it. 她選擇它是明智之舉/(It is easy to be) ～ after the event.《諺》事後聰明(容易)；後知後覺。**b**〔十*of*十(代)名(十 *to* do)/十*to* do〕[某人]〈做…是〉明智的，聰明的；〈某人〉〈做…是〉明智的，聰明的：It was *of* you *to* refuse his offer.＝You were ～ *to* refuse his offer. 你拒絕他的建議是明智的。**c** [**the** ～；當複數名詞用；集合稱] 聰明的人們，賢哲。

2 似聰明的，像智者的：with a ～ shake of one's head 似懂地搖一搖頭/look ～ 擺出一副聰明相。

3 [不用在名詞前] [常用於比較級] (對以往所不知道的事)知道的，了解的；察覺的：We were none the *wiser* for his explanation. 聽了他的說明，我們並沒有變得更明白《還是不懂》/If you hold your tongue, no one will be any the *wiser*. 只要你不說，沒有人會知道。

4 [不用在名詞前]〔十介十(代)名〕**a**《口語》知道(內情)的，明白〔…〕的；察覺〔…〕的〔*to*〕：get [be] ～ *to* ... 知道…，察覺[發覺到]…/put a person ～ *to*... 告訴某人…/We kept it secret, but he was [got] ～ *to* it. 雖然我們保密，但他知道[發覺了]那件事。**b**《文語》通曉〔…〕的，熟悉〔…〕的〔*in*〕：He is ～ **in** plants and animals. 他通曉植物與動物/He is ～ *in* the ways of the world. 他熟悉人情世故。

5《古》博學[博識]的(learned)。

——*n.* [**the** ～；集合稱] 賢者(們)《★用於下列片語》：A word to *the* ～. ⇨ word 2a.

——*v.t.*《美口語》**1**〔十受十副(十介十(代)名)〕使〈某人〉知道〔…〕，告訴〈某人〉〔…〕〈*up*〉〔*to, about, on*〕：I'll ～ him **up about** that. 我會告訴他那件事。

2〔十受十副十 *that*_〕使〈某人〉知道〈…事〉，通知〈某人〉〈…事〉

〈*up*〉：He ～*d* me **up** *that* they were out to get me. 他告訴我他們想傷害我。

—*v.i.*〔十副(十介十(代)名)〕知道，發覺〔…〕〈*up*〉〔*to, about, on*〕：(You'd) better ～ **up**. (你)最好了解一下(某秘密或未知之事)。

wise² [waɪz; waiz] *n.* [用單數]《古》方法，方式(way) (cf. -wise 1a)：*in* no ～ 絕不…，一點也不…/*in* any ～ 無論如何/*in* some ～ 有點，有些，以某種方法/*in* this ～ 這樣，如此。

-wise [-waɪz; -waiz] 字尾 附加在名詞、副詞後，用以構成下列之意的副詞：**1 a** [表示方法]：any*wise*, like*wise*. **b** [表示方向]：clock*wise*, length*wise*. **2** [表示關連]：tax*wise* 關於稅金。

wise·acre [ˈwaɪzˌekɚ; ˈwaizˌeikə] *n.* Ⓒ自作聰明的人，假裝賢人的(蠢)人。

wíse·cràck 《口語》*n.* Ⓒ尖刻的[機靈的]話[回答]；俏皮話，妙語，詼諧語。**—***v.i.* 說尖刻[機靈]的話；說俏皮話。

wíse gùy *n.* Ⓒ《口語》＝wiseacre.

wise·ly [ˈwaɪzlɪ; ˈwaizli] *adv.* (**more** ～；**most** ～) **1 聰明地，精明地，機警地。2** [修飾整句]聰明的是。

‡wish [wɪʃ; wiʃ] *v.t.* **1**〔十(*that*)＿〕**a** [表示對現在不可能實現之事的願望]**但願**，希望〈…事〉《★用法一般省略 *that*，而在子句中使用(假設法的)過去式；⇨ want A1【同義字】》：I ～ I *were* [《口語》*was*] a bird! 但願我是一隻小鳥《難以實現的願望》/I ～ spring *were* [*was*] here. 但願春天來了/He ～*ed* he *might* live to see it. 他希望能在活著時[有生之年]看到它/How I ～...! ⇨ how A6a. **b** [表示對過去不可能實現之事的願望]但願…，要是…就好了《★用法一般省略 *that*，而在子句內使用(假設法的)過去完成式》：I ～ I *had bought* it. 但願我買下了它/I ～ you *had seen* it. 但願你看過它/I ～ you *hadn't said* [*done*] that. 要是你沒說[做]過那件事就好了。

2 希望：a〔十受〕〈人〉希望…《★比較爲 want 的文雅說法，一般用 wish for；cf. *v.i.* 1》：What do you ～? 你想要什麼？/I'll go if you ～ it. 如果你希望我去，我就去《★比較一般用 I'll go if you want me to. 或 I'll go if you ～.》. **b**〔十受十(*to be*)補〕〈人〉但願[希望]〈某人〉〈…〉：We all ～ him (*to be*) happy. 我們都希望他幸福《★變換可換寫成 We all wish him happiness.；cf. 3a》/I ～*ed* myself dead. 但願我已死掉/I ～*ed* him in hell. 《口語》但願他下地獄/We ～*ed* the conference at an end. 我們希望會議已結束。**c**〔十(*that*)＿〕[I～]我希望〈…事〉《★用法一般都省略 *that*，子句內主要用 would》：I ～ you *would* be quiet. 我希望你安靜/I ～ it *would* rain. 我希望天下雨。**d**〔十 *to* do〕想〈做…〉《★拘泥的用法；★比較一般用 want, would like》：I ～ *to* see you. 我想見你/I don't ～ *to* give trouble to anyone. 我不想給任何人添麻煩。**e**〔十受十 to *do*〕希望〈某人〉〈做…〉《★比較一般用 want, would like》：I ～ you *to* go at once. 我希望你立刻去/What do you ～ me *to* do? 你要我做什麼？**f**〔十受十(*to be*)過分〕希望[但願]…〈被…〉：I ～ that *forgotten*. 但願那件事被遺忘/He ～*ed* his safety guarante*ed*. 他希望自己的安全獲得保證/I ～ it (*to be*) finish*ed*. 我希望把它做完。

3 a〔十受十受/十受十介十(代)名〕祈望[祝]〈某人〉…；祈望[祝][某人]…〔*to*〕：I ～ you a pleasant voyage. 祝你旅途愉快/⇨ wish a person JOY of./I ～ you a happy New Year. 祝你新年快樂，(恭賀新禧)/We ～*ed* him good luck.＝We ～*ed* good luck **to** him. 我們祝他好運。**b**〔十受十受〕對〈人〉打〈招呼〉，向〈人〉告〈別〉：I ～*ed* him good-bye [good morning]. 我向他道別[說早安]。**c**〔十受〕[與 well [ill] 等狀態副詞連用]祈望〈某人〉(好[不好])：We all ～ you *well*. 我們都希望你好/Nobody ～*es* you *ill*. 沒有人希望你不好。

4《口語》〔十受十介十(代)名〕**a** 把〈自己不喜歡的東西[人]〉强加〔給他人〕〔*on, upon*〕：They ～*ed* a hard job **on** him. 他們把繁重的工作强加給他。**b** [常用於否定句、疑問句]想把〈討厭的人、物〉硬推給〔某人〕〔*on, upon*〕《★用法通常用作戲言》：I would*n't* ～ her **on** anyone [my worst enemy]. 我不想把她硬推給任何人[我最恨的敵人]。

—*v.i.* **1**〔十介十(代)名〕**希望，想要**〔(似乎)不易得到的東西〕〔*for*〕《★可用被動語態》：We all ～ **for** peace [happiness]. 我們都希望和平[幸福]/The weather is all [everything] one could ～ *for*. 這天氣正是大家所希望的《再好沒有了》/I have nothing left to ～ *for*. 我已別無所願[求]了。

2 a 抱著希望。**b**〔十介十(代)名〕[對…]許願〔*on, upon*〕：She ～*ed* **on** the full moon [a star]. 她對著滿月[星星]許願。

3 [用於省略的構句] (如此)希望[願望] (cf. *v.t.* 2 a)：You may go if you ～. 如果你希望如此[如果你想去]，你可以去。

—*n.* **1 a** Ⓒ**祈願，願望，希望，要求**：carry out [attend to] a person's ～*es* 實現某人的願望/I hope you will grant my ～. 我希望你答應我的要求/He disobeyed his mother's ～*es*. 他辜負了他母親的期望/If ～*es* were horses, beggars might ride. 《諺》「希望」若是「馬」，乞丐也會騎《若願望等於事實，乞丐也會變富翁》/The ～ is father to the thought. 《諺》願望是思想之父《有什麼願望就會產生什麼念頭》。**b** ⒸⓊ〔十 *to* do〕〈想做…的〉願望：He has a great ～ [not much ～] *to* go. 他很想[不太想]去。**c** Ⓒ〔十 *that*＿〕〈…事的〉願望：He has an earnest ～ *that* he (should) go abroad. 他殷切地盼望自己能到國外《★用法《口語》多半不用 should》.

2 Ⓒ **a** 祈求的事：make a ～ (尤指在腦中的)祈求，求願/His ～ came true. 他的祈求實現了。**b** 想要的東西，希望的事情：get one's ～ 如願以償。

3 Ⓒ [常 ～**es**] 祝福，祈求(他人幸福、平安等的)話，願望：Please send her my best [kindest] ～*es*. 請代我問候她/with best ～*es*＝with every good ～ 寄上由衷的祝福《★用法信的結尾語或贈送禮物時的附加語》。

wísh·bòne *n.* Ⓒ(鷄胸的)叉骨，如願骨。

【字源】相傳把吃過的鳥的叉骨，由兩人互拉，拉斷時取得較長者，可達成先結婚或其他的願望，因而有此字。

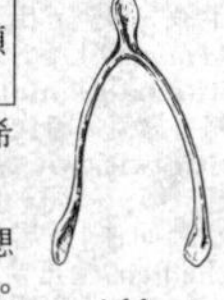

wishbone

wish·ful [ˈwɪʃfəl; ˈwiʃful] *adj.* 〈眼神等〉懷著希望的，渴望的：with a ～ look 望眼欲穿地。

～·ly *adv.*

wíshful thínking *n.* Ⓤ **1** 如意[一廂情願]的想法。**2**《精神分析》根據願望[不根據事實]的思考。

wish·y-wash·y [ˈwɪʃɪˌwɑʃɪ; ˌwiʃiˈwɔʃi˝] *adj.* 《口語》**1**〈湯、茶等〉淡的，多水的。**2**〈話、想法等〉空洞的，無聊的，無內容的。**3**〈人、態度等〉不乾脆的，優柔寡斷的，不果斷的。

wisp [wɪsp; wisp] *n.* Ⓒ **1 a** [稻草、乾草等的]小束，小捆，小把：a ～ *of* straw [hay] 一小把稻草[乾草]。**b** [毛髮等的]小綹〔*of*〕：a ～ *of* hair 一綹頭髮。**2** [烟等的]一縷，一小片〔*of*〕：a ～ *of* smoke [cloud] 一縷烟[一小片雲]。

wisp·y [ˈwɪspɪ; ˈwispi] 《wisp 的形容詞》**—***adj.* (**wisp·i·er**; **-i·est**) **1** 小束的，一小把的；少許的。**2** 纖細的：her ～ arms 她纖細的雙臂。

wist *v.* 《古》**wit²** 的過去式・過去分詞。

wis·tar·i·a [wɪsˈtɛrɪə; wiˈstɛəriə] *n.* ＝wisteria.

wis·te·ri·a [wɪsˈtɪrɪə; wiˈstiəriə] 《源自美國解剖學家之名》**—***n.* Ⓤ [集合稱] [指個體時爲Ⓒ]《植物》紫藤《豆科紫藤屬攀登性灌木的統稱》。

wist·ful [ˈwɪstfəl; ˈwistful] *adj.* **1** 渴望的；企盼的；意猶未盡的：～ eyes 渴望的眼神。**2** 沉思的，默想的，若有所思的：in a ～ mood 沉思著，若有所思地。

～·ly [-fəlɪ; -fuli] *adv.* **～·ness** *n.*

wit¹** [wɪt; wit] 《源自古英語「知識」之義》**—n.* **1** Ⓤ [又作 ～**s**] **a 智慧，理智，智力，理解力**：the ～ of man 人的智慧/have quick [slow] ～*s* 才智敏銳[遲鈍]，機靈[不機靈]/set one's ～*s* to work 運用智慧。**b**〔十 *to* do〕〈做…的〉智力，智慧：He hasn't [doesn't have] the ～(*s*) *to* come in out of the rain. 他笨得連進來躲雨都不會。**2** Ⓤ**機智，才智**(⇨ humor【同義字】)：His speech sparkled with ～. 他的談話閃露機智[情趣橫溢]。**3** Ⓒ**富有機智的人，才子**。**4** [～**s**] (健全的)精神；神志清醒：in one's (right) ～*s* 神志[頭腦]清醒/out of one's ～*s* 神志不清，精神錯亂；驚慌失措/The accident scared me *out of* my ～*s*. 那次意外嚇得我驚慌失措。

at one's wíts' énd 不知所措，窮於應付：I am *at* my ～*s' end for* money [an idea]. 我想不出籌款的辦法[好主意]。

hàve [kèep] one's wíts abòut one (無論面臨何種危機，爲了能配合情況採取行動而)保持冷靜，臨危不亂，冷靜地行動。

live by one's wíts (不工作而寧願)靠小聰明混日子。

wit² [wɪt; wit] *v.t.* & *v.i.* (**wist** [wɪst; wist]；**wit·ting**；★語形現在式 I [he] **wot** [wɑt; wɔt], thou **wot(t)est** [-tɪst; -tist]) 《古》知道，明白(know)。

to wít 《文語》即 (namely).

***witch** [wɪtʃ; witʃ] *n.* Ⓒ **1 女巫，巫婆**《★比較男巫稱作 wizard》.

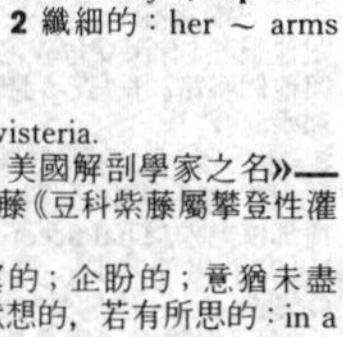

witch 1

【說明】指被認爲與魔鬼訂立契約做壞事的女性。據說會用超自然能力危害人們，使牛羊不產奶，帶來壞天氣或使農作物受害。

2 醜而壞脾氣的老太婆。**3**《口語》迷人的女人；狐狸精。

wítch·cràft *n.* Ⓤ **1** 巫術，妖術。**2** 魅力，魔力。

wítch dòctor *n.* Ⓒ(尤指非洲土著的)巫醫，巫術師。

wítch-èlm *n.* ＝wych-elm.

witch·er·y [ˈwɪtʃərɪ; ˈwitʃəri] *n.* Ⓤ **1** 巫術，魔法(witchcraft). **2** 魅力，魔力。

wítches' Sábbath *n.* Ⓒ魔宴《據稱魔鬼每年一次在深夜舉行的酒宴》。

wítch házel *n.* **1** Ⓒ《植物》北美金縷梅《金縷梅屬灌木，原產於北美東部；樹皮與葉可作藥用》。**2** Ⓤ金縷梅皮止痛水。

wítch-hùnt *n.* Ⓒ **1** 搜捕女巫；抓妖。**2** (以莫須有罪名進行的)政治迫害。

【說明】在中世紀的歐洲，甚至牧師和神學家也相信女巫的存在，而時常進行女巫的搜捕，把許多無罪的人付諸宗教裁判，並處以火刑。這種事在十六世紀到十八世紀的英美相當多，美國的塞倫(Salem)的女巫審判尤其有名。現在此語當作「對政敵等的迫害」之意使用。

witch·ing [ˈwɪtʃɪŋ; ˈwitʃiŋ] *adj.* [用在名詞前]有魔力的，迷人的；蠱惑的。

the wítching hòur＝the wítching tìme of níght 巫婆橫行的深夜，半夜三更《★出自莎士比亞(Shakespeare)的悲劇「哈姆雷特(*Hamlet*)」》。

wit·e·na·ge·mot [ˈwɪtənəgəˌmot; ˌwitinəgiˈmout] *n.* Ⓒ《英史》盎格魯撒克遜時代的(由國王及其臣下、主教、貴族等出席的)國會。

‡**with** [wɪð, wɪθ; wið, wiθ] *prep.* **A 1 a** [表示同伴、同居]**與…一起，與…一同；偕同…**：He is living [staying] ~ his aunt. 他與姑媽同住[暫居姑媽家]/She is going to the park ~ her two children. 她正要和她的兩個小孩一起去公園/Will you come ~ us, too? 你也跟我們一道來嗎？**b** [表示合作、勤務]**作爲…的一員，服務於…**：She is an air hostess ~ JAL. 她是服務於日本航空公司的空服員/He has been ~ the company (for) ten years. 他服務於那家公司十年了/He used to play baseball ~ the Giants. 他以前是巨人隊的棒球選手。**c** [表示包含]**把…算在一起，包括…**：*W*~ the maid, the family numbers eight. 包括女傭，這一家共有八口。

2 a [表示接觸、交際、結合等]**與…，跟…**：discuss a problem ~ a person 與某人討論問題/join one end ~ the other 把一端與另一端接在一起/We are acquainted [friendly] ~ him. 我們跟他很熟[有深交]/We are always in touch ~ them. 我們經常與他們聯絡。**b** [表示混合]**與…**：mix whiskey ~ water 威士忌加水混合。

3 a [表示一致、調和]**與…**：I agree ~ you there. 在那一點上，我與你的意見相同/They sympathized ~ the old man. 他們同情那位老人/That accords ~ what I saw. 那與我看到的相符合。**b** [表示相同步調、贊成]**贊成…，支持…**：He voted ~ the Government. 他投票支持執政黨/Are you ~ us or against us?《口語》你贊成我們還是反對我們？**c** [引導成爲 be 動詞補語的片語，常用於否定句、疑問句]**跟得上〈對方〉的話[議論]，能理解…的話**：Are you ~ me so far? 到現在爲止你了解我所說的嗎？/Sorry I'm *not* ~ you; you are going too fast. 對不起，我跟不上，你說得太快了。

4 [引導比較、同等的對象]**跟…**：compare him ~ his brother 把他跟他的哥哥[弟弟]比較/The sidewalk is not level ~ the street. 人行道跟街道不齊平/He can swim ~ the best of them. 他與他們之中最善游者相比也毫不遜色。

5 [表示同時、同程度、同方向等]**與…一起，與…同時；隨著…**：*W*~ that, he went away. 他說了那句話就走開了/*W*~ the development of science, the pace of life grows swift. 隨著科學的發達，生活的步調加快了/Wisdom comes ~ age. 智慧隨著年齡而來/Her grief lessened ~ time. 她的悲傷隨著時間(的逝去)而淡化/The boat drifted ~ the current. 那條小船隨著潮水漂流。

—B 1 a [引導感情、態度的對象]**對…**：be angry [frank, gentle, patient] ~ a person 對人發脾氣[坦率，溫柔，忍耐]/Be careful ~ the glass. 對處理玻璃[玻璃杯]要小心/What do you want ~ me? 你找我做什麼？/They are in love ~ each other. 他們彼此相愛/We are at peace [war] ~ them. 我們跟他們處於和平[交戰]狀態中。**b** [引導處置、關係的對象]**對…，關於…**：I can do nothing ~ this boy. 我對這個男孩無能爲力/I have nothing to do ~ that. 我跟那件事毫無關係/I've done [finished] ~ this tool. 我已用過這個工具/I want to get it finished ~. 我要把這事結束掉《★用法 也可省略 with》/How are you getting along ~ your work? 你的工作進行得怎樣？**c** [與方向副詞連用，沒有動詞，與受詞一同當祈使句用]**把…**：*Away* ~ him! 把他趕走！/*Down* ~ aristocracy! 打倒貴族！/*Off* ~ you! 滾蛋！/*Up* ~ it! 把它舉起來！/To hell ~ ... . ⇨ hell 3.

2 [表示關係、立場]**關於…(的)；對…而言，…的情形**：the Italian frontier ~ Yugoslavia 義大利與南斯拉夫之間的國界/The trouble ~ her is that she gets easily excited. 她的毛病是容易激動/What is the matter ~ you? 你怎麼了？(cf. what *pron.* A 1 a)/It is usual [the same] ~ him. 對他而言，那是平常的事[情形也一樣]/Such is the case ~ me. 我的情況就是如此[我就是這樣]/Your decision is all right ~ him. 你的決定對他是沒問題的《他無異議》/*W*~ many women, love comes first. 對很多女人來說，愛情第一。

3 [表示敵對]**以…爲對手，與…**(cf. against 1)：fight ~ the enemy 與敵人作戰/argue [compete, disagree, quarrel] ~ one's friend 與朋友辯論[競爭，意見不合，吵嘴]/I had a race ~ him. 我與他賽跑。

4 [表示分離]**將…(割捨)，從…(離開)**(cf. from 6)：It's not easy for me to part ~ my favourite possessions. 要我放棄我所喜愛的財物是不容易的/break ~ the party 脫黨。

—C 1 [表示工具、手段]**以…，用…**：write ~ a pencil 用鉛筆寫/eat ~ a fork 用叉進食/I'll have to see it ~ my own eyes. 我一定要親眼看到它/I have no money to buy it (~). 我沒有錢買它《★用法《口語》省略 with》。

2 [表示材料、內容]**以…；被…**：fill a glass ~ water 用水注滿玻璃杯/load a cart ~ timber 將木材裝載於二輪運貨馬車/The road was blocked ~ snow. 道路被積雪堵塞/The books were covered ~ dust. 那些書上積滿了灰塵/He is overwhelmed ~ work. 他被工作壓得透不過氣《過多的工作使他不勝負荷》。

3 [表示原因]**因爲…，由於…，爲了…**(because of)：shiver ~ fear 因恐懼而發抖/His eyes glistened ~ excitement. 他的眼睛因興奮而發亮[他興奮得兩眼發光]/I was silent ~ shame. 我羞得說不出話來/She is in bed ~ a cold. 她因感冒而臥牀。

4 a [表示所持、所有]**持有…的，有…的；受到…的**：a vase ~ handles 有把手的花瓶/a book ~ a red cover 紅色封面的書/a woman ~ long hair (留著)長頭髮的女人/⇨ with CHILD, with YOUNG. **b** [表示佩戴、帶著]**帶在〈某人〉身上，在…的手邊[手頭上]**(cf. about *prep.* 3, on *prep.* 2)：He had no money ~ him. 他身上沒帶錢。

5 [引導狀態副詞片語]**表現…，…地**《★變換 有的可換寫成 -ly 者》：~ care 小心地，謹慎地《★變換 可換寫成 carefully》/~ ease 輕易地，容易地/~ courage 勇敢地/~ (great) difficulty (非常)困難地，好不容易地/He played ~ great skill. 他演技精湛/She greeted me ~ a smile. 她微笑著向我打招呼。

6 a [表示委託]交到〈某人〉手裏；把〈東西〉託付：Leave your dog ~ us. 把你的狗交給我們(照顧)/He trusted me ~ the secret. 他(因信任我)向我透露了祕密。**b** [表示選擇]全在於〈某人〉：The choice is [rests] ~ you. 選擇權全在於你[這要由你選擇]。

7 [引導表示附帶情況的片語]做著…，保持…狀態；邊做…《★用法(代)名詞後附加補助性功能的介系詞片語、副詞、形容詞、分詞等》：He stood ~ his back against the wall. 他背靠牆站著/What a lonely world it will be ~ you away! 你不在，這世界將多麼寂寞！/Don't speak ~ your mouth full. 嘴裏塞滿食物就別說話/He came out in swimming trunks, ~ a towel *slung* around his neck. 他穿著泳褲，脖子上披掛著毛巾走出來/*W*~ night com*ing* on, we started for home. 夜晚來臨，我們上路回家/She sat there, ~ her eyes clos*ed*. 她坐在那裏，閉著雙眼《★用法 with her eyes... 中的 with 省略時則變成獨立分詞構句》。

8 a [常 ~ **all**；表示讓步]雖然…，儘管…：*W*~ *all* her merits, she was not proud. 雖然她有那麼多優點，但她並不驕傲/*W*~ the best of intentions, he made a mess of the job. 儘管他懷著一片好心，但還是把工作弄糟了。**b** [表示除外]除了…點以外：These are very similar, ~ one important difference. 除了重要的一個不同點以外，這些都非常相似。

whát with...and (whát with)... ⇨ what *adv.*

wíth it《俚》(服裝、思想、行動等)走在時代[潮流]的最尖端，趕時髦的：He always tries to be [get] ~ *it*. 他總是試著趕在時代[潮流]的最前頭。

with- [wɪð-, wɪθ-; wið-, wiθ-] [複合用詞]表示「向後方」；「分離地」；「相反地」：*with*draw, *with*hold, *with*stand.

with·al [wɪðˈɔl, wɪθˈɔl; wiˈðɔːl]《古》*adv.* 加之，同時，而且，又：She is fair and a wise lady ~. 她是一位漂亮而又聰明的婦女。**—***prep.* [常置於句尾]＝with：What sword did he defend himself ~? 他用什麼劍防衛自己？

with·draw [wɪðˈdrɔ, wɪθ-; wiðˈdrɔː, wiθ-] (**with·drew** [-ˈdru; -ˈdruː]; **with·drawn** [-ˈdrɔn; -ˈdrɔːn]) *v.t.* **1 a** 〔十受〕**縮回，抽回…；拉〈窗帘等〉**：~ a curtain 拉窗帘。**b** 〔十受十介十(代)名〕把…〔從…〕抽回，縮回去〔*from*〕：I quickly *withdrew* my hand ***from*** the stove. 我迅速地把手從火爐上縮回來。

2 〔十受(十介十(代)名)〕把〈視線〉〔從…〕移開〔*from*〕：She *withdrew* her eyes ***from*** me. 她把視線從我身上移開。

3 〔十受(十介十(代)名)〕使〈人〉〔從…〕退出；使〈軍隊〉〔從…〕撤退〔*from*〕：~ a boy ***from*** (the) school 讓小孩退學/~ troops *from* an exposed position 把軍隊從無掩蔽的位置上撤下。

4 〔十受(十介十(代)名)〕**a** 〔從某場所〕提取，取出〈東西〉〔*from*〕：

W

~ one's savings (***from*** the bank)(從銀行)提取存款/ ~ a sheaf of papers *from* an attaché case 從手提箱裏拿出一束文件。**b** 〔從…〕取回，收回…〔*from*〕：~ one's favor[a privilege] ***from*** a person 收回給與某人的恩惠[特權]/ ~ worn-out paper money *from* circulation 收回(市面上)流通的破舊紙幣。

5 〔十受〕**a** 撤銷〈申請、聲明、約定等〉：~ a false charge 撤銷誣告。**b** 撤回〈訴訟〉。

—*v.i.* **1** 〔動(十介十(代)名)〕**a** 〔從…〕退下，撤退，退出〔到…〕〔*from*〕〔*to*〕：~ ***from*** a person's presence 從某人面前走開/He *withdrew from* his office. 他離職了/We *withdrew **to*** the inner room. 我們退到裏面的房間/After dinner the ladies *withdrew.* 晚餐後女士們退去。**b** 〈軍隊〉〔從…〕撤退，撤兵〔*from*〕：~ ***from*** the fight 從戰鬥中退出。**c** 脫離，退出〔聚會等〕〔*from*〕。**2** 撤回，取消〔動議等〕。

with·draw·al [wɪð'drɔəl, wɪθ-; wið'drɔ:əl, wiθ-] «withdraw 的名詞»**—*n.*** Ⓤ Ⓒ **1** 縮回，抽回。**2** (存款、資金等的)取回，提取，收回：deposits and ~*s* 存款與提款。**3** 撤回，取消。**4** 撤退，撤兵。**5** 退學，退會。

withdráwal sỳmptom *n.* Ⓒ [常 ~s] (毒品的)斷除症狀，脫癮症狀。

with·drawn [wɪð'drɔn, wɪθ-; wið'drɔ:n, wiθ-] *v.* **withdraw** 的過去分詞。

with·drew [wɪð'dru, wɪθ-; wið'dru:, wiθ-] *v.* **withdraw** 的過去式。

withe [waɪð, wɪθ, wɪð; wiθ, wið, waið] *n.* Ⓒ (*pl.* ~s [-ðz, -θs; -θs, -ðz]) (把柴薪等捆成束或編織籃子等用的)柳樹細枝，柳條。

with·er ['wɪðə; 'wiðə] «源自中古英語「暴露於風雨中」之義»**—*v.i.*** 〔動(十副)〕**1** 〈植物〉凋萎，枯萎，凋謝，萎縮〈*up*〉。**2** 〈愛情、希望等〉衰微，減弱〈*away*〉。

—*v.t.* **1** 〔十受(十副)〕**a** 使〈植物〉枯萎，凋謝〈*up*〉：~*ed* leaves 枯萎的葉子/The hot sun has ~*ed* (***up***) the grass. 炎熱的太陽使草枯萎了。**b** 使…(漸漸地)衰弱，使…衰退〈*away*〉：Age cannot ~ her. 年歲無法使她的姿色衰退(★出自莎士比亞(Shakespeare) 的「安東尼與克麗歐佩特拉 (*Anthony and Cleopatra*)」)。**2** 〔十受(十介十(代)名)〕〔以…〕使〈人〉退縮[畏縮]〔*with*〕：He ~*ed* me ***with*** a scornful look. 他輕蔑地看了我一眼，使我畏縮。

wíth·er·ing [-ðrɪŋ, -ðərɪŋ; -ðəriŋ] *adj.* **1** 使枯萎的：a ~ drought 使草木枯萎的乾旱。**2** 使萎縮的，令人畏縮的：a ~ glance 令人畏縮的一瞥/ ~ remarks 令人惶恐[畏縮]的話。

with·ers ['wɪðəz; 'wiðəz] *n. pl.* 馬肩隆《馬的兩肩骨間的隆起》。

with·hold [wɪθ'hold, wɪð-; wið'hould, wiθ-] *v.t.* (**with·held** [-'hɛld; -'held]) **1 a** 〔十受〕不給與，扣留，不答應〈承諾、支付、權利等〉：~ one's consent[payment] 暫不同意[付款]。**b** 〔十受十介十(代)名〕不給與〔人等〕〈承諾、支付、權利等〉；〔對…〕暫緩，保留…〔*from*〕：They *withheld* the truth ***from*** the police. 他們未向警方透露眞相/I have nothing to ~ *from* you. 我沒有什麼事要對你保留[隱瞞]。**2 a** 〔十受〕抑制，壓住，扣住…：~ one's laughter 忍住笑。**b** 〔十受〕〔~ one*self*〕自制。**c** 〔十受十介十(代)名〕不讓〈人等〉〔做…〕〔*from*〕：The captain *withheld* his men ***from*** the attack. 隊長不讓他的部下攻擊。**3** 〔十受〕從工資中扣除〈稅金等〉。

with·hóld·ing tàx *n.* Ⓒ《美》預扣稅《雇主替政府從受雇者薪水中扣繳的所得稅》。

‡with·in [wɪð'ɪn, wɪθ'ɪn; wi'ðin] *prep.* **1** (時間、距離、範圍等)在…以內[的]，不超出…，在…的範圍內：~ a week 在一週內/ ~ city limits 在市內，市內的/a task well ~ his power(s) 他力所能及的工作/ ~ a few minutes [an easy walk] *of* (the) school 離學校走幾分鐘就到[沒幾步路]的地方/~ call 在呼叫聽得見的範圍內/~ hearing [earshot] *of*... 從…(叫就)聽得見的範圍內/~ reach *of*... 在從…可達[伸手可及]的範圍內/~ sight *of*... 在看得見…的範圍內/keep ~ bounds 遵守限制，不超出界限。**2** 《文語・古》在…的裏面，在…之中(★比較 現在一般用 inside；cf. without 3)：~ and without the town 在市鎭內外。

withín onesèlf 在心中：pray ~ *oneself* 在心中禱告。

—*adv.* (無比較級、最高級)《文語・古》**1** 在內(部)，在裏面：~ and without 在內外，從內外，裏裏外外。**2** 在屋內：go ~ 進入裏面。**3** 在心中：be pure ~ 心地純潔。

—*n.* Ⓤ [常 **from** ~]《文語》內，內部：Seen *from* ~, the cave looked larger. 從內部看，那個地洞顯得更大。

‡with·out [wɪð'aut, wɪθ-; wi'ðaut] *prep.* **1 a** 沒有…，無…：a rose ~ a thorn 無刺的玫瑰；沒有痛苦的歡樂/ ~ (a) reason 沒有理由[原因]地/He did it ~ difficulty. 他不費力地做了那件事/⇨ without DOUBT, without FAIL, without NUMBER. **b** 若無…：No man could live ~ food. 若無食物，沒有人能活(★變換 可換寫成 ... if he had no food.)/*W*~ my advice, he would have failed. 如果沒有我的勸告，他可能失敗了(★變換 可換寫成 If it had not been for my advice, ...)。**2** [主要與動名詞連用]不(做)…，沒有…：He went away ~ tak*ing* leave. 他沒有辭行就走了；他不告而別/I passed by ~ his see*ing* me. 我走過他身邊而沒有被他看到/They never meet ~ quarrel*ing*. 他們見面沒有一次不吵架的《他們每次見面必吵架》/Not a week passed ~ her writ*ing* to us. 她每週給我們寫信，從未有過例外/They sat still for a few minutes, ~ a single word spoken. 他們靜靜地坐了幾分鐘，連一句話都沒說。**3** 《文語・古》在…的外面(cf. within 2)(★比較 現在一般用 outside)。

dó withòut... ⇨ do¹. **gó withòut...** ⇨ go *v.*

It gòes withòut sáying that.... ⇨ say.

—*adv.* (無比較級、最高級)**1** [用於上下文本身意思清楚時]《口語》在沒有(某物)的情況下(★用法 省略介系詞的受詞)：If there's no sugar, we'll have to do ~. 如果沒有糖，我們不得不(在沒有糖的情形下)將就一下。**2** 《文語・古》在外面(outside)。

—*n.* Ⓤ [常 **from** ~]《文語》外部，外面：as seen *from* ~ 從外面看/help *from* ~ 外來的援助。

—*conj.* 《美方言》除非…(unless)。

with·stand [wɪθ'stænd, wɪð-; wið'stænd, wiθ-] *v.t.* (**with·stood** [-'stud; -'stud]) 〔十受〕**1** 抵抗〈人、攻擊等〉；抗拒，反抗〈壓力等〉(⇨ oppose【同義字】)；耐得住，經得起…：~ temptation [hardships] 經得起[住]誘惑[困苦]/~ an attack 抵擋攻擊。**2** 〈物品〉耐〈摩擦、粗用等〉：This coat ~*s* hard wear. 這件外套耐穿。

withy ['wɪðɪ, 'wɪθɪ; 'wiði] *n.* ＝withe.

wít·less *adj.* 無智慧[思慮]的，欠考慮的，愚蠢的。**~·ly** *adv.*

wit·ling ['wɪtlɪŋ; 'witliŋ] *n.* Ⓒ小有才智者；自以爲有才智者。

wit·ness** ['wɪtnɪs; 'witnis] «源自古英語「知道」之義»**—*n. **1** Ⓒ 目擊者〔*of*, *to*〕：⇨ eyewitness/He is the only ~ *of* [*to*, *in*] the accident. 他是那樁意外事故的唯一目擊者。**2** Ⓒ[審判記錄等有時爲Ⓤ] (出庭當)證人：a ~ *against* [*for*] a person 對某人不利[有利]的證人。**3** Ⓒ〔文件、契約、結婚等的〕連署人，見證人〔*to*〕：a ~ *to* a will 遺囑的見證人。**4** Ⓤ證據，證言；證明，作證：bear a person ~ 當某人的證人，證實某人說的話/give ~ on behalf of... 爲…作證。**5** Ⓒ〔…的〕證物[人]〔*of*, *to*〕：The empty cupboard was a ~ *of*[*to*] his poverty. 空的食櫥就是他貧窮的證明/He is a living ~ *to* my innocence. 他是證明我淸白的活證人。

as Gód is my wítness 神明爲證，絕對沒錯，我發誓。

béar wítness to [of] ... 爲…作證；做…的證人，成爲…的證據：His fingerprints *bore* ~ *to* his guilt. 他的指紋成爲他有罪的證據/I *bear* ~ *to* hav*ing* seen it. 我作證我曾看到它/The gun *bore* ~ *of* use. 那支槍有用過的痕跡。

—*v.t.* 〔十受〕**1** 目擊到…，看見…(see)：Many people ~*ed* the accident. 很多人目擊到那件意外事故。**2** 在…簽名作證：The two servants ~*ed* Mr. Clark's will. 那兩個佣人在克拉克先生的遺囑上簽名作證。**3** 〈事情〉表明…，成爲…的證據：His pale looks ~*ed* his agitation. 他蒼白的臉色表明他很激動。

—*v.i.* 〔十介十(代)名〕**1 a** 〈人〉(舉證)作〔對…有利的〕證言〔*for*〕；作〔對…不利的〕證言〔*against*〕：~ ***against*** [***for***] an accused person 對被告作不利[有利]的證言。**b** 〈人〉〔對…〕作證〔*to*〕：~ ***to*** a person's conduct 對某人的行爲作證/He ~*ed **to*** hav*ing* seen the accident. 他作證曾目擊那件意外事故。**2** 〈事情〉證明〔…〕；成爲〔…的〕證據〔*to*〕：This act ~*es **to*** his kindness. 這行爲證明他的仁慈。

(as) wítness... 《文語》作爲證據的是…，如…可證明，例如由…可知(★用法 這種 witness 的用法可將後面所接的假設法現在式的名詞當作其主詞，也可視爲 *n.* 4)：Some hybrids are stronger than either parent—(*as*) ~ the mule. 有些雜種較其父母[上一代]中任一方强壯，例如騾即可證明。

wítness bòx *n.* 《英》＝witness stand.

wítness stànd *n.* Ⓒ《美》(法庭的)證人席(《英》witness box)：take[step down from] the ~ 站上證人席[從證人席上走下來]。

wit·ted ['wɪtɪd; 'witid] *adj.* [常構成複合字]有(…的)智慧[才能]的：slow-*witted* 蠢才的/quick-*witted* 頭腦敏銳的。

wit·ti·cism ['wɪtə,sɪzəm; 'witisizəm] *n.* Ⓒ諧語，雋語，妙語，俏皮話。

wit·ting ['wɪtɪŋ; 'witiŋ] *adj.* 《罕》知曉的，有意的；故意的(↔ unwitting)。

wít·ting·ly *adv.* 明知地，故意地，有意地。

wit·ty ['wɪtɪ; 'witi] «wit 的形容詞»**—*adj.*** (**wit·ti·er**；**wit·ti·est**) 富於機智的；機靈的，詼諧的。

wít·ti·ly [-tḷɪ, -tɪlɪ; -tili, -təli] *adv.* **-ti·ness** *n.*

wive [waɪv; waiv] *v.i.* 娶妻。**—*v.t.*** **1** 娶…爲妻。**2** 給…娶妻。

wi·vern ['waɪvən; 'waivən] *n.* ＝wyvern.

‡wives [waɪvz; waivz] *n.* **wife** 的複數。

wiz·ard ['wɪzəd; 'wizəd] *n.* Ⓒ **1** 術士，妖術家，男巫(★比較 女巫稱作 witch)。**2** 《口語》專家，天才，高手〔*at*〕：a ~ *at* chess

W

西洋棋的高手。
—*adj.* 1 魔術的(magic). 2《英俚》極佳的，驚人的。

wiz·ard·ry [ˋwɪzədrɪ; ˈwizədri] *n.* Ⓤ 1 巫術，妖術。2 神奇的能力，絕技。

wiz·en [ˋwɪzn̩; ˈwizn] *adj.* ＝wizened.

wiz·ened [ˋwɪzn̩d; ˈwiznd] *adj.* 1〈水果等〉乾枯的：a ~ apple 乾枯的蘋果。2〈人、臉等〉皺縮的：a ~ face 皺縮的臉。

wk.《略》week.

wks.《略》weeks.

w.l.《略》wavelength.

Wm.《略》William.

WMO《略》World Meteorological Organization(聯合國)世界氣象組織。

WNW, W.N.W.《略》west-northwest.

wo [wo; wou] *n.* (*pl.* ~s)《古》＝woe.

WO, W.O.《略》War Office；Warrant Officer.

woad [wod; woud] *n.* Ⓤ《植物》菘藍《十字花科草本植物，由其葉子製成的藍色染料，從前用作紋身的顏料》。

wob·ble [ˋwɑbl; ˈwɔbl] *v.i.* 1 a〈椅子、桌子等〉搖晃：This chair ~s. 這張椅子會搖晃。b〔動(十副詞(片語))〕搖搖擺擺地走：~ *about* 搖搖擺擺/Ducks went *wobbling by.* 鴨子搖搖擺擺地走過去。2 a〈政策、心情等〉動搖(waver). b〔十介十(代)名〕〈人〉〔因政策、心情等〕游移不定，動搖〔*in*〕：I ~*d in* my opinion. 我的意見游移不定。3〈聲音等〉震顫。**—*v.t.*** 使…搖動。
—*n.* Ⓒ 1 搖晃，搖動，搖擺。2 (政策、心意等的)動搖。

wób·bler *n.* Ⓒ 1 搖晃[搖動]的東西[人]。2 (想法、主義)動搖的人。

wób·bling *adj.* 動搖[搖晃]的；使搖晃的。

wob·bly [ˋwɑblɪ; ˈwɔbli] «wobble 的形容詞» **—*adj.*** (**wob·bli·er**; **wob·bli·est**) 1 搖擺的；不穩定的：a ~ chair 搖晃不穩的椅子/I feel a bit ~ on my legs. 我覺得雙脚有一點搖晃不穩/My finances are rather ~. 我的財務狀況相當不穩定。2 無定見的：a ~ statesman 無定見的政治家。

Wo·den [ˋwodn̩; ˈwoudn] *n.* 渥登《日爾曼神話中的主神；相當於北歐神話中的歐丁(Odin)；★ Wednesday(星期三)源自此神之名》。

woe [wo; wou] *n.* 1 Ⓤ悲哀，悲痛，煩惱，苦惱(distress)：a tale of ~ 悲痛的故事，哭訴的話/⇨(in) WEAL[1] and woe. 2 Ⓒ[常~s]災難，災禍，悲痛的事：She told him all her ~s. 她向他傾訴自己不幸的遭遇。
Wóe is mé! (我)眞傷心[倒楣]呀！《★用法 現在通常用作諧語》。

woe·be·gone [ˋwobɪ͵gɔn; ˈwoubi͵gɔn] *adj.* 悲戚的，愁容滿面的，滿臉憂愁的。

woe·ful [ˋwofəl; ˈwouful] *adj.* 1 悲慘的，哀痛的；悲哀的，傷心的。2〈無知等〉可嘆的，可悲的，可憫的，糟糕透頂的。

wóe·ful·ly [-fəlɪ; -fuli] *adv.* 可悲地，可嘆地，很糟糕地：He is ~ inadequate for the job. 他完全不適合那工作。

wog [wɑg; wɔg] *n.* Ⓒ《主英·俚·輕蔑》非白人者；(尤指)中東及東南亞地區皮膚黝黑的當地人。

‡woke [wok; wouk] *v.* **wake**[1] 的過去式·過去分詞。

‡wo·ken [ˋwokən; ˈwoukən] *v.* **wake**[1] 的過去分詞。

wold [wold; would] *n.* 1 Ⓒ[常 ~s] (不毛的)山地，高原。2 [Wolds；常用作英格蘭的地名]高地：⇨ Cotswolds.

***wolf** [wulf; wulf] *n.* Ⓒ (*pl.* **wolves** [wulvz; wulvz]) 1《動物》狼《犬科成羣(pack)生活的肉食動物》：(as) greedy [hungry] as a ~ (像狼一樣)貪婪[飢餓]的/It's like trusting a ~ to watch over sheep. 那正像託狼看守綿羊；那就等於引狼入室。2 (狼一般)殘忍[貪婪]的人。3《俚》勾引女人的男人，追逐女人者，色狼。

wolf 1

crý wólf (以喊「狼來了！」)謊言欺人，發假警報：*cry* ~ too often (因常謊報驚動別人以致)變成說眞話也不再有人相信。

【字源】源自伊索寓言(*Aesop's Fables*)中的故事。故事說：放羊的少年，爲了驚嚇鄰居，狼沒有來，卻叫「狼來了！」並以此笑謔爲樂。有一天狼眞的來了，誰也不相信他的話，沒人去幫助他。

kèep the wólf from the dóor 免於飢餓，勉强得以餬口，保護一家使免於飢寒。

wólf in shéep's clóthing [a lámb's skín] 披著羊皮的狼；僞善者《僞裝溫順的危險人物；★出自聖經「馬太福音」》。

—*v.t.* 〔十受(十副)〕狼吞虎嚥〈食物〉〈*down*〉：~ (*down*) one's food 狼吞虎嚥地大口吃食物。

wólf cùb *n.* Ⓒ 1 小狼。2《英》幼童軍《八至十一歲的幼年部童子軍成員；現在稱作 cub scout》。

wólf dòg *n.* Ⓒ 1 狼犬《狼與犬之雜交種》。2 獵狼犬。3 愛斯基摩狗。

Wolfe [wulf; wulf], **Thomas (Clayton** [ˋkletn̩; ˈkleitn]) *n.* 渥爾夫《1900–38；美國小說家》。

wolfhound

wólf·hòund *n.* Ⓒ獵狼犬《用以獵狼的狗》。

wólf·ish [-fɪʃ; -fiʃ] «wolf 的形容詞» **—*adj.*** 似狼的；貪婪的；殘忍的：a ~ appetite (如狼般)强烈的食慾/~ cruelty 狼一般的殘忍[兇暴]。**~·ly** *adv.*

wolf·ram [ˋwulfrəm; ˈwulfrəm] *n.* Ⓤ《化學》鎢《tungsten 的別稱；化學符號 W》。

wolf·ram·ite [ˋwulfrəm͵aɪt; ˈwulfrəmait] *n.* Ⓤ《礦》鎢錳鐵礦《鎢原礦》。

wolfs·bane [ˋwulfs͵ben; ˈwulfsbein] *n.* Ⓤ《植物》烏頭《烏頭屬有毒植物的統稱，尤指扁毒與歐烏頭》。

wolverine 1

wólf whìstle *n.* Ⓒ (男人看到迷人的女人時吹的)從高音降至低音的口哨。

wol·ver·ine [͵wulvəˋrin; ˈwulvəri:n] *n.* 1 Ⓒ《動物》狼獾《產於北美洲，屬鼬鼠科的肉食動物；歐洲產者叫 glutton》。2 Ⓤ狼獾的毛皮。

***wolves** [wulvz; wulvz] *n.* **wolf** 的複數。

‡wom·an [ˋwumən; ˈwumən] «源自古英語「女人」之義» **—*n.*** (*pl.* **wom·en** [ˋwɪmɪn, -ən; ˈwimin]) 1 Ⓒ (成年的)女子，婦女(↔ man)(⇨ lady【同義字】)：a bad ~ 品行不端的女人；娼妓/the new ~ 新女性；現代婦女/There's a ~ in it. 事件的背後有女人。
2 [無冠詞；當總稱用]女人，女流：⇨ woman's rights/*W*~ is fickle. 女人是善變的。
3 [**the** ~；有時 **a** ~]女人味；女人的氣質[性格]，女人的情感：There is little of *the*[*a*] ~ in her. 她沒有什麼女人味。
4 Ⓒ a 女傭，女僕。b 愛人，情婦：He has a ~. 他有情婦。
5《俚》 a Ⓒ妻：the little ~《美》妻，太太(《英》my old woman). b [生氣時等的呼叫妻子]喂：Come here, ~. 喂，到這裏來。
bórn of wóman 由女人生下的，凡是生爲人的《★出自聖經「約伯記」》。
màke an hónest wóman of... ⇨ honest.
wóman of pléasure 尋歡作樂的女人；自甘墮落的女人。
wóman of the stréet 娼妓。
wóman of the tówn 妓女，街頭女郎。
wóman of the wórld 熟悉人情世故的女人，通情達理的女人。
—*adj.* [用在名詞前]女的，婦女的《★用法 (1)由於是構成原本同格的複合字的名詞，所以複數時用 women；(2)作此用法時，較 lady 受歡迎；再者 female 已經很少用》：a ~ doctor [*pl.* *women* doctors]女醫師[生]/a ~ driver [*pl.* *women* drivers]女司機，女駕駛員/a ~ student [*pl.* *women* students]女學生。

-wom·an [-wumən; -wumən] (*pl.* **-wom·en** [-wɪmɪn; -wimin]) [名詞複合用詞] 1 表示「…國婦女」「住於…的婦女」：English*woman.* 2 表示「職業、身分」等(cf. -man)：police*women.*

wóman-chàser *n.* Ⓒ追求女人者；對女人獻慇懃者。

wóman-hàter *n.* Ⓒ憎恨女人的人；厭惡女人者。

wóman·hòod *n.* Ⓤ 1 女人的身分；女性；女人的性質；女人味：May has grown to [has reached] ~. 梅已是成年女人了。2 [集合稱]《罕》婦女，女性(womankind)《★用法 視爲一整體時當單數用，指個別成員時當複數用》。

wóm·an·ish [-nɪʃ; -niʃ] *adj.*《輕蔑》〈男人〉像女人似的，娘娘腔的，柔弱的(↔ mannish)《★比較 帶輕蔑的程度較 feminine 義 2 强》：Your tears are ~. 你流淚未免太軟弱了。

wom·an·ize [ˋwumən͵aɪz; ˈwumənaiz] *v.t.* 使〈男人〉柔弱，使…帶女子氣。**—*v.i.***《口語》(男人)玩女人。

wóm·an·ìz·er *n.* Ⓒ《口語》玩女人的男人。

wóman·kìnd *n.* Ⓤ[集合稱]婦女，女子，女人(↔ mankind)《★用法 視爲一整體時當單數用，指個別成員時當複數用》：one's ~ 女眷，一家的女性成員/the ~ of China 中國的婦女們。

wóman·like *adj.*《罕》像女人的，女子氣的；適合婦女的：~ faults 女子特有的缺點。

wóm·an·ly 《woman 的形容詞》**—adj.** (**wom·an·li·er**；**-li·est**) (很)有女人味的；有女子氣質的，像女人的，適合婦女的：~ modesty 合於婦女的謙虛/a truly ~ woman 眞正有女人味的女人。**wóm·an·li·ness** *n.*

wóman·pòwer *n.* Ⓤ婦女的力量；女權。

wóman's ríghts *n. pl.* 婦女的權利，女權。

wóman súffrage *n.* Ⓤ婦女參政權。

wóman-súffragist *n.* Ⓒ主張婦女參政論者。

womb [wum; wu:m] *n.* Ⓒ **1** 〘解剖〙子宮(uterus). **2** 事物發生[成長]的地方：in the ~ of time 在未來[將來](出現的，該發生的)《★出自莎士比亞(Shakespeare)的悲劇「奧賽羅(*Othello*)」》.

wom·bat [ˋwɑmbæt; ˋwɔmbət, -bæt] *n.* Ⓒ〘動物〙袋熊《袋熊科草食動物的統稱》。

wombats

‡**wom·en** [ˋwɪmɪn, -ən; ˋwimin] *n.* **woman** 的複數。

wómen·fòlk *n.* [集合稱；當複數用]《★用法此字又作 women-folks》 **1** 《口語》婦女們。 **2** (家族、團體中的)婦女：the[one's] ~ 女眷，家裏的女人們。

wómen·kìnd *n.* =womankind.

Wómen's Ínstitute *n.* Ⓒ《英》(地方、都市等的)婦女會。

Wómen's Líb 《*Women's Lib*eration 之略》**—n.** Ⓤ婦女解放運動。

Wómen's Líbber *n.* =Women's Liberationist.

Wómen's Lib·er·a·tion·ist [-ˏlɪbəˋreʃənɪst; -libəˋreiʃnist] *n.* Ⓒ婦女解放運動成員。

wómen's ríghts *n. pl.* =woman's rights.

wómen's ròom *n.* Ⓒ女盥洗室，女廁《★大都標示爲WOMEN》.

‡**won**[1] [wʌn; wʌn] *v.* **win** 的過去式・過去分詞。

won[2] [wɑn; wɔn] *n.* Ⓒ(*pl.* ~)圜(韓國的貨幣單位)。

‡**won·der** [ˋwʌndɚ; ˋwʌndə] 《源自古英語「奇蹟」之義》**—n. 1** Ⓤ **驚異**，驚嘆，驚奇，驚訝：be filled with ~ 充滿驚奇感，極感驚奇/ in ~ 驚異地，驚嘆地/ I looked at him in silent[open-mouthed] ~. 我非常驚訝，啞口無言地[張著嘴]看著他。

2 a Ⓒ神奇[不可思議]的東西[人，事件]；(自然界等的)奇觀；奇蹟：do[work] ~*s* 創造奇蹟；做出驚人的成就；〈藥等〉有奇效/see the ~*s* of the city 觀賞該城的奇觀/The child is a ~. 那個孩子是神童/the ~*s* of modern science 現代科學的奇蹟/*Wonders* will never cease. 世上的奇事總是不斷發生《★用法發生與預期相反之事時所說的話》/A ~ lasts but nine days. 《諺》任何新鮮事都不能長久《新鮮感很快會消失》。**b** [a ~]驚奇[不可思議]的事：What *a* ~! 何等的奇妙呀！多麼不可思議！/It is *a* ~ (that) he declined this offer. 奇怪的是他居然拒絕這個提議《★用法在此構句中常省略 that》.

and nò [lìttle, smàll] wónder 也難怪，也不足爲奇：You were late, *and no* ~ after last night. 經過了昨夜的事，也難怪你遲到了。

a nine dáys' wónder (即使一時大轟動也)很快被遺忘的事[人]《★源自義 2 a 末尾的諺語》。

> 【字源】有句英國諺語說：A wonder lasts nine days, and then puppy's eyes open. (好奇的眼睛注視九天，小狗的眼睛就睜開。)小狗、小貓剛生出來眼睛睜不開，你覺得是怪事，但你只要看它九天，它就睜開了，跟其他動物沒有兩樣，沒有什麼稀奇。這件事常用以比喻世界上的新鮮事，引起別人的關注不過短短幾天，大家會很快地忘記。

for a wónder 《罕》說也奇怪，令人驚訝的是：He came on time *for a* ~. 說也奇怪，他竟能準時來到。

It is nò [Nò] wónder (that).... 一點也不足爲奇，難怪《★用法在此構句中常省略 that》：*No* ~ he didn't come. 難怪他不來。

It is smàll [Smàll] wónder (that)... . …事是不足爲奇的《★用法在此構句中常省略 that》.

Nò wónder! 果然，怪不得，難怪。

the Séven Wónders of the Wórld ⇨ seven.

—v.i. 1 a **覺得驚奇**[不可思議，詫異]，驚訝：That set me ~*ing*. 那使我覺得驚奇。**b** [十介十(代)名] [對…]覺得驚奇，感到詫異[*at*]《★可用被動語態》：I ~ ***at*** you[your impudence]. 我對你[你的鹵莽]感到驚異/Can you ~ *at* it? =It's not to be ~*ed at*. 那有什麼好驚奇的？《它一點也不奇怪》/I don't ~ *at* his jump*ing* at the offer. 他迫不及待地接受該提議，我對此並不感到驚奇。**c** [十 *to* do]〈做…而〉驚訝《★比較此構句一般用 be[feel] surprised》：I ~*ed to* see you there. 我在那裏看到你覺得驚訝。**2** [動(十介十(代)名)] **a** [對…]**感到奇怪，詫異；覺得[…]可疑**[*about*]：That remark made me ~ ***about*** his innocence. 那種話使我對他的清白感到懷疑。**b** [對某事]覺得並非那樣，感到懷疑[*about*]："Does he mean to try it?"—"I ~ (***about*** it)."「他的意思是要試一試嗎？」「我覺得可疑。」**c** [常用於進行式]盤算[關於…事]；想知道[…][*about*]：I'm ~*ing* ***about*** go*ing* to a movie. 我正在盤算去看電影或做什麼別的事《★比較「我正在想去看電影」則寫作 I'm thinking about going to a movie.》/"Has he passed the exam?"—"I was just ~*ing* (*about* that)."「他通過考試了嗎？」「我正想知道這件事。」

—v.t. 1 a [十 *wh.*__/十 *wh.* 十 *to* do] **不知道是否**〈…〉，想知道〈是否…〉，對〈…〉感到好奇[奇怪]：I ~ *what* happened. 我想知道發生了什麼事/I ~ *why* he refused. 我想知道爲什麼他拒絕了/I ~ *whether* [*if*] I might ask you a question. 我是不是可以問你一個問題？《★用法有禮貌的請求》/"Someone left this message for you."—"I ~ *who* (it was)."「有人留下這個口信給你。」「我想知道那個人是誰。」/He ~*ed how to* get there. 他想知道如何才能到達那裏/I'm just ~*ing where to* spend the weekend. 我正在想到哪裏去度週末。**b** [十引句] 對…感到詫異，奇怪："*Who* is he?" she ~*ed*.「他是誰？」她疑惑地自問。**c** [*I* ~ 附加於獨立的疑問句後]疑惑…，訝異…：How can that be, *I* ~? 那怎麼可能？我疑惑。

2 [十(*that*)__] **驚訝於**〈…事〉，對〈…事〉感到驚奇《★用法(1)在此結構中一般省略 that；(2)也有人把 that 子句視爲原因、理由的副詞子句，而把 wonder 當作 *v.i.*》：I ~ (*that*) he didn't kill himself. 我對於他沒有自殺感到驚奇《★用法不用 It is ~*ed* that... . 的被動語態結構》/I ~ (*that*) you were not hurt more seriously. 你只受輕傷[未傷得更嚴重]，眞使我感到驚奇。

I shòuldn't wónder if... . 如果…也不感到驚奇：*I shouldn't* ~ *if* he won (the) first prize. 如果他獲得首獎，我也不感到驚奇[我認爲那是當然的]。

—adj. [用在名詞前](無比較級、最高級) **1** 驚人的，驚奇的；極好的：a ~ boy[child] 神童。**2** 妖術的，有魔力的。

wónder drùg *n.* Ⓒ仙藥，靈藥，特效藥(miracle drug).

‡**won·der·ful** [ˋwʌndɚfəl; ˋwʌndəful] 《wonder 的形容詞》**—adj.** (**more** ~；**most** ~) **1** 《口語》**令人驚奇的，極好的，絕妙的，精彩的**：have a ~ time 過一段極美好的時光/a ~ girl 極好的女孩/How ~! 多妙呀！

2 **不可思議的，驚人的，令人驚嘆**[驚異]**的**：a ~ experience [story] 不可思議的經驗[故事]/He has quite a ~ memory. 他的記憶力眞是驚人。

wón·der·ful·ly [-fəlɪ, -flɪ; -fli, -fuli] *adv.* **1** 絕妙地，極好地。**2** 不可思議地，令人驚奇地，驚人地。

wón·der·ing [-drɪŋ, -dərɪŋ; -dəriŋ] *adj.* [用在名詞前]覺得不可思議[驚奇]的，詫異的：a ~ look 詫異的表情。**~·ly** *adv.*

wónder·lànd *n.* **1** Ⓤ奇境，仙境；童話故事中的王國：*Alice's Adventures in W~* 愛麗絲夢遊仙境《★卡洛(L. Carroll)所著的童話故事》。**2** Ⓒ[常用單數](景色等)非常美好的地方。

wón·der·ment [-mənt; -mənt] 《wonder 的名詞》**—n. 1** Ⓤ驚嘆，驚奇，驚異：in ~ 驚訝地，驚奇地。**2** Ⓒ驚人的東西[事件]。

wónder-strùck, wónder-stricken *adj.* 深感驚異的，目瞪口呆的。

wónder-wòrker *n.* Ⓒ創造奇蹟的人。

won·drous [ˋwʌndrəs; ˋwʌndrəs] 《詩・文語》*adj.* 驚人的，令人驚奇的，不可思議的(wonderful).

—adv. [修飾形容詞]驚人地，不可思議地；非常美妙地《★比較比形容詞的情況，更爲文言》：She was ~ beautiful. 她美得令人驚嘆。

won·ky [ˋwɑŋkɪ; ˋwɔŋki] *adj.* (**won·ki·er**；**-ki·est**)《英口語》搖晃的，不穩的：a ~ table 搖晃的桌子/I still feel a bit ~. 我還是覺得有點站不穩。

wont [wʌnt, wont; wount] *adj.* [不用在名詞前] [十 *to* do]《罕》慣於〈做…〉的，經常〈做…〉的：as he was ~ *to* say 就像他常說的。

—n. Ⓤ[常 **one's** ~]習慣，習俗：use and ~ 習慣，慣例/It is my ~ to rise at six. 六點起牀是我的習慣/He went to bed early, as was his ~. 他照習慣很早就上牀了/This morning she got up much earlier than is her ~. 今天早上她起牀比平時早得多。

‡**won't** [wont, wʌnt; wount] **will**[1] **not** 之略。

wont·ed [ˋwʌntɪd, ˋwontɪd; ˋwountid] *adj.* [用在名詞前]《罕》習慣的，照例的，照常的，平常的(usual)：with his ~ courtesy 像平時一樣有禮地。

won ton, won-ton [ˋwɑntɑn; ˋwɔntɔn] 《源自中文》**—n.** Ⓒ餛飩，雲吞。

woo [wu; wu:] *v.t.* **1** 《美罕・英古》〈男人〉向〈女人〉求愛，求婚。**2** 追求〈名譽、財產等〉。**3 a** [十受十 *to* do]央求，懇求〈某人〉〈做…〉：The movie actor was ~*ed* by several companies *to* do TV commercials for them. 數家公司懇請那位電影明星爲他們拍電視的商品廣告。**b** [十受(十介十(代)名)] [以…]央求，請

求，懇請〈某人〉(支持等)〔*with*〕：～ voters *with* promises of tax reform 以改革稅制的承諾懇請投票人支持。

‡**wood** [wud; wud] *n.* **1** Ⓤ[指種類時爲Ⓒ]**木材**，木料(⇨ timber【同義字】)；材質：a house made of ～ 木造房屋/saw ～ 鋸木/Pine is a soft ～. 松木是軟木。
2 Ⓤ**木柴**：chop[collect] ～ 劈[收集]柴。
3 Ⓒ[常 ～**s**；當單數或複數用]**森林**《★[比較]指比 grove 大而比 forest 小者》：The pond is in (the middle of) a ～. 那個池塘在森林中(中央)/We went for a walk in the ～(*s*). 我們去森林中散步/There are few ～*s* in that area. 那個地區幾乎沒有森林。
4 [**the** ～](裝酒的)桶，木桶《★常用 from[in] the ～》：beer (drawn) *from the* ～ 從桶中倒出的[非瓶裝的]啤酒/wine *in the* ～ 木桶裝的葡萄酒。
5 a [**the** ～](工具等的)木製部分。**b** Ⓒ《高爾夫》木桿(頭部木製的球桿；cf. iron 3 c)。**c** Ⓒ《網球》(球拍的木製)框子。
6 [**the** ～]《音樂》**a** 木管樂器。**b** [集合稱](交響樂的)木管樂器部《★[比較]一般用 woodwind(s)》。
cannót sée the wóod for the trées 見樹不見林，拘泥小節而忽略大局，見局部而不見整體。
knóck on wóod《美》＝touch WOOD.
òut of the wóods [《英》**wóod**] 走出森林；脫離險境，渡過難關：Don't halloo till you are *out of the* ～(*s*). ⇨ halloo *v.i.*
sáw wóod (1)⇨*n.* 1. (2)《俚》呼呼打鼾[大睡]；埋頭工作，不管閒事。
tàke to the wóods《口語》逃入森林；迴避責任，躲避起來。
tóuch wóod 用手(等)觸摸樹木。

> 【說明】這是符咒的一種，在輕率地說了自誇的話以後，一面說“Touch wood！”或“Knock on wood！”一面輕敲身邊的木製品。據說這樣做可以緩和報應的女神寧美西斯(Nemesis)的憤怒；cf. superstition【說明】

—*adj.* [用在名詞前]木製的(wooden)：～ floors 舖設木板的地板。
—*v.t.* 〔十受〕**1** 種樹於…，在…植樹造林：The town is ～*ed* everywhere. 該鎮上到處都種有樹木。**2**《罕》給〈火爐等〉加添木柴。

wóod álcohol *n.* Ⓤ木精，甲醇(methyl alcohol)。
wóod anèmone *n.* Ⓒ《植物》木質銀蓮花《毛茛科銀蓮花屬植物，尤指五葉銀蓮及森林銀蓮》。
wóod·bìne *n.* Ⓤ **1**《植物》忍冬《忍冬屬植物的統稱，尤指輪序忍冬》(honeysuckle)。**2**《美》五葉地錦(Virginia creeper)。
wóod·blòck *n.* **1** Ⓒ(作地板材料等的)木磚。**2** ＝woodcut.
wóod·càrver *n.* Ⓒ木刻家。
wóod·càrving *n.* **1** Ⓤ木刻，木雕。**2** Ⓒ木雕物。
wóod·chòpper *n.* Ⓒ伐木者。
wóod·chùck *n.* Ⓒ《動物》(北美產的)土撥鼠屬《土撥鼠囓齒動物》(marmot)。

woodchuck

wóod cóal *n.* Ⓤ **1** 木炭(charcoal)。**2** 褐煤(lignite)。
wóod·còck *n.* **1** Ⓒ(*pl.* ～**s**, ～)《鳥》山鷸《鷸科小型獵鳥，尤指歐洲丘鷸、美洲丘鷸》。**2** Ⓤ山鷸肉。
wóod·cràft *n.* Ⓤ **1** (有關)森林[山]的知識，山林技術《在山林狩獵、露營、通行、生活方法等》。**2** 木刻，木雕術。
wóod·cùt *n.* Ⓒ **1** 木版畫。**2** 木刻，木刻版。
wóod·cùtter *n.* Ⓒ **1** 樵夫，伐木者。**2** 木刻(畫)家。
wóod·cùtting *n.* Ⓤ **1** 伐木。**2** 木版雕刻(術)。
wóod·ed *adj.* 多樹木的，樹林茂密的：a ～ hill 樹木茂密的小山。
‡**wood·en** [ˋwudn̩; ˈwudn] ≪wood 的形容詞≫ **—*adj.*** (**more** ～；**most** ～) **1** (無比較級、最高級)**木(製)的**：a ～ house 木造房子/a ～ Indian 木製的印地安人像《從前擺在美國賣香煙的店前》。**2** 〈臉、眼神等〉無生氣的，木然的，沒有表情的：a ～ face[stare] 沒有表情的臉[木然的眼神]。**3** 〈人、態度等〉僵硬的，笨手笨脚的。
wóod engràver *n.* Ⓒ木雕師，木刻家。
wóod engràving *n.* **1** Ⓤ木刻，木版術[雕刻]。**2** Ⓒ **a** 版木。**b** 木版畫。
wóoden-hèad *n.* Ⓒ《口語》笨人。
wóoden-héaded *adj.* 遲鈍的；愚笨的。
wóoden hórse *n.* ＝Trojan horse 1.
wóoden spóon *n.* Ⓒ **1** 木湯匙。**2** ≪源自劍橋大學(Cambridge)頒給數學優等考試最後一名的木製湯匙≫《英口語》最末獎，尾獎，精神獎(booby prize)。
wóoden·wàre *n.* Ⓤ[集合稱](厨房或餐桌的)木製用具[餐具]。

wóod fìber *n.* Ⓤ木質纖維《尤指供造紙用者》。
wóod hỳacinth *n.* Ⓒ《植物》歐洲藍綿棗兒。
wood·land [ˋwudˏlænd, -lənd; ˈwudlənd] *n.* Ⓤ[常 ～**s**]**林地，森林地區**。
—*adj.* [用在名詞前]森林地帶的，森林的：～ scenery 森林景色。
wóod·land·er *n.* Ⓒ森林中的居民。
wóod·làrk *n.* Ⓒ《鳥》森雲雀《歐洲產，似雲雀而棲息於森林中的鳴禽》。
wóod·lòt *n.* Ⓒ《美》造林地。
wóod·lòuse *n.* Ⓒ(*pl.* **-lice**)《動物》潮蟲《甲殼綱動物的統稱，尤指潮蟲屬》。
wóod·man [-mən; -mən] *n.* (*pl.* **-men** [-mən; -mən])《罕》＝woodsman.
wóod·nòte *n.* Ⓒ **1** 森林的曲調《林間鳥獸的鳴叫聲等》。**2** 自然純樸的表現。
wóod nỳmph *n.* Ⓒ森林的精靈[仙女](dryad)。
wóod·pèck·er *n.* Ⓒ《鳥》啄木鳥《啄木鳥科樹禽的統稱》。
wóod pìgeon *n.* Ⓒ《鳥》環頸林鴿《產於歐洲頸部有白環的林鴿》。

woodpecker

wóod·pìle *n.* Ⓒ木材[柴]堆。
a[**the**] **nígger in the wóodpile** ⇨ nigger.
wóod·prìnt *n.* Ⓒ木刻畫。
wóod pùlp *n.* Ⓤ木質紙漿《製紙原料》。
wóod·rùff *n.* Ⓒ《植物》輪葉草屬植物《尤指香輪葉草》。
wóod·shèd *n.* Ⓒ柴房。
woods·man [ˋwudzmən; ˈwudzmən] *n.* Ⓒ(*pl.* **-men** [-mən; -mən]) **1** 森林中的居民。**2** 熟悉(山林、狩獵等)山林之事的人；樵夫。
wóod sòrrel *n.* Ⓒ《植物》山酢漿草《酢漿草屬草本植物》。
wóod spìrit *n.* ＝wood alcohol.
woods·y [ˋwudzɪ; ˈwudzi] *adj.* (**woods·i·er**；**-i·est**)《美》(似)森林的，令人想到森林的：the ～ smell of smoked meat 令人想到森林的燻肉味。
wóod tàr *n.* Ⓤ木焦油《木材防腐劑》。
wóod thrùsh *n.* Ⓒ《鳥》黃褐森鶇《北美東部林中的鶇科鳴禽》。
wóod tùrning *n.* Ⓤ木工車床加工，車床木工工藝。
wóod·wìnd [-ˏwɪnd; -wind] *n.*《音樂》**1** Ⓒ木管樂器。**2** Ⓤ[**the** ～；集合稱]《英》(交響樂的)木管樂器部《★[用法]視爲一整體時當單數用，指個別成員時當複數用；美國語法作 the ～s》。
wóod·wòol *n.* Ⓤ木絨，纖細的刨木花《當塡塞物等用》。
wóod·wòrk *n.* Ⓤ **1** (房屋等的)木造部分。**2 a** 木工手藝。**b** [集合稱]木製品。
còme óut of the wóodwork《美口語》不知從哪裏冒出來：When he died a number of distant relatives *came out of the* ～ hoping for a share of the estate. 他死的時候，許多遠親不知從哪裏冒出來，想分得遺產。
wóod·wòrker *n.* Ⓒ木匠。
wóod·wòrking *n.* Ⓤ木工；細木工。**—*adj.*** 木工(用)的。
wóod·wòrm *n.* **1** Ⓒ蛀木蟲。**2** Ⓤ蛀木蟲害。
wood·y [ˋwudɪ; ˈwudi] ≪wood 的形容詞≫ **—*adj.*** (**wood·i·er**；**-i·est**) **1** 多樹木的，多森林的：a ～ park 樹木茂密的公園。**2** 木質的：～ fiber 木質纖維/the ～ parts of a plant 植物的木質部分。
woo·er [ˋwuə; ˈwu:ə] *n.* Ⓒ《美罕・英古》求婚者，求愛者(suitor)。
woof[1] [wuf, wuf; wu:f] *n.* [**the** ～；集合稱]《織物》橫紗，緯線(weft)(↔ warp)。
woof[2] [wuf, wuf; wuf] ≪擬聲語≫ **—*n.*** Ⓒ(*pl.* ～**s**)狗低抑的吠聲，低吠聲；(錄音機等發出的)低音，低調。
—*interj.* 嗚《狗低吠聲》。
woof·er [ˋwufə; ˈwufə] *n.* Ⓒ低音揚聲器《低音喇叭；cf. tweeter》。
***wool** [wul; wul] *n.* Ⓤ **1** 羊毛《★[用法]也指山羊、駱馬、羊駝等的毛》。**2** 毛線。**3** 毛織品，毛料，呢絨；毛織品的衣服：wear ～ 穿毛織品的衣服。**4 a** [構成複合字]羊毛狀的東西：⇨ cotton wool, mineral wool, steel wool. **b** (毛皮獸的)長毛。**c** (植物、毛蟲等的)絨毛。**d**《謔》(尤指黑人的)捲曲的頭髮。
áll wóol and a yárd wíde [常置於名詞後]《美》眞正的，貨眞價實的，不折不扣的：He is a wonderful gentleman, *all* ～ *and a yard wide.* 他是一位眞正[名副其實]的好紳士。
Kèep your wóol ón！ 別生氣！
púll the wóol òver a person's **éyes** 蒙蔽[欺騙]某人：You can't *pull the* ～ *over* my *eyes.* 你騙不了我的。
—*adj.* [用在名詞前]毛織(品)的，毛料的(woolen)：a ～ suit 毛料套裝。

wool·en** [ˈwulɪn, -ən; ˈwulən] «wool 的形容詞» **—adj.* (無比較級、最高級) **1** 羊毛的；羊毛製的，毛織的：～ cloth 粗紡毛織物/～ socks 毛襪。**2** [用在名詞前] 處理毛織品的，毛織品的：～ merchants 毛織品商人。
—*n.* [～s] **1** 毛織衣料。**2** 毛織品《布料》。

Woolf [wulf; wulf], **Virginia** *n.* 吳爾芙《1882–1941；本名 Adeline Virginia Stephen；英國小說家、散文家及批評家》。

wóol·gàther «源自對於採集(掛在樹籬等處的)羊毛者工作態度的觀感» **—***v.i.* [常用於進行式] 呆呆地[出神地]幻想，空想。

wóol·gàthering *n.* Ⓤ出神，心不在焉；不著邊際的幻想，發愣。

【字源】奉命收集樹籬上羊毛的小孩需要到處走來走去。做這種單調的工作時，別人乍看起來好像心不在焉，漫無目的地晃來晃去。故有此語。

wóol·gròwer *n.* Ⓒ(為剪取羊毛等而畜養羊的)牧羊業者。

wool·len [ˈwulɪn, -ən; ˈwulən] *adj., n.* ＝woolen.

wool·ly [ˈwulɪ; ˈwuli] «wool 的形容詞» **—***adj.* (**wool·li·er**; **wool·li·est**) **1** 羊毛的，羊毛質的；似羊毛的；覆以毛的，多毛的；毛茸茸的：～ hair 蓬鬆的鬈髮/a ～ dog 多毛的狗。**2** 〈議論、說明、思考等〉莫名其妙的；模糊不清的，不鮮明的。
—*n.* Ⓒ(*pl.* **wool·lies**) [常 **woollies**] **1** 毛織的衣服。**2** 毛線編織的內衣。**wóol·li·ness** *n.*

wóolly-héaded *adj.* 思想混亂的，頭腦不清的。

wóol·pàck *n.* Ⓒ **1** 羊毛的一捆《240 磅》。**2** 卷毛雲。

wóol·sàck *n.* **1** Ⓒ羊毛袋。**2** 《英》**a** Ⓒ墊羊毛的座位《上院議長席》。**b** [the ～] 上院議長的職位：reach *the* ～ 當上院議長。

wóol·wòrk *n.* Ⓤ毛線編織品。

wool·y [ˈwulɪ; ˈwuli] *adj., n.* ＝woolly.

woo·zy [ˈwuzɪ, ˈwuːzi] *adj.* (**woo·zi·er**; **-zi·est**) 《口語》**1 a** (因酒醉等而)頭暈的，頭昏眼花的，暈眩的。**b** 《美》(因暈車船等而)不舒服的。**2** 頭腦不清的，發呆的。

wop [wɑp; wɔp] *n.* Ⓒ《鄙・輕蔑》外國人；(尤指)義大利人。

Worces·ter [ˈwustɚ; ˈwustə] *n.* **1** 烏斯特《美國麻薩諸塞州中部之一城市》。**2** 烏斯特《英格蘭中西部之一城市》。**3** ＝Worcestershire.

Wórcester chína[pórcelain] *n.* Ⓤ烏斯特瓷[陶]器。

Wórcester sàuce *n.* ＝Worcestershire sauce.

Worces·ter·shire [ˈwustɚˌʃɪr, -ʃɚ; ˈwustəʃə, -ˌʃiə] *n.* 烏斯特郡《英格蘭西南部的舊郡，成為 Hereford and Worcester 郡的一部分》。

Wórcestershire sàuce *n.* Ⓤ烏斯特香醋。

‡word [wɝd; wəːd] *n.* **1** Ⓒ字，單字：an English ～ 英文單字/an archaic [obsolete] ～ 古[廢]字/loan ～*s* 借用語，外來語/a short[long] ～ 短[長]的單字/I don't believe a ～ of it. 我一點也不相信它。
2 a Ⓒ[常 ～s] (口說的)言語；話，談話：a man of few[many] ～*s* 話少[多]的人，寡言[多話]的人，不愛說話的人[饒舌者]/big ～*s* 豪語，大話/bitter ～*s* 嚴厲的話，尖刻的話/burning ～*s* 激烈的討論/put...into ～*s* 把…用言語表達出來/give ～*s* to... 表達…/give a person a ～ of advice 給某人一句忠告的話/put in a ～ 說出/Let me have a ～ with you. 我想跟你說句話/At a ～ from him you can be fired, you know. 你知道的，只要他講一句話你就會被解僱/Mr. Brown will now say a few ～*s.* 現在布朗先生要講幾句話/It's no use wasting any more ～*s* on him [it]. 你跟他[對那件事]再多說也是沒用的/A ～ (is enough) to the wise. 《諺》對於智者一言已足，不必多言/*Words* without actions are of little use. 光說不做是沒有用的/*Words* failed me. 我一句話也說不出。**b** Ⓒ[常 ～s] [＋*to* do] 〈…的〉話，談話：have a ～ *to* say 有句話要說/I have no ～*s to* thank you enough. 我再怎麼說都不足以表達我對你的感謝。**c** [～s] 口角，爭論：have ～*s with* a person 與人爭吵/She said he was a son of a bitch, and that led to ～*s.* 她罵他是畜生[狗娘養的]而引起口角。
3 Ⓤ[通常無冠詞] **a** 通知，音信，消息；傳言：bring ～ 傳達消息/send ～ 傳言/Please send me ～ of your new life in Brazil. 請來信告訴我你在巴西的新生活。**b** [＋*that*＿] 〈…的〉通知，音信，消息：*W*～ came *that* the party had got to their destination. 消息傳來說，那一行人已抵達他們的目的地。
4 a [one's ～] 約定，誓言，諾言：keep[break] one's ～ 信守[不守]諾言/give[pledge] one's ～ 承諾，答應，約定/one's ～ of honor 以名譽保證的諾言[約定]/be better[worse] than one's ～ 做得比答應的還要好[食言，毀約]/I give you my ～ for the fact. 我向你保證那是事實。**b** [one's ～] [＋*that*＿] 〈…的〉承諾，約定，保證：He gave me his ～ *that* he would never do it again. 他向我保證他絕不再做那種事。**c** [the ～] 口令，暗語：They gave *the* ～ *to* each other. 他們彼此說出口令。
5 Ⓒ[常用單數] **a** [one's ～, the ～] 指示，命令；信號語，口號：His ～ was law. 他的命令即是法律《★他的命令是「絕對的」之意》/Run when I give you *the* ～. 當我發號令[口令]時你就跑/Mum's the ～! ⇨ mum[1] 成語。**b** [＋*to* do] 〈做…的〉命令：The ～ *to* fire was given. 開槍[砲]的命令已下。
6 [～s] **a** (對歌曲而言的)歌詞：music and ～*s* by John Lennon 由約翰・藍儂作詞作曲。**b** (戲劇的)臺詞。
7 [the W～] 上帝[神]的話；聖經，福音；基督的教義：*the W*～ of God＝God's *W*～ 聖經，福音/preach *the W*～ 傳福音。

at a[óne] wórd (應請求)立即，言下。
be as góod as one's **wórd** 履行[遵守]諾言，言行一致。
be nòt the wórd for it 不得當[不恰當]的話：Hot *isn't the* ～ *for it.* It's scorching. 豈止是熱[說熱不恰當]，簡直是灼熱。
by wórd of móuth (非書面而)口頭地，口傳地，用言語傳達地。
éat one's **wórds** (不得已而)取消[收回]前言，承認說錯話《★比較 不是「食言」》。
from the wórd gó ⇨ go *n.*
nót gèt a wórd ín édgeways ⇨edgeways.
háng on a person's **wórds[évery wórd]** ＝**háng on the wórds of** a person 專心傾聽某人的話。
hàve a wórd in a person's **éar** 《口語》對人耳語，悄悄說。
hàve[sày] the lást wórd ⇨ last word.
in a[óne] wórd 一言以蔽之，總而言之。
in óther wórds 換言之，換句話說。
in pláin wórds 率直地說，坦白地說。
in sò mány wórds [常用於否定句] 直截了當地，一字不差地，明確地，露骨地：She did*n't* say it *in so many* ～*s.* 她沒有直截了當地說。
in wórd 掛在嘴上(的)，只是說說(的)：love *in* ～ 掛在嘴上的愛/*in* ～ and deed 言行均[都]…。
My wórd! [表示驚訝、焦躁] 哎呀！眞是的！眞沒想到！
my wórd upòn it 《古》的的確確，我發誓[保證]。
nót mínce one's **wórds** 不客氣地明說，直截了當地說。
páss the wórd(that...) (把…事[話])告訴大家。
pláy on[upòn] wórds (1) [play 當動詞用] 說詼諧話，說俏皮話。(2) [play 當名詞用] 詼諧話，俏皮話(cf. play *n.* A 2).
pùt in a góod wórd for a person 為〈某人〉美言[進言，說項]；為〈某人〉辯護《★出自聖經「撒母耳書下卷」》：*Put in a good* ～ *for* me *with* the boss, will you? 請在老闆面前為我美言幾句，好嗎？
pùt wórds ìnto a person's **móuth** 硬說某人說過某話，無中生有；教某人怎樣講。
sáy a góod wórd for a person＝put in a good WORD for a person.
sáy the wórd [常用祈使語氣] (1) 命令(做某事)，下令：*Say the* ～ and I'll do anything for you. 你下命令我會為你做任何事。(2) 如此說：If you're tired, *say the* ～. 如果你累了就說。
tàke a person **at** his **wórd** 聽信〈某人〉的話，照單接受。
tàke the wórds òut of a person's **móuth** 搶先說出某人要說的話，搶別人的話說。
tàke a person's **wórd for it** 相信某人的話。
the lást wórd ⇨ last word.
upòn my wórd! ＝My WORD!
wáste (one's) **wórds** 白費唇舌。
wórd for wórd 一字一字地，逐字地，一字不差地：translate ～ *for* ～ 逐字翻譯。
—*v.t.* [＋受] [與 well 等副詞連用] 將…用言語(…地)表達，措辭(…地)說…：～ one's ideas clearly 用明確的言語表達某人的思想，把構想清楚地用言語表達出來/a well-*worded* letter 措辭高明[得體]的信。

wórd-blìnd *adj.* 患字盲症的。

wórd blìndness *n.* Ⓤ字盲(症)，視性失語症《患者腦部受傷後不復能識字的病症》(alexia).

wórd·bòok *n.* Ⓒ **1** 字典；辭彙。**2** (歌劇的)臺詞。

wórd clàss *n.* Ⓒ《文法》詞類。

wórd-formàtion *n.* Ⓤ《文法》造字(法)，構詞(法)。

wórd-for-wórd *adj.* [用在名詞前] 逐字[詞]的〈翻譯〉。

wórd gàme *n.* Ⓒ文字遊戲。

wórd·ing *n.* [用單數] 措辭；用字，表達，說法：Careful ～ is required for clearness. 為使意義明顯須注意措辭。

wórd·less *adj.* **1** 無言的，沉默的。**2** [用在名詞前] 言語無法表達的：～ shame 言語無法表達的羞愧。**～·ly** *adv.* **～·ness** *n.*

wórd-of-móuth *adj.* [用在名詞前] 口頭的，口傳的。

wórd òrder *n.* Ⓤ《文法》字[詞]序，(句、子句或片語中)字的排列順序。

wórd pàinting *n.* **1** Ⓤ生動的敘述。**2** ＝tone painting.

wórd-pérfect *adj.* 《英》〈演員、演講者等〉熟記臺詞[講稿]的(《美》letter-perfect).

wórd pìcture *n.* Ⓒ生動逼眞的描寫。

W

wórd·plày *n.* Ⓤ Ⓒ **1** 巧妙的對話，字句的爭論，雙關語：engage in ～ 詼諧地應對[對話]。**2** 詼諧語，俏皮話。

wórd procèssing *n.* Ⓤ 文字處理《使用文字處理機製作編輯各種文書》。

wórd procèssor *n.* Ⓒ 文字處理機《由打字機與電腦組合而成的機器，用於文書的製作、記憶、印刷等》。

wórd·smith *n.* Ⓒ **1** 語言專家；字彙極豐富的人。**2** 以寫作爲生的人《如記者、小說家等》。

wórd splìtting *n.* Ⓤ 過於煩瑣的字義區別。

Words·worth [ˈwɝdzwɚθ; ˈwə:dzwəθ] **William** *n.* 華玆華斯《1770–1850；英國浪漫派詩人；1843–50 爲桂冠詩人》。

word·y [ˈwɝdɪ; ˈwə:di] «word 的形容詞» **—*adj.*** (**word·i·er**; **-i·est**) **1** 多言的，嚕囌的，冗長的：a ～ style 冗長的文體。**2** 口頭的，言語的，言論的：～ warfare 舌戰，論戰，爭論。

wórd·i·ly [-dɪlɪ; -dili] *adv.* **-i·ness** *n.*

‡**wore** [wor, wɔr; wɔ:] *v.* **1** **wear**[1] 的過去式。**2** **wear**[2] 的過去式．過去分詞。

‡**work** [wɝk; wə:k] *n.* A Ⓤ **1 a** (有某種目的而努力去做的)**工作，勞動，作業；努力，用功，研究**(↔ play)：easy [hard] ～ 輕鬆[辛苦]的工作/time-consuming ～ 費時[費事]的工作/the ～ *of* compil*ing* a dictionary 編輯字典的工作/never do a stroke of ～ 一點點工作都不做/do good ～ 工作態度[工作性質、內容]良好《★ 比較 do a good job 指「做好(一件工作)」之意》/a man of all ～ 什麼工作都做的人，多面手/⇨ MAID of all work/All ～ and no play (makes Jack a dull boy). 《諺》光讀書不玩耍，傑克[小孩]變成大呆瓜《一味地工作的人會變成沒有情趣的人》/The trouble with my job is that it is all ～ and no play. 我工作上的困擾是一味工作而全無玩樂/It will take a lot of ～ to finish the job. 做完那件工作需要費很大的工夫。

【同義字】work 指努力從事的肉體上、精神上的工作；labor 指肉體上辛苦的勞動；toil 是指肉體上及精神上長時間連續的勞累工作。

b (該做的)工作，任務：Everybody's ～ is nobody's ～. 《諺》大家的事沒人做《衆人之事無人管》。**c** [＋*to* do]〈做…的〉工作，業務，任務：I have a lot of ～ *to* do this evening. 今晚我有很多事要做。

2 [通常無冠詞]**工作機會，職業，生意，專業**：look for ～ 找工作/⇨ go to WORK/He wants ～. 他在[要]找工作/He isn't in regular ～. ＝He doesn't have regular ～. 他沒有固定的工作/His ～ is selling cars. 他的工作是推銷汽車/My ～ is *in* teaching [*as* a teacher]. 我的職業是教書。

3 a (正在做的)工作《尤指針線工作、刺繡等》：Are you through with your ～? 你的工作做完了嗎？**b** [集合稱]縫紉用具[材料]：Bring your ～ downstairs. 把你的縫紉用具帶到樓下來。

4 a **工藝，細工，製造**：Making this broach required careful ～. 製造這個胸針需要工藝精細/This table is my own ～. 這張桌子是我自己做的。**b** [集合稱](手工藝品、雕刻等的)作品《★ 用法 數個體時用 a piece of ～；cf. B 1》：the ～ *of* famous sculptors 名雕刻家的作品/What a fine piece of ～! 多麼精巧的作品呀！/⇨handwork, needlework, stonework.

5 [由形容詞所修飾](…的)做法，行爲，手段，手法：bloody ～ 血腥的行爲/sharp ～ 精明的做法/make light [hard] ～ of [with]... 輕鬆地做完…[强調(不太難做的事)困難重重]/make short [quick] ～ of... 迅速做完，快速處理…/make sad ～ of it 處置不當，弄得一團糟。

6 作用，功用；所爲：the ～ *of* poison 毒性作用/The brandy has begun to do its ～. 白蘭地開始發生作用了。

7 《物理》功(cf. erg)。

—B 1 Ⓒ (藝術等的)**作品；著作，著述**《★ 用法 指特定的各作品時，多半說成 a play of Shakespeare, a picture by Picasso；cf. A 4 b》：a literary ～ 文學作品/a ～ *of* art (尤指卓越的)美術品/a new ～ *on* modern American literature 有關現代美國文學的新著作/*the* (complete) ～*s of* Shakespeare [Picasso] 莎士比亞全集[畢卡索的全部作品]。

2 [～s] (鐘錶等的)**機件，裝置，機器**：the ～*s of* a watch [piano] 錶[鋼琴]的機件[裝置]/There's something the matter with the ～*s*. 這些機器出了毛病。

3 [～s] ⇨ works.

4 [～s] **a** 土木工程：road ～*s* 築路工程/⇨ public works. **b** (土木工程的)建造物《橋梁、堤防、船塢、水壩等》。**c** 防衛工程，堡壘：The ～*s* are impregnable. 這個要塞是難以攻破的[固若金湯]。

5 [～s] 《神學》善行，功德：mighty ～*s* 奇蹟/～*s* of mercy 慈善行爲/the ～*s* of God＝God's ～*s* 大自然/faith and ～*s* 信與行《在宗教上的精神面與實行面》。

6 [the (whole) ～s] 《口語》全部，一切。

áll in a [the] dáy's wórk 稀鬆平常的[普通的，不稀奇的]事《★含有「不得不忍耐」之意》。

at wórk (1)工作中，執勤中；在現職崗位：Men *at* ～. 《告示》工程進行中/He is hard *at* ～. 他在努力工作中/He is *at* ～ *on* a new book. 他正在寫一本新書/At seventy he is still *at* ～. 他年已七十還在工作。(2)外出工作；在工作場所：My husband is *at* ～ now. 我丈夫正外出工作。(3)〈機器〉運作中，運轉中。(4)產生影響，起作用。

gèt the wórks 《俚》受到虐待，吃苦頭，受害。

gèt to wórk (1)開始工作。(2)到(達)工作場所。

gìve a person **the wórks** 《俚》(1)虐待〈人〉，給〈人〉吃苦頭。(2)殺〈人〉。

gò to wórk (1)去工作[做事]，去上班。(2)＝get to WORK (1).

hàve (áll) one's **wórk cùt óut (for** one) 《口語》(某人)有排定的繁忙工作，十分忙碌，被派去做困難的工作：We'll *have* our ～ *cut out for us* to get this job finished by the weekend. 要在週末以前完成這件工作，我們就有苦頭吃了[就會忙得不可開交]。

in the wórks 《口語》在計畫中；在進行中，準備中。

màke wórk for... (1)爲〈人〉安排工作。(2)給〈人〉添加麻煩。

òut of wórk 失業。

pùt...to wórk ＝set...to WORK.

sèt to wórk 著手工作；開始工作[作業]：*set to* ～ *to* build a house 著手蓋房子/*set to* ～ *on*... 著手[開始]做…。

sèt...to wórk 使…開始工作：*set* a person *to* ～ *at* something 使某人開始做某工作/They were *set to* ～ mak*ing* roads. 他們被派去做築路工作。

shóot the wórks 《美口語》(1)孤注一擲。(2)盡最大努力，傾力，盡量去做。

—*v.i.* (～**ed**, **wrought** [rɔt; rɔ:t]) 《★ 語形 wrought 除下面特別列舉的情形以外，wrought 爲古語》**1 工作，做事，幹活，做工**：**a** 〔動(＋副)〕做工，工作，從事；用功，研究〈*on, away*〉：～ 43 hours a week 每週工作四十三小時/～ very hard 很努力工作[讀書]/～ ***on*** [***away***] till late at night 繼續工作到夜深/Men ～*ing* ahead. 《美》《告示》前面築路工程進行中《前面在築路》(《英》Road works ahead). **b** 〔＋*as* 補〕〈擔任…〉工作：She ～*s as* a nurse. 她擔任護士工作。**c** 〔＋介＋(代)名〕〔爲…〕工作〔*for*〕：～ ***for*** welfare 爲福利而工作/He never had to ～ *for* a living. 他從不必爲生活而工作。**d** 〔＋介＋(代)名〕〔朝…(目標)〕努力〔*toward*〕：They are ～*ing* ***toward*** the settlement of the dispute. 他們正在爲調解糾紛而努力。**e** 〔＋介＋(代)名〕〔在某人等下面〕工作〔*under*〕：I hate to ～ ***under*** her. 我厭惡在她下面工作。**f** 〔＋介＋(代)名〕〔在…〕服務，上班，就職，做事〔*at, in, for*〕：He ～*s* ***at*** [***in***] a bank. 他在一家銀行做事/She used to ～ ***for*** an oil company. 她過去服務於一家石油公司。**g** 〔＋介＋(代)名〕研究，用功〔…〕〔*at*〕；努力對付〔…〕〔*at, on*〕《★可用被動語態》：She is ～*ing* ***at*** mathematics. 她在研究[攻讀]數學/He ～*s at* social reform. 他從事社會改革工作/He is ～*ing* ***on*** a new play. 他正在著手編寫新劇本/The problem has been ～*ed on* for three years. 那個問題已研究了三年。

2 〔＋介＋(代)名〕〔用…〕爲材料加工〔*in*〕：～ ***in*** silver 用銀加細工。

3 a [常與 well 等狀態副詞(片語)連用]〈器官、機器等〉運作，運轉；〈車輪等〉旋轉，轉動：My watch doesn't ～. 我的手錶不動[故障]了/The sawmill is not ～*ing*. 鋸木廠停工[不開工]了/The hinges will ～ better with oil. 絞鏈上油會轉動得更好/My brain isn't ～*ing* well today. 我的腦筋今天不靈光。**b** 〔＋介＋(代)名〕〈機器等〉〔靠…〕轉動〔*by*〕；〈車輪等〉〔以…爲軸〕旋轉〔*on*〕：This machine ～*s* ***by*** compressed air. 這部機器靠壓縮空氣運轉。

4 a [常與 well 等狀態副詞(片語)連用]〈計畫等〉順利進行；〈藥等〉有效：The plan did not ～ well in practice. 該計畫實行時不順利/Will your idea ～? 你的主意行得通嗎？/It ～*s*. 行得通[奏效]/The drug ～*s* like magic. 該藥像魔術般有效[有奇效]。**b** 〔＋介＋(代)名〕〈藥等〉〔對…〕有效〔*on*〕：This medicine doesn't ～ ***on*** me. 這種藥對我無效。

5 a 〔＋介＋(代)名〕〔對人、感情等〕起作用，產生影響〔*on, upon*〕《★ 語形 拘泥的說法，有時將 worked 說成 **wrought**》：Poetry ～*s* ***on*** the mind of the reader. 詩會打動讀者的心/The appeal *wrought* powerfully *on* him. 那懇求深深地打動了他。**b** 〔＋介＋(代)名＋ *to* do〕企圖說服[影響]〔某人〕〈做…〉〔*on, upon*〕：They ～*ed* ***on*** me *to* vote for him. 他們企圖說服我投他的票。**c** 〔＋介＋(代)名〕產生〔對…不利的〕作用，影響〔*against*〕：The scandal will ～ ***against*** him. 那醜聞會產生對他不利的影響。

6 a 〔＋副詞(片語)〕努力地慢慢(朝…)前進，移動：The root ～*ed down between* the stones. 樹根慢慢地伸進石縫間/The wind soon ～*ed round to* the north. 不久風勢逐漸轉北

/We ~*ed* slowly *along* the shelf of rock. 我們沿著岩棚緩緩前進/My elbow has ~*ed through* the sleeve. 我的肘逐漸把袖子磨破了/The ship ~*ed eastward* in a heavy sea. 船在巨浪中向東緩行。**b**〔十補〕慢慢地[不知不覺地]變〈成…〉：The window catch has ~*ed* loose[off]. 窗戶的掛鉤鬆掉[脫落]了。

7 a〈臉部等〉激烈地(抽)動：Her face ~*ed with* emotion. 她激動得面部抽搐。**b**《罕》〈海浪〉洶湧：The sea ~*s* high. 海上怒濤洶湧。

8 發酵：The yeast hasn't begun to ~. 酵母尚未開始發酵。

—*v.t.* A **1 a**〔十受〕[與(very) hard 或表示時間的副詞(片語)連用]**使〈人〉(…地)工作；使用〈人、牛馬等〉**：He ~*s* his men long hours. 他使部屬長時間工作/You must not ~ your servant[horse] too hard. 你不可使你的僕人[馬]太勞累。**b**〔十受十補〕使〈人、牛馬等〉工作〈成…〉：He ~*ed* himself ill. 他過度勞動[積勞]成疾。**c**〔十受十介十(代)名〕使〈人、牛馬等〉工作〔成…狀態〕〔*to*〕：He ~*ed* himself *to* death. 他過度勞累[積勞]致死。**d**〔十受〕《口語》運用，利用〈關係〉：~ one's contacts 利用關係。

2 a〔十受〕**轉動；運轉，操作〈機器、裝置、身體等的某部位〉**：~ a typewriter 打字/~ one's jaws 抖動下巴/Do you know how to ~ this machine? 你知道如何操作這部機器嗎？**b**〔十受十介十(代)名〕[用電力等]轉動，操作〈機器、裝置等〉〔*by*〕：This pump is ~*ed* **by** hand[electricity]. 這個泵是用手[電力]操作的。

3〔十受〕**a** 經營〈農場、事業等〉：He is ~*ing* his farm with fair success. 他相當成功地經營著他的農場。**b**〈推銷員等〉擔任〈一定的地區〉推銷工作：This salesman ~*s* the western states. 這位推銷員擔任西部各州的推銷工作。**c** 耕耘〈土地〉；開採〈礦山〉：~ the soil 耕耘土地/That coal mine is no longer ~*ed*. 那座煤礦不再開採了。

4〔十受(十副)〕**a** 擬定，研擬，籌劃〈計畫等〉〈*out*〉：~ **out** a method[way] of driving a tunnel under the sea 研擬開鑿海底隧道的方法。**b** 努力計算，算出…；解決〈問題〉；解讀〈密碼等〉〈*out*〉：~ (**out**) difficult calculations in one's head 在腦子裏做困難的計算[艱難地做心算]《★用法 省略 out 的用法是美國語法》/He ~*ed out* all the problems in algebra. 他把所有的代數問題都解出來了。

5 a〔十受十副詞(片語)〕[常~ one*self* 或 ~ **one's way**]慢慢[費力]地(向…)前進，努力[工作]獲得(…)：~ one's way *up* 逐漸發跡/He ~*ed* his way *through* the crowd[*through* college]. 他費力地穿越人羣前進[打工念完大學]/He ~*ed himself into* a position of leadership. 他經艱苦努力爬升到領導的地位。**b**〔十受十補〕使…逐漸[慢慢]〈成…狀態〉：~ a screw loose 轉鬆螺絲/He ~*ed* his hands free from the ropes. 他使(被綁的)雙手慢慢地從繩索中掙脫出來。

—B《★ 語形 過去式及過去分詞除了用 worked 以外也常用 **wrought**》**1**《★語形 過去式及過去分詞通常用 **wrought**》**a**〔十受(十介十(代)名)〕(使用努力)[用…]製造…，將…加(細)工〔*in*〕：~ a vase (*in* silver) (用銀)製造花瓶/ornaments *wrought in* pure gold 純金打造的裝飾品。**b**〔十受十介十(代)名〕把〈材料〉(加工)製〔成…〕〔*into*〕：~ iron **into** a horseshoe 把鐵加工製成馬蹄鐵。

2 a〔十受〕揉，捏〈粉糰、黏土等〉：~ dough 揉麵糰。**b**〔十受十介十(代)名〕揉[捏]〈粉糰、黏土等〉〔成…〕〔*into*〕：~ clay **into** a jar 把黏土捏成壺。

3 a〔十受〕編織…：~ a shawl 編織披肩。**b**〔十受十介十(代)名〕把〈圖案等〉縫[繡]〔在…〕〔*on*〕；[以圖案等]縫[繡]在…上〔*with*〕：She had her initials ~*ed* **on** her handkerchief. 她把自己名字的首字母繡於手帕上/I ~*ed* my dress **with** lilies in silver thread. 我在衣服上用銀線繡上百合花圖案。

4《★語形 過去式及過去分詞通常用 **wrought**》〔十受〕產生，導致，帶來，引起〈變化、效果、影響等〉：the destruction *wrought by* the earthquake 地震所帶來的破壞/~ miracles[harm, mischief] 創造奇蹟[造成災害、禍害]/Time has *wrought* a lot of changes in our city. 時間給我們的城市帶來許多的變化/This medicine ~*ed* wonders for my cold. 這種藥對我的感冒產生神效。

5〔十受(十副)十介十(代)名〕**a** 逐漸影響〈人〉〔使成…〕；使…逐漸興奮[以至…]〈*up*〉〔*into, to*〕：~ men **to** one's will 隨意左右人們/The speaker ~*ed* his audience **into** a frenzy. 演講者使聽衆瘋狂似地激動。**b** [~ one*self*]逐漸變成〔…〕；興奮〈*up*〉〔*into, to*〕《★常以過去分詞當形容詞用；⇨ worked up》：He ~*ed himself* (**up**) **into** a rage. 他動怒了/She ~*ed* [*wrought*] *herself into* a fever. 她因過勞而致發燒。

wórk aróund = WORK round.

wórk one's **héad óff** 拚命工作[用功]。

work in [《*vi prep*》~in...](1)⇨ *v.i.* 2. **—**[《*vi adv*》~ín](2)進入，混進…：The dust ~*ed in* everywhere. 灰塵無孔不入。**—**[《*vt adv*》~ ín](3)插入，加入〈話題等〉：~ *in* some topical jokes 插入一些諷刺時事問題[抨擊時弊]的笑話。

wórk...into... (1)⇨ *v.t.* A 5 a. (2)⇨ *v.t.* B 1 b. (3)⇨ *v.t.* B 2 b. (4)⇨ *v.t.* B 5. (5)把…放進…：~ one's foot *into* the boot 把脚伸入長靴中/~ new courses *into* the curriculum 把新學科引入課程中。

wórk ín with... 與…和諧地工作，協調。

wórk like a chárm ⇨ like a CHARM.

wórk óff《*vi adv*》(1)⇨ *v.i.* 6 b. **—**《*vt adv*》(2)努力[逐漸]除去…：~ *off* the stiffness in the shoulders by massage 以按摩消除肩膀的僵硬[酸痛]。(3)做完〈剩下的工作等〉：I began to ~ *off* arrears of correspondence. 我開始處理待覆的信件。(4)做工償還〈借款等〉：~ *off* a debt 做工償還借款。(5)〔對…〕發洩〈悶氣等〉〔*on*〕：He ~*ed off* his bad temper *on* his dog. 他把脾氣發洩在他的狗身上。

wórk on it《口語》繼續努力。

wórk óut《*vi adv*》(1)逐漸露出來：Your shirt has ~*ed out*. 你的襯衫露到褲子外面來了。(2)〈金額等〉合計爲〔…〕〔*at, to*〕：The cost ~*ed out at* £7[*to* $20]. 費用合計爲七英鎊[二十美元]。(3)解決〈問題〉；算出〈總數〉：The sum won't ~ *out*. 總數算不出來。(4)[常與狀態副詞(片語)連用]〈計畫等〉(順利)進行；有(…)的結果[結局]：The plan will ~ *out* satisfactorily. 那計畫將有令人滿意的結果/It didn't ~ *out* very well. 那件事進行得不很順利。(5)〈拳擊選手〉受訓，練習；運動：~ *out* daily with sparring partners 天天與練習對手練拳。**—**《*vt adv*》(6)⇨ *v.t.* A 4. (7)辛苦達成[刻苦完成]…：⇨ work out one's own SALVATION. (8)努力去了解…：~ *out* the meaning of a poem 努力去了解詩的意思/Why did he do that? I can't ~ it *out*. 他爲什麼做那種事？我不了解。(9)《口語》明瞭〈某人〉的眞面目：I can't ~ Smith *out*. 我不明瞭史密斯是個怎麼樣的人。(10)掘盡，採完〈礦山〉。

wórk óver《*vt adv*》(1)重做〈計算等〉；改作〈報告等〉。(2)[~十受十over]《美口語》猛烈攻擊，痛打，毆打〈某人〉。

wórk róund《*vi adv*》(1)〈風〉改變方向。(2)〈人〉改變意見[想法]而同意〔他人的觀點〕〔*to*〕.

wórk to rúle《英》實施不違法的勞工鬥爭(戰術)；故意死守規章導致生產減低，怠工。

wórk úp《*vt adv*》(1)(努力逐漸)建立，擴展〈事業等〉：~ *up* a business 努力擴展事業/~ *up* one's reputation 逐漸建立聲譽。(2)⇨ *v.t.* A 5. (3)⇨ *v.t.* B 5. (4)激起，鼓舞，煽動〈勇氣、興趣、熱情等〉：~ *up* anger 激起憤怒/~ *up* an appetite (做運動等)增進食慾/~ *up* a spirit of social unrest 逐漸造成社會不安的風潮/I couldn't ~ *up* enough courage to do it. 我無法鼓起足夠的勇氣去做那件事。(5)把〈材料、主題〉蒐集[整理]〔成…〕〔*into*〕：~ *up* a series of lectures 整理出一套演講/~ *up* a sketch *into* a picture 把素描整理成畫。(6)詳細研究〈學科等〉；仔細調查，學會…：I must ~ *up* my science *for* the test tomorrow. 我必須爲明天的考試刻苦鑽研這門學科[這一科目]。**—**《*vi adv*》(7)逐漸晉陞〔至…〕，漸漸升高〔到…〕〔*to*〕：~ *up to* the position of president 逐漸晉陞至董事長的職位/The story ~*ed up to* a thrilling climax. 那個故事逐漸發展到緊張刺激的高潮。

wórk with... (1)與〈人〉(協力)工作，與…共事。(2)使用〈工具等〉工作[做事]。(3)(因工作關係)處理…[以…]爲對象。

work·a·ble [ˈwɝkəbl; ˈwəːkəbl] *adj.* **1** 可工作的，可使用的；〈機器等〉可開動的，能運轉的。**2**〈計畫等〉可實行的，會成功的。**3**〈材料等〉可加(細)工的。**4 a**〈土地〉可耕的。**b**〈礦山等〉可開採的。**~·ness** *n.*

work·a·day [ˈwɝkəˌde; ˈwəːkədei] *adj.* [用在名詞前] **1** 工作日的，平常日子的：~ clothes 平日穿的衣服。**2** 實際的；枯燥無味的，平凡的，令人厭倦的：in this ~ world 在這平凡乏味的世界裏。

work·a·hol·ic [ˌwɝkəˈhɔlɪk; ˌwəːkəˈhɔlik] «work (工作) 和 alcoholic (酒精中毒患者) 的混合語» **—*n.*** Ⓒ有工作狂的人；廢寢忘食的工作者。

wórk·bàg *n.* Ⓒ工作袋；針線袋。

wórk·bàsket *n.* Ⓒ工具箱；針線筐[盒]。

wórk·bènch *n.* Ⓒ(木匠、機械工等的)工作臺，作業臺。

wórk·bòok *n.* Ⓒ **1 a** 練習簿，作業簿，工作[工程]手册。**b** 作業記錄簿。**2** 施工規範書[說明書]。

wórk·bòx *n.* Ⓒ工具箱；縫級箱，針線盒。

wórk·dày *n.* Ⓒ **1** 工作日，作業日，平日(weekday). **2** 一日的工作[勞動]時間。

—*adj.* =workaday.

wórked úp *adj.* [不用在名詞前]〈人〉興奮的，激動的《★用法 也可寫作 worked-up；cf. wrought-up》：get[be] ~ 變興奮，激動，亢進。

W

‡**work·er** [ˈwɝkɚ; ˈwəːkə] *n.* Ⓒ **1 工作者**，用功者；研究者：a good ~ 勤奮工作的人/a hard ~ 勤勞的工作者，勤學的人。
2 a 勞動者，工人，職工：a construction [factory] ~ 建築工人[工廠的從業人員]。**b** 工匠。
3〖昆蟲〗**a** (又作 **wórker bée**) 工蜂。**b** (又作 **wórker ánt**) 工蟻。

wórk fàrm *n.* Ⓒ少年感化[勞教]農場。

wórk fòrce *n.* **1** [用單數] 全體工作[從業]人員：The whole ~ is on strike. 全體工作人員在罷工中。**2** [the ~] (總)勞動力；勞動(力)人口。

wórk·hòrse *n.* Ⓒ **1** 用於勞役的馬，拖馬車的馬。**2** 像拖馬車的馬一樣苦幹的人：a willing ~ 工作狂。**3** 有用的機器[車(等)]。

wórk·hòuse *n.* **1** Ⓒ《美》感化院 (house of correction)《輕罪犯的勞役所》。**2** [the ~] [指設施時為Ⓒ]《英》(從前的) 救濟院 (poorhouse)：go to *the* ~ 進救濟院。

wórk-ìn *n.* Ⓒ到職罷工《佔據工廠的罷工工人無視於工作規則，按照自己方式工作，以示抗議的一種方法》；到校罷課。

work·ing [ˈwɝkɪŋ; ˈwəːkiŋ] *adj.* [用在名詞前] (無比較級、最高級) **1 工作的，從事勞動的**；現職的，任事的：the ~ population 勞動人口。**2** 實際工作的，勞務的：a ~ partner (合夥公司) 以勞力投資的股東，實際參與工作的合夥人。**3** 對實際(工作)有用的，實用的：a ~ draft [drawing] (機械的) 工作圖；(工程的) 施工圖/a ~ majority (通過議案等) 有效的過半數，足夠多數/a ~ knowledge of English 英語的實用知識。

in wórking órder (1) (處於) 能正常運轉[良好]的狀態：keep a machine *in* ~ *order* 使機器保持正常運轉的狀態。(2)〈事情〉進行順利：Is everything *in* ~ *order*? 一切都順利嗎？

—n. 1 a Ⓤ工作，勞動，作業。**b** [當形容詞用] 工作[作業]用的；就業的：~ clothes 工作服/ ~ conditions 工作條件/ ~ hours 作業時間。**2** Ⓒ [常 ~s] 工作，作用 [*of*]：the ~ *of* nature 大自然的運作/the ~*s of* the brain 腦筋的運用。**3** Ⓒ [常 ~s] (礦山、隧道等的) 開採工地，作業場地，現場。

wórking càpital *n.* Ⓤ **1** 營業資本。**2**〖經濟〗流動資金。

wórking clàss *n.* Ⓤ [集合稱；常 the ~；《英》常 the ~es] 勞工[工人]階級《★用法 視為一整體時當單數用，指個別成員時當複數用》：Life for *the* ~ is getting better. 勞工階層的生活逐漸在改善。

wórking-clàss *adj.* [用在名詞前] 勞工階級的：a ~ district 勞工階層的居住地區。

wórking dày *n.* Ⓒ工作[作業]日；工作[作業]時間《★比較《美》一般用 workday》.

wórking-dày *adj.* 工作日的；平日的。

wórking fàce *n.* ＝face *n.* 9.

wórking hypóthesis *n.* Ⓒ作業假設《一種作為指導實驗、研究或作為行動依據的假設》。

wórking·màn *n.* Ⓒ (*pl.* **-men** [-ˌmɛn; -men]) 勞動者，勞工，工匠。

wórking-òut *n.* Ⓤ **1** 計算，算出。**2** (計畫的) 細節研究[推敲]；立案：the ~ of details 細節的釐定。

wórking pàrty *n.* Ⓒ **1**《英》(政府等任命的) 專門調查委員會。**2**〖軍〗工作隊。

wórking wèek *n.*《英》＝workweek.

wórking·wòman *n.* Ⓒ (*pl.* **-women**) 女工，(女性) 工作者。

wórk·less *adj.* 沒有工作的，失業的。

wórk lòad *n.* Ⓒ工作量。

work·man [ˈwɝkmən; ˈwəːkmən] *n.* Ⓒ (*pl.* **-men** [-mən; -mən]) **1** (特定行業的) **勞工**；作業員，工匠。**2** [與修飾語連用] 工作態度 (…的) 人：a good [skilled] ~ 好的[技術熟練的]工人/A bad ~ quarrels with his tools. ⇨ quarrel *v.i.* 2.

wórkman·lìke *adj.* 像職工的；技術精湛的，工作熟練的：do a ~ job 做出一點名堂來；施展精湛的手藝。

wórkman·shìp *n.* Ⓤ **1 a** (職工等的) 技能，技藝。**b** 手法，技巧：masterly ~ 精湛的技巧。**2** 工藝品，作品：a nice piece of ~ 一件精巧的作品。

wórk·òut *n.* Ⓒ **1** (拳擊等的) 練習，訓練。**2** 運動，體操。

wórk·pèople *n. pl.* [集合稱]《英》(尤指在工廠工作的) 作業員，(男女) 工人《★用法 此字無複數》。

wórk·ròom *n.* Ⓒ工作室，作業室。

works [wɝks; wəːks] *n.* Ⓒ (*pl.* ~) [常構成複合字] 工廠，製造廠 (⇨ factory【同義字】)：⇨ ironworks, steelworks/a cement ~ 水泥工廠/The ~ is [are] closed today. 工廠本日停工。

wórks còuncil *n.* Ⓒ《主英》**1** 員工福利咨詢委員會。**2** 勞資聯合委員會。

wórk shèet *n.* Ⓒ **1** (學生的) 習題用紙，作業單。**2** (工廠的) 作業計畫表，工作單，工作預定[日程]表。

***work·shop** [ˈwɝkˌʃɑp; ˈwəːkʃɔp] *n.* Ⓒ **1** (製造、修護等的) **工作場所**，小工廠。**2**《美》研討會，進修會《採用參加者主動活動方式的講習會》。

wórk-shỳ *adj.* 怕工作的，討厭工作的，懶於工作的。

wórk sòng *n.* Ⓒ《美》作業歌，工作歌。

wórk stùdy *n.* Ⓤ (以提高效率、生產為目的的) 作業研究。

wórk·tàble *n.* Ⓒ工作臺；(有抽屜的桌形) 縫紉臺。

wórk·tòp *n.* Ⓒ (櫃台式廚房的) 流理臺，工作面。

wórk-to-rúle *n.* Ⓒ《英》合法怠工《照常上班工作，但故意拖延時間，迫使資方讓步的一種怠工方式》(cf. WORK to rule *v.*).

wórk·wèek *n.* Ⓒ《美》一週的工作時間，工作週：a 40-hour ~ 每週四十小時的工作，四十小時工作週/a 5-day ~ 每週工作五天，五日制的工作週。

wórk·wòman *n.* Ⓒ (*pl.* **-women**) 女性的勞工，女工。

‡**world** [wɝld; wəːld]《源自古英語「人的一生」之義》**—n. 1 a** [the ~] **世界，地球**：to *the* ~'s end 到世界的盡頭，到天涯海角，永遠/make a journey round *the* ~ 環遊世界一周。**b** [常 the W~] (地球上的) 地區，…世界：*the* Western ~ 西方世界/*the* English-speaking ~ 以英語為母語的地區/⇨ New World, Old World, Third World.
2 [the ~] **天地，宇宙，萬物**：the creation of *the* ~ 天地的創造。
3 [the ~；當單數用] **世界上的人，人類，全人類**：*The* whole ~ wants peace. 全世界的人都希望和平/All *the* ~ knows it. 人人都知道這件事；這是衆所周知的事。
4 [the ~；當單數用] (人) **世間，世人**；時勢：know *the* ~ 熟悉世故/see *the* ~ 了解世事/as *the* ~ goes 照一般的說法/We should take *the* ~ as we find it. 我們應該順應時勢/I wonder what *the* ~ will say. 我不知道世人會如何說/How's *the* ~ going? ＝How's *the* ~ treating you? 近況如何？你過得怎樣？
5 Ⓒ (個人所見或活動場所的) **世界，世間**：My ~ has changed. 我(看到)的世界已經變了/His ~ is very narrow. 他的世界[生活圈]非常狹小/It's a small ~! 世界眞小！《★用法 在某處意外地遇見熟人時所說的話》。
6 a Ⓒ [常用單數；常與修飾語連用] 人世，今[來]世：the [this] ~ 今世，現世/another ~ ＝the other ~ ＝the ~ to come 來生，來世/this ~ and the next 今世與來世/He will not be long for this ~. ⇨ long[1] *adj.* 2 b. **b** [the ~] 現世，俗世，塵世：forsake *the* ~ 遁世。
7 a Ⓒ [the ~；與修飾語連用] (特定的團體、職業、嗜好等的) …界，…世界，…社會：*the* literary ~ ＝*the* ~ *of* letters 文學界，文壇/*the* ~ *of* sports 體育界/the fashionable ~ 上流社交界/*the* scientific [industrial] ~ 科學[工業]界。**b** [the ~；與修飾語連用] (劃分自然界的) 界 (kingdom)：*the* animal [mineral, vegetable] ~ 動[礦，植]物界。
8 Ⓒ (類似地球的) **天體，行星** (planet)：I believe in life on other ~*s*. 我相信其他星球上也有生物。

áll the wórld and his wífe《諺》每一個人，人人，不分男女。

a [the] wórld of... 龐大的，無數的，許許多多的：*a* ~ *of* troubles 許許多多的麻煩(事)/The change of air did him *a* [*the*] ~ *of* good. 換了環境[易地療養]使他好了很多/There is *a* ~ *of* difference between them. 他們之間有天壤之別。

a wórld tòo mány [múch] 太多，過多。

be áll the wórld to... 對…來說是世界上的一切，比什麼都重要：His wife *was all the* ~ *to* him. 對他來說，太太就是他的一切。

brìng a chíld ìnto the wórld 生〈孩子〉。

cárry the wórld befòre one＝CARRY all before one.

còme ìnto the wórld〈孩子〉出生，誕生；〈書〉出版，問世。

déad to the wórld ⇨ dead.

for (áll) the wórld [用於否定句] 絕(不做…，不是…)，決(不做…，不是…)，無論如何《★源自「即使以全世界[宇宙]交換(也不)」之意》：I would*n't* do that *for the* ~. 無論如何，我絕不做那種事。

for áll the wórld like [as if]... 無論怎麼看[說]都像…，活像…，簡直像…：He looked *for all the* ~ *like* a monkey [*as if* he were a girl]. 他看起來活像一隻猴子[一個女孩子]。

gìve the wórld (for [to do]...)《口語》(為了[做]…，) 不惜任何犧牲；願意付任何代價做…；渴求…：I'd *give the* ~ *for* a chance to meet her. 為了有機會見她，我不惜任何犧牲/I would *give the* ~ *to* know it. 為了知道這件事我願意付出任何代價。

hàve the bést of bóth wórlds (不從兩者中擇其一而) 取兩者之長處。

hàve the wórld befòre one 前途無量，有遠大的前途。

in the wórld (1) [強調最高級] **在全世界，世界上**：He is *the* great*est* man *in the* ~. 他是全世界最偉大的人。(2) [強調疑問詞] 到底，究竟：*What in the* ~ does he mean? 他到底是什麼意思？(3) [強調否定] 全然，完全，一點都(不…)：*Never in the* ~! 決不，一點也不/*Nothing in the* ~ would please him more. 再也沒有什麼會使他更高興的了。

màke a nóise in the wórld ⇨ make a NOISE (3).

màke one's **wáy in the wórld** (奮鬥而) 出人頭地，成功。

méan áll the wórld to... ＝be all the WORLD to.

on tóp of the wórld ⇨ top¹.
òut of this wórld《口語》不同凡響的，超凡的，極好的：Her cooking was *out of this* ~. 她的烹調功夫不同凡響。
sèt the wórld on fíre ⇨ fire.
the Wórld Federátion of Tráde Ùnions 世界工會聯盟(世界工聯)《略作 WFTU》.
thìnk the wórld of... ⇨ think.
wórlds apàrt ⇨ apart *adj.*
wórld withòut énd 永久地，永遠地《★出自「祈禱書」》。
—*adj.* [用在名詞前] **1** (全)世界的，世界性的：a ~ championship 世界冠軍/a ~ record 世界紀錄/ ~ peace 世界和平。**2** 聞名世界的〈人〉：a ~ artist 聞名世界的藝術家。
Wórld Bánk *n.* [the ~] 世界銀行。
wórld-bèater *n.* Ⓒ(在某方面)舉世無匹之人[物]，首屈一指的人。
wórld-clàss *adj.* 世界級的，世界聞名的，國際水準的。
Wórld Cóurt *n.* [the ~] 國際法庭《設於荷蘭的海牙(The Hague)，俗稱 the Permanent Court of International Justice》.
Wórld Cúp *n.* [the ~] **1** 世界杯比賽《足球等的世界冠軍賽》。**2** 世界杯比賽的獎杯。
wórld exposítion *n.* [常 W~ E~] ＝world's fair.
wórld fàir *n.* ＝world's fair.
wórld-fámous *adj.* 世界聞名的。
wórld lánguage *n.* Ⓒ **1** 世界語，國際語《Esperanto 等》。**2** (如英語爲許多國家所使用的)世界語。
world·ling [ˋwɝldlɪŋ; ˈwəːldliŋ] *n.* Ⓒ俗人，凡人，追求名利之人。
world·ly [ˋwɝldlɪ; ˈwəːldli] **《world 的形容詞》—*adj.*** (**world·li·er, -li·est ; more ~, most ~**) **1** [用在名詞前] (無比較級、最高級)現世的，世間的，俗世的，世上的：~ affairs 俗事/ ~ goods 財物，財產/ ~ pleasures 俗世的快樂。**2** 世俗的，凡俗的，追求塵世名利的，俗人的：~ wisdom (利己的)處世的才能，世故/He's very ~. 他非常庸俗。**wórld·li·ness** *n.*
wórldly-mínded *adj.* 追求名利的，世俗的。~**-ness** *n.*
wórldly-wíse *adj.* 有處世才能的，老於世故的。
wórld pówer *n.* Ⓒ世界上的强國，對全球有影響力的强國。
wórld premíere *n.* Ⓒ(戲劇、電影等的)正式的初次公演。
Wórld Séries *n.* [the ~；有時 w~ s~] (美國兩聯賽冠軍隊之間的)年度冠軍棒球聯賽《每年秋季舉行的全美職業棒球錦標賽》。
wórld's fáir *n.* Ⓒ世界博覽會。
wórld-shàker *n.* Ⓒ驚天動地的事物。
wórld-shàking *adj.* 震撼全球的，非常重大的：a ~ invention 震撼世界的大發明。
Wórld Tràde Cénter *n.* 世界貿易中心《在美國紐約市(New York City)的一座一百一十層大廈》。

World Trade Center

wórld-vìew *n.* ＝Weltanschauung.
wórld wár *n.* Ⓒ世界大戰。
Wórld Wàr Ⅰ [-ˋwʌn; -ˈwʌn] *n.* [無冠詞] 第一次世界大戰(the First World War (1914–18)).
Wórld Wàr Ⅱ [-ˋtu; -ˈtuː] *n.* [無冠詞] 第二次世界大戰(the Second World War (1939–45)).
wórld-wèary *adj.* 厭惡人世的，厭世的。**wórld-wèar·i·ness** *n.*
wórld-wíde *adj.* 遍及全世界的，世界性的：~ inflation 世界性的通貨膨脹。**—*adv.*** 遍及全世界地。
***worm** [wɝm; wəːm] *n.* Ⓒ **1 a** [常構成複合字] (細長而無脚的)**蟲**《蚯蚓、蛹、蛭、蛆等；⇨ insect【同義字】》：Even a ~ will turn.＝Tread on a ~ and it will turn.《諺》甚至小蟲也會翻身《被逼急時甚至卑微無能的人也會起而反抗》/⇨ glowworm, hookworm, silkworm. **b** 《動物》蠕蟲。**2** 蟲一般的小人物，可憐蟲(cf. insect 2). **3** 《機械》蝸桿(cf. worm wheel). **4** 《電算》毛蟲《能在電腦網路中進出自如的獨立程式》。
—*v.t.* **1 a** [＋受＋副詞(片語)] [~ one*self* 或 ~ **one's way**] 慢吞吞地[蠕動身體]前進，爬行：They ~*ed* their way *through* the bushes. 他們(像蟲一般)蠕行爬過矮樹叢/He ~*ed himself in.* 他蠕行地潛入/I ~*ed* my way *into* [*out of*] the crowded train. 我蠕動著身體擠進[出]擁擠的火車。**b** [＋受＋介＋(代)名] [~ one*self*] 慢慢地爬上[地位等]；巧妙地巴結[某人]，鑽營[…] [*into*]：She ~*ed herself* ***into*** his confidence. 她慢慢地騙得他的信任。**2 a** [＋受＋副] 巧妙地探聽出〈秘密等〉〈*out*〉：I ~*ed* the secret ***out***. 我巧妙地問出秘密。**b** [＋受＋介＋(代)名] [從某人處] 巧妙地探聽出〈秘密等〉[*out of*]：I ~*ed* the secret ***out of*** him. 我巧妙地從他那裏探出秘密。**3** [＋受] 驅除〈狗〉的腸蟲；從〈花圃等〉驅除害蟲。
—*v.i.* [＋副詞(片語)] 爬行，匍匐前進。
wórm càst *n.* Ⓒ(排泄於地上的)蚯蚓糞。
wórm-èaten *adj.* **1** 蟲蛀的，蟲蝕的。**2** 《俚》陳舊的，落伍的，過時的。
wórm gèar *n.* Ⓒ《機械》蝸輪《與蝸桿齧合的裝置》。

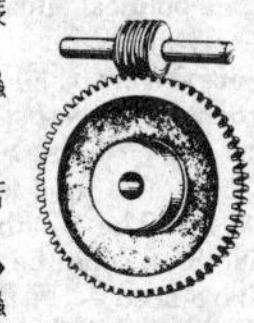
worm gear

wórm·hòle *n.* Ⓒ(樹木、果實、地面等的)蟲孔，蛀洞。
wórm whèel *n.* 《機械》＝worm gear.
wórm·wòod *n.* Ⓤ **1** 《植物》艾屬植物《尤指苦艾，或稱歐洲艾》。**2** 《文語》苦惱(的原因)。
worm·y [ˋwɝmɪ; ˈwəːmi] **《worm 的形容詞》—*adj.*** (**worm·i·er ; -i·est**) **1** 蟲(似)的，多蟲的。**2 a** 有蟲的，長蟲的。**b** 蟲蛀的。**3** 似蟲般無用的，卑賤的。
‡**worn** [worn, wɔrn; wɔːn] *v.* wear¹ 的過去分詞。
— *adj.* **1** 用舊了的，磨損的。**2** 疲憊不堪的，憔悴的。
wórn-óut *adj.* **1** [用在名詞前] **a** 用舊了的，磨損了的〈東西〉：~ shoes 磨損了的鞋子。**b** 筋疲力竭的；衰弱的：a ~, old man 衰弱的老人。**c** 陳腐的；陳腔濫調的〈言詞〉。**2** [常 **wórn óut**] [不用在名詞前] 疲憊的，筋疲力竭的(cf. wear¹ *v.t.* B 2)：He looks ~ *from* the long trip. 他因長途旅行而顯得疲憊不堪。
wór·ried *adj.* **1** 憂心忡忡的；爲難的，困惱的：a ~ look 焦慮的表情[樣子] /look ~顯得憂心忡忡 /be ~ *to* death 擔心得要命，非常擔心。**2** [不用在名詞前] **a** [＋介＋(代)名] 憂慮[…]的，擔心[…]的[*about, over*] (cf. worry *v.t.* 1 c)：I'm ~ ***about*** his health. 我擔心他的健康 /He is ~ ***over*** the future. 他擔心前途。**b** [＋ *that*__] 擔憂〈…事〉的：I am ~ *that* he has not recovered yet. 我擔憂他尚未康復。~**·ly** *adv.*
wór·ri·er *n.* Ⓒ **1** 令人煩惱[苦惱]的人[事物]。**2** 自尋煩惱的人，好操心的人。
wor·ri·less [ˋwɝɪlɪs; ˈwʌrilis] *adj.* 無煩惱的，無憂無慮的。
wór·ri·ment [-mənt; -mənt] **《worry 的名詞》—*n.*** 《口語》**1** Ⓤ 憂慮，苦惱。**2** Ⓒ苦惱[憂煩]的原因。
wor·ri·some [ˋwɝɪsəm; ˈwʌrisəm] **1** 令人擔憂的，麻煩的。**2** 好操心的，容易煩惱的，想不開的。
‡**wor·ry** [ˋwɝɪ; ˈwʌri] **《源自古英語「勒頸」之義》—*v.t.*** **1** 使…煩惱：**a** [＋受] 使〈人〉擔憂，使〈人〉苦惱[痛苦] (⇨bother【同義字】)：What's ~*ing* him? 什麼事使他煩惱？/My bad tooth worr*ies* me.我的蛀牙使我痛苦 /I am *worried* by her lateness.她的遲到使我焦慮。**b** [＋受＋介＋(代)名] [以…] 使〈人〉苦惱 [*by, with*]：He often *worries* me ***with*** [***by*** asking] difficult questions. 他常以[問]困難的問題來煩我。**c** [＋受(＋介＋(代)名)] [~ one*self*] [爲…事而]憂慮，擔心[*about*]《★常以過去分詞當形容詞用；⇨worried》：Don't ~ *yourself* ***about*** that.別爲那事憂慮[擔心]/I'm afraid she'll ~ *herself* ill *about* her son. 我怕她會因擔心兒子而生病《★用法 有時與表示結果的補語(ill 等)連用》。
2 a [＋受＋介＋(代)名] 糾纏〈某人〉[要…] [*for*]：He *worried* his mother ***for*** money. 他纏著他母親要錢。**b** [＋受＋*to* do] 纏著〈某人〉要求〈做…〉：He *worried* his mother *to* buy him a car. 他纏著他母親買車子給他。
3 [＋受] **a** 〈狗〉頑强地攻擊[折磨]〈羊、兔、老鼠等〉。**b** 〈狗等〉把〈東西〉銜在嘴裏搖動[咬嚙]：a dog ~*ing* shoes 在咬嚙鞋子的狗。
—*v.i.* **1** 擔心，掛慮：**a** 煩惱，焦慮，操心：What's the good of ~*ing*？焦慮有什麼用？/Don't ~！別發愁！別擔心！/Mother will ~ if we are late. 如果我們遲到，母親會擔心 / *Worrying* will get you nowhere. 擔心對你沒有什麼好處。**b** [＋介＋(代)名] 擔心，憂慮[關於…] [*about, over*]：Don't ~ ***about*** it. 別擔心那件事/You needn't ~ (*about*) try*ing* to find me a job. 你不必操心想爲我找工作《★用法 do*ing* 前的介系詞常被省略》。**c** [＋ *that*__] 擔心，操心〈…事〉《★可視爲及物動詞，但原本是與表示原因、理由的 *that* 子句連用的不及物動詞》：She was ~*ing that* you might be late. 她正擔心你可能會遲到。
2 [＋介＋(代)名] 爲解決[問題等]費心[*at*]：~ ***at*** the problem 爲解決該問題費心。
3 [＋介＋(代)名＋*to* do] 糾纏[某人]要求〈做…〉[*at*]：He *worried* ***at*** me *to give* it to him. 他糾纏著我要我把那件東西給他。
4 [＋介＋(代)名] 〈狗等〉[把…]銜在嘴裏搖動[*at*].
I should wórry!《口語》(1)《美》眞是豈有此理！(2)[當反語用] 我才不在乎！(那)不關我的事！
wórry alóng《*vi adv*》《口語》不顧阻礙而毅然前進。
wórry thróugh《*vi adv*》在艱難困苦中勉力度過[努力撐到底]。
—*n.* **1** Ⓤ憂慮(⇨care【同義字】)；擔心，操心，杞憂：without ~ 無掛慮地/a life without ~ 無憂無慮的生活/ *W*~ kept me

W

awake.憂慮使我睡不著。**2** Ⓒ煩惱的事，苦惱的原因：What a ~ that pupil is！那個學生多麼令人煩惱！/This world is full of *worries.* 這個世界充滿了苦惱的事 /He is a constant ~ to his parents. 他經常使父母煩惱。

wór·ry·ing *adj.* 麻煩的，煩人的；令人操心的，令人擔心的：The political situation is very ~. 政治情勢令人非常擔憂。

~·ly *adv.*

wórry·wàrt *n.* Ⓒ《口語》杞憂者，好操心的人。

‡**worse** [wɝs; wə:s] «bad, ill 的比較級；與 bad, ill 不同字源；cf. worst; ⟷ better» —*adj.* **1** [bad 的比較級] (比…) **更壞的，更差的**：The food is bad, and the service is ~. 食物不好，服務更差 /The weather is getting ~ and ~. 天氣越來越壞 /Nothing could be ~ than this. 沒有比這更壞[差]的了/It could have been ~. 事情可能更壞《還好沒有變得更壞》，(幸虧只此程度)這是不幸中的大幸/No catastrophe can be ~ *than* war. 沒有比戰爭更慘重的災禍/The book is ~ *than* useless.該書有害而無益。**2** [不用在名詞前] [ill 的比較級]〈病人等〉(情況、身體等) (較…) **更差的，惡化的**：He is somewhat ~ this morning. 今天早上他的病況有些惡化 /I hope you aren't feeling any ~. 我希望你不會覺得不舒服。

(and) whàt is wórse = **to màke màtters wórse** 更糟的是。

be (the) wórse for drínk [líquor] ⇨drink *n.* 3, liquor.

be the wórse for wéar ⇨ wear[1] *n.*

be wórse than one's **wórd** ⇨word *n.* 4 a.

nòne the wórse for... 儘管…還是不在乎[一樣]：I am *none the ~ for* a single failure. 儘管失敗一次我還是不在乎。

nòthing wórse than... (最壞的情況)只不過[頂多]…：I managed to escape with *nothing ~ than* a few scratches. 我掙脫險境，只受到一點擦傷。

wórse than áll 最壞[糟]的是《★[比較] 一般用 worst of all》.

—*adv.* [badly, ill 的比較級] **1** (比…) **更壞地，更差地**：She has been taken ~ recently. 最近她的病況更惡化了 /He is behaving ~ *than* ever. 他的所作所為比以前更壞 /I did ~ on yesterday's test. 我昨天的考試更差。**2** (比…) **更厲害地，更惡劣地**：It was thundering ~ *than* ever. 雷聲越來越大了/I want it ~ *than* before. 我比以前更想要它。

be wórse óff 生活過得更差[更苦]。

could dó wórse than... 做…也不壞《★[用法] 含蓄的說法》：One *could do ~ than* go into teaching as a profession. 擔任教職也不壞。

nòne the wórse 儘管…還是[仍舊]，並不更差《★[比較] 一般用 none the less》：*none the ~ for* wear ⇨ be the worse for WEAR[1].

thínk nòne the wórse of... 仍然尊重…，還是尊敬…：I *think none the ~ of* him because he accepted their offer. 我並不因為他接受他們的提議而不尊敬他《儘管他接受了他們的建議，我還是尊敬他》。

—*n.* Ⓤ**更壞的事[狀態，人]**：But there was ~ to come.(不僅如此)還有更壞的事/I have ~ to tell. 我還有更壞的事要說。

for bétter (or) for wórse ⇨ better[1] *n.*

for the wórse 向更壞的方向，更壞，惡化：There has been a change *for the ~*.事態[(病人的)情況]更惡化了。

gò from bád to wórse ⇨ bad *n.*

wors·en [ˈwɝsn; ˈwə:sn] «worse 的動詞» —*v.t.* 使…更壞[差]，使…惡化。—*v.i.* 變更壞[差]，惡化。

***wor·ship** [ˈwɝʃəp; ˈwə:ʃip] *n.* **1** Ⓤ**崇拜，尊敬**：hero ~ 英雄崇拜 /the ~ of wealth 崇拜財富。**2** Ⓤ**a 禮拜，參拜**：a house [place] of ~ 禮拜堂，教會。**b** 禮拜儀式：public ~ 教堂禮拜儀式 /attend ~ 參加禮拜。**3** [**your W~, his W~** 用於尊稱]《英》閣下：Yes, *your W~*. 是的，閣下《★[用法]稱呼市長、大官的尊稱》/*his W~* the Mayor of London 倫敦市長閣下《★[用法]說話中提起時的尊稱》。

—*v.t.* (**wor·shiped, -shipped；wor·ship·ing, -ship·ping**) 〔十受〕**1** 崇拜，熱愛…：She *~ed* her husband. 她崇拜她的丈夫。

> 【同義字】worship 表示深懷尊敬、敬愛之念；revere 是懷有強烈尊敬、感情的心境；adore 是抱持由衷的敬意與愛慕。

2 禮拜，膜拜〈神等〉：~ God 崇拜上帝。

—*v.i.* 〔十副詞(片語)〕做禮拜：Where does he ~？他在哪個教會做禮拜？

wor·ship·ful [ˈwɝʃəpfəl; ˈwə:ʃipful] *adj.* [用在名詞前] **1** 篤信的，虔誠的。**2** [**W~**；用於尊稱]《英》有名譽的，值得尊敬的，聲望高的：the Most [Right] *W~* …閣下。

wor·ship·(p)er [ˈwɝʃəpə; ˈwə:ʃipə] *n.* Ⓒ **1** 崇拜者。**2** 禮拜者。

‡**worst** [wɝst; wə:st] «bad, ill 的最高級；與 bad, ill 不同字源；cf. worse；⟷ best» —*adj.* **1** [bad 的最高級] **最壞的，最惡劣的**《★[用法]用在名詞前時通常 the ~，但不用在名詞前時多半省略 the》：*the* ~ road I've ever ridden on 我所駕車經過的路中路況最壞的一條路 /Of all of them, he was (*the*) ~. 在他們全體中，他是最差的一個 /The place is ~ in winter. 這地方冬天的情況最差/She was *the* ~ singer of the three. 她是那三個人中唱得最差的一個。**2** [不用在名詞前] [ill 的最高級]〈病人等〉(病況、心情等) **最壞的，最低落的**：He was ~ yesterday. 他的病況昨天最壞。**3** [**the ~**]最厲害的，最激烈的，最猛烈的：It was *the* ~ typhoon for [《美》in] seven years. 那是七年來最猛烈的一次颱風 /This is *the* ~ fever I've ever had. 這是我歷次發燒中最厲害的一次。

(in) the wórst wáy ⇨ way[1].

—*adv.* [badly, ill 的最高級] 最壞地，最厲害地，最差地《★[用法]當副詞用時，通常不與 the 連用》：You behave ~ when we have guests. 家裏有客人時，你的舉止最壞。

wórst of áll [修飾句子] 最壞[糟糕]的是。

—*n.* [**the ~**] **最壞的事[物，人]，最壞的情形**：You must be prepared for *the* ~. 你必須為最壞的情形作準備/*The* ~ of it is that.... 最糟糕的是…/*The* ~ has happened.最壞的情況發生了/*The* ~ of summer [the storm] will soon be past. 夏天最炎熱[暴風雨最猛烈]的時刻很快會過去。

at (the) wórst (1) 在情況最壞[最差]時，最壞(也…)：*At* ~ he'll average .300. 在情況最壞時他的打擊率也會有三成。(2)= at one's WORST.

at one's **wórst** 在某人情況最壞時：Johnny is always *at* his ~ when we have guests. 我們有客人時，強尼總是表現得最差。

dó one's **wórst** 使出最惡劣的手段：*Do* your ~. 你有什麼狠勁儘管使出來吧！《挑戰的語氣》/Let him *do* his ~.他有什麼狠勁讓他儘管使出來吧！《挑戰的語氣》。

gèt the wórst of it 輸，大敗。

if (the) wórst cómes to (the) wórst 如果情況最壞時，萬一發生最壞的情況《★[用法]省略 the 主要為美國語法》。

màke the wórst of... (1)對…悲觀，對…作最壞的打算。(2)無法應付〈困難等〉(⟷ make the best of)：He usually *makes the ~ of* a situation. 他通常無法應付情況。

spéak the wórst of... 把…貶到底[說得一文不值]。

—*v.t.* 〔十受〕打敗，擊敗…(defeat)：The enemy was *~ed.* 敵人被打敗了。

wor·sted [ˈwustɪd; ˈwustid] «源自英格蘭原產地的地名» —*n.* Ⓤ **1** 精紡絨線，毛紗《以長羊毛為原料者》。**2** 毛織品，毛料。

—*adj.* [用在名詞前]毛絨線(製)的，毛紗的：~ socks 毛襪。

wort[1] [wɝt; wə:t] *n.* Ⓤ麥芽汁《發酵前的麥芽滲出液；為啤酒的原料》。

wort[2] [wɝt; wə:t] *n.* Ⓒ[常構成複合字]草本植物：rag*wort* 黃菀屬草本植物。

‡**worth** [wɝθ; wə:θ] *adj.* [不用在名詞前]《★[用法] 需接受詞，因此也有人認為是介系詞》**1** [與表示金錢的名詞、代名詞連用] (在金錢上)**有…價值的**：be ~ little [much] 幾乎沒有價值 [很有價值]的 /It is not ~ a penny. 它一文不值 /This used car is ~ £400. 這部中古車值四百英鎊/How much is it ~？它值多少錢？/This picture isn't valuable, but it is ~ a lot *to* me.這幅畫雖沒有多大價值，但對我來說它是十分珍貴的。

2 a [與動名詞連用] **值得〈做…〉的，有〈做…〉價值的**：Rome is a city ~ visit*ing.* 羅馬是值得一遊的城市《★[用法]visiting 意義上的受詞是 a city》/This book is ~ read*ing.* 這本書值得一讀 /Whatever is ~ do*ing* at all is ~ do*ing* well.＝If it [a thing] is ~ do*ing,* it is ~ do*ing* well.《諺》凡是值得做的事就值得好好做。**b** [常 it is ~ do*ing*] (做…是)有價值的[值得的]：*It is* ~ read*ing* this book. 這本書值得讀/*It isn't* ~ repair*ing* this old car. 這部舊車不值得修。**c** 值得…的：His words are hardly ~ notice. 他的話幾乎不值得聽/Is it ~ all the trouble? 那件事值得那樣費神嗎？

3 財產值…的，擁有…財產的：What's she ~？她有多少財產呢？/He is ~ a million. 他有一百萬的財產/ She died ~ millions. 她死後留下好幾百萬財產。

as múch as...is wórth... 與…等值的程度：It is *as much as* my place *is* ~ to do it. 做那種事我的地位就保不住了《代價等於我的地位》。

for áll one **is wórth** 盡全力地，拼命地：I ran *for all* I *was* ~. 我拼命地跑。

for whàt it is wórth (真僞未明但)姑且聽之：I pass the news on to you, *for what it is* ~. (雖然真僞未明)但我把消息告訴你，你姑且聽之。

gét one's **móney's wórth** ⇨ money.

pláy one's **hánd for áll it is wórth** ⇨ hand.

wórth it (1)《口語》＝worthwhile. (2)[it 用於前句的內容之後]："The admission fee was $20."—"Was it ~ *it*？"「門票是二十美元。」「出這些錢值得嗎？」

wórth (one's [a person's]) **whíle** 有(做…的)價值，值得的(cf. worthwhile)：He will make it ～ your *while*. 他不會讓你白做《他會給你相當的報酬》/It is ～ *while* see*ing* [*to* see] the museum. 參觀那座博物館是值得的《★ 變換 可換寫成 The museum is ～ see*ing*. 雖然也可用 The museum is ～ *while* see*ing*. 但避免爲宜；★ 用法 ～ *while* 後面一般接動名詞，而 ～ one's *while* 後面一般都接不定詞：It would [will] be ～ your *while to* see the museum.》.

—n. 1 Ⓤ **價值，眞價**(⇨ value【同義字】)：*of* (great) ～ (非常)有價値的/*of* little [no] ～ 價值少的[沒有價值的]。

2 Ⓤ 值[多少價格的]分量，只相當於〔…的〕分量〔*of*〕：a dollar's ～ *of* this tea 一美元價值的這種茶/Give me ten dollars' ～ *of* this cloth. 給我十美元價值的這種布料。

wór·thi·ly [-ðɪlɪ; -ðili] *adv.* 可敬地；適合地。

worth·less [ˈwɜ·θlɪs; ˈwə:θlis] *adj.* (**more** ～；**most** ～) **1** (無比較級、最高級) **無價值的**，無用的，無益的：～ knowledge 無益的知識。**2** 〈人〉卑鄙的，不足取的。**～·ly** *adv.* **～·ness** *n.*

wórth·whíle *adj.* 值得費時費力的，值得做的：a ～ job 值得做的工作。

wor·thy** [ˈwɜ·ðɪ; ˈwə:ði] 《worth 的形容詞》 **—adj.** (**wor·thi·er**; **wor·thi·est**) **1** [不用在名詞前] **a** [十介十(代)名] **值得〔…〕的，適合〔…〕的**〔*of*〕：a poet ～ ***of the name 名副其實的詩人/in words ～ *of* the occasion 用[以]適合那種場合的言詞/It is ～ *of* note that... . …是值得注意的/The event is ～ *of* be*ing* remembered. 那事件是值得記憶的。**b** [十 *to* do] 值得〈做…〉的，足以〈做…〉的：He is ～ *to* take the lead. 他是配當領袖的人。

2 a [用在名詞前] 有價值的：a ～ accomplishment 有價值的成就。**b** 《古》可尊敬的，高尚的：a ～ rival 旗鼓相當[勢均力敵]的對手/a ～ gentleman 值得欽佩的紳士；《諷刺》大人物。

—n. Ⓒ 傑出人物，名人：an Elizabethan ～ 伊利莎白時代的一位傑出人物/local *worthies* 地方上的名人們。

wór·thi·ness *n.*

-worthy [-wɜ·ðɪ; -wə:ði] [形容詞複合用詞] **1** 表示「值得做…」：trust*worthy*. **2** 表示「經得起…」：sea*worthy*.

wot *v.* 《古》wit[2] 的第一人稱及第三人稱單數直說法現在式。

‡**would** [(輕讀) wəd, əd, d; wəd, əd, d; (重讀) wud; wud] *aux.* 《★ 語形 簡寫 **'d**；否定 **would not**；否定之略 **wouldn't**》 **A** (will[1] 的敍述法[直說法]過去式) **1** [根據時態一致的原則，用於附屬子句內或間接引句中] **a** [表示單純未來] **將[會]**…：She believed that her husband ～ soon get well. 她相信她的丈夫不久會康復/I asked if he'*d* come and see me immediately. 我問他是否會立刻來看我《★ 變換 直接引句是 I said, "Will you come and see me immediately?"》/She said she ～ be very pleased. 她說她將非常樂意《★ 用法 直接引句單純未來的 I [We] shall 在間接引句以第二、第三人稱爲主詞表示時，常以 would 代替 should；cf. She said, "I shall be very pleased."》/I thought you ～ have finished it by now. 我以爲到現在爲止你已經做完那件事《★ 用法 「would have ＋過去分詞」表示在過去的某一點時間爲止可能完成的動作或事情》。**b** [表示意志未來] **要**…：I decided I ～ do my best. 我決心全力以赴/I said I ～ do it. 我說我要做那件事《★ 變換 直接引句是 I said, "I will do it."》.

2 [wud; wud] **a** [表示過去的意志、主張、拒絕] **想要**…：He never failed to do what he ～. 他想要做的事，必定會去做/I asked her several questions, but she ～ not answer any of them. 我問了她幾個問題，但她一個都不想回答/The door ～ not open. 那扇門怎麼也打不開。**b** [表示說話者的焦慮] 〈人〉習以爲常地做…；〈不湊巧的事等〉總是做…《★ 用法 常與過去的時間無關》：He ～ be absent when we are most busy! 我們最忙的時候，他總是不在/"Stop teasing me or I'll tell mama."—"You ～!" 「不要作弄我，不然我要告訴媽媽。」「我知道你會的！」

3 [表示回想過去的習慣、動作等的反覆] **常常**…，往往…(cf. will[1] 5 a, used[2]；⇨ used[2] 語法(3))：He ～ sit for hours doing nothing. 他常常什麼事也不做，一坐就好幾小時。

4 [表示說話者對過去的推測] **可能是**…，大概是…(cf. will[1] 4)：I suppose he ～ be about fifty when he obtained a doctorate. 我推測他獲得博士學位時大概是五十歲左右/I *would*n't have thought he'd do a thing like that. 我沒想到他會做出那樣的事。

5 〈東西〉有做…的能力，能做…(could) (cf. will[1] 6)：He bought a car that ～ hold five people easily. 他買了一部可綽綽有餘容納[坐]五個人的車子。

—B (用假設語氣) **1 a** [「～ ＋動詞的原形」，對於現在或未來的事，以結論子句表示無關意志的假設] **大概會(做)**…：If a car hit it, the occupants ～ be killed on the spot. 如果車子撞上它，車內的人大概會當場死亡/Shakespeare ～ be no less a poet if he were alive today. 如果莎士比亞現在在世，他大概也會是位大詩人。**b** [「～ ＋動詞的原形」，對有關現在或未來的事，以結論子句表示意志的假設] **打算**…：If I were rich enough, I ～ buy it. 如果我有的是錢，我會把它買下來/If I were you, I ～ quit smoking. 如果我是你，我會戒煙《★ 用法 勸對方戒煙的說法》。**c** [「～ ＋have＋過去分詞」，對有關過去的事，以結論子句表示無關意志的假設] **大概會**…，可能會…：The vase ～ *have been* broken if you hadn't caught it. 如果你(當時)沒有接住，那個花瓶大概已摔破了。**d** [「～ ＋have＋過去分詞」，對於過去的事，以結論子句表示意志的假設] 會…：If I had known [heard] the news, I ～ *have told* it to you. 如果我(當時)知道[聽到]那個消息，我早就告訴你了。**e** [表示主詞意志的條件子句] 如果有做…的意志，如果想…：I could do so if I ～. 如果我想做，我能那樣做(但我不想做)《★ 比較 比 ...if I wanted to. 更文雅的說法》/I should be most obliged if you ～ grant my request. 如果你肯答應我的請求，我將非常感激《★ 用法 用於表示鄭重委託的句子；在美國語法多半用 I would be (very) grateful if... . 這種說法語氣較用 should 隨和》。

2 a [言外包含條件子句的內容，使陳述的語氣委婉] **會**…，大概…：It ～ be a shame to stay indoors on such a lovely day. 這麼好的天氣關在屋裏是件很可惜的事《★ 用法 to stay 以下包含有條件子句之意》/Anyone ～ have thought that. 任何人都會那樣想《★ 用法 主詞的 anyone 含有條件子句之意》/How much ～ you take for this? 這個你要賣多少錢？《★ 用法 省略 if I bought it from you》。**b** [與第一人稱的主詞連用，委婉地表達說話者的意見、感情] **想要(做)**…：*I'd* prefer to go there at once. 我想要立刻去那裏/*I'd* like to add a word of gratitude to Mr. Smith. 我想要對史密斯先生附加一句感謝的話(cf. I SHOULD like to)。**c** [Would you...? 表示鄭重的委託或勸誘] **你可以…嗎**？請你…好嗎？你要不要…：*W～ you* please help me carry this baggage? 請你幫我提這件行李好嗎？/*W～ you* mind showing me the way? 請你指點我怎麼走好嗎？/*W～ you* like (to have) a glass of beer? 你要不要來一杯啤酒？**d** [表示強烈的願望、選擇] **有意**…，**想要**…：The membership is composed of those who ～ prevent unfair elections. 全體會員都是一些有志於防止選舉舞弊的人[該委員會是由有志於防止選舉舞弊的成員組成的]。

—v.t. [十 *that*__] 《古》但願，希望〈…事〉(wish)《★ 用法 通常省略主詞，後面接含有假設語氣過去式的 *that* 子句》：*W～ that* I *were* young again! 但願我能再次年輕！/"Please help us!"—"*W～ that* I *could*!" 「請救救我們！」「但願我能！」/*W～* it *were* so [true]. 但願是那樣[眞的]《★ 用法 省略 that》.

wóuld-bè *adj.* [用在名詞前] 自稱的，冒充的；自以爲是的；想成爲…的；所謂的；願成而未成的：a ～ author 想成爲作家的人；自稱的作家/a ～ gentleman 自稱的[冒充的]紳士/(a) ～ kindness 自認爲是親切的行爲，自以爲是的親切。

‡**would·n't** [ˈwudn̩t; ˈwudnt] **would not** 之略。

wouldst [(輕讀) wədst; wədst; (重讀) wudst; wudst] *aux.* 《古》will[1] 的第二人稱單數 wilt[2] 的過去式。

‡**wound**[1] [wund; wu:nd] *n.* Ⓒ **1** (刀、劍、槍砲等所造成的) **傷口，創傷，負傷**(⇨ injury【同義字】)：a mortal [fatal] ～ 致命傷/He has a bullet ～ *in* the left arm. 他的左臂受了槍傷。

2 〔對名譽、感情等的〕創傷，傷害，損傷，痛苦；侮辱〔*to*〕：a ～ *to* one's dignity [pride, vanity] 對某人尊嚴[自尊心、虛榮心]的傷害。

líck one's **wóunds** (1)治療傷口《★源自動物舐傷口治傷》。(2)治療心裏的悲痛；從敗北[失敗(等)]中求復元[重整旗鼓]。

—v.t. 1 a [十受] (以刀劍、槍砲等) **傷**〈人〉《★常用被動語態，變成「負傷」之意；⇨ injure【同義字】》：Five soldiers were killed and twenty ～*ed*. 五名士兵死亡，二十名負傷。**b** [十受十介十名] 傷害〈人〉〔身體的某部位〕〔*on, in*〕《★ 用法 表示身體部位的名詞前加 the》：He was ～*ed* ***on*** [***in***] *the* head [arm]. 他的頭部[手臂]受傷《★ 比較 用 in 表示傷口深之意》。**2** [十受] 傷害〈某人〉的感情[名譽(等)]；傷害〈人的感情等〉：Bitter words from you will only ～ her. 出自你口中的尖刻話只會傷害她而已/His self-respect was ～*ed*. 他的自尊心受到傷害《★ 比較 這種說法較 wounded 義 2b 的例句普通》。

—v.i. 傷害：be willing to ～ 有惡意的/Words spoken in malice ～. 惡意的話會傷害(人)。

***wound**[2] [waund; waund] *v.* **wind**[2,3] 的過去式·過去分詞。

wound·ed [ˈwundɪd; ˈwu:ndid] *adj.* **1** 受傷的，負傷的：a ～ soldier 傷兵。**2 a** 〈感情、名譽等〉受到傷害的：She had a ～ look on her face. 她的臉上顯出傷心的樣子。**b** [不用在名詞前] [十介十(代)名] 〈人〉〔感情等〕受到傷害的〔*in*〕(⇨ wound *v.t.* 2 比較)：He felt ～ ***in*** his self-respect. 他覺得自尊心受到傷害。

—n. [**the** ～] [集合稱] 受傷者。

***wove** [wov; wouv] *v.* **weave** 的過去式。

***wo·ven** [ˈwovən; ˈwouvən] *v.* **weave** 的過去分詞。

wow[1] [wau; wau] 《擬聲語》 **—interj.** [表示驚嘆、喜悅、痛苦等]

哇！啊！哎唷！
—n. [用單數]大成功；(戲劇等的)空前大成功。
—v.t. 《俚》使〈觀衆等〉「哇！哇！」地熱烈讚賞。

wow[2] [waʊ; wau] 《擬聲語》**—n.** Ⓤ《電學》電唱機等放聲的失眞[走音]《比 flutter 低的周波數》。

WPM, wpm, w.p.m. 《略》words per minute 每分鐘字數《表示打字者、速記者能力等的實用單位》。

WRAC [ræk; ræk] 《*W*omen's *R*oyal *A*rmy *C*orps 的頭字語》**—n.** Ⓒ英國陸軍婦女隊(cf. WAAC)：She has joined the ~*s*. 她已加入英國陸軍婦女隊。

wrack[1] [ræk; ræk] *n.* **1** Ⓤ被海浪沖上岸的海草。**2** Ⓒ失事的船隻，漂流物。

wrack[2] [ræk; ræk] *n.* ＝rack[2].

WRAF [ræf; ræf] 《*W*omen's *R*oyal *A*ir *F*orce 的頭字語》**—n.** Ⓒ英國空軍婦女隊(cf. WAAF).

wraith [reθ; reiθ] *n.* Ⓒ **1 a** (傳說在人臨終前[剛死後]顯現的)生魂。**b** 鬼魂，幽靈(ghost). **2** 瘦削的人。

wran·gle [ˈræŋgl; ˈræŋgl] *v.i.* 〔動(十介十(代)名)〕〔爲…事〕〔與人〕吵架，爭論〔*with*〕〔*about, over*〕：~ ***with*** a person ***about*** [***over***] a matter 爲某事與人吵架[口角]。
—n. Ⓒ爭論，吵架，爭吵。

wrán·gler *n.* Ⓒ **1** 爭論者，辯論者。**2** 《英》(劍橋大學)數學學位考試一級[甲等]及格者。**3** 《美》(在牧場)看管馬匹的人；牛仔。

‡**wrap** [ræp; ræp](**wrapped, wrapt** [ræpt; ræpt]; **wrap·ping**) *v.t.* **1 a** 〔十受(十副)十介十(代)名〕把〈人、物〉包，裹〔在…裏〕；〔用…〕包，裹〈人、物〉〈*up*〉〔*in*〕：She *wrapped* her baby ***in*** her shawl. 她把嬰兒裹在披肩裏/*W*~ it ***up in*** paper [tinfoil]. 用紙[鋁箔]把它包起來/He *wrapped* himself (*up*) *in* his cloak. 他把斗篷裹在身上/The top of the mountain was *wrapped in* clouds. 山頂爲雲層所籠罩。**b** 〔十受十介十(代)名〕將〈事件、眞意等〉隱蔽，掩蓋〔在…中〕〔*in*〕：~ one's meaning ***in*** obscure language 將某人的意思以曖昧的言語掩飾《用曖昧的言語隱蔽某人的意思》/That event is still *wrapped* ***in*** (a veil of) mystery. 那事件還是疑雲重重[眞相未明]。
2 〔十受十介十(代)名〕把〈東西〉纏繞，披掛，捲繞〔在…的(周圍)〕〔*around, round, about*〕：~ a rubber band ***round*** [***around***] a parcel 把橡皮圈套繞在包裹上/She *wrapped* her shawl closer ***about*** her. 她用披肩緊裹住身體。
3 〔十受十副十介十(代)名〕使〈人〉熱中〔於…〕〈*up*〉〔*in*〕《★通常用被動語態，變成「〈人〉熱中〔於…〕」之意》：He *is wrapped* ***up in*** his work. 他埋頭於他的工作。
4 〔十受十副〕**a** 結束〈工作、聚會等〉；寫完〈習題、報告等〉〈*up*〉：~ ***up*** a meeting 結束聚會/~ ***up*** one's assignment 完成作業。**b** 概述，綜合報導〈新聞等〉〈*up*〉.
—v.i. 〔十副〕**1** 裹(身)，包住〈*up*〉：Please ~ ***up*** well. 請穿好衣服(以免受涼)。
2 [用祈使語氣]《俚》閉嘴〈*up*〉.
—n. 1 Ⓒ披肩；圍巾；膝毯；外套(等)。**2** [~*s*]祕密；檢閱，限制：keep...under ~*s* 將…保守祕密。

wráp-aròund *adj.* **1** 〈衣服等〉圍著身體[腰部]的，束腰式的：a ~ skirt 捲裙。
2 包圍式的：~ sunglasses 把眼部四周整個包住的太陽眼鏡/a ~ windscreen (汽車的)廣角形擋風玻璃。
—n. Ⓒ圍繞身體[腰部]的衣服[裙子(等)]。

wráp·per *n.* Ⓒ **1** 包裝者。**2** 包裝物：**a** 包裝紙，包布。**b** (雜誌、報紙等的)封套[帶]；腰封。**c** 《英》書套(jacket). **3** (婦女)室內穿的寬鬆便袍。

wráp·ping *n.* Ⓤ[常~*s*]包裝材料；外皮，包裝紙[布]。

wrapt[1] [ræpt; ræpt] *v.* wrap 的過去式．過去分詞。

wrapt[2] [ræpt; ræpt] *adj.* ＝rapt.

wráp-ùp *n.* Ⓒ(新聞等的)綜合報導，摘要。

wrath [ræθ; rɔθ] *n.* Ⓤ《文語》暴怒，憤怒。
the grápes of wráth ⇨ grape.

wrath·ful [ˈræθfəl; ˈrɔθful] *adj.* 《文語》暴怒的，忿怒的，帶怒氣的。**~·ly** [-fəlɪ; -fuli] *adv.*

wrath·y [ˈræθɪ; ˈrɔθi] *adj.* (**wrath·i·er**；**-i·est**)《美口語》暴怒的。
wráth·i·ly [-θɪlɪ; -θili] *adv.*

wreak [rik; riːk] *v.t.* 〔十受(十介十(代)名)〕〔對人〕施〈罰〉；加〈害〉〔人等〕；〔對人〕發洩〈怒氣〉〔*on, upon*〕：~ vengeance 復仇，報復/He often ~*ed* his bad temper ***on*** his family. 他常常對家人大發脾氣。

wreath [riθ; riːθ] 《源自古英語「扭彎」之義》**—n.** Ⓒ(*pl.* ~s [riðz, -θs; riːðz])**1 a** (以花、葉、細枝等做成環狀的)環，花圈，花環：a Christmas ~ 耶誕節的花環《在耶誕季節時裝飾於門上等》/a funeral ~ 葬禮用的花圈。**b** 花冠：a laurel ~ 月桂冠。**2** 〔煙、雲等的〕渦卷，圈〔*of*〕：a ~ *of* smoke [fog] 繚繞的煙[霧]。

1 a

1 b

wreath

【說明】花圈(wreath)通常是戴在頭上或掛在頸項上；祭弔死者則可以葬禮用的花圈(funeral wreath)放在棺柩或墳墓上。在夏威夷(Hawaii)掛在頸項或放在頭上的夏威夷花環(lei)亦爲人所熟知。在英美耶誕節(Christmas)時，很多家庭會把松樹(pine)或冬青樹(holly)的花、葉、枝等所編成的花環裝飾於窗或門上。

wreathe [rið; riːð] 《wreath 的動詞》**—v.t. 1 a** 〔十受〕將〈葉、花、細枝等〉做成環狀[花圈]；編〈花環〉：~ a garland 做花環[花圈]。**b** 〔十受十介十(代)名〕將〈葉、花、細枝等〉編成〔環狀〕〔*into*〕：~ flowers ***into*** a garland 將花編成花環。**2** 〔十受十介十(代)名〕〔用花圈[花冠]〕裝飾…〔*with*〕：~ a poet's brow ***with*** laurel 用桂冠裝飾詩人的額頭；把桂冠戴在詩人的頭上。**3** 包圍，圍繞…《★常用被動語態，介系詞用 *in*》：Mist ~*d* the mountain. 霧籠罩著那座山/The mountain *was* ~*d* ***in*** mist. 那座山被霧籠罩著/His face *was* ~*d in* smiles. 他滿臉笑容。**4** 〔十受十介十(代)名〕**a** 使…繞，纏繞〔在…周圍〕〔*around, round, about*〕：~ a garland ***around*** one's head 把花環繞在某人頭上/He ~*d* his legs ***about*** the stool. 他用雙腿圍住凳子。**b** 〔~ one*self*〕〈蛇、藤、蔓等〉纏繞〔在…周圍〕〔*around, round*〕：The snake ~*d itself* ***around*** the mouse. 那條蛇以身體纏繞那隻老鼠。**—v.i.** 〔十副詞(片語)〕**1** 〈葉子等〉互相纏繞；〈蛇等〉捲繞。**2** 〈煙等〉成圈，繚繞上升：Smoke was *wreathing upward*. 煙裊裊上升。

*__wreck__ [rɛk; rek] *n.* **1** ⓊⒸ**a 船隻的破毀，遇難，失事，海難**；(火車、汽車等的)相撞，毀壞：save a ship from (a) ~ 營救失事的船/The storm caused many ~*s*. 暴風雨使許多船隻遇難/His car was in a ~. 他的車子被撞毀了。**b** 破滅，挫折：the ~ *of* one's hopes [plans] 希望[計畫]的破滅/the ~ *of* one's life 人生的挫折。**2** Ⓒ遇難[失事]的船；(漂流的)破船殘骸。**3** Ⓒ **a** (遭到破壞的建築物、飛機、火車、汽車等的)殘骸；老舊的汽車，「老爺車」：My car was a worthless ~. 我的車子成了一堆無用的廢物。**b** 落魄的人，(因病而)瘦弱的人[身體]：He was a (mere) ~ *of* his former self. 他身體壞[瘦削]得不成樣子，已與從前判若兩人/You've made a ~ of your life. 你毀了你自己的一生/He is a complete ~ from overwork. 他因過度勞累而弄壞了身體(的健康)。
—v.t. 〔十受〕**1 a** 使〈船〉遇難《★常用被動語態，變成「遇難」之意》：The ship *was* ~*ed*. 那條船遇難[失事]了。**b** 使〈人〉遭遇海難，使…遇難《★常用被動語態，變成「遇難」之意》：They *were* ~*ed* on the reef. 他們因船觸礁而遭遇海難。**c** 毀壞〈建築物、交通工具等〉《★常用被動語態；⇨ destroy【同義字】》：The car *was* ~*ed* by the mob. 車被暴徒搗毀了。**2 a** 將〈家財、財產等〉蕩盡：~ one's career 毀掉一生[前途]/The scandal ~*ed* his reputation. 那樁醜聞毀了他的聲譽。**b** 使〈計畫等〉挫敗，使…失敗，使…瓦解：The accident ~*ed* our plan. 那次意外事故使我們的計畫失敗。**c** 弄壞〈身體〉；損害〈人〉的健康：Overwork ~*ed* his health. 操勞過度損害了他的健康。**—v.i.** 船隻遇難；破滅。

wreck·age [ˈrɛkɪdʒ; ˈrekidʒ] *n.* Ⓤ[集合稱]遇難破損的船隻與貨物，漂流物；殘骸，破片。

wréck·er *n.* Ⓒ **1 a** 破壞者。**b** (從前的)掠奪遇難船隻者《爲掠奪而使船隻遇難的人》。**2** 《美》(建築物的)拆除業者(《英》house-

breaker).**3**《美》(移走出車禍的車及吊走違規停車車輛的) 拖吊車，救險車(《英》breakdown lorry [van])。

wreck·ing [ˈrɛkɪŋ; ˈrekiŋ] *n.* Ⓤ **1** (船隻的) 失事；遭難。**2** 破壞；毀滅。**3**《美》拆除廢屋。**4** 營救遇難船隻的工作；營救；救援。

wren [rɛn; ren] *n.* Ⓒ《鳥》鷦鷯《鷦鷯科鳴禽的統稱》。

Wren [rɛn; ren], Sir **Christopher** *n.* 列恩《1632–1723；英國建築家；建有倫敦聖保羅大教堂(St. Paul's)等許多著名建築物》。

wren

wrench [rɛntʃ; rentʃ] *v.t.* **1 a**〔十受十副〕用力扭轉，猛扭〈東西〉〈*around, round*〉：～ one's head ***around*** [***round***] (爲轉向而) 扭轉脖子。**b**〔十受十介十(代)名〕把〈東西〉扭轉〔到…方向〕〔*to*〕：～ the steering wheel ***to*** the right 把方向盤猛轉到右方。**c**〔十受十補〕把〈東西〉扭轉〈成…〉：He ～*ed* the window open.＝He ～*ed* open the window. 他把窗戶撬開。**2 a**〔十受十副〕把〈東西〉扭下來，扭斷〈*off, away, out*〉：～ ***off*** the lock 把鎖扭斷。**b**〔十受十介十(代)名〕〔從…〕扭下，奪走〈東西〉〔*from, out of, off*〕：～ a fruit ***off*** a branch 從樹枝上扭下[摘下]果實/ ～ a gun ***from*** a person [***out of*** a person's hand] 從某人[某人手裏]奪走槍。**3**〔十受〕扭傷〈腳踝等〉：～ one's ankle 扭傷腳踝。**4**〔十受〕扭曲〈事實〉；曲解〈意義〉。

—*v.i.*〔動(十介十(代)名)〕用力扭轉，猛扭〔…〕〔*at*〕.

—*n.* **1** Ⓒ扭轉，用力擰，猛扭。**2** Ⓒ扭傷，扭筋：He gave his right ankle a ～. 他扭傷了右腳踝。**3**〔用單數〕(離別的) 悲傷，痛苦：It will be a ～ to leave home. 離鄉背井是件痛苦的事。**4** Ⓒ(事實、意義等的) 牽强附會，歪曲。**5** Ⓒ **a**《美》扳手，扳鉗(《英》spanner). **b**《英》活動扳鉗，活動扳手(monkey wrench).

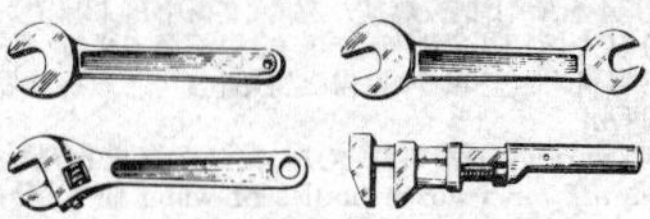

wrenches 5 a

wrest [rɛst; rest] *v.t.* **1**〔十受十介十(代)名〕**a**〔從…〕(硬) 把〈東西〉扭下來，擰去，奪去〔*from, out of*〕：～ a knife ***from*** a person [a person's hand] 從某人[某人手中]奪取刀子。**b**〔從…〕勉强[辛苦]獲得〈同意、生計等〉〔*from, out of*〕：～ consent ***from*** a person 勉强[好不容易]使某人同意/～ a living *from* barren ground 勉强在不毛之地生存下去/They plotted to ～ power *from* the king. 他們圖謀篡奪國王的權力。**2**〔十受(十介十(代)名)〕曲解，歪曲〈法律、事實等〉的〔眞義〕〔*from, out of*〕.

—*n.* Ⓒ扭曲，扭轉。

wres·tle [ˈrɛsl; ˈresl] *v.i.* **1 a**〔動(十副)〕〈兩人〉扭打，搏鬥；角力，摔角〈*together*〉. **b**〔十介十(代)名〕〔與對手〕搏鬥，扭打；角力〔*with*〕：He began to ～ ***with*** his opponent. 他開始與對手扭打[搏鬥]。**2**〔十介十(代)名〕〔與誘惑等〕鬥爭，作戰，苦鬥；盡全力解決〔問題等〕〔*with*〕：We must ～ ***with*** the problem [difficulty]. 我們必須盡全力解決該問題[困難]/He decided to ～ *with* those temptations. 他決定抗拒那些誘惑。

—*v.t.* **1**〔十受〕與〈人〉搏鬥；跟〈人〉摔角：～ a person for a prize 爲爭取獎金而與人角力。**2**〔十受十副詞(片語)〕與〈人〉扭打(使成…狀態)：～ a person *down* 把人摔倒/～ a person *to* the ground 把人摔倒在地。

—*n.* Ⓒ **1** 揪打，扭打；摔角的一回合比賽。**2** 奮鬥，苦鬥。

wrés·tler *n.* Ⓒ **1** 扭打者，搏鬥者。**2** 摔角選手，大力士。

wres·tling [ˈrɛslɪŋ; ˈresliŋ] *n.* Ⓤ摔角，角力，格鬥。

wretch [rɛtʃ; retʃ] «源自古英語「被驅逐者」之義»**—***n.* Ⓒ **1** 不幸的人，悲慘的人：a poor ～ 可憐的人。**2**《謔》無恥的人，討厭鬼：You ～！你這個卑鄙傢伙！畜牲！

wretch·ed [ˈrɛtʃɪd; ˈretʃid] *adj.* (～·er；～·est) **1 a** 悲慘的，苦命的，可憐的，不幸的：lead a ～ existence 過著不幸的生活。**b** 非常寒酸的，髒兮兮的：a ～ house [inn] 破舊不堪的房子[旅社]。**c** (在肉體上、精神上) 極惡劣的：feel ～ 覺得很不舒服。**d**〔不用在名詞前〕〔十介十(代)名〕〔因…而〕覺得很可憐的〔*about*〕. **2**〔用在名詞前〕(無比較級、最高級) **a** 無恥的，下流的，卑劣的：a ～ traitor 無恥的賣國賊。**b** 非常不愉快的，令人厭惡的，很惡劣[笨拙]的：a ～ poet 蹩脚詩人《★用法 把 wretched 作義 1a 解，也可解釋爲「過著悲慘生活的詩人」》/What ～ weather！多麼惡劣的天氣啊！/This coffee is ～ stuff. 這咖啡是劣貨《太難喝，喝不下去》。**c**〔用以强調說話者的焦慮與憤怒〕：I can't find that ～ umbrella！我找不到那把可惡的雨傘！

～·ly *adv.* **～·ness** *n.*

wrick [rɪk; rik] *v.t.* & *v.i.* (使…) 扭傷，(使…) 扭筋。

—*n.* Ⓒ扭傷，扭筋。

wrig·gle [ˈrɪgl; ˈrigl] *v.i.* **1 a** 把身體扭來扭去，扭動身體；〈蚯蚓等〉蠕動：Most pupils ～ as soon as they become bored. 大部分學生一覺得厭煩，就會扭動身子。**b**〔十副詞(片語)〕扭身(進[出]…)：The eel ～*d away* (*out of* his hands). 那條鰻魚扭身(從他手中) 滑走/A snake ～*d across* the path. 蛇蠕動身子穿過小徑/He ～*d through* the narrow opening. 他扭身通過狹窄的洞口。**2**〔十介十(代)名〕**a**《口語》設法逃脫〔困難、責任等〕〔*out of*〕：He can ～ ***out of*** any difficulty. 他總是能設法擺脫任何困難。**b** 設法博取〔別人的好感等〕〔*into*〕：～ ***into*** a person's favor 設法討好某人。**—***v.t.* **1 a**〔十受〕蠕動，扭動〈身體(的某部位)〉：～ one's body 蠕動身體/～ one's hips 扭動臀部。**b**〔十受十副詞(片語)〕[～ **one's way** 或 ～ one*self*] 扭身[蠕動身體] (前進[脫出]…)：A worm ～*d* its way *out* at the hole. 一條蟲蠕動著爬出洞來。**c**〔十受十補〕[～ one*self*] 蠕動身體〈變成…狀態〉：The thief ～*d himself* free from the rope. 那個賊扭動身體掙脫了繩索。**2**〔十受十介十(代)名〕[～ one*self*] **a** 設法脫離〔…的狀態〕〔*out of*〕：～ *oneself* ***out of*** a difficulty 設法脫離困境。**b** 設法博取〔好感等〕〔*into*〕：～ *oneself* ***into*** a person's favor 設法討好某人。**—***n.* Ⓒ掙扎，蠕動，扭身。

wrig·gler *n.* Ⓒ **1** 扭動的人[動物，東西]。**2**《昆蟲》孑孓。

wrig·gly [ˈrɪglɪ; ˈrigli] «wriggle 的形容詞»**—***adj.* (**wrig·gli·er**；**-gli·est**) 蠕動的，扭動的；坐立不安的；吊兒郎當的。

wright [raɪt; rait] *n.* Ⓒ〔常構成複合字〕**1** (木工等的) 工匠；(船、車等的) 製造者，…工，…匠：a ship*wright* 造船工，船匠/a wheel*wright* 車工。**2** 作者，作家：a play*wright* 劇作家。

Wright [raɪt; rait], **Frank Lloyd** *n.* 萊特《1869–1959；美國建築家》。

Wright, Or·ville [ˈɔrvɪl; ˈɔ:vil] *n.* 萊特《1871–1948；Wilbur 的弟弟；1903 年發明飛機的美國兩兄弟中的弟弟》。

Wright, Wilbur [ˈwɪlbɚ; ˈwilbə] *n.* 萊特《1867–1912；Orville 的哥哥；1903 年發明飛機的美國兩兄弟中的哥哥》。

wring [rɪŋ; riŋ] *v.t.* (**wrung** [rʌŋ; rʌŋ]) **1 a**〔十受(十副)〕擰，絞〈濕的東西〉；把…放入絞衣機中絞〈*out*〉：He *wrung* (***out***) his wet clothes. 他擰他的濕衣服。**b**〔十受十介十(代)名〕〔從濕的東西中〕絞出〈水分〉，擰出〈水〉〔*out of, from*〕：～ water ***out of*** the towel 把毛巾的水擰掉。**c**〔十受十補〕把〈濕的東西〉絞[擰]〈成…狀態〉：She *wrung* the laundry dry. 她擰乾洗好的衣服。

2 a〔十受〕(用力) 扭轉[擰]〈東西〉：～ a person's neck 勒緊某人的脖子使窒息《★源自「勒死」小雞》/I'll ～ his neck. 我要勒住他的脖子《招死他》。**b**〔十受十副〕擰[扭]斷〈物〉〈*off*〉：～ ***off*** a cap 扭開瓶蓋。**c**〔十受十介十(代)名〕把…〔從…〕扭開〔*off*〕：～ a cap ***off*** a bottle 扭開瓶蓋。

3〔十受〕緊握〈手〉：I *wrung* my old friend's hand. 我緊握老朋友的手。

4 a〔十受十副〕榨取〈金錢等〉；强迫對方作出〈承諾等〉〈*out*〉：They *wrung* ***out*** our consent. 他們强使我們同意 (cf. 4b). **b**〔十受十介十(代)名〕〔向…〕榨取〈金錢等〉；强迫〔人等〕〈承諾、同意等〉〔*from, out of*〕：The beggar *wrung* money ***from*** any of the passers-by. 那個乞丐硬向每個過路人討錢/They *wrung* consent ***from*** us. 他們强使我們同意 (cf. 4a).

5〔十受(十介十(代)名)〕〔以…〕使〈心等〉苦惱，使…痛苦，使…難過〔*with*〕：Their misfortune *wrung* her kind heart. 他們的不幸使她仁慈的心感到難過/His soul was *wrung* ***with*** agony. 他的心靈深受痛苦的折磨。

wríng one's hánds (表示悲痛、絕望等的動作) 絞扭[揉搓] (自己的) 雙手。

wrínging wét 濕得可以擰出水來的，濕透的《★wringing 是副詞用法》：My clothes were ～*ing wet.* 我的衣服濕得可以擰出水來。

—*n.* Ⓒ **1** 絞，擰，扭：Give the apron another ～. 把圍裙再擰一下。**2** 緊緊的握手：I gave his hand a ～. 我緊緊地握住他的手。**3 a** (蘋果的) 榨汁機。**b** (乳酪的) 成型機。

wríng·er *n.* Ⓒ **1** 絞扭的人；絞扭機。**2** (洗衣用的) 絞衣機。

wrin·kle[1] [ˈrɪŋkl; ˈriŋkl] *n.* Ⓒ (皮膚、布等的) 皺紋，小縐摺：She has got ～*s* round her eyes. 她的眼睛周圍起皺紋了/He ironed out the ～*s in* his trousers. 他把褲子上的縐摺熨平。

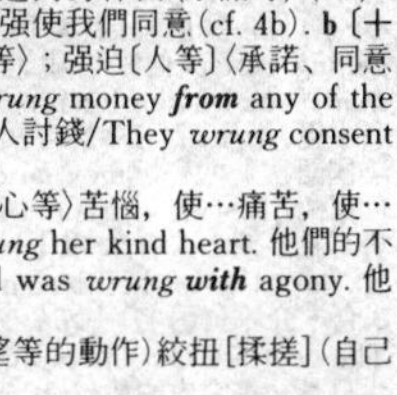

wringer 2

—*v.t.* **1**〔十受(十副)〕〈人〉使…起皺紋〈*up*〉：He ～*d* (***up***) his forehead. 他 (因困惑、深思而) 皺起額頭/She ～*d* her nose. 她 (因難聞而) 皺起鼻頭。**2**〈年齡等〉使〈臉部

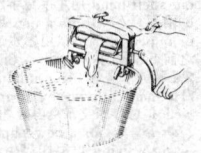

W

等〉起皺紋《★通常用被動語態，變成「起皺紋」之意；介系詞用 *with*》：His face *was* ~*d* **with** age. 他因年老而臉部起了皺紋。
——*v.i.* **起皺紋[縐摺]**〈*up*〉：This cloth ~*s*. 這種布料會起縐摺。

wrin·kle² [ˈrɪŋkl; ˈriŋkl] *n.* Ⓒ《口語》**1** 好主意，妙計；點子：Give me a ~ or two. 幫我出一兩個點子吧。**2** 新構想，新式樣：the newest ~ *in* running shoes 跑鞋之中最新流行式樣。

wrin·kly [ˈrɪŋklɪ; ˈriŋkli] 《wrinkle¹ 的形容詞》——*adj.* (**wrin·kli·er**；**-kli·est**)起〈小〉皺紋的；多皺紋的。

***wrist** [rɪst; rist] *n.* Ⓒ **1 手腕**《★hand 與 forearm (前臂) 間的關節部分；⇨ body, hand 的插圖》：take a person by the ~ 抓住某人的手腕。**2** (衣服、手套等的)手腕部分。

wríst·bànd *n.* Ⓒ(襯衫等的)袖口。

wrist·let [ˈrɪstlɪt; ˈristlit] *n.* Ⓒ腕套，(防寒用的)腕筒；手鐲 (bracelet).

wríst·wàtch *n.* Ⓒ手錶。

wrist·y [ˈrɪstɪ; ˈristi] *adj.* (**wrist·i·er**；**-i·est**)〈打球等〉使用[運用]手腕的；腕力很大的。

writ¹ [rɪt; rit] *n.* Ⓒ《法律》令狀，書面命令，…票：a ~ of summons 傳票/a ~ of habeas corpus 人身保護令/serve a ~ on... 把傳票送達…。
(the) Hóly [Sácred] Wrít 聖經。

writ² [rɪt; rit] *v.*《古》**write** 的過去式・過去分詞。

‡**write** [raɪt; rait] 《源自古英語「搔」之義》——(**wrote** [rot; rout], 《古》**writ** [rɪt; rit]; **writ·ten** [ˈrɪtn; ˈritn],《古》**writ** [rɪt; rit]) *v.t.*
1 (利用筆、打字機等工具)**寫**(⇨ draw【同義字】)：**a** 〔十受〕寫〈文字、文章、論文、書等〉；作[寫]〈曲子〉：~ a check [cheque] 開支票(cf. WRITE out (2))/ ~ a book on American history 寫一本美國史的書/ ~ an opera [a symphony] 寫歌劇[交響樂曲]/He ~*s* English better than he speaks it. 他的英文寫的比說的好/~ one's name and address *in* a book 把姓名住址寫在書上/ ~ a letter *on* a typewriter 用打字機打一封信/He *wrote* a wonderful melody *for* the song. 他爲那首歌譜上美妙的旋律。**b** 〔十受〕在〈紙等〉上寫字；用〈某種筆跡〉寫字：~ five pages 寫五頁/~ shorthand 用速記寫/~ a good [bad] hand 字寫得好[壞]。**c** 〔十引句〕寫…：He *wrote* "I love you" on his birthday card to her. 他在給她的生日卡上面寫著「我愛你」。**d** 〔十受十受〕寫給〈某人〉…：I *wrote* him a check (for the sum [$40]). 我開給他一張(全額[四十美元的])支票。
2 寫信：**a** 〔十受(十副詞(片語))〕寫〈信〉：~ a letter *from* Paris 從巴黎寫信(回家)/~ a letter *home* 寫家書，寫信回家。**b** 〔十受〕《美口語》寫信給〈人〉《★用法 *v.i.* 可視爲義 3b 省略 to 的結構；★比較 一般用 write to》：Our son ~*s* us every week. 我們的兒子每星期寫信給我們。**c** 〔十受十受/十受十介十(代)名〕給〈某人〉寫〈信等〉；寫〈信等〉[給某人]〔*to*〕：He *wrote* me an account of his journey. 他寫信告訴我他旅行中的情形/I *wrote* a long letter **to** my parents. 我寫了一封長信給父母。**d** 〔(十受)十 *that*__/十介十(代)名十 *that*__〕寫信通知〈某人〉〈…事〉；[給人]寫信通知〈…事〉〔*to*〕《★用法 上述句型主要爲美國語法》：He ~*s that* he is getting better. 他來信說他正在逐漸康復/I *wrote* (**to**) them *that* I was leaving for London. 我寫信告訴他們我將去倫敦。**e** 〔(十受)十 *wh.*__〕寫信告知〈某人〉〈…〉《★用法 後接受詞主要爲美國語法》：*W*~ (me) *how* you got home. 寫信告訴我你如何回家的/*W*~ me *if* I could see you on Saturday. 來信告知我是否可在星期六去看你。**f** 〔十受十 *to* do〕寫信要〈某人〉〈做…〉(cf. *v.i.* 3c)：I *wrote* her *to* come and see me. 我寫信要她來看我。
3 〔(十介十(代)名)十 *that*__〕[在書等中]寫著[說]〈…事〉〔*in*〕：The poet ~*s that* life is but an empty dream. 那詩人寫道：人生只是一場空虛的夢/*It* is *written* **in** the Bible *that*.... 聖經上說…。
4 〔十受十介十(代)名〕(如書寫一般清楚地)將〈感情、特質等〉表示，顯示，刻劃[於臉上、心上等]〔*on, in, all over*〕《★常用被動語態》：Honesty *is written* **on** [**all over**] his face. 誠實表露在他的臉上《他一臉誠實的樣子》。
5《電算》〔十受〕將〈資料〉寫入[輸入](記憶裝置)。
——*v.i.* **1 寫**(字)：He cannot read or ~. 他不會讀或寫/She ~*s* well [clearly, legibly]. 她字寫得好[清楚，易辨認]/ ~ *with* one's left hand 用左手寫字/ ~ *on* both sides of the paper 在紙的兩面寫/ ~ *with* a pen 用鋼筆寫/You may ~ either *in* ink or *in* pencil. 你可以用墨水或鉛筆寫《★用法 用 in 時 pencil, pen 之前不加冠詞》/Don't ~ on the walls. 請勿在牆上亂塗[塗鴉]。
2 a 著述，著作：Her ambition was to ~. 她的抱負是從事寫作/He made a living by *writing.* 他以寫作爲生/The author ~*s* well. 這位作家文章寫得好。**b** 〔十介十(代)名〕[爲…]寫文章[稿]〔*for, to*〕：~ **for** a newspaper [magazine] 爲報章[雜誌]寫稿/~ *for* a living 以寫作謀生/~ **to** a newspaper 投稿給報社。**c** 〔十介十(代)名〕寫[關於…的事]〔*about, of, on*〕：I am not fit to ~ **about** it [**on** the subject]. 我不適於寫那件事[有關那個主題(的文章)]/He *wrote* **of** his experiences. 他撰寫[寫文章談論]自己的經驗。
3 a 〔動(十副詞(片語))〕**寫信，通信**：She ~*s home* once a week. 他每週寫一次信回家。**b** 〔十介十(代)名〕[就…事]寫信[給人]〔*to*〕〔*about*〕《★ ~ to 可用被動語態》：~ **to** one's mother 寫信給母親/He must *be written to.* 必須寫信給他/I *wrote to* him **about** the matter. 關於那件事我寫信給他了。**c** 〔(十介十(代)名)十 *to* do〕寫信給[某人]〈要某人做…〉〔*to*〕(cf. *v.t.* 2f)：I *wrote to* let him know that I was arriving at three. 我寫信告訴他我將於三點鐘抵達/I have *written* **to** him *to* meet me at the station. 我已寫信給他要他到車站接我。**d** 〔十 do*ing*〕寫信要求〈做…〉：He *wrote* ask*ing* me to meet him at the airport. 他寫信要我到機場接他。
4 [與 well 等狀態副詞(片語)連用]〈筆等〉寫得(…)：This pen ~*s* well. 這枝筆好寫。
nóthing to wríte hóme abòut ⇨ home *adv.*
wríte awáy for... 寫信訂購…。
wríte báck 《*vi adv*》回信[給…]〔*to*〕.
wríte dówn 《*vt adv*》⑴**把…寫下來，記錄…**：Some students ~ *down* every word the professors say. 有些學生把教授所說的一字一句都記錄下來。⑵〔十受十 *as* 補〕在紙上敍述…〈爲…〉；把〈人〉評價，看成〈…〉：In the book she ~*s* herself *down as* a feminist. 在那本書中她把自己寫成女權運動者/I should ~ him *down as* a scoundrel. 我應把他看成是個惡棍。——《*vi adv*》⑶(使人易懂地)降低程度寫[以迎合讀者]〔*to*〕：~ *down to* one's audience 爲迎合讀者故意降低程度寫；寫較低級的作品以迎合讀者的趣味。
wríte for... ⑴寫信訂購[請求]…：~ *for* a fresh supply 寫信要求供貨[訂購]/ ~ home *for* money 寫信回家要錢。⑵⇨*v.i.* 2b.
wríte ín 《*vt adv*》⑴把…寫進，記入(文書中)。⑵《美》(選舉時)把〈人名〉寫入[列入]名單上。⑶《美》以記名方式投〈票〉。——《*vi adv*》⑷(將請求、訂單等)以信函寄給[公司、政府機關等]，投書[至…]〔*to*〕.
wríte óff 《*vi adv*》⑴當場[流暢地]寫。⑵寫信[訂購…]〔*for*〕：He *wrote off for* a dozen bottles of wine. 他郵購一打葡萄酒。——《*vt adv*》⑶一口氣寫完…：~ *off* a poem in ten minutes 十分鐘內寫出一首詩。⑷〔十受(十 *as* 補)〕把〈債務等〉〈當作…〉勾銷，註銷：~ *off* a debt (*as* irrecoverable) 把債(當作無法收回而予以)勾銷。⑸〔十受十 *as* 補〕把…看〈成…〉，認定…〈爲…〉：~ *off* a person *as* a fool 把某人看成傻瓜。⑹《口語》認爲…不行，放棄…。
wríte óut 《*vt adv*》⑴完整(不省略地)寫出…：~ *out* a report 寫出報告。⑵開〈支票等〉。⑶[~ one*self* out]〈作者〉(寫作能力枯竭而)寫不出，無材料可寫，江郎才盡：He has *written himself out.* 他已是江郎才盡(再也寫不出東西來了)。——《*vi adv*》⑷〈作者〉才盡，無材料可寫。
wríte úp 《*vt adv*》⑴告示…：A notice is *written up* on the wall. 牆壁上有一則告示。⑵詳細地寫〈日記等〉；寫完，整理〈草案等〉：He *wrote up* his diary every evening. 他每天晚上詳記日記。⑶詳細記載[大寫特寫，詳細報導]〈發生的事等〉：The reporter *wrote up* the event for his paper. 那名記者爲自己的報社詳細報導該事件。⑷在報紙上讚揚…：The critics *wrote up* the acting of the supporting players. 評論家們撰文讚揚那些配角的演技。——《*vi adv*》⑸＝WRITE in ⑷.
wrít [wrítten] in wáter ⇨ water.
wrít [wrítten] lárge ⑴大書特書的；顯而易見的《★出自密爾頓(Milton)的詩》。⑵大規模地，大大地。⑶〈弊害等〉更爲嚴重，更加厲害。

wríte-ìn 《美》*n.* (又作 **wríte-ìn vóte**) Ⓒ投票人另提名候選人的投票。
——*adj.* [用在名詞前]被選民寫在選票上的：a ~ vote 投票人另提名候選人的投票/a ~ candidate 被選民寫在選票上(選票上原來未列名)候選人。

wríte-òff *n.* Ⓒ **1** (債務等的)註銷，勾銷。**2**《口語》(汽車、飛機等)嚴重破損者。

‡**writ·er** [ˈraɪtə; ˈraitə] *n.* Ⓒ **1 作家；書寫者；**(政府機關的)書記。**2** 著者，作者：the present ~ 本文作者[筆者]。

wríter's crâmp *n.* Ⓤ《醫》書寫痙攣，指痙攣：get ~ 患了書寫痙攣。

wríte-ùp *n.* Ⓒ《口語》**1** (報章、雜誌等的)記事，評論：There was a ~ of the meeting in the morning paper. 早報上有關於該會議的報導/The concert got a good [terrible] ~. 那次音樂會獲得好評[苛評]。**2** 極力讚揚[善意]的報導。

writhe [raɪð; raið] *v.i.* 〔動(十介十(代)名)〕〈人〉[因痛苦等而]掙扎，翻滾(身體)；扭動，打滾〔*in, under, with*〕：The wounded soldier ~*d* **in** agony. 那名傷兵因痛苦而翻滾著(身體)/He ~*d* **under** the insults [**with** shame]. 他因受辱[羞愧]而苦惱。

***writ·ing** [ˈraɪtɪŋ; ˈraitiŋ] *n.* **1** Ⓤ **a** 寫(作), 執筆; 書寫[寫作]的職業[工作]: at this [the present] ～(筆者)在寫本文時[此時]/He is busy with his ～. 他忙於寫作。**b** [當形容詞用]書寫用的: a ～ book 寫字簿, 習字本/a ～ case 筆盒, 文具盒/a ～ pad (撕開式的)便條紙, 信紙。**2** Ⓤ **a** 書法, 習字, 書寫。**b** 字體, 筆跡。**3** Ⓤ書面, 文件: in ～ 以書面, (用)寫的/put an agreement *in* ～ 把約定寫成文字[作成契約書]/put one's ideas down *in* ～ 把構想寫下來。**4 a** Ⓤ著作: a piece of ～ 作品。**b** [～s]著作, 作品: the ～*s of* Milton 密爾頓全集。
sée the writing on the wáll ＝see the HANDWRITING on the wall.
wríting dèsk *n.* Ⓒ(有抽屜的)書桌; 寫字檯。
wríting ìnk *n.* Ⓤ書寫用墨水。
wríting matèrials *n. pl.* 文具。
wríting pàper *n.* Ⓤ信紙, 寫字用紙。
wríting tàble *n.* Ⓒ寫字檯; 書桌。
‡**writ·ten** [ˈrɪtn̩; ˈritn] *v.* **write** 的過去分詞。**—*adj.*** (無比較級、最高級) **1** 寫成的, (作成)書面的(cf. oral 1, verbal 2): a ～ application 書面的申請, 申請書, 委託書/a ～ examination 筆試。**2** 用於書寫的, 寫文章的(↔ spoken): ～ language ⇨ language 1. **3** 成文的(↔ unwritten): ～ law 成文法。
W.R.N.S. 《略》Women's Royal Naval Service 英國海軍婦女隊。
‡**wrong** [rɔŋ; rɔŋ] «源自古北歐語「彎曲的」之義» **—*adj.*** (**more** ～, **most** ～; ～·**er**, ～·**est**) (↔ right) **1** [不用在名詞前] **a** (在道德上)不好的, 不正的, 不良的: It is ～ to tell a lie. 撒謊是不好的。**b** 〔＋*of*＋(代)名(＋*to* do)/＋*to* do〕[某人]〈做…是〉不好的, 不對的; 〈某人〉〈做…是〉不好的, 不對的: It was ～ *of* you *to* do that. ＝You were ～ *to* do that. 你那樣做是不對的。
2 a 不正確的, 錯誤的: a ～ answer [decision] 錯誤的答案[決定]/a ～ move 走錯的一步棋; 不理想的做法/take the ～ bus 搭錯公共汽車/take the ～ way 走錯路/You have (got) the ～ number. [用於電話]你打錯了(號碼)。**b** [不用在名詞前]〔＋介＋(代)名〕〈人〉〔在…方面〕**錯誤的**〔*in*〕: He was ～ ***in*** his conjecture. 他的推測是錯誤的/You are ～ *in* lay*ing* the blame on him. 你責備他是錯誤的。**c** [不用在名詞前]〔＋*for*＋(代)名＋*to* do〕[某人]〈做…是〉不對的: It is ～ *for* him *to* desert her. 他拋棄她是不對的。
3 a 不適當的, 不妥當的, 不令人滿意的: You have come at the ～ time. 你來得不是時候。**b** 〔＋介＋(代)名〕〔對…〕不適合的, 不適當的〔*for*〕: the ～ clothes ***for*** the occasion 不適合該場合的服裝。
4 相反的, 顛倒的; 反面的: the ～ side of a fabric 織物的反面/wear a sweater ～ side out 反穿毛衣。
5 [不用在名詞前] **a** 情況不好的, 故障的, 有毛病的: My watch is ～. 我的手錶故障了[有毛病]。**b** 〔＋介＋(代)名〕〔…〕情況不好的, 故障的〔*with*〕: There is something ～ ***with*** the engine. 引擎出了毛病[有故障]/Something is ～ *with* him. 他有點問題[不太對勁]/What's ～ *with* you? 《口語》你怎麼了? 你不要緊吧? 《你什麼地方不對勁?》《★用法 視上下文, 也會變成「振作點」的鼓勵話》/What's ～ *with* it? 《口語》那有什麼不好[不對]? 《那不是很好嗎? cf. WHY not(...)? (1)》。
be cáught on the wróng fóot ⇨ foot.
gèt (hóld of) the wróng énd of the stíck ⇨ end.
gèt óut of béd on the wróng síde ⇨ bed.
in the wróng bóx ⇨ box[1].
on the wróng síde of... ⇨ side.
—*adv.* (無比較級、最高級) [常用於句尾] **1 邪惡地, 不正當地**: right or ～ 不論好壞, 不管對不對/act ～ 幹壞事。
2 錯誤地, 失當地: answer [guess] ～ 答錯[猜錯]/lead a person ～ 帶領某人走錯路, 使某人入歧途; 教壞某人/He did it ～. 他做錯[做得不對]。
3 相反地, 顛倒地。
gèt in wróng with a person 《美口語》惹〈某人〉厭, 惹〈某人〉生氣, 得罪〈某人〉。
gèt it wróng 誤解, 算錯。
gò wróng (1)走錯路。(2)脫離正道, 誤入歧途。(3)〈鐘錶〉出毛病, 故障; 〈計算等〉錯誤。(4)失身, 墮落。(5)變得不高興。(6)〈食物〉腐敗。(7)〈計畫等〉失敗。
—*n.* (↔ right) **1** Ⓤ**邪惡,** 罪惡, 不正: know right from ～ 分辨善惡, 知道好歹/do ～ 做壞事, 犯罪; 處置錯誤[失當]。
2 ⓊⒸ**不當,** 不法; 不當的行爲[待遇], 虐待: suffer ～(s) 受到傷害[虐待], 受到非法的處置, 受寃屈。
3 Ⓒ不良的行爲, 壞事: Two ～*s* don't make a right. 《諺》一錯再錯還是錯《不能因別人做壞事自己也跟著做壞事》。
be in the wróng 錯誤的, 不對的; 壞的; 不正的(↔ be in the right): I [My guess] *was in the* ～. 我[我的猜測]錯了/It is I who *was in the* ～; I apologize. 錯的是我, 我道歉。
dò a person **wróng** ＝**dò wróng to** a person (1)害某人, 寃枉某人, 對某人處置不當。(2)誤解某人, 曲解某人的動機(等): You *do* me ～. 你誤解我了。
pùt a person **in the wróng** 將過失(等)歸罪於〈某人〉, 寃枉〈某人〉, 把過失的責任推給〈某人〉: Your mother is always trying to *put* me *in the* ～. 你母親總是想把過失的責任推給[寃枉]我。
—*v.t.* 〔十受〕**1** 不當地處置, 虐待, 傷害〈某人〉。
2 誤解; 寃枉, 中傷〈某人〉: You ～ me. 你誤會[寃枉]我。
3 引誘, 欺騙〈女人〉。
wróng·dóer *n.* Ⓒ做壞事的人, 爲惡者; 犯罪者, 加害者。
wróng·dóing *n.* ⓊⒸ爲惡; 惡行, 不正當行爲; 罪行, 犯罪。
wrong·ful [ˈrɔŋfəl; ˈrɔŋful] *adj.* **1** 壞的, 邪惡的: a ～ act 惡行。**2** 非法的, 不當的: ～ dismissal 不當的解僱。
～·ly [-fəlɪ; -fuli] *adv.*
wróng·héaded *adj.* **1** 〈人〉想法錯誤的; 執迷不悟的; 頑固的, 固執的。**2** 〈想法、意見等〉錯誤的: a ～ decision 錯誤的決定。
～·ly *adv.* **～·ness** *n.*
wrong·ly *adv.* [常用於過去分詞前] **1** 不應該地, 邪惡地; 非法地, 不當地: He was ～ accused. 他受到不當的指控。**2** 錯誤地, 不正確地: a ～ addressed letter 寫錯受信人地址的信/We were ～ informed. 我們得到不正確的消息[知識, 情報, 資訊]/He answered the question quite ～. 他完全答錯了該問題。
‡**wrote** [rot; rout] *v.* **write** 的過去式。
wroth [rɔθ; rouθ, rɔθ] *adj.* 《古·詩》**1** [不用在名詞前]激怒的, 暴怒的: wax ～ 勃然大怒。**2** 〈風〉狂吹的; 〈海浪〉洶湧的。
wrought [rɔt; rɔ:t] *v.* **work** 的過去式·過去分詞(⇨ work *v.* 語形)。**—*adj.*** **1** 製造的; 精製的; 細工做的, 精緻的: a highly ～ article 精緻的工藝品, 精巧的物品/a well-*wrought* urn 精製的甕。**2** 〈金屬等〉精煉的, 鍛煉的。**3** 裝飾的, 刺繡的。
wróught íron *n.* Ⓤ鍛鐵, 熟鐵。
wróught-úp *adj.* 興奮的; 激動的; 勃然大怒的《★拼法 敘述用法時多半寫作 wrought up; cf. worked up》: She was in a highly ～ state. ＝She was highly *wrought up*. 她極爲興奮。
wrung [rʌŋ; rʌŋ] *v.* **wring** 的過去式·過去分詞。
wry [raɪ; rai] *adj.* (**wry·er, wri·er; wry·est, wri·est**) [用在名詞前] **1 a** (一時)不高興的, 皺眉的, 顰蹙的〈臉、表情等〉: a ～ look (略帶滑稽的)苦臉/a ～ smile (微微的)苦笑/make a ～ face [mouth] 做鬼臉, 皺起面孔《難吃、失望、厭惡等的表情》。**b** 《罕》扭歪的, 歪曲的〈眼、鼻、脖子等〉。**2** 辛辣的, 譏刺的, 諷刺的〈言辭、幽默等〉: ～ wit 諷刺性的機智。**3** 判斷錯誤的; 曲解的, 牽強附會的〈意思〉。**4** 心術不正的, 乖戾的, 彆扭的。
～·ly *adv.* **～·ness** *n.*
wrý·nèck *n.* Ⓒ **1** 《口語》**a** 〔醫〕斜頸, 捩頸, 歪頭。**b** 歪脖子的人。**2** 〔鳥〕蟻鴷《啄木鳥科攀禽, 喜食螞蟻; 受驚時頸部扭轉, 故英文名"歪脖"》。
WSW, W.S.W. 《略》west-southwest.
wt. 《略》weight.
wurst [wɜst, wurst; wə:st] «源自德語» **—*n.*** Ⓒ[當作菜名時爲Ⓤ]德國香腸, 紅臘腸(sausage).
WV 《略》〔美郵政〕West Virginia.
W. Va. 《略》West Virginia.
WY 《略》〔美郵政〕Wyoming.
Wy. 《略》Wyoming.
Wy·an·dotte [ˈwaɪənˌdɑt; ˈwaiəndɔt] *n.* (*pl.* ～**s**, [集合稱] ～) **1** Ⓒ〔鳥〕懷恩多特雞《美國所培育之肉卵兼用品種的雞》。**2 a** Ⓒ懷恩多特族的一員《北美印地安人休倫(Huron)聯盟中的一族人》。**b** Ⓤ懷恩多特語。
Wy·att [ˈwaɪət; ˈwaiət] *n.* 懷爾特《男子名》。
wých·èlm [ˈwɪtʃ-; ˌwitʃ-] *n.* Ⓒ〔植物〕光榆《又稱歐洲山榆; 榆科落葉喬木》。
wých házel *n.* ＝witch hazel.
Wyc·lif(fe) [ˈwɪklɪf; ˈwiklif], **John** *n.* 威克利夫《1320? -84; 英國神學家、宗教改革家及聖經譯者》。
wynd [waɪnd; waind] *n.* Ⓒ《蘇格蘭》狹巷; 小巷。
Wyo. 《略》Wyoming.
Wy·o·ming [waɪˈomɪŋ, ˈwaɪəmɪŋ; waiˈoumiŋ] «源自北美印地安語「大平原」之義» **—*n.*** 懷俄明州《美國西北部的一州; 首府夏安 (Cheyenne [ʃaɪˈɛn; ʃaiˈæn, -ˈen]); 略作 Wyo., Wy., 〔郵政〕WY; 俗稱 the Equality State》。
Wy·o·ming·ite [waɪˈomɪŋˌaɪt; waiˈoumiŋait] *n.* Ⓒ懷俄明州人。
wy·vern [ˈwaɪvən; ˈwaivən] *n.* Ⓒ飛龍《有兩隻鷹爪與翅膀, 尾巴有刺的虛構動物; 用於英格蘭派系的紋章》。

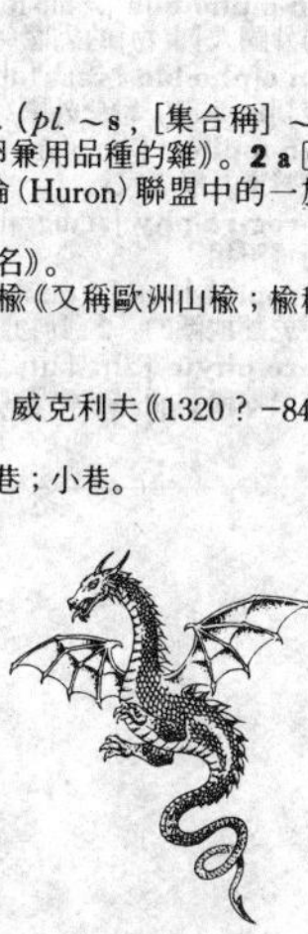
wyvern

W

X x **X x** *X x*

x¹, X¹ [ɛks; eks] *n.* (*pl.* **x's, xs, X's, Xs** [~ɪz; ~iz]) **1** Ⓤ©英文字母的第二十四個字母。**2** Ⓤ(一序列事物的)第二十四個；(不包括 J 時的)第二十三個。**3** Ⓤ(羅馬數字的)十：XV [*xv*] = 15/*XX* [*xx*] = 20/XL [*xl*] = 40/XC [*xc*] = 90.

x² [ɛks; eks] *n.* ©(*pl.* **x's, xs** [~ɪz; ~iz]) [常寫作 *x*]《數學》第一未知數(cf. y^2, z^2; a^2, b^2, c^2).

x³ [ɛks; eks] *v.t.* (**x-ed, x'd, xed** [ɛkst; ekst]; **x-ing, x'ing** [ˋɛksɪŋ; ˈeksiŋ])《美》**1** 打X記號於…：*x* one's ballot 在選票上打X記號《★相當於中國的㊀》. **2** [十受十副] 以X記號劃掉…〈*out*〉.

X² [ɛks; eks] *n.* ©(*pl.* **X's, Xs** [~ɪz; ~iz]) **1** X 字形(之物)。

2 X 的記號：**a** 不會寫字的人用以代替簽名的記號：put one's *X* on… 在…畫上X記號(代替簽名)。**b** (地圖、圖表等的) 表示特定地點的記號。**c** 表示錯誤的記號。**d** (畫在信函等末尾的)接吻記號。

3 未知數的人[物]：Mr. *X* 某氏/⇨X ray.

4《美俚》十美元的鈔票(cf. V²).

X《略》Christ；Christian；cross(⇨ cross *n.* 2c)；《符號》《美》《電影》拒絕未滿十八歲者入場，成人電影(⇨movie【說明】)。

Xan·a·du [ˋzænəˏdu; ˈzænədu:] «源自 Kublai Khan 建離宮之地»—*n.* ©富於田園美的土地《村鎮》，世外桃源。

xan·thic [ˋzænθɪk; ˈzænθik] *adj.* **1** 黃色的，帶黃色的。**2**《化學》(不溶於水的)黃花色素的，黃酸的。

Xan·thip·pe [zænˋtɪpɪ; zænˈθipi, -ˈti-] *n.* **1** 詹蒂碧《希臘哲學家蘇格拉底(Socrates)之妻；嘮叨潑悍，被視爲惡妻的典型》。**2** ©嘮叨的女人，囉嗦的女人，惡妻。

xan·thous [ˋzænθəs; ˈzænθəs] *adj.* **1** 黃色的。**2** 黃種人的。

Xa·vi·er [ˋzævɪɚ; ˈzæviə], St. **Francis** *n.* 沙勿略《1506–52；世稱 Apostle of the Indies,西班牙耶穌會的傳教士；曾在印度、中國、日本傳教》。

x́-àxis *n.* (*pl.* **x-axes**)©《數學》(笛卡兒座標之)橫軸，X軸。

X chrómosome *n.* ©《生物》X染色體《性染色體的一種；與 Y 染色體相配；cf. Y chromosome》.

x.d.《略》《股票》ex dividend.

Xe《符號》《化學》xenon.

xe·bec [ˋzibɛk; ˈzi:bek] *n.* ©(航行於地中海之)一種三桅船。

xe·nog·a·my [zəˋnɑgəmɪ; zi:ˈnɔgəmi, zi-] *n.* Ⓤ《植物》異花受粉；異株受精。

xe·non [ˋzɛnɑn; ˈzenɔn] *n.* Ⓤ《化學》氙《一種稀有氣體元素；符號 Xe》.

xen·o·phile [ˋzɛnəˏfaɪl; ˈzenəfail] *n.* ©喜愛外國(人)的人。

xen·o·phobe [ˋzɛnəˏfob; ˈzenəfoub] *n.* ©厭惡外國(人)的人。

xen·o·pho·bi·a [ˏzɛnəˋfobɪə; ˌzenəˈfoubiə] *n.* Ⓤ厭惡外國(人)，對外國人[事物]的恐懼(症)。

xen·o·pho·bic [ˏzɛnəˋfobɪk; ˌzenəˈfoubik] «xenophobia 的形容詞»—*adj.* 厭惡外國(人)的，畏懼外國人[事物]的。

Xen·o·phon [ˋzɛnəfən; ˈzenəfən] *n.* 贊諾芬《434?–355? B.C.；希臘將軍及歷史家》。

xe·rog·ra·phy [zɪˋrɑgrəfɪ; ziəˈrɔgrəfi] *n.* Ⓤ靜電印刷，乾印術；靜電照相。

xe·roph·i·lous [zɪˋrɑfələs; ziəˈrɔfiləs] *adj.* **1**《植物》(適合)生長在乾熱地區的。**2**《動物》生活在乾燥環境中的。

xe·ro·phyte [ˋzɪrəˏfaɪt; ˈziərəfait] *n.* ©耐旱植物《生長於沙漠或乾旱地帶，能忍受乾旱的植物，如仙人掌、佛甲草等》。

xe·rox [ˋzɪrɑks; ˈziərɔks] *n.* **1** [X~] Ⓤ《商標》全錄式影印，靜電複印術《乾式影印法的一種》。**2** ©以全錄影印法影印的影印本[副本]。

—*v.t.* 用全錄影印法影印…。

xi [saɪ, zaɪ; sai, zai] *n.* Ⓤ©希臘字母的第十四個字母 Ξ，ξ《相當於英文字母的 X, x；⇨Greek alphabet 表》。

-xion [-kʃən; -kʃn] 字尾 表示動作、狀態的名詞字尾＝-ction《★拼法 主要爲英國式拼法；如 Connec*tion*, inflec*tion*, 現在一般的拼法則爲 -ction》：conne*xion*；infle*xion*.

XL《略》extra large 特大(的)。

Xmas [ˋkrɪsməs; ˈkrisməs] «源自希臘文 Xristos (＝Christ)的起首字和 'mass' 的混合語» —*n.*《口語》**耶誕節**(Christmas)《★比較 X'mas 是錯誤的寫法》。

X́-radiàtion *n.* ⓊX光放射[照射]。

X́-ràted *adj.*《口語》**1**〈電影〉X級的，以成人爲對象的《★也有特別强調的 XX-rated, XXX-rated 的用法；cf. movie【說明】》：an ~ movie 成人電影。**2**《美》猥褻的，色情的：an ~ book 黃色書籍。

X ray [ˋɛksˏre, ˋɛksˋre; ˌeksˈrei, ˈeksrei] «由發現者 Roentgen 以「眞相不明的放射線」之義命名»—*n.* © **1** [常 ~s] **X 射線, X光。** **2** X光照片：take an ~ [have an ~ taken] 拍張X光照片[請人拍張X光照片]。**3** X光檢查。

X-ray [ˋɛksˏre, ˋɛksˋre; ˌeksˈrei, ˈeksrei] *adj.* [用在名詞前] [常**x-ray**] **X 光的**(Roentgen)：an ~ diagnosis [photograph, picture] X光的診斷[照片]/~ therapy X射線治療法/have an ~ examination 接受X光檢查。

—*v.t.* [十受] **1** 拍…的X光照片：~ the chest 拍胸部X光照片。**2** 以X光檢查[治療]〈疾病〉。

x́-ray thèrapy *n.* Ⓤ《醫》X射線治療法《如用於治療癌症等者》。

x́-ray tùbe *n.* ©X射線管。

X-u·nit [ˋɛksˏjunɪt; ˈeksˌju:nit] *n.* ©X單位《從前用以表示 X 射線波長的單位，約等於 10^{-11}公分》。

xy·lan [ˋzaɪlæn; ˈzailæn] *n.* Ⓤ《化學》樑糖。

xy·lem [ˋzaɪləm, -lɛm; ˈzailəm, -lem] *n.* Ⓤ《植物》木質部《木質組織；維管束的木質化部分》。

xy·lene [ˋzaɪlin; ˈzaili:n] *n.* Ⓤ《化學》二甲苯。

xylo- [zaɪlə-; zailə-] 字首 表「木」之意。

xy·lo·graph [ˋzaɪləˏgræf; ˈzailəgrɑ:f] *n.* ©木版印書；木刻版。

xy·log·ra·phy [zaɪˋlɑgrəfɪ; zaiˈlɔgrəfi] *n.* Ⓤ木刻術；雕木術；木版印刷術。

xy·loid [ˋzaɪlɔɪd; ˈzailɔid] *adj.* 木質的；(構造上)似木材[木質]的。

xy·lol [ˋzaɪlɑl; ˈzailɔl] *n.* Ⓤ《化學》混合二甲苯《各種二甲苯的混合液》。

xy·lo·phone [ˋzaɪləˏfon; ˈzailəfoun] *n.* ©木琴(cf. marimba).

xy·lo·phon·ist [ˋzaɪləˏfonɪst, zaɪˋlɑfənɪst; ˈzailəfounist, zaiˈlɔfənist] *n.* ©木琴手[演奏者]。

xy·lose [ˋzaɪlos; ˈzailous] *n.* Ⓤ《化學》木(質)糖。

xys·ter [ˋzɪstɚ; ˈzistə] *n.* ©(外科用的)刮骨刀，骨刮；刮器。

xylophone

X

Y y **Y y** *Y y*

y^1, Y^1 [waɪ; wai] *n.* (*pl.* **y's, ys, Y's, Ys** [~z; ~z]) **1** ⓊⒸ英文字母的第二十五個字母(cf. upsilon). **2** Ⓤ(一序列事物的)第二十五個；(不包括 J 時的)第二十四個。

y^2 [waɪ; wai] *n.* Ⓒ(*pl.* **y's, ys** [~z; ~z])[常寫作 *y*]《數學》第二未知數(cf. x^2, z^2; a^2,b^2,c^2).

Y^2 [waɪ; wai] *n.* Ⓒ(*pl.* **Y's, Ys** [~z; ~z])Y字形(之物)；Y字形支架。

Y《符號》《化學》yttrium.

¥, ￥, Y《略》yen 圓《日幣單位》：¥ 100 日幣一百圓。

Y^3 [waɪ; wai]《略》*n.* [**the** ~]《口語》＝YMCA；YWCA：He stays at *the Y.* 他住宿在 YMCA.

y.《略》yard(s)；year.

-y^1 [-ɪ; -i] [字尾]**1** [附加在形容詞、名詞後]表示「…的性質，…的狀態」：jealous*y*, victor*y*. **2** [附加在動詞後]表示「…的行爲」：entreat*y*, deliver*y*.

-y^2 [-ɪ; -i] [字尾]**1** [附加在名詞後變成表示親愛的指示詞]：aunt*y* 阿姨/John*ny* 小約翰。**2** [附加在形容詞後構成名詞]：sweet*y* 可愛的人/fatt*y* 胖子。

-y^3 [-ɪ; -i] [字尾]**1** [附加在名詞後構成形容詞] **a** 表示「多…的」「充滿…的」：cloud*y*, hair*y*. **b** 表示「由…形成的」「有…性質的」：milk*y*, greed*y*. **c** 表示「稍微…的」「類似…的」：chill*y*, wintr*y*. **d** 表示「對…著迷的」：hors*ey*. **2** [附加在表示色彩的形容詞後]表示「稍微…的」，「略帶…的」：pink*y*, yellow*y*, whit*y*《★[比較]一般用 -ish》. **3** [附加在形容詞後構成其他同意形容詞之詩語]：steep*y*, still*y*, vast*y*.

yacht [jɑt; jɔt] **«源自荷蘭語「追趕的船」之義» —*n.*** Ⓒ遊艇《★有競賽用輕快帆船與(裝有馬達[附帆]可航行於外海的遊覽用)豪華快艇(cruiser)；★[比較]競賽、娛樂用的小型遊艇稱作 dinghy, 在美國稱爲 sailboat, 英國一般稱爲 sailing boat》：sail a ~ 駕駛遊艇/sail *on* [*in*] a ~ 坐遊艇航行/by ~ 坐遊艇《★無冠詞》。

—*v.i.* 搭乘遊艇，駕駛遊艇，坐遊艇遊覽；參加遊艇比賽：go ~*ing* 去坐遊艇。

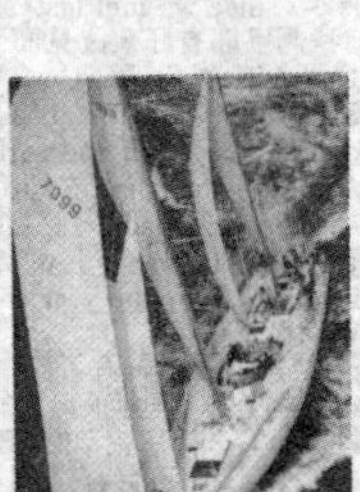

yacht

yácht chàir *n.* Ⓒ 摺疊帆布椅。

yácht clùb *n.* Ⓒ遊艇俱樂部。

yácht·ing *n.* Ⓤ駕駛遊艇，坐遊艇(的旅遊)；遊艇比賽[駕駛(技術)]。

yácht ràce *n.* Ⓒ遊艇比賽。

yachts·man [ˋjɑtsmən; ˈjɔtsmən] *n.* Ⓒ(*pl.* **-men** [-mən; -mən])《★[語形]女性爲 yachtswoman》遊艇駕駛[所有]者。

yah [jɑ; jɑ:] *interj.* [表示憎恨、嘲諷、焦躁、挑戰的叫聲]呀！

Ya·hoo [ˋjɑhu, ˋjehu, jəˋhu; jəˈhu:, jɑ:ˈhu:] *n.* Ⓒ **1** 亞虎《斯威夫特(Swift)所著「格列佛遊記(*Gulliver's Travels*)中的人形獸；爲呼邪拿(Houyhnhnm)的侍者》。**2** [y~]《罕》像野獸般粗野的人。

Yah·veh [ˋjɑve; ˈjɑ:vei], **Yah·weh** [ˋjɑwɛ, -we; ˈjɑ:wei] *n.* ＝Jehovah.

yak^1 [jæk; jæk] *n.* (*pl.* ~**s**, [集合稱] ~) **1** Ⓒ《動物》犛牛《西藏、中亞所產的野牛；常用以載物，其肉、乳可供食用》。**2** Ⓤ犛牛肉。

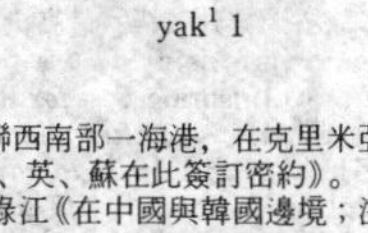

yak^1 1

yak^2 [jæk; jæk] *v.i.* (**yakked**; **yak·king**)《口語》(連續不斷地)說廢話，喋喋不休。

Yale [jel; jeil] *n.* 耶魯大學《位於美國康乃狄克州(Connecticut)新哈芬(New Haven)；創立於 1701 年》。

Yal·ta [ˋjɔltə; ˈjæltə] *n.* 雅爾達《蘇聯西南部一海港，在克里米亞(Crimea)境內，瀕黑海；1945 年美、英、蘇在此簽訂密約》。

Ya·lu [ˋjɑˋlu; ˈjɑ:ˈlu:] *n.* [**the** ~]鴨綠江《在中國與韓國邊境；注入黃海》。

yam [jæm; jæm] *n.* Ⓒ《植物》**1** 薯蕷《俗稱山藥；薯蕷屬植物的統稱，其根可供食用》。**2**《美》甘薯(sweet potato).

yam·mer [ˋjæmɚ; ˈjæmə]《口語》*v.i.* **1 a** 抽泣，慟哭。**b** 發牢騷，抱怨。**2**〔動(＋副)＋介＋(代)名〕〔對於…〕喋喋不休〈*away*〉〔*about*〕：He was ~*ing* (***away***) ***about*** his kids. 他正喋喋不休地講他孩子們的事。

yang [jæŋ; jæŋ] *n.* Ⓤ(在中國哲學和宗教上的)陽(⟷ yin).

Yang·tze (Kiang) [ˋjæŋtsɪ(ˋkjæŋ); ˌjæŋtsi (ˈkjæŋ)] *n.* [**the** ~] 長江《在中國中部，爲中國最長的河流，注入東海，也稱揚子江》。

yank [jæŋk; jæŋk]《口語》*v.t.* **1**〔＋受＋副詞(片語)〕使勁地把…拉(…)(jerk)：~ *out* a tooth 用力拔掉牙齒/Mother ~*ed* the bedclothes *off* John. 母親用力拉掉蓋在約翰身上的被單/He ~*ed* her *out of* the car. 他從車上把她拖出來。**2**〔＋受＋補〕把…用力拉〈成…狀態〉：He ~*ed* open the drawers. 他猛拉開抽屜。

—*v.i.* 1〔動(＋介＋(代)名)〕用力拉〔…〕〔*at*〕：~ ***at*** a rope 用力拉繩子。**2**《棒球》(由於失策等而)更換投手。**—*n.*** Ⓒ猛拉。

Yank [jæŋk; jæŋk] *n.*《口語》＝Yankee.

Yan·kee [ˋjæŋkɪ; ˈjæŋki] *n.* Ⓒ揚基：**a**《美》新英格蘭(New England)人。**b**《美南部》美國北部各州的人(Northerner). **c**《美》美國北軍士兵《南北戰爭時，南軍用以稱呼北軍的綽號》；北方佬。**d**《英》美國佬《★美國境外一般對美國人的俗稱》。

> 【字源】各種說法之間尙無定論。一說源自荷蘭語 Jan(相當於英文名字 John)的暱稱 Janke；另一說則是源自荷蘭語姓名 Jan Kees, Kees 被誤解是加 -s 的複數形而演變成 Jankee. 又有一說 Jan Kees 的 Kees 是 Cheese(乾乳酪)，所以 Jan Kees 是「做乾乳酪的荷蘭人」之意。此字是到新大陸的荷蘭人以自己常用的綽號稱呼新英格蘭(New England)的英國人，含有輕蔑的意味。在南北戰爭時代，南軍以 Yankee 稱呼北軍士兵，後來更以此泛指北部各州的人。雖然起初爲含有輕蔑甚至敵意的稱呼，但後來被如此稱呼的人們也願意以此自稱，不好的意思也就逐漸淡化。到了第一次世界大戰期間，Yankee 之名已傳遍整個世界，而且不分南北，泛指美國人。

—*adj.* [用在名詞前]揚基的；揚基式[派]的：a ~ device 揚基式的設計[新發明]。

Yan·kee·dom [ˋjæŋkɪdəm; ˈjæŋkidəm] *n.* Ⓤ **1** 揚基居住的地區《尤指北部各州或新英蘭地區》；美國。**2** [集合稱]揚基，美國佬。

Yánkee Dóodle *n.* 揚基之歌《美國獨立戰爭時流行的歌；也被稱爲美國的準國歌》。

Yán·kee·ism [-kɪˌɪzəm; -kiizəm] *n.* **1** Ⓤ美國作風，美國人的特性。**2** Ⓒ美式語法。**3** Ⓒ美國的風俗習慣。

yap [jæp; jæp] **«擬聲語» —*v.i.*** (**yapped**; **yap·ping**) **1**〔動(＋介＋(代)名)〕《狗》〔對…〕汪汪大叫〔*at*〕(⇨bark【同義字】)。**2**《口語》**a**〔動(＋副)〕嘮叨；喋喋不休〈*away, on*〉. **b**〔(＋副)＋介＋(代)名〕《口語》〔對…事〕嘮叨；喋喋不休〈*away*〉〔*about, on*〕：He *yapped* (***away***) ***on*** the subject for hours. 他就那個問題囉嗦了好幾個鐘頭。**—*n.* 1** Ⓒ(狗吵鬧的)叫聲。**2** Ⓤ《口語》(喧嚷的)閒談。**3** Ⓒ《美俚》無賴漢，阿飛；鄉下人。

‡yard^1 [jɑrd; jɑ:d] **«源自古英語「圍牆」之義» —*n.* 1** Ⓒ **a** (與房子、建築物鄰接，常有圍牆圍起的)庭院，院子：There is a garden in his ~. 他家的院子裏有個花園/Can I go (and) play in the ~？我可以到院子裏去玩嗎？/⇨schoolyard, churchyard, farmyard.

> 【同義字】yard 通常指用柏油鋪設且有圍牆圍住的院子或學校等的中庭；在美國也指種植草皮的前庭(front yard)或後院(backyard)；garden 指種有花或蔬菜的庭園。

b (關雞、家畜等的)圍欄。**2** Ⓒ[常構成複合字]…廠，工作場，(甎瓦、木材、車等的)放置場：⇨brickyard, lumberyard, stockyard. **3** Ⓒ《鐵路》站內車場，調車場。**4** [**the Y~**]《英》＝Scotland Yard.

‡yard^2 [jɑrd; jɑ:d] **«源自古英語「棍棒」之義» —*n.*** Ⓒ **1**《英》碼《長度的單位；爲 0.9144 公尺，36 吋，3 呎；略作 yd.》：5 ~*s* of cloth 五碼布。**2**《航海》桁，帆桁：man the ~*s* 舉行登桁儀式[登舷禮]。

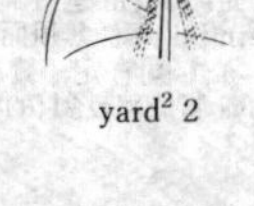

yard^2 2

yard·age^1 [ˋjɑrdɪdʒ; ˈjɑ:didʒ] *n.* Ⓤ **1** (家畜等的)欄舍使用(權[費])。**2** 站內車場

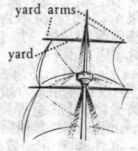

的使用(權[費])。

yard·age² [ˋjɑrdɪdʒ; ˈjɑːdidʒ] *n.* Ⓤ以碼計量的長度[數量]：What is the ～ of this cloth？這塊布有幾碼？

yárd·àrm *n.* Ⓒ《航海》桁端(⇨ yard² 插圖)。

yard·bird [ˋjɑrd,bɝd; ˈjɑːdbəːd] *n.* Ⓒ《美俚》**1** 囚犯，罪犯。**2** (軍中的)新兵。**3** 因違犯紀律而被罰禁足或做雜務的軍人。

yárd gòods *n. pl.* 以碼爲單位出售的布疋[織物]。

yárd·màster *n.* Ⓒ(鐵路的)調車場的管理人。

yárd sàle *n.*《美》＝garage sale.

yárd·stìck *n.* Ⓒ **1** (木製或金屬製的)直碼尺。**2** (評價、判斷、比較等的)標準[尺度]。

yar·mul·ke [ˋjɑrməlkə; ˈjɑːməlkə] «源自意第緒語(Yiddish)「小帽子」之義»**—***n.* Ⓒ猶太男子(在教堂或家庭中)所戴的無邊小帽。

yarn [jɑrn; jɑːn] *n.* **1** Ⓤ (棉)紗，線，捻線《★ 比較 縫線是 thread》：woolen [cotton] ～ 毛[棉]線。**2** Ⓒ《口語》(航海或旅遊回來者的)奇談，遊記；杜撰的故事：spin a ～ 編個故事。
—*v.i.*《口語》說故事，長談：～ throughout the night 徹夜長談。

yar·row [ˋjæro; ˈjærou] *n.* Ⓤ[指種類時爲Ⓒ]《植物》洋蓍草《蓍屬草本植物，其葉可作藥用》。

yash·mak [ˋjæʃmæk; ˈjæʃmæk] *n.* Ⓒ回教婦女外出時所戴的面紗。

yat·a·ghan [ˋjætə,gæn, -gən; ˈjætəgən] *n.* Ⓒ土耳其刀《無十字護手，略呈 S 形的長劍》。

yaw [jɔ; jɔː] *v.i.* **1**《航海》〈船〉(脫離航路)偏航，船首左右搖擺地前進。**2**《航空》〈飛機、火箭等〉偏搖。
—*n.* Ⓒ **1** 偏航，偏搖。**2** 偏搖角(度)。

yawl [jɔl; jɔːl] *n.* Ⓒ **1** 用四支或六支槳的船載小艇。**2** 前桅高後桅低的縱帆式小帆船。

yawl 2

yawn [jɔn; jɔːn] *v.i.* **1** 打呵欠。**2** 〈邊緣、裂縫、海灣等〉張開：A crevasse ～*ed* beneath their feet. 一道冰河裂縫在他們腳下豁然展開。
—*v.t.* **1** 〔十受〕邊打呵欠邊說…：Tom ～*ed* a reply. 湯姆邊打呵欠邊回答。**2 a** 〔十受〕打著呵欠說…：He ～*ed* good night. 他打著呵欠說晚安。**b** 〔十引句〕打著呵欠說…："Let's go to bed," he ～*ed*. 他打著呵欠說：「我們睡覺吧。」
—*n.* Ⓒ呵欠；張嘴：with a ～ 打著呵欠/give a ～ 打呵欠/stifle [bite down] a ～ 忍著[憋住]不打呵欠。

yáwn·ing *adj.* **1** 打(著)呵欠的。**2** 張大嘴的：a ～ canyon 谷口大開的峽谷。

yáwn·ing·ly *adv.* 打著呵欠地。

yawp [jɔp, jɑp; jɔːp] *v.i.* **1** 尖聲地說話[叫嚷]。**2**《俚》絮絮叨叨，喋喋不休。**3**《口語》**a** 張開大嘴發呆。**b** 〔十介十(代)名〕張開嘴呆看〔…〕〔*at*〕。**—***n.* Ⓒ尖銳的聲音，噪聲，喧鬧。

yaws [jɔz; jɔːz] *n.* Ⓤ《醫》熱帶莓疹，雅司病《熱帶地方的一種慢性痘疹狀皮膚傳染病》。

ý-àxis *n.* (*pl.* **y-axes**) Ⓒ《數學》(笛卡兒座標之)縱軸，Y軸。

Yb《符號》《化學》ytterbium.

Ý chrómosome *n.* Ⓒ《生物》Y染色體《性染色體的一種；雄性才有；cf. X chromosome》.

y·clept, y·cleped [ɪˋklɛpt; iˈklept] *adj.*《古》被稱爲…的，名叫…的。

yd.《略》yard(s).

yds.《略》yards.

ye¹ [(輕讀)jɪ; ji; (重讀)ji; jiː] *pron.* **1**《古・詩》汝等，爾等《第二人稱代名詞 thou¹ 的複數》：*Ye* are the salt of the earth. 你們是世上的鹽[社會的中堅]《★出自聖經「馬太福音」》。**2** [用於稱呼]《詩・謔》*Ye* gods (and little fishes)！《謔》天啊！《★表示「天啊！」「不，沒這回事！」等之意的感嘆詞》/*Ye* fools！你們這些笨蛋！

ye² [ji, ðə, ðɪ; jiː, ðə, ði] «十五世紀時，將*þ*(＝th)和 y 混淆的結果»**—**《定冠詞》《古》＝the《★用法 作爲仿古體，現仍用於商店、旅館等的招牌，以示其歷史悠久》：*Ye* Olde Curiosity Shoppe 骨董店《招牌》。

yea [je; jei] *adv.*《古・文語》**1** 是的，對的(yes)(↔ nay)《★用法 現在僅用於口頭上投贊成票時》。**2** [用於句首]實在是，確實是。**3** [當連接詞用]加之，不僅…而且：It is useless, ～ harmful. 不僅無用而且有害。
—*n.* **1** Ⓤ肯定，贊成。**2** Ⓒ投贊成票(者)(↔ nay)：～*s* and nays 贊成與反對(的投票)。

yeah [jæ, jɛ; jɛə] *adv.*《口語》＝yes.

yean [jin; jiːn] *v.i.* 〈羊、山羊〉生產。

yean·ling [ˋjinlɪŋ; ˈjiːnliŋ] *n.* Ⓒ羔羊；小山羊。
—*adj.* 新生的；幼小的。

‡**year** [jɪr; jəː, jiə] *n.* **1** Ⓒ **a** 年，歲；一年(期間)《略作 y., yr.；cf. day 2a, month 1》：a bad ～ 凶年，歉收[不景氣]的一年/an average ～ 普通年，平年/⇨leap year/this ～ 今年/last ～ 去年/the ～ before (其)前年/next ～ 明年/the next ～ (其)下一年/every other [second] ～ 每隔一年/a ～ (from) today 從今天算起一年後，明年的今天/by the ～ 按年，以年度爲準/in a ～'s time＝in a ～ 一年後/in the ～ 1985 在 1985 年《★用法 也可作 in 1985，但不說 in 1985 *year*；in the *year* of 1985 爲英國語法，表示 1985 年度《會計年度或學年度》之意》/see the old ～ out 辭歲/for ten ～*s* 十年期間/It is exactly a ～ [a ～ to the day] since I lost my mother. 家母去世剛好過了一年。**b** [與修飾語連用](按照特定計算的)一年，年度，學年：the academic [school] ～ 學年《英美一般爲九月至六月，在牛津與劍橋大學(Oxbridge)是十月至六月》/⇨ lunar year, solar year.
2 a Ⓒ[用於數詞後]…歲：She is twenty ～*s* old [～*s* of age]. 她二十歲《★用法《口語》一般省略 years old [years of age]》/at thirty ～*s* of age 三十歲時《★用法《口語》一般都簡單地說 at thirty；★ 變換 可換寫成 at the age of thirty》/a five-*year*-old boy＝a boy of five ～*s* ＝a boy in his fifth ～ 一個五歲的男孩。**b** [～s]年歲，年齡；(尤指)老年：a man of his ～*s* 與他年紀差不多的男人/old in ～*s* but young in vigor 年老但有年輕人的精力《老當益壯》/be advanced in ～*s* 上了年紀/grow wiser with the ～*s* 隨著年齡的增長而變得更聰明/He looks older [younger] than his ～*s*. 他看起來較實際年齡老[年輕]/He is young for his ～*s*. 他比實際年齡顯得年輕。
3 Ⓒ學年，…年級：He is in his freshman ～. 他是一年級學生/We were in the same ～ at college. 我們在大學同年級/What ～ are you in？你唸幾年級？
4 [～s]極長的時間，多年：～*s* ago 多年前/⇨donkey's years/It is ～*s* since we met last. 從我們上次見面以來已經過了很多年了《我們已經有好久沒見面了》/I have lived here *for* ～*s*. 我住在這裏多年[很久]了。
5 [～s]時代：the ～*s* of Queen Victoria 維多利亞女王時代/the depression ～*s* of the early thirties 1930 年代初的不景氣時期/in the ～*s to* come 在即將到來的時代。
áll the yéar róund 一年到頭，整年。
from yéar to yéar ＝YEAR after year.
in [sínce, from] the yéar óne [dót]《英》在[從]西曆一年；在[從]很久很久以前。
of láte [récent] yéars 近年來。
of the yéar ⑴全年最優秀的：sportsman *of the* ～ 全年最優秀的運動員。⑵出類拔萃的：That's the joke *of the* ～！那是個天大的笑話！不可能有這回事吧！/⇨ the UNDERSTATEMENT of the year.
yéar àfter yéar 年年，年復一年地。
yéar by yéar 年年；每年。
yèar ín, yèar óut ＝**yèar ín and yèar óut** 歲歲年年；不斷地，始終。

yéar-aróund *adj.* ＝year-round.

yéar·bòok *n.* Ⓒ **1** 年鑑，年報。**2**《美》(高中、大學的)畢業紀念册(annual).

yéar-énd *n.* Ⓒ年底，歲末，年終。
—*adj.* [用在名詞前]年終的，歲末的：a special ～ sale 年終特別大拍賣。

year·ling [ˋjɪrlɪŋ; ˈjəːliŋ, ˈjiəliŋ] *n.* Ⓒ **1** (動物的)滿一歲的動物。**2**《賽馬》一歲馬《從出生年的翌年一月算起，未滿一年》。
—*adj.* [用在名詞前]一歲的；經過一年的：a ～ colt 一歲的小馬。

yéar-lóng *adj.* [用在名詞前]持續一年的，一年到頭的，歷時一年的。

year·ly [ˋjɪrlɪ; ˈjəːli, ˈjiəli] «year 的形容詞、副詞»**—***adj.* [用在名詞前](無比較級、最高級)一年一次的；每年的；一年的，一年期間的：a ～ income of $20,000 年收入二萬元美金/a ～ event 每年的例行活動。
—*adv.* (無比較級、最高級)一年一度地；每年。

yearn [jɝn; jəːn] *v.i.* **1 a** 〔十介十(代)名〕仰慕，渴望〔…〕〔*for, after*〕：In spring I ～ ***for*** the country again. 在春天，我渴望重遊鄉間/He ～*ed* ***after*** affection. 他渴望得到愛情。**b** 〔十介十(代)名〕想念，思慕〔…〕〔*to, toward*〕：The child ～*s* much ***toward*** [***to***] his mother. 那小孩很想念他的母親。**c** 〔十 *to* do〕切望〈做…〉：They ～*ed to* see their motherland again. 他們切望再見到祖國。**2** 〔十介十(代)名〕同情，憐憫〔…〕〔*over, for*〕：She ～*ed* ***over*** [Her heart ～*ed* ***for***] the orphan. 她憐憫那孤兒。

Y

yéarn·ing *n.* ⓤⓒ **1** 憧憬，思慕，渴望，懷念〔*for, toward*〕：They felt strong ~*s toward* home. 他們對家鄉有著强烈的思念之情/In her heart surged the ~ *for* children. 她心中湧起對孩子的渴望。**2**〔＋ *to* do〕〈想做…的〉渴望，企盼：This is man's infinite ~ *to* know the truth. 這是人類追求眞理的無限渴望。
—*adj.* 憧憬的，思慕的，熱望的。~**·ly** *adv.*

yéar-róund *adj.* 全年可使用[開放]的。

yeast [jist; ji:st] *n.* ⓤ **1** 酵母(菌)，發酵粉，麵包的酵母。**2** 刺激，影響[感化]力。

yéast càke *n.* ⓒ **1** 酵母餅[片]。**2** 摻酵母製成的糕餅。

yeast·y [ˈjistɪ; ˈji:sti] 《yeast 的形容詞》—*adj.* (yeast·i·er; -i·est) **1** 酵母的，似酵母的，含酵母的。**2** 發泡的，起泡的。**3** 輕浮的，不安定的。

Yeats [jets; jeits], **William Butler** *n.* 葉慈《1865–1939；愛爾蘭的詩人、劇作家、批評家》。

Ye·do [ˈjɛdo; ˈjedou] *n.* 江戶《日本東京的舊稱》。

yegg [jɛg; jeg] *n.* ⓒ《美俚》撬開保險箱的賊；强盜。

***yell** [jɛl; jel] *v.i.* **1 a**〔動(＋副)〕高聲叫喊，嘶喊〈*out*〉：~ with laughter 大聲叫笑/ ~ (*out*) with fright 驚恐大叫/Stop ~*ing*! 停止叫喊！**b**〔(＋副)＋介＋(代)名〕〔爲求…而〕大叫〈*out*〉〔*for*〕；〔對…〕大叫，大吼〈*out*〉〔*at*〕：~ *at* a person 對某人大吼/She ~*ed* (*out*) *for* help. 她大聲求救。**2**〔動(＋介＋(代)名)〕《美・加》〔爲…〕加油〔*for*〕.
—*v.t.* **1 a**〔＋受(＋副)〕吼叫，大喊〈命令等〉〈*out*〉：~ *out* abuse＝ ~ abuse *out* 破口大罵/ ~ a command 大聲命令。**b**〔＋受(＋副)＋介＋(代)名〕〔對…〕大聲〈命令、謾罵等〉〈*out*〉〔*at*〕：~ (*out*)abuse[a command] *at* a person 對某人大聲謾罵[命令]。**2**〔＋引句〕大聲說…：“Fire!” he ~*ed*. 他大喊：「失火了！」—*n.* ⓒ **1** (痛苦、恐懼等的)叫聲，喊叫。**2**《美・加》(在大學等、啦啦隊的)加油聲，歡呼聲。

‡yel·low [ˈjɛlo; ˈjelou] *adj.* (~·er; ~·est) **1** 黃(色)的。

【說明】在英美，特別是基督教世界裏，因爲 yellow 是背叛耶穌的猶大(Judas)所穿衣服的顏色，所以多半有不好的意味。有時和 pale(蒼白色)一樣表示膽怯，和 green 同樣表示嫉妒。yellow 也是對東方人表示輕蔑之意的顏色。煽情的報章雜誌也用此字，稱爲 yellow journal.

2 黃皮膚的；黃種人[蒙古人]的：the ~ races 黃種人。**3**《口語》膽怯的：They were too ~ to fight. 他們那麼膽小，不敢打架。**4**〈報紙等〉煽情的：⇨ yellow press.
—*n.* **1** ⓤ[指種類時爲ⓒ]黃色；金黃色。**2** ⓤ[指種類時爲ⓒ]黃色顏料[塗料，染料]。**3** ⓤ[指個體時爲ⓒ]蛋黃(yolk)(⇨ egg[1] 插圖)：the ~ of an egg 蛋黃。
—*v.t.*〔＋受〕使…成黃色：The curtains have been ~*ed*. 窗簾已經發黃了。
—*v.i.* 變成黃色，發黃：The leaves of the trees begin to ~ in September. 樹葉在九月開始變黃/White paper ~*s with* age. 白紙因年久而發黃。

yéllow alért *n.* ⓒ黃色[預行]警報《軍事防備上，發現敵機時所施放的空襲警報的第一階段》。

yéllow·bàck *n.* ⓒ **1** (從前)廉價之通俗小說《★此類小說從前盛行用黃皮封面，故名》。**2**《美》黃金公債券。

yéllow-bèllied *adj.*《俚》懦弱的，膽小的。

yéllow·bèlly *n.* ⓒ《俚》懦夫，膽小鬼。

yéllow·bìrd *n.* ⓒ〘鳥〙**1** 北美金翅雀《遍布於北美洲的金翅屬鳴禽》。**2**《英方言》任何黃色的鳥《如黃鸝、金鶯》。**3** ＝yellow warbler.

yéllow bòok *n.* ⓒ[常 Y~ B~]黃皮書《政府發布的黃色表皮的報告書；cf. white book》.

Yéllow Cáb 《美國最大的計程車公司；以黃色車身而聞名》—*n.* ⓒ黃記計程車公司(的計程車)(cf. taxi【說明】)。

yéllow·càke *n.* ⓒ黃結塊《從鈾礦中提煉而成，爲核能原料》。

yéllow dóg *n.* ⓒ卑鄙之人，懦夫。

yéllow-dóg còntract *n.* ⓒ《美》工人向資方簽訂之保證不加入工會的合同。

yéllow féver *n.* ⓤ黃熱病。

yéllow flág *n.* **1** ＝quarantine flag. **2** ⓒ〘植物〙黃色鳶尾。

yéllow·hàmmer *n.* ⓒ〘鳥〙**1** 金翼啄木鳥《產於美洲以蟻爲食的啄木鳥》。**2** 黃鵐《歐亞洲產的鵐科小鳴禽》。

yel·low·ish [ˈjɛlo·ɪʃ; ˈjelouiʃ] *adj.* 微黃的，略帶黃色的。

yéllow jàck *n.* (*pl.* ~s, [集合稱]~) **1** ＝quarantine flag. **2** ＝yellow fever. **3** ⓒ〘魚〙鰺《尤指加勒比海產的食用魚》。

yéllow jàcket *n.* ⓒ〘昆蟲〙黃色胡蜂《黑色軀體上有黃色花紋》。

yéllow jóurnalism *n.* ⓤ《美》煽情的[低級趣味的]報刊；黃色新聞編輯作風《採用聳人聽聞或低級趣味的手法以招徠讀者》。

yéllow·lègs *n. pl.* [當單數用]〘鳥〙黃脚鷸《北美洲產的鷸屬涉禽》。

yéllow líght *n.* ⓒ黃燈《表示警告的交通信號》。

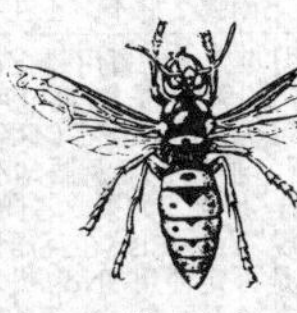

yellow jacket

yéllow métal *n.* ⓤ **1** 金。**2** 黃銅《含有銅和鋅的合金》。

yéllow ócher *n.* ⓤ **1** 黃土。**2** 淡黃褐色。

yéllow páges 《由於頁面爲黃色而來》—*n. pl.* [常 the Y~ P~]黃頁查號簿《電話簿中按行業、職業分類以黃紙印刷的部分電話號碼》。

yéllow péril *n.* [the ~]黃禍《白種人恐懼黃種人征服世界的說法》。

yéllow píne *n.* **1**〘植物〙ⓒ黃松《泛指北美洲所產幾種具有黃色木材的松樹，如芒刺松、剛葉松、大王松等》。**2** ⓤ黃松木。

yéllow préss *n.* ⓤ[the ~；集合稱]《罕》煽情的報刊；黃色新聞。

yéllow ráce *n.* [the ~]黃色人種。

Yéllow Ríver *n.* [the ~]黃河(Hwang Ho)。

Yéllow Séa *n.* [the ~]黃海《中國大陸與朝鮮半島之間的海》。

yéllow spòt *n.* ＝macula 3b.

Yel·low·stone [ˈjɛlo͵ston; ˈjeloustoun] *n.* [the ~]黃石河《發源於美國懷俄明州西北部，經黃石公園往東北流，在蒙大拿州與密蘇里河(the Missouri)滙合，全長 671 哩》。

Yéllowstòne Nátional Párk *n.* 黃石國家公園《起自美國懷俄明州西北部至愛達荷、蒙大拿兩州的一部分，有間歇泉(geyser)、瀑布、湖、大峽谷等》。

yéllow stréak *n.* ⓒ怯懦(的個性)；膽怯的傾向：He has a ~ in him. 他個性有些懦弱。

yéllow·tàil *n.* (*pl.* ~s，[集合稱]~)ⓒ〘魚〙**1** 加州鰤。**2** (又作 **yéllowtail snápper**)疾鯛《一種西印度小鰏魚》。**3** (又作 **yéllowtail flóunder**)黃蓋鰈《眼睛在右邊》。**4** 任何有黃色尾鰭的魚。

yéllow wárbler *n.* ⓒ〘鳥〙北美黃鶯《其雄鳥羽毛黃色，上有褐色條紋》。

yel·low·y [ˈjɛlo·ɪ; ˈjeloui] *adj.* ＝yellowish.

yelp [jɛlp; jelp] *v.i.* 〈狗〉汪汪叫(⇨ bark[1]【同義字】)。
—*n.* ⓒ(狗的)汪汪叫聲。

Yem·en [ˈjɛmən; ˈjemən] *n.* **1** 葉門共和國，北葉門《位於阿拉伯半島西南部的一共和國；首都撒納(San'a [sɑˈnɑ; sɑ:ˈnɑ:])》. **2** 葉門人民民主共和國，南葉門《阿拉伯半島南部的一共和國；正式名稱爲 the People's Democratic Republic of Yemen；首都亞丁(Aden [ˈedn; ˈeidn])》.

yen[1] [jɛn; jen] 《源自日語》—*n.* ⓒ(*pl.* ~)圓《日本的貨幣單位；符號爲 ¥，Y，Y》.

yen[2] [jɛn; jen]《口語》*n.* [a ~] **1** 熱望，憧憬〔*for*〕：have *a* ~ *for*... 熱望，渴望，很想要…。**2**〔＋ *to* do〕〈想做…的〉憧憬，熱望：He had *a* ~ *to* see her again. 他熱切盼望再見她一面。
—*v.i.* (yenned; yen·ning)〔＋介＋(代)名〕希冀，熱望，憧憬〔…〕〔*for*〕.

yeo·man [ˈjomən; ˈjoumən] 《源自中古英語 'young man'》—*n.* ⓒ(*pl.* **-men** [-mən; -mən]) **1**《英》**a**《罕》自耕農，小地主。**b** (從前的)自由民，鄉紳《比 gentleman 地位低，保有自由所有權的農民(freeholder)》. **c** (從前服侍國王、諸侯的)侍者。**2**〘美海軍〙文書士官。

Yéoman of the Guárd (*pl.* **Yeomen of the Guard**)英國衛士《1485 年由亨利(Henry)七世制定的英國國王衛士，著古式服裝，持矛；舉行典禮時分爲守衛國王的衛士與守衛倫敦塔的衛士；俗稱 beefeater》.

yéoman('s) sérvice ⓤ(緊急情況時的)忠實[有效]支持[援助]，適時的幫助《★出自莎士比亞(Shakespeare)的「哈姆雷特(*Hamlet*)」》：It did me ~ *'s service*. 那對我大有幫助。

yéo·man·ly 《yeoman 的形容詞》—*adj.* **1** 適合鄉紳的，鄉紳的。**2** 勇敢的；忠實的。
—*adv.* **1** 似鄉紳地。**2** 勇敢地。

yeo·man·ry [ˈjomənrɪ; ˈjoumənri] *n.* ⓤ [the ~；集合稱]《英》小地主們，鄉紳們《★用法視爲一整體時當單數用，指全部個體時當複數用》。

yep [jɛp; jep] *adv.*《口語》是(yes)(↔ nope)《★發音 yep 及 nope 的[p]音只需保持嘴唇閉住即可，不要再張開而成爆發音》。

-yer [-jɚ; -jə] 字尾 [名詞字尾]表示「做…者」之意《★語形用在以 w 結尾的名詞字尾》：bow*yer* 製弓匠/law*yer* 律師/saw*yer* 鋸木匠。

‡yes [jɛs; jes] *adv.* **1 a** [回答問題、請求等]是；[回答否定問題]不(↔ no)《★用法原則上，回答的內容若是肯定則用 Yes，回答內容若是否定則用 No；但對於否定問句，Yes, No 的翻譯與中文相反，需注意》：“Were you there?”—“*Y*~.”「你當時在那兒嗎？」「是的(我在那裏)。」/“Isn't it raining?”—“*Y*~, it is.”

「沒在下雨嗎？」「不，正在下雨。」

【說明】東方人常會用錯 Yes 和 No，推其原因不外是中文和日語的「是」與「不是」後面既可接否定，也可接肯定的字句之故。對於"Isn't it cold？"(不冷吧？)這一個問題，中國話可以答：「是啊，並不冷」。英語却不可以說"Yes, it isn't."而要說成"No, it isn't."反之，如果要答「哪裏，很冷啊」，英語不說"No, it is."而要說"Yes, it is."在英語裏，不論問句的形式爲否定或肯定，回答是否定便用 "No,...." 肯定便用 "Yes,...." 換句話說，通常 Yes 之後不可有 not 等否定的字句，No 之後不可以接肯定的字句。然而，在會話中常會出現如下的問答："Are you staying on？"—"No, I'm leaving."「你要留下來嗎？」「不，我要走。」這是由 No, I'm not staying on. I'm leaving. 兩個句子合成的。

b [回答呼喚] 什麼事？[回答點名] 有，到："Mary！"—"*Y*~, Mother."「瑪麗！」「媽，什麼事？」/"John."—"*Y*~, ma'am [sir]."「約翰。」「夫人[先生]，什麼事？」

2 [對對方的話表同意] **是啊**，不錯，對；不錯(但…)："This is an excellent book."—"*Y*~ ['jɛs; 'jes], it is."「這是一本極好的書。」「不錯，是本極好的書。」/"This is a good meal."—"*Y*~, *but* I prefer my wife's cooking."「這頓飯不錯。」「是的，但我比較喜歡我太太燒的菜。」

3 [常表疑問]《★發音聲調上揚》**a** [回答呼喚時] 唔？什麼事？："John！"—"*Y*~？"「約翰！」「什麼事？」**b** [對對方的話表示懷疑或附和] 哦？眞的？："I was always good at drawing."—"*Y*~？"「我一直善於畫圖。」「哦？《眞的嗎？》」**c** [用以催對方說下去] 哦，原來如此，然後呢？："I have come to the conclusion that...."—"*Y*~？"「我獲得的結論是…。」「哦，然後呢？」**d** [對默默等待的客人說] 有什麼事嗎？："*Y*~？" he said as he saw the stranger waiting to speak to him. 當他看到等著和他說話的陌生人時便問道：「有什麼事嗎？」**e** [用以問對方是否明白自己說過的話] 好嗎？懂嗎："Go along this street for three blocks, then turn to the left and keep on for a minute or two—~？"「沿這條街走過三個街區，然後向左拐彎，再走一兩分鐘，懂了嗎？」

4 [~ and 或 ~ or 引導强調的補充說法] 不但如此，而且："He will insult you, ~, *and* cheat you as well." 他會侮辱你，不但如此，還會欺騙你。

yés and nó《口語》[附加在利弊參半的提案等] 現在言之過早，不知道會變成怎樣。

—n. (*pl.* **yes·es**) **1** ⓊⒸ「是的(yes)」的話[回答]，肯定，承諾(↔ no)：say ~ 說「是的」，承諾/Answer with a simple '*Y*~' or 'No.' 簡單回答「是」或「不是」/He refused to give a *Y*~ or No answer. 他拒絕回答是或不是。**2** Ⓒ[常 ~es] 投贊成票(者)《★比較作此義解時一般用 aye》。

yés·màn *n.* Ⓒ (*pl.* **-men** [-ˏmɛn; -men])《輕蔑》唯唯諾諾的人《完全聽命於上司的人》。

yes·ter- [jɛstɚ-; jestə-] [複合用詞] 表示「昨天的，昨日的」「昨…，逝去的…」：*yester*eve 昨晚/⇨ yesteryear《★用法除 yesterday 外，主要爲古語、詩語》。

‡**yes·ter·day** ['jɛstɚdɪ, -ˏde; 'jestədi, -dei] *adv.* **1 昨天**，昨日：It was rainy ~. 昨天是雨天/*Y*~ I was busy. 昨天我很忙。**2** 最近，近來：I was not born ~. 我不是昨天才生的[我不是三歲小孩]《那種事我清楚得很，不會那麼輕易上當》。

—n. **1** Ⓤ [無冠詞] **昨天**，昨日：(the) day before ~ 前天《★用法省略 the 的用法主要爲美國語法；也可當副詞用》/*Y*~ was Saturday. 昨天是星期六/I was very busy until [up to] ~. 直到昨天我都很忙/I read it in ~'s newspaper. 我在昨天的報上看到了那則消息/Did you hear ~'s news？你聽到昨天的消息了嗎？**2**《古・文語》**a** Ⓤ 近來，最近：(a thing) of ~ 最近的(事)。**b** Ⓒ [常 ~s] 過去：all our ~*s* 我們(過去)的一切日子《★出自莎士比亞的「馬克白(*Macbeth*)」》。

—adj. [用在名詞前] **昨天的**，昨日的：~ morning [afternoon, evening] 昨天早上[下午，晚上]《★用法也可當副詞用；yesterday night 也可說 last night》。

yéster·mórning *n.* Ⓤ《古・詩》昨天早上。

yéster·níght *n.* Ⓤ《古・詩》昨夜。

yéster·yèar *n.* Ⓤ《文語・詩》[思鄉的措辭] 去年；近年。

yes·treen [jɛs'trin; jes'tri:n]《蘇格蘭・北英》*n.* Ⓤ 昨夜，昨晚。**—adj.** 昨晚的。

‡**yet** [jɛt; jet] *adv.* (無比較級、最高級) **1** [用於否定句] **尚(未…)，(至今)還(沒…)**；暫時(未…) (⇨ still[1] *adv.*【同義字】)：The work is *not* ~ finished. 工作還沒做完/I have *never* ~ lied. 我從未撒謊過/We have heard *nothing* from him ~. 我們還沒有任何他的消息/It will *not* happen *just* ~. 這件事暫時不會發生/Have*n't* you been there ~？你還沒去過那兒嗎？

2 [用於疑問句] (現在或當時) **現在，已經**《★用法作此義時若用 already，則有不同之意，表示「驚訝、懷疑」，須注意；cf. already 2》：Have you finished your breakfast ~？你已經吃過早餐了嗎？/Is it raining ~？已經在下雨了嗎？《★比較 Is it *still* raining？還在下雨嗎？》/I wonder if she has returned ~. 我不知道她是否已經回來了。

3 [與進行式或本身有持續意義的動詞連用，用於肯定句]《文語》**現在(還)，仍然**；(當時) 還《★比較此種用法一般用 still，但 yet 帶有感情色彩》：She is talking ~. 她還在講話/Much ~ remains to be done. 還有很多事要做/His hands were ~ red with blood. 他的手(當時)還沾滿了鮮血。

4 [與最高級連用] 迄今爲止，到目前[當時]爲止：the *largest* diamond ~ found 迄至目前爲止所發現最大的鑽石/It's the *best* ~ found. 它是到目前爲止所找到的最好者。

5 a 再，又，還(有)：*Y*~ once more I forbid you to go. 我再講一次不准你去/There is work ~ to be done. 還有工作要做。**b** [與 nor 連用，以加强語氣]《文語》也不(…)，(不僅)…連(…也不)：He will not accept help *nor* ~ advice. 他不僅不接受幫助，連忠告也不聽/I have never voted for him, *nor* ~ intend to. 我從未投他一票，也沒打算投他一票。**c** [强調比較級] 尚且，更加《★比較作此用法時一般用 still》：a ~ *more* difficult task 更加困難的工作/He spoke ~ *more* harshly. 他說話的語氣更加嚴厲。

6 (迄今姑且不談) 不久，總有一天，遲早：You'll regret it ~. 你總有一天會後悔的/He may ~ be happy. 他終必會幸福的/I'll do it ~！我總有一天會做那件事！

7 [與 and 或 but 連用] 儘管，但是，然而 (cf. *conj.* 1)：I offered him still more, *and* ~ he was not satisfied. 我即使給他更多，他還是不會滿意的/The logic seems sound, *but* ~ it does not convince me. 這道理似乎正確，但並不能使我信服。

anóther and yèt anóther 一個接著一個，陸續。

as yèt (將來姑且不談) 直到目前[當時]，迄今(還)《★用法常與完成式的動詞連用於否定句》：He has *not* come *as* ~. 他到現在還沒來/It has [had] worked well *as* ~.《英》到現在[當時]爲止還很順利《但今後[那以後]會怎樣就不知道了》。

be yèt to dó 尚未，還沒…：The worst *was* ~ *to* come. 最壞的情況還沒到來《早晚會到最壞的地步》。

have yèt to dó 還需做…，還沒做…：He *has* ~ *to* learn good manners. 他還該學學良好的禮貌/I *have* ~ *to* learn it. 我還不曉得那件事。

móre and yèt móre 越來越多[甚]，更加，益加。

nót yét (1)⇨1. (2)[代表否定句] 還沒："Have you finished it？"—"*Not* ~"「你已經做完了嗎？」「還沒。」《★用法 Not ~. 的正式寫法爲 No, I have*n't* finished it ~.》。

—conj. **1** 儘管如此，但是，然而《★與 nevertheless 同義，比 but 强，比 still 弱；cf. *adv.* 7》：a strange ~ true story 奇怪而眞實的故事/*Y*~ what is the use of it all？但這一切有什麼用？/He tried hard, ~ he could not succeed. 他努力試過，但沒有成功。

2 [與 although, though 配合使用] 然而，但是：*Although* I have known him only a few years, ~ he is my best friend. 雖然我認識他僅幾年，他卻是我最好的朋友。

ye·ti ['jɛtɪ; 'jeti] *n.* Ⓒ (*pl.* ~，~s) 雪人 (Abominable Snowman)。

yew [ju; ju:] *n.* **1** (又作 **yéw trèe**) Ⓒ《植物》紫杉《紅豆杉科常綠灌木或喬木》。**2** Ⓤ 紫杉木。

【說明】在英國古老的教會墓地常可看到蓊鬱的紫杉。因爲它象徵死亡，一般人以爲把它帶進家裏是不吉利的事。中古時代英國人常用堅硬而彈性良好的紫杉造弓，今人則用以製家具。

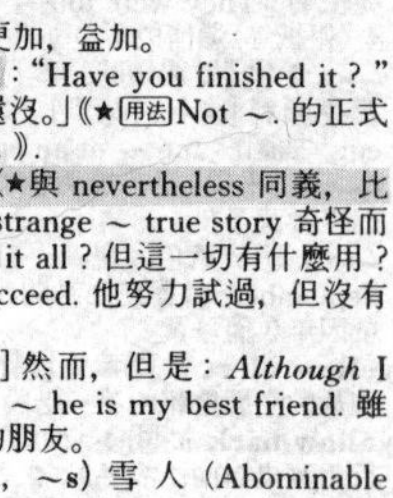

yew 1

YHA《略》Youth Hostel(s) Association 青年之家協會。

Yid [jɪd; jid] *n.* Ⓒ《俚・輕蔑》猶太人(Jew)。

Yid·dish ['jɪdɪʃ; 'jidiʃ]《源自德語「猶太的」之義》**—n.** Ⓤ 意第緒語《德語中混入斯拉夫語、希伯來語，以希伯來文字書寫；爲居住在俄國、東歐、英國、美國等地的猶太人所使用》。**—adj.** 意第緒語的。

***yield** [jild; ji:ld]《源自古英語「支付」之義》**—v.t.** **1** [十受] **a 生產**〈農作物、產品等〉(produce)：trees that ~ fruit 結果實的樹/The land ~*s* a good harvest. 那塊地有豐厚的收成。**b** 生〈利息〉，帶來〈收益等〉：These shares ~ a dividend of 10%. 這些股票有一成的股利。**c** 引起〈結果等〉：His speech ~*ed* nothing but trouble. 他的演說只會引起麻煩《有害無益》。**2**〔十受(十副)十介十(代)名〕**a**（屈服於壓迫或壓力而）放棄，讓出〈陣地等〉〔給敵人〕〈*up*〉〔*to*〕：They ～*ed* (**up**) their fort **to** the enemy. 他們放棄碉堡使其落入敵手。

【同義字】surrender 是完全屈服而放棄；yield 含有讓步，暫時性屈服之意。

b〔～ one*self*〕屈服於，耽溺於〔誘惑等〕〈*up*〉〔*to*〕：He ～*ed himself* (**up**) **to** the temptation. 他屈服於誘惑。**3 a**〔十受(十介十(代)名)〕（理所當然或應要求而）把〈權利、地位等〉許給，給予〔…〕〔*to*〕：～ precedence 給予優先權，讓（別人）居先/～ submission 服從/～ a [the] point (in argument)（議論時）在某論點上讓步/～ the right of way **to** pedestrians 給行人優先通行權/He unwillingly ～*ed* his consent **to** their proposal. 他勉强地同意了他們的提議。**b**〔十受十受〕《文語》把〈東西〉讓[給]予〈人〉：He ～*ed* me his property. 他把他的財產讓給我/The tree ～*ed* us shelter from the rain. 這棵樹爲我們提供了避雨的場所。

—*v.i.* **1**〔常與 well, poorly 等副詞連用〕〈土地等〉生產農作物（豐富，貧乏）：The land ～*s* well [poorly]. 這塊地收成好[不好]。**2 a** 屈服，投降，讓步。**b**〔十介十(代)名〕屈服〔於誘惑等〕，服從〔道理〕〔*to*〕：～ **to** reason 服從道理/ ～ **to** threats 屈服於威脅/ ～ **to** conditions 讓步而接受條件/～ **to** temptation 屈服於誘惑/We ～ **to** nobody [none] in love of peace. 我們在愛好和平這方面不落人後。**3 a**（因受壓力等而）彎曲，凹陷：The shelf is ～*ing* under the heavy books. 書架被厚重的書壓得凹陷下去。**b**〔十介十(代)名〕〔因壓力而〕動，開；扭曲〔*to*〕：The door ～*ed* **to** a strong push. 門用力一推就開了。

4〔動(十介十(代)名)〕讓路給〔汽車等〕〔*to*〕：*Y*～.〔用於道路標誌〕（在交叉路口）讓路。

yield *v.i.* 4

—*n.* Ⓒ **1** 生產(量)，生產額，收穫：a good ～ of corn 玉米的豐收。**2** 報酬；利率，利潤：the ～(*s*) on one's shares 股票的股利。

yíeld·ing *adj.* **1** 易彎曲的，可彎曲的，柔軟的。**2** 易受影響[感化]的；順從的。
～·ly *adv.*

yin [jɪn; jin] *n.* Ⓤ（在中國哲學和宗教上的）陰（↔ yang）。

yip [jɪp; jip] «擬聲語»—《美口語》*v.i.* (**yipped**; **yip·ping**)〈小狗等〉汪汪叫(yelp)。
—*n.* Ⓒ汪汪叫聲。

yipe [jaɪp; jaip] *interj.*〔表恐怖、驚訝等〕啊！哇！喲！

yip·pee [ˈjɪpi; ˈjipi:] *interj.*〔表歡喜、歡樂等〕呀嗬！

yip·pie, Yip·pie [ˈjɪpi; ˈjipi:] «源自 Youth International Party 的字首＋pie，仿 hippie 所構成的字»**—*n.*** Ⓒ逸痞（派的一員）《激進派，且在政治上很活躍》。

Y.M.C.A., YMCA《略》Young Men's Christian Association 基督教青年會。

Y.M.Cath.A.《略》Young Men's Catholic Association 天主教青年會。

yo [jo; jou] *interj.* **1**〔表示興奮、招呼等，用以引人注意〕唷！**2**〔用於點名時的回答〕有！

yob [jɑb; jɔb] «源自 boy 的倒拼字»**—*n.*** Ⓒ《英俚》阿飛，不良少年。

yob·bo [ˈjɑbo; ˈjɔbou] *n.* (*pl.* **～s**)《英俚》＝yob.

yo·del [ˈjodl; ˈjoudl] *n.* Ⓒ約德爾調《流行於瑞士及奧國提洛爾(Tyrol)山地民間，以眞聲、假聲(falsetto)互換、重複唱的無意義曲調》。
—*v.i.* (**yo·deled,**《英》**-delled**; **yo·del·ing,**《英》**-del·ling**)唱約德爾歌。
—*v.t.* 以約德爾調唱〈歌等〉。

yo·ga [ˈjogə; ˈjougə] «源自梵語「統一」之義»**—*n.*** Ⓤ **1**《印度教》瑜伽(術)。**2**（爲身心健康而做的）瑜伽。

【說明】印度六派哲學之一；瑜伽的修行旨在抑制五官的作用，以求精神的統一，進而達到三昧的境地。現在世界各地愈來愈多的人爲美容或健康的理由練瑜伽。

yo·ghurt, yo·ghourt [ˈjogət; ˈjɔgət] *n.* ＝yogurt.

yo·gi [ˈjogɪ; ˈjougi] *n.* Ⓒ瑜伽信徒。

yo·gurt [ˈjogət; ˈjɔgət] «源自土耳其語» **—*n.*** Ⓤ〔指個體時爲Ⓒ〕（用牛乳、羊乳製成的）酸乳酪；酵母乳《如養樂多之類的乳製品》。

yó-hèave-hó *interj.*《航海》〔起錨等時水手的吆喝聲〕唷嗬！

yoicks [jɔɪks; jɔiks] *interj.*〔獵狐時催趕獵狗的吆喝聲〕嗬！

yoke [jok; jouk] *n.* **1** Ⓒ **a**（套在牛頸部把一對牛等連在一起的）軛：put two oxen to the ～ 把兩頭牛用軛連在一起。**b**〔常單複數同形〕（用軛連在一起的牛等的）一對：three ～(*s*) *of* oxen 六頭牛。**c**〔常用單數〕（連結物或人的）羈絆；情誼；夫妻之緣〔*of*〕：the ～ *of* marriage [matrimony] 夫妻的情誼。**2** Ⓒ **a** 軛狀物。**b**（挑提桶等所用的）扁擔。**3**〔**the** ～〕**a**（暴君等的）支配，壓迫〔*of*〕：come [pass] under *the* ～ 屈服，受支配/The country was under *the* ～ *of* a dictator. 該國家受到獨裁者的控制。**b**（奴隸等的）束縛(狀態)，隸屬〔*of*〕：groan under *the* ～ *of* slavery 在奴隸制度的苦役下受苦[呻吟]/shake [throw] off *the* ～ 擺脫束縛。**4** Ⓒ《服飾》抵肩，過肩《縫在襯衫、上衣等連接頸肩處的墊布》。

yoke 1 a

yoke 2 b

—*v.t.* **1 a**〔十受(十副)〕給〈牛等〉套上軛〈*together*〉：～ oxen **together** 把牛用軛連接在一起。**b**〔十受十介十(代)名〕把〈牛等〉繫〔於…〕〔*to*〕：～ oxen **to** a plow 給牛套上犂。**2 a**〔十受十介十(代)名〕把…接[在…]；使…[與…]結合〔*to*〕：I was ～*d* **to** a pleasing fellow. 我和一個有趣的傢伙在一起。**b**〔十受〕使〈男女〉結合[結婚]《★常用被動語態》：They *were* ～*d in* marriage. 他們因婚姻而結合[結婚了]。

yóke·fèllow *n.* Ⓒ **1**（一同工作的）伙伴，同事。**2** 配偶，伴侶。

yo·kel [ˈjokl; ˈjoukl] *n.* Ⓒ《謔・輕蔑》鄉巴佬，村夫，粗人。

yóke·màte *n.* ＝yokefellow.

yolk [jok, jolk; jouk] *n.* Ⓤ〔指個體時爲Ⓒ〕蛋黃（⇨ egg[1] 插圖；cf. white *n.* 3）：the ～ of an egg 蛋黃/You have ～ on your chin. 你的下巴沾著蛋黃。

yolk·y [ˈjokɪ, ˈjolkɪ; ˈjouki] «yolk 的形容詞»**—*adj.*** (**yolk·i·er**; **-i·est**)蛋黃(狀，質)的。

Yom Kip·pur [ˈjomˈkɪpə; ˌjɔmˈkipə] «源自希伯來語 'day of atonement' 之義» **—*n.*** 《猶太教》贖罪日《反省過去一年中所犯的罪，絕食終日以祈求饒恕》。

yon [jɑn; jɔn]《古》*adj.* &*adv.* ＝yonder.
—*pron.* (在)那邊[彼方]的人[物]。

yond [jɑnd; jɔnd] *adj.* & *adv.*《古》＝yonder.

yon·der [ˈjɑndə; ˈjɔndə]《文語》*adv.* 在那邊[彼方]：over ～ 在那邊/Look ～. 看那邊。
—*adj.* 〔常不與冠詞連用〕那邊[彼方]的：～ hill [house] 在那邊的山丘[房子]。

yonks [jɑŋks; jɔŋks] *n.* Ⓤ《英口語》長時間。

yoo-hoo [ˈjuˌhu; ˈju:ˌhu:] *interj.*〔用於叫人或引人注意時〕唷嗬！
—*v.i.* 以唷嗬聲叫人。

yore [jor, jɔr; jɔ:] *n.* Ⓤ《文語》從前，往昔《★現在只用於下列成語》。**of yóre** 從前的，往昔的；古時候的，過去的：in days *of* ～ 古時候，往昔。

York [jɔrk; jɔ:k] *n.* **1** 約克《英格蘭北約克郡(North Yorkshire)的首府；有大聖堂(York Minster)，以及地位僅次於坎特培里(Canterbury)的大主教(archbishop)》。**2**（又作 **the House of Yórk**）約克王室《1461–85 年間的英國王室；有愛德華四世(Edward IV)，愛德華五世(Edward V)，理查三世(Richard Ⅲ)等國王；以白薔薇(white rose)爲徽章；cf. the Wars of the Roses（⇨ war 成語）》。

Yórk·ist [-kɪst; -kist] *n.* Ⓒ（英國薔薇戰爭時代的）約克王室；約克[白薔薇]黨員《在薔薇戰爭(the Wars of the Roses)中，支持約克王室；cf. Lancastrian 2》。
—*adj.* 支持約克王室的，約克黨員的。

York·shire [ˈjɔrkʃɪr, -ʃə; ˈjɔ:kʃə] *n.* 約克郡《英格蘭東北部的舊郡；1974 年分割爲北約克郡(North Yorkshire)，南約克郡(South Yorkshire)，西約克郡(West Yorkshire)》。

Yórkshire púdding *n.* Ⓒ〔當作菜名時爲Ⓤ〕約克郡布丁《將麪粉、蛋、牛乳混合，以烤肉汁烤成；配合烤牛肉食用》。

Yórkshire térrier *n.* Ⓒ約克(郡)㹴《當作寵物的矮腿長毛㹴》。

Yo·sém·i·te Nátional Párk [joˈsɛmətɪ-; jouˈsemiti-] *n.* 優詩美地國家公園《位於美國加利福尼亞州中東部，以峽谷、瀑布、巨木林聞名》。

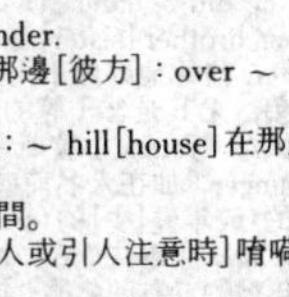
Yorkshire terrier

‡**you** [（輕讀）ju, jə; ju, jə;（重讀）ju; ju:] *pron.*《★語形 所有格 **your**，受格 **you**，所

有代名詞 **yours**, 反身代名詞 **yourself**；複數所有格 **your**, 受格 **you**, 所有代名詞 **yours**, 反身代名詞 **yourselves**；thou[1] 的受格》
1 a [第二人稱單數[複數]主格]**你, 你們**：*Y*~ and I start first. 你和我先出發《★you 要放在前面》/ *Y*~ are mad. 你(們)瘋了。**b** [第二人稱單數[複數]受格]**你, 你們**《★[用法]用於動詞的直接受詞、間接受詞、介系詞的受詞》：I choose ~ three；the rest of ~ can stay here. 我選擇你們三個, 其他的人就留在這裏。
2 a [用於祈使句]《★[發音]置於祈使句句首時讀作 [ˋju; ˈju:]》：*Y*~ begin. 從你開始, 你先。**b** [用以呼喚促使對方注意或用於感嘆句而與名詞同格]：*Y*~ there, what's your name? 喂, 你叫什麼名字？/ *Y*~, my daughters. 喂, 我的女兒們/ *Y*~ liar(, ~)! 你這個撒謊者！
3 [指總稱的一般人]人, 任何人《★[用法]用以籠統的指人, 也可用 we, they, one, 但用 you 較有親密感, 也較口語化》：*Y*~ never can tell.(未來的事)任何人都無法預測/ When ~ face (the) north, (the) east is at [《英》to] *your* right. 當你面向北方時, 東方在你的右側。
4《古・詩》你們自己(yourself, yourselves)：Get ~ gone. 滾！
áll of yóu 你們, 各位《★[用法]用於與單數的 you 有所區別時》：Sit down, *all of* ~. 各位[大家]請坐。
Àre you thére? ⇨ there.
betwèen yóu and mé ⇨ between *prep.*
Thére's...for you! 那才眞是…；那正是…：*There's* a rogue *for* ~! 那才眞是惡棍！
Yóu and yòur...! …是你的口頭禪《又來了》, 你這個…又來了：*Y*~ *and your* sob stories! 又是你那幾則賺人眼淚的故事！
you féllows [fólks, péople, cháps, gúys]《口語》你們(all of you).

you-all [juˋɔl, jɔl; ju:ˈɔ:l, jɔ:l] *pron.*《美南部》**1** ＝all of YOU. **2** ＝you《★非標準的用法》。

‡**you'd** [jud; ju:d] **you had [would]** 之略。

‡**you'll** [jul; ju:l] **you will [shall]** 之略。

‡**young** [jʌŋ; jʌŋ] *adj.* (~·er [ˋjʌŋgɚ; ˈjʌŋgə]; ~·est [ˋjʌŋgɪst; ˈjʌŋgist]) **1** 〈人、物〉**年輕的, 年幼的**(↔ old)：a ~ man 青年男子/ a ~ girl(未婚的)年輕女子/ a ~ baby [child] 幼兒[年輕的孩子]/ a ~ animal 幼小的動物, 仔/ a ~ plant [tree] 嫩樹, 幼木/ ~ people(約爲十五至二十五歲的)年輕人/ ~ things《謔》年輕人[女子]/ ~ ones 小孩子們；幼小的動物, 仔, 雛/ We aren't getting any ~*er*. 我們不能再回復年輕《★含有「青春不再, 及時行樂」以及「我們不再年輕」之意》。
2 a [用於比較級、最高級](表示年齡的上下關係)**年少的, 年幼的**(cf. old 3, elder[1] 1)：one's ~*er* brother [sister] 弟[妹]/ one's ~*est* brother [sister] 么弟[妹]/ He is two years ~*er* than his sister. 他比他姊姊小兩歲。**b** [加在人名前](同名或同姓的人、兄弟, 尤其是父子等的)較年輕的：~ Mrs. Brown 年輕的布朗太太/ ~ Jones 小瓊斯《父子中的兒子或兄弟中的弟弟》。**c** [**the Younger**；加在人名前或人名後](同名或同姓的人、父子、兄弟等的)較年輕[少]的(↔ the Elder)：*the Younger* Pitt＝Pitt *the Younger* 小畢特《父子中的兒子》。
3 年輕的, 有朝氣的；年輕時代的, 青年的：~ love [ambition] 年輕時代的愛[雄心]/ a ~ style of dress 年輕款式的服裝/ in one's ~*er* days 在年輕的時候/ He is ~ for his age. 以他的年齡來說他是年輕的/ ⇨ young blood.
4 a 〈國家、公司等〉(歷史)短的, 新興的, 還在搖籃期的：a ~ nation 新興國家。**b** 〈時日、季節、夜晚等〉還早的：The night is still ~. 夜還未深, 夜未央。**c** 〈酒等〉未醇的。**d** 〈蔬菜等〉提早收成的；嫩的：~ carrots 嫩胡蘿蔔。
5 [不用在名詞前] [十介十(代)名] [對…]不熟的, 沒有經驗的 [*in*, *at*]：~ *in* teaching [one's trade] 對教書[做生意]經驗不夠的/ I was but ~ *at* the work. 我對那工作只是個新手。
yóung and óld 無論老少, 不論男女老幼。
—*n.*《★[語形]此字無複數》**1** [**the** ~；集合稱；當複數用]年輕人；小孩子們：books for *the* ~ 以青少年爲對象的書/ *The* ~ today have no manners. 現今的年輕人不懂禮貌。**2** [集合稱；當複數用]〈動物、鳥等的〉仔：care for its ~〈動物〉疼愛[照顧]年幼動物。
with yóung〈動物〉有孕。

yóung blóod *n.* Ⓤ **1** 青春的活力。**2** [集合稱] 血氣方剛的青年：We need ~ in the company. 我們公司需要新血輪。

young·er [ˋjʌŋgɚ; ˈjʌŋgə] *n.* [常 **one's** ~] 年少者：His sister is several years his ~. 他妹妹比他小好幾歲。

yóung·ish [-ŋɪʃ; -ŋiʃ, -ŋgiʃ] *adj.* 稍年輕的。

yóung lády *n.* Ⓒ **1** (通常指高尚文雅而未婚的)小姐。**2** 年輕女子。**3** 女友；未婚妻。

young·ling [ˋjʌŋlɪŋ; ˈjʌŋliŋ] *n.* Ⓒ **1 a** 年輕人；小孩。**b** (動物的)仔。**2** 嫩樹, 幼木。

young·ster [ˋjʌŋstɚ; ˈjʌŋstə] *n.* Ⓒ**年輕人**；小孩子；(尤指)少年。

yóung thíng *n.* Ⓒ **1** 年輕人。**2** (幼)小動物。

youn·ker [ˋjʌŋkɚ; ˈjʌŋkə] *n.*《古》＝youngster.

‡**your** [(輕讀) jɚ, jɚ; jə; (重讀) jʊr; jɔ:] *pron.* **1** [you 的所有格] **你的, 你們的**。**2** [指總稱的一般人；⇨ you 3]人的, 一個人的。**3** [jʊr, jɚ; jə]《口語》大家常說的, 你所謂的, 所謂的《★[用法]通常表示輕蔑的》：So this is ~ good works! 這就是你所謂的善行！/ This is ~ fair play, is it? 這就是你所謂的公正的比賽, 是嗎？《眞不像話》。**4** [常 Y~；與尊稱連用以代替 you]：*Y*~ Majesty 陛下《稱呼》。

‡**you're** [jʊr, jʊr, jɚ; juə, jɔ:] **you are** 之略。

‡**yours** [jʊrz; jɔ:z] *pron.* **1** [與 you(單數、複數)相對應的所有代名詞] **a 你(們)的東西**(cf. mine[1])《★[用法]依所指內容而當單數或複數用》：*Y*~ is better than mine. 你的比我的好/ my father and ~ 我父親和你父親[令尊]/ This is ~ if you will accept it. 如果你願意收下, 它就是你的了《我把它送給你》/ My car's red. What's ~? 我的車子是紅色的, 你的呢？《★yours 是 your car 之意》/ What's ~?《口語》(在餐廳裏)你要喝(吃)什麼？《★[比較] What's your order? (你要叫什麼飲料[菜])之意》。**b** 你的家人[信, 任務(等)]：All good wishes to you and ~. 祝你及你的家人安好/ ~ of the 24th 您二十四日所發的大函/ *Y*~ is just to hand. 你的來信剛收到/ It is ~ to help him. 幫助他是你的任務。
2 [**of** ~] 你(們)的《★[用法]your 不能與 a, an, this, that, no 等並列置於名詞前, 所以把 your 改爲 of yours 置於名詞後》：that book *of* ~ 你的那本書/ a friend *of* ~ 你的(一個)朋友。
3 [用於書信結尾(complimentary close)]敬上, 謹上, 草(等)《★[用法]附加的副詞(等)依親密程度而有多種分別》：*Y*~ respectfully《★[用法]對長輩》/ *Y*~ faithfully＝Faithfully ~《★[用法]對公司等或對未曾謀面者形式化的信件中使用》/ *Y*~ truly《★[用法]用於事務上的或稍有往來者形式化的信件》/ *Y*~ very truly＝*Y*~ truly《★[用法]較拘泥的說法》/ *Y*~ sincerely＝Sincerely ~《★[用法]用於給認識者、友人的(事務[社交])信》/ *Y*~ ever 或 *Y*~《★[用法]用於親友間》/ *Y*~ affectionately＝Affectionately ~《★[用法]用於親戚間等》。
yóurs trúly (1) ⇨ 3. (2)《口語》我, 自己(I, me)《★[用法]當第三人稱單數用》。

‡**your·self** [jʊrˋsɛlf, jɚˋsɛlf; jɔ:ˈself] *pron.*《★[用法]you(單數)的反身代名詞；⇨ oneself》**1** [用以强調]**你自己**：**a** [與 you 連用, 當同位格用]：You ~ did it.＝You did it ~. 你自己做的《★[比較]後者較爲口語化》。**b** [用 and ~ 代替 you]：Did your father *and* ~ go there? 你父親和你去過那裏嗎？(⇨ myself 1 b [語法])。**c** [用以代替 you；置於 as, like, than 之後]：No one knows more about it *than* ~. 沒人比你更瞭解那件事。**d** [用以特別表示獨立構句的主詞關係]：*Y*~ poor, you will understand the situation. 你自己是窮人, 所以你會瞭解那情形。
2 [反身用法]你自己：**a** [當反身動詞的受詞用](⇨ myself 2 a)：You've hurt ~, haven't you? 你傷到自己了, 是不是？**b** [當一般動詞的受詞用]：Know ~. 認識你自己。**c** [當介系詞的受詞用]《★參照其他成語》：Please take care of ~. 請保重。
3 平常的你, 正常的你《★[用法]通常當 be 動詞的補語用》：You aren't ~ today. 你今天不太對勁, 你今天有點兒失常/ Now you look like ~. 現在你看起來才像正常的你/ Be ~!《口語》鎭定些！放莊重些！
besíde yoursèlf ⇨ oneself.
by yoursélf ⇨ oneself.
for yoursélf ⇨ oneself.
Hów's yoursélf?《俚》你好嗎？你如何呢？《★[用法]在回答 "How are you?"後所用的問候語》。
to yoursélf ⇨ oneself.

‡**your·selves** [jʊrˋsɛlvz, jɚ-; jɔ:ˈselvz] *pron.*《★[用法]you(複數)的反身代名詞；⇨ oneself》**1** [用以强調]**你們自己[本身]**：**a** [與 you 連用, 當同位格用]：*You* ~ did it.＝*You* did it ~. 你們自己做了那件事《★[比較]後者比較口語化》。**b** [用 and ~ 代替 you]：Did your parents *and* ~ go there? 你父母和你們去過那裏嗎？(⇨ myself 1 b [語法])。**c** [用以代替 you；置於 as, like, than 之後]：Young people *like* ~ must work. 像你們這樣的年輕人必須工作。
2 [反身用法]你們自己：**a** [當反身動詞的受詞用](⇨ myself 2 a)：You must not overdrink ~. 你們不可以喝得過量。**b** [當一般動詞的受詞用]：You must know ~. 你們必須認清你們自己。**c** [當介系詞的受詞用]《★參照其他成語》：Please take care of ~. 請你們保重(自己)。
3 平常的你們, 正常的你們《★[語法]通常當 be 動詞的補語用》：You aren't ~ today. 你們今天不太對勁, 你們今天有點兒失常。
besíde yoursèlves ⇨ oneself.
by yoursélves ⇨ oneself.
for yoursélves ⇨ oneself.
to yoursélves ⇨ oneself.

‡youth [juθ; ju:θ] «young 的名詞»**—n.** (*pl.* ~s [juθs, juðz; ju:ðz]) **1** Ⓤ年輕，活力，血氣，朝氣：the secret of keeping one's ~ 保持年輕的祕訣/He has all the appearance of ~. 他看來很年輕。
2 Ⓤ **a** 青年時期，青春(期)，年輕的時候：the good friends of my ~ 我年輕時候的好朋友/from ~ onward 從年輕時起一直/in ~ 在年輕時/in (the days of) one's ~ 在青年時期/in one's hot [raw, vigorous] ~ 在血氣方剛的時期/*Youth's* a stuff will not endure. 青春易逝《★出自莎士比亞的「第十二夜(*Twelfth Night*)」》. **b** (發生、創設的)初期，草創期：during the ~ of this country 在這個國家的發展初期/Our business is still in its ~. 我們的事業還在草創期[才剛起步]。
3 a Ⓒ年輕人，青年《★用法通常指男性；常帶輕蔑之意》：a ~ of twenty 二十歲的青年/promising ~*s* 有前途的年輕人。**b** Ⓤ [常 **the** ~；集合稱]青年男女，年輕人《★用法視爲一整體時當單數用，指全部個體時當複數用》：*the* ~ *of* our country 我國的青年男女/*Y*~ sometimes lack(s) prudence. 年輕人有時不夠謹慎。

youth·ful [ˈjuθfəl; ˈju:θful] *adj.* (**more** ~；**most** ~) **1** 〈人〉年輕的；有朝氣的，有活力的。**2** 年輕人的，適合年輕人的，像青年的，青年特有的。~**·ly** [-fəlɪ; -fuli] *adv.* ~**·ness** *n.*

yóuth hòstel *n.* Ⓒ青年之家，青年招待所。

【說明】讓徒步或單車旅行的青年男女以便宜費用投宿的非營利性住宿處所。在英國全國各地的美麗湖畔、山林、寺院、古堡等都有，對年輕人的康樂活動提供許多方便。在美國這種設施較少，利用的人也不多；可替代的設施則有 Y.M.C.A. 和 Y.W.C.A. 的宿舍；b and b【說明】

yóuth hòsteler *n.* Ⓒ住宿在青年之家(youth hostel)的人。

‡you've [juv, juv, jəv; ju:v, juv, jəv] **you have** 之略。

yowl [jaul; jaul] *v.i.* 〈動物〉發出長聲的哀鳴。**—n.** Ⓒ(動物的)哀鳴聲。

yo-yo [ˈjo,jo; ˈjoujou] *n.* Ⓒ(*pl.* ~s) **1** 悠悠，溜溜球《一種木[塑膠]製輪形玩具，用線扯動，可使上下旋轉》。**2** 《美俚》笨蛋，蠢材。
—*adj.* 忽上忽下的；變動的。
—*v.i.* (~**ed**；~**·ing**)忽上忽下；變動。

Y.P.S.C.E. 《略》Young People's Society of Christian Endeavor 基督教少年勵志會。

yr. 《略》year(s)；younger；your.

yrs. 《略》years；yours.

yt·ter·bi·um [ɪˈtɝbɪəm; iˈtə:biəm] *n.* Ⓤ《化學》鐿《稀有金屬元素；符號 Yb》.

yt·tri·um [ˈɪtrɪəm; ˈitriəm] *n.* Ⓤ《化學》釔《稀有金屬元素；符號 Y》.

yu·an [juˈan; ju:ˈa:n] *n.* Ⓒ(*pl.* ~)元《中國的貨幣單位》。

Yu·an [juˈan; ju:ˈa:n] *n.* [有時 y~]《中華民國政府五院的》院。

Yu·ca·tan, Yu·ca·tán [,jukəˈtæn, -ˈtan; ,ju:kəˈta:n, -ˈtæn] *n.* 猶加敦半島《中美洲的一個半島，位於加勒比海與墨西哥灣的交界處》。

yucca

yuc·ca [ˈjʌkə; ˈjʌkə] *n.* Ⓒ《植物》王蘭《又稱絲蘭；龍舌蘭科王蘭屬肉質植物的統稱，原產於北美南部》。

yuck [jʌk; jʌk] *interj.* **1** 表示厭惡、拒絕等的聲音。**2** 咯咯大笑；引起捧腹大笑的趣事。

yuck·y [ˈjʌkɪ; ˈjʌki] *adj.* 《俚》令人厭惡的，令人不快的。

Yu·go·slav [ˈjugoˈslav; ,ju:gouˈsla:v] «Yugoslavia 的形容詞»**—*adj.*** 南斯拉夫(人)的。
—*n.* Ⓒ南斯拉夫人。

Yu·go·sla·vi·a [ˈjugoˈslavɪə; ,ju:gouˈsla:viə] *n.* 南斯拉夫《歐洲南部的一個共和國；首都貝爾格勒(Belgrade)》.

yuk [jʌk; jʌk] *interj.* =yuck 2.

Yu·kon [ˈjukan; ˈju:kɔn] *n.* **1** (又作 **Yúkon Térritory**)育空(準省)《加拿大西北部的一個準省；首府 Whitehorse [ˈhwaɪt,hɔrs, ˈwaɪt-; ˈwaithɔ:s, ˈhwait-]》. **2** [**the** ~]育空河《流經育空準省與美國阿拉斯加州之間，注入白令海(Bering Sea)》.

Yúkon (Stándard) Time *n.* Ⓤ(美國的)育空(標準)時間《較 G(M)T 慢九小時；⇨ standard time【說明】》。

yule [jul; ju:l] *n.* [常 Y~]Ⓤ《罕》耶誕節(的季節)。

yúle lòg *n.* [常 Y~ l~]Ⓒ **1** 耶誕節前夕放在爐中燒的大塊木柴。**2** yule log 形的蛋糕。

yúle·tìde *n.* [常 Y~]Ⓤ《詩・文語》耶誕季節。

yum·my [ˈjʌmɪ; ˈjʌmi] *adj.* (**yum·mi·er**；**yum·mi·est**)《俚》**1** 好吃的，爽口的《★用法通常爲女性用語》。**2** 極好的，很棒的《★用法與義 1 相同》。

Yum·pie, Yum·py, yum·pie [ˈjʌmpɪ; ˈjʌmpi] «young *u*pwardly *m*obile *p*rofessional [*p*erson] 的頭字語»**—*n.*** Ⓒ城市職業階層中受過良好教育、有上進心的年輕人士；優痞。

yum-yum [ˈjʌmˈjʌm; ,jʌmˈjʌm] *interj.* 《俚》好吃！《尤指品嘗美味後的滿足聲》。

yup [jʌp; jʌp] *adv.* 《口語》=yes《★發音發 [p] 音時只需保持嘴唇緊閉，不要再張開而成爆發音》。

Yup·pie, Yup·py, yup·pie [ˈjʌpɪ; ˈjʌpi] «young *u*rban *p*rofessional 的頭字語»**—*n.*** Ⓒ居於大都會附近，具專業技能的二十五至四十五歲的知識分子；雅痞。

Y·vonne [ɪˈvan; iˈvɔn] *n.* 伊鳳《女子名》。

Y.W.C.A., YWCA, YW 《略》Young Women's Christian Association 基督教女青年會。

Y.W.H.A. 《略》Young Women's Hebrew Association 猶太教女青年會。

Y

Z z **Z z** *Z z*

z¹, Z¹ [zi; zed] *n.* (*pl.* **z's, zs, Z's, Zs** [~z; ~z]) **1** Ⓤⓒ英文字母的第二十六個字母(cf. zeta). **2** Ⓤ(一序列事物的)第二十六個；(不包括 J 時的)第二十五個。

from A to Z ⇨ a¹, A¹.

z² [zi; zed] *n.* Ⓒ(*pl.* **z's, zs** [~z; ~z])[常寫作 Z]《數學》第三未知數(cf. x^2, y^2 ; a^2, b^2, c^2).

Z² [zi; zed] *n.* Ⓒ(*pl.* **Z's, Zs** [~z; ~z])Z 字形(之物)。

Z³ [zi; zed] *n.* Ⓒ《美口語》短時間的小睡：get [catch] a few *~s* 稍睡，昏昏沉沉地睡。

— [z; z] *interj.* 鼾聲(cf. zzz).

Z 《符號》《化學》atomic number. **Z.** 《略》zero.

zaf·tig [ˋzaftɪg; ˈzɑːftig] «源自意第緒語(Yiddish)「有水分的」之義» —*adj.* 《俚》〈婦女〉身體豐滿的，性感的。

Za·ire [zaˋɪr; zɑːˈiə] *n.* 薩伊《非洲中部的一個共和國；首都金夏沙(Kinshasa [kɪnˋʃasə; kinˈʃɑːsə])》。

Zam·bi·a [ˋzæmbɪə; ˈzæmbiə] *n.* 尚比亞《非洲南部屬大英國協的一個共和國；舊稱英屬北羅德西亞(Northern Rhodesia)；首都路沙卡(Lusaka [luˋsakə; luːˈsɑːkə])》。

Za·men·hof [ˋzamɛnhɔf; ˈzɑːmenhɔf], **Laz·a·rus Lud·wig** [ˋlæzərəsˋlʌdwɪg; ˈlæzərəsˈlʌdwig] *n.* 察門霍夫《1859-1917；波蘭的眼科醫師；世界語(Esperanto)的創始人》。

za·ny [ˋzenɪ; ˈzeini] *n.* Ⓒ **1** 小丑的助手；小丑。**2** 笨蛋，傻瓜。

—*adj.* (**za·ni·er**；**za·ni·est**)滑稽的，愚蠢的。

zap [zæp; zæp] «zip 與 slap 的混合語？» —《俚》(**zapped**；**zap·ping**) *v.t.* **1** 突然[急速]推動…。**2** (一口氣)幹掉，殺掉…：You have to ~ the invading spaceships to get points. (玩電動玩具等)你必須幹掉入侵的太空船才能得分。—*v.i.* 迅速移動。

—*interj.* 咻！砰！

Zar·a·thus·tra [ˌzærəˋθustrə; ˌzærəˈθuːstrə] *n.* =Zoroaster.

ź-àxis *n.* (*pl.* **z-axes**)Ⓒ《數學》(笛卡兒立體座標之)Z 軸。

zeal [zil; ziːl] «源自希臘文[競爭]之義» —*n.* Ⓤ[對…的]熱心，熱中；熱忱[*for*]：*with* (great) ~ (極)熱心地/He feels ~ *for* his work. 他對工作抱有熱忱/They showed untiring ~ in the pursuit of truth. 他們在追求眞理的過程中表現出孜孜不倦的熱誠；他們懷著滿腔熱情孜孜不倦地追求著眞理。

zeal·ot [ˋzɛlət; ˈzelət] *n.* Ⓒ《輕蔑》熱中者，狂熱者(fanatic).

zeal·ot·ry [ˋzɛlətrɪ; ˈzelətri] *n.* Ⓤ《輕蔑・罕》狂熱(的行動)。

zeal·ous [ˋzɛləs; ˈzeləs] «zeal 的形容詞» —*adj.* (**more** ~；**most** ~) **1** 熱心的；狂熱的：a ~ churchgoer 常去做禮拜的虔誠教徒/~ efforts 熱心的努力。**2** [不用在名詞前] **a** [+介+(代)名]熱望，盼望[…]的[*for*]：They are ~ *for* freedom. 他們熱望[積極爭取]自由。**b** [+介+(代)名][對…]熱中的[*in*]：They are ~ *in* the pursuit of truth. 他們熱中於追求眞理。**c** [+ *to* do]熱望〈做…〉的，很想〈做…〉的：He is ~ *to* please his wife. 他一心想討好他的妻子。**~·ly** *adv.* **~·ness** *n.*

ze·bec(k) [ˋzibɛk; ˈziːbek] *n.* =xebec.

Zeb·e·dee [ˋzɛbəˌdi; ˈzebidiː] *n.* 《聖經》西庇太《使徒詹姆斯(James)與約翰(John)之父》。

ze·bra [ˋzibrə; ˈziːbrə] *n.* Ⓒ(*pl.* **~s**, [集合稱] **~**)《動物》斑馬《非洲產》。

zébra cróssing *n.* Ⓒ《英》(塗上黑白斜線的)行人穿越道，斑馬線(cf. panda crossing).

【說明】在英國常見的行人優先穿越道。行人在斑馬線上時，汽車必須停止，讓行人優先通過。在英國，很多行人只要看清楚沒有車輛通過，號誌是紅燈也會照樣穿越街道。

ze·bu [ˋzibju; ˈziːbuː] *n.* Ⓒ《動物》瘤牛《肩膀有大瘤；原產於亞洲，東非》。

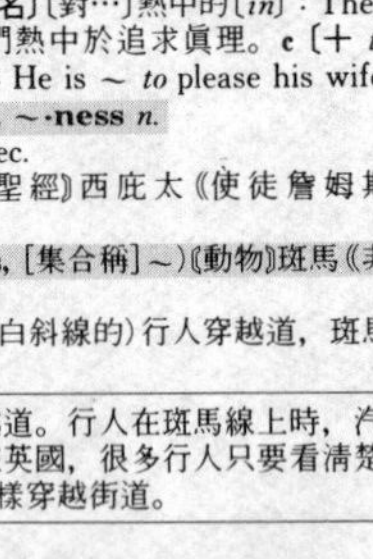

zebus

Zech. 《略》《聖經》Zechariah.

Zech·a·ri·ah [ˌzɛkəˋraɪə; ˌzekəˈraiə] *n.* **1** 《聖經》撒迦利亞《紀元前六世紀時的以色列(Israel)先知》。**2** 撒迦利亞書《聖經舊約中一書；略作 Zech.》。

zech·in [ˋzɛkɪn; ˈzekin] *n.* Ⓒ瑟金《從前威尼斯、馬爾他和土耳其的金幣》。

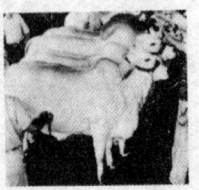

zed [zɛd; zed] *n.* 《英》=zee.

Zed·e·ki·ah [ˌzɛdəˋkaɪə; ˌzediˈkaiə] *n.* 西底家《猶太的最後一位國王》。

zee [zi; ziː] *n.* Ⓒ《美》**1** Z [z] 字。**2** Z 字形(之物)。

Zeit·geist [ˋzaɪtˌgaɪst; ˈtsaitgaist, ˈzait-] «源自德語 'time spirit' 之義» —*n.* [**the** ~]時代精神[思潮]。

Zen [zɛn; zen] «源自日語» —*n.* **1** Ⓤ禪。

【說明】歐美有不少知識分子或年輕人，因爲不滿理性主義的物質文明，轉而關心東方的禪。禪的修行習慣穿素黑色衣服，以坐禪企求進入精神集中(即禪定)的境界。禪本來始於我國唐代，但到元、明禪風漸衰。東傳至日本以後，由日人鈴木大拙(1870-1966)等的英文著作推廣至歐美，歐洲的禪協會設置的道場有百餘個，男女信徒都有。

2 Ⓤ禪宗《佛教宗派名，又名佛心宗》。

ze·na·na [zeˋnanə; zeˈnɑːnə] *n.* **1** Ⓒ(印度婦女的)閨房。**2** [集合稱]閨房中的婦女。

Zén Búddhism *n.* =Zen 2.

Zend [zɛnd; zend] *n.* 《祆教》祆教經典之巴勒維語註釋與翻譯。

Zend-A·ves·ta [ˌzɛndəˋvɛstə; ˌzendəˈvestə] *n.* [**the** ~]《祆教》祆教經典及其註釋與翻譯。

Zen·ist [ˋzɛnɪst; ˈzenist] *n.* Ⓒ禪宗信徒。

ze·nith [ˋzinɪθ; ˈzeniθ, ˈziːn-] «源自阿拉伯語「頭上的路」之義» —*n.* **1** [**the** ~] 天頂《與天底(nadir)相反位置的點》。**2** Ⓒ[常用單數][名聲、成功、權勢等的]頂點，顚峯[*of*]：He was *at the ~ of* his fame. 他正處於名望最高的時期/At that time the Holy Roman Empire was *at the ~ of* its power. 當時神聖羅馬帝國正處於權勢的顚峯時期[全盛時期]/His fame was *at* its ~. 他的名望已達到登峯造極的地步。

zenith(天頂)

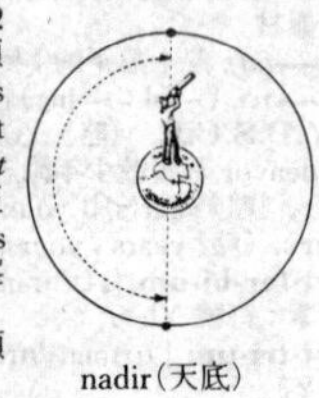

nadir(天底)

zénith dìstance *n.* [**the** ~]《天文》天頂距。

zénith tèlescope [tùbe] *n.* Ⓒ《天文》天頂儀《對準天頂點所裝置之望遠鏡，用以觀察星辰以定時間者》。

Ze·no [ˋzino; ˈziːnou] *n.* 季諾《335？-？263 B.C.；希臘的哲學家；爲斯多噶(Stoic)學派的始祖》。

Ze·no·bi·a [zəˋnobɪə; ziˈnoubjə] *n.* **1** 季諾碧亞《女子名》。**2** 季諾碧亞《古代敍利亞一女王，在位期間 267-272》。

ze·o·lite [ˋziəˌlaɪt; ˈziːəlait] *n.* Ⓤ《礦》沸石。

Zeph. 《略》《聖經》Zephaniah.

Zeph·a·ni·ah [ˌzɛfəˋnaɪə; ˌzefəˈnaiə] *n.* 《聖經》西番雅書《聖經舊約中一書；略作 Zeph.》。

zeph·yr [ˋzɛfɚ; ˈzefə] *n.* **1** [Z~](擬人化的)西風。**2** Ⓒ《詩》和風，微風。

Zep·pe·lin [ˋzɛpəlɪn; ˈzepəlin] «源自設計人德國將軍之名» —*n.* [有時 z~]Ⓒ齊柏林式飛艇。

‡ze·ro [ˋzɪro, ˋziro; ˈziərou] «源自阿拉伯語「空的」之義» —*n.* (*pl.* **~s**, **~es**) **1** Ⓒ(阿拉伯數字的)0，零。

【說明】0 的讀法在美國爲 zero, o [o; ou], naught, ought, 在英國爲 zero, nought, nil, nothing.

(1)電話號碼中的 0 通常讀作 [o; ou]：「291-0836」讀作 two nine one o [o; ou] eight three six/「1001」讀作 one double o [o; ou] one.

(2)年代：1900 年通常讀作 nineteen hundred, 也可讀作 nineteen nothing/1906 年讀作 nineteen o [o; ou] six 或 nineteen six.

(3)小數點以下的讀法：「3.01」讀作 three point o [zero] one/「0.5%」讀作 nought point five percent/「0.300(三成)打擊率」讀作 a three hundred hitter.

(4)比賽中的零分：「六比零獲勝」說成 We win the game by six to nothing.

(5)網球計分的 0 讀作 love：「比數是零比一」說成 The score is love fifteen.

(6)徑賽、游泳等時說「10 秒 00」的計時則用 flat：He ran 100

Z

meters in 10 seconds flat.(他以十秒整跑完一百公尺。)
(7)the 9:09 train(九時九分開的火車)讀作[ˋnaɪnoˋnaɪn; ˈnainouˈnain].
(8)英語中沒有零點的說法，經常用 twelve o'clock(十二點)表示之。爲區分中午十二點和午夜零點，則用 twelve(o'clock) noon，和 twelve(o'clock) midnight；cf. number【說明】

2 Ⓤ **a** (溫度計等的)**零度**，冰點：⇨ absolute zero/at 20° below ~ 在零下二十度。**b** (測量的)零點[時]，起點：It is now 2 minutes to ~. 現在是開始[發射，起跑]前二分鐘。
3 Ⓤ **a** (成績、比賽等的)**零分**：I got ~ in math(s). 我數學得了零分/We won the game(with a score of)5 to ~. 我們以五比零(的得分)贏得這場比賽。**b** 最低點，最低位。
4 Ⓤ無(nothing)：The team's spirit sank to ~ after its successive defeats. 這支球隊連續敗北後士氣降到最低點/His great fortune was reduced to ~. 他龐大的財產化爲烏有/She knew ~ about publishing. 她對出版一竅不通。
—*adj.* [用在名詞前] **1** 零的：a ~ score 得零分/ ~ degrees 零度《★用複數》/ ~ gravity 〖物理〗無重力(狀態)。**2** 一點也沒有的，全無的：~ growth(經濟、人口等的)零成長。
—*v.t.* (**ze·roed**; **ze·ro·ing**)〔十受〕將〈計量儀器〉歸零。
zéro ín 《*vt adv*》將〈步槍〉的射距調整爲無風時《★常用被動語態》。
zéro ín on... 《★可用被動語態》(1)把(砲等)對準〈目標〉；集中砲火於…。(2)集中注意力於…，集中目標於…。(3)〈人等〉向…聚集[逼近]。

zéro-bàse(d) *adj.* 〈預算等〉以零爲基礎的《各項預算等與前一年度無關，均必須由零重新編制》。

zéro hòur *n.* [無冠詞] **1** **a** 〖軍〗零時，預定行動開始的時間。**b** (火箭等的)發射時刻(cf. countdown).
2 決定性的瞬間，危機。

zéro populátion gròwth *n.* Ⓤ人口零成長《以限制出生人數而使現有人口數保持一定的水平》。

zéro-zéro *adj.* 〖氣象·航空〗水平、垂直[周圍]的能見度均爲零的，能見度極低的：a ~ fog 四周能見度均爲零的濃霧/~ landing 在零能見度下的降落。

zest [zɛst; zest] *n.* **1** Ⓤ[又作 **a** ~]熱情，强烈的興趣〔*for*〕：youthful ~ 青春時代的熱情/(*a*) ~ *for* pleasure 對快樂的强烈需求/with ~ 熱心地/He studied with *a* ~ which struck us speechless. 他求知慾如此旺盛，使我們驚訝得說不出話來。**2** Ⓤ[又作 **a** ~]風趣，妙趣；風味：Humor gave[added] (*a*) ~ *to* his speech. 幽默使他的演說妙趣橫生。**3** Ⓒ(加入食物、飲料中)添加風味的東西《一片檸檬、橘子皮等》。

【字源】源自古法語；原義是橙(orange)、檸檬(lemon)等的皮。這些果皮被用爲食品添味物，因而逐漸演變出「風味，風趣」「爲(聚會等)添加趣味的東西」等意義。

zest·ful [ˋzɛstfəl; ˈzestful] *adj.* **1** 熱心的；有興趣的。**2** 有香味的；風趣的。**~·ly** *adv.*

zest·y [ˋzɛstɪ; ˈzesti] *adj.* (**zest·i·er**; **zest·i·est**) **1** 興致高的；充滿熱情的；有趣的。
2 精力充沛的；活躍的。

ze·ta [ˋzetə, ˋzitə; ˈzi:tə] *n.* ⓊⒸ希臘字母的第六個字母 Z, ζ《相當於英文字母的 z, Z；⇨ Greek alphabet 表》。

zeug·ma [ˋzjugmə, ˋzug-; ˈzju:gmə, ˈzu:g-] *n.* Ⓤ〖修辭·文法〗軛式修飾法《以一個形容詞或動詞勉强修飾或支配兩個(以上)不同類的名詞；如將 kill the passengers and destroy the baggage 寫成 kill the passengers and the baggage 等》。

Zeus [zus, zjus; zju:s] *n.* 〖希臘神話〗宙斯《奧林帕斯山(Olympus)的主神；相當於羅馬神話的朱彼特(Jupiter)》。

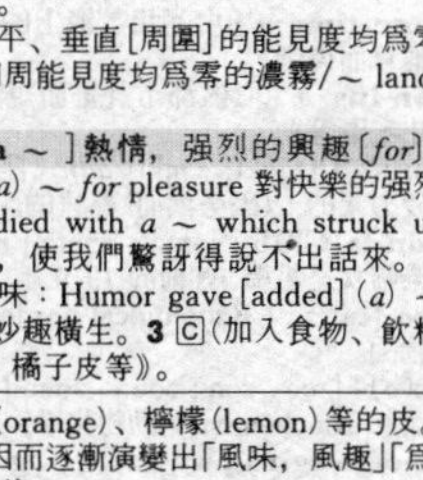
Zeus

zib·el·(l)ine [ˋzɪbəˌlɪn, -laɪn; ˈzibəlin, -lain] *adj.* 黑貂的。
—*n.* **1** Ⓒ黑貂的毛皮。**2** Ⓤ一種面上帶有短毛之厚羊毛織物《用以作衣服》。

zig·gu·rat [ˋzɪgʊˌræt; ˈziguræt] *n.* Ⓒ古代巴比倫(Babylon)及亞述(Assyria)的金字塔形神殿。

zig·zag [ˋzɪgzæg; ˈzigzæg] *n.* Ⓒ
1 鋸齒形，Z 字形，閃電形。**2** 鋸齒形的東西《裝飾、線、電光、道路等》。
—*adj.* [用在名詞前]鋸齒形的，Z 字形的，閃電形的：a ~ line[road]鋸齒形的線[道路]/a ~ rule 折尺。
—*adv.* 成鋸齒形[Z 字形]地，曲折地：The path climbed ~ [ran ~] up the slope. 這條小路曲折蜿蜒而上斜坡。
—*v.i.* (**zig·zagged**; **zig·zag·ging**)〔十副詞(片語)〕〈人、閃電等〉曲折地前進；〈路、河川等〉曲折地延伸：The demonstrators *zigzagged along* the street. 示威隊伍沿著街道曲折前進/We followed the path *zigzagging up* the steep slope. 我們沿著小徑曲曲折折地爬上陡坡。

zilch [zɪltʃ; ziltʃ] *n.* 《美俚》**1** Ⓤ零，無(zero). **2** Ⓒ完全無能的[沒用的]人，廢人；籍籍無名[默默無聞]的人。

zil·lion [ˋzɪljən; ˈziljən] 《仿 million, billion 所構成的字》**—*n.*** Ⓒ(*pl.* **~s**, ~)《口語》幾兆億，無數：~s of flies 無數的蒼蠅。

Zim·ba·bwe [zɪmˋbabwɪ, -bwe; zimˈbɑ:bwi, -bwei] *n.* 辛巴威《非洲東南部的一個共和國；舊稱英屬南羅德西亞(Southern Rhodesia)；首都哈拉雷(Harare [həˋrare; həˈrɑ:rei])》。

zinc [zɪŋk; ziŋk] *n.* Ⓤ〖化學〗鋅《金屬元素；符號 Zn》：flowers of ~ ＝zinc oxide.

zínc blènde *n.* Ⓤ〖礦〗閃鋅礦。

zin·co·graph [ˋzɪŋkəˌgræf; ˈziŋkəgrɑ:f] *n.* Ⓒ **1** (從前的)鋅板。
2 鋅板畫。

zin·cog·ra·phy [zɪŋˋkagrəfɪ; ziŋˈkɔgrəfi] *n.* Ⓤ鋅板術。

zínc óintment *n.* Ⓤ[指產品個體或種類時爲Ⓒ]〖藥〗一種含氧化鋅用以塗敷外傷用的軟膏。

zínc óxide *n.* Ⓤ〖化學〗氧化鋅，鋅白。

zínc súlfide *n.* Ⓤ〖化學〗硫化鋅。

zínc súlphate *n.* Ⓤ〖化學〗硫酸鋅《常做爲顏料的原料、醫藥品之用》。

zínc whíte *n.* Ⓤ鋅白《以氧化鋅製成的白色顏料》。

zing [zɪŋ; ziŋ] 《擬聲語》**—**《俚》*n.* **1** Ⓒ颼颼[咻咻](的聲音)。
2 Ⓤ精神，活力，熱忱。
—*v.i.* (加速)發出颼颼聲[奔馳]。

zin·ga·ra [ˋtsɪŋgara; ˈziŋgərɑ:] 《源自義大利語》**—*n.*** Ⓒ(*pl.* **-re** [-rɛ; -re])吉普賽女郎。

zin·ga·ro [ˋtsɪŋgarɔ; ˈziŋgərou] 《源自義大利語》**—*n.*** Ⓒ(*pl.* **-ri** [-ri; -ri:])吉普賽人(Gypsy).

zin·ni·a [ˋzɪnɪə; ˈziniə] 《源自德國植物學家的名字》**—*n.*** Ⓒ〖植物〗百日菊《菊科百日菊屬觀賞植物的統稱》。

Zi·on [ˋzaɪən; ˈzaiən] *n.* **1** 錫安山《耶路撒冷(Jerusalem)的聖峯；大衛(David)王與其子孫在此興建王宮、神殿，作爲政治中心》。
2 (象徵猶太教或猶太民族希望的)猶太民族的故國，以色列的土地。
3 Ⓤ[集合稱]以色列人民；猶太民族。
4 Ⓤ〖基督教〗天國(heaven).

Zí·on·ìsm [-nˌɪzəm; -nizəm] *n.* Ⓤ錫安主義《爲國家統一，期使猶太人重返巴勒斯坦(Palestine)的猶太民族運動》。

Zí·on·ist [-nɪst; -nist] *n.* Ⓒ錫安主義者。
—*adj.* 錫安主義的。

zip [zɪp; zip] 《擬聲語》**—*n.*** **1** Ⓒ**颼颼**，咻咻(的聲音)《子彈飛過或撕開布的聲音》。
2 (又作《英》**zíp fàstener**)Ⓒ拉鏈。
3 Ⓤ《口語》精力。
—*v.i.* (**zipped**; **zip·ping**)〔十副詞(片語)〕**1** 〈車、子彈等〉咻地飛嘯而過[前進]：The car *zipped along.* 車子咻地向前飛駛。**2** 〈事物〉迅速進行；〈人〉動作迅速：~ *through* one's work 迅速做完工作。
—*v.t.* **1** 〔十受十副〕把…用拉鏈扣緊；把〈人〉的衣服的拉鏈拉上〈*up*〉：He *zipped* ***up*** his jacket.＝He *zipped* his jacket *up.* 他拉上夾克的拉鏈/Z~ me *up*, please. 請幫我拉(背後的)拉鏈。**2** 〔十受十補(過分)〕把…的拉鏈拉上[拉開]〈成…〉：He *zipped* his bag open[*closed*]. 他把袋子的拉鏈拉開[拉上]。

zíp còde 《取 *z*one *i*mprovement *p*lan[*p*rogram]各字的頭字語，再加上 zip(咻地飛駛)之義》**—*n.*** ⓊⒸ《美》郵遞區號(《英》postcode).

【說明】爲簡便郵件發送而設的數字：州名後以五位數的阿拉伯數字表示；前三位數表示州或都市，後二位數表示郵區；又作 ZIP code, Zip code.

zip·per [ˋzɪpə; ˈzipə] 《源自商品名》**—*n.*** Ⓒ《美》拉鏈《衣物、皮包等的開關用具》。

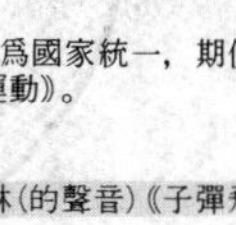
zipper

zip·pered [ˋzɪpəd; ˈzipəd] *adj.* 有拉鏈的；用拉鏈扣緊的。

zip·py [ˋzɪpɪ; ˈzipi] *adj.* (**zip·pi·er**; **zip·pi·est**)《口語》有精神的，敏捷的，活潑的。

zíp-tóp *adj.* [用在名詞前]由邊緣[金屬帶]開罐的，拉開式的〈罐子等〉(cf. pop-top)：a ~ can 拉開式罐頭。

zir·con [ˋzɝkan; ˈzə:kɔn] *n.* Ⓤ[指寶石個體時爲Ⓒ]〖礦〗鋯石，風信子玉。

zir·co·ni·um [zəˋkonɪəm; zə:ˈkounjəm] *n.* Ⓤ〖化學〗鋯《金屬元素；符號 Zr》。

Z

zith·er [ˋzɪθɚ; ˈziðə, -θə] *n.* Ⓒ齊特琴《奧國等地使用的弦樂器；約有三十至四十根弦，以指尖或撥子彈奏》。

zither

zíth·er·ist [-rɪst; -rist] *n.* Ⓒ齊特琴彈奏者。

zith·ern [ˋzɪθɚn; ˈziðən, -θən] *n.* **1** = cittern. **2** = zither.

zizz [zɪz; ziz] *n.* [**a** ~]《英口語》小睡《★常用於下列片語；cf. Z³》：take [have] *a* ~ 小睡一會兒[片刻]。

zlo·ty [ˋzlɑtɪ; ˈzlɔti] *n.* (*pl.* ~**s**, [集合稱]~)Ⓒ玆拉第《波蘭的幣制單位》。

Zn《符號》《化學》zinc.

zo·di·ac [ˋzodɪ,æk; ˈzoudiæk] «源自希臘文「含有動物圖(的圓圈)」之義»—*n.* **1** [**the** ~]《天文》黃道帶，獸帶《以黃道爲中心，南北各展開約八度的假想帶；太陽、月亮及主要行星在此帶內運行；古人認爲黃道帶內有十二個星座》。**2**《占星》Ⓒ十二宮一覽圖《黃道帶中十二星座的配置圖》。

the signs of the zódiac《天文・占星》(黃道)十二宮《以春分點作起點，將黃道帶分爲十二等分而成；有下列各宮；Aries「白羊宮」，Taurus「金牛宮」，Gemini「雙子宮」，Cancer「巨蟹宮」，Leo「獅子宮」，Virgo「處女宮」，Libra「天秤宮」，Scorpio「天蠍宮」，Sagittarius「人馬宮」，Capricorn「磨羯宮」，Aquarius「寶瓶宮」及 Pisces「雙魚宮」》。

signs of the zodiac

zo·di·a·cal [zoˋdaɪək]; zouˈdaiəkl] «zodiac 的形容詞»—*adj.*《天文・占星》黃道帶(內)的；十二宮的。

Zoë, Zo·e [ˋzo·ɪ, zo; ˈzoui] *n.* 若漪《女子名》。

zo·e·trope [ˋzo·ɪ,trop; ˈzouitroup] *n.* Ⓒ迴轉畫筒。

Zo·la [ˋzolə; ˈzoulə], **Emile** *n.* 左拉《1840–1902；法國小說家》。

Zoll·ver·ein [ˋtsɔlfɚ,raɪn; ˈtsɔlfərain] «源自德語»—*n.* **1** Ⓤ十九世紀德意志各邦之關稅同盟。**2** [**z**~]Ⓒ關稅同盟；商業同盟。

zom·bi(e) [ˋzɑmbɪ; ˈzɔmbi] *n.* (*pl.* ~**s**) **1 a** Ⓤ巫毒(vodoo)崇拜《西印度羣島土著的迷信；能使死者復活的超自然力量》。**b** Ⓒ(據說)以 zombi 還魂復活的屍體。
2 Ⓤ[指個體時爲Ⓒ]以蘭姆酒爲主的一種雞尾酒。
3 Ⓒ沒精神的人；怪人。

zon·al [ˋzonl; ˈzounl] «zone 的形容詞» —*adj.* **1** 帶的，帶狀的。**2 a** 劃分成地區[區域]的，地區[區域]制的。**b** 地區的，區域的。~·**ly** [-nlɪ; -nəli] *adv.*

***zone** [zon; zoun] «源自希臘文「帶子」之義»—*n.* Ⓒ **1** (依某種目的或特徵而與其他區域劃分的)地帶，地域，區域：a safety [danger] ~ 安全[危險]地帶/a war ~ 交戰地帶/an earthquake ~ (多)地震地帶/a ~ of influence 勢力範圍/a 200-mile exclusive fishery ~ 兩百浬內漁業專管區。
2 a (都市計畫等的)地區：a school [business, residence] ~ 文教[商業，住宅]區。**b** (道路的)交通管制區：a no-parking ~ 禁止停車區/a bus loading ~ 上下公共汽車區。**c** (交通機構的)同一運費區間：the 50-cent fare ~ 車費五角的車區間。**d** (小包郵件、電話等的)同一費用區。**e**《美》(都市的)郵遞區號區。
3《地理》(將地球按緯度和氣溫分成的五個)地帶：⇨ Frigid Zone, Temperate Zone, Torrid Zone.
4《生態》(依照同種類動植物的生長而劃分的)地帶：the Alpine

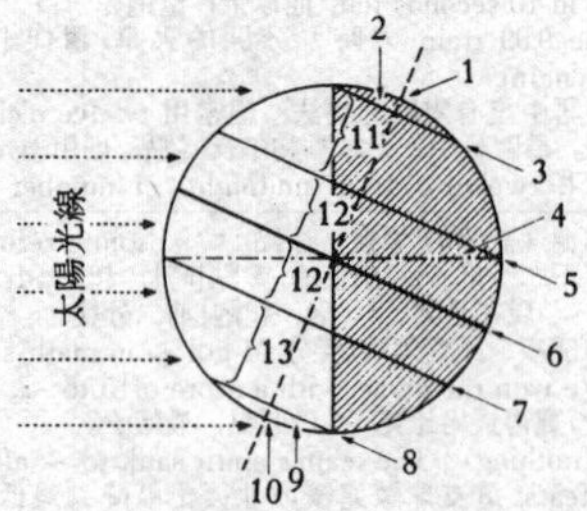

zone 1

【插圖說明】1 North Pole (北極) 2 North Frigid Zone (北寒帶) 3 Arctic Circle (北極圈) 4 ecliptic (黃道) 5 tropic of Cancer (北回歸線) 6 equator (赤道) 7 tropic of Capricorn (南回歸線) 8 Antarctic Circle (南極圈) 9 South Frigid Zone (南寒帶) 10 South Pole (南極) 11 North Temperate Zone (北溫帶) 12 Torrid Zone (熱帶) 13 South Temperate Zone (南溫帶)

~ 高山植物帶/the floral ~ 植物帶。
—*v.t.* **1** [十受]把…成帶狀般圍繞。
2 [十受十介十(代)名]區分〈地方〉〈爲…地帶〉[*into*]：~ the world *into* climatic areas 把世界分爲幾個氣候帶。
3 a [十受十*as* 補] (都市計畫中)劃分〈地域〉〈爲…地區〉：This area has been ~*d as* residential. 這個地域已被劃分爲住宅區。
b [十受十介十(代)名] [爲了…]劃分〈地域〉[*for*]：This area has been ~*d for* factories. 這個地域已被劃分爲工廠區。

zóne tìme *n.* Ⓤ(適用於海上的)區域標準時間，區時《依時區制推算而得者》。

zón·ing *n.* Ⓤ(依都市計畫而規劃的)地區制《如劃分爲工廠區、住宅區等》。

zonked [zɑŋkt; zɔŋkt] *adj.*《俚》**1** (因麻藥或酒而)醉的。**2** 筋疲力竭的；(因勞累而)熟睡的。

Zón·ta Clùb [ˋzɑntə-; ˈzɔntə-] *n.* [**the** ~]崇她社《一種社會或職業婦女之組織，首創於 1919 年，其宗旨爲促進世界和平及友誼》。

‡zoo [zu; zu:] «zoological garden(s) 之略» —*n.* Ⓒ (*pl.* ~**s**)動物園。

zo(o)- [zoə-, zoɑ-; zouə-, zouɔ-] 字首 表示「動物；動物體；動物生活」：zoochemistry 動物化學。

zo·o·ge·og·ra·phy [,zoədʒɪˋɑgrəfɪ; ,zouədʒiˈɔgrəfi] *n.* Ⓤ動物地理學《研究動物之地理分布的科學》。

zo·og·ra·phy [zoˋɑgrəfɪ; zouˈɔgrəfi] *n.* Ⓤ動物誌。

zoo·log·i·cal [,zoəˋlɑdʒɪkl; ,zouəˈlɔdʒikl⁻] «zoology 的形容詞»—*adj.* 動物學(上)的；有關動物的：a ~ garden =《文語》~ gardens 動物園。~·**ly** [-klɪ; -kəli] *adv.*

zòológical gárden *n.* Ⓒ動物園。

zo·ól·o·gist [-dʒɪst; -dʒist] *n.* Ⓒ動物學家。

zo·ol·o·gy [zoˋɑlədʒɪ; zouˈɔlədʒi] *n.* Ⓤ動物學。

zoom [zum; zu:m] «擬聲語»—*v.i.* **1 a** 嗡嗡作響：We heard a jet plane ~*ing* overhead. 我們聽見噴射機在頭上嗡嗡作響。**b** [十副詞(片語)]〈汽車〉嗡嗡地呼嘯而過，〈駕駛員〉使車子嗡嗡作響地飛駛(過…)：The motorbike ~*ed past* [*off, away*]. 摩托車呼嘯而過。
2 a 〈飛機〉攢升，〈駕駛員〉使飛機攢升。**b** 〈物價等〉暴漲。

zóom ín《*vi adv*》《電影・電視》〈攝影機〉[對準…焦距](以自由焦距鏡頭)推攝，慢慢擴大影像[*on*].

zóom óut《*vi adv*》《電影・電視》〈攝影機〉(以自由焦距鏡頭)拉攝，慢慢拉遠[縮小]影像。

—*n.* **1** [**a** ~]嗡嗡聲。
2 [**a** ~] **a**《航空》攢升。**b** (物價等的)暴漲，飛昇。
3 (又作 **zóom lèns**)Ⓒ《攝影》變焦，變焦距鏡頭《焦距可自由變化，使影像能連續擴大或縮小的鏡頭》。

zo·oph·i·lous [zoˋɑfələs; zouˈɔfiləs] *adj.* **1**《植物》動物媒的《適於由昆蟲以外之動物傳播花粉的》。**2** 愛護動物的。

zoo·phyte [ˋzoə,faɪt; ˈzouəfait] *n.* Ⓒ《動物》植蟲類《外表上與生長上均與植物相似的動物，如海葵、珊瑚、海綿等》。

zóot sùit [ˋzut-; ˈzu:t-] *n.* Ⓒ《口語》寬肩細褲口男裝《流行於 1940 年代，上衣肩寬而長，褲腰高而寬鬆，褲口窄》。

zóot sùiter *n.* Ⓒ穿著寬肩細褲口男裝的人。

Zo·ro·as·ter [,zoroˋæstɚ; ,zɔrouˈæstə] *n.* 瑣羅亞斯德《紀元前六百年左右時的波斯宗教家，爲瑣羅亞斯德教(祆教)的創始人》。

Zo·ro·as·tri·an [,zoroˋæstrɪən; ,zɔrouˈæstriən⁻] «Zoroaster,

Z

Zoroastrianism 的形容詞》—*adj.* 祆教的。—*n.* Ⓒ祆教教徒。

Zò·ro·ás·tri·an·ism [-nˌɪzəm; -nizəm] *n.* Ⓤ祆教，拜火教。

Zou·ave [zuˋav, zwav; zu:ˈa:v, zwa:v] *n.* Ⓒ朱阿夫兵《法國步兵；原以阿爾及利亞人編制，著阿拉伯服》。

zounds [zaunds; zaundz] 《源自 God's wounds》—*interj.* [表示震驚、憤怒等]《古》咄！畜生！

Zr 《符號》《化學》zirconium.

zuc·chi·ni [zuˋkinɪ; zu:ˈki:ni] 《源自義大利語 'gourd' 之義》—*n.* (*pl.* ～, ～s) Ⓒ[當作食物時爲Ⓤ]《美》綠皮胡瓜《夏南瓜之一變種，形似小黃瓜，供作蔬菜食用》。

Zu·lu [ˋzulu; ˈzu:lu:] *n.* (*pl.* ～s, ～) **1 a** [the ～(s)] 祖魯族《南非的班圖族(Bantu)》. **b** Ⓒ祖魯族人。**2** Ⓤ祖魯語。—*adj.* 祖魯人[語]的。

Zu·rich [ˋzurɪk, ˋzjurɪk; ˈzjuərik] *n.* 蘇黎世《位於瑞士北部，爲瑞士最大的城市》。

zwie·back [ˋtswiˌbak, ˋswi-; ˈzwi:bæk] 《源自德語》—*n.* Ⓒ一種重烤[焦黃]麪包片；脆甜餅乾；乾麪包。

Zwing·li·an [ˋzwɪŋlɪən; ˈzwiŋgliən] 《源自瑞士新教改革者 Ulrich [Huldreich] Zwingli 之名》—*adj.* 玆文利的；玆文利教義的。—*n.* Ⓒ玆文利派教徒。

zwit·ter·i·on [ˋzwɪtəˌraɪən; ˈzwitəˌraiən] *n.* Ⓒ《物理・化學》兩性離子，正負電荷兼具的離子。

zy·go·spore [ˋzaɪgəˌspor, -ˌspɔr; ˈzaigouspɔ:] *n.* Ⓒ《植物》接合孢子《二相似配偶子結合而成之孢子》。

zy·gote [ˋzaɪgot; ˈzaigout] *n.* Ⓒ《生物》接合子[體]《由兩個配子或生殖細胞結合而成之細胞》。

zy·mase [ˋzaɪmes; ˈzaimeis] *n.* Ⓤ《化學》酒化酶，釀酶《把糖分解成酒精的酵素》。

zyme [zaɪm; zaim] *n.* Ⓒ《古》酶《一種酵素，尤指能產生疾病者，即病毒》。

zy·mo·gen [ˋzaɪməˌdʒɛn; ˈzaimədʒen] *n.* Ⓒ《生化》酶原《能被變成酵素之物質，即酶之前身》。

zy·mol·o·gy [zaɪˋmɑlədʒɪ; zaiˈmɔlədʒi] *n.* Ⓤ發酵學[論]。

zy·mo·sis [zaɪˋmosɪs; zaiˈmousis] *n.* (*pl.* **-ses** [-ˌsiz; -si:z]) ⓊⒸ **1** 發酵。**2** 發酵病；傳染病。

zy·mot·ic [zaɪˋmɑtɪk; zaiˈmɔtik] *adj.* **1** 發酵的。**2** 發酵病的；傳染病的。

zy·mur·gy [ˋzaɪmɝdʒɪ; ˈzaimə:dʒi] *n.* Ⓤ釀造學。

zzz, z-z-z- [z; z, z:] *interj.* 嘶嘶《★用法 漫畫家常用以表示打鼾聲或睡覺；cf. Z^3》。

symbols

+	plus	90°F	ninety degrees Fahrenheit
−	minus	10%	ten percent
×	multiplied by, times	£	pound(s)
÷	divided by	$, $	dollar(s)
=	equals	¥, Y, Y	yen
<	is less than	&	and (⇨ ampersand)
>	is greater than	&c.	et cetera
$\frac{1}{2}$	a half	#	number
$\frac{2}{3}$	two thirds	.	period, full stop
$\frac{1}{4}$	a quarter	,	comma
$7\frac{2}{5}$	seven and two fifths	;	semicolon
$\frac{215}{329}$	two hundred (and) fifteen over three hundred (and) twenty-nine	:	colon
0.314	zero point three one four	-	hyphen
$\sqrt{9}$	the square root of 9	—	dash
$\sqrt[3]{9}$	the cube root of 9	～	swung dash
x^2	*x* squared	?	question mark
x^3	*x* cubed	!	exclamation mark
x^n	*x* to the power of n; *x* to the *n*th power	' '	single quotation marks
3′	three feet; three minutes	" "	double quotation marks
3″	three inches; three seconds	( )	parentheses
50℃	fifty degrees centigrade	[ ]	square brackets
		〈 〉	angle brackets
		/	virgule, slant
		...	suspension points
		*	asterisk
		†	dagger
		‡	double dagger
		☞	index, fist

Z

K.K. 與 Jones, Gimson* 音標對照表

vowels 母音				Gimson K.K. Jones 同	consonants 子音
K.K.	Jones	Gimson	Key Words		Key Words
i	i:	i:	bee [bi; bi:; bi:]	b	Bob [bɑb; bɔb]
ɪ	i	ɪ	hit [hɪt; hit; hɪt]	d	dad [dæd; dæd]
ɪ(r)	i(ə)	(ɪə)	here [hɪr; hiə; hɪə]	f	fifth [fɪfθ; fifθ]
ɛ	e	e	yes [jɛs; jes; jes]	g ɡ	go [go; gou]
ɛ(r)	(ɛə)	(eə)	there [ðɛr; ðɛə; ðeə]	h	high [haɪ; hai]
æ	æ	æ	sat [sæt; sæt; sæt]	k	kick [kɪk; kik]
ɑ	ɑ:	ɑ:	palm [pɑm; pɑ:m; pɑ:m]	l	lull [lʌl; lʌl]
ɑ	ɔ	ɒ	ox [ɑks; ɔks; ɒks]	l̩	national [ˈnæʃənl̩; ˈnæʃənl̩]
ɔ	ɔ:	ɔ:	law [lɔ; lɔ:; lɔ:]	m	mom [mɑm; mɔm]
ʊ	u	ʊ	book [bʊk; buk; bʊk]	m̩	stop'em [ˈstɑpm̩; ˈstɔpm̩] (stop'em 爲 stop them 之縮寫)
u	u:	u:	tool [tul; tu:l; tu:l]	n	noon [nun; nu:n]
ʌ	ʌ	ʌ	cut [kʌt; kʌt; kʌt]	n̩	listener [ˈlɪsn̩ɚ; ˈlisn̩ə]
ɝ	ə:	ɜ:	bird [bɝd; bə:d; bɜ:d]	p	pop [pɑp; pɔp]
ɚ	ə	ə	better [ˈbɛtɚ; ˈbetə; ˈbetə]	r	red [rɛd; red]
ə	ə	ə	about [əˈbaʊt; əˈbaut; əˈbaʊt]	s	scarce [skɛrs; skɛəs]
e	ei	eɪ	name [nem; neim; neɪm]	t	tent [tɛnt; tent]
o	ou	əʊ	no [no; nou; nəʊ]	v	valve [vælv; vælv]
aɪ	ai	aɪ	my [maɪ; mai; maɪ]	w	way [we; wei]
aʊ	au	aʊ	out [aʊt; aut; aʊt]	j	yet [jɛt; jet]
ɔɪ	ɔi	ɔɪ	boy [bɔɪ; bɔi; bɔɪ]	z	zoo [zu; zu:]
(ɪr)	iə	ɪə	mere [mɪr; miə; mɪə]	ŋ	sing [sɪŋ; siŋ]
(ɛr)	ɛə	eə	dare [dɛr; dɛə; deə]	ʃ	shed [ʃɛd; ʃed], lash [læʃ; læʃ]
(or, ɔr)	ɔə	ɔə	four [fɔr; fɔə; fɔə]	tʃ	church [tʃɝtʃ; tʃə:tʃ]
(ʊr)	uə	ʊə	tour [tʊr; tuə; tʊə]	ʒ	pleasure [ˈplɛʒɚ; ˈpleʒə]
ju	ju:	ju:	use [juz; ju:z; ju:z]	dʒ	judge [dʒʌdʒ; dʒʌdʒ]
				θ	thin [θɪn; θin]
				ð	though [ðo; ðou]
				hw	why [(h)waɪ; (h)wai]

*Gimson 音標即新 D.J. 音標。係指 Jones 音標於 1977 年由 A.C. Gimson 修訂完成後所出之最新 14 版中所標的音標符號，在此提供以玆參考。

發音說明

1. 美國發音(American pronunciation) 英國發音(British pronunciation)

本辭典中之注音兼注具有代表性之美國發音(**K.K.** 音標)及英國發音(**D.J.** 音標)。所謂具有代表性之美國發音係指在美國本土除去東部及南部地區以外之中西部廣大地區所使用之美國英語(已往常被稱爲一般美語，即 General American，簡稱 GA)之發音，以下以《美》表示。至於所謂具有代表性之英國發音則指以倫敦爲中心之英格蘭南部地區較有教養人士所使用之發音，以下以《英》表示。在本辭典中，美國發音與英國發音以「;」分開表示，如 plant 之注音爲 [plænt; plɑːnt].

2. 母音與子音，無聲音與有聲音

如中國國語(以下簡稱國語)中「ㄚ、ㄛ、ㄜ、ㄝ、ㄧ」等音，由肺部吐出之空氣振動聲帶後不受軟顎、舌、齒、唇等之阻礙而流暢經由口腔發出之音稱爲母音或元音。由肺部吐出之空氣受軟顎、舌、齒、唇等之阻礙而產生磨擦或經由鼻孔發出之音稱爲子音。

發音時，若似平常呼吸時般聲門張開而聲帶不振動，則僅有氣息(breath)流出。僅伴隨氣息而不伴隨聲帶振動聲之音稱爲**無聲音**(voiceless sounds). 發音時，聲帶拉緊而受空氣振動則產生聲音(voice). 伴隨聲音發出之音稱爲**有聲音**(voiced sounds). 發有聲音(如 [z])時，以雙手掩耳或以手指按喉部即可感覺聲帶之振動，但在發無聲音時則無聲帶振動之感覺。英語之母音均爲有聲音，但子音則包括有聲音及無聲音。

3. 母音(vowel)

母音之種類如下：[ː] 爲 D.J. 音標之長音符號，加有此符號之母音不僅較未加者長，音本身亦與未加者不同。强母音(strong vowels)係指通常帶主重音或次重音而發音較重之母音。弱母音係指常帶輕讀音而發音較輕之母音。

强母音
- 短母音 [ɪ; i] [ɛ; e] [æ; æ] [ɑ; ɔ] [ʊ; u] [ʌ; ʌ]
- 長母音 [i; iː] [ɑ; ɑː] [ɔ; ɔː] [u; uː] [ɝ; əː]
- 雙母音 [e; ei] [aɪ; ai] [ɔɪ; ɔi] [aʊ; au] [o; ou] [ju; juː] [(ɪr); iə] [(ɛr); ɛə] [(ʊr); uə]
- 三重母音 [(jʊr); juə] [(aɪr); aiə] [(aʊr); auə]

弱母音 [ɪ; i] [ɚ; ə] [o; ou] [ʊ; u] [jʊ; ju]

4. 短母音(short vowel)

1. [ɪ; i]

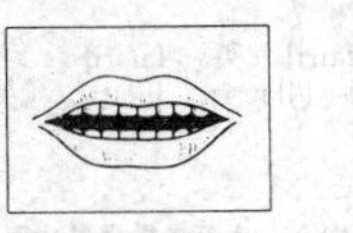

此爲介於國音韻母「ㄧ」與「ㄝ」間之音。
sick [sɪk; sik] 病的
big [bɪg; big] 大的
cliff [klɪf; klif] 懸崖
live [lɪv; liv] 生活

2. [ɛ; e]

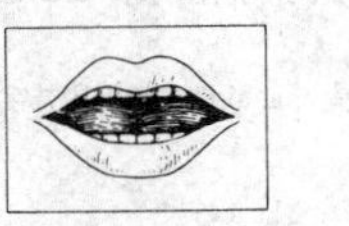

相當於國音韻母「ㄝ」。
peck [pɛk; pek] 以喙啄
peg [pɛg; peg] 木栓
fetch [fɛtʃ; fetʃ] 取來
hedge [hɛdʒ; hedʒ] 灌樹籬

3. [æ; æ]

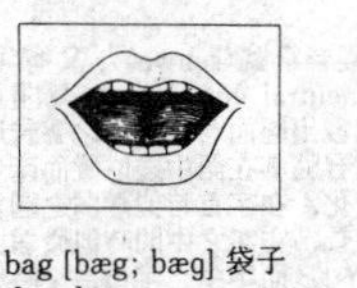

口形較 [ɛ; e] 張大，唇拉向左右，喉部用力，以發國音韻母「ㄝ」之口形發「ㄚ」之音，即成此介於國音韻母「ㄝ」與「ㄚ」之間的音。
map [mæp; mæp] 地圖
back [bæk; bæk] 背部
cab [kæb; kæb] 出租汽車
bag [bæg; bæg] 袋子

4. [ɑ; ɔ]

《美》以較 5.2 之 [ɑ] 音稍短之母音 [ɑ] 表示之，《英》則以唇形較此稍圓而音較短之 [ɔ] 表示之。
top [tɑp; tɔp] 上端
hot [hɑt; hɔt] 熱的
sob [sɑb; sɔb] 啜泣
god [gɑd; gɔd] 神

5. [ʌ; ʌ]

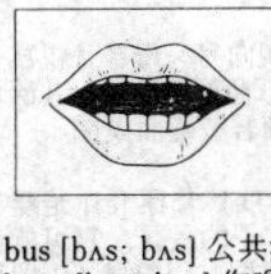

《美》口微開，在口腔深處發國音韻母「ㄚ」之音即成 [ʌ; ʌ] 音。《英》則舌之位置較此移向前方。[ʌ; ʌ] 音略似國音韻母「ㄚ」與「ㄜ」之混合音。
luck [lʌk; lʌk] 運氣
dug [dʌg; dʌg] (dig 之過去式及過去分詞)
bus [bʌs; bʌs] 公共汽車
buzz [bʌz; bʌz] 作嗡嗡聲

6. [ʊ; u]

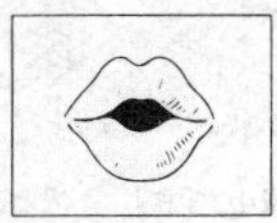

唇形較發國音韻母「ㄨ」時更圓，自口腔後部發出。[ʊ; u] 似國音字母「ㄨ」與「ㄛ」之混合音。
put [pʊt; put] 置
book [bʊk; buk] 書
hood [hʊd; hud] 頭巾

5. 長母音(long vowel)

1. [i; iː]

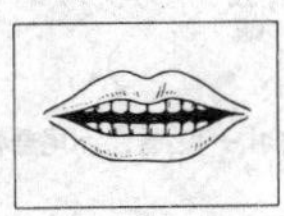

相當於國音中之「ㄧ」音。
seat [sit; siːt] 座位
read [rid; riːd] 讀
leaf [lif; liːf] 葉
bee [bi; biː] 蜂

2. [ɑ; ɑː]

似國音韻母「ㄚ」之音而口形更張大。自口腔深處發出稍長之「啊！」即成此音。
calm [kɑm; kɑːm] 平靜的
spa [spɑ; spɑː] 礦泉
father [ˋfɑðɚ; ˈfɑːðə] 父親

3. [æ; ɑː]

《美》發 4.3 之 [æ] 音之字在《英》則常發 5.2 之 [ɑː] 音。
ask [æsk; ɑːsk] 問
bath [bæθ; bɑːθ] 沐浴
master [ˋmæstɚ; ˈmɑːstə] 主人

4. [ɔ; ɔː]

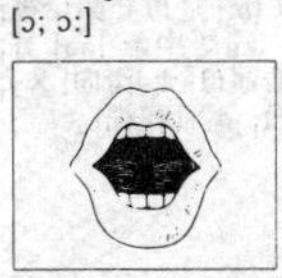

似國音韻母「ㄛ」之音。《美》之口形較張大，唇形亦較開，舌低，《英》則唇呈圓形。發此音時，須始終保持「ㄛ」之口形將「ㄛㄛ」連成一音而不可由「ㄛ」滑向「ㄨ」成「ㄛㄨ」或「ㄡ」音。
sauce [sɔs; sɔːs] 調味醬
cause [kɔs; kɔːs] 原因
all [ɔl; ɔːl] 全部的
law [lɔ; lɔː] 法律

5. [ɔ; ɔ]

《美》發 5.4 之稍長母音 [ɔ] 之字在《英》則常發 4.4 之短母音 [ɔ].
off [ɔf; ɔf] 離開
cloth [klɔθ; klɔθ] 布
toss [tɔs; tɔs] 投
dog [dɔg; dɔg] 狗
long [lɔŋ; lɔŋ] 長的
foreign [ˋfɔrɪn; ˈfɔrin] 外國的

6. [u; uː]

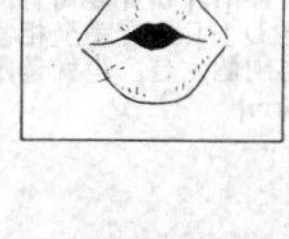

似國音韻母「ㄨ」之音，但唇較縮小，較圓而略向前突出，音稍長。
boot [but; buːt] 長靴
food [fud; fuːd] 食物
rule [rul; ruːl] 規則
blue [blu; bluː] 藍色的

7. [ɜ; ə:]

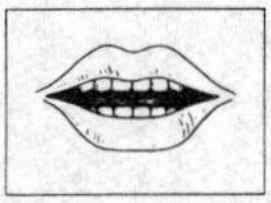

發《美》之 [ɝ] 音時，口微開，同時將舌尖捲向硬顎發 [ʌ] 音即成此音。此音相當於國音韻母「ㄦ」之音，《英》之 [ə:] 音則不捲舌，無 [r] 尾音。
hurt [hɝt; hə:t] 傷害
bird [bɝd; bə:d] 鳥
surf [sɝf; sə:f] 拍岸之海浪
serve [sɝv; sə:v] 服務
fir [fɝ; fə:] 樅樹

6. 雙母音(diphthong)

所謂雙母音係指由某一母音保持不中斷而滑向另一母音且視爲一個發音單位之音。雙母音除 [ju; ju:] 後面之母音重讀以外，其餘均開頭之母音讀音較重且清晰，後面之母音則讀音較輕而模糊。

1. [e; ei]
相當於國音韻母中之「ㄟ」音。本組符號中 D.J. 音標 [ei] 是雙母音，K.K. 音標 [e] 則不是，而是所謂字母"a"的長音，它可能代表 [eɪ], [ɛɪ] 或 [ɛe] 等音，根據語音學的原則，用符號 [e] 即可代表這些音。
eight [et; eit] 八
aid [ed; eid] 援助
cake [kek; keik] 餅
vague [veg; veig] 含混的
play [ple; plei] 玩

2. [aɪ; ai]

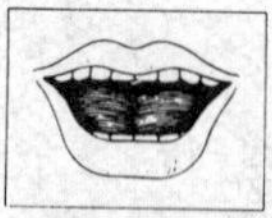

相當於國音韻母中之「ㄞ」。
ice [aɪs; ais] 冰
rise [raɪz; raiz] 升起
life [laɪf; laif] 生命
five [faɪv; faiv] 五
cry [kraɪ; krai] 喊

3. [ɔɪ; ɔi]
國語中無此音，此音似由國音韻母「ㄛ」滑向「ㄧ」之音，而尾音較「ㄧ」短、輕而模糊。
voice [vɔɪs; vɔis] 聲音
noise [nɔɪz; nɔiz] 噪音
toy [tɔɪ; tɔi] 玩具

4. [aʊ; au]
相當於國音韻母中之「ㄠ」。
out [aʊt; aut] 在外
loud [laʊd; laud] 大聲的
house [haʊs; haus] 房屋
house [haʊz; hauz] 留宿
cow [kaʊ; kau] 母牛

5. [o; ou]

本組符號中 D.J. 音標 [ou] 是雙母音，K.K. 音標 [o] 則不是，《美》之 [o] 相當於國音韻母中之「ㄡ」。《英》之 [ou] 常以似 [ə:] 之母音開始後滑向 [u] 成 [əu]（國語中無 [əu] 音，[əu] 略似由國音韻母「ㄜ」滑向「ㄨ」，但尾音較「ㄨ」短，輕而模糊)。
hope [hop; houp] 希望
robe [rob; roub] 長袍
boat [bot; bout] 船
road [rod; roud] 道路
go [go; gou] 去

6. [ju; ju:]
此音係由半母音 (semivowel) [j; j] 與長母音 [u; u:] 組合而成，故與其他雙母音不同。即發此音時在前之 [j] 較輕，在後之 [u; u:] 較重。國語中無此音。
cute [kjut; kju:t] 伶俐可愛的
cube [kjub; kju:b] 立方體
huge [hjudʒ; hju:dʒ] 巨大的
few [fju; fju:] 很少數的
★ [ju; ju:] 開頭之 [j] 爲半母音，但一般被視爲子音，加不定冠詞時不加 an 而加 a，加在其前之定冠詞 the 發音爲 [ðə; ðə]。

7. [ɪr; iə]
《美》先發 4.1 之 [ɪ] 後接 9.26 之子音 [r]，《英》則先發 4.1 之 [i] 後接 8.3 之弱母音 [ə]. 此組符號中 D.J. 音標 [iə] 當作雙母音，而 K.K. 音標 [ɪr] 則不是。K.K. 符號中與 D.J. [iə] 音完全相當之符號作 [ɪə]，不作雙母音看待，而視爲兩個元音，也就是兩個音節，如：bac·te·ri·a [bæk'tɪrɪə; bæk'tiəriə].

8. [ɛr; ɛə]

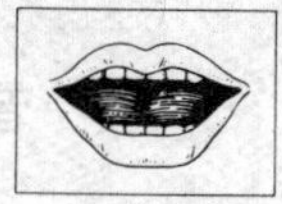

稍張大口發國音字母「ㄝ」音之後，《美》接 9.26 之子音 [r]，《英》則接 8.3 之弱母音 [ə]. 此組符號中 D.J. 音標 [ɛə] 當作雙母音，而 K.K. 音標 [ɛr] 則不是；而與其完全相當之 K.K. 音標符號 [ɛə] 亦視爲兩個母音，而不是雙母音。
scarce [skɛrs; skɛəs] 缺乏的
bare [bɛr; bɛə] 赤裸的
hair [hɛr; hɛə] 毛髮

9. [ʊr; uə]
《美》先發 4.6 之 [ʊ] 音後接子音 [r]，《英》則先發 4.6 之母音 [u] 音後滑向 8.3 之弱母音 [ə]. 此組符號中 D.J. 音標 [uə] 當作雙母音；與其相當之 K.K. 音標符號 [ʊr] 有 r 尾音，但不視爲雙母音。
moor [mʊr; muə] 荒野
tour [tʊr; tuə] 旅行

7. 三重母音(triphthong)

即三個母音聯合起來讀成一個音節。《美》雙母音 [ju] 後接 [r] 而成之 [jʊr] 及《英》[ju] 後接 [ə] 而成 [juə] 有時被視爲三重母音。

1. [jʊr; juə]
cure [kjʊr; kjuə] 治癒
pure [pjʊr; pjuə] 純粹的

此外有時 [aɪr; aiə], [aʊr; auə] 亦被視爲三重母音，但通常多被視爲「雙母音＋ [r] 或 [ə]」，如 [aɪ＋r; ai＋ə], [aʊ＋r; au＋ə]，而發音成雙音節。

2. [aɪr; aiə]
fire [faɪr; 'faiə] 火
tire [taɪr; 'taiə] 輪胎

3. [aʊr; auə]
hour [aʊr; 'auə] 時間
tower [taʊr; 'tauə] 塔

參考 在本辭典中，諸如 serious ['sɪrɪəs; 'siəriəs] (莊重的)，vary ['vɛrɪ; 'vɛəri] (改變)，assurance [ə'ʃʊrəns; ə'ʃuərəns] (保證)，curious ['kjʊrɪəs; 'kjuəriəs] (好奇的)，fiery ['faɪrɪ; 'faiəri] (火的)，flowery ['flaʊrɪ; 'flauəri] (多花的) 等之注音表示 [r] 之前爲 [ɪr; iə], [ɛr; ɛə], [ʊr; uə], [jʊr; juə], [aɪr; aiə], [aʊr; auə] 時其中之 [ə] 音於《英》清晰發音，但於《美》則變爲微弱或不發音 (以下注音說明中之 [ᵊ] 表示極微弱之 [ə]).

serious ['sɪrɪəs; 'siəriəs]＝《美》['sɪᵊrɪəs, 'sɪrɪəs]，《英》['siəriəs]
vary ['vɛrɪ; 'vɛəri]＝《美》['vɛᵊrɪ, 'vɛrɪ]，《英》['vɛəri]
assurance [ə'ʃʊrəns; ə'ʃuərəns]＝《美》[ə'ʃʊᵊrəns, ə'ʃʊrəns]，《英》[ə'ʃuərəns]
curious ['kjʊrɪəs; 'kjuəriəs]＝《美》['kjʊᵊrɪəs, 'kjʊrɪəs]，《英》['kjuəriəs]
fiery ['faɪrɪ; 'faiəri]＝《美》['faɪᵊrɪ, 'faɪrɪ]，《英》['faiəri]
flowery ['flaʊrɪ; 'flauəri]＝《美》['flaʊᵊrɪ, 'flaʊrɪ]，《英》['flauəri]

8. 弱母音(weak vowel)

所謂弱母音係指輕讀之母音，[ɪ; i] 與 [ʊ; u] 可兼爲強母音與弱母音，但在字尾之 [ɪ; i]、以及 [ə; ə], [ɚ; ə], [jʊ; ju]、讀短音之 [o; ou] 則經常爲弱母音。

1. [ɪ; i]
此爲 4.1 之 [ɪ; i] 之輕讀音，於拚字爲 e, a, ai 時尤接近國音字母「ㄝ」之音。
invent [ɪn'vɛnt; in'vent] 發明
pocket ['pɑkɪt; 'pɔkit] 口袋
village ['vɪlɪdʒ; 'vilidʒ] 村莊
bargain ['bɑrgɪn; 'bɑ:gin] 買賣

2. [ə; ə]

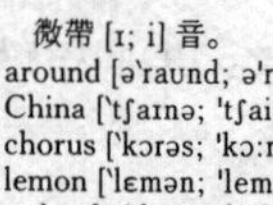

本組爲"輕音符號(schwa)"，又稱"中性元音 (neutral vowel)"。口微開並完全放鬆發出輕而含糊不清之聲音即成 [ə]. 此音隨其在語中之位置而產生些微之變化，在字首時似微弱之國音韻母「ㄚ」音，在字之中間時似微弱之「ㄨ」或「ㄚ」，而字中之字母爲 i 時偶微帶 [ɪ; i] 音。
around [ə'raʊnd; ə'raund] 在周圍
China ['tʃaɪnə; 'tʃainə] 中國
chorus ['korəs; 'kɔ:rəs] 合唱
lemon ['lɛmən; 'lemən] 檸檬
today [tə'de; tə'dei] 今天
element ['ɛləmənt; 'elimənt] 要素

animal [ˋænəml; 'æniml] 動物

3. [ɚ; ə]

《美》[ɚ] 略同 5.7 之長母音 [ɝ] 但較輕而短；《英》中無相當 [ɚ] 之符號而以 8.2 之 [ə] 表示。

teacher [ˋtitʃɚ; 'ti:tʃə] 教師

grammer [ˋgræmɚ; 'græmə] 文法

forget [fɚˋgɛt; fə'get] 忘

4. [o; ou]

[o; ou] 較 6.5 之雙母音 [o; ou] 弱而短，略同較弱之國音字母「ㄛ」音。

November [noˋvɛmbɚ; nou'vembə] 十一月

omit [oˋmɪt, əˋmɪt; ə'mit, ou'mit] 省略

romance [roˋmæns, rə-; rou'mæns] 羅曼史

5. [ʊ; u]

此 [ʊ; u] 較 4.6 之 [ʊ; u] 弱，略同較弱之國音字母「ㄨ」音。

actual [ˋæktʃʊəl; 'æktʃuəl] 現實的

educate [ˋɛdʒə,ket, ˋɛdʒʊ-; 'edju:keit, 'edʒu-] 教育

6. [jʊ; ju]

此 [jʊ; ju] 較 6.6 之 [jʊ; ju] 弱而短。國語中無此音。

popular [ˋpɑpjəlɚ; 'pɔpjulə] 受人歡迎的

monument [ˋmɑnjəmənt; 'mɔnjumənt] 紀念碑

9. 子音(consonant)

除 [g; g] 音外，其餘的子音 K.K. 音標與 D.J.音標所用的符號相同。

1. [p] (無聲)
2. [b] (有聲)

閉雙唇阻塞氣流再突然以氣流使雙唇破裂開，即產生無聲子音 [p], 此時若同時出聲音，則成有聲子音 [b]. [p] 爲國音的「ㄆ」音之前一半， [b] 音則近似國音的「ㄅ」音。

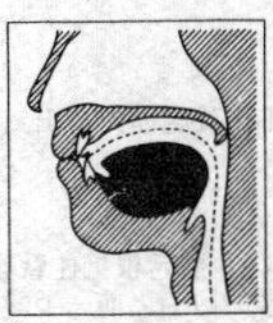

pen [pɛn; pen] 筆

cup [kʌp; kʌp] 杯

happen [ˋhæpən; 'hæpən] 發生

big [bɪg; big] 大的

rob [rɑb; rɔb] 搶奪

rubber [ˋrʌbɚ; 'rʌbə] 橡膠

3. [t] (無聲)
4. [d] (有聲)

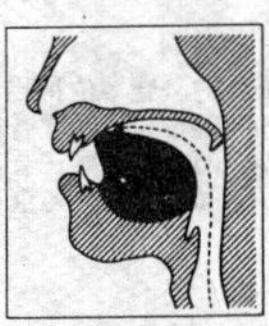

將舌尖抵在上齒內側與牙齦阻塞氣息，再突然放開舌尖使氣流出口腔即產生無聲子音 [t]. 此時若同時出聲音則成有聲子音 [d]. [t] 爲國音的「ㄊ」音之前一半， [d] 音則近似國音的「ㄉ」音。

tea [ti; ti:] 茶

meet [mit; mi:t] 會見

butter [ˋbʌtɚ; 'bʌtə] 奶油

day [de; dei] 日間

sad [sæd; sæd] 悲傷的

ladder [ˋlædɚ; 'lædə] 梯子

5. [k] (無聲)
6. [g;g] (有聲)

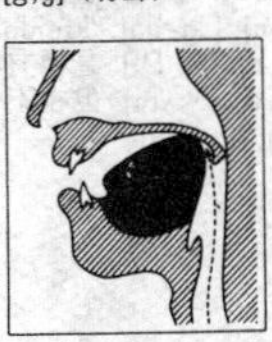

將舌之後部貼於軟顎上阻塞氣流，再突然放開舌使氣流出口腔即產生無聲子音 [k]. 此時若同時出聲音則成有聲子音 [g; g]. [k] 爲國音的「ㄎ」音之前一半， [g; g] 音則近似國音的「ㄍ」音。

key [ki; ki:] 鑰匙

take [tek; teik] 取

bacon [ˋbekən; 'beikən] 醃熏豬肉

gate [get; geit] 大門

begger [ˋbɛgɚ; 'begə] 乞丐

leg [lɛg; leg] 腿

7. [f] (無聲)
8. [v] (有聲)

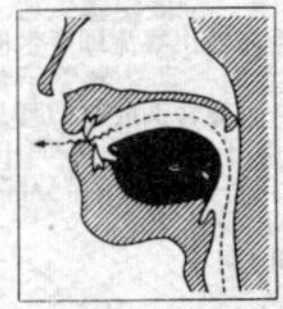

使下唇觸上齒，使氣流經齒與唇之間摩擦而出即產生無聲子音 [f], 此時若同時出聲音則成有聲子音 [v] . [f] 音爲國音的「ㄈ」音之前一半，國語無 [v] 音。

face [fes; feis] 臉

leaf [lif; li:f] 葉

effect [ɪˋfɛkt; i'fekt] 結果

vote [vot; vout] 投票

curve [kɝv; kə:v] 曲線

heavy [ˋhɛvɪ; 'hevi] 重的

9. [θ] (無聲)
10. [ð] (有聲)

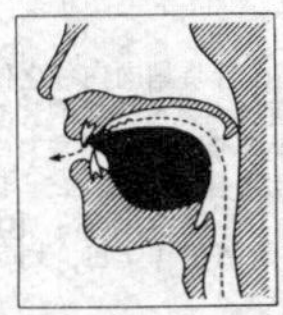

使舌尖輕觸上齒內側下方，使氣流經舌尖與上齒之間隙摩擦而出即產生無聲子音 [θ], 此時若同時出聲音則成有聲子音 [ð], 國語中無 [θ] 音與 [ð] 音。

three [θri; θri:] 三

mouth [maʊθ; mauθ] 口

nothing [ˋnʌθɪŋ; 'nʌθiŋ] 無物[事]

this [ðɪs; ðis] 這

breathe [brið; bri:ð] 呼吸

leather [ˋlɛðɚ; 'leðə] 皮革

11. [s] (無聲)
12. [z] (有聲)

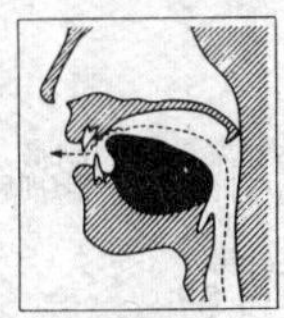

使舌尖接近上齒內側，使氣流經上齒與舌之間隙摩擦而出即產生無聲子音 [s], 此時若同時出聲音則成有聲子音 [z]. [s] 音爲國音的「ㄙ」音之前一半，國語中無 [z] 音。

sun [sʌn; sʌn] 太陽

base [bes; beis] 底部

zoo [zu; zu:] 動物園

noise [nɔɪz; nɔiz] 噪音

music [ˋmjuzɪk; 'mju:zik] 音樂

13. [ʃ] (無聲)
14. [ʒ] (有聲)

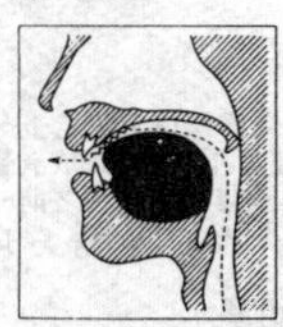

使舌尖接近上牙齦而使氣流經舌前與上牙齦之間隙摩擦而出即產生無聲子音 [ʃ]，此時若同時出聲音則成有聲子音 [ʒ]. [ʃ] 音係介於國音的 [ㄒ] 與「ㄕ」音之間。國語中無 [ʒ] 音。 [ʒ] 音並不出現在英語單字的字首與字尾。

ship [ʃɪp; ʃip] 船

dish [dɪʃ; diʃ] 碟

station [ˋsteʃən; 'steiʃn] 車站

pleasure [ˋplɛʒɚ; 'pleʒə] 快樂

occasion [əˋkeʒən; ə'keiʒn] 時機

15. [h] (無聲)

[h] 爲發自喉嚨之呼氣音，爲國音的「ㄏ」音之前一半。例如爲擦鏡片等而呵氣時產生此音。 [h] 音在英語中不出現於字尾。

hat [hæt; hæt] 帽子

heat [hit; hi:t] 熱

behind [bɪˋhaɪnd; bi'haind] 在後

16. [ts] (無聲)
17. [dz] (有聲)

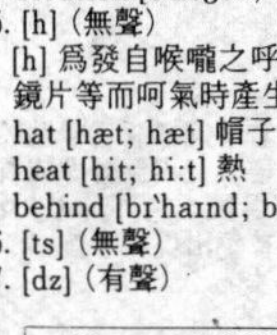

將舌尖抵在與 [t] 略同之位置阻塞氣流，再放開舌尖僅放出氣流發國音的「ㄘ」音之前一半即產生無聲子音 [ts], 此時若同時出聲音則成有聲子音 [dz]. 國語中無 [ts] 與 [dz] 音。 [ts] 與 [dz] 雖各有兩個注音字母，均可視爲一個音。 [ts] 與 [dz] 音在英語中均不出現於字首。

cats [kæts; kæts] 貓

states [stets; steits] 國

adds [ædz; ædz] 加

reads [ridz; ri:dz] 讀

18. [tr] (無聲)
19. [dr] (有聲)

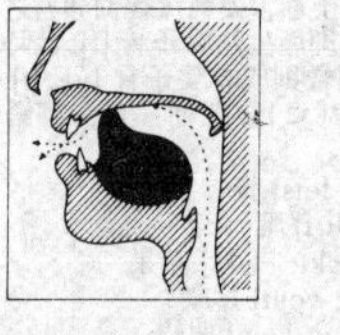

將舌置於發 [t] 音之位置阻塞氣流，再放開舌並捲舌僅放出氣流即產生似國音的「ㄔ」音之前一半之無聲子音 [tr], 此時若同時出聲音則成略似國音的「ㄖ」音之有聲子音 [dr]. [t] 與 [r] 及 [d] 與 [r] 須同時發音而不可分開，[tr] 與 [dr] 均不出現於字尾。

tree [tri; tri:] 樹木
try [traɪ; trai] 試
patrol [pəˋtrol; pəˈtroul] 巡邏
drink [drɪŋk; driŋk] 喝
draw [drɔ; drɔ:] 拉
address [əˋdrɛs; əˈdres] 地址

20. [tʃ] (無聲)
21. [dʒ] (有聲)

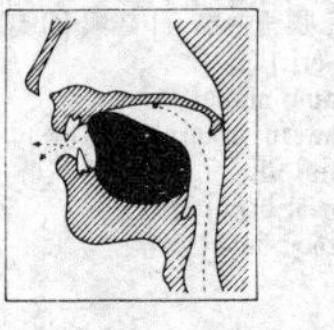

將舌置於較發 [t] 音時稍向內移之位置，觸上牙齦僅放出氣流，發國音的「ㄑ」音之前一半即產生無聲子音 [tʃ], 此時若同時出聲音則成有聲子音 [dʒ]. 國語中無 [tʃ] 與 [dʒ] 音。[tʃ] 與 [dʒ] 雖各有兩個注音字母，均可視為一個音。

cheap [tʃip; tʃi:p] 便宜的
match [mætʃ; mætʃ] 火柴
teacher [ˋtitʃɚ; ˈti:tʃə] 教師
joy [dʒɔɪ; dʒɔi] 歡喜
bridge [brɪdʒ; bridʒ] 橋
region [ˋridʒən; ˈri:dʒən] 地方

22. [m] (有聲)

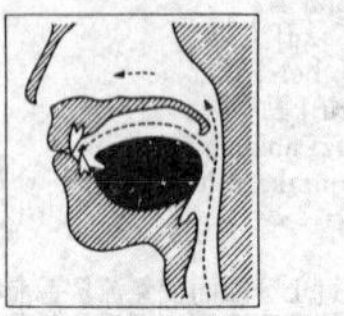

閉雙唇經鼻孔發出聲音即成 [m] 音。此音為國音的「ㄇ」音之前一半(即唇未開時之音)。⇨11 (1).

man [mæn; mæn] 男人
name [nem; neim] 名字
summer [ˋsʌmɚ; ˈsʌmə] 夏

23. [n] (有聲)

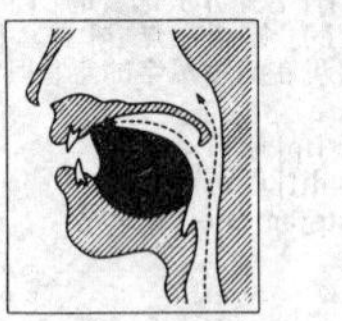

與發 [t] 或 [d] 時同樣以舌尖抵上牙齦阻塞氣流而經鼻孔出聲音即成有聲子音 [n]. [n] 為國音的「ㄋ」音之前一半，亦為「ㄢ」及「ㄣ」之尾音。⇨11 (2).

night [naɪt; nait] 夜
run [rʌn; rʌn] 跑
manner [ˋmænɚ; ˈmænə] 方法

24. [ŋ] (有聲)

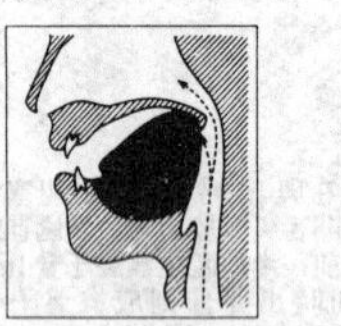

與發 [k]、[g; ɡ] 音時同樣將舌後貼於軟顎阻塞氣流，經鼻孔出聲音即成有聲子音 [ŋ]. [ŋ] 為國音字母「ㄤ」及「ㄥ」之尾音，此音不出現於字首。

ink [ɪŋk; iŋk] 墨水
long [lɔŋ; lɔŋ] 長的
singer [ˋsɪŋɚ; ˈsiŋə] 歌手
finger [ˋfɪŋgɚ; ˈfiŋgə] 手指

25. [l] (有聲)

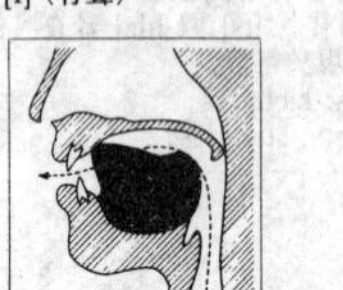
(a)

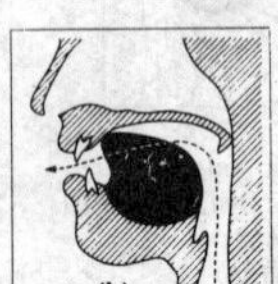
(b)

如圖(a)將舌尖抵於上牙齦，唇微開，自舌之兩側出聲音即產生 [l] 音，[l] 與次項 [r] 之差異在於發 [l] 時舌尖抵上牙齦，而發 [r] 音時舌尖捲起在口腔中不觸及任何部分。[l] 音為國音的「ㄌ」音之前一半(即舌尖未離牙齦時之音)。《英》之 [l] 音在母音前時，舌形如圖(b). ⇨11 (3).

leaf [lif; li:f] 葉
color [ˋkʌlɚ; ˈkʌlə] 顏色
milk [mɪlk; milk] 乳
bell [bɛl; bel] 鐘

26. [r] (有聲)

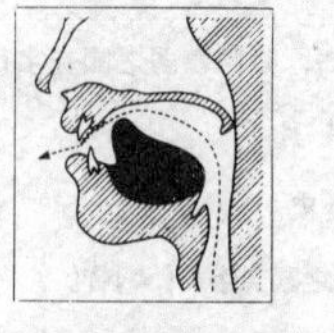

使舌尖接近上牙齦向內捲舌並出聲音，使聲音擦過舌尖即產生 [r] 音。[r] 音為國音的「ㄦ」音之尾音，在英語中不出現於字尾，而發出 [r] 音後立即滑向後接之母音。D.J. 音標中，除注含 [r] 尾音之外來語外，無 [r] 尾音，而以 [ə] (schwa) 表示之。但如 [r] 音後接母音，則仍保留 [r] 音。

red [rɛd; red] 紅
rose [roz; rouz] 玫瑰
marry [ˋmærɪ; ˈmæri] 結婚

27. [j] (有聲)

[j] 為自 [ɪ; i] 音立即滑向後接之母音產生之半母音。發此音時舌面較發 [i; i:] 時更高而接近硬顎，至氣流經其間隙時稍感摩擦，在英語中 [j] 音不出現於字尾。國語中無 [j] 音。

yes [jɛs; jes] 是
young [jʌŋ; jʌŋ] 年輕
beyond [bɪˋjɑnd; biˈjɔnd] 越過…

28. [w] (有聲)

[w] 為自 [ʊ; u] 音立即滑向後接之母音時產生之半母音。發此音時雙唇較發 [u; u:] 時更縮小，使氣流及聲音擠過其間，很像國音的「ㄨ」音。[w] 音不出現於字尾。

way [we; wei] 道路
weak [wik; wi:k] 週
work [wɝk; wə:k] 工作
awake [əˋwek; əˈweik] 使醒

29. [ç] (無聲)

此為德語拚字 ich, ech 中子音 ch 之音。不出聲音而僅放出氣流發 [hɪ; hi] 音即成 [ç].

Reich [raɪç; raiç] 德國

30. [x] (無聲)

此為德語拚字 ach, och, uch 中子音 ch 之音。將舌根抵住軟顎，使喉部緊張，不出聲音而僅放出氣流發國音的「ㄏ」之前一半即成 [x] 音。

loch [lɑx; lɔx] 《蘇格蘭》湖
Bach [bɑx; bɑ:x] 巴哈

10.音節(syllable)

由一個母音為主或伴隨著一個或數個持續子音的發音單位稱為音節。例如表「檸檬」之義之英語 lemon [ˋlɛm-ən; ˈlem-ən] 為雙音節字，表「信封」之義之 envelope [ˋɛn-və-ˏlop; ˈen-və-loup] 為三音節字。凡英語之音節可分為：主重音 (primary accent)，次重音 (secondary accent) 或輕讀音 (weak accent).

11.音節性子音

[m] [n] [l] 三個子音無須與母音相拚，而單獨、或與其他子音相拚而構成音節，稱為音節性子音 (syllabic consonant)，其符號為在原字母下面加上 [̩], 即 [m̩] [n̩] [l̩]. 如：keep'em [ˋkipm̩; ˈki:pm̩], Eden [ˋidn̩; ˈi:dn̩], cradle [ˋkredl̩; ˈkreidl̩] 這三組符號可認為係省去了一個 [ə] 音 (schwa)，故其所代表之音與加入一個 [ə] 音相同，如上例亦可作 [ˋkipəm; ˈki:pəm], [ˋidən; ˈi:dən], [ˋkredəl; ˈkreidəl]. 音節性子音如在一個音節的末尾，則分辨甚易，故 D.J. 音標有將字母下面的 [̩] 取消之趨勢，如：cotton [ˋkɑtn̩; ˈkɔtn]. 但在不易分辨的場合仍予保留，如：cottoning [ˋkɑtn̩ɪŋ; ˈkɔtn̩iŋ].

(1)音節性子音 [m]
[zm] prism [ˋprɪzəm; ˈprizəm] 稜鏡
[ðm] rhythm [ˋrɪðəm; ˈriðəm] 節奏
(2)音節性子音 [n]
[tn̩] button [ˋbʌtn̩; ˈbʌtn] 鈕扣
[dn̩] sudden [ˋsʌdn̩; ˈsʌdn] 突然的
[sn̩] lesson [ˋlɛsn̩; ˈlesn] 功課
[zn̩] season [ˋsizn̩; ˈsi:zn] 季節
(3)音節性子音 [l]
[pl̩] people [ˋpipl̩; ˈpi:pl] 人們
[bl̩] table [ˋtebl̩; ˈteibl] 桌
[tl̩] bottle [ˋbɑtl̩; ˈbɔtl] 瓶
[dl̩] idle [ˋaɪdl̩; ˈaidl] 閒散的
[kl̩] circle [ˋsɝkl̩; ˈsə:kl] 圓
[gl̩] eagle [ˋigl̩; ˈi:gl] 鷹
[fl̩] shuffle [ˋʃʌfl̩; ˈʃʌfl] 曳足而行
[sl̩] wrestle [ˋrɛsl̩; ˈresl] 扭打

[zl̩] drizzle [ˋdrɪzl̩; ˈdrizl] 細雨
[nl̩] journal [ˋdʒɝnl̩; ˈdʒəːnl] 日誌

12.重音(accent)

(1)重音(accent)係指在發音時單字中各音節所讀之輕重强度，又稱爲 stress. 英語之重音按强度分爲三種，依次爲主重音(primary accent 或 primary stress)，次重音(secondary accent 或 secondary stress)，及輕讀音(weak accent 或 weak stress). 例如 separate(分開)之發音爲 [ˋsɛpəˏret; ˈsepəreit], 其中第一音節之讀音最重，最後音節讀音次重，而中間之音節讀音最輕，此種情形謂第一音節有主重音(在詞條上以 [ˊ] 表示)，最後音節有次重音(在詞條上以 [ˋ] 表示)，中間音節有輕讀音。有輕讀音之音節通常不加重音符號。單音節字如 cat, desk 等在單獨發音時，經常帶主重音發音但不標示出來，如：[kæt; kæt], [dɛsk; desk].

(2)單字中之音節讀音有重，有輕，而片語亦如同單字，其中某字讀音較重，某字則讀音較輕。例如詞條 event 項之成語 at áll evènts(無論如何)中，讀音以 all 爲最重，events 次之，而以 at 爲最輕。

13.重音之轉移

fifteen, Japanese, sentimental 等字在單獨發音時，其重音分別如 fiftéen, Jàpanése, sèntiméntal. 但有主重音緊接在後時，有時主重音轉移至次重音之音節成 fíftèen mén, Jápanèse bóys, séntimèntal jóurney 等，此外如 fúll-grówn(發育完全的)等前後音節均有主重音亦同，在另有主重音緊接在後時，有時在後之主重音變輕而成 a fúll-gròwn líon 等。在此種情況本辭典中用 [ˉ] 表示。如 [fɪfˋtin, ˋfɪfˋtin; ˌfifˈtiːn ←], [ˏdʒæpəˋniz; ˌdʒæpəˈniːz ←], [ˏsɛntəˋmɛntl̩; ˌsentiˈmentl←].

14.句中之重音(sentence accent)

構成英文句 We asked where they came from.(我們問他們從哪裡來)之各單字在單獨發音時，分別爲 we [wi; wiː], asked [æskt; ɑːskt], where [hwɛr; *h*wɛə], they [ðe; ðei], came [kem; keim], from [frɑm; frɔm]. 但在實際之英語中，上示之全句不發音做 [wi æskt hwɛr ðe kem frɑm; wiː ɑːskt *h*wɛə ðei keim frɔm] 而發音做 [wiˋæsktˏhwɛr ðeˋkemˏfrɑm; wiːˈɑːsktˌ*h*wɛə ðeiˈkeimˌfrɔm]. 即英語句中各字之發音輕重非一律相同，其中有帶主重音之字，有帶次重音之字，亦有輕讀音者。加於句中某字之重音稱爲句中之重音(sentence accent). 帶句中之重音(即在句中重讀)之字通常爲具有明確字義內容，在句中較爲重要之實義詞；而不帶句中之重音(即在句中輕讀)之字則爲字義較含糊不清，被用以表示語法關係因而在句中較不重要之功能詞[虛詞]。本辭典中未注重音符號、或以次重音符號表示之字，如 some [sʌm, səm; sʌm, səm], above [əˋbʌv; əˈbʌv] 等，爲在句中讀音極輕或稍輕之字。

(a)在句中重讀之字	(b)在句中輕讀之字
名詞	冠詞
形容詞	人稱代名詞
數詞	反身用法之反身代名詞
指示代名詞	不定代名詞
疑問代名詞	關係代名詞
强調法之反身代名詞	關係副詞
疑問副詞	助動詞
動詞	介系詞
副詞	連接詞
感嘆詞	

15.重讀[强讀]式(strong form)與輕讀[弱讀]式(weak form)

通常在句中輕讀之字(即冠詞，人稱代名詞，不定代名詞，關係代名詞，關係副詞，助動詞，介系詞，連接詞等)在重讀時與在輕讀時，有時其母音(及子音)不同，在此種情形前者稱爲重讀式(strong form)，後者稱爲輕讀式(weak form). 在本辭典中以如 have [(輕讀) həv, əv; həv, əv; (重讀) hæv; hæv] 之方式表示重讀式及輕讀式。

16.語調(intonation)

說話時聲音之高低變化稱爲語調或抑揚，其中聲音自句首愈接近句尾愈降低之語調稱爲降(語)調。反之，自句首愈接近句尾愈升高者稱爲(上)升(語)調。語調常在句中之某一音節(通常爲有主重音之最後音節)忽然升高或降低，此部分稱爲語調之核心部分(nucleus)，在下列例句中以粗體字表示。

17.降(語)調(falling intonation)之用法

降(語)調用於敍述句，祈使句，感嘆句之外又用於以疑問詞開始之疑問句。

(1)敍述句：The wéather was **fíne**. ↘天氣晴朗/There's nóthing to be **dóne** ↘ abòut it. 這件事毫無辦法。

(2)祈使句：Shút the **dóor**. ↘把門關上/Fétch me my **ó**vercoat. ↘把我的大衣拿來給我。

(3)感嘆句：Whát a cóld **dáy**! ↘好冷的日子！/Hów fást thát cár **rúns**! ↘那輛汽車跑得好快！

(4)以疑問詞開始之疑問句：Whó cáme **yés**terday? ↘昨天是誰來了？/Whát can I **dó** ↘ fòr you? 有什麼貴事？

18.(上)升(語)調(rising intonation)之用法

(上)升(語)調最常用於要對方回答 yes 或 no 之疑問句。此外又用於溫和有禮之請求或勸誘，敍述句型之疑問句，及言外表示某種感情之語氣堅決之敍述句。

(1)要對方回答 yes 或 no 之疑問句：Do you know Miss **Bláck**？↗你認識布拉克小姐嗎？/Is it **ín**teresting？↗有趣嗎？

(2)溫和有禮之請求或勸誘：May I pléase úse your **phóne**？↗我可以借用你的電話嗎？/Wòn't you háve some mόre **cóffee**？↗請再喝些咖啡/Will you ópen the **wín**dow？↗請開窗戶。

(3)敍述句型之疑問句：You are **tíred**？↗你累了？/Nó one knóws the **réa**son？↗沒人知道理由嗎？

(4)言外表示某種感情之語氣堅決之敍述句：This is **míne**. ↗這是我的/I'd like my cóffee **hót**. ↗我喜歡熱咖啡。

(5)招呼：Are you **cóming**, **Dád**？↗爸，你要來嗎？/Wòn't you **hélp**, **ó**fficer？↗警察先生，請幫一下好嗎？

19.須注意之語調

(1)選擇疑問句：

問「是 A 或是 B？」之問句語調如下：

Wòuld you like **cóffee** ↗ or **téa**？↘你要咖啡或茶？

以 which 開始之疑問句亦同。

Which is lárger, the **éarth** ↗ or the **móon**？↘地球和月球哪個比較大？

(2)附加問句：

例如，You can drive a car, *can't you*？句尾之 can't you？隨其所表示之語意而成升調或降調。

(i)You can dríve a **cár**, ↘ **cán't** ↗ you？你會不會駕駛汽車？[發問]

(ii)You can dríve a **cár**, ↘ **cán't** ↘ you？你會駕駛汽車吧？[預期對方答“yes”]

(i)之升調表發問，(ii)之降調表查證。

不規則動詞表

下表中之黑三角(▲)表示「參見辭典本文」之意

原形	過去式	過去分詞
abide	abode, abided	abode, abided
alight[1]	alighted, (有時) alit	alighted, (有時) alit
*‡**arise**	arose	arisen
‡**awake**	awoke, awaked	awaked, 《罕》awoke, awoken
baby-sit	baby-sat	baby-sat
backbite	backbit	backbitten, backbit
backslide	backslid	backslid, backslidden
*‡**be (am, is, are)**	was ; were	been
‡**bear**[1]	bore	borne▲, born▲
‡**beat**	beat	beaten, beat▲
*‡**become**	became	become
befall	befell	befallen
beget	begot, 《古》begat	begotten
*‡**begin**	began	begun
behold	beheld	beheld
‡**bend**[1]	bent	bent
bereave▲	bereaved, bereft	bereaved, bereft
beseech	besought, beseeched	besought, beseeched
beset	beset	beset
bespeak	bespoke	bespoken, bespoke
bestrew	bestrewed	bestrewn, bestrewed
bestride	bestrode, bestrid	bestridden
***bet**▲	bet, betted	bet, betted
betake	betook	betaken
bethink	bethought	bethought
***bid**▲	bade, bid	bidden, bid
bide	bided, bode	bided
‡**bind**	bound	bound
‡**bite**▲	bit	bitten, bit
‡**bleed**	bled	bled
***blend**	blended, 《詩》blent	blended, 《詩》blent
***bless**	blessed, blest	blessed, blest
‡**blow**[1]	blew	blown, blowed▲
blow[3]	blew	blown
bottle-feed	bottle-fed	bottle-fed
*‡**break**	broke	broken
breast-feed	breast-fed	breast-fed
***breed**	bred	bred
*‡**bring**	brought	brought
***broadcast**	broadcast, broadcasted	broadcast, broadcasted
browbeat	browbeat	browbeaten
*‡**build**	built	built
‡**burn**▲	burned, burnt	burned, burnt
‡**burst**	burst	burst
bust[2]	busted, bust	busted, bust
*‡**buy**	bought	bought
***cast**	cast	cast
*‡**catch**	caught	caught
chide	chid, 《美》chided	chidded, chid, 《美》chided
*‡**choose**	chose	chosen
cleave[1]	clove, cleft, cleaved	cloven, cleft, cleaved
cleave[2]	cleaved, clove	cleaved
cling	clung	clung
***clothe**	clothed, 《古・文語》clad	clothed, 《古・文語》clad
colorcast	colorcast, colorcasted	colorcast, colorcasted
*‡**come**	came	come
‡**cost**	cost, costed▲	cost, costed▲
countersink	countersank	countersunk
creep	crept	crept
crossbreed	croossbred	crossbred
crow[1]	crowed, 《罕》crew	crowed
***curse**	cursed, 《古》curst	cursed, 《古》curst
*‡**cut**	cut	cut
*‡**deal**[1]	dealt	dealt
deep-freeze	deep-freezed, deep-froze	deep-frozen
‡**dig**	dug	dug
***dive**	dived, dove▲	dived
*‡**do**[1]▲**, does**	did	done
*‡**draw**	drew	drawn
*‡**dream**▲	dreamed, dreamt	dreamed, dreamt
*‡**drink**	drank	drunk, 《古・美口語》drank
drip	dripped, dript	dripped, dript
*‡**drive**	drove	driven
dwell	dwelt, dwelled	dwelt, dwelled
*‡**eat**	ate	eaten
*‡**fall**	fell	fallen
‡**feed**	fed	fed
*‡**feel**	felt	felt
*‡**fight**	fought	fought
*‡**find**	found	found
flee	fled	fled
***fling**	flung	flung
*‡**fly**[1]▲	flew, fled, flied	flown, fled, flied
forbear[1]	forbore	forborne
***forbid**	forbade, forbad	forbidden, forbid
forecast	forecast, forecasted	forecast, forecasted
forego	forewent	foregone
foreknow	foreknew	foreknown
foresee	foresaw	foreseen
foreshow	foreshowed	foreshown
foretell	foretold	foretold
*‡**forget**	forgot	forgotten, 《美》forgot
‡**forgive**	forgave	forgiven
forgo	forwent	forgone
forsake	forsook	forsaken
forswear	forswore	forsworn
‡**freeze**	froze	frozen
gainsay	gainsaid	gainsaid
geld	gelded, gelt	gelded, gelt
*‡**get**	got	got, 《美》gotten▲
ghostwrite	ghostwrote	ghostwritten
gild	gilded, gilt	gilded, gilt
gird	girded, girt	girded, girt
*‡**give**	gave	given
*‡**go**	went	gone
grave[3]	graved	graven, graved
grind	ground	ground
***grip**[1]	gripped, gript	gripped, gript
*‡**grow**	grew	grown
hamstring	hamstrung	hamstrung
‡**hang**▲	hung, hanged	hung, hanged
*‡**have**[1]▲**, has**	had	had
*‡**hear**	heard	heard
heave	heaved, 《航海》hove	heaved, 《航海》hove
hew	hewed	hewn, hewed
‡**hide**[1]	hid	hidden, hid
*‡**hit**	hit	hit
*‡**hold**[1]	held	held
‡**hurt**	hurt	hurt
indwell	indwelt	indwelt
inlay	inlaid	inlaid
inlet	inlet	inlet

原形	過去式	過去分詞
input	input, inputted	input, inputted
inset	inset, insetted	inset, insetted
interweave	interwove, interweaved	interwoven, interwove, interweaved
jigsaw	jigsawed	jigsawn, 《美》jigsawed
***‡keep**	kept	kept
kneel	knelt, kneeled	knelt, kneeled
knit	knitted, knit	knitted, knit
***‡know**	knew	known
lade	laded	laden, laded
***‡lay**[1]	laid	laid
***‡lead**[1]	led	led
‡lean[1]	leaned, 《英》leant	leaned, 《英》leant
‡leap▲	leapt, leaped	leapt, leaped
***‡learn**▲	learned, learnt	learned, learnt
***‡leave**[1]	left	left
***‡lend**	lent	lent
***‡let**[1]	let	let
let[2]	letted, let	letted, let
***‡lie**[1]	lay	lain
light[1]▲	lighted, lit	lighted, lit
light[3]	lighted, lit	lighted, lit
lip-read	lip-read	lip-read
list[4]▲	listed, list	listed
***‡lose**	lost	lost
***‡make**	made	made
***‡mean**[1]	meant	meant
***‡meet**[1]	met	met
‡melt	melted	melted, 《古》molten▲
methinks	methought	——
misbecome	misbecame	misbecome
miscast	miscast	miscast
misdeal	misdealt	misdealt
misdo	misdid	misdone
mishit	mishit	mishit
mislay	mislaid	mislaid
mislead	misled	misled
misread	misread	misread
misspell	misspelt, misspelled	misspelt, misspelled
misspend	misspent	misspent
‡mistake	mistook	mistaken
***misunderstand**	misunderstood	misunderstood
***mow**[1]	mowed	mowed, mown▲
offset	offset	offset
outbid	outbid	outbid, outbidden
outdo	outdid	outdone
outfight	outfought	outfought
outgo	outwent	outgone
outgrow	outgrew	outgrown
outlay	outlaid	outlaid
output	output, outputted	output, outputted
outride	outrode	outridden
outrun	outran	outrun
outsell	outsold	outsold
outshine	outshone	outshone
outspread	outspread	outspread
outwear	outwore	outworn
overbear	overbore	overborne
overbid	overbid	overbid
***overcome**	overcame	overcome
overdo	overdid	overdone
overdraw	overdrew	overdrawn
overdrive	overdrove	overdriven
overeat	overate	overeaten
overfeed	overfed	overfed
overfly	overflew	overflown
overgrow	overgrew	overgrown
overhang	overhung, overhanged	overhung, overhanged
overhear	overheard	overheard
overlay[1]	overlaid	overlaid
overleap	overleaped overleapt	overleaped, overleapt
overlie	overlay	overlain
overpay	overpaid	overpaid

原形	過去式	過去分詞
override	overrode	overridden
overrun	overran	overrun
oversee	oversaw	overseen
oversell	oversold	oversold
overset	overset	overset
overshoot	overshot	overshot
oversleep	overslept	overslept
overspend	overspent	overspent
overspread	overspread	overspread
overtake	overtook	overtaken
overthrow	overthrew	overthrown
overwrite	overwrote	overwritten
partake	partook	partaken
***‡pay**	paid	paid
pen[2]	penned, pent	penned, pent
pinch-hit	pinch-hit	pinch-hit
plead	pleaded, 《美》ple(a)d	pleaded, 《美》ple(a)d
prepay	prepaid	prepaid
preset	preset	preset
proofread	proofread	proofread
‡prove	proved	proved, 《美・英古》proven
***‡put**	put	put
quick-freeze	quick-froze	quick-frozen
***quit**	quitted, 《美》quit	quitted, 《美》quit
***‡read**[1]	read	read
rebind	rebound	rebound
rebroadcast	rebroadcast, rebroadcasted	rebroadcast, rebroadcasted
rebuild	rebuilt	rebuilt
recast	recast	recast
redo	redid	redone
reeve[1]	reeved, rove	reeved, rove
rehear	reheard	reheard
re-lay	re-laid	re-laid
remake	remade	remade
rend	rent	rent
repay	repaid	repaid
reread	reread	reread
rerun	reran	rerun
reset	reset	reset
retake	retook	retaken
retell	retold	retold
rethink	rethought	rethought
rewind	rewound	rewound
rewrite	rewrote	rewritten
***rid**	rid, ridded	rid, ridded
***‡ride**	rode, 《古》rid	ridden
***‡ring**[1]	rang	rung
‡rise	rose	risen
rive	rived	riven, rived
roughcast	roughcast	roughcast
rough-hew	rough-hewed	rough-hewn, rough-hewed
run	ran	run
saw[2]	sawed	《美》sawed, 《英》sawn
***‡say**	said	said
***‡see**[1]	saw	seen
***‡seek**	sought	sought
***‡sell**	sold	sold
***‡send**	sent	sent
***‡set**	set	set
***sew**	sewed	sewn, sewed
‡shake	shook	shaken
***shave**	shaved	shaved, shaven▲
shear	sheared	sheared, shorn▲
***shed**[1]	shed	shed
***‡shine**	shone, shined▲	shone, shined▲
shit	shit	shit
***‡shoe**	shod	shod
‡shoot[1]	shot	shot
***‡show**	showed	shown, 《美》showed

原　形	過　去　式	過　去　分　詞
shrink	shrank, 《美》shrunk	shrunk, shrunken▲
shrive	shrived, shrove	shriven, shrived
***‡shut**	shut	shut
sight-read	sight-read	sight-read
simulcast	simulcast, simulcasted	simulcast, simulcasted
***‡sing**	sang	sung
‡sink	sank, 《美・英罕》sunk	sunk, sunken▲
***‡sit**	sat	sat
slay	slew	slain
***‡sleep**	slept	slept
***slide**	slid	slid
sling	slung	slung
slink	slunk	slunk
slit	slit	slit
‡smell▲	smelled, smelt	smelled, smelt
smite	smote	smitten
sow[1]	sowed	sown, sowed
***‡speak**	spoke, 《古・詩》spake	spoken
‡speed	sped, speeded	sped, speeded
***‡spell**[1]▲	spelt, spelled	spelt, spelled
spellbind	spellbound	spellbound
***‡spend**	spent	spent
spill[1]	spilled, spilt	spilled, spilt
***spin**	spun	spun
spit[1]	spat, spit	spat, spit
***split**	split	split
***spoil**	spoiled, spoilt	spoiled, spoilt
spoon-feed	spoon-fed	spoon-fed
***‡spread**	spread	spread
‡spring[1]	sprang, sprung	sprung
***‡stand**	stood	stood
stave	staved, stove	staved, stove
***‡stay**[1]	stayed, 《古》staid	stayed, 《古》staid
‡steal	stole	stolen
***stick**[2]	stuck	stuck
sting	stung	stung
stink	stank, stunk	stunk
strew	strewed	strewn, strewed
***stride**	strode	stridden
‡strike	struck	struck, 《古・文語》stricken
‡string	strung	strung
strive	strove	striven
sublet	sublet	sublet
sunburn	sunburnt, 《美》sunburned	sunburnt, 《美》sunburned
***swear**	swore	sworn
***sweat**	sweat, sweated	sweat, sweated
***sweep**	swept	swept
***swell**	swelled	swelled, swollen
***‡swim**	swam	swum
‡swing	swung	swung
***‡take**	took	taken
***‡teach**	taught	taught
***tear**[2]	tore	torn
telecast	telecast, telecasted	telecast, telecasted
***‡tell**	told	told
***‡think**	thought	thought
thrive	throve, 《美》thrived	thriven, 《美》thrived
***‡throw**	threw	thrown
***thrust**	thrust	thrust
***toss**	tossed, 《詩》tost	tossed, 《詩》tost
tread	trod	trodden, trod
typecast	typecast	typecast
typewrite	typewrote	typewritten
unbend	unbent, unbended	unbent, unbended
unbind	unbound	unbound
underbid	underbid	underbidden, underbid
undercut	undercut	undercut
undergo	underwent	undergone
underlay	underlaid	underlaid
underlie	underlay	underlain
underpay	underpaid	underpaid
undersell	undersold	undersold
undershoot	undershot	undershot
***‡understand**	understood	understood
undertake	undertook	undertaken
underwrite	underwrote	underwritten
***undo**	undid	undone
undraw	undrew	undrawn
ungird	ungirded, ungirt	ungirded, ungirt
unlearn	unlearned, unlearnt	unlearned, unlearnt
unmake	unmade	unmade
unsay	unsaid	unsaid
unstick	unstuck	unstuck
unstring	unstrung	unstrung
unwind	unwound	unwound
uphold	upheld	upheld
uprise	uprose	uprisen
***upset**	upset	upset
upsweep	upswept	upswept
‡wake[1]▲	waked, woke	waked, woken, woke
waylay	waylaid	waylaid
***‡wear**[1]	wore	worn
wear[2]	wore	wore
***weave**	wove, weaved▲	woven, weaved▲
‡weep	wept	wept
wend	wended, 《古》went	wended, 《古》went
***‡wet**	wet, wetted	wet, wetted
***‡win**	won	won
***wind**[2]	wound	wound
wind[3]	winded, wound	winded, wound
wiredraw	wiredrew	wiredrawn
wit[2]▲	wist	wist
withdraw	withdrew	withdrawn
withhold	withheld	withheld
withstand	withstood	withstood
***‡work**	worked, wrought▲	worked, wrought▲
‡wrap	wrapped, wrapt	wrapped, wrapt
wring	wrung	wrung
***‡write**	wrote, 《古》writ	written, 《古》writ

美國州名及其首府名

州　　名	俗稱及其他	首　府　名	中譯州名
Alabama	Cotton State	Montgomery [mɑnt'gʌmrɪ; mənt'gʌməri]	阿拉巴馬
Alaska	the State of the Midnight Sun	Juneau ['dʒuno; 'dʒu:nou]	阿拉斯加
Arizona	Baby State Sunset State	Phoenix ['finɪks; 'fi:niks]	亞利桑那
Arkansas	Bear State	Little Rock	阿肯色
California	Golden State	Sacramento [ˌsækrə'mɛnto; ˌsækrə'mentou]	加利福尼亞
Colorado	Centennial State	Denver	科羅拉多
Connecticut	Freestone State Land of Steady Habits Nutmeg State	Hartford ['hɑrtfəd; 'hɑ:tfəd]	康乃狄格
Delaware	Blue Hen State Diamond State	Dover	德拉威
Florida	Everglade State Peninsular State	Tallahassee [ˌtælə'hæsɪ; ˌtælə'hæsi]	佛羅里達
Georgia	Cracker State	Atlanta [ət'læntə; ət'læntə]	喬治亞
Hawaii	Aloha State	Honolulu	夏威夷
Idaho	Gem State	Boise ['bɔɪsɪ; 'bɔisi]	愛達荷
Illionis	Prairie State	Springfield ['sprɪŋˌfild; 'spriŋfi:ld]	伊利諾
Indiana	Hoosier State	Indianapolis [ˌɪndɪən'æplɪs; ˌindiə'næpəlis]	印地安納
Iowa	Hawkeye State	Des Moines [dɪ'mɔɪn; di'mɔin]	愛阿華
Kansas	Sunflower State Jayhawker State	Topeka [tə'pikə; tə'pi:kə]	堪薩斯
Kentucky	Bluegrass State Dark and Bloody Ground	Frankfort	肯塔基
Louisiana	Creole State Pelican State	Baton Rouge ['bætn̩'ruʒ; ˌbætən'ru:ʒ]	路易西安那
Maine	Lumber State Pine Tree State	Augusta [ɔ'gʌstə; ɔ:'gʌstə]	緬因
Maryland	Old Line State	Annapolis [ə'næplɪs; ə'næpəlis]	馬里蘭
Massachusetts	Bay State	Boston	麻薩諸塞
Michigan	Wolverine State	Lansing ['lænsɪŋ; 'lænsiŋ]	密西根
Minnesota	Gopher State	Saint Paul	明尼蘇達
Mississippi	Bayou State	Jackson ['dʒæksn̩; 'dʒæksn]	密西西比
Missouri	Show Me State	Jefferson City	密蘇里
Montana	Bonanza State	Helena ['hɛlɪnə; 'helinə]	蒙大拿
Nebraska	Antelope State	Lincoln ['lɪŋkən; 'liŋkən]	內布拉斯加
Nevada	Sagebrush State Silver State	Carson City ['kɑrsn̩'sɪtɪ; 'kɑ:sn'siti]	內華達
New Hampshire	Granite State	Concord ['kɑŋkəd; 'kɔŋkəd]	新罕布夏
New Jersey	Garden State	Trenton ['trɛntən; 'trentən]	新澤西
New Mexico	Sunshine State	Santa Fe ['sæntəˌfe; ˌsæntə'fei]	新墨西哥
New York	Empire State	Albany ['ɔlbənɪ; 'ɔ:lbəni]	紐約
North Carolina	Turpentine State	Raleigh ['rɔlɪ; 'rɔ:li]	北卡羅來納
North Dakota	Flickertail State	Bismarck ['bizmɑrk; 'bizmɑ:k]	北達科塔
Ohio	Buckeye State	Columbus	俄亥俄
Oklahoma	Sooner State	Oklahoma City	俄克拉荷馬
Oregon	Beaver State	Salem ['sɛləm;'seiləm]	俄勒岡
Pennsylvania	Keystone State	Harrisburg ['hærɪsˌbɝg; 'hærisbə:g]	賓夕凡尼亞
Rhode Island	Little Rhody	Providence	羅德島

（續）

州　　名	俗稱及其他	首府名	中譯州名
South Carolina	Palmetto State	Columbia	南卡羅來納
South Dakota	Coyote State	Pierre [pɪr; piə]	南達科塔
Tennessee	Big Bend State	Nashville [ˈnæʃvɪl; ˈnæʃvil]	田納西
Texas	Lone Star State	Austin [ˈɔstɪn; ˈɔːstin]	德克薩斯
Utah	Beehive State	Salt Lake City [ˈsɔltˌlekˈsɪtɪ; ˈsɔːltˌleikˈsiti]	猶他
Vermont	Green Mountain State	Montpelier [mantˈpiljɚ; mɔntˈpiːljə]	佛蒙特
Virginia	Mother of Presidents Mother of States	Richmond	維吉尼亞
Washington	Evergreen State	Olympia	華盛頓
West Virginia	Panhandle State	Charleston	西維吉尼亞
Wisconsin	Badger State	Madison [ˈmædəsn̩; ˈmædisn]	威斯康辛
Wyoming	Equality State	Cheyenne [ʃaɪˈɛn; ʃaiˈæn]	懷俄明
Puerto Rico		San Juan [sænˈhwan, -ˈwan; sænˈhwɑːn]	波多黎各
Guam		Agaña [ɑˈganjɑ; ɑːˈgɑːnjɑː]	關島
Virgin Islands		Charlotte Amalie (St. Thomas) [ˈʃarlətəˈmaljə; ˈʃɑːlətəˈmɑːljə]	維爾京羣島

數 的 讀 法

1. 基數與序數

基 數(Cardinals)			序 數(Ordinals)	
1	one	I〔i〕	1st	first
2	two	II〔ii〕	2nd	second
3	three	III〔iii〕	3rd	third
4	four	IV〔iv〕	4th	fourth
5	five	V〔v〕	5th	fifth
6	six	VI〔vi〕	6th	sixth
7	seven	VII〔vii〕	7th	seventh
8	eight	VIII〔viii〕	8th	eighth
9	nine	IX〔ix〕	9th	ninth
10	ten	X〔x〕	10th	tenth
11	eleven	XI〔xi〕	11th	eleventh
12	twelve	XII〔xii〕	12th	twelfth
13	thirteen	XIII〔xiii〕	13th	thirteenth
14	fourteen	XIV〔xiv〕	14th	fourteenth
15	fifteen	XV〔xv〕	15th	fifteenth
16	sixteen	XVI〔xvi〕	16th	sixteenth
17	seventeen	XVII〔xvii〕	17th	seventeenth
18	eighteen	XVIII〔xviii〕	18th	eighteenth
19	nineteen	XIX〔xix〕	19th	nineteenth
20	twenty	XX〔xx〕	20th	twentieth
21	twenty-one	XXI〔xxi〕	21st	twenty-first
22	twenty-two	XXII〔xxii〕	22nd	twenty-second
23	twenty-three	XXIII〔xxiii〕	23rd	twenty-third
30	thirty	XXX〔xxx〕	30th	thirtieth
40	forty	XL〔xl〕	40th	fortieth
50	fifty	L〔l〕	50th	fiftieth
60	sixty	LX〔lx〕	60th	sixtieth
70	seventy	LXX〔lxx〕	70th	seventieth
80	eighty	LXXX〔lxxx〕	80th	eightieth
90	ninety	XC〔xc〕	90th	ninetieth
100	one hundred	C〔c〕	100th	(one)hundredth
101	one hundred(and)one	CI〔ci〕	101st	(one)hundred and first
500	five hundred	D〔d〕	500th	five hundredth
1,000	one thousand	M〔m〕	1,000th	(one)thousandth

(註)序數通常都冠以 the.

2. 萬以上的數字

10,000	(一萬)	ten thousand
100,000	(十萬)	one hundred thousand
1,000,000	(百萬)	one million
10,000,000	(千萬)	ten million
100,000,000	(一億)	one hundred million
9,123,456		nine million, one hundred and twenty-three thousand, four hundred and fifty-six

十億以上的大數字在英美各有不同的讀法

十億	《英》one thousand million	《美》one billion
百億	《英》ten thousand million	《美》ten billion
千億	《英》one hundred thousand million	《美》one hundred billion
一兆	《英》one billion	《美》one trillion

3. 分　數(Fractions)

分數以分子爲先而讀成基數，分母在後而讀成序數

$\frac{1}{2}$=a(*or* one)half　$\frac{1}{3}$=a third　$\frac{1}{4}$=a quarter

$\frac{3}{5}$=three-fifths　$2\frac{5}{6}$=two and five-sixths

$\frac{115}{352}$=one hundred and fifteen over(*or* by)three hundred and fifty two

4. 小　數(Decimals)

20.15=twenty decimal(*or* point)one five
0.042=decimal naught four two

5. 計算式(Expressions)

8+4=12　Eight plus four equals twelve.
9−2=7　Nine minus two is equal to seven.
或爲，Two from nine leaves seven.
8×3=24　Eight times three is twenty-four.
24÷6=4　Twenty-four divided by six makes four.
3：6=4：8　Three is to six as four is to eight.
或爲，The ratio of three to six equals the ratio of four to eight.
x^2　*x* square 或爲 *x* squared
y^3　y cube 或爲 *y* cubed

6. 時　間(Time)

8：30 a.m.=eight thirty a.m.
或爲，half past(=《美》after)eight a.m.(上午八點三十分)
5：45 p.m.=five forty-five p.m.(下午五點四十五分)
或爲，a quarter to(=《美》before)six p.m.(下午五點三刻)
或爲，《美》a quarter of six p.m.

7. 年・月・日(Date)

4/1/1965=April(the)first, nineteen sixty-five(美國式)
23/5/1959(或爲 23 V 59)=(the)twenty-third of May, nineteen fifty-nine(歐洲式)

8. 貨　幣(Money)

新台幣　NT $ 2,315.00 two thousand three hundred and fifteen(N.T.)dollars.

英　幣　$\frac{1}{2}$d.=a halfpenny [ˈhepənɪ; ˈheipəni]
$\frac{1}{4}$d.=a farthing
4/6=4 s. 6 d.=four(shillings)and six(pence)
£3 2s. 4d.=three pounds two(shillings)and four(pence)

美　幣　$5.20=five dollars(and)twenty(cents)
〖註〗英幣自 1971 年 2 月 15 日起，已改爲十進位制。

9. 度量衡(Weights and Measures)

長度 6 ft. 8 in.=six feet eight inches

面積 30×18 feet＝thirty by eighteen feet

或為 thirty feet by eighteen

體積 $7'' \times 5'' \times 2\frac{1}{3}''$＝seven inches by five by two and a third

重量 10 lbs. 6 oz.＝ten pounds six ounces

8 cwt. 3 lbs.＝eight hundredweights three pounds

10. 電話號碼(Telephone Numbers)

電話號碼通常將各個數字以基數讀出來，但以把兩個數字一讀的方式較易明瞭，如須把局號放進時，通常是把它放在電話號碼之前或後讀出來。

0306＝0 [o; ou] three, 0 six

或為 naught three, naught six

(02) 5021948＝0 two, five 0 two, one nine, four eight.

或為 naught two, five naught two, one nine, four eight.

度量衡換算表

長　　度

公厘	公尺	公里	市尺	營造尺	舊日尺（台尺）	吋	呎	碼	哩	國際浬
1	0.001	……	0.003	0.00313	0.0033	0.03937	0.00328	0.00109	……	……
1000	1	0.001	3	3.125	3.3	39.37	3.28084	1.09361	0.00062	0.00054
……	1000	1	3000	3125	3300	39370	3280.84	1093.61	0.62137	0.53996
333.333	0.33333	0.00033	1	1.04167	1.1	13.1233	1.09361	0.36454	0.00021	0.00018
320	0.32	0.00032	0.96	1	1.056	12.5984	1.04987	0.34996	0.0002	0.00017
303.030	0.30303	0.00030	0.90909	0.94697	1	11.9303	0.99419	0.33140	0.00019	0.00016
25.4	0.0254	0.00003	0.07620	0.07938	0.08382	1	0.08333	0.02778	0.00002	0.00001
304.801	0.30480	0.00031	0.91440	0.95250	1.00584	12	1	0.33333	0.00019	0.00017
914.402	0.91440	0.00091	2.74321	2.85751	3.01752	36	3	1	0.00057	0.00049
……	1609.35	1.60935	4828.04	5029.21	5310.83	63360	5280	1760	1	0.86898
……	1852.00	1.85200	5556.01	5787.50	6111.60	72913.2	6076.10	2025.37	1.15016	1

公釐　Millimeter　mm;　　公分　Centimeter　cm;　　公寸　Decimeter　dm;　　公尺　Meter　m;
公丈　Dekameter　dkm;　　公引　Hectometer　hm;　　公里　Kilometer　km;

地　積　面　積

平方公尺	公　畝	公　頃	平方公里	市　畝	營造畝	日　坪	日　畝	台灣甲	英　畝	美　畝
1	0.01	0.0001	……	0.0015	0.001628	0.30250	0.01008	0.000103	0.00025	0.00025
100	1	0.01	0.0001	0.15	0.16276	30.25	1.00833	0.01031	0.02471	0.02471
10000	100	1	0.01	15	16.276	3025.0	100.833	1.03102	2.47106	2.47104
……	10000	100	1	1500	1627.6	302500	10083.3	103.102	247.106	247.104
666.666	6.66667	0.06667	0.000667	1	1.08507	201.667	6.72222	0.06874	0.16441	0.16474
614.40	6.1440	0.06144	0.000614	0.9216	1	185.856	6.19520	0.06238	0.15203	0.15182
3.30579	0.03306	0.00033	……	0.00496	0.00538	1	0.03333	0.00034	0.00082	0.00082
99.1736	0.99174	0.00992	0.00009	0.14876	0.16142	30	1	0.01023	0.02451	0.02451
9699.17	96.9917	0.96992	0.00970	14.5488	15.7866	2934	97.80	1	2.39672	2.39647
4046.85	40.4685	0.40469	0.00405	6.07029	6.58666	1224.17	40.8057	0.41724	1	0.99999
4046.87	40.4687	0.40469	0.00405	6.07031	6.58671	1224.18	40.806	0.41724	1.000005	1

註：1 平方哩＝2.58999 平方公里＝640 美(英)畝　　　　　1 台灣甲＝2934 坪

容　　量

公撮	公升（市升）	營造升	日升（台升）	英液盎司	美液盎司	美品脫	英加侖	美加侖	英蒲式耳	美蒲式耳
1	0.001	0.00097	0.00055	0.03520	0.03382	0.00211	0.00022	0.00026	0.00003	0.00003
1000	1	0.96575	0.55435	35.1960	33.8148	2.11342	0.21998	0.26418	0.02750	0.02838
1035.47	1.03547	1	0.57402	36.4444	35.0141	2.18838	0.22777	0.27355	0.02960	0.02939
1803.91	1.80391	1.74212	1	63.4904	60.9986	3.81242	0.39682	0.47655	0.04960	0.05119
28.4123	0.02841	0.02744	0.01585	1	0.96075	0.06005	0.00625	0.00751	0.00078	0.00081
29.5729	0.02957	0.02856	0.01639	1.04086	1	0.06250	0.00651	0.00781	0.00081	0.00084
473.167	0.47317	0.45696	0.26230	16.6586	16	1	0.10409	0.1250	0.01301	0.01343
4545.96	4.54596	4.39025	2.52007	160	153.721	9.60752	1	1.20094	0.1250	0.12901
3785.33	3.78533	3.65567	2.09841	133.229	128	8	0.83268	1	0.10409	0.10745
3636.77	36.3677	35.1220	20.1605	1280	1229.76	76.8602	8	9.60753	1	1.02921
35238.3	35.2383	34.0313	19.5344	1240.25	1191.57	74.4733	7.75156	9.30917	0.96895	1

註：1 公升＝1.000028 立方公寸　1 英加侖＝8 英品脫＝160 英液盎司　1 美加侖＝8 美品脫＝128 美液盎司

公撮 Milliliter ml;　公勺 Centiliter cl;　公合 Deciliter dl;　公升 Liter l;　公斗 Decaliter dal;
公石 Hectoliter hl;　公秉 Kiloliter kl;

重　　量

公克	公斤	公噸	市斤	營造庫平斤	台兩	日斤（台斤）	唡	磅	長噸	短噸
1	0.001	……	0.002	0.00168	0.02667	0.00167	0.03527	0.00221	……	……
1000	1	0.001	2	1.67556	26.6667	1.66667	35.2740	2.20462	0.00098	0.00110
……	1000	1	2000	1675.56	26666.7	1666.67	35274.0	2204.62	0.98421	1.10231
500	0.5	0.0005	1	0.83778	13.3333	0.83333	17.6370	1.10231	0.00049	0.00055
596.816	0.59682	0.0006	1.19363	1	15.9151	0.99469	21.0521	1.31575	0.00059	0.00066
37.5	0.0375	0.00004	0.075	0.06283	1	0.0625	1.32277	0.08267	0.00004	0.00004
600	0.6	0.0006	1.2	1.00534	16	1	21.1644	1.32277	0.00059	0.00066
28.3495	0.02835	0.00003	0.0567	0.04751	0.75599	0.04725	1	0.0625	0.00003	0.00003
453.592	0.45359	0.00045	0.90719	0.76002	12.0958	0.75599	16	1	0.00045	0.00050
……	1016.05	1.01605	203.209	1702.45	27094.6	1693.41	35840	2240	1	1.12
907185	907.185	0.90719	1814.37	1520.04	24191.6	1511.98	32000	2000	0.89286	1

註：1 英磅＝0.45359245 公斤　　1 美磅＝0.4535924277 公斤

公絲 Milligram (mg)　公毫 Centigram (cg)　公銖 Decigram (dg)　公克 Grag (g)　公錢 Decagram (dag)
公兩 Hectogram (hg)　公斤 Kilogram (kg)　公衡 Myriagram (mag)　公擔 Quintal (q)　公噸 Tonne (t)

長　度 (linear measure)

inches 吋	feet 呎	yards 碼	rods 桿	miles 哩	日　制	公　制
1	0.083333	0.027778	0.00505051	0.0000157828	0.84 寸	2.54*cm*
12	1	0.333333	0.0606061	0.000189394	1.006 尺	0.3048*m*
36	3	1	0.181818	0.000568182	3.017 尺	0.9144*m*
198	16.5	5.5	1	0.003125	16.596 尺	5.029*m*
63,360	5,280	1,760	320	1	0.4098 里	1,609.3*m*

面　積 (square measure)

square inches 平方吋	square feet 平方呎	square yards 平方碼	square rods 平方桿	acres 畝	square miles 平方哩	日　制	公　制
1	0.0069444	0.0007716				0.70平方寸	$6.452cm^2$
144	1	0.1111	0.0036731	2.29568×10^{-5}	3.58701×10^{-8}	0.028 坪	$929cm^2$
1,296	9	1	0.03305785	2.06612×10^{-4}	3.22831×10^{-7}	0.253 坪	$0.8361m^2$
39,204	272.25	30.25	1	0.00625	9.765625×10^{-6}	7.650 坪	$25.293m^2$
627,264	43,560	4,840	160	1	0.0015625	4.0804 反	0.40468*ha*
4.0154×10^9	27,878,400	3,097,600	102,400	640	1	261.147 町步	259*ha*

體　積 (cubic measure)

cubic inches 立方吋	cubic feet 立方呎	cubic yards 立方碼	日　制	公　制
1	0.000578704	2.143347×10^{-5}	0.91 勺	$16.387cm^3$
1,728	1	0.0370370	15.697 升	$0.0283m^3$
46,656	27	1	4.23819 石	$0.7646m^3$

液　量 (liquid measure)

gills 及耳	pints 品脫	quarts 夸脫	gallons 加侖	美	國	英	國
1	0.25	0.125	0.03125	0.66 合	0.1183*l*	0.79 合	0.142 *l*
4	1	0.5	0.125	2.62 合	0.4732*l*	3.15 合	0.568 *l*
8	2	1	0.25	5.25 合	0.9464*l*	6.29 合	1.136 *l*
32	8	4	1	2.098 升	3.7853*l*	2.517 升	4.5459*l*

乾　量 (dry measure)

pints 品脫	quarts 夸脫	pecks 配克	bushels蒲式耳	美	國	英	國
1	0.5	0.0625	0.015625	0.305 升	0.5506*l*	0.315 升	0.568*l*
2	1	0.125	0.03125	0.610 升	1.1012*l*	0.629 升	1.136*l*
16	8	1	0.25	4.878 升	8.8096*l*	5.035 升	9.092*l*
64	32	4	1	1.953 斗	35.2383*l*	2.014 斗	36.368*l*

常　衡 (avoirdupois weight)

drams 特拉姆	ounces 唡	pounds 磅	(short)tons (短)噸	(long)tons (長)噸	日　制	公　制
1	0.0625	0.00390625			0.47 匁	1.772g
16	1	0.0625	0.00003125	0.0000279	7.56 匁	28.35 g
256	16	1	0.0005	0.00045	120.96 匁	453.59 g
572,000	32,000	2,000	1	0.8929	241.916 貫	907.185Kg
573,440	35,840	2,240	1.12	1	270.946 貫	1,016.05Kg

金　衡 (troy weight)

grains 喱	pennyweights 英錢	ounces 唡	pounds 磅	日　制	公　制
1	0.041667	0.0020833	0.0001736111	0.02 匁	0.0648g
24	1	0.05	0.0041667	0.41 匁	1.5552g
480	20	1	0.083333	8.30 匁	31.1035g
5,760	240	12	1	99.50 匁	373.2418g

藥劑用衡量 (apothecaries' weight)

grains 喱	scruples 斯克魯	drams 特拉姆	ounces 唡	pounds 磅	日　制	公　制
1	0.05	0.016667	0.0020833	0.0001736111	0.02 匁	0.0648g
20	1	0.333333	0.041667	0.0034722	0.35 匁	1.2960g
60	3	1	0.125	0.0104167	1.04 匁	3.8879g
480	24	8	1	0.083333	8.29 匁	31.1035g
5,760	288	96	12	1	99.51 匁	373.2418g

二十四節氣

The Twenty-four Solar Terms

APPROXIMATE DATES		THE SOLAR TERMS	
Feb.	5	立　春	Spring begins
Feb.	19	雨　水	Rain water
Mar.	5	驚　蟄	Insects awaken
Mar.	20	春　分	Vernal equinox
Apr.	5	清　明	Clear and bright
Apr.	20	穀　雨	Grain rains
May	5	立　夏	Summer begins
May	21	小　滿	Grain fills
June	6	芒　種	Grain in ear
June	21	夏　至	Summer solstice
July	7	小　暑	Slight heat
July	23	大　暑	Great heat
Aug.	7	立　秋	Autumn begins
Aug.	23	處　暑	Limit of heat
Sep.	8	白　露	White dew
Sep.	23	秋　分	Autumnal equinox
Oct.	8	寒　露	Cold dew
Oct.	23	霜　降	Hoar frost descends
Nov.	7	立　冬	Winter begins
Nov.	22	小　雪	Light snow
Dec.	7	大　雪	Heavy snow
Dec.	21	冬　至	Winter solstice
Jan.	6	小　寒	Slight cold
Jan.	21	大　寒	Severe cold

新 字 補 充

Áccess cȧrd *n.* Ⓒ(不列顛銀行發給顧客的)信用卡。
Àll-Star Gáme *n.*(美)明星棒球賽。
an·swer·phone [`ænsɚ͵fon; ˈɑːnsəfoun] *n.* Ⓒ(電話)答錄機。
a·ro·ma·ther·a·py [ə͵romə`θɛrəpɪ; əˌrouməˈθerəpi] *n.* Ⓤ油壓療法(用芳香油按摩身體某部位以治療病痛)。
AT&T(略)American Telephone and Telegraph. 美國電話電報公司。
B̀-2 bómber *n.* Ⓒ B-2 式隱形轟炸機。
ba·gel [`begəl; ˈbeigəl] *n.* Ⓒ(美)形狀如 doughnut 的硬麵包。
bim·bo [`bɪmbo; ˈbimbou] *n.* Ⓒ(*pl.* **-bo(e)s**)(俚)漂亮而沒有大腦的女郎(喜與政治家或公眾人物姘)。
BMW *n.* 〔商標〕德國高級汽車。
bundled *adj* 〔電算〕(硬體或軟體)整組出售的。
bún·gee jùmp [`bʌndʒi-; ˈbʌndʒiː-] *n.* Ⓒ高空彈跳。
chéckbook jóurnalism *n.* Ⓤ支票新聞學(以鉅額資金來獨占新聞來源)。
Clin·ton [`klɪntən; ˈklintən], **William J.**(**Bill**) *n.* 柯林頓(1946-; 美國第四十二位總統)。
CNN(略)Cable News Network 有線新聞電視網。
commércial brèak *n.* Ⓒ(電視或廣播節目中之)插播廣告。
cómpact dísc plàyer *n.* Ⓒ(又作 **ĆD plàyer**)雷射唱盤。
compúter dáting ȧgency *n.* Ⓒ電腦擇偶社。
córn chìp *n.* Ⓒ 玉米片。
cy·ber·space [`saɪbɚ͵spes; ˈsaibəspeis] *n.*＝virtual reality.
dáte stȧmp *n.* Ⓒ 可變日期的圖章，戳記；郵戳；日戳。
dígital cómpact dísc *n.* Ⓒ 數位雷射唱片。
dol·phi·na·ri·um [͵dɑlfə`nærɪəm; ˌdɔlfəˈnæriəm] *n.* Ⓒ 海豚水族館。
dráinpipe tróusers *n. pl.* 緊身褲。
drínks machìne *n.* Ⓒ(又作 **cóffee machìne**)熱飲販賣機(尤指咖啡販賣機)。
drínks pȧrty *n.* Ⓒ(英)雞尾酒會(＝(美)cocktail party).
drúg rehabilitátion cènter *n.* Ⓒ 煙毒勒戒所。
dúd chèck *n.* Ⓒ 空頭支票。
Èarl Gréy *n.* Ⓤ 一種茶(其內添加一種油的成份，具有特殊風味)。
éxit pȯll *n.* Ⓒ(投票後，計票前之)選情調查。
fȧst cóloreds *n. pl.* 不褪色布料。
fást láne *n.* Ⓒ(又作 **expréss láne**)快車道。**life in the fast lane** 非常刺激的生活。
fát fȧrm *n.* Ⓒ(口語)減肥中心。
fluo·ro·car·bon [͵flurə`kɑrbən; ˌfluərouˈkɑːbən] *n.* Ⓤ 冷媒。
fóod bȧnk *n.* Ⓒ 食物賑貧站。
fóod lȧbeling *n.* Ⓤ 食品標示(說明所含成份，添加物及製造日期)。
fúll proféssor *n.* Ⓒ正教授。
fúse bȯx *n.* Ⓒ 電源保險絲箱。
gar·bol·o·gy [gɑr`bɑlədʒɪ; gɑːˈbɔlədʒi] *n.* Ⓤ 垃圾處理學。
gárden flȧt *n.* Ⓒ(一樓)庭園公寓。
gárden wèdding *n.* Ⓒ 露天(花園)婚禮。
Gar·field [`gɑrfild; ˈgɑːfiːld] *n.* (卡通)加菲貓。
góld cȧrd *n.* Ⓒ 簽帳金卡(信用卡的一種)。
grípe wȧter *n.* Ⓤ 嬰兒肚痛液。
Gúardian Ángels *n.* [**the ~**](紐約、倫敦之)地鐵義警。
gún cȯntrol *n.* Ⓤ 槍枝管制。
hácking jȧcket *n.* Ⓒ 騎馬夾克。
házardous wáste *n.* Ⓤ有毒(化學及放射)廢棄物。
Haz·chem [`hæzkɛm; ˈhæzkem] *n.* 危險化學物標示。
heck·u·va [`hɛkəvə; ˈhekəvə] *adj.* 非常好的; 出色的; 極佳的。
héll's ángel *n.*[常 **H~ A~**]Ⓒ 魔鬼黨; 飛車黨。
hérb gȧrden *n.* Ⓒ 草藥栽培場。
Hóllywood Bówl *n.*[**the ~**]好萊塢劇院。
hóme lóan *n.* ⓊⒸ 抵押貸款((口語)＝mortgage).
hót-áir ballȯon *n.* Ⓒ 熱汽球。

hót tícket *n.* Ⓒ (美口語)風雲人物。
ídiot líght *n.* Ⓒ 車況預示燈。
ínk jet prínter [ˋɪŋkˏdʒɛt-; ˈɪŋkdʒet-] *n.* Ⓒ 〔電算〕針孔噴墨印表機。
ín-line skáte *n.* Ⓒ 蛇板(一種類似冰刀的輪式溜冰鞋)。
ínterest gròup *n.* Ⓒ(集合稱)利益團體。
ínterest ràtes *n. pl.* 利率。
jét-skì *n.* Ⓒ 滑水車。
lam·ba·da [læmˋbɑdə; læmˈbɑ:də] *n.* [the ~]黏巴答(一種貼身舞)。
láser prínter *n.* Ⓒ 雷射印表機。
lávender wàter *n.* Ⓤ 薰衣草香水。
léad-free gásoline [pétrol] [ˋlɛdfri-; ˈledfri:-] *n.* Ⓤ 無鉛汽油。
léading lády *n.*(男性爲 **léading mán**)Ⓒ 女強人;(公司的)女主管;(影片的)女主角。
líme grèen *n.* Ⓤ, *adj.* 淡黃綠色[的]。
líne of cóuntry *n.*[a ~](英口語)(某種)工作; 職業。
lip·o·suc·tion [ˋlɪpoˏsʌkʃən; ˈlipousʌkʃən] *n.* Ⓤ 手術抽脂減肥法。
líquid crýstal displáy *n.* Ⓒ 液晶顯示器(略作 **LCD**).
lìte béer [ˏlaɪt-; ˌlait-] *n.*(又作 **líght béer**)Ⓤ 低熱量啤酒。
lòck-up garáge *n.* Ⓒ 出租車房。
lòne párent *n.*=single parent.
lòony léft *n.*[the ~]極左派。
lótus posítion *n.*[the ~]〔瑜珈〕蓮花座。
lúncheon vòucher *n.* Ⓒ(公務)餐券(略作 **LV**).
masságe pàrlour *n.* Ⓒ **1** 按摩院。**2** 妓女院。
Mas·ter·Card [ˋmæstɚˏkɑrd; ˈmɑ:stəkɑ:d] *n.* 萬事達卡(美國一種信用卡名稱)。
matinée ìdol *n.* Ⓒ(尤指 1930, 1940 年代深受女性觀衆歡迎之)男演員, 風流小生。
méan strèets *n. pl.* 都市中危險且生活困難之地區。
meg·a·star [ˋmɛgəˏstɑr; ˈmegəstɑ:] *n.* Ⓒ超級巨星。
mé generàtion[the ~][常 **M** ~]我這一代(尤指七十、八十年代, 只管自己的事情與利益, 不管他人生活、問題的年輕人)。
MENSA [ˋmɛnsə; ˈmensə] *n.* 國際資優人士組織(通過測驗, 屬於各國前 2%的頂尖人物方可入會)。
míd-life crísis *n.* Ⓒ 中年危機(中年人, 通常大約四十歲, 覺得青春已逝而產生的經常悶悶不樂、缺乏信心)。
míng trèe [ˋmɪŋ-; ˈmiŋ-] *n.* Ⓒ 人造盆景植物。
minórity lèader *n.* Ⓒ (美)少數黨領袖。
mips [mɪps; mips]《million instructions per second 的頭字語》—*n.*[**a** ~]〔電算〕每秒百萬條指令。
MIS(略)management information system 管理資訊系統。
níght depòsitory *n.*(美)=night safe.
nin·ja [ˋnɪndʒə; ˈnindʒə]《源自日語》—*n.* Ⓒ 忍者。
nóse jòb *n.* Ⓒ 整鼻手術。
nou·velle cui·sine [ˏnuvɛlkwɪˋzin; ˌnu:velkwiˈzi:n]《源自法語》—*n.* Ⓤ 新潮烹飪法(使用大量新鮮疏果簡單烹調而不加厚奶油及調味料)。
OD [ˋoˋdi; ˌouˈdi:]《over dose 的頭字語》—*n.* Ⓒ, *v.i.* (美俚)服用過量的藥(尤指毒品)〔*on*〕.
óne-parent fámily *n.* Ⓒ 單親家庭。
Òperation Dèsert Stórm *n.* (又作 **Désert Stòrm**) 沙漠風暴行動(1990-91 波斯灣戰爭中, 聯軍從伊拉克手中奪回科威特之軍事行動)。
OSI(略)open systems interconnection 電腦系統連線。
ówl tràin *n.* Ⓒ 夜車。
ózone làyer *n.*[the ~]臭氧層。
pàid polítical bróadcast *n.* Ⓒ(美)(選舉期間)政黨付費電視廣播(=(英)party political broadcast).
Pàinted Désert *n.*[the ~]彩色沙漠(位於亞利桑納州中東部, 爲一侵蝕高原地區, 土呈多色)。
pàle ále *n.* Ⓤ 淡啤酒(即 light ale).
pálm·tòp *n.* Ⓒ(使用電池的)掌上型微電腦。
pard·ner [ˋpɑrdnɚ; ˈpɑ:dnə] *n.* Ⓒ(美俚)即 partner, 通常用來向不認識的人打招呼時使用。
patérnity lèave *n.* Ⓤ 陪產假(太太生產, 先生放假在家幫忙照顧新生嬰兒)。
PBS(略)Public Broadcasting System(美)公視。
péace màrch *n.* Ⓒ 和平示威。
pénsion plàn *n.*(又作 **pénsion schème**)Ⓒ(英)退休制度(=(美)retirement plan).
píncer mòvement *n.* Ⓒ 兩面夾攻。
póll wàtcher *n.* Ⓒ 監票員。
prísoner of cónscience *n.* Ⓒ良心犯(因政治主張與在位者不同而關入獄之政治犯)。

qúality tìme *n.* Ⓤ 親子時間。
ráp shèet *n.* Ⓒ(美俚)犯罪檔案。
re·jig [rɪ`dʒɪg; ri'dʒig] *v.t.*(**-jigged; -jig·ging**)(英)=rejigger.
re·jig·ger [rɪ`dʒɪgɚ; ri'dʒigə] *v.t.*(口語)提供新設備或新系統; 重新規劃(尤指以便從事不同工作或使工作更有效率)。
rént bòy *n.* Ⓒ(英)年輕男妓; 午夜牛郎。
rést stòp *n.* Ⓒ (交流道之)休息站。
sánd pàinting *n.* Ⓤ沙繪(美國土著以彩色沙, 而不用油畫原料繪圖)。
sàtellite télevision *n.*(又作 **sàtellite TV**)Ⓤ衛(星電)視。
scréen prìnting *n.*=silk screen.
séxual harássment *n.* Ⓤ 性騷擾。
séxually transmítted diséase *n.*(又作 **venéral disèase**)ⓊⒸ性(傳染)病(略作 **STD**).
shi·a·tsu [ʃɪ`ɑtsu; ʃi'ɑ:tsu:] 《源自日語》—*n.* Ⓤ 指壓治療。
shóulder pàd *n.* Ⓒ 墊肩。
síck nòte *n.* Ⓒ(請病假之)假條。
SIDS(略)sudden infant death syndrome〔醫〕嬰兒猝死徵候羣。
sílicone ímplant *n.* Ⓤ 矽基移植(通常用於豐乳手術)。
síngle pàrent *n.* Ⓒ 單親。
sméar campàign *n.* Ⓒ 誣蔑宣傳; 詆譭宣傳。
snów·bòard *n.* Ⓒ 滑雪板。
Tían·án·mén Squáre [`tjɑn`ɑn`mɛn-; 'tjɑ:n'ɑ:n'men-] *n.* 天安門廣場。
trásh còmpactor *n.* Ⓒ(美)垃圾壓縮器(用於廚房)。
UPS(略)United Parcel Service 美一郵遞公司。
úser *n.* Ⓒ 吸毒成癮者。
UV(略)ultraviolet 紫外線。
vírtual reálity *n.* Ⓤ 虛擬實像(以電腦系統利用互動式軟、硬體, 包括三度空間圖解法做出模擬眞實景象)。
Vísa (card) *n.* 威士卡(美國一種信用卡名稱)。
wáshing-up lìquid *n.* Ⓤ(英)洗碗精(=(美)dishwashing liquid).
wórking gìrl *n.* Ⓒ(俚)娼妓。
wórking mòther *n.* Ⓒ在職[就業]媽媽。
X́-certìficate *adj.*=X-rated.
Yelt·sin [`jɛltsɪn; 'jeltsin], **Bor·is** [`bɑrɪs; 'bɔris] *n.* 葉爾辛(1931-; 蘇聯政治家; 1991 年任**俄羅斯**總統)。
zap·per [`zæpɚ; 'zæpə] *n.* Ⓒ(美口語)遙控器。

國家圖書館出版品預行編目資料

新世紀英漢辭典 = Far East new collegiate English-Chinese dictionary / 林連祥主編；陳紹鵬等編譯. --初版. --臺北市：黃帝出版：遠東發行，1995〔民84〕
面； 公分
ISBN 957-9634-22-X〔16K精裝道林紙〕
ISBN 957-9634-36-X〔16K精裝聖經紙〕
ISBN 957-9634-35-1〔25K精裝道林紙〕
ISBN 957-9634-38-6〔25K精裝聖經紙〕
ISBN 957-9634-37-8〔32K精裝道林紙〕
ISBN 957-9634-20-3〔32K精裝聖經紙〕
1.英國語言－字典，辭典－中國語言
805.132 83010899

FAR EAST NEW COLLEGIATE ENGLISH-CHINESE DICTIONARY
新世紀英漢辭典

1998年1月
25K道林紙定價新台幣680元（外埠酌加運匯費）

主編者／林連祥
編譯者／陳紹鵬 梁郭謙 詹明朝
施冰心 徐漢斌 陳光輝
黃翠娥
發行人／浦家麟
出版者／黃帝圖書公司
印刷者／黃帝圖書公司
發行所／遠東圖書公司
地址／台北市重慶南路一段66號
電話總機／(02)3118740 FAX：(02)3114184
郵政劃撥／00056691
美國發行所／U. S. 國際出版公司
U. S. INTERNATIONAL PUBLISHING INC.
49 WEST 39TH STREET
NEW YORK, N.Y. 10018, U.S.A.
登記證／局版台業字第2493號
著作權號碼／臺内著字第96769號 A/W

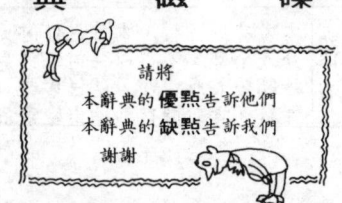